www.quid.fr sur Internet

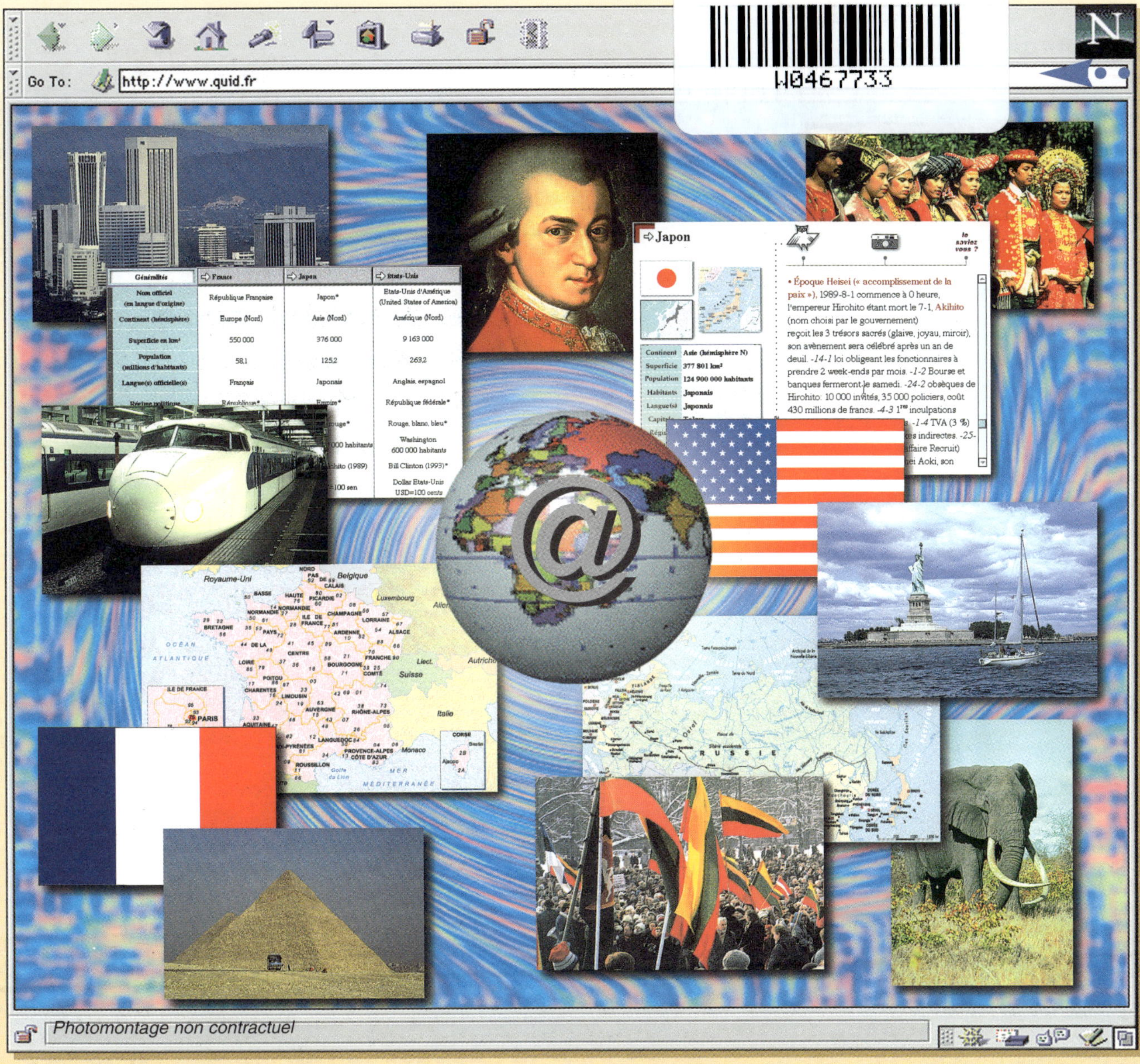

... universelle et francophone

- www.quid.fr s'affirme également comme le portail de référence avec sa page d'accueil vous permettant d'accéder immédiatement au fonds quid ainsi qu'aux 8 350 meilleurs sites web francophones et mondiaux (actualité, savoir et vie pratique). Avec son **interface conviviale**, quid.fr est d'accès rapide et facile,
- Tous les documents (tableaux, cartes et photos) peuvent être importés sur vos logiciels bureautiques, pour compléter et **illustrer vos dossiers personnels** et vos présentations. Les cartes et les photos peuvent être consultées et imprimées en couleurs et en haute définition. En **ligne directe** avec le quid, vous pouvez faire part de vos suggestions à tout moment,
- Pour votre première consultation de quid.fr, connectez-vous sur Internet et composez l'adresse suivante : www.quid.fr Vous y êtes !
- En espérant vous retrouver très prochainement et toujours plus nombreux sur www.quid.fr, nous vous souhaitons d'agréables découvertes.

Fabrice FREMY

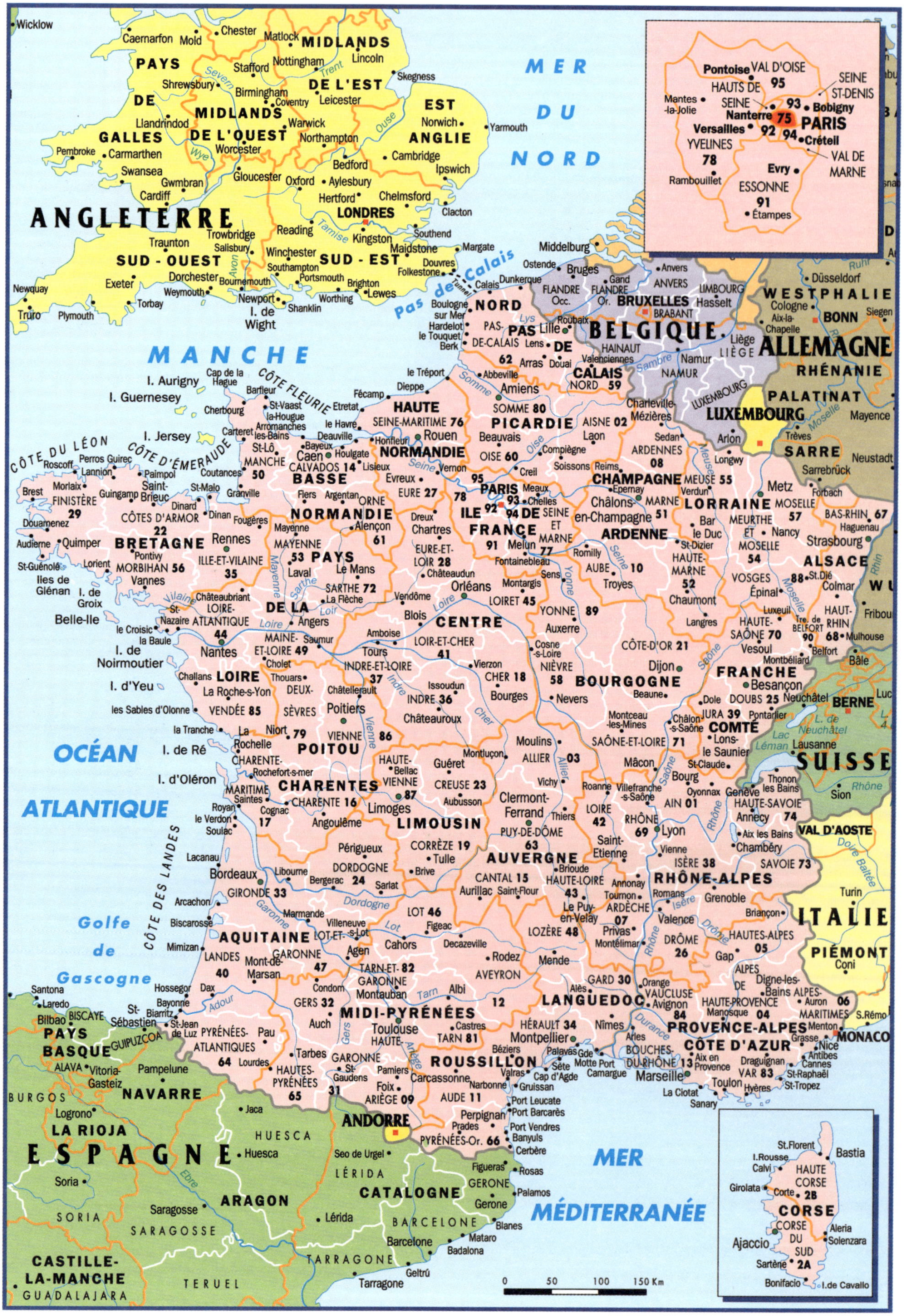
MER DU NORD
MANCHE
OCÉAN ATLANTIQUE
Golfe de Gascogne
MER MÉDITERRANÉE
Pas de Calais
ANGLETERRE
PAYS DE GALLES
MIDLANDS DE L'EST
MIDLANDS DE L'OUEST
EST ANGLIE
SUD - OUEST
SUD - EST
LONDRES
BELGIQUE
BRUXELLES
LUXEMBOURG
ALLEMAGNE
WESTPHALIE
BONN
RHÉNANIE
PALATINAT
SARRE
SUISSE
BERNE
ITALIE
PIÉMONT
VAL D'AOSTE
MONACO
ANDORRE
ESPAGNE
PAYS BASQUE
NAVARRE
LA RIOJA
ARAGON
CATALOGNE
CASTILLE-LA-MANCHE
CÔTE DU LÉON
CÔTE D'ÉMERAUDE
CÔTE FLEURIE
CÔTE DES LANDES
NORD PAS DE CALAIS
PICARDIE
HAUTE NORMANDIE
BASSE NORMANDIE
BRETAGNE
PAYS DE LA LOIRE
CENTRE
ILE DE FRANCE
PARIS
CHAMPAGNE ARDENNE
LORRAINE
ALSACE
BOURGOGNE
FRANCHE COMTÉ
POITOU CHARENTES
LIMOUSIN
AUVERGNE
RHÔNE-ALPES
AQUITAINE
MIDI-PYRÉNÉES
LANGUEDOC ROUSSILLON
PROVENCE-ALPES CÔTE D'AZUR
CORSE
HAUTE CORSE 2B
CORSE DU SUD 2A
Bastia
Ajaccio
Pontoise VAL D'OISE 95
HAUTS DE SEINE
Nanterre
Versailles
YVELINES 78
SEINE ST-DENIS 93
Bobigny
PARIS 75
VAL DE MARNE 94
Créteil
ESSONNE 91
Evry
Étampes
Rambouillet
Mantes -la-Jolie
Lille
Amiens
Rouen
Caen
Rennes
Nantes
Orléans
Tours
Dijon
Lyon
Bordeaux
Toulouse
Montpellier
Marseille
Strasbourg
Metz
Limoges
Clermont-Ferrand
Poitiers
0 50 100 150 Km

DOMINIQUE ET MICHÈLE FRÉMY

quid

2002

ÉDITIONS ROBERT LAFFONT

4 questions que vous vous posez peut-être sur Quid

☞ QUE VEUT DIRE « QUID » ?

« Quoi ? » en latin... C'est le réflexe du curieux qui sommeille en nous et qui ne se satisfait pas des idées toutes faites. Aristote disait : « La science commence avec l'étonnement. » Soyons tous des étonnés !

☞ QU'EST-CE QUE QUID ?

■ Une encyclopédie annuelle en un volume bourré de faits, de dates, de chiffres sur tous les sujets... Du sérieux au moins sérieux. Consultez p. 4 la *Table des matières* qui vous donne un aperçu des milliers de sujets traités.

☞ FAUT-IL ACHETER QUID CHAQUE ANNÉE ?

■ A vous de juger ! Mais sachez que le premier **Quid** (**Quid 1963**) était en format de poche. Il contenait 632 pages et comptait 2 millions et demi de signes. **Quid 2002** (40 ans plus tard) contient 2 128 pages, c'est-à-dire plus de 39 millions de signes, soit l'équivalent de 105 livres de format de poche (200 pages, 370 000 signes) à 35 F au minimum.

■ Chaque année, depuis 1963, **Quid** s'enrichit et cette année **Quid 2002** présente plus de 100 000 faits nouveaux. Chaque année le *nouveau* **Quid** relève pour vous les derniers chiffres parus dans tous les domaines (économie, finances, défense nationale, transports, démographie, etc.), les derniers records (sportifs ou autres). Chaque année le *nouveau* **Quid** vous rappelle les événements qui comptent, qu'ils aient bouleversé la planète ou seulement le monde du cinéma ou la politique intérieure du Malawi.

■ Chaque année le *nouveau* **Quid** fait le point sur tout ce qui touche votre vie quotidienne, la législation des loyers, le prix des appartements et des charges, les impôts, les droits de succession, les droits des concubins, le montant des bourses, des salaires, les conditions d'entrée dans les grandes écoles, le droit du travail, l'échelle des salaires, la Sécurité sociale.

■ Chaque année le *nouveau* **Quid** apporte aux jeunes, en cours d'études scolaires ou supérieures, les derniers chiffres, les derniers faits dont ils ont besoin pour préparer leurs exposés, éclairer les cours qu'ils suivent, étayer les réponses qu'ils devront fournir à leurs examens.

■ Chaque année le *nouveau* **Quid** vous permet de participer aux grands débats de notre époque.

■ Regardez *D'un Quid à l'autre*, le panorama des événements de l'année.

☞ PEUT-ON ÉCRIRE À QUID ?

■ Bien sûr ! Des milliers de lecteurs français et étrangers nous écrivent chaque année. Si l'abondance de ce courrier nous empêche de répondre individuellement à tous, que chacun sache que nous notons tout soigneusement. Avez-vous des suggestions, des reproches à nous faire ? N'hésitez pas. Bien souvent, nous créons des rubriques nouvelles, développons des chapitres existants à la suite de demandes justifiées de nos lecteurs.

☞ Chaque année des centaines de concours se déroulent. Les organisateurs s'inspirant souvent du **Quid** de l'année, avoir **Quid 2002** à portée de la main peut être un atout supplémentaire pour gagner. Mais attention aux questions pièges, aux ambiguïtés, aux questions acceptant plusieurs réponses... En cas de contestation, **Quid** n'ayant participé ni au choix des épreuves, ni à l'organisation du concours, ne pourra être tenu pour responsable.

Lors de ces concours des milliers de candidats nous écrivent pour nous poser, au même moment, les mêmes questions (certains n'hésitent pas à nous envoyer la liste complète des celles-ci en nous demandant de répondre à leur place !). Nous les remercions de cette marque de confiance mais nous espérons qu'ils comprendront qu'il nous est difficile de donner satisfaction à de telles demandes... si nous voulons garder un peu de temps pour préparer le prochain **Quid.**

☞ Adressez vos lettres à : FRÉMY (Quid), B.P. 447.07 – 75327 – Paris Cedex 07 ou sur Internet www.quid.fr

Comment se servir de Quid ?

☞ QUEL EST L'ORDRE DES SECTIONS ?

■ **Quid est une encyclopédie méthodologique.** Les renseignements ne sont pas présentés dans l'ordre alphabétique comme dans un dictionnaire, mais sont regroupés par sujet à l'intérieur de grandes sections. Exemples : littérature, économie, sports, finances, cinéma.

■ **L'actualité détermine l'ordre des sections.** Les dernières sections remises à l'imprimeur sont celles pour lesquelles on ne dispose d'éléments que très tard dans l'année [c'est ainsi le cas des sections Économie, Finances (la plupart des statistiques officielles n'étant publiées qu'à partir de juin et juillet), ou Sports (beaucoup d'épreuves se déroulant à partir du printemps, ou l'été)].

☞ COMMENT TROUVER CE QUE L'ON CHERCHE ?

■ **La table des matières,** page 4, vous donne la liste des grands sujets traités pour vous permettre de vous faire une idée de la diversité de **Quid.**

■ **L'index à la page 1979** vous indique, à partir de plus de 140 000 entrées, les renvois aux pages traitant des sujets qui vous intéressent. Si le renvoi vous indique par exemple 615a, reportez-vous à la page 615 et regardez la 1re colonne (colonne de gauche) que désigne « a ». S'il y avait eu 615b, vous auriez dû chercher dans la colonne du centre, et 615c, dans la colonne de droite.

☞ COMMENT CHERCHER DANS L'INDEX ?

■ Voulez-vous connaître la vitesse des avions supersoniques ? Vous trouverez ce renseignement en cherchant dans l'Index à partir d'un mot clef auquel vous pouvez penser, exemple : au mot *vol,* au mot *avion,* au mot *supersonique,* au mot *vitesse* ou aux mots *Concorde, Mirage* ou *Rafale.*

■ Proposant plusieurs mots clefs pour vous renvoyer à un même sujet, l'Index vous permettra de trouver un renseignement sans avoir besoin de connaître avec précision un mot déterminé.

☞ **Attention !** des milliers de personnes et de lieux sont cités dans **Quid.** Si beaucoup figurent dans l'Index, nous n'avons pu les mettre tous : il nous aurait fallu un second volume ! Si vous ne trouvez pas dans l'index le nom propre voulu, pensez au mot clef : s'agit-il d'un acteur ? cherchez à *acteur ;* d'un chanteur d'opéra ? cherchez à *chanteur ;* du président d'un État ? cherchez au nom de l'*État ;* du leader d'un syndicat ? cherchez à *syndicat...* Vous désirez connaître la hauteur d'une montagne ? regardez à *montagne* ; la longueur d'un fleuve ? regardez à *fleuve* ; le trafic d'un port ? regardez au mot *port* (port maritime ou port fluvial), etc.

☞ **Crédits photographiques de la couverture de Quid : 1re de couverture :** © Denis Scott/Corbis StockMarket. **4e de couverture** (de droite à gauche) : *Euro* © Marie-Laure Hibert/Gamma. *Audrey Tautou* (*Le Fabuleux Destin d'Amélie Poulain*) © Laurent Lufroy, visa no 98481, avec l'aimable autorisation de UGC Distribution. *Gênes,* manifestation lors du G8 © Alberto Pizzoli/Corbis Sygma. *Zinedine Zidane* © Stéphane Reix/Corbis Sygma. *Loana* © M6/J.-P. Baltel. *Organizer, portable et Palm :* instruments modernes de communication © Lester Lefkowitz/Corbis StockMarket. *Jacques Chirac et Lionel Jospin* © Christian Vioujard/Gamma. *1re station spatiale internationale* © Nasa/Corbis Sygma. **Au centre :** *une plage en Polynésie* © Dominique Delfino/Bios.

☞ **Cartographie des chapitres Politique, Régions, États et Territoires :** APEX.

☞ **Annonceur :** RTL (page de garde).

TABLE DES MATIÈRES

Nous ne donnons ci-dessous qu'un choix restreint des milliers de sujets traités. **Pour trouver un renseignement précis :** consultez l'Index p. 1979, il contient plus de 192 000 entrées.

LE MONDE

LA VIE

SCIENCES

LETTRES ET ARTS

RELIGIONS

SOCIÉTÉ

LA FRANCE

RÉGIONS FRANÇAISES

Abréviations

☞ Vous trouverez page 1637 une liste des abréviations les plus utilisées en France. Nous ne donnons ci-dessous que les abréviations les plus souvent employées dans Quid. D'autres abréviations peuvent être utilisées dans certains chapitres : vous les trouverez citées soit en tête de ceux-ci (exemples : savants, littérature, musique, etc.), soit en nota ou en légende des tableaux spécifiques.

a. : an, année, **abst. :** abstentions, **ac. :** académie, **acquis. :** acquisition, **adm. :** administratif (ve), **admin. :** administration, **A.-É.F. :** Afrique-Équatoriale française, **aéron. :** aéronautique, **aérosp. :** aérospatial, **aff. :** affaires, **Aff. étr. :** Affaires étrangères, **Afg. :** Afghanistan, Afghans, **Afr. :** Afrique, Africains, **Afr. du S. :** Afrique du Sud, **aggl. :** agglomération, **agr. :** agriculture, agricole, **agro. :** agronomie, agronomique, **agroalim. :** agroalimentaire, **A.-Hte-Pr. :** Alpes-de-Haute-Provence, **Alg. :** Algérie, Algériens, **alim. :** alimentation, alimentaire, **All. :** Allemagne, Allemands, **alt. :** altitude, **alum. :** aluminium, **A.-M. :** Alpes-Maritimes, **Amér. :** Amérique, Américains, **Amér. du S. :** Amérique du Sud, **ameubl. :** ameublement, **Angl. :** Angleterre, Anglais, **anim. :** animaux, **A.-O.F. :** Afrique-Occidentale française, **app. :** appareil, **apr. :** après, **Arg. :** Argentine, Argentins, **arr. :** arrondissement, **art. :** article, **ass. :** assemblée, **ass. lég. :** assemblée législative, **Ass. nat. :** Assemblée nationale, **assoc. :** association, **atom. :** atomique, **auto :** automobile, **Autr. :** Autriche, Autrichiens, **av. :** avant, avenue, **Austr. :** Australie, Australiens.

bd. : boulevard, **bât. :** bâtiment, **B.-du-Rh. :** Bouches-du-Rhône, **Belg. :** Belgique, Belges, **bett. :** betterave, **bl. :** blessés, **B^{on}, B^{onne} :** baron, baronne, **B.-Rh. :** Bas-Rhin, **Br. :** Bretagne, **Brés. :** Brésil, Brésiliens, **Brit. :** Britannique, **BTP :** bâtiment et travaux publics, **Bulg. :** Bulgarie, Bulgares.

CA : chiffre d'affaires, **c.-à-d. :** c'est-à-dire, **cal. :** calorie, **Cam. :** Cameroun, Camerounais, **Can. :** Canada, Canadiens, **caout. :** caoutchouc, **cap. :** capitale, **card. :** cardinal, **cat. :** catégorie, **cath. :** cathédrale, catholique, **C.-d'A :** Côtes d'Armor, **C.-d'Or :** Côte-d'Or, **C^{dt} :** commandant, **C^{el} :** colonel, **ch. :** chambre, château, chevaux, **chap. :** chapitre, **ch. de fer :** chemin de fer, **chim. :** chimie, chimique, **chim. org. :** chimie organique, **Ch.-M. :** Charente-Maritime, **Cie(s) :** compagnie(s), **ciném. :** cinématographique, **circ. :** circonscription, **circonf. :** circonférence, **civ. :** civilisation, **cl. :** classe, **coll. :** collection, **comm. :** commerce, commercial, **confect. :** confection, **conféd. :** confédération, confédéral, **consom. :** consommation, **const. :** constitution, **constr. :** construction, **coop. :** coopérative, **Cte, Ctesse :** comte, comtesse, **C^{té} :** comté, **cult. :** culture(s), cultivé.

D : densité, **Dan. :** Danemark, Danois, **D^{chesse}, D^{esse} :** duchesse, **déc. :** décembre, **déco. :** décoration, **déf. :** défaite, défense, **dém. :** démocratie, démocratique, **dép. :** département, député, **diam. :** diamètre, **dir. :** directeur, **Dord. :** Dordogne, **Dr :** docteur, **dr. :** droite, **D.-S. :** Deux-Sèvres.

E. : Est, **écon. :** économie, économique, **éd. :** édition, **édit. :** éditeur, **éduc. :** éducation, **E.-et-L. :** Eure-et-Loir, **Ég. :** Égypte, Égyptiens, **égl. :** église, **élec., électr. :** électrique, **élect. :** élections, électoral, **électron. :** électronique, **emp. :** empereur, empire, **ép. :** épouse, **équip. :** équipement, **Esp. :** Espagne, Espagnols, **est. :** estimation, **év. :** évêque, **ex. :** exemplaires, **except. :** exceptionnel, **expl. :** exploitation, exploration, **expo :** exposition, **export. :** exportation, **ext. :** extérieur.

F : franc, **f. :** fils, fille, femme, fondé, **fabr. :** fabrication, **féd. :** fédération, fédéral, **ferr. :** ferroviaire, **févr. :** février, **fg. :** faubourg, **fin. :** finances, **Finl. :** Finlande, Finlandais, **fr. :** frère, **Fr. :** France, Français, **fr.-belge :** franco-belge.

g. : guerre, gauche, **Gab. :** Gabon, Gabonais, **G^{al}, G^{aux} :** général, généraux, **gaz nat. :** gaz naturel, **G.-B. :** Grande-Bretagne, **G^{d}, G^{de} :** grand, grande, **gén. :** général(e), **géogr. :** géographie, **Gir. :** Gironde, **gouv. :** gouvernement.

h : heure, **h. :** homme(s), **ha :** hectare, **hab. :** habitant(s), **habill. :** habillement, **haut. :** hauteur, **hebdo. :** hebdomadaire, **hist. :** histoire, **hl :** hectolitre, **Holl. :** Hollande, Hollandais, **HT :** hors taxes, **Ht(s), Hte(s) :** Haut(s), Haute(s), **Hte-G. :** Haute-Garonne, **h. tens. :** haute-tension, **Hte-Sav. :** Haute-Savoie, **Htes-Pyr. :** Hautes-Pyrénées, **Ht-Rh. :** Haut-Rhin, **Hts-de-S. :** Hauts-de-Seine, **hydr. :** hydraulique.

I.-et-L. : Indre-et-Loire, **I.-et-V. :** Ille-et-Vilaine, **Ile-de-Fr. :** Ile-de-France, **import. :** importation, **ind. :** industrie, industriel, **indép. :** indépendance, indépendant, **inf. :** inférieur, **instr. :** instrument, **int. :** intérieur, **intern. :** international, **Irl. :** Irlande, Irlandais, **Isl. :** Islande, Islandais, **Isr. :** Israël, Israéliens, **It. :** Italie, Italiens.

Jap. : Japon, Japonais, **j :** jour, journée, **janv. :** janvier, **J.-C. :** Jésus-Christ, **JO :** Journal Officiel.

L.-A. : Loire-Atlantique, **lab. :** labouré, **labo. :** laboratoire, **larg. :** largeur, **lat. :** latitude, **lég. :** légumes, **L.-et-C. :** Loir-et-Cher, **L.-et-G. :** Lot-et-Garonne, **litt. :** littérature, littéraire, **log. :** logement, **long. :** longueur, longitude, **L^{t} :** lieutenant, **Lux. :** Luxembourg, Luxembourgeois.

m : mètre, **m. :** membre, mois, **M.a. :** million(s) d'années, **mach. :** machine, **M^{al} :** maréchal, **man. :** manufacture, manufacturé, **manif. :** manifestation, manifestants, **mat. :** matière, **matér. :** matériel, matériaux, **math., maths :** mathématiques, **mat. plast. :** matières plastiques, **max. :** maximum, maximal, **MdF :** milliard(s) de F, **Me :** maître, **méc., mécan. :** mécanique, **mens. :** mensuel, **métall. :** métallurgie, métallurgique, **météo :** météorologie, **météo. :** météorologique, **M.-et-L. :** Maine-et-Loire, **M.-et-M. :** Meurthe-et-Moselle, **MF :** million(s) de F, **Mgr :** monseigneur, **min :** minute, **min. :** minimum, minimal, ministère, ministre, **Mis, M^{ise} :** marquis, marquise, **mouv. :** mouvement, **moy. :** moyenne, **mt :** millier(s) de tonnes, **Mt(s) :** mont(s).

N. : Nord, **nat. :** national, naturalisé, **naut. :** nautique, **nav. :** navire, **n.c. :** non connu, non communiqué, **N.-D., N.-Dame :** Notre-Dame, **N.-E. :** Nord-Est, **Néerl. :** Néerlandais, **Nlle :** Nouvelle, **Nlle-Cal. :** Nouvelle-Calédonie, **Nlle-Zél. :** Nouvelle-Zélande, **N.-O. :** Nord-Ouest, **Norv. :** Norvège, Norvégiens, **nouv. :** nouveau, **nov. :** novembre, **nucl. :** nucléaire.

O. : Ouest, **occ. :** occident(al), **oct. :** octobre, **off. :** officier, **O.-M. :** outre-mer, **or. :** origine, oriental, **ouvr. :** ouvrier.

P. : Parti, **P.-Bas :** Pays-Bas, **P^{ce}, P^{cesse} :** prince, princesse, **P.-de-C. :** Pas-de-Calais, **P.-de-D. :** Puy-de-Dôme, **p. de t. :** pomme de terre, **peint. :** peinture, **pers. :** personne, **p.-f. :** petit-fils, petite-fille, **pharm. :** pharmacie, pharmaceutique, **PIB :** produit intérieur brut, **pl. :** places, **plast. :** plastique, plasturgie, **PM :** Premier ministre, **PNB :** produit national brut, **pneumat. :** pneumatique, **Pol. :** Pologne, Polonais, **pop. :** population, **posth. :** posthume, **Port. :** Portugal, Portugais, **Pr :** professeur, **préf. :** préfecture, **prés. :** présidentiel(le), **prév. :** prévision, **pris. :** prisonniers, **prod. :** production, produit, **prof. :** profondeur, **profes. :** professionnel, **prot. :** protestant, **prov. :** province, **Pt(s) :** président(s), **Pté :** principauté, **Pyr.-Atl. :** yrénées-Atlantiques, **Pyr.-Or. :** Pyrénées-Orientales, **Pt de la Rép. :** président de la République.

quot. : quotidien.

rec. : recensement, **rég. :** région, **Rép. :** République, **repr. :** représentant, **rés. :** réserves, **ress. :** ressources, **roy. :** royaume, **RP :** révérend père, **R.-U. :** Royaume-Uni.

s : seconde(s), **S. :** Sud, **s. :** siècle, siège, **sal. :** salarié, **sat. :** satellite, **SAU :** surface agricole utile, **S.-E. :** Sud-Est, **séc. :** sécurité, **secr. :** secrétaire, **sem. :** semaine, **semestr. :** semestriel, **sept. :** septembre, **S-et-L. :** Saône-et-Loire, **S.-et-M. :** Seine-et-Marne, **s. f. :** son fils, sa fille, **s. fr. :** son frère, **sid., sidér. :** sidérurgie, **S.-M. :** Seine-Maritime, **S.-O. :** Sud-Ouest, **soc. :** social, socialisme, socialiste, **Soviét. :** Soviétiques, **S.-St-D. :** eine-Saint-Denis, **St(e) :** Saint(e), **stat. baln. :** station balnéaire, **stat. therm :** station thermale, **Sté(s) :** société(s), **suffr. univ. :** suffrage universel, **suiv. :** suivant(e), **sup. :** supérieur, **superf. :** superficie, **sylvicult. :** sylviculture, **Suéd. :** Suédois(e).

t : tonne, **t. :** terres, **Tchéc. :** Tchécoslovaquie, **techn. :** technique, **télécom. :** télécommunications, **temp. :** température, **tep. :** tonne d'équivalent pétrole, **terr. :** territoire, **T.-et-G. :** Tarn-et-Garonne, **text. :** textile, **therm. :** thermique, **t. lab. :** terres labourables, **tourist. :** touristique, **tr. :** traité, **transf. :** transformation, **transp. :** transports, **trib. :** tribunal, **trim. :** trimestriel, **TTC :** toutes taxes comprises, **Tun. :** Tunisie, Tunisiens, **TV :** télévision.

univ. : univers, **utilit. :** utilitaire, **UE :** Union européenne.

v. : voix, **V.-de-M. :** Val-de-Marne, **V.-d'O. :** Val-d'Oise, **vég. :** végétal, **vict. :** victoire, **vign. :** vignoble, **vis. :** visiteurs, **viticult. :** viticulture, **voit. :** voiture(s), **vol. :** volume, **Vte, V^{tesse} :** vicomte, vicomtesse.

Youg. : Yougoslavie, Yougoslave(s), **Yv. :** Yvelines.

Loft Story

■ **Origine.** Une émission créée par l'homme d'affaires néerlandais John De Mol, Pt d'Endemol (Sté fondée en 1994), et diffusée aux Pays-Bas par la chaîne Veronica. Appelée *Big Brother* en référence au roman de Georges Orwell (1984), elle débute sept. 1999, puis est vendue dans 27 pays. **Version française.** *Sté de production :* ASP Productions, filiale d'Endemol pour M6. *Producteur :* Stéphane Courbit. *Présentateur :* Benjamin Castaldi. *Psychologues :* Didier Destal et Marie Haddou.

■ **Le loft.** Situé 50, av. du Pt-Wilson, La Plaine-Saint-Denis. 225 m^2 avec jardin et piscine, 2 dortoirs. 26 caméras dont 3 infrarouges, la plupart cachées derrière des miroirs sans tain. 50 micros. Seul lien avec le monde extérieur : une voix dans le haut-parleur. **Durée :** 70 jours, du 26-4 au 5-7-2001 (10 semaines).

■ **Obligations.** Passer chaque jour au « confessionnal » pour être écouté par le psy. *Autorisé :* un livre par personne. *Interdits :* stylos, papier, montres, jeux de société, journaux, TV et téléphone.

■ **Participants.** 11 : 6 hommes et 5 femmes. [**David :** 25 ans, Marseillais, employé administratif et **Delphine :** 23 ans, animatrice d'un poney-club dans les Pyrénées-Atlantiques, quittent le loft (le 1er au bout de 5 j, la 2e pour raisons médicales).] **Steevy :** 21 ans, barman au Mans. **Christophe :** 24 ans, étudiant en sociologie à Toulouse. **Jean-Édouard :** 20 ans, études de commerce à Aix-en-Provence. **Philippe :** 28 ans, cadre commercial à Paris. **Aziz :** 28 ans, responsable de sécurité à Laval (1er exclu le 10-5, touche 4 520 F). **Fabrice :** 29 ans, artiste en Hte-Savoie, remplace David. **Loana :** 23 ans, danseuse de cabaret à Nice, une fille Mindy (née 3-1-1998). **Laure :** 25 ans, études de marketing et communication, Paris. **Julie :** 24 ans, réceptionniste d'hôtel à Paris. **Kenza :** 24 ans, commerciale (1re exclue le 17-5). **Kimy :** 23 ans, remplace Delphine.

■ **Gains.** A partir de la 3e semaine, chaque participant touche 2 760 F/semaine. *Finalistes :* Laure et Jean-Édouard gagnent un séjour au Club Med des Bahamas et une voiture. *Vainqueurs :* Loana et Christophe, 1,5 million de F chacun pour une acquisition immobilière, à condition, après 10 jours de repos, de passer 45 j (du 15-7 au 31-8) dans une villa de St-Tropez (la Bastide des Carles) sous l'œil de 2 Webcam qui retransmettent sur le Net.

■ **Retransmission sur M6.** Résumé chaque jour à 18 h,20 (puis 19 h à partir du 21-5) **[coût de 30 s de publicité :** *avril :* 73 000 F, *fin juin :* 230 000 F]. Prime time le jeudi, jour où se décident les exclusions (30 s de publicité : *avril :* 275 000 F, *fin mai* 450 000 F, *5-7* 472 000 F). **Audience moyenne :** *le jeudi :* 6,8 millions de téléspectateurs ; *le 5-7 :* 11,7 millions (50 % des parts de marché).

L'enregistrement est aussi diffusé en continu sur le canal 27 de TPS (abonnement 70 F/mois ; *12-5-2001 :* 110 000 abonnés). Sur Internet, 8 millions de pages vues par jour ; *en mai :* 20 millions de consultations.

■ **Rebombées annexes.** Service payant de téléphonie pour départager les concurrents : 22 millions d'appels payants. Boutiques de produits au logo. Magazine *Loft Story* [1er numéro : 230 000 exemplaires vendus, 2e (est.) : 180 000]. Disques 200 000 vendus. Vidéo : 180 000 vendues.

☞ En feuilletant **Quid,** amusez-vous à tester vos connaissances et celles des autres.
Quid répond à des dizaines de milliers de questions.

FAITES CE TEST... SAURIEZ-VOUS RÉPONDRE ?

Où se trouve le siège de l'humour ?

Selon les neurologues de l'université de Rochester (USA), il est situé dans le lobe frontal droit du cerveau.

Qui était la Vénus hottentote ?

Une femme originaire d'Afrique du Sud qui s'appelait Saartjie Baartman. Elle avait des fesses énormes et des parties génitales surdéveloppées. Elle devint un phénomène de foire en France et en Grande-Bretagne et mourut à 25 ans.

Comment appelle-t-on le cri du coq en espagnol ?

Quiriqui. En néerlandais *kukekeku.* En anglais *cookle-a-doodle-doo* et en français *cocorico.*

Quel est l'arbre de la sagesse ?

Le bouleau.

Quelles sont les 7 énigmes mathématiques du millénaire ?

La conjoncture de Poincaré, la conjoncture de Hodge, la conjoncture de Birch Swinnerton-Dyer, le problème P vs NP, les équations de Navier-Stokes et les équations de Yang-Mills.

Combien mesurent-ils ?

Chanteurs : Prince 1,56 m, Kim Wilde 1,62, Britney Spears 1,63, Charles Aznavour 1,64, Mylène Farmer 1,67, Cher 1,70, Elton John 1,70, Ophélie Winter 1,72, Mariah Carey 1,75, Johnny Halliday 1,82, Lenny Kravitz 1,86. **Sportifs :** Alain Prost 1,65 m, Bixenté Lizarazu 1,69, Didier Deschamps 1,74, Amélie Mauresmo 1,76, Richard Virenque 1,79, Jean-Pierre Rives 1,81, Franck Lebœuf 1,83, Zinedine Zidane 1,85, David Douillet 1,96. **Acteurs :** Mimie Mathy 1,32 m, Ursula Andress 1,68, Brigitte Bardot 1,68, Al Pacino 1,68, Catherine Zeita-Jones 1,73, Jérôme Savary 1,75, Inès Sastre 1,75, Cameron Diaz 1,75, Julia Roberts 1,75, Monica Bellucci 1,76, Nicole Kidman 1,79, Sigourney Weaver 1,82, Gérard Depardieu 1,82. **Mannequins :** Kate Moss 1,70 m, Laetitia Casta 1,71, Estelle Hallyday 1,72, Carla Bruni 1,76, Cindy Crawford 1,77, Naomi Campbell 1,78, Adriana Karembeu 1,78, Claudia Schiffer 1,79, Eva Herzigova 1,80, Elle Macpherson 1,83. **Télévision :** Christine Ockrent 1,61 m, Claire Chazal 1,66, Gérard Holtz 1,68, Alain Duhamel 1,68, Christophe Dechavanne 1,72, Jacques Martin 1,72, Michel Drucker 1,75, Philippe Labro 1,76, Jean-Pierre Elkabbach 1,79, Pierre Lescure 1,79, Sophie Thalmann 1,81, Patrick Poivre d'Arvor 1,84.

De quoi est mort Napoléon ?

Officiellement, d'un cancer de l'estomac, mais le Dr Pascal Kintz de l'Institut médico-légal de Strasbourg a découvert dans ses cheveux des concentrations en arsenic variant de 6,99 à 38,53 ng/mg, qui indiqueraient une intoxication chronique.

Quelle est l'origine du confetti ?

Le mot vient de l'italien *confetto,* dragée. Désignait, autrefois, les boulettes de plâtre qu'on se lançait pendant le carnaval.

Qu'est-ce qu'un roudadar ?

La flûte de Pan à 33 tuyaux dont on joue en Équateur.

Comment les plus de 15 ans occupent-ils leurs loisirs en France ?

En 1997, 73 % lisaient un quotidien, 71 % des livres, 32 % des BD, 94 % regardaient la télévision, 88 % écoutaient la radio, 62 % regardaient des vidéos et 77 % écoutaient des disques.

Combien y a-t-il de loups en Russie ?

Il y en avait 44 800 en 1999 (22 500 en 1990).

Qu'appelle-t-on TMS ?

Les troubles musculo-squelettiques qui surviennent dans les articulations et sont dus à des gestes répétitifs.

Que représente le prix de vente d'un paquet de cigarettes ?

Au 1-2-2001 (en %) : fiscalité 75,9, fabricant 16, buraliste 6, redevance du buraliste à l'État 2.

Quels écrivains français ont été les meilleurs vendeurs ces cinq dernières années ?

D'après *le Nouvel Observateur* (du 1-1-1996 au 31-12-2000) : *Christian Jacq* [2 098 000 exemplaires vendus en 1re édition (+ 1 580 000 ex. en livre de poche)] : 40 millions de F ; *Philippe Delerm* [1 268 000 ex. (+ 60 000 ex. en poche)] : 15 millions de F ; *Amélie Nothomb* [1 200 000 ex. (+ 80 000 ex. en poche)] : 15 millions de F ; *Max Gallo* [1 038 000 ex. (+ 320 000 ex. en poche)] : + de 20 millions de F ; *Christian Signol* [851 000 ex. (+ 150 000 ex. en poche)] : 15 millions de F ; *Bernard Werber* [774 000 ex. (+ 725 000 ex. en poche)] : 14 millions de F ; *Jean-Christophe Grangé* [690 000 ex. (+ 100 000 ex. en poche)] : 12 millions de F ; *Jean d'Ormesson* [660 000 ex. (+ 100 000 ex. en poche)] : + de 11 millions de F ; *Daniel Pennac* [607 000 ex. (+ 2 470 000 ex. en poche)] : + de 12 millions de F ; *Régine Desforges* [530 000 (+ 300 000 ex. en poche)] : 10 millions de F.

Qu'est-ce que l'ergostressie ?

Du grec *ergon,* travail physique, et de l'anglais *stress,* tension. Ce concept, inventé par Yves Lasfargue, mesure la densité du travail en tenant compte de la fatigue physique et mentale, du stress et du plaisir.

La taille des seins des Françaises augmente-t-elle ?

Oui. Entre 1998 et 1999, les tailles 90 et 105 ont gagné 2 à 3 points de parts de marché.

Qui inventa la trottinette en aluminium ?

Le Suisse Wim Ouboter.

Qu'appelle-t-on le syndrome de Florence ?

Le choc psychologique dû à la contemplation de trop de beauté. Décrit par Stendhal en 1817 après la visite de l'église Santa Croce à Florence, il peut entraîner vertiges, crises d'angoisse, tachycardie, euphorie ou prostration, une perception altérée des couleurs et des bruits, des hallucinations...

Comment communiquent les éléphants ?

Par infrasons, inaudibles pour l'homme, mais perceptibles par leurs congénères jusqu'à 10 km et par ondes sismiques (perceptibles jusqu'à 32 km) en martelant le sol.

Que rapporte le sexe en ligne ?

Il aurait réalisé, en 1998, 9 milliards de F de chiffre d'affaires en Europe et aux USA, soit 70 % du commerce électronique.

De quoi souffre un technopathe ?

Il a des difficultés pour percevoir la réalité représentée sur les écrans. 15 à 20 % des Français seraient technopathes.

Comment le calendrier chinois nomme-t-il les prochaines années ?

2002 : sera l'année du cheval, *2003 :* du mouton, *2004 :* du singe, *2005 :* du coq, *2006 :* du chien, *2007 :* du cochon.

Quelle zone de leur cerveau utilisent les joueurs d'échecs ?

Les compétiteurs, le cortex frontal (et le lobe pariétal) correspondant à la mémoire à long terme où ils peuvent emmagasiner 100 000 figures de jeu ; *les amateurs,* l'hippocampe (lobe temporal) correspondant à la mémoire à court terme et à l'apprentissage.

Combien existe-t-il d'organisations d'extrême gauche ?

254 selon le rapport *Extrême gauche 2000* de la Direction centrale des renseignements généraux.

A quoi sert le gros orteil ?

Il supporte 40 % du poids lors de la marche.

Qu'appelle-t-on cacosmie ?

Le symptôme dans lequel des odeurs habituellement neutres ou agréables sont ressenties comme repoussantes.

Qu'est-ce que le bruxisme ou la bruxomanie ?

Le fait de grincer des dents en dormant.

Qu'appelle-t-on la ceinture de Lapeyssonie ?

La région du Burkina Faso, délimitée par le médecin français Lapeyssonie, et dans laquelle la méningite est endémique.

Quelles sont les voitures de l'après-guerre les plus vendues ?

Selon CCFA/constructeurs : *Ford Escort* 40 millions d'unités, *Toyota Corolla* 25, *Coccinelle* 22, *Golf* 20, *Voyager* 9, *Renault 5* et *super 5* 8,5, *Fiat Uno* 8, *4 L Renault* 6, *205 Peugeot* 5,4, *Fiat 127* 5,3.

Combien de Français utilisent une crème solaire ?

1 sur 3 (en moyenne 1,9 pot ou tube par an).

Qu'appelle-t-on la part des anges en Charente ?

L'évaporation du Cognac lors de son vieillissement, soit environ 2 % du volume.

Que veut dire anagogie ?

Ce terme désigne ce qui élève l'âme.

Y-a-t-il beaucoup de lions blancs ?

Il en existe environ 20 dans le monde, vivant dans des parcs. Ils sont victimes d'une mutation récessive entraînant un déficit en mélanine (pigment naturel des poils).

Qu'est-ce que la brachiation ?

Le mode de déplacement des singes passant de branche en branche à l'aide de leurs bras.

Quels dommages et intérêts peut-on obtenir pour atteinte à la vie privée ou au droit à l'image ?

Condamnés par les tribunaux de grande instance de Paris et de Nanterre, les journaux ont versé en 1999/2000 : 4 445 000 F à Stéphanie de Monaco, 3 493 000 F à sa sœur Caroline de Hanovre, 1 255 000 F à Vanessa Paradis, 935 000 F à Albert de Monaco, 900 000 F à Claire Chazal, 890 000 F à Gérard Depardieu, 800 000 F à Carole Bouquet, 630 000 F à Laetitia Casta, 630 000 F à David Hallyday, 500 000 F à Estelle Hallyday, 500 000 F à Arthur, 340 000 F à Claudia Schiffer et 260 000 F à Patrick Poivre d'Arvor.

Quelle est la fréquence du cri de la chauve-souris ?

10 000 à 120 000 vibrations par seconde, contre 50 pour le crapaud-buffle.

Qui bloque la construction de l'autoroute A 28 ?

La présence d'une chauve-souris protégée découverte dans la Sarthe (les travaux avaient déjà été stoppés en 1996 par la découverte de pique-prunes).

Que font les onycophages ?

Ils se rongent les ongles.

Et les pagophages ?

Ils mangent de la glace en grandes quantités.

Où pratique-t-on le plus d'opérations de chirurgie plastique ?

Aux USA avec 500 000 opérations pour 250 millions d'habitants et au Brésil avec 300 000 interventions (dont 36 000 mammoplasties) pour 160 millions d'habitants.

Quelle ville a-t-on surnommée la Venise du Gâtinais ?

Pont-Audemer.

Qu'est-ce qu'un crapauduc ?

Un passage souterrain permettant aux crapauds de traverser une route sans se faire écraser.

Quelle fut la première actrice à avoir assuré son corps ?

Betty Grable : elle avait assuré ses jambes pour 1 million de $ vers 1940.

Combien de fois rit-on par jour ?

Les enfants 400 fois, et les adultes 15 fois.

Les décisions des tribunaux sont-elles exécutées ?

Un tiers des peines de prison ne sont pas effectuées et 70 % des amendes ne sont pas perçues par le Trésor public.

Qu'est-ce que le réseau Échelon ?

Un système d'écoutes créé en 1947 par les USA, la G.-B., l'Australie, le Canada et la Nouvelle-Zélande contre le pacte de Varsovie. Après 1989, il se recycle dans l'espionnage économique.

A-t-on le droit de ramasser des champignons en forêt domaniale ?

C'est toléré si on ne dégrade pas les sous-bois.

Qu'est-ce que la Pichler ?

Une trottinette allemande pour adultes, utilisée par les médecins pour arpenter les couloirs des hôpitaux. Elle a un frein-avant à tambour et des roues de 16 pouces.

Combien l'espionnage industriel coûte-t-il aux compagnies américaines ?

Environ 300 milliards de $ par an.

Peut-on cueillir du génépi ?

Le génépi est une armoise aromatique qui peut parfumer des eaux-de-vie ou servir à produire une liqueur. Sa cueillette est limitée à environ 100 brins par jour et par personne sous peine d'une amende de 10 F par brin illicite.

Quelle taille atteignent les esturgeons pêchés dans la Gironde ?

Le plus grand, pêché en 1925, mesurait 3,90 m, pesait 490 kg et contenait 70 kg de caviar.

Qu'est-ce que la cachinnation ?

Le rire déplacé et immature des schizophrènes.

Combien y a-t-il eu de catastrophes naturelles en 2000 ?

850 selon la Société de réassurance Munich Re, qui chiffre les dégâts à 30 milliards de $.

Que pensent les Français du fonctionnement de la justice ?

Selon une enquête Louis-Harris réalisée auprès de 1 201 personnes en mai 2001, 23 % sont très satisfaits des locaux, 23 % des fonctionnaires du tribunal et des juges, 20 % de l'accueil, 18 % du déroulement des audiences, 16 % de l'information et 13 % des délais de traitement de l'affaire. 72 % pensent que la qualité d'un avocat a une influence importante sur le résultat du procès.

Qui est Mousbah Baalbaki ?

Le seul danseur du ventre du monde arabe.

Où se trouvent les plus grandes montagnes russes ?

En Allemagne. Elles sont hautes de 60 m et longues de 1,5 km.

Combien rapporte le fait de transformer sa voiture en panneau publicitaire ?

Le format classique (2 autocollants sur les portières avant et un plus petit à l'arrière) rapporte 250 à 400 F par mois ; le concept X-large (2 adhésifs latéraux et 1 à l'arrière) 700 à 1 000 F/mois ; toute la surface du véhicule rapporte 2 000 à 3 000 F/mois.

Quand est-on atteint de clinophilie ?

Quand on reste couché en permanence.

Pourquoi les fabricants allemands ont-ils demandé que les normes européennes concernant les préservatifs soient revues à la baisse ?

Parce que le diamètre du pénis des jeunes Allemands de 18-19 ans est inférieur de 3,5 à 4 mm à celui des condoms standard européens.

Qu'est-ce que l'arabette des dames ?

Une petite crucifère.

Combien de chances a-t-on de trouver un trèfle à quatre feuilles dans un pré ?

Une sur 5 000.

Que donnerait l'équation de Drake ?

Le nombre de civilisations actuellement présentes dans notre galaxie.

Que représente l'aide publique versée pour l'Opéra Garnier et Bastille ?

648 F par place.

Qu'est-ce que la famoxine ?

Une protéine recombinante qui pourrait soigner l'obésité.

Dans quelles villes de province y a-t-il le plus de policiers ?

Pour 1 000 habitants, il y en a 3,30 à Marseille, 3,29 à Évry, 3,09 à Versailles, 3,01 à Cergy, 2,94 à Melun, 2,73 à Lyon, 2,48 à Amiens, 2,46 à Toulouse, 2,39 à Nîmes, 2,36 à Toulon, 2,33 à Nice, 2,32 à Lille et Bordeaux, 2,30 à Perpignan, 2,20 à Strasbourg, 2,16 à Saint-Étienne, 2,13 à Montpellier, 2,03 à Rouen, 1,97 au Havre et Grenoble, 1,94 à Caen, 1,92 à Aulnay/Bois, 1,91 à Aix-en-Provence, 1,90 à Nantes, 1,89 à Clermont-Ferrand, 1,88 à Besançon, 1,87 à Mulhouse, 1,85 à Roubaix et Dijon, 1,84 à Nancy, 1,83 à La Haÿ-les-Roses et Metz, 1,82 à Pau, 1,81 à Douai, 1,80 à Asnières et Rennes, 1,78 à Cannes, 1,74 à Gentilly, 1,73 à Tourcoing, 1,71 à Dunkerque, 1,69 à Lille et Lens, 1,68 à Valenciennes, 1,67 à Mantes-la-Jolie, 1,63 à Palaiseau, 1,62 à Boulogne-Billancourt, Brest, Le Mans et Tours, 1,56 à Sarcelles, 1,55 à Argenteuil et Thionville, 1,47 à Orléans et Reims, 1,46 à Ermont, 1,45 à Lorient, Poitiers et Troyes, 1,43 à Limoges et 1,36 à Angers.

Qui a jeté les bases de la toponymie lunaire ?

Le jésuite italien Giovanni Battista Riccoli en publiant, il y a 350 ans, *Almagestum novum*.

Qu'appelait-on agent orange ?

Le défoliant déversé sur le Viêt Nam par l'armée américaine pendant la guerre.

De combien a-t-on pu redresser la tour de Pise ?

Entre 1990 et 2001, de 40 cm.

Quelles sont les propriétés du gattilier ?

Le fruit de cette plante odorante qui pousse dans les régions méditerranéennes ressemble à des petits grains de poivre. Il est utilisé contre les vers parasites ou comme diurétique.

La Santé est-elle trop coûteuse ?

Selon une enquête menée en 1998 par le Centre de recherche, d'étude et de documentation en économie de la santé, pour des motifs financiers 43 % des Français renonceaient aux soins dentaires et à l'orthodontie, 13 % aux lunettes et lentilles, 13 % aux soins d'un spécialiste, 10 % d'un généraliste, 6 % aux médicaments, 4 % à une radio ou un scanner, 3 % à la kinésithérapie et 8 % à d'autres soins.

Qu'est-ce que la palicinésie ?

La répétition sans objet des mêmes mouvements.

Qu'est-ce que la palilalie ?

La répétition d'une phrase de plus en plus rapidement.

Combien y a-t-il d'espèces de limaces en France ?

701 espèces et sous-espèces, la 701ᵉ ayant été découverte en 2000 au nord de Digne.

Que contient un gramme de pollen d'ambroisie ?

Environ 90 000 grains d'à peu près 20 microns de diamètre. D'août à septembre, un pied d'ambroisie disperse plus de 2,5 milliards de grains.

Quel est le coût net d'un emploi créé grâce aux 35 h en 2000 ?

200 000 F selon le rapport du Commissariat au plan.

Combien d'animaux domestiques sont-ils en voie d'extinction dans le monde ?

Selon la FAO, 2 200 races domestiques pourraient disparaître dans les 20 prochaines années.

Qu'est-ce que la révolution verte ?

Le mouvement de recherche agronomique lancé vers 1960 par les fondations Ford et Rockefeller avec la Banque mondiale pour faire reculer la malnutrition dans le tiers monde.

Combien y a-t-il d'immigrants en situation irrégulière aux USA ?

5 à 6 millions.

Comment évolue le glacier du Kilimandjaro ?

D'après les mesures du Pr Lonnie Thompson, 33 % du glacier aurait disparu en 20 ans et la totalité pourrait avoir fondu en 2020.

Quel est l'avenir des papillons en France ?

Un tiers des 250 espèces sont menacées.

Combien de Britanniques possèdent un bien immobilier en France ?

500 000, selon une étude d'Abbey National.

Quelles sont les obligations d'un détective privé ?

Il peut fixer librement ses tarifs, mais il doit établir et faire signer une convention détaillant ses prestations et remettre au client un rapport de mission.

Comment appelle-t-on la gauche caviar à l'étranger ?

Toskaner Fraktion en Allemagne car certains sociaux-démocrates passent leurs vacances en Toscane. *Champagne Left* en Grande-Bretagne. *Libéraux de la côte Est* aux USA car ils habitent New York et passent leurs week-ends à Martha's Vineyard.

Que pensent les Français de l'euthanasie ?

Selon un sondage Ifop publié dans *le Journal du Dimanche* du 15-4-2001, 38 % étaient pour, 50 % pour dans certains cas, 10 % contre et 2 % ne se prononcent pas.

Qu'est-ce que l'ikebana ?

L'art de l'arrangement floral au Japon.

Combien l'Inde forme-t-elle chaque année d'ingénieurs et de scientifiques ?

150 000.

Quelle est la réglementation concernant les pitbulls ?

La loi du 6-1-1999 oblige les propriétaires à déclarer leur chien en mairie, restreint leur accès aux lieux publics et interdit aux mineurs d'en posséder.

Depuis quand les filles peuvent-elles passer le bac ?

Officiellement, depuis le décret du 25-3-1924.

Combien y a-t-il de suicides dans le monde agricole ?

En 1998, on comptait 412 suicides sur 5 156 morts, soit 8 % (le taux de suicide parmi les actifs de la population générale était de 7,2 %).

Quelle est la répartition du partage du temps entre les hommes et les femmes ?

Selon une enquête menée en 1999 (en %, hommes et, entre parenthèses, femmes). **Couples à 1 seul actif :** temps professionnel 100 (0), parental 30,2 (69,8), domestique 21,6 (78,4), personnel 49 (51), physiologique 50,7 (49,3). **Couples à 2 actifs (homme à temps complet et femme à temps partiel) :** temps professionnel 61,4 (38,6), parental 40 (60), domestique 25,6 (74,4), personnel 54,6 (45,4), physiologique 53 (47). **Couples à 2 actifs :** temps professionnel 53,1 (46,9), parental 40,6 (54,4), domestique 30,4 (69,6), personnel 59,6 (40,4), physiologique 53,1 (46,9).

Qu'est-ce qu'un hipparion ?

Un équidé proche du cheval, disparu à la fin du tertiaire (vers moins 2,3 millions d'années).

Combien coûte le ramassage des crottes de chien à Paris ?

37 F le kg, soit 3 F la crotte.

Qu'est-ce que le piébalisme ?

De l'anglais *piebald*, pie ; concerne les personnes qui naissent avec une mèche blanche sur le front. Cette mèche pousse sur une zone dépourvue de mélanine (pigment qui colore les cheveux et la peau).

A combien se monte le blanchiment d'argent dans le monde ?

Selon une étude américaine publiée le 15-12-2000 : 1 000 milliards de $ par an (dont 300 à 500 milliards venant du narcotrafic).

Qu'est-ce qu'un coprolithe ?

Un excrément fossile.

Combien y avait-il de candidats à la présidentielle iranienne de 2001 ?

817 ont déposé un dossier de candidature, mais 10 seulement ont été admis à se présenter.

D'UN QUID À L'AUTRE

■ **Août 2000. 1er** un commando de viticulteurs saccage le centre des impôts de Montpellier pour protester contre l'importation massive de vins de pays européens vendus à bas prix. **4** la reine mère d'Angleterre fête ses 100 ans. **5** le gouvernement annonce la destruction, sur environ 46 ha, de cultures de semences de soja contenant des OGM. **7** Jean-Michel Rossi, ancien nationaliste corse, et Jean-Claude Fratacci tués. Mort à Londres de l'acteur Alec Guinness (Lawrence d'Arabie). **8** *Moscou,* attentat (7 † et 93 bl.). **10** Hugo Chavez, Pt vénézuélien, rencontre Saddam Hussein (1er chef d'État à se rendre en Iraq depuis 1990). **10** entrée en vigueur de la directive européenne sur la libération du marché du gaz. **11** *Pologne,* Lech Walesa blanchi des accusations de collaboration avec la police politique communiste. **12** les talibans afghans ferment les bains publics de Kaboul. **15/21** Journées mondiales de la jeunesse à Rome. **17** le Vatican condamne la décision du gouvernement britannique d'autoriser le clonage d'embryons humains à usage thérapeutique. Decode Genetics (Islande) annonce avoir décelé et cartographié un gène associé à l'apparition de la maladie d'Alzheimer. **20** canonisation du tsar Nicolas II, de la famille impériale et d'un millier d'autres martyrs du bolchévisme. **27/28** *Moscou,* incendie de la tour de la télévision. **29** démission de Jean-Pierre Chevènement (ministre de l'Intérieur) en désaccord sur le problème corse. **31** Laurent Fabius présente un plan de baisse des impôts. Fin du blocus des ports par les marins pêcheurs demandant la baisse des prix du carburant.

■ **Septembre. 3** béatification des papes Pie IX et Jean XXIII. **3/4** les routiers bloquent dépôts pétroliers et raffineries. **5** dans un document intitulé *Dominus Jesus* le cardinal Josef Ratzinger réaffirme que l'Église est « unique » et que les Églises issues de la Réforme ne sont pas des « Églises au sens propre ». **5/6** les routiers obtiennent une baisse de 60 centimes par litre des taxes sur le gazole d'ici à 2001. **6** ouverture devant le tribunal correctionnel de Nanterre du procès du financement occulte du RPR (27 prévenus). **6/8** Onu, sommet du millénaire réunissant 152 chefs d'État ou de gouvernement. **7** Dominique Giuntini assassiné à L'Ile-Rousse. **10** le dollar américain remplace le sucre équatorien. **13** sondages de popularité : *Lionel Jospin :* – 20 points selon Louis-Harris, – 18 selon BVA, – 12 selon Ipsos ; *Jacques Chirac :* – 7 points selon Louis-Harris, – 9 selon BVA et – 2 selon Ipsos. **14** ouverture des JO de Sydney. **21** *Le Monde* publie la 1re partie de la confession de Jean-Claude Méry mettant en cause Jacques Chirac ; **22** la 2e partie ; 4 magistrats saisissent une copie de la cassette au siège de la Sté de production Sunset ; Me Alain Belot, un des avocats de Méry, indique avoir remis l'original en avril 1999 à Dominique Strauss-Kahn. Marie-José Pérec, se disant harcelée, quitte les JO. **22** pour faire baisser le prix du pétrole, le Pt Clinton décide de puiser pendant 30 jours dans les réserves stratégiques américaines. En dépit de l'embargo, un avion humanitaire français se pose à Baghdad. **24** référendum sur le quinquennat : abstention 69,81 %, blancs et nuls 16,1, oui 73,21, non 26,79. **28** la pilule abortive RU 486 est autorisée aux USA. Mort de Pierre Eliott Trudeau, ancien PM canadien. *Israël,* visite d'Ariel Sharon sur l'esplanade des mosquées, déclenchement de l'Intifada el-Aqsa.

■ **Octobre. 1er** clôture des JO de Sydney, 38 médailles pour la France (6e place). 120 martyrs chinois canonisés. **2** ouverture devant le tribunal correctionnel de Paris du procès du financement du PCF (27 prévenus). **3** *Dresde,* 10e anniversaire de la réunification allemande (absence du chancelier Kohl, impliqué dans l'affaire des caisses noires de la CDU). **5** l'Assemblée nationale autorise la vente aux mineures sans ordonnance de la « pilule du lendemain » ; *Yougoslavie,* Slobodan Milosevic abandonne le pouvoir. **6** « Journée de colère » en Palestine (11 †). **7** *Israël,* à Naplouse, l'armée israélienne évacue le tombeau de Joseph qui est immédiatement saccagé par les Palestiniens. Le grand-duc Jean de Luxembourg abdique en faveur de son fils Henri. **8** *Pologne,* Alexandre Kwaniewski élu Pt de la Rép. **12** Jean Tiberi exclu du comité départemental parisien du RPR. Attentat suicide dans le port d'Aden (Yémen) contre le destroyer américain *USS Cole* (17 †). Gao Xingjian, écrivain dissident chinois naturalisé Français, prix Nobel de littérature. **14/16** pluies torrentielles dans le sud-est de la France, en Haute-Corse, en Suisse et en Italie. **18** démission de Martine Aubry, Élisabeth Guigou la remplace au ministère de l'Emploi et de la Solidarité (elle-même est remplacée à la Justice par Marylise Lebranchu). **20** la cour d'appel de Paris autorise le juge Bruguière à délivrer un mandat d'arrêt international contre le colonel Kadhafi (Libye). **22** Jean-Pierre Chevènement réélu député de Belfort. **23** début des opérations de récupération des corps des 118 marins du *Koursk* (coulé le 12-8-2000). **26** *G.-B.,* un rapport sur la vache folle dénonce l'irresponsabilité de l'administration. **27** le *Wall Street Journal* révèle que Microsoft a été victime pendant un mois de piraterie informatique. **29/30** tempête en G.-B., dans l'ouest et le nord de la France, vents à 176 km/h (9 †). Visite en France du Pt Poutine. **31** décollage de Baïkonour d'une fusée Soyouz avec les Russes Guidzenko, Krikalev et l'Américain Shepherd. Naufrage du chimiquier italien *Ievoli-Sun* au large de Cherbourg.

■ **Novembre. 1er** le gouvernement français se dit prêt à envisager une révision du traité signé avec Monaco en 1918. Fermeture de l'exposition universelle de Hanovre, succès relatif. **2** le ministère de la Défense reconnaît que les soldats ayant participé à la guerre contre l'Iraq (en 1990) ont pris de la pyridostygmine. **5** tempête sur le Sud-Est et la côte atlantique. **8** après l'Assemblée en 1998, le Sénat vote une proposition de loi reconnaissant le génocide arménien de 1915. **10** mort de Jacques Chaban-Delmas, à 85 ans. **11** *Kaprun* (Autriche), incendie dans un funiculaire (55 †). **14** le gouvernement annonce la « suspension temporaire et générale » de l'utilisation de farines animales pour porcs, volailles et poissons. **16** Clinton au Viêt Nam (1er Pt américain à s'y rendre depuis 1975). **18** Jean Tiberi rompt avec Jacques Chirac. **22** mort du naturaliste Théodore Monod. **23** 1 000 000 de personnes manifestent à Barcelone contre l'ETA. **30** Michel Roussin en garde à vue (affaire des marchés publics des lycées d'Ile-de-France) [en détention le 1-12].

■ **Décembre. 7/11** Sommet des 15 à Nice sur la réforme des institutions de l'UE. **8** les actionnaires de Canal+ approuvent à 98,64 % la fusion avec Vivendi et Seagram. **9** démission du PM israélien Ehoud Barak. **10** Ion Iliescu élu Pt de la Roumanie. **12** graves inondations dans le Finistère. **13** Poutine à Cuba (1re visite d'un chef d'État russe depuis 1989). **14** Florence Delay élue à l'Académie française. **15** *Palerme,* 124 États signent une convention contre la criminalité transnationale organisée. Fermeture de la centrale nucléaire de Tchernobyl. **18** George Bush élu Pt des USA par 271 grands électeurs sur 538. *Algérie,* 16 élèves et un gardien du lycée technique de Médéa assassinés. **21** Jean-Christophe Mitterrand incarcéré dans le cadre de l'enquête sur un trafic d'armes entre la France et l'Angola. **22** procès Festina : Bruno Roussel (directeur sportif) et Willy Voet (soigneur) sont condamnés à 1 an et 10 mois de prison avec sursis et 50 000 F d'amende, Virenque acquitté. **23** Louis Leprince-Ringuet meurt. **29** Jacques Laurent meurt. **30** les sondes Galileo et Cassini photographient Jupiter.

■ **Janvier 2001. 1er** entrée en vigueur de la loi sur la présomption d'innocence. **2** J.-Ch. Mitterrand remis en liberté sous caution de 5 millions de F. **4** la France annonce que 4 Français sont atteints du « syndrome des Balkans ». **6** clôture à Rome du Jubilé. **9** inondations en Ille-et-Vilaine. Éclipse de Lune (61 minutes). **10** Jeanne Moreau reçue à l'Académie des beaux-arts. **11** Robert Badinter se prononce pour la libération de Maurice Papon. **13** Bernard Kouchner quitte la Mission des Nations unies au Kosovo, remplacé par Hans Haekkerup (Danois). *Salvador,* tremblement de terre (magnitude 7,6) [600 †, 500 disparus]. **14** Jorge Sampaio réélu Pt du Portugal. **16** Laurent Fabius présente la « prime pour l'emploi ». **19** *Équateur,* marée noire au large des Galapagos. **20** Joseph Estrada, Pt des Philippines, démissionne. **21** Jean-Paul II nomme 37 nouveaux cardinaux dont 2 Français. **22** ouverture du procès de Roland Dumas. **24** inondations en Ille-et-Vilaine et Loire-Atlantique. **25/30** 31e Forum économique de Davos. **27** 300 jeunes de Mantes-la-Jolie et Chanteloup-les-Vignes se battent dans le centre commercial des Quatre-Temps à La Défense.

■ **Février. 1er** le ministère de la Défense estime qu'il n'y a aucun lien entre l'uranium appauvri et les militaires présentant le syndrome des Balkans. Retour en Libye d'Al Amine Khalifa Fhimah acquitté au procès de Lockerbie. **2** Alfred Sirven (en fuite depuis 1998), arrêté aux Philippines (le 3 à Francfort), extradé le 6 vers la France. Publication des statistiques des crimes et délits en 2000 : augmentation de 5,72 % par rapport à 1999. **4** mort de Gilbert Trigano et de Iannis Xenakis. **5** Bertelsmann prend le contrôle de RTL Group. **6** Bernard Kouchner nommé ministre délégué à la Santé, Dominique Guillot secrétaire d'État aux personnes âgées et aux handicapés. **9** le sous-marin nucléaire américain *Greeneville* entre en collision avec le navire-école de pêche japonais *Ehime-Maru* au large d'Hawaii. **12** *Nature* publie le séquençage du génome humain. La sonde de la Nasa, *Near Shomaker,* se pose sur l'astéroïde Eros à 300 millions de km de la Terre. **16** USA et G.-B. bombardent les environs de Baghdad. **17** 908 immigrés kurdes s'échouent sur une plage de Saint-Raphaël. **19** Charles Trenet meurt. **20** ouverture du procès du Sentier (124 prévenus, 540 millions de F de fraudes). **22** Xavier Garcia Gaztelu, dit Txapote, membre de l'ETA, arrêté à Anglet. **26** traité de Nice signé par les ministres des Affaires étrangères des 15. **28** *G.-B.* accident ferroviaire (15 †, 50 bl.).

■ **Mars. 4** *Suisse,* référendum sur l'adhésion à l'UE, non 77,5 %. **9** 1 000 magistrats protestent devant l'hôtel Matignon contre leur manque de moyens. **11** élections municipales et cantonales. Béatification de 233 martyrs de la guerre civile espagnole. Arrivée à Mexico de la « longue marche » des zapatistes du Cdt Marcos. Confirmation de la destruction des 2 bouddhas géants de Bamiyan (Afghanistan). **12** 1er cas de fièvre aphteuse en Mayenne. **15** José Bové et René Riesel condamnés à 10 mois de prison avec sursis et Dominique Soullier à 8 mois pour la destruction de plants de riz transgénique en 1999. Le tribunal de Cherbourg interdit à la Cogema de décharger des combustibles nucléaires irradiés australiens. **20** *Brésil,* naufrage au large de Rio de la plus grande plate-forme pétrolière du monde contenant 1 500 000 l de brut. **22** José Bové condamné en appel à 3 mois de prison ferme et 340 000 F d'amende pour le démontage (le 12-8-1999) du MacDonald's de Millau et à 6 000 F d'amende pour la séquestration de 3 fonctionnaires de l'Agriculture le 22-3-1999. Gabriel de Broglie élu à l'Académie française. *USA,* décision d'expulser 50 diplomates russes avant le 1-7 pour espionnage. **23** la station russe *Mir* se désintègre au-dessus du Pacifique. **26** départ de La Hague d'un convoi de combustible retraité vers l'Allemagne. **29** Danone annonce la fermeture d'ici à 2004 de 6 usines en Europe (1 816 emplois) dont 2 en France (570 emplois) et le développement de 5 sites dont 2 en France. Mark et Spencer annonce la fermeture de 38 magasins en Europe continentale dont 18 en France (44 000 emplois).

■ **Avril. 1er** législatives partielles : Dominique Strauss-Kahn, Philippe Douste-Blazy et Bernard Brochand élus. *Pays-Bas,* la loi autorisant le mariage homosexuel entre en vigueur. *Île de Haïnan* (Chine), un avion espion EP3 Aries est intercepté et contraint à se poser (les 24 occupants américains resteront détenus jusqu'au 12). **3** Bernard Tapie revient à l'OM en tant qu'actionnaire « associé ». **5** condamnation : le chauffeur routier hollandais, qui transportait dans son camion 58 clandestins chinois retrouvés asphyxiés le 18-6-2000 à Douvres, est condamné à 14 ans de prison. Alain Juppé réélu Pt de la communauté urbaine de Bordeaux. **7** Charles Pasqua et Bruno Mégret annoncent leurs candidatures à la présidentielle de 2002. *Twickenham,* défaite du XV de France (48 à 19). **8** inondations en baie de Somme d'une ampleur sans précédent depuis 1920 (630 personnes évacuées, le 26, état de catastrophe naturelle décrété dans 108 communes). **9** Pierre Mauroy réélu Pt de la communauté urbaine de Lille. **10** *Pays-Bas,* le Sénat vote la légalisation de l'euthanasie (tolérée depuis 1997). **13** *Pas-de-Calais,* évacuation de plusieurs villages autour de Vimy pour transférer 150 t d'obus chimiques de la Première Guerre mondiale entreposés depuis 1967. **14** affaire Dickinson : l'empreinte génétique de Francisco Arce Montes correspond à celle du meurtrier. **16** l'armée israélienne pénètre dans la bande de Gaza et bombarde plusieurs sites de l'Autorité palestinienne. **17** Philips annonce 6 000 licenciements dans le monde dont 2 600 en France. *Cotonou* (Bénin), retour d'un navire nigérian transportant 100 clandestins (soupçonné de transporter des enfants esclaves, il avait été refoulé du Gabon et du Cameroun). **23** *Italie,* 600 réfugiés kurdes arrivent à Gallipoli. **24** l'Assemblée nationale vote l'inversion du calendrier électoral 2002 par 308 voix contre 251. Jean-Paul II signe le décret reconnaissant les « vertus héroïques » du père Charles de Foucauld. **28** un Soyouz décolle de Baïkonour avec 2 cosmonautes et le 1er touriste spatial, l'Américain Dennis Tito.

■ **Mai. 3** polémique autour de la diffusion, sur M6, de *Loft Story.* **4** fin de l'épizootie de fièvre aphteuse en G.-B. **5** Jacques Chirac demande des sanctions contre le Gal Paul Aussaresses après la publication de son livre *Services spéciaux Algérie 1955-57.* **6** Manuel Gimenez Abad, Pt du parti populaire d'Aragon, assassiné par l'ETA. **7** *Londres,* Ronnie Biggs, condamné à 30 ans de prison pour sa participation à l'attaque du train postal Glasgow-Londres en 1963 (en fuite depuis 35 ans), est arrêté. *Afghanistan,* reprise des combats dans le Nord et l'Est. **10** *Accra* (Ghana), bousculade dans un stade (126 †). **13** *Italie,* législatives : victoire de la droite avec Silvio Berlusconi. **14** la Cour de cassation se prononce en faveur de la révision du procès d'Omar Radad. Libération de Patrick Henry. **15** le manuscrit du *Voyage au bout de la nuit* est préempté par la BNF au prix de 12,18 millions de F. *Varsovie,* ouverture du procès du Gal Jaruzelski pour avoir ordonné de tirer sur les ouvriers de Gdánsk et de Gdynia en 1970. **18** *Israël,* attentat suicide à Netanya (6 †, environ 100 bl.) ; l'aviation israélienne bombarde Gaza et la Cisjordanie (1re fois depuis 1967). **21** *Vatican,* consistoire extraordinaire réunissant 183 cardinaux et consacré à l'Église du IIIe Millénaire. **22** l'Assemblée nationale vote le projet de loi réformant le statut de la Corse. **26/28** *G.-B.,* affrontements raciaux à Oldham près de Manchester. **28** ouverture du procès de la Française des jeux. **30** Dominique Strauss-Kahn renvoyé devant la Cour de justice de la République dans le cadre du dossier fiscal de Karl Lagerfeld. Affaire Elf : Roland Dumas condamné à 30 mois de prison dont 6 ferme, Loïk Le Floch-Prigent à 3 ans et demi ferme, Alfred Sirven 4 ans ferme, Christine Devier-Joncourt 18 mois ferme, tous font appel.

■ **Juin. 1er** *Tel-Aviv* (Israël), attentat suicide devant une discothèque (18 †, 80 bl.). *Népal,* le Pce héritier Dipendra tue son père, sa mère et 6 membres de la famille royale avant de se suicider. *Centrafrique,* les hommes du Pt Patassé se livrent à des tueries contre les Yakomas (ethnie de l'ancien Pt Kolingba). **3** Alejandro Toledo élu Pt du Pérou. **4** Arlette Laguiller annonce sa candidature à la présidentielle. **5** Lionel Jospin reconnaît avoir eu des relations avec les milieux trotskistes. **7** inauguration du TGV-Méditerranée. Pierre Nora élu à l'Académie française. *G.B.,* législatives remportées par le New Labour de Tony Blair. **8** *Irlande,* référendum sur la ratification du traité de Nice, non 54 %. *Iran,* Mohamad Khatémi réélu Pt. **9** Silvio Berlusconi nommé Pt du Conseil italien.

11 Timothy McVeigh, auteur de l'attentat d'Oklahoma City, exécuté. **14** *Alger,* 500 000 à 600 000 manifestants (2 journalistes †, plusieurs centaines de bl.). **15** les émeutes s'intensifient en Kabylie et dans les Aurès. *Göteborg,* sommet des 15, violentes manifestations. **16** manifestations à Paris, Lyon et Marseille contre le projet de réglementation des *rave parties.* **21** Angelo Rinaldi élu à l'Académie française. Olympique de Marseille rétabli en D1, Toulouse Football Club relégué en National. *Strasbourg,* 1er congrès mondial contre la peine de mort. **22** les juges chargés de l'enquête sur les lycées d'Ile-de-France demandent l'audition de Jacques Chirac en qualité de témoin assisté sur le paiement en espèces de 2 429 000 F de billets d'avion utilisés entre 1992 et 95 alors qu'il était maire de Paris. **23** *Paris, Lesbian et Gay Pride :* 500 000 participants en présence de Bertrand Delanoë. Alain Lipietz candidat écologiste à l'élection présidentielle. Dominique Voynet élue secrétaire nationale des Verts. Lionel Jospin annonce la privatisation partielle de la Snecma. **25** Michel Tabachnik relaxé dans l'affaire du Temple solaire. Visite du Pt syrien Hafez el-Assad en France. **27** *service militaire :* annonce de la suspension des incorporations. Jean-Paul II en Ukraine, béatification de 28 religieux martyrs du communisme. **28** *Yougoslavie,* Slobodan Milosevic livré par le gouvernement au TPI (Tribunal pénal international) et transféré à La Haye.

■ **Juillet.** **1er** 3 Palestiniens tués par un missile tiré d'un hélicoptère israélien. Visite d'État de Jacques Chirac en Russie. **2** *Louisville* (Kentucky), 1er cœur artificiel autonome implanté sur un patient américain. **3** crash d'un Tupolev en Sibérie (144 †). **6** *Strasbourg,* tornade : un platane tombe lors d'un spectacle de chants yiddish (11 †, 84 bl.). **7** nouvelles inondations dans la Somme (200 personnes évacuées). *Bradford* (N. de l'Angleterre), affrontements jeunes immigrés indiens/jeunes blancs. **10** 4 conseillers de Jacques Chirac, dont Maurice Ulrich, entendus par les juges ou les policiers de la brigade financière (le 11, Claude Chirac, fille du Pt, entendue). Le Conseil d'État valide un arrêté municipal d'Orléans instituant un couvre-feu de 23 h à 6 h du matin pour les moins de 13 ans. *Chili,* suspension des poursuites contre le Gal Pinochet. Le Real Madrid achète à la Juventus de Turin Zinedine Zidane pour 490 millions de F (record). **10** Yves Cochet ministre de l'Environnement et de l'Aménagement du territoire. **11** début des opérations de renflouage du *Koursk.* **13** le CIO choisit Pékin pour les Jeux de 2008 (Paris 3e avec 18 voix). **14** Jacques Chirac, à propos de l'affaire des billets d'avion, se dit victime d'une « manipulation » et d'une « présomption de culpabilité », il attaque le bilan du gouvernement Jospin, surtout en matière de sécurité. **15** l'ancien roi Siméon II de Bulgarie nommé PM. **16** Pt chinois Jiang Zemin en Russie, signature d'un traité d'amitié et de coopération pour 20 ans. *Gênes,* ouverture du Forum social présenté comme un contre-sommet du G-8 par des militants antimondialistes. Jacques Rogge élu Pt du CIO. **18** Lionel Jospin promet de rendre publique la répartition des fonds secrets. **19** *Bouira* (Algérie), 30 000 manifestants contre la répression en Kabylie. **20** ouverture du G-8 à Gênes, 150 000 antimondialistes manifestent, violents combats de rues (1 † et 2 blessés graves). Le juge Armand Riberolles réclame au Pt de l'Assemblée nationale la communication des déclarations de patrimoine de Jacques Chirac pour les années 1988 à 93. **22** Montedison accepte l'OPA de Fiat et EDF pour 5,4 milliards d'euros. **23** attentat contre la gendarmerie de Borgo (Corse) [16 bl.]. **24** tests de dépistage de l'EBS obligatoires pour les animaux de 24 mois (400 000 animaux concernés). **25** Bernard Kouchner, ministre délégué à la Santé, reconnaît avoir pratiqué l'euthanasie au Liban et au Viêt Nam. **28** saisie de 3,7 t de contrefaçons à Orly (33 000 articles de 15 marques). *Guyane,* saisie de 1,8 t de cocaïne (valeur 10 milliards de F). **29** Guy Hermier meurt. Lance Armstrong remporte le tour de France (3e fois). Céline Lebrun championne de judo toutes catégories. **30** rapport de la Commission européenne : l'élargissement coûtera au moins 131 milliards de F pour recruter fonctionnaires et traducteurs. **31** hausse des demandeurs d'emploi de 0,4 % en juin (taux de chômage 8,8 %, 2 077 100 personnes).

■ **Août.** **1er** le syndicat des gynécologues-obstétriciens renonce à la grève dans les cliniques privées. Jean-Paul II accorde sa 1 000e audience publique.

NÉCROLOGIE

Décès depuis août 2000

☞ Nationalité française sauf indication contraire.

■ **Affaires (et divers).** **Avramovic** Dragoslav (Youg., 1918), ancien gouverneur de la Banque nationale yougoslave, 26-2-2001. **Faure** Pierre, Pt de la Sagem, 6-2-2001. **Frois** Michel (18-1-1914), inventeur de la communication d'entreprise, 26-10-2000. **Giraudy** Jean, ancien Pt de Éponyme, 14-2-2001 à 96 ans. **Harsanyi** John C. (USA, 1920), prix Nobel 1994, 9-8-2000. **Hewlett** William (USA, 20-5-1913), ancien Pt de Hewlett-Packard, déc. 2001. **Ju-Yung** Chung (1933), fondateur de Hyundai, 21-3-2001. **Lauré** Maurice (Maroc, 24-11-1917), ancien Pt de la Société générale, 20-4-2001. **Lemoine** Jean-François (13-6-1943), Pt du directoire de *Sud-Ouest,* 15-2-2001. **Mehta** Dewang, Pt de Nasscom, 12-4-2001 à 39 ans. **Meuty** Pierre, ancien rédacteur en chef adjoint à Europe 1, 2000. **Moine** Gérard (sept. 1945), secrétaire général de France Télécom, août 2000. **Oppenheimer** Harry (Afr. du S., 28-10-1908), Pt durant 27 ans du groupe Anglo American-De Beers, 19-8-2000. **Trigano** Gilbert (28-7-1920), cofondateur du Club Méditerranée, 3-2-2001. **Vibert-Guigne** Alexis (11-11-1916), ancien Pt de l'Ocil, 7-4-2001.

■ **Architecture.** **Coignet** Jean (1928), architecte et urbaniste, 27-2-2001. **Lasdun** Denys (G.-B., 1914), architecte du Théâtre national de Londres, 11-1-2001. **Mirallès** Enric (Espagne, 1955), architecte, 22-8-2000. **Pottier** Henry (21-2-1912), architecte, 7-9-2000. **Solà-Morales** Ignasi de (Espagne, 1942), architecte, 12-3-2001. **Székély** Pierre (Hongrie, 11-6-1923), architecte et sculpteur, 3-4-2001.

■ **Bande dessinée.** **Bèvère** Maurice de (dit Morris, Belgique, 1-12-1923), créateur de « Lucky Luke », 16-7-2001. **Crespin** Michel (1956), BD médiévale, 14-2-2001. **Dupanloup** Luc (dit Dupa, Belgique, 1946), créateur de « Cubitus », 8-11-2000. **Hanna** William (USA, 1911), créateur de « Tom et Jerry », 22-3-2001. **Mariette** Jean (dit Mittéï, Belgique, 5-6-1932), dessinateur et scénariste, auteur de « Bonaventure », 16-4-2001. **Martin** Monique (dit Vincent Gabrielle, Belgique, 1928), créatrice d'« Ernest et Célestine », 24-9-2000.

■ **Cinéma, télévision, théâtre, spectacles divers.** **Albicocco** Jean-Gabriel (15-2-1936), réalisateur, 10-4-2001. **Alekan** Henri (10-2-1909), chef-opérateur, 15-6-2001. **Aumont** Jean-Pierre (5-1-1911), comédien, 30-1-2001. **Baarova** Lida (Rép. tchèque, 7-9-1914), comédienne, 27-10-2000. **Barbulée** Madeleine (1910), comédienne, 1-1-2001. **Barrère** Igor (17-12-1931), producteur et réalisateur, 24-6-2001. **Benvenuti** Leonardo (Italie, 1923), scénariste, 3-11-2000. **Bernicat** Jean-Marie (1940), acteur, 26-4-2001. **Blain** Gérard (23-10-1930), acteur et réalisateur, 17-12-2000. **Bory** Jean-Marie (Suisse, 17-3-1934), comédien, 31-3-2001. **Campbell** Robert Wright (USA, 9-6-1927), scénariste, 21-9-2000. **Carpentier** Gilbert (1920), « père » des variétés françaises, sept. 2000. **Davy** Jean (15-10-1911), comédien, 5-2-2001. **Demuynck** Miguel (1921), éducateur et homme de théâtre, 5-8-2000. **Doelnitz** Marc (1921), créateur de spectacles, acteur, 8-12-2000. **Dukes** David (USA, 1945), acteur, 9-10-2000. **Enrico** Robert (13-4-1931), réalisateur, 23-2-2001. **Epstein** Julius (USA, 1909), scénariste, 30-12-2000. **Farnsworth** Richard (USA, 1920), acteur, oct. 2000. **Ferro** Turi (Italie, 10-1-1921), acteur, 11-5-2001. **Gironès** Robert (1942), comédien, metteur en scène, déc. 2000. **Glandier** Bernard (1957), danseur, chorégraphe, 7-12-2000. **Götz** Friedrich (Allemagne, 4-8-1930), metteur en scène, 12-12-2000. **Grosso** Guy (19-8-1933), comédien, fantaisiste, 14-2-2001. **Guiness** Alec (G.-B., 2-4-1914), acteur *(Docteur Jivago),* 5-8-2000. **Has** Wojciech (Pologne, 1925), cinéaste, 3-10-2000. **Herbert** Georges (1915), ancien directeur du théâtre de L'Œuvre, 23-8-2000. **Hoffmann** Kurt (Allemagne, 12-11-1910), réalisateur, 25-6-2001. **Joyeux** Odette (5-12-1915), actrice, 26-8-2000. **Julien** A. M. (1903), acteur, 15-1-2001. **Kennedy** Burt (USA, 3-9-1922), scénariste et réalisateur, 15-2-2001. **Kramer** Stanley (USA, 1913), producteur, réalisateur, 20-2-2001. **Lamarque** Libertad (Argentine, 1908), actrice, chanteuse de tango, 12-12-2000. **Lardner Jr.** Ring (USA, 1915), scénariste *(MASH),* 31-10-2000. **Lemmon** Jack (USA, 8-2-1925), acteur (*Certains l'aiment chaud,* avec Marilyn Monroe), 28-6-2001. **Léotard** Philippe (28-8-1940), acteur, chanteur, 25-8-2001. **Lupovici** Marcel (Roumanie, 5-6-1909), comédien, metteur en scène, 9-2-2001. **Mancier** Jacques (1913), acteur, 29-4-2001. **Marin** Jacques (1920), comédien *(Jeux interdits),* 11-1-2001. **Marquand** Christian (15-3-1927), acteur (*Et Dieu créa la femme,* avec Brigitte Bardot), 22-11-2000. **Masson** Olivier (8-2-1955), réalisateur, 24-2-2001. **Montero** Germaine (22-10-1909), actrice, 2000. **Mulligan** Richard (USA, 1933), acteur de sit-coms, 28-9-2000. **Peskine** Nicolas (1-2-1952), metteur en scène, dramaturge, 11-8-2001. **Peters** Jean (USA, 15-10-1926), actrice, 20-10-2000. **Poujouly** Georges (1940), acteur (enfant des *Jeux interdits*), 28-10-2000. **Quinn** Anthony (USA, 21-4-1915), acteur, 3-6-2001. **Richards** Beath (USA, 1920), actrice, 14-9-2000. **Robards** Jason (USA, 26-7-1922), acteur, 26-12-2000. **Robichez** Cyril (1920), comédien, metteur en scène, 16-2-2001. **Rogosin** Lionel (USA, 1924), réalisateur, 8-12-2000. **Rouleau** Fabrice (1947), acteur, 15-6-2001. **Salkow** Sydney (USA, 1909), réalisateur, 18-10-2000. **Schiffman** Suzanne (1930), scénariste, 5-6-2001. **Schleef** Einar (Allemagne, 17-1-1944), acteur, metteur en scène, auteur, 21-7-2001. **Söderbaum** Kristina (Suède, 5-9-1912), actrice, 12-2-2001. **Teshigahara** Hiroshi (Japon, 28-1-1927), réalisateur, 14-4-2001. **Thorsen** Jens Jorgen (Danemark, 1932), cinéaste, peintre, 16-11-2000. **Tréjan** Guy (18-9-1921), acteur, 25-1-2001. **Valois** Ninette de (Edris Stannus ; Dublin, 6-6-1898), danseuse, chorégraphe, fondatrice du Royal Ballet, 11-3-2001. **Van Der Keuken** Johan (P.-Bas, 1938), cinéaste et photographe, 7-1-2001. **Verdon** Gwen (USA, 1925), actrice, danseuse, oct. 2000. **Vita** Helen (Allemagne, 7-8-1928), comédienne et chanteuse, 17-2-2001. **Young** Loretta (USA, 1913), actrice, 12-8-2001. **Zarate Lourié** Laure de (1911), costumière, 13-1-2001.

■ **Lettres, presse, édition.** **Adams** Douglas (G.-B., 11-3-1952), écrivain de science-fiction, 11-5-2001. **Allen** Suzanne (1920), poète et romancière, 1-4-2001. **Amado** Jorge (Brésil, 10-8-1912), écrivain, 6-8-2001. **Anderson** Poul (USA, 25-11-1926), écrivain de science-fiction, 31-7-2001. **Bassani** Giorgio (Italie, 1916), romancier, 2000. **Bénichou** Paul (1908), historien litt., 14-5-2001. **Benmussa** Simone (Tunisie, 1932), écrivain, metteur en scène, 5-6-2001. **Bens** Jacques (25-3-1931), écrivain, fondateur de l'Oulipo (Ouvroir de littérature potentielle), 26-7-2001. **Beylie** Claude (22-2-1932), critique, historien de cinéma, 26-1-2001. **Blancpain** Marc (29-9-1909), écrivain, chroniqueur, 7-4-2001. **Blavier** André (Belgique, 23-10-1922), écrivain, 9-6-2001. **Bo** Carlo (Italie, 25-1-1911), critique litt., 21-7-2001. **Bordas** Pierre (5-7-1913), éditeur, 5-10-2000. **Bouchet** André du (1924), poète, 20-4-2001. **Bourbon-Busset** Jacques de (27-4-1912), écrivain, académicien, 7-5-2001. **Boussinot** Roger (2-5-1921), spécialiste cinéma, 12-5-2001. **Brenner** Jacques (16-9-1922), journaliste, romancier, 19-2-2001. **Brooks** Gwendolyn (USA, 6-7-1917), femme écrivain noire, prix Pulitzer, 3-12-2000. **Cabanis** José (24-3-1922), romancier, 6-10-2000. **Cardinal** Marie (9-3-1929), romancière, 9-5-2001. **Castan** Félix-Marcel (1-7-1920), écrivain occitan, 22-1-2001. **Claude** Catherine (24-12-1924), romancière, essayiste, 23-8-2000. **Cormier** Robert (USA, 17-1-1925), romancier, 2-11-2000. **Cornu** Marcel (1909), critique, juin 2001. **Corso** Gregory (26-3-1930), poète de la *Beat Generation,* 17-1-2001. **Cusin** Philippe (1960), journaliste, 29-10-2000. **Decaunes** Luc (1913), poète, 13-3-2001. **Dedeyan** Prince, homme de lettres, 10-8-2000. **Delsemme** Serge (Belgique, 1954), écrivain de science-fiction, 3-11-2000. **D'Eramo** Luce (Italie, 17-6-1925), romancière, 8-3-2001. **Des Forêts** Louis-René (28-1-1918), écrivain, 30-12-2000. **Dickson** Gordon (Canada, 11-1-1923), écrivain, 31-1-2001. **Dinour** Yéhiel (dit Katzetnik, Israël, 1917), chroniqueur d'Auschwitz, 17-7-2001. **Dragonetti** Roger (Belgique, 1915), médiéviste, 25-10-2000. **Escarpit** Robert (24-4-1918), écrivain, 19-11-2000. **Ferro** Maurice (10-9-1907), journaliste, 27-8-2000. **Firmin-Didot** Pierre (23-8-1921), imprimeur-éditeur, 5-1-2001. **Fletcher** Lucille (USA, 28-3-1912), écrivain, 31-8-2000. **Flondrin** Jean-Louis (4-7-1931), historien, 8-8-2001. **Gilbreth** Frank (1911), écrivain, 19-2-2001. **Giudici** Nicolas (1949), journaliste, écrivain, 17-6-2001. **Goldstuecker** Eduard (Rép. tchèque, 30-5-1913), historien, 23-10-2000. **Graham** Katherine (USA, 1917), ancienne Pte du *Washington Post,* 17-7-2001. **Granel** Gérard (1930), philosophe, 10-11-2000. **Guery** Christian (1945), journaliste, 11-6-2001. **Gusdorf** Georges (1912), philosophe, 23-10-2000. **Guikovaty** Émile (1920), journaliste, 24-10-2000. **Hamelet** Michel-P. (1908), journaliste, 18-9-2000. **Hearst** Randolph Apperson (USA, 2-12-1915), héritier de *Hearst,* 18-12-2000. **Hemingway** Jack (USA, 10-10-1923), écrivain, fils d'Ernest, 1-12-2000. **Hersant** Nadine (1924), veuve de Robert Hersant, 20-6-2001. **Hurbain** Robert (Belgique), 8-4-1929), patron du groupe de presse *Rossel,* 7-1-2001. **Judrin** Roger (29-7-1909), écrivain, 14-12-2000. **Lain** Pedro (Esp., 15-2-1908), académicien, 5-6-2001. **Laporte** Roger (20-7-1925), écrivain, 24-4-2001. **Laurent** Jacques (1919), écrivain, 29-12-2000. **Le Bot** Marc (9-9-1921), écrivain, 25-3-2001. **Lejeune** Michel (1907), linguiste, 2000. **Leyris** Pierre (16-7-1907), angliciste, 4-1-2001. **Lindon** Jérôme (9-6-1925), éditeur, 9-4-2001. **Ludlum** Robert (USA, 25-5-1927), écrivain, 12-3-2001. **Maas** Peter (USA, 27-6-1929), auteur de *Serpico,* 23-8-2001. **Mangattale** Henri (1934), dir. des éditions Fr.-Antilles, 17-4-2001. **Mauro** Frédéric (24-10-1921), historien, 11-6-2001. **Maya** Tristan (4-6-1926), écrivain, critique littéraire, 27-8-2000. **Mészöli** Miklos (Hongrie, 19-1-1921), écrivain, 23-7-2001. **Montanelli** Indro (Italie, 22-4-1909), journaliste, 22-7-2001. **Morrow-Lindberg** Anne (USA, 1906), écrivain, aviatrice, 7-2-2001. **Narayan** Rasipuram Krishnaswami (Inde, 1907), romancier, 13-5-2000. **Nieto** José Garcia (Espagne, 6-7-1914), poète, académicien, 27-2-2001. **Nucera** Louis (17-7-1928), écrivain, 9-8-2000. **Oswald** Pierre-Jean (1931), éditeur, 28-9-2000. **Padilla** Heberto (Cuba, 1932), poète, 24-9-2000. **Peyrefitte** Roger (17-8-1917), écrivain, 5-11-2000. **Piater** Jacqueline (1921), journaliste, 20-1-2001. **Pichette** Henri (24-1-1924), poète, 30-10-2000. **Polin** Raymond (7-7-1910), philosophe, 8-2-2001. **Priouret** Roger (15-9-1913), journaliste économique, 22-12-2000. **Rambaud** Maurice (8-5-1927), trad. d'anglais, 19-8-2000. **Richler** Mordecaï (Canada, 27-1-1931), écrivain, 2-7-2001. **Roberts** Keith (G.-B., 20-9-1935), auteur de science-fiction, 5-10-2000. **Rochette** Philippe (1952), journaliste, 12-4-2001. **Romano** Lalla (Italie, 11-11-1906), poète, 26-6-2001. **Ronsac** Charles (25-3-1908), écrivain, éditeur, 27-3-2001. **Rowan** Carl T. (USA, 1954), journaliste, 23-9-2000. **Sallebert** Jacques (20-10-1920), journaliste, créateur du journal télévisé, 27-11-2000. **Santos** Milton (Brésil, 3-5-1926), géographe, 24-6-2001. **Schakovskoy** Zinadaï (Russie, 30-8-1906), écrivain, 8-6-2001. **Serrano** Carlos (Espagne, 8-2-1943), écrivain, 12-3-2001. **Sicard** Maurice-Yvan (21-4-1910), écrivain, 10-12-2000. **Simeone** Bernard (9-1-1957), poète, traducteur, 13-7-2001. **Sprague de Camp** L. (USA, 27-11-1907), auteur de science-fiction, 6-11-2000. **Sylvester** David (G.-B., 21-9-1924), historien d'art, 19-6-2001. **Tacou** Constantin (Roumanie, 1926), dir. de l'Herne, 22-1-2001. **Taillardat** Jean (1920), linguiste, philologue, 17-9-2000. **Théolleyre** Jean-Marc (1926), journaliste, 12-6-2001. **Thibon** Gustave (2-9-1903), philosophe, 19-1-2001. **Thirion** André (18-4-1907), écrivain surréaliste, 4-1-2001. **Uslar Pietri** Arturo (Venezuela, 16-5-1906), romancier, poète, 26-2-2001. **Van Orman Quine** Willard (USA, 25-6-1908), philosophe, 25-12-2000. **Versins** Pierre (1923), écrivain, encyclopédiste, 19-4-2001. **Vuillemin** Jules (15-2-1920), philosophe, 16-1-2001. **Walzer** Pierre-Olivier (Suisse, 1916), écrivain, critique, 26-11-2000. **Welty** Eudora (USA, 13-4-1909), écrivain, 23-7-2001. **Zimmermann** Daniel (8-2-1935), écrivain, 5-12-2000.

■ **Militaires.** **Bouchinet-Serreulles** Claude (26-1-1912), successeur de Jean Moulin à la tête du Conseil national de la Résistance, 8-12-2000. **Galbert** Gabriel de (15-7-1912), général d'armée, 2-2-2001. **Guibaud** Eugène (5-9-1909), général, ancien directeur du service de contre-espionnage, 28-2-2001. **Katz** Joseph (1-1-1907), général d'armée, 6-3-2001. **Martin** André (27-2-1911), général d'armée aérienne, 21-3-2001. **Mathon** Édouard (7-2-1916), général, un des négociateurs des accords d'Évian, 12-10-2000. **Spedding** sir David (G.-B., 7-3-1943), ancien directeur du service secret britannique MI6, 13-6-2001.

■ **Musique.** **Adler** Larry (USA, 10-2-1914), virtuose de l'harmonica, 7-8-2001. **Albin** Roger (30-9-1920), violoncelliste, chef d'orch., 1-6-2001. **Atkins** Chet (USA, 20-6-1924), guitariste, producteur du « son de Nashville », 30-6-2001. **Bayser** Christiane de (1929), Pte des concours intern. de chant et musique de chambre à Paris, de l'Ufam (Union des femmes artistes musiciennes), 24-12-2000. **Berry** Walter (Autriche, 8-4-1929), baryton-basse, 27-10-2000. **Borge** Victor (Danemark, 3-1-1909), pianiste, humoriste, 23-12-2000. **Boùr** Ernest (20-4-1913), chef d'orch., 20-6-2001. **Braun** Victor (Canada, 4-8-1935), baryton, 6-1-2001. **Brown** Lester Raymond (USA, 14-3-1912), clarinettiste, saxophoniste, chef d'orch., 4-1-2001. **Brumaire** Jacqueline (5-11-1925), soprano, 29-10-2000. **Calabuig** Salvador (Espagne, 1928), compositeur, homme de radio, 28-2-2001. **Cigna** Gina (1900), soprano, 27-6-2001. **Como** Perry (USA, 18-5-1912), chanteur, 12-5-2001. **Cullaz** Maurice (1912), historien du jazz, 30-10-2000. **Czerny-Stefanska** Halina (Pologne, 31-12-1922), pianiste, 1-7-2001. **Danco** Suzanne (Belgique, 22-1-1911), cantatrice, 10-8-2000. **Delage** Roger (4-12-1922), chef d'orchestre, musicologue, 8-2-2001. **Dens** Michel (22-6-1911), baryton, 18-12-2000. **Donatoni** Franco (Italie, 9-6-1927), compositeur, 17-8-2000. **Fredericks** Carole (USA, 5-6-1950), chanteuse, 7-6-2001. **Glanzberg** Norbert (Pologne, 1910), musicien, compositeur, 25-2-2001. **Haïk-Vantoura** Suzanne (1912), musicologue, compositrice, 22-10-2000. **Henderson** John (USA, 24-4-1937), saxophoniste, compositeur de jazz, 30-6-2001. **Henriot-Schweitzer** Nicole (25-11-1925), pianiste, 2-2-2001. **Higgins** Billy (USA, 11-10-1936), batteur de musique afro-américaine, 3-5-2001. **Hinton** Milt (USA, 23-6-1910), contrebassiste de jazz, 19-12-2000. **Hirigoyen** Rudy (Espagne, 29-8-1919), ténor d'opérette, 24-10-2000. **Hooker** John Lee (USA, 1918), guitariste, 21-6-2001. **Jehan** Noor (Inde, 21-9-1926), chanteuse, 23-12-2000. **Joachim** Irène (All., 13-3-1913), cantatrice, 20-4-2001. **Kaya** Ahmet (Turquie, 1957), chanteur, 16-11-2000. **Kruysen** Bernard (P.-Bas, 28-3-1933), baryton, 30-10-2000. **Künneke** Evelyn (All., 1922), chanteuse, 28-4-2001. **Lee** Jeanne (USA, 29-1-1939), chanteuse, poète, danseuse, 24-10-2000. **Leffray** Philippe (1966), batteur du groupe Parabellum, 23-8-2000. **Lesure** François (23-5-1923), musicologue, 21-6-2001. **Livio** Antoine (Suisse, 10-4-1937), musicographe, 27-1-2001. **London** Julie (USA, 26-9-1926), chanteuse, oct. 2000. **Loriod** Jeanne (13-7-1928), spécialiste des ondes Martenot, 3-8-2001. **Louis-Lucien** (dit Loulou Boislaville, Martinique, 1919), chanteur, auteur, compositeur, 25-4-2001. **Maag** Peter (Suisse, 10-5-1919), chef d'orch., 16-4-2001. **Malinin** Evgueni (Russie, 8-11-1930), pianiste, 6-4-2001. **McDuff** Jack (USA, 17-9-1926), organiste de jazz, 23-1-2001. **Mestral** Armand (1917), chanteur, comédien, 17-9-2000. **Morrissey** Dick (G.-B., 9-5-1940), saxophoniste de jazz, 8-11-2000. **Neil** Fred (USA, 1937), guitariste de folk-rock, 7-7-2001. **Nitzsche** Jack (USA, 1937), producteur, pianiste, 25-8-2000. **Noré** Georges (1911), chanteur, févr. 2001. **O'Farrill** Arturo « Chico » (Cuba, 28-10-1928), compositeur, chef d'orch., 27-6-2001. **Phillips** John (USA, 1936), chanteur, compositeur, 20-3-2001. **Podgorny** Oleg (Rép. tchèque, 1956), musicologue, dir. du festival intern. de musique « Printemps de Prague », 17-10-2000. **Pourcel** Franck (14-8-1913), chef d'orch., compositeur, 12-11-2000. **Powell** Baden (Brésil, 6-8-1937), guitariste, compositeur, 26-9-2000. **Ramone** Joey (USA, 19-5-1951), chanteur du groupe punk rock The Ramones, 15-4-2001. **Rhodes** Harold Burroughs (USA, 28-12-1910), inventeur d'un système de piano électrique, 17-12-2000. **Senguemana** (dit Sengé, Madagascar, 19-9-1957), chanteur, 5-12-2000. **Sinopoli** Giuseppe (Italie, 2-11-1946), compositeur, chef d'orch., 20-4-2001. **Staples** Roebuck (USA, 28-12-1915), guitariste, chanteur, 19-12-2000. **Tate** George Holmes (dit Buddy Tate, USA, 22-2-1913), saxophoniste de jazz, 10-2-2001. **Trénet** Charles (1913), chanteur, poète, 18-2-2001. **Tring Công Son** (Viêt Nam, 1939), compositeur, peintre, chroniqueur, 1-4-2001. **Turrentine** Stanley (USA, 1934), saxophoniste de jazz, 13-9-2000. **Vartan** Eddie (Bulgarie, 1937), compositeur, frère de Sylvie Vartan, 19-6-2001. **Xenakis** Iannis (Grèce, 1923), compositeur, mathématicien, architecte, 4-2-2001.

■ **Peinture, sculpture, arts graphiques.** **Barks** Carl (USA, 27-3-1901), dessinateur, créateur de *Donald Duck*, 25-8-2000. **Bazaine** Jean (21-12-1904), peintre abstrait et essayiste, 4-3-2001. **Bernea** Horia (Roumanie, 14-9-1938), peintre, 4-12-2000. **Carzou** Jean (Syrie, 1-1-1907), peintre, 12-8-2000. **Déro** Robert (1920), caricaturiste à *L'Équipe,* 25-9-2000. **Estève** Maurice (1904), peintre, 27-6-2001. **Georgiadis** Nicholas (Grèce, 14-9-1923), décorateur et costumier, 15-3-2001. **Gid** Raymond (1905), affichiste, 12-11-2000. **Haskell** Francis (G.-B., 1928), historien d'art, 2000. **Kerchache** Jacques (1942), commissaire scientifique du futur musée des Arts premiers, 8-8-2001. **Klossowski de Rolla** Balthasar (dit Balthus, Pologne, 1909), peintre, 18-2-2001. **Klossowski** Pierre (son frère, 9-8-1905), peintre et écrivain, 12-8-2001. **Mandiargues** Bona de (Italie, 12-9-1926), peintre, 2000. **Manoli** Pierre (Égypte, 1927), sculpteur, 9-2-2001. **Matégot** Mathieu (Hongrie, 1910), dessinateur, décorateur et créateur de meubles, 17-2-2001. **Montenay** Marie-Hélène (1941), galeriste, 6-12-2000. **Rohner** Georges (20-7-1913), peintre, 3-11-2000. **Salet** Francis (12-2-1909), ancien conservateur du musée de Cluny, 5-9-2000. **Vicente** Esteban (Esp., 20-1-1903), peintre, 10-1-2001. **Volfin** Marie-Claude (2-9-1932), critique et agent d'art, 31-1-2001. **Zhen** Chen (Chine, 1955), plasticien, 13-12-2000.

■ **Photographie.** **Boucher** Pierre (29-2-1908), 29-11-2000. **Faurer** Louis (USA, 1916), mars 2001. **Freund** Gisèle (Berlin, 19-12-1908), 31-3-2000. **Giacomelli** Mario (Italie, 1-8-1925), 2000. **Grosset** Raymond (21-2-1911), 6-4-2000. **Sieff** Jean-Loup (30-11-1933), 20-9-2000. **Tairraz** Pierre (19-11-1933), 14-9-2000. **Ueda** Shoji (Japon, 27-3-1913), 4-7-2000.

■ **Politique. Français.** **Abadie** François (19-6-1930), sénateur des Hautes-Pyrénées, 2-3-2001. **Alexandre-Debray** Janine (3-5-1910), ancienne sénatrice, vice-présidente du Conseil de Paris, 19-10-2000. **Allard** Jean (18-1-1926), ancien député de Seine-Maritime, 6-2-2001. **Arrecks** Maurice (13-12-1917), ancien Pt du conseil général, sénateur du Var, ancien maire de Toulon, 21-3-2001. **Ballayer** René (1916), sénateur de la Mayenne, 26-1-2001. **Boutbien** Léon (25-2-1915), ancien député de l'Indre, 25-2-2001. **Brutelle** Georges (20-11-1922), ancien secrétaire général adjoint de la SFIO, 4-2-2001. **Capet** André (30-11-1939), député du Pas-de-Calais, 31-12-2000. **Chaban-Delmas** Jacques (7-3-1915), ancien PM, ancien maire de Bordeaux, 10-11-2000. **Claireaux** Henri (3-2-1911), ancien sénateur, 31-7-2001. **Comiti** Joseph (4-6-1920), ancien ministre, 10-11-2000. **Doublet** Maurice (8-4-1914), ancien préfet de Paris, 14-4-2001. **Dumont** René (1904), écologiste, 18-6-2001. **Duvillard** Henri (1910), ancien ministre, 17-7-2001. **Fosset** André (13-11-1918), ancien ministre, 27-3-2001. **Girard** Rosan (16-10-1913), ancien député de la Guadeloupe, 5-6-2001. **Girardot** Pierre (20-11-1930), ancien député des Alpes-de-Haute-Provence, 3-1-2001. **Hermier** Guy (22-2-1940), député des Bouches-du-Rhône, 28-7-2001. **Janot** Raymond (1917), ancien Pt du conseil régional de Bourgogne, ancien directeur de la RTF, 20-11-2000. **Jeambrun** Pierre (4-6-1921), sénateur du Jura, 6-2-2001. **Lagrange** Roger (4-5-1913), ancien sénateur, député de Saône-et-Loire, 29-9-2000. **Lucotte** Marcel (1922), ancien maire d'Autun, sénateur, 27-12-2000. **Molino** Lucien (25-5-1907), fondateur mutuelle ouvrière CGT, 8-9-2000. **Moreau** Louise (29-1-1921), députée des Alpes-Maritimes, 5-2-2001. **Paquet** Aimé (10-5-1913) ancien médiateur, 20-8-2001. **Poudonson** Roger (1922), ancien sénateur, 27-12-2000. **Roussel** Marc (4-1-1915), Pt du conseil général de la Haute-Saône, 30-1-2001. **Ruet** Roland (29-10-1921), ancien sénateur, 26-1-2001. **Trémolet de Villers** Henri (4-1-1912), ancien député de la Lozère, 12-5-2001.

Étrangers. **Arron** Henck (25-4-1936), Pt du parti national de Suriname, 4-12-2000. **Bandaranaike** Sirima (17-4-1916), Sri Lanka, 1re femme au monde chef de gouvernement, 10-10-2000. **Ben Elissar** Eliahou (2-8-1932), ambassadeur d'Israël en France, 12-8-2000. **Brower** David (1-7-1912), ancien directeur du Sierra Club (organisation de défense de l'environnement), 5-11-2000. **Dahlab** Saad (1919), ancien ministre d'Algérie, 16-12-2000. **Devi** Phoolan (1963), reine indienne des bandits, 25-7-2001. **Dewar** Donald (1937), PM de l'Écosse, 11-10-2000. **Douglas** Roosevelt (1942), chef du gouvernement de la Dominique, 1-10-2000. **Eltchibey** Aboulfaz (7-6-1938), ancien Pt azerbaïdjanais, 22-8-2000. **Ertl** Josef (1925), ancien ministre allemand de l'Agriculture, 16-11-2000. **Estenssoro** Victor Paz (2-10-1907), ancien Pt bolivien, 7-6-2001. **Eytan** Walter (24-7-1910), ancien ambassadeur d'Israël en France, 23-5-2001. **Felder** Josef (All., 24-8-1900), ancien député social-démocrate, 28-10-2000. **Gierek** Edward (Pologne, 6-1-1913), ancien 1er secrétaire du Parti ouvrier unifié polonais, 29-7-2001. **Hall** Gus (USA, 1910), leader du Parti communiste américain, 13-10-2000. **Haroun** Chéhata (1920), dernier juif égyptien engagé et militant antisioniste de gauche, 15-3-2001. **Hélou** Charles (25-12-1912, ancien Pt du Liban, 7-1-2001. **Hunzvi** Chenjerai Hitler (1950), dirigeait combat des « vétérans » de la guerre de libération du Zimbabwe, 4-6-2001. **Husseini** Fayçal (1940), nationaliste palestinien, 31-5-2001. **Ingrid de Danemark** (28-3-1910), reine mère, 7-11-2000. **Klaus** Josef (Autriche, 15-8-1910), ancien chancelier, 26-7-2001. **Lindsay** John (24-11-1921), ancien maire de New York, 19-12-2000. **Lisette** Gabriel (1919), ancien PM du Tchad, mars 2001. **Lukes** Klement (2-11-1926), ex-dissident anticommuniste tchèque, 2-11-2000. **Magloire** Paul (1905), ancien Pt d'Haïti, 12-7-2001. **Mandaba** Jean-Luc (1943), ancien PM centrafricain, 22-10-2000. **Marie-José de Savoie** (Belgique, 4-8-1906), veuve du dernier roi d'Italie, 27-1-2001. **Méziane** Abdelmadjid (1925), Pt du Haut Conseil islamique en Algérie, 15-1-2001. **Natta** Alessandro (1918), ancien secrétaire général du PC italien, 23-5-2001. **Pahlavi** Leila (Iran, 27-3-1970), fille de l'ex-châh, 18-6-2001. **Pindling** sir Lynden (22-3-1930), « père » de l'indépendance des Bahamas, 26-8-2000. **Rabbani** Mohammed (1957), Pt du Conseil des ministres et no 2 du régime taliban à Kaboul, 16-4-2001. **Rabin** Leah (8-4-1928), épouse d'Itzhak Rabin, 12-11-2000. **Rogers** William (23-6-1913), ancien secrétaire d'État de Nixon, 2-1-2001. **Sann** Son (5-10-1911), ancien PM cambodgien, 19-12-2000. **Semitchastny** Vladimir (1923), ancien chef du KGB, 12-1-2001. **Seragueddine** Fouad (2-11-1910), Pt du parti d'opposition égyptien, 9-8-2000. **Taviani** Paolo Emilio (Italie, 6-11-1912), sénateur, 18-6-2001. **Trudeau** Pierre Elliott (1919), chef du Parti libéral canadien, 28-9-2000. **Van Minh** Duong (Viêt Nam, 16-2-1916), général, ancien Pt du Viêt Nam, 6-8-2001. **Vanden Boeynants** Paul (1920), ancien PM de Belgique, 9-1-2001. **Verdet** Ilie (Roumanie, 10-5-1925), ancien PM, 21-3-2001. **Zubimendi** José Luis (dit Azkoiti, 1945), militant de l'ETA, 21-7-2001.

■ **Religion.** **Blancy** Alain (5-1-1927), pasteur de l'Église réformée de France, 30-9-2000. **Beauchamp** père Paul (28-7-1924), exégète de la Bible, 23-4-2001. **Diodoros Ier** (1923), patriarche grec orthodoxe de Jérusalem, 19-12-2000. **Duan Yinming** Matthias (22-2-1908), évêque chinois, 10-1-2001. **Eyt** Pierre (4-6-1934), cardinal, archevêque de Bordeaux, 11-6-2001. **Fraisse** père Lucien (1912), 4-8-2001. **Kataliko** Emmanuel (Congo, 1932), archevêque de Bukavu, 4-10-2000. **Liché** Charles (1920), « rabbin des déportés », 23-7-2001. **Lubachivsky** Ivan Miroslav (24-6-1914), cardinal, archevêque de Lviv (Ukraine), 14-12-2000. **Righilambertini** Egano (Italie, 22-2-1906), cardinal, ancien nonce à Paris, 4-10-2000. **Sensi** Giuseppe Maria (Italie, 27-5-1907), cardinal, 26-7-2001. **Simon** abbé Robert (1913), organisait des plongeons vertigineux dans le monde entier pour récolter des fonds, 14-8-2000. **Sithole** révérend Ndabaningi (21-7-1920), un des chefs historiques du Zimbabwe, 12-12-2000. **Tillard** père Jean-Marie (2-9-1927), théologien dominicain, 13-11-2000. **Vaskou** Jacques Martin (30-7-1948), fondateur de l'Union boudhiste de France, 20-5-2001. **Wining** Thomas (3-6-1925), cardinal, archevêque de Glasgow, 17-6-2001.

■ **Sciences.** **Anagostopoulos** Takis (Grèce, 1936), néphrologue, 6-11-2000. **Barbier** Reynold (8-11-1913), géologue, 10-2-2001. **Barnard** Pr Christian (Afr. du Sud) chirurgien, 2-9-2001 à 78 ans. **Basch** Marianne (1904), gynécologue, 31-10-2000. **Bassov** Nikolaï (Russie, 14-12-1922), prix Nobel de physique 1964, 1-7-2001. **Bloch** Konrad (All., 1912), biochimiste, prix Nobel de physiologie et médecine 1964, 2000. **Calot** Gérard (7-4-1934), ancien dir. de l'Ined, 15-3-2001. **Chevalier** Louis (29-5-1911), démographe, historien, 7-8-2001. **Cram** Donald (USA, 22-4-1919), chimiste, prix Nobel 1987, 17-6-2001. **Demargne** Pierre (8-2-1903), archéologue, 13-12-2000. **Djian** Albert (Algérie, 1909), radiologue, février 2001. **Dorst** Pr Jean (7-8-1924), ancien dir. du Muséum, 8-8-2001. **Herman** Michaël (USA, 6-11-1942), mathématicien, humaniste, 2-11-2000. **Heuvelmans** Bernard, zoologiste, 24-8-2001 à 84 ans. **Hofnung** Maurice (3-2-1942), biotechnologiste, 29-6-2001. **Hoyle** Fred (G.-B., 24-6-1915) astronome, 20-8-2001. **Lamaison,** Pierre (1-8-1948), anthropologue, 4-6-2001. **Lauer** Jean-Philippe (7-5-1902), égyptologue, 15-5-2001. **Leprince-Ringuet** Louis (1901), physicien nucléaire, 23-12-2000. **Lions** Jacques-Louis (2-5-1928), mathématicien, 17-5-2001. **Lukwiya** Matthew (Ouganda, 1957), médecin spécialiste du sida en Afr. noire, 5-12-2000. **Marion** Pr Pierre (1914), chirurgien, 2-12-2000. **Masters** William (USA, 27-12-1915), sexologue, gynécologue, 16-2-2001. **Mérieux** Pr Charles (9-1-1907), spécialiste de la vaccination, 19-1-2001. **Monod** Théodore (9-4-1902), naturaliste, 22-11-2000. **Néel** Louis (22-11-1904), physicien, 17-11-2000. **Pitt-Rivers** Julian (G.-B., 16-3-1919), anthropologue, 12-8-2001. **Serra** Guy (1947), astrophysicien, 15-8-2000. **Shannon** Claude (USA, 30-4-1916), mathématicien, 25-2-2001. **Smith** Michael (G.-B., 26-4-1932), chimiste, prix Nobel 1993, 4-10-2000. **Tapinos** Georges (Grèce, 1940), démographe, 20-11-2000. **Titov** Guerman (Russie, 1935), cosmonaute, 20-9-2000. **Tuchmann-Duplessis** Pr Hubert (Roumanie, 24-2-1911), embryologiste, 25-6-2001. **Varela** Francisco (Chili, 1946), biologiste, 28-5-2001. **Vautherin** Dominique (30-10-1940), physicien, 11-12-2000. **Vercoutter** Jean (20-1-1911), égyptologue, 2000. **Ypsilantis** Thomas (USA, 24-6-1928), physicien, 16-8-2001.

■ **Sports.** **Alboreto** Michele (Italie, 23-12-1956), pilote de F1, 25-4-2001. **Allain** Pierre (1904), alpiniste, 19-12-2000. **Austin** Bunny (G.-B., 1906), tennis, 26-8-2000. **Beugnot** Jean-Paul (25-6-1931), basket-ball, 6-2-2001. **Boxberger** Jacky (16-4-1949), coureur de demi-fond, 9-8-2001. **Bradman** Donald (Australie, 27-8-1908), cricket, 25-2-2001. **Goddet** Jacques (1905), ancien directeur du Tour de France et fondateur de *L'Équipe,* 15-12-2000. **Haas** Christl (Autriche, 1943), skieuse, 8-7-2001. **Jany** Alex (5-1-1929), nageur, 18-7-2001. **Paparemborde** Robert (5-7-1948), rugby, 19-4-2001. **Pereira** Valdir (alias Didi, Brésil, 8-10-1929), footballeur, 12-5-2001. **Rivera** Curro (Mexique, 17-12-1951), torero, 23-1-2001. **Robles** Julio (Espagne, 4-12-1951), torero, 14-1-2001. **Sepheriades** Jean, aviron, 22-8-2001 à 79 ans. **Texereau** Guy (14-5-1935), 3 000 m steeple, 28-4-2001. **Tyrrell** Ken (G.-B., 3-5-1924) manager Formule 1, 25-8-2001. **Zatopek** Emil (Moravie du Nord, 19-9-1922), course à pied, 22-11-2000.

■ **Divers.** **Benmussa** Paul (Tunisie, 1963), restaurateur, 26-8-2000. **Bras** Claude (1935), restaurateur, propriétaire du Dôme à Paris, 19-11-2000. **Brémont** Marie (1886), doyenne de l'humanité, 6-6-2001. **Gokcen** Sabiha (1913), 1re femme pilote turque, 22-3-2001. **Guérin** Jacques (1902), collectionneur, 6-8-2000. **Jeunet** André (1924), cuisinier, 4-5-2001. **Lagrange** Joël (1951), avocat, 26-2-2001. **Medici** Angela (Turquie, 6-8-1902), pédagogue, éducatrice, 30-1-2001. **Puech** Marcel (1918), donateur, début juin 2001. **Rivero** Jean (19-3-1910), juriste, 22-6-2001. **Rousset** André (29-9-1930), conseiller scientifique du Pt, 10-7-2001. **Sellier** François (18-2-1918), économiste, 9-6-2001. **Simon** Herbert (USA, 15-6-1916), économiste, prix Nobel d'économie 1978, 8-2-2001. **Trubshaw** Brian (G.-B., 29-1-1924), chef pilote des essais britanniques de Concorde, 24-3-2001.

DERNIÈRE HEURE

ÉTATS

■ **Afghanistan.** *-22-5* décision des talibans d'obliger les hindous à porter un signe distinctif sur leurs vêtements. *-19-7* offensive des talibans dans le Nord-Est. *-3/5-8 :* 8 membres étrangers d'une ONG et 16 Afghans sont arrêtés pour « propagation du christianisme ».

■ **Afrique du Sud.** *-11-4 Johannesburg,* bousculade lors d'un match de football, 43 †, 160 bl. *-31-5* visite de Lionel Jospin, PM français.

■ **Algérie.** *-18-4* Massinissa Guermach, lycéen, tué au poste de gendarmerie de Beni Douala ; colère des Kabyles, émeutes. *-3-5 Alger,* 10 000 à 30 000 manifestants, *-31-5 :* 300 000, *-14-6 :* 500 000 à 600 000, émeutes, pillages, 2 journalistes †. *-5-7* marche kabyle de 5 000 personnes sur Alger interdite et bloquée par la police. *-11-7* accord franco-algérien sur les conditions de séjour des Algériens en France. *-19-7 Bouira* (Petite Kabylie), 30 000 manifestants pour l'application des réformes économiques et sociales. *Guerre civile :* du 1 au 23-7, 82 personnes assassinées. *-Août* 26 civils tués en 3 jours.

■ **Allemagne.** *Chômage : juin 2001 :* 9,3 %. *Croissance : est. 2001 :* 1 %. *-1-8 :* 15 couples d'homosexuels mariés à Hambourg.

■ **Angola.** *-10-7* attentat contre un train dans la province de Cuanza (nord de l'Angola), 252 †, 165 bl.

■ **Argentine.** *-1-7* Alfredo Astiz, ex-capitaine de frégate sous la dictature, se livre à la justice. *-10-7* Jorge Videla, ex-dictateur, inculpé pour sa participation au plan Condor, est placé en préventive. *-Été* crise financière et économique, plan d'austérité. *-1-8* visite de Tony Blair (1re d'un officiel britannique depuis le conflit des Malouines en 1982). *-14-8* le Lt Astiz, libéré, ne sera extradé ni vers la France ni vers l'Italie.

■ **Azerbaïdjan.** *-1-8* l'alphabet cyrillique, officiel depuis 1938, est remplacé par l'alphabet latin.

■ **Bolivie.** *-6-8* Pt Banzer démissionne à 75 ans (raisons de santé), Jorge Quiroga, vice-Pt, le remplace.

■ **Bosnie.** Vidosav Blagojevic arrêté par les forces de l'Otan et transféré au tribunal pénal international pour l'ex-Yougoslavie.

■ **Brésil.** *-8-7 :* 500 détenus s'évadent par un tunnel de la prison de São Paulo. *Déforestation* (en 2000) : 19 836 km².

■ **Bulgarie.** *-17-6 législatives :* Mouvement national Siméon-II 120 sièges, Union des forces démocratiques 51, ex-communistes 48, Mouvement turc pour les droits et les libertés 21. *-12-7* ex-roi Siméon II accepte le poste de PM (en fonctions le 24-7). *-24-8* ambassadeur de France rappelé après découverte d'un trafic de visas (plusieurs milliers).

■ **Burundi.** *-8-7* accord sur la transition ; pendant 18 mois Buyoya Pt et Ndayizeye vice-Pt, ensuite, et pendant 18 mois Pt hutu et vice-Pt tutsi. *-22-7* échec d'une tentative de coup d'État.

■ **Cambodge.** *-10-8* le roi Sihanouk promulgue une loi créant une cour spéciale pour juger les Khmers rouges.

■ **Chili.** *-9-7* suspension temporaire des poursuites contre Pinochet pour raisons de santé.

■ **Chine.** *-13-7* JO d'été 2008 attribués à Pékin. *-15-7 Mafang,* explosion d'un entrepôt clandestin d'explosifs, 69 †. *-22-7 Ganzi,* coup de grisou, 13 mineurs sauvés sur 106. *D'avril à juin 2001 :* 1 700 exécutions.

■ **Chine libre.** *-30-7* typhon *Toraji,* environ 60 † et 150 disparus, inondations, glissements de terrain.

■ **Corée du Nord.** *-26-7* Kim Jong-Il part pour une visite officielle à Moscou où il doit arriver par le train le 4 ou le 5-8 (9 000 km).

■ **Côte d'Ivoire.** *-22-7* Pascal Affi N'Guessan élu Pt du Front populaire ivoirien.

■ **Égypte.** *-5-8* pour la 2e fois en 6 mois, dévaluation de 6 % de la livre égyptienne par rapport au dollar (4,15 livres égyptiennes pour 1 $).

■ **Espagne.** *-10-7 Madrid,* Luis Ortiz de la Rosa, policier, tué par ETA. *-12-7* Juan José Ibarretxe réélu Pt du gouvernement basque. *-14-7* José Javier Mugica Astibia, conseiller municipal, et Mikel Uribe, policier, tués par ETA. *-24-7 Torrevieja,* Olaia Castresana, militante de l'ETA, tuée en préparant une bombe. *-Juillet* Arrieta Zubimendi, fondateur de l'ETA, meurt dans la clandestinité. *Chômage : 2001 (2e trim.) :* 12,93 % (niveau le plus bas depuis fin 1980).

■ **États-Unis.** *-24-5* Sénat, défection de James Jeffords, républicain, la majorité passe aux démocrates. *-28-6* la cour d'appel rejette la sanction de démantèlement prononcée en juin 2000 contre Microsoft. *-5-7* Robert Mueller nommé chef du FBI. **Prévisions** (22-8-2001, en milliards de $) : *année budgétaire* (1-10-2000/30-9-2001) : excédent 158 (281 étaient prévus en avril), recettes 2 013 (*1999-2000 :* 237). *Croissance* (en 2001) : 1,7 % (*2000 :* 5 %). *Dettes des ménages :* 7 360. *-24-8* Richard Myers (Gal armée de l'air) chef d'état-major ; remplace Henry Shelton.

■ **G.-B.** *-Janvier* 1 039 000 personnes en attente de soins ou de consultations (parfois 18 mois pour voir un spécialiste). 47 000 en attente (depuis 1 an) pour une opération.

■ **Grèce.** *-4/5-5* visite du pape Jean-Paul II. *-2-7 :* 1er cas de vache folle.

■ **Haïti.** *-12-7* mort de l'ancien Pt Paul Magloire.

■ **Inde.** *-25-7* Phoolan Devi, ancienne « reine des bandits » élue, en 1996 et 1999, au parlement indien, assassinée. *-Juillet* mousson, 300 †.

■ **Indonésie.** *-23-7* Assemblée consultative du peuple vote à l'unanimité la destitution du Pt Abdurrahman Wahid et élit la vice-Pte Megawati Sukarnoputri (née 23-1-1947) Pte. *-26-7* Hamzah Haz, chef du Parti du développement uni, élu vice-Pt.

■ **Iran.** *-4-8* cérémonie d'investiture du Pt Khatami reportée : le Parlement a rejeté la nouvelle équipe du Conseil des gardiens de la Constitution.

■ **Iraq.** *-10-8* raid américain et britannique sur une installation nucléaire.

■ **Irlande.** *-8-6* référendum sur la ratification du traité de Nice (élargissement de l'Union) : abstentions 68 %, non 54 %.

■ **Irlande du Nord.** *-20/21-6* émeutes à Belfast. *-1-7* David Trimble, PM d'Irlande du Nord, démissionne. *-7/8-7* émeutes raciales à Bradford. *-Juillet* émeutes à Belfast lors des marches protestantes. *-Août* l'Ira fait une offre de désarmement si la police, protestante à 93 %, recrute des catholiques.

■ **Israël-Palestine.** *-31-5* Fayçal Husseini, responsable de l'OLP pour Jérusalem, né juillet 1940, meurt d'une crise cardiaque. *-1-6 Tel Aviv,* attentat-suicide devant une boîte de nuit, 20 †, 90 bl. *-16-7* gare routière de *Benyamina,* attentat-suicide, 3 †, 9 bl. *-19-7* près d'*Hébron,* 3 Palestiniens, dont un bébé, tués par un Israélien. **Bilan au 27-7 :** *depuis le 13-6 :* 55 † dont 38 Palestiniens et 17 Israéliens ; *depuis le 28-9-2000 :* 669 † dont 522 Palestiniens et 147 Israéliens. *-9-8 Jérusalem* attentat-suicide, 15 † et *-12-8 Kyriat Motzkin :* 15 bl. *-14-8 :* 1re incursion de l'armée israélienne dans une ville autonome, Djénine (Cisjordanie). *-25/26-8 :* 11 † (dont 7 Israéliens). *-27-8* Abou Ali Moustapha chef du FPLP tué (tir israélien).

☞ **Palestiniens :** *répartition des populations palestiniennes* (en millions, 1998) *dont,* entre parenthèses, *réfugiés et,* en italique, *% dans la population totale (source :* UNRWA) : Jordanie 2,33 (1,74) *49,5,* Cisjordanie 1,6 (0,65) *100,* bande de Gaza 1,02 (0,77) *100,* Syrie 0,47 (0,44) *3,1,* Liban 0,43 (0,41) *10,2,* Arabie saoudite 0,27 (0,27) *1,4,* Koweït et autres pays du Golfe 0,14 (0,14) *2.*

■ **Italie.** *-20/21-7 Gênes,* réunion du G-8, violentes manifestations anti-mondialisation, 1 jeune Italien tué, 231 bl. dont 94 agents et 16 journalistes. *-Juillet* réveil de l'Etna.

■ **Jamaïque.** *-7/10-7* affrontements, 25 † et 50 bl.

■ **Japon.** *-29-7* élections sénatoriales.

■ **Liban.** *-Juin* fin du retrait de l'armée syrienne de Beyrouth.

■ **Macédoine.** *-5-7* cessez-le-feu gouvernement/UCK ; François Léotard nommé représentant de l'UE. *-13-8* accord octroyant des droits supplémentaires à la minorité albanaise. *-15-8* une force internationale supervisera le désarmement des rebelles albanais de l'UCK : 400 soldats britanniques prévus dès le 20, puis 3 500 hommes supplémentaires si respect du cessez-le-feu.

■ **Népal.** *-12-7* les maoïstes tuent 2 policiers et en enlèvent 71. *-14-7* affrontements, 160 policiers †. *-22-7* Sher Bahadur Deuba PM. *-23-7* cessez-le-feu gouvernement/guérilla.

■ **Norvège.** *-25-8* Mette-Marit Ijessem. Holby, 28 ans (mère célibataire) avoue avoir eu une vie dissolue, épouse le Pce héritier Haakon.

■ **Pakistan.** *-Juillet* mousson, 200 †.

■ **Pologne.** *-10-7* le Pt Aleksander Kwasniewski demande pardon aux juifs et dépose une couronne sur l'emplacement de la grange où 1 600 d'entre eux ont été brûlés le 10-7-1941. *-Juillet* inondations, 26 †.

■ **Roumanie.** *-21-3* mort d'Ilie Verdet, PM de 1980 à 82.

■ **Russie.** *-Juin* Arbi Baraïev, chef tchétchène, tué par armée russe. *Privatisations prévues en 2002 :* 365 sociétés (gain 0,96 à 1,2 milliard de $).

■ **Sri Lanka.** *-24-7* les Tigres tamouls attaquent l'aéroport de Colombo, 20 † (13 rebelles et 7 militaires), 13 avions détruits ou endommagés.

■ **Swaziland.** *-Avril* le roi Mswati III, 33 ans, tombe malade : des rumeurs discréditant la famille, il instaure un « état d'urgence » en prenant les pleins pouvoirs (décret no 2/2001). *-23-5 The Guardian* et *The Nation* sont interdits et 2 journalistes emprisonnés pour avoir écrit que le roi aurait été empoisonné par une de ses 7 épouses (d'autres optant pour un filtre d'amour administré par la favorite pour assurer la succession à son fils). La SSN (Solidarité Swaziland) qui regroupe les associations hostiles à la monarchie dénonce les mesures contre la démocratie.

■ **Ukraine.** *-19-8* explosion minière, 36 †.

SUJETS DIVERS

■ **Amiante. Nombre de cas de maladies professionnelles reconnues par la Sécurité sociale :** *1996 :* 1 605 ; *97 :* 1 763 ; *98 :* 2 130 ; *99 :* 2 969 dont fibrose pleurale et pleurésie 1 979, cancer du poumon 421, de la plèvre 286, asbestose 283.

■ **Anticholestérols.** *-13-8* Bayer annonce que 52 décès pourraient avoir été causés par son médicament, la cérivastatine (en France : Staltor et Cholstat, retirés du marché mondial le 8-8). **Ventes** (en milliards de $, est. 2001) : *Tahor, Lipitor* (atorvastatine ; Pfizer) 6,18 ; *Zocor* (simvastatine ; Merck) 6,08 ; *Elisor, Vasten, Pravachol* (provastatine ; Bristol, Myers Squibb) 1,9 ; *Staltor, Cholstat, Baycol* (cérivastatine ; Bayer) 0,8 à 1 ; *Mevacore* (lovastatine ; Merck) 0,45 ; *Fractal, Lescot Lescol* (fluvastatine ; Novartis) 0,45.

■ **Armes. Vente d'armes classiques dans le monde** (en milliards de $, 2000) : 36,9 dont USA 18,6 ; Russie 7,7 ; France 4,1 ; All. 1,1 (matériel de l'All. de l'Est) ; G.-B. 0,6 ; Chine 0,4 ; Italie 0,1.

■ **Astronautique.** *-13-7* un défaut de combustion provoque l'échec partiel du vol 142 de la fusée Ariane 5. *-8-8 Genesis,* 600 kg, lancé de Cap Canaveral ; coût 209 millions de $; se placera au point de Lagrange, L.J., et récoltera quelques parcelles de vent solaire (10 ou 20 µg en 2 ans et demi). *-10-8 navette Discovery :* relève de l'équipage de l'ISSS (3 à bord depuis 5 mois 1/2). *-14-8 Hélios,* aile volante, atteint l'altitude de 96 500 pieds (plus de 29 km).

■ **Astronomie.** *-Début 2001* les Suisses Michel Mayor et Didier Queloz ont découvert 11 nouvelles planètes extrasolaires. *-18-3* le *Very Large Telescope* construit au Chili par l'Observatoire européen astral (Eso) effectue pour la 1re fois des mesures interférométriques. *-Avril* le Cnes achète une météorite martienne de 25 g (découverte en nov. 2000 au Sahara) pour 400 000 F. *-2-7* des chercheurs américains découvrent à 6,5 milliards de km de la Terre, dans la ceinture de Kuiper, 2001 KX76 de 1 200 km de diamètre qui devient le + gros planétoïde connu du système solaire devant Cérès (950 km).

■ **ATTAC (Action pour une taxation des transactions financières pour l'aide aux citoyens). 1997-***déc.* idée lancée par Ignacio Romanet [la taxe Tobin (économiste américain, prix Nobel) à 0,1 % sur la circulation des capitaux rapporterait 166 milliards de F par an)]. **1998**-*3-6* Association constituée ; *-déc.* 1re pétition pour la taxe Tobin (110 000 signatures) ; adhérents : *1998 :* 5 000 ; *2001 :* 24 000 ; *Pt :* Bernard Cassen (directeur du *Monde diplomatique*). Manifeste contre la mondialisation ; exemples : Nice 6-12-2000 ; Cannes 7-12-2000 ; Paris 1-5-2001 ; Gênes 19/21-7-2001. *Associations* similaires dans 25 pays.

■ **Auteurs.** L'éditeur Alfred Knopf va verser à Bill Clinton 10 à 12 millions de $ d'avances pour ses mémoires ; Jean-Paul II avait touché 8,5 millions de $ en 1994.

■ **Autisme.** 60 000 à 80 000 autistes en France. Bases génétiques seraient localisées sur les chromosomes 2 et 7 (et 16 et 17 ?).

■ **Aviation.** *-25-10-2000 :* 1er vol de l'avion stratosphérique *Proteus* (atteint 18 800 m d'altitude).

■ **Ballon.** Steve Fossett, tour du monde en solitaire dans ballon non pressurisé ; décolle le 4-8-de Northam (Australie). Obligé d'atterrir le 17-8 à Bagé (Brésil) après 20 430 km en 12 j 12 h 57 min [battant le record de durée de vol en solitaire (Kevin Uliassi, USA, 10 j 3 h 28 min, en 1998)].

■ **Bobo** ou **Bourgeois-Bohème.** Concept inventé par l'Américain David Brooks : personne cultivée, au mode de vie sophistiqué, qui travaille, a des revenus élevés, est de gauche et veut apparaître excentrique.

■ **Calendrier électoral 2002.** *-24-4* l'Assemblée vote l'inversion par 308 voix pour et 251 contre. *Présidentielle :* 14 et 28-4 ou 21-4 et 5-5, le mandat de Chirac se terminant le 16-5. *Législatives :* 2 et 9-6 ou 9 et 16-6, le mandat des députés se terminant le 18-6.

■ **Chasse.** *-13-8 Loire-Atlantique :* 1 600 chasseurs, et *baie de Seine* 700 ouvrent la chasse au gibier d'eau (alors que l'ouverture avant le 1-9 est incompatible avec la directive européenne).

■ **Chimpanzé.** *Patrimoine génétique :* + de 98 % commun avec l'homme. Des travaux récents révèlent une capacité en mathématiques (Al, femelle de 25 ans, reconnaît les chiffres arabes de 0 à 9, et les associe à des quantités, elle distingue la plupart des lettres de l'alphabet latin).

■ **Cinéma.** *-11-5* le Conseil de la concurrence interdit la diffusion en exclusivité des films français en paiement à la séance.

■ **Chômeurs.** *-Juin* 2 077 600, soit 8,8 % de la population active.

■ **Clonage humain.** *-Juillet-août* le Dr Severino Antinori (gynécologue italien) présente un programme de clonage humain reproductif.

■ **Coca Cola.** *-Mars* retire plusieurs milliers de packs de 8 bouteilles en verre (risque de présence de particules de verre dans les bouteilles) et *-mai* des bouteilles de Fanta pomélo (risque d'altération du goût) du marché belge.

■ **Cœur artificiel.** *-2-7 :* 1er cœur artificiel autonome, au Jewish Hospital de Louisville (Kentucky). *-Mi-août* infection respiratoire et hémorragies intestinales obligent à placer le malade sous respiration artificielle.

■ **Commerce extérieur en France** (en milliards de F). *Excédent* (au 1er semestre 2001) : 16,3 (1er sem. 2000 : 21,58).

■ **Construction navale.** *Toulon* trafics d'influence à la Direction des constructions navales : *-29-6 :* 34 personnes sur 39 condamnées, peines de 10 000 F d'amende à 2 ans de prison dont 18 mois avec sursis.

■ **Convoyeurs de fonds.** **Nombre** 10 000. **Nombre d'attaques subies** (en 2000) : 1 000. *De 1995 au 2-8-2001 :* 14 tués, 10 blessés.

■ **Corruption.** *-27-6* rapport annuel de *Transparency International* sur l'indice de perception de la corruption (10 = probité, 0 = corruption). 1er Finlande. 2e Danemark. 3e Nlle-Zélande. 4e Islande, Singapour. 6e Suède. 7e Canada. 8e P.-Bas. 9e Luxembourg. 10e Norvège. 13e G.-B. (avec 8,3). 16e USA (7,6). 20e All. (7,4). 21e Japon (7,1). 22e Espagne (7). *23e France (6,7).* 29e Italie (5,5). 57e Chine (3,5). 79e Russie (2,3). 82e Tanzanie. 83e Ukraine. 84e Azerbaïdjan, Bolivie, Cameroun, Kenya. 88e Indonésie. 89e Ouganda. 90e Nigéria. 91e Bangladesh.

■ **Corse.** *Nuit du 16/17-8* François Santoni est tué par un commando à la sortie d'un mariage. *Nombre de meurtres en Corse : 1998 :* 20 ; *99 :* 26 ; *2000 :* 27 ; *01* (au 17-8) : 15. *-Août* maladie de la langue bleue (fièvre catharrale) chez le mouton.

■ **Cour des Comptes.** *-7-3* François Lorgerot nommé Premier Président.

■ **Décoration.** *-Avril* l'abbé Pierre accepte la légion d'honneur (après l'avoir refusée en 1992).

■ **Délinquance.** **Évolution du nombre de faits constatés à Paris au 1er semestre 2001** (en %) : vols avec violence 41,5, délinquance dans le métro 24,7, vols à la tire 12,8, attaques à main armée contre les banques – 19,42, vols d'automobiles – 6, coups et blessures volontaires – 0,62.

■ **Disparitions en France.** 50 000 personnes par an dont 95 % sont retrouvées rapidement (vivantes ou mortes).

■ **Économie.** Rachat des 16 Virgin Megastore français par HDS (Hachette Distribution Service), filiale de Lagardère Média. **HDS** (en 2000) **et**, entre parenthèses, **HDS + Virgin** (est. 2001) : *chiffre d'affaires* 3,8 milliards d'euros (4,2), *magasins* 21 (37), *activités* (en % du CA) : distribution de presse 55 (48), commerce de détail 45 (52).

■ **Éléphants.** Le musée d'art contemporain de Sydney expose 60 peintures réalisées par des éléphants d'Asie entraînés par leur *mahoub* (guide) à tenir le pinceau avec leur trompe et conseillés sur le choix des couleurs. **Éléphant d'Afrique :** il y en aurait de 2 espèces (séparées depuis 2 600 000 ans) : savane et forêt tropicale.

■ **Embryon.** *USA :* Georges Bush accorde des aides restreintes pour la recherche sur les cellules souches embryonnaires et 250 millions de $ pour la recherche sur les cellules souches d'adultes et d'animaux.

■ **Environnement.** *-1-6* fin du pompage des cuves du chimiquier *Ievoli-Sun* coulé au large du Cotentin le 31-10-2000. *-18-6* mort de René Dumont, pionnier de l'écologie.

■ **Fièvre aphteuse.** *Février :* 1er foyer découvert en G.-B., 2 000 seront recensés ; plus de 4 millions de bêtes abattues. *-26-8* nouveaux foyers.

■ **Fœtus.** *-29-6* la Cour de cassation refuse le statut de personne au fœtus et estime qu'on ne peut condamner pour « atteinte involontaire à la vie de l'enfant à naître » un automobiliste qui aurait provoqué sa mort lors d'un accident.

■ **Football.** *-22-8* Real Madrid (avec Zidane) gagne la supercoupe d'Espagne contre Real Saragosse : 3 buts (de Raul) à 0.

■ **Gènes humains.** *Début 2001 :* 30 000 identifiés (l'homme en aurait beaucoup plus).

■ **Hold-up dans les banques.** Réseau AFB [(Association française des banques) : BNP, Paribas, Sté Générale, Crédit Lyonnais, etc.)] : *1999 :* 306, *2000 :* 500 ; Banques mutualistes *1999 :* 435, *2000 :* 473 ; *total 1999 :* 741, *2000 :* 973.

■ **Horodateurs.** A Paris, sur 12 500, 6 000 ont été pillés en moyenne 4 ou 5 fois, du 1-1 au 27-8-2001.

■ **Hôtel.** Les meilleurs d'Europe selon le classement de *Travel & Leisure* (magazine américain) : **1er** Cipriani (Venise), **2e** George V (Paris).

■ **IBM.** *-5-9* citée à comparaître au tribunal des référés de Reims « pour avoir participé à la commission de crimes contre l'humanité », en fournissant les tabulatrices IBM 003 pour ficher les individus.

■ **Immunité du chef de l'État.** *-12-6* l'Assemblée nationale examine la proposition de loi constitutionnelle socialiste modifiant l'art. 68 de la Constitution sur le statut pénal du chef de l'État. Après 2002, le Pt relèvera de la justice ordinaire pour des actes commis avant son entrée en fonction ou sans rapport avec son mandat. *-19-6* texte voté en 1re lecture (283 voix pour, 241 contre, 47 abstentions).

■ **Inflation** (en %). *-Juillet 2000/juillet 2001 :* France + 2,2 ; All. 2,6 ; Italie 2,8 ; Espagne 3,7 ; P.-Bas 5,2.

■ **Inondations de la Somme.** *Printemps :* 114 communes sinistrées, 2 802 habitations inondées et 495 évacuées, 1 022 personnes évacuées ; 30 % des réservations touristiques annulées. 1,752 million de F de dons. 36,2 millions de F d'aide publique.

■ **José Bové.** *-9-2* le tribunal de Montpellier requiert 3 mois de prison ferme contre Bové et 2 autres syndicalistes pour la destruction en juin 1999 de plants de riz transgéniques sur les terres du Cirad. *-15-3* jugement, 10 mois avec survis pour Bové, 8 mois pour le 2e inculpé et 10 mois pour le 3e.

■ **Justice.** *Affaire Dickinson : -avril* découverte du meurtrier : Francisco Arce Montes incarcéré aux USA. *Monseigneur Pican : -15-6* le procureur de Caen requiert 4 à 6 mois de prison avec sursis contre l'évêque de Bayeux pour non-dénonciation d'acte pédophile. *Roland Dumas : -30-5* le tribunal correctionnel de Paris le condamne à 6 mois de prison ferme, 2 ans avec sursis et 1 million de F d'amende. Fait appel.

■ **Lionel Jospin.** *-5-6* devant l'Assemblée nationale, le PM reconnaît son engagement, vers 1960, dans l'OCI [(Organisation communiste internationale) fondée par Pierre Roussel, dit Lambert, né 9-6-1920]. Il a adhéré au PS en 1971 et mis fin à ses contacts avec l'OCI en 1987.

■ **Littérature.** *-Mai* publication de *Cosette ou le Temps des illusions* de François Cérésa, suite des *Misérables* de Victor Hugo. *-Juin* élection à l'Académie française de Pierre Nora et Angelo Rinaldi. *Prix Sade* décerné à Catherine Millet, auteur de *la Vie sexuelle de Catherine M. ; trophée :* un martinet.

■ **Maladie de Fabry.** 1er médicament pour cette maladie orpheline se caractérisant par le défaut d'une enzyme impliquée dans le métabolisme de certaines graisses et touchant 1 naissance sur 117 000.

■ **Médecine.** *-7-6* les médicaments à « service médical insuffisant » (835 ont été cités) seront moins remboursés. Le *Prozac* (inventé par le laboratoire Eli Lilly) n'est plus protégé par son brevet et peut donc être vendu comme médicament générique. 38 millions de consommateurs dans le monde depuis son introduction sur le marché : en Belgique en 1986, aux USA en 1988.

■ **Montgolfière.** *-26-8* Verrens-Arvey (Savoie), heurte une ligne électrique et s'enflamme : 6 †.

■ **Motion Montebourg.** *-21-5* le député Arnaud Montebourg adresse à ses collègues le texte de sa résolution de mise en accusation de Jacques Chirac devant la Haute Cour de justice pour les affaires des HLM de Paris et des marchés publics (à la mi-juin, signée par 31 députés dont 20 socialistes ; il faut 58 signatures).

■ **OGM.** **Cultures autorisées en 2001 :** 35 ha soit 109 parcelles (maïs, soja, pomme de terre, betterave, tournesol, vigne et peupliers). *Départements :* Ain, Aube, Aveyron, Charente-Maritime, Côte-d'Or, Drôme, Eure-et-Loir, Finistère, Gers, Gironde, Guyane, Haut-Rhin, Haute-Garonne, Ille-et-Vilaine, Indre-et-Loire, Landes, Loiret, Loir-et-Cher, Lot-et-Garonne, Maine-et-Loire, Marne, Moselle, Nord, Puy-de-Dôme, Rhône, Somme, Tarn-et-Garonne, Vienne. **Place dans le monde :** *surface cultivée* (en millions d'ha) : *1996 :* 1,7 ; *97 :* 11 ; *98 :* 27,8 ; *99 :* 39,9 ; *2000 :* 44,2. *Poids dans chaque culture* (en %) : soja 36 ; coton 16 ; colza 11 ; maïs 7.

■ **Paradis fiscaux.** Liste de l'OCDE : *juin 2000 :* 35 pays ; *début 2001 :* 30 (Tongo a été retirée).

■ **PCF.** *Juin 2001,* nombre d'adhérents : 150 000 (710 000 en 1981).

■ **Peine de mort.** USA : 96 condamnés à mort ont été innocentés depuis 1973.

■ **Pesticides.** 50 % des fruits, légumes et céréales consommés en France en contenaient dont 8 % à des doses supérieures aux limites admises.

■ **Pluies.** *1re quinzaine de juillet* (litres au m² en 15 j) : Brive 204 (101 en 1996). Paris 194 (168 en 1972). Gourdon 176 (122 en 1967). Orléans 170 (119 en 1988). Limoges 145 (123 en 1981). La Roche-sur-Yon 143 (117 en 2000). Nîmes 124 (119 en 1982).

■ **Pneus.** Bridgestone : *déficit* (1er sem. 2001) : 280 millions d'euros (conséquence du rappel de 6,5 à 7 millions de pneus Firestone jugés potentiellement dangereux, ils avaient causé la mort de 203 personnes et blessé 700). *-Août 2001 :* 1er procès pour une mère paralysée (accord amiable 7,5 millions de $ de dédommagement). 1 000 autres procès prévus.

■ **Politique.** *-11-7* signature d'un avenant à l'accord de 1968 entre la France et l'Algérie, qui permettra le séjour en France des parents algériens d'enfants français et la régularisation des sans-papiers.

■ **Préhistoire.** 2 puces ont été découvertes sur la momie (datant de 5 000 ans) d'Hibernatus, retrouvée en 1991 sur un glacier de l'Otzäl. D'après une radiographie, il aurait été tué par une flèche dans le dos.

■ **Radio.** *-12-5* date limite donnée à Radio-Vatican pour réduire ses émissions électromagnétiques de 18 à 6 volts par mètre (risque cancérigène).

■ **Recyclage.** La directive européenne sur les véhicules hors d'usage impose aux constructeurs, à partir de 2007, le recyclage des vieilles voitures. La part de matériaux recyclés devra représenter 80 % du véhicule neuf en 2006 et 85 % en 2015.

■ **Religions.** *-23-4* Jean-Paul II reconnaît les « vertus héroïques » du père Charles de Foucauld, ce qui rendra possible sa béatification. *-24/27-5 :* 94e synode protestant décide de rendre possible l'accès à la communion avant le baptême. *-30-5* l'Assemblée adopte la loi About-Picard contre les sectes. *-3-6* transfert, de la crypte de St-Pierre à l'intérieur de la basilique, du corps embaumé du pape Jean XXIII.

■ **Requins.** Attaques contre des humains : *1988 :* 38 ; *99 :* 58 ; *2000 :* 79 (10 †).

■ **Sida.** **USA :** *nombre total de malades* (enregistrés de 1981 à fin 2000) : 774 467 dont décédés 448 060. *% d'homosexuels séropositifs : 1998 :* 10 ; *2000 :* 20. **Brésil :** ne respectera pas le brevet de Roche ; le Nelfinavir sera fabriqué début 2002 pour être distribué gratuitement.

■ **SNCF.** *-Juin* poursuivie devant la Cour fédérale de Brooklyn (New York) pour complicité dans la déportation de plus 72 000 juifs et de dizaines de milliers d'autres personnes de *mars 1942 à août 1944.*

■ **Sondage CSA.** *-11-8 :* 81 % des Français sont contre la libération des prisonniers corses « condamnés dans des attentats ou crimes de sang ».

■ **Sous-marin.** *-9-2* le sous-marin nucléaire américain *Greeneville* précipite sa manœuvre de remontée à la surface et éperonne un chalutier-école japonais, 9 † (2 civils visiteurs étaient aux commandes).

■ **Tabac.** *-10-8* Philip Morris condamné à 100 millions de $ de dédommagement pour un fumeur de Marlboro atteint d'un cancer. Le groupe avait déjà fait appel du verdict de 5,5 millions de $ à titre compensatoire et 3 millions de $ à titre punitif.

■ **Télévision.** *-29-6* Bernard Pivot : dernier *Bouillon de culture* sur France 2 (après 28 ans d'émissions littéraires). Autres arrêts : *Nulle part ailleurs* et *52 sur la Une. Avant fin 2001,* **Canal Satellite** accueillera 13 nouvelles chaînes dont 1 pour les sourds (TVST) entièrement sous-titrée.

■ **Tour de France.** **Audience TV** (en milliers de spectateurs) : *1997 :* 4,4 ; *98 :* 3,6 ; *99 :* 3,8 ; *2000 :* 3,85 ; *2001 :* 3,5 dont pics le *21-7-:* 5,4 (étape St-Lary-Soulan) et *29-7 :* 6,1 (arrivée sur les Champs-Élysées).

■ **Transports aériens.** *-11-8* AOM-Air Liberté : 1 853 salariés sur 4 559 vont être licenciés. Sabena : 1 600 emplois seront supprimés. **Ferroviaires.** *-7-6* inauguration du TGV Méditerranée (Marseille à 3 h de Paris).

■ **Tunnel TGV** (entre Aix-en-Provence et Marseille 7 834 m). Mis en service le 6-6, serait dangereux en cas d'incendie.

■ **Vache folle.** *-25-5* **G.-B.** 100 †. *-Juillet France* le test de dépistage de l'ESB décidé pour les animaux de 24 mois.

■ **Virus informatique.** *-1-8* virus *Code Red I :* coût 1,2 milliard de $; *-4-8 Code Red II :* coût 0,8 milliard de $.

■ **Zoologie.** *-28-4* la Sté Celera Genomics annonce avoir décodé 99 % du génome de la souris et comparé les gènes de 3 espèces.

FAITES CE TEST... SAURIEZ-VOUS RÉPONDRE ?

Combien de personnes sont concernées par la traite ?

Chaque année, 700 000 femmes et enfants.

Quelle est la consommation de chocolat des Suisses ?

En 2000, 11,9 kg par personne.

Qui sont les apodidés ?

Des animaux dépourvus de pieds comme le martinet noir et l'albatros qui, une fois à terre, ne peuvent reprendre leur envol.

Combien y a-t-il d'enfants des rues en Russie ?

625 000 dont 40 000 à Saint-Pétersbourg.

Qu'est-ce qu'un phéromone ?

Une molécule inodore qui influe sur le comportement de certains mammifères.

Combien y a-t-il de Français à l'étranger ?

2 000 000 dont 260 000 aux USA et 15 au Vatican.

Combien de personnes l'Institut Curie a-t-il soignées ?

Depuis 1951, 696 personnes dont 128 étrangers, surtout des ouvriers de l'industrie nucléaire, des scientifiques exposés à des sources de radiations et des cancéreux victimes d'accidents de radiothérapie.

Quel pourcentage de jeunes de 17 ans ont fumé du haschich ?

Selon un sondage réalisé en mai 2000 lors de la journée d'appel et de préparation à la Défense, 50 % des garçons et 41 % des filles.

PERSONNALITÉS

☞ Les personnalités sont françaises sauf indication contraire. Voir aussi les chapitres Littérature, Danse, Musique, Architecture, Peinture, Sculpture,Politique (leaders de partis, ministres, etc.), prix Nobel. Les noms en italique et, le cas échéant, les prénoms suivis d'un astérisque sont ceux des acteurs et des réalisateurs cités également à la section Cinéma. **A :** Acteur, actrice. **Acc :** Accordéoniste. **Adc :** Administrateur civil. **Aé :** Aéronautique. **Af :** Affaires. **Afr. S :** Afrique du Sud. **Alg :** Algérie. **All :** Allemagne. **Alm :** Almanach. **Amb :** Ambassadeur. **An :** Animateur. **Ant :** Anthropologue. **Arch :** Architecte. **Arg :** Argentine. **Arm :** Arménie. **Ar Sa :** Arabie saoudite. **Art :** Artiste. **Ast :** Astrologue. **Astro. :** Astronome. **Au :** Auteur. **Aus :** Australie. **Aut :** Autriche. **Av :** Avocat. **Avent :** Aventurier. **Bat :** Batteur. **Be :** Belgique. **B :** Burkina. **Bq :** Banquier. **Br :** Brésil. **C :** Chanteur, chanteuse. **Ca :** Canada. **Cam :** Cameraman. **CÉ :** Conseil d'État. **C d'or :** Chef d'orchestre. **Ch :** Chansonnier. **Chi :** Chine. **Cho :** Chorégraphe. **Cin :** Cinéma. **Cl :** Clown. **Coi :** Coiffeur. **Col :** Colombie. **Coll :** Collectionneur. **Cons :** Conservateur. **Cou :** Couturier. **Cp :** Compositeur. **Cpr :** Commissaire priseur. **Cr :** Critique. **Cu :** Cuba. **Cui :** Cuisinier. **Da :** Danseur. **Dan :** Danemark. **Déc :** Décorateur. **Des :** Dessinateur. **Di :** Dialoguiste. **Dip :** Diplomate. **Dir :** Directeur. **Dis :** Distributeur. **Ec :** Écosse. **Éco :** Économiste. **Écr. :** Écrivain. **Éd :** Éditeur. **Ég :** Égypte. **Ens :** Enseignant. **Es :** Espagne. **Et :** Ethnologue. **Expl :** Explorateur. **F :** France. **Fi :** Finlande. **Fonct :** Fonctionnaire. **G :** Guitariste. **G^{al} :** général. **GB :** Grande-Bretagne. **Gé :** Gérontologue. **Gh :** Ghana. **Gl :** Général. **Gr :** Grèce. **Ha :** Haïti. **Hist :** Historien. **HK :** Hong Kong. **Ho :** Hongrie. **Hum :** Humoriste. **Imp :** Impresario. **In :** Inde. **Ind :** Industriel. **Ing :** Ingénieur. **Insp fin :** Inspecteur des finances. **Inv :** Inventeur. **Ir :** Iran. **Irl :** Irlande. **Is :** Israël. **It :** Italie. **J :** Journaliste. **Jap :** Japon. **Jo :** Joaillier. **Jq :** Jamaïque. **K :** Kenya. **Lib :** Liban. **Lit :** Lituanie. **M :** Metteur en scène. **Ma :** Magicien. **Mag :** Magistrat. **Man :** Mannequin. **Méd :** Médecin. **Mex :** Mexique. **Mil :** Militaire. **Mo :** Moine. **Mon :** Monégasque. **Mu :** Musicien. **Mus :** Musicologue. **Ni :** Nigéria. **Nor :** Norvège. **NZ :** Nlle-Zélande. **Op :** Opérateur. **Pal :** Paléontologue. **Pan :** Panamá. **P-Bas :** Pays-Bas. **Pe :** Peintre. **Ph :** Photographe ou Directeur de la photo. **Pharm :** Pharmacien. **Phi :** Philosophe. **Pi :** Pianiste. **Po :** Politicien. **Pol :** Pologne. **Poli :** police. **Port :** Portugal. **Pr :** Producteur. **Pré :** Présentateur. **Prés :** Président. **Prêt :** Prêtre. **Prof :** Professeur. **Psy :** Psychanalyste. **Pu :** Publicitaire. **R :** Réalisateur. **Ra :** Radio. **Rep :** Reporter. **Rest :** Restaurateur. **Ro :** Roumanie. **Ru :** Russie. **S :** Scénariste. **Sc :** Scientifique. **Scul :** Scupteur. **Soci :** Sociologue. **Sp :** Speaker. **Spe :** Spectacle. **Spo :** Sportif. **St :** Styliste. **Su :** Suisse. **Suè :** Suède. **Sy :** Syndicaliste. **T :** Télévision. **Tc :** Rép. tchèque. **Th :** Théâtre. **Théol :** Théologien. **Tr :** Trompettiste. **Tu :** Turquie. **Tun :** Tunisie. **U :** USA. **Un :** Universitaire. **Ur :** URSS. **Uru :** Uruguay. **V :** Venezuela. **Viol :** Violoniste. **You :** Yougoslavie. **Zool :** Zoologiste.

Aaron, *Didier* (27-4-23) Antiquaire. *Jean-Claude* (2-8-16) F, Af. **Abba** : Agnetha Fälkstog (5-4-1950), Björn Ulvaeus (25-4-1945), Annifrid Lyngstad (15-11-1945), Benny Andersson (16-12-1946) Suè, C. **Abbott,** Alain (1938) Acc., Cp, Bud (William) (1895-1974) U, A. **Abdelsalam,** Chadi (1930-86) Ég, R. **Abouladze,** Tenguiz (1924-94) Géorgie, R. **Abraham,** Claude (7-4-1931) Af. **Abrial,** Patrick (1947) C. **Abril,** Victoria (4-7-59) Es, A. **Acquart,** André (22-11-22) Déc. **Adam,** *Alfred* (Roger) (1908-82) A. *J.-François* (1938-80) R. **Adamo,** Salvatore (31-10-43) Be, C. **Adams,** *Alfred* (1908-82) A, *Julie* (Betty May Adams) (17-10-26) U, A. **Addams,** *Charles* (1913-88) U, Des. *Dawn* (1930-85) GB, A. **Ader,** Antoine (28-5-36) Cpr. **Adès,** Didier (8-7-44) Au, J, R. **Adison,** Fred (1908-96) Cp. ***Adjani,*** Isabelle (27-6-55) A. **Adler,** *Laure* (11-3-50) An, Éd. *Lou* (1935) U, Mu. *Patrick* (15-4-58) Hum. *Philippe* (1936) R. ***Adlon,*** Percy (1935) All, R. **Adorée,** Renée (Jeanne de la Fonté) (1898-1933) U, A. **Affaire** Louis Trio [Branco Junior (13-10-65), Hubert Mounier (21-9-62), Karl Niagara (7-2-67)] C. **Afflelou,** Alain (1-1-48) Af. **Afrik Bumbaataa** (1982, Planet Rock : électro-funk). **Agacinski,** *Sophie* (15-12-43) A. *Sylviane* (1945) Phi, épouse de Lionel Jospin. **Agar,** John (31-1-21) U, A. **Agathon** (Francis Bergeron) Au. (Henri Massis). **Ageorges,** Pierre (1933-87) Méd. **Agnelli,** *Giovanni* (1866-1945) It, Af. *Giovanni* (12-3-21) It, Af. *Umberto* (1-11-34) It, Af. **Agostini,** Philippe (11-8-10) Op, R. **Agostino,** Jean d' (1918) R, T. **Aguettand,** Lucien (1901) Déc. **A-ha** : Mags Furuholmen (1-11-62), Morten Harket (14-9-59), Pal Waaktaar (6-9-61) C. **Aherne,** Brian (1902-86) GB, A. **Ahrab,** Rachid (1957) J. **Ahrweiler,** Hélène (Athènes, 29-8-26) Un. **Aigrain,** Pierre (28-9-24) Sc. **Ailey,** Alvin (1931-89) U, Ch. **Aillagon,** Jean-Jacques (2-10-46) Dir. **Aimable** (A. Pluchart) (1922-97) Acc. ***Aimée,*** Anouk (Mme Françoise Dreyfus) (27-4-32) A. **Aimos** (Raymond Caudrilliers) (1891-1944) A. **Ajar,** Émile [Romain Gary (1914-80) et non son neveu (5-2-42)] Au.

Alamo, Frank (J.-Fr. Grandin) (12-10-43) C. **Albany,** Joe (1924-88) U, Pi. **Albert,** *Eddie* (E.A. Heimberger) (22-4-08) U, A. *Marcel* (7-3-38) Af. *Michel* (25-2-30) Af. **Albicocco,** J.-Gabriel (1936-2001) R. **Albrand,** Éric (1958) Af. **Alby,** Pierre (23-11-1921) Af. **Alcover,** Pierre (1893-1957) A. **Alda,** Alan (28-1-36) U, A. ***Aldrich,*** Robert (1918-83) U, R. **Alekan,** Henri (10-02-1909/15-6-2001) Op. **Alerme,** André (1877-1960) A. **Alessandri,** J.-Pierre (8-7-42) T. **Alessandrini,** Goffrédo (1904-78) It, R. **Alexandre** *(A. Raimon)* (6-9-22) Coi. *Jacqueline* (1942) J, T. *Philippe* (14-3-32) J, R. *Roland* (Seider) (1927-56) A. ***Alexandrov,*** Grigori (Mormonenko) (1903-83) Ur, R. **Alexeieff,** Alexandre (1901-82) R, Déc. **Alfa,** Michèle (Joséphine Bassignot) (1911-87) A. **Alfonsi,** Philippe (14-7-39) J, R. **Alibert** (Henri Allibert) (1889-1951) C. **Al Jolson** (1886-1950) U, Ch. **Allain-Regnault,** Martine (2-3-37) J. **Allais,** Maurice (31-5-11) Éco. **Allasio,** Marisa (1937) It, A. **Allègre,** *Claude* (31-3-37) Sc. *Maurice* (16-2-33) Af. ***Allégret,*** *Catherine** (16-4-46) A. *Lewis* (1905-2000) GB, R. *Marc** (1900-73) R. *Yves** (1907-87) R. ***Allen,*** *Joan* (1946) U, A. *Nancy* (24-6-49) U, A. *Paul* (1952) U, Af. *Woody** (Allen Stewart Konigsberg) (1-12-35) U, A, R (1,68 m). **Allest,** Frédéric d' (1-9-40) Ing. **Allier,** Irène (Altman) J. **Allio,** René (1924-95) Déc, R. **Alliot-Marie,** Michèle (10-9-46) Po. **Allison,** Luther (1939-97) U, C. **Allman Brothers Band** : Duane (1946-71), Greg Allman (8-12-47) U, C. **Allouache,** Merzak (1944) Alg, R. **Allwright,** Graeme (7-11-26) NZ, A, Cp, C. **Allyson,** June (Ella Geisman) (7-10-17) U, A. **Almeida,** Laurindo (1917-95) Br, G. **Almendros,** Nestor (1930-92) Es, Ph. ***Almodovar,*** Pedro (25-9-51) Es, R. **Almond,** Marc (9-7-59) GB, Ch. **Alpert,** Herb (31-3-35) U, C. **Alphand,** Adolphe (1817-91) Ing. **Alric,** Catherine (23-3-54) A. **Alsop,** Joseph (1911-89) U, J. **Altéry,** Mathé (M.-T. Altare, Mme M.-T. de Sarlac) (1933) C. ***Altman,*** Robert (20-2-25) U, R. **Alvarez,** Isidoro (1935) Esp, Af.

Amade, Louis (1915-92) Au, Préfet. **Amadou,** Jean (1-10-29) Ch. **Amar,** Paul (11-1-50) J. **Amarande** (Marie-Louise Chamarande) (31-8-39) A. **Ameche,** Don (Dominic Amici) (1908-93) U, A. **Amédée** (Philippe de Cherisey) A. **Amette,** Jacques-Pierre (1943) J. **Amidei,** Sergio (1904-81) It, S. **Amidou,** Souad (1942) Alg, A. **Amina** (A. Annabi-Laurence) (5-3-62) Tun, C. **Amont,** Marcel (Miramon) (1-4-29) C. **Amouroux,** Henri (1-7-20) J, Au. **Ancel,** Marc (1902-90) Mag. **Anconina,** Richard (28-1-53) A. ***Anderson,*** *Gilbert* (Max Aronson) U, A. *Harriet** (1932) Suè, A. *Judith* (1898-1992) U, A. *Lindsay* (1923-94) GB, R. *Maria* (1902-93) U, C. *Michaël* (30-1-20) GB, R. *Richard* Dean (23-1-50) U, A. *William* « Cat » (1961-81) U, Mu. ***Andersson,*** Bibi (Birgitta) (11-11-35) Suè, A. **Andrade,** Joaquim Pedro de (1932-88) Br, R. **André,** *Marcel* (1885-1963) A. *Maurice* (21-5-33) Tr. **Andreani,** Henri (1872-1936) R. **Andreota,** Paul (11-12-17) Au. **Andress,** Ursula (19-3-36) Su, A. **Andreu,** Gaby (1923-72) A. ***Andrews,*** *Dana* (1909-92) U, A. *Julie** (Wells) (1-10-35) GB, A. *Sisters :* Patty (1920-92), Maxene (1918), Laverne (1915-67) U, C. **Andrex** (André Jaubert) (1907-89) A. **Andrieu,** René (1920-98) J. **Anémone** (Anne Bourguignon) (9-8-50) A. **Angeli,** *Claude* (23-7-31) J. *Pier* (Anna-Maria Pierangeli) (1932-71, suicidée) It, A. **Angelo,** Jean (1875-1933) A. **Angelopoulos,** Theo (27-4-36) Gr., Cin. **Anglade,** *Catherine* (1920-94) A. *Jean-Hugues* (1956) A. **Anikulapo-Kuti,** Fela (Ransome-Kuti) (1938-97) Ni, Mu. **Animals** (The) : Eric Burdon (11-5-41), Alan Price (19-4-42), Chas Chandler (1938-96), Hilton Valentine (21-5-43), John Steel (4-2-41) GB, C. **Anjubault,** Jacques (1918-88) J. **Anka,** Paul (Ca 30-7-41) U, C. ***Annabella*** (Suzanne Charpentier) (1907-96) A. ***Annaud,*** Jean-Jacques (1-10-43) R. **Annegarn,** Dick (9-5-52) P-Bas, C. **Annenkov,** Georges (1891-1974) Ur, R, Cp. **Ann-Margret** (Ollsson) (Suè, 28-4-41) U, A. **Annoux,** Jean-Claude (Bournizien) (1939) C. **Ant,** Adam (Stuart Goddard) (3-11-54) U, C. **Anthony,** Richard (R. Btesh) (13-1-38) C. **Antoine,** *André* (1858-1943) M. *Jacques* (14-3-24) Pr, T. *(Pierre Muraccioli)* (4-6-44) C. **Antonelli,** Laura (28-11-41) It, A. ***Antonioni,*** Michelangelo (29-9-12) It, R.

Aperghis, Georges (23-12-45) Gr, Cp. **Apted,** Michael (10-2-41) U, R. **Aquistapace,** Jean (1882-1952) A. **Arcady,** Alexandre (Arcady Brachlianoff) (17-3-47) Alg, R. **Archambault,** Pierre (1912-88) J. **Arcy,** Jean d' (1913-83) T. ***Ardant,*** Fanny (22-3-49) A. **Arden,** Ève (Quedens, 1907-90) U, A. Elizabeth (1884-1966) Ca, Af. **Ardisson,** *Annette* (8-8-50) J, R. *Thierry* (6-1-49) An, T. ***Arditi,*** *Catherine* A. *Pierre** (1-12-1944) A. **Arestrup,** Niels (8-2-49) A. **Arkin,** Alan (26-3-34) U, A. ***Arletty,*** (Léonie Bathiat) (1898-1992) A. **Arliss,** George (Andrews) (GB, 1868-1946) U, A. **Armand,** *Loïc* (31-12-51) Af. *Louis* (1905-71) Ing. **Armani,** Giorgio (11-7-34) It, Cou. **Armendariz,** Pedro (1912-63) Mex, A. **Armontel** (Auguste Magnin) (1901-80) A. **Armstrong,** *Gillian* (1950) Aus, R. *Louis* (1900-71) U, Mu. *Robert* (Donald R. Smith) (1896-1973) U, A. **Arnaud,** *André* (1923) R. *Marie-Hélène* (1926-86) Man. *Michèle* (Caré, Mme Patrick Lehideux) (1919-98) C, Pr T. **Arnault,** Bernard (5-3-49) Ing, Af. **Arnold,** *Edward* (G. Schneider) (1890-1956) U, A. *Jack* (1916-92) U, R. **Arnoul,** Françoise (Gautsch) (3-6-31) A. **Arnould,** Sophie (1744-1803) A. **Arnould-Plessy,** Jeanne (1819-97) A. **Arnoux,** Robert (1899-1964) A. **Aron,** Jean-Paul (1925-88) Au, Phi. **Arquette,** Rosanna (10-8-59) U, A. **Arrieu,** René (1924-82) A. **Arsan,** Emmanuelle (Marayat Rollet-Andriane) (1938) A, Au. **Artaud,** Antonin (1896-1948) Au. **Arthur,** Jean (Gladys Greene) (1905-91) U, A. **Arthur,** H (10-3-66) Mu. **Arthur** (Jacques Essebag) (1966) An, Pré. **Arthus-Bertrand,** Yan (13-3-46) Ph. **Art mengo** (Michel Armengot) C. **Artur,** José (20-5-27) An, Ra.

Arvis, Jean (3-12-35) Af. **Ascari,** Alberto (1918-55). **Ashby,** Hal (1929-88) U, R. **Ashcroft,** Peggy (1907-91) GB, A. **Ashley,** Laura (1925-85) GB, Cou. **Ashton,** Frederick (1904-88) GB, Da. **Askain,** Danièle (9-9-44) Pré. **Aslan,** *Anna* (1897-1988) R, Gé. *Grégoire* (Kridor Aslanian) (1908-82) Arm, A. **Asmodée** *(J.-André Faucher)* (19-12-21) J. *(Ludovic Vaux)* J. ***Asquith,*** Anthony (1902-68) GB, R. **Assa,** Marc (31-1-41) Af. **Asso,** Raymond (1901-68) Au. **Assollant,** Alfred (1827-86) J. ***Astaire,*** Fred (Frederick Austerlitz) (1899-1987) U, A, Da. **Asther,** Nils (1897-1981) Suè, A. **Astier de la Vigerie,** Emmanuel d' (1900-69) J. **Astley,** Rick (6-2-66) GB, C. **Astor,** *John Jacob* (1763-1848). *J.-J. IV* (1864-1912). *J.-J., baron* (1886-1971) GB, Po, Af. *Junie* (Rolande Risterucci) (1911-67) A. *Mary* (Lucille Lange-Hanke) (1906-87) U, A. *William Waldorf,* vicomte (1848-1919) GB, U, Po, J, Af. **Astorg,** Bertrand (1914-88) Au. **Astoux,** André (1919-90) T. ***Astruc,*** Alexandre (13-7-23) R, T. **Atkine,** Féodor (1942) A. **Atkins,** Christopher (Bauman) (21-2-61) U, A. **Atkinson,** Rowan (6-1-55) GB, Hum. **Attali,** *Bernard* (1-11-43) A f. *Jacques* (1-11-43) Af, Au, Po. **Attenborough,** Richard (29-8-23), GB, A.

Auberjonois, René (1-6-40) Ca, A. **Auber,** Brigitte (M.-Claire Cahen de Labzac) (27-4-28) A. **Aubert,** *André,* A. *Jean-Louis* (12-4-54), C. *Jeanne* (1901-88) C, A. *Michel* (1930) C, Cp. *Philippe* (1951-98), An. **Aubret,** Isabelle (Thérèse Coquerelle) (27-7-38) C. **Aubry,** Cécile (Anne-Josée Bénard) (3-8-28) A, R, T. **Auclair,** *Marcelle* (1899-1983). *Michel* (Wlad. Vujovic) (1922-88) A. **Auclères,** Dominique (Mme Suzanne d'Adler) (1898-1981) Au, J. **Audiard,** *Jacques* R. *Michel* (Paul) (1920-85) S, Di, A, R. **Audouard,** Yvan (27-2-14) Di, Au, J. **Audran,** Stéphane (Colette Dacheville) (8-11-32) A. **Audret,** Pascale (Auffray) (1936-2000) A. **Audry,** *Colette* (1906-90) Au, Po. *Jacqueline* (1908-77) R. **Auer,** Misha (M. Ounskowsky) (1905-67) U, A. **Aufray,** Hugues (Jean Auffray) (18-8-29, frère de Pascale Audret) C. **Auger,** *Claudine* (8-6-42) A. *Véronique,* J, T. **Augier,** Sylvain (7-5-55) An. **Augry,** Marie-Laure (27-2-47) J. ***August,*** Bille (9-11-48) Dan, R. **Aulagnon,** Maryse (19-4-49) Po. **Aulant,** François d' (5-1-31) Af. **Aulas,** Jean-Michel (22-3-49) Af. **Auld,** Georges (1920-90) U, Mu. **Aumage,** Maurice (1939) Bq. **Aumont,** *Jean-Pierre* (Salomons) (1911-2001) A, Au. *Michel* (15-10-36) A. **Auque,** Roger (11-1-56) J, R. **Aurel,** Jean (1925-96) R, S. **Aurenche,** Jean (1904-92) S, Di. **Aurillac,** Michel (11-7-28) Av, Po. **Auric,** Georges (1899-1983) Cp. **Auriol,** Jean-Georges (J. Huyot) (1907-50) S, Cr (voir à l'Index). **Auslander,** Rose (1901-88) R, Au. **Austin,** Herbert, baron (1866-1941) GB, Ind, Af, Po. ***Autant-Lara,*** Claude (Autant) (5-8-1901/5-2-2000) R. ***Auteuil,*** Daniel (24-1-50) A. **Autin,** Jean (1921-91) Insp Fin. **Autry,** Gene (1907-98) U, A, C. **Avakian,** Aram (1927-87) U, R. **Avati,** Pupi (1938) It, R. **Aveline,** Claude (Avtsine) (1901-92) Au, Pr, T. **Averty,** Jean-Christophe (6-8-28) T, Ra. **Avery,** Tex (Fred) (1908-80) U, R. **Avril,** *Claire,* Sp. *Jane* (1868) Da. *Rose* (Michèle Masseyeff) (1920-73) C. **Avron,** Philippe (18-9-28) A. **Axelrod,** Georges (9-6-22) U, R. **Ayache,** Alain (1-9-38) Af, J. **Aykroyd,** Dan (1-7-52) U, A. **Ayoub,** Mouna (1957) Lit, Af. **Ayres,** Lew (Ayer) (1908-97) U, A. **Azaïs,** Paul (1902-74) A. ***Azema, Sabine (20-9-52) A.*** **Aznavour,** Charles (Varenagh Aznaourian) (22-5-24) A, C, Cp. **Azuquita,** Camilo (1946), Pan, Mu. **Azzaro,** Loris (9-2-33) It, Cou. **Azzola,** Marcel (1927) Acc.

Babenco, Hector (7-2-46) Br, R. **Bac,** André (1905) Chef op. ***Bacall,*** Lauren (Betty Joan Perske) (16-9-24) U, A. **Bach** (Ch.-Jos. Pasquier) (1882-1953) C. **Bachelet,** Jean (1894-1977) Op. Pierre (25-5-44) C. **Backus,** Jim (1913-89) U, A. **Bacon,** Lloyd (1890-1955) U, R. **Bacri,** Jean-Pierre (24-5-51) A. **Badel,** Pierre (14-6-28) R, T. **Badie,** *Laurence* (15-6-34) A. *Mustapha* (1928) Alg, R. **Badinter,** Robert (30-3-28) Av, Po. **Baez,** Joan (9-1-41) U, C. **Bagdadi,** Maroun (1950-93) Lib, Cin. **Bagouet,** Dominique (1951-93) Cho. **Bahri,** Rachid (5-1-49) C. **Bai,** Yang (1920-96) Chi, A. **Bailby,** Léon (1867-1954) J. **Bailey,** Pearl (1918-90) U, C. **Baker,** *Carroll* (28-5-31) U, A. *Chet* (1929-88) U, Mu. *Joséphine* (1906-75) U, A, C, Da. *Lenny,* U, A. *Stanley* (1928-75) GB, A. ***Baky,*** Josef *von* (1902-66) All, R. **Balachova,** Tania (Tatiana Balachoff) (1902-73) Ru, A. **Balandraud,** J.-Louis (22-2-47) T. **Balaresque,** Bertrand (4-12-29) Af. ***Balasko,*** Josiane (Balaskovic) (15-4-50) A, R. **Balavoine,** Daniel (1952-86) C. **Balaz,** Béla (1884-1949) Ho, Au. **Balcon,** sir Michael (1896-1977) GB. **Baldwin,** Alec (3-4-58) U, A. **Baleine,** Philippe de (1921) J. **Balenciaga,** Cristobal (1895-1972) Es, Cou. **Balfour,** Betty (1903-79) GB, A. **Balin,** Mireille (1909-68) A. **Balkany,** *Patrick* (16-8-48) Po. *Robert* de (4-8-31) Af. **Ball,** Lucille (1911-89) U, A. **Balland,** André (23-3-25) Éd. **Balle,** *Fran-*

■ **Le Bottin Mondain.** **Créé** en 1903 par la Sté Didot-Bottin pour recenser les abonnés au téléphone, qui n'étaient en général à l'époque que des « gens du monde ». Paraît chaque année (sauf de 1915 à 19, 1940, 41, 44 et 45). De 1947 à 49, divisé en 2 volumes (*Tout-Paris* et *Toute la France*) qui ont fusionné en 1950. A racheté en 1937 *l'Annuaire des châteaux,* en 1939 *le Tout-Paris* et en 1950 *Ehret* (La Société et le High Life). 2001 racheté par H. M. Editions. **Inscriptions :** 43 259. Les nouveaux (1 300 en 2001) descendent en majorité de personnes déjà mentionnées. Bourgeoisie 70 %, aristocratie 30 %. Maurice Thorez figura comme député (1933-39), député et secr. général du PC (1946-47), député et ancien ministre (1948-49). **Renseignements donnés :** nom de famille, titre, prénom, décorations, diplômes, cercles et clubs, résidences principales et secondaires, références au train de vie [possession d'une automobile (de 1911 à 43), d'un hôtel particulier (de 1911 à 65), et depuis 1903 de yacht, avion, écurie de course ou équipage de chasse à courre], nom de jeune fille de l'épouse, prénom et année de naissance des jeunes enfants, nom d'épouse des filles mariées, liste des noms de jeune fille, des enfants « en religion » et de leur ordre. *Divers :* châteaux et parcs ouverts au public, renseignements administratifs culturels et sociaux. **Tirage :** *1949 :* 5 000 ; *91 :* 20 000 ; *95 :* 16 000 ; *97 :* 18 000 ; *99 :* 15 000 ; *2000 :* 20 000 ; *2001 :* 18 000. **Nombre de pages** (dont, entre parenthèses, pour la liste mondaine) : *1903 :* 1 586 (1 046) ; *2000 :* 2 022 (1 535). **Prix** (en 2001) **:** 1 050 F.

Who's who. Annuaire biographique existant dans de nombreux pays : G.-B. 1850, Allemagne (*Wer ist Wer*) 1905, USA 1950, France 1953. **Édition 2001** (en France) **:** 19 955 biographies dont 1 775 femmes ; supprimées 896 (218 †), ajoutées 1 057 ; *prix public :* 3 000 F. **Professions** (en %) : chefs d'entreprise 24,5, hauts fonctionnaires 12, chercheurs, universitaires, médecins 10, écrivains, journalistes 7, politiques 7, professions juridiques 6,5, comédiens 6,5, musiciens, chanteurs 5, peintres, sculpteurs, dessinateurs, photographes 4,5, diplomates 2,5, sportifs 2,5, publicitaires 2, artisans 2, militaires 2, restaurateurs, hôteliers 1,5, religieux, responsables humanitaires 1,5, divers 3.

cis (15-6-39) Un. *Joseph* (1-1-42) Af. **Balmain,** Pierre (1914-82) Cou. **Balmer,** Jean-François (18-4-46) A. **Baloud,** Alexandre (Alain Barthélemy) (21-11-40) J, R. **Balpêtré,** Antoine (1898-1963) A. **Balthy,** Louise (Bidart) (1869-1925) C. **Balutin,** Jacques (William Buenos) (1936) A. **Bananarama** : Sara Dallin (17-12-60), Keren Woodward (2-4-61) GB, C. **Bancroft,** *Anne* (Anna-Maria Italiano) (17-9-31) U, A. *George* (1882-1956) U, A. **Banderas,** Antonio (8-10-58) Es., A. **Bankhead,** Tallulah (1902-68) U, A. **Bansard,** J-Pierre (15-5-40) Af. **Baptiste,** *Aîné* (Nicolas Eustache Anselme) (1761-1835) A. *Cadet* (Paul Eustache Anselme) (1765-1839) A. **Baquet,** Maurice (26-5-11) A.

Bara, Theda (Theodosia Goodman) (1890-1955) U, A. **Baratier,** Jacques (8-3-18) R. **Barazer,** Pierre (13-12-33) Af. **Barbara** (Monique Serf) (1930/24-11-1997) C. **Barbaro,** Umberto (1902-59) It, Cr, S. **Barbaud,** Alain (9-11-44) J. **Barbedienne,** Joseph (19-5-41) Dir. **Barbelivien,** Didier (10-3-54) C. **Barbier,** *Bruno* (23-6-44) J. *Christian* (Espitalier) (3-9-39) An, Ra. **Barboza,** Raul (1938) Arg, Acc. **Barbus** (Les 4) : J. Tritsh (1913), P. Jamet (1910), M. Quinton (1916), G. Thibault (1911) C, séparés en 1969. **Barclay,** *Eddie* (Édouard Ruault) (26-1-21, marié 8 fois) Cp, Pr. *Robert* (1843-1913) GB. ***Bardem,*** Juan Ant. (2-6-22) Es, R, S. **Bardin,** Jean (1927) Pr, Pré. ***Bardot,*** (Mme d'Ormale) Brigitte (28-9-34) A. **Bardy,** Gérard (1940) J. **Barelli,** Aimé (1917-95) Mu. **Barenboïm,** Daniel (15-11-42) Isr, Mu. **Barillet,** Pierre (24-8-23) Au. **Barker,** Lex (1919-73) U, A. **Barma,** Claude (1918-92) M. **Barnard,** Chris (8-10-22) Afr. S, Méd. ***Barnet,*** Boris (1902-65) Ur, R. **Barney,** Nathalie Clifford (1876-1972) U. **Barnier,** Lucien (1918-79) Ra. **Barnole,** François (1932) J. **Barnum,** Phineas Taylor (1810-91) U, Af. **Baroin,** *François* (21-6-65) Po. *Michel* (1930-87) Af. **Baron** (Louis Bouchenez) (1837-1920) A. *Boyron* (1653-1729) A. *Ève* J, T. **Baroncelli,** Jac. de (1881-1951) R. **Barouh,** Pierre (1934) C, Au, R. **Baroux,** Lucien (1888-1968) A. **Barr,** Jean-Marc (27-9-60) A. **Barrat,** Robert (1891-1970) Ra, J. ***Barrault,*** *Jean-Louis** (8-9-1910/94) A, M. *Marie-Christine* (21-3-44) A. **Barray,** Gérard (Baraillé) (1931) A. **Barreau,** J.-Claude (10-5-33) Prêtre, retour état laïc 1971, Au. **Barrère,** Igor (1931-2001) T. **Barret,** Pierre (1936-88) Af. ***Barreto,*** *Lima** (1906-82) Br, R. *Ray* (29-4-29) U, Mu. **Barrier,** Maurice (1934) A. **Barrière,** *Alain* (Bellec) (18-11-35) C. *Lucien* (1923-90) Af. **Barrot** Olivier (19-5-48) J. **Barry,** *John* (J.B. Prendergast) (3-11-33) U, Cp. *Paul* (1926) Af. **Barrymore,** (Blythe) *Ethel* (1879-1959). *John* (1882-1942). *Lionel* (1878-1954) U, A. *Maurice* (1848-1905). **Barsacq,** *André* (1909-73) M. *Léon* (Russie 1906-69) Déc. **Barsalou,** *Joseph* (1903-92) J. *Yves* (18-9-32) Af. **Bartet,** Julia (Regnault (1854-1941) A, Th. **Barthelmess,** Richard (1897-1963) U, A. **Barthes,** Pierre (1941) Af. **Bartholomew,** Freddie (Frederick Llewellyn) (1924-92) GB, A. **Bartök,** Eva (Sjoke) (18-6-26) Ho, A. **Barzotti,** Claude (Francesco) (23-7-53) Be, C.

Basehart, Richard (1914-84) U, A. **Bashung,** Alain (1-12-47) C. **Basie,** Count (1904-84) U, Pi. **Basinger,** Kim (8-12-53) U, A. **Basov,** Nicolaï (14-12-1922/1-7-2001) Ru, Sc. **Bass,** Saül (8-5-20) U, Des, R. **Bassey,** Shirley (8-1-37) GB, C. **Bastia,** *Jean* (1878-1940) Ch, J, Th. *Pascal* (11-9-08) Ch, Th. **Bataille,** *Nicolas* (14-3-26) A, M. *Sylvia* (Maklès) (1908-93) A. **Batcheff,** Pierre (Piotr Bacer) (1901-32) A. **Bates,** Alan (17-2-34) GB, A. **Baty,** Gaston (1885-1952) M. **Bauchard,** Philippe (1924-98) J. **Baudecroux,** Jean-Paul (11-3-46) Ra. **Baudis,** *Dominique* (14-4-47) T, J, Po. *Pierre* (1916-97) Po. **Baudrier,** Jacqueline (Vibert, Mme Roger Perriard) (16-3-22) J. **Bauer,** Axel (7-4-61) C. **Baugé,** André (1893-1966) A. **Baulieu,** Étienne-Émile (12-12-26) Sc. **Baumer,** Jacques (1885-1951) A. ***Baur,*** Harry (1880-1943) A. **Bausch,** Pina (27-7-40) All, Cho. **Bava,** Mario (1914-80) It, R. **Bavastro,** Gérard (1946-98) Af. Michel (28-12-06) Af. **Baxter,** *Anne* (1923-85) U, A. Bill (3-3-59) C. *Jane* (Feodora Forde) (1909-96) GB, A. *Warner* (1891-1951) U, A. ***Baye,*** Nathalie (6-7-51) A. **Bayet,** Albert (1880-1961) J. **Baylet,** Évelyne (14-6-13) J, A. **Bayrou,** François (25-5-51) Po. **Bazin,** André (1918-58) Cr.

Beach Boys (The) : Brian (20-6-42), Carl (21-12-46), Dennis Wilson (1944-83), Mike Love (15-12-41), Al Jardine (3-9-43), Bruce Johnstone (24-6-45) U, C. **Bearden,** Romare (1913-88) U, Des. ***Béart,*** *Guy* (Guy Béhart) (16-7-30) C. *Emmanuelle** (14-8-65) A. **Beatles** (The) : George Harrisson (25-2-43), John Lennon (1940-80), Paul McCartney (18-6-42), Ringo Starr (Starkey) (7-7-40) GB, C. **Beatty,** *Robert* (1909-92) Ca, A. *Warren** (30-3-37) U, A. **Beauchamps,** Annick (1940-95) J. **Beaulieu,** *François* (1943) A. *Jacqueline* (Levy) J. **Beaumont,** Cte *Étienne* de (1883-1956) Coll. Cte *Jean* de (13-1-04) Af. *Susan* (Black) (1936) GB, A. **Beaune,** Michel (1933-90) A. **Beauregard,** Georges de (Edgard-Denis Nau de B.) (1920-84) Pr. **Beauvais,** Robert (1911-82) Ra, Pr. **Beauvillain,** Kléber (27-2-35) Af. **Beauvilliers,** Antoine (1754-1817) Cui. **Beaux,** Gilberte (12-7-29) Af. **Beausonge,** Lucid (27-8-54) C. **Beaverbrook,** Max, baron (1879-1964) GB, Ca, Po, Af. **Bébéar,** Claude (29-7-35) Af. **Bécaud,** Gilbert (Silly) (24-10-27) C. **Beccaro,** Thierry (19-10-56) Pré. **Bechameil** Louis de Mis de Nointel (1630-1703) Cui. **Bechet,** Sidney (1897-1959) U, Mu. **Beck,** *Jeff* (24-6-44) GB, G. *Julian* (1925-85) U, M, A. ***Becker,*** *Jacques** (1906-60) R. *Jean* (1933) son fils, R. **Beckett,** Samuel (1906-89) Irl, Au. **Bedos,** Guy (15-6-34) A, Ch, Hum.

Bee Gees (The) : 3 frères : Barry (1-9-46), Maurice (22-12-49), Robbin (22-12-49) **Gibb,** GB, C. **Beer,** Jean de (1911-95) Au. **Beery,** Wallace (1889-1949) U, A. **Beffa,** Jean-Louis (11-8-41) Af. **Beghin,** Ferdinand (1902-94) Af. **Béguin,** J.-François (22-10-21) Af. **Behi,** Rida (1947) Tun, R. **Beigbeder,** Frédéric (21-9-65) Pu. ***Beineix,*** J.-Jacques (8-10-46) R. **Béjart,** Maurice (Berger) (1-1-27) Cho. **Beketch,** Serge de (12-12-46) J. **Bel,** François (1936) R. **Belafonte,** Harry (1-3-27) U, A, C. **Belgrand,** Eugène (1810-78) Ing. **Belhassine,** Lofti (1948) Tun, Af. **Belin,** Jean (28-9-49) J, T. **Bell,** Marie (Bellon-Downey, Mme J. Chevrier) (1900-85) A. **Bellamy,** Ralph (1904-91) U, A. **Bellanger,** Raoul (4-3-1935) Af. **Bellay,** Jérôme (Dominique Quenin) (10-10-42) J. **Belle,** Marie-Paule (25-1-46) C. **Bellemare,** Pierre (21-10-29) Pr. **Beller,** Georges (10-5-46) An, T. **Belli,** Agostina (A.M. Magnoni) (13-4-47) It, A. **Béljères,** Léon (1880-1952) A. **Bellochio,** Marco (9-9-39) It, R. **Bellon,** *Loleh* (Marie-Laure) (1925-99) A. *Pierre* (24-1-30) Af. *Yannick* (Marie-Annick) (6-04-24) M. **Belluci,** Monica (1968) It, A. **Bellus,** Jean, F, Des. ***Belmondo,*** Jean-Paul (9-4-33) A. **Belmont,** Véra (1931) R. **Belvaux,** Lucas (14-11-61) A. **Ben** (Benjamin Vautier) (18-7-35) Pe. (Léon Benderski) J. **Ben Ammar** (1943) Tun, R. **Benamou,** *Georges-Marc,* J. *Roger* (30-5-27) R, T. **Benani,** Hamid (1940) Maroc, R. **Benatar,** Pat (Patricia Andrzejweski) (10-1-53) U, C. **Benayoun,** Robert (1926-96) Cin. **Benazeraf,** José (1922) R. **Bendavid,** Patrick (12-4-47) Af. **Bendix,** William (1906-64) U, A. **Benedek,** Laszlo (Ho, 1907-92) U, R. **Benedetti,** Carlo De (14-11-1934) It, Af. **Benetton,** Luciano (1935) It, Af. **Benguigui,** *Jean* (1943) A. *Serge* (1943). **Benhamou,** Pierre (10-4-39) Af. **Benichou,** Jacques (12-5-22) Af. **Benigni,** Roberto (27-10-1952), It., Cin. **Bennett,** *Bruce* (Herman Brix) (1909) U, A. *Constance* (1904-65) U, A. *Joan* (1910-90) U, A. *Lou* (1926-97) U, Mu. *Michael* (1943-87) U, M, Cho. **Bennigsen,** Alexandre (1918-88). **Benno** (Gilbert Graziani) J. **Benny,** Jack (Kubelsky) (1894-1974) U, A. **Benoît,** Denise (1921-73) A, C. **Benoit-Lévy,** Jean (1883-1959) R. **Benson,** George (22-3-43) U, Mu, C. **Benz,** Karl Friedrich (1844-1929) All, Ing.

Béranger, *François* (1937) C. *Macha* (Mme Michèle Rion) (1941) J, R. **Bérard,** Christian (1902-49) Déc, Cp. **Bérard-Quelin,** Georges (1917-90) J. **Bercholz,** Joseph (Russie, 1898) Pr. **Bercoff,** André (12-2-40) J, T. **Bercot,** Pierre (1903-91) Af. **Berenger,** Tom (31-5-50) A. **Berenson,** Marisa (15-2-48) U, A. **Bérès,** Pierre (18-6-13) Éd. ***Beresford,*** Bruce (16-8-40) Aus, R. **Beretta,** *Anne-Marie* (24-9-37) Cou. *Daniel* (1946) C. **Bergé,** *Francine* (21-7-38) A. *Pierre* (14-11-30) Af. **Bergen,** Candice (8-5-46) U, A. **Berger,** *Helmut* (Steinberger) (29-5-44) Aut, A. *Jean-Marc,* Af. *Michel* (Hamburger) (1947-92) C, Cp. *Nicole* (Gouspeyre) (1934-67) A. *Senta* (13-5-41) Aut, A. **Bergerac,** Jacques (26-5-27) A, Af. **Bergeron,** André (1-1-22) Sy. ***Bergman,*** *Ingmar** (14-7-18) Suè, R. *Ingrid** (Mme Lars Schmidt) (1915-82) Suè, A. **Bergner,** Elisabeth (Ethel) (All, 1898-1986) GB, A. **Bergougnoux,** Jean (15-10-39) Ing. **Bérimont,** Luc (André Leclercq) (1915-1983) Au, Ra. **Beriot,** Louis (31-7-39) T. **Berkeley,** (W.B. Enos) Busby (1895-1976) U, Cho, R. ***Berlanga,*** Luis Garcia (12-6-21) Es, R. **Berley,** André (1880-1936) A. **Berliet,** *Marius* (1866-1949) Af. *Paul* (5-10-18) Af. **Berlin,** Irving (Israël Baline) (1888-1989) U, Cp. **Berling,** Charles (30-4-1958) A. **Berlusconi,** Silvio (29-9-36) It, Af, T, Po. **Berman,** Pandro Samuel (1905-96) V, Pr. **Bern,** Stéphane (14-11-63) J. **Bernadac,** *Christian* (1-8-37) J. *Lucienne* (1905-73) Cp, Pr, Pré. **Bernard,** *Armand* (1893-1968) A. *Aubert-Claude* (1930) R. *Daniel* (18-2-46) Af. *Jean* (26-5-07) Méd. *Jean-René* (1-12-32) Insp Fin. *Joëlle,* A. *Michel* (1-3-43) Af. *Paul* (1898-1958) A. *Raymond* (1891-1977) R. **Bernard-Deschamps,** Dominique (1892-1966) R. **Bernardet,** *Jean* (26-12-21) J. *Jérôme,* J. *Maurice* (18-9-21) J. **Bernardin,** Alain (1916-94) Dir, Th. **Bernardino,** Antonio (1942-96) Port, Ch. **Bernardy,** Guy-Jean (7-3-26) Af. **Bernert,** Philippe (1928-87) J. **Bernhardt,** Sarah (Rosalie Bernard) (23-10-1844/26-3-1923) A. **Bernheim,** Antoine (4-9-24) Af. ***Berri,*** *Claude** (Langmann) (1-7-34) A, Pr, R. *Robert* (1912-89) A. **Berriau,** Simone (Bossis) (1896-1984) A. ***Berry,*** *Chuck* (18-10-26) U, C. *John* (1917-99) U, R. *Jules** (Paufichet) (1883-1951) A. *Maddy* (1887-1965) A. *Richard* (1936-97) U, C, Cp. *Richard** (31-7-50) A. **Berryer,** Antoine (1790-1868) Av. **Bert,** Camille (1880-1970) A. **Bertall** (Charles-Albert d'Arnoux) (1820-82) Des. **Bertheau,** Julien (1910-95) A. **Berthier,** Jacques (1916) A. **Bertho,** Jean (1928) Ch, An, T. **Berthomieu,** André (1906-60) R. **Bertin,** *Pierre* (1891-1984) A. *Louis-François* (1766-1841) J. **Bertini** (Elena Vitiello) Francesca (1888-1985) It, A. **Berto,** Juliet (1947-90) A, R. ***Bertolucci,*** Bernardo (16-3-41) It, R. **Bertrand,** *Jean-Pierre,* T. *Paul* (1915) Déc. *Plastic* (Roger Jouret) (24-2-58) Be, C. **Bertuccelli,** J.-Louis (3-6-42) R. **Berval** (1891-1966) A.

Besançon, Julien (18-4-32) J. **Bescont,** Jean (1925-83) R, T. **Besnier,** Michel (18-9-28/11-6-2000) Af. **Bessaguet,** Michel (25-7-53) J. **Besse,** Georges [1927-86 (assassiné)] Af. ***Besson,*** *Benno* (1922) Su, Ac. *Luc* (18-3-59) R. **Bettelheim,** Bruno (1904-90) U, Psy. **Betti,** Laura (1-5-34) It, A. **Bettina** (Simone Bodin) (1925) Man. **Betty,** William (1791-1874) GB, A. **Beucler,** André (1898-1985) Au. **Beunat,** Mario (1928) J. **Beuve-Méry,** Hubert (1902-89) J. **Bever,** Georges (1884-1973) A. **Beveridge,** William (1879-1963) Éco. **Beydts,** Louis (1895-1953) Cp. **Beysson,** Jean-Pierre (11-1-43) Af. **Beytout,** Jacqueline (20-2-18) J, Af. **Bharati,** Divya (1973-93) In, A. **Bianchetti,** Suzanne (1889-1936) A. **Bianco,** J.-Louis (12-1-43) Af, Po. **Biasini,** Émile (31-7-22) Adc. **Bibi** (Béatrice Adjorkor Anyankor) (9-1-57) Gh, C. **Bich,** *Marcel* (baron) (1914-94) Af ; *Bruno* (2-10-46) Af. **Bickford,** Charles (1889-1967) U, A. **Bideau,** J.-Luc (1-10-40) Su, A. **Bidermann,** Maurice (M. Zylberberg) (Bruxelles 4-4-35) Af. **Bietri,** Charles (1943) J. **Bigard,** Jean-Marie (17-5-54) Hum. ***Bigas Lunas,*** José Juan (1946) Es, R. **Bigeard,** Marcel G^{al} (14-2-16). **Bigot,** Charles (29-7-32) Af. **Bilalian,** Daniel (10-4-47) J, T. **Billecocq,** Pierre (1921-87) Af. **Billetdoux,** François (1927-91) Au. **Billy Idol** (William Broad) (30-11-55) GB, C. **Billy TheK Kid** (William H. Bonnay) (1859-81) U, Avent. **Bing,** Rudolf (Aut 1902-97) GB, Dir. Opéra. **Bingham,** Barry (1906-88) U, Af. ***Binoche,*** Juliette (9-3-64) A. **Biotteau,** Gérard (26-2-24) Af. **Biraud,** Maurice (1922-82) A. ***Birkin,*** Jane (14-12-46) GB, A, C. ***Bisset,*** Jacqueline (Frazer) (13-9-44) GB, A. **Bizeau,** Eugène (1883-1989) Ch. **Bizet,** Marie (1905-98) C. **Björk,** Anita (25-4-23) Suè, A. ***Björnstrand,*** Gunnar (1909-86) Suè, A.

Black, Karen (Ziegeler) (1-7-42) U, A. **Bladen,** Ronald (1921-88) U, Des. **Blain,** *Estella* (Micheline Estellat) (1934-82) A. *Gérard* (1930-2000) A, R. **Blair,** Betsy (Elisabeth Boger) (1923) U, A. **Blakenham,** Michael (25-1-38) GB, Af. **Blakey,** Art (Abdullah ibn Buhaina) (1919-90) Bat. ***Blanc,*** *Christian* (17-5-42) Af. *Dominique* A. *Émile* (18-10-32) Af. *Éric* (1966) Hum. *Gérard* (8-12-47) C. *Jean* († 1988) Ch. *Jean-Pierre* (1942) R. *Michel** (16-6-52) A, R. **Blanc-Francart,** Patrice (19-5-42) J. ***Blanchar,*** Dominique (1927) A. *Pierre* (1892-1963) A. **Blanchard,** Gérard (7-2-53) C. **Blanche,** *Francis* (1921-74) A, C. *Roland* (1943-99) A. **Blanchet,** Henri (26-6-45) Af. **Blanchot,** Maurice (1907) Au. **Blanco,** Carrero (20-12-73). ***Blasetti,*** Alessandro (1900-87) It, R. **Blasi,** Silvana (1931) It, C. **Blavette,** Charles (1902-67) A. **Blayau,** Pierre (14-12-40) Af. **Bleustein-Blanchet,** Marcel (21-8-06/11-4-96) Pu. ***Blier,*** *Bernard** (1916-89) A. *Bertrand** (14-3-39) R. **Blin,** Roger (1907-84) A, M. **Blitz,** Gérard (1912-90) Af. **Bloch,** *Jean-Jacques* (19-6-19) *Jean-Pierre* (1905-99). J. *Raymond* (1914-99) Hist. (10-3-39) Af. **Bloch-Lainé,** Jean-Michel (28-4-36). **Blondell,** Joan (1909-79) U, A. **Blondo,** Lucky (Gérard Blondiot) (23-7-44) C. **Blondot,** François (4-7-42) Af. **Bloom,** *Claire* (Blume) (15-2-31) GB, A. *Verna* (7-8-39) U, A. **Blues Brothers** : John Belushi (1949-82), Dan Aykroyd (1-7-52), U, C. **Bluwal,** Marcel (26-5-25) M. **Blyth,** Ann (16-8-28) U, A. **Bo,** Carlo (1911-2000) It, Cr.

Boardman, Eleanor (1898-1991) U, A. **Bobèche** (Mandelard) (XVIIIe s.) Cl. **Bobet,** Louison (1925-83) Spo, Af. **Bobino** (Saix) (28-6-22) Ma. **Boccara,** Frida (1940-96) C. **Bock,** Jerry (Jerrold Lewis) (23-11-28) U, Cp. **Bocuse,** Paul (11-2-26) Rest. **Bodard,** Lucien (Chine, 1914-98) Au, J. **Bodinat,** Henri de (15-7-48) Af. **Bodoin,** Jacques (23-3-21) Ch, A. **Boeing,** William (1881-1956) U, Inv. **Boetticher,** Budd (26-7-16) U, R. **Bofa,** Gus (Gustave Blanchot) (1883-1968) Des. **Bogaërt,** Lucienne (1892-1983) A. ***Bogarde,*** Dirk (Derek Van Den Bogaerde) (28-3-1921/8-5-1999) GB, A. ***Bogart,*** Humphrey (1899-1957) U, A. **Bogdanovich,** Peter (30-7-39) U, R, Cr. **Bohan,** Marc (22-8-1926) Af. ***Bohringer,*** *Richard** (16-1-42) A. *Romane,* A. **Boileau,** Pierre (1907-89) Au. **Boillot,** Jean (6-2-26) Af. **Boislaville,** Louis-Lucien (1919-2001) Cp. **Boisrond,** Michel (9-10-21) R. **Boisrouvray,** Albina du (1942) Pr. ***Boisset,*** Yves (14-3-39) R. **Boissieu,** Michel de (18-11-17) Af. **Boisson,** Christine (1955) A. **Boissonnat,** Jean (16-1-29) J. **Boitel,** Jeanne (1904-87) A. **Boiteux,** Marcel (9-5-22) Af. **Boix-Vives,** Laurent (30-8-26) Af. **Bolan,** Marc (1947-77) GB, C. **Boleslawsky,** Richard (Pol 1937) U, R. **Bolling,** Claude (10-4-30) Cp, Pi. **Bolloré,** *Gwenn-Aël* (4-9-1925/12-7-2001) Af, Éd. *Michel* (17-2-22). *Michel-Yves* (8-12-45). *Vincent* (1-4-52) Af. ***Bolognini,*** Mauro (1922-2001) It, R.

Bon, Michel (5-7-42) Af. **Bon Repos,** Bernadette de (17-1-51). **Bonaldi,** Jérôme (17-9-52) An. **Bond,** *Alan* (22-4-38) GB, Aus, Af, T, R. *Ward* (1903-60) U, A. ***Bondartchouk,*** Sergueï (1922-94) Ur, A, R. **Bondoux,** René (26-5-1905/6-5-2001) Av. **Bonduelle,** *Bruno* (3-8-33) Af. *Christophe* (14-12-59) Af. **Bonelli,** Pierre (28-5-39) Ing. **Boney** M. (Bobby Farell) (6-10-49) U, C. **Bongrain,** J.-Noël (28-12-24) Af. ***Bonnaire,*** Sandrine (31-5-67) A. **Bonnardot,** Claude-Jean (1923-81) R. **Bonnay,** *Christiane,* Acc. *Max* (1957) Acc. **Bonnel,** Bruno (1958) Af. **Bonnet,** Pierre (19-10-27) Af. **Bonnie,** Parker († 1934) ; **Clyde,** Barrow († 1934) U. **Bonte,** Pierre (15-9-32) J. **Bontempelli,** Guy (1940) Cp, C. **Bonvoisin,** Bernie (9-7-56) C. **Boone,** *Pat* (1-6-34) U, A, C. *Richard* (1917-81) U, A. ***Boorman,*** John

☞ **Des milliers d'autres personnalités figurent dans Quid, consultez l'Index ou les chapitres Architecture, Danse, Histoire, Littérature, Politique, Sport, etc.**

(18-1-33) GB, R. **Boothe Luce,** Clara (1903-87) U, Au, Dip, J. **Bordas,** Pierre (5-7-1913/5-10-2000) Éd. **Bordaz,** Robert (1908-96) Fonct. **Borderie,** *Bernard* (1924-78) M. *Raymond* (1897-1982) Pr. **Borel** *(Ch. Clerc)* (1879-1959) Cp. *Jacques* (9-4-27) Af. **Borelli,** Lyda (1884-1959) It, A. **Borgnine,** Ernst (Ermes Borgnino) (24-1-17) U, A. **Borniche,** Roger (7-6-19) Au. **Borowczyck,** Walerian (2-9-23) Pol, R. **Bortoli,** Georges (28-6-23) J. **Borvo,** Pierrick (5-4-42) Adc. **Bory,** Jean-Marc (1930-2001) Su, A. ***Borzage,*** Frank (1893-1962) U, R. **Borzeix,** Jean-Marie (1-8-41) J. **Bosc,** Jean-Marie (1924-73) Des. ***Bose,*** Lucia (28-1-31) It, A. **Bossis,** Héléna (Henriette Berriau) (1919) A. **Bost,** Pierre (1901-75) S. **Bosustow,** Stephen (1911-81) U, R. **Bothorel,** Jean (12-5-40) Ecr, J. **Botin,** Emilio (1934) Es, Af. **Botrel,** Théodore (1868-1925) Cp.

Bouamari, Mohamed (1941) Alg, R. **Boublil,** Alain (22-7-47) Éco. **Boucher,** Victor (1877-1942) A. **Boucheron,** Alain (11-06-48) Jo. **Bouchez,** Élodie (n.c.) A. **Bouchinet-Sereulles,** Claude (1912-2000) compagnon de Jean Moulin. **Boucicaut,** Aristide (1810-77) Af. **Boudet,** *Alain* (14-3-28) R, T. *Micheline* (28-4-26) A. **Boudrioz,** Robert (1877-1949) R. **Boué,** Michel (1947-92) J. **Bouffé,** Hugues (1800-88) A. **Bouglione,** Joseph (1904-87) Af. **Bougrain-Dubourg,** Allain (17-8-48) Pr. **Bouilhet,** Albert (31-8-29) Af. **Bouillon,** *J.-Claude* (27-12-41) A. *Joseph* (1907-84) (dit Jo) Mu. **Bouise,** Jean (1929-89) A. **Bouix,** Évelyne (15-4-56) A. **Boujenah,** Michel (Tun 2-11-52) A, Ch, Hum. **Boukharine,** Nikolaï (1888-1938) Ur, Éco, Po. **Boulet,** J.-Claude (11-12-41) Af. **Boulez,** Pierre (26-3-25) Cp, Mu. **Boulier,** Christophe (17-12-65) Viol. **Boulin,** *Jacques* (21-10-23) Af. *Philippe* (27-6-25) Af. ***Bouquet,*** *Carole* (18-8-57) A. *Michel** (6-11-25) A. **Bourdelle,** Thommy (1892) A. **Bourdet,** Claude (1909-96) J. **Bourdier,** Jean (6-6-31) J. **Bourdin,** Lise (1930) A, T. **Bourgeois,** Gérard (1874-1944) R. **Bourgeois-Pichat,** Jean (1912-90) Ing. **Bourges,** Hervé (2-5-33) J, T. **Bourgine,** *Élizabeth* A. *Raymond* (1925-90) J. *Elizabeth* (20-3-57) A. **Bourgoin,** *Jean-Serge* (1913) Pré. *Marie* (1781-1834) A. **Bourgois,** *Christian* (21-9-33) Éd, J. *Manuel* (25-3-39) Éd. **Bourguignon,** Serge (3-9-29) R. **Bouriez,** Philippe (11-8-33) Af. **Bourrat,** Patrick (20-9-52) An. **Bourret,** J.-Claude (17-7-41) J. **Bourseiller,** Antoine (8-7-30) M. ***Bourvil*** (André Raimbourg) (1917-70) A, C.

Boussac, Marcel (1889-1980) Af. **Bouteille,** Romain (24-3-37) Hum, A. **Bouteiller,** Pierre (22-12-34) J. **Boutet,** *Jacques* (17-3-28) J. *Michel* (26-4-27) Af. **Boutin,** René (1802-72) A. **Bouton,** Daniel (10-4-50) Af. **Boutron,** Pierre (1947) R. **Boutté,** Jean-Luc (1947-95) M. **Bouvard,** Philippe (6-12-29) Au, J, Pr. **Bouygues,** *Corinne* (24-8-47) Af. *Francis* (1922-93) Af. *Martin* (3-5-52) Af. **Bouyssonnie,** Jean-Pierre (12-9-20) Af. **Bouzinac,** Roger (28-7-20) J. **Bové,** José Po. **Bovy,** Berthe (Liège 1887-1977) A. **Bow,** Clara (1905-65) U, A. **Bowie,** David (Jones) (8-1-47) GB, C, Cp, A. *Lester* (1941-99) U, Cp. **Boy George** (G. O'Dowd) (14-6-61) GB, C. **Boycott** Charles (1832-97) gérant de propriétés en Irlande mis en quarantaine par ses fermiers. **Boyd,** *Stephen* (William Millar) (1928-77) GB, A. *William* (1898-1972) U, A. ***Boyer,*** *Charles** (1899-1978, suicidé) A. *Jacqueline* (1941) A, C. *Jean* (1901-65) Ch, Au, Di, M. *Laurent* (23-1-58) An. *Lucienne* (1901-83) C. **Boyle,** Danny (20-10-56) GB, R. **Boyon,** Michel (30-4-46) Ra. **Bozo,** Dominique (1935-93) Cons. **Bozon,** Louis (25-6-34) An, Ra. **Bozzuffi,** Marcel (1929-88) A.

Brach, Gérard (23-7-27) S. **Brachetti,** Arturo It., A. **Brady,** *Alice* (1892-1939) U, A. *James* (1856-1917) U, Af. *James* (17-9-44) U, Af. **Braillon,** Marc (6-3-33) Af. ***Branagh,*** Kenneth (10-12-60) GB, A, R. ***Brando,*** Marlon (3-4-24) U, A. **Brandolini d'Adda,** Leonello (31-5-50) It, Éd. **Branson,** Richard (18-7-50) U, Af. **Brant,** Mike (Moshé Brant) (1947-75) C. **Brassaï** (Gyula Halász) (1899-1984) Ph. **Brassens,** Georges (1921-81) C, Poète. ***Brasseur,*** *Claude** (Espinasse) (15-6-36) A. *Pierre** (son père) (1905-72) A. **Braunberger,** Pierre (1905-90) Pr. **Bravo,** Christine (13-5-56) Pré, J. **Bray,** Yvonne de (1889-1954) A. **Brazzi,** Rossano (1916-94) It, A. **Brecht,** Bertolt (1898-1956) All, Au, M. **Breffort,** Alexandre (1901-71). **Bregou,** Christian (19-11-41) Af. **Breillat,** *Catherine* (13-7-48) S, Au, R. *Marie-Hélène* (2-6-47) A. **Brel,** Jacques (1929-78) Be, C, Cp, R, A. **Brenaa,** Hans (1910-88) Dan, Da. **Brennan,** Walter (1894-1974) U, A. **Brent,** Georges (Nolan) (1904-79) U, A. **Brès,** Pierrette (12-2-39) J. ***Bresson,*** Robert (25-9-1901/18-12-1999) R. **Bretagne,** Yves de (29-4-38) Af. **Brétécher,** Claire (1943) Be, Des. **Breton,** *Jean* (J.-P. Bretonnière) (1911) Ch. *Jean* (1936) R. *Jean* (J.-François Travaux) J. *Thierry* (15-1-55) Af. **Bretonnière,** Jean (1924) A. **Bretty,** Béatrice (Bolchesi) (1895-1982) A. **Breugnot,** Pascale (11-3-40) T. **Breuil,** Henri abbé (1877-1961) préhistorien. **Bréval,** Lucienne (Bertha Schilling) (1869-1935) Su, C.

Brialy, J.-Claude (30-3-33) A, R. **Brice,** Fanny (Borach) (1891-1951) U, A, Ch. **Bridges,** *James* (1936-93) U, R. *Jeff* (4-12-49) U, A. **Brignac,** Guy de (17-4-33) A. **Brigneau,** François (Emmanuel Allot) (30-10-19) J. **Brignone,** Guido (1887-1959) It, R. **Brillié,** Michel (1-10-45) Dir. **Brincourt,** *André* (8-11-20) J. *Christian* (1935) Rep. **Brindeau,** Louis (1814-82) A. **Bringuier,** J.-Claude (14-7-25) T. **Brion,** Françoise (de Ribon) (29-6-34) A. **Briquet,** Sacha (16-4-31) A. **Brisville,** J.-Claude (28-5-22) Au. **Britt,** May (Maybritt Wilkens) (22-3-33) Suè, A. ***Broca,*** Philippe de (15-3-33) R. **Brochand,** Bernard (5-6-38) Af. **Brochard,** Jean (1893-1972) A. **Broche,** François (31-8-39) J, Au. **Brochet,** Anne A. **Broderick,** Matthew (21-8-62) U, A. **Brodie,** Steve (John Stevens) (1919-92) U, A. **Broglie,** P^{ce} Gabriel de (21-4-31) CÉ. **Brohan,** *Augustine* (1824-93) A. *Madeleine* (1833-1900) A. **Bromberger,** *Dominique* (24-3-44) J. *Hervé* (1918-93) R. **Bronfman,** Edgar (20-6-1928) U, A. **Bronne,** Carlo (1901-87) Be, J. ***Bronson,*** Charles (Buchinsky) (3-11-20) U, A. **Brook,** *Clive* (Clifford Brook) (1897-1974) GB, A. *Peter* (21-3-25) GB, R, M. ***Brooks,*** *Garth* (7-2-62) U, C. *Géraldine* (Stroock) (1925-77) U, A. *Louise** (1906-85) U, A. *Mel* (Melvyn Kaminsky) (28-6-26) U, R. *Richard** (1912-92) U, R. **Broomhead,** Laurent (5-2-54) Pr. **Brosseau,** Jean-Michel (1946) An. **Brosset,** *Claude* (1943) A. *Colette* (Mme Robert Dhéry) (1923) A. **Brossolette,** Gilberte (27-12-05) J, Po. **Broussard,** Robert (24-4-36) Poli. ***Brown,*** *Clarence** (1890-87) U, R. *Dennis* (1957-99) Jq, C. *James* (3-5-28) U, C. *Johnny Mack* (1904-74) U, A. **Browning,** *Ralph* M. (7-8-25) Af. *Tod* (1882-1962) U, R. **Brozzetti,** Gianluca (4-3-54) It, Af.

Bru, *Myriam* (1932) A. *Nicole* (née Magniez 11-7-38) Méd. **Bruant,** Aristide (Bruand) (1851-1925) Ch. **Brubeck,** Dave (6-12-20) U, Pi. **Bruce,** *David* (Marden Mc Broom) (1914-76) U, Ph. *Nigel* (1895-1953) GB, A. **Bruch,** Walter (1908-90) All, Ing. **Bruckberger,** Raymond (1907-98) Mo, Au, J, R. **Bruel,** Patrick (Maurice Benguigui) (14-5-59) A, C. **Bruhn,** Erik (1928-86) Dan, Da. **Brukberger** (Père) (1907-98) Au, J, R. **Brulé,** *André* (1879-1953) A. *Claude* (22-11-25) S. **Brun,** Alexandre (15-2-26) Af. **Brunaux,** Olivia (1961) A. **Brun-Buisson,** Francis (31-5-47) Af. **Brunet,** *Jacques-Charles* (1780-1867) libraire bibliographe. *Jean-Pierre* (20-1-20) Af, Dip. *Mira* (1766-1853) A. **Bruni-Tedeschi,** Carla (1968) It, Man. **Brunner,** Pascal (18-10-63) An. **Brunot,** André (1879-1973) A. **Brunoy,** Blanchette (Mme R. Maillot) (5-10-18) A. **Brusati,** Franco (1922-93) It, R. ***Brynner,*** Yul (Taidje Khan) (Russie, 1915-85) U, A. **Buchanan,** Jack (GB, 1891-1957) U, A. ***Buchholz,*** Horst (4-12-33) All, A. **Buchman,** Sydney (1902-75) U, S, Pr. **Buchwald,** Art (20-10-25) U. **Buckwitz,** Harry (1904-87) All, M. **Buffet,** Eugénie (1866-1934) C. **Buis,** Georges (1919-98) G^{al}. **Bujold,** Geneviève (1-7-42) Ca, A. ***Buñuel,*** Luis (1900-83) Es, R. **Burdon,** Eric (1941) GB, Mu. **Burel,** Léonce-Henry (1892-1977) Op. **Burgère,** André (1904) A. **Burke,** Billie (1885-1970) U, A. **Burnham,** James (1905-87) U, Po. **Burns,** George (20-1-1896/9-3-1996) U, A. **Buron,** Nicole de (1929) Au, R. **Burr,** Raymond (1917-93) Ca, A. **Burstyn,** Ellen (Gihooley) (7-12-32) U, A. ***Burton,*** *Richard* (Jenkins) (1925-84) GB, A. *Tim** U, R. **Bush,** *Kate* (30-7-58) GB, C. *Niven* (1903-91) U, M. **Bushman,** Francis X. (1883-1966) U, A. **Bussières,** Raymond (1907-82) A. **Buyle,** Évelyne (3-6-51) A. **Byrne,** David (14-5-52) Éc, Cp, A.

Caan, James (26-3-39) U, A. **Caballé,** Montserrat (12-4-33) Es, C. **Cabanes,** Claude (29-4-36) J. **Cabrel,** Francis (23-11-53) C. **Cabrol,** *Christian* (16-9-26) Méd, Un. *Laurent,* Pré. **Cabu** *(Jean Cabut)* (1938) Des. *James* (1931-93) U, R. **Cacharel,** Jean (Bousquet) (30-3-32) Af. **Cachin,** Françoise (1935) Cons. **Cacoub,** Olivier-Clément (Tun, 14-04-20) Arch. ***Cacoyannis,*** Michel (Michaelis Cacoghiannis) (11-6-22) Gr, R. **Cadillac,** Rita (N. Yasterbelsky) (1939-95) Da. **Caesar,** Irving (1895-96) U, Cp. **Cafaxe,** Patrice (1962-2001) Mu. **Cage,** Nicolas (Coppola) (7-1-64) U, A. ***Cagney,*** *James** (1899-86) U, A. *William* (1902-88) U, A. **Cahen Salvador,** Jean (1908-95) Af. **Caiazzo,** Bernard (15-1-54) Af. **Caine,** Michaël (Maurice Micklewhite) (14-3-33) GB, A. **Caiozzi,** Silvio (1944) Chili, R. **Caire,** Reda (Joseph Gandhour) (1908-63) Ég, C. **Calamai,** Clara (1915-98) It, A. **Calan,** Pierre Cte de (1911-93) Af. **Cale,** J.-J. (5-12-38) U, C, G. **Calef,** Henri (1910-94) R. **Calfan,** Nicole (4-3-47) A. **California,** Randy († 1997) U, G. **Calixte,** Michel (15-7-29) Af. **Callas,** Maria (Kalogeropoulos) (1923-77) Gr, C. **Calloud,** Jacques (22-5-21) Af. **Calloway,** Cab (1907-94) U, C. **Calmann-Levy** (1819-91) Éd. **Calmette,** Gaston (30-7-1858/16-3-1914, tué par Mme Caillaux) J. **Calmettes,** André (1861-1942) R. **Caloni,** Philippe (24-6-40) T. **Calvet,** *Corinne* (Dibos) (30-4-25) A. *Jacques* (19-9-31) Af. **Calvi,** Gérard (Grégoire Krettly) (26-7-22) Cp.

Cambo, Paul (1908-78) A. ***Camerini,*** Mario (1895-1981) It, R. ***Cameron,*** *James** (16-8-54) Ca, R. *Rod* (Nathan Cox) (1910-83) Ca, A. **Camoin,** René (1932) A. **Camoletti,** *Germaine* (1924-94) Dir, Th. *Marc (16-11-23) Au.* **Campbell,** *David* (1952) Éc, Éd. *Naomi* (22-5-1970) GB, Man. **Campinchi,** César (1882-1941) Av. ***Campion,*** *Jane** (1955) Aus, R. *Léo* (1905-92) Ch. **Campogalliani,** Carlo (1885-1979) It, A. ***Camus,*** *Marcel** (1912-82) R. *Mario* (20-4-35) Es, R. **Canale,** Gianna Maria (12-9-27) It, A. **Canavaggio,** Claude (1933-92) J. **Candido,** Maria (Simone Marius) (1929) C. **Candler,** Asa (1851-1929) U, Af. **Canet,** Guillaume A. **Canetti,** Jacques (1909-97), Imp. **Cangioni,** Pierre (29-7-39) J, T. **Caniff,** Milton (1907-88) U, Des. **Cannac,** Yves (23-3-35) Af. **Cannon,** Dyan (Samile Diane Friesen) (4-1-37) U, A. **Canovas,** Manuel (19-6-35) Af. **Cantegreil,** Henri (21-7-35) Af. **Cantien,** Dominique (13-3-53) T. **Cantinflas,** Mario Moreno (1911-93) Mex, A. **Cantor,** Eddie (Edward Israël Iskowitz) (1892-1964) U, A. **Canudo,** Riciotto (1879-1923) It, Cr. **Capdevielle,** J.-Patrick (19-12-45) C. **Capellani,** Albert (1870-1931) R. **Capelovici,** Jacques (1932) T. **Capillon,** Bernard (1929-93) Af. **Caplan,** Jil (20-10-65) C. **Capoul** Victor (1839-1924). ***Capra,*** Frank (It, 1897-1991) U, R. **Capri,** Agnès (Sophie-Rose Friedmann) (1915-76) C. **Capron,** Jean-Pierre (19-9-43) Af. **Capucine** (Germaine Lefebvre) (1933-17/18-3-1990, suicide) A. **Caputo,** Gildo (1904-88) It, Af.

Caradec, Jean-Michel (1946-81) C. **Caran d'Ache** (Emmanuel Poiré) (1858-1909) Des. ***Carax,*** Léos (21-11-60) R. **Carbonnaux,** Norbert (1918-97) R. **Cardiff,** Jack (18-9-1914) GB, Op, R. **Cardin,** Pierre (7-7-22) Cou. **Cardinal,** Pierre (1924-98) Pr, R. ***Cardinale,*** Claudia (15-4-39) It, A. **Carel,** Roger (Blancherel) (14-8-27) A. **Carette,** Julien (1897-1966) A. **Carey,** *Harry* (Henry De Witt Carey II) (1878-1947) U, A. *Joyce* (Lawrence) (1898) GB, A. *Mariah* (23-3-70) U, C. **Caries,** François (27-8-27) Af. ***Carle,*** Gilles (31-7-29) Ca, R. **Carlès,** Roméo (1897-1971) Ch. **Carletti,** Louise (27-2-21) A. **Carli,** Patricia (Rosetta Ardito) (1943) C. **Carlier,** Jean (Bassin) (24-5-22) J, R. **Carlo,** Yvonne de (Peggy Middleton) (1-9-1922) U, A. **Carlo-Rim** (J.-M. Richard) (1905-89) J, R. **Carlos** *(Jean Dolto)* (20-2-43) A, C, T. *Roberto* (1943) Br, C. **Carlson** Carolyn, U, Cho. **Carlyle** Robert (n.c.) GB, A. ***Carmet,*** Jean (1920-94) A. ***Carné,*** Marcel (1906-96) R. **Carnegie,** Andrew (1835-1919) U, Af. **Carnes,** Kim (20-7-45) U, C. ***Carol,*** Martine (Marie-Louise Mourer) (1922-67) A. **Carolis,** Patrick (de) (19-11-53) J. **Caron,** Leslie (1-7-31) A, Da. **Carous,** Léonard (1923) Af. **Carpenter,** John (1-1-48) U, R. **Carpentier,** *Alain* (11-8-33) Méd. *Gilbert* (1920-2000) Pr. *Maritie* (1920) Pr. **Carradine,** *David* (8-10-36) U, A. *John* (Richmond C.) (1906-88) U, A. *Keith* (8-8-49) U, A. **Carraro,** Tino (1910-95) It, A. **Carré,** Michel (1865-1945). **Carrel,** Dany (Suzanne Chazelles du Chaxel) (20-9-36) A. **Carreras,** José (5-12-46) Es, C. **Carrère,** *Christine* (1930) A. *Emmanuel* (1957) Au, J. *Jean-Paul* (7-9-26), R, T. **Carrey,** Jim (17-1-62) Ca, A. **Carreyrou,** Gérard (20-2-42) J. **Carrier,** *Henri* (Carrière-Gonfreville) (1925) R. *Suzy* (Suzanne Knubel) (13-11-22) A. **Carrière,** *Anne-Marie* (Blanquart, Mme Ph. Brilman) (16-1-25) Ch. *Jean* (1925-89) Af. *J.-Claude* (19-9-31) S. *Mathieu* (2-8-50) All, A. **Carroll,** Madeleine (O'Carroll) (1906-87) GB, A. **Carrouges,** Michel (Louis Couturier) (1910-88) Au. **Cars,** Jean des (1943) Au, J. **Carson,** Jack (1910-63) U, A. **Cartier,** Raymond (1904-75) J. **Cartier-Bresson,** Henri (22-8-08) Ph. **Carton,** *Jean* (1911-88) Des. *Pauline* (Biarez) (1884-1974) A. **Caruso,** Enrico (1873-1921) It, C. **Carven,** Carmen (Mme René Grog) (31-8-09) Cou.

Casadesus, Gisèle (16-6-14) A. **Casamayor** (Serge Fuster) (1911-88) Mag, Au. ***Casarès,*** Maria (M. Quiroga) (Es, 1922-96) A. **Case,** Steve (1958) U, Af. **Caserini,** Mario (1874-1920) It, R. **Cash,** Johnny (26-2-32) U, C, Cp. **Casile,** Geneviève (Vanneufville, Mme Jean-Louis Babu) (15-8-37) A. ***Cassavetes,*** *John* (1929-89) U, R, A. *Nick* U, R. ***Cassel,*** *Jean-Pierre* (Crochon) (27-10-32) A. *Vincent* R. **Cassidy,** Butch (Robert Le Roy Parker) (1866-1909) U, Avent. **Cassignol,** Ét.-Jean (17-9-30) Af. **Cassin,** René (1887-1976) Juriste. **Cassive,** Armande (Armandine Duval) A. **Cassot,** Marc (1923) A. **Casta,** Lætitia (11-5-78) A. **Castaigne,** Paul (1916-88) Méd. **Castaldi,** J.-Pierre (1-10-44) A. **Castaneda,** Carlos (1925-98) Ant. **Castans,** Raymond (5-9-20) R. **Castel,** *Colette* (Suillerot) (1937) A. *Jean* (1921-99) Af. *Robert* (1933) A. **Castelbajac,** J.-Charles de (28-11-49) Cou. **Castellane,** Boni de (1867-1932). ***Castellani,*** Renato (1913-85) It, R. **Castelli,** *Christiane* (1923-90) Ch. *Philippe* (1925) A. **Castelot,** *André* (Storms) (Be, 23-11-11) Hist. *Jacques* (Storms) (1914-89) A. **Castoriadis,** Cornelius (1922-97) Au, Fonct. international. **Castries,** Henri de (15-8-54) Af. **Catelain,** Jaque (1897-1965) A. **Cathiard,** Daniel (27-4-44) Af. **Caton,** pseudo (voir **Bercoff**). **Cau,** Jean (1925-93) J. **Caubère,** Philippe (21-9-50) A. **Caunes,** *Antoine* de (1-12-53) An, T. *Emma* de (n.c.) A. *Georges* de (24-4-19) J, T. **Caurat,** Jacqueline (J. Hein, Mme Jacques Mancier) (23-7-29) T. **Caussimon,** J.-Roger (1918-85) A, Au. **Cavada,** J.-Marie (24-2-40) J, T. ***Cavalcanti,*** Alberto (de Almeida) (1897-82) Br, R. ***Cavalier,*** *Alain** (Fraissé) (14-9-31) R. *Jean-Louis* (1945-87) Pr. **Cavani,** Liliani R. **Cavanna,** François (1923) J, Au. ***Cayatte,*** André (Marcel Truc) (1909-89) R. **Cazalis,** Anne-Marie (1920-88) J. **Cazals,** Felipe (1937) Mex, R. **Cazenave,** Jean (29-11-35) T. **Cazeneuve,** *Jean* (17-5-15) Un. *Maurice* (4-1-23) Au, Ra. **Cazes,** Roger (1913-87) Rest.

Ceccaldi, Daniel (25-7-27) A. **Cecchi d'Amico,** Suso (12-7-14) It, S. **Célarié,** Clémentine (16-10-57) A. **Celentano,** Adriano (6-1-38) It, C, A. **Célérier de Sanois,** *Hubert* (1924) Af. *Marie-Thérèse* (1906) T. **Celi,** Adolfo (1922-86) It, A. **Celibidache,** Sergiu (1912-96) Ro, C d'or. **Célis,** Élyane (Delmas) (1914-62) C. **Cellier,** *André* (1925-97) Th. *Caroline* (7-8-45) A. **Cermolace,** Paul (1912-88) Po. **Cerruti,** Nino (1934) It, Cou. **Cerval,** Claude (1914-72) A. ***Cervi,*** Gino (1901-74) It, A. **Ceylac,** Catherine (20-6-56) J. **Ceyrac,** François (12-9-12) Af. **Chabannes,** Jacques (1900-94) Pr, T. **Chabaud,** Catherine (29-11-62) J, Spo. **Chabouis,** Daniel (5-8-43) Pr, T. ***Chabrol,*** Claude (24-6-30) R, Pr. **Chadeau,** André (8-4-27) Af. **Chaffanjon,** Arnaud (1929-92) J. ***Chahine,*** Youssef (25-1-26) Ég, M, R. **Chain,** Emmanuel (5-8-62) J, T. **Chaisemartin,** Yves (de) (26-8-48) Af. **Chaize,** Jacques (15-4-50) Af. **Chakiris,** George (16-9-33) U, A, Da. **Chalais,** François (Bauer) (15-12-19/1-5-96) T, Cr. **Chalandon,** *Albin* (11-6-20) Af, Po. *Sorje* (16-5-52) J. **Chaliapine,** Fedor Jr (1905-92) A. **Chalonges,** Christian de (21-1-37) R. **Cham,** (Amédée de Noé) (1819-84) Des. **Chamarat,** Georges (1901-82) A. **Chamberlain,** Richard (31-3-35) U, A. **Chambost,** Édouard (1943) A. **Chamfort,** Alain (Le Govic) (2-3-49) C. **Champi** (Roger Champenois) (1900) Ch. **Champion,** Gower (1921-80) U, A, Da. **Champmeslé,** Marie (1642-98) A. **Chancel,** Jacques (Joseph Crampes) (2-7-28) J, T, Ra. **Chandler,** *Chass* († 20-7-96) GB, Mu. *Jeff* (Ira Grossel) (1918-61) U, A. **Chandon de Briailles,** Frédéric (23-8-27) Af. **Chanel** (Gabrielle Bonheur, dite Coco) (1883-1971) Cou. **Chaney,** *Lon* (1883-1930) U, A. *Lon Jr* (Creighton Chaney) (1906-73) U, A. **Chantal,** Marcelle (1901-60) A.

Chapatte, Robert (1922-97) J, T. **Chapel,** *Alain* (1937-90) Rest. *Jean-Pierre,* J. **Chapier,** Henri (14-11-33) J. ***Chaplin*** *(sir Charles Spencer, dit Charlie*)* (GB, 1889-1977) U, R, A épouse Mildred Harris, 1924 Lillita Mc Murray [actrice Lita Grey (1908-95)] dont Charles Jr et Sydney (1926), Oona. *Géraldine* (31-7-44) GB, A (1,55 m), Da. *Oona* (Mme Charles Chaplin) († 27-9-91). *Sydney* (1926) U, A. **Chapman,** Graham (1941-89) U, R. **Chappaz,** Frédéric (1955-95) J. **Chapus,** Jacques (1922) J, Ra. **Charby,** Corinne (12-7-60) C. **Charden,** Éric (15-10-42) C, Cp. **Chardon,** *Martine* (1947) Pré. *Paul* (6-7-26) Notaire. **Charensol,** Georges (1899-1995) Cr. **Charette de la Contrie,** *Hervé* de (30-7-38) Po. *Patrice* de (1949) Mag. ***Charisse,*** Cyd (Tula Ellice Finklea) (8-3-22), U, A, Da. **Charlebois,** Robert (25-6-44) Ca, C. **Charles,** Ray (R. C. Robinson) (23-9-30 ou 32) U, C. **Charles-Roux,** *François* (1874-1961) Dip. *Edmonde* (7-4-20) J, Au. **Charleson,** Ian (1950-90) GB, A. **Charlier,** Julien (10-11-27) Af. **Charlots** (Les) : Guy Fechner (1947), Gérard Filipelli (12-12-42), Gérard Rinaldi (17-2-43), Jean Sarus (11-5-45) A, C. **Charon,** Jacques (1920-75) A. **Charpin,** Fernand (1887-1944) A. **Charpini,** Jean (1901-87) A. **Charpy,** Pierre (1919-88) J, T. **Charrier,** Jacques (8-11-36) A, Pr. **Chartier**

Jean-Pierre (1919-78) J, Pr, R. **Chase,** Charley (Parrott) (1893-1940) U, A. **Chassagne,** Yvette (28-3-22) Af. **Chastagnol,** Alain (15-2-45) Ens, Po. **Chastel,** André (1912-90). Au, Cr. **Chateaudun,** Irène de (Delphine Gay, Mme de Giraudin) (1804-55) Av. **Chatel,** *François* (de Chateleux) (1926-82) T. *François* († 1990). *Jean-Philippe* (23-2-48) C. **Chatelet,** Noëlle (16-10-44) Au. **Chatiliez,** Étienne (1942) R. **Chatillon,** Dominique (15-01-28) Af. **Chattard,** Jacques-Olivier (1925-93) T. **Chatterton,** Ruth (1893-1961) U, A. **Chats Sauvages** (Les) : Dick Rivers (1961). **Chaumette,** François (8-9-23/28-1-96) A. **Chaussade,** Pierre (3-7-13) Af. **Chaussettes Noires** (Les) (1960-63) : Tony d'Arpa, William Bennaïm, J.-Pierre Chichportich, Aldo Martinez († 1996), Eddy Mitchell, Mu. **Chausson,** Joël (1951) Dir. Th. **Chauveau,** Zoé (28-3-59) A. **Chauvet,** Louis (1906-81) J. **Chaval** (Yvan Le Louarn) (1915-68) Des. **Chavance,** Louis (1907-79) S. **Chavane,** François (1910-92) Pr. **Chavanon,** Christian (1913) Ra. **Chazal** *Claire* (1-12-56) J, Pré. *Robert* (3-9-12) J. **Chazel,** Marie-Anne (1952) A. **Chazot,** Jacques (1928-93) Da, Cho, Au.

Chebel, Claude (1939) An, Ra. **Checker,** Chubby (Ernest Evans) (3-10-41) U, C. **Chedid,** Louis (1-1-48) C. **Chegaray,** *Denis* (1940) R. *Jacques* (1917-93) Au. **Chelon,** Georges (4-1-43) C. **Chelton,** Tsilla (juin 1918) A. **Chenal,** *Marthe* (1881-1947) C. *Pierre* (Cohen) (1903-90) R. **Chene,** Patrick (26-4-56) J. **Chenez,** Bernard (1946) Des. **Chénier,** Clifton (1925-87) U, Acc, C. **Chenot,** Bernard (1909-95) CdÉ, Min. **Chenu,** Marie-Dominique (1895-1990) Théol. **Chepitko,** Larissa (1938-79) Ur, R. **Cher,** (Cherilyn Sarkisian) (20-5-46) U, A, C. **Chéreau,** Patrice (2-11-44) M. **Chéri,** Rose (Cizos) (1824-61) A. **Cherry,** Don (1936-95) U, Mu. **Chéryl,** Karen (Isabelle Morizet) (19-7-55) C. **Chesler,** Lewis B, A. **Chesnais,** Patrick (18-3-47) A. **Chevalier,** *Alain* (16-8-31) Af. *Maurice* (1888-1972) C, A. **Chevallier,** Philippe (11-1-56) Hum. **Chevit,** Maurice (31-10-23) A. **Chevrier,** Jean (L. Dufayard) (1915-75) A. **Chevrillon,** Olivier (28-1-29) J. **Chiappe,** Jean-Fr. (30-11-31) Hist. **Chiari,** Walter (Annichiarico) (1924-92) It, A. **Chicot,** Étienne (1949) A. **Chipperfield,** James († 1990) GB, Cirque. **Chirac,** Jacques (voir à l'Index). **Choisel,** Fernand (16-4-29) J. **Chollet,** Jean (1798-1892) A. **Chombart de Lauwe,** Paul-Henri (1913-98) Soci. **Chomette,** Henri (1896-1941) R. **Chomsky,** Noam (7-12-28) U, linguiste. **Choron** (Georges Bernier) J. **Choupin,** Joseph (1928) T. **Chouraqui,** *André* (11-8-17) Au. *Élie* (3-7-50) R. **Choureau,** Etchika (Françoise) (1923) A. **Chrétien,** Henri (1879-1956) Inv. **Chrichton,** Michael (1942) U, R. **Chris,** Long (1943) Cp, C. **Christ,** Yvan (1919-98) Au. ***Christensen,*** *Benj.** (1879-1959) Dan, R. *Helena (25-12-68)* Dan, Man. **Christian,** Linda (Blanca Rosa Welter) (1923) U, A. ***Christian-Jaque*** (Ch. Maudet) (1904-94) R. **Christians,** Mady (Margarethe) (1900-51) Aut, A. **Christie,** *James* (1730-1803) GB, Af. *Julie* (14-4-40) GB, A. **Christiné,** Henri (1867-1941) Cp. **Christophe** *(D. Bevilacqua)* (13-10-45) C. *Françoise* (3-2-23) A. **Chrysler** Walter (1875-1940) U, Af. **Churchill,** Sarah (1914-82) GB, A. **Chytilova,** Véra (1929) Tc, R.

Ciampi, *Carlo Azeglio* (9-12-20) It, Af. Po. *Yves* (1921-82) R. **Cicciolina,** (Illona Staller, Mme Jef Koons) (1951) Ho, A, Po. **Cicurel,** Michel (5-9-47) Fonct. **Cigna,** Gina (1900-2001) C. **Cimino,** Michael (1943) U, R. **Cinquetti,** Gigliola (1947) It, C. **Citroën,** André (1878-1935) Af. ***Clair,*** René (Chomette) (1898-1981) R. **Claire,** Cyrielle (Besnard) (1-12-55) A. **Clairon** (Claire-Josèphe de La Tude) (1723-1803) A. **Clairval** (Jean-Baptiste Guignard) (1735-95) A. **Clapton,** Eric (30-3-45) GB, C, Cp. **Clarendon** (voir Gavoty). **Clariond,** Aimé (1894-1959) A. **Clark,** *Jim* U, Af. *Petula* (15-11-32) GB, C. **Clarke,** *Robert* (9-1-22) J. *Shirley* (1925-97) U, R. *Stanley* (30-6-51) U, Mu. **Clash** (The) (1976-83) : Joe Strummer (21-8-52), Mick Jones (26-6-55), Paul Simonon (1956), Topper Headon (1956), GB, Mu. **Claude,** *Francis* (Charles Saüt) (1905-89) A, C. *Hervé* (19-11-45) J. *Madame* (Fernande Grudet). **Claudel,** Paul (1868-1955) Au, Dip. **Claudius** (Maurice Jouet) (1858-1932) A, C. **Clave,** André (1916-81) T. **Claveau,** André (1911) C. ***Clavier,*** Christian (6-5-52) A. **Clay,** *Lucius* (1920-74) G[al]. *Philippe* (Mathevet) (7-3-27) C. **Clayburgh,** Jill (30-4-44) U, A. **Clayderman,** Richard (Philippe Pagès) (28-12-53) Mu. **Clayton,** Jack (1921-95) GB, R, Pr. **Clegg,** Johnny (7-6-53) GB, C. **Cleitman,** René (22-5-40) Ra. ***Clément,*** *Andrée* (Boyer) (1918-54) A. *Aurore* (12-10-45) A. *Jérôme* (18-5-45) T. *Pascal* (12-5-45) Po. *Patrick* (26-8-44), J. *René** (18-3-13/17-3-96) R. **Clementi,** Pierre (1942-99) A. **Clerc,** *Christine* (31-10-42) J. *Julien* (Paul-Alain Leclerc) (4-10-47) C. *Michel* (27-6-22) J. **Clermont,** René (1921-94) A. **Clermont-Tonnerre,** Antoine de (18-6-41) Af. **Clevenot,** Philippe (10-9-42) A. **Cliff,** Jimmy (Chambers) (30-7-44) Jq, C, Cp. ***Clift,*** Montgomery (1920-66) U, A. **Cligman,** Léon (26-5-20) Af. **Cline,** Edward (1892-1961) U, R. **Clive-Worms,** Nicholas (14-11-42) Af. **Cloche,** Maurice (1907-90) R. **Cloërec,** René (31-5-11) Cp. **Clooney,** George (6-5-61) U, A. **Cloquet,** Ghislain (1924-81) Op. **Clos,** Max (6-1-25) J. **Close,** Glenn (19-3-47) U, A. **Closets,** François de (25-12-33) J. **Closon,** Louis (1910-98) fonda l'Insee. **Clostermann,** Pierre (28-2-21) Ing, Po. ***Clouzot,*** *Henri-Georges* (1907-77) R. *Véra* (Gibson-Amado) (1913-60) Br, A. **Cluzet,** François (21-9-55) A.

Cobb, Lee (Jacoby) (1911-76) U, A. **Cobham,** Billy (16-5-44) Pan, Bat, Cp. **Coburn,** *Charles* (1877-1961) U, A. *James* (31-8-28) U, A. **Cocciante,** Richard (20-2-46) C. **Coccinelle** (Jac.-Ch. Dufresnoy) (1931) A. **Cocéa,** Alice (1899-1970) A. **Cochet,** *Jean-Laurent* (28-1-35) A. *Laurence* (25-6-53) J. **Cochran,** *Eddy* (1938-60) GB, C. *Steve* (Robert) (1917-65) U, A. **Cock Robin :** Peter Kingsbery (2-12-52) et Anna Lacazio (26-1-62) U, C. **Cocker,** Joe (20-5-44), GB, C. ***Cocteau,*** Jean (1889-1963) Au. **Coëdel,** Lucien (1899-1947) A. **Coen,** *Joël* (29-11-54) et *Ethan* (20-9-57) U, R. **Coffe,** Jean-Pierre (24-3-38) An. **Coffinet,** Anne-Marie (1936-84) A. **Coggio,** Roger (11-3-34) A, R. **Cohen,** *Gérard* (7-2-45) A. *Léonard* (21-9-34) Ca, C, Cp. **Cohl,** Émile (Courtet) (1857-1938) R. **Cohn,** Al (1925-88) U, Mu. **Cohn-Bendit,** Daniel (4-4-45) Po. **Colbert,** Claudette (Colette Chauchoin) (Paris, 1903-96) U, A. **Coldefy,** Jean-Marie (2-6-22) M. **Cole,** *Nat King* (1916-65) U, Pi. *Nathalie* (6-2-50) U, C. **Coleman,** *Bill* (1904-81). *Colette* (19-3-50) U, Mu. *Earl* († 12-7-95) U, Mu. *Georg* (8-3-35) U, Mu. *Steve* (20-9-56) U, Mu. **Colette** (Sidonie Gabrielle Colette) (1873-1954) Au. **Colgate** William (GB 1783-1857) U, Af. **Collaer,** Paul (1891-1989) Be, Mu. **Collange,** Christiane (Mme Jean Ravel) (29-10-30) J. **Collard,** Cyril (1957-93) R. **Collaro,** Stéphane (20-5-43) J. **Collins,** *Albert* (1932-93) U, Mu. *Joan* (23-5-33) GB, A. *Judy* (1-5-39) U, C. *Phil* (31-1-51) GB, C. **Collomb,** Bertrand (14-8-42) Af. **Colman,** Ronald (1891-1958) U, A. **Colombani,** Jean-Marie (7-7-48) J. **Colombe,** Marcel (1913-2001) Hist. **Colombo,** Pia (1934-86) C, A. **Colomès,** Michel (14-1-38) J. **Colpi,** Henri (5-7-21) R. **Coltrane,** *John* (1926-67) U, Cp, Mu. *Ravi* (fils de John) U, Cp, Mu, C. **Coluche** (Michel Colucci) (1944-86) A, Ch. **Columbo** (joué par Peter Falk).

Comencini, Luigi (8-6-16) It, R. **Commandon,** Jean (1877-1970) R. **Commissaires** (rôles) : *Bourrel* [Raymond Souplex dans *Les Cinq dernières minutes* de Claude Loursais depuis 1958 avec l'inspecteur Dupouy (Jean Dauran)]. *Cabrol* [Jacques Debary avec l'inspecteur Ménardeau (Marc Eyrand)]. *Maigret* (voir Jean Richard, Bruno Cremer). *Massard* (Pierre Santini). *Moulin* (Yves Rénier). *Julie Lescaut* (Véronique Genest). **Commodores** (The) : Lionel Richie (20-6-49), William King (30-1-49), Ronald La Pread (1950), Thomas Mac Clary (1950), Walter « Clyde » Orange (1947), Milan Williams (28-3-49), J.D. Nicholas, C. **Communards** (Les) : Richard Cole, Jimmy Sommerville (22-6-61) GB, C. **Compagnie créole** (Clémence), C. **Compagnons de la Chanson** (Les) : G. Bourguignon (1919-70), J. Broussole (1921-84), J.-P. Calvet (1925-89), M. Casset (Gaston) (1935), J. Frachon (1919-92), J.-L. Jaubert (1920), H. Lancelot (1923-95), Fred (1924) et R. Mella (1926), G. Sabat (1926) C. **Companeez,** Nina (Kompaneitzeff) (26-8-37) R. **Comte,** *Gilbert* (29-11-32) J. *Louise* (1923-95) A. **Concalves,** Nino (1919-98 Brésil, Ch. **Conde,** Mario (14-9-48) Es, Af. **Congar,** Yves (1904-95) Prêt. ***Connelly,*** Jennifer (1970) U, A. ***Connery,*** Sean (Thomas) (25-8-30) GB, A. **Connors,** *Chuck* (1921-92) U, A. *Mike* (Krekor Ohanian) (15-8-25) U, A. **Conrad,** *Robert* (Falk) (1-3-35) U, A. *William* (1920-94) U, A, R. **Conradi,** Erwin (1933) All, Dis. **Consigny,** Anne (1964) A. **Conso,** Pierre (23-4-31) Af. **Constantin,** *Jean* (1924-97) C. *Michel* (Constantin Hokhloff) (13-7-24) A. ***Constantine,*** Eddie (Edward) (1917-93) U, A. ***Contamine,*** Claude (29-8-29) Dip. **Contat,** *Émilie* (1771-1846) A. *Louise* (1760-1813) A. **Conte,** *Arthur* (31-3-20) Po, Au. *Louise* (1923) A ; *Paolo* (6-1-37) It, C ; *Richard* (1914-75) U, A. **Contet,** Henri (1904-98) Au. **Conway,** Jack (1887-1952) U, R. **Coogan,** Jackie (1914-84) U, A. **Cook,** *Elisha Jr* (1906-95) U, A. *Sam* (1939-64) U, C. **Cooper,** *Alice* (Vincent Furnier) (4-2-48) U, C. *Gary** (Franck) (1901-61) U, A. *Jacky* (15-9-21) U, A.

Cope, Julian (21-10-57) GB, Mu. **Copeau,** Jacques (1879-1949) M. **Copeland,** Johnny Clyde (1937-97) U, C. **Copi,** (Raul Damonte) (1939-87) A, Des. **Copin,** Noël (22-12-29) J. **Coppens,** Yves (9-8-34) Un. **Copperfield,** David (Kotkin) (16-9-56) U, Ma. ***Coppolla,*** Francis Ford (7-4-39) U, R. **Coppola di Canzano,** Eugenio (1921) It, Af. **Coquatrix,** Bruno (1910-79) Au, Cp. **Coquelin,** *Constant* (dit Aîné) (1841-1909) A. *Ernest* (dit Cadet) (1848-1909) A. **Coquet,** James de (1898-1988) J. **Corbier,** François (17-10-44) Ch. **Corbucci,** Sergio (1926-90) It, R. **Corchia,** Primo (or. it, 1913) Acc. **Cordelier,** Pierre (9-7-18) Ra. **Cordy,** *Annie* (Cooreman, Mme Henri Bruno) (16-6-28) Be, C. *Raymond* (Cordioux) (1898-1956) A. **Corea,** Chick (12-6-41) U, C, Cp. **Corman,** Roger (5-4-26) U, R. **Corne,** Léonce (1894-1977) A. ***Corneau,*** Alain (7-8-43) R. **Cornfeld,** Bernard (1927-95) U, Af. ***Cornelius,*** Henry (1913-58) GB, R. **Cornell,** Katharine (1898-1974) U, A. **Corré,** Max (1912-91) J. **Cortez,** Ricardo (Jacob Krantz) (or. aut, 1899-1977) U, A. ***Corti,*** *Axel** (1933-93) Aut, R. *José* (Corticchiato) (1895-1984) Éd. **Cosby,** Bill (12-7-37) U, A. **Cosima,** Renée (1926-81) A. **Cosma,** Vladimir (Russie, 13-4-40) Cp. **Cosmos,** Jean (Gaudrat) (14-6-23) Au. **Costa,** *Mario* (1910-95) It, M. *Nikka* (1972) U, C. *Pedro, Port* (n.c.) R. ***Costa-Gavras*** (Constantin Gavras) (or. gr, 13-2-33) R. **Costa de Beauregard,** Albert (1943-87) Af. **Costakis,** Georges († 1990) Gr, Coll. **Coste-Floret,** Alfred (1911-90) Po. **Costelle,** Daniel (11-5-1936) Pr, R. **Costello,** *Elvis* (Declan Mc Manus) (25-8-54) GB, C, Cp. *Lou* (Louis Cristillo) (1906-59) U, A. **Coster,** Claudine (Mme R. Manuel) (1939) A. ***Costner,*** Kevin (18-1-55) U, A, R.

Cot, Pierre (1911-93) Ing. **Cotta,** Michèle (15-6-37) J. **Cottafavi,** Vittorio (1914-98) It, R. ***Cotten,*** Joseph (1905-94) U, A. **Cottençon,** Fanny (11-5-57) A. **Cottet,** Jean-Pierre (12-3-46) Af, T. **Couderc,** *Philippe* (21-1-32) J. *Roger* (1918-84) J, T. **Coué,** Émile (1857-1926) Pharm. **Couëdel,** Noël (25-12-1942) J. **Courbet,** Julien (7-2-65) J. **Courcel,** Nicole (Andrieu) (21-10-30) A. **Courchelle,** Gérard (5-6-1949) J. **Cournand,** André (1896-88) U, Méd. **Cournot,** Michel (1-5-22) J, Di, R. **Courrèges,** André (9-3-23) Cou. **Courrière,** Yves (Gérard Bon) (12-10-35) Au, J. **Courtemanche,** Michel (11-12-65) Ca, Hum. **Courtenay,** Tom (25-2-37) GB, A. **Courtois,** Jacques (5-4-28) Ch. **Cousteau,** Jacques-Yves (1910-97) R. **Coutard,** Raoul (16-9-24) Op. **Couture,** Charlélie (Bertrand Couture) (26-2-56) C. **Couvreur,** Jean (1903-2001) J. **Couzinet,** Émile (1896-1964) P. **Cover,** Francis (Convert) (1913-75) J, T. **Coveri,** Enrico († 1990) It, Cou. **Coward,** Noël (1899-1973) GB, Au, A, R. **Cowl,** Darry. Voir **Darry**. **Cox,** Paul (16-4-1940) Aus, R. **Crabbe,** Larry « Buster » (Clarence Linden Crabbe) (1907-83) U, A. **Crahay,** Jules-François (1918-88) Cou. **Craig,** *James* (Meador) (1912-85) U, A. *Michaël* (Gregson) (27-1-29) GB, A. **Crain,** Jeanne (25-2-25) U, A. **Cram,** Donald (1919-2001) U, Sc. **Cranberries** (The) : Dolores O'Riordan, Irl, Mu. **Crauchet,** Paul (1920) A. **Craven** Wes (n.c.) A. **Cravenne,** *Georges* (Joseph-Raoul Cohen) (24-1-14) J. *Marcel* (1908) R. ***Crawford,*** *Broderick* (1910-86) U, A. *Cindy* (1966) U, Man. *Joan** (Lucille Le Sueur) (1908-77) U, A. **Cray,** Seymour (1925-96) U, Af.

Cream : Eric Clapton (30-3-45), Ginger Baker (19-8-39), Jack Bruce (14-5-43) GB, C. **Creedence Clearwater Revival** : Tom Fogerty (1941-90), John Fogerty (28-5-45), Stuart Cook (25-4-45), Douglas Clifford (24-4-45) U, C. **Crémer,** Bruno (6-10-29) A. **Crémieux,** Henri (1896-1980) A. **Crenna,** Richard (30-11-27) U, A. **Crespin,** Régine (23-2-27) C. **Creton,** Michel (1942) A. **Crèvecœur,** Jean de (1906-87) Gl. ***Crichton,*** Charles (1910-99) GB, R. **Cripps,** sir Stafford (1889-1952) GB, Po, Éco. **Cristiani,** Hervé (8-11-47) C. **Croisille,** Nicole (9-10-36) C. **Croisset,** Charles de (28-9-43) Af. **Cromwell,** *John* (1888-1979) U, R. *Richard* (R. Radebaugh) (1910-60) U, A. **Crosby,** *Bing* (Harry) (1901 ou 04-77) U, A, C. *David* (14-8-41) U, C. **Cross,** Christopher (C. Geppert) (30-5-51) U, C. **Cruise,** Tom (T.C. Mapother) (3-7-62) U, A. **Cruze,** James (Bosen) (1884-1942) U, R. **C.S.N. And** Y : David Crosby (14-8-41), Stephen Stills (30-1-45), Graham Nash (2-2-45), Neil Young (12-11-45) U, C, Cp. **Cubbada,** Marie-France (4-8-47) J. **Cuccia,** Enrico (1908) It, Bq. **Cugat,** Xavier (1900-90) Es, Mu. ***Cukor,*** George (1899-83) U, R. **Culture Club** : voir **Boy George**. **Cummings,** Robert (1908-90) U, A. **Cunard,** sir Samuel (1787-1865) Ca, Af. **Cuny,** Alain (1908-94) A. Louis (1907-62) R. **Cure** (The) (1976) : Robert Smith (21-4-59), Simon Galley (1-6-60), Boris Williams (24-4-57), Lol (Lawrence Tolhurst) (3-3-59), Porl Thompson (8-11-57) C, M. **Curi,** Izet (1950) It, Cou. **Curten,** Hubert (30-10-24) Un, Min. **Curtis,** *Jamie Lee* (22-11-58) U, A. *Tony* (Bernard Schwartz) (3-6-25) U, A. **Curtius** (Philippe Mathé-Curtz) (1737-94). ***Curtiz,*** Michael (Mihaly Kertesz) (Ho, 1898-1962) R. **Curwood,** James Oliver (1878-1927) U, Au. **Cushing,** Peter (1913-94) GB, A. **Cusin,** Philippe (1961-2001) J. **Cutugno,** Toto (7-7-43) It, C. **Cybulski,** Zbigniew (1927-67) Pol, A.

Dabadie, J.-Loup (27-9-38) S, Au. **Dac,** Pierre (André Isaac) (1893-1975) A, J, Ch. **Dacq,** Muriel (11-7-62) C. **Dacqmine,** Jacques (30-11-24) A. **Dadi,** Marcel (20-8-51/17-7-96 avion TWA) G. **Daëms,** Marie (27-1-28) A. **Daft Punk :** Thomas Bangalter (1974) et Guy-Manuel de Homem-Christo (1974) Cp. ***Dagover,*** Lil (Marta Seubert) (1897-1980) All, A. **Dagues,** Claude (1923) R, T. **Dahan,** Alain (1942-92) Pr. **Dahl,** *Arlène* (11-8-24) Nor, A. *Roald* (1916-90) GB, Au. ***Dahlbeck,*** Eva (8-3-20) Suè, A. **Daho,** Étienne (14-1-56) C. **Dailey,** Dan (1914-78) U, A. **Dalban,** Robert (Gaston Barré) (1903-87) A. **Dalbray,** Muse (Georgette Corsin) (1903-98) A, Au. **Dali,** Salvador (1905-89) Es, Pe. **Dalida** (Yolande Gigliotti) (Ég, 1933-87) C. **Dalio,** Marcel (Israël Blauschild) (1899-1983) A. **Dalla,** Lucio (1943) It, Mu. ***Dalle,*** *Béatrice** (1964) A. *François* (18-3-18) Af. **Dalmès,** Mony (Simone Etennemare, Mme C. Philippe) (1914) A. **Dalsace,** Lucien (1893-1980) A. **Dalton,** Timothy (21-3-46) GB, A. **Daltrey,** Roger (1-3-44) GB, C. **Dambert,** Dominique (3-2-49) J, R. **Damia** (Marie-Louise Damiens) (1892-1978) C. **Damian,** J.-Michel (8-9-47) J. **Damien,** André (10-7-30) Av, Po. **Damiens,** Marie-Louise (1892-1978) C. **Damita,** Lili (Liliane Carré) (1901-94) All, U, A. **Damon,** Matt (8-10-70) U, A. **Dana,** Viola (Virginia Flugrath) (1897-1987) U, A. **Dancourt** (*M.-Thérèse Le Noir de la Thorillière*) (1663-1725) A. (*Florent Carton,* sieur) (1661-1725) A. **Dandridge,** Dorothy (1922-65 suicide) U, A. **Dandry,** Évelyne (1939) A. **Danel,** Pascal (28-3-44) C. **Danet,** Jean (1924) A. **Daney,** Serge (1944-92) Cr. **Dani** (Danièle Graule) (24-11-44) A, C. **Daniderff,** Léo (Niquet) (1878-1943) Cp. **Daniel,** Jean (Bensaid) (21-7-20) J. **Daniels,** Bébé (Virginia Daniels) (1901-71) U, A. **Danno,** Jacqueline (1935) C, A. **Danot,** Serge († 1990) Des. **Dantès,** Suzanne (1888-1958) A. **Danyboon,** (Daniel Hamida) (22-6-64) Hum. ***Daquin,*** *Louis* (1908-80) R.

Darbois, *Guy* (Samakh) T. *Roland* (1922) Pr, T. **Darbon,** François (1915-98) A. ***Darc,*** Mireille (Aigroz) (15-5-38) A. **Darcante,** Jean (J.-Louis Albassier) (1910-90) A. **Darcey,** Claude (Crépin) Ra. **Dardaud,** Gabriel (1900-93) J. **Dardenne,** Jean-Pierre (1951). Luc (1954) Be, R. **Darel,** Sophie (Mme B. Golay) (1-7-44) A. **Darfeuil,** Colette (1907-98) A. **Dargaud,** Georges (1911-90) Éd. **Dargenton,** Philippe (24-3-27) Af. **Darget,** *Chantal* (1938-88) A. *Claude* (Christian Savarit) (1910-92) J. **Darmon,** *Gérard* (29-2-48) A. *Jacques* (12-8-40) Af. **Darnal,** J.-Claude (24-6-29) C. **Darnell,** Linda (Monetta Darnell) (1921-65) U, A. **Darras,** Jean-Pierre (Dumontet) (26-11-27/5-7-99) A. ***Darrieux,*** Danièle (1-5-17) A. **Darry Cowl** (André Darricau) (27-8-1925) A. **Darsonval,** Lycette (1912-96, Mme Alice Perron) Da. **Dart,** Raymond (1893-88) Aus, Méd. **Darty,** Bernard (12-12-34) Af. **Darvi,** Bella (Wegeir) (1928-71) A. **Dary,** René (Antoine Mary) (1905-74) A. **Dassary,** André (Deyhérassary) (1912-87) A, C. **Dassault,** *Marcel* né Bloch (1892-1986) Af, Po. *Olivier* (1-6-52) Af, Po. *Serge* (4-4-25) Af. **Dassier,** Jean-Claude (28-7-41) J. ***Dassin,*** *Joe* (1938-80) U, C. *Jules** (18-12-11) U, R. **Dasté,** Jean (1904-94) A, M. **Dauberson,** Dany (1922-79) C. **Dauchez,** Florence (9-11-65) J, Pré. **Daugny,** Bertrand (5-1-25) Af. **Daum,** Jacques (1910-87) Af. **Daumier,** *Honoré* (1808-79) Des. *Sophie* (Élisabeth Hugon) (24-11-34) A. **Dauphin,** *Claude* (Legrand, frère de Jean Nohain) (1903-78) A. *Jean-Claude* (Legrand) (16-3-48) A. **Dauriac,** Christian (1-3-52) J. **Dautin,** Yvan (6-5-45) C. **Dautresme,** David (5-1-34) Af., Bq. **Dautry,** Raoul (1880-1951) Po. **Dautun,** Bérangère (Gaubens) (10-5-39) A. **Daux,** Georges (1899-1988) Archéol. **Dauzier,** Pierre (31-1-39) Af.

Davant, Sophie (19-5-63) Pré. **Dave** (Wouter Levenbach) (4-5-44) P-Bas, C. ***Daves,*** Delmer (1904-77) U, R. **Davia** (Henriette Ravenel, épouse Lucien Fonson) (1898-1996) C. **David,** *Jean-Louis* (1935) Coi. *Mario* (1928-96) A. **David & Jonathan** : David Marouani (13-9-69), Jona-

☞ Des milliers d'autres personnalités figurent dans Quid, consultez l'Index ou les chapitres Architecture, Danse, Histoire, Littérature, Politique, Sport, etc.

than Bermudes (8-2-68). **David-Weill,** Michel (23-11-32) Bq. **Davidoff,** Zino (Ru, 1906-94) Af. **Davies,** Marion (Marion Douras) (1897-1961) U, Da, A. **Davila,** Jacques (1941-91) R. ***Davis, Bette**** (Ruth Eliz. Davis) (1908-89) U, A. *Brad* (1950-91) U, A. *Geena* (1957) U, A. *Miles* (1926-91) U, Mu. *Sammy Jr* (1925-90) U, C. **Davy,** Jean (1911-2001) A. **Dax,** Micheline (Ethevenon) (3-3-24) A, C. **Day,** *Doris* (Kappelhoff) (3-4-24) U, A, C. *Josette* (Dagory) (1914-78) A. *Laraine* (Johnson) (13-10-20) U, A. **Day-Lewis,** Daniel (29-4-57) GB, A. **Daydé,** *Joël* (1947) C. *Liane* (Mme C. Giraud) (27-2-32) Da. **Dazincourt** (Joseph Albouy) (1747-1809) A. **Déa,** Marie (Odette Deupès) (1912-92) A. ***Dean,*** James (Byron) (1931-55, accident de voiture) U, A. **De Andre,** Fabrizio (1940-99) Mus. ***Dearden,*** Basil (1911-71) GB, R. **Dearly,** Max (Lucien Max) (1874-1943) A. **Debanne,** Alexandre (8-4-60) Pré. **Debary,** Jacques (25-11-14) A. **Debatisse,** Michel (1929-97) Sy. **Debauche,** Pierre (5-2-30) Th. **Debidour,** Victor-Henry (1911-88) Au. **Debord,** Guy (1931-94) Au, Phi. **Debout,** J.-Jacques (9-3-41) C, Cp. **Debré,** *Michel* (1912-96) Po. Ses fils : *Bernard* (30-9-44) chirurgien, Po. *J.-Louis* (30-9-44) Mag, Po. *Vincent* (20-4-39) Af. Son frère : *Olivier* (1920-99) Pe. Son père : *Robert* (1882-1978). **Debrosse,** Didier (26-9-56) Af. **Debucourt,** Jean (Pelisse) (1894-1958) A. **Deburau,** *Charles* (1829-73) mime. *Jean-Baptiste* Gaspard (son père) (1796-1846) mime. **De Burgh,** Chris (Christopher Davison) (15-10-48) GB, C. **Decae,** Henri (1915-87) Op. **Decaris,** Albert (1901-88) Des. ***De Carlo,*** Yvonne (Peggy Middleton) (1-9-24) C, A. **Decaux,** *Alain* (23-7-25) Hist. *J.-Claude* (15-9-37) Pu. **Dechamps,** Charles (1883-1959) A. **Dechavanne,** Christophe (23-1-58) An, T. ***Decoin,*** Henri (1890-1969) R. **Deconinck,** Bernard (20-6-19) Af. **Decoster,** Édouard (4-12-19) Af. **Decrouy,** Étienne (1898) mime.

Dee, Sandra (Alexandra Zuck) (29-4-42) U, A. **Deed,** André (Chapuis) (1884-1938) A. **Deep Purple** : Ritchie Blackmore (14-4-45), David Coverdale, Ian Gillan (19-8-45), Roger Glover, John Lord, Ian Peace, GB, C. **Deer,** Johnny U, R. **Defforey,** Jacques (7-7-25/26-5-2000) Af. **De Filippo,** Eduardo (1900-84) It, A, R. **Deflassieux,** Jean (11-7-25) Bq. **Deforges,** Régine (15-8-35) Éd, Au. **Degottex,** Jean (1908-88) Des. **Degrenne,** Guy (3-8-25) Af. **Deguelt,** François (4-12-33) C. **Deguen,** Daniel (9-1-28) Af. **Deharme,** Lise (A.-Marie Hirtz) († 1980) Au. **Dehecq,** J.-François (1-1-40) Af. **Dehelly,** *Jean* (1896-1964) A. *Suzanne* (1896-1968) A. **Deiber,** Paul-Émile (1925) A. **Dehème,** Paul (de Meritens) (1905-95) J. **Déjazet,** Virginie (1798-1875) A. **Dejean,** J.-Luc (1921) Pr, T. **Déjouany,** Guy (15-12-20) F, Af. **Delacour,** Jean-Paul (7-11-30) Af. **Delafon,** Olivier (4-12-46) Af. **Delagrange,** Christian (1953) C. **Delair,** Suzy (Suzanne Delaire) (31-12-17) A, C. **Delaître,** Marcel (1888-1963) A. **Delamare,** Georges (1881-1975) J. *Gil* († 1996) A, Cascadeur. *Lise* (1913) A. ***Delannoy, Jean**** (12-1-08) R. *J.-Claude* (1931) T. *Léopold* (1817-88) A. *Marc,* J, T. *Pascal* (24-5-50) J, R. **Delanoë,** Pierre (Leroyer) (16-12-18) Au, Ra. **Delaporte,** Pierre (30-7-28) Af. **Delaroche,** Christine (Mme Guy Bontempelli), (1944) A. **Delarue,** Jean-Luc (24-6-64) Pré. **Delaunay,** *Gabriel* (1907-98) Af. *Louis* (1826-1903) A. **De Laurentiis,** Dino (8-8-19) It, Pr. **Delaveyne,** Jean († 1996) Cui. **Delay,** Jean (1907-87) Méd, Sc.

Delbard, Georges (20-5-06) Horticulteur. **Delbat,** Germaine (1904-88) A. **Delcour,** Gérard (8-8-46) Af. **Del Duca,** Cino (1899-1967) It, J. *Simone* (sa femme, née Nirouet ; 18-7-1912) Af. **Delerue,** Georges (1925-92) Mu, Cp. **Dell,** Michael (1965) U, Af. ***Delluc,*** Louis (1890-1924) R. **Delmet,** Paul (1862-1904) Cp. **Delmon,** Pierre (1923-88) Af. **Delmont,** Édouard (Autran) (1883-1955) A. **Deloatch,** Gary (1953-93) U, Da. ***Delon, Alain**** (8-11-35) Su depuis 1999, A, Pr. *Antony* (28-9-64) A. *Nathalie* (Francine Canovas) (1-8-41) A. ***Delorme, Danièle**** (Girard, Mme Yves Robert) (9-10-26) A. *Jean* (1902-97) Af. *Marion* (1611-50) Courtisane. **Delort,** J.-Jacques (20-9-35) Af. **Delouvrier,** Paul (1914-95) Insp. Fin. **Delpech,** Michel (26-1-46) C. **Delpy,** Julie (1969) A. **Del Rio,** Dolorès (Asunsolo-Martinez) (1905-83) Mex, A. **Del Ruth,** Roy (1895-1961) U, R. **Delsaert,** Marc (1954-88) Be, A. **Delubac,** Jacqueline (Basset) (1907-97) A. **Deluc,** Xavier (Lepetit) (18-3-58) A. ***Delvaux,*** André (Delvigne) (21-3-26) Be, R. **Delyle,** Lucienne (1917-62) C. **Demachy,** Jean (16-5-25) J. **Demai,** Michèle (Truchot) (1941) Sp. **Demal,** Sami (1-1-48) Af. **Demange,** Paul (1901) A. ***Demazis,*** Orane (Marie-Louise Burgart) (1894-91) A. **Déméron,** Pierre (13-3-32) J. **Demigneux,** Jean-Louis (29-9-41) J. **DeMille,** *Agnès* (1905-93) U, Cho, Da. *Cecil Blount** (1881-1959) U, R, Pr. **Demme,** Jonathan (22-2-44) U, R. **Demongeot,** Mylène (Mme M. Simenon) (29-9-36) A. ***Demy,*** Jacques (1931-90) R. ***Deneuve,*** Catherine (Dorléac) (22-10-43) A. **Deniau,** *J.-François* (31-10-28) Insp Fin., Min. *Xavier* (24-9-23) CÉ, Po. **Deniaud,** Yves (1901-59) A. **Deniker,** Pierre (1917-98) Méd. ***De Niro,*** Robert (17-8-43) U, A. **Denis,** *Claire* R. *Jean-Pierre* (29-03-46) R. *Stéphane,* J. **Denis d'Inès** (Joseph Denis) (1885-1968) A. **Denis,** Mère (Jeanne Le Calvé) (1893-1989) A. **Denizot,** Michel (16-4-45) J, T. **Denner,** Charles (1926-95) A. **Dennis,** Sandy (1937-92) U, A. **Denny,** Reginald (Daymore) (1891-1967) U, A. **Denoël,** Robert (2-12-45, assassiné) Éd. **Denoyan,** Gilbert (1937-2000) J. **Denver,** John (J. Deutschendorf) (1943-97) U, C.

Depardieu, *Élisabeth* A, *Gérard** (27-12-48) A, *Guillaume* A. **Depardon,** Raymond (6-7-42) Ph, R. **Depeche Mode** : Vince Clarke (3-7-61), Alan Wilder (1-6-63), Andy Fletcher (8-7-61), Dave Gahan (9-5-62), Martin Gore (23-7-61) C. **Depp,** Johnny (9-6-63) U, A. **Deprince,** Adolphe (1901-95) Acc. ***Deray,*** Jacques (Desrayaud) (19-2-29) R, Au. **Deréal,** Colette (1927-88) A, C. **Derek,** *Bo* (M.K. Collins) (10-12-55) U, A. *John* (Harris) (1926-98) U, A, R. **Derlich,** Didier (1964-2000) Ast. **Dermoz,** Germaine (1888-1966) A. **Dern,** Bruce (4-6-36) U, A. **De Robertis,** Francesco (1902-59) U, R. **Derogy,** Jacques (Weitzmann) (1925-97) J, Au. **Derval,** Tania (Carle) (1880-1966). **Derveloy,** Christian (13-10-42) Af. **Dery,** Michel (10-10-24) J. **Desailly,** Jean (24-8-20) A. ***De Santis,*** Giuseppe (1917-97) It, R. **Desarthe,** Gérard (23-3-45) A. **Desazars de Montgailhard,** William (2-6-33) Af. **Descarpentries,** Jean-Marie (11-1-36) Af. **Deschamps,** *Fanny* (1920-2000) E. *Hubert* (1923-98) A. *Jérôme* (5-10-47) Th. *Noël* (1942) C. **Deschodt,** Éric (30-3-37) J, Au. **Desclozeaux,** J.-Pierre (1938) Des. **Descours,** *Jean-Louis* (22-8-16) Af. **Descrières,** Georges (Bergé) (15-4-30) A. ***De Seta,*** Vittorio (15-10-23) It, R. **Desgeorges,** J.-Pierre (23-7-30) Af. **Desgilberts,** Guillaume (1594-1653) A. **Desgraupes,** Pierre (1918-93) J. ***De Sica,*** Vittorio (1901-74) It, R, Au, A. **Désiré,** Amable (1823-73) A. **Desjardins,** Thierry (1-10-41) J. **Desjeunes,** J.-Michel (1943-79) J. **Deslys,** Gaby (Gabrielle Caire) (1881-1920) C. **Desmarais,** Paul Junior (1953) Af. **Desmarets,** *Sophie* (7-4-22) A. *Thierry* (18-12-45) Af. **Desny,** Yvan (1922) A. **Desplechin,** Arnaud (1960) R. **Després,** Suzanne (Bonvalet) (1873-1951) A. **Desproges,** Pierre (1939-88) Hum, Au. **Desroches-Noblecourt,** Christiane (17-11-13) Cons. musée. **Dessange,** Jacques (5-12-25) Coi. **Destailles,** Pierre (Desfoux) (1909-90) A. **Destoop,** Jacques (17-6-31) A. **Detmers,** Maruschka (16-12-62) P-Bas, A.

Devaivre, Jean (1912) R. **Deval,** Marguerite (Bruhlfert) (1866-1955) A. **Devaquet,** Alain (4-10-42) Un, Po. **Devère,** Arthur (Be, 1893-1961) A. ***Deville,*** Michel (13-4-31) R. **Devillers,** Renée (Deteix, Mme J.-C. Hottinguer) (1902) A. **Devine,** Georges-Alex. (1910) GB, A. **De Vito,** Danny (Michaeli) (11-11-44) U, A. **Devos,** Raymond (9-11-22) Hum. ***Dewaere,*** Patrick (1947-82 suicide) A. **Dewavrin,** Daniel (24-6-36) Af. **Dewost,** Jean-Louis (6-9-37) Fonct. **Dexter,** John (1925-90) GB, M. **Dhéliat,** Évelyne (1948) Sp. **Dhéran,** Bernard (Poulain) (17-6-26) A. **Dherse,** J.-Loup (17-1-33) Af. **Dhéry,** Robert (Fourrey) (27-4-21) A. **Dhordain,** Roland (29-4-24) Ra. **Diabate,** Massa Makan (1939-88) Malien, Au. **Diamant-Berger,** H. (1895-1972) Pr. **Diamond,** Neil (24-1-41) U, C. **Diaz,** Cameron (30-8-72) U, A. **Diaz Alvarez,** Juan-Antonio (1939) Es, Af. **Dibango,** Emmanuel, dit Manu (12-12-33) C, Mu. **DiCaprio,** Leonardo (11-11-74) U, A. **Dickinson,** *Angie* (Brown) (30-9-31) U, A. *Thorold* (1903-84) GB, R. **Diddley,** Bo (Ellas Mac Daniels) (30-12-28) U, C. **Didier,** Arlette (Petitdidier) (1933) A. ***Diegues,*** Carlos (1940) Br, R. **Diesel,** Rudolf (1858-1913) All, Ing. **Dieterle,** William (1893-1972) U, R. ***Dietrich,*** *Gilbert* de (17-11-25) Su, Af. *Marlène** (Maria Magdalena von Losch) (All, 1901-92) U, A, C. **Dieudonné,** *Albert* (Sorre) (1889-1976) A. *Hélène* (1887-1980) A. **Dieuleveult,** Philippe de (1951-disparu 1985) J, An.

Difool (David Massard) (1969) Pré. **Diligent,** *André* (10-5-19) Av, Po. *Robert* (1924) Pr, T. **Diller,** Barry (2-2-42) U, Af. **Dillinger,** John (1903-34) U. **Dillon,** Matt (18-2-64) U, A. **Di Meola,** Al (22-7-54) U, M. **Dinel,** Robert (Roger Boudinelle) (1911) Ch. **Dingler,** Cookie (17-10-47) C. **Dinour,** Yéhiel, dit Katzetnik (1917-2001) Is, Écr. **Dion,** Céline (30-3-68) Ca, C. **Dior,** Christian (1905-57) Cou. **Dire Straits : Mark Knopfler (12-8-49), John Illsley (24-6-49) GB, C.** ***Disney,*** Walt (Elias) (1901-66) U, R. **Distel,** Sacha (29-1-33) C, Cp. **Ditis,** Frédéric (1920-95) Éd. **Divine** (Harris Glenn Milstead) (1945-88) U, A. **Diwo,** *François* (24-3-1955) An, Ra. *Jean* (27-12-14) J. **Dix,** Richard (Ernest Brimmer) (1894-1949) U, A.

Dmytryk, Edward (1908-99) U, R. **Doat,** Anne (1936-95) A. **Doc** (Christian Spitz) (1951) Méd, Pré. **Doc Gynéco** (juillet 74) C. **Docteur Sylvestre** (rôle) (Jérôme Auger). **Dodine,** Lev (14-5-1944) Ru, M. ***Doillon, Jacques*** (15-3-44) R. *Lou* A. **Doko,** Toshiwo (1891-88) Jap, Af. **Dolby,** Ray (1933) U, Inv. **Doll,** Dora (Dorothée Feinberg) (15-2-22) A. **Dolto,** *Catherine* (5-8-46) Méd. *Françoise* (1909-88) Psy. **Domenach,** Jean-Marie († 1997). **Domenech,** Gabriel (1920-90) J. **Domingo** Placido (21-1-41) Es, C. **Dominguez,** Cendrine (14-12-63) Pré. **Domino,** Fats (26-2-28) U, Mu. **Dona,** *Alice* (Donadel) (17-2-46) C. *Jo* (Donagemma) (24-8-24) Mu. **Donaldson,** Roger (1945) NZ, R. **Donahue,** Troy (Merle Johnson Jr) (27-1-36) U, A. **Donat,** Robert (1905-58) GB, A. **Don Cherry** (1811-36) U, Mu. **Donegan,** Lonnie (29-4-31) GB, G. ***Donen,*** Stanley (13-4-24) U, R. ***Doniol-Valcroze,*** Jacques (1920-89) Cr, R. **Donlevy,** Brian (1899-1972) U, A. **Donnadieu,** Bernard-Pierre (2-7-49) A. **Donnedieu de Vabres,** *Jean* (9-3-18) CÉ. *Renaud* (13-3-54) Po. **Donner,** Clive (21-1-26) GB, R. **Donnez,** Georges (1922-2001) Po. **Donohue,** Jack (1908-84) U, R. **Donot,** Jacques (1914) J, T. **Donovan** (Donovan Leitch) (10-2-46) GB, C. *Jason* (1-6-68) Aus, A., C. ***Donskoï,*** Mark (M. Semionovitch, Donskoï) (1897-1981) Ur, R. **Doors** (The) : Jim Morrison (1943-71), Raymond Manzarek (12-2-35), Robert Krieger (8-1-46), John Dens-more (1-12-45) U, C, Cp. **Dorantes,** David Peña (1969) Es, Mu. **Doré,** Christiane (20-3-42) J. **Dorfmann,** Robert (1912-99) Pr. **Dorian,** J.-Pierre (Gérard Viterbo), Au, J. **Dorin,** *Françoise* (23-1-28) A, Au. *René* (1891-1970) Ch. **Doris,** Pierre (Tugot) (29-10-19) Ch. **Dorléac,** *Catherine* (voir **Deneuve**). *Françoise* (sa sœur) (1942-67) A. **Dorny,** Thérèse (1891-1976 accident) A. **Dorothée** (*Frédérique Hoschédé*) (14-7-53) C, Pré. *Bis* (Jacqueline Jacobson) (1930) Cou. **Dors,** Diana (Fluck) (1931-84) GB, A. **Dorval,** Marie (Delaunay) (1798-1849) A. **Dorville** († 1940) A. **Dorziat,** Gabrielle (Mme M. de Zogheb née Sigrist) (1880-1979) A.

Dos Santos, Nelson (1928) Br, R. **Douai,** Jacques (Gaston Tanchon) (11-12-20) C. **Douce,** *Claude* (1938) Af. *Jacques* (1925-82). **Doucet,** *Camille* (1812-95) Th. *Jacques* (1853-1929) Cou. **Douchka** (Bogidarka Esposito) (26-6-61) C. ***Douglas, Gordon*** (1909-93) U, M. *Kirk** (Demsky) (9-12-16) U, A. *Melvyn* (Hesselberg) (1901-81) U, A. *Michael** (Demsky) (25-9-44) U, A. *Paul* (1907-59) U, A. *Pierre* (1941) J, T. **Dougnac,** France (10-6-51) A. **Doumeng,** J.-Bapt. (1919-87) Af. **Douroux,** Lucien (16-8-33) Af. **Doutrelant,** J.-Marie (1941-87) J. **Doux,** Charles (14-4-38) Af. **Douy,** Max (20-6-14) Déc. ***Dovjenko,*** Aleksandr (1894-1956) Ur, R. **Dow,** Herbert (1866-1930) U, Af. **Drach,** Michel (1930-90) R. **Drancourt,** Michel (9-5-28) Écr. **Dranem** (Armand Ménard) (1869-1935) C. café concert. **Draper,** Ruth (1889-1956) U, A. **Drault,** Jean (Alfred Gendrot) J. **Dream Warriors (The) : groupe, Mu. Dr Dre** : groupe, Mu. **Dressler,** Marie (Leila von Koerber) (Ca, 1869-1935) U, A. ***Dréville,*** Jean (1906-97) R. ***Dreyer,*** Carl Theodor (1889-1968) Dan, R. **Dreyfus,** J.-Claude A. *Pierre* (1907-94) Af, Po. **Dreyfuss,** Richard (29-10-47) U, A. **Drhey,** Michel (1944) J. **Droit,** Michel (23-1-23/22-6-2000) J. Au. **Dromer,** Jean (1929-98) Bq. **Drot,** J.-Marie (2-3-29) Pr, R. **Drouin,** Dominique (1921) J. **Drouot,** J.-Claude (17-12-38) Be, A. **Drozd,** Alain (26-12-46) Af. **Drucker,** *Jean* (12-8-41) T, Af. *Michel* (12-9-42) J, T. *Peter* (19-11-09) U, Éco. **Dryer,** Fred (6-7-46) U, A. **Dubas,** Marie (1894-1972) A, C. **Dubillard,** Roland (2-12-23) Au, A. **Dubois,** *Jean-Pol,* A. *Marie* (Mme Serge Rousseau) (12-1-37) A. *Sonia* (Parent) (20-10-63) Pré. **Dubos,** René (1901-82) Ing, Inv. **Dubost,** Paulette (8-10-11) A. **Dubout,** Albert (1905-76) Des. **Dubrule,** Paul (6-7-34) Af. **Duby,** *Georges* (1919-96) Hist. *Jacques* (7-5-22) A.

Duc, Hélène (1919) A. **Ducaux,** Annie (1908-97) A. **Duchaussoy,** Michel (29-11-38) A. **Duché,** *Jean* (1915-2000) J, E. *Jean-Pierre* (21-6-30) Af. **Duchesne,** Roger (1906) A. **Duchesnois** (Raffin) (1777-1835) A. **Duchovny,** David (7-8-60) U, A. **Ducrest,** Philippe (1928) R, T. **Ducreux,** Louis (1911-92) A. **Ducrocq,** Albert (9-7-21) Au. **Dudan,** Pierre (or. su, 1916-84) C. ***Dudow,*** Slatan (1903-63) All, R. **Duez,** Sophie (6-10-62) A. **Duffy,** Patrick (17-3-49) U, A. **Dufilho,** Jacques (10-2-14) A. **Duflos,** Huguette (Hermance Meurs) (1887-1982) A. **Duforest,** Jacqueline (25-5-26) T. **Dufort,** Bertrand (27-1-39) Af. **Dufourcq,** Norbert (1904-90) Mu. **Dufournier,** Pierre (14-8-32) Af. **Dufresne,** *Claude* (9-8-20) Ra, T. *Diane* (30-9-44) Ca, C. **Dugazon** *(J.-H. Gourgaud)* (1746-1809) A. *Rose* (1755-1821) A. **Dugowson,** Maurice (1938-99) R. **Duhamel,** *Alain* (31-5-40) J. *Antoine* (30-7-25) Cp. *Marcel* (1901-77) A. *Olivier* (2-5-50) Un. *Patrice* (12-12-45) J. **Duisenberg,** Willem (9-7-35) P.-Bas, Bq. **Dulac,** *Germaine* (Sasset-Schneider) (1882-1942) R. *Jacqueline,* C. **Duleu,** Édouard (1909) Mu. **Dullin,** Charles (1885-1949) M, A. **Dumas,** *André* (29-1-40) J. *François* (19-1-35) Af. *J.-Louis* (2-2-38) Af. *Mireille* (13-9-53) Pré. *Roland* (23-8-22) Av, Po. **Dumayet,** *Françoise* (1923) Pr. *Pierre* (24-2-23) J. **Dumesnil,** *Jacques* (Joly) (1903-98) A. *Marie-Françoise* (Mlle Marchand, dite) (1711-1803) A. **Dumon,** Bernard (1935-95) Af. **Dumont,** *Charles* (26-3-29) Au, Cp, C. *René* (13-3-1904/18-6-2001) Un, agronome. ***Dunaway,*** Faye (14-1-41) U, A. **Duncan,** *Isadora* (1878-1927) Da. *Raymond* (1874-1966) Phi. **Dunlop,** John Boyd (1840-1921) Éc, Af. ***Dunne, Irène**** (1898-1990) U, A. *Philip* (1908-92) U, M.

Du Parc (La), Thérèse (1633-68) A. **Duperey,** Anny (A. Legras, Mme Giraudeau) (28-6-47) A. **Dupeyron,** Andrée (1902-88) Ac. **Dupin,** André (1783-1865) Av, Mag. **Duplessis,** Marie (Alphonsine, 1824/23-12-1847) alias Marguerite Gautier, dite la Dame aux camélias. **Dupont,** Jacques (1921-88) R. **Du Pont,** Pierre-Samuel (1870-1964) U, Af. **Dupont-Fauville,** Antoine (15-11-27) Af. **Du Pont Nemours,** Eleuthère (1771-1834) F, U, Af. **Duprez,** *Gilbert* (1806-96) A. *June* (1918-84) GB, A. **Dupuy,** Marie-Catherine (12-5-50) Pu. **Duquesne,** *Jacques* (18-3-30) J, Au. *Roger* (1922) An. **Duran,** Ciro (1940) Col, R. **Durand,** *Guillaume* (23-9-52) J. *Jean* (1882-1946) R. *Jean-Claude,* A. **Durand-Ruel,** Paul (1831-1922) marchand de tableaux. **Duran Duran** : Simon Le Bon (27-10-58), Nick Rhodes (Nicholas Bates) (8-6-62), Andy Taylor (16-2-61), John Taylor (20-6-60), Roger Taylor (26-4-60) GB, C. **Durant,** William (1861-1947) U, Af. **Durante,** Jimmy (1893-1980) U, A, C. **Duras,** Marguerite (M. Donnadieu) (4-4-14/3-3-96) S, R, Au. **Durbin,** Deana (4-12-21) U, A, C. **Durning,** Charles (28-2-33) U, A. **Du Roy,** Albert (2-8-38) J, T. **Duryea,** Dan (1907-68) U, A. **Duse,** Eleonora (1858-1924) It, A. **Dussane,** Béatrix (Coulond-Dussan) (1888-1969) A, T. **Dussolier,** André (17-2-46) A. **Dutailly,** Jacques (Petit-Dutaillis) (1927) A, Cp. **Duteil,** Yves (24-7-49) C. **Duthu,** Hervé (1952) J. **Dutilleul,** Jean-François (2-3-47) Af. **Dutourd,** Jean (14-1-20) Au. **Dutronc,** Jacques (28-4-43) C, A. ***Dutt,*** Guru (1925-64) Ind, R. **Duval,** *Colette* (1930-88) A. *Daniel* (28-11-44) A, R. *Robert* (5-5-31) U, A. **Duvaleix,** Christian (1923-79) A. **Duvalier,** Simone (1913-97) Ha, Po. **Duvall** *Robert* (5-1-31) U, A. *Shelley* (7-7-49) U, A. **Duvallès,** Fréd. (Coffinières) (1883-1971) A. **Duverney,** Anne-Marie (1-7-22). **Duvillard,** Henri (1910-2001) Po. ***Duvivier,*** Julien (1896-1967) R. **Dux,** *Émilienne* (Fanny Deux) A. *Pierre* (1908-90) A, M. ***Dwan,*** Allan (1885-1981) U, R. **Dylan,** Bob (R. Zimmerman) (24-5-41) U, C.

Eagles (The) : Don Henley (22-7-47), Glenn Frey (6-12-48), Bernie Leadon (19-7-47), Randy Meisner (8-3-46) U, C. **Earth, Wind & Fire :** Maurice White (19-12-41), Philip Bailey (8-5-51) U, C. **Eastman,** George (1854/14-3-1932 suicide) Af, fonde Kodak. ***Eastwood,*** Clint (31-5-30) U, A, R. **Eaubonne,** Jean (Piston d') (1903-71) Déc. **Eberhard,** Pierrick (25-6-48) J. **Edeline,** J.-Charles (1923-91) Af. **Edgerton,** Harold (1903-90) U, Ing. **Edgren,** Gustaf (1895-1954) Suè, R. **Edwards,** *Blake* (McEdwards) (26-7-22) U, R, S. *Jango* GB, A. **Eelsen,** Pierre (12-7-33) Af. **Effel,** Jean (François Lejeune) (1908-82) Des. **Efremov,** Oleg (1927-2000) Ru, M, Cin, Th. **Efros,** Anatoli (1927-87) Ur, A, Th. **Egal,** Fabienne (21-7-54) Pré. **Eggerth,** Martha (1912) Ho, A, C. **Egoyan** (10-7-60) Atom Ca, R. **Eicher,** Stéphane (17-8-60) Sui, C. **Einaudi,** Giulio (1912-99) It, Éd. **Eine,** Simon (8-8-36) A. ***Eisenstein,*** Sergueï (1898-1948) Ur, R. **Eisner,** Michael Damman (7-3-42), U, Af. **Ekberg,** Anita (29-9-31) Su, A.

Elam, Jack (13-11-16) U, A. **El Camaron de La Isla** (1950-92) Es, Da. **Eldridge,** Florence (McKechnie) (1902-88) U, A. **Elgozy,** Georges (Salomom Elghozy) (1909-89) Fonct. **Elie et Dieudonné,** [E. Semoun (1963) D. M'Bala (1966)] Hum. **Elina,** Lise (1913-93) J, Pr, T. **Elkabbach,** J.-Pierre (29-9-37) J. **Elleviou,** Jean (1769-1842) A. **Ellington,** Duke (1899-1974) U, Mu. **Elsa** (E. Lunghini) (20-5-73)

C. **El Taïeb,** Atel (1948-95) Ég, R. **Emer,** Michel (1906-84) Cp. **Emilfork,** Daniel (1924) A. **Emmanuelle** (19-7-63) C. **Emmanuelli,** Xavier (23-8-38) Méd. **Emmer,** Luciano (19-1-18) It, R. **Empain,** Édouard-Jean (baron) (7-10-37) Be, Af. **Enfants terribles** (Les) : alain et Luce Feral, Jacques Mouton, France et Gilles Paumier, C. **English,** David (1931-98) GB, J. **Eno,** Brian (15-5-48) GB, C, Cp. ***Enrico,*** Robert (1931-2001) R. **Entremont,** Jacques (29-1-39) Af. **Enthoven,** Jean-Paul (11-1-49) J, Au. **Ephron,** Nora (19-5-41) U, Au. **Épinoux,** J.-Marc (1934) An. **Epstein,** *Jean* (1897-1953) Pol, R. *Julius* (1909-2001) U, Scén. *Marie* (1900-95) R. ***Ermler,*** Fridrik (1898-1967) Ur, R. **Erté** (Romain de Tirtoff) (1892-1990), Ur, Des.

Escande, *Jean-Paul* (19-10-39) Af. *Maurice* (1892-1973) A. **Escaro,** André (1928) Des. **Escoffier-Lambiotte,** Claudine (1923-96) J, Méd. **Escudero,** Leny (Joaquin) (5-11-32) Es, C. **Eskenazi,** Gérard (10-11-31) Af. **Esmenard,** Francis (8-12-36) Éd. **Espaljoux,** J.-Marc (18-3-52) Af. **Espinasse,** Lucien, J, Ra. **Esposito,** Giani (1930-73) Be, A. **Essel,** André (4-9-18) Af. **Ester,** Pauline (18-12-63) C. **Estérel,** Jacques (Charles Martin) (1919-74) C. **Estève,** Maurice (1904-2001) Pe. **Estier,** Claude (Ezratty) (8-6-25) J. **Estrangin,** Louis (24-7-14) Af, J. ***Étaix,*** Pierre (23-11-28) A, R. **Etchegaray,** Claude (5-9-23) Af. **Etchegoyen,** Alain (16-11-51) Un. **Etcheverry,** *Jésus* (1911-88) Mu. *Michel* (1919-99) A. *Robert* (1938) A. **Étienne,** sœurs Louise (1925) et Odette (1928) C. **Eurythmics** : Annie Lennox (Griselda Anne Lennox) (25-12-54), Dave Stewart (9-9-52) GB, C. **Eustache,** Jean (1938-81) R. **Evangelista,** Linda (1965) Ca, Man. **Evans,** *Edith* (1888-1976) GB, A. Gil (Ian Green) (1912-88) Ca, Mu. *Linda* (Evenstad) (18-11-42) U, A. **Evein,** Bernard (5-1-29) Déc. **Eveno,** Bertrand (26-7-44) Insp fin, Af. **Evenou,** Danièle (1943) A. **Everly Brothers** : Donald (1-2-37), Phil (19-1-39), Isaac, U, C. **Evora,** Cesaria (1941) Cap-Vert, C. **Evzeline,** Max (1908-93) Tailleur. **Ewald,** Jean-Luc (7-5-26) Af. **Ewell,** Tom (S. Yewell Tompkins) (1909-94) U, A. **Expert,** Valérie (2-4-63) J. **Eyquem,** Danielle (Boetsch) (1948-87) J. **Eyser,** Jacques (Eysermann) (29-8-12) A.

Fabbri, Jacques (Fabbricotti) (1925-97) A, M. ***Fabian,*** *Françoise* (Mme Jacques Becker, née Michèle Cortes de Leone y Fabianera) (10-5-33) A. *Lara* (Fabiano) (9-1-70) Be, C. **Fabien,** Jean (Pierre Olivieri) J. **Fabra,** Paul (Rovira) (21-12-27) J. **Fabre,** *Corinne* (7-3-51) Adc. *Denise* (5-9-42) Sp, T, Ra. *Fernand* (1899-1987) A. *Francis* (1911-90) Af. *Francisque* (1899-1988) J. *Robert* (21-12-15) Pharm. *Pierre* (16-4-26) Af. Pharm. *Saturnin* (1884-1961) A. **Fabrega,** Christine (1931-88) A. **Fabrègues,** Jean de (1906-83) J. ***Fabri,*** Zoltán (1917-94) Ho, R. **Fabrice** (François F. Simon-Bessy) (20-8-41) An, Ra. **Fabrizi,** Aldo (1905-90) It, A, R. **Factor,** Max (1904-96) U, Af. **Fainsilber,** Samson (1904-83) A. ***Fairbanks,*** *Douglas** (Julius Ullman) (1883-1939) U, A. *Douglas Jr* (1909-2000) U, A. **Faithful,** Marianne (29-12-46) GB, C, A. **Faivre,** *Abel* (1867-1945) Des. *Paul* (1886) A. **Faivre d'Arcier,** Bernard (12-7-44) Af. **Faizant,** Jacques (30-10-18) Des. **Falcon,** *André* (28-11-24) A. *Marie* (1812-97) A. **Falconetti,** *Gérard* (1949-84) A. *Renée* (1892-1946) A. **Fallaci,** Oriana (29-6-30) It, A. **Falk,** Peter (16-9-27) U, A. **Falque,** Alain (20-5-42) Af. **Fame,** Georgie (Clive Powell) (26-6-43) GB, C. **Fanck,** Arnold (1889-1974) All, R. **Fanfan,** (Françoise Nicod), Pré. **Fanon,** Maurice (1929-91) Au, Cp, C.

Farell, Claude (Paula von Suchon) (1922) Aut, A. **Farge,** *Jean* (1-8-28) Insp fin. *Yves* (1899-1953) J, Po. *Yves* (15-5-39) Sc. **Fargueil,** Anaïs (1819-96) A. **Farkas,** J.-Pierre (1-1-33) Ra. **Farmer,** *Frances* (1913-70) U, A. *Mimsy* (28-2-45) U, A. *Mylène* (12-9-61) C. **Farnsnorth,** Phi. T. (1906-71) U, Inv. **Farran,** *Dominique* (18-4-47) An, Ra. *Jean* (1920-98) J. **Farrel,** *Charles* (1901-90) GB, A. *Glenda* (1904-71) U, A. **Farrow,** *John* (1904-63) Aus, A. *Mia** (Maria de Lourdes Villiers Farrow) (9-2-45) U, A. **Farrugia,** Dominique (2-9-62) R, A. **Fasquelle,** J.-Claude (29-11-30) Éd. ***Fassbinder,*** Rainer-Werner (1946-82) All, A, R. **Fat Boys** (The) (1984) : Mark Morales dit Prince, Markie Dee, Darren Robinson († 10-12-96), Damon Wimbley dit Kool Rocksi, Mu (rap). **Fath,** Jacques (1912-54) Cou. **Fatty** (Roscoe Arbuckle) (1881-1933) U, A, R. **Fauche,** Xavier (30-4-46) Ra, Au. **Faucon,** Régis (8-11-43) J. **Faudel** (Faudel Belloua) (6-6-78) C. **Faure,** *Edgar* (1908-88) Pol. *Maurice* (2-2-20) Po. *Renée* (4-11-18) A. *Roland* (10-10-26) J, R. **Fauroux,** Roger (21-11-26) Af. **Faurre,** Pierre (1942-2001) Af. **Fauvet,** Jacques (9-6-14) J. **Favalleli,** Max (1905-89) J, Pr. **Favart** *(Justice Duronceray)* (1727-72) C, A. *Marie* (P.-I. Pingot) (1833-1908) A. **Favier,** *Jean* (2-4-32) Hist. *Sophie* (1963) An. **Favières,** Maurice (1923) Ra. **Favre-Lebret,** Robert (1904-87) J. **Fawcett,** Farrah (2-2-47) U, A. **Faye,** Alice (Ann Leppert) (1912-98) U, C. **Fayol,** Henri (1861-1925) Ing. **Fayrouz** (1935) Lib, C.

Fechner, Christian (1944) A. **Fechter,** Charles (1823-79) A. ***Feher,*** *Friedrich* (1895) All, R. *Imre** (1926) Ho, R. **Fejos,** Paul (1898-1963) Ho, R. **Feldman,** *François* (23-5-58) C. *Marty (1933-83) GB, A.* **Félix,** *Maria* (Guerena) (1919) Mex, A. *Cellerier* (1807-1870) A. **Fellag,** Alg (n.c.) Ch. ***Fellini,*** *Federico** (1920-93) It, R, A. *Riccardo* (1921-91) It, R, A. **Fellowes,** Daisy (1890-1962). **Fenech,** Edwige (24-12-48) Alg, A. **Feng Youlan,** (1895-1990) Chine, Phi. **Fenoyl,** Vte Pierre de (1945-87) Ph. **Féral,** Roger (Lazareff) (1904-64) T. **Férandez,** Mauricio de (1859-1932) A. **Féraud,** Louis (13-2-20/28-12-99) Cou. **Féraudy,** Jacques de Th. Maurice de (1859-1932) A. **Ferjac,** Anouk (A.-Marie Levain) (25-5-32) A. **Ferland,** Jean-Pierre (1933) Ca, C. **Fermigier,** André (1923-88), Au. ***Fernandel*** (*Fernand** Contandin) (1903-71) A. *Frank* (Contandin) (1935) son fils, C. ***Fernandez,*** Emilio (1904-86) Mex, R. **Ferniot,** Jean (10-10-18) J, Au. **Ferrache,** Rachid (24-1-72) A, C. **Ferragamo,** Fiamma di San Juliano (1941/28-9-1998) I, designer. **Ferrari,** *Enzo* (1898-1988) It, Af. *Lolo* (Ève Valois) (1970/5-3-2000) A (tour de poitrine 130 cm). **Ferrat,** Jean (Tenenbaum) (26-12-1930) C. **Ferré,** *Gianfranco* (15-8-44) It, Cou. *Léo* (1916-93) Monaco, C, Cp. **Ferreol,** *Andréa* (6-1-47) A. *Roger* (Eugène Rocher) (1880-1959) Ch. **Ferrer,** *José* (Ferrer y Centron) (1912-92) U, A, R. *Mel* (Melchior) (25-8-17) U, A. *Nino* (Ferrari) (It, 1934-98) C. ***Ferreri,*** Marco (1928-97) It, R. **Ferrero,** Anna-Maria (Guetra) (1931) It, A. **Ferry,** *Brian* (26-9-45), GB, C. *Catherine* (1-7-53) C. *Jacques* (1913) Af. *Jean* (1906) S, Di. **Fescourt,** Henri (Farcellin) (1880-1966) R. ***Feuillade,*** Louis (1873-1925) R. ***Feuillère,*** Edwige (Caroline Cunati) (28-9-1907/13-11-98) A. **Feydeau,** Georges (1862-1921) Au. ***Feyder,*** Jacques (Frédérix) (Be 1885-1948) R.

Field, *Michel* (17-7-54) T. *Sally* (Mahoney) (6-11-46) U, A. ***Fields,*** W.C. (William-Claude Dunkinfield) (1879-1946) U, A. **Fiess,** Robert (16-8-37) J. **Fievet,** Robert (1-4-08) Af. **Figueroa,** Gabriel (1907-97) Mex, Op. **Filipacchi,** Daniel (12-1-28) J, Éd. **Filliou,** Robert (1926-88) Ph, Ar. **Fillioud,** Georges (7-7-29) J, Po. **Finch,** Peter (William Mitchell) (1916-77) GB, A. **Fini,** Leonor (1908-96) It, Pe. **Finney,** Albert (9-5-36) GB, A. **Firestone,** Harvey (1868-1938) U, Af. **Firino-Martell,** René (1927-94) Af. **Firmin,** J.-F. (Becquerelle) (1784-1859) A. ***Fischer,*** *Avery* (1906-94) U, Af. *Carrie* (1956) U, A. *Eddie* (10-8-28) U, A, C. *Otto Wilhelm* (1915-73) Aut, A. *Terence** (1904-80) GB, R. **Fishinger,** Oscar (1902-67) All, R. **Fitzgerald,** *Barry* (William Shields) (1888-1961) Irl, A. *Ella* (25-4-18/15-6-96) U, C. **Fitzpatrick,** Robert (1940) U, Af. **Fixot,** Bernard (6-10-43) Éd. ***Flaherty,*** Robert J. (1884-1951) U, R. **Flamand,** Paul (1909-88) Éd. **Flamant,** Georges (1904-90) A. **Flammarion,** *Charles-Henri* (27-7-48) Éd. *Henri* (1910-85) Éd. **Flanagan,** Bud (Reuben Weinthrop) (1896-1968) GB, A. **Fleetwood** Mac (Mike Fleetwood) (24-6-42) GB, C. ***Fleischer,*** *Max* (1889-1972) Aut, R, Pr. *Richard** (8-12-16) U, R. ***Fleming,*** *Rhonda* (Marilyn Louis) (10-8-23) U, A. *Victor** (1883-1949) U, R. **Fleuret,** Maurice (1932-90) J. **Fleury** (*Abraham* Joseph Bénard) (1750-1822) A. *Françoise* (1932) A. **Floirat,** Sylvain (1899-1993) Af. **Flon,** Suzanne (28-1-1918) A. **Flora** (La Môme). Voir **Mistinguett. Florelle,** Odette (Rousseau) (1898-1974) A. **Florencie,** Louis (1888-1951) A. **Florey,** Robert (1900-79) R. **Floriot,** René (1902-75) Av. **Flornoy,** Bertrand (1910-80) Expl. **Flotats,** José-Maria (1945) A. ***Flynn,*** Errol (1909-59) U, A.

Fogiel, Marc-Olivier (1969) An. **Foldes,** Peter (1924-77) R. **Folgoas,** Georges (1927) R, T. **Folliot,** Yolande (12-12-52) A. **Folon,** J.-Michel (1-3-34) Des. **Folsey,** Georges (1898-1988) U, Op. **Foly,** Liane (Eliane Falliex) (16-12-62) C. **Folz,** J.-Martin (11-1-47) Af. ***Fonda,*** *Henry** (1905-82) U, A. *Jane** (21-12-37) U, A. *Peter* (23-2-40) U, A. ***Fontaine,*** *André* (30-3-21) J. *Brigitte* (1940) C. *Jean-Pierre* (29-3-23) Ing, Af. *Joan** (J. de Beauvoir De Havilland) (22-10-17) U, A. **Fontan,** Gabrielle Pene-Castel (1873-1959) A. **Fontana,** Richard (1952-92) A. **Fontanel,** Geneviève (27-6-36) A. **Fonteney,** Catherine (1879-1966) A. **Fonteyn,** Margot (Margaret Hookham) (1919-91) GB, Da. **Forain,** Louis-Henri (1852-1931) Des. **Forbes,** *Bryan* (John Clarke) (22-7-26) GB, R. *Malcolm* (1919-90) U, Af. ***Ford,*** *Aleksander** (1908-80) Pol, R. *Edmund* Brisco (1902-88) GB, Généticien. *Glenn* (Gwyllyn) (1-5-16) Ca, A. *Harrison** (13-7-42) U, A. *Henry* (1863-1947) U, Af. *Henry II* (1917-87) U, Af. *John** (Sean O'Fearna) (1895-1973) Irl, R. *Tom* (27-8-1960) U, Cou. **Foreman,** *Carl* (1914-84) U, M. *John* (1925-92) U, Pr. **Forgeot,** Jean (10-10-15) Adm. **Forlani,** Remo (1927) J, Ra. ***Forman,*** Milos (18-2-32) Tc, R. **Fornarina** (La) (Margherita Lutti) (XVIe s.) It. **Fornasetti,** Piero (1914-88) It. **Forneret,** Xavier (1809-84). **Forneri,** J.-Marc (20-7-59) Af. **Forsythe,** John (Freund) (29-1-18) U, A. **Fort,** Marcel (29-5-19) An, Ra. **Fortugé,** Gabriel (Fortuné) (1887-1923) C. **Fortuny,** Mariano (1871-1949) Es, Cou. **Fosse,** Bob (1927-87) U, R. ***Fossey,*** *Brigitte* (15-6-46) A. *Diane* (n.c.) U, A. **Foster,** *Jodie* (Alicia Christian Foster) (19-11-62) U, A. *Paul* (1936). *Preston* (1901-70) U, A.

Foucault, J.-Pierre (23-11-47) T. **Fouchet,** Max-Pol (1913-80) Au. **Fouchier,** Jacques de (18-6-11) Bq. **Fougerat,** J.-Jacques (14-3-37) Af. **Fould,** Achille (1800-67) financier. **Foulquier,** J.-Louis (24-6-43) An. **Fouquet,** Thierry (3-5-51) Th. **Fourcade,** Marie-Madeleine (1909-89) Résistante. **Fournier,** *Bernard* (2-12-38) Af. Jacques (4-4-23) Af. *Marcel* (1914-85) Af. *Pierre* (1937-73) Des. **Fourtou,** Jean-René (20-6-39) Af. **Fox,** *Edward* (13-4-37) GB, A. *James* (19-5-39) GB, A. *Michael J.* (9-6-61) Ca, A. *Samantha* (15-4-66) GB, C. **Frachon,** Éric (2-10-26) Af. **Fragson,** Harry (Léon Pot) (1869-1914) C. **Frampton,** Peter (22-4-50) GB, C. **France,** Henri de (1911-86) Ing. **Francell,** Jacqueline (1908-62) A. **Francen,** Victor (Franssen) (1888-1977) Be, A. **Francès,** *Jack* (24-2-14) Af. *Philippe* (18-2-40) Af. **Francey,** Micheline (Gay-Bellile) (1919-69), Pré. ***Francis,*** *Eve** (Be 1896-1980) A. *Kay* (Katherine Gibbs) (1903-68) U, A. **Franco,** Ricardo († 1998) Es., R. **François,** *Claude* (1939-78) C. *Frédéric* (Franco Barracatto) (3-6-50) It, C. *Jacqueline* (Guillemautot) (1922) C. *Jacques* (16-5-20) A. **François-Poncet,** *Henri* (1-2-24) Af. Jean (8-2-28) Po. *Michel* (1-1-35) Bq. **Franconi,** Antoine (1738-1836) Écuyer. **Francos,** Ania (1939-88) It, An, J. ***Franju,*** Georges (1912-87) R. ***Frankenheimer,*** John (19-2-30) U, R. **Frankeur,** Paul (1905-74) A. **Frankie Goes to Hollywood :** Peter Gill (8-3-60), Holly Johnson (19-2-60), Brian Nash (20-5-63), Marc O'Toole (6-1-64), Paul Rutherford (8-12-59) GB, C. **Franklin,** Aretha (25-3-42) U, C. **Frappat,** Bruno (3-10-45) J. **Fratellini,** *Albert* (1885-1961) Cl. *Annie* (Mme P. Étaix) (1932-97), A. *François* (1879-1951) Cl. *Gustave* (1842-1902) Cl. *Paul* (1877-1940) Cl. *Valérie* (V. Garnier-Deferre) (2-1-60) Cl. *Victor* (1901) Cl. **Fratoni,** Jean-Dominique (1923-94) Af.

Frears, Stephen (20-6-41) GB, R. **Freccero,** Carlo (5-8-47) T. **Frèches,** José (25-6-50) Dir. **Freda,** Riccardo (1909-99) It, R. **Frédéric Dupont,** Édouard (1902-95) Po. **Frederick-Lemaitre** (1800-56) A. **Freed,** *Alan* (1922-65) U, Pré. *Arthur* (Grossman) (1894-1973) U, Ra. **Freeman,** Bud (1906-91) U, Mu. **Fregoli,** Léopoldo (1867-1936) It., A. **Fregonese,** Hugo (1908-87) Arg, M. **Fréhel** (Marguerite Boulc'h) (1891-1951) C. **Freiss,** Stéphane (1960) A. **Fréjacques,** Claude (1924-94) Sc. **Frère,** Albert B^on^ (4-2-1926) Be, Af. **Frèrejean de Chavagneux,** *Éric* (17-8-43) Af. *Humbert* (2-9-14) Af. **Frères ennemis** (Les) : A. Gaillard (1927), T. Vrignault (1928) Ch. **Frères Jacques** (Les). Voir **Jacques**. ***Fresnay,*** Pierre (Laudenbach) (1897-1975) A. **Fresson,** Bernard (27-5-31) A. **Fressoz,** André (Ribaud) (1921-99) J. **Freund,** *Gisèle* (1908-2000) All, Ph. *Karl* (1890-1969) Tc, Op. **Frey,** Sami (S. Frei) (13-10-37) A. **Freyche,** Michel (31-10-23) Af. **Freyre,** Gilberto (1900-87), Br, Au. **Friang,** Brigitte (23-1-24) J. **Frick,** Henry Clay (1849-1919) U, Af. **Fricotine,** Lili (Sabine Davion), Pré. **Fried,** Erich (1921-88) Aut, An. **Friedkin,** William (29-8-39) U, R. **Friedmann,** Jacques (15-10-32) Af. **Frisch,** Karl von (1886-1982) Aut, Zool. **Frison-Roche,** Roger (1906-99) Guide, Au. **Fritsch,** Willy (1901-73) All, A. **Froebe,** Gert (G. Fröber) (1913-88) All, A. **Fröhlich,** Gustav (1902-87) All, A. **Froment,** Raymond (1913) Pr. **Frot,** Catherine (1-5-56) A. **Fuchs,** Gilles (12-9-31) Af. **Fugain,** Michel (12-5-42) C. **Fugère,** Lucien (1848-1935) Ch. ***Fuller,*** *Loïe* (1862-1928) U, Da. *Samuel** (1911-97) U, R. ***Funès,*** Louis *de* (1914-83) A. **Furet,** François (1927-97) Un. **Furneaux,** Yvonne (Scatcherd) (1928) A. **Fursy** (Henri Dreyfus) (1866-1929) Ch. **Fusier-Gir,** Jeanne (1885-1973) A.

Gaal, Istvan (1933) Ho, R. ***Gabin,*** Jean (Moncorgé) (1904-76) A. ***Gable,*** Clark (1901-60) U, A. **Gabor,** *Eva* (1921-95). *Pal* (1933-87) Ho, M. *Zsa-Zsa* (Sari Gabor, sœur d'Eva) (6-2-19) Ho, A. **Gabriel,** Peter (13-2-50) GB, C, Cp. **Gabriel-Robinet,** Louis (1909-75) J. **Gabriello** *André (Galopet)* (1896-1975) A. *Suzanne* (sa fille) (1932-92) A. ***Gabrio,*** Gabriel (1887-1946) A. **Gael** Josselyne (Janine Blanleuil) (1917-95) A. **Gagnaire,** Pierre (9-4-50) Cui. **Gaillard,** *Anne* (Frey) (20-8-39) J. *Jean-Michel* (16-5-46) T. **Gaillot,** Jacques (Mgr) (11-9-35), Évêque. **Gainsbourg,** *Charlotte* (21-7-71) A, C., fille de Serge. *Serge* (Lucien Ginzburg) (1928-91) C, R, Cp. **Gairard,** Jacques (26-8-39) Af. ***Galabru,*** Michel (27-10-22) A. **Galard,** *Daisy* de (4-11-29) Pr, T. *Hector* de (1912-90) J. **Galas,** Lucien (1904-67) A. **Galil,** Esther (28-5-45) Isr, C. **Galipaux,** Félix (1860-1931) A. **Gall,** *France* (Mme Michel Berger) (9-10-47) C. *Hugues* (18-3-40), Dir. Opéra. **Gallagher,** Rory (1949-95) Irl, Mu. **Galland,** Jean (1897-1967) A. **Gallé,** Bertrand de (8-3-44) Af. **Galliano,** John (28-11-60) GB, Cou. **Gallimard,** *Antoine* (1947). *Claude* (1914-91). *Christian* (1943). *Gaston* (1881-1975). *Isabelle* (4-1-1951). *Simone* (1918-95) Éd. **Gallois,** *Jacky,* Pré. *Louis* (26-1-44) Af. *Pierre* (29-6-11) Gl. **Gallone,** Carmine (1886-1973) It, R. **Gallup,** George (1901-84) U, Af. **Galway,** James (8-12-39) Irl, Mu. **Game,** Marion (1942) A. ***Gance,*** Abel (1889-1981) R. **Gandillot** Thierry (n.c.) J. **Gandois,** Jean (7-5-30) Af. **Ganser,** Gérard (6-1-49) Af. ***Ganz,*** Bruno (22-3-41) Su, A.

Garat, *Dominique* Pierre Jean (1764-1823) C. *Henri* (Garasou) (1902-59 tué par un croupier) A. **Garaudy,** Roger (17-7-13) Phi. **Garavani,** Valentino (1932) It, C. **Garbarek,** Jan (4-3-47) Nor, Mu. ***Garbo,*** Greta (Gustafson) (1905-90) Suè, A. ***Garcia,*** *Andy* (Cuba, 12-4-1956) U, A. *Jacques* (25-9-47) Arch. *Nicole** (22-4-46) A. *Jerry* (1942-95) G, Ch. **Garcimore** (José Garcìa Moreno) (1940-2000) Es, Ch. **Garcin,** *Bruno* (1949) A. *Ginette* (1930) A, Ch. *Henri* (Anton Albers) (11-4-29) A. *Jérôme* (4-10-56) J. **Garçon,** Maurice (1889-1967) Av. **Gardel,** Carlos (Charles Romuald Gardes) (1890-1935) Arg., C., Cp. **Garden,** Mary (1877-1967) U, A. **Gardin,** Vladimir (1877-1965) Ur, R. ***Gardner,*** Ava (Lucy Johnson) (1922-90) U, A. **Garetto,** Jean (20-2-32) It, Ra. **Garfield,** John (Julius Garfinkle) (1913-52) U, A. **Garfunkel,** Arthur (13-11-41) U, C. ***Garland,*** Judy (Frances Gumm) (1922-69 tranquillisants) U, A, C. **Garmes,** Lee (1897-1978) U, Op. **Garner,** James (Baumgarner) (7-4-28) U, A. ***Garnett,*** Tay (1894-1977) U, R. **Garnier,** *Jacques* (1940-89) Da. *Simone* (25-12-31) Pr, An. **Garon,** Jessie (Bruno J. Garon Fumard) (1-8-62) C. **Garou** (Pierre Garand) (1973) Ca, C. **Garouste,** *Élisabeth* (17-7-46) Déc. *Gérard* (10-3-46) Pe. **Garrel,** Maurice (24-2-23) A. **Garretto,** Jean (20-2-32) Ra. **Garrick,** David (1717-79) GB, A. **Garson,** Greer (Irl, 29-9-08) U, A. **Garvarentz,** Georges (1929-93) Mu.

Gasnier, Louis (1882-1962) R. **Gaspard-Huit,** Pierre (1917) M. ***Gassman,*** Vittorio (1-9-1922/29-6-2000) It, A. **Gasté,** Loulou (Louis) (1908-95) Au, Cp. **Gastines,** Brigitte de (22-03-44) A. **Gastoni,** Lisa (1935) It, A. **Gates,** Bill (28-10-55) U, Af. **Gattaz,** Yvon (17-6-25) Af. **Gattegno,** Jean (1935-94) Un. **Gatti,** Armand (Dante) (1924) Au. **Gaubert,** Jean-Marie (1953-2001). **Gaudeau,** Yvonne (1921-91) A. **Gaudin,** Thierry (15-5-40) Af. **Gaujour,** Françoise (10-12-50) J. **Gault et Millau :** Gault Henri (Gaudichon) (1929-2000), Millau Christian (Dubois-Millot) (1-1-29) J. **Gaultier,** J.-Paul (24-4-52) Cou. **Gaumont,** Léon (1864-1946) Pr. **Gauthier,** Jacqueline (1921-82) A. **Gautier,** J.-Jacques (1908-86) Au. **Gauty,** Lys (Alice Gauthier) (1900-94) C. **Gavarni** (Sulpice-Guillaume Chevalier) (1804-66) Des. **Gaven,** Jean (1922) A. **Gavin,** John (Jack Golenor) (8-4-32) U, A. **Gavoty,** Bernard (1908-81) J, Pr, Cr, Mu. **Gaye,** Marvin (1939-84) U, C, Cp. **Gaynor,** *Gloria* (7-9-49) U, C. *Janet* (Laura Gainer) (1906-84) U, A. *Mitzi* (Francesca Mitzi von Gerber) (4-9-30) U, A. **Gazeau,** Michel, J, T. **Gazzara,** Ben (28-8-30) U, A.

Gébé (Georges Blondeau) (1934) Des. **Geffroy,** Florentin (1806-95) A. **Geismar,** Alain (17-7-29) Un. **Geldof,** Bob (5-10-54) Irl, C. ***Gélin,*** *Daniel** (19-5-21) A. *Fiona* (24-5-62) A. *Manuel* (31-7-58) A. *Xavier* (21-6-46/2-7-99) A. **Gémier,** Firmin (1869-1933) A, M. **Gemma,** Giuliano (2-9-38) U, A. **Gence,** Denise (1924) A. **Genès,** Henri (Genebes) (2-7-19) C. **Genesis** : Peter **Gabriel** (13-2-50), Phil **Collins** (31-1-51), Tony Banks, Steve Hackett, GB, C. **Genest,** *Jacques* (18-8-24) Af. *Véronique* (Combouilhaud) (26-6-56) A. **Genestar,** Alain (16-1-50) Au, J. **Génia,** Claude (Génia Aranovitch, Mme J. Le Beau) (1913-79) A. **Géniat,** Marcelle (Martin) (1881-1959) A. **Génin,** René (1890-1967) A. ***Genina,*** Augusto (1892-1957) It, R. **Gensac,** Claude (1-3-27) A. **Gentilomo,** Giacomo (1909-2001) It,

☞ Des milliers d'autres personnalités figurent dans Quid, consultez l'Index ou les chapitres Architecture, Danse, Histoire, Littérature, Politique, Sport, etc.

Cin. **Geoffroy** (1813-83) A. **George** (*Marg.-Jos.* Weimer) (1787-1867) A. *Yvonne* (Y. de Knops) (1896-1930) Be, C. **Georges-Picot,** *Jacques* (1900-87), *Olga* (1944-97) A. **Georgius** (Georges Guilbourg) (1891-1969) Ch. **Gérald,** Jim (1889-1958) A. **Gérard,** *Charles* (1926) A. *Claire* (1893-1971) A. *Danyel* (Kherlakian) (7-3-39) C. *Frédéric,* An, Ra. **Géraud,** *André* (Pertinax) (1882-1974) J. *Henri,* Av. **Gerbaud,** François (10-4-27) J. **Gerbi,** Alain (7-3-40) Dir, Ra. **Gere,** Richard (31-8-49) U, A. **Géret,** Georges (18-10-24/7-4-96) A. **Germain,** Henri (1904-95) Bq. ***Germi,*** Pietro (1914-74) It, R. **Germot,** Jean-Pierre (3-6-28) Af. **Gérôme,** Raymond (17-5-20) M. **Gerra,** Laurent (29-12-67) Hum. **Getty,** (Paul) (1892-1976) marié 5 fois, 5 fils U, Af. **Getz,** Stan (1927-91) U, Mu. **Ghauri,** Yasmeen (1971) Ca, Man.

Giannoli, Paul (13-3-31) Au, J. **Gibb,** Andy (1958-88) GB, C. **Gibson,** Mel (3-1-56) U, A. **Gicquel,** Roger (22-2-33) J. **Gid,** Raymond (25-11-05) Pe. **Gielgud,** John (1904-2000) GB, A. **Giesbert,** Franz-Olivier (18-1-49) J. **Gil,** *Ariane,* R. *Gilbert* (Moreau) (1913-88). *Gilberto* (29-6-42) Br, C. *Rafael* (1913-86) Es, R. **Gilbert,** *Danièle* (20-3-43) An. *Éric,* J, T. *John* (Pringle) (1895-1936) U, A. *Maggie* (4-8-48) J, T. *Robert* (1930-93) Th. **Gildas,** Philippe (Leprêtre) (12-11-35) Pré, J. **Gill,** André (Louis-André Gosset de Guines) (1840-85) Des. **Gilles** *le Niais* (vers 1640) A. *Guy* (1940-96) R. **Gillespie,** Dizzie (John Birks) (1917-93) U, Mu. **Gilliam,** *Terry* (22-11-40) U, R. *Terry* (1929) GB, R, A. **Gillois,** André (Maurice Diamant-Berger) (8-2-02) Au. **Gillot-Petré,** Alain (Pétré) (1950-99) J. **Gilmore,** *John* (1931-95) U, Mu. *Virginia* (Sherman Poole) (1919-86) U, A. **Ginguené,** Pierre Louis (1748-1816) J. **Giordano,** Isabelle (1963) Pré. **Giovanni,** José (22-6-23) R, Au. **Gir,** François (Girard) (1920) R. **Giral,** Jean-Louis (25-8-34) Af. ***Girardot,*** *Annie** (Mme Salvatori) (25-10-31) A. *Hippolyte* (10-10-55) A. *Jean* (1904-2001) Af. *Roland* (21-9-26) Af. **Giraud,** *Claude* (5-2-36) A. *Roland* (14-2-42) A. *Yvette* (1922) C. ***Giraudeau,*** *Bernard** (18-6-47) A. *Jean* (1916-55) Ch. **Giraudet,** Pierre (5-11-19) Af. **Giraudoux,** Jean (1882-1944) Au. **Girault,** Jean (1924-82) R. **Girbaud,** *Marithé* (1942). *François* (1945) Cou. **Girod,** Francis (9-10-44) R. **Girodias,** Maurice († 1990) Éd. **Giron,** Roger (1900-90) J. **Girotti,** Massimo (18-5-18) It, A. **Giscard d'Estaing,** *Anne-Aymone* (10-4-33). *François* (17-9-26) Insp fin. *Jacques* (8-2-29) Cour des comptes. *Olivier* (30-12-27) Adm. *Philippe* (2-1-28) Ing. *Valéry* (2-2-26) ancien Pt de la Rép. ***Gish,*** *Dorothy* (de Guiche) (1898-1968) U, A. *Lillian** (de Guiche) (1896-1993) U, A. **Giuily,** Éric (10-2-52) Af. **Givadinovitch,** Bochko (27-6-27) Af. **Givenchy,** Hubert de (20-2-27) Cou.

Glaser, *Denise* (1920-83) Pr. *Paul Michael* (25-3-43) U, A. **Gleason,** Jackie (1916-87) U, A. **Glenmor** (Émile le Scanff) (1931-96) C. **Glenn,** Pierre William (1943) Cam. **Glenville,** Peter (1913-96) GB, M, R. **Glory,** Marie Thoully (1903) A. **Gobbi,** Sergio (1938) M. ***Godard,*** J.-Luc (3-12-30) R. ***Goddard,*** Paulette (Marion Levy) (1911-90) U, A. **Goddet,** Jacques (1905-2000) J. **Godebska,** Missia (1872-1950) ép. José Maria Sert. **Godrèche,** Judith (23-3-72) A. **Goguel,** François (1909-99) Hist. **Golay,** Bernard (24-3-44) Ra. **Gold** : Émile Wandelmer (15-2-49), Bernard Mazauric (31-5-49), Lucien Crémades (18-6-51), Alain Llorca (17-2-55), Étienne Salvador (19-2-52) C. **Goldberg,** Whoopi (Caryn Jonhson) (13-11-1949) U, A. **Goldblum,** Jeff (22-10-52) U, A. **Goldenberg,** Ariel (1951) Es, Th. **Goldman,** J.-Jacques (11-10-51) C. **Goldsmith,** *Clio* (16-6-57) GB, A. *James Michael* (1933-97) GB, financier, presse. **Goldstücker,** Eduard (1913-2000) Tc, Un, Dip. **Goldwyn,** Samuel (Goldfish) (Pol. 1882-1974) U, Pr. **Golino,** Valeria (1964) It., A. **Golmann,** Stéphane (1921-87) Cp. **Gomez,** *Alain* (18-10-38) Af. *Francine* (12-10-32) Af. *Nick* (1963) U, R. **Gong Li** (1965) Chi, A. **Goodman,** Benny (1909-86) U, Mu. **Gordine,** Sacha (1910-68) Pr. **Gordon,** *Dexter* (1923-90) U, M. *Max* (1903-89) U. *Michael* (1899-1993) U, R. *Ruth* (Jones) (1896-1985) U, A. ***Goretta,*** Claude (23-6-29) Su, R. **Gorini,** Jean (1924-80) Ra. **Goron,** Joëlle (12-9-43) J. **Gorse,** Georges (15-2-15) Po. **Goscinny,** René (1926-77) S. **Gosho,** Heinesuke (1902-81) Jap, R. **Gotainer,** Richard (30-3-48) C. **Gotlieb,** Marcel (14-7-34) Des. **Goude,** *Jean-Paul* (1940) Pu. *Philippe,* J, T. **Goudeau,** J.-Claude (5-6-35) J. **Goujat,** Jacques (19-11-32) T. **Goujon,** Guy (1-7-21) J. **Gould,** *Anny* (Marcelle Trillet) (1926) C. *Eliott* (Goldstein) (29-8-38) U, A. *Florence* (1895-1983). *Glenn* (1932-82) Ca, Pi. *Jay* (1836-92) U, Af. *Stephen Jay* (10-9-41) U, Sc. **Goulding,** Edmond (1891-1959) U, R. **Goulue** (La) (Louise **Weber**) (1866/29-1-1929) A. **Gounelle,** Patrick (16-11-50) Af. **Gourou,** Pierre (1900-99) Géographe. **Goutard,** Noël (22-12-31) Af. **Gouyou-Beauchamps,** Xavier (25-1-37) J, T. **Gouze-Renal,** Christine (Madeleine Gouze, Mme Roger Hanin) (30-12-14) Pr. **Goya,** *Chantal* (Deguerre, Mme J.-J. Debout) (10-6-46) C. *Mona* (Simone Marchand) (1912-61) A. **Goyeneche,** Roberto (1926-94) Arg, C.

Grable, Betty (Elizabeth Ruthgrabble) (1916-73) U, A. **Grad,** Geneviève (4-7-44) A. **Graetz,** Paul (1901-66) Aut, Pr. **Graham,** Katherine (1917-2001) U, J. **Grahame,** Gloria (Hallward) (1929-81) U, A. **Gramatica,** Emma (1875-1965) It, A. **Grand,** Bernard (1934) T. **Grandville,** Jean (Isidore Ignace Gérard dit) (1803-47) Des. **Granger,** *Farley* (1-7-25) U, A. *Stewart* (James Lablanche Stewart) (1913-93) U, A. **Grangier,** Gilles (1911-96) R, Cr. **Granier,** Jeanne (1852-1939) A. ***Granier-Deferre,*** Pierre (22-7-27) R. **Granier de Lilliac** (27-10-19) Af. **Granoff,** Katia (1895-1989) Dir. ***Grant,*** *Cary** (Archibald Leach) (GB 1904-86) U, A. *Eddy* (5-3-48) U, C. *Hugh* (9-9-60) GB, A. *Marcha,* U, A. **Granval,** Charles (1882-1943) A. **Grappelli,** Stéphane (1908-97) Mu. **Grappotte,** François (21-4-36) Af. **Gras,** Jean (1927-98) A. **Grasset,** *Bernard* (1881-1955) Éd. *Georges* (1910-98) Mil. **Grassot** (1804-60) A. **Grateful Dead** (The) : Jerry Garcia (1942-95) U, C. **Gravereaux,** Henry-G (1907-89) Des. **Graves,** Peter (Aurness) (18-3-26) U, A. **Gravey,** Fernand (Mertens) (1905-70) Be, A. **Gravier,** Louis (1904-2001) J. **Gray,** *Linda* (12-9-40) U, A. *Nadia* (Keyner Kujnir-Herescu) (1923-94) Ro, A. **Grayson,** Kathryn (Zelma Hedrick) (9-2-22) U, A. **Greber,** Charles, Dir, T. **Gréco,** *Emio* (n.c.) It, Cho. *Juliette* (7-2-27) A, C. ***Greenaway,*** Peter (1942) GB, R, S. **Greenbury,** sir Richard (6-1936) GB, Af. **Green Day** : groupe rock alternatif. **Greene,** Corne (1915-87) U, A. **Greenspan,** Alan (6-3-26) U, Af. **Greenstreet,** Sydney (GB 1879-1954) U, A. ***Greenwood,*** Joan (1921-87) GB, A. **Greffulhe** Ctesse, Henry (née Élisabeth de Caraman-Chimay 1860-1952). **Grégoire,** *Ménie* (née Marie Laurentin) (15-8-19) Ra. *Roger* (1913-90) CdÉ. **Grégory,** Claude (Claude Zalta) (1923) Éd, J, Ra.

Greif, *Olivier* (1950-2000) Cp, Pi. *Rodolphe* (6-10-40) Af. **Grellier,** Michèle (1938) A. **Grello,** Jacques (Greslot) (1911-78) A, Ch. ***Grémillon,*** Jean (1901-59) R. **Grenier,** Jean-Pierre (1914-2000) A. **Grès,** Alix (1903-93) Cou. **Grétillat,** Jacques (1885-1950) A. **Greville,** Edmond (1906-66) R. **Grey,** *Denise* (Édouardine Verthuy, Mme C.-H. Dunkel) (17-9-1896/13-1-1996) A. *Georges* (1911-54) A. *Marina* (Denikine, Mme J.-François Chiappe) (5-3-20) T. *Thornton* (1925-2000) U, Mu. **Gridoux,** Lucas (1896-1952) A. **Grierson,** John (1898-1972) GB, R. **Griffe,** Jacques (1909-96) Cou. ***Griffith,*** *David W.* (Wark) (1875-1948) U, R. *Melanie* (9-8-57) U, A. **Grimault,** Paul (1905-94) R, Pr. **Grimblat,** Pierre (1926) R, Ra. **Grinsson,** Boris (Ur. 1907) Des. **Grock** (Adrien Wettach) (1880-1959) Su, Cl. **Grospierre,** Louis (1927) R. **Grossin,** Paul (1901-90) Gl. **Grouchy,** Jean de (10-8-26) Sc. **Groulx,** Enrico (1876-1949) It, R. **Grove,** Andrew (Ho, 2-9-1936) U, Af. **Grumbach,** Philippe (25-6-24) J. **Gründgens,** Gustav (1899-1963) All, A, Th. **Grundig,** Max (1908-89) All, Af. **Gruson,** Claude (1910-2000) financier, Éco. **Guazzoni,** Enrico (1876-1949) It, R. **Guérard,** Michel (27-3-33) Cuis. ***Guerassimov,*** Sergueï (1906-15) Ur, R. **Guérin,** *André* (1899-1988). *Hervé* (4-7-41) Af. ***Guerra,*** *Ruy* (1931) Br, R. *Tonino* It, A. **Guerrier,** Thierry (1959) J, Ra. **Guers,** Paul (Dutron) (19-12-27) A. **Guesh,** Patti (Patricia Porrasse) (19-3-46) C. **Guétary,** Georges (Lambros Worloou) (Alexandrie, Ég, 1915-97) C. **Guetta,** Bernard (28-1-51) J. **Guggenheim,** Meyer (1828-1905) U, Af. Peggy (1898-1979) U, Coll. **Guguen,** J-Paul (22-4-40) J.

Guichard, *Antoine* (21-10-26) Af. *Charles* (1919) Af. *Daniel* (21-11-48) C. *Olivier* (27-7-20) Po. *Pierre* (1906-88) Af. *Yves* (13-4-34) Af. **Guicheney,** Geneviève (13-5-47) J. **Guicherd-Calin,** Michel (15-9-39) J, T. **Guignand,** André (17-1-23) Af. **Guignols de l'Info** : Benoît Delepine (30-8-58), Bruno Gaccio (14-12-58), Jean-François Halin (20-11-61). **Guilbert,** Yvette (1867-1944) C. **Guilhaume,** Philippe (1942-94) Af. **Guillain,** Robert (1908-98) J. **Guillaud,** J.-Louis (5-3-29) T. **Guillaumin,** Claude (22-10-29) J. **Guillebaud,** J.-Louis (21-7-44) J. **Guilleminault,** Gilbert (1914-90) J. **Guillermaz,** Jacques (1911-98) Au, J. **Guillermin,** *John* (11-11-25) GB, M. *Sophie* A. **Guillet,** Raoul (1920) A. **Guilloux,** Michel (n.c.) J. **Guinness,** sir *Alec* (1914-2000) GB, A. Sir *Benjamin Lee* (1798-1868) Irl. Af. **Guiomar,** Julien (3-5-28) A. **Guiraud,** François (10-12-21) Af. **Guisol,** Henri (Bonhome) (1904-94) A. **Guitonneau,** Raymond (13-8-21) Af. ***Guitry,*** *Lucien* (1860-1925) A. *Sacha** (1885-1957) R, A, Au. **Guitty,** Madeleine (1871-1936) A. **Gulbenkian,** Calouste Sarkis (1869-1955) GB, Tu, Af. **Gun Club** (1980, avant Creeping Ritual) groupe avec Jeffrey Lee Pierce. ***Güney,*** Yilmaz (1937-84) Turq, R. **Gunsbourg,** Raoul (1859-1955) Ro, Imp. **Guns n'Roses** : Axel Rose, Slash, Steven Adler, Duff McKagan, Izzy Stradlin, U, C. **Gunzburg,** *Alain* de (19-1-25) U, Af. *Pierre* de (14-12-30) Af. **Gurgand,** J.-Michel (1936-88) J. **Gus,** Bofa *(Gustave Blanchet)* (1883-1968) Des. *Gustave Erlich* (1911-97) Des. **Gustin,** Didier (1966) Hum. **Gut,** Rainer (24-9-32) Su, Bq. **Guthrie,** Woody (1912-67) U, C, Cp. **Gutiérrez Alea,** Tomás (1928-96) Cu, R. **Gutmann,** Francis (4-10-30) Af. **Guy,** *Alice* (1873-1968) R. *Michel* (1927-90) Po. **Guybet,** Henri (1943) A. **Gwynn,** Nell (1650-87) GB, A. **Gyarmathy,** Michel († 1996) Th.

Haas, Christl (1943-2001) Aut, Spo. **Haberer,** J.-Yves (17-12-32) Bq. **Habib,** Ralph (1912-67) R. **Hachette,** Louis (5-5-1980/31-7-1864) Éd. **Hackmann,** Gene (30-1-31) U, A. **Hadas-Lebel,** Raphaël (24-4-40) T, CdÉ. **Hading,** Jane (J. Tréfouret) (1859-1934) A. **Hagen,** Nina (All, 11-3-55) C. **Hagman,** Larry (21-9-31) U, A. **Hahn,** Jess († 1998) A. **Haïk-Vantoura** (1912-2000) Mu, Cp. **Hakim,** *Raymond* (1909-80) Pr. *Robert* (1907) Pr. **Hale,** Alan (Rufus A. Mac Kahn) (1892-1950) U, A. **Haley,** Bill (1925-81) U, C. **Halimi,** *André* (28-4-30) J. *Gisèle* (27-7-27) Av. **Hall,** *Herb* (1908-96) U, clarinettiste, saxophoniste. *Peter* (22-11-30) GB, R. **Hall and Oates** : Daryl Hall (11-10-49), John Oates (7-4-49) U, C. **Haller,** Bernard (Su. 5-12-33) A. **Halley,** Paul-Louis (11-9-34) Af. **Halley des Fontaines,** André (1910-1960) Pr. **Hallyday,** *David* (D. Smet) (14-8-66) C. *Estelle,* Man. *Johnny* (J.-Philippe Smet) (15-6-43) C, A. **Halna Du Fretay,** Amaury (30-8-26) Af. **Hamamsi,** Galal Eddine el (1913-88) Ég, J. **Hamelin,** Daniel (23-12-42/17-12-2001, noyé) Ra. ***Hamer,*** Robert (1911-63) GB, R. **Hamill,** Mark (25-9-51) U, A. **Hamilton,** *David* (15-4-33) GB, Ph. *Denis* (1918-88) GB, Pré. *George* (12-8-39) U, A. *Hamish* (1901-88) GB, Éd. **Hamina,** Mohamed Lokhdar (1934) Alg, R. **Hamman,** Joe (1885-1974) A. **Hammer,** Armand (1898-1990) U, Af. **Hammond,** John (1910-87) U, Pr. **Hampton,** *Christopher* (26-1-46) GB, S. *Lionel* (12-4-09) U, Mu. **Han,** René (15-5-30) T, Af. **Hancisse,** Thierry (1962) A. **Hancock,** Herbie (12-4-40) U, C, Cp. **Handke,** Peter (1942) All, Au. ***Haneke,*** Michael (1942) Aut, R. ***Hanin,*** Roger (Lévy) (20-10-25) A. ***Hanks,*** Tom (9-7-56) U, A. **Hannah,** Daryl (3-12-60) U, A. **Hannam,** Ken (1929) Aus, R. **Hannebelle,** Dominique (8-7-37) Af. **Hannoun,** Hervé (3-8-50) Af. **Hanon,** Bernard (7-1-32) Af. **Hanoun,** Marcel (26-10-29) Tun, R. **Hanson,** baron J. Edward (20-1-22) GB, Af.

Harari, *Clément* (Ég., 10-2-19) A. *Roland* (29-3-23) J. *Simone* (11-8-52) Pr. **Harbou** Thea von (1888-1954) All, S, R. **Harding,** Ann (Dorothy Gatley) (1901-81) U, A. **Hardwicke,** Cedric (1883-1964) GB, A. ***Hardy,*** *Françoise* (Mme J. Dutronc), (17-1-44) C. *Oliver** (1892-1957) U, A. **Hark,** Tsui (1951) HK, R. ***Harlan,*** Veit (1899-1964) All, R. ***Harlow,*** Jean (Harlean Carpentier) (1911-37) U, A. **Harman,** Hugh (1903-82) U, R. **Harmsworth,** Harold Sydney, vicomte (1868-1940) Irl. J, Af. **Harnois,** Jean (12-3-23) Af, T. **Harper,** *Ben,* Ch. *Jessica* (1948) U, A. *Roy* (12-6-41) GB, C. **Harris,** *André* (1933-97) Pr, T. *Emmylou* (2-4-49) U, C. *Julie* (2-12-25) U, A. *Richard* (St John Garris) (1-10-33) GB, A. **Harrison,** Rex (Reginald Carey) (1908-90) GB, A. **Harrisson,** George (25-2-43) GB, C. **Harrold,** Kathryn (2-8-50) U, A. **Hartley,** Hal (3-11-59), U, R. **Hartnell,** Norman (1901-79) GB, Cou. **Harvey,** *Antony* (3-6-31) GB, R. *Laurence* (Larushka Mischa Skikne) (Lit, 1928-73) GB, A. *Lilian* (1907-68) GB, A. **Hasegawa,** Kazuo (1908-84) Jap, A. **Haskin,** Byron (1899-1984) U, R. **Hassan,** J.-Claude (11-11-54) Af. ***Hasse,*** Otto E. (1903-78) All, A. **Hasselhoff,** David (17-7-52) U, A. ***Hathaway,*** Henry (marquis H.-Leopold de Fiennes) (1898-1985) U, R. **Haudepin,** *Didier* (15-8-51) A, R. *Sabine* (19-10-55) A. **Hauer,** Rutger (23-1-44) P.-Bas, A. **Hauser,** *Gayelord* (1895-1984) U, Méd. *Gérard* (29-10-41) Af. **Havers,** Nigel (6-11-49) GB, A. ***Havilland,*** Olivia de (1-7-16) GB, A. **Hawke,** Ethan (22-2-72) U, A. **Hawkins,** Jack (1910-73) GB, A. ***Hawks,*** Howard (1896-1977) U, R. **Hawn,** Goldie (21-11-45) U, A. **Hayakawa,** Sessue (1889-1973) Jap, A. **Hayden,** Sterling (Relyea) (1916-86) U, A. **Hayek,** Nicholas (19-2-1928) Su, Af. **Hayer,** Nicolas (Lucien Nicolas) (1898-1978) Op. **Hayes,** *Helen* (Brown) (1900-93) U, A. *Isaac* (20-8-42) U, C. **Hayter,** Stanley William (1902-88) GB, Pe. **Hayward,** Susan (Edythe Marriner) (1917-75) U, A. ***Hayworth,*** Rita (Margarita Carmen Cansino) (1918-87) U, A. **Hazan,** Fernand (1906-92) Éd.

Head, Murray (5-3-46) GB, C. **Healey,** Donald (1899-1988) GB, Ing. **Hearst,** *William Randolf* (1863-1951) [a inspiré Orson Welles pour Citizen Kane] U, Af. *William Randolph Jr* (1908-93) U, Af. *Randolph Apperson* (1915-2000). **Héberlé,** Jean-Claude (3-2-35) J. **Hébertot,** Jacques (A. Daviel) (1886-1970) M. **Hebey,** Jean-Bernard (2-1-45) Ra. **Hecht,** *Ben* (1894-1964) U, S. *Bernard* (15-5-17) R, T. **Hechter,** Daniel (30-7-38) Af. **Hedren,** Tippi (1935) U, A. **Heer,** Rolf de Aus, R. **Hees,** *Jean-Luc* (10-8-51) J, R. *Muriel* (5-11-47) J, T. **Heflin,** Van (1910-71) U, A. **Hegann,** Yann (1946) An, Ra. **Heilbronner,** François (17-3-36) Insp Fin. **Heinlein,** Robert (1907-88) U, An. **Heinz,** Henry John (1844-1919) U, Af. **Held,** J.-Francis (9-7-30) J. **Hélène** (Rollès) (20-12-66) A. **Hélian,** Jacques (7-6-12) Mu. ***Helm,*** Brigitte (Gisèle Ève Schittenhelm) (1906-96) All, A. **Hemingway,** Margaux (1955/1-7-96, suicide) U, A, Man, petite-fille de l'écrivain (suicide 2-7-61). **Hemmings,** David (18-11-41) GB, A. **Hendricks,** Barbara (20-11-48) U, C. **Hendrix,** Jimi (James Marshall) (1942-70) U, Mu. **Henie,** Sonja (1913-1969) Norv, A. **Hénin,** J.-François (26-5-44) Af. **Henreid,** Paul (Aut, 1908-92) U, A. **Henrion,** Marc (25-2-27) Af. **Henriot,** Joseph, Af. **Henri**-Robert, (Robert Henri) (1863-1936) Av. **Henson,** Jim (1937-90) U, R. ***Hepburn,*** *Audrey** (Hepburn-Ruston) (or. angl. et holl, 1929-93) U, A. *Katharine** (8-11-07) U, A.

Herbert, Georges (1915-2000) Th. **Hergé** (Georges Rémi, RG) (1907-83) Be, Des. **Hériard-Dubreuil,** Dominique (6-7-46) Af. **Herman,** Pee Wee (1952) U, A, Hum. **Herman's Hermits** : Peter Noone (5-11-47), Karl Green (31-7-46), Keith Hopwood (26-10-46), Dereh Leckerby (14-5-45), Barry Whitwam (21-7-46) GB, C. **Hérouville,** Yves d' (20-4-57) J. **Herrand,** Marcel (1897-1953) A. **Herrmann,** Bernard (1911-75) U, Mu. **Hersant,** Robert (1920-96) J. **Hersent,** Philippe (1912) A. **Hershey,** Barbara (Herzstine) (2-5-48) U, A. **Hervé,** *Gustave* (1871-n.c.) J. *Pierre* (1913-93) J. **Hervet,** Georges (5-6-24) Bq. ***Herzog,*** *Philippe* (12-4-40). *Werner** (Stipetic) (5-9-42) All, R. **Hessling,** Catherine (1899-1980) A. ***Heston,*** Charlton (Carter) (4-10-24) U, A. **Hewlett,** William (1913-2001) U, Af. **Hicks,** Scott A. **Hiegel,** *Catherine,* A. *Pierre* (1913-80) Ra. **Higelin,** Jacques (18-10-40) C. **Higgins,** Colin (1941-88) U, M. **Hilaire,** Laurent (1962) Da. **Hilbert,** Bernard (1924-88) J. ***Hill,*** *Benny* (Alfred Hawthorne Hill) (1925-92) GB, A. *George Roy** (20-12-21) U, R. *Terence* (Mario Girotti) (29-3-39) It, A. **Hillcoat,** John (1961) Aus, R. **Hiller,** Wendy (15-8-12) GB, A. **Hilton,** Conrad (1888-1979) U, Af. **Hines,** Earl (1903-83) U, Pi. **Hirigoyen,** Rudy (1919-2000) C. **Hirsch,** Robert (26-7-25) A. **Hiss,** Alger (1904-96) U, Fonct. ***Hitchcock,*** Alfred (GB 1899-1980) U, R.

Hobson, Valérie (4-4-17/13-11-98) GB, A. **Hodeir,** André (22-1-21) Cp. **Hodges,** Mike (29-7-32) GB, R. ***Hoffman,*** *Abbie* (1937-88) U, Soci. *Dustin** (8-8-37) U, A. **Hoffmann,** *Kurt** (1912-2001) All, R. **Hofnung,** Maurice (1942-2001) Sc. **Holgado,** Ticky (Joseph Holdago) (24-6-44) A. ***Holden,*** William (Beedle) (1918-81) U, A. **Holiday,** Billie (1915-59) U, C. **Holliday,** Judy (Judith Tuvim) (1922-65) U, A. **Holloway,** *Nancy* (1937) U, C. *Stanley* (1890-1982) GB, A. **Holly,** Buddy (Charles Hardin Holley) (1936-59) U, C. **Holm,** *Celeste* (29-4-19) U, A. *Richard* (1913-88) C. **Holt,** *Jack* (Charles John) (1888-1951) U, A. *Jany* (Vlàdescu Olt) (Ro, 13-5-12) A. *Jennifer* (Elizabeth) (1920) U, A. *Patrick* (Parsons) (1912) GB, A. *Tim* (Charles John Holt Junior) (1918-73) U, A. **Holtz,** Gérard (8-12-46) J. **Honda,** Ishiro (1911-93) Jap, R. Soichiro (1906-91) Jap, Af. **Hooker,** John Lee (1917-2001) U, C. **Hoover,** William Henry (1849-1942) U, Af. **Hope,** Bob (Leslie Town Hope) (29-5-03) U, A. **Hopkin,** Mary (3-5-50) GB, C. **Hopkins,** *Anthony* (31-12-37) U, A. *Myriam* (1902-72) U, A. **Hoppe,** Marianne All, A. **Hopper,** Dennis (17-5-36) U, A, M. **Horbiger,** Paul (1894-1981) Aut, A. **Horgues,** Maurice (1923) Ch. **Horn,** *Camilla* (1906-96) All, A. *Shirley* (1-5-34) U, Mu. **Horner,** Yvette (Hornère) (22-9-1922) Acc. **Hornez,** André (1905-89) Au. **Horowicz,** Bronislaw (28-7-10) M. **Horowitz,** *Jules* (1921-95) Ing. *Vladimir* (1894-1989) Pi.

Hoskins, Bob (William) (26-10-42) GB, A. **Hossein,** Robert (Hosseinoff) (30-12-27) A, M, R. **Hot Foot Tap**

Duo : Joe Orrach, Rod Ferrone, U, Da. **Hottinguer,** Rodolphe Bon (1902-85) Bq. **Houdin,** Robert. Voir **Robert-Houdin.** ***Houdini,*** Harry (Erich Weiss) (1874-1926) U, Ma. **Hourdin,** Georges (Jacques Batuaud) (3-1-1899/29-6-1999) J. **Houssin,** Michel (5-7-21) Af. **Houston,** Whitney (9-8-63) U, C. **Houzé,** Philippe (7-11-47) Af. ***Howard,*** *Leslie* (Stainer) (1893-1943) U, A. *Trevor** (1916-88) GB, A. **Hoyos,** Ladislas de (27-3-39) J. **Hsiao-hsien**, Hou (1947) Taïwan, R. **Hubert** *(H. Wayaffe)* (1938) Ra. *Roger* (1903-64) Op. **Huberty,** Jean (?-1989) T. **Hubley,** John (1914-77) U, R. ***Hudson,*** *Hugh (1936) GB, R. Rock** (Roy Scherer Fitzgerald) (1925-85) U, A. **Huet,** Jacqueline (1929-87) Sp. **Hughes,** *Howard* (1905/5-4-76) U, aviateur, Af, Pr. *Jean-Baptiste* (1931) Déc. *Ken* (1922) GB, R. **Hugo,** Valentine (Gros) (1897-1968) Pe. **Hulce,** Tom (6-12-53) U, A. **Hulot,** Nicolas (30-4-55) J, Pr. ***Hunebelle,*** André (1896-1985) R. **Hunt,** *Helen* (15-6-63) U, A. *H. L.* (1889-1974) U, Af. *Peter* (1928) GB, M. **Hunter,** *Jeffrey* (Henry McKinnies) (1926-99) U, A. *Ross* (Martin Fuss) (1926-46) U, Pr. *Tab* (Andrew Arthur Kelm), (11-7-31) U, A. ***Huppert,*** *Caroline* (28-10-50) R. *Élisabeth* (20-6-48) Cin. *Isabelle** (16-3-53) A. *Jacqueline* (30-9-44) A. **Hurt,** *John* (22-1-40) U, A. *William* (20-3-50) U, A. **Hussein,** Adel (1933-2001) Ég, Écr. **Hussenot,** Olivier (Hussenot-Desenonges) (1913-78) A. **Huster,** Francis (8-12-47) A. ***Huston,*** *Anjelica* (8-7-51) U, A. *John** (1906-1987) U, R. *Walter* (1884-1950) (Houghston) U, A. **Hutin,** Jean-Pierre (1931-96) J. **Huttin,** Fr.-Régis (26-6-29) Af. **Hutton,** *Betty* (Betty Jane Thornburg) (26-2-21) U, A, R. *Lauren* (17-11-43) U, A. **Hyacinthe** (Duflost) (1814-87) A. **Hytner,** Nicholas (7-5-56) GB, Th.

Iacocca, Lee (15-10-24) U, Af. **Ibrahim,** Abdullah (1934) Afr. S, Mu. **Ibuka,** Masaru (1908-97) Jap, Af (Sony). **Ice T** : groupe rap. **Ichac,** Marcel (1906-94) R. ***Ichikawa,*** Kon (20-11-15) Jap, R. **Iglesias,** *Enrique* (8-5-75) Es, C. *Julio* (23-9-43) Es, C. **Iglésis,** Lazare (21-3-20) M. **Il était une fois** : Joëlle Choupay-Morgensen (1953-82), Richard Dewitte, Serge Koolen, Lionel Gallardin, J.-Louis Drone C. **Illery,** Pola (Paula Illescu) (1909) Ro, A. **Images** : Mario Ramsamy (31-10-56), J.-Louis Pujade (1-10-58), Frédéric Locci (8-9-62) C. **Imaï,** Tadashi (1912-91) Jap, Af. ***Imamura,*** Shôhei (15-9-26) Jap, R. **Iman,** (1957) Somalie, Man. **Imbach,** J.-Pierre (23-6-47) Pré. **Imbert,** Claude (12-11-29) J. **Ince,** Thomas Haper (1882-1924) U, R. **Inconnus** (Les) : Didier Bourdon (1958), Bernard Campan (1958), Pascal Légitimus (1958) Hum. **Indochine** : Dimitri Bodianski (3-4-64), Dominik Nicholas (5-7-58), Nicola Sirkis (22-6-59), Stéphane Sirkis (1959-99) C. **Ingram,** *James* (16-2-52) U, C. *Rex* (Reginald Hitchcock) (1892-1950) Irl, R. **Inkijinoff,** Valery (1895-1973) Ur, A. **Instit** (L') (rôle) : Gérard Klein. **Interlenghi,** Franco (29-10-31) It, A.

Ionesco, Eugène voir à l'Index. **Ireland,** *Jill* (1936-90) GB, A. *John* (Ca, 1914-92) U, A. **Iribe,** Paul (1883-1935) Des. **Irons,** Jeremy (19-9-48) GB, A. **Irving,** Henry (John Heary Brodribb) (1838-1905) GB, A. **Isaak,** Chris (26-6-56) GB, C. **Isker,** Abdel (11-12-20) R, T. **Isorni,** Jacques (1911-95) Av, Au. **Itami,** Juzo (1933/20-12-97, suicidé) J, A, R. ***Ivens,*** Joris (1898-1989) P-Bas, R. **Ivernel,** Daniel (1920-99) A. **Ives,** Burl (1909-95) U, A, G, Ch. ***Ivory,*** James (7-6-28) U, R. **Izard,** Christophe (30-5-37) A. **Izis** (Israël Bidermanas) (1911-80) Ph.

Jabor, Arnaldo (1940) Br, R. **Jaboune**. Voir J. **Nohain**. **Jackson,** *Glenda* (9-5-36) GB, A. *Janet* (16-5-66) U, C. *Joe* (11-8-55) U, C, Cp, fonde 1964 les Jackson Five avec ses fils Jackie 12 ans, Tito 11 ans, Jermaine 9 ans, Marlen 7 ans, Mickael 7 ans. *Mahalia* (1911-73) U, C. *Michael* (29-8-58) U, C, fils de Joe (ép. 1994 Lisa Presley, fille d'Elvis). *Milt* (1923-99) U, Ch. **Jacky** (Jakubowicz) (1948) Pr, T. **Jacno,** Marcel (1905-1989) Des. **Jacob,** *François* (17-6-20) Sc. *Gilles* R. *Irène* (1966) A. *Odile* (fille de François, 1954) Éd. *Yvon* (12-6-42) Af. ***Jacobson,*** Ulla (1929-82) Suè, A. **Jacquemart,** Noël (1909-90) J. **Jacques** (Les Frères) : André (1914) et Georges Bellec (1918), François Soubeyran (1919), Paul Tourenne (1923) C. **Jaquet,** Aimé (27-11-41) Spo. **Jacquet Francillon,** Jacques (1927-95) J. **Jade,** Claude (Jorré, Mme Bernard Coste) (8-10-48) A. **Jaeckin,** Just (8-8-40) Au, R. **Jaerrel,** Stig († 1998) Suè, A. **Jaffré,** Philippe (2-3-45) Af. **Jagger,** Mick (26-7-43) GB, C. **Jaigu,** Yves (6-1-24) T, Ra. **Jaïro** (Mario Pierotti) (1953) Arg, C. **Jakubisko,** Juraj (1938) Tc, R. **Jamel** (Jamel Debbouze) Ch, A. **James,** *Charles* (1906-78) Cou. *John* (18-4-56) U, A. **Jamet,** Dominique (16-2-36) J. **Jammes,** Jean-Claude (4-11-36) Af. **Jammot,** Armand (1922-98) Pr. **Jamois,** Marguerite (1901-64) A. ***Jancsó,*** Miklós (27-9-21) Ho, R. **Janes,** Charles (1906-78) U, Cou. **Janin,** François (1935) J, T. ***Jannings,*** Émil (Theodor Emil Janenz) (1884-1950) All, A. **Jannot,** Véronique (7-5-57) A. **Janot,** Raymond (1917-2000) Po. **Jansen,** *Jacques* (1914) A. *Pierre* (28-2-30) Cp. **Janssen,** Claude (1-10-30) Af. **Janvier,** révérend Marie-Albert (Émile-Marie Meen). **Jaoui,** Agnès Cin. **Japrisot,** Sébastien (J.-Baptiste Rossi) (1931) R. **Jaque-Catelain** (1897-1964) A. **Jaques,** Brigitte (1948) M. **Jarmusch,** Jim (2-1-1953) U, R. **Jarre,** *Jean-Michel* (24-8-48) Mu. *Maurice* (13-9-1924, son père) Cp. **Jarreau,** Al (12-3-40) U, C. **Jarret,** Keith (8-5-45) U, Pi. **Jarrosson,** André (14-11-30) Af. **Jasny,** Vojtach (1925) Tc, R. **Jasset,** Victorin (1862-1913) R. **Jaubert,** Maurice (1900-40) Cp. **Jeambar,** Denis (14-1-48) Au, J. **Jean,** Gloria (Schoonover) (14-4-26) U, A. **Jean-Charles** (2-12-22) Ch. **Jeancourt-Galignani,** Antoine (12-1-37) Insp fin. **Jeanmaire,** Zizi (Renée, Mme Roland Petit) (29-4-24) A, Da, C. **Jeanneney,** *J.-Marcel* (13-11-10) Un, Po. *Jean-Noël* (2-4-42, son fils) J, Ra. **Jeanson,** Henri (1900-70) S, Di. **Jeantet,** Pierre (14-5-47) J. **Jefferson Airplane** : Marty Balin (30-1-42), Jack Casady (13-4-44), Spencer Dryden (7-4-43), Paul Kantner (12-3-42), Jorma Kaukonen (23-12-40), Grace Slick (30-10-39) U, C. **Jellen,** Christian (1938-98) J. **Jennings,** Humphrey (1907-50) GB, R. **Jérôme,** *Alain* (17-3-36) Pr. *C.* (Claude Dhôtel) (1947-2000) C. **Jessua,** Alain (16-1-32) R.

Jethro Tull : Ian Anderson (10-8-47), Martin Barre (17-11-46), John Evan (28-3-48), Barriemore Barlow (10-9-49), John Glascock (1951-79) GB, C. **Jett,** Joan (22-9-58) U, Mu. **Jeunesse,** Lucien (Jennes) (24-8-24) T. **Jeunet,** Jean-Pierre (3-9-1953) R. **Jewison,** Norman (21-7-26) Ca, M, T. **Jires,** Jaromil (1935) Tc, R. **Joachim,** Irène (or. all., 1913-2001) C. **Joannon,** Léo (1904-69) R. **Job** (Jacques Marie Onfroy de Bréville) (1858-1931) Des. ***Jobert,*** Marlène (4-11-43) A. **Jobim,** Tom (Antonio Carlos) (1927-94) Br, Cp. **Jobs,** Steve (1955) U, Af. **Jodorowsky,** Alejandro (17-2-29) R. **Joel,** Billy (9-5-49) U, C. **Joffé,** *Alex* (1918-95) Au, R. *Arthur* (20-9-53) R. *Roland* (17-11-45) GB, R. **Joffrin,** Laurent (30-6-52) J. **John,** Elton (Reginald Dwight) (25-3-47) GB, C, Cp. **Johnson,** *Ben* (1918-96) U, A. *Celia* (1908-82) GB, A. *Don* (15-12-49) U, A. *Nunnally* (1897-1977) U, S, R, Pr. *Van* (25-8-16) U, A. **Joinovici** Joseph (Kichinev, 1902/7-2-1965) Bessarabie, trafiquant. **Jolivet,** *André* (1905-74), Cp. *Anne* (Mme Gilles Dreu) (1947) A. *Marc* (17-6-1950) Ch. *Pierre* (1952) Ch, R. **Jollès,** Georges (29-1-38) Af. **Jolson,** Al (Asa Yoelson) (Ru, 1886-1950) U, A. **Joly,** *Alain* (18-4-38) Af. *Sylvie* (18-10-34) A. **Jonasz,** Michel (21-1-47) C. ***Jones,*** *Brian* (1942-69) GB, C. *Chuck* (Charles-Martin Jones) (1-9-12) U, Des, R. *Grace* (19-5-52) U, C. *James Earl* (17-1-31) U, A. *Jennifer** (Phyllis Isley) (2-3-19) U, A. *Paul* (Pont) (24-2-42) GB, C, A. *Quincy* (14-3-33) U, Mu, Pr. *Shirley* (31-3-34) U, A. *Tom* (Thomas Jones Woodward) (7-6-40) GB, C. *Tommy Lee* (15-9-46) U, A. *Will « Dub »* (1929-2000) U, Ch. **Jonquart,** Jimmy (3-9-40) J. **Jonquet,** Thierry (19-1-54) Au.

Joplin, Janis (1943-70) U, C. **Jordan,** *Frankie* (1941) GB, C. *Michael Neil* (25-2-50) Irl, R. **Jordy** (1987 ou 88) C. **Josèphe,** Pascal (20-11-54) Af. **Josephsson,** Erland (15-6-23) Suè, A. **Jospin,** Lionel (voir à l'Index). **Jossot,** Gustave-Henri (1866-1950) Des. **Jouanneau,** Jacques (1926) A. **Joubert,** Jacqueline (Pierre) (29-3-21) An. **Joulin,** Jean-Pierre (19-10-33) J, Af. ***Jourdan,*** *Catherine* (12-10-48) A. *Louis** (Pierre Gendre) (16-6-19) A. **Journiac,** Michel (1938-95) Art. **Jouve,** Géraud (1901-91) J. **Jouven,** Claude (10-3-40) Af. ***Jouvet,*** Louis (1887/16-8-1951) A, M. **Jouvin,** Georges (1923) Mu. ***Joyeux,*** *Maurice* (1910-91) Au. *Odette** (Mme Philippe Agostini) (5-12-1914/26-8-2000) A, S. **Judet,** Jean († 1995) Méd. **Jugert,** Rudolph (1907-79) All, R. ***Jugnot,*** Gérard (4-5-51) A, R. **Juillet,** Pierre (1921-99) Av, Pt. **Juin,** Hubert (1926-87) Be, Au, J. **Julia**, Raul (1940-94) U, A. **Julie** (Julie Pietri) (1-5-57) An. **Julien,** Pauline (1928-98) Ca, C. **Juliette** (Noureddine) (25-9-62) C. **Jullian,** Marcel (31-1-22) Av, Éd. **Julliard,** René (1900-62) Éd. **July,** Serge (27-12-42) J. **Jungle Brothers** : groupe. **Jurado,** Katy (1924) Mex, A. ***Jurgens,*** Curd (1912-82) All., A. **Justice,** James Robertson (1905-75) GB, A. ***Jutra,*** Claude (1930-87) Ca, R. **Juvet,** Patrick (Su, 21-8-50) C.

Kaas, Patricia (5-12-66) C. **Kacel,** Karim (1959) C. **Kachyna,** Karel (1-5-24) Tc, R. **Kadar,** Jan (1918-79) Tc, R. **Kader,** Cheb (1966) Maroc, C. **Kahn,** *Albert* (1860-1940) Af. *Gilbert* (28-3-38) Pr. *J.-François* (12-6-38) J. **Kahnweiler,** *Daniel-Henry* (1884-1979) All, marchand de tableaux, Cr d'art. *Gustav* (1895-1989) All, Coll. **Kaïdanovski**, Alexandre (1946-95) Ru, A. **Kaige**, Chen (1952) Chine, R. **Kaiser,** Henry (1882-1967) U, Af. **Kakou,** Elie (Alain dit, 1960-99) Hum. ***Kalatozov,*** Mikhaïl (1903-73) Ur, R. **Kalfon,** Jean-Pierre (30-10-38) A. **Kalin Twins** : Harold et Herbie (16-2-39) U, C. **Kalsoum,** Oum (1898-1975) Ég, C. **Kamenka,** Alexandre (1888-1969) Pr. **Kampf,** Serge (1935) Af. **Kanevski,** Vitali (1934) Ru, R. **Kanin,** Garson (24-11-12) U, S, R. **Kantor,** Tadeusz (1915-90), Pol, Au, M. **Kaoma** : groupe, lance lambada 21-6-1989. **Kaplan,** Nelly (N. Belen) (11-4-36) M, Au. **Kapoor,** Raj (1924-88) In, R. **Kapriski,** Valérie (Cherès) (1962) A. **Karajan,** Herbert von (1908-89) Aut, C d'or. **Karim,** Patricia, A. ***Karina,*** Anna (Hanne Karin Bayer) (Dan 22-9-40) A. ***Karloff,*** Boris (William Pratt) (GB 1887-1969) U, A. **Karlson,** Phil (Karlstein) (1908-85) U, R. **Karmen,** Roman (1906-78) Ur, R. **Karmitz,** Marin (7-10-1938) Ro, Pr, R. **Karyo,** Tchéky (4-10-53) A. **Kashoggi,** Adnan (1933) Ar Sa, Af. **Kass,** Patricia (5-12-66) C. **Kassav** : Jocelyne Béroard (12-9-54) C. **Kassovitz,** Mathieu (1968) R. ***Kast,*** Pierre (1920-84) R. **Kauffmann,** Jean-Paul (8-8-1944) J. **Kaufman,** Boris (1906-80) Pol, Op. **Kaurismäki,** Aki (4-4-57) Fi, R. ***Käutner,*** Helmut (1908-80) All, R. **Kavur,** Omer (1944) Tu, R. **Kawakubo,** Rei (1943) Jap, Cou. ***Kawalerowicz,*** Jerzy (1922) Pol, R. **Kay,** Harold (Kyzanowski) (1926-90) Ra. ***Kaye,*** Danny (David Daniel Kaminsky) (1913-87) U, A. ***Kazan,*** Élia (Kazanjoglou) (7-9-09) U, R.

Keach, Stacy (2-6-41) U, A. **Kean,** Edmund (1787-1833) GB, A. ***Keaton,*** *Buster** (Joseph Francis) (1895-1966) U, A, R. *Diane* (Hall) (5-1-46) U, A. **Kedia,** Guy (1935) J, Ra. **Kedrova,** Lila (9-10-19/16-2-2000) A. **Keel,** Howard (Leek), (13-4-17) U, A. **Keeler,** Ruby (Ca, 1909-93) U, A. **Keïta,** Salif (25-8-49) Mali, C. **Keitel,** Harvey (13-5-39) U, A. **Kelber,** Michel (1908) Op. **Keller,** Marthe (28-1-45) Su, A. **Kellog,** Will (1860-1951) U, Af. ***Kelly,*** *Chantal* (Bassignani) (8-4-50) C. *Gene** (Eugène Curran) (1912-96) U, A, R, Da. *Grace,* Pcesse de Monaco (1929-82) U, A. *Martine* (1945) A. *Patrick* (90) U, Cou. *Paul* (1899-1956) U, A. **Kemoularia,** Claude de (30-3-22) Dip. **Kendall,** Kay (Justine McCarthy) (1926-59) GB, A. ***Kennedy,*** *Arthur* (1914-90) U, A. *Burt* (1922-2001) U, R. **Kenzo** (Takada) (1940) Jap, Cou. **Kerchbron,** Jean (24-6-24) R, M. **Kercheval,** Ken (15-7-35) U, A. **Kerjean,** Germaine (1893-1975) A. **Kerleroux,** J.-Marie (1936) Des. **Kermadec,** Liliane de (1928) R. ***Kerr,*** Deborah (Kerr-Trimmer) (Éc 30-9-21) GB, A. **Kersauson,** Olivier de (20-7-44) Navigateur, Ra. **Ketty,** Rina (Pichetto) (1911-96) It, C. **Khaled,** Cheb (Hadj-Brahim) (29-2-60) Alg, Mu. **Khan,** Nusrat Fateh Ali (1948-97) In, C. **Khanh,** Emmanuelle (Renée Nguyen) (12-9-37) Cou. **Khashoggi,** Adnan (1935) Ar Sa, Af.

Kiarostami, Abbas Ir, R. **Kiberlain,** Sandrine (1968) A. **Kid Creole** (Aug. Darnell) (12-8-51) U, C. **Kidder,** Margot (17-10-48) U, A. **Kidjo,** Angélique (1964) Bénin, C. **Kidman,** Nicole (Mme Tom Cruise) (21-6-67) U, A. **Kieffer,** Tina (7-11-59) J. **Kiejman,** Georges (12-8-32) Av. **Kiepura,** Jan (1902-66) Pol, Ch. ***Kieslowski,*** Krzysztof (1941-96) Pol, R. **Kiki** (Alice Prin) (1901-53) Man. **Killian,** Conrad (1898-1950) Af. **Kim-hou,** Chen (1939) Taïwan, R. ***King,*** *B.B.* (Riley B. King) (16-9-25) U, C. *Charles Glen* (1897-1988) U, Nutritionniste. *Henry** (1896-1982) U, R. *Stephen* (21-9-47) U, Au. **Kinks** (The) : Ray Davies (21-6-44), Dave Davies (3-2-47), Mike Avery (15-2-44), Pete Quaife (31-12-43) GB, C. ***Kinski,*** *Nastassja** (Nakszynski) (24-1-61) All, A. fille de Klaus (Nikolaus Nakszynski) (1926-91) A. ***Kinugasa,*** Teinosuke (1896-1982) Jap, R. **Kiraz** (Edmond Kirazian) (25-8-23) J, Des. **Kirsanoff,** Dimitri (Marc Kaplan) (1899-1957) R. **Kishi,** Keiko (1932) Jap, A. **Kissinger,** Henry (27-5-23) U, Po. **Kitano,** Takeshi (n.c.) Jap, R. **Kitt,** Eartha (26-1-28) U, A, C. **Kjellin,** Alf (1920-88) Suè, A. **Klein,** *Calvin* (19-11-42) U, Cou. *Gérard* (29-10-42) Éd, Au. **Klein-Rogge,** Rudolf (1889-1955) All, A. **Kleiser,** Randal (20-7-46) U, R. **Kluge,** Alexander (1932) All, R. **Knapp,** Hubert (1924-95) S, T. ***Knef,*** Hildegard (Neff) (28-12-25) All, A. **Kneipp,** Sébastien (1821-97) All, curé, camérier secret du pape. **Kniazeff,** Alexis (8-1-42) Af.

Kobayashi, Masaki (1916-96) Jap, Op, R. **Koch** (ou Cook), *Howard* (1902-95) U, S. *Marianne* (1930) All, A. **Kochno,** Boris (1904-90) Ur, Au. **Koechlin,** Philippe (1939-96) J. **Kohl,** Hannelora (1933-2001), All, ép. d'Helmut Kohl. **Kohler,** *Antoine* (13-8-65) Af. *Pierre,* R. **Kojak**. Voir Telly **Savalas**. **Koji,** Yakusho (1964) Jap, R. **Koltès,** Bernard-Marie (1948-89) A. **Konk** (Laurent Fabre) (1944) Des. **Kool and The Gang** (Robert « Kool » Bell) (8-10-50). **Kooper,** Al (5-2-44) U, Mu, C. **Korber,** Serge (1-2-36) R. **Korda,** sir *Alexander* (Sandar Laszlo Korda) (Ho, 1893-1956) GB, Pr, R. *Zoltan* (Ho, 1895-1961) U, R. **Korene,** Vera (Koretzky) (1901-96) A. **Kosa,** Ferenc (1937) Ho, R. **Koscina,** Sylva (Youg, 1933-94) It, A. **Kosma,** Joseph (Ho, 1905-69) Cp. **Koster,** Henry (Hermann Kosterlitz) (1905-88) All, R. **Kostner,** Kevin U, A. **Kouchner,** Bernard (1-11-39) Méd., Po. **Koulechov,** Lev (1899-1970) Ur, R. ***Kozintsev,*** Grigori (1905-73) Ur, R.

Kramer, *Robert* (1939-99) U, R. *Stanley* (1913-2001) U, Pr, R. **Krasker,** Robert (1913-81) GB, Op. **Krauss,** *Alain* (1943) J, R. *Werner* (1884-1959), All, A. **Krawczyk,** Gérard (1953) R. **Kreicher,** Roger (11-3-25) Ra. **Kreuger,** Ivan († 2-3-1880/11-3-1932, suicide) roi des allumettes. **Krief,** Bernard (1931-96) Af. **Krieg,** Pierre-Charles (1922-98) Po. **Kriegel,** Annie (1926-95) Au, J. **Krier,** Jacques (6-2-27) Pr, T. **Kristel,** Silvia (28-9-52) P-Bas, A. **Krivine,** *Alain* (10-7-41) Po. *Emmanuel* (7-5-47) Mu. ***Kruger,*** *Hardy** (Eberhard) (12-4-28) All, A. *Jules* (1891-1959) Op. **Krumbachova,** Ester (1923) Tc, R. **Krupp,** Alfred (1812-87) All, Af. **Kubnick,** Henri (1912-91) Au, Pr. ***Kubrick,*** Stanley (1928-99) U, R. **Kulle,** Jarl (1920-77) Suè, A. ***Kümel,*** Harry (1940) Be, R. **Kunhrich** († 29-4-1932, suicide) roi du rasoir. **Kuramata,** Shiro (1934-91) Jap, Déc. ***Kurosawa,*** *Akira* (23-10-1910/6-9-1998) Jap, R. *Kiyoshi* Jap, R. ***Kurys,*** Diane (1948) R. **Kusturica,** Emir (24-11-54) You, R. **Kyo,** Machiko (25-3-24) Jap, A.

Laage, Barbara (Claire Colombat) (1925-88) A. **Labori,** Fernand (1860-1917) Au. **Laborit,** *Emmanuelle* (1973) A sourde. *Henri* (1914-95) Au, Sc. **Laborne,** Daniel (1902-90) Des. **La Bouillerie,** Augustin de (11-2-36) Af. **Labourasse,** Guy (1927) R, T. **Labourdette,** Elina (21-5-19) A. **Labourier,** Dominique (1947) A. **Labro,** *Françoise* (3-6-44) J. *Maurice* (1911-87) M. *Philippe* (27-8-36) J, R. **Labrousse,** Ernest (1895-1988) Hist. **Labrusse,** Bertrand (7-6-31) Af. **Lacan,** Bernard (22-10-37) Af. **Lachens,** Catherine (1950) A. **Lachmann,** Henri (13-9-38) Af. **Lacombe,** *Alain* (1948-92) J, Au. *Georges* (1902) R, T. **Lacoste,** René (1904-96) Spo, Af. **Lacroix,** *Christian* (16-5-51) St. *Jean* (1922) Ch, S. **Ladd,** Alan (1913-64) U, A. **Ladreit de La Charrière,** Marc (6-11-40) Af. **Laemmle,** Carl (1867-1939) U, Pr. **Lafesse,** Jean-Yves (Lambert) (13-3-57) Pré, Hum. **Laffin,** Dominique (1952-85) A. **Laffon,** Yolande (1895-1992) A. **Laffont,** *Frédéric* (29-6-62) Au, J, T. *Patrice* (21-8-40) Pré, T. *Pierre* (1913-93) J. *Robert* (30-11-16) Éd. **Lafforgue,** René-Louis (1928-67) Au, Cp. **Lafont,** *Bernadette* (28-10-38) A. *Jean-Loup* (1940) An. *Pauline* (1963-88) A. *Pierre* (1801-73) A. **Laforet,** *Marie* (Maïtène Doumenach, Mme E. de Lavandeyra) (5-10-39) A, C. *Pierre* (1927) R, T. **La Fournière,** Xavier de (1927-93) Af. **La Fressange,** Inès de (11-8-57) 1,81 m, Man, Af.

Lagaf (Vincent Rouil) (1959) Hum. **Lagarde,** *Christine* (1-1-56) Af. *Jean* (19-3-20). **Lagardère,** *Arnaud* (18-3-61) (fils de Jean-Luc) Af. *Jacques* (5-7-37) Ing. *Jean-Luc* (10-2-28) Af. **Lagayette,** Philippe (16-5-43) Af. **La Genière,** Renaud de (1925-90) Af. **Lagerfeld,** Karl (1938) All, Cou. **Lagoya,** Alexandre (29-6-1929/24-8-1999) G, épousa Ida Presti. **La Grange,** *François* de (1920-76) J. *Marlyse* de (1934-92) J, Pr. **Lagrange,** *Louise* (1899-1979) A. *Valérie* (Danielle Charaudeau) (25-2-42) A. **Lahaye,** J.-Luc (23-12-58) C. **Lai,** Francis (26-4-32) Cp. **Laine,** Frankie (Lo Vecchio) (30-3-13) U, C. **Laing,** Hugh (Hugh Skinner) (1911-88) GB, Da. **Lajarrige,** Bernard (Paul Levnia de L.) (1912-99) A. ***Lakhdar Hamina,*** Mohamed (2-2-34) Alg, R. **Lake,** Veronica (Constance Ockleman) (1919-73) U, A (1,60 m). **Lalanne,** Francis (8-8-58) C. **Lalique,** Suzanne (1892-1989) Déc. **Lalou,** Étienne (16-12-18) J, Pr, Pré. **Lama,** Serge (Chauvier, 11-2-43) C. **Lamaison,** Pierre (1948-2001) Ant, Hist. **La Maisonneuve,** François de (1934) J. **Lamarr,** *Barbara* (Rheata Watson) (1896-1926) U, A, Da. *Hedy* (Hedwig Kiesler) (Aut, 1913-2000) U, A. **Lamas,** Fernando (1915-82) U, A. ***Lambert,*** Christophe (29-3-57) A. **Lamborghini,** Ferruccio (1916-93) It, Af. **Lambotte,** Janine (25-4-25) Be, J, T. **Lamorisse,** Albert (1922-70) R. **Lamotte,** Martin (1952) A. ***Lamour,*** *Dorothy** (Kaumeyer) (1914-96) U, A. *Philippe* (1903-92) Av, J.

☞ Des milliers d'autres personnalités figurent dans Quid, consultez l'Index ou les chapitres Architecture, Danse, Histoire, Littérature, Politique, Sport, etc.

Lamoureux, Robert (Lamouroux) (4-1-20) A, Au. **Lampin,** Georges (Ru, 1901-79) R. **Lamy,** André (31-10-62) Hum.

Lancaster, Burt (1913-94) U, A. **Lancelot,** *Jacques* (1938) Mu. *Michel* (1938-84) Ra. **Lanchester,** Elsa (Elizabeth Sullivan), (1902-86) GB, A. **Lanciaux,** Concetta (22-2-42) It, Af. **Lancret,** Bernard (1912) A. **Landi,** Michel (1932) Des. **Landis,** *Carole* (Frances Lillian Ridste) (1919-48) U, A. *John* (1950) U, R. **Landon,** Michael (Eugene Orowitz) (1937-91) U, A. **Landowski,** *Marcel* (1915-99) Cp, fils du sculpteur Paul. *Manon* (n.c.) C, sa fille. **Landry,** Gérard (de la Gatinerie) (or. su, 1914) A. *Lang, Alexander,* All, M. *Fritz** (Aut, 1890-1976) All, R. *Georges* (1947) An. *Michel* (1939) R. *Valérie,* A. **Langaney,** André (3-12-42) Au. **Langdon,** Harry (1884-1944) U, A, R. **Lange,** Élise (Anne) (1772-1825) A. Jessica (20-4-49) U, A. **Langeais,** Catherine (Mme Pierre Sabbagh, née M.-Louise Terrasse) (1923-98) An. **Langhoff,** Matthias (Su, 1941) All, M, Th. **Langlois,** Henri (1914-77) Dir. **Langlois-Glandier,** Janine (16-5-39) T, Af. **Langlois-Meurinne,** Christian (1-6-32) Af. **Lanier,** Lucien (16-10-19) Préfet, Sén. **Lannes,** *Georges* (1844-1983) A. *Jean-Pierre* (2-8-36) T. **Lannois,** André (1933) Af. **Lanoux,** Victor (18-6-36) A. **Lanpo,** Jia (1909-2001) Jap, Pal. **Lantier,** Jack (André de Meyer) (9-1-30) C. *Lanvin, Gérard** (21-6-50) A. *Jeanne* (1867-1946) Cou. **Lanza,** Mario (Alfredo Cocozza) (It 1921-59) U, C. **Lanzac,** Roger (Lanrezac) (1920-96) Pré, T. **Lanzi,** Jean (11-4-34) J. **Lanzmann,** Claude (27-11-25) Au, R. **Lap** (Jacques Laplaine) (1921-87) Des. **La Patellière,** Denys de (8-3-21) R. **Lapautre,** René (11-10-30) Af. **Lapidus,** *Edmond, dit Ted* (23-6-29) Cou, son fils *Olivier* (2-6-58) Cou. **La Plante,** Laura (1904-96) U, A. **Lapointe,** Bobby (1922-72) C. **Laporte,** Roger (1925-2001) Écr. **Lapoujade,** Robert (1921-93) Pe, Cin.

Lara, Catherine (29-5-45) C. **Larcher,** André (1904-90) J. **Lardner,** Ring (1915-2000) U, S. **Larère,** Xavier (12-6-33) CdÉ. **La Reynière,** *Alexandre* Grimod de (1758-1838) Au. *(Robert Courtine)* (1910-98) J. **Laroche,** Guy (1921-89) Cou. **La Rocque,** Rod (Roderick la Rocque de la Rour) (1896-1969) U, A. **Laroque,** Michèle (15-6-60) A. Pierre (1907-97) CdÉ. **Larosière,** Jacques de (12-11-29) Insp Fin, Banque de Fr., FMI, Berd. **Larquey,** Pierre (1884-1962) A. **Larriaga,** Gilbert (1926) Pr. T. **Larrivoire,** J.-Claude, J. **Lartigue,** Jacques-Henri (1894-1986) Ph. **Laspalès,** Régis (25-2-57), Hum. **Lassagne** (1819-63) A. **Lassalle,** Jacques (6-7-36) Au, M. **Lasso,** Gloria (Gloria Goscolin-Figueiras) (1928) Es, C. **Laszlo,** Andrew (1926) U, Pr. **Last Poets** (1970 : 1er album) : groupe. **La Taille,** *Emmanuel* de (16-7-32) J. *Renaud* de (1934) J. **Latarjet,** Raymond (1911-98) Sc. **Lathière,** Bernard (1929-96) Af. **Latifah,** Queen (Dana Owens) (1971) U, C. **Lattès,** *J.-Claude* (1941) Éd. *Robert* (13-12-27) Af, Au. *Lattuada,* Alberto (3-11-14) It, R. **Laudenbach,** Roland (1921-91) Éd. **Lauder,** Harry (1870-1950) GB, A. *Laughton,* Charles (1899-1962) GB, A. **Launois,** André (25-5-33) Af. **Lauper,** Cyndi (22-6-53) U, C.

Laure, *Carole* (5-8-48) Ca, A, C. *Odette* (Dhommée) (1917) A. **Lauré,** Maurice (14-11-1917/26-4-2001) Insp fin. *Laurel,* Stan (Jefferson) (1890-1965) U, A. **Lauren,** Ralph (14-10-39) U, Cou. **Laurens,** *André* (7-12-34) J. Rose (4-3-53) C. *Vic* (Victor-Laurent Darpa) (1945) C. **Laurent,** *Hervé, R. Jacques,* voir à l'Index. *Jeanne* (1903-90) Th. *Rémi* (1957-89) A. **Laurentiis (DE),** Dino (8-8-19) It, Pr. **Laurie,** Piper (Rosetta Jacobs) (22-1-32) U, A. *Lautner, Georges* (24-1-26) R. **Lauvergeon,** Anne (2-8-59) Ing, Af. **Lauzier,** Gérard (1932) R, Hum. **Lauzon,** Jean-Claude (1953-97) Ca, R. **Laval,** J.-Claude (1951) Pré, Ra. **Lavalette,** Bernard (de Fleury) (20-1-26) A, Ch. **Lavallière,** Ève (Rieder) (1866-1929) A. **Lavanant,** Dominique (24-3-44) A. **Lavanchy,** Pascal (1969) Da. **Lavandeyra,** Eric de (1-3-48) Af. **Lavelli,** Jorge (Arg, 1931) M. **Lavil,** Philippe (26-9-47) C. **Lavila,** Patricia (La Villa, Mme D. Alexandre Winter) (1957) C. **Laville,** *Alain* (20-5-50) J, Au. *Jean-André* (1937) Des. **Lavilliers,** Bernard (7-10-46) C. **Lavoie,** Daniel (17-3-49) Ca, C. **Lavoine,** Marc (6-8-62) C. **Lawford,** Peter (1923-84) GB, A. **Laydu,** Claude (Be 1927) A, Pr. **Layne,** Patti (31-1-58) Ca, C. **Lazareff,** *Hélène* (Gordon) (1910-88), *Jean-Pierre* (1907-72) J, Pr, T. **Lazitch,** Branko (Bronislaw Stranikowitch) (1923-98), J. **Lazlo,** Viktor (7-10-60) C. **Lazure,** Gabrielle (28-4-57) Ca, A. **Lazurick,** Francine (1909-90) J.

Leakey, Mary (1913-96) K, Sc. *Lean,* David (1908-91) GB, R. *Leander,* Zarah (1907-81) Suè, A. **Leandre,** Charles (1862-1934) Des. **Leandro,** José (1961-98) Br, C. **Lear,** Amanda (18-11-46) U, C, Pré, T. **Leary,** Timothy (1920-96) U. *Léaud,* Jean-Pierre (5-5-44) A. **Lebacqz,** Albert (29-7-24) J. **Lebail,** Christine (1947) C. **Le Baillif,** Pierre (1957-89) Th. **Le Bargy,** Charles (1858-1936) A. **Le Barzic,** Jean-Yves (11-6-47) Af. **Lebas,** Renée (1917) A, C. **Lebègue,** Daniel (4-5-43) Af. **LeBescolsild** (1982) A. **Leblanc,** Hugues (1934) Af. **Le Boulleur de Courlon,** Yves (1917) Cou. **Lebovici,** *Gérard* (1932-84) Pr. *Serge* (1915-2000) Psy. **Lebrun,** Danielle (24-7-37) A. **Lecasble,** Valérie (28-2-58) J. **Lecerf,** Olivier (2-8-29) Af. **Le Chanois,** Jean-Paul (Dreyfus) (1909-85) R. *Leclerc, André* (1903) J, Pr. *Édouard* (20-11-26) Af, Dis. *Félix* (1914-88) Ca, C, Cp. *Ginette** (Geneviève Menu) (1912-92) A. *Marcel* (14-8-21) J. *Michel* (1952) Af. **Leclercq,** *Évelyne* (11-7-51) Pré. **Lecoanet,** Didier (8-4-55) Cou. *Leconte, Claude-Henri* (1906-2000) J. *Patrice* (1947) R. **Lecoq,** Yves (4-5-46) Imit. **Lecourtois,** Daniel (1902-85) A. **Lecouvreur,** Adrienne (Couvreur) (1692-1730) A. **Le Dentu,** José (1917-96) J. **Lederman,** Paul (2-5-40) Pr. **Ledoux,** *Fernand* (1897-1993) A. *Jacques* (1921-88) Be, Cons. **Ledoyen,** Virginie (n.c.) A. **Ledroit,** Henri (1946-88) C. **Ledru,** Michel (13-2-35) Af. **Led Zeppelin** (GB, 1968-80) : John Bonham (1948-80) B, John Paul Jones (3-6-46) Bassiste, Jimmy Page (9-1-44) G, Robert Plant (20-8-48) C. **Leduc,** Raul (1942) Mex, R.

Lee, Anna (Joanna Winnifrith) (1914) A. *Belinda* (1935-61) GB, A. *Brenda* (Tarpley) (11-12-44) U, A, C. *Bruce* (Lee Yuen Kam) (1940-73) U, A. *Christopher* (Ch. Franck Carandini Lee) (27-5-22) U, A. *Jeanne* (1939-2000) U, C. *Spike** (20-3-57) U, R. **Leeb,** Michel (23-4-47) Ch. *Leenhardt, Arnaud* (16-4-29) Af. *Étienne* (1963) J. *Roger** (1903-85) R, Pr, Cr. **Lefait,** Philippe, J. **Lefaur,** André (Lefaurichon) (1879-1952) A. **Lefebvre,** *Jean* (3-10-22) A. *Jean-Marie,* J. *Jean-Pierre* (1941) Ca, R. **Lefèvre,** *Jean* (8-3-22) Rep. *René* (1898-1991) A. **Le Floch-Prigent,** Loïk (21-9-43) Af. **Le Forestier,** Maxime (10-2-49) C, Cp. **Lefort,** Bernard (1922-99) Af. **Le Gall,** André (1917) A. **Le Gendre,** Gilles (13-5-1958) J. **Legitimus,** Pascal (1959) Hum, A. **Legrand,** *Michel* (24-2-32) Cp, C. *Raymond* (1908-74) Au, Cp. *Renée* (1935-95) Sp. **Legras,** Jacques (16-10-24) A. **Legris,** *Jacques* (1919-88) Pr. *Manuel* (19-10-64) Da. **Legros,** Fernand (1931-83) Coll. **Lehmann,** Maurice (1895-1974) Mu. **Lehn,** Jacques (15-7-44) Af. *Leigh, Janet* (Jeanette Morrison) (6-7-27) U, A. *Mike Vivien** (Hartley) (1913-67) GB, A. **Leighton,** Margareth (1922-76) GB, A. **Leisen,** Mitchell (1898-1972) U, R. **Leitao de Barros,** José (1896) Port, R. **Lejeune,** Olivier (12-5-51) Hum. **Lekain,** *Esther* (1870-1960) A, C. *Henri Louis Cain* (1729-78) A. **Le Lay,** Patrick (7-6-42) Af. **Le Lionnais,** François (1901-84) Ing. **Lelong,** Lucien (1889-1958) Cou. *Lelouch,* Claude (30-10-37) R. **Le Luron,** Thierry (1952-86) A, Ch.

Lemaire, Francis (9-6-36) Be, A. Georgette (Kibler) (15-2-43) C. Philippe (14-3-27) A. **Lemaître,** Frédéric (Antoine-Louis, Prosper dit) (1800-76) A. **Lemarchand,** François (19-1-48) Af. Jacques (1908-44) J. **Lemarque,** Francis (Nathan Korb) (25-11-17) Mu, C. **Lemas,** André (15-4-29) J, Ra. **Le Mauve,** Jean (1939-2001) Éd. **Le Ménager,** Yves (1926) R. **Lemercier,** Valérie (9-3-64) A. **Lemeret,** Claudine (1937) Sp. **Lemesle,** Claude Cp, Mu. **Lemmon,** Jack (8-2-1925/27-6-2001) U, A. **Le Moal,** René (12-12-34) J. **Lemoine,** *Annie,* J. *Claude* (21-4-32) T. *Jean-François* (1943-2001) J, Au. *Philippe* (3-11-49) Af. *Virginie* (26-2-61) Hum. **Lemonnier,** Meg (Marguerite Clark) (1908-88) U, A. **Lemper,** Ute (4-7-63) All, C. **Lempereur,** Albert (1902) Cou. **Lenclos,** Ninon de (1616-1706) Au. **Leni,** Paul (1885-1929) All, R. **Lenica,** Jan (4-1-28) Pol, R. **Lennon,** John (1940-80, assassiné) GB, C. **Lennox,** Annie (24-12-1954) GB, C. **Lenorman,** Gérard (9-2-45) C. **Lenôtre,** Gaston (28-5-20) Pâtissier. **Leny,** Jean-Claude (4-12-28) Af. **Léonard,** *Herbert* (Hubert Loenhard) (25-2-47) C. *Robert Z* (1889-1968) U, R. *Leone,* Sergio (1929-89) It, R. **Leontieff,** Wassily (Ur, 1906-99) U, Éco. *Léotard, François* (26-3-42) Po. *Philippe** (28-8-1940/25-8-2001, son frère) A, C, Écr. **Lepage,** Serge (1936) Cou. **Le Pen,** Jean-Marie (20-6-28) Po. **Lepers,** Julien (Ronan) (12-8-51) An, T, Ra, Mu. **Le Poulain,** *Corinne* (Mme Duchaussoy) (26-5-48) A. *Jean* (1924-88) A. **Leprettre,** Raoul (1913-91) Af. **Leprince-Ringuet,** Louis (27-3-1901/26-12-2000) savant. **Le Quintrec,** Fabrice (14-4-51) J, R. **Leroy,** *Georges* (Claude Topakian) (16-4-31) J. *Mervyn* (1900-87) U, R. *Patrick* (6-9-49) Af. *Roland* (4-5-26) J. **Leroy-Beaulieu,** Philippine (1964) A. **Le Royer,** Michel (31-8-33) A.

Lesaffre, Roland (26-6-27) A. **Lescure,** *Emmanuel* (20-11-29) Af. *Pierre* (2-7-45) J, Af. **Lesieur,** Patricia, Pré, T. **Lesne,** Louis (29-8-22) Af. **Lesourne,** Jacques (26-12-28) Af, Au. **Lesser,** Gilbert († 1990) U, Des. **Lessertisseur,** Guy (1927) R. *Lester,* Richard (19-1-32) U, R. **Lesueur,** François (1820-76) A. **Leterrier,** François (1929) M. **Letertre,** Jacques (30-10-56) Af. **Leulliot,** J.-Michel (20-10-38) J. **Levaï,** Ivan (18-3-37) Ra, J. **Levasseur,** André (18-8-27) Déc. **Léveillée,** Claude (1932) Ca, C. **Level,** Charles (1943) C. **Leven,** *Édouard* (22-1-07) Af. *Gustave* (7-3-14, son frère) Af. **Lévêque,** J.-Maxime (9-9-23) Bq. **Levesque,** Marcel (1877-1962) A. **Lévesque,** Raymond (1928) Ca, C, Cp. **Lévi,** Eliphas (abbé Alphonse Constant) (1810-75). *Le Vigan,* Robert (Coquillaud) (1900-72) A. **Lévy,** *Alain* (19-12-46) Af. *Catherine* (24-2-47) J, T. *Jean* (9-11-32) Af. *Maurice* (7-7-22) Sc. *Maurice* (1942) Af, Pu. *Raoul* (Be 1922-66) Pr. *Raymond* (28-6-27) Af. **Lévy-Lang,** André (26-11-37) Bq. *Lewin,* Albert (1894-1968) U, R. *Lewis, Jerry** (Joseph Levitch) (16-3-26) U, A, R. *Jerry Lee* (29-9-35) U, C. *John* (1920-2001) U, Cp, Pi. *Joseph* (1900/30-8-2001). *Mel* († 1990) Mu. *Robert* (1947-97) M. **Leymergie,** William (4-2-47) J. **L'Her,** Yves (1926-88) J. *L'Herbier,* Marcel (1888-1979) R. *Lhermitte, François* (1921-98) Méd. *Thierry** (24-11-52) A. **Lhote,** Henri (1903-91) Et.

Liché, Charles (1920-2001) rabbin. **Lichine,** Alexis (1914-89) Au, Rest. **Licoys** Éric (26-8-38) Af. **Liebeneiner,** Wolfgang (1905-87) All, A, M. **Liebermann** Rolf (14-9-1910/2-1-1999) Su, Cp, Adm. Opéra. **Lifar,** Serge (or. ru, 1905-86) Da. **Ligen,** Pierre-Yves (30-11-37). **Ligier,** Pierre (1797-1872) A. **Lignac,** Gérard (18-1-28) J, Af. **Lignel,** J.-Charles (21-11-42) Af. **Limagne,** Pierre (1909-95) Au, J. **Linder,** Max (Gabriel Leuvielle) (1883-1925) A, R. **Lindfors,** Viveca (Elsa Torstendotter) (1920-95) Suè, A. *Lindon, Jérôme* (9-6-25) Éd., *Vincent** (1959) A. *Lindtberg,* Léopold (1902-84) Aut, R. **Lio** (Vanda de Vasconcelos) (17-6-62) Be, C. **Lion,** *Bernard* (23-3-39) R, T. *Margo* (1904-89) A. *Robert* (28-7-34) Insp fin. **Lions,** Jacques-Louis (2-5-28) Un. **Lipkowski,** Jean-Noël de (1920-97) Dip, Po. **Lipmann,** Fred (1905-96) Af. **Lipsik,** Frank (1943) An, Ra. **Lipton,** Thomas (1850-1931) GB, Af. **Lisi,** Virna (Pieralisi) (8-9-37) It, A. **Littin,** Miguel (1942) Chili, R. **Little Tich** (Harry Relph) (1868-1928) GB, A. **Littleton,** John (1930-98) U, C. **Litvak,** Anatole (Ru 1902-74) U, R. **Livi,** Jean-Louis (29-1-41) Pr. **Livio,** Antoine (10-4-37) Su, J, Ra, Au. *Lizzani,* Carlo (3-4-17) It, R. *Lloyd, Frank* (GB 1889-1960) U, R. *Harold** (1893-1971) U, A, Pr.

Loach, Kenneth (17-6-36) GB, R. **Lob,** Jacques (Loeb) († 1990) Des. **Lochy,** Claude (1931-91) A. **Lockwood,** Margareth (Margaret Day) (1916-90) GB, A. **Loeb,** Caroline (5-10-55) C. **Loew,** Marcus (1870-1927) U, Pr. **Loewy,** Raymond (1893-1986) Ing. *Logan,* Joshua (1908-88) U, R. **Loiseau,** Yves (6-4-43) J, Ra. *Lollobrigida,* Gina (4-7-27) It, A. *Lombard, Alain* (4-10-1940), C. d'or. *Carole** (Jane Peters) (1908-42) U, A. *Paul* (17-2-27) Av. **Lomnicki,** Tadeusz (1928-92) Pol, M. **London,** Julie (Peck) (1926-2000) U, A, C. **Long,** Marceau (22-4-26) Af. **Long-Chris** (Christian Blondiau) (1943) C. **Lonsdale,** Michael (24-5-31) A. **Lopez,** *Francis* (15-6-16/5-1-95) Cp, Pr. *Jennifer* (23-7-70) U, A. *Trini* (5-12-37) U, C. **Lord,** Jack (John Joseph Ryan) (1920-98) U, A. *Loren,* Sophia (Scicolone) (20-9-34) It, A. **Lorentz,** Francis (22-5-42) Af. **Lorenz,** *Konrad* (1904-89) All, Physiologie. *Max* (1901-75), All, C. *Paul* (1904-90) Av. **Lorenzi,** Stellio (1921-90) M, R. **Lorenzo,** Alain (29-8-56) Af. **Lorre,** Peter (Laszlo Loewenstein) (1904-64) Ho, A. **Lortat-Jacob,** Jean-Louis (1908-92) Méd. **Lory,** Sabrina (1956) T, C. *Losey,* Joseph (Walton Losey) (1909/22-6-1984) U, R. **Lotar,** Éli (1905-69) Op. **Louichi,** Tayeb (1948) Tun, R. **Louiguy** (Louis Guiglielmi) (Barcelone, 1916-91) Cp. **Louis,** *Pierre* (Amourdedieu) (1917-87) A. *Roger* (1925-82) J. *Victor* (1928-92) Ur, J. **Louise,** Anita (Fremault) (1915-70) U, A. **Louka,** Paul (1936) Be, C. **Louki,** Pierre (Varenne) (1926) C. **Lounguine,** Pavel Ur, R. **Loup,** J.-Jacques (1936) Des. **Lourau,** Georges (1898-1974) Pr. **Lourie,** Eugène (1905-91) Des. **Loursais,** Claude (Croutelle) (1919-88) R. **Loussier,** Jacques (1934) Cp. **Lova Moor,** (Marie-Claude Jourdain) (5-3-55) C. **Louvier,** Nicole (1933) C. **Louvigny,** Jacques (1880-1951) A. **Love,** Bessie (Juanita Horton) (1898-1986) U, A. *Loy, Myrna** (Myrna Williams) (1905-93) U, A. *Nanni* (1925-95) It, R. **Loynes** Ctesse (Jeanne Detourbey) (1857-1908.

Lualdi, Antonella (Antoinetta de Pascale) (6-7-31) It, A. **Lubin,** Germaine (1890-79) C. *Lubitsch,* Ernst (All, 1892-1947) U, R. *Lucas, Alain,* J. *George** (14-5-44) U, R. *Patrick* (6-3-39) Af. **Luccioni,** Micheline (1930-92) A. **Luce,** Clare Booth (1903-87) U, J, Dip. **Lucet,** Elise (30-5-63) J. **Luchaire,** Corinne (1921-50) A. *Luchini,* Fabrice (1951) A. **Lucot,** René (1908) R, T. **Lugné-Poe (Aurélien-Marie) (1869-1940) A. Lugosi,** Bela (Blasko) (1882-1956) Ho, A. **Luguet,** André (1892-1979) A. **Luka,** Madeleine (Bottet) (1894-1989) Des. **Lukas,** Paul (Pal Lukacs) (1891-1971) U, A. **Lulli,** Folco (1912-70) It, A. **Lumbroso** Daniela (18-8-61) J. *Lumet,* Sidney (25-6-24) U, R. **Lumière,** *Auguste* (1862-1954) Inv, R. *Jean* (Anezin) (1905-79) C. *Louis* (1864-1948) Inv, R. **Lunts** (The) : Alfred (1893-1977), Lynn Fontanne (1887-1989) U, A. **Lupasco,** Stéphane (1900-88) Ro, Phi. **Lupino,** Ida (1918-95) GB, A. **Lupovici,** Marcel (1909-2001) M. **Lupu-Pick** (1880-1931) All, R, A. **Lussato,** Bruno (25-11-32) Ens. **Lux,** Guy (21-6-19) Pr, An, T. *Lynch,* David (20-1-46) U, R. **Lyon,** Ben (1901-79) U, A. **Lyons,** sir Joseph (1848-1917) GB, Af. **Lysès,** Charlotte (1877-1956) A. *Lyssy,* Rolf (1936) Su, R.

Macaigne, Pierre (1920-97) J. **Mac Avoy,** May (1901-84) U, A. **Mac Callum,** David (19-9-33) Éc, A. **Mac Cartney,** Paul (18-6-42) GB, C. **Mac Cay,** Winsor (1867-1934) U, Des, R. **Mac Cormack,** Mark (6-11-30) U, Af. **Mac Craken,** James (1927-88) U, C. **Mac Crea,** Joël (1905-90) U, A. *Mac Donald,* Jeannette (1901-65) U, A, C. **Mac Dowall,** Roddy (1928-98) GB, A. **Mac Dowell,** *Andie* (21-4-58) U, A. *Malcolm* (Taylor) (19-6-43) GB, A. **Mac Ghee,** Howard (1918-87) U, Mu. **Mac Gillis,** Kelly (9-7-57) U, A. **Mac Graw,** Ali (1-4-38) U, A. **Mac Gregor,** Chris (1936-90) Afr. S, Cp. **Mac Gill,** James (1744-1813) GB, Ca. **Mac Guire,** *Barry* (1935) U, C. **Machaty,** Gustave (1901-63) Tc, R. *Mackendrick,* Alexander (U 1912-93) GB, R. **MacKenna,** Kenneth (1899-1962) (Leo Mielziner) R. **MacLaglen,** *Andrew* (28-7-20) U, R. *Victor* (or. irl, 1886-1959) U, A. *MacLaine,* Shirley (Maclean Beaty) (24-4-34) U, A. **MacLaren,** Norman (1914-87) Ca, R. **MacLaughlin,** John (4-1-42) GB, G. **MacLeod,** Norman (N. Leonnard) (1898-1964) U, R. **MacMahon,** William (1908-88) Aus, Po. **MacMurray,** Fred (1908-91) U, A. **MacNab,** Maurice (4-1-1856/25-12-1889) Ch. **MacNally,** Stephen (Horace) U, A. **MacNee,** Patrick (6-2-22) GB, A. **Macpherson,** Elle (29-3-64) Aus, Man (1,83 m, 92-61-92). **MacRae,** Gordon (1921-86) U, A. **Maccari,** Ruggero (1919-1989) It, S. **Maccione,** Aldo (1935) It, A. **Macias,** Enrico (Gaston Ghrenassia) (Constantine 11-12-38) C. **Maciste** (Bartolomeo Pagano) (1888-1947) It, A. **Macri,** Oreste (1913-98) It, Cr.

Mader, Jean-Pierre (21-6-55) C. **Madness** : Mike Barson (21-4-58), Mark Bedford (24-8-61), Chris Foreman (8-8-58), Carl Smyth (14-1-59), Graham Mac Pherson (13-1-61), Lee Thompson (13-1-61), Dan Woodgate (19-10-60) GB, C. **Madonna** (Louise Veronica, Ciccone) (16-8-58) U, C, A. **Maeght,** *Adrien* (17-3-30) Éd. *Aimé* (1906-81) Coll, Mécène. **Maffei,** Claire (Marie-José) (1924) A. **Magdane,** Roland (3-7-49) Hum. *Magnani,* Anna (1908-73) It, A. **Magni,** Luigi (1928) It, R. **Magnier,** *Claude* (1920) Au. *Pierre* (1869-1959) A. **Magny,** Colette (1926-97) C. **Mahal,** Taj (Henry Saint Clair Fredericks) (17-5-42) U, Mu, C. **Mahé,** René (24-6-26) J, Af. **Maheu,** Jean (24-1-31) Af. **Mahler,** *Alma* (Schindler) (1879-1964) Aut, Mu, Cp. *Anna* (1904-88) Scul. **Mahuzier,** Albert (1912-81) J. **Maillan,** Jacqueline (1923-92) A. **Maillot,** Maurice (1906) A. **Mainbocher** (1890-1974) U, Cou. **Mairesse,** Valérie (8-6-55) A. **Maïs,** Suzet (Suzette Roux) (1908-89) A. **Maisonrouge,** Jacques (20-9-24) Af. **Maistre,** François (14-5-25) A. **Maitenaz,** Bernard (29-9-26) Af. **Majax,** Gérard (1943) Ma, T. **Majors,** Lee (Harvey Lee Yeary) (23-4-35) U, A. **Majrouh,** Sayd Bahodine (1933-88) Afghan, Au. *Makavejev,* Dusan (1932) You, R. **Makeba,** Myriam (4-3-32) Afr, C. *Makk,* Karoly *(22-12-25) Ho, R.* **Makmalbaf,** Moshen Ir, R.

Malaurie, Jean (22-12-22) Un. *Malavoy,* Christophe (21-3-52) A. **Malclès,** J.-Denis (15-5-12) Déc. **Malden,** Karl (Mladen Sekulovitch) (22-3-14) U, A. **Malécot,** Yves (1914-98) Af. **Malet,** *Laurent et Pierre* (3-9-55) A. *Philippe* (5-2-25) Af. **Malhuret,** Claude (8-3-50) Méd, Po. **Malibran** (Maria de la Felicidad García) (Es 1808-36) C. **Mallick,** Terrence (n.c.) U. **Malinvaud,** Edmond (25-4-23) Un. **Maljers,** Floris (12-8-33) P-Bas, Af. **Malkovich,** John (9-

12-54) U, A. ***Malle,*** Louis (30-10-32/23-11-95) R. **Mallory,** Michel (1941) Cp, C. **Malone,** *Dorothy* (Maloney) (30-1-25) U, A. *Eduardo* (Arg, 17-6-49) Af. **Malraux,** André (1901-76) Au, R. **Mamère,** Noël (25-12-48) Pré, Po. **Mamet** David (30-11-47) U. **Mamoulian,** Rouben (Arm, 1898-1987) U, M. **Manau** : Martial Tricoche (1969) et Cédric Soubiron (1974) C. **Manchester,** William (1-4-22) U. **Manchevski,** Milcho (1960) Macédoine, R. **Mandell,** Daniel (1895-1987) U, Pr, Cin. ***Manès,*** Gina (Blanche Moulin) (1893-89) A. **Manevy,** Alain (9-3-30) J, Ra. **Manfredi,** Nino (22-3-21) It, R. ***Mangano,*** Silvana (1930-89) It, A. **Manière,** Jacques (1923-91) Rest. **Manitas de Plata,** (Ricardo Balliardo) (Sète 1921) G. ***Mankiewicz,*** *Francis** (1944-92) Ca, R. *Joseph-Léo** (1909-93) U, R. ***Mann,*** *Anthony** (Emil Bundsmann) (1906-67) U, R. *Daniel* (Chugerman) (1912-91) U, R. *Delbert* (1920) U, R. **Manni,** Etore (1927-79) It, A. **Mannoni,** Eugène (1921-94) Au, Rep. **Mano,** Jean-Luc (8-2-56) J. **Mano negra (La)** : Manu Chao, Daniel Jamet, Thomas Darnal, Jo Dahan, Santi Casagiero, Tonio Chao, Pierre Gauthé, Philippe Teboul. **Manoukian,** Alain (19-2-46) Cou. **Manu Chao** (Oscar Tramor) (21-6-61) C, G. **Manset,** Gérard (1945) C. **Mansfield,** Jayne (Vera Jane Palmer) (1932-67) U, A. **Mansion,** Yves (9-1-51) All, Af. **Manson,** *Héléna* (1900-94) A. *Jane* (1-10-50) U, C. **Mantelet,** Jean (1900-91) Af. **Manuel,** Robert (1916-95) A. **Manuela** (M.-Clémentine de Rochechouart-Mortemart, - D[chesse] d'Uzès) (1847-1933) Au, Scul.

Mapplethorpe, Robert (1946-89) U, Ph. ***Marais,*** Jean (Villain-Marais) (11-12-1913/8-11-98) A. **Marcabru** (Bertrand Gelinet) J. ***Marceau,*** *Félicien* (Louis Carette) (16-11-13) Th, *Marcel* (Mangel) (22-3-23) Mime. *Sophie** (Maupu) (17-11-66) A. **Marcelle-Maurette** (Ctesse de Becdelièvre) (1892-1972) Au. **March,** *Carlos* (1945) Es, Af. *Fredric* (Frederick Mc Intyre Bickel) (1897-1975) U, A. *Jean,* A. *Juan* (1939) Es, Af. **Marchal,** *Georges* (Louis Lucot) (1920-97) A. *Sarah* (Poniatowski) A. **Marchand,** *Claude,* Ra. *Corinne* (4-12-31) A. *Guy* (22-5-37) A. *Jean-Claude,* Ra. **Marchandise,** *Christian* (26-7-49) Af. *Jacques* (6-7-18) Af. **Marchat,** Jean (1902-66) A. **Marchegay** Edmond (27-6-39) Af. **Marcillac,** *Jean* (Jeannin) (16-10-02) Au. *Raymond* (11-4-17) J. **Marconi,** Lana (Catherine Marcovici) (or. ro, † 1990) A. **Marcus,** *Claude* (28-8-24) Pu. *Claude* (24-8-33) Expert, Po. **Marcy,** Claude (1905-96) A. **Mardel,** Guy (Mardochée Elkoubi) (1944) C. **Maréchal,** Marcel (25-12-37) A. **Marenches,** Alexandre de (1921-95) patron du SDECE. **Margaritis,** *Gilles* (1912-65) R. *Hélène* (?-1977). **Margerie,** *Diane* de (24-12-27) Au. *Emmanuel* de (1924-91) Dipl. *Pierre* (20-5-22) Af. *Roland* (1899-1990) Dip. **Margy,** Lina (Marguerite Verdier) (1914-1973) C. **Mariano,** Luis (Gonzalèz) (12-8-1914/14-7-1970) Es, C. **Mariassy,** Félix (1919-75) Ho, R. **Marie-Laure** (Bischoffeim, Mme C. de Noailles) Pe. ***Marielle,*** J.-Pierre (12-4-32) A. **Marie Séline,** (Esselin) (1946) A. **Marillion** (Doug Irvine, Steve Rothery, Mick Pointer, Brain Jelliman, Mark Kelly) GB, C. **Marin,** *Christian* (1929) A. *Jacques* (1919) A. **Marion,** Roger (30-3-47) Fonct. ***Marischka,*** Ernst (1893-1963) Aut, R.

Marjane, Léo (Thérèse Gérard) (1918) Be, C. **Marken,** Jane (Krab) (1895-1976) A. ***Marker,*** Chris (Bouche-Villeneuve) (29-7-21) R. **Markevitch,** Igor (1912-83) Cp. **Marks,** Simon, baron (1888-1964) GB, Af. **Marleau,** Denis (1954) Ca, Th. **Marley,** Bob (1945-81) Jq, C. **Marlowe,** Hugh (Hipple) (1911-82) A. **Marny** (Trio d'harmonica) : Jean (24-6-29) et Vincent (18-1-32) **Amata,** Claude **Grisvard** (19-1-30). **Marquais,** Michèle, A. **Marquand,** Christian (1927-2000) A. **Marque,** Henri (9-12-26) J, T. **Marquet,** Mary (1895-1979) A. **Mars,** *Betty* (Yvette Baheux) (1944-89) C. *Colette* (Nicole Huot, Mme Raymond Cassier) (1916-95) C. *Lucien* (1925-2000) Da. *Mlle* (Anne Boutet) (1779-1847) A. **Marsac,** Jean (Henri de Langlade) (1894-1976) A, Ch. **Marsalis,** Wynton (18-10-61) U, Mu. **Marsh,** *Mae* (1895-1968) U, A. *Warne* (1927-87) U, Mu. **Marshall,** *Garry* (Masciarelli) (1934) U, M. *George* (1891-1975) U, M. *Herbert* (1890-1966) U, A. *Mike* (1944) A. *Tonie* (29-11-51) A, R. **Marten,** Félix (1919-92) A, C. **Marti,** Claude (Su 10-11-20) Pu. **Martin,** *Blaise* (1764-1837) C. *Dean* (Dino Crocetti) (1917-95) U, A, C. *Émile* (père) (1914-89) Mu. *Hélène* (10-12-28) C. *Jacques* (22-6-33) C, Pré, Au. *Maryse* (1905-84) A. *Patricia* (17-2-56) Pré, R, T. *Ricky* (n.c.). *Roger* (8-4-15) Af. **Martin-Chauffier,** Jean (1922-87) J. **Martin Circus** : Bob Brault, Gérard Pisani, Patrick Diessch, Paul-Jean Borowski, J.-Fr. Leroy, C. **Martinelli,** *Elsa* (13-1-35) It, A. *Jean* (1910-83) A. **Martinet,** Gilles (8-8-16) J, Amb. **Marton,** Andrew (1904-92) Ho, R. **Martre,** Henri (6-2-28) Af. **Marty,** François (1904-94) cardinal. ***Marvin,*** Lee (1924-87) U, A. ***Marx Brothers*** : Adolf (Harpo) (1888-1964), Julius (Groucho) (1890-1977), Leonard (Chico) (1886-1961), Herbert (Zeppo) (1901-79), Milton (Gummo) (1893-1977) U, A. **Mary,** Renaud (1918-77) A. **Maryse** (M. Matuchet) (22-6-40) An, Ra.

Mas, Jeanne (28-2-58) C. **Mascii,** Jean (It 5-7-26) Des. **Maserati,** Ettore (1894-1990) Af. ***Masina,*** Giulietta (22-2-21/23-3-94) It, A. ***Mason,*** *Dave* (10-5-46) GB, Mu, G. *James** (1909-84) GB, A. *Marsha* (4-3-42) U, A. **Massari,** Lea (Anna-Maria Massatini, Mme C. Bianchini) (30-6-33) It, A. **Massart,** Olivier (1-9-44) M. **Massé,** Pierre (1898-1987) Ht Fonct. **Massey,** Raymond (1896-1983) Ca, A. **Massigli,** René (1889-1988) Dip. **Massimi,** Pierre (1935) A. **Masson,** Jean (1899) J, R. **Massoulier,** J.-Claude (1934) Ra. ***Mastroianni,*** Marcello (1924-96) It, A. **Masure,** Bruno (14-10-47) J, T. **Mata Hari** (Margareta Zelle) (1876-1917) P-Bas, Da. **Mate,** Rudolph (1898-1964) Aut, R. **Mathé,** Georges (9-7-22) Méd. **Mathieu,** Mireille (22-7-46) C. **Mathis,** *Johnny* (30-9-35) U, C. *Milly* (Émilienne Tomasini) (1901-65) A. **Mathot,** Léon (1896-1968) A, R. **Mathy,** Mimie (8-7-57) Hum. **Matignon,** Renaud (1935-98) Cr. **Matras,** Christian (1903-77) Op. **Matsuda,** Yusaku (1948-89) Jap, A. **Matt,** Bianco (M. Reilly) (20-2-60) GB, C. **Matthau,** Walter (Matasschanskayasky) (1-10-1920/1-7-2000) U, A. **Mattoli,** Mario (1898-1980) It, R. ***Mattson,*** Arne (2-12-19) Suè, R. **Mature,** Victor (Maturi) (29-1-15/4-8-99) U, A. **Mauban,** Maria (Marcelle Michel, Mme Jean Versini) (10-5-24) A. **Maucher** Helmut (9-12-27) All, Af. **Mauclair,** Jacques (12-1-19) A, M. **Mauduit,** Jean (25-10-21) J. **Mauer,** Michel (3-10-36) Af. **Maupi,** Marcel (1881-1949) A. **Mauranne** (Claudine Luypaerts) (12-11-60) C. **Maurel,** Claude (2-7-29) Ra. **Maurey,** Nicole (1925) A. **Mauriac,** *Claude* (1914-96) Au. *Jean* (15-8-24) J. **Mauriat,** Paul (1925) Mu, Cp. **Mauricet** (Georges Renaut) (1888-1968) Ch. **Maurier,** Claire (1929) A. **Maury-Laribière,** Michel (1920-90) Af. **Maus,** Bertrand (8-2-32) Su, Af.

Max, *Édouard de* (Ro., 1869-1924) A. *Jean* (1896-1971) A. *Maximilienne* († 1978) A. **Max Dearly** (Lucien-Max Rolland) (1874-1943) A. **Maxwell,** Robert (Abraham Lajbi Hoch, changea de nom en 1945) (Tc 1923-91) GB, Af, Po. **May,** *Joe* (Joseph Mandel) (1880-1954) All, R. *Mathilda* (1962) A. *Paul* (1909-76) All, R. **Mayall,** John (29-11-33) U, C, Mu. **Mayer,** Louis B. (1885-1957) U, Pr. **Mayniel,** Juliette (22-1-36) A. **Mayo** (Antoine Malliarakis) *Archibald* dit. *Alfredo* (1911-85) Es, A. *Archie* (1891-1968) U, R. *Virginia* (Jones) (30-11-20) U, A. **Mayol,** Félix (1872-1941) C. **Mayoux,** Jacques (18-7-24) Af. **Maysles,** David (1933-87) U, R. **Mazursky,** Paul (Irwin Mazursky) (25-4-30) U, A, R. **Mc Carey,** Leo (1898-1969) U.R. **Mc Daniel,** Keith (1957-95) U, Da. **Mc Gregor,** Erwan (1971) U, A. **Mc Guire,** Dorothy (14-6-19) U, A. **Mc Lachlan,** Sarah (28-1-68) Ca, C. **McNamara,** Robert (9-6-16) U. **Mc Queen,** Steve (1930-80) U.A. **McSolaar** (Claude M'Barali), (Tchad, 1969).

Mead, Margaret (1901-78) U, Soci. **Meaulle** Philippe (1944-90) Éd. **Meaux,** Anne (7-7-1954) Af. **Médecin,** Jacques (5-5-1928/17-11-1998) Po. **Medeiros,** *Elli* (18-1-56) Uru, C. *Glenn* (24-6-70) U, C. **Médrano,** Jérôme (1907-98) Cl. **Medvedkine,** Alex. (1901-89) Ur, R. **Meerson,** *Harry* (1910-91) Ph. *Lazare* (Ru 1900-38) Déc. **Mehdi** (El Glaoui) (1956) A. **Mehndi** Daler (n.c.) Ch., Indien. **Meilland,** Marie-Louise (Paolino) (1921-87) Rosiériste. **Mekas,** Jonas (1922) Lit, R. **Melba,** Nellie (Helen Mitchell) (1861-1931) Aus, C. **Méliès,** Georges (1861-1938) R. **Mellon,** *Andrew* (1855-1937) U, Af. *Paul* († 2-2-99) U, Phil. **Mellot,** Marthe (1870-1947) A. ***Melville,*** Jean-Pierre (Grumbach) (1917-73) R. **Ménage,** Gilles (5-7-43) Af. **Mendès,** Chico (1944-88) Br. **Menegoz,** Robert (1925) R. **Ménestrels** (voir **Trois**). **Ménestriers** (Les) : H. Agnel, M. Ar Dizzona, J.-N. Catrice, B. Pierrot, C. **Menez,** Bernard (8-8-44) A. **Menier,** Paulin (René Lecomte) (1822-98) A. ***Menjou,*** Adolphe (1890-1963) U, A. **Menzel,** Jiri (23-2-38) Tc, R. **Meo,** Jean (26-4-27) Ing. **Meot,** Yann (23-8-40) J. **Mer,** Francis (25-5-39) Af. **Merbah,** Lamine (1946) Alg, R. **Mercadier,** Marthe (23-10-28) A. **Merceron-Vicat,** Jacques (22-3-38). **Mercier,** Michèle (Jocelyne) (1-1-39) A. **Mercouri,** Melina (18-10-25/6-3-94) Gr, A. **Mercure,** Jean (P. Libermann) (1909-suicidé 1998) A, M. **Mercury** Freddie (Frederich Bulsara) (1946-91) GB, C.

Meredith, Burgess (1909-97) U, A. **Mérieux,** *Alain* (10-7-38), fils de Charles, Af. *Charles* (1907-2001), fils de Marcel, Af. *Marcel* (1870-1937) Chimie. **Meriko,** Maria (Bellan) (1920-94) A. **Méril,** Macha (Marie-Madeleine Gagarine) (3-9-40) A. **Merkès,** Marcel (7-7-20) Art. lyrique. **Merle d'Aubigné,** Robert (1900-89) Chir. **Merlin,** *Guy* (1920) Af. *Louis* (1901-76) Pr, Ra. **Mérode,** Cléo de (1880-1966) A. **Merril,** Charles (1885-1956) U, Af. **Merval,** Paulette (Riffaut, Mme M. Merkès) (vers 1920) Art lyr. **Méry,** Michel (Raymond Meyer) (1916) Ch. **Mesguich,** *Daniel* (15-7-52) A, M. *Félix* (1871-1949) Op. **Mességué,** Maurice (1921) Af. ***Messemer,*** Hannes (1924) All, A. **Messier,** Jean-Marie (13-12-56) Af. **Mestral,** Armand (Zelikson) (25-11-1917/17-9-2000) C, A. **Mestrallet,** Gérard (1-4-49) Af. **Mestre,** Philippe (23-8-27) Préfet, Po. ***Meszaros,*** Marta (19-9-31) Ho, R. **Métayer,** *Alex* (19-3-30) Ch. *Éric,* A. **Meunier,** Edmond (1916) Ch. **Meurisse,** Paul (1912-79) A. **Meutey,** Pierre (1930-2000) Ra. **Mexandeau,** Louis (6-6-31) Prof, Po. **Meyer,** *André* (1888-1979) Af. *Georges* (1930-98) Af. *Jacques* (1894-1987) Ra. *Jean* (1914-79) A. *Jean-Claude* (16-6-45) Af. *Michel* (21-12-42), J, Ra. *Philippe* (4-5-53) Méd, (25-12-47) J. **Meynier,** Max (30-1-38) Ra. **Meyssonnier,** Jérôme (14-4-41) Af.

Michael, George (Giorgios Kyriacos Panyiotou) (25-6-63) GB, C. **Michel,** *André* (1910-89) M, R. *François* (1940) Af. *Nelly,* J, Ra. *Serge* (2-12-26) Af. **Michelin** : *André* (1853-1931), *Édouard* (1859-1940), *Édouard* son fils (1963), *François* (3-7-26) Af. **Micheyl,** Mick (Paulette Michey) (8-2-22) C. **Michou** (Michel Catty 18-6-31) Pr, An. Cabaret. **Michu,** Clément (1936) A. **Midler,** Bette (1-12-45) U, C, A. **Midy,** Philippe (22-1-49) Af. **Mifune,** Toshiro (1920-97) Jap, A. **Mihalesco,** Alexandre Ro, A. **Mikaël,** Ludmilla (1947) A. ***Mikhalkov-Kontchalovski,*** Andrei (20-8-37) Ur, R. **Mikio,** Naruse (1905) Jap, R. **Milanov,** Zinka (1906-89) You, Ch. **Miles,** *Budy* (5-9-46) U, Mu. *Sarah* (31-12-41) GB, A. *Vera* (Ralston) (23-8-30) U, A. **Milesi,** Gabriel, Af, J. **Milestone,** Lewis (Leiba Milstein) (Ur 1895-1980) U, M. **Milius,** John (11-4-44) U, S, M. **Milken,** Michael (1944) U, Af. **Milland,** Ray (Reginald Truscott-Jones) (1905-86) GB, A. **Millau,** Christian (Dubois-Millot) (1-1-29) J. **Mille,** Hervé (1903-93) J. ***Miller,*** *Ann* (Collier) (12-4-23) U, Da, A. *Claude** (20-2-42) R. *George** (1945) Aus, R. *Gérard* (1948) Psy. *Lee* (1908-77) U, Ph, Man. **Mills,** *John* (22-2-08) GB, A. *Juliette* (1-8-46) Th. **Milord l'Arsouille** (lord Seymour) GB. **Milowanoff,** Sandra (née Russie, 1892-1957) A. **Milton,** Georges (Michaux) (1888-1970) A. **Mimica,** Vatroslav (1923) You, R. **Mimile** (Émile Coryn) (1914-89) Cl.

Minazzoli, Christiane (11-7-31) A. **Minc,** Alain (15-4-49) Af. **Mineo,** Sal (1939-76) U, A. **Mineur,** Jean (1902-85) Pr, M, R. **Mingand,** Pierre (1900) A. **Minghella,** Anthony (6-1-54), GB, R. **Mingus,** Charlie (1922-79) Me, Mu. **Minne,** Olivier (18-3-67) Be, A. ***Minnelli,*** *Liza* (12-3-46) U, A, C. *Vincente** (1910-86) U, R. **Minogue,** Kylie (28-5-68) Aus, C. ***Miou Miou*** (Sylvette Hery) (22-2-50) A. **Miquel,** Jean-Pierre (22-1-37) M, Th. **Miranda,** *Carmen* (Port, 1909-55) U, A. *Isa* (Ines Isabella Sanpietro) (1909-82) It, A. **Mirande,** Yves (Charles-Anatole Le Querrec) (1875-1975) A, R. **Mirat,** Pierre (1924) A. **Mireille** (M. Hartuch ; Mme Emmanuel Berl) (1906-97) C, Cp. **Misia.** Voir **Sert.** **Misraki,** Paul (Misrachi) (Tu 1908-98) Cp. **Missiaen,** Jean-Claude (1939) R. **Missoffe,** *François* (13-10-19) Po. *Hélène* (son épouse, née de Mitry 15-6-27) Po. **Missy** (Sophie Mathilde de Morny, marquise de Belbeuf) (1863-1944). **Mistigri** (Lilianne Ganne) (1935) A. **Mistinguett** (Jeanne Bourgeois) (1873-1956) A, Da, C. **Mitani** Koki (n.c.) Jap. R. **Mitchell,** *Eddy* (Claude Moine) (3-7-42) C. *Thomas* (1892-1962) U, A. *William Ormond* (1914-98) Ca, Au. ***Mitchum,*** Robert (1917-97) U, A. **Mithois,** J.-Pierre (26-5-34) J, Ra, Au. **Mitrani,** Michel (1930-96) R. **Mitry,** Jean (1907-88) (Jean Goetgheluck) S, Cr. **Mitterrand,** *François* (1916-96) Pt de la Rép. *Frédéric* (21-8-47) fils de Robert, Pr. *Gilbert* (4-2-49) fils du Pt, Ens. *Henri* (7-8-28) Un. *Jacques* (21-7-18) Gl (air), frère du Pt, Af. *Olivier* (18-7-43) fils de Robert, Af. *Robert* (22-9-15) frère aîné du Pt. **Mix,** Tom (Thomas Edwin Mix) (1880-1940) U, A. **Miyake,** Issey (22-4-39) Jap, Cou. **Miyet,** Bernard (16-12-46) Ra, Af. ***Mizoguchi,*** Kenji (1898-1956) Jap, R.

Mnouchkine, *Alexandre* (1908-93) Pr. *Ariane* (1939) M. **Moati,** Serge (17-8-46) R. ***Mocky,*** Jean-Pierre (J. Mokiejewski) (6-7-29) A, R, Pr. ***Modot,*** Gaston (1887-1970) A. **Modugno,** Domenico (1928-94) It, C, Po. **Moebius** (Jean Giraud) (8-5-38) Des. **Mogador** (Céleste Vénard, dame Lionel de Bobreton, Ctesse de Chabrillan) (1824-1909) Da, Au. **Moguy** (L. Maguilevsky) (Ru 1899-76) R. **Moisan,** Roland (1907-87) Des. **Molander,** *Gustav* (Finl 1888-1973) Suè, R. *Karin* (Edwertz) Suè, A. **Molé** (1734-1802) A. ***Molinaro,*** Édouard (13-5-28) R, A. **Molineux,** Edward (1891-1974) Irl, Cou. **Môme Moineau** (la) (Lucienne Garcia) (1905-68) C. **Mondor,** Henri (1885-1962) Chir, Cr. **Mondy,** Pierre (Cuq) (10-2-25) A. **Monfort,** Silvia (Mme Silvia Favre-Bertin) (1923-91) A. ***Monicelli,*** Mario (16-5-15) It, R. **Monk,** Thelonious (1917-82) U, Cp, Pi. **Monnet,** Jean (1888-1979) Po. **Monnier,** *Henri* (1799-1877) Des. *Jacques* (1942-93) Af. **Monnot,** Marguerite (1903-61) Cp. **Monod,** *Jacques* (1918-85) A, C. *Jérôme* (7-9-30) Af. *Théodore* (9-4-1902/22-11-2000) savant. ***Monroe,*** Marilyn (Norma Jean Baker Mortenson) (1926-62, alcool et barbituriques) U, A. **Monrose,** Claude (1783-1843) A.

Montagne, Rémy (1917-91) Po. **Montagné,** *Gilbert* (28-12-51) C. *Guy* (6-3-48) Ra. **Montana,** Claude (1949) Cou. ***Montand,*** Yves (Ivo Livi) (It 1921-91) C, A. **Montanelli,** Indro (1909-2001) It, J. **Montansier,** Mademoiselle (Marguerite Brunet) (1730-1820) A, Th. **Montaron,** Georges (1921-97) J. **Montbrial,** Thierry de (3-7-43). **Montéhus** (Gaston Brunschwig) (1872-1952) C, Cp. **Montel,** *Jean-Philippe* (6-1-39) Af. *Marie-Dominique* (27-12-50) J, Ra. ***Montero,*** Germaine (Heygel) (22-10-1909/29-6-2000) A. **Montès,** Lola (Eliza Gilbert) (1818-61) Ec, A, Da. **Montevecchi,** Liliane (1934) Da, A. **Montez,** Maria (Maria de Santo Silas) (1919-51) U, A. **Montfort,** Nelson (12-3-53) J. **Montgomery,** *Bernard Law* (1887-1976) GB, Mil. *Elizabeth* (1933-95) U, A. *George* (Letz) (29-8-16) U, A. *Robert* (1904-81) U, A. **Montiel,** Bernard (17-4-57) An. **Montupet,** Jean-Paul (24-12-47) Af. **Monty** (Jacques Bullastin) (1943) C. **Monty Python** : Terry Gilliam (22-11-40), Michael Palin (5-5-43), Terry Jones, John Cleese (27-10-39), Eric Idle (1943), Graham Chapman († 1989) GB, A. **Monzie,** Anatole de (1876-1947) Pol, Av.

Moore, *Colleen* (Kathleen Morrison) (1900-1988) U, A. *Demi* (née Guynes) (11-11-63) U, A. *Roger* (14-10-27) GB, A. **Moorehead,** Agnes (1906-74) U, A. **Mordillat,** Gérard (1949) R. **More,** Kenneth (1914-82) GB, A. ***Moreau,*** *Jean-Luc,* M. *Jeanne** (23-1-28) A. **Morel,** Jacques (Houstraete) (29-5-22) A. **Moreni,** Annalisa dite Popy (3-12-47) It, Cou. **Moreno,** *Dario* (Dario Arugete) (Tu, 1921-68) A, C. *Marguerite* (Monceau) (1871-1948) A. *Roland* (11-6-45) Af. ***Moretti,*** *Nanni** (1953) It, R. *Philippe* (1944-87) Th. **Morgaine,** Daniel (Morgenstein) (27-1-27) Af, J. ***Morgan,*** *Mary* (M. Fossorier) (1906-97) A. *Michèle** (Simone Roussel, Mme Henri Vidal) (29-2-20) A. **Mori,** Hanae (8-1-26) Jap, Cou. **Morin,** Christian (2-3-45) Mu, An, Ra, Pré, T. **Morin-Postel,** Christine (6-10-46) Af. **Morisse,** Lucien (1929-70) Ra. **Morita,** Akio (26-1-1921/3-10-1999) Jap, Af. ***Morlay,*** Gaby (Blanche Fumoleau) (1893-1964) A. **Morley,** Robert (1908-92) GB, A. **Morlhon,** Camille de (1869-1952) A. **Moro-Giafferi,** Vincent (de) (1878-1956) Av. **Morphine** (rock) : Mark Sandman († 3-7-1999 sur scène à Palestrina, It., à 47 ans) C, bassiste, G. **Morricone,** Ennio (11-10-28) It, Mu. **Morris,** Marry (1916-88) GB, A. **Morrissey,** Paul (1939) U, M. **Morrisson,** *Barbara* (1904-92) U, A. *Jim* (1943-71) U, C. *Van* (31-8-39) GB, C, Mu. **Mortensen,** Erik (1926-98) Dan, Cou. ***Mosjoukine,*** Ivan (1889-1939) Ru, A, R. **Motte,** Claire (1937-86) Da.

Mouezy-Eon, André (1880-1977) Au. **Mougeotte,** Étienne (1-3-40) J. **Mouille,** Serge (1922-88) Designer. **Moulaert,** René (1901-65) Déc. **Moulin,** Charles (1909) A. **Moulinot,** J.-Paul (1912-89) A. **Moulin-Roussel,** Philippe (1-11-31) Af. **Mouloudji,** Marcel (Diahich) (1922-94) A, Ch. **Mounet,** Paul (1847-1922) A. **Mounet-Sully,** Jean (1841-1916) A. **Mourad,** Leila (1918-96) Ég, Ch. **Mourgue,** Gérard (1921-95) Au, Ra. **Mourousi,** Yves (1942-98) Pré, T. **Mouskouri,** Nana (Joanna Petsilas) (13-10-34) Gr, C. **Moussa,** Pierre (5-3-22) Af. **Mousseau,** Jacques (24-6-32) J. **Moussinac,** Léon (1890-1964) Cr. **Moussy,** Marcel (1924-95) Au, R. **Moustache** (François Galépidès) (1929-87) Mu, C. **Moustaki,** Georges (Joseph Mustacchi) (3-5-34) Cp, C, A. **Moustique** (Michel Grégoire) (16-8-44) C.

Mugler, Thierry (1946) Cou. **Mugnier,** abbé Arthur (1853-1944). **Mulcahy,** Russel (1953) Aus, R. **Mulder,** Karen, P-Bas, Man. **Mulliez,** *Gérard* (13-5-31) Af. *Gérard* (1905-89) Af. ***Mulligan,*** *Gerry* (1928-96) U, Mu. *Robert** (23-8-23) U, R. **Mundviller,** Joseph Louis (1886) Op. **Mungo,** Jerry : Ray Dorset, Paul King, Colin Earl, Mike

☞ **Des milliers d'autres personnalités figurent dans Quid, consultez l'Index ou les chapitres Architecture, Danse, Histoire, Littérature, Politique, Sport, etc.**

Cole, U, C. **Muni,** Paul (Muni Weisenfreund) (1895-1967) U, A. ***Munk,*** Andrzej (1921-61) Pol, R. **Murat,** *Jean* (1888-68) A. *Jean-Louis*, C. **Muratore,** Lucien (1878-1954) A. **Murdoch,** Rupert (Aus, 11-3-31) U, J, Af. ***Murnau,*** Friedrich Wilhelm (Plumpe) (1889-31) All, R. **Murphy,** *Audie* (1924-71) U, A. *Eddie* (4-3-61) U, A. *Geoff* (1948) Aus, R. *George* (1902-92) U, A. **Murray,** *Bill* (21-9-50) U, A. *Mae* (Marie Koening) (1885-1965) U, A. *Sunny* (21-9-37) U, Bat. **Murzeau,** Robert (1909-90) A. ***Musidora*** (Jeanne Roques) (1889-1957) A. **Muti,** *Ornella* (Francesca Romana Rivelli) (9-3-56) It, A. *Riccardo* (28-7-1941), It, C d'or. **Mylonas,** George (1899-1988) Gr, Archéologue. **Myrdal,** Gunnar (1899-1987) Suè, Éco. **Myriam,** Mary (Myriam Lopès) (8-5-57) C.

Naceri, Samy A. **Nader,** Ralph (27-2-34) U, Av. **Nagui** (N. Fam.) (14-11-61) Pré. **Nagy,** Kate de (1909-73) Ho, A. **Nalèche,** Étienne de (1865-1947) J. **Namias,** Robert (29-4-44) J. **Nanteau,** Olivier (Rist) (1949). **Naouri,** Jean-Charles (8-3-49) Af. **Narcy,** J-Claude (16-1-38) J. **Nardi,** Marie-Ange (2-4-61) An. ***Naruse,*** Mikio (1905-69) Jap, R. **Nash,** *Clarence* (1905-85) U, A. *Graham* (2-2-42) U, C. **Nasrallah,** Youri (1952) Ég, R. **Nat,** *Lucien* (1895-1972) A. *Marie-José* (Drach, née Benhalassa) (22-4-40) A. **Natanson,** Jacques (1901-75) Di. **Nathan,** *Fernand* (1858-1947). *J.-Jacques* (1920-87) fils de Pierre, Éd. *Pierre* (1892-1979) fils de Fernand. **Naudet,** J.-Baptiste (1743-1830) A. **Navadic,** Jacques (1923) T. **Navarro** (rôle) : Roger Hanin. **Nay,** Catherine (1-1-44) J. ***Nazimova,*** Alla (Nazimoff) (Ru 1879-1945) U, A. **Nazzari,** Amédéo (Buffa) (1907-79) It, A. **Neagle,** Anna (Robertson) (1904-86) GB, A. **Neal,** *Patricia* (20-1-26) U, A. *Tom* (1914-79) U, A. **Neame,** Ronald (23-4-11) GB, R. **Neeson,** Liam (7-6-52) Irl, A. **Negre,** Pascal (4-4-61) Af. ***Negri,*** Pola (Apolonia Chalupiek) (Pol 1894-1987) U, A. **Negroni,** Jean (4-12-20) A. **Negroponte,** Nicholas U, Af. **Negulesco,** Jean (1900-93) Ro, R. **Neil,** *Diamond* (24-1-41) U, C. *Louis-Roland* (1925) J, T. **Nelson,** *Ralph* (1916-87) U, M. *Rick* (1940-86) U, C. *Willie* (30-4-33) U, C. **Nemec,** Jan (1936) Tc, R. **Nero,** Franco (Spartanero) (It 23-11-41) U, A. **Nérot,** Edme (30-6-29) Af. **Nerval,** Michel (1945) R. **Nestor Burma** (rôle) : Guy Marchand. **Netter,** Michel (1934) Ra. **Neuville,** Marie-Josée (Mme Herzog, née Jos. de Neuville) (1938) C. **Nevelson,** Louise (1899-1988) U, Scul. **Neveux,** Georges (1900-82) Au, Pr. **Newell,** Mike (1942) GB, R. ***Newman,*** Paul (26-1-25) U, A, R. **Newhouse,** Samuel (1895-1979) U, Af. **Newton,** Robert (1905-56) GB, A. **Newton-John,** Olivia (26-9-48) GB, C. **Niagara** : Muriel Laporte (24-1-63), Daniel Chenevez (12-6-56) C. **Niarchos,** Stavros (3-7-09/15-4-96) Gr, Af. **Nicaise,** Pol-Armand (1913-2001) libraire. **Nicaud,** Philippe (27-6-26) A. **Nichols,** *Dudley* (1895-1960) U, S, R. *Mike* (Peschowsky) (11-6-31) U, R. ***Nicholson,*** Jack (22-4-37) U, A. **Nico** (Christa Paffgen) (1939-88) All, Man, C. **Nicolas,** *Christophe*, An. *Roger* (1919-77) C, Au, Th. **Nicoletta** (Nicole Grisoni) (11-4-44) C. **Nicot,** Claude (1925) A. **Nicoulaud,** Gilles (1942) Des. **Nielsen,** *Asta* (1882-1972) Da, A. *Claude* (13-6-28) Éd. *Sven* (1901-76) Éd. **Niermans,** Édouard (10-11-43) R. **Nikolais,** Alwin (1910-93) U, Cho. **Nilsson,** Harry (1942-94) U, A. **Nimoy,** Leonard (26-3-31) U, A, R. **Nirvana** (1978-94) : Kurt Cobain († 8-4-94 suicide), Krist Novososelic, Dave Grohl. ***Niven,*** David (1909-83) GB, A.

Nobel, Chantal (23-11-48) A. **Nocher,** Jean, An, Ra. **Noël,** *Bernard* (1928-70) A. *Denise* (1922) A. *Jacques* (7-11-1924) Déc. *Léon* (1888-1987) Dip, Au. *Magali* (Guiffrais) (27-6-32) A. **Noelle,** Paule (30-3-42) A. ***Noël-Noël*** (Lucien Noël) (1897-1989) A, R. **Noguera,** Louis (1910-84) C. **Noguères,** Henri (1916-90) Av, Hist. **Noguero,** José (1903) A. **Nohain,** *Dominique* (Legrand) (8-7-25) A. *Jean* (J.-M. Legrand) (1900-81) Pr, fils de Franc-Nohain, voir à l'Index. ***Noiret,*** Philippe (1-10-30) A. **Nolher,** Jean (1908-67) J. **Nollier,** Claude (1923) A. **Noir Désir** (Bertrand Cantat) (n.c.). **Nolte,** Nick (8-2-40) U, A. **Nomura,** Tokushichi (1878-1945) Jap, Af. **Nora,** *Pierre* (17-11-31) Hist. *Simon* (21-2-21) Insp fin. **Norman,** Jessye (15-9-45) U, C. **Normand,** Mabel (Fortescue) (1894-1930) U, A. **Noro,** Line (1900-85) A. **Norris,** Chuck (Ray) (10-3-40) U, A. **Nougaro,** Claude (9-9-29) C. **Noureev,** Rudolf (1938-93) Ur, Da. **Nouvel,** Jean (12-8-45) Arch. ***Novak,*** Kim (Marilyn) (13-2-33) U, A. **Novarro,** Ramon (Samaniegos) (Mex, 1899-1968) U, A. **Novembre,** Tom (8-11-59) C. **Noyce,** Philip (1950) Aus, R. **Noyer,** Christian (6-10-1950) Fonct. **NTM** (Nique ta mère) (1990) : Joey Starr (Didier Morville), Kool Shen (Bruno). **Nuffield,** William (1877-1963) GB, Af. **Nuls** (Les) : Alain Chabat (24-11-58), Bruno Carette (1956-89), Chantal Lauby (1957), Dominique Farrugia (1961). **Numa** (Marc Beschefer) (1802-69) A. **Nunn,** Sam (8-9-38) U. **NWA** (Niggaz Wit Attitude) : groupe gangsta rap fondé par Eric Wright (dit Eazy-E) (1963-95) U.

Oakie, Jack (Lewis Delaney Offield) (1903-78) U, A. **Oates,** Warren (1928-82) U, A. **Obadia,** Alain (2-12-53) Af. **Oberon,** Merle (Estelle O'Brien Thompson) (1911-79) GB, A. **Obispo,** Pascal (8-1-65) C. **O'Brady,** Frederic (F. Abel) A. **O'Brien,** *Dave* (David Barclay) (1912-69) A. *Edmund* (1915-85) GB, A. *Margaret* (15-1-37) U, A. *Pat* (1899-1983) U, A. **Ockrent,** Christine (24-4-44) Be, J, T. **O'Connel,** Arthur (1908-81) U, A. **O'Connor,** Donald (28-8-25) U, A. **Offredo,** Jean (14-9-44) J. **Off Spring** : groupe. **Ogier,** Bulle (M.-F. Thielland) (9-8-39) A. **Ogilvy,** David (1911-99) GB, Pu. **Ogouz,** Philippe (1939) A. **Oguri,** Kohei (1945) Jap, R. ***O'Hara,*** Maureen (Fitzsimmons) (17-8-20) Irl, A. **Ojjeh,** Akram (1923-91) Ar Sa, Af. **Okada,** Eiji (1920-95) Jap, A. **O'Keefe,** Dennis (Edward 'Bud' Flanagan) (1908-68) U, A. **Oland,** Warner (Ohlund) (Suè, 1880-1938) U, A. **Olchanski,** Daniel (6-12-29) Af. **Oldfield,** Mike (15-5-53) GB, Mu, Cp. **Oldman,** Gary (21-3-58) GB, A. ***Oliveira,*** Manoel de (12-12-08) Port, R. **Oliver,** *Edna May* (1883-1942) U, A. *Michel* (2-11-32) Rest. *Raymond* (1909-90), Rest, Pr, T. *Sy* (1911-88) U, Cp, Mu. **Olivetti,** Adriano (1901-60) It, Af. ***Olivier,*** lord Laurence (1907-89) GB, A, R. **Ollivier,** *Éric* (du Parc) (1927) Au. *Paul* (1880-1948) A. ***Olmi,*** Ermanno (24-7-31) It, R.

Onassis, *Aristote* (5-1-1906 ou 21-9-1900 ?/15-3-1975) Gr, Af. *Cristina* sa fille, (1950-88). **Ondra,** Anny (Ondrakova) (1903-87) Tc, A. **O'Neal,** Ryan (20-4-41) U, A. **Ono** Yoko (Jap 18-2-33) U, C, Cp. ***Ophuls,*** *Marcel* (Oppenheimer) (1927) R. *Max** (Oppenheimer) (1902-57) R. **Oraison,** Marc (1914-79) Méd, Au. **Orbal,** Gaston (1898) A. **Orbison,** Roy (1936-88) U, C. **Orcival,** François d' (Amaury de Chaunac-Lanzac) (11-2-42) J. **Orfila,** Mathieu (or. es, 1787-1853) Méd. **Ormesson,** *Antoine* d' (1924) R. *Henry* (1921-95) Insp Fin. *Jean* d' (16-6-25) J, Au. *Olivier* (5-8-18) Po. **Ornano,** Cte Michel d' (1924-91) Po. **Ortiz,** Vidal (7-7-18) Af. **Ortoli,** Fr.-Xavier (16-2-25) Af. ***Oshima,*** Nagisa (31-3-32) Jap, R. **Ossard,** Claudie (Marie-Claude) (16-12-43) Pr. **Osso,** Adolphe (1894-1961) Pr. **O'Sullivan,** Maureen (1911-98, mère de Mia Farrow) Irl, A. **Oswald,** Marianne (Colin) (1903-85) A, Ch, Pr. **Otéro,** dite la Belle (Caroline) (1868-1965) Es, C. **Otken**, Zeki (1941) Tu, R. ***O'Toole*** (Peter Seamus) (2-8-32) GB, A. **Ottenheimer,** Ghislaine, Pré, J, T. **Oudart,** Félix (1881-1956) A. **Ouedraogo,** Idrissa (1954) BF, R. ***Oury,*** Gérard (Houry) Tennenbaum (29-4-19) A, R. **Ouvrard,** Gaston (1890-1981) Cp, C. **Owen-Jones,** Lindsay (17-3-46) GB, Af. **Ozawa,** Seiji (1-9-1935, Jap, C d'or. **Ozenne,** Jean (1898-1969) A. **Ozeray,** Madeleine (1910-89) A. ***Ozu,*** Yasujiro (1903-63) Jap, R. **Ozy,** Alice, A.

Pabst, Georg W. (George Wilhelm) (Aut, 1885-1967) All, R. **Pache,** Bernard (13-10-34) Af. ***Pacino,*** Al (25-4-40) U, A. **Packard**, David (1912-96) U, Af. **Pacôme,** Maria (Simone) (18-7-1923) A. **Pado,** Dominique (1922-89) J, Po. **Pagava,** Vera (1907-88) Ur, Pe. **Page,** *Anita* (Pomares) (1910) U, A. *Geneviève* (Bonjean) (Mme J.-C. Bujard) (13-12-27) A. *Geraldine* (1924-87) U, A. *Louis* (1905-90) Op. *Michel* (1945) C. **Pagès,** Évelyne (25-2-42) J, Ra. **Pagezy,** *Bernard* (22-1-28) Af. *Roger* (20-11-30) Af. **Pagliero,** Marcello (1903-80) It, A, R. ***Pagnol,*** *Jacqueline* (1926) A. *Marcel** (1895-1974) R, Au. **Pagny,** Florent (6-11-61) C, A. **Pahud,** Emmanuel (27-1-70) Mu. **Painlevé,** Jean (1908-89) R. ***Pakula,*** Alan-J. (1928-98) U, R. **Pal,** Georges (Ho 1908-80) U, M, R. ***Palance,*** Jack (Walter Palahnuik) (18-2-19) U, A. **Palaprat,** Gérard (12-6-50) C. **Palau,** Pierre (P.P. del Vidri) (1885-1966) A. **Palazzini,** Pietro (1912-2000) It, cardinal. **Paley**, Natalie (1905-51). William (1901-90), U, Af. **Pallez,** Gabriel (1925-98) Bq. **Palma,** Brian de (11-9-40) U, R. **Palmade,** Pierre (1968) Hum. **Palmer,** *Lilli* (Peiser) (Aut, 1914-86) All, A. *Robert* (1949) GB, Ch. **Pampanini,** Silvana (1925) It, A.

Panafieu, *Françoise* de (née Missoffe 12-12-48) Po. *Guy* de (5-4-43, son mari) Af. *Philippe de (12-11-36)* Af. *Véronique* de (3-12-48, née Bujard, sa femme) Ra. **Pancho** (Pancho Graelles) (1944) V, Des. **Panfilov,** Gleb (1934) Ur, R. **Panhard,** *Jean* (12-6-13). *Paul* († 1969). *René* (1841-1908). **Panigel,** Armand (1920-95) Au, Pr, R, T. **Pankov,** Gisela (1914-98) All, Méd. Psychiatre. **Paoli,** *Jacques* (1924-90) J. *François*, J, T. *Stéphane* (19-11-48) J, Pré, T. **Papas,** Irène (Lelekou) (3-9-26) Gr, A. **Papaz,** Roger (28-2-25) Af. **Papus** (Gérard Encausse) (1865-1916) Méd. **Paqui,** Jean (de Thonel d'Orgeix) (15-4-21) A. **Paquin** (Jeanne Becker) (1869-1936) Cou. **Paradis,** Vanessa (22-12-72) C, A. **Paradjanov,** Sergueï (Sarkis Paradjanian) (1924-90) Ur, R. **Parayre,** Jean-Paul (5-7-37) Af. **Parédès,** Jean (Victor Catégnac) (1918-98) A. **Parély,** Mila (9-10-17) A. **Parillaud,** Anne (6-5-60) A. **Paris,** Simone (1919-86) A. **Parisiennes** (Les) : Raymonde Bronstein, Anne Lefébure, Hélène Longuet, A.-Marie Royer, C. **Parker,** *Alan* (14-2-44) GB, R. *Charlie* (Christopher) (1920-55) U, Mu. *Eleanor* (26-6-22) U, A. *Errol* (Raphaël Schecroun) (1925-98) Mu. jazz. *Jean* (Louise Zelinska) (11-8-1912) U, A. *Sarah Jessica* (1965) U, A. **Parlo,** Dita (Grethe Kornstadt) (1906-71) All, A. **Parola,** Danielle (Yvonne Canal) (1903) A. **Parretti,** Gian Carlo, Af. **Parrish,** Robert (1916-95) U, R. **Parry,** Gisèle (1921-?) A, Pr, T. **Parton,** Dolly (19-1-46) U, A.

Pascal, *Christine* (29-11-53/2-9-96) A, R. *Giselle* (Mme Raymond Pellegrin) (1923) A. *Jean-Claude* (Villeminot) (1927-92) A, C. ***Pasolini,*** Pier Paolo (5-3-1922/2-11-1975 assassiné) It, Au, R. **Pasquali,** Alfred (1898-1991) A. ***Passer,*** Yvan (19-7-33) Tc, R. **Pasteur,** Joseph (Rocchesani) (19-10-21) J. **Pastorius,** Jaco (1951-87) U, G. **Patachou** (Mme Arthur Lesser née Henriette Ragon) (10-6-18) C. **Pathé,** Charles (1863-1957) R. **Patou,** Jean (1880-1936) Cou. **Patricia** (1950) C. **Paturel,** *Dominique* (3-4-31) A. *Sabine* (1-9-62) C. **Paugam,** Jacques (10-5-44) Ra, T. **Paul,** *Bernard* (1930-80) R. *Robert-William* (1869-1943) GB, R. **Paulais,** Georges (1888) A. **Paul-Boncourt,** Joseph (1873-1972) Av. **Pauley,** Paul (1886-1938) A. **Paulin,** *Guy* (1945-90) Cou. *Pierre* (9-07-27) Arch. **Paulus** (J.-P. Habans) (1845-1908) C. **Paulvé,** André (1898-1982) Pr, Dis. **Pautrat,** Daniel (1940) J. **Pauwels,** *Louis* (1920-97) Au. *Marie-Claire* (3-9-45) J. **Pavan,** Marisa (Pierangeli) (1932) It, A. **Pavarotti,** Luciano (12-10-35) It, C. **Paviot,** Paul (1926) R. **Paye,** Jean-Claude (26-8-34) Dip. **Payne,** John (1912-89) U, A. **Pébereau,** *Georges* (20-7-31) Af. *Michel* (23-1-42) Af. **Peccei,** Aurelio (1908-83) It, Af. **Péchin,** Pierre (10-2-47) Ch. ***Peck,*** Gregory (15-4-16) U, A. ***Peckinpah,*** Sam (David Samuel Peckinpah) (1925-84) U, R. **Pecqueur,** Michel (1931-95) Af. **Pedrazzini,** Jean-Pierre (1927-56) Ph. **Peignot,** Suzanne (1895-1993) C.

Pelat, Roger-P. (?-1989) Af. **Pelège,** Michel (27-5-37) Af. **Pelisson,** Gérard (9-2-32) Af. **Pellegrin,** Raymond (Pellegrini) (1-1-25) A. **Pellerin,** Christian (31-5-44) Af. **Pelletier,** Martin (4-3-51) J. **Pelloux,** Louis-Gaston (1932 Af. **Penchenier,** Georges (1919) J. **Penny** Tom (n.c.). ***Penn,*** *Arthur** (27-9-22) U, R. *Sean* (17-8-60) U, A. **Peppard,** George (1928-94) U, A. **Perault,** Pierre (1927-99) Ca, R. **Perdriel,** Claude (25-10-26) J. **Perdrière,** Hélène (1910-92) A. **Père,** Bernard (1939) J. **Pérès,** Marcel (1898-1974) A. **Pereira Dos Santos,** Nelson (1938) Br, R. **Perez,** Vincent (10-6-64 en Suisse) A. **Péricard,** Michel (1929-99) J, Po. ***Périer,*** *Anne-Marie* (J. Étienne) (19-1-31) Be, R. *François** (Pillu) (10-11-19) A. Fr. *Jean* (1869-1954) A. *Xavier* de (9-8-35) T. **Périgot,** François (12-5-26) Af. **Périlhou,** Isabelle (1961) A. **Périnal,** Georges (1897-1965) Op. ***Perkins,*** Anthony (1932-92) U, A. **Perlet,** Adrien (1795-1850) A. **Pernaut,** Jean-Pierre (8-4-50) J, Pré. **Pernoud,** Georges (11-8-47) J, T. **Perret,** *Léonce* (1880-1935) A, R. *Pierre* (9-7-34) C. **Perrin,** *Alain-Dominique* (10-10-42) Af. *Francis* (10-10-47) A, R. *Jacques* (Simonet) (13-7-41) A. *Marco*, A. *Michel* (21-4-12) Expl. **Perrine,** Valerie (3-9-44) U, A. **Perrot,** *Luce* (1941) J, T. *Vincent* (4-8-65) An. **Pertinax**. Voir **Géraud**. **Pestalozzi,** Jean (1746-1827) Su, Ens. **Petchot-Bacqué,** Louis (1907-98) Méd, Mil. **Peter,** Solange (1-2-30) R, T. **Peters,** Jean (1926-2000) A. **Petit,** Pascale (A.-Marie) (28-2-1938) A. **Pétomane** (Le) (Joseph Pujol) (Marseille 1-6-1857/1945). **Petri,** Elio (1929-82) It, R. **Petriat,** J.-Louis (23-2-35) Af. **Petridès,** Paul (1901-93) Af. ***Petrovic,*** Aleksandar (1929-94) You, M. **Petrucciani,** Michel (1962-99) Pi. **Pet Shop Boys** : Chris Lowe, Neil Tennant, GB, C.

Peugeot, *Bertrand* (30-10-23) Af. *Roland* (20-3-26) Af. **Peynet,** Raymond (1908-99) Des. **Peyrac,** Nicolas (Jean-Jacques Tazartez) (6-10-49) C. **Peyrelevade,** Jean (24-10-39) Af. **Peyrefitte,** voir à l'Index. **Peyrelon,** Michel (10-10-36) A. **Peysson,** Anne-Marie (J. Falloux) (24-7-35) Sp, T, Ra. **Pfeiffer,** Michelle (29-4-57) U, A. **Pflimlin,** *Étienne* (16-10-1941) Cour des comptes, fils de *Pierre* (5-2-1907/27-6-2000) Po. ***Philipe,*** Gérard (1922/25/26-11-59) A. **Philipon,** Charles (1906-62) Des. **Philippe,** *Annie* (1946) C. *Claude-Jean* (20-4-33) A, J, M. **Philips,** Gérard (1858-1942) P-Bas, Af. **Phillips,** *Esther* (1935-84) U, C. *John* (1936-2001) U, Cp, C. **Phoenix,** River († 1991 à 23 ans) C. **Pia,** Pascal (Pierre Durand) (1902-79) J. **Piaf,** Édith (Giovanna Gassion) (1915-63) C, A. ***Pialat,*** Maurice (21-8-25) R. **Piat,** Jean (23-9-24) A. **Piazzola,** Astor (1921-92) Arg, Cp, Mu. **Picard,** J.-Louis (14-11-36) Cp. **Picasso,** Paloma (19-4-49) Cou. ***Piccoli,*** Michel (27-12-25) A, Pr. **Pickett,** Wilson (18-3-41) U, C. ***Pickford,*** *Jack* (Smith) (1896-1933) U, A. *Lottie* (Smith) U, A. *Mary** (Gladys Smith) (1893-1979) U, A. **Picouly,** Daniel (n.c.) A. **Pidgeon,** Walter (1897-1984) Ca, A. **Piéplu,** Claude (10-5-23) Pr. **Piem** (Pierre de Barrigue de Montvallon) (12-11-23) Des. **Piéral** (Pierre Aleyrangues) (22-11-23) A. **Pierangeli,** Anna-Maria (1932-71) It, A. **Pierpont-Morgan**, *John* (1837-1913). *John Jr* (1867-1943) U, Af. **Pierre,** *abbé* (Henri Grouès) (5-8-1912) Prê. *Bernard* (1920-97) Au. *Roger* (30-8-23) A. *Roselyne* (1935-94) Af. **Pierre-Brossolette,** Cl. (5-3-28) Af. **Pierry,** Marguerite (1888-1963) A. **Pietri,** Julie (1-5-57) U, A. **Piette,** Jean-Jacques (18-7-40) Af.

Pigaut, Roger (1919-89) A. **Pignol,** Jean (1924) R, T. **Pigozzi** Caroline (29-11-52) J. **Pilkington,** sir Lionel (7-1-20) GB, Af. **Pills,** Jacques (René Ducos) (1910-70) C. **Pinatel,** Pierre (1929) Des. **Pinault,** *François* (21-8-36) Af. *François-Henri,* son fils. **Pineau,** Gilbert (1931) R, T. **Pineau-Valencienne,** Didier (21-3-31) Af. **Pink Floyd** : Syd Barrett (6-1-46), Roger Waters (6-9-44), Rick Wright (28-1-43), Nick Mason, David Gilmour (6-3-46) GB, Mu. **Pinoteau,** *Claude* (25-5-25) R. *Jack* (1923) M. **Pintilie,** Lucian (9-11-33) Ro, R. **Pinto,** Alberto (7-9-44) Déc. **Pirès,** Gérard (1942) R. **Pisar,** Samuel (18-3-29) Av. **Pisier,** M.-France (10-5-44) A. **Pitoëff,** *Georges* (1884-1939) A. *Ludmilla* (1895-1951) A. *Sacha* (1920-90) A. **Pitoiset,** Dominique (1958) Th. **Pitou,** Ange-Louis (1767-1846) J, C. **Pitt,** Brad (William Bradley) (18-12-63) U, A. ***Pitts,*** Zasu (1899-1963) U, A. **Pivot,** *Bernard* (5-5-35) J. *Monique* (5-1-37, son épouse) J. **Pizani,** Robert (1896-1965) A. **Pizzi,** Pier-Luigi (15-6-30) It, M. **Plana,** Georgette (1918) C. **Planchon,** Roger (12-9-31) M. **Plantu** (Jean Plantureux) (23-3-51) Des. **Plassard,** Jacques (2-9-24) Éc. **Platters** : Tony Williams (15-4-28), David Lynch (1929-81), Paul Robi, Herb Reed, Zola Taylor, U, C. **Pleasance,** Donald (1919-95) GB, A. **Plenel,** Edwy (31-8-52) Au, J. **Plescoff,** Georges (1918-95) Bq. **Ploix,** Hélène (25-9-44) Af. **Ploquin,** Raoul (1900-92) Pr. **Plummer,** Christopher (13-12-27) Ca, A. **Plunkett,** Patrice de (9-1-47) J, Au.

Podalydès, Denis (22-4-63) A. ***Podesta,*** Rossana (Carla) (20-8-34) It, A. **Pohl,** Karl Otto (1-12-29) All, Bq. **Point,** *Fernand*, Rest. *Mado* (1898-1986) Rest. ***Poiré,*** *Alain* (13-2-1917/15-1-2000) Pr. *Jean-Marie** (10-7-45) R. **Poiret,** *Jean* (Poiré) (1926-92) A, Ch. *Paul* (1879-1944) Cou. **Poirier,** *Manuel* (17-11-54) *R. Léon* (1884-1968) R. **Poisson,** Georges (27-11-24) Au. **Poitier,** Sydney (20-2-24) U, A. **Poivre,** Annette (Paule Perron, Mme R. Bussières) (1917-88) A. **Poivre d'Arvor,** Patrick (20-9-47) J, T. **Polac,** Michel (10-4-30) J, R. **Polaire** (Émilie-M. Bouchard) (1877-1939) C. ***Polanski,*** Roman (Pol 18-8-33) R. **Poldès,** Léo (L. Sezsler) (1891-1970) An. **Poli,** Joseph (14-4-22) J. **Police** : Andy Summer (31-12-42), Gordon Sumner (2-10-51), Steward Copeland (16-7-52) GB, C. **Polignac,** *Ghislaine* de (1918) Relations publ. Pcesse *Edmond* de (Winnaretta Singer) (1865-1943). **Poligny,** Serge de (1903-83) R. **Polin** (P.-P. Marsalès) (1863-1927) C. ***Pollack,*** Sidney (1-7-34) U, R. **Pollet,** Patrick (3-3-47) Af. **Polnareff,** Michel (3-7-44) C, Cp. **Ponchardier,** Dominique (1917-86) Au, Amb. **Polonsky,** Abraham (1910-99) U, R, Sc. **Ponfilly,** Christophe de (5-1-51) J, Au, T. **Ponge,** Francis (1899-1988) Au. **Ponnelle,** Jean-Pierre (1932-88) M, Déc. **Pons,** Lily (1898-1976) U, A. **Pons-Seguin,** Gérard (18-6-42) Af. **Pontecorvo,** Gillo (1919) It, R. **Ponti,** Carlo (11-12-13) It, Pr. **Ponty,** Jean-Luc (29-9-42) Mu. **Pop,** Iggy (James Osterberg) (21-4-47) U, C, Cp. **Popeck** (Jean Herbert, 18-5-36) Ch. **Popesco,** Elvire (Elvira Popescu, Ctesse Foy) (Ro 1896-1993) A. **Popov,** Oleg (31-7-30) Ur, Cl. **Porel** *(Désiré Parfouru)* (1842-1917) A, Th. *Jacqueline* (1918) A. *Marc* (1949-83) A. **Porizkova,** Paulina (1964) Tc, Man. **Porsche,** Ferdinand (1909-98) Af. **Porte,** Bernard (7-3-38) Af. **Porter,** *Cole* (1893-1964) U, Cp. *Edwin* (1869-1941) U, R. **Portishead** (groupe). **Posener,** Georges (1906-88) Hist.

Positive Black Soul : groupe. **Potier** (1774-1838) A. **Pottecher,** Frédéric (11-6-05) J, T. **Pottier,** Richard (Ernst Deutsch) (1906-94) M. **Pouctal,** Henri (1856-1922) R. ***Poudovkine,*** Vsevolod (1893-1953) Ur, R. **Pougy,** Liane (de) (Marie Olympe Chassaigne 1869-1950). **Poujouly,** Georges (1940-2000) A. **Poulbot** (1879-1946) Des. **Poulet,** Manuel (18-5-21) R, Pr. **Poupaud,** Melvil (26-1-73) A. **Pourcel,** Franck (1913-2000) Mu. **Pousse,** André (20-10-19) A. **Poutrel,** J.-Jacques (13-4-34) Af. **Pouzilhac,** Alain de (11-6-45) F, Pu. ***Powell,*** **Baden** voir à l'Index. *Collin* (5-4-37) U, Gl. *Dick* (Richard-Ewing) (1904-63) U, A, R. *Eleanor* (1910-82) U, A. *Jane* (Suzanne Burce) (1-4-29) U, A. *Michael** (1905-90) GB, R. *William* (1892-1984) U, A. ***Power,*** *Romina* (1951) It, C. *Tyrone** (1914-58) U, A. **Powers,** Stéphanie (Federkiewicz) (2-11-42) U, A. **Pozza,** Georges (8-1-35) Af.

Pradal, Bruno (1949-92) A. **Pradel,** Jacques (11-2-47) An, Ra. **Pradier,** *Henri* (5-11-31) Af. *Perrette* (Chevau) (1938) A. **Pradines,** *Raymond* (Vidal) J. *Roger* (1925) R, T. **Praince,** Marcelle († 1969) A. **Praline** (Janine Sogny) († 1952) Man. **Pralon,** Alain (12-11-39) A. **Prasteau,** Jean (1921-97) Pr, T. **Prat,** Jean (1927-91) R, T. **Prate,** Alain (1928-97) Insp Fin. **Préboist,** Paul (1927-97) A. **Préjean,** Albert (1894-1979) A. Patrick (1944) A. ***Preminger,*** Otto (Aut, 1906-86) U, R. **Prentiss,** Paula (Ragusa) (1939) U, A. ***Presle,*** Micheline (Chassagne) (22-8-22) A. **Presley,** Elvis (1935-77) U, C, A. **Preston,** Robert (Meservey) (1919-87) U, A. **Pretenders** : Martin Chambers (1952), Pete Farndon (1953-83), James Honeyman-Scott (1956-82), Chrissie Hynde (7-9-51) GB, C. ***Prévert,*** *Jacques* (1900-77) S, Di. *Pierre** (1906-88) R. **Préville** (1721-1800) A. **Prévost,** *Daniel* (20-10-39) A. *Françoise* (1930-97) A. **Price,** *Alan* (19-4-42) GB, C. *Dennis* (1915-73) GB, A. *Vincent* (1911-93) U, A. **Priestley,** Jason (28-8-69) Ca, A. **Prim,** Suzy (Suzanne Ardvini) (1895-1991) A. **Primrose,** William (1903-82) GB, Mu. **Prince** *(Roger Nelson)* (Skipper) (7-6-58) U, C. *Dit Rigadin* (Charles Petit-Demange) (1872-1933) A. **Principal,** Victoria (Concettina Principale) (3-1-50) U, A. **Printemps,** Yvonne (Wigniolle, Mme) (1894-1977) C, A. **Priouret,** Roger (1913-2000) J. **Prisset,** Serge (1946) C. **Pritchard,** sir John (1921-89) GB, C d'or. **Privat,** Jo (1919/3-4-96) Acc.

Procter, William (1862-1934) U, Af. **Prodi,** Romano (1939) It, Éco. **Pronteau** (1919-84) Po. **Propper,** François (3-1-28) Af. **Proslier,** Jean-Marie (1928-97) A. **Prouteau,** Gilbert (14-6-17) Au, Cin. **Prouvaire,** Jean (Catulle Mendes) (1841-1909) Cr. **Prouvost,** *Evelyne* (1939) J, petite-fille de Jean, Af. *Jean* (1885-1978) Éd. **Provost,** Jean (1798-1869) A. **Pryor,** Richard (1-12-40) U, A. **Public Enemy** : groupe. **Puech,** Marcel (1918-2000) Coll. **Puechal,** Jacques (24-1-36) Af. ***Puenzo,*** Luis (24-2-49) Arg, R. **Puhl-Demange,** Marguerite (1933-99) J, Af. **Pujol,** Annie (5-12-61) Pré, T. **Pulitzer,** Joseph (Ho, 1847-1911) U, Éd, J. **Pulp** : groupe. ***Pulver,*** Liselotte (11-10-29) All, A. **Purviance,** Edna (1894-1958) U, A. **Putman,** Andrée (née Aynard, 23-12-25) Designer. ***Pyriev,*** Ivan (1901-68) Ur, R. Dennis (4-9-54) U, A. **Quant,** Mary (11-2-34) GB, Cou. **Quartz,** Jakie (31-7-55) C. ***Quayle,*** Anthony (1913-89) GB, A. **Queen** : voir Freddie **Mercury** (1946-91, sida), John **Deacon** (19-8-51), Brian **May** (19-7-47), Roger **Taylor** (26-7-49) GB, C. **Quermonne,** J.-Louis (3-11-27) Un. **Quidet,** Christian (10-12-32) J. **Quin,** *Claude* (1-5-32) Af. *James* (1693-1766) GB, A. **Quinlan,** Mike (1944) U, Af. **Quine,** Richard (1920-89) U, R. ***Quinn,*** Anthony (Mex, 1915-2001) U, A.

Raab, Kurt (1942-88) All, A, Déc. **Rabal,** Francisco (8-3-25) Es, A. **Rabanne,** Paco (Francisco Rabaneda Cuervo) (18-2-34) Es, Cou. **Rabilloud,** Jean-François (24-7-51) J. **Racamier,** Henry (25-6-12) Af. **Rachedi,** Ahmed (1938) Alg, R. **Rachel** (Élisabeth Félix) (Su, 28-1-1821/3-1-1858) A. **Rachou,** Nathalie (7-4-57) Af. **Radiolo** (Marcel Laporte) Pré. ***Radvanyi,*** Geza *von* (1907-86) Ho, R. **Raft,** George (Ranft) (1895-1980) U, A. **Ragon,** Michel (24-6-24) Au. **Ragueneau,** Philippe (19-11-17). **Raimbourg,** Lucien (1903-73) A. **Raimond,** Jean-Bernard (6-2-26) Dip, Po. ***Raimu,*** Jules (Muraire) (1883-1946) A. **Rainer,** Luise (All, 12-1-10) U, A. **Rains,** Claude (1889-1967) U, A. **Raisner** (trio d'harmonica) : Albert Raisner (30-9-25) Pr, T. André Dionnet (1924), Sirio Rossi (1923). ***Raïzman,*** Youli (1903) Ur, R. **Ramachandran,** Maruthur Gopala (1917-87) In, A, Po. **Ramazzotti,** Eros (28-10-63) It, C. **Rambaud,** Yves (5-2-35) Af. **Ramond,** Philippe (18-10-31) T. **Ramone,** Joey Jeffrey Heyman (19-5-1951/15-4-2001) C. **Ramos Da Silva,** Fernando (1968-87) Br, A. ***Rampling,*** Charlotte (5-2-46) GB, A. **Randall,** Tony (Leonard Rosenberg) (26-2-20) U, A. **Raney,** Jimmy (1927-95) U, G. **Rank,** lord *Arthur* (Joseph Arthur, lord Rank) (1888-1972) GB, Pr. *Claude* (Darville) S, Au. **Rapp,** Bernard (10-2-45) J, T. ***Rappeneau,*** J.-Paul (8-4-32) R. **Rapper,** Irving (1898-2000) U, R. **Rastignac,** Eugène de (J. André Faucher) (19-10-21). **Rathbone,** Basil (1892-1967) U, A. **Ratner,** Bret U, R. **Raucourt** (Françoise Saucerotte) (1756-1815) A. **Ravanel,** Jean (2-5-20) CÉ. **Ravaud,** René (11-4-20) Af. **Ravel,** Pierre (1814-85) A. ***Ray,*** *Charles* (1891-1943) U, A. *Johnny* (1927-90) U, Ch. *Man* (1890-1976) U, Ph. *Nicholas** (Kienzle) (1911-79) U, R. *Satyajit** (1921-92) In, R. **Raymond,** Jean, A, Imit. **Raynaud,** Fernand (1926-73) A, Ch.

Ré, Michel de (Gallieni) (1925-79) A. **Rea,** Chris (4-3-51) GB, C, Mu. **Reagan,** Ronald (6-2-11) U, A, Po. **Reali,** Christiana (16-3-65) Br/It, A. **Reboux,** Paul (Henri Arnillet) (1877-1963) J, Cr. **Rebroff,** Ivan (31-7-31) Ur, C, A, Cp. **Red,** Axelle (Fabienne Demol) (15-2-68) Be, C. **Redding,** Otis (1941-67) U, C. **Redfern,** Charles Poynter (1853-1929) GB, Cou. ***Redford,*** Robert (18-8-37) U, A. ***Redgrave,*** *Michael** (1908-85) GB, A. *Vanessa* (30-1-37) GB, A. **Redstone,** Sumner (27-5-23) U, Af. ***Reed,*** *sir Carol** (1906-76) GB, R. *Donna* (Mullenger) (1921-86) U, A. *Lou* (2-3-43) U, C, G. *Oliver* (1938-99) GB, A. **Reeve,** Christopher (25-9-52) U, A. **Reeves,** Hubert (1932) Ca, Astro. *Keanu* (2-9-64) U, A. *Steve* (1926-2000) U, A. ***Reggiani,*** Serge (Emilio Reggio Nell) (2-5-22) A, C. **Régine,** (Mme Roger Choukroun née R. Zylberberg) (26-12-29) C, A. **Régnier** (Philoclès Régnier de la Brière) (1807-85) A. **Rego,** Luis (1943) A. **Régy,** Claude (15-1-23) M. ***Reichenbach,*** François (1921-93) R. **Reid,** Beryl (1920-96) GB, A. **Reinhardt,** Django (1910-53) Be, Mu. **Reiser,** J.-Marc (1941-83) Des. ***Reisz,*** Karel (Tc, 21-7-26) GB, R. **Réjane** (Gab. Réju) (1856-1920) A. **Rellys** (Henri Bourrely) (1905-91) A.

Rem : Bill Berry, Peter Buck, Mike Mills, Michael Stipe, U, C. **Remick,** Lee (1935-91) U, A. **Remitti** (1924) Alg, C. **Rémy,** *Albert* (1915-67) A. *Colonel* (Gilbert Renault) (1904-84) Mil, Au. *Constant* (1882-1957) A. **Renant,** Simone (Georgette Buigny) (19-3-11) A. **Renard,** *Benoît*, J, T. *Colette* (Mme M. Wandler née Raget) (1-11-24) C, A. **Renaud** (*R. Séchan*) (11-5-52) C. *Line* (Jacqueline Enté, épouse de Louis Gasté) (2-7-28) A, C. *Madeleine* (Mme J.-L. Barrault) (1900-94) A. **Renault,** *Alain* (8-10-48) J. *Louis* (1877-1944) Af. **Rénier,** Yves (27-9-42) A. **Rennie,** Michael (1909-71) GB, A. ***Reno,*** *Ginette* (28-4-46) Ca, C. *Jean* (1948) A. ***Renoir,*** *Claude* (1914-93) Op. *Jean** (1894-1979) R. *Pierre* (1885-1952) A, fils du peintre *Auguste* (1841-1919). **Renucci,** Robin (11-7-56) A. **Rep,** Pierre (Bouclet) (1909-86), fantaisiste. **Repetto,** Rose, Da. ***Resnais,*** Alain (3-6-22) R. **Rétoré,** Guy (7-4-24) M. **Reuter,** Edzard (16-2-28) All, Af. **Revel,** J.-F. (J.-F. Ricard) (19-1-24) Ph, J. **Rey,** Fernando (Casado d'Arembilley) (1917-94) Es, A. **Reybaz,** André (1922) A. **Reynaud,** Émile (1844-1918) Inv, R. **Reynolds,** *Burt* (11-2-36) U, A. *Debbie* (Marie-Fr. R.) (1-4-32) U, A. **Reyre,** Jean (1899-1989) Af. **Reza,** Yasmina (1-5-55) Au, M. **Reznikoff,** Nathalie (1958) Ra. **Rheims,** *Bettina* (1952) Ph. *Maurice* (4-1-1910) Au, Cpr.

Ribadeau-Dumas, Roger (1910-82) Pr. **Ribaud,** André (Roger Fressoz) (1921-99). **Ribeiro,** Catherine (22-9-41) C. **Ribes,** *Édouard* Cte de (27-1-23) Af. *Jean-Michel* (15-12-46) Au, M, R. **Riboud,** *Antoine* (24-12-18) Af. *Franck* (7-11-5 5, son fils) Af. *Jean* (1919-85) Af. *Marc* (24-6-23) Ph. **Ricard,** *Patrick* (12-5-45) Af. *Paul* (1909-97) Af. **Ricaumont,** Jacques de (1913-96) Cr. **Ricci,** *Christina* (1980) U, A. *Nina* (1883-1970) It, Cou. *Robert* (1905-88) Af. **Ricet-Barrier** (Maurice-Pierre Barrier) (1932) Cp. **Rich,** *Catherine* (Renaudin) (18-6-38) A. *Claude* (8-2-29) A. ***Richard,*** *Cliff* (Harry Webb) (14-10-40) GB, C. *Gilbert* (Hecquet) (1928) Pr, An. *Guy* (23-12-27) Af. *Jean* (18-4-21) A. *Jean-Louis* (1927) R, M. *Keith* (18-12-43) GB, G. *Little* (Richard Pennyman) (5-12-32) U, C. *Pierre** (Defays) (16-8-34) A, M. **Richard-Willm** (P. Richard) (1895-1983) A. ***Richardson,*** sir *Ralph* (1902-83) GB, A. *Tony** (1928-91) GB, A, R. **Richerot,** Louis (1898-1988) J. **Richier,** Pierre (4-5-26) Af. **Riechmann,** J.-Luc (1960) An. ***Riefenstahl,*** Leni (22-8-02) All, R, Ph. **Rierson**, Donald († 8-5-1932, suicide) roi de l'acier. **Rieu,** André, P.-Bas, C d'or. **Rieu de Pey,** Nicole (16-5-52) C. **Rigadin** (Charles Petitdemange) (1872-1933) A. **Rigaud,** *Francis* (1920) R. *Georges* (1906) A. *Jacques* (2-2-32) Af, Au. **Rigaux,** Jean (1909-91) Ch. **Rignac,** Jean (Roussel) (1912) Ra. **Rignault,** Alexandre (1901-85) A. **Rihoit,** Catherine (1950) J.

Rim, Carlo (Jean-Marius Richard) (1905-89) J, Des. **Ringier,** Michael (1952) Su, Af. **Ringo** (Guy Bayle) (11-5-44) C. **Rio,** Jim (William Hart) (1870-1946) U, A. **Riou,** Georges (19-6-20) T. **Ripstein**, Arturo (1943) Mex, R. **Riquet,** Michel (1898-1993) Prêt. **Risch,** Maurice (25-1-43) A, P. ***Risi,*** Dino (23-12-16) It, R. **Risoli,** Philippe (9-9-53) An, T. **Rispal,** Jacques (1923-86) A. **Rita Mitsouko** : Catherine Ringer (18-2-57), Fred Chichin (28-4-54) C. **Ritchie,** *Lionel* (20-6-49) U, C. *Michael* (1938-2001) U, R. **Ritt,** Martin (1913-90) U, R. **Ritter,** Thelma (1905-69) U, A. **Ritz Brothers** : Al (1901-65), Jim (1903-85), Harry (1906-86), Joachim, U, A. ***Riva,*** Emmanuelle (24-2-27) A. **Rive (de la)** (1747-1827) A. **Rivers,** *Dick* (Hervé Fornieri) (24-4-45) C. *Fernand* (1879-1960) Pr. ***Rivette***, *Jacques* (1-3-28) R. **Rivière,** J.-Marie (1925-96) Spe. **Roach,** Hal (1892-1992) U, Pr. **Roanne,** André (1896-1959) A. **Robards,** Jason (1922-2000) U, A. **Robbe-Grillet,** Alain (18-8-22) Au, R. **Robbins,** *Jerome* (1918-98) U, Cho. *Tim* (10-16-58) U, A. **Robert,** *Jacques* (1921-97) Au, S. *Yves** (19-6-20) A, R. **Robert-Houdin,** Jean-Eugène (7-12-1805/13-6-1871) Ma. **Roberts,** *Jean-Marc* (3-5-54) Au. *Julia* (28-10-1967) U, A. **Robertson,** Cliff (9-9-25) U, A. **Justice,** James (1905-75) Éc, A. **Robeson,** Paul (1898-1976) U, A.

Robin, *Dany* (1927-95) A. *Georges* (1928) Af. *Michel* (1928) A. *Muriel* (2-8-55) Hum. ***Robinson,*** *Edward** *G.* (Emmanuel Goldenberg) (Ro, 1893-1973) U, A. *Madeleine** (Svoboda) (5-11-17) A. **Robson,** *Dame Flora* (1902-84) GB, A. *Mark* (Ca, 1913-78) U, R. **Robuchon,** Joël (7-4-45) Rest. **Rocard,** Pascale (29-8-60) A. **Rocca,** Robert (Canaveso) (1912-94) Ch, Pr. ***Rocha,*** *Glauber** (1938-1981) Br, M, R. *Paulo** (1935) Port, R. **Rochal,** Grigori (1899) Ur, R. **Rochas,** Hélène, Af. **Roche,** *Émile* (1893-1990) J, Po. *France* (1921) J, Pr, T. ***Rochefort,*** *Charles de* (1887-1952) A. *Jean* (29-4-30) A. **Rockefeller,** *David* (12-6-15) U, Bq. *John D.* (1839-1937) U, Af. *John D.* Junior (1847-1960) U, Af. *John* D. (18-6-37) U, Po. **Rodgers,** Richard (1902-79) U, Cp. **Rodier,** Jean-Pierre (4-5-47) Af. **Rodney**, Red (Robert Chudnick) (1927-94) U, Mu. **Rodocanachi,** Emmanuel (5-10-40) Af. **Rodriguez,** Amalia (1-7-1920/6-10-1999) Port, C. **Roger,** *Bruno* (6-8-33) Bq. *Gustave* (1815-79) C. ***Rogers,*** *Carl Ransom* (1902-87) U, Psychologue. *Ginger** (Virginia Mc Math) (1911-95) U, A. *Kenny* (21-8-38) U, C. *Roy* (Leonard Slye) (1912-98) U, A. ***Rohmer,*** *Bruno* (30-1-41) Éd, Af. *Éric** (Maurice Schérer) (21-3-20) R. **Rojo,** Angel (6-5-34) Esp, Éco.

Roland, *Gilbert* (Luis Antonio de Alonso) (Mex., 1905-94) U, A. *Thierry* (4-8-37) J. **Roland-Bernard** (Rouland Bernard dit) (27-3-27) J, R, T. **Rollan,** Henri (H. Martine) (1888-1967) A. **Rollet,** Claude (1938) A. **Rollin,** Georges (1912-64) A. **Rolling Stones** (The) : Mike Jagger (26-7-43), Brian Jones (1942-69), Keith Richard (18-12-43), Mick Taylor (17-1-48), Charlie Watts (2-6-41), Bill Wyman (24-10-36), Ronnie Wood (1-6-47) GB, C. **Rollins,** Sony (Theodore Walter) (7-9-30) U, Mu. **Roman,** Ruth (22-12-24) U, A. ***Romance,*** Viviane (Pauline Ortmans) (1912-91) A. **Rome,** Sydney (17-3-46) U, A. **Romejko,** Laurent (27-12-63) Pré. **Romi** (Robert Miquel) (1905-95) J, Au. ***Romm,*** Mikhaïl (1901-71) Ur, R. ***Ronet,*** Maurice (Robinet) (1927-83) A. **Ronson,** Mick (1947-93) GB, Mu. **Ronstadt,** Linda (15-7-46) U, C. **Rooney,** Mickey (Joe Yule) (23-9-22) U, A. **Roquejeoffre,** Michel (28-11-33) Gl. **Roquemaurel,** Gérald de (27-3-46) Af. **Roquevert,** Noël (Bénévent) (1892-1973) A. **Rosa,** Robert (16-5-34) Af. ***Rosay,*** Françoise (Bandy de Nalèche, Mme Feyder) (1891-1974) A. **Rose,** Liliane, Ra. **Rosenberg,** *Léonce* (1877-1945) marchand de tableaux, *Paul* (1882-1955), son frère, marchand de tableaux. *Pierre* (12-4-36) Insp. Musées. *Stewart* (1928) U, R. ***Rosi,*** Francesco (15-11-22) It, R. **Rosier,** Michèle (1930) Cou. **Rosine,** Paul (1961-93) Mu. **Rosko** (Président) (Mike Pasternak) (1943) Ra. **Rosnay**, *Arnaud* de (9-3-46) Spo. *Jenna* de (7-3-63) Spo. *Joël* (12-6-37) Au. *Stella* de (1963) U, Spo. **Ross,** *Diana* (26-3-44) U, C, A. *Herbert* (13-5-27) U, A, Cho, R. *Katharine* (29-1-43) U, A. ***Rossellini,*** *Isabella* (18-6-52) It, A, fille de *Roberto** (1906-77) It, R. **Rossen,** Robert (1908-66) U, R. **Rossi,** *Franco* (1919) It, R. *Laurent* (1949) C. *Maria* (de Renzulli) (25-1-50) C. *Tino* (1907-83) C. **Rossi-Drago,** Eleonora (Palmina Omiccioli) (1925) It, A. **Rossif,** Frédéric (1922-90) Pr, T, R.

Roth, Tim (1961) G.-B. A. **Rotha,** Paul (1907-84) GB, R, Pr. **Rothermere** (Lord) Vere Harold Esmond Harmsworth (1925-98). **Rothschild,** *Alain* de (1910-82). *Anselme* (1773-1855). *Benjamin* (30-7-63), fils d'Édmond. *Charles* (1788-1855). *David* (15-12-42) fils de Guy, Af. *Edmond* (1926-97) Af. *Édouard* (27-12-57) fils de Guy. *Élie* (1917). *Éric* (3-10-40) fils d'Alain. *Evelyn* (1931) GB, Bq. *Guy* (21-5-09) Af. *James* (1792-1868). *Marie-Hélène* (ép. de Guy) (1927-96) Mécène. *Meyer-Amschel* (1744-1812). *Nadine* (née Lhopitalier, actrice : N. Tellier, 1932) ép. d'Edmond. *Nathan* (1777-1836). *Philippe* (1902-88) A, Au, M, Viticulteur. *Philippine* (22-11-33) A. *Salomon* (1774-1855). **Rotten,** Johnny (Lydon) (31-1-56) GB, C. **Rouanet,** Pierre (12-5-21) J. **Rouart,** *Alexis* (1869-1921). *Ernest* (1943). *Eugène* (1872-1944). *Jean-Marie* (8-4-43) Au. *Louis* (1875-1964). **Roubaix,** François de (1939-75) Cp. **Roubaud,** Pierre (28-5-31) J, T. **Roucas,** Jean (Jean Avril) (1-2-52) Hum. ***Rouch,*** Jean (31-5-17) R. **Rouché,** Jacques (1862-1957) M. **Roud,** Richard (1929-89) U, Au, Cr. **Rouer,** Germaine (1897-1994) A. **Rouffio,** Jacques (14-8-28) R. **Rouland,** Jacques (1930) A, T. J.-Paul (28-5-28) A, Pr. **Rouleau,** *Éric* (Elie Raffoul) (1-7-26) J, Dip. *Raymond* (1904-81) Be, A, R. **Roulet**, *Dominique* (1949-99) Au, S. *Marcel* (22-1-33) Ing. **Roullier,** Daniel (4-11-35) Af. **Roumanoff,** Anne (25-9-65) Hum. **Roume,** Jean (1923-88) J. **Rouquier,** Georges (1909-89) R. **Rourke,** Mickey (16-7-53) U, A. **Roussel,** *Myriem* (26-2-61) A. *Paul*, J. *Thierry* (1953) Af. **Rousselet,** André (1-10-22) Af. **Rousselot,** Michel (10-7-31) Af. **Roussely,** François (9-1-45) responsable ministériel. **Rousset,** André (1930-2001) Prof., Sc. **Rousset-Rouard,** Yves (1-4-40) Pr, Po. **Roussillon,** J.-Paul (5-3-31) A, M. **Roussin,** André (1911-87) Au, A. **Roussos,** Demis (15-6-46) Gr, C. **Roustan,** Didier (1958) J.

Rouvel, Catherine (Vitale) (31-8-39) A. **Rouvillois,** Philippe (29-1-35) Af. **Rouvre,** Cyrille de (19-12-45) Af. **Roux,** *Ambroise* (1921-99) Af. *Annette* (4-8-42) Af. *Bernard* (15-8-34) Af. *Bernard* (5-6-35) Af. *Michel* (22-7-29) A. **Roverato,** Jean-François (10-9-44) Af. **Rowlands,** Gena (19-6-34) U, A. **Roy,** *Albert* du (de Blicquy) (2-8-38) J. *Jules* (1907-2000) Au. *Maurice* (21-11-29) J. **Royère,** Édouard de (26-6-32) Af. **Roze,** Jean (3-7-23) Af. **Rózsa,** Miklós (1907-95) Ho, Cp. **Rubik,** Erno (13-7-44) Ho, Inv, Scul. **Rubin,** Claude, An, T. **Ruegg,** Rolf (4-11-41) Su, Af. **Rufus** (Jacques Narcy) (19-12-42) A. **Ruggieri,** Ève (13-3-39) J. **Ruggiero,** Renato (9-4-30) It, Fonct. **Ruiz,** Raul (1941) Chili, Cin. **Run** DMC : groupe. **Ruquier,** Laurent (24-2-63) Pré, R, T. **Ruset,** Alexis (18-10-45) Af. **Rush,** Geoffrey, NZ, A. **Rushdi,** Fatma (1908-96) Ég, A. **Ruspoli,** Mario (1925-86) It, R. **Russel,** *Kurt* (17-3-51) U, A. *Léon* (2-4-41) U, Mu, C. ***Russell,*** *Jane* (21-6-21) U, A. *Kenneth** (4-3-27) GB, R. *Leon* (1942) U, Mu. *Rosalind* (1912-76) U, A. **Rutherford,** Margaret (1892-1972) GB, A. **Ruttmann,** Walter (1887-1941) All, R. **Ryan,** Robert (1909-73) U, A. **Rydell,** Mark (1934) U, R. **Rykiel,** Sonia (Flis) (25-5-30) Cou. **Rysel,** Ded (1903-75) C, A.

Saatchi, *Charles* (9-6-43). *Maurice* (21-6-46) GB, Af. **Sabas,** André (20-11-30) J, T. **Sabatier,** *Patrick* (12-11-51) An. *William* (1923) A. **Sabbagh,** Pierre (1918-94) J. **Sabine,** Thierry (1947-86) Rallye. **Sablier,** Édouard (Chamard) (29-2-20) J. **Sablon,** *Germaine* (1899-1985) C. *Jean* (1906-94) C. **Sabouret,** Yves (15-4-36) Insp Fin. **Sabrina** (S. Salerno) (15-3-68) It, C. **Sabrincu**, Bazar (1943) Tu, R. **Sabu,** (Sabu Dastagir) (Ind. 1924-63) U, A. **Sade** (Hélène Folassade Adu) (16-1-59) GB, C. **Sadoun,** Roland (9-8-23) Af. **Sagar,** Hemant (26-9-57) In, Cou. **Sainderichin,** Gabrielle (1925) An. **Saint,** Eva-Marie (4-7-24) U, A. **Saint-Bris,** Gonzague (26-1-48) J. **Saint-Cyr,** Renée (M.-Louise Vittore, Mme C. Lautner) (16-11-07) A. **Saint-Denis,** Michel (1897-1971) A. **Saint-Geours,** *Frédéric* (20-4-50) Af. *Jean* (24-4-25) son père, Af. **Saint-Granier** (J. Granier de Cassagnac) (1890-1976) A, Au, Ch. **Saint-Huberty** (Cécile Clavel) (1756-1812) C. **Saint Laurent,** Yves (1-8-36) Cou. **Saint-Paul,** Gérard (25-6-41) J. **Saint-Prix** (Jean Amable Foucault) (1758-1834) A. **Sainville** (1805-54) A. **Sakiz,** Édouard (17-4-26) Af.

Sales, Claude (21-7-30) J. **Salinger,** Pierre (14-6-25) U, J. **Sallebert,** Jacques (1920-2000) J. **Sallenave,** Danièle (28-10-40) Au. **Salmon,** *Alain* (1951-90) A. *André,* Au. *Robert* (6-4-18) J. **Salomon,** Georges (18-11-25) Af. **Salou,** Louis (Goulven) (1902-48) A. **Salvador,** Henri (Cording) (18-7-17) C, Cp. **Salvatori,** Renato (1933-88) It, A. **Salviac,** Pierre (1946) J. **Samary,** Jeanne (1857-90) A. **Samie,** Catherine (3-2-33) A. **Samivel** (Paul Gayet) (1907-92) Au.

☞ **Des milliers d'autres personnalités figurent dans Quid, consultez l'Index ou les chapitres Architecture, Danse, Histoire, Littérature, Politique, Sport, etc.**

Samson, Joseph (1793-1871) A. **Samsonov,** Samson (S. Edelstein) Ru, R. ***Sanda,*** Dominique (Varaigne) (11-3-51) A. **Sanders,** *Dirk* (1933) Cho. *George* (Ru, 1906-72) U, GB, A. **Sandoz,** Gérard (Gustave Stern) (1914-88) Pol, J. **Sandra** (S. Lauer) (18-5-62) All, C. **Sandre,** Didier (Maffre) (17-8-46) A. **Sandrel,** Micheline (Michèle Bardel), J. **Sandrelli,** Stefania (5-11-46) It, A. **Sangla,** Raoul (1-9-30) R, T. ***Sang-Ku*** et ***Huang-Sha*** (1916), Chi, R. **Sannier,** Henri (7-9-47) J. **Sanson,** Véronique (24-4-49) C, Cp. **Santana,** Carlos (20-7-49) Me, G, C. **Santelli,** Claude (17-6-23) Pr, Au. **Santi,** Jacques (1939-88) A. **Santini,** Pierre (9-8-38) A. **Santoni,** Joël (5-11-43) R. **Santos,** Roberto (1928-87) Br, M. **Sapho** (Danielle Ebguy) (10-1-50) C. **Saporta,** Karine (11-9-50) D. **Sapritch,** Alice (1916-90) A.

Sarandon, Susan (Tomaling) (4-10-46) U, A. **Sarapo,** Théo (Lamboukas) (1936-70) C, A. **Sarcey,** Martine (28-9-28) A. **Sarde,** Alain (21-6-48) Pr. **Sardou,** *Fernand* (1910-76) A. *Jackie* (Rollin) (1919-98) A. *Michel* (26-1-47) C. **Sarment,** Jean (Bellemère) (13-1-1897/29-3-1976) Au. **Sarocchi,** Claude (2-11-32) Af. **Sarraute,** *Claude* (Mme J.-F. Revel) (24-7-27) J, Au. *Nathalie* (Natacha Tcherniak, 1900-99), sa mère. **Sarre,** *Claude-Alain* (10-4-28) Af. *Georges* (26-11-35) Po. **Sasakawa**, Ryvichi (1899-1995) Jap, Af, lié à le pègre. **Sassy,** Jean-Paul (1925-92) M. **Sastre,** Inès (n.c.) Esp, Man, A. **Saulnier,** Jacques (1928) Déc. ***Saura,*** Carlos (4-1-32) Es, R. **Saurel,** Renée (Paule Allard) (1910-88) Cr. **Saury,** Maxime (1928) Cp, J. **Saussey,** Thierry (8-2-49) Af. ***Sautet,*** Claude (23-2-1924/27-7-2000) R. **Sautier,** René (16-2-23) Af. **Sautter,** Rémy (15-4-45) Af, T. **Sauvage,** *Catherine* (Jeanine Saunier) (1929-98) C. *Léo* (1913-88) Au, J. **Sauvageot,** Jacques (1923-97) J. **Saval,** Dany (Salle ; Mme M. Drucker) (5-1-42) A. **Savalas,** Telly (Aristotélès) (1924-94) U, A. **Savary,** *Alain* (1919-88) Po. *Jérôme* (27-6-42) Au, A, M. **Sax,** Guillaume de (1889-1946) A. **Scacchi,** Greta (1960) It, A. **Schaffner,** Franklin (1920-89) U, R. **Schatzberg,** Jerry (1927) U, M, Ph. **Scheider,** Roy (10-11-35) U, A. ***Schell,*** *Maria** (Margareth) (15-1-26) Aut, A. *Maximilian* (8-12-30) Aut, A.

Schepisi, Fred (26-12-39) Aus, R. **Scherrer,** *J.-Louis* (1935) Cou. *Laetitia* (1968). *Victor* (7-3-43) Af. **Schiaparelli,** Elsa (1890-1973) It, Cou. **Schiffer,** Claudia (25-8-70) All, Man. **Schiffman,** Suzanne (née Klochendler, 1930-2000) S. **Schindler,** Paul (29-8-41) Af. ***Schlesinger,*** *Helmut* (4-9-24) All, Bq. *John** (16-2-26) GB, R. ***Schlöndorff,*** Volker (31-3-39) All, R. **Schmelck,** Robert (1915-90) Mag. ***Schmid,*** Daniel (1941) Su, R. ***Schneider,*** *Gilles* (25-9-43) J. *Hortense* (1833-1920) A. *Magda* (1908-96) Aut, A, mère de Romy. *Maria* (27-3-52) A. *Romy** (Rosemarie Albach-Retty) (23-9-1938/82) Aut, A. **Schnyder,** Franz (1910-93) Su, R. **Schoeller,** *François* (25-3-34) Af. *Guy* (11-7-15) Éd. **Schöenberg,** Béatrice (9-5-53) J. ***Schoendoerffer,*** Pierre (5-5-28) R, Au, Ph. **Schorm,** Evald (1931) Tc, R. **Schrader,** Paul (22-7-46) U, R. **Schroeder,** Barbet (26-4-41) Lux, R. **Schu,** Bernard (1947) An, Ra. **Schufftan,** Eugen (1893-77) All, Op. **Schurr,** Gérald (1915-89) Coll. **Schutz,** Maurice (1866-1955) A. **Schwab,** Klaus (1939) Su, Af. **Schwartzenberg,** *Léon* (2-12-23) Méd. *Roger-Gérard* (17-4-43) Un, Po. **Schwarzenegger,** Arnold (Aut, 30-7-47) U, A. **Schwarzkopf,** Norman (22-8-34) U, Gl. **Schweitzer,** *Albert* (1875-1965) Méd. prix Nobel. *Louis* (8-7-42) Af. ***Schygulla,*** *Hanna* (Pol, 25-12-43) All, A.

Sclavis, Louis (1953) Jazz, Clarinettiste, Saxophoniste. **Scob,** Édith (1937) A. **Scofield,** Paul (David S.) (21-1-22) GB, A. ***Scola,*** Ettore (10-5-31) It, R. ***Scorsese,*** Martin (17-11-42) U, R. **Scott,** *George* (1927-99) U, A. *Jack* (1938) U, C. *Randolf* (Randolph Crane) (1901-1987) U, A. *Ridley* (1939) GB, R. **Scotto,** Vincent (1876-1952) Cp. **Scott-Thomas,** Kristin (1960) GB, A. **Sears,** Richard (1863-1914) U, Af. **Seaton,** George (Stenius) (1911-79) U, R. **Sébastien,** Patrick (Boutaut) (14-11-53) An, Ch. **Seberg,** Jean (1938-79, suicidée) U, A. **Sédouy,** Alain de (15-11-29) J. **Seefried,** Irmgard (1919-88) Aut, C. **Seeger,** Pete (3-5-19) U, C. **Segal,** *George* (13-1-34) U, A. *Gilles,* A. *Marcelle* (Schereschewsky) (1896-1998). **Segara,** Hélène (Rizzo) (26-3-71) C. **Segond-Weber** (1867-1941) A. **Seguela,** Jacques (23-2-34) Pu. **Séguillon,** Pierre-Luc (13-9-40) J. **Seguin,** Philippe (21-4-43) Po. **Seigner,** *Emmanuelle* (petite-fille de Louis, nièce de Françoise) A. *Françoise* (7-4-28) A, fille de *Louis* (1903-91) A. *Mathilde* A. **Seillière,** Ernest-Antoine (20-12-37) Af, S. **Selfridge,** Harry (1858-1947) U, Af. **Sellars,** Peter (27-9-57) U, Th. **Selleck,** Tom (21-1-45) U, A. **Seller,** *Jacques,* M. *Robert* (1889-1967) A. **Sellers,** *Catherine* (1928) A. *Peter* (1925-80) GB, A. **Sellner,** Rudolf (1905-90) A, M. **Selznick,** David (1902-65) U, R.

Sem (Georges Goursat) (1863-1934) Des. **Semon,** Larry (1889-1928) U, A. **Sempé,** J.-Jacques (17-8-32) Des. **Sempermans,** Françoise, Af. ***Sen,*** Mrinal (14-5-23) In, R. **Sennep** (J.-J. Pennes) (1894-1982) Des. **Sennett,** Mack (Michael Sinnot) (1880-1960) U, A, R. **Senneville,** Paul de (30-7-33) Af. **Senney,** Jean (1894-1982). **Sensemat,** Jean-Claude (14-4-51) Af. **Sereys,** Jacques (2-6-28) A. **Serge,** Jean (S. Messberg) (1916-98) Th. **Serieyx,** Hervé (13-7-37) Af. **Sérillon,** Claude (20-10-50) J. **Sernas,** Jacques (1925) Lit, A. ***Serrault,*** Michel (24-1-28) A. **Serre,** J.-Claude (1938) Des. **Serreau,** *Coline* (1947) R. *Jean-Marie* (1917-73) A, M. **Sert,** *José Maria* (1876-1945). *Misia* (Marie Godebska) (1872-1949) Mu, Au, Man. **Serullaz,** Maurice (1914-97) Cr Art. **Servais,** *Jean* (1910-76) Be, A. *Raoul* (1928) Be, R. **Servan-Schreiber,** *Jean-Claude* (11-4-18) J. *Jean-Jacques,* voir à l'Index. *Jean-Louis* (31-10-37) J. **Servier,** *Élisa* (5-5-55) A. *Jacques* (9-2-22) Méd, Af. **Séty,** Gérard (Plouviez) (1922-98) A. **Setzer,** Brian (10-4-59) U, C. **Seul,** Gérard (14-9-35) Af. **Séveno,** Maurice (6-6-25) J. **Séverin-Mars** (1873-1921) A. **Séverine** (Josiane Grizeau) (1949) C. **Sevez,** Jean-Louis (22-5-49), Pré. **Sevilla,** Carmen (16-10-30) Es, A, Da. **Sevran,** Pascal (Jean-Claude Jouhaud) (16-10-45) Au, T. **Sex Pistols** (The) : Steve Jones (3-5-55), Paul Cook (27-7-56), Sid Vicious (John Simon Ritchie) (1957-79), Johnny Rotten (31-1-56) GB, C. **Seydoux Fornier de Clausonne,** *Jérôme* (21-9-34) Af. *Michel* (11-9-1947) Pr. *Nicolas* (16-7-39) Af ; tous les 3 fils de *René* (1903-73). **Seymour,** *Jane* (Joyce Frankenberg) (15-2-51) GB, A. *Stéphanie* (1968) U, Man. **Seyrig,** Delphine (1932-90) A. **Seys,** Jean-Claude (13-11-38) Bq. **Sèze,** Amaury-Daniel de (7-5-46) Af.

Shadows (The) : Hank Marvin (28-10-41), Bruce Welch (2-11-41), Ian Samwell, Terry Smart, GB, Mu. **Shah,** Nascerudin (n.c.) In, A. **Shankar,** Ravi (7-4-20) In, Mu. **Shapiro,** Robert (2-9-42) U. **Sharif,** Omar (Omar Shalhoub) (10-4-32) Ég, A. **Shaw,** *Artie* (Arshawsky) (23-5-10) U, Mu. *Robert* (1927-78) GB, A. (1916-99) U, C d'or. *Sandie* (Sandra Goodrich) (26-2-47) GB, C. **Shayne,** Robert (R. Shaen Dawe) (1910-92) U, A. **Shearer,** *Moira* (King) (17-1-26) GB, A, Da. *Norma* (1900-83) Ca, A. **Sheen,** *Charlie* (3-9-65) U, A. *Martin* (Ramon Estevez) (3-8-40) U, A. **Sheila** (Annie Chancel, divorcée de Guy Bayle) (16-8-45) C. **Sheller,** William (9-7-46) C. **Shelton,** Gilbert (31-5-40) U, S, Dess. **Shen Congwen** (1903-88) Chine, Au. **Shepard,** Sam (Rogers) (5-11-43) U, A. **Shepherd,** Cybill (18-2-50) U, A. **Shepp**, Archie (1937) U, Mu, Ch. **Sheridan,** *Ann* (1915-67) U, A. *Jim* (1949) Irl, M. **Shields,** Brooke (31-5-65) U, A. **Shimkus,** Johanna (Ca 1943) GB, A. ***Shindo,*** Kaneto (1912) Jap, R. **Shore**, Frances Rose (Dinah) (1917-94) U, Ch. **Shrimpton,** Jean (6-11-42, 1,74 m, 86-59-89) GB, Man. **Shuman,** Mort (Mortimer) (1936-91) U, A, C.

Sibirskaïa, Nadia (Jeanne Brunet) (1901-80) A. **Siclier,** Jacques (27-3-27) Au, J. **Siddons,** Sarah (1755-1831) GB, A. **Sidney,** *George* (Sammy Greenfield) (1911) U, M. *Sylvia* (Sophia Kosow) (1910-99) U, A. **Sieff,** Jean-Loup (1923-2000) Ph. **Siegel,** *Don* (1912-91) U, R. *Maurice* (1919-85) J, R. ***Signoret,*** *Gabriel** (1872-1937) A. *Simone** (Kaminker, Mme Yves Montand) (1921-85) A, Au. **Sigurd,** Jacques (Thomas) (1920-87) R. **Silhouette,** Étienne de (1704-67) contrôleur des finances mars-nov. 1759 (d'où passage rapide, dessin ébauché). **Silver,** Ron (7-2-46) U, A. **Silvy,** Édouard (2-6-37) Af. **Sim** (Simon Berryer) (21-7-26) A. **Simak,** Clifford (1904-88) U, Au, J. **Simard,** *René* (1963) et *Nathalie* (1972) C. ***Simmons,*** Jean (31-1-29) GB, A. ***Simon,*** *Albert* (1920) R. *David* (24-7-39) GB, Af. *Jean-Claude* (10-9-23) Un. *Marcel* (1872-1958) A. *Michel** (Su, 1895-1975) A. *Paul* (13-10-41) U, C. *Simone** (23-4-11) A. *Yves* (3-5-44) C, Cp. **Simone** (*Pauline Benda,* Mme F. Porché) (1877-1985) A. *Nina* (Eunice Waymon) (21-1-33) U, C. **Simonet,** *Gilbert* (9-5-32) Af. *Paul* (22-2-12) Af. *Puck* (13-3-28) Af. **Simonetta,** Brigitte (27-3-54) J. **Simon-Girard,** Aimé (1889-1950) A. **Simple Minds** (Jim Kerr) (9-7-59) GB, C. **Simply Red** (Mick Hucknall) (8-6-60) U, C. **Simpson,** O.J. (9-7-47) U, A. ***Sinatra,*** *Frank** (12-12-1915/14-5-1998) U, C, A. *Nancy* (12-12-40) U, C. **Sinclair,** *Anne* (15-7-48) J. *Sir Clive* (30-7-40) GB, Af, Inv. **Siné,** Maurice (Sinet) (31-12-28) Des. **Singer,** Winaretta (P[cessé] Edmond de Polignac (1865-1943). **Singher,** Martial (1904-90) C. **Sinigalia,** Annie (26-6-44) A. **Sinoël** (Jean-Léonis Blès) (1868-1949) A. **Siodmak,** *Curt* (1902-2000) All, R. *Robert* (1900-73) U, R. **Sipriot,** Pierre (16-1-21/13-12-98) J, Au.

Sire, Gérard (1927-77) T. **Sirius** (Max Mayeu) (1912-97) Des. (Hubert Beuve-Méry) (1902-89) J. ***Sirk,*** Douglas (Detlef Sierck) (1897-1987) U, R. **Sivel,** William (1908-82, né en Grèce). ***Sjöberg,*** Alf (1903-80) Suè, R. ***Sjöman,*** Vilgot (1924-80) Suè, R. ***Sjöström,*** Victor (1879-1960) Suè, A, R. **Skelton,** Red (18-7-10) U, A. **Skolimowski,** Jerzy (5-5-38) Pol, R. **Slater,** Christian (18-8-69) U, A. **Sled,** Pierre (Sledziewski) (25-7-68) J. **Smaïn** (S. Fairouze) (3-1-1958) Hum, A. **Smalto,** Francesco (5-11-27) It, Cou. **Smith,** *Dodic* (1904-91) Au. *Maggie* (28-12-34) GB, A. *Patti* (30-12-46) U, C, Cp. *Will* (25-9-68) U, Mu. **Smithee,** Alan U, R (pseudonyme). **Snoop Doggy Dogg** : groupe. **Söderbaum,** Kristina (Suè, 1912-2001) All, A. **Soderbergh,** Steven (14-1-63) U, R. **Sœur Sourire** (Jeanne Deckers) (1933-85) Be, C. **Solaar** MC, (Claude M'Barabi) (Dakar 1969). **Solal,** *Jean-Louis* (29-4-28) Af. *Martial* (23-8-27) Jazz, Pi. ***Solanas,*** Fernando Arg, R. **Solares,** Gilberto Martinez (1906-97) Mex, Cin. **Soldati,** Mario (17-11-06) It, Au, R. **Soleil** (Madame) Germaine (18-7-1913/27-10-1996) Ast, Pré. **Soler**, Antonio Ruiz, dit El Bailaren (1922-96). **Solidor,** Suzy (Rocher) (1906-83) A, C. **Solleville,** Francesca (1932) C. **Solness,** Jacques (30-9-25) T. **Solo,** François (1933) Des. **Sologne,** Madeleine (Vouillon) (1912-95) A. **Solvay,** Ernest (1838-1922) Be, Inv.

Sommer, Roger (1877-1973) Af. **Sommerville,** Jimmy (1961) GB, C. **Somogy,** Aimery (1897) Éd. **Sondergaard,** Gale (1899-1985) U, A. **Sonnenfeld,** Barry (1953) R. **Sophie** (Arlette Hecquet) (1944) C. **Soral,** Agnès (8-6-60) A. **Sorano,** Daniel (1920-62) A. ***Sordi,*** Alberto (15-6-20) It, A. **Sorel,** *Cécile* (Seurre) (1873-1966) A. *Jean* (de Combaud) (25-9-34) A. **Sorge,** Richard (1895-1944) Ur, espion. **Soria,** *Pierre* (n.c.-98) Arch. *Georges* (1914-91) J. **Sorman,** Guy (10-3-44) Au, J. **Soros,** George (or. ho, 1930) U, Af. **Sotha** (Catherine Sigaux) (1944) A. **Sothern,** Ann (Harriette Lake) (22-1-09) U, A. **Soubie,** Roger (14-6-1898) Des. **Souchier,** Dominique (25-11-47) J, Ra. **Souchon,** Alain (27-5-44) C. **Soul,** David (Solberg) (28-8-43) U, A. **Soul Asylum,** Dave Pirner, U, C. **Soulas,** Philippe (15-8-32) Des. **Souplex,** Raymond (Guillermain) (1901-72) A, Ch. **Sourza,** Jeanne (1904-69) A. **Southern**, Terry (1926-96) U, S, Au. ***Soutter,*** Michel (1932-91) Su, R. **Souvais,** Michel (1946) Au. **Souza,** Herbert de (1936-97) Br. Soci.

Spaak, *Catherine* (1942) Be, A. *Charles* (Be, 1903-75) S, Di. **Spacek,** Sissy (25-12-49) U, A. **Spade,** Henri (Spada) (16-7-21) Au, M. **Spagna** (16-12-59) It, C. **Spears,** Britney (2-12-81) U, C. **Spedding,** David (7-3-1943/13-6-2001) GB, espion. **Spencer,** Bud (Carlo Pendersoli) (31-10-29) It, A. **Spice Girls** : Victoria Aadams (7-4-75), Melanie Janine Brown (29-5-75), Emma Lee Bunton (21-1-76), Melanie Jayne Chisholm (12-1-74), Geraldine Estelle Halliwell (6-8-72, quitte le groupe en 1998), GB, C. **Spiegel,** Sam (or. pol, 1903-85) U, Pr. ***Spielberg,*** Steven (18-12-47) U, R. **Spiero,** J.-Pierre (4-8-37) R, T. **Spiers,** Pierre (1917-80) C d'or. **Spindler,** Bernard (3-5-39) J. **Spinetta,** *Adrien* (1908-98) Ing. *Jean-Cyril* (4-10-43) préfet. **Spira,** Françoise (1928-65) A. **Spock,** Benjamin (1903-98) U, pédiatre. **Spook,** Per (1939) Nor, Cou. **Sringfield,** Dusty (Mary O'Brien) (1939-99) G.-B., C. **Springsteen,** Bruce (23-9-49) U, C, Cp. **Stack,** Robert (Modini) (13-1-19) U, A. **Stacy**, Jess (1904-95) U, Mu. ***Stallone,*** Sylvester (Gardenzio) (6-7-46) U, A, R. **Stamp,** Terence (22-7-39) GB, A. **Stanczack,** Wadeck (30-11-61) A. **Stanton,** Harry Dean (14-7-26) U, A. ***Stanwyck,*** Barbara (Ruby Stevens) (1907-90) U, A. **Starewitch** Ladislas (Ur 1882-1965) R. **Stark,** *Johnny* (Roger Oscar Émile) (1924-89) Imp. *Philippe* (18-1-49) F, Designer. **Starr,** Ringo (Richard Starkey) (7-7-40) GB, C. ***Staudte,*** Wolfgang (1906-84) All, R.

Steel, Anthony (21-5-20) GB, A. **Steele,** Tommy (Hicks) (17-12-36) GB, C. **Steenburgen,** Mary (8-2-53) U, A. **Steiger**, Rod (14-4-25) U, A. **Steiner,** Max (1888-1972) Aut, Mu. **Steinlen,** Théophile Alexandre (1859-1923) Des. **Stekly,** Karel (1903-86) Tc, R. **Stella** (Stella Zelcer) (12-12-50) C. **Sten,** Anna (Sujakevich) (Ru, 1908-93) U, A. **Stéphen,** Pierre (1890-1980) A. **Stéphane,** *Nicole* (de Rothschild) A, R, Pr. *Roger* (Worms) (1919-94) Au, Pr. **Stern,** Jacques (21-3-32) Af. ***Sternberg,*** Joseph *von* (Aut 1894-1969) U, R. **Stévenin,** J.-François (1944) A. ***Stevens,*** *Cat* (Steve Georgiou, *Yusef* Islam) (21-7-47) GB, C. *George** (1904-75) U, R. *James** (Maintland) (20-5-08) U, A. ***Stewart,*** *Alexandra* (10-6-39) Ca, A. *James** ((Maitland) 1908-97) U, A. *Martha* (3-8-41) U, J. ***Rod*** (Roderick David) (10-1-45) GB, C. **Still,** Pierre (Letévé) (1914-75) Ch. ***Stiller,*** Mauritz (1883-1928) Finl, R, As. **Stills,** Stephen (3-1-45) U, C. **Sting** (Gordon Sumner) (2-10-51) GB, C, A. **Stivell,** Alan (Alain Cochevelou) (6-1-44) Au, Cp, C. **Stockwell,** Dean (5-3-36) U, A. **Stone** *(Annie Gautrat)* (31-7-47) C. *Isador-Feinstein* (1908-89) U, J. *Oliver** (15-9-46) U, M. *Sharon* (10-3-58) U, A. **Stoppa,** Paolo (1906-88) It, A. **Storaro,** Vittorio (1940) It, Cin. **Storck,** Henri (5-9-1907/17-9-1999) Be, R. **Storm** (Niels Robitzky) All, Da.

Stranglers (The) : Hugh Cornwell (28-8-49), Jean-Jacques Burnel (21-2-52), Dave Greenfield (29-3-49), Jet Black (26-8-38) GB, C. **Strasberg,** Susan (22-5-38) U, A. **Straub,** Jean-Marie (1933) R. **Strauss,** Levi (1829-1902) U, Af. ***Streep,*** Meryl (22-6-49) U, A. **Strehler,** Giorgio (1921-97) It, M. ***Streisand,*** Barbra (24-4-42) U, A, C. **Stricker,** Willy (10-7-42) Af. ***Stroheim,*** Eric *von* (Aut, 1885-1957) U, R, A. **Stroyberg,** Annette (1936) Dan, A. **Stuckenschmidt,** Hans (1901-88) All, Cr. **Studebaker,** Clement (1831-1901) U, Af. ***Sturges,*** *John** (1911-92) U, M. *Preston* (Edmond P. Biden) (1898-1959) U, R. **Suard,** Pierre (9-11-34) Af. **Sucksdorff,** Arne (3-2-17) Suè, R. **Suffel,** Madeleine (1904-74) A. **Suffert,** Georges (14-7-27) J, Au. **Sugarhill Gang** (1979 : *Rapper's Delight,* 1er disque) : groupe rap. **Sulitzer,** Paul-Loup (22-7-46) Af. **Sullavan,** Margaret (Brooke) (1911-60) U, A. **Sullivan** (1945) C. Barry (Patrick Barry) (1912-94) U, A.

Sumac, Yma (Emparatriz Chavarri) (10-9-27) Pérou, C. **Summer,** Donna (Gaines) (31-12-48) U, C. **Sun Ra** (Sonny Blount) (1925-93) U, Mu. **Supertramp** (GB) : R. Davies, R. Hodgson (21-3-50), J.A. Helliwell, D. Thomson, B.C. Benberg (1970) U. **Surfs** (Les) : (Madagascar) (Coco, Dave, Pat, Rocky, Monique et Nicole Rabaroana) C. **Sutherland,** *Donald* (17-7-35) Ca, A. *Peter* (25-4-46) GB, Po. **Suza,** Linda de (Téolinda Lança) (22-2-48) Port, C. **Swaim,** Bob (2-11-43) U, R. ***Swanson,*** Gloria (Svensson) (1899-1983) U, A (1,50 m). **Swayze,** Patrick (18-8-52) U, A. **Sweet,** Blanche (Daphne Wayne) (1896-1986) U, A. **Swift** Master († 27-5-1932, suicide) roi du corned-beef. ***Sydow,*** Max *von* (10-4-29) Suè, A. **Sylva,** Berthe (Faquet) (1886-1941) C. **Sylvestre,** Anne (Beugras) (1934) C. **Sylvia,** Gaby (Zignani) (1920-80) A. **Sylvie** (Louise Sylvain Mainguené) (1883-1970) A. **Syrota,** Jean (9-2-37) Ing. ***Szabo,*** Istvàn (18-2-1938) Ho, R. **Szeryng,** Henryk (1909-88) Mex, Viol.

Tabarin (Antoine Girard) (1584-1633) Au, A. **Tabouis,** Geneviève (1892-1985) J. ***Tacchella,*** J.-Charles (23-9-25) R. **Tachan,** Henri (Tachdjian) (2-9-39) C. **Taittinger,** *Pierre* (1887-1965) Po, Af, père de : *Guy* (1918-78), *François* (1921-60), *Jean* [(25-1-1923) Po, Af., père d'*Anne-Claire* (3-11-49)], *Pierre-Christian* (15-2-1926) Po, *Claude* (2-10-1927) Af. **Talaska,** Henri (24-11-45) Af. **Talazac,** Odette († 1948) A. **Talbot,** Pierre († 1998) Méd. **Tallier,** Armand (1887-1958) A. **Tallon,** Roger (6-3-29) Ing. **Talma,** François-Joseph (1763/19-10-1826) A. **Talmadge,** Norma (1893-1957) U, A. **Tamiroff,** Akim (Ur, 1899-1972) U, A. ***Tanner,*** Alain (6-12-29) Su, R. **Tapie,** Bernard (26-1-43) Af. **Tappert,** Horst (26-5-23) All., A. ***Tarantino,*** Quentin (1963) U, R. **Tarbès,** *André* (1917-97) Af. *Monique* (1937) A. **Tardi,** Jacques (1946) Des. **Tardieu,** Michel (17-8-35) J, T. ***Tarkovski,*** Andreï (1932-86) Ur, R. **Tarlé,** Antoine de (23-9-39) Af, T. **Tarta,** Alexandre (1-6-28) R, Pr, T. **Tasca,** Catherine (13-12-41) Po. ***Tashlin,*** Frank (1913-72) U, R. **Tassencourt,** Marcelle (28-5-14) M, T.

Tata, Jehangin Ratanji (1904-93) In, Af. **Tate,** sir *Henry* (1819-99) GB, Af, Inv. *Sharon* (1943-69) U, A. ***Tati,*** Jacques (Tatischeff) (1908-82) R, A. **Tatlisés,** Ibrahim (1952) Tu, C. **Tatoo** (Hervé Villechaize 1,17 m) (1943-1993, suicide) A. **Tatu,** Michel (17-4-33) J. **Taurog,** Norman (1899-1981) U, M. **Tautou,** Audrey A. ***Tavernier,*** Bertrand (25-4-41) R. **Tavernost,** Nicolas de (28-8-50) T. **Taviani,** *Paolo* (8-11-31) et *Vittorio* (20-9-29) It, R. ***Taylor,*** *Art* (1929-95) U, Bat. *Elizabeth** (27-2-32) GB, A. Estelle (Boylan) U, A. Frederick W. (1856-1915) U, Éco. *Robert** (Spangler Arlington Brough) (1911-69) U, A. *Rod* (Rodney) (11-1-29) Aus, A. *Vince* (Maurice Holden) (1939-91) GB, C. **Tazieff,** Haroun (Varsovie, 11-5-1914/2-2-1998) Ing, Au, Sc, Cin, ancien Min. **Tcheng,** Cheng (1899) Chi, Au. **Tcherina,** Ludmilla (Monika Tchemerzine, Mme Raymond Roi) (10-10-24) Da. **Tcherkassov,** Nicolas (1903-66)

Ur, A. **Tchernia,** Pierre (Tcherniakovsky) (29-1-28) An, R, T. ***Tchiaourelli,*** Mikhaïl (1894-1974) Ur, R. ***Tchoukrai,*** Grigori (1921) Ur, R. **Tchuruk,** Serge (13-11-37) Af. **Tearle,** Conway (Frederick Levy) (1878-1938) U, A. ***Téchiné,*** André (13-3-43) R. **Teissier,** Élisabeth (Mme Teissier du Cros) (6-1-38) A, T.

Téléphone : J.-L. Aubert (12-4-55), L. Bertignac (23-2-54), C. Marienneau (7-3-52), R. Kolinka (7-7-53) C. **Tell,** Diane (D. Fortin) (24-12-60) Ca, C. **Temerson,** Jean (1898-1956) A. **Temple,** Shirley (23-4-28) U, A. **Tendron,** René (8-3-34) J. **Tennberg,** J.-Marc (1918-73) Ch. **Ténot,** Franck (31-10-25) J. **Terayama,** Shuji (1935-83) Jap, S, R. **Terrail,** Claude (4-12-17) Rest. **Terrane,** Jacques (1918-41) A. **Terry,** Alice (Taafe) (1899-1987) U, A. Ellen (1848-1928) GB, A. **Terry Ingram,** Alice Taafe (1899-1987) U, A. **Terry-Thomas** (Thomas Terry Hoarstevens) (1911-90) GB, A. **Terzian,** Alain (2-5-49) Pr. **Terzieff,** Laurent (Tchemerzine) (27-6-35) A. **Tessier,** *Marc* (21-7-46) Af. *Valentine* (1892-1981) A. **Tesson,** Philippe (1-3-28) J. **Tetsu** (Roger Testu) (12-7-13) Des, Pe. **Teulade,** René (17-6-31) Af. **Texel,** Paul, P-Bas, C. **Teynac,** Maurice (Garros) (1915-92) A. **Tézenas du Montcel,** Henri (1943-94) Un.

Thalberg, Irving (1899-1936) U, Pr. **Thamar,** Tilda (Mathilde Abrecht) (1921-89) Arg, A. **Theodorakis,** Mikis (29-7-25) Gr, Cp. **Thérésa** (Emma Valladon) (1837-1913) C. **Théret,** Max (6-1-13) Af. **Théron,** *Charlize* Afr. S, Man, A. *André* (1926) J, Ra, T. **Thérond,** Roger (1924-2001) J. **Théry,** Irène (n.c.) Soci. **Thévenet,** René (5-5-26) Pr. **Thévenin,** Raymond (1915-80) J. **Thévenon,** Patrick (1935-89) J. **Thévenot,** Jean (1916-83) J. **Thibaud,** Anna (Marie-Louise Thibaudot) (1891-1936) C. **Thibault,** J.-Marc (24-8-23) A. **Thibeault,** Fabienne (17-6-52) Ca, C. **Thiéfaine,** Hubert-Félix (1948) Cp, C. ***Thiele,*** *Rolf* (1918-96) All, Pr, R. Wilhelm (1890-1975) U, R. **Thil,** Georges (1897-1984) C. **Thinnes,** Roy (18-6-47) U, A. **Thirard,** Armand (1899-1973) Op. **Thiriet,** Maurice (1906-72) Cp. **Thiriez,** Gérard (25-10-18) Af. **Thiron** (1830-91) A. ***Thomas,*** *Charles* (1935-99) U, Pi. *Guy* (1924-92) J. *Pascal** (1945) R. *René* (13-1-29) Af. *Robert* (1930-89) Au. **Thomass,** Chantal (5-9-47) Cou. **Thome-Patenôtre,** Jacqueline (1906-95) Po. **Thompson,** *Danièle* (3-1-42) S, J. *Emma* (1959) GB, A. *Lee* (1914) GB, R. *Richard* (3-4-49) GB, Mu. **Thorndike,** Sybil (1882-1976) GB, A. **Thornton,** Billy Bob. **Thorpe,** Richard (Rollo Smolt Thorpe) (1896-1991) U, M. ***Thulin,*** Ingrid (27-1-29) Suè, A. **Thunders,** Johnny. **Thurman,** Uma (1972) A, 1,84 m.

Tierney, Gene (1920-91) U, A. **Tietmeyer,** Hans (18-8-31) All, Éco. **Tiffany,** Charles Lewis (1812-1902) U, Af. ***Tiller,*** Nadia (1929) Aut, A. **Tilley,** Testa (1864-1952) GB, Cl. **Tillon,** Germaine (30-5-07) Et. **Tim** (Louis Mitelberg) (29-1-19) Des. **Timmer,** Jan (20-2-33) P-Bas, Af. **Timsit,** Patrick (15-7-59) Hum. **Tinbergen,** Nikolaas (1907-88) GB, Éthologiste. **Tiomkine,** Dimitri (Ur 1899-1979) U, Cp. **Tippett,** sir Michael (1905-98) GB, Th. **Tison,** Jean-Pierre (1-5-43) J, R. **Tisot,** Henri (1-6-37) A. **Tissier,** Jean (1896-1973) A. **Tissot,** Alice (1895-1971) A. **Titre,** Claude (1930-85) A. **To Be Three** (2 Be 3) : Filip Nikolic (1-9-74), Adel Kachermi (2-12-75), Franck Delahaye (2-10-74) C. **Todd,** *Ann* (1909-93) GB, A. *Michael* (Avrom Goldenberg) (1907-58) U, Pr. *Olivier* (19-6-29) J, Au. *Richard* (Andrew Palethorpe) (11-6-19) GB, A. **Tœsca,** Marc (20-10-55) An, T. **Tognazzi,** Ugo (1922-90) It, A. **Toja,** Jacques (1929-96) A. **Toland,** Gregg (1904-47) U, Op. **Tolbi,** Abdelaziz (1937) Alg, R. **Tomlinson,** David (1917) GB, A. **Tone,** Franchot (1903-68) U, A. **Tonietti,** Anne (It 1940) A. **Topaloff,** Patrick (10-12-44) Ra, C. **Topart,** Jean (1927) A. **Topor,** Roland, (1938-97) Des, Au.

Torn, Rip (6-2-31) U, A. **Tornade,** Pierre (Tournadre) (21-1-30) A. **Tornatore,** Giuseppe (1956) It, R. **Torr,** Michèle (7-4-47) C. ***Torre-Nilsson,*** Leopoldo (1924-78) Ar, R. **Torrent,** André (27-7-45) Be, An. **Torreton,** Philippe (13-10-65) A. **Torrente** (Rose Mett) (14-4-32) Cou. **Torres,** *Henry,* Av. *Raquel* (Paula Marie Osterman) (1909-87) U, A. **Tortora,** Stéphane, J, T. **Toscan du Plantier,** Daniel (7-4-41) Af. **Tosh,** Peter (Winston Hubret McIntosh) (1944-87) Jq, C, Cp. **Toto** (Antonio de Curtis) (1898-1967) It, A. **Touchard,** Pierre-Aimé (1903-87). **Toufic,** Samira (Raymonde), Lib, C. **Toulout,** Jean (1887-1962) A. **Touraine,** *Agnès* (fille de René, 18-2-55) Af. *René* (1928-88) Méd. **Touré,** *Kunda* (24-4-50), *Ousmane* (19-11-55), *Sixu* (16-5-50) C. **Touret,** Michel (6-7-41) An, Ra. ***Tourneur,*** *Jacques** (1904-77) U, R. *Maurice* (Thomas) (1876-1961) R. **Toutain,** Roland (1905-77) A. **Touzet,** Corinne (21-12-59) A. **Townsend,** Peter (1914-95) GB, Mil, Au. **Townshend,** Peter dit Pete (19-5-45) GB, Mu. **Tozzi,** Umberto (4-3-51) It., C.

Trabaud, Pierre (1925) A. **Traboulsi,** Samir, Lib, Af. ***Tracy,*** Spencer (1900-67) U, A. **Tramel** (Félicien Martel) (1880-1948) A. **Tramiel,** Jack (1928) U, Af. **Tranchant,** Jean (1904-72) Au, Cp. ***Trauberg,*** *Ilia** (1905-48) Ur, R. *Léonid* (1902-90) Ur, R. **Trauner,** Alexandre (Ho 1906-93) Déc. **Travolta;** John (18-2-54) U, A. **Trebor,** Robert (Fleuriau) (1879-1942) Au. **Trefusis,** Violet (1894-1972) GB, Au. **Tréjan,** Guy (Treichler) (1921-2001) A. **Trelluyer,** Michel (4-2-34) T. **Trenet,** Charles (1913-2001) C, Cp, A. **Trenker,** Luis (1893-1990) It, R. **Trent D'Arby,** Terence (15-3-62) U, C. **Tresca,** Caroline (21-7-59) An, T. **Tresserra,** Philippe (1959-90) Da, Cho. **Trevi,** Gloria (de Los Angeles Trevino) Mex, C. **Tréville,** Roger (1902) A. **Trevor,** Claire (Wemlinger) (8-3-09) U, A. **Trez** (Alain Tredez) (2-2-26) Des. **Trichet,** Jean-Claude (20-12-42) Af. ***Trier,*** Lars von, (1956) Dan, R. **Trigano,** *Gilbert* (1920-2001) Af. *Serge* (24-5-1946) Af. ***Trintignant,*** *J.-Louis** (11-12-30) A. *Maurice* (30-10-17) Coureur Auto. *Marie* (21-1-62) A. *Nadine* (Marquand) (11-11-34) R. ***Trnka,*** Jiri (1910-69) Tc, R. ***Troell,*** Jan (1931) Suè, R. **Troisgros,** Pierre (3-9-28) Cui. **Troisi,** Massimo (1955-94) It, A, R. **Trois Ménestrels** (Les) (1956-76) : Jean-Louis Fénéglio (assassiné 1976), Raymond de Rycker († 7-9-1996), Maria Sandrini. **Trotta,** Margarethe von (21-4-42) All, A, R. ***Truffaut,*** *François** (Lévy) (1932-84) R, Cr. *Paul-Jacques* (19-7-31) J, Ra. **Trujillo,** Bernardo (1920-71) Col, Af. **Trumbo,** Dalton (1905-76) U, Au, S. **Trump,** *Donald* (14-6-44) U, Af. *Ivana.*

Tsarev, Mikhaïl (1904-87) Ur, A. **Tsukamoto,** Koichi (1920-98) Jap, Af. **Tuchmann-Duplessis** (1911-2001) Méd, Sc. **Tuffier,** Thierry (19-03-26) Ag. de Ch. **Tugendhat,** Gilles (1-8-45) Af. **Turcat,** André (23-10-21) Pilote. **Turckheim,** Charlotte de (5-4-55) A. **Turenne,** Henri de (19-11-21) J. **Turjman,** J.-Claude (17-8-40) J. **Turlington,** Christy (2-1-69) U, Man. **Turner,** *Joe* (1911-90) U, Pi. *Kathleen* (19-6-54) U, A. *Lana* (Julia Turner) (1920-95) U, A. *Ted* (19-1-38) U, Af. *Tina* (Annie Mae Bullock) (26-11-38) U, C. **Turpin,** Raymond (1896-1988) Généticien. **Turturo,** John (28-2-57) U, A. **Tushingham,** Rita (14-3-40) GB, A. **Twiggy** (Lesley Hornby) (19-9-49) U, C, Da (voir à l'Index). **Tyler,** *Bonnie* (Gaynor Hopkins) (8-6-53) GB, C. *Charles* (1941-92) U, Mu.

U2 : Bono (Paul Hewson) (10-5-60), Adam Clayton (13-3-60), The « Edge » (David Evans) (8-8-61), Larry Mullen (31-10-61) GB, C. ***Ucicky,*** Gustav (1900-61) All, R. **Uderzo,** Albert (25-4-27) Des. ***Ullman,*** *Liv** (Tokyo, 16-12-38) Nor, A, R. *Marc,* J. ***Ulmer,*** *Edgard** (Aut., 1900-72) U, R. *Georges* (Jorgen) (Dan 1919-89) C, Cp. **Ulrich,** Maurice (16-1-25) Po. **Ungaro,** Emmanuel (13-2-33) Cou. **Ungerer,** Tomi (28-11-31) Des. **Ursull,** Joëlle (9-11-60) C. ***Ustinov,*** Peter (16-4-21) GB, A, R. **Uys,** Jamie (1920-96) Afr. S, Cin.

Vabre, Jacques († 1996) Af. ***Vadim,*** Roger (Plemiannikov) (26-1-1928/11-2-2000) R. **Vaillant-Couturier,** Marie-Claude (1912-96) Po. **Vaillard,** Pierre-Jean (1918-88) A, Ch. **Vajda,** Ladislav (1905-65) Ho, M. **Vajou,** J.-Claude (16-3-29) Ra. **Valandray,** Charlotte (Anne Charlotte Pascal) (29-11-68) A. **Valardy,** André (Knoblauch) (Be, 17-5-38) A. **Valdes,** Mercedita (1928-96) Cu, Ch. **Valente,** Caterina (14-1-31) All, C. **Valentin** le Désossé (Étienne-Jules Renaudin) (1843-1907) Da. **Valentino,** Rudolph (Rodolfo Guglielmi di Valentino et par sa mère d'Antongnulla) (It 1895-1926) U, A. (1932) It, Cou. **Valère,** Simone (Gondolf) (2-8-21) A, épouse 6-2-98 Jean Dessailly. **Valéry,** François (J.-Louis Mougeot) (4-8-54) C. **Valette,** J.-Pierre (19-3-29) Af. **Vallée,** Marcel (1885-1957) A. ***Valli,*** Alida (Altenburger) (13-5-21) It, A. **Vallier,** Hélène (Poliakov-Boïdarov) (1932-88) A. **Vallières,** Benno-Claude (1910-89) Af. ***Vallone,*** Raf (17-2-17) It, A. **Valmy,** André (1919) A. **Valois,** Ninette de (Stannus Edris) (6-6-1898/8-3-2001) Irl, Da. **Valton,** Jean (1921-80) Ch. **Vamps** (Les) : Nicole Avezard (1951), Dominique de Lacoste (1958), Hum.

Van Cleef, Lee (1925-89) U, A. **Van Daele,** Edmond (1888) A. **Van Dam,** José (25-8-40) Be, C, op. **Van Damme,** Jean-Claude (Van Varenberg) (1961) Be, A. **Vanderbilt,** *Cornelius* (1794-1877) U, Af. *Gloria* (20-2-24) U, Mode. **Van der Keuken,** Johan (1938-2001) PB, R. **Vanderlove,** Anne (Van der Leeuwe) (P-Bas, 1943) C. **Vandersteen,** Willy († 1990) Des. **Van Dormael,** Jaco (9-2-57) Bel, Cin, R. **Vaneck,** Pierre (P. Van Hecke) (15-4-31) A. ***Vanel,*** Charles (1892-1989) A. ***Van Eyck,*** Peter (1913-69) U, A. **Vani,** Paule (1945) Ra. **Van Lee,** Loïs (1905-82) J. **Vannier,** *Élie* (Grunstein) (15-5-49) Af, J. *Marion* (24-4-50) Af. **Van Parys,** Georges (1902-71) Cp. **Van Peebles,** Mario (1958) U, R. **Van Ruymbeke,** Renaud (1952) Mag. **Vanzo,** Alain (2-04-28) C. **Varaut,** Jean-Marc (18-2-33) Av. ***Varda,*** Agnès (Be 30-5-28) R. **Varel** (André, né 1914) et BAILLY (Charles, né 1921) C. **Varen,** Olga (Poliakov) A. **Varennes,** Jacques (1894-1958) A. **Varna,** Henri (Vantard) (1897-1969) Pr. **Versano,** Daniel (1954-88) U, Pi. **Vartan,** Sylvie (15-8-44) C, Da. **Varte,** Rosy (22-11-27, Mme Pierre Badel) A. ***Vassiliev,*** *Anatoli* (1943) Ur, Au, Th. *Sergueï** (1895-1943) Ur, R. **Vassiliu,** Pierre (23-10-37) C. **Vattier,** Robert (1906-82) A. **Vaucaire,** Cora (Geneviève Collin) (1921) C. **Vaucouleurs,** Gérard de (1918-95) U, Astro. **Vaughan,** *Sarah* (1924-90) U, C. *Stevie Ray* (1954-90) U, G. **Vaughn,** Robert (22-11-32) U, A. **Vaujany,** Jean (1927) Af. **Vautel,** Clément (Vaulet) (1876-1954) J. **Vautherin** (1941-2000) Sc. **Vautrin,** Line (1913-97) Af.

Vebel, Christian (Schewaebel) (1911) Ch, J. ***Veber,*** Francis (28-7-37) R. **Vecchiali,** Paul (28-4-30) R. ***Védrès,*** Nicole (Raïs) (1911-65) R. **Vega,** Claude (1930) A. ***Veidt,*** Conrad (Weidt) (1893-1943) All, A. **Veil,** Antoine (28-7-26) Af. **Veille,** Pierre (1951) An, Ra. **Veiltet,** Pierre (2-10-43) J, Au. **Velez,** Lupe (1909-44) Mex, A. **Velle,** Louis (29-5-26) Au, A. **Veloso,** Caetano (1943) Br, C. **Velter,** Robert (1909-91) Des. **Velvet Underground** (1965, rock) : Lou Reed (2-3-43), John Cale (1942), Maurreen Tucker (1941), Sterling Morrison (1942-95), Angus Maclise G. **Venet,** Philippe (22-5-29) Cou. ***Ventura,*** *Lino** (Borrini, It 1919-87) A. *Ray* (1908-79) Pr, C d'or. **Vera-Ellen (Westmeyr Rohe) (1926-81) U, A. Verchuren,** André (Verschuere, 28-12-20) Acc. **Verdeil,** Guy (1929-92) Af. **Verdier,** Jean-Paul (1947) C. **Vergès,** Jacques (1925), Av. **Verley,** *Bernard* (4-10-39) A. *Renaud* (9-11-45) A. **Vermeersch,** Michel (20-12-28) Af. **Vermorel,** Claude (18-7-06) S, Ra. **Vermot,** Joseph (1862-93) Alm. **Vernes,** Jean-Marc (1922-96) Af. **Vernet,** *Claire* (1945) A. *Daniel* (21-5-45) J. ***Verneuil,*** *Henri** (Achod Malakian) (15-10-20) R. *Louis* (Colin du Bocage) (1893-1952). **Vernier,** Pierre (Rayer) (25-5-31) A. **Vernier-Palliez,** Bernard (1918-99) Af, Amb. **Vernon,** *Anne* (Édith Vigneau) (9-1-25) A. *Howard* (1914-96) Su, A. *Suzy* (1900-97) A. **Verny,** Françoise (20-11-28) J, Éd. **Véron,** *Émile* (26-3-25) Af. *Philippe* (2-5-36) Af. **Versace,** Gianni (1946-97) It, Cou. **Versins,** Pierre (Jacques Chanson) (1923-2001) Écr. **Versois,** Odile (Militza Tania Poliakov-Boïdarov, Ctesse François Pozzo di Borgo) (1930-80) A. ***Vertov,*** Dziga (Denis Kaufman) (1895-1954) Ur, R. **Véry,** Pierre (1900-60) Au. **Vestris,** Françoise (Gourgaud) (1743-1804) A.

Vial, Guy (1925) Ra. **Vian,** Boris (1920-59) Au, Cp. **Viannet,** Louis (4-3-33) Sy. **Viansson-Ponté,** Pierre (1920-79) J. **Viard,** *Karin* (n.c.) A. *Roger* (1919-89) Rest. **Vichniac,** Roman (1897-1990) U, Ph. **Vicious,** Sid (1957/2-2-79) C. **Victor,** *Éliane* (Decrais) (21-10-18) J. *Paul-Émile* (1907-95) Au, Expl. **Vida,** Hélène (1938) J, T. **Vidal,** *Gil* (1931) A. *Henri* (1919-59) A. **Vidal-Naquet,** Pierre (23-7-30) Hist. **Vidalin,** Robert (5-3-05) A. ***Vidor,*** *Charles* (1900-59) U, R. *King** (1894-1982) U, R. **Vienot,** Marc (1-11-28) Insp Fin. **Vierge rouge** (La), Louise Michel (1830-1905) Po. **Vierny,** Sacha (1919) Op. **Vigne,** Daniel (12-10-42) R. **Vigneault,** Gilles (27-10-28) Ca, Mu. **Vignon,** Dominique (15-11-47) Af. ***Vigo,*** Jean (Bonaventure de) (1905-34) R. **Vilar,** *Antonio* (1916) Port, A. *Jean* (1912-71) A, M. **Vilard,** Hervé (24-7-46) C. **Vilbert,** Henri (Miquelly) (1904-97) A. **Vilgrain,** Jean-Louis (22-1-34) Af. **Village People** (Ray Stephen), U, C. **Villalonga,** José-Luis de (1920) Es, Au, A. Marthe (20-3-32) A. **Villard,** Franck (François Drouineau) (1917-80) A. **Villemagne,** Paul (15-5-42) Af. **Villemejane,** Bernard de (10-3-30) Af. **Villeneuve,** Charles (19-7-41) J. ***Villeret,*** Jacques (6-2-51) A. **Villers,** *Claude* (Marx) (22-7-44) Ra. *Robert* (1921-80) J. **Villin,** Philippe (23-10-54) Af. **Villon,** Pierre (R.-Salomon Ginsburger) Arch, J. **Vincent,** *Brigitte,* Pré. Céline, Ra. *Christian,* R. *Gene* (Craddock) (1935-71) U, C. *Hélène,* A. *Jacques* (7-11-23) Af. *Jean* (Vincendon) (1926-87) J. *J.-Pierre* (26-8-42) A, M. *Philippe* (14-5-41) Af. *Rose* (Treffot, Mme J.-Daniel Jurgensen) (15-3-18) Au. *Yves* (1921) A. **Vinson,** Eddie (Eddie « Cleanhead ») (1918-88) U, C. **Vionnet,** Madeleine (1876-1975) Cou.

Virieu, François-Henri de (1931-97) J. **Virlojeux,** Henri (1924-95) A. ***Visconti,*** Luchino (L.V. de Modrone) (1906-76) It, R. **Viseur,** Gus (1916-74) Be, Acc. **Vissotski,** Vladimir (1937-80) Ur, A, C. **Vital,** Jean-Jacques (Lévitan) (1913-77) Au, A, Pr. **Vitaly,** Georges (Garkouchenko) (1917) M. **Vitez,** Antoine (1930-90) M. **Vitold,** Michel (Sayanoff) (Ru, 1915-94) A. ***Vitti,*** Monica (M. Luisa Ceciarelli) (3-11-31) It, A. **Viviane** (Blassel) (1944) An, Ra. **Vivier,** Guy (Van Steenlandt) (1942 Be) Acc. ***Vlady,*** Marina (Poliakov-Boïdarov, Mme Vladimir Vyssotsky) (10-5-38) A. **Vogüé,** Alain de (31-8-27) Af. **Voight,** John (29-12-38) U, A. **Voisin,** André (Spire) (1923-91) Au. **Voisine,** Roch (26-3-63) Ca, C. **Volker,** Bernard (18-10-42) J. ***Volonte,*** Gian Maria (1933-94) It, A. **Voulzy,** Laurent (18-12-48) C. **Voutsinas,** Andréas (22-8-32) M. **Voynet,** Dominique (voir à l'Index). **Vozlinsky,** Pierre (1931-94) Mu. **Vreeswijk,** Cornelis (1937-87) Suè, C. **Vuillemin,** Philippe (1958) Des.

Wada, Yoshihiro, Jap, Af. **Wademant,** Annette (1928) S. **Wagner,** Robert (10-2-30) U, A. **Wahl,** Jean (18-1-32) Af. **Waits,** Tom (7-12-49) U, A, C. ***Wajda,*** Andrzej (6-3-26) Pol, R. **Wakhevitch,** Georges (Ru 1907-84) Déc. **Walbrook,** Anton (Adolf Wohlbruck) (Aut, 1900-67) GB, A. **Walken,** Christopher (31-3-43) U, A. **Walker,** Robert (1918-51) U, A. **Wall,** Jean (Wallenstein) (1900-59) A. **Wallach,** Eli (7-12-1915) U, A. **Wallis,** Hal (1899-1986) U, Pr. ***Walsh,*** Raoul (1887-1980) U, R. **Walter,** Georges (26-3-21) Au, J. **Walters,** Charles (1912-82) U, R. **Wang,** An (Chine, 1920-89) U, Sc, Inv, Af. **Wanger,** Walter (W. Feuchtwanger) (1894-1968) U, R. ***Wang-Pin*** et ***Shui-Hua*** (1916) Chi, R. **Wankel,** Félix (1902-88) All, Ing. **Warburg,** Sigmund (1902-82) GB, Bq. **Ward,** Vincent (1956) NZ, R. **Warden,** Jack (18-9-20) U, A. **Warhol,** Andy (Andrew Warhola) (1930-87) U, Pe, R. **Warner,** *Eddie* (All 1917) Cp. *Harry* (1881-1958) U, Pr, Dis. *Jack* L. (1892-1978) U, Pr, Dis. **Warren,** Earl (1914-94) U,G, Saxophoniste. **Warwick,** Dionne (12-12-41) U, C. **Washington,** Denzel (28-12-54) U, A. **Waters,** John (22-4-46) U, R. **Waterston,** Sam (15-11-40) U, A. **Watkins,** Peter (1935) GB, M. **Watson,** *Johnny Guitar* (1935-96) U, G. *Thomas* (1874-1956) U, Inv. **Watt,** Harry (1906-87) GB, R. **Watts,** Charlie (Snoop Doggy Dog) Bat. ***Wayne,*** *David* (Wayne Mac Meekan) (1914-95) U, A. *John** (Marion Michael Morrisson) (1907-79) U, A.

Weawer, Sigourney (8-10-49) U, A. **Webb,** *Clifton* (Webb Parmelee Hollenbeck) (1893-1966) U, A. *Dominique*, Ma. **Weber,** *Jacques* (23-8-49) A. *Jean* (1906-95) A. ***Weidenmann,*** Alfred (1916) All, R. **Weigel,** Hélène (1900-71) All, A. **Weiller,** *Alain* (11-6-36) J. *Paul-Louis* (1893-1993) Af. **Weinberg,** Serge (10-2-51) Af. ***Weir,*** Peter (21-4-44) Aus, R. **Weiss,** *Louise* (1893-1983) Au, J. *Peter* (1912-82) All, Au, M. **Weissmuller,** Johnny (1904-84) U, A. **Weisweiller** Francine (née Worms, 9-1-1916). **Welch,** Raquel (Tejada) (5-9-40) U, A. **Weld,** Tuesday (Susan Ker Weld) (27-8-43) U, A. ***Welles,*** Orson (1915-85) U, R, A. ***Wellman,*** William (1894-1975) U, R. **Wendel,** *François de* (1874-1949). *Henri de* (1913-82) Af. ***Wenders,*** Wim (14-8-45) All, R. **Werner,** Oscar (Bschliessmayer) (1922-84) Aut, A. **Werther,** Maurice (1920-98) J, T. **Wessely,** Paula (1908) Aut, A. ***West,*** Mae (1892-1980) U, A. **Westinghouse,** George (1846-1914) U, Af. **Westwood,** Vivienne (1941) GB, Cou. **Whale,** James (1889-1957) GB, R. **Wheeler,** René (1912-2000) S, R. ***White,*** *Barry* (12-9-44) U, C. *Pearl** (1889-1938) U, A. *Sam* (1913-88) GB, Presse. **Whitman,** Stuart (1895-1983) U, A. **Who** (The) : Peter Townsend (19-5-45), Roger Daltrey (1-3-44), John Enwistle (9-10-44), Keith Moon (Doug Sanden) (1947-78) GB, C, Cp.

Wicki, Bernhard (28-10-19) Aut, A, R. ***Widerberg,*** Bo (1930-97) Suè, R. ***Widmark,*** Richard (26-12-14) U, A. **Wiehn,** Pierre (26-4-34) T. **Wiene,** Robert (1881-1938) All, R. **Wiener,** *Élisabeth* (23-11-46) A. *Jean* (1896-1982) Cp. **Wiesel,** Elie (30-9-28) U. **Wilde,** *Cornell* (1915-89) U, A. *Kim* (18-11-60) GB, C. *Laurent (de)* Mu. **Wildenstein,** Georges (1892-1963) H d'art, négociant. ***Wilder,*** *Billy** (Aut 22-6-06) U, R. *Gene* (Jerome Silberman) (11-6-34) U, A. **Wilding,** Michael (1912-79) GB, A. **Wilen,** Barney (1937-96) Cp, Saxophoniste. **Will,** Ernest (1913-97) Un. (Willy Maltaite) (1927-2000) Be, BD. **Willar,** Robert (1927) Ra. **Willem** (Bernard Willem Holtrop) (1941) P-Bas, Des. **Willette,** Adolphe (1857-1926) Des. **William,** *Guy* (Armando Catalano) (1924-89) U, A. *John* (1923) U, C. **Williams,** *Andy* (3-12-30) U, C. *Cyndy* (22-8-47) U, A. *Esther* (8-8-23) U, A. *Hank* (1923-53) U, Mu. *Marion* (1927-28/94) U, Ch. *Robin* (21-7-51) U, A. *Roger* (1894-

☞ Des milliers d'autres personnalités figurent dans Quid, consultez l'Index ou les chapitres Architecture, Danse, Histoire, Littérature, Politique, Sport, etc.

1988) U, nutritionniste. *Tony* (1945-97) U, Mu. **Willis,** Bruce (19-3-55) U, A. **Wilm,** Pierre Richard (1896-1983) A. **Wilms,** André, A. ***Wilson,*** *Carl* (1946-98) U, Mu. *Georges* (1921) A, R. *Lambert** (5-8-58) A. *Lois* (1895-1988) U, A. *Robert,* A, M. **Winckler,** Gustav (1926-79) Da, C. **Windsor,** Marie (Emily Bertelson) (1922) U, A. **Winfrey,** Oprah (29-1-54) U. **Winger,** Debra (16-5-55) U, A. **Winkler,** Paul (1898-1982) J. **Winner,** Michael (30-10-35) U, Pr. **Winslet,** Kate (oct. 75) GB, A. **Winston,** Harry, U, Jo. **Winter,** *Claude* (Wintergerst, Mme François Chavarot) (18-2-31) A. *David Alexander* (1943) P-Bas, C. *Ophélie* (20-2-74) An, C. **Winterbottom,** Michael (22-9-34) GB, R. **Winters,** Shelley (Shirley Shrift) (18-8-22) U, A. ***Wise,*** Robert (10-9-14) U, R. **Wiseman,** Frederick (1930) U, Rep, R. **Wisniak** Nicole (24-7-51) (Mme Philippe Grumbach) J.

Wolinski, Georges (28-6-34) Des. **Wolton,** Dominique (6-4-47) Soci. **Wonder,** Stevie (Steveland Morris) (13-5-50) U, C. **Woo,** John (1-5-46) Chinois, R. **Wood,** *Nathalie* (Natasha Gurdin) (1938-81, noyée) U, A. *Sam* (1883-1949) U, R. **Woodruff,** Robert Winship (1889-1985) Af. **Woods,** James (18-4-47) U, A. **Woodward,** Joanne (27-2-31) U, A. **Worlds Apart** : Aaron Cooper (9-1-73, GB), Steve Hart (29-2-72, GB), Nathan Moore (10-1-68, GB) et Tim Foznara (2-4-77, GB) C. **Woolworth,** Frank (1852-1919) U, Af. **Worms,** Gérard (1-8-36) Af. **Worth,** Charles-Frederick (1826-95) GB, Cou. **Wouts,** Bernard (22-3-40) Dir. **Wray,** Fay (15-9-07) U, A. **Wright,** *Basil* (1907-87) GB, R. *Sewall* (1890-1988) U, Généticien. *Teresa* (27-10-19) U, A. **Wrigley,** William Jr (1861-1932) U, Af. **Wu,** Tang (n.c.) Ch. **Wybot,** Roger (R. Warin) (1912-97) Au, Haut fonctionnaire. ***Wyler,*** William (1902-81) U, R. **Wyman,** Jane (Sarah Jane Fulks) (4-1-14) U, A. **Wynette,** Tammy (1942-98) U, Ch. ***Wysbar,*** Frank (1899-1967) All, R.

Xanrof, Léon (Fourneau) (1867-1953) Au, Cp. **Xénakis,** Françoise (27-9-30) J.

Yamamoto, *Kansai* (1943) Jap, Cou. ***Yohji*** (1945) Jap, Cou. **Yamani,** Cheikh Ahmed Zaki (1930) Ar. Sa, Af. **Yanagimachi,** Mitsui (1944) Jap, R. ***Yanne,*** Jean (Gouyé) (18-7-33) Fantaisiste, Ra, A, R. **Yared,** Gabriel (Beyrouth 7-10-49) Mu. **Yates,** Peter (24-7-28) GB, R. **Yd,** Jean d' (Paul Perret) (1880-1964) A. **Yimou,** Zhang (1950) Chi, R. **Yng,** Ning (1960) Chine, R. **Yonnel,** Jean (Schachmann) (1891-1968) A. **York,** *Michael* (27-3-42) U, A. *Susannah* (Yolande Fletcher) (9-1-41) G B, A. **Yoshida, Yoshihige (1933) Jap, R. Yoshimura,** Kozaburo (1911) Jap, R. **Young,** *Lester* (voir p. 414 a). *Loretta* (Gretchen Young) (or. all, 6-1-13/12-8-2000) U, A. *Neil* (12-11-45) Ca, C. *Robert* (22-2-07/21-7-98) U, A. *Terence* (1915-94) GB, R. ***Youtkevitch,*** Serg. (1904-85) Ur, R. **Yupanqui** Atahualpa (1909-92) Arg, C. **Yvon** (P.-Yves Petit) Ed, Ph.

Zabel, Roger (22-12-51) J. **Zabou** (Isabelle Breitman) (30-10-59) A. **Zadora,** Pia (Schipani) (4-5-56) U, A, C. **Zaentz,** Saul U, R. **Zaharoff,** Basil (1851-1936) GB, Af. **Zambello,** Francesca U, S. **Zamberlan,** Anne (1951-99) A. ***Zampa,*** Luigi (1905-1991) It, R. **Zampi,** Mario (1904-63) It, R. **Zanini,** Marcel (1923) C. **Zanuck,** Darryl (1902-79) U, R, Pr. ***Zanussi,*** Krzysztof (17-6-39) Pol, R. **Zappa,** Franck (1940-93) Cp, Mu. **Zappy,** Max (Maxime Doucet) (23-6-21) An, Ra, Ch. **Zaraï,** Rika (Gossman) (Jérusalem 19-2-40) Isr, C. **Zardi,** Dominique (2-3-30) A. **Zavatta,** Achille (1915-93) A, Cl. **Zavattini,** Cesare (1902-89) It, S. **Zazi** (Isabelle de Truchis) (18-4-64) C. **Zecca,** Ferdinand (1864-1947) R. ***Zeffirelli,*** Franco (F.Z. Corsi) (12-2-23) It, R. ***Zeman,*** Karel (1910-89) Tc, R. **Zemeckis,** Robert (14-5-51) U, M. **Zemmouri,** Mahmoud (1946) Alg, R. **Zero,** Karl (Marc Tellenne) (6-8-61) Pré, T. **Zero Divide** : B. Anfray (1958), B. Guay (1955), J. Vabre (1957), Totol (1957) Gr, C. **Zetterling,** Mai (1925-94) Suè, A, R. **Zevaes,** Alexandre (1873-1953) Au.

Zhuang Zhuang, Tian (1952) Chine, R. **Zidane,** Zinedine (23-6-72) Foot. ***Zidi,*** Claude (25-7-34) R. **Ziegler,** Henri (1906-98) Af. **Ziering,** Ian (30-3-64) U, A. **Zimmer,** Bernard (1893-1964) S. ***Zinnemann,*** Fred (Aut 1907-97) U, R. **Ziqueira,** Raul (1920-84) Cub, C. **Zitrone,** Léon (Ru 25-11-14/25-11-95) T. **Zouc** (Isabelle von Allmen) (29-4-50) Su, A, C. **Zuber,** Christian (19-2-30) Cin. **Zucca,** Pierre (1943-95) R. **Zucchero** (Adelmo Fornaciari) (25-9-55) It, C. **Zukor,** Adolf (Ho, 1873-1976) U, Pr. **Zulawski,** Andrzej (22-11-40) Pol, R. ***Zurlini,*** Valerio (1926-82) It, R. **Zuse,** Konrad (22-10-10/18-12-95) All, inventeur de l'ordinateur. **Zviak,** Charles (1922-89) Af. **Zwickel,** Klaus (1935) All, Af. **Zylberstein,** Elsa A. **ZZ Top** : Billy Gibbons (1949), Frank Beard (1949), Dusty Hill (16-12-49) U, C.

INFORMATIQUE

☞ Pour connaître la sélection **Quid** des meilleurs sites Internet sur l'informatique, rendez-vous sur **www.quid.fr**

☞ **Le mot informatique,** c'est-à-dire le traitement automatique de l'information, a été inventé par Philippe Dreyfus en 1962.

Abréviations : CA : chiffre d'affaires ; m. : mémoire(s) ; ord. : ordinateur(s).

Grandes dates

1580 (ou 1614 ?) John Napier de Marcheston (1550-1617, Écosse) : *logarithmes.* **1623** Bacon : *code binaire.* Wilhelm Schickard (1592-1635, † de la peste), professeur à Heidelberg : *machine faisant les additions, et de manière partiellement automatique les multiplications.* **1632** (?) Oughtred (Angl.) : *règle à calcul* (ou 1671 S. Partridge). **1640-52** Blaise Pascal (France) : *machine à calculer* permettant l'addition (et la soustraction par complément) et la conversion des monnaies. **1672** Moreland (Angl.) : multiplication par additions successives. **1762** France : contrôle de métiers à tisser par *cartons perforés.* **1770** Hahn (All.) : *1re machine à calculer exécutant directement les 4 opérations* (fondée sur le cylindre denté inventé par Leibniz en 1671). **1804** métier à tisser de Jacquard. Basile Bouchon (1725), Jacques de Falcon (1728), Jacques de Vaucanson (1745) : *cartes perforées.* **1837** avec la *machine analytique* (jamais complètement construite), Charles Babbage (Angl., 1792-1871) définit les grands principes des calculatrices électroniques. **1841** machine à calculer circulaire du Dr Roth. **1855** 1re calculatrice programmée à 15 chiffres de capacité de George Scheutz (Suède). **1864** George Boole (Angl., 1815-64) : *calcul binaire.* **A partir de 1880** Hopkins, Williams Seward, Burroughs (1855-98), Sundstrand, etc. (USA), Wiberg (Suède), Odhnen (All.), Bollée (France), lord Kelvin (Angl., 1824-1907), Jahnz (Suisse), mise au point de plusieurs machines à calculer avec ou sans clavier, imprimantes ou non, et de machines « comptables ». **1884** Herman Hollerith (1860-1929) : *1re machine à cartes perforées utilisée* (recensement américain de 1890). **1906** De Forrest et J. Bryce (USA) : industrialisation des *tubes à vide.* **1921** Fredrik Bull (Norvège, 1882-1925) : machine à statistiques à cartes perforées (6 clients). **1939** John Atanasoff (USA, 1904-95) : *1er ordinateur* (reconnu 1973) utilisant système binaire (équations à 29 variables). Alan Turing (Angl., 1912-54) : principes des ordinateurs (modèle théorique : *machine de Turing*). **1940** *circuit imprimé.* **1942** *diodes au germanium.* **1943** Warren MacCulloch et Walter Pitts : mise en évidence d'analogies entre les composants des machines à calculer et ceux du cerveau, les neurones. *-Déc. calculateur électronique* (Colossus I) conçu par Max Newman (G.-B., 1897-1985), construit par T.H. Flowers, mis en service en 1943 à Bletchley Park (G.-B.) pour décrypter la machine à coder allemande « *Enigma* ». **1944** Howard Aiken (1900-73) et IBM (USA) : projet ASCC (Automatic Sequence Controlled Calculator), *calculateur automatique* Mark 1 (université d'Harvard) (longueur 16 m, hauteur 2,60 m, 5 t). **1946**-*15-2 Eniac* (Electronic Numerical Integrator and Computer), 1er *calculateur électronique* inauguré [réalisé par une équipe de la Moore School de l'université de Pennsylvanie, dirigée par John Eckert (né 1919) et John Mauchly (Budapest, 1907-80)]. 30 t, 72 m² au sol, comprend (dans 42 armoires de 3 m de haut) 17 468 tubes électroniques, 50 000 résistances, 10 000 condensateurs, 1 500 relais téléphoniques, 6 000 commutateurs. Il fallait tourner à la main chaque commutateur et brancher pour chaque opération des centaines de câbles ; consommait 150 000 W (2 000 fois plus rapide que le Mark 1), les relais électromécaniques étaient remplacés par des circuits électroniques à bascule et pour la 1re fois des impulsions électriques étaient utilisées pour mettre les lampes à vide en position allumée ou éteinte, ouverte ou fermée. Effectuait 5 000 additions à la seconde. Système de *code binaire* inventé par John von Neumann (Budapest 1903/8-2-1958) [1re construction : l'*Edvac* (Electronic Discrete Variable Computer, 1er calculateur à programme enregistré)]. **1947** Eckert et Mauchly fondent une petite Sté qui devient *Univac.* John Bardeen (1908-91), Walter Brattain (1902-87) et William Shockley (USA, 1910-89) inventent puis industrialisent le *transistor* (transfer resistor) permettant la régulation du courant électrique tenant 1 000 fois moins de place que les lampes triodes (diamètre 8 mm, hauteur 6 mm ; consommant très peu de courant, ne chauffant quasiment pas et ne claquant pratiquement jamais). **1949** Wilkes (G.-B.) : 1er calcul auto-électrique à programme enregistré *Edsac.* IBM (USA) : commercialisation du CPC, calculateur automatique à *carte-programme.* **1950** mémoires vives à tores de ferrite. Alan Turing (G.-B., 1912-54) publie *Ordinateurs et intelligence,* et propose son « test de Turing » pour évaluer l'intelligence de la machine. **1951** (USA) : 1res machines à usage civil : *Univac I* (Universal Automatic Computer), mis au point par Eckert et Mauchly, refusé par IBM et accepté par Remington. De 1952 à 1954, contrôle tout le marché civil ; *Gamma 3,* 1er calculateur électronique de Bull. **1952** IBM (USA) : *701* calculateur automatique. Von Neumann-Burks, Goldstine (USA) : calculateur auto-électrique à Princeton. **1955** 1er calculateur transistorisé. **1956** 1er disque dur. **1957** Bull : Gamma 60 à traitement et entrées-sorties simultanés. *Disque magnétique.* **1958** Frank Rosenblatt : *perceptron* (1re machine bâtie sur le principe neuronal) ; *circuit intégré* ou ensemble de transistors sur plaque de silicium (construit par James Kilby pour Texas Instruments, 5 composants). **1959** IBM : ordinateur *1401.* Sté SEA (Bull) : Cab 500, calculateur scientifique individuel de bureau. **1960** IBM 7070. **1962** 3e génération (développement des composants électroniques). **1964** IBM *360,* 1er ordinateur à *circuit intégré.* **1966** calculatrice de poche. *Plan Calcul :* 1re convention signée État/groupes industriels pour 1966-70. 2e pour 1971-75. Création de la *Cie internationale pour l'informatique* (CII, dite « C deux I ») par fusion de CAE (Thomson), SEA (Schneider) et Analac (CSF). **1967** série Iris, 1re gamme de la CII-France. **1968** *mémoires à semi-conducteurs.* Douglas Engelbart (Amér.) invente la *souris* et vend son brevet au Massachusetts Institute of Technology pour 56 000 F. **1970** mini-informatique. IBM série 370 ; General Electric vend à Honeywell ses participations dans Bull. *Disquettes.* **1971** *microprocesseur* (appelé d'abord microcalculateur) (*Intel*) 4 004 (2 250 transistors sur 6 cm²) créé par Ted Hoff. *MOS* (metal oxide semi-conducteur) : permet de fabriquer des transistors plus petits et plus rapides à effet de champ à grille isolée par une couche d'oxyde de silicium. **1972**-*janv.* accord CII/Siemens entraînant un partage des responsabilités au niveau de la recherche, de la production et de la commercialisation des ordinateurs : accord de coopération Honeywell-Bull/Nec dans les circuits intégrés. IBM : généralisation de la mémoire virtuelle. **1973** Ed Robert (USA) crée 1er micro-ordinateur (Altaïr, sur base d'un microprocesseur *8008*) ; France *1er micro-ordinateur,* le *Micral N,* conçu par François Gernelle commercialisé par la Sté R 2 E. *Circuit intégré à haut degré d'intégration* (puce LSI, Large-Scale Integration). IBM réalisation expérimentale de *mémoires à bulles magnétiques* et de *circuits à jonction Josephson (effet tunnel)* ; mémoire virtuelle, multiplication et multitraitement ; création d'Unidata. Accord Unidata pour définition d'une politique commune de produits [CII (Fr.), Siemens (All.), Philips (P.-Bas)]. Projet d'un grand ordinateur et de secteurs télématiques géants sur lesquels seraient branchés 18 millions d'abonnés recevant l'information. (*19-12-1975* Unidata dissoute). **1974** architectures distribuées. *Carte à puce* de Roland Moreno (Fr., né au Caire 1945). **1976** *Apple I.* **1977** *Apple II* lancé (2 millions seront vendus). **1978** réseau de transmission *Transpac.* *-Juin rapport Nora-Minc* « Informatisation de la société ». **1979** architecture de réseau DSA de CII-HB. Micropackaging de CII-HB. **1980** *Apple III* (65 000 exemplaires vendus ; arrêté 1984). **1981** ordinateur personnel IBM *PC* (avec Microsoft MS-Dos). Sinclair propose le 2 × 81 ko de Rom et 1 ko de Ram. 213 pionniers connectés sur Internet. **1981-86** création du *Centre mondial Informatique et Ressources humaines* par J.-J. Servan-Schreiber, consacré aux applications culturelles et sociales de la micro-informatique (75 personnes) : échec. *-12-8* IBM PC. **1982** rattaché au ministère des PTT ; participe au plan de contrôle de la France en fibres optiques. Système MS-Dos (Microsoft). *Commodore 64 :* ordinateur le plus vendu au monde (17 à 22 millions d'unités). **1983** *Circuit intégré à très haut degré d'intégration :* puce VLSI (Very Large Scale Integration). *Lisa* 1er PC personnel à interface graphique et souris : échec. Groupe Bull [CII-HB, SEMS (ex-filiale de Thomson) et Transpac (ex-filiale de CIT-Alcatel)] nationalisé à 97 %. **1983-84** Apple commercialise le *Macintosh,* la *souris.* Programme *Lotus 1-2-3* lancé. **1984** *Macintosh :* 210 000 exemplaires vendus en 1 an. Microsoft développe *Windows.* Nec, Bull et Honeywell : accord de licence à long terme pour gros ordinateurs centraux. **1985** *Next Computer* créé par Steve Jobs (qui a quitté Apple). Le *Lisa,* rebaptisé *Macintosh XL* est abandonné. *Plan Fabius* (PM) : *Informatique pour tous :* 160 000 établissements scolaires équipés et 110 000 enseignants formés avant la fin de l'année. 120 000 ordinateurs seront livrés en 8 mois. **1986** *Apple II GS. Compaq* le 1er PC à base de *386.* **1987** IBM *PS/2* (Personal System, système d'exploitation OS/2). *Macintosh II* modulaire et en couleurs. **1988** *Apple :* procès contre Microsoft et Hewlett-Packard pour violation du droit d'auteur du système Mac. **1990** *ATT :* ordinateur fonctionnant à la lumière, composé de 32 *commutateurs optiques* et de 8 diodes laser. Les *transistors optiques* (Symmetrical-self-electro optic-Effect Devices ou S-SEED) réfléchissent en la modifiant la lumière émise par un faisceau laser et « fabriquent » ainsi l'équivalent de 0 et de 1 à une vitesse théorique de milliards de fois par seconde. Les rayons laser pouvant se croiser sans interférence, on peut réaliser des circuits plus plats. Microsoft lance *Windows 3.0* ; Apple arrête Apple IIc et lance *Mac Classic* et *Mac-LC.* **1991** *Distributed Computing Model* de Bull. *Système 7, Mac Quadra* et portables de la série *Powerbook. -Oct.* accords Apple/Motorola sur standard de la micro-informatique. **1992** *technologie Newton* annoncée ; Apple II GS abandonné. *Windows 3.1* Microsoft. **1994** *Netscape* (logiciel de navigation sur le Web) créé. *Pentium* d'Intel. *Power Macintosh* à technologie risc. **1995** *1ers comptatibles Mac* (Power Computing, Radius) *Power Mac* à architecture PCI. *Windows 95.* **1996**-*févr.* accord Apple/IBM, Oracle, Netscape et Sun sur les « Network Computers » conçus pour l'Internet. **1998** microdisque de 340 mégaoctets d'IBM. *-16-1* France, 1er Comité interministériel pour la Sté de l'information (CISI) publie son Programme d'action gouvernemental pour la société de l'information (Pagsi). **1999**-*26-2 Pentium III* d'Intel. 1er ordinateur quantique utilise des molécules de chloroforme. *-16-7* la revue *Science* annonce la mise au point de puces à l'échelle moléculaire (prototype : 5 × 11 microns). Télévision sur disque dur (Tivo et Replay). Livre électronique dont le contenu pourrait changer. **2000**-*mars* AMD : microprocesseur de 1 000 MHz. En 1971, le 1er microprocesseur d'Intel comptait quelques milliers

COMPARAISONS

☞ **Cerveau humain** (12 milliards de neurones) : peut enregistrer 1 million de milliards (10^{15}) de *bits.* Une mémoire à ferrite : 32 millions (32×10^6).

■ **Gros ordinateurs. 1re génération. Séquentiels** (grands systèmes ou *main frames*) : opérations effectuées les unes après les autres. **Problèmes :** files d'attente limitant la vitesse d'exécution. **Principaux constructeurs :** *IBM, DEC* (USA).

2e génération. Vectoriels (jusqu'à une dizaine de processeurs de grande taille) : exécutent simultanément « en parallèle » plusieurs opérations. *Coût :* 25 millions de $. *Vitesse de calcul* en mégaflops [Mflops *(Floating Point Operation per Second)* : 1 million d'opérations flottantes par seconde], gigaflops (Gflops : 1 milliard d'opérations), téraflops (Tflops : 1 000 milliards d'opérations, 1996) et pétaflops (Pflops : 1 million de milliards d'opérations). Une opération flottante représente une addition effectuée sur des nombres décimaux écrits à l'aide d'une mantisse (chiffres après la virgule dans un nombre décimal, donc compris entre 0 et 1) et d'une puissance entière de 10. Exemple : 5 720 s'écrira $0{,}5720 \times 10^4$. **Principaux constructeurs :** *Cray,* créé 1972 par Seymour Cray (1925-96), [*Cray 1* (1976), 1 processeur, 160 Mflops. *Cray 916,* 16 processeurs, 1 000 Mflops chacun, *Cray T3D,* jusqu'à 2 048 processeurs (type *massivement* parallèle), *Cray T3E* (1996)]. *Fujitsu* (Jap.), *Nec* [Jap., 32 Gflops, mémoire de plus de 4 000 milliards d'octets (prévu 2002). *IBM :* 10 Pflops, 4 millions de milliards d'octets de mémoire vive, 150 millions de milliards d'octets d'espace disque (destiné au département américain de l'Énergie). 1 Tflop (512 éléments de 2 Gflops interconnectés)]. *Converse* (USA). *ASCI White* du Lawrence Livermore National Laboratory ; coût 110 millions de $; poids 106 t ; 12,3 Tflops ; destiné à modéliser des essais d'armes nucléaires. Projet 2005 : 100 Tflops.

Intel Paragon XP/S-35 : 1,50 m de haut, 4 m de long, 4 t, 36 Gflops.

Supercalculateurs prévus : de Justin Rattner, 150 Gflops, 1 m de long, 500 kg. *Convex Cl.* [1984, de Convex Computer (Sté fondée 1982 par Robert Paluck et Steven Wallach)], *vitesse :* 100 mégaflops, *prix :* 500 000 $.

3e génération. Massivement parallèles (milliers de petits processeurs) : *Thinking Machines Corporation Connection Machine* (sortie en 1980, 64 000 processeurs simples, 2 Gflops. *Connection Machine 5 :* livrée début 1992 au centre militaire de Los Alamos, 1 000 processeurs rapides en parallèle, 137 milliards de Gflops, 200 millions de F, Oak Ridge (Oregon). En 1995, Thinking Machines arrête la fabrication de superordinateurs. *Intel, Masslar* (USA), *Meiko* (G.-B.). *Simulateur terrestre* (INEC 2002 pour la Nasa et des instituts de recherche japonais) : 40 000 Gflops.

☞ **Record mondial de vitesse de calcul** (en Gflops) : *Intel Paragon* 281 (janv. 95) [avant *Fujitsu* 170,4].

Supercalculateurs. Dans le monde : 500 dont USA 232 (puissance 755,5 Gflops/s), Europe 140 (184), Japon 109 (206), Australie 9 (11,4), reste du monde 10 (10,8). **En France :** 27 (CEA, CGG, Circe, EDF, Etca, Experimental Hyperparallelism Site, Institut méditerranéen, Irisa-Inra, Irisa-Inria, Météo-France, Michelin, Onera, Peugeot, Renault IFP, Thomson).

■ **Micro-ordinateurs.** Construits à partir de circuits intégrés microprocesseurs, 4, 8, 16 ou 32 bits et capacité mémoire de 8 à 1 000 K.

■ **Mini-supercalculateurs.** Cray Y-MP EL : 4 processeurs, 133 Pflops.

■ **Le plus petit ordinateur du monde. Digifocus :** prothèse auditive numérique de 4 grammes de la Sté danoise Oticon, rendant audibles les sons faibles sans suramplifier les sons forts. *Puissance des 2 microprocesseurs :* 14 millions de calculs par seconde.

de transistors, contre environ 50 millions aujourd'hui... *-10-7* Lionel Jospin (PM) prévoit, pour 2001-2003, trois milliards de F pour réduire le « fossé numérique » afin que tous puissent maîtriser les outils de la société de l'information.

TECHNIQUE

☞ **Unités utilisées. Bit** (abréviation de *binary digit :* unité d'information contenue dans le choix entre oui et non) ; 1 kilobit : 1 024 bits. **Octet** (unité d'information correspondant à 1 lettre ou à 1 chiffre et égale à 8 bits).

ORDINATEURS

■ **Définition.** Mot proposé en 1955 par Jacques Perret (Fr.) : machines automatiques de traitement de l'information permettant de conserver, d'élaborer et de restituer des données sans intervention humaine en effectuant sous le contrôle de programmes enregistrés des opérations arithmétiques et logiques. **Composition.** *Matériel (hardware* en anglais) et *logiciel (software)* : programmes nécessaires. Les *ordinateurs* regroupent autour d'une unité centrale arithmétique et logique faisant 3 sortes d'opérations (transferts d'information d'un endroit à un autre de la machine ; opérations arithmétiques ; comparaisons de valeurs numériques), le cœur étant le *microprocesseur* des unités : d'*entrée* des informations et des programmes à traiter ; de *mémoire ;* de *sortie* des résultats.

■ **Programme (logiciel).** Ensemble des instructions permettant de faire exécuter par un ordinateur un travail donné, automatiquement, au cours d'un « dialogue » utilisateur/machine dans lequel le logiciel fait également l'*interface.* Il enregistre dans la mémoire, détermine l'intervention des unités d'entrée, commande calculs et choix à effectuer, décide de la consultation des mémoires et met en route les unités de sortie. Des programmeurs utilisent *divers langages* (plus de 4 000 furent proposés) : exemples : **Fortran** (Formula Translator), conçu 1955 par John Backus (IBM, USA) ; **Algol** (Algorithmic Language) par groupe de travail international présidé par Van Winjgarden ; **Cobol** (Common Business Oriented Language), créé 1960 ; **Basic** (Beginner's All-purpose Symbolic Instruction Code), créé 1965 par John Kemeny et Thomas Kurz ; **PL/1** (Programming Language), diffusé 1966 ; **Gap 1** (Générateur automatique de programme) ; **Pascal** (appelé ainsi en l'honneur de Blaise Pascal), créé 1969 par Niklaus Wirth (Suisse) ; **C,** créé vers 1970 par Dennis Ritchie ; **Forth,** créé 1971 par Charles Moore ; **Prolog** (Programmer en logique), créé 1973 par Alain Colmerauer (Français) ; **Ada,** créé 1979 par Jean-David Ichbiah (né 25-3-1940) [prénom d'Ada Augusta, comtesse Lovelace (1815-52 ; fille de lord Byron), qui traduisait pour Babbage le compte rendu des travaux de celui-ci qu'avait publiés en français L. F. Ménabrea en 1842] ; **Modula** (1979) ; **Turbo Pascal** (1983).

■ **Mémoires. Accès direct :** *mémoire centrale* (ferrite ou semi-conducteur ou conducteur) : de quelques nanosecondes à des millisecondes ; **semi-direct** (disques magnétiques) : 20 à 100 millisecondes (pour la transmission et la sauvegarde des informations) ; **séquentiel** (capacité : quelques millions d'octets, accès en millisecondes).

Les *mémoires centrales réelles* ont une capacité de 96 000 à 2 milliards d'octets (soit le contenu de plus de 470 000 livres de 400 pages). Les *mémoires virtuelles* [combinaisons de mémoire centrale et auxiliaire (sur disque)] ont une capacité déterminée par l'utilisateur.

Mémoires vives [**Mev** (*Ram : Random Access Memory*)] : accessibles à l'utilisateur, leur contenu est perdu lorsque l'ordinateur est éteint. *DRam (Dynamic Random Access Memory) :* à semi-conducteurs, conservent les informations enregistrées tant qu'elles sont sous tension. *SRam (Static Random Access Memory) :* de type statique très rapides, n'ont pas besoin d'être réactivées pour conserver leurs instructions. *SDRam. DIMM* (*Dual Inline Memory Module*) : module de mémoire à double ligne.

Mémoires mortes [**Mem** (en anglais *Rom : Read Only Memory*)] : mémoires permanentes stockant des données ou programmes non modifiables par l'utilisateur ; **programmables par un utilisateur :** *Prom* (programmables 1 seule fois) ; *Eprom (Erasable Programmable Read Only Memory) :* reprogrammables par irradiation de rayons ultraviolets ; peu onéreuses mais d'emploi peu aisé. *E²Prom :* impulsions électriques ; équipent autoradios ou tuners de chaînes hi-fi. *Flash Eprom :* compromis entre Eprom et E²Prom.

Mémoires permanentes ou de stockage : conservent leur contenu même ordinateur éteint (disques, disquettes, bandes, etc.). On étudie des mémoires *holographiques,* à *plasma* (fondées sur l'utilisation de gaz ionisés), *ferroacoustiques,* à *bulles magnétiques* [contenance 1 048 576 bits (ou unités d'information) sur 2 cm². *Principe :* on soumet à un champ magnétique faible les « régions » magnétisées (bulles minuscules) des métaux magnétiques (comme le fer), pour les orienter (« polariser ») dans un sens ou dans l'autre selon l'état binaire (0 ou 1) de l'information à stocker].

■ **Entrée des informations.** Sur place ou à distance *(télétraitement)* par : *frappe sur un clavier* (vitesse de la dactylographie) ; *carte perforée* (en voie de disparition, 2 000 cartes à la minute) ; *minidisque :* 3 800 enregistrements (1 à 128 cartes par min) ; *bande magnétique* (10 000 à 330 000 cartes à la seconde selon le type de dérouleur) ; *recueil d'informations analogiques :* vitesse en temps réel ; *lecture directe* (optique ou magnétique) de caractères imprimés ou manuscrits (8 000 à 24 000 cartes à la min).

■ **Unités de sortie.** Peuvent, sur place ou à distance, produire des résultats : *enregistrés sur bande* magnétique ou *sur disque* magnétique (vitesse : voir ci-dessus Entrée) ; *imprimés* à « l'impact » (jusqu'à 2 000 lignes par min) ; « sans impact » (13 000 lignes par min) ; *affichés* sur écran cathodique ; *parlés* (par recomposition artificielle de la voix humaine à partir d'une information numérique).

☞ **Caractéristiques des unités de stockage** (temps d'accès et volumes moyens stockés en millions d'octets) : *unité de stockage (type 3850) :* 50 000 à 272 000 ; *de bandes magnétiques : 15 s, X. Disque amovible : 50 ms,* 20 à 1 000, *fixe : 10 ms,* 0,5 à 20. *Cassette : 10 s,* 0,1. *Disquette* (flappy) : *400 ms,* 0,25 à 1,4. **Densité** (nombre de bits par cm²) : *1959 :* 1 000 ; *74 :* 1 000 000 ; *79 :* 10 000 000 ; *84 :* 100 000 000.

ÉVOLUTION

■ **1re génération (1944-46).** *A lampes triodes* encombrantes, rapidité de calcul et mémoire limitées. **2e (1958).** *A transistors.* Plus petits, remplacent les tubes et permettent des performances élevées. **3e (1964).** A micromodules microscopiques rassemblant sur quelques mm² des circuits transistorisés. Temps de conception et de mise au point réduit ; prix de revient inférieur ; plus grande surface d'aptitude aux modifications ; meilleure fiabilité et entretien plus facile. Permettent des langages simplifiés. **4e (1970).** *Miniaturisation à niveau d'intégration élevé* (Large-Scale Integration, LSI) ou *très élevé* (Very Large Scale Integration, VLSI). **5e** Machines ne fonctionnant pas en séquentiel, selon les principes de von Neumann, mais organisées en parallèle ; vitesse de 10 milliards d'opérations/s pouvant raisonner ; bâties autour de circuits d'arséniure de gallium ou de matériaux supraconducteurs.

L'*ovonique* (effet Ovshinsky), qui permet d'utiliser le verre à la place des semi-conducteurs en germanium et silicium, va se développer.

QUELQUES DÉFINITIONS

■ **Active X.** Technologie Microsoft permettant de créer sur le Web des petits programmes qui s'exécutent dans Windows. Sert aussi à ajouter des fonctions à certains logiciels comme Internet Explorer.

■ **ADSL (Asymmetric Digital Subscriber Line).** Ligne numérique asymétrique. Comporte un modem (boîtier ou carte) chez l'abonné et un multiplexeur au central téléphonique qui agrège les demandes des abonnés et les achemine par fibre optique jusqu'à un serveur d'accès large bande installé chez le fournisseur proposant l'ADSL. Permet de téléphoner en restant connecté à Internet, la voix et les données ne circulant pas aux mêmes fréquences. Débit voie descendante jusqu'à 8 Mbits/s, montante 640 kbits/s ; plus on est loin du central, plus le débit est faible.

■ **AGP (Accelerated Graphics Port).** Standard de connecteur pour *carte graphique* permettant l'accélération de l'affichage.

■ **Antiope** (acquisition numérique et télévisualisation d'images organisées en pages d'écriture). Service français de vidéotex de télévision (pages de 24 lignes de 40 caractères, diffusées sur le réseau), pouvant représenter lettres, chiffres ou graphismes simples. Le téléviseur doit être équipé d'un décodeur. France 2 propose, du mardi au vendredi, un « magazine » d'une centaine de pages d'informations diverses. En G.-B., journal sur la BBC (procédé Ceefax).

■ **Arobase (@).** Correspondant à la préposition latine *ad,* « à » (ou abréviation ancienne d'amphore) [les imprimeurs disaient « a rond bas » (de casse) ; « bas de casse » désigne en imprimerie la minuscule], est utilisé dans les adresses e-mail.

■ **ASCII (American Standard Code Information Interchange).** Code américain pour l'échange d'informations.

■ **ATM (Asynchronous Transfer Mode).** Mode de transmission basé sur la commutation rapide de paquets de données de petite taille et de longueur fixe (cellules de 53 octets).

■ **Autoroutes de l'information.** Concept lancé par Albert Gore (vice-Pt des USA) en janvier 1993. Circulation ultrarapide et à très grande échelle de services et de tout type d'information contenant textes, sons, images fixes et animées. Données consultables sur Minitel, télévision, ordinateur.

■ **B to B (Business to business).** Services proposés par des entreprises à d'autres entreprises. **B to C (Business to consumer).** Relations entreprises/consommateurs. **B to E (Business to employee).** Relations dans l'entreprise.

■ **Banques de données.** Ensembles d'informations structurées, stockées sur ordinateur et accessibles par un terminal. Diffusées par des « centres serveurs » équipés d'ordinateur. *Accès :* par téléphone, câble. *Réseaux publics de transmission de données :* Transpac (France), Euronet (Europe), Telenet ou Tymnet (USA). **Types :** *classiques :* norme ASCII (American Standard Code for Information Interchange). Environ 10 000 banques dans le monde. *CD-Rom :* disques compacts. *Vidéotex :* réseau Télétel en France (environ 300). **Origine :** *1960* USA pour domaines proches de la défense (énergie, nucléaire, espace). *1970* activité de centres serveurs accessibles par les réseaux internationaux de télécommunications.

■ **Beamer.** Envoie un message ou 1 carte de visite électronique virtuelle à partir d'un agenda électronique.

■ **Bios (Basic Input/Output System).** Système de gestion de base des entrées/sorties).

■ **Bitmap.** Représentation binaire dans laquelle les bits (unités d'information) correspondent à une partie d'un objet tels qu'une image ou un caractère. Dans un système monochrome, 1 bit représente 1 pixel sur l'écran. Pour la couleur ou le gris, plusieurs bits représentent 1 pixel ou un groupe de pixels. Désigne aussi la zone mémoire qui contient le bitmap.

■ **Bogue.** Erreur de programmation, d'adressage, etc., ou virus intentionnellement placé. Voir **Virus,** p. 32 b.

■ **Bombing.** Envoi d'un même message plusieurs dizaines de fois par jour pour paralyser une boîte postale électronique.

■ **Browser.** Voir **Navigateur,** p. 31 a.

■ **Buffer.** Mémoire tampon.

■ **Bureautique.** Automatisation des tâches du bureau pour élaboration, transmission, réception, archivage et recherche de documents, textes, images.

■ **Bus.** Système d'intercommunication des éléments constituant l'ordinateur. Réside sur la carte mère.

■ **Business angel.** Particulier qui investit ses fonds propres dans une start-up.

■ **Business plan.** Résume projet et prévisions de développement d'une start-up (voir p. 31 c).

■ **Buzz.** Bruit autour d'une personne ou d'une entreprise, qui accroît sa notoriété.

■ **CAO.** Conception assistée par ordinateur.

■ **C to C (Consumer to Consumer).** Transactions électroniques entre personnes privées.

■ **CCD (Charge Coupled Device).** Dispositif à transfert de charge. Transforme l'information lumineuse qui parvient au capteur en signaux électriques.

■ **Centre d'appel (call center).** Plateau d'accueil téléphonique regroupant jusqu'à plusieurs milliers d'opérateurs. Peut servir à recevoir des appels ou à en émettre.

■ **Chat.** Un des protocoles du réseau Internet Relay Chat (IRC). Permet de créer des salons de discussion (« chats ») avec dialogue écrit en temps réel.

■ **Clic** (ou **Click).** *Simple :* téléchargement interrompu. *Clickthrough :* clic suivi d'un téléchargement complet de la page. *Taux de clics :* nombre de clics constatés divisé par le nombre de pages vues avec publicité. Taux moyens mondial *1999 :* 7 % ; *2000 :* 0,5 %.

■ **Click and mortar.** Entreprise traditionnelle qui a aussi des activités Internet (mêle clics et mortier).

■ **Client de courrier.** Logiciel compatible SMTP et POP destiné à recevoir et envoyer des messages électroniques (Microsoft Outlook et Outlook Express, Netscape Messenger, Eudora Lite et Pro).

■ **CMJN (Cyan, magenta, jaune, noir).** Couleurs fondamentales utilisées pour l'impression en quadrichromie.

■ **Connectique.** Technologie des contacts, fils, etc.

■ **Cookie.** Logiciel permettant aux sites marchands de collecter des informations sur les pages visitées ou la durée de connection des internautes.

■ **Cryptage.** Système à double clé. *RSA,* créé 1978 au Weizmann Institute en Israël par Rivest, Shammir et Adleman ; part de 2 grands nombres premiers, x et y, qui multipliés l'un par l'autre donnent P, la clé publique, x et y formant la clé secrète. P étant très grand, il est difficile de retrouver la clé secrète. *PGP* (*Pretty Good Privacy :* « plutôt bonne intimité ») de Philipp Zimmermann créé 1984. **1995**-*14-7* le Français Damien Rodriguez (27 ans) a décrypté le code (à 40 chiffres) du logiciel Navigator de Netscape, en faisant fonctionner ensemble (8 jours) 112 ordinateurs de l'Inria, de l'École normale et de Polytechnique. Une autre équipe a trouvé la clé en 32 h. En « enrôlant » plusieurs milliers d'ordinateurs à l'insu de leurs propriétaires, on aurait pu réduire le temps de calcul à moins d'une journée. Pour décrypter le code de 128 chiffres disponible aux USA, il faudrait utiliser pendant 6 milliards d'années 1 milliard d'ordinateurs 1 milliard de fois plus puissants que ceux dont disposait Rodriguez. **1998**-*fin* Aaron Crayford, 16 ans, pénètre les ordinateurs du Pentagone (il disposait des codes pour accéder aux dossiers secrets). Arrêté puis relâché.

■ **Cybercafé.** Lieu mettant à disposition du public des ordinateurs branchés sur Internet. *A Paris* 50 dont *Easy Everything* ouvert 19-1-2001, 37 bd de Sébastopol, 375 PC, accès 10 F (entre 20 min et 6 h de connexion selon l'affluence ; *Clicktown* 300 PC (à *New York* 1 de 800 PC, *Amsterdam* 1 de 650 PC).

■ **Cybermonde.** Univers de communication au-delà du terminal de l'usager.

■ **Disques magnétiques. Capacité** [ko : milliers d'octets (mots de 8 caractères) ; Mo (mégaoctets) : millions d'octets ; Go (gigaoctets) : 1 milliard d'o.]. **Disquettes :** 320, 360, 720 ko ; 1,2 ou 1,4 Mo (200 Mo en 1998). **Disque laser :** CD-Rom 600 Mo. **Disques durs :** 4,3 à + de 20 Go. Les disques durs tournent à 250 tours/min ou s. **Certaines unités à base de cartouches magnétiques :** plusieurs téraoctets (1 Go). **Laser :** temps d'accès plus lent (1 seconde) et support non réinscriptible. Tient bien dans le temps, faible coût de production. **Don (disque optique numérique)** vierge ; support d'archivage ne pouvant être enregistré qu'une fois ; technique *Worm (Write Once, Read Many :* « une seule écriture, plusieurs lectures »*)*, peut stocker 1 Go par face ; disque de 12 Go à l'étude. Minidisque optique *Data Play* 500 Mo (2 faces) : 11 heures de musique MP3, 2 h de vidéo. **CD-R (CD recordable) :** enregistrable mais non effaçable. **CD-RW (CD recrustable) :** réenregistrable. **Cédérom (ou CD-Rom)** (Compact Disc Read Only Memory) : disque compact mémoire à lecture simple.

■ **DES (Data Encryption Standard).** Procédé de chiffrement développé au début des années soixante-dix par IBM et la NSA.

■ **Dos (Disk Operating System).** Système d'exploitation des PC.

■ **Dotcom.** Start-up ou filiale Internet d'un groupe (leur nom finit par « .com »).

■ **DVD (Digital Versatile Disc).** Disque numérique polyvalent. Version à grande capacité du cédérom.

■ **DWDM.** Multiplexage en longueur d'onde sur fibre optique. Peut passer simultanément plusieurs trains de signaux numériques, chacun étant véhiculé par une couleur. La fibre diffuse des « bouquets » de 8, 16, 32, 64 couleurs.

■ **E.book.** Livre électronique. Depuis 1998 (USA) : *Rocket e-book* et *Softbook* ; 2001 (France) : *Cybook* [tablette de lecture 21 × 26 × 3 cm, 1 kg, 16 Mo (peut stocker 300 livres)]. Se connecte directement sur le Net. Peut contenir agenda, dictionnaires, logiciels de dessin ou de traitement de texte, etc.

■ **e-mail** ou **courrier.** Courrier électronique.

■ **Edge (Enhanced Data Rate for GSM Evolution).** Norme utilisant une nouvelle technique de modulation des émetteurs-récepteurs radio améliorant l'efficacité spectrale et permettant des débits de 100 à 384 bits/s.

■ **Enseignement assisté par ordinateur (EAO).** L'ordinateur interroge l'élève qui répond à l'aide du clavier, l'ordinateur poursuit si la réponse est bonne, ou revient à la partie mal assimilée.

■ **Ethernet.** Protocole de communication des ordinateurs en réseau.

■ **Extranet.** Réseau privé reposant sur le protocole TCP/IP, propre à Internet. Accessible à l'extérieur de l'entreprise à des personnes précises (par login et mot de passe) comme des clients.

■ **FAI.** Fournisseur d'accès à Internet. Appelé aussi « provider ». Exemples : AOL, Club Internet, Diligo, Freesbee, Freesurf, Infonie, Liberty Surf, Net-Up, Wanadoo, World-Net, WorldOnline, 9 Télécom.

■ **Faq (Frequently Asked Question).** Foire aux questions : documents regroupant questions et réponses le plus fréquemment posées sur Internet.

■ **FPU (Floating Point Unit).** Unité à virgule flottante.

■ **FTP (File Transfer Protocol).** Serveurs pour le téléchargement de fichiers (programmes, documents, images). On peut s'y connecter avec un logiciel de navigation.

■ **Creek.** Passionné d'informatique et de technologie.

■ **GPRS (General Packet Radio Service).** Envoi de paquets d'informations à haut débit (30 à 114 kbits/s). **(Global Packet Radio Switching).** Dérivé du GSM. Vitesse en 2001 : 10 fois supérieure à GSM. Les abonnés devront acheter un mobile compatibles GPRS. Ils pourront recevoir *e-mails* et images fixes.

■ **Hacker.** Personne explorant les limites des systèmes matériels et réseaux d'informatique.

■ **Héroïnes virtuelles.** Lara Croft, Ananova (présentatrice virtuelle), Webbie Tookay (mannequin virtuel, multiethnique), Mya (secrétaire virtuelle).

■ **Hits.** Appels des différents fichiers constituant une page. Enregistrent pages et images consultées (1 page avec 3 images = 4 hits).

■ **Hypertexte** (hypermedia). Conçu par Ted Nelson. Lien entre un mot et d'autres textes ou images que l'on peut faire apparaître ou résonner en « cliquant » sur le mot. **HTML :** Hyper Text Markup Language. Langage utilisé pour créer des pages sur le Web. **HTTP :** Hyper Text Transport Protocol ; **SHTTP** (sécurisé).

■ **Icône.** Représentation graphique à l'écran d'un élément présent sur disque dur, disquette, CD-Rom etc.

■ **ICQ (I Seek You).** Je vous cherche, logiciel annonçant la connexion de correspondants sur Internet.

■ **IDE (Integrated Device Equipment).** Équipement pour élément intégré, standard de connexion d'éléments externes pour PC.

■ **Identifications.** Clés asymétriques, reconnaissance rétinienne, empreinte digitale, signature manuscrite.

■ **iMac.** Modèle de Macintosh avec écran et modem intégré ; « i » pour Internet.

■ **Interface.** Permet de faire communiquer entre eux des machines, des langages informatiques, des systèmes différents. Peut être un matériel ou un logiciel. Il traduit des caractéristiques en d'autres caractéristiques.

■ **Internet.** Réseau mondial destiné à véhiculer des données (voir p. 34).

■ **Intranet.** Réseau privé reposant sur le protocle TCP/IP, utilisé pour la communication sur Internet, mais à usage interne à une entreprise.

■ **IPO (Initial Public Offering).** Introduction en Bourse.

■ **IRC (Internet Relay Chat).** Réseaux consacrés aux discussions en direct, accessibles aux ordinateurs équipés de logiciels spécifiques (comme ICQ).

■ **ISA (Industry Standard Architecture).** Architecture standard de l'industrie, standard de connexion pour éléments internes sur PC.

■ **ISP (Internet Service Provider).** Voir **Provider.**

■ **Jpeg (Joined Picture Expert Group).** Format de fichier pour images numériques.

■ **Joystick.** Minimanche à balai, accessoire des jeux d'actions. *Joypad :* manche remplacé par un bouton à 4 positions.

■ **LCD (Liquid Cristal Display).** Écran à cristaux liquides utilisant 2 bandes conductrices en contact avec le cristal, placées sur des supports transparents et espacés de quelques millimètres.

■ **Lien hypertexte.** Image ou texte qui renvoie à un autre document ou un autre site quand on clique dessus.

■ **Linux.** Système d'exploitation libre pour PC mis au point en 1991 par Linus Tørvalds (Finlandais, né 1970). En janvier 1999 : 8 à 10 millions d'ordinateurs (sur 250) tournent sous Linux.

■ **Login.** Nom de connexion ou identifiant.

■ **Mail.** Messagerie électronique. Messages pouvant être accompagnés de documents images et sons.

■ **Market place.** Place de marché, lieu virtuel où se rencontrent acheteurs et vendeurs.

■ **Menu.** Liste de propositions s'affichant à l'écran : regroupe les fonctions d'un programme, essentielles à l'accomplissement d'un travail.

■ **Microprocesseur (puce,** en anglais **chip). CPU (Central Processing Unit) :** unité centrale de traitement. Inventé 1971 par Ted Hoff à Santa Clara (Californie), dans une région plus tard connue sous le nom de *Silicon Valley.* Contient des circuits électroniques intégrés imprimés sur une pastille de silicium (semi-conducteur, bon marché). Remplit toutes les fonctions d'un des éléments de base d'un ordinateur ou d'un terminal. Plus les composants sont rapprochés, plus le microprocesseur travaille vite, et plus il possède de circuits électroniques, plus sa puissance est élevée. **Fabrication :** des circuits sont dessinés sur une grande feuille ; ce dessin réduit est projeté sur une plaquette recouverte d'une substance que la lumière attaque là où il n'y a pas de trait. La distance minimale séparant 2 traits est de 2 à 3 micromètres (la lumière crée une courbe sinueuse dont les irrégularités sont d'environ 0,5 micromètre). **Stockage :** actuellement 0,6 à 4 millions de composants. En utilisant un rayonnement non visible (rayon X ou rayon associé à des particules) de longueur d'onde beaucoup plus faible, on peut stocker 100 millions de composants au niveau expérimental. L'utilisation de l'arséniure de gallium (As Ga) à la place du silicium permettrait une vitesse 7 fois plus grande (coût élevé). Une gravure de 0,18 micron permet de concentrer sur une même puce une dizaine de fonctions différentes. Calcule mémoires dynamiques (DRams), ensemble des composants spécialisés dans le traitement d'applications de télécommunication, d'affichage graphique ou de décompression vidéo.

Une seule puce remplacera à l'avenir celles assistant aujourd'hui le microprocesseur principal d'un ordinateur. Les cartes électroniques additionnelles (vidéo, graphique, modem, Mpeg...) disparaîtront. La puce-ordinateur qui les remplacera pourra se loger dans n'importe quel appareil, et le PC actuel disparaîtra.

Générations de microprocesseurs. Date de sortie, entre parenthèses **nombre de transistors** (en millions) **et,** en italique, **vitesse d'horloge** (en MHz) : **4 004 :** 1971 (0,002) *0,1* (circuit de 200 $ délivrant la même puissance de calcul que le 1er calculateur électronique l'Eniac). **8 088 :** 1979 (0,03) *5 à 8.* **80 286 :** 1982 (0,134) *8 à 12* [1er microprocesseur à offrir une compatibilité logicielle totale avec ses prédécesseurs (circuit utilisé pour la 1re fois sur le PC-AT d'IBM)]. **386 DX :** 1985 (0,275) *16 à 33.* **486 DX :** 1989 (1,2) *20 à 50.* **Pentium :** 1993 (3,1) *60 à 166.* **Pentium Pro :** 1995 (5,5) *150 à 200* (puce de 196 mm²). **Pentium MMX :** 1997 (4,5) *150 à 233.* **Pentium II :** 1997 (7,5) *233 à 450.* **K6 (AMD) :** 1997 (8,8) *233* (puce de 162 mm²) [6 × 86 MX (Cyrix ; 240 $ par 1 000)]. **CMOS (IBM) :** 6 couches différentes de cuivre. Tension 1,8 volt. **CMOS 7s :** (150 à 200) sur un seul microprocesseur. **Alpha 21264 (Compaq)** (été 1998) : 15,2, *550 et 600.* **Pentium 4 :** 2001 *2 000.*

Gravure des puces (largeur du trait en microns). **1971 :** 7 ; **98 :** *Pentium II :* 0,25 ; **2000 :** 0,12 ; **2015 :** 0,02. **Fréquence d'horloge** (en MHz). **1971 :** *Intel 4004 :* 108 ; **89 :** *Intel 486 :* 50 ; **92 :** *Intel Pentium :* 60 ; **96 :** *Intel Pentium :* 200 ; **97 :** *AMD K6, Intel Pentium, Power PC G3 :* 266 ; **98 :** *Digital Alpha 21264, IBM Power PC :* 1 100 à 1 400 (0,1 à 1,4 GHz), *Intel Merced :* 900 ; *Digital Alpha 21264 :* 850. **99 :** *Pentium III :* 450 à 500. **Prix d'une puce** (en $, juin 1998) : *Pentium II :* Intel (à 300 MHz) : 305, (à 400 MHz) : 722. *K6-2* d'AMD (à 300 MHz) : 135. *MII* (à 300 MHz) de Cyris : 100.

Millions d'instructions traitables par seconde (MIPS) : *4 004* (1971) 0,06 ; *386* (1985) : 5 ; *Pentium Pro* (1995) : 0,3. **Coût** (par MIPS) : **1991** (PC architecturés autour du 486) : environ 225 $; **94 :** 52 $; **95 :** 11 $; **97 :** 7 $.

☞ **1994**-*7-11* défaut de fabrication détecté sur certains Pentium (erreur possible tous les 27 000 ans selon Intel). *-12-12* IBM stoppe micro-ordinateurs équipés de Pentium (erreur possible tous les 20 à 24 j). *-20-12* Intel échange Pentium défectueux (coût estimé : 50 millions de $). IBM reprend ses ventes. **1997** Intel reconnaît un défaut dans le Pentium II pouvant être réglé par un changement de logiciel (défaut affectant, dans certaines conditions, sa capacité à traiter des nombres à plus de 8 décimales).

Autres types : *puces Risc (Reduced Instruction Set Computer)* créées en *1992* par IBM, Motorola, Apple (Power PC) utilisant un jeu d'instructions réduit aux plus courantes par rapport aux microprocesseurs traditionnels *Cisc* (à jeu d'instructions complexe) ; les appels (rares) aux instructions complexes sont traités par des sous-programmes d'un logiciel. *Alpha* de Digital Equipment. *Puce neuronale d'Intel* (Ni 1000) : 3,7 millions de transistors (réseau de 1 024 neurones de silicium). Permet d'effectuer 20 milliards d'opérations par seconde. *Puce neurale* créée (1992) en Corée par URAN (Universally-Reconstructable Artificial Neural-Network) : 135 000 connexions synaptiques, équivaut au cerveau de la mouche (39 000 synapses). *Puce à 64 mégabits* (IBM-Siemens), 1993. *Puce de Siemens,* 1994, 40 milliards d'octets par seconde. *Puce de 256 mégabits :* Nec, Hitachi, Toshiba et Fujitsu. Prototype de mémoires Dram, 570 millions de transistors sur 300 mm², diamètre du fil 0,4 micron, sera sans doute photolithographié avec des UV sélectionnés dans de très faibles longueurs d'onde et de nouvelles résines photosensibles. **Vers 2005-2020 :** de *1 à 4 gigabits* (milliards de bits). 1re à mémoire dynamique créée par Samsung ; pourra stocker 8 000 pages de journal ou 160 livres. *Limite qui ne pourra être atteinte avec le silicium :* 16 gigabits, il faudrait tracer dans le silicium des composants (de l'ordre du centième de micron) qui ne pourraient exercer une influence électrostatique sur les électrons. Mis sous tension, ces électrons atteindraient plusieurs milliers de degrés et, compte tenu de leur vitesse, détruiraient le semi-conducteur. La *polycronaïne,* polymère organique conducteur d'électricité, avec ajouts d'atomes d'iode ou de *wafers* (fines tranches de diamant artificiel fabriqué à partir de gaz de méthane et d'hydrogène) utilisant les technologies de condensation de vapeur pourrait remplacer le silicium.

☞ **Loi de Gordon Moore** (co-fondateur d'Intel) : capacité des microprocesseurs double tous les 18 mois (s'est révélée exacte).

■ **Modem.** Unité fonctionnelle comprenant un modulateur et un démodulateur de signaux. Permet la transmission de données numériques sur des circuits ordinaires à faible bande passante (comme le branchement sur une prise de téléphone pour accéder à Internet).

■ **MP3 (Motion Picture expert group audio layer 3).** Format utilisé pour télécharger de la musique depuis Internet.

■ **Moteur de recherche.** Sur Internet, permet de trouver à partir de mots clés les sites traitant d'un sujet désiré. *Exemples :* **Allthewebt,** norvégien, index 340 millions de pages (1 milliard prévues en 2001) ; **Alta Vista,** version française, origine américaine, index 361 millions de pages (dont 11 francophones) ; **Excite,** origine américaine, index 350 millions de pages ; **Google,** origine américaine, interface française, index 500 millions de pages ; **Lycos,** origine américaine (étudiants de l'université Carnegie Mellon), index (de Alltheweb) 340 millions de pages ; **Voila** français (France Télécom), index 214 millions de pages (dont 14 francophones).

A ne pas confondre avec les *annuaires* (exemple : Yahoo !, Nomade, Omoz) qui renvoient aux pages d'accueil de sites inscrits ; les moteurs archivent tous les textes de toutes les pages qu'ils visitent.

■ **Mpeg.** Norme de compression audio et vidéo.

■ **Multimédia.** Intégration sur un même support de sons, textes et images éventuellement animées. En général, l'utilisateur intervient sur le déroulement du programme : c'est l'interactivité.

■ **Multiprogrammation.** Permet de partager la mémoire de l'ordinateur entre plusieurs travaux et de procéder à leur traitement simultanément. La rapidité de réponse (une fraction de seconde, alors que les questions ne se conçoivent qu'à la cadence de plusieurs minutes) permet l'utilisation de la machine par plusieurs centaines de correspondants par dialogues enchevêtrés, chacun ayant l'impression que la machine travaille pour lui seul.

■ **Nanotube.** Structure de carbone pouvant augmenter la miniaturisation des composants. Découverte 1991 par Sumio Lijima (Jap.) en cherchant à produire en masse des fullerènes [molécules de carbone en forme de ballons découvertes 1985 par Richard Smalley (Amér.) et Harold Visoto (Angl.), prix Nobel en 1996].

■ **Navigateur (browser).** Mot introduit (1984) dans Hypercard, 1er logiciel multimédia (sur Macintosh) comprenant un ensemble de cartes réunies en pile. *Parts de marché* (en %, avril 2001) : Microsoft Explorer 86,61, Netscape 13,1, autres [dont NSCA (Mosaic)] 0,29.

■ **NC (Network Computer).** Ordinateur de réseau. Relié au réseau par des lignes à haut débit (câbles TV, Rnis) il n'a plus à stocker programmes ou logiciels, il va chercher sur le réseau le fichier qui l'intéresse et le logiciel qui lui permet de le consulter et de le traiter ; transactions commerciales sécurisées grâce au système de cryptage offert par le réseau. Imaginé en 1995 pour concurrencer les PC annoncés par Sun Oracle (dont le P-DG Larry Ellison lance le concept) ou IBM. Développement prévu remis en question : prix des PC en baisse, développement des puces et des mémoires électroniques, lenteur des réseaux. **Exemples : Java Station de Sun :** processeur MicroSparc, *MHz :* 100 ; *mémoire Ram :* 8 à 16 Mo. **Acorn NC :** processeur ARM 7 500 F ; *MHz :* 40 ; *mémoires Ram :* 4 Mo, *Rom :* 4 Mo. **ICS (Internet Client Station) d'Idea :** processeur ARM 7 500 FE ; *MHz :* 40 ; *mémoires Ram :* 4 Mo, *Rom :* 4 Mo.

■ **Net.** Réseau (*exemple :* Internet : **On Line** (en ligne) ordinateur relié à un réseau).

■ **Numérisation.** Conversion par l'ordinateur d'images ou de sons en code binaire 01.

■ **NTIC.** Nouvelles technologies de l'information et de la communication.

■ **OCR (Optical Character Recognition).** Reconnaissance optique de caractères, utilisés dans certains logiciels.

■ **OLE (Object Linking and Embedding).** Liaison et intégration d'objets, technologie Microsoft pour développer des liens entre logiciels.

■ **OS (Operating System).** Système d'exploitation, ensemble des logiciels de base gérant l'exploitation de l'ordinateur.

■ **Page d'accueil (Home page).** 1re page d'un site Web.

■ **Page vue.** Mesure de référence d'audience d'un site Internet. Ne tient pas compte des images. Nombre de fois où une page est téléchargée.

■ **Paiement électronique sur les points de vente. 1°) Transaction en ligne (on line) :** la machine de paiement, dans laquelle le client introduit sa carte, est reliée à l'ordinateur de la banque où se trouve son compte ; le commerçant, après s'être assuré de la solvabilité du client, peut débiter le montant des achats. **2°) Carte à piste magnétique comportant un code secret** (actionné par le client) : la machine de paiement n'est pas reliée à l'ordinateur de la banque et le paiement est enregistré localement. Procédé simple, bon marché (2 à 3 F par opération). **3°) Carte à mémoire** (15 F) : opère hors ligne (*off line*), sans liaison avec l'ordinateur de la banque.

■ **Palm Pilot (tient dans le creux de la paume). 1992** Palm Computing créé par l'Amér. Jeff Hawkins, avec Donna Dubinsky. **1995** racheté par US Robotics, leader des modems. **1996** Palm Computing lance le Pilot 1000 suivi du Palm Pilot (1 million d'exemplaires vendus en 18 mois. **1997**-*juin* le groupe 3Com prend le contrôle d'US Robotics pour 8 milliards de $. **1998** Palm III. **1999** Palm V. Détient 50 % du marché mondial des ordinateurs (72 pour les appareils sans clavier) ; en Europe détrône le *Psion* (G.-B.). Le système *Palm OS* permet de faire fonctionner un ordinateur sans clavier avec un programme de *reconnaissance de l'écriture* (alphabet simplifié) ; un système de synchronisation, *Hot Sync,* transforme l'appareil en complément de l'ordinateur de bureau (pour transférer les données, on place le Palm sur un boîtier relié au PC).

■ **PAO.** Présentation ou publication assistée par ordinateur.

■ **PAP.** Page vue avec publicité.

■ **PCI (Peripheral Component Interconnect).** Interconnexion de composants périphériques, bus d'extension.

■ **PGP (Pretty Good Privacy).** Logiciel permettant de crypter le courrier électronique (à 128 bits, longueur de clé autorisée en France).

■ **Pilote (driver).** Logiciel chargé de gérer le fonctionnement d'un élément périphérique.

■ **Pixel** (ou point). Unité d'affichage de l'écran.

■ **Plug and Play (brancher et jouer).** Matériel d'installation simple et rapide.

■ **PMP (Point MultiPoint) ou LMDS (Local Multipoint Distribution System).** Technique en boucle locale radio permettant de raccorder plusieurs antennes clients à une seule antenne réseau.

■ **POP 3 (Post Office Protocol, version 3.0).** Définit la réception des messages électroniques. Concurrencé par *Imap* (Internet Mail Accers Protocol actuellement en version 4.0).

■ **Portail.** Site servant de guide, de moteur de recherche, et de plateforme de distribution de services (Yahoo !, Voilà ou Komodo).

■ **Provider.** Voir **FAI.**

■ **Réseau.** Ensemble de supports de transmission par fils, voie hertzienne ou câble optique, sur lequel peuvent se brancher les équipements des utilisateurs (par voie visuelle ou auditive). **Réseau numérique à l'intégration de services (Numeris) :** grâce à un seul numéro de téléphone, accès à plusieurs services : téléphone, télécopie, micro-ordinateur.

■ **Risc (Reduced Instruction Set Computing).** Processeur rapide utilisé sur les stations de travail et les serveurs de chaque constructeur Unix.

■ **Schmoozing.** Communication reposant sur le bouche-à-oreille.

■ **SCSI (Small Computer Systems Interface).** Interface pour systèmes de petits ordinateurs. Des moins puissantes aux plus puissantes : SCSI, fast SCSI-2, fast/wide SCSI-2, ultra/wide SCSI-2, etc.

■ **SDRam.** Type de Ram utilisée sur les PC et les Macintosh de la dernière génération.

■ **Sémiochimie.** Chimie informatique utilisant les supermolécules inventées dans les années 1970 par Jean-Marie Lehn : constituées d'unités moléculaires solides assemblées par des liaisons faibles ; en modifiant acidité du milieu, lumière, température, on peut changer les structures et stocker des informations. Travaux de Léonard Adleman, Richard Lipton.

■ **Serveur.** Ordinateur contenant des données disponibles sur réseau.

■ **Serveur proxy.** Serveur relais permettant à un fournisseur d'accès de stocker les pages Web fréquemment requises (celles-ci n'apparaîtront pas dans la comptabilité d'audience du site visité).

■ **Service en ligne.** Réseau proposant services, fichiers, courriers... *Exemples :* AOL (America on line), Apple Link, Calvacom, Compuserve (CIS), e-World, Infonie, Microsoft Network (MSN), Prodigy.

■ **SET (Secure Electronic Transaction).** Délivre un certificat d'authenticité lors des transactions en ligne.

■ **SIMM (Single Inline Memory Module).** Module de mémoire en ligne simple.

■ **Smileys.** Visages schématisés par des caractères exprimant les émotions des interlocuteurs. Pour être triste : **-:(** ; heureux : **-:)** ; porter une moustache : **:-|** ; faire un clin d'œil : **-;)** ; embrasser : **-:-***.

■ **S-MIME (Secure Multipurpose Internet Mail Extensions).** Version cryptée du protocole MIME qui définit la rédaction du texte des messages électroniques.

■ **SMTP (Simple Mail Transfer Protocol).** Protocole qui régit l'acheminement des messages électroniques.

■ **Snail-mail.** Courrier traditionnel (par opposition à l'e-mail).

■ **Spamming.** Diffusion d'un même message à un grand nombre d'internautes.

■ **SSL (Secure socket layer).** Protocole de sécurité pour le paiement en ligne ; chiffre les données bancaires.

■ **Start-up** ou **gazelle** ou **jeune pousse.** Jeune entreprise de haute technologie (Internet, biotechnologies, industries innovantes) à fort potentiel de croissance.

■ **Synthèse de la parole.** Un **synthétiseur** construit une phrase à partir de mots ou de phonèmes préenregistrés. Le phonème correspond généralement à une lettre, mais une lettre peut correspondre à plusieurs phonèmes (« O » ouvert ou fermé) ; les groupes de lettres (« ch », « an ») représentent un phonème. « X » correspond à un couple de phonèmes, « ks » ou « gz ». Il y a 40 phonèmes en français. **Types d'appareils. Synthétiseurs à canaux** [1er (Vocoder) construit 1939 par l'Américain Dudley] : le spectre de fréquence de la voix humaine (300 à 3 000 Hz) est divisé en une douzaine de bandes de fréquences ; à chacune correspond un canal dont la pièce essentielle est un oscillateur qui crée un son dont les fréquences sont dans la bande associée au canal. En commandant les intensités et les temps d'émission de chaque canal, on obtient une voix chuchotée. Un micro analyse comment le son reçu se répartit entre les bandes de fréquences et enregistre, pour chacune, le niveau sonore au cours du temps. Cette information est mise sous forme numérique assimilable par un ordinateur. Le codage d'un mot exige en moyenne 600 chiffres binaires. **Synthétiseur par formants :** le spectre de fréquences de la voix présente à chaque instant 2 ou 3 bosses dont la forme et la largeur varient peu ; seuls les *formants* (hauteur et position de ces bosses) changent. Pour distinguer les divers phonèmes, on donne au synthétiseur position et intensité de 2 ou 3 formants. **Simulateurs de conduit vocal** : le son se propage dans un tuyau, à chaque élargissement ou rétrécissement se produisent des réflexions qui étouffent certaines fréquences et en amplifient d'autres.

■ **Système d'exploitation.** Logiciel chargé du fonctionnement de l'ordinateur, par dessus lequel viennent se superposer les logiciels applicatifs (exemples : Mac OS pour Macintosh, Windows 98 pour PC).

■ **Systèmes neuronaux.** Réseaux neuromimétiques simulés sur informatique. Leur architecture ressemble au fonctionnement d'un groupe de neurones biologiques. Chacun d'eux imite un automate qui change d'état d'activation en fonction de la somme des signaux qu'il reçoit des autres neurones, puis influence à son tour les neurones auxquels il est relié. Ils proposent, contrairement aux systèmes experts qui attaquent les problèmes à un haut niveau (en copiant la partie consciente du raisonnement humain), de copier le comportement inconscient en partant du bas niveau, c'est-à-dire des données sensorielles, et en utilisant l'apprentissage comme méthode privilégiée. Apportent des nuances (plus ou moins vrai, plus ou moins faux). Leur « apprentissage » est réalisé à base d'exemples qui orientent la décision vers une configuration de base. A partir de cette connaissance, ils peuvent reconnaître et classer les formes qui leur sont présentées. Pour les autres, ils procèdent par extrapolation des exemples enregistrés. Une puce contenant 1 000 neurones pourrait réaliser en 100 millisecondes le travail effectué par un mini-ordinateur actuel en 10 secondes. **Application :** traitement des images (compression, segmentation, reconnaissance de formes, détection de mouvements, stéréovision), du signal (classification, localisation, séparation, débruissage), reconnaissance de la parole, robotique (coordination moteurs-senseurs).

■ **Systèmes ouverts.** Par opposition aux systèmes propriétaires permettant de choisir chez n'importe quel fournisseur une brique (matérielle ou logicielle) de son système d'information.

■ **Pertes mondiales dues au piratage de logiciels** (en milliards de $). *1992 :* 9,7 ; *93 :* 7,4 ; *94 :* 8 ; *98 :* 11 ; *2000 :* 11. **Taux de piratage** (en %, 2000) : Grèce 66, Italie 46, Irlande 41, *France 40,* Japon 37, Allemagne 28, G.-B. 26, USA 24. **Utilisation de logiciels piratés dans le monde** (en %, 2001) : Ukraine 89, Russie 88, Bulgarie, Croatie, Hongrie, Pologne, Roumanie, Russie, Slovaquie, Slovénie, Rép. tchèque, Ukraine 43, Europe de l'Ouest 34, USA 20.

☞ **Une escroquerie** a coûté, en 6 ans, 2 milliards de $ à l'Equity Funding Insurance : une vingtaine d'ingénieurs et de cadres avaient introduit dans l'ordinateur de la firme 64 000 clients fictifs.

■ **Dommages informatiques en France. Causes** (en %) : fraudes 58 (dont infraction à la propriété intellectuelle 31, accès frauduleux 31, fraude financière 20, sabotages 11, infraction à la loi informatique et liberté 11), accidents 25, erreurs 17. **Montant** (en milliards de F, 1994) : 11,2 dont *accidents* physiques 1 320, pannes 950, perte de services essentiels (télécoms, électricité, eau, etc.) 230, force majeure (événements naturels) 120 ; *erreurs* de conception et de réalisation 960, d'utilisation 940 ; *malveillance :* fraude 1 550, virus 1 050, divulgation 770, vol 120 ; autres 2 430 ; *93 :* 11 000 dont malveillance 6 380 (dont fraude 1 600, virus 1 100), accidents 2 750, erreurs d'utilisation et de conception 1 870. **Secteurs** (en %, 1994) : services 52, industrie 23, commerce 14, banques 9. [*Source :* Clusif (Club de la sécurité informatique française), hors administrations.]

☞ Plusieurs grandes firmes ont été mises en cause pour piratage : *en oct. 1989 :* TDF, Paribas ; *en déc. 1990 :* Rhône-Poulenc Film, France Distribution Système (groupe Bolloré).

■ **TCP/IP (Transport Control Protocol/Internet Protocol).** Protocole de communication utilisé dans un réseau Unix et devenu standard sur Internet.

■ **TDMA/CDMA (Timing Duplex Multiplex Analysis).** Permet en boucle radio de raccorder plusieurs clients à un même spectre de fréquences.

■ **Télématique.** Utilise télécommunications et informatique. Permet un dialogue entre ordinateurs traitant des informations de diverses origines, via les satellites de télécommunications. L'utilisateur reçoit les informations sur un terminal relié au réseau téléphonique.

■ **Traitement de texte.** Logiciel permettant d'écrire à l'écran comme sur une machine à écrire. Permet de réaliser corrections, déplacement ou suppression de mots et de paragraphes, sauvegarde, etc.

■ **Transputer** (« trans » pour transistor et « puter » pour computer). Mis au point en 1983 par Sté Imnos.

■ **Ultra-ATA.** Norme de connexion pour disques durs IDE à hautes performances. Standard sur PC.

■ **Ultra DMA 33.** Norme de connexion pour disques durs PC. Elle devrait être remplacée par la version Ultra DMA 66, plus performante.

■ **UMTS (Universal Mobile Telecommunication System).** Norme destinée à remplacer le GSM, utilisée pour les réseaux de téléphone mobile de 3e génération. Rapidité 180 kbits/s à 2 mégabits.

■ **Unics pour Uniplexed operating & Computing System (Unix).** Système d'exploitation multitâche et multiposte pour PC, stations de travail et serveurs.

■ **URL (Uniform Resource Locator).** Adresse de la page Web.

■ **USB (Universal Serial Bus).** Bus série universel. Nouveau port série à très hautes performances, utilisé sur PC et sur iMac.

■ **Usenet.** Réseau d'ordinateurs interconnecté à Internet, utilisé pour acheminer les articles des *newsgroups* (groupes de discussion).

■ **VC (Venture Capitalist).** Capital risqueur : celui qui investit dans une start-up (jeune société), en espérant récupérer plusieurs fois sa mise le jour de l'introduction en Bourse.

■ **VGA (Video Graphics Array).** Système d'affichage vidéo, standard d'écrans pour PC, offrant une définition de 640 × 480 pixels. VGA désigne aussi les connecteurs compatibles.

■ **Virus.** Voir col. b.

■ **Visites.** Ensemble de pages vues sur un site lors d'une période donnée (pour 1 000 visites ; ne précise pas s'il s'agit de 100 visiteurs venus 10 fois ou de 500 venus 2 fois).

■ **Visiteurs uniques.** Internaute qui consulte un site lors d'une période donnée (n'est comptabilisé qu'une fois même s'il visite le site plusieurs fois).

■ **Voice XML.** Langage permettant l'accès à Internet par téléphone.

■ **VRam** (Video Random Acces Memory). Mémoire vidéo de l'ordinateur.

■ **VRML (Virtual Reality Modeling Language).** Permet de manipuler des images en dimensions DHTML (Dynamic HTML), pour la création de pages interactives.

■ **Wap (Wireless Application Protocol).** Convertit une page Internet dans un format qui peut être lu sur l'écran d'un téléphone mobile. Utilise le langage WML (wireless markup language) dérivé de l'Internet. Le portail, généralement celui de l'opérateur téléphonique (France Télécom, SFR ou Bouygues Telecom) présente des services pratiques accessibles *via* les touches du mobile (météo, information, programmes, horoscope, convertisseur de devises, consultation de comptes en banque, passation d'ordres de Bourse, etc.). L'abonné peut aussi se rendre sur d'autres sites Internet. Écran à 6 lignes. Vitesse de transmission lente, équivalente à celle du Minitel, soit 9,6 kbits/s.

■ **Web, www, W3.** Abréviations pour le *World Wide Web* (« toile d'araignée mondiale »). Interface la plus communément utilisée sur Internet.

■ **Webcam.** Caméra numérique raccordée à l'ordinateur. Permet d'enregistrer des images pour les faire transférer sur Internet.

■ **Webcast.** Émission vidéo produite et diffusée sur Internet.

■ **Webmaster.** Responsable d'un site Web (technique, contenu éditorial, relations avec visiteurs).

■ **Windows.** Interface développée par Microsoft par dessus le système d'exploitation Dos.

■ **Wysiwyg.** Abréviation de « What you see is what you get » (Ce que vous voyez à l'écran est ce que vous avez à l'impression).

■ **Yetties.** Jeunes *(young)* entrepreneurs dans les nouvelles techniques.

■ **Z-Buffer.** Élément de la carte graphique gérant l'éloignement des objets et des décors par rapport au personnage joué par l'utilisateur. Norme de compression de fichier.

■ **Zip.** Disquette amovible contenant 100 ou 250 Mo.

VIRUS ÉLECTRONIQUE

■ **Définition.** Séquences d'instructions glissées dans les calculateurs, permettant une modification des résultats, un ralentissement dans l'exécution, un effacement du contenu des disquettes et des mémoires pour gagner d'autres ordinateurs par des programmes dans lesquels elles parviennent à se glisser. Ces séquences peuvent se recopier elles-mêmes sur les disquettes ou dans les mémoires à l'intérieur des machines. Il suffit d'utiliser un programme « infecté » pour que l'ordinateur puisse contaminer d'autres fichiers. L'épidémie peut se transmettre à distance par les lignes téléphoniques. Le virus peut rester silencieux des mois ou des années, jusqu'à ce que soit tapée une instruction prédéterminée ou jusqu'à une certaine date. **Remèdes actuels.** Éteindre l'appareil pour vider ses mémoires chaque fois que l'on change de disquette ; programmes de décontamination spécifiques à chaque virus, capables de repérer et de détruire le programme tueur. **Techniques de sabotage.** *Attaque :* tentative pour deviner un code d'accès. *Bombe logique :* instructions supplémentaires dans un programme, activées à un moment donné sur commande. *« Cheval de Troie » :* programme inséré clandestinement dans un autre ; ne se révèle qu'après une manipulation précise. Permet à distance, de contrôler ou d'avoir des informations sur ce que fait un ordinateur ou un réseau dans lequel il se trouve. *Écoute :* interception de données sur une ligne téléphonique. *Ping-pong :* fait rebondir une petite balle sur tout l'écran. *« Saucisson » :* détournement d'une somme minime sur des millions d'opérations monétaires. *« Ver » :* programme conçu pour se propager à l'infini dans la mémoire d'un ordinateur et y effacer les données inscrites. *Virus migrateur :* circule en permanence et de manière aléatoire dans le réseau ; pris en chasse par les « programmes de poursuite », il émet des leurres (qui égarent les programmes de recherche). **Contenus illicites :** souvent hébergés dans des pays où la législation est permissive, documents pédophiles ou à caractère raciste, négationniste et néonazi. **Cyberterrorisme :** attaques dirigées contre des infrastructures vitales (systèmes de contrôle aérien, systèmes informatiques de centrale nucléaire, de réseau électrique ou de chemin de fer ; intrusion dans les programmes informatiques d'un hôpital (perturbant son fonctionnement ou même utilisée pour assassiner un malade).

■ **Statistiques. Au 5-5-2000 :** 47 205 virus circulaient en 4 familles : logiciels applicatifs, systèmes, macro-commandes et scripts (catégories de « I Love You »). 15 à 20 virus font chaque jour leur apparition [*causes :* propagation d'une faille dans Windows 95 et Windows 98 ; manque de sécurité VBA (Visual Basic for Applications), langage de Microsoft]. *Principaux vecteurs :* e-mail (56 %), disquettes (39 %). 60 à 80 % des attaques, selon le FBI et le Computer Crime Unit britannique, viennent de l'intérieur des organisations elles-mêmes.

Délinquance sur Internet en France (cas répertoriés, 1999) : escroquerie cartes bancaires 2 287, diffamation, menaces, incitations à la haine raciale 60, pédophilie, mœurs 39, autres escroqueries 64. Selon le Service d'enquêtes sur les fraudes aux technologies de l'information (Sefti), un détournement financier informatique rapportait en moyenne 1,5 million de F en 1995 ; 5 % des affaires sont connues et déclarées chaque année. Dans 8 cas sur 10, le fraudeur appartient à l'entreprise victime.

Coût de la criminalité informatique aux USA (en millions de $) **et,** entre parenthèses, **% imputables à des virus :** *1997 :* 100,12 (12,5) ; *98 :* 136,82 (7,9) ; *99 :* 123,78 (5,3).

■ **Quelques exemples de piratage et de sabotage. 1986** *Allemagne :* Chaos Computer Club (créé 1981) infiltre l'ordinateur fédéral et révèle des données sur les retombées de Tchernobyl. *Brain* 1er virus sur compatibles IBM. **1988**-*13-4* (veille du jour anniversaire de la proclamation de l'*État d'Israël*) : un virus « sabotage palestinien » devait détruire des fichiers essentiels pour Israël ; déjoué. *-2-11 USA :* Internet neutralisé 36 h, 6 000 ordinateurs touchés. **1989** rumeur : « Des pirates auraient mis en circulation 3 virus (*Datacrim 1, 2* et *3*) programmés pour attaquer vendredi 13-10. A minuit, ils ruineront le contenu des mémoires ou bloqueront l'accès à celles-ci. » La police néerlandaise a parlé de 100 000 ordinateurs contaminés. **1990**-*15-1 USA :* Cie téléphonique AT&T, panne du système pendant 9 h (20 millions d'appels bloqués). Opération *Sun Devil* (antipiratage) : 40 ordinateurs et 23 000 disquettes saisis. **1991**-*9-1 Daniela* devait, selon le Chaos Computer Club France (CCCF), spécialisé dans la détection, contaminer une partie du parc français. *-Juin* un des membres du CCCF est inculpé pour fraude informatique. **1992**-*6-3 Michel-Ange* (identifié oct. 1991) devait, à la date anniversaire de ce peintre, frapper tous les compatibles IBM : quelques centaines atteints. **1994** *USA :* centre informatique météo piraté par un étudiant danois via le laboratoire du MIT. **1995**-*15-2 USA :* Kevin Mitnick arrêté [né 1964 ; *1982* découvre code du North American Air Defense Command ; *1983-88* pénètre fichiers de Cies téléphoniques (4 millions de $ de logiciels pillés) ; *1988-92* emprisonné (avait provoqué 300 millions de dommages ; a inspiré les films *Wargames* et *Takedown ; 1992* disparaît ; pénètre fichiers du FBI ; *1994-24-12* viole ordinateur de Tsutomu Shimomura, chercheur gouvernemental, qui fait l'enquête ; *1996-15-9* arrêté]. *G.-B. :* piratage de British Telecom révélant des informations confidentielles sur services secrets et famille royale]. *USA :* Citibank : plus de 50 millions de F détournés par des Russes qui avaient pénétré le système de transfert de fonds. Anthony Chris Zobarolaski, expert, qui récupérait à distance sur des ordinateurs des numéros de cartes bancaires ou de cartes de crédit téléphoniques, se servit ainsi d'un numéro de téléphone utilisé par le FBI pour des téléconférences. *France :* une quarantaine de parieurs ont multiplié leurs gains au PMU en appuyant sur la touche « correction » sur Minitel pour augmenter la mise initiale sans débourser davantage. **1997** virus *CAP* détecté. **1998**-*18-3* Ehud Tannenbaum (18 ans) est arrêté en Israël. A violé 1 000 ordinateurs serveurs et 120 000 des différents comptes qu'ils contiennent dont le Massachusetts Institute of Technology (MIT), le Centre des sous-marins de la Navy, l'US Air Force, la Nasa, de nombreuses universités américaines et des cibles israéliennes comme la Knesset. *-Nov. Morris Worm* paralyse Arpanet. **1999**-*1-4* David Smith (Amér., 32 ans) arrêté aux USA (auteur de *Melissa :* en l'activant, on accède à une liste de sites pornographiques envoyée aux 50 premières boîtes aux lettres du carnet d'adresses ; 1 million de PC infectés). *Melissa* a coûté plus de 80 millions de $ aux USA et a connu 40 dérivés. VERSIONS : *Veryfunny* ; *Motherday* s'attaquent aux fichiers images (type Jpeg), son (type MP3) et à des fichiers vitaux de l'ordinateur (extensions .bat, .ini et .com) nécessaires au redémarrage de la machine. *Virusalert* se présente comme un message pour les clients de Symantec, l'un des principaux fabricants d'antivirus. *Tchernobyl* lancé à la date anniversaire détruit des microprocesseurs dans des milliers d'ordinateurs sous Windows. *-Mai* diffusion par un ancien du MI6, Richard Tomlinson, sur un site californien de l'identité de 115 agents des services secrets. *-Juin Explore Zip. -Nov. Buble Boy.* **2000**-*avril* fausses informations spéculatives : faux communiqué faisant plonger la capitalisation de Lucent de 3,6 milliards de $. *-15-4* la police canadienne arrête Mafiaboy pour l'attaque contre le site de CNN ; le 8-2 avait également bloqué quelques heures ; l'accès à Yahoo !, eBay, Amazon.com et Etrade ; il risque 2 ans de prison et 1 000 $ d'amende. *-Mai I love you,* variante de *Melissa :* parti de 2 adresses e-mail de Manille (Philippines) par l'intermédiaire d'un fournisseur local d'accès à l'Internet. On a soupçonné une dizaine de personnes (noms codés retrouvés dans le programme du virus) en relation avec les cours du AMA Computer College (AMACC) de Manille (10 000 étudiants) ; Reomel Ramones (27 ans) a été interpellé puis libéré le 9-5 faute de preuves suffisantes. Le véritable auteur serait un Allemand de 18 ans, Michael, étudiant en Australie. *-10-5 :* 29 variantes indentifiées : COÛT : 5 à 15 milliards de $ (manque à gagner engendré par blocage des messageries et coût des interventions sur les centaines de milliers d'ordinateurs infectés). *-Nov. Hybris.* **2001**-*13-7 Code Red* attaque le site de la Maison-Blanche (au 2-8 a infecté 360 000 serveurs, coût : 1,2 milliard de $).

■ **Lutte en France.** Brigade centrale de répression de la criminalité informatique (BCRCI). *Sanctions* (loi du 5-2-1994) : amende (jusqu'à 1 million de F) et 2 ans d'emprisonnement ; sociétés : amende de 5 millions de F, interdiction de participer aux marchés publics et d'émettre des chèques, dissolution éventuelle.

☞ Un Office central de lutte contre la criminalité liée aux technologies de l'information et de la communication (OCLCTI) a été créé le 15-5-2000 à Nanterre (Ht-de-S.) au sein de la Direction centrale de la police judiciaire.

QUELQUES CHIFFRES

☞ *Abréviation :* CA : chiffre d'affaires.

DANS LE MONDE

■ **Bases de données. Part de marché des éditeurs** (en %, 1999) : Oracle 31,1, IBM 29,9, Microsoft 13,1, Informix 4,3, Sybase 3,3.

■ **Cartes à puce. Production** (en milliards d'unités) : *1998 :* 1,25 (dont 63 % par Schlumberger et Gemplus) ; *99 :* 1,4 ; *2000 :* 1,8 ; *2003 (prév.) :* 3.

■ **Cartes à microprocesseur. Production** (en millions d'unités, 1999) : 360 dont GSM 160, bancaire 100, divers 100.

■ **Dépenses informatiques mondiales. 1993 :** 171,5 milliards de $. **An 2000** *(prév.) :* 1 008 dont Europe 323, USA 312, Japon 222.

■ **Disques durs. Millions de disques durs vendus** (en 2000) : ordinateur de bureau 147,1, téléphone portable 30,2, stockage de données d'entreprises 22,3).

■ **DRam. Principaux fabricants et chiffres d'affaires** (en millions de $, 1998) : Samsung 2 854, Micron Technology 1 791, Hyundai 1 752, NEC 1 694, LG Semicon 1 210, Siemens 1 010, Mitsubishi 1 003.

■ **Écrans** (ventes en millions d'unités, 1999). **A cristaux liquides :** monde 2 300 à 3 000 dont Europe 672 dont Allemagne 202, G.-B. 172, *France 66,* Scandinavie 53, Italie 44, Espagne 34, autres 101. **A plasma (est.) :** Europe 30, *France 4,2.*

■ **Équipements électroniques. Production mondiale** (en milliards de $, 2000) : communication 268, grand public 189, industrie 150, micro-ordinateur et carte mère 143, aérospatial civil et militaire 61, automobile 59, autres 199.

■ **Logiciels. Capitalisation boursière au Nasdaq** (en milliards de $, fin août 2000) : Intel 493,4, Lisco Systems 466, Microsoft 368,3, Oracle 247,8, Sun Micro S. 201,7, WorldCom 104,3.

☞ Suite p. 1976

Le Monde

Astronomie

☞ Pour découvrir la sélection **Quid** des meilleurs sites Internet sur l'astronomie, rendez-vous sur **www.quid.fr**

Histoire

Conceptions de l'univers

■ **Avant les Grecs.** Babyloniens, Égyptiens et Chinois observent le ciel et connaissent la révolution des planètes ; Babyloniens et Chinois savent prédire les éclipses. Mais les systèmes cosmologiques sont naïfs et imprégnés de mythologie : pour les Babyloniens, l'Univers est une voûte et la Terre flotte sur l'Océan ; pour les Égyptiens, le Nil est un bras de l'Océan et le Soleil y flotte en barque, etc.

■ **Systèmes géocentriques grecs.** Pour *Anaximandre* (vers 610-vers 547 av. J.-C.), la Terre a la forme d'un disque (dont seule une des faces est habitée), elle est comme suspendue dans l'espace, toujours à une même distance de tous les points du ciel. Autour d'elle, différemment inclinées par rapport à son axe, tournent, à des distances internes respectivement égales à 9, 18 et 27 fois le diamètre terrestre, 3 grandes roues, ayant chacune pour épaisseur le diamètre de la Terre : celle du Zodiaque (des étoiles fixes), celle de la Lune et celle du Soleil. Pour *les pythagoriciens* (Ve s. av. J.-C.), la Terre est sphérique, de même que la voûte des cieux qui tourne autour d'elle en une journée sidérale. Il y a aussi 7 autres sphères concentriques à la 1re, tournant autour d'axes passant par le centre de la Terre, mais diversement inclinés (notion de l'obliquité de l'écliptique, découverte par Œnopide de Chio, vers 430 av. J.-C.). Ces 7 sphères sont, dans l'ordre croissant de leurs distances à la Terre, celles de la Lune, de Mercure, de Vénus, du Soleil, de Mars, de Jupiter et de Saturne.

☞ On mesurait l'intensité du plaisir par rapport à ces sphères ou « ciels », les troisième et septième étant, pour des raisons symboliques, les plus appréciées.

■ **Système d'Aristarque** (de Samos, 310-230 av. J.-C.). Il suppose, 17 siècles avant Copernic, que la Terre tourne sur elle-même et autour du Soleil, toujours considéré comme immobile dans l'Univers. Il a calculé (avec des erreurs considérables) les distances Terre-Lune et Terre-Soleil. Ses idées sont rejetées comme « impures ».

■ **Système de Ptolémée** (Claude Ptolémée, Grec, vers 90-vers 168). Systématisation des conceptions géocentriques antérieures à Aristarque : le cercle (figure parfaite et divine) est le fondement de l'Univers. La Terre est une sphère, entourée d'une série de sphères de cristal concentriques ; la sphère extérieure contient les étoiles. Toutes ces sphères se meuvent à une vitesse constante. La théorie de Ptolémée a recours à la théorie des *épicycles,* « cercles secondaires » : chaque planète a un cours circulaire autour d'un centre situé dans la sphère des planètes, mais soumis lui-même à un mouvement circulaire appelé le *déférent.*

■ **Systèmes médiévaux.** Ils reprennent le système de Ptolémée avec des précisions sur les orbites des planètes (apportées surtout par les observations des Arabes) qui ruinent petit à petit la théorie des *épicycles* et des *déférents.*

■ **Système héliocentrique de Copernic** (Nikolaj Kopernik, Polonais, 1473-1543) exposé dans *Des révolutions des orbes célestes* (1543). Le Soleil est placé au centre du système planétaire : la Terre tourne autour du Soleil (fixe) ; l'axe des planètes est celui du globe terrestre, la Lune tourne autour de la Terre ; la Terre tourne sur elle-même (dans son manuscrit, Copernic a cité le nom d'Aristarque, mais l'a biffé dans son livre imprimé).

■ **Système de Kepler** (Johannes Kepler, Allemand, 1571-1630). Les planètes ne tournent pas autour de la Terre (planète comme elles) ; leurs orbites ne sont pas circulaires mais elliptiques ; elles ne se trouvent pas sur des plans parallèles et n'ont pas la Terre pour centre mais le Soleil pour foyer.

■ **Mécanique de Galilée** (Galileo Galilei, Italien, 1564-1642). Les corps ne sont pas immobiles naturellement : ils sont animés d'un mouvement rectiligne uniforme (inertie) ; ils ne sont au repos, apparemment, que par rapport à d'autres corps ayant la même vitesse. Galilée, qui avait défendu le système de Copernic (voir ci-dessus), fut condamné par l'Inquisition le 21-6-1633 à être emprisonné et à réciter les 7 Psaumes de la pénitence 1 fois par semaine, pendant 3 ans, pour avoir soutenu que la Terre tournait autour du Soleil, « système absurde et faux en bonne philosophie, et erroné dans la foi » ; il abjura, à genoux, les mains sur l'Évangile. Il a été officiellement réhabilité par le pape Jean-Paul II en novembre 1992 (ses ouvrages étaient autorisés depuis 1822).

■ **Attraction newtonienne** (sir Isaac Newton, Anglais, 1642-1727). Newton relie la mécanique astrale de Galilée à la notion de chute des corps. La cause de ces 2 mouvements est la force universelle d'attraction que tout corps exerce sur tout autre corps.

■ **Relativité einsteinienne** (Albert Einstein, Allemand naturalisé Américain, 1879-1955). La masse pesante des objets, telle qu'on la calculait dans le système de Newton, est égale à leur masse inerte et la gravitation est à ranger parmi les inerties : l'Univers est à 4 dimensions (longueur, largeur, hauteur, temps), courbe et fini. Sa finitude a été remise en cause à partir de 1928 par les théories expansionnistes. On estime néanmoins aujourd'hui que la formule d'Einstein $E = mc^2$ a été étayée par 11 preuves : 1°) les explosions atomiques prouvent la relativité « restreinte », équivalence de la masse et de l'énergie, la 1re n'étant que la forme figée de la 2de ; 2°) l'augmentation de la masse des particules soumises à l'accélération $E = mc^2$ (si E croît, *m* croît aussi) ; 3°) la plus longue durée des mésons *mu* (puisqu'ils ne vivent que 1 millionième de seconde, et qu'ils vont à la vitesse de la lumière, ils devraient parcourir seulement 300 m ; en fait, ils traversent toute l'épaisseur de l'atmosphère, car ils vont aussi vite que le signal annonçant leur fin) ; 4°) l'avance du périhélie de Mercure : celui-ci devrait rester fixe. Or il se déplace de 43 s par siècle, sous l'influence du Soleil qui déforme l'espace/temps dans une vaste zone englobant Mercure ; 5°) l'effet *Einstein,* variante de l'effet *Doppler* : la lumière est décalée vers le rouge, sans que sa source bouge, en traversant un champ intense de gravitation (conséquence de la gravité générale) ; 6°) la déviation des signaux lumineux émis par les étoiles et passant près du Soleil ; 7°) le retard infligé aux ondes radio par l'attraction solaire (effet *Shapiro,* du nom de l'astronome qui l'a démontré), hypothèse vérifiée par les sondes Mariner 6 et 7, puis par les sondes Hélios ; 8°) l'égalité de la masse d'inertie et de la masse pesante, théorie démontrée par la stabilité de la Lune par rapport à la Terre : l'attraction solaire ne fait jamais osciller l'axe de la Lune (on le sait depuis la mesure au laser de la distance Terre-Lune, à 6 cm près) ; 9°) une horloge atomique faisant le tour du monde vers l'est (en avion à 10 000 m d'altitude) retarde de 329 nanosecondes sur la même horloge faisant le tour du monde vers l'ouest : preuve que la gravitation terrestre a un effet sur le temps ; 10°) l'effet *Mossbauer* gravitationnel prouve l'effet relativiste d'altitude (en utilisant des cristaux émetteurs de rayons gamma) ; 11°) l'existence des trous noirs prouve à la fois la courbure et la non-infinité de l'Univers. Voir **Trou noir** p. 35 c.

■ **Univers en expansion.** Avec les travaux d'Edwin Hubble (Américain, 1889-1953), on est passé d'un Univers statique et immuable à la conception d'un Univers en expansion et donc en évolution (voir p. 36 b). Les modèles les plus couramment admis qui décrivent cette conception sont les modèles du *big bang*, voir p. 36 c.

Découvertes et inventions

■ **Avant J.-C. XIIe s.** Chaldée : connaissance du Zodiaque. **1100** *Tchéou Hong* (Chinois) : obliquité de l'écliptique. **VIIe s.** Chaldée : connaissance du mouvement des planètes Jupiter, Mercure, Mars, Vénus. **550** *Anaximandre* (Grec, vers 610-vers 547) : premier cadran solaire. **Vers 250** *Aristarque de Samos* (Grec, 310-230) : distances Terre-Soleil et Lune-Terre (40 % d'erreur). **250** *Ératosthène* (Grec, 276-vers 193) : rayon de la Terre. **127** *Hipparque* (Grec, vers 190-vers 126) : 1er catalogue d'étoiles (1 025 recensées).

■ **Après J.-C. IIe s.** *Ptolémée* (Grec, vers 90-vers 168) : explication du mouvement des planètes. **Vers 1300** 1re utilisation des lentilles de verre. **1572-88** *Tycho Brahe* (Danois, 1546-1601) : 1ers instruments astronomiques, description du système solaire, position de 1 000 étoiles. **1601-18** *Kepler* : mesure des orbites planétaires. **1609** lunette d'observation (diamètre 4 cm) inventée en Italie, copiée en Hollande et diffusée ; Galilée, averti par un correspondant parisien, en fait construire une à Padoue. **1610** *Galilée* (à partir du 7-1 : lunette grossissant 30 fois) : les taches solaires ; 4 satellites de Jupiter ; *Marius* (Simon Mair, All., 1573-1625) les observe aussi. **1611** Peiresc (Nicolas Claude Fabri de, Fr. ; 1580-1637) découvre la nébuleuse d'Orion. **1659** *Christiaan Huygens* (Holl., 1629-95) : anneau de Saturne. **1667** fondation de l'Observatoire de Paris. **1676** *Olaus Römer* (Danois, 1644-1710) : vitesse de la lumière. **1685** fondation de l'Observatoire de Greenwich. **1744** Académie des sciences : démonstration de l'aplatissement du globe. **1781** *William Herschel* (Angl. d'origine allemande, 1738-1822) : découvre Uranus et **1784** dresse le 1er modèle de la galaxie, mais suppose le Soleil au centre. **1797** *Wilhelm Olbers* (All., 1758-1840) : calcul des orbites cométaires. **1811** *Joseph von Fraunhofer* (All., 1787-1826) : analyse du spectre solaire. **1845** *Léon Foucault* (Fr., 1819-68) et *Hippolyte Fizeau* (Fr., 1819-96) : 1re photographie solaire. **1846** *Johann Gottfried Galle* (All., 1812-1910) découvre Neptune grâce à *Urbain Le Verrier* (Fr., 1811-77) qui en avait défini l'orbite par des calculs sur les perturbations d'Uranus. **1859** *Ernst Tempel* (All., 1821-89) découvre la nébuleuse, Mérope. *Gustav Robert Kirchhoff* (All., 1824-87) et *Robert Wilhelm Bunsen* (All., 1811-99) : analyse spectrale. **1868** *Norman Lockyer* (Angl., 1836-1920) découvre l'hélium (astrophysique solaire). **1889** *Edward Emerson Barnard* (Amér., 1857-1923) : 1er atlas de la Voie lactée. **1917** *Albert Einstein* (All., 1879-1955) : relativité générale. *Karl Schwarzschild* (All., 1873-1916) : concept de trou noir. **1919** courbure des rayons lumineux, prédite par la relativité. **1920** *Arthur Stanley Eddington* (Angl., 1882-1944) : hypothèse de l'énergie solaire provenant de réactions thermonucléaires. **1924** *Edwin Hubble* : nature des galaxies. **1927** *Georges Lemaître* (Belge, 1894-1966) : hypothèse de l'Univers ponctuel primitif. **1929** *Edwin Hubble* (Amér., 1889-1953) : expansion de l'Univers. **1932** *Édouard Branly* (Fr., 1844-1940) : radioastronomie. **1942** utilisation du radar en astronomie. **1948** *George Gamow* (Russe naturalisé Amér., 1904-68) : théorie de l'expansion primordiale ou « big bang ». *Hermann Bondi* (né 1919), *Thomas Gold* (né 1920), *Fred Hoyle* (Angl., né 1915) : théorie de l'Univers stationnaire (voir p. 37 a). **1957** 1er satellite artificiel amorçant la « conquête spatiale » (voir p. 51 a). **1960** découverte des radiosources quasi stellaires (quasars). **1963** *Maarten Schmidt* (Amér., né 1929) découvre le quasar 3 C 273. **1965** *Arno Penzias* (Amér., né 1933) et *Robert Wilson* (Amér., né 1936) : rayonnement à 3K (radiation thermique universelle) [voir p. 37 a]. **1967** découverte des pulsars. **1976** pulsar binaire dont le mouvement semble établir l'existence d'ondes de gravitation. **1980** 1er mirage gravitationnel. **1983** mise en évidence autour de Bêta Pictoris d'un disque de poussière qui pourrait être un système planétaire en formation (voir p. 45 a). **1986** 1re observation d'un arc gravitationnel (voir p. 34 a). **1992** détection des fluctuations primordiales de l'Univers primitif par le satellite *Cobe* (voir p. 37 a). **1995 et 1996** 1re détection d'un système planétaire (51 Peg B) à l'extérieur du système solaire orbitant autour de l'étoile 51 Pegasi. Nouvelles planètes (voir p. 45 a).

☞ Voir le chapitre **Astronautique** p. 51.

■ **Planétarium d'Anticythère.** Assemblage d'axes métalliques et de roues dentées montés autour d'un axe central (actionné probablement par chute d'eau). Datant du Ier siècle après J.-C., récupéré en 1900 au large d'Anticythère (îlot situé à 40 km du Péloponnèse). L'Américain Derek Price l'examina entre 1950 et 1970 et révéla que c'était un « planétarium » fondé sur le système géocentrique, seul admis en Grèce ancienne.

Définitions

■ **Amas stellaire.** Groupement d'étoiles situé à l'intérieur d'une galaxie. Les *amas ouverts* ou *amas galactiques,* irréguliers, rassemblent plusieurs centaines d'étoiles nées simultanément. Ils se trouvent tous au voisinage du disque galactique. Exemple : amas des Pléiades, dans la constellation du Taureau (190 étoiles dont 6 visibles à l'œil nu). Les *amas globulaires,* sphériques, rassemblent plusieurs dizaines, voire plusieurs centaines de milliers d'étoiles : au centre de l'amas, les étoiles sont si serrées qu'on ne les distingue plus les unes des autres. Ces amas forment un halo sphérique autour du disque des galaxies. Autour de notre galaxie, ils se répartissent dans une sphère d'environ 160 000 années de lumière de diamètre. Exemple : amas d'Hercule.

■ **Astre.** Corps céleste de forme déterminée (étoiles, Lune, planètes et comètes). Les corps de forme non déterminée sont en général appelés **objets célestes.** Les astres peuvent être lumineux par eux-mêmes (Soleil, comètes) ou diffuser la lumière d'un autre astre (ainsi les planètes et leurs satellites, comme la Terre et son satellite la Lune réfléchissent la lumière solaire). L'**albédo** est le rapport de la quantité de lumière diffusée par une planète à la quantité de lumière reçue. *Albédo* de Vénus 0,61 (elle renvoie de la lumière reçue) ; Neptune 0,54 ; Uranus 0,45 ; Saturne 0,42 ; Jupiter 0,41 ; Pluton 0,4 ; Terre 0,34 ; Mars 0,15 ; Lune 0,07 ; Mercure 0,06.

■ **Astrométrie** (anciennement : astronomie de position). Branche traditionnelle de l'astronomie : mesure de la position des astres et de leurs mouvements.

■ **Astrophysique.** Étude de la constitution, des propriétés physiques et de l'évolution des astres et des divers milieux qui les composent.

■ **Blazar** (par analogie avec quasar, de l'anglais *to blaze,* flamboyer, et à partir de *BL Lacertae*). Objet extragalactique émettant une énergie intense ; exemple : la source 3C 279 à 4,6 milliards d'années de lumière.

■ **Constellation.** Région du ciel reconnaissable à un groupe d'étoiles voisines présentant une forme invariable, à laquelle on a donné un nom particulier. Les étoiles de notre galaxie déterminent 88 constellations sur la voûte céleste (exemples : Grande Ourse, ou Grand Chariot ou, en Chine, Grande Casserole, Orion, Scorpion). En général, l'étoile la plus brillante de la constellation reçoit la lettre α, la suivante la lettre β, etc. Voir tableau p. 35.

■ **Étoile.** Astre doué d'un éclat propre et d'apparence ponctuelle (à l'exception du Soleil), comparable à une fournaise alimentée par des réactions atomiques. Beaucoup sont probablement entourées de planètes, comme le Soleil (qui est une étoile), voir p. 37 c. **Étoile double** ou **triple :** ensemble de 2 ou 3 étoiles apparemment proches dans le ciel [on distingue : les doubles *optiques*, qui ne sont doubles qu'en apparence, par un effet de perspective, alors qu'elles se situent à des points très différents de l'espace ; les doubles *visuelles* et *spectroscopiques*, qui sont réellement très rapprochées dans l'espace et forment un couple *(système binaire)*, chaque partenaire tournant autour du centre de gravité commun ; à l'œil nu ces étoiles paraissent doubles (exemple : Mizar et Alcor dans la Grande Ourse) ; les doubles visuelles sont séparables avec un télescope tandis que les doubles spectroscopiques ne le sont que par l'analyse spectrale (l'étoile Polaire est double et peut être séparée avec un télescope de 75 mm)] ; au moins 1 étoile sur 2 est une étoile double. **Étoile géante :** étoile possédant une très grande luminosité et une très faible densité. Les étoiles Mira, type Mira Ceti, et les étoiles infrarouges appelées « objets OH/IR » sont des géantes rouges (masse de 1 à 10 fois celle du Soleil, luminosité variable par période de 200 à 2 000 j). Arrivées à la fin de leur vie, elles tirent leur énergie des transformations nucléaires de l'hydrogène en hélium et de l'hélium en carbone et oxygène dans 2 couches concentriques. La matière éjectée engendrera une nébuleuse planétaire et l'étoile s'éteindra doucement sous forme d'une naine blanche. L'étoile, dont le rayon atteint déjà la distance Terre-Soleil, s'entoure ainsi d'une enveloppe « circumstellaire » 1 000 fois plus grande où se forment de nombreuses molécules. Certaines produisent une forte émission radio dont le radical hydroxyle OH. **Supergéante :** étoile de très grand rayon (100 à 1 000 fois celui du Soleil) et de très grande luminosité (jusqu'à 10 000 fois celle du Soleil). Sa masse est en général supérieure à 10 fois celle du Soleil. **A neutrons :** étoile ayant une masse comprise entre 1,4 et 3 fois celle du Soleil, extrêmement dense (10^{17} K par m^3) et de faible dimension (10 km), qui s'est effondrée sous son propre poids, et est constituée presque entièrement d'un gaz de neutrons (formée lors de l'explosion d'une supernova, elle s'observe sous l'aspect de pulsar). **Naine :** étoile possédant une faible luminosité et une forte densité ; **naine blanche** (voir 1er tableau p. 44 b) : de masse comparable à celle du Soleil mais dont le rayon est 100 fois plus petit [prototype : le compagnon de Sirius (Sirius B) découvert en 1862. Sa densité est de 170 000 (soit 90 000 fois plus que le Soleil) : 1 cm^3 pèse 170 kg] ; la plus massive (RE JO3A-853, 1,35 fois la masse solaire) a été découverte par le satellite *Rosat* en déc. 1995 ; **naine brune :** masse d'environ 0,07 fois celle du Soleil (valeur à partir de laquelle se déclenche la fusion de l'hydrogène). Teide 1 sera la 1re observée en 1995 par Rafael Rebolo (Esp.) de l'Institut d'astrophysique des Canaries. Température supérieure à 700 °C, masse solaire 0,02, rayon à 0,1 du rayon solaire. La découverte de 2 naines brunes en 1998 a permis d'affirmer que ce sont bien des étoiles. **Variable :** étoile présentant des variations d'éclat.

■ **Galaxie.** Vaste ensemble d'étoiles et de matière interstellaire dont la cohésion est assurée par les forces d'attraction gravitationnelle. On distingue des galaxies spirales, elliptiques et irrégulières. Leur taille est souvent difficile à évaluer (les plus petites ont un diamètre de 10 000 années de lumière). Les galaxies actives rayonnent de considérables quantités d'énergie, à un rythme tel qu'il ne peut être soutenu sur une longue durée. On a observé derrière notre propre galaxie (la Voie lactée) un amas baptisé Abell 3627 [plus de 600 galaxies inconnues, masse distante de 300 millions d'années de lumière (5 millions de milliards de fois celle du Soleil)]. Ce serait le noyau principal du « Grand Attracteur » imaginé en 1987 pour expliquer la convergence des galaxies environnantes, dont la nôtre, à plusieurs centaines de km par seconde (voir aussi p. 45 b).

■ **Gravitation.** Phénomène d'attraction qui se manifeste par le mouvement orbital d'un corps autour d'un centre d'attraction ou par la chute d'un corps sur l'autre (la force correspondante est la gravité).

D'après la loi de gravitation énoncée par Newton, 2 masses m_1 et m_2 s'attirent avec une force F proportionnelle au produit $m_1\,m_2$ et inversement proportionnelle au carré de leur distance r :

$$F = \frac{Km_1\,m_2}{r^2}.$$

■ **Lentille et mirage gravitationnels.** Phénomènes prévus par la théorie de la relativité générale et qui permettent d'interpréter certaines observations : déviation des rayons lumineux venant d'un astre très lointain par un astre de forte masse, plus proche et situé sur la ligne de visée, qui a pour effet de faire apparaître 2 ou plusieurs images de l'objet lointain. **Arc gravitationnel.** Image qui peut être créée par un amas de galaxies (découvert en déc. 1986). C'est ainsi que le quasar 0957 + 561 serait observé 2 fois par les radiotélescopes et les télescopes optiques, les 2 images étant rigoureusement semblables du point de vue spectrographique. Il y aurait là une manifestation de la déflexion de la lumière dans un champ gravitationnel, prévue par Einstein en 1916. On connaît à présent une dizaine de spécimens de lentilles gravitationnelles, dont l'une, AC 114, située à 4 milliards d'années de lumière, a permis au télescope spatial *Hubble* de déceler une galaxie très lointaine. **Micro-effet de lentille gravitationnelle :** résulte de l'amplification de l'éclat d'une étoile par une masse de matière noire (voir encadré p. 36 c) déviant la trajectoire de la lumière.

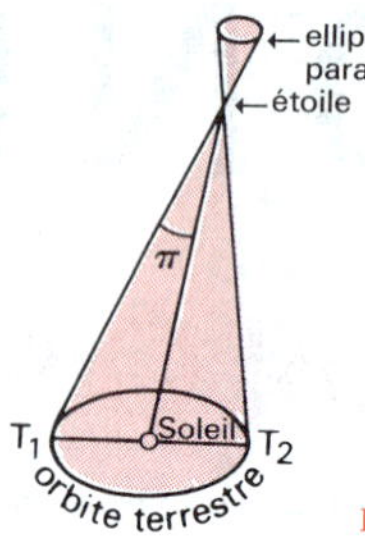

Parallaxe annuelle d'une étoile

■ **Nébuleuse.** Vaste nuage de gaz (hydrogène essentiellement) où la densité est nettement supérieure à celle de l'espace interstellaire. Les étoiles se forment à l'intérieur de certaines nébuleuses. On distingue : *les nébuleuses planétaires,* dont l'aspect rappelle parfois celui des planètes. Elles ne sont pas très grandes, possèdent une étoile centrale très chaude, et résultent de l'expansion des couches externes de cette étoile ; *les nébuleuses diffuses* ou *à émission,* dont le gaz est excité par le rayonnement ultraviolet d'étoiles chaudes voisines et qui émettent de la lumière (exemple : nébuleuse d'Orion) ; *les nébuleuses par réflexion,* qui n'émettent pas de lumière propre comme les précédentes mais ne font que réfléchir celle des étoiles voisines, beaucoup plus grandes que les nébuleuses planétaires ; *les nébuleuses obscures,* qui apparaissent sombres parce qu'elles ne sont éclairées par aucune étoile (exemple : nébuleuse Tête de Cheval dans Orion). Parfois, les nébuleuses sont trop vastes pour être totalement éclairées et comportent certaines parties obscures (exemple : nébuleuse Trifide du Sagittaire).

■ **Nova** (pluriel : **novae**). Étoile qui, par suite de l'explosion de ses couches externes, devient brusquement très brillante, puis s'atténue ou disparaît en faisant place à une nébuleuse, associée à une étoile naine blanche. Une **supernova** présente le même phénomène en beaucoup plus intense (plusieurs milliers de fois : c'est l'étoile entière qui explose, laissant une étoile à neutrons ou « pulsar »).

■ **Onde gravitationnelle.** Déformation de l'espace-temps, se propageant à la vitesse de la lumière, qui serait engendrée par tout ensemble de masses accélérées, d'après la théorie de la relativité générale. Joseph Weber (physicien américain) annonça en 1969 avoir détecté des signaux significatifs venant de la région centrale de la galaxie. Malgré d'autres expériences, cette observation n'a jamais pu être confirmée. Mais on a obtenu une preuve indirecte de l'existence des ondes gravitationnelles en étudiant un pulsar (voir ci-dessous) double, découvert en 1974, PSR 1913 + 16 : ses 2 composantes tournent l'une autour de l'autre en 7 h 45 min environ (durée diminuant de 67 nanosecondes par révolution). La perte d'énergie, associée à cette accélération, correspond au rayonnement sous forme d'ondes gravitationnelles. *Projets actuels de détection :* interféromètres optiques à 2 bras mesurant directement la déformation de l'espace au passage d'une onde gravitationnelle, à partir des mesures de variations du trajet parcouru par un faisceau lumineux [*Ligo* (*Laser Interferometer Gravitational Wave Observatory,* américain), *Virgo* (franco-italien) prévu 2002 et *Lisa* (*Laser Interferometry Satellites Array*, réseau de satellites d'interférométrie laser, Agence spatiale européenne) qui comprendrait, en 2005, un réseau de 6 satellites séparés de plusieurs millions de km, formant un interféromètre à très grande base et donc à très haute résolution].

■ **Parallaxe annuelle** (d'une étoile proche : moins de 100 années de lumière). La Terre tournant autour du Soleil en 1 an, une étoile paraît effectuer, pour l'observateur terrestre, une ellipse par rapport à des étoiles lointaines. On appelle parallaxe annuelle l'angle π sous lequel on voit, de cette étoile, le rayon de l'orbite terrestre. Cet angle est très petit (inférieur à 1 seconde). En 1838, l'Allemand Friedrich Bessel (1784-1846) a déterminé le premier la distance d'une étoile par la méthode des parallaxes, le grand axe $T_1\,T_2$ (300 millions de km) de l'orbite terrestre fournissant une base de triangulation de longueur parfaitement connue (étoile 61 Cygni, à 11 années de lumière).

■ **Parallaxe diurne** (d'un astre du système solaire). Angle sous lequel on voit, de cet astre, le rayon terrestre.

■ **Parsec.** Distance à laquelle se trouve une étoile dont la parallaxe est d'une seconde. 1 pc = 3,2615 années de lumière soit environ 30 860.10^9 km.

■ **Planète.** Astre non lumineux par lui-même, tournant autour d'une étoile, en particulier autour du Soleil. Vues de la Terre, les planètes du système solaire ont un diamètre apparent sensible (ce que n'ont pas les étoiles) voir p. 38 a. **Planètes extra-solaires,** voir p. 45 a.

■ **Pulsar** (de l'anglais *pulsating star*). Étoile à neutrons (astre très dense) en rotation rapide sur elle-même, de très faible diamètre (quelques dizaines de km), émettant des impulsions radioélectriques très régulières avec une période très courte (millisecondes à secondes). Un morceau de pulsar de la taille d'un sucre pèserait sur Terre 300 millions de t. Découvert en 1967 par des astronomes de Cambridge. On en connaît plus de 600. *Origine :* il s'agirait d'étoiles ayant implosé qui, à l'origine, étaient 3 à 4 fois plus massives que le Soleil. Des pulsars ultrarapides ont été découverts depuis 1982. PSR 1937 + 214, dans la constellation du Petit Renard, tourne 642 fois sur lui-même en 1 seconde.

■ **Quasar** (de l'anglais *quasi stellar*). Type de radiosources dites quasi stellaires parce qu'associées à des objets visibles ayant une apparence ponctuelle. Découvert en 1960. On en connaît plus de 3 000. Leur fort décalage spectral vers le rouge conduit, d'après la loi de Hubble, à les situer aux confins de l'Univers observable (le plus lointain, découvert en 2000, RDJO 30117 + 002025, dans la Baleine, a un décalage vers le rouge de 5,5 et serait à 11,1 années de lumière). On pense qu'il s'agit de noyaux de galaxies très jeunes extrêmement lumineux [1]. Les observations de Halton Arp (quasars très voisins de galaxies) ont conduit à une remise en question de la loi de Hubble (voir p. 36 b). En 1992, la distinction entre quasars et radiogalaxies s'estompe ; il s'agit sans doute d'une même réalité dont l'aspect diffère selon l'angle de perception.

Nota. – (1) HYPOTHÈSE LA PLUS COURANTE : chaque noyau hébergerait un trou noir géant (supermassif), dévoreur de matière, qui absorberait jusqu'à épuisement le gaz de la galaxie (celui-ci, en décrivant une spirale dans sa chute, créerait ce rayonnement).

■ **Radiosource.** Astre émettant des ondes radioélectriques. Objets galactiques ou extragalactiques, souvent de grande puissance (10^{32} à 10^{37} watts), parfois restes de novae ou de supernovae de notre galaxie ou de galaxies singulières. Les principales sont *UAI 00 N 6A* (dans Cassiopée A), *UAI 05 N 2A* (nébuleuse du Crabe dans le Taureau), *3 C 358* (supernova de Kepler dans le Serpent), *UAI 18 S 1A* (nébuleuse Oméga dans le Sagittaire), *UAI 05 NO A* (nébuleuse d'Orion), *3 C 163* (nébuleuse Rosette dans Orion). 1re découverte en 1948.

■ **Rayonnement cosmologique.** Découvert en 1965. Rayonnement thermique à 3K qui baigne tout l'espace. Selon les tenants de la théorie du big bang (voir p. 36 c), il s'agirait du résidu de la chaleur originelle de l'Univers. Ce rayonnement aurait été émis environ 1 million d'années après le big bang, alors que la température de l'Univers atteignait encore 3 000 K ; il n'aurait cessé de se refroidir depuis, par suite de l'expansion de l'Univers (en perdant de l'énergie, ce rayonnement primitivement lumineux s'est transformé en ondes radio).

■ **Supernova** (pluriel : **supernovae**). Étoile massive ayant atteint un stade avancé de son évolution, qui explose et se manifeste temporairement par un éclat beaucoup plus élevé (voir encadré ci-dessous).

2 TYPES : *type I* (explosion d'une naine blanche) qui devient très brillante (après le maximum, sa luminosité décroît avec le temps de façon approximativement exponentielle). La matière qu'elle éjecte dans l'espace est pauvre en hydrogène mais contient davantage d'éléments métalliques lourds que la majorité des étoiles. L'étoile mère aurait une masse moyenne (environ 5 fois celle du Soleil) et serait complètement détruite par l'explosion qui ne laisserait aucun résidu compact stable. *Type II* (effondrement d'une géante jeune) atteignant au maximum une magnitude moins élevée qui décroît aussi plus rapidement et irrégulièrement. Elle résulterait de l'explosion d'étoiles, d'au moins 9 fois la masse du Soleil, qui ont acquis un noyau de fer et une structure en « pelures d'oignon » avec des couches concentriques d'éléments de plus en plus légers vers la périphérie. L'arrêt brutal des réactions nucléaires dans le noyau de fer provoquerait son implosion. Une onde de choc serait ainsi créée en retour, entraînant l'éjection des couches extérieures de l'étoile (à des vitesses dépassant 10 000 km/s). L'effondrement gravitationnel du noyau laisserait un résidu compact ultradense : une étoile à neutrons ou un trou noir.

☞ Selon une étude américaine de 1994, l'extinction massive de diverses espèces sur la Terre, il y a 225 millions d'années, aurait été provoquée par une supernova qui aurait irradié la planète et détruit la couche d'ozone.

Supernovae observées dans notre galaxie [*légende* – en gras : année, entre parenthèses : date (maximum d'éclat), durée de visibilité à l'œil nu, observateurs, magnitude apparente atteinte au maximum d'éclat, constellation]. **185** (7-12) 20 mois, Chinois, – 8, Centaure. **1006** (fin avril) 25 mois, Chinois, Arabes, Japonais, Italiens, – 9, Loup. **1054** (4-7) 22 mois (23 j en plein jour), Chinois, Japonais, – 5, Taureau (la matière éjectée a donné naissance à la nébuleuse du Crabe). **1181** (août) 6 mois, Chinois, Japonais, + 2, Cassiopée. **1572** (11-11) 17 mois, Tycho Brahe, – 4, Cassiopée. **1604** 12 mois, J. Kepler et D. Fabricius, Chinois et Coréens, – 2,5, Ophiucus.

Supernovae extérieures à notre galaxie. A l'époque moderne, la 1re supernova visible à l'œil nu a été SN 1987 A (identifiée à l'étoile dite *Sanduleak 69202*), observée à partir du 23-2-1987 dans le Grand Nuage de Magellan (à 170 000 années de lumière) ; son éclat a atteint la magnitude 3. Contrairement à la théorie, elle a pour précurseur une étoile bleue et non une rouge, mais elle aurait été précédemment une géante rouge qui aurait perdu ses couches extérieures. Ce n'est ni un trou noir ni un pulsar. Le 29-3-1993, apparition de 1993J dans la galaxie Messier 81, magnitude 10, 10 millions d'années de lumière.

■ **Sursauts gamma.** Bouffées de rayonnement observées dans l'espace en juillet 1967 par les satellites militaires américains *Vela* conçus pour la détection d'explosions nucléaires. **Origine :** vers 1990, on pensait qu'ils résultaient de séismes ou des explosions nucléaires d'étoiles à neutrons de notre galaxie. Depuis, les observations du satellite *Compton* montrent une répartition presque uniforme dans le ciel. Leur origine serait proche (intérieure à la galaxie) ou lointaine (extérieure à la galaxie). Le 8-5-1997, un sursaut gamma avec contrepartie radio a été observé.

Constellations Nom latin (avec génitif), nom français et abréviation officielle	Limites approximatives		Étendue (en degrés carrés)	Nombre d'étoiles de magnitude > 6
	Ascension droite	Déclinaison		
Andromed*a (-ae)*, Andromède, And [1]	22 h 56 à 02 h 36	+ 21,4° à + 52,9°	722	100
Antli*a (-ae)*, Machine pneumatique, Ant	09 h 25 à 11 h 03	– 24,3° à – 40,1°	239	20
Ap*us (-odis)*, Oiseau du paradis, Aps	13 h 45 à 18 h 17	– 67,5° à – 82,9°	206	20
Aquar*ius (-ii)*, Verseau, Aqr	20 h 36 à 23 h 54	+ 03,1° à – 25,2°	980	90
Aquil*a (-ae)*, Aigle, Aql [2]	18 h 38 à 20 h 36	– 11,9° à + 18,6°	652	70
Ar*a (-ae)*, Autel, Ara	16 h 31 à 18 h 06	– 45,5° à – 67,6°	237	30
Arie*s (-tis)*, Bélier, Ari	01 h 44 à 03 h 27	+ 10,2° à + 30,9°	441	50
Aurig*a (-ae)*, Cocher, Aur [3]	04 h 35 à 07 h 27	+ 27,9° à + 56,1°	657	90
Boot*es (-is)*, Bouvier, Boo [4]	13 h 33 à 15 h 47	+ 07,6° à + 55,2°	907	90
Cael*um (-i)*, Burin, Cae	04 h 18 à 05 h 03	– 27,1° à – 48,8°	125	10
Camelopardalis (-), Girafe, Cam	03 h 11 à 14 h 25	+ 52,8° à + 85,1°	757	50
Canc*er (-cri)*, Cancer (ou Écrevisse), Cnc	07 h 53 à 09 h 19	+ 06,8° à + 33,3°	506	60
Can*es (-um)* Venatic*i (-orum)*, Chiens de chasse, CVn [5]	12 h 04 à 14 h 05	+ 28,0° à + 52,7°	465	30
Canis (-) Major *(-is)*, Grand Chien, CMa [6]	06 h 09 à 07 h 26	– 11,0° à – 33,2°	380	80
Canis (-) Minor *(-is)*, Petit Chien, CMi [7]	07 h 04 à 21 h 57	– 00,1° à + 13,2°	183	20
Capricorn*us (-i)*, Capricorne, Cap	20 h 04 à 21 h 57	– 08,7° à – 27,8°	414	50
Carin*a (-ae)*, Carène, Car [8]	06 h 02 à 11 h 18	– 50,9° à – 75,2°	494	110
Cassiopei*a (-ae)*, Cassiopée, Cas [9]	22 h 56 à 03 h 36	+ 46,4° à + 77,5°	598	90
Centaur*us (-i)*, Centaure, Cen [10]	11 h 03 à 14 h 59	– 29,9° à – 64,5°	1 060	150
Cephe*us (-i)*, Céphée, Cep [11]	20 h 01 à 08 h 30	+ 53,1° à + 88,5°	588	60
Cet*us (-i)*, Baleine, Cet [12]	23 h 55 à 03 h 21	– 25,2° à + 10,2°	1 231	100
Chamaele*on (-ontis)*, Caméléon, Cha	07 h 32 à 13 h 48	– 75,2° à – 82,8°	132	20
Circin*us (-i)*, Compas, Cir	13 h 35 à 15 h 26	– 54,3° à – 70,4°	93	20
Columb*a (-ae)*, Colombe, Col	05 h 03 à 06 h 28	– 27,2° à – 43,0°	270	40
Com*a (-ae)* Berenices, Chevelure de Bér., Com	11 h 57 à 13 h 33	+ 13,8° à + 33,7°	386	50
Coron*a (-ae)* Australis, Couronne australe, CrA	17 h 55 à 19 h 15	– 37,0° à – 45,6°	128	25
Coron*a (-ae)* Borealis, Cour. boréale, CrB [13]	15 h 14 à 16 h 22	+ 25,8° à + 39,8°	179	20
Corv*us (-i)*, Corbeau, CrV	11 h 54 à 12 h 54	– 11,3° à – 24,9°	184	15
Crater *(-is)*, Coupe, Crt	10 h 48 à 11 h 54	– 06,5° à – 24,9°	282	20
Cru*x (-cis)*, Croix du Sud, Cru	11 h 53 à 12 h 55	– 55,5° à – 64,5°	68	30
Cygn*us (-i)*, Cygne, Cyg [14]	19 h 07 à 22 h 01	+ 27,7° à + 61,2°	804	150
Delphin*us (-i)*, Dauphin, Del	20 h 13 à 21 h 06	+ 02,2° à + 20,8°	189	30
Dorad*o (-us)*, Dorade, Dor	03 h 52 à 06 h 36	– 48,8° à – 70,1°	179	20
Draco *(-nis)*, Dragon, Dra [15]	09 h 18 à 21 h 00	+ 47,7° à + 86,0°	1 083	80
Equule*us (-i)*, Petit Cheval, Equ	20 h 54 à 21 h 23	+ 02,2° à + 12,9°	72	10
Eridan*us (-i)*, Éridan, Eri	01 h 22 à 05 h 09	+ 00,1° à – 58,1°	1 138	100
Forn*ax (-acis)*, Fourneau, For	01 h 44 à 03 h 48	– 24,0° à – 39,8°	398	35
Gemin*i (-orum)*, Gémeaux, Gem [16]	05 h 57 à 08 h 06	+ 10,0° à + 35,4°	514	70
Gru*s (-is)*, Grue, Gru [17]	21 h 25 à 23 h 25	– 36,6° à – 56,6°	366	30
Hercul*es (-is)*, Hercule, Her	15 h 47 à 18 h 45	+ 03,9° à + 51,3°	1 225	140
Horolog*ium (-ii)*, Horloge, Hor	02 h 12 à 04 h 18	– 39,8° à – 67,2°	249	20
Hydr*a (-ae)*, Hydre femelle, Hya [18]	08 h 08 à 14 h 58	+ 06,8° à – 35,3°	1 303	130
Hydr*us (-i)*, Hydre mâle, Hyi	00 h 02 à 04 h 33	– 58,1° à – 82,1°	243	20
Ind*us (-i)*, Indien (Oiseau), Ind	20 h 25 à 23 h 25	– 45,4° à – 74,7°	294	20
Lacert*a (-ae)*, Lézard, Lac	21 h 55 à 22 h 56	+ 34,9° à + 56,8°	201	35
Leo *(-nis)*, Lion, Leo [19]	09 h 18 à 11 h 56	– 06,4° à + 33,3°	947	70
Leo *(-nis)* Minor *(-is)*, Petit Lion, LMi	09 h 19 à 11 h 04	+ 23,1° à + 41,7°	232	20
Lep*us (-oris)*, Lièvre, Lep	04 h 54 à 06 h 09	– 11,0° à – 27,1°	290	40
Libr*a (-ae)*, Balance, Lib	14 h 18 à 15 h 59	– 00,3° à – 29,9°	538	50
Lup*us (-i)*, Loup, Lup	14 h 13 à 16 h 05	– 29,8° à – 55,3°	334	70
Lyn*x (-cis)*, Lynx, Lyn	06 h 13 à 09 h 40	+ 33,4° à + 62,0°	545	60
Lyr*a (-ae)*, Lyre, Lyr [20]	18 h 12 à 19 h 26	+ 25,6° à + 47,7°	286	45
Mens*a (-ae)*, Table, Men	03 h 20 à 07 h 36	– 69,9° à – 85,0°	153	15
Microscop*ium (-ii)*, Microscope, Mic	20 h 25 à 21 h 25	– 27,7° à – 45,4°	210	20
Monocer*os (-otis)*, Licorne, Mon	05 h 54 à 08 h 08	– 11,0° à + 11,9°	482	85
Musc*a (-ae)*, Mouche, Mus	11 h 17 à 13 h 46	– 64,5° à – 75,2°	138	30
Norm*a (-ae)*, Règle, Nor	15 h 25 à 16 h 31	– 42,2° à – 60,2°	165	20
Octan*s (-tis)*, Octant, Ocr	00 h 00 à 24 h 00	– 74,7° à – 90,0°	291	35
Ophiuch*us (-i)*, Ophiucus (ou Serpentaire), Oph	15 h 58 à 18 h 42	+ 14,3° à – 30,1°	948	100
Orion *(-is)*, Orion, Ori [21]	04 h 41 à 06 h 23	– 11,0° à + 23,0°	594	120
Pavo *(-nis)*, Paon, Pav	17 h 37 à 21 h 30	– 56,8° à – 75,0°	378	45
Pegas*us (-i)*, Pégase, Peg [22]	21 h 06 à 00 h 13	+ 02,2° à + 36,3°	1 121	100
Perse*us (-i)*, Persée, Per [23]	01 h 26 à 04 h 46	+ 30,9° à + 58,9°	615	90
Phoeni*x (-cis)*, Phénix, Phe [24]	23 h 24 à 02 h 24	– 39,8° à – 58,2°	469	40
Pictor *(-is)*, Peintre (Chevalet du), Pic	04 h 32 à 06 h 51	– 53,1° à – 64,1°	247	30
Pisc*es (-ium)*, Poissons, Psc	22 h 49 à 02 h 04	– 06,6° à + 33,4°	889	75
Piscis (-) Austrin*us (-i)*, Poisson austral, PsA [25]	21 h 25 à 23 h 04	– 25,2° à – 36,7°	245	25
Puppis (-), Poupe, Pup	06 h 02 à 08 h 26	– 11,0° à – 50,8°	673	140
Pyx*is (-idis)*, Boussole, Pyx	08 h 26 à 09 h 26	– 17,3° à – 37,0°	221	25
Reticul*um (-i)*, Réticule, Ret	03 h 14 à 04 h 35	– 53,0° à – 67,3°	114	15
Sagitt*a (-ae)*, Flèche, Sge	18 h 56 à 20 h 18	+ 16,0° à + 21,4°	80	20
Sagittar*ius (-ii)*, Sagittaire, Sgt [26]	17 h 41 à 20 h 25	– 11,8° à – 45,4°	867	115
Scorp*ius (-ii)*, Scorpion, Sco [27]	15 h 44 à 17 h 55	– 08,1° à – 45,6°	497	100
Sculptor *(-is)*, Sculpteur (Atelier du), Scl	23 h 04 à 01 h 44	– 25,2° à – 39,8°	475	30
Scut*um (-i)*, Écu (de Sobieski), Sct	18 h 18 à 18 h 56	– 04,0° à – 16,0°	109	20
Serpen*s (-tis)*, Serpent, Ser	15 h 08 à 18 h 56	+ 25,7° à – 16,0°	637	60
Sextan*s (-tis)*, Sextant, Sex	09 h 39 à 10 h 49	+ 06,6° à – 11,3°	314	25
Taur*us (-i)*, Taureau, Tau [28]	03 h 20 à 05 h 58	+ 00,1° à + 30,9°	797	125
Telescop*ium (-ii)*, Télescope, Tel	18 h 06 à 20 h 26	– 45,4° à – 56,9°	252	30
Triangul*um (-i)*, Triangle, Tri	01 h 29 à 02 h 48	+ 25,4° à + 37,0°	132	15
Triangul*um (-i)* Austral*e (-is)*, Triangle austral, TrA	14 h 50 à 17 h 09	– 60,3° à – 70,3°	110	20
Tucan*a (-ae)*, Toucan, Tuc	22 h 05 à 01 h 22	– 56,7° à – 75,7°	295	25
Urs*a (-ae)* Major *(-is)*, Grande Ourse, UMa [29]	08 h 05 à 14 h 27	+ 28,8° à + 73,3°	1 280	125
Urs*a (-ae)* Minor *(-is)*, Petite Ourse, UMi [30]	00 h 00 à 24 h 00	+ 65,6° à + 90,0°	256	20
Vel*a (-orum)*, Voiles, Vel	08 h 02 à 11 h 24	– 37,0° à – 57,0°	500	110
Virg*o (-inis)*, Vierge, Vir [31]	11 h 35 à 15 h 08	+ 14,6° à – 22,2°	1 294	95
Volan*s (-tis)*, Poisson volant, Vol	06 h 35 à 09 h 02	– 64,2° à – 75,0°	141	20
Vulpecul*a (-ae)*, Petit Renard, Vul	18 h 56 à 21 h 28	+ 19,5° à + 29,4°	268	45

◀ *Nota.* – Étoiles principales : (1) Alpheratz ou Sirrah, Mirach, Almak. (2) Altaïr. (3) Capella. (4) Arcturus. (5) Cor Caroli. (6) Sirius, Adhara, Mirzam, Wezen. (7) Procyon. (8) Canopus. (9) Schedir, Caph, Tsih. (10) Rigil kentarus. (11) Alderamin. (12) Diphda, Mira. (13) Margarita. (14) Deneb. (15) Etamin. (16) Pollux, Castor. (17) Alnaïr. (18) Alphard. (19) Régulus, Denebola. (20) Véga. (21) Rigel, Bételgeuse, Bellatrix, Alnilam, Alnitak, Saïph, Mintaka. (22) Markab, Scheat. (23) Algénib. (24) Algol, Mirfak. (25) Fomalhaut. (26) Kaus australis, Nunki. (27) Antarès, Schaula, Dschubba, Acrab. (28) Aldébaran, El Nath. (29) Alioth, Alkaïd, Dubhe, Merak, Phecda. (30) Polaire, Kochab. (31) L'Épi.

Ils résulteraient de la fusion de 2 étoiles à neutrons ou de l'explosion d'étoiles hypermassives (hypernovae). La variabilité de l'intensité d'un même sursaut implique que le diamètre des sources ne dépasse pas quelques centaines de km (exemple : en cas de collision de 2 étoiles à neutrons).

Nombre observé de juillet 1967 à 1999 : 3 000 à 4 000, notamment par les satellites français *Sigma* et américains *Einstein* et *Compton*).

■ **Trou noir.** Ultime état d'évolution d'une étoile au moins 3 fois plus lourde que le Soleil et ayant subi un effondrement ou « implosion ». Région de densité extraordinairement forte : aucun rayonnement, aucune matière ne peut s'en échapper. Les trous noirs eux-mêmes sont donc impossibles à détecter. Mais leur présence se manifeste par l'attraction irrésistible qu'ils exercent sur la matière des étoiles voisines (ils la « pompent »). Quand ils attirent du gaz stellaire, l'accélération auquel il est soumis déclenche l'émission de rayons X. Certaines émissions de rayons X dans l'Univers peuvent donc être considérées comme le signe de la présence d'un trou noir. On ignore ce que devient la matière absorbée par le trou noir ; on a avancé qu'elle réapparaîtrait sous forme de « trous blancs » en d'autres régions de l'Univers. Des mini-trous noirs se seraient formés dans l'Univers très jeune, leur masse ne dépassant pas 10^{14} g.

☞ **Trous noirs possibles découverts :** plus de 10. **Source X Cygnus X-1** (dans la constellation du Cygne) : découverte en déc. 1972, correspond à un système binaire à environ 6 000 années de lumière ; l'une des composantes, invisible, aurait une masse égale à 10 fois celle du Soleil ; l'autre serait l'étoile supergéante bleue, cataloguée HDE 226 868. **Trou noir détecté dans la galaxie NGC 5548** en 1988 à 200 millions d'années de lumière. **Trou noir détecté dans la galaxie NGC 6240** en 1990 à 300 millions d'années de lumière (il serait de 40 à 200 milliards de fois plus massif que le Soleil). **Trous noirs détectés par le télescope français Sigma** (embarqué sur le satellite russe *Granat*) dont un dans la constellation de la Mouche. *Sigma*, pointé vers la constellation du Sagittaire pendant 1 752 h, n'a pas découvert de trou noir, mais des sources gamma (qui pourraient correspondre à un trou noir), se trouvant à 300 années de lumière du centre. **Trous noirs détectés par le télescope Hubble :** le 25-5-1994 un trou noir supermassif formant le centre de la galaxie M 87, a été découvert à 52 millions d'années de lumière. On a observé un tourbillon de gaz chaud et ionisé, formant un disque (vitesse de rotation 1,9 million de km/h, soit une masse de matière de 2 à 3 milliards de fois supérieure à celle du Soleil). En 1995, un trou noir, aspirant un disque de poussières en forme de spirale d'un diamètre de 300 années de lumière, a été observé à 45 millions d'années de lumière de nous, dans la direction de la constellation de la Vierge, dans la galaxie NGC 4261. En 1996, 17 trous noirs ont été découverts dans 15 galaxies. En 1998 un trou noir (plus de 300 millions de fois plus massif que le Soleil) entouré d'un disque de poussières de 3 700 années de lumière, a été observé au cœur de la galaxie elliptique NGC 7052.

■ **Univers-îles.** Nom donné parfois aux galaxies depuis Kant. Avant lui, on supposait que les galaxies, appelées *nébuleuses*, faisaient partie de notre galaxie.

COSMOGRAPHIE

■ **Position conventionnelle.** Quoique ce soit la Terre qui tourne autour du Soleil, on choisit, pour plus de facilité, de faire comme si la Terre était fixe, le Soleil (et le ciel) tournant autour d'elle. On parle donc du **mouvement apparent** du Soleil. Cette façon de faire explique les expressions : « le Soleil se lève » ou « le Soleil se couche ».

L'**écliptique** est la trajectoire apparente du Soleil en une année ; c'est aussi le plan (incliné de 23°26′ sur celui de l'équateur) dans lequel se déplace en réalité le centre de la Terre autour du Soleil.

Les 2 intersections de l'écliptique avec l'équateur sont les **équinoxes.** Le **point vernal** (ou **point** γ) est le point où se trouve le Soleil à l'équinoxe de printemps. On distingue un point γ *vrai* qui se déplace chaque année par rapport aux étoiles *fixes* (il fait ainsi le tour en 25 785 ans), et un point γ *fixe conventionnel.* γ vrai rétrograde chaque année d'environ 50″26, en raison du mouvement en axe de toupie de l'**axe du monde** autour duquel tourne la Terre (**précession des équinoxes**), d'où il résulte que le **pôle boréal (Nord)** n'est pas toujours à la même place dans le ciel ; actuellement très proche de l'étoile Polaire (étoile α de la Petite Ourse), il se trouvait il y a 4 000 ans dans la constellation du Dragon. Le **pôle austral (Sud)** tourne de la même façon.

■ **Coordonnées horizontales d'une direction. 1°) L'azimut** ***a*,** angle dièdre du vertical de P′ et de celui de M, compté en degrés dans le sens rétrograde, de 0° à 360°

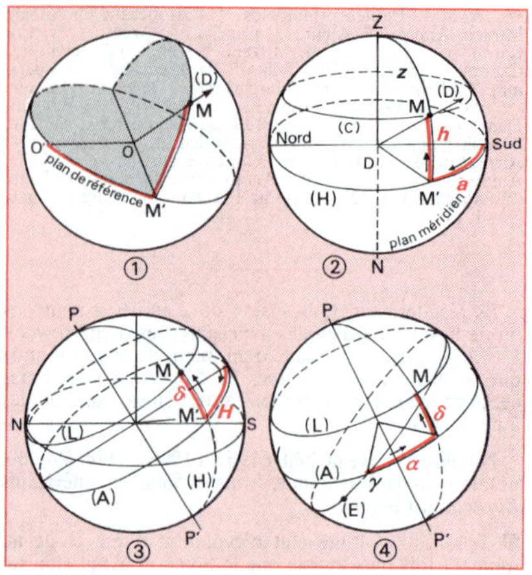

1. Repérage d'une étoile sur la sphère céleste. Angle sphérique MM' entre l'étoile et le plan de référence, angle O'M' entre la projection sphérique de M sur ce plan et un point origine O' fixe. **2. Sphère locale et coordonnées horizontales.** Z : Zénith, N : Nadir, *h* : hauteur, *z* : distance zénithale, *a* : azimut, (H) : cercle horizontal, (C) : cercle de hauteur. **3. Sphère locale et coordonnées horaires.** H : angle horaire, δ : déclinaison, (A) : équateur céleste, (L) : parallèle céleste. **4. Sphère des fixes et coordonnées équatoriales.** (E) : écliptique, γ : point vernal, α : ascension droite, δ : déclinaison.

ou de – 180° à + 180° (dans la marine française, le vertical de P et non celui de P′ étant employé comme origine des azimuts, il faut ajouter 180° à l'azimut astronomique pour obtenir l'azimut des marins) ; 2°) **la hauteur *h*,** angle de la direction (D) et du plan de l'horizon, comptée en degrés de – 90° à + 90°, à laquelle on substitue parfois la *distance zénithale z*, angle des directions de Z et de M, comptée de 0° à 180°. On a évidemment $z = 90° - h$.

■ **Coordonnées équatoriales célestes** (de la direction représentée par M). 1°) **La déclinaison** δ, angle de la direction avec le plan de l'équateur céleste, comptée en degrés de – 90° à + 90° (on utilise parfois aussi la distance polaire, angle des directions de P et de M, et qui est le complément algébrique de la déclinaison) ; 2°) **l'ascension droite** α, angle dièdre du méridien de la direction et de celui d'un point donné γ de l'équateur céleste, dit point vernal ou équinoxe ; elle est comptée dans le sens direct, parfois en degrés, de 0° à 360°, plus souvent en heures, de 0 h à 24 h (1 h = 15°, 1 min = 15′, 1 s = 15″).

■ **Coordonnées horaires, temps sidéral local. 1°) La déclinaison** δ, déjà définie ; 2°) **l'angle horaire H**, dièdre du méridien de la direction envisagée et de celui du lieu. Compté, dans le sens rétrograde, en degrés ou plus souvent en heures, de 0 h à 24 h, ou de – 12 h à + 12 h.

Le passage du système de coordonnées horaires au système de coordonnées équatoriales est immédiat dès qu'on connaît l'**angle horaire T** (dit temps sidéral) du point vernal, qui est aussi l'ascension droite du zénith. L'angle horaire et l'ascension droite de toute direction sont en effet liés par la relation $T = H + \alpha$.

■ **Coordonnées écliptiques. 1°) La longitude céleste,** angle dièdre des 2 demi-grands cercles dont les extrémités sont les pôles Q et Q′ de l'écliptique, et qui contiennent respectivement le point vernal et le point représentatif de la direction envisagée, comptée de 0° à 360°, dans le sens direct ; 2°) **la latitude céleste,** angle de la direction envisagée et du plan de l'écliptique, comptée de – 90° à + 90°.

Les **coordonnées équatoriales** (ou écliptiques) d'une direction fixe ne sont pas constantes, car elles sont définies à partir de plans fondamentaux (équateur, écliptique) animés de mouvements dus aux actions perturbatrices de la Lune, du Soleil et des planètes. Ces mouvements sont conventionnellement décomposés en **nutation** (superposition d'oscillations périodiques de courte période et de faible amplitude) et **précession** (mouvement lent, mais de grande amplitude). Si l'on ne tient compte que de ce dernier mouvement, l'écliptique, l'équateur et le point vernal ainsi définis sont dits moyens. Si l'on introduit aussi la nutation, l'équateur et l'écliptique sont dits vrais. La *précession* modifie la longitude écliptique, puisque celle-ci est mesurée à partir du point γ ainsi que les coordonnées équatoriales. La position des astres est alors donnée par rapport à la Terre considérée comme le centre de la sphère céleste. L'*ascension droite* donne la position par rapport aux pôles célestes et à un méridien origine, et la *déclinaison* par rapport à l'écliptique céleste.

■ **Zodiaque.** Zone de la sphère céleste qui s'étend sur 8,5° de part et d'autre de l'écliptique (dans laquelle semblent se mouvoir le Soleil dans son mouvement apparent, la Lune, les grosses planètes et une partie des petites), divisée en 12 parties de 30° de longitude. Les signes doivent leur nom aux constellations avec lesquelles ils coïncidaient il y a 2 000 ans : le passage du Soleil au point vernal (jour de l'*équinoxe* du printemps ; actuellement c'est dans les Poissons, dans 2 000 ans ce sera dans le Verseau) coïncidait alors avec son entrée dans le signe comprenant la constellation du Bélier. Par suite de la *précession* des équinoxes, le point vernal rétrograde sur l'écliptique de 50″26, soit 30° en 2 150 ans.

Le zodiaque comprend en fait 13 constellations (avec le Serpentaire).

Date d'entrée du Soleil en 2002

	Dans les constellations	Dans les signes du zodiaque
Verseau	16-02	19-01
Poissons	12-03	18-02
Bélier	18-04	20-03
Taureau	14-05	19-04
Gémeaux	21-06	20-05
Cancer	20-07	21-06
Lion	10-08	22-07
Vierge	16-09	22-08
Balance	31-10	22-09
Scorpion	23-11	23-10
Sagittaire	18-12	21-11
Capricorne	19-01	21-12

L'entrée du Soleil dans le Bélier correspond à l'équinoxe de printemps ; dans le Cancer au solstice d'été ; dans la Balance à l'équinoxe d'automne ; dans le Capricorne au solstice d'hiver.

L'Univers

Généralités

■ **Définition.** L'Univers, que l'on observe actuellement jusqu'à des distances d'environ 15 milliards d'années de lumière, comprend tout ce qui existe, c'est-à-dire des millions de galaxies séparées dans un espace contenant des poussières, des gaz et des particules atomiques.

Si la distance Terre-Soleil était représentée par un micron (1 millième de mm, or elle est en moyenne de 149 600 000 km), le diamètre de notre galaxie serait de 6,3 km, Andromède serait à 126,6 km, l'amas de la Vierge à 2 278,8 km, l'amas éloigné de la Grande Ourse à 106 344 km et les limites supposées de l'Univers à 759 600 km.

■ **Cosmologie.** S'efforce de déterminer les lois qui gouvernent l'Univers. La plupart des théories modernes admettent les principes de la relativité générale (Einstein, 1917) : – *l'espace*, à 3 dimensions (longueur, largeur, hauteur), et *le temps*, à 1 dimension (durée), sont liés : l'Univers est un espace-temps à 4 dimensions (la position d'un point quelconque y est définie par 3 coordonnées spatiales et 1 coordonnée temporelle) ; – *la matière* et *l'énergie* contenues dans l'Univers le déforment : l'Univers est courbe.

■ **Géométrie de l'Univers.** Si l'on admet que l'Univers a les mêmes propriétés dans toutes les directions (isotropie) et que la matière y est uniformément distribuée (homogénéité), 3 modèles d'Univers sont envisageables (Alexandre Friedman, Soviétique, 1922) :
– *sphérique*, ou à courbure positive (à 2 dimensions, l'espace peut être représenté par la surface d'une sphère) : Univers fini mais sans frontières ;
– *hyperbolique*, ou à courbure négative (à 2 dimensions, l'espace peut être représenté par la surface d'une selle de cheval) : Univers infini ;
– *euclidien*, ou à courbure nulle (à 2 dimensions, l'espace peut être représenté par une surface plane) : Univers infini.

Dans les 3 cas, le rayon de courbure de l'Univers varie avec le temps : s'il croît, l'Univers est en expansion ; s'il décroît, l'Univers est en contraction. On peut imaginer un type d'Univers pulsant, passant par des phases d'expansion et des phases de contraction. À un instant donné dans le passé, le rayon de l'Univers était nul : c'est l'origine de l'Univers actuel. Peut-être l'Univers existait-il antérieurement, mais on ne peut pas le savoir. Selon les observations astronomiques, l'Univers semble effectivement homogène et isotrope à grande échelle.

■ **Expansion de l'Univers.** Edwin Hubble (Amér., 1889-1953) ayant identifié en 1924 pour la 1re fois, dans la galaxie d'Andromède, avec le télescope de 2,5 m du mont Wilson, des céphéides (voir p. 44 b), calcula leur distance et établit que la galaxie se trouvait à l'extérieur de la Voie lactée. Cela prouvait qu'il existe des galaxies extérieures à la nôtre. En 1928, il découvrit que les galaxies ont un spectre décalé vers le rouge (le *redshift*) et, en admettant qu'il s'agissait d'un effet Doppler (voir à l'Index), il tira de ses observations une loi (dite des déplacements spectraux) selon laquelle toutes les galaxies s'éloignent les unes des autres, les plus lointaines s'éloignant le plus rapidement : $V = H.d$ (V : vitesse de récession d'une galaxie dont la distance est *d* ; H : constante de Hubble, environ 25 km/s par million d'années de lumière). Si la théorie de la relativité est valable, cela signifie que l'Univers est en expansion. La plupart des astrophysiciens admettent aujourd'hui la réalité de l'expansion. Selon des observations faites en 1998 à l'université de Seattle et au Lawrence Berkeley National Laboratory, l'Univers serait définitivement en expansion indéfinie et accélérée.

■ **Age de l'Univers.** Son calcul dépend de : *la constante de Hubble* (qui mesure le taux d'expansion actuel de l'Univers et qui, en dépit de marges d'erreur, donne lieu à des mesures tangibles) ; *la densité de matière* qu'il contient (qui conditionne le ralentissement de ce taux d'expansion) et qui fait l'objet d'approximations (plus de 90 % de la matière de l'Univers échapperait encore aux observations des astronomes) ; *la constante cosmologique d'Einstein* [objet de discussions théoriques pour savoir quelle valeur lui donner (elle pourrait être nulle)].

Matière noire (ou masse cachée)

Les observations [depuis Fritz Zwicky (Suisse, 1898-1974) en 1933] des galaxies suggèrent que 90 % de la matière qui compose les rassemblements d'étoiles échappe aux instruments des astronomes. La masse des étoiles et des nuages interstellaires de gaz et de poussières visibles ne représente en effet que 10 % de celle nécessaire pour que les galaxies soient en équilibre dynamique. Cette matière invisible est indispensable pour les empêcher de se disperser.

■ **Nature** (hypothèses). 1°) *Matière ordinaire invisible car se trouvant dans des objets trop petits* pour émettre de la lumière (planètes, étoiles avortées, de masse insuffisante pour que des réactions thermonucléaires aient pu s'allumer et faire briller l'étoile) : *naines brunes* (étoiles si denses que la lumière reste piégée à l'intérieur) ou *trous noirs*. Cette matière formerait une couronne autour des galaxies. Aussi, lui donne-t-on le nom de « Macho » (*Massive Astronomical Compact Halo Object*). **Expériences :** *Eros* (Expérience de recherche d'objets sombres) : *Eros I :* depuis 1990, le responsable Michel Spiro, à la tête d'une équipe de 28 scientifiques (Saclay), a photographié chaque nuit, grâce au télescope de Schmidt de l'Eso (Observatoire de la Silla, Chili), 1,2 millions d'étoiles dans le Grand Nuage de Magellan, pour rechercher les variations de leur luminosité. Chaque plaque photographique a été digitalisée par une *mama* (machine automatique à mesurer pour l'astronomie) traitant les courbes de lumière de 4 millions d'astres (1 milliard de points de mesure). En septembre 1993, on découvre que 2 étoiles semblent avoir croisé une lentille gravitationnelle (voir p. 34 a). De même, les Américains ont suivi pendant 1 an plus de 3 millions d'étoiles du Nuage de Magellan (télescope du mont Stromlo, Canberra) et ont détecté en septembre 1993 un microeffet de lentille gravitationnelle (luminosité multipliée par 7 en 2 mois). A fin 1998, on n'avait toujours pas trouvé de masse manquante dans le halo galactique. *Eros II* (1998-2002) analyse avec 2 caméras automatiques 6 millions d'étoiles dans le Petit Nuage de Magellan. 2°) *Matière ordinaire mais composée de nuages d'hydrogène moléculaire*, très froids, pratiquement indétectables. L'hydrogène s'observe très bien, sous sa forme atomique, grâce aux ondes radio émises par les atomes excités, à une longueur d'onde de 21 cm. Mais lorsque les atomes liés 2 à 2 forment des molécules, l'hydrogène n'est détectable que dans le domaine de l'ultraviolet lointain, par l'absorption qu'il produit dans la lumière d'étoiles situées derrière lui. C'est ainsi qu'il a été découvert en 1969. D'autres détections devant des étoiles très brillantes ont été faites par le satellite *Copernicus* (1973-85). De 1992 à 93, 5 nuages entre 40 000 et 60 000 années de lumière du centre de la galaxie ont été étudiés grâce à l'antenne (30 m) du radiotélescope de l'Iram au Pico Veleta (Espagne), et celle de l'interféromètre de l'Iram au plateau de Bure (Gap, Htes-Alpes). 3°) *Matière formée d'objets exotiques* et pour la plupart inconnus du classement des particules élémentaires. Invisibles parce que interagissant très peu ou pas du tout avec la matière ordinaire. Ce sont les *Wimp* (*Weakly Interacting Massive Particle*, ou « Mauviette » en français). 4°) *Neutrinos ayant une masse* (voir p. 37 a).

Estimations récentes (en italique : en milliards d'années) : **1930** *1,8* (Edwin Hubble, Américain 1889-1953). **1940** *4,5.* **1960** *10* [Allan Sandage (Américain, né 1926) et Gustav Tammann (Suisse)]. **1976** *10* [Gérard de Vaucouleurs (Français naturalisé Américain en 1962, 1918-95)]. **1980-90** *15* (la plupart des théoriciens). **1994** (publié dans *Nature* du 29-9) *8* [Michael J. Pierce (Kitt Peak, Tucson, Arizona)] mais certaines étoiles parviendraient à *15 ou 16* ; le 27-10 : *12* [équipe américaine de Wendy Freedman (Carnegie Observatories, Pasadena) travaillant avec le télescope *Hubble* orienté vers l'amas de la Vierge en direction de M 100 (56 millions d'années-lumière)]. **1996** mars : *11 à 14* [Allan Sandage (Carnegie Observatories)] ; juin : *9 à 12* [Wendy Freedman (Carnegie Observatories), s'appuyant sur les données de Hubble sur 50 céphéides de la galaxie de l'amas du Fourneau] : déc. : *10 à 13* (Michael Feast et Robin Catchpole, travaillant avec le satellite *Hipparcos*). **1997** *11,5* (*Hipparcos*). **2000** *13.*

■ **Origine. Théorie du big bang (grand boum) :** énoncée en 1948 par George Gamow (Américain né à Odessa, 1904-68), vulgarisée en 1978 par Steven Weinberg (Américain, né 3-5-1933), dans *Les Trois Premières Minutes de l'Univers* : l'Univers actuel serait issu d'une énorme explosion, le *big bang*, survenue il y a environ 15 milliards d'années [cf. *Théorie de l'atome primitif* de l'abbé Georges Lemaître (Belge, 1894-1966), 1927]. En extrapolant les résultats obtenus en étudiant des collisions de particules à hautes énergies dans de grands accélérateurs comme ceux du Cern, on a pu retracer ainsi l'histoire des premiers instants de l'Univers. On ne sait pas encore ce qui s'est passé lors du big bang *(temps de Planck)* à moins de 10^{-43} seconde après : aucune théorie ne permet actuellement d'envisager le comportement de la matière à la température d'alors [plus de 10^{32} K (kelvin)]. L'Univers primitif est une « soupe » de particules s'agitant en tous sens à des vitesses proches de celle de la lumière. Au gré d'incessantes collisions, certaines particules s'annihilent, d'autres apparaissent. Cette « soupe » aurait d'abord été composée de quarks et d'antiquarks (objets quantiques de charge fractionnaire) ; puis, elle se serait enrichie de particules et d'antiparticules légères, appelées *leptons* (électrons, neutrinos et leurs antiparticules). Au début des années 1980, l'Américain Alan Guth (né 1947) et le Soviétique A. Linde estiment que l'Univers se serait brutalement dilaté d'un facteur 10^{50} (son volume étant ainsi multiplié par 10^{150}) entre 10^{-35} et 10^{-32} secondes après le big bang (*concept d'inflation cosmique*). *10^{-6} secondes après (température 10^{13} K) :* 1res particules lourdes, protons et neutrons apparaissent grâce à l'association de triplets de quarks. Puis les leptons prolifèrent. *1 seconde après (température 10^{10} K) :* protons et neutrons commencent à se combiner pour former du deutérium, mais l'énergie des photons est encore suffisante pour briser ces 1ers nucléons. *3 minutes après (température 10^{6} K) :* les photons deviennent incapables de briser les liaisons nucléaires. L'Univers commence à fabriquer des noyaux atomiques légers : lithium, hydrogène, hélium. Le télescope *Hubble* a permis de découvrir en 1994 la présence d'hélium dans la constellation de la Baleine, à 13 milliards d'années de lumière. *15 minutes après :* cette nucléosynthèse primordiale s'achève, l'Univers continue à se dilater et à se refroidir, il passe du violet au jaune puis à l'orange et au rouge, restant encore opaque, l'espace foisonnant de particules chargées interagissant avec les photons avant que ceux-ci puissent se propager sur de grandes distances. *300 000 à 400 000 ans après (température inférieure à 3 000 K) :* la matière et le rayonnement se découplent, l'Univers devient transparent ; **début de l'ère de la matière.** *Environ 1 milliard d'années après :* les 1res galaxies se forment. L'Univers, en s'étendant, s'est progressivement refroidi. Il reste comme trace de l'explosion initiale un rayonnement radioélectrique « fossile » à une température résiduelle de 3 K. Les mesures du satellite *Cobe (Cosmic Background Explorer)*, publiées le 23-4-1992, confirment la théorie du big bang en révélant les microvariations de cette température résultant logiquement de l'inhomogénéité de l'Univers primitif, et prouvent que des grandes structures de matière ont pu se constituer pour former des galaxies primitives. Certaines observations suggèrent l'existence d'hyperamas encore plus vastes que les superamas ; néanmoins, à une échelle supérieure au milliard d'années de lumière, il semble que l'Univers soit bien homogène.

☞ *En 1948,* George Gamow avait prédit l'existence de ce rayonnement fossile qu'il évaluait à 7 K. En 1955, Émile Le Roux (25 ans) l'avait détecté au laboratoire de radioastronomie de l'École normale supérieure à l'aide d'antennes de radars allemands récupérés après la guerre. *Dans les années 1950,* des travaux théoriques, menés sous l'impulsion de Gamow, ont montré que ce rayonnement ne doit plus avoir aujourd'hui qu'une température de 2,72 K (– 270 °C). *En 1964-65,* Arno Penzias (Américain) et Robert Wilson (Américain, né 1936) (futurs prix Nobel 1978), tentèrent dans les laboratoires Bell de mesurer le bruit radio dû à la Voie lactée et découvrirent un signal constant ne venant d'aucune source particulière (« bruit de fond du ciel »). Appelé rayonnement à 3 K (kelvin), c'est la cendre fossile des feux du big bang.

■ **Évolution future de l'Univers.** 3 scénarios sont envisagés selon la densité de la matière présente dans le cosmos : **1°)** l'expansion ne cessera jamais, mais elle se poursuivra soit à une vitesse qui augmentera toujours, soit à une vitesse qui diminuera toujours ; **2°)** l'expansion se ralentira ; **3°)** une phase de contraction surviendra, ramenant l'Univers dans un état extrêmement dense. On passera de l'hypothèse 1 à l'hypothèse 3 selon que la vitesse d'expansion est suffisante ou non, vis-à-vis des masses en jeu, pour une libération gravitationnelle. D'après certaines expériences, il se pourrait que le *neutrino,* particule surabondante dans l'Univers, possède une masse infime. La densité de matière serait alors suffisante pour ralentir l'expansion, la stopper et engendrer une phase de contraction de l'Univers.

Selon certains astrophysiciens, l'énergie initiale aurait donné naissance à des quantités égales de matière et d'antimatière qui se seraient regroupées dans 2 régions différentes. L'Univers actuel serait donc formé symétriquement de matière et d'antimatière. On ne connaît que de façon imprécise la densité de matière de l'Univers. Celle-ci pourrait être suffisante pour ralentir, voire stopper, l'expansion s'il existe la matière noire.

■ **Critiques du big bang et théories alternatives. 1°)** *Certains astrophysiciens n'admettent pas l'idée d'une singularité initiale, d'où les théories de l'Univers stationnaire,* sans commencement ni fin. Selon la plus connue, celle de la *création continue* [Hermann Bondi (Brit., 1919), Thomas Gold (Brit., 1920), Fred Hoyle (Brit., 1915), 1948], bien que les galaxies ne cessent de se disperser dans l'espace, la densité de matière de l'Univers resterait constante grâce à la création continue de nouveaux atomes. Cette théorie est maintenant abandonnée, même si Fred Hoyle avec Jayant Narlikar et Geoffrey Burbridge toujours opposés au big bang, proposent, depuis 1993, une nouvelle version de sa théorie (dite de l'*état quasi stationnaire*), selon laquelle l'expansion de l'espace n'est pas le signe d'un état singulier originel, mais constitue une expansion éternelle.

Si les phénomènes physiques sont universels, pourquoi l'explosion originelle ne le serait-elle pas aussi ? Chaque explosion serait créatrice d'espace (d'où sa dilatation constatée), mais aussi de matière (ce qui rend compte de la densité constante supposée). La grande explosion originelle est donc remplacée par une infinité de petites explosions créatrices localisées. Selon la théorie de la création, malgré l'évolution observée à l'échelle des étoiles ou des planètes, l'histoire de l'Univers dans son ensemble n'est qu'un éternel recommencement.

2°) *De nombreux objets extragalactiques échappent aux lois de la mécanique expansionniste.* Il s'agit principalement de couples galaxie-objet compact (reliés par des ponts de matière), dont les 2 éléments ne s'éloigneraient pas à la même vitesse, si le *redshift* (décalage vers le rouge) est bien un effet Doppler. Ainsi, pour NGC 1199, le 1er élément (petite galaxie bleue) s'éloigne à 13 400 km/s et le 2e (objet compact relié à elle) à 2 600 km/s. Or, le 1er reste dans la même position apparente par rapport au 2e (pour l'observateur terrestre : juste devant). Il est donc impossible qu'il soit animé d'une vitesse différente.

Les quasars (voir p. 34 c) ont un fort décalage spectral vers le rouge, qui, interprété comme un effet Doppler-Fizeau, conduit à les localiser beaucoup plus loin que toutes les galaxies connues. Or Halton Arp (Américain, né 1927) cite de nombreux cas de galaxies et de quasars qui, tout en ayant des *redshifts* très dissemblables, sont voisins et se trouvent en interaction (extension ou filament lumineux se dirigeant de la galaxie vers le radar). Les écarts entre les *redshifts* ne seraient donc pas imputables à un éloignement différent.

3°) *Théorie du vieillissement de la lumière :* envisagée dès 1935 par Hubble, reprise par Jean-Claude Pecker (Français, né 10-5-1923) et Jean-Pierre Vigier (Français, né 1919) : le décalage vers le rouge ne serait pas dû à l'éloignement des galaxies mais à un « vieillissement » de la lumière. Le *boson scalaire* ou *particule* ϕ viendrait de la décomposition des neutrinos émis par les réactions nucléaires des étoiles. Les photons lumineux heurteraient les bosons et, perdant ainsi de l'énergie, changeraient de couleur. Les bosons ne dévieraient pas la trajectoire de la lumière lors de la collision. Les images des galaxies resteraient donc nettes, seule leur couleur serait décalée. *Ces bosons n'ont cependant pu être décelés.*

Vie dans l'Univers

L'exobiologie recherche les formes de vie extraterrestre.

■ **Pour rendre la vie possible (comme nous la connaissons) et lui permettre de se développer**, il est nécessaire de réunir ces 3 conditions : **1. Présence d'eau** (en masses assez importantes pour former des océans) : sur Terre, la vie s'est développée dans les océans et serait détruite en milieu non aqueux. Il y aurait peut-être une planète sur 1 million dans la galaxie qui pourrait contenir des océans (soit environ 200 000 puisqu'il y a 200 milliards d'étoiles). Le 2-6-1994, l'astronome James Braatz révéla que des chercheurs avaient détecté, avec un télescope radio, des ondes d'énergie électromagnétique caractéristiques de la présence d'eau dans Markarian 1, une galaxie de la constellation des Poissons, à 200 millions d'années de lumière de la Terre. La présence d'eau a été enregistrée sur la Lune (sondes *Clementine* en 1994 et *Lunar Prospector* en 1998) sous forme de cristaux et de crachins (voir p. 40 b) et sur le satellite de Jupiter, Europe (sonde *Galileo*). **2. Présence d'oxygène,** troisième élément atomique déjà connu dans le milieu interstellaire, sous forme d'oxyde de carbone, et détecté par une équipe franco-américaine (1992-93) sous forme d'oxygène moléculaire. En se combinant avec le carbone, il libère l'énergie indispensable à l'activité vitale (les anaérobies, vivant en l'absence d'air, tirent leur oxygène de composés organiques qu'ils décomposent). **3. Une certaine température** *maximale* (100 °C pour les bactéries, 65 °C environ pour les êtres complexes) et *minimale* (certaines bactéries ou certains végétaux à très basse température restent en vie, mais ne peuvent se développer, leurs fonctions vitales étant arrêtées).

■ **Probabilités.** L'origine et l'évolution de notre règne vivant impliquent la rencontre au hasard de tant d'éléments favorables et exceptionnels que leur existence, dans une autre planète, peut apparaître improbable. Cependant, si nous raisonnons en « temps géologique » (milliards d'années) et en « espaces cosmiques » (milliards de systèmes solaires), un nombre presque infini d'alternatives apparaît, tel que toute éventualité déjà réalisée une fois (conditions de vie terrestre) doit se retrouver presque sûrement une ou plusieurs autres fois.

Mais une fois apparue, cette « matière vivante » n'a pas nécessairement suivi le même schéma évolutif que le nôtre, dû à une longue série de hasards favorables pour qu'elle aboutisse à l'homme. Parmi ceux-ci, l'immense développement du règne végétal (qui enrichit l'atmosphère en oxygène et fournit la ressource énergétique permettant le développement du règne animal) et la transformation d'un tout petit nombre de primates vivant en Afrique centrale. S'ils n'avaient pas existé (ou s'ils avaient disparu précocement), l'homme n'aurait pas vu le jour et, en son absence, les « maîtres de la Terre » seraient les insectes sociaux au psychisme le plus développé et le mieux différencié chez les êtres vivants.

Nota. – La Nasa a décelé sur une *météorite tombée près de Murchison* (Australie) le 28-9-1969 des traces d'acides aminés d'origine chimique et extraterrestre témoignant d'une évolution chimique du type de celle qui a permis l'apparition de la vie sur la Terre. La *météorite tombée à Orgueil* (France) le 14-5-1864 et conservée en partie à Montauban, Paris et New York, ainsi que la *météorite tombée à Mokvia* (Nlle-Zélande) auraient offert des traces comparables (cela est contesté). Météorite martienne analysée en 1996 : voir p. 38 c.

■ **Message radio vers d'autres civilisations du cosmos.** Le 1er message a été envoyé le 16-11-1974 à partir d'Arecibo en direction de l'amas globulaire *Messier 13* où il parviendra dans 24 000 ans. Il comprend 1 679 signes en numérotation binaire (durée : 169 s) : symboles chimiques, silhouette d'un homme, représentation du système solaire et du radiotélescope d'Arecibo ; formules de mathématiques, de chimie (dessin des atomes d'hydrogène, hélium, lithium, etc.).

L'expérience a été renouvelée le 16-1-1987 avec le radiotélescope de Nançay vers le centre galactique (28 000 années de lumière).

■ **Programme Seti (Search of Extra-Terrestrial Intelligence).** Programme d'écoute de l'Univers poursuivi par la Nasa depuis les années 1960 à la recherche d'une intelligence extraterrestre. Depuis octobre 1992, l'écoute est relancée par 2 programmes (durée 10 ans) dans la gamme 3 à 30 cm : **1°)** *la Targeted Search* (recherche ciblée), à partir du radiotélescope d'Arecibo (Porto Rico) associé à un récepteur Megaseti MCSA (Multi Channel Spectrum Analyser) avec 14 millions de canaux de réception et une antenne de 300 m de diamètre, écoute les 800 étoiles les plus proches de nous et ressemblant le plus au Soleil, à raison d'une minute par étoile et par fréquence possible. **2°)** *Le Sky Survey* (surveillance du ciel), avec le radiotélescope de Pasadena (Californie), balaie tout le ciel, mais avec une sensibilité moindre. Les 2 projets analyseront les mesures en temps réel. Le radiotélescope de Nançay (France) enregistre 1 à 2 semaines par an 200 à 300 h d'écoute.

Ce programme, arrêté en 1994, a repris en 1996 sous le nom de **Phénix**, grâce à des fonds privés.

Système solaire

■ Soleil

Origine (hypothèses)

■ **Nébulaires. Avec anneaux :** Pierre Simon de Laplace (Fr., 1749-1827) considère que le Soleil et son système sont issus ensemble, il y a 4,6 milliards d'années, d'un nuage gazeux, nébuleuse primitive qui, en se condensant, a donné des anneaux fractionnés ensuite en différentes planètes. **Sans anneaux** (admise à présent) : le nuage de gaz et de poussière imaginé par Laplace s'est contracté sous l'effet de forces gravitationnelles, ce qui a accru sa pression et sa chaleur. A 10 millions de °C, les réactions nucléaires de fusion de l'hydrogène ont commencé à se produire. Sous l'effet de facteurs divers (rotation, composante gravitationnelle), le nuage s'aplatit et prend la forme d'un disque (10 milliards de km de diamètre, 100 millions de km d'épaisseur) dont sont issues les planètes (par condensation et accrétion). Près du Soleil ont subsisté surtout les métaux et le silicium (planètes telluriques), loin du Soleil, les gaz et des glaces d'eau, d'ammoniac, de méthane, etc. (planètes géantes). Un équilibre durable (10 milliards d'années dont 5 écoulés) s'établit entre les forces de gravitation énormes (masse) et le débit d'énergie nucléaire. Lorsque la fusion épuise l'hydrogène, produisant un noyau de plus en plus stable, celui-ci s'effondre, les couches externes « rebondissent » sur le noyau et le rayon augmente de 700 000 à 100 000 000 de km ; le Soleil devient une « géante rouge » dont l'expansion a refroidi les couches externes (encore 3 000 °C) et absorbé la Terre. Des réactions de plus en plus énergétiques (fusion de l'hélium) se produisent, les couches externes sont en partie éjectées (en 10 millions d'années, réduction à une « naine blanche », puis à une « naine noire » quasi invisible). *2 grandes énigmes :* celle de l'« étincelle » initiale qui a déclenché la contraction de la nébuleuse, et celle du processus final d'agglomération des planètes.

Hypothèses pratiquement abandonnées. Collision : le Soleil aurait donné naissance aux planètes au cours d'une collision avec une autre étoile. Selon *James Jeans* (Anglais, 1877-1946) : l'étoile arrache au Soleil un « cigare » de matière qui se sectionne. Selon *Michael Woolfson* (Anglais, né 1927) : le « cigare » vient de l'étoile. **Étoile jumelle :** il y aurait eu primitivement 2 Soleils : le 2e s'est désintégré, et a fourni les planètes. **3 préétoiles :** primitivement, il y avait 3 préétoiles : le Soleil, Jupiter et Saturne, dont 2 (Jupiter et Saturne) ont manqué leur explosion thermique faute d'une masse suffisante.

■ **Caractéristiques. Age :** 4,5 milliards d'années (durée de vie totale : 10 milliards d'années). **Diamètre :** 1 392 530 km. **Rotation :** 25 à 35 j suivant les régions. **Masse moyenne :** $1{,}989.10^{30}$ kg. **Émission thermique totale :** 10^{26} cal par seconde. Chaque cm^2 de la photosphère rayonne une puissance de 6,45 kW, et le flux total d'énergie libéré par le Soleil est de 4.10^{23} kW. Sa *lumière* met 8 minutes environ à nous parvenir. **Vitesse de déplacement absolue dans l'espace :** 216 km/s ; **relative** par rapport aux autres étoiles (en direction de la constellation d'Hercule) : 19 km/s. **Dimensions par rapport à la Terre :** densité 0,256 (par rapport à l'eau 1,41) ; masse 333 432 fois ; surface 11 900 fois ; volume 1 300 000 fois.

Composition : le Soleil comprend : le **noyau** (400 000 km environ de diamètre, composé principalement d'hydrogène et d'hélium, température de 15 millions de °C) est situé à 217 000 km sous la surface ; il agit comme un réacteur thermonucléaire et s'échauffe progressivement ; une **zone radiative** ; une **zone convective** (environ 200 000 km d'épaisseur). La **photosphère**, épaisse de 400 km environ (température décroissant vers l'extérieur de 6 600 à 4 500 °C). La **chromosphère,** épaisse de

8 000 km environ, basse atmosphère du Soleil (température croissant de 4 500 à 50 000 °C). La **couronne,** couches supérieures de l'atmosphère (1 à 2 millions de °C), gaz peu denses ionisés (sous l'influence de la température, les atomes perdent leurs électrons) ; elle se disperse dans l'espace interplanétaire, sans limites précises.

☞ Selon les observations des satellites *Soho* et *Iso* en nov. 1997, ces températures, 100 fois plus fortes que celles de la surface, s'expliqueraient par un transfert ascendant direct d'énergie magnétique, à partir de la surface, sous forme de vagues (50 000) agissant toutes les 40 heures.

L'héliosphère : région de l'espace dans laquelle la densité d'énergie du vent solaire est supérieure à celle du milieu interstellaire.

L'héliopause : zone de contact entre plasma solaire et gaz froid interstellaire qui serait à 15 milliards de km.

Activité solaire (phénomènes observés quotidiennement) : **taches** sombres [régions plus froides de la photosphère (4 500 °C au lieu de 6 000 °C) ; associées à un très fort champ magnétique] soumises à un cycle solaire de 11 ans. Minimum : 50 groupes de taches par an ; maximum : 500. Durée : de quelques jours à plusieurs mois. Étendue maximale : 18 milliards de km² (le 8-4-1947). **Facules** brillantes entourant les taches. **Explosions** *thermonucléaires* à 14 millions de °C, 2 atomes d'hydrogène se combinant en *deuton* (ou *deutéron*) qui se combine ensuite en *hélium* avec un 3ᵉ noyau. **Éruptions** et **protubérances** gazeuses pouvant s'élever à 1 million de km au-dessus de la chromosphère. **Émissions** de rayonnements (X, ultraviolet, radio, etc.) et de particules atomiques dans l'espace interplanétaire (*éjection de masse coronale*) : flux d'atomes, noyaux d'hélium, électrons, protons, particules chargées emprisonnées par le champ magnétique terrestre et créant les « orages magnétiques » (vent solaire).

☞ En mai 1997, Jesper Shou et Craig De Forest (Américains) de l'université de Stanford (Californie) ont détecté à l'aide de l'imageur Michelson Doppler, installé à bord de *Soho* (voir p. 68 c), des courants de 2 400 km de large et de 20 000 km de profondeur vers 75° de latitude sous la couche visible du Soleil. Ceux-ci pourraient jouer un rôle dans le cycle solaire de 11 ans.

☞ Si les réactions nucléaires au centre du Soleil s'arrêtaient, il faudrait 10 millions d'années pour que sa surface refroidisse et que la Terre s'en ressente.

■ **Futur.** Dans environ 5 milliards d'années, le Soleil deviendra une étoile géante rouge. Il engloutira sans doute Mercure et Vénus, et la Terre deviendra une fournaise. Puis il éjectera ses couches externes (qui formeront une nébuleuse planétaire) et ne subsistera que sous les traits d'une naine blanche de la taille de la Terre.

■ Planètes

☞ Voir site www.quid.fr

Données générales

■ **Origine du nom.** Du grec *planêtês,* vagabond.

■ **Catégories.** On distingue : **1°) 9 planètes principales :** *4 telluriques* [dont la Terre est le prototype (Mercure, Vénus, la Terre et Mars)], de taille et de composition proches (surtout roches silicatées et fer) ; *4 géantes*, dites aussi *joviennes* [dont Jupiter est le prototype (Jupiter, Saturne, Uranus et Neptune)], riches en glaces et en composés gazeux de l'hydrogène ; *Pluton* (la plus petite) ; **2°) des milliers d'astéroïdes** (petits corps rocheux) gravitant entre Mars et Jupiter. Leur masse totale ne dépasse pas 1/3 000 de la masse de la Terre. Mercure et Vénus, plus proches du Soleil que la Terre, sont les planètes inférieures, Mars et les suivantes les planètes supérieures.

■ **Densité** (par rapport à l'eau : 1). Terre 5,52. Mercure 5,45. Vénus 5,18. Mars 3,96. Lune 3,33. Astéroïdes environ 3. Pluton 2,1. Neptune 1,64. Uranus 1,57. Jupiter 1,33. Saturne 0,71.

■ **Distances au Soleil** (en unités astronomiques, soit distance moyenne de la Terre au Soleil : 149 597 870 km). **1°) Planètes connues dès l'Antiquité :** *Mercure* (0,39), *Vénus* (0,72), *Terre* (1), *Mars* (1,52), *Jupiter* (5,20), *Saturne* (9,55) ; **2°) découvertes depuis :** *Uranus* (19,22) découverte le 13-3-1781, *Neptune* (30,11) découverte le 23-9-1846, et *Pluton* (39,52) découverte le 13-3-1930. Tous les 248 ans, Neptune est plus éloignée du Soleil que Pluton pendant 20 ans. Il en a été ainsi du 22-1-1979 à mars 1999.

■ **Mouvement des planètes.** Les planètes gravitent approximativement dans le même plan moyen (seules Mercure et Pluton s'en écartent un peu) sur des orbites à peu près circulaires. Leur révolution autour du Soleil s'effectue dans le sens inverse des aiguilles d'une montre (sens direct), qui est aussi le sens de rotation du Soleil sur lui-même. Planètes et astéroïdes tournent sur eux-mêmes en quelques heures (sauf Mercure 58,6 j et Vénus 242, 98 j), en général dans le même sens que leur mouvement de révolution autour du Soleil (sauf Vénus et Uranus).

Lois de Kepler (régissant le mouvement des planètes autour du Soleil) : **1°)** les planètes décrivent autour du Soleil des orbites elliptiques dont le Soleil occupe un des foyers ; **2°)** les aires balayées par les rayons vecteurs en des temps égaux sont égales ; **3°)** les carrés des temps de révolution sont proportionnels aux cubes des demi-grands axes des orbites ; ainsi pour 2 planètes dont les révolutions sont respectivement égales à T et T', qui ont des orbites dont le demi-grand axe est *a* et *a'*, on aura :

$$\frac{T^2}{T'^2} = \frac{a^3}{a'^3}.$$

Ces lois se déduisent de l'attraction universelle.

La rotation autour du Soleil, ou **révolution sidérale**, correspond à une « année ». L'*année* terrestre est de 365,24 j ; l'année plutonienne vaut 248 années terrestres, etc.

☞ *12 janvier de l'an – 10352 :* toutes les planètes du système solaire étaient groupées dans un octant (secteur de 45°). *9 nov. 1881 :* Soleil, Mercure, Terre, Mars, Jupiter, Uranus, Neptune et Pluton étaient presque alignés.

■ **Nom des formations du relief planétaire.** Choisi par l'Union astronomique internationale.

■ **Origine.** Les planètes se sont formées par accrétion (accroissement de masse) de « planétisimaux » issus de l'accrétion de poussières présentes dans le protosystème solaire. Les anneaux pourraient être des résidus de cette matière non accrétée, et leur caractère « primitif » nous informerait sur l'origine des planètes et donc sur celle du système solaire. Dans les planètes telluriques, plus près du Soleil, seuls les éléments lourds étaient condensables ; alors que pour les planètes géantes plus froides, les molécules légères se sont aussi condensées, les rendant plus massives et attractives.

■ **Vitesse de libération.** Vitesse minimale (en mètres/seconde) qu'il faut communiquer à un corps pour qu'il quitte définitivement la planète : **planètes denses :** Terre 11 180, Vénus 10 360, Mars 5 018, Mercure 4 246, Lune 2 375, astéroïdes au maximum 44 ; **légères :** Jupiter 59 850, Saturne 35 570, Neptune 23 270, Uranus 21 550, Pluton 1 270.

Planètes principales

(par ordre croissant de distance au Soleil)

■ **Mercure.** **Distance** *moyenne au Soleil :* 57,90 millions de km. **Diamètre :** 4 878 km. **Masse :** 0,056 (Terre : 1). **Densité** *moyenne :* 5,52 (eau : 1). **Rotation** *sur elle-même :* 58,6 jours. **Révolution** *autour du Soleil :* 87,969 j. **Durée du jour** *mercurien :* 175,9 j. **Température** *du sol :* 200 °C à 430 °C sur la face éclairée ; – 150 °C à – 200 °C sur la face non éclairée. **Atmosphère :** pratiquement nulle, sauf une très fine enveloppe d'hélium. **Champ magnétique :** 1/200 du champ terrestre. **Morphologie :** noyau de fer plus gros que la Lune (3 600 km de diamètre) entouré d'un manteau de silicates. **Surface** (photographiée par *Mariner 10* en 1974-75) : comparable à celle de la Lune. **Vie :** pas de vie possible (température, pas d'atmosphère dense). **Satellites :** aucun.

☞ Selon Jacques Laskar (du Bureau des longitudes), Mercure, par son comportement chaotique, risque, dans 3,5 milliards d'années, de quitter le système solaire ou d'entrer en collision avec Vénus.

■ **Vénus,** appelée aussi **étoile du Berger.** 1ʳᵉ étoile qui s'allume au coucher du soleil et dernière qui s'éteint à l'heure où les troupeaux quittent l'étable. Elle est blanche, plus proche du Soleil que la Terre, et s'en écarte peu angulairement (48° au maximum), on la voit donc soit le matin *(étoile du Matin),* soit le soir *(étoile du Soir).* Les Égyptiens lui avaient donné 2 noms (*Tioumoutiri* et *Ouarti*), comme les Romains (*Lucifer* et *Vesper*) et les Grecs (*Phosphorus* et *Hesperus*). Les Babyloniens, repris par Pythagore au VIᵉ s. av. J.-C., ont affirmé les premiers que ces 2 étoiles n'en faisaient qu'une. **Distance** *moyenne au Soleil :* 108,2 millions de km. **Diamètre :** 12 104 km. **Masse :** 0,817 (Terre : 1). **Densité** *moyenne :* 5,1. **Rotation** *sur elle-même :* 242,98 j dans le sens rétrograde. **Révolution** *autour du Soleil :* 224,701 j (inférieure à la rotation). **Durée du jour** *vénusien :* 116,74 j. **Satellites :** aucun. **Température** *du sol :* 460 °C. **Pression :** 92 atmosphères. **Champ magnétique :** non détecté. **Atmosphère :** composée à 97 % de gaz carbonique, elle laisse passer 2 % de la lumière solaire (Terre : 30 %) ; sur les 98 % perdus, 75 % sont réfléchis par la haute atmosphère, et 23 % sont absorbés par l'atmosphère centrale. Vénus ne reçoit ainsi que 55 W d'énergie solaire par m² (la Terre 600 W, bien que moins proche du Soleil), le rayonnement solaire représente 2 700 W pour Vénus (la Terre 1 400 W). 3 couches : 1°) *70-60 km d'altitude* (nuages réfléchissant la lumière solaire) : pression 0,05 atmosphère, température – 30 °C ; 2°) *63-48 km :* 2 atmosphères, + 100 °C ; 3°) *48-30 km :* 10 atmosphères, + 200 °C (composée de cristaux d'acides sulfurique et chlorhydrique qui bloquent les rayons infrarouges et provoquent l'effet de serre). Cette atmosphère tourne sur elle-même rapidement (durée moyenne : 3,995 j) dans le sens rétrograde avec des vents intenses. **Géologie :** la croûte, maintenant d'un seul bloc, environ 2 fois plus épaisse que la croûte terrestre, aurait été morcelée en plaques tectoniques.

Moyens d'observation : l'atmosphère nuageuse est si épaisse que l'on ne peut l'observer que par radiotélescope fonctionnant en radar ou par sondes spatiales satellisées autour de la planète (voir p. 63 b). Les radiotélescopes américains de Gladstone et d'Arecibo permettaient d'obtenir, à 40 millions de km, des images de sa surface avec une résolution de 2 km. Se rapprochant à 250 km, le radar de Magellan discernait des détails de 120 m. 4 000 sites ont été découverts dont environ 900 cratères d'impacts. Une sonde américaine a enregistré des lueurs de 30 000 lux à la surface (peut-être dues à la combustion spontanée à 490 °C de soufre d'origine volcanique, ce qui expliquerait la présence d'acide sulfurique dans l'atmosphère). On s'interroge toujours sur la présence éventuelle, dans le passé, de très grands océans dont l'eau se serait évaporée, formant les nuages vénusiens.

☞ En 1997 le satellite *Soho* a montré la formation d'une queue de plasma de 45 millions de km composée de particules ionisées, suite au bombardement de la couche supérieure de l'atmosphère de Vénus par le vent solaire.

Relief : *plaine :* 60 %, parsemée de cratères de 400 à 600 km de diamètre et profonds de 200 à 700 m.

Régions au-dessus du niveau moyen : 24 % ; *Terra Ishtar* (de la dimension des USA) avec à l'est la chaîne du mont Maxwell, le plus haut sommet de Vénus (11 250 m), à l'ouest et au nord le mont Akma (6 000 m) et les monts Freija (7 000 m) ; et *Terra Aphrodite* (de la taille de la moitié nord de l'Afrique) comprenant une série de massifs culminant à 9 000 m à l'ouest et 4 300 m à l'est, et dont l'est est bordé par une grande vallée (largeur : 280 km ; longueur : 2 250 km) où se trouve le point le plus bas de Vénus (à 2 900 m sous le niveau de référence). Certains massifs montagneux comme *Bêta Regio* (2 importants sommets, *Theia Mons* et *Rhea Mons*), à une latitude de 30° Nord, semblent être des centres d'activité volcanique. Des éclairs ont été observés à leur aplomb.

Région au-dessous du niveau moyen : 16 %. Le seul grand bassin (de la taille du bassin Nord-Atlantique) s'étend à l'est de *Terra Aphrodite* (profondeur maximale : 3 000 m). Des photos du sol obtenues en 1975 et en 1982 par des engins soviétiques, en des points distants de 2 200 km, montrent un terrain parsemé de débris rocheux ayant subi, selon les sites, une érosion plus ou moins forte. Le sol et le ciel présentent une teinte orange due à l'épaisse atmosphère vénusienne absorbant et diffusant de façon privilégiée la composante bleue de la lumière solaire.

Les images radar transmises par la sonde Magellan (voir p. 62 a) ont révélé de nombreux plissements et des failles témoignant d'une activité tectonique, des coulées de lave, vestiges d'une activité volcanique, et des cratères d'impacts de météorites.

☞ **Cratères de Vénus :** du nom des femmes remarquables décédées depuis au moins 3 ans (sont exclues celles ayant joué un rôle militaire ou politique aux XIXᵉ et XXᵉ s., ou celles dont la célébrité est exclusivement associée à l'histoire d'une grande religion ou d'un pays) ; les propositions doivent être envoyées à : Vénus Names, Magellan Project Office, Mail Stop 230-201, Jet Propulsion Laboratory, 4800 Ako Grove Drive, Pasadena, California 91109, USA ; une seule montagne, la plus élevée, porte un nom d'homme, celui du physicien James Clerk Maxwell.

■ **Terre.** **Distance** *moyenne au Soleil* [appelée « ua » (unité astronomique)] : 149 597 870 km. **Diamètre** *équatorial :* 12 756 km, *polaire :* 12 713 km. **Densité** *moyenne :* 5,51. **Structure** (voir p. 76 c). **Rotation** *sur elle-même :* 23 h 56 min 4 s *(jour sidéral).* Les marées ralentissent très légèrement sa rotation : la durée du jour augmente de 0,00164 s par siècle en moyenne. A ce ralentissement s'ajoutent de nombreuses fluctuations périodiques ou aléatoires. **Révolution** *autour du Soleil :* 1 an. **Température** *moyenne du sol :* 12 °C. **Satellite :** la Lune [voir : **Lune** (p. 40 b), **Atmosphère** (à l'Index)].

■ **Mars.** Visible au mieux lors des oppositions (en moyenne 50 j tous les 2 ans), Mars et le Soleil étant par rapport à la Terre exactement opposés dans le ciel. **Distances** *minimales de la Terre :* 55 millions de km (opposition périhélique, fin août) ; plus de 100 millions de km (opposition aphélique, 2ᵉ moitié de février) ; *maximales :* lorsque Mars est en conjonction avec le Soleil : 400 millions de km (2ᵉ moitié d'août) ; 355 millions (fin février). **Distance** *moyenne au Soleil :* 227,9 millions de km. **Diamètre** *équatorial :* 6 794 km, *polaire :* 6 760 km. **Densité** *moyenne :* 3,91. **Masse :** 0,108 (Terre : 1). **Rotation** *sur elle-même :* 24 h 37 min 23 s. **Révolution** *autour du Soleil :* 1 an 321,73 jours. **Champ magnétique :** détecté et mesuré par *Mars Global Surveyor* en 1997 (origine à confirmer). **Température** *moyenne du sol :* – 25 °C (extrêmes relevées : – 140 °C au pôle en hiver et 27 °C à l'équateur, à midi en été). **Saisons :** inégales ; hémisphère Nord : printemps 199,6 j ; été 181,7 ; automne 145,6 ; hiver 160,1. **Cycles d'ensoleillement** dus : 1°) aux variations dans l'inclinaison de Mars (entre 15° et 35°) : 10 000 ans ; 2°) à l'orbite excentrique, 1 an, avec variations de 40 %. **Atmosphère :** ténue : pression moyenne au niveau du sol valant 5 à 6 millibars (sur Terre 1 013) ; perd chaque seconde 1 à 2 kg ; gaz carbonique 95,3 %, azote 2,7 (0,4), argon 1,6 (0,3), oxygène 0,13, oxyde de carbone 0,07, vapeur d'eau 0,03 (si toute la vapeur d'eau de l'atmosphère précipitait, elle formerait sur le sol une couche épaisse de 5 μm, soit 2 000 fois moins épaisse que sur la Terre), néon, krypton et xénon. *Nuages* blancs (cristaux de glace ou neige carbonique), jaunes (poussières) et bleus (nature inconnue). *Tempêtes* observées par *Mars Global Surveyor* en 1998 (dont 1 avec des vents à près de 580 km/h, durée 26 h, diamètre de 1 500 km). **Vie :** la présence de grandes quantités d'eau n'exclut pas l'hypothèse d'une certaine forme de vie (une eau qu'une pluie de micrométéorites parsemait à l'origine de matière carbonée, de minéraux et d'acides aminés).

☞ Le 8-8-1996, la Nasa a annoncé la découverte d'une vie bactérienne fossile sur une météorite d'origine martienne, *Allan Hills 84001,* recueillie en 1984 dans l'Antarctique. Les analyses ultérieures semblent contredire cette hypothèse. En février 2001, 2 autres équipes de la Nasa y ont découvert des cristaux de magnétite.

Sol : *composition moyenne en % :* oxygène (48), silicium (19), fer (10), magnésium (6), calcium (6), aluminium (5). **Sous-sol :** fortement hydraté (grandes quantités d'eau sous forme de glace), sur les flancs des volcans, les éruptions provoquant une remontée de la glace. Il y a un milliard d'années, Mars aurait été recouvert d'un océan de 100 m de profondeur. **Relief :** larges bassins circulaires analogues aux mers lunaires ; nombreux cratères (moins profonds et plus érodés que ceux de la Lune) dans l'hémisphère Sud (datant d'environ 4 milliards d'années) ; terrains chaotiques parsemés de dépressions en forme d'auges ; réseau de dépressions sinueuses semblant être les lits de rivières asséchées ; canyon *(Valles Marineris)* de 4 000 km

ÉTOILES BRILLANTES ET PRINCIPALES CONSTELLATIONS

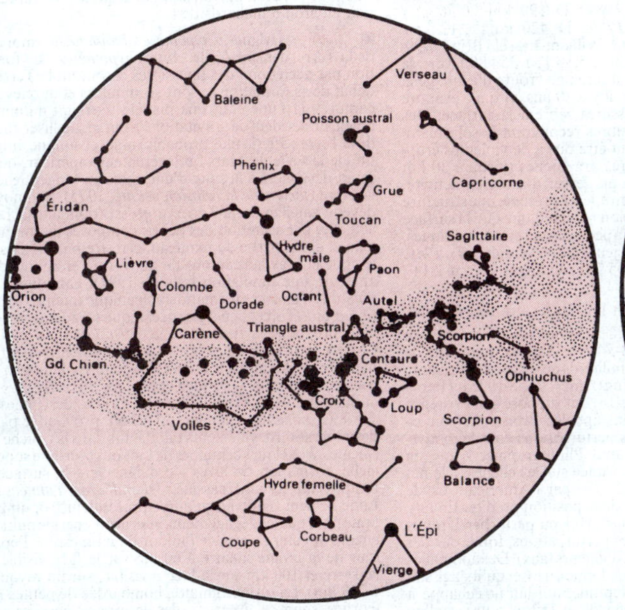

Hémisphère austral (Sud)

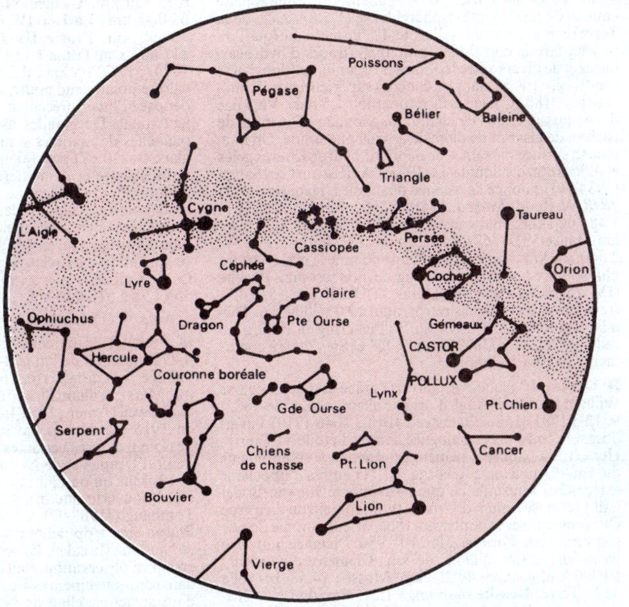

Hémisphère boréal (Nord)

de longueur et 120 km de largeur, par endroits 6 km de profondeur ; 4 volcans de 20 km d'altitude environ (le plus gros de tout le système solaire, *Olympus Mons,* a 650 km de diamètre et 26 km d'altitude) ; coulées basaltiques de 1 300 km de longueur ; régions polaires recouvertes de calottes blanches, formées sans doute d'un noyau de glace recouvert d'une mince couche de givre à base de neige carbonique qui se sublime en été. Depuis la Terre, on observe des zones sombres et des régions claires présentant des variations saisonnières correspondant à du sable soulevé ou déposé par les vents martiens, parfois très violents (200 km/h) sous forme de champs de dunes (*Ganges Vallis* de 50 km de long) ; il ne s'agit pas de végétation comme on l'a cru autrefois. A la fin du XIXe s., certains astronomes (comme Schiaparelli en 1877) crurent déceler des **canaux** rectilignes, et supposèrent que ceux-ci avaient été creusés par des êtres intelligents : les clichés obtenus par les engins spatiaux à la fin des années 1960 ont établi qu'il ne s'agissait que d'illusions d'optique (en fait des dépôts sombres ou clairs apportés par le vent). Mars est la planète qui ressemble le plus à la Terre : volcans, atmosphère, vents, tempêtes de poussière, eau (en quasi-totalité sous forme de glace mêlée à de la poussière). **Exploration** (voir p. 62 b).

Satellites : 2 découverts en août 1877 par Asaph Hall (Américain, 1829-1907) : **Phobos** à 9 380 km (27 × 21 × 19 km, révolution 7 h 39 min) et **Deimos** à 23 460 km (15 × 12 × 11 km de diamètre, révolution 30 h 18 min). Ce sont sans doute des astéroïdes captés par l'attraction planétaire. Ils se rapprochent de Mars (Phobos tombera sur Mars dans 10 ou 20 millions d'années). Jonathan Swift [dans *Les Voyages de Gulliver* (1726)] et Voltaire [dans *Micromégas* (1752)] en ont parlé en extrapolant d'après l'existence d'un satellite autour de la Terre et de 4 connus à l'époque autour de Jupiter.

■ **Jupiter. Distance** *moyenne au Soleil :* 778,3 millions de km. **Diamètre** *équatorial :* 142 880 km, *polaire :* 133 540 km ; ce fort aplatissement est dû à sa grande vitesse de rotation. **Masse :** 317,83 fois celle de la Terre. Certains considèrent que Jupiter est une étoile manquée, sa masse trop faible n'ayant pas permis d'amorcer les processus de fusion thermonucléaire qui fournissent l'énergie rayonnée par les étoiles. **Densité** *moyenne :* 1,31, environ 4 fois moins que la Terre parce que constituée à 99 % d'hydrogène et d'hélium. **Révolution** *autour du Soleil :* 11 ans 314,84 jours. **Rotation** *sur elle-même :* 9 h 55 min. **Sol :** pas de surface solide. **Atmosphère :** seule partie visible, formée de ceintures nuageuses d'altitudes différentes (bandes sombres parallèles à l'équateur, séparées par des zones claires) reflétant une circulation atmosphérique très turbulente (rotation de 9 h 50 à 9 h 56 min selon la latitude), vents de 530 à 600 km/h. *Épaisseur :* environ 1 000 km. *Composition :* hydrogène 82 %, hélium 17 %, autres éléments 1 %. Présence d'une tache rouge mobile de 28 000 × 13 000 km, qui serait un tourbillon dominant les formations nuageuses environnantes. Selon les résultats de la sonde *Galileo* en décembre 1995, l'atmosphère contiendrait moins d'hélium et de néon que prévu, ainsi que du carbone, de l'oxygène et du soufre. Elle serait aussi plus sèche et plus dense, et la présence d'eau serait confirmée (en quantité inférieure). Mais la sonde n'a pas détecté la couche de nuages à 3 niveaux (ammoniac, hydrosulfure d'ammonium et cristaux d'eau et de glace). En 1997, *Galileo* aurait trouvé des régions sèches alternant avec des zones humides. **Température** *moyenne :* au plafond des nuages : – 145 °C ; au centre de la planète : 30 000 °C. **Vie :** impossible à cause de la température et de la composition de l'atmosphère. **Champ magnétique :** très important. Sa partie interne (où il est le plus intense) s'étend au-delà des nuages jusqu'à 1,28 million de km ; sa partie externe jusqu'à 3,4 et par endroits jusqu'à 10,4. **Anneaux :** découverts le 5-3-1979 par les sondes *Voyager*, à 56 000 km au-dessus des nuages, de 160 000 km de rayon, constitués de particules de poussière. *Principal :* 6 500 km de largeur et 30 km d'épaisseur. Se prolonge vers la planète par un halo diffus et à l'opposé par un large anneau extérieur ténu (« Fils de la Vierge »). Selon les astronomes de l'Université Cornell, d'après les clichés pris par *Galileo* en 1996-97, 4 satellites de Jupiter, très exposés aux collisions de par leur proximité, seraient à l'origine des anneaux (Métis et Adrastée pour le principal, Amalthée et Thébé pour les autres.

Satellites connus : 16. *Légende :* en gras : nom avec, entre parenthèses, numéro d'ordre officiel ; en italique : date de découverte et découvreur ; D : diamètre ou dimensions ; d : densité (eau : 1) ; période de révolution, et rayon orbital. **Métis (XVI)** *1979,* S.P. Synnott (Amér.) ; D 40 km ; 0,294 j, 127 600 km. **Adrastée (XV)** *1979,* D. Jewitt, E. Danielson (Amér.) ; D 40 km ; 0,297 j ; 128 400 km. **Amalthée (V)** *1892,* E. Barnard (Amér.) ; D 270 × 150 × 170 ; 0,498 j ; 181 000 km. **Thébé (XIV)** *1979,* S.P. Synnott ; D 80 km ; 0,678 j ; 222 400 km. **Io (I)** *1610,* Galilée (Italien) ; D 3 640 km, d 3,53 ; 1,769 j, 421 600 km ; 7 ou 8 volcans en activité, l'un a projeté un panache de gaz à 250 km de hauteur ; lave projetée à 1,5 km de hauteur (survol 25-11-1999 par *Galileo*). **Europe (II)** *1610,* Galilée ; D 3 130 ; d 3,03 ; 3,551 j ; 670 900 km ; noyau rocheux recouvert d'une épaisse couche de glace d'environ 2 à 10 km (il existerait jusqu'à 300 km de profondeur des « oasis » d'eau non gelée grâce à la chaleur dégagée par le cœur d'Europe ou par le champ magnétique de Jupiter, et la lumière pourrait y pénétrer, permettant la vie d'organismes primitifs). Une mince couche d'oxygène a été découverte en 1995 par le télescope *Hubble.* Le 3-1-2000 la sonde *Galileo* (survolant Europe à 351 km) a décelé que les pôles magnétiques s'inversaient toutes les 5 h et demie (influence du champ de Jupiter). De l'eau salée très conductrice permettrait un tel changement. **Ganymède (III)** *1610,* Galilée ; D 5 276 km ; d 1,93 ; 7,155 j ; 1 070 000 km ; le plus gros satellite du système solaire, en partie couvert de cratères de météorites, rabotés par les glaciers, en partie strié par des « ornières » de plusieurs km remplies de glace. La présence d'oxygène aurait été révélée par *Hubble.* Les données recueillies lors des survols du satellite par la sonde *Galileo* (à 800 km le 20-05-2000 et 2 300 km le 28-12-2000) accréditent l'hypothèse de la présence d'un océan d'eau à quelques centaines de km de profondeur. **Callisto (IV)** *1610,* Galilée ; D 4 840 km ; d 1,79 ; 16,686 j ; 18 800 000 km ; couvert de cratères de météorites. **Leda (XIII)** *1974,* C. Kowall (Amér.) ; D 10 km ; 239 j ; 11 134 000 km. **Himalia (VI)** *1904,* C. Perrine (Amér.) ; D 180 km ; 251 j ; 11 478 000 km. **Lysithéa (X)** *1938,* S. Nicholson (Amér.) ; D 20 km, 259 j ; 11 720 000 km. **Elara (VII)** *1905,* C. Perrine ; D 80 km ; 260 j ; 11 737 000 km. **Ananke (XII)** *1951,* S. Nicholson ; D 20 km ; 631 j ; 21 209 000 km. **Carme (XI)** *1938,* S. Nicholson ; D 30 km, 692 j ; 22 604 000 km. **Pasiphaé (VIII)** *1908,* P. Melotte (Brit.) ; D 40 ; 735 j ; 23 500 000 km. **Sinopé (IX)** *1914,* S. Nicholson ; D 30 ; 758 j ; 23 700 000 km.

☞ Comète Shoemaker-Levy 9 (voir p. 42 a).

■ **Saturne.** Découverte 1655 par le Hollandais Christiaan Huygens (aperçue 1610 par Galilée). **Distance** *moyenne au Soleil :* 1 427 millions de km. **Diamètre** *équatorial :* 120 660 km, *polaire :* 108 350 km [à cause de cet aplatissement (0,102), la pesanteur est 2 fois plus forte aux pôles qu'à l'équateur]. **Masse :** 95,19 fois celle de la Terre. **Densité** *moyenne :* 0,70 (Terre : 1). **Rotation** *sur elle-même :* 10 h 14 min à 10 h 39 min selon la latitude. **Révolution** *autour du Soleil :* 29 ans 167 jours. **Atmosphère :** comparable à celle de Jupiter, contient moins d'hélium (11 %). Régime des vents différent : près de l'équateur, ils soufflent à 1 800 km/h (4 fois plus vite que sur Jupiter). **Structure probable :** hydrogène et hélium (dans l'atmosphère, hydrogène gazeux ; au-dessous liquide ; puis, vers 30 000 km de profondeur, du fait de l'énorme pression, sous phase métallique). Au centre, un noyau de 12 000 km environ de rayon (masse égale à 18 fois celle de la Terre) avec un cœur rocheux enveloppé d'une couche liquide. On pense que l'hélium, plus lourd que l'hydrogène, se concentre progressivement au cœur de la planète, constituant une source de chaleur qui expliquerait pourquoi Saturne rayonne environ 3 fois plus d'énergie qu'elle n'en reçoit du Soleil. **Champ magnétique :** 1 000 fois plus puissant que sur Terre. **Température** *moyenne de l'atmosphère :* – 160 °C. **Vie :** pas de vie possible. **Anneaux :** 6 identifiés avant les découvertes des sondes *Voyager*. (*E* large de 1,5 km à 480 000 km de la planète. *F* découvert par Pioneer 11[1] le 1-9-1979, large de 300 km, allant jusqu'à 500 000 km. *A* large de 17 000 km, allant de 75 000 à 55 000 km. *B* très brillant, large de 29 000 km, allant de 50 000 à 30 000 km. *C,* dit de crêpe, sombre, large de 29 000 km, allant de 25 000 à 11 000 km. *D* à 10 000 km.) Depuis, des milliers (situés dans le plan équatorial), formés d'une multitude de petites particules solides tournant autour. En perpétuelle évolution, avec des zones sombres où les particules sont beaucoup moins nombreuses, leur orbite étant rendue instable par des phénomènes de résonance gravitationnelle créés par les satellites de la planète observés depuis le milieu du XVIIe s. ; la division entre les anneaux les plus brillants (*A* et *B*) a été découverte en 1675 par Jean Dominique Cassini (Fr. d'origine italienne, 1625-1712). Les anneaux devraient disparaître dans quelques dizaines de millions d'années sous l'action du bombardement des satellites de Saturne.

Nota. – (1) Découvrit *G* la même année.

Satellites connus : 18 dont 3 sur la même orbite (Calypso, Télesto et Thétys). *Légende :* voir Jupiter, satellites connus col. b. **Pan (XVIII)** *1990,* D 20 km ; 0,576 j ; 133 570 km. **Atlas (XV)** *1980,* R. Terrile (Amér.) ; D 20 × 40 km ; 0,602 j ; 137 700 km. **Prométhée (XVI)** *1980,* R. Terrile ; D 140 × 100 × 80 km ; 0,613 j ; 139 400 km. **Pandore (XVII)** *1980 :* D 110 × 90 × 70 km ; 0,628 j ; 141 700 km. **Épiméthée (XI)** *1980,* D. Cruikshand (Amér.) ; D 140 × 120 × 100 km ; 0,694 j ; 151 400 km. **Janus (X)** *1966,* A. Dollfus (Fr.) ; D 220 × 200 × 160 km ; 0,695 j ; 151 500 km. **Mimas (I)** *1789,* W. Herschel (Angl. d'origine allemande, 1738-1822) ; D 390 km ; 0,942 j ; 188 200 km ; vraisemblablement heurté jadis par un astéroïde qui faillit le faire éclater (d'où un cratère de plus de 100 km de diamètre avec un piton central haut de 9 km). **Encelade (II)** *1789,* W. Herschel ; D 510 km ; 1,370 j ; 240 200 km ; cratères et vallées partiellement enfouis sous la glace ; peut être le siège d'une activité interne, provoquant périodiquement la fonte de la glace et un remodelage du relief. **Calypso (XIV)** *1980,* B. Smith ; D 34 × 22 × 22 km ; 1,888 j ; 294 600 km. **Téthys (III)** *1684,* J.D. Cassini (Fr.) ; D 1 060 km ; 1,888 j ; 294 700 km ; la face opposée à une fracture de 800 km de longueur. **Télesto (XIII)** *1980,* B. Smith, H. Reitsema, S. Larson, J. Fountain (Amér.) ; D 34 × 22 × 26 km ; 1,888 j ; 294 700 km. **Dioné (IV)** *1684,* J.D. Cassini ; D 1 120 km ; 2,737 j ; 377 400 km. **Hélène (Dioné B** jusqu'en 1985) **[XII]** *1980,* P. Laques et J. Lecacheux (Fr.) ; D 36 × 32 × 30 km ; 2,739 j ; 378 100 km. **Rhéa (V)** *1672,* J.D. Cassini ; D 1 530 km ; 4,517 j ; 527 100 km. **Titan (VI)** *1655,* C. Huygens (Holl.) ; D 5 150 km ; 15,945 j ;

1 221 900 km ; étudié en détail par *Voyager 1* qui s'en est approché à 4 000 km le 12-11-1980 : entouré d'une épaisse couche de nuages, atmosphère dense (1,5 fois celle de la Terre) comprenant 99 % d'azote, 1 % de méthane (que l'on pensait être le constituant principal), traces d'hydrocarbures et de divers autres composés organiques (dont l'acétonitrile). – 100 °C dans les couches supérieures de l'atmosphère, – 180 °C à la surface (pression 1,5 bar). **Vie :** pas de vie possible. Pas de champ magnétique. Constitué de roches, de glace et de dioxyde de carbone solide. On imagine sa surface parsemée de dépôts d'hydrocarbures gelés et de lacs d'azote liquide. En 1995, l'Américain Carl Sagan (1934-96) annonce l'existence de marées. **Hypérion (VII)** *1848,* W. Bond (Amér.) ; D 410 × 260 × 221 km ; 21,276 j ; 1 481 000 km ; en forme de cacahuète (énigme non résolue). **Japet (VIII)** *1671,* J.D. Cassini ; D 1 460 km ; 79,33 j ; 3 560 800 km ; a une face brillante comme la glace, l'autre plus sombre que l'asphalte (énigme, non résolue). **Phoebé (IX)** *1898,* W. Pickering (Amér.) ; D 220 km ; 550,45 j (révolution dans le sens rétrograde) 12 954 000 km. **Thémis,** découverte annoncée par W. Pickering en 1900, a été radié de la liste. **S/2000** S 1, S 2, S 3 et S 4 *2000* (à confirmer) ; D 10 à 50 km.

■ **Uranus.** 1re planète découverte grâce au télescope par William Herschel (Angl. d'origine allemande, 1738-1822) le 13-3-1781 [John Flamsteed (Brit., 1646-1719) l'avait observée en 1690 et cataloguée comme l'étoile 34 Tauri] ; Herschel la baptise « planète georgienne » en l'honneur du roi d'Angleterre George III. D'autres l'appellent « Herschel » jusqu'à ce que l'astronome Johann Bodel (All.) propose le nom d'Uranus (nom romain du dieu grec Ouranos) qui sera adopté vers 1850. Mieux connue depuis son survol par *Voyager 2* le 24-1-1986. **Distance** *moyenne au Soleil :* 2 869 millions de km. **Diamètre** *équatorial :* 50 800 km, *polaire :* 49 260 km. **Masse :** 14,58 fois celle de la Terre. **Densité** *moyenne :* 1,21. **Rotation** (sur elle-même) *au niveau des nuages :* 17 h à 26° de latitude et 15 h à 44° ; *au niveau de la surface :* 16,8 h. **Révolution** *autour du Soleil :* 84 ans 7 jours. **Champ magnétique** (découvert par *Voyager 2*) : incliné de 55° sur l'axe de rotation. Intensité : 0,25 gauss. Magnétopause détectée à une distance d'Uranus égale à 16 fois son rayon. **Structure** *envisagée :* un noyau rocheux central (8 000 km de rayon ; 25 % de la masse totale) entouré d'un manteau de glace (32 000 km d'épaisseur ; 50 % de la masse), l'ensemble enveloppé d'une atmosphère à base d'hydrogène (10 000 km d'épaisseur ; 25 % de la masse). **Vie :** impossible à cause de la température (– 223 °C au niveau des nuages) et de l'atmosphère [hydrogène, hélium (12 à 15 %), méthane, ammoniac]. **Anneaux :** 11 (9 découverts à partir de la Terre : 5 en 1977, 4 en 1979 ; 2 découverts par *Voyager 2*). Formés de particules solides en matériaux sombres.

Satellites connus : 17 dont 10 découverts par *Voyager 2. Légende :* voir Jupiter, satellites connus p. 39 b : **Cordelia (VI)** *1986 ;* D 40 km ; 49 700 km [1], **Ophelia (VII)** *1986 ;* D 50 km ; 53 800 km [1]. **Bianca (VIII)** *1986 ;* D 50 km ; 59 200 km [1]. **Cressida (IX)** *1986 ;* D 60 km ; 0,46 j ; 61 800 km [1]. **Desdemona (X)** *1986 ;* D 60 km ; 62 700 km [1]. **Juliet (XI)** *1986 ;* D 80 km ; 64 600 km [1]. **Portia (XII)** *1986 ;* D 80 km ; 66 100 km [1]. **Rosalind (XIII)** *1986 ;* D 60 km ; 0,56 j ; 69 900 km [1], **Belinda (XIV)** *1986* ; D 60 km ; 0,62 j ; 75 300 km [1]. **Puck (XV)** *1985 ;* D 170 km ; 0,76 j ; 86 000 km [1]. 5 découverts depuis la Terre [*légende* – en gras : nom (ou désignation provisoire) avec, entre parenthèses, le numéro d'ordre officiel ; en italique : la date de découverte ; D : diamètre en km ; puis la période et le classement par l'éloignement du centre d'Uranus, en km] : **Miranda (V)** *1948,* G. P. Kuiper (Amér.) ; D 380 km ; 1,41 j ; 129 900 km [1] ; relief tourmenté (montagne de 24 km d'altitude, vallée profonde de 16 km, failles, canyons). **Ariel (I)** *1851,* W. Lassell (Angl.) ; D 1 180 km ; 2,520 j ; 190 900 km [1]. **Umbriel (II)** *1851,* W. Lassell ; D 1 190 km ; 4,144 j ; 266 000 km [1]. **Titania (III)** *1787,* W. Herschel ; D 1 580 km ; 8,706 j ; 436 300 km [1]. **Obéron (IV)** *1787,* W. Herschel ; D 1 570 km ; 13,46 j ; 583 400 km [1]. **Caliban (XVI)** D 60 km ; 7 168 900 km [1]. **Sycorax (XVII)** *1997* (et sur des images du télescope Canada-France-Hawaii de 1984) D environ 120 km ; 1 289 j ; 12 213 600 km [1]. **Prospero (XVIII)** *1999* (équipe franco-américano-canadienne) ; D environ 20 km ; 5,33 ans ; 16 100 000 km [1]. **Setebos (XIX)** *1999* (équipe franco-américano-canadienne) ; D 20 km ; 6,12 ans ; 8 100 000 à 27 100 000 km [1]. **Stephano (XX)** *1999* (équipe franco-américano-canadienne) ; D environ 20 km ; 1,85 an ; 7 900 000 km [1].

Nota. – (1) Distance (en km) du centre d'Uranus.

■ **Neptune.** Découverte le 23-9-1846 par l'Allemand Johann Gottfried Galle (1812-1910) d'après les calculs du Français Urbain Le Verrier (1811-77). Très mal connue jusqu'à son survol par *Voyager 2* le 27-8-1989. **Distance** *moyenne au Soleil :* 4 505 millions de km. **Diamètre** *équatorial :* 49 560 km. **Masse :** 17 fois celle de la Terre. **Densité** *moyenne :* 1,76. **Rotation** *sur elle-même :* 16 h 3 min. **Révolution** *autour du Soleil :* 164 ans 280 jours. **Champ magnétique :** incliné de 50° par rapport à l'axe de rotation, découvert par *Voyager 2.* **Structure :** voisine de celle d'Uranus mais atmosphère plus turbulente, avec des nuages bleus (cirrus de méthane) se déplaçant à près de 1 200 km/h et une grosse tache sombre. **Vie :** impossible à cause de la température (– 200 °C) et de l'atmosphère (hydrogène, hélium, méthane). **Anneaux :** 5 dont 2 fins et brillants de 48 000 et 9 600 km et 3 diffus, situés entre 41 000 et 63 000 km de la planète. L'anneau extérieur est segmenté en arcs où se concentre davantage de matière.

Satellites connus : 8 dont 2 identifiés avant le survol de *Voyager 2. Légende :* voir Jupiter, satellites connus p. 39 b. **Naïade (VIII)** *1989* ; D 60 km ; d 1,64 ; 0,29 j ; 248 000 km [1] ; r 48 000. **Thalassa VII** *1989* ; D 80 km ; 0,31 j ; 250 000 km [1]. **Despina V** *1989* ; D 160 km ; 0,34 j ; r 52 500 km. **Galatée VI** *1989* ; D 150 km ; 0,43 j ; r 62 000 km. **Larissa IV** *1989* ; D 190 km ; 0,56 j ; r 73 600 km. **Protée III** *1989* ; D 420 km ; 1,12 j ; r 117 600 km. **Triton I** *1848,* William Lassel (Brit., 1799-1880) ; D 2 705 km ; d 2,08 ; 5,88 j ; r 354 800 km ; sa calotte polaire sud pourrait être une croûte d'azote gelé, déposée l'hiver précédent, il y a 80 ans, et qui s'évapore lentement. De grandes fissures zèbrent la surface. Des panaches de matières sombres recouvrant le sol polaire glacé (– 230 °C) pourraient être dus à de violentes éruptions d'azote et de matières organiques (jusqu'à 30 km d'altitude). On a identifié un geyser d'azote en activité. En dehors de la calotte polaire, le sol présente une structure craquelée « en peau de melon » qui indique que la surface a été déformée souvent (il y a peu de cratères météoritiques, ce qui atteste sa relative jeunesse). **Néréide (II)** *1949,* G. P. Kuiper (Amér., 1905-73) ; D 3 400 km ; d 2,11 ; 365 j ; r 5 510 000 km.

Nota. – (1) Distance (en km) du centre de Neptune.

■ **Pluton.** Très mal connue à cause de sa distance (environ 4,292 milliards de km le 8-5-1990, distance minimale de l'année ; vue de la Terre, 3 milliards de fois moins brillante que Mars). William Pickering (Amér., 1858-1938) et Percival Lowell (Amér., 1855-1916) ont supposé son existence en 1915 (ce dernier l'ayant appelée *planète X,* voir ci-dessous), d'après certaines perturbations dans le mouvement d'Uranus et de Neptune. Photographiée 2 fois (en 1919) sans qu'on l'ait remarquée sur les clichés, elle n'a été découverte que le 18-2-1930 par l'Américain Clyde Tombaugh (1907-97), à 5° de la position prédite. En fait, Pluton était trop petite pour avoir pu perturber Uranus et Neptune (le calcul de ces perturbations, fondé sur des erreurs d'observation, était d'ailleurs faux). Des anomalies dans son mouvement avaient donné à penser qu'il s'agissait d'un ancien satellite de Neptune, qui aurait échappé à l'attraction neptunienne, en frôlant Triton, autre satellite de Neptune. Hypothèse abandonnée en 1978, après la découverte de Charon, satellite de Pluton (une évasion de 2 satellites à la fois, l'un satellisant l'autre, est improbable). **Distance** *moyenne au Soleil :* 5 913 millions de km. Orbite très excentrique (0,25 ; celle de Neptune est presque circulaire). Pluton peut donc parfois se rapprocher du Soleil à moins de 4,4 milliards de km, et être alors plus proche de lui que Neptune, et s'éloigner de plus de 7 milliards de km. Il en a été ainsi du 22-1-1979 à mars 1999. **Diamètre :** 2 320 km. **Densité :** environ 2,1 par rapport à la Terre (gaz gelés, surtout méthane). **Masse :** 0,3 % de la Terre. **Surface :** constituée de glace d'eau, de méthane et d'ammoniac. **Rotation** *sur elle-même :* 6 j 9 h. **Révolution** *autour du Soleil :* 247 ans 249 j. **Vie :** pas de vie possible (– 230 °C).

Satellite : Charon [nocher d'Hadès (Pluton) qui aidait les âmes des morts à franchir le Styx] : 1 200 km de diamètre, découvert le 22-6-1978 par James Christy ; à 19 000 km de Pluton, tourne en 6 j 6 h, il reste donc toujours à l'aplomb du même point de la planète.

■ **La dixième planète (planète X).** Planète hypothétique qui aurait une masse de 2 à 5 fois celle de la Terre et serait à 50 ou 100 unités astronomiques du Soleil. Hypothèse pratiquement abandonnée : G. Quinlan (Canadien) a démontré que les perturbations constatées s'expliqueraient par les marges d'erreurs instrumentales et de calcul.

■ LUNE

■ **Données générales. Densité :** 3,34. **Diamètre :** 3 476 km (son diamètre apparent varie de 29 à 34 minutes). **Distance** *moyenne à la Terre :* 384 400 km (minimale 356 375, maximale 406 720). La Lune, autrefois proche de la Terre (de 24 rayons terrestres), s'éloignera dans 15 à 20 milliards d'années de 60 à 75 rayons terrestres pour se rapprocher ensuite. Un laser sur Terre émettant une impulsion (d'environ 20 millisecondes) réfléchie par un réflecteur installé sur la surface de la Lune permet de déterminer la distance à quelques cm près. **Masse :** 1/81 de la Terre. Inégalement répartie [sous les mers annulaires (à 50 km de la surface), se trouvent les *mascons (lunar mass concentration),* concentrations de matières denses de 50 à 200 km de longueur, capables de perturber la trajectoire des engins spatiaux en les attirant]. **Pesanteur (accélération)** à la surface : 1,62 m/s² [16,6 % de l'accélération sur Terre (une masse de 100 kg pèse 981 N sur Terre et 160 N sur la Lune)]. **Révolution synodique** (ou **lunaison**) **:** 27 j, 7 h 43 min. Intervalle de temps nécessaire pour que la Lune retrouve la même position par rapport à la Terre et au Soleil et qu'elle présente donc la même phase. Se succèdent dans cet ordre : nouvelle Lune, 1er quartier, pleine Lune, dernier quartier. **Révolution sidérale** (révolution de la Lune autour de la Terre par rapport aux étoiles) : 27 j, 7 h 43 min. Correspond au temps que met la Lune à tourner autour de la Terre. La différence entre révolution synodique et révolution sidérale vient du fait que la Terre se déplace elle aussi sur son orbite pendant que la Lune gravite. **Rotation :** la Lune présente généralement toujours la même face, ce qui fait que (en raison des inégalités de son mouvement, et du fait que son axe de rotation n'est pas exactement perpendiculaire au plan de son orbite) les taches lunaires éprouvent un balancement périodique autour de leurs positions moyennes : c'est la *libration* apparente de la Lune (ainsi l'on voit de la Terre 59 % de la surface totale de la Lune). **Superficie :** 37 960 000 km² (7,4 % de la surface terrestre). **Atmosphère :** très ténue en raison de la faible gravité lunaire. Essentiellement constituée d'ions sodium provenant des roches de surface. Constituerait un « manteau » de 15 000 km d'épaisseur. **Température :** régions exposées au Soleil : + 117 °C ; non exposées : – 50 °C ; face non éclairée : – 163 °C. **Eau :** après *Clementine* en 1994, la sonde *Lunar Prospector* a confirmé en mars 1998 la présence de glace polaire [petits cristaux mélangés au régolithe (voir p. 41 a) dans la proportion de 0,3 à 1 %], 2 fois plus au pôle Nord qu'au Sud, représentant environ 6 milliards de t.

■ **Histoire. Origine :** *hypothèse abandonnée :* morceau de la Terre, détaché d'elle. *Autres hypothèses :* **1°)** formation par accrétion : des poussières entourant la Terre au début de sa formation se sont accumulées et durcies ; **2°)** capture : la Lune était une planète tournant autour du Soleil, un accident de gravitation l'a fait se satelliser autour de la Terre ; **3°)** (la plus probable) objet cosmique, impactite de la taille de Mars ou légèrement supérieur, qui se serait désintégré à la suite d'une collision tangentielle de la Terre (*théorie de la collision géante*, 1975). Son noyau, devenu satellite de la Terre, a grossi (donnant la Lune actuelle) par accrétion des débris composés de son manteau et d'une partie du manteau terrestre pulvérisés sous le choc et gravitant autour de lui (formé en moins d'un an selon une simulation faite en 1997). **Évolution :** *4,5 milliards d'années :* formation volcanique intense, formation d'une écorce, l'énergie mécanique (gradients de gravité) provoque la fusion. *4,2 à 3,9 milliards d'années :* l'écorce refroidie est soumise à un bombardement de météorites ; les impacts créent des cratères, la fusion des roches « inonde » la surface et crée les *mers lunaires* (de la Sérénité, de la Tranquillité, des Crises, des Pluies...). *3,9 à 3,1 milliards d'années :* 2e fusion, provoquée par la désintégration des éléments radioactifs dans la couche des silicates, à quelques centaines de km sous la croûte superficielle, formation de laves s'écoulant vers la surface et remplissant certains bassins. *3,1 milliards d'années :* la Lune devient rigide jusqu'à une profondeur trop importante pour que les dégagements internes d'énergie puissent encore affecter sa surface (aujourd'hui on estime l'épaisseur de la croûte lunaire à 60 km sur la face visible de la Terre et 100 km sur la face invisible, sur un rayon de 1 738 km). La surface lunaire, bombardée de petites météorites, soumise aux particules des rayons cosmiques et du vent solaire, se couvre d'une couche de *régolithe* (2 à 10 m) surmontée de quelques cm de poussière. *Époque récente :* des glissements de terrains, roulements de pierres, etc., donnent à la Lune son aspect actuel.

Quelques dates. 2283 av. J.-C. 1re observation d'une éclipse de Lune en Mésopotamie. **632-546** Thalès explique l'origine des phases lunaires. **500-450** Anaxagore découvre l'origine des éclipses de Lune. **150-130** Hipparque détermine la distance Terre-Lune. **IIe s. apr. J.-C.** 1re théorie empirique du mouvement de la Lune par Ptolémée. **1609** 1re observation de la Lune à la lunette astronomique par Galilée (il découvre montagnes et cratères dont il évalue les hauteurs). **1619** Scheiner (à Ingolstadt) établit la 1re carte lunaire. **1651** Riccioli (à Bologne) dénomme les cratères lunaires. **1666** Newton découvre la loi de la gravitation universelle grâce au mouvement de la Lune. **1687** 1re théorie mathématique du mouvement de la Lune par Newton. **1693** lois de rotation de la Lune par Jean Dominique Cassini (Français, 1625-1712). **1860** 1re photo de la Lune par Warren de Larue (Anglais). **1868** 1re mesure de la température de la Lune par lord Rosse (Irlandais, William Parsons, 1800-67). **1946** 1er écho radar par Bay (Hongrois). **1959** 1er envoi d'une sonde (*Luna 2,* soviétique, détruite au sol). **1966** 1er atterrissage lunaire en douceur (sonde soviétique *Luna 9*). **1969 (21-7)** devant 600 millions de téléspectateurs, l'Américain Neil Armstrong est le 1er homme à poser le pied (gauche) sur la Lune. Voir à l'Index.

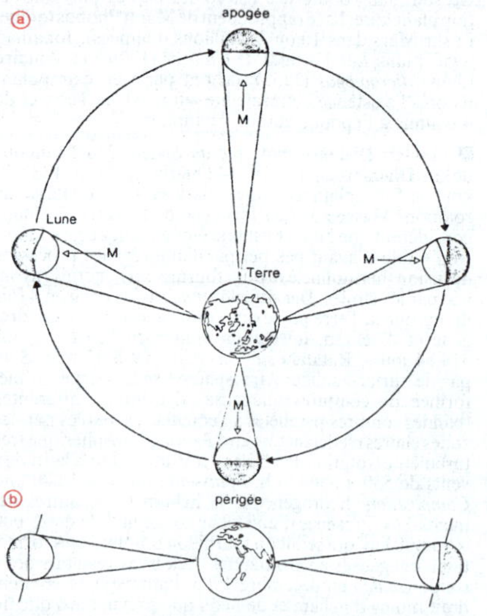

■ **Lumière.** Diffusée par la surface lunaire. La *lumière cendrée,* qui permet de distinguer le disque entier lorsque la Lune se montre sous forme d'un croissant, est due à la lumière solaire réfléchie sur la Terre qui éclaire la partie de la Lune non éclairée par le Soleil. La Lune peut paraître rougeâtre et aplatie près de l'horizon, car la lumière qui nous en parvient parcourt une plus longue trajectoire à travers l'atmosphère. Les rayons rouges pénètrent l'atmosphère plus facilement que les autres. L'aplatissement est causé par la réfraction.

■ **Noms.** *Luna* (nom latin) veut dire lumineux *(luc-na)*. *Séléné* [nom grec de la même racine que *hélios* (soleil)] : flambeau *(selas)*. La déesse Séléné était la sœur du dieu Hélios. Termes modernes dérivés : sélénocentrique, sélénographie, parasélènes, sélénite (en science-fiction).

■ **Phases.** Correspondent à l'éclairement du Soleil sur la Lune vu de la Terre. *Nouvelle Lune* (tous les 29,5 j), décroît 2 semaines (ressemblant à un C [1]) et croît pendant 2 semaines (ressemblant à un D [1]). *Âge* de la Lune : temps écoulé depuis la dernière nouvelle Lune. *Révolution synodique* ou *lunaison* (29, 5 306 j) temps moyen mis par la Lune à revenir dans la même phase ; *révolution draconitique* (27, 22 122 j), temps moyen mis à repasser par la ligne des nœuds (intersection du plan de l'orbite de la Lune avec l'équateur terrestre) ; *révolution anomalistique* (27, 5 545 j), temps moyen mis à repasser au périgée.

Nota. – (1) Dans l'hémisphère Nord.

■ **Relief.** Peu de *vallées*, mais des *chaînes de montagnes* (de 2 000 à 8 000 m au Mt Leibniz), des *cratères* de 1 à 20 km, et des *cirques* pouvant atteindre 295 km de diamètre (cirque Bailly) et 4 250 m de profondeur (cirque Létronne), creusés, pense-t-on, par la chute d'énormes météorites. Grandes plaines et étendues plates sont appelées *mers* (*Mare Nubium*, mer des Nuages ; *Mare Imbrium*, mer des Pluies, etc.). La plupart des chaînes montagneuses ressemblant à celles de la Terre ont été nommées comme elles : les Alpes (avec un Mt Blanc de 3 617 m), les Apennins. Certains détails sont désignés par leurs équivalents terrestres : baies, golfes, caps et lacs.

☞ **Régolite** ou **régolithe** : couche superficielle de roches brisées résultant du bombardement de la croûte par des météorites (s'applique aussi à tout autre corps du système solaire dépourvu d'atmosphère).

■ **Tremblements.** Explications proposées : 1°) **effet du « gradient de gravité »** de la Terre : la Lune tourne tout entière à la même vitesse, mais à cause de sa taille, la partie la plus proche de la Terre est soumise à une gravité plus forte, ce qui provoque une tension dans la masse des matériaux lunaires. Ainsi s'explique la corrélation entre les secousses sismiques lunaires et les marées terrestres dues aux « gradients de gravité » réciproques dans le couple Terre-Lune. 2°) **Effet du rayonnement thermique solaire** : il s'agirait de séismes faibles (magnitude < 2 sur l'échelle de Richter), se produisant au coucher et au lever du Soleil (600 à 3 000 par an). Les rayons du Soleil dilateraient la surface lunaire, et la fin brusque de leur émission la contracterait brutalement, d'où les tremblements observés en surface. 3°) **Impacts de météorites.**

■ **Vie sur la Lune.** Impossible à cause de l'absence d'atmosphère. **Un homme sur la Lune** doit disposer d'un scaphandre (la gravité étant 6 fois plus faible que sur Terre, son scaphandre lui paraît 6 fois plus léger). Il doit se protéger des radiations ultraviolettes et des rayons du Soleil (qui ne sont pas absorbés comme ils le seraient sur Terre grâce à la couche d'ozone de l'atmosphère). Il n'entend aucun son (le son est une vibration propagée par l'air, or il n'y a pas d'air). Il ne peut faire aucun feu (une flamme ne peut brûler sans oxygène) ni conserver aucun liquide (dans le vide tout liquide s'évapore immédiatement). Il doit se protéger contre les météorites.

■ **Exploration** (voir p. 61 c).

ASTÉROÏDES (PETITES PLANÈTES)

■ **Nombre.** Plus de 80 000 répertoriés principalement entre Mars et Jupiter, dont seulement environ 450 avant 1900 (le 1er fut photographié en 1891). Plus de 13 000 ont reçu un numéro et un nom, mais il y en aurait environ 400 000 de plus de 1 km de diamètre. La plupart circulent à une distance de 2 à 3,3 unités astronomiques (environ 300 et 495 millions de km) du Soleil. Leur masse totale ne dépasse pas 1/3 000 de celle de la Terre. Plus de 200 sont potentiellement dangereux pour la Terre selon le Spacewatch Program. La sonde *Galileo* est passée le 29-10-1991 à 1 600 km de *Gaspra* (environ 15 km de diamètre) et le 28-08-1993 à 2 500 km de l'astéroïde 243, appelé en 1884 *Ida* (52 × 24 × 20 km) par des astronomes autrichiens, avant d'atteindre Jupiter le 8-12-1995.

■ **Origine.** Heinrich Wilhelm Olbers (Allemand, 1758-1840) a suggéré qu'il s'agissait de débris d'une planète qui aurait explosé il y a très longtemps. Mais, compte tenu de la masse totale très faible des astéroïdes, on pense aujourd'hui que ce sont des résidus du système solaire primitif qui n'ont pu s'agglomérer par suite des perturbations gravitationnelles provoquées par Jupiter. Certains astéroïdes sont aussi des fragments issus de collisions.

■ **Caractéristiques. Diamètres les plus larges :** *légende :* diam. et, entre crochets, date de découverte et découvreur : *Cérès* 934 km [1-1-1801, père Giuseppe Prazzi (It., 1745-1826)] ; rotation 9,08 h, tourne en 1 680 j à 413,9 millions de km (en moyenne) soit 2,768 *UA* du Soleil. *Pallas* 526 km [28-3-1802, Wilhelm Olbers (All. 1758-1840)]. *Vesta* 510 km [29-3-1807 par Olbers], seul astéroïde assez proche de la Terre pour être visible à l'œil nu. *Hygiea* 408 km [1849, Annibale de Gasparis, 1819-92]. *Davida* 328 km [1903, R.S. Dugan]. *Interamnia* 316 km [1910, Vincenzo Cerulli (It., 1859-1927)]. *Sylvia* 260 km [1866, Norman Pogson (Brit., 1829-91)]. *Euphrosyne* 256 km [1854, James Ferguson (Amér., 1797-1867)]. *Eumonia* 256 km [1851, A. de Gasparis]. *Psyché* 254 km [1852, A. de Gasparis]. *Junon* 250 km [1-9-1804, Carl-Ludwig Harding (All., 1765-1884)]. **Orbites :** certains circulent sur des orbites très excentriques qui les ramènent périodiquement dans le voisinage de la Terre [2 catégories : *EGA* (*Earth-Greazing Asteroids* ou *earth grazers*, frôleurs de terre) et *NEA* (*Near-Earth Asteroids*)], (près de 1 000 connus) dont certains sont appelés géocroiseurs parce qu'ils croisent l'orbite de la Terre : *Éros* diamètre 17 km [découvert 1898 par Max Wolf (All., 1863-1932) et Gustav Witt (All., 1866-1948)] peut s'approcher à 22 millions de km ; *Icare* diam. 1,6 km [découvert 1949 par Walter Baade (All. naturalisé Amér., 1893-1960)] à 5,5 millions (exemple : le 15-6-1968) ; *Apollo* (appelé d'abord *1932 HA*) diam. 2,1 km ; à 3,7 millions ; *Adonis* diam. 3 km [découvert 1936 par Eugène Delporte (Belge, 1882-1955)] à 2 millions et *Hermès* diam. 0,8 km [découvert 1937 par Karl Reinmuth (All., 1892-1979)] à 300 000 km (distance minimale observée : 780 000 km, le 30-10-1937). Au périhélie, *Icare* s'approche plus du Soleil que Mercure ; à l'aphélie, *Hidalgo* diam. 15,5 km [découvert 1920] atteint l'orbite de Saturne. **Révolution :** LA PLUS COURTE : 283,2 jours : *1976 UA* [découvert 18-10-1976]. **Périodes de rotation sur eux-mêmes :** LES PLUS COURTES : environ 4,5 h au maximum (16 *Psyché*, 81 *Lucretia*, 349 *Dembrowska*, 354 *Eleonora*) ; LES PLUS LONGUES : 38 h 42 min (393 *Lampetia*), 39 h (128 *Némésis*).

☞ Fin 1994, des astronomes chinois ont découvert le 3 239e astéroïde du système solaire appelé *Meizhou* (à 328 millions de km du Soleil).

■ **Objets AAA (Apollo-Amor-Aten). Nom** de 3 astéroïdes découverts depuis 1932, et suivant à peu près la même orbite (le périhélie d'Apollo est juste en dehors de l'orbite terrestre, à 1,08 unité astronomique du Soleil). Astéroïdes constituant l'extrême frange intérieure de la « ceinture » et dont le périhélie est inférieur à 1,3 ua. **Nombre :** depuis 1932, quelques dizaines ont été découverts. Apollo lui-même a disparu peu après 1932 et a été repéré 41 ans après, en 1973. **Aten**, astéroïde n° 2062, découvert en 1976 par l'astronome américaine Eleanor Helin à l'observatoire du mont Palomar, prototype d'un groupe de petites planètes circulant essentiellement à l'intérieur de l'orbite terrestre, le demi-grand axe de leur orbite étant inférieur à la distance moyenne du Soleil à la Terre [distances extrêmes au Soleil : 118 et 171 millions de km. Période de révolution sidérale : 0,951 année. Plus courte distance possible à la Terre : 16,9 millions de km. Diamètre estimé : 1,3 km. Type : S (silicaté)]. Ils risquent d'entrer en collision avec la Terre, mais ces collisions ne se produisent en moyenne que 4 fois par million d'années. *Les plus petits* ont moins de 1 km de diamètre (voir météorites p. 42 b).

Objets aux confins du système solaire ou **ceinture (disque) de Kuiper :** hypothèse d'une ceinture de petits corps au-delà de Pluton, émise en 1951 par Gerard Pieter Kuiper (Amér. d'origine hollandaise, 1905-73). En 2000, une vingtaine sont connus dont le 1er, **1992QB1** (diamètre 200 km) observé au télescope de 2,2 m de Hawaii le 30-9-1992 par David Jewitt et Jane Luu (Amér.), puis à l'observatoire de l'Eso (La Silla). Orbite solaire d'aphélie 8,9 milliards de km (soit 1,6 au-delà de Pluton), période d'environ 300 ans.

Approches récentes d'astéroïdes : Toutatis découvert 4-5-1989 (diamètre environ 2 km) a approché la Terre à 15 millions de km le 25-12-1988, à 3,6 millions le 8-12-1992 (observations radar) et la frôlera à 150 000 km en septembre 2004. **1983 TB** (diamètre 3 km) passe en décembre chaque année un peu plus près. **1989 FC** (200 à 400 m de diamètre) s'est disloqué le 23-3-1989 à 690 000 km de la Terre, à 7 km/s. **1991 BA** (diamètre 9 km) est passé le 17-1-1991 à moins de 170 000 km. **1996 JA1** (500 m de diamètre) est passé en 1996 à moins de 450 000 km. **Futures : 1997 X F11** (1,5 km de diamètre) prévu 26-10-2028 entre 48 000 et 960 000 km (risque de collision initialement envisagé).

■ **Chiron.** Découvert le 1-11-1977 par l'Américain Charles Kowal et pris alors pour un astéroïde, semble être un noyau cométaire [distance au Soleil de 1,27 (notamment en 1996) à 2,8 milliards de km ; diamètre de 200 à 300 km ; révolution de 50,68 ans].

■ **Planètes « troyennes ».** Astéroïdes sur une même orbite à égale distance de Jupiter et du Soleil. Sur l'orbite de Jupiter, ils portent le nom de héros de la guerre de Troie. 2 groupes : **1°) précédant Jupiter :** *Achille, Hector, Nestor, Agamemnon, Ulysse, Ajax, Diomède, Ménélas ;* **2°) le suivant :** *Patrocle, Priam, Enée, Anchise, Troïlus, Antiloque.*

■ **Satellites.** En 1993, *Galileo* a découvert un satellite de 1,5 km autour d'Ida : *Dactyle* (1,6 × 1,4 × 1,2 km). D'autres astéroïdes observés depuis la Terre pourraient avoir des satellites, notamment *532 Herculina, Éros, Hébé, Antigone, Pallas, Junon.*

COMÈTES

■ **Caractéristiques.** Astres d'aspect diffus qui gravitent autour du Soleil en décrivant des orbites très allongées et deviennent observables à proximité du Soleil. La capture par la Terre de nombreuses comètes aurait pu jouer un rôle important dans sa formation par apport d'eau (glace) et de matière organique. Leur sensibilité aux attractions diverses, la brièveté des observations par rapport à l'allongement de leur orbite et l'effet de réaction de leur propre jet de gaz à l'approche du Soleil, rendent leur prévision imprécise. Le mouvement des comètes qui passent près d'une planète (notamment Jupiter) est très perturbé par l'attraction de celle-ci. Certaines comètes à longue période sont ainsi « capturées » et deviennent des comètes à très courte période. *Shoemaker-Levy 9* s'est désagrégée (voir p. 42 a) à la suite de son passage près de Jupiter.

■ **Composition.** Conglomérat de roches et de glace « sale » (glace d'eau, d'ammoniac, de méthane, d'oxyde de carbone...), de quelques km seulement de diamètre, loin du Soleil. Lorsque la comète s'en approche, les gaz se subliment et s'échappent dans l'espace en entraînant des poussières. Ainsi se forme autour du noyau cométaire (« tête ») une auréole lumineuse, la chevelure (en grec *komêtês*), puis se développent, à l'opposé du Soleil, une queue de gaz (bleutée, fine, rectiligne) et une queue de poussières (jaunâtre, large, incurvée).

■ **Superstitions.** Les comètes ont été longtemps considérées comme des présages, en général, de catastrophes : épidémies, famines, sécheresses, inondations, tremblements de terre, guerres, assassinats, morts... Une brillante comète apparut en 43 av. J.-C. après la mort de César, et l'on crut que c'était son âme qui remontait au ciel. Des comètes auraient « annoncé » la mort de *Vespasien* (79) ; *Constantin* (336) ; *Attila* (453) ; *Mérovée* (577) ; *Chilpéric* (584) ; *Mohammad* (632) ; *Pépin le Bref* (768) ; *Louis II* (875) ; *Boleslas Ier*, roi de Pologne (1058) ; *François II* (1060) ; *Alexandre III*, pape (1181) ; *Richard Ier*, roi d'Angleterre ; *Henri Ier*, roi de France (1199) ; *Philippe Auguste* (1223) ; *Innocent IV* (1254) et *Urbain IV* (1264), papes ; *Charles le Téméraire* (1477) ; *Philippe le Beau* (1505) ; *Louise de Savoie* (1531) ; *François II*, roi de France (1560) ; *Henri IV* (1610) ; *Napoléon Ier* (5-5-1821, la comète de Nicollet apparut en avril). Louis le Débonnaire fut très effrayé en 837 par la comète de Halley et, bien qu'il ne soit mort que 3 ans plus tard, on associa l'apparition de la comète à sa mort. En 1811, l'apparition d'une comète très brillante coïncida avec d'excellentes vendanges (découverte le 25-3 par Honoré Flaugergues, elle sera observée jusqu'au 17-8 : chevelure 1 fois et demi le diamètre du Soleil, queue 160 millions de km) comme, en 1858, la comète de Donati. Depuis, les comètes brillantes passent pour annoncer de grands millésimes en viticulture.

☞ En 1996, une équipe internationale a détecté la présence d'acétylène dans la queue de la comète *Hyakutake*. En 1997, le télescope *Isaac Newton* (Canaries) a observé la présence d'une 3e queue (de sodium) dans le sillage de la comète Hale-Bopp.

■ **Dénomination.** *Autrefois :* millésime de l'année d'observation avec, éventuellement, le mois durant lequel la comète fut la plus spectaculaire. *À partir du milieu du* XIXe *s. :* millésime de l'année du passage au périhélie suivi d'un chiffre romain correspondant à l'ordre chronologique du passage, et nom du ou des découvreurs [limité à quelques exceptions : comètes très brillantes ayant eu de nombreux témoins simultanés (exemple : Grande comète de janvier 1910 dite « comète des inondations » car son passage coïncida avec la crue de la Seine) ou comètes ayant reçu le nom de l'astronome qui calcula les éléments de leur orbite (exemples : Halley, Encke, Lexell)]. *Depuis 1995 :* millésime de l'année de la découverte, lettre majuscule correspondant au rang de la quinzaine dans l'année d'observation (A = 1re quinzaine de janvier, B = 2e quinzaine, etc.) et numéro d'ordre de la découverte dans la quinzaine concernée (exemple : 1996 E3 pour la 3e comète découverte durant la 1re quinzaine de mars). Un préfixe indiquant la nature de l'objet : A/ : astéroïde ayant reçu une dénomination de comète, P/ : comète périodique observée à plus d'un passage, C/ : comète non périodique, X/ : comète dont les éléments orbitaux n'ont pu être déterminés avec précision, D/ : comète qui a disparu (exemple : la comète de Biela, qui s'est fragmentée : voir ci-dessous). Toutefois, la désignation des anciennes comètes n'est pas modifiée.

■ **Dimensions. Tête :** diamètre de 50 000 à 250 000 km [minimal 15 000 km, maximal 1 800 000 km (comète de 1811)]. Le noyau de poussières et gaz solidifiés n'a jamais plus de quelques dizaines de km de diamètre (15 × 8 km pour celui de Halley). **Queue :** jusqu'à 550 millions de km [comète *Hyakutake* découverte en 1996 (*comète de 1843 :* 320). Quand la comète approche du Soleil, sa queue la suit. Quand elle s'en éloigne, elle la précède. **Masse :** très faible (moins d'un millionième de celle de la Terre, même pour les plus grandes). La masse totale des comètes est d'environ 1/10 de celle de la Terre.

■ **Nombre de comètes.** 878 recensées dans le catalogue des orbites cométaires de l'Union astronomique internationale publié en 1995, dont 347 avec une *orbite parabolique* (principalement parce que les observations ne permettent pas, faute d'une précision suffisante, de distinguer cette orbite d'une ellipse ou d'une hyperbole), 137 avec une orbite *hyperbolique* (qui fait qu'elles ne repasseront plus près du Soleil, mais quitteront le système solaire), 210 avec une orbite *elliptique* (dites « périodiques », car elles reviennent périodiquement près du Soleil), décrite en plus de 200 ans, 184 la décrivant en moins de 200 ans (dont 117 ont été observées à plus d'un passage près du Soleil). Voir p. 42 a. Aujourd'hui, on observe en moyenne de 20 à 30 comètes par an, la plupart invisibles à l'œil nu.

☞ **Découvertes : Charles Messier** (Badonviller, 26-6-1730/12-4-1817) a découvert une cinquantaine de comètes (autant que celles connues jusque-là), *son Catalogue des nébuleuses et des amas d'étoiles que l'on découvre parmi les étoiles fixes, sur l'horizon de Paris,* comprend 45 objets, numérotés dans l'ordre de leur découverte (exemples : M1 la nébuleuse du Crabe, M17 la nébuleuse Oméga). Il avait utilisé plusieurs instruments dont un télescope *Grégory* de 19 cm de diamètre, 81 cm de focale et un grossissement de 104 fois, et des lunettes à objectif achromatique de 89 mm de diamètre, 115 cm de focale et un grossissement de 120 fois. En février 1771, il découvrit 4 nouveaux amas, les 1ers d'une suite de 23 publiée en 1780. **Pierre-François Méchain** (Laon 1744-1804) découvrit 32 nouveaux objets en 1780-81, (mais M40 est une étoile double, M73 ne compte que 4 étoiles, M91 observé par Messier en 1781 n'était peut-être qu'une comète). **Dernières découvertes :** en 1921, *Sombrero* M 104, par Camille Flammarion (Fr., 1842-1925) ; M 105 à 107, par Helen Sawyer Hogg (Can., 1905-93) ; M 108 et 109, dans la Grande Ourse ; M 110, galaxie satellite d'Andromède.

■ **Origine.** Selon Jan Oort (Hollandais, 1900-92), hypothèse aujourd'hui largement admise d'un immense « réservoir » de comètes (*nuage d'Oort,* pouvant contenir 100 milliards de noyaux cométaires). Sous l'effet de perturbations créées par les étoiles voisines, des comètes auraient leur trajectoire suffisamment modifiée pour s'échapper du nuage d'Oort : certaines, propulsées vers le Soleil, deviendraient observables beaucoup plus tard, lorsqu'elles s'en approchent ; d'autres, éjectées du système solaire, ne seront jamais vues. Il semble qu'au-delà de l'orbite de Neptune *le disque de Kuiper* en comprenne (voir 41 b).

☞ L'hypothèse d'une petite étoile obscure (Némésis) passant tous les 30 millions d'années à son périhélie, à environ 20 000 fois la distance de la Terre au Soleil, et perturbant les orbites des comètes rassemblées dans le nuage d'Oort a été émise en 1984, mais est peu crédible.

■ **Désagrégation.** Exemples : la *comète de Biela,* découverte en 1826 par Wilhelm, baron von Biela (1782-1856, officier autrichien) [périodicité : 6,6 années] : séparée en 2 en 1846, les 2 fractions revinrent ensemble en 1852, disparurent en 1859 et 1865. Puis, en 1872, elle réapparut sous forme d'un essaim de météores à 300 millions de km de sa position normale (160 000 étoiles filantes). La *comète de Shoemaker-Levy 9* (découverte au Mt Palomar le 24-3-1993 par les Amér. Eugene (1928-97) et Carolyn Shoemaker et David Levy) : le 7-7-1992, elle aurait été satellisée puis brisée en 21 morceaux par les forces gravitationnelles de Jupiter. Le 16-7-1994, plusieurs heurtèrent Jupiter : le morceau 1 (environ 600 m de diamètre) le 16-7 à 200 000 km/h (énergie libérée : 10 millions de t de TNT ; sur Terre, il aurait creusé un cratère de 12 km) ; les morceaux G et H le 18-7 (effet 10 à 20 fois plus importants) et Q, qui ont produit des taches visibles de la taille de la Terre. Les plus gros impacts ont fait monter la température à 30 000 ou 40 000 °C sur un rayon d'environ 1 000 km. Jupiter [318 fois plus massif que la Terre et ayant un diamètre 12 fois supérieur (144 000 km)] pourrait être frappée par une comète environ 1 fois par siècle.

■ **Comètes périodiques.** On a observé le retour de 53 comètes périodiques dont celle de *Borrelly* découverte le 28-12-1904 par Alphonse Borrelly (Fr. 1842-1926) ; alors à 882 millions de km du Soleil, elle revenait tous les 6,91 ans ; en 1943, une réaction de gravitation avec Jupiter élevait son aphélie à 892 millions de km, avec un temps de révolution porté à 7 ans (7,02 en 1953 ; 6,99 en 1967) et celle de *Mc Naught-Russell,* découverte le 17-12-1993 dans la Grande Ourse puis à nouveau observée en janvier 1994. Son dernier passage remontait à 574 (prochaine apparition vers 3400).

■ **Comète de Halley** (IP/Halley). Du nom de l'Anglais Edmond Halley (1656-1742) qui avait calculé, en 1705, son retour pour 1759 en appliquant la théorie de Newton. Elle revient environ tous les 76 ans. *1re apparition (?) :* mentionnée en 467 av. J.-C. en Chine ; *apparitions récentes :* 1531, 1607, 1682, 1758 (découverte par un paysan allemand le soir de Noël, observée le 21-1-1759 par Charles Messier ; à Paris, on se coiffe « à la comète », on lance une danse de la comète et le jeu de la comète qui deviendra le nain jaune), 1835, 1910 (Camille Flammarion avait annoncé en 1909 que la Terre se trouverait dans la queue de la comète et les spécialistes d'analyse spectrale avaient déclaré que cette queue contenait des gaz toxiques comme le cyanogène. La nuit du 18 au 19-5, place St-Pierre à Rome, des milliers de fidèles prient ; à Marseille, on monte à N.-D.-de-la-Garde. Puis les savants annonceront que l'analyse de l'air ne révèle pas de présence de gaz), 1986 [plus courte distance du Soleil, 88 000 000 km, le 9-2 ; 5 sondes envoyées à sa rencontre (voir p. 63 c) l'ont survolée entre le 6 et le 13-3]. *Prochains retours* à son périhélie : le 29-7-2061 (mais a connu un sursaut d'éclat correspondant à une violente éjection de matière en 1991) ; mars 2134. *Noyau :* environ 15 km de longueur et 8 km de largeur. *Surface :* très sombre (pouvoir réfléchissant égal à 4 %), sans doute recouverte d'une croûte carbonée. *Température :* lors du survol par les sondes, environ 100 °C. Des jets de gaz et de poussières s'échappent par des cratères, du côté du Soleil. 9 zones actives repérées. *Période de rotation du noyau :* 2,2 j ou 7,4 j selon les observations prises en compte.

■ **Comète Swift-Tuttle** (109 P/Swift-Tuttle). Découverte le 16-7-1862 par les Amér. Lewis Swift (1820-1913) et Horace Tuttle (1837-1923) [identifiée à celle observée en 1732 par le missionnaire jésuite ignatien Kegler (All., 1680-1746) à Pékin] ; on attendait son retour en 1982, mais en fait sa période est de 130 ans au lieu de 120. Observée par un astronome amateur japonais le 27-9-1992, elle est passée fin novembre à 175 millions de km de la Terre et à 144 du Soleil le 12-12-1992 (périhélie). Pourrait frôler la Terre à son prochain passage (31-7-2126). Laisse sur son passage un essaim de débris que la Terre traverse en août (pluie d'étoiles filantes perséides, exceptionnelles, de 1861 à 1863).

■ **Comète Hale-Bopp** (C 1995 01). Découverte le 23-7-1995 par les Amér. Alan Hale (Nouveau-Mexique) et Thomas Bopp (Arizona) ; visible à l'œil nu. A atteint la magnitude – 2 le 1-4-1997. L'une des plus brillantes du XXe s. Révolution en 2 710 ans.

■ **Comète Hyakutake** (C/1996 B2). Découverte 31-1-1996 par Yuuji Hyakutake (Japonais), passe à 16 millions de km de la Terre le 25-3-1996. *Composition* (voir p. 41 b). **Période orbitale :** environ 2000 ans.

■ **Approches connues des comètes à moins de 0,100 unité astronomique de la Terre.** [Nom de la comète, date de l'approche et, entre parenthèses, distance en millions de km.] **Comètes à longue période** (plus de 200 ans) : *La Hire* 17-8-1499 (6,7), 20-4-1702 (6,6), *Cassini* 8-1-1760 (10,2), *Schweizer* 29-4-1853 (12,6), *Bouvard* 16-8-1797 (13,2), *Messier* 23-9-1763 (13,9), *Schmidt* 4-7-1862 (14,7) ; **périodiques** (moins de 200 ans) : *Lexell* [1] 1-7-1770 (2,3), *(D/1770 L)* découverte par C. J. Messier (Fr.) ; Anders Lexell (Suédois, 1740-84) en calcula l'orbite en 1779. *Tempel-Tuttle* 26-10-1366 (3,4), *Grischow* 8-2-1743 (5,8), *Halley* 10-4-837 (5), *Biela (3D/Biela)* découverte par J. Laibats-Montaigne (Fr.) le 9-12-1805 (5,5). Wilhelm von Biela (Autr., 1782-1856), en 1826, en calcula l'orbite, fragmentée en 1846, météores spectaculaires en 1872. *Pons-Winnecke* 26-6-1927 (5,9), *Schwassmann-Wachmann* 31-5-1930 (9,3), noyau 80 km. Ces comètes furent observables à l'œil nu.

Nota. – (1) La force d'attraction de Jupiter l'a propulsée sur une autre orbite. Des collisions de comètes avec le Soleil ont été observées (août 1979).

■ **Comètes aux révolutions les plus courtes.** [No et période de révolution en années.] **1** *Encke (2P/Encke),* découverte par P.F.A. Méchain (Fr.), Johann Franz Encke (All., 1791-1865) en calcula l'orbite en 1819, 3,302. **2** *Grigg-Skjellerup (A6P/Grigg-Skjellerup)* découverte par John Grigg (Néo-Zél., 1842-1924) en 1902 ; retrouvée 1922 par J.-F. Skjellerup (Sud-Africain) 4,908. **3** *Honda-Mrkos-Pajdusakova* 5,210. **4** *Tempel* 5,259. **5** *Neujmin* 5,437. **6** *Brorsen* 5,463. **7** *Tuttle-Giacobini-Kresák* 5,489. **8** *Tempel-L. Swift* 5,681. **9** *Tempel* 5,982. **10** *Pons-Winnecke* 6,125.

■ MÉTÉORITES

GÉNÉRALITÉS

■ **Définition.** Corps arrachés, par collision, à des astéroïdes gravitant dans l'espace interplanétaire ; attirés par la Terre quand ils passent à proximité, ils pénètrent dans l'atmosphère à une vitesse variant entre 40 000 et 290 000 km/h. Le frottement de l'atmosphère les rend incandescents vers 120 km d'altitude jusqu'à 60 km (le phénomène lumineux qui en résulte – le *météore,* dit *bolide* quand il est intense – est souvent appelé *étoile filante*). Une météorite d'un gramme a un éclat égal à celui d'étoiles comme Sirius ou Véga ; de 5 kg, à celui de la pleine Lune. Les météorites de moins d'un dixième de millimètre ne donnent pas lieu à un phénomène lumineux. La fréquence des chutes et le poids des projectiles étaient 10 000 fois supérieurs au début de la formation du système solaire à ce qu'ils sont actuellement. L'espace interplanétaire est relativement dégagé et les collisions y sont devenues rares.

Giovanni Schiaparelli (astronome italien, 1835-1910), entre 1864 et 1866, constatera que les paramètres de l'orbite des perséides (inclinaison, argument, excentricité, périhélie, demi-grand axe, longitude du nœud ascendant) étaient voisins de ceux de l'orbite de Swift-Tuttle.

■ **Météores. Nombre :** on peut en observer à l'œil nu plus de 9 milliards par an. Un observateur exercé peut en compter de 2 à 20 par heure (10 en moyenne) dans la région du ciel qu'il surveille. Certaines chutes arrivent à époque fixe, paraissant jaillir d'un même point, dit *point radiant* (en fait elles ont des trajectoires parallèles). **Principaux essaims :** leurs noms dérivent de celui des constellations qui abritent la région du ciel (radiant) d'où semblent jaillir les étoiles filantes ou parfois du nom de la comète dont les étoiles filantes sont les débris [constellation de Persée : perséides, du Verseau (Aquarius) : aquarides, d'Orion : orionides, Bélier (Aries) : ariétides, Andromède : andromédides (biélides), Capricorne : capricornides, Dragon : draconides, Gémeaux : géminides, Lion : léonides, Lyre : lyrides, Quadrant mural (introduit au XVIIIe s. par Lalande au nord de l'étoile β du Bouvier) : quadrantides, Taureau : taurides, Petite Ourse : ursides]. *Légende :* nom ; entre crochets, comète d'origine ; période d'activité ; entre parenthèses, date du maximum ; taux horaire moyen. *Quadrantides* [Kozik-Peltier, 1/4-1 (3-1)] 40. *Lyrides* [Thatcher] 19/24-4 (21-4) 12. *Aquarides* [Halley] 1/8-5 (4-5) 20. *Ariétides* 29-5/19-6 (7-6) 60 (observées le jour par technique radio). *Perséides* 1/17-6 (9-6) 40 (observées le jour par technique radio). *Taurides* [Encke] 24-6/2-7 (30-6) 30 (observées le jour par technique radio). *Aquarides boréales* 15-7/18-8 (29-7) 10. *Aquarides australes* 21-7/15-8 (29-7) 20 (hémisphère Sud). *Capricornides* [Mrkos] 15-7/20-8 (1-8) 5. *Aquarides S* 15-7/25-8 (5-8) 10 (hémisphère Sud). *Aquarides* 15-7/25-8 (5-8) 10. *Perséides* (Swift-Tuttle) 22-7/18-8 (12-8) 50. *Cygnides* 18/22-8 (20-8) 5. *Giacobinides* ou *draconides* [Giacobini-Zinner] 9/10-10 (9-10), 1 000 (essaim périodique période d'environ 6 ans). Michel Giacobini (Fr., 1873-1938) de Nice découvrit le 20-12-1900 la comète, qui fut retrouvée par Ernst Zinner (All., 1886-1970) de Bamberg le 23-10-1913 ; *9 oct. 1933 :* 20 000 [lors du retour de la comète 1900 III de Giacobini-Zinner (période 6,52), la Terre se trouvait au point de rencontre des orbites Terre-comète], *1946 :* 1 000. *Orionides* [Halley] 18/26-10 (20-10) 25. *Taurides S* [Encke] 15-9/15-12, 15 (hémisphère Sud). *Taurides* [Encke] 15-10/30-11 (10-11) 5. *Léonides* [Tempel-Tuttle] 14/20-11 (17-11) 10 000 (essaim périodique), appelées aussi météores de novembre) ; périodicité 33,25 ans établie par Hubert Newton (Amér., 1830-96), qui prédit vers 1860 l'averse de 1866, il trouva 13 mentions des léonides de 930 à 1833 dans les chroniques européennes, arabes et chinoises. *Andromédides* 5 000/10 000. *Géminides* 7/15-12 (13-12) 50 ; de couleur jaune, seraient constituées de métaux et composés gazeux ; se déplacent autour du Soleil entre 21 et 360 millions de km, sur l'orbite à 22° de l'astéroïde Phaéton (dont elles seraient des fragments), découvert en 1983 par satellite infrarouge *Iras,* largeur 6 km, en fait probablement noyau de comète venu du nuage d'Oort (voir col. a) disloqué en pénétrant dans le système solaire et pris par la gravitation des planètes ; totalement dégazé, atteint 400 °C au plus près du Soleil (absence d'eau et de composés gazeux)]. *Ursides* [Tuttle] 17/24-12 (22-12) 15.

■ **Averses les plus denses observées. Léonides** [(1799-1833 (240 000 étoiles filantes visibles en quelques heures) 1866-1883-1933-1966] : 2 000 météores par minute [1998-*17/18-11* (maximum au nord-est de la Chine) moins importante que prévu : pic d'activité en Europe occidentale 15 h avant l'horaire indiqué, éloignement de la Terre avec le centre du nuage de particules (1 200 000 km) ; prochaine en 2098 ou 2131 (orbite modifiée en 2028 par passage près de Jupiter)]. **Biélides** [1741-1830-1838-1872 (27-11)-1885 (27-11)].

TECTITES

■ **Description.** Verres naturels homogènes, riches en silice (70 à 80 %, alumine 10 à 15 %), produits lors de l'impact sur Terre de bolides ayant creusé des cratères de plus de 10 km de diamètre. L'énergie dégagée par l'impact porte le matériau source à plusieurs milliers de °C et le projette à plusieurs centaines, voire milliers de km en traversant la haute atmosphère. Les aires de distribution (ou *champs*) diffèrent par l'étendue et l'âge [Texas et Géorgie, Bohême et Moravie ; Côte d'Ivoire ; Australasie (780 000 ans)], et par des tectites de formes irrégulières pesant jusqu'à 13,2 kg. Morphologie et dimensions des tectites varient du nord au sud à l'intérieur de ce champ.

■ **Classification. Moldavites :** tectites transparentes vertes ; rivière Moldau (Tchéquie) ; origine : 15 millions d'années (cratère du Ries, Allemagne). **Ivoirites :** très rares ; placers aurifères de Côte d'Ivoire ; 1,1 à 1,3 million d'années (cratère Bosumtwi, Ghana). **Bédiasites :** Texas (USA). **Géorgites :** Géorgie (USA). **Philippinites** ou **rhizalites :** noires (jusqu'à 1 kg). **Australites :** 700 000 ans. **Irgizites** ou **impactites :** petites, noires et opaques, d'aspect cordé, Kazakhstan (200 km au nord de la mer d'Aral, près de l'astroblème de Zhamanshin) ; 1,1 million d'années. **Colombites et péruvites (américanites) :** 2 à 4 cm, gris verdâtre à incolore. **Verres libyens :** incolores, certains près de 20 kg ; partie égyptienne du désert de Libye (6 500 km²) ; 30 millions d'années.

■ **Lieux.** Probablement partout sur Terre, mais difficiles à repérer. On en trouve dans des déserts (exemple : Libye ou Australie) et plus difficilement, parce que masquées par la végétation, dans des endroits tempérés (ex-Tchécoslovaquie).

MÉTÉORITES ARRIVANT AU SOL

■ **Composition.** 96 % des météorites sont **pierreuses** [ancien nom : **aérolithes,** dont 92 % de **chondrites,** contenant des *chondres* ou *chondrules,* minuscules sphères de silicates ; types : *ordinaires, à entastite* et *carbonées* ; considérées comme des spécimens de la matière primitive du système solaire. Plus gros échantillon : météorite *Allende,* tombée le 8-2-1969 près de Pueblito de Allende (État de Chihuahua, Mexique) ; centaines de fragments, dont 1 de 110 kg, sur 150 km². Les **achondrites** (sans chondres) comprennent les *eucrites, angrites, howardites, diogénites, urélites* et *aubrites*]. Leur composition est celle des roches basiques terrestres : silices, silicates et oxydes de calcium, magnésium ; mais certaines chondrites (C3) contiennent en outre des nodules enrichis d'éléments réfractaires (aluminium, calcium, titane). Le tout est noyé dans une matrice noirâtre, plus ou moins carbonée. 3 % sont des **fers** (ancien nom : **sidérites**), entièrement métalliques, dont la composition est celle du noyau terrestre : fer 92 %, nickel 7 %. *Types :* **octaédrites :** les plus nombreuses, nickel 7 à 15 % ; **hexaédrites :** cubes de kamacite, nickel 5 à 6 % ; **ataxites :** taénites, nickel 16 %. 1 % sont des **mixtes** ou **pallasites** (ancien nom : **lithosidérites**), intermédiaires entre ces 2 types : 50 % de pierre, 50 % de fer et nickel. *Types :* **pallasites :** cristaux plurimillimétriques d'olivine noyés dans l'alliage de ferro-nickel ; **mésosidérites :** mélange égal ferro-nickel silicates (pyroxène et plagioclase) ; **iodranites :** ferro-nickel, olivine et pyroxène. On distingue aussi les météorites *différenciées,* qui ont été fondues dans leur corps d'origine, subissant une modification de structure et de composition chimique ; et les météorites *non différenciées,* qui ont conservé leurs caractéristiques primitives.

☞ **SNC :** groupe d'une dizaine de météorites basaltiques venant de Mars. 1 300 millions d'années. Comprennent les *shergottites* (1er spécimen découvert à Shergotty, Inde, en 1865), les *nakhlites* (1er découvert à Nakhla, Égypte, en 1911) et les *chassignites* (1 spécimen connu recueilli à Chassigny, Hte-Marne). Une 13e météorite d'origine martienne (Lucky 13) a été découverte au Sahara en 1998.

■ **Origine.** On pense actuellement que les corps célestes frappant la surface de la Terre viennent tous de la ceinture d'astéroïdes située en moyenne à 2,8 unités astronomiques du Soleil (entre Mars et Jupiter) et occupant la place d'une planète détruite par une explosion (voir **Astéroïdes** p. 41 a).

■ **Vitesse.** 11 à 72 km/s. *Météorites de moins de 10 t* (diamètre : pierreuses 1,75 m, métalliques 1,25) : freinées par l'atmosphère, atteignent le sol à 5 km/s au maximum (18 000 km/h) ; *de plus de 10 t :* freinées dans certaines conditions (angle d'entrée, vitesse déjà atteinte) ; plus leur masse est grande, moins le freinage agit.

■ **Nombre. Pour toute la Terre. Entrée en atmosphère :** un corps de 100 t entre chaque jour dans l'atmosphère, un de 1 000 t une fois par mois (136 météorites de 1975 à 1992), un de 15 000 t une fois par an, un de 100 000 t une fois par décennie, un de 1 000 000 de t une ou deux fois par siècle. En général les blocs sont réduits en poudre dans la haute atmosphère (entre 120 et 80 km d'altitude) et seule se dépose sur Terre une centaine de g de fine poussière par km². **Arrivée au sol :** de 100 000 à 200 000 t par an en moyenne. Réparties en : *1°)* très grosses météorites, de 1 à 10 km de diamètre (très rares ; leur apport n'est significatif que sur des centaines de millions d'années). *2°)* Météorites de 10 à 50 m de diamètre (plusieurs chaque année). *3°)* Poussières (micrométéorites) de 0,05 à 0,5 mm [40 000 t par an (1,3 kg par seconde)]. Depuis 4 milliards d'années, la Terre a capturé environ 500 000 milliards de t de matière cosmique, soit le dix-millionième de sa masse (uniformément répartie, elle formerait une couche d'environ 40 cm d'épaisseur). Par suite des mouvements de la croûte terrestre, l'essentiel a été entraîné en profondeur. 71 % de la surface du globe étant recouverts par les océans, autant de météorites arrivant sur Terre sont perdues.

MÉTÉORITES COLLECTÉES : au XXe s. 6 météorites par an, en moyenne, ont pu être collectées immédiatement après leur chute. Mieux conservées dans les déserts chauds ou froids que dans les régions humides ou tempérées, certaines repérées longtemps après leur chute ont été appelées des *trouvailles*. **Nombre :** environ 3 620 météorites recueillies hors de l'Antarctique (980 chutes et 2 640 trouvailles) et 17 000 fragments de météorites en Antarctique venant d'au moins 6 000 météorites différentes. En France, depuis le 7-11-1492 [chute de la météorite d'*Ensisheim* (Haut-Rhin, 158 kg à l'origine, 55 depuis la Révolution pendant laquelle elle fut brisée) la première authentifiée], on a recensé 68 météorites (61 chutes, 7 trouvailles). Il arrive en moyenne *tous les 30 ans* 1 météorite de 50 t (diamètre : 2,25 m pour les sidérites, 3 m pour les aérolithes) ; *tous les 150 ans,* 1 de plus de 220 t (diamètre 3,60 à 4,80 m) ; *tous les 100 000 ans,* 1 de plus de 50 000 t. **Effets sur Terre selon le diamètre :** *moins de 10 cm* (des milliers par an) : brûlent dans l'atmosphère, aucun risque sur Terre. *10 cm à 1 m* (des dizaines par an) : se fragmentent et généralement brûlent, risque très faible. *1 à 9 m* (1 par an) : touche le sol en fragments, dégâts locaux [en juin 1994, entre Montréal et Québec, chute d'une météorite d'un rayon de 2 m (corps ferreux d'une masse de quelques centaines de kg), magnitude 3,8 sur l'échelle de Richter]. *10 à 100 m* (1 tous les 100 à 10 000 ans) : cratère important, dégâts à l'échelle d'une région. *100 m à 1 km* (1 tous les 10 000 à 100 000 ans) : cratère de plus de 1 km de diamètre, dégâts à l'échelle d'un continent. *Plus de 1 km* (1 tous les millions d'années) : cratère au sol de 15 fois le diamètre, fin d'une civilisation ? *De 20 à 40 km* (1 tous les 20 à 40 millions d'années).

Il faudrait une météorite de plusieurs milliers de milliards de t pour déplacer l'axe de rotation de la Terre. Nous avons un risque sur des centaines de millions d'en rencontrer une.

Pour une étendue comme celle de la France. On compte *chaque année* environ 6 météorites pesant 5 kg ou plus avant leur entrée dans notre atmosphère (à leur arrivée au sol elles ne pèsent plus que quelques g) ; *tous les 20 ans,* 1 météorite pesant plus de 3 000 kg (les plus grands fragments arrivant au sol pèsent moins de 500 kg).

■ **Plus grandes chutes au sol connues.** Le 26-4-1803 à *L'Aigle* ou *Laigle* (Orne), 2 000 à 3 000 météorites sont tombées sur une superficie de 50 km² (dont certaines pesant jusqu'à 10 kg). Le 30-6-1888 à *Polotsk* (Biélorussie), 100 000 météorites sont tombées sur quelques km². **Chute importante la plus récente :** près de *Fianarantsoa* (Madagascar) le 30-7-1977 : 2 cratères (l'un de 240 m de diamètre).

■ **Plus grosses météorites connues.** Depuis l'ère précambrienne (600 millions d'années), 1 500 astéroïdes de plus de 1 km de diamètre ont atteint la Terre dont 200 environ sur le sol immergé. On repère les points d'impact d'après les changements subis par les roches : quartz se transformant en *coésite* et en *stishovite* sous l'effet de la pression et de la chaleur. Un astéroïde de 1 km de diamètre et de densité 3,5 creuse un cratère d'environ 22 km de diamètre. 50 cratères ont été identifiés, dont 23 au Canada. Datant de quelques millions d'années [sauf les cratères de Sudbury (Ontario, Canada), Vredefort (Afrique du Sud) qui remontent à l'ère précambrienne], ils étaient à l'origine comparables aux grands cratères de la Lune, de Mars et de Mercure.

■ **Plus grosses météorites conservées.** *Légende :* nom ; entre crochets, lieu de chute et année de chute ou de découverte ; masse totale en kg ; entre parenthèses, plus gros fragments connus en kg et lieu de conservation. **Météorites de fer :** *Hoba* [Namibie, 1920] [1] 60 000 (conservée sur place). *Cape York* [Groenland] [2] 58 000 dont Ahnighito [1894] (30 900 New York, USA, planétarium Hayden, la plus grosse conservée dans un musée) ; Agpalilik [1963] (20 000 Copenhague, Danemark) ; Savik I [1913] (3 400 Copenhague) ; The Woman [1894] (3 000 New York). *Campo del Cielo* [Argentine] [2] 50 000 dont (sans nom) [1969] (18 000 sur place) ; El Mesame [1969] (18 000 sur place) ; El Toba [1923] (4 200 Buenos Aires) ; El Taco [1962] (2 000 Buenos Aires). *Canyon Diablo* [Arizona, USA, 1891] [2] 30 000 (639 Meteor Crater). *Armanty* [Chine, 1898] [2] 28 000 (28 000 Urumchi). *Gibeon* [Namibi, 1836] [2] 26 000 (650 Le Cap, Afr. du Sud). *Chupaderos* [Mexique] 24 300 (Mexico). *Chupaderos I* [1854] [2] (14 000 Mexico). *Chupaderos II* [1854] [2] (6 800 Mexico). *Adargas* [avant 1600] [2] (3 400 Mexico). *Mundrabilla* [Australie, 1911] [2] 24 000 (12 000 Perth). *Sikhote-Alin* [Russie, 1947] [2] 23 000 (1 700 Moscou). *Bacubirito* [Mexique, 1863] [2] 22 000 (22 000 Culiacán). *Mbosi* [Tanzanie, 1930] [2] 16 000 (16 000 sur place). *Willamette* [Orégon, USA, 1902] [2] 15 500 (15 500 New York). *Morito* [Mexique, avant 1600] [2] 10 100 (10 100 Mexico). **Météorites ferro-pierreuses :** *Brenham* [Kansas, USA, 1882] [3] 4 300 (490 Chicago, Illinois). *Vaca Muerta* [Chili, 1861] [4] 3 800 (850). *Huckitta* [Australie, 1924] [3] 2 300 (1 400 Adélaïde). *Imilac* [Chili, 1822] [3] 920 (200). *Bondoc* [Philippines, 1856] [4] 888 (800 Tempe, Arizona, USA). *Brahin* [Biélorussie, 1810] [3] 823 (80 Moscou, Russie). *Esquel* [Argentine, 1951] [3] 755 (755 Tucson, Arizona, USA). *Krasnojarsk* [Russie, 1749] [3] 700 (700 Moscou). *Ochansk* [Russie, 1887] [5] 500 (115 Kazan). *Wildara* [Australie, 1968] [5] 500 (500 Perth). **Météorites pierreuses :** *Jilin* [Chine, 1976] [5] 4 000 (1 770 Jilin). *Allende* [Mexique, 1969] [5] 2 000 (380 Washington, USA). *Ysarev* [Russie, 1968] [5] 1 225 (284 Moscou). *Norton County* [Kansas, USA, 1948] [6] 1 100 (1 000 Albuquerque, Nouv.-Mexique, USA). *Plainview* [Texas, USA, 1917] [5] 700 (93 Tempe, Arizona). *Long Island* [Kansas, USA, 1891] [5] 564 (549 Chicago, Illinois). *Knyahinya* [Ukraine, 1866] [5] 500 (286 Vienne, Autriche).

Nota. – (1) Ataxite. (2) Octahédrite. (3) Pallasite. (4) Nésosidérite. (5) Chondrite. (6) Aubrite.

■ **« Cataclysme de la Toungouska »** (en Sibérie). Le 30-6-1908 à 7 h 15 (heure locale). Les arbres furent brûlés dans un rayon de 10 km et déracinés (par l'onde de choc) jusqu'à 100 km, le bruit fut perçu à 1 500 km de distance ; un nuage luminescent s'étendit jusqu'en Europe (il y eut une luminosité inhabituelle pendant 2 mois). Comme on n'a pas trouvé de débris météoriques sur les lieux, on pense qu'il s'agissait de l'explosion entre 6 et 9 km d'altitude d'un petit noyau cométaire [peut-être un fragment de la comète d'Encke (la trajectoire suivie venait d'une orbite autour du Soleil, presque identique à celle de cette comète)] ou d'un astéroïde. Si l'on suppose une vitesse d'arrivée de 15 km/s, la masse de l'objet devait être de 500 000 t environ. Si c'était une chondrite ordinaire, son diamètre devait être de 60 m. L'énergie dégagée aurait atteint 1 000 fois celle dégagée à Hiroshima. À 12/14 km/s, les fragments ont été détruits presque instantanément (provoquant le flash final qui a brûlé les vêtements des témoins à 60 km de là). On a retrouvé une multitude de petites sphères de métal et de silicates dans le sol de la région.

☞ Il y a quelques millénaires, le *Lincolnshire* (G.-B.) a peut-être connu une explosion de ce type, provoquée par une *comète* (à tête petite mais entourée d'une grande quantité de gaz). La végétation de la région comporte une concentration élevée d'oligoéléments, tels qu'arsenic, iode, brome, zinc et tellurium, anormale sur la Terre, s'expliquant par le fait que la comète aurait diffusé alentour les éléments qu'elle contenait.

☞ Selon l'astronome irlandais *Mark Bailey*, 3 météorites géantes seraient tombées le 13-8-1930 en Amazonie, à la frontière du Pérou et du Brésil.

■ **1re météorite filmée et retrouvée.** Le 9-10-1992, traînée sur 700 km, une chondrite de 12,5 kg à *Peekskill* (État de New York, USA).

Astroblèmes

Du grec *blêma,* blessure. Cratères météoritiques fossiles. Diamètre maximal sur Terre : 700 km (sur la Lune : 1 600 km, mer des Pluies). En 1995, on en a repéré 150 d'un diamètre supérieur à 100 m (dont Sudbury et Chicxulub, d'environ 200 km).

■ **Astroblèmes terrestres.** [Diamètre (initial) en km et âge en Ma (millions d'années).] **De moins de 40 millions d'années. Allemagne :** *Nördlinger Ries* 24 km, 15 Ma ± 1 ; *Steinheim* 3,5 km, 14,8 Ma ± 0,7 ; *Stopfenheim Kuppel* 8 km, 14,8 Ma ± 7. **Antarctique :** *Wilkes Land* 240 km, 0,7 Ma. **Australie (Tasmanie) :** *Darwin Crater* 1 km, 0,7 Ma. **Autriche :** *Köfels* 5 km, 0,0085 Ma. **Canada :** *golfe du St-Laurent* 290 km, 35 Ma ± 1 ; *Labrador, Mistatin* 28 km, 38 Ma ± 4 ; N.W.T., *Haughton Dome* 20 km, 15 Ma ; *Ontario, Wanapitei* 8,5 km, 37 Ma ± 2 ; *Québec, New Quebec* 3,2 km, ± 5 Ma. **Chili :** *Monturaqui* 0,46 km, 1 Ma. **Ghana :** *Bosumtwi* 10,5 km, 1,0 Ma ± 0,1. **Inde :** *Lonar* 1,8 km, 0,05 Ma. **Kazakhstan :** *Zhamanshin* 10 km, 1,1 Ma ± 0,1. **Kirghizistan :** *Shunak* 18 km, 10 Ma. **Mauritanie :** *Aouelloul* 0,37 km, 3,1 Ma ± 0,1 ; *Tenoumer* 1,9 km, 2,5 Ma ± 0,5. **Mongolie :** *Tabun-Khara-Obo* 1,3 km, plus de 30 Ma. **Russie :** *Karka* 18 km, 10 Ma ; *Sibérie orientale, Elgytgyn* 23 km, 4,5 Ma ± 0,1 ; *Yakoutie, Popigai* 100 km, 30,5 Ma, 1,5. **USA :** *Alaska, Sithylemenkat* 12,4 km, 0,012 Ma.

Probables de 20 km de diamètre ou plus. Afrique du Sud : *Vredefort* 140 km, 1 970 Ma ± 100. **Allemagne :** *Nördlinger Ries* 24 km, 15 Ma ± 1. **Antarctique :** *Terre Victoria* 240 km. **Australie :** *Gosses Bluff (Northern Territories)* 22 km, 130 Ma ± 6 ; *Strangways (Northern Territories)* 24 km, 150 Ma ± 70. **Brésil :** *Araguainha* 40 km, moins de 250 Ma. **Canada :** *baie d'Hudson* 440 km ; *Steen River (Alberta)* 25 km, 95 Ma ± 7 ; *Mistatin (Labrador)* 28 km, 38 Ma ± 4 ; *St-Martin (Manitoba)* 23 km, 225 Ma ± 40 ; *Haughton Dome (North West Territories)* 20 km, 15 Ma ; *Slate Islands (Ontario)* 30 km, 350 Ma ; *Sudbury* 140 km, 1 840 Ma ± 150 ; *Charlevoix (Québec)* 46 km, 360 Ma ± 25 ; *Clearwater Lake East* 22 km, 290 Ma ± 20 ; *Clearwater Lake West* 32 km, 290 Ma ± 20 ; *Manicouagan* 70 km, 210 Ma ± 4 ; *Carswell (Saskatchewan) 37 km, 485 Ma* ± 50. **France :** *Rochechouart* 20 km, 160 Ma ± 5 ; la météorite pesait environ 1 milliard de t et avait 600 à 750 m de diamètre ; elle a dû atterrir à 20 130 m/s, soit près de 76 000 km/h ; l'énergie libérée lors de la collision était l'équivalent de l'explosion de 300 000 mégatonnes de TNT (14 millions de fois Hiroshima) ; il s'agissait d'un bloc de sidérite, que l'érosion a depuis éliminé, mais dont l'explosion a augmenté la teneur en nickel des brèches de la région ; jusqu'en 1969, on pensait qu'il s'agissait d'un ancien cratère volcanique. **Mexique** *(Yucatán) : Chicxulub* 300 km, 65 Ma (selon de nombreux chercheurs, les phénomènes liés à l'impact seraient à l'origine de la disparition des dinosaures, voir p. 197 c). **Suède :** *Siljan* 52 km, 365 Ma ± 7. **Ex-URSS :** *Labynkir* 60 km ; *Nenetz, Kara* 50 km, 57 Ma ; **Russie,** *Kamensk* 25 km, 65 Ma ; *Puchezh-Katunki* 80 km, 183 Ma ± 3 ; *Sibérie orientale, Elgytgyn* 23 km, 4,5 Ma ± 0,5. **Tchéquie :** bassin de Prague 300 km. **USA :** *Iowa, Manson* 32 km, 70 Ma.

■ **Cratères météoriques terrestres certains.** [date de découverte, diamètre (en m), nombre de cratères associés (cr.), âge approximatif en milliers d'années]. **Arabie saoudite :** *Wabar* (1932) 90 m, 2 cr., 6 000 ans. **Argentine :** *Campo del Cielo* (1933) 70 m, 20 cr., 6 000 ans. **Australie :** *Boxhole* (N.T., 1937) 175 m ; *Dalgaranga* (W.T., 1923) 21, *Henbury* (N.T., 1931) 150 m, 15 cr., 4 000 ans ; *Wolf Creek* (W.T., 1937) 850 m. **Canada :** *Nouveau-Québec* (1852) 3 000 m ; *Ungava (Québec,* 1943) 3 341 m. **Estonie :** *Kaalijärvi* (1928) 110 m, 7 cr. **Mauritanie :** *Aouelloul* (1951) 250 m. **Pologne :** *Morasko* 100 m, 8 cr., 10 000 ans. **Russie (Sibérie) :** *Sikhote-Alin* [tombée le 12-2-1947, s'est brisée à 10 000 m d'altitude en milliers de fragments dont certains de plusieurs t], 122 cr. (de 29 à 50 m de diamètre, et 6 m de profondeur pour le plus grand), Sobolev 51 m, *Toungouska* (1908) [voir col. b]. **USA :** *Haviland* (Kansas, 1925) 11 m ; *Meteor Crater,* anciennement Barringer Crater (Arizona, 1890) 1 200, 24 000 ans (le mieux conservé des grands cratères récents, profondeur 200 m ; la météorite devait peser de 60 000 à 100 000 t) ; *Odessa* (Texas, 1921) 168 m, 3 cr.

Notre galaxie

Données générales

■ **Forme.** Un disque d'étoiles (de 100 000 années de lumière de diamètre et 3 000 d'épaisseur) dont nous voyons la tranche (la Voie lactée, faite, selon la mythologie grecque, du lait jailli du sein de la déesse Héra quand son fils Héraclès s'en était détourné). Elle tourne sur elle-même, les régions centrales ayant une rotation plus rapide que les périphériques. Forme proposée pour la 1re fois par Thomas Wright (Brit., 1711-86). Jusqu'au XXe s., on a cru le Soleil au centre alors qu'il est sur la périphérie.

■ **Contenu.** 200 milliards d'étoiles et de la matière interstellaire (plasma et poussières). En dehors du bulbe central (18 000 années de lumière de diamètre), la matière se répartit dans des bras spiraux. On suspecte la présence de 4 trous noirs.

Le Soleil est une étoile de dimension médiocre, autour de laquelle gravitent les planètes avec leurs satellites et les comètes. L'ensemble forme le *système solaire* qui parcourt son orbite en 250 millions d'années (*grande année* ou *année cosmique*). Des systèmes analogues existent sans doute autour de très nombreuses étoiles de notre galaxie. Notre galaxie serait entourée d'un halo de rayons gamma de plusieurs milliers d'années de lumière (hypothèse émise depuis 20 ans que confirmeraient des recherches faites par l'observatoire Compton en 1997).

■ **Centre de la galaxie.** On y a détecté une radiosource compacte, *Sagittarius A Ouest* (diamètre inférieur à 100 fois la distance de la Terre au Soleil, masse 5 millions de fois celle du Soleil), source intense de rayonnements infrarouge, X et gamma, entourée d'anneaux de gaz en expansion. Il pourrait s'agir d'un trou noir (voir p. 35 c) ou d'un foyer d'étoiles en formation expulsant du gaz chaud.

■ **Satellites de la galaxie.** Amas globulaires tournant autour d'un centre situé dans la constellation du Sagittaire, dans la direction du centre galactique. **Couronne obscure :** d'après l'étude du mouvement de rotation des étoiles dans la galaxie, on est amené à supposer l'existence d'une couronne de matière obscure au-delà des limites visibles de celle-ci (voir encadré p. 36 c).

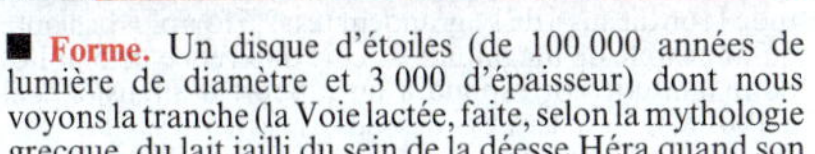

Zone en rouge : domaine accessible aux observations ordinaires. AB = 100 000 années de lumière environ ; direction du « plan galactique ». CD = 15 000 à 20 000 années de lumière. S = position du Soleil (situé en fait à environ 50 années de lumière au nord de la ligne AB). SO = 28 000 années de lumière. Un observateur situé au voisinage de S (sur Terre, par exemple) verra beaucoup plus d'étoiles dans la direction SB (Voie lactée) que dans la direction DE.

Étoiles

☞ *Abréviation :* m. : magnitude.

■ **Noms.** Les étoiles les plus brillantes (environ 1 000) ont des noms traditionnels remontant aux Latins (Véga) ou aux Arabes (Bételgeuse). À partir du XVIIe s., on a désigné chaque étoile par une lettre grecque (indiquant son éclat) suivie du nom de sa constellation (exemple : Alpha du Centaure). Si l'alphabet grec ne suffit pas, on utilise les lettres latines ou des chiffres.

■ **Observation (quelques dates). 1690** liste de 1 500 étoiles par Helvétius. **1725** liste de 3 310 étoiles par John Flamsteed. **1718** Edmond Halley (Brit., 1656-1742) découvre le mouvement propre des étoiles. **1726** James Bradley (Brit., 1693-1762) explique le phénomène d'*aberration* (ellipses apparentes dues au mouvement de la Terre). **1748** Bradley découvre la *nutation* (oscillation de l'axe de rotation de la Terre). **1837** détermination des parallaxes d'*Altaïr,* de *Delta UMi* et de *Véga* par Wilhelm von Struve (All., 1793-1864). **1800** liste de 46 390 étoiles par Joseph de Lalande (Fr., 1732-1807). **1838** détermination de *61 du Cygne* par Friedrich Bessel (All., 1784-1846), de *Alpha du Centaure* (notre voisine) par Thomas Henderson (Écossais, 1798-1844 ; Le Cap). **1862** liste de 546 847 étoiles par Friedrich Argelander (All., 1799-1875). Edward Pickering (Américain, 1845-1919), assisté d'Annie Cannon (1863-1941) et Antonia Maury (1866-1952) classe les étoiles en 7 types spectraux divisés en 10 sous-types sur les rapports d'intensité de certaines raies prises 2 à 2 et sur la présence ou l'absence de certaines séries de raies. **1905** Ejnar Hertzprung (Danois, 1873-1967) décrit les étoiles en fonction de leur type spectral et de leur luminosité absolue. **1912** Henrietta Leavitt (Américaine, 1868-1921) remarque la présence de plusieurs céphéides sur des plaques photographiques des Nuages de Magellan. **1913** Henry Russell (Américain, 1877-1957) établit, indépendamment d'Hertzsprung, une classification des étoiles en fonction de leur luminosité et de leur type spectral.

☞ **Étoile la plus jeune jamais observée :** VLA 1623, dans le nuage Rho Ophiuchi, 10 000 ans (découverte en 1993 par Philippe André, du CEA).

■ **Analyse spectrale.** Le spectre d'une étoile est la photographie de sa lumière décomposée par son passage au travers d'un prisme de verre dispersant la lumière en autant d'images qu'il y a de longueurs d'onde dans la lumière incidente (l'indice de réfraction du verre variant selon la longueur d'onde).

■ **Classement.** Le système des magnitudes classe étoiles et planètes selon une échelle logarithmique telle qu'une différence de magnitude d'une unité correspond à un rapport d'intensité lumineuse de 2,5. Une étoile de magnitude 1 (on dit aussi de 1re grandeur) est 2,5 fois plus brillante qu'une étoile de magnitude 2. Une différence de 5 unités de magnitude correspond à un rapport d'intensité égal à 100, etc. Voir **Éclat** ci-dessous.

■ **Composition chimique.** Presque toutes les étoiles du même âge ont la même composition. En moyenne (en %) : hydrogène 89, hélium 10, autres éléments (carbone, oxygène, azote, métaux...) 1. La proportion de ces derniers augmente régulièrement depuis la naissance de notre galaxie. Par rapport au Soleil, qui est une étoile jeune, les étoiles plus vieilles peuvent contenir jusqu'à 10 000 fois moins de métaux. Certaines étoiles ont des compositions chimiques hors normes dues à une évolution spéciale.

■ **Couleur. 1879** loi de Joseph Stefan : la surface d'une étoile est proportionnelle à sa luminosité absolue et inversement proportionnelle à la puissance quatrième de sa température. **1893** déterminée par la température de surface de l'étoile (loi de Wien). Le Soleil (température de surface un peu en-dessous de 6 000 °C) émet la majorité de sa lumière dans le jaune. Des étoiles rouges, comme Antarès et Bételgeuse, sont plus froides que lui, les étoiles bleues plus chaudes.

■ **Densité** (par rapport à celle de l'eau = 1). **La plus faible :** supergéantes rouges (environ $2{,}10^{-7}$) ; **la plus forte :** pulsars (environ 10^{16}).

■ **Diamètre. Les plus grandes étoiles connues :** *IRS 5 :* 15 000 000 000 de km, *ϵ du Cocher :* 5 560 000 000 de km. *Pistol Star :* étoile de 300 000 000 de km découverte en 1997 par *Hubble* à 25 000 années de lumière de la Terre dans la constellation du Sagittaire. Elle émet en 6 secondes autant d'énergie que le Soleil en 1 an ; cachée par des nuages de poussières, seulement 10 % de son rayonnement infrarouge nous parvient. **La plus petite :** *LP 327-186 :* environ 20 km. *G 1623 b* (photographiée en 1994 par *Hubble*). Les *pulsars* (étoiles à neutrons) pourraient avoir moins de 20 km de diamètre, et les *trous noirs,* s'ils existent, moins de 1 km.

■ **Distance à la Terre.** On calcule la distance des étoiles proches par la méthode des *parallaxes trigonométriques* : on mesure un léger décalage dans la position de l'étoile à 6 mois de distance, en raison du déplacement orbital de la Terre (voir **Parallaxe annuelle** p. 34 b et tableaux p. 45). **Les plus proches :** le *Soleil* 149 600 000 km et *Proxima Centauri* 39 925 milliards de km (4,25 années de lumière), *α* et *β Centauri* 41 155 milliards de km (4,35 années de lumière) ; **la plus éloignée visible à l'œil nu :** 15 millions de milliards de km (1 500 années de lumière).

■ **Éclat.** Dépend de la constitution et de la distance. Celle de 2 étoiles similaires qui est 10 fois plus éloignée que l'autre sera 100 fois moins brillante (l'éclat d'une source de lumière qui s'éloigne et inversement proportionnel au carré de sa distance). Cet éclat a été nommé **grandeur** jusqu'en 1860 puis **magnitude**, après les travaux de Norman Pogson à Madras. Par définition, la magnitude *m* d'une étoile d'éclat E sera : $m = -2{,}5 \log E + k$. Pratiquement, on choisit dans le ciel des étoiles-étalons et on élimine la constante *k* en définissant la magnitude d'une étoile (2) par rapport à l'étalon (1) (α Lyra) selon la formule :

$$m_1 - m_2 = -2{,}5 \log \frac{E2}{E1}.$$

La **magnitude apparente** (notée *m*) dépend de la luminosité réelle et de l'éloignement. La **magnitude absolue** (notée M) est la magnitude apparente d'un astre situé à 10 parsecs et permet de comparer la luminosité réelle des astres. Les étoiles les plus grandes ont des m. négatives. *Calcul de la magnitude absolue :* la quantité (*m* – M) s'appelle le *module de distance* et on peut démontrer à partir des relations de Pogson que :

$$m - M = 5 (\log d - 1)$$

où *d* doit être exprimé en parsecs. La connaissance de *m* et de *d* permet de calculer M ; inversement, si l'on connaît *m* et M, on saura calculer *d*.

Les étoiles faibles ayant fait l'objet d'une étude sont situées par leurs coordonnées célestes.

Étoile la moins lumineuse connue : RG 0050-2722 dans la constellation du Sculpteur. **Magnitude absolue visuelle :** + 19 (étoile naine, riche en métaux, température de surface 3 000 °C, située à 80 années de lumière environ). [Le Soleil (magnitude absolue + 4,7) serait visible à l'œil nu jusqu'à 18 parsecs (= 60 années de lumière).]

Étoile variable : CÉPHÉIDES : étoiles dont l'éclat varie selon des périodes régulières correspondant à des variations de volume. En 1912, Henrietta Leavitt (Amér., 1868-1921) établit qu'il existait une relation mathématique entre leur éclat et leur période. L'instabilité de leur atmosphère, liée à une variation d'opacité due à l'ionisation de l'hélium, survient lors de l'évolution vers la phase géante rouge. Il y a des périodes très courtes, moins de 1 jour jusqu'à 2 h (étoile type : *RR Lyrae*), et longues, plus de 45 j (étoile type : *Delta* de Céphée). Utilisées comme étalon de distance des galaxies.

■ **Formation et évolution.** Les étoiles naissent (souvent en *amas*) de la contraction de grandes nébuleuses de matière interstellaire (déclenchée peut-être par des explosions de supernovae). En se contractant, la matière de la nébuleuse s'échauffe. Lorsqu'elle forme une grosse boule au centre de laquelle la température atteint 1 million de degrés, des réactions nucléaires de fusion s'amorcent : l'étoile commence à émettre de la lumière visible. Ce phénomène ne se produit pas lorsque la masse est inférieure à 1 % de celle du Soleil : la température reste trop basse et il ne se forme pas une véritable étoile mais une

Étoiles les plus proches du système solaire

Nom	Constellation	Distance (en années de lumière)	Magnitude visuelle		Classe spectrale	Masse (par rapport à celle du Soleil)	Rayon (par rapport à celui du Soleil)
			apparente m_v	absolue M_v			
Proxima Centauri	Centaure	4,23	11,09	15,5	M5,5	0,12	
α Centauri A	Centaure	4,4	0,01	4,4	G21	1,1	1,06
α Centauri B	Centaure	4,4	1,34	5,7	K5	0,99	0,87
Étoile de Barnard	Ophiucus	6	9,5	13,2	M4		
Wolf 359	Lion	7,8	13,5	16,6	M8		
Lalande 21185	Grande Ourse	8,2	7,5	10,5	M2	0,35	
Luyten 726-8A	Baleine	8,6	12,4	15,3	M5	0,04	
Luyten 726-8B	Baleine	8,6	13	16,1	M6	0,03	
Sirius A	Grand Chien	8,6	– 1,4	1,5	A1	2,31	1,68
Sirius B	Grand Chien	8,6	8,4	11,3	nb*	0,98	0,02
Ross 154	Sagittaire	9,6	10,4	13	M3,5		
Ross 248	Andromède	10,3	12,2	14,8	M5,5		
ϵ *Eridani*	Éridan	10,7	3,7	6,2	K2		0,98
Luyten 789-6	Verseau	10,8	11,1	13,5	M4	0,63	
Ross 128	Vierge	10,8	11,1	13,4	M5		
61 Cygni A	Cygne	11,3	5,2	7,5	K5		
61 Cygni B	Cygne	11,1	6	8,6	K7		
ϵ *Indi*	Indien	11,3	4,7	7	K5		
Groombridge 34 A	Andromède	11,3	8,8	10,4	M1		
Groombridge 34 B	Andromède	11,3	11	13,4	M6		
Procyon A	Petit Chien	11,4	0,4	2,7	F5	1,8	2,1
Procyon B	Petit Chien	11,4	10,7	13	nb*	0,7	0,01

Nota. – * nb = naine blanche. Les 2 dernières colonnes manquent d'informations car on ne peut déterminer la masse et le rayon des étoiles que lorsqu'elles font partie d'un système double.

Tableau des 10 classes de spectres stellaires [1]

Classe [2]	Couleur	Température	Raies dominantes	Exemples
O	bleue	70 000 °C	hélium ionisé	θ Orionis O6, α Camelopardalis O9
B	bleue	38 000 °C	hélium neutre hydrogène	α Crucis B1 Régulus B7
A	blanche	15 000 °C	hydrogène métaux ionisés	Véga A0 Sirius A1
F	jaune	9 000 °C	métaux neutres hydrogène	Canopus F0 Procyon F5
G	jaune	6 500 °C	calcium métaux neutres	α Centauri G2 Soleil G2
K	orangée	5 000 °C	métaux neutres	Pollux K0, Arcturus K2
M	rouge	3 800 °C	oxyde de titane métaux	Antarès M1 Bételgeuse M2
R	rouge		molécules C_2, CN, CH	T Lyrae R6, S Camelopardalis F
C	rouge		molécules C_2, CN, CH	Y Hya C5, T Cae C6, R Leporis N6
S	rouge		oxyde de zirconium oxyde de titane	V Cancri S2 R Andromedae S6

Nota. – (1) A ces 10 classes, il faut ajouter certaines étoiles exceptionnelles : les étoiles de Wolf-Rayet (W), très chaudes et très instables et dont le spectre présente des raies d'émission, les étoiles ayant subi une catastrophe (Q), comme les novae et les étoiles dont le spectre continu ne présente aucune raie. (2) On a divisé chaque classe en 10 sous-classes : B0, B1, B2... B9. Les étoiles B9 ressemblent beaucoup aux A0 ; les étoiles B0 ressemblent beaucoup aux O9.

Étoiles les plus brillantes du ciel

Nom		Constellation	Magnitude visuelle		Classe spectrale	Distance (en années de lumière)
usuel	officiel		apparente m_v	absolue M_v		
Sirius	α CMa	Grand Chien	– 1,45	+ 1,30	A1	8,64
Canopus	α Car	Carène	– 0,73	+ 0,16	F0	190
Rigil Kentarus	α Cen	Centaure	– 0,30	+ 4,30	G2	4,37
Arcturus	α Boo	Bouvier	– 0,06	– 0,20	K2	36
Véga	α Lyr	Lyre	+ 0,04	+ 0,50	A0	26,5
Capella	α Aur	Cocher	+ 0,08	– 0,60	G8	45
Rigel	β Ori	Orion	+ 0,20	– 7	B8	660
Procyon	α CMi	Petit Chien	+ 0,35	+ 2,65	F5	11,41
Achernar	α Eri	Éridan	+ 0,48	– 2,20	B5	130
Agena	β Cen	Centaure	+ 0,60	– 5	B1	390
Altaïr	α Aql	Aigle	+ 0,77	+ 2,30	A7	16,1
Bételgeuse	α Ori	Orion	+ 0,80 *	– 6	M2	650
Aldébaran	α Tau	Taureau	+ 0,85	– 0,70	K5	68
Acrux	α Cru	Croix du Sud	+ 0,80	– 3,50	B2	260
Épi	α Vir	Vierge	+ 0,96	– 3,40	B1	260
Antarès	α Sco	Scorpion	+ 1 *	– 4,70	M1	425
Pollux	β Gem	Gémeaux	+ 1,15	+ 0,95	A0	36
Fomalhaut	α PsA	Poisson austral	+ 1,16	+ 0,08	A3	23
Deneb	α Cyg	Cygne	+ 1,25	– 7,30	A2	1 600
Mimosa	β Cru	Croix du Sud	+ 1,26	– 4,70	B0	490

Nota. – * en moyenne (étoile variable).
Source : « Astronomie » sous la direction de Philippe de La Cotardière (Larousse).

naine brune, qui ne rayonne que de l'infrarouge. Fin 1995, le télescope *Hubble* a montré l'émergence d'étoiles naissantes au sein de nuages formés de globules de gaz appelés *Eggs* (*Evaporating Gaseous Globules*). **Vie d'une étoile :** *1re phase :* l'hydrogène, dont est formée primitivement l'étoile, brûle tout d'abord au centre pour donner de l'hélium (cas actuel du Soleil) ; durée : 10 milliards d'années pour une étoile comme le Soleil. *2e phase :* le cœur d'hélium se contracte sous l'effet de la gravité et sa température augmente jusqu'à déclencher de nouvelles réactions nucléaires qui produiront des noyaux atomiques de plus en plus lourds : carbone, oxygène, etc., jusqu'au fer. Cette évolution calme peut s'arrêter si la masse de l'étoile est insuffisante. *3e phase :* période d'instabilité et, pour certaines, phase explosive *(nova, supernova). 4e phase :* effondrement gravitationnel : naissance d'une *naine blanche* (masse ultime de l'étoile de moins de 1,4 fois celle du Soleil), d'une *étoile à neutrons* (masse ultime entre 1,4 et 3 fois) ou d'un *trou noir* (masse ultime plus de 3 fois).

■ **Lever héliaque.** Époque à laquelle une étoile est visible à l'aube dans la région de l'horizon où le Soleil va se lever (progressivement cette étoile s'éloigne de plus en plus du Soleil et se voit de mieux en mieux). Les Égyptiens, vers la fin du IVe millénaire av. J.-C., avaient remarqué que le lever héliaque de Sirius (qu'ils appelaient Sothis), vers le 19 juillet, coïncidait avec le début de la crue du Nil, apportant une irrigation bienfaisante à leurs cultures.

■ **Masse.** En général entre 0,05 et 60 fois celle du Soleil. Les supermassives, jusqu'à 200 fois (durée de vie de quelques dizaines de millions d'années ; 10 milliards d'années pour le Soleil).

Masse limite, appelée masse de Chandrasekhar [*Subrahmanyan Chandrasekhar* (1910-95), astrophysicien d'origine indienne, naturalisé Américain en 1953, prix Nobel de physique 1983] : une étoile de masse inférieure de 1,4 fois celle du Soleil se transforme lentement en une naine blanche très dense mais encore composée d'atomes. Au-delà, l'étoile devient une étoile à neutrons plus dense encore. Les protons des noyaux fusionnent avec les électrons pour former des neutrons.

■ **Nombre. Total :** environ 200 milliards dans notre galaxie, dont 15 milliards sont cataloguées (selon *Hubble Guide Star Catalogue*). **Nombre visible à l'œil nu :** 6 000 (de 2 500 à 3 000 dans un seul hémisphère) dont de *1re grandeur :* 21. *2e :* 50. *3e :* 150. *4e :* 450. *5e :* 1 350. *6e :* 4 000.

Le grand télescope du mont Palomar distingue les étoiles de 23e grandeur, qui sont 650 millions de fois plus faibles que celles de 1re grandeur.

■ **Scintillation.** Due aux modifications continuelles de l'atmosphère terrestre dont les couches successives, différentes par leur température, leur densité, leur humidité, produisent une inégale réfraction des rayons lumineux des diverses couleurs. Cette scintillation est d'autant plus faible que l'atmosphère est plus calme, que le chemin des **rayons lumineux à travers l'atmosphère est plus court ;** elle est forte pour les étoiles basses sur l'horizon, tandis que les **étoiles proches du zénith ne scintillent guère** que les jours de grand vent. Elle est faible dans les pays tropicaux à l'atmosphère généralement calme. Elle est moins accentuée au sommet des montagnes. **Étoiles les plus scintillantes :** les blanches et bleues, puis les jaunes et les rouges.

■ **Température** (suivant la couleur). Rouge 1 500 à 2 000 °C, orange 2 000 à 3 500 °C, jaune 3 500 à 5 000 °C, blanc 15 000 à 30 000 °C, bleu 45 000 à 70 000 °C. **Étoile ordinaire la plus chaude :** *HD 93129A*. Température de surface 45 000 K. Au centre de la nébuleuse planétaire *NGC 2440* (constellation australe de la Poupe) : vestige de l'étoile la plus chaude (température superficielle 200 000 K). **Étoile la plus froide :** 1 des composantes du système binaire *WZ Sagittae*.

■ **Vibration.** Observée pour la 1re fois en avril 1994 sur une étoile de l'hémisphère boréal, *Eta-Bootis* (ou *Eta du Bouvier*, m. 2,7 à 32 années de lumière) à l'aide du NOT (Télescope optique nordique) de la Silla (Chili).

■ **Vitesse** (ou **mouvement propre**). L'*étoile de Barnard* (découverte 1892 par Edward Barnard (Amér., 1857-1923) ; diam. égal à celui de la Lune pleine), invisible à l'œil nu, traverse le ciel en 180 ans. En 11800, dépassera le Soleil à 3,85 années de lumière, plus près que *Proxima du Centaure* actuellement la plus proche.

Systèmes planétaires

Les planètes sont regardées aujourd'hui comme des sous-produits naturels de la formation des étoiles, par condensation de nébuleuses. Les télescopes actuels ne sont pas assez sensibles pour nous montrer des planètes autour d'autres étoiles que le Soleil. Certaines étoiles proches ayant, dans le ciel, un mouvement légèrement perturbé (trajectoire ondulée), on présume qu'elles sont entourées d'une ou de plusieurs grosses planètes (voir col. b).

■ **Détection. 1983** le satellite *Iras* (voir p. 59 a) détecte dans l'infrarouge, autour de plusieurs étoiles proches, notamment Véga et Fomalhaut, un disque de poussières qui pourrait être un système planétaire en formation. Un second disque sera détecté à l'aide de télescopes au sol autour de H L Tau, jeune étoile de la constellation du Taureau, à 500 années de lumière, et de Bêta Pictoris, de la constellation du Peintre, à 50 années de lumière. **1984** *(décembre)* des astronomes américains annoncent avoir identifié une grosse planète (30 à 40 fois la masse de Jupiter) autour de l'étoile Van Biesbroek 8, dans la constellation d'Ophiucus, à 21 années de lumière (200 000 milliards de km). Il s'agit en fait d'une erreur. **1988** on identifie un corps (ayant une masse d'au moins 10 fois celle de Jupiter) tournant en 84 jours autour de l'étoile HD 114762, située à 90 années de lumière dans la constellation de la Chevelure de Bérénice. Ce serait plutôt une naine brune (étoile de masse insuffisante pour développer des réactions thermonucléaires). **1991** *(juillet)* Andrew Lyne et Matthews Baile (Brit.) découvrent une planète autour du pulsar PSR 1829-10 (à 30 000 années de lumière) mais, le 16-1-1992, ils reconnaissent s'être trompés dans leurs calculs. **1992** *(9-1)* A. Wolzcan et D. Fraile (Amér.) annoncent la découverte, au radiotélescope d'Arecibo, de 2 (voire 3) planètes, autour d'un pulsar à 1 500 années de lumière dans la constellation de la Vierge : masse 3,4 et 2,8 fois celle de la Terre, rayon orbite 54 et 70 millions de km, période 66 et 98 jours. **1992** *(26-8)* découverte à l'observatoire du pic du Midi d'un corps planétaire autour de 68 Ophiucus. **1995** *(octobre)* Michel Mayor (Suisse) et Didier Queloz (Fr.) découvrent à l'observatoire de Hte-Provence, une planète, d'une masse comparable à celle de Jupiter, qui pourrait tourner autour de « 51 PegB », étoile de la constellation de Pégase, à 40 années de lumière du système solaire. Révolution en 4,2 jours (en 1997, David Gray estimera qu'il pourrait s'agir d'un vaste mouvement d'oscillation de nappes de gaz à la surface de l'étoile, avant de se rétracter). **1996** Geoffrey Marcy et Paul Butler (Amér.) annoncent la découverte de 3 planètes ; *en janvier,* autour de l'étoile 70 de la constellation de la Vierge (masse 2 500 fois celle de la Terre, à 78 années de lumière, température estimée 85 °C), autour de l'étoile 47 de la constellation de la Grande Ourse (masse 1 000 fois celle de la Terre, révolution en 3 ans de 2 fois la distance Terre-Soleil, température estimée – 50 °C) ; *18 avril,* à 50 années de lumière de la Terre (masse 80 % de celle de Jupiter, à 14 millions de km de l'étoile 55 du Cancer, période 14,76 jours, température 600 °C) ; *juin,* George Gaterwood (Amér.) détecte une planète autour de l'étoile Lalande 21 185, à 8,22 années de lumière. **1997** *(24-4)* Robert Noyes (Amér.), annonce la découverte d'une planète de la taille de Jupiter tournant à 37 millions de km de l'étoile Rho Coronae Borealis et à 500 000 milliards de km de la Terre. **1998** *(mai)* Susan Terely découvre TMR-1C dans la constellation du Taureau, à 450 années de lumière (il s'agit en fait d'une étoile) ; *juillet* Geoffroy Marcy découvre une planète autour de l'étoile Gliese 876. Autre planète découverte autour de 14 Herculi à 60 années de lumière. **1999** Dave Chrabonneau (université de Boulder, Colorado) détecte le passage d'une planète devant l'étoile HD 209 458. Greg Henry (université du Tennessee) annonce la découverte.

☞ Le 10-11-1981, un télescope de l'Eso au Chili aurait détecté qu'une planète aurait occulté quelques heures l'étoile Bêta Pictoris.

■ **Étoiles proches susceptibles de posséder des planètes.** *Légende :* en gras : nom de l'étoile, en italique : constellations, entre parenthèses : distance en années de lumière (al), nombre et caractéristiques des planètes (pl.) envisagées : M = masse par rapport à Jupiter, P = période de révolution. **Étoile de Barnard,** *Ophiucus* (6 al), 2 planètes : M_1 = 0,8 ; P_1 = 11,7 ans ; M_2 = 0,4 ; P_2 = 20 ans. **Lalande 21 185,** *Grande Ourse, Petit Lion* (8,2 al), 1 pl. : M = 30 ; P = 420 jours. **Luyten 726-8,** *Baleine* (8,4 al), 2 pl. : M_1 = 1,1 ; P_1 = ? ; M_2 = 1,4 ; P_2 = ? **Ross 248,** *Andromède* (10,2 al), 1 pl. : M = ? ; P = 8 ans. **Eridani,** *Éridan* (10,8 al), 1 pl. : M = ? ; P = 25 ans. **ϵ1 Cygni,** *Cygne* (11,1 al), 1 pl. : M = 1,6 ; P = 5 ans. **BD + 1° 1668,** *Petit Chien* (12,3 al), 1 pl. : M = 60 ; P = 7 ans.

Les galaxies

■ **Nombre de galaxies.** Environ 50 milliards (d'après les observations du télescope spatial *Hubble*). 200 000 ont été cataloguées.

■ **Historique de leur découverte.** Jusqu'en 1924, les galaxies étaient classées comme *« nébuleuses »,* au même titre que les autres nébuleuses dont les spectres étaient continus et striés de raies d'émission. Pourtant, on savait depuis la fin du XIXe s. que les « nébuleuses » étaient de 2 types différents. Celles du 2e type se sont révélées être des systèmes d'étoiles et non des nuages de gaz interstellaire. Edwin Hubble (Amér., 1889-1953), avec Milton Humason (Amér., 1891-1973, muletier devenu astronome), découvrit au Mt Wilson en oct. 1923 une céphéide dans la nébuleuse d'Andromède et, en utilisant la relation période-luminosité, il estima sa distance à 900 000 années-lumière.

☞ En 1993, la découverte de 2 amas d'étoiles distants de 5 années de lumière a confirmé que le noyau d'Andromède n'était pas au centre de la galaxie, qui aurait « cannibalisé » il y a environ 1 milliard d'années une galaxie plus petite passant à sa portée (laissant comme trace le noyau le plus brillant). **Autres hypothèses : 1°)** trou noir géant dévoreur d'étoiles, qui aurait, lors de sa formation, regroupé un essaim d'étoiles, puis l'aurait laissé à sa dérive. Sa survivance pourrait être due à la présence d'un autre trou noir en son centre. **2°)** Nuage de poussière sur la ligne de visée qui séparerait artificiellement en deux un noyau géant mais unique.

Des amas encore plus riches ont été découverts à l'extérieur de la supergalaxie. Le mieux connu est l'amas de *Coma* (appelé aussi le « Nid des nébuleuses » : *Nebelnest*) : situé à quelque 300 millions d'années de lumière, il contient 1 000 galaxies dans un volume de 10 millions d'années de lumière de diamètre.

En août 1994, une nouvelle galaxie a été découverte, *Dwingeloo 1* (radiotélescope près de Groningue, Pays-Bas), formée de 300 millions d'étoiles, à 10 millions d'années de lumière, elle appartient à l'« Amas local ».

En septembre 1995, 4 astronomes italiens ont découvert, à l'aide du télescope de 3,5 m de la Silla (Chili), une galaxie située entre 13 et 17 milliards d'années de lumière. En 1997, M. Franx et G. Illingworth ont découvert une galaxie à 13 milliards d'années de lumière.

Galaxies les plus brillantes de l'amas local

Galaxies	Constellations	m	M	Distance (en Ma)
Notre Galaxie [1]	–	–	– 19,8	–
Grand Nuage [1]	Dorade	0,3	– 18,2	0,165
Petit Nuage [1]	Toucan	2,4	– 16,6	0,205
Sculptor [3]	Sculpteur	7	– 12,6	0,28
Fornax [3]	Fourneau	7	– 14	0,55
NGC 6822 [2]	Sagittaire	10	– 13,9	2
NGC 147 [2]	Cassiopée	9,7	– 14,4	2,2
NGC 185 [4]	Cassiopée	9,4	– 14,7	2,2
NGC 224 = M 31 [1]	Andromède	3,4	– 20,7	2,2
NGC 221 = M 32 [3]	Andromède	8,2	– 15,9	2,2
NGC 205 [3]	Andromède	9,4	– 14,6	2,1
Wolf-Lundmark [3]	Baleine	11,1	– 13,3	1,6
IC 1613 [2]	Baleine	9,6	– 14,8	2,5
NGC 598 = M 33 [1]	Triangle	5,8	– 18,6	2,5
Leo I [3]	Lion	10,8	– 11	0,75
Leo II [3]	Lion	12,3	– 9,5	0,75
Draco [3]	Dragon	10,6	– 8,5	0,22
Ursa Minor	Petite Ourse	10	– 9	0,22
Ursa Major [4]	Grande Ourse			0,39
Sextant C [4]	Sextant			0,46
LGS 3 [2]	Poissons	21	– 9	2,7

Légende : **m :** magnitude apparente. **M :** magnitude absolue. **Distance en Ma** (millions d'années de lumière).
Types : (1) Spirale. (2) Irrégulière. (3) Elliptique aplatie. (4) Sphéroïdale.

■ **Groupement de galaxies.** Les *étoiles* (1 000 milliards de milliards) repérées sont groupées en *galaxies,* les galaxies s'associent en *amas* et en *amas d'amas,* les amas en *superamas* (3 000 recensés). Notre galaxie (dite la **galaxie,** voir p. 43 c), contenant le système solaire, et ses voisines les plus proches (visibles dans le ciel austral) à 170 000 et 205 000 années de lumière, les 2 Nuages de Magellan, M 31 (dans Andromède : *distance :* 2,3 millions d'années de lumière ; *masse :* 370 milliards de Soleil ; *vitesse :* 970 000 km/h) et M 33 (dans le Triangle) font partie d'une trentaine de galaxies (l'**Amas local**) [voir tableau astral ci-dessus] qui « tiendraient » dans une sphère de 10 millions d'années de lumière de diamètre. Cet amas est situé à la périphérie d'un **superamas** de 100 millions d'années de lumière de diamètre, dont le centre, situé dans la direction de la constellation de la Vierge, à 40 millions d'années de lumière environ, est lui-même occupé par un amas de 200 ou 300 galaxies.

A très grande échelle, les galaxies formeraient une structure cellulaire, en se répartissant sur les arêtes, les faces et les sommets de polyèdres, ayant des dimensions moyennes de 300 millions d'années de lumière. Leur disposition serait semblable à celle des molécules de cellulose dans un tissu végétal. La découverte en 1989 d'un *hyperamas* attirant des galaxies entières de la région de l'Hydre met en question le postulat de l'homogénéité de l'Univers. Du fait de l'expansion de l'Univers, il y a un horizon cosmologique (au-delà duquel on ne peut plus espérer rien voir) délimité par la sphère au niveau de laquelle la vitesse de récession des galaxies atteint la vitesse de la lumière, et le rayon de l'Univers observable est de 15 à 20 milliards d'années de lumière.

☞ Selon une image enregistrée le 16-10-1994 par *Hubble,* une collision frontale s'est produite dans la galaxie du Chariot à 500 millions d'années de lumière de la Terre dans la constellation du Sculpteur, créant un « tsunami cosmique » se propageant dans l'Univers à 320 000 km/h et entraînant la naissance de plusieurs milliards d'étoiles.

Données diverses

Saisons

■ **Commencement.** En UT (*Universal Time* : temps universel) en 2002. **Printemps** (équinoxe) : 20 mars à 19 h 17 min UT. **Été** (solstice) : 21 juin à 13 h 26 min UT. **Automne** (équinoxe) : 23 septembre à 4 h 57 min UT. **Hiver** (solstice) : 22 décembre à 1 h 16 min UT. L'inclinaison (23,5°) du plan équatorial terrestre sur le plan de l'écliptique est à l'origine des variations saisonnières.

■ **Hauteur de passage du Soleil au méridien (méridienne).** Elle est donnée par $h = 90° - \Phi + D$ (Φ : latitude du lieu, D : déclinaison du Soleil qui varie de + 23° 27' au solstice d'été à – 23° 27' au solstice d'hiver en passant par 0° aux équinoxes). Convention de signes : Φ et D sont positifs dans l'hémisphère Nord, négatifs dans l'hémisphère Sud. Les méridiennes sont donc : **au solstice de juin,** début de l'été dans l'hémisphère Nord, $90° - \Phi + 23{,}5°$; pour les points situés à 23,5° Nord (tropique du Cancer) le Soleil passe à la verticale. En revanche, l'hiver commence dans l'hémisphère Sud. **Au solstice de décembre,** début de l'hiver dans l'hémisphère Nord et de l'été dans l'hémisphère Sud,

$90^\circ - \Phi - 23{,}5^\circ$: pour les lieux situés à 23,5° de latitude Sud (tropique du Capricorne) le Soleil passe à la verticale. **A l'équinoxe de mars et à celui de septembre,** début du printemps et de l'automne dans l'hémisphère Nord, $90^\circ - \Phi$. **Les différences de température** qui caractérisent les saisons sont dues aux différences d'inclinaison des rayons solaires par rapport à la verticale.

■ **Durée.** *Hémisphère Nord* et, entre parenthèses, *hémisphère Sud* : **printemps** 92,8 jours (89,8) ; **été** 93,6 (89) ; **automne** 89,8 (92,8) ; **hiver** 89 (93,6). L'inégalité des saisons s'explique par l'ellipticité de la trajectoire terrestre. Elle est définie dans la *loi des aires* (Kepler, 1618) : le rayon unissant une planète au Soleil balaie des aires égales dans des temps égaux.

Le 22-12-1999, à 8 h 44 (heure de Paris), le Soleil est passé au solstice d'hiver. A 12 h, la Lune a atteint son périgée (point de son orbite le plus proche de la Terre). La pleine Lune a été observée à 18 h 30. La double conjonction pleine Lune et solstice se reproduit environ tous les 19 ans ; la triple conjonction pleine Lune, solstice, Lune en périgée se réalisa en 1866 en 20 h, en 1980 en 61 h et en 1991 en 23 h ; la prochaine est attendue en décembre 2052. Le 4-1-1912, lors de la pleine Lune, la luminosité de la Lune augmenta d'environ 25 % par rapport à la moyenne et elle était plus proche de la Terre de 279 km que le 22-12-1999 ; le Soleil était aussi plus près.

Éclipses de Soleil et de Lune

Éclipse du Soleil

■ **Circonstances.** Alignement Terre-Lune-Soleil. Pour une éclipse totale ; l'alignement parfait suppose que la Lune se trouve *1°) entre la Terre et le Soleil* : cela a lieu à la nouvelle Lune, tous les 29,53 jours (période dite révolution synodique) ; *2°) sur la « ligne des nœuds »* : intersection de l'orbite lunaire et de l'écliptique (plan de l'orbite terrestre) ; *3°) suffisamment proche de la Terre* pour y apparaître légèrement plus grosse que le Soleil. Du fait des distances entre les 3 astres, l'ombre lunaire forme un cône dont l'extrémité atteint la Terre où elle parcourt quelques milliers de km.

Ces 3 conditions sont réunies tous les 18 ans et 10 jours (ou 11 jours, selon les années bissextiles), période appelée *saros.* En effet, sous l'influence gravitationnelle du Soleil et des autres corps du système solaire, la Lune ne revient pas exactement à sa position d'origine après une révolution complète autour de la Terre ; de plus, la ligne des nœuds tourne sur elle-même et ses extrémités, les *nœuds lunaires,* décrivent un cercle. L'alignement Terre-Lune, retrouvant sa configuration au bout de 16,8 ans a un écart de 11,6° avec l'axe Terre-Soleil : il faut alors encore 10 jours pour combler ce décalage et retrouver l'alignement. Durant cet intervalle surviennent 84 éclipses totales ou partielles (42 de Soleil et 42 de Lune) sans qu'aucune d'elles ne soit en tout point identique à une autre. *Fréquence des éclipses totales en un lieu donné* : environ tous les 370 ans.

■ **Totalité.** L'éclipse est totale si sa *magnitude* est égale ou supérieure à 1 (ou 100 %) ; une magnitude de 1,026 signifie qu'au moment du maximum, le disque lunaire cache tout le disque solaire + 2,6 % du diamètre solaire.

Grains de Baily : petits points et tirets étincelants [décrits par François Baily (Anglais)] observables sur le bord du Soleil, 30 s avant qu'il ne soit totalement recouvert (le bord du disque est d'abord caché par les montagnes de la Lune, de la lumière passe par les vallées). Le centre de l'ombre de la Lune passe le long d'une bande de 272 km de largeur sur la surface de la Terre. Toute lumière solaire en disparaît quelques minutes, le ciel s'obscurcit et les étoiles apparaissent. Observés de la Terre, la Lune et le Soleil semblent de taille presque identique.

Bande de totalité : de part et d'autre de cette bande (en France plus de 12 000 km^2 en 1999), le cône de pénombre (de plus de 7 000 km de diamètre) définit une zone d'éclipse partielle. *Une éclipse est rarement totale* sur plus de 1 000 000 de km^2, soit 1/500 de la surface terrestre.

Durée maximale : éclipse totale 7 min 31 s à l'équateur (cela n'est jamais arrivé au cours des 10 derniers millénaires), et 6 min 10 s à la latitude de Paris ; le 20-6-1955, aux Philippines, elle atteignit 7 min 8 s. Celle du 11-7-1991 a approché les 7 min (6 min 54 s), visible à Hawaii et au Mexique.

■ **Légendes anciennes.** Les éclipses ont souvent été interprétées comme un combat entre le bien (la lumière du Soleil) et le mal (l'ombre de la Lune). *En Scandinavie,* l'enchanteur Loki, enchaîné par les dieux pour ses méfaits, envoie deux loups monstrueux dévorer le Soleil et la Lune. *En Inde,* la tête du démon Rahu (décapité pour avoir osé voler et boire une boisson réservée aux dieux) vole dans les cieux où, depuis, elle mord les mollets du Soleil et de la Lune. *En Égypte,* Râ, le Soleil, renaît chaque matin, et parcourt la voûte céleste à bord d'une barque, pour mourir chaque soir et disparaître au royaume des ombres. Parfois, le serpent Apôpi renverse la barque de Râ, provoquant ainsi une éclipse. *En Amérique,* pour les Indiens Tlingit du Canada, les éclipses révèlent les visites que la Lune rend parfois à son mari. Pour les Indiens d'Alaska, c'est une maladie qui oblige le Soleil à s'allonger un peu.

☞ Pour les anciens, les éclipses annonçaient des événements funestes (guerre, ruine des récoltes, tempête, sédition, inondations, gel et pluies torrentielles).

■ **Quelques dates. 3784 av. J.-C.** *1er texte relatant une éclipse solaire* : chronique indienne. **2500 av. J.-C.** les Babyloniens découvrent la périodicité de 6 585 jours 1/3 correspondant à 223 lunaisons. **1564**-*21-8* nombreuses rumeurs au sujet de l'éclipse : ruine de Rome, empoisonnement de l'atmosphère, déluge universel, embrasement général du globe. **1654**-*12-8 éclipse partielle en France* : un tract sème la panique (l'air deviendra pestilentiel et on devra s'enfermer dans des caves bien closes). **1706**-*12-5* Louis XIV, dit le Roi-Soleil, assiste à sa 1re éclipse. **1715** éclipse prévue par Edmond Halley à partir des lois de Newton. **1724**-*22-5* Louis XV observe l'éclipse depuis Trianon (elle débute l'après-midi à 5 h 54 min 30 s, est totale à 6 h 48 min 30 s soit 48 min avant le coucher du Soleil). **1842**-*8-7 éclipse totale* : observée dans l'extrême nord de l'Amérique, en Espagne et dans une petite partie de l'Afrique. Jules Verne en fait le thème de son ouvrage *Le Pays des fourrures.* Les photographies de Warren De La Rue (Anglais, 1815-89) et Angelo Secchi (Italien, 1818-78) installés dans 2 sites distants de 500 km, ne révèlent aucun décalage des protubérances lumineuses : la couronne appartient donc au Soleil et non à la Lune voisine. **1868** *éclipse totale* : Jules Janssen (Fr., 1824-1907), parti en Inde pour l'observer, note une raie jaune inconnue et plusieurs observateurs font la même découverte : le gaz inconnu ainsi repéré (baptisé *hélium* en hommage à Hélios, divinité grecque personnifiant le Soleil) ne sera isolé sur Terre qu'en 1895. Janssen met au point une méthode permettant l'analyse spectroscopique du Soleil en dehors d'une éclipse. **1912**-*3-4* éclipse partielle à Paris à partir de 10 h 49 ; des camelots vendent des verres fumés (75 centimes), des verres rouges (de 25 centimes à 1 F), des carreaux cassés noircis à la bougie (10 centimes) ou permettent de contempler l'éclipse dans un seau d'eau (10 centimes). **1919**-*29-5 éclipse totale* : 1re confirmation expérimentale, par Arthur Eddington (Anglais, 1882-1944), de la théorie de la relativité générale formulée en 1916 par Albert Einstein (1879-1955). 2 équipes observeront l'éclipse : Eddington et Cottingham depuis l'île de Principe au large de la Guinée espagnole, et Davisson et Crommelin de Sobral au nord du Brésil. **1930** Bernard Lyot (Fr., 1897-1952) invente le *coronographe* : instrument créant des éclipses artificielles à volonté en masquant le Soleil.

■ **Éclipses totales visibles en France. 1544**-*24-1* de l'estuaire de la Gironde jusqu'en Savoie. **1605**-*12-10* dans le Sud-Ouest. **1630**-*10-6* de la Bretagne au Sud-Est. **1706**-*12-5* dans le Sud-Est. **1724**-*22-5* du Nord-Ouest au Nord-Est, visible à Paris. **1842**-*8-7* dans le Sud-Est. **1912**-*17-4* éclipse mixte, annulaire, totale, puis annulaire : de l'Ouest au Nord-Est. **1961**-*15-2* de l'Ouest au Sud-Est. **1999**-*11-8* de Cherbourg à Strasbourg. **2081**-*3-9* de la Bretagne à l'Alsace. **2090**-*23-9* dans le Nord-Ouest, visible à Paris.

Éclipse du Soleil du 11-8-1999

■ **Durée d'observation.** 2 min 20 s. **Parcours :** 14 000 km. De l'Atlantique au large du Canada, touche pour la 1re fois la Terre à la pointe sud-ouest de la G.-B. Traverse France, Luxembourg, Allemagne (Stuttgart), Autriche, Hongrie, Roumanie, mer Noire, Turquie (Cide, Diyarbarkir), Iraq (Erbil), Iran (Ispahan), Pakistan (Kande), Inde (Vadoddara Akola) passe au sud de Calcutta (Kolkata depuis le 20-7) jusqu'au golfe du Bengale à 14 h 30 (heure française) avec le coucher du Soleil.

■ **En France.** Traverse la France en quelques minutes : visible dans une bande de totalité large de 103 à 108 km de Cherbourg (heure locale 12 h 16) à Strasbourg (12 h 31). **Durée de la totalité :** Forbach 2 minutes 13 secondes, Metz, Noyon 2 min 11, Haguenau, Verdun 2 min 09, Fécamp, Forges-les-Eaux, Thionville 2 min 07, Soissons 2 min 03, Compiègne 2 min 02, Dieppe 2 min 01, Reims 1 min 59, Beauvais 1 min 54, Longwy 1 min 53, Amiens 1 min 51, St-Quentin 1 min 43, Rouen 1 min 40, Cherbourg 1 min 35, Le Havre 1 min 31, Creil 1 min 27, Strasbourg 1 min 24, Abbeville 1 min 10, Senlis 1 min 07. **Astres observables** *à droite du Soleil* : 5 étoiles appartenant à l'hexagone de l'hiver : Capella, Aldébaran, Rigel, Sirius, Procyon ; *à gauche* : Régulus (étoile du Lion), Denebola.

Magnitude de quelques villes n'ayant pas la totalité (en %) : Paris 99, Calais, Lille, Troyes 98, Besançon, Brest, Dijon, Le Mans, Rennes 96, Lorient 95, Angers 94, Tours 94, Nantes 93, Annecy, Poitiers 92, Lyon 91, Clermont-Ferrand, Grenoble, Limoges, St-Étienne 90, Bordeaux 87, Avignon, Cannes, Nice, Toulouse 86, Aix-en-Provence, Nîmes 85, Marseille, Montpellier 84, Bayonne 82.

Mesures prises : circulation interdite, entre 11 h et 14 h pour les poids lourds de plus de 7,5 t. **Recommandations :** utiliser des lunettes de protection certifiées, équipées de filtres permettant d'observer le Soleil (ou se servir d'un verre de soudeur de grade 14), les porter durant l'éclipse, sauf pendant les 2 minutes de totalité (le spectacle de la couronne pouvant être observé à l'œil nu). *Attention* : les yeux des jeunes enfants sont plus fragiles : faible densité des pigments de l'iris et de la mélanine rétinienne ; pupille plus ouverte ; œil conformé de telle façon qu'il laisse entrer plus de lumière par les côtés. Chez les nouveaux-nés, absence de sourcils et d'arcades sourcilières qui pourraient servir d'auvents naturels ; cornée et cristallin plus transparents donc filtrant moins bien les rayons ultra-violets.

Avant l'âge de 1 an : 90 % des UVA et 75 % des UVB parviennent à la rétine ; *à 13 ans* : 60 % des UVA et 25 % des UVB. Ce n'est qu'après 25 ans que l'œil joue son plein rôle de filtre.

Bilan au 23-9-1999 (en France, données recueillies par 5 400 ophtalmologistes et réalisées par l'Institut national de veille sanitaire) : anomalies rétiniennes 122 cas dont baisse de l'acuité visuelle 87, perte de vision très sévère 12 ; brûlures sans perte de la capacité visuelle 35.

■ **Quelques faits.** *Algérie* : « prière » de 9 h 30 à 12 h. *Égypte* : idem, à midi, au Caire. *Iraq* : à Mossoul, prière ; la température tombe de 45 à 33 °C. *Italie* : le Pape observe l'éclipse avec un verre de soudeur. *St-Pierre-et-Miquelon* : les habitants sont les 1ers Français à observer l'éclipse à 6 h 47 (heure locale). *Turquie* : à Diyarbarkir, les habitants tapent sur des casseroles et tirent en l'air pour effrayer les mauvais esprits censés retenir le Soleil.

■ **Effets. Température :** baisse momentanément de quelques degrés. **Animaux :** s'endorment, puis certains chantent à la fin de l'éclipse. *Modification du champ de gravité terrestre* : Maurice Allais avait mesuré lors d'une éclipse solaire (partielle en France, le 30-6-1954), et lors d'une autre éclipse le 22-10-1959, une déviation du pendule correspondant selon ses calculs à un accroissement inexpliqué du champ de gravité terrestre. Le 11-8-1999, les pendules de Foucault ont été filmés à l'université de Louisville dans le Kentucky, à Richmond en Virginie, dans des laboratoires allemands, à Vienne, ou au monastère autrichien de Kremsmuenster. Les résultats ne sont pas encore connus.

Éclipse de Lune

■ **Circonstances.** Quand la Lune passe, au moins partiellement, dans l'un des cônes d'ombre ou de pénombre derrière la Terre par rapport au Soleil (à la pleine Lune). *L'éclipse est visible* de tous les points de la Terre situés dans l'hémisphère tourné vers la Lune. L'éclipse par la pénombre est difficile à observer à l'œil nu car l'éclat diminue. Même durant une éclipse totale, la Lune apparaît souvent rougeâtre : elle est éclairée par les rayons solaires qui, réfractés par l'atmosphère, pénètrent le cône d'ombre. L'échelle d'André Danjon (Fr. 1890-1967) décrit la luminosité résiduelle et la coloration : 5 degrés de 0 (éclipse très sombre, lune à peu près invisible) à 4 (éclipse rouge cuivre ou orange très clair, zone extérieure bleuâtre très lumineuse). *Durée maximale* (théorique) : éclipses totales : 104 min (le cas s'est reproduit souvent) ; partielles : 6 h.

Statistiques globales

■ **Nombre. Maximal** dans une année : 7 (2 ou 3 de Lune, 5 ou 4 de Soleil ou le contraire). **Minimal :** 2 (de Soleil). *Saros* : période de 18 ans 11 jours (10 j s'il y a 5 années bissextiles dans l'intervalle) qui règle approximativement le retour à l'identique (type et ordre de succession des éclipses de Soleil et de Lune). Il y a en moyenne dans cette période 84 éclipses : 42 de Lune et 42 de Soleil.

■ **Observations.** 1res méthodiques, au Proche-Orient : solaire 2136 av. J.-C. ; lunaire 1362 av. J.-C.

☞ **Poursuite d'éclipse :** *1936* : 1re tentative qui permit, avec un bateau, de gagner 1 seconde. *1952* : avec un avion, gain 1 min. *30 juin 1973* : avec le *Concorde,* gain 74 min (à 1 600 km/h, l'avion s'est déplacé à la vitesse de l'éclipse du nord du Brésil à l'océan Indien).

■ **Prochaines éclipses de Soleil.** *Légende* : date, zone de visibilité, éclipses totales [t] ou annulaires [a], heure du maximum et, entre parenthèses, durée de la totalité. **2001**-*21-6* Angola, Mozambique, Madagascar [t] 12 h 04 (4 min 56 s), -*14-12* Pacifique et Amérique centrale [a] 20 h 54 (3 min 53 s). **2002**-*10-6* océan Pacifique (sud-ouest de l'Amérique du Nord et îles aléoutiennes) [a] 23 h 45 (23 s), -*4-12* Afrique du Sud, Antarctique, Australie [t] 7 h 33 (2 min 4 s). **2003**-*31-5* Groenland [a] 4 h 10 (3 min 37 s), -*23-11* Antarctique [t] 22 h 47 (1 min 57 s). **2005**-*8-4* Pacifique Sud et Amérique centrale [mixte] 20 h 42 (42 s), -*3-10* Espagne, Algérie, Libye, Éthiopie (partielle en France) [a] 10 h 28 (4 min 32 s). **2006**-*29-3* Afrique, Moyen-Orient, Russie (partielle en France) [t] 10 h 15 (4 min 7 s), -*22-9* Brésil, Atlantique Sud [a] 11 h 40 (7 min 9 s). **2008**-*7-2* Antarctique [a] 3 h 55 (2 min 12 s), -*1-8* Alaska, Groenland, Russie, Chine (partielle en France) [t] 10 h 25 (2 min 27 s). **2009**-*26-1* Bornéo, Sumatra, océan Indien [a] 7 h 57 (7 min 54 s), -*22-7* Inde, Népal, Chine [t] 2 h 36 (6 min 39 s). **2010**-*15-1* Afrique centrale, Inde, Birmanie, Chine [a] 7 h 10 (11 min 7 s), -*11-7* Pacifique Sud [t] 19 h 30 (5 min 20 s). **Lune.** *Légende* : date, éclipses totales [t] ou partielles [p], grandeur [1], visibilité en Europe et heure du milieu de l'éclipse en temps universel. **2001**-*9-1* [t] 1,18, entièrement, 20 h 20 ; -*5-7* [p] 0,49, invisible, 14 h 58. **2002**-*26-5* [p] 0,715, invisible en France, 12 h 03 ; -*24-6* [p] 0,235, visible en France, 21 h 27 ; -*19/20-11* [p] 0,886, visible en France, 1 h 46. **2003**-*16-5* [t] 1,13, début, 3 h 43 ; -*9-11* [t] 1,02, entièrement, 1 h 20. **2004**-*4-5* [t] 1,30, fin, 23 h 30 ; -*28-10* [t] 1,31, entièrement, 3 h 04. **2005**-*17-10* [p] 0,06, invisible, 12 h 02. **2006**-*7-9* [p] 0,18, fin, 18 h 54. **2007**-*3-3* [t] 1,23, entièrement, 23 h 23 ; -*21-2* [t] 1,47, invisible, 10 h 36. **2008**-*21-2* [t] 1,11, entièrement, 3 h 28 ; -*16-8* [p] 0,81, fin, 21 h 09. **2009**-*31-12* [p] 0,07, entièrement, 19 h 25. **2010**-*26-6* [p] 0,53, invisible, 11 h 39 ; -*21-12* [t] 1,25, début, 8 h 17.

Nota. – (1) Valeur maximale de la fraction éclipsée du diamètre de la Lune, la grandeur d'une éclipse totale peut dépasser 1.

☞ **Prévisions : 1er astronome à calculer une éclipse :** Claude Ptolémée (Grec, IIe s.) dans l'*Almageste,* présente une théorie de la Lune permettant de prédire si une éclipse, à un endroit donné, sera totale ou partielle. **1ers tracés d'éclipse :** début du XVIIIe s. *Paramètres principaux : a)* éphémérides (tables astronomiques donnant pour chaque jour de l'année la position des astres) de la Lune (35 000 termes) et du Soleil ; *b)* le ralentissement de la rotation de la Terre provoqué par les frottements (grâce aux éclipses anciennes dont on a conservé la trace, on a pu en reconstituer l'évolution passée mais on ignore comment il évoluera à long terme).

On ne peut prévoir les éclipse futures qu'en extrapolant des mesures liées à des observations actuelles. Si les catalogues donnent les dates des éclipses de Soleil jusqu'en 2500 et parfois plus, l'endroit sur Terre où elles se produiront n'est pas connu avec précision, certaines risquant même de ne pas avoir lieu. A la fin du siècle dernier, dans la 1re édition de *l'Astronomie populaire* (1879), Camille Flammarion annonçait ainsi l'éclipse du 12-8-2026 comme visible à Paris. En 1961, dans son livre *les Éclipses* (PUF) Paul Couderc la donnait visible dans le sud de la France. On devrait, en réalité, l'observer au nord de l'Espagne.

■ **Disparition de l'éclipse.** Depuis 1969 on a pu mesurer, avec un faisceau laser envoyé sur les réflecteurs disposés à cet effet sur la Lune par la mission Apollo, le temps du trajet aller-retour du faisceau et la distance Terre-Lune à 7 cm près. La Lune s'éloigne de la Terre de 3,8 cm par an. Si cet éloignement continue, en 100 millions d'années la Lune aura reculé de 3 800 km et son diamètre apparent diminué de 1 %. Dans 200 millions d'années, elle ne pourrait plus masquer entièrement le Soleil et toutes les éclipses seraient alors annulaires.

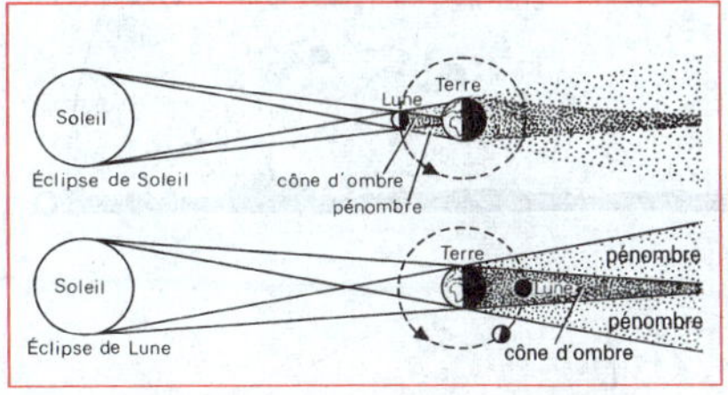

Durée du jour

☞ Voir site www.quid.fr

Elle varie suivant la latitude du lieu et la saison.

Durée du jour suivant la latitude

	Durée maximale	Durée minimale
0°	12 h 05 min	12 h 05 min
10°	12 h 40 min	11 h 30 min
20°	13 h 18 min	10 h 53 min
30°	14 h 02 min	10 h 10 min
40°	14 h 58 min	9 h 16 min
45°	15 h 33 min	8 h 42 min
50°	16 h 18 min	8 h 00 min
55°	17 h 17 min	7 h 05 min
60°	18 h 45 min	5 h 45 min
65°	21 h 43 min	3 h 22 min
66°	24 h	2 h 30 min

Jour et nuit polaires (durée en jours)

Latitude	Pôle Nord		Pôle Sud	
	Jour	Nuit	Jour	Nuit
70°	70	55	65	59
75°	107	93	101	99
80°	137	123	130	130
85°	163	150	156	158
90°	189	176	182	183

Le Soleil a Paris (temps universel)

2002	Lever	Coucher	2002	Lever	Coucher
01-01	7 h 46	16 h 03	15-07	4 h 05	19 h 48
15-01	7 h 41	16 h 20	01-08	4 h 25	19 h 28
01-02	7 h 23	16 h 46	15-08	4 h 44	19 h 05
15-02	7 h 01	17 h 10	01-09	5 h 08	18 h 32
01-03	6 h 35	17 h 32	15-09	5 h 28	18 h 03
15-03	6 h 06	17 h 54	01-10	5 h 51	17 h 29
01-04	5 h 30	18 h 20	15-10	6 h 12	17 h 00
15-04	5 h 02	18 h 41	01-11	6 h 39	16 h 29
01-05	4 h 32	19 h 04	15-11	7 h 01	16 h 09
15-05	4 h 11	19 h 24	01-12	7 h 24	15 h 55
01-06	3 h 54	19 h 44	15-12	7 h 39	15 h 53
15-06	3 h 48	19 h 54	31-12	7 h 46	16 h 02
01-07	3 h 53	19 h 56			

Lever. Le plus tard : 7 h 46 min TU (du 1er au 3-1 et du 29 au 31-12-2002) ; **le plus tôt :** 3 h 48 min TU (du 14 au 19-6-2002). **Coucher. Le plus tard :** 19 h 56 min TU (du 19-6 au 2-7-2002) ; **le plus tôt :** 15 h 52 min TU (du 9 au 14-12-2002).

Crépuscule

■ **Définition.** Lueur croissante avant le lever du Soleil, décroissante après son coucher, venant de l'éclairement des couches supérieures de l'atmosphère par les rayons du Soleil, caché, mais voisin de l'horizon. Dans le langage ordinaire, le mot crépuscule est réservé à la disparition du jour ; son apparition est appelée **aube** ou **aurore.** Le crépuscule du soir commence au coucher du Soleil et finit lorsque le centre du Soleil est abaissé de l'angle h au-dessous de l'horizon, tel que : $h = 6°$ pour le **crépuscule civil** (le soir par temps clair, commencent à paraître les planètes et les étoiles de 1re grandeur, le matin les phénomènes sont inverses) ; $h = 12°$ pour le **crépuscule nautique** (le soir par temps clair, commencent à paraître dans le sextant les étoiles de 2e grandeur et la ligne d'horizon est encore visible, le matin les phénomènes sont inverses) ; $h = 18°$ pour le **crépuscule astronomique** (le soir par temps clair, apparaissent les étoiles de 6e grandeur : il fait nuit ; le matin les phénomènes sont inverses).

Pour *les grandes latitudes,* le Soleil ne s'abaisse pas de 6° au-dessous de l'horizon quand la somme algébrique de sa déclinaison et de la latitude du lieu est au moins égale à 84° en valeur absolue. A *Paris,* dans la nuit du 24-6, l'angle h maximal du Soleil sous l'horizon est de 17° 41. Le *crépuscule astronomique* (au-dessous de 18°) dure donc jusqu'à l'aube et la nuit n'est totale à aucun moment.

■ **Ombre de la Terre** (arche anticrépusculaire). En haute montagne comme en vaste plaine on voit parfois, à l'opposé du Soleil et juste après son coucher ou avant son lever l'ombre de la Terre se profiler sous la forme d'une frange sombre surmontant un peu l'horizon et s'élargissant lentement, cessant d'être visible à la nuit sombre ou au jour.

Durée du crépuscule civil [1]	0°	45°	50°	60°
15 janvier	24	35	40	57
15 février	22	33	36	47
15 mars	22	32	36	44
15 avril	22	34	37	50
15 mai	23	37	42	67
15 juin	23	39	46	107
15 juillet	23	37	43	81
15 août	22	33	37	53
15 septembre	22	31	33	44
15 octobre	22	31	34	44
15 novembre	22	34	37	15
15 décembre	23	35	40	60

Nota. – (1) En minutes, suivant les latitudes Nord ; exemple : 35 min le 15 janvier à 45° de latitude Nord.

☞ Latitude de Paris : 48°50′46″ N ; de St-Omer : 50°44′53″ N ; de Marseille : 43°17′3″ N.

Observation du ciel

☞ Voir site www.quid.fr

Avant J.-C. *Babylone :* temple de Baal (2500). *Chine :* observatoire construit sous l'empereur Yao en 2300. *Corée du Sud :* Chomsongdal à Kyongju (632). *Grèce :* Alexandrie (300, construit par Ptolémée Soter). *Rhodes :* Hipparque (140). **Après J.-C. Amérique :** *Chichen Itza* (Mexique), IVe-XIVe s. *Escargot* (Caracol) au Yucatán. **Asie :** *Jaïpur* (Inde), XVIIIe s. *Maragha* (Iran), 1420 par le Pce Ulugh Begh. *Mokatta* (Iraq), 1000 par le calife Hakim. **Europe :** *Copenhague* (Danemark), 1637 (Logomontamus). *Dantzig* (Pologne), 1641 (Johannes Hevelius). *Greenwich* (Angleterre) 1675 (architecte : Christopher Wren). 1887 : site choisi pour définir le méridien origine international. 1957 : transféré à Herstmonceux (Sussex) ; Greenwich transformé en musée. 1990 : transféré à Cambridge. Observations : essentiellement à l'observatoire *Roque de los Muchachos* aux Canaries. *Padoue* (Italie), 1610 (Galilée). *Paris* 1667 (voir p. 51 c). *Uranienborg* (île de Hven alors danoise, aujourd'hui suédoise), construit en 1576 par Tycho Brahe (1546-1601), détruit en 1597.

Télescopes (réflecteurs)

■ **Origine. 1652** idée expérimentée dans un ouvrage du *père Zucchius* publié à Lyon. **1663** *James Gregory* (Écossais, 1638-75) crée un télescope se composant de 2 miroirs concaves : 1 grand parabolique placé au fond du tube et percé d'une ouverture par laquelle on observe les images, et 1 petit elliptique situé à l'autre extrémité sur lequel on reçoit les rayons réfléchis au foyer. **1667** *Isaac Newton* (Angl., 1642-1727) découvre pourquoi les lentilles provoquent des irisations (aberrations chromatiques). **1672** Newton présente devant la Royal Society de Londres un télescope exécuté pour elle (longueur 16 cm, miroir de 38 mm grossissant 14 fois, avec oculaire placé au sommet du tube). *Laurent Cassegrain* (vers 1629-93) [prêtre, physicien, professeur au collège Pocquet de Chartres, curé de Chaudon (E.-et-L.), 1685-93] modifie le télescope de Gregory en substituant au petit miroir concave un miroir convexe rendant le télescope plus court. **1780** *William Herschel* (Angl. d'origine all., 1738-1822) : longueur du télescope 12 m, diamètre 1,471 m. *William Parsons* (*lord Rosse*, Irl. 1800-67), le « Léviathan de Parsonstown » : longueur 16,76 m, diamètre 1,83 m, masse 3 809 kg. **1918** Mt Wilson (USA, Californie) : diamètre 2,54 m, construit à Saint-Gobain, financé par John D. Hooker (Amér.), permit à Hubble de prouver l'existence d'autres galaxies que la nôtre. **1923** *Henri Chrétien* (Fr., 1879-1956), et *George Willis Ritchey* (Amér., 1864-1945) créent un télescope aplanétique proche de celui de Cassegrain mais avec un miroir primaire hyperbolique. **1948** Mt Palomar (USA, Californie) : 5 m. **1976** Zelentchouk : 6 m. **1993, 1996** Mauna Kea (Hawaii) : *Keck 1* et *2* 10 m. **1998** Cerro Paranal (Chili) : *VLT 1* 8,2 m (17,5 cm d'épaisseur). **1999** Mauna Kea (Hawaii) : *Subaru* 8 m.

■ **Description.** Un miroir primaire concave concentre la lumière au foyer direct (peu utilisé) ou sur un miroir secondaire convexe qui la renvoie à travers le trou central du miroir primaire derrière lequel se trouve le foyer *(foyer Cassegrain),* soit sur un miroir plat qui la renvoie sur le côté

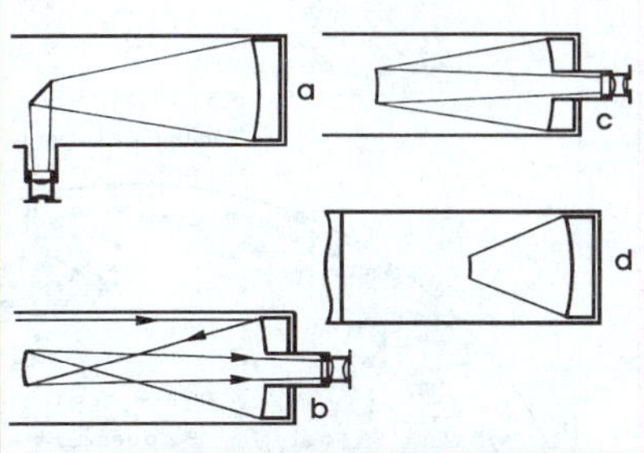

Principaux types de télescopes :
a) Newton, b) Gregory, c) Cassegrain, d) Schmidt.

(foyer Newton). Un champ étendu avec de bonnes images peut être obtenu par un correcteur à plusieurs lentilles ou grâce à un choix judicieux de la forme des miroirs primaire et secondaire *(télescope Ritchey-Chrétien).*

☞ **Le télescope de Schmidt** [1930 : de l'Allemand Bernhard Schmidt (1879-1935)] peut atteindre un champ de 5 à 10°. Une lame correctrice en verre dont les surfaces sont asphériques est placée au centre de courbure du miroir concave sphérique. Le foyer est interne, c.-à-d. entre la lame et le miroir concave. **Le plus grand** (Tautenberg, Allemagne, 1960) a 134 cm d'ouverture utile.

Monture : les grands télescopes étaient autrefois sur une monture *équatoriale,* permettant de suivre le mouvement diurne des astres par une simple rotation autour d'un axe parallèle à l'axe des pôles terrestres. Les très grands instruments modernes sont en monture *azimutale,* avec 2 axes de rotation vertical et horizontal, l'astre étant suivi grâce à un ordinateur calculant en temps réel la position devant être visée par le télescope. **Miroir :** on utilise en général, depuis les années 1960, une silice spéciale ou de la céramique vitrifiée (CerVit, Zerodur...) au coefficient de dilatation très faible pour que les miroirs ne se déforment pas lorsque la température varie. Pour les grands miroirs, on utilise maintenant des miroirs *mosaïques* (exemple : Keck-1 et 2), *nids d'abeilles* (exemple : MMT Gemini), ou *flexibles* (exemple : VLT Subaru). *Télescopes à miroir liquide :* cuve contenant une dizaine de litres de mercure ou d'alliage de gallium et d'indium. Tournant sur elle-même à 1/6e de tour par seconde, la surface de la cuve se couvre d'une couche parabolique de 2 mm d'épaisseur. La résolution des miroirs liquides est équivalente à celle des miroirs en verre de même dimension mais ils ne sont pas inclinés. Des caméras numériques CCD déplacent électroniquement les pixels d'un écran à une vitesse égale à celle du mouvement de l'image induit par la rotation terrestre. Miroirs en service : de 1,4 à 3,7 m de diamètre, de 5 m en construction à Vancouver (Canada). **Diamètre :** définit, en théorie, le pouvoir séparateur du télescope, donc la possibilité de distinguer des objets très serrés, comme les étoiles doubles. Il conditionne aussi la quantité de lumière reçue, donc le contraste avec lequel l'objet visé apparaîtra sur le fond céleste. Les avantages d'un grand diamètre sont perdus si la qualité optique du télescope (d'autant plus difficile à assurer que le diamètre est plus grand) est moins bonne, ou si la turbulence de l'air est forte et brouille les images, ou s'il existe des lumières parasites au voisinage de l'observatoire.

Certains télescopes ont des miroirs d'un diamètre de construction qui n'est pas celui de fonctionnement, la qualité optique n'étant pas parfaite ; d'autres sont destinés à des usages spéciaux (télescopes infrarouges).

■ **Principaux télescopes au sol.** [*Légende :* **Site,** altitude en mètres, opérateur (pays ou entité), noms de l'observatoire et/ou du télescope (date de mise en service), diamètre en cm ou diamètre équivalent pour les télescopes multimiroirs, divers.] **Calar Alto** (Sierra Nevada, Espagne) 2 160 m, Allemagne-Espagne, (1983) 350. **Canaries** (Espagne) Grantecan (Gran Telescopio Canaries 2004) 1 m. **Cerro Armazones** (Chili) 3 064 m, université d'Antofagasta (1995) 86 cm. **Cerro Pachon** (Chili) 2 725 m, USA, Gemini-Sud (2001) 810 cm. **Cerro Paranal** (Chili à 500 km de La Silla) 2 650 m [2 620 m après travaux de construction de la plate-forme (30 m rasés ; une famille chilienne, les Latorre, propriétaire du site offert par le gouvernement chilien, réclamait à celui-ci 175 millions de F : accord trouvé en sept. 1996)], *Eso (European Southern Observatory),* Observatoire européen austral, *créé* 5-10-1962 à Paris. *Siège :* Garching (Allemagne). *% du budget :* Allemagne 26,75 ; Belgique 4,63 ; Danemark 2,90 ; *France 26,75 ;* Italie 20,23 ; Pays-Bas 7,53 ; Suède 5,15 ; Suisse 6,06. *Budget* (en 1994) : 400 millions de F. VLT (Very Large Telescope), (1998-2005) 1 600 [4 miroirs de 8,2 m en Zerodur : 22 t, 17,5 cm d'épaisseur, surface 50 m² ; VLT 1 [Joe, puis Antu (Soleil en mapuche)] [3] 1er exemplaire fabriqué par Schott, à Mayence (Allemagne) ; *printemps 1992 :* 45 t coulées en 1 seule pièce à 1 600 °C dans un moule centrifugé (1 h), ramené à température ambiante sous une cloche (4 mois) et usiné, soumis à traitement thermique qui le transforme en vitrocéramique Zerodur (8 mois) ; *25-6-1993 :* remis à l'Eso, qui le transmet à la REOSC (Recherches et études d'optique et de sciences connexes) chargée du polissage et du transport ; *août :* conduit à St-Pierre-du-Perray (Essonne) : 23 mois de travaux ; *fin 1997 :* envoi au Chili ; *25-5-1998 :* 1re lumière reçue ; *5-3-1999 :* inauguré ; *mars :* VLT 2 [Jack ou Kueyen (la Lune)] ; *janv. 2000 :* VLT 3 [Melipal (la Croix du Sud)] ; *2000 :* VLT 4 [Yepun (Vénus)] ; *2001 :* télescopes reliés par un réseau de fibres optiques et disposant de l'optique adaptative (correction

Cartes du ciel à Paris

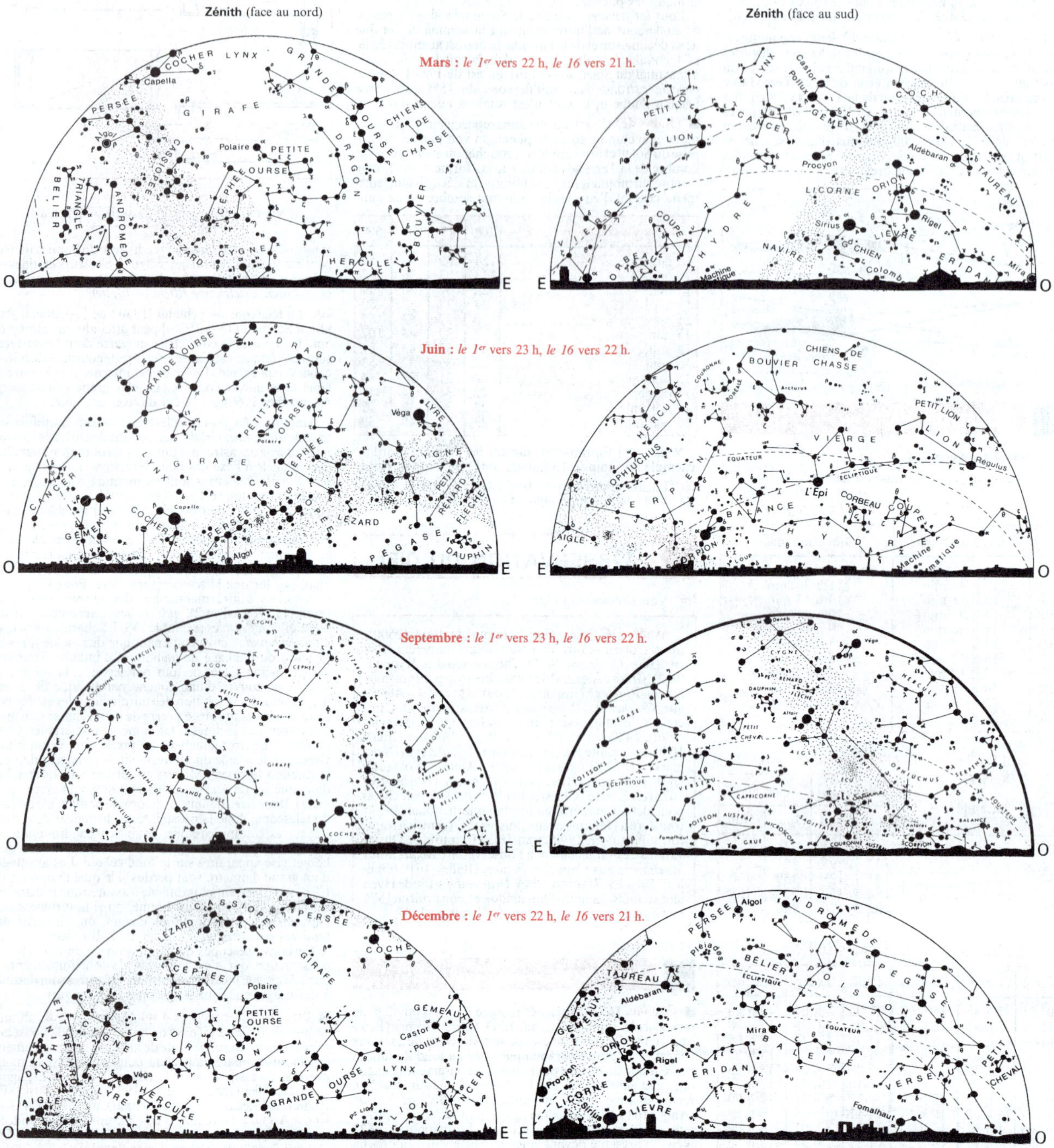

Source : Société astronomique de France.

des effets néfastes de l'atmosphère permettant une résolution de 0,01″) ; *2005 :* 7 télescopes en service, permettant d'obtenir des images semblables à celles données par un télescope de 130 m de diamètre [mesure exacte des écarts de position des étoiles (0,001″) et calcul de leur masse et de la période de rotation des planètes)], coût 1,9 milliard de F. Chaque miroir repose sur une structure comportant un système hydraulique passif qui répartit le poids du verre sur 450 points, et un système de 150 servocommandes (« actuateurs ») dont chacune agit sur 3 points de contact. Cet ensemble permet de modifier le profil du miroir. On peut le rendre hyperbolique en montage *Ritchey-Chrétien* (ou montage classique *Cassegrain*). Fait par Corning Glass (New York) à partir de silice fondue dopée avec de l'oxyde de titane pour réduire la dilatation thermique. *Innovations notables :* transfert des signaux par fibres optiques (signal propre non déformé), amplificateur de fibres optiques permettant de recombiner les images en interférométrie (augmentation de la résolution, diamètre équivalent 100 m). Il aura des optiques autoadaptatives couplées à un système laser de création d'étoile artificielle de référence (correction des aberrations). Eso, Programme VISA (VLT Interferometric Sub-Array, 1999-2004) 180 cm × 4 [2 télescopes auxiliaires du VLT financés par l'Eso et 2 par le Cnes et le MPG (Max Planck Gesellschaft)]. Antu et Kueyen travailleront d'abord ensemble mi-2001, par interférométrie. Puis les 4 VLT seront reliés avec le renfort de 3 télescopes secondaires de 1,8 m dont la position pourra être modifiée. Les signaux seront combinés par interférométrie. Le VLT se muera alors en VLTI (VLT Interferometer), dont la surface collectrice égalera celle d'un miroir de 16 m de diamètre. A certaines longueurs d'onde, le VLTI pourra discerner un homme sur la Lune ou une balle de golf à 8 000 km. Résultat plus de 20 fois supérieur à celui du télescope spatial Hubble en déformant les miroirs en fonction des mouvements des couches d'air. **Cerro Tololo** (Chili) 2 400 m, USA, CTIO[1] (Cerro Tololo Interamerican Observatory) (1976) 400 cm. **Crimée** (Ukraine), Académie des sciences, Shajn (1961) 260 cm. **Erevan** (Arménie) 1 800 m, Académie des sciences, RT 32/34 (1987) 260 cm. **David Dunlap** (observatoire de l'université de Toronto). A 25 km du centre-ville. Inauguré 1935. Télescope de 188 cm (le + grand du Canada). **Dominion** (observatoire astrophysique). Près de Victoria (Colombie-Britannique). Télescopes de 183 cm (1918), de 122 cm (1962). Siège du Centre canadien de données astronomiques. **Kitt Peak** (Arizona) 2 064 m, USA, Mayall[1] (1973) 381 cm. **La Palma** (Canaries), Roque de los Muchachos 2 300 m, G.-B.–Espagne–Pays-Bas, Isaac Newton (1967 à Herstmonceux, Sussex, puis transféré 1984) 259 cm, William Herschel (1987) 420 cm. Danemark–Finlande–Norvège–Suède *NOT* (Nordic Optical Telescope) (1989) 250 cm. Espagne, *GTC* (Gran Telescopio Canarias) dit Grantecan (2003) miroir de 10 m. **La Silla** (Chili) 2 400 m, Eso (1976) 357 cm, NTT[1] (New Technology Telescope, 1989) 358 cm (ménisque épais de 20 cm, informatique permettant de calculer en temps réel les mouvements à appliquer aux vérins utilisés pour compenser ses déformations sous l'effet de la gravité). **Las Campanas** (Chili) 2 300 m, USA, *Carso* (CARnegie Institution Southern Observatory), Du Pont (1976) 257 cm, *Magellan* (1998) 650 cm. **Mauna Kea**[3] (Hawaii) 4 200 m, Ukirt (United Kingdom InfRared Telescope) (1978) 380 cm ; CFHT [Canada (42,5 %), France (42,5 %), Hawaii (15 %) télescope] (1969) 360 cm ; USA (Nasa), IRTF (Infra Red Telescope Facility) (1979) 300 cm, Keck 1 (mai 1993) 982 cm (pavage de 36 dalles de 180 cm de diagonale en Zerodur), poids 14,4 t, ouverture relative 1,75, coût 500 millions de F, Keck 2 (oct. 1996), 450 millions de F, identique à Keck 1 (construit à 85 m de distance pour faire de l'interférométrie) [Joint Astronomy Center]. Propriétés de la fondation établie grâce à William Keck. Gérés

Principaux radiotélescopes à une seule antenne

S : surface des antennes en m², D : diamètre ou diamètre équivalent en m, λ : longueur d'onde minimale en m, D/λ : facteur de qualité.

	S	D	λ	D/λ
Arecibo (Porto Rico)[1] .	73 000	305	0,05	6 000
Effelsberg (All., 1972)[3] .	7 500	100	0,01[7]	10 000
Green Bank (USA, 1998)[2]	7 500	100	0,06	1 500
Nançay (France, 1965)[5]	*10 000*	*90*	*0,009*	*1 000*
Jodrell Bank (G.-B., 1957)[3]	4 500	76	0,2	375
Parkes (Australie, 1961)	3 200	64	0,006	1 500
Algonquin (Canada, 1967)[6]	2 000	50	0,03	1 700
Nobeyama (Japon, 1970)[3]	1 600	45	0,003	17 000
Green Bank (USA)[3] . . .	1 400	42	0,02	2 000
Grenade (Espagne)[4] . . .	700	30	0,001	30 000
Serpoukhov (Russie)[3] . . .	380	22	0,008	2 800
Onsala (Suède, 1978) . . .	314	20	0,004	5 000
Crimée (Russie)[3]	110	12	0,0012	10 000

Nota. – **(1)** Fixe. Inauguré en 1963 ; en service depuis 1974 sur λ 0,06. D/λ 5 000 ; surface collectrice constituée d'un assemblage de 38 778 panneaux d'aluminium de 1 m sur 2 m chacun ; disposé sur une plate-mobile suspendue à 130 m de hauteur par des câbles supportés par 3 pylônes ; en 1996, nouveau dôme de 2 miroirs de 10 et 25 m utilisé comme collecteur pour l'étude de radiosources célestes et comme émetteur radar (sur les planètes) ; en 1997, ajout d'une sphère de 20 m de diamètre améliorant la lisibilité des signaux reçus. **(2)** En Virginie-Occidentale, remplace un radiotélescope (de 1966) de 92 m effondré la nuit du 15/16-11-1988. **(3)** Complètement orientable, installations focales rénovées en 2000. **(4)** Construit par l'Iram (Institut de radioastronomie millimétrique) regroupant France, Allemagne, Espagne. Mis en service en 1986. Le plus avancé des radiotélescopes en ondes millimétriques. Entièrement orientable, sans abri protecteur, structure thermostatée pour éviter les déformations thermiques. Donne des résultats valables aux longueurs d'ondes radio les plus courtes que laisse passer l'atmosphère terrestre (0,8 mm). **(5)** Méridien ; miroir fixe surface 10 000 m², en forme d'arc de cercle ; plus 1 miroir mobile rectangulaire long de 200 m, haut de 40 m. Observations 24 h/24 aux longueurs d'onde de 9 à 21 cm. Actuellement en rénovation : le projet « Fort-Foyer optimisé pour le radiotélescope » : achèvement prévu fin 1998. Augmentation d'un facteur 5 en efficacité de l'instrument. Actuellement le 3ᵉ du monde par sa taille. Principaux objets de recherche : comètes, étoiles évoluées, pulsars, galaxies, grandes structures de l'Univers. **(6)** Désaffecté. **(7)** Jusqu'à 3 mm en VLBI.

■ **En France.** **Nançay** (voir col. c). **Bordeaux :** antennes pour l'écoute du Soleil (7 m de diamètre).

Radio-interféromètres

On remplace l'antenne unique par plusieurs antennes qui, en introduisant des mesures de phases relatives des signaux, permettent la connaissance précise des coordonnées des radiosources et leur cartographie détaillée. Le pouvoir séparateur reste lambda/D, mais avec D égal à la distance des bords extrêmes des télescopes les plus éloignés dans le plan considéré.

■ **Principaux interféromètres.** *Légende :* nom ; entre parenthèses, situation et année ; diamètre ou dimensions ; antennes (a.) ; fréquence de travail maximale [en GHz (gigahertz)]. **Atca** [Australia Telescope] (Australie, 1989-90) longueur 6 km ; 6 a. de 22 m ; 115 GHz. **BIMA** (Berkeley, Illinois, Maryland, Array) Hat Creek (USA) longueur 300 m ; 9 a. de 6 m ; 230. **Cambridge** (G.-B., 1964) longueur 1,6 km ; 3 a. de 25 m ; 1,4. **Cambridge** Mullard (G.-B., 1972) longueur 5 km ; 8 a. de 14 m ; 10. **Cambridge** (G.-B.) dipôles sur 40 000 m² ; 0,08. **Floride** (USA) 30 000 m² ; 0,026. **GMRT** (Giant Meter wawe Radio Telescope) Poona (Inde) en construction ; 34 a. de 45 m ; 1,4. **Merlin** [Multi Element Radio Linked Interferometer Network] (G.-B., 1980) extension 240 km ; 7 a. diverses ; 22. **Nançay** (France) en forme de T, solaire ; 44 a. diverses ; 0,45. **NMA** [Nobeyama Millimetre Array] (Japon, 1986) longueur 560 m ; 5 a. de 10 m ; 115. **Ootacamund** (Inde) cylindre parabolique ; 17 000 m² ; 0,3. **Owens Valley** (USA, Californie, 1981) 6 a. de 10 m ; 230. **Plateau de Bure** (France, Hᵗᵉˢ-Alpes, près de St-Étienne-en-Dévoluy) IRAM [Institut de radioastronomie millémétrique] (France, Allemagne, Espagne) longueur 300 m ; 6 a. de 15 m ; 230.

Des observations interférométriques à très grande base se font également entre des radiotélescopes situés dans diverses parties du monde : système *VLBI* ou *Very Long Base Interferometry ; application : VLBA* ou *Very Long Baseline Array* (dispositif à très long alignement, pouvant observer jusqu'à des quasars) [Albuquerque, Nouveau-Mexique, mise en service en août 1993] : 10 antennes (240 t, largeur 25 m, hauteur 30 m), diamètre virtuel 8 000 km [Sainte-Croix (îles Vierges), Hancock (New Hampshire), North Liberty (Iowa), Los Alamos (Nouveau-Mexique), Pie Town (Nouveau-Mexique), Fort Davis (Texas), Kitt Peak (Arizona), Owens Valley (Californie), Brewster (État de Washington) et Mauna Kea (Hawaii)] ; enregistrent des signaux envoyés par poste à l'Observatoire de l'Université technique du Nouveau-Mexique à Socorro (130 km d'Albuquerque) ; précision 1 000 fois supérieure à celle des radiotélescopes actuels ; *coût :* 84 millions de $. Applications en sismologie.

Ratan-600 (Zelentchouk, Caucase, 1977-80) : cercle de 576 m de diamètre, formé de 895 miroirs élémentaires de 7,4 m de hauteur et 2 m de côté (réflecteurs : 12 600 m²). Travaille entre 8 mm et 30 cm.

Eiscat (*European Auroral Incoherent Scatter Facility*), sondeur ionosphérique pour étudier les relations Soleil-Terre et l'environnement terrestre en région aurorale grâce à la diffusion d'ondes électromagnétiques de fréquence élevée par des électrons libres de la haute atmosphère. Station d'émission et réception à Tromsø (Norvège) et stations de réception complémentaire à Kiruna (Suède) et Sodankyla (Finlande).

Interféromètres solaires

☞ **Nançay :** *1956* construction du *1ᵉʳ interféromètre solaire* ; le plus grand du monde dans sa catégorie ; branche est-ouest (32 antennes de 5 m de diamètre réparties sur 1 550 m). *1959* branche nord-sud (8 antennes de 10 m sur 770 m) ; cet ensemble observait le Soleil tous les jours à midi. *1972* 1ᵉʳ réseau décamétrique. *1975-78 grand réseau décamétrique* de 144 antennes fonctionnant de 3 à 30 m de longueur d'onde. Plus grand radiotélescope au monde capable d'observations aux longueurs d'onde de dizaines de m en 2 polarisations. Observation systématique de l'émission radioélectrique de Jupiter, du Soleil, des étoiles éruptives et des pulsars. *1976-91* construction d'un *2ᵉ interféromètre solaire* (radiohéliographe). 42 antennes de 4 m de diamètre, réparties sur une branche est-ouest et une branche nord-sud de 3 km chacune, fonctionnant à 5 longueurs d'onde entre 66 cm et 2 m. Observe le Soleil de 6 à 8 h par jour.

par le Caltech (California Institute of Technology), l'université de Californie et la Nasa. Bénéficient de plus de 300 nuits claires par an. *Gemini-Nord* (1999) 810 cm ; *Japon, JNLT* (Japanese National Large Telescope) ou *Subaru* (1999) 830 cm. **Mont Aragatz** (Arménie) 1 500 m, Académie des sciences, Biourakan (1976) 260 cm. **Mont Graham** [2] (Arizona) 3 170 m, USA-Italie, Columbus ou LBT (Large Binocular Telescope) (1997) 2 × 840 cm. **Mont Hamilton** (Californie) 1 227 m, USA, Lick (1888), Shane[1] (1959) 305 cm. **Mont Hopkins** (Arizona) 2 600 m, université d'Arizona et Smithsonian Astrophysical Observatory, *Fred Laurence Whipple MMT*[4] (1979) 460 cm [en 1996, 650 cm : remplacement des 6 miroirs de 180 cm par 1 miroir de 650 cm (plus grand miroir mondial à structure « nid d'abeilles »)]. **Mont Locke** (Texas) 2 070 m, USA, (université du Texas), MacDonald (1969) 272 cm [Hobby-Eberly (1997) 11 000 cm] réservé à l'analyse spectrale. **Mont Palomar** (Californie) 1 706 m, USA, Hale[1] (3-6-1948) 508 cm. **Mont Wilson** (Californie) 1 750 m, USA, Hooker (1918) 254 cm. **Pic du Midi** (France) 203 cm, voir p. 51 b. **Saint-Michel-l'Observatoire** (France) 193 cm, voir p. 51 b. **Siding Spring** (Nlle-Galles du Sud, Australie) 1 164 m, G.-B.-Australie Anglo-Australian Telescope (1975) 389 cm. **Zelentchouk** (Caucase, mont Pastoukhov) 2 070 m, Académie des sciences de Russie, BTA-6 [1] (1976) 603 cm, poids du miroir 42 t.

Nota. – (1) Miroir classique. (2) Sandwich nid d'abeilles. (3) Ménisque déformable. (4) Dallage de miroirs hexagonaux ou MMT (Multiple Mirror Telescope, devenu en 1996 Monolithic Mirror Telescope). (3) et (4) sont des optiques autoadaptatives à forme contrôlée par ordinateur.

☞ Télescopes dédiés au visible et au proche infrarouge de 30 à 100 m de diamètre : une équipe américaine des NOAO propose Maxat (Maximum Aperture Telescope), de 30 m ; une équipe de l'Eso étudie le Overwhelmingly Large Telescope, de 100 m.

■ **Interféromètres optiques.** Augmente le pouvoir séparateur en utilisant l'interférence de 2 ou plusieurs images d'un même objet reçues par 2 ou plusieurs téléscopes. **Le plus grand du monde :** *Susi* (Australie) : 640 m, 12 miroirs de 20 cm de diamètre.

■ **Télescopes spatiaux. Domaines étudiés :** rayonnements X (1963), infrarouge (1965), ultraviolet (1968), gamma (1972, 1989, 1991), infrarouge lointain (1983, 1995). Submillimétrique (1989, 1994, 1996).

Satellites astronomiques : **Iras (Infrared Astronomical Satellite) :** lancé en 1983 (voir p. 59 a). **Hipparcos (High Precision Parallax Collecting Satellite) :** lancé 1989 (voir p. 68 c). **Cobe (Cosmic Background Explorer) :** lancé en 1989 (voir p. 57 c). **Sigma (Système d'imagerie gamma à masque aléatoire) :** lancé en 1989 (voir **Granat** p. 59 b).

Hubble (HST : Edwin P. Hubble Space Telescope) : placé en orbite circulaire autour de la Terre, à 610 km d'altitude, par la navette américaine *Discovery* le 25-4-1990 (en 10 ans, au 24-5-2000, avait transmis + de 260 000 images). Conçu pour servir 15 ans. La Nasa a la charge du satellite. L'Institut scientifique du télescope spatial prépare et dépouille les observations. L'Agence spatiale européenne participe à 15 % du coût du projet et dispose de 15 % du temps d'observation (passé à 22 %), le Centre européen de coordination du télescope spatial (Garching, Allemagne) coordonnant leur accès. **Résultats :** découvertes majeures (nuages de poussière intergalactiques nombreux remettant en cause certaines hypothèses de formation de l'Univers, mise en évidence d'étoiles particulières et de trous noirs dans de gros amas, effet de lentille gravitationnelle assez précis pour rétablir et répartir la masse de matière dans un amas, observation de galaxies singulières, révision de l'échelle des distances) ; mais on en attendait plus (définition de la *constante de Hubble* caractérisant l'expansion de l'Univers et ses dimensions). **Caractéristiques :** longueur 13 m, diamètre maximal 4,3 m, poids 11,6 t, diamètre du miroir primaire 2,40 m. Plus petit que les grands télescopes il devait avoir des performances supérieures car à l'abri des poussières qui réduisent la magnitude (l'éclat apparent) des étoiles observables à partir du sol (*0,005 mg* de poussière au m³ fait perdre 1 magnitude ; *0,01 :* 1,5 m ; *0,02 :* 2,1 m ; *0,03 :* 2,5 m). Avec sa résolution angulaire, qui devrait atteindre de 0″05 à 0″1, soit de 3 à 10 fois plus que les grands télescopes, il a détecté des astres de magnitude 30, soit 50 fois moins brillants que les objets les plus faibles accessibles depuis la Terre. **1°)** *Télescope proprement dit* (rapport d'ouverture : F/24) avec un système de guidage (6 gyroscopes) et un système de contrôle thermique. **2°)** *5 instruments scientifiques,* remplaçables en orbite (initialement : 2 spectrographes, 2 caméras, dont une pour objets faibles, construite par les Européens, et un photomètre à grande vitesse). **3°)** *Module de support* comprenant les éléments assurant la vie indépendante du télescope et des instruments scientifiques et de leur interface avec l'environnement spatial. **Défauts :** *de courbure du miroir primaire :* de 0,002 mm au bord, dû à une erreur de polissage, les images sont entachées d'aberrations de sphéricité. En 1993, des astronautes venus le réparer avec la navette *59 Endeavour* remplacèrent le 5-12 les gyroscopes défaillants et le 6-12 les panneaux solaires ; ils installèrent le 7-12 une caméra planétaire à grand champ WFPC II (281 kg) et le 8-12 (en 2 h 44) le dispositif de correction optique Costar (Corrective Optics Space Telescope Axial Replacement), masse 1 200 kg, 5 paires de miroirs circulaires de 2 cm de diamètre, inséré à la place du photomètre à grande vitesse ; un coprocesseur pour accroître la capacité de mémoire de l'ordinateur ; le 9-12 le télescope fut largué. *Coût :* 700 millions de $ depuis 1990, dont instruments de remplacement 251, réparations optiques 86,6 (dont caméra à grand champ 23,8), vol de la navette 378 (413,5 selon le Congrès). En 1997, d'autres astronautes venus avec *82 Discovery* installèrent le 14-2 à l'aide du bras télémanipulateur le spectrographe *Stis* (*Space Telescope Imaging Spectrograph*, 318 kg, pouvant collecter 30 fois plus de données spectrales et 500 fois plus de données spatiales) et une caméra infrarouge *Nicmos* (*Near Infrared Camera and Multi Object Spectrometer*, 347 kg) ; les 17 et 18-2 consolidèrent le revêtement extérieur en Téflon attaqué par les rayons solaires]. En déc. 1999, venus avec *Discovery*, remplacent lors de 3 sorties, 6 gyroscopes, le système de pointage, l'enregistreur de données, l'émetteur radio et l'ordinateur de bord [20-12 décollage, 22-12 *Discovery* se stabilise sous *Hubble,* Jean-François Clervoy (Fr.) le saisit avec un bras télécommandé et le dépose dans la soute ; Steve Smith et John Grunsfeld (Amér.) y travaillent 8 h 15 mm ; 23-12 Michael Foale (Amér.) et Claude Nicollier (Suisse) 8 h 10 ; 24-12 Smith et Grunsfeld terminent ; 27-12 retour au cap Canaveral]. Prochaines missions de maintenance : 2001, 2003 ; maintien en activité prévu jusqu'en 2010. *Coût total* de 1990 à 2010 : 6 milliards de $. **NGST (New Generation Space Telescope)** prévu en 2007.

Compton (Gro) [Gamma-Ray Observatory] : lancé en 1991 (voir p. 57 c). **Soho (Solar and Heliospheric Observatory) :** lancé en 1995 (voir p. 68 c). **Iso (Infrared Space Observatory) :** lancé en 1995 (voir p. 68 c). **Beppo-Sax :** lancé en 1996 (voir p. 59 a). **Axaf (Advanced X-ray Astrophysics Facility) ou Chandra :** prévu en 1999 (voir p. 57 c). **XMM (X-Ray Multi-Mirrors) :** prévu en 1999 (voir p. 68 c). **Integral (International Gamma-Ray Astrophysics Laboratory) :** prévu en 2001 (voir p. 68 c). **First (Far Infra Red and Submillimeter space Telescope) :** prévu en 2005 (voir p. 68 c). **Planck :** prévu en 2005 (voir p. 68 c).

☞ **Kao (Kuiper Airborne Observatory) :** télescope américain de type Cassegrain, 91 cm de diamètre, embarqué à bord d'un avion Lockheed C-141 et utilisé depuis 1975 par la Nasa, 12 km d'altitude, précision de pointage inférieure à 2" ; découvertes : anneaux Uranus. Remplacé en 2001 par le télescope *Sofia* (250 cm de diamètre) embarqué à bord d'un Boeing *747 SP*. **Pronaos :** télescope français embarqué sur un ballon à 38 km d'altitude. 2 lâchers : sept. 1994 et 1996 (vol de quelques heures).

■ Tours solaires

■ **Définition.** Télescope vertical destiné à l'observation du Soleil, permettant de recueillir un faisceau de lumière loin du sol et d'éviter des courants thermiques au voisinage de l'appareil.

■ **Nombre.** 12 dans le monde, dont **Meudon** (France) hauteur 36 m, miroir 60 cm, focale 45 m ; en service en 1969 ; **Kitt Peak** (télescope Mc Math, USA, Arizona) achevée 1962, longueur 146,30 m, focale 91,50 m, miroir héliostatique 2 m, donne une image de 83,8 cm de diamètre ; **mont Wilson** (USA, Californie) 1907, longueur 19,8 m, focale 18,3 m, image de 17 cm de diamètre ; 1912, longueur 51,8 m, focale 45,7 m, image de 43 cm de diamètre ; **Einstein** (Allemagne, Potsdam) ; **Arcetri** (Italie, Florence) 1925, focale 18 m. **Monte Mario** (Italie) ; **VTT** (Allemagne) hauteur 40 m, miroir 60 cm ; en service en 1999 ; altitude 2 400 m ; **Teide (pic de)** [Canaries, Tenerife] Thémis [France, miroir 90 cm ; coût 90 millions de F (participation italienne 20 %) ; en service en 1996].

Radiotélescopes

☞ Voir site www.quid.fr

■ **Origine.** **1931** l'Américain Karl Jansky (1905-50), ingénieur des télécommunications, constate que les parasites brouillant certaines émissions fluctuent sur une période sidérale et sont d'origine extraterrestre (voir radiosource, p. 34 c). **1936** 1er appareil destiné à recevoir ce type d'ondes ; créé par l'Américain Grote Reber (Illinois) ; mesure l'intensité des ondes de la Voie lactée et dresse la 1re carte radio de notre galaxie. **1947** Martin Ryle (Britannique, 1918-84) conçoit un prototype d'interféromètre. **1948** Graham Smith (Britannique, né 1923) identifie les 1res sources ponctuelles dont *Cassiopée A* et *Cygnus A*.

■ **Principes.** Miroirs métalliques, dressés vers le ciel, renvoyant sur une antenne munie d'un récepteur pouvant recueillir des ondes radioélectriques de 0,7 mm à 30 m environ. Caractérisés par surface S, diamètre antenne D (ou équivalent), mobilité et plus petite longueur d'onde reçue λ. *Pouvoir séparateur :* λ/D en radians, soit environ 1 minute d'arc pour D = 35 m et λ = 1 cm. *Cône de réception (lobe) :* si une source radio se trouve dans ce cône, elle est reçue par le radiotélescope. Pour obtenir une image radio de tout un secteur du ciel, il faut balayer en bougeant l'appareil. Plus le lobe est étendu, plus la carte est floue. *Longueur des ondes reçues :* avec un petit miroir parabolique, on ne collecte que les ondes courtes. On augmente sensibilité et pouvoir séparateur en construisant des radiotélescopes de plus en plus grands. Quand on combine 2 antennes, ou plus, on obtient un *interféromètre* (voir p. 49 a). Il existe plusieurs systèmes de radiotélescopes combinés entre eux et circulant sur voie ferrée. Pour obtenir une sensibilité plus grande dans le captage des ondes, on multiplie le nombre des antennes (jusqu'à 27 disposées en Y pour le VLA américain, 40 prévues pour le MMA). Des observations en interférométrie à très grande base VLBI (*Very Long Base Interferometry*) ont été obtenues à 1,4 mm de longueur d'onde, avec le radiotélescope de 30 m de diamètre de l'Iram (Institut de radio-astronomie millimétrique) au Pico Veleta, près de Grenade, et l'une des 4 antennes de 15 m de l'Iram installées sur le plateau de Bure, près de St-Étienne-en-Dévoluy (Htes-Alpes). Des « franges d'interférence » à 3 mm de longueur d'onde ont aussi été obtenues à partir de ces 2 antennes, distantes de 1 150 km. Un réseau à très grande base VLBA (*Very Long Baseline Array*) – comprenant 10 antennes de 25 m réparties sur le continent américain, les îles Hawaii, les îles Vierges – est en cours d'installation (voir encadré p. 49).

Lunettes astronomiques (réfracteurs)

■ **Description.** 2 systèmes de lentilles : l'*objectif* qui capte la lumière et fournit une image, et l'*oculaire* qui grossit cette image. **Évolution : 1590** invention. **1609** utilisées en astronomie (Galilée). **1673** installées sur des instruments de position, notamment par John Flamsteed (Angl., 1646-1719) à Greenwich (1675). **1700** Olaus Römer (Danois, 1644-1710), 1re lunette méridienne combinée avec la pendule sidérale, pour déterminer les ascensions droites, noter le passage d'un astre au méridien. **1757** « achromatiques », c'est-à-dire avec objectifs donnant des images dépourvues d'irisation (John Dollond, opticien anglais, 1701-64, a utilisé des lentilles faites de verres différents). Avant, on minimisait l'aberration chromatique en allongeant la focale [lunette d'Hevelius (Johannes Havelka ou Hewel, dit ; Polonais, 1611-87) 50 m de longueur]. Depuis **1980-90** ne sont plus utilisées par les professionnels, sauf pour étudier des étoiles doubles ou faciliter le pointage des télescopes.

Grossissements : 1 000 fois au maximum la surface observée, pour que l'image soit suffisamment lumineuse. Certaines, comme celles de Lick (91 cm), Meudon (83 cm) ou Nice (76 cm), permettent théoriquement un grossissement de 1 500 à 2 000. Pour des observations sans recherche de contrastes, visant à exploiter le pouvoir séparateur (étoiles doubles), on ira à 1 500, 1 800, guère au-delà (le grossissement n'a d'intérêt que si l'on emploie un oculaire pour une observation directe). Pour photographier l'image, seule la distance focale importe.

Lunette zénithale photographique *(Photographic Zenith Tube) :* lunette d'axe vertical permettant de photographier les étoiles quelques instants avant et après leur passage au zénith, un peu plus précise que l'astrolabe de Danjon : latitude à 0,03″, longitude ou temps sidéral à 0,003″ près.

■ **Étoiles atteintes.** **Ciel entier :** *objectif de 70 mm :* 870 000 (magnitude limite 11) ; *de 110 mm :* 2 270 000 (magnitude limite 12).

■ **Lunettes aux plus grands diamètres.** *Légende :* nom ; entre parenthèses, lieu et date de mise en service ; longueur focale et D : diamètre (en cm). **Yerkes** (USA, Williams Bay, 1897) 19,4 m ; D 102. **Lick** (USA, Californie, 1888) 17,6 m ; D 91. **Meudon** *(France, 1889) 16,2 m ; D. 83.* **Postdam** (All., photographique, 1899) 12 m ; D 80. **Allegheny** (USA, Pittsburgh, Pennsylvanie, 1914) 14,1 m ; D 76. **Poulkovo** (Russie, 1885) D 76. **Nice** *(France, 1887) 17,9 m ; D 76.* **Greenwich** (G.-B., 1894) 8,5 m ; D 71. **Berlin** (Allemagne, 1896) 21 m ; D 68. **Vienne** (Autriche, 1878) 10,5 m ; D 68. **Johannesburg** (Afr. du Sud, 1925) 10,9 m ; D 67. **McCormick** (USA, Columbia, Virginie, 1883) 9,9 m ; D 67. **Observatoire naval Washington** (USA, Mt Jefferson, 1873) D 66. **Mont Stromlo** (Australie [1], 1956) 10,8 m ; D 66. **Herstmonceux** (G.-B., Sussex, 1897) 6,8 m ; D 66.

Nota. – (1) Implantée d'abord en Afrique du Sud.

Un objectif de 125 cm, coulé en France, équipait une grande lunette horizontale longue de 58 m, disposée en face d'un sidérostat et présentée à l'Exposition universelle de 1900. Peu pratique, cet instrument n'a jamais été utilisé.

Jumelles

■ **Ordinaires.** Objectifs d'environ 25 mm de diamètre, grossissement de 2 à 3. *Pour l'astronomie :* objectifs 50 mm de diamètre, grossissement de 7 à 10.

■ **A prisme.** Permettent un fort grossissement sous encombrement réduit. *Objectifs :* 30 à 60 mm, grossissement de 6 à 20. A grossissement égal, le diamètre détermine la luminosité. Les jumelles de 7 (grossissement) × 50 (mm de diamètre) sont plus lumineuses que celles de « 7 × 35 ». Un objectif de 25 mm permet de voir 70 000 étoiles (magnitude limite 8) ; un de 45 : 100 000 (magnitude limite 9).

Astrolabes

■ **Astrolabe ancien.** Origine arabe ou nestorienne. Plateau de cuivre, dominé par des « araignées » mobiles permettant de repérer les étoiles d'une constellation donnée. Servait à convertir les coordonnées terrestres en coordonnées célestes et vice versa.

■ **Moderne.** A prisme, pour étudier les variations des coordonnées géographiques des observatoires dues aux déplacements du pôle, et déterminer temps sidéral et temps universel. **Astrolabe à prisme :** *conçu entre 1900 et 1902 par Claude et Driancourt,* portatif, détermine des points astronomiques avec une précision de ± 2″. **Astrolabe impersonnel** *d'André Danjon* (Fr., 1890-1967) : utilise un prisme biréfringent, instrument fixe, d'observatoire (environ 200 kg). Précision de 0,05″ environ dans une détermination de latitude, correspondant sur le terrain à 1,5 m environ.

Technologie moderne

☞ De nombreux télescopes réflecteurs dont les diamètres vont jusqu'à 6 m, équipés de récepteurs photoélectriques (photomultiplicateurs, tubes image, tubes TV), ont permis d'augmenter considérablement le nombre, la portée et la rapidité des observations. On détecte 1 ou 2 photons (quanta ou « grains » de lumière) sur 10, correspondant à une efficacité 5 fois plus élevée que les meilleures plaques photographiques. Avec les **caméras CCD** (voir ci-dessous) on détecte de 5 à 8 photons sur 10. Ainsi avec le télescope de 1,93 m de l'OHP équipé d'une de ces caméras, on peut obtenir l'image d'un astre *100 millions de fois* plus faible que la limite de détection à l'œil nu.

■ **CCD (Charge Coupled Devices : Dispositif à transfert de charge).** Récepteurs mosaïques à base de microphotopiles de plus en plus denses construites initialement pour les caméras de télévision. Sensibilité et linéarité très grandes. Pour l'infrarouge, dispositifs du même genre jusqu'à environ 17 micromètres de longueur d'onde. Permettent des compositions colorées augmentant les contrastes.

■ **Dispositif à comptage de photons.** Sert à déceler les astres très faibles. Un dispositif libère des centaines d'électrons pour chaque photon capté ; ils sont détectés et focalisés par une grille, et une calculatrice reconstitue l'image de l'astre, en comptabilisant tous les photons reçus. Ces dispositifs sont surtout utilisés en imagerie monochromatique, sur des sondes et satellites (*Orfeus* en 1993), ou pour observer des phénomènes variant rapidement.

■ **Instruments embarqués à bord de satellites.** La plupart des rayonnements émis par les astres (rayonnements γ, X, ultraviolet, infrarouge lointain) ne parviennent pas jusqu'au sol parce qu'ils sont absorbés par l'atmosphère terrestre ou réfléchis par l'ionosphère. Le satellite qui évolue au-dessus de l'atmosphère peut poursuivre sa tâche des mois ou des années jusqu'à ce qu'il tombe en panne, qu'on cesse de l'interroger, ou qu'il retombe sur Terre.

Télescopes, spectrographes, récepteurs de lumière doivent être adaptés au domaine de radiations à étudier. Pour l'observation infrarouge, les télescopes embarqués doivent être refroidis à l'hélium liquide : c'est le cas pour *Iras* (*Infra Red Astronomy Satellite*) et *Iso* (*Infrared Space Observatory*), satellite européen lancé 17-11-1995 (voir p. 68 c). Les télescopes à ultraviolet doivent être dotés de pièces optiques réalisées dans des matériaux transparents à l'UV (quartz, fluorure de calcium ou de lithium, etc.) ; leurs miroirs sont recouverts d'aluminium ou d'or. Aux longueurs d'onde inférieures à 500 angströms, ils doivent recevoir la lumière sous incidence rasante, sinon les radiations pénétreraient la surface du miroir au lieu de s'y réfléchir. Pour les détecteurs de rayons X, on utilise un télescope à incidence rasante si l'on étudie le rayonnement à basse énergie ; à plus haute énergie, les flux étant plus faibles, des compteurs proportionnels pour lesquels on essaie d'avoir la surface collectrice la plus grande possible, de façon à capter le plus grand nombre possible de photons X.

Pour réfléchir ou focaliser le rayonnement γ on utilise, suivant l'énergie des photons γ, des techniques de détection différentes : effet photoélectrique et effet Compton (processus d'interaction entre matière et rayonnement électromagnétique dû à la différence du rayonnement par les électrons des atomes. Lors d'une collision avec 1 électron, 1 photon subit une augmentation de longueur d'onde) avec un détecteur scintillateur (pour les énergies inférieures à 5 MeV) ; production de paires électron-positon dans une chambre à étincelles (pour plus de 5 MeV).

■ **Interférométrie des tavelures (ou interférométrie speckle).** Après les recherches du Français Hippolyte Fizeau (1819-96) en 1868, Antoine Labeyrie (Fr., né 12-5-1943), du Cerga, a trouvé depuis 1976 le moyen d'éliminer l'effet de la turbulence atmosphérique qui détériore les images données par les télescopes [sur une photographie à bref temps de pose (20 à 50 ms), l'image d'un petit objet céleste se présente comme un ensemble de tachetures disposées différemment sur chaque photo]. Le traitement par ordinateur de nombreuses photos reconstitue une image unique, presque aussi nette que si le télescope avait été hors de l'atmosphère. Parmi les applications possibles, on sépare ainsi des étoiles doubles et l'on mesure le diamètre angulaire d'étoiles simples (à condition qu'elles soient assez lumineuses car les poses sont brèves).

■ **Microdensimètre.** Sert à séparer sur un cliché l'information désirée de toutes les images parasites. Cellule photoélectrique accouplée à un ordinateur qui élimine ce qui trouble l'image. Les microdensimètres de lissage et de déconvolution traitent spécialement les clichés transmis par les sondes interplanétaires.

■ **Optique. Active :** l'analyse informatique des images (corrélation) permet de compenser les aberrations optiques en déformant le miroir principal qui est souple ou segmenté en une mosaïque de petits miroirs pilotés par ordinateur. **Adaptative :** dispositif correcteur des aberrations atmosphériques : on analyse l'image d'une étoile de référence, on en déduit les perturbations atmosphériques et on corrige en conséquence (comme ci-dessus). L'étoile de référence est généralement créée artificiellement par un faisceau laser, émis dans l'axe de l'instrument, qui excite et fait briller les couches atmosphériques. Voir *VLT* de l'Eso p. 47 c.

■ **Télescope multimiroirs.** Plusieurs miroirs moyens (à l'observatoire du mont Hopkins, dans l'Arizona, 6 miroirs de 1,80 m de diamètre ont été montés sur un barillet commun).

Astronomie en France

☞ **L'Union astronomique internationale (UAI),** 98 bis, bd Arago, 75014 Paris ; *créée* 1919, environ 8 500 membres dans 65 États ; 11 divisions scientifiques et 40 commissions spécialisées. Seule autorité internationale reconnue pour nommer les corps céleste et les éléments de leur relief.

☞ Voir site www.quid.fr

Astronomes

■ **Astronomes professionnels.** **Nombre :** environ 700, incluant les étudiants en thèse, dont 400 regroupés au sein de la SFSA (Société française des spécialistes d'astronomie, 61, avenue de l'Observatoire, 75014 Paris) ; créée 1978. **Formation :** *2e cycle* (maîtrise ès sciences) : physique recommandée ; unité de valeur d'astronomie ou d'astrophysique pouvant être préparée dans la plupart des villes universitaires dotées d'un observatoire. *3e cycle* (DEA, doctorat) : à Paris-VI, -VII, -XI (Orsay), Grenoble, Lyon, Marseille, Montpellier, Nice, Strasbourg et Toulouse. *Grandes écoles* (X, ENS). **Revues :** « Le Journal des astronomes français » ; « Astronomy and Astrophysics », « Astronomy and Astrophysics Reviews ». **Minitel :** 3616 BDL.

■ **Astronomes amateurs.** **Nombre :** 25 000. Avant l'avènement de l'ère spatiale, ils ont apporté une contribution importante à l'étude de la Lune et des surfaces planétaires ; aujourd'hui, leur collaboration demeure très utile pour l'étude des étoiles doubles ou variables, et la surveillance du ciel (découverte de comètes, d'astéroïdes et de supernovae, étude des météores, observation de satellites artificiels). *Instruments les plus répandus :* lunettes de 60 mm et télescope de 115 mm (environ 2 000 F en 1998).

Organisations nationales. **Sté astronomique de France (Saf),** 3, rue Beethoven, 75016 Paris ; *créée* 1887 par Camille Flammarion (1842-1925), reconnue d'utilité publique, *Pt :* R. Ferlet, *membres :* 2 500, *revues :* « l'Astronomie », « Observations et Travaux, observatoire de la Sorbonne ». *Internet :* http : //www.iap.fr/saf/. **Association française d'astronomie (Afa),** 17, rue Émile-Deutsch-de-la-Meurthe, 75014 Paris ; *créée* 1946 par Pierre Bourge, *Pt :* O. Las Vergnas, *membres :* 3 060, *revue mensuelle :* « Ciel et Espace », 70 000 exemplaires. *Minitel :* 3615 *Big-Bang*. *Internet :* revue@cieletespace.fr. **Association nationale sciences techniques jeunesse (ANSTJ),** *section astronomique,* 16, place Jacques-Brel, 91130 Ris-Orangis, **Comité de liaison enseignants-astronomes (CLEA),** c/o Laboratoire d'astronomie, Bât. 470, université de Paris-Sud, 91405 Orsay Cedex ; *bulletin :* « les Cahiers Clairaut ».

Organisations spécialisées. **Association française d'observateurs d'étoiles variables (Afoev),** observatoire, 11, rue de l'Université, 67000 Strasbourg ; *créée* 1921 par Antoine Brun, *membres :* 100, *revues :* BAFOEV. **Groupe européen d'observations stellaires (Geos),** c/o M. Dumont, 3, promenade Venezia, 78000 Versailles ; *créé* 1973, *membres :* environ 100, étude et observation des étoiles variables, *publications :* « Notes circulaires » (35 par an), « Fiches techniques », « Geos Circulars ».

Organisations régionales. **Angers,** 15, rue Marc-Sangnier, 49000, Association astronomique d'Anjou ; *créée* 1979, *membres :* 100 ; observatoire de St-Saturnin-sur-Loire. **Aniane** (Hérault), geospace-observatoire d'Aniane ; 7 coupoles, *créé* 1982, *adhérents :* 200. **Bordeaux,** Hôtel des Stés savantes, 1, pl. Bardineau, 33000, Sté astronomique de Bordeaux ; *créée* 1909, *membres :* 90. **Bourg-en-Bresse,** Maison des Stés, bd Joliot-Curie, 01000, Association astronomique de l'Ain ; *créée* 1966, *membres :* 70. **Chinon,** Vauroux, 37500, Astronomie en Touraine et Centre-Ouest ; *créée* 1988, *membres :* 120. **Dijon,** 4, rue Chancelier-de-l'Hospital, 21000, Sté astronomique de Bourgogne ; *créée* 1975, *membres :* 120, *télescope :* 300 et 500 mm. **Gap,** mairie, 05000, Gap Astronomie, association Copernic ; *créée* 1985, *membres :* 100, *télescopes :* 250, 300 et 520 mm. **Lille,** 6, rue Aubert, 59800, Association astronomique du Nord ; *créée* 1923, *membres :* 45. **Monte-Carlo,** 19, bd de Suisse, Association franco-monégasque d'astronomie ; *créée* 1960, *membres :* 477 ; observatoire de St-Martin-de-Peille, 06440 l'Escarène (à 17 km de Monaco, 730 m d'altitude, a cessé toute activité fin 1993). **Montpellier,** 163, rue Auguste-Broussonnet, 34090. **Nantes,** 35, bd Louis-Millet, 44300, Sté d'astronomie ; *créée* 1971, *membres :* 130. **Orléans,** 2, cloître St-Pierre-Le-Puellier, BP 2341, 45023 Cedex 1, Association éducative des amateurs d'astronomie du Centre (AEAAC) ; *créée* 1962, *membres :* 80, observatoire à Vouzon (L.-et-Ch.). **Pau,** 81, av. du Loup, 64000, Sté d'astronomie des Pyrénées-Occidentales. **Saint-Genis-Laval,** av. Charles-André, 69230 ; Sté astronomique de Lyon ; *créée* 1906/31, *membres :* 180, *télescopes :* 250 et 600. **Toulouse,** 1, av. Camille-Flammarion, observatoire de Jolimont, 31500, Sté d'astronomie populaire (SAP) ; *créée* 1910, *membres :* 800, *revue :* Pulsar. **Vineuil,** observatoire, 10, rue Alexandre-Dumas, 41350, Association astronomique de Loir-et-Cher (AALC) ; observatoire, musée Astrespace, planétarium (Blois) ; *membres :* 200, *revue :* « Astro 41 ».

Observatoires français

☞ Beaucoup d'observations françaises se font sur des sites extérieurs [Eso (Observatoire européen austral), télescope CFH (Canada-France-Hawaii), radiotélescope de 30 m et interféromètre de l'Iram (voir encadré p. 49)] ou avec des instruments spatiaux.

■ **Besançon.** *Fondé* 1882. *Altitude* 312 m. Vocation métrologique (mesure du temps), astrométrique et astrophysique. Étude de la structure et de la dynamique galactiques, des étoiles doubles et multiples, des environnements cométaires, des molécules de l'astrophysique, des rayons cosmiques, de la stabilité des oscillateurs et du transfert de temps. Participation au temps atomique français. Centre agréé par le Bureau national de métrologie en temps-fréquences. 3 horloges atomiques ; lunette triple de 30 cm (astrographe), lunette méridienne et télescope de 40 cm (amateurs).

■ **Bordeaux** (Floirac). *Fondé* 1879. *Altitude* 73 m. Astrométrie et astrodynamique (dynamique de la galaxie). Radioastronomie millimétrique (milieux interstellaires, circumstellaires et cométaires). Radioaéronomie (physico-chimie de la stratosphère terrestre, surveillance ozone stratosphérique et atmosphérique). Héliosismologie (structure interne du Soleil, convection solaire à grande échelle). Planétologie (physico-chimie des planètes, atmosphères planétaires). Exobiologie (Terre primitive, processus d'émergence du vivant, exoplanètes). *Lunettes :* méridienne automatisée et télescope de 60 cm (caméras CCD), équatoriales de 38 cm, photo de 33 cm, de 30 cm automatisée avec analyseur solaire à résonance magnétique (RM5). Radiotélescope millimétrique de 2,5 m (et radiotélescope identique sur le plateau de Bure). Spectrophotomètre de Dobson.

■ **Côte d'Azur.** Observatoire de la Côte d'Azur [Oca : fusion en 1988 de l'observatoire de Nice et du Centre d'étude et de recherches en géodynamique et en astronomie (Cerga) créé 1974]. **Nice :** *fondé* 1881 sur la colline du Mont-Gros, au-dessus de Nice. *Altitude* 376 m. Grande lunette de 76 cm sous une coupole de 24 m de diamètre due à Eiffel et dans un bâtiment conçu par Garnier. Observations des étoiles doubles visuelles, dynamique du système solaire, physique du Soleil et des étoiles, hydrodynamique et turbulence dans les fluides, analyse des images en astronomie, dynamique stellaire, développement instrumental. **Caussols :** *implanté* en 1974 par le Cerga près de Grasse. Station d'observation sur le plateau de Calern. *Altitude* 1 300 m. Télescope de Schmidt de 1,52 m. Station de tirs au laser sur la Lune. Réseaux de télescopes pour l'interférométrie optique ; centre de recherches en technologie des miroirs astronomiques. **Roquevignon :** laboratoires et bureaux géodésie et astrométrie spatiale, mesure du diamètre des étoiles, du temps et de la rotation de la Terre, dynamique du système solaire, astronomie photographique.

■ **Grenoble.** *Fondé* 1988. *Altitude* 200 m. Recherches d'astrophysique et astrochimie ; interférométrie ; enveloppes circumstellaires, formation des étoiles, radiosources, plasmas. 1 coupole : télescope de 40 cm ; plateau de Bure : radiotélescope millimétrique de 2,5 m.

■ **Haute-Provence.** *Fondé* 1937 (à 2,5 km de **St-Michel-l'Observatoire** ; en service depuis 1945). *Altitude* 650 m. Recherches astrophysiques (atmosphères stellaires, galaxies, quasars, milieu interstellaire, sources X, planètes extrasolaires), observation spectroscopique et photométrique, recherche et développement en instrumentation astronomique. 13 coupoles dont celles des *télescopes :* 193 cm d'ouverture/longueur 9,60 m, poids du miroir seul : 1 200 kg (partie mobile : 54 t) [mis en service 1958], 152 cm (mis en service 1969), 120 cm (installé 1943) et 80 cm. Station de géophysique étudiant la haute atmosphère par laser, faisant partie du réseau international *NDSC (Network for the Detection of Stratospheric Change).*

■ **Lyon** (St-Genis-Laval). *Fondé* 11-3-1878 sur le site de Cote-Lorette. *Altitude* 299 m. Recherches astrophysiques : structure et cinématique de l'univers local, formation et évolution des galaxies, structure et évolution stellaires. Télescope 1 m, lunette équatoriale (Coudé 1887). Réalisation d'instruments, base de données extragalactique, Caméra IR, interférométrie, spectrographie 3D.

■ **Marseille-Provence** (nom actuel depuis le 1-1-2000). Regroupe observatoire de Hte-Prov., laboratoire d'interférométrie stellaire et exoplanétaire et laboratoire d'astrophysique de Marseille. 1°) *site Longchamp : fondé* 1702 (observatoire de Ste-Croix, collège des Jésuites, devient en 1749 observatoire royal de la Marine ; nouvel observatoire sur le plateau Longchamp terminé en 1872). *Altitude* 76 m. Recherches astrophysiques : formation, évolution et dynamique des galaxies, simulations numériques, structure et étude physicochimique du milieu interstellaire ; populations stellaires et étoiles variables. Conception d'instruments : miroirs polis jusqu'à un diamètre de 2,50 m. Équatorial de 26 cm (amateurs), télescope de 80 cm de Léon Foucault conservé comme pièce de musée (1er grand télescope à miroir en verre argenté, vers 1860). 2°) site des Olives : recherches galactiques et extragalactiques, cosmologie (grandes structures), comètes et systèmes planétaires. Projet sol Virmos (avec Eso). Projets spatiaux : Corot, First, Galex, Rosetta.

■ **Meudon.** *Fondé* 1876. *Altitude* 160 m. Rattaché à l'observatoire de Paris en 1926, héberge plusieurs centaines de chercheurs. Grande lunette (1893), autrefois 1re d'Europe et 3e du monde (2 objectifs, 83 cm et 62 cm d'ouverture, longueur focale 18 m, restaurée en 1963, hors service) ; 2 télescopes : 1 m d'ouverture (1893, modernisé 1969) et 60 cm (1931). Recherche spatiale et radioastronomie. Étude du Soleil (tour solaire de 36 m, grand sidérostat refait en 1989) et des planètes. Service d'alerte aux éruptions solaires (héliographe modernisé en 1984). Couvre l'essentiel de l'astrophysique (relativité, cosmologie, galaxies, étoiles, soleil). Physique des plasmas naturels. Il utilise aussi les autres moyens nationaux ou européens.

■ **Midi-Pyrénées. Pic du Midi** (Htes-Pyrénées) : *fondé* 1878. *Altitude* 2 872 m (dessus de la coupole 2 877 m), *télescopes : Bernard Lyot* (1979), 203 cm (national), mis en service 1980, 106 cm, spécialisé dans l'étude des astres du système solaire, coronographes (observation de la couronne du Soleil en dehors des éclipses), lunette de 50 cm (observation de la photosphère solaire), 60 cm (astronomes amateurs), laboratoire de médecine d'urgence de montagne, etc. *Plan Pic-2000 :* juin 2000, ouverture au public sous le contrôle du Syndicat mixte de valorisation du Pic du Midi, l'observatoire conservant la gestion des activités scientifiques. **Toulouse :** centre administratif regroupant le laboratoire d'astrophysique, des laboratoires de géophysique, d'aérologie, de géologie et d'océanographie spatiale.

■ **Nançay** (Cher). *Fondé* 1953 par l'École normale supérieure, sur un terrain de 150 ha en Sologne, non industriel, relativement libre de parasites électriques et radio. Grand radiotélescope méridien (200 × 35 m), interféromètres solaires (voir encadré p. 49 c), réseau décamétrique d'observation du Soleil et de Jupiter, radiospectrographe multicanal solaire. Dépend de l'observatoire de Paris.

■ **Paris.** *Fondé* 1667 (architecte Claude Perrault). *Altitude* 67 m. Abrite le Service national de l'heure (horloge parlante), le Bureau international de la rotation terrestre, le Laboratoire primaire du temps et des fréquences, le Bureau des Longitudes et un musée d'instruments d'observation anciens. École doctorale en astronomie. Astronomie fondamentale, mécanique céleste, astrophysique générale, radioastronomie millimétrique.

■ **Strasbourg.** *Fondé* 1881. Astrophysique des hautes énergies, dynamique et évolution des galaxies, physique stellaire. Abrite le Centre de données astronomiques (un des plus grands au monde). Planétarium. Lunette de 50 cm (amateurs).

Autres établissements français de recherche astronomique

■ **Bureau des longitudes.** Paris. *Créé* 1795. Recherche en mécanique céleste et en astrométrie ; publie les éphémérides des corps du système solaire. Voir aussi à l'Index.

■ **Centre d'études spatiales des rayonnements (CESR).** Toulouse. Astrophysique des hautes énergies. Infrarouge. Développements pour l'astronomie spatiale.

■ **Groupe de recherche en astronomie et astrophysique du Languedoc. Unité de recherche de l'université Montpellier-II associée au CNRS :** recherches stellaires : théorie, modélisation, relativité.

■ **Institut d'astrophysique de Paris (IAP).** *Créé* 1938. Laboratoire de recherches théoriques et d'astrophysique générale (CNRS).

■ **Institut d'astrophysique spatiale (IAS).** Orsay. *Créé* 1990 à partir du Laboratoire de physique stellaire et planétaire. Recherches solaires, planétaires, stellaires, interstellaires ; développements pour l'astronomie spatiale, infrarouge, visible, UV, X (CNRS/UPS).

■ **Institut national des sciences de l'Univers (Insu).** *Créé* le 13-2-1985 (succède à l'Institut national d'astronomie et de géophysique, créé 1967). *But :* coordonne les recherches en sciences de la Terre, de l'océan, de l'atmosphère et de l'espace, menées au sein du CNRS et des établissements publics relevant de l'Éducation nationale. Prend en charge les opérations d'investissement des observatoires, instituts de physique du globe, laboratoires d'astronomie et de sciences de la Terre.

■ **Institut de radioastronomie millimétrique (Iram).** *Créé* 1979. Franco-allemand-espagnol. Centre à Grenoble. *Observatoires :* Espagne (Pico Veleta, dans la Sierra Nevada, à 2 850 m d'altitude : 1 radiotélescope, diamètre : 30 m) ; France [plateau de Bure près de Gap, Htes-Alpes, à 2 550 m d'altitude : 1 radio-interféromètre 4 antennes (diamètre : 15 m), 5e en construction].

■ **Laboratoire d'astronomie spatiale (Las).** Marseille. Recherches galactiques et extragalactiques, comètes et systèmes planétaires. Construction d'instruments. Regroupé depuis 1-1-2000 avec l'observatoire de Marseille au sein d'une UMR (unité mixte de recherche).

■ **Observatoire européen austral** (voir p. 47 c).

■ **Service d'aéronomie du CNRS.** Verrières-le-Buisson (Essonne) et université Pierre et Marie Curie (Paris 5e). *Créé* 1958. Dynamique, chimie, photochimie des gaz et poussières dans les atmosphères terrestre, planétaires, cométaires et l'espace interstellaire. Pollution atmosphérique, ozone, surveillance de la stratosphère, relations soleil-atmosphère, climatologie.

■ **Service d'astrophysique** (**CEN** de Saclay, Essonne).

■ **Société du Télescope Canada-France-Hawaii** (voir CFHT p. 48 c).

Astronautique

☞ Pour découvrir la sélection **Quid** des meilleurs sites Internet sur l'astronautique, rendez-vous sur **www.quid.fr**

☞ *Abréviations :* alt. : altitude ; diam. : diamètre ; lat. : latitude ; long. : longitude ; sat. : satellite.

Généralités

Le mot *Astronautique,* inventé par l'écrivain français Joseph Henri Rosny, dit Rosny aîné (Joseph Henri Honoré Boex, 1856-1940), fut utilisé pour la 1re fois en 1927 par le Français Robert Esnault-Pelterie (1881-1957).

Rapide historique

1926-17-3 une *fusée à propergol liquide* lancée par Robert H. Goddard, physicien américain (1882-1945), atteint 30 m d'altitude. **1930** expériences sur des fusées à Berlin par la Sté allemande de vol spatial (dont Wernher von Braun, 1912-77). **1935** une *fusée* lancée par Goddard atteint 2 300 m d'alt. **1942-3-10** *1er lancement réussi de* V2 (Allemagne), longueur 14 m, poids au départ 13 t, portée 270 km, alt. maximale 100 km. **1947-18-10** *1re fusée balistique soviétique* (ex-V2) lancée de Kapustin-Yar. **1949-24-2** la *fusée à 2 étages* lancée de White Sands (USA) atteint 400 km d'altitude.

1957-4-10 *1er satellite artificiel soviétique :* Spoutnik 1 « compagnon de voyage » (nom officiel : satellite 1957 Alpha 2), 83,6 kg, diam. 58 cm, mis sur orbite à une altitude de 228 à 947 km à plus de 28 160 km/h, révolution en 96,17 min ; lancé par fusée Korolev « R-7 » (poussée plus de 500 t) ou « Smeorkia » de Tyuratam à 275 km de la mer d'Aral ; retombé le 4-1-1958. **11-10** *1re sonde spatiale américaine :* Pioneer, 1,38 kg, retombe après avoir parcouru 126 000 km. **16-10** *1er objet échappant à l'attraction terrestre :* un fragment d'une fusée américaine Aerobee. **3-11** *1er être vivant dans l'espace :* la chienne russe Laïka (Spoutnik 2, 508,3 kg, alt. 225/1 671 km, révolution en 103,7 min, désagrégé le 14-4-1958) ; Laïka est morte après 7 jours (pas de protection thermique).

1958-31-1 *1er satellite artificiel américain :* Explorer 1, 14,6 kg, longueur 1,20 m, diam. 20 cm, alt. 356/2 546 km, révolution 93,7 min ; lancé par une fusée Jupiter C (Juno 1 de l'US Army, 18 t, hauteur 21 m) réalisée sous la direction de Wernher von Braun, qui travaillait depuis 1953 au Redstone Arsenal de l'US Army (à Huntsville, Alabama) à la mise au point d'un missile balistique dérivé du V2. Existera jusqu'au 31-3-1970. Il découvre les *ceintures de Van Allen* (ceintures de radiations autour de la Terre). **15-5** *1er satellite lourd soviétique :* Spoutnik 3, 1 327 kg, fournit pendant 23 mois des renseignements. **18-12** Atlas Score, 70 kg, alt. 185/1 482 km, révolution 101,5 min ; enregistre et retransmet un message du Pt Eisenhower ; retombé le 21-1-1959.

1959-7-1 *1re planète artificielle soviétique :* Luna 1 (sonde) lancée le 2-1 ; après être passée à 6 000 km de la Lune, devient la 1re planète artificielle sous le nom de *Miechta* « rêve ». **3-3** *1re fusée américaine approchant la Lune* (à 59 000 km) : Pioneer 4. **12-9** *1er objet envoyé sur la Lune* (sonde soviétique Luna 2, détruite à l'atterrissage). **4-10** *1er vol circumlunaire* (le 18-10, la sonde soviétique Luna 3 transmet des photos de la face cachée).

1960-11-3 *1re planète artificielle américaine :* Pioneer 5 (orbite solaire jusqu'à 35 millions de km de la Terre). **1-4** *1er satellite météo :* Tiros 1 (amér.). **15-5** *1er vaisseau cosmique :* prototype des Vostok, 4 540 kg (soviét.). **10-8** *1re récupération d'un engin spatial :* capsule de Discoverer 13 (amér.). **12-8** Écho 1, alt. 598/1 691 km, ballon (diam. 30,5 m, 61 kg) en matière plastique recouvert d'une fine couche d'aluminium ; réfléchit les ondes électriques venues du sol (relais passif) ; sa révolution (1 h 50 min) diminue très lentement ; retombé le 24-5-1968. **19-8** *1re récupération d'êtres vivants* après vol spatial (2 chiens sur vaisseau cosmique, soviét.). **13-9** *1re récupération réussie en vol d'une capsule éjectable après mise sur orbite :* Discoverer 15 (amér.).

1961-17-1 *1er satellite manœuvrable* (un propulseur autonome peut du sol être mis en marche) : Discoverer 21 (amér.). **31-1** *1er satellite-espion* (transmettant des clichés par radio) : Samos 2 (amér.). **12-2** *1re sonde vers Vénus* (contact perdu après 7,5 millions de km, soviét.). **12-4** de 9 h 7 à 10 h 36 min 34 s : *1er homme dans l'espace :* Youri Gagarine (Soviét.), vitesse maximale 28 260 km/h, alt. 327 km (1er Américain : Alan Shepard le 5-5). **22-6** *1er satellite qui utilise un générateur nucléaire SNAP comme source d'énergie à bord :* Transit 4 A (79,10 kg, alt. 878/998 km). **6-8** *1er vol supérieur à 1 jour* (25 h 18 min) : German Titov, Vostok 2 (URSS). **15-11** *1ers satellites lancés simultanément avec succès :* Transit 4 B (90,4 kg, alt. 952/1 104 km) et TRAAC (90,4 kg, alt. de 953 à 1 106 km).

1962-21-2 *1er vol orbital autour de la Terre :* John Glenn (Amér.), sur Mercury 6. **23-4** Ranger 4, 328 kg, 36 h 57 min après son lancement s'écrase sur la Lune à 9 540 km/h, lancé par Atlas (fusée de 29 m, 163 t de poussée). **26-4** *1er vol spatial d'un engin ni russe ni américain :* Ariel (anglais). **10-7** Telstar 1, 80 kg, alt. 952/5 634 km, révolution 160 min, relais hertzien, amplifie les ondes reçues et les renvoie (puissance d'émission 2,5 W). **11-8** *1er rendez-vous spatial :* Vostok 3 et 4. **1-11** *1er tir vers Mars :* Mars 1. **14-12** *1er survol de Vénus* (passage à 34 000 km de la sonde américaine Mariner 2, lancée le 27-8).

1963-14-3 *1er satellite géosynchrone :* Syncom 1 (amér.), contact radio perdu avant qu'il n'ait atteint son orbite définitive. **16-6** *1re femme cosmonaute :* Valentina Terechkova (Soviét.), vol : 2 j 22 h 46 min sur Vostok 6.

1964-14-1 *début des fusées Saturn* (amér.) capables de satelliser 17 t. **19-8** *1er satellite réellement géostationnaire :* Syncom 3 (amér.). **12/13-10** *1er équipage (3 Soviétiques) sur orbite :* V. Komarov, C. Feoktistov, B. Egorov sur Vostok 1. **30-11** *1er usage en vol de moteurs ioniques :* Zond 2 (sonde soviét.).

1965-18/19-3 *1re sortie d'un cosmonaute dans l'espace :* Alexeï Leonov (Soviét.), 20 min (remorqué 12 min 5 s par un câble de 5 m) [Edward White (Amér.) sortie de 20 min le 3-6]. **6-4** *1er satellite commercial de télécommunications :* Early Bird (amér.). **21-5** *1er satellite lancé dans le sens inverse de la rotation de la Terre :* ARS (Aerosym Rescare Satellite, amér.) ; mise sur orbite de 400 millions d'aiguilles métalliques à 3 020 km d'alt. **15-7** passage de la sonde Mariner 4 (amér.) à 10 000 km de Mars. **16-7** *début des fusées Proton* (soviét.) capables de satelliser 12 t. **21/29-8** *1er vol de plus d'une semaine :* G. Cooper, C. Conrad sur Gemini 5 (Amér.), 7 j 22 h 55 min. **26-11** *1er lancement par fusée ni soviétique ni américaine :* Diamant (français), de Hammaguir, Sahara ; *1er satellite français :* Astérix. **15/16-12** *1er rendez-vous spatial américain :* Gemini 6 et 7.

1966-3-2 *1er atterrissage en douceur d'une sonde sur la Lune :* Luna 9 (soviét.). **1-3** *1re arrivée sur Vénus :* Venera 3 (soviét.) lancée le 16-11-1965, détruite à l'arrivée. **3-4** *1re satellisation autour de la Lune :* Luna 10 (soviét.). **30-5** *1er atterrissage en douceur d'une sonde américaine sur la Lune :* Surveyor I.

1967-18-10 *1er atterrissage en douceur d'une sonde sur Vénus :* Venera 4 (soviét.). **9-11** *1er essai en vol de la fusée lunaire :* Saturn V (amér.). Une cabine américaine, Apollo, rentre dans l'atmosphère à 40 000 km/h.

1968-14-9 *1er survol de la Lune avec retour sur Terre :* Zond 5 (soviét.). **21-12** *1er vol circumlunaire piloté :* Apollo 8 (amér.).

1969-17-1 *1er amarrage entre 2 engins spatiaux :* Soyouz 4 et 5 (soviét.). **21-7** *1re marche d'un homme sur la Lune :* Neil Armstrong et Edwin Aldrin (Amér.) sur Apollo 11.

1970-11-2 *1er engin spatial japonais :* Ohsumi. **24-4** *1er engin spatial chinois :* Dongfanghong. **24-9** *1re sonde qui revient après s'être posée* (le 12-9) *sur la Lune :* Luna 16 (soviét.) ramène 103 g d'échantillons de sol. **10-11** *1er véhicule automobile lunaire :* Lunakhod 1 fonctionne jusqu'au 4-10-1971, parcourt 10,5 km en 11 mois, transmet 20 000 photos et dépose un réflecteur laser français.

1971-19-4 *1re station spatiale habitée :* Saliout (soviét.). **26-7/7-8** *record pour un vol orbital autour de la Lune :* Apollo 15 (amér.), 12 j 7 h 12 min. **14-11** *1er satellite artificiel autour de Mars :* Mariner 9 (amér.) lancé 30-5-1971.

1972-23-7 *1er satellite d'observation des ressources terrestres :* ERTS 1 (amér.). **7/12-12** *record de durée pour un séjour lunaire :* 74 h 59 min 30 s, Eugen Cernan et Harrison Schmitt (Amér.), 7 h 37 min sur le sol lunaire (Apollo 17).

1973-14-5 *lancer du plus gros engin spatial :* Skylab (amér.), 90,5 t, longueur 35,96 m. *1re réparation par ses propres moyens d'un engin en vol.* **3-12** *1er survol de Jupiter :* Pioneer 10 (amér.) lancé 3-3-1972.

1974-29-3 *1er survol de Mercure :* Mariner 10 (amér.) lancé 3-11-1973. **17-4** *1er satellite météo géostationnaire :* SMS 1 (amér.). **10-12** *1re sonde interplanétaire* (ni soviét. ni amér.) : Hélios (all.) s'approche à 48 millions de km du Soleil le 15-3-1975.

1975-15-7 *1er vol conjoint américano-soviétique* (voir ASTP p. 66 a). **22-10** *1re photographie de Vénus prise au sol :* Venera 9 (soviét.). *1er satellite de télécommunications maritimes :* Telesat (amér.).

1977-12-8 *1er vol d'essai atmosphérique de la navette spatiale américaine :* Fred Haise et Gorden Fullerton.

1978-2-3 *1er cosmonaute tchèque :* Vladimir Remek, sur Soyouz 28 (soviét.). **27-6** *polonais :* Miroslav Germacheirsky, sur Soyouz 30 (soviét.). **26-8** *est-allemand :* Sigmund Jähn, sur Soyouz 31 (soviét.).

1979-24-12 *1er lancement d'essai de la fusée européenne :* Ariane (succès).

1980-11-10 *retour sur Terre (1re mission de plus de 6 mois) :* Valeri Rioumine et Leonid Popov (Soviét.), 185 jours sur la station Saliout 6.

1981-12-4 *1er vol expérimental, avec 2 astronautes à bord de la navette spatiale américaine :* Columbia. **15-4** *1er vaisseau modulaire :* Cosmos 1267 *à s'amarrer à une station orbitale :* Saliout 6 (soviét.).

1982-24-6 *1er vol d'un spationaute français :* Jean-Loup Chrétien. **11-11** *1er vol à 4 astronautes :* STS 5 Columbia (amér.). **13-5/10-12** *1er vol supérieur à 6 mois* (211 j 9 h 4 min) : Saliout 7.

1983-10-3 *1er vaisseau modulaire habité :* Cosmos 1443 (après son amarrage à Saliout 7). **13-6** *1er objet construit par l'homme à s'éloigner au-delà de la dernière planète connue du système solaire :* sonde Pioneer 10 (amér.) après 11 ans (4 119 jours) de voyage. **18-6** *1er vol à 5 astronautes :* STS 7 Challenger (amér.). **28-11** *1er vol à 6 astronautes :* STS 9 Columbia (amér.) ; *Spacelab* (mis en orbite dans la soute de la navette Columbia) a hébergé le 1er astronaute ouest-allemand : Ulf Merbold (voir p. 69 c).

1984-7-2 *1er homme satellite flottant librement dans le vide :* Bruce McCandless lors du vol de la navette no 10 (amér.). **12-4** *1re réparation d'un satellite en orbite :* SMM, dit Solar Max, lors du vol de la navette no 11 (amér.). **5-10** *1er vol à 7 astronautes :* STS 22 Challenger (amér.). **16-11** retour sur Terre de 2 satellites récupérés dans l'espace par la navette spatiale (mission no 14).

1985-11-9 *1er passage dans la queue d'une comète :* Giacobini-Zinner, par la sonde ICE (amér.) à 800 km du noyau, 20 min de traversée. **30-10** *1er vol à 8 astronautes :* Spacelab D-1 (voir p. 69 c).

1986-24-1 *1er survol d'Uranus :* Voyager 2 (amér.). **28-1** *1re navette spatiale habitée perdue en vol :* Challenger explose 73 s après son décollage ; mort de l'équipage américain (voir encadré p. 64 c). **6 au 14-3** *1er survol de la comète de Halley* par sondes spatiales.

1987-15-5 *1er tir de la fusée géante soviétique :* Energya. **29-9** Cosmos 1887 (soviét.) avec 2 macaques, 10 rats, 6 poissons à bord.

1988-19-9 *1er satellite israélien :* Offek-1, 156 kg. **15-11** vol orbital automatique (sans cosmonautes à bord) de la 1re navette spatiale soviétique Bourane. **9-12** *record :* Jean-Loup Chrétien (Fr.) sort dans l'espace 6 h 10 min. **21-12** *1re mission de plus de 1 an* (du 21-12-1987 au 21-12-1988) : Vladimir Titov et Moussa Manarov sur Mir 1 (soviét.) : 365 j 22 h 39 min.

1989-25-8 *1er survol de Neptune :* Voyager 2. **5-12** l'Iraq lance une fusée « Al-Abad » (3 étages, hauteur 25 m, 48 t, poussée totale de 700 kN) qui se serait brièvement satellisée.

1990-5-4 *1er vol de la fusée aéroportée américaine Pegase* larguée d'un B-52 à 13 000 m d'alt., qui met en orbite à 583 km d'alt. Pegsat (191 kg).

1992-13-5 *3 astronautes américains* (Thomas Akers, Richard Hieb, Pierre Thuot) *dans le vide* 8 h 29 min pour capturer manuellement Intelsat 6 (2,5 t) avant de le réparer. **6-8** *1er satellite captif (à fil) récupérable :* TTS (Tethered-Test Sat.), échec du déroulement (voir Italie p. 59 a).

1994-13-9 *survol du pôle Sud du Soleil :* Ulysse.

1995-29-6 *1er amarrage navette américaine-Mir.*

Lanceurs

☞ Voir tableau p. 53. **Coût du placement de 1 kg sur orbite par *Zenith* :** 39 200 F (de Sea Launch), ***Ariane 4* :** 5 600, ***Ariane 5* :** 30 600.

■ **Part des principaux lanceurs** (en %, 1998). Ariane (Arianespace, Europe) 53,5 ; Atlas, Proton (ILS, USA, Russie) 24,1 ; Delta (McDonnell-Douglas racheté par Boeing, USA) 9,4 ; Longue Marche (CGWIC, Chine) 8,2 ; Titan (Martin-Marietta racheté par Lockheed, USA) 3,5 ; H1 (Nasda, Japon) 1,4. **Chiffre d'affaires des lancements commerciaux** (en 1988-97). 11,74 milliards de $.

■ **Coût en millions de $.** *Scout :* 5 (1977). *Delta 2 914 :* 15,4 (1978) ; *3 914 :* 18,3 (1978) ; *3 910 :* 25 (1981). *Atlas-Centaur :* 38 (1978). *Titan :* 58 (1979). *III Centaur :* 50 (1977). *Ariane 5 :* 120. *H-2* (Japon) : 170. *Titan-4 :* 400 (1999).

■ **Brésil.** Base : au centre de Barreira do inferno près de Natal, puis Alcantara (État du Maranhão). 2°20 de latitude, 44°25 de longitude ouest, superficie 520 km². *Fusées sondes :* Sonda II, III et IV. 9,2 t, lancent 500 kg à 700 km d'altitude. *Lancements :* 1er en novembre 1997 (échec), 2e 11-12-1999 (échec).

■ **Chine.** Dérivés de missiles stratégiques réalisés depuis 1958. Ont lancé, de 1975 à janv. 1996, 37 sat. chinois et 8 étrangers. De janvier 1996 à 2000, lancement prévu de 30 sat. étrangers. **Longue-Marche 2E :** a mis sur orbite 15 sat. (2,3 t à 2,9 t) entre 1975 et 1994 [dont Optus B1 (Australie, le 14-8-1992) pour 60 millions de $ soit la moitié du prix d'Ariane ; Optus B2 le 21-12 (détruit après lancement) et Optus B3 le 26-8-1994] et 5 sat. entre 1990 et 1996, pour 90 millions de $. Le 2-4-1994, une fusée explosa sur la base de Xichang (2 †, 20 blessés). Le 26-1-1995 une fusée transportant Apstar-2 explosa en vol après 1 min. **Longue-Marche 3A :** peut lancer 2,6 t. **Longue-Marche 3B :** 1er tir le 15-2-1997, échec [déséquilibré par un problème de gyroscope ; retomba sur un village (plusieurs †) ; transportait Intelsat-708], 2e tir 19-8-1997 avec sat. philippin de télécom Mabuhay. **Longue-Marche 3C :** 1er vol, prévu 1997, reporté.

■ **Corée du Nord.** Dérivé du missile No-dong et du « Scud » modifié. 31-8-1998 lance le 1er satellite « Kwangmyongsong 1 » (brillante étoile polaire) de Musudan-ri.

■ **États-Unis. Jupiter** et **Atlas** (500 lancements en 30 ans), puis **Titan,** dérivé d'un missile destiné à lancer une charge nucléaire de 5 mégatonnes à 8 000 km ; en sept.-oct. 1986, l'US Airforce avait prévu de reconvertir en lanceurs de satellite 13 de ses 56 missiles *Titan-2* et commanda 23 *Titan-4* (20 t en orbite basse, 5 t géostationnaire). Le 26-10-1987 un *Titan 34-D* a lancé 1 sat. *KH-11* d'observation au sol (après 2 échecs en août et oct. 1986) ; le 2-8-1993, un *Titan-4*, porteur d'une charge secrète, explose 101 secondes après son lancement de Vandenberg (perte 2 milliards de $). Le contrat entre le Pentagone et Martin Marietta (41 fusées, 10,4 milliards de $) est réexaminé. Le 12-8-1998, un *Titan-4 A* explose 42 s après son lancement. **Scout :** le plus petit, 1er lanceur américain entièrement à poudre, charge utile passée de 45 (en 1961) à 200 kg ; plus d'une centaine tirés. **Saturn V :** issu des projets militaires Juno 5, alias Horizon, pouvait lancer 120 t en orbite basse ou 45 t vers la Lune. **Atlas 2 :** lance 1 sat. militaire le 11-2-1992. Des lancements échouent en août 1992 et mars 1993. **Atlas 3 :** propulsé par un moteur russe, le RD-180 construit par Energomash (« moitié » du moteur RD-170/171 qui équipe le 1er étage de la fusée Zenith. Objectif dans le cadre du projet EELV (*Evolved Expandable Lauch Vehicle* : lanceur consommable de nouvelle génération) : un bâtiment d'intégration lanceur Vif (*Vertical Integration Facility*), 93 m de hauteur, a été construit au cap Canaveral en 2000. Dans la dénomination, le 1er chiffre indique le diamètre de la coiffe abritant la charge utile (3, 4 ou 5 m) ; le 2e, le nombre de propulseurs à poudre utilisés au moment du décollage (de 0 à 5) ; le 3e, le nombre de moteurs RL-10 équipant l'étage Centaur (1 ou 2). **Delta :** issu du missile *Thor* (au 1-1-1987 : 180 lancements) le 17-2-1997 *Delta-2* explose au décollage ; *Delta-3* explose 80 s après son décollage le 27-8-1998 ; *Delta-4* 1er vol prévu 2001. *Delta II 7326-16 :* dérivé plus petit de Delta 7925, mise en service 1991. *1er lancement* 27-8-1998 : échec (après 71 s. de vol, défaillance du système de guidage) ; *2e* 15-5-1999 : échec (explosion de la chambre de combustion lors de l'allumage de l'étage). Delta IV medium. 1er chiffre suivi d'un M désigne la coiffe (4 ou 5 m) ; 2e : nombre de propulseurs d'appoint à poudre (2 ou 4). 1er étage (41,6 m de haut, masse sèche 19 t, plein d'ergols 235 t) équipé d'un moteur RS-68 cryotechnique de 300 t de poussée au décollage (337 t dans le vide). **Kistler K-1 :** Aerojet a acheté les moteurs NK-33 et NK-43, développés par Victor Kouznetsov (1913-91), pour le lanceur N-1 (1er lanceur réutilisable au monde). Sera lancé de Woomera (Australie). 4 lancements (échecs) entre 1969 et 1972. Lanceur biétage dont chaque étage sera récupéré. Réutilisable 100 fois (freinage par parachute et airbags). **Minotaur :** développé par Orbital Sciences Corporation. Utilise les 2 premiers étages du missile Minuteman II, déclassé, et l'étage supérieur de Pegasus. **Pegasus XL :** 1er lancement 27-6-1994 (échec). Lancé d'abord d'un bombardier B-52 de l'US Air Force puis d'un avion de ligne Lockheed L-1011 modifié (logé sous l'avion). Recalcule sa position par rapport au sol au moment de son largage par l'avion porteur. A pu être tiré du cap Canaveral, de Vandenberg, Edwards, Wallops Island, îles Canaries, Kwajalein. **Taurus :** développé par Orbital Sciences Corporation. Lanceur Pegasus sans surface alaire avec un étage supplémentaire pour pouvoir décoller du sol. **Pegase :** lanceur à poudre aéroporté jusqu'à 13 000 m par un B52 (Tristar en 1993) ; 3 étages à propergol solide (18 m, diam. 1,15 m, masse 18 t, envergure 6,6 m) ; *charge utile :* quelques centaines de kilos en orbite basse ou géostationnaire ; 1er lancement 5-4-1990 (sat. Pegsat) ; projet de version turbopropulsée ; *intérêt :* pas d'infrastructure de lancement spécifique, coût faible ; *vols :* 1 en avril 1991, 1 en été 1992. **Programme DC-X** (Delta-Clipper Experimental) : prototype de fusée monoétage, hauteur 12,60 m (59 millions de $), réalisée par MacDonnell Douglas ; 1er vol : 18-8-1993 (s'élève à 45 m, se déplace latéralement de 105 m avant de se poser à la verticale ; durée : moins de 60 s, il sera capable dans sa version définitive de mettre en orbite des charges de 9 t (*prix moyen :* 1 100 à 2 000 $/kg) contre 25 t pour la navette (22 000 $/kg). *Carburant :* couple hydrogène-oxygène ; la molécule de vapeur d'eau est 2,44 fois plus légère que celle de gaz carbonique et procure, à énergie égale, une vitesse 1,56 fois plus grande, assure une vitesse d'éjection de 4 km/s au niveau de la mer (4,5 en altitude) ; les combustibles représentent 87,9 % de la masse de la fusée au lieu de 63 %. Lanceur transformé en **DC-XA (Clipper Graham)** : 2 réservoirs à hydrogène liquide (LH_2) en alliage aluminium-lithium, réduisant le poids à vide de 10 % ; 4 vols en 1996 (18-5, 7/8-6 et 1-8, échec). **Programme du démonstrateur X-33 :** 15 vols d'essais à mach 13 prévus entre déc. 1999 et mai 2000 ; 33,9 t ; *coût :* 1,16 milliard de $; en 2012, il cédera la place au

Venture Star qui remplacera le Shuttle. **X-34 :** 25 vols d'essai à mach 3,8 prévus été 1999 puis à mach 8 prévus entre mi-1999 et mi-2000 ; 20,6 t ; long. 19,2 m ; envergure 9,15 m. **X-43** (hyper X) : 1er vol prévu 2001. **X-38 :** 2 vols orbitaux prévus sept. 2002 et janv. 2003.

■ **Europe. Programme Europa 1964**-*5-6* F-1 : 1er étage, seul le britannique Blue Streak est lancé ; *-20-12 :* F-2 idem. **1965**-*22-3* F-3 idem. **1966**-*7-4* lanceur complet mais seul le 1er étage est opérationnel ; *-24-5 :* 2e étage français (Coralie), 3e allemand (Astris, maquette) et coiffe suisse (sat. factice) ; 32 m ; 104 t ; diam. 3 m ; disparaît 2 min après la mise à feu à Woomera, Australie ; étage français non allumé ; valeur 12 millions de F ; (1993-13-8 : débris retrouvés au sud-est du désert de Simpson) ; *-11-11* F-5 (idem). **1967**-*4-8* F-6/1 complet et opérationnel ; *-6-12* F-6/2 (idem). **1968**-*30-11* F-7 (idem). **1969**-*3-7* F-8 (étage Astris ne fonctionne pas). **1970**-*12-6* F-9. **1971**-*5-11* F-11 lancée de Kourou (F-10 ne fut pas lancée) explose en vol 2 min après mise à feu. **1973**-*avril* programme abandonné (coût : 3,5 milliards de F). **Programme Ariane** (voir p. 69 a).

Véga : Issu d'une initiative de l'Italie, rejointe par Belgique, Pays-Bas, Suède et Suisse. Avait figuré au Conseil de l'Ésa en mai 1990. Les Français ne croyaient pas que le marché soit demandeur d'une telle petite fusée, capable d'emporter des charges utiles de 1,5 t seulement pour des mises sur orbite polaire à 700 km d'altitude, alors que les satellites ne cessent de s'alourdir. (Ariane 5 Plus a une capacité de 3,5 à 5 t) face aux concurrents Boeing (Delta, et station Sea Launch) d'où il lance des fusées russo-ukrainiennes Zenit), ou encore Soyouz (affrétée par Arianespace dans le cadre de la Starsem). Pour les Italiens, la coiffe d'une Ariane 5 doit contenir au moins 2 ou 3 satellites pour rentabiliser un lancement (1,2 milliard de F par campagne de tir). *Accord franco-italien* en octobre 2000 : participation de la France à Véga. L'Italie collaborera au projet P80, démonstrateur d'étage propulsif à poudre de 80 t, que Belgique, France et Pays-Bas ont accepté de financer, devant permettre de tester des propulseurs légers en matériaux composites, avant de les appliquer aux accélérateurs de 230 t utilisés sur Ariane 5. *Coût des programmes Véga et P80 :* 2,4 milliards de F.

■ **France. Diamant A** (1er tir 26-11-1965) : emporte une capsule technologique ; *1er étage de 10 m :* une « Émeraude » à propulseur unique brûlant 13 t de propergols liquides, mélange d'acide nitrique et d'essence de térébenthine ; *2e de 4,70 m :* une « Topaze » propulsée par plus de 2,260 kg de poudre alimentant 4 tuyères ; *3e* (sans nom) : 1,85 m, 68 kg à vide, 641 kg de poudre, surmonté d'un sat. de 42 kg, A-1 (Astérix). Vol de 619 s, séparation des 1er et 2e étages après 95 s à 43 km d'alt. ; le 1er étage retombe dans le Sahara à 350 km du pas de tir ; séparation des 2e et 3e étages à 547 km d'alt. **Diamant B :** 21-5-1973, échec (perte des sat. Castor et Pollux). **Diamant BP4** (3 tirs entre 6-2 et 27-9-1975).

■ **Inde.** SLV-3 et ASLV abandonnés. **PSLV** (Polar Satellite Launch Vehicle) : peut placer 3 500 kg en orbite basse, 1 200 kg sur orbite polaire à 817 km, 800 kg sur orbite géosynchrone à 18° et lancer jusqu'à 4 satellites de 300 kg. *1er lancement :* 20-9-1993 ; retombe à la mer (3 étages ont bien fonctionné) ; *2e :* 15-10-1994 ; *3e :* 21-3-1996 et *4e :* 29-9-1997. **GSLV** (Geosynchronous Satellite Launch Vehicle) : *1er lancement :* 28-3-2000 (échec), *2e :* 18-4-2001 (succès). 3e étage *cryogénique*. GS-3 russe équipé d'un moteur 11D-56 (KDV-1M) développé par M. Issaïev.

■ **Israël.** Base de lancement à Palmachim (désert du Néguev). Pour éviter le survol de zones habitées et des pays riverains, lancements effectués vers l'ouest contre l'effet de fronde donné par la rotation de la Terre. **Shavit/Leolink :** dérivé du missile Jéricho. 3 étages. 5 lancés entre 1988 et 1998, dont 3e et 4e échecs.

■ **Japon. L-4S, M-4S, M-3C, M-3H, M-3S, M-3S2 et M-5 :** entre 1990 et 1998, ont lancé 23 sat. terrestres ou sondes interplanétaires ; **N1** et **N2 :** entre 1975 et 1987, faisant appel à la technologie Thor Delta, ont lancé 15 sat. de 130 à 350 kg ; **H1** (80 % japonais, dérivé de Delta, coût de lancement élevé) ; **H2** (2 explosions : 8-1 et 9-8-1991, 1 †) *1er lancement* commercial : 3-2-1994 (147 millions de $), *2e :* 28-8-1994 (sat. Kiku-6 : échec) *3e :* 18-3-1995 ; 15-11-1999 : destruction décidée 8 min après mise à feu [cause : crainte de perte de contrôle ; coût 314 millions d'euros (dont satellite MTSAT 92)] ; **M-5** et **J-1 :** développés par l'Institut de l'espace et de l'astronautique (Isas) en coopération avec la Nasda pour le J-1. **M-5.** *1er lancement :* 12-2-1997 (succès). 3 étages plus un moteur d'apogée tirés d'une rampe inclinée. **J-1 :** *1er lancement,* 12-2-1996 [réussi mais le véhicule expérimental Hyflex (1 048 kg, longueur 4,4 m, largeur 1,35 m) ne peut être récupéré et coule dans le Pacifique (rupture de la corde le reliant à l'équipement de flottaison)].

■ **Russie. Angara :** firme Krunichev (Moscou). Étudiés pour la mise sur orbite de charges utiles. Versions : 2 légères, 2 lourdes. Tous ont le même 1er étage. Remplaceront les Proton vers 2010. **Angara 5A :** pourra placer de 24 à 25 t en orbite basse, 4 à 4,7 t en géostationnaire. **A4 :** pourra placer 30 t en orbite, 5 à 6 t en géostationnaire avec tir d'une base équatoriale. **Chtil-1 (SSN-23) :** missile de classe Delta IV déployé à partir de 1985, modifié, lance le 5-7-1998 Tubsat (11 kg) placé sur une orbite 400/776 km. **Cyclone (« tsyklon ») :** conçu par Mikhail Kouznitch Yangel (1911-71). A partir de 1963, 5 versions. Devenu le *Cyclone 2* (2 étages, type 11K69) pour lancer des satellites de surveillance océanique. Depuis 1977, *Cyclone 3* (3 étages). Actuellement, construit par la firme ukrainienne Yuzhnoye (avant KB Yangel). Tiré depuis Plesetsk (Cyclone 3) ou Baïkonour (Cyclone 2). **Dniepr (SS-18) :** « Satan » (surnom de l'Otan). Missile intercontinental.

Principaux lanceurs spatiaux

Nota : * n'est plus utilisé	Année 1er tir	Hauteur (m)	Étages	Diamètre maximal (m)	Poussée (10^4 N)	Masse en charge (t)	Masse de la charge utile sur orbite (kg)	Carburants [1]
Brésil								
VLS	1997	19,44	4			49,7		S
Chine								
Longue Marche 1	1970	29,5	3	2,25	112	86,1	0,3 [1]	L-L-S
Longue Marche 2C	1974	35,1	2	3,35	284	191	2,8 [1]	L-L
Longue Marche 2C/SD (CZ2C/SD)	1-9-97	40			302	213	1,8 [1]	L-L-L
Longue Marche 2D (CZ2D)	1992	37,7		3,35	302	233	3,5 [1]	
Longue Marche 2E/EPKM (CZ2E)	1995	49,7		3,35	600	460	9,5 [1]	L-L
Longue Marche 2F/921 (1)	21-12-99	50 ?			?	620 ?	15,3 [2]	S
Longue Marche 2E(A)	–	49,7						
Longue-Marche 3B (CZ3B)	14-2-96	54,8	3	4	600	425,8	5 [2]	L
Longue Marche 3C (CZ3C)	–	54,8	3	4	450	346	3,7 [2]	L-L-L
Longue Marche 3B (A)	–	54,8			?	580 ?	7 [2]	L-L-L
Longue Marche 4A (CZ4B)	1998	44,1	3		302	249	4	
Corée du Nord								
Taep'O-Dong-1	31-8-98	26	3	1,3		22		L
États-Unis								
Athena 1 (LMLV)	15-8-95	19,8	22	2,34	131	0,8	66,3	S
2	7-1-98	26	33		131	2	119	
3	?	26	33		226,6	3,6	147	
Atlas-G-Centaur-D1-A	1990	40	2	3,05	192	147		L-L
Atlas IIIA	1999	52,8	3		390	10	218,4	
IIIB	2000	53,1	33	33,81	390	10	225,4	
V 301	2001	58,3			390	10,2	333,3	
V 401	2002	58,3			390	10,2	334	
V 501	2005 ?	58,3			390	10,2	334	
V 521	–	58,3			616	14	426	
V 542	–	58,3			842	18,5	518,8	
V 552	–	58,3			955	20	540,3	
Delta 3914 *	–	35,4	3	2,4	206	191		L-L-S
Delta 3920 PAM	–	35,4	3	2,44	206	192		
Delta II 7326-10	1998	40,3			227	2,7	140	L
II 7425-10	1998	40,3			272	3,1	152	S
II 7925-10	1994	40,3			360	4,9	225,5	
II 7925-10L	1999	41			477	5,7	277	
III 8930	27-8-98	41,1			500	8,2	307	S-L
Delta IV moyen	2001	62,5		5	300	6,76	254	S-L
+ 4M/2	2003	62,5			428	9	292	
+ 5M/2	2004	68,6			428	7,85	293	
+ 5M/4	2005	68,6			331	10	556	
Delta IV lourd	2006	71,6			900	20,5	725	
Kistler K-1	2000	36,9			462	4	382,3	
Minotaur	2000	18	3	1,67	92	0,3	32	
Pegasus XL *	27-6-94	16,5	3		60	0,43	25	
Saturn I	1961	58	2	6,7	721	635		
Saturn I-B	1966	68,3	2	6,6	720	585		
Saturn V	1967	111	3	10	3 350	2 900 [4]		
Scout B	1960	22	3	1,02	206	18		
Taurus	13-3-94	28,2	3 ou 4	2,4	131	1,3		
Titan 2 *		33,5	2	3	195	150		
Titan 4		54	3	5	1 667	862		
Titan 34 D	1981	50	2	3	1 203	680		
Titan 3-C *		38,3	3 [7]	3,05	1 040	631		
Titan 3-Centaur *		30	3 [7]	3,05	1 040	638		
Europe								
Europa 1 à 10	1966-71							
Ariane 1	1979	47,8	3		245	210	4 800 [1]-1 800-1 040 [3]	
Ariane 2 *	1984	49	3		270	210	4 900 [1]-2 175 [2]	
Ariane 3	1984	49	3		270	237	4 900 [1]-2 600 [2]	
					+ 140 (accél.)	237	ou 2 × 1 200 (lancement double) 1 330 [3] – 10 000 [1]	
Ariane 4	1988							
40 (versions avec propulseurs d'appoint)	26-9-93	58	3		270	235	2 000 [3]	
42 L	11-5-93	58	3		405	350	3 350 [3]	
42 P	11-8-92	58	3		420	314	2 740 [3]	
44 L		58	3		540	460	4 946 [3]	
44 LP	11-9-92	58	3		560	406	3 900 [3]	
44 P	29-8-95	58	3		575	349	3 290 [3]	
Ariane 5 [16]	4-6-96	46/57 [17]	3		1 026	746	20 000 [1]-7 000 [3]	
France								
Diamant A	26-11-65	17,9			28	18,4	180 [1]	S-L
Diamant B	10-3-70	23,55			30-40	24,6	250 [1]	
Diamant BP4	6-2-75	21,639			34,8	27	263 [1]	
Inde								
ASLV	1987	24			65	42	150	
GSLV	2000	51	3	2,8	730	402	2 500	S-L
PSLV	20-9-93	44	4	2,8	–	292	1 200	S-L
SLV-3	–	22,7	4			17		
Israël								
Shavit	sept. 88	15	3	1,3		180	200	S
Japon								
H1 *	1986	40,3			220	140	2,2	
H-II	3-2-94	50			406	260'	10	
H-IIA202	2000	53			572	289	10	S
H-IIA2022	2001	53			723	319		S
H-IIA2024	2001	53			874	349		
H-IIA212	2002	53			796	407	17	S-L
H-IIA222	?	53			1 020	525	?	
J-1	12-2-96	33,1	3	1,8	144	88,5	0,72	S
M-5	1997	30,7	3	2,5	420	135	1 800	
M-3C	1974	20,2	3	1,41	194	41,5	195	
M-3H	1977	23,8	3	1,41	218	48,8	290	
M-3S	1980	23,8	3	1,41	221	49,4	300	
M-3S2	1985	27,8	3	1,41	192	61,2	770	
M-4S	1970	23,6	4	1,41	150	43,7	180	
M-5	12-2-97	33	3	2,5	342	125	1,8	S
N1	1975	32,6	3	2,44	149	90,4	800 [1]-130 [3]	
N2	1981	35,4	3	2,44	220	134,7	1 600 [1]-350 [3]	
Russie et Ukraine								
Angara 1.1	2000	35,1		2,9	196	145	1,7	
1.2	2001	44,5			196	170	3,4	
5A	2003	57			980	752	25,2	L
A4	2003	52			?	766	31	
Cosmos 2-M SL-7 « B1 »	1961	30			64,7	49	0,54	
3-M SL-8 « C1 »	1964	32	2		176	109	1,35	

PRINCIPAUX LANCEURS SPATIAUX (suite)

	Année 1er tir	Hauteur (m)	Étages	Diamètre maximal (m)	Poussée (10^4 N)	Masse en charge (t)	Masse de la charge utile sur orbite (kg)	Carburants [1]
ICBM R-9 (moteur RD-111)	1962	–			143,4	–	–	
Cyclone 2 F1/SL-11 (SS-9)	1969	35,3			270	184	2,7	
3 F2/SL-14 (SS-9)	1977	39,3	3	3,6	309	189,5	3,6	L-L-L
R-36M2 « Dniepr » (SS-18)	21-4-99	36,5	3		?	210,8	4,1	S
Energia (3)	1987	70	2	8	3 552	2 400	100	L-L
-M	–	60			1 628	1 050	40	
Kvant	?	–	2		–	242,5	5,5	S-L
N1-L3 (2)	1969	105			4 620	2 700	95	
UR-500K « Proton » (D1-SL9)	1965	44,3			884	562	12,2	
(D1e-SL9)	1967	44,5			884	698	20	
(D1-SL13)	1968	42,3	3	4,1	884	690	20,6	L-L
UR-500KM « Proton M » Breeze	5-7-99	42,3	3		884	700	22	S
KVRB	2000	44,5	4	7,4	884	708	22	S-L
UR-100N « Rockot » (SS-19)	1990	29	3		158	107	1,9	L
Semiorka (R7 Spoutnik)	1957	28	1	2,3	470	267	4,73	L-L
(Luna)	1958	31			470	279		
(Vostok)	1960	35	2	2,6	470	287	5	L-L
(Molnya)	1960	45			470	306	–	
(Soyouz)	1963	49	2	3	470	310	7	L-L
(Progress)	1978	49			470	310	7	
Rus (Soyouz 2)	1999	39,8	3		470	307	7,9	
Rus (Soyouz 2)	2001	44	4		470	311	7,9	L
Soyouz Ikar	1999	43,4			470	305	4,1	
Soyouz Fregat	2000	42,5			470	303	5	
Soyouz ST	2001	46,1			488	305	4,9	
Soyouz ST Fregat	2001	47,5			488	311,5	5,5	
SS N23/Chtil-1 (4)	1998	17			83	40	0,25	
SS25/Start	25-3-93	27	4	1,8	100	47	0,36	S
/Start-1	1995	29			100	60	0,59	
Zenith 2 (2 étages)	1985	57	2		740	460	13,7	
3SL (5)	1999	60	3	3,9	740	472	18	L-L

☞ **Fusées-sondes françaises civiles** (voir Quid 1987, p. 50). Le centre spatial guyanais ne lance plus que des fusées-sondes météorologiques du type *Super-Arcas* pour la mesure du vent en altitude.

1er tir : comme lanceur spatial le 21-4-1999 de Baïkonour avec Uosat (satellite scientifique britannique, 350 kg). **Kvant :** place 5 500 kg en orbite basse ou 900 en orbite de transfert géostationnaire. **Proton :** vocable officiel *Proton K. Proton M,* continuera à être lancé au moins jusqu'en 2010. 4 plates-formes à Baïkonour permettent chacune 12 lancements/an. **Rockot (SS-19) :** à l'origine, missile intercontinental à ergols stockables, déployé à 360 exemplaires. Transformé en lanceur spatial avec un 3e étage (Breeze). Commercialisé par Eurockot (association Krunichev/Daimler-Benz Aerospace). Tiré de Baïkonour ou Plesetsk. **Soyouz :** nouvelles versions avec la Sté Starsem regroupant Aérospatiale, Arianespace, RKA (agence spatiale russe, créée 1992) et TsSKB Progress (centre spatial de Samara où sont assemblés les lanceurs). **Soyouz Ikar :** étage supérieur Ikar construit par TsSKB Progress. Peut placer 4 100 kg sur orbite basse à 450 km inclinée à 51,8° ou 3 300 kg à 1 400 km. **Soyouz Fregat :** étage supérieur développé par le NPO Lavochkine. Peut placer 5 000 kg à 450 km d'altitude ou 2 700 kg en orbite héliosynchrone. **Soyouz ST** et **St-Fregat :** coiffe type Ariane IV, construite par le Suisse Contraves. **Soyouz 2 à 4 étages :** peut placer 7 900 kg en orbite basse ou 2 900 kg en orbite de transfert. **Start** et **Start-1 (SS-25) :** SS-25 « Topol » (peuplier) ou RS-12 M admis au service actif en 1985. Reconverti en lanceur Start. *1er tir :* 25-3-1993 depuis Plesetsk (version 4 étages). A partir de 1997, de Svobodny (« libre »).

■ **Ex-URSS. Historique. Smeorkia :** *15-5-***1957** 1er lancement d'une fusée Korolev R-7 (SK71), missile intercontinental (ICBM) puis lanceur spatial (8K7 1PS, puis 8A91). Utilisée pour le 1er satellite Spoutnik (17-2-1969). *Fusées lancées* (au 31-12-1998) : 1 627. 4 étages propulsifs ; 5 moteurs avec 20 chambres de combustion dont la poussée unitaire (de 24 à 26 t) ne dépassait pas celle d'un V2. Il brûlait un mélange de kérosène et d'oxygène liquide, connu depuis les expériences de Goddard aux USA dans les années 1930. Ses performances étaient inférieures à celles des fusées américaines de l'époque. Le 4e étage, dit Block-L, équipant les Molniya (8K78) et Molniya-M (8K78M), est responsable d'un grand nombre d'échecs, mais il n'est pas produit par la NPO Lavotchine à Khimki. 16 versions différentes. ICBM : 2 versions [R-7 (8K71) et R-7A (8K74)]. 4 tirs en 1957, 6 en 1958 et 16 en 1959. *La variante avec le 3e étage Block-E (8K72)* [1er vol 23-9-1958, a servi aux 1res sondes Luna et aux vaisseaux habités Vostok]. Rebaptisée Vostok-2 (8A92), modifiée en 1966 (8A92M), a été utilisée pour les satellites de reconnaissance Zenith-2, de météorologie Météor, d'écoute électronique Tselina-D, etc. *La version Molniya (8K78),* avec le 3e étage Block-T (moteur RD0107) et le 4e étage Block-L (moteur SI-5400), vol inaugural 10-10-1960, fut utilisée pour les sondes interplanétaires et les satellites de télécommunications Molniya.

La version Voskhod, dotée du 3e étage Block-I (11A57), [1er tir 16-11-1963 (Cosmos-22)] fut utilisée pour les vaisseaux habités Voskhod et les satellites de reconnaissance (Zenith-4). *La Molniya modifiée* (8K78M) [1er tir 19-2-1964] est toujours en service.

La version 11A59, sans étage supérieur, a lancé les 2 satellites manœuvrables Poliot en 1963 et 1964 (prototypes des satellites antisatellites IS, disposent d'un moteur d'injection en orbite). *La version 11A510,* à 3 étages, a lancé les 2 satellites de surveillance océanique US-A en 1965 et 1966 (Cosmos-102 et 125). Les satellites IS et US du constructeur général V.N. Tchelomei ont ensuite été lancés de Baïkonour par Cyclone-2A (puis Cyclone-2 à partir de 1969).

Version Soyouz (11A511) : *1er tir* 28-11-1966 (Cosmos-133). Le 3e étage est un Block-I doté du moteur RD 0110. Un modèle spécifique Soyouz-L, pour tester le module LK destiné à poser un homme sur la Lune, fut utilisé en 1971 (Cosmos-379, 398 et 434). L'avant-projet de la version Soyouz-M (1968) était prévu pour le vaisseau habité 7K-VI (Soyouz militaire) et le satellite de reconnaissance Yantar-2K. Ces 2 projets seront retardés et Soyouz-M servira au lancement de satellites de reconnaissance Zenith-4MT en 1971-1976 (1er tir 27-12-1971 avec le satellite Cosmos-470 à Plessetsk).

Soyouz-U (11A511U), version unifiée pour remplacer les versions existantes (11A57, 11A59, 11A510, 11A511, 11A511M) et destinée également au vaisseau habité 7K-T, au Yantar-2K et à d'autres types de satellites. 1er vol 18-5-1973 avec le satellite. Détruite à 2 reprises, les 14-5 à la 124e s de vol et 21-6-1996 à la 49e s (la mise en orbite intervenant à la 520e s).

Vostok, Soyouz (voir encadré ci-dessus). **Sapwood :** poussée au décollage 196 t ; **Sandal :** poussée 74 t ; **Skean :** poussée 88 t ; **Proton :** poussée 275 t, peut placer 20 t en orbite basse et 5 t en orbite géostationnaire (2 échecs en juillet 1999 et le 27-10) ; **Scarp :** poussée 275 t ; **Cyclone, Zenith** (le 9-9-1998, un Zenith-2 emportant 12 satellites du réseau Globalstar s'écrase au sol 4 min après son décollage de Baïkonour) ; **N1 :** 100 m de hauteur, 7 moteurs à 6 chambres de combustion (soit 42 qui auraient développé une poussée de 10 000 t au décollage), explosa lors du 1er essai en vol le 12-6-1969 sur le pas de tir qui fut dévasté ; de nouveaux essais, en août 1971 et nov. 1972, échouèrent. **Energya :** *1er essai* 15-5-1987, *2e* 15-11-1988 comme propulseur de la navette *Bourane.*

☞ **1980**-*18-3* une fusée 8A92M avec un sat. Météor explose sur une plate-forme de tir à Plessetsk : 51 †. La fusée fut modifiée pour augmenter la sécurité. **1983**-*26-9* une autre prit feu avec le vaisseau habité Soyouz-T10A à Baïkonour.

LANCEMENTS

■ **Marché des lancements de 2000 à 2009.** Nombre de satellites 657 à 894 ; moyenne annuelle 66 à 89 ; valeur 34,6 à 41,6 milliards de $. Répartition du marché minimal *par types d'orbite* (en %) : orbite basse (LEO) 11,5 %, moyenne 15, géostationnaire 71, exploration lointaine 3,5. *par opérateur :* commercial 61, gouvernemental (civil) 23, gouvernemental (militaire) 16 ; *par type de marché :* marché ouvert 42, captif 25, contracté 33.

Marché GEO : *contrats fermes sans les options :* 6,5 milliards de $ dont (en %) Arianespace 57,5 ; ILS (Atlas et Proton) 15,3 ; Boeing (Delta et Sea Launch) 15,3 ; Khrounitchev (lancement de Proton hors ILS) 7,7 ; China Great Wall Industry Corp. (Longue Marche) 3,2 ; Rockot (petit GEO) 0,8.

Marché hors GEO : *contrats déjà attribués :* 1,3 milliards de $ dont (en %) ILS, Boeing, Khrounitchev 94,4, lanceurs Pegase, Start, Cosmos, Rockot 5,6.

Chine : Shenshou (vaisseau divin) : I lancé 19-11-1999 de Jiuquan par fusée Longue Marche LM-2F, vol de 2 h (14 tours de la Terre). II lancé 9-1-2001 de Jiuquan par LM-2F avec des animaux et des cellules microbiennes ; retour 16-1 (108 tours de la Terre) ; longueur 10 m, masse 8 400 kg. *2002 (prév.) :* lancement de cosmonautes chinois (*taïkonautes*).

États-Unis : 31 lancements dont 5 Shuttle (contre 8 prévus en 2001), 8 Atlas (dont la 1re Atlas-3), 7 Delta (dont 1 Delta-3), 3 Sea Launch, 1 Titan-2 et 2 Titan-4B, 2 Pegase-XL, 1 Taurus et 2 Minotaur d'Orbital Sciences Corp. (OSC). Pour ILS, l'an 2000 s'est achevé avec 14 lancement (8 Atlas et 6 Proton) dont seulement 9 étaient des satellites commerciaux (54 succès consécutifs pour la famille Atlas). Au cours de la même période, l'opérateur annonce 11 contrats signés. Pour sa part, l'Europe aligne 12 tirs (8 Ariane 4 et 4 Ariane 5) avec 16 satellites commerciaux (59 succès consécutifs pour Ariane 4). Au cours de la même période, Arianespace a signé 12 contrats de lancements. Quant à Boeing, face à Arianespace et ILS, il ne peut aligner que le Sea Launch en attendant les débuts commerciaux des Delta-3 et 4. Les tirs de Delta-2 concernent, à une exception près, des satellites gouvernementaux civils et militaires.

Japon : lanceur H-2 abandonné ; H-2A retardé en raison de problèmes avec le moteur du 1er étage (LE-7A) ; M-5 arrêté depuis l'échec de février 2000 et J-2 n'en est encore qu'au stade de projet.

Russie : sur 85 lancements il y a eu 4 échecs (M-5, Sea Launch, Cosmos-3M et Cyclone-3). Lors de l'échec de Cosmos-3M, le satellite Quickbird-1 fut placé en orbite avant de rentrer dans l'atmosphère au-dessus de l'Uruguay. Proton et Rockot de Khrounitchev (Moscou), 13 Soyouz du TsSKB (Samara), 2 Zenith-2, 1 Cyclone-3 et 1 Dniepr de Youjnoe (Dniepropetrovsk), 3 Cosmos-3M de Poliot (Omsk) et 1 Start-1 du MIT (Moscou). Pour Proton, ce fut un record absolu. **En 1999,** il y avait eu 2 échecs à cause des moteurs du 2e étage. En 2000, le nouvel étage supérieur, Breeze-M (14S43), a pu être qualifié en vol lors du lancement du satellite Gorizont-45 en juin. Sur les 13 lancements Soyouz, 2 étaient des vols de qualification de la nouvelle version Soyouz-Fregat. **En 2000,** le ministère russe de la Défense a lancé 8 satellites (Cosmos-2369 à 2376). Il s'agit de 3 satellites de reconnaissance optique (1 Yantar-AKFT/Kometa qui est resté 45 jours en orbite, 1 Yantar-4KS2/Neman de 5e génération et 1 Orletz-2/Ienisseï de 7e génération), de 3 satellites de navigation Glonass, 1 satellite-relais Geïzer/Potok et 1 satellite d'écoute électronique Tselina-2. Toutefois, l'échec du Cyclone-3 a provoqué la perte de 3 Strela-3 et 3 Gonetz (un tir de remplacement sera effectué mi-2001). Le reste était des satellites civils du programme fédéral (Rosaviacosmos) ou des satellites commerciaux étrangers. Parmi les satellites nationaux, il y avait 5 satellites de télécommunications produits par la NPO PM de Krasnoïarsk (1 Radouga/Globus-1, 1 Gorizont, 2 Express-A et 1 Sesat) et 1 satellite de navigation Nadejda produit par la PO Poliot d'Omsk.

■ **Lancements totaux. Brésil** (VLS) : *1996 :* 0 ; *97 :* 1 ; *98 :* 0 ; *99 :* 1 (échec) ; *2000 :* 0. **Chine :** *1996 :* 4 ; *97 :* 6 ; *98 :* 6 ; *99 :* 4 ; *2000 :* 5 dont 0 LM-2, 2D ; 4 LM 3, 3A, 3B ; 0 LM-2E, 2F ; 1 LM-4B. **Corée du Nord** (Tacpo Dong) : *1996 :* 0 ; *97 :* 0 ; *98 :* 1 (échec) ; *99 :* 0 ; *2000 :* 0. **États-Unis :** *1996 :* 33 (1 échec) ; *97 :* 38 ; *98 :* 36 (2 échecs) ; *99 :* 33 (4 échecs) ; *2000 :* 31 (1 échec) dont 5 Shuttle ; 8 Atlas ; 6 Delta-2 ; 1 Delta-3 ; 1 Titan-2 ; 2 Titan-4 ; 2 Pegase ; 1 Taurus ; 2 Minautaur ; 0 Athena 1/2 ; 3 Sea Launch de Boeing qui sont en fait des fusées russo-ukrainiennes (Zenith-3SL). **Europe :** *1996 :* 11 (1 échec) ; *97 :* 12 ; *98 :* 11 ; *99 :* 10 ; *2000 :* 12 dont Ariane 4 (8), 5 (4). **Inde** (PSLV). *1996 :* 1 ; *97 :* 1 ; *98 :* 0 ; *99 :* 1 ; *2000 :* 0. **Israël** (Shavit) : *1996 :* 0 ; *97 :* 0 ; *98 :* 1 (échec) ; *99 :* 0 ; *2000 :* 0. **Japon.** *1996 :* 2 ; *97 :* 2 ; *98 :* 2 ; *99 :* 1 (échec) ; *2000 :* 1 (échec) dont 0 H-2 ; 0 J-1 ; 1 M-5. **Russie :** *1996 :* 27 (4 échecs) ; *97 :* 29 ; *98 :* 25 (1 échec) ; *99 :* 28 (2 échecs) ; *2000 :* 36 (2 échecs) dont 13 Soyouz ; 0 Molnya ; 3 Cosmos-3M ; 1 Cyclone ; 2 Zenith-2 ; 14 Proton ; 1 Start ; 1 Dniepr ; 1 Rockot. **Lancements en 2000.** 81 dont Proton 13, Ariane 12. **Vols pilote :** 7 dont 5 à partir de cap Canaveral, 2 de Baïkonour). **Temps passé dans l'espace :** *Américains* 353 j 20 h 13 min avec 26 astronautes (21 hommes, 5 femmes) ; *Russes :* 302 j 11 h 32 min avec 7 hommes. *Japonais :* 24 j 3 h 22 min ; *Allemands :* 11 j 5 h 39 min ; *Canadiens :* 10 j 19 h 58 min. *Total :* 702 j 12 h 44 min. **Lancements totaux réussis :** *1993 :* 80 ; *94 :* 89 ; *95 :* 75 ; *96 :* 69 ; *97 :* 86 ; *98 :* 77 ; *99 :* 70 ; *2000 :* 81 (dont Russie 34, USA 30, Europe 12, Chine 5).

MODES DE PROPULSION

FUSÉES

■ **Principe.** 2 substances chimiques (ergols) réagissent ensemble dans la chambre de combustion en dégageant des gaz très chauds éjectés à 3 à 4 km/s par une tuyère. Il faut faire réagir d'énormes quantités d'ergols pour obtenir une poussée importante dans la direction opposée au jet de gaz.

Poussée de la fusée (F) : exprimée en newtons. Égale au produit de la masse *q* des gaz débités par la tuyère en une seconde par leur vitesse d'éjection *Ve* :

$$F = q \times V_e .$$

Vitesse finale atteinte par une fusée en fin de combustion (Vf) : elle est égale au produit de la vitesse d'éjection des gaz *Ve* par le logarithme népérien du rapport de masse :

$$V_f = V_e \times \ln \frac{M}{M'} = V_e \times 2{,}3 \log \frac{M}{M'} .$$

Influence de la rotation de la Terre : un engin lancé vers l'est et à la vitesse V reçoit du fait de la rotation terrestre une vitesse complémentaire. La vitesse finale V′ = V + (450 × cos *f*) [cos *f* est le cosinus de la latitude du lieu de lancement qui est exprimée en degrés]. V′ maximale à l'équateur (cos *f* = 1).

Droit de l'espace

■ **Comité des Nations unies pour l'utilisation pacifique de l'espace extra-atmosphérique.** *Créé* 1958. *Sous-comités :* juridique ; scientifique et technique. *Secrétariat exécutif :* Bureau des affaires spatiales (office des Nations unies à Vienne).

■ **Traités :** 5. *Traité du 27-1-1967 :* sur les principes régissant les activités des États en matière d'exploration et d'utilisation de l'espace extra-atmosphérique, y compris la Lune et les autres corps célestes. *Accord du 22-4-1968 :* sur le sauvetage des astronautes, le retour des astronautes et la restitution des objets lancés dans l'espace extra-atmosphérique. *Conventions du 29-3-1972 :* sur la responsabilité internationale pour les dommages causés par des objets spatiaux ; *du 14-1-1975 :* sur l'immatriculation des objets lancés dans l'espace extra-atmosphérique. *Accord du 18-12-1979 :* régissant les activités des États sur la Lune et les autres corps célestes.

■ **Résolutions importantes.** *13-12-1963 :* déclaration des principes juridiques régissant les activités des États en matière d'exploration et d'utilisation de l'espace extra-atmosphérique. *10-12-1982 :* principes régissant l'utilisation par les États de satellites artificiels de la Terre aux fins de la télévision directe internationale. *3-12-1986 :* principes sur la télédétection. *14-12-1992 :* principes relatifs à l'utilisation de sources d'énergie nucléaire. *13-12-1996 :* coopération en matière d'exploration et d'utilisation de l'espace extra-atmosphérique compte tenu des besoins des pays en développement. **Accords particuliers :** *1988 :* accord intergouvernemental USA/Europe/Japon/Canada sur une station spatiale internationale.

■ **Traité du 27-1-1967.** Principes de base : le droit de l'espace désigne les textes de droit international public élaborés dans le cadre des Nations unies par son comité des utilisations pacifiques de l'espace extra-atmosphérique (Cupeea-Copuos en anglais), établi en 1958, et de son sous-comité juridique. *Membres :* 61 (l'Agence spatiale européenne y dispose du statut d'observateur).

Accords internationaux : annexés aux résolutions de l'assemblée générale des Nations unies constituant le fondement du droit de l'espace.

Traité sur les principes régissant les activités des États en matière d'exploration et d'uilsation de l'espace extra-atmosphérique, y compris la Lune et les autres corps célestes (10-10-1967) [dénommé le Traité sur l'espace] ;

Sur le sauvetage des astronautes, le retour des astronautes et la restitution des objets lancés dans l'espace extra-atmosphérique (3-12-1968) ;

Convention sur la responsabilité internationale pour les dommages causés par des objets lancés dans l'espace extra-atmosphérique (1-9-1972) ;

Convention sur l'immatriculation des objets lancés dans l'espace extra-atmosphérique (15-9-1976) ;

Accord régissant les activités des États sur la Lune et les autres corps célestes (11-7-1984).

Si les résolutions de l'assemblée générale des Nations unies ont été adoptées par consensus, ou à une très large majorité, les accords n'ont pas obtenu le même soutien, en particulier le traité sur l'espace : une centaine de pays en font aujourd'hui partie (mais 9 seulement ont signé et ratifié l'accord sur la Lune).

– **Article I :** « L'exploration et l'utilisation de l'espace extra-atmosphérique, y compris la Lune et les autres corps célestes, doivent se faire pour le bien et dans l'intérêt de tous les pays, quel que soit le stade de leur développement économique ou scientifique ; elles sont l'apanage de l'humanité tout entière.

« L'espace extra-atmosphérique, y compris la Lune et les autres corps célestes, peut être exploré et utilisé librement par tous les États sans aucune discrimination, dans des conditions d'égalité et conformément au Droit international, toutes les régions des corps célestes devant être librement accessibles. »

« Les recherches scientifiques sont libres dans l'espace extra-atmosphérique, y compris la Lune et les autres corps célestes, et les États doivent faciliter et encourager la coopération internationale dans ces recherches. »

– **Article II :** « L'espace extra-atmosphérique, y compris la Lune et les autres corps célestes, ne peut faire l'objet d'appropriation nationale par proclamation de souveraineté, ni par voie d'utilisation ou d'occupation, ni par aucun autre moyen. »

Prescriptions particulières. Interdiction d'installation d'armes nucléaires ou de destruction massive dans l'espace (art. IV) ; les astronautes sont considérés comme des envoyés de l'humanité (art. V) ; un régime de responsabilité internationale des États parties pour les activités nationales est prévu (art. VI et VII) ; obligation de restitution des objets spatiaux et de retour des astronautes (art. V et VIII) ; obligation d'informer la communauté scientifique mondiale (art. XI) ; accessibilité de toutes les stations et installations, de tout le matériel et de tous les véhicules spatiaux se trouvant sur la Lune ou sur les autres corps célestes (art. XII).

Résolutions non obligatoires. Principes régissant l'utilisation par les États de satellites artificiels de la Terre aux fins de la télévision directe internationale (10-12-1982) ; principes sur la télédétection (3-12-1986) ; principes relatifs à l'utilisation de sources d'énergie nucléaire dans l'espace (14-12-1992) ; déclaration sur la coopération en matière d'exploration et d'utilisation de l'espace au profit et dans l'intérêt de tous les États, compte tenu en particulier des besoins des pays en voie de développement (13-12-1996).

On rattachera à ces accords d'autres accords relatifs au désarmement ou à la protection de l'environnement.

D'autres organisations intergouvernementale sont aussi parties prenantes dans l'élaboration du droit de l'espace : l'Union internationale des télécommunications (un objet spatial n'est rien sans fréquence et sans position orbitale), l'Unesco (la liberté de l'information et l'éthique des activités spatiales), l'Ompi, l'Omm, etc. Des organisations universelles ou régionales de recherche et développement (Esa) ou d'exploitation (Intelsat, Immarsat, Eutelsat) qui se privatisent ou Eumetsat, etc.

Autres accords. Les activités spatiales ne peuvent exister sans coopération internationale (entre États – entre organisations internationales – entre institutions nationales), ce qui conduit à la conclusion d'un grand nombre d'accords bilatéraux ou multilatéraux (participation à des expériences scientifiques, accès aux données scientifiques, réalisation de moyens, etc.). Par exemple, la mission concernant la comète de Halley, l'exploration de l'Univers (Hubble, Soho...) et la connaissance de l'Univers, du Soleil, etc.

Parmi ces accords, l'accord intergouvernemental sur *la station spatiale internationale habitée* (1re version conclue septembre 1988, révisée janvier 1998) pour accueillir la Russie comme partenaire à côté des USA, des pays membres de l'Agence spatiale européenne (Esa), du Japon et du Canada ; accord intergouvernemental multilatéral complété par des mémorandums d'accord entre la Nasa et chacune des agences coopérantes d'autres partenaires.

Codes de conduite (de l'équipage de la station spatiale), chartes et lois spatiales nationales (USA, Russie, Australie, Suède, Afrique du Sud).

☞ Il n'existe pas de « frontière » entre espace aérien et espace extra-atmosphérique, ni de définition juridique de l'objet spatial.

Le droit privé pénètre le droit de l'espace. Des entreprises privées sont dans la commercialisation et la privatisation des activités spatiales. Il s'agit alors de traiter de questions comme le financement, la propriété multiple, l'assurance, le brevet dans l'espace.

Principes novateurs, en comparaison du droit aérien ou du droit de la mer, en particulier : liberté d'exploration et d'utilisation de l'espace par les États, étant entendu que l'exploration et l'utilisation doivent se faire pour le bien et dans l'intérêt de tous les pays, quel que soit le stade de leur développement économique ou scientifique ; non-appropriation de l'espace, sous quelque forme que ce soit [d'où le caractère non recevable de pseudo-actes de propriété de parcelles de terrains sur le sol lunaire (article II du traité de 1967) ; l'espace, est-il dit, est l'apanage de l'humanité tout entière ; les États équatoriaux ne revendiquent plus aujourd'hui la souveraineté sur l'orbite des satellites géostationnaires] ; utilisation pacifique (cette qualification a été et reste encore parfois mal comprise, lorsqu'elle est opposée à militaire) ; les astronautes sont considérés comme « envoyés de l'humanité toute entière » ; les États ont la responsabilité internationale des activités nationales conduites dans l'espace, y compris lorsque ces activités sont exécutées par des personnes de droit privé qui doivent être placées sous juridiction et contrôle de l'État (article VI du traité) ; les objets spatiaux font l'objet d'une immatriculation de la part de l'État de lancement qui a la responsabilité des dommages causés ; coopération internationale, consultation et rôle des Nations unies, dans le cas notamment de pollution et de contamination (article IX du traité).

■ **Actualité.** Avec la multiplication des activités spatiales, des questions nouvelles se sont posées : débris spatiaux, utilisation de sources d'énergie nucléaire, renforcement des droits de propriété intellectuelle.

■ **Centres d'enseignement et de recherche.** **IISL (Institut international de droit spatial) :** *siège :* IAF, 3-5, rue Mario-Nikis, 75015 Paris ; http://www.iafastro.com//iis/iislfra.htm ; *créé* 1959. **ECSL (Centre européen du droit spatial) ;** *siège :* ESA, 8-10, rue Mario-Nikis, 75738 Paris Cedex 15 ; http://edms.esa.int/index.html. **ADDEF (Association pour le développement du droit spatial en France) ;** *siège :* CNES, 2 place Maurice-Quentin, 75001 Paris ; http://www.univ-brest.fr/espace.

Moteur ionique

■ **Origine.** En 1970, 2 propulseurs ioniques du satellite américain SERT-2 ont fonctionné 2 011 h et 3 781 h avant d'être mis hors service par des courts-circuits, puis ils furent remis en service. En 1975, la Nasa a annoncé qu'elle a fait fonctionner 15 000 h un tel micropropulseur.

■ **Principe.** Le moteur dissocie un gaz en ions de charges électriques opposées (le plus souvent un ion lourd et un électron). Les ions sont ensuite accélérés par un champ électrique et éjectés à grande vitesse. *Avantage :* vitesse des ions (15 km/s). *Inconvénient :* on ne peut ioniser que des gaz à faible pression, donc offrant une poussée insuffisante pour arracher une fusée à l'attraction terrestre. Mais la puissance peut suffire pour modifier l'orbite d'un satellite. Le moteur qui éjecte des charges positives a tendance à se charger négativement et à annuler la poussée.

Voile solaire

■ **Principe.** Utiliser la pression de la radiation exercée par la lumière du Soleil sur la surface où elle se réfléchit (propulsion photonique). A la surface de la Terre, l'effet de cette pression est négligeable. Mais dans l'espace interplanétaire, sans pesanteur ni effets parasites, la force ainsi exercée (8 g par 10 000 m²) sur une grande voile faite d'un film de plastique aluminisé serait suffisante pour modifier sa trajectoire. Le pilotage serait réalisé en modifiant la position de la voile par rapport à la direction de la lumière. Une voile de quelques milliers de m², en Nylon métallique ultraléger, pourrait franchir la distance Terre-Lune (300 000 km) en un peu plus de 1 an, à la vitesse d'un cheval au galop. *Avantage :* ne nécessite aucun carburant. *Inconvénient :* difficulté pour plier (avant le décollage) puis déployer dans l'espace une grande surface d'un matériau fragile. *Utilisation pratique :* contrôle de positionnement de satellites. Mariner 10 (1973) s'est orienté au-dessus de Mercure grâce à l'effet de ces « vents » lumineux sur ses panneaux solaires.

☞ **Voile carrée** (Jet Propulsion Laboratory, Californie) 800 m de côté ; épaisseur 2,5 micromètres ; **ronde** (Nasa) 860 m de diam. **Mini-voile** (Cnes et Esa) 200 m de côté. **Voiles hexagonales** de 2 000 m², lancées en 1985 par des associations d'amateurs (UPPP en France, WSF aux USA) dans le cadre d'une course Terre-Lune à la voile. **Voile disque** (forme maintenue par un mouvement de rotation) déploiement facile mais navigation complexe. Znamya (en russe : bannière)-2 (Russie) lancée 4-2-1993, 1re voile solaire testée dans l'espace (voile déformée et froissée : échec). Znamya-2,5 (4 kg, diam. 2,5 m), échec 4-2-1999, devait éclairer Brest (de 1 s à 8 min). **Héliogyre** (Jet Propulsion Laboratory) 12 pales de 7 500 m de long sur 8 m de large.

☞ **Propulsions futuristes :** *Lanceurs :* propulsion associant, simultanément ou successivement, un moteur aérobie (consommant l'oxygène de l'air) pour le vol atmosphérique à un moteur-fusée pour le vol dans le vide. *Satellites : propulsion électrique* pour la stabilisation des satellites et des sondes spatiales : accélère le fluide propulsif. Générateurs de poussée : propulseurs électrothermiques (le fluide est un gaz), ioniques (flux d'ions), plasmiques (plasma globalement neutre). **Propulsion photonique** utilisant la poussée que les photons de la lumière peuvent exercer sur de grandes surfaces légères. Concept de voile solaire.

Satellites artificiels

Définitions

■ **Satellites artificiels.** Objets lancés de façon à décrire autour d'un astre une orbite sous l'effet de l'attraction universelle. **Désignation :** *de 1957 à 1962 :* par le millésime suivi d'une lettre grecque en suivant l'alphabet (au 25e on recommença par $\alpha\alpha$, au 49e par $\beta\alpha$; les débris de fusée ayant le même indicatif plus un chiffre). *Depuis 1963 :* par un numéro d'ordre dans l'année (débris catalogués sous le même no).

■ **Apogée.** Point d'une orbite le plus éloigné de la Terre. Un satellite pourrait s'éloigner à 1 million de km, mais les déformations de l'orbite seraient très importantes et chaque révolution durerait plus de 5 mois. On parle d'*orbite haute* au-delà de 40 000 km [exemples : IMP-4 (494 230 km), Explorer 34 (213 000 km)]. **Géostationnaire : GEO (Geostationary Earth Orbit) :** circulaire à 36 000 km de la Terre, au niveau de l'équateur, parcourue à la vitesse de la rotation terrestre. *Utilisation :* liaisons radio et télé entre centres de diffusion ou en direct dans le monde entier. **Moyenne : MEO (Medium-Earth Orbit) :** inclinés par rapport à l'équateur, orbites moyennes à 10 000 km. *Utilisation :* téléphone, multimédia. **Basse : LEO (Low-Eart Orbit) :** orbite basse (moins de 1 500 km). Satellites les moins chers réunis en constellation. *Utilisation :* téléphonie spatiale (au prix du téléphone mobile).

Les *satellites de télécommunications* opérationnels ont une orbite *géostationnaire* à 35 786 km de la Terre procurant une immobilité apparente. Aux équinoxes, le satellite passe dans le cône d'ombre de la Terre, ses panneaux solaires passant de + 150 °C à – 150 °C ne lui fournissent plus d'énergie.

■ **Périgée.** Point d'une orbite le plus proche de la Terre [*record :* 101 km (Cosmos 169, lancé le 14-11-1969)]. A moins de 250 km d'altitude, en raison du frottement de l'atmosphère, on ne place plus de satellite (sauf satellites de surveillance et de reconnaissance photographiques récupérés quelques jours après leur lancement).

Au-dessus de 200 km, le *freinage atmosphérique* s'affaiblit et le satellite peut vivre plusieurs semaines (à 300 km, plusieurs mois, à 600 km, quelques années). Au-dessus de 400 km, le freinage devient négligeable surtout si le satellite a une forte densité.

Nota. – Pour les satellites d'autres astres, au lieu d'apogée et de périgée, on parle d'*apoastre* et de *périastre*, de *périlune* ou *périsélène* et d'*apolune* ou *aposélène* (satellite de la Lune), d'*aphélie* et de *périhélie* (satellite du Soleil).

Applications technologiques

■ **Connaissance de l'Univers.** Astronomie, astrophysique, études de mécanique céleste et détermination des densités du milieu par diverses mesures [rayonnements, températures, pressions, courants de particules, champs magnétiques et électrostatiques, observations du satellite vers l'extérieur (exemple : systèmes nuageux des astres)].

■ **Connaissance de la Terre.** Localisation et surveillance des bancs de poissons, des pollutions, des nuées d'insectes, des incendies, de l'importance des récoltes ; étude du sous-sol [des variations de teintes révèlent des structures (exemple : les failles géologiques) invisibles quand les clichés sont pris d'avion], mesure de distances intercontinentales à 10 cm près (vers 1950, l'emplacement exact d'îles comme Guam ou Tahiti n'était connu qu'à plusieurs km près), surveillance des régions polaires (déplacements de la banquise et des icebergs), surveillance militaire (mouvements, lancements de missiles).

■ **Navigation aérienne et maritime.** Surveillance du trafic, détermination du point dans les 3 dimensions grâce aux satellites de navigation qui jouent le rôle de balises radio.

■ **Télécommunications.** Liaisons téléphoniques ou télégraphiques, transmission de données, retransmission de programmes TV, etc.

■ **Prévision météorologique.** Des satellites géostationnaires et défilants photographient en permanence la couverture nuageuse et effectuent des mesures thermiques à l'aide de radiomètres opérant dans l'infrarouge.

Applications futures envisagées

■ **Transport d'énergie par satellite.** L'énergie serait transformée sur place en électricité puis transmise sous forme de micro-ondes à un satellite relais (diam. 1 km environ) qui la renverrait vers les régions d'utilisation (économie du transport).

■ **Satellite-centrale solaire.** L'énergie solaire pourrait être captée par un satellite, grâce à des photopiles d'une surface totale de 50 km². Le courant électrique obtenu serait converti en micro-ondes. Une antenne gigantesque émettrait ces micro-ondes vers la Terre. On envisage la mise en orbite géostationnaire de centrales solaires de 5 000 à 10 000 MW (coût : 6,15 milliards de $ sur 14 ans). Projet *Glaser* (ingénieur qui le 1er l'a proposé).

■ **Mise au point de nouveaux matériaux** (non inflammables, isolants, résistant à de hautes températures) : batteries solaires, composants électroniques miniaturisés ; **de médicaments** sous microgravité.

■ Statistiques

■ **Bilan. 1998 :** 82 lancements (dont 5 échecs), 169 satellites lancés. **1999 :** 78 (dont 70 réussites), 120 satellites lancés ; 8 échecs (2 Proton, 2 Titan-48, 1 Delta-3, 1 Athena, 1 H-2, 1 VLS) et 8 satellites perdus (Radouga-38, Express-Al, DSP-19, Milstar-3, Orlon-3, Ikonos-1A, MTSat-1, SACI-2). *USA :* 33 tirs (4 échecs), 56 sat. lancés ; *coût :* 2,2 milliards de $. En outre, problèmes venant de l'étage IUS de Boeing provoquant un retard dans le lancement du sat. Chandra, du moteur RL-10 de Pratt & Whitney clouant au sol les fusées Atlas pendant 5 mois et de la coiffe de Lockheed Martin retardant le démarrage commercial de Space Imaging de 5 mois. Perte des 2 sondes martiennes en décembre. Seul véritable succès : démarrage commercial du lanceur Sea Launch [5 tirs en 2000 (ICO-1, PAS-9, Thuraya-1, XM-1 et XM-2)]. *Pertes de satellites en orbite* [en millions de $] : 781 en 1999 ; 1 433 en 1998 ; *primes d'assurances* [en millions de $] : 977 (1 097 en 1998) ; *profit des assureurs* [en millions de $] : 196 en 1999 (perte de 336 millions de $ en 1998). *Russie :* 28 lancements (2 échecs), 48 sat. lancés. *Europe :* 10 (0 échec), 16 sat. nationaux lancés dont 4 militaires Cosmos contre 101 en 1976. *Autres :* 7 (2 échecs), 12 sat. lancés. **2000 :** 85 lancements (dont 4 échecs), 110 satellites sur orbite et 9 perdus (Astro-E, ICO-1, Quickbird-1, 3 Streal-1, 3 Gonetz-D1).

■ **Bilan des lanceurs** (en 1999). **Brésil :** VLS 1. **Chine :** LM-2C, 2D 1, LM-2E, 2F 1, LM-4B 2. **États-Unis :** Shuttle 3, Atlas 5, Delta-2 10, Delta-3 1, Titan-2 2, Titan-4 3, Pegase 3, Taurus 1, Athena-1/2 3, Conestoga 1, Sea Launch 2. **Europe :** Ariane-4 9, -5 1. **Inde :** PSLV 1. **Japon :** H-2 1. **Russie :** Soyouz 12, Molniya 2, Cosmos-3M 2, Cyclone 1, Zenith-2 1, Proton 9, Start 0, Dniepr 1.

■ **Vols humains** (en 1999). 22 astronautes mis en orbite (14 Américains, 3 Français, 2 Russes, 1 Suisse, 1 Canadienne, 1 Slovaque).

☞ En 2000, les lanceurs Atlas-3A, GSLV, Soyouz-Fregat et Eurockot devraient effectuer leur vol inaugural.

Lancements réussis (de 1992 à 1999)

	1992	1993	1994	1995	1996	1997	1998	1999
Russie	54	47	48	32	23	28	24	26
USA	28	24	26	27	32	37	34	29
Europe	7	7	6	11	10	12	11	10
Chine	4	1	5	2	2	6	6	4
Japon	1	1	2	2	1	2	2	0
Inde	–	–	2	–	1	1	0	1
Israël	–	–	–	1	0	0	0	0
Total	**94**	**80**	**89**	**75**	**69**	**86**	**77**	**70**

■ Records

■ **Satellites les plus gros. Américains :** *Écho 2 :* lancé 25-1-1964, diam. 41,14 m ; sat. passif de télécommunications, constitué par 2 feuilles d'aluminium enserrant une feuille de mylar ; retombé 7-6-1969. *Pegase 1 :* lancé 18-2-1965, en forme d'avion aux ailes déployées de 32 m d'envergure, alt. 495/753 km, révolution en 97 min, retombé 7-6-1969 (15,2 t) ; il apparaissait comme une étoile de magnitude 1.

■ **Satellites les plus lourds. Sur orbite terrestre :** *Skylab 1 :* 90 490 kg (longueur 35,96 m), lancé 14-5-1973, retombé 11-7-1979 ; **lunaire :** *Apollo 15 :* 39 920 kg, lancé 26-7-1971 ; **solaire :** fusée d'*Apollo 10 :* 13 810 kg, lancée 18-5-1969.

■ **Satellites les plus légers. Sur orbite terrestre :** *Tetrahedron Research TRS 2* et *3 :* 0,667 kg, lancés 9-5-1963 ; **lunaire :** *Interplanetary Monitoring Probe 6 :* 68 kg, lancé 19-7-1967 ; **solaire :** *Pioneer 4 :* 5,896 kg, lancé 3-3-1959.

■ **Satellites gonflables. 2000 :** déploiement d'un panneau solaire gonflable à partir du satellite Spartan. **2000-2001 :** expérience d'antenne radar gonflable. **2002 :** vol d'essai d'un véhicule de transfert orbital (Solar Orbit Transfer Vehicle) alimenté par des panneaux solaires gonflables. **2003 :** expérience de voile solaire gonflable destinée à la sonde américaine Deep Space 5. **2003 :** lancement de Deep Space 4-Champollion, qui atterrira en 2006 sur le noyau de la comète Tempel 1. Son moteur ionique sera alimenté par des panneaux solaires gonflables. **2008 :** la Nasa devrait doter son interféromètre radio Arise (Advanced Radio Interferometry Between Space and Earth) d'une antenne gonflable de 25 m.

■ Débris et retombées

■ **Débris. Quantité :** il y aurait 35 100 000 débris (soit 2 000 000 de t) dont 35 000 000 de 0,1 à 1 cm, 110 000 de 1 à 10 cm et 8 000 supérieurs à 10 cm (dont 80 % en orbite basse). **Effets :** aux vitesses atteintes, 1 bille d'acier de 1 cm a autant d'énergie cinétique qu'une masse de 100 kg à 100 km/h. 86 satellites auraient déjà été victimes de « résidus » (exemples : *Cosmos 1275,* soviétique, lancé juin 1981, réduit moins de 2 mois plus tard en 248 morceaux ; *Cerise,* français, lancé juillet 1995, détruit par l'un des 489 morceaux d'une fusée Ariane lancée en 1986). Une station spatiale a, en 3 ans, 30 % de risques de rencontrer des débris. La situation pourrait devenir critique entre 2040 et 2100. 2 manœuvres anticollision ont dû être effectuées par la navette fin 1991.

■ **Retombées. Nombre** (depuis le 4-10-1957) : plus de 15 000. **Quelques cas : 1961** Fidel Castro affirme qu'un morceau de satellite américain a tué une vache cubaine. **1962** à Manitowoc (Wisconsin), un cylindre de Spoutnik 4 de 10 kg environ tombe à l'intersection de 2 rues. L'URSS accepte de payer 2,55 millions de $ de dédommagement. Un réacteur nucléaire *Romachka,* de 508 kg, alimentait le radar de bord, fonctionnant avec une charge de 49 kg de dicarbure d'uranium-235 enrichi. Ferme incendiée en Afrique du Sud. **1964**-*22-4* réacteur américain à Madagascar (satellite *Transit*). **1968**-*18-5* réacteur américain au large de la Californie (satellite *Nimbus*). **1969**-*févr. Lunakhod.* **1970**-*11-4* réacteur américain (fosse des Tonga). **1973**-*30-4* réacteur dans la mer du Japon. **1978**-*24-1* fragments de *Cosmos 954* (soviétique) de 5 t, doté d'une pile nucléaire, au Canada (région de Yellow Knife, près du grand lac des Esclaves) contaminant une région pour plusieurs années. **1979** restes pulvérisés du laboratoire orbital *Skylab* (77,5 t), dans l'océan Indien et en Australie. **1982** *Cosmos 1402* chargé d'un réacteur nucléaire comportant 30 kg d'uranium, retombé en 3 morceaux les 30-12-1982, 23-1 (océan Indien) et 7-2-1983 (Atlantique Sud). **1986**-*21-3 Cosmos 1736* (soviétique), réacteur ou réservoir pulvérisé. **1988**-*30-9* le réacteur nucléaire de *Cosmos 1900,* propulsé sur une orbite à 720 km d'altitude où il restera 200 ans environ ; le reste du satellite (non radioactif) se désintègre le 1-10 au-dessus de l'océan Indien. **1991**-*7-2 Saliout 7* (soviétique) se désintègre, puis tombe dans le nord de l'Argentine. **1993**-*28-10* satellite (chinois selon USA) de 4 t, dont 1 débris de 2 t tombe dans le Pacifique (à 1 600 km à l'ouest du Pérou), après avoir ricoché sur la couche atmosphérique. **1994**-*sept.* débris de *Longue-Marche 3* lancée 21-7 (satellite Apstar-1) tombent en Chine. **1996**-*12-3* restes de Jianbing FSW-1 (satellite militaire chinois placé 8-10-1993 sur une mauvaise orbite) tombent dans l'Atlantique. **2001**-*23-3* retombée de Mir (voir p. 67 c).

■ **Survie des satellites et « débris spatiaux ».** Plusieurs années pour ceux à 300 ou 400 km d'altitude, des siècles pour ceux à 800 km (satellites d'observation de la Terre), indéfiniment pour ceux évoluant à 36 000 km (satellites géostationnaires).

■ Principaux programmes de satellites par pays

■ **ALLEMAGNE.** 6 sat. lancés de Vandenberg (Californie), de Kennedy ou de Kourou, du 8-11-1969 (**Azur,** 72 kg) au 16-1-1976, par fusées Scout, Diamant B ou Titan III. **Rosat (Roëntgensatellit)** lancé 1-6-1990 par Delta, étude des sources X. **TV Sat 1** et **2** (voir p. 60 a). **DFS 1, 2** et **3** (sat. de télécommunication, voir p. 60 a). **Tubsat,** 5 lancés du 17-7-1991 au 26-5-1999 par Ariane 4, Cyclone 3, SHTIL 1/1N et PSLV, communications. **Orfeus-Spas,** 2 largués par navettes STS 51 et STS 60 le 12-9-1993 et 19-11-1996, et ramenés en fin de mission, astronomie UV. **Equator-S** lancé 2-12-1997 par Ariane 44P, géophysique. **Saphir 2** lancé 10-7-1998 par Zenith, communications. **Abrixas** lancé 28-4-1999 par Cosmos, astronomie rayons X (échec). **Champ** (géophysique) lancement prévu en avril 2000 par Cosmos.

■ **AUSTRALIE.** 8 sat. : **Wresat** (lancé le 29-11-1967, de Woomera par Redstone) 50 kg. **Aussat-A1** (27-8-1985, de Canaveral par STS-20) ; **A2** (26-11-1985, de Canaveral par STS-23) ; **A3** (16-9-1987, de Kourou par Ariane) 1 196,5 kg. **Optus** lancés : **B1** (14-8-1992, de Chine par Longue-Marche ; **B2** (21-12-1992), échec ; **B3** (28-8-1994). **Oscar-5** (Australia A0-S) (lancé en 1970 de Vandenberg par Thor Delta) sat. radio-amateur, a fonctionné 46 jours. **Westpac** (lancé en 1998 par fusée russe) géodésie. **Fedsat** (prévu en 2001) 50 kg. **Aries-1** (prévu 2001) 450 kg.

■ **BRÉSIL. Programme MECB : Data Collecting Sat-1** (février 1993) ; **-2** (1995) ; **Remote Sensing Sat-1** (1996) ; **-2** (1997). **Projet CBERS** (avec la Chine) : satellite d'étude des ressources nationales (1 400 kg). Accord en 1993 sur la construction de **CBERS-1** (lancé en 1998) et **-2** (1999) ; *coût :* 200 millions de $. **SCD-2** (23-10-1998 par fusée Pegase XLI).

■ **BULGARIE. Intercosmos-Bulgaria I 300** (350 kg) lancé le 7-8-1981 par fusée soviétique.

■ **CANADA.** 2 sat. **Alouette** (145 et 147 kg) lancés de Vandenberg par Thor Agena B ; 2 sat. **Isis** (237 et 262 kg) lancés du cap Kennedy par Thor Delta ; 11 sat. **Anik** dont 4 lancés par Thor Delta, 2 par la navette spatiale (voir p. 60 a), et 2 par Ariane 4. **Radarsat** : lancé en nov. 1995 (observation de la Terre) 1er sat. à radar à synthèse d'ouverture (RSO) orientable (3,2 t) ; **Radarsat-2** prévu en 2001. Participation au projet de station spatiale internationale (voir p. 68 a) ; télécommunications par satellites, **MSAT,** 1er sat. canadien de télécommunications mobiles mis en orbite en 1996 (voir p. 60 a). **Astronautes. Vols sur navette** (voir p. 66 a).

■ **CHINE.** 43 sat. lancés du 24-4-1970 (**Chine 1** ou Dongfanghong 1, 173 kg) au 1-1-1996 par fusées chinoises, dont le 8-4-1990, **Asiasat 1** (1 250 kg, ex-Westar-6, récupéré en 1984), 1er vrai contrat commercial exécuté par la Chine. **Programme 1993-94 :** 5 sat., dont **Orient rouge** (sat. de 3e génération, 2,2 t, durée 8 ans), **Fengyun** (FY-2) 1er sat. géostationnaire. (Voir aussi encadré p. 52 c). **Programme 1998 :** télécommunications voir p. 60 b. **1999 : FY-1 C** (météo), **SJ-5** (scientifique).

■ **ESPAGNE. Intasat** (24,5 kg) lancé 15-11-1974 de Vandenberg par Thor Delta-104 et **Hispasat** (voir p. 60 b). **Minisat** (optique) prévu.

■ **ÉTATS-UNIS.** 55 sat. **Explorer :** les **9, 19, 24, 39** furent des **ADE (Air Density Explorer) :** sphères en aluminium (diam. 3,65 m, 7 à 9 kg) lancées en 1961, 63, 64, et 68 ; les **14** et **15** appelés **EPE (Energetic Particules Explorers)** étudièrent, en 1962, les ceintures de radiations ; les **29** et **36** furent des sat. de géodésie rebaptisés **Geos 1** et **2** ; les **18, 21, 28, 33, 34, 35, 41, 43, 47** et **50** furent des **IMP (Interplanetary Monitoring Platforms),** ils explorèrent de 1963 à 1973 la magnétosphère (à environ 85 000 km de la Terre) du côté faisant face au Soleil ; le **42** (lancé 12-12-1970) a repéré les sources cosmiques de rayonnement X et fut le 1er *SAS (Small Astronomy Satellite).* **IMP 8** était encore en service début 1991. 3 sat. **Vanguard** dont le **1** *(Pamplemousse),* 1er avec cellules solaires, fonctionna 7 ans ; programme élaboré avec la marine.

Missions technologiques d'essai et d'information-expérimentation. Programme Discoverer (réalisé par l'US Air Force ; 38 opérations entre le 28-2-1959 et le 27-2-1962) ; a créé les techniques de récupération. **Cabine Mercury** 3 fois expérimentée (vide, et avec les chimpanzés Ham et Enos, voir p. 64 c). Le vol **Gemini 1** eut lieu sans équipage et la fusée **Saturn 1** fut mise au point avec les opérations **SA 5, 6, 7.** Les 3 dernières **SA (SA 8, 9, 10)** lancèrent des satellites **Pegasus,** dont les larges ailes donnèrent une idée précise de l'abondance des météorites au voisinage de la Terre (2 perforations par an au m² pour une épaisseur de 0,4 mm). Les fusées à hydrogène **Atlas-Centaur** (aujourd'hui employées pour les engins planétaires et gros satellites de communications) furent perfectionnées avec les vols AC 2 et AC 4. Les opérations Apollo 2 et 5 qualifièrent la fusée **Saturn I-B** et le module lunaire, et les vols automatiques Apollo 4 et 6, **Saturn V** (voir p. 65 a). Soit, au total, 15 expériences de qualification. **Opération Snapshot :** une pile atomique de 500 watts (3-4-1965) teste les conditions de fabrication d'électricité atomique dans l'espace ; le réacteur fonctionne 43 jours. **Sert,** de 1 500 kg, alimenté par 2 panneaux solaires (4-2-1970), expérimente 2 moteurs ioniques au mercure pendant 3 et 5 mois.

ATS (Application Technology Satellite) : 6 sat. lancés depuis déc. 1966, à partir d'une orbite élevée (communications, climatologie, navigation).

Biologie. 4 expériences de biologie spatiale permirent d'étudier, sur des micro-organismes, des plantes ou des animaux, les différents effets des radiations, d'une absence de pesanteur ou d'une pesanteur différente de la nôtre : 3 **Biosatellites** et l'**Opération OFO** (9-11-1970) placèrent 2 grenouilles dans l'eau d'une centrifugeuse (étude de leur oreille interne).

Météorologie et environnement. Tiros : 10 sat. lancés entre le 1-4-1960 et le 2-7-1965 ; de 127 à 136 kg, en forme de tambour, 605 075 photographies montrant les complexes nuageux (22 788 néphalyses transmises en fac-similé) permirent de saisir les mécanismes de la météo et d'envoyer 821 avertissements de tempête. Sur **Tiros 8,** une caméra dite APT (Automatic Picture Transmission) permit la réception directe des images spatiales au moyen de petites stations autonomes, qui bientôt se comptèrent par centaines.

Itos (Improved Tiros Operational Satellite) : 8 sat. lancés entre le 11-12-1970 [1er : 340 kg, alt. 1 450 km, révolution 115 min, appelé Noaa (National Oceanic and Atmospheric Administration)] et le 28-3-1983. Recueille les mesures de courants et les températures océaniques des bouées.

Argos : programme de 1978 à 1990. Localisation et collecte de données opérationnelles (géologie, vulcanologie, agronomie, océanographie, météorologie, pollution,

■ Satellisation

■ **Vitesse.** Pour satelliser sur une orbite de rayon r, il faut communiquer une vitesse telle qu'attraction terrestre et force centrifuge s'équilibrent sur la trajectoire choisie ($F_1 = F_2$) :

$$m\frac{v^2}{r} = \epsilon\frac{Mm}{r^2} \rightarrow v^2 = \epsilon\frac{M}{r}.$$

La vitesse à communiquer est d'autant plus forte que r (ou l'altitude h) est faible.

Pour communiquer de telles vitesses, les fusées comportent généralement de un à quatre étages, ce qui permet de se débarrasser, au fur et à mesure de la combustion, d'une masse devenue inutile. Lorsqu'il se trouve à l'altitude désirée, le dernier étage restant de la fusée est horizontal, et accéléré pour atteindre la vitesse de satellisation ; à la fin de cette phase, l'ensemble se situe au point d'injection du satellite, qui se sépare de la fusée porteuse.

Vitesse minimale (en m/s). Au départ de la Terre pour se placer sur une orbite polaire à 200 km : 8 020 ; **équatoriale à 200 km** (dans le sens de la rotation de la Terre) : 7 585 ; *pour quitter* l'attraction terrestre : > 11 200 ; le système solaire : 16 662. **Au départ d'une orbite circulaire à 200 km de la Terre (7 800 km/h) :** *accroissement de vitesse pour s'éloigner à 1 000 km de l'orbite :* 220 m/s ; *2 000 km :* 468 ; *5 000 km :* 960 ; *10 000 km :* 1 522 ; *20 000 km :* 2 065 ; *50 000 km :* 2 640 ; *100 000 km :* 2 747. *Pour pénétrer dans le domaine lunaire :* 3 090 m/s. *Pour atteindre Vénus :* 3 590 m/s ; *Mars :* 3 700 ; *Mercure :* 6 185 ; *Jupiter :* 6 310 ; *Saturne :* 7 280 ; *Uranus :* 7 970 ; *Neptune :* 8 240 ; *Pluton :* 8 360.

■ **Altitude.** L'altitude pratique minimale pour placer sur une orbite terrestre un satellite est de l'ordre de 250 km. A 2 000 km d'altitude, la vitesse de satellisation n'est plus que de 6,9 km/s.

■ **Inclinaison** de l'orbite d'un satellite sur l'équateur. Si l'inclinaison est nulle, il sera dit *équatorial* ; si elle est forte ($\simeq 90°$), il sera dit *polaire.*

■ **Période de révolution.** Plus l'orbite est basse, plus la vitesse est élevée et la distance à parcourir courte. Les satellites les plus bas ont donc les périodes de révolution les plus courtes. Par exemple, Cosmos 298 (1969) (périgée 127 km, apogée 162 km) avait une période de 87,3 min. Heos (1968) (périgée 418 km, apogée 223 440 km), 4 jours 17 h 13 min.

■ **Perturbations du mouvement.** Si le satellite est proche de la planète, il pourra subir une perturbation car la répartition des masses n'est pas uniforme sur la planète. En effet, la formule $F = \frac{kmm'}{r^2}$ appliquée à l'ensemble de la planète ne tient pas compte de la distribution des masses, mais suppose qu'elles sont concentrées au centre de gravité de celle-ci.

Un satellite éloigné de sa planète subit en outre les attractions des autres astres.

■ Libération

Énergie totale communiquée à une charge :

$$E_t = \frac{1}{2}m\,v^2 - \frac{\epsilon Mm}{r}.$$

Pour que la charge lancée d'un point de la Terre (de rayon R) s'éloigne indéfiniment, il faut que son énergie totale soit positive ; la vitesse minimale de lancement, ou vitesse de libération, est telle que :

$$\frac{1}{2}m\,v^2 - \frac{\epsilon Mm}{R} > 0 \rightarrow v \geqslant \sqrt{\frac{2\epsilon M}{R}}.$$

Cette expression est une approximation qui admet que la vitesse de libération est communiquée instantanément au niveau du sol. En pratique, elle signifie que l'énergie cinétique doit être suffisante pour vaincre l'énergie potentielle d'attraction. Si la vitesse est communiquée progressivement, la variabilité de l'attraction avec l'altitude rend l'expression plus complexe. La résistance de l'air a aussi été négligée.

On trouve $v \geqslant 11{,}2$ km/s.

■ Éléments de trajectoire

■ **Forces auxquelles est soumis le satellite de masse *m*** qui décrit une trajectoire (que nous admettons circulaire pour simplifier) de rayon r (à l'altitude h), à la vitesse v autour du centre de la Terre de masse M et de rayon R ($r > R$) : *attraction terrestre* (loi de Newton),

$$F_1 = \epsilon\frac{Mm}{r^2} \quad \text{avec} \quad \epsilon = 6{,}67 \times 10^{-11}\ \text{S.i.}$$

(constante de gravitation universelle) ;

force centrifuge $F_2 = m\,\frac{v^2}{r}$

■ **Énergie totale (E_t) du satellite** sur la trajectoire : $E_t^u = E_p^u + E_c^u$ avec :

$$E_p^u = F_1 \times r = \epsilon\frac{Mm}{r} = \epsilon\frac{Mm}{(R+h)}$$

(énergie potentielle acquise dans l'ascension sur une orbite de rayon r).

$$E_c^u = \frac{1}{2}m\,v^2 \text{ (énergie cinétique).}$$

Le mobile lancé décrit une orbite ayant généralement la forme d'une ellipse dont le centre de la Terre est un foyer.

■ **Pour une altitude de 1 000 km, la vitesse initiale est** $V_0 = 7\,349$ m/s.

La durée de révolution T_0 égale à $\frac{2\pi r_0}{V_0}$ (r distance du centre de la Terre au point de satellisation) est de 6 283 s, soit 104 min 43 s.

Pour une vitesse inférieure à V_0, le satellite se rapproche de la Terre ; *supérieure,* le point de lancement est son périgée. *Pour une valeur déterminée de la vitesse* V_0, la trajectoire, au lieu d'être elliptique, devient parabolique, le satellite s'éloigne indéfiniment de la Terre. La valeur particulière $(V_0)_p$ de la vitesse parabolique est donnée par la formule :

$$(V_0)^2{}_p = \frac{2\epsilon M}{r} = 2\,(V_0)^2.$$

Ainsi, à 1 000 km d'altitude, on aurait : $(V_0)_p = (V_0) \times \sqrt{2} = 10\,395$ m/s.

■ **Pour déterminer la vitesse du projectile par rapport au Soleil,** il faut composer la vitesse restante par rapport à la Terre avec la valeur qu'avait cette dernière par rapport au Soleil au moment du lancement (environ 30 000 m/s).

■ **Pour déterminer la vitesse relative par rapport à la Terre,** on doit tenir compte de la vitesse de rotation de la Terre sur elle-même. Suivant que le lancement est fait vers l'est ou vers l'ouest, la rotation de la Terre introduit un appoint positif ou négatif à la vitesse de lancement : $450 \times \cos\varphi$ m/s, φ étant la latitude du lieu de lancement.

■ **Pour envoyer une sonde vers une planète du système solaire.** Quand elle arrive à proximité, on lui imprime une orbite autour du Soleil, tangente à celle de la planète visée. *Si la planète est plus éloignée* du Soleil que la Terre (cas de Mars, Jupiter, Saturne, Neptune, Pluton), la sonde doit s'éloigner du Soleil : on fait en sorte que, après avoir échappé à l'attraction de la Terre, elle se dirige dans le même sens qu'elle et plus vite. *Si la planète est plus proche* (Mercure, Vénus), la sonde doit être dotée d'une vitesse instantanée moins grande que celle de la Terre ; après l'avoir arrachée à l'attraction terrestre, on la lance non plus vers l'avant de la Terre, mais vers l'arrière, ce qui lui donne une vitesse plus faible par rapport au Soleil.

etc.) recueillies par 400 bouées dérivant dans les mers du Sud et 300 ballons dans la haute troposphère (15 km). 5 sat. géostationnaires, dont Météosat ; 2 sat. à défilement sur orbite polaire ; 8 sat. américains (dont 2 simultanément en fonctionnement : Tiros N et Noaa-A).

Nimbus : 7 sat. lancés les 28-8-1964, 15-5-1966, 14-4-1969, 8-4-1970, 11-12-1972, 12-6-1975 et 24-10-1978 présentant des panneaux de cellules au Soleil et braquant vers la Terre des caméras et des spectromètres.

Essa (Environmental Science Service Administration) : 9 sat., lancés les 3-2-1966, 28-2-1966, 2-10-1966, 26-1-1967, 20-4-1967, 10-11-1967, 16-8-1968, 15-12-1968, 26-2-1969 ; certains ont sauvé des cités (Gomez Palacios et Torrean, au Mexique, menacées d'inondation).

SMS 1 (Synchronous Meteorological Satellite) : lancé 17-5-1974. 627 kg ; 1er sat. météorologique sur orbite géostationnaire.

Goes (Geostationary Operational Environmental Satellite) : participe au Garp (Global Atmospheric Research Program), 6 sat. lancés du 16-10-1975 au 28-4-1983.

AEM (Application Explorer Mission) ou **HCCM (Heat Capacity Mapping Mission)** : 26-4-1978. Alt. 620 km ; étude thermique de la Terre.

Seasat 1 : 26-6-1978, tombé en panne 10-10-1978. 2 300 kg, alt. 800 km, révolution 101 min ; porteur de 4 émetteurs radar et d'un radiomètre infrarouge pour l'étude des océans.

Sage (Stratospheric Aerosol and Gas Experiment) : 18-2-1979. 147 kg, alt. 600 km ; mesure les concentrations en aérosols, l'ozone de l'atmosphère.

Solar Mesosphere Explorer : 6-10-1981. 437 kg, alt. 530 km, révolution 95 min ; études des interactions entre le rayonnement solaire, l'ozone atmosphérique et les autres composants de l'atmosphère terrestre.

Active Magnetospheric Particle Tracer Explorers : 16-8-1984, avec G.-B. et Allemagne fédérale.

Uars (Upper Atmospheric Research Sat.) : 13-9-1991. 7 tonnes, alt. 579 km ; 630 millions de $; programme jusqu'en 2020 ; observation de la haute atmosphère (ozone, vents stratosphériques, etc.).

Topex-Poséidon (voir p. 58 c).

Spartan : 1 290 kg (mission Atlas), déployé 10-4-1993 et récupéré 13-4 par Discovery ; observation de la haute atmosphère et du Soleil.

Noaa-13 : lancé 9-8-1993 (contact perdu fin août), par fusée Atlas E ; 77 millions de $ (selon la commission d'enquête, une vis de 3,2 cm fixant un panneau d'aluminium aurait provoqué un court-circuit). **-14 :** lancé 30-12-1994.

Télédétection des ressources terrestres. Programme Landsat [ex-ERTS (Earth Ressources Technology Satellite)], 5 sat. lancés du 23-7-1972 au 1-3-1984 (résolution 30 m). **Landsat-6** (5-10-1993) sans vision du relief (résolution 15 à 20 m), perdu depuis le 9-10-1993. **-7** (1998) avec vision stéréoscopique et résolution jusqu'à 5 m.

Atlas (ATmospheric LAboratory for Implications and Science) : programme d'étude globale de la Terre (Mission Planète Terre) prévu depuis 1991 sur 10 missions de navettes. **Atlas-1** (mars 1992), **-2** (avril 1993), **-3** (nov. 1993, sur Atlantis), **-4** (projet).

Polar : 22-2-1996 ; étude des aurores boréales.

Early Bird : lancé 25-12-1997 de la base russe de Svobodny, 493 kg, observation de la Terre.

Programme SSTI (Small Spacecraft Technology Initiative) : Lewis (288 kg) lancé 22-8-1997, retombé 28-9 et **Clark** (278 kg) abandonné févr. 1998.

Programme New Millenium : Earth Orbiter-1 comprenant un Advanced Land Imager (ALI) d'une résolution de 10 m en panchromatique et 30 m en hyperspectral ; 28-5-1999.

☞ **Projets : Orbimage** (coût 250 millions de $), **Space Imaging** (500 millions de $). **Programme ESSP (Earth System Science Pathfinder) : Vegetation Canopy Lidar** (prévu en 2000) et **Gravity Recovery Climate** (prévu en 2001).

Astronomie et géophysique. Satellites auxquels on confie des observations impossibles depuis la surface de la Terre (notamment parce que l'atmosphère intercepte presque tous les rayonnements autres que la lumière visible).

Ogo (Orbiting Geophysical Observatory) : 6 sat. lancés du 5-9-1964 au 5-6-1969.

Oso (Orbiting Solar Observatory) : 8 sat. lancés du 7-3-1962 au 21-6-1975.

OAO (Orbiting Astronomical Observatory) : 3 sat. lancés du 8-4-1966 au 30-11-1970.

Solrad : 11 sat. lancés du 22-6-1960 au 5-3-1976.

SMM (Solar Maximum Mission) : lancé 14-2-1980. 2 315 kg, alt. 570 km ; études des éruptions solaires pendant l'année du maximum d'activité solaire. 1er satellite réparé en orbite (12-4-1984), retombé 2-12-1989 au-dessus de l'océan Indien, au sud-est du Sri Lanka.

SAS (Small Astronomy Satellite) : 3 sat. lancés en 1970, 1972 et 1975 ; étude des sources célestes des rayons X.

Heao (High Energy Astronomy Observatory) : 3 sat. lancés : **1er** : 12-8-1977. **2e** : 13-11-1978 appelé « Observatoire Einstein », longueur 6,7 m, diam. 2,4 m, masse 3 175 kg ; 1er observatoire spatial capable d'être pointé (avec une précision de 1′) dans une direction donnée pour collecter le feu de rayonnement X émis par une source donnée ; a fonctionné jusqu'en avril 1981, a détecté plus de 10 000 sources célestes de rayonnement X, de nombreuses galaxies et certains quasars. **3e** : 20-9-1979.

Isee (International Sun Earth Explorer) : 3 sat. lancés en 1977 et 1978. Isee-3 a observé la comète Giacobini-Zinner le 11-9-1985.

Magsat : 30-10-1979 ; étude du champ magnétique terrestre ; retombe en juin 1980.

Cobe (Cosmic Background Explorer) : lancé 18-11-1989. Mesure le rayonnement thermique 3 K du fond du ciel, considéré comme un vestige du big bang. A donné sa température précise : 2,735 K. A l'issue de plus de 300 millions de mesures sur 3 ans et demi, il a confirmé des variations infimes de cette température postulées par la théorie du big bang (voir p. 36 c). Mis hors service par la Nasa fin 1993.

CGRO (Compton Gamma-Ray Observatory) : lancé 17-4-1991 par Atlantis, 15 620 kg, alt. 460 km, 4 gamma télescopes ; 150 sources détectées confirmant le caractère « cataclysmique » de l'Univers. Détruit le 4-6-2000.

HST (Hubble Space Telescope) : placé en orbite le 25-4-1990 (voir p. 49 a).

Euve (Extreme UltraViolet Explorer) : lancé 29-5-1992 par Delta. 3 400 kg, alt. 550 km, 4 télescopes de 40 cm ; mesure les rayonnements ultraviolets des étoiles les plus chaudes dans des longueurs d'onde considérées jusqu'ici comme inaccessibles.

Wind : lancé 1-11-1994 par Delta. 1 200 kg, alt. 450 000 km, orbite 185 km ; mesure la masse et l'énergie des particules éjectées par le Soleil.

Programme Small Explorer (Smex) : Toms-Ep lancé en juillet 1996, **Fast** lancé en août 1996, **Trace (Transition Region and Coronal Explorer)** lancé 2-4-1998 (pour l'étude du Soleil), **Swas** lancé 5-12-1998 (étude des étoiles), **Wire** lancé le 26-2-1999, **Hessi** (voir p. 61 c) et **Galex** prévu en 2001.

Axaf (Advanced X-Ray Astrophysics Facility) : observation haute résolution des sources de rayons X. Projet coûteux remplacé par 2 satellites plus petits : **Axaf-I** (imagerie) 23-7-1999. **Axaf-S** (spectroscopie) prévu.

Deep-Space 3 (réseau interférométrique d'étude des étoiles lointaines ; 3 engins en ligne sur 1 km, orbite héliocentrique).

Communications. Depuis 1959, on a expérimenté : sat. enregistreur **(Score** et **Courier)**, le ballon réflec[teur] **(Écho 1** et **2)**, le sat. actif de défilement **(Telstar 1** et 3 **et Relay 1** et **2)**, la ceinture d'aiguilles **(West F**[ord]**)**, sat. actif géostationnaire **(Syncom 2** et **3)**, formule par **Intelsat** (voir p. 59 c). [...]0 km

Navigation. Transit : 15 sat. (de 50 à 80 kg, alt.[...] [n]avires environ ; révolution 107 min, orbite polaire)

font le point, quelles que soient heure et conditions météo. Système complété par GPS. **Navstar :** 25 sat. opérationnels (n° 25 lancé 28-3-1996 sur 6 plans orbitaux (4 sat. par plan, espacés pour une couverture permanente du globe), inclinaison 55°, alt. 20,2 km, période 12 h. Permet la localisation continue de tout mobile, y compris aérien, dans les 3 dimensions. Erreur maximale selon code d'accès : 20 m (militaires alliés) ou 100 m (autres). **Nova :** 3 sat. (1er lancé 15-5-1981 ; alt. 1 110 km) améliorant le réseau précédent.

GPS (Global Positioning System) : développé et géré par la Défense des USA. *Services standard :* accessible à tous gratuitement, opérationnel depuis décembre 1993 ; jusqu'au 1-05-2000, performance limitée par le système de contrôle américain à 100 m en horizontal pour les usagers civils ; maintenant précision de 20 m. *Composition :* 24 sat. sur 6 orbites circulaires à 20 000 km d'altitude ; installations au sol sur territoire américain ou dans des bases d'outre-mer. Par la mesure du temps de propagation et du décalage Doppler des signaux émis par les satellites, le récepteur détermine sa position, sa vitesse et recale son horloge par rapport à un temps mondial de référence.

Glonass : équivalent russe du GPS. *Composition :* 24 sat. sur 3 orbites à environ 19 000 km d'altitude. *Service :* similaire au GPS. 13 sat. seulement sont opérationnels sur les 24 nécessaires.

Concept CNS/ATM adopté en 1991 par OACI (Organisation de l'aviation civile internationale). Opérationnel en 2001/2003. Complète le GPS par des systèmes régionaux formés d'une composante sol de surveillance et d'élaboration d'un message spécifique réémis en direction des utilisateurs via une composante spatiale géostationnaire. 3 programmes permettent sans assistance « sol » les atterrissages de précision catégorie 1, pour lesquels le pilote n'a la piste en visuel qu'à une hauteur de 200 pieds : le *Waas* [Wide Area Augmentation (to GPS) System] (USA) ; *Egnos* (European Geostationary Navigation Overlay System) (Europe) ; *MSAS* (Multifunctions Satellite Augmentation System) (Japon). GPS, Glonass et leurs compléments régionaux forment le *Global Navigation Satellite System 1*.

Géodésie. 10 sat. **Secor** permet des triangulations radio-électriques à 10 m près, la précision métrique étant atteinte avec les sondages par laser (que permettent 4 sat. Explorer). 4 sat. **Geos. Lageos (Laser Geodynamic Satellite) 1** lancé 6-5-1976. 411 kg, alt. 5 900 km, sphère de 60 cm dont la surface comporte 426 réflecteurs pour renvoyer au sol des échos laser. 2 lancé en 1990, construit par l'Italie.

Engins de coopération fabriqués par divers pays. Voir G.-B., Canada, Australie, Allemagne, *France* (FR-1 et Éole), Italie.

Programmes militaires spécifiques (voir aussi le chapitre **Défense**). Nombreux lancements, dont beaucoup de multiples.

Surveillance. Exemples : **Samos (Satellite and Missile Observatory System)** 1960-63. **Lasp (Low Altitude Surveillance Platform)** depuis 1971, 1er lancement réussi 24-5-1960 ; alt. de 430 à 444 km. Actuellement : **Big Birds** (satellites-caméras de 11 t), construits par Lockheed pour US Air Force, larguent des capsules contenant les films.

Réseau Vela Hotel (alerte avancée) : alt. 110 000 km, lancé par paires à 6 reprises (dernière 8-4-1970) pour constater que le traité de Moscou de 1963 (interdiction des explosions atomiques dans l'atmosphère) était observé. **Midas** pour détecter les missiles. **Imews (Integrated Multipurpose Early Warning Satellite)** prolongent ce programme ; depuis une orbite géostationnaire, ils doivent signaler, grâce à des détecteurs infrarouges, tout lancement de fusée ou toute entrée d'ogive dans l'atmosphère.

DMSP (Defense Meteorological Satellite Program) satellites de l'US Air Force.

Des opérations spéciales ont eu lieu dans le cadre des programmes **Arpa-X** (satellites **LCS** ou **Dash** notamment, pour calibrer les radars) et **Saint (SAtellite INTerceptor)** en vue d'abordage et d'identification de satellites par des vaisseaux d'inspection.

Nota. – Les Américains seraient prêts à mettre sur le marché des images d'origine militaire dont la résolution serait inférieure à 5 m.

Recherche (Nasa). Lancements militaires pour des recherches concernant matériaux, radiations et techniques : **Ers (Environmental Research Satellite) ; Ov (Orbiting Vehicle)** exemple **Ov 3-6** qui fut un **Atcos (ATmospheric COmposition Satellite) ; Surcals (SURveillance CALibration Satellite,** programme réalisé par l'US Air Force) ; opérations pour une étude des radiations **(Hitchhiker, Radiation Satellite Radose, Starrad, Starflash) ;** opérations d'étude de la haute atmosphère **(Calsphere, Bluebell, Cannon Ball).** Ces opérations ont été souvent confiées à des engins du type Transtage (véhicule piloté constituant l'étage supérieur d'une fusée Titan III et conçu pour larguer plusieurs charges sur des orbites différentes). **Lanceurs** (voir p. 52 b).

■ **EUROPE** (voir p. 68 b).

■ **FRANCE. Secteur spatial français** (1994). 17 000 emplois dont 12 000 dans l'industrie. *Prospace* (fondé 1974) réunit une centaine de sociétés et d'organismes dans un groupe d'intérêts économiques pour les activités spatiales françaises.

Satellites. Sauf indication contraire, toujours en orbite mais hors service (sauf Starlette, Spot-2 et 3, Topex-Poséidon, Stella, Hélios 1 A et 1 B).

A-1 (Astérix) [lancé 26-11-1965 à 15 h 47 d'Hammaguir (Algérie) par fusée Diamant A] : capsule technologique 1 ; orbite initiale 509/2 276 km, 38 kg, révolution (au 31-12-1989 : 523/1 723 km, 107,8 min), a cessé d'émettre le 26-11-1965.

FR-1 [6-12-1965 de Vandenberg (USA) par Scout (amér.)] : étude de la magnétosphère ; orbite initiale 780 km, 62 kg, révolution 100 min (au 31-12-1989 : 710/721 km ; 99,1 min), a cessé d'émettre le 28-2-1969.

D-1A (Diapason) [17-2-1966 d'Hammaguir par Diamant A] : études technologiques (mise à l'épreuve de matériels français) et scientifiques (géodésie) ; orbite initiale 503/2 756 km, 18,5 kg, révolution 118,14 min (au 31-12-1989 : 502/2 541 km, 116,5 min), a cessé d'émettre le 23-1-1972.

Diadème 1 (D-1C) [8-2-1967 d'Hammaguir par Diamant A] : études scientifiques (géodésie par moyens laser et Doppler) ; orbite initiale 572/1 353 km, 20 kg, révolution 102,5 min (au 31-12-1989 : 554/1 145 km, 101,9 min), a cessé d'émettre le 2-1-1970.

Diadème 2 (D-1D) [15-2-1967 d'Hammaguir par Diamant A] : orbite initiale 592/1 886 km, 20 kg, révolution 109,5 min (au 31-12-1989 : 586/1 779 km, 109,1 min), mission identique à celle de Diadème 1, a cessé d'émettre le 5-4-1967, mais a été utilisé pour des observations optiques et des échos laser, fin de vie 16-9-1968.

Péole (préliminaire à Éole) [12-12-1970 de Kourou (Guyane) par Diamant B-2] : orbite initiale 516/748 km, 58 kg, révolution 97,21 min (au 31-12-1989 : 590/665 km, 97,3 min) ; géodésique sur orbite équatoriale, a cessé d'émettre le 23-3-1972, fin de vie 16-6-1980.

D-2A (Tournesol) [15-4-1971 de Kourou par Diamant B-3] : orbite initiale 455/703 km, 96 kg, révolution 96,3 min ; étude du Soleil et de l'hydrogène autour de la Terre et dans l'espace ; a cessé d'émettre le 22-7-1973, rentré dans l'atmosphère le 28-1-1980.

Éole [16-8-1971 de Wallops Island (USA) par Scout] : orbite initiale 678/960 km, 80 kg, révolution 100,7 min (au 31-12-1989 : 660/856 km, 100 min.) ; météorologique (étude de la circulation des vents dans l'hémisphère austral). La disparition progressive des ballons qu'il devait interroger l'a rendu disponible pour : étude des courants marins, des mouvements des icebergs, trajectographie de navires avec transmission de messages, localisation de véhicules terrestres, mesures météo., expériences technologiques. Fin de vie en juillet 1974.

D-2A (Polaire) [5-12-1971 de Kourou par Diamant B-4] : n'a pu être mis sur orbite, 96 kg, devait analyser l'émission Lyman Bêta de l'hydrogène.

Sret-1 (Satellite de recherche et d'études technologiques) [4-4-1972 de Plessetsk (URSS) par fusée soviétique en même temps qu'un sat. Molniya] : orbite initiale 480/39 248 km, 15 kg, révolution 12 h 15 min, étude de la dégradation des cellules solaires en couches minces sous l'effet des particules chargées ; rentré dans l'atmosphère le 14-7-1973, fin de vie 26-2-1974.

Symphonie 1 et 2, 1974 et 1975 (voir p. 61 a).

Starlette (Satellite de taille adaptée avec réflecteur laser pour l'étude de la Terre) [6-2-1975 de Kourou par Diamant BP4 n° 1] : orbite initiale 806/1 109 km, 47 kg, révolution 104 min (au 31-12-1989 : 806/1 108 km, 104,2 min) ; sphère d'uranium de 24 cm de diam. avec des réflecteurs pour la télémétrie laser ; géodésique, permit de mesurer la dérive des continents et de voir que les USA s'éloignaient de l'Europe d'environ 2 cm par an.

D-5A (Pollux) [15-5-1975 de Kourou par Diamant BP4] : orbite initiale 277/1 277 km, 37 kg, révolution 100,3 min ; destiné à tester un micro-propulseur à hydrazine, rentré dans l'atmosphère le 5-8-1975.

D-5B (Castor) [17-5-1975 de Kourou par Diamant BP4 n° 2] : orbite initiale 277/1 275 km, révolution 100,3 min ; expérimentation d'un micro-accéléromètre de haute précision ; réplique des sat. **Castor** et **Pollux** dont la mise en orbite échoua le 22-5-1973 ; rentré dans l'atmosphère le 18-2-1979.

Sret-2 [5-6-1975 d'URSS par fusée soviétique avec un sat. Molniya] : orbite initiale 400/40 000 km, 30 kg, révolution 12 h (au 31-12-1989 : 513/40 825 km, 737,8 min) ; devait qualifier un système radiatif cryogénique passif qui sera utilisé sur Météosat (voir p. 68 b) ; arrêt d'exploitation déc. 1980.

D-2B (Aura) [27-9-1975 de Kourou par Diamant BP4] : orbite initiale 503/715 km, 120 kg, révolution 96,8 min ; étude du rayonnement ultraviolet du Soleil et des étoiles ; a cessé d'émettre le 28-12-1976, rentré dans l'atmosphère le 30-9-1982.

D-2B Gamma (rebaptisé **Signe 3)** [17-6-1977 d'URSS par fusée soviétique] : orbite initiale 480,96/512,11 km, 102 kg, révolution 94,532 min ; étude des sources célestes de rayons gamma, retombé le 20-6-1979.

Cat-01 [24-12-1979 de Kourou par Ariane L01 (qualification)] : orbite initiale de 202,6 à 35 996 km, révolution 634,5 min ; rentré dans l'atmosphère le 31-12-1989.

Cat-03 (19-6-1981 de Kourou par Ariane L03). Mission identique à celle de Cat-01 : orbite initiale 201/36 173 km, révolution 636,3 min (au 31-12-1989 : 239/31 607 km, 552,4 min), fonctionnement normal 96 h, mesure caractéristique trajectoire.

Arcad-3 [21-9-1981 de Plessetsk (URSS) par fusée soviétique] : orbite initiale 380/1 920 km, 1 000 kg, révolution 108,2 min ; franco-soviétique, étude des phénomènes magnétosphériques.

Télécom (1984-91, voir p. 61 a).

Thésée (20-12-1981 de Kourou par Ariane L04) : orbite initiale 199/36 051 km, révolution 636 min (au 31-12-1989 : 255/32 812 km, 575,2 min), mesure de la densité électronique du plasma de l'éclairement solaire moyen ; a cessé d'émettre le 9-1-1982.

Spot (Satellite pour l'observation de la Terre) : en 1976, le Cnes propose à l'Esa un système probatoire d'observation de la Terre (Spot) qui n'est pas retenu, en 1978 une codécision française, belge et suédoise est prise. Le 1-7-1982, le Cnes crée avec 13 actionnaires la Sté Spot Image pour la commercialisation des images. 4 sat. de 700 kg avec à leur bord 2 télescopes fournissant des images de la Terre de 10 m de résolution (en noir et blanc), 20 m (en couleur) et une vision stéréoscopique permettant de restituer le relief (par traitement informatique et imagerie virtuelle). *Budget (1978-2001) :* 15 milliards de F dont pour le développement du système et des satellites *Spot-1* et *2 :* 5,3 ; *-3 :* 1 ; *-4 :* 4 et *-5 :* 3,9. *Coût des stations de réception :* 80 millions de F [Belgique (4 %) et Suède (6 %) participent au financement]. Dispose de 23 stations de réception dans le monde. *Chiffre d'affaires* (en 1998) : 263 millions de F (55 % du marché mondial). **Spot 1** lancé 22-2-1986 de Kourou par Ariane 1 sur une orbite polaire héliosynchrone, orbite initiale 832 km, inclinaison sur l'équateur de 98,7°, direction sud-nord (au 31-12-1989 : 821/822 km, révolution, 101,3 min) ; désactivé 31-12-1990 ; réactivé en 1996, fonctionne en mode de transmission directe, sans enregistreur. **Spot 2** lancé 22-1-1990 de Kourou par Ariane, orbite initiale héliosynchrone circulaire, mission de télédétection. **Spot 3** lancé 26-9-1993 de Kourou par Ariane ; cesse d'émettre le 15-11-1996. **Spot 4** lancé 24-3-1998 de Kourou par Ariane (comprend l'instrument d'observation *Végétation*). **Spot 5 A et B,** 3 600 kg (ramenés à 500 kg), 1er lancement en 2003 par Ariane, fournira des images de 2,5 m de résolution.

☞ A St-Martin-de-Crau (B.-du-Rh.), un dessin (aujourd'hui démonté) de 380 000 m² (760 m × 500 m) sur lequel étaient répartis 16 carrés de 80 m de côté, fait de 200 t de parpaings et 12 t de bâches, a permis de tester les instruments de Spot et aurait pu être vu des astronautes.

TDF (1988-90, voir p. 61 a).

Topex-Poséidon : coopération de la Nasa (sat. Topex) et du Cnes (altimètre Poséidon et système de localisation Doris) ; étude des océans (détermine toutes les secondes le niveau de la mer à 2 cm près) et de leur influence sur la météo. Lancé 11-8-1992 par Ariane (charge la plus chère à cette date : 2,9 milliards de F), 2 402 kg, alt. 1 336 km, inclinaison 66°.

Stella [26-9-1993 de Kourou par Ariane] : boule de 24 cm de diam. (icosaèdre dont les 20 faces ont chacune 3 réflecteurs laser) destinée à être suivie au laser.

Hélios : 2,55 t, sat. espion en synergie avec Spot (résolution environ 1 m). France 80 %, Italie 14 %, Espagne 6 % ; **1 A** [7-7-1995, opérationnel le 10-10 ; *coût :* 14,3 milliards de F pour 2 sat. (France 79 %, Italie 14, Espagne 7)] utilise une plate-forme commune avec *Spot-4 ;* **1 B** (lancé 3-12-1999 de Kourou, résolution 0,8 m), **2** (programme décidé en avril 1994) ; *coût :* 10,7 milliards de F. **2 A** (prévu en 2003). **2 B** (en 2007).

Stentor (Satellite de télécommunications pour expériences de nouvelles technologies en orbite) [prévu en 2001] : 1 500 kg, sat. technologique (développement sous la conduite du Cnes, de France Télécom et de la DGA, de techniques nouvelles de télécommunications spatiales), *coût :* 3 milliards de F.

Jason : en coopération avec la Nasa. **1** prévu 10-8–2001 ; remplacera Topex-Poséidon pour l'étude des océans (mesure du niveau de la mer à moins de 2 cm près) ; 500 kg ; *coût :* 1 milliard de F. **2** prévu en 2005.

Keo (prévu en 2001) : conçu par Jean-Marc Philippe. Lancement par Ariane 5. Boule de 80 cm de diamètre placée à 1 500 km de la Terre. Retour prévu dans 50 000 ans. A l'intérieur, plaques de verre représentant la position des pulsars à la date du lancement et les ethnies humaines ; double hélice d'ADN gravée sur diamant artificiel contenant goutte d'eau de mer, pincée de terre arable, bulle d'air et goutte de sang humain ; une centaine de CD-Rom en verre trempé avec mode d'emploi symbolique dont une vingtaine possédant l'essentiel des connaissances actuelles, le reste constituant la *Fresque de messages* (de personnes de toutes origines et conditions ; 4 pages dactylographiées gravées dans leur langue d'origine).

Corot (prévu en 2003) : étude de la structure interne des étoiles et détection des planètes extrasolaires.

Picasso-Cena (franco-américain) étudiera en 2003 nuages et aérosols. **Megha-Tropiques** (franco-indien) prévu en 2005 pour étudier les systèmes convectifs tropicaux au-dessus des mers et des continents. *Microsatellites :* mission **Demeter** (étude des perturbations ionosphériques liées à l'activité sismique et volcanique et surveillance globale de l'environnement électromagnétique autour de la Terre).

■ **GRANDE-BRETAGNE.** 26 sat. lancés de 1962 à 1990. **AMPE-UKSI :** 16-8-1984 [1]. **Ariel 1 :** 26-4-1962 [1,7], **-2 :** 27-3-1964 [2,8], **-3 :** 5-5-1967 [3,8], **-4 :** 11-12-1971 [3,8], **-5 :** 15-10-1974 [4,8], **-6 :** 2-6-1979 [2,8]. **Marco Polo 1 :** 27-8-1989, **-2 :** 18-8-1990. **Prospero :** 28-10-1971 [5,9]. **Skynet 1 :** 21-11-1969 [6,7], **-1B :** 19-8-1970 [6,10], **-2A :** 19-1-1974 [1,10], **-2B :** 23-11-1974 [1,7], **-4B :** 11-12-1988 [11], **-4A :** 1-1-1990 [1], **-4C :** 30-8-1990 [11]. **STRVIA/STRVIB :** 17-6-1994 [12]. **X4/Miranda :** 9-3-1974 [3,8]. **Uosat/Oscar 9 :** 6-10-1981 [3,7] ; **Uosat 2/Oscar 11 :** 1-3-1985 [1] ; **Uosat 3/Oscar 14 :** 22-1-1990 [1] ; **Uosat 4/Oscar 15 :** 22-1-1990 [1] ; **Uosat 5 :** 17-7-1991 [1] ; **Uosat 12 :** 21-4-1999.

Nota. – (1) Cap Canaveral. (2) Wallops Island. (3) Vandenberg. (4) San Marcos. (5) Woomera. (6) Cap Kennedy. (7) Par Delta. (8) Par Scout. (9) Par Black Arrow. (10) Par Thor Delta. (11) ELA. (12) Par Ariane.

■ **INDE.** 29 sat. lancés de 1975 à 1999 *dont 10 par fusées indiennes SLV-3* [**RS (Rohini-Sat)** ; **E2** 18-7-1980, 35 kg ; **D1** 31-5-1981, 38 kg ; **D2 :** 17-4-1983, 41,5 kg] ; *ASLV* [échec **Sross (Stretched Rohini Sat Series**, sat. scientifique de 150 kg)] **1 :** 24-3-1987 ; **-2 :** 13-7-1988 ; **-3** (succès) : 20-5-1992] et PSLV [**IRS (Indian Remote-Sensing Sat.)** ; **P1** (échec) 21-9-1993 ; **P2 :** de Sriharikota 15-10-1994, 870 kg ; **P3 :** 21-3-1996 ; sept. 1997 **1D**]. *7 par Ariane de* Kourou [**Apple, Insat-1 C, -2 A, -2 B, -2 C** et **-2 D** (voir p. 59 c)]. *5 par fusées soviétiques Intercosmos* [**Aryabhata :** 19-4-1975, 360 kg ; **Bhaskara-1 :** 7-6-1979, 444 kg ; **2 :** 20-11-1981, 436 kg ; **IRS 1 A :** de Vostok 17-3-1988, 975 kg, télédétection optique ; **-1 B :** de Vostok 29-8-1991 (identique à 1A)]. *2 par Delta* (**Insat -1 A** et **-1 D**). *1 par la navette Challenger STS-8* (**Insat -1 B**). *1 par fusée soviétique Molniya* (**IRS-1C**).

■ **ISRAËL.** 3 sat. lancés par fusée Shavit. **Offek-1 :** 19-9-1988, 156 kg ; **Offek-2 :** 3-4-1990, 174 kg ; **Offek-3 :** 1995, 227 kg ; 1 sat. lancé par Ariane : **Amos** (voir p. 61 a).

■ **ITALIE.** 11 sat. lancés. **San Marco :** 5 [le 1er : 15-12-1964, 115 kg, par Scout de Wallops (USA), retombé 19-9-1965]. **Sirio :** 2. **Italsat :** 1 (voir p. 61 a). **Beppo-Sax** (voir Pays-Bas). **Coopérations** avec USA pour Lageos 2, Iris (propulsion), radars Sar. **TTS (Tethered-Test Sat.)** 6-8-1992 par navette, 454 kg [1er sat. captif (à fil) récupérable pour l'étude de l'environnement spatial (dont la production passive de courant par induction sur le câble) ; échec, l'apesanteur perturbe le déroulement du fil (260 m au lieu de 20 km) ; nouvelle tentative avec fil de 20,7 km le 22-2-1996 par navette (2,2 milliards de F) : échec (câble rompu après 19,7 km)], participation à l'Esa.

■ **JAPON. Principaux programmes spécifiques. Sondes : MS-TS Planet-A** (comète de Halley), **Muses-A** (Hiten). **Satellites : Astro D** (recherche des sources X, dernier lancé Asca le 20-2-1993) ; **VSOP** (interférométrie) ; **Ajisai** ou **EGS, Akebono** ou **Exos** (observation de la Terre) ; **Himawari** ou **GMS**, géostationnaire météo (GMS1 le 14-7-1977, GMS5 le 18-3-1995) ; **Momo** ou **Mos** (observation de la Terre), résolution 50 m (Mos-1 A en 1987, Mos-1 B en 1990) ; **Sakura, Yuri, Ayame, Oicets** et **DRTS** (Télécom) voir p. 61 a ; **Kiku** ou **ETS (Engineering-Test Sat.)** [(ETS1 lancé 9-9-1975) Kiku 6 (expérimental) lancé 28-8-1994 par fusée H 2 (2 t ; *coût :* 2 milliards de F), n'atteint pas son orbite définitive] ; **Fuyo** ou **JERS (Japanese Earth-Resource Satellite)** même mission que l'ERS européen, 1er lancé 11-2-1992 par H1 de Tanegashima, 1 340 kg, orbite polaire inclinée à 98°, alt. 585 km, résolution 18 m (cesse de fonctionner le 11-10-1998). **Midori** ou **Adeos (Advanced Earth Observing Satellite)**, lancé 17-8-1996 par H2 (cesse de fonctionner le 30-6-1997) ; **-2** prévu nov. 2001. **Comets**, voir p. 61 b. **Aster (Advanced Spaceborne Thermal Emission and Reflection Radiometer)** ou **(Eos-Am1)** lancé 18-12-1999. **AMSR-E (Eos-Pm1)** prévu 2001. **Alos (Advanced Land Observing Satellite)** : prévu 2002. **MDS (Mission Demonstration Satellite). -1** (Evaluating Components and Devices Mission) : prévu 2001. **-2** (Lidar Experiment Mission) : prévu 2001. **USERS (Unmanned Space Experiment Recovery System) :** microgravité, module de service de 800 kg et capsule récupérable de 700 kg seraient lancés en févr. 2002 par H-2A et placés sur une orbite circulaire à 500 km inclinée à 30,5°, pour 3 ans. **ETS-8 :** liaisons GeoMobile, 5 t au décollage (2,6 t en orbite géostationnaire), antenne déployable de 13 m de diamètre ; prévu 2002 par H-2A. **AGS (Advanced Gigabit Satellite) :** applications multimédias ; prévu 2002 (*projets à l'étude :* Super Gigabit Satellite et Super Multimédia Satellite, charge 800-1 000 kg). **Selene** (SELenological and ENgineering Explorer), observation de la Lune, coopération Isas-Nasda ; prévu 2003. **Coopérations internationales : TRMM (Tropical Rainfall Measuring Mission) :** pluviométrie en milieu tropical. **Projet de station spatiale IML :** mesures de microgravité sur navette STS : essais vecteur, essais module japonais.

☞ **Noms donnés :** *Ohsumi :* nom du site de lancement ; *Tansei :* collier de lumière bleue ; *Shinsei :* étoile nouvelle ; *Denpa :* onde radio ; *Taiyo :* soleil ; *Kiku :* chrysanthème ; *Ume :* fleur d'abricotier ; *Himawari :* tournesol ; *Sakura :* fleur de cerisier ; *Kyokko :* aurore ; *Jikiken :* magnétosphère ; *Ayame :* iris ; *Hakucho :* cygne ; *Hinotori :* phénix ; *Tenma :* Pégase ; *Ohzora :* ciel ; *Ajisai :* hortensia ; *Fuji :* mont Fuji ou fleur de glycine ; *Ginga :* galaxie ; *Momo :* pêcher ; *Sakigake :* pionnier ; *Suisei :* comète ; *Yohkoh :* lumière du soleil ; *Hiten :* voile d'un ange ; *Akebono :* aurore ; *Asuka :* oiseau volant ; *Yuri :* lis ; *Midori :* vert.

■ **PAYS-BAS. ANS (Astronomical Netherlands Satellite) :** lancé 30-8-1974 par Scout, 134 kg ; recherches X-Ray et sources de ciel.

Iras (Infrared Astronomical Satellite) : lancé 25-1-1983 (projet commun P.-Bas, USA, G.-B.), 834 kg, a fonctionné jusqu'au 23-11-1983, a observé plus de 200 000 sources célestes d'infrarouge, découvert 3 comètes, 3 anneaux de poussière situés dans la ceinture d'astéroïdes entre les orbites de Mars et de Jupiter, 1 nouvel astéroïde (1983-TB), des filaments nuageux qui parsèment la galaxie et des matériaux solides qui correspondraient à un système planétaire autour des étoiles Véga et Fomalhaut.

Beppo-Sax (projet commun avec Italie) : recherche astrophysique à haute énergie lancé 30-4-1996 par Atlas, 1 300 kg (dont 500 d'instruments scientifiques), hauteur 3,6 m, diam. 2,7 m, inclinaison 4°, alt. 600 km ; *coût :* 2 100 millions de F (dont participation néerlandaise 200).

Sloshsat : lancement prévu 2002 par la navette spatiale, 107 kg ; *objectif :* tests de combustibles dans l'espace ; en coopération avec Belgique, Israël et USA.

Nota. – *Budget total en 2001 :* 90 millions d'euros, dont 60 pour l'Esa.

■ **SUÈDE. Viking :** lancé 22-2-1986 par Ariane, 1er sat. entièrement suédois ; 538 kg, hauteur 0,5 m, diam. 2 m, *coût :* 108 millions de F ; explore aurores boréales, puis magnétosphère terrestre, orbite 14 000 800 km. **Télé X :** lancé 24-4-1989 par Ariane, télédiffusion, 2 090 kg. **Freja** (projet commun avec Allemagne) : **n° 2** lancé 6-10-1992 de Chine par LM-2E, 214 kg, alt. 600/1 756 km ; étude des champs électriques et magnétiques ; imageur à ultraviolets. **Astrid :** lancé 24-1-1995 par fusée russe ; microsatellite de 27 kg ; étude de la magnétosphère ; **n° 2** lancé 10-12-1998 par fusée russe. **Odin :** prévu en 2001 ; étude des étoiles et de la couche d'ozone. 250 kg, alt. 600 km ; coopération avec Canada, Finlande, France, et **Munin**.

■ **Ex-URSS. Caractéristiques.** L'importance du poids non utile est compensée par la puissance des lanceurs ; Spoutnik 3 (1958) pesait 1 327 kg (la sonde américaine Explorer 1 en pesait 14). L'avance soviétique remonte à la création des « orgues de Staline » (lance-roquettes multitubes d'artillerie, 1943).

Spoutnik : 10 lancés du 4-10-1957 (**Spoutnik 1,** 83,6 kg, 1er sat. lancé dans le monde) pour le centenaire de la naissance de Tsiolkovski (chercheur soviétique, 1857-1935) à 1961 (**-9** lancé 9-3-1961 et **-10** lancé 25-3-1961) furent des répétitions du vol *Vostok 1* (voir p. 66 c).

Cosmos : 2 348 lancés du 16-3-1962 (Cosmos 1, alt. de 217 à 980 km, révolution 96,3 min) au 15-12-1997 ; parfois (par exemple pour des tests de composants ou d'équipements légers), les Soviétiques utilisent des mini-satellites (environ 50 kg), lancés par grappes de 6 à 8.

Intercosmos : 25 lancés du 14-10-1969 au 18-12-1991. Étude des radiations dans la haute atmosphère ; construits avec Allemagne démocratique, Bulgarie, Cuba, Hongrie, Mongolie, Pologne, Roumanie et Tchécoslovaquie.

Météor : 31 **Météor 1** lancés du 26-3-1969 au 5-4-1977 ; 21 **Météor 2** lancés du 11-7-1975 au 28-9-1990, alt. 630/690 km. 7 **Météor 3** lancés depuis le 24-10-1985, alt. 1 200 km.

Prognoz : 10 lancés du 14-4-1972 au 27-4-1985. Étude de l'activité du Soleil et de son influence sur le milieu interplanétaire et la magnétosphère de la Terre.

Proton : 1 (16-7-1965), **2** (2-11-1965), **3** (6-7-1966) et **4** (16-11-1968), alt. 255/495 km, gros cylindres de 12 t (1 et 2) puis 17 t (3 et 4), flanqués de 4 grands panneaux solaires leur donnant une envergure de 9,7 m. Étudie le rayonnement cosmique et gamma.

Élektron : 4 lancés du 30-1 au 11-7-1964. Étudie champ magnétique terrestre, rayonnement cosmique, émissions radioélectriques solaires et ceintures de Van Allen.

Magik : lancé 24-10-1978 avec Intercosmos 18 (s'en détache le 14-11) ; lancé 28-9-1989 avec Intercosmos 24 (s'en détache le 3-10) et 18-12-1991 avec Intercosmos 25 (s'en détache le 28-12).

Astron : lancé 23-3-1983, alt. de 2 000 à 200 000 km, sat. d'astronomie (3 500 kg et 700 kg d'instruments), emporte l'expérience franco-soviétique UFT pour des recherches d'astrophysique dans l'ultraviolet. Charge utile scientifique : 1 télescope de 80 cm de diam. et 5 m de longueur, associé à un spectromètre fonctionnant entre 1 150 et 3 500 Å de longueur d'onde.

Granat : lancé 1-12-1989 ; emporte télescope français Sigma (Système d'imagerie gamma à masque aléatoire ; fin de la mission déc. 1998), orbite 2 000/200 000 km ; a identifié les 1res émissions gamma par des trous noirs (voir **Astronomie** p. 35 c).

Elektro 1 : lancé 26-10-1994 ; 1er sat. météo. géostationnaire à 36 000 km.

Interbol : 1 (3-8-1995), **2** (29-8-1996), 1 250 kg ; étude de la magnétosphère terrestre.

☞ **Autres satellites récents. Civils. Météodétection :** Ressource-F (1995, 1997). **Microgravité :** Photon/Bion (de 1995 à 1997). **Militaires. Observation optique :** 3e génération (Kometa) [1994, 1996] ; 4e (Yantar) [de 1994 à 1997] ; 5e (1994, 1995, 1997) ; 6e (1994, 1997) ; 8e (1997). **Navigation-géodésie :** Parus sur 83° (de 1994 à 1997), Ouragan (Glonass) [1994, 1995]. **Surveillance océanique :** Eorsat (de 1994 à 1997).

Satellites de diffusion et télécommunications

La majorité sont géostationnaires, placés sur orbite circulaire à 36 000 km d'altitude (6 rayons terrestres). La densité de l'atmosphère se confondant avec celle du milieu interplanétaire (depuis environ 3 000 km d'altitude) ils ne sont plus soumis au freinage atmosphérique et sont éternels. Cependant on utilise aussi des satellites à basse altitude défilants lancés par des vecteurs plus légers et consommant moins en orbite et se contentant d'antennes terrestres sans pointage.

Stations terriennes françaises de télécommunications

(Télévision directe exclue)

☞ *Abréviations : D :* diamètre. *S :* standard. *L :* liaisons.

■ **MÉTROPOLE. Pleumeur-Bodou** (C.-d'Armor). **1res antennes hors service : PB-1** [1] construite entre oct. 1961 et juillet 1962, exploitation commerciale de 1965 à 1986. Ensemble « cornet réflecteur » (haut. 29 m, long. 54 m) en acier et alliage d'aluminium, 340 t. Surface utile du réflecteur 340 m². *Antenne* roulant sur 2 rails concentriques, protégée des vents et des variations de température par une sphère de Dacron, le *radôme* (diam. 64 m, haut. 50 m, poids 27 t), tendue grâce à une soufflerie qui la gonfle à l'intérieur. *D :* environ 20 m ; *S :* A ; *L :* Intelsat. **PB-2** (280 t) sans radôme (sept. 1969). Prévue pour rafales de vent de 105 km/h ; *D :* 27,5 m ; *S :* A ; *L :* Intelsat. Démontée. **PBD-5** (1974). Inexploitée depuis 1991. *D :* 16,5 m ; *S :* B ; *L :* Symphonie puis Inmarsat. **Antennes en service :** 7. *D :* 32,5 à 2,4 m ; *S :* A et B ; *réseaux couverts :* Inmarsat (A zones E et O), Télécom2. **Bercenay en Othe** (Aube) : *antennes en services :* 18 ; 32,5 à 1,5 m ; *S :* A, B, C F ; *réseaux couverts :* Intelsat, NSS, Eutelsat, Télécom2, Arabsat. **Rambouillet** (Yvelines) : *antennes en service :* 27 ; *D :* 13 à 0,75 m ; *S :* C, E ; *réseaux couverts :* Intelsat, Eutelsat, Télécom2, Panamsat. **Aussaguel** (Hte-G.) : *antennes en service :* 7 ; *D :* 13 à 4,5 m ; *S :* B ; *réseaux couverts :* Inmarsat, Télécom 2 (les antennes Cnes et Globalstar ne sont pas prises en compte). **Sainte-Assise** (S.-et-M.) : *antennes en service :* 13 ; *D :* 13 à 2,4 m ; *S :* C, E ; *réseaux couverts :* Eutelsat, Astra, Télécom2.

■ **OUTRE-MER. Destrellan** (Guadeloupe). **DST-1B** *D :* 14,5 m ; *L :* Télécom 2. **Ile Nou** (Nouvelle-Calédonie, 1976). *D :* 32,5 m ; *S :* A ; *L :* Intelsat. **Papenoo** (Polynésie française, 1978). *D :* 11,8 m ; *S :* B ; *L :* Intelsat. **Rivière des Pluies** (Réunion). **SND-2A** (1992) *D :* 16 m ; *S :* B ; *L :* Télécom 2. **SLE 2A** *D :* 16 m. **TC 2. St-Pierre-et-Miquelon. Pain de sucre** (1981) *D :* 11,8 m ; *S :* B ; *L :* Symphonie, Intelsat ou Télécom 1. **PDS-2B** (1992) *D :* 11 m ; *L :* Télécom 2. **Trois-Ilets** (Martinique). **TRE-2A** (1992) *D :* 16 m ; *L :* Télécom 2. **TRE-3B** (1992) *D :* 11 m ; *L :* Intelsat. **TRE-3B** (1980). *D :* 11,8 m ; *L :* Télécom 2. **Trou Biran** (Guyane). **TBR-2B** (1985) *D :* 11 m ; *L :* Télécom 2. **TBR-3B** *D :* 11 m ; *L :* Intelsat. **KRU-2B** *D :* 11 m ; *L :* Télécom 2 (Kourou). **Autres stations. Guyane :** Maripa-Soula, Trois Sauts, Papaichton, Saül, Apaton, Grand Santi, Camopi ; **Mayotte :** Les Badamiers ; **St-Barthélemy :** Morne-Lurin.

Nota. – (1) Fréquences : 4-6 GHz ou 11-14 GHz.

☞ Avec le développement des télécommunications par satellite et l'augmentation du nombre de réseaux (Intelsat, Symphonie, OTS...), des stations d'un type différent de celui des grandes stations Intelsat sont de plus en plus utilisées depuis 1976. D'un diamètre inférieur, elles sont plus faciles à mettre en œuvre (transportables).

Organismes internationaux

■ **Eumetsat (EUropean Organization for Exploitation of METeorological SATellites).** *Créé* 19-6-1986 pour établir, maintenir et opérer un système européen de sat. météo. *Siège :* Darmstadt (Allemagne). *Membres :* 17 pays + 3 coopérants. *Satellites :* Météosat (voir p. 68 b). *Budget en 2000 :* 311 millions d'euros. Pour exploiter elle-même les satellites Météosat, à partir du 1-12-1995, a construit un centre de contrôle dupliquant celui de l'Esoc (voir p. 68 b). *Coût :* 280 millions de F.

■ **Eutelsat (EUropean TELecommunication SATellite).** *Créé* 1977. *Siège :* 70, rue Balard, 75015 Paris. *Directeur général :* Giuliano Berretta. *Membres :* 48 pays d'Europe (dont la Russie en juillet 1994). *Chiffre d'affaires* (en millions d'euros) : *1995 :* 275 ; *96 :* 293 ; *97 :* 376 ; *98 :* 455 ; *99 :* 469. Le 2-07-2001 deviendra Sté anonyme de droit français.

■ **Inmarsat (INternational Mobile SATellite Organization).** *Créé* 16-7-1979, en service le 1-2-1982. *Siège :* Londres. *Membres :* 78 pays. *Services :* communications avec les mobiles (bateaux, avions, camions). *Réseaux :* 6 satellites, 34 stations et 44 000 terminaux pour 135 pays.

■ **Intelsat (INternational TELecommunication SATellite).** *Créé* 19-8-1964 (statuts : coopérative commerciale sans but lucratif, 20-8-1971). *Siège :* Washington. *Membres :* 143 pays (la France ne représente que 2,27 % de l'utilisation des services d'Intelsat). Gère le secteur spatial pour les télécommunications intercontinentales par satellite. *Réseau :* 19 satellites, 366 stations équipées de 2 700 antennes réparties dans environ 200 pays. En 1992 : 250 000 voies téléphoniques sur plus de 2 200 trajets, 36 canaux loués TV, 72 000 h de mondiovisions. *Chiffre d'affaires* (en millions de $) : *1995 :* 805,4 ; *96 :* 911,4 ; *97 :* 961,6 ; *98 :* 1,02. Unique opérateur à couvrir la totalité du globe. *Redevance Intelsat en $ par 1/2 circuit :* applicable à chacun des 2 pays extrémités d'une liaison ; le client paie en plus les prix des infrastructures nationales en amont ou en aval des stations Intelsat. *1965 :* 32 000 [1] ; *71 :* 15 000 [1] ; *79 :* 5 760 [1] ; *83 :* 1 700 [1] ; *92 :* 1 170 [2].

Nota. – (1) Liaison téléphone. (2) Prix moyen pour différents types de liaison.

■ **Interspoutnik.** *Créé* nov. 1971. *Siège :* Moscou. *Membres :* Afghanistan, Allemagne, Biélorussie, Bulgarie, Corée du Nord, Cuba, Géorgie, Hongrie, Inde, Kazakhstan, Kirghizistan, Laos, Mongolie, Nicaragua, Pologne, Roumanie, Russie, Syrie, Tadjikistan, Rép. tchèque, Turkménistan, Ukraine, Viêt Nam, Yémen. *Utilise* 3 sat. type Gorizont (6 répéteurs bande C et 1 bande Ku), espérance de vie 5 ans, 2 120 kg, 1 300 W ; 2 sat. type Express (15 répéteurs bande C et 2 bande Ku) lancés le 12-3-2000 (Express-6 A, remplace Express-6 lancé 1996) et prévu juin 2000 (Express-3 A remplacera Gorizont-26), espé-

Cospas, Sarsat. Coopération entre États-Unis, Canada, France (Sarsat) et, depuis 1979, Russie (Cospas). **Objectif :** assister recherche et sauvetage de personnes et de bâtiments en détresse. Utilise 3 sat. russes « Cospas » et 3 américains « Noaa » (National Oceanic and Atmospheric Administration). 20 stations au sol, 590 000 balises de détresse équipant avions et navires dans le monde ; en service.

rance de vie 7 ans, 2 500 kg, 2 400 W ; 2 sat. type Gals (2 répéteurs bande Ku, 27 MHz), lancés en 1994 (Gals-1) et 1995 (Gals-2), espérance de vie 7 ans, 2 500 kg, 2 400 W ; Sesat (4 répéteurs bande Ku, 72 MHz), prévu 2000 ; LMI-1 (Lockheed Martin Intersputnik), lancé 27-9-1999 de Baïkonour (28 répéteurs bande C, 36 MHz et 16 bande Ku, 27 MHz), 1 700 kg, 7 560 W ; plus de 70 stations. LMI-2 prévu sur 83 °W ; LMI-3 prévu sur 3 °W ; LMI-4 prévu.

■ Exemples de satellites de radiocommunications

☞ *Abréviations* : alt. : altitude. Long. : longitude. MF : millions de francs. MdF : milliards de francs.

■ **ORGANISATIONS INTERNATIONALES. Intelsat-I :** 1 lancé *Early Bird* le 6-4-1965 par Delta 30. Masse au départ : 68 kg (en orbite : 38,5 kg), cylindre 58 × 72 cm. Alt. : 35 752/35 823 km au-dessus de l'Atlantique. Espérance de vie : 1,5 an. Puissance rayonnée : 46 W. Voies disponibles : 240. Ne peut pas communiquer avec plusieurs stations simultanément. **-II :** 4 lancés de 1966 à 1967. Masse au départ : 162 kg (en orbite : 87 kg). Espérance de vie : 3 ans. 100 W. Voies 240. Peut communiquer simultanément avec plusieurs stations (accès multiples). **-III :** 8 lancés de 1968 à 1970. Masse au départ : 287 kg (en orbite : 146 kg). Espérance de vie : 5 ans. 120 W. Voies 1 200 (ou 4 canaux TV). **-IV :** 8 lancés de 1971 à 1975. Masse au départ : 1 390 kg (en orbite : 720 kg). Espérance de vie : 7 ans. 540 W. Voies 6 000 (ou 12 canaux TV). **-IV A :** 6 lancés de 1975 à 1978. Masse au départ : 1 515 kg (en orbite : 825 kg). Espérance de vie : 7 ans. 700 W. Voies 6 250 (ou 20 canaux TV). Le 29-9-1977, le 4e Intelsat IV, qui devait être satellisé au-dessus de l'océan Indien, a été détruit par l'explosion de la fusée porteuse 55 secondes après le lancement. **-V :** 15 prévus ; 1er lancé le 6-12-1980. Masse au départ : 1 950 kg (en orbite : 1 024 kg). Espérance de vie : 7 ans. 1 200 W. Voies 12 000 (plus 2 programmes TV couleur) dans 2 bandes de fréquence (4-6 GHz et 11-14 GHz). **-VI :** 5 lancés. Masse au départ : 4 300 kg (en orbite : 2 560 kg). 1 480 W. 24 000 circuits téléphoniques à 2 canaux simultanés (120 000 en utilisant un système de multiplication de circuits numériques) plus 3 programmes TV couleur. Espérance de vie : 10 ans. **-VI F2** lancé 27-10-1989 par Ariane ; **-VI F3** lancé 14-3-1990 par Titan 3, mauvaise orbite rectifiée par la sortie dans l'espace de 3 astronautes (Endeavour) ; **-VI F4** lancé 2-6-1990 par Titan 3 ; **-VI F5** lancé 14-8-1991 par Ariane ; **-VI F1** lancé 29-10-1991 par Ariane. **-K :** lancé 9-5-1992 par Atlas II ; 2 800 kg. 2 500 W (captable avec antennes de 66 à 120 cm). Répéteurs 54 MHz. 16 canaux (32 programmes TV). Couverture de 100° O. à 60° E. Espérance de vie : 10 ans. **-VII :** 6 lancés, 1er lancement en 1993 [*701* par Ariane 44 LP, 22-10-1993, mis en poste à 174° E. (zone Asie-Pacifique), opérationnel janvier 1994] (envergure 21,8 m, 26 répéteurs ; valeur 600 MF ; doit transmettre simultanément 18 000 conversations téléphoniques). 3 750 kg. 2 700 W. Espérance de vie : 13 ans. **-VII A :** 3 prévus, 1er lancement en 1994 par la fusée chinoise Longue-Marche. 4 500 kg. 3 630 W. Espérance de vie : 15 ans ; lancement échoué (708). **VIII :** *(801, 802, 803, 804 et 805)*, 1er lancement fin 1995. *803* et *804* équipés de 6 répéteurs reliés à un réseau hémisphérique et de 20 répéteurs reliés à un faisceau de couverture zonale, plus pinceaux bande Ku. 1 530 kg. 22 500 circuits et 3 programmes de TV. Espérance de vie : de 14 à 18 ans.

Inmarsat-2 : 4 lancés de 1991 à 1992 : **-1er F1 :** 30-10-1991. **-F2 :** 5-3-1991. **-F3 :** 16-12-1991. **-F4 :** 11-4-1992, 1 270 kg, 1 200 W, 400 circuits. **-3** 1 950 kg, 2 600 W, 2 600 circuits : 5 satellites prévus à partir de 1996 (*coût* : 2,1 MdF). **ICO** (voir à l'Index).

Otan : 7 lancés de 1970 à 1993. **-1 :** mars 1970. **-2 :** février 1971. **-3-A :** 22-4-1976, 376 kg ; géostationnaire, 18° de long. Ouest, *vie* : 7 ans. Couvre les pays de l'Otan (France exceptée). **-3-B :** 27-1-1977, 680 kg. **-3-C :** 15-11-1978. **-4-A :** 7-1-1991. **-4-B :** 8-12-1993.

■ **ALLEMAGNE. TV-Sat 1 :** (voir p. 61 a). **DFS-Kopernikus :** 3 lancés entre 1989 et 1992. **-1 :** 6-6-1989 par Ariane 1 415,8 kg. **-2 :** 24-7-1990 par Ariane, 1 419 kg. **-3 :** 12-10-1992 par Delta 2, du cap Canaveral.

■ **CANADA. Anik** (en esquimau : frère). 9-11-1972 : *A 1 (Telesat-A)*. Géostationnaire. 281,7 kg. 114° long. Ouest. 6 000 voies ou 12 canaux TV couleur. 20-4-1973 : *A 2 (Telesat-B)* : 288 kg. 109° long. Ouest. 7-5-1975 : *A 3 (Telesat-C)* : 270 kg. 104° long. Ouest. 15-12-1978 : *B 1 (Telesat-D)* : 887,2 kg (en orbite). Géostationnaire. 109° long. Ouest. Équipé de 12 canaux à 4-6 GHz et 4 canaux à 12-15 GHz pour téléphone, télévision et transmission de données et expériences. Prend la relève d'Anik-A. 25-8-1982 : *D 1 (Telesat-G)* : 1 238,3 kg (658 kg en orbite). Géostationnaire et le 12-11 : *C 1 (Telesat-E)* : par navette Columbia lors de son premier vol opérationnel, 4 443,4 kg (569 en orbite), géostationnaire et *C 3 (Telesat-E)* : lancé par Columbia. 18-6-1983 : *C 2 (Telesat-F)* : largué par navette Challenger. 9-11-1984 : *D 2 (Telesat-H)* : largué par Discovery. Géostationnaire. 110,5° long. Ouest. Prend la relève d'Anik-B 1 en nov. 1986. Le 4-4 et le 4-7-1991 : *E 1* et *E 2* : 2 500 kg. Géostationnaires. 107° long. Ouest. **MSAT.** 1996. Permet de communiquer de n'importe quel endroit au sud du cercle arctique. Assure des services mobiles de radio, de téléphone, de transmission de données, de repérage de véhicules et de télé-appel. 2 770 kg (1 650 kg en orbite). Vie utile : 12 ans. Bandes de fréquences : mobile : 1 530 - 1 559 MHz ; liaison de connexion : 13 - 13,15 et 13,2 - 13,25 GHz. Réception : mobile : 1 631,5 - 1 660,5 MHz ; liaison de connexion : 10,75 - 10,95 GHz. **CTS** ou **Hermes** lancé 17-1-1976. 674 kg (347 kg en orbite). Révolution 1 436,3 min. Utilisé par USA et Canada. Géostationnaire. Hors service en nov. 1979.

> **Satellites de communications à l'usage des radio-amateurs**
>
> **Programme Oscar (Orbiting Satellite Carrying Amateur Radio)** 10 lancés depuis 1961 par fusées américaines et Ariane. Construits par un groupe international de radioamateurs.
>
> **Radio 1 et 2 (URSS)** [27-10-1978], alt. 1 274/1 688 km, révolution 120,4 min. **Radio 3 à 8** (17-12-1981), alt. 1 685/1 794 km, révolution 120,9 min. Construits par des radioamateurs membres d'une organisation paramilitaire soviétique, le Dosaaf.
>
> **Uosat (University Of Surrey SATellite)** [6-10-1981 de Vandenberg par Delta], alt. 535/551 km. Britannique. *Coût* : 25 000 £. Retombé le 13-10-1989.
>
> **Uosat D et E** (22-1-1990 par Ariane, 46 et 47 kg), alt. 798/816 km. Emportent des charges utiles de démonstration.
>
> **Arsène (France)** [12-5-1993 par Ariane]. 154 kg, bande 2,446 GHz, 435 et 145 MHz.

■ **CHINE. Chinasat :** sat. de télécommunication. 1er lancé 1-4-1984 et 8e lancé début 1999. **Chinastar :** 1er lancé le 30-5-1998. **Sinosat :** 1er lancé le 18-7-1998.

■ **CORÉE DU SUD. Mugunghwa (Koreasat). -1 :** lancé 5-8-1995. **-2 :** 14-1-1996. Géostationnaire.

■ **ÉGYPTE. Nilesat :** construit par la France. Lancé 28-4-1998 par Ariane ; 1,8 t (*coût* : 800 MF). Télévision directe.

■ **ESPAGNE. Telesat-I :** lancé 13-4-1985. 3 550 kg. **Hispasat-1A :** lancé 10-9-1992. 2 190 kg. Géostationnaire. Couverture Ouest-Europe à Amérique hispanophone. **-1B :** 22-7-1993. **-1C :** prévu en 1999.

■ **ÉTATS-UNIS. ACTS (Advanced-Communication Technology Satellite)** lancé 12-9-1993. 2 767 kg. Alt. 35 870 km. 100° long. Ouest.

Atlas Score : lancé 18-12-1958. 70 kg. Alt. 185/1 482 km. Révolution 101,5 min. Enregistre et retransmet un message du Pt Eisenhower. Retombé le 21-1-1959.

Comstar : 4 sat. de communications domestiques lancés de 1976 à 1981. 792 kg. **-1 :** 13-5-1976. 18 000 communications téléphoniques. Espérance de vie : 7 ans. Géostationnaire. 128° long. Ouest. **-2 :** 22-7-1976, par 94° de long. Ouest. **-3 :** 29-6-1978. 87° long. Ouest. **4 :** 21-2-1981. 75° long. Ouest.

Programme DBS (Direct Broadcasting System) : -1 : lancé 18-12-1993. 2 800 kg. Galaxy 601 (1er sat. de télévision directe américaine : 150 chaînes retransmises par compression numérique, standard MPE G2 ; 16 répéteurs). **-2 :** août 1994. Position orbitale 101° long. Ouest.

DSCS (Defense Satellite-Communication System) : -1 : 26 sat. **-2 :** 14 sat. de 550 à 590 kg, lancés par paires sur orbite géostationnaire. Les 2 premiers, lancés en 1971, et l'un des 2 suivants lancés en 1973 sont tombés en panne. 2 perdus au lancement en 1975. **DSCS-7 :** lancé 11-7-1993.

Écho. Ballon 30,5 m de diam., en plastique, recouvert d'une fine couche d'aluminium. Réfléchit les ondes électriques venues du sol (relais passif). **-1 :** lancé 12-8-1960. 61 kg. Alt. 598/1 691 km. Sa révolution (environ 1 h 50 min) diminue lentement. Retombé le 24-5-1968. **-2 :** lancé 25-1-1964. 256 kg. Alt. 1 000/1 300 km. 41,14 m de diam. Retombé le 7-6-1969 après 28 000 révolutions.

Echostar : -1 : lancé 28-12-1995. **-6 :** lancé 14-7-2000.

Fleetsatcom : 8 sat. géostationnaires militaires lancés de 1978 à 1989. 1 900 kg. Équipés chacun de 23 canaux de télécom. en UHF (244-400 MHz) pouvant relayer plus de 1 300 communications téléphoniques simultanées ainsi que le télex, le télégraphe et les données d'ordinateur. **-A :** lancé 9-2-1978, calé par 100° long. Ouest, au-dessus du Pacifique. **-B :** 4-5-1979, au-dessus de l'océan Indien par 75° long. Est. **-C :** 17-1-1980, au-dessus de l'Atlantique par 23° long. Ouest. **-D :** 30-10-1980, au-dessus du Pacifique par 172° long. Est. **-E :** 6-8-1981. **-F-7 :** 4-12-1986. **-F-6 :** 26-3-1987, échec. **-G :** 25-9-1989.

Nota. – **UFO-2 :** sat. de communication de l'US Navy lancé le 3-9-1993 par Atlas-1. *Coût* : 138 millions de $.

Galaxy IV : lancé 26-6-1993. 2 988 kg. 60 répéteurs (30 de 50 W en bande Ku et 30 de 16 W en bande C). Géostationnaire 99° long. Ouest.

Globalstar (voir à l'Index).

IDSCP (Initial Defense-Satellite-Communication Program) : 26 sat. lancés de 1966 à 1968 pour IDSCS (Initial Defense Satellite Communication System). 45 kg orbite à 33 000 km d'alt. Révolution environ 13 jours.

Iridium : lancé 5-5-1997. Télécommunication par téléphone sans fil. 66 en orbite à 765 km d'altitude, opérationnels depuis nov. 1998. *Coût* : 7 milliards de $. (Motorola : 18 % des parts.) *Endettement* : 4 milliards de $. *18-3-2000* en faillite, annonce cessation d'activité et destruction des 66 sat. (en 2 ans, coût : 30 à 50 millions de $).

Marisat : 3 sat. de 655,4 kg lancés en 1976 (**-A :** 19-2 ; **-B :** 9-6 ; **-C :** 14-10) pour le Comsat. Communications maritimes.

OV (Orbiting Vehicle) : 3 sat. lancés en 1966. Expériences de télécommunication.

Relay 1 : lancé 13-12-1962. 80 kg. Alt. : 1 323/7 433 km. Révolution 3 h 5 min. Relais hertzien. Puissance d'émission 10 W. Arrêt en février 1965. **-2 :** lancé 21-1-1964. 86 kg. Alt. : 2 057/7 442 km. Révolution 3 h 15 min. Relais hertzien à défilement. Permet des liaisons intercontinentales entre 10 et 70 min. Arrêt le 26-9-1965.

Satcom : 8 sat. de communications domestiques et transmissions lancés de 1976 à 1992. Géostationnaires. **-1 (RCAA) :** 13-12-1975. 465 kg. **-2 (RCAB) :** 26-3-1976. 128° long. Ouest. **-3 :** disparu 15 s après l'ordre de mise à feu du moteur d'apogée. 895 kg. **-4 :** 15-1-1982. **-5 (RCAE) :** 27-10-1982. **-1-R (RCAF) :** 11-4-1983. 598 kg. 139° long. Ouest. Remplace Satcom 1. 24 répondeurs, 36 000 communications téléphoniques ou programmes de TV et données à haut débit. **-6 (Satcom-K-1) :** 12-1-1986. **-C3 :** 11-9-1992. 1 375 kg. 24 répéteurs.

SBS : 6 sat. de télécommunications numériques intra-entreprises (télex, téléphone, transmission de données à grande vitesse : 6,3 Mbits/s ; télécopie à grande vitesse : 70 pages/min, etc.) lancés de 1981 à 1990. 550 kg. **-1 (A) :** 15-11-1980 (hors service). **-2 (B) :** 24-9-1981 (hors service). **-3 (C) :** 11-11-1982. 37° long. Ouest. **-4 :** 31-8-1984. 95° long. Ouest. **-5 :** 8-9-1988. 99° long. Ouest. **-6 :** 12-10-1990. 123° long. Ouest.

Syncom : relais hertzien stationnaire à 36 000 km. 39 kg. **-1 :** lancé 14-3-1963. Contact radio perdu avant qu'il n'ait atteint son orbite définitive. **-2 :** 26-7-1963. **-3 :** 19-4-1964. Nouvelle série (Syncom-4) pour le compte de l'US Navy.

TDRS (Tracking-and-Data Relay Satellite) 1 : lancé 5-4-1983. 2 270 kg, largué par la navette, par suite d'une défaillance du remorqueur IUS (International Upper Stage) n'a pu atteindre l'orbite des sat. géostationnaires. Après de longues manœuvres avec ses propres propulseurs, calé le 17-10-1983 par 41° long. Ouest. A servi notamment de relais de télécommunication lors du vol du Spacelab. 2 sat. identiques sont prévus. **TDRS-B :** 28-1-1986. Explose avec la navette Challenger. **TDRS-C :** 29-9-1988. **TDRS-D :** lancé en mars 1989.

Telstar 1 : lancé 10-7-1962. 77,1 kg. Alt. 938/5 651 km. Révolution 157,8 min. Relais hertzien, amplifie les ondes reçues et les renvoie (puissance d'émission 2,5 W). Arrêt 21-2-1963. **-2 :** 7-5-1963. 79,4 kg. Alt. 968/10 807 km. Arrêt mai 1965. **-3 :** 28-7-1983. **-402 :** 9-9-1994 par Ariane. 3 300 kg. 48 répéteurs. Perdu.

Westar : 6 sat. lancés entre 1974 et 1984. **-1 :** 13-4-1974. *1er sat. de télécommunications domestiques américain* (appartient à la Western Union Telegraph). 571,5 kg au lancement (280 kg en orbite). Géostationnaire. 99° long. Ouest. Espérance de vie : 7 ans. Peut transmettre 12 programmes de TV couleur ou 14 400 communications téléphoniques. **-2 :** 10-10-1974. Mêmes caractéristiques. 100° long. Ouest. **-3 :** 9-8-1979. 91° long. Ouest. **-4 :** 25-2-1982. 1 072 kg au départ. **-5 :** 8-6-1982. 1 105 kg au lancement. **-6 :** 4-2-1984. Largué par la navette et placé sur une mauvaise orbite (défaillance de son remorqueur spatial), récupéré 14-11-1984 par Discovery et ramené sur terre avec le sat. indonésien Palapa B-2 rebaptisé **Asiasat 1** et lancé 7-4-1990 par la fusée chinoise Longue-Marche.

■ **EUROPE. OTS (Orbital-Test Satellite) :** expérimental, géostationnaire. **-1 :** lancé 14-7-1977 (échec Thor Delta). **-2 :** 11-5-1978. Retiré du service 1990. Préfigurait le système ECS (1er sat. lancé en 1983), rebaptisé **Eutelsat 1** en orbite.

ECS (European-Communications Satellite) : développé par l'Esa et géré par Eutelsat, propriétaire des sat. Esa, assure la maintenance en orbite des satellites à partir de sa station terrienne de Redu (Belgique). Géostationnaire entre 1° et 48° long. Est, lancé par Ariane. *Maître d'œuvre* : Eutelsat 1 (British Aerospace) ; 2 (Aérospatiale). *Chiffre d'affaires* (en 1999) : 450 millions d'euros. **Eutelsat 1 F 1 (ECS 1) :** lancé 16-6-1983. 48° long. Est. 10 répéteurs (et 2 de secours). Atop de 20 W, bande 72 MHz. Vie nominale : 7 ans. Alimentation début de vie 1 000 W, fin de vie 900 W (hors service en déc. 1996). **1 F 2 (ECS 2) :** 4-8-1984. 1° long. Est (hors service en nov. 1993). **1 F 3 (ECS 3) :** 12-9-1985 (échec). **1 F 4 (ECS 4) :** 16-9-1987. 25,5° long. Est. **1 F 5 (ECS 5) :** 21-7-1988. 21,5° long. Est (en service 2000).

Eutelsat 2 : 16 répéteurs (et 8 de secours). Atop de 50 W (70 W après 2 F 6). Bande (largeur en MHz) *F 1 à F 4* : 72 (7 répéteurs), 36 (9 répéteurs), *F 6* : 36 (16 répéteurs). Vie nominale : *F 1 à F 4* : 9 ans, *F 6* : 11 ans. Alimentation : 3 000 W en fin de vie. 6 sat., 6 lanceurs plus assurance, représentant un investissement d'environ 1 094 millions d'écus. *Contractants* : Aérospatiale (maître d'œuvre), Alcatel Espace, Alenia, Casa, Deutsche Aerospace, Ericsson Radio Systems, ETCA, Marconi Space Systems, Sextant Avionique. **2 F 1 :** lancé 30-8-1990. 16 répéteurs. 21,5° long. Est. **2 F 2 :** 15-1-1991. 10° long. Est. **2 F 3 :** 7-12-1991. 36° long. Est. **2 F 4 :** 9-7-1992 par Ariane V 51. 7° long. Est. **2 F 5 :** 24-1-1994 par Ariane 4 (perdu en mer). **2 F 6** (Hot Bird 1) : 28-3-1995. 16 répéteurs. 13° long. Est.

Nota. – **Hot Bird-2 :** lancé 21-11-1996 par AC-124. 20 répéteurs. 13° long. Est. **-3 :** 2-9-1997. **-4 :** 27-2-1998. **-5 :** 9-10-1998 (22 répéteurs, 13° long. Est).

Série W : *1 à 3* : 24 répéteurs ; *4* : 32 répéteurs. Bande (largeur en MHz) *W 1* : 72, *W 2 et 3* : 36 et 72 ; *W 4* : 33. Vie nominale : 12 ans. **-2 :** 5-10-1998 par Ariane IV. 16° long. Est. **-3 :** 12-4-1999. 3,18 t. 7° long. Est, coût 1,3 MdF ; **-4 :** 24-5-2000. 36° long. Est. **-1R :** 6-9-2000. **Sesat :** 17-4-2000, 36° long. Est. 6 autres lancements prévus en 2001 et 2002.

Programme Marecs (Maritime ECS) : 2 sat. dérivés des ECS de télécommunications maritimes (capacité 50 circuits) mis à la disposition d'Inmarsat. **Marecs A :** lancé 20-12-1981 (échec) et **Marecs B-2 :** 10-11-1984.

Olympus : consortium dirigé par British Aerospace. 2 612 kg. Prévu pour 4 missions, dont la TV directe (2 canaux), télécommunications d'entreprises (petites antennes), radiodiffusion. Préfigure DRS. Lancé 12-7-1989 par Ariane. Contrôle perdu le 29-5-1991 après anomalie de stabilisation (d'où perte d'alimentation par les panneaux solaires) ; dérive au-dessus du Pacifique et de l'Atlantique ; retrouvé par des radars de la Nasa ; redevient opérationnel en nov. 1991, après un sauvetage de 64 jours. *Coût :* 10,5 MF. Repris sous contrôle par l'Esa Darmstadt le 19-6-1992. Ramené à 19° long. Ouest le 7-8-1992. Fin de la mission décidée en août 1993 à la suite d'une défaillance (du 11 au 12-8) ayant entraîné la dérive du sat. (les mesures prises épuisent le reste d'ergols) : déplacé hors de l'orbite géostationnaire (36 000 km de la Terre, alors qu'il se trouvait à un apogée de 195 km et un périgée de 390 km au-dessous de celle-ci) vers une orbite de dégagement (les réservoirs seront vidés).

DRS (Data-Relay Satellite) : lancé 30-6-2000. Assure l'autonomie de l'Europe en relais de données grand débit entre sat. et stations terrestres. Compatible avec Columbus, TDRS (USA) et DTRS (Japon).

Artemis (Advanced-Relay-Technology Mission) : prévu en 2001 par Ariane 5. 1,5 t à vide. 1er sat. européen à propulsion électrique. Communication avec les mobiles et transmissions de données instantanées, liaisons via d'autres satellites.

■ **FRANCE. Télécom 1** (Matra) : système national de télécommunication par satellite. *Liaisons principales : 1°)* « intra-entreprises » : liaisons numériques à large bande et grand débit, *2°)* avec les Dom (téléphone et télévision). 18 répéteurs et 5 en réserve. 3 sat. (653 kg en orbite) lancés par Ariane [**1A :** le 4-8-1984 (fin de service le 28-8-1992) ; **1B :** 8-5-1985, rendu inutilisable le 15-1-1988 après coupure de l'alimentation électrique de son système de stabilisation ; **1C :** 11-3-1988].

Télécom 2 (Matra-Alcatel) : 2 270 kg (1 370 en orbite), 2 475 W. Durée de vie 10 ans ; *1°)* liaisons avec Dom (téléphone et télévision), 10 répéteurs ; *2°)* audiovisuel et services d'entreprises, 11 répéteurs ; *3°)* mission gouvernementale Syracuse à 5 répéteurs. Sat. lancés par Ariane (**2A :** 16-12-1991 ; **2B :** 11-4-1992 ; **2C :** 6-12-1995 ; **2D :** 7-8-1996).

■ **FRANCE-ALLEMAGNE.** *Accords de coopération :* traité du 22-1-1963 ; convention du 16-6-1967.

Symphonie 1 : lancé 19-12-1974 par Thor Delta 2914 du cap Canaveral. 402 kg. Expérimental. Géostationnaire ; stabilisé par 3 axes par 11°5 long. Ouest. Vie prévue : 6-7 ans. Déplacé en 1977 de l'Atlantique à l'océan Indien où il a été mis à la disposition de l'Inde. Ramené au-dessus de l'Atlantique en août 1979, mission achevée le 19-2-1983, placé à 80 km au-dessus de l'orbite géosynchrone (36 000 km) pour y libérer une place. **-2 :** lancé 26-8-1975. Identique. 26° long. Ouest, au-dessus de l'Atlantique. Arrêt de l'exploitation en janv. 1983.

TV-Sat 1 (Satellite de TV directe ouest-allemand) : lancé 20-11-1987 par Ariane 4. 2 081 kg. Tombe en panne (panneau bloqué). *Coût :* 1 400 MF (assuré 3,2 MF). **TV-Sat 2 :** 6-8-1989 par Ariane 4. 2 100 kg.

TDF-1 (Satellite géostationnaire de télédiffusion directe) : lancé 20-10-1988 par Ariane. **TDF-2 :** 24-7-1990 par Ariane (voir à l'Index).

■ **GRANDE-BRETAGNE. Skynet-1A :** lancé 22-11-1969 de Cap Kennedy par Delta. 125 kg. Sat. militaire. Géostationnaire. **-1B :** 19-8-1970 (échec). **-2A :** 19-1-1974 (échec). **-2B :** 23-11-1974 de Cap Kennedy par Delta. 235 kg. Géostationnaire au-dessus de l'océan Indien. **-4B :** 1-12-1988. **-4A :** 1-1-1990. **-4C :** 30-8-1990. **-4D :** 9-1-1998. **BSB-1 :** août 1989 du cap Canaveral. Sat. de communications. **BSB-RC :** 17-8-1990 du cap Canaveral par Delta ; sat. de communications. Géostationnaire.

■ **INDE. Apple (Ariane Passenger-Payboard Experiment) :** lancé 19-6-1981 par Ariane L03 de Kourou. 672 kg. Géostationnaire par 102° de long. Est, en usage jusqu'au 19-9-1983. **Série opérationnelle Insat (Indian National SATellite) :** 9 lancés de 1982 à 1995. **-1A :** 10-4-1982 par Delta, déficient après 147 jours. **-1B :** 30-8-1983 par Challenger. **-1C :** 12-7-1988 par Ariane. **-1D :** 12-6-1990 par Delta. 1 293 kg. *Coût :* 80 millions de $. **-2A :** 10-7-1992 par Ariane. 1 906 kg. 20 répéteurs. **-2B :** 23-7-1993. **-2C :** 7-12-1995 par Ariane. **-2D :** 3-6-1997 par Ariane. **-2E :** 2-4-1999 par Ariane. 2,6 t.

■ **INDONÉSIE. Palapa :** 6 sat. géostationnaires lancés de 1976 à 1992. **-A-1 :** 8-7-1976. 573,8 kg. **-A-2 :** 3-10-1977. **-B-1 :** 18-6-1983. 4 251,5 kg. **-B-2 :** 6-2-1984. 3 419 kg. Récupéré le 16-11 par la navette Discovery puis relancé le 13-4-1990. **-B-2 P :** 20-3-1987. 652 kg. **-B-4 :** 14-7-1992. Lancé par Delta. 24 répéteurs bande C.

■ **ISRAËL. Amos :** 2 sat. géostationnaires 15° long. Est. 1er lancé 15-5-1996 par Ariane.

■ **ITALIE. San Marco :** 9 sat. en février 1992. **4 :** lancé 18-2-1974 par fusée Scout de San Marco. 164 kg. Alt. : 232/905 km. **Sirio (Satellite Italiano Ricerca Industriale Operativa) 1 :** lancé 25-8-1977 du cap Canaveral. 398 kg. **2 :** 10-9-1982 de Kourou (échec). 420 kg. **Italsat 1 :** 15-1-1991 de Kourou. 1 865 kg. Expérimental, construit par l'Asi.

■ **JAPON. Sakura** ou **CS (Communications Satellite) :** 5 sat. géostationnaires (350 kg) lancés de 1977 à 1988. Le 1er lancé 15-12-1977 par Delta. Expérimental. Par 135° long. Est. **-2a :** 4-2-1983. 132° long. Est. 1er sat. de télécommunication opérationnel dans la bande 20-30 GHz. 4 000 circuits téléphoniques simultanés. **-2b :** 6-8-1983. 136° long. Est. **-3a :** 19-2-1988. 132° long. Est. 6 000 circuits. **-3b :** 16-9-1988. 136° long. Est. **Yuri** ou **BS Medium Scale (Broadcasting Satellite for Experimental Purposes) :** lancé 8-4-1978 de Kennedy par Thor Delta. Expérimental, hors service en janvier 1982. 350 kg. 110° long. Est. **Yuri-2a :** 23-1-1984 par fusée japonaise N2. 350 kg. 110° long. Est. **Yuri-2b :** 12-2-1986 par N2. 350 kg. 110° long. Est. **BS 2x :** 23-2-1990 de Kourou. Perdu en vol sur Ariane qui explose. **BS-3a :** 28-8-1990 par fusée japonaise H1. 550 kg. 110° long. Est. **Yuri BS-3b :** 25-8-1991 par H1. 550 kg. 110° long. Est. 3 canaux de 120 W.

Ayame ou **ECS (Experimental Communications Satellite) :** lancé 6-2-1979 par fusée N1. 130 kg. Perdu 3 jours après le lancement. **2 :** 22-2-1980 par fusée N1. 130 kg. Perdu après le lancement.

JCSAT sat. géostationnaire (1 340 kg). **1 :** lancé 7-3-1989. 150° de long. Est. **-2 :** 1-1-1990. 154° long. Est. **-3 :** n.c. **-4 :** 16-2-1997. **Superbird** géostationnaire (1 550 kg). **-A :** lancé déc. 1992. 158° long. Est. **-B :** 27-2-1992. 162° long. Est. **-4 :** 17-2-2000.

Comets (COMmunications and Broadcasting Engineering Test Satellite) : lancé 21-2-1998 (échec mise en orbite). Géostationnaire.

Oicets (Optical Inter-orbit Communications Engineering Test Satellite) : prévu fin 2001. Expériences communes avec satellite européen Artemis.

DRTS-W, E (Data Relay Test Satellite-West and East) : prévus mi-2002 et fin 2004. Géostationnaire.

■ **PHILIPPINES. Mabuhay** (construit par Sté amér. Space Systems/Loral) lancé 19-8-1997.

■ **SUÈDE. Teles X :** lancé 2-4-1989 par Ariane. 2 142 kg. Espérance de vie : 8 ans. **Sirius 2 :** 12-11-1997 par Ariane. 2 938 kg. Espérance de vie : 15 ans. **3 :** 5-10-1998 par Ariane. 1 412 kg. Espérance de vie : 12 ans. **Odin :** lancé 20-2-2001 par une fusée russe Start 1.

■ **THAÏLANDE. Thaïcom 1 :** lancé 17-12-1993 par Ariane. 1 080 kg. **-2 :** 7-10-1994 par Ariane. **-3 :** 16-4-1997 par Ariane. Fourni par Aérospatiale. 2 800 kg. 38 répéteurs. *Coût :* 200 millions de $.

■ **Ex-URSS. Molniya :** orbites (périgée : 460 km au-dessus de l'hémisphère Sud ; apogée : 40 000) inclinées à 65° sur l'équateur et décrites en 12 h, donc repassant chaque jour au-dessus des mêmes régions en restant presque immobiles au-dessus de l'ex-URSS pendant 8 h environ. Retransmettent TV couleur (procédé français Secam), radio, téléphone, télex, télégraphe et fac-similé sur quelque 50 stations terrestres réceptrices (antennes de 12 m de diam.) formant le réseau national soviétique *« Orbita ». Lancements (au 1-12-1997) :* 90 Molniya 1 de 1re génération (1er : 23-4-1965), 17 Molniya 2 (1er : 25-11-1971), 48 Molniya 3 (1er : 21-11-1974).

Cosmos 637 : lancé 26-3-1974. **Molniya-IS :** lancé 29-7-1974. Géostationnaires expérimentaux.

Statsionar ou **Radouga** ou **Ekran :** géostationnaires ou géosynchrones. 56 lancés (1er : 22-12-1975).

Ghorizont : géostationnaires ou géosynchrones. Au 1-1-1996 : 42 sat. [dont 1er sat. de télécommunications privées, lancé 18-11-1992 (Sté Rimsat) pour 3 ans, *coût :* 12 millions de $], plus de 40 stations.

Express : 2 lancés. **Loutch :** 2. **Gals :** 2. **Carpon :** 1 (1997). **Informator :** 1. **Gonetz :** 8 (dont 3 en 1996 et 1997).

☞ **Bonum-1 :** 22-11-1998 du cap Canaveral (1er sat. russe lancé par les Américains).

SONDES SPATIALES

Pour communiquer avec des sondes volant à des millions de km, la Nasa utilise le Deep Space Network : réseau comprenant essentiellement 3 antennes de 70 m de diamètre, sur la Terre tous les 120 degrés : à Goldstone (Californie), Madrid (Espagne) et Canberra (Australie).

Ces antennes permettent de recevoir des signaux de 20 watts, venant d'un engin situé jusqu'à 16 milliards de km de la Terre. A leur arrivée, ils sont amplifiés et filtrés pour éliminer les bruits parasites. Les informations circulant entre les engins spatiaux et la Terre sont transportées par des ondes radioélectriques voyageant à 300 000 km/s. Il faut 45 minutes aux signaux émis par une sonde située près de Jupiter pour parvenir jusqu'à la Terre.

PLANÈTES ARTIFICIELLES

■ **Pioneer.** 9 engins et 2 sondes de survol planétaire (10 et 11) lancés de 1958 à 1973. **1**[1]. 11-10-1958. **2**[1]. 8-11-1958. **3**[1]. 6-12-1958. **4**[1]. 3-3-1959. **5.** 11-3-1960. Reste en communication jusqu'à 36 millions de km. **6.** 16-12-1965. Gagne une orbite solaire inférieure décrite en 311 j, fournit les 1res mesures de l'espace interplanétaire, mesure la couronne du Soleil et en 1973 la queue de la comète Kohoutec, continue à envoyer vers la Terre des informations sur les vents solaires. **7.** 17-8-1966. Placé sur orbite solaire supérieure décrite en 403 j à 5 millions de km, détecte, en 1976, *la queue magnétique* de la Terre à plus de 19 millions de km. **8.** 13-12-1967. Gagne une orbite solaire supérieure décrite en 394 j. **9.** 8-11-1968. Gagne une orbite solaire inférieure décrite en 297 j. **10.** 3-3-1972. Voir p. 63 b. **11.** 6-4-1973. Mission arrêtée le 30-9-1995. Voir p. 63 b.

Nota.- (1) Pioneer 1 à 4 (voir col. c).

■ **Helios.** Sondes interplanétaires réalisées par l'Allemagne fédérale et lancées par des fusées américaines pour l'étude des régions voisines du Soleil. **-1.** lancée 10-12-1974, s'est approchée à 48 millions de km du Soleil le 15-3-1975 ; **-2.** 15-3-1978, approche à 45 millions de km. Les 2 sont hors d'usage.

■ **Ulysse.** Lancée le 6-10-1990 par Discovery. 370 kg. 2 antennes de 7 et 7,5 m, 2 magnétomètres sur bras déployable de 5,5 m. Financée par Nasa et Esa. File vers Jupiter à 55 400 km/h et le survole le 8-2-1992 à 375 000 km ; l'utilisant comme tremplin gravitationnel, atteint 450 000 km/h pour sortir du plan de l'écliptique, survole la région du pôle Sud du Soleil entre juin et sept. 1994 [atteint la latitude solaire de 80,2° le 12-9-1994] (mesure du vent solaire sur ce pôle), croise l'écliptique en février 1995 et passe le 30-7-1995 au-dessus du pôle Nord du Soleil. En 1996, s'élève au-dessus de l'écliptique avant de revenir en novembre 2000 au-dessus du pôle Sud du Soleil.

■ **Hessi (High Energy Solar Spectroscopic Imager).** Prévue en juillet 2000, reportée au plus tôt 15-5-2001. Étude des vents solaires. *Coût :* 67 millions de $.

■ **Genesis.** Prévue en 2001, doit s'approcher du Soleil, recueillir des particules qui s'échappent de sa couronne (oxygène, azote et gaz noble) et les rapporter sur Terre. *Coût :* 216 millions de $.

SONDES LANCÉES VERS LA LUNE

■ **Débuts.** On a exploré l'environnement lunaire grâce à des engins qui gravitaient autour [4 Luna soviétiques (10, 11, 12, 14) ; 5 Lunar Orbiter américains], puis on a mis au point les techniques d'atterrissage en douceur [6 Luna soviétiques (5, 6, 7, 8, 9, 13) et 7 Surveyor américains]. Seul le programme américain *Ranger* n'eut pas d'équivalent soviétique.

■ **Premiers impacts.** Avec des engins de 370 et 270 kg, la fusée porteuse développant au décollage une poussée de 300 t, l'URSS remporta les grandes premières : *1er impact sur la Lune* (Luna 2, 12-9-1959), *1er vol autour de la Lune* avec photographies de la face cachée (Luna 3, 4-10-1959), *1er atterrissage en douceur* (Luna 9, 3-2-1966).

■ **Hommes sur la Lune** (voir encadré p. 65 c).

ÉTATS-UNIS

■ **Pioneer. -0.** Lancement 17-8-1958 non réussi. **-1.** 11-10-1958, retombe après avoir atteint 114 000 km. **-2.** 8-11-1958, échec. **-3.** 6-12-1958, retombe après avoir atteint 102 000 km. **-4.** 3-3-1959, passe à 60 000 km de la Lune et 4 jours après son lancement devient une planète artificielle. 4 autres sont lancées, sans succès (24-9 et 26-11-1959, 25-9 et 15-12-1960), lors d'une tentative de satellisation.

■ **Ranger.** 9 engins (de 306,2 à 364,7 kg) lancés du 23-8-1961 au 21-3-1965. 3 atteindront la Lune après avoir pris des photos. *Coût :* 267,4 millions de $.

■ **Lunar Orbiter.** 5 engins (385,6 kg) lancés du 10-8-1966 au 1-8-1967. Après avoir été mis sur orbite lunaire (de 39 à 1 843 km), tous sont ensuite tombés sur la Lune. *Coût :* 209,3 millions de $.

■ **Surveyor.** 7 engins (de 995,2 à 1 040,1 kg) lancés du 30-5-1966 au 7-1-1968. 5 succès dont Surveyor 1 qui, le 30-5-1966, se pose en douceur sur la Lune, transmet des photos. *Coût :* 297,6 millions de $.

■ **Apollo** (voir p. 65 a).

■ **Explorer 49.** Lancée 10-6-1973 (328 kg). Placée sur orbite lunaire à 1 100 km d'alt. Sat. de radioastronomie avec 4 antennes de 225 m.

■ **Clementine 1.** Lancée 25-1-1994 (450 kg). Mission de 7 mois, dont 2 en orbite lunaire du 22-2 au 5-5. *Coût :* 75 millions de $. Devait approcher l'astéroïde 1620 – Geographos (long. 3 à 4 km, largeur 1,5 km, découvert en 1951) à moins de 100 km, après avoir pris 1 500 000 images de la Lune. En panne le 7-5 (manœuvre intempestive). Mission de rechange : explore la magnétosphère terrestre.

■ **Lunar Prospector.** Lancée 7-1-1998 (295 kg). Mission de 12 mois en orbite lunaire à 100 km. Dresse une carte géochimique et découvre des traces de glace (voir p. 40 b).

☞ On prévoit pour les années 2000 (à partir de la future station spatiale internationale) des expéditions en vue d'implanter une base à l'un des pôles de la Lune.

☞ Le 31-7-1999, collision planifiée à 600 km/h dans un cratère de 50 à 60 km pour voir si celle-ci dégagerait des molécules d'eau lors de l'impact (ce qui n'arriva pas).

Ex-URSS

■ **Luna.** 24 lancées (plusieurs échecs) du 2-1-1959 au 9-8-1976. **1.** 2-1-1959 361 kg. Passe à 7 500 km de la Lune et devient une planète artificielle (révolution 450 j), distance maximale au Soleil : 197,2 millions de km. **2.** 12-9-1959 390 kg. S'écrase sur la Lune le 14-9 après 36 h 26 min à la vitesse finale de 10 810 km/h. **3.** 4-10-1959 1 553 kg. **9.** 31-1-1966 1 583 kg. 1er atterrissage en douceur le 3-2 ; transmet des photos. **10.** 31-3-1966 1 582 kg. Gravite autour de la Lune en 3 h. **16.** 12-9-1970. Se pose sur la Lune, prélève des échantillons de sol (105 g) et revient le 24-9. **17.** 10-11-1970. Débarque le 17-11 dans la mer des Pluies le *Lunokhod 1* (8 roues de 0,51 m, long.

4,42 m, larg. 1,60 m, 756 kg, diam. 2,15 m), qui fonctionne 11 mois et parcourt 10 540 m. **21.** 8-1-1973 (840 kg), pose sur la Lune le 16-1 un 2e réflecteur laser français TL-2 et le *Lunokhod 2* dont la mission se termine le 3-6 (a parcouru 37 km, pris 86 vues panoramiques, transmis 80 000 photos). **24.** 9-8-1976, placée sur orbite circumlunaire le 14-8, se pose le 18-8 dans la mer des Crises (62° 12′ de long. Est, 12° 45′ de lat. Nord), le module de retour de l'engin décolle le 19-8 et revient avec une carotte de roches prélevée le 22-8 en forant à 2 m de profondeur.

■ **Zond.** 8 stations interplanétaires, lancées de 1964 à 1970, de 5,2 à 5,5 t, contournent la Lune et reviennent (exemple : **5.** Lancée le 15-9-1968, récupérée le 21).

La fusée N1 à oxygène liquide de 2 800 t, capable de lancer 95 t (contre 129 pour une Saturne 5) comprend au 1er étage 30 engins délivrant 4 500 t de poussée. Explosa 4 fois dont 1 sur son pas de tir. Échecs cachés jusqu'au milieu des années 70. La N1 permet d'envoyer vers la Lune 2 cosmonautes. Celui qui rejoint le module de descente doit passer par l'extérieur, par le vide, car il n'y a pas d'écoutille directe. Un seul homme devait en principe se poser sur la Lune. Un autre programme lunaire, celui de Chelomeï, une fusée moins puissante, la Proton, devait emporter 2 cosmonautes faire le tour de la Lune à bord d'une capsule Zond et revenir sur Terre. Un 3e prévoyait des sondes automatiques ramenant des échantillons de sol lunaire avant les Américains. Korolev dirigea tous ces programmes fin 1965, mais mourut le 14-1-1966, lors d'une intervention chirurgicale.

■ Japon

■ **Muses-A (Hiten).** Lancée 24-1-1990 par fusée M3S 11, sur orbite elliptique de 435 000 km d'apogée décrits en 12 j. Le 19-3, à 16 472 km de la Lune, se scinde en 2 : *Hagoromo* 11 kg, en orbite autour de la Lune et *Hiten* (voile d'un ange) 185 kg, véhicule spatial qui s'écrase le 10-4-1993 sur la Lune près du cratère Furnerius.

■ **Lunar-A.** Lancement prévu été 1997, reporté 1999 puis avril 2002 ; largage de 2 pénétrateurs.

■ **Selene.** Prévu 2003. Cartographie.

■ **Europe. Smart** (Small Missions for Advanced Research in Technology). **Smart 1** (prévu 2002). Composition chimique, imagerie, test du moteur ionique. *Coût :* 165 millions de $.

Sondes lancées vers Vénus

☞ Quand la sonde atteint Vénus, la distance parcourue est d'environ 60 millions de km. Une erreur d'1 m/s dans la vitesse au départ se traduirait par un écart de 30 000 km au terme du voyage.

■ États-Unis

■ **Pioneer 5.** Lancée 11-3-1960. 43 kg. Échec, manque Vénus de plus de 10 millions de km et devient une planète artificielle.

■ **Mariner 1.** 22-7-1962. 202,8 kg. Échec, détruit après 290 s. **-2.** 26-8-1962. 202 kg. A 34 800 km de Vénus le 14-12-1962, devient une planète artificielle ; à sa dernière émission (3-1-1963), se trouvait à 86 743 000 km. **-5.** 14-6-1967. 244,9 kg. Approche Vénus à 4 094 km le 19-10-1967. **-10** (voir p. 63 b).

■ **Pioneer Venus 1.** Lancée 20-5-1978. Cylindre de 2,5 m de diam. et 1,2 m de haut. 582 kg. Devient satellite de Vénus le 4-12-1978 (orbite : 386/52 525 km, inclinée à 105° 6′ et décrite en 24 h) ; se consume dans l'atmosphère de Vénus le 15-10-1992. **-2.** 8-8-1978. 904 kg. Envoie 4 sondes dans l'atmosphère de Vénus le 9-12 (Sounder 316 kg, North, Day et Night 91 kg), puis se désagrège ; les 4 sondes se posent sur Vénus à moins de 40 km/h.

■ **Magellan.** Lancée 5-5-1989 par navette Atlantis. Cylindre de 3,6 t ; antenne de 3,7 m. *Coût :* 550 millions de $. Devient satellite de Vénus le 10-8-1990, orbite : 250/8 070 km (révolution en 187 min). A établi une carte de la surface (à 120 m près à l'équateur) avec un radar à synthèse d'ouverture et a accompli une mission de sondage gravifique. Tombée dans l'atmosphère le 12-10-1994, après 15 000 tours autour de Vénus.

■ Ex-URSS

■ **Venera 1.** 643,5 kg. Lancée 12-2-1961 à partir d'un satellite Spoutnik. Se place sur orbite solaire (de 106 000 000 à 151 000 000 de km). Passe à 100 000 km de Vénus le 19-5-1961. Contact radio perdu à 7 500 000 km de la Terre.

■ **Zond 1.** Lancée 2-4-1964, passe près de Vénus le 18-7.

■ **Venera 2.** 15 sondes lancées de 1965 à 1983. 12-11-1965. 963 kg. Se place sur orbite solaire. Passe à 24 000 km de Vénus le 27-2-1966. **-3.** 16-11-1965. 960 kg. Orbite solaire. Largue une sphère porteuse d'un fanion qui atteint Vénus le 1-3-1966, l'émetteur se tait aussitôt après l'arrivée. **-4.** 12-6-1967. 1 106 kg. Mesure pression et temp. de l'atmosphère vénusienne. Se pose sur Vénus le 18-10-1967 ; cesse d'émettre aussitôt. **-5.** 5-1-1969. 1 130 kg. Se pose sur Vénus le 16-5 ; idem. **-6.** 10-1-1969. 1 130 kg. Se pose sur Vénus le 17-5 ; idem. **-7.** 17-7-1970. 1 180 kg. Largue sur Vénus, le 15-12, une sonde qui transmet des informations 35 min. 22-8-1970 : échec. Reste sur orbite terrestre, rebaptisée *Cosmos 359*. **-8.** 26-3-1972. 1 184 kg. Dépose un module le 22-7 ; transmet 50 min. **-9.** 8-6-1975. 4 936 kg. Largue un module qui se pose sur Vénus le 22-10 ; transmet 53 min. **-10.** 14-6-1975. 5 033 kg. Largue un module qui se pose le 25-10 ; transmet 65 min. **-11.** 9-9-1978. Largue un module (1 500 kg) qui se pose le 25-12 ; transmet 45 min. **-12.** 14-9-1978. Largue un module qui se pose le 21-12 ; transmet 110 min. **-13.** 30-10-1981. Largue un module qui se pose le 1-3-1982 ; transmet 127 min. **-14.** 4-11-1981. Largue un module qui se pose le 5-3-1982 ; transmet 120 min. **-15.** 2-6-1983. Se place le 10-10 en orbite elliptique (de 1 000 à 2 000 km), parcourue en 24 h, autour de Vénus ; dotée d'un radar à balayage latéral et radioaltimètre ; cartographie l'hémisphère Nord avec une résolution de 1 à 2 km (découverte de failles, de canyons, de cratères météoritiques, etc.) ; analyse atmosphère et nuages. **-16.** 7-6-1983. Mission analogue en orbite autour de Vénus le 14-10.

■ **Vega** (du russe *Venera-Galleï*, Vénus-Halley). Projet franco-soviétique. 2 sondes d'environ 4 t lancées les 15 et 21-12-1984. Larguent les 9 et 13-6-1985 les modules d'atterrissage (750 kg dont 177 kg d'instruments) qui, les 11 et 15-6 s'ouvrent pour larguer chacun un ballon-sonde (diam. 3,4 m après gonflage à l'hélium) puis se posent sur Vénus. Celui de **Vega 1** dans la plaine des Sirènes (7°11′ lat. Nord, 177°48′ long. Est) ; celui de **Vega 2** entre Alta Regio et Aphrodite (6°27′ lat. Nord et 181°05′ long. Est), sur un site montagneux. Les instruments n'ont fonctionné que 21 min après l'atterrissage. Les ballons-sondes ont dérivé dans l'atmosphère 45 h 30 et 46 h 30, à une altitude de 53 à 55 km, en mesurant pression, température, vitesse du vent et densité de la couche nuageuse. Les sondes ont ensuite exploré la comète de Halley (voir p. 63 c).

Sondes lancées vers Mars

☞ Quand la sonde atteint Mars, la distance parcourue est d'environ 250 millions de km. Une erreur de 1 m/s dans la vitesse au départ se traduirait par un écart de 70 000 km au terme du voyage. Pour atteindre la Lune, il faut 3 jours de voyage ; pour Mars, au moins 6 mois.

☞ *Abréviation :* Gm = 10^9 m = 1 000 000 km.

■ États-Unis

■ **Mariner.** 6 sondes lancées de 1964 à 1971. **-3.** 5-11-1964. 260,8 kg. Échec (le dôme de 136 kg de la fusée ne se détache pas). L'engin alourdi a une vitesse inférieure de 254 m/s à celle prévue et Mariner se trouve placé sur une orbite solaire 148/196 Gm décrite en 449 jours, passe le 16-4-1965 à 68 millions de km. Les émissions cessent le 6-11. **-4.** 28-11-1964. 260,8 kg. Survole Mars à 9 846 km le 15-7-1965 après avoir parcouru 630 millions de km en 230 j ; orbite 148,42/237,23 Gm décrite en 529 j ; transmet 22 photos. **-6.** 25-2-1969. 411,8 kg. Survole les 31-7 et 1-8 la face éclairée de Mars à 3 427 km (prend des photos 25 min) avec 99 s de retard sur le programme. Replacée sur une orbite solaire, se trouve en conjonction avec le Soleil le 30-4-1974. Une expérience met en évidence le « quatrième effet » de la relativité générale, prévu en 1964 par Shapiro : retard de 5 ans que prend un signal électromagnétique rasant le Soleil. **-7.** 27-3-1969. 411,8 kg. Survole la face non éclairée à 3 347 km le 5-8. **-8.** 9-5-1971. 997,9 kg. Défaillance électronique : retombe après quelques min. **-9.** 30-5-1971. 997,9 kg. Alt. 1 389/17 816 km. Gravite le 13-11 autour de Mars ; mission terminée en oct. 1972 (après avoir transmis 6 878 photos).

■ **Viking 1.** Lancée 20-8-1975. 2 324,7 kg. Le *lander* se pose sur Mars le 20-7-1976 région Chryse Planitia (22°27′ lat. Nord, 48°1′ long. Ouest), à 28 km du point cible. Rebaptisée *Mutch Memorial Station* en souvenir de Thomas Mutch (Amér., † en escaladant l'Himalaya en sept. 1980). Cesse d'émettre le 19-11-1982. **2.** Lancée 9-9-1975. 2 324,7 kg. Le *lander* se pose sur Mars le 3-9-1976 région Utopia Planitia (47° 97′ lat. Nord, 225° 67′ long. Ouest) ; cesse d'émettre le 11-4-1980. Les 2 Viking ont pris plus de 50 000 photos.

■ **Mars Observer.** Lancée 25-9-1992 par Titan 3. *Coût :* 980 millions de $. 2 487 kg (dont 166 kg d'instruments : spectromètre, magnétomètre, réflectomètre, caméra zoom, altimètre laser). Orbite circulaire à 361 km d'alt. en 116 min. Devait gagner son orbite définitive le 29-8-1993 (après un voyage de 720 millions de km) pour une mission de 687 jours [cartographie de Mars avec résolution de 480 à 7 500 m, et détail jusqu'à 1,4 m des zones d'accueil des robots]. Le 22-8-1993 cesse d'émettre, après avoir reçu l'ordre de pressuriser les réservoirs de ses moteurs de freinage (pour ralentir sa vitesse à 16 320 km/h) afin d'être captée par la force gravitationnelle (à 600 000 km de Mars). *Hypothèses :* transistor défaillant de l'horloge centrale ou rupture de la pressurisation du système de propulsion.

■ **Mars Global Surveyor.** Lancée 6-11-1996. 1 062 kg. Satellisée 12-9-1997 autour de Mars (110/45 000 km) ; remplace mission Mars Observer. Début 1999, sur orbite circulaire à 378 km, commence la cartographie (mission prévue le 15-3-1998, retardée d'un an à cause d'une pièce défectueuse sur l'un des panneaux solaires).

■ **Mars Pathfinder.** Lancée 4-12-1996 ; s'est tue en octobre 1997 (durée 90 j au lieu de 30 prévus). Dépose le 4-7-1997 dans Ares Vallis une station fixe et un robot mobile *Sojourner* (Rocky) [longueur 65 cm, largeur 48 cm, hauteur 30 cm, poids 10,5 kg, vitesse de déplacement : 1 cm/s. *Équipement :* panneaux solaires de 16 watts, spectomètre APXS, antenne émettrice et réceptrice, 2 caméras, revêtement assurant protection thermique jusqu'à 90 °C, 6 roues indépendantes protégées par de l'acier et équipées de griffes]. *Bilan :* 16 000 photos, centaines de milliers d'informations sur l'atmosphère et la météo, 15 analyses chimiques des roches et de la poussière du sol (découverte de quartz).

■ **Mars Surveyor. Mars Climate Orbiter (MCO) :** lancée 11-12-1998, 629 kg (dont carburant 291), longueur 2,1 m, largeur 1,6 m, profondeur 2 m, envergure des panneaux solaires 5,5 m, coût 165 millions de $; perdue le 23-9-1999 à la suite d'une erreur : un des instruments de l'Orbiter envoyait au centre du Colorado des mesures d'accélérations en système anglais. Le centre du JPL (Jet Propulsion Laboratory de Pasadena, Californie) les rentrait dans son ordinateur de navigation, qui les prenait comme des mesures en newtons (unité du système métrique). Ces chiffres servaient à définir la poussée des moteurs utilisés pour ajuster la position de MCO qui, devant rester à + de 85 km d'altitude, est descendue à – de 60 km et s'est écrasée au sol. **Mars Polar Lander :** lancée 3-1-1999, 635 kg, coût 175 millions de $. Après 11 mois de voyage et 757 millions de km, devait atterrir à 1 000 km du pôle Sud de Mars le 3-12-1999 après avoir lâché 2 pénétrateurs *Mars Microprobe* ou *Deep-Space 2* (recherche de glace et mesure de la conductivité du sol) : échec, aucun signal reçu sur Terre.

■ **Mars Odyssey.** Sat. d'observation (lancement prévu 7-4-2001, arrivée prévue déc. 2001). *Coût :* 400 millions de $.

■ **Projets. Mars Rover** (prévu juin 2003) équipés d'un robot collecteur d'échantillons et d'une petite fusée à 3 étages MAV (Mars Ascent Vehicle). **Mars Reconnaissance Orbiter :** août 2005, sonde envoyée pour cartographier les futures aires d'atterrissage; **Orbiter Lander :** 2007, mission de répétition pour valider les aspects techniques les plus critiques. Une Ariane 5 lancera vers Mars l'orbiteur français qui se satellisera autour et un atterrisseur américain pour tester les opérations de descente dans l'atmosphère et l'atterrissage. L'orbiteur du Cnes déploiera 4 petits atterrisseurs, NetLanders, destinés à l'étude géophysique de Mars. En cas de succès, le programme se poursuivra lors des « fenêtres de lancements » suivantes (tous les 26 mois), en 2009 (Orbiteur) si la Nasa débloque des budgets supplémentaires, sinon en 2011 ou 2014 : ce sera la mission de retour d'échantillons. La Nasa envoie une sonde qui se pose à la surface de Mars. Un petit robot à roulettes sort de la sonde et va recueillir plusieurs échantillons de sol sur quelques km autour du site d'atterrissage puis il dépose sa récolte dans une petite fusée installée dans l'atterrisseur. La fusée décolle et se place en orbite autour de Mars. La sonde française récupère les échantillons placés en orbite. *Coût du programme :* environ 10 milliards de F dont pour la France 2,7. La Nasa teste des matériels sur l'île de Devon (dans l'Arctique canadien).

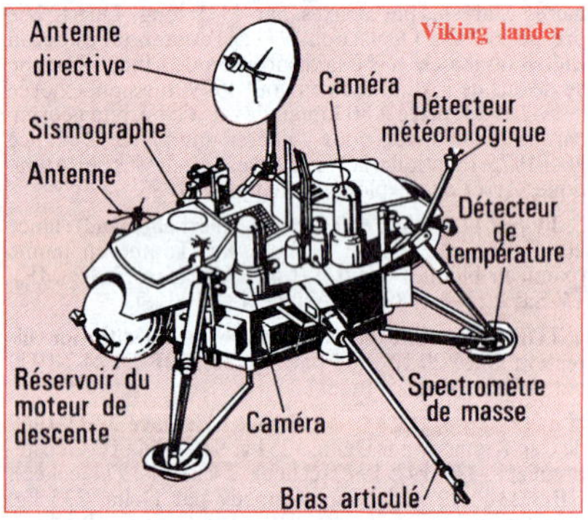

■ Europe

■ **Mars Express.** Sonde prévue en juin 2003. Utilisera *Marsis* (Mars Subsurface and Ionospheric Sounder) pour rechercher des nappes d'eau souterraines. *Budget* (1999) : 189,5 millions de F.

■ Japon

■ **Nozomi** (Espoir) ou **Planet-B.** Lancée 4-7-1998. 540 kg. Tourne autour de la Terre et de la Lune jusqu'en déc. 1998 puis voyage 700 millions de km (arrivée vers Mars prévue oct. 1999 retardée à déc. 2003). Étude de l'ionosphère. *Coût :* 80 à 127 millions de $.

■ Ex-URSS

■ **Mars 1.** Lancée 1-11-1962. 893,5 kg. Passe auprès de Mars le 19-6-1963.

■ **Zond 2.** Lancée 18-11-1964. Orbite solaire (148/215 Gm). Passe à 1 500 km de Mars le 6-8-1965. Puissance électrique plus faible que prévu. Liaisons rompues après la correction de trajectoire.

■ **Mars.** 6 sondes lancées de 1971 à 1973. **-2.** 19-5-1971. 4 650 kg. Sur orbite autour de Mars le 27-11, largue sur Mars une capsule contenant l'emblème soviétique. **-3.** 28-5-1971 4 650 kg. Un étage se pose sur Mars le 2-12, émet 20 secondes et s'arrête. **-4.** 21-7-1973. 5 000 kg. Survole Mars à 2 200 km et poursuit sa route sans se placer en orbite comme prévu. **-5.** 25-7-1973. 5 000 kg. Sur orbite le 12-2-1974 (alt. minimale 1 760 km), tombée en panne en mars. **-6.** 5-8-1973. 5 000 kg. Largue une capsule qui cesse d'émettre avant de toucher le sol, sur orbite le 12-3-1974. **-7.** 9-8-1973. 5 000 kg. Arrive près de Mars le 9-3-1974 et largue une capsule qui passe à 1 300 km de Mars au lieu d'y atterrir.

Projet de vols habités

☞ *Abréviation :* Md$: milliard de $.

1969-*15-9* rapport recommandant la réalisation d'une station orbitale pour 12 hommes en 1979 et l'envoi d'hommes sur Mars en 1986. *Coût* prévu du voyage : 80 à 100 Md$. **1970**-*mars* Werner von Braun propose 3 options : 1°) départ en 1981 avec survol de Vénus lors du retour. 2°) Départ en 1986. 3°) En 1999-2000. L'administrateur de la Nasa, Thomas Paine, prévoit 1983, 1988 ou plus tard. Les États-Unis envisageaient un moteur nucléaire à hydrogène liquide dont l'impulsion spécifique est 2 fois plus élevée que celle des moteurs cryotechniques (800 s au lieu de 400 s). Après des moteurs expérimentaux (Kiwi, RIFT, Nerva-1, NRX-1A, NRX-A6, Phoebus-1A et Phoebus-2), on installa le Nerva-2 sur le 3e étage de Saturne-5. **1973**-*janvier* projet abandonné (1,5 Md$ dépensés). **1960** projet russe. L'OKB de Serguei Korolev étudie un survol avec un vaisseau de 25 t (3 hommes) ou une expédition avec un vaisseau de 150 t (6 hommes) avec réacteur nucléaire alimentant un moteur ionique. **1962-68** étude avec la fusée N-1 d'une mission de survol TMK. **1968-69** projet d'expédidition sur Mars avec la fusée N-1M, capable de lancer 150 t (moteur électronucléaire YaERD-2200 développé par M.V. Melnikov) 274 t dont pour la propulsion 135, le vaisseau orbital 90, le véhicule martien 50. **1972** l'OKB de Vladimir Tchelomei étudie aussi l'expédition martienne Aelita. Projet de fusée UR-700M de 16 000 t au décollage (capable de placer 750 t en orbite terrestre) à 4 étages [le 3e était cryotechnique (NK-35), le 4e nucléaire (RD-0410)]. 2 lancements permettraient d'assembler le vaisseau de 1 500 t en orbite. Le voyage des 6 cosmonautes durerait 650 j avec un séjour sur Mars de 24 j. 3 exemplaires du RD-0410 ont été mis à feu en 1978, 1981 et 1983-84 à Semipalatinsk, mais le programme sera abandonné. Une autre version de la mission fut étudiée avec une UR-700M lançant 450 t. Le vaisseau assemblé en orbite pesait 860 t dont l'étage de libération 440 t, 420 t pendant le voyage vers Mars, 270 t en orbite martienne, 75 t pour le module d'atterrissage et 10 t pour le véhicule de retour).

1982 une étude américaine envisage un voyage de 972 j avec un vaisseau de 50 t. La masse en orbite terrestre variait de 90 à 480 t (pour le nucléaire en phase gazeuse 90 t, solide ou électronucléaire 150 t et la cryotechnique 480 t). L'ensemble serait lancé par plusieurs Saturne-5. *Coût* de la mission : 70 à 80 Md$.

1989 le Pt George Bush fit rédiger la Space Exploration Initiative (SEI) en 3 mois. *Coût estimé :* 450 Md$, soit 2 années du budget du Pentagone. Thomas Paine, ex-administrateur de la Nasa, propose un plan de 450 Md$ sur 30 ans dont station orbitale (50 Md$), base sur la Lune (150 Md$), sur Mars (150 Md$).

1990 Robert Zubrine de Martin Marietta propose la mission Mars Direct pour 1999. Lanceur : Ares, dérivé du Shuttle (45 t vers Mars). Le 1er engin envoyé sur Mars est un véhicule automatique (ERV) qui produit sur place les ergols (méthane et oxygène) dont le véhicule de retour aura besoin pour revenir sur Terre. 2 ans plus tard, le vaisseau habité part le rejoindre. Puis l'opération est répétée tous les 2 ans. Avec un voyage de 640 j, le séjour sur Mars dure un mois, avec un vol de 910 j, 550 j.

1995 Robert Zubrine évalue à 18,5 Md$ le coût des 11 missions préliminaires avant le vol habité, et le lanceur Ares à 2 Md$. Après, on réaliserait le 1er vol habité pour 20 milliards de $, plus 2 milliards de $ pour chaque expédition suivante. Un 1er ERV serait lancé en août 2005 avec 1 petit réacteur nucléaire monté sur un rover, une centrale chimique de production d'ergols et quelques petits rovers scientifiques. Il atteindrait Mars en février 2006 et serait prêt à recevoir l'équipage 7 mois plus tard. En octobre 2007, un 2e ERV de secours serait lancé, suivi du vaisseau habité Beagle de 25 t pour 4 astronautes qui, en avril 2008, rejoindrait le 1er ERV et resterait 500 j sur Mars. Le 2e ERV serait utilisé par la 2e expédition qui arriverait en 2010. En septembre 2009, l'équipage du Beagle décollerait de Mars pour revenir sur Terre 8 mois plus tard. A leur arrivée, la 2e expédition serait déjà sur place.

1997 2 chercheurs allemands de la DLR élaborent un projet pour 2018 avec un vaisseau de 976 t avec un étage propulsif de 567,3 t (cryotechnique), habitat de croisière de 214,3 t, atterrisseur de 127,7 t, véhicule de retour de 34,7 t et capsule de 7,1 t pour 6 astronautes. Durée du voyage : 510 j (236 + 30 + 244) ou 975 j (259 + 415 + 301), le voyage court comportant un survol de Vénus. *Coût :* 40 à 60 Md$ sur 10 ans (5 Md$/an), soit 15 % de budgets spatiaux civils dans le monde. Pour Richard Heidmann, Pt de l'association Planète Mars (APM), le projet de référence de la Nasa coûterait 50 à 80 Md$ sur 10 ans plus 1 à 2 Md$/an pour les opérations. Mission réalisée en 2018 ou 2050. Jacques-Émile Blamont, conseiller auprès du Cnes, pense qu'elle coûterait de 50 à 500 milliards d'euros et serait réalisée entre 2020 et 2050.

■ **Phobos.** 2 sondes modulaires de 6,2 t lancées les 7 et 12-7-1988, destinées à se placer en orbite autour de Mars (alt. minimale 6 330 km), puis à survoler Phobos (sat. de Mars) à 50 m de sa surface pour l'étudier grâce à 22 expériences scientifiques (300 kg d'appareils) auxquelles participent 13 pays. Chaque sonde devait larguer sur Phobos 2 compartiments de 30 kg chacun : l'un, planté dans le sol à l'aide d'un pénétromètre, pour mesurer les propriétés physiques et mécaniques du sol (autonomie : 1 an par panneaux solaires) ; l'autre, conçu pour effectuer une série de bonds à la surface (autonomie : 1 mois). Les données devaient être retransmises à la Terre via la sonde restée en orbite. A la suite d'une mauvaise télécommande, le contact a été perdu avec Phobos-1 en sept. 1988 et avec Phobos-2 alors en orbite autour de Mars (à 300 km de Phobos) le 27-3-1989. Nombreux spectres infrarouges et photographies de Mars et Phobos obtenus.

■ **Mars 96** (ex-Mars 94, prévue en oct. 1994). Mission principale : repérer les sites d'atterrissage possibles pour Mars 98. 6 800 kg. 1 orbiteur, 2 pénétrateurs de sol prévus pour 6 m de profondeur, 2 stations de mesure fixes avec 530 kg d'instruments. 12 expériences françaises (8 sur orbiteur). Lancée 1-11-1996, tombe dans le Pacifique le 18-11 (défaillance dans le dernier étage de la fusée porteuse). **Mars 98** (ex-Mars 96, prévue en nov. 1996, reportée en 1998, abandonnée en juin 1996). 6 530 kg, 1 orbiteur, 1 *lander* de 650 kg portant 1 Marsokhod miniature (75 kg) parcourant 100 km en 1 an et un ballon dérivant (abandonné) du Pr J. Blamont (Fr.) ; soumis à une dilatation variable selon la température il effectuera des mesures du sol (avec un guiderope porteur d'instruments) à 2 000 m. *Budget :* 100 millions de F. **Marsokhod** (pour missions postérieures) : véhicule (rover) à 6 roues articulées pouvant franchir des obstacles de 50 cm et des pentes de 35°, 300 à 500 kg, charge utile de 80 à 125 kg, autonomie 300 km. **Vap (Véhicule Automatique Planétaire) :** participation française au Marsokhod (perception, orientation, mise en place de stations de mesure, sondage, prélèvement et analyse d'échantillons). Abandonné.

Sondes vers d'autres planètes et comètes

■ **Pioneer 10** (États-Unis). Lancée 3-3-1972 par Atlas-Centaure (51 800 km/h). 258 kg. A étudié la ceinture des *astéroïdes au-delà de Mars*, puis, après un voyage de 1 milliard de km, a *survolé Jupiter* le 4-12-1973 à 131 400 km et a transmis une dizaine d'images (les signaux mettant 45 min pour nous parvenir). Le 13-6-1983, a franchi à 50 000 km/h l'orbite de *Neptune* qui se trouvait alors à 4 527 978 612 km de la Terre. Il fallait 4 h 20 min aux signaux émis pour parvenir à la Terre. *1er engin qui s'aventure au-delà de la plus lointaine planète connue ;* porte une « plaque d'identité » d'aluminium doré de 15 × 23 cm, avec des symboles dont 1 couple humain suggérant son origine terrestre. Se dirigeant vers un site de la voûte céleste par 5 h 22 min d'ascension droite de 28°10′ de déclinaison, il aurait dû passer dans 4,7 millions d'années à 4 mois de lumière de Wath (étoile géante rouge, une des cornes du Taureau). La Nasa a cessé de capter ses émissions le 31-3-1997 (la sonde étant à 9,9 milliards de km) et a perdu contact le 30-11-1997.

■ **Pioneer 11** (États-Unis). Lancée 6-4-1973. 259 kg. Diam. 2,7 m. Survole *Jupiter* à 42 560 km le 3-12-1974 puis, propulsée par une réaction gravitationnelle, atteint la région de *Saturne* le 20-8-1979 ; traverse le plan des anneaux le 1-9 ; longe l'hémisphère non éclairé (à 21 400 km au minimum du sol) ; retraverse le plan des anneaux ; reçoit 2 impacts de micrométéorites. *Résultats :* 80 photos de Saturne ; 5 de son satellite Titan ; découverte d'un 5e anneau ; mesure de l'épaisseur des anneaux (4 km) ; indications sur composition, couleur et turbulences des gaz de l'atmosphère. Une des photos montre un petit corps céleste de 100 à 200 km de diamètre, non identifié, peut-être un satellite ? Mission arrêtée 30-9-1995.

☞ Au point de la trajectoire le plus proche de Jupiter, Pioneer 10 avait une vitesse de 132 000 km/h et Pioneer 11 de 117 000 km/h. *Coût du programme Pioneer 10 et 11 :* 100 millions de $.

■ **Mariner 10** (États-Unis). Lancée 3-11-1973. 504 kg. Approche le *Soleil* à 70 millions de km, survole : *Vénus* à 5 760 km d'alt. le 5-2-1974, *Mercure* le 29-3 à 704 km, le 21-9 à 48 069 km, et le 16-3-1975 à 327 km.

■ **Voyager 2** (États-Unis). Lancée 20-8-1977. 2 086,5 kg. Survole : *Jupiter* le 10-7-1979 à 650 000 km et étudie ses principaux satellites ; mission complémentaire de celle de Voyager 1 ; *Saturne* le 26-8-1981 à 101 000 km (avec un écart de 2,2 s et de 50 km par rapport aux prévisions) ; *Uranus* à 81 400 km le 24-1-1986 et *Neptune* le 24-8-1989 à 4 900 km. Décembre 1991 : caméras hors service, mais sondes UV, détecteurs de particules, magnétomètres... fonctionnent toujours. Août 1992 : approche des limites de l'héliosphère (détecte ondes radio d'interaction entre plasma solaire et gaz froid interstellaire). Au 20-8-1997 : a parcouru en 20 ans plus de 11 milliards de km et continue vers l'espace interstellaire à 60 000 km/h (par rapport au Soleil). Les 3 générateurs d'électricité au plutonium devraient fonctionner jusqu'en 2020.

■ **Voyager 1** (États-Unis). Lancée 5-9-1977. 2 086,5 kg. Vitesse initiale : 15 060 m/s. Survole : *Jupiter* le 5-3-1979 à 278 000 km et étudie ses principaux satellites (s'approche à 18 170 km de Io) ; *Saturne* à 124 000 km le 12-11-1980 (s'approche à 4 000 km de son satellite *Titan*). Prend un dernier cliché montrant l'ensemble du système solaire le 13-2-1990. Était début 1998 à 10,4 milliards de km de la Terre ; sera dans 40 000 ans près de l'étoile AC + 793 888. Après août 1992 : même situation que Voyager 2.

☞ *Voyager 1 et 2* sont numérotées dans l'ordre de leur arrivée près de Jupiter et de Saturne. Dans l'hypothèse d'une rencontre avec une civilisation extraterrestre, elles emportent un vidéodisque sur lequel figurent une encyclopédie de la Terre, des salutations enregistrées en 60 langues, des cris d'animaux, des morceaux de Beethoven, du jazz et du rock et un message du Pt américain Jimmy Carter : « Si nous résolvons nos problèmes, nous espérons, un jour, rejoindre une communauté de civilisations galactiques. Nous essayons de survivre à notre époque pour pouvoir accéder à la vôtre... ». *Coût du programme Voyager 1 et 2 :* 342 millions de $.

■ **Galileo** (États-Unis). Lancée 19-10-1989 de la navette Atlantis : 1 473 kg. Le lancement prévu pour 1983, puis mai 1986, avait été reporté après l'explosion de la navette Challenger. 10-2-1990 survole *Vénus* ; 8-12, après un parcours de 650 millions de km, repasse à 948 km de la Terre. 29-10-1991 photographie *Gaspra* à 1 600 km (1er astéroïde à être exploré) qui comporte de nombreux cratères. 8-12-1992 repasse à 34 km/s à 305 km de la Terre. 28-8-1993 survole l'astéroïde *Ida* (ceinture des petites planètes). 7-12-1995 atteint *Jupiter* (au plus loin de la Terre, soit 935 millions de km). Une sonde de 335 kg (dont 28 kg d'instruments scientifiques), ayant pénétré à 47,3 km/s, étudie l'atmosphère de Jupiter pendant 57 min (75 prévues) après avoir parcouru 600 km et avant d'être détruite par la pression subie. Résultats (voir p. 39 b). Un module de 1 138 kg (dont 103 kg de matériel) reste en orbite pour étudier, sur 20 mois, la magnétosphère, analyser la composition physico-chimique de Jupiter et de ses principaux satellites et relayer les données transmises par la sonde. Survole *Ganymède* à 871 km (27-6-1996), à 900 km (20-5-2000), 1 000 km (28-12-2000) ; *Europe* à 155 000 km (27-6-1996), 692 km (19-12-1997), 351 km (3-1-2000) ; *Callisto* à 1 100 km (4-11-1996), 1 057 km (16-9-1999) ; *Io* à 612 km (10-10-1999), et 300 km (26-11-2000). Résultats (voir p. 39 b). *Coût total* (2001-07) : 3 250 millions d'euros. Échec partiel ; l'antenne principale de 4,8 m bloquée depuis 1990.

■ **Cassini** (États-Unis/Europe). Voir p. 68 c.

■ **Vers la comète de Halley. Vega 1** (URSS) : lancée 15-12-1984. 2 000 kg. Survole le 6-3-1986 à 8 900 km ; photographie et étude physique du noyau et de la chevelure ; étude de l'interaction avec le vent solaire. **Vega 2** (URSS) : 21-12-1984. 2 000 kg. Survole le 9-3-1986 à 8 000 km ; même mission.

Sakigake ou **MS-TS** (Japon, Isas) : lancée 8-1-1985. 138 kg. Survole le 11-3-1986 à 7 500 000 km ; même mission que *Suisei*.

Giotto (Europe) : 5-7-1985. 960 kg. Lancée par Ariane. Survole du 12 au 13-3-1986 à 590 km (68,4 km/s) ; photographie le noyau, identifie les composés volatils, observe les interactions de la comète avec le vent solaire ; des impacts endommagent sa caméra. 2-7-1990 repasse à 23 000 km de la Terre, relancée par l'action gravitationnelle, survole la comète *Grigg-Skjellerup* le 10-7-1992 à 19 h 25.

Suisei ou **Planet-A** (Japon, Isas) : lancée 19-8-1985. 140 kg. Survole le 8-3-1986 à 151 000 km ; étude de l'enveloppe d'hydrogène de la comète et de son choc dans le milieu interplanétaire.

☞ L'ancien satellite américain **ISEE-3,** rebaptisé **ICE (International Cometary Explorer),** dont la trajectoire a été modifiée pour qu'il s'approche de la comète Giacobini-Zinner le 11-9-1985, a observé la comète de Halley à 31 millions de km le 28-3-1986 (mesure du vent solaire et observation de la queue).

■ **Near (Near Earth Asteroïd Rendez-vous)** [États-Unis]. Lancée 17-2-1996 par Delta. 2 800 kg. Voyage de 3 ans. Survole le 27-6-1997 à 1 200 km l'astéroïde *Mathilde* (diam. 56 km) [500 clichés pris] ; mis en orbite autour d'*Éros* le 14-2-2000. Atterrissage réussi 12-2-2001 [prévu le 10-1-1999 sur l'astéroïde *433 Eros* (33 × 13 km), repoussé au 15-2-2000 à la suite d'un arrêt du moteur le 20-12-1998, reparti le 23-1-1999].

■ **Deep-Space 1** (États-Unis). Lancée 24-10-1998. 1re du programme New Millenium. 490 kg. Hauteur 2,5 m. *Coût :* 152 milliards de $. Moteur ionique alimenté par 82 kg de gaz xénon (échec du 1er test d'allumage 17-11-1998). Survol de l'astéroïde *1992 KD* 29-6-1999 à 5 km d'alt., puis en 2001 des comètes *Wilson-Harrington* et *Borelly* (à moins de 2 000 km).

■ **Stardust** (États-Unis). Lancée 7-2-1999. Doit passer en 2004 à 100 km de la comète *Wild-2* après avoir parcouru 4,8 milliards de km. Retour des échantillons collectés en 2006.

■ **Contour** (USA). Prévue juillet 2002, arrivée 2003-08. Étude du noyau de 3 comètes. *Coût :* 154 millions de $.

■ **Rosetta** (Europe). Prévue 2003, arrivée 2011. Étude de la comète 46P/Wirtanen).

■ **Messenger** (USA). Prévue mars 2004, arrivée 2009. Étude de Mercure. *Coût :* 279,3 millions de $.

■ **Deep-Space 4** ou **Champollion** (États-Unis). Prévue 2003. Survol prévu de la comète *Tempel* en 2005 (cartographie et photographie de près ; robot déposé pour la collecte d'échantillons analysés et ramenés sur Terre en 2010) ; *coût :* 203,8 millions de $.

■ **Muses-C** (Japon). Prévue 2006. Collecte d'échantillons de l'astéroïde *Nereus.*

En 1965, il fallait 8 h ½ pour envoyer vers la Terre (avec *Mariner 4*) une seule image contenant 240 000 unités d'information ; aujourd'hui, chaque image en contient 4 millions et est transmise en 5 min ; elle comporte 704 lignes de 945 points ; pour chaque point, un signal électrique codé est envoyé vers la Terre, il porte 6 unités d'information pour l'intensité lumineuse du point : 6 chiffres 1 signifient une intensité lumineuse nulle (le point apparaît noir) ; 6 zéros, une intensité lumineuse maximale (le point apparaît blanc). Chaque engin a 2 caméras, une à faible résolution (pour éléments visibles à plus de 100 km) et une à haute résolution (détails de 300 m environ).

Vaisseaux cosmiques

☞ *Abréviations :* max. : maximal ; min. : minimal.

Premiers vaisseaux

■ **Inhabités.** **URSS.** **Korabl 1** (en russe : vaisseau) **:** lancé 15-5-1960 avec un mannequin. 4 540 kg. Alt. 312/369 km. Échec. Après 4 j, la cabine, au lieu de descendre, se place sur une orbite elliptique. **USA.** **Mercury-Redstone :** lancé 19-12-1960. 1 000 kg. Essai balistique. Alt. 200 km. 373 km parcourus. 18 min de vol. **Mercury Atlas 4 :** 13-9-1961. 1 220 kg. Alt. 160/254 km. 1 révolution 104 min. 40 000 km parcourus. Mannequin à bord.

■ **Habités par des animaux.** **URSS.** **Korabl 2 :** lancé 19-8-1960. 4 600 kg. Alt. 306/339 km. 18 révolutions en 24 h. Les chiennes *Strelka* et *Bielka* sont récupérées le 20-9. **3 :** 1-12-1960. 4 563 kg. Alt. 187,3/265 km. 17 révolutions en 26 h. Les chiens *Ptcholka* et *Mouchka* ne sont pas récupérés (le vaisseau se désintègre à la descente). **4 :** 9-3-1961. 4 700 kg. Alt. 183,5/248,8 km. La chienne *Tchernouchka* est récupérée. **5 :** 25-3-1961. 4 695 kg. Alt. 178,1/247 km. La chienne *Zvezdotchka* est récupérée. **USA.** **Mercury-Redstone :** lancé 31-1-1961. 1 935 kg. Essai balistique. Alt. 250 km. 676 km parcourus. 16 min de vol. Le chimpanzé *Ham* est récupéré. **Mercury Atlas 5 :** 29-11-1961. 1 311 kg. Alt. 160/237 km. 2 révolutions de 193 min, près de 50 000 km parcourus. Le chimpanzé *Enos* est récupéré.

Vols habités

☞ L'homme évoluant dans le milieu spatial est appelé *astronaute* par les Américains, *cosmonaute* par les Russes, *spationaute* par les Français.

La présence humaine limite les conditions d'expérimentation (sécurité, paramètres supportables pour le corps) et les dégrade (parasites, microgravité perturbée, structure lourde, peu mobile, masques). Les vols humains coûtent cher (exemple de la navette américaine), alors que les engins spécifiques à chaque mission, placés dans les conditions idéales d'orbite et d'environnement, sont légers, performants et rentables. Cependant ils ont permis récupérations ou dépannages spatiaux : capture de Solar Max en avril 1984, de Weststar-6 et Palapa-B2 en nov. 1984, de Syncom-Lysat en août 1985, d'Intelsat-6 le 13-5-1992 (économie : 99 millions de $).

■ Problèmes physiologiques

■ **Environnement spatial.** **Obscurité du ciel :** totale au-dessus de 150 km d'alt. **Vide :** à 40 km d'alt., la pression atmosphérique est 300 fois plus faible qu'au sol. A 150-200 km, le vide est quasi absolu (1 milliardième de la pression au sol). **Manque d'oxygène :** peut conduire à la mort avant 8 000 m d'alt. **Écarts thermiques :** entre la paroi d'un satellite éclairée par le Soleil ou située à l'ombre, la température peut varier de + 150 °C à – 50 °C. Dans l'espace, les échanges de chaleur se font seulement par rayonnement et non plus par conduction et convexion, comme sur Terre. **Flux de particules et radiations diverses :** des météorites peuvent perforer les parois du véhicule spatial ou du scaphandre ; des rayonnements ionisants (rayonnements cosmiques du Soleil ou de la Galaxie, électrons et protons de Van Allen qui entourent la Terre) peuvent, en traversant la matière, arracher des électrons aux atomes rencontrés et avoir un effet destructeur sur les cellules des organismes vivants ; rayonnements non ionisants (radiations visibles, ultraviolettes et infrarouges). **Absence de pesanteur :** un satellite artificiel de la Terre subit simultanément 2 forces qui s'équilibrent [attraction (vers la Terre) et répulsion (opposée), due au mouvement autour de la Terre].

■ **Réactions de l'organisme humain.** A cause des baisses de pression : *à partir de 9 000 m,* l'azote dissous dans les tissus et les liquides du corps passe à l'état gazeux, formant des bulles (aéroembolisme) pouvant susciter des troubles circulatoires ; *vers 19 000 m,* la pression (environ 47 mm de mercure) est inférieure à la tension de vapeur des liquides du corps (37 °C) ; sans équipement protecteur, le sang se transformerait en mousse rouge et la chair se gonflerait (ébullisme).

Effets de la vitesse. Pour mieux supporter les fortes accélérations (4 à 5 g, 7 g pour les premiers engins, 3 pour la navette spatiale ; la fusée atteint 28 000 km/h en une dizaine de minutes), les spationautes sont couchés sur le dos. Les forces d'inertie agissant ainsi perpendiculairement à l'axe des gros vaisseaux sanguins, les déplacements de sang sont moins importants. Bruits intenses (110 à 125 dB à l'intérieur de la cabine), vibrations multiples.

Problèmes de respiration. **Système soviétique :** l'atmosphère des satellites et stations orbitales a une composition et une pression normales (environ 80 % d'azote et 20 % d'oxygène ; 760 à 800 mm de mercure). **Système américain :** *missions Mercury, Gemini, Apollo :* oxygène pratiquement pur (pression 258 mm) ; avantages : allègement de la cabine, limitation des fuites ; inconvénient : risque d'incendie (le 27-1-1967, 3 astronautes périrent carbonisés lors d'un entraînement au sol). *Séjours prolongés dans Skylab :* atmosphère 75 % d'oxygène et 25 % d'azote, pression 258 mm. *Stations orbitales actuelles :* régénération d'oxygène (un astronaute en consomme 600 à 900 l par jour), absorption du gaz carbonique formé, filtrage des poussières et des odeurs. *Navette :* atmosphère normale d'oxygène et d'azote.

Problèmes de l'impesanteur. Dans Skylab, les astronautes avaient des poignées (pour s'agripper), un treillis métallique et des cale-pieds (à table, face aux appareils d'expérience, au cabinet de toilette, etc.). Les ustensiles de cuisine étaient retenus par des aimants. L'eau (et tous les liquides) ne pouvant rester dans les récipients ouverts (ils se fractionnent en gouttelettes éparses dans l'atmosphère), les astronautes faisaient leur toilette avec des serviettes humidifiées, buvaient dans des tubes ; ils ne prenaient pas d'aliments solides (les miettes se seraient propagées à l'intérieur de la cabine, créant un danger pour yeux et voies respiratoires). Les poils coupés risquant de se répandre dans l'habitacle et de provoquer des accidents pulmonaires, ils se rasaient avec des instruments spéciaux.

Influence sur le système cardio-vasculaire : environ 2 litres de sang abandonnent la partie inférieure pour la partie supérieure du corps (congestion des veines, du cou, de la face, amincissement des jambes). Cette augmentation du volume sanguin thoracique et la dilatation de l'oreillette droite du cœur, interprétées par l'organisme comme une augmentation du volume sanguin total, déclenche, par voie réflexe, des réactions hormonales et provoque une excrétion accrue d'eau et d'éléments minéraux. Après quelques jours (de 3 à 10, parfois 20 à 30), l'organisme s'adapte. Cependant les réflexes cardio-vasculaires s'émoussent (car ils sont plus sollicités par les changements de position et se désadaptent de la pesanteur). On observe des troubles lors du retour sur Terre. *Équilibration :* malaises comparables au « mal de l'air » : nausées, vertiges, pertes d'appétit, ennuis gastriques (disparaissent en quelques jours). *Muscles :* ils s'atrophient. *Os :* des travées osseuses s'amincissent, une décalcification se produit. *Taille :* elle augmente de 2 à 4 cm (la colonne vertébrale ne supportant plus le poids du corps, les vertèbres s'écartent) ; sur Terre, elle redevient normale. *Poids :* perte de 3 à 5 kg (quelle que soit la durée de la mission), due à une perte du liquide organique et à la réduction de la masse musculaire (souvent liée à une alimentation trop peu calorifique et à une baisse d'appétit). *Sang :* réduction des globules rouges (8 à 30 %). Ces troubles ne sont pas irréversibles. La *fonction respiratoire* semble peu perturbée, l'*acuité visuelle et auditive,* la *pression artérielle,* le *rythme cardiaque* et les électrocardiogrammes restent normaux.

Altitudes. A *19 000 m :* le sang de l'homme protégé du milieu extérieur bout, la température d'ébullition étant d'autant plus basse que la pression est faible. *A partir de 40 000 m :* l'atmosphère n'est plus suffisante pour fournir le comburant nécessaire aux moteurs. *A 45 000 m :* il n'y a plus d'ozone et un corps vivant non protégé serait brûlé.

Précautions d'hygiène. *Exercices musculaires :* tapis roulant, extenseurs, bicyclette ergométrique. *Vêtements spéciaux :* simulant sur les os et les muscles l'action de la pesanteur ou provoquant l'afflux de sang vers les parties inférieures. *Introduction du bas du corps* dans un caisson pour rétablir, par pressions négatives, une circulation sanguine presque normale dans les membres inférieurs, etc. *Conservation du rythme des 24 h* (1/3 de travail, 1/3 de loisirs, 1/3 de sommeil).

Activité hors des véhicules. Difficulté d'effectuer des gestes précis, importance des dépenses métaboliques. Il faut un point d'appui, des outils appropriés.

Déchets. *1ers véhicules spatiaux :* recueillis dans des sacs contenant des produits germicides évitant la fermentation et la formation de gaz. *Navettes actuelles :* W.-C. équipés de broyeurs.

Au retour. Sentiment d'écrasement dû à la pesanteur retrouvée. Manque de coordination des mouvements. Réadaptation en deux semaines.

☞ Pour leur douche les spationautes consomment 4 litres d'eau. Le pommeau asperge et aspire l'eau successivement, évitant la surconsommation. L'eau emportée revient à plusieurs milliers de $.

■ Quelques chiffres

■ **Astronautes et cosmonautes (au 1-1-1997).** 359 dont Américains 226 (25 femmes), ex-URSS et CEI 86 (3 femmes), Allemands 9, Français 7 (1 femme), Canadiens 5 (1 femme), Japonais 4 (1 femme), Italiens 3, Bulgares 2, Afghan 1, Anglais 1 (femme), Arabe 1, Autrichien 1, Belge 1, Cubain 1, Hollandais 1, Hongrois 1, Indien 1, Mexicain 1, Mongol 1, Polonais 1, Roumain 1, Suisse 1, Syrien 1, Tchèque 1, Vietnamien 1. La population permanente dans l'espace est en moyenne de 2 Russes et 2 Américains.

■ **Lancements en liaison avec les vols pilotés.** Après 2 vols suborbitaux de cabines **Mercury**, lancées en 1961 par des fusées Redstone (opérations non spatiales), 23 fusées ont mis en orbite des cabines habitées, et 5 autres ont lancé des cibles de rendez-vous (**ATDA** et **Agena**), le programme **Gemini** étudiant les jonctions dans l'espace.

Vols pilotés : *du 5-5-1961 au 1-1-1976 :* 6 Mercury, 10 Gemini, 11 Apollo, 3 Skylab, 1 ASTP ; *de 1976 à 1981 :* aucun ; *après 1981 :* missions de navettes spatiales.

■ **Records spatiaux (missions habitées).** **Plus long vol en solitaire :** *homme :* 4 j 22 h 56 min 41 s (14/19-6-1963) Valeri Bikovski [1] (Vostok 5). *Femme :* 2 j 22 h 40 min 48 s (16/19-6-1963) Valentina Tereshkhova [1] (Vostok 6) ; **en double :** *en capsule spatiale :* 17 j 16 h 58 min 55 s (1/19-6-1970) Andrian Nikolaiev [1], Vitali Sevastianov [1] (Soyouz 9). **En station orbitale :** *homme :* 437 j 17 h 49 min (8-1-1994/22-3-1995) Valeri Poliakov [1] [*Français :* Jean-René Haigneré, 188 j 20 h 16 min (20-2/28-8-1999)]. *Femme :* 188 j (22-3/26-9-1996) Shannon Lucid [2]. **Plus longue présence dans l'espace** (durée cumulée) : *homme :* 679 j (en 2 missions : 1988-89 et 1994-95) Valeri Poliakov.

■ **Spationautes français** (mission et dates). **Hommes :** *Jean-Loup Chrétien* (né 20-8-1938) sur Soyouz 6 (24-6/2-7-1982, et mission Aragatz 26-11/21-12-1988) ; STS-86 (7e amarrage Mir, 26-9/5-10-1997) ; ayant atteint 60 ans (âge de la retraite au Cnes), il a demandé la nationalité américaine pour travailler avec la Nasa. *Patrick Baudry* (né 30-3-1946) sur Discovery STS-51G (17/24-6-1985). *Michel Tognini* (né 30-9-1949) sur Mir, mission Antarès (27-7/10-8-1992) vol payant (73,2 millions de F), STS-93 (23/28-7-1999). *Jean-Pierre Haigneré* (né 19-5-1948) sur Mir, mission Altaïr (1/22-7-1993), vol payant (80 millions de F) ; sur Mir, mission Perseus (20-2/28-8-1999 ; 188 j 20 h 16 min). *Jean-Jacques Favier* (né 13-4-1949, spécialiste charge utile) (20-6/3-7-1996). *Jean-François Clervoy* (né 9-11-1958) STS-66, Atlas 3 (3/14-11-1994) ; STS-84 (6e amarrage Mir) (15/24-5-1997) ; STS-130 (Hubble 3A) (12/27-12-1999). *Léopold Eyharts* (né 1957) sur Mir, mission Pegase (29-1/19-2-1998). **Femme :** *Claudie André-Deshays* (née 13-5-1957, médecin) sur Mir, mission Cassiopée (17-8/2-9-1996).

■ **Victimes de l'astronautique.** **1960 (24-10)** explosion d'une fusée sur le cosmodrome de Baïkonour (URSS). 165 victimes (savants, militaires et techniciens). **1967 (27-1)** 3 Américains : Virgil Grissom, Edward White, Roger Chaffee meurent dans l'incendie d'une cabine Apollo, au cap Kennedy, au cours d'un entraînement au sol. **(23-4)** 1 Soviétique : Vladimir Komarov s'écrase avec Soyouz 1 (le parachute s'est mis en torche). **1971 (29-6)** 3 Soviétiques : G. Dobrovolsky, V. Volkov, V. Pataiev asphyxiés avant l'atterrissage de leur cabine Soyouz 11 (brusque dépressurisation). **1986 (28-1)** 7 Américains : Francis Scobee (né 19-5-1939), Michael Smith (né 30-4-1945), Gregory Jarvis (né 24-8-1944), Judith Resnik (née 5-4-1949), Christa McAuliffe (née 2-10-1948, 1re femme « civile » astronaute, enseignante), Ronald Mc Nair (Noir, né 21-10-1950), Ellison Onizuka (Asiatique, né 24-6-1946) meurent dans l'explosion de la navette « Challenger » 73 s après le décollage (25e mission).

Nota. – Au cours du vol Apollo 13 (12-4-1970), écourté par une fuite d'oxygène, les 3 astronautes ont pu être sauvés.

Plus longue sortie extravéhiculaire : EN ORBITE TERRESTRE : *homme :* 8 h 29 min (vol n° 47) (13/14-5-1992) Thomas Akers [2], Richard Hieb [2], Pierre Thuot [2] (Endeavour, réparation du sat. Intelsat 6-F3). *Femme :* 3 h 33 min 4 s (25-7-1984) S. Savitskaia [1] (Saliout 7). SUR LA LUNE : *homme (exclusivement) :* 7 h 37 min (13-12-1972) Harrison Schmitt [2], Eugen Cernan [2] (Apollo 17).

Nota. – (1) Ex-URSS. (2) USA.

Astronaute le plus âgé ayant embarqué : John Glenn, vol n° 92 du 29-10 au 7-10-1998 : à 77 ans et 3 mois (après : Franklin Story Musgrave, vol n° 80 du 19-11 au 7-12-1996 : à 61 ans et 3 mois). **Astronaute le plus jeune ayant embarqué (femme) :** Janice E. Voss, vol du 21-6-1993 : à 27 ans. **Nombre maximal d'astronautes :** 10 sur Discovery (vol n° 43, 13-9 au 18-9-1991).

■ **Temps total passé dans l'espace.** **1995 :** 37 000 h. **1997 :** 41 300 h (dont USA 20 000, Russie 19 300).

■ **Vols effectués par un même astronaute (nombre maximal).** 6 vols (858 h) par Franklin Story Musgrave (USA, né 19-8-1935) : *STS 6* (du 4 au 9-4-1983) 120 h 23 min 42 s. *STS 51 F* (du 29-7 au 6-8-1985) 190 h 45 min 26 s. *STS 33* (du 22 au 27-11-1989) 120 h 6 min 46 s. *STS 44* (du 14-11 au 1-12-1991) 166 h 52 min 27 s. *STS 61* (du 2 au 13-12-1993) 259 h 58 min 35 s. *STS 80* (du 19-11 au 7-12-1996) 423 h 53 min. 6 vols (834 h 59) par John Young (USA) : *Gemini 3* (23-3-1965) 4 h 53. *Gemini 10* (du 18 au 21-7-1966) 70 h 46 min 39 s. *Apollo 10* (du 18 au 26-5-1969) 192 h 03. *Apollo 16* (du 16 au 27-4-1972) 265 h 51 min 59 s. *STS 1* (du 12 au 14-4-1981) 54 h 20 min 32 s. *STS 9* (du 28-11 au 8-12-1983) 247 h 47 min 24 s.

■ États-Unis

Programme Mercury

■ **Coût du programme.** 437 millions de $.

■ **Cabine.** En forme de cône, protégée par un bouclier thermique (de 200 kg) pour la rentrée dans l'atmosphère. *Hauteur :* 2,7 m. *Diam. max. :* 1,85 m. *Masse :* 1 350 kg. Monoplace. Emportait des réserves de vivres et d'énergie pour environ 30 heures. L'astronaute, assis sur un siège moulé à son corps, le dos appuyé à la base de la capsule, pouvait regarder à l'extérieur par un hublot. Les systèmes fonctionnaient automatiquement, mais on avait prévu, en secours, des commandes manuelles. Le poids de la cabine devant être limité, on avait choisi de faire respirer à l'astronaute de l'oxygène pur (au lieu d'air). *Sécurité au départ :* assurée par des moteurs à poudre placés au sommet d'une tour à la partie supérieure de la cabine : en cas d'incidents au décollage, ces moteurs auraient séparé immédiatement la cabine de sa fusée porteuse. Si tout allait bien, la tour était éjectée après quelques minutes de vol. *Récupération de la cabine :* en 3 étapes. Un 1er freinage, assuré par 3 fusées à poudre, modifiait l'orbite pour la rentrée dans l'atmosphère, puis le bouclier thermique se détachait. Un 1er parachute (diam. 1,8 m) s'ouvrait à 6 000 m d'alt. pour stabiliser la cabine, un 2e (diam. 20 m) à 3 000 m, ramenait la vitesse à 10 m/s. Enfin la cabine se posait sur l'eau (arrivée moins brusque).

■ **Vols.** **Freedom 7 :** 5-5-1961. Alan Shepard (18-11-1923/21-7-1998) bond de 15 min 22 s (alt. max. 187 km).

Vitesse max. 8 263 km/h. Parcourt 485 km. **Liberty Bell 7 :** 21-7-1961. Virgil (dit Guss) Grissom (3-4-1926/27-1-1967), bond de 15 min 37 s (alt. max. 188 km). Vitesse max. 8 318 km/h. Parcourt 486 km. Au retour, au large des Bahamas, Grissom est sauvé de la noyade par un hélicoptère, la trappe d'évacuation de la capsule (Liberty Bell) s'étant ouverte de manière imprévue (explosion des rivets). La capsule sera retrouvée le 1-5-1999 à 4 750 m et remontée le 20-7-1999. **Friendship 7 :** 20-2-1962. John Glenn (né 18-7-1921), vol de 4 h 55 min 23 s. 3,24 révolutions (alt. 256/157 km). Parcourt 125 000 km. **Aurora 7 :** 24-5-1962. Malcolm Scott Carpenter (né 1-5-1925), vol de 4 h 56 min 5 s. 3,25 révolutions (alt. 267/160 km). Parcourt 125 000 km. **Sigma 7 :** 3-10-1962. Walter Schirra (né 12-3-1923), vol de 9 h 13 min 11 s. 6,17 révolutions (alt. 283/160 km). Parcourt 250 000 km. **Faith 7 :** 15-5-1963. L. Gordon Cooper (né 6-3-1927), vol de 34 h 19 min 49 s. 23,25 révolutions (alt. 267/163 km). Parcourt 950 000 km.

Programme Gemini

■ **Coût du programme.** 1 303 millions de $.

■ **Cabine Gemini.** 3 200 kg. En forme de cône. *2 parties : 1°)* une cabine récupérable de 2 750 kg (2 astronautes pouvaient se tenir côte à côte et respiraient de l'oxygène, d'où le nom de Gemini : les jumeaux), *2°)* un compartiment des instruments largués dans l'espace à la fin du vol. Calcul des manœuvres par une petite calculatrice pouvant effectuer 7 000 additions, 2 500 multiplications ou 1 200 divisions par seconde. L'avant était un petit cylindre contenant des radars destinés à s'emboîter dans une cavité équipant les fusées Agena que les Gemini devaient rejoindre dans l'espace. *Moteurs :* 2 (45 kg de poussée) pouvaient propulser la cabine vers l'avant ; 2 (38 kg de poussée) pouvaient la ralentir ; 4 (45 kg de poussée) lui permettaient de se déplacer vers le haut, le bas, la gauche et la droite ; 8 propulseurs (11 kg de poussée) servaient à contrôler la position. *Carburant :* liquides à base d'azote (les réservoirs pouvaient contenir 300 kg). *Rentrée dans l'atmosphère :* par 4 rétrofusées à poudre (1 130 kg de poussée chacune).

Gemini 1 : 8-4-1964. Pas de récupération, 64 révolutions, 4 jours, expérimentation de la cabine et de la fusée Titan II. **2 :** 19-1-1965. Vol balistique, essai du bouclier thermique de la cabine. **3 :** 23-3-1965. Virgil Grissom, John Young, vol de 4 h 53 min. 3 révolutions (alt. 225/155 km). **4 :** 3-6-1965. James McDivitt, Edward White, 97 h 56 min ; 62 révolutions (alt. 290/158 km) parcourt 2 700 000 km. *1re sortie d'un Américain dans l'espace* (White 20 min). **5 :** 21-8-1965. Gordon Cooper, Charles Conrad, 7 j 22 h 56 min. 120 révolutions (alt. 352/161 km) parcourt 5 343 000 km ; *1re utilisation de piles à combustibles.* **6-A. :** 15-12-1965. Walter Schirra, Thomas Stafford, 25 h 51 min ; 17 révolutions (alt. 270/161 km). *1er rendez-vous* (s'approche à 30 cm de Gemini 7). **7 :** 4-12-1965. Frank Borman, James Lovell, 13 j 18 h 35 min ; 206 révolutions (alt. 225/160 km) parcourt 9 195 756 km. **8 :** 16-3-1966. Neil Armstrong, David Scott, 10 h 41 min ; 7 révolutions (alt. 407/396 km) ; *1re jonction spatiale* avec l'étage-cible Agena lancé 100 min avant. **9 :** 3-6-1966. Thomas Stafford, Eugen Cernan, 3 j 21 min ; 44 révolutions (alt. 300/159 km) ; Cernan sort 2 h 09 ; rendez-vous spatiaux répétés (sans jonction) avec la cible ATDA. **10 :** 18-7-1966. John Young, Michael Collins, 2 j 22 h 46 min ; 43 révolutions (alt. 763/160 km), utilisation des moteurs de l'Agena avec lequel le rendez-vous a été effectué ; 2 sorties de Collins (total 1 h 30 min). **11 :** 12-9-1966. Charles Conrad, Richard Gordon, 2 j 23 min 17 s ; 43 révolutions (alt. 1 365/160 km) ; Gemini est lancé directement à la poursuite de la cible sans être placé sur une orbite d'attente ; 2 sorties de Gordon (total 2 h 50 min). **12 :** 11-11-1966. James Lovell, Edwin Aldrin, vol de 3 j 22 h 35 min ; 59 révolutions (alt. 300/257 km) ; Aldrin sort à 3 reprises (total 5 h 30 min).

Programme lunaire Apollo

Au cours du programme Apollo, les Américains ont passé 19 j 11 h au total sur la Lune (dont 80 h 18 min de sortie sur le sol), parcouru 95,2 km et rapporté 387 kg d'échantillons du sol lunaire.

■ **Coût du programme** (en millions de $). *Total :* 25 000 en 10 ans. *Matériel laissé sur la Lune :* 517 [dont 6 modules lunaires (40 à 50 chacun), 6 stations scientifiques (total 130) ; 3 Jeeps lunaires (total 6)]. *Fusée Saturn V* (hauteur 110 m, largeur 10 m à la base, 2 900 t, poussée 3 500 t au décollage) : 185. *Vaisseau Apollo :* 65. *Opérations au sol pour 1 vol (A. 13) :* 105.

■ **Cabine Apollo** (3 hommes à bord). *Hauteur :* 10,44 m. *Diamètre :* 3,85 m. *Poids* au lancement : 18,58 t (y compris compartiment moteur). *3 parties :* cabine *(command module)* où logent les astronautes, compartiment des machines *(service module),* Lem ou LM *(lunar module)* destiné à se poser sur la Lune avec 2 astronautes à bord. *Propulsion :* 4 groupes indépendants de 3 moteurs fusées sur le compartiment moteur (45 kg de poussée chacun) et 2 de 6 chacun sur la cabine pour la stabilisation, le contrôle d'altitude et la rentrée. Un moteur fusée (10 t de poussée) qui peut être rallumé plusieurs fois sert pour les corrections de trajectoire et mises sur orbite lunaire. *Énergie électrique de bord :* 3 piles à combustibles et 3 batteries rechargeables. *Communications :* liaison VHF (très hautes fréquences), entre 30 et 300 MHz en phonie sur distances faibles ; liaison phonique sur grandes distances ; radar de rendez-vous ; liaison de télémesure ; 10 antennes sur le compartiment moteur et la cabine. *Guidage et navigation :* plate-forme à inertie, guidage optique ; télescope et sextant ; calculateur de bord avec une mémoire de 39 000 mots. **Lancement :** Saturn s'élève, emportant à son sommet la capsule Apollo ; quelques minutes plus tard, la vitesse dépasse 10 000 km/h ; le 1er étage de la fusée est largué et le 2e est mis à feu. La vitesse augmente, le 2e étage est largué et le 3e mis à feu ; il permet à Apollo de se mettre en orbite autour de la Terre. Le vaisseau tourne plusieurs heures autour de la Terre à 200 km d'alt., le temps de permettre des vérifications, puis le 3e étage est remis à feu pour donner le supplément d'énergie nécessaire. Quand l'ensemble est placé sur sa trajectoire qui l'emmène vers la Lune, la cabine et le compartiment des machines se séparent du Lem resté accroché au 3e étage de la fusée. Puis ils se retournent et la cabine s'amarre au Lem. Le 3e étage de la fusée, devenu inutile, est largué. **Voyage dans l'espace :** dure 3 j. Pendant ce temps, Apollo tourne sur lui-même (1 ou 2 tours par h) pour exposer successivement toute sa surface au Soleil. **Alunissage :** à 60 000 km environ de la Lune, Apollo atteint le *point d'équigravité* où l'attraction de la Lune et de la Terre s'équilibrent. A partir de là, l'attraction de la Lune devient la plus forte. A 100 km environ Apollo fait un tête-à-queue, puis ses rétrofusées sont allumées : il ralentit et se place sur une orbite lunaire. 2 astronautes passent dans le Lem qu'ils séparent de la cabine et qui fonce vers la Lune, la tête en bas. A quelques km d'altitude, le Lem se redresse, les pieds en position d'alunissage. En mettant à feu ses moteurs, les astronautes ralentissent peu à peu sa vitesse. Le Lem se pose, à environ 9 km/h. **Retour vers la Terre :** la partie inférieure du Lem qui sera abandonnée sur la Lune sert de plate-forme de lancement à la partie supérieure dans laquelle les astronautes rejoignent Apollo (le Lem devenu inutile sera ensuite largué). Apollo quitte son orbite lunaire et revient vers la Terre, grâce à la mise à feu du gros moteur du compartiment des machines. A 120 km de la Terre, la cabine se sépare du compartiment des machines devenu inutile. A 90 km, la capsule entre dans les couches denses de l'atmosphère à 11,2 km/s, protégée par son bouclier thermique (le frottement des couches d'air fait monter la température des parois à 2 600 °C en quelques minutes) : pendant quelques instants, on ne peut plus communiquer avec les astronautes. Ensuite, la capsule rebondit plusieurs fois sur les couches d'air de l'atmosphère, ce qui la freine beaucoup. A 8 km du sol s'ouvre un 1er parachute ; à 3 km, c'est au tour de 3 petits parachutes, suivis par 3 gros parachutes. La capsule descend doucement et amerrit.

■ **Vols sans alunissage. Apollo 1 à 6 :** en orbite terrestre. **-7 :** 1er lancement 11-10-1968 de la fusée Saturn I-B, Walter Schirra, Walter Cunningham, Don Eisele. 10 j 20 h 9 min en orbite terrestre, retour le 23-10. **-8 :** 21-12-1968. Franck Borman, James Lovell, William Anders, vol 6 j 3 h 1 min, 800 000 km, *1er vol humain sur orbite lunaire* (à 113 km du sol) le 24-12, après 10 révolutions, amerrit le 27 à 15 h 51 dans le Pacifique, à 864 km de l'île Christmas. *Records battus :* poids au départ (123 t satellisées autour de la Terre, y compris les réserves de carburant) ; poids d'un engin sur trajectoire lunaire : 43 t (délesté du 3e étage de la fusée porteuse) ; vitesse du véhicule spatial habité : 39 962 km/h. **-9 :** 3-3-1969, James McDivitt, David Scott, Russel Schweickart, vol 10 j 1 min en orbite terrestre (191 à 500 km du sol). *Essais :* compartiment lunaire avec des hommes à bord, qui se sépare de la cabine Apollo et revient vers elle ; système autonome de propulsion, l'*Emu (Extra-vehicular Mobility Unit) ;* scaphandre de 82 kg. Revient le 14-3. **-10 :** 18-5-1969, Thomas Stafford, John Young, Eugen Cernan, vol 8 j 3 min. Stafford et Cernan, à bord du Lem, se mettent sur orbite lunaire entre 15 km et 360 km, puis rejoignent Apollo. Retour le 26-5 à 600 km de Pago Pago (Samoa).

■ **Vols avec alunissage. Apollo 11 :** du 16-7 au 24-7-1969. Neil Armstrong (né 5-8-1930), Edwin Aldrin (né 20-1-1930), Michael Collins (né 31-10-1930). Lancé à 7 h 07 (heure locale), soit 12 h 07 (heure française). Se met sur orbite terrestre à 190 km, puis la quitte à 17 h 06 et se dirige vers la Lune à 39 030 km/h. 20-7 à 21 h 17 (heure française), le Lem (baptisé *Eagle*) se pose dans la mer de la Tranquillité à 6,4 km de l'endroit prévu. 21-7 à 3 h 56 min 20 s [(h de Paris ; h de Houston : 21 h 56, le 20-7)] : Armstrong pose le pied gauche sur le sol lunaire ; Aldrin le rejoindra 1/4 d'h plus tard. Ensemble ils plantent dans le sol le pavillon américain et marchent 60 m, vêtus de l'Emu pour se protéger contre les agressions cosmiques et les différences de température ; après 21 h 36 min 46 s sur la Lune, le Lem rejoint Apollo. 24-7 à 17 h 51, amerrissage des astronautes ; leur voyage a duré 8 j 3 h 18 min 35 s (1 min de plus que prévu), ils rapportent 20,7 kg d'échantillons de sol lunaire. **-12 :** du 14 au 24-11-1969. Vol de 10 j 4 h 36 min, aller 110 h 31 min. Charles Conrad (2-6-1930/accident de moto 9-7-1999), Richard Gordon (né 5-10-1929), Alan Bean (né 15-3-1932). Conrad et Bean se posent sur la Lune (océan des Tempêtes) et repartent 31 h 30 min après (2 sorties : 7 h 45 min) ; retour le 24-11 ; rapportent 34,1 kg d'échantillons et des pièces prélevées sur la sonde automatique Surveyor 3 déposée 3 ans avant. **-13 :** du 11 au 17-4-1970. 5 j 22 h 55 min ; James Lovell (né 25-3-1928), Fred Haise (né 14-11-1933), John Swigert (30-8-1931/27-12-1982), 5 j. Le Lem aurait dû rester 33 h sur la Lune et Lovell et Haise sortir 2 fois 4 h. Un incident technique (un réservoir d'oxygène explose) interrompt la mission à 320 000 km de la Terre, et Apollo 13 revient avec difficulté. **-14 :** du 31-1 au 9-2-1971. 9 j 1 min 57 s. Alan Shepard (1923-98), Stuart Roosa (né 16-8-1933), Edgar Mitchell (né 17-9-1930) le 5-2 se posent près du cratère Fra Mauro dans l'océan des Tempêtes ; Shepard et Mitchell sortent 9 h 23 min et déposent l'*Alsep (Apollo Lunar Surface Experiment Package),* station scientifique automatique avec générateur nucléaire de 63 W (combustible : plutonium 238) ; 6-2 sortie de 4 h et décollage après un séjour de 33 h 31 min (2 sorties : 9 h 17 min) ; 7-2 retour, rapporte 42,9 kg de roches lunaires [la brouette lunaire *(Met ou Modularized Equipment Transporter)* fut utilisée]. **-15 :** du 26-7 au 7-8-1971. 12 j 7 h 11 min 53 s. David Scott (né 6-6-1932), Alfred Worden (né 7-2-1932) et James Irwin (17-3-1930/8-8-1991), 30-7 le Lem se pose dans la mer des Pluies, au pied des Apennins. Scott et Irwin font un séjour de 66 h 55 min utilisant la « Jeep lunaire » pour 3 sorties (18 h 35 min) ; 4-8 retour ; 7-8 amerrissage ; rapporte 76 kg de roches. **-16 :** du 16 au 27-4-1972. 11 j 1 h 51 min. John Young (né 24-9-1930), Charles Duke (né 3-10-1935), Ken Mattingly (né 17-3-1936) ; 21-4 le Lem se pose près du cratère Descartes ; séjour 71 h (3 sorties de Young et Duke : 20 h 15 min ; 26,7 km parcourus) ; 27-4 : retour ; rapporte 95,4 kg de roches. **-17 :** du 7 au 19-12-1972. 12 j 13 h 52 min. Eugen Cernan (né 14-4-1934), Ronald Evans (10-11-1933/7-4-1990), Harrison Schmitt (né 3-7-1935, géologue) ; 11-12 le Lem se pose dans les Mts Taurus près du cratère Littrow, séjour 74 h 59 min (3 sorties de Cernan et Schmitt : 22 h 04 min ; 36 km parcourus) ; 17-12 sortie dans le vide (Cernan) au retour ; rapporte 117 kg de roches.

☞ **Abandon des explorations lunaires avec alunissage :** les vols Apollo 12 à Apollo 17 n'ont eu lieu que pour utiliser les fusées Saturn déjà existantes, les explorations scientifiques effectuées servaient seulement à justifier les expéditions. Les appareils de liaison Terre-Lune ont été débranchés le 1-10-1977, les km de bandes magnétiques enregistrées ont été mises de côté et, sur les 382 kg de roches lunaires stockées, environ 350 kg n'ont pas été analysés. Une fusée Saturn restante a été exposée au centre spatial Kennedy et une autre à Houston.

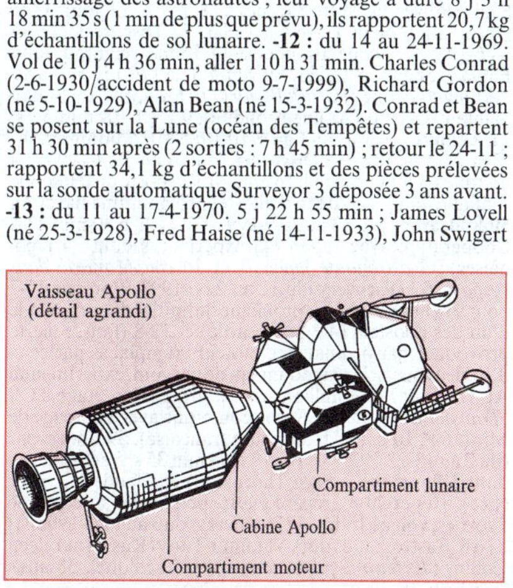

Astronautes ayant marché sur la Lune

Légende : durée du séjour du véhicule spatial sur le sol lunaire, durée d'exploration sur la Lune hors du véhicule spatial par les astronautes, distance parcourue sur la Lune.

Apollo 11 : *20-7-1969,* 21 h 36, Neil Armstrong (né 5-8-1930) 2 h 40, Edwin Aldrin (né 20-1-1930) 2 h 15 ; 400 m. **Apollo 12 :** *19-11-1969,* 31 h 31, Charles Conrad (2-6-1930/9-7-1999) 7 h 45, Alan Bean (né 15-3-1932) 7 h 45 ; 3 km. **Apollo 14 :** *5-2-1971,* 33 h 30, Alan Shepard (18-11-1923/21-7-1998) 9 h 17, Edgar Mitchell (né 17-9-1930) 9 h 17 ; 4 km. **Apollo 15 :** *30-7-1971,* 66 h 54, David Scott (né 6-6-1932) 18 h 35, James Irwin (17-3-1930/8-8-1991) 18 h 35 ; 28 km. **Apollo 16 :** *20-4-1972,* 71 h 14, John Young (né 24-9-1930) 20 h 15, Charles Duke (né 3-10-1935) 20 h 15 ; 26,7 km. **Apollo 17 :** *11-12-1972,* 74 h 59, Eugen Cernan (né 14-4-1934) 22 h 04, Harrison Schmitt (né 3-7-1935) 22 h 04 ; 36 km.

Programme Skylab (« Labo céleste »)

■ **Cabine Skylab.** Long. 36 m, poids 90 607 kg, volume habitable 347 m^3 sur 407 m^2, salles de travail 17 m^2, de séjour 10 m^2, dortoir avec alvéoles individuels 7 m^2, débarras 3 m^2 ; température réglable de 16 à 32 °C. 4 panneaux de cellules solaires (111 m^2 au total). Lancé par Saturn I-B ; les astronautes le rejoignent avec un Apollo.

■ **Vols. Skylab 2 :** du 25-5 au 22-6-1973. 28 j 49 min. Charles Conrad, Paul Weitz, Joseph Kerwin rejoignent le Skylab mis sur orbite le 14-5-1973 par Saturn V. Ils ont du mal à amarrer, à débloquer des panneaux solaires, ont une panne de batterie et doivent mettre en place un écran solaire de dépannage. *Distance parcourue :* 21,3 millions de km (404 révolutions). *Sorties dans l'espace :* Conrad 6 h 34 min, Kerwin 3 h 58 min, Weitz 2 h 11 min. *Nombre de photos prises :* 8 800 de la Terre, 30 000 du Soleil et des étoiles. **-3 :** du 28-7 au 25-9-1973. 59 j 11 h 9 min. Alan Bean, Jack Lousma, Owen Garriott rejoignent le même Skylab (succès malgré de nombreux incidents). *Distance parcourue :* 45,4 millions de km (858 révolutions). *Alt. :* 450 km. *Sorties dans l'espace :* Bean 2 h 41 min, Garriott 13 h 42 min, Lousma 11 h 01 min (total 27 h 24 min). *Photos :* 77 000 du Soleil et des étoiles, 14 400 de la Terre. **-4 :** du 16-11-1973 au 8-2-1974. 84 j 1 h 15 min. Gerald Carr, William Pogue, Edward Gibson. Séjour interrompu par le manque de vivres. Nombreuses expériences. *Distance parcourue :* 63,9 millions de km (1 214 révolutions). *Sorties dans l'espace :* durée totale supérieure à 22 h. *Photos :* 17 000 de la Terre (étude du relief et des ressources), 75 000 du Soleil, des étoiles et de la comète Kohoutek.

☞ **Chute de Skylab :** prévue pour 1983, mais les radiations solaires ont accru la densité de la haute atmosphère, augmenté le freinage subi, et précipité la chute. La navette qui devait lui apporter un moteur et le faire remonter plus haut dans l'espace ne put être mise au point pour 1978 (comme prévu). A partir de février 1979, Skylab descendit en moyenne de 2 km par jour. Le 11-7-1979 (après 2 249 jours de vol), il rentrait dans l'atmosphère au-dessus de l'Australie et du sud de l'océan Indien se désagrégeant sur 600 km sans victimes ni dégâts.

ASTP (Apollo-Soyouz Test Project)

Programme commun américano-soviétique. *Coût* (pour les USA) : 250 millions de $. Un vaisseau **Apollo** lancé le 15-7-1975 [Thomas Stafford (né 17-9-1930), Vance Brand (né 9-5-1931) et Donald Slayton (1-3-1924/13-6-1993)] rejoint le vaisseau soviétique. **Soyouz 19** [Aleksey Leonov (né 1934) et Valeri Koubassov (né 1935)] s'y amarre le 18-7 à 12 h 15 (poignée de mains entre les 2 équipages à 20 h 19, heure de Paris) [vol commun pendant 44 h à 225 km d'alt. ; transferts d'équipages, expériences (physique, chimie, métallurgie, astronomie)] ; 24-7 retour après 9 j 1 h 28 min.

Navette spatiale ou STS (Space Transport System)

■ **Description.** *Orbiter* (longueur 45 m, envergure 14,4 m, poids à vide 67,5 t) destiné à être temporairement satellisé autour de la Terre à 500 km d'altitude, récupérable et réutilisable (100 fois). Ressemble à un gros avion, avec ailes en delta, se comporte comme une fusée au décollage et un planeur à l'atterrissage. Il comprend un compartiment habitable par 8 personnes et 1 soute de 29 t. Lui sont fixés 1 réservoir de 700 t, largué à chaque voyage, alimentant les 3 moteurs de 211 t de poussée chacun, et 2 fusées à carburant solide de 1 200 t de poussée chacune (munies de parachutes, elles sont larguées avant la mise sur orbite et récupérées). *Coût d'un vol :* 3 milliards de F.

☞ **Projets de nouvelle navette :** programme X-33 (voir encadré p. 52 c).

■ **Bilan** (au 1-1-1999). **Vols. Nombre total** (du 18-2-1977 au 16-12-1998) : 96 dont écourtés 6, prolongés 3. **Par année :** *1977 :* 3 ; *81 :* 2 ; *82 :* 3 ; *83 :* 4 ; *84 :* 5 ; *85 :* 9 ; *86 :* 2 ; *88 :* 2 ; *89 :* 5 ; *90 :* 6 ; *91 :* 6 ; *92 :* 8 ; *93 :* 7 ; *94 :* 7 ; *95 :* 7 ; *96 :* 7 ; *97 :* 7 ; *98 :* 6 ; *99 :* 5 ; *2000* (au 5-10) : 100 vols depuis 12-4-1981 (à la fin des années 1970, on prévoyait d'atteindre 52 vols par an). **Par type de navette** (et nombre de satellites largués) : Discovery 28 (plus de 20), Columbia 26 (13), Atlantis 22 (10), Endeavour 14 (4), Challenger 10 (7). **Durée des vols :** de 73 s (explosion de Challenger après décollage le 28-1-1986) sinon de 54 h 13 min 12 s (vol n° 2, Columbia du 12 au 14-11-1981) à 17 j 15 h 53 min (vol n° 80, Columbia du 19-11 au 7-12-1996). **Altitude max. :** 640 km (mise en place du *Hubble*). **Plus grosse charge mise sur orbite** (10 000 à 140 000 km) par une navette spatiale : Chandra (18,9 m, 14 885 kg).

Astronautes embarqués. Nombre : de 2 à 10 (vol n° 43 ; voir p. 64 b). **Étrangers :** *Allemagne :* Ulf Merbold nov. 1983 [1], janvier 1992 [2] ; Reinhardt Furrer oct. 1985 [3] ; Ernst Messerschmidt oct. 1985 [3] ; Hans Schlegel avril 1993 [1] ; Ulrich Walter avril 1993 [1] ; *Arabie saoudite :* Pce Sultan Salman Al-Saud juin 1985 [2] ; *Australie :* Paul Scully-Power oct. 1984 [3] ; *Belgique :* Dirk Frimout mars 1992 [4] ; *Canada :* Marc Garneau oct. 1984 [3], mai 1996 [5] ; Roberta Bondar janvier 1992 [2] ; Steven MacLean oct. 1992 [1] ; Chris Hadfield nov. 1995 [4] ; Robert Thirsk juin 1996 [1] ; Bjorn Tryggvason 1997 ; Dave Williams avril 1998 ; *Espagne :* Pedro Duque oct. 1998 [2] ; *France :* Patrick Baudry juin 1985 [2] ; Jean-François Clervoy nov. 1994 [4], mai 1997 [4], déc. 1999 [2] ; Jean-Loup Chrétien sept. 1997 [4] ; Jean-Jacques Favier juin 1996 [1] ; Michel Tognini juillet 1999 [1] ; Philippe Perrin prévu mars 2002 ; *Italie :* Franco Malerba juillet 1992 [4] ; Maurizio Cheli, Umberto Guidoni février 1996 [1] ; *Japon :* Mamoru Mohri sept. 1992 [5] ; Chiaki Mukai juillet 1994 [1], oct. 1998 [2] ; Koichi Wakata janvier 1996 [5] ; Takao Doi nov. 1997 [1] ; *Mexique :* Rudolpho Neri-Vela nov. 1985 [4] ; *Pays-Bas :* Lodewijk Vandenberg avril 1985 [3] ; Wubbo Ockels oct. 1985 [3] ; *Russie :* Serguei Krikalev février 1994 [2], déc. 1998 [5] ; Vladimir Titov février 1995 [2] ; Valery Rioumine juin 1998 [2] ; *Suisse :* Claude Nicollier juillet 1992 [4], déc. 1993 [5], février 1996 [1], déc. 1999 [2]. *Ukraine :* Leonid Kadeniouk [1]. **Vols avec astronautes féminins :** *1 femme et 4 hommes :* 14 [Sally Ride (née 26-5-1951, 1re femme amér. de l'espace), avec Robert Crippen, Frederick Hauck, John Fabian et Norman Thagard ; 6 j 2 h 23 min sur vol n° 7 Challenger (18-6 au 24-6-1983)] ; *et 5 h :* 2 ; *et 6 h :* 6 ; *2 f et 3 h :* 1 ; *2 f et 4 h :* 1 ; *et 5 h :* 5 ; *3 f et 4 h :* 2 ; *5 f et 5 h :* 1. Prochain prévu oct. 2001 : Claudie André-Deshays (Fr.). **1re mission commandée par une femme :** n° 15 Columbia, 28-7-1999 : Eileen Collins (Amér., 38 ans).

Nota. – (1) Columbia. (2) Discovery. (3) Challenger. (4) Atlantis. (5) Endeavour.

Passagers non astronautes ayant embarqué. *Américains :* 1 député (Bill Nelson) ; 1 sénateur, ancien astronaute (John Glenn en 1998) ; 1 enseignant ; 1 ingénieur chez McDonnell-Douglas (Charles Walker sur 12 Discovery 1984) ; *Saoudien :* 1 prince.

Missions (au 1-1-1999). 93 dont vérification des performances : 4 ; largage de satellite : 55 ; militaires : 10 ; largage de sondes : 3 ; observation : 5 ; largage et réparation du télescope *Hubble :* 2 (mise en place vol n° 35, Discovery, du 24 au 29-4-1990 ; réparation vol n° 59, Endeavour, du 2 au 13-12-1993) ; largage labo : 1 ; approche de la station Mir : 1 ; amarrage à Mir : 9 ; assemblage de la station spatiale internationale : 1.

Incidents (exemples) : *pile à combustible* (défaillance) : 1 (vol n° 2, Columbia, 12 au 14-11-1981) ; *combinaison des astronautes* (dysfonctionnement) : 1 (n° 5, Columbia, 11 au 16-11-1982), manque de pressurisation de la combinaison de William Lenoir et mauvais fonctionnement du système de ventilation de celle de Joseph Allen, sortie dans l'espace annulée) ; *écoutille de sortie bloquée :* 1 (n° 80, Columbia, 19-11 au 7-12-1996) ; *joint d'étanchéité* (défaillance) : 1 (cause l'explosion du vol n° 25, Challenger le 28-1-1986, 7 morts, voir encadré p. 64 c) ; *joints des boosters défectueux :* 1 (n° 79, Atlantis, 16 au 26-9-1996) ; *joints d'assemblage endommagés :* 1 (n° 71, Endeavour, 7 au 18-9-1995) ; *système de navigation* (panne) : 1 (n° 41, Columbia, 5 au 14-6-1991) ; *boîtier de commande d'un des boosters* (dysfonctionnement) : 1 et *fausse alerte provoquée par ordinateur :* 1 (n° 57, Discovery, 12 au 22-9-1993) ; *console d'ordinateur* (défaillance) : 1 (n° 58, Columbia, 18-10 au 1-11-1993) ; *satellite à fil :* 2 (échec déploiement, n° 49, Atlantis, 31-7 au 7-8-1992 ; n° 75, Columbia, 22-2 au 7-3-1996) ; *isolation du réservoir externe trouée* (piverts) : 1 (n° 70, Discovery, 13 au 21-7-1995) ; *fuite d'hydrogène* (moteur principal) : 2 (n° 72, Columbia, 20-10 au 5-11-1995 ; n° 95, Columbia, 23 au 28-7-1995 a empêché la navette d'atteindre l'altitude prévue à 11 km près) ; *système hydraulique* (manque de pression) : 1 (n° 93, Endeavour, 3 au 16-12-1998) vol repoussé d'un jour.

Satellites embarqués : plus de 60 dont espions : plus de 6 ; télécommunications : environ 20 ; divers : environ 25 ; sondes interplanétaires : 3 ; télescope : 1. **Satellites embarqués largués avec succès** (et échecs) : *1982 :* 2 (0) ; *83 :* 3 dont Canada 1, Inde 1 (1), Indonésie 1 ; *84 :* 4 ; *85 :* 12 ; *86 :* 1 (1) ; *88 :* 2 ; *89 :* 3 ; *90 :* 2 ; *91 :* > 4 ; *92 :* 2 dont Italie 1 (1) ; *93 :* 3 (1) ; *94 :* 3 dont Allemagne 2 (1) ; *95 :* 3 ; *96 :* 9 ; *97 :* 5. **Animaux embarqués :** 2 carpes, 4 grenouilles, 7 000 mouches, 180 frelons, 30 œufs fertilisés, naissances de têtards à bord (vol n° 50, Endeavour, 13 au 20-9-1992), 50 rats (dont 6 décapités en orbite ; vol n° 58, Columbia, 18-10 au 1-11-1993), 1 500 criquets, 18 souris, 135 escargots, 152 rats, 233 poissons (vol n° 89, Columbia, 17-4 au 3-5-1998).

■ **1ers vols inhabités.** Le 18-2-1977 : sur le « dos » d'un Boeing-747. Le 12-8-1977 : 1er vol libre, après avoir décollé du Boeing porteur à 7 900 m d'altitude et le 13-9-1977 : 2e vol libre. **1er vol habité. STS-1 Columbia** (du 12-4 au 14-4-1981 [2]) : John Young et Robert Crippen, 54 h 20 min 53 s, 36,5 révolutions autour de la Terre à 275 km d'alt.

■ **Autres vols habités** (exemples). **5 Columbia** (du 11-11 au 16-11-1982 [2]) : Vance Brand, Robert Overmyer, Joseph Allen et William Lenoir, *1er vol opérationnel* de 5 j 2 h 14 min 26 s. Grâce à un propulseur à poudre PAM-D, largage de 2 sat. de télécom. : SBS-3 (USA) et Anik C-3 (Canada). Nombreuses expériences, mais annulation d'une sortie dans l'espace de 2 astronautes (ennuis de scaphandres). **6 Challenger** (*1er vol* du 4-4 au 9-4-1983 [2]) : Paul Weitz, Karol Bobko, Story Musgrave, Donald Peterson, 5 j 23 min 42 s. Le 5-4 : largage du sat. TDRS-1, qui ne parvient pas à être placé en orbite géostationnaire par le propulseur IUS et le 7-4 : Musgrave et Peterson sortent 3 h 50 min dans l'espace pour simuler des réparations. **7 Challenger** (du 18-6 au 24-6-1983) [2] : Robert Crippen, Frederick Hauck, John Fabian, Sally Ride, Norman Thagard, 6 j 2 h 23 min 59 s. Largage des sat. Anik C-2 (Canada) et Palapa B-1 (Indonésie). À l'aide d'un bras télémanipulateur, largage à 2 reprises dans l'espace puis récupération du SPAS (Shuttle Pallet Satellite), bloc d'instruments scientifiques. **8 Challenger** (du 30-8 au 5-9-1983) [2] : 5 hommes, 6 j 1 h 8 min 43 s. Mise en orbite du sat. indien Insat 1-B (le 31-8). Déploiement par le bras télémanipulateur du PFTA (Payload Flight Test Article), de 3,9 t en forme d'haltère. Expériences d'électrophorèse en apesanteur. **9 Columbia** (du 28-11 au 8-12-1983) [2] : 6 hommes dont Ulf Merbold (All. féd.), 10 j 7 h 47 min 24 s. Emporte le Spacelab, dont c'était le 1er vol (voir p. 69 c). 72 expériences (57 européennes représentant 30 % de la charge utile, 14 américaines et 1 japonaise). **10 Challenger** (du 3 au 11-2-1984 [1]) : 5 hommes ; 7 j 23 h 15 min 55 s. Mise en orbite de 2 sat. commerciaux. *1er vol libre de 2 astronautes* (Bruce McCandless et Robert Stewart) avec le fauteuil spatial MMU (Manned Manoeuvring Unit). **11 Challenger** (du 6 au 13-4-1984) [2] : 5 hommes, 6 j 23 h 40 min 7 s. Réparation du sat. « Solmax » en orbite, par George Nelson et James Van Hoften. Remis en orbite. **12 Discovery :** 1er vol : du 30-8 au 5-9-1984 [2]. Michael Coats, Richard Mullane, Steven Hawley (mari de la 1re femme-astronaute amér.), Judith Resnik (5-4-1949/28-1-1986) et Charles Walker (*1er passager non astronaute,* voir col. a) 6 j 44 h 56 min. Largage de 2 sat. de télécom. **13 Challenger** (du 5 au 13-10-1984 [1]) : Robert Crippen, John McBride, Kathryn Sullivan *(1re sortie féminine dans l'espace),* Sally Ride *(1re Américaine à être allée 2 fois dans l'espace),* David Leetsma, Paul Scully-Power et Marc Garneau, 8 j 5 h 23 min 33 s. Observation de la Terre par radar. **18 Discovery** (17 au 24-6-1985 [2]) : Daniel Brandenstein, John Creighton, John Fabian, Shannon Lucid, Steven Nagel (*1re mission avec 2 étrangers à bord), Patrick Baudry (1er Français),* Pce Sultan Salman Al-Saud (Arabie saoudite), 7 j 1 h 38 min 52 s. **21 Atlantis** (*1er vol* du 3 au 7-10-1985 [2]) : 5 hommes, 4 j 17 h 44 min 38 s. **35 Discovery** (du 24 au 29-4-1990) : 4 hommes, 1 femme. 5 j 1 h 16 min. Mise à poste du télescope spatial *Hubble*, à 620 km d'alt. (record pour une navette). **50 Endeavour** (du 13 au 20-9-1992 [1]) : 7 j 22 h 30 min 23 s. Coopération avec Japon (43 expériences dont 34 japonaises) ; *1 astronaute japonais* et *1er couple marié dans l'espace.* **57 Discovery** [du 12 au 22-9-1993 [1] (prévue 17-7 pour 9 j), annulée 24-7] : problème de boîtier de commande d'un des boosters (46e vol retardé) et 12-8 (fausse alerte provoquée par ordinateur), moteurs remplacés par ceux d'Endeavour 5 ; largage d'un sat. de télécom. expérimental ACTS (*coût :* 363 millions de $), grâce à un étage TOS (*Transfer Orbit Stage*). Sortie commune avec équipage de Mir (16-9, 10 h à 10 h 30, heure française). **59 Endeavour** (du 2 au 13-12-1993 [1]) : 10 j 19 h 58 min 35 s. 5 astronautes dont 1 femme (Kathryn Thornston) et Claude Nicollier (Esa), 10 j et 20 h ; répare télescope *Hubble* au cours de 5 sorties, voir à l'Index. **67 Discovery** (du 3 au 11-2-1995 [1]) : 8 j 6 h. 6 astronautes dont Vladimir Titov (Russe) et Eileen Collins (*1re femme pilote de navette,* Lt-colonel, 38 ans). Approche à moins de 12 m de la station Mir le 6-2. Lâche le paquet d'expériences Spartan (dont spectrographe Fuvis). **68 Endeavour** (du 2 au 18-3-1995 [2]) : *record de durée :* 16 j et demi. **69 Atlantis** (du 26-6 au 7-7-1995 [1]) : amarrage à Mir. **74 Endeavour** (du 11 au 19-1-1996 [1]) : 8 j 22 h 36 min. 6 astronautes dont 1 Japonais (Koichi Wakata), *1re récupération d'un satellite non américain* (SFU, japonais). **78 Columbia** (du 20-6 au 7-7-1996 [1]) : *record de durée :* 16 j 21 h 49 min. 7 astronautes dont 1 Français (Jean-Jacques Favier) et 1 Canadien (Robert Brent Thirsk). **79 Atlantis** (prévue 31-7 ; du 16-9 au 26-9-1996 [1]) : amarrage à Mir. Remmène Shannon Lucid *(record de durée à bord de Mir : 188 j).* **80 Columbia** (du 19-11 au 7-12-1996 [1]) : *record de durée :* 17 j 15 h 53 min. 6 astronautes dont Franklin Story Musgrave. Mise en orbite du WSF (Wake Shield Facility), sat. d'expérimentation technologique et d'Orfeus-Spas, plate-forme avec télescope à ultraviolets. **82 Discovery** (du 11 au 21-2-1997 [1]) : 10 j. 7 astronautes. Répare le télescope *Hubble*, voir à l'Index. **86 Atlantis** (du 26-9 au 6-10-1997) : 11 j, 7 astronautes dont 1 Français Jean-Loup Chrétien. Ravitaille Mir. **87 Columbia** (du 19-11 au 5-12-1997) : 16 j, 5 astronautes dont Kevin R. Krevel (Cdt), 1 Ukrainien (Leonid Kadeniouk), 1 Américain d'origine indienne (Kalpana Charola), 1 Japonais (Takao Doi), Stevens Lindsers, Winston Scott. **89 Columbia** (du 17-4 au 3-5-1998 [1]) : 16 j 19 h 50 min. 7 astronautes dont Richard Searfoss (Cdt) et 1 Canadien (Dave Williams). Mission Neurolab sur le système nerveux. **91 Discovery** (du 3 au 12-6-1998) : 9 j. 6 astronautes dont 1 Russe (Valery Rioumine). Réservoir central allégé de 11 %. *Dernier rendez-vous d'une navette amér. avec Mir* (amarrage le 4-6). Expérience AMS (Alpha Magnetometer Spectrometer) de détection de l'antimatière. **92 Discovery** (du 29-10 au 7-11-1998 [1]) 10 j. 7 astronautes dont John Glenn (77 ans, *doyen des astronautes,* voir p. 64 c), 1 Japonais (Chiaki Mukai) et 1 Espagnol (Pedro Duque). Expériences sur le vieillissement. Observatoire *Spartan* récupéré et instruments de *Soho* recalibrés. **93 Endeavour** (du 4 au 16-12-1998 [1]) 11 j. 6 astronautes dont 1 Russe (Serguei Krikalev). *Assemble les 2 premiers éléments de la Station spatiale internationale* (Zaria et Unity). **97 Endeavour** (du 11 au 23-2-1999) : 6 astronautes. **Vols prévus en 2001 par la Nasa :** 8 missions [dont 6 à destination de la station orbitale internationale (ISS)] : *102* STS-98 Atlantis (21-1-01), *103* STS-102 Discovery (1-3-01), *104* STS-100 Endeavour (19-4-01), *105* STS-104 Atlantis (17-5-01), *106* STS-105 Endeavour (21-6-01), *107* STS-107 Columbia (2-8-01), *108* STS-108 Endeavour (4-10-01), *109* STS-109 Columbia (novembre). *Astronautes :* 52 dont 45 Américains, 5 Russes (Oussatchev, Lontchakov, Dejourov, Tiourine et Onufrienko), 1 Canadien (Chris Hadfield), 1 Européen (Umberto Guidoni, Italie) et le 1er Israélien (Ilan Ramon). 4 femmes (Ivins, Helms, Kavandi et Chawla). **Vols russes en 2001 :** 2 pilotés à destination de l'ISS (avril et octobre).

Nota. – **Bases d'atterrissage :** (1) **Cap Canaveral** (Floride) abandonnée de 1986 (explosion de Challenger) à 1991 par sécurité (piste de 4,9 km trop courte par mauvais temps). (2) **Edwards,** base militaire [Californie, lac asséché de 11 400 ha (piste de 12 km), climat désertique] ; il faut ramener la navette au cap Canaveral sur un Boeing 747 spécial (*coût :* plus de 3 millions de $). **White Sands** (Nouveau-Mexique) : théoriquement, la navette peut se poser n'importe où et dans n'importe quelles conditions météorologiques grâce à son système de navigation automatique. Mais peu souple, il n'a été utilisé que 2 fois en 60 vols. En outre, le système de freinage est douteux et la navette ne disposant d'aucun système de propulsion lorsqu'elle revient se poser, on ne peut corriger au dernier moment une erreur de trajectoire.

■ Ex-URSS

Programme Vostok (en russe : Orient)

■ **Cabine Vostok.** Sphère de 2,30 m de diamètre, 2 460 kg ; accolée à un compartiment des machines constitué par 2 troncs de cône accolés par leur grande base (2,43 m de diam.), 2 270 kg. Le vaisseau était conçu pour fonctionner de façon automatique. Changements d'orbites impossibles. Dans la capsule, atmosphère ayant la composition de l'air (21 % d'oxygène, 79 % d'azote). Cosmonaute installé sur un siège éjectable. Les vols s'achevaient en parachute.

■ **Vols. Vostok 1 :** 12-4-1961. *1er vol d'un homme dans l'espace,* Youri Gagarine (27 ans), 1 h 48 min. Parcourt 45 000 km, 1 révolution (alt. 181/327 km). **-2 :** 6-8-1961. Guerman Titov († 20-9-2000, intoxication au monoxyde de carbone), 25 h 18 min. 17 révolutions (alt. 183/244 km). **-3 :** 11-8-1962. Andrian Nikolaiev (32 ans), 94 h 22 min. 64 révolutions (alt. 181/234 km). **-4 :** 12-8-1962. Pavel Popovitch (31 ans), 70 h 57 min. 48 révolutions (alt. 180/236 km). **-5 :** 14-6-1963. Valery Bykovski (28 ans), 119 h 6 min. 81 révolutions (alt. 174/222 km). **-6 :** 16-6-1963. *1re femme dans l'espace,* Valentina Terechkova (26 ans), 70 h 50 min. 48 révolutions (alt. 181/231 km).

Nota. – **Vostok 3** et **4** ainsi que **5** et **6** : vol groupé.

Programme Voskhod (Soleil levant)

■ **Cabine Voskhod.** Vostok perfectionné pour accueillir 2 passagers. **V1 :** 5 320 kg. **V2 :** 5 682 kg.

■ **Vols. Voskhod 1 :** 12-10-1964. Vladimir Komarov, Constantin Feoktistov, Boris Egorov. 24 h 17 min. 16 révolutions (alt. 178/408 km). **-2 :** 18-3-1965. Pavel Belaïev, Alexei Leonov. 26 h 2 min. 17 révolutions (alt. 173/498 km). Au début de la 2e révolution, Leonov en scaphandre spécial reste 20 min à l'extérieur dont 12 à flotter dans l'espace à plusieurs mètres de la cabine.

Programme Soyouz (Union)

■ **Cabine Soyouz.** 6 800 kg ; longueur : 7,5 m ; diamètre maximal : 2,72 m ; volume habitable : 10 m³. Composée de 3 modules accolés : module de descente, compartiment orbital et compartiment des instruments (portant à l'arrière 2 panneaux solaires de 8,37 m de long.).

■ **Bilan** (au 1-1-1998). **Missions.** Expérimentations. Étude de l'homme en apesanteur (vol TM 14). Réparation station Mir (vol TM 12). **Vols. Nombre total** (du 23-4-1967 au 20-12-1997) : 97. **Par année :** *1967 :* 1 ; *68 :* 2 ; *69 :* 5 ; *70 :* 1 ; *71 :* 2 ; *73 :* 2 ; *74 :* 3 ; *75 :* 5 ; *76 :* 3 ; *77 :* 3 ; *78 :* 5 ; *79 :* 4 ; *80 :* 6 ; *81 :* 3 ; *82 :* 3 ; *83 :* 3 ; *84 :* 3 ; *85 :* 2 ; *86 :* 2 ; *87 :* 3 ; *88 :* 3 ; *89 :* 1 ; *90 :* 3 ; *91 :* 2 ; *92 :* 2 ; *93 :* 2 ; *94 :* 1 ; *95 :* 4 ; *96 :* 9 ; *97 :* 10. **Temps passé dans l'espace :** de 21 min 27 s (vol nº 18 le 5-4-1975, écourté) à 365 j 22 h 39 min (Titov et Manarov restés sur Mir de déc. 1987 à déc. 1988) et 437 j 18 h [Valeri Poliakov (né 27-4-1942), de janvier 1994 à mars 1995]. **Altitude minimale :** 183 km, **maximale :** 230 km.

Cosmonautes embarqués. Nombre : de 1 à 3. **Étrangers :** *Allemagne :* Klaus Dietrich Flade, Ulf Merbold oct. 1994, Thomas Reiter sept. 1995, Reinhold Ewald févr. 1997. *Ex-All. dém. :* Sigmund Jähn 26-8-1978. *Autriche :* Franz Fibek. *Bulgarie :* Alexandre Panaiotoy juin 1988. *Cuba :* Arnaldo Tamayo Mendez sept. 1980. *États-Unis :* Norman Thagart 14-3-1995. *France :* Jean-Loup Chrétien 24-6-1982 (*1er Français dans l'espace*), nov. 1988, sept. 1997, Michel Tognini juillet 1992. Jean-Pierre Haigneré juillet 1993, Claudie André-Deshays juillet 1996, Jean-François Clervoy mai 1997, Léopold Eyharts janv. 1998. *G.-B. :* Helen Sharman (27 ans) juin 1991. *Hongrie :* Bertalan Farkas juin 1980. *Inde :* Rakesh Sharma 13-4-1984. *Japon :* Toyokiro Akyama 2-12-1990. *Kazakhstan :* Toktar Aoubakirov, Talgat Moussabaiev 1-7-1994. *Mongolie :* Jougdermidiin Gourragtcha mars 1981. *Pakistan :* Mohamed Abdul Akhad août 1988. *Pologne :* Miroslav Hermaszewski juin 1978. *Roumanie :* Dimitru Prurariu juin 1981. *Syrie :* Mohamed Ahmed Faris juillet 1987. *Ex-Tchécoslovaquie :* Vladimir Remek mars 1978. *Ukraine :* Alexandre Volkov oct. 1991. *Viêt Nam :* Pham Tuan juillet 1980. **Plus jeune cosmonaute embarqué :** Gherman Titov : 25 ans et 329 j (Vostok 2, 6-8-1961). **Sortie la plus longue dans l'espace :** 2 h 33 min (Lebedev, vol T5, 30-7-1982). **Passagers non cosmonautes :** journalistes : 2 ; ancien conseiller présidentiel : Iouri Batounine (né 1949) août 1998.

■ **1er cosmonaute. Youri Gagarine** (né 9-3-1934) le 12-4-1961 (voir Vostok 1 p. 66 c). En août 1961, pour échapper à sa femme qui l'avait surpris dans les bras d'une autre, il se blessa sérieusement en se prenant les pieds dans une vigne grimpante, après avoir sauté d'un 1er étage. Le 27-3-1968, il se tue au cours d'un vol d'entraînement sur Mig-15 biplace. Bien que son corps ne fût pas retrouvé, ses restes et ceux de son compagnon seront symboliquement déposés dans les murs du Kremlin.

Accidents (exemples). *Cabine écrasée au sol* au cours 1er vol, Komarov tué (voir ci-dessous). *Dépressurisation de la cabine Saliout* 1, au retour du nº 11 : 3 morts le 29-6-1971 (Gueorgui Dobrovolski, Viktor Patsaiev, Vladislav Volkov) après 23 j 18 h 22 min dans l'espace. *Défaillance d'une fusée porteuse :* 1, à 192 km d'altitude : retour après 21 min 27 s. *Échec d'amarrage avec Saliout :* 1, nº 33, 10-4-1979. *Explosion de la fusée porteuse :* 1, le 27-9-1983 (la cabine, éjectée par un dispositif de sauvetage, revient au sol, freinée par des parachutes ; équipage vivant). *Retour en urgence :* 1, nº 13, 21-11-1985, Vladimir Vassioutine doit subir une opération chirurgicale. *Panne du système de guidage automatique :* 3.

■ **Quelques dates. 1ers vols. Soyouz-1 :** 23-4-1967. Vladimir Komarov. 26 h 48 min. 18 révolutions ; retour 24-4 s'écrase au sol (défaillance des parachutes), Komarov est tué. **-2 :** 25-10-1968. Inhabité ; alt. max. 224 km, min. 185 ; retour 28-10. **-3 :** 26-10-1968. Gueorgui Beregovoï ; 94 h 51 min (alt. max. 222 km, min. 183) ; rejoint *Soyouz 2* inhabité, lancé 25-10, mais ne s'y amarre pas. **-4 :** 14-1-1969. Vladimir Chatalov ; 71 h 21 min ; 48 révolutions. **-5 :** 15-1-1969. Boris Volynov, Evgueni Khrounov, Alexis Eliseiev ; 72 h 54 min ; 50 révolutions (alt. max. 230 km, min. 200) ; accoste *Soyouz 4* qui revient en prenant 2 hommes de *Soyouz 5* (Khrounov et Eliseiev). **-6 :** 11-10-1969. Gueorgui Chonine, Valery Koubassov ; 118 h 43 min. **-7 :** 12-10-1969. Anatoli Filiptchenko, Vladislas Volkov, Victor Gorbatko ; 118 h 10 min. **-8 :** 13-10-1969. Vladimir Chatalov, Alexis Eliseiev ; 118 h 51 min ; 3 *Soyouz (6, 7, 8)* ont fait des vols groupés sans accostage. **-9 :** 1-6-1970. Andrian Nikolaïev, Vitali Sevastianov ; 17 j 16 h 59 min ; reviennent 19-6. **-10 :** 23-4-1971. Vladimir Chatalov, Alexis Eliseiev, Nikolaï Roukavichnikov ; rejoint *Saliout 1* (Salut), élément central d'une station lancée 19-4-1971, et s'y amarre 5 h 30 min ; vol 47 h 46 min ; revient 25-4. **-11 :** 6-6-1971. Gueorgui Dobrovolski, Viktor Patsaiev, Vladislas Volkov ; rejoint *Saliout 1* (y passent 22 j 11 h 28 min) ; après 23 j 18 h 22 min dans l'espace, meurent au retour le 29-6 vers 23 h 55 (voir plus haut). **-12 :** 27-9-1973. Vassily Lazarev, Oleg Makarov ; nouveau matériel ; 37 h 16 min, retour 29-9. **Coût par personne** admise à bord 1 semaine pour l'une de ces missions : 12 millions de $.

■ **Cargo spatial. Progress** (structure identique à celle de Soyouz ; masse au décollage : 7,3 t). **Bilan** (au 31-12-1997). **Nombre de lancements** (du 20-1-1978 au 15-12-1997) : 79 (dont Progress-M 37). **1ers : Progress 1 :** lancé 20-1-1978, détruit en vol le 8-2. **-2 :** 9-7-1978, quitte Saliout le 2-8 et brûle le 4. **-3 :** arrive 10-8-1978, quitte Saliout le 21-8 et se désagrège le 24. **-4 :** arrive 6-10-1978, quitte Saliout 24-10. **Missions :** ravitaillement, apports de matériel.

■ **Scooter Icare.** 220 kg propulsés par 32 moteurs. 1re sortie pendant le vol TM 8 (1-2-1990).

■ **Capsule Photon** (1985). 6,5 t (dont 2,5 récupérables). 6e lancée 16-2-1995 par Soyouz, emportant pour 1 vol de 15 j 3 laboratoires automatiques (russe, français et européen). 11e lancée 9-10-1997 par Soyouz. Expériences prolongées en microgravité.

Programme de stations orbitales

■ **Saliout** (Salut). **Saliout -1 :** 19-4-1971. Utilisée 2 fois. Le 2e équipage y trouva la mort le 29-6-1971, à la suite d'une dépressurisation. Volontairement détruit le 11-10-1971. **-2 :** 3-4-1973. Longueur navette et laboratoire 27,4 m, larg. 4 m, poids 25 t, volume utile 100 m³ ; explosa 3 j après son lancement. **-3 :** 25-6-1974. Alt. 235/299 km ; inclinaison 51,6° ; révolution 89,8 min ; arrimage avec *Soyouz 14* (5-7) ; désamarrage (19-7) ; programme de recherches terminé (23-9) ; retombée (Pacifique) 24-1-1975. **-4 :** 26-12-1974. Orbite circulaire 384 km ; inclinaison 51,6° ; en 1975 : 2 expéditions ont travaillé au total 3 mois à bord ; amarrage avec *Soyouz 17* (12-1), *18 bis* (26-5), *20* (19-11) ; retombée (Pacifique) le 3-2-1977 après 12 188 révolutions. **-5 :** 22-6-1976. Alt. 219/346 km ; inclinaison 51,6° ; révolution 89 min ; système de stabilisation électromécanique ; arrimage avec *Soyouz 21* (7-7-1976), *23* (15-10-1976) échec, *24* (8-2-1977) ; retour le 8-8-1977.

Saliout 6 : 29-9-1977. Alt. 219/424 km ; inclinaison 51,6° ; révolution 89 min ; porte 2 colliers d'amarrage (avant et arrière : 2 Soyouz peuvent s'amarrer simultanément) ; amarrage avec *Soyouz 25* (échec), *26* (11-12-1977), *27* (11-1-1978), *28* (3-3-1978), *29* (17-6-1978), *30* (28-6-1978), *31, 32* (26-2-1979), *34, T1* (19-12-1979), *35* (10-4-1980), *36* (27-5-1980), *T2* (6-6-1980), *37, 38, T3, T4* (13-3-1981), *40* (15-5-1981) ; ravitaillée par les cargos spatiaux *Progress 1 à 12. Cosmos 1267* (presque aussi lourd que la station) s'y amarre le 19-6-1981. Retombe dans l'atmosphère le 29-7-1982. Pendant près de 5 ans sur orbite, *Saliout 6* a accueilli 27 cosmonautes qui ont effectué plus de 1 500 expériences (astrophysique, télédétection, technologie, etc.) en 676 j de vols pilotés. 5 équipages ont effectué des vols de longue durée (96, 140, 175, 185 et 75 j). Il reçut 11 équipages « visiteurs » dont 8 « internationaux » (dont 1 non soviétique). **Vie à bord :** *pression atmosphérique :* entre 760 et 960 mm de mercure. *Atmosphère :* mélange gazeux assuré par des blocs de substances chimiques et un réseau de ventilation. L'oxygène est récupéré sur la vapeur d'eau dégagée par la respiration (consommation : 25 l à l'heure). Les autres substances dégagées (400) sont éliminées par des filtres au charbon actif (notamment 20 l de bioxyde de carbone à l'heure). *Température :* thermorégulation par double circuit à liquide indépendant : 1 pour le refroidissement, 1 pour le réchauffement (assuré par des tuyaux captant la chaleur solaire). Entre 15 et 25 °C. *Hygrométrie :* entre 20 et 80 %. La respiration et la transpiration dégagent environ 2 kg de vapeur d'eau par jour et par homme. Celle-ci est régénérée dans des condensateurs et rendue à la consommation sous forme d'eau pure. *Alimentation :* rations de 3 000 calories puis 3 300 (boîtes de conserve, bouchées de pain coupées en cube et enveloppées dans du plastique) ; petit déjeuner 9 h/9 h 30 ; déjeuner 13 h/14 h ; dîner 19 h/19 h 30. Les cosmonautes disposent d'un four. *Toilette (douche) :* 40 min, par linge humide ; dentifrice non moussant ; rasoirs munis d'aspirateur pneumatique pour les débris de poils. *Loisirs :* vidéo, disques, magnétoscope, jeux de société ; contact par radiotélévision avec les familles. 1 heure d'exercices physiques à midi (vélo et piste roulante) plus 40 min le soir. *Travail :* 42 h par semaine (expériences scientifiques, entretien du vaisseau). *Repos hebdomadaire :* 1 jour. *Sommeil :* obligatoire de 23 h 30 à 8 h. Repos de 1 heure avant le repas de midi. *Compte rendu de la journée :* pendant le contact avec la Terre (de 21 h 30 à 22 h 30).

Saliout 7 : 19-4-1982. Poids 20 t. Alt. 219/278 km ; inclinaison 51,6° ; révolution en 89,2 min, avant d'être relevée sur orbite plus élevée entre 300 et 350 km d'alt. Analogue à *Saliout 6*, mais améliorée : système d'amarrage plus grand, système de pilotage cybernétique opérationnel, 2 hublots transparents au rayonnement UV, un groupe de télescopes X remplace le télescope submillimétrique, nouveau système d'examen et de diagnostic « Aelita », au poste de pilotage principal : sièges amovibles légers, espaces de rangement, parois latérales vert et crème et plafond blanc, ventilation moins bruyante, nouveau système d'alimentation en eau potable, réfrigérateur, etc.

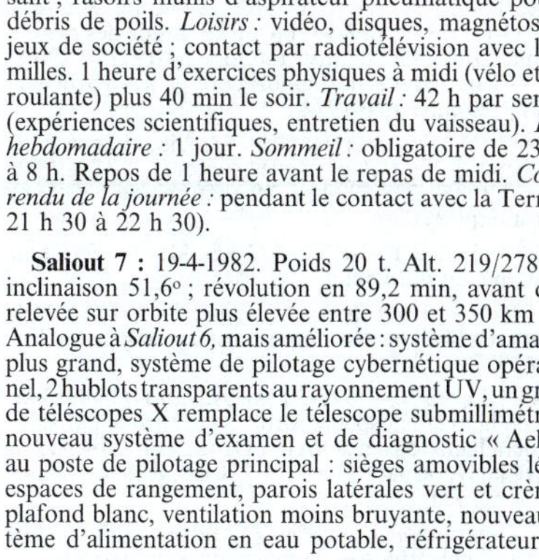

Assemblage de la station Mir (13,21 m). État au 1-1-1995 : (A) Kvant 2 (diam. 4 m, longueur 14 m, 20 t atelier). (B) Soyouz (7 t). (C) Collier d'amarrage. (D) Kvant 3 (20 t). (E) Mir (26 t, 13 m). (F) Kvant 1 (11 t, 6 m³, pour observations astronomiques). (G) Progress (vaisseau de ravitaillement), 6 t.

■ **Navette soviétique Bourane. 1er vol orbital** (automatique) le 15-11-1988. Essai à vide de 205 min. Abandonnée. Proposée à la vente à 10 millions de $, le coût de développement aurait été de 30 milliards de $. Reconvertie en simulateur de vol depuis avril 1996 (parc Gorki à Moscou). **Comparaison avec la navette américaine :** *voilure* idem (24 m d'envergure, 250 m² de surface alaire), *fuselage* 36 m (navette américaine 37,2) sur 5,6 m (5,5), *volume de la cabine* 70 m³ (71,5), *masses* au décollage 105 t et à l'atterrissage 82 t (124 t et 95 t). *Charge utile emportée* 30 t ou rapportée 20 t (29,5 t et 14,5 t). *Lancement :* par lanceur lourd Energya (par 3 gros moteurs à hydrogène et oxygène liquides disposés à l'arrière).

Ravitaillée par les cargos spatiaux *Progress 13 à 22.* Amarrage avec *Soyouz T5* (14-5-1982) ; *T6* (25-6-1982) ; *T7* (20-8-1982). *Cosmos 1443, Soyouz T9* (28-6-1983), *T10 bis* (9-2-1984) ; remise en état par l'équipage de *Soyouz T13* en juin 1985 après avoir été détruite partiellement par un incendie. Occupée jusqu'au 25-6-1986. Permit plus de 800 h de vols habités (10 équipages différents ont effectué 30 sorties dans l'espace, et utilisé 175 types différents d'appareils scientifiques ; *Jean-Loup Chrétien* y séjourna du 24-6 au 2-7-1982). Placée le 20-8-1986 sur une orbite à 480 km ; ne sera plus habitée. Elle devait tourner jusqu'en 1994 mais s'est désagrégée puis est tombée dans le sud de l'Argentine le 7-2-1991 avec le module *Cosmos 1686* lancé le 27-9-1989, qu'on ne pouvait en détacher.

■ **Mir** (Paix). 20-2-1986. Alt. 324/352 km, puis 400 ; inclinaison 51,6°. Version améliorée de *Saliout 7. Sas d'amarrage :* 6 permettant d'y accoupler simultanément autant de vaisseaux, automatiques ou habités. *Compartiments :* 2 pressurisés (compartiments de transfert et de travail) à l'avant, 1 non pressurisé (compartiment des moteurs) à l'arrière. *Masse totale :* 21 t. Constituerait à terme le noyau d'une station spatiale modulaire habitée en permanence. Ravitaillée par *Progress 25 à 41* et *M1 à M11.* Amarrage avec les modules *Kvant 1* le 31-3-1987 (comprenant appareil d'électrophorèse Svetlana, complexe télescopique Rœntgen et instrument Glazar), *2* le 26-11-1989 [module D (Doosnashcenyie = élément additionnel), (volume habitable supplémentaire de 61,9 m³, utile 160 m³) qui est amarré le 6-12 à l'avant de Mir, puis transféré latéralement], *3* (Kristall) le 31-5-1990, destiné à la fabrication de matériaux dans l'espace], les nouvelles cabines TM1, 2,5 à 18. Modules supplémentaires : *Spektr* (20 t, comprenant spectromètre à grille Miras télédétection multispectrale) lancé 20-5-1995, amarré 1-6-1995, *Priroda* (20 t, télédétection optique) lancé 23-4-1996, soit 130 t au total. Séjour de plusieurs dizaines d'astronautes (en majorité Américains) de 1 à 5 mois, à bord de capsules Soyouz ou de la navette américaine (qui a accosté Mir une dizaine de fois depuis le 29-6-1995). En 1996, la France a payé 75 millions de F pour permettre à Claudie André-Deshays d'étudier le système cardio-vasculaire et le cerveau de l'homme dans l'espace. En juillet 1998, les Russes ont décidé d'utiliser Mir jusqu'à mi-1999. Le délai fut respecter. Un Progress, lancé le 1-2-2000, a remonté l'orbite qui était à 310 km. Un autre Progress, lancé 24-1-2000, s'est arrimé le 27-1 pour contrôler, grâce à la poussée de son moteur, la chute de Mir (140 t) entre le 5 et 7-3 dans le Pacifique. Les débris, 10 à 28 t au total, dont les plus gros feraient 0,7 t, qui auront traversé l'atmosphère, se distribueront à l'intérieur de l'ellipse de 500 km de long et 200 km de large située entre la Nouvelle-Zélande et le cap Horn (Chili). Denis Tito, millionnaire américain, candidat à un séjour sur Mir ayant payé à l'avance 20 millions de $, pourrait visiter la station internationale ISS.

☞ **Incidents récents : 1997 :** *23-2 :* feu à bord et décompression (explosion d'une bouteille d'oxygène). *1/7-3 :* panne de 2 générateurs d'oxygène. L'un est réparé, l'autre remplacé par un générateur livré par la navette Atlantis. *Avril :* panne du système d'air conditionné. *25-6 :* collision de Progress M avec le module Spektr. Perte d'air et de pressurisation. Le module est fermé et son contenu perdu. *29-6 :* panne des gyroscopes qui servent à réorienter Mir vers le Soleil pour maintenir son alimentation en énergie. *14-7 :* le Cdt Vassily Tsibliyev est mis au repos forcé pour arythmie cardiaque. *17-7 :* déconnexion d'un câble relié aux panneaux solaires. Mir « roule » dans l'espace. *22-8 :* Anatoli Soloviev et Pavel Vinogradov reconnectent les câbles électriques de Spektr. *3-11 :* porte mal fermée dans module Kvant-2. Dépressurisation. **1998 :** *31-5 :* panne de l'ordinateur central.

☞ **Principales missions récentes : 1996 : Cassiopée (franco-russe),** du 17-8 au 2-9 : *Soyouz TM 24* emporte 2 Russes (Guennadi Manarov, Pavel Vinogradov, remplacés 12-8 par Valeri Korzoun et Alexandre Karely, à cause d'un problème médical) et 1 Française (Claudie André-Deshays). Expériences biomédicales et biologiques (ponte en apesanteur de 3 tritons femelles des Pyrénées fécondées avant la mission). 300 kg de matériel. *Coût :* 80 millions de F dont Cnes 63). **1997 : Mir 97,** du 10-2 au 2-3 : *Soyouz TM 25* emporte 2 Russes (Vassili Tsibliev, Alexandre Lazartkine) et 1 Allemand (Reinhold Ewald). Expériences biomédicales et technologiques. **1998 : Pégase (franco-russe),** du 28-1 au 19-2 : *Soyouz TM 26* emporte 2 Russes (Nikolai Boudarine, Talgat Moussabaiev) et 1 Français (Léopold Eyharts). Expériences similaires à Cassiopée. *Coût :* 200 millions de F. **1999 : Perseus (franco-russe),** du 20-2 au 28-8 : *Soyouz TM29* emporte Victor Afanassiev, Ivan Bella (Slovaquie) et Jean Pierre Haigneré (Fr.). **2000**-4-4 *Soyouz TM 30* emporte Sergueï Zaliotine et Alexandre Kaleri.

Autres vols projetés

■ **Lune. Bases :** prévues 2005-2010. Missions : exploitation des ressources naturelles, télescope permanent et entretien et réparation des vaisseaux spatiaux.

■ **Mars. Vols humains :** envisagés en 2015 par la Nasa. Problèmes : durée du voyage (12 à 18 mois), coût (2 700 milliards de F), poids du vaisseau (1 000 t).

☞ **Projet Mars Direct** de Robert Zudrin (1997) : en partie privé ; *coût :* 120 milliards de F. *2006 :* envoi d'un véhicule (non habité) à réacteur nucléaire *(ERV : Earth Return Vehicle)* qui fabriquerait son propre carburant à partir de dioxyde de carbone martien mélangé à l'hydrogène liquide. *2007 :* envoi de petites fusées dont une avec équipage de 4 personnes ; voyage de 6 mois, exploration de Mars pendant 500 jours avant retour sur Terre en 2010. A terme, colonisation et exploitation des ressources naturelles.

Station spatiale internationale (ISS)

■ **Origine.** *Projet Freedom* (Liberté). Lancé 1984 par Ronald Reagan. Station permanente d'environ 95 t formée de 4 à 6 modules pressurisés et d'une série de plates-formes autonomes, capables d'accueillir 12 à 18 astronautes. Transportés par la navette et assemblés en orbite circulaire à 450 km environ de la Terre. **1988** accord entre USA, Canada, Japon et 9 pays européens. **1993** devient projet Alpha. **1995 Projet ISS (International Space Station). Projet Alpha** ou **Ralpha** (*R* pour *Russe*) présenté en nov. 1993 après accord Nasa/RKA. **1998 (29-1)** accord intergouvernemental. **Prévisions. De 1998 à 2004** 26 vols de navettes, 14 de lanceurs russes, 1 d'Ariane 5 prévus. *Coût :* 30 milliards de $. *Participants :* Nasa, Esa, RKA (agence spatiale russe), Canada, Japon. Orbite 51,6° (identique à celle de Mir), pour tenir compte de la latitude du cosmodrome de Baïkonour, facilitant l'accès de la station aux fusées russes, au détriment des navettes américaines décollant du cap Canaveral (impliquant une capacité d'emport réduite). La station sera construite de 1998 à déc. 2003 à 350 km d'alt. (30 vols prévus pour hisser les éléments) puis remontée par ses propres moteurs à 460 km. *Durée :* 10 à 16 ans. *Équipage :* 6 ou 7 personnes. *Poids :* 470 t. *Longueur* 108 m. *Largeur* 74 m. *Puissance électrique :* 100 kW. **Coût total** (estimation en milliards de $) : *1984 :* 8 ; *87 :* 15 ; *93 :* 17,4 (pour 1994-2002) ; *98 :* 25. **Cumulé** (partie américaine) : 95,6 en 1998 (dont projet Freedom 11,2 de 1985 à 1993), assemblage d'Alpha (42,2 de 1993 à 2003) et son exploitation (42,2 de 2003 à 2013). **Calendrier. 1984** lancement prévu en 1992. **1987** reporté à 1994. **1996** 1er élément prévu en 1996, repoussé d'un an (pénalité de 40 millions de $ à Boeing). **1997**-*oct.* surcoût de 600 millions de $, retard à l'achèvement de 18 mois (déc. 2003 au lieu de juin 2002). **1998**-*20-11 module cargo* russe *Zarya* (Aube en russe) 20 t, longueur 12,6 m, lancé par fusée Proton. *Coût :* 200 millions de $; *-3-12 module de raccordement* américain *Node-1* ou *Unity,* longueur 6,7 m, lancé par Endeavour ; *-7-12* assemblage Zarya-Unity : *naissance de la station internationale.* **1999**-*juillet module de service* russe *Zvezda* (étoile en russe), longueur 13 m. Lieu de vie et poste de pilotage ; *-oct. coffrage* américain *ITS Z1.* Servira de base à l'installation des panneaux solaires. *Système de communication Ku-band* et nouveau *port de connexion PMA* pour navette ; *-déc.* panneaux solaires américains ITS P6 (système photovoltaïque avec batteries). **2000**-*24-4* module cargo, **lancement par Endeavour (STS-101) ; équipage : James Halsell, Scott Horowitz, Mary Weber, Jeffrey Williams, Youri Oussatchev.** *-12-7* module d'habitation, par Proton. *-19-8* module cargo, par STS-106. *Du -8-9 au 20-9* Atlantis : 7 astronautes (dont 2 Russes) ont transporté 2 t d'équipement dans les 3 premiers modules de l'ISS. *-12-10* Discovery (avec 7 astronautes dont 1 Japonais, Koichi Wakata) installe en 11 jours une structure métallique portant des gyroscopes (le Z1) et 1 adaptateur (PMA) pour l'amarrage des navettes. *-30-10* **1er équipage :** Williams Shepherd (Amér.), Youri Gidzenko et Sergueï Krikalev (Russes), par Soyouz. *-30-11 :* 2 panneaux solaires de 80 m, 42 kW, *coût :* 600 millions de $, par STS-97. **2001**-*18-1* STS-98 Atlantis : Kenneth Cockrell, Mark Polansky, Marsha Ivins, Robert Curbeam et Thomas Jones ont apporté le module américain Destiny (US Lab). *26-2* James Kelly et Paul Richards : module de jonction, par Soyouz. *-15-2* module logistique, par STS-102. *-19-4* module logistique et bras manipulateur, par STS-100. *-30-4* **2e équipage :** Oussatchev, Voss et Helms par Soyouz. *-17-5* sorties extravéhiculaires, début du programme scientifique. *-21-6* module logistique par STS-105. *-23-8* vol d'utilisation (panneaux solaires supplémentaires) par STS-109.

■ **Budget prévisionnel** (en milliards de F). USA 87 [subvention américaine de 400 millions de $ à la Russie (pour 1994-1997)], Russie 16,5, Europe 16,2, Japon 15,5 et Canada 4,5.

☞ **Programmes japonais en cours** (suite du projet Freedom) : *module* **Jem** (Japanese Experiment Module, *coût :* 3 milliards de $) et mini-navette non habitée **Hope** (Nasda, 20 t, long. 16 m, envergure 10 m, *coût :* 1,5 milliard de $, 1er vol 2001 par fusée H-2 améliorée). Prototype réduit **Highflex** lancé 12-2-1996, coule dans le Pacifique.

Europe spatiale

Organisation

■ **Esa (European Space Agency), Ase (Agence spatiale européenne).** *Fondée* 31-5-1975. Regroupe les activités européennes dans le domaine des satellites et des lanceurs (anciennes missions de Esro et de l'Eldo). *Siège :* Paris. *Dir. général :* Antonio Rodota (né 1935, Italie) jusqu'au 30-6-2001. *Effectifs :* 1 700. *Membres :* Allemagne, Autriche, Belgique, Canada, Danemark, Espagne, Finlande, *France,* G.-B., Irlande, Italie, Norvège, Pays-Bas, Portugal, Suède, Suisse. *Établissements : Estec (Centre européen de recherche et de technologie spatiales)* Noordwijk (Pays-Bas). *Esoc (Centre européen d'opérations spatiales).* Centre principal de contrôle à Darmstadt (Allemagne). *Esrin* Frascati (Italie) *créé 1965 ;* centre de gestion des données pour satellites de télédétection, banques de données. *EAC (Centre des astronautes européens), créé 1991 ;* forme les astronautes depuis le 1-6-1992. **Budget** (en milliards d'euros) *1998 :* 2,59 ; *99 :* 2,65 ; *2000 :* 2,71 dont (en %) : *France 29,4,* Allemagne 25,7, Italie 14, G.-B. 7,4, Belgique 5,1, Espagne 4, Suisse 3,3, Pays-Bas 3,1, Suède 2,6, Autriche 1,4, Danemark 1,1, Norvège 1, Canada 0,7, Finlande 0,7, Irlande 0,3, Portugal et Hongrie 0. *2001 :* 2 847,3 dont budget général 168,2, associés 124,1, fonds d'accompagnement – 320,1, financés par les tiers 119,2, programme scientifique 361,5, lanceurs 593,9, vols habités 637,5, microgravité 119,4, observation de la Terre 456,6, télécoms/navigation 466,9, GSTP, Prodex 120,1.

■ **Évolution récente. 1992 : Sommet de Grenade** (du 9 au 10-11). **Orientations :** croissance annuelle du budget réduite de 5 % à 3,5 % jusqu'en 2000, vols habités réduits (MTFF abandonné, Hermès réduit des 2/3 jusqu'en 1995, Columbus révisé à la baisse), collaboration avec les Russes pour effectuer des économies, exigence de retombées dans le financement de Freedom. **1993**-*17-5* formation d'un groupe de travail des principaux pays spatiaux (exploration de Mars). *-Juin* conseil de l'Esa : *Hermès* vol habité repoussé à 2005. **Plan 1993-2003.** *Dépenses prévues jusqu'en 2000 :* 126 milliards de F (au lieu de 159). MSTP remplaçant Hermès (Programme de transport, voir p. 70 a). **1994**-févr. programmes Columbus MSTP fusionnés. **Vols précurseurs** (Spacelab, Euromir '94 et '95) pour préparer les astronautes européens. **1995. Conseil de Toulouse** (du 18 au 20-10). Participation européenne à la station spatiale internationale (1996-2004), en % : Allemagne 41 ; *France 27,6 ;* Italie 18,9 ; Belgique 3 ; Suisse 2,5 ; Espagne 2 ; Danemark 1,17 ; Pays-Bas 0,9 ; Norvège 0,46 ; *total :* 17,34 milliards de F, et participation française aux programmes complémentaires Ariane 5 (50 % soit 5,3 milliards de F ; 1996-2003). **1998**-*23-12 :* fusion annoncée des activités spatiales de Lagardère (France), Gec (G.-B.), Dasa (Allemagne) et Finmeccanica (Italie).

Satellites

■ **Esro 1A (Aurorae).** Lancé 3-10-1968. 86 kg. Étude ionosphère polaire et phénomènes auroraux ; retombé 26-6-1970. **1B (Boreas)** 1-10-1969. Même mission ; retombé 23-11. **-2 (Iris)** 17-5-1968. 86 kg. Étude des rayons cosmiques, rayons X solaires ; retombé 9-5-1971. **-4** 22-11-1972. 115 kg. Étude de l'ionosphère et des particules solaires ; retombé 15-4-1974.

■ **Heos 1 (Highly Eccentric Orbit Satellite).** Lancé 5-12-1968. 108 kg. Vent et particules solaires. **-2** 31-1-1972. 117 kg. Alt. 359/238 199 km. Magnétosphère polaire et milieu interplanétaire.

■ **TD-1A.** Lancé 12-3-1972. 472 kg. Alt. 533/545 km. Astronomie en ultraviolet.

■ **Cos-B (Cosmic Ray Satellite).** Lancé 9-8-1975. 280 kg. Alt. 350/100 000 km. Astronomie des rayons gamma. Fin le 26-4-1982.

■ **Geos 1.** Lancé 20-4-1977. 237 kg. Alt. 2 131/38 498 km. Étude de la magnétosphère, orbite excentrique par suite d'une défaillance du lanceur Thor Delta 2914. **-2** 14-7-1978 de Cap Canaveral par Delta 3914. 230 kg ; géostationnaire par 5° long. Est.

■ **Isee (International Sun Earth Explorer).** 158 kg. Alt. 280/38 137 km. Étude de la magnétosphère terrestre. **-1** (construit par la Nasa), et **-2** (par l'Esa) : lancés 12-10-1977. **-3** 12-8-1978, en orbite solaire à 1 500 000 km de la Terre.

■ **Météosat.** 3 sat. expérimentaux géostationnaires construits par l'Aérospatiale. **Météosat 1/F1.** Lancé 23-11-1977 par Delta, a fonctionné jusqu'en nov. 1979. 695,3 kg. **-2/F2.** 19-6-1981 par Ariane, utilisé jusqu'au 2-12. 717 kg. **-3/P2.** 15-6-1988 par Ariane 4, déplacé à 75° long. Ouest (fin 1992) pour compléter le réseau américain, de l'Atlantique au Pacifique. 696 kg. **-4 MOP-1.** 6-3-1989, opérationnel à 0° long. Ouest. **-5.** 2-3-1991, réserve en orbite ; remplace provisoirement un satellite Goes (USA) 50° long. Ouest. **-6.** 20-11-1993 par Ariane 4 (450 MF). 704 kg. **-7.** 2-9-1997. **Prévisions :** 3 Météosat 2e génération (MSG) de 2 t par Ariane, 1er prévu janvier 2002 lancé par Ariane 4 ; 2e juillet 2003 par Ariane 5 ; 3e 2007 par Ariane 5. *Coût :* 4 milliards de F. **Metop** (satellites en orbite polaire de 4,5 t). 1er lancé déc. 2005 ; 2e : 2009 ; 3e : 2013 par Soyouz-ST.

■ **IUE (International Ultraviolet Explorer).** Lancé 26-7-1978. 671 kg. Réalisé et exploité par Nasa, Agence spatiale européenne et G.-B. Arrêté 30-9-1996 (crédits stoppés).

■ **Exosat (European X-ray Observatory Satellite).** Lancé 26-5-1983 de Vandenberg par *Delta 3914.* 510 kg. Alt. 340/192 000 km. Localisation et cartographie des sources célestes de rayons X (naines blanches, pulsars, trous noirs) ; a cessé de fonctionner.

■ **Hipparcos (High Precision Parallax Collecting Satellite).** Lancé 8-8-1989 de Kourou par Ariane. 480 kg. Mesure à 0,002″ près les coordonnées et le mouvement propre de 114 488 étoiles. Découvre des milliers d'étoiles doubles. Mission achevée 15-8-1993.

■ **ERS-1 (European Remote Sensing Satellite).** Lancé 17-7-1991. 2 384 kg. Alt. 785 km ; orbite polaire, cycle alternativement 3 et 35 j, puis 176 j. Observation de la Terre et relevé topographique de l'Arctique ; 1 radar SAR/AMI (Synthesis Aperture Radar/Active Microwave Instrument) ; vision en relief (2 faisceaux) ; 1 diffusomètre vent ; 1 radioaltimètre ; radiomètre sondeur infrarouge ATSR (précision 1 °C). **-2.** 21-4-1995. Le plus coûteux des satellites Esa (3,36 milliards de F).

■ **Iso (Infrared Space Observatory).** Lancé 17-11-1995 par Ariane 4. Orbite 1 000/70 000 km. 2 300 kg. Télescope de 60 cm de diam. et 9 m de distance focale, refroidi à basse température. Établit la collision de galaxies à 60 Ma de lumière de la Terre. Fin 7-5-1998 (26 000 relevés pris).

■ **Soho (Solar and Heliospheric Observatory).** Lancé 2-12-1995 par Atlas. 1 875 kg. Partie du programme ISTP (International Solar Terrestrial Program) incluant celui de GGS (Global Geospace Science). Observatoire solaire à haute résolution, pour l'étude de la dynamique solaire et des phénomènes à l'origine du vent solaire. Étude de l'intérieur du Soleil par l'héliosismologie. Sonde placée en L1, point d'équilibre gravitationnel Terre/Soleil *(point de Lagrange).* Étudie la naissance et l'extension d'un nuage magnétique de 26 millions de km le 10-1-1997. Cesse momentanément d'émettre du 25-6 au 3-8-1998 (erreur de programmation qui avait modifié l'orientation des panneaux solaires).

■ **Cluster** (mission européenne). Étude de la magnétosphère et de l'influence du vent solaire par fusée Soyouz-Frégate de la Starsem. **Cluster 1 :** 4 satellites lancés 4-6-1996 de Kourou. 1er vol Ariane 5 : échec. *Coût :* 517 millions d'euros (3,4 milliards de F non assurés). Le développement d'Ariane-5 ayant pris du retard, l'Esa aurait décidé de prendre le 1er vol pour ne pas perdre de temps. **Cluster 2 :** 4 sat. lancés de Baïkonour : 2 (Samba, Salsa) 16-7-2000 ; 2 (Rumba, Tango) 9-8-2000. *Coût :* 312 millions d'euros (+ de 2 milliards de F).

■ **Cassini-Huygens** (coopération Nasa-Esa). Lancé 15-10-1997 par un Titan IV B. *Coût :* 20 milliards de F. Fonctionne au plutonium 238 (32 kg). Survole *Vénus* à 284 km en avril 1998. Passe à 58 000 km/h à 1 171 km de la Terre le 18-8-1999 pour profiter de l'attraction terrestre pour accélérer vers Jupiter, près de laquelle elle est passée fin 2000. Atteindra *Saturne* en juillet 2004 ; larguera Huygens (Esa, 320 kg) dans l'atmosphère de Titan (satellite de Saturne) le 27-11-2004 et se posera sur Titan à 20 km/h après avoir parcouru 1,5 milliard de km (protégée par un bouclier thermique de 2,7 m de diam.). Poids : 2,12 t ; 32 kg de plutonium 238 représentent une radioactivité équivalente à celle issue des 4,2 t d'oxydes de plutonium 239 et 240 dispersés dans l'atmosphère lors des essais d'armes nucléaires entre 1945 et 1975. La Nasa assure qu'il y a moins d'une chance sur 1 million pour que Cassini retombe dans l'atmosphère mais si c'était le cas, il y aurait, après 50 ans d'exposition, de 120 à 450 morts supplémentaires par cancer dans le monde. Le plutonium est indispensable pour alimenter Cassini en énergie. Sinon, dans la banlieue de Saturne, il faudrait 350 m^2 de panneaux solaires, soit 1 t supplémentaire pour capter les rayons solaires 100 fois plus faibles que sur Terre. Michio Kaku (physicien) estime qu'un accident pourrait causer 200 000 morts ou plus. Avant l'explosion de la navette Challenger, en 1986, la Nasa évaluait ce risque à 1 sur 100 000 mais admet aujourd'hui qu'il est de 1 sur 72. Plusieurs satellites porteurs de charges radioactives sont déjà retombés sur Terre. Le Canada dut dépenser plusieurs millions de $ après la chute dans le nord-ouest de *Cosmos 954* (russe) le 24-1-1978. *Mars-96* (sonde russo-européenne) lancée en décembre 1996 est retombée, après 3 ou 4 tours, dans le Pacifique après s'être éparpillée en partie au-dessus du Chili, dans le désert d'Atacama.

■ **XMM (X-Ray Multi-Mirrors)-Newton.** Lancé 10-12-1999. 4 t. Longueur 10 m. Télescope à miroirs multiples pour l'étude et le relevé des sources de rayonnement X émis par les amas galactiques et les galaxies ; ils sont associés à la prise d'images et à la spectroscopie à haute résolution dans le domaine des rayons X. *Coût :* 1,5 milliard de F.

■ **Integral (International Gamma-Ray Astrophysics Laboratory).** Prévu 2002. Même structure que XMM. Étude des sources de rayonnement gamma.

■ **First (Far Infra Red and Submillimeter space Telescope)-Herschel.** Télescope spatial (3 m de diam. ; charge utile environ 2 t) pour l'infrarouge lointain et les longueurs d'ondes submillimétriques. Étude du milieu interstellaire. Lancement prévu en 2007.

■ **Planck.** Successeur du sat. américain Cobe (voir p. 57 c), pour l'étude du rayonnement fossile de l'Univers. Lancement prévu en 2007, conjointement avec First.

■ **Programme. 2008-2013 :** sonde BepiColombo explorera Mercure en 2009. *Coût :* 540 millions d'euros ; préparée par la mission Smart-1 en 2002 et réalisée en coopération avec le Japon. Satellite d'astrométrie Gaia 2009 et mission LIsa pour détecter les ondes gravitationnelles en 2010 (LIsa sera préparée par la mission de démonstration Smart-2 en 2005). Missions flexibles (*coût :* 180 millions d'euros). Participation au télescope spatial américain de seconde génération (NGST) prévu 2010 ; sonde Solar Orbiter. Satellite *Eddington* pour une mission de réserve.

☞ **OTS 1** et **2** (voir satellites de télécommunication, **ECS, Marecs** et **Artemis** (p. 60 c) et **Ulysse** (p. 61 c).

Lanceurs

■ **Origine.** Lanceur développé et réalisé par l'Esa (gestion technique confiée au Cnes), opérationnel depuis 1982 après 3 lancements réussis sur 4 (projet appelé L III S : lanceur 3 étages de substitution). En 1984, après 4 lancements opérationnels (série de promotion) sous la responsabilité de l'Esa, les États européens ont confié à Arianespace commercialisation, fabrication et lancements des versions 1, 2, 3, 4 et 5 après leur qualification.

■ **Arianespace.** *Créée* 26-3-1980. *Siège :* Évry (Essonne). *P-DG :* Jean-Marie Luton (Français, 9-8-1942). Sté de droit privé destinée à produire, financer, commercialiser et lancer Ariane à partir du 9e lanceur opérationnel (22-5-1984). *Capital :* 2 088 millions de F, dont (en %) France 57,06 ; Allemagne 18,58 ; Italie 7,17 ; Belgique 4,2 ; G.-B. 2,61 ; Suisse 2,58 ; Espagne 2,49 ; Suède 2,29 ; Pays-Bas 1,97 ; Danemark 0,58 ; Norvège 0,3 ; Irlande 0,17. En 1999, après la privatisation d'Aerospatiale Matra : Cnes 32,45 %, Aérospatiale Matra 14,27, Dasa-Dornier-Casa 12,13, Snecma 7,83, Man Technologie 7,54, Fiat Avia 6,03, Alcatel 1,85, Fokker Space 1,81, Air liquide 1,77, Banques françaises 1,71, Volvo 1,53, autres 11,08. *Chiffre d'affaires* (en milliards de F) : *1990 :* 3,98 ; *91 :* 5,87 ; *92 :* 4,8 ; *93 :* 4,4 ; *94 :* 4,6 ; *95 :* 7 ; *96 :* 6,2 ; *97 :* 6,5 ; *98 :* 7,1 ; *99 :* 6,4 ; *2000 :* 6,6. *Bénéfice net* (en milliards de F) : *1990 :* 0,135 ; *91 :* 0,150 ; *92 :* 0,145 ; *93 :* 0,147 ; *94 :* 0,140 ; *95 :* 0,190 ; *96 :* 0,135 ; *97 :* 0,077 ; *98 :* 0,093 ; *99 :* 0,048 ; *2001 :* – 1,312.

■ **Caractéristiques. Ariane 1.** *3 étages : 1er :* hauteur 18,40 m, diam. 3,80 m, 4 moteurs Viking V (62 t de poussée unitaire) ; contient 145 t d'ergols, d'UDMH (diméthylhydrazine) et N_2O_4 (peroxyde d'azote) ; après 135 s est largué. *2e :* hauteur 11,60 m, diam. 2,60 m, 1 moteur Viking IV (72 t de poussée) ; contient 34 t des mêmes ergols ; après 123 s est largué. *3e :* hauteur 8 m, diam. 2,60 m, étage cryogénique, moteur HM-7 (6,1 t de poussée) ; contient 8,2 t d'oxygène et d'hydrogène liquides qui brûlent 570 s, ensuite le satellite se sépare. *Coiffe :* hauteur 8,65 m, diam. 3,2 m, 826 kg, larguée pendant le vol du 2e étage à 110 km d'alt. *Au total :* 210 t au décollage (sans charge utile) ; hauteur 47,70 m. Peut placer 1 850 kg (1 satellite et le moteur d'apogée) en orbite de transfert géostationnaire (200/36 000 km), ou communique à une charge de 980 kg la vitesse de libération (11,2 km/s).

■ **Ariane 2/Ariane 3** (qualification 4-8-1984 avec Telecom IA et EC52). Augmentation de la masse d'ergols cryogéniques du 3e étage (de 8 à 10 t) ; de l'impulsion spécifique du moteur du 3e étage ; de la poussée des moteurs Viking des 2 premiers étages ; du volume sous coiffe par allongement de la partie cylindrique. Peuvent (sauf adjonction au 1er étage de 2 propulseurs d'appoint de 7 t d'ergols solides fournissant 70 t de poussée chacun) placer une charge utile de 2,7 t ou 2 satellites de 1,25 t sur orbite de transfert grâce au système de lancement double Sylda. **Ariane 4** (qualification juin 1988, opérationnelle jusqu'en 2002). *1er étage* allongé d'environ 7 m, emportant 226 t d'ergols, propulsé par 4 moteurs Viking V identiques à ceux d'Ariane 3, *2e et 3e étages* à structures renforcées. Nouvelle case à équipements sur laquelle vient s'adapter un dispositif pour lancements multiples (Spelda). *Coiffe :* diam. 4 m, disponible en 2 longueurs. *Hauteur totale :* 58,4 m. *Masse au départ :* 480 t. Existe en 6 versions caractérisées par le nombre (4, 2 ou aucun) et par le type d'ergols (solide ou liquide) des propulseurs d'appoint du 1er étage. 116 Ariane 4 ont été commandées.

Charge utile plaçable sur orbite de transfert : *Ariane 40 :* 2,2 t ; *42P* (masse 318 t) : 2,6 ; *44P :* 3,5 ; *42L :* 3,6 ; *44LP* (masse 480 t) : 4,3 ; *44L :* 4,9.

Ariane 5 1er vol de qualification (prévu 29-11-1995, reporté au 4-6-1996) : échec (explose en vol après 59 secondes) ; 2e 30-10-1997, succès (mais orbite un peu trop basse) ; 3e 21-10-1998, succès ; 4e 10-12-1999 (lance télescope spatial), succès ; 5e 21-3-2000, succès. *Composite inférieur,* étage cryogénique de 155 t d'ergols (hydrogène et oxygène liquides), 5,4 m de diam., moteur HM-60 (Vulcain, poussée 80 t au décollage et 100 t dans le vide) et 2 grands propulseurs latéraux à propergol solide (30 m de haut., 3 m de diam., 237 t de poudre, poussée d'environ 540 t chacun au décollage) ; *supérieur* selon la mission (lancement simple ou multiple, charge utile automatique ou vol habité), étage à ergols stockables (9,7 t), case à équipements, adaptateurs charges utiles et *coiffe* de 5,4 m de diam. *Hauteur totale :* 50/57 m (variable selon coiffe et emport). *Masse :* 718 t. *Poussée totale :* 1 512 t au décollage ; *capacité :* 23 t en orbite basse et 6,8 t en orbite de transfert géostationnaire, 10 t en orbite polaire. *Investissement total :* 5 milliards de F. *Coût initial :* 4,548 milliards d'écus (100 %) ; *à l'achèvement de 50 % du programme :* 111 % ; *total :* 6,5 milliards d'écus (+ 0,3 avec l'échec du 1er lancement).

☞ **Programmes d'amélioration :** *Ariane-5 Évolution :* étage supplémentaire réallumable en préparation, poussée de 10 t dans le vide, permettrait de lancer plusieurs satellites sur des orbites différentes ou de placer directement sur orbite géostationnaire de nouveaux satellites. *Capacité d'emport :* 8 t (prévu en 2002), 9 t (en 2003) et 12 t (en 2005). *Coût :* 2 milliards de F.

■ **Lancements de Kourou (Guyane). Vols de qualification Ariane 1 : 1 :** 24-12-1979, succès. **2 :** 23-5-1980, échec

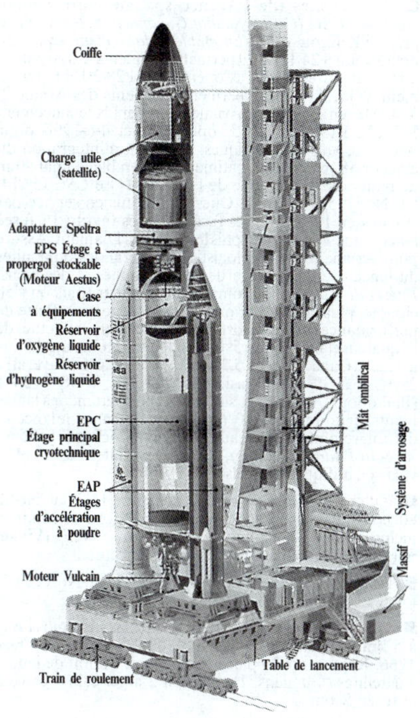

Ariane 5

[déséquilibrée par la panne d'un moteur, tombe à la mer avec 2 satellites (Firewell et Oscar 9), après 108 s de vol]. On parle de sabotage mais l'hypothèse d'un défaut de conception provoquant une instabilité de combustion est retenue. **3 :** 19-6-1981 met en orbite Météosat 2, Apple. **4 :** 20-12-1981 met en orbite Marecs-A, expérience *Thésée*, étude de l'ionosphère. **1ers vols de promotion (opérationnels) Ariane 1 : 5 :** 10-9-1982, échec (avarie de la turbopompe du 3e étage après 9 min 20 s de vol) ; perte de Marecs-B et Sirio-2. **6 :** 16-6-1983 ECS-1 (1 043 kg) et Oscar-10 (130 kg) ; 1re utilisation réussie du système de lancement double (Sylda). **7 :** 19-10-1983 Intelsat-VF7. **8 :** 4-3-1984 Intelsat V-F8. **9 :** 22-5-1984 Spacenet F1 ; 1er lancement sous la responsabilité d'Arianespace.

■ **Bilan** (au 1-1-2000). **Nombre de vols** (du 24-12-1979 au 25-1-2000) : 126 dont 6 d'essai (52 vols d'affilée réussis pour Ariane 4, du 71e au 126e). **Par année :** *1979 :* 1 ; *80 :* 1 ; *81 :* 2 ; *82 :* 1 ; *83 :* 2 ; *84 :* 4 ; *85 :* 4 ; *86 :* 3 ; *87 :* 2 ; *88 :* 7 ; *89 :* 7 ; *90 :* 6 ; *91 :* 8 ; *92 :* 7 ; *93 :* 7 ; *94 :* 8 ; *95 :* 11 ; *96 :* 11 (10 *Ariane 4,* 1 *Ariane 5,* 1 échec) ; *97 :* 12 (11 *Ar. 4,* 1 *Ar. 5*) ; *98 :* 11 (10 *Ar. 4,* 1 *Ar. 5*). *99 :* 12 (10 réussis : 9 *Ar. 4,* 1 *Ar. 5*). *2000 :* 12 (8 *Ar. 4,* 4 *Ar. 5*) ; *2001 (prév.) :* 12 ou 13 (7 *Ar. 4,* 5 ou 6 *Ar. 11*). **Fiabilité :** 97 % (Delta 95,8 %, Proton 87,4 %, Atlas-Centaur 83,7 %, Longue Marche 3 A 81,8 %). **Contrats en cours** (au 19-12-2000) : 47 (38 satellites, 9 véhicules de transfert automatique ATV). **Échecs :** 7. *23-5-1980* (*Ariane 1*). *10-9-1982* (*Ariane 1*). *12-9-1985* (*Ariane 3*) en présence du Pt Mitterrand, défaillance d'allumage du 3e étage. *31-5-1986* (*Ariane 2*) défaillance du 3e étage. *23-2-1990* (*Ariane 44 L120*) (chiffon oublié dans la conduite d'alimentation en eau de la turbine D ; incendie d'un propulseur auxiliaire dû à des fuites ; destruction de la fusée après 10 s de mise à feu). *24-1-1994* (*Ariane 44 LP*) défaillance de la turbopompe du 3e étage ; retombe 6 min après décollage et s'écrase en mer (échec coûteux : 2,2 milliards de F). *1-12-1994* (*Ariane 42 P*) défaut d'alimentation du générateur de gaz (3e étage). *4-6-1996* (*Ariane 5*) blocage des centrales inertielles.

Satellites embarqués largués avec succès et, entre parenthèses, **échecs :** *1980 :* 3 ; *81 :* 3 ; *82 :* (2) ; *83 :* 3 ; *84 :* 6 ; *85 :* 4 (2) ; *86 :* 4 (1) ; *87 :* 3 ; *88 :* 13 ; *89 :* 11 ; *90 :* 15 (2) ; *91 :* 16 ; *92 :* 13 ; *93 :* 15 ; *94 :* 10 (4) ; *95 :* 13 ; *96 :* 15 ; *97 :* 16 ; *98 :* 14 ; *99 :* 24.

Laboratoire spatial

■ **Caractéristiques.** Habitable et réutilisable, réalisé pour l'Esa par l'industrie européenne (diamètre extérieur 4,1 m ; longueur 7 m) et peut être embarqué dans la soute

■ **Eureca (European Retrievable Carrier).** Caractéristiques : plate-forme autonome récupérable, dérivée du Spacelab, palette porte-instruments. *Haut.* 4 m, *diam.* 45 m, *masse* 4,5 t, *charge utile* 1 t (volume 8,5 m³), *coût :* 2,6 milliards de F fin 1992. **Vol 1 :** *31-7-1992* lancé de Cap Canaveral par Atlantis ; *-2-8* largage sur orbite de transfert ; *-7-8* orbite définitive à 508 km avec 6 jours de retard (problème de calibrage des senseurs). *Missions :* études solaires, poussière cosmique, essais de télécommunications inter-orbitales via Satellite Olympus, fabrication de matériaux, croissance des cristaux et des protéines en apesanteur. *Récupérée* par STS le 24-6-1993.

des orbiteurs de la navette américaine. *Charge utile :* masse 3,9 à 5,5 t avec module et palettes ; 7,6 à 8,5 t avec palettes seules. *Volume :* module court 8 m³, long 22 m³. Comprend un laboratoire pressurisé long ou court plus 1 à 3 palettes à instruments pour expériences dans le vide. Une partie pressurisée peut emporter une instrumentation commune à toutes les missions (calculateurs, enregistreurs magnétiques, baies de contrôle) ; l'autre partie et les segments de plate-forme peuvent emporter les expériences (fours, microscopes, appareils photographiques, radars, etc.). *Coût* (à l'achèvement) : 1 milliard de $. *Équipage :* jusqu'à 4 ingénieurs et scientifiques. *Missions :* de 7 à 30 jours.

■ **Vols. Spacelab 1 :** du 28-11 au 8-12-1983 (vol STS-9). 1 module pressurisé long plus 1 porte-instruments. 6 astronautes se relayant, dont l'Allemand Ulf Merbold. 72 expériences (science des matériaux, cristallographie, sciences de la vie, astronomie, physique de l'atmosphère, etc.). **-2 :** du 29-7 au 6-8-1985 (vol STS-51-F). 3 porte-instruments ; 7 astronautes ; 13 expériences (astronomie, physique des plasmas, sciences de la vie) ; expérimentation d'un système de pointage des instruments astronomiques (IPS : Instrument Pointing System), et de l'*igloo* (cylindre de 1 m de long.) abritant les sous-systèmes essentiels en l'absence de module habité. **-3 :** du 29-4 au 6-5-1985 (vol STS-51-B). 1 module pressurisé long plus 1 porte-instruments ; 7 astronautes ; expériences surtout consacrées à la science des matériaux. **D-1 :** du 30-10 au 6-11-1985 (vol STS-61-A). 1 module pressurisé long ; 8 astronautes dont 2 Allemands (Reinhardt Furrer et Ernst Messerschmidt) et 1 Hollandais (W. Ockels). *1er vol avec responsabilité étrangère* (All. féd.). 89 expériences réalisées, dont 52 allemandes (métallurgie spatiale, cristallographie, sciences de la vie...) ; essai du *Sled,* traîneau spatial conçu pour étudier les effets de l'apesanteur sur le corps humain. **SLS-1 (Space Life Science) :** du 5 au 14-6-1991 (vol STS-40). 7 astronautes, 18 expériences surtout de médecine spatiale. **IML-1 (International Microgravity Laboratory) :** du 22 au 30-1-1992. Expériences en microgravité ; 2e vol de Ulf Merbold. **Atlas-1 :** du 22 au 30-1-1992. 1re de 10 missions consacrées à l'étude de l'atmosphère ; 1er vol de Dirk Frimout (Belge) **USML-1 (US Microgravity Laboratory) :** du 25-6 au 8-7-1992. 31 expériences de matériaux fluides, combustion, biotechnologie. **Spacelab J** (Japon) : du 12 au 18-9-1992. 7 astronautes dont 1 Japonais, 43 expériences dont 34 japonaises du 26-4 au 6-5-1993 (vol D2) équipage de 2 Allemands ; 88 expériences financées par Esa et Allemagne : fabrication dans le vide, télémanipulation avec le bras Rotex depuis la Terre ; expérience Atmos pour l'étude des composants de l'atmosphère dont l'ozone. Par souci d'économie, la Nasa a décidé d'arrêter les vols Spacelab fin 1998. Ceux-ci feraient place à la station spatiale internationale.

Autres programmes

■ **Avion spatial Hermès X2000. Origine : 1978-*oct.*** concept initial présenté au moment de la mise au point de la navette spatiale américaine. **1984-*7-2*** sommet de La Haye. Pt Mitterrand favorable à une station orbitale nécessitant un appareil de liaison. Aérospatiale et Dassault sur le même projet. **1985-*janv.*** Conseil européen à Rome pour des vols spatiaux habités. Projet Dassault retenu par Cnes et Arianespace. *-5-10* Cnes fait maître d'œuvre Aérospatiale pour la partie industrie et Dassault pour le secteur aéronautique. **1987** adopté par l'Esa, qui a délégué la responsabilité du développement au Cnes. **1992-*23-1* Sté Hermespace** créée, de droit français. *Capital* (en %) : Aérospatiale 26,3 ; Dassault-Aviation 25,3 ; Deutsche-Aerospace 33,4 ; Alenia 15. **1993** vol habité repoussé en 2005. -1-7 rebaptisé X-2000 (coût 20 milliards de F), il ne servira qu'au test des conditions de vol et de rentrée dans l'atmosphère avec le concours éventuel des Russes. Hermespace dissoute. Programme abandonné. *Causes :* augmentation des coûts (de 14 à 56 milliards de F en 1992) que l'Allemagne ne veut plus financer ; du poids (17 à 25 t) qui exige un module largable avant atterrissage et une nouvelle version Ariane 5 ; diminution de la charge utile (de 4,5 t et 6 hommes à 3 t et 3 hommes) ; opposition des milieux scientifiques à la présence humaine dans l'espace (voir p. 64 a).

Caractéristiques : planeur hypersonique réutilisable ; *longueur :* 15,5 m ; *envergure :* 10,5 m ; *diamètre fuselage :* 3,4 m ; *masse au lancement :* 24 t, *au retour* 15,5 t ; *charge utile :* 3 t ; *volume pressurisé :* 60 m³ ; *moteurs 400 N :* 16 ; *alt. :* 300 à 400 km ; *inclinaison :* 5 à 60° ; *durée du vol :* 12 j. *Retour :* en vol plané hypersonique ; atterrissage à 370 km/h sur piste de 3 000 × 45 m en Guyane ou en Europe ; transporté sur le dos d'un avion porteur adapté ; *équipage :* 3 personnes.

Coût total du programme : *1992 (est.) :* 56 milliards de F. *Contributions envisagées* (en %) : *France 43,5 ;* Allemagne 27 ; Italie 12,10 ; Belgique 5,8 ; Espagne 4,5 ; Pays-Bas 2,20 ; Suisse 2 ; Suède 1,3 ; Canada 0,8 ; Autriche 0,5 ; Danemark 0,45 ; Norvège 0,35 (quitte le programme).

■ **Colombus.** Origine : projet (janvier 1985), approuvé par l'Esa (au niveau ministériel) le 10-11-1987 à La Haye. Fusionné depuis 1994 avec MTSP (voir p. 70 a).

Caractéristiques : 3 éléments à l'origine : **CAL (Columbus Attached Laboratory)** ou **APM** [remplacé en 1994 par le **COF (Columbus Orbital Facility)** : module pressurisé habitable, raccordé en permanence à la station spatiale internationale (voir p. 68 a) plus grand que le Spacelab européen, il sera lancé en 2002 par la navette américaine ; longueur 7 m, diamètre 4,5 m, masse à vide 9,5 à 9,7 t, charge utile 2 t ; *coût :* 4,2 milliards de F (financés à 56 % par l'Allemagne). Prévu en 2001. *Éléments additionnels :* sas, télémanipulateur robotique et plate-forme externe porte-instruments *EVP (External Viewing Platform)* reprise de Eureca (voir encadré p. 69 b). **MTFF (Man-Tended Free Flyer)** : abandonné en nov. 1992 et remplacé par le **CFFL (Columbus Free Flying Laboratory)** : module pressurisé de 20 t destiné au logement de charges utiles automatiques. **CPP (Columbus Polar Platform)** : plate-forme polaire d'observation de la Terre (Poem), longueur 10 m, diamètre 4,6 m, envergure 26 m, masse 8 t, alt. 700/850 km. Non habitée. Remplacée en 1992 par des composantes spécialisées plus légères incluses dans le programme d'observation de la Terre de l'Esa : *Envisat-1* (satellite d'observation, lancement prévu fin juillet 2001), *Metop (météo océanographie), DRS (Data Relay System)* pour les transmissions de données.

Coût total (estimé en 1991) : 36 milliards de F. Participation envisagée (en %) : Allemagne 38, Italie 25, *France 13,8* (3,14 milliards de F en 1994-95) dont CPP : 8 milliards de F [dont (en %) G.-B. 25, *France 20,* Allemagne 17, Espagne 10, Italie 10]. *Chiffres 1996-2003* (voir p. 68 b).

■ **MTSP (Manned Space Transportation Programme) (Programme de transport spatial habité).** *Origine :* remplace le projet Hermès. Base pour un cargo de transport automatique et une capsule habitable pour un aller-retour entre la Terre et une infrastructure orbitale avec équipage de 4 ou 5 personnes, ou pour servir de véhicule d'évacuation d'urgence à 1 équipage de 8 personnes ou plus. *Coût :* moins de 2 milliards d'écus.

Programmes : ATV (Automated Transfer Vehicle) : module de service multi-mission, longueur 8,5 m, diamètre 4,25 m assurant propulsion (jusqu'à une infrastructure orbitale à 400 ou 500 km d'alt.) et opérations de rendez-vous des charges dont il doit assurer la mise sur orbite. Pourrait transporter le *COF* sur Ariane 5. **ARD (Atmospheric Reentry Demonstration)** : capsule inhabitée, diamètre 2,8 m, longueur 2 m, 2 800 kg. Réalisée par 25 contractants de 11 pays sous la responsabilité de l'Aérospatiale. 1er essai 14-7-1996 (maquette lancée d'un ballon stratosphérique à 23 300 m) et 1er vol de la capsule 21-10-1998 (larguée à 218 km d'altitude par Ariane 5, monte à 830 km avant de retomber dans le Pacifique). **Autres projets : Era (European Robotic Arm)**, bras robotique de 10 m dérivé de celui d'Hermès. **ACR (Assured Crew Return Vehicle)** capsule étudiée par Aérospatiale et Dasa pour l'Esa, pouvant être lancée par Ariane 5 et la navette américaine. Remplacée en 1994 par l'**ARD**. **CRV (Crew Rescue Vehicle)** : « canot de sauvetage » permettant d'évacuer d'urgence l'équipage de la station internationale. 9,5 t. Prototype X-38 (1er vol 12-3-1998). Prévu mars 2003. **CTV (Crew Transport Vehicle)** : capsule habitée récupérable, réalisée à partir de l'ATV, diam. 4,5 à 5 m, volume habitable 10 m³, équipage 4 pers., masse au décollage 12 t, de fret embarqué au départ 1,5 t, au retour 0,4 t. *Investissement :* 14 milliards de F. *Lanceur :* Ariane 5. *Décision de construction* en 1998. *Vols de qualification :* 2 en 2001 (sans équipage) et 2002 (habité). *1er opérationnel :* 2003.

Bases de lancement

■ **Allemandes. Congo démocratique (ex-Zaïre) :** *l'Otrag (Orbital Transport und Raketen Aktien Gesellschaft,* « Sté par actions pour les transports orbitaux et les fusées ») avait obtenu en 1973, 100 000 km², dans le Shaba, pour un centre expérimental de vols orbitaux. Des expériences y ont été réalisées en mai 1977 et en juin 1978. En mai 1979, le Zaïre, en raison de l'hostilité de l'Angola et de l'URSS, a dénoncé le contrat et fait fermer la base. **Libye :** au sud de Tripoli, abandonnée en 1981 pour des raisons politiques. **Suède :** *Kiruna* utilisée pour des fusées-sondes.

■ **Américaines. Floride :** *KSC (John F. Kennedy Space Center),* base civile placée sous le contrôle de la Nasa sur le terrain de Merrit Island. *Eastern Test Range* ou *cap Canaveral* (28° 27′ lat. Nord, 80° 32′ long. Ouest), depuis 1959. Zone militaire. A pris en 1964 le nom de cap Kennedy, mais le Congrès américain a annulé cette décision en 1970. Le complexe n° 37 comprend une tour de 115 m en acier pesant 3 500 t (la plus grande construction roulante connue) ; le n° 39 (13 km²) comprend une installation centrale (Vab : Vehicle Assembly Building) de 160 m de hauteur et 128 m de façade et 2 plates-formes de lancement. **Californie :** *Vandenberg* ou *Point Arguello* 34° 37′ lat. Nord, 120° 35′ long. Ouest *(Western Test Range),* depuis 1957. **Virginie :** *Wallops Island* (37° 90′ lat. Nord, 75° 29′ long. Ouest) créée 1945.

■ **Australiennes. Woomera** (31° lat. Sud, 136° long. Est) : créée 1946, désaffectée 1977. **Cape York** (12,5° lat. Sud) : [projet de centre spatial privé de la Cysa (Cape York Space Agency), abandonné].

■ **Brésiliennes. CLBI (Centre de lancement de la Barrière de l'enfer près de Natal)** pour fusées-sondes. **Alcantara** (près de São Luis, 2,3° au sud de l'équateur) depuis 1990, pour fusées VLS.

■ **Chinoises. Jiuquan** (40,6° lat. Nord, 99,8° long. Est). **Xi-Chang :** (28,2° lat. Nord, 102° long. Est). *Créée* 1978. **Taiyuan :** (37,5° lat. Nord, 112,5° long. Est). Projet à 20° de lat. Nord.

■ **Européennes** (de l'Agence spatiale européenne). **Guyane :** *CSG (Centre Spatial Guyanais),* 5,2° lat. Nord près de Kourou. *Ela 1 (Ensemble de lancement Ariane 1),* opérationnel 24-12-1979 permet lancements des Ariane 1, 2 et 3 ; désaffecté ; *Ela 2,* opérationnel 28-3-1986 (lancement V 17, Ariane 3), permet lancements des Ariane 2, 3, 4. Mis en œuvre par Arianespace depuis le lancement V 9 (22-5-1984) ; *Ela 3,* opérationnel 4-6-1996 pour Ariane 5, vols automatiques. Bâtiment d'intégration du lanceur 58 m de haut ; bâtiment d'assemblage final 90 m de haut. ; centre et zone de lancement. Le *CSG* (5° 14′ lat. Nord, 52° 45′ long. Ouest) a été mis en service par le Cnes en 1968 pour les fusées sondes (avril : 1re fusée lancée, une Véronique), puis les lanceurs Diamant. Assure pour Ariane le soutien logistique général, les poursuites du lanceur et la sauvegarde des personnes et des biens. *Intérêt de Kourou :* proximité de l'équateur (plus on s'en éloigne, plus la mise sur orbite exige d'énergie). Perte de performance par rapport à un lancement effectué de l'équateur : lancement à 5° de l'équateur (Kourou) : 0,9 % ; à 12,5° (Cape York) : 5,3 % ; à 28,5° (cap Canaveral) : 27,1 % ; à 30° (Tanegashima) : 27,1 % ; à 46° : 55 % (Baïkonour). Ouverture sur la mer, permettant des lancements sur un angle de 120° (en cas de défaillance, le lanceur, détruit, retombe dans l'eau). **Stations de lâcher de ballons :** *Aire-sur-l'Adour* (Landes), *Gap-Tallard* (Htes-Alpes) : 100 vols scientifiques annuels.

■ **Indiennes. Sriharikota** (SHAR Centre, 13,7° lat. Nord, 80° long. Est) : petite île, à 100 km au nord de Madras, inclut les sites de Thumba et de Balasore. **VSC (Vikam Sarabhai Center)** centre d'essai de lanceurs.

■ **Israélienne. Palmachim** (Néguev, 31,5° lat. Nord, 34,7° long. Est). *Créée* 1988.

■ **Italienne. San Marco :** plate-forme dans Formosa Bay à 5 km du Kenya (2,9° lat. Sud, 40,2° long. Est). *Créée* 1966. Repose sur 20 pieds métalliques. Permit de lancer 8 satellites (4 italiens, 1 anglais et 3 américains) grâce à la fusée Scout.

■ **Japonaises. Kagoshima** *Space Center* (31° 2′ lat. Nord, 131° 05′ long. Est). **Tanegashima** *Space Center* (30° 4′ lat. Nord, 130° 58′ long. Est).

■ **Kazakhes. Tyuratam** (*créée* 1955, appelée officiellement jusqu'en juillet 1992 par l'ex-URSS **Baïkonour,** du nom d'une ville située à 400 km pour égarer la surveillance américaine) au nord-est de la mer d'Aral (45,6° lat. Nord, 63,25° long. Est) 1 600 km². Enclave russe depuis le 1-8-1995. Transférée à l'agence russe RKA le 17-12-1997, devenant un centre spatial fédéral. Subvention annuelle prévue : 115 millions de $ pendant 20 ans.

■ **Russes. Kapustin-Yar** à est-sud-est de Volgograd (48,25° lat. Nord, 47,2° long. Est). *Créée* 1946. **Plessetsk** (à 200 km au sud d'Arkhangelsk, 62,8° lat. Nord, 40,2° long. Est), 1 300 lancements de 1966 à 1991 (base la plus active du monde). **Svobodny** (libre) en Extrême-Orient, 51,2° lat. Nord 128° long. Est, près de Khabarosk, *créée* 1997 (ancienne base de missiles stratégiques).

Nota. – La société russe KB Makaïeff propose ses sous-marins nucléaires lance-missiles aux opérateurs spatiaux (*1995-juin* capsule allemande de recherche en microgravité lancée).

■ **Suédoises. Esrange** (68° lat. Nord, au nord du cercle polaire, base de l'Esa pour fusées-sondes). **Kiruna** (fusées-sondes).

☞ **Sea Launch :** *siège* îles Caïman. *Créée* avril 1995 [Boeing 40 %, Kvaerner (norvégienne 20 %), RCS-Energia (russe 25 %), NPO Ioujnoe et Ioujmachzavod (ukrainiens 15 %)]. Plate-forme pétrolière Odyssey HS-702 de Hughes construite à Stavanger (Norvège) de 31 000 t (133 × 66, hauteur 42,5 m) déplace 45 000 t et repose sur un catamaran propulsé par des moteurs de 24 000 ch. transformée et bateau de 34 000 t (assemblage et contrôle du vol de la fusée). Placée sur la ligne de l'équateur, par 154° de longitude Ouest, à 430 km de Kiribati et 2 000 km de Hawaii. *1er tir d'essai :* 28-3-1999 Zenith-2 place sur orbite une maquette Demosat. *1er vol commercial :* 10-10-1999 Zenith place sur orbite Direct TV 1-R (sat. amér. de télévision de 3,4 t) [fixé en oct. 1998 puis reporté (les USA ayant suspendu depuis le 27-7-1998 le programme pour transfert illégal à la Russie et l'Ukraine de technologies sensibles)]. *2000 :* 3 tirs dont 1 échec. *Prévisions :* 8 tirs/an dont *2001 :* 18-3 et mi-mai.

Organismes internationaux

■ **IAA (International Academy of Astronautics/Académie internationale d'astronautique).** *Fondée* 1960 par l'IAF. *Siège :* Suisse. *Secrétariat :* Paris. *Pt :* Mike Yarymovytch (USA). *Membres :* 980 appartenant à 66 pays. *Publication :* « Acta Astronautica » (revue mensuelle).

■ **Cospar (Committee on Space Research/Comité mondial pour la recherche spatiale).** *Fondé* 1958 par le Conseil international des Unions scientifiques. *Siège :* Paris. *Pt :* G. Haerendel (All.). *Membres :* Académie des sciences et Conseil de recherches de 42 pays et 12 unions scientifiques internationales. *Associés individuels :* environ 4 500.

■ **IAF (Fédération internationale d'astronautique).** Non gouvernementale, à but non lucratif. *Fondée* 4-9-1951 pour favoriser le développement de l'astronautique dans des buts pacifiques. *Siège :* Suisse. *Secrétariat :* Paris. *Membres :* 164 sociétés issues de 42 pays.

Budget espace

■ **Mondial** (en milliards de $, **1996 et,** entre parenthèses, **en 2000**) 77 (121). *Effectif :* 836 000. **Dépenses spatiales** (est. début 2000, en milliards de $) : *USA* civiles 13,5 (militaires 12,5), *Europe* 4,1 (0,8), marché commercial (achats de lanceurs, satellites et segments hors terminaux utilisateurs) 9,5.

Dépenses spatiales civiles (en 1999 dont, entre parenthèses, Esa). Allemagne 698 (560), Autriche 35 (30), Belgique 154 (125), Danemark 28 (24), Espagne 121 (91), Finlande 21 (14), *France 1 976 (600),* G.-B. 241,6 (165), Hollande 125 (79), Irlande 5 (5), Italie 450 (270), Norvège 29,4 (22), Suède 68,4 (61), Suisse 74 (72).

Agences spatiales

■ **Australie. ASO (Australian Space Office) :** *fondé* 21-9-1986. *Pt :* Malcolm Farrow. *Effectifs :* 23. *Budget* (1995-96) : 9,3 millions de $.

■ **Azerbaïdjan. ANAKA** *créée* février 1992.

■ **Brésil. INPE (Institut national de recherches spatiales) :** *fondé* 3-8-1961. *Siège :* São José dos Campos. *Installations :* Cachoeira Paulista, Fortaleza, Natal, Alcantara (en association avec le ministère de l'Air) et Cuiaba. *Programmes :* Prodes (Amazonie), Proantar (Antarctique), MECB (Mission spatiale complète brésilienne), CBERS (Sat. sino-brés. de ressources terrestres) et CPTEC (Centre de prévision du temps et des études climatologiques).

■ **Canada. ASC (Agence spatiale canadienne) :** *fondée* 1-3-1989. *Pt :* William Mac Donald Evans. *Effectifs :* 350. *Siège :* Saint-Hubert (Québec). *Budget* (dépenses 1996-97) : 226,9 millions de $ canadiens.

■ **Chine. Casc (China Aerospace Science and Technology Corporation)** (ex-Chine Aerospace Corp.) *créée* 1968. *Dir. gén. :* Liheng Wang. *Effectifs :* 110 000 dont 1 300 chercheurs. **CNSA (China National Space Administration).** *Créée* 1993. **Costind (Commission des sciences, technologies et industries pour la Défense nationale). CSSAR (Center for Space Science and Applied Research-Chinese Academy of Sciences).**

■ **États-Unis. Nasa (National Aeronautics and Space Administration) :** agence civile fédérale *fondée* 1-10-1958 (*Administrateur général :* Daniel Goldin). *Effectifs 1959 :* 9 235 ; *65 :* 34 049 ; *70 :* 32 548 ; *75 :* 25 638 ; *80 :* 22 470 ; *84 :* 21 870 ; *90 :* 24 566 ; *91 :* 25 741 ; *92 :* 25 421 ; *93 :* 25 062 ; *94 :* 23 097 ; *97 :* 19 187. *Siège :* Washington. *Bases de lancement* (voir col. a). *Centres de recherche :* Ames (Moffett Field, Californie), Dryden Flight (Edwards AFB, Californie), Goddard (Greenbelt, Maryland), et Propulsion Laboratory (Pasadena, Californie, responsable des sondes automatiques), Johnson Space Center (Houston, Texas, préparation et suivi des vols spatiaux pilotés), Langley (Hampton, Virginie), Lewis (Cleveland, Ohio), Marshall Space Center (Huntsville, Alabama), Stennis Space Center (Mississippi). *Programmes :* Mercury, Gemini, Skylab ; vol Apollo-Soyouz en coopération avec les Soviétiques, Space Shuttle (navette spatiale), Space Station.

Budget spatial américain (en millions de $) : **Nasa :** *1960 :* 523,6 ; *65 :* 5 250 ; *70 :* 3 749 ; *75 :* 3 231 ; *80 :* 5 243 ; *85 :* 7 552 ; *90 :* 12 296 ; *95 :* 13 996 ; *98 :* 13 638 dont sciences, aéronautique et technologie 5 680, vol humain dans l'espace 5 506,5, fonds de mission 2 344,2, inspection générale 0,018 ; *2001 :* 14 300 ; *2002 :* 14 500. **Défense :** *1960 :* 561 ; *72 :* 1 407 ; *80 :* 3 848 ; *85 :* 12 910.

■ **Europe.** Voir p. 68 b.

■ **France. Cnes (Centre national d'études spatiales) :** *fondé* 19-12-1961, succède au Comité de recherches spatiales. Placé sous triple tutelle (Industrie, Défense et Recherche) en avril 1993, puis sous une seule (Éducation

Assurances spatiales

■ **Origine. 1965** *(6-4)* lancement d'Early Bird, 1er satellite assuré pour risques au sol uniquement. **1974** *(19-12)* Symphonie 1, 1er sat. assuré pour un client non américain. **1977** *(13-09)* destruction du lanceur Thor-Delta 3914 et perte d'OTS 1 ; 1er sinistre indemnisé.

■ **Statistiques. Capacité d'assurance spatiale mondiale** (en millions de $) : *1990 :* 300 ; *95 :* 573 ; *96 :* 675 ; *97 :* 868 [1re compagnie : Generali (Trieste) 110]. **Bilan** (profit net global pour l'assurance mondiale, 1997) : 1,4 à 1,8 milliard de $. **Satellites commerciaux assurés** (nombre moyen annuel sur 5 ans) : *1980 :* 6 ; *1990-95 :* 17 ; *1995-96 :* 25. **Lancements 1997 :** 82 (dont 43 Iridium), dont géostationnaires 44, en orbite basse 38. **Opérations assurées** (valeur en millions de $, 2001) : lancements 5 500, satellites en orbite 4 870.

Primes (en millions de $) : *1990 :* 402 ; *95 :* 919 ; *96 :* 897. **Taux de primes en % :** *1990 :* 16,5 à 21 ; *95 :* 14 à 29,7 ; *97 :* 11,75 à 30.

Sinistres (en millions de $) : *1990 :* 393 (14 sat.) ; *91 :* 114 (7) ; *92 :* 285 (5) ; *93 :* 201 (7) ; *94 :* 769 (14) ; *95 :* 382 (8) ; *96 :* 541 (2) ; *97 :* 550. **Pertes de satellites** (en millions de $) : *1998 :* 1 766 dont dues à lanceur 36 %, satellite 39 % (lancement 15, en orbite 24), installation 25 (lancement 11, vie 14) ; *1999 :* 586 (dues au lancement 79 %, satellite 21 %) ; *2000 :* 1 125 (satellite 57 %, lanceur 43).

nationale, Recherche et Enseignement sup.), en 1997. *Effectifs :* 2 480 dont (en %) : Toulouse 66, Évry 13, Kourou (Guyane) 11, siège 10. *Siège :* 2, place Maurice-Quentin, 75039 Paris Cedex 01. *Pt :* Alain Bensoussan. *Dir. gén. :* Gérard Brachet. *Budget* (en 2001) : 11,3 milliards de F.

Budget (en millions de F) : *1980 :* 1 907 ; *85 :* 4 929 ; *86 :* 6 042 ; *87 :* 6 076 ; *88 :* 6 660 ; *89 :* 8 083 ; *90 :* 9 258 ; *91 :* 10 054 ; *92 :* 10 623 ; *93 :* 11 166 ; *94 :* 11 990 ; *95 :* 12 120 ; *96 :* 12 500 ; *97 :* 12 536 ; *98 :* 12 799 ; *99 :* 12 960 (dont lanceurs Ariane 2 792 ; observation de la Terre 2 867 ; télécommunications 473 ; sciences, R & T 1 232 ; exploitation des centres 3 642) ; *2000 :* 11 160. *Filiales en 1996* (chiffre d'affaires en millions de F et, entre parenthèses, effectifs) : Arianespace 6 258,7 ; Spot Image 211,5 (185) ; Intespace 111,5 ; Simko 140,3 ; CLS Argos 96,4 ; Scot Conseil 22,5 ; Novespace 18,1 ; Dersi 5,1 ; GDTA 18 (32) ; Medes/IMPS 5,8 (10) ; Satel Conseil 6,2 ; Prospace 2,3.

■ **Inde. Isro (Indian Space Research Organisation) :** *fondée* 15-8-1969. *Siège :* Bengalore. *Pt :* Krishnaswamy Kasturirangan (né 24-10-1940). *Budget* (en 2000) : 350 millions de $.

■ **Israël. Asi (Agence spatiale israélienne) :** *fondée* 1983.

■ **Italie. Asi (Agenzia spaziale italiana) :** *fondée* 8-6-1988. *Budget* (1997) : 3 milliards de F.

■ **Japon. Isas (Institute of Space and Astronautical Science) :** *fondé* 14-4-1981. *Siège :* Sagamihara, Kanagawa Pref. *Dir. général :* Atsuhiro Nishida. *Budget* (en milliards de yens) : *1995 :* 21,4. *Effectifs en 1995 :* 273. **Nasda (National Space Development Agency of Japan) :** *fondée* 1-10-1969. *Siège :* Tokyo. *Pt :* Isao Uchida. Organisme semi-public, met en œuvre le programme spatial. **Budget spatial** (d'avril 2000 à avril 2001, en milliards de F) : 16,6, station spatiale 2,7, observation de la Terre 2,34, transport spatial 2, satellites 1,74, R&D 0,54, divers 2,7. **Station spatiale internationale :** lancement du module JEM (Yamato) prévu en septembre 2002, 1er vol d'essai du véhicule de ravitaillement HTV réalisé sous maîtrise d'œuvre de Mitsubishi prévu fin 2000.

■ **Kazakhstan.** Agence de recherche spatiale du Kazakhstan *créée* sept. 1992.

■ **Royaume-Uni. BNSC (British National Space Centre) :** *fondé* 20-11-1985. *Siège :* Londres. *Dir. général :* Colin Hicks. *Budget* (2001-2002) : 180,5 millions de £. *Membres :* 45.

■ **Russie. Rosaviakosmos (Rossiyskoye Aviatsionno-Kosmicheskoye Aguentstvo) :** *créée* février 1992, *reformée* mai 1999, Moscou. *Dir. général :* Youri Koptev. *Budget* (2000) : 3,3 millions de roubles.

Nota. – **Société franco-russe Starsem :** *créée* juillet 1996 pour la commercialisation du lanceur Soyouz. *Répartition du capital* (500 000 F) *en % :* Aérospatiale 35, RKA 25, Centre de Samara 25, Arianespace 15.

■ **Suède. SNSB (Swedish National Space Board) :** *fondé* 1972. *Siège :* Stockholm. *Pt :* Per Tegnér. *Budget* (en millions de couronnes, en 1999) : 746. **SSC (Swedish Space Corporation) :** *fondée* 1972. *Siège :* Stockholm. *Pt :* Dan Jangblad.

■ **Ukraine. NSAU (Agence spatiale nationale d'Ukraine) :** *créée* mars 1992.

OVNI

■ Généralités

■ **Nom.** Objet volant non identifié (Ovni) traduit de l'américain UFO (Unidentified Flying Object), remplaçant l'expression « soucoupe volante » (*flying saucer*) ; l'expression Pani (Phénomène aérospatial non identifié) est tombée en désuétude.

■ **Définition.** Phénomène généralement fugitif et lumineux se situant dans l'atmosphère, au sol, sous la mer ou dans l'espace et dont la nature n'est pas connue ou reconnue par les témoins. **Particularités.** Fortes luminosités, immobilisations à altitudes variables, accélérations fulgurantes, changements brusques de direction, apparitions et disparitions instantanées, stabilité dans l'air (certains rapports font état de formes généralement humanoïdes, au sol, à proximité du phénomène).

Différentes interprétations ont été proposées : manifestations à caractère psychologique (confusions, rêve éveillé, hallucinations individuelles ou collectives, etc.), phénomènes naturels rares, prototypes secrets militaires, objets artificiels venus d'ailleurs (hypothèses extraterrestres).

Effets secondaires constatés. 1°) *Sur le témoin. Psychologiques :* choc, peur, émerveillement, etc. *Physiologiques :* fourmillements, céphalées, conjonctivites, allergies cutanées, paralysie momentanée, dérèglements du cycle du sommeil, etc. **2°)** *Sur l'environnement. Artificiels :* anomalies électriques, magnétiques, thermiques, mécaniques, voire radioactives. *Naturels :* traces au sol, brûlures, modifications de végétation, etc.

■ **Historique.** Bien que certaines observations anciennes aient été relatées, on admet généralement que l'histoire du phénomène moderne a commencé le 24-6-1947 quand un industriel américain (Kenneth Arnold) affirma avoir observé, en survolant avec son avion les montagnes Rocheuses, 9 formes lumineuses discoïdales dont le mouvement évoquait celui des soucoupes ricochant à la surface de l'eau. Depuis, des phénomènes n'ont pas cessé d'être rapportés, particulièrement en 1947, 52, 54, 57, 65, 68, 74, 79, 80, 90, 94 et 95.

☞ Le 4-7-1997, 100 000 amateurs ont célébré à Roswell (Nouveau-Mexique, USA) le 50e anniversaire de l'arrivée sur terre d'extraterrestres. L'armée américaine a depuis expliqué qu'il s'agissait d'avions espions (Lockeed U-2A puis SR-71 volant à – de 25 000 m) ou de sondes atmosphériques en forme de soucoupe. Les cadavres d'extraterrestres trouvés dans le désert étaient des « mannequins » défigurés au cours des tests de nouveaux parachutes et sièges éjectables, ou des cadavres des victimes brûlées lors de l'accident d'un avion militaire.

Observations exceptionnelles. France : *8-1-1981,* à Trans-en-Provence, une sorte de sphère aplatie (2,50 × 1,50 m) atterrit silencieusement devant un témoin et repart 40 secondes après, avec un léger sifflement. Au sol sera découverte une empreinte circulaire striée. Les végétaux, prélevés par la gendarmerie nationale et analysés à la demande du Gepan (voir col. c) par un laboratoire de l'Inra, dénoncent un vieillissement biochimique interne ; *5-11-1990* plus de 400 objets différents répertoriés sur 75 départements de 2 h 30 à 23 h 30 (46 % des cas à 19 h) : masses noires (longueurs estimées : 100 m et plus, 51 % ; 150 à 400 m, 25 %), objets triangulaires, semblables à ceux de Belgique, décrits avec projecteurs et réacteurs, en survol lent, silencieux, très proches du sol (moins de 1 000 m : 76 %). **Belgique :** de l'automne 1989 au printemps 1991, plusieurs centaines de témoignages évoquant des survols d'une plate-forme triangulaire équipée de divers feux lumineux et capable d'évoluer silencieusement et lentement à très basse altitude (événements non identifiés ; les avions furtifs F 117 A de l'Otan ont été évoqués).

☞ En sept. 1991, Doug Bower et David Chorley ont avoué être les auteurs d'empreintes apparues depuis 1978 dans des champs en G.-B.

■ Organismes divers

Australie. *UFO Research Australia* (M. Vladimir Godic) : POB 229, Prospect, South Australia 5082.

Belgique. *SOBEPS (Sté belge d'étude des phénomènes spatiaux) :* av. P.-Janson 74, B-1070 Bruxelles. Revue semestrielle : *Inforespace. CEEPA (Centre européen d'étude des phénomènes aériens) :* Grand-Route 4, B-7040 Quevy-le-Grand. Créé mai 1993.

Espagne. *Fundación Anomalia.* Revue : *Cuadernos de Ufologia.*

États-Unis. Historique : *Commissions d'enquête. Sign* (30-12-1947) ; *Grudge* (11-2-1949) ; *Blue-book* (mars 1952) (sur 10 147 cas examinés de 1947 à 1965, 9 501 ont été expliqués) ; *Commission d'étude du Colorado* (oct. 1966 à 1968), dirigée par le physicien Edward Condon qui, dans un rapport remis le 9-1-1969, a conclu à l'inexistence des Ovni après avoir examiné une centaine de cas (dont un seul atterrissage) dont 15 % d'inexpliqués. *Mufon (Mutual UFO Network) :* John F. Schuessler, P.O. Box 369, Morrison, Colorado 80465-0369. *Fondé* 31-5-1969. Membres : 3 500 (dans le monde) ; un mensuel. *Cufos* (J. Allen Hynek Center for UFO Studies).

France. En cas de phénomène insolite : prévenir la gendarmerie ou le Sepra. **Organisme gouvernemental :** *Sepra (Service d'expertise des phénomènes de rentrées atmosphériques au sein du Cnes) :* créé 1988 ; 18, av. Édouard-Belin, 31055 Toulouse Cedex. Remplace le *Gepan* (créé 1977). **Associations :** *Banque internationale de données ufologiques (Banque Ovni) :* BP 41, 92224 Bagneux Cedex. *UHN* (Union ufologique de l'hémisphère Nord) : 104, chemin de la Mûre, 13015 Marseille. *Cerpa (Centre d'études et de recherches sur les phénomènes aérospatiaux) :* BP 114, 13363 Marseille Cedex 10. *Cnegu (Comité Nord-Est des groupements ufologiques) :* 20, rue de la Maladière 52000 Chaumont. *CRU (Comité de recherche ufologique) :* 2, rue Ronsard, 29200 Brest. *Geos (Groupe d'étude des objets spatiaux) :* 39, rue de Fretay, 91120 Villejust. *LDLN (Lumières dans la nuit) :* BP 3, 86800 St-Julien-l'Ars. *SOS Ovni :* créé 1974 ; siège, BP 324, 13611 Aix-en-Provence, Cedex 1.

Grande-Bretagne. *ASSAP (Association for the Scientific Study of Anomalous Phenomena) :* c/o Maurice Townsend, 31 Goodhew Road, Croydon CRO 6 QZ. *BUFORA (British Ufo Research Association) ; UFO-LINK :* BM BUFORA, London, WCIN3XX. *FSR (Flying Saucer Review) :* Snodland, Kent, ME6 5HJ (G.-B.).

Italie. *CISU (Centro Italiano Studi Ufologici) :* casella postale 82, 10100 Turin.

Suède. *AFU (Archives for Ufo Research) :* P.O. Box 11027, S-600 11 Norrköping.

Suisse. *Anomalies :* case postale 102, 1000 Lausanne 7 St-Paul.

Sciences de la Terre

☞ Pour découvrir la sélection **Quid** des meilleurs sites Internet sur la Terre, rendez-vous sur **www.quid.fr**

Géodésie et géomagnétisme

Caractéristiques de la Terre

■ **Axe de rotation de la Terre.** Actuellement incliné de 23° 27′ sur le plan de l'écliptique. Des cercles fictifs sont tracés à cette distance angulaire de l'équateur (tropique du Cancer au nord, tropique du Capricorne au sud) et des pôles (cercles polaires). Entre les tropiques, le Soleil passe au nord ou au sud du zénith selon la saison. Au-delà des cercles polaires, il y a, au cours de l'année, une période où le Soleil ne se couche pas et une où il ne se lève pas. Dans la rotation de la Terre autour du Soleil, ils prennent des positions qui fixent les saisons par les solstices et équinoxes.

■ **Circonférence.** *Équateur :* 40 075 017 m. *Méridien :* 40 007 864 m. *Tropiques* (latitude 23°26′) : 36 784 632 m. *Cercle polaire* (latitude 66°34′) : 15 992 916 m.

■ **Dépressions principales (du sol sec ou de la surface du lac).** Au-dessous du niveau de la mer (en mètres). **Afrique :** lac Assal (Djibouti) 155. El Kattara (Égypte) 137. Danakil (Éthiopie) 120. Chott Melrhir (Algérie) 31. Chott el Gharsa (Tunisie) 21. Désert de Libye 20 à 75. **Amérique** (Californie, USA) **:** lac Salton 90. Vallée de la Mort 85,4. **Asie :** mer Morte (Israël/Jordanie) 394. Lac de Tibériade (Israël) 208. Oasis de Liouktchoum et de Tourfan (Chine) 100. **Europe :** mer Caspienne (Azerbaïdjan, Russie, Kazakhstan, Turkménistan, Iran), la plus grande surface au-dessous du niveau de la mer (518 000 km², dont 371 790 couverts d'eau), 28. Wieringer (Polder IV, Pays-Bas) 6,7. Bagband (Allemagne/Autriche) 1,1.

■ **Distance au Soleil.** *A l'aphélie* 152 105 142 km. *Au périhélie* 147 103 311 km. *Moyenne* (voir p. 38 c).

■ **Énergie reçue du Soleil.** Varie comme l'inverse du carré de la distance. *Constante solaire :* énergie reçue à la distance moyenne sur une surface normale à la limite de l'atmosphère : environ 1 370 W par m², c'est-à-dire en moyenne 340 W/m² de surface terrestre totale.

Rayonnement incident renvoyé vers la voûte céleste visible [ou **albedo**] (en %) : neige fraîche 90, tassée et vieillie 60, nuages 40/80, sable clair 35, prairies 25, pierre, ciment 20, sol cultivé 15, mer (hiver) 15, mer (été) 5.

■ **Formation.** La Terre se serait formée à température relativement basse par *accrétion* (collision et agglomération de « planétoïdes » ayant quelques km de dimensions), aurait ensuite partiellement fondu par accumulation interne d'énergie thermique venant de la gravitation et de la radioactivité de certains éléments (uranium, thorium, potassium 40 et aluminium 26).

■ **Forme.** *Géoïde :* surface qui coïncide avec la surface moyenne des mers et la prolonge sous les continents en restant partout « horizontale », c'est-à-dire perpendiculaire au vecteur de la pesanteur. Il définit la figure de la Terre, indépendamment des accidents du relief ; par rapport à un *ellipsoïde de révolution de référence* (légèrement aplati aux pôles), ayant pour axe la ligne des pôles, il présente des protubérances et des dépressions d'environ 100 m.

■ **Horizon.** La distance théorique de l'horizon marin (aucun embrun, mer d'huile) dépend un peu du gradient vertical de température. Avec un air plus chaud que la surface de la mer, les rayons de visée sont davantage incurvés par la réfraction atmosphérique et cette distance peut augmenter de 10 %. En tout cas, cette distance croît comme la racine carrée de l'altitude (*h*) des yeux de l'observateur avec une atmosphère normale. Pour *h* = 0,2 – 2 – 20 – 200 m, elle vaut respectivement D = 1,7 – 5,4 – 17 – 54 km. Un objet s'élevant de *h′* au-dessus du niveau de la mer ne disparaîtra de la vue qu'à la distance D + D′.

Ellipsoïde de référence : DÉFINITION : adopté en 1979 à Canberra, il est défini par : **1°)** *le rayon équatorial de la Terre* (ou demi-grand axe de l'ellipsoïde) : a = 6 378 137 m ; **2°)** *l'aplatissement* $(a - c)/a$ = 1/298,257. On en déduit le rayon polaire c = 6 356 752,3 m et le rayon de la sphère de même volume que l'ellipsoïde, R = $(a^2 c)^{1/3}$ = 6 371 000,8 m.

■ **Masse** (estimée pour la 1re fois en 1774 par Nevil Maskelyne, 1732-1811). L'observation de satellites artificiels fournit le produit de la masse de la Terre M (atmosphère comprise) par la constante de gravitation universelle G avec 10 chiffres significatifs. Des expériences de laboratoire ont donné G = $(6{,}673 \pm 0{,}003) \times 10^{-11}$ Nm^2kg^{-2}. On en déduit M = $(5{,}973 \pm 0{,}003) \times 10^{24}$kg, d'où une masse volumique moyenne de 5 514 kg/m^3.

■ **Pesanteur** [accélération résultant de la gravité (attraction de la Terre) et de l'accélération centrifuge (voir à l'Index)]. En *gals* (1 gal = 1 cm/s^2) : *à 0° de latitude (équateur)* : 978,033 ; *15°* : 978,379 ; *30°* : 979,325 ; *45°* : 980,620 ; *48°50'* [au *Bureau international des poids et mesures* (Sèvres, mesures absolues les plus précises du monde)] : 980,925931 ; *60°* : 981,918 ; *75°* : 982,870 ; *90° (pôle)* : 983,219. Si la Terre tournait plus vite, la force de gravité, fonction seulement des forces d'attraction newtoniennes, serait inchangée ; mais la pesanteur varierait. Le poids P d'un corps est le produit de sa masse M par l'accélération de la pesanteur g (P = Mg) en moyenne 9,81 m/s^2. Il varie selon la latitude.

■ **Pôle** (voir magnétisme p. 73 b). L'oscillation de Seth Carlo Chandler (Amér., 1846-1913) qui déplace les pôles de la Terre d'environ 0,7 seconde d'arc en 14 mois est entretenue par les variations de pression au fond de l'océan.

■ **Profondeur des mers.** **Maximale** 11 034 m (fosse des Mariannes). **Moyenne** 3 800 m (océan Atlantique 3 597 ; Indien 3 711 ; Pacifique 3 976). Le bathyscaphe américain *Trieste* est descendu à 10 916 m dans la fosse Challenger (Mariannes) le 23-1-1960.

■ **Rotation de la Terre sur elle-même.** Prouvée en 1851 avec l'expérience du pendule de Léon Foucault (1819-68) dans la cave de la maison de sa mère (34, rue d'Assas, à Paris) avec un pendule de 2 m (boule de 5 kg), puis à l'Observatoire de Paris (salle de la Méridienne, avec un pendule de 11 m), puis au Panthéon [avec un pendule de 67 m de corde à piano (donnés par Pleyel) et une boule de 28 kg et de 38 cm de diamètre, oscillation complète 16 s 34]. **Vitesse :** 1 670 km/h à l'équateur, 1 100 en France, 640 à 60° de latitude, 0 aux pôles. Tour complet en 23 h 56 min 4 s ; soit 3 min 56 s de moins que le jour solaire (la Terre tourne d'environ 1 + 1/365 tour entre 2 passages consécutifs du Soleil au méridien d'un lieu donné). Cette vitesse n'est pas constante : **1°)** *elle se ralentit progressivement* (4 h par jour en 500 M.a.), surtout en raison du ralentissement par frottement, dans les mers peu profondes, des masses d'eau soumises à la marée, et d'autres phénomènes mal connus (frottements internes, marées de l'atmosphère, etc.) ; **2°)** *des variations insuffisamment expliquées peuvent se produire* (maximum d'avance connu : 28,2 s en 1789 ; maximum de retard connu : 49,7 s en 1970) ; **3°)** *des variations saisonnières,* découvertes en 1937, interviennent, venant surtout de causes météorologiques. **Calcul de la vitesse :** en mesurant avec une horloge atomique le temps séparant 2 passages d'un point de la surface terrestre au méridien d'un repère choisi dans le ciel, et observé par des instruments tels que des méridiennes, des tubes photomultiplicateurs zénithaux ou des astrolabes impersonnels. **Conséquences de la rotation :** les corps en mouvement dans un plan horizontal sont soumis à une *force de Coriolis* qui tend à les faire dévier vers la droite (dans l'hémisphère Nord) et vers la gauche (dans l'hémisphère Sud). Les points diamétralement opposés, où l'axe de rotation de la Terre perce sa surface, sont les *pôles géographiques.*

☞ Début 1996, le mât qui indique le pôle géographique Sud a été déplacé de 45,7 cm, les coordonnées du pôle ayant été recalculées par satellite GPS.

■ **Superficie globale.** 510 065 000 km² (calcul de 1967) dont *terres* : 133 637 000 (26,2 %), *glaces* : 15 302 000 (3 %), *eaux* : 361 126 000 (70,8 %).

■ **Température.** La température superficielle des planètes telluriques dépend de l'énergie renvoyée par leur sol et (ou) par leur atmosphère (sauf Mercure et la Lune, qui n'en ont pas). La Terre a une température moyenne en surface de 15 °C, en altitude (à 80 km) de – 100 °C, en profondeur (à 100 km) de 1 300 °C. Elle serait d'environ – 18 °C sans l'effet de serre dû au gaz carbonique atmosphérique et à la vapeur d'eau. Sur *Mercure,* la température passe de 350 °C le jour à – 170 °C la nuit ; sur *Vénus* elle passe de – 33 °C au niveau des nuages visibles à + 480 °C au sol. La température des planètes extérieures décroît de – 27 °C *(Mars)* à – 230 °C *(Pluton).*

■ **Températures et pressions au sein du globe.** **Température moyenne :** *en surface* : 15 °C ; *manteau supérieur* (à 120 km de profondeur) : 1 290 °C, (à 600 km) : 1 650 °C ; *manteau inférieur* (selon Jeanloz et Morris en 1986) : entre 800 et 2 700 km passe de 1 770 °C à 2 400 °C (ou de 2 350 °C à 3 360 °C). **Pression :** *à la limite manteau-noyau* : 136 GPa (13,3 t-force/mm²) [température : 3 560 °C] ; *centre du globe* : 364 GPa (35,7 t-f/mm²) [température : 5 500 °C].

■ **Volume.** 1 083 320 000 000 km³.

CARTOGRAPHIE

DÉFINITIONS

■ **Cercles terrestres.** Sur une Terre assimilée à une sphère, on appellera grand cercle l'intersection de cette sphère avec un plan passant par le centre de la sphère (équateur, méridien par exemple) et petit cercle l'intersection avec un plan ne passant pas par le centre (parallèles par exemple).

■ **Coordonnées géographiques (longitude et latitude).** Elles servent à repérer un point de la surface terrestre assimilée à une sphère ou à un ellipsoïde. **Longitude :** angle entre le demi-plan défini par l'axe des pôles et le point considéré, et un demi-plan défini par l'axe des pôles et un point origine (ce demi-plan définissant le méridien origine). **Latitude :** sur la sphère terrestre, angle que fait la demi-droite définie par le centre de la sphère et le point considéré avec le plan de l'équateur. Sur une terre assimilée à un ellipsoïde : angle que fait la normale à l'ellipsoïde au point considéré avec le plan de l'équateur.

Les coordonnées géographiques s'expriment en degrés, minutes, secondes, ou en grades. Sur un méridien, une différence de latitude donnée correspond à une longueur fixe sur la sphère, mais variable sur l'ellipsoïde (1' correspond à 1 842,78 m à l'équateur, 1 861,67 m aux pôles, ces 2 longueurs étant confondues en navigation courante avec le *mille marin international* (1 852 m) ou *mille* (dénomination légale en France depuis 1975). Sur un parallèle, *une différence de longitude de 1'* correspond à une longueur qui varie selon la latitude (1 855,32 m à l'équateur, nulle aux pôles).

Le *méridien de Greenwich* est reconnu en France depuis 1911 comme méridien international. L'IGN indique aussi pour ses cartes des coordonnées géographiques en grades décimaux (100 grades ou gons = 90°) référencés au méridien de l'Observatoire de Paris (Greenwich-Paris = 2°20'14" ou 2,5969 grades).

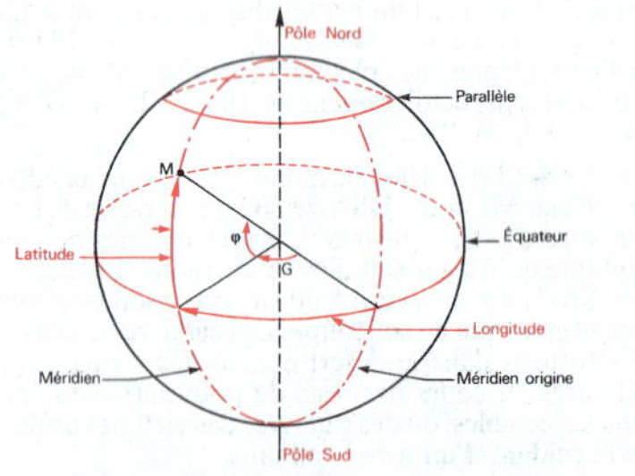

■ **Orthodromie, loxodromie.** Il existe une infinité de routes pour aller de M_0 à M_1. 2 présentent de l'intérêt : *l'orthodromie* : c'est le chemin le plus court. Sur la sphère, c'est l'arc de grand cercle défini par M_0 et M_1. (Si M_0 et M_1 sont à la même latitude, cela ne peut donc pas être l'arc de parallèle les joignant, sauf si les 2 points sont sur l'équateur). Sur l'ellipsoïde, c'est une courbe plus compliquée. *La loxodromie* : c'est la courbe que l'on suit en allant de M_0 à M_1 à cap constant. Elle est plus longue que l'orthodromie, sauf si M_0 et M_1 sont sur le même méridien ou sur l'équateur, auquel cas les 2 chemins sont confondus. La différence de distance n'est significative que pour les longues traversées à latitudes élevées ; c'est pourquoi on préfère la loxodromie qui, sur les cartes en projection Mercator, est représentée par le segment de droite (M_0 M_1).

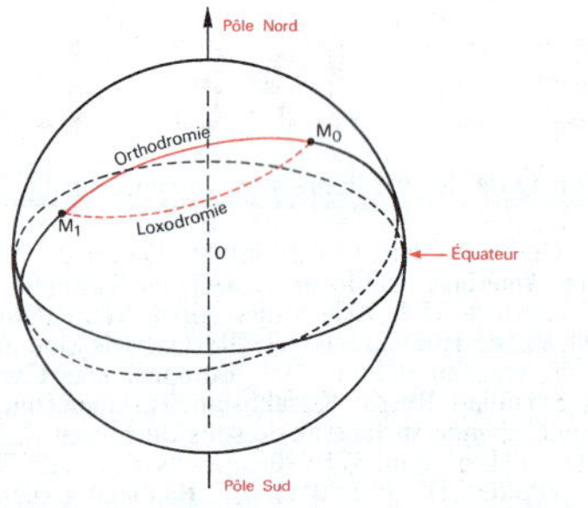

■ **Échelle d'une carte.** Rapport entre les longueurs réelles sur le terrain et les longueurs des représentations cartographiques exprimées dans la même unité. Si 1 mm sur la carte représente 1 million de mm (1 km) sur le terrain, l'échelle sera de 1/1 000 000. Inversement, une échelle de 1/5 000 signifie que 1 cm correspond à une distance de 50 m (5 000 cm). Pour l'Institut géographique national, les grandes échelles vont du 1/2 000 au 1/10 000, les moyennes du 1/25 000 au 1/100 000, les petites commencent à partir du 1/250 000.

HISTOIRE

■ **Historique.** **5000 ans avant J.-C.** cartes sur tables d'argile en Mésopotamie. **Vers 300 avant J.-C.** cartes de soie. **IIe s.** *Géographie (Cosmographia)* [créée par Claude Ptolémée (Grec, vers 100-vers 170)] comprenant 28 cartes et 8 000 noms. Terre fixe au centre de l'Univers, Méditerranée centre du monde. Les Romains dressent des cartes routières détaillées [*table de Peutinger :* copie d'une carte (6,82 m sur 0,34 m) représentant le monde romain (IIIe ou IVe s.), conservée à l'Hofbibliothek de Vienne, œuvre d'un anonyme, le « Moine de Colmar », vivant en 1265. Konrad Meissel (Celtis Portucius) l'avait découverte à Worms et offerte en 1507 à Konrad Peutinger (1465-1547)]. **Vers 1290** carte dessinée à l'encre noire sur une feuille de vélin (1,63 m sur 1,37 m) coloriée de rouge, bleu et dorée à la feuille. Jérusalem est au centre du monde. **1492** 1er globe terrestre connu. **1507** Waldseemüller publie la 1re carte où figure l'Amérique, avec des dimensions du globe terrestre à peu près exactes. **1570** 1er atlas : grand atlas universel de Ortelius (Flamand, 1527-98) *Theatrum orbis terrarum* (53 planches de 70 cartes). **1982** 1er atlas géologique du monde. **1998** 1re carte mondiale de la pesanteur ; mise au point grâce à une plate-forme spatiale *Gradio* (satellisée en 1998).

☞ *Une mappemonde* est une représentation plane de la sphère, sous forme de 2 hémisphères enfermés chacun dans un grand cercle, par opposition au planisphère, qui est une représentation d'un seul tenant.

■ **Origine du mot cartographie.** Formé au XIXe s. par le vicomte de Santarem (Portugais) lorsqu'il réunit dans son atlas des cartes du Moyen Âge.

Les canevas formés de 2 séries de parallèles (nord-sud et est-ouest) se coupant à angles droits sont connus depuis l'Antiquité (cartes plates : Dicéarque, Eratosthène, Hipparque). Mais le premier qui tienne compte de la variation des latitudes nécessaire pour représenter correctement les angles entre directions a été dessiné en 1569 par Mercator. Avant, les **portulans** (de l'italien *portolano,* pilote), cartes marines indiquant les côtes et les ports, comportaient une rose centrale avec les points cardinaux. Sur chacun des 16 rayons partant de cette rose était disposée, à égale distance, une rose plus petite. Les rayons de ces roses *(rhumbs)* étaient prolongés jusqu'au rebord des cartes et formaient un canevas serré. Chaque ligne de ce canevas mentionnait sa longueur : en *milles marins* (1 480 m), *méditerranéens* (1 250 m) ou en *lieues marines* (6 000 m).

■ **Projections conformes** (conservation des angles). **Projection de Gerhard Kremer,** dit **Gerard Mercator** (Flamand, 1512-94, fixé en 1552 à Duisburg où il commence à travailler au système de projection qui porte son nom. En 1569, il publie, en 18 feuilles, la 1re carte du monde connu, à l'usage des navigateurs. Son *Atlas* paraît en 1585, complet et réédité en 1595). Sa projection représente la Terre sur un cylindre équatorial (axe confondu avec axe des pôles) ; méridiens et parallèles y figurent en droites parallèles et orthogonales entre elles ; elle conserve les angles, propriété fondamentale pour la navigation [routes à cap constant (loxodromie) et relèvements mesurés au compas représentés par des droites], en revanche elle dilate d'autant plus les distances qu'on s'élève en latitude, d'où une échelle de mesure des distances variable avec la latitude. Si on veut aller du Havre à New York, la loxodromie sera, sur une carte Mercator, la ligne droite joignant ces 2 ports. Si on veut suivre l'orthodromie, plus courte, il faudra tracer des tronçons de route avec des caps différents pour suivre l'arc de grand cercle qui fait gagner plus au nord. La différence est de 5 889 – 5 695 = 194 km. Pour Paris-Los Angeles par avion, sans escale, la différence est plus importante et fait passer très au nord (Groenland, Canada).

Projection UTM (Universal Transverse Mercator) : même principe, mais le cylindre de projection est tangent à un méridien particulier et non plus à l'équateur ; les déformations sont moindres, mais les méridiens sont représentés par des courbes convergentes et la loxodromie n'est plus une droite. Pour que les déformations soient moindres, la représentation est limitée à un fuseau de 6° d'amplitude, ou 3° de part et d'autre d'un méridien central. La Terre est divisée en 60 fuseaux UTM, numérotés de 1 à 60 d'ouest en est depuis l'antiméridien de Greenwich.

Projection de Jean-Henri Lambert (né à Mulhouse, alors en Suisse, 1728-77) : représente la Terre sur un cône d'axe polaire tangent à un parallèle particulier ; méridiens représentés par des droites concourantes au pôle, parallèles par des arcs de cercles concentriques. Elle déforme peu, mais son quadrillage est moins commode pour les tracés (loxodromie non droite) ; elle est donc plus utilisée pour les fonctions où la consultation prime le tracé (cartes terrestres, comme les cartes de France au 1/25 000, et aériennes).

Projection stéréographique : à partir d'un pôle sur le plan tangent au pôle opposé ; contrairement à celle de Mercator, elle dilate d'autant plus qu'on s'écarte du pôle ; bien adaptée à la représentation des zones polaires ou d'assez haute latitude (Canada, nord de l'Europe, Sibérie), la dilatation n'égalant celle introduite par la projection de Mercator qu'à 52° de latitude.

■ **Projections équivalentes** (les surfaces en projection sont proportionnelles aux surfaces correspondantes sur la sphère) **[projection de Rigobert Bonne** (Fr., 1727-95) : abandonnée aujourd'hui ; **projection homalographique** (du grec *homalos* : régulier ; les parallèles sont rectilignes et les méridiens elliptiques) de Jacques Babinet (Fr., 1794-1872) et de Karl von Mollweide (All., 1774-1825) ; **projection Albers** des cartes au 1/25 000 des USA].

Projection équiaréale polaire ou **de Schmidt** : ce n'est qu'à 30° de latitude que les dilatations selon les méridiens ou les parallèles (de signe opposé) égalent la dilatation qu'introduit Mercator.

Projection de Peters (Arno, All.) : inverse de celle de Mercator : les parallèles sont d'autant plus rapprochés qu'ils sont près des pôles. Si l'hémisphère Nord et l'Arctique notamment semblent écrasés, l'Amérique latine, l'Afrique et l'Australie s'allongent démesurément. *In-*

convénient : peu exacte pour les distances et la forme réelle des territoires.

Projection gnomonique : projection perspective à partir du centre de la Terre sur un plan tangent à la Terre, en un point quelconque. Les grands cercles de l'orthodromie y deviennent des droites.

Projections perspectives : perspectives géométriques sur le plan [projection gnomonique, projection stéréographique de la sphère (déjà signalée comme projection conforme), projection orthographique, projection polyédrique].

☞ **Représentation d'Eckert :** restitue la notion de sphère et, pour chaque pays, sa superficie exacte en dépit de quelques distorsions dans les distances, contours et directions. *Inconvénient :* pôles réduits.

Triangulations géodésiques

■ **Mesures.** Les cartes terrestres (reliefs compris) sont dressées avec le support d'un réseau géodésique fait de triangles dont chacun a un côté commun avec l'un de ses voisins. **Méthode classique,** dite **de triangulation :** on part d'un point dont les coordonnées sont définies par des visées astronomiques (en France, la croix surmontant le dôme du Panthéon de Paris). De ce point partent les triangles dont les sommets (les points géodésiques : environ 100 000 en France) sont toujours en vue directe les uns des autres. Chaque point géodésique est connu par ses coordonnées et par son altitude, mais l'altitude doit être recalée dans le réseau général de nivellement (500 000 points pour le réseau français). Depuis les années 1960, les distances peuvent se mesurer par le temps de propagation d'ondes radioélectriques [(lumineuses ou non) ; précision : 1/1 000 000 (rayon laser)]. Une mesure de distance est faite en 1 ½ h par 2 à 4 personnes. La surface réelle de la Terre (le géoïde) étant irrégulière, on rapporte les cartes à une surface théorique de référence qui est un ellipsoïde de révolution. **Méthodes modernes : 1°)** *GPS (Global Positioning System) :* on détermine directement les coordonnées de points géodésiques à partir de la consultation de satellites de navigation. *Navstar* (une station portative reçoit des satellites les signaux électromagnétiques émis, les paramètres de leurs orbites, et calcule les coordonnées). **2°)** *Doris* (système français) : la station émet les signaux captés par le satellite qui transmet les données recueillies, l'IGN effectue les calculs et fournit les coordonnées à l'utilisateur.

■ **Réseau géodésique mondial à grandes mailles.** Recouvre la Terre de 68 triangles dotés de 36 « nœuds » matérialisés par des stations [Thulé (Groenland), Moses Lake (USA), Palerme (Italie), Tura (Russie)]. Dotés de laser, les satellites géodésiques ont mis en évidence la dérive des continents, leur déformation au fil du temps (*exemple :* la tendance de l'Australie à rétrécir). **Réseaux géodésiques français. 1er** (Cassini) réalisé de 1681 à 1783 ; **2e** (triangulation des Ingénieurs géographes) de 1793 à 1863 ; **3e** (NTF : Nouvelle triangulation de la France) de 1873 à 1991 ; **4e** (RGF : Réseau géodésique français) a été commencé en 1990 avec les méthodes spatiales et élaboré avec d'autres États européens, il sera rattaché aux systèmes géodésiques mondiaux existants.

Orientation par les astres

Méthodes approximatives évitant tout calcul.

■ **Soleil.** Aux équinoxes, il se lève à l'est et se couche à l'ouest. Si l'on a une montre, mettre l'aiguille des heures en direction du Soleil : le nord se trouve à mi-chemin entre l'extrémité de l'aiguille et le chiffre 12. L'approximation est meilleure si l'on remet temporairement la montre à l'heure du fuseau (pour la France : – 1 heure en hiver et – 2 heures en été).

■ **Étoiles. Dans l'hémisphère Nord :** *étoile Polaire* (3e du timon du Petit Chariot ou Petite Ourse ; dans le prolongement de la garde du Grand Chariot ou Grande Ourse, magnitude : 2,12) indique le pôle Nord. **Dans l'hémisphère Sud :** aucune étoile n'indique nettement le pôle, mais, en prolongeant vers sa base le grand bras de la *Croix du Sud,* on retrouve la direction générale du sud.

Rayonnement global (Soleil et atmosphère)

En calories par cm², par jour	St-Maur lat. 49° Nord, alt. 50 m	Irkoutsk lat. 52° Nord, alt. 467 m
Janvier	75	28
Février	133	97
Mars	248	204
Avril	358	260
Mai	441	285
Juin	482	384
Juillet	462	345
Août	390	272
Septembre	293	172
Octobre	178	118
Novembre	86	35
Décembre	60	28
Moyenne mensuelle	*267*	*186*

☞ **Moyenne terrestre :** 300 calories (1 250 joules).

Intensité la plus grande

En calories par cm² et par minute	Alt.¹	Lat.²	Cal.³	Watt
Mt Rose (Suisse)	4 560	46	1,77	0,124
Ouargla (Algérie)	157	32	1,59	0,111
St-Maur (France)	50	49	1,43	0,100
St-Pétersbourg (Russie)	qqs m	56,5	1,47	0,103

Nota. – (1) Altitude. (2) Latitude. (3) Calorie.

Géomagnétisme

■ **Magnétisme.** Si l'on fait abstraction de fluctuations locales et temporaires liées à l'activité solaire, la Terre se comporte comme un aimant. Le **champ magnétique terrestre,** qui varie lentement avec le temps (variation séculaire), est sensible sur tous les points de la surface terrestre et influence la trajectoire des particules émises par le Soleil (vent solaire) jusqu'à des dizaines de milliers de km (magnétosphère). C'est une grandeur *vectorielle,* c'est-à-dire possédant une direction (définie par 2 angles, inclinaison et déclinaison), un sens (vers le bas, actuellement, dans nos régions) et une intensité. Les Chinois l'ont découvert vers 1000 après J.-C. et l'ont utilisé empiriquement pour leurs boussoles à aiguille aimantée, indiquant la direction du **méridien magnétique.** Cette direction forme avec celle du Nord géographique l'angle appelé **déclinaison magnétique.**

Les **isogones** (lignes d'égale déclinaison) sont des courbes qui passent par les pôles magnétiques (voir ci-dessous).

Les **lignes de force magnétiques** (courbes qui suivent les directions du champ moyen) aboutissent à **2 pôles magnétiques : Nord** (attirant le pôle Nord d'une boussole ; c'est un pôle de magnétisme Sud) dans l'archipel Arctique canadien, à 1 900 km du pôle géographique Nord ; **Sud** en mer Australe, à 2 600 km du pôle géographique Sud, au large de la base antarctique Dumont d'Urville. En 1957, le pôle se trouvait sur le continent, entre cette base et la station Charcot. Il se déplace d'environ 10 km par an. Ces pôles magnétiques, où une aiguille aimantée libre de s'incliner se tiendrait verticale, ne sont donc pas aux antipodes l'un de l'autre : la droite qui les joint ne passe pas par le centre de la Terre. L'**équateur magnétique,** où la même aiguille serait horizontale, s'écarte de l'équateur géographique vers le nord ou le sud (jusqu'à 1 600 km au Brésil).

Intensité du champ : *minimale* de 24 000 à 45 000 nT (nanotesla) ou gamma (suivant une notation ancienne) sur l'équateur magnétique. *Maximale* de 70 000 nT (pôle magnétique Sud), 62 000 (Nord).

Pôles géomagnétiques ou **pôles de Gauss** (1 gauss = 10^5 gamma = 10^{-4} tesla) : ils correspondent à un champ magnétique terrestre débarrassé de ses irrégularités, tel que le produirait un dipôle magnétique (*champ dipolaire*), et ont été définis en 1839 par l'Allemand Carl Friedrich Gauss (1777-1855). Ils sont assez proches des pôles magnétiques, mais se situent, contrairement à ceux-ci, aux antipodes l'un de l'autre. Le champ dipolaire est celui d'un petit aimant fictif ayant un moment $8{,}05 \pm 0{,}02 \times 10^{25}$ gauss. cm³ (ou $8{,}05 \times 10^{15}$ T.m³), situé au centre de la Terre et porté par le diamètre terrestre qui joint les pôles géomagnétiques (il fait un angle de 11°5 avec l'axe des pôles géographiques). Ce « dipôle » rend compte d'environ 90 % du champ magnétique total. Les 10 % qui restent (champ non dipôlé) sont surtout d'origine profonde.

Causes du magnétisme terrestre : l'aimantation des roches terrestres ne peut expliquer que des anomalies locales et superficielles : elles cessent d'être aimantables au-dessus d'une certaine température (point de Curie). L'essentiel du champ est produit par une dynamo autoexcitée par rotation du globe, fonctionnant grâce à des déplacements de matière conductrice se produisant dans le noyau liquide. L'énergie qui entretient ces mouvements vient : *1°)* de la radioactivité et la chaleur fossile présentes dans le noyau (liquide et solide) ; *2°)* de la montée à travers le noyau liquide d'éléments légers libérés par sa solidification (la graine croît très lentement). Malgré l'effet stabilisateur de courants électriques dans la graine, le champ s'inverse de loin en loin. La simulation numérique du phénomène a été réussie en 1995 par Glatzmaier et Roberts.

Champ magnétique dans le passé : l'*archéomagnétisme* (E. Thellier) retrouve le champ grâce à l'aimantation prise au moment de leur refroidissement par des briques datées ou des argiles cuites. Le *paléomagnétisme* retrouve à partir de l'aimantation des roches les positions anciennes des pôles magnétiques par rapport aux continents. Le dipôle qui fournit l'essentiel du champ s'est souvent inversé à intervalles irréguliers. La trace de ces inversions dans les carottes extraites des fonds océaniques aide à dater ceux-ci jusqu'à – 160 M.a. ; le reste a disparu par subduction. Des études récentes sur des roches sédimentaires montrent que, depuis 320 M.a., il y a eu deux longues périodes sans renversement du champ magnétique. Ces périodes correspondraient à un moment où la couche située à la base du manteau s'épaissit, absorbant de la chaleur venue du noyau (voir **Géodynamique** p. 76 c).

Mesure de la Terre

IIIe s. avant J.-C. le Grec Ératosthène (276-vers 193 av. J.-C.), géomètre d'Alexandrie (Égypte) pense que la Terre est ronde. Il mesure presque exactement le méridien terrestre. Ses calculs étaient fondés sur 2 observations : le jour du solstice d'été à midi, le Soleil passe à la verticale dans le ciel de Syène (Assouân) puisqu'il y éclaire le fond des puits ; à Alexandrie il fait, avec la verticale, un angle de 7°12′. Après avoir mesuré la distance Alexandrie-Syène (5 000 stades = 840 km), il put calculer la circonférence de la Terre ainsi : $840 \text{ km} \times \frac{360°}{7°12'} = 41\,710$ km.

Vers 70 avant J.-C. Posidonios d'Apamée, géographe gréco-syrien, évalue à 9 000 lieues la circonférence de la Terre. Ses calculs, transmis par les Arabes aux Occidentaux, notamment à Gerbert (le pape Sylvestre II), seront adoptés par de nombreux savants médiévaux (les calculs d'Ératosthène étaient oubliés). Ce sera une des raisons qui firent rechercher une « route plus directe » pour les Indes en partant vers l'ouest (sur le chemin, on découvre l'Amérique).

XVe s. l'Église admet que la Terre peut être ronde, mais n'admet pas qu'elle puisse tourner autour du Soleil. La théorie s'impose : *1°)* Bartolomé Diaz (Port., vers 1450-1500) découvre en 1486 l'océan glacial Arctique, démontrant que le pôle brûlant n'existe pas ; *2°)* Magellan (Port., 1480-1521) prouve en 1520 la possibilité d'atteindre l'Orient par l'ouest.

1669-70 l'abbé Jean Picard (1620-82), avec une méthode mise au point par le Hollandais Snellius, détermine la longueur d'un degré de méridien entre Malvoisine (à 6 km de La Ferté-Alais) et Sourdon (à 20 km au sud d'Amiens), et trouve 111,212 km (erreur de l'ordre de 1 ‰). **1672** Jean Richer constate que le mouvement du pendule est plus lent à Cayenne qu'à Paris (retard de 2 min 30 s/j). Il en déduit que la gravitation près de l'équateur est moins sensible et que l'on doit s'y trouver plus loin du centre de la Terre. Le rayon terrestre à ce niveau est donc plus important et la Terre a la forme d'un ellipsoïde aplati aux 2 pôles.

Début XVIIIe s. les Cassini, Jean-Dominique (1625-1712) et Jacques (1677-1756), mesurent la France et pensent que l'axe des pôles est plus long que l'axe équatorial. **1735** l'Académie des sciences ayant décidé d'envoyer 2 expéditions pour mesurer la longueur de l'arc de 1° de méridien, 3 académiciens, Louis Godin (1704-60, rentré en 1751 en Espagne), Charles de La Condamine (1701-74, rentré 1744), Pierre Bouguer (1698-1758, rentré 1744), et Joseph de Jussieu (1704-79, académicien en 1742, rentré 1771) partent pour le Pérou. **1736** 4 autres, Pierre-Louis de Maupertuis (1698-1759), Alexis Clairaut (1713-65), Charles Camus (1699-1760), Pierre-Charles Lemonnier (1715-99) ainsi que l'abbé Renaud Outhier (1694-1774, correspondant) et Anders Celsius (1701-44, astronome suédois) vont en Laponie d'où ils rentrent en 1737. Leurs calculs montrent que la Terre est légèrement aplatie aux pôles et que le rayon de la Terre à l'équateur mesure 6 397 km. Le degré équatorial mesure 56 750 toises, le degré lapon 57 437 (centré sur le parallèle de latitude 66°20, en fait 57 196).

Depuis 1957 les satellites permettent des mesures précises (géodésie spatiale) : Starlette, Lageos, Ahsal, Topex-Poséidon...

Géologie

☞ *Abréviations :* Ma (Mega-an) : million d'années ; Ga (Giga-an) : milliard d'années.

Roches

Généralités

■ **Étude scientifique.** Une *roche* est un agrégat de *minéraux.* Parfois la roche est restée à l'état de verre, non cristallisé. On reconstitue alors les minéraux composants à partir d'une analyse chimique globale et l'on dit que leur présence est *normative,* au lieu d'être *modale.*

Les noms des minéraux correspondent à une composition chimique donnée et à une structure cristalline spécifique. Ainsi la silice (substance chimique) peut se présenter sous 8 formes cristallines différentes (*quartz, calcédoine, cœsite,* etc.) et sous une forme amorphe (l'*opale*). Les noms des roches ne sont jamais ceux des minéraux composants : une roche formée exclusivement de quartz est une *quartzite* ; une roche formée d'opale et de calcédoine est un *silex.* Les noms des roches tiennent aussi compte de leur aspect : le *marbre* est un calcaire ayant recristallisé ; un *gneiss,* une roche métamorphique à aspect fluidal ; un *porphyre,* une lave avec de gros cristaux noyés dans une pâte amorphe. La **pétrographie** ou **lithologie** les décrit et les classe ; la **pétrologie** recherche les lois de leur genèse et de leur évolution. La **sédimentologie** étudie les conditions dynamiques de mise en place des sédiments qui président à la genèse des roches sédimentaires.

Roches magmatiques

Définitions. Roches *endogènes* qui ont pris naissance à l'intérieur de la Terre (du grec *endo :* à l'intérieur et *genesis :* naissance). **Composition chimique :** en grande quantité : oxygène et silicium ; en moyenne quantité : aluminium, fer, magnésium, calcium, sodium, potassium. **Magmas les plus fréquents :** *granitique* (70 % de silice, riche en aluminium, potassium et sodium, magmas dits « acides ») ou *basaltique* (45 % de silice, riche en fer, magnésium, calcium, dits « basiques »). Les granitiques dominent dans les continents, les basaltiques dans les océans.

Minéraux essentiels. Silicates répartis en 2 groupes, selon leur densité et leur couleur : **1°) minéraux clairs (D 2,77) :** silice (quartz) et alumino-silicates (feldspaths, feldspathoïdes) ; **2°) minéraux plus ou moins colorés :** silicates ferromagnésiens (micas, amphiboles, pyroxènes, péridots, telle l'olivine), oxydes, etc. **Texture** (assemblage d'ordre microscopique des minéraux, dépendant de la cristallisation) : si *refroidissement brusque* : vitreuse ou microlithique (verre et petits cristaux) ; *refroidissement lent :* grenue (pas de verre, seulement des cristaux, parfois grands – phénocristaux, par exemple, le granite à dents de cheval de la Margeride, Massif central). Exemples : le *basalte* et le *gabbro* viennent d'un même magma, mais ont un refroidissement différent et une texture différente (basalte : vitreuse et microlithique car refroidissement lent ; gabbro : grenue car refroidissement rapide).

Grandes divisions. Roches volcaniques : matières fondues, ou *magmas,* ayant fait éruption à la surface (« effusives ») ; viennent de volcans anciens ou récents : coulées de laves parfois très étendues (généralement basaltiques ; le plateau de Columbia aux USA, les hauts plateaux éthiopiens et les *trapps* du Deccan, en Inde, ont une superficie supérieure à celle de la France ; le plateau basaltique du Paraná, en Amérique du Sud, couvre près de 2 millions de km²) ; quand elles se sont solidifiées dans des cheminées volcaniques sans atteindre la surface, elles forment des *necks* (exemple : le rocher de St-Michel-d'Aiguille, du Puy-en-Velay, est un neck dégagé par l'érosion) ; quand elles se sont solidifiées dans des fissures, elles forment des *dykes* ; quand elles ont été émises sous l'eau, elles forment des accumulations en forme de coussins *(pillow-lavas)*. **Caractéristiques :** viennent, pour la plupart, de magmas basaltiques (en particulier au fond des océans où, partout sous et avec les sédiments, se rencontrent les basaltes de la *croûte océanique*). Texture microlithique caractéristique des refroidissements rapides [petits cristaux parfois dispersés dans un « verre » non cristallisé ; parfois gros cristaux isolés dans une matrice microcristalline (porphyres)]. **Subdivisions :** *laves* sans quartz, à feldspaths et ferromagnésiens : *basalte, trachyte, andésite* ; composition analogue plus feldspathoïdes : *basanite, phonolite, téphrite, néphélinite, leucitite,* etc. ; composition analogue plus quartz et ferromagnésiens en moindre quantité : *rhyolite, dacite ; obsidienne* (roche vitreuse) et *ponce* (roche très bulleuse et légère) appartiennent souvent à ces deux dernières familles.

Roches plutoniques : résultent de la cristallisation de magmas en profondeur (souvent plusieurs kilomètres), et n'affleurent qu'à la faveur d'érosions abaissant la surface du sol par rapport aux corps magmatiques (dits *batholites* ou *plutons*) ainsi dégagés ; constituent des massifs plus ou moins vastes. **Caractéristiques :** la plupart viennent de magmas granitiques (croûte continentale), basaltiques ; texture de roches refroidies lentement (cristaux jointifs, sans verre interstitiel ; texture dite « grenue »). **Subdivisions :** *roches à quartz* et *feldspaths* (*granites* et roches apparentées qui forment l'essentiel de la croûte continentale) ; roches contenant feldspaths mais sans quartz : *syénite, monzonite, diorite, gabbro* en massifs relativement rares dans la croûte continentale ; roches sous-saturées à feldspaths et feldspathoïdes : *syénites néphéliniques* formant des massifs limités dans la croûte continentale. Les roches « basiques » (diorites, gabbros) et « ultrabasiques » très riches en ferromagnésiens (*péridotites* dont le minéral essentiel est l'*olivine*) : forment le manteau supérieur et existent depuis la solidification initiale du globe. Il en existe des affleurements dans les chaînes de montagne, en particulier celles qui, surmontées de basaltes, constituent les *ophiolites,* témoins de lithosphère océanique d'océans aujourd'hui disparus.

Roches métamorphiques

Définition. Du grec *meta,* après, et *morphosis,* forme. Roches sédimentaires ou magmatiques transformées dans leur structure et leur minéralogie sous l'action de hautes pressions et (ou) de hautes températures. Se forment : soit par la simple augmentation de la pression et de la température avec la profondeur (métamorphisme d'enfouissement), soit par apport de chaleur par une source magmatique (métamorphisme de contact), soit plus généralement dans les parties profondes des chaînes de montagnes lors de leur plissement, les effets des déformations tectoniques s'ajoutant à ceux de la profondeur. Ces transformations vont jusqu'à une fusion partielle *(gneiss magmatitiques)* ou totale *(granite d'anatexie)*. Les plus répandues sont en général *cristallophylliennes* (leurs minéraux disposés en lits traduisent la recristallisation de la roche lors de la déformation).

Principaux groupes. Gneiss : roches à quartz et feldspaths et divers minéraux ferromagnésiens (*orthogneiss :* transformation de roches magmatiques acides comme les *granites* et les *rhyolites* ; *paragneiss :* transformation de sédiments détritiques quartzo-argileux). **Schistes et micaschistes** où dominent les micas résultant de la transformation de roches sédimentaires pélitiques (argiles, schistes argileux). **Marbres :** transformation de roches sédimentaires carbonatées (calcaire ou dolomie). **Quartzites :** grès métamorphisés, très riches en quartz.

Du point de vue génétique, les roches métamorphiques se classent en fonction du couple pression-température et de la nature de la roche initiale. Aux roches de haute température (gneiss et granulites à grenats) s'opposent les roches de haute pression et basse température (schistes bleus à glaucophane). En liaison avec la subduction océanique, les roches métamorphiques se disposent en 2 ceintures parallèles du fait de l'enfoncement de la lithosphère dans la subduction, l'une de haute pression à l'entrée de la subduction et l'autre de haute température en profondeur (comme au Japon, haute pression sur la côte sud-est proche de la subduction pacifique, haute température sur la côte nord-ouest, la subduction pacifique s'enfonçant du sud-est au nord-ouest sous le Japon).

Roches sédimentaires

Définitions. Déposées par les agents dynamiques externes – eau, vent, glace – notamment au fond de la mer ou des lacs, ou en milieu continental par les rivières, les fleuves ou les glaciers. Partie infime de la masse de la lithosphère, mais couvrant 75 % de la surface des continents. Leur épaisseur varie de 0 à 10 000 m et plus. Le passage d'un sédiment meuble à l'état de roche sédimentaire consolidée correspond à un ensemble de phénomènes ou *diagenèse* (du grec *dia :* à travers et *genesis :* naissance). Le même sédiment peut fournir des roches différentes selon l'état plus ou moins avancé de sa transformation. **Classement : 1°)** *d'après le processus de formation :* mécanique (roches détritiques), chimique ou biochimique ; **2°)** *d'après la composition chimique ou minéralogique globale :* roches siliceuses (sable : surtout formé de quartz ; silex, meulière : surtout formés de calcédoine), argileuses, carbonatées [calcaires, dolomies (à la différence du calcaire ne fait pas effervescence sous l'action du vinaigre ; appelée ainsi par Nicolas-Théodore de Saussure (1767-1845), en l'honneur de Dolomieu (1750-1801), qui la découvrit)], phosphatées, ferrugineuses, etc. ; **3°)** *d'après le milieu de formation :* roches continentales, lagunaires, marines ; **4°)** *d'après la résistance physique :* roches cohérentes, meubles, plastiques.

Grandes divisions. Roches détritiques (formées à partir de la désagrégation mécanique de roches préexistantes et de l'association de particules qui en résultent) : leurs composants majeurs sont les débris de roches (lithoclastes) ou des associations de minéraux (quartz, feldspaths, micas, argiles, carbonates). Subdivisions selon la grosseur de leurs éléments *(granulométrie)* : supérieurs à 2 mm : *rudites* [meubles : blocs (au-dessus de 32 mm), galets, graviers ; consolidés : conglomérats (brèches, poudingues)] ; de 0,063 à 2 mm : *arénites* [*silicatées* (meubles : sables grossiers, moyens, fins ; consolidés : litharénites, grès) ; *carbonatées :* calcarénites, oolithiques (oolithe : petite concrétion de calcaire en forme d'œuf de poisson), bioclastiques (entroques, débris de coquilles, etc.)] ; inférieurs à 0,063 mm : *lutites* ou *pélites* (meubles : sables très fins, sablons, silts et limons, argiles, boues, vases ; consolidés : siltites, argilites, schistes) ; marne, mélange de calcaire fin et d'argile.

Roches chimiques : résultant de la précipitation physico-chimique ou biochimique d'ions en solution. *Ferrugineuses* (croûtes latéritiques, grès ferrugineux). *Siliceuses* (silex, meulières). *Carbonatées :* soit des carbonates de calcium (aragonite, calcite : certains calcaires lithographiques), soit des carbonates de calcium et magnésium (dolomies primaires). *Salines :* différents sels déposés par évaporation (gypse, sel gemme, sels de potassium et de magnésium).

Roches biogénétiques (du grec *bios :* vie, et *genesis :* naissance) : viennent d'animaux ou végétaux ou de leur action sur la physico-chimie de leur milieu de vie. La matière organique elle-même peut évoluer en roches (charbons, schistes bitumineux, pétrole). L'activité vitale de certains organismes (coraux mais aussi mollusques comme les rudistes de l'ère secondaire) conduit, par extraction du calcium de l'eau de mer, au développement de coquilles plus ou moins épaisses ; d'où de véritables constructions rocheuses *(récifs)* formant des amas irréguliers en dômes *(biohermes)* et assises litées *(biostromes)*, ou de simples accumulations *(lumachelles)*. Souvent associées à des roches détritiques à débris coquilliers *(biocalcarénites)*. Plus rarement siliceuses, formant des édifices : éponges *(spongolites)*, ou des accumulations de fines vases à diatomées *(diatomites)* ou à radiolaires *(radiolarites)*.

Formations superficielles

Formations meubles ou secondairement consolidées provenant de la désagrégation mécanique et de l'altération chimique des roches des continents. **Autochtones :** dérivent du substratum sur lequel elles reposent. **Allochtones :** déplacées, recouvrent un substratum étranger à leur origine. **Colluvions :** sur les pentes, par ruissellement diffus des eaux de pluie ou de fonte des neiges. **Alluvions :** résultent d'un transport plus ou moins lointain par des eaux fluviales. Le mode de transport et de mise en place des formations superficielles est variable. **Fluviales :** galets, sables, vases apportés par les cours d'eau. **Marines :** sables et galets roulés par les vagues ou vases déposées dans les marais littoraux. **Glaciaires ou moraines :** blocs désordonnés dans une matrice argileuse. **Éoliennes :** sable (dunes) ou limons (lœss, par exemple en Chine du Nord, Alsace et plateau du nord et du centre du Bassin parisien, donnant des sols très fertiles).

Pédologie

Définition. Science des sols. *L'édaphologie* (du grec *édaphon :* sol) étudie également les sols, mais du point de vue de leur rapport avec le milieu biologique et l'environnement. Les sols naissent de l'action combinée sur les roches d'altération en fonction du climat, de la végétation et de leur position dans le *paysage.* Proches de la surface, les roches s'altèrent et s'ameublissent. La vie végétale et animale transforme et réorganise ces produits d'altération, les enrichit de matière organique (ou *humus*) et donne ainsi des sols. Ces sols varient selon les climats. Ils évoluent avec le temps et s'organisent généralement en *horizons* qui aident à les caractériser.

Composition. Partie minérale (produits d'altération des roches : cailloux, sables et limons, parfois calcaires et souvent argileux dont les minéraux fixent puis libèrent des éléments nutritifs). **Partie organique** ou **humus** (produits de dégradation des végétaux et des animaux) : nombreux composants organiques qui se dégradent lentement mais se reconstituent chaque année et concourent à la nutrition des plantes.

Zonation climatique des sols. Sols polaires, perpétuellement gelés en profondeur [*pergélisol* (du français : permanent, gelé, sol) ou *permafrost* (de l'anglais : permanent et *frost :* gelé)] et qui ne dégèlent que partiellement en été, ne portant qu'une végétation herbacée (*toundra*) ; **podzols,** dans les pays frais et humides, où prédomine le lessivage par les eaux d'infiltration, surtout sur les sables portant de grandes forêts de conifères ; **sols bruns** des pays tempérés portant des prairies ou des forêts d'arbres à feuilles caduques ; **sols noirs** des steppes, très fertiles (*tchernozium* d'Ukraine et de Russie méridionale) ; **sols rouges** des pays chauds qui doivent leur couleur à des oxydes de fer (*terra rossa* des pays méditerranéens) ; **latérites** des pays intertropicaux, caractérisées par des nodules ou cuirasses alumineuses (bauxites) souvent ferrugineuses en l'absence de forêt tropicale ; **sols à croûte** [calcaire ou gypseuse *(roses des sables)*] des régions désertiques ou subdésertiques, où prédominent les remontées d'eau par capillarité.

Autres sols. Liés à la roche mère : *rendzines :* horizons humifères reposant sur des roches calcaires tendres ; *rankers :* horizons humifères reposant sans transition sur des roches cristallines dures. **Liés à un milieu :** *sols aqueux* (sols des *tourbières,* sols à *gley* quand l'eau est stagnante) ; *sols salins,* souvent efflorescents ; *sols bruns de montagne,* en constant remaniement.

Datation de la Terre et des roches

Méthodes

Stratigraphie. Les terrains stratifiés plus récents recouvrent (sauf bouleversements) les plus anciens. Des terrains éloignés dans l'espace sont du même âge s'ils renferment les mêmes fossiles caractéristiques. La *chronologie stratigraphique* s'est donc développée avec la *paléontologie* et l'étude de l'évolution des espèces. Au XIXe s., on appela *primitifs* ou *archéens* les terrains les plus anciens dépourvus de fossiles et souvent métamorphisés ou granitisés. Jusqu'à l'avènement de la radiochronologie, l'échelle des temps ne pouvait être que grossièrement estimée.

Radiochronologie. Datation par les propriétés nucléaires de certains éléments des roches. On mesure la quantité d'un élément chimique « fils », stable, accumulé au sein d'un minéral par la désintégration de son « père », radioactif, dont on connaît la loi de vitesse. *1ers essais* [1906 par l'Anglais Ernest Rutherford (1871-1937)] : entre 410 et 2 200 Ma. Cela donne l'âge : temps écoulé depuis que la roche est restée « close », c'est-à-dire sans addition ou départ d'éléments chimiques. *Exemple de datation obtenue* par le couple *uranium 238* (demi-vie : 4 300 Ma) – *plomb 206,* ou le couple *potassium 40* (demi-vie : 1 300 Ma) – *argon 40* : formation des météorites et de la Lune (et probablement de la Terre) : 4 500 (± 100) Ma. *Âge de la plus ancienne roche terrestre* (Gneiss d'Acasta, Canada, découverte en 1984) : 3 960 Ma. Séquence des inversions du champ magnétique terrestre obtenue par datation de roches volcaniques par le *potassium-argon.*

De nombreux événements géologiques récents (moins de 40 000 ans) ont été datés en mesurant les quantités restantes de carbone 14 dans des produits organiques préservés de la destruction lors de ces événements. Exemples : la dernière éruption de la chaîne des Puys date de 7 850 ans (datation par le charbon de bois trouvé sous la coulée de lave de St-Saturnin) ; les variations du niveau de la mer depuis le dernier âge glaciaire, notamment son dernier minimum à – 125 m il y a 18 000 ans (par les coquilles, coraux et débris de mangroves ramenés de diverses profondeurs sur les côtes d'Afrique ou par les coquilles ramenées sur celles du Roussillon).

Les fluctuations de la teneur en carbone 14 de l'atmosphère introduisaient des erreurs dans ces datations. Une correction a pu être faite jusqu'à 9 000 ans avec les anneaux annuels de très vieux sequoias (*dendrochronologie*), puis jusqu'à 20 000 ans avec les courbes de croissance annuelles des coraux (Bard et autres, 1990).

Ères géologiques

Nota. – Divisées en *périodes,* puis en *étages.* Les dates en Ma (Méga-an = millions d'années), constamment révisées (en fonction des progrès des connaissances et de la technologie instrumentale), figurent en regard des étages. Les termes primaire, secondaire, tertiaire ne sont plus utilisés en anglais.

Prégéologique (archéen ancien)

Entre 4 650 et 3 800 Ma (millions d'années), formation de la Terre puis séparation (hypothétique) d'une croûte d'abord basaltique, mince et fragile, bombardée par de nombreuses météorites qui la crèvent facilement et se perdront dans les profondeurs du globe. Parmi ces météorites, de nombreuses comètes apportaient (sous forme de glace) une quantité d'eau et de composés volatils et des molécules carbonées préorganiques qui permettront par la suite l'apparition de la biosphère. L'*atmosphère primitive,* réductrice, était composée essentiellement de dioxyde de carbone, d'azote et de vapeur d'eau. La condensation de cette vapeur par refroidissement sera à l'*origine des océans.* L'eau nouvellement apparue va alors dissoudre la plus grande partie du dioxyde de carbone atmosphérique (à l'origine des calcaires) avec de nombreuses substances minérales ou préorganiques. C'est dans cette « soupe » chaude, soumise au rayonnement ultraviolet solaire intense (absence d'oxygène et d'ozone dans l'atmosphère primitive), que seraient apparues les 1res structures organiques autoreproductrices (bactéries) : *procaryotes.*

Temps précambriens ou Archéozoïque
Archéen-Protérozoïque

Climat : encore mal connu, il a les mêmes répartitions zonale et saisonnière qu'aujourd'hui, car elles sont dues à des paramètres astronomiques restés stables. L'oxygène, absent au début, apparaît peu à peu, à mesure que se développait la photosynthèse pratiquée par des protophytes (cyanobactéries, algues primitives). *La vie animale* n'est apparue sans doute qu'en fin de période archéenne, lorsque la pression d'oxygène est devenue suffisante. La pression de gaz carbonique était probablement beaucoup plus forte qu'aujourd'hui, d'où un effet de serre plus fort (températures et humidité plus grandes).

■ **Archéen.** Avant 3 800 Ma, apparition des phénomènes d'érosion, de transport et de sédimentation sur les premiers noyaux de croûte continentale (voir Formation de la Terre, p. 77 a). Complexification progressive des composés organiques ; apparition de la reproduction *(bactéries)* vers 3 500 Ma, de la *photosynthèse* (algues bleues) construisant des stromatolites vers 3 200 Ma, des *eucaryotes* (êtres à cellules avec noyau) vers 2 800 Ma. Présence de *cyanophytes :* microflore d'Onderwacht (Afrique du Sud, Swaziland) datée de 3 600 à 3 350 Ma, microflore de Fig-Tree (Afrique du Sud) après 3 100 Ma.

■ **Protérozoïque inférieur.** 2 600 Ma, en France : *Icartien ancien* (de Icart Point, île de Guernesey). Existence de blocs stables de croûte entourés de zones sédimentaires. 1re glaciation probable (2 500 Ma) : développement des *stromatolites* (colonies de cyanobactéries sécrétant du calcaire). **Protérozoïque moyen.** 1 600 Ma, en France : *Icartien récent.* Existence d'ensembles continentaux et 1res collisions entre plaques. Plusieurs phases de plissement. **Protérozoïque supérieur.** 1 000 Ma, en France : *Briovérien* (de l'ancien nom de St-Lô, Manche). 1re individualisation des grands continents *Laurasie* (du St-Laurent, Canada) et *Gondwanie* (de Gondwana, Inde). Plusieurs phases de plissement, la dernière donnant la chaîne cadomienne (de Cadomus, vieux nom de Caen, Calvados). 2 glaciations connues (900 Ma et 600 Ma) : apparition des 1ers métazoaires [méduses, vers, arthropodes, cœlentérés ou coraux primitifs (Ediacara, Australie, 670 Ma)]. Le protérozoïque a été séparé vers 600 Ma de l'ère primaire, ou Paléozoïque, par les orogenèses cadomienne en Europe, baïkalienne en Asie, panafricaine en Afrique.

Primaire ou Paléozoïque

■ **Cambrien** (de *Cambria,* nom latin du pays de Galles, G.-B.). 585 à 515 Ma. *Géorgien, Acadien, Potsdamien.* La plus grande partie des **terres émergées** se trouve dans l'hémisphère Sud. L'*Europe* méridionale se situe par 70° de latitude Sud sur la bordure africaine du continent de *Gondwanie* regroupant Amérique du Sud, Afrique, Antarctique, Australie et Inde (Afrique du Sud, Australie et Antarctique sont au niveau de l'Équateur). 3 autres continents occupent la zone tropicale : la *Laurentie* (Amérique du Nord) à l'ouest, et la *Sibérie* et le *Kazakhstan* à l'est. Au sud de la Sibérie se trouve la *Baltica* (bouclier scandinave et plate-forme russe).

L'**océan** méridien *Iapetus* (ou proto-Atlantique) sépare la Laurentie du couple Baltica-Sibérie. Plusieurs microcontinents se détachent de la Gondwanie pour migrer vers le nord, en particulier l'*Europe méridionale* et l'*Avalonie* très mobile, dont une partie constituera ultérieurement la Grande-Bretagne et l'Europe centrale.

Végétaux : jusqu'à la fin du Silurien, ils ne sont représentés que par des micro-organismes marins (algues), probablement des lichens (symbiose d'une algue et d'un champignon), sur les terres émergées. **Animaux :** apparition de nombreux embranchements [éponges, mollusques (gastropodes, bivalves), brachiopodes, échinodermes, graptolites, arthropodes diversifiés (trilobites)].

■ **Ordovicien** (de Ordovices, ancienne peuplade du pays de Galles, G.-B.). 515 à 442 Ma. *Trémadocien, Arénigien, Llanvirnien, Llandeilien, Caradocien, Ashgillien.* **Vers – 450 Ma** la Gondwanie a amorcé une rotation dans le sens horaire en glissant vers le sud : l'Afrique saharienne se trouve au pôle Sud (glaciation), l'Europe méridionale est isolée de l'Afrique par un océan « sud-armoricain » étroit, et séparée de la Baltica par l'océan *Rhéïque* (ou proto-Téthys) plus large en cours d'expansion. *Laurentie* et *Baltica* se rapprochent (fermeture du Iapetus) tout en décrivant un mouvement antihoraire. **Animaux :** vertébrés primitifs (agnathes), bryozoaires et mollusques céphalopodes (nautiles).

■ **Silurien** (ou Gothlandien). 442 à 408 Ma. *Llandovérien, Wenlockien, Ludlowien.* Du Silurien à la fin du Carbonifère, la Gondwanie reste centrée sur le pôle Sud, et tourne de 3/4 de tour dans le sens horaire. **Vers – 400 Ma** *Laurentie, Baltica* et *Avalonie* sont en cours de collision : c'est l'orogenèse calédonienne qui conduit à la formation de la *Laurussie.* Des événements hercyniens (ou varisques) précoces se déroulent sur la bordure méridionale de l'Europe (arc insulaire avec subduction : l'océan sud-amoricain est en cours de fermeture). *Laurentie* et *Baltica* resteront unies jusqu'au Tertiaire *(Laurasie* ou *Euramérique).* **Végétaux :** vasculaires (genre *cooksonia*) au Silurien supérieur, du groupe des *psilophytes ;* mousses terrestres *(hépatiques).* **Animaux :** vertébrés à mâchoires (poissons cuirassés), apogée des graptolites et des trilobites.

■ **Dévonien.** 408 à 358,5 Ma. **Inférieur :** *Gédinnien, Siegénien, Emsien.* **Moyen :** *Couvinien, Givétien.* **Supérieur :** *Frasnien, Famennien.* La *Gondwanie* poursuit sa rotation horaire : l'Afrique remontant vers le nord entre en collision avec l'Europe méridionale ; début de l'orogenèse varisque ou hercynienne. Au nord, l'océan *Rhéïque* se rétrécit (subduction sous la marge de l'Europe méridionale). **Végétaux :** nombreux et diversifiés ; *cryptogames* vasculaires archaïques (lycopodes, prêles, fougères) ; apparition des *préphanérogames* (ptéridospermes, « fougères à graines » et cordaïtes). **Animaux :** céphalopodes ammonoïdés (goniatites), 1ers animaux terrestres (insectes sans ailes puis amphibiens), développement des poissons (crossoptérygiens, dipneustes).

■ **Carbonifère.** 358,5 à 288,6 Ma. **Dinantien** ou **Carbonifère inférieur :** *Tournaisien, Viséen.* **Silésien** ou **Houiller** ou **Carbonifère supérieur :** *Namurien, Westphalien, Stéphanien.* L'océan *Rhéïque* est complètement fermé. La collision entre l'*Europe méridionale* accolée à la *Gondwanie* et la *Laurussie* se propage d'est en ouest, depuis la Crimée vers l'Europe occidentale (Ardenne, sud de l'Angleterre et de l'Irlande) puis vers les Appalaches : la chaîne varisque achève sa formation sous l'équateur. Selon Bonhommet, un continent distinct, présent dans l'océan *Hercynien* entre Gondwanie et Laurasie, le continent *Armoricain,* aurait déjà heurté la Laurasie vers – 340 Ma. Il explique ainsi la phase orogénique *bretonne*, la 1re des phases ayant formé les plissements *hercyniens* (ou *varisques*) au cours du Carbonifère. A la fin du Carbonifère, le *Kazakhstan* entre en collision avec la *Laurussie :* formation de l'Oural et de la Laurasie. L'Afrique du Sud occupe le pôle Sud : nouvelle glaciation. **Végétaux :** nombreux et diversifiés (flore houillère). Apogée des *cryptogames* vasculaires (lépidodendrons et sigillaires arborescents ; calamites et sphénophyllales ; fougères herbacées et fougères arborescentes). Extension des *préspermaphytes* (prépondérance des cordaïtes arborescents). *1ers gymnospermes :* conifères *(lebachia, walchia).* **Animaux :** insectes ailés, arachnides, myriapodes, reptiles primitifs (mésosauriens).

■ **Permien** (de Perm, Russie). 288,6 à 248,2 Ma. *Autunien, Saxonien, Thuringien.* Sibérie et Kazakhstan venus s'accoler à la Pangée en formant l'Oural, réalisant la soudure de la *Laurasie.* La fermeture de l'océan *Rhéïque* s'achève à son extrémité occidentale : l'accolement des deux Amériques se concrétise par l'édification de la chaîne Ouachita. Dès lors, *Laurasie* et *Gondwanie* ne constituent plus qu'un seul continent : la *Pangée,* qui durera jusqu'à la fin du Trias. Mongolie, Chine, Corée, Indochine, Malaisie continuent d'être de petits continents séparés et distincts. **Végétaux :** disparition des *psilophytes*, raréfaction des *lycopodes*, maintien des *prêles*, prépondérance des *fougères,* extinction des *cordaïtes,* apparition des *cycadinées ;* diversification des *gymnospermes* (conifères). **Animaux :** diversification des reptiles.

A la fin du Permien, crise biologique majeure, extinction de très nombreuses espèces animales (trilobites) et végétales par suite de l'aridité du climat de la *Pangée* (tous les continents sont rassemblés en un seul bloc) et d'une crise volcanique majeure (formation des trapps de Sibérie). Seules 4 % des espèces survivent.

Secondaire ou Mésozoïque

De 248,2 à 65 Ma. **Climat :** à peu près uniforme sur l'ensemble de la Terre et voisin des climats tropicaux actuels (température des océans environ 22 °C). **Paléogéographie :** morcellement de la Gondwanie orientale commencé vers – 165 Ma, séparation Laurasie et Gondwanie vers – 150 Ma (Jurassique). Début des mouvements tectoniques aboutissant à la formation des Pyrénées et des Alpes vers – 100 Ma (Crétacé).

■ **Trias.** 248,2 à 205,7 Ma. Les positions relatives des parties nord et sud de la Pangée changent, avec ouverture à l'est d'un océan, la *Téthys,* et coulissage est-ouest dextre d'environ 3 000 km, l'Afrique venant se placer contre l'Amérique du Nord. **Trias germanique :** *Buntsandstein* (grès bigarrés), *Muschelkalk* et *Lettenkohle* (marnes et calcaires), *Keuper, Rhétien.* **Trias alpin :** *Werfénien* (ou *Scythien), Anisien* (ou *Virglorien), Ladinien, Carnien, Norien, Rhétien.* **Végétaux :** disparition des *lépidodendrons* et *sigillaires*, des *calamites* et *cordaïtes* des temps primaires ; survivance de quelques *lycopodes* et *fougères* (« à graines » et « à frondes ») des temps primaires ; *prêles* (équisetum ou équisetites) de grande taille. **Animaux :** 1ers *dinosaures*, nouveaux *ammonoïdés* (cératites), apparition des *mammifères* au Rhétien.

■ **Jurassique.** 205,7 à 144,2 Ma. L'Atlantique central et une *Téthys caraïbe* s'ouvrent à partir de – 180 Ma, l'Atlantique Sud et l'océan Indien s'ouvrent à partir de – 140 Ma. Les divers blocs de l'Asie du Sud-Est se soudent en un seul continent (de la Mongolie à la Malaisie) qui, à la fin du Jurassique, se réunit au reste de l'Asie (Inde exclue). [**Inférieur (Lias) :** *Hettangien, Sinémurien, Carixien, Domérien* (ou *Pliensbachien*), *Toarcien.* **Moyen (Dogger) :** *Aalénien, Bajocien, Bathonien, Callovien.* **Supérieur (Malm) :** *Oxfordien, Kimméridgien, Portlandien.*] **Végétaux :** *fougères* et *ptéridospermes* abondants ; nombreux *conifères* ; *cycadinées* et *ginkgoïnées* prépondérantes. 1ers *angiospermes* (palmiers). **Animaux :** les véritables *ammonites* remplacent les cératites ; nouveaux bivalves constructeurs de récifs (les *rudistes*) ; développement des reptiles marins, aériens et terrestres (*dinosaures*) ; à la fin du Jurassique, l'*archeoptéryx* apparaît comme l'ancêtre des oiseaux (issus d'une famille de dinosaures), diversification probable des mammifères (découverte récente d'un insectivore de la taille d'une souris, vieux de 180 Ma).

■ **Crétacé.** 144,2 à 65 Ma. La *Téthys* forme une ceinture latitudinale continue où se produisent diverses orogenèses ; l'Atlantique Nord continue de s'ouvrir. (**Inférieur :** *Berriasien, Valanginien, Hauterivien, Barrémien, Aptien, Albien.* **Supérieur :** *Cénomanien, Turonien, Coniacien, Santonien, Campanien, Maastrichtien.*) **Végétaux :** abondance de *fougères, cycadinées, ginkgoïnées* et *conifères* ; brusque apparition des *angiospermes* sur tous les continents. **Animaux :** apogée des *ammonites*, des *rudistes* et des *dinosaures*. Apparition des *oiseaux* et des *marsupiaux*.

Fin du Crétacé : crise bioclimatique majeure, conséquence d'une altération de l'atmosphère. Causes : volcanisme intense en Inde (trapps du Deccan) et/ou chute d'une mégamétéorite sur le Yucatán (Mexique), provoquant une anomalie en iridium des sédiments de la limite Crétacé – Tertiaire. Extinction de 80 % des espèces vivantes, en particulier : ammonites, rudistes, dinosaures et presque tout le plancton marin. Toutefois les dinosaures herbivores géants ont pu se raréfier et disparaître à cause de leur trop grands besoins en nourriture, sans catastrophe naturelle.

Tertiaire ou Cénozoïque

De 65 à 1,9 Ma. La mer du Labrador et l'océan Arctique s'ouvrent vers – 60 Ma. La collision Inde-Eurasie a lieu à – 43 Ma. L'Australie se sépare de l'Antarctique à partir de – 40 Ma, le Groenland de la Norvège (communication Atlantique-Arctique) et l'Arabie de l'Afrique vers – 38 Ma. L'Islande, qui se trouve sur une dorsale médio-océanique et n'est formée que de basaltes, sans croûte continentale, apparaît à – 23 Ma. **Climat :** la température des océans diminue et les climats se différencient. **Relief :** plissements alpins ; volcanisme dans le Massif central.

■ **Paléogène** (du grec *paleos :* ancien, *genos :* origine), ou **Nummulitique** [contenant des nummulites (du latin *nummus :* monnaie), protozoaires fossiles]. **Paléocène** (du grec *paleos :* ancien, *kainos :* récent) : 65 à 55 Ma. *Danien, Montien, Thanétien.* **Animaux :** développement des mammifères primitifs (multituberculés).

Éocène (du grec *eos :* aurore, *kainos :* récent) : 55 à 33,7 Ma. *Yprésien, Lutétien, Bartonien, Priabonien.* **Végétaux :** sous climat chaud (moyenne 20-25 °C) et plus ou moins humide, les dépôts éocènes (travertins de Sézanne, argiles ligniteuses du Soissonnais, sables de Cuise, calcaire grossier du Bassin parisien, sables d'Ermenonville, gypses de Paris) révèlent des essences feuillues proches de celles des formes tempérées actuelles [châtaignier, chêne, cyprès, figuier, fougères (osmonde, pteris), if, laurier, lierre, noyer, thuya, vigne] voisinant avec des végétaux exotiques de type tropical ou subtropical [acacia, araucaria, eucalyptus, jujubier, magnolia, palmiers (Sabal), podocarpus, poivrier, séquoia, taxodium (cyprès chauve)]. **Animaux :** *carnivores, Eohippus* (ancêtre des équidés), 1ers *primates.*

Oligocène (du grec *oligos :* peu, *kainos :* récent) : 33,7 à 23,8 Ma. *Stampien, Chattien.* Englacement progressif de l'Antarctique de l'Est, celui de l'Ouest bénéficiant encore d'un climat doux. **Végétaux :** sous climat tropical ou tempéré-chaud (moyenne 18-25 °C), les dépôts oligocènes (« mines de potasse » d'Alsace, sables de Fontainebleau, gypses d'Aix, marnes d'Armissan, lignites de Manosque, argiles de Marseille) révèlent une flore composite [aulne, chêne, clématite, figuier, fougères (osmonde, pteris), genévrier, houx, laurier, lierre, mahonia, myrte, noyer, olivier, orme, peuplier, pin, saule, thuya, vigne d'une part ; acacia, agave, camphrier, cannelier, dragonnier, eucalyptus, jujubier, magnolia, palmiers (Chamaerops, Phœnix, Sabal), pistachier, podocarpus, séquoia, taxodium (cyprès chauve) d'autre part]. **Animaux :** *singes, proboscidiens* (éléphants primitifs), *rhinocéridés.*

■ **Néogène. Miocène** (du grec *meion :* moins, *kainos :* récent) : 23,8 à 5,23 Ma. *Aquitanien, Burdigalien, Langhien, Serravalien, Tortonien, Messinien.* Après – 11,3 Ma, au Miocène supérieur, l'Antarctique de l'Ouest se couvre de glace. La glaciation est maximale au Messinien, il y a 6 Ma. L'abaissement consécutif de niveau des océans permet des fermetures répétées du détroit de Gibraltar, entraînant l'assèchement de la Méditerranée. **Végétaux :** au début, climat encore subtropical ; des volcans d'Au-

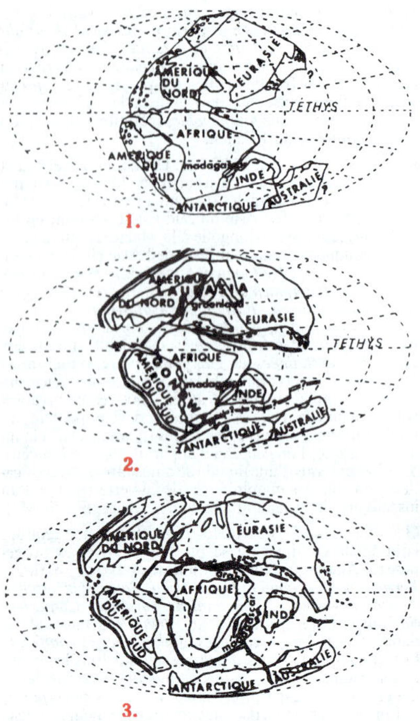

La Terre il y a : 1. 247 millions d'années (fin du Permien). 2. 130 millions d'années (fin du Jurassique). 3. 65 millions d'années (Paléocène). (*Dessins fournis par* Le Monde).

vergne et des mollasses d'Oeningen révèlent bambou, camphrier, cannelier, figuier, jujubier, laurier, palmier (Sabal), séquoia, taxodium (cyprès chauve), tulipier, voisinant avec des feuillus (aulne, érable, frêne), plus ou moins proches des formes actuelles. Puis survient une tendance au refroidissement, entraînant une extension des espèces tempérées (pin, sapin, épicéa, mélèze, if, chêne, hêtre, charme, orme, érable, bouleau, peuplier, saule, sorbier) au détriment des espèces tropicales ou subtropicales. **Animaux :** *mastodon* (ancêtre des éléphants), *hipparion* (ancêtre du cheval), **australopithèques** (1ers hominidés).

Pliocène (du grec *pleion :* plus, *kainos :* récent) : 5,23 à 1,9 Ma. *Tabianien, Plaisancien.* **Végétaux :** au début, climat océanique relativement tiède et humide (moyenne 16-18 °C) : dans les volcans du Massif central, persistance d'éléments chauds (vigne, magnolia, tulipier, jujubier, cannelier, camphrier, podocarpus, libocedrus, thuya, séquoia, taxodium) auprès d'éléments tempérés proches des types actuels. Puis s'accentue la tendance au refroidissement ; flore des tufs de Meximieux (Ain) ; quelques espèces chaudes (bambous, magnolia, platane, noyer, laurier, buis, etc.) se maintiennent ; avec la *glaciation de Donau* (2,1 à 1,8 M.a), la forêt européenne disparaît. **Animaux :** bœufs, chevaux, antilopes, girafes, hippopotames, rhinocéros, éléphants, chiens, chats, cochons ; et **Homo habilis** (1er homme).

Quaternaire ou Pléistocène

☞ Se différencie peu de l'ère tertiaire sauf par l'évolution des hominidés. Des glaciations dans l'hémisphère Nord commencent il y a 2,7 Ma avec une périodicité de 41 000 ans. Il y a 1,2 Ma, apparaissent des cycles glaciaires de plus grande amplitude espacés en moyenne de 100 000 ans sans que disparaisse la période de 41 000 ans d'origine astronomique. L'ancienne classification était fondée sur 4 glaciations (Günz, Mindel, Riss et Würm), or aujourd'hui, on en compte bien davantage (voir **Grandes glaciations**). Nous nous trouvons depuis 10 000 ans environ en période interglaciaire.

■ **Représentation précédente du Quaternaire** d'après l'outillage lithique (en pierre) des hommes fossiles. **Prépaléolithique :** 1ers hominidés.

■ **Pléistocène** (du grec *pleistos :* nombreux, *kainos :* récent). **Paléolithique inférieur :** *début :* environ 1,65 Ma. **Animaux :** apparition de *Homo erectus* (pithécanthropes).

Paléolithique moyen : *début :* environ 0,7 Ma. En France, tufs de La Celle-sous-Moret (S.-et-M.) et de La Perle (Aisne) révélant des feuillus, sous un climat tiède et humide (espèces actuelles et méditerranéennes, arbre de Judée, buis, figuier, laurier). *Glaciation de Riss* (de 0,3 à 0,13 Ma) : lignites de Jarville (près de Nancy) et de Bois-l'Abbé (près d'Épinal), formés sous climat froid et sec et révélant les restes d'une forêt de conifères (mélèze, épicéa, pin, if, genévrier) coupée de bouquets de chênes et de marécages à aulnes et bouleaux. *Interglaciaire Riss-Würm* et début du *Würm* (de 0,13 à 0,08) : tufs de Ressons (Aube). *Glaciation de Würm* (de 0,08 à 0,02 Ma) : retour de steppe, taïga et toundra, avec forêts de conifères (pin), disparition des feuillus (sauf bouleau, tremble, saule).

Paléolithique supérieur : *début :* 0,02 Ma, fin de la dernière glaciation (Würm). Niveau marin à – 120 m : la végétation perd peu à peu son caractère arctique.

Afrique : aux périodes de glaciation correspondent des périodes arides. Aux interglaciaires correspondent des périodes de pluies (pluviaux).

■ **Holocène** (du grec *holos :* entier, *kainos :* récent) (cycle actuel). A débuté il y a 10 000 ans par un réchauffement arrivé à son maximum il y a 5 000 ans.

Chronologie. Mésolithique : 12000 av. J.-C., dans le Bassin parisien : *phase subarctique* à steppe (12000 – 10000) ; *préboréale* à pin-bouleau (10000 – 8500) ; *boréale* à pin-noisetier (8500 – 7500). **Néolithique :** 7500 – 3000 [*phase atlantique* (optimum climatique vers – 6000, niveau marin de + 3 à 5 m) à chênaie mixte (7500 – 4500) ; *subboréale* à flore actuelle (4500 – 3000). L'homme devient sédentaire]. **Chalcolithique :** 3000 – 1000 [*phase subatlantique* à flore actuelle]. **Age des métaux :** cuivre, bronze, fer. **Chronologie marine. Calabrien :** 1,8 Ma à 0,55 Ma. **Sicilien :** 0,55 à 0,2 Ma. **Tyrrhénien :** 0,2 à 0,04. **Versilien :** 0,04 Ma.

Apparition des grands groupes (en millions d'années, et lieu de la découverte). **Végétaux :** plante à photosynthèse 3 300 ; fleur 65 (USA). **Animaux :** crustacé 650 (ex-URSS) ; mollusque 500 (Costa Rica) ; vertébré 480 (ex-URSS) ; insecte 370 (Écosse) ; araignée 370 (Écosse) ; amphibien 350 (Groenland) ; reptile 290 (Canada) ; mammifère 190 (Lesotho) ; oiseau 140 (Allemagne) ; insecte social 100 (USA) ; primate 70 (Indonésie, Madagascar) ; singe 28 (Égypte).

Exploration du sous-sol

Pénétration directe

■ **Conditions géologiques.** Roches à percer aussi dures que du béton, mais la sonde carotteuse (40 à 50 cm de diamètre et longue de plusieurs kilomètres) est aussi souple qu'un mince fil d'acier. Quand la tête commence à dévier, le train de tiges [tubes de 13,3 m (40 m pour 3 tubes) au lieu de 9 pour les forages classiques] qui la suit fléchit et le forage part en courbe (celui de Kola accusera un écart de plus de 800 m par rapport à la verticale ; celui de Munich 200 m sur 4 km de profondeur, puis seulement 8,5 m sur 7 km) [grâce à un moteur hydraulique monté dans la masse-tige (dernier tronçon de la colonne) alimenté par un fluide sous pression qui permet en même temps de guider l'outil (fait tourner le trépan et assure les fonctions habituelles des *boues de forage :* refroidissement des molettes de fraisage ; les têtes de forage doivent être changées tous les 60/80 m ; coût : 90 000 à 260 000 F pièce, lubrification, stabilisation du perçage et remontée des déblais)]. **Coût d'un forage à 1 000 m :** 30 millions de F (pastilles en carbure de tungstène). **Profondeur :** *forages pétroliers :* rarement plus de 2 000 m ; *grands programmes :* jusqu'à 15 000 m.

■ **Forages. Américains. Projet Mohole :** tire son nom de celui de la discontinuité de Mohorovičic (voir p. 77 b) que les Américains espéraient atteindre en 1964 à son endroit le plus faible (c.-à-d. sous l'océan). Abandonné en 1968. Depuis, plus de 1 000 forages dans les fonds marins, s'efforçant d'atteindre le socle basaltique, ont été faits par le navire spécial *Glomar Challenger,* dans le cadre du *programme américain Joides (Joint Oceanographic Institutions Earth Sounding),* de 1968-75, auquel succédèrent le *programme international Ipod* et le *programme international ODP/DSDP (Ocean Drilling Program/Deep Sea Drilling Project),* relayé à l'automne 1991 par le navire de forage américain *Joides Resolution.* Ces forages commencent sous des profondeurs d'eau variables (maximum près des Mariannes : 7 000 m) ; carottages : couramment plusieurs centaines de mètres sous le fond de la mer (max. atteint : 2 000 m). Ils ont précisé la structure et l'âge de la plupart des grandes régions océaniques. Tous ont retrouvé des basaltes sous les sédiments. **Bertha Rogers** (Oklahoma) : 9 583 m creusés en 1974. **Autre forage actuel** de 8 250 m.

Soviétiques et russes. Presqu'île de Kola (près de Zapolarny) : arrêté à 12 360 m (maximum mondial) après 1990. *Profondeur prévue :* 15 000 m. A partir de 7 km, la température est de 120 °C, à 10 km, elle est de 300 °C (pression de 1 600 à 1 800 atmosphères). **Saatli** (Azerbaïdjan) : 6 521 m atteints en 1969 (où la croûte terrestre est mince), 7 000 m dépassés depuis ; 17 400 m à atteindre (un forage plus profond est entrepris). **Vostok** (Antarctique) : 3 623 m record dans la glace (1998).

Allemands. Poméranie : *Morow 1* atteint 8 008 m en 1993. **Palatinat :** 8 075 m atteints fin juillet 1993 (progression moyenne 1 m/h ; température 240 °C). **Bavière** (*Oberpfalz,* au nord de Munich, choisi parce que les plaques africaine et euro-américaine s'y sont entrechoquées il y a 320 Ma), forage *KTB* (*Kontinentales Tiefbohrprogramm des Bundesrepublik*) : objectif : 14 000 m (température de 200 à 300 °C) ; *1994 (oct.) :* arrêt à 9 101 m (température entre 270 et 280 °C, pression lithostatique de 2 kilobars, le niveau atteint permet d'étudier la conductibilité des tremblements de terre) après 1 467 jours de percement profond (commencé 8-9-1990) ; coût : 528 millions de DM ; progression de 2 m/h (261 burins à 2 500 DM pièce, utilisant la pression de l'eau de refroidissement) ; tour de forage de 250 m maintenue en place.

☞ *Énergie géothermique* (Europe-Allemagne) : forage de 2 250 m, eau à 950 °C, rendement de l'usine 6 500 mégawatts/heure [à Neustadt-Glewe (Mecklenbourg) depuis avril 1995].

Suédois. Dans le **Siljan Ring,** cratère d'impact (astroblème), recherche de gaz « natifs » qui auraient pu s'accumuler dans le matériau profond émietté par l'impact il y a environ 360 Ma, et ainsi rendu poreux. *Profondeur prévue* 7 500 m, 6 300 m ont été atteints en novembre 1987.

■ **Carottages polaires.** Dans la calotte antarctique et au sommet de l'indlandsis groenlandais, par plusieurs pays. On fond la glace et évacue l'eau de fonte avant qu'elle ne regèle (pour empêcher la fermeture du trou, on le remplit de kérosène pour avions). Analysés en partie à Grenoble, ils fournissent des données sur la météorologie historique et préhistorique, l'activité volcanique et solaire, les micrométéorites, avec une datation précise.

☞ *Le forage européen du Grip (Greenland Ice Core Project)* a révélé que la 2e moitié de la dernière période glaciaire (– 40 000 à – 10 000 ans) et la période glaciaire de l'Éemien (– 140 000 à – 110 000 ans) avaient connu de brusques variations de température inattendues. Le *forage américain Gisp (Greenland Ice Sheet Project),* à 30 km de celui du Grip (72,6 ° lat. Nord et 38,5 ° long. Ouest sur 3 200 m), a confirmé cette découverte.

Méthodes géophysiques (prospection géophysique)

■ **Prospection sismique.** On provoque des ondes de vibration dans le sol par l'explosion de charges, par de simples chocs (« petite sismique ») ou par la rotation d'un balourd (procédé Vibroseis). Les ondes sont détectées par un réseau de sismographes légers et robustes (géophones), et l'on mesure leur temps de transit. On utilise les ondes réfléchies sur les surfaces de discontinuité du sol (sismique réflexion), ou celles qui se sont propagées le long de ces discontinuités (sismique réfraction).

■ **Prospection gravimétrique.** On mesure l'intensité de la pesanteur, dont les moindres variations reflètent des irrégularités de densité en profondeur.

■ **Prospection magnétique.** Elle utilise les perturbations locales du champ géomagnétique.

■ **Prospection magnétotellurique.** A la surface du sol circulent des courants électriques de toutes fréquences, les uns induits par les fluctuations du champ magnétique d'origine externe (courants telluriques), les autres venant de l'activité humaine. Ces courants provoquent à la fois des champs électriques et des champs magnétiques. La prospection magnétotellurique utilise la relation existant entre les deux.

Géodynamique

Constitution de la Terre

■ **Étude.** La sismologie d'observatoire a fourni de plus en plus de précisions sur la structure de la Terre en analysant les trajets des ondes sismiques à l'intérieur de celle-ci : son noyau (1906), la base de la croûte (1920), la graine centrale (1936), la structure profonde de la croûte : projets Cocorp aux USA, Ecors (Étude de la croûte par réflexion des ondes sismiques) en France (1990).

Une *tomographie* complète du globe a été entreprise sur l'initiative de la France (1981). Son programme *Géoscope* (Institut de physique du globe, Paris) a été complété par le projet *Iris* (USA, 1987). Le but est de déterminer la vitesse des ondes sismiques P et S dans tout le manteau en fonction de la profondeur et du lieu géographique. Ces vitesses dépendant de la température, on cherchera à en déduire les courants de convection thermique dans le manteau.

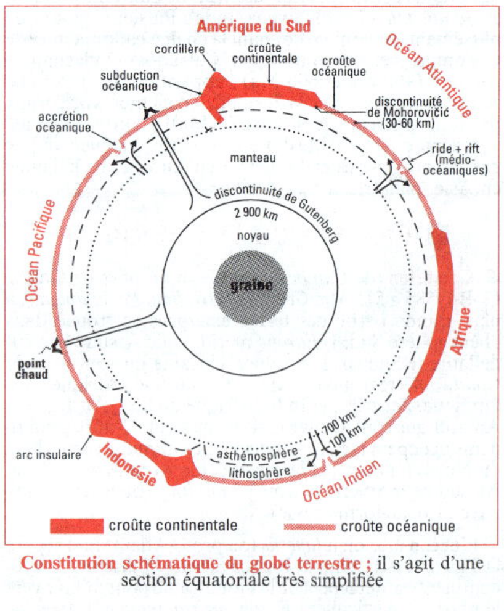

Constitution schématique du globe terrestre ; il s'agit d'une section équatoriale très simplifiée

■ **Structure. 1°) La croûte,** séparée du manteau sous-jacent par la *discontinuité de Mohorovičic* ou *moho* (voir p. 77 b), qui se situe en moyenne à 30 km de profondeur sous les continents et formant racine sous les chaînes de montagnes (maximum 70 km sous le Tibet), et 3 à 10 km sous les océans. La *croûte continentale* est formée de roches volcaniques et plutoniques, généralement granitiques, de roches sédimentaires venant de leur décomposition et de roches métamorphiques venant de la transformation de ces dernières. On a autrefois cru à tort que la partie inférieure était le prolongement de la croûte océanique basaltique (même vitesse des ondes sismiques). En réalité, il s'agit de roches très anciennes et très métamorphisées ayant pris une structure litée.

Composition de la croûte continentale (en %) : *en moles d'oxydes :* silice (SiO_2) 63,0 ; alumine (Al_2O_3) 9,9 ; chaux (CaO) 7,2 ; magnésie (MgO) 7,0 ; oxyde ferreux (FeO) 5,9 ; oxyde de sodium (Na_2O) 3,3 ; oxyde de potassium (K_2O) 1,3 ; oxyde de titane (TiO_2) 0,6 ; autres 1,4. *En poids :* O 45,61 ; Si 28,30 ; Al 8,52 ; Fe 5,23 ; Ca 4,58 ; Mg 2,70 ; Na 2,41 ; K 0,81 ; Ti 0,46 ; H 0,22 ; C 0,19 ; P 0,12 ; S 0,12 ; autres 0,73.

La *croûte océanique,* très mince (en moyenne 6 km d'épaisseur sous 4 000 m d'eau), est formée en surface de basaltes (masqués sous quelques centaines de mètres de sédiments des plaines abyssales) et en profondeur par des *gabbros,* roches plutoniques de même composition chimique.

2°) Le manteau jusqu'à 2 900 km de profondeur. Jusqu'à 660 km (manteau supérieur), il est formé de péridotites, silicates de magnésium et de fer pauvres en silice comme l'olivine, accessoirement de pyroxènes et de grenats. À 660 km de profondeur, l'olivine se transforme en 2 minéraux plus denses : un silicate de magnésium cubique, la *pérovskite* (inconnue à la surface du globe) et un oxyde de magnésium et fer, la *magnésio-wustite*. *Manteau inférieur :* 660 à 2 886 km de profondeur. *Manteau supérieur :* composition chimique un peu différente. Croûte et manteau constituent la *Terre silicatée*.

3°) Le noyau externe, jusqu'à 5 100 km, liquide, de 3 485 km de rayon (1/6 du volume de la Terre, 1/3 de sa masse), composé de Fe avec 5 % de nickel et 10 % d'un élément léger, oxygène ou soufre. Ce sont les courants de convection dans le noyau liquide qui produisent les courants électriques à l'origine du champ magnétique terrestre (analogie avec une dynamo auto-excitée). *Température* (limite supérieure) : 3 500 à 3 600 °C.

4°) La graine ou **noyau interne,** 1 220 km de rayon, sans doute de composition analogue mais solide, s'étendant jusqu'au centre de la Terre. *Densité au centre :* environ 13 g/cm³ ; *pression :* 3,7 millions d'atmosphères ; *température :* 5 500 °C au centre de la Terre (4 500 à 4 800 °C à la limite des noyaux interne et externe). La pression empêche le fer de se liquéfier. Par refroidissement, le noyau cristallise progressivement (croissance de la graine). Le noyau interne tournerait un peu plus vite que le reste de la planète, la différence étant de 1 à 3 ° par an.

☞ **Les ophiolites** (du grec *ophis :* serpent, *lithos :* pierre) sont les seules formations géologiques où l'on trouve actuellement des lambeaux de manteau affleurant en surface. La plupart des gisements de nickel et d'amiante, quelques-uns de chrome, cuivre, zinc et manganèse leur sont associés.

■ **Enveloppes extérieures.** Par analogie avec l'*atmosphère*, et bien qu'il ne s'agisse pas de coques sphériques continues, on parle de *cryosphère*, ensemble des glaces terrestres et marines (voir Banquise p. 93 c et Glaciers p. 93 b), d'*hydrosphère,* ensemble des eaux marines, douces, dessalées ou sursalées (voir Mers p. 95 c et Eaux continentales p. 91 a) et de *biosphère*, ensemble des plantes et des animaux.

■ **Densités moyennes. Terre :** 5,52 [Soleil : 1,4 ; autres planètes : de 0,72 (Saturne) à 5,44 (Mercure)]. **Atmosphère** (air) : de 0 à 0,0013. **Cryosphère** (glace) : 0,91. **Hydrosphère** (océans) : 1,04. **Croûte terrestre :** 2,7. Au-delà de 30 à 40 km : 3,3, et l'on passerait brusquement, à 2 900 km : de 5,7 à 9,7 *(noyau),* puis vers 5 000 km : de 13,5 à 14,1 *(graine).*

■ **Température.** A un peu plus de 1 m de la surface, les variations de température journalières ne se font plus sentir et, vers 20 ou 30 m, suivant les sols, les variations annuelles ne jouent plus. Au fur et à mesure que l'on s'enfonce, la température s'élève d'environ 3 °C par 100 m : c'est le *gradient géothermique moyen*. Le *degré géothermique* indique la profondeur à laquelle il faut descendre pour que la température s'élève de 1 °C (en moyenne 33 m). Le sol peut être gelé sur 300 m (exemples : Spitzberg, Sibérie).

FORMATION DE LA TERRE

☞ *Abréviations :* Ma (Méga-an) = million d'années ; Ga (Giga-an) = milliard d'années.

Le disque de gaz et poussières entourant le Soleil à sa formation (voir p. 37 c) s'est condensé en « planétésimaux » de taille croissante. La chaleur dégagée lors des impacts a fini par faire fondre entièrement ce qui devenait la Terre. Un brassage intense par des courants de convection dans ce liquide a rendu similaires les rapports isotopiques des divers éléments chimiques dans toute la Terre. On appelle *âge de la Terre* le temps écoulé depuis cette période relativement brève d'homogénéisation isotopique.

Les poussières de la nébuleuse solaire initiale contenaient des isotopes très lourds et radioactifs dispersés dans la galaxie lors de l'explosion de supernovae. Depuis l'homogénéisation initiale, 74 % de l'U 235 (période 2,35 Ga) se sont transformés en Pb 207, 50 % de l'U 238 (période 4,51 Ga) se sont transformés en Pb 206, et 20 % du Th 232 (période 13,9 Ga) se sont transformés en Pb 208. Les rapports isotopiques actuels du plomb terrestre indiquent que l'âge de la Terre est 4,55 Ga (voir encadré ci-dessous). Il y avait aussi l'isotope radioactif du potassium (K 40, période 1,31 Ga), dont 91 % se sont transformés en A 40 et Ca 40. Toute cette radioactivité a beaucoup retardé le refroidissement de l'intérieur de la Terre, même si sa surface était à peu près à la température actuelle (elle dépend des échanges radiatifs à la surface, qui sont 10 000 fois plus importants que le flux de chaleur géothermique).

Après sa solidification, la Terre a continué à subir de gros impacts avec accrétion pendant 1 Ga environ (c'est l'*Hadéen*, dont ne subsiste aucun lambeau de croûte). Il y a 4,2 Ga l'impact tangentiel d'une petite planète a formé le couple Terre-Lune, doué d'un fort moment cinétique. Le noyau de fer de cette planète est allé grossir le noyau terrestre, si bien que la Lune n'a pas de noyau de fer. (Une collision analogue, mais sans satellisation de l'impacteur, explique pourquoi Mercure a un noyau de fer exceptionnellement gros.)

La croûte continentale est apparue progressivement à la surface, se séparant du manteau primitif grâce à sa légèreté relative. La ségrégation aurait été maximale il y a 2,5 Ga et à peu près complète il y a 2,7 Ga (limite Archéen-Protérozoïque). La croûte continentale a dû capter 1/4 de la radioactivité du globe, alors qu'elle ne constitue que 1/267 de sa masse. Actuellement le flux de chaleur terrestre sur les continents est en moyenne 65 MW/m², soit 12,2 TW pour l'ensemble des continents (1 TW = 10^{12} W). Sur le fond des océans se dégagent 32 TW, dont environ 11 TW grâce à la circulation hydrothermale aux dorsales. Au total la chaleur se dégageant de l'intérieur du Globe est 44,2 TW, dont seulement 21,9 à 25,6 TW seraient dûs à la radioactivité, le reste au refroidissement de l'intérieur du globe.

■ **Age estimé de la Terre. Mythes anciens :** *Upanishads indiens* (VIIe-Ve av. J.-C.) : 2 milliards d'années. *Bible* [interprétée par l'Irlandais James Usher (1581-1656)] : 4 004 ans, à la naissance du Christ ; pour des raisons religieuses, ce chiffre sera maintenu longtemps en Europe occidentale, notamment par Georges Cuvier (Français, 1769-1832) en 1830. *1758* [Jean Gesner (Suisse, 1709-90)] : 80 000 ans. *1772* [Jean-Louis Giraud-Soulavie (Français, 1752-1813)] : 6 millions d'années. *1778* [Georges de Buffon (Français, 1707-88)] : 75 000 ans. **D'après son refroidissement, lorsqu'on ignorait le dégagement de chaleur par radioactivité :** *1820* [Joseph Fourier (Fr., 1768-1830)] : 100 millions d'années. *1838* [Charles Lyell (Anglais, 1797-1875)] : 240 millions d'années. *1862* [William Kelvin (Anglais, 1824-1907)] : 20 à 400 millions d'années. *1898* [Eugène Joly (Français, 1845-97)] : 80 à 100 millions d'années. **Déterminations modernes à partir des rapports isotopiques du plomb dans les galènes :** *1 955* [C.C. Patterson (Amér., n.c.-1999)] : 4,55 ± 0,07 milliards d'années (comme pour Lune et météorites).

ISOSTASIE, DÉRIVE DES CONTINENTS MODÈLE DES PLAQUES

■ **Isostasie, lithosphère, asthénosphère. 1854** des géodésiens anglais constatent que la proximité d'une grande montagne comme l'Himalaya provoque une déviation de la verticale (par rapport à l'ellipsoïde de référence, voir p. 72 a) bien moindre que ne le veut la théorie. Puis on trouve que l'intensité de la pesanteur diminue sur une montagne plus que prévu. *Les deux faits sont expliqués en admettant :* **1°)** l'existence sous les montagnes d'une *racine* moins dense que la normale à ce niveau ; **2°)** des roches profondes plus denses mais moins rigides, constituant l'*asthénosphère* (du grec *asthénos :* faible), sur laquelle flottent les roches plus légères et plus rigides constituant la *lithosphère* (du grec *lithos :* pierre). La théorie de l'*isostasie* (du grec *isos :* égal, *stasis :* arrêt) a été avancée par l'astronome George Airy (Anglais, 1801-92), postulant que l'écorce terrestre tend à se maintenir en état d'équilibre. **1908-22** F. B. Taylor (Américain) puis Alfred Wegener (Allemand) [voir encadré p. 78 a] proposent une théorie de la dérive des continents.

1909 Andrija Mohorovičic (Croate, 1857-1936) met en évidence une discontinuité (appelée aujourd'hui le *moho*) séparant la croûte du manteau (voir Exploration du sous-sol p. 76 b) ; on identifie alors à tort croûte et lithosphère. En fait, sous un vieil océan, la croûte est une couche de *gabbro* (constitué de plagioclase calcique, pyroxène et péridot-olivine) et de *basalte* de 7 km d'épaisseur, alors que la lithosphère a 70 km d'épaisseur. Pour un vieux continent, la croûte est épaisse de 35 km, la lithosphère de 200 km. Pour un système montagneux jeune, la croûte mesure environ 50 km (racine), mais la plaque de lithosphère peut se réduire à la croûte et être ainsi moins résistante qu'ailleurs. Sauf dans ce dernier cas, la lithosphère comporte la croûte et une partie du manteau supérieur. Lorsque la lithosphère est surchargée, par exemple par le poids d'un grand volcan ou d'une calotte glaciaire (Groenland, Antarctique), elle se déprime élastiquement, formant une cuvette, jusqu'à ce que le poids d'asthénosphère déplacée égale le poids du volcan ou celui de la calotte glaciaire et que l'équilibre s'établisse, conformément au principe d'Archimède. Il y a alors *isostasie.* Inversement, l'érosion lente d'une montagne ou la fonte plus rapide d'une calotte glaciaire provoquent un soulèvement de la région retardé en raison de la viscosité de l'asthénosphère.

La Scandinavie s'est encore soulevée de 1 m au XIXe siècle, alors que la calotte glaciaire y a disparu depuis plus de 7 000 ans (soulèvement *glacio-isostatique*).

1914 Beno Gutenberg (Allemand, 1889-1960) détecte une discontinuité entre le manteau et le noyau, dite depuis de *Gutenberg*. Une autre discontinuité sera localisée entre les noyaux interne et externe portant le nom de *Wiechert* ou de *Lehmann* (Inge, Danoise, 1888-1930). **1922** Émile Argand (Suisse, 1879-1940) applique la théorie de la dérive des continents à la tectonique de l'Asie. **1924** Harold Jeffreys (Anglais, 1891-1989) combat la théorie de Wegener : il ne trouve pas dans la rotation terrestre les forces suffisantes à la dérive des continents. **1929** Arthur Holmes (Anglais, 1890-1965) défend la dérive des continents. **1937** Alexandre du Toît (Sud-Africain) redonne des arguments nouveaux à la dérive des continents : la continuité des structures de part et d'autre de l'Atlantique Sud. **1958** Warren Carey (Australien) attribue la mobilité des continents et l'ouverture des océans à l'expansion du globe qu'il considère continue.

■ **Tectonique globale. 1960-66** il est établi, grâce à la faible aimantation rémanente acquise par les laves épanchées sur les continents lors de leur refroidissement (*aimantation thermo-rémanente*, ATR), que le champ magnétique terrestre s'était inversé à de nombreuses reprises dans le passé, le pôle Nord magnétique devenant le pôle Sud et vice versa. Une chronologie remontant jusqu'à 4,5 milliards d'années est alors élaborée. Par ailleurs, depuis 1955, on a découvert au-dessus des océans des anomalies du champ magnétique terrestre formant des bandes parallèles aux rifts médio-océaniques et symétriques de part et d'autre. **1962** Harry Hess (né 1914) et Robert Dietz (1906-69) (Américains), pour expliquer qu'on n'ait jamais dragué de roches anciennes du fond des océans, émettent l'hypothèse d'un renouvellement des fonds océaniques lié à la convection thermique dans le manteau, hypothèse déjà formulée en 1948 par Arthur Holmes. **1963** Lawrence Morley au Canada, Fred Vine et Drummond Matthews (né 1931) en Angleterre donnent l'explication des bandes d'anomalies magnétiques océaniques. D'après leur hypothèse, de la croûte océanique se forme continuellement à l'axe des dorsales et prend une ATR correspondant au champ magnétique de l'époque, tantôt direct, tantôt inverse. Tuzo Wilson (Canadien) complète l'explication en dégageant la notion de *failles transformantes* qui séparent des tronçons de dorsales à vitesses d'accrétion différentes. **1967** Lynn Sykes (Américain) confirme le fonctionnement des failles transformantes par l'étude des mécanismes au foyer des séismes médio-océaniques dans l'Atlantique central : avec la croûte basaltique formée à la dorsale, c'est aussi une couche de manteau supérieur qui s'éloigne en bloc de la dorsale et plonge dans le manteau dans une zone de subduction. On l'appelle une *plaque* ; celle-ci correspond à la notion de lithosphère. L'écartement des bandes d'anomalies magnétiques sur quelques centaines de kilomètres de part et d'autre des dorsales fournit donc la vitesse « d'expansion des fonds océaniques » pendant les périodes qui séparent les différentes bandes d'anomalies magnétiques (quelques dizaines de km par million d'années). Bien qu'on ait émis, à l'époque, l'hypothèse d'une dilatation continuelle du globe, il fut vite reconnu qu'un volume équivalent à celui créé s'engloutit dans des *zones de subduction*, soulignées par des fosses marines, des foyers de séismes et des volcans (ceux-ci dus à la fusion des roches du manteau à cause de la déshydratation de la lithosphère entraînée en profondeur). Jack Oliver et Bryan Isacks (Américains) démontrent la réalité de la subduction océanique par la variation d'amplitude de la transmission du signal sismique dans la lithosphère superficielle rigide et l'asthénosphère sous-jacente plastique, au niveau de l'arc insulaire des Tonga, dans le sud-ouest du Pacifique.

1968 Xavier Le Pichon (Français, né 18-5-1937), suivant une idée de Jason Morgan (Américain), montre que **si l'on considère la lithosphère comme une mosaïque de grandes plaques rigides recouvrant tout le globe, leurs mouvements relatifs (qui sont forcément des rotations autour d'un diamètre du globe), mesurés en de nombreux points des dorsales, sont compatibles entre eux.** Les mouvements des plaques entraînent les continents en faisant partie et provoquent la *dérive des continents* déjà démontrée par Alfred Wegener (voir encadré p. 78 a). Création, mouvement et subduction de plaques ne sont que la partie visible de mouvements de convection thermique dans le manteau dus à la chaleur interne venant d'une faible radioactivité du manteau et de la solidification du noyau, s'ajoutant à la chaleur initiale subsistant depuis la formation du globe et la solidification du manteau, il y a 4 500 Ma. **1969** sous les océans, les sismologues ont décelé un abaissement brusque des vitesses des ondes sismiques à 70 km de profondeur. Louis Liboutry (Français) l'attribue à un début de fonte de la roche. On y voit la limite inférieure des plaques océaniques, alors que la croûte océanique n'a que 7 km d'épaisseur.

1970 Joe Cann (Anglais) reconnaît que certaines séquences caractéristiques de roches, les *ophiolites*, qui traversent les continents, sont les lignes de suture entre deux anciens continents (voir Himalaya p. 79 a). Garry Ernst y reconnaît la trace de paléosubduction sur l'exemple de la Californie. **1971** Tuzo Wilson et Jason Morgan émettent l'hypothèse de *points chauds*, situés à grande profondeur dans le manteau ; le défilement des plaques océaniques au-dessus de ceux-ci explique les alignements d'îles volcaniques de plus en plus jeunes dans les océans, avec un volcan actif à une extrémité (*Pacifique :* alignement des Hawaii, Toubouaï, îles de la Ligne, etc. *Atlantique Sud :* dorsales asismiques de Walvis et du Rio Grande, etc.). Dan Karig (Américain) montre que les arcs insulaires du Pacifique

Ouest se sont détachés du continent : par formation d'un *bassin intra-arc* à croûte océanique (dorsale secondaire apparaissant au-dessus des grandes plaques subduites). **1973** Louis Lliboutry (Français) montre que les *points chauds,* qu'on sait être immobiles les uns par rapport aux autres, sont aussi immobiles par rapport au manteau inférieur si on y suppose la convection négligeable. **1975** Paul Tapponier (Français) et Peter Molnar (Américain) introduisent l'idée de poinçonnement et d'extrusion latérale lors de la collision de deux continents à partir de l'exemple de la collision himalayenne. **1977** David Scholl (Américain) et d'autres chercheurs expliquent la formation des *prismes d'accrétion* par écaillage de la couverture sédimentaire de la plaque océanique subduite sous la marge continentale (voir Prismes d'accrétion p. 79 a). **1978** François Minster (Français) et Tom Jordan (Américain) publient de meilleures vitesses relatives des 11 principales plaques.

1982 Roecker met en évidence une zone de « subduction continentale » locale sous le Pamir, au milieu de la plaque eurasiatique. **1984** A. M. Dziewonski et D. L. Anderson (Américains) donnent une 1re *image tomographique* (du grec *tomê :* section, *graphein :* décrire) du manteau à l'échelle du globe confirmant le mécanisme de la tectonique des plaques et celui des points chauds qui apparaissent aussi comme des zones d'ascendance. Chopin (Français) découvre dans le massif piémontais de la Dora Maira des inclusions de cœsite (forme haute pression de la silice) qui témoignent que ces terrains ont été exhumés depuis au moins 85 km de profondeur où les avait entraînés une subduction. D'autres géologues trouvent en Chine des microdiamants témoignant d'une exhumation depuis plus de 120 km de profondeur. J. Aubouin, J. Bourgois et J. Azema montrent, à la suite d'une campagne de forages sur la marge pacifique de l'Amérique centrale, que la subduction peut se faire sans prisme d'accrétion ; opposant ainsi les *marges convergentes compressives* à prisme d'accrétion aux *marges convergentes extensives* sans prisme. A la suite de forages sur la marge patagonienne du Chili, en 1992, le processus, confirmé, sera appelé *subduction ablative.* **1987** faisant une synthèse des expériences de déformation de roches exécutées en laboratoire, Carter et Tsenn affirment que la croûte continentale inférieure est moins rigide que le manteau juste au-dessous (lithosphère mantélique, voir encadré ci-dessous). **1987-92** après de nombreuses campagnes d'exploration sismique profonde, on reconnaît qu'il y a souvent des charriages profonds de la lithosphère mantélique (Hirn, 1988) et que cette croûte continentale inférieure est très fortement stratifiée (Mooney et Meissner, 1992).

1990 Charles De Mets (Américain) et d'autres chercheurs améliorent leurs vitesses relatives et considèrent 14 plaques de lithosphère. La distance entre 2 points éloignés de quelques milliers de kilomètres est mesurée au centimètre près en comparant les enregistrements pris en ces 2 points par des radiotélescopes de l'émission radio d'un même quasar [interférométrie à très large base (VLBI) (voir à l'Index)]. On trouve ainsi que la vitesse de dérive des continents pendant les 10 dernières années est la même que la vitesse moyenne déterminée sur des millions d'années : la dérive ne se fait pas par à-coups (sauf localement dans les zones sismiques). **1990-93** S. Shimada au Japon et Y. Bock en Californie mettent en évidence des mouvements de même ampleur à partir du système de positionnement satellitaire GPS (Global Positionning System). **1992** pour la 1re fois, un article (par Gordon et Stein), déniant la validité du modèle des plaques dans leurs zones frontières, est publié dans une importante revue de géophysique. **1994-98** 1ers calculs de mécanique, par Louis Kaufman et Royden, puis par Lliboutry, faisant intervenir une croûte continentale inférieure relativement fluide.

Plus grande vitesse de création actuelle de croûte océanique : à la dorsale du Pacifique Sud-Est : les plaques Nazca et Pacifique s'écartent de 150 km par Ma (15 cm par an). *Plus fortes vitesses de subduction* 100 km par Ma (10 cm par an) : plaque Nazca sous les Andes, plaque Pacifique sous le Japon, plaque Australo-Indienne sous l'Indonésie.

■ **Dérive des continents. 1.** L'Allemand Alfred Wegener (1880-1930) dans *La Genèse des continents et des océans : théorie des translations continentales,* parue en 1915, croyait, comme les géologues de l'époque, que la croûte continentale (qu'on appelait *sial*) « flottait » isostatiquement sur une couche de basalte moins rigide (appelée *sima*). En fait, la *lithosphère* supérieure élastique comprend la croûte supérieure, la croûte inférieure et 50 à 200 km de manteau supérieur ; l'isostasie se trouve ainsi reportée entre lithosphère et asthénosphère (voir p. 77 b). **2.** Selon Wegener, les cordillères américaines seraient dues à la résistance à l'avancement lorsque les Amériques ont dérivé vers l'ouest. **3.** Une Pangée regroupant tous les continents aurait existé depuis la formation du globe (il y a 4,5 milliards d'années). En réalité, la Pangée s'est formée au Carbonifère, il y a 0,3 milliard d'années, et ne comprenait pas l'Asie, qui a fini de se constituer (Inde mise à part) au Crétacé. Selon McMenamin, une autre Pangée aurait existé entre 0,7 et 1 milliard d'années, qu'il a baptisée *Rodinia* (du russe *rodina,* patrie). **4.** Selon Wegener, lorsque la Pangée s'est éloignée du pôle, c'est la force centrifuge qui l'aurait disloquée, alors que cette force est très faible.

■ **Théorie des plaques.** Les plaques de lithosphère constituent un modèle simplifié de la réalité. Il faut d'ailleurs distinguer la lithosphère élastique utilisée pour étudier les ajustements isostatiques (en quelques milliers d'années) de la couche (2 à 5 fois plus épaisse) se mouvant en bloc lors de la dérive des continents (à l'échelle de dizaines de millions d'années) que Jordan a proposé d'appeler *tectosphère.*

Dans les années 1970, certains géophysiciens ont prétendu déduire toute la tectonique du jeu d'une mosaïque de plaques et plaquettes de taille variée (démarche appelée *tectonique globale*). Depuis 1984, on a reconnu peu à peu les insuffisances de la théorie : **1.** Au sein d'un continent, lorsque 2 plaques s'affrontent, outre les failles, charriages et plissements, il y a des déformations diffuses, des apparitions éphémères de bassins et autres processus non envisagés dans le modèle. Ces *zones frontières* entre plaques ont des centaines (voire des milliers) de km de large et sont les plus étudiées par les géologues. **2.** La croûte continentale, avant de se diviser en 2 plaques distinctes, séparées par de la croûte océanique jeune issue d'une nouvelle dorsale, est étirée, puis injectée de filons de basalte (*croûte intermédiaire*). Ces croûtes abondent en Méditerranée occidentale, et forment les plateaux sous-marins de l'Atlantique Nord (bancs de pêche, tels ceux de Galice, de Rockall, de Terre-Neuve). **3.** Les épaississements ou amincissements de la croûte résultant d'efforts transmis par les plaques ne suffisent pas à expliquer certains forts soulèvements ou subsidences orogéniques. De même pour l'apparition temporaire de dorsales, il faut y voir l'action de courants de convection chaotiques, avec des panaches chauds ou froids imprédictibles. **4.** La croûte continentale inférieure est nettement plus déformable que le reste de la lithosphère, ce qui doit permettre, sur le très long terme, des ajustements isostatiques additionnels et une disparition du relief.

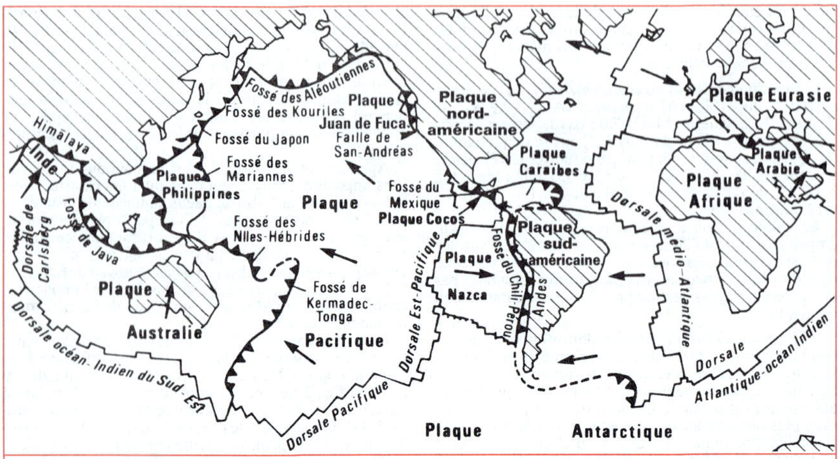

Plaques lithosphériques et leurs mouvements relatifs

Zone de subduction ou de collision — Axe des dorsales — Direction du mouvement — Limite incertaine des plaques — Faille transformante

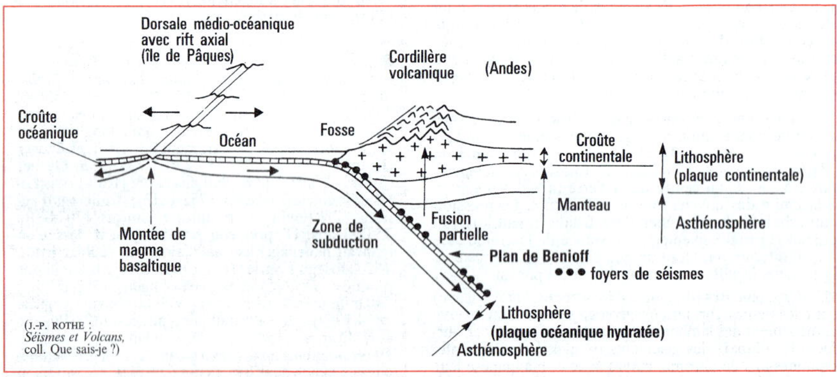

Coupe à travers le sud-est du Pacifique et l'Amérique du Sud.

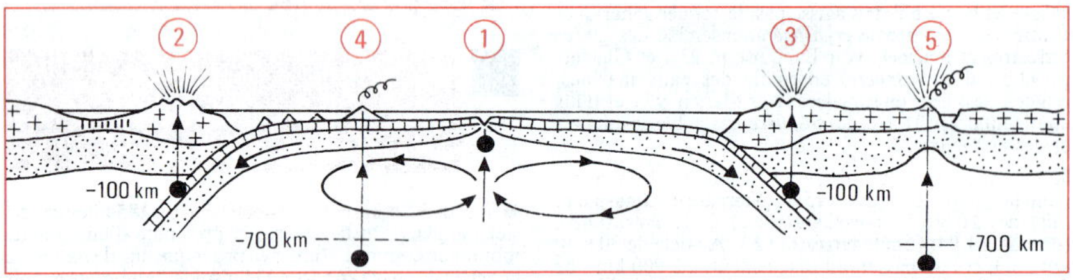

Zones volcaniques et origine des magmas dans le cadre de la tectonique des plaques.

1 – Dorsale médio-océanique (zone de divergence de plaques : formation de la lithosphère océanique). *2 et 3* – Zones de subduction (zone de convergence de plaques) ; *2* : arc insulaire (Japon, Indonésie, Antilles). *3* : chaîne des Andes. *4 et 5* – Points chauds ; *4* : en domaine océanique (Hawaii, la Réunion) ; *5* : en domaine continental, en bordure d'un fossé ou rift (rifts de l'Est africain, Cantal).

FORMATION DU RELIEF OU OROGENÈSE

■ **Phases et cycles orogéniques.** La formation d'un système montagneux est l'*orogenèse* (du grec *oros,* montagne et *genesis,* naissance). C'est un processus complexe, s'accompagnant de mouvements horizontaux et verticaux. On a parfois distingué la *tectogenèse,* formation d'accidents tectoniques, plis, failles, chevauchements, charriages, et l'*orogenèse* proprement dite, qui ne serait que le soulèvement des montagnes, mais les 2 phénomènes sont liés. L'immense énergie nécessaire pour soulever les montagnes n'est qu'une faible partie de l'énergie mécanique produite par les courants de convection thermique dans le manteau du globe.

L'orogenèse d'un vaste système montagneux résulte d'une succession de *phases orogéniques,* que l'on groupe en un *cycle.* Chaque phase dure plusieurs millions d'années (Ma) et n'est paroxysmale que dans une partie de l'ensemble. Ces phases sont séparées par des périodes où la compression transversale s'atténue et est parfois remplacée par une distension avec formation de petits bassins océaniques, pendant lesquelles les chaînes de montagnes apparues sont détruites par l'érosion. Il n'y a pas eu de cycles orogéniques universels et bien séparés dans le temps, auxquels il faudrait trouver une cause unique (les diverses phases d'un même cycle pouvant avoir eu des causes différentes). L'étude des déformations actuelles par la géodésie et la sismologie (*néotectonique*) peut, au mieux, préciser les processus d'une dernière phase se poursuivant encore. Pour les temps fossilifères, les seuls dont on ait pu reconstituer l'histoire, on compte les *cycles calédonien* (– 520 à – 400 Ma), *hercynien* ou *varisque*

(– 400 à – 240 Ma), *alpin* ou *andin* (– 240 Ma à nos jours), avec des étapes régionales, aux Amériques (névadienne à – 140 Ma, laramienne à – 65 Ma) et en Asie (himalayenne à – 40 Ma).

■ **Blocs continentaux.** En géologie et géodynamique, on appelle *continent,* ou *bloc continental*, toute grande région à croûte continentale, et pas seulement sa partie émergée comme en géographie. Ainsi font partie du continent Europe les *mers épicontinentales* (Baltique, mer du Nord, Manche, Adriatique, mer Égée). Cette croûte continentale, qui a dû exsuder en surface au cours des premiers milliards d'années de l'histoire de la Terre, y reste parce qu'elle est plus légère que le manteau supérieur (D = 2,7 contre 3,3). La convection thermique dans le globe a toujours existé (elle a décrû avec la disparition progressive des éléments radioactifs fournissant un chauffage interne). Elle a rassemblé cette croûte en continents séparés par de la croûte océanique, plus mince et basaltique, et morcelé l'ensemble en plaques dérivant les unes par rapport aux autres. Arrivé dans une zone de subduction, un continent ne peut pas s'engloutir dans le manteau, et la subduction est stoppée en ce lieu. La marge du continent peut toutefois avoir soulevé une ceinture de croûte océanique, dont l'aspect est caractéristique *(ophiolites).* Les ceintures d'ophiolites au sein des continents témoignent de l'existence passée d'une subduction suivie de collision ayant accolé 2 blocs continentaux séparés. On a ainsi reconnu que l'Asie résultait de l'accolement d'une dizaine de blocs continentaux. Un bloc continental où n'est survenue aucune orogenèse depuis 500 Ma est appelé un *craton* ou *bouclier* (en anglais *shield*) lorsque les roches cristallines profondes affleurent, une *plate-forme* lorsqu'elles sont recouvertes de couches sédimentaires. Le paléomagnétisme (étude de l'aimantation rémanente acquise par les roches lors de leur dernier refroidissement) permet de retrouver les anciennes latitudes et orientations des cratons, mais pas leurs longitudes. Aussi leur histoire avant – 500 Ma est très spéculative.

■ **Prismes d'accrétion, subduction ablative, bassins marginaux.** Lorsqu'une plaque océanique est subduite sous un continent, celui-ci peut refouler les sédiments marins qu'elle supporte, en agissant comme un décrottoir. Il se constitue un *prisme d'accrétion* (au continent) ; exemple récent : les îles Mentawei longeant au sud les îles de la Sonde. Le long des côtes de l'Alaska, de Californie et du Chili on trouve la même séquence : une chaîne côtière non volcanique, une vallée longitudinale, une chaîne plus élevée avec des volcans actifs. Pour en expliquer les caractéristiques, Rutland émit, en 1971, l'idée que la subduction des plaques Pacifique et Nazca le long de ces côtes pouvait grignoter et entraîner en profondeur le bord du continent. En 1992, ce processus fut prouvé par des forages américains le long des côtes de Patagonie. L'idée fut présentée comme nouvelle et le processus baptisé *subduction ablative.* Le Japon, Taïwan, les Philippines, etc. sont des fragments du continent asiatique, qu'en séparent des bassins marginaux, à croûte amincie ou océanique. Ouverts lors d'épisodes (de 4 à 7 Ma), entre – 60 et – 14 Ma, ils se referment actuellement, tandis que s'ouvrent, en plein Pacifique, les bassins des Mariannes et de Lau. Leur évolution est à rapprocher de celle des bassins de Méditerranée occidentale.

■ **Chaînes de collision.** Les chaînes de montagnes résultent de poussées transversales, d'origine plus ou moins lointaine, transmises par les plaques. La déformation peut n'être qu'une compression transversale, avec plissements et métamorphisme des couches profondes. Il apparaît alors des failles inverses, en éventail. Dans le cas extrême où 2 continents se heurtent de front il se produit un vrai télescopage, avec des *écailles de socle* imbriquées, que limitent des failles quasi horizontales. Lorsqu'il y a une lithosphère mantélique, elle semble aussi subir le même sort, alors que la croûte inférieure se déforme sans rupture. La dernière collision majeure a été celle du continent indien contre l'Asie, le contact commençant à l'ouest vers – 48 Ma s'étendant vers l'est et devenant complet à – 40 Ma. La ceinture d'ophiolites marquant la suture se trouve au Tibet, le long du Tsang Bo (haut Brahmapoutre). Le télescopage a provoqué 3 charriages successifs du bord du continent indien sur lui-même, vers le sud. Le dernier, le plus au sud, s'est fait sur une faille encore active (sismique) qui émerge aux monts Siwalik. Dans le haut Himalaya, il y a 3 dalles superposées. (Certains hauts sommets sont toutefois des plutons granitiques qui se sont mis en place ultérieurement, par montée de magma.) Au total, le continent indien s'est raccourci de 2 200 km. D'autres événements ont accompagné la formation de l'Himalaya. Entre – 40 et – 17 Ma l'Indochine a été chassée vers le sud-est. (Cette *extrusion latérale* a été établie par le géologue français Tapponnier et le géophysicien américain Molnar, en repérant sur des images satellitaires les très longues failles qui l'ont permise.) L'île de Bornéo s'est éloignée plus vite, à cause de la formation simultanée de la mer de Chine. L'extrusion latérale a cessé vers – 17 Ma. Le soulèvement du Tibet (il était au niveau de la mer à – 40 Ma) s'est alors accéléré. Il n'a cessé de se poursuivre, bien qu'à partir de – 11 Ma apparaissent dans le Tibet des fossés nord-sud, témoignant une extension est-ouest.

■ **Soulèvements orogéniques, nappes gravitaires.** Des soulèvements de 1 ou plusieurs mm par an (= km/Ma) accompagnent les phases orogéniques. Elles se poursuivent après que plissements profonds et métamorphisme ont cessé (mais probablement pas encore les charriages du socle). Le soulèvement peut causer le glissement d'une couche superficielle de terrains, entraînée par la pesanteur *(nappes de charriage gravitaires).* Elles sont très étendues dans les Alpes occidentales, un lit de roches très plastiques (évaporites : gypse, sel, etc.) déposé au Trias facilitant le décollement. Les nappes ont progressé vers l'extérieur de l'arc alpin et forment les Préalpes calcaires. En progressant, elles se sont étirées ou plissées. La déformation lente des roches profondes est une déformation plastique de leurs minéraux, rendue possible par les hautes températures et le métamorphisme simultané. Rien de tel dans les nappes gravitaires. On pense aujourd'hui que la déformation résulte de dissolutions et recristallisations simultanées sur les parois des grains du calcaire humide, l'eau formant des films d'épaisseur infime entre grains.

Les Apennins et leur prolongement au nord de la Sicile et de la Tunisie sont des nappes gravitaires qui ont glissé vers l'est ou vers le sud. Il faut donc admettre qu'ont existé des terrains très élevés là où la Méditerranée (bassin Tyrrhénien) a aujourd'hui plus de 3 km de profondeur. Cette *subsidence orogénique* a provoqué un basculement des nappes, si bien que leur ancien front aval constitue aujourd'hui la crête des Apennins. Les fréquents séismes de la péninsule italienne, comme ceux d'Assise des 25 et 26-9-1997, sont dues à un glissement en arrière, vers l'ouest, sur les mêmes failles qui avaient permis le glissement vers l'est. Le lent rapprochement de l'Europe et de l'Afrique n'a provoqué qu'un grand séisme récent : celui du Frioul en 1976.

■ **Érosion et affaissement des montagnes.** L'érosion torrentielle, et accessoirement la dissolution des calcaires, aplanissent le relief (les glaciers de montagne ne font que déplacer localement du terrain). Lorsque le soulèvement orogénique cesse, les montagnes sont détruites en quelques Ma. Pour assurer l'isostasie, sous une région élevée le *moho* est plus profond qu'ailleurs : c'est la *racine* du système montagneux, environ 6 fois plus épaisse que l'altitude moyenne de la région. Si une région montagneuse a 2 km d'altitude moyenne, elle a une racine de 12 km, et l'érosion doit emporter 14 km de terrains pour la ramener au niveau de la mer. D'où les épaisses couches de matériaux venant de la destruction du relief *(molasses),* et l'apparition en surface des roches métamorphiques et de plutons granitiques formés en profondeur. Il est probable que la relative ductilité de la croûte inférieure permette à terme un réajustement isostatique plus poussé, avec un *affaissement post-orogénique* des montagnes qui s'ajoute à l'érosion (voir encadré p. 78 a). Sous les vieux cratons, autrefois sièges de montagnes puisqu'on y trouve des terrains métamorphiques, il n'y a plus aucune racine, le *moho* est plat.

Histoire géologique du bassin méditerranéen

Entre – 180 Ma (Jurassique moyen) et – 80 Ma (Crétacé supérieur), la plaque africaine a coulissé par rapport à la plaque eurasiatique de 2 000 km vers l'est. Cette plaque africaine s'étendait alors jusqu'à la Vénétie et l'Arménie. Ce coulissage a provoqué la rotation dans le sens antihoraire de 2 blocs continentaux qui se sont désolidarisés, le 1er (péninsule Ibérique) de l'Europe, le 2e (Apulie) de l'Afrique. L'Ibérie a tourné de 30° entre – 120 et – 90 Ma. L'*Apulie* (ou *Adrie*) comprenant le socle de la péninsule italienne, la mer épicontinentale Adriatique et le socle des Dinarides (montagnes de la Croatie et l'Albanie) a tourné de 47° entre – 130 et – 80 Ma. La rotation de ce bloc continental rectangulaire a provoqué les 1res phases orogéniques des Alpes orientales, avec grands charriages du socle vers le nord. Des bassins océaniques longs et étroits apparaissent, l'un allant du sud de la Caspienne à la mer Noire, l'autre entre Ibérie et Apulie d'une part, Afrique d'autre part. **A partir de – 80 Ma**, l'Afrique pivote très lentement par rapport à l'Europe. Il n'y a pas de contraction à la longitude de Gibraltar, elle atteint 550 km en 80 Ma à la longitude de Suez. Au début, la géographie du bord sud de l'Europe est très différente de l'actuelle. Il existe une longue chaîne rectiligne ENE-OSO comprenant les Dacides (montagnes de Roumanie) orientales, les Alpes orientales, la Calabre, la Kabylie, les cordillères Bétiques. Elle est doublée au sud par une autre chaîne comprenant le Briançonnais, la Corse, la Sardaigne et les Baléares. **Entre – 50 et – 25 Ma** surviennent la phase orogénique Pyrénéo-provençale, puis la phase alpine selon les géologues français (qui affecte surtout le Briançonnais). Cette région se plisse et s'élève, tandis que les massifs granitiques du Mont-Blanc et de Belledonne-Grandes Rousses (existant depuis le cycle hercynien) sont charriés vers l'extérieur. **Entre – 25 et – 19 Ma**, la Kabylie se détache de l'Europe et rejoint l'Afrique, le bloc Corse-Sardaigne tourne de 60° avec formation du bassin provençal, les Baléares tournent en sens contraire avec formation du bassin de Valence. La structure générale et la forme arquée des Alpes occidentales ne sont acquises qu'**entre – 20 et – 4 Ma** avec leur surrection générale, des plissements de la zone externe et du Jura, une forte subsidence du bassin du Pô. **Après – 2,5 Ma** de multiples glaciations finissent de donner aux Alpes leur aspect actuel. En Méditerranée orientale le fait principal est une extrusion vers l'ouest du bloc Asie Mineure-mer Égée. Bloc rigide tournant autour d'un centre situé dans le coin sud-est de la Méditerranée. Cette rotation entraîne une très forte séismicité le long de la faille anatolienne qui limite ce bloc au nord, et dans toute la Grèce qu'il bouscule à l'ouest. En mer Égée, un fossé se creuse le long des côtes de Macédoine, tandis qu'une subduction a lieu au sud, sous l'*arc hellénique* (Cythère, Crète, Karpathos, Rhodes). Pendant les 13 derniers Ma la Macédoine s'est rapprochée de l'Égypte de 90 km, la Crète de 230 km.

Morphologie des reliefs

L'étude des reliefs constitue la **géomorphologie** (qui résulte de l'équilibre entre l'érosion des roches, les mouvements verticaux de la croûte et la sédimentation).

■ **Érosion.** Désagrégation et éventuellement altération des roches suivies de l'enlèvement des débris sous l'influence d'agents externes : froid, chaleur, vent, eaux, glaciers. Les résultats dépendent de la nature et de la structure des roches, des climats auxquels elles sont soumises et de la durée de l'érosion/sédimentation dans les temps géologiques. **Théories. 1°) Cycle d'érosion :** selon William Morris Davis (1850-1934), les reliefs montagneux passent par 3 stades successifs : *a) jeunesse :* le relief est accidenté par des vallées étroites à versants raides ; *b) maturité :* les formes ont atteint leur profil d'équilibre (versants évasés et lits des cours d'eau à faible pente) ; *c) vieillesse :* les reliefs ont disparu au profit d'une surface à faibles dénivellations appelée **pénéplaine.** Seule l'inclinaison (pendage) des couches de terrains prouve que la région a été plissée et/ou soulevée à une époque antérieure. **2°) Morphogenèse moderne :** chaque région a connu des séquences morphogéniques propres dues à une succession de périodes où l'érosion est très forte (notamment quand le climat amoindrit la végétation – *rhexistasie* – et surtout quand l'orogenèse soulève les montagnes), et de périodes où l'évolution se ralentit (en particulier sous couvert végétal dense – *biostasie* – et surtout en période de calme orogénique). Les *paysages* qui se succèdent dans le temps ne s'enchaînent pas systématiquement selon les 3 stades de W.M. Davis.

■ **Éboulements. Principaux éboulements historiques : 1248** Mt-Granier, au sud de *Chambéry* : 5 000 victimes ; **1314** *Luc-en-Diois* ; **1806** (septembre) *Rossberg,* au nord du Righi (lac des Quatre-Cantons, Suisse) : 4 km de long, 320 m de large, 32 m d'épaisseur, 40 millions de m^3 (4 villages détruits, 1 000 †) ; **1882** *Tschingelberg,* près d'Elm (canton de Glaris, Suisse) : de 15 à 25 m d'épaisseur, vallée transformée en lac (110 †) ; **1896** la *montagne du Gouffre* (Gard, France) glisse pendant 1 mois et déplace le cours du Gardon de plusieurs centaines de mètres ; **1963** (9-10) *Vaiont* (Italie) : le flanc de la montagne (250 millions de m^3) glisse dans le lac de barrage, provoquant une gigantesque vague qui détruit *Longarone* à plusieurs kilomètres de là (plusieurs milliers de †). En aval de *St-Étienne-de-Tinée* (Alpes-Maritimes), un tel éboulement est à craindre dans la région de *la Clapière,* comme dans la région de *Séchilienne* (Isère).

■ **Cheminées de fée** (colonnes ou *demoiselles coiffées*). Terrains résiduels respectés par l'action des eaux de ruissellement sur des terrains meubles hétérogènes (anciennes moraines le plus souvent). Les blocs dégagés protègent de la pluie les terrains situés en dessous, formant progressivement des chapiteaux de plus en plus hauts (jusqu'à 30 m). **Groupes :** *Vallauria* (Théus, Htes-Alpes, le plus important) : 200, *St-Gervais-les-Bains* (Hte-Savoie), *Le Sauze* (Htes-Alpes), *Euseigne* (Valais, Suisse), *Ritten* (près de Bolzano, Italie).

■ **Relief et lithologie. Relief des granites.** L'altération des granites donne naissance à l'*arène granitique*, formation meuble constituée de grains de quartz inaltérés dans une matrice d'argile résultant de l'altération des feldspaths, plus ou moins colorée en rouge-jaune par les oxydes de fer, résultant de l'altération des micas et autres minéraux ferro-magnésiens. L'altération progresse le long des diaclases qui divisent le massif granitique en parallélépipèdes qui s'arrondissent aux angles, de sorte que le cœur, qui reste pour un temps inaltéré, prend la forme d'une boule enrobée d'arène. Sur les reliefs, ces boules sont dégagées par les eaux de ruissellement qui emportent l'arène ; il en résulte des chaos de blocs aux formes souvent pittoresques : chaos du *Huelgoat* en Bretagne, du *Sidobre* (Tarn), de *Targassonne* (Pyrénées-Orientales), etc.

A plus grande échelle, les coupoles granitiques sont dégagées par l'érosion. Tels sont les *ballons des Vosges* (ballons d'*Alsace,* de *Guebwiller,* etc.) ou les reliefs de la *Sierra Nevada* [ouest des USA, notamment ceux du parc de *Yosemite* (Californie, rocher El Capitan, etc.)].

Relief des calcaires. Leurs formes propres sont dites *karstiques* (province du Karst au nord-ouest de la Croatie où elles ont été étudiées en premier) ; en France, on parle de *causse* (adjectif occitan, venu du latin *calcinus :* calcaire).

Eaux souterraines : une région karstique évoluée comporte 3 zones superposées : **1°)** *supérieure,* où l'eau acide chargée en CO_2 dissous s'infiltre sans demeurer et dissout activement le calcaire [région des cavernes, grottes, gouffres appelés *avens* dans les Causses, *emposieux* dans le Jura, *embuts* en Provence (termes peu utilisés) : *aven Armand* (Causses), *grottes d'Orgnac* (Ardèche), de *Dargilan*, de *Clamouse* (Hérault), *gouffre de Padirac* (Lot), des *Canalettes*, de la *Pierre-St-Martin* (Pyr.-Atl.), *Jean-Bernard* (Hte-Savoie) ; ou encore *grottes de Postonja* (Slovénie, les plus grandes d'Europe)]. Inversement, la précipitation de calcite forme les concrétions. Voir Spéléologie à l'Index ; **2°)** *médiane,* occupée en permanence par de l'eau en mouvement encore agressive : les rivières reviennent à l'air libre par des *sources vauclusiennes* ou *résurgences* [fontaine de Vaucluse près de L'Isle-sur-la-Sorgue (Vaucluse), source de la Loue (Jura), rivière de Han (Belgique) ; ou encore rivières de Plitvice (Croatie) et leurs nombreux lacs] ; **3°)** *inférieure ou zone noyée permanente,* où l'eau réductrice et quasi stagnante imbibe pores et fissures du calcaire sans dissolution marquée. Dans un karst jeune, il n'existe que la zone supérieure.

Formes karstiques de surface. Lapiez : cannelures de dissolution superficielles à la surface des dalles calcaires,

Enfoncement des vieux monuments. Des enceintes romaines, des cathédrales, des châteaux et palais construits sur des terrains alluviaux non consolidés, parfois même rapportés (cas de Mexico, construit sur un lac remblayé), se sont parfois tassés au fil des ans. De plus, on a exhaussé plus tard berges, places et rues pour les mettre à l'abri des inondations. L'enfoncement des vieux immeubles s'accélère lorsqu'on puise trop d'eau dans la nappe phréatique (cas de Venise).

profondes (karren) à l'emplacement des diaclases (fissures). **Relief ruiniforme :** calcaires sculptés par les lapiez et simulant des ruines abandonnées ; sites de *Montpellier-le-Vieux* (Aveyron), du *Plan de Caussols* (Alpes-Maritimes) et du *Bois de Païolive* (Ardèche) par exemple. **Vallées sèches :** abandonnées par la perte des eaux superficielles dans le réseau karstique souterrain ; pertes de la Loue, du Doubs, du Rhône – aujourd'hui vallée noyée sous le barrage de Génissiat – par exemple. **Dolines :** cuvettes circulaires à fond plat en ex-Yougoslavie, appelées *sotchs* dans les Causses. **Terra rossa :** argile résiduelle rouge tapissant le fond des dolines. **Poljés** (champs en serbo-croate, se prononce : polié) : grandes dépressions fermées (en ex-Yougoslavie) de plusieurs dizaines de kilomètres de long, à fond plat, partiellement tapissées d'argile d'altération des calcaires, parfois alimentées par un ou plusieurs cours d'eau et drainées par les fissures du fond *(ponors).* **Vallées en gorges et canyons** (gorges du *Loup*, du *Tarn*, du *Verdon*) : certaines viennent de l'effondrement du plafond qui subsiste au-dessus des grottes (à *Padirac*, le plafond n'a plus que quelques mètres au-dessus des salles les plus hautes). Ailleurs, elles se sont produites par enfoncement de la rivière à l'air libre.

Évolution des régions calcaires selon le climat : en *pays arides,* le calcaire, peu attaqué par dissolution, constitue des falaises en relief ou des hauts-plateaux ; en *régions tropicales et équatoriales,* l'évolution est rapide : la libération d'une grande quantité d'acides organiques par la végétation qui pourrit sur place favorise l'évacuation d'une grosse masse de carbonate de calcium ; les couches calcaires se réduisent souvent à des « clochetons » (piliers isolés et rongés à la base), notamment dans les îles des Caraïbes, en Chine méridionale (karsts résiduels ou à pitons) et au Viêt Nam (baie d'*Along*). Ces reliefs sont la clef de la peinture paysagère chinoise.

■ **Relief et structure.** ACCIDENTS TECTONIQUES, déformations affectant les massifs rocheux, *plastiques et continues,* sans rupture : les **plis** dits *anticlinaux* quand les couches les plus anciennes sont au cœur, et *synclinaux* quand ce sont les plus récentes. Le plus souvent, un anticlinal est convexe vers le ciel, un synclinal est concave. *Cassantes,* avec rupture : les **failles** *normales* ou *directes* avec affaissement relatif du compartiment le plus bas (et allongement du domaine affecté : tectonique distensive, fossés ou grabens), *inverses* avec soulèvement relatif du compartiment le plus haut (et raccourcissement du domaine affecté : tectonique compressive) et *décrochantes* (décrochements, failles de coulissage) qui sont marquées par un déplacement relatif latéral des deux compartiments. *Chevauchements* ou *charriages,* sur des failles voisines de l'horizontale, résultant d'un raccourcissement entre 2 blocs. *Nappes de charriage* résultant du glissement de couches superficielles, avec formation de plis couchés et de vastes chevauchements *(nappes de couverture)* ou de vastes failles plates dans le socle *(nappes de socle)* ; les deux types de nappes sont associés dans les chaînes de montagnes de type alpin.

Relief des régions plissées. RELIEFS JURASSIEN ET SUBALPIN : dans les plissements réguliers d'une couverture sédimentaire faite d'une alternance de couches calcaires dures, et de couches tendres marneuses, le relief primitif [alternance de *monts* (anticlinaux) et de *vaux* (synclinaux)] est attaqué par l'érosion. Si l'érosion est peu poussée, les anticlinaux restent en relief relatif ; le *relief* conforme ou « jurassien » est marqué par : **crêts** (escarpements symétriques) ; **barre** (si le pendage est supérieur à 45°) ; **cluse** (vallée traversant un mont d'un val à l'autre) ; **combe** (cirque ou vallée en cul-de-sac entaillant un mont, et encadrés de crêts). Quand l'érosion est plus poussée, les synclinaux perchés sont en relief relatif par rapport aux anticlinaux évidés en *combes* profondes qui sont de véritables vallées ; ce *relief* « subalpin » est dit *inverse* ou *inversé.* [Exemple : massifs subalpins (Bauges, Chartreuse).]

Relief des régions faillées. Les failles se marquent par des escarpements rectilignes au pied desquels elles se situent, qui peuvent être atténués par l'érosion jusqu'à être nivelés, voire inversés. Souvent, les failles se groupent par familles de même rejet : cas des monts de l'est du Massif central qui, du Morvan aux Cévennes, dominent le couloir des vallées de la Saône et du Rhône. Souvent les groupements de familles de failles, deux à deux, de rejets opposés, dessinent des parties effondrées (*fossés,* ou *grabens*) comme celles des Limagnes dans le Massif central, ou d'Alsace-Pays de Bade entre Vosges et Forêt-Noire, séparées par des parties surélevées ou *horsts.*

☞ *Rift :* fossés entre 2 plaques de très grande extension.

■ **Érosion glaciaire.** Les glaciers transportent des débris (les **moraines**) qu'ils arrachent à leur lit ou qui tombent du haut des versants. Ils peuvent leur faire franchir des contre-pentes et accentuer les accidents de terrain. Ils polissent les rochers, faisant penser aux anciennes perruques lissées avec une peau de mouton (*roches moutonnées*). La vallée glaciaire, aux flancs verticaux qui lui donnent une forme « en auge » dite encore « en U », devient une suite de bassins (les **ombilics**), séparés par des barres rocheuses que la glace n'a pu réduire (les **verrous**). En cas de déglaciation, des lacs remplissent les ombilics et des gorges traversent les verrous. Si les versants fournissent beaucoup de débris, le glacier couvert de blocs devient un **glacier noir.** Lorsqu'il renferme plus de débris et de blocs que de glace, il devient un **glacier rocheux.**

Fjeld (prononcer fiël, mot norvégien) : étendue de roches moutonnées et striées que le glacier a ciselées plus ou moins profondément.

Fjord (prononcer fiord) : vallée en auge (parfois profonde de plus de 1 000 m) creusée par des langues glaciaires et ultérieurement envahies par la mer. **Les plus longs du monde :** fjord du *glacier Lambert* (Antarctique) 400 km (largeur 50 km). *Nordvestfjord* (Groenland) 313 km. **Les plus profonds :** *glacier Lambert* (Antarctique) 2 200 m. *Sognefjord* (Norvège) 1 245 m (longueur 183 km, largeur moyenne 4,75 km). *François-Joseph* (Groenland) 1 000 m (longueur 225 km, largeur 3-26 km). **Autres côtes à fjords :** *Canada* (Colombie-Britannique, Labrador), *Alaska, Chili* méridional.

☞ Au Danemark, le *Limfjord* (160 km) n'est pas un fjord, mais une simple vallée submergée *(ria).*

■ **Érosion des régions arides. 1°) En bordure des déserts :** montagnes décharnées, glacis d'érosion à l'amont (appelés *pédiments*), plaines d'épandage et dépressions fermées *(playas)* à l'aval. Des reliefs résiduels à pente raide [appelés *inselbergs* (montagnes-îles)] surplombent parfois ces glacis. **2°) Dans les déserts :** désagrégation mécanique importante mais altération chimique réduite (fortes amplitudes thermiques, rareté des sols, absence de végétation protectrice). *Corrosion :* le vent, en projetant du sable sur les roches, leur donne un *poli éolien* caractéristique ; s'y ajoute un *vernis désertique* (dépôt sombre d'oxyde de manganèse) ou une *croûte saline* (la concentration du $CaCo_3$, ou du $CaSo_4$ et autres sels, dissous et véhiculés par le ruissellement, ou de l'eau montée d'une nappe aquifère profonde par capillarité qui s'est évaporée en surface, libérant des sels qui cimentent le sol meuble sur plusieurs centimètres ; « roses des sables », par exemple, formées de gypse). *Déflation :* le vent soulève en nuages les particules les plus légères et dégage parfois d'immenses dallages rocheux (les **hamadas**) parsemés de blocs anguleux. Dans les zones d'accumulation des **oueds,** quand le vent a entraîné le sable et les poussières, il ne reste plus que de vastes champs de cailloux et de graviers : les **regs.** Si le vent est arrêté ou freiné par un obstacle, les grains de sable s'accumulent en **dunes.** Certains déserts pauvres en sable (ceux d'Asie centrale par exemple) ont des dunes élémentaires : les **barkhanes** (de 10 à 15 m de haut). D'autres, notamment le Sahara, ont d'importants massifs de dunes (les **ergs** d'Algérie et de Libye) qui s'expliquent par la reprise de sables antérieurs, fluviatiles ou marins.

Reliefs volcaniques (voir **Volcans** p. 85 c).

SISMOLOGIE

TREMBLEMENTS DE TERRE

■ GÉNÉRALITÉS

■ **Causes.** La tectonique des plaques permet d'expliquer la localisation et la profondeur des foyers de la plupart des tremblements de terre (voir fig. p. 78). Par l'action de forces endogènes, une énergie considérable s'accumule dans les zones d'affrontement des plaques ou des microplaques. Elle est libérée par à-coups dans les *séismes.* Les plaques sont générées par la montée de magma le long des dorsales qui se rigidifie dans les derniers kilomètres avant d'atteindre la surface libre. Dans le cas le plus simple, le magma ainsi solidifié s'écarte de part et d'autre de la dorsale qui le guide, sous la forme de 2 plaques de déplacement opposé. Lorsque 2 plaques s'écartent (rifts océaniques), des séismes sont engendrés le long de la dorsale mais sont généralement de faible magnitude. Lorsque 2 plaques entrent en collision avec formation d'une fosse océanique ou lorsqu'une plaque s'enfonce sous une autre plaque (subduction), les séismes peuvent être violents et superficiels [ainsi en 1995 aux îles Samoa (magnitude de surface M_s = 8), à Timor (M_s = 7), au nord-ouest du Chili (M_s = 8,4), au Mexique (M_s = 7,1)], intermédiaires ou profonds (voir fig. p. 78). Lorsque 2 plaques coulissent l'une contre l'autre, les séismes sont superficiels (comme en Californie). La fréquence de retour des séismes varie selon la vitesse du mouvement relatif des 2 plaques.

De très grands séismes peuvent aussi se produire à l'intérieur des plaques (séismes intraplaques) (exemples : en Chine : Liaoning et Tangshan en 1975 et 1976 et en Inde en 1993 et 2001). La sismicité de certaines régions de la France, marginale en comparaison, est aussi de type intraplaque (Massif armoricain, île d'Oléron, Pyrénées, Alpes, Fossé rhénan).

☞ **Croyances anciennes :** pour les Grecs, il s'agissait de géants se battant sous terre ; pour les Japonais, d'une araignée souterraine qui s'agitait (plus tard, ils crurent à un poisson-chat). Les Algonquins (d'Amérique du Nord) croyaient que la Terre reposait sur le dos d'une tortue qui la faisait trembler en marchant.

L'hypocentre, ou foyer du séisme, est le point intérieur du globe où se produit le déplacement brusque qui engendre les ondes sismiques. Il peut se situer entre la surface [de 2 à 3 km à Agadir (1960), de 8 à 9 à Orléansville (1954)] et 720 km de profondeur [Flores, océan Indien (1934)]. **L'épicentre** est le point de la surface de la Terre à peu près à la verticale de l'hypocentre où l'intensité est maximale.

☞ Les séismes ne se produisent pas toujours là où les sismologues les attendent, le long des failles connues. Exemple : Los Angeles en 1994.

■ **Ondes sismiques.** Les ondes élastiques longitudinales (ou *ondes de compression)* appelées ondes P (comme Premières), et les ondes transversales (ou *ondes de cisaillement)* appelées ondes S (comme Secondes) se propagent par réfraction ou réflexion à l'intérieur de la Terre (*ondes de volume*), le long de la surface comme la houle (*ondes de Rayleigh*), ou guidées le long de la croûte (*ondes de Love*).

Vitesse moyenne de propagation dans la croûte : ondes P : 6,2 km/s ; ondes S : 3,6 km/s ; *sous la croûte, le long de la discontinuité de Mohorovicic* (qui la sépare du manteau) : ondes P : 8 km/s, ondes S : 4,7 km/s. Grands séismes et tirs nucléaires puissants génèrent des ondes sismiques qui traversent le globe ; leur vitesse augmente avec la profondeur. Les ondes S ne traversent pas le noyau externe, on en déduit qu'il a les propriétés d'un liquide.

Plusieurs types de sismomètres sont en fonctionnement permanent pour capter en surface, dans des forages ou sur le fond de la mer, les caractéristiques de chaque type d'onde. Ils sont souvent en réseaux, pour une analyse plus fine de l'azimut et du sens des premiers mouvements, amplifiés (jusqu'à 500 000 fois) par un dispositif électronique puis numérisés. L'amplitude de certaines ondes et la durée totale de l'enregistrement servent également à calculer la magnitude du séisme.

■ **Sismologie.** L'étude des sources sismiques et de la propagation (vitesses, amplitudes et périodes) des ondes sismiques qu'elles propagent dans la Terre, et qui à chaque obstacle ou changement de milieu se réfléchissent, se réfractent, se diffractent ou changent parfois de nature (les P en S, les S en P), renseigne sur la constitution de l'intérieur de la Terre. Le réseau mondial d'enregistrement des ondes de longue période (programme Géoscope, 23 stations reliées à Paris en 1996, but final : 30) apporte des précisions sur le mécanisme au foyer des grands séismes, la morphologie du manteau terrestre, les propriétés des zones de transition entre lithosphère – asthénosphère et manteau – et noyau (voir p. 77 a). Aussitôt après un tremblement important, souvent suivi d'un grand nombre de secousses moindres dites « répliques », des réseaux temporaires sont installés dans la région épicentrale pour une étude détaillée de la zone de fracture. La *sismologie expérimentale* se propose de faire la tomographie (technique d'imagerie) de la lithosphère, tel le programme Ecors, du nord au sud de l'Europe occidentale, en enregistrant et interprétant les échos, revenant des profondeurs, d'explosions déclenchées en surface successivement sur de grandes distances. A plus petite échelle, les méthodes de prospection sismique (voir p. 76 c), réseaux temporaires et mobiles, sont utilisées pour des études de détail : soubassement d'un futur barrage, installation nucléaire ou industrielle particulièrement sensible à l'agitation du sol.

☞ *La sismologie planétaire* a permis de connaître quelques aspects de la constitution interne de la Lune, de Mars et de Jupiter ; *l'héliosismologie* a sondé les mouvements incessants des couches supérieures du Soleil jusqu'à une grande profondeur.

Nota. – Simulation de séismes par supercalculateur : CM 5 (Connection Machine) construit par Thinking Machine, de type « massivement parallèle », constitué de plusieurs processeurs [128 pour celui de l'Institut de physique du globe, interconnectés selon une structure arborescente et permettant 16 milliards d'opérations à virgule flottante par seconde (16 gigaflops) ; 16 000 pour les plus puissants].

■ GRANDEUR D'UN SÉISME

■ **Magnitude (échelle de Richter).** Grandeur proposée en 1935 par Charles Richter (Américain, 1900-85) pour classer entre eux les nombreux séismes californiens. Elle caractérise l'énergie libérée au foyer d'une secousse. Elle ne doit pas être confondue avec l'*intensité* (voir p. 81 a). **Définition initiale :** la magnitude est le logarithme de l'amplitude maximale *mesurée en micromètres* enregistrée à une distance épicentrale de 100 km, inscription fournie par un séismographe étalon ayant une période propre de 0,8 seconde et un grandissement de 2 800 théorique, 2 080 effectif. Ainsi la magnitude 3 (log de 1 000) sera-t-elle attribuée à un séisme enregistré à 100 km de l'épicentre avec une amplitude de 1 mm (1 000 micromètres) sur l'appareil étalon. **A partir de 1945 :** notion étendue aux séismes éloignés à l'aide de formules qui font intervenir la distance épicentrale et l'amplitude maximale des ondes de surface (magnitude M_s) ou l'amplitude et la période de l'onde P (magnitude m_b). La magnitude d'un même séisme calculée par différentes stations peut présenter des divergences importantes et l'on est conduit à prendre des moyennes pour M_s et m_b.

L'échelle de magnitude de Richter *n'est pas graduée* de 1 à 9 ; par sa définition même, elle n'a *pas de limites.* Les plus forts séismes enregistrés au XXe s. ont des magnitudes M_s voisines de 8,5 ; le chiffre 9 pourrait être attribué à la magnitude du séisme de Lisbonne de 1755, mais elle pourrait éventuellement être dépassée. A l'opposé, les microchocs, minuscules craquements, ont des magnitudes voisines ou inférieures à 0 (– 1 à – 3,6) enregistrées dans des mines par des séismomètres sensibles et bien abrités. On estime que seulement 1 à 10 % de l'énergie mise en jeu par un séisme est rayonnée sous forme d'ondes sismiques, la plus grande partie étant absorbée par la fracturation des roches et dissipée en chaleur.

■ **Énergie E et moment M_0 d'un séisme.** L'énergie (E) libérée au foyer du séisme est liée à la magnitude par la

Échelles d'intensité macrosismique

■ **Principe.** Elles permettent d'exprimer par un nombre (en chiffres romains pour éviter toute confusion avec la magnitude) l'*intensité* **I** *d'une secousse ressentie* à terre ou en mer. Reportés sur une carte, ces chiffres permettent de cerner la région *pléistoséiste* (des plus grandes intensités) entourant la région *épicentrale* (maximum d'intensité) où se situe l'*épicentre macrosismique* et de tracer l'enveloppe de la surface de *perceptibilité,* au-delà de laquelle seuls les instruments sont capables de réagir à la secousse.

■ **Échelles utilisées. Italie :** 1788, *Pignataro* pour la Calabre ; 1873 *De Rossi-Forel*, à 10 degrés ; 1903 *Cancani*, à 12 degrés, arrangée en 1917 par *Giuseppe Mercalli* (1850-1914) et *Sieberg*, réarrangée en 1931 par Harry Wood et Frank Neumann et en 1956 fixée en échelle *MM* = Mercalli modifiée, encore en usage aux USA. **Japon :** de *0 à VII* en usage depuis 1949. **Europe :** échelle *MSK* (Medvedev-Sponheuer-Karnik) depuis 1956 et, à partir de 1981, une version modifiée pour une meilleure appréciation des intensités égales ou supérieures à V. Après 10 ans de pratique la Commission sismologique européenne a adopté l'échelle macrosismique européenne 1992, dite échelle *EMS 1992,* nouvelle mise à jour de l'échelle MSK.

Degrés d'intensité de l'échelle EMS 1992

A l'usage des experts chargés d'évaluer les intensités VI et supérieures, on distingue 5 degrés de dommages (de fissure de plâtras à destruction) pour 3 types de bâtiments (maçonnerie, béton armé, bois) plus ou moins « vulnérables » selon 6 classes (de très vulnérables à fortement résistants en raison de strictes règles de construction parasismique). L'estimation de l'intensité est fondée sur le pourcentage des différents dommages aux diverses constructions. Un classement des effets géologiques (niveau d'eau des puits, crevasses, éboulements, déformation visible en surface) pouvant accompagner ou caractériser les intensités I à XII est proposé. *Pour l'appréciation finale de l'intensité en un lieu donné*, on considère : *a)* les effets sur l'homme, *b)* les effets sur les objets et l'environnement, *c)* les dégâts aux bâtiments. Mais cette échelle ignore les effets sur fossés, remblais, digues, réservoirs, canaux, routes, voies ferrées, canalisations, ponts et autres ouvrages d'art, qui figurent à leur place dans les échelles macrosismiques antérieures et toujours en usage hors d'Europe.

Degré I : *non ressenti.* Qualification en cours de révision pour « perçu dans des conditions particulièrement favorables ». Exemples : balancement ressenti dans les étages supérieurs des immeubles élevés, même à grande distance de l'épicentre ; bruit souterrain ou bruit de vitres entendu sans sensation de mouvement, à l'heure exacte d'un séisme proche ou lointain (nombreux cas dans les Pyrénées).

Degré II : *à peine ressenti : a)* perçu par très peu de personnes (1 %) au repos dans une position favorable à l'intérieur. *b)* Néant. *c)* Néant.

Degré III : *faible : a)* à l'intérieur, quelques personnes au repos ressentent un léger tremblement ou balancement. *b)* Des objets librement suspendus peuvent balancer légèrement. *c)* Néant.

Degré IV : *largement observé : a)* à l'intérieur, ressenti par beaucoup ; à l'extérieur, par très peu. Quelques réveils ; léger balancement ou tremblement de la chaise, du lit, de la chambre, de la maison ; l'intensité n'est pas alarmante. *b)* Vaisselle, verres, vitres bruissent, rares craquements de boiseries, charpente. *c)* Néant.

Degré V : *fort : a)* à l'intérieur, ressenti par la plupart, quelques-uns sont effrayés et fuient vers l'extérieur. Réveil de beaucoup de dormeurs ; forte secousse ou balancement de la chambre et des meubles ; ressenti par peu à l'extérieur. *b)* Fort balancement des objets suspendus ; de petits objets peuvent être déplacés ou renversés. Portes, fenêtres s'ouvrent ou se ferment. Quelques bris de vitres possibles. Les liquides s'agitent et peuvent déborder de vases bien remplis. Les animaux de compagnie manifestent de l'inquiétude. *c)* Dégâts de degré 1 (fissure de plâtras) dans quelques maisons.

Degré VI : *dégâts légers : a)* ressenti par la majorité à l'intérieur et par beaucoup en plein air. Beaucoup sont effrayés et fuient à l'extérieur, quelques personnes perdent l'équilibre. *b)* De petits objets stables peuvent tomber, des meubles être déplacés. Bris de verres et vaisselle possibles. Le bétail, même en plein air, peut être effrayé. *c)* Dégâts de degré 1 dans bien des maisons, de degré 2 dans quelques-unes : fissures, chutes de plâtras, de parties de cheminées.

Degré VII : *dégâts sérieux : a)* la plupart des personnes sont effrayées et essaient de fuir à l'extérieur. Beaucoup ont de la peine à se tenir debout, principalement aux étages élevés. *b)* Meubles déplacés, ou renversés s'ils sont surchargés en hauteur. Des objets en grand nombre tombent des rayonnages. L'eau est projetée hors des bassines, réservoirs et piscines. Niveau des puits et débit des sources visiblement modifiés. *c)* Beaucoup de bâtiments très vulnérables (classe A) et quelques-uns de classe B subissent des dommages de degré 3 (larges fissures dans les murs, tuiles ou ardoises détachées, cheminées cassées au ras du toit) ; les dégâts affectent principalement la partie supérieure des bâtiments. Quelques dommages de degré 4 (larges fentes, écroulement de murs, cloisons) aux bâtiments vulnérables de classe A.

Degré VIII : *dégâts très importants : a)* beaucoup, même en plein air, ont des difficultés à tenir debout. *b)* Des objets lourds (machine à écrire, poste de TV) tombent ; des meubles peuvent être renversés, des monuments funéraires déplacés et renversés. On peut apercevoir des vagues à la surface du sol. Crevasses dans le sol, éboulements de talus, glissements de terrain importants. Possible liquéfaction du sol. *c)* Beaucoup de constructions de sensibilité classe C et quelques-unes de classe D (béton armé, selon prescriptions parasismiques) subissent des dommages de degré 2, beaucoup de classe B et peu de classe C subissent des dommages de degré 3, beaucoup de classe A, peu de classe B et quelques-unes de classe C subissent des dégâts de degré 4 (effondrement de murs, toitures).

Degré IX : *destructeur : a)* panique générale ; des personnes peuvent être projetées au sol. *b)* Beaucoup de colonnes, monuments tombent ou subissent une rotation. Larges crevasses dans le sol, importants glissements de terrain, chutes de rochers. *c)* Nombreux monuments et constructions (selon leur degré de vulnérabilité) sont endommagés ou détruits.

Degré X : *gravement destructeur : a)* larges crevasses dans le sol, importants glissements, chutes de rochers, liquéfaction du sol. *b)* La plupart des constructions légères sont détruites ; même les plus résistantes (classe F, parasismiques) subissent des dommages mineurs : fissuration des colonnes porteuses, ouverture des joints, etc.

Degré XI : *dévastateur :* toutes les constructions sont plus ou moins gravement endommagées, beaucoup entièrement détruites.

Degré XII : *catastrophique : a)* changements apparents du paysage. *b)* Toutes les structures sur et dans le sol sont pratiquement détruites.

formule $\log E = 11{,}8 + 1{,}5\ M_s$ (en joules) qui montre qu'un séisme de magnitude 8 met en jeu environ 32 000 fois plus d'énergie qu'un séisme de magnitude 5. Ce dernier se produisant en France serait ressenti sur plusieurs départements et pourrait causer quelques dégâts. Il est lui-même 3 200 fois plus fort qu'un séisme de magnitude 3 qui pourra être faiblement ressenti dans la région de l'épicentre.

Quelques très grands séismes produisent d'apparents déplacements le long de failles sur des longueurs pouvant atteindre des centaines de kilomètres et des profondeurs difficiles à évaluer. Ils engendrent des ondes de surface de très longue période (200-300 secondes) qui font plusieurs fois le tour de la Terre durant 1 ou 2 jours. L'amplitude de ces ondes sert à calculer le moment sismique M_o qui est le produit : surface activée de la faille × déplacement moyen × rigidité de la roche brisée. On admet que $M_o = 2\,000 \times E$ (dyn/cm), et $\log M_o = 17 + 1{,}3\ M_L$ trouvé en Californie a été confirmé par l'étude des séismes du Frioul (1976).

☞ Depuis 1987, la station sismique de Tahiti analyse automatiquement les ondes de 1 à 300 secondes de période enregistrées et détermine le M_o du séisme. Le Centre polynésien de prévision des tsunamis dans l'océan Pacifique base ses prévisions et ses alertes sur cette grandeur. Ce centre a développé, à partir de cette méthode, le système *Tremors*, constitué d'une station sismique, large bande passante (1-300 secondes) et d'un ordinateur PC qui détecte, localise les séismes et calcule automatiquement leur moment sismique. Il participe à la prévision des tsunamis pratiquée au Portugal, en Indonésie, aux États-Unis et au Chili. Enfin, pour les très grands séismes, on a proposé (1989) une magnitude M_w en relation avec le moment M_o par la formule :

$$M_w = 2/3 \log M_o - 10{,}7.$$

Cette mesure de la magnitude M_w est plus significative que celle de M_s qui tend à réduire l'importance de la source des grands séismes. On trouve ainsi pour les 10 plus grands séismes du XXe s. les magnitudes M_w suivantes (*sources :* NEIC) : *1906 :* Équateur, 8,8 ; *1922 :* Chili, 8,5 ; *1938 :* Indonésie, 8,5 ; *1950 :* Inde, 8,6 ; *1952 :* Russie, 9,0 ; *1957 :* Alaska, 8,7 ; *1958 :* îles Kouriles, 8,7 ; *1960 :* Chili, 9,5 ; *1964 :* Alaska, 9,2 ; *1965 :* Alaska, 8,7.

■ **Intensité locale.** La violence d'un choc observée ou mesurée *en un point donné* dépend : de la quantité d'énergie rayonnée du foyer (magnitude du séisme) dans cette direction ; de la distance de l'épicentre ; de la nature des couches géologiques traversées par les ondes et de certaines conditions particulières au poste d'observation. Si des couches superficielles amortissent les ébranlements, des terrains meubles peuvent amplifier les ondes de surface et des effets secondaires (réflexions dans les vallées, liquéfaction des sols humides) peuvent aggraver les effets sur les fondations et les superstructures, comme à Mexico en 1985.

Les *accéléromètres*, installés pour mesurer uniquement les mouvements forts, ont permis de constater des effets locaux importants au Frioul (Italie) : 0,15 *g* (*g* = accélération de la pesanteur) sur roche dure, mais 0,35 *g* non loin de là sur couche alluvionnaire de 15 m d'épaisseur ; en Campanie (Italie) : 0,22 *g* sur un dépôt de conglomérats épais de 25 m et, à quelque distance seulement, 0,06 *g* sur le même dépôt épais de 140 m. Installés dans les bâtiments, ils mesurent la réponse des structures et ouvrages aux vibrations du sol transmises par les fondations. Par contre, des sismographes très sensibles sont utilisés pour donner l'alarme ou déconnecter des installations très sensibles aux mouvements ou vibrations du sol : réacteurs nucléaires, gros ordinateurs, gravures au laser, accélérateurs de particules, détecteurs d'ondes de gravité. La France dispose depuis 1993 d'un réseau d'accéléromètres mobiles (aisément déplaçables) déjà en usage dans de nombreux pays.

■ Géographie sismologique

Sismicité mondiale

■ **Généralités.** La sismicité est caractérisée par la fréquence, la magnitude et la profondeur du foyer des séismes. Son étude était fondée autrefois sur des catalogues de tremblements de terre *ressentis*. En 1857 R. Mallet (Anglais) a produit la *1re carte mondiale des tremblements de terre*. En 1895 John Milne (Anglais, 1850-1913), persuadé que les grands tremblements de terre pourraient être *enregistrés* partout dans le monde, installa le *1er réseau mondial de sismographes de type uniforme* (15 dans l'Empire britannique et au Japon). Les grands tremblements de terre de 1906 ont à nouveau attiré l'attention des universitaires, qui s'étaient réunis en 1903-05 pour fonder à Strasbourg l'Association internationale de séismologie. Après la guerre de 1914-18 de nombreux observatoires sismologiques (universitaires à 95 %) ont été fondés et leurs enregistrements exploités à l'échelle mondiale par l'International Seismological Summary (ISS, G.-B.) et le Bureau central international de sismologie (BCIS à Strasbourg). A partir de 1936 la France installa un réseau de sismographes dans ses territoires d'outre-mer.

Les conventions sur la suppression des essais atomiques dans l'atmosphère et le contrôle des explosions souterraines ont donné une impulsion définitive à la sismologie qui, depuis, déborde le cadre universitaire. Le déploiement, à partir de 1963, de 120 stations avec 3 sismographes standard (don des USA) dans 60 pays ou îles a permis de dresser en 1967 la *1re carte mondiale homogène des épicentres* (magnitude 4,5 et plus) en distinguant les foyers superficiels, intermédiaires et profonds. Elle a confirmé les grandes lignes de la carte de 1857, en précisant les limites des zones de forte sismicité, où se produisent 90 % des séismes, et a montré que les alignements d'épicentres au milieu des océans, signalés dès 1954 par J.-P. Rothé (Fr., 1906-91 ; directeur du BCIS), étaient continus sur l'ensemble du globe (voir figures p. 78).

Stations sismographiques. Environ 1 000 (sur plusieurs milliers en service) participent à la surveillance mondiale. Certaines sont en pleine mer, comme Ossiv dans le Pacifique à 200 km au nord-est du Japon, au fond d'un trou de 20 m foré dans le basalte, surmonté de 358 m de sédiments marins et de 5 467 m d'eau. De grands réseaux sismiques de stations large bande à grande dynamique comme le réseau IRIS américain (plus de 100 stations) et le Géoscope français (environ 30 stations) ont été construits depuis 15 ans sur l'ensemble des continents et sur quelques îles, permettant des études très fines des sources sismiques et de la propagation des ondes dans l'intérieur de la Terre. Dès 1997, on construit le réseau de surveillance du Traité d'interdiction complète des essais nucléaires (Tice) qui comprendra pour sa composante sismologique, 170 stations sismiques réparties globalement dont les données seront transmises en temps réel au moins pour 50 d'entre elles, les 120 autres étant interrogeables, à Vienne dans un Centre international de données chargé de détecter, évaluer et localiser les événements sismiques dans les plus brefs délais à des fins d'identification d'explosions nucléaires éventuelles. Les centres mondiaux comme le NEIC (National Earthquake Information Center) aux USA ou l'ISC (International Seismological Center) en G.-B. font la synthèse des observations sismologiques et déterminent les paramètres focaux.

■ **Danger sismique.** Seul un petit nombre des séismes majeurs enregistrés chaque année atteint des régions habitées. A partir de ceux de magnitude 5 peuvent survenir des dégâts et des accidents mortels. Plusieurs facteurs peuvent intervenir : densité de la population, fragilité des habitations, moment du séisme (jour ou nuit), déclenchement d'incendie (San Francisco 1906, Tokyo 1923, Kobe 1995), glissement de terrain, inondation, vagues marines « tsunamis » qui, après plusieurs heures, peuvent atteindre et ravager les côtes japonaises à des milliers de kilomètres d'un épicentre au voisinage du Chili ou de l'Alaska.

■ **Statistiques. Nombre de secousses :** 500 000 à 1 million par an, dont 100 000 ressenties et 1 000 capables de causer des dégâts. Depuis 1971, on connaît pour le globe entier tous les séismes de magnitude 4,6 et plus. Position géographique, profondeur du foyer, magnitude, mécanisme au foyer, intensités ressenties sont de plus en plus précis grâce à la qualité des observations, des communications par satellite et au traitement par ordinateur.

La sismicité *globale* annuelle est irrégulière. Le nombre de forts séismes de magnitude supérieure à 7,0 depuis 1900 est de 20 par an en moyenne ; *1943 :* 41 ; *1986 :* 8. *L'année 1976* a été la plus meurtrière (25 séismes) : 295 000 à 699 000 † dont 255 000 à 655 000 à Tangshan (Chine) [*source :* NEIC]. **Énergie libérée annuellement** (moyenne sur environ 20 ans et +) : 10^{25} ergs (soit 10^{18} joules) dont parfois 90 % par un seul très grand séisme (magnitude 8 et plus). **Par magnitude :** *grands séismes : sur 47 années récentes* (par an) : *M_s 8,5-8,9 :* 0,3 ; *M_s 8-8,4 :* 1,1 ; *M_s 7,5-7,9 :* 3,1 ; *M_s 7-7,4 :* 15 ; *M_s 6,5-6,9 :* 56 ; *M_s 6-6,4 :*

210, soit 285 par an (24 par mois) potentiellement destructeurs en zone habitée. **Par profondeur :** *séisme superficiel :* foyer entre 0 et 70 km (environ 70 %), *intermédiaire :* entre 70 et 300 km (environ 25 %), *profond :* entre 300 et 720 km (environ 5 %).

Le nombre de séismes décroit exponentiellement avec la profondeur entre 20 et 300 km. Il redevient important entre 500 et 600 km de profondeur, ce qui fait penser qu'à ce niveau les vitesses horizontales liées à la convection varient beaucoup avec la profondeur (déformation appelée *cisaillement*).

Nombre des localisations provisoires. Par le NEIC, pour le monde entier (y compris quelques dizaines d'explosions) : *1968 :* 5 695 ; *1983 :* 9 600 ; *1985 :* 14 511 ; *1990 :* 18 880 ; *1991 :* 16 516 ; *1992 :* 19 920 ; *1993 :* 22 166 (61 par jour en moyenne). **Signalées par les bulletins hebdomadaires du LDG (Laboratoire de détection et de géophysique du CEA, Paris) :** *dans un rayon de 1 000 km autour de la France : 1980-81 :* 973 par an ; *1985 :* 1 073 (668 localisées) ; *1991 :* 1 097 (942 localisées) ; *1994 :* 1 325 (environ 2 050 à plus de 1 000 km). **France (avec Corse) :** en *1997 :* 1°) réseau **LDG** (41 stations interconnectées), séismes naturels de magnitude 2,5 et plus : 241 (20/mois) parmi les 577 localisés. 2°) **RéNaSS** (réseau national de surveillance sismique, Strasbourg), 86 stations dont 6 hors frontières, la majorité universitaires : 474 localisés en France (sur 650 déterminés) dont 90 % sont naturels (23/mois).

■ **Zone des dégâts.** De 12 à 15 km² (Agadir) à 400 000 km² en Assam en 1897 (magnitude 8,7). Un séisme de 1985 (magnitude 8,1), situé sur la côte ouest du Mexique, a causé des dégâts sur 825 000 km² et a été ressenti par 22 millions de personnes. Déclenchées par un séisme, des avalanches ont tué 43 alpinistes dans l'Himalaya le 13-7-1990.

RÉPARTITION GÉOGRAPHIQUE MONDIALE

☞ *Abréviation :* m. : magnitude.

■ **Zones à forte sismicité.** *(Bordures de « plaques ».)* **Cercle circumpacifique,** appelé autrefois *ceinture de feu du Pacifique* à cause des volcans actifs : Japon, Formose, Philippines, Nlle-Guinée, îles Fidji, Tonga et Kermadec, Nlle-Zélande, Amér. du Sud en bordure du Pacifique, Amér. centrale, Mexique, Californie, Alaska, îles Aléoutiennes. **Arcs insulaires :** îles Mariannes et Carolines, Antilles du Sud, Antilles. **Zone mésogéenne** (ou **transasiatique**) : des Açores à l'Indonésie (par l'Afr. du Nord, l'Italie, la Grèce, la Turquie, l'Iran, la chaîne himalayenne). **Zones médio-océaniques :** dorsales et rifts au contact de 2 plaques dans l'océan Atlantique, l'océan Indien et la bordure de la plaque antarctique. Quelques régions intracontinentales (Mongolie, Chine).

■ **Zones à sismicité modérée ou faible.** Alpes, nord de l'Europe, Bouclier canadien (séismes en 1925, 1935 et le 25-11-1988), États-Unis à l'est des montagnes Rocheuses, les blocs africain et brésilien, bassin intérieur du Pacifique.

■ **Zones réputées calmes** (de mémoire d'homme). Presque chaque année les instruments localisent 1 ou 2 séismes importants dans des régions *asismiques* (à sismicité négligeable ou nulle) : Yémen (13-12-1982) 2 800 †, m. 6 ; Guinée (22-12-1983) 650 †, m. 6,4 ; en mer au nord-ouest de Madagascar (14-5-1985) m. 6,4 ; ressenti en Tanzanie et Mozambique, suivi de nombreux autres (30-5-1985) m. 5,4 ; Australie (27-12-1989) 12 †, m. 5,4 ; en mer de Béring (21-2-1991) m. 6,2 et 6,5 le même jour ; est de la Sibérie (8-3-1991) m. 6,6 ; ex-Zaïre (11-9-1992) 8 †, m. 6,7 ; Égypte (12-10-1992) 541 †, m. 5,9 ; mer de Ross (72,5° Sud) (31-5-1993), m. 5,3 ; Antarctique (16-1-1995), m. 4,7 à moins de 900 km du pôle Sud.

SISMICITÉ RÉGIONALE ET « LOCALE »

☞ En chiffres romains : intensité maximale ressentie.

■ **Zones menacées. Afrique du Nord :** Agadir 1960, Orléansville 1954, El-Asnam (ex-Orléansville) 1980. **Europe : Italie** (voir p. 84 a) : Sicile (Messine) 1908, les Apennins (Avezzano) 1915, Frioul 1976, Naples 1980, Assise 1997. **Ex-Yougoslavie :** Dinarides (Skoplje) 1963, Monténégro 1979. **Grèce :** îles Ioniennes 1953, Rhodes.

■ **France. Sud-Est : Provence :** *20-7-1564* La Bollène (A.-M.) dans la vallée de la Vésubie (900 †), X ; *nov.-déc. 1855* région de Castellane : VIII ; *12-6-1909* St-Cannat, Lambesc, Rognes (44 †), IX, m. 6,2 ; **Côte d'Azur :** secousses violentes à Nice *en 1348, 1496, 1556, 1617, 1644 :* IX, *1752, 1818, 1854, le 23-2-1887* (plusieurs †), *1905, 1909, 2001.* **Rhône-Alpes :** Vienne, entre *463* et *472*, a suscité les prières dites des « rogations » ; essaims de Clansayes *du 8-2-1772 au 26-11-1773 :* VIII, et *du 20-6-1872 au 4-9-1873* ; essaim du Tricastin *d'octobre 1933 à août 1936 :* dégâts à Roussas le *12-5-1934 ; 25-4-1962* Vercors : VIII. **Alpes :** *24-11-1248* Savoie : 5 000 † par éboulement, cause sismique possible ; *19-2-1822*, Chambéry : VII ; *18-8-1877*, La Roche-sur-Foron : VII ; *30-12-1879*, St-Jean-d'Aulps : VII ; *22-7-1881*, St-Jean-de-Maurienne : VII ; *29-4-1905*, Chamonix : VIII ; *5-4-1959*, St-Paul-d'Ubaye : VIII ; *15-7-1992* Crouzeilles (Hte-Savoie) : VI-VII, m. 4,5 ; *14-12-1994*, Grand Bornand : VI/VII ; *15-7-1996*, Annecy : VII/VIII, magnitude 5,3 ; *4-7-1997*, Briançon (Htes-Alpes) : m. 4 ; *31-10-1997*, Barcelonnette, magnitude 4,8.

Pyrénées : *580 :* Bordeaux et Toulouse ; *2-2-1428 :* Prats-de-Mollo (Pyr.-Or.) XI, victimes ; *3-3-1373 :* X ; *22-9-1537 :* gros dégâts à Oloron (Pyr.-Atl.) ; *21-6-1660 :* Bigorre (Htes-Pyr.) : X, victimes ; *24-5-1750 :* Juncalas (Htes-Pyr.) : X, victimes ; *19-5-1765 :* Couserans (Ariège) victimes ; *oct.-déc.-1779 ; 23-9-1922* St-Paul-de-Fenouillet (Pyr.-Or.) : VII ; *22-2-1924 :* dégâts entre Arudy (Pyr.-Atl.)

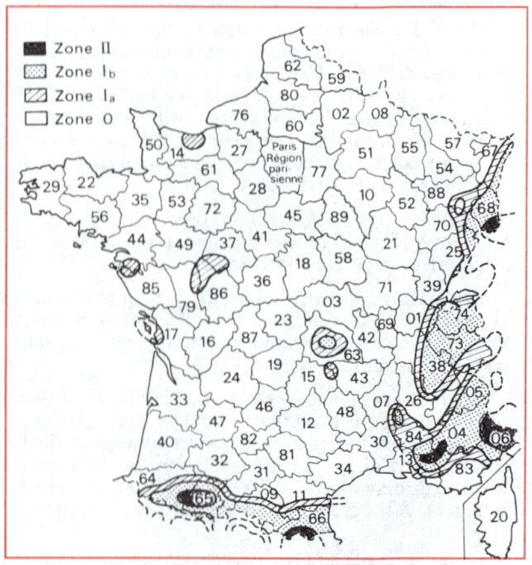

Zones de sismicité récente de la France. *Zone 0 :* sismicité négligeable pour les constructions courantes, mais pas pour celles nécessitant une protection spéciale. *Zone Ia :* région de transition de sismicité faible vers la *zone Ib :* sismicité faible où l'intensité maximale peut atteindre le degré VIII (exemple : Arette 1967, Arudy 1980) et où les périodes de retour sont estimées à 200-250 ans pour une intensité VIII, 75 ans pour VII. Concerne 242 villes ou cantons. *Zone II :* sismicité moyenne (en comparaison des régions fortement sismiques) où l'intensité maximale peut atteindre le degré IX (exemple : Provence 1909), où la période de retour d'une intensité de VIII ou plus est de 100 à 250 ans. Concerne 52 villes ou communes.

et Argelès-Gazost (Htes-Pyr.), VII-VIII, Ferrières (Htes-Pyr.) : m. 5 ; *13-8-1967 :* Arette et Montory (Pyr.-Atl.) VIII, m. 5,7, 1 †, blessés légers, 340 immeubles détruits, 2 300 endommagés ; *29-2-1980 :* région Arudy (Pyr.-Atl.), 70 communes avec dégâts (115 millions de F), VII, m. 5,4 ; *1984* Perpignan (Pyr.-Or.) : m. 3,9 ; *1-6-1989 :* pic du Midi (Htes-Pyr.), légers dégâts, magnitude 4,6 ; *18-2-1996 :* St-Paul-de-Fenouillet (Pyr.-Or.), légers dégâts, magnitude 4,7.

Dans les Pyrénées-Atlantiques, le réseau d'Arette (10 stations) localise en moyenne 20 secousses par mois pour cette partie de la faille nord-pyrénéenne. Le réseau privé de Lacq localise dans ce bassin environ 60 événements par an, dont quelques-uns ressentis (voir Hydrocarbures p. 84 c). Depuis 1997, l'Observatoire de Toulouse rassemble et exploite des données instrumentales relatives aux Pyrénées et à ses piémonts nord et sud ; 25 stations en France, 15 en Espagne.

Alsace et Vosges : *782 et 799 :* Wissembourg ; *1225 :* Marbach ; *1239 :* Strasbourg ; *18-10-1356 :* Bâle, Mulhouse, XI ; *12-5-1682 :* Remiremont : VIII (église détruite) ; *3-8-1728 :* Strasbourg ; *1802 :* Bas-Rhin ; *1933 et 1952 ; 15-7-1980 :* Mulhouse, VII ; *du 19-12-1984 au 8-1-1985 :* Remiremont, V, environ 395 secousses sur une faille de 3 km nord-sud ; *le 29-12 :* VI, m. 4,8.

Languedoc-Roussillon : *1225 :* Montpellier ; *1981* Carcassonne (Aude) : m. 4,4 ; *1988* Axat (Aude) : m. 3,8.

Massif armoricain : essentiellement de la pointe du Raz à Angers. Entre *469* et *479 :* Angers ; *577 :* Chinon ; *582, 584 :* Anjou ; *590 :* Tours ; *1083, 1097, 1098, 1102, 1106, 1112, 1163, 1165, 1169, 1207, 1208 :* Anjou, Poitiers ; *15-2-1657 :* Ste-Maure-de-Touraine (plusieurs †) ; *6-10-1711 :* Loudun, VII ; *25-1-1799 :* Bouin (Vendée) : VIII.

Massif central : *vers 486 :* Clermont-Ferrand ; *527-551 :* Auvergne ; *1186 :* Uzès ; *6-8-1477* et *1-3-1490 :* Riom et Clermont-Ferrand, VIII ; *déc. 1775 :* Villefranche-de-Rouergue et environs : VIII (685 bâtiments écroulés ou à réparer).

Ouest : *815 :* Saintonge ; *1014-20 :* Angoulême ; *1233 :* Limoges ; *XIIe et XIIIe s. :* Rouen ; *1775 :* Caen. *7-9-1972 :* Oléron, m. 5,2 [ressenti sur environ 200 000 km² (*zone de perceptibilité :* limite de l'intensité II)] dégâts.

Nord-Pas-de-Calais : *922 :* Cambrai. **Normandie :** *1142, 1151 :* Rouen et basse Seine ; *1214, 1241 :* Caen et Rouen ; *30-12-1775 :* dégâts à Caen. **Picardie :** *582 :* Soissons ; *842, 893 :* St-Riquier.

Séismes localisés instrumentalement (de magnitude supérieure à 2,5) **et tremblements signalés ressentis en France** (*légende :* r. : tremblement ressenti) : *1984 :* 413 (dont 34 r.) ; *1985 :* 358 (30 r.) ; *1986 :* 389 (18 r.) ; *1987 :* 448 (24 r.) ; *1988 :* 362 (23 r.). **Pyrénées (ressentis) :** *1990 :* 101 ; *1991 :* 46 ; *1992 :* 64 ; *1993 :* 51 ; *1994 :* 49 ; *1995 :* 51 ; *1996 :* 124 ; *1997 :* 40.

■ PRÉVISION ET PRÉVENTION

■ **Prévision.** Aucune méthode ne permet de prévoir l'imminence d'un séisme important en un lieu donné avec une probabilité suffisante pour décider la population à se mettre à l'abri ou les pouvoirs publics à intervenir. **En Chine,** une prévision à court terme (4-2-1975) a permis d'évacuer à temps la population de Haicheng (100 000 habitants) mais le désastre du 28-7-1976 (650 000 † ?) surprit tout le monde. **Au Pérou,** une prévision faite aux USA début 1980, précisée ensuite pour le 10-8-1981, ne retint pas l'attention du gouvernement péruvien, mais tint longtemps en émoi la population et eut de fâcheuses conséquences sur la vie et l'activité à Lima. **États-Unis** (Californie), le séisme de magnitude 5 à 6 prévu en 1985 pour 1988 (± 3 années) sur la faille de San Andreas ne s'est pas encore produit, mais il y a eu plus au nord en 1989 un séisme de magnitude 7,1, puis au sud, en 1992 le même jour (28-6) 2 séismes de magnitude 7,5 et 6,6. Un séisme de magnitude 6 était prévu (à 95 %) pour 1993 dans le secteur central de Parkfield, mais c'est à Northridge (30 km au nord-ouest de Los Angeles) qu'eut lieu un séisme de magnitude 6,6 le 17-1-1994.

Méthode Van (initiales de ses inventeurs grecs : Varotsos, Alexopoulos, Nomikos). Repose sur l'interprétation des variations des courants électriques naturels (courants telluriques) mesurés dans le sol, même à grande distance (300 km et plus) de l'épicentre du séisme qu'ils annoncent. Donne la magnitude (au-dessus de 5, incertitude ± 3/4°), la localisation (rayon de ± 30 km, parfois 125 km) et une fourchette de temps allant jusqu'à 3 semaines. Cette méthode, créée en 1984, aurait permis de prévoir 80 % des séismes de magnitude supérieure ou égale à 5 dans une région située à l'ouest du Péloponnèse. Après avoir été contestée, cette méthode a trouvé des défenseurs [dont Haroun Tazieff (1914-98) et le géophysicien Uyeda].

☞ *En France,* la méthode Van a été testée dans les Alpes pendant quelques années à partir de 1987 par le Laboratoire de détection et de géophysique du CEA qui a implanté 5 stations sismotelluriques. Les données, transmises en temps réel au centre de traitement du LDG à Bruyères-le-Châtel (Essonne), étaient comparées aux données sismiques du réseau national. Aucun résultat significatif n'a été obtenu malgré une sismicité relativement active [séisme du Grand Bornand (Hte-Savoie) du 14-12-1994 de magnitude m_b de 5,1]. Depuis 1997, ces stations ont été désarmées sauf celle de Sur-Frêtes au bord du lac de Roselend, où sont mesurées et analysées les variations des paramètres physiques du sol associés aux cycles de charge et de décharge du lac (déformations, variations de potentiel électrique, magnétisme, émanations de radon, etc.).

Une autre méthode est en cours d'expérimentation qui consiste à mesurer le débit et la qualité des gaz venant de forages profonds dans la région fortement sismique de Bagnères-de-Bigorre (1996).

Autres études : une équipe franco-chilienne étudie depuis 1988 la région côtière du nord du Chili, en mesurant entre autres les déformations superficielles, par géodésie terrestre et spatiale, associées aux contraintes subies par cette région sous la forte avancée (9 cm/an) de la plaque Nazca. On espère pouvoir y mettre en évidence des précurseurs asismiques (accélération des déformations) avant un grand séisme à venir (de magnitude 8 ou plus).

Shaw et Suppe (1996) ont détecté, lors de forages pétroliers, une faille subhorizontale active, cachée, à 3 km de profondeur sous le bassin de Los Angeles. Elle pourrait produire un séisme de magnitude 6,7 tous les 200 ans, ou tout aussi bien un de magnitude supérieure à 7 tous les 3 000 ans.

La *paléosismologie* (voir p. 83 a) montre qu'il y a eu sur certaines failles des séismes très violents, mais trop espacés pour figurer sur les cartes de sismicité : 16 séismes de magnitude supérieure à 7 au cours des derniers 5 600 ans dans les monts Wasatch (Utah), une menace pour Salt Lake City ; 6 très gros séismes dans les derniers 4 500 ans le long du golfe d'Alaska (dernier en 1964, m : 8,2).

■ **Prévention en France** (pays peu sismique mais à risque élevé là où la population est groupée, où les équipements techniques et industriels sont sensibles).

Nouveau zonage sismique de la France : publié en 1986 par la Délégation aux risques majeurs, il a été établi par l'*Atelier risque et génie sismique* du BRGM. Voir carte col. b. Le *BCSF (Bureau central sismologique français)* recalcule le foyer des séismes situés en France et à ses abords immédiats.

Construction parasismique : dans les zones désignées, depuis 1994, toutes les constructions, même individuelles, doivent être conformes aux « Recommandations AFPS92 pour la rédaction des règles relatives aux ouvrages et installations à réaliser dans les régions sujettes aux séismes ».

Règles particulières : installations présentant des risques particuliers ou devant être protégées au maximum (centres de décision, de secours, de soins). Testées à Saclay, où la plus grande table vibrante d'Europe peut reproduire, en direction, intensité et durée, sur des spécimens ou des maquettes pesant jusqu'à 20 tonnes ou longues de 15 m, tous les mouvements sismiques ou d'explosions rapprochées : *Tamaris* au CEA.

■ **La prévention sismique est-elle efficace ?** M. K. Sieh, géologue au *California Institute of Technology* (Pasadena), a estimé après le séisme du 1-10-1987 de magnitude 5,8 en Californie (8 †, 2 200 sans-abri, environ 360 millions de dollars de dégâts) que ce choc aurait pu tuer 10 000 personnes à Los Angeles si les normes de construction parasismique en vigueur depuis 50 ans n'avaient pas été appliquées. De même, les pertes et dégâts auraient été catastrophiques en Californie le 17-10-1989 (magnitude 7,1) si la réglementation parasismique pour les constructions n'avait pas été établie après 1906 et renforcée progressivement ensuite, spécialement après 1933 (intensité IX à Long Beach). En comparaison, le séisme d'Arménie du 7-12-1988 (magnitude 6,9) fit environ 25 000 †, des dizaines de milliers de blessés, des destructions avec dommages à longue échéance.

■ **Surveillance et alerte sismiques en France. RéNaSS (Réseau national de surveillance sismique) :** à Strasbourg, géré par l'Institut de physique du globe, reçoit instantanément, ou légèrement différés, les enregistrements d'environ 86 stations (7 isolées). Le RéNaSS procède à l'évaluation immédiate de la position et de la magnitude. Les autorités civiles et services techniques sont avisés quand la magnitude atteint ou dépasse 3,5. **LDG (Laboratoire de détection géophysique) :** rattaché au CEA, reçoit en continu les données de 41 stations et émet sans délai pour chaque séisme de magnitude 4 en France ou à sa périphérie un avertissement aux organismes intéressés [Sécurité civile, Délégation aux risques majeurs, EDF (barrages), GDF], comportant la localisation de l'événement et sa magnitude. Il diffuse un bulletin hebdomadaire des séismes enregistrés dans un rayon de 1 000 km autour de la France. En 37 ans (1962-99) le LDG a localisé plus de 25 000 séismes *naturels.* Le nombre des séismes *induits* (barrages, mines, gaz et pétrole, carrières) est 10 fois plus élevé (voir Séismes artificiels p. 84 c). **Réseau Sismalp (observatoire de Grenoble) :** 44 stations réparties tous les 35 km du lac Léman à la Corse. Surveille les Alpes occidentales et leurs abords. Localise les séismes de magnitude supérieure à 1,5 avec une précision de l'ordre du kilomètre (880 localisations en 1999, soit environ 2 par jour). Participent à cette surveillance les 19 stations du réseau de Gênes (Ligurie et Piémont). **Réseau sismologique des Pyrénées :** 20 stations autonomes du côté français, de l'Atlantique à la Méditerranée. Transmission satellitaire ou téléphonique, avec accès direct des données à Toulouse ou Strasbourg (RéNaSS). Collaboration avec réseaux catalan et espagnol. Au total (en 2000), 55 stations permanentes sont en service dans les Pyrénées.

☞ **Campagne Respyr-97 (Réseau Pyrénées-97) :** utilisant le système de localisation par satellites GPS (Global Positioning System) a étudié les mouvements liés à l'activité sismique et à la déformation interne des Pyrénées résultant d'une collision entre 2 plaques tectoniques (la plaque ibérique se rappochant du continent européen à raison de plusieurs mm par an, la distance Toulouse-Madrid a ainsi diminué d'une centaine de km depuis 70 Ma). 14 récepteurs ont capté simultanément les signaux transmis par les satellites. Ce travail d'observation se fera pendant une vingtaine d'années avant de pouvoir détecter les mouvements tectoniques.

Outre-Mer. Petites Antilles : 29 stations depuis 1990 pour la surveillance sismique et volcanique (Soufrière et montagne Pelée) ; **Polynésie française :** 11 ; **Nlle-Calédonie :** 1 ; **Kerguelen :** 1 et **Terre Adélie :** 1.

☞ Quiconque ressent un tremblement de terre est invité à faire connaître ses observations au *BCSF (Bureau central sismologique français)* 5, rue René-Descartes, 67084 Strasbourg Cedex (où, en septembre 1992, à l'occasion du 100e anniversaire du 1er enregistrement télésismique qui y fut obtenu, un musée de la sismographie a été inauguré). Les renseignements *macrosismiques* sont archivés par le *BRGM (Bureau de recherches géologiques et minières)* à Orléans avec d'autres incidents géologiques (glissements, effondrements, débit des sources). Les éventuels dégâts sont inspectés sur place par l'*Association française de génie parasismique (AFPS)* en France ou à l'étranger.

■ **Europe. Réseaux nationaux et particuliers en service :** Belgique 15 stations ; Pays-Bas 10 ; Espagne 48 dont Catalogne 10 et Andalousie 17 ; Allemagne 13 [Fossé rhénan, Westphalie (mines)] ; Grande-Bretagne 72 (stations groupées en sous-réseaux et en liaison avec la Norvège par l'archipel des Shetland) ; ex-Yougoslavie 22 et depuis 1975 des instruments mesurent les fortes secousses : accéléromètres (100 au sol, 176 dans des ouvrages) et séismoscopes (122 au sol, 15 sur des ouvrages) ; Albanie 9 ; Grèce et îles 23 ; Bulgarie 9 ; Roumanie 38 ; Hongrie 5 ; Autriche 14 ; Italie 85 (avec Sicile et Sardaigne).

Depuis 1993, à Ispra (Italie), le *laboratoire Elsa (European Laboratory for Structural Assessment)* peut tester la résistance ou la déformation de bâtiments (ayant jusqu'à 5 étages), des systèmes légers de tuyauteries et autres structures de génie civil, en cas de séisme important. Des essais sur modèles réduits sont conduits par l'Association européenne des laboratoires de mécanique des structures.

Le CSEM (Centre sismologique euro-méditerranéen) : à Bruyères-le-Châtel (Essonne) diffuse pour chaque séisme de magnitude 5 ou plus une alerte aux autorités civiles, agences de presse et services scientifiques. En 1994 ce système a été étendu à l'échelle mondiale. *Alertes 1997 :* 71 ; *1998 :* 73 ; *1999 :* 86 (dont 1 de magnitude M_s 7,3 au Vanuatu) ; *2000 :* 61 (dont 1 de magnitude M_s 7,9 au large de Sumatra).

Accélérographes : permettent de mesurer le comportement réel des sols et des fondations ainsi que les répercussions dans les étages des immeubles où ils sont également disposés.

■ Séismes principaux

■ **Sismologie historique. Données les plus anciennes :** avant celles, datées, de la Chine : inscriptions cunéiformes en Mésopotamie, destructions à Ninive aux XIIe, VIIIe et VIIe siècles av. J.-C. Bible et Coran : nombreuses allusions. Classiques grecs : Perse vers – 330 après le passage d'Alexandre le Grand.

Paléosismologie : elle révèle l'existence de catastrophes préhistoriques, par l'étude et la datation des vestiges archéologiques : plusieurs destructions subites et massives aux IIIe et IIe millénaires av. J.-C., dans le nord de la *Perse* et au VIIe siècle av. J.-C. dans l'ouest de ce pays. En *Californie,* des irrégularités observées dans les couches superficielles sont pour les géologues la trace de mouvements violents dans un passé géologique récent.

Catalogues : *Catalogues du comte F. de Montessus de Ballore* établis de 1885 à 1906 et conservés à la Bibliothèque nationale à Paris mentionnent 171 000 séismes ressentis avant 1900. *Catalogue mondial* (NEIC, USA) : données sur 438 000 séismes entre 2 100 av. J.-C. et 1988. *Chine* (1988) : 5 volumes, 4 471 pages qui réunissent les sources écrites du XXIIIe s. av. J.-C. à 1980. *Japon :* Tuyama (1899) : 1 896 grands séismes entre 416 et 1864 ; Musha (1949) : 6 000 entre 416 et 1867 ; Usami (1977) : 617 destructeurs de 416 à 1975. *Iran :* Ambraseys : 260 grands séismes de 628 à 1900 et plus de 144 de 1900 à 1979. *Italie :* 36 783 de 1450 av. J.-C. à 1982 dont 2 027 de magnitude supérieure ou égale à 4 entre 1890 et 1982 (22 par an). *Amérique du Sud :* 14 volumes (1985). *Suisse :* 4 000 secousses connues. *Hongrie* et *Carpates :* 5 000 connues entre l'an 456 et 1986. *France :* le résumé « Mille ans de séismes en France » (1996) est basé sur 5 700 tremblements ressentis sur le territoire et connus par 79 000 observations ponctuelles, contrôlées et justifiées par 8 000 références bibliographiques avec environ 2 000 pages de textes anciens et récents conservés sur CD-Rom ; basé sur ces données, l'ouvrage « Recherche des caractéristiques des séismes historiques en France » (2 volumes, 1994) présente un atlas de 140 cartes macrosismiques (1356-1990).

Séismes majeurs : en retenant les critères de la National Oceanic and Atmospheric Administration des USA (1 million de dollars 1979 de dégâts, 10 morts au minimum ou magnitude supérieure à 7,5) on dénombre 2 476 séismes importants (destructeurs ou meurtriers) entre l'an 10 et 1979. La carte mondiale de 1 277 grands séismes (1900-79) dont 680 destructeurs confirme les traits généraux de la carte de 1857 par R. Mallet (Dublin).

■ **Bilan** (pertes humaines). **Monde.** *De 1600 à 1900 :* plus de 2 500 000 morts ; *de 1900 à 1975 :* environ 1 000 000 de † (moyenne annuelle plus de 14 000). *1976 :* année la plus meurtrière depuis 240 ans, sinon depuis 2 000 ans, en admettant que le nombre de 830 000 victimes en 1556 en Chine a pu être surestimé. *1983 :* 2 110 †, 1 000 blessés. *1987 :* 5 100 †. *1988 :* 27 000 †. *1989 :* 572 †. *1990 :* 40 000 à 50 000 †. *1991 :* 3 600 †. *1992 :* 3 600 †, 15 000 blessés, 48 000 sans-abri, 14 000 maisons détruites et 14 000 endommagées. *1996 :* 2 464 † (21 séismes). *1997 :* 2 913 † (20 séismes). **Iran** *1960-1991 :* environ 220 000 †. **Japon** *1828-1948 :* 18 séismes avec plus de 500 †, au total 212 000 † et 937 000 maisons détruites. **Turquie** *1930-92 :* 30 grands séismes, 64 380 †, 355 000 maisons détruites. **Pays méditerranéens** (avec Turquie) *1968-91 :* 20 155 †, 40 000 blessés, 1 100 000 sans-abri.

Liste alphabétique

Légende. Pays de l'épicentre ou des dégâts, date, nombre estimé de morts (†) ; nombre de blessés (bl.), maximum d'intensité connu (échelle MSK ou EMS) indiqué en chiffres romains, et magnitude estimée (m.).

Afghanistan **1982**-*16-12* : 450 † ; m. 6,7. **1997**-*13-5* : 1 † ; 11 bl. ; m. 6,1. **1998**-*4-2* : 2 323 † ; 8 100 maisons détruites ; m. 6,1 ; *-20-2 :* 1 (avalanche détruisant 35 maisons) ; m. 5,7 ; *-30-5 :* 4 700 † ; m. 6,9. **Albanie** **1988**-*9-1* : dégâts considérables ; m. 5,8. **Algérie** **1716**-*3-2* Alger : 20 000 †. **1790**-*9-10* Oran. **1819** Mascara : nombreux †. **1825**-*2-3* Blida : 7 000 †. **1946**-*12-2* Hodna : 246 † ; m. 6. **1954**-*9-9* Orléansville : 1 243 † ; m. 6,9. **1980**-*10-10* El-Asnam (ex-Orléansville) : 3 500 (20 000 ?) † ; m. 7,3. **1985**-*27-10* : 6 † ; m. 5,9. **1989**-*29-10* : 30 † ; m. 5,7. **1994**-*18-8* : 160 †, 8 000 à 10 000 sans-abri ; m. 5,9. **1996**-*4-9* : m. 5. **Allemagne** **858**-*1-1* Mayence : VII-VIII. **1755**-*26-12* Aix-la-Chapelle. **Antilles** **1669. 1690**-*26-2* : m. 7,5. **1735**-*27-7* : m. 6,5. **1825**-*20-9* La Trinité : VIII. **Arabie saoudite** **873**-*septembre* Hedjaz : nombreux † ; m. 7. **1588**-*4-1* Hedjaz : m. 7. **Argentine** **1861**-*21-3* : 18 000 †. **1944**-*15-1* : 5 000 † ; m. 7,8. **1977**-*23-11* : 70 † ; m. 7,4. **Arménie** **1840**-*2-7* : 2 063 † ; m. 7,4. **1986**-*13-5* : 2 † ; 1 500 maisons détruites ; m. 5,6. **1988**-*7-12* Spitak : + de 25 000 †, 400 000 sans-abri, coût de reconstruction : 16 milliards de $; m. 6,9. **1997**-*28-2* : 1 000 † ; 2 600 bl. ; m. 6,1. **Australie** **1989**-*23-5* île Macquarie (Antarctique) : m. 8,3. **Autriche** **456**-*9-9* Savaria : VII. **1201**-*4-5* : IX-X. **1237**-*16-9*. **1348**-*25-1* : 5 000 †. **Azerbaïdjan** **2000**-*25-11* Bakou : 26 †, 300 bl.

Bangladesh **1988**-*6-2* : 2 100 bl. ; m. 5,8. **Belgique** **1938**-*11-6*. **1983**-*8-11* : 2 † ; m. 4,9. **1995**-*20-6* : m. 4,9. **Bénin** **1939**-*22-6* Cotonou : VI. **Birmanie** voir **Myanmar. Bolivie** **1994**-*9-6* : m. 6,9 (foyer à 637 km de profondeur ; séisme ressenti jusqu'au Canada). **Bulgarie** **1802**-*26-10* : m. 7,5. **1904**-*4-4* : m. 7,8.

Cameroun **1911**-*26-3* : V ; m. 6. **1944**-*12-9* : VIII ; m. 5,6. **Canada** **1663**-*5-2* St-Laurent : X. **1732**-*16-9* Montréal : IX. **Chili** **1833**-*18-9* : m. 7,5. **1906**-*17-8* Valparaiso : 2 500 † ; m. 8,6. **1928**-*1-12* : m. 8. **1939**-*25-1* Concepcion : 25 000 † ; m. 8,3. **1960**-*22-5* Lebu : 2 300 † (tsunami) ; m. 8,7. **1985**-*3-3* : 180 †, 130 000 sans-abri ; m. 7,8. *-4-3* : m. 6,5. *-17-3* : m. 6,6. *-3-4* : m. 7,2. *-9-4* : 2 † ; m. 7,2. **1995**-*30-7* : 3 † ; 630 sans-abri ; m. 7,3. **1996**-*9-9* : m. 6,1. **1997**-*19-10* : 8 †, 300 bl. ; 5 000 maisons détruites ; m. 6,8. **Chine** **–70**-*1-6* : 6 000 †. **1038**-*9-1* : 23 000 †. **1057** : 25 000 †. **1290**-*27-9* Jehol : 100 000 †. **1556**-*23-1* Shansi, Shensi, Kansou : 800 000 à 1 000 000 de †, le plus meurtrier ; m. 8/8,3. **1590**-*7-7* : très meurtrier. **1622**-*25-10* : 12 000 †. **1695**-*mai* : 30 000 †. **1718**-*juin* : 43 000 †. **1731** Pékin : 100 000 †. **1739. 1850**-*12-9* : 20 650 † ; m. 7,5. **1879**-*1-7* : 10 430 † ; X. **1902**-*22-8* (?). **1918**-*13-2* : 10 000 † ; m. 7,3. *-30-7* : 1 800 † ; m. 6,5. **1920**-*16-12* Kansou : environ 200 000 † ; m. 8,5. **1923**-*24-3* : 5 000 † ; m. 7,3. **1925**-*16-3* : 3 600 † ; m. 7. **1927**-*22-5* T'sing-hai : 41 000 † ; m. 8,3. **1932**-*26-12* Kansou : 70 000 † ; m. 7,6. **1933**-*25-8* : 10 000 † ; m. 7,4. **1948**-*25-5* : 1 000 † ; m. 7,3. **1969**-*25-7* : 3 000 † ; m. 5,9. **1970**-*4-1* Yunnan : au moins 55 000 † ; m. 7,5. **1973**-*6-2* : au moins 640 †. **1974**-*10-5* : 10 000 † ; m. 7,4. **1975**-*4-2* Liaoning : 1 300 † (mais Haicheng évacuée à temps) ; m. 7,4. **1976**-*27/28-7* Tangshan : 242 000 † (à 750 000 ?), 800 000 bl. dont 164 000 bl. graves ; m. 7,8 et 7,4. **1981**-*23-1* : 150 † ; m. 6,7. **1985**-*23-8* : 67 † ; m. 7,6. **1990**-*26-4* : 126 † ; m. 6,9. **1995**-*11-7* sud : 6 † ; 100 000 maisons détruites ; m. 7,2. *-21-7* Kansou : 14 †, 5 000 sans-abri ; m. 5,7. *-23-10* Yunnan : 36 † ; m. 6,4. **1996**-*3-2* Yunnan : 312 †, 1 925 bl., 35 800 maisons détruites ; m. 6,5. *-12-3* Xinyiang : 24 †, 120 bl., 15 315 maisons détruites ; m. 6. *-3-5* Mongolie : 18 †, 300 bl. ; m. 6. **1997**-*21-1* : 12 †, 40 bl. ; m. 5,8. *-5-3* : 23 bl. ; m. 5,9 et 5,8. *-11-4* : 9 †, 89 bl., 100 000 sans-abri ; m. 6,1. **1998**-*10-1* : nord-ouest : 70 †, 11 500 bl. ; m. 5,6. **2001**-*23-2* : Sichuan : 10 † ; m. 5,6. **Chypre** **–15** : catastrophique. **76** : destructeur. **1222**-*mai*. **1810**-*16-2* : dégâts. **1995**-*23-2* : 2 † ; m. 5,8. **1996**-*9* et *10-10* : 2 †, 20 bl. ; m. 6,8 et 5. *-27-11* : m. 5. **Colombie** **1868**-*13-8* : 30 000 † ; m. 8,8. **1979**-*12-12* : 600 † ; m. 7,7. **1983**-*31-3* : 350 † ; m. 5,5. **1987**-*6-3* : 1 000 † ; m. 6,9. **1991**-*19-11* : 2 † ; m. 7. **1992**-*18-10* : 11 † ; par explosion d'un volcan de boue. Apparition d'une nouvelle île en mer des Caraïbes ; m. 7,3. **1994**-*6-6* : 295 †, 500 disparus, 13 000 sans-abri. **1995**-*19-1* : 6 † ; m. 6,6. *-8-2* : 42 † ; m. 6,3. *-4-3* : 8 † ; m. 4,4. **1999**-*25-1* : 1 900 †, 5 000 bl., 250 000 sans-abri ; m. 5,9. **Congo démocratique (ex-Zaïre)** **1903**-*4-6* : V ; m. 6,4. **1908**-*2-4* : V ; m. 6,2. **Costa Rica** **1910**-*13-4* : 1 750 † ; m. 7,3. **1983**-*3-4* : 6 † ; m. 7,3. **Costa Rica et Panama** **1991**-*22-4* : 55 † ; 9 800 sans-abri ; m. 7,6. **Côte d'Ivoire** **1879**-*11-2* : VIII ; m. 5,7. **1889** : VIII ; m. 4,7. **1939**-*22-6* Abidjan : V. **Croatie** **1996**-*5-9* : Dubrovnik ; m. 5,9.

Égypte **1810**-*16-2* : dégâts. **1843**-*7-8* : 77 † ; m. 5,7. **1992**-*12/15-10* : 541 † ; m. 5,9. **1995**-*22-11* : 8 †, 30 bl. ; m. 7,3. **Équateur** **1797**-*4-2* : 40 000 †. **1868**-*13-8* : 40 000 †. **1906**-*31-1* : 2 000 † ; m. 8,9. **1949**-*5-8* Ambato : 6 000 † ; m. 6,8. **1979**-*12-12* : 600 † ; m. 7,9. **1995**-*3-10* : 2 † ; m. 7. **1996**-*28-3* : 27 †, 100 bl., milliers de sans-abri ; m. 5,8. **Espagne** **1024** Andalousie : IX-X. **1169** Andalousie : VII. **1357**-*14-5* Andalousie : VIII. **1396**-*18-12* sud : IX. **1428**-*2-2* Catalogne : 600 † *(ressenti XI en France).* **1431**-*24-4* sud : IX. **1504**-*5-4* sud : IX. **1518**-*9-11* sud : IX. **1522**-*22-9* : IX. **1531**-*26-1* : X (de Lisbonne à la Tunisie). **1645** : IX. **1654**-*20-10* Minorque : IX. **1680**-*9-10* Andalousie : IV (tsunami en Espagne et au Maroc). **1731** Andalousie, Maroc. **1748**-*23-3* sud : IX. **1773**-*12-4*. **1804**-*25-8* sud : IX. **1816**-*2-2* sud. **1829**-*21-3* : X. **1884**-*25-12* Andalousie : 745 †, IX ; m. 6,7. **États-Unis** **1811**-*16-12* Missouri : XI ; m. 8. **1812**-*23-1* et *7-2* (répliques) : m. 8. *-8-12* Californie : 40 † ; IX. **1857**-*9-1* Californie : X-XI. **1872**-*26-3* Californie : IX. **1899**-*10-9* Alaska : m. 8,6. **1906**-*18-4* Californie (San Francisco) : 700 (3 000 ?) † ; m. 8,25 ; incendie de la ville, faille de 420 km de long. **1918**-*11-10* Porto-Rico : 116 † (tsunami) ; m. 7,5. **1938**-*10-11* côte de l'Alaska : m. 8,1. **1952**-*21-7* Californie : 12 † ; m. 7,5. **1964**-*28-3* Anchorage, Alaska : 130 † ; m. 8,2. **1971** Californie : 64 † ; m. 6,1. **1983**-*2-5* Californie : m. 6,5. **1987**-*1-10* Californie : 8 † ; m. 5,8. **1988**-*11-2* Californie : m. 4,8. *-6-3* golfe d'Alaska : dommages causés à 3 tankers en mer ; m. 7,6. **1989**-*17-10* Californie (San Francisco) : 67 † (surtout des automobilistes écrasés dans l'effondrement de la voie supérieure du Bay Bridge), 3 757 bl. ; 6,1 milliards de $ de dégâts ; m. 7,1. **1991**-*28-6* Californie : 2 † ; m. 5,8. **1992**-*28-6* Californie : 1,92 million de $ de dégâts ; m. 7,5 et 6,6. **1994**-*17-1* (avant l'aube) Californie (Northbridge, Los Angeles) : 61 †, 15 000 bl., 50 000 sans-abri ; dégâts 40 milliards de $; m. 6,6. **1995**-*14-4* Texas : m. 5,7. **1999**-*16-10* Sud Californie : m. 7. **2001**-*10-1* Alaska (îles Kodiak) : m. 7,1.

France (voir p. 82 a et b et voir Seismes à l'index).

Géorgie **1139** : 100 000 †. **Ghana** **1615** : VIII. **1636**-*18-12* : IX ; m. 5,7. **1862**-*10-7* : 5 † ; m. 6,5. **1939**-*22-6* : 22 † ; m. 6,3. **Grande-Bretagne** **1884**-*22-4* : VII. **Grèce** **365**-*27-7* Crète : 50 000 †. **856**-*22-12* Corinthe : 45 000 † ; m. 7,2. **1769**-*12-10* Leukade. **1894**-*20-4* : 223 † ; m. 6,4. **1928**-*22-4* : 22 † ; m. 6,3. **1938**-*20-7* : 18 † ; m. 6,1. **1953**-*9/13-8* îles Ioniennes : 504 † ; m. 7,5. **1954**-*30-4* : 25 † ; m. 6,7. **1956**-*9-7* Amorgos : 53 † ; m. 7,2. **1965**-*5-4* : 18 † ; m. 5,1. **1981**-*24-2* : 16 † ; m. 6,7. **1983**-*17-1* îles Ioniennes : m. 7,1. *-6-8* mer Égée : VIII ; m. 7,3. **1986**-*13-9* : 20 † ; m. 5,8. **1988** m. 5,8. **1995**-*13-5* : m. 6,6. *-15-6* : 26 † ; m. 6,5. **1996**-*1-3* Crète : m. 5,2. *-12* et *26-4* Dodécanèse : m. 5,8 et 5,3. *-20-7* Dodécanèse : m. 5,6. **Guadeloupe** **1843**-*8-2* : 1 800 (?) †. **1851. 1897**-*29-4* : VIII ; m. 5,5. **Guam** **1993**-*8-8* : IX ; m. 8,2. **Guatemala** **1902**-*19-4* : 2 222 † ; m. 8,3. **1976**-*4-2* : plus de 22 868 † ; m. 7,5. **1995**-*12-12* : 1 † ; m. 5. **Guinée** **1818**-*janv.* : VII ; m. 5,9. **1983**-*22-12* : 150 † ; m. 6,4.

Haïti **1751, 1770, 1842 :** destructeurs. **Hindou Kouch** **1990**-*13-7* : avalanche tue 43 alpinistes ; m. 5,6. **1991**-*31-1* : 200 à 400 † (Pakistan 300, URSS 3) ; m. 6,4.

Inde **873** : 180 000 †. **1737** Calcutta : 300 000 †. **1885**-*30-5* Cachemire : 3 000 †. **1897**-*12-6* Assam : 1 500 † ; m. 8,0. **1905**-*4-4* Kangra : 20 000 † ; m. 8,6. **1934**-*15-1* : 10 700 † ; m. 8,4. **1935** Quetta : 30 000 † ; m. 7,5. **1950**-*15-8* Assam : 1 526 † ; m. 8,6. **1981**-*12-9* Cachemire (Gilgit) : 213 † ; m. 5,9. **1991**-*19-10* nord : 2 000 † ; m. 7. **1993**-*29-9* sud (Khillari) : 9 748 † ; m. 6,3. **1997**-*21-5* sud : 38 † ; 1 000 bl. ; m. 5,6. **2001**-*26-1* Gujurat : 25 000 † ; m. 7,7. **Indonésie** **1883**-*26-8* Java : 80 000 †. **1917**-*21-1* Java : 15 000 † ; m. 7,5. **1969**-*23-2* : 600 † ; m. 6,9. **1976**-*25-6* Nlle-Guinée occidentale : plus de 6 000 † ; m. 7,1. *-14-7* Bali : 559 † ; m. 6,5. **1979**-*17-12* Bali : 27 † ; m. 6,6. **1990**-*8-4* : 3 † ; m. 7,4. **1991**-*4-7* Timor : 23 † ; m. 4. **1992**-*12-12* île Flores : 2 200 † ; m. 7,5. **1993**-*13-2* île Flores : 1 400 † ; m. 6,8. **1994**-*15-2* Sumatra : 210 † ; 75 000 sans-abri, Java :

250 † (tsunami pénétrant à 500 m à l'intérieur des terres) ; m. 7. 1995-14-5 Timor : 5 à 11 † (tsunami) ; m. 6,9. -6-10 Sumatra : 84 †, 65 000 sans-abri ; m. 6,9. -19-12 : 2 † ; m. 6,3. 1996-1-1 Sulawesi : 9 † (tsunami m. 5 à 10) ; -17-2 : 108 † (tsunami de 7 m) ; m. 8,1. 1997-28-9 : 17 †, 300 bl. ; m. 5,9. 2000-4-5 Sulawasi : 50 †, 264 bl. ; m. 7,6 (tsunami de 6 m. -4-6 Sud Sumatra : 103 †, 2 174 bl. ; m. 8. 2001-12-3 : Java : m. 5,8. **Iran** 856 : 200 000 bl./†. 872-21/22-6 Dinawar : 20 000 † ; m. 6,8. 1042-4-11 Tabriz : 50 000 † ; m. 7,6. 1549-15-2 Khorassan : 3 000 †. 1641-5-2 Tabriz : 30 000 † ; m. 6,8. 1721-26-4 Tabriz : 8 000 † ; m. 7,7. 1727-5-2 Tabriz : 77 000 †. 1755-7-6 Kashan : 40 000 † ; m. 5,9. 1778-15-12 : 8 000 †. 1780-8-1 : plus de 50 000 †. 1852-22-2 Quchan : 2 000 †. 1853-5-5 Chiraz : 12 000 †. -11-6 Ispahan : 10 000 †. 1871-23-12 Quchan : 1 000 † ; m. 7,2. 1873-17-11 Quchan : 15 000 † ; m. 7,1. 1909-23-1 Fars : 7 000 † ; m. 7,4. 1923-25-5 : 2 219 † ; m. 5,5. 1929-1-5 : 5 803 † ; m. 7,2. 1930-6-5 : 2 600 † ; m. 7,2. 1944-27-11 : 4 000 † ; m. 8,2. 1946-4-11 Luristan : 2 500 † ; m. 6, 8. 1948-6-10 : 19 800 † et URSS 110 000 † à Achkhabad (révélés en 1988) ; m. 7,3. 1953-12-2 : 971 † ; m. 6,5. 1956-4-11 Luristan : 2 500 † ; m. 6,8. 1957-2-7 Iran septentrional : plus de 1 200 † ; m. 7,3/7,1. 1960-24-4 Lar, Herash : 400 † ; m. 5,8. 1962-1-9 Qazvin : 12 225 † ; m. 7,3. 1968-31-8 Khorassan : 10 488 † ; m. 7,4. 1972-10-4 Fars : 5 044 † ; m. 7. 1978-16-9 Tabas : 18 220 à 25 000 † ; m. 7,3 à 7,7. 1981-11-6 : 3 000 † ; m. 6,7. -28-7 Kerman : 1 500 † ; m. 7,1. 1990-20-6 : 40 000 à 50 000 †, 60 000 bl., 400 000 sans-abri ; m. 7,7. -21-6 : réplique : 20 † ; m. 5,8. 1996-26-2 : m. 5,6. -18-10 sud : m. 5,6. -18-11 : m. 5,3. -21-12 sud : m. 5,9. 1997-21-5 nord : 1 567 †, 2 300 bl., 10 532 maisons détruites ; m. 7,1. **Iraq** 1996-24-12 : m. 5,3. **Islande** 1896-26-8 : m. 6,5. -27-8 : m. 6,2. -5-9 : m. 6,5. 1996-29-9 : m. 5,2. **Italie** 429,467 Ravenne. 492.501. 726 à 744 Ravenne. 778 Trévise. 836 Pavie. 1046 Le Trentin ; X. 1065 Brescia ; VII. 1117 Vérone ; X. 1169-4-2 Sicile : 25 000 †. 1174 Bologne. 1182 Gênes. 1208 et 1212 Brescia. 1218 Gênes et Milan. 1222-25-12 Lombardie : 10 000 †. 1228 Milan. 1242 Vicence. 1249 Reggio. 1259 Sicile. 1456-15-12 Naples : 30 000 †. 1564-6-6 Cattaro. 1570-17-11 Ferrare, Florence. 1627-30-7 Apulie : 17 000 †. 1638-27-3 Calabre : 19 000 †. 1693-11-1 Catane : 60 000 †. 1783-5-2/28-3 Calabre : 50 000 †. 1851-14-8 : 14 000 †. 1857-16-12 Naples, Salerne : 12 000 †. 1883-28-7 Ischia : 2 313 †. 1887-23-2 Riviera (Italie/France) : 640 † *(ressenti VIII en France)*. 1905-8-9 Calabre : 533 † ; m. 7,3. 1908-28-12 Messine : 58 000 † ; m. 7,5. 1915-13-1 Avezzano : 29 978 † ; m. 7,5. 1920-7-9 : 1 400 † (la loi martiale fut proclamée contre les pillards dont certains furent fusillés) ; m. 7,3. 1930-23-7 Ariano : 1425 † ; m. 6,5. 1968-15/22-1 Gibbelina (Sicile) : 740 † ; m. 6,2. 1976-6-5 Frioul : 965 † ; m. 6,5. 1980-23-11 Naples : 2 737 † ; m. 6,9. 1984 : 7 500 sans-abri ; m. 5,2. -7-5 Abruzzes : 3 †, 2 000 sans-abri ; m. 5,5. -11-5 : 3 †, 7 500 sans-abri ; m. 5,2. 1985-25-12 Sicile : 1 † ; avec éruption de l'Etna ; m. 4,3. 1990-5-5 sud : 2 † (arrêt cardiaque) ; m. 5,4. -13-12 Sicile : 19 †, 2 500 sans-abri ; m. 5,5. 1996-9-7 centre : m. 4. -15-10 nord : VII ; m. 5,4/4,4/4,5. 1997-26-9 centre : 11 †, 100 bl., 80 000 maisons endommagées ; VIII et IX ; m. 5,6 et 6,0.

Jamaïque 1688-19-2 et Petites Antilles. 1907-14-1 : 1 000 † ; m. 6,5. **Japon** 648-29-11 : catastrophique. 684-14-10. 818-10-8 : m. 7,9. 869-26-5. 887-26-8 : catastrophique. 1293-27-5 : 30 000 †. 1298-avril : 10 000 †. 1361-7 et 8-8 : centaines par tsunami. 1498-20-9 : 41 000 † ; m. 8,6. 1605-31-1 : 3 862 †. 1611-27-11 : 3 700 †. -2-12 : 1 783 †. 1666-1-2 : 1 500 †. 1703-30-12 : 5 233 †. 1707-28-10 : 4 900 †. 1751-20-5 : 2 000 †. 1771-24-4 : 11 950 †. 1792-21-5 : 14 810 †. 1828-18-12 : 1 443 † ; m. 6,9. 1847-8-5 : 6 000 † ; m. 7,4. 1854-7-9 : 1 800 † ; m. 7,6. -11-11 : 10 000 † ; m. 6,9. -23-12 : 1 000 †. -24-12 : 3 000 † ; m. 8,4. 1872-14-3 : 800 † ; m. 7,1. 1889-17-4 (1er séisme lointain identifié à Strasbourg par E. von Rebuer-Paschwitz). 1891-27-10 : 7 273 † ; m. 8. 1894-27-4 : 30 † ; m. 6,9. -22-10 : 726 † ; m. 8,1. 1896-15-6 Sanriku : 27 959 † ; m. 7,2 (2 séismes et tsunami). 1914-12-1 : m. 7. 1923-1-9 Tokyo, Yokohama : 143 000 †, 43 476 disparus, 103 733 bl., 254 459 maisons détruites ou endommagées, 447 128 incendiées ; le plus destructeur au Japon ; m. 8,3. 1927-7-3 Tango : 3 017 † ; m. 7,9. 1933-2-3 Sanriku : 3 064 † ; m. 8,2. 1943-10-9 Tottori : 1 190 † ; m. 7,2. 1944-7-12 : 900 † ; m. 8,3. 1945-12-1 Honshu : 1 961 † ; m. 7,1. 1946-20-12 : 1 362 † ; m. 8,4. 1948-28-6 Fukui : 3 769 † ; m. 7,3. 1968-16-5 Hokkaido : 52 † ; m. 7,9. 1974-9-5 Izu : 38 † ; m. 6,9. 1982-21-3 : 110 † ; m. 6,5. 1983-26-5 : 104 † (tsunami) ; m. 7,7. 1989-1-11 Honshu : m. 7,4. 1993-11/12-1 : m. 7,1 ; -12-7 nord : plus de 200 † (Hokkaido, Corée, Russie, tsunami de 30 m à l'île Okushiri, 500 maisons détruites et 600 bateaux de pêche perdus) ; m. 7,6. 1994-4-10 Kouriles, Hokkaido : 17 † ; m. 8 à 8,2. -28-12 : 2 †, 200 bl. (tsunami de 1,1 m) ; m. 7,5. 1995-17-1 (avant l'aube) Kobe : 5 502 †, 36 896 bl., 200 000 habitations endommagées ou détruites ; dégâts : 140 milliards de $; m. 6,9. -1-4 Konsu : m. 5,8. 1996-16-2 Honshu : m. 6,5. -10-8 Honshu : m. 6,1. -2-12 Kyushu : 5,9.

Kazakhstan 1887-18-6 Alma-Ata. 1911-3-1 Alma-Ata : 450 † ; m. 7,8. 1990-14-6 : 1 †, 20 000 sans-abri ; m. 6,8. **Kirghizistan** 1902-16-12 : 4 725 † ; m. 6,4. 1992-10-8 : 75 †, 8 200 habitations détruites ; m. 7,4 et fortes répliques.

Liban 1759-30-10 Baalbek : 20 000 †. 1837-1-1 : 6 000 †. **Libye** 262 Cyrène : XII. 365 Cyrène : XII. 704 oasis de Sebhd : XII. 1183 Tripoli : 20 000(?) † ; XI. 1935-19-4 sud-est de Tripoli : m. 7,1.

Macédoine 1963-26-7 Skopje : 1 070 † ; m. 6. **Malawi** 1989-10-3 : 8 †, milliers de sans-abri ; VIII ; m. 6,2. **Maroc** 1079-octobre : IX. 1624-11-5 Fês : X. 1731 Agâdîr : IX (?). 1755-26-11 Fês : IX. 1773-12-4. 1794-31-8 Mellila : VIII. 1960-29-2/2-3 Agâdîr : 15 000 † ; m. 5,8. **Martinique** 1702-sept. : VIII ; m. 7. 1727-7-11 : m. 7. 1839-11-1. **Mexique** 1530 (plus ancien connu en Amér. latine). 1894-3-11 : m. 7,1. 1920-3-1 : 648 † ; m. 7,8. 1931-15-1 Oaxaca. 1932-3-6 Jalisco : m. 8,2. 1957-28-7 : 57 † ; m. 7,5. 1973-30-1 : 56 † ; m. 7,5. -28-8 : 750 † ; m. 7,2. 1985-19-9 : 25 000 ou 35 000 † (dont 5 000 à Mexico, à 400 km de l'épicentre), 100 000 sans-abri ; dégâts : 5 milliards de $; tsunami sur le Pacifique ; m. 8,1. 1995-14-9 : 3 † ; m. 7,2. -9-10 : 50 † ; m. 7,3. 1999-15-6 : m. 6,7. -30-9 Oaxaca : m. 7,5. **Mongolie** 1957-4-12 : environ 30 † ; m. 8. **Moyen-Orient** 528. **Myanmar** 1996-11-11 : m. 5,7. **Myanmar-Inde** 1988-6-8 : 3 †, 12 bl. ; m. 7,2. **Myanmar-Chine** 1988-6-11 : 730 † ; m. 7,3. 1995-11-7 : 11 † ; m. 7,1. 1999-15-6 : m. 6,7.

Népal-Chine 1995-11-7 : 6 †, 100 000 habitations détruites ; m. 7,2. **-Inde** 1988-20-8 : 998 † ; m. 6,6. **Nicaragua** 1931-31-3 Managua : 2 500 † ; m. 5,6. 1972-23-12 Managua : 5 000 †, 100 000 bl. ; 70 % de la ville détruite ; m. 6,2. 1992-2-9 : 116 † et Costa Rica 15 † (tsunami de 8 m.) ; m. 7,2. **Nlle-Zélande** 1931-2-2 : 255 † ; m. 7,9.

Ouzbékistan 1966 : 1 800 †.

Pacifique 1994-13-1 (210 km à l'est des îles Loyauté) : m. 7,2. 1998-25-3 (2 600 km de la Nlle-Zélande) : m. 7,9. **Pakistan** 25 : catastrophique. 1819-16-6 : 1 543 †. 1827-24-9 Lahore : 1 000 †. 1828-6-6 Srinagar : 1 000 †. 1832-22-1. 1842-19-2 : 500 †. 1892-20-12 : m. 6,4. 1935-31-5 Quetta : 25 000 † ; m. 7,5. 1945-28-11 : 4 100 † (tsunami) ; m. 8,3. 1974-28-12 : 800 à 1 500 † ; m. 6,2. 1983-30-12 : 12 † ; m. 7,2. 1997-27-2 : 60 † ; m. 7,3. **Palestine** 1033 : destructeur. 1068-11-3 : 20 000 † ; m. 7. 1202-20-5. **Papouasie-Nlle-Guinée** 1976-26-6 : 6 000 † ; m. 7,1. 1981-19-1 : 305 † ; m. 6,7. 1993-13-10 : 60 † ; m. 7,1. 1996-17-2 : m. 8. 1998-17-7 : 8 000 † (tsunami) ; m. 7,1. 1999 île de la Nlle-Bretagne : 10-5 et 10-6 : m. 7. 2000-16-11 île de la Nlle-Irlande : m. 8,1 et 7,7. -17-11 Nlle-Bretagne : m. 8. **Pays-Bas** 1225–27-10 Wierum ; VII. 1992-13-4 Roermond (dit de Maastricht) : 1 † (à Bonn, arrêt cardiaque) ; VII ; m. 5,4 (foyer à 20 km). **Pérou** 1582-22-1 : m. 7,5. 1586-9-7 : m. 8,1. 1604-24-11 : m. 8,7. 1619-14-2 Trujillo détruite ; m. 7,8. 1664-22-5 : m. 7,5. 1678-16-6 : m. 8. 1687-20 et 21-10 : m. 8,4 et 8. 1715-22-8 : m. 7,5. 1725-25-1 : m. 7,5. 1746-29-10 : 7 141 †, destruction de Lima ; m. 8,6. 1784-13-5 : m. 8,4. 1833-18-9 : m. 7,5. 1913-26-7 : m. 7. -6-8 : m. 7,8. 1922-11-11 : 600 † ; m. 8,4. 1940-24-5 : m. 8,1. 1942-24-8 : m. 8,2. 1946-10-11 : 1 400 † ; m. 7,3. 1950-21-5 Cuzco : 100 † ; m. 6. 1966-17-10 : m. 7,7. 1970-31-5 Ancash : 66 794 † ; m. 7,8. 1974-3-10 : m. 7,8. 1988-12-4 côte : m. 7. 1990-30-5 nord : 135 † ; m. 6,5. 1991-5-4 : 53 † ; m. 6,8. -23-7 : 90 † ; m. 5. 1995-3-10 : 2 † ; m. 7. 1996-21-2 : nord : 7 † (tsunami) ; m. 6,6. -12-11 : 14 †, 560 bl., 12 000 sans-abri ; m. 7,3. **Perse** 943-20-8 Gorgan : 5 000 † ; m. 7,6. 958-23-2 Rey : X ; m. 7,7. 1008-27-4 : 16 000 † ; m. 7. 1119-10-12 Qazvin : VIII ; m. 7,2. 1209 : 10 000 † ; m. 7,6. 1270-7-10 : 10 000 † ; m. 7,1. 1336-21-10 : 20 000 à 30 000 † (11 000 par épidémie). 1485-5-8 : X ; m. 7,6. 1608-20-4 Rudbar : X ; m. 7,6. 1678-2-2 Lahijan : VIII ; m. 6,5. 1844-13-5 Mianeh : VIII ; m. 6,9. 1863-30-12 Bulgavar : VIII ; m. 6,1. 1879-22-3 Gamrud : VIII ; m. 6,7. 1896-4-1 Khalkhal : VIII ; m. 6,7. **Philippines** 1863-31-7 : 10 000 †. 1897-16-3 : m. 7. -13-5 : m. 7. -15-8 : m. 7. **-20-9 : m. 7,4. -21-9 : m. 7,5. -18-10 : m. 7,3. -20-10 : m.** 7,1. 1955-31-3 : 430 † ; m. 7,9. 1976-16-8 : plus de 6 000 † ; m. 7,8. 1984-20-11 : m. 7,1. 1988-24-2 Luzon : m. 7. 1989-15-12 Mindanao : 2 † ; m. 7,4. 1990-14-6 : 4 † ; m. 7,1. -16-7 : 1 621 † ; m. 7,8. 1994-14-11 Mindora : 28 †, 225 bl. ; m. 6,8. 1996-11-6 île Samar : m. 6,9. 2001-1-1 Mindanao : m. 7,4. **Portugal** 382. 1531-26-1 Lisbonne : 30 000 †. 1722-27-12. 1755-1-11 Lisbonne : 60 000 † ; X ; m. 9 (?). 1761-31-3 Lisbonne : IX. 1837-1-1 Lisbonne : 6 000 †. 1909-23-4 : VIII ; m. 6,6. 1980-1-1 Açores : 56 † ; m. 6,9. 1996-9-3 Açores : m. 5,3.

Roumanie 1802-26-10. 1829-26-11 : m. 7. 1838-23-1 : m. 7,2. 1916-26-1 : VIII ; m. 6,5. 1940-10-11 Roumanie-Bulgarie : 1 000 † ; m. 7,3. 1977-4-3 Vrancea : 1 541 † ; m. 7,2. 1986-30-8 : 2 †, 55 000 maisons endommagées ; m. 6,9 et foyer à 140 km de profondeur. 1990-30-5 Roumanie, Bulgarie et URSS : 1 † ; m. 6,7 avec foyer à 90 km de profondeur. 1991-18-7 : 1 † ; VII ; m. 5,7. -2-12 : 4 500 sans-abri ; m. 5,6. **Russie** 1667-?-11 Shemakha : 80 000 †. 1902 : 5 000 † ; m. 8,6. 1948 : 110 000 † ; m. 7,3. 1949-10-7 : 3 500 † ; m. 7,6. 1954-4-11 Kamchatka : m. 8,4. 1991-29-4 ouest du Caucase : 114 †, 6 700 sans-abri ; m. 7. -15-6 ouest du Caucase : 8 † ; m. 6,1. 1994-4-10 îles Kouriles : 10 † ; m. 8,1. 1995-27-5 Sakhaline : 1 989 † ; m. 7,5. 1996-1-1/-21-6/-7-7/-2-10 Kamchatka : m. 5,9/6,3/6,2/5,7. -8-1 Sakhaline : m. 5,6. -1-2/-7-2/-14-2/-22-2/-9-3/-7-5/-3-6/-9-8/-2-10/-8-10 îles Kouriles : m. 6,3/6,6/6,2/6,4/5,7/6,5/6,1/5,9/6,4/5,7.

Salomon (îles) 1988-10-8 : 1 † (tsunami) ; m. 7,4. 1989-27-10 : m. 7,1. 1996-29-4 Bougainville : 1 † ; m. 7,5. **Salvador** 1712-14-12 : m. 6,2. 1748-3-3 : m. 6,4. 1798-2-2 : m. 6,2. 1854-16-4 : m. 6,6. 1857-6-11 : m. 6,4. 1873-4-3 : m. 6,4. 1917-8-6 : m. 6,4 et 6,3. 1919-28-4 : m. 6. 1936-20-12 : m. 6,1. 1951-6-5 : 1 000 † ; m. 6,5. 1982-19-6 : 43 † ; m. 7. 1986-10-10 : 900 † ; m. 5,4. 1987-10-7 : 1 000 † ; m. 5,4. 2001-13-1 : 800 † ; m. 7,7. **Soudan** 1990-20-5 : m. 7,1. **Suisse** 1356-18-10 Bâle : 1 000 à 2 000 † *(ressenti IX en France)*. 1584-3-11 : VII. 1601-18-1 : VIII. 1729-13-1 : VII. 1755-9-12 : VII-IX. 1846-17-8 : VII. 1855-25-7 Valais : IX avec 3 fortes répliques *(ressenti IX en France)*. 1924-15-4 : VII. 1946-25-1 Valais : VII-VIII. -30-5 : VII. 1964-14-3 : VII. **Syrie** 526-20-5 Antioche : 250 000 †. 844-18-9 Damas : 50 000 †. 1042-21-8 : 50 000 †. 1138 Syrie/Égypte : 230 000 †. 1157 (provoque une trêve entre croisés et musulmans). 1170-29-6. 1822-5-9 Alep : 20 000 †.

Tadjikistan 1907-21-10 : 12 000 † ; m. 8,1. 1989-22-1 : 274 † ; m. 5,3. **Taïwan** 1906-16-3 : 1 260 † ; m. 7. 1922-2 et 15-9 : (?). 1935-20-4 : 3 276 † ; m. 7,1. -16-7 : 2 746 † ; m. 6,5. 1986-14-11 : 15 † ; m. 7,8. 1990-13-12 : 2 † ; m. 6,2. 1995-23-2 : 2 † ; m. 6,2. -25-6 : 1 †. 1999-20-9 : 2 400 †, 9 000 bl., 600 000 sans-abri. **Togo** 1788 : VIII ; m. 5,6. **Tonga-Kermadec** 1986-20-10 : m. 8,1. **Tunisie** 1758-janvier : plusieurs milliers de †. **Turkménistan** 1929-1-5 : m. 5,7. 1948-6-10 (voir Iran). 1979-4-2 : 100 †, 200 bl., 5 500 maisons détruites et 11 000 endommagées ; m. 6,8. 1997-4-2 : 88 †, 2 000 bl. ; m. 6,8. **Turquie** 115 Antioche. 340 : 30 000 †. 458 Antioche : 100 000 †. 565 Antioche : 30 000 †. 688 Smyrne : 20 000 †. 851 à 894 Turquie/Arménie : 6 séismes : 70 000 à 100 000 †. 1268 Erzincan : 15 000 †. 1441 Antioche : 1 440 † (ou 30 000 ?). 1458 Erzincan : 30 000 †. 1509-14-9 Constantinople : 13 000 †. 1556-10-5 Constantinople. 1653-23-2 Constantinople : 13 000 †. 1668-10-7 Smyrne : 17 500 †. 1688 Smyrne : 15 000 à 20 000 †. 1719-6-3 Scutari : 1 000 †. 1739 Smyrne : 1 500 †. 1859-2-6 : 15 000 †. 1872-3-4 Antioche : 1 800 †. 1875-3/5-5 Dinar : 1 300 †. 1880-29-6 Chechme : 4 000 †. 1883-15-10 Chechme : 15 000 †. 1903-28-4 : 2 200 † ; m. 6,3. 1912-9-8 : 2 000 † ; m. 7, 7. 1926-22-10 : 355 † ; m. 5,7. 1939-26-12 Erzincan : 32 700 † ; m. 8. 1942-20-12 Nibesar : 2 400 † ; m. 7,3. 1943-26-11 : 4 020 † ; m. 7,6. 1944-1-2 Bolü : 2 790 † ; m. 7,4. 1946-31-5 : 1 000 † ; m. 6. 1953-18-3 : 1 103 † ; m. 7,2. 1966-19/22-8 : 2 394 † ; m. 7. 1967-26-7 : 4 000 (?) †. 1970-28-3 Gediz : 1 086 † ; m. 7,4. 1971-22-5 Bingöl et Genc : 995 † ; m. 7. 1975-6-9 Lice : 2 386 † ; m. 6,8. 1976-24-11 Van : 3 720 † ; m. 7,3. 1983-30-10 : 1 330 † ; m. 6,8. 1986-5-5 : 15 † ; m. 5,8. 1992-13-3 : 500 † ; m. 6,8. 1995-1-10 : 101 †, 50 000 sans-abri ; m. 6,1. 1999-17-8 Izmit : 17 000 †, 25 000 bl., 1 000 000 sans-abri ; m. 7,8. -12-11 république : m. 7,1.

Vanuatu 1999-6-2 m. 7,3. **Venezuela** 1812-26-3 : 40 000 †. 1875-16-5 Venezuela-Colombie : 20 000 †. 1967-29-7 : 266 † ; m. 6,5. 1997-9-7 : 81 †, 522 bl. ; m. 6,8.

Yémen 1982-13-2 Nord-Yémen : 2 800 †, environ 400 000 sans-abri ; m. 6. **Yougoslavie** 1978-15-4 Monténégro : 156 † ; m. 7,2. 1990-21-12 ex-Yougoslavie-Grèce : 1 † ; m. 5,9.

SÉISMES ARTIFICIELS

Légende. Nombre de séismes provoqués par année (en italique : jour et mois) ; maximum d'intensité connu (échelle MSK ou EMS) indiqué en chiffres romains et magnitude (m.).

■ **Provoqués par les tirs nucléaires souterrains** (détectés par les sismographes). **1983 :** 36 [URSS 21 ; Kazakhstan 10 (dont 2 de m. 6,1)]. **1984 :** 47 [URSS 25 (m. max. 6,2), USA 14 (m. max. 5,9), *France* 7 (m. max. 5,7), Chine 1 (le 3-9 à 6 h, dans le Sin-kiang, 41° 38′ Nord, 88° 47′ Est, m. 5,3)]. **1985 :** USA 15, *France* 8, URSS 7. **1986 :** USA 12, *France* 8, URSS 0. **1987 :** URSS 17, USA 15, *France* 7, Chine 1. **1988 :** USA 11, URSS 12 (y compris celui du 14-9, m. 6,1, « joint verification experiment » avec les USA), *France* 5. **1989 :** USA 11, URSS 7, *France* 8, G-B 1. **1990 :** USA 6, URSS 1, *France* 6, Chine 2. **1991 :** USA 7, *France* 5. **1992 :** USA 4, Chine 2 (m. 6,6). **1993 :** Chine 1 (m. 5,9). **1994 : Chine 2 (m. 5,7/5,9). 1995 : Chine 2** (m. 6/6,2), *France* 5 (m. 4,7/5,2/5,3/4,6/5). **1996 :** Chine 2 (m. 5,9/4,9), *France* 1 (m. 5,3). **1997 :** 0. **1998 :** Inde 5 (dont 1 de m. 5), Pakistan 2 (m. 4,8 et 4,5). **1999, 2000 :** 0.

☞ Le Kazakhstan a effectué en août 1997, août 1998 et septembre 1999 des tirs souterrains chimiques (annonce officielle).

■ **Simulations de tremblements de terre.** 1969-2-10 îles Aléoutiennes, Alaska (USA) : bombe à 1 219 m de profondeur, m. 5. 1971-6-11 : m. 5,7. Essais pour connaître les vitesses de propagation des ondes sismiques et leur amortissement à longue distance pour les distinguer des explosions et contrôler les essais nucléaires souterrains.

■ **Travaux publics.** 1983-10-7 URSS : explosion de 5 minutes en 5 minutes de 3 charges nucléaires au nord de la Caspienne et le 24-9 : de 6 charges nucléaires, chacune voisine de m. 5, pour des travaux dans la région au nord d'Astrakan (46° 47′ Nord, 48° 16′ Est). 1984-21-7 URSS : 3 tirs dans les mêmes conditions (de 5 minutes en 5 minutes) au Kazakhstan sur le fleuve Oural, vers 51° 20′ Nord, 53° 15′ Est ; 27-8 : URSS (presqu'île de Kola) : m. 4,4 ; 28-8 : 2 tirs, m. 4,5 à 5 minutes d'intervalle dans l'Oural ; 27-10 : 2 tirs, m. 4,8, région d'Astrakan. 1987-19-4 : 2 tirs, m. 4,5 à 5 minutes d'intervalle dans l'Oural.

Accidents inscrits par les sismographes éloignés : 1921-21-9 : Oppau (Rhénanie, Allemagne), ? morts (explosion de 400 t de salpêtre). 1947-16-4 : Texas City (USA), explosion de 2 navires à quai, chargés de nitrate. 1968-25-1 : au large de Toulon, implosion du sous-marin *Minerve*. 1970-4-3 : au large de Toulon, implosion du sous-marin *Eurydice* ; localisé par la sismologie et retrouvé en plusieurs morceaux à 2 400 m de profondeur. 1984-13-5 : Mourmansk (Russie), explosion d'un arsenal, 400 † (?). 1988-4-5 : Nevada (USA), 2 explosions dans une raffinerie, 2 †, m. 3 et 3,5. 1989-13-3 : Merkers (Allemagne), terrain minier, m. 5,5. 1992-2-11 : Suisse, explosion d'un dépôt souterrain de munitions (300 à 400 t) au col de Susten, 6 †, m. 4,2 ; enregistrée par 108 stations.

Glissements de terrain importants (en millions de m^3) : 1911 Usoy (Pamir, Tadjikistan), 2 000 ; m. 7,4. 1963-9-10 : Vajont (Alpes, Italie), 300 ; m. 4,9 ; IV. 1965-9-1 : Hope (Canada), 47 ; m. 3,4. 1974 Mantaro (Pérou) : 1 600 ; m. 4,1. 1990-9-4 : Brenda (Canada) : mine à ciel ouvert, 2 ; m. 2,4.

■ **Prélèvement d'hydrocarbures.** 1951-15-5 : vallée du Pô (Italie), gaz, m. 5,5. **De 1960 à aujourd'hui** Texas (USA) : pétrole, m. jusqu'à 4. 1969-24-11 : Lacq (Pyr.-Atl.), gaz, V. 1972-24/25-1 : crise sismique, 10 tremblements ressentis, max. V le 25 ; -31-12 : Lacq, gaz et injection d'eau,

V, m. 4. **1974**-*24-7 :* Valempoulières (Jura), gaz, m. 2,3. **1975**-*8-1 :* Valempoulières, III, m. 3,7. **1978**-*19-8 :* Lacq : III, m. 3,6 et V, m. 4,0 ; *-20-8 :* Lacq : m. 3,0. **1979**-*20-5 :* Lacq : IV-V, m. 3,1. **1980**-*5-2 :* Lacq, VI, m. 4,4. **1981**-*5-2 :* Lacq, VI-VII, m. 4,4. A partir de 1982, on a noté dans la zone de Lacq des foyers plus profonds (10-18 km) que ceux correspondant aux nappes exploitées (3-5 km, habituellement). Ils peuvent correspondre à l'activation (tardive) de failles tectoniques possibles dans cette région du piémont pyrénéen. **1985**-*6-2 :* Valempoulières, V, m. 3,7. **1986**-*3-6 :* Lacq, V, m. 3,7 ; *-26-12 :* Assen (P.-Bas), gaz, m. 3. **1987**-*1-4 :* Lacq, IV, m. 3,2 ; *-14-12 :* Assen, m. 2,5 ; *-15-12 :* Lacq, IV, m. 3,9. **1989**-*25-2 :* Lacq, IV, m. 3,6 ; *-5-3 :* Lacq, IV, m. 3,2 ; *-10-3 :* Lacq, IV, m. 3,7 et 3,5. **1990**-*3-1 :* Lacq, IV, m. 3,4 ; *-31-10 :* Lacq, IV, m. 4 le plus fort d'une série de 12, du 4-9 au 13-11. **1991**-*12-5 :* Lacq, IV, m. 3,2. **1992**-*20-6 :* Lacq, IV, m. 4,1 ; *-30-7 :* Lacq, III-IV, m. 4,0 ; *-10-11 :* Berre, m. 2,3. **1997**-*4-12 :* Lacq, III-IV, m. 4,1 ; *-6-12 :* Lacq, III, m. 3,4.

☞ **Le plus important : 1984**-*19-3 :* m. 7, Gazli (Ouzbékistan, ex-URSS) gaz, VIII, 1 † (précédé de 2 chocs importants en **1976**-*8-4* et *17-5 :* IX à X, m. 7).

■ **Injection forcée d'eau dans le sous-sol. 1967**-*10-4/26-11 :* Denver (USA), à 3 761 m de profondeur, m. 5 et 5,1. **De 1967 à 1973** Rangeley (USA), à 1 700 m de profondeur. Séismes contrôlés en faisant varier la pression et le volume d'injection, m. 0 à 3. **1972-73** Codgell (Texas, USA), le maximum annuel d'eau injectée a été suivi de quelques séismes, mais les plus nombreux sont survenus 5 ans après. Dans d'autres champs du Texas, des injections beaucoup plus importantes en volume, pression et profondeur n'ont provoqué aucune activité sismique détectable. **1975** Caucase (URSS), VII, m. 4. **1986**-*janvier :* Ohio (USA), m. 4, après 12 ans d'injection de déchets d'agrochimie à 100 kg de pression et avant la mise en service d'une centrale nucléaire proche.

☞ **Injection forcée de gaz** (création de réservoirs à quelques centaines de mètres de profondeur). En France, exemples de Lussagnet en 1957 et Izaute en 1981. **1989**-*12-2 :* III, m. 3,3. **1992**-*20-3 :* m. 2,4 ; *-6-8 :* m. 2,0. **1995**-*17-2.* **1996**-*27-6 :* m. 1,7 ; *-30-6 :* m. 1,8 ; *-15-9 :* m. 2,0 ; *-19-12.* **1997**-*18-8 :* m. 2,2 et 2,0.

■ **Exploitation de mines (sans les coups de grisou). 1797**-*14-3 :* Sarreguemines (Lorraine), charbon, très violente secousse, déformation du pont à Bitche, VI. **1869**-*14-8 :* Dortmund (Allemagne), charbon, ? morts. **1873**-*31-10 :* Lorraine, effondrement de plusieurs galeries de la mine de sel gemme à Varangéville, VI, plusieurs †, une benne éjectée à 100 m du puits ; forte secousse à Nancy (12 km). **1940**-*13/14-2 :* bassin de Briey (Lorraine), fer, IV. **1964**-*29-7 :* Champagnole (Jura), ondes inscrites jusqu'à 1 000 km, ? morts. **1970**-*23-2 :* Hombourg-Haut (Lorraine), charbon, IV/V. **1971** Witwatersrand (Afr. du Sud), or, V, m. 4,2. **1972**-*27-9 :* carrière de Pagny-sur-Meuse, m. 3,2 ; *-31-10 :* Gardanne (Provence), V. **1974**-*1-7 :* Rochonvillers (Moselle), fer, m. 4,3 ; *-9-10 :* **Miéry (Jura), mines Solvay ;** *-25-10 :* salines de Varangéville, m. 2,6. **1975**-*9-5 :* **Gardanne, lignite, IV, m. 3,2. 1983**-*2-8 :* **Merlebach (Lorraine)**[1], m. 3,5. **1984**-*10-2 :* Gardanne, V, m. 3,3 ; *-19-2 :* Gardanne[1], V-VI, m. 4,3. **1985**-*28-5 :* Gardanne, V, m. 3,9. **1986**-*1-5 :* Merlebach, V/VI, m. 3,8. **1989**-*17-1 :* Gardanne, m. 4, serait d'origine tectonique (naturelle) ; *-13-3 :* Merkers (Allemagne), m. 5,4, après un tir dans une mine de potasse (3 blessés, gros dégâts) ; ressenti en Allemagne, Tchécoslovaquie, Autriche, Suisse et nord et est de la France : V, l'effondrement à 850 m de profondeur d'environ 3 200 piliers supportant 6,8 km² de terrain s'est traduit en surface par une baisse du niveau (entre 0,8 et 1 m). Exploitée depuis la fin du XIXe s., cette mine avait déjà causé des dommages : *1953 :* VII-VIII, m. 5,2. *1958 :* VII, m. 4,7. *1961 :* VI, m. 3,5. *1975 :* VIII, m. 5,5. **1995**-*2-3 :* Wyoming (USA), 55 mineurs empoisonnés par du méthane, 1 †, m. 5,1.

Nota. – (1) *1984-86 :* Freyming-Merlebach, 7 séismes, m. supérieure à 3 ; Gardanne, 36 séismes. [Les séismes persistent en 2000 (Lorraine-Sarre).]

■ **Exploitation géothermique.** France : Soultz (Bas-Rhin) : 93 secousses du 30-6 au 3-8-2000 (m. 1,0/2,6).

■ **Création de lacs réservoirs.** [*Légende.* Entre parenthèses : hauteur du barrage ou de l'eau en mètres ; magnitude (m.) du principal séisme ; en chiffres romains : maximum d'intensité connu (échelle MSK).] **Types de réactions : A :** effet immédiat dès le 1er remplissage. **B :** effet différé de plusieurs années attribué à des mécanismes différents [influence de la surcharge (plusieurs km³ d'eau) et diffusion progressive d'effets de l'eau en profondeur (même à plusieurs km du site)]. **C :** A et B successivement. **D :** aucune réaction.

Type A : 1963-*25-4 :* Monteynard (Fr., 150 m), m. 4,9 au 1er remplissage, volume 240. 10⁶ m³. **1966**-*5-2 :* Kremasta (Grèce, 130 m), m. 6,3 au 1er plein, 1 †. **1971**-*29-9 :* Alesani (Corse, 60 m), m. 3 au 1er remplissage, volume 11. 10⁶ m³, vidangé en 1977. **1972**-*6-11 :* Nurek (Tadjikistan, 100 m), m. 4,6 au 1er remplissage. **1975**-*nov. :* Manic-3 (Québec, 75 m), m. 4,1 un mois après le 1er plein. **1978**-*févr. :* Monticello (USA, 35 m), m. 2,8 au 1er remplissage. *-3-4 :* Alesani (Corse, 60 m), m. 4,4 au nouveau remplissage, VI, dégâts matériels à Linguizetta, Vallaciola, Canale di Verde.

Type B : 1938 Marathon (Grèce, 50 m ?), m. 5 au 8e remplissage annuel. **1959** Kariba (Zambèze, 125 m), au 5e remplissage annuel. **1963**-*23-9 :* Kariba, m. 5,8 au 5e remplissage annuel. **1963**-*29-11 :* Grandval (France, 180 m), V au 4e remplissage annuel, volume 292. 10⁶ m³. **1967**-*13-9 :* Koyna (Inde, 75 m), m. 5,5 au 5e remplissage annuel ; *-10-12 :* X, m. 6,2 au 5e remplissage annuel (117 †, 1 500 blessés). **1975**-*1-8 :* Oroville (USA, 225 m), m. 5,7 au 7e remplissage. **1981**-*14-11 :* Assouân (Égypte, 85 m), m. 5,3, VI au 18e remplissage.

Type C : nombreux cas, l'événement principal cité étant précédé dès l'origine d'une activité locale plus faible. **1939 :** Hoover (USA, 210 m), m. 5 au 3e remplissage annuel. **1962**-*19-3 :* Hsinfengkiang (Chine, 105 m), m. 6,1 au 3e remplissage annuel. **1971**-*21-6 :* Vouglans (France, 130 m), m. 4,5 au 3e remplissage annuel, volume 605. 10⁶ m³. **1990**-*26-7 :* Yesa (Espagne, 76 m), m. 2,9, II ; *-5-8 :* García de Sola (Espagne, 65 m), m. 3,6, IV.

Type D : Serre-Ponçon (France, 120 m), vol. 1 200.10⁶ m³, jusqu'à présent n'a provoqué aucun séisme alors que le proche entourage (haute et basse Durance) présente une sismicité naturelle notable.

☞ *Lac-réservoir le plus important* (Gazli, Ouzbékistan, voir col. a).

TSUNAMIS

GÉNÉRALITÉS

■ **Nom.** Du japonais *tsu* : port, et *nami* : vague (c'est-à-dire grande vague déferlant dans un port).

■ **Causes.** *Les plus fréquentes :* séisme en mer ; explosion volcanique dans la mer ; effondrement de sédiments marins. **Effets.** *Vagues exceptionnelles,* de grande période, pouvant envahir un littoral même escarpé ; souvent, la mer se retire au loin avant l'arrivée d'une énorme vague qui se présente comme un mur d'eau arrivant à grande vitesse. *Dépôt de sable marin,* par exemple : en Grande-Bretagne, au nord-est de l'Écosse, jusqu'à 2 km à l'intérieur des côtes actuelles et au moins à 4 m au-dessus du niveau actuel, dû à un tsunami 5 000 ans environ avant J.-C., causé par un glissement de 1 700 m³ de sédiments marins au large de la Norvège, connu sous le nom de 2e de Storegga (le 1er s'étant produit entre – 30 000 et – 50 000 ans). La surface alors envahie compte actuellement 100 000 hectares. Aux îles Shetland, on aurait relevé des traces de ce tsunami à 19 m au-dessus du niveau actuel de la mer.

■ **Mécanisme.** La longueur des ondes dépend de la période et de la vitesse de propagation de l'onde, elle-même fonction de la hauteur d'eau libre ($v = \sqrt{g\,h}$; g : accélération de la pesanteur, h : hauteur moyenne de l'eau). **Au large,** dans le Pacifique (profondeur moyenne 5 000 m), la vitesse est d'environ 800 km à l'heure, soit 200 m à la seconde ; pour une période moyenne de 15 minutes, la longueur de l'onde sera de 200 km. Aussi nul navire ne peut-il apercevoir au large le passage d'un tsunami ; la « pente » de la vague, quelques décimètres de hauteur pour 100 km par des fonds de 4 000 à 5 000 m, est insignifiante et le navire s'élève et descend de façon imperceptible. **Près des côtes,** la vitesse de l'onde diminue à mesure que les fonds remontent, mais sa hauteur croît jusqu'à 10, 20, 30 m et la vague, que la profondeur trop faible finit par faire déferler, s'abat sur le rivage de toute sa masse. ***Hauteur maximale de la principale vague :*** **85 m, le 24-4-1771 au** Japon (séisme) ; 67 m le 28-3-1964 en Alaska (séisme).

■ **Échelle d'intensité (des tsunamis) d'Imamura et Iida.** [*Légende.* m. : magnitude, hauteur des vagues au large indiquée en italique et, entre parenthèses, vague observée la plus haute.] m. 0 : *10 cm* (jusqu'à 1 m, pas de préjudice). m. 1 : *25 cm* (jusqu'à 2 m, dégâts aux maisons et navires sur la côte). m. 2 : *50 cm* (jusqu'à 4-6 m, peut détruire les navires et faire des victimes). m. 3 : *100 cm* (jusqu'à 10-20 m, destructions sur 200 km de côtes). m. 4 : *200 cm* (30 m et plus, destructions sur 500 km de côtes).

■ **Prévision.** Autour du Pacifique, Chili, USA, Russie et Japon pratiquent une surveillance continue (y compris des sismographes et marégraphes immergés au large) coordonnée à Hawaii (Honolulu) par le *Pacific Tsunami Warning Center* (1948). Une préalerte est diffusée dans les minutes suivant la localisation d'un séisme majeur dans la zone. 23 nations coopèrent à l'*ITWS (International Tsunami Warning System)* disposant de 69 stations séismiques, 65 marégraphes. Les mesures sont transmises par le satellite *Geos* en temps réel au centre d'Honolulu. A Papeete (Tahiti) le *CPPT (Centre polynésien de prévention des tsunamis)* dispose de 11 stations dans l'archipel, reliées par télémétrie. Aux îles Cook, Marquises, de Pâques et au centre d'Honolulu, la magnitude est estimée sur l'amplitude mesurée à Papeete des ondes sismiques de 100 à 300 secondes de période.

L'avis peut précéder la vague de plusieurs heures. Du Chili au Japon sa traversée dure 22 heures ; du Pérou ou du Chili à Los Angeles, de 10 à 12 heures.

■ **Prévention.** Les navires doivent s'éloigner des côtes, les habitants gagner les hauteurs. En 1960 (séisme du Chili), au Japon et à Hawaii, seulement 1/3 des gens concernés le firent, certains accoururent vers la plage pour voir la déferlante. Des digues existent au fond de certaines baies du Japon.

■ **Principaux tsunamis recensés** (en %). Pacifique 75 ; Méditerranée 12 ; Atlantique 9 ; océan Indien 3 ; divers 1.

Afrique du Nord. *1960* Agadir (Maroc) 10 000 † avec séisme et incendie.

Asie et Pacifique. Japon : la plupart sur la côte pacifique, dus aux séismes ; *de l'an 684 à 1985 :* 171 dont 16 grands (vagues de 10 m) et 5 très grands (30 m et plus). **1°)** SÉISMES LOINTAINS : *869 (13-7) :* 30 m et plus ; *1498 :* 5 000 † ; *1605 :* 4 000 † ; *1611 :* 25 m, 5 000 † ; *1707 (28-10) :* 30 m et plus ; 4 900 à 30 000 † avec le séisme ; *1737 :* cap Lopatka (Sibérie) 64 m ; *1854 (24-12) :* 1 000 † ; *1896 (15-6) :* 2 vagues de 30 et 24 m, 27 122 noyés ; *1918 :* Kouriles, dégâts aussi en Russie, à Hawaii, 12 m, 23 † ; *1933 (2-3) :* 20 m, 911 †. **2°)** SÉISMES PROCHES : *1724 :* Pérou, 24 m ; *1737 :* sud-est du Kamtchatka, dégâts aussi aux Kouriles, 30 m ; *1741 :* 9 m, 1 000 † et plus ; *1746 :* Pérou, 24 m, 5 000 † ; *1771 :* Ryukyu, 12 m, 11 941 † ; *1937 (7-11) :* Chili, 5 m à Hawaii ; *1944 :* 7,5m, 998 † ; *1946 :* 6,1 m, 1 997 † ; *1968 (13-8) :* Pérou/Chili, dégâts aussi à Hawaii ; *1877 (10-5) :* Pérou ; *1906 (31-1) :* Pérou, 10 m ; *1923 :* sud-est du Kamtchatka, dégâts aussi à Hawaii, 20 m, 3 † ; *1952 (4-11) :* Kamtchatka, 1 200 maisons inondées, dégâts aussi à Hawaii ; *1969 (22-11) :* Kamtchatka, vague de 10 m en mer de Béring occidentale, plusieurs †.

Indonésie : Java et autres îles : *1629 :* 15 m ; *1883 (27-8) :* 35 m, 30 000 à 36 000 † (explosion du Krakatoa) ; Célèbes *1967 :* 13 † ; *1969 :* 210 † ; *1976 :* Célèbes, dégâts aussi aux Philippines, 30 m, 5 000 † ; *1979 :* 10 m, 187 † ; *1996 (1-1) :* Sulawesi, 5 à 10 m ; *1999 :* Papouasie 5 à 10 m, 2 000 † ; *2000 (4-5) :* Sulawesi, 6 m, 50 †.

Iles Hawaii : outre les précédents : *1841 (17-5)* (séisme du Kamtchatka) : 5 m ; *1868 :* 20 m, 81 † ; *1941* (séisme des Aléoutiennes) : 10 m ; *1946 :* des Aléoutiennes, dégâts aussi en Californie, 32 m, 165 † ; *1957 :* des Aléoutiennes, dégâts aussi au Japon, 16 m ; *1975 (29-11) :* 8 m, dizaines de †.

Amérique. Côte Pacifique : *1868 (août) :* Chili, vapeur américain *Wateree* transporté 2 milles à l'intérieur des terres près d'Arica. *1958 (9-7) :* Alaska (chute de 90 millions de tonnes de rochers et dégâts jusqu'à 600 m d'altitude dans la baie de Lituya). *1960 (22-5) :* Chili (Valdivia) sur 1 000 km de côtes, 9,5 m, 5 000 †, 400 000 maisons détruites. *1964 (28-3) :* Alaska (Prince William Sound) séisme (vague de 67 m), 119 †, 6 m en Californie (Crescent City, à 2 500 km), Aléoutiennes 122 †. *1979 (12-12) :* Colombie et Équateur, 5 m, 500 †. **Atlantique :** *1692 :* Jamaïque, 2 000 † ; *1918 (octobre) :* Porto Rico, 6 m. ☞ *De 1945 à 1985 :* USA, 335 † et 485 millions de $ de dégâts.

Europe. 1°) Origine volcanique : *vers 1470 avant J.-C. :* explosion de Santorin, 50 m ? Des cendres volcaniques ont été trouvées en 1990 à 736,1 m de profondeur au Groenland (altitude 3 100 m). *1650 :* mer de Crète, 50 m. *1775 :* Portugal, dégâts aussi dans le reste de l'Europe de l'Ouest, les Caraïbes, 60 000 †. *1783 :* Italie, 30 000 †. *1956 (9-7) :* mer de Crète, 24 m, 23 †. **2°) Origine sismique :** *365 (21 ou 27-7) :* Crète, victimes ; *382 :* Portugal, victimes ; *479 :* Grèce, des navires du Pirée sont projetés sur les toits de maisons à Athènes ; *1531 (26-1) :* de Lisbonne à Tunis ; *1650 :* mer de Crète, 50 m ; *1680 (9-10) :* Andalousie, victimes ; *1722 (27-12) :* Portugal ; *1731 :* Cadix à Agadir ; *1755 (1-11) :* Lisbonne 5 à 10 m, Gibraltar, Tunis ; *1773 (12-4) :* Cadix et Tanger ; *1816 (2-2) :* Portugal. **3°) Glissements sous-marins ex-raz de marée méditerranéen :** les rebords du plateau continental distants des côtes de quelques centaines de mètres, étant très escarpés, les alluvions des fleuves s'y déposent en couches instables. Une forte crue de ces fleuves peut faire basculer de grosses masses de limon et de cailloutis. Exemples connus : Antibes 20-7-1565 ; Marseille 29-6-1725 ; Antibes 23-3-1818 ; **ouest de Marseille 1821 ; Marseille 8-7-1829 ; du littoral** de Cannes à Oneglia (Italie) 28-2-1887 ; Stes-Maries-de-la-Mer (Camargue) 11-6-1909 ; de Nice à Antibes 17-9-1979 (6 †, gros dégâts). **4°) Vêlage d'un petit iceberg au fond d'un fjord :** *1940 :* Groenland (10 m).

VOLCANOLOGIE

GÉNÉRALITÉS

■ **Nom (origine).** Du latin *vulcanus* (Vulcain, dieu du Feu) et du grec *logos*, science, ou plutôt de l'espagnol *bolcan,* boucan, mot utilisé par les navigateurs des XVe et XVIe siècles.

■ **Durée de l'activité.** De quelques heures, jours, mois ou années pour un volcan né d'une seule éruption, à quelques millions d'années pour les plus grands massifs volcaniques à éruptions multiples.

■ **Conditions.** Arrivée, à la surface de la Terre, de matières minérales fondues généralement à plus de 1 000 °C (*magma* appelé lave quand arrivé en surface, il perd son gaz). TYPES : continu **[coulées, dômes...]** ou fragmenté **[pyroclastes,** dont **cendres** (2 mm ou moins), **lapillis** (2 à 64 mm) et **blocs** (plus de 64 mm, appelés *scories* s'ils contiennent des bulles et *pierre ponce* si, très poreux, ils flottent sur l'eau)].

Une fonte partielle de la roche se produit **1°)** lorsque de très lents courants de convection l'entraînent vers des pressions moins élevées. Ainsi, sous les dorsales océaniques, vers 100 km de profondeur, le manteau libère 1 % à 5 % de magma basaltique ; **2°)** dans les plaques de lithosphère subduite, surtout si des minéraux hydratés (chlorite, lawsonite, épidote), en se déshydratant, fournissent de l'eau qui abaisse le point de fusion. En bordure des continents des sédiments plus riches en silice déposés sur la plaque subduite, ou des fragments de croûte continentale qu'elle entraîne (*subduction ablative*) produisent des magmas andésitiques.

Le *volcanisme intra-plaques* est dû soit à une ébauche avortée de dorsale (rifts africains, Massif central), soit à la présence d'un panache chaud d'origine très profonde (Hawaii, Yellowstone, Canaries).

Dans les 2 cas le magma s'assemble en 2 poches qui migrent vers le haut. Quand la pression chute, des gaz y apparaissent et l'entraînent, comme lorsqu'on débouche une bouteille de champagne. Lorsque l'eau du sol ou de la mer atteint le magma, sa vaporisation produit une *éruption phréatique* mineure (et non pas catastrophique comme imaginé par Jules Verne dans l'*Île mystérieuse*).

☞ Le volcanisme s'accompagne d'émanations de gaz magmatiques à très haute température et de vapeur d'eau due à la vaporisation d'eaux infiltrées. D'autres dégagements gazeux s'effectuent à des températures plus basses en contexte périvolcanique : vapeur d'eau [*geysers* d'Islande, du parc Yellowstone aux USA et de Nlle-Zélande (voir col. b), soffioni *(soufflards)* de Toscane, fumerolles d'hydrogène sulfuré et d'anhydride sulfureux à l'origine de dépôts de soufre *(solfatares,* exemple : Pouzzoles, Italie), gaz carbonique des *mofettes* qui stagne dans points bas et grottes (exemple : grotte du Chien à Royat)] ou s'écoule sur les pentes d'un volcan et asphyxie population et animaux environnants [exemples : Dieng (Indonésie), lac Nyos et lac Monoum (Cameroun)].

■ **Classification des éruptions. Types d'activités volcaniques :** en fonction du milieu de mise en place du magma (aérien, souterrain, sous-aquatique en eau superficielle ou profonde, sous-glaciaire) et de la fluidité de celui-ci, qui dépend de sa composition chimique, de sa température et de la teneur en gaz dissous. **Magmas visqueux :** donnent lieu à des éruptions très explosives, avec projections de blocs et cendres et émissions de matériaux en suspension dans des gaz brûlants (nuées ardentes, ignimbrites : montagne Pelée 1902-1903 ; Katmai 1912). Riches en silice (acides) : comme les rhyolites et dacites des *volcans de type péléen,* sans cratère, avec un dôme ou une aiguille obstruant la cheminée. **Magmas fluides :** pauvres en silice (basiques) : basaltes des *volcans de type hawaïen,* volcans-boucliers formés de coulées de laves empilées et très peu de projections (pyroclastites), *volcans de type strombolien* avec coulées de laves et cône de scories. **Magmas intermédiaires :** assez riches en silice (exemple : andésite), déterminent *le type vulcanien :* cône de projections, coulées limitées, caractère explosif accentué. Les volcanologues distinguent 3 types de coulées de lave aériennes [**pahoehoe :** laves fluides dont la couche superficielle peut se casser (dalles), ou se plisser (laves cordées) ; **aa :** laves moins fluides, dont la couche superficielle vésiculée et plus épaisse se fragmente en scories ; **coulées à blocs :** visqueuses et fragmentées en éléments anguleux]. Les laves sous-marines se débitent en boules (« en coussins » ou **pillow lavas**). Généralement basaltiques, elles donnent lieu à des accumulations au niveau des dorsales médio-océaniques.

A l'issue d'une très grosse éruption, le sommet d'un grand volcan peut s'effondrer et former une vaste cuvette ou *caldeira* (mot portugais). Les *maars* sont des cratères d'éruption phréatique ou plus souvent phréatomagmatique très violente entourés d'un anneau de projections mince et étendu. Les magmas injectés dans des cassures forment des *dykes.* Entre des strates de roches sédimentaires ou d'anciennes coulées volcaniques, il s'agit de *sills* ou *laccolites.*

☞ *Tephra* (du grec : cendre, synonyme de pyroclastite) désigne les matériaux volcaniques fragmentés et projetés.

■ **Détournement des coulées. 1669** essais sans succès sur l'Etna qui menaçait Catane. **1935** et **1942** Hawaii, essais sans succès par des bombardements aériens, puis en **1955** et **1960** avec digues de terre. **1973** Islande, projection d'eau de mer sur le front de la coulée (succès). **1983** essai d'obturation, par dynamitage, du chenal emprunté par la coulée de lave de l'Etna détournée quelques heures par des explosions et digues. **1992** Etna, essai de détournement de tunnels de lave par lâchers, d'hélicoptères, de blocs de béton ou de fer (succès discuté, car en fin d'éruption, après plusieurs tentatives par dynamitage) et usage de bulldozers ou pelleteuses.

■ **Étude des phénomènes volcaniques passés. 1°) Analyse du soufre** (selon les époques) : les bulles d'air contenues dans les tranches de glace correspondant aux années successives de la carotte Gisp (voir p. 76 c) ont été analysées. Le taux de soufre obtenu a permis d'établir une échelle VE (Volcanic Event). APRÈS J.-C. : 69 événements volcaniques repérés, dont 57 identifiés (45 dans des régions équatoriales ou tempérées, 12 en Islande). *Niveau 7 :* Kuwae Vanuatu en *1450* ; Tambora (Indonésie), 92 000 † en *1814* (provoquera en été 1815 une chute de neige à Londres) ; *niveau 6 :* Krakatoa, 36 000 † en *1883,* Billy Mitchell en *1570,* Bona-Churchill (Alaska) en *702* ; *niveau 5 :* Vésuve en *79.* AVANT J.-C. JUSQU'À 7 000 ANS : sur 230 événements répertoriés les cas identifiés sont plus rares : *– 1625 :* éruption du Santorin repérée ; *– 4803 :* éruption de niveau 8 non localisée ; *– 6650 :* activité intense supposée due aux éruptions quasi simultanées du Bardarbunga (Islande) et du Towada (Japon). **2°) Reconstitution de l'histoire des grandes éruptions :** EXEMPLES : *– 73 500 ans :* éruption du Toba (au nord de Sumatra, devenu un lac), 2 000 km³ de laves ; *– 3,6 millions d'années :* volcan éthiopien laisse un niveau de cendre épais de 5 cm à Aden, 45 cm en Ouganda et 2 m au Kenya ; *vers – 70 millions d'années :* une période éruptive (1 à plusieurs millions d'années) a transformé le Dekkan (Inde) en province volcanique ; *– 120 millions d'années :* éruption d'Ontang (Java).

☞ L'atmosphère terrestre contient aujourd'hui 782 milliards de tonnes de carbone (590 au début de l'ère industrielle), contre 2 600 il y a 120 millions d'années (compte tenu de la grande éruption de Java) et environ 3 000 il y a 320 millions d'années.

■ **Exploration de cratère.** Dante II (robot de la Nasa) : 8 pieds, hauteur environ 3 m, longueur 4 m, pesant près de 800 kg et valant 1,7 million de $. Chargé en 1994 d'une étude vidéo du fond du cratère du mont Spurr en Alaska (3 350 m). Échec : stoppé sur une corniche à plus de 120 m de profondeur, dut être récupéré. Un essai sur le mont Erebus (Antarctique) s'est également soldé par un échec.

■ **Prévision.** On peut prévoir une éruption, mais ni son intensité ni sa durée. Grâce à une instrumentation adaptée, on suit évolution des températures, composition des gaz, champ magnétique, courants telluriques, sismicité, déformations du cône, flux d'énergie, nature pétrographique des produits.

Exemple de prévision réussie : aux Petites Antilles : le 19-4-1979, les sismographes placés autour de la Soufrière de St-Vincent indiquent une agitation s'amplifiant le soir ; télémétrée à la Trinité (Seismic Research Unit). Le Premier ministre décide l'évacuation de la partie nord de son île (22 000 habitants). Le 20 à 5 h : éruption, les nuées ardentes déferlent quelques heures plus tard. Il n'y a pas eu de victimes.

☞ En cas d'éruption majeure du Vésuve, 1 million de personnes vivant dans un rayon de 7 km seraient en danger selon la direction des produits volcaniques émis. Pour certains phénomènes explosifs, l'intervalle de temps entre les premiers signes significatifs et l'éruption elle-même ne serait que de 15 min. Une évacuation serait d'ailleurs matériellement impossible.

■ **Surveillance.** Environ 140 volcans sont surveillés dans le monde. Des dispositifs complets ont été établis au Japon (pour 1 douzaine de volcans), aux USA (3), Islande (4), en Italie (4 : Etna, Vésuve, Stromboli, Vulcano). La France dispose d'observatoires volcanologiques en Guadeloupe, à la Réunion et à la Martinique.

■ **Volcanisme en France** (*abréviations :* a. : ans ; Ma : millions d'années). Commencé dans le nord-ouest de l'Auvergne il y a environ 60 Ma, il a continué vers le sud dans les fossés d'effondrement du centre du Massif central et sur leurs bordures (Limagne, Forez, Saint-Flour, etc.) (depuis 20 Ma environ), puis dans diverses zones comme le Velay oriental (11 à 8 Ma). Le massif du Cantal s'est édifié entre 9/8 et 4 Ma ; le Mont-Dore entre 4 et 0,25 Ma L'Aubrac vers 3 Ma Le Devès entre 3 et 0,7 Ma. Les volcans du bas Languedoc, dont la montagne d'Agde, datent de 0,7 ou 0,8 Ma. Les derniers volcans de l'Ardèche (Montpezat) datent de quelques dizaines de milliers d'années. L'essentiel de la chaîne des Puys s'est édifié il y a quelques dizaines de milliers d'années et les plus récents (groupe du lac Pavin et du Montcineyre, dans le prolongement de la chaîne) remontent à 4 000 ou 5 000 a. av. J.-C. Des cendres projetées vers 6 000 à 7 000 a. av. J.-C. par des volcans péléens, comme le puy Chopine, ont été retrouvées jusque dans les sédiments de lacs du Jura suisse.

La chaîne des Puys est susceptible de se réveiller avec l'apparition de nouveaux volcans.

■ Geysers et champs de vapeur

■ **Caractéristiques.** Jets intermittents d'eau et de vapeur d'eau accompagnés d'hydrogène sulfureux, de gaz carbonique, etc. **Température** de 70 à 100 °C. **Hauteur maximale** Waimangu (Nouvelle-Zélande) 450 m en 1904 ; tari en 1917 après une éruption qui tua 4 personnes. *Le plus grand en activité régulière :* Steamboat Geyser (USA), de 1962 à 1969, de 76 à 115 m à des intervalles allant de 5 jours à 10 mois ; dans les années 1980, de 60 à 115 m à des intervalles de 19 jours à 4 ans.

■ **Statistiques. USA** (parc de Yellowstone, Wyoming) : plus de 3 000 geysers dont le *Géant* (jet de 61 m de hauteur pendant 4 minutes à intervalles de 27 à 97 minutes ; en un jaillissement il peut rejeter 37 850 hl) ; *Old Faithful* [(Vieux Fidèle), jet de 50 m à intervalles de 35 à 95 minutes]. **Islande :** plusieurs geysers dont celui de *Geysir,* près du mont Hekla, qui a donné son nom à tous les autres et jaillit actuellement à 15 ou 20 m de hauteur ; le *Strokkur,* réveillé en 1963 par des forages, jaillit régulièrement toutes les 10 à 15 minutes. **Nouvelle-Zélande :** geysers de 9 à 10 m dans le Wonderland. **Afrique :** lac Bogaria. **Chili :** champs de geysers du Tatio, dans l'Atacama.

■ **Utilisation des geysers et champs de vapeur. 1°)** *Géothermie :* exemples Islande, Italie (Larderello), Japon, Nlle-Zélande. **2°)** *Dépôts :* bore, soufre (Java).

■ Lahars

■ **Caractéristiques.** Nom donné par les Indonésiens aux coulées de boue et de blocs venant des pentes d'un volcan. Par extension, coulées de même genre : **1°)** des pluies fortes et persistantes sur les pentes des édifices volcaniques érodent et entraînent les dépôts issus d'éruptions antérieures ; **2°)** des pluies, mêlées de cendres, peuvent être engendrées au cours d'une éruption, par condensation de la vapeur éjectée en grande quantité et (ou) l'effet de tornade produit dans l'atmosphère par le panache vertical chaud ; **3°)** l'eau peut venir de la fonte partielle d'un glacier en contact avec la chaleur apportée par une éruption ; **4°)** l'eau peut venir de réservoirs préexistants subitement purgés : lac de cratère, lac temporaire formé lors d'éruptions ou de lahars précédents, poche d'eau de fonte retenue entre le sol chaud et la carapace de glace jusqu'à ce qu'elle cède (jökullhaups d'Islande).

■ **Statistiques.** *Saint Helens* (Washington, USA, 19-3-1982) formé par la fonte des glaces et neiges, débit maximal 14 000 m³ à la seconde. *Kelut* (Java, 1919) éruption vidant les 380 000 m³ d'eau du lac du cratère, 5 100 †. *Nevado del Ruiz* (Colombie, 1985), 25 000 †. *Pinatubo* (Philippines, août 1992), 60 †. *Rindjani* (Indonésie, novembre 1994), 30 †.

■ Nuées ardentes

■ **Caractéristiques.** Nom donné par le volcanologue Alfred Lacroix (Français, 1863-1948). Suspensions de solides dans des gaz (de 350 à 500 °C), éjectées à grande vitesse, verticale ou latérale. EXEMPLES : *Tambora* (Indonésie, 1815) : 150 km³ d'éjecta-nuées. *Soufrière de St-Vincent* (Antilles, 7-5-1902) : 1 565 †. *Montagne Pelée* (Martinique, 8-5-1902) : vitesse 470-560 km/h, 30 000 †. *Santa Maria* (Guatemala, 24-6-1902) : une des 10 plus fortes éruptions historiques, dépose 5 km³ de matériaux. *Bezymianni* (Kamtchatka, 30-3-1956). *Mont Saint Helens* (USA, 1980) : vitesse maximale 650 km/h et moyenne sur 5 km : 275 km/h.

■ Gaz mortels

■ **Lac Nyos (Cameroun).** Lac de cratère du type « maar » comme le gour de Tazenat ou le lac Pavin en Auvergne. Le 21-8-1986 une colonne de gaz lourd en gaz carbonique projetée dans l'atmosphère s'écoule en nappe par la vallée, arrachant la végétation sur un flanc du lac jusqu'à une hauteur de 80 m, le niveau de l'eau a baissé de 1 mètre. On a évalué à 1 km³ le volume des gaz échappés et à 50 m l'épaisseur de la nappe toxique de dioxyde de carbone, qui a asphyxié les habitants et le bétail jusqu'à 22 km. *Nombre de morts :* 1 200 à Nyos et 500 dans les villages de Cha, Subum et Fang, jusqu'à 16 km en aval. Certains, restés 36 heures inconscients, furent sauvés. *Bétail :* environ 3 000 têtes tuées. 4 000 à 5 000 personnes furent déplacées. **Causes :** certains pensent que le gaz libéré était stocké dans le lac et dans ce cas la vidange du gaz éviterait une nouvelle catastrophe ; d'autres pensent que le gaz libéré a traversé le lac et dans ce cas siphonner serait inutile. Après la catastrophe, il restait 15 millions de m³ de dioxyde de carbone dissous dans les eaux profondes [l'eau du lac contenait encore 3 à 5 litres de gaz dissous (99 % de CO_2) dans chaque litre d'eau] et 3 petites émissions de gaz en l'espace de 5 minutes ont encore été observées le 30-12-1986.

■ **Autres cas. Lac Monoum** (95 km de Nyos) le 16-8-1984 (37 †). Il y a 40 lacs de cratère dans cette partie du *Cameroun.* **Plateau de Dieng** *(Java)* en 1979 (149 †). Causes identiques à celles de la sortie du CO_2 du lac Nyos avec les mêmes hypothèses.

☞ Des ingénieurs de Gaz de France, imitant les chimistes belges de l'Institut des sciences naturelles de Bruxelles qui le firent sur le lac Kivu en 1953, ont expérimenté au lac Monoum un procédé pour purger les lacs au moyen de tubes (14-25 cm), appelés « orgues de Nyos », plongeant à différentes profondeurs, en s'inspirant de l'interprétation attribuant ce type d'éruption à du CO_2 dissous dans les eaux du lac.

■ Éruptions importantes ou récentes

Légende. En italique et entre parenthèses : nombre de volcans par région ; dates de quelques éruptions importantes ou des dernières éruptions ; puis altitude en mètres.

■ **Afrique. Est** *(36) :* **Djibouti :** *Ardoukoba* (1978). **Éthiopie :** *Erta Ale* (activité découverte en 1968, toujours actif en 1998, 502 m). **Tanzanie :** *Kilimandjaro* 5 895 m. *Lengaï* (1960 ; 83 ; 84 ; 88 ; 89 ; 94 ; 95 ; 96 ; 98 ; 99 ; 2000) 2 886 m. **Centrale** *(6) :* **Congo démocratique** (ex-Zaïre) [monts Virunga] : *Nyamuragira* (1938 ; 58 ; 67 ; 71 ; 77 ; 79 ; 81 ; 83 ; 85 ; 94 ; 96 ; 98 ; 2000) 3 055 m. *Nyiragongo* [1re ascension en mai 1894 par Adolf Von Götzen ; en 1958, Haroun Tazieff et Camille Turpin atteignent le lac de lave, vidangé par des fissures latérales ; 1977 : explosion (fissures) ; le lac de lave s'écoule et il reste un puits de 500 à 600 m ; 1982 ; 94 ; 95 : activité de fontaine de lave] 3 469 m. *Visoke* (1958 : réveil). **Ouest** *(1) :* **Cameroun :** *Mt Cameroun* (1959 ; 82 ; 86 ; 99 ; 2000) 4 070 m. **Nord** *(3) :* **Tchad :** *massif du Tibesti* 3 415 m. **Comores** *(1) : Karthala* (1972 ; 77) 2 631 m. **Réunion** *(1) : Fournaise* (1977 ; 85 ; 86 ; 91 ; 98 ; 99 ; 2000) 2 631 m.

■ **Amérique. Nord et îles Aléoutiennes** *(93) :* **Alaska :** *Bogoslov ; Iliamna* (1979) 3 052 m. *Katmai* (1912 ; 74) 0 m. (région inhabitée), grande émission de cendres. *Pavlov* (1986 ; 87 ; 96) 2 750 m. *Trident* (1963) 1 832 m. *Veniaminof* (1983 ; 94) 2 816 m. *Wrangell* 4 269 m. **Aléoutiennes :** *Akutan* (1974 ; 87 ; 92) 1 303 m. *Cleveland* (1987 ; 94) 1730 m. *Kanaga* (1994). *Okmok* (1987 ; 97) 1 073 m. *Progromni* (1964) 2 012 m. *Shishaldine* (1987 ; 95) 2 861 m. **Californie :** *Lassen Peak* (1915) 3 186 m. **Mexique :** *Colima* (1991 ; 94 ; 98 ; 99 ; 2000) 4 265 m. *El Chichón* (28-3 et 3-4-1982) milliers de †, 3 638 disparus, 40 000 évacués, la plus grande émission de cendres depuis 1912. *Paricutin* (sorti de terre 20-2-1943 : le 23-2 : atteint 30 m ; 24-2 : 160 m ; 1945 : 450 m) 2 743 m. *Popocatepetl* (1996 : 5 † ; 98 ; 99 ; 2000) 5 452 m. **Washington :** *St Helens* (1843 ; 1857 ; 1980 [(du 27-3 au 18-5) : 99 † dont le volcanologue David Johnston (30 000 personnes avaient été déplacées) ; dégâts 2 milliards de $, 70 millions de saumons tués ; -18-5 perd 400 m d'alt., éruption à 8 h 33 pendant 9 h ; -22-7 un dôme de 70 m de haut et 200 m de large formé du 14 au 18-6 explose] ; 86 ; 91) 3 000 m. **Centrale** *(35) :* **Costa Rica :** *Arenal* [1968 (78 †) à 2000] 1 657 m. *Irazu* (1964 ; 92) 3 432 m. *Rincón de la Vieja* (1983 ; 91 ; 93 ; 95 ; 98 ; 99) 1 916 m. **Guatemala :** *Acatenango* (1972) 3 959 m. *Fuego* (permanent) 3 765 m. *Pacaya* (1986 ; 90 ; 93 ; 94 ; 95 ; 96 ; 98 ; 2000) 2 544 m. *Santa Maria* [24-4-1902 (1 000 †) ; 96 ; 99 ; 2000] 3 768 m. **Nicaragua :** *Cerro Negro* (1974 ; 92 ; 95 ; 2000) 1 039 m. *Masaya* (1835 ; 1902 ; 89 ; 94 ; 96 ; 97 ; 98 ; 99 ; 2000). *Momotombo* (1905) 1 257 m. *Telica* (1987 ; 94 ; 98 ; 99 ; 2000). **Salvador :** *Izalco* (1770 ; 1957 ; 63) 2 385 m. **Sud** *(31) :* **Argentine :** *Antofalla* 6 450 m. *Llullaillaco* (Arg./Chili) 6 723 m. *Ojos del Salado* (Arg./Chili) 6 887 m. **Chili :** *Calbuco* (1961) 2 400 m.

Guallatiri (Arg./Chili, 1959 ; 93) 6 060 m. *Lascar* (1951 ; 94 ; 2000) 5 990 m. *Hudson* (1971 ; 91 : quelques †) 2 615 m ; *Llaima* (1955 ; 94 ; 95 ; 98) 3 121 m. *Tupungatito* (1959 ; 86) 5 640 m. *Villarica* (1964 ; 71 ; 79 ; 80 ; 92 ; 97 ; 98 ; 99 ; 2000) 2 843 m. **Colombie :** *Purace* (1950 ; 77) 4 700 m. *Nevado del Ruiz* [13/15-11-1985 : coulée de boue et de cendres vers Armero et Chinchina : 24 740 † dont Omayra (12 ans) coincée 60 h, agonie télévisée ; 1992] 5 400 m. **Équateur :** *Cotopaxi* (1975) 5 897 m. *Galeras* (1993 : 9 † ; 2000) 4 083 m. *Guagua Pichincha* (1993 ; 98 ; 99 ; 2000) 4 784 m. *Sangay* (1946 ; 76 ; 83 ; 88 ; 96) 5 320 m. **Pérou :** *Misti* (1903) 5 821 m. *Sabancaya* (1990 ; 98) 6 288 m. *Ubinas* 5 671 m.

■ **Antarctique et îles Australes** *(18) : Déception* (1967 ; 70) 576 m. *Erebus* (permanent) 3 795 m. *Kerguelen. Heard* (Big Ben) 2 245 m. *Tristan da Cunha* (1961) 2 060 m.

■ **Atlantique. Açores** *(9) : Capelinhos* (1957-58). *Terceira* (1998-99 ; 2000) sous-marine. **Antilles** *(8) : montagne Pelée* [Martinique] (8-5-1902 : 30 000 † ; 30-8-1902 : 1 000 † ; 1929) 1 397 m. *Soufrière* [Guadeloupe] (1956 ; 76) 1 467 m. *Soufrière* [St-Vincent] (7-5-1902 : 1 565 † ; 1913 ; 14 ; 17 ; 22-4-1979) 1 178 m. *Soufriere Hills* [Montserrat] (1995 ; 97 ; 98 ; 99 ; 2000) 915 m. **Canaries** *(3) :* 3 718 m. **Cap-Vert** *(1) : Fogo* (1857 ; 1951 ; 1995) 2 835 m. **Islande et Jan Mayen** *(27) : Beerenberg* (20-9-1970 : création de 3 km² de terre en bordure de l'île ; 1985) 2 276 m. *Grimsvötn* [1] (1996 ; 1998) 1 725 m. *Hekla* (1947 ; 70 ; 81 ; 91 ; 2000) 1 560 m. *Helgafell* (1973). *Katla* [1] 3 182 m. *Threngslaborgir. Kirkjufell* (1973). *Krafla* (1978 ; 79 ; 84) 1re ascension 10-3-1908 (6 marins anglais dont Adams), -5-5 cratère découvert (profondeur 270 m, largeur 800 m), 23-12-1978 Werner Giggenbach (All.) descend au fond. *Laki* (8-6-1783 ; 84 : 9 350 † pour toute l'île) 1 560 m. *Surtsey* (1963 ; 67) 13 m, donna naissance à une île de 2,8 km². **Volcans sous-marins** *(19).*

Nota. – (1) Recouverts d'une calotte glaciaire ; les eaux de fonte forment des torrents boueux dont le débit peut atteindre plusieurs centaines de milliers de m³/s.

■ **Asie et Pacifique. Chine :** *nord-est du Tibet (5).* **Galapagos** *(3)* (1969 ; 93 ; 95 ; 98). *Juan Fernández (3).* **Hawaii** *(4) : Kilauea* (1983 ; 94 ; 95 ; 96 ; 97 ; 98 ; 99 ; 2000) 1 210 m. *Mauna Loa* (1950 ; 77 ; 87) 4 170 m. **Indonésie** *(110) : Agung* (17-3-1963 : 1 500 †) 3 142 m. *Batur* (1928 ; 63 ; 68 ; 94 ; 98 ; 99 ; 2000) 1 718 m. *Bromo* (1995) 2 392 m. *Dieng* (1979 : 149 † ; 1992). *Dukono* (1995) 1 087 m. *Galung-gung* (1822 ; 1920 ; 82) 2 168 m. *Gamalama* (1993 ; 94) 1 715 m. *Gedeh* (1949) 2 959 m. *Kawah Ijen* (1952 ; 93 ; 94). *Kelud* [19-5-1919 : coulées de boue (5 100 †) ; 1966 ; 90] 1 731 m. *Krakatoa* [grande explosion le 27-8-1883 à 10 h : destruction des 2/3 de l'île, création d'une dépression de 300 m dans l'océan ; 40 000 † dont 36 417 dénombrés, 50 millions de tonnes de cendres, un panache de cendres et de vapeur fut propulsé à 55 km de hauteur et 10 jours plus tard des poussières retombèrent à 5 330 km de là ; 57 h d'obscurité totale dans un rayon de 80 km ; on entendit l'explosion 4 h après, sur l'île Rodriguez, à 4 776 km de là. Sa puissance est un record après le cataclysme de Théra (voir col. b), 5 fois plus puissant (7 000 fois Hiroshima). Provoque un tsunami atteignant 800 km/h dans les mers profondes ; au Havre, les ondes avaient encore 30 cm d'amplitude. Le 29-12-1927, projection de cendres par une ouverture sous-marine. Le 26-1-1928, un cône émerge [Anak Krakatoa (l'enfant du Krakatoa)], il disparaîtra et reparaîtra à plusieurs reprises. En 1960 le bord du cratère était à 108 m d'alt. ; de 1960 à 1963, de la lave liquide en sort (1979 ; 93 ; 94 ; 95 ; 96 ; 99 ; 2000) 804 m]. *Marapi* (1987 ; 94 ; 99). *Merapi* [1969 ; 87 ; 92 ; 94 (-22-11) : 41 † ; 1995 ; 96 ; 98 ; 99] 2 911 m. *Paloë* (1973). *Papandayan* (12-8-1772 : 3 000 † ; 98). *Raung* (1991 ; 2000) 3 332 m. *Rindjani* [1964 ; 66 ; 94 (-2-11) : 30 †] 3 775 m. *Semeru* (1960 ; 87 ; 94 ; 95 ; 96 ; 98 ; 99 ; 2000) 3 676 m. *Slamet* (1953 ; 88 ; 99) 3 426 m. *Soputan* (1995 ; 96 ; 2000) 1 827 m. *Tambora* (île de Sumbawa, 10/12-4-1815 : 82 000 † ; record mondial de matières projetées : 150 à 180 km³ ; le volcan perdit environ 1 250 m d'altitude. Formation d'une caldeira de 11 km de diamètre et 800 m de profondeur) 2 850 m. *Ternate* (1938) 1 715 m. *Una Una* (1983). **Iran :** *Demavend* 5 641 m. **Japon** *(54) :* 77 volcans en activité. *Asama* (66 éruptions de 685 à 1 900, plus de 2 000 explosions depuis 1900) 2 542 m. *Aso* (1914 ; 58 ; 79 : 3 † ; 1993 ; 97) 1 592 m. *Bandai-San* (1888 : 461 † ; 1987) 1 370 m. *Fuji Yama* (1707) 3 776 m. *Kirisima* (1979 ; 82) 1 700 m. *Koma-ga-Take* (1996 ; 98 ; 2000) 1 637 m. *Me-Akan* (1996 ; 97) 1 499 m. *Mihara* 758 m. *Miyakejima* (1983 ; 2000) 814 m. *Myojin. Nishino-Shima* (îles Bonin) (1973 ; 74). *Sakurajima* (1914 ; 48 ; 66 ; 70 ; 72 ; 73 ; 79 ; 83 ; 87 ; 92 ; 93 ; 94 ; 95 ; 96 ; 97 ; 98 ; 99 ; 2000) 1 118 m. *Satsuma-Iwojima* (permanents). *Showa Shinzan* (1943 ; 45) 408 m. *Suwanose-Jima* (1996) 799 m. *Unzendake* [21-5-1792 : 15 000 † ; 3-6-1991 : 38 † dont 3 volcanologues : Maurice et Katia Krafft (Français) et Harry Glicken (Amér.) ; 1992 , 93 , 94 ; 95 ; 96 ; 97] 1 360 m. *Usu* (1978 : 3 † ; 2000) 727 m. **Kermadec** *(15).* **Mariannes** *(8).* **Nouvelle-Bretagne** *(14) : Langila* (1983 ; 94 ; 95 ; 96 ; 97 ; 98) 1 330 m. **Nouvelle-Guinée** *(16) : Lamington* (17/21-1-1951 : 3 000 †) 1 330 m. *Manam* (1994 ; 96 ; 97 ; 98 ; 99 ; 2000). *Région de Rabaul* (1937 ; 94 ; 96 ; 97 ; 98 ; 99 ; 2000) 688 m. **Nouvelle-Irlande** *(9).* **Nouvelle-Zélande** *(5) : Ngauruhoe* (1956 ; 95) 2 292 m. *Ruapehu* (1950 ; 94 ; 95 ; 96 ; 98) 2 797 m. *Tarawera* (1888) 1 112 m. *Tongariro* (1950). *White Island* (1987 ; 94 ; 98 ; 2000) 321 m. **Philippines :** *Cancaon* (1996 : 3 †). *Didicas* (1969 : 2 †, apparition d'une nouvelle petite île). *Hibok* (1960) 1 712 m. *Mayon* (1814 : 1 200 † ; 1947 ; 68 ; 76 ; 93 : 68 † ; 99 ; 2000) 2 525 m. *Pinatubo* [1991 du 13 au 23-6 ; le 14 : 20 millions de t de dioxyde de soufre éjectées à 40 km d'altitude. Un voile brumeux, composé aux 3/4 d'acide sulfurique, formera une bande étroite au-dessus de l'Équateur puis, 2 mois après, s'étendra vers le sud des USA (la centrale solaire de Mojave, en Californie, perd 30 % de son rendement) et le centre de l'Europe (à Genève, baisse du rayonnement solaire direct de 21 % en 1991 et 17 % en 1992) 875 †, 300 000 sans-abri, la base américaine de Clark (14 000 Amér.) est évacuée ; août 1992 : 60 † ensevelis par coulée boueuse] 1 759 m. *Taal* (1815 ; 30-1-1911 : 1 400 † ; 65 ; 66 ; 69 ; 70 ; 94) 1 449 m. **Russie : Kamtchatka** *(28) : Bezymianny* [1956 ; 69 (record du XXe s. pour la violence de l'explosion : 2,2 × 10^{25} ergs) ; 1986 ; 95 ; 96 ; 97 ; 98 ; 2000] 3 048 m. *Karymsky* (1995 ; 96 ; 97 ; 98 ; 99 ; 2000) 1 484 m. *Kliouchevskoï* (1962 ; 94 ; 97 ; 98 ; 99 ; 2000) 4 850 m. **Kouriles** *(39).* **Sibérie :** *Chikurachki* (1987). **Salomon. Samoa** *(3) : Matavanu* (1905 ; 11). **Santa Cruz** *(1) : Tinakula.* **Tonga. Vanuatu** *(12) : Ambrym* (permanent) 1 324 m. *Lopevi* (1960 ; 82 ; 98 ; 99 ; 2000) 1 449 m. *Mont Gemini* (1996). *Yasur* (permanent). **Océan Pacifique Sud :** *Macdonald Seamount* (1977 ; 87 ; 96 ; 97 ; 99).

■ **Europe. Méditerranée** *(18)* **: Grèce :** *Nisyros ; Santorin* [1470 avant J.-C. (l'île s'appelait alors Théra ; l'explosion a provoqué un raz de marée de 50 m de hauteur, qui a détruit la civilisation minoenne en Crète ; un carottage fait au sommet de l'inlandsis groenlandais en 1990 a rencontré à 736,1 m de profondeur un dépôt de cendres volcaniques attribué à cette éruption) ; 199 ; 197 av. J.-C. (création de Iera, îlot entre Thera et Therasia) ; 726 ; 26-9/-6-12-1650 ; 1929] 566 m. **Italie :** *Etna*, permanent, à éruptions de flanc multiples (1169 : 15 000 † ; 1669 ; 1928 ; 71 ; 12-9-1979 : 9 touristes †, 23 blessés ; 1986 ; 17-4-1987 : 3 touristes français †, 4 blessés ; 1991 ; 92 ; 93 ; 94 ; 95 ; 97 ; 98 ; 99 ; 2000) 3 340 m. Le 28-9-1976, Antonio Nicoloso descendit à 50 m au-dessus du fond du cratère (diamètre 200 m). *Monte Nuovo* (surgi 28-9-1538 près de Naples) 130 m. *Stromboli* (permanent) [1 † en 1986] 926 m. *Vésuve* [24-8-79 après J.-C. (projection de cendres, mais non de laves) a enseveli au moins 3 villes : Pompéi, Stabies et Herculanum (sous des coulées de cendres ardentes, épaisses parfois de 20 m) 15 000 à 20 000 †. Pompéi, détruite 16 ans avant, en 63, par un tremblement de terre, avait été en partie évacuée quand elle fut recouverte de cendres ; déblayée en 1748] 16-12-1631 ; 1832 ; 1872 ; 1906 ; 1924 ; 1944) 1 186 m. *Vulcano* (1888-90) 499 m.

■ Statistiques

■ **Nombre de volcans. Ayant fait éruption durant les temps historiques :** de 500 à 600 ; il y a actuellement des milliers de volcans endormis et peut-être des milliers de volcans sous-marins, principalement dans l'océan Pacifique. **Au XXe siècle :** environ 845 † par an. **Ayant fait éruption du 1-8-1999 au 1-8-2000** (sauf volcans sous-marins) : éruptions accompagnées de l'émission de produits solides (cendres, bombes, etc.), liquides (laves) ou de gaz magmatiques : 58 dont Amérique 21, Asie 14, Océanie-Papouasie 9, Afrique 3, Atlantique 3, Pacifique 3, Europe 2, océan Indien 2.

■ **Records des volcans. Les plus hauts :** *Nevado Ojos del Saldado* (6 863 m, Chili) ; EN SOMMEIL : *Llullaillaco* (6 723 m, frontière Chili-Argentine) ; EN ACTIVITÉ : *Antonfalla* (6 450 m, Argentine). **Le plus au nord :** *Beerenberg* (2 276 m, île Jan Mayen, mer du Groenland à 71°5 Nord). **Le plus au sud :** *Erebus* (3 795 m, île de Ross, Antarctique, 77°35 Sud). **Les plus étendus :** *Mauna Loa* (Hawaii, USA) alt. 4 170 m + 5 000 m immergés (total 9 170 m, montagne la plus haute du monde), diamètre 100 km et 5 125 km² au niveau de la mer, au large du Japon, caldeira (cratère d'effondrement) sous-marine de 40 km de largeur ; *mont Aso* (Kiu-Siu, Japon), caldeira, diamètre nord-sud 27 km, circonférence 114 km. **Les plus profonds :** *Nyiragongo* 800 m (1978) ; 450 m (1982) ; *Raung* (Java) 500 à 600 m. **Coulées de lave maximales :** *USA* 750 km (Columbia River ; miocène ; les coulées se sont superposées lors de multiples éruptions) ; *Islande* 96 km.

■ **Grandes catastrophes. 79** Italie *(Vésuve)* 15 000 à 20 000 † ; **1783** Islande *(Laki)* 9 350 † ; **1792** Japon *(Unzen)* avalanche de débris, 14 300 † ; **1815** Indonésie *(Tambora)* 82 000 † (dont 12 000 tués par le volcan et 70 000 † de famine) ; **1883** Indonésie *(Krakatoa)* 40 000 †, la plupart noyés par le tsunami engendré par l'explosion ; **1902** *(8-5 et 30-8)* Martinique *(montagne Pelée)* 31 000 † brûlés par des nuées ardentes ; **1985** Colombie *(Nevado del Ruiz)* 25 000 † ensevelis dans la boue. **Répartition géographique :** 82 % dans le « cercle de feu » du Pacifique ; 1,5 % dans le bassin méditerranéen (mais dont l'histoire est bien plus longue). **Causes de mort :** causes secondaires retardées (maladies, famines) 42 % ; vagues marines (tsunamis) ou coulées de boue (lahars) 32 % ; émissions (projectiles, cendres, lave), pluies acides 26 %.

■ Utilisation du volcanisme

■ **Usines géothermiques de haute énergie. 1°) Méthode directe :** un forage en zone volcanique permet d'atteindre le gisement de vapeur sous pression qui alimente des turbines pour la production d'électricité. *Italie*, Larderello, où le Français F. de Larderel (1789-1858) exploitait les dépôts de bore dès 1818, production actuelle : 3 milliards de kWh. *Nlle-Zélande* (depuis 1959), *Californie* (1960), *Japon* (1966-67), *ex-URSS* (1973), *Indonésie, Mexique, Guatemala, Guadeloupe* (Bouillante), *Islande*. **2°) Procédé RCS** (roches chaudes sèches) : en Alsace, de l'eau est injectée dans un forage de 1 900 m où la température atteint 170 °C. On récupère en surface de la vapeur d'eau à 150 °C, utilisée pour le chauffage urbain et la distribution d'eau chaude (non rentable).

Géographie physique

■ Découvertes et explorations

Nord et Sud

■ **Nord, Groenland. Avant J.-C. VIe s.** le « périple de *Scylax* » navigateur grec, mentionne la lointaine *Thulé* (Islande ?, Feroé ?). **Vers 330-320** Pythéas, astronome grec de Phocée (Marseille) passe par Gibraltar, atteint le cercle polaire et peut-être la Baltique. **Après J.-C. 977** *Günnbjorn* (Islandais) aborde dans l'île. **982-985** *Erik le Rouge* (Isl.) parcourt les côtes. **1500** *Gaspar de Corte Real* (Port., 1450-1502) longe les côtes du Groenland et du Labrador. **1807-22** *William Scoresby* (Anglais, 1789-1857) explore les côtes orientales. **1888** 1re traversée d'est en ouest par *Fridtjof Nansen* (Norv., 1861-1930) en 39 jours. **1906-08** et **1912** expéditions de *Knud Rasmussen* (Danois, 1879-1933). **1948-53** expéditions de *Paul-Émile Victor* (Fr., 1907-95) et *Jean Malaurie* (Fr., né 22-12-1922) qui dressent de mars à juin 1951 la 1re carte au 1/100 000 des terres d'Inglefied et de Washington sur les littoraux nord du Groenland, sur 300 km de côtes et 3 km d'hinterland ; attribution de noms français en inuit [fjord de Paris, de Martonne ou d'Uutaaq (compagnon esquimau de Robert Peary)]. **1990** forage profond (3 028,8 m) dans la calotte glaciaire. **1991** *(sept.)* 6 spéléologues français explorent les moulins (cavités) du glacier de Jakobshavn, le plus actif du Groenland.

Océan Arctique et pôle Nord. 1553 *Hugh Willoughby* (Anglais, † 1554) ouvre la mer Blanche au commerce anglais. **1558** *John Davis* (Anglais, vers 1550-1605) reconnaît le détroit de son nom jusqu'à la latitude 72°41'. **1594-96** *William Barents* (Holl., vers 1550-97) autour de la Nlle-Zemble. **1607** *Henry Hudson* (Anglais, vers 1565-1611) découvre l'île Jan Mayen et atteint le Spitzberg 80°23'. **1616** *William Baffin* (Anglais, vers 1584-1622) donne son nom à la baie et à l'île. **1775** *Phipps* avec *Nelson* (15 ans) poussent 40 km plus au nord. **1806** *William Scoresby* (Anglais, 1760-1829, père de William cité plus haut) à 81°30' au large du Spitzberg. **1819** *William Edward Parry* (1790-1855) passe le 1er au nord du pôle magnétique. **1825** *Frederic Beechey* (Anglais, 1796-1856), expéditions arctiques. **1827** *(23-7)* atteint à partir du Spitzberg 82°45'Nord avec des chaloupes transformées en traîneaux. **1831** *John Ross* (Anglais, 1777-1856) atteint le pôle Nord magnétique. **1845** *(fin mai) sir John Franklin* (Anglais, né 16-4-1786) part avec 129 hommes (bateaux *Erebus* et *Terror*) chercher le passage du Nord-Ouest ; serait mort le 11-6-1847 ; navires abandonnés le 22-4-1848 avec 105 survivants qui succombèrent les uns après les autres, peut-être par cannibalisme (ossements brisés retrouvés sur île du Roi-Guillaume). **1871** *Charles-Francis Hall* (Amér., 1821-71) mène le *Polaris* à 82°16'. **1875** *George Strong* (Écossais, 1831-1915) parvient à 82°48'. **1876** *(12-5) Albert Hastings Markham* (Anglais, 1841-1918) à 83°20' dans la mer de Lincoln à 740 km du Pôle. **1879** *Adolf Erik Nordenskjöld* (baron suédois, né en Finlande, 1832-1901) force le passage du Nord-Est. **1882** *(13-5) Lockwood* (Amér.) atteint 83°24' (sur 24 participants de l'expédition, 17 † de faim). **1892** *(avril) Robert Peary* (Amér., 1856-1920, enterré à Arlington ; nommé vice-amiral ; avait eu les orteils gelés en 1899) atteint le pôle géomagnétique Nord. **1895** *(7-4) Fridtjof Nansen* (Norv., 1861-1930) et *Johansen* (Norv.) atteignent 86°14' Nord [après avoir mangé leur

Évolution du relief plissé en fonction de l'intensité de l'érosion

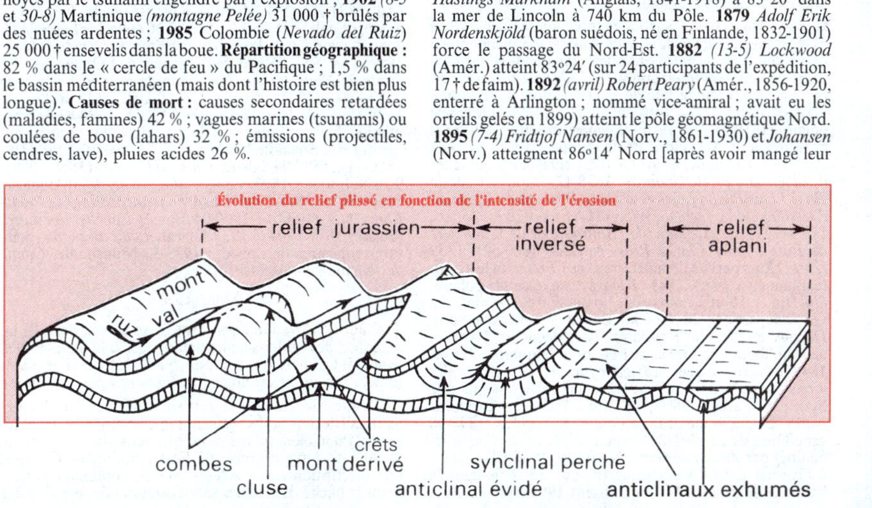

dernier chien (ils avaient quitté, le 14-3, le *Fram* conçu par Colin Archer pour permettre à Nansen, de 1893 à 1896, d'être pris dans les glaces au nord de la Sibérie et de dériver avec elles jusqu'aux alentours du pôle Nord)]. **1897-1930** recherches du corps de l'ingénieur suédois *Salomon Andrée* (né 18-10-1854), mort en juillet 1897 avant d'atteindre le pôle Nord en aérostat (*l'Adler*) avec *Knut Fraenkel* et *Nils Strindberg*. **1898-1902** 2ᵉ expédition du *Fram* (stabilisé avec une quille supplémentaire) conduite par *Otto Sverdrup* : cartographie 200 000 km² de terres nouvelles. **1900** *(25-4)* le duc des Abruzzes, *Louis de Savoie* (It., 1873-1933), ayant eu 2 doigts gelés doit renoncer et confie la marche vers le Pôle à *Umberto Cagni* (It.) qui, parti sur le *Stella Polare*, atteint 86°34′ Nord. **1903-06** *Roald Amundsen* (Norv., 18-6-1872/juin 1928) franchit le passage du Nord-Ouest à bord du *Gjöa*. **1906** *(21-4) Robert Peary* parvient à 87°6′ au nord du Groenland. **1909** *(6-4)* à 10 h *Peary* [parti en traîneau du cap Columbia le 15-2 (258 km couverts du 1-4 au 6-4)], atteint le Pôle avec *Mattew Henson* et 4 Esquimaux (Ootah, Eginwah, Seegloo, Coqueeh), ils y restent 30 h, puis il rentre le 23-4 au cap Columbia. Peary pensait qu'il aurait peut-être échoué s'il n'avait découvert un système de bouilloire permettant de faire le thé en 10 min au lieu de 1 h, ce qui lui faisait gagner 1 h 30 chaque jour. *Frederick Cook* (médecin amér., 1865-1940) (qui prétendait être arrivé au sommet du mont McKinley en 1906) prétend avoir atteint le Pôle le 1ᵉʳ, le 21-4-1908. On admet aujourd'hui que ni l'un ni l'autre n'avaient l'équipement nécessaire pour faire le point exactement. **1925** *(mai)* échec de survol du Pôle par *Roald Amundsen* et *Lincoln Ellsworth* avec 2 avions (panne du N 25). **1926** *(9-5) Richard Byrd* (Amér., 1888-1957) disait avoir survolé le Pôle avec un Fokker (baptisé *Josephine Ford*) parti le 8-5 du Spitzberg mais son pilote Floyd Bennet révélera (oct. 1956) qu'il avait menti ; *(12-5) Amundsen* (Norv.), *Ellsworth* (Amér.) et *Umberto Nobile* (It., 1885-1978) survolent le Pôle à 200 m d'altitude avec le dirigeable *Norge*. **1928** *(24-5) Nobile* recommence avec l'*Italia* qui au retour s'abîme près du Spitzberg. En voulant lui porter secours, *Amundsen* disparaît le 18-6 à bord d'un hydravion français. *Nobile* sera sauvé le 14-7 par un avion suédois et son expédition secourue par le brise-glace soviétique *Krassine* (sur 18 partis, 6 disparus, 4 †, 8 survivants). **1937** *(21-5)* un avion se pose sur un *floe* de 3 km de diamètre, à 20 km du Pôle : *Ivan Papanine* (Russe, 1894-1986), chef de station, Pierre Chirkov, hydrobiologiste, Eugène Fédorov, astronome géophysicien et Ernest Krenkel y vivront 9 mois. Ils creuseront un trou dans le *floe* (3 m d'épaisseur) pour sonder le fond (4 200 m), dériveront jusqu'au sud-est du Groenland. **1937** *(oct.)* le *Sedov,* brise-glace soviétique emprisonné par la banquise dans le mer des Laptev, dérive avec elle, se dégage le 13-1-1940 après 812 jours. **1948** *(23-4)* à 16 h 44 : expédition scientifique secrète à but stratégique (révélée en 1956) conduite par Alexandre Kouznetsov. 3 avions bimoteurs russes avec 24 hommes se posent à moins de 1 mille du Pôle. **1951** *(29-5) Jean Malaurie* atteint le pôle géomagnétique Nord (en traîneau à chiens). **1958** *(3-8)* le sous-marin nucléaire *Nautilus* (Amér.) commandé par *William Anderson* passe sous la calotte glaciaire ; *(12-8)* émergé ; *Cᵈᵗ Jim Calvert*. **1968** *(19-4) Ralph Pahisted* (Amér.) avec 3 hommes en motoneige. **1969** *(6-4) Wally Herbert* (Anglais), parti le 24-2-1968 de l'Alaska, parcourt en traîneau à chiens (sous contrôle aérien) 37 km en 15 h (record). **1972** *(10-5) Guido Monzino* (It.). **1977** *(17-8) Youri Koutchiev* (Soviét.) sur le brise-glace atomique *Arktika*. **1978** *(29-4) Naomi Uemura* (Japonais, 1941-84) seul en traîneau. **1986** *(2-5) Will Steger* avec 7 hommes et 1 femme partent du Canada, atteignent le Pôle ; un avion les ramènera ; *(11-5) Jean-Louis Étienne* (Fr., 9-12-1946) 1 200 km à pied en solitaire. **1987** *(mars) Shinji Kamaza* (Japonais) atteint le Pôle sur une moto de 250 cm³ (avec un ski fixé à l'avant) et escorté par 2 motoneiges. **1989** *Robert Swan* (Anglais) rallie les 2 Pôles à pied. **1990** *(4-5) Børge Ousland, Geir Randby* et *Erling Kagge,* partis de l'île d'Ellesmere le 8-3, en traîneau et à skis, repartent en avion. Navire allemand *Polarstern*, 1ᵉʳ à propulsion classique. **1995** *(15-6) Richard Weber* (Can.) et *Mikhail Malakhov* (Russe), aller-retour à skis (1 513 km en 121 j). **1996-99** *mission Circum Polaris* (Jean-Louis Étienne à bord du voilier polaire *Antarctica*) : passages du Nord-Ouest et du Sud-Est et dérive arctique.

■ **Sud, Antarctique.** Sur les mappemondes des XVIᵉ et XVIIᵉ s. figurait un « continent Austral » s'étendant de l'Australie (dont la côte nord-ouest était connue) jusqu'en Terre de Feu, sans interruption. **1772** *Joseph de Kerguelen* (Fr., 1734-97) atteint l'île de la Désolation. **1773** *James Cook* (Anglais, 1728-79) atteint 66°15′ dépassant le cercle polaire. **1819-21** *Fabian von Bellingshausen* (1792-1852) explore (pour Alexandre Iᵉʳ de Russie) avec 2 bateaux [*Mirny* (le Pacifique) et *Vostok* (l'Orient)] et découvre les *îles Pierre-Iᵉʳ* et *Alexandre-Iᵉʳ*. **1838-42** découverte de la *Terre Louis-Philippe*, des côtes de la *Terre Adélie* (*Dumont d'Urville*), de la *Terre de Wilkes* (*Charles Wilkes*, Amér., 1798-1877), de la *chaîne de l'Amirauté* et de la *barrière de Ross* (*James Clarke Ross*, Anglais, 1800-62). **1839** *(25-11) Ross* part de l'Angleterre avec l'*Erebus* et le *Terror* (capitaine Crozier). **1841** *(1-1)* traverse le cercle polaire, *(10-1)* le 71°15′ et découvre l'île Possession et l'île Victoria. *(23-1)* dépasse 74°20′ (400 km du pôle magnétique Sud). Découvre l'île John Franklin. *(24-1)* découvre 1 volcan actif qu'il nomme *Erebus* et 1 éteint qu'il nomme *Terror*. **1843** le Lᵗ *Moore* avec la *Pagode* (dernier navire à voiles à rechercher le pôle Sud) se lance à la recherche du pôle Sud, *(28-1)* atteint 78°9′. **1872** le *Challenger* (capitaine *Nares*) étudie faune et flore de l'île Kerguelen. **1897-98** expédition de *La Belgica* (ancien baleinier norvégien rééquipé) par *Adrien de Gerlache* (Belge, 1866-1934) le 1ᵉʳ à hiverner dans l'Antarctique (bloqué 15 mois dans la banquise de la mer de Bellingshausen). **1901-03** 1ʳᵉ exploration concertée de l'Antarctique par *Robert Scott* (Anglais, 1868/30-3-1912), *Eric von Drygalski* (All., 1865-1949), *Otto Nordenskjöld* (Suédois, 1869-1928). **1902** *(2-11) Scott* atteint 82°15′) à 860 km du Pôle. **1903** *(31-8)* à **1905** *(juin) Jean Charcot* (Fr., 15-7-1867/16-9-1936) [fils du médecin Jean-Martin Charcot (29-11-1825/16-8-1893) a épousé en 1896 Jeanne, petite-fille de Victor Hugo, divorcée de Léon Daudet] : 1ʳᵉ expédition avec le *Français* (longueur 32 m, largeur 7,56 m) : reconnaît plus de 1 000 km de terres nouvelles pendant 1 an. **1908** *Ernest Shackleton* (Anglais, 1874-1922) : 1ʳᵉ ascension de l'Erebus. **1908** *(15-8)*/**1910** *(juin) Charcot* : 2ᵉ expédition à bord du *Pourquoi-Pas ?* [(lancé 18-5-1908), 825 tx, longueur 40 m, largeur 4,2 m, creux 5,10 m, puissance 450 CV]. **1909** *(9-1) Shackleton* arrive à 178 km (un poney tombe dans une crevasse avec ses vivres ; il doit renoncer). **1911** *(14-1) Roald Amundsen* (1872-1928) avec 8 compagnons et 116 chiens débarque baie des Baleines sur la barrière de Ross et hiverne à Framhein ; le 20-10 il en part avec *Helmer Hanssen* (officier au long cours, spécialiste des chiens), *Hassel* (douanier conducteur de traîneaux), *Bjaaland* (champion de ski) et *Wisting* (harponneur de baleines) ; le 14-12 à 15 h, arrivent au Pôle et rentrent le 25-1-1912 à Framhein (aller-retour de 1 800 km en 97 j). **1912** *(17-1) Scott* parvient au campement laissé par Amundsen à moins de 3 km du pôle géographique ; Scott périt le 30-3 durant son retour [après ses compagnons Evans † le 17-2, Lawrence Oates (né 1880) et † de froid le 16 ou 17-3) avec Wilson et Bowers dont on retrouvera les corps le 12-11]. **1936** *(16-9)* naufrage du *Pourquoi-Pas ?* dans un ouragan [sur les récifs d'Alftanes à 30 milles de Reykjavik (Islande)] : 23 † dont Charcot, 17 disparus, 1 survivant (le maître timonier Gonidec). **1956** *(31-10)* un DC3 sur skis atterrit au pôle Sud (pilote : *Gus Shinn*). **1957** *(24-11)*/**1958** *(2-3) expédition transantarctique* du Commonwealth dirigée par le *Dr Vivian Fuchs* (Anglais) : 3 500 km. **1989** *(28-7)* de Seal-Nunatak/**1990** *(3-3)* à Mirny *expédition Transantarctica* [Jean-Louis Étienne, Victor Boyarsky (Soviétique), Will Steger (Amér.), Geoff Somers (Anglais), Keizo Funatsu (Japonais), Qin Dahe (Chinois)] : 6 400 km en 218 jours. **1993** *(15-12)* à Hobart : *expédition Mont-Erebus* (Étienne et 17 personnes) à bord du voilier polaire *Antarctica*. **1995** *(22-12) Børge Ousland* (Norv.) atteint à skis le Pôle en 44 j. **1996** *(19-12)* il atteint le Pôle et revient le 18-1-1997, étant le 1ᵉʳ à avoir traversé seul l'Antarctique (2 695 km en 64 j). **1997** *(19-1) Laurence de La Ferrière* atteint le Pôle en solitaire (5ᵉ au monde, 1ʳᵉ Française).

Afrique

490 avant J.-C. : *Hannon* découvre les côtes africaines. **508 avant J.-C. :** *Scylax de Caryanda* explore l'**Érythrée** (côtes de la mer Rouge) ; les Grecs appellent Azanie les **côtes de l'Afrique orientale. XIVᵉ s. : 1312 Canaries** découvertes par *Lanzarotto Malocello* (It.) ; **Tombouctou** (*Ibn Batouta*). **XVᵉ s. : côtes de l'Afrique occidentale, le canal et les côtes du Mozambique,** *Bartolomeu Diaz* (Port., 1450-1500) franchit le *cap de Bonne-Espérance* ; **1418 Madère,** *Henri le Navigateur* (Port., 1394-1460) ; **1431 les Açores,** *Denis Fernandez* (Port., n.c.) ; **1446 Sénégal** et **Cap-Vert** idem ; **XVIᵉ s. : 1500** *Diego Diaz* (Esp., n.c.) aborde **Madagascar ; 1503** *Alburquerque* découvre **Zanzibar. XVIIIᵉ s. : 1795 vallée du Niger,** *Mungo Park* (Écossais, 1771-1806). **XIXᵉ et XXᵉ s. :** redécouvertes et explorations : **1800-01** traversées **Tripoli-Niger,** *Friedrich Konrad Hornemann* (All., 1772-1801) ; **1802-11 Angola-bas Zambèze,** *Saldanha da Gama* (Port.) ; **1827-28 golfe de Guinée au Maroc** par Tombouctou, *René Caillié* (Fr., 1799-1838) ; **1823-24 Tchad, Niger,** *Dixon Denham* (Anglais, 1786-1828), *Hugh Clapperton* (Anglais, 1788-1827) ; **1838-58 Mozambique-Benguela,** *João Coimbra* (Port.) ; **1849-73 Zambèze-Congo,** *David Livingstone* (Anglais, 1813-73) ; **1850-55 Sahara, Soudan central,** *Heinrich Barth* (All., 1829-65) ; **1852-56 Benguela-La Rovouma,** *Antonio Silva-Porto* (Port., 1817-90) ; **1854-56 Loanda-Quilimane,** *Livingstone* ; **1858 lac Tanganyika,** *Richard Francis Burton* (Anglais, 1821-90), *John Hanning Speke* (Anglais, 1827-64) ; **1858-61 Ouganda, sources du Nil, lac Victoria,** *J. H. Speke, J. A. Grant* (Anglais, 1827-92) ; **1859-61** *Henry Duveyrier* (Fr., né 1840, accusé d'être responsable de massacres militaires français au Tassili, se suicide en 1892) ; **1865-67 Tripoli-golfe de Guinée,** *Gerhard Rohlfs* (All., 1831-96) ; **1873-75 Bagamoyo-Benguela,** *Verney Cameron* (Anglais, 1844-94) ; **1874-77 Congo, lac Léopold-II,** *John Rowlands* (sir Henry Morton Stanley ; Anglais, 1841-1904) ; **1875-85 bassins de l'Ogooué, de l'Oubangui, rive droite du Niger,** *Pierre Savorgnan de Brazza* (Fr., Rome 1852-Dakar 1905) traverse 2 fois l'Afrique d'ouest en est 1878-85, *Serpa Pinto* (Port., 1846-1900) ; **1880-81 Sahara,** mission *Flatters* (officier méhariste découvre gravures et peintures) ; **Souakim-bas Niger,** *Pellegrino Matteucci* (It., 1850-81) ; **1888-96 Sahara,** *Fernand Foureau* (1858-1900) : 9 expéditions ; **1895 Congo,** *Mary Kingsley* (Anglaise, 1863-1900) ; **1898-1900 Tchad,** *Foureau* et *François-Joseph Lamy* (1858-1900) ; **1900-04 Sahel,** *Isabelle Eberhardt* (Suisse, 1877-1904) ; **1933 Djerat,** *Louis Brenans* (peintures rupestres de l'oued) ; **1933-37 Mauritanie,** *Odette de Puigaudeau* (1894-1991).

Amérique

Avant le XVᵉ s. On aurait trouvé au Brésil, dans l'État de Bahia, des cailloux taillés datant de 250 000 à ± 45 000 avant J.-C. mais on conteste qu'il s'agisse d'artefacts (objets fabriqués ou au moins façonnés par l'homme).

Méditerranéens. Il y aurait en Amérique du Nord et au Brésil de nombreux vestiges d'une occupation des côtes par les Phéniciens (et même les Minoens) du Iᵉʳ millénaire avant J.-C. On a découvert à Fort Benning, en Géorgie, une inscription en caractères crétois, contenant notamment la hache double des sacrificateurs minoens de l'âge du bronze. Les Indiens melungeons (dans l'est du Tennessee) seraient, d'après l'ethnologue américain Cyrus Gordon, les descendants d'une colonie phénicienne (peau claire, type sémite, traditions orales relatant la venue de leurs ancêtres par l'Atlantique). Néanmoins, le rapprochement que l'on a fait entre les pyramides aztèques et celles de l'Égypte ancienne est abandonné. Le souvenir des constructions pharaoniques (IIIᵉ millénaire avant J.-C.) avait déjà disparu en Europe quand les pyramides centro-américaines ont été bâties (800-1400 après J.-C.).

Vikings. Jusqu'en 1970, aucun historien ne croyait à une descente des Vikings (Leif Eriksson, vers 1000) plus au sud que le Vinland (Maine et Massachusetts actuels aux USA). Depuis, certains parlent de leur présence en Amérique centrale et dans les Andes, dès le XIVᵉ s. après J.-C. De fait, les légendes locales d'Amérique centrale et andine rappellent la présence de « dieux » à la peau blanche et aux cheveux roux.

Du XVᵉ au XIXᵉ s. *Christophe Colomb* (Gênes, 1450 ou 1451/Valladolid, 21-5-1506 ; qui n'aurait entrepris sa traversée qu'après avoir consulté des cartes révélant l'existence d'îles mythiques situées à l'ouest des Açores) fit 4 voyages : *1ᵉʳ* (le 12-10-1492) il aborda à Samana Cay, aux Bahamas, d'après les ordinateurs de la National Geographic Society et non à San Salvador, à 104 km plus au nord, comme on le croyait, puis il longea la côte nord de Cuba et d'Haïti-St-Domingue. *2ᵉ* (1493 à 1496) aux Antilles, il reconnaît la Dominique (3-11-1493), Marie-Galante (du nom de son vaisseau amiral ; 4-11), les Saintes (Todos los Santos car il y a passé la Toussaint), la Guadeloupe, les îles Vierges, Porto Rico, la côte sud de Cuba, St-Domingue-Haïti, la Jamaïque. *3ᵉ* (1498 à 1500) Trinité, Venezuela, Colombie. *4ᵉ* (9-5-1502 à 1504), Martinique (15-6-1502), côtes du Honduras et de Panama. Des envieux prétendant que pour trouver l'Amérique il suffisait d'y penser, Colomb leur proposa de faire tenir un œuf debout ; aucun n'ayant pu le faire, il cassa le bout de l'œuf et le fit tenir, ajoutant : « Je ne me glorifie pas tant de la découverte que du mérite d'y avoir songé le 1ᵉʳ. »

☞ **Autres découvertes et explorations. Amérique du Nord. Canada** 1535-42 *Jacques Cartier* (Fr., 1491-1557) ; **Floride** 1539 *Hernando de Soto* (Esp., 1500-42) ; **Grand Canyon** 1540 *G. L. de Cardenas* ; **du Labrador à la Floride** 1497-98 *Jean Cabot* (It., 1450-98) ; **lac Ontario et fondation de Québec** 1608 *Samuel de Champlain* [Fr., 1567 (?)-1635] découvre **lac Champlain, lac Huron ; traversée de l'Ouest jusqu'au Pacifique par Missouri et montagnes Rocheuses** 1806, *Merriweather Lewis* (Amér., 1774-1809) et *William Clark* (Amér., 1770-1838) ; **exploration du Missouri** (Indiens des Plaines) 1833-34, *Alexandre Philippe Maximilien* (Prussien, 1792-1867) et *Charles Bodmer* (Suisse) et **du Mississippi** 1673, *Jacques Marquette* (Fr., 1637-75) et *Louis Jolliet* (1645-1700). **Amérique centrale et du Sud. Conquête** 1510-38 *Hernán Cortés* (Esp., 1485-1547), *Francisco Pizarro* (Esp., 1475-1541), *Diego de Almagro* (Esp., 1475-1538), *Gonzalo Jiménez de Quesada* (Esp., vers 1500-79) ; **traversées de l'Équateur au cap Catherine** 1469

Énigme de l'Atlantide

Selon une légende égyptienne, l'Atlantide aurait été une île merveilleuse, engloutie au cours d'un cataclysme. Le Grec Platon (vers 427-348/347 av. J.-C.), dans 2 dialogues (*Timée* et *Critias*), la décrit à partir d'éléments historiques réels mais géographiquement et chronologiquement différents. Des écrivains, comme le romancier français Pierre Benoit (1866-1962), s'inspireront du thème du continent disparu. Ses traces ont été recherchées dans des endroits variés : Sahara, Canaries, parages de l'île allemande de Helgoland, Mexique, etc.

Platon évoque en fait 2 îles différentes, qui ont été confondues sous le nom d'Atlantide : **1°)** Un continent « plus grand que la Libye et l'Asie mises ensemble », situé en face des colonnes d'Hercule (détroit de Gibraltar), et que l'on atteignait au temps « où l'Atlantide était navigable » ; il s'agit peut-être de l'Amérique, que les Européens de la protohistoire auraient atteinte et dont le souvenir aurait fait naître des légendes (voir ci-dessus). **2°)** Une île qui a été détruite et dont on ne précise pas les dimensions : selon l'helléniste irlandais J.V. Luce, il s'agirait de la *Crète* dont, vers 1300 avant J.-C., la civilisation s'effondra brusquement. Des découvertes géologiques ont prouvé que, vers cette date, l'île de *Santorin* (ou Théra, à 120 km au nord de la Crète) avait été le siège d'une violente éruption volcanique. Des vagues géantes ont pu se propager à partir de Santorin, ravageant les côtes crétoises. Plusieurs détails cités par Platon s'appliquent bien à la Crète et la date qu'il fournit (d'après Hérodote), « il y a 9 000 ans », aurait un zéro de trop comme, en 1971, Cornelius Lanczos l'a démontré : il s'agit de 900 ans avant le *Critias,* soit 1400 avant J.-C.

Autre hypothèse. Bimini : en août 1968, puis en février 1969, 2 équipes de plongeurs qui exploraient, chacune de leur côté, l'île de *Bimini,* dans les Bahamas, ont découvert des structures de pierre [une à 1 000 m de la côte nord (à 12 m sous l'eau), rectangulaire, en blocs « cyclopéens », une autre à 12 000 m de la côte ouest, en blocs de 6 m de long sur 3 m de large et de 80 cm d'épaisseur, formant un mur de 225 m de long]. Ils pensèrent avoir retrouvé l'Atlantide. Mais la muraille serait en fait d'origine naturelle (karst submergé) ou serait une construction précolombienne, semblable à celles du Yucatán, immergée par suite d'une montée des eaux. Il y a eu des dizaines de suppositions de ce genre, mais aucune vraiment sérieuse.

Fernand Gomes (Esp.) ; **de l'Amér. du Sud par l'Amazone** 1544, *Francisco de Orellana* (Esp., † en 1550) ; **cap Horn** 1578, *Francis Drake* (Anglais, 1540-96) le double ; **Brésil** 1500 *Pedro Alvares Cabral* (Port.) ; **isthme de Panama et océan Pacifique** 1513, *Vasco Núñez de Balboa* (Esp., 1475-1517) ; **Río de la Plata** 1526, *Sébastien Cabot* (It., 1476-1557) ; **Buenos Aires** 1536, *Pedro de Mendoza* (Esp., 1487-1537 ; explore les fleuves Parana et Paraguay) ; **Orénoque** 1534, *Diego de Ordaz* (Esp., † 1532) ; 1595 *Walter Raleigh* (Anglais, 1554-1618) ; **fjords et canaux de la Patagonie** 1557, *Juan Ladrillero* (Esp.), *Jakob Le Maire* (Néerl., 1585-1616), 1615 **cap Horn** [nom du navire de J. Lemaire] ; 1623 *Jean L'Hermite* (Fr., 1766-1836) ; 1670 *John Churchill*, futur duc de Marlborough (Anglais, 1650-1722) ; 1675 *Antonio de Vea* (Esp.) ; 1763 *Louis Antoine de Bougainville* (Fr., 1729-1811), *Parkerking* († en Terre de Feu) ; 1790-93 *Étienne Marchand* (Fr., 1755-93) ; **Terre de Feu** 1895, *Otto Nordenskjöld* (Suédois, 1869-1928) ; **Venezuela** *Amerigo Vespucci* (It., 1451-1512).

☞ **Tour du monde : 1519-22 découverte du détroit de Magellan** (21-10-1520), *Fernand de Magellan* (Port., 1480-1521, tué aux Philippines ; *Juan Sébastian del Cano* prit sa suite) ; 1826 *Robert Fitz-Roy* (1805-65) qui commandait l'*Adventure* et le *Beagle* (Anglais) [à bord : Charles Darwin] ; 1837 *Jules Dumont d'Urville* (Fr., 1790-1842) ; 1840 *Martial* sur la *Romanche* (Fr.) ; 1849 *Jacques Arago* (Fr., 1790-1855).

☞ Un tracé exact des côtes n'a pu être fait qu'à partir de la couverture aérienne Trimetrogon effectuée en 1947 par l'armée de l'air des USA, à la demande du Chili.

Asie

Mongolie, Chine, Tartarie 1246 traversées par *Jean du Plan Carpin* (franciscain it., 1182-1252) ; 1253 par *Guillaume de Rubruquès* (franciscain flamand, 1220-93) ; 1275 visitées par *Marco Polo* [Venise, 1254-1324, qui racontera son voyage en Chine dans *le Livre des Merveilles du Monde* (1298) ; Frances Wood (spécialiste anglaise) pense que ce ne sont que des racontars, Marco Polo n'ayant pas été en Chine]. Puis explorées par des missionnaires occidentaux au sud, par des Russes au nord. **Route des Indes** par le cap de Bonne-Espérance 1497-98 *Vasco de Gama* (Port., 1469-1524). **Chine** et **Japon** XVIe s. *St François-Xavier* (Fr., 1506-52), *Mendes Pinto* (Port., 1510-83) en 1542. **Traversées de la Sibérie** 1581-84 *Yermak* (Russe) ; 1635 *Élisée Bouza* (Russe) ; 1639 *Kopylof* (Russe) ; 1644 *Stadoukhim* et *Ignatief* (Russes) ; 1648 *Dejnef* (Russe, vers 1605-73) découvre le **détroit de Béring** ; 1739 *Vitus Bering* (Danois, 1681-1741) l'atteint ; 1654 *Baykof* (Russe) atteint Pékin ; 1742 *Tchéliouskine* (Russe) découvre le *cap* qui porte son nom depuis et le **cap Nord** ; 1769-74 *Pallas* (All.) ; 1785-86 *Jean-Baptiste de Lesseps* (Fr., 1766-1834) porte des dépêches de La Pérouse du Kamtchatka à St-Pétersbourg. **Désert de Gobi, Tibet** : 1328 *Odoric de Pordenone* (It., 1265-1331) ; 1870-86 *Nicolas Prjevalsky* (Russe, 1839-88). **Passage Nord-Est entre Atlantique et Pacifique** 1879 *Adolf Erik Nordenskjöld* (Suéd., 1832-1901). **Asie centrale** fin XIXe s. *Sven Hedin* (Suéd., 1865-1952) ; 1888-1932 *sir Aurel Stein* (Angl., 1862-1943) ; 1884-90 *Gabriel Bonvalot* (Fr., 1853-1933). **Tibet** 1845 *père Régis Huc* (Fr., 1813-60) pénètre à Lhassa ; 1889-94 *Jules Léon Dutreuil de Rhins* (Fr., 1846-94) ; 1897 *Henry Savage-Landor* (Angl., 1867-1924).

Océanie

Iles du Pacifique. A partir du XVIe s. *Alvaro de Saavedra* (Esp., † vers 1528), *Alvaro Mendana* (Esp., 1541-95) et *Pedro Fernandes de Queiros* (Port., 1560-1614) ; 1642 *Abel Janszoon Tasman* (Holl., 1603-59) ; 1767 *Louis Antoine de Bougainville* (Fr., 1729-1811) ; 1768-79 *James Cook* (Angl., 1728, tué 14-2-1779 par Hawaiiens, il repose à Tahuata, Marquises). 1768-71 *1re expédition* sur l'*Endeavour*, pour observer le passage de Vénus devant le Soleil (3-6-1769), explore îles de la **Société, Nlle-Zélande** (1768-71), **Australie du Sud** (Botany Bay). *2e expédition* (1772-75) avec le *Resolution* et l'*Adventure*, franchit le cercle polaire en janvier 1773, explore **île de Pâques, Nlle-Calédonie, Nlles-Hébrides** [*Richard Pickersgill* (Anglais, 1749-79) 2e maître sur le *Dolphin* de Wallis et l'*Endeavour* en 1769, 3e Lt du *Resolution* en 1771 ; explorera le **détroit de Davis** et la **baie de Baffin**]. *3e expédition* (1776-79) découvre le 20-11-1778 **îles Sandwich (Hawaii)** avec le *Resolution* et le *Discovery*. **Nlle-Guinée** 1526 *J. de Meneses* (Port.). **Vanuatu** 1606 *Luis Vaez de Torres* (Esp.) et *Pedro Fernandes de Queiros* (Port.). **Iles Fidji, Maurice, Tonga, Nlle-Zélande et nord-ouest de la Nlle-Guinée** 1642-59 *Abel Janszoon Tasman*. **Nlle-Calédonie** 1774 et **Australie** XVIIIe s. *James Cook*. **Ile de Pâques** 1770 *Felipe Gonzalez* reçoit l'ordre d'en prendre possession, 1722 *Jacob Roggeveen* (Holl., 1766-69) ; 1777, *Lt Watts* (Anglais, 1755, † n.c.) aspirant dans l'expédition Cook, 1787 à bord du *Lady Penrhyn*, l'un des 11 bâtiments du 1er convoi de bagnards pour l'Australie. 1788 **îles Howe, Macauley et Curtis, Matavai.** 1786 *Jean-François de Galaup, comte de La Pérouse* (Fr., 1741-88). 1789 *Edmund Fanning* (1769-1814) **Marquises, Chine** sur le *Betsey*. 1791-97 *George Vancouver* (Anglais, 1757 ou 1758-98) avec le *Discovery*, explore le **Pacifique, côte nord-ouest du Canada, côte sud-ouest de la Nlle-Hollande**, découvre **île de Rapa.** 1796 *Joseph Banks* (Anglais, 1743-1820) à bord de l'*Endeavour* de Cook. Expédition en **Islande**. Part active au voyage du *Bounty* (1743-1820). *James Wilson* (Anglais, 1760-1814) et pasteur anglican *Thomas Haweis* (Anglais, 1734-1820) visitent **Polynésie** à bord du *Duff* (300 tx). 1797 à **Tahiti, Tonga,** découvrent l'**île de Timoe**, groupe des **Mangareva** (les baptisent **Gambier**). 1890-91 *Henry Adams* (Amér., 1838-1918), **Honolulu, Samoa, Papeete, Moorea, Papara**. 1803 *Adam Johan von Krusentern* (Russe, 1770-1846) appareille à bord de la *Nadiejeda* (l'*Espérance*, 450 tx) depuis Cronstadt, navigue 3 ans dans le Pacifique (**Hawaii, Amérique, Chine, Marquises, cap Horn**). 1815 recherche passage Nord-Est entre détroit de **Béring** et **Arkhangelsk**. 1824 *Otto von Kotzebue* (Russe, 1787-1846), après un 1er tour du monde avec Krusentern, appareille à bord du *Predpriatie* (l'*Entreprise*), depuis Cronstadt (1825 à **Tahiti** découvre l'atoll inhabité de **Motu One** qu'il nomme **Bellingshausen**). 1820 **Tahiti, baie de Matavai.** 1822 *Louis Duperrey* (Fr., 1786-1865) circumnavigation sur la *Coquille* (à bord Dumont d'Urville). *Tuamotu* découvre **Reao** (1823), **Tahiti, Bora Bora**. 1825 *Hiram Paulding* (Amér., 1797-1878) **îles Marquises, Hood, York, Byron, Drummond, Mulgraves**. 1907-09 *Jack London* (Amér., 1876-1916) sur le *Snark* : **Taiohae, Tahiti, Tuamotu**, atoll de **Rangiroa, Bora Bora, Sydney**.

☞ **Expéditions Cook** : 1769 *Sydney Parkinson* (1745-71), dessinateur de l'expédition Cook sur l'*Endeavour*. 1769 et 1773 *Georges Vancouver* (Anglais, 1757 ou 58-98) participe aux expéditions de Cook. 1773 *Georges Foster* (Anglais, 1754-94) participe au 2e tour du monde de Cook. 1776-80 *William Bligh* (Anglais, 1754-1817) dans le 3e voyage de Cook ; 1787 à la tête du *Bounty* ; 1788 à *Tahiti*.

Continents

Nom

Masses continentales

L'Asie est la plus grande des masses continentales. Là se trouve *le point du monde le plus éloigné de tout littoral maritime* : le désert de Dzoosotoyn Elisen, dans le Sinkiang chinois (2 400 km). *Le continent où cette distance est la plus petite* est l'Australie : 780 km. *La terre la plus au nord* est le cap Morris Jesup, au nord du Groenland, à 711 km du pôle Nord. *La terre la plus au sud* est le pôle Sud, dans l'Antarctique.

Afrique. Du nom de la tribu berbère des Awrigha appelés *Afri* ou « Noirs » par les Romains habitant le territoire de Carthage. Le nom, appliqué par les Romains à la plus ancienne province conquise en Afrique du Nord (Tunisie et est de l'Algérie), fut étendu au XVe s. à tout le continent.

Amérique. Du prénom italien Amerigo (en français Aymeric), porté par l'explorateur italien Vespucci (1451-1512). Il a désigné le continent américain pour la 1re fois dans la *Cosmographiae Introductio* de l'Allemand Martin Waldseemüller, publiée à St-Dié (Vosges) le 25-4-1507.

Antarctique. Du grec *anti* : opposé, *arktos* : la Grande Ourse, c.-à-d. le Nord. Désigne la calotte sud du globe, par opposition aux régions arctiques qui occupent la calotte nord. L'Antarctique est presque entièrement couvert d'un dôme de glace qui déborde, par endroits, sur la mer. *Température moyenne annuelle* : – 10 °C (niveau de la mer) – 60 °C. *Épaisseur de la glace* : jusqu'à 4 300 m. *Volume estimé* : 28 millions de km³ (90 % du total des glaces terrestres). *Vitesse d'écoulement* : quelques mètres par an (intérieur du continent), 100 à 200 m par an (sur la côte) et 1 km par an (glaciers émissaires).

Nota. – Il n'y a pas de continent **arctique**, la banquise permanente du pôle Nord, faite de glace de mer, recouvre un océan.

Asie. D'une racine sémitique *esch* ou *ushos*, désignant le lever du soleil ou l'Orient. Utilisé par les géographes grecs pour désigner l'Anatolie actuelle, située à l'est des possessions crétoises de la mer Égée. Fut créé ensuite le personnage de la déesse Asie, mère (ou femme) de Prométhée.

Europe. Sans doute de la racine sémitique *ereb*, « coucher du soleil », qui désignait les îles égéennes et crétoises situées à l'ouest de l'Anatolie (Asie Mineure). Les Grecs l'ont compris comme l'adjectif composé *europos*, « aux larges yeux », qu'ils ont appliqué à une divinité crétoise ayant la forme d'un taureau. Europe désignait pour les Grecs tout ce qui est à l'ouest de l'Asie, y compris leur péninsule.

Océanie. Du mot océan. Désigne l'ensemble des îles situées dans l'océan Pacifique, y compris l'Australie, qui avait donné pendant près de 100 ans son nom à toute cette partie du monde (nom tiré de celui des « mers australes », c'est-à-dire du Sud). Du point de vue géologique, l'Océanie n'est pas un continent ; seule l'Australie-Nlle-Guinée en est un.

Répartition des continents

	Superficie (avec îles) en milliers de km²	Terres en %			Altitude en mètres		
		Ar.	Fo.	St.	Moyenne	Maximale	Minimale
Afrique	30 310	17,8	31,5	32	750	Kibo 5 895	Lac Assal – 155
Amér. du Nord	24 242	14,6	37,5	16,7	720	McKinley 6 194	Lac Salton – 90
Amér. du Sud	17 859	21,4	45	23,3	590	Aconcagua 6 959	Río Negro – 29,9
Antarctique	13 910 (1)	0	0	0	2 000	Vinson 5 140	Fossé de l'Astrolabe – 2 341 (2)
Asie	44 080	20,4	29,4	20,8	960	Everest 8 846	Mer Morte – 405
Europe	10 171	44	30	6	340	Elbrouz 5 642	Caspienne – 28
Océanie	8 935	11,1	14,4	57,8	340	Pic Jaya 5 030	Lac Eyre – 12
Terre	149 039	18,1	29,3	20,8	850	Everest 8 846	Mer Morte – 405

Légende. – Ar. : arables, Fo. : forêts, St : steppes.
Nota. – (1) Dont 1 070 flottants *(shelfs)*. (2) Altitude du socle rocheux sous la calotte glaciaire.

Iles et archipels

Principaux groupes

☞ Le nombre d'îles varie selon les sources et la classification retenue : îles, îlots, rochers.

■ **Afrique.** *Açores* (Portugal) 11. *Bissau* (Guinée-Bissau) 40. *Canaries [archipel des]* (Espagne) 7. *Cap-Vert* 10. *Comores* [(Rép.) : Grande Comore, Anjouan, Moheli ; (France) : Mayotte]. *Madère* (Portugal) 7. *Mascareignes (archipel)* : Maurice, Réunion, Rodrigue. Seychelles 4.

■ **Antarctique.** *Désolation* (France) : Kerguelen, Grande Terre et 300 îlots. *Orcades* (Orkney, G.-B.) 90. *Tristan da Cunha* (G.-B.) 5.

■ **Amérique.** *Aléoutiennes* (USA) 11. *Alexandre* (Canada) 2. *Canadiennes arctiques* (Canada) 5. *Caraïbes* [14 îles indépendantes, dont Antigua et Barbuda, Bahamas (700 îlots), Barbade, Cuba, Rép. dominicaine, Dominique, Grenade, Haïti, Jamaïque, Porto Rico, St-Christophe et Niévès, Ste-Lucie, St-Vincent, Trinité et Tobago ; 5 dépendantes, dont Anguilla (G.-B.), Guadeloupe et Martinique (France), Antilles néerlandaises (P.-Bas), Vierges (G.-B., 4 îles), Vierges (USA, 50 îles)]. *Chonos [archipel]* (Chili) 6. *Falkland* (Malouines, G.-B.) plus de 200. *Galapagos* (Équateur) 13. *Juan Fernandez [archipel]* (Chili) 3. *Reine Charlotte* (Canada) 150. *Terre de Feu* (Argentine/Chili) 10. *Trois Marie* (Mexique) 4.

■ **Asie.** *Andaman et Nicobar* (Inde) 223. *Commander* (Russie) 2. *Japon* 3 922. *Kouriles* (Russie) 56. *Laquedives* (Inde) 27. *Maldives* 19. *Nouvelle-Sibérie [Archipel de]* (Russie). *Terre du Nord* (Russie).

■ **Europe.** *Aland* (Finlande) 6 554. *Anglo-Normandes* (G.-B.) 4. *Cyclades* (Grèce) 220. *Dodécanèse* (Grèce) 14 (dont Rhodes). *Eoliennes* (Italie) [Alicudi, Filicudi, Lipari Panarea, Salina, Stromboli, Vulcano]. *Féroé* (Danemark) 18. *Frise* (All./Danemark) 19. *Gotland* (Suède) 3. *Hébrides* (G.-B.) 13. *Lofoten* (Norvège) 4. *Malte* 3. *Pélagie* (Italie) 3. *Scilly* (G.-B.) 150. *Shetland* (G.-B.) 100. *Vesteralen* (Norvège) 4. *Zemlya Frantsa-Iosifa* (Russie) 167.

■ **Océanie. Insulinde :** du latin *insula* : île, *India* : Inde. Partie insulaire de l'Asie du Sud-Est. 15 000 îles, sur 5 600 km de long : Indonésie 13 677 îles et îlots. Philippines plus de 700 îles.

Mélanésie : du grec *mélas* : noir, *nésos* : île, « île des Noirs ». Iles et archipels formant une guirlande au nord et à l'est de la *Nlle-Guinée* (et la comprenant) : archipel *Bismarck*, îles *Salomon, Tuvalu, Vanuatu, Nlle-Calédonie*. On y rattache les îles Fidji. *Superficie totale des îles* : 965 000 km² (dont Nlle-Guinée 785 000 km²). *Population* : 2 900 000 h.

Micronésie : du grec *micros* : petit. « Petites îles » (plus de 2 000 dont 90 habitées). Pacifique (entre Indonésie et Philippines au nord, Mélanésie au sud, Polynésie à l'est). Ensemble d'archipels [*Mariannes* (14 îles), *Palau, Carolines* (680 îles), *Marshall, Gilbert* (Kiribati, 7 îles), *Guam, Nauru, Ligne* (îles de la) dispersés sur 4,5 millions de km² d'océan. *Superficie totale des îles* : 15 800 km². *Population* : 130 000 h.

Polynésie : signifie « nombreuses îles ». Ensemble dans un triangle Hawaii-Nord-Fidji-Pitcairn, d'environ 12 millions de km². *Superficie totale des îles* : 25 000 km² soit 0,2 % de l'espace océanique. *Répartition* : *îles Tonga. Phoenix* (G.-B., USA), *Cook* (3 îles) et *Tokelau* (Nlle-Zélande). *Pitcairn* (G.-B.), île *Samoa* (Commonwealth). Archipels de la *Société*, des *Australes*, des *Tuamotu* (80 îles), des *Gambier*, des *Marquises* (10 îles) (Polynésie française), *Wallis-et-Futuna* (TOM français). *Hawaii* (8 îles principales) et *Samoa* orientales (USA). *Population* : 500 000 h.

■ **Océan Indien.** *Chagos* (G.-B.) 4.

Iles principales

(Superficie en km²)

Les plus grandes du monde

Australie [1]	7 741 000
Groenland [2] (Danemark)	2 175 600
Nouvelle-Guinée	785 000
Bornéo (Indonésie-Malaisie)	736 000
Madagascar	587 041
Sumatra (Indonésie)	473 481
Terre de Baffin (Canada)	462 800

Honshu (ex-Hondo, Japon)	230 900
Grande-Bretagne	228 273
Victoria (Canada)	197 000
Ellesmere (Canada)	197 000
Sulawesi (Célèbes, Indonésie)	189 035
Nouvelle-Zélande (Sud)	150 525
Java (Indonésie)	126 800
Nouvelle-Zélande (Nord)	114 500
Cuba	110 860
Terre-Neuve (Canada)	110 000
Luçon (Philippines)	104 688
Islande	102 950
Mindanao (Philippines)	94 630
Irlande	84 421
Hokkaidō (Japon)	78 411
Haïti (St-Domingue)	77 293
Sakhaline (Russie)	75 600
Terre de Feu (Argentine-Chili)	71 500
Tasmanie (Australie)	67 890
Sri Lanka (ou Ceylan)	65 610
Banks (Canada)	60 163
Devon (Canada)	55 864
Nouvelle-Zemble (Nord) (Russie)	51 110
Nouvelle-Zemble (Sud) (Russie)	41 600

Nota. – (1) Considérée comme continent. (2) Ile recouverte à 77,4 % par la calotte glaciaire (1 680 000 km²).

Autres îles (Europe)

Sicile (Italie)	25 460
Sardaigne (Italie)	24 090
Chypre	9 251
Corse (France)	8 681
Crète (Grèce)	8 331
Eubée (Grèce)	3 908
Majorque (Baléares, Espagne)	3 505
Rhodes (Grèce)	1 392
Minorque (Baléares, Espagne)	668
Ibiza (Baléares, Espagne)	572
Krk (ex-Yougoslavie)	400
Malte	246
Elbe (Italie)	223
Oléron (France, Charente-Maritime)	175
Jersey	116
Belle-Ile (France, Morbihan)	90
Ré (France, Charente-Maritime)	85
Noirmoutier (France, Vendée)	48
Yeu (France, Vendée)	23
Ouessant (France, Finistère)	15
Groix (France, Morbihan)	15
Porquerolles (France, Var)	13
Capri (Italie)	10
Montecristo (Italie)	10
Levant (France, Var)	10

☞ **La plus grande presqu'île du monde :** Arabie (3 250 000 km²). **Les plus grandes îles entourées d'eau douce :** *d'un fleuve :* Marajo à l'embouchure de l'Amazone, Brésil (48 000 km²) ; *d'un lac :* Manitoulin dans le lac Huron, Canada (2 766 km²). **Ile la plus isolée :** *déserte :* île Bouvet (Atlantique Sud : 57,9 km²) à 1 700 km de la terre la plus proche ; *habitée :* Tristan da Cunha (87 km², 325 hab.) à 2 120 km. **Ile la plus jeune :** Surtsey (Islande : 2,5 km², hauteur 140 m, largeur 600 m en 20 jours) 1963-64.

Montagnes

On distingue l'*altitude géométrique (ellipsoïdale),* distance à un ellipsoïde de référence, et l'*altitude orthométrique,* distance au géoïde. Autrefois, chaque pays avait son ellipsoïde de référence propre, passant par le niveau moyen de la mer à un certain marégraphe (voir ci-dessous). Le nivellement géodésique conduisant à des altitudes différentes selon le cheminement suivi, on ramenait toutes les différences de niveau mesurées (ΔZ) à des variations du potentiel de la pesanteur (ΔU) en les multipliant par la pesanteur g mesurée localement (la somme des $\Delta U = g\Delta Z$ ne dépend pas du cheminement). On donnait sur les cartes des *altitudes (géométriques) géopotentielles,* somme des $(g/g_0)\Delta Z$, en adoptant une valeur standard fixe g_0. *Elles dépendaient donc de deux choix arbitraires : l'ellipsoïde et g_0.* Avec le système GPS (Global Positioning System) l'appareil calcule l'altitude du lieu par rapport à l'ellipsoïde international de référence. Il fournit l'altitude orthométrique, mais le géoïde qu'il utilise n'est pas très précis dans certaines régions. De plus, la plupart des utilisateurs du GPS n'ont accès qu'à un code volontairement dégradé, et doivent, pour une mesure précise, se caler sur quelque altitude géopotentielle antérieure.

☞ En France, le niveau de référence ou « point zéro » a été fixé en 1897 grâce au *marégraphe* (flotteur relié par des poulies à un enregistreur) installé à Marseille, sur les rochers du front de mer, et à partir de la moyenne des marées (moins de 30 cm) entre 1885 et 1897 (depuis 1897, le niveau de la Méditerranée a monté de 10 cm).

■ **En comptant l'altitude à partir du niveau de la mer. L'Everest** (nom : *Sagarmatha* au Népal ; *Jolmo Lungma* ou *Chomolongma* en Chine ; *Mi-Ti Gu-Ti Cha-Pu Long-No* au Tibet). En 1865, nommé Everest sur la proposition d'Andrew Waugh qui avait succédé en 1843 au Gal George Everest (1790-1866) qui, chef de la Mission cartographique britannique en Inde, avait mesuré le grand arc de méridien allant du cap Comorin à l'Himalaya, permettant l'établissement des cartes et la mesure fiable des altitudes. *Altitude* évaluée en 1852 par R. Sikhadar (adjoint d'Everest) : 8 845 m ; en 1920, par le Gal Bruce (Sté royale de Géographie) : 8 882 m ; en 1954 : 8 887,47 m ; le 25-7-1973 par les Chinois : 8 848,13 m ; en 1993 par satellite : 8 846 m ; en 1994 : 8 846,27 m ; le 5-5-1999 (2 récepteurs GPS) : 8 850 m. **Le K2** (ou *Godwin Austen* ou *Chogori*) au Pakistan mesure officiellement 8 611 m, mais il aurait 8 884 m (soit 36 m de plus que l'Everest) d'après les Pakistanais et 8 858 m selon le satellite de l'expédition américaine USK2 du 6-3-1987.

■ **En comptant l'altitude à partir du fond de la mer.** Le *Mauna Kea* (montagne Blanche à Hawaii) avec environ 8 500 m dont 4 205 au-dessus de la mer. **La plus haute chaîne du monde,** si l'on tient compte des fosses océaniques, est la *Cordillère des Andes* qui dépasse 6 000 m au Pérou-Chili au long de la fosse d'Atacama (profonde de 8 000 m) ; sinon c'est la chaîne de l'*Himalaya-Karakorum* avec 96 sommets de plus de 7 300 m (sur 109 dans le monde). Le système de dorsales médio-océaniques, hautes d'environ 2 000 à 5 000 m au-dessus du fond des plaines abyssales et longues de 60 000 km, ne touchant la terre qu'au niveau des golfes d'Aden et de Californie (mer de Cortès) peut être considéré comme la plus importante chaîne du monde, mais une dorsale ne ressemble en rien aux chaînes de montagnes des continents : c'est une succession assez aléatoire de gradins ascendants ou descendants.

■ **En comptant l'altitude à partir du centre du globe.** Le *Chimborazo* en Équateur (officiellement 6 310 m), mont dont le sommet serait le plus éloigné du centre à cause du renflement équatorial.

■ Sommets les plus hauts du monde

(Altitude en mètres)

■ **Afrique.** Kibo (ou pic Uhuru depuis le 8-12-1962) (Kilimandjaro, Tanzanie) 5 895 ; Kenya (Kenya) 5 199 ; Ruwenzori (Ouganda, Congo démocratique) 5 109 ; Ras Dajan (Éthiopie) 4 620 ; Meru (Tanzanie) 4 562 ; Karisimbi (Rwanda) 4 507 ; Mikeno (Rwanda) 4 450 ; Elgon (Éthiopie, Kenya) 4 321 ; djebel Toubkal (Maroc) 4 165 ; Irhil M'Goun (Maroc) 4 071 ; Cameroun (Cameroun) 4 070 ; Muhavura (Rwanda, Ouganda) 4 000 ; djebel Ayachi (Maroc) 3 737 ; pic de Teyde[1,2] (Canaries) 3 710 ; Niragongo[1] (Congo démocratique) 3 450 ; Emi Koussi (Tibesti, Tchad) 3 415 ; Piton des Neiges (Réunion) 3 069 ; Tahat (Hoggar, Algérie) 3 003 ; Tsaratanana (Madagascar) 2 885 ; Ankaratra (Madagascar) 2 650 ; djebel Chelia (Algérie) 2 328 ; Nimba (Fouta-Djalon, Guinée) 1 854.

■ **Amérique du Nord.** McKinley (USA, Alaska) 6 194 ; Logan (Canada) 6 050 ; North Peak (USA, Alaska) 5 904 ; pic de Orizaba[1] (Citlaltepetl) (Mexique) 5 700 ; St-Élie (Canada-Alaska) 5 489 ; Popocatepetl[1] (Mexique) 5 465 ; Foraker (USA, Alaska) 5 304 ; Iztaccihuatl[1] (Mexique) 5 285 ; Bona (USA, Alaska) 5 044 ; Blackburn (USA, Alaska) 4 996 ; Kennedy (USA, Alaska) 4 964 ; Sanford (USA, Alaska) 4 949 ; South Buttress (USA, Alaska) 4 842 ; Vancouver (USA, Alaska-Yukon) 4 785 ; Churchill (USA, Alaska) 4 766 ; Whitney (USA, Californie) 4 420 ; Elbert (USA, Colorado) 4 400 ; Harvard (USA, Colorado) 4 395 ; Massive (USA, Colorado) 4 395 ; Rainier (USA, Washington) 4 393.

■ **Amérique du Sud (Andes).** Aconcagua (Argentine) 6 959 ; Ojos del Salado (Argentine-Chili) 6 863 ; Huascarán (Pérou) 6 768 ; Llullaillaco (Argentine-Chili) 6 723 ; Mercedario (Argentine-Chili) 6 700 ; Nevado Pisis (Argentine) environ 6 650 ; Nevado Incaguasi (Argentine-Chili) 6 610 ; Tupungato (Argentine-Chili) 6 550 ; Sajama [1] (Bolivie) 6 520 ; Bonete (Argentine) environ 6 500 ; Illimani (Bolivie) 6 458 ; Chimborazo (Équateur) 6 267 ; Misti[1] (Pérou) 5 822 ; San Valentin (Chili) 4 080 ; Fitz-Roy (Argentine-Chili) 3 405.

■ **Antarctique.** Vinson 5 140 ; Markham (Terre de Victoria) 4 602 ; Kirkpatrick 4 451.

■ **Asie.** Everest (Népal-Chine, Tibet, voir col. a) 8 846 ; K2 ou Godwin Austen ou Chogori (Karakorum, Pakistan, voir col. a) 8 611 ; Kangchenjunga (Népal-Inde, Sikkim) [centre 8 482, sud 8 476, ouest 8 420] sommet principal 8 598 ; Lhotse (Népal-Chine) 8 501 ; Yalung Kang (Népal-Inde) 8 505 ; Makalu I (Népal) 8 470, (Makalu II Kangchungtse 7 678) ; Lhotse Shar ou Lhotse oriental (Népal) 8 400 ; Cho-Oyu (Népal-Chine) 8 201 ; Dhaulagiri I (Népal) 8 172, (Dhaulagiri II : 7 751, III : 7 715, IV : 7 661, V : 7 618, VI : 7 268) ; Manaslu I ou Kutang I (Népal) 8 156 ; Nanga-Parbat (Inde) 8 126 ; Annapūrnā I (Népal) 8 078, (Annapūrnā II : 7 937, III : 7 555, IV : 7 525, Sud 7 219) ; Gasherbrum I ou Hidden Peak (Karakorum, Pakistan) (II : 8 034 ; III : 7 951, IV 7 925) 8 068 ; Broad Peak I (Karakorum, Pakistan) 8 047, (centre 8 001) ; Xixabangma ou Gosainthan (Tibet) 8 013 ; Gyachung Kang (Népal) 7 952 ; Kangbachen (Népal-Inde) 7 903 ; Himalchuli-Est (Népal) 7 893, (Ouest 7 540, Nord 7 371) ; Ngadi Chuli ou Dakum ou Peak 29 (Népal) 7 871 ; Nuptse (Népal) 7 855 ; Nanda Devi (Inde) 7 816 ; Rakaposhi (Pakistan) 7 787 ; Mustagh I (Karakorum, Pakistan) 7 785 ; Ngojumba Kang (Népal) 7 743 ; Kungur (Chine) 7 719 ; Jammu ou Khumbakarna (Népal) 7 710 ; Tirich Mir (Karakorum, Pakistan) 7 699 ; Fang ou Varaha Shikhar (Népal) 7 647 ; Minga Konba (Chine) 7 590 ; pic du Communisme ex-pic Staline (Tadjikistan) 7 495 ; Roc Noir ou Khangsar Kang (Népal) 7 485 ; Jongsang Peak (Népal) 7 483 ; Shartse (Népal) 7 459 ; Gangapurna (Népal) 7 455 ; Pobeda (Chine) 7 439 ; Mouo Tagh Ata (Chine) 7 433 ; Ganesh I ou Yangra (Népal) 7 429, (Ganesh II : 7 111, III : 7 110, IV : 7 052) ; Churen Himal (Népal) 7 370 ; Kirat Chuli ou Kangchu (Népal) 7 365 ; Chamlang (Népal) 7 319 ; Putha Hiunchuli (Népal) 7 246 ; Langtang Lirung (Népal) 7 234 ; Lantang Ri (Népal) 7 206 ; Gurja Himal (Népal) 7 193 ; Glacier Dome ou Tarkekang (Népal) 7 192 ; Chamar (Népal) 7 187 ; Pumori (Népal) 7 161 ; Manaslu Nord (Népal) 7 157 ; Gauri Shankar (Népal-Chine) 7 134 ; Tilicho Peak (Népal) 7 133 ; Api (Népal) 7 132 ; Baruntse (Népal) 7 129 ; pic Samoni (Tadjikistan) 7 127 ; Himlung Himal (Népal) 7 126 ; Nilgiri Nord (Népal) 7 061 ; Saipal (Népal) 7 031 ; Demavend (Iran) 5 671 ; Ararat (Turquie) 5 165 ; Klioutchev (Kamtchatka, Sibérie) 4 750 ; Béloucha (Altaï, Russie) 4 506 ; Kinabalu (Bornéo, Indonésie) 4 175 ; Fuji-Yama (Japon) 3 776.

■ **Europe. Alpes :** mont Blanc (France, Hte-Savoie) [3] 4 808 ; pointe Dufour (Mont-Rose, Suisse) 4 634 ; Weisshorn (Suisse) 4 505 ; Matterhorn ou Cervin (Suisse-Italie) 4 477 ; Dent-Blanche (Suisse) 4 357 ; Finsteraarhorn (Suisse) 4 273 ; aiguille des G[des] Jorasses (France, Italie) 4 208 ; Jungfrau (Suisse) 4 158 ; aiguille Verte (France, Hte-Savoie) 4 122 ; Aletschorn (Suisse) 4 105 ; Mönch (Suisse) 4 105 ; barre des Écrins (France, Htes-Alpes) 4 102 ; Grosses Schreckhorn (Suisse) 4 078 ; Grand Paradis (Italie) 4 061 ; Bernina (Suisse) 4 049 ; Weissmies (Suisse) 4 023 ; Pelvoux (France, Htes-Alpes) 3 946 ; mont Viso (Italie) 3 842 ; Grossglockner (Autriche) 3 797 ; mont Pelat (France, Alpes-de-Hte-Provence) 3 051 ; Brévent (France, Hte-Savoie) 2 525.

Ardennes : signal de Botrange (Belgique) 694 ; Baraque Michel (Belgique) 674.

Caucase : Elbrouz [1] (Russie) 5 633 ; Kasbek (Géorgie) 5 047.

Corse : monte Cinto 2 710.

Jura : Le Reculet (France, Ain) 1 719 ; Crêt de la Neige (France, Ain) 1 717 ; Colomby-de-Gex (France, Ain) 1 689 ; mont Tendre (Suisse) 1 680 ; La Dôle (Suisse) 1 678 ; Crêt de la Goutte (France, Ain) 1 621 ; mont Chasseron (Suisse) 1 607 ; mont Suchet (Suisse) 1 588 ; mont du Grand Colombier (France, Ain) 1 531 ; mont d'Or (France, Doubs) 1 463 ; mont Risoux (France, Jura-Doubs/Suisse) 1 419.

Massif central (France) : puy de Sancy (Puy-de-Dôme) 1 886 ; Plomb du Cantal (Cantal) 1 855 ; puy Mary (Cantal) 1 787 ; Mézenc (Hte-Loire) 1 753 ; Aigoual (Lozère) 1 567 ; Gerbier-de-Jonc (Ardèche) 1 551 ; puy de Dôme (Puy-de-Dôme) 1 465.

Pyrénées : pic d'Aneto (Maladeta, Espagne) 3 404 ; mont Posets (Espagne) 3 375 ; mont Perdu (Espagne) 3 355 ; Cylindre du Marboré (Espagne) 3 328 ; pic de la Maladeta (Espagne) 3 308 ; Vignemale (France, Htes-Pyrénées) 3 298 ; pic du Marboré (France, Espagne) 3 253 ; pic Long (France, Htes-Pyrénées) 3 192 ; mont Balaïtous (France, Htes-Pyrénées) 3 144 ; pic d'Aubert (Néouvielle, Htes-Pyrénées) 3 092 ; pic de Montcalm (France, Ariège) 3 080 ; pic Carlitte (France, Pyrénées-Orientales) 2 921 ; Puigmal (France, Pyrénées-Orientales) 2 909 ; pic du Midi d'Ossau (France, Pyrénées-Atlantiques) 2 884 ; pic du Midi (ou de Bagnères) de Bigorre (France, Htes-Pyrénées) 2 872 ; pic de Montvallier (France, Ariège) 2 838 ; mont Canigou (France, Pyrénées-Orientales) 2 785 ; pic de Ger (France, Pyrénées-Atlantiques) 2 612 ; pic d'Anie (France, Pyrénées-Atlantiques) 2 504 ; pic des Trois-Seigneurs (France, Ariège) 2 199 ; pic d'Orhy (France, Pyrénées-Atlantiques) 2 017.

Vosges (voir Régions françaises).

■ **Océanie.** Puncak (ex-Carstensz, pic Sukarno ; Irian, Indonésie) 5 040 ; Wilhelm (Papouasie) 4 694 ; Mauna Kea (îles Hawaii) 4 210 ; Mauna Loa (îles Hawaii) 4 170 ; Cook (Nouvelle-Zélande) 3 754 ; Kosciusko (Australie) 2 228 ; Cradle (Australie) 1 545.

Nota. – (1) Volcans actifs à l'époque historique. (2) Considéré comme le plus haut du monde jusqu'au XVIIIe s. (certains parlaient de 10 000 m). (3) 4 808,4 m [(alt. orthométrique mesurée par satellite, août 1986), ancienne mesure 4 807 m (alt. ellipsoïdale géopotentielle)]. Situé sur la ligne de partage des eaux, le mont Blanc aurait dû être sur la frontière franco-italienne, mais une commission mixte a fixé la frontière au mont Blanc de Courmayeur, seul visible d'en bas du côté italien.

■ Cols européens principaux

(Altitude en mètres)

■ **Alpes. France :** *Alpes-de-Haute-Provence :* col de la Bonette 2 802 ; d'Allos 2 240 ; de Vars 2 111 ; de Larche 1 991. *Alpes-Maritimes :* col de Tende[1] 1 330. *Haute-Savoie :* col du Géant[2] 3 369 ; de la Seigne 2 513 ; du Bonhomme 2 329. *Hautes-Alpes :* col d'Agnel 2 744 ; du Galibier 2 645 ; de l'Izoard 2 361 ; du Lautaret 2 058 ; du Mont-Genèvre 1 850 ; de l'Échelle 1 790 ; Bayard 1 248. *Savoie :* col de l'Iseran 2 762 ; de la Vanoise 2 527 ; de la Croix-de-Fer 2 087 ; du Mont-Cenis 2 083 ; de la Madeleine 1 984 ; du Télégraphe 1 670 ; des Aravis 1 486. *Vaucluse :* col du Ventoux 1 895.

Italie : col du Stelvio (Valteline/Ht Adige) 2 757 ; du Fréjus 2 542 ; du Grand-St-Bernard 2 472 ; de la Bernina 2 330 ; du Brenner 1 370.

Suisse : col d'Hérens 3 480 ; du Nufenen 2 440 ; de la Furka 2 431 ; de l'Albula 2 316 ; du Susten 2 227 ; de Balme 2 202 ; du Splügen 2 117 ; du St-Gothard 2 112 ; du Simplon 2 008.

■ **Corse** (voir Régions françaises).

■ **Jura.** Col de la Faucille (France, Ain) 1 320 ; de St-Cergue (Suisse) 1 232 ; de Jougne (France, Doubs) 1 010.

■ **Massif central** (voir Régions françaises).

■ **Pyrénées. Andorre :** port d'Envalira 2 407.

Espagne : port de Venasque 2 448 ; col d'Ibañeta (Roncevaux) 1 090 ; de Velate 868 ; de Maya 602.

France : col du Tourmalet (Htes-Pyr.) 2 115 ; de Puymorens (Pyr.-Or.) 1 915 ; de l'Aubisque (Pyr.-Atl.) 1 709 ; du Somport (Pyr.-Atl.) 1 631 ; de la Perche (Pyr.-Or.) 1 577 ; port de Peyresourde (Htes-Pyr.) 1 569 ; col d'Aspin (Htes-Pyr.) 1 489 ; de Menté (Hte-G.) 1 350 ; du Portillon (Hte-G.) 1 308 ; portet d'Aspet (Hte-G.) 1 057 ; col du Perthus (Pyr.-Or.) 290.

☞ La Brèche de Roland (Htes-Pyrénées, 2 804 m) n'est pas un col franchissable.

■ **Vosges** (voir Régions françaises).

Nota. – (1) Tunnel ; vieille route 1 871. (2) Sans route.

Hauts plateaux principaux

(Altitude en mètres)

Monde : Tibet (Chine) 4 800 ; Pamir (Tadjikistan) 4 000 ; Altiplano (Bolivie) 4 000 ; Puna (Argentine, Chili) 3 000 ; plateau éthiopien 2 000.

Villes et villages élevés

(Altitude en mètres)

■ **Afrique. Afrique du Sud :** Johannesburg 1 753. **Éthiopie :** Addis-Abéba 2 408, Asmara 2 374.

■ **Amérique. Bolivie :** Chacaltaya 5 130, Cochabamba 2 570, La Paz 3 631, Potosí 3 960, Sucre 2 834. **Colombie :** Bogota 2 630. **Équateur :** Quito 2 890. **Guatemala :** Guatemala 1 500, Quezaltenango 2 335, San Marcos 2 398, Totonicapam 2 495. **Mexique :** Mexico 2 216, Toluca 2 680. **Pérou :** Ayacucho 2 760, Cerro de Pasco 4 375, Cuzco 3 360, Huancavelica 3 660, Machu Picchu (ruines) 2 300, Minasragra 5 100, Puno 3 855. **USA,** *Colorado :* Leadville 3 100, observatoire Lincoln 4 332.

■ **Asie. Afghanistan :** Kaboul 2 224. **Inde :** Darjeeling de 1 791 à 3 365. **Iran :** Ispahan 1 583. **Népal :** Katmandou 1 500. **Tibet :** Jiachan 4 837, Lhassa 3 684, Wenchuan 5 100. **Yémen :** Sanaa 2 150.

■ **Europe. Andorre :** Andorra la Vella 1 029. **France :** Briançon (Htes-Alpes) 1 200 à 1 365, pic du Midi de Bigorre (Htes-Pyrénées) [observatoire] 2 859, St-Véran (Htes-Alpes) 1 990 à 2 049. **Suisse :** Grand-St-Bernard (Hospice) 2 474, Juf 2 126.

Hydrologie

Eaux continentales

■ **Origine.** Précipitations arrosant les terres émergées (une partie est absorbée par l'évaporation, le sol et la végétation). Les eaux tendent à se rassembler au point le plus bas. On distingue les **bassins hydrographiques exoréiques** (du grec *exo-*, en dehors et *rhein*, couler) : 72 % des terres émergées, les eaux s'écoulent vers les mers ; **endoréiques** (du grec *endo-*, dedans) : 11 % des terres émergées, les eaux s'écoulent vers les lacs, mers intérieures, chotts (dépressions continentales) ; **aréiques** (*a* privatif) : 17 % des terres émergées, pas d'écoulement superficiel (peu de précipitations, évaporation, perméabilité des sols).

■ **Volumes des eaux. Total mondial** (en millions de km³) : 1 384 dont *eaux salées :* océans et mers bordières 1 348 ; *eaux douces* 36 [neige et glace 27,82, eaux souterraines (< 800 m) 4, (de 800 à 4 000 m) 4,60, humidité du sol 0,066, lacs 0,124, fleuves et rivières 0,001, biosphère 0,0001, atmosphère 0,013]. **Situation en France** (en milliards de m³) : *prélèvements annuels :* 25 (30 en l'an 2000). *Potentiel hydraulique français :* 200. *Capacité actuelle des barrages :* 9, elle est difficile à augmenter faute de sites. *Consommation d'eau douce :* 3,5 dont 2 pour l'industrie. Essais de réalimentation des nappes par l'eau des rivières décantée et filtrée (à Croissy par exemple).

☞ La quantité d'eau sur la Terre n'a pas varié depuis sa création.

Fleuves

Généralités

■ **Définition.** Cours d'eau qui forme avec ses affluents un réseau *hydrographique* drainant jusqu'à la mer les eaux de ruissellement d'une surface géographique appelée son *bassin versant.*

■ **Bassins hydrographiques** (en milliers de km²). **Les plus grands :** Amazone 7 025 ; Congo 3 700 ; Mississippi 3 268 ; Nil 2 960 ; Paraná 2 835 ; Ienisseï 2 580 ; Ob 2 500. **Autres bassins :** Danube 817 ; Rhin 224 ; Loire 115 ; Rhône 99 ; Seine 78,6 ; Garonne 52.

■ **Bassins montagneux très arrosés.** Jusqu'à 200 à 300 litres/s/km² : Alaska, Islande, Nouvelle-Zélande, Hawaii.

■ **Coefficient d'écoulement.** Rapport entre le volume des eaux écoulées jusqu'à la mer et celui des précipitations tombées sur le bassin. Pour certains fleuves le bilan est égal à 0, toute leur eau se perdant en route (par évaporation, infiltration, irrigation). Par exemple, le Syr Daria (Kazakhstan) n'atteint pas chaque année la mer d'Aral. Autres bilans : Colorado 11 %, Seine 30 %, Rhône 48 %, torrents de montagne 85 % et plus.

■ **Crues des fleuves. Origine :** le plus souvent pluviale : cyclones tropicaux, averses méditerranéennes, *cloudburst* au Texas. Mais aussi fonte des neiges (Brahmapoutre ; 20 % du volume total de la crue du Tarn en mars 1930 ; Isère en novembre 1951). Ou bien éboulement (Indus en août 1929), débâcle (Rhin en février 1784) et éruptions sous-glaciaires (jökülhaup en Islande). **Prévision et remèdes (télédétection) :** service d'annonce des crues en France, système d'alerte, calcul des hauteurs d'eau maximales, équipement des rivières et travaux de protection, barrages et digues.

Crues célèbres. Record : *1935 (juin) :* le *West Nueces* au Texas a débité 15 600 m³/s pour un bassin de 1 800 km². **Autres crues :** en *1658 : Seine* (8,81 m à Paris, 2 500 m³/s) ; *1846 (22-10) : Loire* (Amboise) ; *1910 (28-1) : Seine* (8,42 m à Paris, 2 180 m³/s) ; *1915 : fleuve Rouge* (Viêt Nam) ; *1931 : Yang-Tsé-Kiang* et *fleuve Jaune* (Chine) 1 à 2 millions de victimes ; *1952 (15-8) : Devonshire* (Angleterre) ; *1969 : Shantung* (Chine) 2 millions de † ; *1972 : Rapid City* (Dakota du Sud, USA) 236 † ; *1980 (22-9) : Loire* (haute vallée) 5 † ; *1998 :* Chine.

■ **Débit d'un fleuve.** Quantité d'eau qu'il évacue. Dépend de la section du cours d'eau et de la vitesse du courant (selon la pente : torrentielle, rapide, lente, quasi stagnante). *Évalué en m³/s :* lecture du niveau sur une échelle graduée, jaugeage au moulinet pour déterminer la vitesse pour chaque niveau (courbe de tarage, débit en fonction de la hauteur d'eau). Récemment : traceurs radioactifs, jaugeages chimiques par dilution, traitement par ordinateur. Les *débits relatifs* ou *spécifiques* (exprimés en litres/s au km²) permettent de comparer les cours d'eau qui ont des caractéristiques hydroclimatiques différentes (pluies, déficit d'écoulement, évaporation) et les bassins versants de tailles différentes. **Débits habituels et,** entre parenthèses, **minimum et maximum** (en milliers de m³/s) : *Amazone* 150 (70-200). *Congo* (ex-Zaïre) 41 (40-80). *Orénoque* 31. *La Plata* 25 (12-60). *Yang-Tsé-Kiang* 22 (0,6-50). *Ienisseï* 18. *Mississippi* 18. *Lena* 16. *Paraná* 14,9 (minimum 5,3). *Gange* 13 (0,6-50). *Ob* 12. *Amour* 11. *Volga* 8 (2-40). *Mackenzie* 7,2. *Niger* 7. *Zambèze* 7. *Danube* 6,3 (maximum 22). *Rhin* 2,2 (0,78-9). *Nil* 2 à 3 (0,5-7). *Rhône* 1,7. *Loire* 0,65 (0,075-10). *Garonne* 0,63 (0,1-9). *Elbe* 0,6 (0,15-3,6). *Seine* 0,4 (0,05-1,65). *Var* (0,061-2,57). *Argens* (0,003-0,6).

■ **Deltas principaux** (en milliers de km²). *Asie :* Gange-Brahmapoutre 75. Irraouaddi 35. Mékong 21. *Amérique :* Mississippi 34. *Afrique :* Nil 22. *Europe :* Danube 3,75. Rhône 0,75.

■ **Érosion fluviale. Perpendiculaire à son cours :** le fleuve élargit son lit. S'il coule en terrain meuble, ses crues peuvent créer de larges vallées fluviales. S'il coule sur des roches dures, il peut s'enfoncer profondément entre 2 rives rapprochées, créant des *gorges* ou des *canyons* (par exemple le canyon du Colorado, aux USA). **Dans le sens de son cours :** il modifie son *profil* en le régularisant ; grosso modo, il tend à transformer un profil en escalier (sur lequel il descend de chute en chute) en plan incliné où sa vitesse reste constante. *Mécanisme de régularisation :* il existe un creux de 60 m au pied de la chute du Niagara, haute de 50 m, et à l'aval de la chute Victoria sur le Zambèze, la profondeur atteint 140 m. La chute, ainsi sapée à son pied, recule ; le creusement remonte donc peu à peu d'aval en amont : c'est l'érosion régressive. A mesure qu'elle recule, la chute diminue de hauteur. Au bout d'un temps plus ou moins long, il n'y a plus de chute, mais une pente plus forte où la vitesse du courant s'accélère, formant des rapides. **Captures :** un cours d'eau abandonne parfois sa vallée par suite de sa « capture » au profit d'une rivière voisine [exemple : capture (par un affluent de la Meurthe) de la Moselle qui, avant, se jetait dans la Meuse et qui, actuellement, change de direction à Toul pour retrouver la Meurthe à Pompey].

■ **Méandre.** Nom donné aux sinuosités d'un fleuve ; le Bouyouk-Mendérez en Turquie (380 km), jadis appelé en grec Maindros, était célèbre pour ses sinuosités.

■ **Transports solides.** *Sédiments transportés en suspension dans l'eau* venant de l'érosion mécanique des bassins versants (en millions de tonnes/an) : 13 000 à 20 000 dont Gange-Brahmapoutre 1 670, Houang-ho (fleuve Jaune) 1 080, Amazone 900, Yang-Tsé-Kiang 500, Mississippi 500 (210 avec barrages), Indus 440, Irraouaddi 265, Magdalena 220, Orénoque 210, Mékong 160. *Érosion mécanique moyenne des sols* (en mètres par millénaire) : Afrique 0,014, Amér. du Nord 0,034, du Sud 0,039, Asie 0,152 (Houang-ho 0,53), Australie 0,011, Europe 0,02 (Rhône 0,04). Les eaux déposent ces alluvions dans des plaines alluviales et deltas, puis dans les océans. Pour le Nil, l'accumulation est de 30 cm par siècle dans le lit majeur et d'environ 16 cm dans le lit mineur.

■ **Transports dissous.** *Matières transportées en solution dans l'eau* venant de l'érosion chimique des bassins versants, des pollutions anthropiques et des apports atmosphériques (ions + CO_2) (en millions de tonnes/an) : 4 000 à 5 000 dont Amazone 290, Yang-Tsé-Kiang 202, Gange-Brahmapoutre 151, Mississippi 131, Irraouaddi 90, Ienisseï 73, Mackenzie 70, Indus 68, Danube 60, Mékong 59.

Régime d'un fleuve

■ **Définition.** Variations de son débit au cours de l'année : période de hautes eaux (maximum : la **crue**) et de basses eaux (minimum : l'**étiage**). Les variations dépendent de plusieurs facteurs : *précipitations* (pluie ou neige), *température* (favorisant l'évaporation ou le gel), *relief* (rapidité de l'écoulement en montagne), *sous-sol* (perméable ou imperméable) et *couvert végétal* (le manteau forestier régularise le ruissellement et atténue les crues).

■ **Principaux types. 1°) Zones intertropicales :** les régimes suivent les variations des précipitations qui ont lieu le plus souvent en période chaude. **Régime équatorial :** débits abondants toute l'année (exemple : l'Ogooué au Gabon). **Régime pluvial tropical :** une saison sèche, une saison humide (exemple : le río Negro, Logone). L'écart entre hautes et basses eaux peut être accentué (exemple : le Bénoué au Sénégal qui peut rouler 100 fois plus d'eau en été qu'en hiver). Peuvent entrer dans cette catégorie les fleuves des pays de mousson (Gange, Yang-Tsé-Kiang, Mississippi inférieur). **2°) Zones méditerranéennes et subarides :** pénurie grave en été et abondance en période froide, souvent automne et printemps [exemples : Ardèche (France), Èbre (Espagne), Sacramento (USA), Taquari (Brésil), Serpentine (Australie-Occidentale)]. **Régime aride :** écoulement intermittent, crues torrentielles très rares séparées par de longs intervalles d'aridité (par exemple, les oueds sahariens). **3°) Zones tempérées et froides :** l'influence des températures l'emporte graduellement sur celle des précipitations. **Régime pluvial océanique :** hautes eaux en saison froide avec des différences peu accentuées mais de fortes variations interannuelles [exemple : Tamise (G.-B.), Coliban (Australie du Sud-Est)]. **Régime des plaines continentales :** à influences nivales croissantes ; hautes eaux en avril-mai dues à la fonte des neiges, basses eaux en septembre-octobre (exemples : Danube, Volga). Sur les fleuves sibériens et alaskiens, le Yukon, le Mackenzie, le régime commandé par la fonte des neiges présente une brusque montée des eaux (débâcle) en juin, puis une descente lente de juillet à avril. **4°) Zones de montagnes :** l'altitude accroît les précipitations et abaisse les températures ; les débits suivent fidèlement les variations thermiques. **Régime glaciaire :** *dans les plus hauts bassins* (Arve, Aar, Matter-Visp) : débit maximal de juillet-août très prononcé, rétention quasi totale l'hiver, oscillations diurnes très fortes l'été ; *bassins moins élevés :* débit maximal avancé en juin (Romanche, Isère) ; montagnes moyennes : débit maximal en mai et 2ᵉ période de hautes eaux en automne-hiver (Garonne, Durance).

☞ **Cas particuliers : 1°)** les plus grands fleuves traversant des zones variées ont des **régimes complexes** (exemples : les 2 plus grands fleuves tropicaux, le Congo et l'Amazone, ayant des affluents de chaque côté de l'équateur, ont un régime quasi équatorial. Le Mississippi garde son régime pluvio-nival jusqu'à son cours inférieur alors que la Floride voisine a un régime tropical. Le Nil, bien alimenté en amont avec un régime tropical, peut traverser une zone d'aridité complète sans jamais s'assécher. De même le Tigre et l'Euphrate se maintiennent grâce à la fonte des neiges des chaînes du Kurdistan). **2°)** On trouve un **régime pondéré** (sans variations saisonnières) à la sortie des grands lacs (exemples : le Waiau à la sortie du lac Te Anau, le Waitako après le lac Taupo en Nlle-Zélande). Des variations très amorties existent aussi dans les terrains très perméables (exemples : craie de la Somme, karst yougoslave, cours de la Sogid dans les laves d'Islande, sables du Kalahari).

Cours d'eau principaux

(Longueur en km)

■ **Afrique. Nil-Kagera** 6 671 (bassin 2 960 000 km², débit moyen 3 000 m³/s) (voir Nil à l'Index). **Congo** (ou Zaïre, déformation de *nzadi* ou *nzari*, fleuve) 4 700 (bassin 3 710 000 km², débit moyen 40 600 m³/s), parmi ses affluents : Kasaï 2 000, Oubangui 1 300. **Niger** 4 184 (bassin 1 100 000 km²). **Zambèze** 2 575. **Orange** 2 092. **Volta** 1 900. **Sénégal** 1 609. **Limpopo** 1 600. **Chari** 1 505. **Gambie** 1 127.

■ **Amérique du Nord. Missouri Read Rock** 5 970. **Mackenzie/Peace** 4 240 (bassin 1 760 000 km²). **Mississippi** 3 779 (bassin 3 238 000 km², débit moyen 18 000 m³/s). **Yukon** 3 701. **Río Grande** 3 060 (bassin 896 000 km²). **St-Laurent** 3 057. **Arkansas** 2 348. **Colorado** 2 317. **Ohio/Alleghany** 2 102. **Red** 2 076. **Columbia** 2 000. **Saskatchewan** 1 931. **Snake** 1 670. **Tennessee/French Broad** 1 387. **Churchill** 1 094. **Yellowstone** 1 080.

■ **Amérique du Sud. Amazone** [Apurímac-Ucayali (fleuve des Amazones)] 7 025 ; débit moyen 150 000 m³/s (9 fois celui du Mississippi) ; *bassin* 7 045 000 km² (on pourrait lui adjoindre le haut bassin de l'Orénoque, dont un bras, le Casiquiare, se jette dans le río Negro, principal affluent de la rive gauche de l'Amazone) ; *alluvions :* 1 milliard de tonnes/an (la plupart se déposent en mai, lorsque le niveau des eaux est le plus élevé, dans la basse et la moyenne Amazone, le reste se déversant dans l'océan). *Profondeur minimale :* 90 m. *Source* [découverte en 1953 par Michel Perrin (Français, né 21-4-1912)] : au sommet du Nevado Huacra (glacier, 5 238 m) au Pérou d'où descend le Huaraco à l'ouest, qui, après confluence avec le Toro à l'est, devient le Santiago, qui, après confluence avec le Huarahuarco, devient l'Apurímac, puis l'Ene (sur la partie inférieure du cours), puis le Tambo ; à partir de Atalaya (où il reçoit les eaux du Vilcanota-Urubamba), il prend le nom de Ucayali ; à Puerte Franco (près de Nauta), où l'Ucayali conflue avec le Marañon, son nom devient Amazone pour les Péruviens et Solimoes pour les Brésiliens ; en aval de Téfé (confluence du rio Japura), il reçoit du Brésil son nom de fleuve des Amazones. *Largeur :* 10 km, à 1 600 km de son embouchure (300 km à l'embouchure) ; *remontée par les bateaux de mer :* jusqu'à Manaus, à 3 500 km de l'embouchure car la pente est faible (65 m pour les 3 000 derniers km) ; *affluents et sous-affluents :* environ 15 000 dont 4 de plus de 1 600 km [dont *Madeira* 3 380 km (le plus long affluent du monde), *rio Negro* 2 253 (il charrie tellement d'eau qu'il crée à son confluent une mer intérieure et ses eaux courent avec celles de l'Amazone sur 80 km sans se mélanger) ; *Ucayali* 2 000 ; *Xingu* 200] et 17 de plus de 1 320 km ; le *rio Para* se jette dans l'Atlantique à l'embouchure même de l'Amazone (il est parfois considéré comme un fleuve indépendant, mais en fait les eaux de l'Amazone s'avancent de 300 km dans l'Océan sans se mélanger aux eaux salées, et celles du Para se confondent avec elles). On a imaginé de régulariser l'Amazone en barrant son cours principal dans la région de Santarem (à 700 km de l'embouchure) ; on créerait la plus importante source hydroélectrique au monde et on libérerait en aval 600 000 km² de terres inondables fertiles (mais en amont, le lac de retenue noierait une surface presque aussi importante). Les écologistes craignent que le projet ne détruise l'équilibre biologique de la forêt.

☞ **Autres fleuves : Parana** 4 025 (bassin 2 835 000 km²). **Purus** 3 380. **São Francisco** 3 198. **Tocantins** 2 698. **Yapura** 2 414. **Paraguay** 2 206. **Orénoque** 2 062. **Uruguay** 1 609. **Magdalena** 1 537. **Tapajos** 1 500.

■ **Asie. Ob** 5 410 (le plus long estuaire du monde, 885 km de longueur, 85 km de largeur, bassin 2 500 000 km²). **Gange-Brahmapoutre** 5 401 [(le plus vaste delta du monde 75 000 km²), Gange 3 090 (bassin 2 165 000 km²), Brahmapoutre 2 704 (bassin 900 000 km²)]. **Yangzi Jiang** ou **Yang-Tsé-Kiang** (dit fleuve Bleu) 4 989 (ou 5 980 km avec affluent, bassin 1 830 000 km², débit moyen 34 000 m³/s). **Huang he** ou **Houang-ho** (fleuve Jaune) 4 845 (bassin 745 000 km²). **Amour** 4 667 (bassin 1 845 000 km²). **Lena** 4 400 (bassin 2 490 000 km²). **Irtych** (affluent de l'Ob) 4 248 (bassin 1 643 000 km²). **Ienisseï** 4 129 (bassin 2 600 000 km²). **Mékong** 4 023 (bassin 800 000 km², source découverte à 4 975 m le 17-9-1995 par Michel Peissel). **Syr-Daria** 2 860. **Tigre-Euphrate** 2 800. **Indus** 2 736 (bassin 1 165 000 km²). **Tarim** 2 700. **Si-Kiang** 2 655. **Kolyma** 2 599. **Salouen** 2 500. **Amou-Daria** 2 414. **Irraouaddi** 2 012. **Sungari** 1 819. **Kama** 1 280.

■ **Australie. Murray** 2 575. **Murrumbidgee** 1 680. **Darling** 1 298. **Sepik** 1 127.

■ **Europe. Volga** 3 701 (bassin 1 360 000 km², débit moyen 8 000 m³/s). **Danube** 2 857 (bassin 817 000 km², delta 3 750 km², débit 6 300 m³/s). **Oural** 2 500. **Dniepr** 2 300. **Kama** 1 805. **Don** 1 770. **Driestr** 1 411. **Tizsa** 1 358. **Rhin** 1 298. **Elbe** 1 127. **Vistule** 1 091. **Tage** 1 038. **Loire** 1 012 (bassin 115 200 km²). **Warta** 974. **Meuse** 950. **Èbre** 927. **Oder** 911. **Douro** 850. **Rhône** 812 (delta 750 km²). **Pruth** 811. **Seine** 776 (estuaire 114 km). **Maros** (ou Mureš) 756. **Weser** 732. **Drave** 724. **Save** 712. **Pô** 675. **Gotaelf** 659. **Guadiana** 640. **Guadalquivir** 579. **Garonne** 575. **Moselle** 550. **Inn** 525. **Main** 524. **Maritza** 437. **Escaut** 430.

Gorges (canyons)

■ **France. Tarn :** long. 50 km ; larg. au fond 30 à 500 m, au sommet 1 200 à 2 000 m ; prof. 400 à 600 m. **Verdon :** long. 21 km ; larg. au fond 6 à 100 m, au sommet 200 à 1 500 m ; prof. 250 à 700 m.

■ **USA. Rio Colorado :** prof. 2 133 m ; long. 800 km ; larg. 25 km à sa partie supérieure. **Hell Canyon** (Oregon, Idaho) : prof. 2 400 m (le plus profond du monde).

☞ **Pont naturel le plus long du monde** *(au-dessus d'un canyon)* : **Arches National Monument** (Utah, USA) : 88 m de long.

Chutes d'eau principales

■ **Chutes les plus hautes** (hauteur en mètres et, entre parenthèses, hauteur de la chute directe). **Salto Angel** (Venezuela, en escalier) 979 (807). **Tugela** (Natal, Afrique du Sud, en escalier) 914 (410). **Utigard** (Nesdale, Norvège) 800 (600). **Mongefossen** (Norvège) 774. **Yosemite** (Californie) 739 (435). **Østre Mardøla Foss** (Norvège) 657 (296). **Tyssestrengane** (Norvège) 646 (289). **Cuquenán** (Venezuela/Guyane) 610. **Sutherland** (Nouvelle-Zélande, en escalier) 580 (248). **Kile** (Norvège, en escalier) 561 (149). **Takkakaw** (Canada) 503. **Ribbon** (Californie, saisonnière) 491. **George VI** (Guyane) 488. **Roraima** (Guyane) 457. **Upper Yosemite** (Californie) 436. **Gavarnie** (France, Htes-Pyr.) 422. **Trummelbach** (Suisse, en escalier) 400. **Krimmel** (Autriche) 396. **Vettisfoss** (Norvège) 366. **Hakaui Nuku-Hiva** (îles Marquises, Polynésie) 365. **Window's Tears** (Californie) 357. **Kaloba** (Shaba, Congo dém.) 342. **Staubbach** (Suisse) 300.

■ **Les plus gros débits** (en m³ par seconde). **Inga** (Congo dém. ; hauteur 96 m) 43 000 (moyenne) à 81 000 (maximum). **Khône** (Laos ; hauteur 15 à 21 m, largeur 10,8 km) 42 500. **Boyoma** ex-Stanley (Congo dém. ; 17 cataractes réparties sur une centaine de kilomètres sur le fleuve Congo) 17 000. **Guayra** (Sete Quedas, Brésil/Paraguay) 13 000 (n'existe plus depuis les travaux du barrage d'Itaipu). **Río Paraná** (Argentine/Paraguay) 11 900 (à hauteur du barrage de Yacireta 43 000) à 53 000 (maximum). **Niagara** (USA/Canada ; hauteur 59 m, largeur 790 m et 350 m) 6 962 (recul de 11 km en 12 000 ans). [Tentatives de descente des chutes : *en 1829* Sam Patch, rescapé ; *24-10-1901* Annie Edson Taylor (1858-1921), tonneau en bois, rescapée ; *1911* Bobby Leach, tonneau d'acier, rescapé, 6 mois d'hôpital ; *1928* Jean Lussier, Québécois, sphère de caoutchouc avec 32 tubes d'acier, rescapé ; *1930* Georges Stathakis, Grec, baril bois-acier, mort noyé ; *1951* William Red Mill, 13 chambres à air, tué ; *1952* Nathan T. Boya, même système, rescapé ; *1960* Roger Honeycutt, 7 ans, chute, rescapé grâce à son gilet de sauvetage, son père tué.] **Paulo Alfonso** (Brésil ; hauteur 84 m) 2 830. **Urubupunga** (Brésil ; hauteur 12 m) 2 745. **Iguazú** (Argentine/Brésil ; hauteur 72 m ; 275 chutes sur 4 km de large) 1 743. **Patos Maribando** (Brésil ; hauteur 35 m) 1 500. **Churchill** (Labrador, Canada ; hauteur 75 m) 1 132. **Victoria** (Zimbabwe/Zambie ; hauteur 108 m) 1 087 (en plusieurs milliers d'années, recul de 130 km en amont du Zambèze). **Kaieteur** (Guyana ; hauteur 226 m) 662.

☞ **Résurgence la plus forte : Dumanli** (Turquie), débit moyen 50 m³/s/an (exceptionnel 20 à 200 m³/s).

Lacs

Types selon leur origine

■ **Lacs tectoniques.** Installés dans des fossés d'effondrement (rifts) ; les plus profonds sont souvent longs et étroits (lac *Baïkal*, lac *Tanganyika*, lac *Malawi*).

■ **Lacs glaciaires.** Occupent des zones surcreusées de vallée glaciaire, limitées en aval par des verrous ou des barrages morainiques, ou d'anciens cirques glaciaires (lac d'*Oô* dans les Pyrénées).

■ **Lacs de cratère.** Occupent le fond des cratères de volcans éteints [*Crater Lake*, USA ; lac *Pavin* (France, Puy-de-Dôme 0,44 km², prof. 92 m)], dormants (Java) ou d'astroblèmes [*Clear Water Lakes*, Canada ; *Siljan* (annulaire, 290 km², prof. 120 m) en Suède, voir p. 76 b].

■ **Lacs karstiques.** Occupent les dépressions karstiques (dolines, poljés) dont le fond est devenu imperméable par suite de dépôts argileux ; certains n'apparaissent qu'en période de hautes eaux [lac de *Shkodër* (ou *Scutari*), 370 km² (dont Albanie 140, Yougoslavie 230), prof. 44 m].

■ **Lacs de barrage.** Vallée obstruée par des éboulis, des coulées de laves, ou construits par l'homme.

■ **Lacs des régions semi-arides** [correspondent souvent à des régions d'endoréisme (du grec *endos* : dedans, *rhein* : couler, les cours d'eau n'atteignant pas la mer)]. Les plus grands [*Tchad*, *mer d'Aral* (mer qui semblerait avoir été reliée à la *Caspienne* par la dépression de *Sarykamych* et l'*Ouzboi* jusqu'à l'époque historique), *Balkhach*, *Lob-Nor*] sont situés dans des régions bien alimentées en eau (fleuves allogènes), mais où l'évaporation très forte ne permet pas une issue vers la mer.

Les **sebkhas** correspondent au fond, périodiquement asséché, de ce type de lacs. La déflation (érosion éolienne) y est souvent active. Le **chott** est la périphérie, le pâturage.

Lacs principaux

(Superficie en km²)

☞ *Abréviations* : alt. : altitude ; larg. : largeur ; long. : longueur ; max. : maximale ; prof. : profondeur.

Les lacs occupent environ 1 333 000 de km² (soit 1 % des terres émergées).

■ **Afrique. Victoria** (Ouganda, Tanzanie, Kenya ; prof. 79 m, long. 322 km) 68 100 km². **Tanganyika** [Congo démocratique (ex-Zaïre), Zambie, Burundi, Tanzanie ; alt. 782 m, prof. max. 1 435 m, long. 676 km, larg. 50 à 80 km] 31 900. **Malawi** ex-Nyasa (Tanzanie, Malawi, Mozambique ; long. 580 km, larg. 80 km, prof. max. 706 m) 30 900. **Bangouelo** (Zimbabwe) 10 000. **Turkana** [ex-Rodolphe] (Kenya, Soudan, Éthiopie) 8 600. **Mai-Ndombe** (Congo démocratique), basses eaux 2 320 ; hautes eaux 8 200. **Moéro** (Zimbabwe, Malawi, Congo démocratique ; alt. 930 m) 4 850. **Albert** (un temps appelé Mobutu-Sese Seko ; Ouganda, Congo démocratique ; alt. 618 m) 4 500. **Tsana** (Éthiopie ; alt. 1 830 m) 3 100. **Tchad** (Tchad, Niger, Nigeria, Cameroun ; prof. moyenne 1,5 m) 3 000 au maximum. **Kivu** (Congo démocratique, Rwanda ; alt. 1 462 m, prof. plus de 400 m) 2 700. **Édouard** (un temps appelé Idi-Amin ; Ouganda, Congo démocratique) 2 150.

■ **Amérique du Nord. Grands Lacs : Supérieur** (USA 81 350 au total, Canada 27 750 ; prof. max. 406 m, long. 616 km). **Huron** (USA, Canada ; prof. 223 m, long. 397 km) 61 800. **Michigan** (USA ; prof. 265 m, long. 517 km) 58 100. **Érié** (USA, Canada ; prof. 64 m, long. 388 km) 25 612. **Ontario** (USA, Canada ; prof. 225 m, long. 310 km) 18 940. **Autres lacs : Grand Lac de l'Ours** (Canada ; prof. 82 m, long. 373 km) 31 600. **Grand Lac des Esclaves** (Canada ; prof. 614 m, long. 480 km) 26 000. **Winnipeg** (Canada ; long. 428 km) 24 600. **Athabasca** (Canada) 7 160. **Reindeer** (Canada) 6 330. **Winnipegosis** (Canada) 5 400. **Nipigon** (Canada) 4 840. **Manitoba** (Canada) 4 700. **Grand Lac Salé**[1] (USA ; alt. 1 283 m) 4 700.

■ **Amérique du Sud et centrale. Titicaca** 8 300 [(dont Bolivie 3 814, Pérou 4 486) alt. 3 811 m, prof. max. 274 m, long. max. 233 km, larg. max. 97 km, 36 îles ; le plus haut des lacs navigables du monde]. **Patos** (Brésil) 8 000. **Nicaragua** (Nicaragua) 8 000. **Poopó** (Bolivie ; prof. 3 m) 2 512. **Mirim** (Brésil-Uruguay) 2 500. **Buenos Aires** (Argentine-Chili) 2 400. **Mar Chiquita** (Argentine) 2 000. **Chapala** (Mexique) 1 600. **Argentine** (Argentine) 1 400. **Viedma** (Argentine) 1 110.

■ **Antarctique. Vostok** (prof. max. 500 m, à 4 000 m sous la calotte glaciaire) 14 000.

■ **Asie. Mer Caspienne** [367 000 km² (ex-URSS : Kazakhstan, Turkménistan, Russie 323 800, Iran 43 200) ; prof. max. 1 025 m, moyenne 206 m, surface à 28,5 m en dessous du niveau de l'océan, 89 600 km³ d'eau un peu salée ; long. 1 225 km ; depuis 1930, diminution de la superficie de 39 000 km² ; le niveau remonte aujourd'hui] 371 800. **Mer d'Aral** (Kazakhstan et Ouzbékistan ; prof. 68 m, long. 428 km, larg. 284 km) 64 500. Au XIXe s., ses eaux avaient progressé de 3 m mais, depuis 1960, la mer d'Aral a perdu environ 50 % de sa surface et 75 % de son volume : 26 800 km³ d'eau dispersée en irrigation mal comprise. Certaines maisons, proches de la mer il y a 30 ans, en sont maintenant à 50 km. L'Amou-Daria et le Syr-Daria qui l'alimentent ont vu leur débit restreint par l'irrigation. **Salinité** : *en 1960* : 10 g par litre, *1994* : 30 g. Le satellite français *Spot 3* a confirmé une baisse de 40 cm en 1991, 35 cm en 1992 et 30 cm en 1993. La Banque mondiale, le programme des Nations unies pour l'environnement et le programme des Nations unies pour le développement ont débloqué plus de 31 millions de $ pour des programmes de sauvetage qui seront mis en place par les États riverains. Les fleuves lessivent les terres autrefois cultivées, entraînant du carbonate et du sulfate de calcium, des chlorures et du sulfate de magnésium, des défoliants, insecticides et pesticides des années 1960 à 1980 qui contaminent également les nappes phréatiques. Quand le vent souffle, il repousse des poussières salées qui brûlent la végétation jusqu'à des centaines de kilomètres plus loin, en Biélorussie, Lituanie ou Afghanistan. Les forêts entourant la mer sont passées de 300 000 à 33 000 ha. **Baïkal** [Russie ; prof. max. 1 620 m (record du monde), moyenne 730 m, alt. 476 m, volume 23 000 km³, long. 636 km, larg. 32 à 74 km] 31 685. **Balkhach** (Kazakhstan ; prof. 26 m, long. 605 km) 18 400. **Issyk-Kul** (Kirghizistan ; prof. 702 m) 6 200. **Rezaiyeh** ou **Ourmia** (Iran ; alt. 1 560 m) 5 775. **Po Yang** (Chine) 5 000. **Kokou Nor** (Chine) 4 800. **Ting** (Chine) 4 800. **Van** (Turquie) 3 738. **Kossogol** (Mongolie) 2 620. **Tonlé-Sap** (Cambodge) 2 600. **Nam Tso** (Tibet ; alt. 4 578 m) 1 956. **Tengri Nor** (Chine) 1 700. **Sevan** (Arménie) 1 400. **Mer Morte** (Israël, Jordanie) 980. **Tibériade** (ou **lac de Génézareth** ou **mer de Galilée**) (Israël, Syrie) 175.

■ **Europe. Ladoga** (Russie ; prof. 250 m, long. 200 km) 17 700. **Onega** (Russie ; prof. 127 m) 9 610. **Vänern** (Suède ; prof. 92 m) 5 546. **Saimaa** (Finlande) 4 440. **Peïpous** (Estonie, Russie) 3 583. **Vättern** (Suède) 1 912. **Ilmen** (Russie) 1 200. **Mälar** (Suède) 1 140. **Bjelo** (Suède) 1 125. **Païjänne** (Finlande) 1 100. **Inari** (Finlande) 1 080. **Balaton** (Hongrie) 596. **Léman** ou de **Genève** (prof. 310 m, alt. 374 m, tour 167 km, la plus grande longueur en ligne courbe est de 73 km et la plus grande largeur de 13,8 km) 582 (Suisse 343, France 239). **Constance** (All., Suisse, Autr.) 541. **Lough Neagh** (Irlande du Nord) 396. **Garde** (Italie ; prof. max. 346 m, périmètre 180 km) 366. **Mjosa** (Norvège ; prof. 449 m) 366. **Neuchâtel** (Suisse ; prof. max. 153 m) 218. **Majeur** (Italie, Suisse ; prof. max. 372 m, périmètre 170 km) 212. **Berre** (France : B.-du-Rh. ; prof. max. 10 m, tour 68 km, étang) 156. **Côme** (Italie ; prof. max. 410 m) 146. **Trasimène** (Italie) 126. **Quatre-Cantons** (Suisse) 114. **Leucate**[2] (ou **Salses**) (France : Aude, Pyr.-Or. ; prof. 12 m, étang) 110. **Zurich** 90. **Thau**[2] (France : Hérault ; prof. 30 m, étang salé) 75. **Grand-Lieu** (France : L.-A. ; prof. 2 m) 67. **Iseo** (Italie) 65. **Carcans et Hourtin** (France : Gironde ; prof. 10 m, étangs) 60. **Loch Ness** (Écosse) 59. **Cazaux** (France : Landes, Gironde ; prof. 22 m) 56. **Lugano** (Suisse, Italie) 49. **Der** (France : Marne, Hte-Marne, le plus grand lac artificiel d'Europe) 48. **Thoune** (Suisse) 48. **Bages et Sigean**[2] (France : Aude ; prof. 2 m, étang) 45. **Le Bourget** (France : Savoie ; prof. max. 145 m ; alt. 231 m) 43,3. **Mauguio** (ou **étang de l'Or**) (France : Hérault ; prof. 2 m) 43. **Biscarrosse** (ou **étang de Parentis**) (France : Landes ; prof. 20 m) 34,5. **Serre-Ponçon** (France : Htes-Alpes ; lac artificiel) 28,2. **Morat** (Suisse) 27. **Annecy** (France : Hte-Savoie ; prof. 64 m, alt. 446 m, long. 14 km, larg. 3,3 km) 27.

■ **Océanie. Eyre** (Australie ; salé ; fréquemment à sec) 8 200. **Torrins** 5 776. **Gardiner** 4 760.

Nota. – (1) Saturés en sel, les lacs salés, d'étendue variable selon la saison, sont entourés de plaines de sel. (2) Lagunes.

Lacs de barrage

■ **Dans le monde** (volume en millions de m³). **Chutes d'Owen** (Ouganda, 1954) 204 800. **Kariba** (Zimbabwe et Zambie 1959) 181 592. **Bratsk** (Sibérie, 1964) 169 270. **Sadd-el-Aali** (Égypte, 1970) 168 000. **Akosombo** (Ghana, 1965) 148 000. **Daniel Johnson** (Canada, 1968) 141 852. **Guri** (Raul Leoni ; Venezuela, 1986) 136 000.

Glaciologie

Glaces terrestres

Généralités

■ **Formation de la glace.** Par température négative, sous l'effet de la pression, la neige se transforme en glace par élimination de l'air qui séparait les cristaux, et par formation de ponts de glace entre eux (phénomène de *frittage*, comme avec des poudres métalliques). L'eau de fonte superficielle peut aussi regeler en profondeur s'il y subsiste du froid de l'hiver. Cette *alimentation par regel* d'eau de fonte prédomine dans les régions à hivers très froids et à faible couverture neigeuse hivernale : Arctique canadien, très hautes montagnes semi-arides. L'état intermédiaire, le *névé*, est une neige à cristaux arrondis d'une densité supérieure à 0,54. Quand le névé cesse d'être perméable (densité 0,77), il devient de la glace (en 4 mois sous les tropiques, entre 1 et 60 ans dans les Alpes, quelques siècles au Groenland, quelques millénaires au centre de l'Antarctique). **Poids moyen de 1 m³** : neige fraîchement tombée de 85 à 200 kg, névé de 500 à 600 kg, glace de 850 à 905 kg selon la quantité de bulles d'air.

■ **Mouvement de la glace. Déformation :** la glace se déforme à une vitesse proportionnelle au cube de la force imposée, et qui décroît rapidement avec la température. Au point de fusion, pour une cission de 1 kg-force/cm² = 10^5 Pa, telle qu'on la trouve à la base d'un glacier de 110 m d'épaisseur et de pente 0,1, la déformation est d'environ 20 degrés/an, la vitesse de la base par rapport à la surface de 8 m/an. Mais il s'y ajoute un *glissement sur le lit,* variable selon les lieux (de quelques mètres à des centaines de mètres par an). *Crevasses* et *séracs* (blocs entre crevasses) se forment là où la vitesse d'un glacier augmente (le glacier devenant plus mince, et sa pente plus forte). **Vitesses moyennes :** *Alpes :* 10 à 200 m par an (la glace du sommet atteint le front de la mer de Glace en 2 à 3 siècles). *Groenland :* peut atteindre 4 km dans certains émissaires (l'âge de la plus vieille glace trouvée à 3 050 m de profondeur est de 260 000 ans). **Érosion glaciaire :** le principal mécanisme de l'érosion glaciaire (créant des « cirques » et des vallées en « auge », à profil transversal en U) est le déblaiement de roches déjà fracturées par le gel (un gel fort et prolongé suffit à fracturer la roche). Les débris rocheux sont incorporés dans la glace basale *(moraine mouvante de fond)*, et évacués, ainsi que ceux tombant des parois environnantes (*moraines latérales*, devenant médianes à la confluence de 2 glaciers). Selon le flux de débris évacués se forment une simple *moraine frontale*, une langue recouverte d'une moraine d'ablation, ou même un glacier rocheux pauvre en glace. Accessoirement, la chaleur terrestre faisant fondre environ 1 cm de glace par an, il apparaît continuellement à la base d'un glacier, au point de fusion, des cailloux et du sable nouveaux, non émoussés, qui râpent le lit (stries, poli glaciaire des « roches moutonnées »). **Surge :** phénomène lié à un mauvais drainage sous-glaciaire affectant 2 % des glaciers de montagnes en Alaska, Asie centrale, Andes de Santiago. Périodiquement, après une longue période de stagnation et gonflement (de 10 à 50 ans), il y a rupture d'équilibre et le glacier avance de plusieurs kilomètres en quelques mois. Le Variegated Glacier (Alaska) atteignit, pendant le surge de 1982, 60 m/jour. Il avait connu avant, pendant 2 ans, des accélérations momentanées locales dans la partie haute.

■ **Bilan des glaciers. Définition :** différence entre l'*alimentation* et l'*ablation.* L'*alimentation* annuelle par les précipitations neigeuses est de 800 à moins de 200 mm de valeur en eau au Groenland, de 2 000 à 3 200 mm dans les Alpes occidentales, de 3 100 mm au Vatnajökull (Islande). L'*ablation* se fait par absorption du rayonnement solaire [mais la neige et la glace ont un fort *albédo* (% du rayonnement réfléchi : 80 % pour la neige fraîche)], par la température de l'air quand elle est positive, par le vent et par vêlage d'icebergs (l'Antarctique perd 260 km³ annuellement). Le bilan est *positif* ou *négatif* selon que l'alimentation l'emporte ou non. Positif en amont, il est négatif en aval, en équilibre à la *ligne d'équilibre* (Alpes à environ 3 000 m, Islande 1 150 m, Andes tropicales de 4 200 à 5 500 m selon la latitude, Himalaya, Kenya de 4 000 à 5 000 m). Une chute de neige fondant plus facilement sur un sol surchauffé par le soleil que sur un glacier, des étendues à pente modérée peuvent être sans glace bien que se trouvant au-dessus de la ligne d'équilibre des glaciers voisins. Pour cette raison si, pour pallier une sécheresse, on faisait fondre artificiellement un glacier (en noircissant sa surface), on risquerait qu'il ne se reforme plus.

Mesure : dans les montagnes tempérées de l'hémisphère Nord, où il y a une période d'accumulation (hiver, printemps) et une période d'ablation (été, parfois automne), la mesure se fait en octobre. Là où le bilan est négatif *(zone d'ablation)*, on relève l'émergence de balises plantées à 10 m ou 20 m de profondeur avec une sonde à jet de vapeur. Là où le bilan est positif *(zone d'accumulation)* on relève le bilan d'octobre à avril par carottage, et celui d'avril à octobre (négatif) comme en zone d'ablation. Le coefficient d'activité mesure la variation du bilan annuel selon l'altitude vers la ligne d'équilibre (environ 100 cm par an par tranche d'altitude de 100 m dans les Alpes). Le front des glaciers avance à la suite d'une série d'années où les bilans ont été supérieurs à la moyenne, avec un délai variable. Dans les Alpes, il y eut une grande extension pendant le *petit âge glaciaire* (1550-1860), puis une décrue très forte entre 1940 et 1970. Après une crue autour de 1980, la plupart des glaciers alpins régressent à nouveau.

■ **Types de glaciers.** Les glaciers tempérés se trouvent à la température de fusion de la glace (qui s'abaisse un peu avec la pression), les glaciers froids à une température inférieure sauf parfois tout contre le lit.

– **Tempérés tropicaux,** très actifs. *Type équatorial* (159 km²) : précipitations en toutes saisons, décroissant avec l'altitude : monts Carstenz (Nouvelle-Guinée), Ruwenzori (Ouganda), Kenya et une douzaine de volcans en Équateur (Chimborazo, Cotopaxi, etc.). *Type péruvien* (4 500 km²) : une saison presque sèche, précipitations croissant avec l'altitude : glaciers de Colombie, Pérou et Bolivie. *Type himalayen* (5 000 km²) : précipitations d'été décroissant fortement vers l'intérieur du massif.

– **Froids subtropicaux,** peu actifs. *Type Andes de Santiago* (5 300 km²) : étés rigoureusement secs. Glaciers dans les hautes vallées, les sommets étant souvent déneigés. Présence partout de *pénitents* (lames de glace dues à la fonte et à la sublimation par temps froid, très sec et très ensoleillé). Andes, Chili et Argentine entre 29 et 35° latitude Sud, Hindou-Kouch et plus hauts sommets du Proche-Orient. *Type Asie centrale* (22 000 km²) : précipitations faibles en toutes saisons : Pamir (Altaï), chaînes du Tibet, Nan-Chan.

☞ Le mot *glacier,* créé dans les Alpes, désignait à l'origine les glaciers locaux occupant un cirque ou une vallée, parfois s'étalant dans le piémont. On a ensuite appelé *glaciers émissaires* les courants de glace naissant au sein d'une *nappe de glace* (en noyant presque tout le relief) ou d'une *calotte glaciaire* (s'élevant bien au-dessus du relief), et qui viennent le plus souvent former des langues à la périphérie de la nappe de glace ou calotte. On a parfois étendu le sens du mot glacier pour désigner toute masse de glace venant de la neige et persistant à l'échelle d'une vie humaine, quelle que soit sa taille. La même confusion existe avec le mot islandais *jökull* (le Vatnajökull est une calotte ayant 10 émissaires principaux) ou le mot norvégien *bre* (le Jostedalsbre est un plateau englacé avec 25 glaciers émissaires, chacun appelé aussi *bre*).

– **Tempérés des moyennes latitudes :** fortes précipitations en toutes saisons, moyennement actifs. 141 900 km² (dont Alaska 70 000, ouest du Canada 20 000, Patagonie et Terre de Feu 24 000, Karakorum 13 600, Islande 11 000, Alpes 3 300 dont Alpes françaises 300).

– **Froids arctiques :** *type sibérien* (2 800 km²) : précipitations modérées toute l'année, climat très continental, hivers très froids. *Type arctique sec* (220 000 km²) : précipitations faibles ou très faibles. L'hiver : banquise. L'été, bref et doux, permet une fonte qui transforme une grande partie du manteau neigeux en glace de regel. Nord-est du Canada, nord et est du Groenland, Spitzberg, archipel François-Joseph et Severnaïa Zemlia. *Type arctique humide* (120 000 km²) : comme le précédent, mais précipitations plus fortes, très variables selon les années. Pourtour de la mer de Baffin, à l'ouest du Spitzberg, Nlle-Zemble. *Indlandsis* [du danois *is :* glace, *ind :* de l'intérieur, *lands :* des terres] ou *inlandsis* groenlandais (1 726 000 km²) : 25 % de la surface sont du type arctique ; dans 45 %, l'eau de fonte regèle avant d'atteindre la glace compacte ; dans 30 %, il n'y a jamais de fonte ou, du moins, pas de percolation de l'eau de fonte.

– **Froids subantarctiques** (50 000 km²) : précipitations importantes en toutes saisons, glaciers tempérés dans leur partie basse. Iles Bouvet, Heard, Balleny, Pierre-Ier, Terre de Graham.

– **Calotte antarctique :** seuls 40 km² sur 12 579 000 km² sont libres de glace. Hors d'une frange côtière de 10 à 100 km de large, la fonte est totalement inconnue.

– **Shelfs** (plates-formes) (1 417 000 km²) : glaciers flottants autour du continent antarctique, en partie nourris par des courants de glace issus de sa calotte.

■ **Recherches glaciologiques en France.** *Laboratoire de glaciologie et géophysique de l'environnement du CNRS* (Grenoble), *Laboratoire des sciences du climat et de l'environnement CEA/CNRS* (Gif-sur-Yvette et Saclay). Pour les glaciers alpins et les avalanches : *Centre technique du génie rural et des eaux et forêts* et *Centre d'étude de la neige de la météorologie nationale. Institut français pour la recherche et la technologie polaires,* créé en 1992, a établi avec l'Italie une base au Dôme C (Antarctique de l'Est). *IRD (ex-Orstom) :* études des glaciers des Andes.

Catastrophes glaciaires

■ **Ruptures. De lacs intraglaciaires :** des poches d'eau se forment parfois dans les glaciers. Quand le barrage de glace cède, les eaux se libèrent à des allures torrentielles. À *Saint-Gervais* (Hte-Savoie), la nuit du 10 au 11-7-1892, 200 000 m³ d'eau ont dévalé du glacier de Tête-Rousse, (3 100 m d'altitude), faisant sauter un bouchon de glace de 90 000 m³ et entraînant 500 000 m³ de sédiments (144 morts). **De lacs proglaciaires :** les eaux de fonte d'un glacier, accumulées dans un lac barré par des débris morainiques, peuvent faire sauter cet « arc morainique » et se ruer vers l'aval. Au *Pérou,* 13-12-1941 Cordillera Blanca, 1/3 de la ville de *Huaraz* détruite (6 000 †). *Los Cedros* (200 †) en 1950, un pilier de pont de 2 000 t fut charrié sur 20 km. *Autre cas :* l'avancée d'un glacier barre une vallée ; tôt ou tard, le lac de barrage ainsi formé se vide. Exemples : le *Giétroz* (Valais suisse) en 1595 et en 1818 (50 †) et le *Rutor* (Val d'Aoste, Italie) 6 fois de 1594 à 1751.

■ **Écroulement de langue glaciaire.** Le 30-8-1965, en Suisse, la langue du glacier d'*Allalin* se détacha et 1,5 million de m³ de glace écrasèrent le chantier du barrage de *Mattmark* (88 †).

■ **Secousses telluriques.** Elles peuvent précipiter roches et glaces, éroder les pentes supérieures et ensevelir sous des coulées de boue les villages des vallées ; le 31-5-1970, au Pérou, du haut du *Huascaran* (Andes, 6 700 m), 6 millions de m³ de glace et de roches tuèrent une cordée d'alpinistes ; au nord et à l'ouest, 30 millions de m³ de sédiments et de glace, lancés à plus de 300 km/h, recouvrirent *Yungay* détruite quelques minutes avant par le séisme (15 000 † sur les 66 800 † dus au séisme). Le 13-7-1990, dans l'*Hindou-Kouch,* 43 alpinistes furent tués par des avalanches déclenchées par un séisme de magnitude 5,6, dont le foyer se trouvait à 220 km de profondeur.

■ **Activité volcanique. Lahars** (voir p. 86 b). En *Islande,* une poche d'eau s'était formée dans le bouclier de glace qui recouvre le volcan *Katla.* Sa rupture (1973) déversa un flot au débit maximal comparable à celui de l'Amazone en période de crue, soit 200 000 m³/s. Sous la plus grande calotte glaciaire de l'Islande [le *Vatnajökull* (8 390 km²)], la plus puissante région géothermale du pays libère 5 000 millions de watts. Cette chaleur est transportée par l'eau, comme dans un thermosiphon, à partir d'une nappe de magma à 3/7 km de profondeur, qui se renouvelle grâce à l'écartement des plaques Amérique et Eurasie (voir Dérive des continents p. 77 c). La chaleur crée un lac sous-glaciaire, le *Grimsvötn,* qui se vide périodiquement et inonde la plaine côtière (débit de pointe en 1954 : 10 000 m³/s), phénomène appelé improprement *jökullhaup* (littéralement « sursaut du glacier »). Avant 1934, le Grimsvötn atteignait 2 à 5 km³ et se vidait tous les 5 à 12 ans, la dernière fois en 1996. Depuis, période et volume ont été réduits de moitié. Coulées de boue provoquées par la fonte partielle superficielle d'une calotte sommitale d'un volcan ; le 13-11-1985, lors d'une faible éruption phréatique du *Nevado del Ruiz* (Colombie, 5 400 m), 60 km³ de glace et de neige furent liquéfiés, dont une grande partie fut à l'origine de lahars, tel celui qui détruisit la ville d'*Armero* et provoqua 25 000 †.

Statistiques

■ **Étendue.** 15 600 000 km² (3 % de la surface du globe, 10,5 % des terres émergées). Les nappes de glace recouvrant l'Antarctique et la plus grande partie du Groenland représentent 99 % du volume et 93 % de la surface des glaces terrestres. *Régions polaires* et *subpolaires :* 362 000 km². *Latitudes moyennes :* 49 000 km² (dont Himalaya 5 000, Alpes 3 300). *Basses latitudes :* 44 000 km².

■ **Volume.** Total 31 700 000 km³. Si tous les glaciers fondaient, le niveau des océans monterait de plus de 60 m, recouvrant les plaines basses. Par leur poids et par *réaction isostatique,* les grandes calottes enfoncent leur socle. À l'inverse, le socle scandinave, allégé par la déglaciation quaternaire, se relève lentement (1 m par siècle), ainsi que la région des Grands Lacs (USA, Canada).

■ **Principaux champs de glace et calottes glaciaires. Superficie** (en km²) : *Antarctide* (shelfs compris) 13 800 000, *Inlandsis* (Groenland) 1 726 000, 3 calottes de l'île d'*Ellesmere* 26 000, 22 000, 20 000, *Nlle-Zemble du Nord* 21 500, *Hielo Patagonico Sud* (Chili-Argentine) 13 500, *Vatnajökull* (Islande) 8 390, *Sörfonna + Austfonna* (Nord Austlandet, Spitzberg) 7 920, *McGill Icefield* (île Axel Heiberg, archipel canadien) 7 250, *Barnes Ice cap* (île de Baffin) 6 000, *Penny Ice cap* (île de Baffin) 6 000, île *Komsomolets* (Severnaïa Zemlia) 6 000, *Schei Icefield* (île Axel Heiberg) 5 100, *Hielo Patagonico Nord* (Chili) 4 400, *Westfonna* (Nord Austlandet) 2 800, *Jostedalsbre* (Norvège) 473, *Svartis* (Norvège) 450.

■ **Principaux glaciers locaux** (dont sont exclus les glaciers émissaires de calottes glaciaires). **Longueur** (en km) : *Bagley Icefield* et *Behring* (cordillère de la Côte, Alaska) 185, *Seward* et *Malaspina* (idem) 100, *Logan* (idem) 95, *Hubbard* (idem) 80, *Fedtchenko* (Pamir) 77, *Siachen* (Karakorum Est) 75, *Muldrow* (cordillère de la Côte, Alaska) 72, *Baltoro* (Karakorum Est) 66, *Inyltchek* (Tian-Chan) 65, *Biafo* (Karakorum Ouest) 60, *Koilaf* (idem) 60, *Uppsala* (Patagonie) 60, *Hispar* (Karakorum) 59, *Batura* (idem) 58, *Monaco* (Spitzberg) 48, *Tasman* (Nlle-Zélande) 28, *Aletsch* (Alpes suisses) 24,7 (épaisseur 900 m ; le fond a reculé depuis 1870 de + de 3 km), *Ngojumba* (Népal) 22, *Mer de Glace* (France, Hte-Savoie) 12.

Limite inférieure des glaciers	Alt. (en m)	Degré de lat.
Alaska	0	59° N
Patagonie	0	47° N
Alpes du Sud (France : Pelvoux)	2 400	45° N
– du Nord (France : les Bossons)	1 200	47° N
Nlle-Zélande, versant ouest	305	43° S
– versant est	760	43° S
Pyrénées (France)	2 900	43° N
Caucase (ex-URSS)	2 100	43° N
Kilimandjaro (Afrique)	5 300	5° S

Glaces marines

Banquise

■ **Définition.** L'eau de mer gèle à – 2 °C car la salinité abaisse le point de congélation (la glace marine contient de 1/10 à 1/100 du sel marin). Le gel commence dans les eaux peu profondes, baies et estuaires (*banquise côtière* ou « fast ice »). Au centre de l'*Arctique* il y a une banquise permanente (le *Pack arctique*) que la banquise côtière rejoint en hiver. L'été on trouve aussi de la *banquise dérivante* entre les deux. Autour de l'*Antarctique,* la banquise est permanente en certains lieux.

Quoique la fonte estivale l'emporte sur l'accumulation de neige, la banquise se maintient parce qu'elle s'épaissit par-dessous, le gel de la mer ne cessant que lorsque la banquise a quelques mètres d'épaisseur. La banquise d'un hiver a de 0,5 à 1,5 m d'épaisseur ; le Pack arctique 3 m d'épaisseur en moyenne, 6 m au nord du Groenland.

Plate-forme de glace ou **shelf :** glacier flottant où l'accumulation de neige l'emporte sur la fonte estivale. Les plates-formes sont surtout alimentées par des glaces s'écoulant de l'intérieur du continent. *Épaisseur :* 100 à 500 m. *Antarctique :* de nombreuses plates-formes l'entourent, la plus grande ayant la surface de la France. *Arctique :* les petites plates-formes flottantes au nord de l'île d'Ellesmere se sont désintégrées, donnant des *îles de glace* disséminées. Sur certaines, on a installé des bases scientifiques. Voir aussi **Icebergs** p. 94 a.

■ **Processus physiques.** Lorsque la mer commence à geler, la microturbulence entraîne la formation d'une suspension de cristaux de glace *(fraisil* ou *frasil)* rendant la mer « huileuse ». Puis se forme une glace mince, disloquée par la houle en *crêpes de glace.* Lorsque toute la mer est gelée, la croissance se poursuit vers le bas, formant de gros grains très allongés dans la direction verticale. Comme la glace ne peut pas incorporer de sels dans son réseau cristallin, le sel se concentre au contact de la glace, empêchant une croissance régulière. Des gouttelettes de saumure sont ainsi emprisonnées dans la glace de mer. Elles migrent lentement vers le bas et la glace âgée est très peu salée. Comme la surface fond l'été, la vieille glace de mer, à la fin de l'été, donne une eau potable. A sa bordure, la banquise est morcelée par la houle en *floes* de 20 à 200 m de diamètre, parfois sur 50 km de largeur.

Vents et courants marins entraînent la banquise arctique. Son mouvement moyen est une circulation dans le sens des aiguilles d'une montre dans le bassin arctique, et une grande dérive des côtes de Sibérie vers l'Atlantique (découverte par la dérive du navire norvégien, le *Fram,* volontairement pris par les glaces, de 1893 à 1896). Autour de l'Antarctique, près des côtes, la banquise dérive vers l'ouest, et plus au large vers l'est (répondeurs placés par les expéditions polaires françaises sur des icebergs tabulaires et suivis par les satellites Argos). Ces mouvements, irréguliers dans le détail, provoquent la formation de fractures dans la banquise, puis de chenaux (« rivières », en anglais *leads,* qu'on prononce lîdz) ou même au milieu de la banquise, d'étendues recouvertes de très jeune glace mince (de 2 à 30 cm d'épaisseur), les *polynies.* Inversement, une compression de la banquise par les courants marins fait apparaître des *crêtes de pression (hummocks)* espacées en moyenne de 80 à 100 m ; sous l'eau elles s'enfoncent de 10-15 m, parfois 25 m (relevés au sonar à partir de sous-marins nucléaires).

■ **Étendue et impact économique.** A la fin de l'été la banquise couvre 11,2 millions de km² ; à la fin de l'hiver, 38 (en Antarctique, la glace passe de 4 millions à 20 millions de km²) soit 7 % du globe et 12 % des océans. L'effet sur l'albédo du globe est faible car ces régions sont couvertes de nuages à 80 % ; mais en hiver la banquise prive l'océan de son rôle d'adoucisseur du climat.

Park arctique : en été, limité au nord du Spitzberg (80° de latitude Nord) et de l'archipel François-Joseph, à la Nouvelle-Zemble, la Nouvelle-Sibérie et l'île Wrangel, laissant plus ou moins libre le *passage du Nord-Est,* le long de la Sibérie. Cela permet l'évacuation par mer du charbon de Tiksi (mer des Laptev), des métaux non ferreux de Sibérie orientale, et le ravitaillement des centres miniers. L'archipel canadien et les côtes de l'Alaska sont aussi libérés des glaces *(passage du Nord-Ouest).* L'évacuation du pétrole des puits sous-marins de la mer de Beaufort est assurée par l'oléoduc transalaskien, l'emploi de pétroliers brise-glace se révélant trop problématique (croisière test du *Manhattan,* automne 1969).

En hiver, la banquise couvre tout l'Arctique, des côtes de Sibérie à celles de l'Alaska et parfois de l'Islande, ne laissant libre que la mer de Norvège, l'ouest de la mer de Barents et le port russe de Mourmansk. La navigation n'est alors possible que dans les régions les moins englacées, à l'aide de brise-glace.

ICEBERGS

■ **Définitions et types.** Portions de glace continentale qui descendent lentement vers la mer, flottent, se détachent (le glacier *vêle* des icebergs) et partent à la dérive. Il y a 2 types d'icebergs : ceux venant des plates-formes de glace (glaciers flottants de l'Antarctique), tabulaires et à sommet plat, et ceux venant des glaciers de vallée, de forme irrégulière.

■ **Limites normales.** Atlantique 60° de latitude Nord et 45° sur les côtes américaines, océan Austral 43 ° de latitude Sud. Mais on a rencontré des débris d'icebergs jusqu'à 28° 44′ dans l'Atlantique Nord et jusqu'à 26° 30′ dans l'Atlantique Sud.

■ **Dimensions. Hauteur de la partie immergée :** dépend de la densité de la glace (les icebergs contiennent de 1 à 10 % d'air) et représente de 80 à 88 % du volume total. Pour un iceberg tabulaire, la partie immergée est de 4,2 à 7,8 fois plus grande. Hauteur émergée maximale : de 70 (au total 700 m dont 630 immergés) à 167 m (environ 1 700 dont 1 500 immergés). **Superficie** *maximale :* en 1956, 31 000 km², iceberg venant d'une plate-forme de glace de l'Antarctique *(shelf de Filchner),* long de 335 km, large de 97 km. En 1986, *A 24* (13 000 km², la moitié de la Bretagne) détaché du même shelf de Filchner emportant 2 stations scientifiques : Droujnaïa (base soviétique) et General Belgrano (argentine). En 1992, masse de 6 000 km³ épaisse de 500 m, s'échoue sur les hauts-fonds des Orcades du Sud, pour dériver dans la mer de Weddel. En octobre 1998, iceberg de 5 200 km² se détache de l'Antarctique pour aller dans la mer de Weddel. En mars 2000, long de 295 km, large de 37 (10 915 km²) se détache de la banquise de Ross (Antarctique).

■ **Exploitation. Projet de Paul-Émile Victor :** remorquer des icebergs de 50 à 200 millions de m³ (longueur 1 000 m, largeur 600 m, hauteur 300 m) pour irriguer des régions désertiques : zone d'Antofagasta (Chili), côte ouest de l'Australie, Arabie saoudite. Abandonné devant les difficultés d'un remorquage à 1 852 m/h sur 8 000 km, de stockage et de fusion (20 % pendant le trajet). Il est moins coûteux de dessaler l'eau de mer.

GRANDES GLACIATIONS

☞ *Abréviation :* Ma (Mega-an) : million d'années.

Des dépôts caractéristiques montrent qu'il y eut des glaciations à diverses *époques glaciaires :* autour de 2 500 Ma, 600 Ma, 450 Ma (ordovicien), de 350 à 250 Ma (carbonifère), de 35 Ma à nos jours (2e moitié du cénozoïque). Elles affectèrent des continents alors voisins du pôle Sud (mais cette position nécessaire n'est pas suffisante). Pour la dernière époque glaciaire, le volume des glaces continentales est connu grâce aux carottes extraites d'atolls du Pacifique. Elles montrent qu'il y eut des baisses du niveau marin supérieures à 30-50 m à l'oligocène, il y a 35, 30 et 25 Ma, et au miocène, il y a 15, 12, 10 et 6 Ma. Elles correspondent à un englacement partiel ou total de l'Antarctique de l'Est. Jusqu'aux deux dernières glaciations l'Antarctique Ouest avait un climat relativement doux.

Au messinien (6,6-5,2 Ma), la glaciation a été plus étendue dans l'hémisphère S. Antarctique E. et O. étaient recouverts de glace jusqu'aux bords de la plate-forme continentale ; champs de glace recouvrant et creusant le piémont E. des Andes de Patagonie, glaciation de Ross en Nouvelle-Zélande et Tasmanie. Dans l'hémisphère Nord, les plus anciens dépôts glaciaires (Arctique russe) ont 3,3 Ma d'âge. Il est possible que pendant l'interglaciaire, 5,2-3,3 Ma, la calotte Antarctique Ouest ait disparu.

Pour les derniers 3 Ma, le volume total des glaces continentales est connu à partir des carottes de sédiments océaniques prélevées loin des côtes, aux âges bien calés grâce aux inversions du champ magnétique terrestre. Le rapport isotopique O 18/O 16 dans les foraminifères croît lorsque de l'eau évaporée reste stockée sur les continents. On trouve des oscillations avec une période de 41 000 ans, celle des variations de l'inclinaison de l'écliptique, qui modifient le contraste été-hiver aux moyennes et hautes latitudes. Une cinquantaine de fois, étés frais et hivers doux et neigeux ont dû permettre l'apparition de calottes glaciaires dans l'hémisphère Nord. Leurs limites restent inconnues, les glaciations du dernier 1,2 Ma, plus étendues, ayant balayé toute moraine déposée auparavant. Se sont alors superposées des oscillations de grande amplitude, des *cycles,* de durée moyenne de 100 000 ans. Lors de chacun des derniers cycles, la glaciation a cru progressivement, avec des oscillations mineures, à partir d'un bref interglaciaire, et a été maximale juste avant la *terminaison* du cycle. Les moraines déposées montrent que chaque fois s'étaient constitué deux immenses calottes glaciaires, l'une sur l'Europe du Nord, la Sibérie occidentale et la plate-forme continentale (mers du Nord, de Barentz, de Kara), l'autre sur le Nord des États-Unis, le Canada et la plate-forme continentale jusqu'au Groenland. Les 4 derniers cycles correspondent à des glaciations antérieurement reconnues (voir tableau ci-dessous), les noms de glaciations antérieures doivent être abandonnés.

L'environnement des derniers 420 000 ans est aujourd'hui bien connu par l'analyse de carottes de glace du centre de l'Antarticque E. faite conjointement à Grenoble, Gif-sur-Yvette, St-Pétersbourg, Moscou, Miami et Princeton. Le forage, exécuté par les Russes de Vostok, a été arrêté à 3 623 m de profondeur, 120 m au-dessus du lac sous-glaciaire (pour ne pas le polluer, en vue d'études futures), mais les derniers 313 m sont perturbés et inexploitables. Les âges sont déduits de modèles d'écoulement, ajustés par les dates de 1 ou 2 événements repérés dans les sédiments marins. Les températures déduites du rapport isotopique deutérium/hydrogène varient comme le volume des glaces. Lors d'une terminaison la température moyenne de l'air s'est élevée de 8 °C au niveau où se forme la neige, de 12 °C près du sol. La teneur en sodium d'origine marine, qui indique l'intensité de la circulation atmosphérique méridienne, varie comme ces températures. La teneur en poussières présente des pics de 1 ppm (partie par million) lorsque le volume des glaces est élevé ; elles proviennent de zones désertiques, en particulier de plates-formes continentales à sec.

■ **Causes de glaciations.** Les teneurs de l'air, ancien emprisonné dans la glace, en gaz à effet de serre varie en sens contraire du volume des glaces continentales. La teneur en volume du gaz carbonique a varié entre 280 ppm aux interglaciaires et 190 ppm au maximum de la glaciation, celle du méthane entre 0,70 ppm et 0,35 ppm. Ces gaz jouent un rôle essentiel dans les glaciations, mais il n'y a pas de déphasages nets permettant de reconnaître une cause et une conséquence. Les très grandes éruptions volcaniques détectées par des niveaux acides dans les carottes (voir p. 86 a) n'ont pu causer les glaciations. L'hypothèses que l'Antarctique Ouest ait pu être déglacée lors des derniers interglaciaires est aussi à rejeter.

Les températures déduites du rapport O 18/O 16 dans les carottes de Vostok varient en phase avec celles déduites du deutérium, mais sans refroidissements de plus en plus marqués lors d'un cycle. Les fluctuations sont les mêmes que celles de l'insolation (hors de l'atmosphère) en juin à 65° lat. Nord, mais avec des déphasages pouvant atteindre 10 000 ans de retard. Les facteurs astronomiques jouent donc un rôle (surtout la période de 41 000 ans), mais il faut tenir compte de la dynamique propre aux calottes glaciaires, à la croissance très lente. L'excentricité de l'orbite terrestre a varié au cours des derniers 5 Ma avec une période moyenne de 100 000 ans, comme le volume des glaces pendant le dernier 1,2 Ma seulement. L'influence de ce facteur astronomique sur l'insolation est très faible et d'autres mécanismes jouant à cette échelle de temps sont à trouver. L'interglaciaire actuel dure depuis 10 000 ans (plus que les précédents). Depuis un siècle, la production de CO_2 élève la température moyenne du globe. Il est donc possible qu'il n'y ait plus de grandes glaciations dans l'hémisphère Nord pour des millions d'années, jusqu'à l'extinction probable de l'espèce humaine actuelle.

Durée de la terminaison *(dates avant le Présent, en années)*		Nom ancien de la glaciation		
Maxi. glaciaire	*Interglaciaire subséquent*	*Amér. du Nord*	*Europe du Nord*	*Alpes*
18 000	0 – 10 000	Wisconsin	Vistule (Weichsel)	Wurm
120 000	129 000	Illinois	Warthe	Riss II
235 000	250 000	Kansas	Saale	Riss I
328 000	340 000	Nebraska	Elster	Mindel
	415 000			

OCÉANOGRAPHIE

DONNÉES GÉNÉRALES

■ **Eaux. Masse :** totale 1,3 × 10¹⁸ t, soit 0,022 % de celle de la Terre. **Volume** (en millions de km³) : Pacifique 707,1, Atlantique 330,1, Indien 284,6, Arctique 16,7, total 1 338,5 (93,9 % de l'hydrosphère, c'est-à-dire de toutes les eaux du globe).

Limites. Atlantique et **océan Indien** sont délimités par le méridien du *cap des Aiguilles* (20° longitude Est), **Atlantique** et **Pacifique** par une ligne allant du cap Horn à l'île George (Antarctique). **Océans Indien** et **Pacifique** par le méridien du cap Sud de la Tasmanie (Australie, 146°55′ longitude Est). **Océan Austral :** parties sud des 3 océans : Indien, Atlantique et Pacifique en bordure du continent Antarctique ; ses limites sont définies d'après la température des eaux superficielles ; au sud de la zone de convergence subtropicale située entre 35° et 40° de latitude Sud dans chaque océan, les eaux ne dépassent jamais 10 °C. Ce sont ces eaux froides qui constituent l'océan Austral (superficie autour de 75 millions de km²).

■ **Profondeur des mers et océans** (en m). **Moyenne** 3 800. **Maximale** 11 035. **Pacifique** 4 267 *(Est :* Mariannes [1] 11 035, Tonga[1] 10 882, Kouriles-Kamtchatka [2] 10 542,

ÉNIGMES

« Hoquets de la mer ». De nombreux marins ont signalé, depuis le XVIIe s., que mers et océans peuvent être agités par des explosions (détonations sourdes, émission de brumes, formation de dômes d'eau). *Lieux de ces observations :* côtes de la Belgique (où le phénomène est nommé « mistpouf »), golfe du Bengale, golfe de Gascogne, côtes atlantiques des USA. *Hypothèse :* 1976, les *bangs* du Concorde auraient des répercussions sur les masses d'eaux océaniques. Hypothèse rejetée aujourd'hui.

« Triangle des Bermudes ». Dans l'océan Atlantique, entre Porto Rico, les Bermudes et les Bahamas, de nombreuses disparitions d'avions et de navires ont eu lieu. Charles Berlitz en cite 33, et leur attribue une origine mystérieuse, peut-être même extraterrestre. *Raisons possibles :* des anomalies magnétiques (par exemple, en 1945, 5 avions Avenger furent pris dans un orage tropical. Une perturbation magnétique troubla les compas et les émissions de radio. Les aviateurs, perdus, cherchèrent en vain la côte avant de tomber un à un dans la mer, à court d'essence). Un navigateur peut être déporté loin de sa route. Gulf Stream : rapide et agité, il peut effacer toute trace de naufrage. Temps imprévisible des Caraïbes. Variété des fonds marins provoquant de violents courants changeants. Navires de plaisance : occupants inexpérimentés. Les Compagnies d'assurances aériennes et maritimes n'ont pas constaté un nombre de pertes anormal.

Vaisseaux fantômes. La plupart, tel celui du *Hollandais volant* (qui apparaît, dit-on, par mauvais temps dans les parages du cap de Bonne-Espérance), relèvent de la légende, mais des navires abandonnés peuvent parcourir les océans, au gré des courants, parfois pendant des années. Le plus fameux : le brick *Marie-Céleste,* trouvé en 1872 entre Gibraltar et les Açores, avait, semble-t-il, été construit de toutes pièces par un marin désireux de toucher une prime de sauvetage.

Philippines [3] 10 497, Kermadec [4] 10 047, Bonin [5] 9 810, Bougainville [6] 9 140, Yap [4] 8 527, Japon [7] 8 412, Palau [8] 8 133, Nlles-Hébrides 7 570, Ryu-Kyu 7 507. *Ouest :* Pérou-Chili [9] 8 064, Guatemala 6 662, Californie [10] 6 225, îles Aléoutiennes 7 822) ; **Atlantique** 3 602 (Porto Rico [11] 9 218, Sandwich du Sud [12] 8 264, Romanche [13] 7 728, Caraïbes 7 680, Cap-Vert 7 292, Nares 6 328) ; **Indien** 3 736 (la Sonde-Java [14] 7 450, Madagascar Est 6 400, Mascareignes 5 349) ; **Méditerranée** 1 438 (sud du cap Matapan 5 121, sud-est de la Sicile 4 115, Tyrrhénienne 3 785, Baléares 3 420) ; **Austral** 6 972 ; **Arctique** 5 520 [15] ; **mer Rouge** 3 039 [15] ; **mer Noire** 2 245 [15] ; **Adriatique** 1 260 [15] ; **mer de Marmara** 1 273 [15] ; **Baltique** 470 [15] ; **mer du Nord** 725 [15] (maximum dans le Skagerrak) ; **Manche** (fosse centrale) 172 [15] ; **golfe Persique** 110 [15] ; **pas de Calais** 64 [15] ; **mer d'Azov** 13 [15].

Nota. – (Sondage : navire, pays, date.) (1) *Vitjaz,* URSS, 1957. (2) *Vitjaz,* URSS, 1954. (3) *Cape Johnson,* USA, 1945. (4) *Vitjaz,* URSS, 1958. (5) *Vitjaz,* URSS, 1955. (6) *Planet,* Allemagne, 1910. (7) *S.F. Baird,* USA, 1953. (8) *Stephan,* Allemagne, 1905. (9) *S.F. Baird,* USA, 1957. (10) *Chelan,* USA, 1956. (11) *Vema,* USA, 1956. (12) *Meteor,* Allemagne, 1926. (13) *Albatross,* Suède, 1948. (14) *Planet,* Allemagne, 1906. (15) Profondeur maximale.

■ **Superficie** (en millions de km²). **Totale** 361,3 (soit 70,8 % du globe).

Océan Arctique (14,8) : bassin Arctique 11,99 ; mer de Baffin 0,53 ; de Barents 1,40 ; de Beaufort 0,47 ; Blanche 0,09 ; détroits canadiens 1,42 ; mer de Davis 1,07 ; du Groenland 1,20 ; de Kara 0,88 ; des Laptev 0,65 ; de Norvège 1,38 ; de Sibérie orientale 0,90 ; des Tchouktches 0,58.

Océan Atlantique (91,6) : mer Adriatique 0,13 ; d'Azov 0,03 ; Baltique 0,42 ; des Caraïbes 2,75 ; Celtique ; Scotia (ou Antilles du Sud) 1,83 ; d'Écosse (mers intérieures) ; Égée 0,18 ; baie de Fundy ; golfe du Mexique 1,54 ; de Gascogne 0,19 ; du St-Laurent 0,23 ; de Guinée 1,53 ; baie d'Hudson 1,23 ; mer d'Irlande 0,10 ; Ionienne 0,25 ; du Labrador ; golfe du Lion 0,14 ; Manche 0,07 ; Méditerranée avec la mer Noire 2,92, sans mer Noire 2,50 (Mer occidentale 0,82 ; orientale 1,68) [dans 10 à 15 millions d'années elle deviendra un chapelet de mers mortes, dont l'eau s'évaporera assez rapidement] ; golfe du Mexique 1,54 ; mer du Nord 0,57 ; Noire 0,42 ; Tyrrhénienne 0,25 ; de Weddell 3,03.

Océan Indien (76,2) : mer d'Arafura 1,04 : Grande Baie australienne 1,33 ; golfe du Bengale 2,172 (le plus grand golfe) ; canal de Mozambique 1,22 ; mer d'Oman ou d'Arabie 4,8 ; golfe Persique 0,23 ; mer Rouge 0,43 ; mer d'Andaman 0,56.

Océan Pacifique (178,7) : golfe d'Alaska 1,32 ; mers australasiennes 6,69 ; mer de Béring 2,30 ; golfe de Californie 0,15 ; mer de Chine méridionale 3,54, orientale 0,75 ; de Corail 4,07 ; du Japon 0,97 ; Jaune 0,41 ; d'Okhotsk 1,6 ; de Ross (Antarctique) 0,54 ; de Malaisie 8,142 ; des Philippines 5,72 ; de Tasman 3,33.

☞ **Plus grande mer intérieure :** *Caspienne* (voir **Lacs** p. 92 b).

■ **Surface. Moyenne :** en éliminant marées et houle, n'est pas exactement la surface horizontale du géoïde (causes : différences de température et de salinité, courants marins). Les écarts (quelques dm) sont mesurés avec le satellite Topex-Poséidon pour en déduire ces courants.

■ **La mer des Sargasses** (dans l'Atlantique, au large des côtes américaines : 6 000 000 de km² environ) correspond à une zone de calme au centre des courants de l'Atlantique Nord (Gulf Stream, courant des Canaries). Son nom vient d'algues qui y flottent (environ 10 espèces : 2 pélagiques, 8 arrachées par les ouragans aux côtes de Floride, du Mexique, du Honduras, de la Jamaïque). *Température en surface :* 20 à 28 °C ; *en profondeur :* 18 °C à 200 m, 17 °C à 400 m.

■ **Expédition du *Challenger*** [navire britannique commandé par sir C. Wyville Thomson (naturaliste écossais)] **du 7-12-1872 au 24-5-1876.** Parcourt 127 800 km en 41 mois (1 290 jours d'absence dont 727 de mer), ébauche une carte bathymétrique générale des océans, précise la position d'îles, le tracé des côtes, la profondeur des fosses (maximum 8 183 m dans la fosse des Mariannes), révèle les grandes lignes de la circulation océanique et le mouvement des courants de surface comme la structure des grands fonds, remonte des profondeurs plus de 10 000 espèces, dont un grand nombre inconnues. Le rapport (50 volumes) parut en 1895. L'expédition ruine la théorie de T. H. Huxley et Ernst Haeckel qui soutenaient qu'une grande partie du sol océanique était recouverte d'une fine couche de limon vivant, quasi dénué de structure, qu'ils dénommaient *Bathybius* (protoplasme primordial). Forme de vie primitive d'où avaient découlé toutes les autres. Le *Challenger* découvrit qu'il s'agissait d'un précipité se formant lorsque les spécimens animaux se trouvaient dans un milieu propice à la conservation des cadavres.

■ **Autres expéditions. De 1874 à 1876 :** *Gazelle* (bateau allemand) fait le tour du monde. **De 1877 à 1880 :** *Blake* (amér.) sous la direction d'Alexandre Agassiz (Suisse). **De 1886 à 1889 :** *Vitiaz* (navire russe). **De 1890 à 1898 :** *Pola* (autrichien) en mer Rouge et en Méditerranée. **Début XXe s. :** croisières du Pce Albert Ier de Monaco sur l'*Hirondelle, Princesse Alice I* et *II,* et l'*Hirondelle II ;* le Pce Albert créa le Musée océanographique de Monaco (1910) et l'Institut océanographique de Paris (1911).

☞ Selon certains, le niveau des mers s'élève de 1,5 à 4,1 mm par an en raison d'une hausse de température globale depuis 1991. La quantité d'eau arrivant dans les océans dépasse celle des retenues. **Causes :** *réchauffement climatique,* entraînant une dilatation de la masse océane et la fonte des glaciers ; *exploitation des réserves d'eau :* pompage excessif des nappes phréatiques et des lacs pour l'irrigation, déplacement par évaporation des réservoirs souterrains vers les océans ; *déforestation :* celle des régions tropicales, en libérant l'eau stockée dans la végétation, serait responsable d'une hausse de 3 mm du niveau des mers (1 m² de forêt vierge retenant 25 l d'eau).

COURANTS MARINS

■ **Circulation océanique superficielle.** Les eaux superficielles des océans entre 0 et – 200 m sont mises en mouvement par les vents, puis leur direction est influencée par la rotation de la Terre. Ainsi se forment plusieurs tourbillons dans chaque océan.

Aux latitudes tropicales. Dans le Pacifique et l'Atlantique, les **alizés** engendrent sur la façade orientale des océans des courants assez frais qui longent les continents en direction de l'équateur [*courant de Californie :* 1 km/h, 11 millions de m³/s, 2 500 km de longueur ; *courant de Humboldt* (Pérou) : 1 km/h, 18 millions de m³/s, 3 000 km de longueur ; *courant des Canaries :* 1,5 km/h, 16 millions de m³/s, 1 500 km de longueur ; *courant de Benguela* (Angola) : 1 km/h, 16 millions de m³/s, 2 000 km de longueur]. En se dirigeant ensuite vers le large, ils donnent naissance aux **courants transocéaniques équatoriaux** (nord et sud) qui portent vers l'ouest entre 0 et 15° de latitude. Entre ces courants équatoriaux, le retour des eaux vers l'est est assuré en partie par les **contre-courants équatoriaux** de surface et de sous-surface, ces derniers ayant été découverts assez récemment (*contre-courant de Cromwell* dans le Pacifique, 1951, *du Lomonossov* dans l'Atlantique, 1961, et *de Tareev* dans l'océan Indien, 1960).

La majeure partie des eaux transportées par les courants équatoriaux vers l'ouest longent ensuite les façades des continents vers le nord et le sud puis, sous l'influence des vents d'ouest prédominants aux latitudes tempérées et de la rotation de la Terre, se transforment en grandes dérives transocéaniques en direction de l'est (*Gulf Stream* prolongé par la dérive nord-atlantique, 7 000 km de longueur, 70 millions de m³/s, *Kuro-Shivo* et dérive nord-pacifique, 9 000 km, 50 millions de m³/s, par exemple).

Dans l'hémisphère Sud (austral). Les dérives se confondent avec le *grand courant circumpolaire antarctique* qui fait le tour du globe, puisqu'il n'est pas interrompu par les continents, de l'ouest vers l'est aux latitudes tempérées et qui est **le plus puissant courant du monde** (130 millions de m³/s, longueur 24 000 km, largeur de 200 à 1 000 km, vitesse 0,75 km/h). Il est né de la rencontre de l'eau antarctique avec l'eau plus chaude des océans Atlantique et Pacifique. Les glaces dérivantes empruntent en Antarctique les courants de Weddell et circumpolaires. Le *courant de Somalie* est **le plus violent du monde** (12,8 km/h).

Aux latitudes élevées de l'hémisphère Nord. La façade occidentale des océans est refroidie par la descente d'eaux froides venues du nord (*courant du Groenland oriental* et *du Labrador, courant du Kamtchatka* et *Oya Shivo*), tandis que les façades orientales sont attiédies par les prolongements des dérives transocéaniques d'origine tropicale (Europe occidentale).

Par suite de la rotation de la Terre, les eaux en mouvement sont soumises à la *force de Coriolis,* dirigée vers la droite par rapport au mouvement dans l'hémisphère Nord (gauche dans l'hémisphère Sud). Si un courant longe la côte ouest d'un continent en se dirigeant vers l'équateur, les eaux superficielles sont poussées vers le large. Des eaux profondes, plus froides et donc plus poissonneuses, montent en surface (phénomène de l'*upwelling,* observé au nord du Chili, Pérou, Californie, Namibie, Mauritanie et Maroc). Ces eaux froides ne pouvant distiller sur la côte, celle-ci est aride, voire désertique. Ce phénomène cesse brusquement à une certaine basse latitude, variable selon la saison et l'année (phénomène du Niño, voir p. 111 b).

Dans l'océan Indien. *Partie Sud (australe) :* vaste tourbillon en sens inverse des aiguilles d'une montre, qui donne sur les côtes d'Afrique le *courant des Aiguilles* (2 500 km de longueur, 65 millions de m³/s, 2,5 à 3 km/h). *Partie Nord (boréale) :* sous l'influence de la mousson, les courants tendent à changer de direction saisonnièrement comme les vents. Récemment a été individualisé un *contre-courant équatorial de sous-surface,* appelé *courant de Tareev,* sans doute moins permanent que ceux des autres océans.

■ **Circulation profonde.** En général beaucoup plus lente et provoquée par des différences de densité entre les masses d'eau, car, sauf quelques exceptions, les courants de surface ne font guère sentir leurs effets au-dessous de 500 m. En profondeur, les mouvements de l'eau sont dus à la plongée des eaux les plus denses donc les plus froides, issues de l'Antarctique pour les 3 océans, mais aussi de la mer Arctique, après débordement par-dessus le seuil Groenland-Écosse pour l'Atlantique ; elles ont une circulation à dominante méridienne. Ainsi, dans l'Atlantique, un courant profond, appelé *DWBC (Deep Western Boundary Current),* longe la côte américaine en direction du sud, entre 60° Nord et 45° Sud.

■ **Vitesse. Courants permanents :** *Gulf Stream* 1,2 à 2,7 m/s (voir p. 108 b) ; *courants équatoriaux* de 0,2 à 0,3 m/s. **Courants de marée** (se renversant avec la marée, toutes les 6 heures, en Europe) : sur les côtes de Bretagne 0,5 à 3 m/s ; dans le *raz Blanchard,* au large de la pointe de la Hague (Cotentin), 5 m/s ; *maximum :* fjord de *Bodo* (Norvège), 7,8 m/s ; rapides *Na-Kwato* (détroit de Slingsby, Colombie-Britannique), 8,22 m/s (29,6 km/h).

☞ Janvier 1992 : un cargo japonais perd, au large de Hong Kong, un conteneur de 28 880 jouets en plastique, dont 7 220 canards. Beaucoup s'échouèrent en Alaska et dans le détroit de Béring, 2 ans plus tard. 61 000 chaussures Nike avaient déjà été perdues dans des circonstances similaires.

EAU DE MER

■ **Composition. Sel :** moyenne (d'après Defant, 1961) par kg d'eau de mer : 35 g dont chlorure de sodium 27,213, de magnésium 3,807 ; sulfate de magnésium 1,658, de calcium 1,260, de potassium 0,863 ; carbonate de calcium 0,123 ; bromure de magnésium 0,076. MAXIMALE : *mer Rouge :* 44 g/l (dans des poches chaudes en profondeur 300 g/l) ; *mer Morte* (lac salé) : 275 g/l. MINIMALE : *mer Baltique* (reçoit les eaux douces de nombreux fleuves, dans une région tempérée assez froide, donc à faible évaporation) : 2 g/l au fond des golfes.

☞ A l'origine, l'eau de mer était douce, mais les eaux de ruissellement légèrement chargées de sels minéraux contenus à la surface de la Terre les ont déversés dans les océans en formation.

Quelques projets. Villes sur l'eau (souvent flottantes) : *extension des ports sur l'eau :* Rio de Janeiro, Tokyo, Monaco, La Haye, USA (projet Novanoah : ville de 100 km de circonférence, fondation à 100 m de profondeur) ; *exploitations pétrolières, minières, chimiques en haute mer :* Sea City (G.-B., mer du Nord, 25 000 personnes, extensions prévues 200 000 personnes) ; Triton City (USA, plusieurs dizaines de milliers de personnes) ; Tetra City (USA, 1 million de personnes ; pyramide haute de 3 000 m) ; Marine City (Japon, plusieurs millions de personnes, 60 km²).

Autres composants [d'après Kalle (1945)] **en mg par m³ :** fluor 1 400, silice 1 000, azote 1 000, rubidium 200, aluminium 120, lithium 70, iode 61, phosphore 60, baryum 54, fer 50, arsenic 15, cuivre 5, manganèse 5, zinc 5, sélénium 4, uranium 2, césium 2, molybdène 0,7, thorium 0,4, vanadium 0,3, yttrium 0,3, lanthane 0,3, argent 0,3, nickel 0,1, scandium 0,04, mercure 0,03, or 0,004, radium 0,000 000 1.

Matières organiques : produits d'assimilation des organismes vivants, de décomposition des organismes morts. L'ensemble représente une quantité de 3 à 10 fois plus importante que celle des organismes vivant dans la mer.

■ **Couleur.** La mer reflète en partie la couleur du ciel, mais des particules en suspension peuvent la teinter. Des algues microscopiques colorent la mer Rouge ; des micro-organismes donnent à l'Atlantique sa couleur verte, de la terre apportée par les fleuves chinois colore la mer Jaune. Vers 30 m de profondeur, seules les radiations bleues subsistent.

■ **Densité.** Dépend de la salinité et de la température : l'eau salée atteignant son maximum de densité à – 2 °C, les eaux froides sont plus lourdes que les chaudes et tendent à s'enfoncer. Les eaux de salinité, température et densité différentes se mélangent peu : elles glissent par masses les unes sous les autres (voir **Courants marins,** col. b).

■ **Pression. A la surface des eaux :** *pression moyenne de l'atmosphère :* 1,033 kg par cm² ou 1 013 millibars (hectopascals). **En profondeur :** la pression de l'eau s'ajoute à la pression atmosphérique à raison de 1 kg/cm² tous les 10 mètres (poids de la colonne d'eau) près de la surface, davantage en profondeur. En raison de cette pression, à 10 000 m, 1 litre d'eau comprimée pèse 50 g de plus que 1 litre en surface. Si l'eau de mer était parfaitement incompressible, le niveau des océans serait relevé d'environ 30 m.

■ **Température en surface** (en °C). Entre 30 sous les tropiques et 0 sous les latitudes élevées. **Golfe Persique :** août 35,6 en eau peu profonde. **Mer Rouge :** août 31 (avec, au fond, des « poches » d'eau à 56). **Atlantique :** *golfe du Mexique :* 31 ; *moyenne sur le trajet Le Havre-New York :*

TEMPÉRATURE DES OCÉANS (en °C)

Profondeur	60° de latitude Nord		Équateur			60° de latitude Sud		
	Atlantique	Pacifique	Atlant.	Pacif.	Indien	Atlant.	Pacif.	Indien
Surface	7	4	27	27	27	– 0,3	1	0,8
100 m	10	3	21	25	23	– 0,1	1,9	0,6
500 m	8	3,5	7	8	12	2,5	1,7	1,2
1 000 m	6	3	4	4,5	6	0,9	2	1,5
3 000 m	2	2	2,8	1,7	3	0,3	0,1	0,1

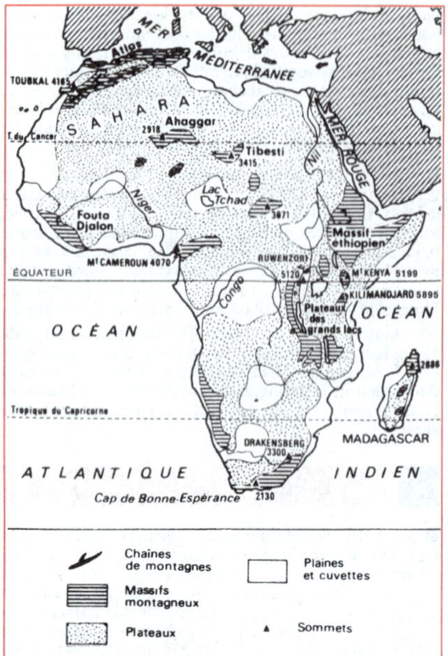

AFRIQUE PHYSIQUE

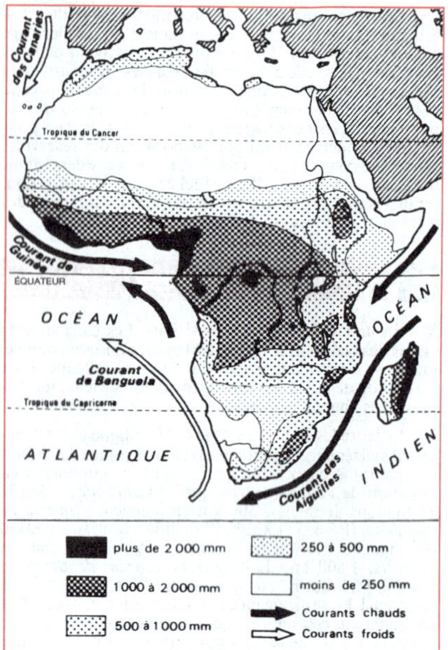

PLUVIOMÉTRIE

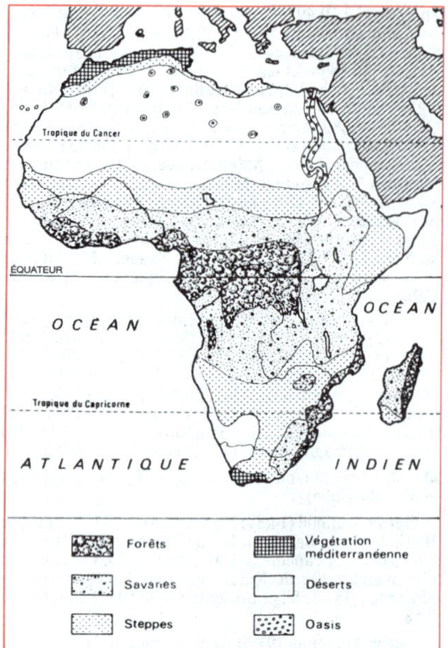

ZONES DE VÉGÉTATION

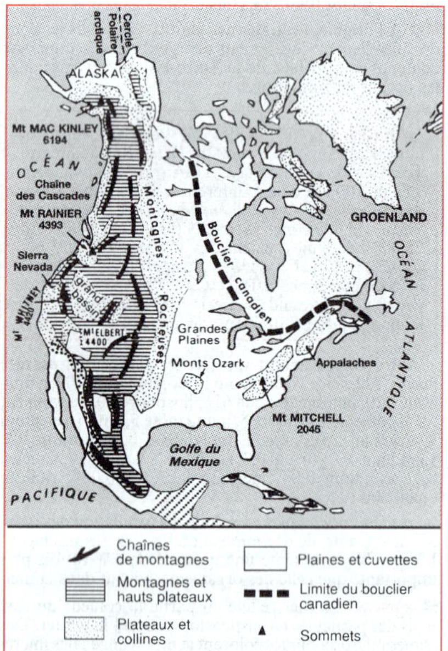

AMÉRIQUE DU NORD PHYSIQUE

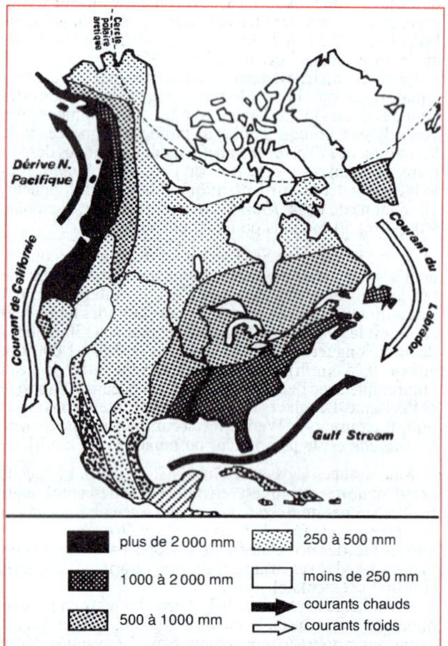

PLUVIOMÉTRIE

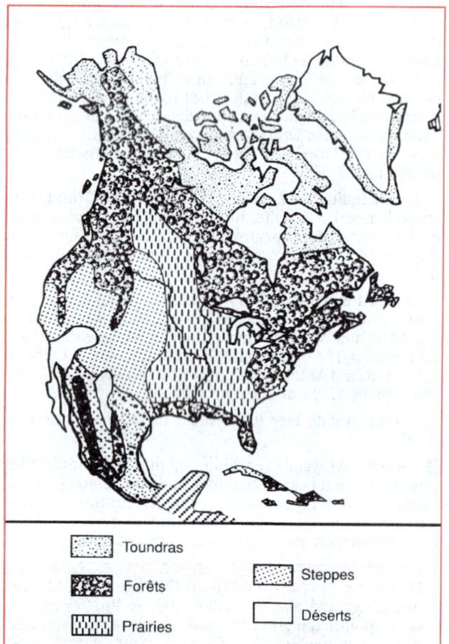

ZONES DE VÉGÉTATION

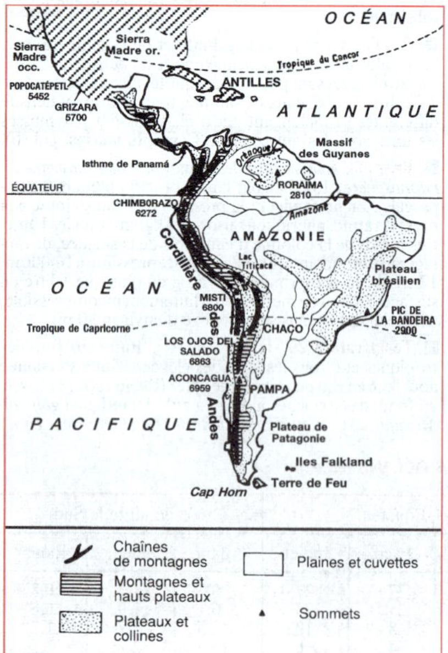

AMÉRIQUE LATINE PHYSIQUE

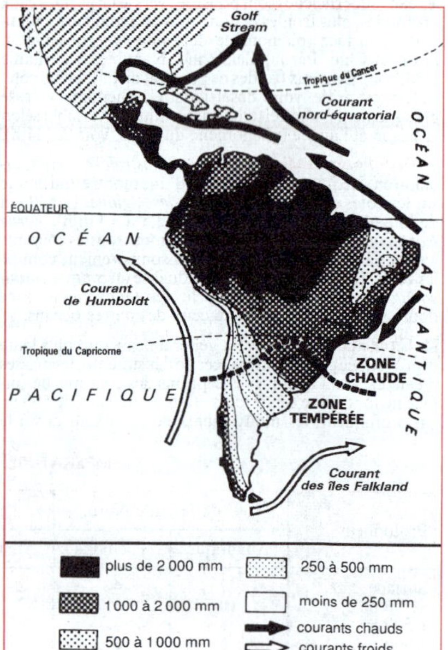

PLUVIOMÉTRIE

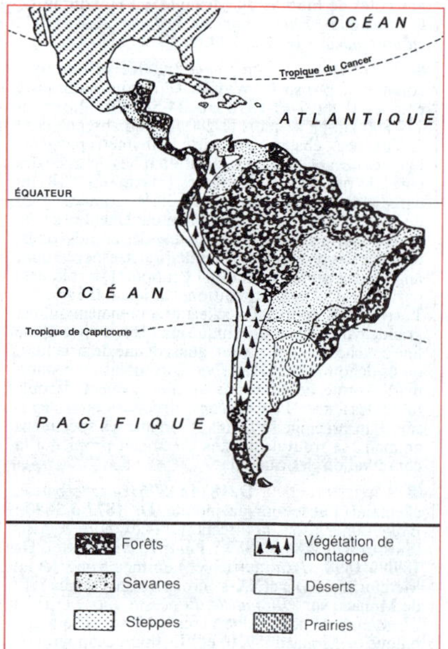

ZONES DE VÉGÉTATION

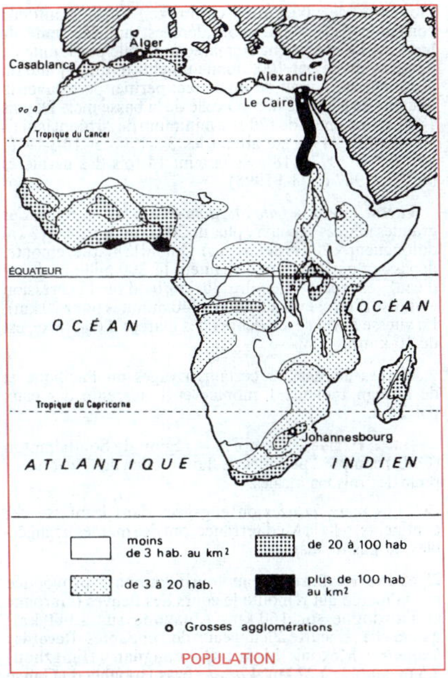

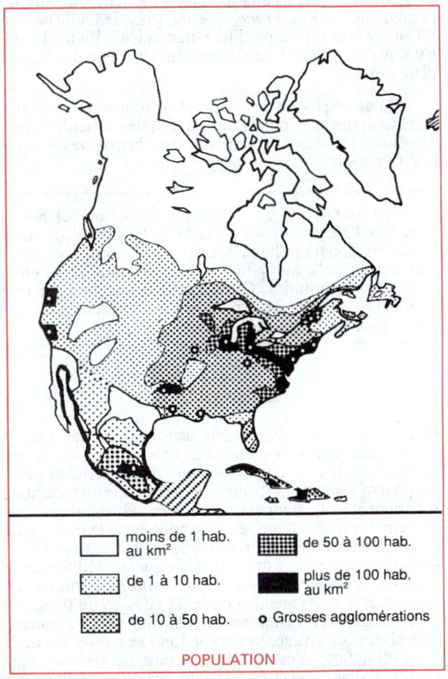

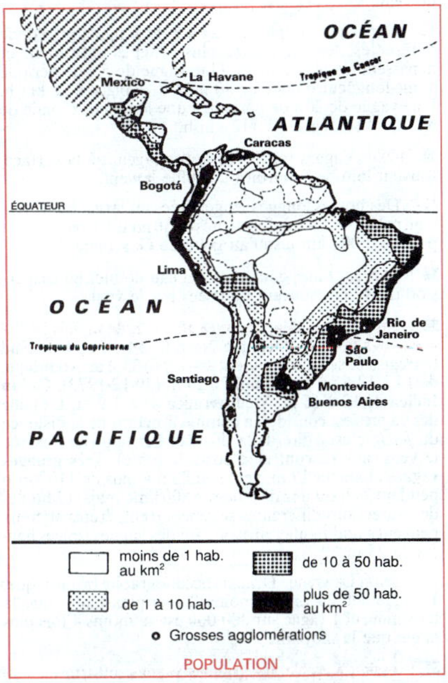

16 l'été, 10 l'hiver. **Méditerranée** au-dessous de 350 m : 13 ; en surface : *golfe du Lion :* février 12 ; mai 15 à 15,50 ; août 21 ; novembre 15. *Baléares :* février 13 ; mai 17 ; août 25 ; novembre 18. *Côte algéro-marocaine :* février 15 ; mai 17,5 ; août 24,9 ; novembre 18 à 19 ; moyenne annuelle 17,6. *Détroit de Gibraltar :* février 14,7 ; août 23. *Adriatique Nord :* février 9 ; mai 10 ; août 23 ; novembre 18 ; *Sud :* février 14 ; mai 15 ; août 25 ; novembre 21,5. *Méditerranée orientale :* février 12 ; août 22. *Mer de Marmara :* février 8 ; août 24 ; record hiver 4,5. **Mer du Nord** (à Douvres et, entre parenthèses, aux Shetland) : hiver 6,5 (7,5) ; printemps 10 (9) ; été 17 (12,5) ; automne 11 à 12 (8,5). **Mer Blanche :** 0,5 à – 2 l'hiver, 12 à 15 l'été.

■ **Visibilité.** *Limite :* de 40 à 50 m de profondeur. *Pénétration des rayons solaires* (variable selon les éléments du spectre) : jusqu'à plusieurs centaines de m.

FONDS MARINS

■ PLATES-FORMES, PENTES CONTINENTALES, CUVETTES ET FOSSÉS

■ **Plate-forme continentale** (7,6 % de la surface des océans et des mers). Borde les continents jusqu'à une profondeur voisine de 200 m. *Elle est large quand elle prolonge les plaines* [par exemple, la plate-forme continentale réunissant la G.-B. et l'Irlande au continent européen, qui se compose de 3 grands bassins fluviaux submergés : *Rhin* (recevant sur sa rive gauche la Tamise, grossie de la Somme), *Seine* (affluents rive gauche : Rance, Elorn ; rive droite : Avon), *Severn*].

■ **Pente continentale** (15 % des océans). Entre 200 et 3 000 m environ de profondeur. Escarpement souvent raide qui relie les plates-formes aux grands fonds. Parfois entaillée par des canyons sous-marins aux flancs abrupts (Gouf de Capbreton dans le golfe de Gascogne, trou sans fond au large d'Abidjan). On connaît environ 200 canyons sous-marins. A leur pied s'accumulent, en de gigantesques cônes sous-marins formant un glacis sédimentaire, tous les matériaux issus de l'érosion des continents.

■ **Cuvettes océaniques.** Grands fonds (– 3 000 à – 6 000 m) recouvrant 77 % de la surface totale des océans en englobant les hauteurs qui les accidentent. Chaque océan se compose de plusieurs bassins profonds dont le relief est fait de plaines, de collines et parfois de cônes volcaniques.

■ **Dorsales océaniques.** Elles forment dans l'océan mondial un système montagneux continu de 75 000 à 80 000 km de long sur plusieurs centaines de km de large, qui se dresse parfois à plus de 3 000 m au-dessus des fonds voisins, portant des îles comme les Açores et l'Islande. Formées de nombreux gradins parallèles, limités par des failles normales et donc témoignant d'une extension perpendiculairement à l'axe de la dorsale. Il y a dans l'axe 1 ou 2 fossés de type *rift,* où des dykes intrusifs et des cônes volcaniques créent de la croûte océanique.

☞ **Site hydrothermal :** champ volcanique situé sur une dorsale océanique et formé de sources produisant des fumées issues d'interactions entre l'eau de mer et les roches mantelliques (+ de 1 000° C). *Sites observés : en 1977 :* Galapagos. *1994 :* nord de l'équateur [1] (site Logachev) ; Açores [1] (site Menez Gwen à 840 m), fumées blanches (pauvres en métaux). *1997 :* Açores [1] (site Rainbow à 2 500 m), fumées noires (sulfures métalliques).

Nota. – (1) Dorsale médio-atlantique.

☞ **Chaîne de Hollister :** découverte en 1996 par l'Ifremer et le CEA. Chaîne de volcans sous-marins proches de la surface (longueur 400 km, largeur 20 km, hauteur 3 000/3 600 m) à 4 000 km au sud de la Polynésie, près de l'Antarctique. Produit des sons émis par des colonnes de bulles nées de la vaporisation de l'eau au contact de la lave.

■ **Fosses océaniques.** 23 dépassent 7 000 m (Pacifique 19, Atlantique 3, Indien 1). Allongées, profondes pouvant atteindre 11 035 m (Mariannes), 10 497 (Philippines), larges de 40 à 120 km, longues de 500 à 4 000 km, elles longent le bord d'un continent ou d'un arc insulaire et occupent environ 5 % de la superficie des océans.

■ **Nappes de saumure.** Méditerranée orientale (Atalante, Discovery et Urania ; 3 300 m de profondeur), golfe du Mexique et mer Rouge.

■ **Sédiments marins.** Formés par l'apport des cours d'eau, ou débris d'êtres vivants. Le Gange apporte à la mer 3 millions de tonnes de sédiments par jour, soit l'équivalent de la Gironde en un an. Selon leur répartition par rapport à la côte on distingue les sédiments *littoraux* (vases, sables, galets), *néritiques* jusqu'à 200 m de profondeur, *bathyaux* de 200 à 3 000 m, *abyssaux* au-delà de 3 000 m. Comme le calcaire se dissout dans l'eau de mer sous une forte pression, les sédiments abyssaux ne renferment plus que de l'argile et des microfossiles siliceux (diatomées, radiolaires).

■ **Monts sous-marins (appelés guyots lorsqu'ils ont un sommet plat).** Environ 10 000 dont certains sont à quelques centaines de mètres de la surface. Habités par des bancs de poissons ils recèlent des « fossiles vivants ».

■ ÉTUDES OCÉANOGRAPHIQUES

■ **Navires océanographiques** (voir à l'Index).

■ **Programmes internationaux.** Campagnes Mésim (MÉditerranée-SIMrad) pour cartographier les fonds marins corses ; PIGB (Programme international géosphère-biosphère), Woce (World Ocean Circulation Experiment), PFO (Programme flux océaniques), Ion (International Ocean Network).

LITTORAL

■ **Niveau marin.** A varié pendant le Quaternaire : s'abaissant pendant les glaciations et montant lorsque les glaciers fondaient. La mer a ainsi envahi récemment les parties basses des continents, et le rivage ne s'est stabilisé dans sa position actuelle qu'au XIIe s. apr. J.-C. On appelle **transgression flandrienne** (pour l'Europe) cette variation récente des niveaux, car c'est dans les plaines flamandes qu'elle a eu ses effets les plus visibles : **1°)** *flandrien inférieur* (15000-8000 av. J.-C.) : réouverture du pas de Calais, entre Manche et mer du Nord ; **2°)** *moyen* (8000-5000 av. J.-C.) : baisse de niveau, transformant la Baltique en lac intérieur (lac à ancyles) ; **3°)** *supérieur* (début de l'ère chrétienne) : émersion de la Flandre, avec brève submersion donnant naissance au Zuiderzee (lac Flevo).

■ **Côtes élevées** (présence de falaises). Correspondent à des *littoraux structuraux :* les roches constituant les masses continentales sont en contact direct avec les mers.

Quand les roches ne sont pas plissées : structure *subtabulaire.* Les roches dures forment des caps avec des falaises ; les roches tendres sont entaillées et forment des baies.

Dans les zones montagneuses où les glaciers quaternaires ont érodé de profondes vallées à profil en U : côtes à fjords (exemples : Scandinavie, Écosse, Andes de Patagonie, Alaska méridional).

Quand les roches sont plissées, et que le plissement est parallèle à la ligne de rivage, la mer s'avance dans les sillons des synclinaux et laisse les crêtes des anticlinaux subsister sous forme d'îles ou de promontoires : côtes très déchiquetées (exemple : le littoral dalmate).

Quand les roches sont d'origine volcanique, structure *volcanique :* falaises dans les coulées de basaltes durs, boues dans les champs de cendres molles (exemple : l'île de Santorin). Sur les socles formés par d'anciens volcans submergés dans les mers chaudes : développement de structures d'origine animale, les *coraux.*

■ **Récifs coralliens. Atolls :** anneaux de corail entourant une étendue d'eau calme et peu profonde, le *lagon.* Structure calcaire reposant sur un ancien volcan basaltique enfoncé avec le plancher océanique. Les coraux ont compensé leur enfoncement par leur croissance. Les *madrépores* vivent en colonies innombrables, soudés les uns aux autres, s'agglutinant aussi aux squelettes (polypiers) de ceux qui sont morts. Avec le temps, les madrépores édifient ainsi d'énormes masses rocheuses parvenant jusqu'au ras des flots, les *récifs.* Les *coraux* vivent dans les mers tropicales et équatoriales à l'écart des embouchures de fleuves, dans des eaux claires et salées à la température de 18 °C au moins (la plus favorable avoisinant 25 °C). Les courants froids qui longent l'Amérique du Sud et l'Afrique du Sud empêchent en général leur développement, même dans les régions tropicales. Les courants chauds leur permettent de vivre au large de l'Amérique du Nord (Bermudes) et au voisinage du Japon. Ils meurent au-dessous de 25 à 30 m de profondeur. Les *récifs* se trouvent donc à proximité des rivages. Seule exception connue : des coraux fossiles dans la mer de Céram (Indonésie) à 1 500 m de profondeur et 27 km de la côte. Des cocotiers prennent pied sur la partie émergée de l'atoll construite par les vagues à l'aide de débris de madrépores, de sables et de galets, altitude maximale 3 m.

Types : *faros,* petits atolls à lagon peu profond, disposés en chaîne et dont l'ensemble forme un grand atoll ou une barrière (les plus célèbres sont aux îles Maldives). *Platures récifales,* plus petites et de formes diverses (récifs tabulaires, annulaires, pinacles, petits récifs s'élevant du fond des lagons). Barrières de corail et lagons sont très fréquents autour d'îles volcaniques aux sommets élevés (exemple : Tahiti et autres îles de la Société). Ils sont interrompus par des « passes » lorsque des rivières apportent localement des eaux douces et turbides. La côte du Queensland, en Australie, est protégée par la *Grande Barrière* sur 2 027 km, à environ 100 km au large.

Superficie totale des régions coralliennes : 18 millions de km². *Grandes régions :* **1°)** Atlantique occidental : Floride, Antilles (manquent en face des grands estuaires, en raison de la dessalure et de la turbidité des eaux fluviales) : 20 genres et 80 espèces de corail. **2°)** Indo-pacifique (de la mer Rouge au Pacifique central) : 80 genres et 700 espèces.

Superficie totale d'atolls, lagon compris : Kwajalein (îles Marshall) récif de 283 km² et lagon de 2 850 km² ; **de la terre ferme :** Christmas (île Line) 477 km². **Largeur des cordons coralliens des atolls :** 600 à 1 000 m.

Aber ou **ria :** vallée fluviale envahie par la mer. Phénomène fréquent en raison de la dernière transgression.

Calanques : indentations étroites et profondes à bords escarpés. Beaucoup viennent de la submersion de canyons creusés dans le calcaire.

Estran : frange littorale comprise entre les plus hautes et les plus basses mers. Sa largeur dépend de l'amplitude des marées et de la pente du rivage. Si cette pente est faible et la marée importante, il peut atteindre plusieurs km (12 km au Mont-St-Michel).

Falaise la plus haute : Umilehi Point (île de Molokai, Hawaii) 1 005 m ; *Europe :* îles Féroé (600 m) et île Achill (N.-O. de l'Irlande) 500 m ; *France :* cap Canaille (B.-du-Rh.) 362 m ; nez de Jobourg (Manche) 128 m ; Étretat (Seine-Maritime) 90 m.

■ **Côtes basses.** **Plages** de sables et de galets déposés entre des caps rocheux (exemple : la baie d'Audierne en Bretagne). **Dunes :** sur la côte du golfe de Gascogne forment un alignement de 240 km presque continu de la Gironde à l'Adour. *Dune la plus haute* d'Europe : Le Pilat (Gironde) 105 m ; en Asie centrale ou au Sahara, des dunes intérieures atteignent 500 m.

Cordons littoraux : formés en bordure de plaines basses par les courants littoraux, généralement coupés par des passes temporaires ou permanentes, les *graus.*

Flèches littorales : formées par les courants côtiers. Le *tombolo* est une flèche littorale qui relie une île au continent et la transforme en presqu'île (exemples : à Quiberon et à Giens : tombolo double).

Vasière : à marée basse, dans la partie abritée des estuaires, dans des baies ou sous la protection d'un cordon littoral, la mer construit un paysage de *vasière* et de marais. On appelle *slikke* une vase molle recouverte par les marées, et *schorre* une vase durcie, desséchée et couverte de végétation. *Mangrove :* forêt littorale des pays tropicaux (exemple : golfe de Guinée) poussant dans les vasières.

Estuaire : embouchure de fleuve où se fait sentir l'action de la marée (du latin *aestus,* marée). *Longueur* (en km) : Seine 114, St-Laurent 500, Amazone 1 000. *Estuaires envasés :* la boue charriée par les fleuves crée des terres amphibies que la végétation finit par incorporer au continent. Les falaises de l'ancien littoral subsistent parfois loin de la mer (par exemple, l'embouchure de la Somme, en France). L'Amazone apporte à la mer 1 milliard de tonnes par an d'alluvions fines, le Mississippi 0,73.

Delta : masse d'alluvions s'accumulant à l'embouchure d'un fleuve. Il peut avoir de nombreux bras si les courants marins ne sont pas actifs et se prolonger en *doigts de gant.* Le delta du Mississippi avance ainsi en moyenne de 70 m par an, à certains endroits.

Baïne (du patois landais signifiant « petit bain ») : cavité creusée par la houle qui déplace les sables sur le littoral aquitain (100 m de largeur, 4 à 5 m de profondeur). A l'origine de 95 % des noyades. *Prévention :* le baigneur aspiré par le courant ne doit pas se débattre, mais se laisser flotter comme une planche vers le large où un courant nord-sud le ramènera à 1 km de son point de départ.

■ ÉROSION MARINE

■ **Érosion des falaises.** Due aux vagues qui provoquent la chute de pans entiers et surtout à l'eau pluviale d'infiltration. *Vitesse de recul :* en Picardie, 50 à 220 cm par an ; le phare d'Ailly (Somme), construit à 160 m de la mer en 1775, en était à 4 m seulement quand il fut détruit en 1940. Son emplacement est aujourd'hui submergé.

Valleuses : le recul des falaises peut être si rapide que les petits cours d'eau n'arrivent plus à creuser leur lit assez vite pour se raccorder au niveau de base et demeurent suspendus ; on appelle leurs vallées des *valleuses.*

■ **Érosion des côtes basses.** **France :** variable d'un endroit à l'autre, les évolutions sont toujours réversibles. *Bretagne* (sud de la baie d'Audierne) : recul dans la commune de Tréguennec de 150 m entre 1952 et 1969. *Landes :* de 1 à 3 m/an (plus de 10 à Seignosse). *Méditerranée :* sauf à la pointe de la Gracieuse, à l'embouchure du Grand Rhône, à la pointe de Beauduc et à celle de l'Espiguette, le littoral se replie, en particulier à Faraman et aux Saintes-Maries-de-la-Mer. **Italie :** *Émilie-Romagne* et *golfe de Tarente,* jusqu'à 4 m/an depuis 1950. **Danemark :** *Jutland du Nord.* **Amérique :** du *Mexique* à la *Colombie* et au *Venezuela,* 10 % seulement des plages engraissent ; 10 à 20 % sont stables ; le reste recule. **Afrique :** *Côte d'Ivoire, Angola* et *Nigéria,* entre la frontière avec le Bénin et Lagos, de 4 à 7 m/an ; *delta du Nil,* jusqu'à 30 à 40 m/an depuis la construction du barrage d'Assouan qui le prive de sédiments. **Arctique russe :** recul du littoral de 20 m/an en quelques secteurs des mers des Laptev et de Sibérie orientale.

■ MARÉES

■ **Causes.** Mouvement oscillatoire du niveau de la mer dû aux effets de l'attraction de la Lune et du Soleil sur les particules liquides. Cette attraction varie selon la masse des astres perturbateurs et l'inverse du carré de leur éloignement par rapport à la Terre ; la Lune exerce l'attraction la plus grande ; le Soleil, très éloigné, exerce une attraction 2 à 3 fois moindre, bien que sa masse soit très supérieure, et son diamètre apparent égal. L'attraction de chaque astre tend à former 2 légères protubérances, l'une tournée vers l'astre, l'autre du côté opposé. *Les protubérances causées par l'attraction de la Lune* font le tour de la Terre en un peu plus de 1 jour (en un point donné, l'une succède à l'autre à 12 h 25 min d'intervalle, y causant la marée haute). D'un jour à l'autre la marée a donc 50 minutes de retard en moyenne (30 minutes en vives-eaux ou grande marée, 1 h 15 en mortes-eaux), parce que la Lune se retrouve dans la même position par rapport à la Terre toutes les 24 h 50 min. *Les protubérances causées par le Soleil* mettent 1 jour exactement (elles se succèdent à 12 h d'intervalle).

Unité de hauteur des ports de France (en mètres) et, entre parenthèses, **niveau de mi-marée** (en mètres) : Dunkerque 2,77 (3,3), Calais 3,26 (4,05), Boulogne 4,02 (4,95), Le Tréport 4,3 (5,1), Dieppe 4,25 (4,95), Fécamp 3,73 (4,8), Le Havre 3,69 (4,65), Port-en-Bessin 3,29 (4,2), St-Vaast-La-Hougue 2,99 (3,95), Cherbourg 2,79 (3,75), Diélette 4,49 (5,45), Granville 5,92 (7,2), Saint-Malo 5,67 (6,85), Paimpol 4,98 (6,1), Morlaix (Taureau) 4,09 (5,15), Roscoff 4,03 (5,15), Ouessant 3,1 (3,95), Brest 3,06 (4), Douarnenez 2,88 (3,65), Concarneau 2,21 (2,9), Saint-Nazaire 2,62 (3,4), Les Sables-d'Olonne 2,35 (3,05), La Rochelle 2,64 (3,6), Royan 2,14 (3,1), Cordouan 2,15 (2,95), Arcachon (Eyrac) 1,89 (2,35), Boucau 1,83 (2,5), Socoa 1,97 (2,45).

Grandes marées octobre 2001 à octobre 2002		Jours [3]	Pleines mers		Coefficients	
			matin	soir	matin	soir
Octobre	PL [1] le 2 NL [2] le 16	jeudi 4 mercredi 17	5 h 46 5 h 01	18 h 02 17 h 19	89 110	88 111
Novembre	PL le 1 NL le 15 PL le 30	vendredi 2 jeudi 15 dimanche 2/12	5 h 19 4 h 38 5 h 33	17 h 37 16 h 57 17 h 55	89 101 88	89 101 88
Décembre	NL le 14 PL le 30	samedi 15 mardi 1/1	5 h 00 6 h 05	17 h 21 18 h 30	88 92	88 92
Janvier	NL le 13 PL le 28	lundi 14 jeudi 31	5 h 27 6 h 41	17 h 46 19 h 05	81 105	81 104
Février	NL le 12 PL le 27	mercredi 13 vendredi 1/3	5 h 45 6 h 24	18 h 01 18 h 46	83 115	84 115
Mars	NL le 14 PL le 28	vendredi 15 samedi 30	5 h 51 6 h 03	18 h 04 18 h 23	87 118	87 116
Avril	NL le 12 PL le 27	samedi 13 samedi 27	5 h 22 4 h 57	17 h 35 17 h 18	86 110	87 112
Mai	NL le 12 PL le 26	lundi 13 dimanche 26	5 h 24 4 h 35	17 h 38 16 h 55	84 99	84 99
Juin	NL le 11 PL le 24	mercredi 12 mardi 25	5 h 41 5 h 05	17 h 56 17 h 23	82 86	82 86
Juillet	NL le 10 PL le 24	samedi 13 jeudi 25	6 h 58 5 h 35	19 h 14 17 h 51	89 82	88 82
Août	NL le 8 PL le 22	dimanche 11 samedi 24	6 h 43 5 h 50	18 h 59 18 h 04	102 84	102 84
Septembre	NL le 7 PL le 21	lundi 9 dimanche 22	6 h 22 5 h 22	18 h 39 17 h 36	113 86	111 86
Octobre	NL le 6 PL le 21	lundi 7 mardi 22	5 h 16 5 h 19	17 h 34 17 h 35	114 85	116 84

Nota. – (1) PL : Pleine lune. (2) NL : Nouvelle lune. (3) Heure de pleine mer à Brest. Temps universel + 1 h. *Renseignements : Annuaires des marées* édités par le Service hydrographique et océanographique de la Marine. *Serveur télématique* 3615 SHOM et *internet* http://www.shom.fr.

■ **Marnage (amplitude de la marée).** Différence entre la hauteur de la pleine mer et la hauteur de la basse mer qui la précède ou la suit immédiatement. **Marnages maximaux** (en mètres) : **Atlantique :** baie de Fundy (Canada) 16,7. Granville (France) 14,6. Bristol (G.-B.) 14,5. Puerto Gallegos (Argentine) 12,7. Chausey (France) 11,7. Bréhat (France) 9,9. Ouessant (France) 8,6. Brest (France) 8,3. Bayonne (France) 4,8. **Océan Indien :** Collier Bay (Australie) 12. **Pacifique :** golfe de Selikov (en mer d'Okhotsk) 13,2. Mer de Béring orientale 5 à 8. **Méditerranée :** golfe de Gâbès (Tunisie) 2,6. Tarifa (Espagne) 1,5. Pula (Croatie) 1,4. Toulon (France) 0,5.

■ **Rythme.** **Marées semi-diurnes :** généralement, et en particulier sur les côtes françaises de l'Atlantique et de la Manche, l'élévation des eaux présente chaque jour lunaire 2 maximums (ou *pleines mers :* PM), et 2 minimums (ou *basses mers :* BM). On dit que la marée présente le caractère *semi-diurne.*

a) Dans chaque port, les pleines mers suivent le passage de la Lune au méridien avec un retard de temps à peu près constant appelé *Établissement du port* (E).

b) Tous les 15 jours, au moment de la pleine Lune et de la nouvelle Lune, on a une *syzygie :* la Lune et le Soleil se trouvent sur une même ligne par rapport à la Terre *(conjonction* ou *opposition)* et les hautes eaux causées par l'attraction des 2 astres coïncident : on a une marée de **vive-eau** ou **grande marée.** Au contraire, lors du premier et du dernier quartier, la direction de la Lune par rapport à la Terre est perpendiculaire à celle du Soleil et il y a des périodes de marnage minimal **(morte-eau).**

c) Dans l'année, les **vives-eaux** les plus importantes se produisent généralement au voisinage des équinoxes (en mars et septembre), quand le Soleil vient de franchir l'équateur et que la Terre est proche du Soleil sur l'écliptique.

d) On peut calculer sommairement la hauteur *h* de la pleine mer ou de la basse mer dans un port donné à l'aide de la formule :

$$h = N_m \pm \frac{U \times C}{100}$$

où Nm est le niveau *de mi-marée* en ce port, C un *coefficient* proportionnel à l'amplitude de l'oscillation de la marée considérée (de 20 à 120), U le *demi-marnage* d'une marée moyenne de vive-eau d'équinoxe. Cette grandeur constante dans le port considéré est appelée **unité de hauteur.** Le coefficient de marée multiplié par l'unité de hauteur, divisé par 100, donne un chiffre qui, ajouté ou retranché du niveau de mi-marée, permet de trouver la hauteur de la pleine mer ou celle de la basse mer. Depuis 1800, le maximum de 120 et le minimum de 20 n'ont jamais été atteints. 119 a été atteint les 3-3-1900 et 10-3-1918, en 1993 et 1997. 118 a été atteint 14 fois (les dernières les 27-3-1967 et 28-3-1998).

Vitesse : dans la *baie du Mont-St-Michel,* le reflux des grandes marées découvre plus de 200 km² de sable (12 km de longueur × 20 km de largeur). Quand la marée remonte, dépassant parfois 15 m de hauteur (1 300 millions de m³ d'eau), elle peut atteindre 30 km/h, d'où l'expression « vitesse d'un cheval au galop » (40 minutes pour 20 km). La vitesse normale, en dehors des marées d'équinoxe, est de 10 km/h.

Marées diurnes sur certains rivages du Pacifique et de l'océan Indien : 1 montée et 1 descente des eaux par 24 h.

Autres rythmes. Exemple : la région de Southampton (G.-B.) compte 3 périodes de flux et reflux dans la journée pour des raisons locales.

☞ Les *mers fermées* ou engagées dans la masse des continents, telle la Méditerranée, ont des marées négligeables ou pas de marée.

■ **Mascaret.** Barre d'eau tourbillonnante provoquée par la marée qui remonte le cours des fleuves (Garonne et Dordogne sur 160 km, Amazone sur 1 000 km) quand elle se heurte à leurs eaux descendantes. **Records :** *hauteur :* Mékong 14 m ; Qiantangjian (Hangzhou) 7,5 m, audible à 22 km. *Vitesse :* bras Hooghly du Gange 27 km/h. *Largeur :* canal de Norte, à l'embouchure de l'Amazone, 16 km. *France :* Seine, près de Quillebeuf, à 30 km de la mer (Léopoldine Hugo, fille de Victor Hugo, s'y noya en 1843). L'aménagement de l'estuaire l'a fait disparaître.

☞ **Point amphidromique :** point où le niveau de la mer reste toujours le même, en raison d'ondes se neutralisant, 16 connus (1er découvert en 1839 dans la mer de Flandres par Whewell).

Marées terrestres : l'attraction de la Lune et celle du Soleil s'exercent sur la Terre et lui imposent une déformation périodique. L'amplitude du soulèvement du sol est nulle aux pôles et au maximum de 40 cm aux basses latitudes. On a constaté une très légère influence de cette déformation sur le déclenchement des séismes superficiels.

■ VAGUES

■ **Définition.** Mouvements oscillatoires de l'eau faisant se succéder crêtes et creux. Ne se font plus sentir au-dessous de 100 m de profondeur. Caractérisées par : *longueur d'onde :* distance en mètres entre 2 crêtes (dépasse rarement 300 m) ; *hauteur :* distance en mètres entre crêtes et creux ; *période :* temps en secondes entre le passage de 2 crêtes successives en un point fixe (côte basque 14 s) ; *célérité :* vitesse de propagation en nœuds déduite de la longueur d'onde et de la période ; *cambrure :* rapport de la hauteur à la longueur d'onde. Au-dessus de 0,14, il y a déferlement et formation de *rouleaux* ou de *moutons.* Aux abords du rivage, lorsque le fond se relève, la vague brise ou déferle, c'est la *barre ;* la base est freinée, mais la crête s'abat sur la côte ; le jet de rive est suivi du retrait de l'eau.

☞ Dans un groupe de vagues de longueurs d'onde différentes, les vagues les plus longues rattrapent et dépassent les plus courtes. Une vague de 5 s de période a une longueur d'onde de 40 m et se déplace à 28 km/h. Une vague de 20 s de période a une longueur d'onde de 625 m et se déplace à 112 km/h.

■ **Houle.** Vagues régulières se propageant à la surface, souvent loin de l'endroit où souffle le vent.

☞ Des houles longues, engendrées au large du Groenland par des vents très forts (près de 50 nœuds), parcourent près de 3 000 km jusqu'au golfe de Gascogne.

■ **Embruns.** Fines gouttelettes d'eau de mer en suspension dans l'air, souvent poussées par le vent.

■ **Hauteur maximale, observée au large, de vagues provoquées par le vent.** **Pacifique Nord** (7-2-1933) 34 m, **Sud** (enregistrée scientifiquement 2-4-1956) 23,4 m. **Atlantique** de 14 à 18,5 m, maximum 26,20 m (30-12-1972). **Océan Indien** de 10 à 15 m. **Méditerranée** de 8 à 9 m. La taille des vagues est considérée comme fonction de la distance du *fetch,* c'est-à-dire de la distance sur laquelle s'exerce le vent sans rencontrer d'obstacle (côte). **Très grandes vagues :** hauteur 17 m, vent soufflant à plus de 110 km/h pendant 24 h sur une distance de 800 km ; mais si 2 houles de 2 directions différentes se rencontrent, crêtes et creux peuvent s'additionner provoquant des vagues isolées hautes de 25 m.

☞ Selon Lawrence Draper, océanographe britannique, 1 vague sur 23 est au moins 2 fois plus haute que la moyenne, et 1 vague sur 300 000 est au moins 4 fois plus haute que la moyenne.

■ **Pression possible des grandes vagues.** 60 t/m².

■ Détroits principaux

☞ Pour certains, les plus longs détroits sont ceux de *Malacca* (presqu'île de Malacca/île de Sumatra), 780 km, et de *Macassar* ou *détroit d'Ujungpandang* (mer des Célèbes/mer de la Sonde), 750 km. Le plus large serait celui de *Drake* (Terre de Feu/Shetland du Sud), 880 km, et le moins large celui qui sépare l'île d'*Eubée* du continent grec (40 m à Khalkis).

Détroits larges au minimum de 50 km

Leur partie centrale échappe aux juridictions nationales.

Détroits	Largeur min. en km	Longueur en km	Profondeur min. en m	Profondeur max. en m
Yucatán. Cuba/Mexique (Atlantique)	220	270	44	100
Bass. Australie/Tasmanie (océan Indien)	160	350	90	128
Corée. Corée/Japon (Pacifique)	140	120	170	215
Floride. Cuba/USA (Atlantique)	130	300	110	2 290
Formose. Formose/Chine (océan Indien)	120	350	20	137
Mona. Haïti/Porto Rico (Atlantique)	105	380	64	128
Cabot. Terre-Neuve/Cap Breton (Atlantique)	100	90	66	529
Po Hai. Liaotoung/Chantoung (mer Jaune)	100	110	16	62
Béring. Sibérie/Alaska (Arctique, Pacifique)	92	—	—	58
Torres. Australie/Nlle-Guinée (Indien, Pacifique)	85	400	9	22
Canal d'Otrante. Italie/Albanie (Méditerranée)	70	150	648	1 000
Malacca. Malaisie/Sumatra (golfe du Bengale, mer de Chine)	55	780	13	135
Skagerrak. Norvège/Danemark (mer du Nord)	50	225	53	809
Kattegat. Suède/Danemark	60 à 160	270	30	116

Détroits larges au maximum de 50 km

Avec la règle des 12 milles, leurs eaux se trouvent tout entières sous 1 ou 2 juridictions nationales. Un État pourrait ainsi légalement interrompre des trafics maritimes d'importance vitale en suspendant temporairement le droit de « passage inoffensif ». Mais le droit de « passage en transit sans entrave » dans les détroits servant à la navigation internationale ne peut en aucun cas être suspendu. Toutefois, certains détroits restent soumis à des conventions internationales anciennes (Dardanelles, Sund).

Détroits	Largeur en km		Profondeur en m	
	max.	min.	max.	min.
■ **Afrique.** *Bab el-Mandeb*. Éthiopie/Djibouti/Yémen	36	15	375	11
Gibraltar. Espagne/Maroc	44,5	14	1 092	18
Zanzibar. Tanzanie	44,5	29,5	72	11
■ **Amérique.** *Bouches du Serpent*. Trinité-et-Tobago/Venezuela	48	14,8	51	10
Bouches du Dragon. Trinité-et-Tobago/Venezuela	10,5	10,5	325	14,5
Sainte-Lucie. Martinique (France)/Ste-Lucie (G.-B.)	41,6	32,6	1 510	38
Détroit entre Ste-Lucie et St-Vincent. Ste-Lucie/St-Vincent (G.-B.)	51	40	1 820	103
La Dominique. Martinique (France)/Dominique (G.-B.)	49	40	2 230	570
Détroit entre la Dominique (G.-B.) *et la Guadeloupe* (France)	39,8	13	1 810	40
Magellan [1]. Argentine/Chili (Atlantique-Pacifique)	40	2,7	795	8
Juan de Fuca. Canada/USA	31,5	16,6	234	9
■ **Asie et Australie.** *Chosen*. Corée du Sud/Japon	48	46	264	45
Hai-Nan. Chine	35	18	93	20
Palk. Sri Lanka/Inde (océan Indien)	53	1,6	parsemé d'îles	
Malacca. Indonésie/Malaisie (golfe du Bengale, mer de Chine)	74	37	43	5
Ombai. Indonésie	59	23	plusieurs milliers	
Sonde. Indonésie	57	10	110	30
San Bernadino. Philippines	44	6,5	18,3	54
Surigao. Philippines	48	7	140	32
Ormuz. Iran/Oman (golfe Persique-océan Indien)	92	54	93	45
Canal St-George. Papouasie/Nouvelle-Guinée	74	14	3 000	214
Cook. Nouvelle-Zélande (Pacifique)	85	21	457	40
Foveaux. Nouvelle-Zélande	42	5,5	49	9
Chenal Kaiwi. Hawaii (USA)	43	40	987	100
Singapour. Indonésie/Singapour (golfe du Bengale, mer de Chine)	22	4,6	54	18
■ **Europe.** *Pas de Calais*. France/G.-B. (Manche, mer du Nord)	48	31	51	3
Minorque. Majorque/Minorque (Espagne) [Méditerranée]	48	36	546	69
Messine [2]. Italie (Tyrrhénienne, Ionienne)	16	6,2	263	73
Bonifacio. France/Italie (Méditerranée)	10	5	85	33
Dardanelles. Turquie (mer Égée, Marmara)	8	1,4	97	30
Bosphore [3]. Turquie (mer Noire, Marmara)	3,6	0,76	120	11
Grigo. Grèce	31	19	546	70
Scarpanto. Grèce	48	42	1 591	29
Sund. Suède/Danemark (Baltique, mer du Nord)	29	3,7	25	8

Nota. – (1) Isole du continent l'archipel de « Terre de Feu », sur lequel se trouve le cap Horn. (2) Détroit italien qui reste soumis au régime du « passage inoffensif » car il existe une route commerciale pratique au large de la Sicile. (3) Depuis le 1-7-1994 les gros tankers et bateaux transportant des matières toxiques doivent notifier leur passage et traverser de jour (assistance d'un pilote officiel recommandée). Voir aussi **Turquie** dans le chapitre **États.**

■ Marées de tempêtes

■ **Causes.** Tempêtes et dépressions barométriques conjuguées avec l'époque des marées hautes, ou typhons, tornades locales. Des vents de mousson accompagnés de très fortes pluies ont souvent provoqué des inondations des côtes basses au Bangladesh comme aux Philippines. Les inondations de Venise sont également dues à la concomitance de causes météorologiques.

■ **Principales marées de tempêtes et nombre de morts.** **1424** Pays-Bas : 100 000 †. **1953** (1-2) Pays-Bas : 1 794 †. **1956** (9-7) mer de Crète : 53 †. **1960** (24-5) Japon : 900 †. **1962** (17-2) Allemagne : 281 †. **1970** (13-11) Pakistan : 200 000 †. **1971** (29-9) Inde : 10 000 †. **1972** Philippines : 454 †. **1974** (12-8) Bangladesh : 2 500 †. **1976** (20-5) Philippines : 215 †. **1977** (19-11) Inde : 7 000 à 10 000 †.

Droit de la mer

■ Quelques dates

1958-*29-4* Conventions de Genève sur les droits des États riverains sur le plateau continental et sur les différents espaces maritimes. **1970** l'assemblée générale de l'Onu décide à l'unanimité que les fonds marins situés au-delà des juridictions nationales constituent « le patrimoine commun de l'humanité ». **1971**-*21-12* à la suite d'autres pays, la France étend à 12 milles nautiques (22,22 km) la limite de la mer territoriale. **1973** début de la 3e conférence de l'Onu sur le droit de la mer. **1976**-*16-7* la France institue une zone économique de 200 milles au large de ses côtes (sauf en Méditerranée). **1977**-*1-1* la CEE crée une zone de pêche communautaire de 200 milles nautiques (370,40 km) au large des côtes des pays membres. **1982**-*10-12* fin de la conférence de l'Onu sur le droit de la mer ; 178 pays et organisations invités : 24 absents dont Afrique du Sud, Arabie saoudite, Argentine, Liban, Syrie. 159 pays signent à Montego Bay (Jamaïque) la *Convention des Nations unies sur le droit de la mer,* mais les États industrialisés ne ratifieront la Convention qu'après l'accord de 1994 qui remédie aux 3 défauts majeurs du régime initial des fonds marins prévu par la partie XI de la Convention : non-conformité avec les principes de l'économie de marché, coûts excessifs des institutions, déséquilibre des pouvoirs de décision en faveur des États en développement. **1994**-*28-7* accord relatif à l'application de la partie XI de la Convention adopté par une résolution de l'Assemblée générale de l'Onu après 4 ans de négociation (accord appliqué à titre provisoire). *-29-7* accord, signé par la France, la Communauté européenne et 40 autres États ; règle les questions en suspens sur les grands fonds marins en modifiant le régime de la partie XI, sans mettre en cause le principe du patrimoine commun de l'humanité. En cas d'incompatibilité, les dispositions de l'accord de 1994 l'emportent sur celles de la partie XI de la Convention. L'accord permet d'envisager une participation universelle à la Convention qui entre en vigueur le 16-11-1994 . Elle constitue désormais le texte fondamental applicable en matière de droit de la mer. La France a signé cette convention et l'a ratifiée le 12-3-1996 après autorisation législative du 21-12-1995. Elle est entrée en vigueur à son égard le 11-5-1996. Le Japon l'a ratifiée le 20-7-1996. **1996**-*août* Tribunal international du droit de la mer constitué. **1997** Convention ratifiée par la Russie le 11-4 et le Royaume-Uni 25-7. Le 4-12 : 1re décision du tribunal.

■ Définitions
(extraites de la Convention de 1982)

■ **Eaux intérieures.** Situées en deçà des lignes de base de la mer territoriale (la ligne de base est, le plus souvent, la *laisse de basse mer* le long de la côte, c'est-à-dire la ligne représentant le niveau de la plus basse marée d'équinoxe). L'État côtier exerce sa souveraineté sur ses eaux intérieures, dont l'accès est libre pour les navires de commerce étrangers et généralement soumis à autorisation préalable pour les navires de guerre étrangers.

■ **Mer territoriale.** **Définition :** zone de mer adjacente sur laquelle s'exerce la souveraineté de l'État côtier, au-delà de son territoire et de ses eaux intérieures. **Limite extérieure :** est constituée par la ligne dont chaque point est à une distance du point le plus proche de la ligne de la base, égale à la largeur de la mer territoriale.

La *ligne de base normale* à partir de laquelle est mesurée la largeur de la mer territoriale est la laisse de basse mer. Là où la côte est profondément échancrée, ou s'il existe un chapelet d'îles, des lignes de base droites peuvent se substituer aux lignes de base normales. Autrefois, la *largeur maximale traditionnelle des eaux territoriales* était de 3 milles nautiques (5,55 km, soit à peu près la portée d'un boulet de canon) ; elle a été élargie, depuis, à 12 milles (22,22 km) par la convention de Montego Bay.

Droit de passage : tous les navires étrangers bénéficient du « droit de passage inoffensif », c'est-à-dire de la faculté de naviguer dans la mer territoriale d'un État côtier, soit pour la traverser sans se rendre dans les eaux intérieures, soit pour entrer ou sortir des eaux intérieures. Ces navires doivent toutefois obéir à certaines règles de comportement, notamment les navires de guerre dont l'attitude ne doit pas pouvoir être interprétée comme belliqueuse. Le transit des navires à propulsion nucléaire ou transportant des substances radioactives est également soumis à des procédures spéciales dans la mesure où des accords internationaux en ont prévu à cet effet (article 23 de la Convention).

Détroits internationaux : l'extension généralisée des eaux territoriales à 12 milles supprimant tout espace de mer libre dans 116 détroits (dont les plus importants), la liberté de navigation est sauvegardée par le régime du « passage en transit *sans entrave* » au profit des navires, aéronefs (y compris en vol) et sous-marins (y compris en plongée) qui respectent les conditions relatives à la sécurité du trafic et au caractère non belliqueux du passage. Le transit sans entrave ne peut pas être suspendu. Certains détroits, comme les Dardanelles ou le Sund, ont un régime précisé par des traités internationaux.

Eaux archipélagiques : selon la Convention de 1982 un État archipel doit être entièrement constitué d'îles, le rapport de superficie entre les terres et les eaux archipélagiques devant être compris entre 1/1 et 1/9 (cas des Philippines, îles Fidji, Indonésie et Seychelles). Les États archipels possèdent des eaux archipélagiques situées en deçà des lignes de base archipélagiques à partir desquelles est mesurée la largeur de la mer territoriale. La circulation dans les eaux archipélagiques obéit au principe du passage inoffensif, sauf dans des voies de circulation internationales où s'applique un droit de passage comparable par sa souplesse au transit sans entrave.

☞ **Baies historiques :** certains États côtiers ont fait admettre qu'ils jouissent de droits plus étendus pouvant aller jusqu'au régime des eaux intérieures dans certaines baies historiques (estuaires, baies ou golfes) en raison d'activités anciennes ; exemples : *baie du Río de la Plata* (Argentine et Uruguay), de *Chesapeake* et *de la Delaware* (USA), de *Fundy* (USA et Canada), *golfe de Tadjoura* (Djibouti), de *Cancale* ou de *Granville* (France), *golfe de Tunis* (Tunisie), *canal de Bristol* (G.-B.), divers fjords norvégiens, etc. Les prétentions de la Libye sur le *golfe de Syrte* ne sont pas reconnues.

■ **Zones de compétence spéciale.** **Zone contiguë :** peut s'étendre jusqu'à 24 milles marins (44,44 km) des lignes

■ **Côtes** (en km). *Les plus longues :* ex-URSS 42 777, Indonésie 36 640, Australie 27 948, USA 21 576, Canada 20 605, Philippines 12 958. *Les plus courtes :* Iraq 37, Congo démocratique (ex-Zaïre) 74.

■ **États enclavés.** 40 (dont 9 de l'ex-URSS) n'ont pas d'accès à la mer. **Europe** *14 :* Andorre, Arménie, Autriche, Azerbaïdjan, Biélorussie, Hongrie, Liechtenstein, Luxembourg, St-Marin, Moldavie, Slovaquie, Suisse, Rép. tchèque, Vatican. **Afrique** *14 :* Botswana, Burkina, Burundi, Lesotho, Malawi, Mali, Niger, Ouganda, Rép. centrafricaine, Rwanda, Swaziland, Tchad, Zambie, Zimbabwe. **Amérique du Sud** *2 :* Bolivie, Paraguay. **Asie** *10 :* Afghanistan, Bhoutan, Kazakhstan, Kirghizistan, Laos, Mongolie, Népal, Ouzbékistan, Tadjikistan, Turkménistan.

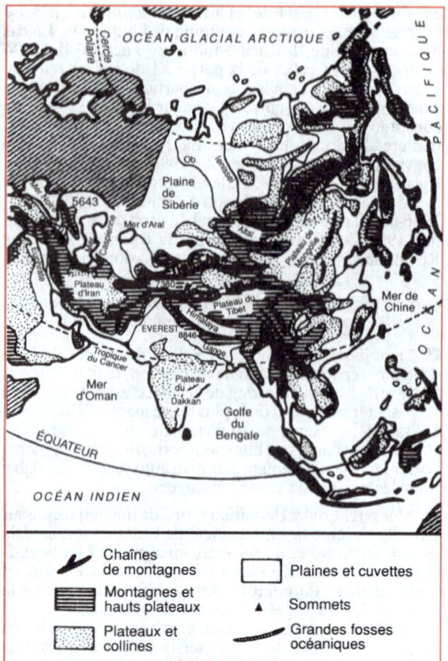

ASIE PHYSIQUE

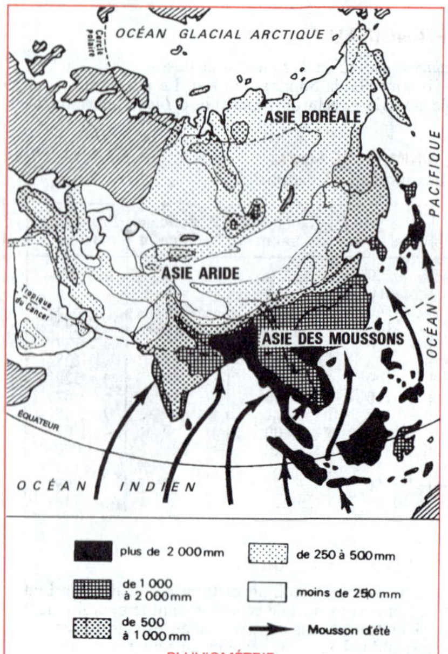

PLUVIOMÉTRIE

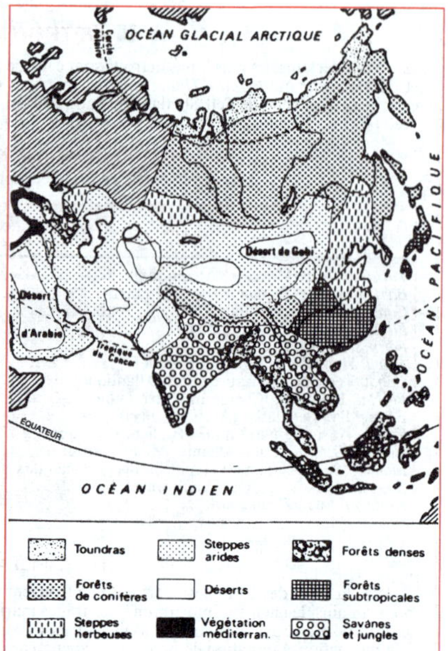

GRANDES RÉGIONS

EUROPE PHYSIQUE

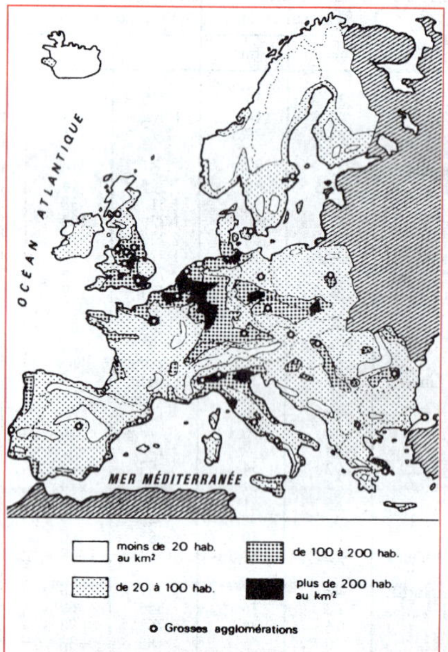

POPULATION

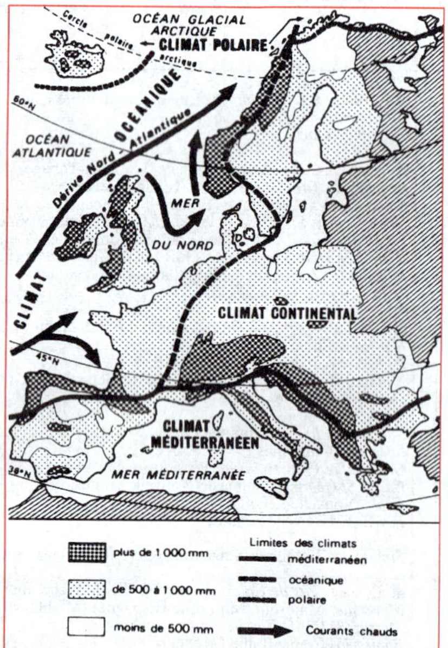

CLIMATOLOGIE

de base. L'État côtier peut y exercer des contrôles douaniers, fiscaux, sanitaires ou d'immigration, et d'une façon générale un droit de « poursuite [1] », pour prévenir ou réprimer les infractions aux règlements en vigueur sur son territoire national ou dans sa mer territoriale. La France a institué une zone contiguë (loi du 31-12-1987) pour la lutte contre le trafic de stupéfiants. **Zone économique exclusive :** jusqu'à 200 milles marins (370 km) des lignes de base ou 350 milles (548 km) si le rebord externe du plateau continental s'étend à plus de 200 milles. L'État côtier y jouit de droits souverains et exclusifs sur les ressources vivantes et minérales des eaux, du sol et du sous-sol, et dispose de droits de juridiction lui permettant de prévenir ou de combattre la pollution de la mer et de réglementer la recherche scientifique. Mais la navigation et le survol pour les navires et aéronefs civils et militaires y sont aussi libres qu'en haute mer.

Nota. – (1) Ce droit de poursuite peut s'exercer jusqu'en haute mer (au-delà des 24 milles de la zone contiguë et même au-delà des 200 milles de la zone économique exclusive) à la condition d'avoir commencé soit dans les eaux intérieures ou archipélagiques, dans la mer territoriale, dans la zone contiguë ou dans la zone économique exclusive, et de n'avoir pas été interrompu depuis. Il s'arrête lorsque le navire entre dans la mer territoriale de l'État de son pavillon ou dans celle d'un autre État qui le poursuit. La France institue en 2001 une zone de protection écologique (ZPE) en Méditerranée jusqu'à 60 milles au large des côtes. Elle y exerce des droits et obligations limités à la protection de l'environnement. *A partir de la zone contiguë,* le droit de poursuite ne peut se motiver que pour une infraction, commise sur le territoire ou dans les eaux intérieures de l'État côtier, contre un des intérêts que cette zone a pour but de protéger (douanes, fisc, règlements sanitaires ou d'immigration) ; *à partir des eaux intérieures, archipélagiques ou territoriales :* on peut poursuivre pour n'importe quelle infraction à la législation de l'État côtier ; *à partir de la zone économique exclusive :* droit à poursuivre pour infraction aux droits souverains exercés par l'État côtier (pêche notamment). Ce « droit de poursuite » est une coutume née de la pratique américaine, durant la période de la prohibition, de poursuivre les navires qui faisaient de la contrebande d'alcool, jusqu'en dehors des eaux territoriales.

■ **Zones économiques les plus grandes** (en milliers de km²). Sont prises en compte pour chaque État les eaux métropolitaines et les eaux adjacentes sur lesquelles ces États exercent des droits souverains hors métropole. USA 11 351. *France 11 035.* Australie 8 232. Nouvelle-Zélande 7 575. G.-B. 6 450. Indonésie 5 410. Ex-URSS 4 492. Brésil 4 074. Danemark 4 038. Japon 3 862. Chili 3 264.

■ **Plateau continental.** Il comprend les fonds marins et leur sous-sol au-delà de la mer territoriale, soit jusqu'à 200 milles marins, lorsque le rebord de la marge continentale se trouve à une distance inférieure à cette limite, soit sur toute l'étendue du prolongement naturel du territoire terrestre de cet État jusqu'au rebord externe de la marge continentale (dans ce dernier cas, la largeur du plateau continental peut aller jusqu'à 350 milles, ou jusqu'à 100 milles de l'isobathe des 2 500 m). Les ressources naturelles (espèces sédentaires) du plateau sont soumises à la juridiction et au contrôle exclusifs des États côtiers (ressources minérales et organismes vivants). La partie du plateau continental d'un État qui s'étend au-delà de 200 milles nautiques est régie, pour ses eaux surjacentes, par les dispositions propres à la haute mer, la liberté de navigation, de survol et de pêche s'y applique. En deçà de 200 milles nautiques, les eaux surjacentes sont soumises au régime de la zone économique exclusive. *Exploitation :* les 9/10 des prises de pêche sont effectués sur le plateau ; 15 millions de km² sur 72 sont des bassins sédimentaires dont 10 seraient très favorables et 5 favorables à la présence de pétrole ou de gaz naturel (réserves prouvées 27 milliards de tonnes ; réserves possibles 68).

■ **« Zone internationale des fonds marins ».** Fonds marins et leur sous-sol situés au-delà des juridictions nationales. Constitue le « patrimoine commun de l'humanité », ne peut faire l'objet d'aucune revendication de souveraineté, et doit être utilisée à des fins exclusivement pacifiques. **Organisation :** administrée par l'« Autorité internationale des fonds marins » (réunissant tous les États parties à la Convention et les États liés par l'accord relatif à l'application de la partie XI de la Convention). *Siège :* Jamaïque. *Principaux organes :* Assemblée, Conseil (organe exécutif de 36 membres en 4 collèges), Secrétariat, Entreprise [organe par l'intermédiaire duquel l'Autorité mènera des activités de prospection, d'exploration, d'exploitation et de commercialisation des nodules polymétalliques (nickel, cuivre, cobalt et manganèse) ; sera créée lorsque l'exploitation des fonds marins sera économiquement rentable].

■ **Tribunal international du droit de la mer.** *Siège :* Hambourg (All.). *Membres :* 21 juges élus pour 9 ans et renouvelables par tiers tous les 3 ans. Mis en place par la convention de *Montego Bay.* Exerce une juridiction obligatoire en matière d'exploitation de la zone internationale des fonds marins et de prompte mainlevée de saisie des navires de pêche en infraction.

Budget : *période transitoire :* financé par l'Onu (USA 25 %, Russie 11,1 %, Japon 9,58 %, Allemagne 8,31 %, *France 6,26 %,* G.-B. 4,1 %, Italie 3,45 %, Canada 3,28 % ; 149 autres pays membres 28,50 %) ; les USA se sont opposés, le 2-12-1982, à ce que l'assemblée générale de l'Onu vote des crédits supplémentaires de 2 728 500 $,

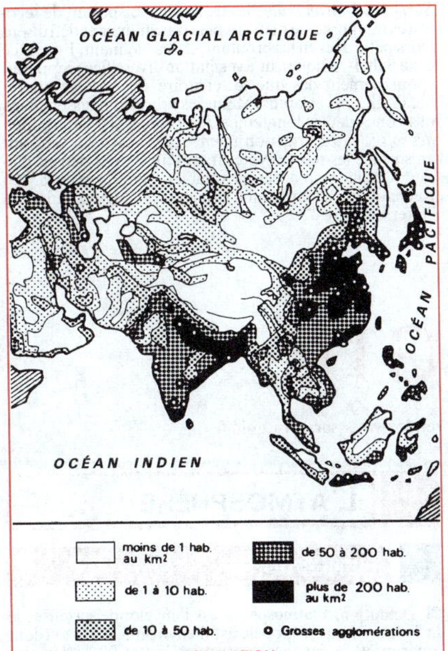

POPULATION

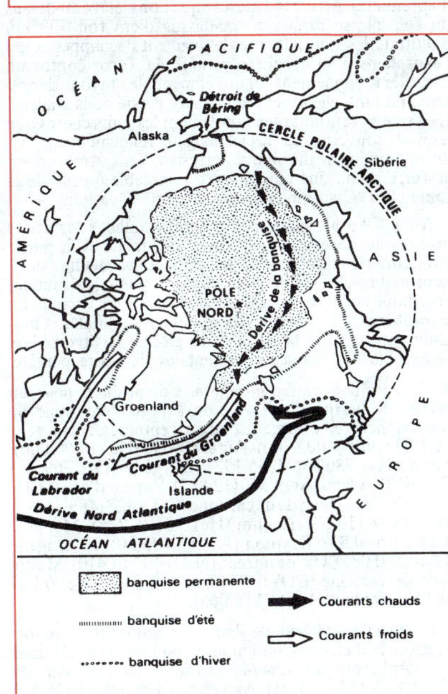

PÔLE NORD

destinés à un secrétariat spécial du droit de la mer. *Après l'entrée en vigueur de la Convention :* budget autonome, dépenses partagées entre les pays parties à la Convention selon le pourcentage suivant (en cas d'absence des USA) : Russie 14,8, Japon 12,77, Allemagne 11,08, *France 8,34,* G.-B. 5,94, Italie 4,60, Canada 4,37.

Régime juridique : défini par la déclaration de l'Onu de 1970. Convention du droit de la mer de Montego Bay (1982) ratifié par 127 États. « Patrimoine commun de l'humanité », exploité au profit de tous les pays, notamment du tiers monde. **Régime économique :** licences d'exploration délivrées (par la Commission préparatoire pendant la période transitoire) aux « investisseurs pionniers » : *France*, Japon, Inde et Fédération de Russie ou une de leurs entreprises publiques ou privées, 4 consortiums internationaux (sociétés de : USA, Allemagne, Belgique, G.-B., Canada, Italie, Japon, Pays-Bas), 2 nationaux : Afernod (Association française d'étude et de recherche des nodules polymétalliques) et Doma (Deep Ocean Minerals Association, Japon). *Conditions pour être « investisseur pionnier » :* avoir investi avant le 1-1-1983 au moins 30 millions de $ (constants de 1982) ; pour les consortiums, trouver, parmi les pays d'origine de leurs membres, 1 ou plusieurs Etats « certificateurs » signataires de la Convention. La France a été enregistrée comme investisseur pionnier le 17-12-1987 : un site d'exploitation de 75 000 km² lui a été attribué dans l'océan Pacifique.

■ **« Haute mer ».** Ouverte à tous les États, elle comprend toutes les parties de la mer non comprises dans la zone économique, la mer territoriale, les eaux intérieures ou les eaux archipélagiques (soit 217 millions de km² sur 362). Aucun État ne peut en soumettre une partie à sa souveraineté ou exercer ses droits de juridiction. Navigation, pêche, recherche scientifique, pose de câbles et oléoducs, construction d'îles sont libres. La loi applicable aux navires est celle du pavillon. En fait, *la souveraineté* des États s'arrête aux 12 milles de leur mer territoriale. Entre 12 et 200 milles ils n'ont que des droits de *juridiction* au titre de la « zone économique exclusive » (pêche et ressources du sol et sous-sol marins), mais non pas la souveraineté pleine et entière et la loi du pavillon s'applique sous ces réserves. Au-delà de 200 milles les États côtiers n'ont aucun droit en principe (sous réserve de ce qui concerne le plateau continental), mais certaines dispositions de certaines conventions internationales (par exemple l'accord des Nations unies sur les stocks chevauchants et espèces de poissons hautement migratrices) tendent à leur en reconnaître. Il existe également des dispositions spécifiques pour la lutte contre le trafic de stupéfiants, la piraterie, la préservation du milieu marin, voire le trafic d'esclaves qui permettent à un État d'intervenir en haute mer même contre des navires qui ne sont pas de son pavillon. La convention des Nations unies sur le droit de la mer fixe le cadre général de ces interventions, dans lequel s'inscrivent ensuite des conventions internationales sectorielles (par exemple la convention de Vienne pour la lutte contre le trafic de stupéfiants, différentes conventions régionales pour la prévention et la responsabilité en matière de pollutions marines, etc.).

VÉGÉTATION

■ **Forêt. Superficie** (en millions d'ha) : 4 000 (sur environ 13 000 de terres) dont : Afrique 650, Amérique du Nord et centrale 700, Amérique du Sud 900, Asie 550, Europe 150 (sans l'ex-URSS), Océanie 150, ex-URSS 900. **Pays les mieux pourvus** (en millions d'ha) : ex-URSS 900, Brésil 500, Canada 325, États-Unis 300, Indonésie 120, Chine 120, Australie 100, Soudan 90, Pérou 75, Inde 65, Suède 26, Finlande 23, Espagne 15, *France 14.*

Forêt équatoriale (forêt pluviale, forêt ombrophile, forêt hygrophile) : en zone équatoriale (15° de latitude de part et d'autre de l'équateur) sous climat chaud (température moyenne annuelle 25-27 °C) et toujours humide (pluviométrie moyenne annuelle 2 000-3 000 mm, pluies également réparties au long de l'année). Arbres élevés (50 m), peuplement serré et obscur, feuillage toujours vert : Amazonie, Congo, Myanmar, Malaisie, Indonésie (Java, Sumatra, Bornéo, Célèbes, Moluques), Nouvelle-Guinée, Philippines, Amérique centrale, Guyane, Côte d'Ivoire, Cameroun, Inde du Sud, Sri Lanka, Océanie, Madagascar (côte est), Australie (côte est).

Forêt tropicale : entre les tropiques et sous climat chaud ou très chaud (température moyenne annuelle 20-30 °C) pendant la saison sèche (pluviosité moyenne annuelle 800-1 500 mm, pluies d'été réparties sur 3 à 6 mois, période sèche plus ou moins longue). **Forêt caducifoliée** (« à feuillage caduc ») : les arbres perdent leurs feuilles au cours de la saison sèche. **Forêt de mousson** de l'Asie du Sud-Est (Inde, Indochine, Malaisie, Philippines) : pluviosité moyenne annuelle 500 à 2 000 mm, saison sèche de 4 à 6 mois : végétation exubérante, bambous abondants. **Forêts claires** de l'Afrique orientale (Sahel soudanais), australe (Afrique du Sud, Zimbabwe, Mozambique), centrale (du Sénégal au Soudan : baobabs), là où la saison sèche se prolonge la plus grande partie de l'année : végétation basse et clairsemée. **Forêt-parc tropicale,** îlots de forêt dense parsemant une savane à hautes herbes [aspects variés : Madagascar (ouest), Australie (nord), Floride, Cuba, Haïti, du Mexique à Panamá, Venezuela, Brésil (sud), Bolivie, Paraguay, Argentine (nord)] ; la *mangrove* (avicennias et palétuviers) sur le littoral de pays tropicaux. En 1990, la *forêt tropicale* humide couvre 1 282 millions d'ha (dont en % : Amérique 53,6 ; Afrique 31,6 ; Asie 14,8). Destruction, dégradation : 11,9 millions d'ha/an, soit 22,64 ha/min.

Forêt méditerranéenne (Europe méridionale, Asie occidentale et Afrique du Nord) : sous climat chaud ou assez chaud (température moyenne annuelle 10-20 °C) et sec ou plus ou moins humide (pluviosité moyenne annuelle 300-1 000 mm, pluies en automne et hiver, été long de 3 à 5 mois, chaud et sec). Feuillus à feuillage coriace et persistant (chênes comme *Quercus ilex* ou chêne vert ou yeuse et *Quercus suber* ou chêne-liège), résineux (pins comme *Pinus halepensis* ou pin d'Alep, *Pinus pinaster* ou pin maritime et *Pinus pinea* ou pin pignon ou pin parasol).

Nota. – On parle souvent d'« écosystème de type méditerranéen » (*mediterranean-type shrubland*), incluant généralement aussi Australie, sud des États-Unis (Californie), Afrique du Sud et partie du Chili.

Forêt tempérée : 1°) sous climat tempéré chaud (température moyenne annuelle 12-18 °C) et **humide** (pluviosité moyenne annuelle 800-1 600 mm) : chênes (tauzin) sur lande (à ajonc nain) ; Espagne (Galice, Asturies, Pays basque) ; Italie (lac Majeur, Vénétie, Istrie) ; France (sud-ouest) ; Asie (littoral de la mer Noire en Anatolie et Caucase, Chine, Japon) ; Afrique, Australie du Sud (dont Tasmanie) et Nouvelle-Zélande ; Amérique du Nord et du Sud (sud du Brésil, Paraguay, Uruguay, est de l'Argentine). **2°) Sous climat tempéré froid** (6-12 °C) et **humide** (pluviosité 600-1 200 mm) : en Europe, essences nombreuses, surtout chêne rouvre (Europe occidentale) et hêtre (Europe centrale) ; feuillus à feuilles caduques (notamment érables) en Amérique du Nord (USA et Canada : région des Grands Lacs) ; Asie orientale (Chine, Corée, Mandchourie, Japon) ; hémisphère Sud [Patagonie chilienne et régions des lacs (Chili-Argentine) à *Notofagus* – hêtre austral, Patagonie, Tasmanie, Nouvelle-Zélande].

Forêt boréale : taïga (Scandinavie, Finlande, Russie du Nord, Sibérie, sud du Canada) sous climat rude, très froid (température moyenne annuelle 0 °C, minimale jusqu'à – 50 °C) et assez humide (pluviosité moyenne annuelle 400-800 mm de pluie et neige). Conifères, à aiguilles persistantes (pin sylvestre, sapin, épicéa) ou plus rarement caduques (mélèze), feuillus (bouleau, tremble, aulne, saule). Ceinture forestière continue entre le cercle polaire arctique et le 50° latitude Nord, sur 1 000 à 2 500 km de largeur. **Toundra** en zone *arctique* (extrême nord de la Scandinavie, Laponie, Sibérie du Nord, Islande, Groenland, Canada du Nord du Labrador à l'Alaska), sous climat froid (moyenne annuelle – 1 à – 16 °C) et peu humide (pluviosité 100-500 mm de pluie et neige) ; mousses et lichens, végétation arborescente pratiquement absente, marais avec quelques tourbières et arbrisseaux nains : saules, bouleaux, bruyères.

☞ Voir aussi **Forêt** à l'Index.

■ **Lande, garrigue et maquis. Lande :** ensemble arbustif propre aux contrées de climat tempéré froid humide (ajoncs, genêts, bruyères et fougères ; le genévrier commun est souvent abondant, lichens et mousses tapissent le sol). *Domaine :* sables siliceux de l'Europe centrale et occidentale. *Landes les plus typiques :* Allemagne (landes de Lüneburg, au sud de Hambourg), Scandinavie, Écosse, Irlande, France (Armorique, Aquitaine, Massif central, Sologne), nord-ouest de la péninsule Ibérique. **Garrigue** clairsemée (sur sols calcaires) et **maquis** touffu (sur sols siliceux), peuplés d'arbustes et arbrisseaux bas (chênes kermès, genévriers, genêts, bruyères, arbousiers, lentisques, pistachiers, térébinthes, buis) et de plantes odorantes (ciste, myrte, romarin, thym, lavande, sarriette). Fréquents en zone méditerranéenne.

■ **Prairie, steppe et savane.** Herbacées où dominent les graminées parfois associées aux légumineuses, labiées, composées, etc. *Sous climat tempéré,* la *prairie* « naturelle » s'intègre à la forêt dans les fonds de vallées rebelles au boisement ; bien qu'ayant souvent évolué vers la prairie « cultivée » sous l'action de l'homme, elle se retrouve encore de nos jours, dans sa structure primitive, en Europe occidentale et centrale de climat tempéré-froid humide et aussi en Chine orientale, Mandchourie, Corée, Japon, Tasmanie, Nouvelle-Zélande, Patagonie, est des USA et du Canada. *Dans les pays de climat continental, tempéré-froid* (moyenne annuelle 7-11 °C) *et aride* (pluviosité moyenne annuelle 300-400 mm), prend l'aspect de **steppe** verdoyante et fleurie au printemps et de « paillasson » en été [Asie centrale ; Amérique du Nord, « Grande Prairie » entre les Rocheuses et la vallée du Mississippi, de la Saskatchewan et du Manitoba au golfe du Mexique ; Amérique du Sud : Bolivie, Paraguay, Argentine (« Gran Chaco » et « pampas ») et Patagonie]. *En zone très aride* (pluviosité 200-400 mm) : bassin méditerranéen occidental, *steppe à alfa* sur les hauts plateaux d'Afrique du Nord (Algérie et Tunisie environ 7 millions d'ha), le sud de l'Espagne et du Portugal. **Savane :** hautes herbes (1 à 3 m) où dominent les graminées ; la *savane arborée* avec quelques arbres ou arbustes épars. Pays tropicaux : Afrique centrale (du Sénégal au Soudan : baobabs et karités ou arbres à beurre), Afrique du Sud, Asie du Sud (zones de mousson), Amérique centrale et du Sud (Cuba, Venezuela, Colombie, Brésil), Australie (au nord : présence d'eucalyptus).

■ **Déserts et zones semi-arides. Caractéristiques :** *désert :* moins de 100 mm d'eau par an (hyper-aride : manque d'eau, température très élevée). *Zone semi-aride :* de 100 à 400 mm d'eau par an [Sahel (en arabe : ceinture)] entre le sud du Sahara et les régions cultivables. La plupart des déserts sont chauds [zones subtropicales : Afrique (Sahara, Kalahari), Amériques (Sonora, Atacama), Moyen-Orient (Arabie saoudite, Syrie), Australie], certains sont tempérés ou froids (secteur aride de la zone tempérée-froide : Asie centrale, Gobi).

Étendue (en milliers de km². *Source :* FAO). **Désert extrême existant :** 7 959 (Afrique 6 178, Asie 1 581, Amérique du Sud 200) ; **régions à risque de désertification :** *très élevé* 2 929 (Afrique 1 725, Asie 790, Amérique du Sud 414), *élevé* 13 425 (Asie 7 253, Afrique 4 911, Amérique du Sud 1 261), *modéré* 10 951 (Asie 5 608, Afrique 3 741, Amérique du Sud 1 602). **Total :** 35 264 (18 % des terres) dont Afrique 16 555 (50 %), Asie 15 232 (30 %), Amérique du Sud 3 478 (20 %). **Répartition** (en milliers de km²). **Afrique** et **Madagascar :** 17 300 (58 % du territoire) dont *Sahara* 7 770, de la *Mauritanie* à l'*Égypte* au sud du tropique du Cancer vers 20° latitude Nord, distances maximales est/ouest 5 150 km, nord/sud 2 250, minimale 1 275 ; altitudes minimale – 137 m (dépression de Qattâra, Égypte), maximale 3 415 m (mont Emi-Koussi, Tchad) ; *Niger* (90 %) ; *Libye* 1 683 ; *Soudan :* Nubie 310 ; *Éthiopie ; Somalie ; Égypte :* Qattâra 300 ; *Afrique du Sud :* Kalahari (Botswana, au sud du tropique du Capricorne, vers 20° latitude Sud) 578, *Namibie* (sud-ouest africain). **Amérique du Nord et centrale :** 4 300 (20 % du territoire) dont *Californie* 113 (Colorado 78 et Mohave 35) ; *Californie* et *Nevada* 8 (vallée de la Mort) ; *Utah ; Arizona ; Mexique* (Sonora). **Amérique du Sud :** 3 400 (19 % du territoire) *Chili* (Atacama) 181 ; *Pérou.* **Asie :** 15 600 (37 % du continent) dont *Chine-Mongolie :* Gobi 1 036, Takla-Makan 320 ; *Arabie :* Roub'Al Khâlî 300, Nefoud 120 ; *Turkménistan :* Karakoum 270 ; *Kazakhstan :* Kizil Koum 230 ; *Inde-Pakistan :* Thar 260. **Australie :** 2 458 (80 % du territoire) dont Australie centrale 1 500, du Nord-Ouest 414, Victoria 324, Gibson 220. **Europe :** 900 (9 % du territoire) dont aride 200, semi-aride 700.

Désertification. Menace 70 % des zones arides ou sèches, soit 25 % de la surface terrestre.

Progression annuelle. De 5 à 6 millions d'ha dans le monde (dont 2 dans la zone intertropicale). Exemples : Soudan (sud du Sahara, Afrique) de 90 à 100 km de 1960 à 1977 ; Atacama (Amérique du Sud) de 1,5 à 3 km par an, sur un front de 80 à 160 km ; Thar (Asie) 1 km par an depuis 1930. En Australie, 15 % des pâturages à moutons sont irrécupérables. En Argentine, 44 millions d'ha de forêts ont été détruits sur 60 millions. Aux États-Unis, 26 millions d'ha de pâturages détériorés sur 80 millions. En Espagne, plus de 2 000 km² de forêts perdus de 1978 à 1993 (42 % du Sud devenu stérile). **Causes de la désertification : 1°)** *déboisement :* les arbres, arbustes et broussailles xérophiles (capables de survivre dans des zones sèches semi-arides) sont utilisés comme combustible. On déboise aussi pour cultiver ; mais le sol s'épuise rapidement et se désertifie. Des programmes de reboisement ont été mis en place en Europe, Amérique, Chine, Corée du Sud, Inde et dans plusieurs régions d'Afrique. Des techniques pour l'irrigation et la mise en valeur des déserts ont été mises au point depuis 1945, notamment en Israël (Néguev) et au Turkménistan (canal d'irrigation de l'Amou Daria : commencé en 1954, arrosant le désert du Karakoum sur 1 400 km, il permet la culture de 650 000 ha, mais a conduit à une forte réduction de la mer d'Aral). **2°)** *Surpopulation animale :* les troupeaux, disposant de territoires moindres, ne peuvent plus transhumer et détruisent leurs pâturages en les broutant, en les piétinant. En Grèce et au Sahel (Afrique), une végétation diversifiée réapparaît spontanément dès que le territoire est protégé contre bétail, chèvres et lapins. Même les arbres repoussent dans des zones depuis longtemps désertiques. **3°)** *Salinisation des sols :* l'eau d'irrigation amenée par canaux concentrant en surface les sels (Égypte, Iraq, Pakistan) a détruit plusieurs millions d'hectares valables pour la pâture. **4°)** Réchauffement climatique global dû à l'augmentation de l'effet de serre ?

MÉTÉOROLOGIE

☞ Pour découvrir la sélection **Quid** des meilleurs sites Internet sur la météorologie, rendez-vous sur **www.quid.fr**

QUELQUES DATES

■ **Avant J.-C. 3000** *Nei Tsing Sou Wen :* 1er ouvrage de météorologie du monde ; comprenait des prévisions. **Ve s.** pluviomètre utilisé aux Indes. **330** *Les Météorologiques* d'Aristote (384-322) : 1er traité de l'atmosphère. **300** *Signes du temps* de Théophraste (vers 327-287) : 1er ouvrage européen de prévisions. **Vers 280** *Ktésibios* (310-250 environ) ou *Philon de Byzance* invente le *thermoscope* (utilisé par quelques médecins). **280** *Straton* de Lampsaque (335-269 environ) remarque que le feu consume et raréfie l'air. **100** *Andronikos* construit la « tour des Vents » à Athènes.

■ **Après J.-C. 40 environ** utilisation des moussons : relations commerciales suivies avec les Indes (Hippalos). **Vers 800** Charlemagne (742-814) : échelle de direction des vents d'après les points cardinaux. **1450** Leone Battista Alberti (Italien, 1404-72) : 1er *anémomètre* (à pression). **1610 environ** Jan Baptist Van Helmont (1579-1644) distingue l'air des autres gaz. **1615** Isaac Beeckmann (1588-1637) : l'action des pompes aspirantes résulte de la pression atmosphérique. **1630** Jean Rey (1583-1645) : l'oxydation dans l'air augmente le poids des corps. **1632** (?) Jean Rey : *thermomètre « médical »* à eau. **1637** René Descartes (1596-1650) : théorie de la *pluie*. **1639** mesures précises des pluies par Benedetto Castelli (Italien, 1577-1644). **1641** Ferdinand II de Toscane (1610-70) : *thermomètres à liquide*, fermés (thermomètre de Florence). *Baromètre à eau.* Expérience du *vide* à Rome [Raffaello Magiotti (1597-1656) et Gaspare Berti (1600-43)]. **1644** baromètre à mercure de Évangelista Torricelli (Italien, 1608-47), à Florence]. **1645** (?) Claude Beauregard (Italien, 1591-1664), en Toscane, mesure des hauteurs à l'aide du baromètre. **1646**-oct. 1re expérience du vide avec du mercure, en France (Rouen) par Pierre Petit (1598-1677), suivant les conseils de l'abbé Marin Mersenne (1588-1648). **1647**-sept. Mersenne propose par écrit de faire l'expérience du vide à des altitudes différentes. **1648**-19-9 expérience du *puy de Dôme* par Florin Périer, à la demande de Blaise Pascal (1623-62) [variation de la pression en altitude]; -juin 1re expérience du vide dans le vide par Adrien Auzout (1622-91). **1654-1670** Antinori : 1er essai de réseau météo. **1655** *1er baromètre à cadran* de Robert Hooke, perfectionné par Jean Fortin (ingénieur français, 1750-1831). **1657**-19-7 fondation de l'« Accademia del Cimento » (1657-67). **1660** Otto von Guericke (Allemand, 1602-86) prévoit une tempête. **1664** *hygromètre* mis au point par Francesco Folli. *Anémomètre à palettes* de Robert Hooke (astronome anglais, 1750-1831). **1667** John Mayow (1640-79) : l'air n'est pas un corps simple. **1670** *1er baromètre enregistreur* de Moreland (Anglais). **1679** Edme Mariotte (1620-84) : constance de température des caves de l'observatoire de Paris. **1686** *1re carte météorologique* par Edmund Halley (Anglais, 1656-1742) qui formule la 1re explication des vents réguliers, moussons et alizés). **1708** hypothèse de Wall (Anglais) : la foudre est une étincelle électrique. **1748-49** Alexander Wilson (1714-86) et Thomas Melville (1726-53) : mesures météo dans l'air libre, avec cerf-volant. **1770-79** Charles de Borda (1733-99), Théodore Mann (1735-1809), Hugues Maret (1726-86) et d'autres : réseau synoptique. **1771** *hygromètre à cheveu* (à absorption) par Horace Bénédict de Saussure (Suisse, 1740-99). Le cheveu est d'autant plus long que l'air plus humide. **1775** *anémomètre à pression* de James Lind (Irlandais). **1783**-1-12 Jacques Charles (1746-1823) : *1res observations météo en ballon* (3 400 m). **1802** Jean-Baptiste de Lamarck (1744-1829) : *1re classification des nuages*, suivie de celle de Luke Howard (1772-1864). **1836** Gaspard Coriolis (1792-1843) : théorème de la mécanique des mouvements composés expliquant l'influence de la rotation terrestre sur les courants aériens. **1842** Karl Kreil (1798-1862), de l'observatoire de Prague, propose d'utiliser le télégraphe électrique pour transmettre les observations. **1844** *baromètre anéroïde* (Lucien Vidie et Antoine Redier). **1845** découverte de l'*ozone*. **1846** *anémomètre à coupelles* de Thomas R. Robinson (astronome irlandais). **1847** W. Reid organise le 1er système d'avertissement pour informer les ports (ceux-ci installent un système de boules pour avertir les marins). **1848** Matthew Maury (1806-73) : utilisation pratique des vents et des courants pour les trajets maritimes. **1853**-août 1re conférence internationale de météorologie (Bruxelles). **1854**-14-11 tempête sur la mer Noire, suivie d'une étude par Urbain Le Verrier (1811-77). Fondation de l'Office météorologique anglais. **1855**-17-2 Napoléon III approuve la création du 1er réseau météo. **1856** William Ferrel (Américain, 1817-91) : influence de la rotation de la Terre sur la direction des vents. Loi de Christophorus Buys Ballot (Hollandais, 1817-90). **1860**-mai Buys Ballot : 1er service régulier, en Europe, pour la prévision du temps. **1863**-16-9 Le Verrier et Edme Marié-Davy (1820-93) : début de la 1re série définitive de cartes synoptiques en France. *Meteographica* de Francis Galton (1822-1911) : 1er ouvrage établissant la théorie des anticyclones. **1867** Peslin : seul le refroidissement par détente adiabatique, dans les courants ascendants, peut expliquer la formation des nuages importants et des précipitations. **1873** à Leipzig : accord international pour les observations sur Terre. **1875** Paul-Jean Coulier (1824-90) : pour que la condensation puisse se produire dans l'atmosphère, il faut qu'il s'y trouve des poussières (noyaux de condensation). **1877** Osborne Reynolds (Anglais, 1842-1912) : formation de la pluie par coalescence. **1878** fondation de l'*OMI (Organisation météorologique internationale)*. **1878-82** S. Balfour : les variations diurnes du magnétisme terrestre peuvent s'expliquer par l'existence de courants électriques dans la haute atmosphère. **1878**-14-5 création du *BCM (Bureau central météorologique)* à Paris. **1886** 1re prévision officielle d'arrivée de la mousson. **1891** Gothman pense à envoyer du CO_2 dans les nuages à l'aide de fusées (pour provoquer de la pluie). **1892**-4-10 Gustave Hermite et G. Besançon : 1er ballon-sonde. **1898** *ballons-sondes* lancés de Trappes par Léon-Philippe Teisserenc de Bort (Français, 1855-1913). **1902** Kennely, Heaviside expliquent la propagation à longue distance des ondes radio par la présence de couches ionisées dans la haute atmosphère. Teisserenc de Bort admet définitivement la présence d'une « zone isotherme » dans la haute atmosphère (appelée *stratosphère* depuis 1908). **1920** Vilhelm Bjerknes (Norvégien, 1862-1951) introduit la notion de masse d'air et de front. 1er navire météo *(Jacques-Cartier)*. **1922** L.-F. Richardson (Anglais) : concept de prévision numérique. **1925** preuves de l'existence de l'*ionosphère*. **1927** Robert Bureau (1892-1965) et Pierre Idrac (1885-1935) : utilisation de radiosonde. **1929**-17-1 1re radiosonde mondiale de température à Trappes. **1931** Auguste Piccard (Suisse, 1884-1962) atteint la stratosphère en ballon. **1932** 1er *Atlas des nuages*. **1937** 1re station météo flottante de l'Atlantique Nord (navire *Carimaré*). **1946** 1res fusées météo. -13-11 Vincent J. Schaefer et Irving Langmuir (prix Nobel de chimie 1932) survolent la région du mont Greylock (USA) et observent qu'en aspergeant un nuage de neige carbonique on peut obtenir de la pluie. **1949** *1re utilisation du radar en météorologie* dans le projet Thunderstorm (prévision des orages) aux USA. **1950** calculateur (Eniac) pour la prévision du temps par modèle mathématique (travaux de von Neuman). **1951**-17-3 fondation de l'*OMM (Organisation météorologique mondiale)*. **1954** *1er emploi opérationnel d'un modèle numérique de prévision météo* par une équipe suédoise sur un ordinateur Besk. **1960**-1-4 1er satellite météo *Tiros*. **1962** *veille météo* mondiale (voir p. 112 a). **1967** programme de recherches sur l'atmosphère globale (Garp). **1968-69** *Sodar (Sound Dectection and Ranging)*, permet de mesurer les 3 composantes du vent, principe décrit par G. McAllister et C. G. Little (Américains). **1976** *Lidar (Light Detection and Ranging)* : radar optique dont l'émetteur est un laser et le récepteur un télescope suivi d'un détecteur photo-électrique. Utilisé par G. Fiocco et L.D. Smullin à des fins météo. **1977**-23-11 *Météosat* (satellite européen géostationnaire), voir p. 68 b. **1979** *PCM (programme climatologique mondial)* créé par l'OMM. *Sodar Doppler* de la Sté Bertin (recherches de J.-M. Fage). **1982** *2e génération* mise au point par la Sté Remtech. **1988** *GIEC (groupe intergouvernemental sur l'évolution du climat)*, voir p. 109 a. **1990** 1re convention-cadre. **1995** *1er radar profileur de vent de Météo-France :* destiné aux prévisions à très courte échéance (jusqu'à 6 h). **1997** déclaration sur l'état du climat mondial publiée par l'OMM.

L'ATMOSPHÈRE

GÉNÉRALITÉS

■ **Définition.** L'**atmosphère** est l'enveloppe gazeuse de la Terre. Sa masse globale est d'environ 5×10^{15} t (dont environ 50 % dans les 5 premiers km et 99 % dans les 30 premiers). Au fur et à mesure que l'on s'élève au-dessus du sol, elle se raréfie et, au-dessus d'environ 700 km d'altitude, les molécules rapides peuvent s'échapper : c'est l'**exosphère.** L'atmosphère protège la Terre contre un excès de rayonnement solaire et arrête les rayons dangereux. La nuit, elle retient la majeure partie de la chaleur. La Terre se refroidit plus rapidement les nuits claires que les nuits couvertes, car le ciel nuageux réfléchit une partie du rayonnement thermique terrestre. Sans atmosphère, la Terre aurait une température semblable à celle de la Lune (100 °C au milieu du jour, – 150 °C la nuit).

Nota. – La **biosphère** comprend les milieux terrestres propres au développement de la vie, incluant la partie inférieure de l'atmosphère, les mers et les couches supérieures du sol, la **biomasse** étant la masse de matière organique constituée par l'ensemble des êtres vivants. La **cryosphère** est l'ensemble des glaces continentales et flottantes présentes à la surface du globe ; la **lithosphère,** l'ensemble des masses continentales de notre planète.

■ **Composition de l'atmosphère. Composition pour un million de parties d'air sec :** on a pour l'ensemble de l'atmosphère (en volume et, entre parenthèses, en masse) : air 1 005 300 (1 003 300). Air sec 1 000 000 (1 000 000). Azote (N_2) 780 836 (755 192). Oxygène (O_2) 209 475 (231 418). Argon (Ar) 9 340 (12 882). Vapeur d'eau (H_2O) 5 300 (3 300). Dioxyde de carbone (CO_2) 322 (489). Néon (Ne) 18,18 (12,67). Hélium (He) 5,24 (0,724). Méthane (CH_4) 1,5 (0,83). Krypton (Kr) 1,14 (3,30). Hydrogène (H_2) 0,5 (0,035). Oxyde nitreux (N_2O) 0,27 (0,410). Monoxyde de carbone (CO) 0,19 (0,190). Xénon (Xe) 0,087 (0,395). Ozone (O_3) 0,04 (0,065).

Composition globale de l'air [en volume (par rapport à l'azote N_2) et, entre parenthèses, en masse (totale dans l'atmosphère)] : air 128 747 (5 150 ± 10 Tt)[1]. Air sec 128 068 (5 133 ± 11 Tt). Azote (N_2) 100 000 (3 876,5 ± 9 Tt). Oxygène (O_2) 26 827 (1 187,5 ± 3 Tt). Argon (Ar) 1 196 (66,1 ± 0,1 Tt). Vapeur d'eau (H_2O) 679 (17 ± 2 Tt). Dioxyde de carbone (CO_2) 41 (2,51 ± 0,1 Tt). Néon (Ne) 2,33 (65,0 ± 0,2 Gt)[2]. Hélium (He) 0,67 (3,72 ± 0,05 Gt). Méthane (CH_4) 0,19 (4,27 ± 0,5 Gt). Krypton (Kr) 0,146 (16,9 ± 0,2 Gt). Hydrogène (H_2) 0,064 (0,20 ±0,04 Gt). Oxyde nitreux (N_2O) 0,035 (2,1 Gt). Monoxyde de carbone (CO) 0,025 (1,0 Gt). Xénon (Xe) 0,011 (2,03 ± 0,03 Gt). Ozone (O_3) 0,005 (0,34 Gt).

Nota. – (1) Tt : tératonne (mille milliards de tonnes). (2) Gt : gigatonne (un milliard de tonnes).

Variations. La proportion des gaz de l'atmosphère est pratiquement constante sur toute la surface de la Terre ; et, par suite du brassage vertical de l'air, sa composition reste sensiblement la même (à tous les niveaux) jusqu'à environ 85 km, sauf pour les composants suivants :

1°) Dioxyde de carbone (CO_2) : variation diurne dans les basses couches, due principalement à la fonction chlorophyllienne des plantes vertes exposées à la lumière solaire. Depuis une centaine d'années, par suite du développement industriel et de l'augmentation des combustions qui en résulte, le CO_2 augmente (son absorption par les océans étant insuffisante). 5 milliards de tonnes de carbone sont transférées vers l'atmosphère chaque année. Simultanément, l'action de l'homme sur les forêts et la végétation introduit une autre perturbation dans l'échange naturel du carbone. La production agricole, l'approvisionnement en eau, la production des pêcheries, les récoltes de protéines marines en subiront les effets. Un réchauffement du climat pourrait (au cours des prochains siècles) entraîner une hausse du niveau des mers, principalement par dilatation de l'eau (mais aussi par la fonte d'une partie de la calotte glaciaire). Voir p. 109 b.

AUTRES VARIATIONS : pollution locale (voisinage de volcans, rues de grandes villes, usines, etc.).

2°) Vapeur d'eau (H_2O) : quantité déterminée par l'évaporation des océans et du sol ; elle se condense par refroidissement (formation des nuages, par exemple).

3°) Ozone (O_3) : ramenée aux conditions standard de température et de pression, la couche d'ozone qui entoure la Terre n'aurait que 3 mm d'épaisseur. *Maximum par unité de volume* vers 25 km d'altitude ; *maximum relatif dans l'air* vers 35 km (environ 7,5 millionièmes en volume ou 12,5 millionièmes en masse).

Dans la stratosphère, sous l'action du rayonnement solaire, sa formation et sa destruction sont rapides. *Dans la troposphère et la stratosphère,* il est aussi détruit par les rejets industriels, les aérosols, les vols stratosphériques, les éruptions volcaniques et leurs émissions gazeuses. *Dans la troposphère,* si depuis 1965 sa concentration semble croître dans certaines régions de l'hémisphère Nord (des réactions dues à la pollution l'augmentent près du sol), dans la stratosphère, la présence de « trous » dans la couche d'ozone inquiète nombre d'observateurs. Les chlorofluorocarbones (CFC) utilisés dans les anciennes bombes aérosols et les climatiseurs agiraient jusqu'à 40 km d'altitude, en provoquant des « trous » dans l'ozone, surtout au-dessus de l'Antarctique. Des chlorofluorométhanes (dérivés du méthane contenant du chlore et du fluor) n'atteindraient pas la stratosphère et leurs réactions avec l'ozone O_3 sont sans commune mesure avec la destruction d'ozone pendant la longue nuit polaire.

■ **Rayonnement solaire.** Il provoque les mouvements de l'atmosphère (voir p. 109 b). Il parvient de manière continue sur l'hémisphère terrestre éclairé. **Puissance incidente. 1°) A la limite de l'atmosphère,** 1,4 kW/m² environ sur une surface perpendiculaire aux rayons solaires, correspondant à une énergie quotidienne moyenne de 8,4 kWh/m²/jour, pour l'ensemble de la Terre (à sa distance moyenne du Soleil). **2°) Dans l'atmosphère,** le rayonnement solaire direct est en partie absorbé et diffusé par les molécules gazeuses et les gouttelettes nuageuses ou les poussières en suspension. 34 % environ est renvoyé dans l'espace, 18 % est absorbé dans l'atmosphère, et 48 % arrive au sol sous forme de rayonnement solaire global direct ou diffusé.

En absorbant cette énergie, le sol s'échauffe mais des mécanismes naturels lui permettent de transférer de l'énergie à l'atmosphère : *évaporation* à la surface des océans ou des mers, à partir du sol humide et de la végétation ; émission par *rayonnement* ; échanges thermiques directs entre la surface du sol et l'air, par contact et *convection* (mouvements verticaux dans la masse d'air : ascendants, rabattants...).

■ **Couleurs du Soleil et du ciel.** La lumière solaire est blanche, mais le ciel paraît bleu, car les rayons bleus et violets sont plus facilement diffusés par les molécules de l'atmosphère, en raison de leurs longueurs d'onde plus courtes (environ 0,4 micromètre contre 0,6 au jaune et 0,7/0,8 au rouge).

Coupe de l'atmosphère

■ **En fonction de la composition de l'air. a) Homosphère :** de 0 à 90 km d'altitude, composition constante (voir p. 100 b). **b) Hétérosphère :** composition variable. Se confond pratiquement avec la thermosphère (voir col. b).

■ **En fonction des variations de la température. a) Troposphère :** de 0 (pression 1013 hPa) à 12 km (pression 200 hPa) dans les régions tempérées, 0 à 8 km (400 hPa environ) aux pôles ; de 0 à 16 km (pression 100 hPa) à l'équateur. Sa limite supérieure s'appelle la **tropopause.** Elle représente les 5/6 de la masse de l'atmosphère. L'air y contient (surtout dans les 3 premiers km) de la vapeur d'eau, du gaz carbonique, des poussières, des cristaux de sel marin. Elle est le siège des phénomènes météorologiques (nuages, pluies, orages). En général, la température s'abaisse régulièrement avec l'altitude (6,5 °C par 1 000 m), jusqu'à – 55 °C (régions tempérées), – 50 °C (pôles), – 85 °C (équateur). Il y a parfois des *inversions de température,* celle-ci augmentant avec l'altitude, par exemple près du sol, lorsque celui-ci est froid.

b) Stratosphère : de 15 à 50 km environ (pression 1 hPa au sommet). Sa limite supérieure s'appelle la **stratopause.** Elle comprend des couches de températures différentes dont l'une est riche en ozone (la température y dépasse 0 °C). Ce réchauffement est dû à l'absorption d'une partie du rayonnement ultraviolet émis par le Soleil.

Grâce à ce rayonnement, un faible % de l'oxygène compris dans la stratosphère (1 molécule pour 10^6) est transformé en *ozone* ; la couche d'ozone ainsi formée est suffisante pour arrêter les radiations ultraviolettes néfastes à la vie sur Terre.

c) Mésosphère : de 50 à 85 km (pression 10^{-2} Pa ou 0,01 hPa au sommet) ; sa limite supérieure s'appelle la **mésopause.** Température décroissant jusque vers – 90 °C.

d) Thermosphère : de 85 à 700 km ; certaines molécules de l'air se décomposent en molécules plus simples, électriquement neutres (qui peuvent être monoatomiques, exemple : $O_2 \rightarrow O + O$), ou en ions positifs et négatifs (étant généralement des électrons, voir **ionosphère** ci-dessous). Ces décompositions, dues à l'action des rayons ultraviolets et des rayons X émis par le Soleil, peuvent être suivies de réactions donnant lieu par exemple à la « lumière du ciel nocturne ». La chaleur dégagée provoque une augmentation de température avec l'altitude (*température moyenne vers 100 km :* – 80 °C, *vers 120 km :* 60 °C, *vers 150 km :* 360 °C, *vers 200 km :* 590 °C, *vers 300 km :* 700 °C ; *au-dessus de 300 km :* 730 °C). Dans le haut de la thermosphère, de 350 à 1 700 °C, selon l'activité solaire.

e) Exosphère : de 700 à 3 000 km ; composée d'« atomes » d'hydrogène, d'hélium et d'oxygène ; les particules raréfiées ne s'entrechoquent pratiquement plus et se comportent comme des corps indépendants soumis à la seule action gravitique : leur trajectoire est devenue balistique. L'exosphère commence dès que le libre parcours moyen de molécules dépasse une fraction déterminée de la hauteur de référence H (qui peut être cette hauteur elle-même).

Nota. – La hauteur de référence H est donnée par :

$$\frac{dx}{H} = -\frac{dp}{p}$$

c'est-à-dire qu'en altitude une petite diminution de pression *(dp),* du millième de sa valeur *p* par exemple, correspond à une augmentation d'altitude *(dx),* égale au millième de la hauteur de référence H.

☞ Ces divisions sont un peu arbitraires. Les parties inférieures de l'hétérosphère et de la thermosphère dépendent de la transformation de l'oxygène ordinaire en oxygène monoatomique sous l'action de la lumière solaire, mais la propagation des atomes d'oxygène et de la température ne sont pas identiques pour les deux, ce qui explique qu'on a donné à la thermosphère des limites inférieures différentes.

■ **En fonction des propriétés électriques et de l'ionisation des couches.** 3 couches forment l'**ionosphère,** siège de certains phénomènes lumineux : *aurores polaires* (dites antérieurement *boréales* ; or, il y en a aussi dans l'hémisphère Sud) ; rayons mobiles, draperies, arcs souvent verts, parfois roses ou jaunes, nuages nocturnes lumineux. **1°) Couche D :** de 60 à 90 km ; atmosphère encore dense, nombreux chocs des molécules. Absorbe certaines ondes radioélectriques, provoquant des « évanouissements brusques » de celles-ci. **2°) Couche E :** de 90 à 160 km ; réfléchit les ondes longues ; sa densité ionique a une forte variation diurne. **3°) Couche F :** de 150 à 500 km ; se dédouble, le jour, en une couche F_1 à grande variation diurne, et une couche F_2 à variation saisonnière, dont le maximum de densité (2×10^6 électrons/cm³) se trouve vers 350 km.

Nota. – 1 hectopascal (hPa) = 100 pascals (Pa) = 1 millibar (mb).

Météores

Phénomènes se produisant dans l'atmosphère :

Lithométéores. Constitués par des particules solides (sauf l'eau congelée) : brume sèche, brume de sable, fumées, chasse-poussière, chasse-sable, tempête de poussière, tempête de sable, tourbillon de poussière, tourbillon de sable, etc.

Hydrométéores. Constitués par de l'eau sous forme liquide ou solide (les nuages étant classés à part : il se produit dans certains nuages cumulo-nimbus orageux des phénomènes électriques) : pluie, bruine, brouillard, brume, neige, neige en grains, granules (grains) de glace, grésil, grêle, rosée, gelée blanche, prismes ou aiguilles de glace, givre blanc, givre transparent (verglas), chasse-neige, embruns, trombes...

Électrométéores. Dus à l'électricité atmosphérique : orage, feu Saint-Elme, aurore polaire...

Photométéores. Phénomènes lumineux non électriques : arc-en-ciel, halo, couronne, irisation, gloire, anneau de Bishop, mirage, tremblotement, scintillation, rayon vert, teintes crépusculaires...

Pression atmosphérique

■ **Définition.** Équivaut au poids par unité de surface de la colonne d'air qui surmonte un lieu donné. Mesurée autrefois par la hauteur de mercure équivalente, puis en millibars, actuellement en hectopascals (unité égale à 1 newton/m²) ; 1 hectopascal (hPa) = 100 pascals (Pa) = 1 millibar (mb).

Une colonne d'air de 1 cm² de section traversant verticalement toute l'atmosphère a un poids d'environ 1 033 g. Nous « portons » donc chacun environ 10 t d'air, mais comme la pression règne aussi à l'intérieur du corps, nous ne sommes pas écrasés. La pression atmosphérique varie suivant le lieu et la température. L'air chaud plus léger s'élève en s'échappant vers l'extérieur ; l'air froid plus lourd s'affaisse au voisinage du sol. L'arrivée de l'air chaud provoque une *baisse de pression,* celle de l'air froid une *hausse de pression.*

La *répartition moyenne* de la pression au niveau de la mer est caractérisée dans chaque hémisphère, de l'équateur vers le pôle, par : une zone de basse pression, une ceinture d'*anticyclones* ou zones de haute pression tropicales (l'anticyclone des Açores par exemple), des dépressions aux latitudes moyennes (dépression de l'Atlantique Nord), des pressions hautes près du pôle.

■ **Anticyclone.** Zone de pression élevée où la pression augmente de la périphérie vers le centre.

■ **Cyclone** (du grec *kuklos,* cercle, utilisé en 1845 par l'Anglais Piddington de l'observatoire de Calcutta). Désigne en général les centres de basses pressions dans lesquels l'air s'engouffre en tourbillonnant *(mésocyclone)* et, plus particulièrement, les dépressions tropicales au centre desquelles la pression est très basse avec des vents supérieurs à 200 km/h (diamètre : 200 à 900 km) [la pression au centre d'un cyclone tropical peut descendre au-dessous de 900 hPa alors que la pression moyenne au niveau de la mer est de 1 013 hPa et qu'une dépression des latitudes tempérées ne descend que rarement au-dessous de 960 hPa]. *Écart maximal observé entre pressions* réduites au niveau de la mer : 213,8 hPa, entre 1 083,8 hPa

Pression (dans une atmosphère moyenne)

Altitude (en m)	Pression (en hPa)	Altitude (en m)	Pression (en hPa)
0	1 013	9 000	307
1 000	899	10 000	264
2 000	795	11 000	226
3 000	701	12 000	193
4 000	616	15 000	120
5 000	540	20 000	55
6 000	472	30 000	11
7 000	411	40 000	2,8
8 000	356		

Variations en des lieux donnés (en hPa)

	Milieu janvier	Milieu juillet	Moyenne annuelle
Équateur	1 011,2	1 011,5	1 011,4
Lat. 35° N	1 018,7	1 014,5	1 016
Lat. 30° S	1 015	1 021	1 018,5
Paris	1 016,6	1 017,5	1 016,8

■ **Ceintures de Van Allen.** Détectées en 1958 par l'engin américain Explorer 1, puis explorées par les engins Explorer et Pioneer [mesures interprétées par James Alfred Van Allen (né 7-9-1914), directeur de l'observatoire de Washington]. Disposées parallèlement au plan de l'équateur magnétique, inclinées d'environ 11° sur l'équateur géographique. *Ceinture intérieure* (à 3 500 km) : composée essentiellement de protons, dus à l'action des rayons cosmiques qui bombardent la Terre en permanence, et, à très faible densité, d'électrons dont certains ont sans doute la même origine cosmique que les protons (sauf ceux, très abondants, de moins de 1 100 000 volts). *Ceinture extérieure* (à 20 000 km) : composée d'électrons. Un cosmonaute exposé, sans protection, aux radiations des ceintures de Van Allen subirait plusieurs millions de rads par heure (or 500 rads sont généralement mortels).

■ **Rayonnement cosmique.** Découvert en 1912. Peut-être s'agit-il de particules émises lors d'explosions ou d'implosions d'étoiles (supernovae, trous noirs). Comprend 90 % de protons (noyaux d'hydrogène), 9 % de particules alpha (noyaux d'hélium), 1 % d'électrons et quelques noyaux lourds.

Il arrive dans les parties hautes de l'atmosphère sous sa forme primaire avec une séparation **isotrope** (c.-à-d. dans toutes les directions) ; là, il se transforme et donne naissance à des phénomènes secondaires nombreux et variés comprenant même des créations de particules nouvelles, des effets multiples tels que des gerbes d'électrons, des réactions nucléaires, etc. On distingue alors souvent plusieurs groupes principaux : électrons et photons, mésons, neutrons et protons, désintégrations nucléaires (*étoiles*). Des sous-groupes présentent des caractères particuliers tels que les *grandes gerbes de l'air,* les *gerbes pénétrantes,* les très grandes *bouffées d'ionisation* correspondant à la production simultanée de quantités considérables de rayons.

Les protons, en entrant en collision avec les atomes d'oxygène et d'azote de l'atmosphère, donnent naissance à des mésons « pi », qui se désintègrent en 1/100 de millionième de seconde (ayant parcouru quelques centaines de m), et se transforment en mésons « mu », de durée de vie cent fois supérieure et qui parcourent quelques dizaines de km.

Énergie globale très faible (de l'ordre de grandeur de l'énergie qui vient des étoiles et qui est reçue sur la Terre) ; en effet, si l'énergie de chaque rayon est très grande (pour certaines particules, très rares, jusqu'à 100 milliards de milliards d'électrons-volts), il y a très peu de rayons.

L'effet global augmente dans les hautes couches de l'atmosphère (vers 30 km), où le rayonnement est 100 fois plus puissant qu'au niveau de la mer car le rayonnement primaire produit dans l'atmosphère des effets secondaires, tertiaires, etc., de plus en plus abondants, à mesure que l'épaisseur d'atmosphère traversée grandit, puis diminue par suite des différentes absorptions.

Au-dessus du milliard d'électrons-volts, les rayons cosmiques sont en grande partie intégrés par le « vent solaire » [lui-même courant de particules électrisées (protons, électrons)]. Leur intensité décroît ainsi au niveau de la Terre : c'est l'effet « Forbush » (Américain qui le mit en évidence).

Au sol, on reçoit très peu de rayons [au niveau de la mer 1 particule par cm² et par minute (soit environ 1 particule par seconde sur la main)]. L'observation requiert des appareils sensibles (par exemple l'électro-aimant de l'Académie des sciences à Meudon).

(Agata-Sibérie, 31-12-1968) et 870 hPa (œil du typhon Tip par 17° de latitude Nord et 138° de longitude Est le 12-10-1979 Pacifique). **Conditions d'apparition :** *eaux de surfaces à plus de 26 °C* sur 60 m de profondeur ; régions tropicales où le mouvement induit par la rotation de la Terre (force de Coriolis, voir col. c) est assez puissant pour entretenir les tourbillons qui les agitent (entre les 8e et 30e parallèles) ; *atmosphère humide*. Ces dépressions se déplacent sur l'océan selon une courbe ayant la forme d'une parabole orientée, dans l'océan Atlantique Nord, d'abord vers l'ouest en direction du golfe du Mexique, ensuite vers le nord et le nord-est. Elles sont capables de brusques changements de direction et leur trajectoire est peu prévisible sans les méthodes modernes. Plus la pression est basse, plus sont violents les vents qui tournent autour du centre (sens des aiguilles d'une montre dans l'hémisphère Sud, dans le sens contraire dans l'hémisphère Nord). **Vitesse de déplacement :** 20 à 35 km/h (les vents tourbillonnant autour de ces dépressions peuvent atteindre 350 km/h dans le cas des cyclones tropicaux). Le terme cyclone désigne également, par suite, les *tempêtes tropicales* (vent compris entre 63 et 118 km/h) qui naissent généralement entre les 8e et 30e parallèles. **L'œil** (diamètre 20/35 km) est une zone assez calme où le ciel est clair ou faiblement nuageux (vent de 0 à 30 km/h). Sa formation résulte de l'équilibre établi entre la force centrifuge et l'aspiration de la dépression centrale qui agissent sur les vents tourbillonnants. Le mur de l'œil est constitué de nuages dépassant au sommet 15 000 m d'altitude et concentrant 50 % des pluies totales du cyclone. **Ravages :** causés par la vitesse du vent, les raz de marée et les crues soudaines des rivières provoquées par des pluies diluviennes (par exemple, à la Réunion, en mars 1962 : 2 200 mm en 2 jours ; 4 150 mm en 4 jours). **Énergie libérée par un cyclone :** 200 à 300 kilotonnes par seconde (bombe d'Hiroshima : 20 kilotonnes). **Nombre de cyclones par an dans le monde :** 80 ; **aux USA :** 2 au moins par an. Tous les 3 ans environ, dans les régions côtières, un ouragan très violent dévaste le pays sur 100 à 150 km de largeur et parfois sur des centaines de km de longueur.

☞ Le projet américain *Storm Furry* (années 1970) pour diluer la zone active des cyclones en y répandant de l'iodure d'argent et en stoppant l'évaporation grâce à une couche d'huile répandue sur l'océan ne fut jamais efficace.

Classification des cyclones tropicaux (échelle Saffir-Simpson) : **classe I :** pression égale ou supérieure à 980 hPa ; vents de 118 à 153 km/h. **II :** 979 à 965 hPa ; 154 à 177 km/h. **III :** 964 à 945 hPa ; 178 à 209 km/h. **IV :** 944 à 920 hPa ; 210 à 249 km/h (à l'arrivée de « Hugo » 923 hPa). **V :** 919 hPa ; plus de 249 km/h (« Gilbert » 885 hPa : record de basse pression des cyclones d'Amérique).

Dénomination des cyclones (origine) : *jusqu'au début du XXe s. :* ouragans des Caraïbes nommés d'après le saint du jour ; *XXe :* États-Unis, nom formé de l'année suivi d'une lettre (1920 A, 1920 B, ...) ; plus tard, l'armée américaine utilisera l'alphabet phonétique (Able, Baker, Charlie...) ; *2e Guerre mondiale :* prénoms féminins courts et faciles à mémoriser. Liste établie pour 5 ans par le Comité des ouragans (directeurs des services météo d'Amérique du Nord et centrale). Prénoms utilisés au fur et à mesure des perturbations, en commençant par la lettre A ; *en 1993 :* liste arrêtée à H (8 phénomènes) et en 1994, à G (7 phénomènes). *Depuis 1978 :* alternance des prénoms féminins et masculins (après intervention des ligues féministes américaines). Prénom utilisé une seule fois en cas de cyclone très dévastateur.

Prévision des cyclones : l'Organisation météorologique mondiale a mis en place dans chaque bassin océanique un centre responsable des détections et des prévisions dans le cadre d'un système mondial d'avis de cyclones tropicaux. *Bassin atlantique :* le NHC (National Hurricane Center) de Miami dispose d'avions de reconnaissance [les chasseurs d'ouragans (*hurricane hunters*), avions blindés chargés d'électronique, sont les seuls à pouvoir prendre des mesures dans l'œil des cyclones]. Messages toutes les 6 h aux services météo (3 h pour les zones habitées) sur caractéristiques et prévision de trajectoire du cyclone (erreur moyenne sur la position du centre à 24 h : 150 km). Dans les Antilles françaises, Météo-France réalise les prévisions d'impact à l'aide de radars, cartes d'évolution des paramètres atmosphériques et système de réception des satellites Météosat et Goes. Bulletins météo sur radio, télévision et serveurs téléphoniques. Bulletins spéciaux : Bram (Bulletins régionaux d'avertissements météo) en cas de fortes pluies et Bic (Bulletins d'information cyclonique) toutes les 3 h, en cas de tempête ou d'ouragan.

Termes employés : hurricane (d'une langue caraïbe). Signifie ouragan (dans l'Atlantique Nord). 3e phase d'une perturbation tropicale (cyclone tropical). Vitesse : supérieure à 119 km/h. **Typhon.** Appellation des cyclones tropicaux dans le Sud-Est asiatique (étymologie contestée : du portugais *tufão* ou de l'arabe *tufan* « tourbillon », du chinois *taifung* « vent de Formose », du nom du dieu grec du vent funeste : *Typhoeus*). **Willy-willy.** Cyclone tropical se formant en mer au nord de l'Australie.

☞ **Pot au noir :** zone de basse pression, s'étendant en bande le long de l'équateur. Ciel couvert, pluies, orages, mais peu de vents ; le baromètre y varie peu. Les navires à voiles y étaient souvent immobilisés pendant de longues périodes...

Les tourbillons cycloniques des latitudes moyennes, appelés couramment *« dépressions tropicales »* (vent inférieur à 62 km/h) sont plus étendus que les cyclones tropicaux (jusqu'à 3 000 km de diamètre) et moins violents que ceux des latitudes intertropicales.

■ **Types de baromètres. A mercure :** formé d'un tube vertical en verre, de 80 cm de longueur (ou un peu plus), dont la partie inférieure est plongée dans une cuvette de mercure ou est recourbée en U. Il contient du mercure qui, à pression normale, atteint une hauteur de 760 mm, c'est-à-dire que la pression de l'air équilibre le poids d'une colonne de mercure de 76 cm de hauteur. Le mercure monte quand la pression augmente et descend quand la pression baisse. **Métallique (anéroïde) :** boîte métallique, close et vide d'air, au couvercle souple et déformable. Il s'écrase d'autant plus que la pression est plus forte, et ce mouvement est transmis par un levier à une aiguille mobile devant un cadran.

Marées barométriques ou atmosphériques. Oscillations faibles de la pression dues au Soleil ou à la Lune (insignifiantes pour la Lune) ; celles du Soleil sont plus importantes car l'onde thermique s'ajoute à l'onde de gravitation, et celle-ci est renforcée par un phénomène de résonance. Dans les régions intertropicales, la pression barométrique est soumise à une oscillation semi-diurne (d'où son nom, métaphorique, de marée). De l'ordre de 1 à 2 hPa.

Masses d'air

■ **Théorie** (due à Jacob et Vilhelm Bjerknes, Halvor Solberg, Tor Bergeron, 1922). La troposphère n'est pas homogène, même à un niveau déterminé, la température et l'humidité en particulier, présentent des variations importantes, même sur l'horizontale. On admet que l'atmosphère est constituée d'un ensemble de grandes masses d'air, plus ou moins homogènes, séparées par des zones de transition, parfois brutales (« fronts atmosphériques »). Leurs propriétés dépendent des caractéristiques de la surface sous-jacente : continentale ou maritime, chaude ou froide, sur laquelle elles restent un temps suffisamment long pour arriver à un état d'équilibre. On distingue principalement, dans chaque hémisphère, 2 de ces « masses d'air ». **Air polaire :** *maritime humide* (tiède en été, frais en hiver) ; *continental sec* (glacial en hiver, chaud en été). **Air tropical :** *maritime* (tiède et humide) ; *continental* (sec et chaud).

Une masse d'air chaud qui circule au-dessus d'une surface plus froide qu'elle-même est stable, car sa partie inférieure se refroidit (sa température décroît moins vite sur la verticale, ce qui affaiblit les courants verticaux). Une masse d'air qui circule au-dessus d'un sol plus chaud qu'elle-même est en général instable. Du fait du réchauffement qui se produit au contact de la Terre, l'air léger et chaud cherche à s'élever et traverse l'air froid, entraînant des turbulences. Généralement les masses d'air froid polaires évoluent rapidement en s'étendant sur les océans (l'air polaire est plus froid que ceux-ci) tandis que les masses d'air chaud tropicales varient lentement (elles sont plus chaudes que le sol au-dessus duquel elles se déplacent).

■ **Front.** Surface de contact entre 2 masses d'air. Cette surface est inclinée (l'air le plus dense tend à s'enfoncer en biseau sous l'air le plus léger) et ondulée (des langues d'air chaud alternent avec des poussées d'air froid). 2 (parfois 3) fronts accompagnent les dépressions. En Europe, les plus connues sont les **dépressions atlantiques.** Venant de l'océan et se déplaçant vers l'est à environ 50 km/h, elles traversent la France en 3 jours environ. A l'avant de la perturbation se trouve le **front chaud :** la masse d'air la plus chaude s'élève au-dessus de l'air froid (accompagnée de nuages et de pluie). A l'arrière de la perturbation, l'air froid succède à l'air chaud et le soulève : c'est le **front froid** (nuages épais, averses ou orages brefs, vents violents de nord-ouest, d'ouest ou de sud-ouest). Les perturbations se succèdent par groupes (familles) : 4 ou 5 individus sur 15 jours. Quand l'air froid se répand sur la dépression tout entière, celle-ci se comble, le front s'atténue et finit par disparaître *(frontolyse)*. Lorsque les masses chaudes n'ont plus de contact avec le sol et sont rejetées dans les couches supérieures, on parle de **front occlus.**

☞ **Front polaire :** concept créé en 1920 par Jacob Bjerknes et Halvor Solberg, non vérifié. Ligne de contact entre air tropical et air polaire que leurs fortes différences rendraient instables, expliquant ainsi la formation de tempêtes en Europe.

■ **Température.** Est fonction de la latitude, des périodes d'éclairement et de la répartition des terres, des mers et des courants marins. **Minimale :** un peu avant le lever du jour (la Terre s'étant refroidie la nuit, et n'ayant encore reçu aucun rayon). **Maximale** *sur les continents :* 1 ou 2 h après le passage du Soleil au midi vrai ; *en mer :* 1/2 h. **Moyenne du globe** (mesurée à 2 m au-dessus du sol sous abri). + 15 °C (régions polaires − 20 °C, tempérées + 11 °C, équatoriales + 26 °C), supérieure à la moyenne arithmétique des 3 régions (+ 11 °C), les régions équatoriales étant plus étendues que les régions polaires.

Vent

Formation

Le vent est de l'air en mouvement. Sa vitesse dépend de la **« force de pression »,** dirigée des hautes vers les basses pressions perpendiculairement aux *isobares* (lignes d'égale pression tracées sur les cartes météo). Dans les régions où les isobares sont serrées (la pression varie vite sur l'horizontale), la force de pression (donc la vitesse du vent) est plus forte qu'ailleurs. Le mouvement de l'air se faisant par rapport à la Terre, elle-même en mouvement de rotation, crée une force additionnelle dite **« force de Coriolis »** (nulle à l'équateur, maximale aux pôles) : force déviante composée, perpendiculaire au vent et à l'axe de rotation de la Terre ; sa composante utile, c'est-à-dire horizontale, est égale à $2\,\omega V \sin A$ et est dirigée vers la droite du mouvement dans l'hémisphère Nord (ω vitesse angulaire de rotation de la Terre, V vitesse du vent, A latitude du lieu). La **« force de frottement »** entre l'air en mouvement et le sol varie selon l'intensité du vent et la rugosité du sol. *Au-dessus de la couche de frottement* (qui s'étend à partir du sol jusqu'à 1 000 m), le vent souffle sous l'action de la force de pression et de la force de Coriolis, le long des *isohypses,* laissant, dans l'hémisphère Nord, les basses pressions à droite (le contraire dans l'hémisphère Sud). *Dans les basses couches de l'atmosphère* (en dessous de 1 000 m), sous l'emprise de la force de frottement, le vent fait un angle avec les isobares (20-25° sur mer et 35-45° sur terre). Il a ainsi tendance à pénétrer à l'intérieur des dépressions (il y a alors convergence de circulation, ce qui provoque des courants descendants et des nuages), et à sortir des anticyclones (il y a alors divergence de circulation avec des courants descendants et dissipation des nuages). Certains vents locaux s'expliquent parce que des surfaces contiguës peuvent absorber des quantités de chaleur différentes (*exemple :* l'eau se réchauffe le jour et se refroidit la nuit moins vite que la terre, d'où les brises de terre et de mer).

■ **Pression exercée par un vent.** *Formule :* $P = 1/2.[(\rho.v^2)/9{,}81]$. S'exprime en kg/m², ρ est une constante ayant pour valeur 1,293 kg/m³ (la masse volumique de l'air sec), v : vitesse du vent en m/s. Elle s'applique pour une surface plane et pour une direction du vent perpendiculaire à la surface.

Elle donne (au 1/10 près) pour *100 km/h :* une force de 50 kg/m² ; *150 km/h :* 115 kg/m² ; *200 kg/h :* 204 kg/m².

Types de vents

Alizé. Vent régulier de nord-est dans l'hémisphère Nord et de sud-est dans l'hémisphère Sud, soufflant des hautes pressions subtropicales vers les basses pressions équatoriales (force de Coriolis faible près de l'équateur). De faible vitesse (sauf au départ), soufflant en moyenne à 20 km/h, il apporte des pluies sur les côtes orientales des continents. **La convergence des alizés** des 2 hémisphères crée une ascendance au voisinage de l'équateur météorologique, qui oscille avec la saison. Dans la partie supérieure de la troposphère, les contre-alizés transportent l'air des basses latitudes vers les latitudes moyennes.

Anabatiques. Vents remontant le relief, comme la brise de vallée.

Atabatiques. Vents froids descendant le relief, comme le mistral. Vents de l'Antarctique descendant de l'inlandsis.

Blizzard (mot américain). Vent du nord, glacial, violent et accompagné de tempêtes de neige (Canada, nord des USA, hiver et printemps). **Courant-jet (courant-fusée, ou jet-stream) :** observé dans chaque hémisphère, entre les latitudes 30° et 45° à 8 000-12 000 m d'altitude, large de 1 000 km environ sur 4 à 7 km d'épaisseur. Au centre, sa vitesse moyenne est de 150 km/h l'hiver et 80 km/h l'été, et peut dépasser 400 km/h. Un courant-jet typique s'accompagne de zones de vents maximaux qui ont tendance à se déplacer vers l'est. Ces maximums sont très fréquents au Japon, en Libye et en Nouvelle-Angleterre (USA). La France est parfois traversée du nord-ouest au sud-est par un courant-fusée qui rejoint le courant-fusée subtropical au-dessus de la Méditerranée orientale.

Maelström. Nom d'un tourbillon norvégien (du hollandais *malen,* moudre et *strom,* courant). Courant tourbillonnaire marin.

Mousson. La *mousson d'hiver* (sèche) : d'octobre à avril, souffle du continent froid vers les mers chaudes. La *mousson d'été* (humide) : de mars à sept., souffle de l'océan vers le continent. Pays : Inde (régions les plus arrosées : *1°)* fond du golfe du Bengale, le long des montagnes de l'Assam et jusqu'à l'Himalaya ; *2°)* côte sud-ouest ou côte de Malabar), Viêt Nam, Afrique (du golfe de Guinée au Sénégal), Amér. du Nord (plaine du Mississippi ; mousson venue du golfe du Mexique). Vitesse 30 à 40 km/h.

Ouragan (voir p. 105 b).

Tornade (de l'espagnol *tornado* venant de *tornar,* tourner). Tourbillon circulaire (diamètre de moins de 2 km) se déplaçant à 30-60 km/h, dont les vents tournants peuvent dépasser 500 km/h. Tournent dans le sens des aiguilles d'une montre dans l'hémisphère Sud ; dans le sens contraire dans l'hémisphère Nord. Dévastant rarement à plus de 200 m de part et d'autre du nuage en forme

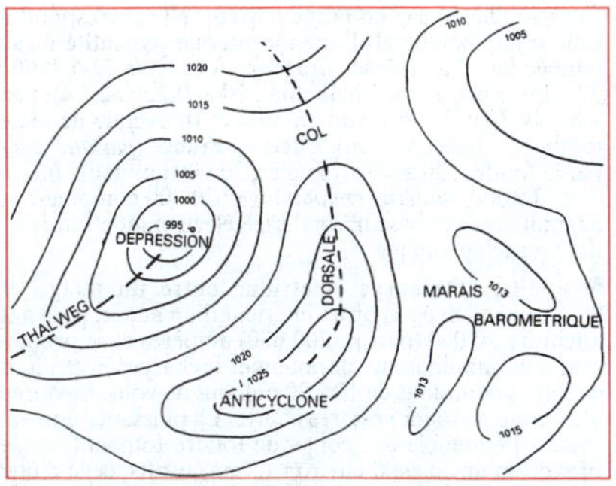

Dépression : région où la pression atmosphérique est faible, lettre D ou L sur les cartes. *Anticyclone :* région où la pression atmosphérique est forte, lettre A ou H sur les cartes. *Dorsale :* axe des hautes pressions. *Thalweg :* axe des basses pressions. *Marais barométrique :* vaste étendue où la pression atmosphérique varie très peu.

d'entonnoir qui correspond au tourbillon. Le courant ascendant (de 150 à 300 km/h au centre de l'entonnoir) emporte tout sur son passage. *Tornades de sable :* quotidiennes l'été aux heures chaudes (désert sud de l'Iran). Voir également trombe p. 107 b.

☞ *Le 29-5-1986 :* une tornade aspira en Chine 12 écoliers et les déposa indemnes 20 km plus loin. *En avril 1980 :* une maison du Missouri a été entraînée à 19 km de ses fondations.

■ Vents cités dans l'Antiquité

Apéliotes, de l'E. **Aquilon**, du N. **Auster** ou **Notos**, du S. **Borée**, du N. **Cecias**, du N.-E. **Euros**, du S.-E. **Lips**, du S.-O. **Sciron**, du N.-O. **Zéphyr**, de l'O., etc.

■ Vents locaux et marins

Anoraru. Du S.-E., d'octobre à avril : île de Pâques. **Antolikos.** De l'E., doux, d'octobre à avril : Méditerranée orientale, mer Égée. **Apeliotes.** De l'E., doux : mer Égée. **Autan blanc et noir** (voir à l'Index).

Belats. Du N.-N.-O., chaud, sec, en hiver et au printemps : côtes sud de l'Arabie. **Bentu de Soli.** De l'E., chaud, humide : Sardaigne. **Berg Winds.** Du N.-E.-E., chaud, sec, en toutes saisons : côte sud-ouest d'Afrique du Sud (15° de latitude S.). **Bora.** Du N.-E.-E., vent froid en toutes saisons : Adriatique, mer Noire.

Chergui. Du S.-S.-E., chaud, sec, au printemps et en été : Maroc. **Chubascos.** De l'E.-N.-E., chaud, humide, d'avril à janvier : côte ouest de l'Atlantique central.

Este. De l'E.-S.-E., chaud, sec, en été : Madère. **Étésiens (vents).** Du N., frais, secs, en été : Méditerranée orientale, Bosphore.

Fœhn (mot dialectal suisse). Vent qui arrive chargé d'humidité sur le versant d'une montagne, perd de la chaleur en se décompressant et son humidité au cours d'averses sur les hauteurs. Redescendant sur l'autre versant, il acquiert, par compression (étant plus sec), une température supérieure à celle qu'il avait au même niveau avant la pluie. Fréquent dans les Vosges, il explique les précipitations qui tombent sur l'Alsace.

Galerne. Du N.-O., frais, humide, violent, en toutes saisons : golfe de Gascogne. **Grégale.** Du N.-E., froid, sec, violent, hiver : Méditerranée (mers Égée et Ionienne, Sicile).

Harmattan. Du N.-N.-E., très sec, en hiver et au printemps : côte du Sénégal. **Hegoa.** Du S., chaud et sec, mais suivi de pluies : Pays basque.

Kaus. Du S.-E.-S., chaud, humide, en été : golfe Persique. **Khamsin.** Du S., chaud et sec, en hiver et au printemps : mer Rouge, golfe d'Aden.

Leste. De l'E., chaud et sec : Madère. **Levante.** De l'E., froid, humide, en été : golfe de Cadix, mer d'Alboran. **Levantes.** De l'O., chaud, sec : nord du Maroc. **Lévéché.** Du S.-E., sec, étouffant, par rafales : sud de l'Espagne (70 km à l'intérieur des terres). **Libeccio.** De l'O. ou S.-O., violent, en toutes saisons : Corse et Italie.

Maestrale. Du N.-O., en toutes saisons : Adriatique. **Marin.** Du S.-E.-E. (considéré comme l'antagoniste du mistral). Mousson maritime (chaude et humide) soufflant l'hiver de la Méditerranée vers la Provence et le Languedoc. **Mistral** (voir à l'Index). **Mumuku.** Froid, sec, en hiver : îles Hawaii.

Nortes. Du N., frais, au printemps et en hiver : côtes ouest d'Espagne et du Portugal. **Northers.** Du N., froid, sec, avec grains, en automne et hiver : golfe du Mexique, mer Caraïbe.

Paaske Osten. De l'E., froid, en avril : Baltique. **Pampero.** De l'O, de juillet à sept. : Río de la Plata. **Papagayo.** Du N., en hiver : golfe de Papagayo (Costa Rica). **Papakino.** Du N.-O., en été : île de Pâques. **Poniente.** De l'O., humide, en toutes saisons : golfe de Cadix, mer d'Alboran, côte marocaine.

Quarantièmes rugissants. De l'O., vents froids, violents, en toutes saisons : mers australes.

Revolin. Du N.-E., froid, sec, en hiver : mer Noire, Adriatique.

Shamal. Du N.-N.-O., frais, humide (hiver), en toutes saisons : golfe Persique, Somalie. **Simoun.** Du S.-O.-S.-E., chaud et sec, au printemps et en été : Sahara (Tunisie, Algérie). **Sirocco.** Du S., chaud et humide, en hiver : golfe de Gênes, Adriatique, mer Égée.

Tramontane (voir à l'Index).

Vendavales. Du S.-O., frais, humide, en hiver : golfe de Cadix. De l'O., de mai à décembre : côte occidentale d'Amérique centrale, Colombie.

Williwan. Vent de la mer de Béring, soufflant le long de l'Alaska.

■ Échelle anémométrique de Beaufort

Créée vers 1805 par le contre-amiral anglais Francis Beaufort (1774-1858), descendant de huguenots émigrés en Irlande. Utilisée par la marine anglaise en 1838. Reconnue internationalement en 1874, surtout par la marine. Donne la force du vent [en km/h et en nœuds (nds)] pour une hauteur standard de 10 m au-dessus d'un terrain plat et découvert. Les derniers chiffres donnent la hauteur des vagues probable (et, entre parenthèses, maximale), en haute mer, loin des côtes (dans les mers intérieures ou près des côtes avec un vent de terre, la hauteur des vagues sera plus faible et leur escarpement plus fort).

0. Calme. < 1 km/h (< 1 nœud). La fumée s'élève verticalement. La mer est comme un miroir.

1. Très légère brise. 1-5 km/h (1 à 3 nds). Fumée déviée. Rides ressemblant à des écailles de poisson, mais pas d'écume. 0,10 m.

2. Légère brise. 6-11 km/h (4 à 6 nds). Frémissement des feuilles, une girouette ordinaire est mise en mouvement. Vaguelettes courtes, mais accusées ; leurs crêtes ont une apparence vitreuse, mais ne déferlent pas. 0,20 m (0,30).

3. Petite brise. 12-19 km/h (7 à 10 nds). Feuilles et petites branches constamment agitées, le vent déploie les drapeaux légers. Très petites vagues, crêtes commençant à déferler, écume d'aspect vitreux, parfois quelques moutons. 0,60 m (1).

4. Jolie brise. 20-28 km/h (11 à 16 nds). Soulève la poussière. Petites branches agitées. Petites vagues devenant plus longues, moutons nombreux. 1 m (1,50).

5. Bonne brise. 29-38 km/h (17 à 21 nds). Les arbustes en feuilles commencent à se balancer. De petites vagues avec crêtes se forment sur les eaux intérieures. Vagues modérées, allongées, nombreux moutons (éventuellement des embruns). 2 m (2,50).

6. Vent frais. 39-49 km/h (22 à 27 nds). Grandes branches agitées, fils télégraphiques faisant entendre un sifflement, usage des parapluies difficile. Des lames se forment, crêtes d'écume blanche partout plus étendues (habituellement quelques embruns). 3 m (4).

7. Grand frais. 50-61 km/h (28 à 33 nds). Arbres agités, marche contre le vent pénible. La mer grossit, écume en traînées s'orientant dans le lit du vent. 4 m (5,50).

8. Coup de vent. 62-74 km/h (34 à 40 nds). Branches cassées, marche contre le vent impossible. Lames de hauteur moyenne et plus allongées, dont se détachent des tourbillons d'embruns. 5,50 m (7,50).

9. Fort coup de vent. 75-88 km/h (41 à 47 nds). Tuyaux de cheminée et ardoises arrachés. Grosses lames, épaisses traînées d'écume, crêtes déferlant en rouleaux, embruns pouvant réduire la visibilité. 7 m (10).

10. Tempête. 89-102 km/h (48 à 55 nds). Rare à l'intérieur des terres, arbres déracinés, importants dommages aux habitations. Très grosses lames à longues crêtes en panache, épaisses traînées blanches d'écume, déferlement en rouleaux intense et brutal, visibilité réduite. 9 m (12,50).

11. Violente tempête. 103-117 km/h (56 à 63 nds). Très gros ravages. Lames très hautes (les navires de moyen tonnage peuvent par instant être perdus de vue), la mer est recouverte de bancs d'écume, partout le bord des crêtes des lames est soufflé et donne de la mousse, visibilité réduite. 11,50 m (16).

12. Ouragan. 118 km/h et plus (64 nds et plus). Air plein d'écume et d'embruns, mer entièrement blanche d'écume, visibilité très réduite. 14 m (36). **13.** 134-149 km/h (72-80). **14.** 150-166 km/h (81-89). **15.** 167-183 km/h (90-99). **16.** 184-201 km/h (100-108). **17.** 202-220 km/h (109-118), etc.

Nota. – Vitesse record du vent mesurée au sol : 371 km/h (voir p. 107 a).

■ Échelle de Douglas

État de la mer [en italique, hauteur moyenne des vagues bien formées (en m)]. **0** calme, sans rides *0.* **1** calme, ridée *0 à 0,10 m.* **2** belle (vaguelettes) *0,10 à 0,50.* **3** peu agitée *0,50 à 1,25.* **4** agitée *1,25 à 2,50.* **5** forte *2,50 à 4.* **6.** très forte *4 à 6.* **7** grosse *6 à 9.* **8** très grosse *9 à 14.* **9** énorme *> de 14.*

■ Fronts océaniques

☞ *Abréviation :* Fr. : Front.

Atlantique. Boucle du Golfe. Mur du Gulf Stream. Fr. polaire Nord. Fr. de Pente. Fr. des Sargasses. Convergence subtropicale. Fr. Islande Féroé. Fr. du détroit du Danemark. Fr. du Groenland oriental. Fr. de la mer de Norvège. Fr. de l'île de l'Ours. Remontée d'eau du nord-ouest de l'Afrique. Fr. de Guinée. Fr. de Guyane. Remontée d'eau de Benguela. Convergence subtropicale. Fr. polaire Sud. Divergence antarctique. **Méditerranée.** Fr. de Gibraltar. Fr. d'Alboran. Fr. de Malte. Fr. ionien. Fr. du Levant. **Indien.** Remontée d'eau d'Arabie. Fr. salin de l'océan Indien. Contre-courants équatoriaux. Fr. occidental australien. Divergence antarctique. **Pacifique.** Mur du Kuroshio. Fr. de la mer Jaune. Fr. de Corée. Fr. de Tsushima. Mur de l'Oyashio. Fr. des Kouriles. Fr. subarctique. Fr. salin Nord. Fr. salin Sud. Convergence tropicale. Convergence de Tasmanie. Fr. subantarctique australien. Fr. subtropical. Fr. de Californie. Fr. équatorial. Divergence antarctique.

■ Catastrophes

Principaux typhons (t.), **blizzards** (b.), **cyclones** (c.), **ouragans** (o.), **tornades** (tor.) et **nombre de morts** (†).

1502 Saint-Domingue (c.). **1703** Europe (o.) : Angleterre : 8 000 †. **1864**-*5-10* Inde (c.) : 70 000 †. **76**-*31-10* Inde (c.) : 215 000 †. **81**-*8-10* Indochine (t.) : 300 000 †. **82**-*6-6* Inde (c.) : 100 000 †. **92**-*avril* île Maurice (c.) : 1 200 †. En France : **96-97** « années des cyclones » : **96**-*26-7* Paris ; *-1-9* Le Havre ; *-10-9* Paris : dégâts sur 6 km, largeur 150-300 m, plusieurs blessés ; **97**-*6-6* Isère : trombe de Voiron : 10 millions de F de dégâts ; *-18-6* Asnières : banlieue ouest ravagée jusqu'à Courbevoie : 1 †, nombreux blessés.

1900-*8-9* Galveston, Texas, USA (o.) : 6 000 †. **06**-*17-9* Chine (t.) : 10 000 †. **25**-*18-3* USA (tor.) : 792 †. **28**-*12/17-9* Caraïbes (o.) : 4 000 † ; Guadeloupe (c.) : 1 200 †. **30**-*3-9* Rép. dominicaine [« San Zenon » (o.)] : 2 000 †. **34**-*21-9* Japon (o.) : 4 000 †. **35**-*25-10* Haïti (o.) : 2 000 †. **37**-*1/2-9* Hong Kong (t.) : 11 000 †. **38** New York, Nlle-Angleterre, USA (o.) : 6 000 †. **42**-*16-10* Inde (c.) : 40 000 †. **49**-*31-11* Philippines (t.) : 1 000 †.

1952-*20/22-10* Indochine, Philippines (t.) : 1 000 †. **53**-*25-9* Viêt Nam (t.) : 1 000 †. **54**-*26-9* Japon (t.) : 1 600 †. *-17/19-9* Japon (t.) : 2 000 † ; *-26/27-9* Japon (t.) : 4 460 † ; *-27-10* Mexique (o.) : 15 500 †.

1960-*oct.* Pakistan : 14 000 †. **63**-*29-5* Pakistan (c.) : 11 942 † ; *-2-10* Haïti (t.) : 5 000 †, Cuba : 1 000 †. **64**-*5-10* Inde (c.) : 70 000 †. **65**-*11-5* Pakistan (c.) : 17 956 † ; *-1/2-6* Pakistan (c.) : 30 000 † ; *-15-12* Pakistan (c.) : 10 000 †. **68**-*9/10-5* Birmanie : 1 000 † ; *-août* île de Teguan (Indonésie) engloutie : 500 à 1 000 † (?).

1970-*12/13-11* Bangladesh : 300 000 † (la plus grande catastrophe météo du siècle). **71**-*29/30-10* Inde (c.) : 20 000 à 50 000 †. **73**-*avril* Bangladesh (c.) : 1 000 † ; *-19-9* Honduras [« Fifi » (o.)] : plus de 8 000 †. **76**-*30-9* Mexique (c.) : plus de 2 500 † ; *-31-10* Inde (c.) : 215 000 †. **77**-*19-11* Inde (Andhra Pradesh) (c.) : plus de 10 000 †. **79**-*28-8/4-9* Antilles et Floride [« David » (o.)] : plus de 1 000 †.

1980-*5-10* Indochine (t.) : 300 000 †. **83**-*5* Équateur, Pérou [« el Niño » (c.)] : 600 † ; G.-B. : 20 † ; *-16/17-10 France* (Bretagne) (o.) : 6 †, dégâts 10 milliards de F, vitesse du vent 246 km/h à Concarneau. **87**-*31-7* Edmonton (Canada) (t.) : 27 †. **89**-*11 au 22-9* Antilles, USA [« Hugo » (c.)] : 82 †.

1990-*25/26-1* nord-ouest de l'Europe (o.) : 94 †, vent 180 km/h ; *-3-2 France* (o.) : 24 † ; *-26-2/1-3* Europe (o.) : 84 †, *France :* 19 † ; **91**-*30-4* Bangladesh (c.) : 125 000 †, 240 km/h, vagues 6 m. **92**-*23 au 26-8* USA [« Andrew » (c.)] 260 km/h : 28 †, dégâts 30 milliards de $ (on put évacuer avant 2 800 000 personnes des zones côtières les plus basses de Floride et du golfe du Mexique. **93**-*13/14-3* est des USA (b.) : 200 †. **94**-*sept.* Antilles [« Debbie » (c.)] : 10 † ; *-8-11* Haïti [« Gordon » (c.)] : 350 à 500 †. **95**-*du 22-8 au 31-11 :* 11 cyclones (dont 5 avec vents à 177 km/h) et 19 tempêtes tropicales dans l'Atlantique ; *-5/6-9* St-Martin et St-Barthélemy [« Luis » (o.), vents 209/248 km/h]. **96**-*7/8-1* nord-est des USA (b.) : 100 † ; *-22-8* nord de l'Inde, Himalaya (b.) : 239 † ; *-9-9* sud de la Chine [« Sally » (t.)] : 114 † ; *-6-11* Inde [Andhra Pradesh] (c.) : 1 000 † ; *-25-12* est de la Malaisie (tempête tropicale) : 100 † ; **97**-*19-5* Bangladesh (c.) : 108 † ; *-8/10-10* Mexique [« Pauline » (o.)] : 400 †. **98**-*sept.* est des USA [« Bonnie » (c.)] ; Antilles, USA [« Georges » (c.)] : 300 à 400 † ; *-21-10 au 5-11* Amérique centrale [« Mitch » (c.), vents max. 288 km/h] : 1 000 (chiffres recueillis sur le terrain) à 14 000 † (officiellement annoncés mais contestés) au Honduras. **99**-*16-9* est des USA [« Floyd » (c.)] : 2 600 000 de personnes déplacées : 35 †. *-29-10* Orissa [Inde] (c.) : 9 504 †. *-3/4-12* Europe du Nord [« Anatol » (o.)] : 18 † (Danemark 5) ; *-26/27-12 France* Nord et *27/28-12* Sud : dégâts 75 milliards de F, 250 millions d'arbres abattus (environ 100 millions de m^3), 55 †. **2000**-*févr.* « Léon-Éline » (Madagascar, Mozambique).

Protection contre la foudre

■ **Signes précurseurs de la foudre.** Apparition de nuages cumulo-nimbus en forme de tours. Petites lueurs bleues [**feux Saint-Elme** (dus aux courants d'ions qui sortent par les objets conducteurs pointus aux endroits où le champ électrique près du sol atteint une intensité suffisante)] sur les pics et crêtes de montagne. Difficilement perceptibles en pleine lumière du jour, ils s'accompagnent d'un bruissement ou d'un bourdonnement ; le système pileux s'électrise sur la tête. Grêle ou forte averse au sein d'un nuage. En plaine, les indications, moins marquées, peuvent être enregistrées par des systèmes d'alerte électrique (indiquent la probabilité d'un orage au voisinage).

■ **Dangers. Électrisation. Directe** : la foudre peut pénétrer directement le corps par la tête ou par l'intermédiaire d'un parapluie tenu à bout de bras. Le courant électrique traverse cerveau ou cœur provoquant son arrêt ou une fibrillation ventriculaire (troubles du rythme cardiaque). La mort survient dans 10 % des cas. Les survivants souffrent de brûlures cutanées et, pour 75 %, de séquelles neurologiques ou psychiatriques graves. **Indirecte** : lorsqu'on est en contact avec un objet foudroyé. **Effet de souffle** ou **de blast.** La chaleur dégagée par l'éclair (jusqu'à 30 000°) dilate l'air, générant une onde de choc intense qui peut perforer les tympans ou léser des organes. La rupture de vaisseaux sanguins, surtout au niveau de la tête, peut entraîner la mort.

■ **Lieux de protection.** Tout bâtiment ou abri à enveloppe conductrice permettant l'élimination des décharges électriques vers le sol (béton armé, revêtements métalliques, paratonnerre, véhicules à carcasse métallique continue). **Ce qu'il faut éviter.** Arbres isolés, particulièrement sous les branches basses s'étendant loin du tronc ; plus l'arbre est haut, plus grand est le danger en terrain découvert et sur les cimes. Orée d'un bois comportant de gros arbres. Granges, chapelles ou petites églises (en fait tous les édifices non protégés). Voisinage immédiat de lignes, de mâts d'antennes, etc., de ponts roulants et treuils élevés. Lacs, piscines, vastes plages plates. Crêtes, contreforts montagneux. Navires et tentes sans paratonnerre. Clôtures métalliques, rails. Foule. Être à cheval, à bicyclette ou sur un véhicule agraire. Se tenir près d'un véhicule ou se coucher dessous. Se coucher dans un fossé ou un creux (le sol y est meilleur conducteur). **Mesures à adopter.** Ne pas courir. Le fait d'avoir les jambes écartées augmente la différence de potentiel entre les 2 pieds et donc le risque d'électrocution. Se tenir aussi bas que possible afin de réduire la probabilité d'un coup de foudre direct ; réduire autant que possible la surface de contact entre le corps et le sol. *En terrain découvert* : s'agenouiller les genoux joints, les mains posées dessus et se pencher en avant (dans cette position, la protection d'un imperméable est efficace). Se recroqueviller sous un bon conducteur métallique à mailles fines ou une bicyclette, ou s'asseoir sur des vêtements en tissu enroulés formant une épaisseur de 10 cm, pieds joints, corps penché en avant et mains aux genoux. *Personnes groupées* : s'écarter les unes des autres. *Automobilistes* : ne pas sortir de la voiture. *Appareils électriques délicats* (téléviseur, équipements ménagers) : débrancher du secteur et de la terre en écartant largement les prolongateurs de leurs prises. *Téléphones fixes* : ne pas les utiliser, même pour répondre à un appel. La ligne peut être foudroyée à plusieurs km (on peut utiliser un portable). L'éclair étant une étincelle de très haute fréquence passant à travers des espaces vides, couper un compteur en cas de foudre est inutile, car il est plus facilement grillé. **Premiers soins** (voir **Soin** à l'Index).

■ **Renseignements.** 3614 Météoscope. 3617 Météorage. Association Protection foudre, *créée* juin 1993, *Pt* : Arnaud de Boysson.

■ **Paratonnerre.** Permet d'écouler le courant de la foudre vers le sol par l'intermédiaire d'un conducteur relié à la terre. Mais il n'assure pas une protection totale. **Paratonnerre de Benjamin Franklin** (Amér., 1706-90) à tige simple (1752). **Paratonnerre à dispositif d'amorçage (PDA)** à la pointe équipée d'un dispositif qui ionise l'air pour attirer la foudre.

Zone de protection d'un paratonnerre (le cercle de base du cône a pour rayon le double de la hauteur)

Cage de Faraday : un conducteur creux (par exemple une cage grillagée) forme écran pour les actions électriques et isole son contenu [1re construite en 1865 par Louis Melsens (physicien belge, 1814-86)]. L'intérieur d'une *cage de Faraday* ne renferme aucune charge d'électricité statique. Aussi, en cas d'orage, si l'on est en voiture, le meilleur abri est d'y rester (bien que les points de rupture des circuits brûlent si la foudre les touche). **Matériel et installateurs de paratonnerres** : Gimelec, 11, rue Hamelin, 75116 Paris ; Franklin, 75013 Paris ; Indelec 59 Douai.

☞ La coutume de sonner les cloches pendant les orages pour détourner la foudre et éloigner la grêle fut interdite à Paris le 29-7-1784.

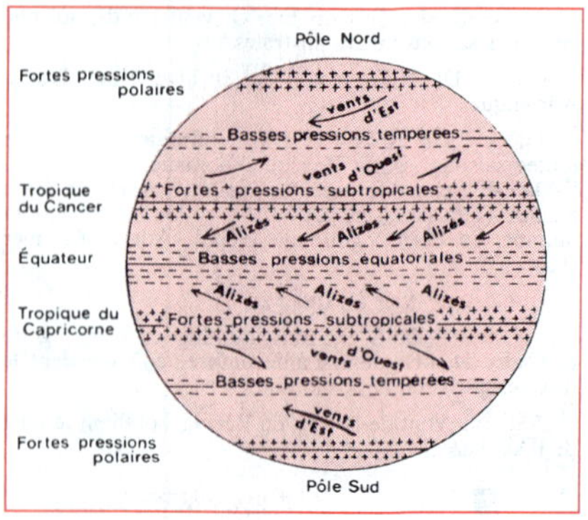

En réalité, par suite de l'effet calorique des océans et des continents, les bandes de hautes et de basses pressions ne sont pas continues, mais fragmentées.

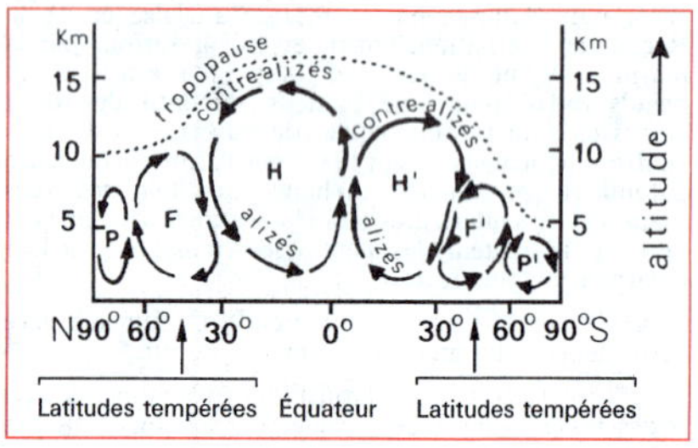

Circulation méridienne moyenne. H.H.' : cellules de Hadley. F.F.' : cellules de Ferrel. P.P.' : cellules polaires.

■ **Classification des perturbations tropicales dans l'Atlantique Nord.** (*Critère* : vent moyen sur 1 minute). On distingue **3 classes** : **1.** *dépression tropicale* : vent inférieur ou égal à 34 nœuds (63 km/h). **2.** *Tempête tropicale* : vent de 34 à 64 nœuds (63 à 117 km/h). Dans les Antilles françaises, le Plan urgence cyclone peut être déclenché si la menace est réelle sur l'une des îles. La perturbation est « baptisée », par le service météo de Miami (Floride, USA), d'un prénom tiré d'une liste préétablie par année (le 1er nom de l'année commençant par la lettre A). *Prénoms en 2001* : Allison, Barry, Chantal, Dean, Erin, Felix, Gabrielle, Humberto, Iris, Jerry, Karen, Lorenzo, Michelle, Noel, Olga, Pablo, Rebekah, Sebastien, Tanya, Van, Wendy. **3.** *Ouragan* : vent soutenu supérieur à 64 nœuds (118 km/h). Saffir et Simpson ont proposé une échelle à **5 niveaux** pour les ouragans : **catégorie 1** : vent de *64 à 83 nœuds (118 à 153 km/h)* ; **2** : *de 84 à 96* (154 à 177) ; **3** : *de 97 à 113* (178 à 209) ; **4** : *de 114 à 135* (210 à 248) ; **5** : *+ de 135* (249).

■ **Nombre d'ouragans et tempêtes sur l'Atlantique Nord** (1990-99). *1990* : 14 (dont 8 ouragans) ; *91* : 8 (4) ; *92* : 6 (4) ; *93* : 8 (3) ; *94* : 7 (3) ; *95* : 19 (11) ; *96* : 13 (9) ; *97* : 7 (3) ; *98* : 14 (10) ; *99* : 12 (8).

■ *Direction interrégionale Antilles-Guyane* : http://www.meteo.gp. *Centre de documentation des ouragans,* créé janv. 1998 à Basse-Terre (Guadeloupe) : http://www.ouragan-guadeloupe.org/ : pour informations sur cyclones aux Antilles françaises.

Orages

■ **Définition. L'orage** est un phénomène météorologique complexe qui se manifeste par une ou plusieurs décharges brusques d'électricité atmosphérique accompagnées d'une lueur brève et intense *(éclair)* et d'un bruit sec ou d'un roulement sourd *(tonnerre)*. Les orages sont associés aux nuages convectifs *(cumulo-nimbus)* et, le plus souvent, accompagnés de précipitations sous forme d'averses de pluie ou de grêle ou, occasionnellement, de neige, de neige roulée ou de grésil. Ces cumulo-nimbus sont dus soit au réchauffement de l'air par le sol terrestre et la condensation de la vapeur d'eau [en été, le réchauffement du sol par le Soleil provoque la formation de bulles d'air chaud (de plusieurs dizaines à plusieurs centaines de mètres de diamètre) qui vont s'élever d'autant plus que l'air est humide (contenant de la vapeur d'eau sous forme gazeuse, puis liquide)], soit à l'influence d'un front d'air froid. Les **courants verticaux** qui se développent dans les cumulo-nimbus, dont les sommets peuvent atteindre 14 000 à 16 000 m, surtout dans les régions intertropicales, provoquent la séparation des charges électriques. D'abord à petite échelle, par la collision entre les particules d'eau solides et liquides et les changements de phase de l'eau, ensuite par le transport et l'accumulation des charges électriques en grande quantité : charges positives dans la partie supérieure du nuage et négatives à sa base. Les précipitations entraînées par un orage amènent un refroidissement, et l'orage se termine quand ce refroidissement arrête les mouvements ascendants de l'air.

■ **Statistiques. Nombre d'orages** : *autour de la Terre* : 1 700 par seconde (50 à 100 impacts) ; *en France* : 1 000 000 à 2 000 000 par an, surtout à la campagne, en montagne et d'une façon générale sur terrain découvert.

Énergie libérée par un orage moyen : elle correspond à celle d'une bombe H d'une mégatonne. **Quantité d'eau tombée lors d'un épisode orageux** : à Paris *le 27-6-1990* : 32,8 litres par m² en 1 h 35 min ; *20-7-1972* : 52,2 mm en 1 h ; *19-7-1955* : 47,1 mm en 30 min (moyenne de pluie tombée en juillet 55 mm). **Effets en France** *(par an)* : *tués* par la foudre : 20 à 40 personnes, 20 000 animaux. *Incendies* : 15 000. *Matériel endommagé* : 50 000 compteurs et des milliers de téléviseurs, matériels électronique, informatique et téléphonique.

■ **Foudre.** Décharge électrique entre un nuage et le sol, entre 2 nuages, ou à l'intérieur d'un nuage, pouvant atteindre 20 000 (parfois 200 000) ampères et se produisant sous une différence de potentiel de charges électriques de signes contraires de 10 à 20 millions de volts. La durée d'un coup de foudre est très courte. La puissance équivalente à l'ensemble des coups de foudre tombant sur la France en un an est d'environ 15 mégawatts, celle d'une petite turbine de fleuve. L'utilisation éventuelle d'une telle source d'énergie supposerait résolus les problèmes techniques que sont le stockage et l'étalement dans le temps de cette énergie instantanée.

■ **Éclair.** Lueur résultant de l'échauffement de l'air traversé par la décharge. Un « précurseur », canal ionisé (conducteur) qui chemine vers le sol provoque sur les objets pointus et élevés un « contre-précurseur » ascendant (décharge de très faible intensité). Le courant passe lors de la jonction. Il dure environ 5 ou 6 dixièmes de seconde. La décharge est une étincelle de très haute fréquence qui passe facilement dans des espaces vides. *Aspects les plus fréquents* : ramifié, sinueux, en chapelet. Les *éclairs en boule* (souvent de 10 à 20 cm de diamètre) seraient constitués d'oxygène et d'ozone produits par un éclair normal. Ils éclatent ou se dispersent. *Longueur* : en montagne, si les nuages sont très bas, parfois moins de 90 m. *Diamètre* : environ 1,50 cm, entouré par une **« enveloppe Corona »** de 3 à 6 m de diamètre. *Vitesse* : 160 à 1 600 km/s vers le sol, jusqu'à 140 000 km/s lors du coup de retour. *Énergie dégagée* : peut atteindre 3 milliards de joules et 30 000 °C. Hypothèse (1967) : les éclairs seraient déclenchés par des rayons cosmiques. **Éclairs artificiels** : au centre expérimental de St-Privat-d'Allier (EDF), des fusées munies d'un fil d'acier très mince lancées dans un ciel orageux quand une décharge électrique va vraisemblablement s'y produire (champ électrique local de 20 000 volts par m) permettent d'obtenir des éclairs sur commande (10 000 ampères), avec possibilité de les photographier, de mesurer la croissance et la décroissance de leur intensité, et de repérer le *canal ionisé* par où s'écoule la décharge électrique. On y a créé aussi une machine à foudre capable de faire jaillir une étincelle de 17 m et qui libère jusqu'à 6 millions de volts.

■ **Tonnerre.** Bruit dû à l'expansion rapide de l'air (moins de 1/10 de seconde) échauffé par la décharge électrique (30 000 °C).

Records

Les records sont difficiles à établir, car les observations ne sont faites que localement et, dans beaucoup d'endroits, depuis une époque récente. Elles ont été aussi parfois interrompues (ainsi en France, sauf à Paris, durant la guerre 1939-45).

■ **Mesure des températures.** Prises à environ 1,5 à 2 m de hauteur sous abri, ou au thermomètre-fronde (afin d'éviter les radiations qui, au soleil, fausseraient les mesures). Les températures prises plus bas, ou directement sur la neige, ou au cours de sondages en altitude, ne doivent être comparées qu'avec celles prises ailleurs dans les mêmes conditions.

■ **Mesure des pressions.** Comparables si elles sont ramenées à une même altitude de référence, à 0 °C et à 45 ° de latitude.

■ Records mondiaux

☞ Records français (voir à l'Index).

■ **Brouillards maritimes. Les plus longs** : plus de 120 jours/an à Terre-Neuve (Canada) [visibilité inférieure à 1 km].

■ **Ensoleillement. Maximal** : 97 % au Sahara ; 91 % à Yuma (Arizona). **Minimal** : pôle Sud, 182 jours ; pôle Nord, 176 jours.

■ **Grêlons. Les plus lourds** : 1,9 kg au Kazakhstan en 1959 ; 1 kg à Gopalganj (Bangladesh) le 14-4-1986 ; 972 g à Strasbourg *(France)* le 11-8-1958 ; 750 g à Coffeyville (Kansas, USA) ; blocs de 400 g à 7 kg en Espagne en janvier 2000, 15 de 750 g à 5 kg en Italie le 25-1-2000.

■ **Neige. Plus fortes chutes** : *en 12 mois* : 31,10 m à Paradise sur le mont Rainier (Washington, USA) du 19-2-1971 au 18-2-1972. *En 1 jour* : 1,93 m à Silver Lake (Colorado, USA) les 14 et 15-4-1921.

■ **Orages. Nombre maximal par an** : 322 jours en 1916 à Bogor (Java, Indonésie). **Nombre d'impacts** (en *France*) : 62 000 le 22-9-1992. **Durée** : se localisent en « cellules » de 2 à 10 km de diamètre, chacune ayant une durée de vie moyenne de 1 heure.

■ **Précipitations. Hauteurs maximales** (en mm) : *en 1 minute* : 31,2 (Unionville, Maryland, USA, 4-7-1956 à 15 h 23). *En 15 minutes* : 198 au moins à Plumb-Point, Jamaïque, 12-5-1916. *En 20 minutes* : 206 (Curtéa de Argès, Roumanie, 7-7-1889). *En 1 jour* : 1 870 (Cilaos, la Réunion, 15/16-3-1952) ; 1 822,5 (massif du Volcan, la Réunion,

Canicule [du latin *Canicula,* petite chienne, nom donné par les Romains à l'étoile Sothis (Sirius), de la constellation du *Grand Chien,* à laquelle ils offraient en sacrifice un chien roux à l'époque où cette étoile se lève et se couche en même temps que le Soleil (du 22-7 au 22-8)]. Période de grande chaleur. Indique le début de l'été à la latitude du Caire.

Été de la St-Martin. Le temps se réchauffe parfois en novembre (grâce aux vents de sud-ouest). Maxima 18,5 °C : 11-11-1938 ; 19,7 °C : 14-11-1876 ; 21 °C : 2-11-1899 (mais – 6 °C le 11-11-1876).

Été indien (en anglais : *Indian Summer*). Période d'environ 8 jours chauds et ensoleillés, vers le 15 ou 30 novembre, dans le centre et l'est des USA. Nuits brumeuses et froides, avec accumulation de fumées à basse altitude. Beau temps diurne correspondant à la persistance d'un fort anticyclone ; le mécanisme du mauvais temps nocturne est mal expliqué.

Saints de glace. St-Mamert, St-Pancrace, St-Servais, depuis la réforme du calendrier Ste-Estelle, St-Achille, Ste-Rolande, les 11, 12 et 13 mai. Correspondent à des gelées tardives dues à un anticyclone sur la France (ciel clair ; sol qui se refroidit la nuit par rayonnement). Cependant on a pu ces jours-là noter à Paris ces maxima : **en 1912,** *11 mai :* + 30,2 °C ; *12 mai :* + 33 °C ; **en 1945,** *13 mai :* + 30,1 °C.

7-1-1966). *En 1 mois* (31 jours) : 9 300 (Cherrapunji, Inde, juillet 1861). *En 1 an* (12 mois) : 26 461 (Cherrapunji du 1-8-1860 au 31-7-1861). **Moyennes annuelles** (en mm) : **maximales :** Mawsyrnam (Inde) 11 873. Tutunendo (Colombie) 11 770. Mont Waialeale (Hawaii) 11 684. Cherrapunji (Inde) 11 013. Debounja (Cameroun) 10 470. Monrovia (Libéria) 5 131. Moulmein (Myanmar) 4 820. Orkvice (ex-Yougoslavie) 4 640. Padang (Sumatra, Indonésie) 4 452. Conakry (Guinée) 4 341. Bogor (Java, Indonésie) 4 225. Douala (Cameroun) 4 109. Cayenne (Guyane française) 3 744. Freetown (Sierra Leone) 3 639. Ambon (Indonésie) 3 530. **Minimales :** Antofagasta (Chili) 0,4. Louqsor 0,5. Assouân 1. Assioût (Égypte) 5. Callao (Pérou) 12.

■ **Pression** (réduite au niveau de la mer). **La plus élevée :** 1 083,8 hectopascals (hPa) à Agata (Sibérie) le 31-12-1968. **Les plus basses :** 870 hPa œil du typhon « Joan » aux Philippines, les 13/14-10-1970 ; 870 hPa œil du typhon « Tip » à 480 km de Guam (Pacifique) le 12-10-1979, 810 hPa (non vérifiée officiellement) à Minneapolis tornade le 20-8-1904.

Pressions au sol, non réduites au niveau de la mer : 450,6 hPa (Antarctique, 1958) ; 300 hPa (Everest, Makālū, K2, Kangchenjunga).

■ **Sécheresse. La plus longue** (sans précipitation) : environ 400 ans jusqu'en 1971, désert d'Atacama (Chili). Iquique (Chili) : 14 ans de suite sans pluie (record douteux). Arica (Chili) : 53 ans (moyenne 0,8 mm d'eau par an).

■ **Températures. Les plus élevées :** *sous abri :* 58 °C El Azizia (Libye, 13-9-1922) ; 56,7 °C vallée de la Mort, Californie (USA, 10-7-1913) ; 54,4 °C Amos, Californie (USA, 17-8-1885) ; 53 °C Ouargla (Algérie, 27-8-1884) ; 44,4 °C New York (USA, 11-8-1896) : 181 † ; **les plus basses :** *au sol : hémisphère Sud :* – 89,2 °C Vostok (Antarctique, à 3 420 m d'altitude, 21-7-1983) ; *Nord :* – 78,5 °C Alaska, 29-1-1989) ; – 68 °C à Oïmiakon (Sibérie, 6-2-1933) ; *dans l'atmosphère :* – 143 °C à 80,5/96,5 km d'altitude, observée au-dessus de Kronogard (Suède) du 27-7 au 7-8-1963. **La plus grande amplitude :** 104,4 °C (de – 67,7 °C à + 36,7 °C) Verkhoïansk (Sibérie) ; **la plus faible :** 11,8 °C (de + 19,6 °C à + 31,4 °C) Garapan (île Saipan Mariannes). **Maximum d'amplitude diurne :** 55,5 °C (de + 6,7 °C à – 48,8 °C) à Browning (Montana, USA) les 23 et 24-1-1916. **Réchauffement le plus spectaculaire :** 27,2 °C (de – 20 °C à + 7,2 °C) en 2 minutes à Spearfish (Dakota du Sud, USA) le 22-1-1943. **Moyennes annuelles** (en °C) : **maximales :** Dallol (Éthiopie, 1960-66) : 34,4. Aden (Yémen) 32,5. Djibouti 30. Tombouctou (Mali) 29,3. Tirunelveli (Inde) 29,3. Tuticorin (Inde) 29,3 ; **minimales :** Polus Nedostupnosti, « pôle froid » (Antarctique) – 58. Plateau Station (Antarctique) – 56,6. Norilsk (Sibérie, Russie) – 10,9. Iakoutsk (Sibérie, Russie) – 10,1. Oulan-Bator (Mongolie) – 9,6. Fairbanks (Alaska USA) – 9,4.

■ **Vent** (en km/h). *USA :* mont Washington (12-4-1934) : 371. *France :* mont Ventoux (19-11-1967) : 320. Pointe du Roc (Manche), du Raz (Finistère, février 1989) : 216.

Eau dans l'atmosphère

Généralités

■ **Vapeur d'eau.** On la trouve partout. Elle exerce une pression variant selon les conditions météorologiques et selon l'altitude (inférieure à 1 hPa aux pôles, elle peut atteindre 40 hPa dans les régions humides et chaudes, près du sol). A chaque température correspond une pression maximale (ou **tension**) à laquelle l'air est **saturé** de vapeur d'eau : celle-ci se condense alors sous forme de gouttes d'eau liquide ou de cristaux de glace. Cette tension maximale est atteinte si la quantité de vapeur d'eau augmente quand la température reste constante ou si la température s'abaisse quand la quantité de vapeur d'eau ne varie pas. Dans ce dernier cas, on appelle **point de rosée** la température à laquelle la pression devient maximale. La **rosée** du matin est due à la condensation de la vapeur d'eau contenue dans l'air, du fait de son refroidissement au contact du sol (refroidi lui-même par le rayonnement nocturne). On la mesure avec un *drosomètre.*

L'humidité relative de l'air en un lieu donné est le rapport de la tension de la vapeur d'eau présente à la tension maximale pour la température de l'air du lieu. Plus l'air est chaud, plus il est riche en vapeur d'eau pour la même humidité relative.

Quantité de vapeur d'eau (en grammes) *contenue dans 1 m³ d'air saturé et suivant la température :* – 20 °C (1,07) ; – 10 °C (2,28) ; 0 °C (4,83) ; 10 °C (9,36) ; 20 °C (17,15) ; 30 °C (30,08) ; 40 °C (50,67) ; 50 °C (82,23).

Suivant le degré hygrométrique, une même température peut paraître plus ou moins « supportable ». Ainsi 30 °C avec 40 % d'humidité sont plus supportables que 25 °C avec 80 % d'humidité.

■ **Eau liquide.** Nuage, pluie (voir ci-dessous et col. c).

■ **Eau solide. Gelée blanche :** phénomène analogue à celui de la formation de la rosée, mais à température inférieure à 0 °C. La vapeur d'eau, au lieu de se condenser en gouttes, se cristallise en glaçons minuscules, en forme d'aiguilles, d'écailles. **Givre :** dépôt de glace se formant, au-dessous de 0 °C, sur les parties des objets recevant des gouttelettes d'eau en surfusion (nuage ou brouillard) ; il y a congélation dès l'impact, avec inclusions d'air. **Grêle :** morceaux de glace constitués souvent de plusieurs couches. Une averse de grêle de 10 min représente 300 millions de grêlons couvrant 100 km². **Grésil :** petite pelote de givre formée sur un cristal de neige. **Neige :** petits cristaux de glace, souvent groupés sous forme d'étoiles à 6 branches. Si la température n'est pas trop basse, les cristaux sont généralement agglomérés en flocons. **Verglas :** congélation de gouttes d'eau (brume, pluie ou brouillard) en surfusion sur des objets dont la surface est à moins de 0 °C.

■ **Cycle de l'eau.** Il peut être schématisé ainsi : évaporation et respiration (il faut 0,7 kWh/m² pour faire évaporer 1 mm d'eau à l'heure) ; transport de la vapeur d'eau par l'atmosphère ; précipitations solides (neige, grêle) ou liquides (pluies, bruine) au sol ; écoulement et ruissellement de surface aboutissant aux torrents, fleuves, marais, mers, océans ; infiltration dans le sol (le volume maximal d'eau retenu est la *capacité au champ* qui dépend de la granulométrie du sol) et réhydratation permettant l'alimentation des végétaux ou donnant naissance aux sources, et le cycle recommence animé par l'énergie solaire. La circulation planétaire de l'eau permet sa répartition dans le temps et dans l'espace, et sa purification. **Bilan hydrique du sol en France** (hors zones montagneuses, moyenne annuelle, en mm) : précipitation (500/1 200), évapotranspiration réelle (450/650), écoulement (ruissellement plus drainage) (< 50/650).

Pluies

■ **Caractéristiques.** *Hauteur d'eau recueillie* (1 mm correspond à 1 litre par m²). *Nombre d'heures de précipitations* (rapporté à une période donnée). A Paris, il pleut davantage en août (54,4 mm) qu'en janvier (53,5 mm) mais moins longtemps (24 h en août, 63 h en janvier). En un jour, il peut quelquefois pleuvoir autant qu'en 2 ou 3 mois.

■ **Types. Pluies de convection :** dues à un réchauffement local de l'air déclenchant son ascendance, d'où détente, refroidissement et condensation de l'humidité. **De relief :** dues à la rencontre d'un massif contraignant l'air à s'élever. **Littorales :** dues à la rugosité des côtes. **Cyclonales** ou **pluies de front :** accompagnant les fronts des perturbations (caractéristiques des zones tempérées).

■ **Vitesse** (moyenne). Diamètre des gouttes en mm et, entre parenthèses, vitesse de chute en m par seconde : 1 mm (4) ; 2 mm (6,6) ; 3 mm (8) ; 4 mm (8,8) ; 5 mm (9,25) ; 6 mm (9,3). Une goutte de 8 mm a été mesurée à Hawaii en 1986.

■ **Trombes.** Colonnes liquides ou nuageuses de quelques mètres de diamètre se formant sous les nuages orageux. Dans les *trombes marines,* la trombe nuageuse se prolonge par une colonne liquide montant de la mer. Se produisent lorsque l'atmosphère est instable et provoque d'importants mouvements ascendants ou descendants ayant tendance à tourbillonner. Le 16-5-1898, au large d'Eden (Australie), on a observé une colonne d'eau haute d'environ 1 850 m (diamètre 3 m).

☞ **Pluies de sang** (en réalité : pluies de « sable rougeâtre ») : fréquentes sur l'Atlantique et le Sahara, mélangent, avec des gouttes de pluie, de fines poussières contenant des micro-organismes tels que diatomées et rhizopodes (souvent rouges). Le vent peut les entraîner très loin des zones sablonneuses de l'Afrique. Exemples : Paris (en 580), Hongrie (765), Tours (784), Naples (1814), Brescia (1872), Fontainebleau (1887 : couleur due sans doute à des grains de pollen), Le Cap (1888 : couleur tirant sur le noir), Palerme (10-3-1901), Yonne (30-10-1926).

Pluies de « soufre » : laissent une poudre jaune (pollen des pins des Landes). Pyrénées-Atlantiques (presque tous les ans), Htes-Pyrénées (plus rares).

Pluies jaunes : Sud-Est asiatique. Dues pour 99 % à des enveloppes de graines de pollen venant de la défécation en masse d'essaims d'abeilles géantes.

Brouillards

■ **Définition.** Nuage (stratus) reposant sur la surface terrestre. Les météorologistes l'appellent **brouillard** quand la visibilité est inférieure à 1 km ; **brume** quand la visibilité est de plus de 1 km.

■ **Types. Brouillard d'advection :** formé par le passage d'une masse d'air chaud et humide sur une surface froide (notamment l'océan), qui provoque une condensation. **De rayonnement :** surtout terrestre ; perte de chaleur par rayonnement du sol qui, la nuit, refroidit par le bas l'air chaud et humide à son « contact » ; densité maximale au petit matin ; rare l'été car les nuits sont tièdes. **D'évaporation :** en mer, ou sur les étangs et les cours d'eau quand la température de l'eau est supérieure à celle de l'air, la vapeur d'eau qui se dégage se condensant par refroidissement.

■ **Diamètre** (en mm). Gouttelettes de nuage : de 0,004 à 0,01. Bruine : < 0,5. Pluie : > 0,5. Grésil : de 2 à 5. Grêle : de 5 à 50 ou plus.

■ **Vitesse de chute** (en km/h). Brouillard : de 0,036 à 1,8. Bruine : 1,8. Grosse pluie : 30.

Nuages

Généralités

■ **Formation.** Condensation (puis congélation éventuellement) de la vapeur d'eau atmosphérique sur des particules appelées noyaux de condensation (puis de congélation) en fines gouttelettes liquides (ou cristaux de glace). Ils précipitent en pluie, neige, grésil ou grêle, quand les gouttes d'eau, devenues trop lourdes, ne peuvent plus être soutenues par les mouvements ascendants de l'air. **Densité :** de 0,3 à 5 g d'eau par m³ d'air. **Épaisseur :** *les plus épais* (cumulo-nimbus) ont 3 000 à 10 000 m et *les moins épais* (stratus) de 50 à 800 m. Un *gros nuage* d'orage s'étend sur plusieurs km², monte jusqu'à 12 000 mètres et peut contenir 300 000 t d'eau.

■ **Altitude. Étage supérieur** (cirrus, cirro-cumulus, cirrostratus) : dans les régions tempérées 5 à 13 km ; tropicales 6 à 18 ; polaires 3 à 8. **Étage moyen** (altostratus [1], altocumulus) : dans les régions tempérées 2 à 7 km ; tropicales 2 à 8 ; polaires 2 à 4. **Étage inférieur** (cumulonimbus [2], strato-cumulus, cumulus [2], stratus, nimbostratus [3]) : dans les régions tempérées, tropicales et polaires de 0 à 2 km.

Nota. – (1) Débordent souvent sur l'étage supérieur. (2) Les cumulus et les cumulo-nimbus ont leur base dans l'étage inférieur. Parfois les sommets débordent dans l'étage supérieur. (3) Sur l'étage moyen et parfois supérieur.

☞ **Spectre du Brocken.** Effet d'optique spectaculaire sur le massif de Brocken, qui se produit lorsque l'ombre de l'observateur se reflète en grand sur une nappe de brouillard située au-dessous de lui.

Classification

☞ En vigueur depuis 1956. Pour un observateur situé au sol :

■ **Altocumulus** (du latin *altus,* haut, et *cumulus,* amas). Couche ou banc de nuages blancs ayant généralement des ombres propres, habituellement ondulé ou composé de lamelles, galets, rouleaux, etc., soudés ou non, à aspect parfois partiellement fibreux ; la plupart des petits éléments, disposés régulièrement, ont une largeur apparente au zénith comprise entre 1 et 5°. Ces éléments s'ordonnent en groupes, en files ou en rouleaux, suivant une ou deux directions, et sont parfois si serrés que leurs bords se rejoignent : ils « moutonnent ». Parfois, le Soleil ou la Lune peuvent apparaître avec une couronne, rouge à l'extérieur, verte à l'intérieur.

■ **Altostratus** (du latin *altus* et de *stratus,* couche). Nappe ou couche grisâtre, d'aspect strié, fibreux ou parfois uniforme, couvrant totalement ou partiellement le ciel, qui présente des parties suffisamment minces pour déceler vaguement la position du Soleil, vu comme à travers un verre dépoli, mais sans phénomène de halo.

■ **Cirrocumulus** (du latin *cirrus,* filament, et de *cumulus*). Banc, nappe, ou couche mince de nuages blancs, sans ombre propre, constitué de très petits éléments, en forme de granules, de rides, etc., soudés ou non et organisés avec plus ou moins de régularité.

■ **Cirrostratus.** Voile transparent, blanchâtre, d'aspect fibreux, chevelu ou lisse couvrant totalement ou partiellement le ciel et provoquant généralement des phénomènes de halo [22° de rayon et le Soleil pour centre ; ses couleurs sont, de l'intérieur à l'extérieur : rouge, orangé, jaune, vert, bleu, indigo, violet (l'inverse de celles de l'*arc-en-ciel*)]. Le jour, lorsque le Soleil est assez élevé sur l'horizon, ne supprime généralement pas les ombres des objets.

■ **Cirrus.** Nuages séparés, d'aspect fibreux ou chevelu et d'éclat soyeux, en forme de filaments blancs et délicats, de bancs ou de bandes étroites, blancs ou en majeure partie blancs. Composés de cristaux de glace dispersés, ils sont transparents. Au lever et au coucher du Soleil, ils deviennent roses ou rouges.

■ **Cumulo-nimbus.** Masses de nuages denses et puissants, à grand développement vertical en forme de montagnes ou d'énormes tours. Leur région supérieure présente presque toujours une partie aplatie, souvent lisse, de structure fibreuse ou striée (partie glacée) ; elle s'étale souvent en forme d'enclume ou de vaste panache. Base semblable à celle du nimbo-stratus ; souvent doublée de nuages très bas déchiquetés. Quand un cumulo-nimbus couvre tout le ciel, il est difficile parfois de le distinguer d'un nimbo-stratus. La présence d'averses de pluie, de neige, d'orages ou de grêle le permet. (En général, la hauteur pour chaque genre est plus grande en saison chaude qu'en saison froide, et, pour une saison donnée, plus grande en régions chaudes qu'en régions froides, au-dessus des grandes villes que dans la campagne environnante.)

■ **Cumulus.** Nuages séparés, parfois alignés en « rues », généralement denses, à contours nets, se développant verticalement en forme de mamelons, de dômes ou de tours, dont la partie supérieure bourgeonnante est souvent en forme de chou-fleur. Les parties de ces nuages illuminées par le Soleil sont le plus souvent d'un blanc éclatant ; leur base relativement sombre est presque horizontale. Souvent, les cumulus apparaissent le matin, se gonflent et se résorbent à la fin de la journée. Le **fracto-cumulus,** se déchiquette et change constamment de forme.

■ **Nimbo-stratus.** Couche grise, souvent sombre, dont l'aspect est rendu flou par des chutes de pluie ou de neige, plus ou moins continues ; elle est partout suffisamment épaisse pour masquer totalement le Soleil. Il existe fréquemment, au-dessous de la couche, des nuages bas, déchiquetés, soudés ou non avec elle, qui peuvent former une couche inférieure continue.

■ **Strato-cumulus.** Couche ou banc de nuages blancs ou gris, non fibreux, ayant presque toujours des parties sombres, ondulé ou composé de dalles, galets, rouleaux, etc., soudés ou non.

■ **Stratus.** Couche généralement grise, à base assez uniforme, pouvant donner de la bruine, des aiguilles de glace ou de la neige granulaire ; vu à travers une couche mince, le contour du Soleil est nettement discernable. Le stratus apparaît parfois sous forme de bancs aux contours déchiquetés.

Nota. – On distingue aussi les **nuages nacrés** (ou **irisés**) situés vers 25 km d'altitude et les **nuages nocturnes lumineux** (noctiluques), les plus élevés connus (environ 80 km d'altitude, se composant probablement de poussière météorique), *dorés* près de l'horizon et *bleuâtres* au-dessus. Leur vitesse peut atteindre environ 630 km/h.

Climats

Système climatique

■ **Définition.** Ensemble que constituent l'atmosphère, les océans, les zones de glace et de neige, les masses continentales et la végétation. Les liens (physiques et chimiques) qui unissent ces éléments jouent un rôle prépondérant dans l'organisation du régime climatique du globe et sont à l'origine des fluctuations et de la variabilité du climat. Les fluctuations climatiques peuvent aussi résulter de phénomènes extérieurs au *système climatique :* variations de l'énergie rayonnée par le Soleil, variations de la quantité de particules venant d'éruptions volcaniques dans les couches supérieures de l'atmosphère, accumulation dans l'atmosphère de gaz carbonique résultant de la combustion de carburants fossiles.

■ **Principaux paramètres climatiques.** Ils définissent le climat d'une région ou d'un lieu donné.

Pression atmosphérique : ses variations dans le temps et dans l'espace sont à l'origine des mouvements atmosphériques.

Vent : sa direction, sa vitesse, mais aussi sa turbulence, associées à la rugosité du sol qui intervient pour accroître les échanges sol-atmosphère.

Température de l'air (moyennes maximale et minimale) : la température est fonction de la latitude, des périodes d'éclairement, de la répartition des terres, des mers, des courants marins.

Hygrométrie (proportion d'eau dans l'air) : absolue ou relative, avec ses valeurs extrêmes et moyennes qui dictent principalement l'évaporation et le rayonnement de l'atmosphère.

Visibilité : associée aux brumes et brouillards, définit la transmission du rayonnement visible dans l'atmosphère et intervient ainsi sur celle du rayonnement solaire.

Nébulosité : nature et quantité des nuages présents à diverses hauteurs, qui déterminent le rayonnement terrestre à travers l'atmosphère, l'ensoleillement et sa durée.

Rayonnement solaire (direct, diffus, global) et *rayonnement total* (solaire et terrestre) définissent bilan radioactif au sol et températures de surface, en déterminant la plupart des échanges énergétiques entre sol et atmosphère.

Évaporation (ou évapotranspiration potentielle) : traduit le pouvoir récepteur de l'atmosphère en vapeur d'eau et dépend aussi bien de la température que de l'humidité de l'air et du vent.

Précipitations : pluie ou neige qui assurent l'alimentation du sol en eau et permettent à l'évaporation de se produire, agissant ainsi en agent régulateur sur les extrêmes de température.

Phénomènes associés à ces divers paramètres et caractéristiques des hydro- ou lithométéores, ainsi que divers autres paramètres qualitatifs : électriques, chimiques...

Types de climats

■ **Les différents climats proviennent : des différences de latitude** (les radiations solaires reçues aux pôles sont de 2 à 3 fois plus faibles qu'à l'équateur) ; **du balancement apparent du Soleil** par rapport au plan de l'équateur selon les saisons ; **de l'inégale répartition des terres et des mers** (différence d'échauffement entre continents et océans, influence de courants marins chauds comme le Gulf Stream, froids comme le Labrador) ; **du relief,** de sa forme, de son orientation, de ses altitudes ; **de l'influence des différents facteurs météorologiques** (circulation générale de l'atmosphère et situation géographique).

Aux latitudes moyennes, *l'été est plus chaud que l'hiver* parce que : *1°)* les jours sont plus longs (le Soleil dispose de plus de temps pour réchauffer la Terre) ; *2°)* les rayons du Soleil atteignent la Terre plus verticalement et sont ainsi plus concentrés ; *3°)* la circulation générale de l'atmosphère diffère de celle de *l'hiver* où les vagues de froid arrivent du nord du continent (circulation d'est et de nord-est).

■ **Climats locaux** ou **microclimats.** Ils s'expliquent par le rôle : du relief ; de sa configuration ; de l'orientation des pentes et des vallées [gel plus fréquent au fond des vallées ; aux latitudes moyennes, les versants exposés au sud sont plus ensoleillés et plus chauds que ceux exposés au nord ; les versants sud (**adret** dans les Alpes du Sud) sont directement réchauffés par le Soleil, tandis que les versants nord (**ubac**) sont à l'ombre] ; de la nature du sol et de sa végétation (une forêt apporte de l'humidité) ; de la proximité de la mer qui joue le rôle de régulateur thermique (hivers plus doux sur les côtes et étés moins chauds) ; de la proximité d'une agglomération importante : à Paris, la température moyenne est plus élevée de 2 à 3 °C au centre de la ville qu'en banlieue.

■ **Climat équatorial.** Rayons solaires toujours proches de la verticale. Températures variant peu (25 °C en moyenne) ; légers maxima aux 2 équinoxes de mars et septembre. Les nuages arrêtent souvent les rayons du Soleil le jour et ralentissent le rayonnement de la Terre la nuit ; d'où une faible amplitude diurne. Pluies abondantes (souvent de grosses averses) ; nuages noirs s'élevant à plusieurs milliers de mètres (le pot au noir). La pluviosité s'explique par le surchauffement de l'air au contact du sol ; il se renforce l'après-midi ; les pluies sont des pluies de convection [appelées aussi *pluies d'instabilité :* dues à la variation rapide de la température sur la verticale (décroissance vers le haut)]. Dans les basses latitudes se trouve le FIT (front intertropical) où convergent l'air tropical de l'hémisphère Nord et celui de l'hémisphère Sud ; la pression au sol s'abaisse ; il pleut d'autant plus que l'air, chargé de vapeur d'eau, est proche de son point de saturation. À l'époque des solstices, le FIT arrive aux limites du déplacement accompagnant le mouvement apparent du Soleil dans l'hémisphère Nord (juin-août) et dans l'hémisphère Sud (déc.-février).

■ **Climats tropicaux.** Températures élevées, vents permanents : les *alizés* soufflant régulièrement des anticyclones tropicaux vers le front intertropical [déviés selon la formule de Coriolis (voir p. 104 c), ils s'infléchissent sur leur droite dans l'hémisphère Nord et sur leur gauche dans l'hémisphère Sud]. Il y a des *climats tropicaux à caractère océanique,* très humides avec des vents soufflant des océans apportant des averses (par exemple, en Martinique), et des *climats tropicaux continentaux,* plus secs (exemple : au Tchad).

En été, la convergence intertropicale, qui suit le déplacement apparent du Soleil, apporte avec elle des pluies ; entre les 2 passages, il y a une petite saison sèche. Quand la pluie tombe, la température fraîchit : c'est l'*hivernage.* Lorsqu'il fait sec, la température monte plus haut que sous l'équateur, car aucune évaporation ne limite l'ardeur du soleil. La durée de la saison sèche s'accroît quand on s'éloigne de l'équateur : dans les *régions tropicales humides,* elle ne dure que quelques mois ; près des tropiques, dans les *régions tropicales sèches,* il n'existe qu'une courte saison des pluies, l'été, lors du seul passage du soleil au zénith ; la saison sèche dure de 8 à 10 mois ; l'amplitude thermique annuelle est plus marquée (près de 10 °C).

Le Gulf Stream apparaît au milieu de l'Atlantique comme un bras de mer bleu, large de 600 km et profond de 300 m. Il est divisé en plusieurs tronçons qui vont réchauffer le Groenland, l'océan Arctique jusqu'à Mourmansk et l'Europe occidentale.

Grâce à lui, la France bénéficie d'un climat privilégié ; sans lui, en raison de sa latitude, la température atteindrait environ – 40 °C en hiver. Le littoral atlantique français en reçoit une chaleur équivalente à celle que fourniraient 30 milliards de t de pétrole (10 fois la production mondiale).

Classification d'après Koeppen (1846-1940)

Légende. – **(A)** mois le plus froid, température supérieure à 18 °C. **(B)** pluies très peu abondantes, à la limite de la sécheresse. **(C)** mois le plus froid entre 18 °C et – 3 °C. **(D)** mois le plus froid inférieur à – 3 °C et mois le plus chaud supérieur à 10 °C. **(E)** mois le plus chaud entre 0 °C et 10 °C. **(F)** mois le plus chaud inférieur à 0 °C. **(f)** constamment humide. **(s)** saison sèche en été. **(w)** saison sèche en hiver. Le 1er chiffre indique la température moyenne annuelle ; le 2e : la moyenne annuelle des pluies ; le 3e : la superficie de ce type de climat.

■ **Quelques exemples. Af Forêt vierge** (Amazonie) : 26 °C, 2 500 mm, 14 millions de km^2. **Aw Savane** (Afrique orientale) : 22 °C, 1 000 mm, 15,7 millions de km^2. **Bs Steppe** (Iraq) : 20 °C, 400 mm, 21,2 millions de km ^{2}. **Bw Désert** (Arabie) : 20 °C, 200 mm, 17,8 millions de km^2. **Cf Tempéré humide** (G.-B.) : 12 °C, 1 100 mm, 9,3 millions de km^2. **Cs Tempéré à hiver pluvieux** (Grèce) : 15 °C, 500 mm, 2,5 millions de km^2. **Cw Tempéré à été pluvieux** (Éthiopie) : 18 °C, 900 mm, 11,3 millions de km^2. **Df Humide à hiver froid** (Russie d'Europe) : 4 °C, 600 mm, 24,5 millions de km ^{2}. **Dw Pluvieux l'été, froid l'hiver** (est Sibérie) : 5 °C, 500 mm, 7,2 millions de km^2. **E Toundras** (arbres nains, mousses, lichens : nord Sibérie) : – 5 °C, 50 mm, 10,3 millions de km^2. **F Gelées permanentes** (Antarctique) : – 15 °C, 10 mm, 15 millions de km^2.

■ **Classification en 4 climats et 14 sous-climats. I.** Froid (glaciaire, toundra, gelées estivales possibles). **II.** Tempéré (continental, semi-pluvieux, continental aride, atlantique, méditerranéen). **III.** Chaud (équatorial humide, tropical à 2 saisons humides, tropical à 1 saison humide, semi-aride, désertique). **IV.** Alpin (montagnard).

■ **Déserts chauds.** Anneaux plus ou moins continus sur les continents de part et d'autre des tropiques. Saison sèche toute l'année ; pluies exceptionnelles (hauteur moyenne : 100 mm par an). Gros écarts de température, car, la nuit, aucun nuage ne contrarie le rayonnement de la Terre. Sauf les **déserts littoraux,** résultant de courants froids (côte du sud-ouest africain : courant de *Benguela ;* remontant du sud au nord la côte de l'Amérique du Sud : courant de *Humboldt*) et les **déserts de position** en cuvette, protégés par des montagnes contre toute influence humide de l'extérieur (basse Asie centrale), tous les déserts chauds sont dus aux anticyclones ceinturant la Terre à la latitude des tropiques : Sahara, Arabie, Thar, Arizona (hémisphère Nord) ; Australie et Kalahari (hémisphère Sud). L'air pesant descend, se réchauffe et s'assèche au lieu d'apporter des pluies.

L'eau plus ou moins salée qui alimente les dépressions géologiques appelées *sebkhas,* qui occupent le fond des *chotts,* affleure à partir de nappes phréatiques ou artésiennes que la surface du sol a fini par atteindre par déflation éolienne. Les *oueds,* cours d'eau intermittents, sont presque toujours à sec.

■ **Climat méditerranéen.** Étés chauds et secs ; hivers doux ; pluies brutales pendant 50 à 100 jours. *Été :* influence des anticyclones tropicaux ; l'air descendant, comprimé, empêche toute perturbation barométrique. *Automne :* le front polaire s'installe sur la région libérée des anticyclones tropicaux qui se sont rapprochés de l'équateur ; gros nuages parfois orageux. Vents secs et froids (mistral en Provence, tramontane dans le Roussillon, bora en Dalmatie). Lieux : Méditerranée, Californie, Chili central, région du Cap (Afrique du Sud), sud-ouest de l'Australie. Forêts clairsemées, fragiles et basses (arbres dépassant rarement 10 à 15 m) : chênes-lièges, chênes verts, pins parasols ou pignons, oliviers sauvages ; quand la sécheresse d'été s'allonge : eucalyptus, pins d'Alep, thuyas au lieu des chênes. **Garrigue** sur pentes calcaires : chênes kermès, ronces, thym, romarin ou sol nu. **Maquis** (régions granitiques) : quelques chênes-lièges, lentisques, arbousiers, myrtes, cistes. Aux mêmes latitudes, sur la façade est des continents (Chine, Japon, sud-est des USA), climat *type sud-chinois :* hiver doux et pluvieux, mais invasion d'air polaire sec avec parfois vagues de froid ; été, vents se chargeant d'eau sur les océans voisins, le climat s'apparente à celui des régions tropicales. Forêts : essences tropicales (magnolias, camélias, bambous) et tempérées (chênes, hêtres, pins et sapins).

■ **Climat océanique.** À des latitudes plus élevées (côte atlantique de l'Europe, côte pacifique de l'Amérique du Nord). Saisons peu marquées (moyenne annuelle : 11 °C). Amplitude thermique annuelle et journalière faible. Pluies réparties dans l'année ; maximum en saison froide ; pluie fine (crachin). Nuances régionales dues à la latitude (la Bretagne a une moyenne supérieure de 1 °C à celle de l'Irlande ; la Scandinavie est plus fraîche), et à l'éloignement de la mer (à Paris, pluies moins abondantes et moins fréquentes). Les *anticyclones* apportent des journées fraîches l'hiver, du beau temps l'été. L'air maritime (polaire ou tropical), peu dense, domine, le plus souvent accompagné de vents d'ouest et de systèmes nuageux. Lorsque le front polaire aborde la côte bretonne, le front chaud d'une perturbation apporte la pluie avec un vent tiède de sud-ouest, le **suroît.** Le front froid, pluvieux, provoque une chute de température et le vent saute au nord-ouest, c'est le **noroît** qui apporte de l'air polaire.

■ **Climat continental.** **Moscou :** hiver rigoureux. 2 types : **1°)** *anticyclonique :* fréquent ; pression de 1 040 millibars ; temps sec ; températures nocturnes : – 20 °C ou – 25 °C et diurnes – 10 °C. **2°)** *Front polaire :* tempêtes de neige, température remontant ; en avril, les jours s'allongent vite (4 min par 24 h) et les rayons du soleil sont moins obliques ; dégel. Été chaud (de 40 °C à 50 °C), pluies de convection ; chaque perturbation de front polaire apporte un orage. **Sibérie :** l'hiver, beaucoup plus froid, dure 7 mois. Amplitude moyenne : 65 °C à Verkhoïansk (amplitude absolue : > 100 °C). Forêt de conifères : la *taïga* (épicéas de 30 à 40 m de hauteur, mélèzes, sapins, quelques feuillus : bouleaux). **Ukraine, centre de l'Amérique du Nord** (prairie) : si les pluies sont inférieures à 350 mm : *steppe* (herbe courte irrégulière). Sol, *podzol :* horizon supérieur mince, humus acide ; intermédiaire lessivé, ressemblant à de la cendre ; en profondeur, accumulation d'éléments, parfois en couche imperméable et dure, l'*alios.* Sols bruns forestiers : plus riches que les podzols, forêt de feuillus ; horizons superficiels incomplètement lessivés, car un mouvement de remontée des eaux et des sels minéraux compense en partie le lessivage.

Sous la prairie, sol : terre noire granuleuse, très féconde, le *tchernoziom* ; lessivage compensé par la remontée des éléments minéraux.

■ **Polaire arctique.** Hiver ⩽ – 40 °C ; été < + 10 °C. A la fonte de la neige apparaît la *toundra* où poussent dans les creux marécageux : mousses, lichens, joncs, carex, et dans les régions moins humides : rhododendrons, myrtilles, saules, bouleaux nains. L'été, le sol ne dégèle qu'en surface, les racines s'étalent (le sol contient peu de matières nutritives), le froid ayant nui à la décomposition des végétaux. Rennes, caribous broutent mousses et lichens ; phoques, morses, manchots se nourrissent de poissons. Moustiques l'été. **Antarctique.** Hiver – 60 °C, été < 0 °C. Il n'y a ni dégel, ni toundra, ni animaux terrestres. Faune marine et oiseaux très abondants.

■ **Milieu montagnard.** Les températures s'abaissent quand l'altitude augmente (de 0,5 °C à 1 °C pour 100 m), car l'air raréfié absorbe moins de chaleur solaire. Sur l'**adret**, versant exposé au sud, l'incidence des rayons solaires peut être semblable à celle de la zone équatoriale. L'**ubac** est le versant exposé au nord. Les précipitations augmentent avec l'altitude, car la montagne oblige l'air à se détendre, à se refroidir et à condenser son humidité. Les Alpes reçoivent souvent plus de 2 m d'eau ; les chutes de neige atteignent 47 m au mont Blanc. *Vents :* fœhn, sec (Alpes suisses) ; chinook (est des Rocheuses). *Torrents* irréguliers : hautes eaux dues à la fonte des neiges au printemps (régime nival), à la fonte des glaces l'été (régime glaciaire). *Végétation* étagée : forêt à feuilles caduques et prairies ; plus haut, forêt de conifères ; puis prairies ou alpages. Sur les hautes montagnes tropicales, la forêt toujours verte peut subsister jusqu'à 2 000 m. Vers 3 500 m, en Afrique : séneçons, lobélies, graminées ; dans les Andes humides : prairie de graminées *(paramo)* ; sèches : steppe buissonneuse *(puna).*

EFFET DE SERRE

■ **Théorie.** **1824** *Sadi Carnot* (Fr., 1796-1832) pose les bases de la thermodynamique. **1861** *John Tyndall* (Irlandais, 1820-93) affirme que les variations du gaz carbonique produisent un changement de climat. *Svante August Arrhenius* (Suédois, 1859-1927, prix Nobel de chimie 1903) énonce la théorie de l'effet de serre et établit la relation avec « la consommation industrielle de charbon ».

Sans l'effet de serre (qui permet de garder une partie de la chaleur du Soleil) la Terre aurait une température moyenne de – 18 °C (au lieu de 15 °C). Mais l'augmentation de l'épaisseur de la serre, due à la progression des émissions de gaz, est en train de provoquer un réchauffement susceptible de bouleverser l'équilibre du climat.

■ **Causes.** Dues à certains gaz rejetés dans l'atmosphère qui emprisonnent la chaleur du Soleil et l'empêchent de se rediffuser vers l'espace. **Contribution à l'effet de serre des gaz émis par l'activité humaine depuis l'ère préindustrielle** (en % hors précurseurs de l'ozone) : gaz carbonique 63,4, méthane (CH) 20,3, oxyde nitreux 4 ou protoxyde d'azote, CFC et substituts 14. *Durée de vie dans l'atmosphère :* gaz carbonique probablement 40-50 ans ; méthane 10 ; oxyde nitreux 120 ; CFC 11 : 50, CFC 12 : 102. *Teneur dans l'atmosphère* (en ppvm, parties par millions en volume ; en 1992) : gaz carbonique 350, méthane 1,75, oxyde nitreux 0,31. **Émissions de dioxyde de carbone rejetées dans l'atmosphère** (voir **Pollution de l'air** dans le chapitre **Environnement**).

■ **Conséquences.** *Réchauffement :* provoqué par une couverture transparente pour le rayonnement solaire mais opaque pour le rayonnement infrarouge émis par la surface de la Terre. Se produit à l'échelle de la Terre sous l'action de gaz présents dans l'atmosphère, notamment le gaz carbonique, ou de gaz ayant pour origine les activités humaines : méthane, oxyde nitreux, halocarbones (CFC, etc.), ozone. **1992**-*juin, sommet de la Terre (à Rio),* la plupart des États industrialisés s'engagent à ramener en l'an 2000 leurs émissions de gaz à effet de serre à leur niveau de 1990 (économies d'énergie, utilisation d'énergies non fossiles telles que l'énergie nucléaire ou énergies renouvelables, reforestation, etc.). **1997**-*21-3, convention sur les changements climatiques* ratifiée par 165 pays s'engageant à stabiliser leurs émissions de gaz à effet de serre dans les normes du sommet de Rio ; *1-10,* l'Union européenne annonce une réduction de 15 % de ses émissions de CO_2 jusqu'à 2010, les États-Unis optent pour une stabilisation entre 2008 et 2012 au niveau de 1990 ; *1-12,* accord au *sommet de Kyoto* (165 pays) sur la réduction de 5,2 % des gaz à effet de serre dans 38 pays industrialisés d'ici à 2012. **1998**-*2/13-11, conférence sur les changements climatiques à Buenos Aires* (160 pays) : les USA signent le protocole de Kyoto ; aucun calendrier précis de réduction des gaz à effet de serre n'est arrêté.

MODIFICATION DES CLIMATS

ÉVOLUTION

■ **Grandes périodes.** Des périodes alternativement chaudes et froides se sont succédé au cours des millénaires écoulés. Pendant les 3 derniers millions d'années, des phases glaciaires de 80 000 à 100 000 ans ont alterné avec des périodes interglaciaires de 20 000 ans. Des oscillations moins marquées ont affecté certaines régions de la Terre. Durant les périodes les plus froides, les glaciers occupaient une superficie importante de la surface du globe.

Il y a de 20 000 à 50 000 ans, le continent arctique s'étendait jusqu'au bord de l'Allemagne, et le niveau moyen de la mer était à 100 m au-dessous du niveau actuel, à cause de l'importante quantité d'eau immobilisée dans les glaciers.

Période actuelle : depuis 8 000 ou 10 000 ans, nous nous trouvons dans une phase interglaciaire relativement chaude et humide. La prochaine période glaciaire pourrait commencer dans 1 000 ans. *Oscillations mineures :* existent à l'intérieur des grandes périodes, par exemple l'épisode chaud de 800 à 1 200 après J.-C. (réchauffement de la Scandinavie, expansion démographique des Scandinaves, invasions normandes) ; petit âge glaciaire de 1550 à 1870, qui causa de nombreuses pertes de récoltes en Europe et provoqua la prolifération des loups. Le *minimum de Maunder* (activité solaire anormalement basse pendant 70 ans, de 1645 à 1715) a coïncidé avec le petit âge glaciaire. En G.-B. on a pu observer des corrélations entre les périodes de sécheresse (déduites de l'examen des cernes d'arbres – dendroclimatologie) et le cycle magnétique du Soleil (22 ans). Depuis 1800, les glaciers des Kerguelen ont reculé de 4 km (dont les 3/4 depuis 1970). Depuis la fin du XIXe siècle, on a constaté à grande échelle un réchauffement de 0,5 °C. *A partir de 1980,* la remontée des températures est plus sensible. Le GIEC [Groupe intergouvernemental sur l'évolution du climat ; en anglais IPCC (International Panel on Climate Change)], créé 1988 par Bert Bolin (Suédois), sous l'égide de l'Onu et de l'OMM n'a relevé, dans un 1er rapport en 1990, qu'un réchauffement « comparable à la variabilité naturelle ». En 1996, il a confirmé l'hypothèse d'un changement climatique dû à l'émission de gaz à effet de serre, a prédit un réchauffement de 1 à 3,5 °C en 1 siècle. *En 1995,* la température moyenne de la Terre (14,84 °C) était supérieure de 0,4 °C à la moyenne établie entre 1961 et 1990 (record depuis 1860). *En 1998,* la température moyenne mondiale a augmenté de 0,4 °C par rapport à 1997 (record depuis 1880).

Nota. – La température de la Terre aurait baissé de 3 °C en 6 800 ans, selon l'Institut de technologie de Californie (étude des troncs de pins coupés en 1950).

■ **Raisons de ces variations climatiques.** **Rôle du Soleil :** 98 % de l'énergie solaire arrive sous forme de rayonnement visible et de proche infrarouge en quantité constante. Le reste nous parvient sous forme de rayonnement ultraviolet, de rayons X, d'ondes radio et de particules qui peuvent varier en fonction de l'activité solaire. Cette partie variable des flux solaires n'est pas observable au sol. La température de la thermosphère changeant en fonction de l'activité solaire, ses modifications entraînent peut-être des changements dans les couches atmosphériques situées au-dessous d'elle. L'activité solaire retentit peut-être directement sur les couches situées sous la thermosphère (stratosphère en particulier), où se trouve la couche d'ozone qui empêche les ultraviolets de parvenir à la surface de la Terre.

Explication astronomique (forcing astronomique) due à l'astronome yougoslave Milutin Milankovitch (en 1941) : les alternances de chaleur et de froid obéissent à 3 rythmes principaux. *1°) Cycle de l'inclinaison de l'axe terrestre* (40 000 ans) : l'angle que fait la Terre avec le plan orbital varie ; plus l'inclinaison est forte, plus les écarts entre les saisons sont importants. *2°) Cycle d'excentricité de l'orbite* (92 000 ans) : la forme de l'orbite décrite par la Terre autour du Soleil n'est pas constante ; en certaines périodes, le globe terrestre est plus éloigné du Soleil, donc plus froid. *3°) Cycle de précession des équinoxes* (21 000 ans ou 25 920 ans pour retrouver la même position dans l'espace) : un des 2 hémisphères se trouve plus proche du Soleil que l'autre (actuellement, l'hémisphère Nord est le plus favorisé ; la glaciation progresse dans l'hémisphère Sud, entre le 45e et le 65e parallèle).

La combinaison de 2 ou 3 effets de ces cycles peut produire des variations climatiques considérables ; par exemple, dans les Alpes, 4 avancées puis retraites des glaciers en 700 000 ans ; présence de l'hippopotame dans les Pyrénées il y a 450 000 ans ; du mammouth dans le Périgord il y a 17 000 ans.

■ **Conséquences du réchauffement.** *Intensification du cycle hydrologique global :* perturbation du régime des pluies avec de plus fortes disparités saisonnières, en particulier sur l'hémisphère Nord, sécheresses plus fréquentes et plus étendues au nord de la zone subtropicale, inondations plus violentes et plus nombreuses (ouragans, cyclones, tornades), renforcement de la désertification dans les zones arides ou semi-arides, pénuries d'eau plus marquées. *Hausse du niveau de la mer par dilatation thermique et fonte des glaciers :* ensuite, entre 15 et 95 cm, pouvant fragiliser plusieurs zones littorales, envahir des deltas où les habitations et l'activité économique se sont concentrées, faire quasi disparaître les petites îles. *Modification des écosystèmes et de la végétation :* avec des migrations de 150 à 550 km vers le nord pouvant entraîner des substitutions difficiles ou provoquer des disparitions brutales. *Risque de recrudescence des maladies infectieuses à transmission par vecteur :* paludisme, dengue ou fièvre jaune, imputable à l'extension de l'aire de répartition et à la période de reproduction des vecteurs. *Diminution du PIB mondial :* de 1,5 à 2,5 points.

Afrique : pâturages et champs de l'ouest, de l'est et du sud sont particulièrement menacés par la réduction des précipitations. La production hydroélectrique baisserait (réduction du débit des rivières). L'augmentation des sécheresses d'été et des températures d'hiver ferait baisser le rendement (jusqu'à 30 %) de l'agriculture, provoquant des famines locales. Des changements dans les courants marins entraîneront la migration d'espèces de poissons, réduisant la pêche artisanale. Le littoral (Sénégal, Sierra Leone, Nigéria, Cameroun, Gabon, Angola, delta du Nil) est susceptible d'être envahi en partie par la mer. Côtes est et ouest seront affectées par des tempêtes. Malaria, dengue et fièvre jaune infecteront de nouvelles régions. L'activité touristique régresserait.

Moyen-Orient – Asie centrale : l'élévation des températures et une plus forte évaporation annuleront une petite hausse des précipitations ; la pénurie d'eau s'aggravera.

Europe : au nord, la pluie deviendra plus abondante l'hiver (inondations) ; le sud sera moins arrosé (sécheresses, augmentation des besoins en irrigation). Les glaciers des Alpes auraient quasi disparu à la fin du XXIe s.

Amérique du Nord : climat plus sec, en particulier dans le centre, l'ouest et le sud.

Amérique latine : pluviosité et ruissellement diminueraient, appauvrissant les réserves d'eau souterraines.

Asie tempérée : diminution des ressources en eau et de la masse des glaciers, du Japon à la Sibérie et dans la plus grande partie de la Chine.

Asie tropicale : hausse du niveau et de la température de la mer. Les glaciers de l'Himalaya régresseront et les disponibilités en eau venant des neiges décroîtront. La sécurité alimentaire dépendra des cyclones destructeurs, inondations et sécheresses. Malaria et dengue se développeront.

Océanie : côtes soumises à de violentes tempêtes. La Grande Barrière de corail résisterait à une hausse du niveau de la mer. Aggravation des sécheresses en Australie. Les ressources en eau des petites îles baisseront. En Nouvelle-Zélande, les neiges diminueront.

Petites îles : la salinisation menacerait les ressources en eau, Maldives, Bahamas, Kiribati ou Marshall seraient en grande partie submergées.

■ **Augmentation du CO_2 (gaz carbonique) dans l'atmosphère** venant de la combustion de l'énergie fossile (charbon, pétrole, gaz) [6 milliards de t de carbone par an actuellement], du défrichement de l'Amérique du Nord au XIXe s., et de la décomposition organique au XXe s. de la forêt tropicale (dont on détruit au moins 1 % chaque année). En Amazonie, 2 milliards de t de carbone sont transformées en CO_2 chaque année. A l'ère glaciaire, *il y a 18 000 ans,* il y avait 200 molécules de CO_2 par million de molécules présentes dans l'atmosphère ; *vers 1880* il y en avait 270 ; *en 1996* environ 360 ; *en 2050* il y en aura 600, et si toutes les réserves de combustibles fossiles étaient brûlées de 1 200 à 1 500. Or, les particules de gaz carbonique, comme celles du méthane, du protoxyde d'azote et des CFC, réalisent un « effet de serre » (voir encadré col. b) : elles laissent passer le rayonnement solaire arrivant sur terre, mais piègent les infrarouges qui permettent, la nuit, d'évacuer le surplus de chaleur reçu le jour. **1988** Charles Keeling (Institut Scripps d'océanographie, Californie) a mesuré le taux de CO_2 dans l'atmosphère à Mauna Loa (îles Hawaii) et confirme que les concentrations de dioxyde de carbone dans l'atmosphère ont nettement augmenté depuis 1850. D'autres ont montré que la planète s'est réchauffée d'un demi-degré et que le niveau des mers est monté de 10 à 25 cm en 100 ans. **Mai 1995** John Mitchell et ses collègues du Centre Hadley sur les changements climatiques (G.-B.) ont confirmé que le dioxyde de carbone d'origine humaine réchauffe la planète, mettant en évidence l'effet « refroidisseur » des aérosols de composés soufrés libérés par les éruptions volcaniques et certaines

A Paris, la température de l'air s'est élevée de 2 °C depuis 100 ans, ainsi que celle du sous-sol : à 28 m de profondeur, dans les caves de l'observatoire de Paris, la température, qui était de 11,8 °C jusque vers 1880, dépasse actuellement 13,3 °C. Cette augmentation est liée principalement aux apports thermiques (foyers domestiques, industries, circulation automobile) et aux modifications de surface (extension des surfaces dures).

TEMPÉRATURES EN °C ET (EN ITALIQUE) PLUIES EN MM DANS QUELQUES VILLES

	Mois	J	F	M	A	M	J	J	A	S	O	N	D
Afrique													
Abidjan (Côte d'Ivoire)	max.	31	32	32	32	31	29	28	28	28	29	31	31
	min.	23	24	24	24	24	23	23	22	23	23	23	23
		26	*40*	*120*	*170*	*365*	*610*	*200*	*35*	*55*	*225*	*190*	*110*
Addis-Abéba (Éthiopie)	max.	23	24	25	25	25	23	20	20	21	22	22	22
	min.	6	7	9	10	9	10	11	11	10	7	4	5
		16	*45*	*70*	*85*	*95*	*135*	*280*	*295*	*190*	*25*	*15*	*6*
Agâdir (Maroc)		14	15	17	18	19	21	22	23	22	20	18	15
		50	*30*	*25*	*16*	*5*	*1*	*0*	*1*	*6*	*20*	*30*	*40*
Alger (Algérie)		12	13	14	16	19	22	24	29	23	20	17	14
		115	*75*	*60*	*65*	*35*	*14*	*2*	*4*	*30*	*85*	*90*	*120*
Assouân (Égypte)	max.	23	26	31	36	39	42	41	41	39	37	31	25
	min.	10	11	14	19	23	26	26	26	24	22	17	12
		pluies exceptionnelles											
Casablanca (Maroc)		12	13	15	16	18	20	22	23	22	19	16	13
		65	*55*	*55*	*40*	*20*	*2*	*0*	*1*	*7*	*40*	*55*	*85*
Conakry (Guinée)	max.	31	31	31	32	31	29	28	27	29	30	31	31
	min.	22	23	23	23	24	23	22	22	23	23	24	23
		1	*2*	*5*	*17*	*155*	*565*	*1 329*	*995*	*715*	*330*	*120*	*10*
Dakar (Sénégal)		21	20	21	22	23	26	27	27	27	27	26	23
		4	*2*	*0*	*0*	*1*	*13*	*90*	*250*	*165*	*50*	*5*	*6*
Funchal (Madère)		16	16	16	16	18	19	21	22	22	20	18	16
		80	*85*	*70*	*45*	*20*	*5*	*2*	*2*	*30*	*80*	*95*	*95*
Gâbès (Tunisie)		11	12	15	18	21	24	27	27	26	22	17	12
		17	*17*	*17*	*17*	*9*	*2*	*0*	*1*	*14*	*40*	*30*	*19*
Johannesburg (Afr. du Sud)	max.	26	25	24	22	19	17	17	20	23	25	25	26
	min.	14	14	13	10	6	4	4	6	9	12	13	14
		115	*100*	*80*	*45*	*25*	*9*	*8*	*6*	*25*	*60*	*110*	*120*
Le Caire (Égypte)		12	15	20	24	26	28	30	30	26	22	20	16
		4	*5*	*3*	*1*	*1*	*0*	*0*	*0*	*0*	*1*	*1*	*8*
Le Cap (Afr. du Sud)	max.	26	26	25	22	19	18	17	18	19	21	23	25
	min.	16	16	14	12	10	8	7	8	9	11	13	15
		12	*8*	*17*	*45*	*85*	*80*	*85*	*70*	*45*	*30*	*17*	*11*
Marrâkech (Maroc)		11	13	16	19	21	25	29	29	25	21	16	12
		30	*30*	*30*	*30*	*17*	*7*	*2*	*3*	*10*	*20*	*30*	*35*
Mombasa (Kenya)	max.	32	32	33	31	29	29	28	28	29	30	31	32
	min.	23	24	24	24	23	21	20	20	21	22	23	23
		25	*15*	*60*	*200*	*320*	*110*	*90*	*65*	*70*	*85*	*95*	*60*
Nairobi (Kenya)	max.	25	26	26	24	23	22	21	22	24	25	23	23
	min.	11	11	12	14	13	11	10	10	11	13	13	13
		73	*60*	*93*	*211*	*195*	*37*	*19*	*25*	*35*	*52*	*157*	*92*
Port-Louis (île Maurice)		27	28	27	27	25	23	23	22	23	24	26	27
		145	*127*	*126*	*83*	*40*	*26*	*27*	*22*	*19*	*19*	*32*	*116*
Saint-Denis (Réunion)		26	27	26	25	23	22	22	21	21	22	23	25
		155	*470*	*299*	*227*	*213*	*45*	*77*	*359*	*30*	*95*	*95*	*56*
Tenerife (Canaries)		17	17	18	19	20	22	24	25	24	23	20	18
		36	*30*	*27*	*13*	*6*	*1*	*0*	*0*	*3*	*31*	*45*	*51*
Tunis (Tunisie)		11	12	13	16	19	24	26	27	25	20	16	12
		69	*46*	*44*	*40*	*23*	*9*	*1*	*9*	*36*	*54*	*56*	*67*
Yaoundé (Cameroun)		24	25	24	24	24	23	22	22	23	23	22	24
		22	*63*	*146*	*182*	*204*	*151*	*56*	*74*	*202*	*300*	*127*	*120*
Amérique du Nord													
Anchorage (USA)		–11	–8	–4	1	8	13	14	13	9	1	–6	–10
		20	*18*	*15*	*11*	*13*	*28*	*22*	*63*	*61*	*29*	*26*	*24*
Boston (USA)		–2	–2	3	9	15	19	23	21	18	13	7	0
		85	*68*	*83*	*84*	*67*	*85*	*75*	*79*	*70*	*64*	*85*	*81*
Chicago (USA)		–4	–3	3	10	15	21	24	23	19	13	4	–2
		40	*30*	*65*	*64*	*81*	*106*	*62*	*76*	*78*	*60*	*55*	*48*
Houston (USA)		11	13	16	21	25	27	28	28	26	21	16	13
		91	*82*	*64*	*78*	*107*	*88*	*106*	*106*	*106*	*91*	*95*	*108*
Los Angeles (USA)		14	14	15	16	18	18	23	23	23	20	17	14
		100	*85*	*69*	*35*	*19*	*3*	*0*	*1*	*5*	*20*	*42*	*99*
Miami (USA)		19	20	21	24	25	27	28	28	28	25	22	20
		52	*42*	*52*	*85*	*125*	*130*	*107*	*122*	*165*	*190*	*52*	*42*
Montréal (Canada)		–10	–9	–3	6	13	18	21	20	15	9	2	–7
		24	*15*	*37*	*64*	*64*	*82*	*90*	*92*	*88*	*74*	*61*	*33*
Nassau (Bahamas)	max.	24	25	26	27	29	30	31	31	31	29	27	25
	min.	17	17	18	20	21	23	24	24	23	22	20	18
		35	*45*	*45*	*80*	*115*	*160*	*150*	*135*	*165*	*165*	*85*	*40*
New York (USA)		0	0	5	11	16	22	25	24	20	15	8	2
		84	*80*	*105*	*92*	*90*	*86*	*94*	*130*	*100*	*86*	*90*	*86*
La Nouvelle-Orléans (USA)		11	13	16	20	24	26	28	28	25	21	15	13
		98	*152*	*135*	*126*	*133*	*141*	*233*	*151*	*156*	*59*	*84*	*116*
Philadelphie (USA)		0	1	5	12	17	22	25	24	20	14	8	1
		79	*65*	*91*	*80*	*88*	*101*	*108*	*113*	*81*	*65*	*80*	*68*
Québec (Canada)	max.	–7	–5	0	8	17	22	25	24	19	12	4	–5
	min.	–16	–14	–8	–1	5	10	14	13	8	3	–3	–12
		80	*75*	*70*	*75*	*75*	*110*	*105*	*90*	*100*	*80*	*95*	*100*
San Francisco (USA)		10	11	12	12	15	15	15	15	16	16	15	11
		102	*88*	*68*	*33*	*12*	*3*	*0*	*1*	*5*	*19*	*40*	*104*
Toronto (Canada)		–7	–6	–1	6	12	18	21	20	16	9	3	–4
		21	*21*	*37*	*62*	*66*	*67*	*71*	*77*	*64*	*61*	*55*	*36*
Vancouver (Canada)	max.	5	8	9	13	17	19	22	22	18	10	9	1
	min.	0	1	2	5	8	11	13	13	10	6	3	–7
		131	*107*	*95*	*60*	*52*	*45*	*32*	*41*	*67*	*114*	*147*	*165*
Washington (USA)		0	1	5	11	17	21	24	24	19	13	7	1
		83	*61*	*80*	*75*	*97*	*81*	*104*	*110*	*108*	*79*	*60*	*59*
Amérique du Sud et Antilles													
Acapulco (Mexique)	max.	31	31	31	31	32	32	32	33	32	32	32	31
	min.	22	22	22	23	24	25	25	25	25	24	24	23
		8	*1*	*0*	*1*	*40*	*275*	*280*	*220*	*385*	*155*	*35*	*11*
Assomption (Paraguay)		27	27	26	22	19	17	18	19	21	22	24	27
		130	*120*	*100*	*120*	*110*	*60*	*50*	*30*	*70*	*130*	*140*	*150*
Bogota (Colombie)		14	14	14	14	14	13	14	14	14	14	14	14
		45	*73*	*84*	*131*	*101*	*66*	*34*	*44*	*74*	*153*	*136*	*67*
Buenos Aires (Argentine)		30	39	26	22	18	15	15	16	18	21	25	29
		60	*55*	*65*	*75*	*80*	*90*	*95*	*85*	*80*	*70*	*65*	*60*
Caracas (Venezuela)	max.	15	26	27	28	27	26	26	27	27	27	26	25
	min.	14	15	15	17	18	18	17	17	17	17	16	15
		23	*28*	*10*	*44*	*89*	*111*	*108*	*107*	*107*	*130*	*69*	*48*
Cayenne (Guyane française)		27	27	27	27	27	27	27	28	28	28	27	27
Cochabamba (Bolivie)		19	18	20	19	17	15	16	17	19	20	20	20
		111	*82*	*31*	*9*	*0*	*3*	*0*	*15*	*1*	*9*	*77*	*65*
Fort-de-France (Martinique)		24	24	25	26	26	26	26	27	27	26	26	25
Guatemala (Guatemala)		16	17	18	19	19	18	18	18	18	17	16	16
		3	*2*	*7*	*19*	*141*	*265*	*211*	*187*	*57*	*159*	*23*	*7*

	Mois	J	F	M	A	M	J	J	A	S	O	N	D
La Havane (Cuba)		21	21	23	24	25	26	27	27	26	25	22	22
		64	*53*	*45*	*55*	*101*	*155*	*108*	*101*	*161*	*172*	*66*	*38*
La Paz (Bolivie)		18	18	18	19	17	17	17	17	18	19	19	19
		6	*12*	*16*	*23*	*30*	*24*	*30*	*25*	*18*	*20*	*20*	*7*
Lima (Pérou)		22	23	22	21	18	17	16	15	16	16	18	20
		1	*0*	*0*	*0*	*2*	*3*	*4*	*5*	*5*	*2*	*1*	*1*
Mérida (Mexique)		28	29	32	33	34	33	33	33	32	31	29	28
		25	*26*	*14*	*11*	*85*	*147*	*124*	*166*	*220*	*111*	*23*	*25*
Mexico (Mexique)		19	21	24	25	26	24	23	23	23	21	20	19
		28	*24*	*25*	*19*	*16*	*11*	*6*	*7*	*10*	*19*	*24*	*27*
Montevideo (Uruguay)		23	22	20	17	13	10	11	11	13	15	18	21
		77	*73*	*99*	*102*	*95*	*95*	*66*	*84*	*89*	*70*	*78*	*80*
Pointe-à-Pitre (Guadeloupe)		24	24	25	26	26	26	26	27	27	26	26	25
		98	*55*	*64*	*119*	*156*	*130*	*193*	*206*	*246*	*230*	*221*	*128*
Quito (Équateur)		14	14	14	14	14	14	14	14	14	13	13	14
Rio de Janeiro (Brésil)		30	30	29	27	26	25	25	25	25	26	26	28
		150	*125*	*133*	*103*	*66*	*56*	*50*	*40*	*63*	*80*	*95*	*130*
Salvador (Brésil)		26	26	27	26	25	24	24	24	25	24	25	26
		68	*129*	*51*	*272*	*314*	*224*	*82*	*168*	*162*	*162*	*66*	*68*
Santiago du Chili (Chili)		21	20	18	14	11	9	8	9	12	14	18	20
		2	*5*	*5*	*16*	*65*	*71*	*62*	*58*	*21*	*17*	*6*	*2*
Santiago de Cuba (Cuba)	max.	28	28	29	29	29	31	32	32	32	31	29	29
	min.	18	18	19	20	21	22	23	23	23	22	21	20
		30	*17*	*40*	*70*	*150*	*130*	*55*	*95*	*150*	*215*	*100*	*30*
Ushuaia (Argentine)	max.	14	14	13	9	6	4	4	6	8	11	12	13
	min.	5	5	3	1	–2	–3	–4	–3	–1	2	2	4
		60	*50*	*55*	*45*	*50*	*45*	*45*	*50*	*40*	*35*	*50*	*50*
Asie et Pacifique													
Antananarivo (Madagascar)	max.	25	26	25	24	22	21	20	20	22	25	26	25
	min.	16	16	16	15	12	10	10	10	11	12	15	16
		285	*220*	*230*	*35*	*13*	*9*	*10*	*10*	*15*	*45*	*145*	*255*
Auckland (Nlle-Zélande)		20	20	19	17	14	12	11	12	13	14	16	18
		70	*87*	*79*	*98*	*118*	*130*	*135*	*115*	*96*	*96*	*84*	*77*
Bali (Indonésie)		30	30	30	31	31	30	30	31	31	32	32	30
		60	*80*	*179*	*43*	*25*	*09*	*0*	*16*	*0*	*0*	*110*	*230*
Bangkok (Thaïlande)		26	27	29	30	30	29	28	28	28	27	27	27
		10	*31*	*24*	*64*	*185*	*160*	*171*	*198*	*342*	*221*	*44*	*5*
Bombay (Inde)		24	25	27	28	31	29	28	28	27	28	27	26
		2	*1*	*4*	*3*	*16*	*520*	*709*	*439*	*297*	*88*	*21*	*2*
Calcutta (Inde)		20	23	28	30	31	30	29	29	29	28	24	21
		13	*24*	*27*	*43*	*120*	*260*	*302*	*306*	*290*	*160*	*35*	*3*
Canton (Chine)	max.	17	13	21	25	30	31	33	33	32	28	25	25
	min.	9	11	13	19	23	24	26	26	25	19	16	12
		50	*70*	*90*	*150*	*250*	*265*	*250*	*240*	*125*	*60*	*50*	*20*
Colombo (Sri Lanka)	max.	31	31	31	32	31	30	30	30	30	30	30	30
	min.	22	23	24	24	25	25	25	25	25	24	23	23
		70	*88*	*121*	*287*	*388*	*186*	*154*	*99*	*216*	*396*	*329*	*193*
Delhi (Inde)		21	24	29	36	31	39	35	34	34	34	28	23
		69	*51*	*42*	*15*	*16*	*165*	*533*	*432*	*381*	*79*	*3*	*13*
Doha (Qatar)	max.	21	22	26	32	37	41	42	42	39	35	28	22
	min.	12	12	16	20	25	28	29	29	26	12	18	13
		20	*12*	*11*	*3*	*2*	*0*	*0*	*0*	*0*	*0*	*4*	*20*
Eilat (Israël)	max.	21	23	26	31	36	38	39	40	37	33	28	23
	min.	10	11	12	14	18	24	26	26	25	21	16	12
		2	*5*	*5*	*3*	*0*	*0*	*0*	*0*	*0*	*2*	*9*	*25*
Hong Kong		16	16	19	22	26	28	29	28	26	25	21	18
		30	*42*	*55*	*140*	*298*	*432*	*317*	*413*	*320*	*121*	*36*	*25*
Honolulu (Hawaii)		22	22	23	23	24	25	26	26	26	26	24	23
		96	*84*	*73*	*33*	*25*	*8*	*11*	*23*	*25*	*47*	*55*	*76*
Istanbul (Turquie)		5	6	7	12	16	21	23	23	20	16	12	8
		91	*76*	*64*	*44*	*31*	*23*	*21*	*24*	*48*	*66*	*82*	*106*
Jakarta (Indonésie)		25	25	26	26	26	26	26	25	26	26	26	25
		326	*235*	*198*	*133*	*112*	*90*	*57*	*50*	*77*	*89*	*149*	*180*
Jérusalem (Israël)		8	8	12	15	20	21	22	24	22	17	16	10
		60	*268*	*31*	*35*	*4*	*0*	*0*	*0*	*1*	*5*	*29*	*48*
Kaboul (Afghanistan)		4	1	7	13	20	25	30	32	19	13	9	4
		30	*35*	*93*	*100*	*20*	*5*	*2*	*2*	*2*	*15*	*20*	*10*
Karatchi (Pakistan)		19	21	24	27	29	30	29	28	28	27	25	21
		7	*11*	*6*	*2*	*0*	*7*	*96*	*50*	*15*	*2*	*2*	*6*
Katmandou (Népal)	max.	17	21	25	27	29	33	30	27	26	24	20	19
	min.	2	3	9	11	17	20	20	19	18	12	8	3
		3	*3*	*19*	*32*	*82*	*237*	*375*	*240*	*175*	*65*	*7*	*12*
Koweït (Koweït)	max.	19	20	27	31	39	44	45	45	42	35	28	22
	min.	8	11	14	18	24	28	29	29	26	20	15	9
		15	*7*	*8*	*11*	*3*	*0*	*0*	*0*	*0*	*0*	*25*	*40*
Lhassa (Tibet)	max.	7	9	12	16	19	24	23	22	21	17	13	9
	min.	–10	–7	–2	1	5	9	9	9	7	1	–5	–9
		2	*13*	*7*	*5*	*25*	*63*	*120*	*90*	*65*	*13*	*2*	*0*
Manille (Philippines)		25	26	27	29	29	28	28	27	27	27	26	25
		221	*131*	*151*	*90*	*189*	*254*	*279*	*422*	*403*	*412*	*354*	*322*
Médine (Arabie saoudite)	max.	28	30	35	38	42	44	44	44	43	39	33	29
	min.	8	10	12	15	20	25	25	26	24	19	13	9
		8	*1*	*4*	*5*	*4*	*0*	*0*	*0*	*0*	*1*	*10*	*4*
Nouméa (Nlle-Calédonie)		26	26	25	24	23	22	20	21	21	23	24	25
		117	*94*	*175*	*124*	*93*	*89*	*84*	*70*	*53*	*52*	*47*	*85*
Nuku'alofa (îles Tonga)	max.	29	29	29	28	26	25	25	24	25	26	27	28
	min.	22	23	23	22	20	18	18	18	18	19	21	21
		200	*220*	*225*	*150*	*115*	*90*	*105*	*110*	*110*	*115*	*110*	*130*
Papeete (Tahiti)		30	30	30	30	29	29	28	28	28	29	29	29
		330	*235*	*185*	*126*	*94*	*65*	*61*	*40*	*47*	*87*	*149*	*285*
Pékin (Chine)		–5	–4	4	15	27	31	31	30	26	20	10	–5
		2	*4*	*6*	*15*	*30*	*75*	*250*	*125*	*60*	*12*	*8*	*2*
Perth (Australie)		23	24	22	19	16	14	13	13	15	16	19	22
		9	*12*	*19*	*45*	*123*	*183*	*173*	*137*	*81*	*54*	*21*	*14*
Phuket (Thaïlande)	max.	31	32	33	33	31	31	31	31	30	31	31	31
	min.	23	23	24	25	25	25	25	24	24	24	24	24
		35	*40*	*75*	*125*	*295*	*265*	*215*	*246*	*325*	*315*	*195*	*80*
Phnom Penh (Cambodge)		26	27	29	29	29	28	28	28	27	27	27	25
		6	*6*	*27*	*75*	*150*	*125*	*125*	*150*	*250*	*250*	*125*	*30*
Puerto Baquerizo (Galapagos)	max.	29	30	30	30	29	27	25	24	24	25	26	27
	min.	23	23	23	23	22	21	19	19	18	19	20	21
		50	*65*	*85*	*35*	*16*	*2*	*4*	*5*	*7*	*7*	*5*	*7*
Rangoun (Myanmar)	max.	29	34	37	41	35	32	32	31	31	34	30	29
	min.	19	18	21	24	25	24	24	24	24	25	23	19
		–	*–*	*26*	*20*	*418*	*517*	*482*	*634*	*375*	*109*	*11*	*4*
Rarotonga (îles Cook)		26	26	26	25	24	23	22	22	22	23	24	25
		253	*223*	*275*	*183*	*172*	*108*	*94*	*129*	*104*	*124*	*144*	*229*

TEMPÉRATURES EN °C ET (EN ITALIQUE) PLUIES EN MM DANS QUELQUES VILLES *(suite)*

	Mois	J	F	M	A	M	J	J	A	S	O	N	D
Saïgon (Viêt Nam)	max.	32	33	24	25	33	32	31	31	31	31	31	31
	min.	21	22	23	24	24	24	24	24	23	23	23	22
		15	*5*	*10*	*40*	*225*	*325*	*300*	*250*	*325*	*250*	*100*	*50*
Sapporo (Japon)	max.	–2	–1	2	11	16	21	24	26	22	16	8	1
	min.	–12	–11	–7	0	4	10	14	16	11	4	–2	–8
		110	*80*	*65*	*65*	*60*	*65*	*100*	*110*	*145*	*110*	*110*	*105*
Séoul (Corée du S.)	max.	0	3	9	17	23	26	28	30	25	19	11	3
	min.	–8	–5	0	6	12	17	21	22	16	9	2	–4
		20	*28*	*49*	*105*	*88*	*151*	*383*	*265*	*160*	*48*	*43*	*24*
Shanghaï (Chine)	max.	8	8	13	19	25	23	32	34	28	23	17	12
	min.	1	1	4	10	15	19	23	23	18	14	7	2
		50	*60*	*80*	*100*	*100*	*175*	*150*	*140*	*125*	*50*	*50*	*30*
Singapour	max.	30	31	31	31	31	31	31	31	31	31	30	30
	min.	23	23	23	24	24	24	24	24	24	24	23	23
		239	*173*	*187*	*183*	*172*	*168*	*159*	*180*	*172*	*201*	*253*	*281*
Suva (îles Fidji)	max.	30	30	30	29	28	27	26	26	27	27	28	29
	min.	23	23	23	23	22	21	20	20	21	21	22	23
		305	*295*	*375*	*330*	*255*	*165*	*135*	*190*	*205*	*220*	*250*	*305*
Sydney (Australie)		22	22	21	18	15	12	12	13	15	17	19	21
		102	*114*	*136*	*124*	*122*	*132*	*101*	*77*	*69*	*78*	*81*	*78*
Taïpei (Taïwan)	max.	19	18	20	24	28	31	32	32	30	27	23	20
	min.	12	11	13	17	20	22	24	24	22	19	16	13
		90	*145*	*165*	*180*	*205*	*320*	*270*	*265*	*190*	*115*	*70*	*75*
Téhéran (Iran)	max.	8	10	15	21	28	33	36	35	31	24	16	9
	min.	1	2	4	9	15	19	22	21	18	12	5	5
		38	*27*	*32*	*25*	*13*	*2*	*6*	*1*	*1*	*5*	*27*	*27*
Tel-Aviv (Israël)	max.	18	19	23	25	27	28	31	32	31	29	25	20
	min.	9	10	11	14	17	19	22	23	21	18	14	10
		130	*95*	*60*	*15*	*4*	*0*	*0*	*0*	*2*	*18*	*80*	*130*
Tokyo (Japon)		4	5	8	13	18	21	25	27	23	17	11	6
		49	*65*	*98*	*122*	*145*	*192*	*140*	*153*	*182*	*203*	*96*	*58*
Victoria	max.	29	29	30	31	30	29	28	28	29	29	30	29
(îles Seychelles)	min.	24	25	25	25	25	25	24	24	24	24	24	24
		310	*300*	*180*	*190*	*100*	*50*	*65*	*110*	*125*	*220*	*230*	*305*
Wellington	max.	21	21	19	17	14	13	12	12	14	16	17	19
(Nlle-Zélande)	min.	13	13	12	11	8	7	6	6	8	9	10	12
		80	*80*	*80*	*95*	*115*	*115*	*135*	*115*	*95*	*100*	*90*	*90*
Europe													
Amsterdam (Pays-Bas)		2	2	5	8	12	15	17	17	14	11	6	4
		70	*50*	*50*	*50*	*50*	*65*	*80*	*95*	*80*	*80*	*85*	*85*
Athènes (Grèce)		9	10	12	15	20	25	27	26	23	18	14	11
		43	*37*	*42*	*27*	*17*	*7*	*5*	*7*	*15*	*16*	*53*	*65*
Barcelone (Espagne)	max.	13	14	16	18	21	25	28	28	25	21	16	13
	min.	6	7	9	11	14	18	21	21	19	15	10	7
		30	*40*	*50*	*45*	*55*	*40*	*30*	*50*	*80*	*85*	*50*	*45*
Belgrade (Serbie)	max.	3	5	11	17	22	26	28	28	24	18	10	5
	min.	–3	–2	2	7	12	15	17	17	13	8	4	0
		45	*45*	*45*	*55*	*75*	*95*	*60*	*55*	*50*	*55*	*60*	*55*
Bergen (Norvège)		1	1	3	6	10	13	14	14	12	9	4	2
		188	*146*	*142*	*110*	*99*	*114*	*140*	*178*	*235*	*245*	*203*	*195*
Berlin (Allemagne)		–1	1	4	8	13	17	18	17	14	8	4	1
		30	*30*	*40*	*40*	*60*	*70*	*80*	*70*	*50*	*40*	*40*	*40*
Bucarest (Roumanie)		–3	–1	5	11	16	20	22	22	18	11	5	0
		38	*32*	*35*	*44*	*72*	*84*	*68*	*54*	*38*	*38*	*45*	*37*
Budapest (Hongrie)		–1	2	6	12	16	20	21	21	17	11	6	2
		41	*40*	*34*	*43*	*58*	*77*	*58*	*56*	*41*	*42*	*64*	*50*
Copenhague (Danemark)		1	0	2	7	12	16	18	17	14	9	5	3
		49	*39*	*32*	*38*	*42*	*47*	*71*	*66*	*62*	*59*	*48*	*49*
Corfou (Grèce)		9	10	12	14	19	23	25	25	22	19	13	10
		146	*149*	*113*	*74*	*42*	*7*	*19*	*23*	*83*	*174*	*168*	*149*

	Mois	J	F	M	A	M	J	J	A	S	O	N	D
Héraklion (Grèce)		12	12	13	16	20	24	26	26	23	20	16	13
		94	*65*	*52*	*30*	*11*	*3*	*1*	*0*	*23*	*63*	*53*	*76*
Dublin (Irlande)		5	5	6	8	11	14	15	15	13	10	7	6
		68	*51*	*50*	*47*	*58*	*53*	*59*	*75*	*73*	*68*	*69*	*79*
Genève (Suisse)		0	1	5	9	13	17	18	18	14	9	5	2
		64	*60*	*69*	*64*	*69*	*82*	*74*	*98*	*98*	*86*	*89*	*79*
Iakoutsk	max.	–43	–33	–18	–3	9	19	23	19	10	–5	–26	–38
(Sibérie, Russie)	min.	–47	–40	–29	–14	–1	9	12	9	1	–12	–31	–43
		7	*6*	*5*	*7*	*15*	*30*	*43*	*38*	*22*	*15*	*13*	*10*
Lisbonne (Portugal)	max.	14	15	17	20	21	25	27	28	27	22	17	15
	min.	8	8	10	12	13	15	17	17	16	14	11	8
		110	*75*	*110*	*55*	*45*	*16*	*3*	*4*	*3*	*60*	*95*	*105*
Londres (G.-B.)		5	6	7	10	13	16	18	18	16	13	9	6
		42	*31*	*38*	*40*	*46*	*48*	*42*	*52*	*53*	*43*	*54*	*48*
Madrid (Espagne)		5	7	10	13	16	21	24	24	20	15	9	6
		42	*40*	*44*	*46*	*40*	*28*	*10*	*12*	*32*	*51*	*50*	*46*
Moscou (Russie)	max.	–7	–6	0	9	17	22	24	22	16	8	0	–5
	min.	–14	–14	–8	0	6	10	13	12	6	1	–5	–10
		33	*30*	*34*	*36*	*51*	*65*	*77*	*72*	*58*	*50*	*38*	*39*
Mourmansk	max.	–8	–9	–5	2	7	13	16	15	9	3	–1	–6
(Russie)	min.	–15	–16	–12	–5	0	5	8	8	4	–2	–6	12
		30	*25*	*18*	*17*	*28*	*52*	*52*	*60*	*45*	*50*	*35*	*33*
Naples (Italie)	max.	12	13	15	18	22	26	29	29	26	22	17	16
	min.	4	5	6	9	12	16	18	18	17	12	9	6
		115	*85*	*75*	*60*	*45*	*30*	*19*	*30*	*65*	*105*	*145*	*135*
Odessa (Ukraine)	max.	0	2	5	12	19	23	26	26	21	16	10	4
	min.	–6	–4	0	6	12	16	18	17	14	9	4	–2
		57	*62*	*30*	*20*	*35*	*35*	*42*	*37*	*37*	*13*	*35*	*70*
Oslo (Norvège)	max.	–2	–1	4	10	16	20	22	21	16	9	3	0
	min.	–7	–7	–4	1	6	10	13	12	8	3	–1	–4
		50	*35*	*25*	*45*	*45*	*70*	*80*	*95*	*80*	*75*	*70*	*65*
Palerme (Sicile)	max.	16	16	17	20	24	27	30	30	28	25	21	18
	min.	8	8	9	11	14	18	20	21	19	16	12	10
		70	*45*	*58*	*50*	*19*	*9*	*2*	*18*	*40*	*75*	*70*	*60*
Palma de Majorque	max.	14	15	17	19	22	26	29	29	27	22	18	15
(Espagne)	min.	6	6	8	10	13	17	20	20	18	14	10	8
		40	*35*	*50*	*30*	*30*	*17*	*3*	*25*	*55*	*75*	*45*	*40*
Paris (France)		3	4	7	10	14	17	19	18	16	11	7	4
		54	*43*	*32*	*38*	*52*	*50*	*55*	*62*	*51*	*49*	*50*	*49*
Prague (Rép. tchèque)		7	2	3	8	13	16	19	17	14	8	3	7
		23	*24*	*23*	*32*	*61*	*67*	*82*	*66*	*36*	*42*	*26*	*26*
Rome (Italie)		8	9	11	14	17	22	24	24	21	17	13	9
		79	*73*	*77*	*47*	*34*	*20*	*7*	*35*	*76*	*83*	*127*	*109*
St-Pétersbourg	max.	–7	–5	0	8	15	20	21	20	15	9	2	–3
(Russie)	min.	–13	–12	–8	0	6	11	13	12	9	4	–2	–8
		35	*30*	*30*	*35*	*45*	*50*	*72*	*78*	*65*	*75*	*45*	*40*
Sofia (Bulgarie)		–2	1	5	11	15	19	21	21	17	11	5	1
		42	*37*	*37*	*55*	*71*	*90*	*59*	*43*	*42*	*155*	*52*	*44*
Stockholm (Suède)		–3	–3	–1	4	10	15	18	17	12	7	3	0
		43	*30*	*26*	*31*	*34*	*45*	*61*	*76*	*60*	*48*	*53*	*48*
Sulina (Roumanie)		0	0	4	10	16	21	23	23	19	14	8	3
		25	*24*	*19*	*25*	*33*	*36*	*29*	*36*	*27*	*29*	*33*	*29*
Venise (Italie)		2	4	8	12	17	21	23	23	19	13	8	4
		60	*58*	*55*	*72*	*73*	*70*	*62*	*87*	*59*	*72*	*100*	*49*
Vienne (Autriche)		–1	0	4	9	14	17	19	19	15	10	4	0
		40	*43*	*45*	*45*	*70*	*67*	*83*	*72*	*41*	*56*	*54*	*45*
Vladivostok	max.	–11	–6	1	8	13	17	22	24	20	13	2	–7
(Sibérie, Russie)	min.	–18	–14	–7	1	6	11	16	18	13	5	–4	–13
		10	*13*	*20*	*45*	*70*	*90*	*100*	*145*	*125*	*57*	*30*	*17*

activités industrielles. **Juin 1995** Keeling découvrit que, de 1979 à 1988, les changements naturels de température expliquaient des hausses dépassant celles à mettre sur le compte des activités humaines. **En 1996** Benjamin Santer (Laboratoire Lawrence Livermore, Californie) mit en évidence le rôle de l'homme dans le réchauffement de la planète.

☞ **Les océans** absorbent le CO_2 et rejettent de l'oxygène ; mais la capacité d'absorption de leurs couches supérieures arrive à saturation. Il faudrait au moins 1 000 ans pour qu'un rééquilibrage entre les couches profondes et les eaux de surface se fasse afin d'absorber l'excédent de CO_2. En outre, les pellicules d'hydrocarbures recouvrant la mer (en particulier près des régions polaires) diminueraient les échanges entre la surface et le fond et les possibilités de réflexion des rayons solaires.

☞ Toute matière vivante contient du carbone (dans un poids donné de CO_2, le carbone intervient pour 27,3 %). Sans carbone, il n'y aurait pas de vie sur terre.

■ **Refroidissement.** Pour d'autres météorologues, le rayonnement solaire ne sera pas emprisonné à cause de l'effet de serre, car il n'arrivera même plus à traverser entièrement l'atmosphère. Une prison froide sera ainsi créée par les particules dues à la pollution. L'air de l'Arctique contient beaucoup de particules solides baignées d'acide sulfurique (caractéristique de la pollution urbaine). Or les gouttelettes d'eau ont tendance à se former autour de ces particules. Plus il y a de particules, plus il y a de gouttes d'eau, et moins les gouttes sont grosses, moins elles sont lourdes et moins il y a d'averses. Le grand nombre de particules intensifie le pouvoir réfléchissant des nuages et une plus grande partie de rayonnement venu du Soleil repart dans l'espace.

■ ANOMALIES CLIMATIQUES

■ **Effets des cendres volcaniques.** En 1815, une explosion détruisit le volcan **Tambora** dans l'île de Sumbawa (Indonésie). Des milliards de m^3 de poussières fines furent projetés dans la haute atmosphère, où elles formèrent des nuages qui firent écran à la lumière solaire. A partir de juin 1816, une partie de ces nuages se stabilisa au-dessus de la Nouvelle-Angleterre (USA), provoquant 4 vagues de froid successives ; des gelées détruisirent le blé les 9 juillet, 21 et 30 août. Il y eut une chute de 15 cm de neige le 11 juin. De nombreux habitants, ruinés par leurs mauvaises récoltes, émigrèrent vers le Middle West. Une autre partie des cendres du Tambora stationna au-dessus de l'Europe : la récolte de blé fut désastreuse en France en 1816 et le prix du grain doubla au début de 1817.

Après l'éruption du **Krakatoa** en 1883 (dans les îles de la Sonde), du **Katmaï** (Alaska) en 1912, celle du **Bezymianny** (Kamtchatka) en 1956 et celle du mont **Agung** (Bali) en 1963, qui ont projeté des milliers de tonnes de poussières, on a eu des hivers rigoureux. L'éruption du **Pinatubo** (Philippines) le 14-6-1991 a projeté un nuage de poussières et de gaz (dioxyde de soufre) qui a provoqué la diminution de 1 à 5 % du rayonnement solaire reçu par la Terre, d'où une baisse de température de 0,10 à 0,50 °C.

■ **Anomalie de température de l'océan Pacifique central.** **« El Niño » (l'Enfant Jésus). Fréquence** (vers Noël) : *avant 1890 :* tous les 12,5 ans. *Début du XXe s. :* 2,5 puis 5-7. *Vers 1955 :* 4 ans, des eaux chaudes tropicales (réchauffées de 1 à 4 °C) se déplaçant le long de l'équateur depuis l'Australie créent un courant ouest-est vers les côtes de l'Équateur et du Pérou, inversant de façon durable le sens des alizés, provoquant des pluies torrentielles en Colombie, au nord du Pérou et en Équateur, et des sécheresses en Australie et en Indonésie. Le programme *Toga (Tropical Ocean and Global Atmosphere)*, de 1985 à 1995, a étudié le phénomène qui fait partie d'un système de fluctuation climatique global dit « Enso » (El Niño Southern Oscillation) : l'écho thermique aurait pertubé 10 ans plus tard le Kuroshio (ou Kouro-Shivo : fleuve noir), courant chaud du Pacifique Nord. Ce programme a fourni des mesures de température du réservoir d'eau chaude du Pacifique permettant de prévoir 1 an à l'avance l'El Niño qui s'est produit en 1992, mais celui-ci s'est prolongé l'année suivante, de manière inattendue.

☞ **Épisodes catastrophiques récents ; 1982-83** pluies torrentielles (Colombie, nord du Pérou, Équateur : 600 †). Tempêtes de neige dans les Rocheuses, ouragans en Californie, cyclones à Tahiti (6 en 5 mois), tempêtes de sable et incendies de brousse en Australie, sécheresses aux Philippines, en Bolivie, au sud du Pérou et en Afrique du Sud. **1997-98** (amplitude en novembre 1997) : sécheresse en Papouasie (50 †), Indonésie (800 000 ha de forêts en feu), Australie ; inondations aux USA, nord du Chili et Afrique de l'Est (Éthiopie : 57 †). *Bilan :* 21 700 †, 4,8 millions de sans-abri, 33,9 milliards de $ de dégâts.

« La Niña » : phénomène froid provoqué par le déplacement d'une masse d'eau chaude poussée par des alizés vers l'Asie et l'Australie. *Épisodes 1974, 89 et 98/99* (1er signe : baisse de 8 °C de la température du Pacifique en mai 1998. Risques d'inondations en Asie tropicale, nord du Brésil et sud-est de l'Afrique, sécheresse au Pérou et cyclones aux Caraïbes et USA).

■ INTERVENTIONS HUMAINES

■ **Brouillards (dissipation).** On peut dissiper artificiellement les brouillards froids (température négative) sur les aérodromes, par diffusion de propane ou réchauffement artificiel, mais les brouillards chauds (température positive), plus fréquents dans les régions tempérées, sont plus coûteux à dissiper. **Quelques exemples de procédés utilisés :** réchauffage de l'air Fido (G.-B., 2e Guerre mondiale) ; procédé thermocinétique Turboclair à Orly et Roissy ; procédé thermodynamique Linde (Allemagne) ; utilisation d'aérothermes ; de tamis rotatifs ou de matières hygroscopiques (USA). *A l'étude :* dénébulation à l'aide de champs électriques, sondes sonores, rayons infrarouges, rayons lasers...

■ **Pluies artificielles et lutte contre la grêle. Méthodes :** *si la température du nuage est supérieure à 0 °C,* on l'ensemence (par avion ou par fusée) avec de la poudre de chlorure de sodium ou parfois d'alginates (extraits d'algues brunes) ; *si elle est inférieure à 0 °C,* on diffuse dans les nuages des vapeurs d'iodure d'argent [celui-ci cristallise comme la glace, selon un système hexagonal de dimension voisine de celle du cristal de glace (4,58 dix millionièmes de mm) et, comme le cristal élémentaire de glace, il attire l'eau et la vapeur et les fait geler en petites particules qui fondent avant d'atteindre le sol]. On a utilisé d'abord des forges portatives transportées par avion, puis des générateurs à trémies, des appareils pulvérisant une solution acétonique d'iodure d'argent, et enfin un générateur électrique sublimant des pastilles d'iodure.

Nota. – Les scientifiques restent sceptiques quant à l'efficacité de tels procédés.

Organisation : l'OMM (Organisation météorologique mondiale) a mis sur pied un PAP (Projet d'augmentation des précipitations) auquel participent plusieurs pays (dont la France), mais il a été ajourné à la suite d'essais coûteux n'ayant pas donné de résultats probants. *En France,* le Gnefa (Groupement national d'études des fléaux atmosphériques) étudie la question. Dans le Sud-Est, une association utilise contre la grêle 540 générateurs dans 11 départements (environ 50 % d'efficacité).

■ **Projets de détournement des courants naturels. Bassin arctique :** détournement par pompage (de 140 000 m³ d'eau) d'eaux arctiques froides dans l'océan Pacifique grâce à un barrage coupant le détroit de Béring ; les eaux atlantiques chaudes traversant alors le Bassin arctique (conditions existant il y a 4 000 ans) élèveraient la température du Danemark de 8 °C à 10/10,5 °C en 4 ou 5 ans ; déglaceraient progressivement le Groenland. **Extrême-Orient :** déviation de la branche occidentale du Kuroshio (chaud) dans la mer d'Okhotsk (barrage dans le golfe de Tartarie : 100 000 000 de m³).

PRÉVISION DU TEMPS

■ **Historique. 1692**-*14-5* : 1re mention dans *A Collection for the Improvement of Husbandry and Trade* (Recueil pour l'amélioration de l'agriculture et du commerce) de John Houghton (G.-B.). **1711** dans *Monthly Weather Paper* (Bulletin météorologique mensuel). **1861**-*6-2* amiral Robert Fitzroy (Anglais), superintendant de l'Office météorologique, crée le terme « prévision du temps ». **1917** 1ers bulletins en morse. **1921**-*3-1* : 1res prévisions du temps par radio (université du Wisconsin, Station 9 X M, Madison). **1923**-*26-3* : 1res prévisions quotidiennes à la BBC. **1949**-*29-6* : 1res prévisions télévisées à la BBC.

■ **Théories modernes.** Formulées dans les années 1920 par l'*école norvégienne* ou de *frontologie* (notion de front polaire, voir p. 104 b). Depuis 1948, apparition des *prévisions numériques*, établies par des calculateurs électroniques à l'aide de modèles mathématiques définis à partir des équations de l'hydrodynamisme (voir p. 231 c).

☞ **Limites de la méthode actuelle :** fondée sur le calcul des mouvements de l'atmosphère en fonction d'échanges thermiques, elle ne peut dépasser 2 semaines, car les modèles sont ensuite bouleversés par les perturbations apparues dans les processus atmosphériques. L'océan constitue le plus important réservoir de calories (3/4 de l'énergie reçue du Soleil), qu'il conserve sous forme de chaleur pendant plusieurs semaines et qu'il dissipe par évaporation ou par échanges directs avec l'air.

■ **Réalisations techniques. Veille météorologique mondiale** assurée par 3 systèmes mondiaux : **1°)** *d'observation* (réseaux nationaux), voir ci-dessous ; **2°)** *de traitement* des données [3 centres météorologiques mondiaux (CMM) : Washington, Moscou et Melbourne ; des centres régionaux et des centres nationaux (CMN)] ; **3°)** *3 systèmes de télécommunications* pour acheminer et diffuser vers les centres la masse des informations nécessaires.

Système d'observation. 1°) STRUCTURE. Réseau terrestre d'observation synoptique : 10 058 stations dont 8 573 en surface et 1 485 en altitude. EN FRANCE : *130 stations* dont celle d'Albertville (Savoie), la plus haute d'Europe (plus 187 postes auxiliaires), enregistrent toutes les 3 heures (pression et variation de pression, température et humidité, force et direction du vent, nébulosité, temps présent, visibilité...) et envoient immédiatement le résultat aux autres services de la météo nationale ou internationale. *3 sites centraux* : Paris-Alma (direction de Météo-France), Trappes (instrumentation) et Toulouse (depuis le 10-9-1991 : prévision du temps, climatologie et recherche). *7 stations de radiosondage* (pression, température, humidité, vent) à Brest, Trappes, Nancy, Bordeaux, Nîmes, Lyon et Ajaccio, lancent à 0 h et à 12 h TU des *ballons-sondes* (en caoutchouc ou néoprène gonflés à l'hydrogène ; diamètre au départ 2 m environ ; charge emportée : la radiosonde, plus 1 réflecteur radar et 1 parachute ; altitude atteinte 25 à 30 km ; diamètre à l'éclatement 10 m). Avec leur émetteur, ils retransmettent les données recueillies en altitude par chaque appareil de mesure sur : température, pression, vent, degré d'humidité. 25 % de l'hémisphère Nord et 75 % de l'hémisphère Sud sont dépourvus de telles stations de sondage. **Réseau maritime :** *7 500 navires* sélectionnés par les services nationaux (G.-B. : 550, Allemagne : 400, *France* : 140) effectuent des observations de surface aux heures synoptiques (0 - 6 - 12 - 18 h TU) et *19 navires* équipés pour le radiosondage (dont 4 sur la liaison France-Antilles) effectuent des observations en altitude. Il y a en moyenne une observation de surface pour 40 000 km² et une observation en altitude pour 550 000 km². Nouveau réseau de 6 726 stations automatiques embarquées sur des navires de commerce et 800 basées (dont 150 ancrées) dès 1998. **Réseau aérien :** des *avions météorologiques* de la NOAA (National Oceanographic and Atmospheric Administration) vont au cœur des cyclones, lâchent des sondes mesurant températures, humidité, vitesse des vents ; les radars à bord cartographient les précipitations et mesurent la vitesse des vents.

Automatisation du réseau synoptique français : 150 dont 6 sur des aérodromes sans station météorologique.

2°) TECHNIQUES UTILISÉES. Radars : traitent les masses nuageuses et analysent leur contenu en vapeur d'eau jusqu'à 300 km ; permettent ainsi de voir les petites perturbations orageuses locales qui ont pu ne pas être décelées par les observateurs en surface. *France* : réseau *Aramis*, doté de 12 radars (Trappes, Brest, Nantes, Bordeaux, Bourges, Lyon, Manduel, Grèzes, Argy, Rechicourt, Abbeville, Toulouse) qui permettent de visualiser tous les 1/4 d'h les observations (système Météotel). Ils permettent, 2 h à l'avance, la prévision des précipitations.

☞ **Radar profileur de vent Insu-Météo :** le 1er a été installé le 7-9-1995 à La Ferté-Vidame (Eure-et-Loir). Sonde troposphère et basse stratosphère pour établir force et direction du vent selon l'altitude. Améliore les prévisions de moins de 6 h en donnant un profil toutes les 15 minutes (ballons-sondes 12 h). Réseau prévu.

États-Unis : un réseau de radars *Doppler* (bande 6-30 MHz), avec des antennes fixes de 900 à 1 800 m de long., se réfléchissant sur les couches ionisées et déterminant l'état de la mer jusqu'à 2 000 milles de la station, est expérimenté. 3 réseaux de ce type (en Virginie, au Groenland et au Libéria) suffiraient pour avoir l'état de la mer sur l'ensemble de l'Atlantique Nord avec une précision de 15 % sur la hauteur des vagues, 10 % sur leur période et 20 % sur leur direction.

Ballons plafonnants : indilatables, naviguant à pression constante, mesurant pression, température de l'air, vent en vitesse et direction.

Bouées météo-océanographiques : servent en dehors des lignes maritimes ; mouillées en particulier par Japon et USA au large de leurs côtes (aux USA, 12 m de diamètre, 150 t, autonomie de 6 mois) et transmettant (à plusieurs milliers de km), à heure fixe ou sur interrogation, les données météo-océanographiques en surface et en profondeur ; fiabilité supérieure à 85 %. *France* : environ 15 bouées *Marisondes* opérationnelles dans 2 réseaux de l'Atlantique Nord : *Uoba* (sud du Groenland) et *Ucos* (près des Açores). Informations retransmises par satellite (système *Argos*) : pression, température, humidité, vent, observation possible des courants. 11 bouées *Bodega* (dans l'océan Pacifique équatorial) transmettent leurs données sur le système mondial de transmission.

Satellites météorologiques : photographient les nuages, repèrent les cyclones tropicaux en formation, mesurent la température de l'atmosphère et le vent à différents niveaux. **1°)** *Satellites « à défilement »* : entre 600 et 900 km d'altitude, sur des orbites polaires, survolent 2 fois par jour toute la zone du globe (rotation du plan de l'orbite autour de l'axe des pôles) ; **2°)** *satellites « géostationnaires »* à 36 000 km d'altitude, paraissant ainsi immobiles pour un observateur à terre ; leur position au-dessus de l'équateur les empêche d'observer les zones polaires. *Nombre* en 1998 : 6 *Météosat* européens, 1 *Elektro 1* russe.

■ **Modes de prévisions. Prévision météo :** calcul des variations des paramètres météo au moment $t^* + \Delta t$ (Δt = quelques min, étant le pas d'avancement dans le temps), puis au moment $t^* + 2\ \Delta t$ et ainsi de suite, jusqu'à 24, 36, 48 h ou plus. Les résultats, inscrits sur des cartes, sont interprétés par les météorologistes qui formulent les **prévisions destinées aux usagers.** Certains phénomènes très localisés (par exemple, les orages) ne sont pas encore prévisibles par les modèles numériques actuels (ils passent à travers les nœuds de la grille). Les prévisions de Météo-France, élaborées sur la base des modèles numériques, ne dépassent pas actuellement 6 jours.

Fiabilité des prévisions (en %) : *1 jour* : 90. *2 j* : 85. *3 j* : 80. *4 j* : 75. *5 j* : 70. Au-delà, la fiabilité chute très vite à 30 % (1 chance sur 3 d'être dans le vrai).

☞ Depuis le 17-5-1998, Météo-France donne des prévisions à 7 j, assorties d'un indice de confiance. **Expérimentation de prévisions saisonnières :** le Centre européen de prévision météorologique à moyen terme (CEPMMT) de Reading (G.-B.) développe, depuis 1996, un modèle couplé océan-atmosphère prenant en compte pour la 1re fois leurs interactions. Il avait prévu le démarrage en mai 1997 de l'épisode d'« El Niño » ainsi qu'un été humide en Europe la même année.

Modèle numérique : ensemble d'équations qui traduit pour un ordinateur, les lois de la physique de l'atmosphère. Son intégration suppose la connaissance de l'état des paramètres météo à divers niveaux d'altitude, au moment initial t^*, dans les nœuds d'une grille régulière qui couvre le domaine de prévisions, en découpant l'atmosphère en boîtes, ainsi que celle des lois d'évolution temporelle de ces paramètres. Les modèles modernes, très complexes, nécessitent des ordinateurs puissants. Exemple : **Fujitsu VPP-700E,** de Météo-France, le plus puissant calculateur installé en France depuis le 31-3-1998 : valeur 124 millions de F ; puissance globale de calcul : 42 milliards d'opérations par seconde (150 milliards prévus) par la mise en parallèle de 26 (puis 256) processeurs fonctionnant en même temps. **MODÈLES : Arpège** utilisé depuis le 6-1-1993 par Météo-France, couvre une grande partie du globe. Maille (distance entre 2 points de grille) plus fine sur France (20 km puis 7), Europe de l'Ouest et proche Atlantique (environ 30 km). **Aladin** pour prévisions locales, avec une maille de 12 km (puis 7) [étendu à l'Europe centrale et orientale le 31-12-1994]. **Super-Péridot** utilisé pendant les JO d'Albertville, maille de 3,5 km. **Modèle du CNRS** (1994) intégrant les données du satellite Topex-Poséidon (mesure de la hauteur des vagues à 2 ou 3 cm près) par une extrapolation en 3 dimensions restituant les mouvements océaniques en profondeur.

Minitel. Prévisions jusqu'à 5 jours de Météo-France : 3615 METEO (1,29 F/min) : par commune, département (3 bulletins par jour) ; *côte* : bulletins larges, côtes, avis de tempête, plages, surf ; *montagne* : bulletins locaux, enneigement, risques d'avalanche. 3617 METEO (5,57 F/min) : pays européens. **Météo Consult :** 3615 MET (2,23 F/min). **Jusqu'à 10 jours de Météo Consult :** 3617 METPLUS (5,57 F/min). **Orages :** 3617 METEORAGE (5,48 F/min) : suivi des trajectoires des impacts de foudre et leur densité. **Statistiques météorologiques mondiales pour voyageurs** (par pays, par mois) : 36 15 METEOVACAN (2,23 F/min).

Téléphone. Prévisions jusqu'à 5 jours de Météo-France (2,23 F la minute) : 08.36.68.02 et le n° du département. *Côte* : 08.36.68.08 et le n° du département. *Marine* : 08.36.68.08.08. *Montagne* : 08.36.68.04.04. *Enneigement et risque d'avalanches* : 08.36.68.10.20. **Évolution sur 36 heures :** *DOM-TOM et prévision des risques de cyclones* : 08.36.68.02.00. *Évolution des cyclones* : 08.36.68.08.08. *Aviation légère* : 08.36.68.10.13. *Vol à voile et vol libre* (par département) : 08.36.68.10.14. **Contact avec prévisionniste** (8,80 F l'appel et 2,23 F/min) : 08.36.70.00.00. **Prévisions jusqu'à 10 jours de Météo Consult** (données du centre de Reading (G.-B.), de la Noaa et de Météo-France) [8,76 F l'appel et 2,23 F/min] : 08.36.70.12.34. *Côte* : prévisions à 3 jours. *Marine* : à 5 jours. *Enneigement* : à 10 jours.

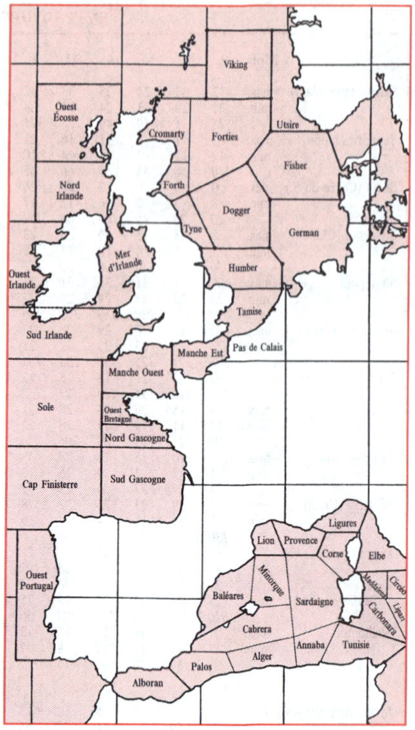

Noms des zones pour les bulletins maritimes

Nota. – **AIWS (Association of Independant Weather Service) :** *créée* 1-1-1994, regroupe les Stés privées européennes d'études et de prévisions météorologiques.

☞ **Économies réalisées grâce aux prévisions** (en milliards de F) : *EDF-GDF 0,2* (production des centrales actualisée toutes les 30 min) ; selon les experts, 2 à 3 % d'énergie supplémentaire nécessaire en cas d'absence de prévisions. *Agriculteurs 1,2* : Service Allo-Agrométéo : épandage de pesticides et d'herbicides par temps de pluie ou de vent supprimé (15 % de produits économisés, pollution des nappes phréatiques réduite), protection des vignobles en cas de gel par épandage d'eau.

■ **Cartes. Cartes météorologiques** (dites **synoptiques**) : **1°)** *cartes en surface (norvégiennes)* sur lesquelles sont inscrits, par des symboles météo, les paramètres qui intéressent le temps à un moment donné : pression, température, nébulosité, vent, phénomènes divers au niveau de la surface terrestre (pression réduite au niveau de la mer) ; **2°)** *cartes d'altitude (topographie baryque)* indiquant les hauteurs, en mètres géopotentiels, des surfaces isobares principales (1 000 hPa, 850 hPa, 700 hPa, ... 100 hPa), les températures et les vents sur ces surfaces. Les cartes sont analysées élément par élément et l'on trace les *isobares* (lignes d'égale pression) sur les cartes en surface, et les *isohypses* (lignes d'égale hauteur) sur les cartes d'altitude. Les masses d'air et les fronts atmosphériques qui les séparent sont mis en évidence, ainsi que les régions touchées par pluies, neiges, orages, brouillards, etc. Les observations servant à élaborer les cartes sont effectuées au même moment partout dans le monde, selon les mêmes méthodes.

Cartes de masses d'air : plus détaillées que les cartes frontologiques, car chaque masse d'air est représentée par ses différentes caractéristiques : humidité, stabilité ou instabilité, origine, etc., obtenues grâce aux radiosondages en altitude.

Cartes de température : *cartes d'isothermes* où les courbes joignent les points de même température à une heure donnée (cartes au niveau de la mer et cartes en altitude) et *cartes d'isallothermes* indiquant les variations de la température entre des intervalles de temps définis.

Cartes « néphanalyses » : cartes des systèmes nuageux obtenues à partir des photos de la couverture nuageuse du globe qui sont prises par des satellites météorologiques.

Cartes d'isohyètes : courbes reliant tous les points d'égale hauteur des précipitations recueillies durant une période donnée.

■ Prévisions empiriques en Europe de l'Ouest

Selon le vent et les nuages

☞ *Le temps sera généralement beau* si le vent souffle faiblement de l'ouest, si des cumulus parsèment le ciel l'après-midi, si le brouillard matinal se dissipe au plus tard à midi.

■ **Vent. D'en bas :** pluie. **D'en haut :** beau temps surtout si le vent passe par l'ouest. **De bise :** temps sec et froid. **De soulaire** (c'est-à-dire, en montagne : venant du côté ensoleillé de la vallée) : temps plus chaud. **De mer :** vent plus fort, pluie et réchauffement. **De galerne** (c'est-à-dire, en Touraine-Berry-Aquitaine : venant du nord-ouest) : giboulée. **Maritime** *du sud à l'ouest :* pluie ; *du nord au nord-est :* sec ; *de l'ouest :* tempête ou pluie ; *du sud-est :* froid ; *du sud-ouest :* temps couvert, pluie ; *du sud :* réchauffement ; *du nord-ouest :* assez vif et légèrement pluvieux ; *du nord ou de l'est* fixe ou tournant avec le soleil : beau temps ; *du sud ou de l'ouest* tournant en sens contraire du soleil : mauvais temps.

■ **État du ciel.** *La pluie ou la neige pourra apparaître :* s'il y a un anneau autour de la Lune (anneau provoqué par les cirrostratus) ; si le ciel est noir et menaçant à l'ouest ; si le vent, et celui du nord en particulier, change de direction en sens inverse des aiguilles d'une montre. *Le temps s'éclaircira généralement :* si la base des nuages s'élevant se transforme en nuages continus, si un vent d'est vire à l'ouest. Si le ciel nocturne est clair et le vent léger, on peut craindre un refroidissement.

Autres indications fournies par l'état du ciel : *beau temps :* orangé ou rose le soir, gris le matin ; assez de bleu dans le ciel pour « tailler une culotte à un gendarme » ; horizon dégagé à l'aube ; un coin de ciel bleu au milieu de l'orage (il passe). *Mauvais temps :* ciel pâle : pluie ; rose et gris (couleur perdreau) : pluie ; rouge le matin ou le soir : vent ; couvert, bas et gris en hiver : neige, s'il est accompagné d'un abaissement de température ; bleu sur la plaine, noir sur la montagne : grosses pluies ; verdâtre et laiteux à l'horizon : bourrasque. *Vent :* nuages jaunes au coucher du Soleil.

■ **Nuages.** Ils annoncent : **un changement de temps** (amélioration quand il pleut ; dégradation quand il fait beau) : cirrus, cirrostratus, cirrocumulus ; **la pluie :** stratus, altostratus, nimbo-stratus, cumulo-nimbus (orages, fortes averses) ; **le beau temps :** petits cumulus lents.

Formes de nuages (voir p. 107 c).

Selon des signes divers

■ **Causes.** Signes dus à l'augmentation de l'humidité de l'air et, parfois, aux variations de l'électricité atmosphérique.

■ **Signes de pluie.** Démangeaisons dans une cicatrice, douleurs rhumatismales, douleurs de cors au pied ; frisottement des cheveux. Sel obstruant la salière ; mayonnaise longue à prendre, etc.

« Baromètre » des plantes

■ **Pour la journée. Beau temps, chaleur :** la *nielle* penche la tête ; le *tabac* ferme ses corolles ; l'*oxalis* et le *ficoïde* s'ouvrent ; la *polierva* redresse ses branches ; le *pavot* relève sa fleur ; la *rose de Jéricho* se contracte. **Chaleur accablante :** la *nigelle des champs* redresse la tête. **Vent :** les feuilles de *trèfle* se referment. **Orage :** l'*oxalis* redresse ses feuilles et ferme ses pétales ; le *pissenlit* s'abrite sous ses feuilles ; l'*alléluia* relève ses feuilles ; la *polierva* incline et replie ses feuilles. **Pluie :** le *chardon* à foulon resserre ses écailles ; la fleur de *laitue* s'épanouit ; le *liseron* replie sa corolle ; le *souci* resserre ses pétales ; le *trèfle* redresse ses tiges ; la *pimprenelle*, le *pissenlit*, le *chardon*, le *mouron* referment leur fleur ; la *quintefeuille* et le *laiteron de Sibéné* l'ouvrent largement ; les *pommes de pin* ou de *sapin* se resserrent avant la pluie ; une *algue* séchée au soleil redevient molle. **Tempête :** le *trèfle*, la *drave printanière* replient leurs feuilles ; la *carline*, ou *chardon-baromètre*, resserre son « capitule » (touffe de fleurs). **Divers :** un ruban de *varech* flottant au vent vibre sur 3 rythmes différents : ininterrompu : beau temps ; avec brèves interruptions : vent ; très irrégulier : tempête.

■ **Prévisions à longue échéance. Hiver froid :** feuilles des *hêtres* humides et molles à la Toussaint ; arbres encore couverts de feuilles le 11 novembre ; abondance de *noix, noisettes, aubépines, prunelles* ; triple pelure sur les *oignons*. **Hiver doux :** feuilles des *hêtres* sèches et craquantes à la Toussaint.

Nota. – Ces dernières prévisions sont peu valables.

« Baromètre » des animaux

■ **Pour la journée. Beau temps, chaleur :** le *chat* ronronne sans être sollicité et se passe la patte derrière l'oreille gauche (signe souvent interprété à tort comme annonçant la pluie) ; *pigeons* et *tourterelles* roucoulent ; l'*âne* se roule dans la poussière ; les *abeilles* s'envolent ; les *moustiques* volent et tourbillonnent en colonne ; l'*érigone* (petite araignée) tisse ses fils de la vierge au ras du sol ; les *coccinelles* volettent de fleur en fleur ; les *hannetons* volent vers la mer ; les *moucherons* tournent au coucher du soleil ; les *araignées* dédaignent les coins sombres ; les *grenouilles* remontent à la surface de l'eau (signe souvent interprété à tort comme annonçant la pluie) ; *alouettes, grues* et *hirondelles* volent haut ; les *chauves-souris* sortent nombreuses et volent tard dans la soirée ; les *cygnes* s'ébattent joyeusement ; les *grives* se posent au sommet des arbres ; les *rouges-gorges* chantent le matin ; les *pies borgnes* frétillent dans l'herbe et jouent ; les *hiboux* poussent leur ululement en fin de journée ; le *rossignol* chante toute la nuit ; le *corbeau* croasse après le lever du soleil ; *plongeons* et *oiseaux de mer* volent à l'intérieur des terres ; les *oiseaux* en général se perchent haut dans les arbres.

Vent : le *chat* se nettoie soigneusement la truffe ; le *chien* se roule par terre ; les *vaches* mettent plus longtemps à boire mais se laissent traire facilement, elles courent en levant la queue ; les *moutons* sont agités ; les *abeilles* rentrent dans leur ruche ; les *porcs* grognent et éparpillent leur litière ; les *oies* criaillent et agitent les ailes ; l'*araignée* brise et détend sa toile ; la mer est phosphorescente (minuscules *mollusques* à la surface) ; les *corbeaux* se groupent en bandes et poussent des clameurs ; les *gros poissons* font surface ; les *oiseaux sauvages* sont particulièrement bruyants.

Orage : le *chat* monte et descend le long d'un rideau ; le *chien* gratte le sol, reste silencieux, va se mettre à l'abri ; les *mouches* piquent ; les *fourmis* sont agitées.

Pluie : le *chat* se lèche les cuisses et va se poster près d'une fenêtre avant de se passer la patte derrière les oreilles (gauche puis droite) ; le *chien* mange de l'herbe ; les *abeilles* restent près de leur ruche ; les *pigeons* battent des ailes ; les *coqs* chantent avant la nuit ; les *poules* s'abritent et s'épluchent [*poules* et *pigeons* se mettent à l'abri dès les premières gouttes (pluie de longue durée), se grattent et se roulent dans la poussière, se couvrent de poussière avec leurs pattes, caquettent et appellent leurs poussins] ; les *pintades* poussent des cris plaintifs ; les *ânes* secouent les oreilles et braient sans arrêt ; les *chevaux* battent du pied, tendent le cou et aspirent l'air avec bruit ; les *vaches* se lèchent, tendent le cou et aspirent l'air avec bruit ; *canards* et *oies* battent des ailes, crient et restent dans l'eau ; la *coccinelle* qu'on prend au bout du doigt refuse de s'envoler ; *moustiques, puces, mouches* et *taons* piquent ; les *moucherons* volent bas ; les *papillons* volent près des fenêtres ; les *libellules* effleurent les eaux ; les *araignées* tissent leur toile avec précipitation et montent des caves ; *vers de terre* et *scorpions* sortent de leur trou ; les *escargots* sont nombreux ; *grenouilles* et *crapauds* coassent le jour ; les *crapauds* sautent dans les chemins ; les *serpents* grimpent sur les hauteurs ; les *poissons* « mordent » plus que d'habitude et sautent hors de l'eau ; les *mouettes* battent des ailes au-dessus des maisons ; les *pies* bavardent en allant au-devant les unes des autres ; les *hirondelles* se rapprochent des arbres et volent bas ; le *corbeau* émet deux sons, bat des ailes, et vient croasser près des cours d'eau ; les *moineaux* se battent et se couvrent de poussière ou se baignent dans les flaques ; *merles* et *piverts* chantent à tort et à travers ; les *corneilles* volent par groupes ; *geais* et *pies* se querellent ; le *pinson* chante avant que le jour se lève ; les *poules d'eau* se baignent, caquettent et battent des ailes ; le *coucou* chante (la pluie ne dure pas).

Tempête : le *chat* tourne le dos au feu ; le *chien* hume l'air longuement, museau dressé ; les *fourmis* déménagent leurs œufs ; les *araignées* quittent leur nid et cherchent une fente où se cacher ; les *marsouins* s'ébattent ; les *corbeaux* croassent dès la pointe du jour ; les *mouettes* crient et volent vers l'intérieur des terres.

Froid : les *grives* poussent des cris ininterrompus ; les *oiseaux de nuit* ululent davantage ; les *merles* crient le long des haies ; les *rouges-gorges* s'approchent des maisons.

■ **Prévisions à longue échéance. Hiver rigoureux :** la fourrure des *chats* est épaisse dès octobre ; le *bétail* tourne le dos à la porte de l'étable ; *vanneaux* et *pluviers* arrivent par le nord-est ; le *grillon* s'enfonce profondément dans le sol ; la *taupe* aussi dès le début de l'automne ; la *souris* fait son nid sur les buttes ; les *hirondelles* partent tôt ; *cygnes* et *étourneaux* arrivent tôt du nord ; les *hérons* restent immobiles au bord de l'eau ; les *lièvres* sont gras en automne ; les épaves sont couvertes d'*anatifes* (hiver dur, mais suivi de belles récoltes) ; les *cocons d'insectes* sont épais. **Fin de l'hiver :** le *grillon* commence à chanter. **Année chaude :** les *pies* nichent au sommet des arbres ; les *alcyons* font leurs nids sur la mer.

« Baromètre » de l'abbé Moreux

Méthode de l'abbé Théophile Moreux (1867-1954, directeur de l'observatoire de Bourges). Fondée sur 2 observations : *1°)* pression atmosphérique ; *2°)* côté d'où vient le vent. Pour déterminer la provenance des vents de terre, il faut observer la direction d'où arrivent les nuages en sachant que le vent vient toujours de plus à gauche que les nuages ; on peut aussi observer un ruban fixé au bout d'un bâton planté sur un lieu élevé. Dans son ouvrage *Comment prédire le temps* (1919), il a publié des tables (pour chaque région de France) indiquant (suivant la pression et les vents observés) les directions possibles des vents et le temps pour le lendemain. Ces prévisions sont fondées sur les vents par rapport aux systèmes nuageux qui amènent le mauvais temps et, sur les règles de Gabriel Guilbert (un vent supérieur à la normale précédant une augmentation de pression, et inversement).

Quelques dictons

■ **Janvier.** *1er : jour de l'an beau,* mois d'août beau et chaud ; le mauvais an entre en nageant ; à « l'aguilonneu », les jours croissent d'un pas de bœuf ; quand le soleil brille le jour de l'an, c'est signe de gland ; vent du 1er janvier souffle un semestre. *6 :* pluie aux *Rois*, blé jusqu'au toit, chanvre sur les toits. *15 :* s'il gèle d'habitude à la *St-Maur*, moitié de l'hiver est dehors. *17 :* à la *St-Antoine*, les jours croissent d'un repas de moine. *19 :* s'il gèle à la *St-Sulpice*, le printemps sera propice. *20 :* à la *St-Sébastien*, l'hiver reprend ou se casse les dents. *22 :* à la *St-Vincent*, l'hiver quitte ou reprend ; le vin monte dans les sarments. *30 :* à la *Ste-Martine*, souvent l'hiver se mutine.

■ **Février.** *2 :* fleur de février ne va pas au pommier ; *Chandeleur* couverte, 40 jours de perte ; à la *Chandeleur*, le jour croît de 2 heures ; la *Chandeleur* claire laisse un hiver derrière ; quand le soleil à la *Chandeleur* fait lanterne, quarante jour après il hiverne ; à la *Chandeleur* l'hiver cesse ou reprend vigueur ; si le jour de la *Chandeleur* il fait beau, il y aura du vin comme de l'eau. *5 : Ste-Agathe* emplit les rivières, lait coulera dans les chaumières. *12 :* beau temps à la *Ste-Eulalie*, pommes et cidres à la folie. *14 :* à la *St-Valentin*, la roue gèle avant le moulin. *16 :* s'il neige à *St-Onésime*, la récolte est à l'abîme. *19 : St-Boniface* brise la glace. *22 :* neige à la *Ste-Isabelle*, rend fleur belle. *24 :* si *St-Mathias* trouve la glace, il la casse, s'il n'en trouve pas, il faut qu'il en fasse.

■ **Mars.** Si mars entre en lion, il sort en mouton. Pluie de mars ne vaut pas pisse de renard. *12 :* le jour de *St-Pol*, l'hiver s'en va ou se rompt le col. *17 :* sème des pois à la *St-Patrice*, tu en auras à ton caprice. *23 :* s'il pleut à la *St-Victorin*, tu peux compter sur bien du foin. *28 :* s'il gèle à la *St-Gontran*, le blé ne deviendra pas grand.

■ **Avril.** Avril doux, pire que tout ! En avril ne te découvre pas d'un fil. Vent des *Rameaux*, ne change pas de sitôt. *Pâques* pluvieuses, souvent fromenteuses ; *Pâques* pluvieux, blé graineux ; *Pâques* pluvieux, St-Jean farineux ; *Semaine sainte* mouillée, donne terre altérée ; s'il pleut le *Vendredi saint*, toute la pluie de l'année ne servira à rien ; gelée du *Jeudi saint* gèle le sarrasin. *5 :* le 5 avril le coucou chante mort ou vif. *14 :* pour *St-Valérien*, tout arbre bourgeonne, le fruit n'est pas loin. *25 :* quand *St-Marc* n'est pas beau, pas de fruit à noyau ; à la *St-Marc* monte l'herbe. *30 :* à la *St-Robert*, tout arbre est vert.

■ **Mai.** A l'*Ascension*, le dernier frisson. La *Pentecôte* donne les foins ou les ôte. *Sts Mamert, Pancrace* et *Servais* [aujourd'hui Ste Estelle (11 mai), St Achille (12 mai), Ste Rolande (13 mai)] sont toujours des saints de glace. *20 :* s'il gèle à la *St-Bernardin*, adieu le vin. *25 :* à la *St-Urbain*, la fleur au grain. *26 :* quand il pleut à la *St-Philippe*, point besoin de fût ni de barrique. *31 :* pluie de *Ste-Pétronille*, change raisins en grappilles.

■ **Juin.** Avant la *Pentecôte*, ne découvre tes côtes. Vent du bas la veille de la *Trinité*, il y est les deux tiers de l'année. Pluie à la *Pentecôte*, beau temps à la *Trinité*. *3 :* le temps qu'il fait en juin le trois, sera le temps du mois. *8 : St-Médard*, grand pissard, il pleut 40 jours plus tard. *10 :* si le 10 juin est serein, on assure avoir du grain. *11 :* soleil à la *St-Barnabé*, *Médard* a le nez cassé ; *St-Barnabé* reboutonne la culotte de *St-Médard* ; de *Barnabé* la journée clairette, de *St-Médard* rachète. *17 : Fête-Dieu* mouillée, fenaison manquée. *24 :* pluie de *St-Jean*, pluie pour longtemps. *29 : St-Pierre* pleure toujours. *30 :* pour la *St-Martial*, la faux est au travail.

■ **Juillet.** Pluie de juillet, eau en janvier. *1er :* si le 1er juillet est pluvieux, tout le mois sera douteux. *9 :* à la *St-Procule*, arrive la canicule. *20 :* s'il pleut pour la *Ste-Marguerite*, les noix sont gâtées bien vite. *22 : Madeleine*, pluie amène. *25 :* si *St-Jacques* est serein, l'hiver sera dur et chagrin. *27 :* les *Sept dormants*, remettent le temps. *29 :* mauvais temps pour la *Ste-Marthe* n'est rien car il faut qu'il parte.

■ **Août.** A la mi-août, l'hiver se noue ; soleil rouge en août, c'est la pluie partout. *1er :* s'il pleut le 1er août, les noisettes seront piquées de poux. *8 :* à la *St-Dominique*, te plains pas si le soleil te pique. *12 :* à la *Ste-Claire*, s'il éclaire et tonne, c'est l'annonce d'un bel automne. *15 :* la *Vierge du 15 août*, arrange ou dérange tout. *24 :* à la *St-Barthélemy*, la caille fait son cri. *28 :* pluie fine à la *St-Augustin*, c'est comme s'il pleuvait du vin.

■ **Septembre.** *1er :* s'il fait beau à la *St-Gilles*, ça dure jusqu'à St-Michel ; du 1er au 8, l'hirondelle fuit. *7 :* le 7 septembre sème ton blé, car ce jour vaut du fumier. *15 :* un beau *St-Valérien*, amène abondance de biens.

17 : *St-Lambert* pluvieux, 9 jours dangereux. *20 :* gelée blanche pour *St-Eustache*, grossit le raisin qui tache. *21 :* quand vient la *St-Matthieu*, adieu l'été. *25 :* à la *St-Firmin*, l'hiver est en chemin. *29 :* les hirondelles à *St-Michel*, l'hiver s'en vient après Noël.

■ **Octobre.** Octobre en bruine, hiver en ruine. *3 :* à la *St-Gérard*, sème ton blé. *9 :* à la *St-Denis*, ramasse les fruits ; le laboureur se réjouit, s'il pleut à la *St-Denis*, tout l'hiver sera pluie. *16 :* à la *St-Gall*, première chute de neige. *18 :* à la *St-Luc*, sème dru. *21 :* le jour de la *Ste-Ursule*, l'été d'un mois recule. *22 :* à la *St-Crépin*, les mouches voient leur fin. *28 :* *St-Simon* et *St-Jude*, l'hiver est arrivé.

■ **Novembre.** *1er :* autant d'heures de soleil à la *Toussaint*, autant de semaines à souffler dans ses mains ; telle *Toussaint*, tel Noël, Pâques au pareil. *9 :* la *St-Mathurin* passée, merde de chien pour la gelée. *11 :* à la *St-Martin*, il faut goûter le vin ; l'été de la *St-Martin* dure 3 jours au moins. *14 :* pour la *St-Montant*, l'olive à la main. *22 :* pour la *Ste-Cécile*, chaque fève en donne mille. *23 :* *St-Clément* a rarement un visage avenant. *25 :* à la *Ste-Catherine*, l'hiver s'achemine. *30 :* à la *St-André*, il est acheminé ; quand il n'est pas pressé, l'hiver arrive à la *St-André*.

■ **Décembre.** Quand en décembre il a tonné, l'hiver est avorté. *7 :* à la *St-Ambroise*, du froid pour 8 jours. *13 :* pour la *Ste-Luce*, les jours augmentent d'un pas de puce [à la Nau *(Noël)* d'un pas de coq]. *21 :* à la *St-Thomas*, les jours les plus bas. *25 :* *Noël* au balcon, Pâques aux tisons ; le jour de *Noël* humide donne grenier et tonneau vides.

OZONE

■ **Généralités.** L'ozone (O_3) résulte généralement de la transformation de certains polluants dans l'atmosphère (NO_x et COV) en présence du rayonnement ultraviolet solaire. Pointes de plus en plus fréquentes, notamment en zone urbaine. « Photo-oxydant », contribue aussi aux pluies acides et à l'effet de serre. *Effets sur la santé :* pénètre facilement jusqu'aux voies respiratoires les plus fines ; provoque, dès une exposition prolongée de 150 à 200 µg/m³, irritations oculaires, toux et altération pulmonaire, surtout chez enfants et asthmatiques. Effets majorés par exercice physique, variables selon individus.

■ **Nature.** Gaz (du grec *ozein,* exhaler une odeur) isolé par le Suisse Christian Friederich Schönbein en 1840, identifié en 1858 par le Français Houzeau comme constituant naturel de l'atmosphère. Les molécules d'ozone O_3 sont formées de 3 atomes d'oxygène [une molécule d'oxygène ordinaire (celui que nous respirons) a 2 atomes]. Atteint une concentration maximale dans la stratosphère, entre 18 et 35 km : des molécules d'oxygène O_2 sont photodissociées par le rayonnement ultraviolet (1 pour 1 million environ), libérant des atomes isolés qui vont se combiner avec les molécules d'oxygène pour former O_3. *Épaisseur de la couche d'ozone* ramenée à la pression terrestre et à une température de 23 °C : 3 mm (épaisseur de l'atmosphère dans les mêmes conditions : 8 km) soit 300 unités Dobson.

■ **Ozone de la troposphère (0 à 12 km d'altitude).** Vers 1975, on pensait que l'ozone troposphérique (10 % de l'ozone au total) venait d'échanges avec la stratosphère. Depuis, on a découvert que les oxydes de carbone, d'azote et les hydrocarbures participent à sa formation. Contrairement à celui de la stratosphère, il ne cesse d'augmenter sous l'effet de la pollution et de l'activité humaine. L'ozone est un gaz à effet de serre. **Décret du 6-5-1998 :** objectifs de qualité pour la protection de la santé : 110 en µg/m³ en moyenne 8 h. Information de la population : 180 en moy. 1 h. Alerte à la population : 360 en moy. 1 h. Protection de la végétation : 200 en moy. 1 h, 65 en moy. 1 jour.

Niveaux annuels 2000 en région parisienne : réseau urbain 29 ; zone rurale 50. **Nombre d'heures de dépassement en 2000** (seuil de 110 µg/m³ sur 8 heures) : *zone urbaine de fond :* Paris (VIe) 18, (VIIe) 13, (XIIIe) 13 ; *zone rurale :* Rambouillet 27. *Nombre moyen de jours avec au moins une valeur horaire > 180 µg/m³ dans l'agglomération* (en 1998) : Strasbourg 12, Lyon 11, Marseille 10, zone de Fos/Berre 9, Bordeaux 8, Aix-en-Provence 6, Chalon-sur-Saône 6, Nîmes 6, Nice 5, Toulon 5, Paris 3.

■ **Ozone de la stratosphère (12 à 40 km d'altitude).** Découverte en 1930 par l'Anglais Sydney Chapman. **Perturbation de la chimie stratosphérique de l'ozone :** les données scientifiques actuelles (Unep-WMO : World Meteorological Organization 1994) montrent que les composés organo-chlorés et bromés suffisamment stables pour atteindre la stratosphère libèrent sous forme atomique le brome et le chlore qui rentrent alors dans les cycles catalytiques de destruction de l'ozone. L'acide chlorhydrique émis par les volcans se solubilise dans l'eau atmosphérique et est nettoyé par la pluie avant d'atteindre la stratosphère. **Évolution : pôle Sud : 1979**-*oct.* les Britanniques observent dans la stratosphère antarctique une diminution de la couche d'ozone. **1987**-*oct.* la couche a diminué de 50 %. **1988**-*oct.* elle diminue de 15 %. **1989**-*oct.* de 50 %. **1992**-*oct.* surface record du « trou » : 23,5 millions de km² ; **1998**-*oct.* 27,3. **Pôle Nord : 1990, 91** et **92** on observe une tendance négative depuis 10 ans, en hiver de – 5 %, entre 26° et 64° de latitude nord. **1993**-*févr.* disparition record de l'ozone au pôle Sud : 97 unités Dobson (précédent record 100 D). **1994** diminution (moins prononcée qu'en 1993 dans l'hémisphère Nord, mais supérieure de 5 % à la moyenne sur une longue période). **1995**-*mai* Gérard Mégie, Pt du Comité international de l'ozone, annonce qu'il faudra de 10 à 15 ans pour que les effets des mesures de protection se fassent sentir et, d'ici là, une destruction de 15 à 20 % de la couche en basse stratosphère (12 à 20 km autour du globe), où se concentrent 70 % de l'ozone, est prévisible. 10 % d'ozone en moins signifie une augmentation de 13 % des rayons ultraviolets (UVB). **1995**-*printemps :* concentrations au-dessus de l'Europe de 10 à 20 % inférieures à celles observées dans les années 1970. En Amérique du Nord 5 à 10 % en moyenne avec des pointes à 20 %. **2000**-*printemps :* écarts les plus accusés (– 20 à – 30 %) au-dessus de l'Europe et des parties canadiennes et russes de l'Arctique ; **2000-10** début reconstitution prévue de la couche d'ozone. **Vers 2050,** couche sera entièrement reconstituée.

Conséquences de la diminution de l'ozone stratosphérique : augmentation des rayons ultraviolets (UV) pénétrant l'atmosphère : les *UV-A* [320-400 nm (nanomètres)] qui arrivent jusqu'au sol sont responsables du bronzage de la peau. Les *UV-B* (280-320 nm), plus énergétiques, donc capables d'effets photochimiques plus nets, sont partiellement arrêtés par la couche d'ozone. Les *UV-C* (22-282 nm), encore plus énergétiques, sont presque totalement absorbés avant d'atteindre le sol. Si plus d'UV-B parvenaient au sol, le nombre des affections cutanées augmenterait (dont les mélanomes). Une baisse moyenne de 1 % de la couche d'ozone entraînerait une hausse d'environ 2 % de l'incidence des cancers de la peau autres que mélanomes. **Autres conséquences :** affections de l'appareil oculaire, augmentation des cas de cataracte ; affaiblissement de notre système immunitaire. *Règne animal :* subirait les mêmes conséquences. *Flore :* la production de phytoplancton et algues de surface diminuerait, les plantes se reproduiraient moins bien et leur croissance serait affectée, les rendements agricoles baisseraient. *Matières plastiques ou peinture :* vieilliraient plus vite. *Air :* la diminution de la couche d'ozone entraîne globalement un refroidissement de la stratosphère encore mal quantifié.

■ **Chlorofluorocarbures (CFC).** Servaient d'agents gonflants (mousse plastique isolante) et solvants (électronique et ind. mécanique, dégraissage-nettoyage) ; utilisés dans les fluides frigorigènes (réfrigérateurs, congélateurs, climatiseurs) et les bombes aérosols (laque, parfum, déodorant, mousse à raser, etc.). Les plus usités, connus sous le nom de *fréons,* ont une durée de vie d'environ 1 siècle (55 ans à 400 ans selon les cas). Ils s'élèvent dans l'air, atteignent les hautes couches de l'atmosphère. Cassés par les rayons ultraviolets, ils libèrent leur chlore. Chaque atome de chlore attaque une molécule d'ozone et lui enlève un atome d'oxygène pour former une molécule de monoxyde de chlore. Celui-ci réagit avec un atome d'oxygène pour redonner un atome de chlore et une molécule d'oxygène ; un seul atome de chlore peut détruire plus de 100 000 molécules d'ozone avant de réagir pour former une espèce plus stable dite « réservoir ». Au niveau des pôles, les températures très négatives (– 90 °C) entraînent la formation de nuages polaires qui accélèrent les processus de dégradation chimique de l'ozone par le chlore.

Consommation dans le monde (en milliers de t) : **CFC :** *1994 :* 222 ; *95 :* 142 (dont réfrigération 84, solvants 23, mousses 22, aérosols 13). **Produits de substitution :** réfrigération 264, mousses 131, aérosols 40,5. **Mesures prises. 1985** *Convention de Vienne* pour la protection de la couche d'ozone (ratifiée le 27-11-1987 par 22 pays dont la France) entrée en vigueur le 1-1-1989. **1987**-*16-9 protocole de Montréal ;* 40 pays (dont la France) s'obligent à réduire leur production et consommation de 5 CFC (CFC 11, 12, 113, 114 et 115) et 3 halons. *But :* revenir en 1989 au niveau de 1986, puis par étapes en 1994 et en 1999 à 80 % et à 50 % de ce niveau. Pour les pays en développement, une augmentation de la production de 10 % jusqu'en 1990 est admise, mais devra être suivie d'une diminution de 90 % pour 1994 et de 65 % pour 1999. **1989** les signataires interdisent d'importer les substances réglementées par le protocole des États non signataires. **1990**-*29-6 :* 70 pays réunis à *Londres* prévoient : CFC 11, 12, 113, 114 et 115 (dont utilisation limitée au niveau de 1986) : baisses de 20 % avant 1993 ; 50 % avant 1995 ; 85 % avant 1997 ; interdits en 2000. *Autres gaz :* halons 1211, 2402 et 1301 interdits en 2000 ; trichloroéthane et méthylchloroforme interdits en 2005 ; tétrachlorure de carbone interdit en 2005. *Gaz de transition :* HCFC 22, 123, 124, 141 et 142, provisoirement tolérés, devront être supprimés de préférence vers 2020 et au plus tard en 2040. **1992**-*22-2* les ministres de l'Environnement de la CEE réunis à *Estoril* (Portugal) décident d'interdire les CFC dès 1995. -*Nov.* à *Copenhague* arrêt des CFC début 1996 pour pays développés, la consommation des HCFC ne pourra représenter (jusqu'en 2004) que 3 % de l'effet « ozone » des CFC pris en 1989. Après diminution jusqu'en 2020, abandon total en 2030 dans les pays développés. **1993** obligation de récupérer les CFC utilisés comme fluides frigorigènes (équipements de froid ou de climatisation dont la charge est supérieure à 2 kg), les HCFC et les HFC. **1995**-*5/7-12 conférence de Vienne.* Usage du bromure de méthyle, utilisé en agriculture tropicale, condamné. Sera interdit dans les pays industrialisés en 2010, après une réduction de 25 % en 2001 et de 50 % en 2005. Les pays en développement devront geler leur consommation de bromure en 2002, sur la moyenne des années 1995-98. **1996**-*1-1* les CFC sont interdits de fabrication dans les pays industrialisés [sauf pour aérosols pharmaceutiques ; produits de substitution dans réfrigération et mousses rigides d'isolation] et le seront en 2010 dans les pays en développement. Les HCFC seront interdits en 2020 dans les pays industrialisés et gelés en 2016 dans les pays en développement, sur la base de l'année 2015. **Remplacement des CFC :** *hydrofluocarbures (HFC)* ne contenant pas de chlore (HFC 134 a) ou d'HCFC. *Hydrocarbures :* butane, propane (explosifs) : sont inutilisables dans des aérosols contenant parfums ou médicaments. *Protoxyde d'azote, CO_2, NH_3* (pour les fluides frigorigènes). Pour le dégraissage, autres solvants (alcools modifiés, terpènes), nettoyage semi-aqueux, aqueux. La loi oblige à indiquer sur l'emballage des aérosols s'il s'agit d'un corps visé par le protocole de Montréal. Un logo du ministère de l'Environnement (main posée sur un globe terrestre) peut figurer sur les aérosols ne contenant pas de CFC. **1997** amendement de Montréal : met en place un système de licences d'importation et d'exportation des substances visées pour en réduire le commerce illicite. **1999** amendement de Pékin : bromochlorométhane interdit dès 2002. Gel de la production des HCFC en 2004 dans les pays développés. **Reconstitution de la couche d'ozone.** La concentration atmosphérique du CFC 11 n'augmente plus depuis 1994. La croissance de la concentration atmosphérique du CFC 12 a été réduite de 50 % par rapport à 1989. La concentration en chlore transporté par les CFC, HCF et autres composés chlorés a commencé à décroître en 1994 au niveau de la troposphère.

PLUIES ACIDES

Terme employé pour la 1re fois en 1872 par Robert Angus Smith à propos des pluies tombant sur Manchester. En 1961, le Suédois Svante Odin démontra l'importance du phénomène. En 1984, on a reconnu aussi des pluies acides dans des régions non industrielles (Afrique et Amérique du Sud). **Pollution acide.** Dioxyde de soufre (SO_2) et d'oxydes d'azote (NO_x) dans l'atmosphère, sur plusieurs milliers de km, retombant sous forme d'acides sulfurique (H_2SO_4) et nitrique (HNO_3). *Une pluie est dite acide* en dessous d'un pH de 5,6. La quantité d'eau par m³ de nuage intervient (de 0,1 g/m³, brouillards, à plusieurs g/m³, nuages d'orage). La plus forte acidité (pH entre 2 et 3) se trouve dans les brouillards [pH record de 1,7 dans un brouillard en formation à Corona del Mar (Californie du Sud)]. *L'acidité des pluies tropicales,* due à des acides organiques formés dans l'atmosphère (acides formique et acétique) peut atteindre un pH de 4,3 (nord du Congo). *L'acidité minérale* (acide nitrique) vient de l'émission d'oxydes d'azote par les sols des forêts et des feux de brousse (70 % des 10 millions de km² des savanes africaines brûlés chaque année). **Pollution photo-oxydante.** Due à l'action des rayons ultraviolets solaires sur les oxydes d'azote associés aux hydrocarbures non méthaniques (*smog photochimique*). Les photo-oxydants, en particulier l'ozone troposphérique, détruisent la fine couche de cire protectrice recouvrant feuilles et aiguilles des arbres, permettant aux acides d'attaquer les vaisseaux, d'atteindre les cellules productrices de chlorophylle et de libérer des métaux lourds toxiques. Les arbres sont aussi agressés par l'eau s'écoulant dans le sol, à partir des dépôts acides secs.

☞ **Forêts atteintes** (en %) : Rép. tchèque et Slovaquie 71, G.-B. 64, Allemagne 59, P.-Bas 55, Autriche 38, Bulgarie 34, Suisse 34 % des conifères, Espagne 28, *France 28,* Luxembourg 26, Norvège 26, Finlande 25, Hongrie 25, Belgique 16, Pologne 15, Suède 15, Italie 5, ex-Yougoslavie 5. *Surperficie totale* (début 1999) : 370 000 km².

LA VIE

ORIGINES DE L'HOMME

☞ Pour découvrir la sélection **Quid** des meilleurs sites Internet sur la vie et les origines de l'homme, rendez-vous sur **www.quid.fr**

ORIGINE DE LA VIE SUR TERRE

THÉORIES ANCIENNES

■ **Panspermie.** Défendue par l'Anglais lord Kelvin (William Thomson, 1824-1907) et le Suédois Svante Arrhenius (1859-1927) : des germes venus d'autres planètes se seraient développés sur Terre. Cette hypothèse n'indiquait ni leur nature, ni leur provenance, ni comment ces germes auraient pu résister à la traversée des espaces interstellaires (froid, rayonnement) [néanmoins, des êtres vivants comme les rotifères, protozoaires, sont capables de résister à la température de l'air liquide].

■ **Génération spontanée.** Théorie adoptée par des savants, poètes et philosophes, selon laquelle les animaux pouvaient se former spontanément dans certaines conditions (comme la putréfaction ou la corruption) dans l'eau et la terre. Pour Aristote : la vase décomposée donnait naissance à une génération d'anguilles ; pour Virgile : des essaims d'abeilles se formaient dans les entrailles d'un taureau en putréfaction. Le Belge Jean-Baptiste Van Helmont (1577-1644) admettait la génération spontanée des sangsues, limaces, grenouilles à partir de la vase des marais, et des souris par transmutation d'un sac de blé entouré d'une chemise sale. **XVIIe s.** début de la méthode expérimentale : l'Italien Francesco Redi (1626-98) montre que les vers de viande (asticots) venaient des œufs que les mouches avaient pondus et non de la décomposition de la viande. **XVIIIe s.** *expériences liées à la découverte du microscope* : de nombreux savants admettent la génération spontanée pour les êtres microscopiques (infusoires, levures, etc.). **1748** *expérience de l'Anglais John Needham* (1713-81) : il constate que des animalcules apparaissent au bout de quelques jours sur des morceaux de viande préalablement chauffés. Mais l'Italien Lazzaro Spallanzani (1729-99), reprenant l'expérience à une température plus élevée, ne constate plus la présence d'animalcules. **Fin XIXe s.** *expérience de Louis Pasteur* (1822-95) : les micro-organismes sont les agents, la cause des fermentations ; leur pullulement dans les matières fermentescibles résulte de la présence ou de l'introduction de germes préexistants et non d'une génération spontanée ; en l'absence des germes de l'air, un liquide putrescible mais stérile (air privé de son pouvoir germinatif à cause d'un chauffage intense ou prolongé) reste stérile.

THÉORIES MODERNES

■ **Premières théories modernes. XXe s.** essais d'Oparine (Russe, 1938), Dauvillier et Desguin (1942), Gamow (Russe naturalisé Amér.), Schrödinger (Autr.), etc. **1957** (Moscou) 1er symposium international sur l'origine de la vie, organisé par l'Union internationale de biochimie.

■ **Cosmogonie** (théorie généralement admise). La matière répandue dans l'Univers (avec ses millions de galaxies, chacune composée de 1 milliard d'étoiles) était autrefois groupée sous forme d'une énorme boule, l'Atome primitif qui, il y a 13 milliards d'années environ, a éclaté, la matière se répartissant en un grand nombre de nuages gazeux à très haute température. La Terre fut alors formée surtout de vapeurs métalliques constituant un nuage. Sa matière s'est formée sans doute à partir de matériaux froids (thèse du Russe Vinogradov au congrès de Moscou), refroidis peu à peu au cours de 6 étapes (théorie de Dauvillier et Desguin).

Étapes. 1°) **A plus de 4 000 °C :** tous les corps connus sont dissociés. **Vers 3 000 °C :** 1res réactions chimiques et associations d'atomes en molécules dont les plus stables sont les siliciures, les hydrures, les carbures, puis l'oxygène (fixé par les métaux alcalins et alcalino-ferreux), l'azote (donnant des nitrures métalliques) et des composés métalliques (donnés par d'autres métalloïdes) ; à ce stade, l'atmosphère contient seulement de l'hydrogène et des gaz rares. **2°)** **De 500 à 600 °C :** l'hydrogène réduit les oxydes ferreux ; formation de l'eau et constitution des océans. **3°)** La vapeur d'eau détruit certains composés métalliques formés pendant la 1re étape (les carbures donnent des carbures d'hydrogène, les nitrures donnent de l'ammoniac) ; la Terre s'entoure d'une atmosphère d'hydrocarbures, de siliciure d'hydrogène, d'ammoniac, d'hydrogène phosphoré, sulfuré, arsénié, etc. (atmosphère actuelle de Saturne et Jupiter) dont la pression atteint 300 kg/cm² ; elle contient à l'état de vapeur l'eau des océans actuels. **4°)** La vapeur d'eau à haute température transforme en oxydes les hydrures métalliques et décompose les siliciures, phosphures, sulfures, arséniures ; le méthane donne de l'oxyde de carbone, puis du gaz carbonique suivant les réactions : $CH_4 + H_2O \rightarrow 3H_2 + CO$
$CO + H_2O \rightarrow H_2 + CO_2$
(les cristaux de quartz du granit et du gneiss contiennent du gaz carbonique) ; l'ammoniac se dissout dans les océans. L'atmosphère est composée d'azote, de gaz carbonique, d'eau et de gaz rares (atmosphère actuelle de Vénus) ; des gisements métallifères se forment à partir de la réduction des composés métalliques volatils ; 2 500 espèces minéralogiques se forment à partir du nuage gazeux primitif ; le cycle du carbone peut commencer grâce au gaz carbonique de l'atmosphère, à la chaleur des eaux et à la lumière solaire. **5°)** Le carbure d'hydrogène formé à la 4e étape se polymérise et se condense avec d'autres atomes comme le soufre (thiophène), l'ammoniac (pyrrole), l'acide cyanhydrique (pyridine) ; c'est le point de départ de la formation de cycles (la pyridine est le point de départ des 2 bases azotées de l'ADN, la cytosine et la thymine) ; synthèse des sucres grâce à l'énergie solaire et aux rayons ultraviolets : ceux-ci agissent sur le gaz carbonique pour donner d'abord l'aldéhyde formique qui, polymérisé, donne les sucres (glucose, cellulose, etc.) ; les sucres se dissolvent dans l'eau condensée des océans ; sous l'action des ultraviolets, l'amide formique se condense avec l'aldéhyde formique pour donner le *glycocolle*, acide aminé le plus simple ; l'argile, semble-t-il, joue le rôle de catalyseur pour la condensation des acides aminés. Puis, formation des premières molécules asymétriques de carbone, selon Pasteur, *« 1re frontière bien marquée entre la chimie de la matière inanimée et celle de la matière vivante »,* à cause de : *a)* l'action de la lumière ultraviolette polarisée circulairement à droite ; *b)* la catalyse asymétrique effectuée par des cristaux ou minéraux eux-mêmes dissymétriques ; *c)* la disparition d'un des 2 composés isomères, par cristallisation spontanée, ou par décomposition. A la fin de ce stade, la mer primitive contient « en vrac » les éléments du vivant (glucides, acides aminés, protéines, sels). **6°)** Les molécules organiques s'organisent pour former les 1res cellules.

Selon Rybak, Fesenkov, Goldschmidt, Haldane, Urey (après 1968), l'acide adénosine-triphosphorique (ATP) a été fabriqué à l'origine par des cellules anaérobies (vivant dans une atmosphère sans oxygène). Son développement, comme celui des cellules nerveuses, a exigé toujours plus d'oxygène dans l'atmosphère, cette oxygénation rendue possible par une mutation ayant permis la biosynthèse de la chlorophylle. Néanmoins, on n'a pas encore expliqué l'origine des premières bactéries aérobies (vivant dans l'oxygène) : il s'agit peut-être d'anaérobies évoluées.

☞ Pour le physicien Freeman Dyson (1985), l'émergence des systèmes vivants résulterait de la fusion symbiotique entre 2 sous-systèmes préalables, ayant évolué indépendamment : d'un côté, des molécules d'acide nucléique, capables d'autoreproduction, mais enclines aux erreurs, et donc sujettes à des modifications rapides ; de l'autre, un système métabolique autocatalytique plus stable, spécialisé dans l'autoconservation. Il en a découlé un mécanisme de l'hérédité où l'équilibre entre conservation et changement permet une sélection naturelle. Des mécanismes comme ceux nécessaires à l'apparition du code génétique, de l'individualité, des organismes multicellulaires, ou du sexe ont alors pu évoluer.

AGES DE LA VIE

☞ *Abréviations :* a. : ans, années ; M.a. : millions d'années ; ADN : acide désoxyribonucléique.

Age de l'Univers (« big bang ») : 15 000 M.a., **du système solaire :** 5 000 M.a., **de la Terre :** 4 600 M.a.

■ **Premières traces de la vie.** 3 850 ou 3 465 M.a. *cyanobactéries :* bactéries « bleues » à photosynthèse primitive formant les *stromatolithes* (du grec *strôma,* tapis, et *lithos,* pierre : encroûtements carbonatés actuellement connus dans la mer des Bahamas). Ces « algues » bleu-vert ont été retrouvées sur une variété de silice (apex « chert ») en Australie (travaux de William Schopf, 1986).

■ **Premiers vertébrés. Marins :** au Cambrien (570 M.a.) : *Conodontes* (dents coniques au fond du larynx) ; à l'Ordovicien (de 500 à 435 M.a.) : 1ers *Agnathes* (sans mâchoires) connus (Llanvirnien de Bolivie, environ 460 M.a.), agnathes actuels : lamproie et cyclostomes. 1ers *Gnathosomes* au Silurien (Wenlockien de la Baltique, environ 425 M.a.) dont *Acanthodes* et *Placodermes* connus par les fossiles, *Chondrichtyens* (requins et raies actuels) et *Ostéichthyens* (osseux) subsistent actuellement. Ces derniers donnant naissance aux *Actinoptérygiens* (*Chondrostéens, Holostéens* et *Téléostéens*) et aux *Sarcoptérygiens* (*Dypneustes, Crossoptérygiens* « cousins » du *cœlacanthe* à double respiration par poumons et branchies, ce qui leur a permis de quitter le milieu aquatique) et au grand ensemble des Tétrapodes, seuls Vertébrés continentaux ayant une structure osseuse des nageoires préfigurant les membres des Tétrapodes.

Sortie des eaux : Dévonien supérieur (Frasnien, environ 370 M.a.) : 1ers *Tétrapodes* (*Stégocéphales*) dont les nageoires se sont transformées en membres porteurs transversaux (exemple : *Ichthyostega*), classés parmi les Amphibiens. Le plus ancien découvert : *Elginerpeton* (368 M.a.) à Scat Craig (Écosse) en 1994 ; jalon entre poisson ostéolépiforme et tétrapode terrestre. *Permien* (235 M.a.) : 1ers *Reptiles* (1 représentant dans le Carbonifère d'Écosse) d'où sont issus Oiseaux (180 M.a.) et Mammifères (160 M.a.).

■ **Premiers Mammifères (200 M.a.).** Les Reptiles mammaliens (*Thérapsidés*) donnent naissance aux *Mammifères placentaires.* Caractéristiques : dents différenciées, productions cornées (sabots, griffes, ongles) ; peau recouverte de poils, riche en composants sensoriels, avec de nombreuses glandes cutanées ; membres devenus parasagittaux ; homéothermie (régulation interne de la température) ; présence de l'amnios, viviparité constante (le petit naît vivant débarrassé des enveloppes de l'œuf), développement dans l'utérus maternel avec un placenta (enveloppe fœtale pour la nutrition et l'élimination des déchets) ; présence de mamelles pour nourrir les petits (lactation) ; cognition plus élevée.

Nota. – Les caractères mammaliens n'apparaissent pas tous ensemble. Exemples : l'ornithorynque, Mammifère *protothérien* (Métathériens = Marsupiaux ; Euthériens = Placentaires), représente actuellement un stade primitif de Mammifère (*Monotrèmes*), il pond des œufs et ne possède pas de mamelles différenciées. Les dents différenciées en canines et molaires apparaissent chez certains Thérapsidés *(Cynodontés).*

■ **Premiers Primates (70 M.a.).** Descendent probablement des *Proto-Insectivores* (ancêtres des Primates et des Insectivores actuels comme la musaraigne). Ce sont des *Plésiadapiformes* (qui, pour certains, ne sont pas classables parmi les Primates) répartis en Amérique du Nord et en Europe. Le plus ancien Primate connu est le *Purgatorius* (70 M.a.) découvert au Montana (USA). Les autres Primates *(Euprimates)* se divisent très tôt en *Strepsirhiniens* et *Haplorhiniens.* Les *Strepsirhiniens* nés dans l'hémisphère Nord ont envahi la Laurasie à l'Éocène (52 M.a.) avec : les *Adapiformes* qui persistent en Europe jusqu'à l'Oligocène (34 M.a.) et gagnent l'Amérique du Nord (*Notharctidés*) ; les *Lémuriformes* qui ont migré récemment vers Madagascar à travers le canal de Mozambique ; les *Lorisiformes* apparus tardivement au Miocène (20 M.a.) en Afrique *(Galago)* et qui ne pénètrent en Asie (Inde, Ceylan) qu'au Néogène *(Loris).* Les *Haplorhiniens* s'individualisent puis se divisent en *Tarsiiformes* et *Simiiformes* différenciés de part et d'autre de la Téthys (océan). Les *Tarsiiformes laurasiatiques* montrent une radiation en Amérique du Nord (*Omomyidés*) et en Eurasie. Les formes actuelles d'Indonésie *(Tarsius)* semblent dériver d'ancêtres asiatiques refoulés dans leur habitat insulaire par l'invasion des Catarhiniens occidentaux.

■ **Premiers Simiens (50 M.a.). Afrique :** *Simiiformes :* groupe naturel monophylétique. *Altiatlasius* (Maroc, paléocène supérieur) : 1ers simiiformes. *Catarhiniens :* Égypte (Fayoum, 36 à 31 M.a.) : Parapithèque (Qatrania) et Propliopithèque (Catopithèque, Oligopithecus, Aegyptopithecus) ; se diversifient à partir de 20 M.a. en plusieurs genres : les *Cercopithécoïdes* avec *Victoriapithecus* [du nom du lac Victoria (Kenya), 14,7 à 16 M.a.] et les *Hominoïdes* (base de la lignée des Hominidés) tels que *Dendropithecus Kamoyapithecus* (Kenya, 27-24 M.a.) – *Proconsul* (23 à 12 M.a.) [nom donné par un chercheur anglais croyant reconnaître en lui un ancêtre de « Consul », chimpanzé du Muséum d'histoire naturelle de Londres ; crâne (18 M.a.) découvert par Mary et Louis Leakey (Angl.) sur l'île de Rusinga (lac Victoria)] ; autre découverte, en Ouganda : *Moropithecus bishopi* (Moropithèque) 20 M.a., 40 à 50 kg, semble avoir pu se tenir debout, découvert en 1996. **Eurasie :** 17 M.a. : la plaque africaine entre en contact avec la plaque eurasiatique, permettant le passage des Catarhiniens. Hominoïdes : *Dryopithèque* (Europe), ancêtre des Pon-

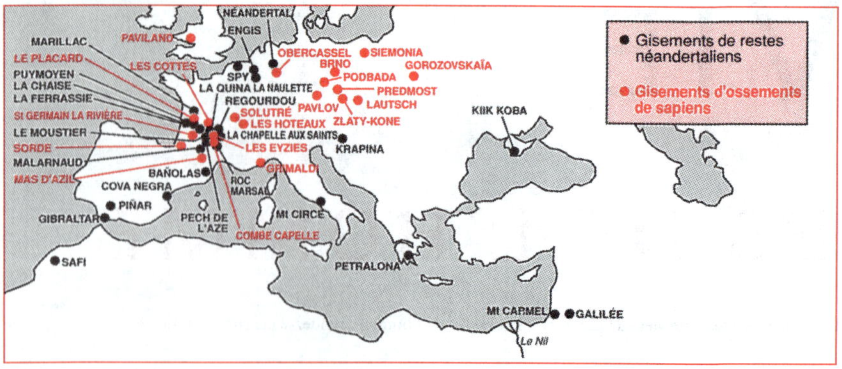

Hommes sauvages

■ **Origine.** Êtres d'apparence humaine, décrits par des autochtones. Dans l'Himalaya (Népal, Sikkim, Bouthan) anthropoïdes non humains, rattachés par le zoologiste Bernard Heuvelmans à des descendants de Sivapithèques ou de Gigantopithèques ou à des descendants de Neandertaliens par l'historien Boris Porchnev (Russe) ours brun pour Reinhold Messner (Italien).

■ **Noms.** *Afghanistan :* yabalik-adam, yavo-khalg, yavoi-adam. *Caucase :* abnauayu, achokochi, agash-kishi, almasty, kaptar, lakshir, tkhiskatsy. *Chine :* adam-ayu, adam-yapayisy, fei-fei, kiik-adam, ksygyik, maoren, mi-gö, ren-xiong, re-yen. *États-Unis :* bigfoot, sasquatch. *Iran :* dev, ghool-biaban, kara-pishik, me-shae-adam, nasnas, tukhli-adam, veshshi-adam. *Mongolie :* almas, khün-görüessü. *Népal, Tibet :* yeti. *Pamir :* golub-yavan, jez-tyrmak, khaivan-ak-van, yavan-adam.

■ **Expéditions. Début XXe s.** (Altaï) recherches de l'Académie des sciences de Mongolie. **1924** (haut Pamir) homme nu, velu, aux traits mongoloïdes mais au faciès archaïque, abattu par l'armée soviétique. **1958** (Caucase, Pamir) expéditions de l'Académie des sciences de l'URSS inspirées par Porchnev sans suite. **1969** *Homopongoides* décrits dans une revue belge spécialisée puis (1974) par Heuvelmans et Porchnev dans *L'homme de Neandertal est toujours vivant.* **1988, 1989, 1994** (Hindou Kouch, sud Pamir) 30 mois de recherches de Magraner (Esp.), Éric et Yannick L'Homme (Fr.) : 30 témoignages en altitude, empreintes de pieds nus humains. **1992** (Caucase) expédition de 15 j du Dr Marie-Jeanne Koffmann, soutenue par Yves Coppens.

Dans le Pamir et l'Hindou Kouch, on note la survivance jusqu'à l'âge du bronze et jusqu'au premier millénaire avant J.-C. de chasseurs-cueilleurs vivant jusqu'à 4 000 m d'altitude ; ils pourraient avoir encore des descendants. En Europe, on peut supposer l'apparition d'enfants devenus sauvages après abandon.

gidés (Chimpanzé, Gorille, Orang-outan), de 22 à 10 M.a. ; *Ramapithèque* (découvert en 1934 en Inde et au Pakistan) ; *Ouranopithèque* (Grèce, entre 15 et 10 M.a.) ; *Pliopithèque* (France, 15 M.a., 1er découvert de la lignée des Hylobatidés), *Sivapithèque* (Grèce, Hongrie, Turquie, Inde, Chine ; 15 M.a.) et *Oréopithèque* (Italie) : il subsistera quelques espèces (Balkans et Asie) comme le *Gigantopithèque* jusqu'à 1 M.a. (Chine, Inde, Pakistan). Les Hominoïdes sont représentés à l'heure actuelle en Asie par une seule espèce : l'Orang-outan. Les Cercopithèques, encore présents dans de nombreuses régions (comme les Macaques de Gibraltar ou du Japon) sont issus du *Mésopithèque* vivant en Europe il y a 16 M.a. Découvertes récentes : en Espagne, *Dryopithèque* avec le squelette des membres (locomotion) ; le 4-6-1991, dans les monts Otavie (Namibie), une demi-mandibule de singe hominidé du Miocène moyen (de 12 à 15 M.a.) : *Otavipithèque,* plus ancien Primate découvert au sud de l'équateur.

☞ Une mâchoire d'*Amphipithecus mogaungensis*, datée de - 40 M.a., a été trouvée le 13-4-1997 à Tha Min Chauk (Myanmar).

Schéma d'évolution : d'après le biologiste néo-zélandais Allan Wilson (1935-91) : *Proconsul* ; *Kenyapithèque* (16 M.a.) ; *Dryopithèque* (rameau détaché 15 M.a., éteint après 7 M.a.) ; *Ramapithèque* (rameau détaché 14 M.a., donnera les Orangs-outans actuels) ; tronc commun *homme-chimpanzé-gorille :* persiste encore 10 M.a. (l'Orang-outan est donc assez différent de l'homme) ; rameau *Australopithèque* (petit cerveau, bipède, possédant une certaine habileté manuelle) détaché il y a au moins 6 M.a. et dont est issu l'homme. Chimpanzés et gorilles (les plus proches parents de l'homme) se différencient plus tard entre eux.

Tendances générales des Primates : redressement du tronc ; développement du cerveau (télencéphalisation) ; réduction de la face et des organes olfactifs ; perfectionnement de la vision par frontalisation des orbites (vision stéréoscopique) ; remplacement des griffes par des ongles ; accroissement de l'acuité sensitivo-motrice de la main ; disparition de la queue chez les Pongidés. Durée de l'enfance augmentée.

■ **Capacité crânienne. Exemples** (en ml) : Lémuridés 25-40 ; Loris 5 ; Tarsiiformes 3-6 ; Platyrhiniens 90-110 ; Cercopithécidés 90-140 ; Hylobatidés 82-125 ; Chimpanzé 284-474 ; Gorille 383-625 ; Orang-outan 410 ; Australopithèque gracile 428-484, robuste 500-530 ; *Homo habilis* 590-752 ; *Homo erectus* 850-1 200 ; Néandertaliens 1 490-1 680 ; Cro-Magnon 1 450-1 590 ; Chancelade 1 710 ; *Homme actuel* 1 000-2 000 (moyenne : homme 1 450, femme 1 220).

Des « arbres phylétiques » ou des hypothèses différentes peuvent être obtenus selon le caractère morphologique particulier étudié. Exemples : – **Roger Saban** montre que la vascularisation méningée progresse avec l'accroissement du cerveau. Le réseau se compose de 2 branches chez l'*Australopithèque gracile,* de 3 chez le *robuste.* Les 1res anastomoses apparaissent chez *Homo habilis.* L'arborisation se développe chez les Archanthropiens où se distinguent 2 phylums : *1°)* l'un, représenté par *Homo erectus* avec un réseau simple, se termine avec les Néandertaliens ; *2°)* l'autre, représenté par *Homo palaeojavanicus* avec de très nombreuses anastomoses, se continue jusqu'à nos jours à travers des formes *présapiens* depuis 450 000 a. (Arago-Swanscombe, Biache, Kulna, Cro-Magnon pour la lignée eurasiatique et Rhodésie, Taforalt pour la lignée africaine). – **Pour Jean-Louis Heim,** l'avènement d'*Homo sapiens* résulterait de la différence de croissance entre neurocrâne et crâne facial sous l'effet de modifications physiologiques de nature endocrinienne. Cette thèse s'accorde avec le concept de *l'ontogenèse fondamentale* développé par Anne Dambricourt-Malassé (1987), qui montre l'évolution du crâne comme résultant d'un processus continu dans sa cause et ses effets procédant par sauts ontogénétiques. Ce processus se traduit par une « contraction crânio-faciale » et s'intègre dans la théorie de la « biodynamique crânienne » de M. J. Deshayes (1986). Dès l'origine apparaissent des tendances évolutives : spécialisante (par entrave de la contraction et qui aboutit à l'homme de Neandertal) ; développant la contraction crânio-faciale, menant au saut ontogénétique qui par une nouvelle contraction définira *Homo sapiens sapiens*.

■ **Premiers Hominidés (de 6 à 2,8 M.a.).** – (*Abréviation :* A. : Australopithèque). *Orrorin tugenensis* (homme originel des collines Tugen, dans la vallée du Rift) dit « Millenium Ancestor » (ancêtre du millénaire) : 6 M.a. au Kenya (taille 1,40 m, 50 kg, bipède) : 13 fragments (venant d'au moins 6 individus) découverts du 13-10 au 23-11-2000 au Kenya par Martin Pickford (Angl., du Collège de France), Brigitte Senut (Fr., du Museum) et Kiptalam Cheboi (guide kenyan) ; se nourrissait de fruits à écorce dure voire de viande, mandibule moins avancée que chez chimpanzés et australopithèques. *Kenyanthropus platyons* (KNM NT-40 000) 3,5 Ma, crâne découvert par Meave Leakey en 2001. *Australopithèque* (taille 1 m à 1,50 m, 20 à 50 kg), en Afrique du Sud [1er découvert 1924 à Taung par Raymond Dart (1893-1988) qui l'appelle *Australopithecus africanus*] et de l'Est. *A. afarensis* (l'A. de l'Afar, 3 à 3,6 M.a.), le fossile AL 288-1 dit « Lucy », squelette d'un sujet d'environ 20 ans, de 105 à 110 cm, 25 kg dont Donald Johanson (Amér.), Maurice Taieb et Yves Coppens (Fr.) ont découvert, en 1974, 52 fragments à Hadar dans la vallée du Rift (Éthiopie) et qu'ils ont présentés comme ceux d'une femelle. Restes fossiles découverts à Laetoli (Tanzanie) par Mary Leakey [(6-2-1913/9-12-1996), épouse de Louis Seymour Leakey (1903-1972)] qui mit en évidence l'empreinte de pas de 2 adultes et d'un enfant (3,7 M.a.). *Ardipithecus ramidus* (de *ramid* : racine, en afar) : 4,4 M.a. ; il reste 50 dents et des fragments d'os, appartenant à 17 ou 20 individus, découverts entre déc. 1992 et déc. 1993 par Tim White, Gen Suwa et Berhane Asfaw près d'Aramis (vallée de l'Awash, Éthiopie) ; il se rapproche des grands singes. Mandibule d'un *A.* dit « Abel » [en hommage à Abel Brillanceau de l'université de Poitiers disparu en février 1989 au Cameroun] (3,5 M.a.) découverte en 1995 au nord du Tchad par Michel Brunet (Fr.), Alain Beauvilain (CNAR, N'Djamena), Yves Coppens (Collège de France), Émile Heintz (CNRS), Aladji Moutaye (DRGM, N'Djamena) et David Pilbeam (université Harvard), et attribuée à une nouvelle espèce *A. bahrelghazali* (du nom arabe de la région de la « rivière des gazelles ») qui montre l'extension des Hominidés dans les savanes boisées à l'ouest du Rift [théorie de la savane ou *East Side Story* : pour Coppens, une faille ayant coupé le continent (à l'est, la savane, à l'ouest, la forêt humide), les Hominidés auraient quitté la forêt à la suite d'un changement climatique, se répandant en Afrique du Sud ou passant à l'Ouest en empruntant des couloirs de savane]. *A. anamensis* (A. du lac, 4,1 à 3,3 M.a. : 1 mandibule, 1 tibia) découvert au Kenya en août 1995 par Meave Leakey (épouse de Richard et belle-fille de Mary et Louis) et Alan Walker. La morphologie dentaire est comparable à celle des Australopithèques (même environnement, même alimentation), mais le squelette post-crânien est très humain (peut-être l'ancêtre des Homo ?). *A. afarensis* 3,5 M.a., squelette de 1,22 m quasi complet découvert à Sterkfontein (Afr. du Sud) en 1994, dit Little Foot (petit pied), pied retrouvé en 1994. *A. africanus* (A. africain décrit en févr. 1925) : vers 3 M.a. ; forme gracile, en Afrique du Sud (gisements de Taung, Sterkfontein, Makapansgat, Gladysvale), ayant persisté 2 M.a.

Paranthropes (« presque hommes ») : en Afrique de l'Est : *A. aethiopicus :* 2,5 M.a. [découvert en 1967, vallée de l'Omo (Éthiopie) prospectée par Camille Arambourg et Yves Coppens] et *A. boisei :* découvert en 1959 au Kenya et en Tanzanie [(gorges d'Olduvai) par Louis et Mary Leakey, qui l'appellent d'abord *Zinjanhropes boisés* (de *Zinj,* ancien nom de l'Afrique de l'Est, et *Boise,* nom de leur mécène) : 1,8 M.a.] et au Malawi en 1996 ; en Afrique du Sud : *A. robustus :* 2 M.a. (découvert en 1938, sites de Kromdraai et Swartkrans) avec d'énormes molaires (broyage) liées à une alimentation à base de tubercules et de racines.

■ **Premiers Hommes (de 2,6 à 1,7 M.a.)** [noms d'espèces reconnus par la nomenclature internationale (la classification Archanthropiens/Paléanthropiens/Néanthropiens du professeur H. V. Vallois, utilisée dans les années 1950 étant abandonnée)]. 1ers outils de pierre et d'os ; le plus ancien a été trouvé en 1968 au lac Rodolphe (Kenya) : 2,6 M.a. **Homo habilis :** avec un cerveau plus volumineux (700 ml) ; découvert dans les gorges d'Olduvai (Tanzanie, 1960) par Mary et Louis Leakey et au lac Turkana (Kenya, 1972). Des vestiges d'habitat structuré datant de 1,8 M.a. ont été trouvés à Olduvai et à Kodoi Fora, à l'est du lac Turkana. Une mâchoire découverte près d'outils primitifs en pierre le 2-11-1994 à Hadar (Éthiopie) a été datée de 2,33 M.a. en décembre 1996.

Homo rudolfensis : plus corpulent, bipède, cerveau plus grand (775 ml), face robuste ; Afrique de l'Est [du nord du Kenya (crâne 1 470) au Malawi].

Homo ergaster : face plus gracile, cerveau plus grand (800 cm^3) ; 1er chasseur de gros gibier (crâne 3 733), 1,8 M.a., découvert à Koobi Fora (Kenya) par l'équipe de Richard Leakey. En Géorgie (à Dmanisi), mandibule (découverte 1991), 2 crânes [1999 ; cerveaux de 780 cm^3 (homme de plus de 20 ans et de 625 cm^3) femme de 15-16 ans] et mandibule (2000) : 1,7 M.a.

Homo erectus (terme créé en 1893 par Eugène Dubois, médecin militaire néerlandais) : cerveau de 800 à 1 200 ml. *Asie : à Java* (gisement de Sangiran il y a plus d'1 M.a.). A Trinil, E. Dubois découvrit en 1891 le 1er *Pithécanthrope* (calotte crânienne puis, en 1892, un fémur) ; connu sous le nom de *Sinanthrope* à Zhoukoudian (Chou-kou-tien, près de Pékin) où il fut découvert dans les années 1921 dans des couches datées de 0,23 à 0,6 M.a. Ces restes fossiles furent perdus lors de l'invasion japonaise. Cette forme semble avoir persisté jusqu'à 100 000 ans environ, à Solo (Java) par exemple. *Afrique :* à Olduvai (Tanzanie ; crâne OH9 : 1,1 M.a.), Tighennif (Algérie ; découvert 1954). Semble évoluer vers l'*Homo sapiens* avec la présence des hommes fossiles de Ndutu (Tanzanie), Bodo (600 000 à 200 000 ans) et Omo (200 000 à 100 000 ans) [Éthiopie] et Broken Hill (Zambie) qui montrent des caractères archaïques (dits plésiomorphes) et modernes (dérivés) annonçant l'homme moderne. Leur position incertaine et encore discutée est intermédiaire entre ces 2 groupes. *Europe :* ces populations anciennes appartiennent aux anténéandertaliens (dérivés des *Homo erectus*) [Ceprano en Italie, 0,8 M.a. ; Grande Dolina dans la sierra d'Atapuerca en Espagne, 0,78 M.a. (dénommé *Homo antecessor*) ; *Mauer* (ou homme d'Heidelberg) en Allemagne, 0,65 M.a. (mandibule trouvée 1907) ; *Boxgrove* (sud de l'Angleterre, découvert mai 1999) ; *Tautavel* en France, 0,45 M.a.]. Ces hommes ont maîtrisé le feu il y a 400 000 ans (foyers de *Vertesszolloss* en Hongrie, de *Terra Amata* et *Menez-Dregan* en France). Ils sont associés à une industrie comprenant des bifaces (notion de symétrie).

Homo neanderthalensis : homme de Neandertal [ou Neanderthal : découvert 9-9-1856 par Johann Carl Fuhlrott dans la grotte Feldhof, dans la vallée (thal) de Neander [de Joachim Neander, théologien] (Allemagne)] : hommes fossiles associés aux industries moustériennes (du nom

La supercherie de « l'homme de Piltdown » : *1908* Charles Dawson, archéologue amateur, découvre à Piltdown (G.-B.) un fragment de crâne puis une mâchoire. *1909* Dawson rencontre Pierre Teilhard de Chardin. *1912* ils apportent leurs spécimens au British Museum et *-déc.* font une communication scientifique sur l'*Eoanthropus.* Certains relèvent des caractéristiques simiennes ; les 2 os leur semblent réunis fortuitement sur le site. *1915 :* 1 mâchoire et 1 voûte crânienne sont découvertes à 3 km (Piltdown 2). *1955* Kenneth Oakley, J. S. Weiner et W.-E. Le Gros Clark publient *The Piltdown Forgery (la Falsification of Piltdown)* prouvant que « les ossements avaient été teintés pour reproduire la coloration due au grand âge, les dents limées pour imiter des dents humaines, les restes de mammifères associés apportés et les outils en silex récemment taillés ». La mâchoire venait d'un homme moderne et le crâne, d'un orang-outan.

de la grotte de Moustier, en Dordogne) ou apparentées. Connus essentiellement en Europe, présents en Palestine il y a 100 000 ans (Tabun en Israël). Les exemplaires les plus complets viennent de La Chapelle-aux-Saints (Corrèze ; découvert en 1908 par les abbés Bouyssonie), La Ferrassie (7 squelettes, sépulture collective la plus complète), Le Moustier, La Quirina (Charente) et du Proche-Orient (Tabun en Israël, Kebara) où ils disparaissent ; St-Césaire, en Charente à 36 000 a. Autres restes : Gibraltar, Shanidar (Iraq), Teshik-Tash (Ouzbékistan) et Wadi Amud (Israël). Parallèlement, un groupe de Proto Cro-magnons plus évolués se développe à Skhul et Qafzeh en Israël. Ils sont à l'origine des populations modernes.

Homo sapiens sapiens (brachycéphale, gracile, de grande stature) : seule forme humaine présente depuis 30 000-35 000 ans : le 1er (33 000 a.) fut découvert en 1868 au lieu-dit *Cro-Magnon* (Dordogne), lors de terrassements sur la ligne de chemin de fer Périgueux-Agen : 5 squelettes (3 hommes, 1 femme, 1 fœtus) qui furent étudiés par Broca et Quatrefages. *L'homme de Grimaldi :* découvert 1872 dans la « grotte des enfants » en Italie (près de Menton) : squelettes d'1 femme et d'1 adolescent. Un autre découvert 1888 à Chancelade (Dordogne) : 16 000 a., 1,55 m. *Collections les plus importantes :* 29 individus à Predmost (Moravie) ; crânes trépanés (12 000 a.) à Taforalt (Maroc) ; Afalou-Bou-Rhumel (Algérie). A partir du Néolithique, l'Homme occupe la quasi-totalité de tous les continents.

Origine de l'Homo sapiens : selon les monocentristes, il apparaît en Afrique orientale, il y a 200 000 ans, avant d'occuper l'Asie, l'Europe, puis l'Amérique. Selon les polycentristes, il serait issu de l'*Homo erectus* et évoluerait en parallèle dans chaque aire géographique.

> Le 19-9-1991, on a découvert dans le glacier du Similaun (Tyrol, côté italien) le cadavre momifié d'un berger datant d'environ 5 300 ans et surnommé « l'Homme de Hauslabjoch », Otzi ou *Hibernatus*, âgé de 60 à 70 ans à sa mort.

Mécanismes de l'évolution

Pour **Jean-Baptiste Lamarck** (Fr., 1744-1829), le facteur essentiel de l'évolution est d'origine interne et réside dans les besoins qui établissent et dirigent les habitudes : par le principe d'hérédité des caractères acquis, ces transformations passent directement aux descendants. **Charles Darwin** (Angl., 1809-82) rejette ce principe et explique l'origine des espèces par la variation individuelle observée au sein d'une même espèce et le principe de la sélection naturelle. Le matériel génétique ne « s'instruit pas » mais transmet ses propres variations ou mutations, comme le confirmeront les travaux de la génétique naissante.

En 1901, le botaniste néerlandais **De Vries** formule le *mutationisme* d'après lequel l'évolution est un phénomène discontinu provoqué par des mutations.

Vers 1940, la *théorie synthétique* de l'évolution renouvellera les principes établis par Darwin en associant la systématique, l'écologie et la génétique. L'évolution est comprise comme l'accumulation de très petites modifications au hasard dans le génome des individus et des populations : la sélection s'opérera plus particulièrement lors de modifications du milieu, entraînant des modifications graduelles dans les populations jusqu'à donner des sous-espèces, voire des espèces.

Le rôle de la sélection a pu être mis en question dans des théories plus récentes comme la *théorie neutraliste* de **Motoo Kimura** (la plupart des mutations qui surviennent dans le patrimoine génétique sont sélectivement neutres) ou encore la *théorie des équilibres ponctués* proposée par **Niels Eldredge** et **Stephen Jay Gould** (Américain, né 1941) : la sélection est essentiellement négative et brutale. Quant à la sélection, les néodarwiniens vont développer l'idée qu'elle agit d'abord sur l'information génétique, ce qui amène l'image du « gène égoïste » **(R. Dawkins)**. L'étude approfondie du génome montrera d'ailleurs, dans les années 1980, que les chromosomes des animaux et plantes sont remplis de séquences qui semblent ne se reproduire que pour leur propre compte ; cela conduira au concept d'« ADN égoïste » **[Francis Crick** (Angl., né 1916) et **Orgel, Doolittle** et **Sapienza]**. Cet ADN égoïste semble représenter plus de 90 % de l'information contenue dans les chromosomes (voir aussi **ARN,** p. 123 b). Plus que Darwin ne l'avait peut-être fait, le rôle du hasard, à travers les notions d'irréversibilité et d'imprévisibilité, doit être pris en compte.

Inversion de la théorie darwiniste : *pour les darwinistes :* les accidents chromosomiques ne peuvent intervenir dans l'évolution, car ils provoquent la mort ou la stérilité des sujets. Les changements de races (dus à des mutations géniques accumulées) précèdent donc les changements d'espèces. *Pour l'école de Jean de Grouchy* (Français, né 10-8-1926, directeur au CNRS), les mutations géniques expliquent de multiples changements de détail, mais la spéciation ne peut être réalisée que par des changements chromosomiques, seuls capables de constituer des barrières sexuelles pouvant isoler des espèces nouvelles. Les individus ayant subi un accident chromosomique (tel que : inversions péricentriques, fusions, translocations) sont stériles ou hypoféconds seulement quand il y a *hétérozygotie* (élément hérité du seul père ou de la seule mère) ; il n'y a pas stérilité en cas d'*homozygotie* (élément hérité des deux). Des espèces nouvelles peuvent donc se stabiliser en cas de reproduction entre individus consanguins, mâle et femelle ayant hérité du même accident chromosomique. A l'intérieur d'une espèce déjà constituée de cette façon, des mutations géniques peuvent se produire, entraînant des changements de races, mais la spéciation précède toujours la radiation. *Principal argument :* sur le plan des gènes, deux races appartenant à des espèces différentes se ressemblent parfois plus que deux races de la même espèce ; sur le plan des chromosomes, toutes les races d'une même espèce sont semblables. Exemple : les singes anthropoïdes avaient 48 chromosomes. Il y a environ 20 M.a., une divergence s'est produite : certains en ont conservé 48 et sont devenus les singes pongidés (voir p. 115 c). D'autres sont passés de 48 à 46, donnant naissance au « phylum » (c.-à-d. au rameau) humain (genre : *Homo ;* espèce : *Homo sapiens*), le chromosome humain n° 2 résultant de la fusion de 2 chromosomes ancestraux : le [2 p] et le [2 q]. Cela explique la réduction du nombre chromosomique (mais pas forcément l'isolement définitif du rameau humain, car d'autres accidents ont affecté les chromosomes 1, 9, 16 et peut-être 15).

Les *théories* actuelles *du chaos* (Benoît Mandelbrot, mathématicien français, né 1924), *des structures dissipatives* (Ilya Prigogine, chimiste belge d'origine russe, né 1917), *des catastrophes* (René Thom, mathématicien français, né 1923) portent sur le concept de stabilité (évolutions lentes ou très rapides), de branchement et de bifurcation d'évolution. Par manque de formation et d'information, leur utilisation par des biologistes reste restreinte.

En juin 1999, les Français Jean Chaline, paléontologue (CNRS Dijon), Laurent Nottale, astrophysicien (CNRS, Meudon), et Pierre Grou, économiste (université de Versailles-Saint-Quentin) ont proposé une équation (fondée sur les mathématiques fractales de Mandelbrot) de l'évolution du vivant : $Tn = Tc + (To - Tc)\ g^{n}$. Les dates des bifurcations évolutives majeures (Tn) dépendraient de l'origine de la lignée (To), et de l'instant critique (Tc) où elle perd son potentiel évolutif, et des longueurs relatives des branches évolutives du groupe (g). Une fois le temps critique atteint, le groupe, cessant définitivement d'évoluer, perd toute faculté d'adaptation. Si l'environnement ne change pas et si aucune catastrophe extraterrestre n'intervient, il peut durer longtemps. Sinon, il disparaît.

> ■ **Adam et Ève, mythe ou réalité ?** Un individu (appelé conventionnellement Adam) de la superfamille des Hominoïdes aurait subi une mutation chromosomique. Il aurait fécondé une Hominoïde femelle, qui aurait mis au monde une fille ayant hérité la mutation chromosomique de son père. Cette fille aurait été appelée conventionnellement Ève. Fécondée ensuite par son père, elle aurait donné naissance aux premiers des Hominidés. Tous les humains seraient nés de ce couple-là, car la probabilité d'une rencontre entre un Hominoïde mâle et une Hominoïde femelle ayant subi, chacun de son côté, le même accident chromosomique, est pratiquement nulle.
>
> Pour certains, l'ADN mitochondrial (ADNmt) montrerait que les humains actuels auraient la même origine maternelle en Afrique il y a 100 000 à 200 000 ans (on parle d'*Ève mitochondriale*). L'étude du chromosome Y prouverait que tous possèdent un ancêtre commun. En fait, d'après ces 2 analyses, l'homme moderne descendrait d'une population de base d'environ 5 000 mâles et 5 000 femelles.
>
> Pour d'autres, dont Adam Eyre-Walker (Brighton, G.-B.), Erika Hagelbert (Otago, Nlle-Zélande) et Svante Pääbo (Leipzig, All.), cette homogénéité pourrait être due à la recombinaison (de l'ADNmt) et non à l'existence d'un ancêtre commun récent.
>
> ■ **L'homme de Mungo** (lac de Nouvelles-Galles, Australie), découvert 1974, vieux de 60 000 ans. Selon l'équipe d'Alan Thorne (université d'Australie, Canberra), son ADNmt fossile ne serait pas de la lignée de l'Ève africaine mais plus probablement d'une ancienne lignée asiatique.

Cette formule permet de prévoir l'existence passée (– 10 M.a.) d'un ancêtre commun aux grands singes actuels et à l'homme, l'apparition future (dans 800 000 ans) d'une nouvelle espèce humaine.

Diversité des hommes

■ **Base.** De tous temps, on a cherché à classer les hommes en races, groupes d'individus issus d'ancêtres communs présentant un ensemble de caractères anatomiques, physiologiques et pathologiques communs, transmissible par voie génétique. Selon le *monophylétisme* (seul admis aujourd'hui), tous les hommes dérivent d'une souche unique, leurs groupes ne se distinguant que par des différences secondaires acquises sous l'effet de causes externes, adaptatives, géographiques sélectives et génétiques. Selon le *polyphylétisme,* il existerait autant de souches que de grandes races humaines.

■ **Caractéristiques. Cheveux :** gros (chez les Jaunes), moyens ou fins (chez les Blancs). On distingue les cheveux *lissotriches :* raides, droits, faiblement ondulés ; *cymatotriches :* ondulés, bouclés ; *ulotriches :* frisés, crépus.

Indice céphalique : largeur du crâne × 100/longueur. *Brachycéphale :* crâne dont la largeur égale presque la longueur (indice supérieur à 81). *Mésocéphale :* proportions moyennes (76 à 81). *Dolichocéphale :* étroit et allongé (inférieur à 76).

Prognathisme : face projetée en avant. Ce caractère n'existe pas en Europe. Il est limité chez l'Homme actuel au seul prognathisme alvéolo-sous-nasal.

☞ **Métis :** issu du croisement de races différentes. *Mulâtre :* né d'un parent blanc et d'un parent noir. *Zambo* (Amérique du Sud) : né d'un parent amérindien et d'un parent noir.

■ **Groupes actuels.** On distingue au moins 4 groupes ou « races géographiques » : blanc, noir, jaune et australoïde, qui se subdivisent en races, puis en sous-races, types et faciès locaux.

Blancs (leucodermes) : peau claire ou basanée. Cheveux plus ou moins bouclés. Nez mince, pas de prognathisme. On a souvent qualifié d'*aryens* les Blancs (notamment nordiques), mais à tort car ce terme a seulement une signification linguistique.

Noirs (mélanodermes) : peau foncée. Cheveux crépus. Nez large. Lèvres épaisses. Prognathisme, dolichocéphalie dominante.

Jaunes (xanthodermes) : peau jaune-brun. Cheveux raides. Nez variable. Pommettes fortes. Face large, brachycéphalie dominante.

Australoïdes : front fuyant, arcades sourcilières développées, racine du nez enfoncée. Voûte crânienne basse (*exemples :* races australienne et vedda).

■ **Diversité par continents** (Divisions adoptées dans les années 1920 et contestées depuis). **Afrique.** *Méditerranéenne :* greffée d'éléments nordiques et alpins, d'éléments des races sud-orientale et anatolienne et d'éléments nigritiques mélano-africains. Une partie des *Guanches* des Canaries, race aujourd'hui éteinte, semble avoir été le vestige presque intact d'une race nord-africaine voisine de la race de Cro-Magnon (Mechta-Afalou). *Mélano-Africaine :* Africains noirs. *Négrille :* Pygmées. *Khoisan :* Hottentots et Bochimans. *Éthiopienne :* les Peuls sont des éléments similaires aux Éthiopiens croisés de Méditerranéens et de Noirs.

Amérique. *Amérindienne :* peuplement récent par immigration d'Asie, notamment par le détroit de Béring, il y a environ 15 000 ans. Les *Esquimaux* représentent la dernière vague de ces immigrants, les Fuégiens et les Patagons la première.

Asie. *Blanches : Indo-Afghane :* élément le plus oriental du complexe méditerranéen. *Anatolienne sud-orientale :* Todas et Tsiganes sont 2 groupes où la race indo-afghane s'est mêlée à des groupes dravidiens. *Aïnou :* Sakhaline, Japon. *Mélano-Hindoue :* rattachable aux Noirs plutôt qu'aux Méditerranéens. *Jaunes : Sibérienne, Nord-Mongole, Centro-Mongole* (Chine, Tibet), *Sud-Mongole* (Chine du Sud, Indochine, Japon). *Indonésienne* ou *Proto-Malaise. Touranienne* (Perse, Turquie, Crimée). *Vedda :* primitive (Sri Lanka).

Europe. (Toutes blanches.) *Nordique :* a peut-être pour ancêtre la race de Cro-Magnon. *Est-Baltique, Alpine :* les Lapons en sont un rameau. *Dinarique :* en Europe centrale et aux Balkans. *Méditerranéenne :* se prolonge en Afrique du Nord, au Sahara et au Proche-Orient.

Océanie. *Négrito* et *Mélanésienne :* noire (Papous, Canaques). *Tasmanienne* (éteinte depuis 1877), *Polynésienne, Indonésienne :* jaune. *Australienne :* australoïde.

BIOLOGIE

☞ Pour découvrir la sélection **Quid** des meilleurs sites Internet sur la biologie, rendez-vous sur **www.quid.fr**

☞ *Abréviations :* ADN : acide désoxyribonucléique ; ARN : acide ribonucléique ; ATP : adénosine triphosphate.

CARACTÉRISTIQUES DES ÊTRES VIVANTS

☞ Les organismes vivants peuvent se diviser en *procaryotes* (dépourvus de noyau) qui comprennent les eubactéries, les bactéries photosynthétiques, les archéobactéries et les cyanobactéries (anciennement algues bleues) et en *eucaryotes* (à noyaux différenciés) comprenant les animaux et les végétaux.

■ **Bactéries.** Êtres unicellulaires, sans vrai noyau. On distingue les bactéries *parasites* (se développant dans des organismes vivants) ; *saprophytes* (sur des matières organiques mortes) ; *autotrophes* [élaborant leur propre substance par chimiosynthèse (ou par photosynthèse pour les bactéries photosynthétiques) à partir de substances minérales] ; *symbiotiques* (vivant en association avec un autre être).

Une bactérie placée dans de bonnes conditions se multiplie très vite. Un *colibacille* peut ainsi se diviser en 2 colibacilles fils toutes les 1/2 h ; s'il trouvait de quoi se nourrir, sa lignée atteindrait le poids de la Terre en 67 heures. Des bactéries ont été trouvées à l'état fossile dans des terrains datés de – 3 800 à 4 000 millions d'années.

■ **Animaux et végétaux.** Se distinguent par leur façon de respirer, se nourrir, rejeter des déchets, croître, se reproduire, se mouvoir, réagir à des excitations, mourir.

Végétaux : la plupart contiennent de la chlorophylle et peuvent réaliser la *photosynthèse.* Certains ne sont pas enracinés ou ne contiennent pas de chlorophylle.

Animaux : ils se nourrissent de matières organiques complexes (protéines, graisses, sucres), de vitamines et de sels variés. Ils ne peuvent, à la différence des végétaux à chlorophylle, élaborer les matières organiques à partir du gaz carbonique de l'atmosphère ; ils sont donc obligés de se nourrir de plantes ou d'autres animaux (qui auront eux-mêmes obtenu leurs matières organiques de plantes ou d'autres animaux, d'où l'existence de *chaînes alimentaires* dont le maillon initial est toujours végétal).

■ **Reproduction. Asexuée :** exemples de l'amibe, animal unicellulaire, se reproduisant par simple division *(mitose)* et des hydres bourgeonnant de nouveaux individus. Chez certaines formes, alternent générations à reproduction asexuée et générations à reproduction sexuée. **Sexuée :** un nouvel individu résulte de la fusion de 2 cellules reproductrices, appelées gamètes : l'*ovule* (gamète femelle) est fécondé par le *spermatozoïde* (gamète mâle). Les gamètes peuvent se rencontrer au hasard dans le milieu aquatique (nombreux invertébrés). Dans d'autres cas, la femelle pond des œufs qui sont ensuite fécondés par le mâle (Téléostéens, Amphibiens). Chez de nombreux animaux (terrestres en particulier), la fécondation est interne et la rencontre des gamètes a lieu dans les voies génitales de la femelle.

Parthénogénèse (du grec *parthenos,* vierge) : reproduction d'un animal à partir d'un ovule. Elle existe naturellement chez certains animaux [par exemple chez les abeilles : elle aboutit à l'apparition des mâles ; la reine conserve, dans une sorte de réceptacle, le sperme qu'elle a reçu lors de son unique accouplement : les ovules qui descendent ses voies génitales sans être atteints par ce sperme donneront des mâles ; les autres œufs, fécondés normalement, engendreront des femelles (reines ou ouvrières)]. La parthénogénèse naturelle est dite *arrhénotoque* lorsqu'elle donne des mâles (abeilles) et *thélytoque* lorsqu'elle produit des femelles (pucerons). Elle a pu être obtenue artificiellement chez certains animaux (oursins, grenouilles, lapins) et existe aussi chez les rotifères et chez une espèce de lézard du Caucase (les mâles n'existent pas ou plus).

En général les sexes sont séparés **(gonochorisme) :** les individus sont de sexe mâle ou femelle. Mais certains animaux sont bisexués **(hermaphrodisme)** : ils ont des organes génitaux mâles et femelles ; vers de terre et escargots sont toutefois obligés de s'accoupler pour échanger leur sperme. Les huîtres sont alternativement mâles et femelles. Les crépidules, qu'il n'est pas rare de rencontrer empilées les unes sur les autres sur les coquilles de moules, sont femelles à la base, mâles au sommet, et hermaphrodites au milieu de la pile. Sont également hermaphrodites : presque tous les Plathelminthes (vers plats), les Oligochètes (vers de terre), les Hirudinées (sangsues), les Crustacés cirripèdes, mais seulement 2 espèces d'Insectes (un diptère et une cochenille). Les autres cas relèvent plutôt de l'**intersexualité** (ambiguïté entre les 2 sexes) : lamproies, poissons, amphibiens, etc. Un crabe mâle parasité par la sacculine (cirripède) tend à devenir femelle.

■ **Respiration.** Elle consiste à absorber de l'oxygène, qui sera utilisé pour oxyder les substances organiques, et à rejeter du gaz carbonique. Chez certains animaux, amphibies comme aquatiques, la respiration a lieu par toute la surface du corps. D'autres ont un système respiratoire différencié. Les poissons possèdent des *branchies,* richement vascularisées, au niveau desquelles les gaz dissous (oxygène et gaz carbonique) se diffusent entre le sang et l'eau du milieu. Chez l'homme, l'oxygène et le gaz carbonique transitent entre l'air et le sang au niveau des innombrables *alvéoles pulmonaires.* Chez les insectes, l'air est amené à chaque cellule du corps par un réseau de tubules de plus en plus fins, les *trachées.*

■ **Système sanguin.** Le sang distribue l'oxygène et les métabolites à travers le corps. Il n'y a pas de système circulatoire chez les animaux les plus primitifs, chez qui ces éléments se déplacent par diffusion.

■ **Système nerveux.** Très rudimentaire chez certaines espèces (simple réseau de cellules nerveuses ; exemple : hydre d'eau douce), il est très élaboré chez d'autres (exemples : vertébrés avec nerfs, ganglions, cerveau).

CONSTITUTION CHIMIQUE DE LA MATIÈRE VIVANTE

ÉLÉMENTS

■ **Abondants** (99,99 % de la matière vivante). 11 ou 12 (sur plus de 100 éléments constituants de la matière). Par ordre d'importance : *carbone* (capable de présenter une grande variété de combinaisons avec d'autres atomes par des liaisons solides) ; *hydrogène ; oxygène ; azote ; soufre ; phosphore ; chlore ; calcium ; magnésium ; potassium ; sodium.* Proportions et combinaisons varient d'une espèce vivante à l'autre (la cellule animale contient plus de carbone, d'hydrogène, d'azote et de calcium).

■ **Mineurs** (0,01 % de la matière vivante). *Oligo-éléments* (du grec *oligoi,* peu nombreux) : certains sont des catalyseurs des réactions chimiques. *Fer* (0,005 % du poids total, 3,5 g chez un adulte de 70 kg) ; *zinc* (0,002 %, soit 1,4 g) ; *brome ; aluminium ; silicium ; cuivre* (de 1 à 2 millièmes du poids).

☞ Ces éléments s'assemblent pour former un petit nombre de composés distincts.

COMPOSÉS

■ **Eau** (de 60 à 90 % du poids de la matière vivante). Combinaison de 2 atomes d'hydrogène et d'1 atome d'oxygène.

■ **Glucides** (sucres). Principale source d'énergie de la matière vivante ; présente dans la sève des plantes et le sang des vertébrés. *Hexoses* (contenant 6 atomes de carbone) : glucose, mannose, galactose, fructose, sorbose. *Pentoses* (5 atomes de carbone) : arabinose, ribose (présent dans l'ARN) ; désoxyribose (qui a perdu un oxygène), caractéristique de l'ADN (fraction la plus importante du matériel génétique des cellules). Les glucides se trouvent à l'état libre ou liés à d'autres molécules.

■ **Lipides** (matières grasses ou graisses). Combinaison d'acides gras [chaînes à nombre pair d'atomes de carbone, riches en hydrogène : acide laurique C_{12}, acide palmitique C_{16}, acide stéarique C_{18}, acides gras non saturés oléique, linoléique, linolénique (C_{18}), arachidonique (C_{20})] et d'un alcool, le plus souvent glycérol (exemple : les triglycérides). Les membranes biologiques sont faites de phospholipides, glycolipides et cholestérol.

■ **Protides** (du grec *protos,* premier). Matériaux de construction de la matière vivante. **Structure :** enchaînement de molécules organiques appelées acides aminés dont les 2 *groupements fonctionnels acide et amine* peuvent se lier entre eux par des *liaisons peptidiques* (élimination d'une molécule d'eau entre les 2 groupements). C'est l'ordre précis des acides aminés et la disposition de cette chaîne dans l'espace qui détermine la protéine.

Il y a 80 000 à 100 000 espèces de protéines dans le corps humain dont quelques milliers sont identifiées. Les plus simples contiennent quelques acides aminés (insuline), les plus grosses, des centaines (plus de 500 pour la sérumalbumine) ou des milliers (hémocyanine). *Poids moléculaire :* protamine 8 000, histone du foie de rat 15 000, albumine du sérum 68 500, ovalbumine 40 000, hémoglobine 68 000, hémocyanine 440 000.

Classification. Holoprotéines : *solubles dans l'eau :* protamines (laitance de poisson, graines de végétaux) ; histones ; albumines (sang, lait, blanc d'œuf) ; globulines (sérum sanguin, lait, muscles). *Insolubles dans l'eau :* collagènes (os, tendon, soie) ; kératine (ongles, cheveux). **Hétéroprotéines** (association d'une protéine avec un groupement variable) : *glycoprotéines* (association avec des glucides) ; *phosphoprotéines* (caséines, vitelline) contenant de l'acide phosphorique ; *lipoprotéines* (association d'une protéine avec des lipides) ; *chromoprotéines* (hémoglobine, cytochrome) ; *nucléoprotéines* (association avec un acide nucléique).

■ **Biocatalyseurs. Vitamines :** substances reçues dans l'organisme par l'alimentation et indispensables en très faibles quantités ; les cellules animales sont incapables d'en effectuer la synthèse. **Hormones** (du grec *hormôn,* exciter) : produites par des glandes dites à sécrétions endocrines, car elles passent directement dans le sang qui les transporte jusqu'à l'organe qu'elles stimulent. **Enzymes :** intervenant dans les diverses réactions de dégradation ou de synthèse. Catalyseurs biologiques des réactions métaboliques. Protéines capables d'agir *in vitro* (en dehors des organismes qui les produisent) et très actives (*exemple :* 1 g d'uréase à 20 °C libère en 20 min 133 g de NH_3 ; la présure fait coaguler 72 millions de fois son poids de lait en 10 min à 40 °C) mais ne catalysent qu'un seul type de réaction dont elles sont spécifiques. Les plus lentes, telles la cyclophiline, accélèrent une réaction d'un facteur 100 000 ; l'ODCase, d'un facteur 10^{17} (100 millions de milliards de fois).

CELLULE

■ **Définition.** Constituant de base des êtres vivants : plus petite unité indépendante pouvant se reproduire. Tous les organismes, sauf les virus, sont constitués d'une ou de plusieurs cellules (chez l'homme adulte 100 000 milliards). La plupart renferment dans leur noyau le génome humain, c'est-à-dire 2 segments d'un plan complet pour la fabrication et le fonctionnement du corps ; spermatozoïdes et ovules n'ont qu'un segment. On pourrait reconstituer un être complet à partir de n'importe quelle cellule, grâce au clonage.

■ **Dimensions.** De 1 (pour les bactéries) à 75 micromètres, le plus souvent environ 20 micromètres. *Cellules géantes :* jaune d'œuf, certaines cellules nerveuses chez les grands vertébrés (plusieurs mètres de long). Leur taille est relativement fixe en rapport, semble-t-il, avec des facteurs héréditaires. Elles peuvent être groupées et jointives pour former des tissus, ou laisser entre elles des espaces.

■ **Formes.** Globuleuses, ovoïdes, parallélépipédiques, cubiques, en croissant, étoilées, ramifiées, sinueuses, etc. Certains êtres vivants sont constitués d'une seule cellule (protozoaires). Les métazoaires sont formés de nombreuses cellules organisées en tissus.

■ **Composition. Membrane plasmique** (épaisseur 7,5 nanomètres environ) qui limite chaque cellule. Formée de 2 feuillets lipidiques dans lesquels sont incluses des protéines. Doublée chez les végétaux et les bactéries d'une enveloppe cellulosique ou polysaccharidique, comme les autres membranes cellulaires. Contrôle les échanges entre le cytoplasme et l'extérieur : perméabilité sélective. Siège de phénomènes d'endocytose (incorporation de particules de faible taille ou de liquide externe : phagocytose, pinocytose) et d'exocytose (libération de substances sécrétées). Intervient dans les phénomènes de reconnaissance cellulaire et de reconnaissance immunologique.

Cytoplasme. Partie de la cellule contenue entre le noyau et la paroi extérieure. Constitué par le *hyaloplasme* dans lequel baignent tous les composants cellulaires, notamment les organites cellulaires, et dont les principaux sont :

1°) Réticulum endoplasmique : système de membranes plus ou moins parallèles, délimitant des espaces (sacs ou tubes) séparés du *hyaloplasme.* Les membranes peuvent porter du côté cytoplasmique des granulations, les *ribosomes* (taille 15 nanomètres) : réticulum endoplasmique granulaire ou ergastoplasme au niveau duquel sont synthétisées des protéines qui s'accumulent dans les citernes, puis passent vers l'appareil de Golgi. **2°) Appareil de Golgi :** réseau de cavités présentant des empilements de *saccules (dictyosomes)* dont se détachent des vésicules (ou grains) de sécrétion. Rôle : fin de l'élaboration des produits de sécrétion, concentration et empaquetage. **3°) Lysosomes :** vésicules, limitées par une membrane, contenant les molécules (exogènes ou endogènes) à détruire et les enzymes nécessaires à leur destruction. **4°) Vacuole :** dans les cellules végétales, compartiment interne, limité par une membrane ; équivalent au compartiment lysosomique des cellules animales. **5°) Mitochondries :** délimitées par 2 membranes emboîtées dont l'une, interne, repliée en crêtes mitochondriales se projette dans la matrice centrale. *Rôle :* siège de la respiration cellulaire, production d'ATP. **6°) Plastes (chloroplastes** chez les végétaux verts) : uniquement dans les cellules végétales. Formés d'une double membrane les limitant ; la membrane interne émet des crêtes ou lamelles générales entre lesquelles sont interposés des *granums* faits d'éléments empilés, contenant les pigments (chlorophylle) et les enzymes de la photosynthèse. **7°) Centrosome** (dans la plupart des cellules animales et dans certaines végétales) : région du cytoplasme souvent proche du noyau, contenant une paire de **centrioles :** organites cylindriques (200 mm de diamètre et 400 mm de longueur) dont la paroi est formée de 9 groupes de 3 tubules (de 25 mm de diamètre).

Noyau. Limité par une **enveloppe nucléaire** formée de 2 membranes : une interne et une externe continue, par endroits, avec celle du réticulum endoplasmique (voir ci-dessus) et portant des *ribosomes.* Elle est percée de pores nucléaires (d'environ 100 nanomètres de diamètre) permettant des échanges entre cytoplasme et nucléoplasme (contenu du noyau) renfermant la *chromatine* (masses

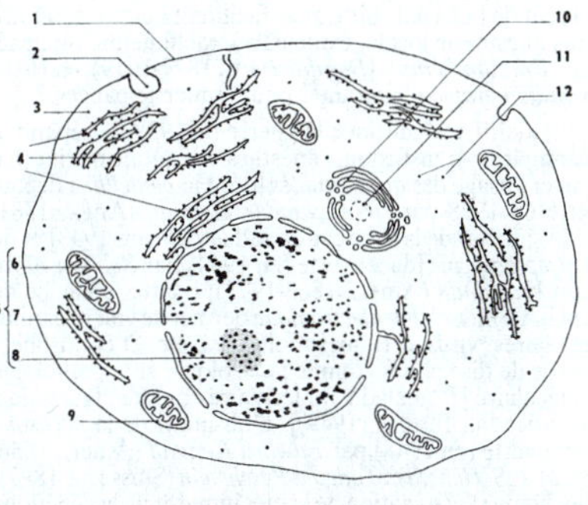

Ultrastructure d'une cellule animale :
1. Membrane plasmique. 2. Vésicule de pinocytose. 3. Hyaloplasme. 4. Réticulum endoplasmique. 5. Noyau. 6. Enveloppe nucléaire. 7. Nucléoplasme et chromatine. 8. Nucléole. 9. Mitochondrie. 10. Appareil de Golgi. 11. Centriole. 12. Ribosomes libres.

denses, dont certaines sont accolées à l'enveloppe nucléaire), et un *nucléole* (plus dense, composé de fibrilles et de granules de ribonucléoprotéines).

Le noyau contrôle le métabolisme de la cellule et contient la majorité de l'information génétique. Il est indispensable à sa vie.

■ **Divisions de la cellule. Méiose.** Les cellules filles ont moitié moins de chromosomes que la cellule mère (précède la formation des cellules reproductrices).

Mitose (cas général). Intervient au terme d'un cycle cellulaire au cours duquel l'ADN s'est dupliqué (ou répliqué). La division du noyau ou *caryocinèse* se déroule en 4 phases : **1°) prophase :** à partir du réseau de chromatine s'individualisent des filaments, les *chromosomes,* au nombre constant pour une même espèce. Les nucléoles se désorganisent, l'enveloppe nucléaire disparaît, tandis que s'organise dans le cytoplasme un *fuseau* fait de microtubules qui oriente le sens de la division. **2°) Métaphase :** les chromosomes se fixent sur les fibres du fuseau chromatique et se disposent en plaque, la *plaque équatoriale,* à égale distance des 2 pôles. **3°) Anaphase :** les chromosomes se partagent en 2 lots qui se déplacent vers les pôles *(« ascension polaire »).* **4°) Télophase :** les chromosomes perdent leur individualité et forment à nouveau un réseau autour duquel se reforme une enveloppe nucléaire ; les nucléoles se réorganisent. Le cytoplasme de la cellule mère se répartit en 2 masses égales autour des noyaux des 2 cellules filles qui se séparent : c'est la *cytodiérèse.*

Mitoses des cellules animales : en début de prophase, le centrosome se divise, les 2 centrosomes fils s'entourent de microtubules *(asters)* et migrent vers chacun des pôles de la cellule ; ils déterminent les pôles du fuseau. A la télophase, les 2 cellules filles sont séparées par la constriction d'un anneau contractile situé dans la région équatoriale. **Mitoses des cellules végétales :** chez les végétaux supérieurs et certains inférieurs, il n'y a pas de centrosomes, le fuseau est dépourvu d'asters. A la télophase, les 2 cellules filles sont séparées par la formation de membranes plasmiques et d'une membrane cellulosique dans le plan équatorial *(phragmoplaste).*

■ **Fonctionnement.** La cellule est constituée des éléments de base de toute matière vivante (eau, lipides, glucides, protides) qui se renouvellent *(métabolisme)* ou se dégradent *(catabolisme)* ou sont remplacés *(anabolisme).* Dans la cellule, l'**ADN** dirige les opérations de fonctionnement spécifiques à l'espèce à laquelle elle appartient, et l'**ARN** assure la production des protéines nécessaires à la construction des matériaux de la cellule. Ces opérations nécessitent une énergie qui est stockée ou libérée dans la cellule.

ADN. Acide nucléique de masse moléculaire élevée, organisé en une double hélice formée de 2 brins complémentaires constitués chacun d'un enchaînement de *nucléotides.* Un nucléotide comprend : 1 acide phosphorique, 1 sucre *(désoxyribose)*, 1 base [4 types : puriques *(adénine* et *guanine),* pyrimidiques *(thymine* et *cytosine)*]. **Nombre de bases :** homme 3 milliards, souris 2 à 3 milliards, mouche 160 millions, ver de terre 97 millions. Les nucléotides d'un brin ou chaîne sont reliés par des liaisons entre acide phosphorique et désoxyribose. Des liaisons hydrogènes entre les 4 bases complémentaires relient entre eux les nucléotides des 2 chaînes, comme les barreaux d'une échelle.

Dans la cellule, l'ADN, associé à des protéines, notamment les *histones*, forme les *chromosomes.* Dans le noyau des cellules au repos, les chromosomes forment des mottes, colorables, appelées *chromatines.*

☞ En 2000, des chercheurs français ont découvert un ADN « sauteur », pouvant passer d'un chromosome à l'autre. Cet ADN « égoïste » constituerait un système de « Lego génétique » dont les briques mobiles se multiplient, se séparent et s'imbriquent pour faire de nouveaux gènes.

■ **Chromosome humain artificiel :** baptisé HAC (Human Artificial Chromosome), obtenu en 1997 par John Harrington (université de Cleveland, USA) dans une cellule humaine en culture où avaient été introduits des fragments d'ADN.

Synthèse de l'ADN : *réplication.* Les 2 chaînes se séparent localement et des nucléotides complémentaires sont ajoutés un à un pour constituer des brins complémentaires associés à chacun des brins initiaux. Il y a formation de 2 chromatides qui se séparent lors de la mitose suivante.

Dans l'ADN des eucaryotes se trouvent des séquences non codantes dites *introns* (découverts par les Américains Philip Sharp et Richard Roberts vers 1970) ; ils sont éliminés par *excision* et les séquences codantes *(exons)* de l'ARN prémessager raccordées bout à bout lors de l'*épissage.*

☞ Pour se prémunir contre les contrefaçons, les organisateurs des jeux Olympiques de Sydney avaient inclus un fragment d'ADN d'un sportif dans leurs produits dérivés.

ARN. Chaîne simple de nucléotides dont le sucre est le *ribose* et où la thymine est remplacée par de l'*uracile.* Plusieurs types d'ARN interviennent dans la synthèse des protéines : *ARN messager :* séquence de nucléotides copiée sur l'ADN (transcription) et codant la séquence d'acides aminés d'une protéine (traduction) ; *ARN ribosomique ; ARN de transfert :* amenant les divers acides aminés à la molécule protéique en cours de synthèse.

Énergie. Les organismes vivants utilisent de l'énergie : mouvements, échanges de molécules, synthèse de macromolécules, etc. Chez les *hétérotrophes* (par exemple animaux), la source d'énergie vient de l'oxydation des métabolites : sucres simples, acides gras et acides aminés (production de CO_2 et d'eau), dans les *organismes photosynthétiques* (exemple des végétaux chlorophylliens), elle vient de l'énergie lumineuse.

Dans la cellule, la molécule d'ATP est le transporteur d'énergie ; elle est produite au cours de l'oxydation des métabolites. Elle libère 30,5 kJ lorsqu'elle est hydrolysée en ADP (adénosine diphosphate) et phosphate inorganique via une enzyme complexe, l'ATP synthétase : celle-ci tournant sur elle-même plusieurs fois par seconde déclenche, par là même, la production d'énergie. Aussi les réactions cellulaires qui nécessitent de l'énergie sont-elles couplées à l'hydrolyse d'ATP.

L'énergie contenue dans une molécule de glucose (2 871 kJ) est libérée par étapes : **1°) la glycolyse** se déroule dans le cytoplasme et fournit 2 pyruvates (en C_3), 2 ATP, 1 NADH (2 paires d'électrons sont fixées sur le transporteur d'électrons NAD qui se trouve réduit). **2°) Étapes suivantes :** dans la matrice mitochondriale : *a)* transformation du pyruvate en acétylcoenzyme A avec production de 1 CO_2 et 1 NADH ; *b)* oxydation de l'acétylcoenzyme A : cycle de l'acide citrique ou cycle de Krebs qui produit 2 CO_2, 1 ATP, 3 NADH, 1 $FADH_2$. **3°) Dernière étape : phosphorylation oxydative,** dans la membrane mitochondriale. Les transporteurs d'électrons réduits NADH et $FADH_2$ sont oxydés tandis que les électrons sont transportés vers l'oxygène par la série des transporteurs d'électrons de la *chaîne respiratoire (cytochromes).* 32 ATP sont produites (à partir d'une molécule de glucose) et il se forme de l'eau. Ainsi, la dégradation d'une molécule de glucose aboutit à la formation de 36 ATP (1 100 kJ), d'eau et de CO_2. Rendement : environ 40 %.

■ **Mort cellulaire.** Inscrite dans le code génétique : environ 30 gènes, qui commandent la synthèse de protéines intervenant dans cette disparition, ont été découverts. Programmés pour subir un nombre limité de divisions, les **télomères,** extrémités des chromosomes, se raccourcissent à chaque division. Lorqu'ils deviennent trop courts, la cellule ne peut plus se multiplier et meurt. *Processus :* par **nécrose :** mort accidentelle ou par **apoptose :** disparition en 3 phases (rétraction, démantèlement interne et fragmentation générale) sous contrôle des mitochondries, lesquelles seraient originellement des bactéries capables d'utiliser l'oxygène et qui auraient envahi d'autres cellules ; par *paroptose :* apparition de vacuoles dans le cytoplasme.

☞ Le suicide des cellules empêche notre système de défense immunitaire d'attaquer notre propre corps. Les cellules cancéreuses ne perdent presque jamais leurs télomères.

MÉDECINE

☞ Pour découvrir la sélection **Quid** des meilleurs sites Internet sur la médecine, rendez-vous sur **www.quid.fr**

Quelques dates

■ **Antiquité. Avant J.-C.** Médicaments et posologie cités sur une tablette sumérienne. En Égypte (2500) : 1er traité de chirurgie connu. Les Grecs fondateurs de la médecine occidentale : *Asclepios* (vers 1300), déifié après sa mort. *Hippocrate* (vers 460-vers 377) : médecine pragmatique (interrogatoire et examen du malade) ; théorie de l'équilibre des 4 humeurs (sang, lymphe ou *phlegme*, bile jaune, bile noire ou *atrabile*) perturbé par le mal ; agents antipyrétiques (basse température) ; prescriptions médicamenteuses à base de substances minérales, végétales et animales ; pratique des saignées, cautères, purgatifs et vomitifs. *Platon* (428-vers 348) attribue un rôle majeur dans le fonctionnement de l'organisme au souffle vital ou *pneuma* (d'où l'École des *pneumatistes*). Progrès dans le domaine de l'anatomie avec l'École d'Alexandrie. *Hérophile* (vers 330) : étude du système nerveux et des méninges ; siège de la pensée dans le cerveau. *Érasistrate* (vers 310-vers 250) dit « l'Infaillible » : rôle primordial du sang dans le corps humain. **Après J.-C.** A Rome, le Grec *Galien* (131-vers 201) définit le système des 4 complexions ou tempéraments et prône l'expérimentation. Anesthésie locale (feuilles de mandragore) décrite par Pline l'Ancien (23-79).

■ **Moyen Age. Médecine :** peu d'évolution des pratiques médicales. Transmission du savoir antique par les Byzantins, héritiers d'Hippocrate (*Oribase* 325-403, *Alexandre de Tralles* 525-605 dit « le Médecin par excellence »), et par les médecins juifs (prescriptions d'hygiène) dispersés en pays musulmans et chrétiens. A Séville et Cordoue, Walid ibn Ruschd, dit *Averroès* (1126-98), décèle le rôle de la rétine dans la vue et observe que la variole n'atteint qu'une fois le même individu. En Occident chrétien, rôle important des moines : création des 1ers jardins botaniques et pharmaceutiques, fondation d'hôpitaux (France : Lyon 542 ; Paris, St-Julien-le-Pauvre 577, Hôtel-Dieu 650). Diagnostic basé sur l'inspection visuelle du malade, la palpation du pouls (*sphygmologie*) et l'examen des urines (*uroscopie*). Thérapeutique : régime alimentaire (dit *diète*), bains, médicaments pris dans les 3 règnes de la nature (dont pierres précieuses en raison de leurs fonctions magiques). Principales maladies : *lèpre* (1re léproserie en France : St-Claude 461 ou 570) ; *variole ; peste* (apparition en Europe en 1346, d'où l'institution de la quarantaine). **Chirurgie :** progrès dans le traitement des maladies externes (tumeurs, hernies...). Extraction des calculs de la vessie, suture des plaies, réduction de fractures et luxations, amputations, opérations de la cataracte, trépanations. Anesthésiques empiriques avec des éponges imbibées de suc de pavot (opium) ou de haschich. Dissections de cadavres, mais sans observations anatomiques précises. A Cordoue, Abul Kasim al-Zarahwi, dit *Aboulcassis* (936-1013), l'un des pères de la chirurgie, considère que médecine et chirurgie relèvent du même art et perfectionne l'instrumentation. En France, 1re « extraction de la pierre » en 1474 sur un archer condamné à mort, gracié après cette réussite.

■ **Renaissance. Médecine :** *Jean Fernel* (Fr., 1497-1588) donne la primauté à l'observation et à la déduction, mais considère toujours la médecine comme une branche de la philosophie. *Girolamo Frascator* (It., 1483-1553) nomme la syphilis (1530) et décrit le phénomène de la contagion directe ou indirecte. *Paracelse* (All., 1493-1541) inaugure la chimie pharmaceutique ou médecine *spagyrique,* en préconisant l'emploi de métaux et métalloïdes, mais reste attaché à l'alchimie et à l'astrologie médiévales (correspondance entre les planètes, les métaux et les viscères). C'est aussi le siècle de l'anatomie. La dissection est réglementée. 1490 : à Padoue, 1er amphithéâtre d'anatomie. 1491 : publication des premières planches anatomiques. 1543 : parution à Bâle du *De humani corporis fabrica* de l'anatomiste flamand *André Vésale* (1514-64). 1552 : *Michel Servet* (Esp., 1509-53) découvre la circulation pulmonaire. Thérapeutique : elle évolue peu. Apports de la flore du Nouveau Monde (teinture de gaïac dans le traitement de la syphilis). Progrès de la balnéothérapie. Disparition des léproseries. **Chirurgie :** *Ambroise Paré* (Fr., 1510-90) abandonne le premier la cautérisation des plaies. *Pierre Franco* (Fr., 1500-61) père de la chirurgie plastique, herniaire et urinaire (il publie son traité *La Chirurgie* en 1556). *Gaspare Tagliacozzi* (It., 1545-99) répare le nez avec un lambeau cutané pris au bras. *Verres concaves* pour les myopes.

■ **XVIIe s. Médecine :** la découverte de *la circulation du sang* (1628) par *William Harvey* (Angl., 1578-1657) [contredite par *Gui Patin* (Fr., 1600-72) et les « anticirculateurs »], et celle de *la circulation du système lymphatique* (1661) par *Jean Pecquet* (Fr., 1622-74) ruinent le système d'Hippocrate (voir col. a). Introduction du *microscope* mis au point par *Antonie Van Leeuwenhoek* (Holl., 1632-1723) [1673 : observe les bacilles ; 1675 : découvre les protozoaires et les globules ; 1677 : les spermatozoïdes ; 1683 : les bactéries], d'où débuts de la *microbiologie* par *Pierre Borel* (Fr., 1620-89) et de l'*histologie*, étude descriptive des tissus vivants, par *Marcello Malpighi* (It., 1628-94). 1673 : *Reinier De Graaf* (Holl., 1641-73) découvre le follicule ovarien. Les médecins se divisent en *iatro-physiciens* (qui étudient le corps uniquement en fonction des règles de la physique) et *iatro-chimistes* (qui assimilent les transformations de l'organisme à des opérations chimiques connues). Nouvelles maladies : *fièvre jaune (vomito negro)* importée des Indes orientales ; *diphtérie*, sous les formes angineuses et laryngées. THÉRAPEUTIQUE : introduction en Europe du quinquina (vers 1640) et de l'ipéca. 1667 : *1re transfusion* (voir p. 128 a). Résultats décevants (ignorance des anti-coagulants et de la prophylaxie des accidents d'hétérotransfusion). **Chirurgie :** progrès de l'obstétrique avec la mise au point du *forceps* par *Peter et Hugh Chamberlen* (Angl.). Traitement de la *cataracte* par refoulement du cristallin dans la chambre antérieure de l'œil.

■ **XVIIIe s. Médecine :** les *vitalistes* (en France, école de Montpellier) s'opposent aux *mécanistes* qui expliquent la vie par de simples phénomènes physiques et chimiques. De nombreux systèmes classent les maladies comme les plantes en botanique. Naissance de la *physiologie* moderne, fruit de l'expérimentation. Pionniers : le moine *Lazzaro Spallanzani* (It., 1729-99), *Albrecht von Haller* (Suisse, 1708-77) ; de *l'anatomie pathologique* avec *Giambattista Morgagni* (It., 1682-1771). 1762 : découverte des microbes par *Marcus Anton von Plenciz* (Autr., 1705-86). 1774 : *Joseph Priestley* (Angl., 1733-1804) isole l'oxygène ; 1776 : découvre l'acide nitreux. 1770-80 : *Antoine Lavoisier* (Fr., 1743-94) utilise l'oxygène pour l'assistance respiratoire. Émergence d'une politique sanitaire [en 1779, *Johann-Peter Franck* (Autr., 1745-1821) publie le *Système de politique médicale*]. 1788 : apparition de la médecine sociale qui s'intéresse aux aveugles, aux sourds-muets, aux femmes enceintes, aux enfants en bas âge et à l'hygiène hospitalière [*Jacques Tenon* (Fr., 1724-1816)]. Lutte contre épizooties et épidémies, en particulier la variole combattue par la *variolisation* (1718), puis par la *vaccination* [*Edward Jenner* (Angl., 1749-1823), 1re vaccination le 14-5-1796 sur Edward Phipps, 8 ans], pratiquée en Chine depuis des temps très anciens : on prisait de la poudre de croûtes de pustules de varioleux en voie de guérison. Méthode présentant des dangers. Importée en Turquie et de là en Angleterre par *lady Mary Wortley Montagu* (femme de l'ambassadeur d'Angleterre en Turquie). 1733 : la pression artérielle est supérieure à la pression atmosphérique [*Stephen Hales* (Angl., 1677-1761)]. **Chirurgie :** 1743 : création en France de l'Académie royale de chirurgie. Perfectionnement et diffusion du forceps (*André Levret*, Fr., 1703-80 et *William Smellie*, Angl., 1697-1763). 1781 : *Jean-Louis Baudelocque* (Fr., 1746-1810) écrit un *Traité des accouchements*. Naissance de l'*odontologie-stomatologie* par *Pierre Fauchard* (Fr., 1678-1761) avec l'introduction des dents à tenon, bridges et prothèses ; de l'ophtalmologie opératoire (extraction du cristallin dans les cataractes). Découverte de voies inédites pour l'extraction des calculs de la vessie. Débuts de la *neurochirurgie*. *Pierre Joseph Desault* (Fr., 1738-95) forme ses disciples à l'observation.

■ **XIXe s. (1re moitié). Médecine :** 1805 : découverte de la morphine par *Friedrich Serturner* (All., 1783-1841). 1819 : *Rudolph Brondes* isole l'atropine. 1820 : découverte de la quinine par les Français *Pierre Pelletier* (1788-1842) et *Joseph Cavantou* (1795-1877). 1830 : *Johannes Müller* (All., 1801-58) découvre les protéines. 1833 : enzyme isolé par *Anselme Payen* (Fr., 1795-1871) et *Jean-François Persoz* (1805-68). 1820 : Louis XVIII crée l'Académie de médecine. Fusion de la *médecine* et de la *chirurgie,* et triomphe de la médecine hospitalière. Avec *Gaspard-Laurent Bayle* (Fr., 1774-1816) et *Théophile-René Laennec* (Fr., 1781-1826, inventeur du *stéthoscope* en 1815) la méthode anatomo-clinique est relayée par la méthode numérique. *Pierre-Charles-Alexandre Louis* (Fr., 1787-1872) introduit une nouvelle sémiologie (percussion, auscultation) qui permet le diagnostic de la lésion sur le vivant ; *Pierre Bretonneau* (Fr., 1778-1862) y ajoute le concept de spécificité. Ainsi sont isolées *tuberculose pulmonaire, diphtérie* et *fièvre typhoïde*. **Chirurgie :** désinfection des plaies : *Antoine Labarraque* (Fr., 1777-1850), et, en France, développement de la chirurgie de guerre. CHIRURGIENS RÉPUTÉS : en France : *Dominique Larrey* (1766-1842), *Joseph Récamier* (1774-1852), *Guillaume Dupuytren* (1777-1835), *Jacques Lisfranc* (1790-1847), *Joseph Malgaigne* (1806-65), *Auguste Nélaton* (1807-73) ; en Angleterre : *sir Astley Cooper* (1768-1841) et *James Symes* (1799-1860) ; en Allemagne : *Bernard von Langenbeck* (1810-87) ; aux USA : *Jack Marion Symes* (1813-83). Les acquisitions chirurgicales nouvelles (désarticulation des membres, chirurgie plastique) sont freinées par le développement de l'infection hospitalière. Progrès de la chimie analytique ou extractive (morphine isolée dès 1805, synthèse de l'urée 1828). Invention des comprimés, cachets, ovules, suppositoires.

(2e moitié). Médecines de laboratoire, expérimentale et micrographique surclassent la médecine purement anatomo-clinique avec *François Magendie* (Fr., 1783-1855), *Claude Bernard* (Fr., 1813-78) et *Rudolph Virchow* (All., 1821-1902 qui, en 1858, introduit la pathologie cellulaire). Notions de phlébite et d'embolie. 1859 : découverte des grandes fonctions biologiques : ovulation, fécondation, circulations locales, sécrétions internes [fonction de la glande adrénale par *Alfred Vulpian* (Fr., 1826-87)]. Connaissance du mécanisme de l'inflammation [diapédèse par *Julius Conheim* (All., 1839-84) en 1872 ; phagocytose par *Élie Metchnikov* (Russie, 1845-1916)]. Physiologie de la mécanique cardiaque et de la circulation par *Carl Ludwig* (All., 1816-93). *Louis Pasteur* (Fr., 1822-95) et *Robert Koch* (All., 1843-1910) créent la *bactériologie* et les concepts de *maladie microbienne*, d'immunité, de vaccination et de sérothérapie. On utilise : thermomètre, sphygmomanomètre ou appareil de prise de la pression artérielle (en 1889) [*Pierre Potain* (Fr., 1825-1901), s'opposant à *Félix Ponchet*]. Seringues à injections *hypodermiques* (en 1853) et *intraveineuses*, électricité médicale [*Guillaume Duchenne de Boulogne* (Fr., 1806-75)]. *1ers laboratoires cliniques*, en 1868, permettant la recherche de la glycosurie et de la protéinurie, la numération des globules sanguins, le sérodiagnostic (en 1896) [*Fernand Widal* (Fr., 1862-1929)] et l'hémoculture (en 1902). Découverte des *rayons X* (en 1895) par *Wilhelm Röntgen* (All., 1845-1923) et du radium (en 1898) par *Pierre* (1859-1906) et *Marie* (1867-1934) *Curie* (Fr.). Naissance à Paris de la *médecine légale* avec *Mateo Orfila* (Fr. d'origine espagnole, 1787-1853), également créateur de la pharmacologie, *Ambroise Tardieu* (1818-79) et *Paul Brouardel* (1837-1906). *Maladies neurologiques :* plusieurs sont décrites par *Jean Martin Charcot* (1825-93). Développement de l'étude des lésions cérébrales avec *Jean-Baptiste Bouillaud* (1796-1881) et surtout *Paul Broca* (1824-80) qui détermine le rôle spécifique des différentes zones du cerveau et du cervelet. En 1875 : mise en évidence de l'activité électrique du cerveau par *Richard Caton* (Angl., 1842-1926).

Chirurgie : découverte de l'*anesthésie générale* au protoxyde d'azote (en 1844) par *Horace Wells* (Amér., 1815-48) ; à l'éther (en 1846) par *William Thomas Morton* (Amér., 1819-68), et épidurale (en 1885) par *James Leonard Corning* (Amér., 1855-1923), *Crawford Long* (Amér., 1815-78), *Gardner Cotton* (Amér., 1814-70), *Charles Jackson* (Amér., 1805-80) ; au chloroforme (en 1847) par *James Young Simpson* (Angl., 1811-70), en dépit d'*Alfred Velpeau* (Fr., 1795-1867) qui croit à la nécessité de la douleur opératoire. *Lutte contre l'hospitalisme* en 3 temps : hygiène hospitalière, antisepsie chimique listérienne (1867) de *Joseph Lister* (Angl., 1827-1912) et asepsie physique pasteurienne (vers 1880) de *Louis Pasteur* généralisée par *Octave Terrillon* (Fr., 1844-95) et *Félix Terrier* (Fr., 1837-1908). Conquête de l'*hémostase* par la notion de *circulation collatérale* [*Luigi Porta* (It., 1800-75)] et introduction de la pince hémostatique par *Eugène Kœberlé* (Fr., 1828-1919), *Jules Péan* (Fr., 1830-98) et *Théodor Kocher* (Suisse, 1841-1917). Gants stériles en caoutchouc imposés par *William Halsted* (Amér., 1852-1922). Essor de la chirurgie gynécologique [ovariectomie (en 1863) par *Eugène Kœberlé,* puis abdominale [pylorectomie (en 1879) par *Jules Péan* et gastro-entérostomie (en 1881) par *Wölfler* (All.)]. Apparition des spécialités chirurgicales (urologie, ophtalmologie, orthopédie, oto-rhino-laryngologie, gynécologie).

Anesthésie « à la reine ». Nom donné à l'anesthésie au chloroforme employée en 1835 par le gynécologue *James Simpson* pour la naissance de Léopold, fils de la reine Victoria. En France, on utilisa longtemps le masque mis au point par le chirurgien *Louis Ombredanne* (1871-1956).

Identification des germes pathogènes : 1850 *anthrax :* Devaine (Fr.) et Pasteur (Fr.). **1871** *lèpre :* Hansen (Norv.), *amibiase :* Loesch (All.). **1878** *furoncle et gangrène :* Pasteur. **1879** *fièvre puerpérale :* Roux (Fr.), *blennoragie :* Neisser (All.). **1880** *paludisme :* Laveran (Fr.), *typhoïde :* Eberth (All.), *staphylocoque et streptocoque :* Pasteur. **1881** *fièvre jaune :* Ross (Angl.) et Finlay (Cubain). **1882** *tuberculose :* Koch (All.), *diphtérie :* Klebs (Suisse). **1883** *choléra :* Koch, *filariose :* Manson (Angl.). **1884** *tétanos :* Nicolaïer (All.). **1887** *fièvre de Malte :* Bruce (Angl.). **1889** *chancre mou :* Ducrey (It.). **1894** *peste :* Yersin (Fr.). **1901** *maladie du sommeil :* Dutton (Angl.). **1905** *syphilis :* Schaudinn (All.). **1906** *coqueluche :* Bordet (Belge). **1909** *typhus :* Nicolle (Fr.).

■ **XXe s. (1re moitié). Médecine :** la biochimie transforme la physiologie. Découvertes : (en 1902) de l'*anaphylaxie* (augmentation de la sensibilité de l'organisme envers une substance en lui administrant, par injection ou ingestion, une dose minime) par *Charles Richet* (Fr., 1850-1935) et *Paul Portier* (Fr., 1866-1962) ; de l'*adrénaline* (en 1901) par *Jokichi Takamine* (Japonais, 1854-1922), d'après les travaux d'*Edward Sharpey Schafer* (Angl., 1850-1935) et de *George Oliver* (Angl., 1841-1915) ; de l'*androstérone* (en 1931) par *Adolf Butenandt* (All., 1903-95) ; de l'*allergie* (en 1906) par *Clemens von Pirquet* (Autr., 1874-1929) et conception des maladies allergiques (asthme, urticaire, eczéma). En 1912 : la notion de *vitamine* [*Casimir Funk* (Pol., 1884-1967)] explique les maladies de carence (béribéri, scorbut, rachitisme, héméralopie...) ; en 1902 : la notion d'*hormone* [*William Bayliss* (Angl., 1860-1924) et *Ernest-Henry Starling* (Angl., 1866-1927)] permet de pallier les troubles dus à un déficit de sécrétion interne [diabète : insuline, découverte en avril 1921 par *N.C. Paulesco* (Roumain)]. En 1903-12 : la *chimiothérapie* [*Paul Ehrlich* (All., 1854-1915)] permet de soigner la syphilis (novarsenobenzol). Découverte des *sulfamides* (en 1935) par *Gerhard Domagk* (All., 1895-1964)] ; de *l'antihistamine* (en 1937) par *Hans Staub* (Suisse) et *Bonet.* Découverte *des groupes sanguins* (en 1900) par *Karl Landsteiner* [(Autr., 1868-1943) prix Nobel 1930], qui permet la transfusion et entraîne des progrès en chirurgie. En 1901, l'*électrocardiographie* [*Willem Einthoven* (Néerl., 1860-1927) ; 1er électrocardiogramme humain enregistré en 1887 par *Augustin Désiré Waller* (Brit., 1856-1922)] et, en 1929, l'*électroencéphalographie* [*Hans Berger* (All., 1873-1941)] augmentent la précision du diagnostic, comme la nouvelle sémiologie biochimique et les progrès de la radiologie. Découvertes : de la transmission biochimique des réactions du système nerveux (en 1936) par *Otto Loewi* (Amér., 1873-1961) ; de la glande pituitaire (en 1921) par *H. McLean-Evans* (Amér., 1882-1971) ; de la progestérone (en 1929) par *George Washington Corner* (Amér., né 1889) et *Edgar Allen* (Amér., 1892-1943) ; de la thyroxine (en 1914) par *Edward Calvin Kendall* (Amér., 1886-1972) ; de la tubocarine (en 1935) par *H. King* ; de la testostérone (en 1929-35) par *Leopold Stephen Ružička* (Suisse, 1887-1976)]. **Chirurgie :** les succès de la chirurgie aseptique sont limités par les maladies opératoires. Pendant la guerre de 1914-18, la traumatologie progresse. L'aspiration et le bistouri électriques, la motorisation des instruments de chirurgie osseuse et crânienne et l'enrichissement de l'arsenal chirurgical facilitent l'acte opératoire sous anesthésie locale, tronculaire, rachidienne ou générale. *Radiumthérapie* [*Dominici* (Fr., 1877-1919), en 1910] et *radiothérapie* pénétrante, pour traiter le cancer.

(2e moitié). Médecine : la guerre de 1939-45 répand la réanimation-transfusion, l'anesthésie générale par intubation et l'usage des *antibiotiques* [dont la *pénicilline* découverte en 1928 par *sir Alexander Fleming* (Angl., 1881-1955) ; début de la fabrication industrielle en 1943] et de la *streptomycine* [découverte (en 1944) par *Selman Abraham Waksman* (Amér., 1888-1973)] contre le bacille de Koch. Le *microscope électronique* permet de voir organites cellulaires, virus, certaines molécules, etc. et contribue à l'essor de disciplines comme la virologie et la pathologie moléculaire [1re maladie moléculaire connue : l'anémie à hématies falciformes (1949)]. Utilisation de la *cortisone* découverte (en 1948) par *Edward Kendall* (Amér., 1886-1972), *P.S. Hensch* et *Tadeusz Reichstein* (Suisse, né 1897). **Biochimie :** l'association de la biochimie et de la génétique explique les erreurs innées du métabolisme (alcaptonurie, etc.). Les nouveaux médicaments (anticoagulants, corticoïdes antirhumatismaux, contraceptifs, médiateurs chimiques du système nerveux, inhibiteurs d'enzymes) transforment le pronostic de nombreuses maladies. Psychopharmacologie (en 1952). Chimiothérapie du cancer associée à la chirurgie, à la cobalthérapie et à la radiothérapie isotopique. En septembre 1996, télémédecine par satellite entre Italie et Bosnie. **Chirurgie :** diagnostic plus précis grâce à la *laparoscopie* (dispositif optique permettant d'observer à l'intérieur même de la cavité abdominale les différents organes qui s'y trouvent), l'*angiographie* (radiographie des vaisseaux après injection d'une substance opaque aux rayons X), la *scintigraphie* (après injection d'une substance radioactive dans un organe, on obtient une image sur une surface photosensible), l'*échographie* [depuis 1980 on utilise la réflexion (écho) des ultrasons dans les organes], la *tomographie* [mise au point en 1915 par *André Bocage* (Fr., 1892-1953), permet d'obtenir l'image radiographique d'un plan à un niveau choisi d'une région du corps], et la *scanographie* (en 1971 ; utilise des rayons X, mais la plaque photographique est remplacée par des capteurs électroniques qui apprécient mieux que l'œil ou les émulsions photographiques la densité des organes traversés et donnent ainsi une image plus fidèle et plus précise). *L'imagerie à résonance magnétique nucléaire* (IRM, en 1971) qui repose sur l'analyse du comportement des électrons dans un organisme soumis à un champ magnétique intense, permet d'obtenir des images anatomiques très précises sans utiliser de radiations et est ainsi moins traumatisante ; on l'utilise en chirurgie assistée par ordinateur pour actualiser le modèle préopératoire au cours de l'opération et contrôler la position du scalpel. *Exérèses* de plus en plus larges suivies de mise en place de prothèses ou d'organes transplantés (cœur, rein, poumon et foie). Des *immunodépresseurs* empêchent les rejets. La *microchirurgie* permet des interventions plus précises sur les organes des sens et le cerveau ; elle facilite les transplantations de segments de membres, de peau et d'organes. La *robotisation* permet d'opérer assis et à distance : des instruments virtuels commandent un télé-effecteur *via* un ordinateur qui analyse et améliore les gestes (précision manuelle : 2 mm, robotique : 0,1 mm) ; l'image obtenue par simulation préalable est superposable à celle de l'organe réel. Le laser pourrait remplacer les points de suture et les agrafes par une « biosoudure », les « colles » biologiques n'assurant pas toujours une étanchéité suffisante.

L'inventaire complet du *génome humain* (mené à terme début 2001 ; voir à l'Index) permet de dépister les maladies héréditaires et certaines prédispositions morbides dès la vie intra-utérine. Le *génie génétique* permet de fabriquer des médicaments dans des bactéries. La *thérapie génique* [testée dans le traitement de cancers (65 % des essais), mucoviscidose ou myopathie et certaines maladies génétiques : 400 protocoles impliquant 2 280 patients de 1989 à 1999 ; Gesse Gelsinger, 18 ans, est décédé le 17-9-1999 au cours d'une thérapie dans un hôpital de Philadelphie, ainsi qu'un volontaire, suite à l'injection directe dans le cœur d'un gène, en octobre 1998] utilise des gènes comme médicaments. 1er succès : 2 « enfants-bulles » ont pu quitter leur bulle en avril 2000 (traitement en février 1999 à 8 et 11 mois, hôpital Necker, Paris). Jusqu'à présent, on a cherché à faire entrer un nouveau gène dans les cellules déficientes. Une autre voie serait de corriger le gène défectueux dans toutes les cellules. Un transporteur (virus modifié ayant perdu toute virulence, liposome ou petite sphère à base de lipides) s'introduira dans la cellule apportant une copie du gène manquant ou défectueux. Cependant, durant plusieurs années, on pourra dépister des « susceptibilités génétiques » sans pouvoir pour autant soigner les maladies correspondantes. Les *thérapies cellulaires* sont étudiées pour utiliser les cellules embryonnaires, fœtales ou souches pour remplacer cellules et organes défaillants.

LE CORPS HUMAIN

CONTENANCE

■ **Contenance globale.** 60 % d'eau, 39 % de matières organiques (lipides, protides, glucides) et 1 % de sels minéraux. **Nombre de molécules :** 100 milliards de milliards (10^{20}) de molécules d'anticorps produits par 1 000 milliards de lymphocytes (globules blancs). **Nombre de gènes :** 100 000.

Éléments pour un corps de 70 kg : oxygène 45,5. Carbone 12,6. Hydrogène 7. Azote 2,1. Calcium 1. Phosphore 0,7. Potassium 0,214. Soufre 0,175. Sodium 0,1. Chlore 0,07. **Oligo-éléments** (en grammes) : fer 3, magnésium 3, zinc

2, manganèse 0,2, cuivre 0,15, iode 0,03. – Traces de cobalt, nickel, aluminium, molybdène, vanadium, plomb, étain, titane, brome, fluor, bore, arsenic, silicium.

■ **Déperdition quotidienne en eau.** *Par les urines :* 1 à 1,5 litre ; *sudation :* 100 à 500 ml ; *évaporation pulmonaire :* 350 à 600 ml ; *pertes insensibles cutanées :* 400 à 1 000 ml ; *matières fécales :* 50 à 200 ml. **Besoins quotidiens en eau** (compte tenu de ces pertes) : adulte 30 à 40 ml par kg, enfant (3 à 10 kg) : 72 à 96 ml. En cas de forte fièvre ou de diarrhée : pertes et besoins très supérieurs.

■ **Poids des différentes parties** (en kg). Muscles et chair 52,5. Os 17. Tête 7. Bras 7. Jambes 11. *En g :* foie 1 600. Cerveau 1 300 (voir encadré p. 132 a). Poumons 1 200 (homme) ; 900 (femme). Cœur 300. Rate 165. Rein 160. Pancréas 70. Glandes parotides 25. Thyroïde 25 à 30. Capsules surrénales 6 g chacune.

■ **Rythmes biologiques (durée). Capsules surrénales (sécrétion des) :** 24 h, baisse pendant le sommeil, croît avant le réveil. **Cardiaque (rythme) :** diminue pendant le sommeil. **Cycle menstruel :** 28 jours. **Division cellulaire :** 24 h, max. en fin de soirée. **Élimination rénale :** 24 h, max. au milieu de la journée. **Globules du sang (nombre de) :** 24 h, min. à la fin du sommeil. **Sommeil-veille :** 24 h, contrôlé par le cerveau. **Température :** 24 h (minimum au cours du sommeil), contrôlée par l'hypothalamus, chez la femme en activité génitale, 14 jours (température plus élevée de 3 à 5 dixièmes de degré durant la 2e moitié du cycle menstruel).

Taille et poids des individus

☞ La tête représente de 1/7 (homme d'environ 1,60 m) à 1/8 (homme de 1,80 m) du corps.

■ **Fœtus. Taille** (en cm) : *3 mois :* 9 ; *4 m. :* 20 ; *5 m. :* 25 ; *6 m. :* 36 ; *7 m. :* 41 ; *8 m. :* 44 ; *9 m. :* 50.

■ **Nourrissons. Poids** à la naissance : 3 kg à 3,5 kg (record : Marion Chapman, née le 5-6-1938 en G.-B., pesait 283 g et mesurait 31 cm ; à 1 an elle pesait 6,89 kg). Un **prématuré** (enfant né avant 37 semaines d'aménorrhée) pèse souvent moins de 2,5 kg.

Augmentation du poids (par jour) : *1er mois :* environ 30 g ; *2e m. :* 30 ; *3e m. :* 25 ; *4e au 6e m. :* 20 par mois ; *6e au 12e m. :* 500 g ; *12e au 18e m. :* 180 ; *18e au 24e m. :* 150. **De la taille** (par mois) : *1er mois :* 3,5 cm ; *2e* et *3e m. :* 3 ; *4e m. :* 2,5 ; *5e m. :* 2 ; *5 à 12 m. :* 1 cm.

■ **Taille moyenne de quelques populations** (vers 1960, en cm). Tutsi 180. Tehuelches (Patagonie) 178. Monténégrins 178. Scandinaves 175. Cheyennes (Indiens) 174. Foulbé (Soudan) 174. Polynésiens (îles Marquises) 174. Anglais 173. Turkestanais 171. *Français* 170 [*en 1870 :* 165 ; *1971 :* hommes 174, femmes 164 ; *88 :* femmes 168 ; *92 :* hommes 176 (taille enregistrée chez les conscrits)]. Belges 169. Allemands 168. Russes 168. Italiens 166. Hongrois 163. Mongols 163. Espagnols 162. Japonais (Aïnous) 158. Esquimaux 158. Lapons 153. Andamans (Insulinde) 148. Aëtas (Philippines) 146. Mbuti (Pygmées) 137 (femmes 135) [certains 132 (femmes 124)].

La taille augmente chez les Blancs (exemple des Pays-Bas : taille moyenne des conscrits *vers 1880 :* 1,65 m ; *1980 :* 1,80 m) en raison des nombreux métissages entre les diverses races blanches et indépendamment du régime alimentaire et du milieu.

■ **Rapport du poids à la taille. Poids théorique** (en kg) (formule de Lorentz) :

$$[\text{Taille (en cm)} - 100] - \left(\frac{\text{Taille} - 150}{a^{1}}\right).$$

On peut améliorer la relation du poids à la taille en tenant compte de l'ossature de l'individu : largeur du bassin (diamètre bi-iliaque mesuré à partir de la partie la plus large de l'aile iliaque) ; largeur des épaules (diamètre biacromial) ; tour de poignet.

Nota. – (1) a = 4 chez l'homme, 2 chez la femme.

Taille et poids théoriques selon l'âge

Age	Garçons		Filles	
	Taille cm	Poids kg	Taille cm	Poids kg
1	74,3	9,8	72,6	9
2	85,6	12	84,3	11
3	94,2	14	92,7	13,6
4	101,3	16	99,8	15
5	107,7	17,6	106,3	17
6	113,8	20	112,2	19
7	119,7	22	118,2	21,4
8	125,3	24	123,9	23
9	130,6	27	129,4	26,5
10	135,6	29	134,7	29,2
11	140,5	32	140,7	33
12	145,8	35,7	147,7	37
13	152,5	40	154,3	42,7
14	159,9	43,6	158,7	46
15	166,7	46	161,1	48,8

■ **IMC (Indice de masse corporelle).** Créé par Adolphe Quételet (Belge, 1796-1874). Poids (en kg) divisé par la taille (en m) élevée au carré. *IMC < 17 :* maigre ; *17-19 :* mince ; *19-25 :* normal ; *25-30 :* pré-obèse ; *> 30 :* obèse (voir p. 143 b). **Body Mass Index** (IMC anglais). Vers 1920, celui de Miss America était de *21,2* (63,5 kg, 1,73 m), en 1980 de *17,1* (1,76 m). **En France : répartition de la population selon l'IMC (en %) chez les hommes et,** entre parenthèses, **les femmes** (*source :* enquête décennale de la Drees, 1991-92) : *IMC 18 :* 1,1 (5) ; *de 18 à 20 :* 5,7 (16,8) ; *de 20 à 27 :* 73 (62,2) ; *de 27 à 30 :* 14,2 (14,2) ; *> 30 :* 6,1 (6,8). **En Europe : % de femmes à l'IMC ⩾ 20 et,** entre parenthèses, > **26 :** *France 25,1 (14,8),* Lux. 22,2 (19,3), It. 19,8 (18,8), Dan. 18,4 (16,3), Esp. 15,7 (16,3), Belg. 15,6 (18,1), Irl. 14,4 (16,5), Autr. 14,1 (21,6), Suède 13,4 (17,6), Grèce 12,3 (30,8), G.-B. 12,1 (27,9), P.-Bas 11,6 (21,2), Port. 11,6 (30,6), Finl. 11,4 (25,8), All. 10,8 (18,9).

■ **Poids idéal.** Une étude des Cies d'assurances américaines portant sur 4 900 000 sujets a permis de constater que le taux de mortalité de l'homme de 30 à 40 ans est plus bas quand son poids est inférieur de 10 à 15 % au poids théorique et qu'il augmente à partir de 25 à 30 % de surpoids (voir **Obésité** p. 143 b).

Personnes les plus légères : *Edward C. Hagner* (USA, 1892-1962), dit « Eddie Masher » ou « Skeleton Dude », pesait 22 kg pour 1,70 m. *Emma Shaller* (1868-90) 20 kg pour 1,57 m. *Lucia Zarate* (Mexique, 1863-89) 5,9 kg pour 67 cm.

■ **Taille moyenne en France. Hommes et,** entre parenthèses, **femmes :** *1970 :* 170,1 (160,4) ; *80 :* 171,6 (160,6) ; *91 :* 173,1 (161,5).

Nains célèbres. *Jeffrey Hudson* (1629-92) 1,16 m, nain de la cour de Charles Ier d'Angleterre. *Joseph Buralowsky,* « Comte » (Pologne, nov. 1739-Durkham, 5-9-1839) 0,77 m. *Nicolas Ferri,* « Bébé » (1741-64) 0,89 m, nain de la cour de Stanislas de Lorraine. *Calvin Phillips* (USA, 1791-1812) 0,67 m, 4,5 kg habillé. *Caroline Crachami* (Sicilienne, 1815-24) 0,51 m. *Charles Sherwood Stratton,* « Général Tom Pouce » (USA, 1838-83) 1,02 m, 32 kg. *William E. Jackson,* « Major Mite » (Nlle-Zél., 1864-New York, 1900) 0,70 m. Un Russe, 0,74 m à 34 ans. *Paulina Musters,* « Princesse Pauline » (P.-Bas, 1876-New York, 1895) 0,61 m, 3,5 à 4 kg. *Adrien Esmilaire,* « Little Adrien » (Fr., 1882-1935) 0,65 m et 9 kg à 16 ans ; 0,7 m à 31 ans. *Walter Boehming* (All., 1907-55) 0,52 m. Un nain cité par Buffon, 0,40 m à 37 ans. *Antonio Ferreira* (Port., 1943-89) 0,75 m. *Djaïl Salih* (Algérie, 1965-94) 0,55 m, 5 kg. On connaît 2 naines centenaires : *Anne Clowes* (née en G.-B., † 5-8-1784 à 103 ans aux USA) 1,14 m, 21,70 kg ; *Susanna Bakoyni* († à 105 ans le 24-8-1984) 1,01 m, 17 kg. **Nains contemporains.** *Mlle Patinah* (Indonésie, née 1931) 0,65 m. *Madge Bester* (Afr. du Sud, née 26-4-1963) 0,65 m ; comme sa mère (0,70 m), elle vit dans une chaise roulante. *Gul Mohammed* (New Delhi, Inde, né 15-2-1957) 0,57 m, 17 kg (en 1990).

■ **Nanisme. Origines :** génétique (exemple : l'achondroplasie : 1 naissance sur 25 000), nutritionnelle, endocrinienne, osseuse, psychosociale. **Maladies endocrines :** par exemple, l'insuffisance hypophysaire. La croissance est réglée par l'hormone HGH (Human Growth Hormone) synthétisée dans l'hypophyse sous l'action du GRF (Growth Hormone Releasing Factor). Lorsqu'elle est absente, la croissance est souvent ralentie ; **des os, du métabolisme :** on peut déceler avant la naissance les nanismes d'origine osseuse dont l'achondroplasie (nanisme le plus fréquent, héréditaire à 50 %). **Traitements :** hormonaux s'il s'agit d'un déficit hormonal. Aucun pour les nanismes osseux ou génétiques. ADRESSES : *Association des personnes de petite taille (APPT),* 35, av. d'Alfortville, Terrasses de Seine, 94600 Choisy-le-Roi ; fondée 1976, regroupe 600 nains achondroplasiques français de moins de 1,40 m (sur 5 500, moyenne 1,20 m ; il en naîtrait 1 000/an). *Association Grandir,* 2, rue Visconti, 59155 Faches-Thumesnil ; nanisme hypophysaire.

■ **Gigantisme.** Dû à une hyperfonction antéhypophysaire par tumeur hypophysaire avant la puberté. **Forme particulière :** l'*acromégalie* (croissance anormale des lèvres, de la langue, de la mâchoire inférieure, des pieds et des mains due à une hyperactivité de la glande pituitaire débutant après la puberté). On connaît avec certitude 11 géants de plus de 2,46 m (Allemagne, Chine, Finlande, Irlande, Libye, Mozambique, Pakistan, USA), dont 6 étaient atteints d'*acromégalie.*

☞ **Records du monde : homme le plus grand** (mesuré d'une façon irréfutable) : *Robert Wadlow* (USA, 1918-40) pesait 3,85 kg à sa naissance, mesurait 1,63 m (48 kg) à 5 ans ; 1,83 m (77 kg) à 8 ans ; 2 m (95 kg) à 11 ans ; 2,34 m (161 kg) à 15 ans ; 2,61 m (218 kg) à 20 ans ; 2,65 m (223 kg) à 21 ans ; 2,72 m (199 kg) à 22 ans. Ses pieds mesuraient 47 cm, ses mains 32,5 cm ; il consommait 8 000 calories par jour. Il grandissait encore quand il mourut. **Vivant en 2000 :** *Wang Fengjun* (Chinois, 22 ans) 2,45 m, 175 kg. **Jumeaux les plus grands :** *Michael* et *James Lanier* (USA, nés 27-11-1969) 2,23 m. *David* et *Patrice Maléfant* (France, nés 1-8-1973) 2,01 m. **Femmes les plus grandes :** *Zeng Jinlian* (Chine, 1964-82) 2,47 m, 147 kg (elle mesurait déjà 1,56 m à 4 ans), ses pieds mesuraient 35,5 cm, ses mains 25,5 cm. *Mulia* (Bornéo, Indonésie, née 1956) 2,33 m. *Sandy Allen* (USA, née 18-6-1955 pesant 2,9 kg) 2,32 m, 210 kg, croissance interrompue en 1977 par l'ablation de la glande pituitaire. **Jumelles les plus grandes :** *Heather* et *Hedi Burge* (USA, nées 11-11-1971) 1,95 m.

☞ *Goliath le Philistin,* abattu par David, aurait mesuré 2,80 m ou 2,90 m ; l'empereur romain *Maximin* et le roi des Teutons *Teutobocchus* 2,50 m.

☞ **Nain puis géant :** *Adam Rainer* (Autriche, 1899-1950) 1,18 m à 21 ans ; 2,18 m à 32 ans, il dut rester alité jusqu'à sa mort à 51 ans (2,34 m).

Poids théorique de la femme adulte selon la carrure [1]

Diamètre bi-iliaque [2]	Étroit < 28 cm		Moyen 28-29 cm		Large > 29 cm	
Taille (cm)	(a)	(b)	(a)	(b)	(a)	(b)
150	47	50,5	50	53,5	53	58
152,5	47,5	51,5	50,5	54,5	54	58,5
155	49	52	51,5	55,5	55	59,5
157,5	50	53,5	53	56,5	56	61
160	51	55	54,5	58	57,5	62,5
162,5	52,5	56,5	56	60	59,5	64,5
165	54	58	57,5	61	60	65,5
167,5	55,5	60	59	63,5	62,5	68
170	57	61,5	60,5	65	64,5	69,5
172,5	58,5	63	62	66,5	65,5	71,5
175	60	64,5	64	68,5	67,5	73,5
177,5	61,5	66,5	65,5	70	68,5	75
180	62,5	68	67	71	70	76

Poids théorique de l'homme adulte selon la carrure [1]

Diamètre bi-iliaque [2]	Étroit < 28 cm		Moyen 28-29 cm		Large > 29 cm	
Diamètre biacromial [3]	< 39 cm		39-41 cm		> 41 cm	
	(a)	(b)	(a)	(b)	(a)	(b)
Diamètre du poignet	< 17	> 20	< 17	> 20	< 17	> 20
Taille (cm)						
157,5	52,5	56,5	56	60	59,5	64,5
160	54	58	57,5	61,5	60	65,5
162,5	54	60	59	63,5	62	67,5
165	57	61,5	60,5	65	64	69,5
167,5	58,5	63	62	66,5	65,5	71
170	60	65	64	68,5	67,5	73,5
172,5	61,5	66,5	65,5	70,5	69,5	75
175	63,5	68,5	67,5	72,5	71	77
177,5	65	70	69	74,5	73	79,5
180	67	72	71	76	74,5	81,5
182,5	69	74,5	73	78,5	76,5	84
185,5	71	76,5	75	80,5	79	86

Nota. – (1) Ajouter ou retrancher 2,1 kg par cm de largeur de bassin en plus ou en moins. (2) Diamètre du bassin. (3) Distance séparant les 2 acromions (apophyse de l'omoplate qui s'articule sur la clavicule). (a) tour du poignet < 16 cm. (b) tour du poignet > 18 cm.

■ **Homme le plus lourd. Du monde :** *John Brower Minnoch* (USA, 1941-83) 1,85 m, pesait 635 kg, après 2 ans de régime il retomba à 216 kg puis en reprit 89 en 1 an et mourut pesant 363 kg. **De France :** *René Rémond* (Offlanges, Jura, 1882-1935, habitant Fontenoy-le-Château, Vosges) en 1934 pesait 311 kg, mesurait 1,75 m (tour de poitrine 2,15 m, ceinture 2,88 m, cuisse 0,98 m, mollet 0,84 m). **Vivant en 1999 :** *Michael Hebranko* (USA, 1954) 410 kg durant l'été 1994. **Femme la plus lourde. Du monde :** *Rosalie Bradford* (USA, 1943) 544 kg en janvier 1987 puis 128 kg en févr. 1994. **Gain de poids.** *Doris James* (USA, 1907-45) grossit de 142 kg les 12 derniers mois de sa vie. *Arthur Knorr* (USA, 1914-60) grossit de 136 kg les 6 derniers mois. *John Brower Minnoch* (voir ci-dessus : homme le plus lourd).

■ **Homme le plus maigre. De France :** *Claude-Ambroise Seurat* (Troyes, 1797-1826) 1,71 m, pesait 35 kg (tour de biceps 10 cm, épaisseur de torse 7 cm) ; selon un autre rapport : 1,63 m pour 16 kg. **Taille la plus fine** (pour une femme de taille normale). *Mlle Polaire* (1877-1939, actrice française) avait un tour de taille de 33 cm. **Amaigrissement.** *John Brower Minnoch* (voir ci-dessus : homme le plus lourd). *Michael Hebranko* passa en 15 mois (de juillet 1987 à janvier 1989) de 410 à 98 kg (tour de taille de 2,92 à 0,92 m). *Celesta Gever* (USA, 1901) passa de 251 à 69 kg en 14 mois (puis plus tard à 50 kg). *Paul Kimelman* (USA, 1943) passa de 215,9 à 59 kg en 7 mois, puis se stabilisa à 79 kg. *Vitorino Admercy Moreno Da Costa* (Brésil, 1948) passa de 320 à 96 kg (en février 1992) en un an. *Rosalie Bradford* (voir ci-dessus).

☞ **Périmètre thoracique :** *moyen :* à *10 ans :* garçon 63 cm (fille 61,5 cm), *15 ans :* 77 (fille 76,5), *18 ans :* 84 (fille 80) ; **record :** *Arnold Schwarzenegger* (né 1948) dit « Monsieur Univers », a pesé 107 kg, tour de poitrine 1,45 m, de biceps 56 cm.

APPAREIL MOTEUR

GÉNÉRALITÉS

L'appareil moteur comprend les os, rigides et durs, unis par les articulations et par les muscles contractiles fixés sur les os et les entraînant à se déplacer. L'ensemble des os constitue le *squelette* (du grec *skeletos,* corps desséché, momie) qui forme la charpente du corps, protégeant les organes et permettant sa mobilisation (locomotion).

OS

■ **Définition.** Pièce du squelette constituée généralement par l'association de 2 tissus : osseux et cartilagineux.

☞ **Os le plus long :** le fémur (d'environ 50 cm pour un homme de 1,80 m, il peut atteindre 76 cm chez les géants). **Os le plus petit :** l'étrier (oreille moyenne ; longueur de 2,6 à 3,4 mm, poids de 2 à 4,3 mg). **Record du nombre de doigts :** fille née avec 14 doigts et 12 orteils en 1938.

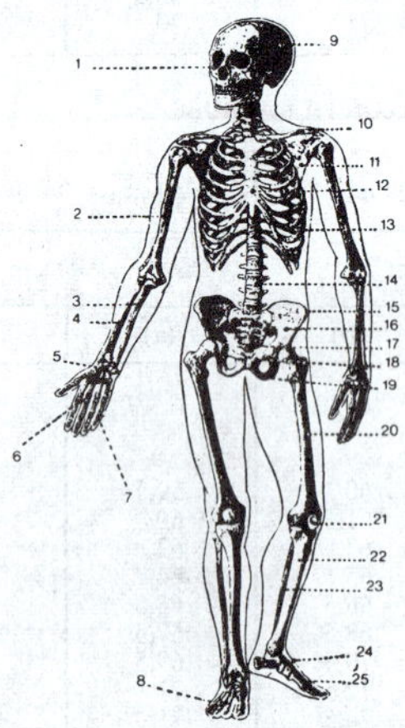

1 crâne facial. *2* humérus. *3* ulna (cubitus). *4* radius. *5* carpe. *6* métacarpe. *7* doigts (3 phalanges sauf le pouce : 2). *8* orteils (3 phalanges sauf le gros orteil : 2). *9* neurocrâne. *10* clavicule. *11* omoplate. *12* sternum. *13* côtes. *14* colonne vertébrale. *15* bassin. *16* ilion. *17* sacrum. *18* pubis. *19* ischion. *20* fémur. *21* rotule. *22* tibia. *23* fibula (péroné). *24* tarse. *25* métatarse.

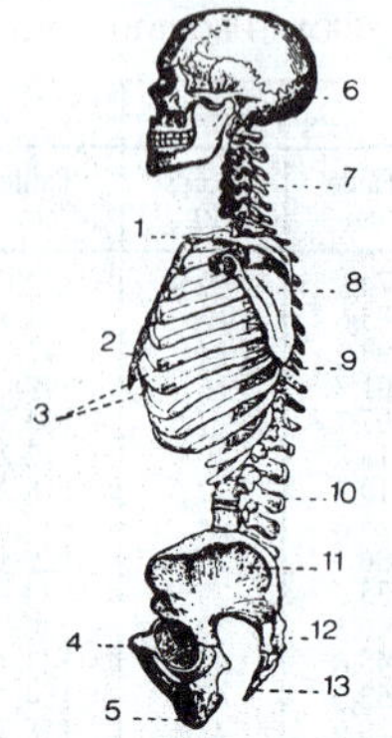

1 clavicule. *2* sternum. *3* côtes. *4* pubis. *5* ischion. *6* crâne. *7* vertèbres cervicales (7). *8* omoplate. *9* vertèbres thoraciques (12). *10* vertèbres lombaires (5). *11* ilion. *12* sacrum (4). *13* vertèbres coccygiennes (4).

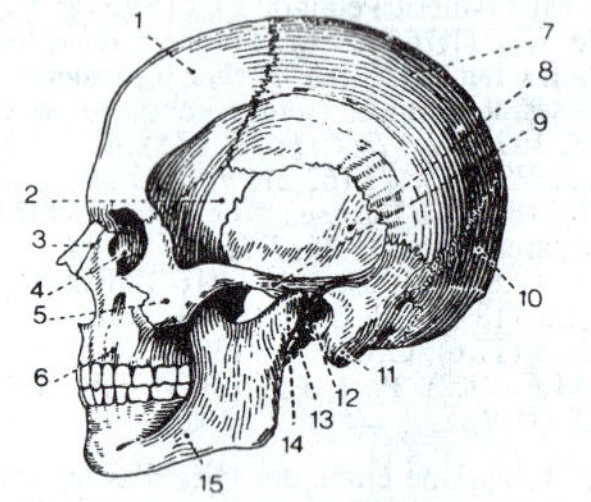

1 frontal. *2* sphénoïde. *3* nasal. *4* lacrymal. *5* zygomatique (jugal). *6* maxillaire. *7* pariétal. *8* temporal. *9* apophyse zygomatique. *10* occipital. *11* apophyse mastoïde. *12* trou auditif. *13* apophyse styloïde. *14* condyle. *15* mandibule.

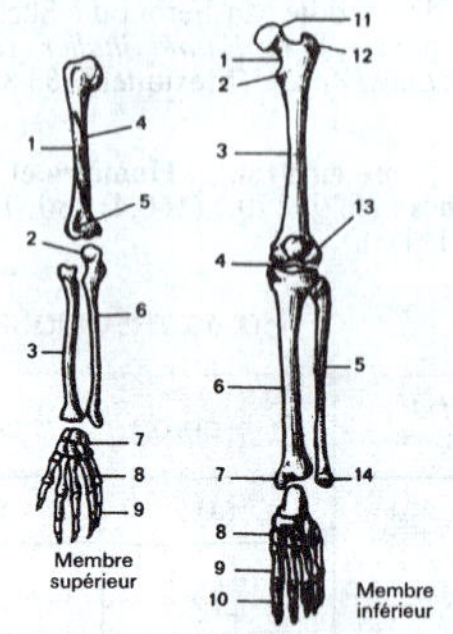

Membre supérieur (vue postérieure) : *1* humérus. *2* olécrane. *3* radius. *4* gouttière du nerf radial. *5* cavité olécranienne. *6* ulna (cubitus). *7* carpe. *8* métacarpe. *9* phalanges. **Membre inférieur** (vue antérieure) : *1* col. *2* petit trochanter. *3* fémur. *4* rotule. *5* fibula (péroné). *6* tibia. *7* malléole interne. *8* tarse. *9* métatarse. *10* phalanges. *11* tête. *12* grand trochanter. *13* poulie trochléenne. *14* malléole externe.

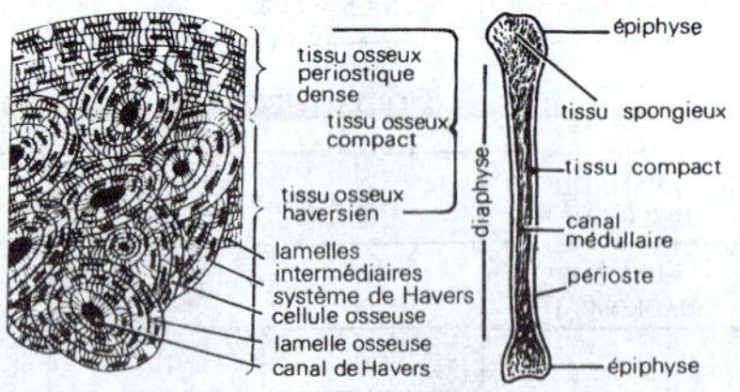

Coupe d'un os :
A gauche : coupe microscopique de tissu osseux.
A droite : coupe longitudinale d'un os long.

■ **Nombre théorique des os du squelette.** 198 à 214 os constants et distincts : tête 22 dont crâne 8, massif facial 14 ; oreilles 7 dont osselets de l'ouïe 6, os hyoïde 1 ; côtes 24 ; colonne vertébrale 33 dont vertèbres (distinctes) 24, sacrum (soudées) 5, coccyx 4 à 6, membres 128 (32 × 4). Il existe des variantes : par exemple 6 lombaires + 4 sacrées, ou 4 lombaires + 6 sacrées. Parfois des côtes cervicales ou lombaires surnuméraires.

■ **Structure de l'os. Description : 1°)** *le corps de l'os* ou *diaphyse* contient : *l'os compact* (substance dure, blanc mat) ; *le périoste* (membrane externe, fibreuse, adhérant à l'os compact) ; *la moelle* (substance molle, jaune rougeâtre, remplissant le canal médullaire). **2°)** *Dans les épiphyses* (ou extrémités) : *l'os spongieux* (travées d'os délimitant des cavités pleines de moelle rouge) ; *le cartilage articulaire* (lisse et élastique) ; *le périoste* (où il n'y a pas de cartilage).

Tissu osseux : conjonctif formé de cellules *(ostéocytes)* incluses dans une substance, dite fondamentale, qui contient des fibres de collagène (de type I) et est imprégnée de sels minéraux qui lui donnent sa dureté et sa blancheur (essentiellement des phosphocarbonates de calcium) et qui sont déposés en couches à l'extérieur des cellules. Ces couches forment ainsi des lamelles imbriquées et généralement disposées autour d'un canal central. Leurs couches concentriques bâtissent une colonnette creuse, l'*ostéon.* L'association des ostéons constitue le *système de Havers.* En permanence, de nouveaux ostéons remplacent le tissu osseux vieilli. L'os compact constitue le matériau de base à partir duquel se forment les *3 variétés de pièces osseuses :* **1°)** l'os plat, constitué par 2 lames d'os compact séparées par une lame d'os « spongieux » formé d'un réseau de travées compactes minces ménageant entre elles des alvéoles : le *diploé ;* **2°)** l'os court, constitué d'une coque mince (*corticale*) de tissu compact enserrant une masse, généralement globuleuse, de tissu spongieux analogue au précédent ; **3°)** l'os long, formé d'un tube d'os compact (*diaphyse*) dont chaque extrémité (*épiphyse*), renflée, recouverte de cartilage s'unit à un autre os (*articulation*). **Cartilage :** tissu conjonctif différent du tissu osseux et constitué d'une substance fondamentale non calcifiée, translucide et élastique, contenant des protéoglycanes et des fibres de collagène (de type II), et de cellules groupées à l'intérieur dans des « capsules ». Est élastique et résistant à la pression et à la traction, contrairement à l'os qui est rigide et se fracture. Il ne contient pas de vaisseaux sanguins. Intervient essentiellement dans le développement de l'os (voir ci-dessous, croissance des os), ou comme élément articulaire. **Périoste :** lame de tissu fibreux, riche en vaisseaux sanguins, au rôle important dans l'accroissement de l'os en épaisseur. **Moelle :** tissu mou des cavités de l'os ; moelle rouge : appartient au système sanguin dont elle assure le renouvellement cellulaire (hématopoïèse) ; moelle jaune : contient de la graisse.

■ **Formation et croissance des os.** L'os naît d'un tissu conjonctif embryonnaire, le *mésenchyme :* directement, sous forme de points de condensation qui se calcifient secondairement (ossification *membraneuse*) ; ou en 2 étapes, le point de condensation donnant d'abord une maquette cartilagineuse qui s'ossifie secondairement. Cette ossification se fait sous forme de « points » qui envahissent peu à peu le cartilage. Certains os n'ont qu'un point d'ossification, d'autres (os longs en particulier) naissent d'un point principal précoce (pendant la vie intra-utérine) et sont ensuite complétés par des points secondaires donnant *épiphyses* (voir ci-dessus) et certaines saillies *(apophyses).* Croissance des os plats et courts par extension directe ; des os longs, en épaisseur par leur périoste, en longueur aux dépens d'une plaque cartilagineuse (« cartilage de conjugaison ») interposée entre épiphyses et diaphyse. L'activité de ce cartilage persiste durant la croissance de l'individu. Son arrêt marque l'établissement de la stature définitive. Le tissu osseux se renouvelle sans cesse. Les travées osseuses sont en partie résorbées par des cellules (*ostéoclastes*) et reconstruites par d'autres (*ostéoblastes*).

■ **Déformations du squelette** (voir maladies p. 123 b).

Vitesse de croissance : à 1 an : environ 2 mm/mois ; **à 3 ans :** 5 fois plus lentement ; **à 13 ans :** reprise de l'allongement, sous l'influence des hormones sexuelles ; **à 17 ans** (20 pour les filles) : fin de la croissance (tout le cartilage est ossifié) sauf pour nez et oreilles constitués d'un cartilage spécial : + 5 mm en 30 ans. **Vitesse de renouvellement :** 10 % du squelette est renouvelé chaque année.

ARTICULATIONS

■ **Définition.** Moyens d'union entre 2 pièces osseuses. Classées selon leur mobilité.

Diarthrose : articulation à grande mobilité entre 2 épiphyses (extrémités de 2 os qui s'emboîtent, 1 convexe et 1 concave). 2 surfaces articulaires indépendantes recouvertes de cartilage élastique, servant d'amortisseur et de moyens d'union. **Capsule :** manchon fibreux de tissu conjonctif s'insérant au pourtour des surfaces articulaires et enveloppant toute l'articulation. **Ligaments :** bandes de tissu conjonctif intra- (ligament croisé du genou) et péri-articulaires, renforçant la capsule et, ainsi, la stabilité articulaire. Une rupture de ligament peut entraîner *hyperlaxité* et *instabilité* articulaire (exemple : genou). **Muscles** (striés) : fixés à l'os par leurs tendons ou leurs aponévroses, ils renforcent la cohésion et permettent le mouvement articulaire. **Synoviale :** membrane mince qui double l'intérieur de la capsule. Sécrète un liquide *(synovie)* normalement présent en très faible quantité sous forme d'un film très mince et visqueux, servant de lubrifiant et facilitant le glissement des surfaces articulaires l'une sur l'autre. **Bourses séreuses :** situées près des articulations. Coussins protecteurs permettant le glissement des muscles et des tendons sur les surfaces osseuses dures. **Ménisques :** fibro-cartilages en forme de croissant, améliorant l'adaptation des 2 surfaces articulaires (dans certaines articulations : genou, articulation temporo-mandibulaire).

Amphiarthrose : articulation semi-mobile à surface recouverte de cartilage (exemple : articulation entre 2 vertèbres). Disque intervertébral : constitué d'une partie fibreuse périphérique *(annulus)* fixée au corps de la vertèbre, et d'une partie gélatineuse molle *(nucleus)*. Sert à la fois de moyen d'union et d'amortisseur entre 2 vertèbres. Chacune des articulations inter-vertébrales (disque et articulations postérieures) est peu mobile mais leur grand nombre permet une mobilité importante de l'ensemble de la colonne vertébrale.

Synarthrose : articulation immobile unissant 2 os (exemple : os du crâne).

MUSCLES

Organes actifs du mouvement et de l'équilibre. Ils représentent environ 40 % du poids du corps. Ils sont composés de 75 % d'eau, 21 % de protéines *(myosine)*, 1 % de glycogène, de sels minéraux, phosphagène et acide adénylphosphorique, et de composés azotés et phosphorés jouant un rôle important dans la contraction musculaire.

■ **Structure. Muscles striés.** Soumis à l'influence de la volonté. Assurent le mouvement. **Formes :** fuseau (biceps), éventail (grand dorsal), anneau (orbiculaires des lèvres ou des paupières). **Composition :** faisceaux de *fibres.* Les fibres ont plusieurs noyaux. Leur cytoplasme contient des *fibrilles.* Une fibrille présente une alternance régulière de *disques* sombres et de disques clairs traversés par une membrane mince, la *membrane Z,* qui se continue dans le cytoplasme entre les fibrilles et s'attache sur l'enveloppe de la fibre qu'elle divise en cases musculaires. **Fixation :** *muscles squelettiques :* ils se fixent à l'os (insertion) par implantation directe de leurs fibres charnues ou par un cordon fibreux, le *tendon,* qui permet de projeter l'ensemble de l'insertion sur une surface réduite de l'os ; *muscles peauciers :* ils se fixent sur la couche profonde de la peau. **Aponévrose :** toile fibreuse annexée au muscle et qui peut remplir 2 fonctions : constituer un véritable tendon pour les muscles plats (aponévrose d'insertion), ou engainer un ou plusieurs muscles et constituer des loges musculaires.

Muscle cardiaque (myocarde) : formé de fibres striées accolées sur une certaine longueur (anastomosées en réseau), elles-mêmes formées de cellules distinctes. Voir aussi p. 129 a.

Nombre de muscles striés : 570 dont tête et cou 170, tronc 200, membres supérieurs 100, membres inférieurs 100. **Le plus grand :** le *grand fessier* (qui permet l'extension de la cuisse) ; **le plus petit :** le *stapedius* (qui actionne l'étrier, moins de 1,27 mm de long).

Muscles lisses. Forment la paroi des principaux viscères du tube digestif (estomac, intestin) et de l'appareil circulatoire (cœur, artères). Constitués de fibres plus petites à un seul noyau, non striées transversalement, avec fibrilles longitudinales homogènes. Le cytoplasme contient des *chondriosomes,* des globules de graisse, du glycogène.

■ **Propriétés physiologiques. Excitabilité.** Le muscle réagit à des excitants mécaniques (piqûre, choc, pincement, blessure), thermiques (variations brusques de température), chimiques (acides et alcalis faibles, chlorure de sodium, glycérine), électriques (variations brusques d'intensité d'un courant continu, d'un courant induit, décharges d'un condensateur), physiologiques (influx nerveux amené par les nerfs).

Élasticité. Assez faible, elle est due à l'allongement des disques clairs (voir plus haut) du muscle.

Contractilité. Formes de contraction : 1°) *isotonique :* le muscle se raccourcit et développe une force constante. **2°)** *isométrique :* le muscle garde une longueur constante même soumis à une force croissante. Au repos, le muscle est en demi-contraction isométrique. Cet état, le *tonus,* lui permet d'obéir rapidement à une excitation, de garder une attitude (station debout, assise). **Tétanisation :** état de contraction permanente du muscle ; il est imparfait lorsque, à la suite d'excitations nombreuses et rapprochées, le muscle est sollicité à nouveau avant de s'être complètement relâché. Le courant alternatif de basse fréquence provoque une tétanisation. **Rhéobase** (du grec *rhéos,* courant) : seuil minimal d'intensité du courant nécessaire pour qu'un muscle puisse se contracter ; varie selon chaque muscle. **Chronaxie :** temps minimal pendant lequel il faut faire passer un courant d'intensité double de la rhéobase pour obtenir une contraction du muscle.

Énergie. Vient de réactions chimiques. Le muscle au travail consomme de l'oxygène (jusqu'à 30 fois plus qu'au repos) et du glycogène (accumulé dans le muscle au repos à partir du glucose du sang) pour fournir de l'énergie, de l'eau, du gaz carbonique (dans les mêmes proportions que l'oxygène consommé) et de la chaleur. Rendement du muscle :

$$\frac{\text{Travail fourni}}{\text{Quantité totale d'énergie dépensée}} = \frac{1}{4}.$$

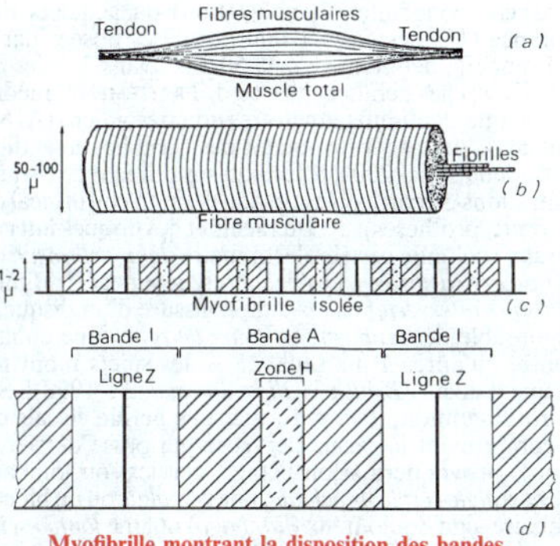

Myofibrille montrant la disposition des bandes à la longueur de repos.

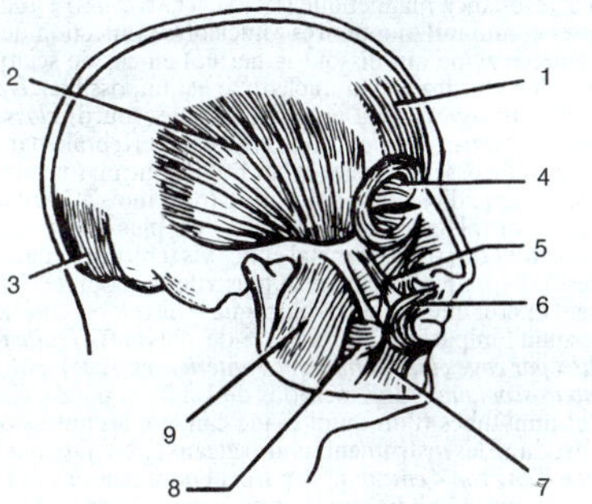

Tête (profil), muscles : *1* frontal. *2* temporal. *3* occipital. *4* orbiculaire des paupières. *5* petit zygomatique. *6* orbiculaire des lèvres. *7* triangulaire des lèvres. *8* grand zygomatique. *9* masséter.

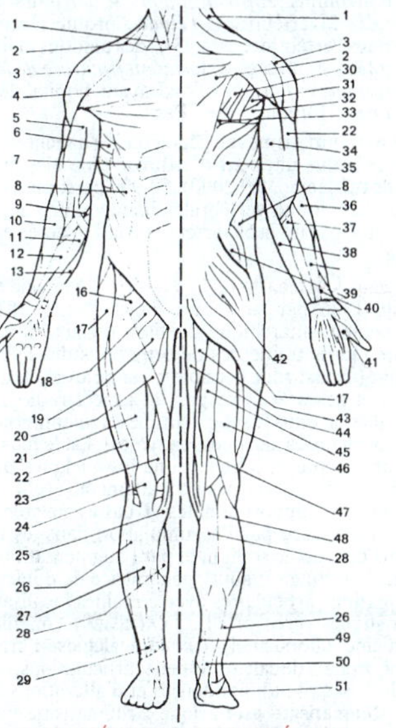

FACE ANTÉRIEURE FACE POSTÉRIEURE

1 sterno-cléido-mastoïdien. *2* trapèze. *3* deltoïde. *4* grand pectoral. *5* biceps. *6* grand dentelé. *7* aponévrose du grand oblique. *8* grand oblique. *9* rond pronateur. *10* long supinateur. *11* petit palmaire. *12* grand palmaire. *13* cubital antérieur. *14* éminence Thénar. *15* aponévrose palmaire. *16* psoas. *17* tenseur du fascia lata. *18* pectiné. *19* moyen adducteur. *20* couturier. *21* droit antérieur. *22* vaste externe. *23* vaste interne. *24* rotule. *25* patte d'oie. *26* long péronier latéral. *27* jambier antérieur. *28* jumeau interne. *29* extenseur commun. *30* sous-épineux. *31* petit rond. *32* grand rond. *33* grand rhomboïde. *34* longue portion. *35* grand dorsal. *36* 1er radial. *37* anconé. *38* cubital antérieur. *39* moyen fessier. *40* long adducteur. *41* lombricaux. *42* grand fessier. *43* grand adducteur. *44* droit interne. *45* demi-tendineux. *46* biceps crural. *47* demi-membraneux. *48* jumeau externe. *49* long fléchisseur commun. *50* tendon d'Achille. *51* calcanéum (os).

MALADIES DU SQUELETTE (OS ET ARTICULATIONS)

Elles frappent isolément tout ou partie du squelette osseux ou des articulations, mais peuvent intéresser à la fois pièces osseuses et éléments de leur jonction. Elles touchent 13 % de la population française.

■ **Maladies congénitales.** Ce sont souvent des « malformations » telles que le *pied bot* ou la *luxation congénitale de la hanche,* ou bien de véritables « vices de structure » du tissu osseux, telle la *maladie de Lobstein* (1777-1835) ou *ostéogenèse imparfaite,* responsable de fractures multiples (1 à 2 % des nouveau-nés atteints). Certaines sont héréditaires, d'autres causées par certains virus *(rubéole)* qui atteignent l'individu au cours de la période embryonnaire. **Dépistage :** examen radiologique à 4 mois ; échographie à 1 mois de grossesse. ADRESSE : *Association de l'ostéogenèse imparfaite (AOI),* BP 075, 80082 Amiens Cedex 2.

■ **Anomalies de croissance.** Liées à des défauts du développement osseux, elles peuvent frapper n'importe quel point du squelette, notamment la colonne vertébrale ; en particulier, la *scoliose des adolescents,* souvent évolutive et grave, qui, contrairement à une opinion répandue, n'est pas due à des attitudes ou des exercices défectueux. En moyenne, 5 enfants sur 1 000 souffrent d'une *scoliose idiopathique* (dont on ignore la cause). Chez l'adulte, la scoliose est le plus souvent stabilisée et est rarement responsable de complications. Beaucoup de *cyphoses* (dos rond) douloureuses des jeunes adultes ont également pour origine un défaut de croissance de la vertèbre *(maladie de Scheuermann).* Certaines anomalies de la croissance peuvent freiner celle-ci et causer différentes formes de « nanisme », notamment l'*achondroplasie,* maladie héréditaire qui frappe les zones d'accroissement en longueur des os longs.

■ **Maladies dues à des troubles de la nutrition.** Certaines carences alimentaires (en particulier des carences vitaminiques) peuvent causer des maladies osseuses. Ainsi, la carence en vitamine D est responsable chez l'enfant du *rachitisme* (déformations des membres, du thorax et du crâne) et chez l'adulte d'une *ostéomalacie* (fissurations osseuses douloureuses, voire déformations du squelette).

■ **Vieillissement osseux et ostéoporose.** La masse osseuse commence à perdre un peu de densité vers 40 ans, et de façon plus importante chez la femme : environ 3 % jusqu'à la ménopause. Ensuite, la perte atteint 1 à 2 % par an. Sans traitement, chez certaines femmes, l'os atteint son seuil de fracture vers 60-65 ans. 25 % des femmes de plus de 75 ans ont une ostéoporose. L'*ostéoporose commune* (raréfaction de la substance osseuse) est considérée comme une maladie dans la mesure où elle constitue une accentuation d'un phénomène physiologique. Elle est à l'origine de tassements vertébraux et de fractures des os longs [environ 70 000 *fractures du col du fémur* par an en France (dont 50 000 chez des femmes), 400 000 en Europe et 1,7 million dans le monde (est. OMS 1990 ; prév. 2050 : 6,3), sans compter celles dues à un accident brutal ; mortalité moyenne 10 %, 20 % chez les plus de 80 ans ; 50 % perdent durablement leur autonomie. L'ostéoporose touche 250 millions de personnes dans le monde ; 150 000 fractures périphériques et tassements vertébraux recencés en France chaque année. *Principales autres fractures :* vertèbres et partie distale du radius]. On peut la prévenir par des exercices physiques, la consommation d'au moins 1 produit laitier par repas et un traitement hormonal substitutif de la ménopause. MESURE DE LA DENSITÉ MINÉRALE OSSEUSE (DMO) : par *absorptiométrie à rayons X (DXA),* dite *densitométrie osseuse : biphotonique* pour les mesures au rachis ou au col du fémur ou *monophotonique (SPA) ;* pour les os superficiels (le poignet généralement) ; *tomodensitométrie quantitative (QCT) :* permet de mesurer la densité osseuse en milligrammes par millilitre, mais donne lieu à des irradiations élevées et n'est pratiquement plus utilisée ; *échographie du calcanéum* (talon) par *ultrasons quantitatifs :* en développement. TRAITEMENT : *pour l'ostéoporose constituée,* apport suffisant en calcium et freinage de la raréfaction des travées osseuses [SERM (modulateurs sélectifs des récepteurs œstrogéniques, biphosphonates] ; traitement substitutif de la ménopause (en 2000, pris par moins de 25 % des Françaises ménopausées) ; *pour les personnes âgées,* prise quotidienne de calcium et de vitamine D3.

■ **Tumeurs.** Le squelette osseux peut être le siège de tumeurs bénignes (*ostéomes ostéoïdes, ostéoblastomes,* etc.) ou malignes « primitives » *(ostéosarcomes),* ou « secondaires » par métastase de tumeur maligne d'autres organes (cancer du sein, de la prostate...).

■ **Traumatismes. Fractures :** ruptures d'un os ; elles peuvent être accompagnées d'une plaie qui les met à nu (fractures *ouvertes*) ; diagnostic : radiographie ; traitement : réduction et immobilisation par plâtre ou ostéosynthèse chirurgicale (plaque, clous, agrafes, vis...) ; 25 % des femmes de plus de 70 ans ont été victimes de fractures ; 5 à 10 % des plus de 45 ans victimes d'une fractures ne la consolident pas spontanément. **Luxations :** déboîtement d'une extrémité osseuse avec lésions plus ou moins graves

■ **Rhumatismes.** Sont regroupées sous ce nom plusieurs centaines de maladies qui touchent au moins 15 millions de personnes en France. On distingue **6 grands groupes d'affections : 1°)** *arthrites* (désinence -ite réservée à l'inflammation). **2°)** *Arthroses* (désinence -ose liée à l'usure mécanique) ; froid et humidité accroissent les douleurs. **3°)** *Maladies de la colonne vertébrale* (80 % des gens en souffrent au moins une fois dans leur vie) : lombalgie, torticolis, sciatique (due le plus souvent à une hernie discale ; voir p. 124 a et b). **4°)** *Rhumatismes abarticulaires* (en dehors des articulations) : tendinites ou enthésopathies (enthèse : insertion, maladie des insertions des tendons), bursites : inflammation des bourses séreuses en dehors d'une articulation. **5°)** *Maladies des os,* congénitales ou acquises : ostéoporose (fréquente), tumeurs malignes ou bénignes. **6°)** *Maladies métaboliques :* un produit normal de l'organisme se dépose anormalement au niveau d'une articulation et la rend douloureuse, par exemple goutte avec dépôt d'urate de sodium.

☞ Les douleurs articulaires ne permettraient pas de prédire le temps qu'il va faire, d'après une étude du Pr Moshe Tischler (hôpital Assaf Haroifeh, Tzrifin, Israël).

des moyens d'union ; traitement d'urgence (réduction), sinon risque de séquelles irréversibles. **Entorses :** élongation (entorse bénigne) ou rupture (entorse grave) des ligaments péri- ou intra-articulaires (genou, cheville, colonne cervicale...). **Hernies discales :** relevant plus souvent d'un effort (soulèvement) que d'un traumatisme direct, elles apparaissent sur un disque déjà altéré (voir col. b).

☞ Des chercheurs de Harvard ont montré, lors d'une étude réalisée en 2000, que le risque de fractures est fortement associé à la consommation régulière de boissons gazeuses à base de cola.

■ **Maladies infectieuses.** Peuvent être liées à la présence de germes microbiens (notamment staphylocoques) dans une ou plusieurs pièces osseuses (*ostéite aiguë, ostéomyélite aiguë* des sujets jeunes) dans un disque intervertébral *(spondylodiscite)* ou dans les articulations *(arthrites septiques). Rhume de la hanche :* inflammation de la synoviale transitoire, aiguë ou bénigne, du très jeune enfant avec boiterie douloureuse qui survient souvent après une rhinopharyngite ou une infection gastro-intestinale. *Arthrites virales :* rubéole, parvovirus B19, hépatites virales.

■ **Maladies inflammatoires. Arthrites et rhumatismes inflammatoires** (inflammation de la membrane synoviale des articulations, caractérisée par des lésions synoviales puis cartilagineuses et osseuses) : **1°)** *déclenchés par une infection à distance : rhumatisme articulaire aigu* (après angine à streptocoques), *arthrites réactionnelles* (après affection banale, digestive, respiratoire ou génito-urinaire). **2°)** *Arthrites microcristallines provoquées par la précipitation dans la synoviale de microcristaux d'urate de sodium* (*goutte,* voir col. b) ou *de pyrophosphate de calcium* (chondrocalcinose). **3°)** *De nature inconnue* (à caractère auto-immun : se dit d'un organisme qui agit contre lui-même ; plusieurs gènes seraient en cause) : *polyarthrite rhumatoïde :* la plus répandue : 600 000 cas en France, touche 0,5 à 0,8 % de la population (3 femmes pour 1 homme), à tout âge, chronique avec atteintes polyarticulaires bilatérales et symétriques, cause douleurs et déformations conduisant à l'impotence fonctionnelle ; Traitement : *symptomatique :* anti-inflammatoires non stéroïdiens, corticoïdes, aspirine, antalgiques ; *de fond :* sels d'or, antipaludéens, salasopyrine, rethotrexate, teflunomide, anti-TNFα (tumor necrosis factor) ; *arthrite chronique juvénile* (5 000 cas en France) : *a)* forme systémique : maladie de Still (20 % des cas) : forte fièvre, éruption parfois péricardite ; *b)* polyarticulaire (30 %) : enfants plus âgés, souvent des filles ; *c)* oligoarticulaire (50 % ; souvent chez les filles) : touche peu d'articulations, risque d'atteinte oculaire ; *spondylarthrite ankylosante* ou *pelvispondylite rhumatismale* (80 000 cas en France) qui soude à des degrés divers sacro-iliaques et vertèbres, parfois secondaire à une arthrite réactionnelle, *connectivites* [ou *collagénoses* ou maladies auto-immunes ou maladies de systèmes (yeux, cœur, poumons, peau, reins, intestins, cerveau, nerfs), en particulier *lupus érythémateux disséminé* (lésions viscérales parfois graves, voir ci-dessous), sclérodermie, dermatomyosite, syndrome de Gougerot-Sjögren] ; *pseudopolyarthrite rhizomélique* ou *rhumatisme des ceintures* du sujet âgé, *maladie de Horton ; périartérite noueuse.* Adresses : *Association française du Gougerot-Sjögren,* 150, rue de Verdun, 76230 Bois-Guillaume. *Association française de lutte anti-rhumatismale (Aflar),* hôpital de la Pitié, pavillon Layani, 83, bd de l'Hôpital, 75013 Paris. *Association française des polyarthritiques (AFP),* 153, rue de Charonne, 75011 Paris. *Association nationale de défense contre l'arthrite rhumatoïde (Andar),* 21, avenue de Cournonterral, 34570 Pignan et bât. l'Horloge, étage 1, rhumatologie, 184, rue du Faubourg-Saint-Antoine, 75012 Paris. *Association de recherche sur la polyarthrite (ARP),* 4, rue Berteaux-Dumas, 92200 Neuilly-sur-Seine. *Association des sclérodermiques de France (ASF),* 22, av. d'Immercourt, 62217 Tilloy-les-Mofflaines. *Kourir,* 14, rue du Fbg-St-Antoine, 75012 Paris : arthrite chronique juvénile.

LED (Lupus érythémateux disséminé) : Cause : inconnue. Maladie au cours de laquelle tissus et organes sont lésés par le dépôt d'anticorps et de complexes immuns pathogènes (femmes dans 90 % des cas). Fréquence : mal connue (15 à 50 pour 100 000 aux USA). Peut s'attaquer à un seul organe au début ou être généralisé d'emblée. Peut être bénin ou évolutif avec issue fatale. Symptômes : fièvre, asthénie, amaigrissement, douleurs musculaires, arthrites (mains, poignets, genoux), éruptions cutanées à type de vascularite, de lupus discoïde ; insuffisance rénale, lésions du système nerveux (troubles de comportement, paralysies, épilepsie, méningites, névrites périphériques...), thromboses des capillaires, des veines ou des artères de moyen calibre, à l'origine de phlébites, d'artérites ou d'embolies ; anémie ; troubles de la coagulation ; péricardites, etc. Diagnostic : biologique par présence dans le sérum du patient d'anticorps antinucléaires, anti-ADN, anti-Sm (les 2 derniers spécifiques du LED). Traitement : anti-inflammatoires non stéroïdiens, corticoïdes, agents cytotoxiques (azathioprine, chlorambucil, cyclophosphamide). Taux de rémission : 70 % à 10 ans. Causes principales de décès : infections surajoutées spontanées ou favorisées par les traitements ; insuffisance rénale. Adresse : *Association française du lupus et autres maladies auto-immunes (AFL +),* 25, rue des Charmettes, 69100 Villeurbanne.

■ **Maladies dégénératives. 1°) Des articulations :** *l'arthrose,* usure prématurée du cartilage, provoque à la longue douleur et enraidissement articulaire. Elle peut frapper une ou plusieurs articulations. Elle concerne les plus de 40 ans et sa fréquence augmente avec l'âge. Touche 1 personne sur 10 à partir de 60 ans. *Arthroses les plus gênantes :* genou (*gonarthrose,* touche 2 000 000 de personnes en France, 20 000 prothèses posées par an) et hanche [*coxarthrose,* favorisée par des déformations de la hanche congénitales (subluxation) ou acquises dans l'enfance (1/3 des cas ; 50 000 prothèses posées par an en France)] ; débutent vers 45-50 ans. Dans 2/3 des cas, primitives, elles débutent plus tard. Traitement : médical [antalgiques, anti-inflammatoires non stéroïdiens (AINS ; dans 50 % des cas, provoquent des complications digestives ; depuis mai 2000, rofécoxib supprimant ce risque) ; infiltrations de corticoïdes (genou)], sinon chirurgical (ostéotomie, prothèses). **2°) Du rachis et des disques intervertébraux :** colonne vertébrale lombaire *(lombarthrose),* cervicale *(cervicarthrose).* La dégénérescence peut être limitée au *disque intervertébral :* la simple fissure d'un disque est responsable de *lumbagos* ou *tours de reins* [une enquête montre qu'après 1 an, seuls 25 % des sujets n'ont plus aucune douleur (*British Medical Journal,* 2-5-1998)]. Si la fissure s'agrandit, il va se former une **hernie discale** qui, en comprimant la racine nerveuse qui passe derrière le disque, provoquera selon l'étage, cervical ou lombaire, une *névralgie cervicobrachiale,* une *cruralgie* ou un blocage lombaire aigu douloureux (*lumbago*) ou une *lombo-sciatique* (blocage lombaire et douleur irradiant dans un membre inférieur). Les hernies discales peuvent être mises en évidence par tomodensitométrie (scanner) ou imagerie par résonance magnétique (IRM). Traitement : antalgiques et anti-inflammatoires ; nucléolyse (injection de papaïne, enzyme qui dissout la hernie) en cas de sciatique rebelle ; chirurgie si la nucléolyse est impossible. *Traitement chirurgical* (peu employé car très lourd) *classique des lombalgies rebelles sévères :* fusion vertébrale par une autogreffe osseuse prélevée sur l'os iliaque ou fournie par une banque d'os ; immobilisation (de 4 mois à 1 an) avec corset de plâtre. On peut aussi, en plus de la greffe, implanter des tiges de métal et des vis (chirurgie d'arthrodèse). Le patient récupérera plus vite sa mobilité. On ne peut opérer que par le dos alors que le disque est antérieur, résultats imparfaits (75 à 80 % de réussite). *Traitement dit « par cages intersomatiques antérieures » :* **1°)** *par voie laparoscopique :* mini-incisions de 1 à 2 cm pour y glisser des mini-tubes (l'un muni d'une caméra, les autres pour introduire les instruments chirurgicaux) ; **2°)** *par une incision d'environ 4 cm :* dans la paroi abdominale en contournant la cavité abdominale et en passant autour du péritoine. On perfore et on enlève le disque malade puis on implante, entre les 2 vertèbres, un tube creux en titane ou « cage intersomatique » rempli de greffe osseuse. Réservé à des cas très particuliers car résultats à long terme encore inconnus. *Hospitalisation :* 4 à 7 jours. Stabilité rapide des 2 vertèbres. *A l'étude :* prothèse remplaçant les disques vertébraux usés ; **3°)** des tendons et ligaments (voir col. c). Adresse : *Association française de lutte anti-rhumatismale (Aflar),* pavillon Layani, hôpital de la Pitié, 83, bd de l'Hôpital, 75013 Paris.

☞ Les traumatismes au genou ou à la hanche augmenteraient le risque ultérieur d'arthrose (Annales internationales de médecine, 5-9-2000). 50 000 personnes sont opérées de la colonne vertébrale chaque année en France ; le disque séparant la 5e vertèbre de la 1re sacrée est le plus fragile.

■ **Maladies ostéoarticulaires diverses. Maladie de Paget** [décrite 1876 par sir James Paget (Angl., 1814-99)] : remaniement anarchique du tissu osseux, de cause inconnue, qui entraîne des déformations des membres et du crâne (avec surdité possible) ; frappe les sujets de plus de 50 ans et se caractérise par un aspect radiographique particulier et, dans le sang, par une augmentation du taux des phosphatases alcalines (enzymes). Est le plus souvent bénigne, latente, localisée à une ou quelques pièces osseuses, ne nécessitant pas de traitement (éventuellement calcitonine ou biphosphonates). **Goutte :** maladie métabolique caractérisée par l'accumulation dans les tissus de cristaux d'urate de sodium et par l'augmentation du taux de l'acide urique sanguin ; génératrice de douleurs et de déformations articulaires avec certaines localisations caractéristiques (gros orteil). Traitement : médicaments (colchicine, allopurinol). **Chondrocalcinose :** cristaux de pyrophosphate de calcium dans les articulations, responsables de crises pseudogoutteuses et d'altérations arthrosiques. **Rhumatisme psoriasique :** rhumatisme inflammatoire particulier, observé chez certains sujets atteints de psoriasis (maladie cutanée). **Syndrome algodystrophique** ou **ostéoporose douloureuse réflexe :** localisée dans un segment de membre souvent après un traumatisme ; évolue vers la guérison dans un délai de 4 à 18 mois. **Ostéonécrose aseptique :** localisée sur certains os (tête fémorale, genoux) ; due à une obstruction vasculaire intraosseuse.

■ **Troubles musculo-squelettiques (TMS).** Affections périarticulaires (os, cartilage, tendons) provoquant des douleurs principalement dans les épaules, le poignet (syndrome du canal carpien) ou le coude (épicondylite). 1re cause de maladie professionnelle dans les pays développés, 64 % de celles indemnisées en 1997 en France. Liées à de mauvaises postures de travail et à des gestes répétitifs, le plus souvent dans l'industrie.

Maladies des muscles, tendons, aponévroses, bourses séreuses

■ **Maladie de Dupuytren.** Décrite en 1831 par le baron Guillaume Dupuytren (Fr., 1777-1835). Rétraction de l'aponévrose palmaire de la main, entraînant celle des doigts (d'abord des 4e et 5e prenant la forme de crochets). Traitement : chirurgical ou par fasciotomie à l'aiguille sous anesthésie locale. Touche 2 % des adultes (en général entre 45 et 60 ans) et 5 % des plus de 65 ans. Causes : mal connues ; antécédents familiaux (plus de 50 % des cas).

■ **Maladie de Ledderhose.** Décrite par Georg Ledderhose (All., 1855-1925). Rétraction de l'aponévrose de la plante des pieds.

■ **Périarthrites. Maladies des tendons et structures périarticulaires :** altérations dégénératives (par microtraumatismes répétés) ou inflammatoires des tissus (tendons, capsule, bourse séreuse, gaine synoviale des tendons) qui entourent une articulation. *Tendinite :* à l'épaule, à la hanche, au coude *(tennis elbow). Ténosynovite :* main, poignet. Parfois tendinite calcifiante à localisations éventuellement multiples et récidivantes (maladie des calcifications tendineuses multiples). *Ruptures tendineuses :* tendon d'Achille et tendon du long biceps (au bras). *Bursite* ou *hygroma :* augmentation de volume et inflammation d'une bourse séreuse (en avant du genou, en arrière du coude).

■ **Myasthénie.** Altération de la jonction neuromusculaire : la plaque motrice est atteinte, sans lésion apparente ni des muscles ni du système nerveux. **Symptômes divers :** *diplopie* (impression de voir double), *ptôse* (paupière qui tombe), difficulté (s'aggravant à l'effort) pour mâcher, lever les bras, marcher, respirer. Cas : 40 à 50 personnes sur 1 million (3 000 en France). Traitement : anticholinestérasiques (en 1re intention), plasmaphérèses, corticoïdes, immunosuppresseurs.

■ **Myofasciite à macrophages.** Découverte en 1998. Douleurs musculaires diffuses, fatigue, peu de fièvre. Origine inconnue. 20 cas en France.

■ **Myopathies** ou **dystrophies musculaires.** Une quarantaine de formes d'origine génétique se manifestant par une atrophie et une faiblesse progressives des muscles. La plupart incurables ; leurs conséquences peuvent être soignées et leur évolution ralentie par des traitements (rééducation). En France, près de 30 000 malades (dont 15 000 enfants). *Myopathie de Duchenne* [décrite par Guillaume Duchenne, dit de Boulogne (1806-75), en 1868]. Transmise par les femmes, apparaît vers 4 ans chez les garçons (0,3 pour 1 000 garçons). En 1986, le gène (synthétisant une protéine, la dystrophine) a été identifié. Recherches en cours : greffes de cellules de moelle osseuse. Adresse : *AFM : Association française contre les myopathies* (myasthénies, myopathies, myosites), siège : 13, place de Rungis, 75650 Paris Cedex 13 ; bureaux : 1, rue de l'Internationale, BP 59, 91002 Évry Cedex.

■ **Myosites.** Maladies inflammatoires des muscles. Certaines sont dues à des virus, microbes ou parasites. D'autres (polymyosites ou dermatomyosites) sont d'origine inconnue, peut-être immunologique.

■ **Dystonie.** Affection neurologique. Se traduit par des contractions musculaires involontaires. On distingue dystonies généralisées et localisées : torticolis spasmodique (au niveau du cou), dysphonie spasmodique (au niveau de la langue), dystonie des membres ou du tronc, crampe des écrivains (enraidissement de la main et du poignet), crampe du musicien, blépharospasme (spasme des muscles orbiculaires des paupières provoquant leur fermeture inopinée et prolongée), syndrome de Meige, dyskinésie oro-mandibulaire. Traitement : injections de toxine botulique, rééducation, chirurgie, anticholinergiques. Cas (en France) : 30 000 à 40 000. Adresses : *Association des malades atteints de dystonie (Amadys),* 20, rue de la Côte-du-Theil, 03310 Lavault-Ste-Anne. *Ligue française contre la dystonie (LFCD),* Centre Raymond-Garcin, 1, rue Cabanis, 75014 Paris.

Sang et appareil circulatoire

Sang

■ Composition

Le corps contient 4 à 5 litres de sang (soit environ 75 cm^3 par kg de poids corporel). Un litre de sang d'adulte est composé de 450 cm^3 de *globules rouges* et de 550 cm^3 de *plasma* et a une densité de 1,05. Le sang est légèrement alcalin : potentiel hydrogène (pH) = 7,40 (voir encadré p. 244 c). Tous les ions (Na, K, Ca, Cl, etc.) peuvent se doser dans le sang (leurs perturbations peuvent créer des troubles très graves).

☞ Les Indiens vivant dans la Cordillère des Andes ont 20 % de sang en plus que les personnes vivant à des altitudes moins élevées. Leur sang est plus riche en globules rouges.

■ **1°) Plasma** (liquide). Transparent, jaune clair, à constitution chimique très complexe. **Composition** (protéines sériques en g/l) : *albumine :* 37-45 ; *globulines :* $\alpha 1$ 1-3, $\alpha 2$ 4-10, β 5-10, γ 5-15. **Contenance :** *protéines :* 75 g par litre dont albumine 45 g (une diminution du taux d'albumine entraîne une fuite d'eau vers les tissus avec formation d'œdèmes) ; *globulines :* 30 g (les immunoglobulines gammaglobulines sont douées d'activité anticorps protégeant l'organisme contre les micro-organismes et/ou les corps étrangers qui leur ont donné naissance ; *glucose* (taux de glucose ou glycémie : 0,80 à 1 g/l) ; *lipides* ou *graisses :* 5 à 7 g/l, parmi lesquels les plus importants : *triglycérides, cholestérol* [de *cholê,* bile, et *stéros,* solide], lipide isolé pour la 1re fois des calculs biliaires vers 1769. L'électrophorèse des lipides (séparation en fonction de leur poids moléculaire et de leur charge dans un champ électrique) permet de distinguer : le HDL (High Density Lipoprotein),

LDL (Low DL), VLDL (Very Low DL) ; présence indispensable dans chaque cellule du corps pour la synthèse de certaines substances [hormones, acides biliaires, vitamine D (et soleil)] ; quantité : 105 à 175 g dans un corps de 70 kg soit 1,80 à 2,50 g/l (s'élève avec l'âge). 10 à 20 % se trouvent dans viande, lait, fromages, œufs, abats, etc., le reste est fabriqué surtout par le foie à partir des sucres et autres graisses ; *triglycérides* : 0,50 à 1,50 g/l. Par ailleurs : *urée* (déchets des matières azotées < 0,50 g/l) ; *créatinine* ; *acide urique* (déchets de nucléoprotéines < 70 mg/l) ; *sels minéraux* (calcium, chlore, sodium, potassium, phosphore).

On explore les protides et notamment le système des globulines par : *1°) l'électrophorèse* d'une petite quantité de sérum (plasma sans fibrine) sur papier ou film d'acétate de cellulose. On sépare ainsi (par leur vitesse de migration dans un champ électrique) l'albumine des 4 classes de globulines (contenant de nombreuses protéines) de poids moléculaires différents (désignées α_1, α_2, β et γ) qu'on peut doser. *2°) L'immuno-électrophorèse* combinant une électrophorèse et la précipitation des protéines globulines par des sérums antiprotéines antiglobulines. On met ainsi en évidence 5 classes d'immunoglobulines, désignées par l'abréviation Ig : IgA, IgG, IgM, IgD, IgE (elles correspondent aux bandes de migrations β et γ de la méthode précédente).

Temps de coagulation : *temps de Quick :* mesure la suite d'événements coagulants allant du facteur VII, *via* le X, le V, le II, puis le I (voie extrinsèque de la coagulation). Temps normal : 12 à 14 s. *Temps de céphaline activé :* mesure ceux allant du facteur XIII *via* le XI, le IX, le VIII, le X, le V, le II, puis le I (les voies extrinsèques et intrinsèques sont communes dans la cascade des facteurs qu'elles font intervenir dans leur partie finale du facteur X au facteur I).

☞ **Thrombopoïétine :** isolée en 1994 par 2 équipes américaines exploitant la découverte de l'équipe de Françoise Wendling (Française). 1 millionième de g secrété chaque jour dans le sang. Induit la production des plaquettes sanguines permettant la coagulation et surtout le maintien du sang des petits vaisseaux. Essais cliniques interrompus du fait des effets secondaires.

Prothrombine (facteur II) : substance qui, sous l'influence d'une dizaine d'autres facteurs de la coagulation (exemple : facteur VIII, voir **Hémophilie** p. 126 b), se transforme en thrombine (facteur II activé). Celle-ci fait coaguler le sang par transformation du fibrinogène en fibrine (étape finale de la coagulation, nécessitant aussi l'intervention du facteur XIII qui insolubilise le réseau de fibrine). Sa surveillance est très importante au cours des traitements anticoagulants. *Pourcentage normal :* 70 à 100 (attendu en cas de traitement anticoagulant : 15 à 30). Le dosage séparé de chaque facteur de la coagulation est possible et peut faire partie de l'exploration des déficits de la coagulation. Surveillance d'après normes INR (International Normalized Ratio) éliminant les erreurs liées à la diversité des thromboplastines utilisées par les laboratoires. Un traitement efficace par antivitamines K donne INR supérieur à 3.

■ **2°) Globules rouges** ou **érythrocytes** (du grec *eruthros*, rouge, et *kutos*, cellule) ou **hématies. Nombre :** 3,7 à 5,9 millions par mm³ de sang (3,7 à 5,9 × 10¹² par litre). Augmente avec l'altitude (6 millions par mm³ à 3 700 m, 7 à 4 500 m) après un certain temps d'adaptation physiologique. Dans certaines maladies, le volume total des globules rouges peut varier entre 5 l (grandes polyglobulies) et 1/4 de l (anémies extrêmes). **Contenance :** *hémoglobine* (transporteur de l'oxygène, 120 à 160 g par litre). **Origine :** moelle osseuse chez l'adulte, foie chez le fœtus ; ils vivent environ 4 mois et sont détruits principalement dans la moelle osseuse et la rate.

Indices érythrocytaires : calculés à partir du nombre des globules rouges, de l'hémoglobine évaluée en poids et de l'hématocrite (% de globules rouges dans le sang : naissance 56 ± 10 % ; homme 47 ± 7 %, femme 42 ± 5 %) : *1°) volume globulaire moyen :* hématocrite/nombre de globules rouges ; *2°) teneur globulaire moyenne en hémoglobine* (29 ± 2,5 µg par globule) : hémoglobine (en µg poids)/nombre de globules rouges ; *3°) concentration moyenne en hémoglobine :* hémoglobine/hématocrite.

Vitesse de sédimentation : rapidité avec laquelle les globules rouges se déposent au fond d'un tube exactement calibré. *1 h :* homme de 3 à 20 mm ; femme de 7 à 30 mm. Son accélération traduit généralement un état inflammatoire ou une modification des gammaglobulines.

■ **3°) Globules blancs** ou **leucocytes** (du grec *leukos*, blanc, et *kutos*, cellule). **Nombre :** de 4 000 à 10 000 par mm³ de sang (7 ± 3 × 10⁹ par litre). **Origine :** naissent dans la moelle osseuse ; une partie (lymphocytes T) se différencie dans le thymus.

Leucocytes polynucléaires : ils ont un noyau mais polylobé (de 2 à 5 lobes) et leur cytoplasme contient des granulations (d'où leur autre nom de *granulocytes* et le terme d'*agranulocytose* pour désigner la disparition des polynucléaires du sang). Ils sont neutrophiles (1 700 à 7 000/mm³), basophiles (100 mm³) et acidophiles (synonyme d'éosinophile, < 500/mm³) selon l'affinité de leurs granulations avec des colorants neutres, basiques ou acides. Ces 3 variétés se distinguent aussi par d'autres caractères : morphologie du noyau et des granulations, rôles physiologiques et pathologiques différents (les neutrophiles jouent un rôle primordial dans la défense contre les bactéries, les phagocytant et les digérant). Les *polynucléaires* séjournent dans le sang quelques heures et passent dans les tissus où ils meurent après avoir éventuellement rempli leur fonction.

Taux moyens dans le sang. Acide urique 300-60 µml/litre (homme), 270-60 µml/l (femme). **Albumine** 37-45 g/l. **Cholestérol** 4 à 5,5 µmol/l. **Bilirubine totale** 2 à 10 mg/l (5 à 18 µmol/l). **Bilirubine conjuguée** 0 à 4 mg/l (0 à 6 µmol/l). **Bilirubine non conjuguée** 2 à 6 mg/l (5 à 12 µmol/l). **Calcium** 2,5 g/l (0,13 µmol/l). **Créatinine** 1,5 à 14 mg/l (13 à 24 µmol/l). **Fer** 0,5 à 1,75 mg/l [9 à 30 µmol/l (homme), 8 à 28 µmol/l (femme), 5,5 à 20 µmol/l (nouveau-né)]. **Magnésium** 23 mg/l (0,96 µmol/l). **Phosphore** 37 mg/l (1,2 µmol/l). **Triglycérides**, à jeun, 1,7 µmol/l. **Urée** 2,5 à 10 µmol/l (0,15 à 0,6 g/l).

Leucocytes mononucléaires : *lymphocytes* (diam. 6 à 8 µm) : 1 000 à 4 000/mm³ ; ils quittent les vaisseaux sanguins et passent dans les vaisseaux lymphatiques et les ganglions ; la plupart ont une vie courte. Les lymphocytes mémoire sont de nature T ou B et le support de la mémoire immunitaire. La réponse immunitaire dépendant des lymphocytes B repose sur les anticorps (réponse immunitaire humorale) et celle dépendant des lymphocytes T passe par les lymphocytes T effecteurs (cytotoxiques et sécréteurs de lymphokines) : réponse immunitaire à médiation cellulaire. Les TCD4 sont essentiellement producteurs de cytokines (notamment IL2 et IFNα) ; les TCD8 sont responsables de cytotoxicité cellulaire et de la destruction des cibles antigéniques (cellules parasitées par des virus, par exemple). *Monocytes* (diam. 15 à 40 µm) : 200 à 1 000/mm³ ; ils participent aussi à la défense de l'organisme en englobant des particules ; quittent les vaisseaux sanguins pour gagner les tissus (diapédèse) et se différencient en macrophages. Les monocytes macrophages jouent un rôle essentiel dans la « présentation » de l'antigène aux lymphocytes T (T 4).

■ **4°) Plaquettes sanguines** ou **thrombocytes.** Fragments de cytoplasme d'une grande cellule médullaire : le mégakaryocyte. **Nombre** (taux normal) : 150 000 à 500 000 par mm³ de sang (150 à 400 × 10⁹ par litre). **Durée de vie moyenne :** 7 jours. Lors de la coagulation du sang, le *fibrinogène* se polymérise en un réseau de fibrine enserrant dans ses mailles les globules et formant ainsi un *caillot* qui se rétracte grâce aux plaquettes. On appelle *sérum* le liquide plasmatique restant.

■ Groupes sanguins

Définis par les antigènes, molécules présentes sur les globules rouges. Leur transmission héréditaire obéit aux lois de la génétique mendélienne. Le groupe sanguin de la naissance est conservé toute la vie, même si l'on subit de multiples transfusions sanguines d'un autre groupe. Seules exceptions connues : greffe de moelle osseuse, quelques leucémies. **Nombre connu :** 25 systèmes.

■ **Système ABO.** Les globules rouges d'un individu ont sur leur membrane des antigènes de structure différente : A, B, A et B, ni A ni B [O (zéro)]. De plus, chaque individu a régulièrement dans son plasma des *anticorps* dirigés contre le ou les antigènes qu'il ne possède pas (d'où le nom d'anticorps réguliers). Si un sérum contenant un anticorps est mis en présence d'hématies contenant l'antigène correspondant, il y aura agglutination puis, éventuellement, hémolyse (destruction des globules). En cas de transfusion, pour que les anticorps présents chez le receveur ne détruisent pas les globules rouges transfusés, les transfusions de globules rouges doivent être faites entre sujets du même groupe (ou tout au moins de groupes compatibles).

Fréquence en % : *monde :* O : 38,81 ; A : 31,41 ; B : 22,81 ; AB : 6,97. *France :* O : 45 ; A : 44 ; B : 8 ; AB : 3. *Aborigènes d'Australie :* A : 61,33 ; O : 38,67 ; B : 0 ; AB : 0. *Bantous du Congo :* O : 51,66 ; A : 25,01 ; B : 19,60 ; AB : 3,66. *Japon :* A : 37,34 ; O : 31,51 ; B : 22,06 ; AB : 9,10. *Amérindiens :* O : 90. *Esquimaux :* O : 86.

Groupe sanguin	Antigènes sur hématies	Anticorps dans sérum	Peut donner à	recevoir de
A	A	Anti B	AB, A	O, A
B	B	Anti A	AB, B	O, B
AB	A et B	–	AB	Tous
O	–	Anti A et Anti B	Tous	O

Nota. – Il faut également tenir compte des agglutinines irrégulières (voir ci-dessous) et ne transfuser que des globules rouges dépourvus de l'antigène correspondant à ces agglutinines.

■ **Système Rh** ou **Rhésus.** Découvert grâce au singe *Macacus rhesus.* 85 % des individus de race blanche le possèdent. Un individu ne possédant pas l'antigène Rhésus (dit Rh – ou D –) ne doit recevoir que du sang Rh –, car, dans le cas contraire (transfusion de sang Rh + ou D +), des anticorps anti-Rh peuvent se développer dans le sang du receveur et être à l'origine d'accidents graves lors de transfusions ultérieures. Cette « sensibilisation » ou immunisation, c'est-à-dire le développement d'anticorps dits « agglutinines irrégulières » (par opposition aux anticorps naturels du système ABO), peut être aussi le fait de la grossesse. Lorsqu'un fœtus est Rh + (par son père) et sa mère Rh –, ses globules rouges peuvent traverser le placenta et provoquer la formation d'un anticorps anti-Rhésus chez la mère. Ces anticorps passant en retour dans la circulation du fœtus lors d'une grossesse ultérieure déclencheront une destruction massive des globules rouges du fœtus s'il est Rh +. C'est la *maladie hémolytique du nouveau-né* (voir à l'Index). L'injection d'immunoglobulines anti-D chez les femmes Rh – encore non immunisées, après tout accouchement d'enfant Rh +, avortement ou IVG, permet presque toujours d'éviter l'apparition des anticorps anti-Rh.

Substituts du sang. Fluosol-DA : mis au point au Japon, expérimenté pour la 1re fois chez l'homme en 1979. Perfluorocarbures (molécules d'hydrocarbure où les atomes d'hydrogène sont remplacés par des atomes de fluor). Capable de transporter l'oxygène des poumons vers les tissus. Pourrait se substituer en cas d'urgence aux transfusions de globules rouges (sans avoir à pratiquer une analyse de fonction du sang : (coagulation, défense immunitaire). Utilisation pratique difficile (nécessité d'équipement hyperbare) et problèmes liés au stockage des particules dans les centrales monocytaires. **Hémoglobine recombinante :** obligation de la bactérie à travailler avec le gène humain incorporé à son propre génome et de synthétiser de l'hémoglobine humaine. **Hémoglobine reconstituée :** mise au point par la firme Baxter (USA) d'un polymère d'hémoglobine fonctionnel à partir de sang humain périmé stabilisé par l'aspirine (expérimentations interrompues). **Solution stabilisée d'hémoglobine :** obtenue par Baxter (USA) ; universelle car dépourvue de globules rouges, se conserve 1 an (sang naturel : quelques semaines) ; essais cliniques non concluants.

■ **Systèmes Kell, MNS, Kidd, Duffy, etc.** Il n'y a pas d'agglutinines naturelles correspondantes dans le plasma, mais des agglutinines irrégulières peuvent se développer par transfusion ou par grossesse et être responsables d'accidents transfusionnels.

■ **Autres antigènes (P1, Lewis^a, Lewis^b, etc.).** S'ils manquent sur la membrane des globules rouges, des anticorps irréguliers naturels peuvent se développer dans le plasma, sans inconvénient pour les grossesses (ne traversent pas le placenta) et avec des inconvénients mineurs pour les transfusions. Certains antigènes ne se retrouvent que dans certaines ethnies (antigène Diego, Indiens d'Amérique), ou même dans certaines familles (antigènes privés). À l'opposé, un antigène très répandu (antigène public) peut manquer chez de très rares individus.

■ **Système HLA** (Human Leucocyte Antigen) ou **complexe majeur d'histocompatibilité.** Les gènes du complexe majeur d'histo-incompatibilité conditionnant les molécules HLA sont situés sur le chromosome 6 (bras court). On connaît plus de 30 gènes et plus de 400 allèles (version alternative d'un même gène) définissant plus de 120 spécificités antigéniques (*abréviation :* sp. ant.). *Classe I :* série A (65 spécificités antigéniques), B (125 sp. ant.), C (35 sp. ant.). *Classe II :* série D avec les loci (un locus est un segment d'ADN défini par son contenu informationnel = gène), DR (20 sp. ant.), DQ (9 sp. ant.), DP (6 sp. ant.). *Classe III :* conditionnent les composants du complément C 4 (11 sp. ant.), Bf (4 sp. ant.) et C 2 (4 sp. ant.). Il y a plus d'1 milliard de combinaisons génotypiques possibles. Pratiquement absents sur les globules rouges, mais en quantité importante sur les globules blancs (d'où leur nom). On a retrouvé ces antigènes ou molécules sur toutes les cellules de l'organisme, en quantité variable selon les tissus. Ils jouent un rôle primordial dans le rejet ou la prise des greffes de tissus ou d'organes, ainsi que dans la tolérance de la grossesse. L'*histocompatibilité* vraie ne se rencontre guère que parmi les frères et sœurs. La détermination du groupe HLA est essentielle pour greffes d'organes et de moelle osseuse et pour transfusions de globules blancs et plaquettes. Certains groupes HLA semblent prédisposer à certaines maladies telle la spondylarthrite ankylosante. Rôle physiologique des molécules HLA (découvert par Doherty et Zinkernagel, prix Nobel 1996) : présenter les peptides antigéniques aux lymphocytes TCD8 et TCD4, indispensables au déclenchement des réponses immunitaires de l'organisme.

☞ **Recherche de paternité :** l'identité biologique des individus était jusqu'à présent établie sur des marqueurs phénotypiques (caractères biologiques particuliers à chaque individu). En multipliant les marqueurs, on obtient une fiabilité d'environ 99,99 %. La biologie moléculaire, et particulièrement l'étude des minisatellites (régions particulières du génome humain), permet de réaliser des *« empreintes génétiques »* [techniques des sondes multi-locus inventées en 1985 par l'Anglais Jeffrey, utilisées depuis 1987 ou technique d'amplification génique (PCR) : on soumet l'ADN (molécule support de nos gènes) à des enzymes qui le découpent en morceaux de tailles différentes] résolvant pratiquement tous les problèmes d'identification. De plus, on utilise l'amplification génique pour l'analyse des mini et microsatellites.

■ Rôle du sang

■ **Plasma.** Transporte les déchets aux organes qui les éliminent (rein, foie) et apporte au corps les éléments nutritifs nécessaires. Contient eau, sels minéraux, glucides, lipides et protides (albumine, globulines) à des taux constants, maintenus grâce aux divers mécanismes régulateurs.

■ **Globules rouges.** A la pression atmosphérique, l'hémoglobine qu'ils contiennent possède une grande affinité pour l'oxygène et se transforme en *oxyhémoglobine* vermeille *(sang artériel).* Dans les capillaires des tissus, sous l'influence de la chute de pression d'oxygène, l'oxygène quitte l'hémoglobine, laissant une hémoglobine réduite ou *désoxyhémoglobine,* plus sombre *(sang veineux).*

L'hémoglobine possède aussi une affinité pour l'oxyde de carbone (250 fois plus grande que pour l'oxygène) et forme avec ce gaz un composé stable rouge groseille, la *carboxyhémoglobine*.

■ **Globules blancs** ou **leucocytes.** Défendent l'organisme : les *polynucléaires* englobent et détruisent les *bactéries* (phénomènes de *phagocytose* et de *bactéricidie*) : le *pus* est la résultante de leur action ; les *monocytes* (voir p. 125 b) jouent un rôle majeur dans la phagocytose et dans l'immunité (en coopération avec les lymphocytes) ; les *lymphocytes B* (donnant par transformation les *plasmocytes*) sécrètent des anticorps qui passent dans le sang (immunité humorale).

Maladies du sang

■ **Anémie.** Baisse de l'hémoglobine : femme et enfant < 12 g, homme < 13 g, nouveau-né < 14 g.

Anémie après saignement abondant : fréquence liée à celle des hémorragies.

Anémie par destruction exagérée des globules rouges (anémie hémolytique) : peut être due à une malformation, héréditaire ou acquise, des globules rouges. Assez rare. La destruction peut aussi être liée à des anticorps (anémie hémolytique auto-immune), à des parasites (paludisme) ou, plus rarement, à des microbes (septicémies).

Anémie par carence vitaminique (vitamine B12 ou/et folates) dont anémie de Biermer (Anton von, Allemand, 1827-92) avec macrocytose (des globules rouges dont le volume est augmenté) ; atrophie de la muqueuse de l'estomac, troubles nerveux. Peu fréquente. Peut aussi être congénitale, toxique ou due à la malnutrition. TRAITEMENT : vitamine B 12.

Anémie à carence martiale : microcytaire par microcytose (globules petits) et hypochromes (décolorés) ; traduit un appauvrissement en fer, presque toujours consécutif à des hémorragies peu abondantes mais continues. Fréquente. TRAITEMENT : sels ferreux.

Anémie inflammatoire : consécutive à une inflammation. Fréquente.

Anémie secondaire à une maladie métabolique (maladie rénale, hépatique ou thyroïdienne).

Anémie d'origine médullaire : provient d'un défaut de fabrication par la moelle osseuse. Peut résulter d'un appauvrissement (aplasie) ou d'un enrichissement néoplasique (leucémie, métastase, lymphome). Grave, avec fièvre et hémorragies, son évolution est en général celle de la maladie causale.

■ **Drépanocytose** ou **anémie falciforme.** Maladie génétique liée à la présence dans les globules rouges d'une hémoglobine anormale « S » qui remplace l'hémoglobine « A » normale. FORMES : drépanocytaire homozygote SS, SC ou SB Thal. SYMPTÔMES : 1°) anémie hémolytique chronique (maximale chez les sujets SS) ; 2°) infections bactériennes graves liées à un hyposplénisme : septicémie à pneumocoques, surtout avant 5 ans, ostéomyélite... ; 3°) complications vaso-occlusives générant des ischémies-nécroses : crise ostéo-articulaire par infarctus osseux, douleurs abdominales chez l'enfant, atteintes pulmonaires, accidents vasculaires cérébraux et neurosensoriels. COMPLICATIONS : chroniques, principalement chez l'adulte, séquelles des infarctus répétés : cardio-pulmonaires, rénales, hépatiques, ostéonécroses, rétinopathies. L'anesthésie, mais aussi la grossesse, surtout dans le 3e trimestre, sont particulièrement à risque. TRANSMISSION : autosomique récessive : transmise conjointement par le père et la mère. DIAGNOSTIC : *anténatal :* pour couples connus à risque ; *par étude de l'hémoglobine :* simple et peu coûteux, dépiste aussi les porteurs sains. CAS en France : 200 à 250 nouveau-nés par an ; environ 4 000 adultes (est. 2000) principalement issus d'Afrique subsaharienne, des Antilles et du bassin méditerranéen. FRÉQUENCE dans le monde : dans les populations noires (aux USA : 1 hétérozygote sur 10, en Afrique 4 sur 10 dans certaines pays), au Moyen-Orient et en Inde. ADRESSES : *Association pour l'information et la prévention de la drépanocytose,* 5, rue de Belzunce, 75010 Paris. *SOS Globi,* hôpital Henri-Mondor, biochimie, 51, av. du Mal de Lattre-de-Tassigny, 94000 Créteil.

■ **Dysglobulinémies.** Augmentation d'un des 5 types d'immunoglobulines. PRINCIPALES : le **myélome** [décrit par Otto Kahler, Allemand (1849-93)] : douleurs et lyses osseuses avec infiltration de la moelle osseuse par des plasmocytes (dérivés des lymphocytes), augmentation de l'IgG, plus rarement de l'IgA, exceptionnellement de l'IgD dans le sang ; la **maladie de Waldenström** (décrite en 1944 par Jan Gösta Waldenström, Suédois, né 1906) : ganglions, grosse rate, infiltration de la moelle osseuse par des éléments intermédiaires entre lymphocytes et plasmocytes, augmentation des IgM (appelée aussi *macroglobulinémie* en raison du gros poids moléculaire de cette globuline).

■ **Épistaxis (saignement de nez).** Peut être le premier signe d'une maladie sanguine, notamment par défaut des plaquettes. Apparemment banal, est un bon témoin d'hypertension artérielle, surtout sévère : présente de longue date dans 80 % des cas et demeure ignorée du sujet dans 27 % des cas.

■ **Hémochromatose.** Accumulation progressive et diffuse de fer, en particulier dans foie, pancréas, cœur, pouvant conduire à leur endommagement morphologique et à leur déficit fonctionnel. A l'état normal, le fer (4 g) est surtout réparti entre l'hémoglobine des globules rouges (2,5 g) et les réserves du foie, de la rate et de la moelle osseuse (1 g). Un équilibre se fait entre les apports (alimentaires) et les pertes (cutanées, urinaires, digestives) qui sont de l'ordre de 1 mg/j (soit 1/4000 du fer total de l'organisme). L'organisme accumulant trop de fer (par voie digestive ou veineuse) ne peut adapter ses capacités d'élimination. On distingue 2 grands types de surcharges en fer :

1°) Hémochromatose héréditaire (ou **génétique**) **:** liée en général à la mutation d'un gène situé sur le chromosome 6 (gène HFE, identifié en 1996, responsable d'une hyperabsorption digestive du fer). SIGNES CLINIQUES : longtemps asymptomatique, se manifeste à partir de 30-40 ans chez l'homme (plus tard chez la femme, partiellement « protégée » par les pertes de fer menstruelles). Il peut s'agir d'une asthénie chronique (physique et sexuelle), de douleurs articulaires inexpliquées touchant en particulier les métacarpophalangiennes. La peau présente un teint anormalement bronzé *(mélanodermie).* Plus tard, peuvent survenir une hypertrophie du foie *(hépatomégalie)* avec risque d'évolution vers la cirrhose (puis vers le cancer du foie), un diabète insulino-requérant, une cardiomyopathie. DIAGNOSTIC : une simple prise de sang suffit le plus souvent pour confirmer l'augmentation du taux de saturation de la transferrine (taux de 50 à 100 %) et réaliser le test génétique HFE (qui montrera la présence de la mutation C282Y à l'état homozygote). Le taux de ferritinémie reflète l'importance de la surcharge en fer dans les organes. TRAITEMENT : saignées thérapeutiques (soustractions veineuses) hebdomadaires jusqu'à disparition de la surcharge. Traitement très efficace, permettant une espérance de vie normale s'il est entrepris précocement (avant cirrhose et diabète). FRÉQUENCE : populations d'origine celtique : 1 sur 200 à 300 ; autres ethnies caucasoïdes : 1 sur 1 000. RENSEIGNEMENTS : *Association Hémochromatose France,* BP 7777, 30912 Nimes Cedex. http://perso.wanadoo.fr/hemochromatose.

2°) Hémochromatoses secondaires (surcharges secondaires en fer) : à la suite de transfusions sanguines répétées dues à divers types d'anémies chroniques sévères. Complications cliniques possibles : identiques à celles de l'hémochromatose génétique. TRAITEMENT : chélateurs du fer du type desferrioxamine (par voie sous-cutanée) voire défériprone (par voie orale).

■ **Hémophilie.** Héréditaire, récessive liée au gène X se manifeste essentiellement chez les hommes (1 sur 10 000). Impossibilité pour le sang de se coaguler ou coagulation très longue due à l'absence d'un des facteurs nécessaires (facteur VIII : hémophilie A ; facteur IX : hémophilie B). Une contusion légère, provoquée (voire spontanée), peut engendrer une hémorragie très importante, parfois dangereuse en fonction de sa localisation et qui, mal soignée, entraîne souvent une dégradation au niveau des articulations, dégradation qui peut devenir handicap. TRAITEMENT : jadis les hémophiles atteignaient rarement l'âge adulte. Actuellement, au lieu d'apporter les facteurs VIII et IX par des transfusions abondantes, on utilise des fractions de plasma ou de concentrés d'un de ces facteurs. La production de facteurs VIII et IX par génie génétique (facteurs recombinants) est acquise et la distribution licite en France (facteur VIII : depuis juillet 1993 ; facteur IX : depuis 1999). Les malades peuvent conserver ces fractions dans leur réfrigérateur et se les faire injecter (ou se les injecter eux-mêmes) par voie intraveineuse à la moindre alerte, ce qui diminue la gravité des accidents hémorragiques et abrège les incapacités de travail. *Diagnostic anténatal :* possible. *Thérapie génique :* envisageable. NOMBRE (en France) : environ 5 000. Fin 2000, 1 380 (voir p. 128 b) ont été contaminés par le virus du sida lors d'injections de produits sanguins antihémophiliques, avant la mise en place du dépistage obligatoire du VIH sur les dons de sang le 1-8-1985.

■ **Leucémie.** Prolifération maligne de cellules présentes dans le sang et la moelle ; il s'agit le plus souvent des globules blancs ou de leurs précurseurs. *Leucémie myéloïde chronique* avec hypertrophie de la rate et accroissement du nombre des globules blancs de la lignée des polynucléaires. *Lymphoïde chronique* avec hypertrophie des ganglions et de la rate, sang riche en lymphocytes ; *aiguë* avec anémie, hémorragie et fièvre, peu d'hypertrophie des ganglions et de la rate ; environ 40 % de l'ensemble des leucémies ; fièvre variable dans le temps. FRÉQUENCE : frappent un peu plus les hommes que les femmes. *Formes aiguës :* les lymphoïdes avant 40 ans (pic de fréquence entre 4 et 6 ans), les myéloïdes après 40 ans dans 75 % des cas. Les chroniques s'observent surtout à partir de 40 ans, les aiguës à partir de 2 ans (parfois dès la naissance). TRAITEMENTS : diverses substances détruisant les cellules anormales (antimitotiques capables de bloquer la mitose) et variant selon le type de leucémie, cortisone, transfusions. Les leucémies chroniques ne guérissent pas (sauf la leucémie myéloïde chronique lorsqu'une allogreffe de moelle osseuse est possible), mais les traitements peuvent procurer de longues survies. Pour les leucémies aiguës de l'adulte, la durée des rémissions complètes est améliorée, notamment par le recours éventuel à la greffe de moelle (autogreffe ou allogreffe histocompatible) qui permet d'administrer des chimiothérapies plus lourdes et prolongées. Dans les formes lymphoblastiques de l'enfant, les survies sans rechute à 4 ans sont nombreuses grâce à la seule chimiothérapie ; lorsqu'elles dépassent 10 ans, la guérison est à peu près certaine. CAS NOUVEAUX (en France) : 2 000/an.

Sangsues. **Famille** des annélides ; 650 espèces (de 1 à 45 cm) : *respirent* par la peau, *possèdent* 2 cœurs, certaines sont pourvues d'une ventouse à chaque extrémité du corps. **Collecte :** régions marécageuses ; une personne marchant dans l'eau pouvait récolter 2 000 sangsues par jour, fixées sur ses jambes (en mettant du sel, elles lâchaient prise). **Hirudiniculture** (élevage) dans les marais des Landes : nourries 1 ou 2 fois par an de larves d'insectes et de têtards, pêchées au printemps et à l'automne à 18 mois-2 ans puis soumises au moins 100 jours à un jeûne forcé pour produire l'hirudine, anticoagulant 10 fois plus efficace que l'héparine.

Utilisation en médecine (hirudothérapie) : remonte à l'Antiquité : laryngites aiguës, néphrites, névralgies, saignements de nez, ophtalmies, gastrites aiguës, scarlatine, appendicite, accidents vasculaires cérébraux (congestion cérébrale), etc. Au XIXe s., François Broussais (1772-1838) affirme qu'elles sont plus efficaces que les saignées. Actuellement remises à l'honneur par le Pr Jacques Baudet. On peut les utiliser pour drainer des zones où le retour veineux s'effectue mal, du fait de leur « appétit » pour le sang désaturé en oxygène. Pour inciter la sangsue à « mordre », on peut placer sur la zone choisie de l'eau sucrée ou du lait, ou faire une minuscule piqûre. En 10 ou 20 minutes elle se détache elle-même après avoir absorbé 10 à 15 millilitres de sang, soit de 6 à 9 fois son propre poids. Il lui faut alors, pour digérer, de 12 à 18 mois. Si l'on veut la réutiliser plus tôt, on peut lui faire « régurgiter son repas » en la mettant dans de l'eau salée ou vinaigrée.

■ **Leucopénie.** Baisse des globules blancs. Fréquente et très souvent bénigne. Grave en cas d'absence complète de polynucleaires *(agranulocytose),* le plus souvent par prise médicamenteuse (exemple : de Noramidopyrine) ou une dépression de la moelle osseuse. Elle expose à des infections très graves. TRAITEMENT de l'agranulocytose aiguë : antibiotiques (plus rarement, transfusions de globules blancs). Des mesures d'isolement des malades et la stérilisation des aliments et de l'air ambiant ont contribué à diminuer la mortalité post-infectieuse.

■ **Lymphomes malins.** **Maladie de Hodgkin** [ou lymphogranulomatose maligne découverte par Thomas Hodgkin (Angl., 1798-1866)] : débute au niveau des ganglions lymphatiques puis s'étend aux organes hématopoïétiques ; atteignant de préférence des adultes jeunes. TRAITEMENT : radiothérapie et chimiothérapie, guérissant dans 70 à 80 % des cas reconnus ; même dans les formes très étendues on peut observer des guérisons. DÉCÈS (en France) : *1997 :* 279. **Maladies proches :** *lymphomes malins non hodgkiniens (LMNH) :* plus fréquents (DÉCÈS en France : *1997 :* 4 161) ; tumeurs ganglionnaires ou extra-ganglionnaires dont le potentiel évolutif malin est variable ; les LMNH de faible grade de malignité (évolution spontanée lente) guérissent plus difficilement mais sont souvent beaucoup moins dangereux que les LMNH de haut grade de malignité (évolution spontanée rapide). TRAITEMENT : chimiothérapique ou, plus rarement, radiothérapique du fait de son extension généralisée (souvent rapide dans les formes graves).

■ **Mononucléose infectieuse** (voir p. 161 b).

■ **Purpura.** Éruption, sur la peau, de taches sanglantes (les petites sont appelées **pétéchies,** et les grandes **ecchymoses).** NOMBREUSES VARIÉTÉS : **purpura hémorragique** qui s'accompagne d'hémorragies diverses : nez, gencives, utérus, etc. ; traduit presque toujours une baisse considérable des plaquettes sanguines *(thrombopénie* inférieure à 10 000 ou 20 000*).* FORMES : *purpura infectieux :* atteinte des vaisseaux avec troubles de la coagulation. *P. médicamenteux et allergique. P. rhumatoïde :* avec douleurs articulaires, surtout chez l'enfant, généralement bénin. *Angéite nécrosante :* atteinte des vaisseaux par des complexes immuns. **Purpura par fragilité vasculaire :** *d'origine médicamenteuse* ou *sénile. D'origine génique :* touche plus souvent les femmes et se traduit par une fragilité capillaire constitutionnelle ou la maladie de Rendu-Osler. **Purpura mécanique :** consécutif à la piqûre d'insectes ou à l'effort (aux plis de flexion). TRAITEMENT : transfusions répétées, antibiotiques, cortisone, perfusion de fractions coagulantes de plasma, ablation de la rate dans les cas extrêmes, immunoglobulines, intraveineuses, etc.

■ **Saturnisme.** Intoxication par plomb ou sels de plomb, soit professionnelle (imprimerie ou peinture), soit pour avoir habité des logements vétustes dont les peintures au plomb (utilisées dans l'habitat au moins jusqu'en 1948) s'écaillent ou par l'eau de boisson. SYMPTÔMES : stries bleuâtres au rebord des gencives (liséré de Burton), conséquence de l'élimination du plomb par la salive, pyorrhée alvéolaire, colique de plomb, crise douloureuse abdominale paroxystique avec vomissements et constipation opiniâtre ; accidents nerveux à type de crise d'épilepsie, délire, troubles psychiques divers, hypertension artérielle et insuffisance rénale. DÉPISTAGE : plombémie (taux du plomb dans le sang) de l'enfant > 100 µg/l ; *intoxication sévère :* plus de 450 µg/l ; *urgence médicale :* ⩾ 700 µg/l. TRAITEMENT : suppression du contact toxique. 7 % de Français ont une plombémie 2 fois supérieure à la normale (*source :* Inserm 1999).

■ **Thalassémie.** Héréditaire. Diminution de production d'hémoglobine. Ménocytose (petits globules rouges) constante. Touche des dizaines de millions de personnes dans sa forme bénigne ou mineure (hétérozygote). La forme majeure (homozygote) est grave mais rare (surtout Bassin méditerranéen et Extrême-Orient). TRAITEMENT : des formes graves par greffe de moelle osseuse, sinon : transfusion itératives. *Diagnostic anténatal* possible.

Lymphe

■ **Définition.** Liquide incolore qui baigne la peau et tous les organes. Représente 1/4 du poids du corps. 2 sortes : **1°) lymphe interstitielle :** formée par le plasma sanguin filtré à travers la paroi des capillaires artériels des tissus.

Elle remplit les espaces conjonctifs des tissus et constitue une réserve de plasma utilisée en cas d'hémorragie. *Composition :* variable et mal connue. **2°) Lymphe circulante :** *composition :* celle d'un sang privé de globules rouges : 97 % de plasma, 3 % de leucocytes (notamment des lymphocytes). La lymphe est moins riche en aliments et plus riche en déchets que le sang.

■ **Appareil lymphatique.** Comprend des capillaires qui plongent dans les tissus conjonctifs et drainent la lymphe interstitielle. Ils convergent vers les vaisseaux lymphatiques. Aux points de confluence des vaisseaux se trouvent des ganglions. Les vaisseaux lymphatiques de la moitié droite de la tête et du thorax se réunissent dans *la grande veine lymphatique* (long. 1 cm) qui se jette dans la veine sanguine sous-clavière droite. Ceux du reste du corps rejoignent le canal thoracique (longueur 25 cm, diamètre 3 mm) qui débouche dans la veine sous-clavière gauche.

Les vaisseaux lymphatiques de l'intestin grêle (appelés **chylifères**) drainent les graisses absorbées par la paroi intestinale vers le canal thoracique, tandis que les protides et les hydrates de carbone empruntent la voie veineuse (veine porte).

■ **Rate.** Organe vasculaire et lymphoïde situé sous le diaphragme (environ 200 g, long. de 13 à 16 cm, épaisseur de 3,3 à 4,5 cm). Siège de prolifération lymphocytaire en cas de réponse immunitaire, notamment humorale (production d'anticorps). Organe immunitaire essentiel dont l'ablation ne conduit pas, chez l'adulte, à des troubles manifestes ou vitaux ; chez l'enfant, risques infectieux graves (pneumocoque surtout).

☞ **Courir comme un dératé :** expression rattachée à la croyance qu'un homme auquel on enlèverait la rate se porterait mieux [les Anciens croyaient que la rate dilatée par l'effort provoquait le *point de côté*, douleur le plus souvent localisée dans le thorax accompagnant une affection viscérale (plèvre, poumon, cœur, rate, etc.) ou due à une névralgie intercostale].

SYSTÈME CIRCULATOIRE

DESCRIPTION

■ **Cœur.** Organe musculaire creux dont les parois sont formées de 3 tuniques. De l'extérieur vers l'intérieur : **1°) le péricarde :** séreuse, formée de 2 feuillets glissant l'un sur l'autre ; le feuillet externe est lié aux organes thoraciques, le feuillet intérieur est soudé au cœur ; **2°) le myocarde :** fibres musculaires striées, ramifiées et anastomosées ; **3°) l'endocarde :** mince endothélium qui tapisse l'intérieur des 4 cavités : 2 *oreillettes* et 2 *ventricules*. Des *valvules* (soupapes) placées à l'entrée et à la sortie des ventricules dirigent le sang dans le bon sens.

L'activité mécanique du cœur comporte 2 phases : contraction des ventricules ou *systole* (sang éjecté sous pression dans l'aorte et l'artère pulmonaire), et relâchement ou *diastole* (le sang, arrivé au cœur par les veines caves et pulmonaires, passe des oreillettes dans les ventricules). *Débit du cœur :* 65 à 100 cm³ par contraction ; 5 à 7 litres de sang par minute sont envoyés dans les artères (selon la taille et le poids du sujet, et l'importance de l'effort qu'il fournit). A cause de ce débit important, une plaie d'une grosse artère peut être mortelle en quelques minutes.

Bruits normaux du cœur et bruits surajoutés, de souffles ou de frottement peuvent être entendus à l'oreille ou avec le *stéthoscope* et enregistrés par un phonocardiographe.

■ **Vaisseaux sanguins. Artères :** conduisent le sang du cœur vers les organes. **Veines :** ramènent au cœur le sang appauvri en oxygène qui a irrigué les organes. **Capillaires** (diamètre de 3 à 16 µm, parois de 1 à 2 µm) : à l'intérieur des organes, font communiquer veines et artères. Les échanges entre le sang et les tissus s'effectuent à leur niveau. L'intérieur des vaisseaux est tapissé par un *endothélium,* prolongement de l'endocarde facilitant le glissement du sang et empêchant sa coagulation.

☞ **Hématome :** il résulte de micro-hémorragies libérant du sang et d'une fuite du plasma dans les espaces interstitiels par rupture des capillaires sanguins. Les tissus tuméfiés qui gonflent sous la pression sanguine sont bloqués par la paroi osseuse et s'étendent du côté de la peau.

Tension artérielle : varie à chaque battement du cœur pour passer successivement par un maximum [pression systolique dans les artères au moment de la contraction cardiaque (moins de 14 cm de mercure au bras)] et un minimum [pression diastolique se maintenant dans les artères entre 2 contractions cardiaques (moins de 9 cm de mercure au bras)]. CAUSES DE VARIATIONS : *augmentation :* certaines substances toxiques, café, cigarette, émotions, efforts, durcissement des artères, maladies rénales et surrénales, vieillissement. *Diminution :* hémorragies, insuffisance cardiaque, certaines maladies, fatigue.

Pouls : il représente le choc de l'onde provoquée par chaque contraction cardiaque. **Pulsations par minute** (au repos) : *à 1 an :* 115 à 130. *2 ans :* 100 à 115. *7 ans :* 85 à 90. *14 ans :* 80 à 90. *Adultes :* 60 à 80 [70 à 72 (homme), 78 à 80 (femme)]. **Limites extrêmes** (possibles, mais anormales) : 15 à 180. On compte en moyenne une accélération de 18 battements par minute par degré de température au-delà de 37 °C (sauf typhoïde).

Vitesse du sang : *dans les gros troncs :* 10-20 cm/s ; *dans les capillaires :* quelques mm/s.

☞ Nos artères se dilatent et se contractent de manière autonome, selon un rythme lent et plutôt chaotique : le diamètre augmente d'environ 10 % sous la pression sanguine, mais il se modifie aussi selon un cycle plus lent ; l'ampleur de ces variations atteint 50 à 100 %.

EXAMENS

■ **ECG (Électrocardiogramme).** Enregistrement de l'activité électrique du cœur en fonction du temps. Toute cellule vivante étant polarisée, cette activité comporte une phase de dépolarisation rapide, suivie d'une phase de repolarisation plus lente. Ces phases créent des différences de potentiel qui se transmettent à tout le corps. L'ECG recueille ces variations à la surface du corps par des électrodes appliquées sur la peau et reliées par des fils conducteurs à un appareil comportant un amplificateur, un galvanomètre et un système d'inscription sur un papier qui se déroule à vitesse constante. Des dérivations bi- ou unipolaires peuvent être utilisées, mais le tracé comporte toujours une onde P correspondant à la contraction des oreillettes, puis un complexe ventriculaire comportant l'onde QRS [dénomination fixée par Willem Einthoven (Néerlandais, 1860-1927)] de dépolarisation rapide (contraction du ventricule), et l'onde T lente de repolarisation.

L'intervalle PR (entre l'onde P et l'onde R) reflète le temps de conduction auriculo-ventriculaire, c'est-à-dire de l'influx entre oreillettes et ventricules.

L'ECG permet d'apprécier le rythme et la fréquence cardiaques, l'épaisseur des parois et le volume des cavités du cœur (l'augmentation d'épaisseur constituant l'hypertrophie et celle du volume, la dilatation des cavités), l'existence d'anomalies de cheminement de l'activité électrique et indirectement de la circulation dans les artères coronaires. Si l'activité cardiaque est arrêtée, l'ECG est plat. L'arrêt de la circulation dans une artère coronaire entraîne la destruction d'une partie du muscle cardiaque dont l'activité électrique anormale peut être décelée par l'ECG (infarctus). L'ECG d'effort permet de détecter une insuffisance coronaire surtout s'il est couplé à l'injection de Thallium (scintigraphie myocardique).

■ **Échocardiographie.** Permet de visualiser cavités, valvules et parois cardiaques par émission d'ultrasons à partir d'un capteur placé sur le thorax ou dans l'œsophage (échocardiographie transœsophagienne), d'apprécier la capacité fonctionnelle du muscle cardiaque (débit, fraction d'éjection) et d'évaluer la masse du ventricule gauche dont l'augmentation constitue l'hypertrophie ventriculaire gauche. En pleine évolution : écho tissulaire, de stress, tridimensionnel.

■ **Coronarographie.** Examen invasif mais indispensable au diagnostic de la maladie coronaire, permet de radiographier les coronaires sous anesthésie locale après injection, à partir d'une sonde montée jusque dans les artères coronaires et introduite dans l'aorte par l'artère fémorale ou l'artère radiale, d'un produit de contraste opaque de façon à visualiser le siège et le nombre des *sténoses* (rétrécissements) des artères coronaires. NOMBRE (en France) : 200 000 par an.

■ **Holter.** Enregistrement permanent du rythme cardiaque dans une cassette placée à la ceinture pendant 24, 48 ou 72 heures, qui permet de noter les modifications des battements quotidiens, les tracés et le rythme et de détecter des anomalies passées inaperçues sur un ECG simple qui dure en moyenne 1 minute. **Holter tensionnel :** identique, pour la surveillance de la tension artérielle ambulatoire.

■ **Recherche de potentiels tardifs** (ondes de dépolarisation supplémentaires apparaissant après l'onde QRS normale). Pour apprécier le risque de tachycardie grave.

■ **Doppler. Artériel et veineux :** pour visualiser les artères (rétrécissements) du cou ou des membres inférieurs et les veines des jambes (phlébites).

☞ *A l'étude :* scanner rapide et IRM (coronaires).

MALADIES DE L'APPAREIL CIRCULATOIRE

☞ STATISTIQUES (en France) : *taux d'hospitalisation pour maladies de l'appareil circulatoire* (en court séjour, en 1993, en %) : hommes 24 (femmes 20,1) dont infarctus aigu du myocarde 1,7 (femmes 0,9), autres myocardiopathies ischémiques 5,1 (femmes 2,1), maladies vasculaires cérébrales 2,8 (femmes 2,8).

AFFECTIONS CARDIO-VASCULAIRES

☞ ADRESSES : *Association française des cardiaques,* 11, rue de Châteaufort, 92160 Antony. *Association française des opérés du cœur et maladies cardiaques,* 36, rue Revol, 38000 Grenoble. *Fédération des associations de familles de cardiaques opérés et malades (Fafcom),* 23, av. de Lons, 64140 Billère. *Fédération française de cardiologie,* 50, rue du Rocher, 75008 Paris.

■ **Angine de poitrine** (du grec *agkô,* j'étrangle, ou du latin *angere,* serrer, du fait du caractère angoissant, constrictif de la douleur). Oppression douloureuse à la hauteur du sternum, irradiant vers le cou en étau avec sensation d'étranglement, et vers la mâchoire, les épaules, la face interne des bras, les poignets (douleur en bracelet), plus souvent à gauche. Survient lors d'un effort, ou, parfois au repos en période digestive, ou la nuit. Cède en général très rapidement après la prise de dérivés nitrés administrés par voie sublinguale ou en spray et correspond à un apport insuffisant de sang oxygéné dans une région du cœur. Si elle se prolonge (plus de 15 min), elle peut faire craindre la constitution d'un infarctus du myocarde. EXAMENS : évaluation par ECG de repos, par ECG à l'effort, étude par technique isotopique (sous Thallium à l'effort, sous

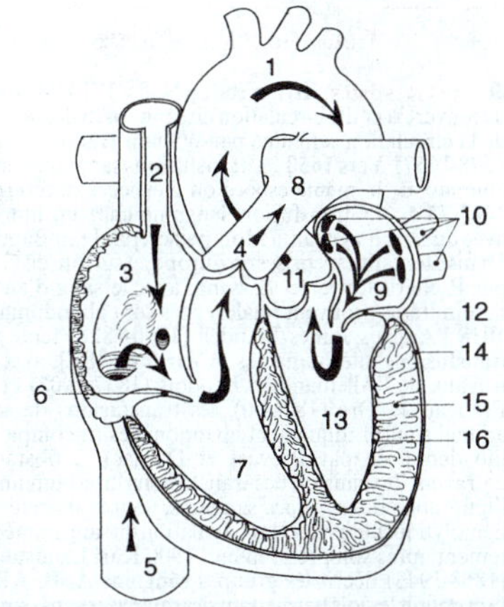

Le cœur

1 aorte. *2* veine cave supérieure. *3* oreillette droite. *4* orifice de l'artère pulmonaire. *5* veine cave inférieure. *6* valvule tricuspide. *7* ventricule droit. *8* artère pulmonaire. *9* oreillette gauche. *10* veines pulmonaires. *11* orifice de l'aorte. *12* valvule mitrale. *13* ventricule gauche. *14* péricarde. *15* myocarde. *16* endocarde.

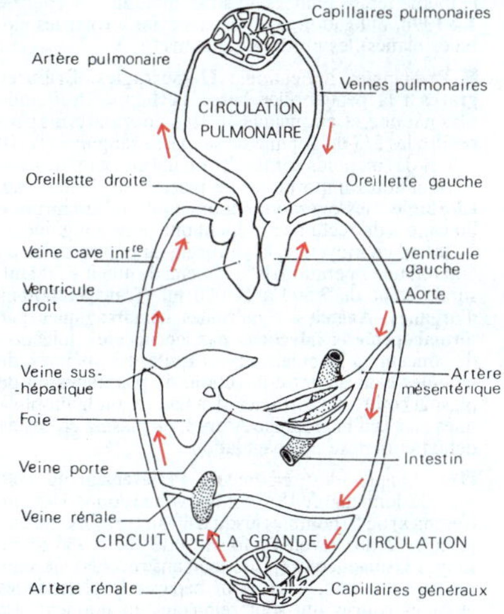

Schéma général de la circulation

Persantine au repos). TRAITEMENTS : instrumental : *angioplastie* (désobstruction de l'artère ; 1977, 1re angioplastie par le Dr Grüntzig) *percutanée* par dilatation (cathéter à ballonnet gonflable : 80 000/an), *athérectomie* directionnelle ou rotative, *angioplastie par laser* pulsé ultraviolet (Excimère) ou infrarouge (holmium-Yag) et mise en place d'endoprothèses métalliques (stents) dans 80 % des cas ; à l'essai : par radioactivité (PTCA : curie-thérapie endovasculaire) ; chirurgical : *pontage* [dérivation d'une artère obstruée proche du cœur par une veine prélevée sur une autre partie du corps ; 1966, 1er pontage réalisé à Cleveland (USA) par le Pr Favalloro ; 1998, 1er pontage par vidéochirurgie réalisé à Bordeaux par les Drs Jean-Louis Duluc et Patrick Ruffié] aorto-coronaire avec greffe veineuse implantée entre l'aorte initiale et la coronaire en aval de la sténose ou par l'artère mammaire interne. RÉCIDIVE fréquente (30 %) du rétrécissement coronaire après angioplastie, surtout les 6 premiers mois (resténose). NOMBRE D'INTERVENTIONS (par an, en France) : pontages 25 000, angioplasties coronaires 77 169 (en 1998). *1re opération sans ouverture du thorax :* 18-9-1995 par le Pr Gandjbakhch à l'hôpital de la Pitié-Salpêtrière (Paris), par vidéochirurgie et sans circulation extra-corporelle. *1re opération valvulaire à cœur ouvert assistée par ordinateur* en France : le 7-5-1998 par le Pr Carpentier et le Dr Loulmet (hôpital Broussais, Paris). *1er pontage coronarien en vidéochirurgie assistée par robot :* le 8-7-1999 (hôpital de La Pitié, Paris). *1re thérapie génique :* en 2000 par le Pr Jeffrey Isner (École de médecine de la Tuft's University, Boston), succès chez 9 patients sur 13.

☞ En cas de pontage impossible (vaisseaux trop petits) : un facteur de croissance FGF-1 (Fibroblast Growth Factor) [mis au point par le Pr Stegman (Fulda, All.)], injecté dans le muscle cardiaque, fait se développer des vaisseaux. Traitement médicamenteux par vaso-dilatation, bêtabloquants, dérivés nitrés et suppression des facteurs de risque (tabac, etc.). Greffe cellulaire à l'étude.

■ **Artériosclérose.** Sclérose (du grec *skléros,* dur) artérielle sans préjuger de son origine.

■ **Athérosclérose.** Sclérose des artères due à l'athérome (du grec *athéré,* bouillie ; surcharge en graisse de la paroi). Cause essentielle des affections cardio-vasculaires. Siégeant en particulier au niveau des deux artères coronaires, des artères du cou et des membres inférieurs et de l'aorte, elle provoque leur durcissement et leur épaississement, une perte d'élasticité avec dépôt de substances lipidiques

Transfusion sanguine

■ **Quelques dates.** **XIIIe s.** Ibn an Nafis (1210-88) aurait découvert la petite circulation du sang. **1628** découverte de la circulation sanguine par William Harvey (Angl., 1578-1657). **Vers 1650** 1res transfusions sanguines entre animaux de la même espèce ou d'espèces différentes. **1667**-*15-6 :* 1re transfusion sanguine chez un homme avec du sang d'agneau, à Montpellier, par Jean-Baptiste Denis ; tentatives reprises en Europe, et surtout en G.-B. par Richard Lower et E. King, avec le sang d'autres mammifères ; souvent fatales, elles sont abandonnées. **1818** l'Anglais James Blundell (1790-1828) tente des transfusions interhumaines. **A partir de 1873,** avec les travaux de l'Allemand L. Landois (1837-1905) et du Français E. Oré (1828-90), les transfusions de sang animal sont pratiquement abandonnées (incompatibilité dénoncée par Prévost et Dumas). 2 obstacles entravent l'expansion des transfusions interhumaines : l'ignorance des groupes sanguins, source d'accidents hémolytiques graves, et la coagulation du sang immédiatement après son prélèvement. **1900** Karl Landsteiner (1868-1943) décrit les groupes sanguins A, B, AB et O et définit les lois permettant de transfuser sans danger d'un individu à un autre. **A partir des années 1940,** mise au point et amélioration des solutions anticoagulantes et préservatrices de sang. **A partir de 1960,** transfusion adaptée aux besoins spécifiques des malades, en tel ou tel composant du sang. **A partir de 1985,** contrôles systématiques multipliés (voir ci-contre) pour rendre plus sûre la transfusion dont les indications sont dans le même temps limitées au strict minimum. **Depuis le 1-4-1998,** obligation de « déleucocyter » (ôter les globules blancs) les produits sanguins.

■ **Principales indications.** **Hémorragies. Brûlures graves :** la peau brûlée laisse s'échapper le liquide plasmatique, et, en quelques heures, un grand brûlé peut perdre les 2/3 du volume de sa masse sanguine (de 10 à 20 % de son poids corporel) ; on injecte par perfusion des quantités importantes de plasma ou d'albumine. **Chirurgie :** les opérations thoraciques et la chirurgie du cancer du rectum entraînent une perte sanguine de 1 200 ml en moyenne, la chirurgie du cerveau plus de 500 ml, une opération de la hanche de 400 à 1 200 ml, sur le cœur de 7 500 à 10 000 ml. **Transplantations d'organes. Anémies. Syndromes hémorragiques par thrombopénie et infectieux par leucopénie :** injection de concentrés globulaires pour traiter les anémies, de globules blancs contre infection, de plaquettes ou de plasma contre hémorragies, de facteurs antihémophiliques en cas d'hémophilie A ou B, de plasma en cas de déficit complexe de coagulation.

■ **Techniques de prélèvement.** **Prélèvement de sang total :** le donneur (de 18 à 65 ans révolus) donne 3 fois/an (femmes) ou 5 (hommes jusqu'à 60 ans révolus, ensuite jusqu'à 65 ans révolus 3 fois/an) de 300 à 450 ml de sang. **Plasmaphérèse** (jusqu'à 60 ans révolus) : le sang est recueilli, centrifugé pour séparer le plasma des globules rouges qui sont réinjectés au donneur. Le plasma se reconstitue vite dans l'organisme, et l'on peut prélever jusqu'à 1 200 ml de plasma par mois. Du plasma on tire, par fractionnement : les immunoglobulines, les facteurs antihémophiliques, etc. **Cytaphérèse :** le sang du donneur (jusqu'à 50 ans révolus pour les globules blancs, 60 ans pour les plaquettes) est dérivé dans un système de circulation extracorporelle qui va prélever les seuls globules blancs ou les plaquettes. L'opération peut être renouvelée 5 fois/an (à 8 semaines d'intervalle). Un seul donneur peut fournir la dose pour laquelle la technique habituelle demande le sang d'une dizaine de donneurs ; ainsi, le risque d'infection pour le receveur est diminué. **Transfusion autologue (autotransfusion) :** le sang nécessaire à une opération chirurgicale est prélevé sur le sujet les semaines qui précèdent, ou, dans les interventions non septiques et hémorragiques, le sang perdu dans les plaies opératoires est récupéré, filtré ou lavé et retransfusé au malade.

■ **Organisation. Dans le monde :** *Croix-Rouge :* prélève le sang gratuitement. *Banques du sang privées :* rétribuent les donneurs, souvent selon la rareté de leur groupe sanguin. Dans certains pays pauvres (Proche-Orient et Amérique du Sud), un trafic est organisé. **En France : 1923** *1er centre de transfusion sanguine* créé à Paris (hôpital St-Antoine) par le Dr Arnault Tzanck. Les transfusions se font de bras à bras avec des donneurs indemnisés, on ne sait pas conserver le sang. **1952** *(21-7)* loi définissant l'utilisation thérapeutique des produits d'origine humaine et les principes de la transfusion. **1954** décret du 16-1 et arrêtés du 22-4 fixant l'organisation générale de la transfusion. **1977** *(11-7)* arrêté modifiant les précédents. **1984** *(15-5)* arrêté modifiant les précédents. **1993** *(4-1)* loi créant *l'Agence française du sang (AFS)* et le *Laboratoire français du fractionnement et des biotechnologies (LFB)*. Elle impose l'anonymat, le volontariat et la non-rémunération des donneurs de sang. Le « don dirigé » (à une personne déterminée) n'est pas admis, sauf en cas de groupe sanguin rarissime. Elle a tenu compte de la directive européenne no 89-381 (du 14-6-1989) concernant les produits sanguins d'origine plasmatique, désormais assimilés à des médicaments et devant donc être soumis aux règles de la pharmacopée. La distribution des composants obtenus par fractionnement du plasma (albumine, immunoglobulines, facteurs antihémophiliques, etc.) échappe ainsi depuis le 1-1-1995 aux centres de transfusion assurant seulement la distribution des produits sanguins dits *labiles* (sang total, concentrés érythrocytaires, plaquettes, plasma frais sécurisé ou viro-atténué). L'importation de composants sanguins plasmatiques industriels est soumise à autorisation de mise sur le marché. **1994** *(janv.)* déclaration obligatoire de toute contamination post-transfusionnelle. **1998** *(1-7)* loi : l'*Agence française de sécurité des produits de santé* reprend les fonctions normatives (définition de bonnes pratiques) et de contrôle de l'AFS. **Établissement français du sang (EFS) :** établissement public de l'État sous tutelle du ministre chargé de la Santé ; *prévu* par la loi du 1-7-1998, *créé* 29-12-1999. Opérateur unique de la transfusion sanguine, a remplacé le 1-1-2000 l'Agence française du sang (AFS, créée 1993). *Pt* (nommé pour 3 ans) : Christian Charpy (né 1959, ex-Pt de l'AFS). *Composition :* siège (100, av. de Suffren, B.P. 552, 75725 Paris Cedex 15) ; 18 établissements (dont 4 dans les Dom). *Effectifs :* 8 500 sur 213 sites transfusionnels. *Conseil d'administration :* représentants de l'État 11, des organismes d'assurance maladie 2, des hôpitaux publics et privés 2, des donneurs de sang 2, du personnel 2, des patients 1, personnalités qualifiées 2. *Budget : 2000 (est.) :* 3,5 milliards de F. **Institut national de la transfusion sanguine (INTS) :** groupement d'intérêt public. *Créé* 30-3-1994. *Dir. :* Pr Philippe Rouger depuis 11-7-1994. *Conseil d'administration :* Caisse nationale d'assurance maladie des travailleurs salariés (CNAMTS) 40 %, EFS 40 %, ministère de la Santé 20 %. **Laboratoire français du fractionnement et des biotechnologies (LFB) :** *créé* loi du 4-1-1993. *Dir. :* Étienne Eisenmann. *Regroupe* 2 centres de fractionnement (Paris, Lille). **Comité de sécurité transfusionnelle :** *créé* 1991. *Membres :* 3 professeurs de médecine.

■ **Contrôles.** En plus de nombreuses contre-indications au don du sang en France (dont insuffisance cardiaques et MST, notamment), les transfusés ne sont plus acceptés depuis septembre 1997. 1o) **Examens obligatoires sur les prélèvements :** dépistage de la syphilis (depuis 1956), recherche d'AgHBs (antigène hépatite B de surface, depuis déc. 1971), dépistage du sida (depuis le 1-8-1985), dosage des Alat (alanine aminotransférase, enzymes dont le taux augmente dans le sang en cas de maladie hépatique ; depuis avril 1988), recherche de l'AcHBc (anticorps anti-hépatite B « cœur » interne ; depuis 1988), recherche de l'AcVHC (hépatite C ; depuis le 1-3-1990), recherche de l'AcHTLV (human T cell lymphotrophic virus ; depuis le 15-7-1991), DGV (dépistage génomique viral) des virus VIH et VH (depuis le 13-10-2000). 2o) **Dépistages non obligatoires :** infections à CMV (Cytomegalovirus, responsables d'infections surtout pulmonaires chez les sujets immunodéficients ; sur prescription CMV négatif).

☞ La transmission humaine par transfusion sanguine de la maladie de Creutzfeldt-Jakob n'est pas prouvée.

■ **Risques.** **D'incompatibilité ABO :** 1 pour 53 000 unités ; accidents liés à la présence d'anticorps irréguliers dans 1 sur 47 000 ; **résiduel de contamination par transfusion** (est. INTS fin 1999) VIH, 1 sur 1 350 000 dons (1 sur 1 400 000 à fin 2000) ; de l'hépatite B, 1 sur 220 000 ; de l'hépatite C, 1 sur 375 000 ; de HTLV, 1 sur 5 millions de dons.

■ **Statistiques** (France). **Prélèvements de sang total, de plasmaphérèse et de cytaphérèse** (en millions) : *1963 :* 1,4 ; *70 :* 3 ; *80 :* 4,09 (0,11/0,02) ; *91 :* 3, 23 (0,57/0,04) ; *95 :* 2,55 (0,34/0,06) ; *98 :* 2,57 ; *99 :* 2,48. **Donneurs :** 1,5 million de bénévoles font chaque année 2,4 millions de dons (sang total) dont 200 000 obtenus par plasmaphérèse (récupération du plasma et réinjection de globules rouges), 66 700 dons de cellules par cytaphérèse. **Transfusés :** 500 000/an ; *cas de sida diagnostiqués et indemnisés :* 2 370 ; *vivant avec le VIH :* 1 089 dont ayant développé un sida 526. **Hémophiles :** selon la Fédération mondiale des hémophiles (FMH) 5 000 en 1990. Selon l'Association française des hémophiles (AFH) environ 3 000 possèdent – de 2 % de facteur anti-hémophilique et doivent être régulièrement traités. *Hémophiles contaminés par le sida* (au 30-10-2000) : 1 277, *décédés :* 510. **Contentieux notifiés à l'AFS :** *1996 (sept.) :* 600 dont (en %) VHC 67, VIH 30, VHC + VIH 3 ; *1998 :* 2 000.

☞ **% de cas de sida post-transfusionnel en France par rapport au total des cas recensés dans l'UE** (au 31-12-1998) : transfusés non hémophiles 54, hémophiles 18. Le Centre européen de surveillance épidémiologique du sida (Ceses) a, depuis, modifié son mode de publication des chiffres en procédant à des agrégations de populations qui rendent désormais impossible d'isoler le nombre de transfusés contaminés par pays et donc de souligner la tragique singularité de la France.

■ **Responsabilité des centres.** Obligation de sécurité : livrer un produit indemne de tout virus. **Assurance des risques :** de nouveau couverte [avait été exclue depuis le 1-1-1998 (sauf établissements de soins)]. **Indemnisation :** assumée par le *Fonds d'indemnisation des transfusés et hémophiles contaminés par le sida (FITH)* BP 115, 94303 Vincennes, *créé* 31-12-1991 : *au 31-10-2000 :* 4 497 dossiers examinés [dont transfusés 3 123 (dont victimes directes 2 787, par ricochet de transfusés 336), hémophiles 1 211, maladie de Willebrand 82, victimes par ricochets d'hémophiles et Willebrand 81] et 4 008 personnes indemnisées ; 6 269 millions de F engagés (dont 549 réservés pour les cas de sida déclaré) soit en moyenne 1,56 million de F/victime. Autre contamination : indemnisée si causalité avérée.

■ **Affaire du sang contaminé.** **1982** 3 hémophiles américains receveurs de produits sanguins sont contaminés. **1983**-*13-1* Jane Desforges, chercheur britannique, dans le *New England Journal of Medicine* recommande l'abandon immédiat, dans le traitement des hémophiles, des lots de sang composés d'apports trop nombreux pour être contrôlables. *-Févr.* 1re identification du virus VIH (appelé alors LAV) par une équipe du *Pr Luc Montagnier* (France). *-Mars* on découvre aux USA et en France que le virus peut être détruit par la chaleur. *-Juin* le CNTS (Centre national de transfusion sanguine) informe le ministère de la Santé que 6 hémophiles présentent les symptômes du sida. *-20-6* le *Pr Jacques Roux* (directeur gén. de la Santé), par circulaire no 569, alerte le corps médical et recommande, afin de les écarter du don du sang : « l'identification des personnes appartenant aux populations à risque : homosexuels ou bisexuels à partenaires multiples ; utilisateurs de drogues injectables par voie veineuse ; personnes originaires d'Haïti et d'Afrique équatoriale ; partenaires sexuels (femmes ou hommes) » et de procéder à un dépistage clinique. **1984**-*janvier* la communauté scientifique internationale acquiert la certitude que le sang transmet le sida. *-13-1* circulaire de Myriam Ezratty (dir. Administration pénitentiaire) : « Il apparaît possible d'augmenter le rythme des collectes dans les grands établissements ». *-Sept.* le *Dr Garretta* devient dir. gén. du CNTS. *-Novembre* rapport de la DGS (Direction générale de la Santé) : le *Dr Jean-Baptiste Brunet* reconnaît l'efficacité du chauffage. *-Décembre* enquête des Dr Pinon et Leibowitch communiquée à la DGS : « à Paris, 1 don du sang sur 200 est contaminé et systématiquement contaminant ». **1985**-*16-1* circulaire de la DGS recommandant aux centres de transfusion d'appliquer strictement la sélection des donneurs à risque. *-3-3* début du dépistage des dons de sang aux USA. *-12-3* note du *Dr Brunet* au *Pr Roux* : « Il est probable que tous les produits sanguins préparés à partir de pools de donneurs parisiens sont contaminés. » *-9-5* le ministère des Aff. sociales, suivi par celui du Budget, refuse de voir l'assurance maladie prendre en charge le test (surcoût de 200 millions de F pour la Sécurité sociale). On évoque la nécessité de ne pas aller trop vite pour ne pas favoriser le test américain. *-14-6 Le Monde, Libération, Le Matin* et *Le Quotidien du Médecin*, alertés par le Dr Leibowitch, dénoncent en « une » l'absence de dépistage des dons de sang et évoquent le blocage des tests Abbott au ministère de la Santé. *-19-6* à l'Assemblée nat., *Laurent Fabius*, PM, annonce la *mise en place du test de dépistage systématique et obligatoire* (effectif à partir du 1-8) pour les dons du sang. *-21-6* le test « Diagnostics Pasteur » est homologué. *-26-6* circulaire du *Dr Garretta* aux responsables du CNTS : « La distribution de produits non chauffés reste la procédure normale tant qu'ils sont en stock. » *-29-6* lettre du *Dr Bahman Habibi* (CNTS) cosignée par 12 responsables de la transfusion d'Ile-de-France au Premier ministre, demandant des « décisions d'application avec effet immédiat ». *-3-7* le Dr *Habibi* signe une note précisant que pour les séropositifs « les concentrés non chauffés doivent être utilisés jusqu'à l'épuisement des stocks ». *-22-7* rapport écartant la question des collectes de sang en prison « compte tenu de son caractère particulièrement sensible ». *-23-7* un arrêté décrète que les produits non chauffés ne seront plus remboursés à partir du 1-10 mais les lots contaminés sont toujours commercialisés. *-24-7* le test Abbott est homologué. *-26-7* le *Dr Duédari* envoie son rapport d'enquête sur le % de détenus porteurs du sida au Pr Roux et à Myriam Ezratty et *-2-8* à Philippe Calavia (conseiller de L. Fabius) et E. Hervé. *-1-8* **dépistage systématique** des dons selon dispositions d'un arrêté du ministre des Aff. sociales et du secr. d'État à la Santé du 23-7-1985. *-2-10* circulaire de la DGS : tout produit sanguin non contrôlé auparavant pour l'absence d'anticorps anti-LAV ne doit être ni délivré dans les établissements de transfusion, ni utilisé par les établissements hospitaliers sans contrôle. **1986**-*10-6* décret no 86-770 classant le sida parmi les maladies à déclaration obligatoire. **1988**-*15-1* pour Guy Berger, dir. de cabinet de Michèle Barzach (min. de la Santé), si l'Assoc. française des hémophiles estime qu'il y a faute du CNTS ou de l'État, elle doit attaquer en justice. *-3-3* Jean Péron Garvanoff, fondateur de l'Assoc. de défense des polytransfusés, assigne en justice le CNTS pour non-assistance à personne en danger. **1989**-*11-7 Plan Évin* d'indemnisation des hémophiles contaminés : les assureurs, l'Assoc. française des hémophiles et le CNTS créent un fonds privé de 170 millions de F pour indemniser les hémophiles contaminés s'ils n'engagent pas d'action judiciaire ; l'État y ajoute, sans cette condition restrictive, un fonds public (au maximum 100 000 F/victime vivante, 250 000 F pour la famille d'un décédé). 1 an après, 1 000 à 1 200 hémophiles auront opté pour cette voie amiable. *-11-8* note confidentielle du Dr Garretta à *Jean-Paul Jean* (min. des Aff. sociales) et au *Dr Jean-François Girard* (DGS) conseillant le rappel des 3 600 personnes vivantes sur les 7 200 transfusés contaminés par le sida. **1991**-*21-10* inculpation des Dr Garretta, Pr Roux, Dr Netter (*4-11* du Dr Allain). *-20-12* le tribunal administratif de Paris reconnaît la responsabilité de l'État pour la contamination d'un hémophile [indemnisation de 2 millions de F en réparation de la faute commise par l'État qui n'a pas interdit, à partir du 12-3-1985 (note du *Dr Brunet* au dir. de la Santé) la distribution de produits sanguins à partir de pools de plasma estimés contaminés]. Ce tribunal a situé entre le 12-3 et le 19-10-1985 la période pendant laquelle l'État pouvait être tenu pour responsable. *-23-12* création d'un nouveau fonds alimenté par l'État et par une contribution forfaitaire de 1,2 milliard de F versée par les assureurs : l'indemnisation varie selon l'âge à la contamination et le préjudice subi. Les familles conservent le droit de choisir la voie judiciaire ou, si une demande d'indemnisation est faite au FITH, de la contester devant la Cour d'appel de Paris. **1992**-*26-2* décret d'application de la loi du 31-12-1991 organisant une commission d'indemnisation et un conseil consultatif auquel participent les assoc. d'hémophiles et de transfusés. -*31-3* la Cour européenne des droits de l'homme condamne la France pour la lenteur des juridictions administratives à indemniser 1 hémophile contaminé en 1984 et décédé en 1992. -*22-6* début du *procès « du sang contaminé »* (fin le 5-8). -*27-7* maîtres Vergès et Dupont-Moretti déposent une plainte pour empoisonnement contre les responsables politiques en poste en 1984-85 (Laurent Fabius : PM, Georgina Dufoix : ministre des Aff. sociales et de la Solidarité, Edmond Hervé : secr. d'État à la Santé). -*23-10* Garretta et Allain condamnés à 4 ans et 2 ans de prison ferme. -*26-10* Allain fait appel. -*28/29-10* Garretta ayant regagné Paris est arrêté et écroué ; il ne fait pas appel. -*9-11* le ministère public fait appel. -*15-12* circulaire DGS du Dr Kouchner datée du 10-12 (dite circulaire « de Closet », l'animateur de l'émission « Savoir Plus » du 14-12) demandant aux établissements de soins d'organiser la recherche et l'information de leurs patients potentiellement contaminés à l'occasion d'une transfusion pratiquée avant la mise en place du test de dépistage des dons de sang en août 1985. -*20-12* le Parlement décide la mise en accusation des 3 ministres. -*Décembre* rapport de l'Igas : en l'absence d'interdiction, les collectes de sang se sont poursuivies dans certaines prisons : jusqu'en 1990 à Bastia et 1991 à St-Denis de la Réunion. Elles ne seront interdites qu'en 1993. **1993**-*5-2* la Haute Cour décide que les faits sont prescrits ; le Parlement est à nouveau saisi mais pour « homicide involontaire ». -*9-4* le Conseil d'État avance la période de responsabilité au 22-11-1984 au lieu du 12-3-1985. -*13-7* confirmation en appel des peines prononcées en 1992 contre Garretta et Allain. **1994**-*10-2* la CJR estime que les plaintes des hémophiles et des transfusés doivent recevoir la qualification « d'administration de substances nuisibles » qui n'est pas touchée par la prescription. -*21-6* Garretta mis en examen pour ingérence sur le plan financier. -*22-6* la Cour de cassation admet le principe de poursuites pour empoisonnement. -*Juillet/août/sept./octobre* plusieurs mises en examen pour empoisonnement (ou complicité) : -*5-8* Allain (libéré sous contrôle judiciaire le -8-8), -*9-9* Bahman Habibi, -*27-9* Georgina Dufoix, -*29-9* Edmond Hervé, -*30-9* Laurent Fabius, -*6-10* Pr François Gros, -*11-10* Pr Jean Ducos pour homicide involontaire. -*26-8* la Cour européenne des droits de l'homme condamne la France pour durée excessive de la procédure d'indemnisation d'un hémophile contaminé. **1995**-*15-5* Garretta libéré sous contrôle judiciaire. -*26-5* le Conseil d'État juge les centres publics responsables des dommages causés par la fourniture de produits contaminés, même sans faute de leur part. **1997**-*11-3* le procureur gén., J.-François Burgelin, demande le non-lieu (la responsabilité politique ne relève pas du droit pénal) ; la commission d'instruction décide de poursuivre son enquête. -*Déc.* 7 personnes mises en examen. **1998**-*7-5* le TGI de Metz condamne un centre de transfusion à verser 1 500 000 F à une transfusée contaminée par le virus de l'hépatite C. -*17-7* la Commission d'instruction renvoie les 3 anciens ministres devant la CJR pour « homicides involontaires et atteintes involontaires à l'intégrité des personnes » : « au moins 22 personnes » auraient été contaminées à cause du blocage du test américain Abbott (disponible dès avril 1985). **1999**-*9-2/9-3* procès des 3 anciens ministres devant la CJR (13 juges sur 15 sont des hommes politiques). Arrêt le 9-3. *Relaxés :* Laurent Fabius par 12 voix contre 3 ; Georgina Dufois par 10 voix contre 5. Reconnu coupable d'homicide involontaire et d'atteinte involontaire à l'intégrité physique : Edmond Hervé par 8 voix contre 7, mais dispensé de peine (art. 132-58 du Code pénal). Les victimes, ayant le simple statut de témoins, n'avaient droit ni à la parole durant le procès, ni à l'assistance d'un avocat, ni à l'appel du jugement prononcé (contrairement aux accusés). -*19-12* réouverture des débats suite à une lettre anonyme transmise par la juge Bertella-Geffroy : une ancienne collaboratrice de François Gros « aurait des choses à dire ».

Calcul des risques d'infarctus

Légende : (1) Nombre de parents ayant eu une maladie cardio-vasculaire. (2) Chiffre maximal. (3) Nombre de cigarettes par jour. (4) Par rapport au poids souhaitable en fonction de la taille. Homme et, entre parenthèses, femme. 1,50 m : 50 (50) ; 1,55 m : 54 (52,5) ; 1,60 m : 57,5 (55) ; 1,65 m : 61,5 (57,5) ; 1,70 m : 65 (60) ; 1,80 m : 72,5 (65) ; 1,85 m : 76,5 (67,5) ; 1,90 m : 80 (70) ; 1,95 m : 84 (72,5).

Sexe	Age	Hérédité[1]	Tension[2]	Tabac[3]	Régime	Poids[4]	Exercice
1 Femme – de 40 ans	**1** 10-20 ans	**1** aucun	**1** 10	**0** non fumeur	**1** Pratiquement sans beurre, huile, œufs	**0** – de 2,5 kg au-dessous	**1** Travail actif, exercices intensifs
2 Femme 40 à 50 ans	**2** 21-30 ans	**2** 1 parent à + de 60 ans	**2** 12	**1** cigare et/ou pipe	**2** Grillades, légumes, peu d'œufs et mat. grasses	**1** – de 2,5 kg à + de 2,5 kg	**2** Travail actif, exercices modérés
3 Femme + de 50 ans	**3** 31-40 ans	**3** 2 parents à + de 60 ans	**3** 14	**2** 10	**3** Normal avec œufs, sans fritures, ni sauces	**2** 3 à 10 kg au-dessus	**3** Travail sédentaire, exercices intensifs
5 Homme	**4** 41-50 ans	**4** 1 parent à – de 60 ans	**4** 16	**4** 20	**4** Normal avec quelques fritures et sauces	**3** 10 à 16 kg au-dessus	**5** Travail sédentaire, exercices modérés
6 Homme trapu	**6** 51-60 ans	**6** 2 parents à – de 60 ans	**6** 18	**6** 30	**5** Riche avec souvent fritures, sauces, gâteaux...	**5** 17 à 25 kg au-dessus	**6** Travail sédentaire, peu d'exercice
7 Homme trapu et chauve	**8** 61-70 ans	**7** 3 parents à – de 60 ans	**8** 20 ou +	**10** 40 et +	**7** Gastronomique avec beaucoup de sauces	**7** 25 à 32 kg au-dessus	**8** Manque total d'exercice

☞ Résultats : *6 à 11 :* risques très faibles. *12 à 17 :* faibles. *18 à 24 :* réels mais encore peu inquiétants. *25 à 31 :* faire attention, risques assez nets. *32 à 40 :* risques grands. *41 à 62 :* risques très grands, voir un médecin. (*Source :* Fédération française de cardiologie, 50, rue du Rocher, 75008 Paris). Il existe d'autres questionnaires. Le plus connu et le mieux validé scientifiquement est le questionnaire de Framingham (ville du nord-est des États-Unis) qui calcule un score de risque coronarien à partir de l'âge, du sexe, de la pression artérielle systolique, du rapport cholestérol/HDL et de l'existence de tabagisme, diabète et hypertrophie cardiaque à l'ECG.

et calcaires et rétrécissement voire occlusion. Causes : multiples et complexes ; *hypothèse infectieuse :* rôles possible d'un virus (cytomégalovirus) et plus discuté d'une bactérie *(Chlamydia pneumoniae).* Rôle majeur des lipides, du tabac et de l'hypertension artérielle. Décès : environ 70 000 par an en France. Fréquence : les hommes sont plus touchés que les femmes (1 pour 8), protégées par leurs hormones jusqu'à la ménopause. Facteurs de risque : hérédité directe (parents, fratrie), sexe (masculin à partir de 20 à 30 ans, féminin après la ménopause), obésité androïde (élévation du rapport taille/hanches), diabète, tabac, hypertension artérielle, sédentarité (absence d'un exercice physique régulier au moins 1 fois par semaine), hypercholestérolémie [surtout associée à un HDL cholestérol (voir encadré p. 130 a) abaissé], stress professionnel ou familial. Dépistage : *1°) tests sanguins :* pour les familles prédisposées (1 risque sur 2 d'avoir des anomalies lipidiques). *2°) Échotomographie artérielle :* en cas d'anomalie sérieuse décelée lors du bilan sanguin, recherche des premiers signes de dépôt sur des artères accessibles. *3°) Exploration indirecte* des artères coronaires : électrocardiogramme d'effort, complété au besoin par une scintigraphie pour les indications éventuelles d'opacification artérielle (coronarographie) et les sanctions de revascularisation qui peuvent en découler. *4°) Analyses génétiques :* pour les familles atteintes d'hypercholestérolémie de génération en génération, un premier bilan lipidique doit être effectué dès 25 ans. Il faut aussi rechercher les dépôts de cholestérol : dans la cornée, aux paupières et les dépôts de cholestérol au niveau des tendons. Cet examen devrait être systématique avec plus de 3 grammes de cholestérol.

■ **Infarctus du myocarde (« attaque cardiaque »).** Lésion du muscle cardiaque d'origine ischémique [(du grec *iskhein,* retenir, et *haima,* sang) : réduction très importante de l'apport de sang oxygéné dans une partie du cœur] due à une oblitération par caillot **(thrombose)** d'une des artères coronaires (nourricières du myocarde) ou d'une de ses branches, entraînant la *nécrose,* c'est-à-dire la mort, des cellules du myocarde qui ne sont plus oxygénées. La douleur ressemble à celle de l'angine de poitrine, mais elle est plus intense, plus étendue, plus prolongée. Elle s'accompagne parfois d'essoufflement, de troubles digestifs (nausées, éructation), de modification de la tension artérielle, et toujours d'une modification de l'électrocardiogramme. Dépistage : 35 % des infarctus peuvent échapper, dans un premier temps, à la vigilance des médecins, car la douleur peut se localiser dans l'abdomen ou rester diffuse (30 % des cas ; le taux des décès est alors 2 fois plus élevé que celui provoqué par des infarctus douloureux), voire être absente (chez les diabétiques en particulier). Si la crise est indolore, seul un état de choc peut la révéler. Un test permet de doser dans le sang du malade la troponine 1, protéine sécrétée par le muscle cardiaque dès qu'il est asphyxié. Autres dosages : transaminases, CPK (créatine phosphokinase), CPK MB, myoglobine. L'identification, en 1998, d'un gène impliqué dans la fibrillation ventriculaire idiopathique (cause 12 % des arrêts cardiaques) devrait permettre un dépistage précoce.

Traitement : médical : thrombolytiques à administrer précocement, dans l'ambulance médicalisée avant la 3e heure pour dissoudre le caillot ; chaque fois que possible désobstruction d'urgence par angioplastie par ballonet. On y associe repos au lit, héparine, antiagrégants plaquettaires, vasodilatateurs, inhibiteurs calciques, inhibiteurs de l'enzyme de conversion. Bêtabloquants qui réduisent les besoins en oxygène du myocarde, antiangineux, et inhibiteurs de l'enzyme de conversion permettent de réduire la mortalité ultérieure et la récidive d'infarctus chez les sujets ayant eu un premier infarctus grave, notamment s'ils sont âgés.

Prévention : les *statines* réduiraient de 30 % le risque d'infarctus pour les hypercholestérotémiques. La consommation d'eaux riches en magnésium permettrait de diminuer de 20 % la mortalité par infarctus. *(American Journal of Epidemiology.)* Voir aussi conseils p. 131 a.

Complications : jusqu'au 30e ou même 90e jour : risques de trouble du rythme ou de la conduction, rupture du foyer cicatrisé, insuffisance cardiaque. Mort subite.

Statistiques : 80 000 Français sont hospitalisés chaque année pour une attaque cardiaque. Le délai moyen d'arrivée à l'hôpital est de 8 h 24 min, 24 % des patients sont hospitalisés trop tard pour un traitement fibrinolytique (après la 6e h). La durée d'hospitalisation est de 10 à 12 jours, la convalescence de 3 à 4 semaines. 40 000 interventions de chirurgie cardiaque ont été réalisées (âge moyen 65 ans) dont 70 % de pontages aorto-coronaires. 51 000 personnes par an (dont 28 000 hommes) meurent d'infarctus (10 à 15 % des cas immédiatement, 10 à 15 % dans les jours suivants) : 50 % ont moins de 65 ans. *Dans le monde :* 6 200 000 † par an.

Autres maladies

■ **Anévrisme** (ou **anévrysme).** Dilatation d'une artère. **Anévrisme de l'aorte thoracique** (rare) : douleur, troubles de la voix et de la déglutition, difficultés à respirer, œdème. Traitement : repos, régime ; s'il est volumineux ou s'il grossit, traitement chirurgical. **Anévrisme de l'aorte abdominale :** beaucoup plus fréquent, avec menace de rupture ou d'embolies. Traitement : chirurgical si diamètre supérieur à 50 mm. Depuis 1992, pose d'un stent (endoprothèse) par voie endoartérielle (60 261 ont été réalisées en 1998 en France). **Anévrismes cérébraux :** d'origine congénitale ; surviennent chez des 20-60 ans en bonne santé apparente ; leur rupture fait 5 000 †/an en France.

■ **Artériopathie oblitérante des membres inférieurs ayant le plus souvent pour origine l'athérosclérose** (voir p. 127 c). Les artères iliaques ou fémorales durcissent et tendent à s'obstruer sous l'effet de dépôts calcaires, du cholestérol et du tabac. Claudication douloureuse (avec crampe du mollet ou de la cuisse survenant à la marche et imposant son arrêt, parfois impuissance), douleurs nocturnes avec ou sans troubles trophiques, risque de gangrène. Exploration des membres inférieurs par angiographie conventionnelle ou numérisée ou par scanner spiralée, et précédée par échographie Doppler. Traitement : soit médical (arrêt du tabac, marche, vasodilatateurs, antiagrégants ou anticoagulants, thrombolyse en cas de thrombose aiguë, traitement d'un diabète, de l'excès de lipides en général, association de cures thermales), soit chirurgical (section des nerfs sympathiques, pontage court-circuitant la portion d'artère malade avec un tube en textile synthétique ou une veine prélevée sur le malade), ou instrumental [angioplastie percutanée par dilatation, athéromectomie, angioplastie par laser et implantation d'endoprothèses (stent)]. Association possible de divers traitements. Atteindrait 700 000 Français.

■ **Bradycardies** (cœurs lents). Chroniques, permanentes ou intermittentes, dues à 2 types de lésions parfois associées : atteinte des voies de conduction *nodo-hissienne* (entre oreillette et ventricule) réalisant un *bloc auriculo-ventriculaire* souvent précédé d'un bloc de branche *(maladie de Lenègre* liée à une fibrose des voies de conduction*),* ou une lésion *sino-auriculaire* (20 à 30 % des cas) par anomalie, située plus haut entre le nœud sinusal et l'oreillette. Origine : congénitales, éventuellement associées à d'autres anomalies (communication interventriculaire, etc.). Rôle favorisant de certains médicaments (bêtabloquants, digitaline). Traitement : stimulateur, cœur artificiel.

■ **Collapsus cardio-vasculaire.** Effondrement de la tension artérielle, accélération du pouls dont l'amplitude faiblit, diminution de l'excrétion urinaire. Causes : *1°)* diminution de la masse sanguine circulante (choc hémorragique par exemple) ; *2°)* défaillance primitive de la pompe cardiaque (infarctus du myocarde massif par exemple). TRAITEMENT : *1er cas* : transfusions rapides et abondantes ; *2e cas* : drogues tonicardiaques. Assistance circulatoire.

■ **Dissection aortique.** Clivage longitudinal de la paroi de l'aorte (du fait d'une hypertension artérielle ou de la maladie de Marfan) ; caractérisée par une douleur thoracique intense. TRAITEMENT : chirurgical, en urgence ou retardé. Pronostic encore réservé.

■ **Embolie cérébrale** (voir **Thrombose cérébrale** col. c).

■ **Embolie pulmonaire.** Obstruction d'une artère pulmonaire ou d'une de ses branches, généralement par un caillot sanguin venant d'une veine des membres inférieurs ou du pelvis : migration d'un thrombus veineux vers le poumon à travers le cœur droit. TERRAIN : survient chez un sujet opéré, alité, ou chez une accouchée, surtout chez les porteurs de varices ou d'une maladie veineuse favorisée par une insuffisance cardiaque, l'obésité, le syndrome d'hyperviscosité sanguine, les anomalies génétiques des facteurs de coagulation, certains cancers, et, surtout, lors du 1er lever et après une immobilisation prolongée : syndrome thrombo-embolique de la station assise prolongée, décrit en 1940. *Exemple* : voyage en avion : 1/200 000 passagers (majorité de femmes) des vols supérieur à 12 h (en 1995-98, aux aéroports de Paris) sans compter les cas (50 à 70 %) survenus quelques jours, voire semaines, plus tard. PRÉCAUTIONS : port de bas de contention, injection d'héparine 2 h avant si risque très élevé, mouvements de flexion des pieds et contraction des mollets. TRAITEMENT : *préventif* : héparine à petites doses chez tout sujet alité, plâtré ou opéré, lever précoce ; *embolie de petite taille* : médications contre la douleur, héparine pour éviter les récidives ; *embolie massive avec état de choc* : héparine, tonicardiaques ; si échec : dissolution du caillot par les thrombolytiques ou extraction chirurgicale.

■ **Endocardite.** Inflammation de l'endocarde. **Rhumatismale** (poststreptococcique) : fièvre, tachycardie, souffles cardiaques d'origine valvulaire laissant des séquelles immédiates ou, souvent, plusieurs années après la crise de rhumatisme articulaire aigu. TRAITEMENT : pénicilline, anti-inflammatoires (corticoïdes). **Bactérienne** : infection bactérienne des valves cardiaques souvent déjà lésées par le rhumatisme articulaire aigu par exemple, ou par une anomalie congénitale ou dégénérative. Un foyer dentaire infectieux peut être à l'origine d'une greffe bactérienne sur les valves cardiaques. SIGNES : tout état fébrile survenant chez un patient porteur d'une cardiopathie soufflante peut faire craindre une endocardite bactérienne ou *endocardite d'Osler*. TRAITEMENT : hospitalisation pour recherche de germes dans le sang par hémocultures, puis antibiothérapie adaptée ; parfois intervention pour remplacer ou réparer la valve détruite par le processus infectieux.

■ **Hypertension artérielle.** CAUSES : rétrécissement congénital de l'aorte thoracique, hypertension artérielle d'origine rénale ou endocrinienne par hyperfonctionnement de la glande surrénale dans sa portion corticale ou externe (hypercorticisme), ou dans sa portion centrale (tumeur de la médullo-surrénale), ou phéochromocytome : le plus souvent sans cause reconnue (hypertension « essentielle », 90 % des cas). Association fréquente avec surcharge glucidique et/ou lipidique, cause d'une athérosclérose majorant le phénomène hypertensif par durcissement des parois artérielles. COMPLICATIONS MAJEURES AIGUËS : *rôle du pic hypertensif* : 1°) hémorragies (cerveau, rétine, oreille) ; 2°) thromboses par décollement d'agrégats plaquettaires adhérents aux plaques calcaires ou fragments de plaques elles-mêmes, dans n'importe quel territoire artériel. RAISONS : *1°)* l'hypertension conduit à une augmentation du travail du cœur dont le besoin en oxygène augmente. La quantité d'oxygène fournie par les artères coronaires peut devenir insuffisante, et entraîner une fatigue et une souffrance du muscle cardiaque ; *2°)* elle participe au vieillissement des artères du cœur : leurs parois s'épaississent et leur calibre intérieur diminue, au point de réduire ou d'interrompre le débit sanguin (conséquences : angine de poitrine, infarctus du myocarde, troubles du rythme et, à échéance variable, insuffisance cardiaque ou mort subite). Tension artérielle normale inférieure à 16/9 chez l'adulte. *Attention* : on peut être atteint sans ressentir de troubles accompagnateurs (impression de mouches volant devant les yeux, maux de tête, vertiges, bourdonnements d'oreille). Parce qu'on l'ignore ou qu'on la néglige, l'hypertension provoque des altérations graves et irréversibles, 10 à 15 ans après son apparition. TRAITEMENT : régime hypocalorique chez les obèses ; diurétiques ; inhibiteurs calciques, centraux ou de l'enzyme de conversion, des récepteurs de l'angiotensine ; bloqueurs du système sympathique des récepteurs β (et/ou α) ; repos et régime pauvre en sel ; suppression de l'alcool.

STATISTIQUES : **dans le monde** : *% d'hypertendus* [selon l'OMS (tension artérielle optimale 16/9,5)] : *18-24 ans* hommes 1,6 (femmes 1,1) ; *45-55 ans* : 18,9 ; *65-75 ans* : 30 (50). **Aux USA** : *prévalence de l'hypertension artérielle* (en %) : *à 30 ans* : 2,8 ; *50 ans* : 0,8 ; *70 ans* : 12,6 ; *80 ans* : 23,6. Elle est 2 fois plus élevée chez la femme que chez l'homme. **En France** : *% d'hypertendus* (tension artérielle 14/9) *sans antécédent coronaire* (étude Monica-France, 1985-89) : 37,4 % ; *chez les hommes par région* : Strasbourg 57 %, Lille 49 %, Toulouse 39 % (voir aussi p. 173 a). *Nombre* : de 7 à 8 millions (25 % l'ignorent, 30 % sont traités) dont 450 000 sévèrement. *Risque* augmenté de 30 % pour les enfants de personnes hypertendues. *Décès* provoqués directement ou indirectement : environ 30 %. Un homme hypertendu de moins de 46 ans court 10 fois plus de risques de mourir jeune (une femme 8 fois). Des traitements convenables font tomber ces taux à 3 et 2,5.

■ **Hypotension.** Beaucoup plus rare que l'hypertension. Peut provoquer vertiges et évanouissements.

■ **Insuffisance cardiaque.** Peut être ventriculaire gauche, droite, ou cardiaque globale. CAUSES : maladies coronaires, maladie valvulaire à opérer ; *myocardiopathies dilatées* : cause inconnue ; facteur génétique prouvé parfois. SIGNES : essoufflement, cyanose (oxygénation insuffisante du sang), œdèmes (gonflement du tissu sous-cutané ou d'autres organes dû à l'infiltration de liquide séreux). TRAITEMENT : repos, tonicardiaques, diurétiques, régime sans sel, vasodilatateurs, inhibiteurs de l'enzyme de conversion, bétabloquants, stimulation multiple voire transplantation. Cœur artificiel temporaire (Novacor). A l'essai : pompe artificielle implantable (Jarvik 2000, voir **greffes**). CAS (en France) : 500 000 (en 1991). FRÉQUENCE (en France) : incidence annuelle : 3 % des hommes de 30 à 60 ans ; 10 % de ceux de 65 à 94 ans. DÉCÈS (en France) : 50 000/an.

■ **Insuffisance mitrale.** Reflux anormal du sang du ventricule gauche vers l'oreillette gauche, lors de la systole à travers une valvule mitrale anormale, provoquant un souffle. Souvent associée au rétrécissement mitral (dans ce cas, *maladie mitrale*) : rétrécissement de l'orifice qui sépare oreillette et ventricule gauches, obstacle au passage du sang. CAUSES : rhumatisme articulaire aigu, parfois endocardite aiguë, dystrophie (prolapsus mitral ou *maladie de Barlow*), rupture au cours d'un infarctus du myocarde. TRAITEMENT : diurétiques, vaso-dilatateurs, tonicardiaques. En cas de rétrécissement pur : valvuloplastie par ballonnet ou commissurotomie mitrale ; en cas d'insuffisance mitrale : chirurgie de réparation ou de remplacement par valve mécanique ou bioprothèse. Si une opération intervient dans les 24 h (pose d'une plastie ou de valves à ailettes en carbone pyrolytique), très bonne espérance de vie, récidives rares (10 à 15 % des cas).

■ **Insuffisance veineuse.** La circulation veineuse bénéficie peu de la pompe cardiaque, mais un ensemble de forces s'ajoute pour le retour du sang jusqu'au cœur : pressions successives de la plante du pied riche en petites veines, lors de la marche ; contractions musculaires de la jambe et de la cuisse qui compriment les veines ; tonicité des parois veineuses qui se contractent et se dilatent faiblement mais activement ; valvules des veines qui empêchent le sang de refluer. Lorsque ces mécanismes sont contrariés, le sang stagne dans les veines, leurs parois se dilatent et des troubles fonctionnels se manifestent dans les jambes (lourdeurs, pesanteurs, crampes, démangeaisons). **Facteurs prédisposants** : *hérédité* ; *sexe* : les femmes sont plus touchées (une sur deux) ; *âge* : les signes apparaissent plutôt vers 40 ans. **Facteurs de risque** : *grossesse* : augmentation de la sécrétion hormonale responsable de la dilatation des veines. La prise de poids excessive peut aggraver le phénomène ; après l'accouchement, la plupart des troubles régressent. *Pilule œstroprogestative* et *progestatifs de synthèse* : surtout si associés au tabac. *Chaleur* : dilatation des veines (chauffage par le sol, bains trop chauds, sauna, exposition prolongée au soleil). *Station debout ou assise prolongée. Sports brutaux pour les jambes* (tennis, squash...). *Excès de poids* : en isolant les veines des contractions musculaires. **Facteurs bénéfiques** : *exercice physique* : provoque des contractions musculaires (marche, bicyclette). *Eau* : diminue les effets de la pesanteur et permet de maintenir une pression uniforme sur l'ensemble du corps (bain tiède en fin de journée).

■ **Maladie d'Adams-Stokes.** Décrite en 1827 par les Irlandais Robert Adams (1791-1875) et William Stokes (1804-78). *Bradycardie* : pouls lent (de façon intermittente ou permanente), 30 pulsations par minute, vertiges, syncopes (arrêt momentané du cœur et du pouls, pâleur, perte de connaissance, risque de mort subite). CAUSE : blocage de la conduction normale de l'influx entre oreillettes et ventricules (voir **bradycardies** p. 129 c). TRAITEMENT : stimulateur cardiaque définitif (utilisé couramment et de façon préventive) supprimant les risques de syncope et de mort subite, mais nécessitant une surveillance régulière et le changement de la pile tous les 6 à 8 ans. Sonde de stimulation mise en place par une veine brachiale à l'intérieur du ventricule droit et reliée à un stimulateur logé sous le muscle pectoral. Stimulateur double chambre.

■ **Maladie « bleue » (cardiopathies congénitales avec cyanose).** Malformations cardiaques : *tétrade, tétralogie de Fallot* [décrite par Étienne Fallot (Fr., 1850-1911)] : sténose pulmonaire, naissance anormale, « à cheval » entre les ventricules gauche et droit, de l'aorte et communication entre les 2 ventricules ; le sang artériel est contaminé par le sang veineux, d'où la cyanose ou teinte bleutée de la peau. TRAITEMENT : chirurgical palliatif : anastomose entre l'aorte et l'artère pulmonaire [1re opération par Alfred Blalock (Amér., 1897-1970) en novembre 1944 sur un enfant] ou réparation complète [1re opération de Clarence Walton Lillehei (Amér., né 1918) sur un enfant en 1955]. CAS (en France) : 1 000 naissances/an.

■ **Myocardite.** Inflammation aiguë du myocarde. Battements accélérés du cœur, arythmie, pouls et tension faibles.

■ **Myocardiopathie.** Affection fréquente : soit dilatée (voir **Insuffisance cardiaque** col. b), soit hypertrophique, souvent héréditaire, avec syncopes. Peut relever de la stimulation ou de la chirurgie. Sans cause reconnue. Plusieurs mutations géniques individualisées.

■ **Péricardite.** Inflammation du péricarde (séreuse à 2 feuillets entourant le cœur), sèche ou à épanchement. DIAGNOSTIC : par électro- ou échocardiographie, radiographie du thorax. Confirmation par ponction ou biopsie, soit pour diagnostiquer l'origine tuberculeuse, cancéreuse ou purulente, soit thérapeutique si un épanchement abondant gêne le remplissage ventriculaire (adiastolie). Péricardite *purulente* : drainage chirurgical et antibiotiques ; *tuberculeuse* : traitement antituberculeux ; *chronique constrictive* avec calcifications : traitement par chirurgie.

■ **Phlébite (thrombose veineuse).** Inflammation de la paroi d'une veine profonde accompagnée d'un ralentissement de la circulation sanguine qui favorise l'apparition d'un caillot appelé *thrombus*. TRAITEMENT : *préventif* : chez tout sujet alité, lever précoce ou kinésithérapie active, héparine à titre modéré ; *curatif* : HBPM (héparine de bas poids moléculaire) à dose correcte basée sur le poids, puis antivitamines K en relais de l'héparinothérapie.

■ **Rétrécissement aortique.** Obstacle valvulaire à la sortie du ventricule gauche dû à un dépôt de calcium sur les valvules aortiques. SYMPTÔMES : pertes de connaissance, douleurs angineuses à l'effort, essoufflement. TRAITEMENT : remplacement chirurgical de la valve malade (prothèse mécanique ou biologique). Une dilatation d'un rétrécissement aortique congénital a été faite pour la 1re fois avec succès en 1995 sur un fœtus *in utero* de 31 semaines par le Dr Michael Tynan à Londres, avec une sonde très fine à travers l'abdomen de la mère.

■ **Rétrécissement mitral** (voir **Insuffisance mitrale** col. b).

■ **Syncope** (voir **Maladie d'Adams-Stokes** plus haut).

■ **Tachycardie supra-ventriculaire** [mal de Bouveret (Léon, Fr., 1840-1911)]. *Tachycardie* (battements rapides) survenant par accès, début et arrêt brutaux, pouls très rapide, 160-180/min, et régulier. TRAITEMENT : digitaline, manœuvre d'expiration à glotte fermée (dite de Valsalva) permettant d'arrêter la crise, massage du sinus carotidien, ou compression des globes oculaires, injection intraveineuse d'un antiarythmique, l'Amiodarone (Striadyne). Certaines tachycardies dues à la présence d'un faisceau anormal (Kent) peuvent être traitées par ablation (cathéter intracardiaque et destruction du faisceau par radio-fréquence). **Tachycardie ventriculaire** : tachycardie sévère avec cardiopathie évoluée. TRAITEMENT : antiarythmique, fulguration, ablation par radiofréquence ou choc électrique externe, défibrillateur implantable si la vie du malade est en danger.

■ **Thrombose cérébrale** (coagulation du sang à l'intérieur d'une artère cérébrale) **et embolie cérébrale** (occlusion d'une artère cérébrale par une particule entraînée par la circulation : caillot sanguin détaché du cœur le plus souvent). Entraînent généralement un accident vasculaire cérébral ischémique avec éventuellement coma et paralysie (monoplégie, hémiplégie). TRAITEMENT : *thrombose* : vasodilatateurs cérébraux, hôpital ; maintien

■ **Cholestérol. Découverte** : *1815* par Eugène Chevreul (chimiste français, 1786-1889) dans les calculs biliaires. *1915* Victor Langen : corrélation entre taux de cholestérol et athérosclérose. *1970* étude d'Ancel Keys : lien avec l'alimentation. **Origine dans le corps** : 70 % synthétisé par le foie, 30 % venant de l'alimentation. Transporté par des particules, les lipoprotéines. Sert à reconstruire les membranes des cellules, permet la fabrication des hormones produites par les glandes génitales et surrénales. **Types** : à *basse densité* (LDL : Low Density Lipoproteins), encrasse les artères ; à *haute densité* (HDL : High Density) ou *« bon cholestérol »*, nettoie les artères. **Taux moyens recommandés** : cholestérol total < 2,00 g/l ; triglycérides < 1,50 g/l ; cholestérol HDL > 0,40 g/l (chez l'homme), > 0,50 g/l (chez la femme) ; LDL < 1,30 g/l ; Apo A1 ⩾ 1,20 g/l, B ⩽ 1,30 g/l. TRAITEMENT : médicaments (hypolipidémiants) comme les fibrates ou les inhibiteurs de la HMG-CoA réductase (statines). Importance probable de la Lp(a), athérogène et thrombogène (mais facteur de risque indépendant) de valeur péjorative, non modifiable par thérapie actuellement. Taux normal < 0,30 g/l. *Hypertriglycéridémie* traitée par réduction des apports sucrés et/ou du vin et des alcools, et en cas d'échec par des médicaments (fibrates ou huile de poisson). *L'hypercholestérolémie* est le plus souvent liée à un excès d'apport alimentaire associé à un défaut de métabolisme hépatique (plus de 50 % des hypercholestérolémiques ont un déficit en bon cholestérol) souvent génique. Elle peut aussi être secondaire à certaines maladies (hypothyroïdie, diabète, atteinte hépatique ou rénale). **Risque de subir un infarctus du myocarde pour un homme** (ou, entre parenthèses, **pour une femme**) **ayant une hypercholestérolémie familiale** (en %, *source* : OMS) : *avant 30 ans* : 5 (1) ; *à 50 ans* : 50 (15) ; *à 60 ans* : 85 (50). **Proportions de cholestérol en mg pour 100 g d'aliments** : *lait* écrémé 3, entier 14, crème 130. *Camembert* 140. *Emmenthal* 145. *Parmesan* 190. *Beurre* 260. *Œufs* : jaune 148 (1 gros jaune 300). *Viandes* (dégraissées) : bœuf 67 ; mouton 77 ; veau 84 ; ris de veau 225 ; foie de veau 400 ; rognon 400 ; cervelle 1 810. *Poissons* : morue 44 ; maquereau 80 ; hareng 85. *Huîtres* 200. *Crevettes* 226. Les céréales riches en avoine ont un effet hypocholestérémiant car elles contiennent du bêtaglucant. 3 pommes/jour pendant 2 mois peuvent faire baisser de 5 % le taux de cholestérol sanguin.

☞ Une molécule augmentant le HDL cholestérol a été testée avec succès sur des lapins par des chercheurs japonais en 2000.

des fonctions végétatives (respiration et circulation), surveillance du coma, réhydratation ; *embolie sans coma profond :* idem + héparine.

■ **Varices.** Aux jambes, petites varicosités fines et ramifiées venant de la dilatation de petits vaisseaux superficiels, puis varices bleuâtres plus ou moins saillantes. Ces veines très dilatées ne permettent plus le retour du sang. Voir **insuffisance veineuse** p. 130 b. COMPLICATIONS : *eczéma variqueux :* plaques rouges gonflées, avec de petites vésicules suintantes puis croûteuses. A traiter localement. *Ulcère variqueux :* ulcération ou plaie ouverte au niveau de la varice, souvent à la cheville ou au bas de la jambe où la pression veineuse est maximale. La cicatrisation peut être longue. *Rupture de varice :* sur des veines très saillantes et à l'occasion d'un choc, entraîne une hémorragie importante. *Dermite ocre :* structure des vaisseaux capillaires modifiée par la varice ; leur inflammation provoque des modifications de la peau et des tissus sous-cutanés de la partie basse de la jambe. *Phlébite :* voir p. 130 c. TRAITEMENT : *médicamenteux :* veinotoniques à base d'extraits végétaux (marron d'Inde, hamamélis, vigne rouge, ginkgo biloba...), de dérivés synthétiques de vitamines : vitamine P (tonifie le système veineux) ou flavomoïdes vasculoprotecteurs, cure thermale. *Sclérose :* injection au niveau de la varice d'un produit qui condamne la veine en l'obstruant. *Chirurgical* (environ 200 000 interventions/an en France) : stripping (sonde pour extraire la varice) récemment remplacé par l'éveinage (fil introduit dans la veine pour la retourner sur elle-même) ; phlébectomie ambulatoire (petites incisions pour extraire des segments de la veine atteinte) ; CHIVA (cure hémodynamique de l'insuffisance veineuse en ambulatoire) : ligatures effectuées sur le trajet de la veine obligeant le sang à s'orienter vers des vaisseaux sains : indiqué pour les sujets jeunes, sportifs et pour les lésions limitées. *Contention élastique :* par bandes élastiques amovibles ou adhésives ou par bas de contention.

Nota. – 1 % des Français sont atteints d'insuffisance vasculaire des membres, dont 14 % sont des variqueux (20 % d'entre eux n'ont aucune prédisposition familiale), 35 % après 40 ans, 65 % après 65 ans.

QUELQUES CONSEILS

■ **Alimentation. Excès alimentaires :** aggravent les prédispositions personnelles au diabète et au cholestérol. RAISONS : un régime riche augmente le taux des graisses et du cholestérol sanguin. Le fait de manger sucré, ou gras, est un moyen de manger trop. CONSEILS : limiter les excès (surtout graisses saturées, cholestérol et calories des viandes grasses, produits laitiers, jaunes d'œufs, pâtisseries), éviter graisses solides animales (beurre, lard) et boissons alcoolisées ou sucrées à valeur calorique élevée ; préférer viandes maigres, volaille, poisson, lait écrémé, fromage blanc, légumes, fruits, huiles végétales ; éviter l'excès de sel (ne pas dépasser 5 à 7 g par jour) : le chlorure de sodium a des effets hypertenseurs ; la sensibilité au sel varie d'une personne à l'autre, probablement à cause de différences génétiques. Les flocons d'avoine, accompagnant un repas riche en graisses, préviendraient la contraction vasculaire. **Régime crétois :** ne pas grignoter dans la journée ; de 2 000 à 2 500 calories par jour en 3 repas ; à chaque repas : pain, fruits ; pas plus de 3 verres de vin ; poisson 2 fois par semaine et légumes secs 1 fois, légumes verts tous les jours, cuisine à l'huile plutôt qu'au beurre. Un acide gras essentiel, l'acide alpha-linoléique, présent dans l'huile de colza, les noix, le pourpier et les escargots – dont les Crétois sont amateurs – aurait un rôle préventif. Voir **Obésité** p. 143 b et **Alimentation** à l'Index.

■ **Sédentarité** (non pratique hebdomadaire d'un exercice physique équivalent à 2 ou 3 heures de marche rapide). Le repos conduit à une diminution de volume du cœur et de la fréquence cardiaque. L'exercice physique dilate les vaisseaux du cœur, ce qui leur permet de mieux supporter un rétrécissement ou une oblitération éventuelle ; il développe le cœur : les muscles utilisent mieux l'oxygène apporté par le sang et, pour un effort donné, le débit est moindre et le cœur se fatigue moins ; il procure un équilibre meilleur, parce que dynamique, de la ration alimentaire ; il est un facteur d'équilibre psychologique, permettant de remédier au rythme accéléré et aux agressions de la vie moderne.

■ **Sports** (avec prudence chez les sujets menacés). En règle générale, conserver une activité physique progressive, régulière et contrôlée. *Sports pouvant être pratiqués sans surveillance* (hors des compétitions) : cyclisme, marche, golf, ski de fond (éviter froid intense et déclivités importantes) ; *sous surveillance :* aviron, équitation, tennis de table, ski alpin (mêmes précautions que pour ski de fond), natation (eau à environ 24 °C). *Sports interdits :* alpinisme, athlétisme, basketball, football, judo, ski de compétition (entraîne la consommation la plus importante de calories), squash.

■ **Tabagisme.** Voir à l'Index.

APPAREIL NERVEUX

GÉNÉRALITÉS

■ **Fonctions.** Le système nerveux est présent dans tout l'organisme (nerfs périphériques), mais la plus grande part de sa masse est regroupée en une formation centrale (cerveau et moelle épinière). On distingue 3 types de **fonctions : 1°) sensorielles,** recueillant les informations sur l'environnement et le milieu interne ; **2°) d'intégration** de ces informations, avec données antérieurement acquises pour déterminer les conduites à effectuer ; **3°) motrices,** assurant la réalisation des conduites choisies.

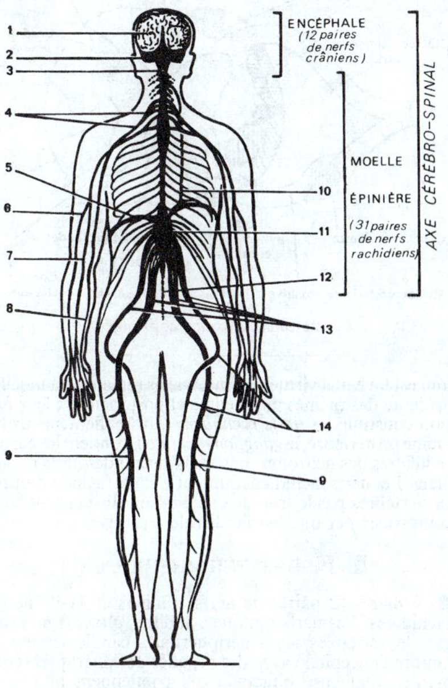

Système cérébro-spinal de l'homme :
1 cerveau. *2* cervelet. *3* bulbe rachidien. *4* plexus brachial. *5* diaphragme. *6* nerf radial. *7* nerf médian. *8* nerf cubital. *9* nerf sciatique. *10* nerf phrénique droit. *11* renflement lombaire. *12* filament terminal. *13* queue de cheval. *14* nerf crural (face antérieure de la cuisse).

STRUCTURE DU TISSU NERVEUX

1°) Cellules nerveuses proprement dites ou **neurones** (de 10 à 100 milliards). Dès leur mise en place avant la naissance, elles perdent la possibilité de se diviser[1]. Le vieillissement fait disparaître environ 50 000 neurones par jour à partir de 20 ans. Les lésions cérébrales ont un effet définitif[2]. **2°) Cellules gliales.** De 5 à 10 fois plus nombreuses que les neurones, elles continuent à se multiplier durant la vie. Elles sont disposées dans les interstices séparant les neurones, ou forment des gaines autour des prolongements neuroniques. Ces gaines sont à l'origine de la couleur blanche des nerfs et de certaines régions du système nerveux *(substance blanche).* Elles assurent un rôle de soutien mécanique et métabolique des neurones.

Chez les mammifères, la majorité des cellules du cerveau apparaît pendant le développement embryonnaire, ou peu après la naissance. Neurones et cellules gliales sont produits par la prolifération de cellules indifférenciées, localisées dans une étroite région qui tapisse les ventricules cérébraux.

Nota. – (1) La possibilité d'une multiplication (donc d'un renouvellement) des neurones, démontrée chez le singe, a été confirmée sur un petit nombre de cellules humaines d'une région de l'hippocampe, le *Gyrus dentalus* [revue *Nature Médecine,* nov. 1998]. (2) Les chercheurs espèrent obtenir un phénomène de réparation des tissus cérébraux à partir de cellules souches. Des cellules de la moelle osseuse ont été transformées en cellules neuronales.

NEURONES

■ **Structure.** Presque tous ont : un *corps cellulaire* pourvu d'un noyau et assurant le métabolisme et les fonctions du neurone ; des prolongements centripètes ou *dendrites* qui transmettent au corps cellulaire les informations périphériques qu'ils recueillent ; un prolongement centrifuge ou *axone* (de moins de 1 mm à 1 m de long) qui transmet l'influx nerveux prenant son origine au niveau du corps cellulaire lorsque l'excitation issue des dendrites atteint un certain seuil. Les *nerfs* sont constitués de l'association d'un grand nombre d'axones longs.

■ **Différents types. Sensoriels :** transforment en influx nerveux une information physique ou chimique, externe au système nerveux. Il en existe autant de types distincts que de sensations : vision, audition, goût, odorat, tact, douleur, chaleur, etc. **Moteurs :** certains aboutissent aux muscles dont ils provoquent la contraction ; d'autres ne provoquent pas de mouvement mais déclenchent des sécrétions de tous types. **Intermédiaires :** les plus nombreux, ils forment un ensemble de circuits plus ou moins spécialisés qui réalisent toutes les fonctions opératoires du système nerveux.

■ **Fonctionnement.** Au repos, la membrane du neurone présente une différence de potentiel entre sa face externe, chargée positivement, et sa face interne, chargée négativement. L'inversion de cette polarité au niveau dendritique ou somatique, produite par une perturbation physique ou chimique, se propage le long de l'axone et de ses ramifications terminales, parvient aux *synapses* (voir ci-après) et peut se transmettre à d'autres neurones. Ainsi naît et circule l'*influx nerveux.* Cette circulation transmet un message. **Vitesse de conduction :** dépend du diamètre de l'axone et des cellules gliales qui lui forment une gaine de myéline ; 100 m/s dans certains axones moteurs ; 50 m/s dans les axones de la sensibilité tactile consciente ; 1 m/s dans les axones fins de la sensibilité douloureuse. Dans les centres nerveux, à la transmission de l'influx nerveux d'un point à un autre s'ajoute l'opération sur les signaux (intégration, amplification, transformation d'un effet facilitateur en effet inhibiteur, etc.).

Articulations interneuronales : l'influx est transmis d'un neurone à l'autre au niveau de zones spécialisées *(synapses :* 10^{14} pour le système nerveux humain) grâce à une substance chimique libérée par le premier et reconnue par le second.

☞ **« Siège de l'âme » :** *Antiquité :* localisé généralement dans le cœur, le foie ou les reins ; par *Hippocrate* (Ve s. av. J.-C.) dans la tête ; par *Aristote* (IVe s. av. J.-C.) dans le cœur (le cerveau servant à refroidir le sang) ; théorie conservée malgré la découverte de fonctions du cerveau par *Galien* (IIe s.) jusqu'en *1628* lorsque *William Harvey* aura établi que le cœur est une pompe musculaire. *XVIIe s. : Descartes* tient pour point de contact entre le corps et l'âme l'épiphyse (glande pinéale), que les autopsies révèlent calcifiée. *Fin XVIIIe s. :* le cortex cérébral (matière grise entourant le cerveau) est identifié comme siège des fonctions intellectuelles par *Franz Josef Gall* (All., 1758-1828), qui montra les liens unissant les nerfs au cerveau. Gall fonda la **phrénologie** (science de la pensée). Il croyait que les contours du crâne reproduisaient ceux du cerveau, révélant ainsi les facultés mentales sous-jacentes. Or, cerveau et crâne sont séparés par l'espace sous-arachnoïdien où le liquide céphalo-rachidien [découvert en 1828 par *François Magendie* (Fr., 1783-1855)] protège le cerveau. Cependant, on continua jusqu'en 1907 à mesurer les protubérances crâniennes à l'aide d'un appareil électrique appelé phrénomètre.

MORPHOLOGIE

Le système nerveux comprend une *partie centrale* d'où partent et où parviennent des fibres nerveuses constituant les nerfs périphériques, le *névraxe* constitué par l'encéphale contenu dans la boîte crânienne et la *moelle épinière,* contenue dans le canal rachidien. Le terme de **cerveau** désigne l'ensemble de l'encéphale ou sa partie antérieure et supérieure, au-dessus de la tente du cervelet.

ENCÉPHALE

■ **Hémisphères cérébraux.** Formant presque tout l'encéphale, ils contiennent les 3/4 des neurones de l'organisme. Séparés par une fissure où s'étend le *corps calleux* (ensemble de fibres constituant la voie principale de communication entre les 2 hémisphères). Au centre de chaque hémisphère, une cavité, le *ventricule latéral.* Extérieurement, les hémisphères cérébraux dessinent des circonvolutions séparées par des sillons ou scissures. La scissure de Sylvius sépare les *lobes frontal et pariétal* en haut, du *temporal* en bas. Le sillon de Rolando sépare le *lobe frontal* (antérieur) du *pariétal* (plus postérieur). L'*occipital* est moins bien individualisé. Un 5e lobe, l'*insula,* se trouve au fond de la scissure de Sylvius.

Structure. Télencéphale : a) *externe* (ou *cortex cérébral*). Formée essentiellement de neurones dépourvus de *myéline,* elle apparaît grisâtre (*substance grise*). Certaines régions du cortex, dites *aires primaires,* sont directement reliées par des neurones sensoriels ou moteurs au reste du corps (muscles, organes...). On distingue les aires de la motricité, de la sensibilité corporelle, de la vision, de l'audition, du goût, de l'olfaction. Le reste du cortex forme les *aires d'association* permettant une coordination entre les aires primaires. La région plus centrale du cortex, au contact du corps calleux, constitue *le système limbique.* Relié aux aires d'association du cortex, aux structures du cerveau central viscéral, c'est le siège de la décision et du contrôle des émotions. Dans cette région, l'*hippocampe*[1] assure le contrôle de la mémorisation. **b)** *Sous-corticale,* dite *substance blanche :* faite d'axones provenant des neurones du cortex. **c)** *Profonde :* constitue les noyaux gris centraux *(noyaux caudé et lenticulaire* ou *corps striés).* D'autres noyaux centraux plus petits, comme le *noyau amygdalien* ou le *noyau du septum,* se rattachent au système limbique et contrôlent l'orientation du comportement vers l'action ou au contraire le retrait et l'inhibition motrice.

Nota. – (1) Doit son nom à sa forme qui évoque l'animal marin.

■ **Structures médianes. Diencéphale : a)** *thalamus* (ou *couches optiques*), relais essentiels sur les voies de la sensibilité. **b)** *Hypothalamus,* plancher du 3e ventricule se prolongeant jusqu'à l'hypophyse ; véritable cerveau viscéral réglant les équilibres physiologiques du corps : c'est le cerveau de la faim, de la soif, de la régulation thermique. Il est sous le contrôle du système limbique et contrôle le système nerveux autonome (voir p. 132 b) et l'ensemble des sécrétions de la glande hypophysaire. Il modifie l'équilibre du corps selon le contenu des processus psychiques.

☞ Le 14-4-1975, Karen Ann Quinlan ayant pris du Valium puis un analgésique, le Darvon, et bu du gin tonic fut, après un arrêt cardiaque et respiratoire, réanimée dans l'heure mais resta dans un coma profond. Son cas semblant désespéré, ses parents obtinrent d'un tribunal la suppression de l'assistance respiratoire qu'on lui prodiguait. En

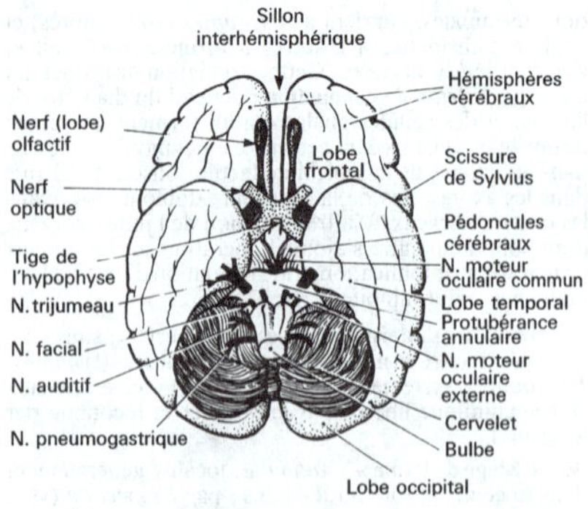

Face inférieure de l'encéphale

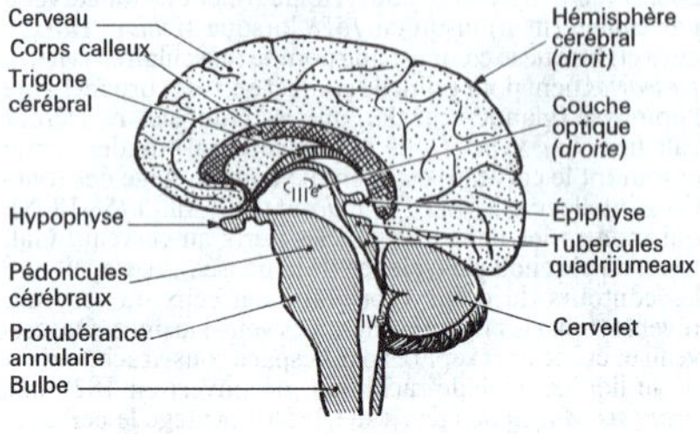

Coupe verticale et médiane de l'encéphale

■ **Poids du cerveau** (moyenne en g). Adulte homme 1 450 ; femme 1 300 (le cerveau des hommes n'est pas moins dense, mais possède davantage de cellules corticales : 23 milliards contre 19 milliards). A la naissance : 380. A 1 an : 1 000. **Poids du cerveau de quelques célébrités** (en g) : lord Byron (poète anglais) 2 300. Oliver Cromwell (lord protecteur d'Angleterre, d'Écosse et d'Irlande) 2 300. Tourgueniev (écrivain russe) 2 012. Bismarck (homme d'État prussien) 1 807. Cuvier (paléontologue français) 1 792. Thackeray (écrivain anglais) et Kant (philosophe allemand) 1 624. Schiller (écrivain allemand) 1 596. Dante (poète italien) 1 470. Trotski (politicien russe) 1 568. Robert Kennedy (politicien américain) 1 432. Janis Joplin (chanteuse américaine) 1 432. Marilyn Monroe (actrice américaine) 1 422. Howard Hughes (milliardaire américain) 1 400. Walt Whitman (poète américain) 1 256. Gambetta (politicien français) 1 092. Anatole France (écrivain français) 1 017. **Rapport poids du cerveau/poids total :** 1/50 (chez le chimpanzé 1/150), mais consomme 20 % de l'énergie libérée par les aliments ingérés.

1976, elle continuait à respirer. Elle ouvrait les yeux le matin et les fermait la nuit mais elle n'entendait pas, ne voyait pas et ne reconnaissait pas. En 1985, elle mourut d'infections pulmonaires massives. On analysa son cerveau : le thalamus (qui sert de relais aux sensations vers le cortex) avait été lésé (l'œdème cérébral causé par l'accident l'ayant, pense-t-on, privé de son irrigation assez longtemps pour que les zones concernées dégénèrent et meurent).

Mésencéphale : *pédoncules cérébraux :* traits d'union entre cerveau et bulbe ; formés d'axones ascendants de la sensibilité et d'axones descendants de la motricité. Formation réticulée, se prolonge jusqu'au bulbe et joue un rôle essentiel dans le contrôle des états de vigilance.

Rhombencéphale : a) *protubérance annulaire* ou *pont de Varole et cervelet :* jouent un rôle essentiel dans le contrôle de l'équilibre. Entre les deux se situe le 4e ventricule. Ils contiennent les noyaux d'origine des nerfs crâniens, situés en avant du 4e ventricule. **b)** *Bulbe :* constitution proche de celle de la moelle épinière qu'il prolonge. Ses noyaux moteurs ou sensoriels correspondent aux organes viscéraux et à la région céphalique.

On peut renforcer ou inhiber un médiateur synaptique et modifier ainsi le fonctionnement du système nerveux sans léser les neurones.

Moelle épinière

■ **Cordon blanc.** Environ 50 cm de longueur, 1 cm de diamètre, logé dans le canal rachidien (cavité centrale de la colonne vertébrale), mais plus court : il s'arrête à la 1re vertèbre lombaire.

■ **Substance blanche périphérique.** Formée de fibres axonales assurant la transmission de l'influx nerveux entre les différents étages segmentaires de la moelle et les centres de l'encéphale. Les voies motrices (faisceaux pyramidaux notamment) sont descendantes, les voies sensorielles ascendantes.

■ **Substance grise centrale.** Contient des corps cellulaires neuronaux regroupés en noyaux et étagés en segments. Ces corps cellulaires constituent des relais synaptiques sur le trajet des voies nerveuses en communication avec l'encéphale. Mais ils permettent, en outre, des jonctions courtes entre neurones sensoriels et moteurs, assurant les réflexes médullaires. Au centre se trouve le *canal de l'épendyme*

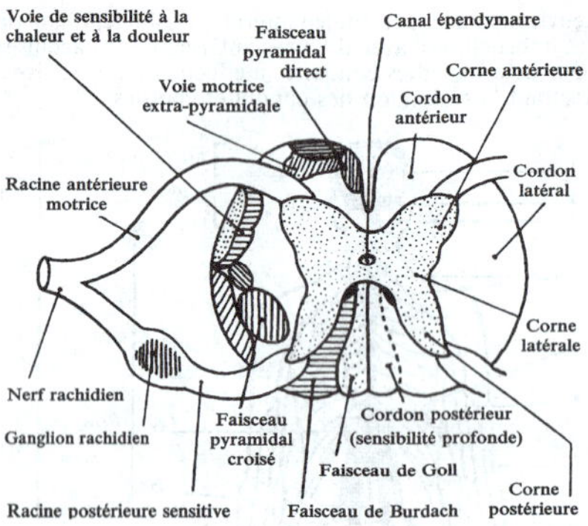

Moelle épinière (coupe horizontale)

(qui est un canal virtuel). A intervalles réguliers, la moelle présente des racines antérieures et postérieures ; leur fusion constitue les *nerfs rachidiens.* Un renflement sur la racine postérieure, le *ganglion rachidien,* contient les corps cellulaires des neurones sensoriels venant des nerfs rachidiens. Les nerfs rachidiens quittent le canal rachidien entre les vertèbres par le trou de conjugaison. Ils peuvent être comprimés par une hernie discale à ce niveau.

Nerfs périphériques

■ **Nombre.** 12 paires de nerfs crâniens et 31 de nerfs rachidiens. Les nerfs optiques, auditifs, olfactifs ne sont pas de véritables nerfs périphériques car ils servent à joindre l'encéphale avec des organes périphériques (œil, oreille, muqueuse olfactive) qui contiennent plusieurs étages neuronaux et constituent par eux-mêmes des centres nerveux. **Rôle.** Assurent la communication entre le névraxe et les zones périphériques de l'organisme.

Système nerveux autonome

L'innervation des viscères, qui assure les équilibres corporels et les adapte aux exigences du moment, est constituée par des systèmes relativement autonomes au sein du système nerveux général.

■ **1°) Système sympathique** ou **adrénergique** (le médiateur synaptique des fibres terminales en est la *noradrénaline*). Il s'articule avec le système nerveux central par des colonnes de substance grise contenue dans la moelle épinière, entre le 8e segment cervical et le 2e segment lombaire. Une lésion haute de la moelle soustrait le sympathique à toute action du cerveau et fait notamment disparaître l'émotion. Les neurones font relais dans les ganglions de la *chaîne sympathique latéro-vertébrale* et dans les ganglions prévertébraux regroupés en *plexus* (cardiaque, solaire, mésentérique et hypogastrique). Le système sympathique met l'organisme en état de dépense énergétique pour permettre une meilleure réponse aux exigences de l'environnement.

■ **2°) Système parasympathique** ou **cholinergique** (le médiateur synaptique des fibres terminales est l'*acétylcholine*). Il s'articule avec le système nerveux central par des noyaux situés dans le tronc cérébral ou dans la partie terminale de la moelle, au-dessus ou au-dessous des centres sympathiques. Les fibres parasympathiques font relais dans des ganglions, comme le ganglion *ciliaire,* ou dans des cellules ganglionnaires contenues par les viscères. Il est le système de la diminution des dépenses énergétiques et de l'orientation vers l'accumulation de réserves. Certaines fibres sympathiques se terminent au contact de cellules différenciées contenues dans les glandes surrénales et capables de libérer de grandes quantités d'adrénaline. Ce médiateur diffusant dans le sang facilite le passage synaptique des fibres sympathiques (état émotif très rapide).

Enveloppes et liquide céphalo-rachidien

■ **Méninges.** Enveloppe externe, **la dure-mère** fibreuse adhère au crâne, mais est séparée des vertèbres par la couche graisseuse de **l'arachnoïde** et enfin **la pie-mère,** au contact immédiat du névraxe dont elle suit les moindres replis ; entre arachnoïde et pie-mère, *l'espace sous-arachnoïdien,* cloisonné par des bandes fibreuses, communique avec les cavités des ventricules. L'ensemble contient le **liquide céphalo-rachidien (LCR)** : soustrayant le névraxe à l'action de la pesanteur, il amortit les chocs que peut transmettre la boîte crânienne. *Composition moyenne :* protéines 0,15 à 0,30 g/l. Glucose 0,40 à 0,70 g/l (2,2 à 3,9 mmol/l). Chlorures 7,10 à 7,50 g/l. NaCl (120 à 130 mmol/l). IgG < 0,09 g/l.

☞ A partir de 30 ans, le cerveau perd 2,5 % de sa masse tous les 10 ans et la quantité de LCR augmente (de 32 % chez les hommes, de 1 % chez les femmes).

Le professeur Kirschvink (California Institute of Technology) a établi la présence dans le cerveau d'oxyde de fer magnétique *(magnétite)* en très faible quantité. La magnétite rend les cellules vulnérables aux champs magnétiques (appareils électroménagers, câbles à haute tension) et favorise les cancers du cerveau, leucémies, troubles neuropsychiatriques. Le professeur Snyder a avancé l'hypothèse que le monoxyde d'azote (présent dans l'échappement des autos) jouerait un rôle identique à celui

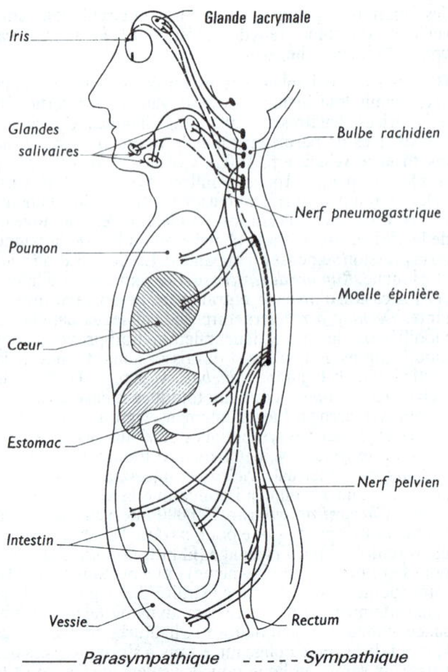

Systèmes sympathique et parasympathique
(chaque organe est innervé par les 2 systèmes)

de l'acétylcholine, l'anodrénaline, l'adrénaline, la dopamine... neuromédiateurs participant à la transmission de l'information entre les neurones dans le cerveau et dans tout le système nerveux.

D'après une étude franco-italienne publiée par la revue « Nature », le système nerveux produit une molécule de félicité *(anandramide)* dont le principe actif s'apparente à celui du chanvre indien.

Vascularisation cérébrale

Le cerveau consomme 25 % de l'oxygène utilisé par l'organisme au repos. Le drainage du sang veineux cérébral se fait par les **veines jugulaires** mais n'est pas empêché par une oblitération du système veineux supérieur du corps en raison d'anastomoses nombreuses. Un filtre (barrière hémato-encéphalique) entre le tissu cérébral et le contenu des vaisseaux permet de sélectionner les différents constituants du sang et il rend très difficile l'acheminement des médicaments dans le système nerveux central. 1 décès sur 6 est dû aux troubles vasculaires cérébraux. Toute oblitération ou rupture d'un vaisseau sanguin *(ischémie)* prive le cerveau d'oxygène *(anoxie)* et de glucose.

Fonctions neurologiques

Fonctions sensorielles générales

1°) Neurone sensoriel. Aucun excitant ne peut atteindre le système nerveux s'il ne stimule pas un neurone sensoriel qui le code en influx. Un neurone sensoriel est toujours plus sensible à un type particulier d'excitant, mais si l'énergie de l'excitant est suffisante, il y a réponse pour tout excitant et réponse identique (loi du *tout ou rien*).

2°) Centres perceptifs. Assurent l'intégration, la confrontation des données simultanées et successives des neurones sensoriels. Les centres perceptifs élémentaires, aires primaires perceptives du cortex cérébral par exemple, coordonnent les neurones d'un même champ perceptif. Les aires d'association coordonnent les données perceptives de natures différentes.

3°) Représentation perceptive. Exige l'apprentissage. Il y a soit reconnaissance d'un excitant déjà perçu, soit élaboration de conduites perceptives qui classent les objets perçus ou permettent leur reconstruction mentale en leur absence.

■ **Atteintes. Lésion** *de neurones sensoriels* (atteinte de la rétine, de la cochlée), ou des *premiers relais qui suivent ces neurones :* empêche toute perception dans le champ sensoriel atteint. **Syringomyélie** (lésion de la moelle épinière, voir p. 136 a) : fait perdre la perception de la douleur et de la température cutanée, mais le sens du tact est conservé.

■ **Maladies. Agnosie :** atteinte des centres perceptifs ; excitants et objets ne sont pas perçus mais les réflexes sensoriels persistent. **Aphasie sensorielle :** incapacité de donner un sens aux mots. **Asymbolie :** objets ou excitants sont perçus mais non identifiés. **Névralgies :** douleurs souvent violentes provoquées par l'inflammation des nerfs périphériques. *Névralgie faciale :* généralement localisée au niveau du maxillaire ; chez des personnes de 60-70 ans (1 cas pour 100 000 chaque année) ; traitement : médical ou, en cas de résistance ou d'intolérance (30 à 40 % des cas), chirurgical (avec ouverture de la boîte crânienne) ou percutané (thermocoagulation du ganglion de Gasser). **Prosopagnosie :** incapacité à identifier les physionomies.

Motricité

Le neurone moteur est la seule voie de commande du muscle. Des réflexes médullaires ou cérébraux favorisent la coordination des contractions musculaires. La *coordination des mouvements volontaires* adapte les mouvements d'une jambe à ceux de l'autre jambe. L'*oreille interne* et le *cervelet* règlent l'équilibre. Les *noyaux gris centraux* permettent les mouvements fins et ajustés. Les *aires corticales motrices* assurent la commande motrice, notamment la commande consciente.

L'apprentissage moteur favorise l'activité conjuguée des différents muscles mais est surtout indispensable pour ajuster la motricité aux données de la perception, essentiellement la perception visuelle.

■ **Paralysie.** Incapacité à effectuer un mouvement ; elle peut être *parcellaire* en cas d'atteinte des muscles *(myopathie)* ou du neurone moteur *(poliomyélite)* ; ou *étendue* en cas d'atteinte des centres de la motricité des 2 membres inférieurs par lésion de la moelle thoracique *(paraplégie)*, des 4 membres par lésion de la moelle cervicale *(tétraplégie)*, de la moitié droite ou gauche du corps par lésion de l'hémisphère cérébral opposé *(hémiplégie)*.

■ **Amyotrophie spinale infantile** (dite **maladie de Werdnig-Hoffmann**). Faiblesse et atrophie des muscles provoquées par une dégénération des neurones de la corne antérieure de la moelle épinière. Héréditaire, récessive et autosomique, n'apparaît que si les 2 parents transmettent le gène défectueux à l'enfant. Ce gène n'est pas porté par un chromosome sexuel. Formes les plus sévères : l'enfant meurt avant sa 1re année. Formes chroniques : d'une simple faiblesse musculaire jusqu'à une mort possible dans l'adolescence. Touche un enfant sur 5 000 et un sur 20 000 pour les cas les plus graves. Symptômes : hypotrophie et paralysie musculaires apparaissent quelques mois après la naissance ; touchent le bassin, les muscles de la ceinture, la nuque, puis les muscles des membres avant de gagner les muscles respiratoires, entraînant une mort rapide.

■ **Ataxie, dystonie, dyskinésie, chorée** (« danse de St-Guy »), **athétose.** Altérations et perturbations d'activités motrices.

■ **Apraxie.** Difficulté ou impossibilité de concevoir une activité motrice.

■ **Cinétose (mal des transports).** Dû à une perturbation de l'équilibre liée au mouvement du véhicule. Traitement : 30 min à 1 h avant le départ, antiémétiques, antihistaminiques (et anxiolytiques en cas de troubles psychologiques).

■ **Maladie de Parkinson.** *Paralysis agitans* (paralysie agitante) décrite en 1817 par le Dr James Parkinson (Anglais, 1755-1824) ; nom donné par Jean Martin Charcot (Français, 1825-93) vers 1860. Cause inconnue (hypothèse toxique, sans doute exogène, et/ou une prédisposition génétiquement déterminée). Trouble neuro-dégénératif progressif qui affecte les mouvements ou leur contrôle, en particulier la parole et le « langage du corps ». Caractérisé par la disparition prématurée de certaines cellules du cerveau qui entraîne une diminution de sécrétion d'un neurotransmetteur, la *dopamine*, qui intervient dans le démarrage, la prévision et l'exécution des gestes. Symptômes : tremblement de repos (quasi constant dans les formes authentiques de la maladie), raideur des membres, lenteur des mouvements. Le malade perd souvent sa capacité à communiquer. Personnes atteintes : *dans le monde :* 4 millions (estimation OMS 1990) ; *en Europe :* 1,6 % des plus de 65 ans ; *en France :* environ 100 000, 8 000 nouveaux cas/an (âge moyen de début : 55 ans ; touche 2 fois plus les hommes). Diagnostic : posé avant 40 ans dans 10 % des cas. Traitement : plusieurs médicaments effacent les manifestations cliniques sans stopper l'évolution de la maladie : la L-dopa (mise au point vers 1970) qui traverse la barrière hémato-encéphalique pour se transformer en dopamine dans l'encéphale, et ceux qui sont capables de stimuler efficacement les récepteurs cérébraux à la dopamine (agonistes dopaminergiques). *Stimulation cérébrale profonde :* pour certaines formes de la maladie, par implantation d'une électrode dans le cerveau et d'un stimulateur sous la peau en haut du thorax (poids 49 g, prix 50 000 F ; à mi-2000, 500 patients traités en France). *Recherches en cours :* implants de tissu cérébral fœtal (voir greffes de neurones p. 170 c) ; en 2000 thérapie génique (utilisant le virus du sida inactivé) réussie sur des singes. Adresse : *France-Parkinson,* 37 *bis,* rue La Fontaine, 75016 Paris.

☞ Des chercheurs américains ont provoqué une maladie de Parkinson chez des rats par des injections répétées de roténone, pesticide organique courant.

Mémoire et apprentissage

☞ **Mémoire phylétique** ou **mémoire d'espèce :** savoirs innés sur le monde extérieur, qui s'inscrivent sous contrôle hormonal dans le cerveau, depuis quelques semaines avant la naissance jusqu'à l'âge adulte. La plupart sont adaptatifs. Leur mise en place demande une période de maturation. Exemple : réaction de détresse à la douleur, la faim ou le froid ; certaines compétences maternelles.

Le nombre et la disposition des neurones dans les centres nerveux restent stables au cours de la vie et ne sont pas modifiés par l'acquisition de nouvelles conduites. Cependant, les modifications des dendrites et des synapses permettent une évolution des conduites ; les cellules gliales jouent peut-être un rôle dans la mémorisation.

■ **Organisation de la mémoire.** Parmi les informations reçues, nous sélectionnons celles nous paraissant intéressantes à retenir à plus ou moins long terme. Elles sont codées dans notre cerveau en fonction de notre organisation neuronale, puis stockées (trace mnésique, support neurobiochimique de la mémorisation). Mémoriser entraîne une augmentation du débit sanguin, du métabolisme cérébral et des synthèses protéiques. L'accès à des informations stockées est déclenché par un processus dit de « restitution » ou de « rappel ».

1°) **Mémoire implicite**[1] **:** *mémoire procédurale :* procédures d'action et de mouvement qui seront des automatismes ; *amorçage :* mémorisation d'images sans attention ; *mémoires sensorielles.* 2°) **Mémoire explicite**[1] **:** *sémantique :* sens des mots, concepts, connaissances élaborées, symboles ; *épisodique :* expériences vécues (dates, lieux, etc.), histoire personnelle ; *de travail :* mémoire active (informations permettant d'exécuter plusieurs tâches en même temps). La conscience est indispensable aux actes de mémoire explicite contrairement aux actes de mémoire implicite, mais un souvenir, même banni de notre conscience, peut toujours influer sur notre comportement.

Nota. – (1) Termes popularisés par Graf et Schacter.

☞ C'est grâce à l'amygdale, petite structure en forme d'amande dans notre cerveau, qu'on associe le plaisir ou l'aversion à un souvenir particulier. Située dans le lobe temporal médian, elle jouxte l'hippocampe impliqué dans l'acquisition et le stockage des souvenirs épisodiques. Les 2 systèmes interagissent : lorsque les événements passés sont influencés par les émotions, l'amygdale intervient pour renforcer leur stockage.

■ **Capacités de mémorisation du cerveau.** L'apprentissage et la mémorisation du souvenir s'expliquent par une modification limitée de l'organisation cérébrale antérieure. Le souvenir est reconstruit au moment de l'évocation à partir de quelques traces, grâce à des repères spatiaux et temporels qui ne sont construits qu'à partir de 3-4 ans.

La mise en jeu des structures du système limbique, spécialement de l'*hippocampe,* est nécessaire. Les souvenirs y sont stockés 3 à 4 ans (mémoire à court terme), avant d'être relayés dans le cortex (mémoire à long terme). La mémorisation demande quelques heures pour une fixation de longue durée. Le *rêve* permet de renforcer les traces mnésiques. La *réminiscence* fait qu'une leçon apprise le soir est toujours mieux sue le lendemain matin.

Principaux ennemis de la mémoire : 1°) *Certains médicaments :* véritables benzodiazépines, neuroleptiques, antidépresseurs tricycliques et, d'une façon générale, les anticholinergiques. 2°) *excitants :* alcool à forte dose, excès de tabac, de café, de thé, de vitamine C. 3°) *sommeil perturbé.* 4°) *sédentarité :* bien respirer et privilégier les exercices cardiotoniques car c'est le cœur qui envoie le sang au cerveau. 5) *nutrition inadéquate :* un régime pauvre en sucres lents, en acides aminés, en lipides polyinsaturés est nuisible pour le cerveau qui mémorise.

■ **Amnésie.** Défaut de la mémorisation de fixation (et non oubli, l'atténuation des souvenirs et des apprentissages qui ne sont pas évoqués de temps à autre est un processus normal). *Amnésie antérograde* ou *de fixation :* défaut de fixation des faits nouveaux, souvenir des faits anciens conservé ; *amnésie rétrograde* ou *d'évocation :* les faits mémorisés ne peuvent plus être évoqués ; *amnésie lacunaire :* perte du souvenir d'une tranche vécue, quelques dizaines de minutes le plus souvent. Causes : déficience des hippocampes, traumatisme crânien (exemples : électrocution brutale, accident de voiture...), lésions du thalamus et des corps mamillaires [*amnésie de Korsakoff* (Serge, Russe, 1854-1900)], accidents vasculaires cérébraux, carences nutritionnelles liées à l'alcoolisme, certaines intoxications médicamenteuses (tranquillisants, sédatifs, antidépresseurs...). Correspond généralement à la période qui a précédé un choc cérébral sévère avec perte de connaissance. **Ictus amnésique :** amnésie transitoire de cause et mécanisme inconnus. Apparaît brutalement, chez une personne de 50 à 75 ans dans 75 % des cas. Le malade oublie au fur et à mesure, il répète une question alors que l'on vient de lui donner la réponse, il ne se rappelle plus l'heure ni le jour. Le trouble disparaît spontanément en une demi-heure à quelques heures. Une amnésie persiste pour la période de l'ictus. Récidives rares.

■ **Ecmnésie.** Fausse impression de déjà-vécu, à l'origine des croyances de métempsycose. Ces troubles peuvent traduire des affections cérébrales mais se rencontrent souvent chez des sujets normaux en bonne santé.

■ **Paramnésie.** Fausse impression de déjà-vu.

États de vigilance

■ **Types.** Il y a 3 états de vigilance (*éveil, sommeil lent* et *sommeil paradoxal*), qui peuvent être reconnus et enregistrés au moyen d'un appareil, appelé polygraphe, et de capteurs (électrodes) qui sont placés sur le scalp, le pourtour des globes oculaires et le long des muscles du menton.

Éveil : caractérisé par un rythme électroencéphalographique compris entre 8 et 12 cycles, des mouvements des globes oculaires et des paupières et la présence d'un tonus musculaire. L'état de veille dépend au moins de 3 neurotransmetteurs : *noradrénaline, dopamine, histamine.*

Sommeil lent : dépend de la mise en jeu, déjà pendant l'éveil, de la *sérotonine* qui contribue ensuite à activer des systèmes inhibiteurs utilisant l'acide gamma aminobutyrique GABA. Divisé en 4 stades de profondeur croissante. L'activité électrique enregistrée sur le scalp devient de plus en plus lente, les globes oculaires ont des mouvements lents lors de l'endormissement puis deviennent immobiles, le tonus musculaire demeure. La fréquence cardiaque se ralentit, la pression artérielle baisse ; la fréquence respiratoire diminue, l'amplitude des mouvements respiratoires augmente. L'hormone de croissance est sécrétée au début du sommeil : les enfants qui dorment mal ne grandissent pas normalement. L'activité mentale comprend des hallucinations visuelles ou auditives lors de l'endormissement et des fragments de rêve par la suite.

Sommeil paradoxal : dépend de la mise en jeu de systèmes cholinergiques situés dans le pont et le bulbe. Il serait provoqué par un facteur synthétisé dans l'hypothalamus et le lobe intermédiaire de l'hypophyse, facteur qui mettrait ensuite en jeu un système bulbaire déclenchant à son tour différents systèmes exécutifs en majorité cholinergiques. Moment principal mais non exclusif du rêve. Activité électroencéphalographique voisine de celle du stade de l'éveil. Activité oculaire : mouvements conjugués des globes oculaires visibles sous les paupières demeurées closes. Tonus musculaire aboli sauf de brèves secousses intéressant les petits muscles du visage et des doigts. Fréquence cardiaque : ralentie. Pression artérielle : abaissée, mais avec de brusques irrégularités. Fréquence respiratoire : irrégulière, le diaphragme conserve une activité normale tandis que les muscles intercostaux deviennent inactifs. Débit sanguin central en hausse. Le pénis est en érection, le clitoris gonflé.

■ **Cycles du sommeil.** 4 à 5 de 60 à 100 minutes, les 2 ou 3 premiers comportant du sommeil lent profond (stades 3 et 4), les derniers épisodes de sommeil paradoxal étant plus longs. **Durée chez l'adulte : du sommeil lent :** 80 % de la durée totale du sommeil (dont *stade 1 :* 5 % ; *2 :* 50 % ; *3 et 4 :* 25 %) ; **du sommeil paradoxal :** 20 %.

☞ Pendant le sommeil, le corps perd de 28 à 42 g, la température baisse. 30 déplacements (en moyenne) sont effectués par nuit (14 minutes dans chaque position).

Droitiers et gauchers

■ **Causes.** L'homme possède un hémisphère cérébral privilégié différent à droite et à gauche : le *gauche* domine le droit pour les fonctions linguistiques et intellectuelles, le *droit* domine le gauche pour la sensibilité et la perception de l'espace et des formes. Presque tous les droitiers ont le centre du langage à gauche, de 20 à 30 % des gauchers ont le leur à droite. La majorité des gauchers garde un cerveau de droitier avec une différence : l'hémisphère droit contrôle aussi la main active (les réseaux nerveux des commandes motrices étant inversés, la main gauche est mue par l'hémisphère droit) ; par rapport aux droitiers, il s'agit d'une sorte de court-circuit : par exemple, au moment où *un joueur de tennis gaucher* voit le mouvement de son adversaire et celui où il répond, tout se passe dans l'hémisphère droit alors que le droitier doit effectuer un détour vers le gauche pour mettre sa main en mouvement. On peut normalement se servir de la main droite et être gaucher du pied, de l'oreille ou de l'œil.

La zone cérébrale qui contrôle le langage se situe essentiellement au niveau du planum temporal, à la partie profonde du lobe temporal gauche, chez les droitiers. Mais l'hémisphère droit intervient aussi chez eux dans l'organisation de la syntaxe, la régulation du débit de parole (fluence), les rythmes et les intonations (prosodie). La spécialisation hémisphérique se fait avant la naissance. La maturation cérébrale du nourrisson se poursuit ensuite. La dominance droite est extériorisée dès 5-6 mois chez beaucoup d'enfants, plus tardive chez d'autres. Être gaucher ou ambidextre n'est pas pathologique ; il faut laisser l'enfant choisir son côté préférentiel sans chercher à le « rééduquer » comme on le conseillait autrefois.

☞ Des recherches récentes contredisent la répartition hémisphérique des talents.

■ **Conséquences.** Les gauchers ont plus d'accidents que les droitiers. Selon le Canadien Stanley Coren et la Californienne Diane Halpern, les hommes droitiers vivent en moyenne 72 ans (gauchers 62), les femmes 78 (gauchères 73).

■ **Proportion de gauchers.** Environ 10 %. Chez les étudiants musiciens 15 %, les architectes 13 %, les scientifiques 4 %. Chez les enfants de droitiers 2,1 %, de 2 parents gauchers 46 %.

■ **Quelques gauchers célèbres. Acteurs, actrices :** Lenny Bruce, George Burns, Charlie Chaplin, W.C. Fields, Greta Garbo, Judy Garland, Betty Grable, Rex Harrison, Olivia De Havilland, Rock Hudson, Shirley MacLaine, Marcel Marceau, Harpo Marx, Marilyn Monroe, Robert De Niro, Kim Novak, Richard Prior, Telly Savalas, Rod Steiger, Kenneth Williams. **Criminel :** Jack l'Éventreur. **Écrivains :** Andersen, Lewis Carroll, Goethe, Heine, Nietzsche. **Escrimeurs :** au *fleuret,* les gauchers dominent pour les touches à courte distance où le temps de réaction est inférieur à 4 centièmes de seconde ; par contre, à « distance de fente », quand il faut viser mais que l'on a presque une seconde pour réagir, les droitiers s'imposent. Aux JO de Moscou en 1980, il y avait parmi les Français 8 gauchers sur 15 ; aux JO de 1968, la finale de fleuret masculin s'est disputée entre gauchers. **Footballeur :** Pelé shootait du pied gauche. **Hommes d'État :** Bismarck, César, Gerald Ford, Frédéric II, James Garfield, George VI, Napoléon, l'empereur Tibère, Harry Truman. **Musiciens :** Bach, Beethoven, Jimmy Hendrix, Paul McCartney, Paganini, Schumann. **Peintres :** Dufy, Holbein, Michel-Ange, Léonard de Vinci. **Savant :** Einstein. **Tennismen :** les droitiers préfèrent généralement jouer en fond de court avec des balles plus lentes. Les gauchers excellent au filet. Björn Borg, Ivan Lendl, Yannick Noah, Mats Wilander sont droitiers ; Jimmy Connors, Henri Leconte, John McEnroe, Martina Navratilova, Roscoe Tanner, Guillermo Vilas sont gauchers. **Divers :** Baden-Powell, Alphonse Bertillon, Benjamin Franklin, l'amiral Nelson.

■ Facteurs de l'organisation des états de vigilance

■ **Phylogenèse** (évolution des espèces animales). Chez tous les vertébrés, un rythme repos-activité peut être identifié, mais un véritable cycle veille-sommeil avec les 2 types de sommeil, lent et paradoxal, n'apparaît que chez les oiseaux et les mammifères. *Exception :* le dauphin de la mer Noire n'a pas de sommeil paradoxal et dort alternativement avec un hémisphère cérébral, puis avec l'autre, ce qui lui permet de venir respirer à la surface de l'eau toutes les 30 secondes environ, comme il en a besoin. La répartition et la durée des différents états de vigilance d'une espèce animale varient selon l'habitat, l'alimentation et le conditionnement des animaux.

■ **Ontogenèse** (développement de l'œuf fécondé à l'état adulte). **Fœtus :** son sommeil (analysé par échographie abdominale) est indépendant de celui de la mère. On note à 20 semaines une alternance d'activité et d'immobilité, à 28 l'apparition du sommeil agité (futur sommeil paradoxal), à 30 celle du sommeil calme (futur sommeil lent), à 36 une alternance régulière des 2 sommeils. Le sommeil agité représente avant le terme environ 65 % du temps de sommeil. **A l'accouchement,** le nouveau-né ne se réveille qu'au moment des contractions utérines les plus fortes et lors de l'expulsion. **Le nouveau-né** dort beaucoup (16 h sur 24 en moyenne). Il ne connaît pas le jour et la nuit. Le sommeil est morcelé en périodes de 3 à 4 h séparées par des périodes de veille. Il s'endort presque toujours en sommeil agité (50 à 60 % du sommeil total). **1 à 6 mois :** la périodicité jour-nuit apparaît à la fin du 1er mois ; la durée du sommeil de nuit augmente, les épisodes de sommeil de jour deviennent moins nombreux. **6 mois à 4 ans :** la durée de sommeil diurne diminue, l'enfant éprouve souvent des difficultés d'endormissement. **4 à 12 ans :** la durée totale de sommeil se réduit et l'enfant est très vigilant le jour ; la sieste disparaît entre 4 et 6 ans. **Personnes âgées :** durée totale de sommeil : de 7 à 9 h, mais le sommeil de nuit tend à se morceler et des périodes de sommeil de jour apparaissent souvent.

■ **Génétique.** Le sommeil est soumis à une influence génétique. Einstein dormait 10 h et plus ; Pline le Jeune, Napoléon, Wellington, Victor Hugo, Poincaré, Paul Doumer, Churchill dormaient de 3 à 5 h par nuit ainsi que Margaret Thatcher. Le sommeil des grands et des petits dormeurs n'est pas structuré de la même manière. La quantité du stade 2 est beaucoup plus grande chez les grands dormeurs, celles du stade 1 et du sommeil paradoxal un peu plus élevées. La quantité des stades 3 et 4 (sommeil de récupération) est égale dans les 2 groupes.

■ **Chronobiologie.** Le cycle veille-sommeil est soumis à l'influence de *synchroniseurs* (en allemand : *Zeitgeber*) : lumière et obscurité[1] et, de façon prédominante chez l'homme, les variations du niveau d'activité sociale. **Variations circadiennes** (autour de 24 h) : dans les conditions normales d'entraînement par ces synchroniseurs, l'endormissement se produit lors de la diminution de la température centrale (maximale à 17 h et minimale vers 3 h), et le réveil lors de l'augmentation de la température, ce qui explique les variations de la durée de sommeil selon l'heure du coucher : *pour un coucher entre 21 h et 23 h :* 7 à 9 h ; *à 7 h :* 4 à 5 h ; *entre 18 h et 20 h :* jusqu'à 11 h. **Variations semi-circadiennes** (2 fois par 24 h) : il existe une phase de propension au sommeil, entre 13 h et 15 h (l'heure normale de la sieste), sans relation avec le repas de midi, en complément de la phase principale de propension au sommeil le soir entre 22 h et 0 h. **Variations ultradiennes :** de périodes inférieures à 24 h, dont la plus typique est l'apparition toutes les 100 min environ du sommeil paradoxal la nuit.

Nota. – (1) 15 % des aveugles, qui ont perdu la partie opsine (photorécepteur impliqué dans la vision) de leur rétine, gardent la zone cryptochrome (photorécepteur impliqué dans la régulation des rythmes circadiens) et jouissent d'un cycle circadien normal. Il s'agit alors d'une cécité perceptive mais non photique.

☞ **Une équipe** américaine a identifié et cloné le 1er gène (appelé *Clock*) impliqué dans la régulation des rythmes biologiques chez les mammifères.

■ **Environnement. Température :** le nombre et la durée des éveils augmentent à haute et à basse températures. La quantité de sommeil paradoxal est diminuée, proportionnellement, plus à basse qu'à haute température, et la quantité de sommeil lent profond, plus à haute qu'à basse température. Si la température de la chambre se situe entre 16 et 25 °C, celle du lit sera à 30 °C environ. **Altitude :** le sommeil à *haute altitude* est marqué au début par une réduction du sommeil lent profond et de fréquentes réactions d'éveil. **Bruit :** il entraîne une altération subjective et objective du sommeil. La plainte subjective disparaît après quelques nuits et l'architecture du sommeil se normalise progressivement. Par contre, la réponse du rythme cardiaque au bruit pendant le sommeil demeure perturbée.

■ **Hypnotiques.** La plupart des hypnotiques, barbituriques, benzodiazépines, modifient la structure du sommeil. Le stade 2 du sommeil lent augmente, le stade 4 diminue de façon durable et le sommeil paradoxal de façon transitoire. Les hypnotiques récents (cyclopyrrolones, imidazopyridines) modifient peu la structure du sommeil.

☞ 60 % des retards scolaires en primaire sont dus à des manques de sommeil. 30 % des femmes et 25 % des hommes qui font la sieste chaque jour dorment mal la nuit.

■ Troubles du sommeil

■ **Insomnie.** Définie par la présence d'au moins 1 des troubles suivants : difficulté d'endormissement (plus de 30 minutes), éveils nocturnes (au moins 2 de plus de 20 min/nuit), réveil précoce (1 h avant l'heure choisie, au moins 3 fois/semaine depuis au moins 1 mois). Effets : irritabilité, performances diminuées, somnolence. L'insomnie associe le plus souvent un trouble du sommeil et un trouble de la perception du sommeil, le sujet surestime généralement son délai d'endormissement et le temps passé éveillé. Traitement : bonne hygiène de sommeil, chimiothérapie (anxiolytiques, hypnotiques, antidépresseurs), relaxation, biofeedback, déconditionnement. Statistiques : occasionnelle 30 à 40 % ; chronique 5 à 15 % [touche plus les femmes ; 50 % liées à des problèmes psychologiques (anxiété, dépression)] ; sévère 9 %.

■ **Somnolence diurne excessive (hypersomnie).** Causes : insuffisance ou excès de sommeil, horaires de sommeil irréguliers, prise de médicaments hypnotiques dont l'effet se prolonge le jour ; support génétique vraisemblable. Le syndrome d'apnées du sommeil (SAS : de 1 à 2 % des dormeurs) et les maladies de la vigilance [*narcolepsie-cataplexie* (décrite en 1880 : désorganise les cycles du sommeil en plongeant directement le patient en sommeil paradoxal, d'où atonie musculaire complète, avec risque de chute si le patient est debout ; touche 15 000 à 20 000 Français ; hypothèse, faite en 2000, d'un déficit en hypocrétine, un neurotransmetteur), *hypersomnie idiopathique, hypersomnie récurrente*] sont moins fréquentes mais responsables de somnolence diurne sévère. Traitement : dépend de l'étiologie. Requiert une investigation spécialisée. Modafinil, molécule dérivée de l'adrafinil (efficace sur la vigilance), prescrit sous certaines conditions aux hypersomniaques et aux narcoleptiques. Statistiques (en France) : atteint 5 % de la population ; responsable d'environ 30 % des accidents mortels de la route.

■ **Épisodes paroxystiques du sommeil** ou **parasomnies.** Rassemblent *énurésie* (voir p. 144 a), *terreurs nocturnes, somnambulisme* (1 personne sur 16 est, ou a été, somnambule). Fréquents dans l'enfance, ils disparaissent plus tard dans la majorité des cas.

■ **Troubles du rythme veille-sommeil.** Se signalent par une somnolence invincible pendant les heures d'activité, et une incapacité à trouver le sommeil pendant les heures de repos. Types : 1°) *troubles du rythme veille-sommeil* induits par le choix ou l'obligation d'être éveillé et de dormir en opposition avec les synchroniseurs (travail posté, vols transméridiens) ; 2°) *altérations endogènes du rythme veille-sommeil* correspondant à une absence pathologique de contrôle des synchroniseurs (syndromes de retard ou d'avance de phase du sommeil, rythme veille-sommeil différent de 24 h).

☞ Les changements d'heure (voir p. 258 c) retentissent sur les rythmes veille-sommeil et les capacités de vigilance et d'attention des enfants (il faut à la plupart des enfants plusieurs semaines pour reprendre des rythmes réguliers et adaptés).

■ **Conseils pour mieux dormir.** Se coucher uniquement quand on ressent le besoin de dormir. Se lever si l'on ne peut s'endormir au bout de 20 minutes ou durant la nuit et entreprendre une activité calme (lecture, musique), en attendant que les signes du sommeil reviennent (picotements, lourdeur de la nuque, bâillements). Se coucher et se lever aux mêmes heures (renoncer à la grasse matinée). Ne pas faire la sieste. Dormir dans une chambre fraîche, bien sombre et silencieuse. Avoir une literie ni trop dure ni trop molle. Ne pas pratiquer d'activité physique ou intellectuelle intense dans l'heure ou les 2 heures précédant le coucher, éviter excitants (café, thé, alcool) et repas trop copieux. Prendre un verre de lait chaud avant le coucher. Couvrir mains et pieds.

☞ *Cliniques du sommeil :* unités spécialisées dans certains CHU.

■ **Privation prolongée de sommeil.** Un quart du sommeil perdu sera récupéré dans les nuits suivantes. Le stade 4 du sommeil lent, le plus important, sera récupéré à 65-70 %, le sommeil paradoxal à 40-45 % et les autres stades du sommeil lent dans une proportion très faible. **Privation totale de sommeil :** à San Diego, Randy Gardner (17 ans) est demeuré 264 h sans dormir ; à la fin de son « record » il a tenu une conférence de presse, puis a dormi 14 h 40 min. La nuit suivante il dormit 10 h 25 min et la 3e nuit 8 h 55. On a noté une augmentation importante de l'absorption de nourriture et une diminution de la température centrale (d'environ 1 °C), mais aussi une altération des fonctions cognitives : vigilance, performances psychomotrices, élocution. Les fonctions végétatives, cardio-vasculaires, respiratoires, neurologiques résistent remarquablement.

■ **Ronflement chronique (ronchopathie).** Causes : la relaxation musculaire engendrée par le sommeil, la position sur le dos entraînent un rétrécissement du conduit pharyngé. Quand on inspire, l'air, en tourbillonnant, se fraie un passage forcé provoquant une vibration sonore du voile du palais (partie flottante que termine la luette ; chez le ronfleur, le voile est trop long et la luette souvent trop développée), l'intensité pouvant atteindre 70 décibels [1]. Le ronflement s'accroît avec l'âge, qui suscite un relâchement de la peau, des muqueuses et des muscles. L'obésité, l'absorption d'alcool, le tabac ou un repas copieux le facilitent. Il est souvent confondu avec le raclement, qui résulte d'une obstruction des fosses nasales empêchant de respirer par le nez. Effets : le ronfleur fait des efforts respiratoires plus grands, il peut s'éveiller fatigué avec mal à la tête. Complications : le ronflement facilite une somnolence diurne excessive, des troubles hémodynamiques (hypertension artérielle) ou des accidents vasculaires. Il est associé à des pauses respiratoires (apnées : voir p. 138 c) responsables d'une diminution de l'oxygénation du cerveau et parfois des troubles du rythme cardiaque. Traitement : intervention chirurgicale : *uvulopalatopharyngoplastie,* ou UPPP, qui consiste à élargir le pharynx en supprimant la partie basse du voile mou du palais, ainsi que la luette. Méthode indolore, par échauffement électrique, expérimentée à l'hôpital Bicêtre. Statistiques : 25 % des Français ronfleraient.

Nota. – (1) Pour l'entourage, le volume sonore dans une chambre à coucher ne devrait pas dépasser 35 dB.

■ Fonctions végétatives du cerveau

■ **Régulation.** Le cerveau assure la régulation des grandes fonctions végétatives, notamment la faim et la soif, le contrôle de la température centrale. Cette régulation dépend de fonctions innées et d'éléments acquis. La sensation de faim est déclenchée par la diminution des réserves énergétiques (sucre) au niveau des cellules. L'entretien de la prise alimentaire dépend des mécanismes complexes en partie appris.

■ **Anorexie.** La perte de l'appétit est normalement provoquée par les états d'alerte, ce qui explique la sensibilité de l'appétit à l'anxiété. **Anorexie du nourrisson :** liée le plus souvent à l'anxiété associée au déroulement du repas ; rarement grave. **Anorexie mentale :** négation de la faim : l'anorexique a un besoin d'avoir une maîtrise quelconque sur sa vie et ne pense y arriver qu'en refusant de satisfaire les demandes normales de nourriture de son organisme. Il a la conviction d'être gros. Touche habituellement l'adolescente (10 filles pour 1 garçon) ou la jeune femme. Manifestations : l'aménorrhée est souvent le 1er signe ; dénutrition entraînant modifications endocriniennes et métaboliques secondaires et des fonctions physiologiques. Poids corporel inférieur de 15 % à la normale ou *Index de masse corporelle de Quételet* (voir p. 121 a) inférieur ou égal à 17,5, provoqué par le refus des aliments considérés comme faisant grossir, associé fréquemment soit à des vomissements provoqués, soit à une utilisation excessive de laxatifs ou à une pratique exagérée d'exercices physiques, de coupe-faim ou de diurétiques. Hyperactivité, changement de caractère, troubles dans la perception du corps, refus quasi total d'accès à l'acte sexuel, état dépressif. Conséquences possibles : déshydratation, désordres hormonaux, déficits en minéraux essentiels, atteintes des organes vitaux, ostéoporose, décès.

■ **Boulimie.** Du grec *bous,* bœuf et *limos,* faim. Désir incontrôlable d'ingurgiter, rapidement et en cachette, d'énormes quantités de nourriture très calorique ; puis, le plus souvent, purge en se faisant vomir ou en utilisant des laxatifs. Symptômes : humeur dépressive, sentiment de culpabilité, anxiété. Conséquences : déséquilibre des fluides et des électrolytes, problèmes neurologiques, pneumonies par aspiration, dégâts dentaires, traumatismes de l'œsophage. L'anxiété, l'état dépressif, l'intolérance aux frustrations et à la solitude peuvent pousser au suicide. Plus on laisse la maladie se développer, plus les risques de mortalité suite à des complications médicales augmentent. Cas en France : 150 000 à 200 000 (10 femmes pour 1 homme).

☞ Adresses : *Gefab (Groupe européen pour les anorexiques, les boulimiques et leurs familles),* Maison des sciences de l'homme, 54, bd Raspail, 75270 Paris Cedex 06. *Boulimiques anonymes,* 6, rue Rougemont, 75009 Paris.

■ Relations psychosomatiques

Trois processus résument les relations entre psychisme et équilibres corporels : le contrôle du degré d'éveil cérébral, et celui de l'équilibre des systèmes neurovégétatifs et des équilibres hormonaux, notamment des hormones surrénaliennes comme la cortisone.

Les troubles psychosomatiques liés à la persistance exagérée de la mise en alerte de l'organisme reflètent la fatigue de l'organisme dans cet état.

■ Fonctions du « moi »

Le système limbique paraît en être le siège principal. La neurophysiologie permet d'isoler : un contrôle de l'humeur et des émotions ; un contrôle des processus de décision, orientés vers un choix parmi plusieurs conduites possibles ou vers un remaniement des conduites anciennes pour les adapter à des situations nouvelles ; une orientation de la conduite vers l'initiative motrice ou vers des attitudes d'inhibition et de retrait.

De nombreux troubles neurologiques ou mentaux comme la dépression, les troubles de l'humeur, la perte de l'initiative motrice (au cours de la maladie de Parkinson), peuvent s'expliquer par un dérèglement de ces fonctions cérébrales qui contrôlent l'exercice du moi.

■ Fonctions cognitives supérieures

Assurées par le cortex du néo-cerebrum. Le déroulement de la pensée est lié à une activité perceptivo-motrice qui s'effectue dans le cerveau, sans recours aux objets extérieurs, remplacés par une image perceptive, et l'action motrice du sujet sur les objets étant remplacée par une action sur l'image. Neurologiquement, la *pensée* ne diffère pas fondamentalement des conduites perceptivo-motrices. Cependant certaines fonctions supérieures ne se traduisent pas immédiatement en termes de conduite.

■ **Fonction symbolique.** Correspond avant tout au langage (mais il existe des symboles non verbaux, par exemple visuels). **Langage :** on distingue : un *code phonétique* adapté aux possibilités d'expression vocale du larynx et d'analyse de l'oreille ; un *système de concepts* construit peu à peu par expérience et conservé par la succession des générations ; un *lien arbitraire,* propre à chaque langue, entre un mot et le concept qu'il désigne.

La construction des concepts, la mise en équivalence d'images mentales différentes impliquent l'activité corticale dans son ensemble. La manipulation du code phonétique est une fonction particulière effectuée par la zone du langage, aux confins du lobe temporal et du lobe pariétal de l'hémisphère gauche.

Aphasie : défaut de langage lié à une atteinte de la zone du langage.

Cécité verbale : perte du sens des mots à la lecture, liée à une atteinte du cortex cérébral situé en arrière de la zone du langage.

Dyslexie de l'enfant : trouble spécifique d'apprentissage lié à différents dysfonctionnements neuropsychologiques et/ou cognitifs. Trouble le plus souvent isolé, et persistant, d'accès au langage écrit chez 5 à 10 % des écoliers normalement intelligents. Syndrome à distinguer des déficiences mentales légères et des difficultés transitoires et réversibles d'accès au langage écrit (difficulté d'apprendre à lire à 6 ans pour 8 à 10 % des enfants atteints). Diagnostic : une dyslexie est souvent précédée d'une difficulté à utiliser le langage oral. Dans l'apprentissage de la lecture : *persistance de certaines erreurs ; confusions visuelles* (« n » et « u ») *et auditives* (« c » et « g ») indistinctement prononcés ; *inversions* répétées de lettres ou syllabes : « tort » lu « tro » ; *omissions :* face à un mot comme « fil », l'enfant va le simplifier en lisant « il » ou « fi » ; *assimilations :* « soudain » lu « souzain », la 2de syllabe étant assimilée à la 1re ; *méconnaissance des graphies complexes :* « berceau » prononcé « berko » ; *persistance des fautes* lors d'un exercice de copie ; *compréhension du texte,* le plus souvent bonne, décalée par rapport à leur lecture, souvent inintelligible. Adresses : *Apeda France, Association de parents d'enfants en difficulté d'apprentissage du langage oral et écrit,* 3 bis, av. des Solitaires, 78320 Le Mesnil-St-Denis. *Association Coridys (Coordination des intervenants auprès des personnes souffrant de dysfonctionnements neuropsychologiques),* 7, av. Marcel-Pagnol, 13090 Aix-en-Provence. *Association Dyslexia,* 274, bd Raspail, 75014 Paris. *Fédération nationale des associations de parents d'enfants dyslexiques (Apedys-France),* impasse de la pente, Jouy-le-Moutier, 95280 Cergy. *FLA (Féd. fr. des troubles spécifiques du langage et des apprentissages),* 26, av. de Lamballe, 75016 Paris. *Union nationale France dyslexie dysphasie,* hôpital Trousseau, unité psychopathologie, 26, av. du Dr A.-Netter, 75571 Paris Cedex 12.

Types de dyslexie : selon le fonctionnement, anormal ou non, de la voie analytique ou de la voie globale, ou des deux. Conséquences : d'origine non psychologique, elle induit souvent des difficultés pédagogiques et psychoaffectives. Peut se compenser partiellement mais les sujets resteront mauvais lecteurs et dysorthographiques.

☞ *Quelques dyslexiques célèbres :* Hans Christian Andersen, Hugues Auffray, Richard Chamberlain, Tom Cruise, Einstein, Pascal Jardin, Jacky Steward.

Dysphasie de développement : trouble persistant de structuration du langage oral, avec déviances phonologique et syntaxique persistantes, chez l'enfant normalement intelligent. Adresses : *Avenir-Dysphasie,* 20 bis, av. Carnot, 78100 St-Germain-en-Laye. *Traitement et amélioration des dysphasies de développement (TADD),* 88, rue du Grand-Faubourg, 28000 Chartres.

■ **Raisonnement.** Les lobes frontaux assurent la communication entre les structures du moi et les fonctions cognitives. L'altération des faisceaux reliant les lobes frontaux et les structures du moi pourrait expliquer la *schizophrénie.*

■ **Conduites intellectuelles générales.** La fonction n'est pas localisée. Il existe une certaine corrélation entre le volume cérébral et l'efficience intellectuelle aux tests mentaux. Des tests (attention, abstraction, mémorisation, compétences verbales...) sont pratiqués. Exemples pour le jeune enfant : tests de Mac Carthy, WPPSI, de Griffiths. Au-delà de 6 ans : tests de Wechsler, de Kauffmann ABC.

■ **Débilité mentale.** Insuffisance intellectuelle constitutionnelle. Causes : débilités sévères [arriération mentale (les termes d'imbécillité, d'idiotie, de crétinisme ne sont plus guère utilisés)]. Lésions cérébrales. Débilités légères : influences sociales, variance constitutionnelle.

■ **Démence.** Insuffisance intellectuelle acquise. Principales causes : alcoolisme et sénilité (voir **démence sénile** p. 136 c).

Maux de tête

■ **Céphalées.** **Siège :** douleurs locales au niveau du crâne, de la nuque ou de la face ; parfois unilatérales, ou généralisées. **Sensations :** brûlure, picotement, fourmillement, écrasement... **Causes :** Céphalées de cause générale : une *infection* (exemple : rhume ou grippe) déclenche des maux de tête et une fièvre, éventuellement des insomnies, vertiges ou saignements de nez. Céphalées dites « de tension » (au sens de tension nerveuse) : engendrées par l'anxiété ou par un état dépressif. Douleur généralement peu intense et le plus souvent chronique. Difficiles à diagnostiquer car variables d'un sujet à l'autre. Dues à une intoxication : monoxyde de carbone (appareil de chauffage ou chauffe-eau défectueux), fumée d'incendie, alcool éthylique. Céphalées quotidiennes, souvent le matin. Douleur localisée à la nuque et autour du crâne, s'accompagnant souvent de fatigue, de troubles visuels et d'hémorragies nasales. Cause neurologique : céphalée brutale « en coup de tonnerre » de l'hémorragie méningée ; céphalée, s'aggravant en quelques jours, des méningites, tumeurs ou abcès du cerveau ; ophtalmologique : céphalées liées à l'effort visuel prolongé en cas de mauvaise correction ; céphalée orbitaire, avec douleur à l'œil, du glaucome aigu ; otorhinolaryngologique : céphalées des sinusites aiguës avec fièvre et écoulement nasal ; cervicale : rares, l'arthrose cervicale ne donne que très rarement mal à la tête. Nombreuses autres causes diverses.

■ **Migraines.** **Nom :** du latin *hemicrania* (moitié du crâne). **Manifestation :** mal de tête violent qui atteint d'abord une seule partie du crâne, puis devient diffus et oppressant. **Origine :** rattachée aux spasmes des artères cérébrales. Crise en 2 étapes : brusque constriction des vaisseaux suivie d'une dilatation réflexe prolongée qui stimule des terminaisons du nerf trijumeau et qui provoque la douleur : phénomènes liés à des substances chimiques présentes dans le cerveau, qui provoquent les désordres vasculaires et inflammatoires (histamine, sérotonine), ou qui interviennent dans le message douloureux (substance P). Les crises, entrecoupées de périodes non douloureuses, durent plusieurs heures, généralement 1 jour, parfois 2 à 3 jours, revenant à intervalles variables. **Symptômes :** brusque fatigue, modification de l'appétit, changement d'humeur, troubles de l'attention et visuels, vertiges, sensation de malaise, avec engourdissement, frissons et courbatures. Souvent le malade, irritable, ne supporte plus le bruit (phonophobie) ni la lumière (photophobie). Dans les accès sévères, vertiges, nausées ou vomissements. Migraines ophtalmiques : douleur précédée pendant environ 20 minutes par des signes visuels importants : taches et zigzags lumineux, brouillards, perturbations du champ visuel.

Cause : maladie héréditaire à gènes multiples (dont un a déjà été identifié) et soumise à de nombreux facteurs d'environnement qui interviennent dans le déclenchement des crises : *cycle menstruel :* avant le début des règles, il se produit une baisse du taux d'œstrogènes dont la répercussion sur la circulation sanguine induit fréquemment une crise migraineuse ainsi que des douleurs abdominales ; souvent les contraceptifs oraux évitent ces troubles. *Facteurs individuels :* soucis, contrariétés, surmenage entraînant un stress qui peut provoquer une crise. *Conditions météo :* vent, froid, brusque variation de température. *Odeurs* fortes de certaines plantes ou parfums. *Origine alimentaire* (discutée) : allergie à des aliments (œufs, chocolat, fraises, certains poissons ou crustacés, fromages fermentés, certains alcools, glaces, charcuteries, hot dogs, etc.) ; repas trop riches et trop copieux et mélanges de boissons alcooliques favorisent les « gueules de bois » ; jeûne (saut d'un repas, notamment petit déjeuner). Traitement : appliquer de la glace sur le crâne, s'allonger dans le noir ; boire du café (contenant beaucoup de caféine : type robusta). *Médicaments : antalgiques* ou *analgésiques* pour calmer la douleur ; *anti-inflammatoires non stéroïdiens ; dérivés de l'ergot de seigle, triptans* (sumatriptan, zolmitriptan, naratriptan : efficaces à 60-80 %). Nombreux traitements de fond possibles pour espacer les crises mais pas de guérison définitive.

Statistiques (France) : *nombre de migraineux :* 5 à 7 millions, soit 12 % de la population adulte (les crises commencent avant 25 ans) ; 25 % des femmes de 30-50 ans. *% de femmes :* environ 80 %. *Traitement :* sur les 53 % de femmes ayant au moins 2 crises mensuelles, 50 % ne consultent pas et 30 % ne se sentent pas prises au sérieux par leur médecin. 70 % des migraineux abuseraient des antalgiques. *Coût* (est. 1993) : 5 milliards/an (1 % de la consommation totale de médicaments).

☞ Adresse : *Action migraine,* 74-80, rue Roque-de-Fillol, 92800 Puteaux. *Centre d'urgences céphalées,* hôpital Lariboisière, 2, rue Ambroise-Paré, 75010 Paris.

Maladies du système nerveux

■ **Affections héréditairement transmises.** Plusieurs centaines identifiées. Exemples : *affections évolutives avec risques de transmission de 25 % :* leucodystrophies, gangliosidoses, mucopolysaccharidoses ; *de 50 % chez le garçon* (liée à l'X) : adrénoleucodystrophie, dystrophie musculaire progressive ; *de 50 % quel que soit le sexe :* **maladie** (ou **chorée) de Huntington** [décrite en 1878 par George Huntington (Américain, 1851-1916) complétant les descriptions de son père et son grand-père], apparaît entre 30 et 50 ans : mouvements involontaires, difficultés d'élocution, troubles du comportement évoluant inexorablement en 10 à 20 ans vers une détérioration intellectuelle et le décès par cachexie. Chaque enfant a 50 % de risque d'être atteint. Cas : 6 000 en France. *Essais en cours :* thérapie génique ; greffe de neurones de fœtus humains prélevés dans la zone du cerveau concernée, le *striatum* (sur 5 greffés, 3 patients améliorés) ; médicaments prometteurs chez l'animal. Adresse : *Association Huntington France,* 44, rue du Château-des-Rentiers, 75013 Paris.

Affections non évolutives avec risques de récurrence : **mongolisme** ou **trisomie 21** (voir p. 168 a) ; la plupart des aberrations chromosomiques. *Sans récurrence :* toutes les maladies résultant d'une mutation *de novo* chez le malade, alors que les parents sont indemnes. Connaissances enrichies grâce à la biologie moléculaire (dépistage anténatal en progression).

■ **Affections dégénératives.** Dégradation plus ou moins rapide, intellectuelle ou motrice, survenant chez des sujets jusque-là en bonne santé, quel que soit leur âge. Génétiques et familiales (leucodystrophies) ; d'origine virale. Formes encéphalitiques du **sida, maladie de Creutzfeldt-Jakob** (voir p. 136 b), **maladie de Kuru** (voir p. 160 c) ou mécanisme inconnu (voir **maladie d'Alzheimer** p. 136 a).

■ **Affections toxiques** ou **toxiniques. Botulisme :** lié à la consommation de conserves avariées. Intoxications par métaux lourds, arsenic, plomb, manganèse, thallium. **Tétanos :** frappe en France environ 500 à 600 personnes par an (de 30 à 40 % de mortalité, dont 40 % dans les 10 premiers jours). 11 % présentent des séquelles. Pourtant la vaccination protège à 100 %, mais 70 % des adultes oublient le rappel de vaccination à faire tous les 10 ans.

■ **Affections traumatiques. Lésions cérébrales :** sans relation bien étroite avec l'existence ou l'absence de fracture du crâne. Un *coma* indique une commotion cérébrale sévère mais la guérison complète est possible. Des complications secondaires, *hématomes extra-duraux* ou *sous-duraux,* imposent un traitement neurochirurgical. Séquelles fréquentes : épilepsie (voir ci-dessous), syndrome post-traumatique. **Paraplégies** ou **tétraplégies** accompagnant une fracture du rachis, fréquentes au cours des accidents de la circulation. Adresse : *Institut pour la recherche sur la moelle épinière pour vaincre la paraplégie (IRME),* 45, rue Vineuse, 75116 Paris.

■ **Tumeurs du système nerveux.** Traitement et pronostic dépendent de la localisation, qui autorise ou interdit l'acte chirurgical, et du degré d'évolutivité et de malignité (traitements plus lourds : radiothérapie, chimiothérapie). Certaines tumeurs ont un très bon pronostic si l'exérèse chirurgicale est totale (exemple des méningiomes). Ailleurs, pronostic très réservé (glioblastome adulte, gliome infiltrant du tronc cérébral). Tumeurs secondaires (métastases) possibles, compliquant un cancer primitif venant d'un autre viscère. **Tumeurs cérébrales primitives :** 3 000 nouveaux cas/an en France (3e cause de décès chez les 14-35 ans). La recherche explore *3 thérapies : corrective :* introduire le gène manquant ; *destructrice :* renforce la réceptivité des cellules aux médicaments cytotoxiques ; *immunostimulatrice :* améliore la défense de l'organisme contre les cellules cancéreuses. Adresse : *Association pour la recherche sur les tumeurs cérébrales (ARTC),* hôpital de la Salpêtrière, 47, bd de l'Hôpital, 75013 Paris.

■ **Affections vasculaires.** Liées à l'oblitération d'une artère par thrombose, entraînant un *ramollissement cérébral* ou attaque. *L'hémorragie cérébrale,* moins fréquente, est mortelle si elle est importante (1 décès sur 6 y est lié). Les accidents vasculaires peuvent être favorisés par des malformations vasculaires, angiomes ou anévrismes traitables par la neurochirurgie s'ils sont diagnostiqués à temps (1re intervention en 1954). Scanner et IRM permettent de distinguer l'hémorragie par rupture d'artère de l'infarctus cérébral par occlusion de l'artère (embolie). Cas (en France) : 130 000 à 150 000 accidents vasculaires cérébraux/an.

■ **Amyotrophies spinales.** Atteinte du système nerveux périphérique (motoneurone spinal) entraînant une atrophie et une faiblesse progressives des muscles, débutant, selon les formes, à des âges variables (de la naissance à l'âge adulte). D'origine génétique (autosomique récessive). Du fait de l'importance de leur retentissement sur respiration et motricité, les formes précoces sont les plus graves. Adresse : *Association française contre les myopathies (AFM),* 1, rue de l'Internationale, 91002 Évry Cedex.

■ **Épilepsie.** Répétition de crises en rapport avec une décharge hypersynchrone d'un grand nombre de neurones : mécanisme découvert en 1867 par John Hughlings Jackson (Brit., 1835-1911). Les crises peuvent être généralisées, convulsives ou non convulsives. Les crises partielles sont fonction du siège cortical de la décharge. Causes : retrouvées dans 50 % des cas ; diagnostiquées par électroencéphalogramme et imagerie morphologique et fonctionnelle : toute agression du système nerveux central (accident vasculaire cérébral, tumeur cérébrale, traumatisme crânien, affection métabolique, toxique, infectieuse, etc.). Origine génétique : 10 à 15 % des cas. Les jeux vidéo peuvent déclencher des crises d'épilepsie photosensible (provoquée par les stimulations lumineuses) ; la fatigue due à une exposition prolongée pourrait déclencher une crise chez les épileptiques non photosensibles. Traitement : *médical* (supprime les crises chez 70 à 80 % des sujets) : barbituriques, hydantoïnes, valproate de sodium, carbamazépine, nouvelles molécules (Lamotrigine, Tiagabine, Topiramate, etc.) ; *chirurgical* (pour certains cas) : exérèse du foyer épileptique ; *prothèse neuro-cybernétique (NCP) :* régulateur de l'activité électrique du cerveau (par stimulation du nerf vague) ; 1re implantée en 1988 aux USA (environ 1 000 implantées depuis, dans 24 pays) ; disponible en France depuis mi-1999 ; prix : 50 000 F. Cas : touche 7 personnes sur 1 000 soit environ 39 millions de personnes dans le monde dont 30 non traitées (source OMS, 2001) et 450 000 en France (dont 5 000 « photosensibles ») ; 60 à 70 nouveaux cas pour 1 000 habitants et par an. Adresses : *Bureau français de l'épilepsie,* 236 bis, rue de Tolbiac, 75013 Paris. *Fondation française pour la recherche sur l'épilepsie,* 48, rue Bargue, 75015 Paris.

■ **Hyperkinésie.** Causes : déficit d'hormones cérébrales et circuits intervertébraux immatures au niveau frontal.

Se manifeste avant 7 ans et touche 9 garçons pour 1 fille ; se retrouve chez un parent (souvent le père). TRAITEMENT : orthophonie, psychomotricité ; amphétamines de 6 à 12 ou 14 ans en période scolaire. FRÉQUENCE : 3 % des enfants présentent des troubles du comportement et de l'attention (1 par classe). Adulte : 30 % ont des troubles de l'attention, mais l'hyperkinésie disparaît.

■ **Infections bactériennes.** **Abcès du cerveau :** beaucoup plus rare, traitement chirurgical. **Chorée de Sydenham** [décrite par Thomas Sydenham (Anglais, 1624-89)] : frappe le plus souvent les adolescents ; liée à une affection streptococcique ; guérison habituellement sans séquelles. **Méningites :** voir ci-dessous.

■ **Infections virales.** **Encéphalites** ou **encéphalomyélites :** ensemble des états inflammatoires non suppurés de l'encéphale souvent accompagnés de *myélite.* NOMBREUSES CAUSES : a) *encéphalites des maladies infectieuses :* rougeole, variole, vaccine, coqueluche, etc., par mécanisme sans doute allergique. b) *Encéphalites dues à des virus neurotropes :* encéphalite épidémique ayant sévi après la guerre de 1914-18 (troubles du sommeil, syndrome parkinsonien). Rage. *Encéphalites causées par des arbovirus :* encéphalite équine américaine, encéphalite japonaise. D'autres virus (poliomyélite, oreillons, herpès) peuvent causer aussi des encéphalites. SYMPTÔMES GÉNÉRAUX : fièvre, convulsions, délire, coma, troubles paralytiques divers, signes méningés. ÉVOLUTION : souvent grave. Séquelles paralytiques et mentales fréquentes. TRAITEMENT : symptomatique. DÉCÈS (en France, en 1991) : 123 (encéphalites myélites et encéphalomyélites). *Méningo-encéphalite à herpès virus :* évolution transformée par traitement (Acyclovir). *Toxoplasmose cérébrale :* surtout lors de l'évolution du sida. Voir aussi p. 159 b.

Méningite : contagieuse. Inflammation aiguë des enveloppes du cerveau et de la moelle par des bacilles (méningocoque de Weischelbaum) ou des virus. SYMPTÔMES : maux de tête, nuque raide, vomissements. On distingue méningite à virus, méningite bactérienne guérissant rapidement grâce aux sulfamides et antibiotiques, et méningite tuberculeuse plus longue à guérir (guérissable dans 90 % des cas). Voir aussi p. 161 b.

Poliomyélite antérieure aiguë : le plus souvent inapparente, peut laisser des séquelles graves de type paralysies multiples. Vaccination efficace.

Syringomyélie : raréfaction de la moelle provoquant des cavités kystiques intramédullaires détruisant la moelle. Troubles de la sensibilité thermique suspendue.

Tabès : lésion de la moelle, non-coordination des mouvements (ataxie locomotrice). Rare. CAUSE : syphilitique. TRAITEMENT : antibiotiques.

■ **Infirmités motrices d'origine cérébrale (IMC).** Anomalies du développement moteur des enfants (motricité et tonicité) avec respect partiel ou total des compétences intellectuelles. Capacités cognitives rarement strictement normales. Autrefois considérées comme secondaires à une anoxie périnatale, le plus souvent (de 60 à 80 % des cas) d'origine anténatale. CAUSES : facteurs génétiques, toxiques, virologiques, vasculaires. DIAGNOSTIC : par tomodensitométrie, scanner et résonance magnétique.

☞ ADRESSES : *Comité médical national d'étude et de traitement de l'infirmité motrice d'origine cérébrale,* Fondation Richard, 104, rue Laënnec, 69371 Lyon Cedex 08. *Fédération des IMC,* 19, rue de l'Abondance, 69008 Lyon.

■ **Maladie d'Alzheimer.** Décrite en 1906 par Alois Alzheimer (Allemand, 1864-1915). Destruction partielle des neurones du cortex cérébral. Survient vers 45 ans pour les formes génétiques (très rares), après 60 ans pour les formes sporadiques. Actuellement incurable. Un niveau intellectuel élevé favoriserait le développement de connexions neuronales et synaptiques et retarderait le début de la maladie. DURÉE : de 2 à 20 ans. ORIGINES ÉVENTUELLES : plurifactorielle pour les formes sporadiques : rôle d'agents toxiques environnementaux et de facteurs de susceptibilité génétique. EFFETS : augmentation du nombre de plaques séniles, dégénérescences neurofibrillaire, granulo-vacuolaire, plaques « AMY » (mises en évidence fin 1997, elles sont peut-être causes de la maladie), atrophie du cortex. SYMPTÔMES : affaiblissement intellectuel progressif, souvent dissimulé par des formules toutes faites. Troubles de la mémoire des faits récents et des faits anciens s'accompagnant toujours de difficultés à trouver ses mots et à réaliser des tâches simples, souvent de troubles du sommeil avec turbulence nocturne, troubles du jugement, dysorthographie et troubles du comportement avec repli sur soi ou agressivité, gloutonnerie, incontinence. DIAGNOSTIC : difficile au début ; posé dans 90 % des cas grâce à des troubles majeurs de la mémoire, dans 10 % des anomalies du comportement. Bilan biologique et scanner cérébral nécessaires pour éliminer une autre affection. TRAITEMENT DES SYMPTÔMES : tacrine, rivastigmine et donepezil. Test (mesurant le taux de protéines APP accumulées dans les plaques séniles ; % d'erreur : 10 à 40) au point aux USA. Essais de vaccin en cours. STATISTIQUES : *France :* détériorations cérébrales apparentées 500 000 dont environ 70 % de type Alzheimer. De 10 à 15 % (30 000 malades) ont entre 45 et 65 ans. Menace 1 personne sur 20 après 65 ans, 1 sur 5 après 80 ans, 1 sur 3 après 90 ans. 50 % des cas sont diagnostiqués (délai moyen entre 1ers symptômes et diagnostic : 2,5 ans). 80 000 malades sont traités (coût moyen annuel : 120 000 F). *USA :* de 2,5 à 4 millions de cas ; personnalités : Rita Hayworth (1918-87), Ronald Reagan (né 1911) ; 4e cause de mortalité après affections cardiaques, cancers et accidents vasculaires cérébraux. *Monde :* 15 à 25 millions. COÛT TOTAL ANNUEL aux USA : *1998 :* 100 milliards de $; en France : 20 milliards de F (est. 2000). ADRESSES : *Centre de neuropsychologie,* hôpital de la Salpêtrière, 47, bd de l'Hôpital, 75013 Paris. *Fondation nationale de gérontologie,* 49, rue Mirabeau, 75016 Paris. *France-Alzheimer,* 21, bd Montmartre, 75002 Paris. *Institut maladie d'Alzheimer,* hôpital d'adultes La Timone, 27, bd Jean-Moulin, 13005 Marseille.

■ **Maladie de Charcot** **(sclérose latérale amyotrophique).** Disparition progressive des cellules nerveuses commandant les muscles (motoneurones) provoquant la paralysie progressive, rapide et inéluctable des membres et/ou de la parole, de la déglutition et la respiration, entraînant la mort. CAUSE : inconnue. TRAITEMENT : le Rilutek ralentit la progression de la maladie. STATISTIQUES : âge moyen 55 ans ; 3 nouveaux cas/jour en France ; chez 5 à 10 % des malades, plusieurs cas dans la même famille. Plus de 7 000 personnes atteintes en France.

☞ ADRESSE : *Association de recherche sur la sclérose latérale amyotrophique (ARS),* 24, rue Lacharrière, 75011 Paris ; créée en 1985, 3 500 adhérents.

■ **Maladie de Charcot-Marie-Tooth** **(amyotrophie neurogène).** Décrite en 1886 par Jean Martin Charcot (1825-93), Pierre Marie (1853-1940) et Tooth (Angl.). Héréditaire, atteint les nerfs périphériques, d'où amyotrophie (mollets, cuisses, avant-bras, mains). ÉVOLUTION : lente, parfois par poussées. CAS : 30 000 en France.

☞ ADRESSE : *CMT-France,* Le Bourg, 16560 Vadalle.

■ **Maladie de Creutzfeldt-Jakob.** Décrite en 1920 par Creutzfeldt chez une jeune femme et en 1921 par Jakob chez 3 patients. Provoque des troubles neurologiques et mentaux (démence) mortels en 6 mois en moyenne. Apparemment spontanée, mais cependant transmissible par un agent infectieux incomplètement identifié dit *prion* (voir p. 158 a). Selon Stanley Prusiner (neurologue amér., né 1942), l'agent responsable serait une protéine prion, la *PrP,* présente à la surface des neurones et qui, transformée, devient capable d'infecter un nouvel hôte. On l'appelle alors *PrPres,* pour *prion résistant à la protéase.* Des cas sont apparus dans les années 1980-90, à la suite de greffes de tissus humains (cornée, méninges) ou d'injections d'hormones de croissance d'origine humaine : les troubles de l'équilibre apparaissent alors avant la démence, durée d'évolution 15 mois en moyenne. FORMES : **1°)** SPORADIQUE (MCJ classique) : sans transmission prouvée ni caractère familial ; **2°)** GÉNÉTIQUE : MCJ familiale : *syndrome de Gerstmann-Straüssler-Sheinker (GSS), insomnie fatale familiale (IFF)* ; **3°)** ACQUISE : transmission de personne à personne : *maladie de Kuru,* MCJ par injection d'hormone de croissance humaine, d'origine hypophysaire (hGH), par greffe de dure-mère ou de cornée, exceptionnellement par neuro-chirurgie ; **4°)** FORME NOUVELLE : transmission par la viande bovine suspectée : V-MCJ. DÉPISTAGE : impossible avant l'apparition des symptômes. DIAGNOSTIC de probabilité : par électro-encéphalogramme et recherche de la protéine 14-3-3 dans le liquide céphalorachidien : test utilisé depuis mi-1996 pour la MCJ classique ; par l'IRM et la biopsie d'amygdale pour le V-MCJ. FRÉQUENCE : pour la forme sporadique, 1,45 cas par an et par million d'adultes soit 96 en France (en 2000) ; à déclaration obligatoire (voir p. 159 b). CAS certains ou probables en France : *1992 :* 51 ; *93 :* 55 ; *94 :* 59 ; *95 :* 74 ; *96 :* 89 ; *97 :* 91 ; *98 :* 101 ; *99 :* 92 (dont MCJ sporadique 92 †, iatrogène hormone de croissance 8 †, génétique 5 †) ; *2000 :* 96 (dont sporadique 81 †, iatrogène hormone de croissance 9 †, génétique 5 †, V-MCJ certain ou probable 1 †) sur 825 suspicions signalées. Voir aussi **maladie de la Vache folle** à l'Index.

☞ ADRESSE : *Centre national MCJ,* la Salpêtrière, 75651 Paris Cedex 13.

■ **Sclérose en plaques.** Décrite vers 1860 par Jean Martin Charcot. Affection auto-immune liée à la destruction de la *myéline* qui entoure les axones. Évolue par poussées ou de façon progressive et débute chez l'adulte jeune, en général entre 20 et 40 ans ; 1ers *symptômes* habituellement liés à une atteinte du nerf optique ou de la moelle épinière pouvant entraîner déséquilibre, paraplégie, troubles urinaires. CAUSE : le système immunitaire, déréglé par un facteur extérieur (virus ?) sur un terrain génétiquement prédisposé, agresse sa propre myéline créant des lésions. Touche surtout les pays tempérés froids. DIAGNOSTIC : clinique ou, plus rapide, par IRM. TRAITEMENT : symptomatique influençant l'évolution de la maladie (corticoïdes, immunosuppresseurs). Interféron bêta Ib (Betaseron), Interféron bêta Ia (Avonex, Rebif), Copolymer 1 (Copaxone). *Recherche en cours :* remyélinisation par greffe de cellules embryonnaires. INCIDENCE : 1/1 000, en majorité des femmes. CAS : *dans le monde :* 2 millions ; *en France :* 2 000 par an ; affecte 60 000 personnes.

☞ ADRESSES : *Association pour la recherche sur la sclérose en plaques (Arsep),* 4, rue Chéreau, 75013 Paris ; créée 1969, reconnue d'utilité publique 1978, 34 000 donateurs et adhérents. *Ligue française contre la sclérose en plaques (Ifsep),* 40, rue Duranton, 75015 Paris. *Nouvelle association française des sclérosés en plaques (Nafsep),* Aéropole, 1/5, avenue Albert-Durand, 31700 Blagnac et 1, rue Montespan, 91000 Évry ; créée 1962, 12 000 adhérents.

■ **Stress.** DÉFINITION : désigne un agent agressant (stresseur) et la réaction d'adaptation de l'organisme (le stress). MÉCANISMES : la réaction à un choc intense mobilise l'axe hypothalamo-hypophyso-surrénalien et aboutit à la libération dans le sang d'adrénaline et de cortisol. Le cerveau secrète de nombreux neuromédiateurs à l'origine d'une modification de l'immunité. Ces modifications sont en relation avec la représentation mentale du stresseur. Il n'y a donc pas de bon ou de mauvais stresseur dans l'absolu. TRAITEMENT : *médicaments* si le stress entraîne une affection (anxiété, dépression). *Thérapies comportementales et cognitives :* permettent une meilleur préparation à l'affrontement des stresseurs en agissant sur l'hygiène de vie (diététique), et une meilleure gestion des émotions par une objectivation de la réalité (restructuration cognitive) ; *autres techniques de gestion du stress :* non validées par des études scientifiques mais peuvent être d'un certain intérêt : yoga, relaxation, etc.

☞ ADRESSES : *Institut français de l'anxiété et du stress (Ifas),* 5, rue Kepler, 75116 Paris. *Association française de thérapie comportementale et cognitive (AFTCC),* 100, rue de la Santé, 75015 Paris.

■ **Démence sénile** (autrefois qualifiée de gâtisme). CAUSES (en %) : maladie d'Alzheimer 52, accidents vasculaires 17, petites attaques 14, tumeurs cérébrales et affections neurologiques 7, maladie de Parkinson 2, désordres psychiatriques 1, causes indéterminées 7. Une démence sur 10 est due à une rétention du liquide céphalo-rachidien (hydrocéphalie à pression normale) ou à des troubles hormonaux, métaboliques ou dépressifs, curables. Soigner l'hypertension des plus de 60 ans permettrait d'éviter 19 cas de démence sur 1 000 (étude Syst-Eur).

PERSONNALITÉ (MALADIES DE LA) (Handicaps relationnels)

☞ ADRESSES : *Fédération nationale des associations de Croix-Marine d'aide à la santé mentale (FNACM),* 31, rue d'Amsterdam, 75008 Paris. *Fédération nationale des associations de patients et ex-patients en psychiatrie (Fnap Psy),* 24, rue de Maubeuge, 75009 Paris. *Le Club des peupliers,* 22, rue de la Glacière, 75013 Paris.

■ **Caractères généraux.** Perturbations de la personnalité et de l'affectivité entraînant une restriction des capacités d'amour, de travail et de loisir, et des symptômes divers, avec ou sans altération du jugement, de l'intelligence et du sens de la réalité.

■ **Autisme.** Du grec *autos,* soi-même. Terme utilisé pour la 1re fois en 1911 par le psychiatre suisse Eugen Bleuler (1857-1939) : retrait complet de la personne de toutes relations sociales. **Autisme infantile** (terme utilisé la 1re fois aux USA en 1942 par Leo Kanner) : trouble global et précoce du développement, apparaissant avant l'âge de 3 ans, caractérisé par un fonctionnement déviant et/ou retardé dans les interactions sociales, la communication verbale et non verbale et le comportement. CAUSES : génétiques. 1er gène localisé fin 1999 sur le chromosome 13. DIAGNOSTIC : parfois problématique. *Quotient intellectuel des autistes :* en général moins de 100. STATISTIQUES (en France) : 4 ou 5 cas pour 10 000 naissances. Soit 1 enfant sur 4 000 environ (dont 4 garçons sur 5 cas), 1 sur 1 000 seulement présentant des difficultés à établir des relations normales avec autrui et une propension à se replier sur lui-même. NOMBRE : adultes 20 000 environ ; enfants et adolescents (*source :* rapport Igas 1996) : 14 000 pour 4 200 places en établissements médico-pédagogiques ou hospitaliers.

☞ ADRESSES : *Fédération française Sésame autisme,* 53, rue Clisson, 75013 Paris. *Autisme France,* 1209, chemin des Campelières, 06250 Mougins. *Autisme Avenir,* 8, rue Lasson, 75012 Paris. *Association française pour l'aide aux personnes autistes - Pro Aid Autisme,* 42, rue Bénard, 75014 Paris. *Association pour la lutte contre l'autisme infantile (Alcai),* 39, rue de la Glacière, 75013 Paris.

■ **Toc (Troubles obsessionnels et compulsifs).** Pensées obsédantes ou comportements compulsifs récurrents (idées, représentations ou impulsions revenant de façon répétée ou stéréotypée). CAUSES : recherches en cours. Des facteurs *génétiques* interviennent et la transmission génétique est complexe. Des facteurs non génétiques (environnementaux, hormonaux, infectieux, traumatiques) peuvent faire s'exprimer une vulnérabilité génétique. Interviennent aussi des aspects *neurobiologiques* (dysfonctionnement des systèmes de neurotransmetteurs). Un *dysfonctionnement régional cérébral* a aussi été observé. PRINCIPAUX SYMPTÔMES : toilette abusive (se laver les mains, prendre des bains), nettoyages et vérifications trop fréquents, actions répétitives (compter, toucher, réarranger et réordonner, stocker...), trichotillomanie (s'épiler les sourcils ou s'arracher des mèches de cheveux), dysmorphophobie (se croire atteint d'un défaut physique), hypocondrie (peur d'avoir une maladie grave), certains troubles des conduites alimentaires (anorexie et boulimie). CONSÉQUENCES : anxiété intense, épuisement constant, sentiment de détresse et de honte, incapacité à résister malgré la volonté et des efforts. Le patient ne tire aucun plaisir de la réalisation de ses actes qui n'aboutissent à aucune tâche utile. Vie sociale, professionnelle et familiale souvent fortement perturbée. ÉVOLUTION : trouble chronique apparaissant souvent à l'adolescence ou chez l'adulte jeune, mais aussi dès la petite enfance. L'évolution spontanée, en l'absence de traitement, est, à long terme, assez sévère. Même dans les formes chroniques, des fluctuations sont fréquentes : aggravation en période de stress, et chez la femme, en période menstruelle ou de grossesse. TRAITEMENTS : *médicaments :* antidépresseurs sérotoninergines : clomipramine (Anafranil), fluoxétine (Prozac), paroxetine (Deroxat), seuls approuvés en France avec l'indication de Toc. Sont aussi disponibles la sertraline (Zoloft) qui a obtenu cette indication aux USA, le citalopram (Seropram), la fluvoxamine (Floxyfral) ; *thérapie comportementale et cognitive :* ensemble structuré de techniques que l'individu apprend à utiliser pour combattre les pensées intrusives et les rituels. On lui demande de prendre conscience de ses craintes, de leur faire face (exposition), puis de réfréner ses envies de rituels compulsifs (prévention de la réponse) ; peu utilisée en France quoique efficace. CAS (en France) : de 2 à 3 % de la population (3,6 % des enfants et adolescents).

Les phobies

Angines de poitrine : anginophobie. **Animaux :** zoophobie. **Anomalies anatomiques :** dysmorphophobie. **Araignées :** arachnophobie. **Armes blanches :** machairophobie. **Avions :** aérodromophobie. **Bacilles :** bacillophobie. **Bicyclettes :** bitrochosophobie. **Blennorragies :** gonoccophobie. **Cancers :** cancérophobie. **Chats :** ailourophobie. **Chiens :** cynophobie. **Cœur (maladies de) :** cardiophobie. **Constipation :** apopathodiaphulatophobie. **Courants d'air :** aérophobie. **Debout (avoir à rester) :** stasophobie. **Défécation :** apopathophobie. **Dents (atteintes des) :** odontophobie. **Douleurs :** algophobie. **Eau :** hydrophobie. **Éclairs :** astrapéphobie. **Écriture :** graphophobie. **Enterré vivant (être) :** taphophobie. **Épidémies :** épidémiophobie. **Épingles :** bélonéphobie. **Espaces découverts :** agoraphobie. **Espaces fermés ou étroits :** claustrophobie. **Étrangers :** xénophobie. **Femmes :** gynéphobie. **Feu :** pyrophobie. **Folie :** psychopathophobie. **Fonctionnement corporel (anomalie du) :** physiophobie. **Foules :** ochlophobie. **Fruits :** carpophobie. **Hauteurs :** acrophobie. **Hommes :** anthropophobie. **Huile :** élaionophobie. **Hystérie :** hystérophobie. **Insomnie :** aupniaphobie. **Langue (maladie de la) :** glossophobie. **Légumes :** lachanophobie. **Lieux géographiques :** topophobie. **Maisons :** oicophobie. **Maladies :** nosophobie. **Manies :** maniphobie. **Marche :** basophobie. **Médicaments :** pharmacophobie. **Mer :** thalassophobie. **Métaux :** métallophobie. **Meurtre :** phonéophobie. **Microbes :** microbiophobie. **Mort :** thanatophobie. **Noms ou mots (prononcer** ou **entendre) :** onomatophobie. **Nouveauté :** kainotétophobie. **Nuit :** nyctophobie. **Obscurité :** kénophobie. **Odeurs (répandre des mauvaises) :** autodysosmophobie. **Oiseaux :** ornithophobie. **Orages :** cheimophobie. **Page blanche :** leucosélophobie. **Parasites de la peau :** acarophobie. **Parler :** logophobie. **Peau (maladies de) :** dermatophobie. **Pente, lieux en montagne :** orophobie. **Peur :** phobophobie. **Poils :** trichophobie. **Pointes et objets pointus :** achmophobie. **Poisons :** toxicophobie. **Poupées :** koréphobie. **Poussières :** myxophobie. **Précipices :** crémnophobie. **Rage :** lyssophobie. **Regard d'autrui :** blemmophobie. **Rivières :** potamophobie. **Rougir en public :** eurothophobie ou érythrophobie. **Saleté :** rupophobie. **Sang :** hématophobie. **Sexuels (rapports) :** pornophobie. **Signatures :** autographophobie. **Sommeil :** hypnophobie. **Souris :** musophobie. **Sous-sol, grottes :** spéléonophobie. **Spermatorrhée :** spermatorrhéophobie. **Sucre :** saccharophobie. **Suicide :** autocheirothanatophobie. **Syphilis :** syphiliphobie. **Téléphone :** téléphonophobie. **Terre (contact avec la) :** géophobie. **Tonnerre :** bronthémophobie ou keraunophobie. **Tout :** pantophobie. **Train (voyages en) :** sidérodromophobie. **Transpiration :** diapnophobie. **Treize à table (être) :** triskaidékaphobie. **Tuberculose :** phtisiophobie. **Uriner (être pris par une envie d') :** urinophobie. **Vent :** anémophobie. **Verre :** hyalophobie. **Vêtements :** enduophobie. **Viande :** créatophobie. **Vide :** clinophobie.

☞ **Phobies de personnages célèbres :** *Anne d'Autriche et Louis XIII :* les roses ; *Bayle :* le bruit d'un robinet ; le *duc d'Épernon* et *Tycho Brahe :* les lièvres ; *Érasme :* l'odeur du poisson ; *Henri III :* les chats ; *Héraclius :* la mer ; *Hobbes :* les ténèbres ; *Jacques II roi d'Écosse :* les épées nues ; *Louis XIV :* les chapeaux gris ; *Scaliger :* le cresson ; *Darwin :* l'agoraphobie.

☞ Adresse : *Aftoc,* 12, rue Alfred-Lasson, 78250 Mézy-sur-Seine.

■ **ST (Syndrome de Tourette).** Mis en évidence en 1885 par le Dr Georges Gilles de La Tourette [Français, 1857-1904 (article sur 9 cas de « tics convulsifs »)]. Trouble neurologique caractérisé par des tics. Ils peuvent être supprimés volontairement pendant de brèves périodes, ou exagérés par des événements stressants. Ils disparaissent pendant le sommeil. *Tics simples :* moteurs (cligner des yeux, sursauter de la tête, hausser les épaules, grimacer...) ; vocaux (s'éclaircir la voix, japper, renifler, claquer de la langue...) ; *complexes :* moteurs (sauter, toucher les gens ou leurs doigts, sentir, faire des pirouettes, se frapper ou se mordre) ; vocaux (crier des mots ou des phrases orduriers à caractère sexuel, religieux ou défécatoire – coprolalie –, répéter des sons, mots ou phrases entendus – écholalie). Parfois la complexité des symptômes rend perplexe l'entourage, qui ne croit pas que ces tics soient involontaires. Troubles associés : troubles compulsifs, de l'attention et ou de l'hyperactivité, d'apprentissage, du comportement, du sommeil. Cause : trouble du métabolisme d'un ou plusieurs neurotransmetteurs (la dopamine est particulièrement impliquée ; cette hypersensibilité se situerait au niveau des neurorécepteurs appelés D2). Autre hypothèse : infectieuse (streptocoque ?). Traitements : psychothérapie, thérapies comportementales, relaxation et rétroaction biologique (biofeedback). *Médicaments :* halopéridol (Haldol), clonidine (Catapres), pimozide (Orap), clonazépam (Rivotril), nitrazépam (Mogadon), clomipramine (Anafranil). L'utilisation des stimulants prescrits pour diminuer l'hyperactivité est controversée car elle peut faire augmenter les tics. Statistiques : 5 cas pour 10 000 mais 1 pour 200 en incluant les tics moteurs chroniques et les tics transitoires de l'enfance. Une personne atteinte a une probabilité de 50 % de transmettre le gène à ses enfants, mais le gène peut se manifester par des tics mineurs ou des symptômes obsessionnels et compulsifs sans tics. Un garçon a 3 fois plus de risques d'être atteint qu'une fille. Malades célèbres : Hans Christian Andersen, Charles Dickens, Henrik Ibsen, Franz Kafka, Samuel Johnson, André Malraux, Erik Satie, Jonathan Swift, Émile Zola.

☞ Adresse : *AFSGT,* 9, rue Louis-Haussmann, 78000 Versailles.

■ **Troubles anxieux phobiques.** Intensité allant de l'insécurité à la terreur. Manifestations : palpitations, impression d'évanouissement aboutissant à une peur de mourir, de perdre le contrôle de soi. Souvent associés à une dépression. Traitement : thérapie comportementale, parfois associée à des médicaments.

■ **Agoraphobie.** Peur des espaces découverts, des foules, de ne pouvoir se réfugier dans un lieu sûr (crainte de quitter son domicile, peur des magasins, de voyager seul, d'absence d'issue de secours dans un lieu public). Trouble plus fréquent chez les femmes que chez les hommes. Débute chez l'adulte jeune, peut s'accompagner de symptômes dépressifs ou obsessionnels ou de phobies sociales. Sans traitement efficace, évolue vers la chronicité.

■ **Phobies sociales.** Crainte d'être exposé à l'observation attentive d'autrui dans des groupes restreints ou face à un public, à l'origine d'un évitement des situations sociales et, dans cas extrêmes, d'un isolement social presque total. Peuvent se limiter à des situations isolées (manger, parler, vomir en public, rencontrer des personnes du sexe opposé). Accompagnées d'une diminution de l'estime de soi et d'une peur de la critique, de rougissement, tremblement, nausées ou besoin urgent d'uriner. Peuvent évoluer vers des attaques de panique (voir **Trouble panique** col. c).

■ **Phobies isolées.** Limitées à un stimulus déterminé (proximité de certains animaux, endroits élevés, orages, voyage en avion, endroits clos, utilisation des toilettes publiques, prise de certains aliments, soins dentaires, vue du sang, examens, contamination par certaines maladies). Apparaissent dans l'enfance ou chez l'adulte jeune. Bien que limité, le stimulus peut provoquer un état de panique. Non traitées, peuvent persister des décennies.

■ **Autres troubles anxieux.** Présence de manifestations anxieuses non déclenchées par l'exposition exclusive à une situation déterminée. Symptômes dépressifs ou obsessionnels secondaires peu sévères parfois joints (anxiété phobique).

■ **Dépression.** Principaux symptômes : **1°)** *Tristesse sans cause ou indifférence* aux événements (positifs comme négatifs) ou à ses proches ; peut être culpabilisante (en particulier quand une mère ne ressent plus ce qu'elle ressentait et « devrait » ressentir pour ses enfants), voire délirante, peut conduire au suicide. **2°)** *Ralentissement psychomoteur :* pensées plus lentes, discours plus pauvre. Les patients se plaignent de troubles de la concentration, de la mémoire. Gestes plus lents et plus difficiles, faciès figé dans une mimique douloureuse. Le déprimé réduit peu à peu ses activités habituelles, ou les maintient au prix d'un effort chaque jour plus important, sentant parfois comme une « chape de plomb » sur ses épaules. **3°)** *Symptômes « physiques » : troubles du sommeil :* insomnie (réveils précoces souvent accompagnés de ruminations pénibles), parfois hypersomnie (augmentation de la durée totale de sommeil) ; *de l'appétit :* anorexie, avec ou sans perte de poids, parfois hyperphagie (augmentation de la prise alimentaire avec prise de poids) ; fatigue (asthénie) : difficultés à démarrer le matin et les activités habituelles nécessitent un effort important ; troubles *de la libido :* diminution du désir sexuel, troubles de l'érection, absence d'éjaculation et d'orgasme ; *douleurs :* fréquentes, *sans cause organique (physique) :* céphalées, douleurs abdominales, articulaires, etc. **4°)** *« Système de pensées caractéristiques », globalement négatif : de soi :* « je ne vaux rien », « ma vie est un échec »,... ; *du monde :* « le monde est hostile »... ; *de l'avenir :* « l'avenir est bouché », « je ne m'en sortirai jamais »... **5°)** *Changement de personnalité :* rupture dans son fonctionnement intellectuel et affectif et dans ses comportements. Le malade lui-même ne se « reconnaît » parfois plus. Causes : **environnementales :** événements (deuil, séparation, chômage) ; **psychologiques :** souffrance pendant l'enfance, souffrance sociale, professionnelle ou conjugale ; **biologiques :** des facteurs héréditaires interviennent (les déprimés ont, plus fréquemment que les non-déprimés, des personnes dépressives dans leur famille). Risques : suicide (15 % des personnes dépressives finissent par se suicider) ; chronicisation (20 % des cas). Diagnostic : 50 % des symptômes dépressifs ne sont pas repérés. Traitement : antidépresseurs (efficaces à 75 %) ; dans certains cas, sismothérapie ou ECT (thérapie par électroconvulsion : électrochocs, efficaces à 85-90 % mais causent crise d'épilepsie et amnésie partielle). Expérimentations en cours : stimulation magnétique transcrânienne (SMT). Fréquence : au 3e rang (des troubles psychologiques) après les troubles phobiques et/ou la dépendance alcoolique : il y aurait plus de 100 millions de sujets déprimés dans le monde, d'après l'OMS ; 15 à 20 % des Français présenteront des signes de dépression au cours de leur existence. **Dépression saisonnière** ou **Trouble affectif saisonnier (Sad : seasonal affective disorder).** En hiver. Hypersomnie, léthargie et attrait immodéré pour le sucre. Cause : absence de lumière : de novembre à mars, elle est d'à peine 1 500 lux à l'extérieur et 500 à l'intérieur, pour un besoin de 2 500 lux pendant 2 heures/jour ; en conséquence l'épiphyse secrète trop de mélatonine, qui a alors un effet déprimant. Traitement : *luminothérapie :* exposition à la lumière. En hôpital ou, depuis fin 1999, chez soi grâce à la Bright Light commercialisée par Philips (30 à 120 min/j durant 10 à 15 j ; prix : 1990 F). Adresse : *SOS dépression,* 17, av. de Clichy, 75017 Paris.

☞ La dépression perturbe la chimie du cerveau et provoque la sécrétion de certains neurotransmetteurs qui accélèrent le rythme cardiaque ; elle peut provoquer des infarctus.

■ **Trouble panique (anxiété épisodique paroxystique).** Attaque imprévisible manifestée par palpitations, douleurs thoraciques, sensation d'étouffement, étourdissement, sentiment d'irréalité (dépersonnalisation). Souvent, peur secondaire de mourir, de devenir fou ou de perdre le contrôle de soi. L'attaque ne dure en principe que quelques minutes. Fréquence variable, survient le plus souvent chez les femmes. Si elle a lieu dans une situation précise (foule, autobus...), tendance ensuite à éviter ces lieux, peur de rester seul, d'avoir d'autres attaques.

■ **Anxiété généralisée.** Attente craintive (anticipation de malheurs, sensation d'être à bout, difficulté de concentration), tension motrice (agitation fébrile, céphalées de tension, tremblements, incapacité à se détendre), troubles neurovégétatifs (« tête vide », transpiration, tachycardie, respiration rapide, gêne épigastrique, étourdissements, sécheresse de la bouche). Chez l'enfant, besoin fréquent d'être rassuré et plaintes somatiques récurrentes au premier plan. Troubles fréquents chez les femmes, en rapport avec un stress chronique. Évolution variable à tendance fluctuante et chronique, souvent associée à des troubles dépressifs.

■ Névroses

■ **Formes. Névroses : d'angoisse :** peur irraisonnée avec sentiment de danger. Signes physiologiques : oppression thoracique, accélération du rythme cardiaque et de la respiration, tremblements. **Phobiques :** déplacement de l'angoisse sur des êtres, des animaux, des objets, des situations (par exemple grands espaces, rues, lieux fermés, etc.) qui deviennent l'objet d'une peur paralysante. **Hystérie de conversion** (déplacement de l'angoisse sur le corps) : l'angoisse s'exprime par la paralysie d'un membre, un trouble sensitif ou sensoriel, sans lésion organique. **Névroses hypocondriaques :** crainte permanente de la maladie ; obsession de la santé. Exagération de sensations normales éprouvées douloureusement et de façon chronique par le malade (froid ou chaleur dans les membres, mouvements de l'estomac ou de l'intestin). **Obsessionnelles :** caractère forcé d'idées, images, affects, conduites qui envahissent tout le champ de conscience malgré les efforts du malade et déterminent en lui une lutte sans fin, entraînant un malaise absorbant (scrupules obsédants, crainte de commettre une action ridicule ou criminelle) et poussant à des rituels invariables (compulsions, vérifications). **Psychasthénie :** fatigue vécue sur le plan à la fois somatique et psychique mais résultant directement de facteurs psychologiques. Caractères : sous-estimation de sa propre valeur, indécision, timidité, rumination mentale... Les troubles sont à leur maximum le matin, avec amélioration l'après-midi. **Névroses de caractère :** désigne le plus souvent des états névrotiques où les moyens de défense se situent essentiellement au niveau des réactions caractérielles en relation avec la structure névrotique ; du fait de la structure de sa personnalité, le sujet se trouve constamment exposé à des difficultés dans son existence ; *névrose de conflit :* conflits incessants avec son entourage ; *d'abandon :* crainte perpétuelle d'être abandonné par les êtres affectionnés ; *d'échec :* exposant le sujet à des insuccès répétés. **Névroses à symptômes sexuels :** frigidité totale ou partielle, vaginisme, impuissance sexuelle, éjaculation précoce.

■ **Traitements.** Chimiothérapie (médicaments tranquillisants : action modérative sur certains symptômes sans effet de fond), relaxation, psychothérapie (individuelle ou en groupe), cure psychanalytique. Adresse : *Association française de thérapie comportementale et cognitive (AFTCC),* 100, rue de la Santé, 75674 Paris Cedex 14.

■ Psychoses

■ **Définition.** Affections paroxystiques ou durables de la personnalité se traduisant par l'altération du sens de la réalité. Elles entraînent une altération non pas des capacités mentales mais de leur utilisation, à la différence de l'*affaiblissement intellectuel d'origine organique :* démence sénile, démence artériopathique, paralysie générale syphilitique, tumeurs cérébrales, syndrome alcoolique de Korsakoff.

■ **Formes. Psychose thymique :** formes périodiques (exemple : psychose maniaco-dépressive) ou chroniques. Répétition ou alternance d'états maniaques (excitation euphorique et désordonnée) et d'états mélancoliques (abattement, tristesse insondable, sentiments d'indignité, de culpabilité, de ruine et d'incurabilité, idée et tentative de suicide : état dangereux). **Accès délirants aigus :** à la suite d'une émotion gaie ou triste, d'un surmenage, d'une maladie organique... : état de confusion pouvant s'accompagner d'hallucinations, avec perturbations de l'humeur, altération de la conscience. Résolution rapide sous traitement intensif. Peuvent aussi marquer le début ou le déroulement d'une psychose chronique. **Schizophrénie :** dissociation de la personnalité (sentiments, idées et autres contenus psychiques coexistent ou se succèdent sans liens entre eux dans le sujet). Se caractérise par une altération profonde et progressive de la personnalité qui se coupe de la communication avec autrui pour se perdre dans le chaos de son propre monde imaginaire. Débute généralement entre 15 et 30 ans. Cause : inconnue ; en 1998, un lien a été fait avec le chromosome 13. Pas de traitement radical ; 10 % des patients guérissent, 40 % voient leurs principaux symptômes s'amenuiser ; il y a des périodes de rémission ou de stabilisation. Cas : 2,5 à 5,3 ‰. **Forme hébéphrénique :** syndrome patent de dissociation mentale avec peu d'idées délirantes. Apathie progressive ou comportement puéril qui peuvent évoluer rapidement vers une déchéance mentale. Début généralement insidieux et progressif surtout chez les adolescents. **Forme catatonique :** perte de l'initiative motrice, tension musculaire, phénomènes parakinétiques et troubles mentaux où prédominent stupeur et négativisme. **Forme paranoïde** (du grec *para,* à côté, et *noos,* esprit ; la plus fréquente) : sens prémoderne donné par le Dr Emil Kraepelin (All., 1856-1926), en 1893, pour remplacer le terme d'*hypocondrie* ; définition par Sigmund Freud (Autr. 1856-1939) en 1903. Délire actif, sensoriel d'étrangeté, de dépersonnalisation, impression d'être sous l'emprise d'une force extérieure, hallucinations surtout auditives et cénesthésiques (ensemble de nos sensations internes). ÉVOLUTION : début précoce (adolescence), évolution prolongée, parfois pendant toute la vie. **Délires interprétatifs** *sans désintégration de la personnalité* : délires de persécution, passionnels (jalousie, érotomanie). *Psychose paranoïaque* : 4 composantes : surestimation du moi, méfiance, fausseté du jugement, psychorigidité [tantôt ennui, sentiment de solitude ; tantôt révolte, autoritarisme ; pour tous les cas : sentiments de persécution, conduites persécutantes ou quérulentes (tendance à porter plainte en justice)]. **Psychose hallucinatoire chronique :** délires de persécution avec phénomènes hallucinatoires auditifs, visuels, olfactifs. ADRESSES : *Union nationale des amis et familles de malades mentaux (Unafam),* 12, villa Compoint, 75017 Paris. *Association de thérapie systémique et familiale,* 3, villa Croix-Nivert, 75015 Paris.

■ **Traitements** (exemples). *Mélancolie :* électrochocs et antidépresseurs. *Manie :* neuroleptiques. *Schizophrénie et délires chroniques :* neuroleptiques et psychothérapie d'inspiration psychanalytique. *Psychose maniaco-dépressive :* sels de lithium. *Dans toutes les psychoses :* nécessité d'associer aux traitements biologiques les thérapeutiques par le milieu (sociothérapie, ergothérapie) et la psychothérapie.

■ **Statistiques** (en France). *Cas nouveaux de malades souffrant d'affections mentales de longue durée* ou justifiant des soins de plus de 6 mois : 114 500 par an (17,2 %). *Patients suivis par des « psys » :* 800 000 dont 50 % hors de l'hôpital. 16 à 20 % des Français (environ 10 millions) ont souffert de troubles psychiques relevant d'une aide médicale. Selon une « Enquête nationale sur l'anxiété » lancée en 1987 par l'Inserm, on a, parmi les névroses d'angoisse, relevé 1 fois sur 3 la présence de troubles paniques et d'agoraphobie et, 1 fois sur 4, une anxiété permanente généralisée. Près d'un malade sur 4 (et plus de 28 % des femmes) avait été traité auparavant pour *spasmophilie.* Ces prétendus spasmophiles souffraient en réalité d'une dépression névrotique (pour 28 %), d'une névrose d'angoisse ou phobique (27 %), d'hystérie (12 %) ou d'une névrose hypocondriaque (4,2 %), toutes accessibles à des moyens thérapeutiques. Ces troubles, 2 fois plus fréquents chez les femmes que chez les hommes, ont débuté vers 25 à 30 ans, et augmenté après 45 ans. 62 % des sujets n'ont jamais bénéficié d'un traitement.

■ **Quelle est la santé mentale du monde ? Personnes souffrant de troubles neuropsychiatriques ou comportementaux** (en millions ; *source :* OMS, 2000) : 1 500 dont troubles anxieux 400, de l'humeur 340, de la personnalité 250, d'arriération mentale 60, de schizophrénie 45, d'épilepsie 40, de démence 22, de traumatismes cérébraux 8. *Cas de dépendance :* à l'égard de la nicotine 1 100, de l'alcool 100, d'autres drogues 15. **% de la population atteinte d'au moins une affection mentale au cours de son existence** (étude OMS sur 30 000 personnes) : USA, Allemagne 48, Pays-Bas 40, Canada 37, Brésil 36, Mexique 20, Turquie 12. **Age médian d'apparition des troubles :** *troubles anxieux :* 15 ans, *dus aux toxicomanies :* 21 ans, *de l'humeur :* 26 ans.

APPAREIL RESPIRATOIRE

VOIES RESPIRATOIRES

☞ Voir aussi **Odorat** p. 149 a.

■ **Fosses nasales.** Filtrent et réchauffent l'air inspiré.

■ **Pharynx.** Carrefour avec les voies digestives.

■ **Larynx.** Soutenu par des cartilages ; le plus développé est le *cartilage thyroïde* ou *pomme d'Adam* (expression rappelant la légende du morceau du fruit défendu qui se serait trouvé coincé dans la gorge d'Adam) ; il produit la voix grâce à ces *cordes vocales* [2 rubans nacrés longs de 15 mm (femme) à 25 mm (homme)]. Grâce aux petits muscles et cartilages environnants, les cordes vocales s'écartent pendant la respiration et se rapprochent pendant la phonation. Elles sont recouvertes par une muqueuse fragile qui glisse sur un tissu sous-muqueux permettant la vibration. Leur longueur intervient dans la hauteur de la voix, la muqueuse dans le timbre. La force ou l'intensité de la voix est due avant tout à la puissance du souffle expiratoire.

■ **Trachée.** Tube de 12 cm de longueur maintenu par une vingtaine d'anneaux cartilagineux. Relie le larynx aux bronches.

■ **Bronches.** Formées d'anneaux cartilagineux. Les 2 principales pénètrent dans le poumon correspondant au niveau du *hile* et s'y ramifient en *bronchioles,* auxquelles succèdent les *canaux alvéolaires,* qui débouchent dans les *alvéoles,* ballonnets à paroi gaufrée (200 à 250 μ).

☞ **Engastrimythie (ventriloquie) :** le ventriloque parle sans remuer les lèvres, en ne laissant sortir de sa glotte qu'une infime quantité d'air qu'il dose pour donner l'illusion que sa voix vient de distances plus ou moins éloignées.

POUMONS

■ **Échanges gazeux dans les poumons.** Au travers de la paroi des alvéoles pulmonaires ; essentiellement entre le gaz carbonique (CO_2) et l'oxygène (O_2) : le globule rouge capte l'oxygène alvéolaire et le gaz carbonique sanguin est évacué vers l'alvéole. A la fin de l'expiration, ne reste plus dans les poumons que l'*air alvéolaire.* L'oxygène et le gaz carbonique sont présents dans le sang à l'état dissous et en combinaisons chimiques. Les échanges entre air alvéolaire et sang des capillaires sanguins s'effectuent selon plusieurs mécanismes, notamment par diffusion et dissociation.

Diffusion : oxygène et gaz carbonique traversent la paroi alvéolaire en raison de la différence de pression partielle entre ces 2 gaz qui existe dans l'alvéole pulmonaire et le capillaire sanguin. Le passage s'effectue du compartiment dans lequel la pression gazeuse est la plus élevée vers celui dans lequel elle est moindre.

Dissociation : la désoxygénation de l'hémoglobine favorise la formation de bicarbonates, et son oxygénation celle d'acide carbonique et la production instantanée de CO_2 diffusible. *Équilibre acide-base du sang :* les variations du pH ont des conséquences identiques à celles de la pression partielle du CO_2 (Pa CO_2) : acidose ⟶ hypercapnie-alcalose ⟶ hypocapnie. Le gaz carbonique dissous est en équilibre avec les ions bicarbonates (CO_3H). S'il y a augmentation de la pression partielle de CO_2 au-dessus de la tension d'équilibre ($PCO_2 \leftarrow CO_2$ dissous) une partie du CO_2 se combine avec des bases tampons : hémoglobine réduite, protéines, phosphates organiques et inorganiques selon l'équation :

$$CO_2 \text{ dissous} + H_2O \rightleftharpoons CO_3H_2 + \text{bases}$$
$$\rightleftharpoons \text{Acide faible} + CO_3 - H_2$$

■ **Capacité pulmonaire en litres.** *VC (volume courant)* normalement inspiré et expiré : 0,4 à 0,7 ; *de VRI (réserve inspiratoire) :* 1,5 à 2,5. *VRE (réserve expiratoire) :* 1 à 2. *VR (résiduel),* air intra-thoracique après expiration forcée : 1,5. **Capacité vitale (CV)** : VC, VRI et VRE : à *7 ans :* 1 litre ; *11 ans :* 2 ; *15 ans, garçon :* 3, *fille :* 2,5 ; *18 ans et plus, homme :* 3,5 à 4,5 (grands sportifs : 5 à 7), *femme :* 2,7 à 3,5. **Capacité pulmonaire totale (CPT)** : VR + CV : 6 litres (volume après inspiration forcée maximale). **Capacité résiduelle fonctionnelle (CRF)** : VRE + VR : volume restant après une expiration normale.

■ **VEMS (Volume expiratoire maximal par seconde).** Normalement 80 % de la capacité vitale ; sa diminution traduit un obstacle à la circulation de l'air dans les petites bronches (syndrome obstructif).

■ **Cadence normale de respiration au repos** (mouvements par minute). *Nouveau-né :* 35 ; 5 ans : 25 ; *15 à 20 ans :* 20 ; *20 à 25 ans :* 18 ; *25 à 40 ans :* 15 (20 000 entrées ou sorties d'air par jour).

■ **Nombre de litres d'air expirés en une minute** (à 20 °C). A jeun au lit 6. Assis 7. Debout 8. Marche (3 km/h) 14, (5 km/h) 26. Course 43. Violent effort physique 65 à 100.

■ **Masse d'air consommée.** Environ 4 t/an.

■ **Forme.** Vaste membrane au travers de laquelle l'air entre en quasi-contact avec le sang des capillaires pour l'oxygéner et en rejeter l'anhydride carbonique en excès. Formée de plusieurs millions de *lobules pulmonaires,* entourés d'un tissu conjonctif élastique riche en capillaires sanguins (volume de 150 à 200 ml). Les *alvéoles* représentent une surface totale de 70 à 200 m² (suivant l'inspiration ou l'expiration), recouverte par le *surfactant* (film de substance tensioactive). *Aspect :* 2 masses spongieuses et élastiques, roses chez les jeunes, gris noirâtre chez les adultes, à cause des poussières respirées. Des sillons ou scissures limitent 3 *lobes* dans le poumon droit, 2 dans le gauche.

Air (en %)	Inspiré	Alvéolaire	Expulsé
Azote	79,2	80,4	79,2
Oxygène	20,7	14	15,4
Acide carbonique	0,03	5,6	5,4

■ **Plèvre.** Séreuse enveloppant les poumons. Ses feuillets humectés par le liquide pleural glissent l'un sur l'autre et facilitent les mouvements des poumons. Le feuillet externe est soudé à la paroi thoracique et au diaphragme.

Le gaz alvéolaire et le gaz expiré sont saturés en vapeur d'eau. Le gaz expiré s'est appauvri en oxygène dans les poumons et enrichi en gaz carbonique. Le sang s'est simultanément enrichi en oxygène dans les poumons et appauvri en gaz carbonique.

Pression (mm Hg)	Sang veineux mêlé	Air alvéolaire	Sang artériel
Pa O_2	40	100	97
Pa CO_2	46	40	40

En altitude, la diminution de la pression atmosphérique entraîne celle de la pression d'oxygène inspiré. Une *hyperventilation* peut amener des malaises attribués à l'*hypoxémie* (diminution du taux de l'oxygène dans le sang) et à l'*alcalose* (rupture de l'équilibre acide-base dans le sang avec diminution du CO_2).

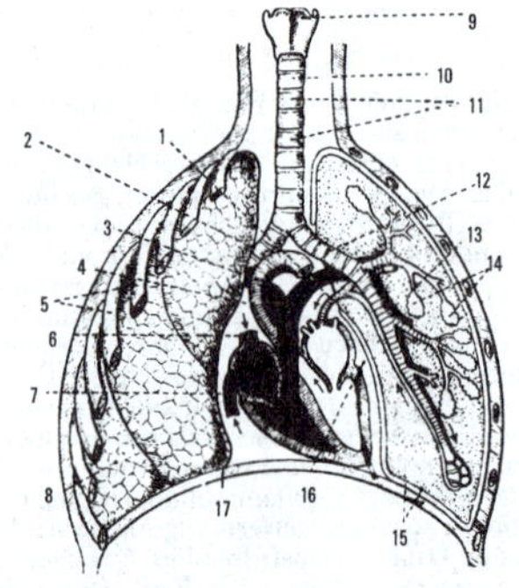

1 veine pulmonaire. *2* hile. *3* aorte. *4* artère pulmonaire. *5* côtes. *6* veine cave supérieure. *7* veine cave inférieure. *8* lobules. *9* larynx. *10* trachée-artère. *11* anneaux cartilagineux. *12* bronches. *13* bronchioles. *14* alvéoles. *15* plèvre. *16* lit du cœur. *17* diaphragme.

■ **Agresseurs du poumon. Microbes** et **virus** responsables des infections : abcès, pneumonie, bronchites aiguës, grippes... **Allergènes** responsables de l'asthme (graminées, poils, plumes, poussières, acariens). **Particules minérales** (silice, amiante...) ou **organiques** (moisissures...). **Gaz toxiques** (CO, oxydes d'azote, oxydes de soufre, composés chlorés, gaz pulseur et composés toxiques des appareils à aérosols...) et surtout **tabac** (composés toxiques de la fumée de cigarette) qui accentue en outre l'action néfaste des autres polluants.

■ **Épuration. Le poumon est un filtre autonettoyant :** *moyens mécaniques :* cils vibratiles tapissant les parois bronchiques et rejetant à l'extérieur les poussières inhalées et engluées dans le mucus des cellules bronchiques ; *cellulaires :* macrophages (cellules à poussières) qui digèrent les poussières et particules toxiques ; *immunologiques :* anticorps et lymphocytes qui luttent contre les antigènes inhalés. Mais lorsqu'il est soumis à des agresseurs trop nombreux, ce filtre ne peut plus fonctionner efficacement.

■ **Fonctions diverses.** Production de lipides et de nouvelles protéines ; contrôle de certaines enzymes ; libère des hormones vaso-dilatatrices et vaso-constrictrices ; s'oppose à certaines substances capables de provoquer des spasmes bronchiques.

MALADIES

■ **Abcès du poumon.** Suppuration circonscrite du tissu pulmonaire. TRAITEMENT : antibiotiques, drainage, aspiration du pus, intervention chirurgicale.

■ **Acidose respiratoire.** Ventilatoire ou gazeuse, caractérisée par des désordres respiratoires qui provoquent l'élévation de la Pa CO_2 *(hypercapnie)* au-dessus de 45 mm de mercure. Tantôt compensée, tantôt décompensée selon que les mécanismes correcteurs, notamment rénaux, s'avèrent efficaces ou insuffisants, auxquels cas le pH sanguin artériel s'abaisse au-dessous de 7,38. Peut aboutir au coma chez l'insuffisant respiratoire.

■ **Agénésie pulmonaire.** Absence totale de bronche, de tissu pulmonaire et d'artère pulmonaire ; conséquence d'un désordre embryonnaire qui suspend très précocement (3e-6e semaine) le développement de l'un ou des 2 poumons ; si un seul poumon est absent, la malformation est parfois bien tolérée. DIAGNOSTIC : signes cliniques traduisant le déplacement du cœur et du médiastin (espace compris entre les 2 poumons) vers l'hémithorax opposé, opacité totale de ce côté sur les radiographies des bronches et angiographies pulmonaires, absence conjuguée de tronc bronchique et d'artère pulmonaire. Danger des infections sur le poumon unique, et cause habituelle de la mort : les *hypoplasies pulmonaires,* conséquence d'une atteinte embryonnaire tardive ou d'une infection sévère très précoce.

■ **Alcalose respiratoire** ou **alcalose gazeuse.** Diminution *(hypocapnie)* de la Pa CO_2 au-dessous de 40 mm de Hg. Due à l'hyperventilation alvéolaire, elle est compensée ou décompensée selon qu'elle est corrigée ou non par les mécanismes compensateurs rénaux. En cas d'alcalose décompensée, le pH sanguin titre 7,45 ou plus.

■ **Alvéolites allergiques extrinsèques.** Broncho-pneumopathies liées à une exposition massive (formes aiguës) ou limitée mais répétée (formes chroniques) à des poussières organiques en rapport avec la profession : fermiers (foin moisi), éleveurs d'oiseaux (déjections), champignonnistes, ouvriers de minoteries, scieries (bois exotiques)... Certaines sont reconnues comme maladies professionnelles. Surviennent chez les sujets prédisposés. TRAITEMENT : corticostéroïdes, antibiotiques, port de masques.

■ **Apnée obstructive du sommeil.** Arrêts respiratoires répétés (parfois plus de 15/h, de 10 s à 1 min) nocturnes, fréquents chez l'obèse. Entraînent un état de fatigue au réveil et peuvent être à l'origine d'accidents du travail ou de la route. Peuvent provoquer des troubles de mémoire (manque d'oxygénation du sang), de l'hypertension artérielle et des maladies cardiaques. CAUSE : relâchement des muscles commandant l'ouverture des voies respiratoires. TRAITEMENT : ventilation assistée avec pression positive continue ; parfois chirurgie (intérêt discuté). CAS : 4 % des hommes de plus de 40 ans.

■ **Asbestose.** Fibrose pulmonaire due à l'inhalation prolongée, souvent d'origine professionnelle, de poussières d'amiante ; aggravée si associée au tabagisme. MANIFESTATIONS : insuffisance respiratoire, éventuellement pleurésies exsudatives bénignes, plaques pleurales hyalines, calcifications pleurales, cancers bronchiques, tumeurs malignes primitives sur la plèvre ou mésothéliomes.

■ **Aspergilloses.** Colonisation du poumon par un champignon fréquemment présent dans l'environnement. FORMES : invasive chez l'immunodéprimé ; locale (pleurale, sinusale) ; allergique (chez l'asthmatique ancien).

■ **Asthme.** Terme grec signifiant « difficulté respiratoire » (dyspnée). Inflammation chronique des bronches, qui deviennent alors hyper-réactives et peuvent réduire leur calibre et donc le passage de l'air lorsqu'elles sont exposées à diverses agressions comme les allergènes ou les polluants. On distingue la *crise* : dyspnée sifflante, souvent nocturne, obstruction bronchique paroxystique due à un spasme réversible, calmée par inhalation d'un bêta-mimétique, de l'*asthme à dyspnée continue* : crises au repos, à l'effort, plus ou moins importantes, pouvant mettre la vie en danger, menaçant d'insuffisance respiratoire et nécessitant des corticoïdes anti-inflammatoires. CAUSES : héréditaire et environnementales (allergies, médicaments, certains métiers) ; atteinte inflammatoire diffuse de la muqueuse bronchique. FACTEURS FAVORISANTS : climatiques, saisonniers, professionnels [(isocyanates, poussières organiques), causes les plus fréquentes des maladies pulmonaires indemnisables], psychologiques, viraux, reflux gastro-œsophagien, effort chez les jeunes, produits chimiques inhalés. TRAITEMENT : identification et suppression de la cause, désensibilisation aux allergènes incriminés. Des médicaments traitent la « crise », d'autres sont utilisés entre les crises pour en prévenir le retour. Une surveillance médicale stricte s'impose. L'automédication peut être dangereuse, en particulier l'abus des dérivés de la cortisone. Sont utilisés : *antiallergiques* (Cromoglycate disodique, Nédocromyl). Désensibilisation chez l'enfant et le jeune adulte. *Bronchodilatateurs* (sympathomimétiques d'action brève ou longue, éventuellement Théophylline). *Anti-inflammatoires* [corticostéroïdes (de préférence en spray), antileucotriènes, et, à un moindre degré, cures climatiques], rééducation respiratoire, kinésithérapie, psychothérapie. SPORT CONSEILLÉ : natation (Mark Spitz, champion olympique, est asthmatique). CAS : *dans le monde* : 100 à 150 millions ; 1,5 à 12 % des enfants selon les pays ; + 50 % en 10 ans (*source* OMS, janvier 2000) ; *en France* : environ 2,5 millions (dont 1 million diagnostiqués) ; en augmentation ; 4 % des adultes et environ 8 % des enfants (dont asthmes légers intermittents 70 %, légers persistants 25 %, sévères 5 %). Plus fréquent chez les garçons (2 cas pour un chez les filles). DÉCÈS (par an) : *dans le monde* : 180 000 ; *en France* : 2 000. COÛT (par an, en France) : 7 milliards de F. ADRESSES : *Association asthme*, 3, rue Hamelin, 75116 Paris. *Comité national contre les maladies respiratoires*, 66, bd St-Michel, 75006 Paris. *Le Nouveau Souffle*, 13, rue des Archives, 75004 Paris.

■ **Atélectasie pulmonaire.** Rétraction du tissu pulmonaire sur l'axe bronchique, causée par l'obstruction totale de la lumière bronchique par obstacle endobronchique ou compression extrinsèque de la bronche. DIAGNOSTIC : radiographique ; opacité homogène totale, lobaire ou segmentaire d'un poumon. TRAITEMENT : de la cause.

■ **Blebs.** Variété d'emphysème sous-pleural disséquant, causant des bulles (sources de pneumothorax).

■ **Bronchiolite.** Touche presque exclusivement le nourrisson. CAUSE : virale dans 60 à 80 % des cas surtout VRS : virus respiratoire syncytial ; également adénovirus, paramyxovirus et virus de la grippe. Débute par une rhinopharyngite puis atteint les bronchioles avec quintes de toux, détresse respiratoire aiguë. TRAITEMENT : *curatif* : hospitalisation indispensable pour soins et prévention des complications à court terme. Kinésithérapie respiratoire (*clapping*) quotidienne, bronchodilatateurs en aérosols, drainage bronchique et antibiotiques en cas de fièvre élevée (40 °C). *Préventif* : depuis mi-septembre 1999, palivizumad (Synagis) contre les infections à VRS. CAS (en France) : plusieurs centaines de milliers.

■ **Bronchites aiguës et chroniques.** ASPECT : inflammation des bronches. Toux sèche, puis grasse avec expectoration mucopurulente. FORMES : **bronchite aiguë** atteignant les grosses bronches et réversible ; **chronique** (toux et expectoration plus de 3 mois par an, plus de 2 ans de suite) *limitée aux grosses bronches (catarrhe)* sans gravité ; *obstructive et invalidante* qui atteint les petites bronches (apparaît vers 40 ans chez 30 % des bronchiteux chroniques), se complique d'*emphysème* et conduit à l'insuffisance respiratoire grave, non réversible. CAUSES : fumée du tabac (risque important de bronchite chronique au-delà de 100 000 cigarettes consommées : 1 paquet/jour pendant 13 ans, soit 1 fumeur sur 2), irritation permanente ou répétée par poussières minérales ou organiques, polluants atmosphériques ou professionnels, microbes et virus (poussées infectieuses aiguës souvent traitées sans que l'on porte attention à l'insuffisance respiratoire sous-jacente). FACTEURS FAVORISANTS : climats humides, habitat insalubre, protection insuffisante des milieux du travail, facteurs génétiques (déficits immunitaires). TRAITEMENT : arrêt du tabac, rééducation respiratoire, antibiotiques, fluidifiants et drainage bronchique, changement de poste de travail et changement de climat quand c'est possible, oxygénothérapie, ventilation assistée par respirateurs. NOMBRE (en France) : 50 000 grands insuffisants respiratoires chroniques (5 % de la population) dont 20 000 sont appareillés.

■ **Broncho-pneumonie.** Inflammation aiguë des bronches et des poumons ; en général après rougeole, coqueluche, grippe. SYMPTÔMES : toux, fièvre, difficulté à respirer. TRAITEMENT : chaleur, expectorants, antibiotiques, toni-cardiaques, oxygène.

■ **Cancer du poumon** (voir p. 165 a).

■ **Congestion pulmonaire.** Pneumonie bénigne, sauf complication d'épanchement pleural purulent ou de suppuration pulmonaire. DURÉE : de 7 à 10 jours. TRAITEMENT : antibiotiques.

■ **Dilatation des bronches (bronchectasie).** Augmentation de calibre des bronches révélée par catarrhe bronchique, expectoration purulente abondante, hémoptysie, et identifiée par bronchographie. TRAITEMENT : kinésithérapie respiratoire, aérosols, antibiotiques ; cures posturales ; intervention chirurgicale si dilatation localisée et limitée.

■ **Embolie pulmonaire** (voir p. 130 a).

■ **Emphysème pulmonaire.** Distension permanente et destruction des alvéoles. CAUSES : bronchite chronique, pneumoconioses (silicose) et autres fibroses pulmonaires, parfois éosinophilie sanguine accrue. TRAITEMENT : gymnastique respiratoire, cures thermales.

■ **Fibrose pulmonaire.** Production de tissus fibreux en abondance. CAUSES : tuberculose (pneumoconiose, maladies du tissu conjonctif). Forme primitive d'allure aiguë réalise le *syndrome d'Hamman Rich*, d'évolution mortelle. TRAITEMENT : lutte contre l'infection (cortisone, oxygène, kinésithérapie).

■ **Hémosidérose pulmonaire.** Infiltration diffuse, bilatérale du parenchyme pulmonaire par les sidérophages (macrophages chargés de fer). Affection primitive.

■ **Hémothorax.** Épanchement de sang dans la cavité pleurale, parfois associé à un pneumothorax. C'est un état non inflammatoire qui se produit parfois spontanément [rupture d'un vaisseau qui sous-tend une bride pleurale au cours d'un pneumothorax thérapeutique ou traumatique (plaie de poitrine)]. SIGNES : tableau d'anémie aiguë associé à des signes physiques d'épanchement pleural avec ou sans syndrome de pneumothorax. TRAITEMENT : transfusions sanguines, ponctions évacuatrices, chirurgie.

■ **Histiocytose X.** Variété de fibrose pulmonaire, rare, bilatérale. Pronostic souvent fatal. ORIGINE : inconnue.

■ **Hoquet.** Décharge brusque (jusqu'à 0,5 s) des muscles inspiratoires, à glotte fermée ; cadence 15 à 60 par minute. ORIGINE : irritation de l'arc réflexe (partant du bas de l'œsophage et se rendant au centre nerveux) d'où un reflux gastro-œsophagien (repas excessif ou trop arrosé), une hernie hiatale, une tumeur ou un ulcère du cardia (à l'entrée de l'estomac). CAUSES : repas trop généreux, boissons gazeuses, alcoolisées, tabac, changements brusques de température, émotion forte... CAS GRAVES : lorsque le hoquet se répète à intervalles très rapprochés, qu'on ne peut pas le calmer et qu'il dure plusieurs heures (parfois plusieurs jours), il peut traduire l'existence de maladies diverses ; si l'on souffre d'une pleurésie ou d'une pneumonie, ou que l'on a une tumeur (bénigne ou maligne) de l'estomac ou du pancréas, le nerf phrénique réagit et contracte le diaphragme. En cas de hernie hiatale, de grosse aérophagie ou d'une atteinte centrale des nerfs, la compression et l'irritation des organes en question sont susceptibles de déclencher le hoquet. TRAITEMENT : *moyens physiques* : avaler sans respirer (eau, mie de pain), cuillerée de sucre en poudre, grain de sucre imprégné de vinaigre, retenir sa respiration le plus longtemps possible avant de rejeter doucement l'air par la bouche, respirer dans un sac (l'air inspiré ayant une teneur en CO_2 plus importante, les poumons, avides d'oxygène, exigeront des mouvements respiratoires plus amples), peur soudaine (pour couper la respiration), clef glacée dans le dos... ; *médicaments* : exemple : Amitryptiline.

■ **Hydropneumothorax.** Association d'un épanchement pleural liquide et d'un pneumothorax. Signes cliniques de pleurésie surmontés par des signes d'épanchement gazeux. A la radio pulmonaire, la limite entre les deux syndromes est horizontale dans toutes les positions. CAUSES : plaies pleuropulmonaires, rupture d'un alvéole ou d'un kyste pulmonaire gazeux dans la plèvre. TRAITEMENT : abstention ou ponctions. En cas de tuberculose, antibiothérapie.

■ **Hydrothorax.** Épanchement liquide non inflammatoire de la plèvre. Signes physiques identiques à ceux de la pleurésie séro-fibrineuse. Association éventuelle à un œdème généralisé. CAUSES : cardiopathies décompensées, néphropathies œdémateuses, cirrhose de Laennec, carences protidiques. TRAITEMENT : de la maladie causale.

■ **Kystes gazeux ou aériens du poumon.** Formations arrondies ou ovalaires à contenu gazeux développées au sein du parenchyme pulmonaire ; les unes sont congénitales (kystes dysembryoplasiques), d'autres acquises [séquelles d'abcès, de cavités tuberculeuses inactivées (les bulles géantes d'emphysème ne sont pas de vrais kystes)]. COMPLICATIONS POSSIBLES : infections bactériennes, pneumothorax. TRAITEMENT : chirurgical.

■ **Microlithiase pulmonaire.** Affection exceptionnelle, familiale, caractérisée par la présence de microcalcifications disséminées dans les deux poumons.

■ **Mycoses** (voir **Aspergilloses** col. a). Les plus fréquentes : candidoses dues le plus souvent à la *Candida albicans*. Candidose buccale (muguet), vaginale (chez la fillette), généralisée après antibiothérapie massive.

■ **Œdème pulmonaire.** Inondation des alvéoles par la sérosité non coagulable du plasma sanguin (après lésions cardio-rénales, infections, intoxications, maladies nerveuses). ASPECT : grande suffocation sans collapsus. COMPLICATIONS : cardiaques et asphyxie. TRAITEMENT : diurétiques, oxygène.

■ **Parasitoses pulmonaires** [la plus fréquente est due au *Pneumocystis Carinii* ; très répandue chez les sidéens, relève du traitement par aérosols de Pentamidine ; hydatidoses, amibiases]. Toux, hémoptysies, infiltrations pulmonaires. TRAITEMENT : antiparasitaire, en fonction du parasite en cause.

■ **Pleurésie.** Inflammation fréquemment exsudative de la plèvre. PRINCIPALES CAUSES : tuberculose, cancer, maladies cardio-vasculaires (embolie pulmonaire et insuffisance du ventricule gauche), infections bactériennes et virales des poumons et des bronches. **Pleurésie sèche** (pleurite) : point de côté, toux sèche. TRAITEMENT : repos. **Pleurésie à épanchement** : toux sèche, point de côté, fièvre. DIAGNOSTIC : examen du liquide pleural après ponction et examen de fragments de plèvre prélevés par ponction-biopsie. TRAITEMENT : selon la cause ; repos, diurétiques, tonicardiaques, antibiotiques, parfois ponctions évacuatrices, toujours gymnastique respiratoire pour éviter les séquelles. Peut être très longue à guérir.

■ **Pneumoconioses.** Maladies du poumon consécutives à l'inhalation de poussières d'origine minérale. 2 variétés : **pneumoconiose fibrosante** [(en France : 25 000 personnes atteintes, 600 nouveaux cas, 300 décès), *silicose* (irréversible et incurable, continue à progresser même après la fin de l'exposition à la poussière de silice), *asbestose*, *béryliose*] ; **pneumoconiose de surcharge** à poussières mixtes de la *sidérose* (poussières d'oxyde de fer).

■ **Pneumonie.** Inflammation et infection aiguës d'un lobe pulmonaire. CAUSES : pneumocoques, virus, rickettsies, mycoses. ASPECT : toux, fièvre, difficultés de respiration. Signes cliniques en foyer ; opacité lobaire en radiographie. TRAITEMENT : expectorants, antibiotiques, sulfamides, tonicardiaques, réhydratation, oxygène chez les vieillards. DÉCÈS (monde) : 3 500 000 enfants de moins de 5 ans.

■ **Pneumopathies.** Inflammations aiguës du tissu pulmonaire, rares mais graves. Causées par de nombreux virus avec fièvre d'allure grippale, toux et expectoration muqueuse (aspect de blanc d'œuf). Bactéries : pneumocoque (Streptococcus pneumoniae), mycoplasme, Haemophilus influenzae (surtout impliqué chez l'enfant de moins de 2 ans). PROCESSUS : faiblesse des moyens de défense des voies aériennes chez les sujets immunodéprimés, les bronchitiques, ou en cas de maladie virale (grippe chez les personnes âgées) ; inhalation pathologique de bactéries à partir des sinus ou d'un foyer dentaire. SYMPTÔMES : toux sèche dans les infections virales et toux productive avec sécrétions muco-purulentes dans les infections bactériennes ; expectorations ; douleur thoracique parfois augmentée à l'inspiration profonde ; altération de l'état général en cas de pneumopathie d'origine bactérienne. TRAITEMENT : antibiotiques.

■ **Pneumothorax.** Présence d'air ou de gaz dans la plèvre, due à des infections pleurales ou plus souvent à des ruptures de vésicules pulmonaires superficielles dans la plèvre. ASPECT : brutal point de côté, difficultés de respiration, hyperclarté pulmonaire en radiographie. TRAITEMENT : repos, exsufflations, drainage ou talcage pleural ; pleurectomie en cas de pneumothorax persistant ou récidivant.

■ **Pollinose** (rhinite pollinique ou **« rhume des foins »**). Rhinite spasmodique saisonnière (équivalent asthmatique) avec éternuements incessants, écoulements nasaux et lacrymaux, gonflements des muqueuses nasales et oculaires. État allergique dû habituellement aux pollens de graminées. TRAITEMENT : antihistaminiques de synthèse, dérivés cortisoniques, désensibilisation spécifique pré- ou co-saisonnière.

■ **Sclérose pulmonaire** (voir **Fibrose** col. b).

■ **Séquestration pulmonaire.** Hémoptysies, tableau de suppuration pulmonaire, opacité : postéro-inférieure, du lobe inférieur. CAUSES : vice du développement embryonnaire du poumon qui affecte un territoire broncho-pulmonaire ayant perdu ses connexions aériennes et vasculaires normales. La ventilation est absente. La vascularisation est assurée par la grande circulation. TRAITEMENT : chirurgical (lobectomie).

■ **Syndrome d'Ondine.** Apnée du sommeil (sans l'obésité). Touche les enfants qui durant leur sommeil respirent trop faiblement et parfois en meurent. Le mouvement respiratoire étant tantôt automatique tantôt volontaire, l'apprentissage ventilatoire s'impose.

■ **Toux.** Acte réflexe permettant d'expulser à grande vitesse le gaz des poumons en créant d'importantes turbulences. Elle chasse ainsi les particules gênantes plus efficacement que, par exemple, une tape dans le dos. **Toux rebelle inexpliquée de l'adulte** : toux généralement sèche, quinteuse, explosive, prolongée au-delà d'un ou deux mois. EXAMENS : *préliminaires* (pour éliminer les cas ressortant de pneumologie, cardiologie, allergologie) : radio du thorax, scanner des sinus, bilan global d'allergie respiratoire et étude des traitements subis par le patient (les bêtabloquants ou certains médicaments contre l'hypertension peuvent provoquer une toux) ; *complémentaires* : fibroscopie des fosses nasales pour voir s'il n'existe pas d'anomalie de la muqueuse, du cavum où il peut y avoir des reliquats de végétations entraînant un écoulement postérieur ; des cordes vocales, permettant de découvrir rhinite postérieure, polypose nasale débutante ou anomalie laryngée, parfois œdème de la partie postérieure des cordes vocales, avec rougeurs, évoquant un reflux gastro-œsophagien. CAUSE : *fréquente avant 50 ans* : hypersensibilité de la muqueuse respiratoire aux agressions extérieures (tabac, climatisation, pollution) entraînant une congestion de la muqueuse par libération de médiateurs, dont l'histamine ; *après 50 ans* : 50 % sont d'origine digestive, dues à un reflux gastro-œsophagien. Provoquent sinusites récidivantes, polyposes, rhinites vasomotrices. TRAITEMENT : médical ou par chirurgie endo-nasale.

■ **Thymome.** Tumeur du thymus, latente, souvent découverte par la radiographie ou plus rarement associée à des signes de compression médiastinale, parfois un syndrome myasthénique. Subit rarement la dégénérescence cancéreuse. TRAITEMENT : exérèse chirurgicale.

■ **Tuberculose** (voir p. 163 a). **Tuberculose miliaire.** Traduisait autrefois une forme mortelle de tuberculose généralisée, image radiologique micromodulaire. Se voit aussi au cours de cancers, alvéolites, fibroses, pneumoconioses.

APPAREIL DIGESTIF

En 24 heures environ, il transforme les aliments (digestion) et fait passer dans le sang les aliments digérés (absorption).

BOUCHE

■ **Rôle. Mastication** (broyage des aliments par les dents) : travail dû à des mouvements complexes de la langue et du maxillaire inférieur mû par les muscles masticateurs (temporal et masséter : muscles élévateurs robustes ; digastriques : muscles abaisseurs ; divaricateurs ou ptérygoïdiens : muscles des mouvements latéraux). **Salive :** *sécrétion :* environ 1 litre par jour ; composition : 99,5 % d'eau, carbonates et phosphates alcalins, ptyaline ou amylase (diastase) ; aide à la mastication et commence la digestion des sucres (amylase salivaire). Protège contre la carie en neutralisant les acides, en éliminant par « rinçage » certains débris alimentaires et en apportant au contact de l'émail des ions minéraux favorisant sa reminéralisation. **Déglutition :** chasse les aliments dans le pharynx. Le voile du palais ferme alors le passage vers les fosses nasales ; le larynx se soulève et vient buter contre une languette, l'*épiglotte,* qui s'abaisse et l'obture. Une seule voie s'offre alors au *bol alimentaire*, l'œsophage dont, par réflexe, les fibres musculaires circulaires et longitudinales se contractent en amont du bol alimentaire et se relâchent en aval. Les aliments gagnent ainsi l'estomac même si l'on est couché ou renversé la tête en bas.

☞ **Gouttelettes de Phlugg :** nom savant des postillons.

■ **Maladies. Abcès :** amas de pus. ORIGINE : infectieuse. Localisations les plus fréquentes : amygdales, paroi pharyngée, gencives en regard d'une dent infectée (côté vestibulaire, lingual ou palatin). TRAITEMENT : soins dentaires, antibiotiques, incision si non résorption.

Angine : DIAGNOSTIC : douleur de la gorge, inflammation du pharynx, fièvre. Pendant longtemps, on a distingué : *1°) l'angine érythémateuse « rouge » :* début brutal, malaise général, frisson et difficultés de déglutition, gorge enflammée mais pas d'atteinte ganglionnaire (symptômes alors attribués habituellement aux angines virales) ; *2°) l'angine érythémato-pultacée « blanche » :* douleurs de la gorge, grande fatigue, troubles digestifs, aspect particulier des amygdales et du pharynx, gros ganglions douloureux dans le cou (symptômes alors habituellement attribués aux angines streptococciques). COMPLICATION : rhumatisme articulaire aigu responsable d'une atteinte articulaire et cardiaque. **Angines spécifiques :** *diphtérique, dite de Vincent* [découverte par Hyacinthe Vincent (1862-1950)], *herpétique* (fièvre élevée, vésicules), *des maladies infectieuses* (scarlatine, typhoïde), *des hémopathies* (dues à une mononucléose infectieuse, peuvent aussi révéler une *agranulocytose* ou une leucémie), *de Ludwig* [décrite par Wilhelm Friedrich von Ludwig (Allemand, 1790-1865)] (phlegmon du plancher de la bouche), *gangreneuses* et *phlegmoneuses* (angine de poitrine, voir p. 127 b). CAUSES : bactéries (20 %), virus (80 %). TRAITEMENT : *angine bactérienne :* antibiotiques ; vaccin à l'étude ; *virale :* on évite désormais les antibiotiques (pour ne pas développer de résistance). Test de diagnostic rapide depuis 1999 pour déterminer l'origine virale ou non. NOMBRE (en France) : 9 millions de cas par an.

Cancer du larynx (voir p. 165 b).

Cellulite : inflammation des tissus celluleux. Les infections dentaires diffusent facilement dans les tissus celluleux et sont responsables de la plupart des cellulites de la face (tuméfaction des joues). COMPLICATION : suppuration.

Glossite : inflammation de la langue. Mêmes causes que la stomatite.

Glossodynie : douleur chronique de brûlure de la bouche, plus particulièrement de la langue. Peut être associée à une sensation de gonflement de la langue et des gencives, à un mauvais goût, à une salive épaisse, à une impression de bouche sèche. Accompagne souvent un syndrome dépressif. Le patient a mal de temps en temps sauf quand il dort ou mange. La douleur varie en fonction des émotions, du stress et de l'élocution. Touche surtout les femmes vers l'âge de la ménopause. TRAITEMENT : psychologique, parfois associé à des médicaments.

Hyposialie : dysfonctionnement des glandes salivaires entraînant une *xérostomie* (sécheresse de la bouche).

Stomatite : altération de la muqueuse buccale. Affection locale *(microbienne* ou *mycosique)* ou générale *(sanguine),* ou due à une intoxication *(médicamenteuse* ou autre) ou à des troubles allergiques. **Gingivite** par carence vitaminique (en particulier vitamine C : scorbut). Diabète, dérèglements hormonaux, allergies aux prothèses dentaires participent à son apparition ou à son aggravation. TRAITEMENT : selon la cause (forme la plus fréquente due à la présence de plaque dentaire bactérienne).

DENTS

■ DENTURE ET DENTITION

■ **Denture.** Ensemble des dents d'un sujet à une époque donnée (denture de lait ou temporaire, denture mixte, denture adulte ou permanente). **Denture de lait complète :** 20 dents dont 8 incisives (de 6 à 12 mois), 4 premières molaires (de 12 à 18 mois), 4 canines (de 18 à 24 mois), 4 secondes molaires (de 24 à 30 mois). **Mixte :** dents de lait et d'adulte cohabitent sur les arcades ; entre 6 et 12 ans. **Adulte complète :** 32 dents dont 4 premières molaires (6 ans). 4 incisives centrales (7 ans), 4 incisives latérales (8 ans), 8 prémolaires (de 8 à 10 ans), 4 canines (de 11 à 12 ans), 4 molaires (12 ans), 4 molaires dites dents de sagesse (de 18 à 25 ans) qui ont souvent du mal à sortir (volume de la mandibule réduit) et qui peuvent rester incluses dans l'os.

☞ La chronologie peut varier de quelques mois selon les enfants. Les retards dentaires ne sont pas un signe de mauvaise santé. Généralement les dents du bas apparaissent avant celles du haut.

■ **Disposition des dents sur le maxillaire** (supérieur, en 2 os) ou **la mandibule** (ou maxillaire inférieur : os de la mâchoire inférieure). 3 molaires, 2 prémolaires, 1 canine, 4 incisives, 1 canine, 2 prémolaires, 3 molaires.

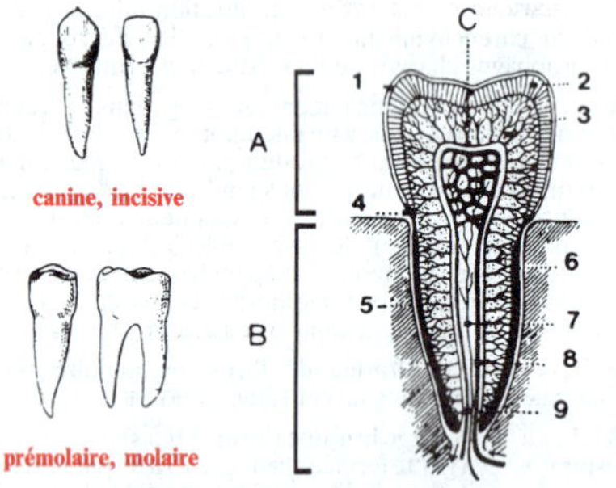

A couronne. *B* racine. *C* pulpe dentaire. 1 cuticule. 2 émail. 3 dentine ou ivoire. 4 collet. 5 alvéole. 6 cément. 7 paquet vasculo-nerveux (veine, artère, système nerveux, vaisseaux lymphatiques). 8 artère dentaire. 9 veine dentaire.

■ **Dentition.** Ensemble des phénomènes qui affectent normalement la denture jusqu'à la mise en place des dents définitives (apparition, résorption des racines – mobilité, chutes des dents de lait, évolution des définitives). *Agénésie :* absence des germes dentaires entraînant l'absence sur les arcades des dents correspondantes. *Dents surnuméraires :* des germes atypiques donnent des dents souvent placées en dehors des arcades ou des dents incluses.

Origine des dents : les bourgeons dentaires se forment à partir de « lames épithéliales » situées dans le tissu conjonctif embryonnaire. Chaque bourgeon se présente comme une cloche dont la face convexe est constituée de cellules épithéliales. Les *adamantoblastes* qui formeront les cellules de l'émail viennent de grosses cellules appelées « gelée de l'émail ». Les cellules conjonctives situées dans le fond de la cloche formeront les *odontoblastes* générateurs de la dentine. **Émail :** tissu le plus minéralisé du corps humain (95 % de substance minérale). Il est élaboré une fois pour toutes pendant la minéralisation de la dent. Très résistant, il subit néanmoins : l'usure [naturelle, liée à la mastication, et pathologique, liée au *bruxisme* (grincement des dents)], des déminéralisations de surface liées aux attaques, alimentaires et bactériennes, voire des destructions (caries). Des ions minéraux (calcium, phosphate), normalement présents dans la salive ou apportés par la thérapeutique (fluor), peuvent ralentir voire inhiber la déminéralisation de surface.

☞ Dents jaunies par le thé, café ou tabac : « blanchiment » à l'eau oxygénée sous forme de gel (dosé à 10 %), permet de gagner 2,5 ou 3 teintes (sur les 20 existantes).

■ MALADIES

■ **Carie.** Altération des tissus durs de la dent (émail, cément, dentine), évoluant de la périphérie vers le centre et aboutissant à leur destruction progressive. CAUSE : les bactéries de la plaque dentaire transforment les glucides en acide lactique qui déminéralise les prismes de l'émail. Lorsque la carie atteint la chambre pulpaire, elle engendre des lésions pulpaires avec leurs conséquences (pulpites, accidents infectieux aigus ou chroniques, locaux, régionaux ou généraux). La carie est contagieuse, plusieurs souches bactériennes *(Streptococcus mutans)* pouvant se développer au sein de la plaque dentaire bactérienne. TRAITEMENT : **1°)** *Préventif :* examen périodique. *Scellement des sillons :* application de résine dans les sillons des dents, dès leur apparition. *Fluor :* sur prescription médicale en fonction du risque carieux de l'enfant et en usage local (dentifrice fluoré à partir de 3 ans). *Alimentation* équilibrée (limitation de sucrerie et du grignotage). *Brossage* des dents après chaque repas. **2°)** *Curatif :* curetage des tissus atteints (au moyen d'une fraise, d'un laser ou par microabrasion), traitement protecteur de la dentine sous-jacente, obturation après préparation d'une cavité destinée à recevoir un matériau (ciment, amalgame d'argent, résine composite, alliages d'or, verres ionomères). En cas de destruction coronaire importante, dévitalisation et obturation des racines ; reconstitutions possibles en céramique, céramique sur métal, couronnes en or ou en alliage non précieux. Les résines, acryliques permettent des travaux provisoires ou semi-provisoires. Les « inlays », prothèses collées sur la dentine et l'émail par des résines « composites » permettent des reconstitutions esthétiques et fonctionnelles ainsi que des maquillages car ils reproduisent la couleur de la dent. Dents de lait ou temporaires reçoivent les mêmes traitements que les dents définitives et peuvent être reconstituées par des couronnes lorsqu'elles sont délabrées. ADRESSE : *Association dentaire française (ADF),* 7, rue Mariotte, 75017 Paris.

☞ **Recherches :** *vaccin* contre les micro-organismes de la plaque dentaire ; *produits ostéogéniques,* injectés dans la pulpe dentaire vivante, provoqueront une minéralisation dans le canal dentaire, évitant la dévitalisation ; *liposomes :* pour faire repousser la dentine au lieu de combler les caries ; *thérapie photodynamique (TPD) :* la lumière active une molécule « tueuse » qui détruit les bactéries présentes dans la dent cariée : le tissu devrait alors être capable de se régénérer lui-même ; dentifrice tueur de bactéries.

■ **Les amalgames** (autrefois appelés *plombages*) sont composés à parts égales d'une poudre d'alliage (essentiellement argent, cuivre, étain et mercure). Une fois mélangés, les constituants forment un matériau malléable qui durcit. Du mercure peut se retrouver dans la bouche sous forme de vapeurs : il sera absorbé par voie pulmonaire ou dissous dans la salive. Par voie digestive, il peut provoquer une micro-intoxication pouvant amener lentement à différents troubles et à long terme être un facteur de pathologies immunitaires. Le Conseil supérieur d'hygiène publique de France a recommandé en 1998 d'utiliser de préférence les amalgames « non y2 », essentiellement en cas de forte prévalence carieuse, de les éviter au voisinage d'autres restaurations métalliques, de les fraiser et les polir sous forte aspiration et champ opératoire, d'en limiter l'utilisation chez les femmes enceintes et allaitantes, d'éviter la consommation fréquente de chewing-gum en cas d'amalgames nombreux.

Les matériaux dentaires ne font pas partie du département de la santé publique au niveau européen : la responsabilité des fabricants n'est engagée que si le consommateur a pu démontrer une atteinte. S'ils étaient du ressort de la santé publique, les fabricants devraient, avant de les mettre sur le marché, prouver leur inocuité. Une loi est en préparation au Sénat visant à interdire l'usage du mercure dans tous les domaines touchant à la santé de la population.

■ **Plaque dentaire.** Les micro-organismes (bactéries) qui prolifèrent dans la bouche et les sécrétions salivaires s'associent aux résidus alimentaires pour former un enduit mou qui recouvre la dent et que l'on peut éliminer au brossage. S'il se maintient, il sert de base à la formation de la plaque dentaire, riche en bactéries qui assimileront les sucres des aliments et produiront des acides qui attaqueront l'émail. La partie organique de la plaque favorise la formation de taches inesthétiques et peut être à l'origine d'une mauvaise haleine ; elle peut entraîner une *gingivite* et une *paradontite* (voir ci-dessous). Lorsque la plaque dentaire atteint une certaine épaisseur, un dépôt calcaire dur *(tartre),* adhère à la dent. PRÉVENTION : brossage après chaque repas, d'au moins 3 minutes, verticalement de la gencive vers la dent et horizontalement pour les parties servant à la mastication ; emploi d'un dentifrice contenant des dérivés fluorés, des sels minéraux ou des oligoéléments. Parmi les dentifrices fluorés, on distingue les dentifrices cosmétiques à teneur en fluor modérée et les médicamenteux à haute teneur en fluor. Éviter de consommer du sucre à l'excès et limiter le grignotage. *Détartrage :* remboursée 2 fois/an par la Sécurité sociale, consiste en un décapage par ultrasons.

■ **Statistiques. Indice CAO (dents cariées, absentes ou obturées)** [*source :* enquêtes UFSBD] : **à 6 ans** (âge d'apparition des 4 molaires définitives) : *en 1987 :* 0,52 ; *1990 :* 0,22 ; *1993 :* 0,06 ; **à 9 ans** (l'enfant a appris règles d'hygiène, méthode de brossage) : *en 1987 :* 2,02 ; *1990 :* 1,27 ; *1993 :* 0,72 ; **à 12 ans** (la plupart des dents sont en place, 25 % des enfants n'ont aucune atteinte, 30 % ont au moins une dent permanente cariée non traitée) : *en 1987 :* 4,2 ; *1990 :* 3,02 ; *1995 :* 2,07 ; *1998 :* 1,94 ; **à 35-44 ans :** *1995 :* 14,1 ; **à 65-74 ans :** 23,3. 16,3 % des personnes âgées sont complètement édentées.

% d'enfants de 12 ans sans aucune dent atteinte selon la catégorie socioprofessionnelle des parents *en 1998 :* cadre supérieur 47, profession intermédiaire 43, employé 43, artisan, commerçant 38, agriculteur 33, ouvrier 32, autre 30, total 39.

☞ Les Japonais de 65 ans ont en moyenne 8 dents naturelles et plus de 20 dents artificielles.

■ **Parodontopathies.** Maladies bactériennes aggravées ou favorisées par des facteurs locaux et/ou généraux des tissus de soutien de la dent : gencive, os alvéolaire, ligament alvéolo-dentaire (desmodonte), cément. FORMES CLINIQUES : **parodontites** *superficielles :* gingivites aiguës, chroniques, ulcéro-nécrotiques ; *profondes :* caractérisées par une lyse (destruction) de l'os alvéolaire (alvéolyse) qui entraîne la formation de « poches parodontales » autour des dents atteintes. L'évolution des lésions peut être accompagnée de saignements gingivaux, d'*halitose* (mauvaise haleine), de douleurs, d'abcès, de suppuration chronique. La mobilité des dents atteintes peut augmenter pour aboutir souvent à leur perte sauf traitement approprié. *Parodontite juvénile et à évolution rapide :* formes aiguës avec des alvéolyses importantes ; peuvent atteindre enfants (forme prépubertaire), adolescents (forme juvénile) et adultes jusque vers 30 ans (forme à évolution rapide) ; liées à des déficits immunitaires ; sont localisées (1res molaires, incisives) ou généralisées. **Parodontose :** forme dystrophique entraînée par la résorption plus ou moins régulière et lente des tissus de soutien qui tend à dénuder les collets des dents. Déclenche une sensibilité désagréable aux agents thermiques ou chimiques. La mobilité peut apparaître tardivement. COMPLICATIONS POSSIBLES : caries sur les parties dénudées, apparition de parodontites accélérant l'évolution. TRAITEMENT : élimination de la plaque bactérienne par brossage, emploi de fil de soie dentaire, de brossettes, de bâtonnets, d'un hydropulseur. Visites chez le dentiste pour supprimer tartre, caries, obturations débordantes, prothèses traumatisantes ; équilibration des points de contact (meulages sélectifs). Thérapeutiques anti-infectieuses et anti-inflammatoires et parfois traitements concernant l'état général du patient. Traitement chirurgical pour éliminer des tissus non traitables et parfois les remplacer ou les stimuler par des greffes. Prothèses (attelles fixes ou amovibles immobilisant les dents mobiles).

■ **Hypersensibilité.** Au chaud/froid, sucré, aigre ou contact métallique (fourchette) ou de la brosse à dents. CAUSE probable : exposition à l'air de l'ivoire de la dent suite à gingivite, certains traitements ou usure des dents. TRAITEMENT : dentifrice pour dents sensibles.

■ **Mauvaise haleine (halitose).** ORIGINE : 90 % dentaire. CAUSES : mauvaise hygiène bucco-dentaire favorisant le développement de bactéries anaérobies qui décomposent les débris d'aliments accumulés dans les caries ; prothèses mal adaptées ou endommagées produisant de l'hydrogène sulfureux (odeur d'œuf pourri) ; respiration buccale.

■ ORTHOPÉDIE, PROTHÈSES

■ **ODF (orthopédie dento-faciale). But :** rétablir l'équilibre fonctionnel et esthétique des dents et des arcades dentaires. Le fait d'exercer une pression constante sur les dents permet de les déplacer ; on utilise pour cela soit des *appareils amovibles* en résine et pouvant être retirés par le patient, soit *fixes :* comprenant des attaches collées sur les dents et des fils métalliques, éléments actifs de l'appareil. Les deux types nécessitent un suivi régulier. L'orthodontie peut être réalisée à tout âge.

■ **Prothèse dentaire. But :** renforcer, réparer ou remplacer une ou plusieurs dents. Peut être fixe ou mobile. **Couronne :** coiffe fixe recouvrant ou remplaçant la couronne d'une dent. **Bridge :** remplacement d'une ou plusieurs dents. Le bridge est fixe. Il s'ancre sur les dents adjacentes par l'intermédiaire de couronnes. **Dent à tenon (pivot) :** remplace la partie apparente et se fixe dans la racine. **Prothèse mobile :** appareil amovible remplaçant des dents manquantes. **Implant dentaire :** racine artificielle (en métal, notamment en titane) implantée dans l'os alvéolaire pour fixer un élément de prothèse. *Catégories :* endo-osseux (ou ostéo-intégrés), juxta-osseux, transosseux. *Procédés :* classique par insertion axiale : pose de la prothèse 2 à 6 mois après l'implant (pour permettre son ostéo-intégration) ; par insertion latérale après visualisation par scanner : pose immédiate. *Contre-indications :* cardiopathie valvulaire, déficit immunitaire grave congénital ou acquis, affection maligne avec mauvais pronostic à court terme, hémopathie, hémophilie, affection nécessitant transplantation, radiothérapie maxillo-faciale, affection évolutive de la muqueuse buccale, faible densité osseuse, proximité d'éléments anatomiques (sinus, fosses nasales, nerfs dentaires...). NOMBRE (en France) : 25 000/an. **Greffe osseuse :** lorsque le volume de l'os est insuffisant pour un implant ; sous anesthésie générale.

Coût moyen (fin 2000, *source :* UFSBD) : *couronne :* 3 500 F (dépend du type réalisé, des matériaux et techniques utilisés ; plus cher en région parisienne et Côte d'Azur), remboursée 705 F par la Sécurité sociale ; *orthodontie :* 3 200 F/semestre, remboursée 1 269 F uniquement jusqu'à 16 ans.

■ ESTOMAC

■ **Description.** Poche de 1 200 cm^3 environ. Communique avec l'œsophage par le cardia (du grec *kardia,* cœur), avec le duodenum par un sphincter, le pylore (du grec *pulê,* porte, et *ôra,* garde). **Rôle.** *Brassage* des aliments (contractions gastriques), ce qui facilite la digestion. *Sécrétion du suc gastrique* (de 1 à 1,5 litre par jour) qui comprend 99 % d'eau ; des chlorures et phosphates ; 0,5 % d'acide chlorhydrique (l'estomac est le point le plus acide du corps) et 1 diastase : la *pepsine* qui agit sur les protides. Les aliments sont transformés en bouillie claire : le *chyme,* évacué par jets successifs dans le duodénum. Un tri s'opère dans l'estomac : eau et bouillon ne s'arrêtent pas ; lait, bière, pain, viande sont évacués en 2 à 3 heures ; graisses en 7 à 8 heures.

■ **Maladies. Aérophagie :** accumulation exagérée d'air dégluti. CONSÉQUENCE : *éructation* (émission de gaz par la bouche sous forme de rots soulageant la tension gastrique et visant à réduire le volume de l'estomac). Souvent chez les personnes nerveuses, excessives, pressées. Pour l'éviter, manger avec calme, ne pas consommer de boissons gazeuses. **Brûlures** ou **aigreurs d'estomac :** CAUSE : le plus souvent, aucun trouble organique n'est détecté. Seraient liées à un abaissement du *seuil de sensibilité viscérale :* à la suite d'allergies alimentaires, infections ou autres, on ressent des douleurs là où, normalement, on ne devrait rien éprouver. TRAITEMENT : médicaments anti-sécrétoires et antiacides. CAS : 20 % des consultations en

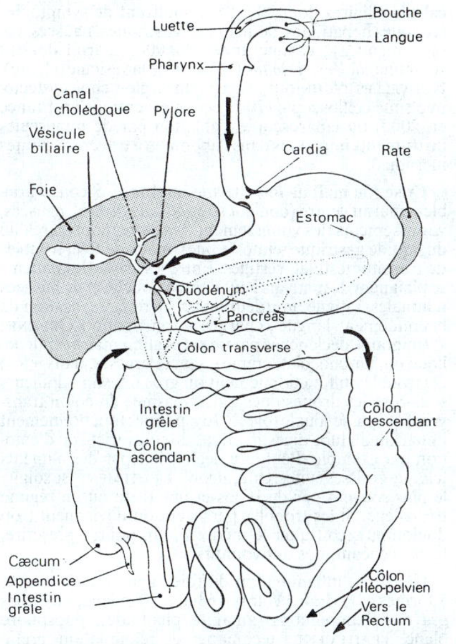

Appareil digestif

France. **Cancer** (voir p. 165 a). **Dyspepsie :** digestion difficile. TRAITEMENT : de la cause (affections hépato-vésiculaires, intestinales). **Flatulence** ou **météorisme :** correspond à un excès de production et d'évacuation de gaz intestinaux. Il s'agit souvent d'un symptôme banal sans signification ; un adulte expulse de 2 à 20 litres de gaz/jour (en particulier du méthane). CONSÉQUENCES : *ballonnement abdominal :* augmentation du volume du ventre par accumulation de gaz. **Gastrite :** inflammation de la muqueuse de l'estomac. CAUSES : *forme aiguë :* indigestion, certains médicaments, erreurs alimentaires ; *chronique :* tabac, alcool, bactéries (*Hélicobacter pylori :* voir ci-après). **Reflux gastro-œsophagien (RGO) :** souvent déclenché en se penchant en avant, ou après les repas. SYMPTÔMES : brûlures de l'œsophage ; parfois nausées, éructations, douleurs thoraciques. COMPLICATIONS : inflammation, petits ulcères, œsophagite, rétrécissement œsophagien, ulcère. TRAITEMENT : *médicaments :* antiacides ; *chirurgie :* dans les cas graves, reconstitution de la barrière antireflux ; *micro-ondes :* à l'étude aux USA (115 patients traités à mi-2000) : par voie endoscopique. FRÉQUENCE (en France) : 1 fois au moins par mois 45 % de la population, 1 fois par jour 5 %. **Ulcère gastro-duodénal :** perte de substance profonde de la paroi gastrique ou duodénale. Crampes de l'épigastre par périodes de 1 à 3 semaines rythmées par les repas, calmées par l'alimentation ; parfois vomissements sanglants ou hématémèses. Serait dû à une hypersécrétion d'acide chlorhydrique associée à la prolifération d'une bactérie unicellulaire [*Helicobacter pylori* (HP), découverte 1983]. COMPLICATIONS : *aiguës :* perforation (il s'agit d'accidents graves, nécessitant l'hospitalisation d'urgence) ; *chroniques :* rétrécissement de l'estomac et du duodénum. TRAITEMENT : régime, pansements gastriques, médicaments diminuant la sécrétion, antibiotiques (clarithromycine et amoxicilline ; résistance dans 20 % des cas ; récidive possible après guérison) en cas de contamination par HP, parfois traitement chirurgical (*vagotomie :* section des nerfs de l'estomac). STATISTIQUES (en France) : 80 000 nouveaux cas par an, touche 8 % de la population ; l'ulcère gastrique est 4 fois plus rare que l'ulcère duodénal.

■ **Principaux médicaments. Antiulcéreux** ou **antisécrétoires :** agissent le plus souvent en bloquant la sécrétion acide de l'estomac ; prescrits en cas d'ulcère, de gastrite, de reflux gastro-œsophagien sévère. **Antispasmodiques :** modifient la motricité de l'estomac et font disparaître les crampes douloureuses. **Antiacides :** neutralisent l'acidité sans intervenir directement sur les mécanismes de la sécrétion gastrique (bicarbonate de soude, hydroxyde d'aluminium ou de magnésium). **Pansements gastro-duodénaux :** argiles, polysiloxane, parfois le bismuth ; forment un film protecteur sur la muqueuse et la soustraient à l'agression de l'acide ou des substances irritantes (alcool, médicaments...). **Absorbants, antiflatulents :** absorbent les gaz formés lors d'une mauvaise digestion (granulés ou comprimés de charbon actif). **Cholagogues :** stimulent la libération de la bile stockée dans la vésicule. **Cholérétiques :** augmentent la sécrétion biliaire du foie.

■ **Quelques conseils. Toute personne sujette aux digestions difficiles devrait :** manger au calme et à heures fixes, mastiquer soigneusement et veiller à avoir des dents en bon état, avoir une alimentation équilibrée et variée, sans alcool ni graisses en excès, renoncer au tabac et au café qui accentuent la sécrétion acide, éviter autant que possible l'énervement et le stress. **En cas d'ulcère ou de gastrite :** éviter les substances acides (vinaigre, jus de fruit, agrumes...) ainsi que les mets épicés (moutarde, piment...), augmenter les laitages qui neutralisent en partie l'acidité. **En cas de reflux gastro-œsophagien :** pas de vêtements trop serrés comprimant l'abdomen, éviter les repas trop abondants ou les fractionner, ne pas se coucher tout de suite après le repas, surélever la tête de son lit. **Pour éviter le météorisme et ce qui favorise la sécrétion excessive de salive et la déglutition d'air :** pas de chewing-gum, ni de consommation permanente de bonbons ou de boissons gazeuses, éviter les aliments générateurs de fermentation (petits pois, haricots, choux, oignons, jus de pomme, banane...), manger les fruits à distance des repas.

■ ŒSOPHAGE

■ **Description.** Tube musculo-membraneux vertical qui, par des mouvements péristaltiques, conduit les aliments de l'arrière-bouche vers l'estomac. Longueur 25 cm, diamètre 3 cm.

■ **Maladies. Cancer** (voir p. 165 a). **Diverticules :** malformations parfois gênantes qu'il faut opérer. **Œsophagite :** inflammation de l'œsophage. Douleurs et gêne à la déglutition. Rétrécissement de l'œsophage comme séquelle d'œsophagite peptique ou caustique. CAUSES : ingestion de caustiques et surtout reflux de liquide gastrique acide par anomalie du cardia *(hernie hiatale).* TRAITEMENT : pansements et antiacides, parfois chirurgie.

■ PANCRÉAS

■ **Description.** Comporte 2 glandes : le **pancréas exocrine,** glande digestive, sécrétant du *suc pancréatique* lors de l'arrivée du chyme dans l'intestin (environ 1 litre par jour), et le **pancréas endocrine** (ou insulaire), glande à sécrétion interne, hormonale, composée de *cellules de Langerhans* [décrites par Paul Langerhans (Allemand, 1847-88)] : 8 variétés, dont la *cellule alpha* qui sécrète le *glucagon* et la *cellule b* ou *bêta* qui sécrète l'*insuline* dont le rôle est capital dans le métabolisme glucidique (sécrétion altérée dans le diabète sucré). La sécrétion, qui s'écoule par le *canal de Wirsung* [découvert par Johan Garg Wirsung (Allemand, 1600-43)], est commandée par un mécanisme nerveux et hormonal (*sécrétine* agissant sur les sels alcalins, *pancréozymine* agissant sur les ferments pancréatiques). **Composition du suc :** 98,5 % d'eau ; chlorures, phosphates, carbonates alcalins. 4 diastases : *amylase* qui transforme les amidons (féculents) en maltose ; *maltase* qui transforme le maltose en glucose ; *lipase* qui transforme les lipides en glycérine, acides gras et savons ; *tryptase* et autres *protéases,* qui transforment les protides en polypeptides et autres acides aminés (pour agir, les protéases doivent être activées par une diastase intestinale, l'*entérokinase*).

■ **Maladies. Cancer du pancréas :** *glande exocrine :* violentes crises douloureuses (type solaire) quand il atteint le corps, ou syndrome d'ictère par rétention quand il atteint la tête. Développement tumoral variable. Beaucoup de cancers sont longtemps latents. *Glande endocrine :* troubles variables (douleurs, amaigrissement, troubles du métabolisme glucidique, diabète sucré ou hypoglycémie). DIAGNOSTIC : aidé par les échotomographies.

MVD (mucoviscidose) ou **FKP (fibrose kystique du pancréas) :** affection génétique récessive autosomique. L'union de 2 porteurs du gène muté entraîne à chaque conception l'éventualité de donner naissance soit à un enfant atteint, soit à un enfant sain, soit à 2 enfants apparemment sains mais porteurs du gène et transmetteurs de l'affection (hétérozygotes comme les parents). Gène isolé en 1989, protéine codée par ce gène (CFTR : Cystic Fibrosis Transmembrane Regulator), mutations au niveau de la protéine : plus de 900 types découverts. Principale mutation : perte d'un acide aminé (phénylalanine) en position 508 d'où le nom de mutation Delta F 508 (70 % des cas en France) ; l'ion chlore ne peut franchir le pôle apical ni s'exclure des cellules du revêtement bronchique, intestinal et pancréatique, d'où une viscosité particulière du mucus obstruant les bronches (entraînant une infection bronchique évoluant avec l'âge vers une insuffisance respiratoire sévère) ; le trouble des canaux pancréatiques entraîne la diminution du flux enzymatique et bicarbonaté nécessaire à la digestion des graisses et protéines. ASPECTS : occlusion intestinale à la naissance (14 % des cas) puis bronchites à répétition, troubles digestifs divers (selles grasses fétides) responsables parfois des troubles de la croissance ; stérilité masculine (98 % des cas) ; diabète pouvant survenir à l'âge adulte ; augmentation du taux de chlorure de sodium dans la sueur (au-dessus de 60 millimoles, caractérise la maladie). DÉPISTAGE : *1°) avant la naissance :* recherche de la mutation Delta F 508 sur un fragment placentaire à 8-10 semaines de grossesse ; dosage enzymatique des phosphatases alcalines à la 18e semaine. *2°) Après la naissance :* tests en cours d'évaluation : dosage de la TIR (Trypsine Immuno Réactive) et

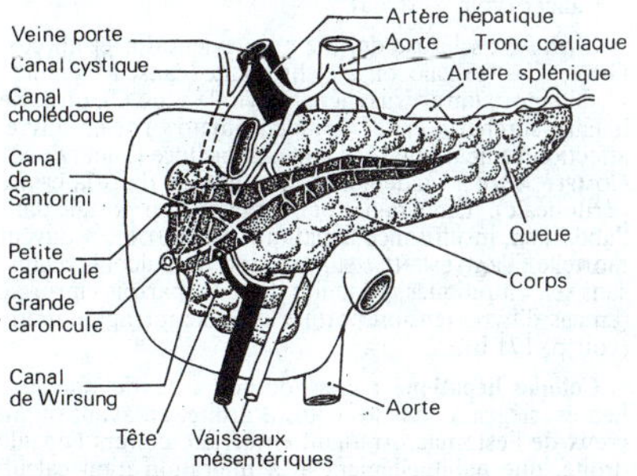

Pancréas
(en partie ouvert pour montrer les canaux)

de la PAP (Pancreatitis Associated Protein). Depuis le 1-1-2001, mise en œuvre progressive du dépistage systématique pour les nouveau-nés. TRAITEMENTS : *symptomatique :* désencombrement bronchique par kinésithérapie respiratoire. Antibiothérapie. *Substitutif :* par extraits pancréatiques protégés. Alimentation énergétique : 130 % de la ration habituelle pour l'âge. *Chirurgical :* en cas d'insuffisance respiratoire majeure : transplantation pulmonaire. Stérilité : susceptible de traitement couplé avec insémination artificielle ; techniques de procréation médicalement assistée. STATISTIQUES (en France) : *porteurs du gène responsable* (sans le savoir) : 2,5 millions ; *malades :* 5 000 à 6 000 (1 pour 2 500 naissances) dont 10 % ont des antécédents familiaux ; *nouveaux cas :* 300/an ; *âge moyen au diagnostic :* 7 mois ; *espérance de vie moyenne :* 30 ans. ADRESSES : *Association française de lutte contre la mucoviscidose (AFLM),* 181, rue de Tolbiac, 75013 Paris. *SOS mucoviscidose,* Zac de la Bonne-Rencontre, 1, voie gallo-romaine, 77860 Quincy-Voisins.

Pancréatite : inflammation aiguë (très grave) ou chronique, souvent compliquée de lithiase ou de diabète (certains cas de diabète, peu fréquents, sont liés à une pancréatite chronique). Fréquente chez les alcooliques. DIAGNOSTIC : difficile. TRAITEMENT : difficile ; réanimation, chirurgie.

FOIE

■ **Origine du mot.** Du latin *ficatum* (aux figues), d'une plaisanterie liée à une spécialité culinaire du IIIe s., le foie aux figues, *jecur ficatum ;* le mot *jecur* a été abandonné au profit de son épithète.

■ **Description.** Glande volumineuse (1,5 kg) formée d'un assemblage de lobules, massifs cellulaires qui engainent un rameau d'une veine hépatique.

■ **Rôle. 1°) Sécrétion de bile hépatique,** liquide jaune verdissant, filant, très amer (environ 1 litre par jour). Composé d'eau 970 g, sels minéraux 8 g, sels biliaires 15 g, cholestérol 1,5 g, pigments biliaires 4 g. Entre les repas, la bile s'écoule par les *canaux hépatiques* et se concentre dans la *vésicule biliaire* [réservoir membraneux piriforme dans une dépression de la face intérieure du lobe droit du foie où la bile s'accumule entre les digestions (jusqu'à 50 cm³)]. Quand les aliments pénètrent dans l'intestin, la sécrétion est activée par la *cholécystokinine,* qui déclenche en même temps l'écoulement de la bile par le canal cholédoque et du bol alimentaire dans le duodénum. La bile rend actives les lipases pancréatique et intestinale ; elle rend mouillables à l'eau les corps solides qu'elle touche et facilite ainsi leur absorption.

2°) Fonction capitale sur l'ensemble des métabolismes des glucides, lipides, protides et du fer ; une fonction de réserve : *glycogène* constitué à partir de glucose. Le foie contribue à la destruction des hématies. Il produit le *fibrinogène,* la *prothrombine* (facteurs de coagulation sanguine) et l'*antithrombine* qui empêche la coagulation du sang. Il joue un rôle essentiel dans l'équilibre glucidique par le glycogène, et parce qu'il contrôle la *néoglycogenèse* (élaboration de glucose aux dépens des protides).

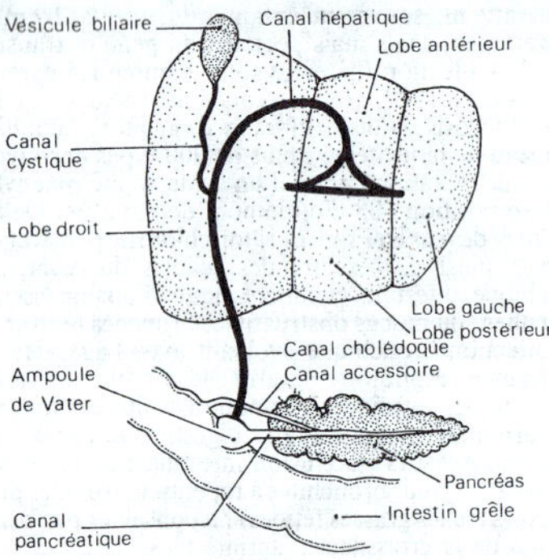

Face inférieure du foie

■ **Maladies. Angiocholite et cholécystite.** Inflammation des voies biliaires (angiocholite) ou de la vésicule (cholécystite aiguë ou chronique). Douleurs, fièvre, ictère. CAUSE : souvent due à des calculs (lithiases). TRAITEMENT : antibiotiques et extraction des lithiases par chirurgie ou par endoscopie.

Cancer (voir p. 165 a).

Cirrhose : sclérose du foie qui devient dur et fibreux. Grave. CAUSES : alcoolisme chronique (cause fréquente : 15 000 morts/an), virus (hépatite virale B ou C), obstacle biliaire, surcharge en fer (hémochromatose) ou en cuivre, affection veineuse ou cardiaque, parasitose (bilharziose). COMPLICATIONS : œdèmes, ascite (liquide dans la cavité péritonéale), hémorragies par hypertension portale dans l'abdomen, insuffisance hépatique. ÉVOLUTION : souvent mortelle. TRAITEMENT : suppression de l'alcool, régime sans sel, diurétiques, ponction d'ascite, parfois chirurgie (en cas d'hypertension portale avec hémorragie), greffe (voir p. 171 b).

Colique hépatique : crise douloureuse de quelques heures, siégeant sous les côtes à droite, en avant ou au creux de l'estomac, irradiant en arrière et vers l'épaule droite, due habituellement à la migration d'un calcul. TRAITEMENT *de la crise :* antispasmodiques ; *de la cause :* parfois chirurgie. Environ 4 000 000 de Français ont des **calculs biliaires** dont 20 à 25 % souffrent de symptômes (coliques hépatiques, douleurs épigastriques, nausées, vomissements...) ; chaque année, 80 000 environ doivent subir une *cholécystectomie* (ablation de la vésicule biliaire). NOUVELLES TECHNIQUES : cœliochirurgie : cholécystectomie sous cœlioscopie (70 % des interventions en France en 2000) ou laparoscopie : ablation par de minuscules instruments introduits dans l'abdomen à travers de petites incisions).

Crise (ou mal) de foie : terme impropre. SIGNES variables : mal au ventre (douleur sous-costale droite), nausées, vomissements (les vomissements verdâtres sont en réalité du liquide gastrique teinté de bile), maux de tête, troubles du transit intestinal, vertiges. Entre les crises, les patients se plaignent de mauvais goût dans la bouche et de nausées matinales, fatigue, lourdeur après les repas, sensation de ballonnement, langue « chargée », constipation. ORIGINE : *1°)* migraine déclenchée par un excès alimentaire ou alcoolique ou par chocolat, crèmes, sauces grasses, œufs, etc. ; *2°)* trouble du fonctionnement du gros intestin : douleurs sous-costales droites dues à des spasmes du côlon transverse qui passe sous le foie ; *3°)* dyspepsie : fonctionnement imparfait du tube digestif, en cas de contrariété ou d'émotion par exemple. Peut être déclenchée par des aliments tels que graisses cuites, café, alcool. TRAITEMENT : se soigne le plus souvent par du repos et une diète ou un régime très allégé. Si les troubles persistent ou deviennent trop douloureux, consulter le médecin, qui pourra prescrire, le cas échéant, des antivomitifs.

Hépatite : inflammation du foie, aiguë ou chronique. 3 formes : **1°) virale :** voir p. 163 a. **2°) Toxique,** rare mais grave : champignons (amanite phalloïde), phosphore blanc. TRAITEMENT : techniques de réanimation, greffe parfois. **3°) Médicamenteuse,** due à une intolérance habituellement bénigne, supprimée par arrêt du médicament qui l'a causée.

Ictère, ou **jaunisse :** peau et muqueuses jaunâtres par élévation de la bilirubine dans le sang. CAUSES : *1°)* inflammatoire (hépatite, voir ci-dessus) ; *2°)* obstruction du canal cholédoque (qui va du foie à l'intestin) par des calculs *(lithiases)* ou compression de ce canal (tumeur pancréatique) ; *3°)* hémolyse (ictère hémolytique : maladie du sang entraînant la destruction des globules rouges, ce qui donne une hyperproduction de pigments biliaires). Anémie. Grosse rate. Origine infectieuse, toxique ou congénitale (en ce dernier cas, ablation de la rate). TRAITEMENT : chirurgical ; médical de certaines lithiases (par sels biliaires, par lithotritie avec des ultrasons)...

INTESTIN GRÊLE

■ **Description.** Longueur 8 m, diamètre 3 cm. Il comprend le *duodénum* (20 cm, du latin *duodeni,* douze, car il est long de 12 travers de doigt), le *jéjunum* (du latin, jeûne) et l'*iléon* (prononciation médiévale du latin *ileum,* venu du grec *eileôn,* se tortillant). Le *tube digestif* est formé d'une *muqueuse* plissée et couverte de 10 millions de petites villosités (de 0,4 à 0,8 mm de long) qui ont un rôle d'absorption ; d'une *tunique musculaire* à fibres circulaires et longitudinales ; d'une *tunique conjonctive* extérieure. *Surface totale d'absorption :* de 200 à 400 m².

■ **Rôle.** *Brassage* des aliments ; *digestion des 3 types de nutriments* (graisses, protides, sucres) grâce à l'arrivée dans le duodénum de la bile hépatique et du suc pancréatique, et à l'action du suc intestinal [composé de 98,7 % d'eau, de chlorure et carbonates de sodium et de diastases (entérokinase, lipase, éreptase et autres protéases)]. Sécrétion par le duodénum des hormones pariéto-digestives : rôle dans le métabolisme du glucose. *Absorption* par la paroi de l'intestin grêle des 3 types de nutriments précédents, des vitamines, des ions (calcium, sodium, potassium, etc.), du fer, de l'eau, des sels biliaires ; *évacuation* des résidus vers le côlon. *Durée de la digestion* dans l'intestin grêle : de 5 à 6 heures.

■ **Maladies. Maladie cœliaque :** atrophie villositaire avec diarrhée par malabsorption. CAUSE : production d'anticorps contre un composant du gluten, la gliadine. ADRESSE : *Fédération des intolérances au gluten (FDIAG),* 11, villa Thoreton, 75015 Paris. **Maladie de Crohn :** décrite en 1932 par l'Américain Burril Crohn comme une *iléite* régionale (inflammation segmentaire de l'intestin grêle), peut toucher l'ensemble du tube digestif, y compris la bouche et l'anus. SYMPTÔMES : diarrhée, douleurs abdominales, amaigrissement, fatigue, fièvre, fistules. TRAITEMENT : médical et chirurgical. CAS (en France) : environ 55 000. ADRESSE : *Association François-Aupetit,* hôpital Rothschild, 33 bd de Picpus, 75012 Paris.

CÔLON (GROS INTESTIN)

■ **Description.** Longueur 1,60 m, diamètre 7 cm au début, 3 cm à la fin (sauf l'ampoule rectale, partie terminale du côlon). Il débute par un cul-de-sac, le *cæcum* (du latin *caecus,* aveugle), sur lequel s'implante l'appendice. Il se compose des côlons ascendant, transverse et descendant, et de la portion terminale appelée sigmoïde.

■ **Rôle.** *Brassage* des aliments non absorbés ; *digestion* de la cellulose par des bactéries de fermentation ; *absorption* de l'eau et du sel ; *évacuation* des matières fécales vers le rectum et l'extérieur (défécation). *Durée du séjour des aliments :* côlon droit 7 heures, gauche 9 heures.

■ **Maladies. Appendicite :** inflammation de l'appendice iléo-cæcal (tube étroit de 5 à 6 cm de longueur formant cul-de-sac, situé à l'extrémité du cæcum) chronique ou aiguë (en ce cas, danger de péritonite et d'abcès nécessitant un traitement chirurgical d'urgence). *En France :* 140 800 appendicectomies en 1998 (en 1885 : 30 % des victimes mouraient) ; complications postopératoires : moins de 1 %. DIAGNOSTIC : parfois difficile et tardif, l'intensité des douleurs et la gravité des lésions n'étant pas parallèles ; l'appendice, mobile, pouvant siéger n'importe où dans le ventre, son inflammation peut simuler salpingite, cystite, cholécystite, pyélonéphrite, cancer, parasitose, tuberculose, etc. ; l'évolution est imprévisible (peut se compliquer en quelques heures : abcès ou péritonite, surtout chez l'enfant). La cœlioscopie (examen endoscopique de la cavité péritonéale) permet de voir l'appendice. Le scanner est fiable dans 98 % des cas.

Cancer (voir p. 165 a).

Diverticulose : petite hernie pariétale pouvant se compliquer d'infection ou de perforation.

Dysenteries (voir p. 159 b).

Hémorroïdes : varices de la région anale, fréquentes et bénignes. Peuvent révéler une atteinte digestive ou hépatique. *Internes :* au moment des selles, douleur, saignement, sortie des hémorroïdes. *Externes :* boule douloureuse au bord de l'anus, sans saignements. CAUSE : altération des fibres conjonctives du ligament suspenseur. TRAITEMENT : suppositoires, ligatures élastiques, infrarouges, parfois chirurgie (5 à 10 % des cas ; classique : exérèse du tissu hémorroïdaire sorti de l'anus ; en cours de validation : replacement par agrafage). FRÉQUENCE (en France) : 50 % des plus de 50 ans ont au moins 1 crise.

Hernie : sortie d'une partie de l'*épiploon* ou d'une *anse intestinale* à travers un orifice de la paroi abdominale (hernies crurale, inguinale, ombilicale). *Étranglée,* elle doit être opérée d'urgence (opération de Shouldice, réparation par plaque ou cœlioscopie).

Infarctus intestinaux : l'anse intestinale (comprenant une artère et une veine qui l'irriguent) est privée de sang à la suite de *l'occlusion : d'une artère :* conséquence d'un caillot qui s'est fait sur place (*thrombose :* chez les athéromateux) ou d'un caillot venu du cœur (*embolie artérielle :* chez les cardiaques) ; *d'une veine :* conséquence d'une stase veineuse [à la suite d'un abcès (exemple : appendiculaire), ou dans les états d'hypercoagulabilité sanguine (exemple : femmes en contraction)] ; *ou à la suite d'une chute prolongée de la pression artérielle.* La revascularisation intestinale doit être obtenue d'urgence.

Occlusion intestinale : entraîne une rétention dans l'intestin des aliments, boissons et sécrétions digestives (plus de 10 litres par jour) et conduit à la gangrène. *Syndrome :* vomissements répétés ne permettant aucune alimentation, météorisme abdominal (voir p. 141 b).

Parasitoses intestinales : CAUSES : parasites (découverts par l'examen des selles). Gravité variable selon parasite et importance de l'infestation (plus grande en pays tropicaux). TRAITEMENT : différent selon le parasite en cause.

Polypes : tumeurs bénignes pouvant devenir cancéreuses.

Rectocolite hémorragique, maladie de Crohn (voir col. b).

☞ **Stomie** (du grec *stoma,* bouche) : abouchement pratiqué (chirurgicalement) sur l'abdomen avec un segment des intestins ou des uretères quand une personne a perdu le fonctionnement normal de l'intestin ou de la vessie à la suite de malformation congénitale, maladie grave, blessure ou autre cause. 3 TYPES : colostomies, iléostomies (dérivations digestives), urostomies (dérivations urinaires). Permettent aux déchets normaux du corps d'être rejetés à travers un orifice chirurgical pratiqué dans la paroi abdominale et recueillis à l'intérieur d'une poche placée sur l'orifice. ADRESSE : *Fédération des stomisés de France,* 76-78, rue Balard, 75015 Paris.

PÉRITOINE

■ **Description.** *Membrane* formée de 2 feuillets protégeant les viscères abdominaux et entre lesquels existe une cavité virtuelle.

■ **Maladies. Péritonite :** infection du péritoine. CAUSES : perforation de l'estomac ou du duodénum (ulcère), de l'appendice (appendicite), de la vésicule (cholécystite) ; plaie abdominale profonde. TRAITEMENT : chirurgical d'urgence. **Tuberculose du péritoine :** médicaments antituberculeux.

PARASITES DIGESTIFS

■ **Ver solitaire (ténia).** Ver aplati pouvant atteindre 10 m de long, formé d'anneaux appelés *proglottis* (tête minuscule : renflement large de 1,5 mm). Les derniers anneaux (remplis chacun d'environ 6 000 œufs) se détachent facilement et un ténia en perd 5 ou 6 par jour. CONTAMINATION : par la viande (bœuf ou porc) insuffisamment cuite ou (rarement) du poisson. Si un animal avale des œufs, par exemple en absorbant de l'eau contaminée, l'un de ces œufs peut donner une larve, munie de crochets, qui perfore l'intestin de l'animal, passe dans le sang et se fixe à un muscle. La larve se transforme en *cysticerque,* petit sac de quelques mm, où bourgeonne un *scolex* (tête de ténia) qui se fixera dans l'intestin de la personne concernée et reconstituera bientôt les anneaux du ténia.

■ **Ascaris. Anguillules. Bilharzia. Lamblia. Oxyures** (prurit anal). *Parasitoses intestinales* (voir ci-dessus).

NUTRITION (TROUBLES DE LA)

■ **Avitaminose.** Rare en France (sauf dans les régimes amaigrissants trop sévères), fréquente dans les pays sous-développés. **Carence de vitamines : A :** troubles de la vue, lésions cutanées, troubles digestifs. **B1 :** *béribéri :* troubles cardiaques, œdèmes. **B2 :** *glossite, perlèche :* rougeurs de la peau. **PP :** *pellagre :* rougeurs de la peau, troubles digestifs. **C :** *scorbut :* gingivite, hémorragie, anémie, fièvre, amaigrissement, *maladie de Barlow* (scorbut du nourrisson) : troubles osseux, digestifs. **D :** *rachitisme,* doit être prévenu chez le nourrisson par un apport de vitamine D (Stérogyl). **Acide folique :** non exceptionnelle en France chez les gens âgés ou les alcooliques chroniques : anémie macrocytaire.

■ **Carences minérales.** Proches des avitaminoses (les vitamines sont potentialisées par un métal ou un métalloïde). **En fer :** diminution de la résistance au travail et aux maladies, anémies ; pays sous-développés 20 à 25 % des enfants atteints, 20 à 40 % des femmes (en France 30 % des femmes enceintes), 10 % des hommes. **En iode :** troubles du développement physique et mental (crétinisme) ; cause de goitre endémique pour 200 millions de personnes des pays sous-développés (augmentation du volume de la thyroïde). **En oligoéléments :** calcium, magnésium, zinc, etc. TRAITEMENT : vitamine ou métal.

■ **Diabètes sucrés** (du grec *diabêtês,* qui traverse). Hyperglycémie chronique pouvant s'accompagner de complications chroniques et spécifiques touchant yeux, reins, nerfs et atteintes artérielles obstructives (athérosclérose). CAUSE ESSENTIELLE : carence absolue ou relative de la sécrétion d'insuline *(exocytose)* par le pancréas (îlots de Langerhans) ; facteurs endocriniens ou métaboliques contrecarrant l'action de l'insuline. Rôle de l'hérédité (prédisposition génétique), rôle révélateur de l'environnement. TYPE 1 : **DID (diabète insulinodépendant : diabète maigre ou insulinoprive) :** affections virales, mécanisme auto-immunitaire aboutissant à la destruction des cellules B. Survient généralement de façon brutale durant l'enfance ou l'adolescence. La protéine déclenchant la destruction des cellules bêta du pancréas, chargées de fabriquer l'insuline, baptisée *Gad,* a été découverte en 1999. TYPE 2 : **DNID (diabète non insulinodépendant : diabète gras) :** obésité (dans 60 % des cas), pouvant évoluer vers l'épuisement insulino-sécrétoire après une longue période de dyssécrétion. Forme la plus répandue du diabète. Près de 30 % des sujets atteints ignorent leur maladie (absence de trouble ou troubles légers) ; touche surtout les plus de 40 ans. SYMPTÔMES : soif (polydipsie) vive, urines abondantes (polyurie), obésité (diabète gras) ou amaigrissement contrastant avec un appétit conservé (diabète maigre, environ 15 % des cas), fatigue extrême, infections cutanées (génitales). COMPLICATIONS : insuffisance coronaire et infarctus, hypoglycémie (cause : traitement surdosé ; signes : sueur abondante, pâleur, tremblements, palpitations) ; atteinte des yeux (cataracte, *rétinopathie diabétique* pouvant entraîner la cécité), lésions cutanées, neuropathies (sources de plaies du pied et d'amputations), artérite des membres inférieurs, insuffisance rénale, cétose évoluant en *acidocétose* (intoxication générale par les corps cétoniques produits par la mauvaise assimilation des carburants énergétiques ; surtout DID sans insuline ou avec maladie intercurrente ; asthénie, obnubilation pouvant aller jusqu'au *coma diabétique,* respiration haletante, odeur de pomme de reinette de l'haleine, élimination urinaire de corps cétoniques ; nécessite une hospitalisation d'urgence). EXAMENS BIOLOGIQUES *pour le diagnostic :* glycémie à jeun surtout (l'hyperglycémie provoquée n'est plus utilisée) : < 1,1 g/l : normale ; 1,1 à 1,26 g/l : hyperglycémie à jeun non diabétique ; > 1,26 g/l : DNID ; étude des corps cétoniques dans les urines. *Examens complémentaires :* dosage de l'hémoglobine glyquée (évaluation de l'équilibre glycémique) ; examen ophtalmologique, bilans annuels.

AUTOSURVEILLANCE : pour adapter les doses d'insuline : mesures glycémiques fréquentes en prélevant, grâce à un autopiqueur peu douloureux, une goutte de sang au bout du doigt, qu'on dépose sur une bandelette réactive dont la coloration change selon le taux de glucose ou des lecteurs glycémiques donnant directement un résultat chiffré sur un cadran digital. Quand la glycémie est importante, le malade doit rechercher la présence de glucose et de corps cétoniques dans ses urines, au moyen de bandelettes spécifiques.

TRAITEMENT : *DID :* **insuline :** découverte en 1921 par les Canadiens Frederick Banting (1891-1941) et Charles Best (1899-1978) ; seul médicament efficace ; dégradée par voie orale, ne peut être utilisée actuellement qu'en injection : avec seringue ou par stylo injecteur d'insuline avec des cartouches de médicament prêtes à l'emploi. Pompe à insuline implantée : voir **pancréas artificiel** au chapitre greffe. Recherches en cours : administration d'insuline par inhalation, médicament par voie orale (tiré d'un champignon africain), culture de cellules souches pancréatiques prélevées sur le patient, production (par thérapie génique) d'insuline par les cellules K (du tube digestif). Le **régime** équilibré (voir **Alimentation** à l'Index). *Coma diabétique :* insuline, réhydratation, réanimation. *DNID :* surveillance de la glycémie, antidiabétiques oraux (metformine, sulfamides hypoglycémiants, acarbose, troglitazone), traitement systématique des infections épisodiques, perte de poids. PRÉVENTION : possible chez les sujets prédisposés, par mesures hygiéno-diététiques ; intérêt des examens de dépistage ; chez les sujets à risque de DNID : antécédents familiaux de diabète, obèses (80 % des diabètes DNID le sont), femmes dont les enfants pesaient plus de 4 kg à la naissance. Les femmes diabétiques devraient avoir leurs enfants le plus tôt possible. La glycémie doit être équilibrée plusieurs mois avant la conception et pendant toute la grossesse.

STATISTIQUES : *dans le monde* (*source :* OMS) : *fin 1999 :* 120 à 140 millions (dont 90 % de DNID) ; *2025* (prév.) : 300 millions. *En France :* DID : 300 000 traités par insuline (10 000 de moins de 20 ans), 1 000 nouveaux cas par an de diabète de l'enfant ; DNID : 1,8 million (*prév. 2025 :* 2,4 millions) dont 500 000 non dépistés. COÛT EN FRANCE (est. 1999) : 8 % du budget santé. Responsable de 8 % des dialyses, 15 % des angioplasties et pontages et de 5 000 amputations par an ; principale cause de perte de la vue chez les adultes : après un diabète de 15 ans, 2 % des malades perdent la vue et 10 % ont un grave handicap visuel. ADRESSES : *Aide aux jeunes diabétiques (AJD),* 17, rue Gazan, 75014 Paris. *Association française des diabétiques (AFD),* 58, rue Alexandre-Dumas, 75544 Paris Cedex 11. *Diabète Avenir,* 5, rue de Bellevue, 78600 Le Mesnil-le-Roi. *Ligue des diabétiques de France (LDF),* 37, av. Norman-Prince, 64000 Pau.

■ **Kwashiorkor.** Carence de protéines caractérisée par des œdèmes après le sevrage lorsque le lait maternel est remplacé par des céréales. Les enfants sont petits et maigres ; la croissance est freinée pour équilibrer la ration alimentaire insuffisante. Lorsque les conditions s'améliorent, le développement physique s'accélère. TRAITEMENT : *préventif :* allaitement très prolongé, consommation de lait après le sevrage ; *curatif :* réalimentation.

■ **« Allergies » alimentaires.** CAUSES : associent allergies vraies causées par des anticorps de classe IgE (voir p. 166 b), et phénomènes d'intolérance non immunologique. SYMPTÔMES : divers.

Pseudo-allergies (intolérances non immunologiques, sans présence d'anticorps) : CAUSES : aliments provoquant la sécrétion de quantités d'histamine (farine, poisson, chocolat, porc) ou aliments eux-mêmes riches en histamine [fromages ou boissons fermentés, choucroute, certains poissons (thon, saumon, sardine) ou légumes (tomates, épinards)]. *Symptômes voisins :* céphalées, urticaire [substances en cause : tyramine, phénylalanine, certains agents conservateurs (E 350) présents dans des charcuteries ou fromages]. Intolérance au lactose fréquente : en cas de déficit enzymatique (absence de lactase), lait ou produits lactés provoquent douleurs abdominales, diarrhée, flatulences. Le déficit de lactase peut venir de gastro-entérites virales ou génétiques. *Symptômes du « côlon irritable » :* troubles du transit, ballonnement, douleurs abdominales.

OBÉSITÉ

■ **Définition.** Excès de masse grasse supérieur à 15 % du poids corporel chez l'homme et à 25 % chez la femme. **Selon l'indice de masse corporelle** (IMC, voir p. 121 a) : *pré-obésité* (simple surpoids) : IMC de 25-30 ; *obésité de classe I :* 30-34,9 ; *II :* 35-39,9 ; *III :* 40 et plus.

■ **Causes.** Multiples, liées au mode de vie et/ou génétiques s'exprimant en général à la faveur de facteurs d'environnement (alimentation, activité physique, niveau socio-économique, etc.). Le facteur génétique est très rarement exclusif : anomalies portant sur un gène majeur, par exemple celui de la leptine ou de son récepteur, empêchant l'effet amaigrissant de la leptine. On peut distinguer facteurs favorisants (mode de vie), déclenchants (stress, événement hormonal, médicament, ...) et prédisposants (hérédité). Selon l'Inserm (rapport publié le 20-6-2000), 75 % des nourrissons de plus de 5 mois recevraient le double des apports protéiniques recommandés. Vers 30-40 ans, des personnes qui, enfants, ont été obèses, le seront à nouveau.

■ **Conséquences.** A partir d'un IMC de 25, augmentation de la morbidité ou de la mortalité (augmentation exponentielle à partir de 30) par maladie cardio-vasculaire, cancer ou syndrome d'apnée du sommeil (obésité massive). Risque cardio-vasculaire (hypertension ou infarctus) ou métabolique (cholestérol, triglycérides, diabète) surtout si la répartition de graisses est abdominale, c.-à-d. pour un rapport taille/hanches supérieur à 0,8 chez la femme et à 1 chez l'homme. Risque accru si obésité massive (IMC ⩾ 40) quelle que soit la répartition des graisses corporelles. Un homme de 50 ans pesant 100 kg au lieu de 77 kg a une espérance de vie réduite de 7 ans. *Chez l'enfant* apparaissent des maladies autrefois réservées à la maturité : diabète (DNID), apnée du sommeil ; l'épiphysiolyse fémorale supérieure (nécrose de la tête de la hanche, soumise à trop forte pression) est 8 fois plus fréquente que chez l'enfant de poids normal. On estime leur risque de mourir jeune augmenté de 50 à 80 %.

■ **Précautions.** Éviter de prendre le 1er kg, difficile à perdre. Chez l'enfant, surveiller la courbe de corpulence (fixée à partir du suivi des enfants français nés entre 1950 et 1960, figure dans les carnets de santé depuis 1995) qui ne doit pas trop s'éloigner de la zone normale ; pas de régime avant l'âge de 7-8 ans (les conseils sont à donner aux parents, puis directement à l'adolescent).

■ **Traitements. Diététique :** accroître la consommation de fruits et de légumes, réduire celle d'aliments à forte densité énergétique, éviter le grignotage. **Activité physique accrue. Médicaments complémentaires :** Orlistat et Sibutramine. **Chirurgie :** gastroplastie uniquement si obésité massive chez un gros mangeur irréductible.

■ **Statistiques. Europe :** obésité : 15 à 20 % des adultes. **France :** 9,6 % en 2000 soit 4,2 millions. *% d'obèses selon l'âge : 15-24 ans :* 2 ; *25-34 a. :* 6,9 ; *35-44 a. :* 8,4 ; *45-54 ans :* 12,6 ; *55-64 a. :* 15,2 ; *+ de 65 a. :* 13,5. Les obésités sévères (IMC 35) ont augmenté de 100 % en 10 ans ; l'obésité des 5-12 ans est passé de 6 % en 1980 à 12 % en 2000. **USA :** 22,5 % de la population ; femmes, Afro-Américains et pauvres sont les plus concernés. **Pays en voie de développement et pays de l'Est :** l'obésité se développe, d'abord dans les classes aisées. **Coût économique :** 3 à 8 % des dépenses de soins dans les pays occidentaux.

☞ ADRESSE : *Allegro fortissimo,* 14, rue Marcellin-Berthelot, 94220 Charenton-le-Pont.

APPAREIL URINAIRE

■ **Rôle.** *Couplé embryologiquement* avec l'appareil génital (appareil génito-urinaire). Élabore l'urine qui élimine les déchets et les substances étrangères ; maintient l'équilibre du milieu intérieur ; agit sur la stabilité de la pression sanguine.

ANATOMIE ET PHYSIOLOGIE

■ **Rein.** *Dimension* 3 × 6 × 12 cm, *poids* (vide de sang) 140 à 150 g. Constitué d'une zone périphérique dite *corticale* et d'une zone centrale dite *médullaire,* d'où émergent les papilles percées des orifices d'écoulement de l'urine. Formé de *néphrons* (plus d'un million par rein) possédant un *pôle vasculaire,* le *glomérule,* où s'épanouit un réseau artériel, et un *pôle urinaire* d'où sort l'urine primitive filtrée par le glomérule. **Fabrication de l'urine** (domaine de la néphrologie) : le rein, plein et riche en vaisseaux, choisit ce qu'il faut conserver ou éliminer. Les *artères rénales* apportent aux reins 1 100 à 1 300 ml de sang par minute ; les reins l'épurent. La composition constante du sang (urée, créatinine, électrolytes) découle de la valeur des néphrons dont l'altération entraîne une insuffisance rénale. Celle-ci peut être modérée et nécessite une surveillance, ou sévère, *aiguë,* requérant à titre transitoire une dialyse, ou *chronique* et définitive : dialyse et/ou greffe rénale peuvent s'avérer indispensables.

■ **Appareil excréteur** (domaine de l'urologie). Comprend des organes creux et musclés. Les *calices :* drainent les papilles rénales. Le *bassinet :* petit entonnoir intrarénal, termine les 3 calices habituels. L'*uretère :* canal fin (long de 25 à 30 cm) doué de contractions, fait suite au bassinet. La *vessie :* muscle creux (capacité : 300 à 400 ml) recueille les urines produites par les reins et les expulse par l'*urètre* (15 cm chez l'homme, 4 à 5 cm chez la femme) au cours de la miction. Pendant le remplissage, la paroi vésicale se distend grâce à l'élasticité du *détrusor* (muscle de la paroi vésicale). Le *sphincter externe,* situé sous le col de la vessie, indépendant de la volonté, est alors contracté. Lorsque la vessie atteint 350 ml, le besoin d'uriner se fait sentir. La contraction du détrusor et le relâchement du sphincter externe permettent l'émission d'urine.

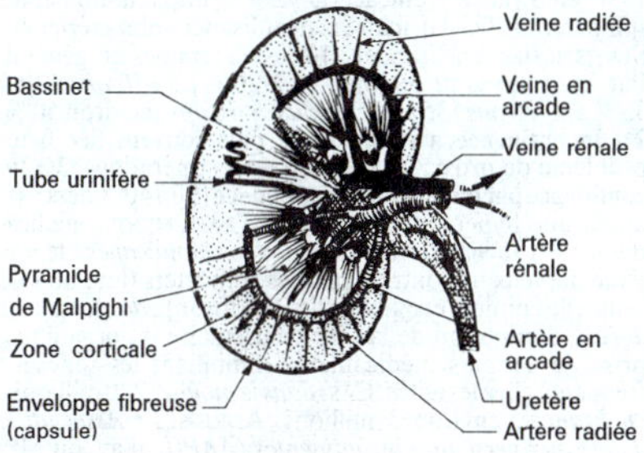

Structure du rein (coupe longitudinale)

URINE

■ **Composition chimique moyenne** (en g par l). **Eau :** 950. **Matières minérales :** chlorures (de sodium et de potassium) 11, phosphates 3, sulfates 3, sels minéraux divers 3 ; **organiques :** urée [$(NH_2)_2$ CO] 25, acide urique 0,5, urobiline 0,05, divers 4.

■ **Constantes normales chez l'adulte. pH** (acidité ou alcalinité) : renseigne sur quelques maladies du rein ; acidité dans le cas de calculs uriques. L'urine des carnivores est claire et légèrement acide (pH = 5 à 6) ; celle des herbivores est trouble et alcaline (jument). **Densité** (par rapport à l'eau) : toujours un peu plus lourde. **Glycosurie** (sucre dans les urines) : 0. **Albuminurie** (albumine dans les urines) : 0. **Corps cétoniques :** acétone, acides acétylacétique et bêta-oxybutyrique se trouvent chez certains diabétiques. **Urée** (fabriquée par le foie), déchet de consommation des protéines : 25 g/l (15 à 30 g/24 h). **Globules** (cellules du sang) **blancs** et **rouges :** < 5/mm³. **Cylindres** (substances de cette forme) : 0. **Cristaux de sels minéraux :** 0. **Microbes :** 0.

Acide urique : de 2,4 à 4,80 mmol/24 h (0,40 à 0,80 g/24 h). **Calcium :** de 3,75 à 6,25 mmol/24 h (150 à 250 mg/24 h). **Clairance de la créatinine :** de 1,30 à 2 ml/s (80 à 120 ml/min). **Hydroxyproline :** de 150 à 230 µmol/24 h/m² (20 à 30 mg/24 h/m²). **Phosphate :** de 13 à 32 mmol/24 h (0,40 à 1 g/24 h).

☞ Quand il fait froid, la vaso-constriction réduit le volume de sang dans les veines (et donc la quantité de chaleur que le sang à 37 °C laisse passer par la peau) mais l'augmente dans le tronc et le ventre, notamment au niveau des reins qui, appelés à filtrer plus de plasma sanguin, provoquent des urines plus abondantes.

Maladies de l'appareil urinaire

■ **Symptômes.** **Douleurs :** *coliques néphrétiques :* douleur lombaire violente irradiant vers les organes génitaux avec nausées correspondant souvent à la migration d'un calcul. *Douleur plus sourde de l'infection ou de l'abcès du rein* (fièvre). *Douleur du bas-ventre d'origine vésicale* (vessie). **Troubles mictionnels :** brûlures, pollakiurie, dysurie, impériosités, hématurie, incontinence (voir ci-après et col. b).

■ **Adénome prostatique.** Atteint 60 % des hommes de 70 ans mais 50 % seulement sont traités. Tumeur bénigne de la prostate se traduisant par des difficultés à uriner ou une rétention d'urine. TRAITEMENT : *médical* et si besoin *chirurgical :* chirurgie ouverte ou résection endoscopique. Ultrasons ; laser : en cours d'évaluation. 500 000 personnes traitées par an en France.

■ **Anomalie de l'urine.** Présence de sang *(hématurie)* macroscopique (urine rouge) ou microscopique. Présence de protéines (*albumine*).

■ **Calculs urinaires (lithiases) des reins, uretères, vessie.** SYMPTÔMES : colique néphrétique, sang ou pus dans les urines. TRAITEMENT : parfois *médical* : pour les lithiases uriques, alcanisation des urines ; le plus souvent *chirurgical :* pour les lithiases calciques : lithotriptie extracorporelle (LEC) ou néphrolithotomie percutanée ; rénales : LEC ou urétéroscopie. Recherche d'une cause métabolique pour les autres calculs (calcémie, calciurie, phosphorémie). Recherche d'une cause métabolique si litériase bilatérale et/ou récidivante (hyperparathyroïdie, oxalose, cystinose). Origine bactériologique pour certains calculs (infections à proteus).

■ **Dysurie.** Difficulté de vidange vésicale lors de la miction, avec faiblesse du jet urinaire allant jusqu'à une rétention aiguë ou chronique.

■ **Énurésie.** Miction normale survenant durant le sommeil, touche certains enfants jusqu'à 14 ans. Garçons plus atteints que les filles. Peu grave, disparaît avant la puberté.

■ **Incontinence.** Perte d'urine involontaire, en dehors du sommeil, par les voies naturelles. **1°) Incontinence féminine d'effort** (25 % des cas) : causée par un dysfonctionnement urétral, déclenchée par un effort banal ; touche 10 % des accouchées (60 000 à 80 000 par an). TRAITEMENTS : rééducation du périnée (12 à 15 séances de kinésithérapie) ; chirurgie par voie classique ou coelioscopique (crée un obstacle à l'évacuation des urines ; efficace à 85-90 %) ou TVT (Tension Free Vaginal Tape : pose d'une bandelette sous l'urètre pour le remonter ; depuis 1997 en Suède, 1998 en France : efficace à 92 %) ; implantation d'un sphincter artificiel urinaire si insuffisance sphinctérienne. STATISTIQUES (en France) : 10 % des femmes en général. Par âge : *moins de 30 ans :* 10 à 20 % ; *30-50 ans :* 30 à 35 % ; *50-70 ans :* 35 à 45 % ; *plus de 70 ans :* environ 50 %. **2°) Incontinence masculine :** le plus souvent liée à un problème de prostate (avant ou après opération). **3°) Incontinence par impériosité mictionnelle** (30 à 40 % des cas) : due à une hyperactivité vésicale. TRAITEMENT : médicaments. **4°) Incontinences mixtes :** *des handicapés :* le système nerveux ne contrôle plus les sphincters (atteintes de la moelle épinière et maladie de Parkinson) ; *des personnes âgées :* diminution de la force musculaire ou organique, prise de certains médicaments diminuant les réflexes ; fréquente chez les alités. CAS : *dans le monde :* 200 millions ; *en France :* environ 3 millions. ADRESSES : *Association d'aide aux personnes incontinentes (AAPI),* 5, av. du M[al]-Juin, 92100 Boulogne-Billancourt. *Association Ondine,* 17, rue André-Breton, 92150 St-Germain-lès-Corbeil.

■ **Infection urinaire.** Décelée au niveau de l'urine, peut traduire une atteinte de chacun des éléments de l'appareil urinaire. SIGNES DE GRAVITÉ : température, frissons. TYPES : urétrite (Napoléon souffrait d'urétrite aiguë), prostatite, cystite (de 500 000 à 800 000 femmes atteintes en France), pyélonéphrite, abcès du rein, orchiépididymite. PRÉVENTION : en l'absence d'anomalie urinaire, une boisson abondante (plus de 1,5 litre/jour) prévient souvent l'infection urinaire. **Cystite :** inflammation aiguë ou chronique de la vessie, d'origine bactérienne ; auto-infection favorisée par la proximité de l'anus et de la vessie chez la femme ; ne peut provenir d'un siège de toilettes ou de la piscine. SYMPTÔMES : brûlures mictionnelles, pollakiurie (voir ci-après), impériosités, urines troubles. COMPLICATIONS : risque (rare) de contamination ascendante des voies urinaires vers le rein. TRAITEMENT : « minute » (1 dose unique d'antibiotique) ou de longue durée si cystite récidivante. CAS : récurrente plus de 3 fois par an pour une femme sur 5. **Pyélonéphrite :** infection microbienne de 1 rein ou des 2. Peut survenir d'emblée ou après une cystite. Frissons et fièvre élevée, douleurs lombaires. Aiguë ou chronique, grave si elle s'accompagne d'insuffisance rénale. TRAITEMENT : antibiotiques par voie parentérale.

☞ Le germe *Escherichia coli,* dont vient le terme courant de *colibacillose,* est responsable de 85 % des infections urinaires et de 60 % des cystites récidivantes. Un vaccin devrait être commercialisé en 2001.

Épuration extrarénale

■ **Hémodialyse** (« dialyse du sang »). On fait circuler le sang hors de l'organisme (circulation extracorporelle) jusqu'au *rein artificiel* où le sang est mis au contact du liquide de dialyse (de composition définie) par l'intermédiaire d'une membrane semi-perméable permettant des échanges (entre le sang et le liquide) : eau, ions, urée, déchets azotés, glucose, etc. Albumine, globules rouges, globules blancs demeurent dans le sang. Survie prolongée (jusqu'à 30 ans) ; mortalité d'environ 10 %/an (surtout chez les sujets âgés). **Coût d'une séance d'hémodialyse** (en F, 2001) : à domicile 1 200, en autodialyse 1 300, en clinique 1 600, à l'hôpital 5 900 soit 200 000 à 600 000 F/an. **Age moyen** (en France) : *2000 :* 62,3 ans.

■ **DPCA (Dialyse péritonéale continue ambulatoire).** Permet l'autonomie des malades (10 % des dialysés) et une épuration continue. On introduit dans la cavité péritonéale (dans l'abdomen) un liquide de dialyse contenu dans des poches plastiques. Le patient change ses poches 2 à 4 fois par jour (de 30 à 40 minutes par changement). Le péritoine étant semi-perméable, des échanges s'opèrent entre le sang des vaisseaux (qui irriguent le péritoine) et le liquide qui se charge progressivement des toxines et de l'excès d'eau du sang pour être ensuite évacué et remplacé par une solution de dialyse neuve. **DPA (Dyalise péritonéale automatisée).** A l'aide d'un cycleur.

☞ **Nombre de dialysés chroniques** (en France) : 27 000, dont par hémodialyse 90 %, dialyse péritonéale 10 %. **Centres de néphrologie :** 255 + 100 unités d'autodialyse.

■ **Infestations parasitaires.** **Schistosomiase urinaire** (parasite de la bilharziose). CAUSE : parasite des eaux tropicales et subtropicales. Atteint 180 à 200 millions de personnes. TRAITEMENTS : chimiothérapie et parfois chirurgie en cas de rétrécissement des uretères ou de lésions vésicales par les œufs. **Urétrite** et **vaginite :** causées par le *trichomonas ;* voir **blennorragie** col. c et **trichomonase** p. 145 b.

■ **Insuffisance rénale.** **Aiguë :** incapacité, le plus souvent transitoire, du rein à jouer son rôle d'excrétion et de maintien de l'équilibre du milieu intérieur. Se traduit généralement par de *l'anurie :* volume des urines inférieur à 200 ml par 24 heures. SIGNES : surtout ceux de l'affection causale [infection, septicémie, traumatisme, toxique, obstacle mécanique (calcul, compression tumorale), etc.]. DIAGNOSTIC : l'échographie rénale permet de dépister l'obstruction éventuelle. TRAITEMENT : de la cause d'anurie, épuration extrarénale en attendant la remise en route du rein. CAS (en France) : environ 20 000. **Chronique :** entraînée par la sclérose progressive des néphrons, va s'aggraver inéluctablement (théorie de Brenner). Selon la nature de la néphropathie et d'éventuelles complications intercurrentes (hypertension), il faut recourir plus ou moins vite à la dialyse chronique (hémodialyse dite « rein artificiel » ou dialyse péritonéale) puis, éventuellement, à la greffe (en fonction de l'âge et du terrain). CAS (en France) : *2000 :* 44 000 dont traités par dialyse 27 000, transplantation 15 000, enfants 2 000. Voir aussi encadré col. a.

– L'*érythropoïétine* de synthèse, obtenue par génie génétique de l'érythropoïétine naturelle (hormone sécrétée par les reins et dont le défaut en cas d'insuffisance rénale conduit à l'anémie des urémiques), permet de corriger l'anémie, non corrigée par la dialyse.

☞ ADRESSE : *Fédération nationale d'aide aux insuffisants rénaux (FNAIR),* 31, rue des Frères-Lion, 31000 Toulouse.

■ **Malformations des voies excrétrices.**

■ **Pollakiurie.** Fréquence exagérée des mictions : plus de 5 ou 6 fois par jour ou de 1 fois par nuit.

■ **Tumeurs (rein, uretère, vessie, prostate)** bénignes, malignes. TRAITEMENTS : chirurgie incisionnelle ou endoscopique, radiothérapie, chimiothérapie locale ou générale, hormonothérapie.

Maladies de l'appareil génital

■ **Femmes.** **Fibrome :** tumeur bénigne de l'utérus, douleurs, pertes de sang. TRAITEMENTS : chirurgical ou hormonal.

Kyste de l'ovaire : tumeur bénigne (fréquente). TRAITEMENTS : chirurgical ou cœlioscopique.

Salpingites : infections des trompes. Complications des vaginites bactériennes ignorées *(chlamydiae).* Risque de stérilité. TRAITEMENT : antibiotiques.

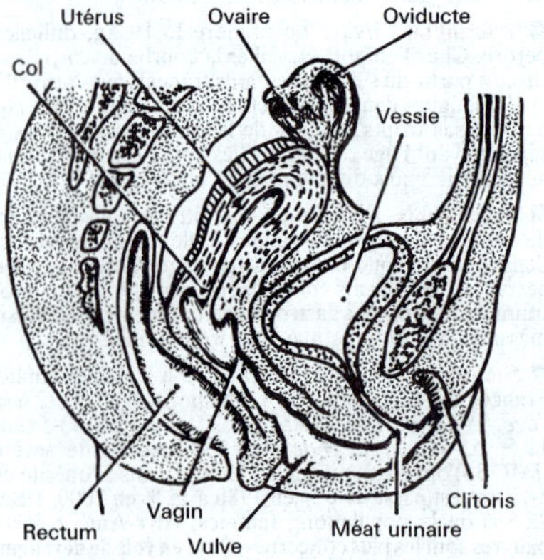

Appareil génital de la femme

Troubles menstruels : aménorrhée (absence de règles). **Dysménorrhée** (règles douloureuses). **Oligoménorrhée** (diminution du volume des règles). **Hémorragies génitales :** *ménorragies* (règles prolongées 10 à 15 j) ; *métrorragies* (dans l'intervalle des règles).

Vulvo-vaginite : inflammation, douleurs, pertes. TRAITEMENTS (de la cause) : antibiotiques, antiparasites ou antimycosiques, désinfectants.

☞ Voir **puberté, ménopause, grossesse, stérilité, accouchement** et **contraception** dans le chapitre **Famille** et à l'Index.

■ **Hommes.** **Adénome prostatique : cancer de la prostate** (voir col. a et p. 165 a).

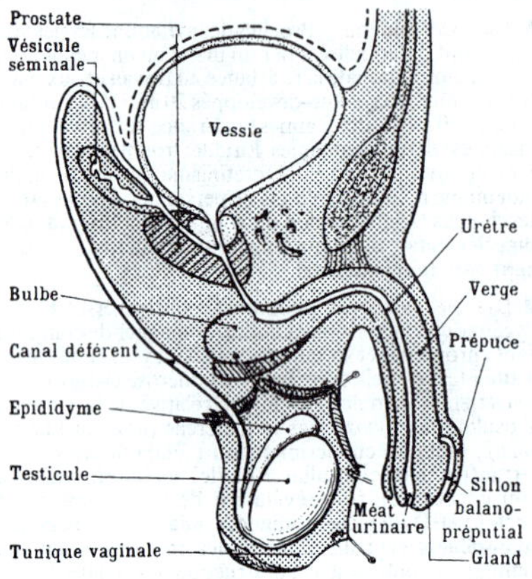

Appareil génital de l'homme

Balanites : inflammations du gland. CAUSES : infection microbienne ; virus, mycoses (*candida albicans*), parasites ; intolérances médicamenteuses ou allergies ; mauvaise hygiène chez les non-circoncis. Impose la recherche d'un diabète... TRAITEMENTS : suppression de la cause, soins d'hygiène, anti-infectieux.

Épididymite : inflammation de l'épididyme qui relie les testicules à la prostate et l'urètre. COMPLICATIONS : abcès épididymaire, stérilité. TRAITEMENT : antibiotiques.

Orchite : inflammation des testicules d'origine microbienne ou virale : oreillons, *Escherichia coli* surtout. COMPLICATION : risque de stérilité masculine si elle est bilatérale.

Phimosis : striction (resserrement) de l'anneau préputial. Congénital, inflammatoire (syphilis, chancre mou, blennorragies, balanites) ou par sclérose progressive (sclérodermie, lichen scléro-atrophique, involution sénile). TRAITEMENT : plastie du prépuce ou **circoncision** [suppression du prépuce (peau de la verge) recouvrant le gland] : pratiquée systématiquement dans la tradition juive et la tradition musulmane pour raisons rituelles et hygiéniques. Jouerait un rôle protecteur contre les maladies sexuellement transmissibles. Dans les pays en développement, on compte 10 fois moins de sidéens lorsque la circoncision est pratique courante.

Prostatite : inflammation de la prostate, atteint les hommes jeunes ; d'origine infectieuse, microbienne ou virale, souvent transmise par voie sexuelle. SYMPTÔMES : fièvre, frissons, douleurs à la miction, envie fréquente d'uriner avec faiblesse souvent modérée du jet urinaire, parfois écoulement de pus (pyurie). CAUSE : saillie d'origine prostatique, localisée dans la partie postérieure du col vésical, déclenchée par le stress et les envies non satisfaites dans les conditions de la vie professionnelle et urbaine. TRAITEMENTS : antibiotiques, chirurgie.

Cancer du testicule : voir p. 165 b.

☞ Le *dartos* (muscle thermorégulateur) maintient à l'intérieur des bourses une température constante de 35 °C, en plaquant les testicules contre le corps (par temps froid) ou en les en écartant (par temps chaud).

Maladies sexuellement transmissibles (MST)

☞ **Population la plus exposée :** les 20-24 ans. **Nombre de nouveaux cas par an** (hors sida) : 333 millions dont 111 chez les moins de 25 ans (*source :* OMS, juillet 1999).

■ **Blennorragie (chaude-pisse ou urétrite).** TRANSMISSION : lors des rapports sexuels, y compris par fellation. INCUBATION : de 1 à 6 jours. SIGNES : *homme :* brûlures en urinant, écoulement de pus au niveau de l'urètre ; *femme :* signes moins nets : pertes vaginales, parfois brûlures urinaires ou douleurs de la vulve. Chez l'homme ou la femme, peut toucher gorge, anus ou rectum. L'infection peut passer inaperçue. Non traitée, peut chez la femme atteindre les trompes (salpingite), et chez l'homme l'épididyme, causes possibles de stérilité. Des manifestations extragénitales peuvent aussi survenir. DIAGNOSTIC : prélèvement urétral, vaginal... qui identifie le germe en cause : gonocoque (était devenu très rare en France métropolitaine, ébauche récente de redémarrage), *chlamydiae,* plus redoutables car plus souvent à l'origine de stérilité. TRAITEMENT : antibiotiques toujours efficaces. CAS DÉCLARÉS : *monde* (*source :* OMS) : *1995 :* 62 millions de nouveaux cas adultes, surtout en Asie (Sud et Sud-Est) et en Afrique subsaharienne. *En France, 1979 :* 15 366 ; *1980 :* 18 189 ; *Paris 1984 :* 9 905 ; *1985 :* 7 694. CAS ESTIMÉS *France : 1986 :* 400 000 à 500 000.

Gonococcie (blennorragie à gonocoque). Asymptomatique chez 80 % des femmes et 20 % des hommes. CAS (en France) : *1997 :* 126 dont 116 chez des hommes. Réseau national de surveillance (Renago) depuis 1985. 30 % des souches de gonocoques sont résistantes aux antibiotiques ; en 1998, en France, la période d'incubation s'est allongée.

■ **Chancre mou.** SYMPTÔMES : ulcérations douloureuses et contagieuses dues au bacille de *Ducrey* (Augusto, It., 1860-1940) sur et autour des organes génitaux, constituant un risque majeur de transmission du sida. INCUBATION : de 3 à 6 jours. Il n'existe pas encore de bon test. TRAITEMENTS : sulfamides, antibiotiques. CAS DÉCLARÉS (en France) : *1980 :* 255 ; à Paris : *1985 :* 63.

■ **Chlamydiose.** Infection par *Chlamydia trachomatis* (de chlamyde, petit manteau entourant les germes). Parasites responsables d'urétrite avec faible écoulement, brûlures et picotements (homme) ; très souvent asymptomatique (femme) avec atteinte de tout l'appareil génital : douleurs abdominales chroniques, salpingite, avec risque de stérilité ou grossesse extra-utérine (60 % des stérilités et 30 % des grossesses extra-utérines sont dues au *Chlamydiae*). La transmission de l'infection d'une mère à son enfant lors de l'accouchement entraîne une conjonctivite ou une inflammation oculaire chez le nouveau-né. DIAGNOSTIC : difficile et coûteux, peut s'appuyer sur les urines grâce à l'utilisation des techniques de biologie moléculaire. TRAITEMENT : monodose si portage, ou long si complications, par antibiotiques. CAS : *dans le monde :* 89 millions de nouveaux cas chez l'adulte en 1995 ; *en France : 1997 :* 1 502 (dont 986 chez des femmes).

■ **Hépatite B** (voir p. 160 b).

■ **Maladies et parasitoses éventuellement transmissibles par contact sexuel. Condylomes acuminés** (encore appelés crêtes-de-coq, végétations vénériennes, papillomes) : formations (2 à 3 mm) de une à plusieurs dizaines, parfois en grappes grosses comme des noisettes ; verruqueuses, en forme de crête de coq, blanc rosé, à surface dentelée, chez l'homme et la femme, sur les organes sexuels, autour de et dans l'anus ; parfois planes, à peine visibles. Se multiplient en vieillissant (dues à un virus). COMPLICATIONS : cancer du col utérin. DÉLAI D'APPARITION APRÈS CONTAMINATION : de quelques jours à quelques mois. TRAITEMENTS : électrocoagulation, application d'azote liquide, de podophylline, laser.

■ **Parasitoses intestinales. Amibes :** parasites du tube digestif ; symptômes douloureux, diarrhées. CONTAMINATION : eau ou denrées alimentaires souillées, principalement sous climats chauds ; rapports sexuels (notamment anaux ; il peut apparaître un chancre de la verge chez le partenaire). EXAMEN des selles dans les laboratoires spécialisés. TRAITEMENT : simple et efficace, mais recontaminations fréquentes si partenaires non traités. **Oxyures :** vers intestinaux de 7 à 10 mm, très fins ; démangeaisons anales ; contamination par ingestion de larves au cours des rapports sexuels ou simplement intimes (parasitose fréquente chez les enfants).

■ **Phtiriase inguinale. Morpions :** sorte de poux au niveau du pubis. TRAITEMENT : poudre antiparasitaire au moins 8 j ou spray antiparasitaire (efficace en 1/2 h), désinfecter vêtements et literie.

■ **Syphilis.** MST la plus anciennement connue en Occident. NOM : vient de *Syphilus,* berger héros du poème (1530) de *Hieronymus Frascatorius,* chirurgien de Vérone. Longtemps appelée grande vérole. ORIGINE : *2 théories : colombienne ou américaine* (Astruc) : la syphilis aurait été apportée des Antilles en 1493 (début de l'épidémie à Barcelone) par les marins de Christophe Colomb ou bien (F. B. Livingstone) d'Afrique par des marins portugais ; *uniciste* (Sanchez) : le tréponématome existerait depuis la préhistoire et se serait répandu sous des formes différentes. On a découvert des squelettes de syphilitiques [femme des 1ers siècles apr. J.-C. (Var, en 1993), bébé de 500 à 700 av. J.-C. (Thiais, V.-de-M., en 1997), moine † au plus tard en 1450 (Hull, G.-B., en 2000)]. FORME : infectieuse et contagieuse, due au *tréponème pâle* de Schaudinn (découvert en 1905 par les Allemands Fritz Schaudinn et E. Hoffmann). En 1998, des chercheurs d'Atlanta (USA) en ont décrypté les gènes. **Famille d'affections dues à des tréponèmes (bacilles spiralés) :** *syphilis vénérienne, pinta* (atteinte cutanée bénigne d'Amérique du Sud), *pian* (forêts équatoriales africaines), *bejel* ou *syphilis bénigne* et non vénérienne (zones tropicales). PHASE PRIMAIRE (20 jours après la contamination) : bouton dur ou petite plaie *(chancre)* le plus souvent indolore, sur les organes génitaux ou parfois dans la bouche, qui passe facilement inaperçu chez la femme, avec gonflement de ganglions voisins (adénopathies). Le tréponème est facilement retrouvé au niveau du chancre. Guérison rapide et constante par la pénicilline. Même non traitée, cette lésion disparaît spontanément en quelques semaines, ce qui peut rassurer à tort car la maladie continue d'évoluer. PHASE SECONDAIRE (2 à 4 mois après la contamination en l'absence de traitement) : petites taches arrondies roses (roséole), érosions muqueuses indolores, perte de cheveux « en clairière » puis boutons *(syphilides),* notamment paume des mains, plante des pieds et autour de la bouche. Période très contagieuse : les lésions fourmillent de tréponèmes. Guérison sans séquelles par antibiotiques. Certains cas non traités évoluent en 5 à 30 ans. PHASE TERTIAIRE : atteinte cardiaque et neurologique (paralysie générale, tabès). Exceptionnelle en France, grâce aux antibiotiques, prescrits souvent pour un autre motif. SYPHILIS CONGÉNITALE : transmise au fœtus par la mère infectée et non traitée pendant sa grossesse. DIAGNOSTIC : appuyé sur la sérologie sanguine (BW, Nelson, TPHA, immunofluorescence) ; ne permet pas de différencier les différentes tréponématoses. TRAITEMENT : pénicilline.

Statistiques : CAS DÉCLARÉS *dans le monde :* 12 millions de nouveaux cas/an (estimation : OMS) ; *en France : 1945 :* 11 740 ; *1963 :* 12 968 ; *1971 :* 14 030 ; *1978 :* 21 447 ; *1979 :* 19 486. Environ 6 à 7 % des cas sont déclarés.

■ **Trichomonase.** Infection parasitaire. Une des MST les plus courantes. SYMPTÔMES : vaginites et pertes vaginales, mais reste asymptomatique chez 50 % des femmes infectées. DIAGNOSTIC : simple. TRAITEMENT : métronidozole. CAS : 170 millions de nouveaux cas en 1995.

■ SIDA

■ **Signification du mot sida. S** (syndrome : ensemble de symptômes et de signes), **ID** (d'immunodéficience : affaiblissement important du système immunitaire), **A** (acquise : non héréditaire mais due à un virus acquis rencontré par le malade au cours de sa vie). En anglais AIDS (Acquired Immune Deficiency Syndrome) qui a supplanté en 1982 le GRID (« Gay Related Immuno-Deficiency » ou déficience immunitaire liée à l'homosexualité masculine).

■ **Dispositif public de lutte contre le sida. Structures interministérielles :** *Comité interministériel, comité des directeurs des administrations centrales concernées, délégué interministériel à la lutte contre le sida* [titre et fonction confiés au directeur général de la Santé] (décret et arrêté du 26-5-1994). *Division sida :* créée 1988, au sein de la direction générale de la Santé, chargée de la prévention, de la communication et de l'organisation des soins non hospitaliers. *Mission sida :* créée 1988 au sein de la direction des hôpitaux, coordonne les soins destinés aux malades, anime le réseau des Centres d'information et de soins de l'immunodéficience humaine (CISIH). **Organismes spécialisés :** *Conseil national du sida (CNS),* 25-27, rue d'Astorg, 75008 Paris ; créé 1989 (*Pt :* Pr J.-A. Gastaut), 23 membres, donne des avis sur les problèmes posés par le sida à la société. *Agence nationale de recherche sur le sida (ANRS) :* groupement d'intérêt public créé 1989, 101, rue de Tolbiac, 75013 Paris. *Institut de veille sanitaire,* 12, rue du Val-d'Osne, 94415 St-Maurice Cedex, chargé de la surveillance de l'épidémie. **Organisations territoriales :** *Directions régionales des affaires sanitaires et sociales (DRASS). Directions départementales (DDASS).*

■ **Information du public et aide aux personnes touchées. Act Up-Paris** (*Aids Coalition to Unleash Power :* Coalition du sida pour libérer les forces), 45, rue Sedaine, 75011 Paris ; 3615 Act-up. *Créé* 1987 aux USA, 1989 en France. **Aides (fédération nationale des associations d'information et d'aide aux malades du sida),** 23, rue de Château-Landon, 75010 Paris. *Créé* en 1983 en France par Daniel Defert. **Association de lutte contre le sida (ALS),** 16, rue Pizay, 69001 Lyon. **AP sida,** Assistance publique sida ; 3614 APP et permanence téléphonique. **Arcat-sida** (Association de recherche, de communication et d'action pour le traitement du sida), 94-102, rue de Buzenval, 75020 Paris ; 3615 Arcatsida. **Association Didier Seux – santé mentale et sida,** 6, rue de l'Abbé-Grégoire, 75006 Paris. **Centre Tibériade,** 19, rue de Varenne, 75007 Paris. **Dessine-moi un mouton** (enfants et famille), 35, rue de la Lune, 75002 Paris. **Crips–Ile-de-France** [Centre régional d'information et de prévention du sida (documentation)], tour Maine-Montparnasse, 12e étage, 33, av. du Maine, BP 54, 75755 Paris Cedex 15 ; 3614 Crips. **Ensemble contre le sida (ECS),** 228, rue du Fbg-St-Martin, 75010 Paris. **Fonds de solidarité thérapeutique international,** 25-27, rue d'Astorg, 75008 Paris, mise à disposition des traitements dans les pays en développement. **Institut Alfred-Fournier,** 25, bd St-Jacques, 75014 Paris. **Safe** (sida accueil femmes enfants : pour femmes séropositives enceintes), maternité de Port-Royal-Baudelocque, 123, bd de Port-Royal, 75014 Paris. **Sida info service (SIS),** 190, bd de Charonne, 75020 Paris ; no vert national (0800 840 800). **Sol en si,** 41, av. René-Coty, 75014 Paris. **Solidarité sida,** 14, rue de Savoie, 75006 Paris.

☞ Il existe, depuis 1988, dans chaque département au moins un **centre de dépistage anonyme et gratuit (CDAG)** du VIH, soit dans des établissements de santé, soit dans des dispensaires antivénériens (DAV). Le dispositif gratuit a été étendu en juillet 1992 (de manière non anonyme) aux dispensaires antivénériens non désignés comme CDAG, aux consultations prénuptiales et prénatales des centres de protection maternelle et infantile (PMI) puis, en août 1992, aux consultations de contraception des centres de planification et d'éducation familiale (CPEF).

■ **Quelques dates. 1911** Peyton Rous découvre la transmission virale d'un sarcome du poulet. En général, l'information génétique se trouve codée sous forme d'ADN, recopiée ensuite sous forme d'un ARN messager à partir duquel la cellule produit des protéines. Chez les *rétrovirus,* l'ARN est « rétrotranscrit » en ADN par une enzyme, la *transcriptase inverse.* La nouvelle molécule d'ADN codée par l'ARN du virus s'intègre à l'ADN de la cellule contaminée et devient *provirus.* **1952** 1er cas aux USA. **1959** homme adulte bantou vivant à Léopoldville (actuelle Kinshasa) : plus ancien cas identifié (en 1998) de virus VIH-1 (baptisé ZR 59) ; tous les virus VIH-1, qui dominent la pandémie actuelle de sida, partageaient un ancêtre commun dans les années 40 ou au début des années 50. **1969** décès aux USA (un adolescent, du sarcome de Kaposi, à Saint Louis, Missouri). **1970** Témin et Baltimore découvrent la transcriptase inverse. **1976** décès en Norvège (un marin, sa femme, sa fille).

1980 Robert Gallo (né 23-3-1937) et son équipe découvrent aux USA le 1er rétrovirus humain, HTLV 1 (Human T-cell Leukemia Lymphoma Virus) à l'origine de certains lymphomes, de leucémies T de l'adulte [hémopathies rares surtout retrouvées au Japon (sud) et aux Antilles] et de paraparésies spastiques tropicales (PST). Jusque-là on ne connaissait que des rétrovirus animaux. Un 2e rétrovirus, l'HTLV 2, serait associé à certains cas de leucémies à tricholeucocytes, de leucémies T et de lymphomes, mais d'évolution plus chronique que ceux associés à l'HTLV 1. HTLV 1 et HTLV 2 sont des *oncovirus* qui, comme d'autres oncovirus animaux (singe, souris, poulet), immortalisent leurs cellules cibles, les lymphocytes T. **1981**-*5-6* l'agence épidémiologique d'Atlanta, siège central des Centers for Disease Control (CDC) américains, décrit dans son bulletin hebdomadaire, le *MMWR (Morbidity and Mortality Weekly Report),* 5 cas de pneumocystose entre octobre 1980 et mai 1981 dans 3 hôpitaux de Los Angeles. En France, Willy Rozenbaum, chef de clinique assistant à l'hôpital Claude-Bernard de Paris, soigne un steward homosexuel pour une affection pulmonaire qu'il relie aux cas décrits dans le *MMWR.* -*3-7* le *MMWR* publie un article sur le sarcome de Kaposi (voir p. 147 a) et la pneumonie à *pneumocystis* chez les homosexuels ; le *New York Times* parle de 41 sarcomes de Kaposi. -*10-12* le *New England Journal of Medicine* publie 3 études sur un syndrome d'immunodéficience acquise. **1982** la transmission par voie sexuelle et sanguine est démontrée dans les groupes à risques (Haïtiens et hémophiles). -*Janvier-février* des médecins français s'intéressant à l'affection (dont Charles Mayaud, Jacques Leibowitch, Odile Picard) avancent que le syndrome repéré n'est peut-être pas lié à la seule homosexualité (pourtant risque majeur) et pourrait être présent en Afrique. -*14-2* Willy Rozenbaum entre en correspondance avec les CDC américains. -*25-2 :* 251 Américains avaient été touchés, 99 étaient morts. -*Mars* 6 médecins français publient dans *The Lancet* (revue anglaise) un article sur les infections opportunistes multiples chez un homosexuel en France. Convention entre ces médecins et le ministère de la Santé pour un projet d'études par le « Groupe de travail sur le sida ». Il travaille en relation avec 150 médecins et recense 29 cas dont le plus ancien, diagnostiqué en 1974. *Belgique :* 1ers cas décrits chez des malades venant du Zaïre. -*Août-décembre* hypothèse de Gallo sur origine virale. Leibowitch fait une suggestion en ce sens. *8-10* Gallo reprend cette hypothèse dans le *Panorama du médecin.* -*Décembre* 1ers contacts entre Willy Rozenbaum, Françoise Brun-Vézinet et Luc Montagnier. Aux USA, plus de 2 000 cas déclarés aux CDC depuis mi-1981. **1983** début des recherches à l'Institut Pasteur : culture des cellules de M. Bru par Montagnier et détection d'une activité transcriptase inverse (signe d'un rétrovirus) par F. Barré-Sinoussi. Analyse du nouveau virus par les équipes Montagnier-Chermann qui, le -*2-2,* informent Gallo de leurs résultats et lui demandent des réactifs spécifiques des HTLV 1 déjà connus. Les produits envoyés ne réagissent pas avec le virus Bru : il n'est donc pas un des rétrovirus HTLV 1 ou 2. Poursuite des recherches du virus à l'Institut Pasteur (équipe Montagnier, Barré-Sinoussi, Chermann) et des échanges avec l'équipe Gallo. -*Mai* le *Bulletin épidémiologique hebdomadaire* utilise la dénomination « sida ». -*20-5* la revue américaine *Science* publie un article de 12 chercheurs français (équipe du Pr Montagnier) indiquant l'isolement d'un nouveau virus [baptisé par la suite RUB à Naples, puis LAV (Lymphadenopathy Associated Virus)]. **1984** échec des essais thérapeutiques. Activité antirétrovirale de l'AZT mise en évidence ; -*30-3* mort de Gaëtan Dugas, steward homosexuel auquel on a attribué 2 500 partenaires et qui aurait répandu la maladie (non démontré). -*23-4* le secrétaire d'État américain à la Santé et le Pr Gallo annoncent que le virus HTLV 3, isolé par l'Institut du cancer américain, et le LAV, découvert un an plus tôt par l'Institut Pasteur, pourraient être le même virus. **1985**-*21 et -24-1* les revues *Cell* puis *Nature* confirment qu'il s'agit d'un seul et unique virus, les deux équipes ayant réussi à cloner et séquencer le génome du virus. Conférence mondiale sur le sida à Atlanta (USA) : 3 000 participants. -*1-8* France, les donneurs de sang sont soumis à un test de dépistage des anticorps anti-HIV. -*19-9* sans attendre les résultats définitifs de l'étude en cours, les autorités sanitaires américaines annoncent que l'AZT sera administrée à plusieurs milliers de malades du sida. **1986** la communauté scientifique adopte le nom de HIV (Human Immunedeficiency Virus) ou VIH (virus de l'immunodéficience humaine) qui remplacent LAV et HTLV 3. L'Institut Pasteur découvre un second virus du sida humain (VIH 2) différant du VIH 1 par son code génétique. **1987** la publicité sur les préservatifs comme moyen de prévention des MST est autorisée en France. -*Mars* l'AZT 1er antirétroviral anti-VIH à obtenir une autorisation de mise sur le marché français. -*31-3* accord commercial de partage à égalité entre l'Institut Pasteur et le ministère de la Santé américain des royalties générées par les tests de dépistage et éventuellement celles du futur vaccin. -*Avril* campagne de prévention TV : « Le sida, il ne passera pas par moi. » -*Mai* seringues en vente libre dans les pharmacies en France. **1990** conférence de San Francisco, les chercheurs s'interrogent sur l'opportunité d'associer plusieurs molécules à l'AZT, dont le DDI et le DDC, deux inhibiteurs de la transcriptase inverse, enzyme qui contrôle la réplication du virus. **1991**-*novembre* Magic Johnson, basketteur américain, annonce sa séropositivité. -*Décembre* le gouvernement français renonce à imposer un dépistage obligatoire prénuptial, prénatal et à l'occasion du service militaire. **1992** la Food and Drug Administration autorise la mise sur le marché américain de la stavudine (D4T), molécule expérimentale des laboratoires Bristol-Myers Squibb. -*Septembre* l'Office of Research Integrity américain accuse Gallo de s'être indûment attribué la découvertre du virus du sida ; l'Institut Pasteur demande une nouvelle répartition des royalties. **1993**-*mai* rapport du Pr Jean Dormont jugeant « plausible » que les futurs traitements reposent sur différentes combinaisons thérapeutiques. **1994**-*février* un essai thérapeutique franco-américain démontre que l'AZT permet chez les séropositives de réduire le risque de transmission du virus de la mère au fœtus. -*Avril The Lancet* publie les résultats de l'essai « Concorde » : absence de bénéfice de la prescription d'AZT chez les séropositifs asymptomatiques. -*19-6* identification du virus attribuée officiellement à l'Institut Pasteur. **1995** *The Lancet* conclut à l'efficacité potentielle des antiprotéases. **1996** selon *Science*, une anomalie génétique pourrait protéger du virus du sida. Les travaux d'une vingtaine de chercheurs dirigés par Stephen J. O'Brien (Institut national américain du cancer) semblent indiquer que le récepteur CCKR-5, de la famille des chimiokines (molécules naturellement synthétisées par l'organisme humain et étroitement impliquées dans les processus inflammatoires et dans les mécanismes immunitaires), jouerait un rôle déterminant dans l'infection par le VIH. -*Juillet* conférence de Vancouver, efficacité des trithérapies confirmée. **1997** différentes molécules antiprotéases sont en vente. En France, environ 20 000 personnes sont sous trithérapie. -*Juin* le vaccin expérimental du groupe Pasteur-Mérieux entre en phase d'étude clinique. -*Octobre* sortie des antirétroviraux en pharmacie de ville. **1998** l'équipe du Pr François Simon (hôpital Bichat) découvre une nouvelle souche (VIH 1-N) chez une femme de 40 ans décédée en 1995 à Yaoundé (Cameroun). Joseph Sodroski (Harvard Medical School, Boston) identifie par cristallographie la structure des 2 « clés » permettant au virus de s'accrocher aux 2 types de récepteurs. L'équipe américano-suisse dirigée par Pietro Vernazza (hôpital de St-Gall, Suisse) et Joseph Eronn (université de Caroline du Nord, USA) observe que la souche présente dans l'appareil reproducteur masculin n'est pas forcément la même que dans le reste du corps. **1999**-*6-5* décret étendant l'obligation de déclaration aux séropositifs ; -*13-7* arrêt provisoire du dispositif expérimental de déclaration mentionnant le nom (à la suite de l'opposition des associations). *27-11* des militants d'Act Up se cadenassent aux grilles d'une usine du groupe Roche à Fontenay-sous-Bois pour « un accès plus large à la molécule T20 ». **2000** *avril* le *Washington Post* révèle que le Pt sud-africain Thabo Mbeki, dans une lettre à Bill Clinton et d'autres dirigeants, reprend les thèses de Peter Duesberg et David Rasnick récusant la responsabilité du VIH dans le sida. -*13-6* réunion finale du comité : en dehors des centres de dépistage anonyme et gratuit, tout résultat de test positif sera transmis par le laboratoire au médecin prescripteur sous une forme anonyme et codée de façon irréversible. Le médecin recevra également, à part, la clé permettant de décoder l'identité du patient. Le questionnaire, ne comportant que le code, sera transmis à la direction des affaires sanitaires et sociales et à l'Institut de veille sanitaire (InVS) par le médecin, qui conservera 6 mois la correspondance entre le code et l'identité du patient pour permettre une rectification de données manquantes ou aberrantes. Ensuite, le médecin devra détruire le document de correspondance et l'InVS devra supprimer les coordonnées du médecin de la fiche du patient. Le questionnaire mentionnera âge, nationalité (pays de naissance, nationalité à la naissance et nationalité actuelle), profession, d'éventuelles sérologies antérieures, diagnostic, stade clinique et mode de contamination probable. *16-6* examen du recours en annulation devant le Conseil d'Etat déposé par la Ligue des droits de l'homme estimant l'anonymat des séropositifs non garanti.

■ **Système immunitaire.** Défend notre organisme contre microbes, virus, bactéries, champignons microscopiques et parasites en les détruisant et en empêchant le développement de cancers à partir de certaines cellules malignes qui peuvent naître dans l'organisme. Agit grâce aux lymphocytes T qui attaquent directement les micro-organismes envahisseurs et les lymphocytes B qui produisent des *anticorps* qui s'attaquent aux microbes et les détruisent. Les anticorps sont spécifiques de chaque microbe. Leur présence dans l'organisme indique que ce dernier a été en contact avec le microbe en cause. Quand un germe envahit l'organisme, il est reconnu par les lymphocytes T4 (dits aussi CD4) qui « donnent l'alerte et recrutent » les lymphocytes T et B pour la lutte. La destruction du système immunitaire de défense expose l'organisme aux infections graves et à certains cancers.

Le sida est une maladie due à la destruction progressive du système immunitaire par un virus qui attaque les lymphocytes T4 (ou CD4) et les macrophages et paralyse les défenses. Depuis 1993, on a mis en évidence à la surface de ces lymphocytes d'autres molécules (fusine, CCKR-5, etc.) qui pourraient jouer un rôle dans la pénétration du virus.

■ **Causes** (hypothèses). **Transmission précoce :** *vers 1880*, le virus SIV du singe se transmet à l'homme par consommation de chimpanzé ; après adaptation, il devient le VIH humain ; *1931* il commence à muter et produire des sous-groupes (M, N, O) responsables de l'épidémie. **Transmission tardive :** *en 1931* brusque passage du chimpanzé à l'homme, provoquant le démarrage de l'épidémie **ou** *entre 1940 et 1950*, passage simultané de multiples souches du sida des singes à l'homme. **Autres hypothèses :** *mutation entraînant une augmentation du pouvoir pathogène du virus :* peu probable, elle aurait dû se produire simultanément au niveau des 2 virus VIH 1 et VIH 2 dont les codes génétiques sont relativement éloignés. *Virus fabriqué artificiellement par l'homme :* impossible car les 1ers cas d'infection par le VIH ont été recensés au début des années 1970 alors que la technologie ne permettait pas de manipulations génétiques. *Un vaccin oral contre la poliomyélite,* obtenu à partir de cellules rénales de chimpanzé et administré en Afrique centrale entre 1957 et 1960, aurait permis au virus de passer du singe à l'homme : hypothèse de Jennifer Alexander (Afr. du Sud), Gerasmos Lecatsas (Afr. du Sud) et Edward Hooper (G.-B.) en 1999 ; controversée : les reins étaient trop peu nombreux, les infections chez le chimpanzé trop rares et il n'y a aucune souche de virus spécifiques au chimpanzé parmi ceux transmis à l'homme. *Changements de notre mode de vie* qui permettraient à un virus circonscrit dans un endroit isolé de se disséminer et de devenir plus actif : extension des voyages ; libération des mœurs sexuelles ; transfusion et distribution de produits dérivés du sang à travers le monde ; partage des aiguilles et seringues chez les usagers de produits injectables ; en Afrique, injections de médicaments sans stérilisation du matériel et absence de soins des lésions génitales.

☞ En 1983, une campagne de désinformation a été lancée par des journaux soviétiques et un professeur est-allemand : le virus aurait été intentionnellement synthétisé aux USA pour anéantir la race noire en Afrique du Sud. Mais un accident se serait produit au Zaïre et le système contaminant réservé aux Noirs se serait trouvé modifié. Le Pt de l'Académie soviétique de médecine a démenti cette thèse au nom des scientifiques russes.

■ **Agent responsable. VIH** (ou virus de l'immunodéficience humaine). *VIH1 :* pourrait venir d'un virus existant chez le chimpanzé et qui existerait depuis longtemps dans quelques populations humaines isolées le tolérant bien ou qui serait passé à l'homme via un vaccin (voir ci-dessus). *VIH2 :* viendrait d'un virus de singe africain (mangabey) qui le tolère bien (moins virulent que le VIH1). Le virus est détruit par la chaleur (+ de 56 °C), l'alcool à 60°, l'eau de Javel diluée et la plupart des détergents, et certains antiseptiques. Le froid et les UV sont sans effet. Recouvert d'une enveloppe composée de protéines et de lipides, il est constitué par une coque de protéines qui entoure les 2 molécules d'ARN qui portent le code génétique du virus. Le VIH transcrit son code génétique fait d'ARN en ADN grâce à une enzyme qu'il possède (*transcriptase inverse*). Cet ADN est inséré ensuite dans le code génétique des lymphocytes T4. Il peut alors : **1°)** infecter de façon chronique des lymphocytes mémoires. Le VIH infecte aussi d'une façon chronique d'autres globules blancs, les macrophages, et provoque les *maladies associées* (exemples : démence, pneumonies atypiques). **2°)** Se reproduire dans les T4 qui éclatent libérant nombreux virus qui vont infecter d'autres T4. Quand des T4 ont été détruits, les défenses immunitaires sont affaiblies et le risque d'apparition du sida augmente. Le VIH-1 pourrait persister pendant 60 ans dans certains globules blancs.

☞ Les virus de la famille du sida pourraient être utilisés comme vecteurs de gènes thérapeutiques dans les thérapies géniques.

■ **Transmissions. Conditions :** le virus a été trouvé : **1°)** dans le sang, le sperme et les sécrétions vaginales des personnes infectées ; **2°)** dans les autres liquides corporels (salive, larmes, sueur) mais en quantité insuffisante pour provoquer l'infection.

Transmission sexuelle : le virus présent dans le sperme ou dans les sécrétions vaginales entre en contact avec le courant sanguin ou les lymphocytes du receveur par les *lésions microscopiques* qui ont lieu au cours de la pénétration (les muqueuses génitales et anales sont fragiles). *Rapports par voie vaginale :* peu contaminants lorsque les muqueuses sont saines ; pour un couple stable discordant (l'un séropositif, l'autre séronégatif), le risque est d'environ 1 pour 1 000. *Par voie anale :* risque supplémentaire (fragilité de la muqueuse rectale) se rapprochant de celui d'une inoculation intraveineuse du virus. Toute *infection génitale* en particulier ulcérative chez l'un des partenaires (herpès, ulcération génitale, gonococcie, syphilis, chlamydiose, mycoplasme) augmente les risques de transmission. *Contacts oraux-génitaux* (entre bouche et sexe : fellation et cunnilingus) *:* il y a risque s'il existe des lésions dans la bouche ou sur le sexe. Le risque augmente avec le *nombre de relations sexuelles,* mais une seule suffit et ce peut être la première, en particulier chez la jeune fille vierge où la rupture de l'hymen crée une plaie ouverte. Le risque de transmission *de l'homme à la femme* est plus important que de la femme à l'homme (la *période des règles* est la plus infectante du fait du saignement). Le *préservatif* protège efficacement lors de rapports sexuels s'il est bien utilisé (éventuellement avec un lubrifiant : gel à base d'eau). *Baiser profond :* risque si le receveur d'une salive *contenant du sang* a des lésions de la muqueuse buccale. *Masturbation entre partenaires :* risque s'il y a contact des sécrétions génitales avec une plaie ouverte.

Contamination professionnelle : lors de soins, par piqûre ou coupure avec du sang VIH positif. Nombre (en France), *au 30-6-2000 :* 42 cas, dont 13 prouvés (12 infirmières et 1 interne en médecine). **Contamination d'un patient par un personnel de santé :** risque extrêmement faible. *Patients dépistés systématiquement : octobre 1995 :* sur 3 004 patients opérés par le Dr Patrick Cohen (médecin à l'hôpital de St-Germain-en-Laye, contaminé en 1983 lors d'une opération, indemnisé 5,5 millions de F en juillet 1997, condamné à 1,2 million de F de dommages et intérêts le 21-2-2000 envers une patiente ; l'hôpital a versé 500 000 F) : 983 (dont 1 avait été contaminé) ; *1997 :* 250 (orthopédiste au CHU Poitiers) ; *mai 1998 :* 745 (chirurgien à la clinique St-Roch de Montpellier, à l'hôpital Gui-de-Chauliac, au CHU de Limoges) ; *mai 1999 :* 9 918 (soignant à la clinique de Noisy-le-Sec) dont 1 avait été contaminé.

Transfusions et injections de produits sanguins : depuis fin 1985 des tests de dépistage systématique d'anticorps contre le VIH sont effectués dans les établissements de transfusion sanguine ou les banques de sang (voir p. 128). Cependant un risque (estimé en France à 1/1 400 000 dons fin 2000) demeure, un donneur de sang récemment infecté pouvant avoir eu un test négatif.

Transmission par seringues souillées : partagées entre usagers de drogues injectables ou matériel souillé (eau, cuillère... pour préparer la drogue à injecter) utilisé en commun ; **instruments médicaux :** aiguilles d'acupuncture, de tatouage, de perçage d'oreilles ou de piercing, mal désinfectées ; **de soins corporels** (ciseaux de coiffeur, pinces, etc.) : s'ils sont souillés de sang présentant le virus (ils doivent être *nettoyés* à chaque utilisation avec une solution désinfectante, ou subir un *chauffage*).

Transmission de la mère à l'enfant : pendant la grossesse, au cours de l'accouchement ou pendant l'allaitement. *Taux de transmission :* 15-25 %. Environ 15 à 20 % des enfants infectés développent rapidement un déficit immunitaire et des signes neurologiques en l'absence de traitement. Le risque de contamination augmente proportionnellement à la charge virale de la mère. La prévention par AZT chez la mère en fin de grossesse et pendant l'accouchement, et chez l'enfant pendant les 1res semaines, avec un allaitement artificiel, diminue le taux de transmission à 5-6 %. La césarienne programmée a aussi un effet protecteur. Les traitements antirétroviraux combinés, notamment trithérapies, sont utilisés chez les femmes enceintes nécessitant un traitement au long cours pour leur propre santé. L'exposition à ces médicaments pendant la période périnatale peut entraîner chez l'enfant des effets secondaires parfois graves. Plus de 600 000 nourrissons sont infectés chaque année dans le monde, surtout dans les pays en voie de développement (OMS, octobre 2000). En France, environ 700 femmes séropositives décident chaque année d'avoir un enfant (1/3 découvrent leur séropositivité lors de dépistage à l'occasion de la grossesse). Voir aussi **effets secondaires** (p. 147 b).

■ **Comportements à risque.** Tourisme sexuel, recherche d'aventures sans préservatif dans bars et hôtels. Les rapports sociaux, professionnels, scolaires et familiaux (partage de vaisselle, vêtements, literie, toilettes et salles de bains, baignade en piscine) sont sans risque. Le virus humain ne peut infecter les animaux (insectes compris). Voir p. 148 a.

■ **Prévention.** Rapports sexuels sans pénétration. Si pénétration, utilisation systématique à chaque rapport d'un préservatif en latex ou en polyuréthane pour éviter tout contact entre les muqueuses vaginales, urétrales, buccales ou anales, et sperme, sang ou sécrétions vaginales. Fidélité absolue et réciproque des deux partenaires séronégatifs. Abstinence.

En cas de prise de risque, consulter les urgences car possibilité de traitement prophylactique post-exposition. Pour faire un test, consulter un médecin ou celui d'une consultation de dépistage anonyme et gratuit.

☞ *Selon l'enquête KABP (Knowledge Attitude Behaviour Practice)* menée en 1998 complétée par le Baromètre Santé, 45,5 % des multipartenaires déclarent une utilisation systématique du préservatif avec leur partenaire principal ; avec un partenaire occasionnel : 80 %. Plus de 87 % des 15-18 ans ont déclaré avoir utilisé un préservatif lors de leur 1er rapport sexuel.

■ **Détection.** Lorsque la contamination est symptomatique (30 % des cas), elle se traduit par des signes d'infection banale. *Entre 3 semaines et 3 mois,* on peut détecter les anticorps dans le sang. **Méthodes. Indirectes : test Elisa** (Enzyme Linked Immuno Sorbent Assay) dit de 1re intention : ne détecte pas le virus lui-même, mais les anticorps produits par l'organisme en réaction à la présence du virus. Si le test Elisa, répété 2 fois sur le même échantillon, donne 2 tests négatifs, la personne est séronégative ; si les 2 tests sont positifs ou discordants, on fait un **test Western Blot,** qui donne des précisions sur la qualité des anticorps. Si ce test est négatif, la personne est séronégative ; s'il est positif, on fait une 2e prise de sang et un test Western Blot sur celle-ci. Si ce 2e test est positif, la personne est dite séropositive. Elle doit se considérer comme porteuse du virus. Restant probablement infectée toute sa vie, elle devra prendre des précautions pour diminuer ses risques d'évolution vers le sida et éviter d'exposer d'autres personnes au virus. **Directes : 1°) isolement du virus** à partir des lymphocytes (technique onéreuse réservée à la recherche) ; **2°) recherche de l'antigène viral** directement dans le sérum (la présence dans le sang est en général transitoire jusqu'à l'apparition des anticorps) ; **3°) PCR (Polymerase Chain Reaction) :** pratiquée dans des laboratoires spécialisés, permet, en amplifiant une partie du matériel génétique du VIH (ADN) jusqu'à 1 million de fois, d'évaluer la *charge virale plasmatique* (quantité de virus dans le plasma).

Traitement d'urgence : sans attendre le résultat des tests, on tend, depuis la circulaire du 12-8-1997, à proposer un traitement aux personnes pouvant avoir été exposées au virus : se présenter dans les 48 heures à l'hôpital, au service des maladies infectieuses ou aux urgences.

Une circulaire du 8-9-1993 impose pour chaque sérum l'utilisation de 2 techniques et de 2 réactifs différents. Un test effectué dans une période trop proche d'une éventuelle contamination (quelques semaines) risque d'être faussement négatif.

☞ Les tests de détection unitaires dits « rapides » ne détectent pas les anticorps plus rapidement après l'infection que les tests Elisa mais ont un résultat en 10 minutes (quelques heures pour les Elisa). Un test urinaire a été autorisé aux USA mi-1998, mais il est moins fiable. Plusieurs tests défectueux vendus sur Internet ont été interdits.

Statistiques : **en France** 3,5 millions de tests ont été réalisés en 1997 (dont en laboratoire privé 71 %, hospitalier 26 %, dans les centres de transfusion 3 %). *Coût* : 123 F (en laboratoire privé), remboursé à 100 % par la Sécurité sociale. Fin 1997, 30 000 à 40 000 séropositifs ignoraient leur contamination (46 % des malades découvrent leur séropositivité lors des 1ers symptômes). **En Afrique**, à mi-2000 moins de 5 % de la population avait fait un test.

■ **Évolution.** Le sida apparaît en moyenne entre 7 et 11 ans après la contamination en l'absence de traitement (multithérapie) [chiffres de la cohorte de San Francisco : *5 ans* : 11 % des séropositifs ; *10 ans* : 51 % ; *13 ans* : 65 % ; *environ 14 ans* : 68 %]. L'OMS estime qu'en l'espace de 10 ans 20 % des séropositifs restent indemnes, 60 % évoluent vers le sida et 20 % présentent des manifestations mineures de la maladie. En janvier 1995, l'Aaron Diamonds AIDS Research Center de New York (dont David Ho, né à Taïwan le 3-11-1952) montre que l'infection par le VIH entraîne dès le début la production de milliards de particules virales par jour et leur destruction par le système immunitaire. **Primo-infection.** 3 semaines à 3 mois ; manifestations cliniques banales (pseudo-grippes, douleurs musculaires) chez environ 30 % des personnes infectées. **Phase asymptomatique** : 10 ans en moyenne. **Séropositivité** : les tests peuvent détecter les anticorps dans le sang. *Symptômes mineurs* (chez 20 % des séropositifs) : infection VIH : ganglions augmentant en plusieurs endroits du corps et de façon durable (plus de 3 mois), perte de poids (de plus de 10 %), fièvre, sueurs nocturnes, forme grave d'herpès (vésicules cutanées douloureuses), diarrhée persistante et abondante. Ces symptômes ne sont pas spécifiques du sida, mais leur caractère persistant et inexpliqué chez une personne qui a pu être exposée au virus doit faire penser à la possibilité d'infection par le VIH. On ne peut prévoir actuellement l'évolution vers le sida des personnes présentant ces symptômes mineurs. Mais celles qui ont un faible pourcentage de lymphocytes T4 ont un risque élevé d'évoluer vers le sida.

Sida déclaré. *Durée moyenne* : 2,8 ans, avant les trithérapies. Défini par l'apparition d'une des pathologies suivantes : **1°) infections dites opportunistes** : l'immunité de l'organisme étant déficiente, les microbes (virus, bactéries et parasites qui normalement ne donnent pas de maladies, car ils sont tenus en échec par le système immunitaire) vont saisir cette « opportunité » pour provoquer des infections graves qui, sans traitement et, parfois, malgré le traitement, peuvent aboutir à la mort. *Organes atteints : poumons* : par *pneumocystis carinii*, pneumonie lymphocytaire, ordinaire, ou fongique (cryptococcose, histoplasmose), *shigella*, cryptosporidie, *isospora belli*, *candida*. *Appareil digestif* : diarrhées chroniques inexpliquées (de 10 à 15 selles par jour) durant plus de 1 mois, difficultés à se nourrir (infections de l'œsophage), envahissement de la muqueuse œsophagienne par les *candida* (champignons). *Cerveau* : par toxoplasme, cryptocoques (paralysie, troubles de la vue, manifestations psychiques anormales, méningites). *Peau* : par virus de l'herpès cutané pendant plus d'1 mois. *État général* : amaigrissement, asthénie, affaiblissement avec infections. **2°) Certains cancers** : *sarcome de Kaposi* (12,2 % des cas de sida déclarés en 1994). Maladie cutanée décrite par Moritz Kaposi (It., 1837-1902) ; atteint essentiellement des sujets âgés d'Europe centrale ou du Bassin méditerranéen. A la fin des années 1950 : on en découvre en Afrique chez des jeunes (forme africaine) puis comme une complication des traitements immunosuppresseurs, notamment chez des transplantés rénaux (forme des immunodépressions acquises). Dans les années 1980 : forme observée chez les homosexuels, dénommée par certains sarcome de Kaposi épidémique. *Types : sarcome de Kaposi classique* : homme de plus de 50 ans, avec lésions cutanées siégeant initialement au niveau des membres inférieurs (lésions papulaires, maculaires ou nodulaires, rosées, bleuâtres ou lie-de-vin, indolentes, de quelques mm à plusieurs cm). Peau cartonnée, œdémateuse. *Forme africaine* : disséminée, tumorale, avec des lésions ulcérées, une atteinte ganglionnaire et viscérale, digestive notamment. *Sarcome de Kaposi du sida* : extension cutanée parfois rapide (visage, muqueuses, ganglions, rate, tube digestif, poumons). Causé par le virus herpès type 8 (HHV 8) qui se transmet par la salive, les voies sexuelles et de mère à enfant, voire par contact domestique entre enfants proches. Les hommes survivent en moyenne 23 mois à un sarcome de Kaposi, les femmes 9 mois. *Lymphomes* (tumeurs de ganglions lymphatiques). **3°) Autres manifestations** : atteintes neurologiques du système nerveux central avec pertes de mémoire, manque de coordination, confusion dans le langage, diminution de l'acuité visuelle et comportements psychotiques. **ARC (AIDS-Related Complex).** Association de symptômes cliniques et biologiques retrouvés chez des individus atteints du sida (sauf ceux qui, à eux seuls, permettent de porter le diagnostic de sida).

☞ Aux USA, la **définition** applicable depuis le 1-1-1993 considère comme malades les personnes infectées dont le taux de lymphocytes (TCD4+) est inférieur à 200 par mm³ de sang (soit 20 % du niveau normal).

■ **Conseils aux séropositifs. 1°) Diminuer le risque d'évoluer vers la forme symptomatique ou le sida** : se protéger d'une réinfection en ayant des relations sexuelles protégées ; éviter l'usage des drogues (source de réinfection si on partage aiguilles ou seringues, diminuant les résistances de l'organisme aux infections), les infections de tout genre, alcool, tabac et stress. S'alimenter correctement. Être suivi par un médecin, faire vérifier la pertinence de toute vaccination, envisager des traitements précoces. **2°) Éviter de transmettre le virus du sida** : s'abstenir de donner sang, sperme ou organes (rein, cornée, etc.) ; informer ses partenaires sexuels (éviter la pénétration, sinon avec préservatif) ; ne pas partager d'aiguilles ou de seringues ; informer médecins, dentistes et personnel médical de sa séropositivité ; nettoyer les surfaces souillées de sang avec des mains gantées, désinfecter avec solution d'eau de Javel par application de 30 minutes ; laver linge de maison et vêtements souillés de sang ou de sécrétions sexuelles à 70 °C ou par nettoyage à sec : jeter à la poubelle tout matériel souillé dans un sac étanche ; ne pas échanger les objets de soins corporels (rasoirs, brosses à dents...) ; recouvrir toute coupure ou égratignure d'un pansement jusqu'à cicatrisation. (Voir aussi l'encadré p. 146 c.)

Entre 10 et 20 % des personnes se sachant porteuses du virus ont des rapports sexuels non protégés.

☞ **Recours des personnes contaminées** : *sur le plan civil* : pour obtenir des dommages et intérêts, la victime doit prouver la faute commise par son partenaire (absence de protection en connaissance de cause) et la preuve du lien de cause à effet entre cette faute et le préjudice subi (la contamination). *Sur le plan pénal* : pas de délit spécifique ; jurisprudence : relaxe d'un homme ayant caché sa maladie et transmis sa séropositivité à sa compagne (Compiègne, 17-11-1998). Recourir aux délits d'atteinte involontaire à l'intégrité de la personne (blessures involontaires, art. 222-19) ou d'homicide involontaire (art. 221-6).

■ **Combat contre le virus. Médicaments antirétroviraux : 1°) inhibiteurs de la reverse transcriptase** : *a)* nucléosidiques : AZT (zidovudine 1987), ddI (didanosine 1992), ddC (zalcitabine 1994), D4T (stavudine 1996), 3TC (lamivudine 1996 ; abacavir, nov. 1998), F-ddA (iodenosine) ; *b)* non nucléosidiques (INN) : névirapine (1997), delavirdine (ATU 1998) et efavirenz ABT 378 (ATU 1999) ; *c)* nucléotides : adéfovir dipivoxil, PMPA. **2°) Antiprotéases** (100 à 1 000 fois plus puissantes) : saquinavir (1996), ritonavir (1996), indinavir (1996), nelfinavir (1998), amprénavir (ATU nov. 1998), tripanavir (à l'étude). Les traitements comportent 2 ou 3 médicaments (bi- ou trithérapies[1]) et coûtent 100 F/jour[2]. Ils permettent d'obtenir une baisse de la charge virale et une augmentation du nombre de lymphocytes CD4 dans de nombreux cas ; la prise régulière des traitements est indispensable ; durée d'efficacité pas encore mesurable. **3°) Inhibiteur de fusion** (à l'étude, voir col. c) : T20. **4°) Anti-intégrases** : devraient permettre de limiter les résistances chez les 40 % de malades qui ne répondent pas correctement aux thérapeutiques actuelles. *L'interleukine-2 (IL-2)* améliorerait le traitement rétroviral ; l'état de santé s'améliorerait et les infections opportunistes seraient moins fréquentes. *Trizivir* trithérapie en 1 seul comprimé.

Nota. – (1) *Trithérapie* ou *HAART (Highly Active Anti-Retroviral Therapy)* : 2 à 3 prises par jour ; 5 à 21 comprimés à ingérer quotidiennement, plus 1 à 14 pour les médications annexes (prévention des maladies associées au sida). La quantité de virus dans le sang ou « charge virale » tombe à des taux indétectables au bout d'1 an de trithérapie dans 90 % des cas (75 % si mono ou bithérapie préalable) mais il faut continuer le traitement car le virus à l'état latent dans certaines cellules, dites cellules « sanctuaires », peut se multiplier : 20 % des cas (40 %) ; le patient reste contagieux par voie sexuelle. (2) Alternative envisagée en Afrique : association ddI + hydroxyurée (traite la leucémie et l'anémie falciforme) : 1 200 $/an/patient (trithérapie : 12 000 $).

☞ Mi-2000, 90 % des associations médicamenteuses efficaces étaient utilisés dans les pays industrialisés mais 90 % des personnes infectées vivaient dans le tiers monde.

Effets secondaires : *lipodystrophie* (anomalies de la répartition des graisses) particulièrement sous antiprotéases : excès au niveau du cou, des épaules, du ventre, et des seins (chez les femmes), amaigrissement du visage et des membres inférieurs ; dans 30 % des cas, anomalies biologiques avec *augmentation du taux des lipides* du sang, des sucres, compliquées d'*insulino-résistance* et de *diabète* dans 2 % des cas. *Fréquence* : > 50 %. Nombreux cas d'*ostéoporose* favorisant les fractures. *Conséquence* : les trithérapies sont problématiques à long terme.

Des symptômes de toxicité mitochondriale – une maladie donnant des troubles neurologiques et pouvant être mortelle – ont été identifiés chez des enfants séronégatifs exposés aux antiviraux pendant leur gestation.

Résistances : apparues 1992 à l'AZT, 1994 au 3TC, 1997 aux antiprotéases. En cas d'échec du traitement en cours, tests génétiques de mesure de résistance, pour traitement personnalisé ; coût pris en charge par l'État (voir p. 148 a). Touche 40 % des 50 000 personnes en traitement (en 1999).

Échec thérapeutique grave : *taux 6 % ; imputable à 1°) prise irrégulière* des médicaments, *ou 2°) mauvaise absorption* du fait d'une diarrhée chronique ou de la prise concomittante de médicaments interférant : les antiprotéases pourraient accélérer la progression de l'hépatite C chronique active vers le stade de cirrhose (rapport Delfraissy, juillet 1999), *ou 3°) résistance* à l'antirétroviral. Les docteurs Louis Bernard et Gilles Peytavin ont montré qu'une analyse de cheveux permet de déterminer la cause exacte.

☞ *% de malades contaminés par des virus déjà résistants* (en 2000) : USA 14 (3,5 en 1998), France 10 (idem).

■ **Rétablissement de l'immunité.** L'immunothérapie passive (injection d'anticorps pour aider l'organisme à combattre) ou active (utilisation des produits vaccinaux comme stimulants du système immunitaire) a été proposée. Des essais avec de l'interleukine 2 (IL-2) montrent que son association aux traitements antirétroviraux efficaces actuels pourrait permettre une reconstitution immunitaire à long terme (en ATU depuis le 15-9-1999).

☞ Une reconstitution complète demande de 1 à 8 ans ; les trithérapies ont fait disparaître les affections opportunistes les plus graves (mononucléose, etc.), ce qui permet de commencer à envisager des **pauses thérapeutiques.** Après un traitement précoce et intensif, de 1 à 2 ans, l'organisme garde (50 % des cas) un taux de virus détectable très bas (durant 8 à 11 mois).

■ **Traitement des manifestations. Infections opportunistes** : Prévention : dès les 1ers signes de faillite du système immunitaire (à partir de moins de 200 lymphocytes T4). *Pneumocystose* : aérosol de pentamidine, cotrimoxazole, Dapsone. *Toxoplasmose : cotrimoxapale* pyriméthamine, Dapsone. *Microbactéries atypiques* : Rifabutine, Isomizide. Traitements : antibiotiques, antimycosiques des antiparasitaires et antiviraux ; certaines infections n'ont pas de traitement spécifique (cryptosporidiose, leucoencéphalite, etc.) et les rechutes souvent fréquentes rendent le traitement de plus en plus difficile. **Cancers** : chimiothérapies seules ou associées à interféron ou Gm CSF (facteurs agissant sur la multiplication cellulaire). Radiothérapie. **Autres manifestations neurologiques** : AZT.

Recherches. 1°) Molécules pièges pour gêner la fixation du virus sur un récepteur de la membrane cellulaire. **2°) Arrêt de la prolifération virale** en utilisant des molécules capables de se fixer sur l'ADN du provirus ou sur les ARN messagers qu'il fabrique. **3°) Stimulation du système immunitaire** en agissant sur les récepteurs cellulaires qui favorisent ou bloquent la pénétration du VIH dans les cellules immunitaires. **4°) Neutralisation du récepteur CCR5** à l'aide d'une molécule (RANTES) qui vient occuper le site actif du récepteur, interdisant ainsi au virus de pénétrer dans la cellule. **5°) Inhibiteurs de fusion** empêchant l'association de la gp120 [protéine de l'enveloppe du virus qui, lors de l'infection, s'associe au récepteur CD4 du lymphocyte T] avec le récepteur CD4 ou les corécepteurs. **6°) Radical libre artificiel** neutralisant le VIH. **7°) Antioxydants** contre le « stress oxydatif » induit.

Vaccin. Recherches et essais d'un **vaccin inactivé**. Dès 1978 aux USA puis en France en 1991. *Obstacles* : 1°) variabilité du virus (au moins 8 types et 20 sous-types dont : types B répandu en Europe et Amérique du Nord, E en Asie ; 2°) nécessité d'induire une protection des muqueuses (IgA) ; 3°) inefficacité sur les virus présents chez les séropositifs (souches dites primaires ou sauvages). D'autres vaccins à l'étude utilisent des virus ou des cellules chimères dont l'ADN contient 1 ou plusieurs gènes du VIH, ce qui permettrait la formation d'1 ou plusieurs antigènes de ce virus et déclencherait la réponse primaire à ces antigènes. **Vaccins sous-unitaires** : préparés à partir d'un antigène extrait d'un VIH ou fabriqué par synthèse. *Objectif* : déclencher une défense immunitaire efficace, humorale ou cellulaire, contre toutes les souches virales provoquant la maladie. **Vaccin à base de virus vivant atténué** : du Dr Ronald Desrosiers (Harvard, Boston, USA) pour non contaminés : *début 1998* : 200 volontaires (traitement à vie gratuit s'il y a contamination) ; *controversé* car le virus peut se réveiller. **Vaccin à base de TAT** (Trans-activating protein : toxine secrétée par les lymphocytes infectés) : testé en Europe depuis fin 1999 par l'équipe de Robert Gallo (Baltimore) quoique controversé.

Essais cliniques : *1987* : 1ers essais. *En Afrique* : à Kinshasa (Congo) en 1986 et à Kampala (Ouganda) en 2000. *Les plus avancés (phase III à mi-2000) et à grande échelle* : *Aidsvax* de VaxGen (controversé car à base de protéine virale) : sur 5 000 homosexuels américains depuis juin 1998 et 2 500 toxicomanes thaïlandais depuis février 1999 ; résultats disponibles mi-2002. *1er spécifique contre une souche africaine* : lancé début août 2000 à Londres sur 18 volontaires dont un parlementaire. A mi-2000, 25 vaccins étaient à l'essai, une quinzaine semblaient prometteurs ; résultats attendus d'ici 2007. *En France* : une dizaine conduits par l'ANRS de 1992 à 1999. **Dépenses engagées dans le monde** (en 1999) : 300 millions de F.

Statistiques

■ **En France** (*source* : Réseau national de santé publique, devenu Institut national de veille sanitaire en 1999). **Séropositifs** (est.) : *1989* : 200 000 ; *98* : 110 000 (5 000 nouveaux cas par an). **Hémophiles** (voir p. 126 b).

Sida : **cas diagnostiqués** (données au 31-12-2000) : *avant 1987* : 2 217 ; *1987* : 2 248 ; *88* : 3 051 ; *89* : 3 805 ; *90* : 4 317 ; *91* : 4 655 ; *92* : 5 189 ; *93* : 5 520 ; *94* : 5 756 ; *95* : 5 255 ; *96* : 3 987 ; *97* : 2 234 ; *98* : 1 858 (1 860 [1]) ; *99* : 1 630 (1 704 [1]) ; *2000 (30-6)* : 647 (807 [1]). **Cas déclarés cumulés depuis 1978** : *2000 (30-6)* : 52 399 (9 632 femmes et 42 767 hommes dont 817 de moins de 15 ans) **dont hommes et**, entre parenthèses, **femmes** : *moins de 5 ans* : 317 (260) ; *5-14 ans* : 154 (86) ; *15-19 ans* : 131 (67) ; *20-24 ans* : 1 399 (619) ; *25-29 ans* : 6 848 (2 183) ; *30-34 ans* : 10 395 (2 470) ; *35-39 ans* : 8 384 (1 502) ; *40-44 ans* : 5 730 (794) ; *45-49 ans* : 3 668 (459) ; *50-59 ans* : 3 837 (591) ; *60-69 ans* : 1 462 (404) ; *plus de 70 ans* : 442 (197). **Par région** : *nombre d'habitants pour 1 cas* : Ile-de-France 459 ; Dom 648 ; Provence-Alpes-Côte d'Azur 673 ;

Quelques personnalités décédées du sida : Michel Foucault (1926-84, philosophe), Rock Hudson (1925/2-10-1985, acteur), Jean-Paul Aron (1925-88, philosophe), Andreï Nepala (1951-89, champion olympique de patinage artistique), Tony Richardson (1928-91, acteur), Hervé Guibert (1955-91, romancier), Rudolf Noureev (1938-92, danseur étoile), Anthony Perkins (1932-92, acteur), Robert Reed (1932-92, acteur), Arthur Ashe (1943-93, tennisman).

Corse, Aquitaine, Languedoc-Roussillon, Midi-Pyrénées : 1 000 à 1 500 ; Rhônes-Alpes, Limousin, Poitou-Charentes : 1 900 à 2 500 ; Haute-Normandie, Basse-Normandie, Centre, Auvergne, Bourgogne, Pays de la Loire, Bretagne : 2 600 à 3 000 ; Alsace, Champagne-Ardenne, Picardie, Lorraine, Franche-Comté : 3 050 à 3 800 ; Nord-Pas-de-Calais : plus de 4 000.

Nota. – (1) Nombre redressé par rapport au délai de déclaration.

Cas de sida pédiatrique (au 30-6-2000) : 822 dont (en %) *contaminé par la mère :* 79,2 (dont mère contaminée par voie hétérosexuelle 58, toxicomane 31, autre ou inconnue 11) ; *enfant :* transfusé 11, hémophile 6, cause autre ou inconnue 3.

Répartition par mode de contamination : *cas cumulés de 1978 à juin 2000 et,* entre parenthèses, *cas diagnostiqués du 1-1 au 30-6-2000* (en %) : rapports homosexuels [a] 43,6 (29,2), usage de drogues injectables [b] 22,9 (13,8), les deux [a + b] 1,2 (0,2), rapports hétérosexuels 20,8 (43,4), transfusion 3,5 (0,6), hémophilie et troubles de la coagulation 1,1 (0,2), mère-enfant 1,2 (0,6), inconnu, autre 5,7 (12,1). *Nouveaux cas en 1997 et,* entre parenthèses, *1990 :* hétérosexuels 35,2 (14,2), homosexuels 34,7 (49,1), toxicomanes 6 (25).

Répartition des cas de sida hétérosexuels, par risque du partenaire infecté ou par origine géographique du cas (total d'avant 1987 au 30-6-1998) : 9 525 cas **dont (en %) :** partenaire : bisexuel masculin 2 ; toxicomane 12,4 ; hémophile ou transfusé 2,1 ; séropositif (sans autre précision) 7,5 ; partenaire ou patient originaire des Caraïbes 19,5, d'Afrique 30,8 ; partenaires multiples ou prostituées 7,9, pas d'information sur le partenaire 15,4.

Décès : par années : *avant 1987 :* 942 ; *1987 :* 847 ; *88 :* 1 200 ; *89 :* 1 860 ; *90 :* 2 439 ; *91 :* 3 061 ; *92 :* 3 490 ; *93 :* 3 770 ; *94 :* 4 162 ; *95 :* 3 912 ; *96 :* 2 847 ; *97 :* 1 083 ; *98 :* 719 (720 [1]) ; *99 :* 627 (651 [1]) ; *2000 (30-6) :* 238 (284 [1]) ; date inconnue 86 ; **cumulés :** *au 30-6-2000 :* 31 285 (31 356 [1]).

Nota. – (1) Nombre redressé par rapport au délai de déclaration.

Pathologies opportunistes (cas adultes, au 30-6-2000) : fréquence [1] (en %) : pneucystose pulmonaire 26, sarcome de Kaposi 12, candidose de l'œsophage 13, tuberculose pulmonaire 11, toxoplasmose cérébrale 10, tuberculose extra-pulmonaire 9, lymphomes 6.

Nota. – (1) D'entrée dans le sida.

Double infection sida-hépatite C : mi-2000, touchait 10 à 30 % des personnes infectées par le VIH, mais 60 à 90 % des usagers de drogue infectés, 11 % des personnes contaminées par rapport hétérosexuel, 4 à 5 % homosexuel.

Patients : *nombre de personnes vues au moins 1 fois dans un établissement de santé* (1999) : 92 000 sur les 110 000 infectées en 1999 ; *suivies par les CISIH* (centres d'information et de soins de l'immunodéficience humaine) au 2e trim. 2000 : 26 000 dont bénéficiant d'un traitement 88 % (dont, en %, d'une bithérapie 11, tri- 71, quadri- ou plus 17). **% des patients traités par trithérapie** (au 30-6) : *1996 :* 18 ; *97 :* 51 ; *98 :* 64 ; *99 :* 71 ; *2000 :* 71. **Sidéens et,** entre parenthèses, **séropositifs soignés par les hôpitaux** (enquête du Ministère 4-6-1997) : **total : 4 470** dont soins de courte durée 1 719 (2 195) [dont hospitalisation complète 856 (380), de jour 334 (496), consultations externes 529 (1 319)], hospitalisation à domicile 205 (16), soins de suite 234 (101).

Coût (en millions de F) : **budget de l'État** (extra-hospitalier) : *1995 :* 386 ; *96 :* 448 ; *97 :* 474 ; *99* (LFI) : 487 (+ crédits Mildt 5,1) dont prévention et prise en charge extrahospitalière 334,8, dépistage anonyme et gratuit 26,6 sida info service 39,5, réduction des risques de toxicomanie 85,9, FSTI 5,3. **Coût de la prise en charge hospitalière** (en 1999) : 2 412 ; **des médicaments spécifiques :** 2 136. **Coût annuel du traitement :** 18 000 F par médicament antiviral, soit environ 55 000 F en trithérapie.

■ **Dans le monde** (*source :* rapport OMS et Onusida de décembre 2000). **Cas cumulés** (en millions) : *depuis 1981 :* 58,2 dont infectés en 2000 : 5,3 (dont 72 % en Afrique subsaharienne) ; *vivant avec le sida* (y compris séropositifs ; au 31-12-2000) : 36,1 dont adultes 34,7 (dont femmes 16,4 %), enfants (de moins de 15 ans) : 1,4. **Mode de transmission** (en %) : rapports sexuels non protégés 80 (dont hétérosexuels 70, homosexuels 10), échange de seringues entre toxicomanes 5 à 10, transfusion 3.

Cas de sida déclarés par année : *1979 :* 1 ; *80 :* 5 ; *81 :* 344 ; *82 :* 1 286 ; *83 :* 3 745 ; *84 :* 7 623 ; *85 :* 15 687 ; *86 :* 29 511 ; *87 :* 58 141 ; *88 :* 83 473 ; *89 :* 111 054 ; *90 :* 142 526 ; *91 :* 180 617 ; *92 :* 208 779 ; *93 :* 218 570 ; *94 :* 221 179 ; *95 :* 237 784 ; *96 :* 232 130 ; *97 :* 215 156 ; *98 :* 193 543 ; *99 :* 27 960.

Cas déclarés par continent et, entre parenthèses, **nombre de pays déclarant des cas** (au 15-11-1999) : Afrique 800 298 (54), Amérique 1 010 193 (46), Asie 157 864 (44), Europe 223 742 (41), Océanie 9 668 (15) ; **total : 2 201 765 (200).** 50 % des personnes infectées le sont avant 25 ans et décèdent avant 35 ans.

Répartition des cas par continent (en %, au 15-11-1999) : Afrique subsaharienne 69,3, Asie du Sud et du Sud-Est 17,9, Amérique latine 3,9, Amérique du Nord 2,7, Asie de l'Est et Pacifique 1,6, Europe de l'Ouest 1,5, Caraïbes 1,1, Europe de l'Est et Asie centrale 1,1, Afrique du Nord et Moyen-Orient 0,6, Australie et Nlle-Zélande 0,04. **Pays les plus touchés :** *nombre de cas déclarés de sida* (au 15-11-1998) : USA 691 647, Brésil 128 821, Tanzanie 97 621, Thaïlande 88 403, Kenya 81 492.

Décès dus au sida (cumulés au 31-12-2000) : 21,8 millions dont 3 en 2000.

Pourcentage d'adultes (15-49 ans) vivant avec le sida (fin 2000) : Afrique subsaharienne 8,8 (Botswana 35,8, Swaziland 25,25, Zimbabwe 25,06 en 1999) ; Caraïbes 2,3 ; Asie du Sud et du Sud-Est 0,56 ; Amérique latine 0,5 ; du Nord 0,46 ; Europe occidentale 0,24, orientale et Asie centrale 0,35 ; Afrique du Nord et Proche-Orient 0,2 ; Australie et Nlle-Zélande 0,13.

☞ Le sida est la 4e cause de mortalité dans le monde, la 1re **en Afrique :** il a fait chuter l'espérance de vie de 20 ans au Botswana et de 10 ans en Afrique du Sud. Plus de 25 % des adultes du Botswana, de la Namibie, du Swaziland et du Zimbabwe sont infectés. Certaines sociétés pharmaceutiques américaines ont annoncé en mai 2000 qu'elles fourniraient en Afrique des médicaments à prix réduits ; les USA prêteront 1 milliard de $ par an à l'Afrique subsaharienne à cet effet. **Aux USA,** les Afro-Américains (13 % de la population) représentent environ 50 % des cas de sida et des décès dus au sida (est. 1999 des CDC).

Glandes endocrines et hormones

☞ Racine latine *acinus* (pluriel *acini*) : du grec *akinos,* grappe.

Glandes endocrines (ou à sécrétion interne). Sécrètent des *hormones* qui, entraînées dans le sang, vont exercer à distance des actions spécifiques sur des cellules cibles grâce à des récepteurs spécifiques à chaque hormone.

Glandes exocrines. Leurs produits se déversent à l'extérieur ou dans un conduit intérieur : voies respiratoires, tube digestif, etc. (voir peau, glandes digestives).

Principales glandes endocrines

■ **Épiphyse** (ou glande pinéale). Attachée au toit du 3e ventricule cérébral. Très petite (0,16 g au maximum). Descartes y avait situé le siège de l'*âme* (voir p. 131 c). **Hormone :** *mélatonine :* sécrétée selon un rythme circadien. Joue un rôle important dans la régulation du sommeil et exerce sur l'appareil génital une action inverse de celle de l'hypophyse.

■ **Hypophyse.** Ovoïde, longue de 1 à 1,5 cm. Reliée à la base du cerveau par la *tige pituitaire* (où cheminent vaisseaux et neurones rejoignant la posthypophyse), elle repose dans une dépression de la base du crâne, la *selle turcique.* Dépend des centres nerveux sus-jacents *(hypothalamus),* et comprend 2 parties, antérieure et postérieure, morphologiquement et fonctionnellement distinctes. **Hormones antéhypophysaires :** *somatotrope :* assure la croissance du corps ; *thyréotrope :* stimule la thyroïde ; *gonadotropes :* l'une, *folliculo-stimulante,* provoque la croissance et la maturation des follicules ovariens chez la femme, la fabrication des spermatozoïdes chez l'homme ; l'autre, *lutéo-stimulante,* provoque chez la femme la ponte ovulaire et le développement du corps jaune, stimule chez l'homme le tissu interstitiel du testicule qui assure la sécrétion de testostérone (cellules de Leydig), *corticotrope :* stimule la corticosurrénale ; *prolactine :* stimule la sécrétion lactée. **Hormones posthypophysaires** (nées dans l'hypothalamus et collectées par la posthypophyse) : *vasopressine :* augmente la pression artérielle et s'oppose à la fuite de l'eau par les reins ; *ocytocine :* fait se contracter l'utérus gravide à terme.

■ **Ovaires** (glandes sexuelles féminines). **Hormones :** *folliculine* (œstradiol, œstrone) : provoque la maturation de l'ovule dans l'ovaire. *Progestérone :* fait descendre l'ovule mûr et maintient la grossesse après la fécondation en préparant la muqueuse utérine à la nidation de l'œuf.

■ **Pancréas endocrinien** [constitué par les îlots (cellules) de Langerhans, situés entre les acini du pancréas exocrine]. **Hormones :** *insuline :* favorise l'assimilation des nutriments sous forme macromoléculaire (glucose sous forme de glycogène, acides aminés sous forme de protéines, acides gras sous forme de triglycérides). Elle diminue la production hépatique de glucose et favorise son utilisation par les muscles et le tissu adipeux (elle a donc un effet hypoglycémiant). *Glucagon :* élève la glycémie aux dépens du glycogène et favorise la néo-glycogenèse. *Somatostatine :* module de nombreux métabolismes ou sécrétions (pancréas, estomac, tube digestif).

■ **Parathyroïdes.** 4 glandes de la taille d'une lentille, disposées à la face postérieure de la thyroïde. **Hormone :** *parathormone :* règle les taux de calcium et phosphore dans le sang en agissant sur le tissu osseux et sur le rein.

DHEA : deshydroépiandostérone de la classe des stéroïdes. *1931 :* Adolf Butenandt (Allemand, prix Nobel 1939) l'isole dans les urines. *1958* Max Fernand Jayle (Fr.) montre qu'elle décroît avec le vieillissement. *1960* son élève, le Pr Émile-Étienne Baulieu (Fr., né 1926), montre qu'elle est produite par les surrénales. *Années 1970* nombreuses études mais l'action sur l'homme n'est pas prouvée. *1992* vente autorisée aux USA sans ordonnance, comme complément alimentaire. *1994* 1ers essais positifs chez l'homme (Pr Samuel Yen). **Taux :** *jeune adulte :* maximal ; *40 ans :* 50 % ; *75 ans :* 20 voire 10 % ; *dernière année de vie :* 5 à 0 %.

■ **Surrénales.** Situées au pôle supérieur de chaque rein. Pyramidales, longueur 5 cm. Formées de 2 parties embryologiquement distinctes : CORTICOSURRÉNALE et MÉDULLOSURRÉNALE. **Hormones :** *cortisol :* actions sur les divers métabolismes, glucides, lipides, protides. *Aldostérone :* contrôle les électrolytes. MÉDULLOSURRÉNALE. **Hormones :** *adrénaline* et *noradrénaline :* provoquent vasoconstriction et hypertension artérielle, hyperglycémie.

■ **Testicules** (glandes sexuelles masculines). **Hormones :** *testostérone :* contrôle et stimule les caractères sexuels du mâle et la spermatogenèse (formation des spermatozoïdes). *Dihydrotestérone :* dérivé métabolique direct de la testostérone, peut seule agir sur la prostate et assurer son développement.

■ **Thymus.** Situé dans le thorax, au-dessus du cœur. Atteint 40 g avant la puberté, s'atrophie ensuite. Assure la production d'anticorps *(fonction immunologique)* par l'intermédiaire des lymphocytes et des organes lymphoïdes.

■ **Thyroïde.** Située à la base en avant du cou, en forme de H. Poids : 30 g. Hauteur : 5 cm. Largeur : 4 cm. **Thyroxine** et **tri-iodothyronine :** activent les oxydations cellulaires et élèvent le métabolisme basal, intervenant ainsi dans les fonctions organiques, notamment sur croissance et développement intellectuel. **Thyrocalcitonine :** action hypocalcémiante, opposée à celle de la parathormone.

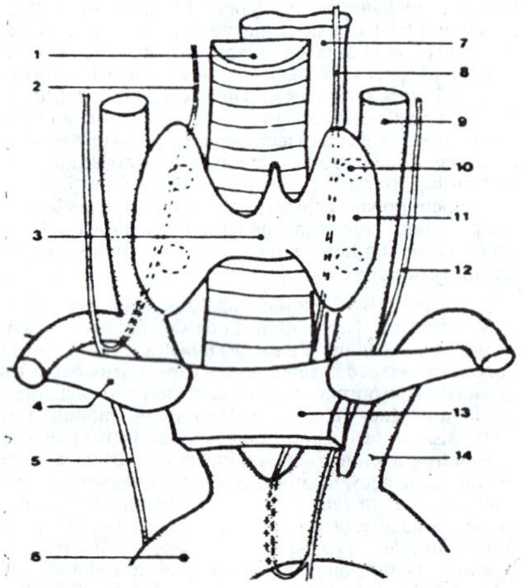

Parathyroïdes : *1* trachée ; *2* nerf récurrent droit ; *3* isthme de la glande thyroïde ; *4* clavicule ; *5* nerf pneumogastrique droit ; *6* crosse de l'aorte ; *7* œsophage ; *8* nerf récurrent gauche ; *9* artère carotide ; *10* glande parathyroïde ; *11* lobe gauche de la glande thyroïde ; *12* nerf pneumogastrique gauche ; *13* sternum ; *14* artère sous-clavière gauche.

Maladies endocriniennes

■ **Corticosurrénale.** INSUFFISANCE GLOBALE. *Maladie d'Addison* [décrite 1855 par Thomas Addison (Anglais, 1793-1860)] : pigmentation, asthénie, hypotension artérielle. SYNDROMES D'HYPERFONCTIONNEMENT (par hyperplasie ou tumeur) : *syndrome de Cushing* (décrit 1932 par Harvey Williams Cushing, Amér., 1869-1939) : troubles métaboliques et génitaux, hypertension artérielle, grave ostéoporose chez l'adulte, avec arrêt de la croissance chez l'enfant, diabète. *Syndrome de Conn* (hypersécrétion d'aldostérone) : hypertension artérielle, hypokaliémie et ses conséquences. *Syndromes adrénogénitaux : états intersexuels* (pseudo-hermaphrodisme féminin ; syndromes tardifs, virilisants chez la femme, féminisants chez l'homme) par troubles de l'hormonogenèse corticosurrénale d'origine génétique.

■ **Épiphyse.** Tumeurs intracrâniennes avec possibilité de troubles du développement sexuel (puberté précoce).

■ **Hypophyse. Antéhypophyse :** INSUFFISANCE : *nanisme* et *infantilisme* chez les sujets jeunes et insuffisances hypophysaires de l'adulte : *syndrome de Sheehan* chez la femme (après un accouchement difficile et hémorragique) ou, le plus souvent, secondaires à la compression ou l'exérèse chirurgicale d'une tumeur de l'hypophyse (adénome ou crâniopharyngiome). SYNDROMES D'HYPERFONCTIONNEMENT (souvent liés à la formation d'adénomes sécrétants) : *acromégalie :* déformations hypertrophiques des os par excès d'hormone somatotrope. *Gigantisme* en cas de développement prépubertaire. *Syndrome de Cushing* (par excès d'hormone corticotrope, hypertrophiant ou hyperstimulant les surrénales : voir Corticosurrénale ci-dessus). *Adénomes à prolactine :* aménorrhée, galactorrhée, déficit sexuel. **Posthypophyse :** INSUFFISANCE : *diabète insipide* (fuite de l'eau par les reins entraînant polyurie, soif, polydipsie majeure de 4 à 10 l d'eau par jour).

■ **Médullosurrénale.** Tumeurs *(phéochromocytomes) :* hypertension artérielle paroxystique ou permanente. Troubles de la glycorégulation.

■ **Ovaires.** INSUFFISANCE GLOBALE : avant la puberté : *infantilisme sexuel ;* après : *aménorrhée* et *stérilité.* Défaut électif de progestérone : irrégularités menstruelles, hémorragies utérines.

■ **Pancréas endocrinien.** INSUFFISANCE : *diabète sucré. Hyperinsulinisme :* accidents hypoglycémiques.

■ **Parathyroïdes.** INSUFFISANCE : tétanie (crises de contractures musculaires) avec chute du taux de calcium. HYPERFONCTIONNEMENT : *hyperparathyroïdisme :* avec hypercalcémie, déminéralisation et déformations pseudo-kystiques des os. Lithiase rénale.

■ **Testicules.** INSUFFISANCE : avant la puberté : *eunuchoïdisme ;* après : régression des caractères sexuels secondaires et de la spermatogenèse.

■ **Thyroïde.** INSUFFISANCE : *myxœdème,* simple chez l'adulte ; avec nanisme et « crétinisme » chez l'enfant atteint au stade fœtal ou néonatal. HYPERFONCTIONNEMENT, soit pur (*adénome toxique*), soit hyperfonctionnement associé à une exophtalmie [*maladie de Basedow* décrite 1840 par Karl-Adolph von Basedow (Allemand, 1799-1854) et en 1843 par Robert James Graves (Irlandais, 1797-1853)]. FRÉQUENCE (en France) : 20 % de la population connaît au moins 1 fois un problème thyroïdien (dont 80 % de femmes).

SENS

GOÛT

■ **Définitions.** GOÛT : faculté de reconnaître une saveur. **Agueusie :** perte du goût. **Gustométrie :** étude du goût en partant des 4 saveurs élémentaires ou en pratiquant la gustométrie électrique, utile pour diagnostiquer certaines paralysies, en particulier dans le diagnostic topographique (du siège) d'une paralysie faciale. **Substances sapides** ou **fondamentales :** au contact de la muqueuse de la langue, provoquent des sensations gustatives. Impression du *sucré*, au moins 0,5 % de sucre dans une solution ; *salé* 0,25 % de sel ; *acide* 1 partie pour 130 000 ; *amer* 1 pour 2 000 000.

■ **Organe.** La face supérieure de la langue est recouverte de petits reliefs ou *papilles* (3 000 ou 4 000, chez le porc 6 000 à 8 000) de différentes formes (4 ou 5) auxquelles on a attribué des formes de sensibilité gustative (la pointe serait sensible aux saveurs sucrées et salées, les côtés aux saveurs acides et l'arrière à l'amertume) comme l'ont montré l'Allemand Kiesow en 1898 puis des électrophysiologistes américains en 1963. De ces papilles ou récepteurs partent des fibres nerveuses qui se groupent en *nerfs gustatifs (nerfs lingual* et *glosso-pharyngien)* et transportent l'influx nerveux vers la zone cérébrale qui l'intègre. Quatre aires cérébrales ont été localisées en 1999 : le lobe de l'insula, les opercules frontal, pariétal et temporal voisins.

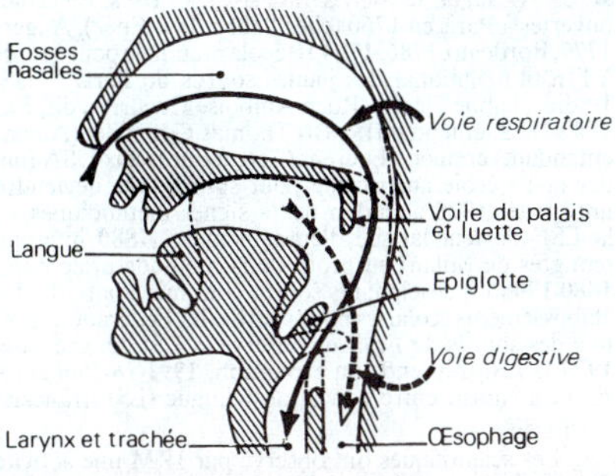

ODORAT

GÉNÉRALITÉS

■ **Définition.** Faculté sensorielle permettant la reconnaissance et la discrimination des odeurs.

■ **Organe récepteur.** *Tache olfactive* (haut de la muqueuse des fosses nasales) formée de cellules sensorielles qui enregistrent et transforment en influx nerveux les caractéristiques physiques de l'odeur ; ces cellules sont régénérées toute la vie. Des *filets nerveux* partant de ces cellules pénètrent dans le crâne en traversant la *lame criblée* (plafond osseux des fosses nasales, dont la fracture peut entraîner la rupture des filets nerveux et, par là, la perte de l'odorat). Ils se réunissent au-dessus de celle-ci en *2 bulbes olfactifs* auxquels font suite *2 bandelettes olfactives* aboutissant à une formation du cortex cérébral, *l'hippocampe,* où l'influx est transformé en une notion consciente permettant de reconnaître l'odeur, puis il atteint l'*amygdale* responsable des émotions.

Chez l'homme, diverses régions cérébrales sont activées selon qu'on renifle ou qu'on détecte une odeur (le reniflement préparerait le cerveau à l'arrivée d'une odeur). Des biochimistes du CNRS, à Montpellier, ont localisé un millier de gènes codant pour les récepteurs olfactifs répartis sur presque tous les chromosomes : 72 % sont incapables de fonctionner : le chien décèle une odeur acétique avec 200 000 molécules par m³ d'air ; l'homme avec 500 millions. Freud pensait que pour se socialiser, l'homme avait dû sacrifier une partie de son odorat.

☞ Le flux d'air est rapide et important dans une narine (les molécules odorantes couvrent alors une grande surface muqueuse), lent et tourbillonnant dans l'autre (elles se fixent mieux sur leurs récepteurs). Ces 2 mécanismes s'inversent toutes les 2 h, ce qui contribuerait à la finesse de l'odorat.

■ **Olfactométrie.** Étude de la fonction olfactive ; difficile et parfois imprécise.

■ **Odeurs. Nombre recensé :** 17 000 complexes (l'homme peut en distinguer plus de 10 000). **Classification de H. Zwaardemaker** (XIXᵉ s.) : 9 groupes d'odeurs qui semblent ne pas s'influencer réciproquement : *odeur éthérée* (fruits), *aromatique* (camphre, amandes), *fragrante* (fleurs), *ambrosiaque* (musc), *alliacée* (ail, soufre, chlore), *empyreumatique* (odeurs de brûlé), *caprylique* (fromage, graisse, sueur), *répulsive* (punaise, belladone), *nauséeuse* (chair ou végétaux putrides, matières fécales).

☞ **« Effet Pinocchio » :** lorsque l'on ment, certains tissus enflent à l'intérieur du nez, incitant à se frotter le nez.

MALADIES

■ **Anosmie (perte de l'odorat). De transmission,** par obstruction mécanique des fosses nasales empêchant le contact des odeurs avec la tache olfactive. Due le plus souvent à un *coryza* lié à la présence de formations polypeuses. **De perception,** par atteinte des filets nerveux ou des centres cérébraux de reconnaissance de l'odorat. Dans le 1ᵉʳ cas, elle est en rapport avec un traumatisme crânien atteignant la lame criblée par rupture des filets olfactifs (un traumatisme occipital entraînant un ballottement de la masse cérébrale peut provoquer une élongation avec rupture de ces mêmes filets) ou avec une infection virale par processus méningé. Dans le 2ᵉ cas, il s'agit de processus tumoral, vasculaire ou dégénératif atteignant le bulbe olfactif ou les centres. TRAITEMENT : rétablissement de la perméabilité nasale dans les atteintes transmissionnelles (corticothérapie et gestes locaux) ; inutile dans les atteintes perceptives.

■ **Coryza (rhinite, rhume de cerveau).** Inflammation aiguë de la muqueuse des fosses nasales et des sinus, liée à : **1°)** processus viral : **grippe :** 140 rhino-virus différents ; **2°)** allergique : **rhume des foins :** touche 5 à 15 % des Français. Principaux pollens responsables : arbres, de janvier à août (noisetier, aulne, cyprès, orme, peuplier, saule, frêne, charme, bouleau, platane, mûrier, chêne, olivier, troène, tilleul, châtaignier) ; plantes herbacées, d'avril à fin septembre (oseilles, graminées, plantains, orties, solidages, pissenlits, armoises, chénopodes, ambroisies). Si 2 parents sont allergiques, le risque pour leurs descendants de l'être aussi est de 40 à 60 %, si l'un des 2 seulement l'est : 25 à 40 %, si aucun ne l'est : 3 à 15 %. **Coryza non pollinique :** symptômes voisins mais non saisonniers (poussières, acariens, moisissures, squames animaux, allergènes professionnels).

☞ La phénylpropanolamine contenue dans certains médicaments décongestionnants a été interdite en 2000 aux USA (risques d'accidents vasculaires).

■ **Hémorragies nasales.** Provoquent les *épistaxis,* en rapport avec une rupture de la muqueuse nasale, très vascularisée, au niveau de la cloison nasale. ORIGINE : traumatique (choc, grattage, mouchage violent), ou spontanée. *Favorisées par :* congestion locale, hypertension, affections sanguines. TRAITEMENTS : cautérisation chimique des points hémorragiques, méchage des fosses nasales, antihémorragique par voie générale. Ligature de l'artère sphéno-palatine dans les cas graves. DÉCÈS : exceptionnels.

■ **Parosmie.** Perversion de l'odorat : perception d'une odeur généralement nauséabonde n'existant pas réellement ou correspondant à une perception de qualité différente pour un sujet normal.

■ **Roncopathie chronique.** Ronflement reflétant une obstruction respiratoire liée au rétrécissement des voies respiratoires hautes, entraîné par l'hypotonie des parties molles du pharynx. Obésité et rétrognatisme entraînent souvent des apnées : voir encadré p. 134 b.

■ **Sinusite.** Infection d'un sinus, aiguë ou chronique. Conséquence de la propagation d'une infection des fosses nasales, parfois d'une infection dentaire (sinus maxillaire). Favorisée par l'existence d'une allergie nasale (naso-sinusienne). TRAITEMENTS : pulvérisations, inhalations, associées à une thérapeutique antiallergique et antibiotique, ou chirurgie dans les sinusites chroniques isolées tenaces ou d'origine dentaire.

■ **Tumeurs malignes des fosses nasales et sinus.** TRAITEMENTS : chirurgie, radiothérapie, cobaltothérapie, chimiothérapie.

OUÏE

APPAREIL AUDITIF

Organe de l'audition et de l'équilibration, il comprend 3 parties :

1°) L'oreille externe. Pavillon de l'oreille et conduit auditif externe dont le fond est fermé par la membrane du **tympan.** Ce sont les glandes du conduit qui sécrètent le *cérumen.*

2°) L'oreille moyenne. Petite cavité de 3 à 6 cm entre la membrane du tympan et l'oreille interne osseuse ; elle communique avec l'arrière-fosse nasale par la **trompe d'Eustache** et avec l'oreille interne par 2 orifices, la *fenêtre ovale* obturée par un osselet, l'**étrier,** et la *fenêtre ronde* obturée par une membrane. Elle renferme *3 osselets* (marteau, enclume, étrier) articulés entre eux et reliant la fenêtre ovale au *tympan* qui la sépare de l'extérieur.

3°) L'oreille interne ou **labyrinthe.** Correspond à une cavité osseuse où se moule un sac membraneux, le labyrinthe *membraneux,* qui, séparé de l'os par un liquide (la *périlymphe*), comprend : la **cochlée** contenant l'**organe de Corti** [du nom d'*Alfonso Corti* (1822-76), médecin italien], élément sensoriel recueillant les messages auditifs, et le **vestibule** formé des *canaux semi-circulaires,* organe de l'équilibre (voir ci-dessous), dont l'atteinte se manifeste par des vertiges. A l'intérieur du sac membraneux, les différents organes sensoriels baignent dans un 2ᵉ liquide : l'*endolymphe.*

Les oreilles externe et moyenne forment l'appareil de transmission qui amène l'onde sonore au labyrinthe. L'oreille interne forme l'appareil de perception : les cellules ciliées (fragiles, ne se régénèrent pas une fois détruites) situées en son fond capturent l'onde sonore mécanique et la transforment en une énergie nerveuse (électrique). Cette énergie nerveuse est transmise par le *nerf auditif cochléaire* aux centres nerveux bulbaires, puis à l'écorce cérébrale temporale qui la transforme en perception consciente.

☞ *L'équilibre* est déterminé par plusieurs facteurs : vue, toucher, oreille et ses organes vestibulaires (3 petits canaux semi-circulaires situés près de la cochlée) dont les informations concordent lorsque nous accomplissons des mouvements ordinaires. Dans une situation extrême, les informations envoyées au cerveau par le canal de différents nerfs sont contradictoires et donc difficiles à interpréter, d'où la sensation de *vertige.*

Le rocher : os relié au crâne. Entoure l'oreille et agit comme un isolant acoustique du vacarme intérieur de notre organisme.

PERCEPTION DU SON

☞ **Audition « colorée » :** phénomène de *synesthésie,* production d'une double sensation ; concerne 1 personne sur 2 000, dont 6 sur 7 sont des femmes.

■ **Hauteur.** L'oreille perçoit les sons dont la *hauteur* (fréquence vibratoire) est comprise entre 30 et 20 000 hertz. Les *infrasons* (au-dessous), les *ultrasons* (au-dessus) sont inaudibles par l'homme (les enfants souffrant d'asthme pourraient les percevoir jusqu'à 30 000 hertz).

En termes musicaux, l'oreille perçoit 10 *octaves* (intervalle qui sépare une fréquence de la fréquence 2 fois plus élevée ou plus basse). La langue française utilise des sons de 500 à 4 000 Hz : l'oreille des Français devient donc plus sensible à ces fréquences. Après 40 ans, l'audition diminue dans les fréquences aiguës du fait de la socioacousie (bruit) et de la presbyacousie (vascularisation).

■ **Intensité.** Si l'oreille ressent une augmentation d'intensité quand l'amplitude de la variation de pression passe de 1 à 2 microbars, elle ressentira la même augmentation quand l'amplitude passera de 2 à 4 microbars, puis de 4 à 8, etc. C'est la *loi de Fechner* [Gustav Theodor (All., 1801-87)] : la sensation est proportionnelle au logarithme de l'excitation. Aussi repère-t-on l'intensité d'une onde sonore par le logarithme de l'énergie transportée par cette onde, énergie qui, pour une fréquence donnée, est proportionnelle au carré de la variation de pression. L'unité ainsi définie est le *bel* [dû à A. Graham Bell (Américain, 1847-1922)], mais on utilise un sous-multiple, le *décibel* (dB : la plus petite variation d'intensité sonore perceptible par l'oreille humaine). Le niveau *0 décibel* correspond à une amplitude de variation de pression égale, par convention, à 2/10 000 de microbars. Toute augmentation de 20 décibels de l'intensité sonore correspond à une multiplication par 10 de l'amplitude de l'onde. **Seuils de tolérance :** l'exposition au bruit entraîne une diminution de la perception dépendant de l'intensité du bruit, de sa durée d'exposition, de sa qualité (les sons aigus intermittents impulsionnels sont les plus nocifs) et de la résistance individuelle. L'excès de bruit agit au niveau de l'oreille interne, provoquant un déficit temporaire (fatigue auditive) ou définitif de la sensibilité auditive. La **surdité** commence pour les sons voisins de 4 000 Hz. La perte d'abord faible [20 à 30 dB(A)] passe inaperçue car elle ne concerne pas la zone conversationnelle. Si l'action du bruit se prolonge plusieurs années, la surdité s'étend vers les sons plus aigus et, plus lentement, vers les sons plus graves, atteignant alors les fréquences nécessaires à la conversation. Une exposition courte (quelques heures) mais très violente dans une discothèque à 110 dB(A) peut faire perdre définitivement une partie ou la totalité de l'audition.

■ **Niveaux de pression en décibels. 180** Fusée au décollage. **140** Réacteur au banc d'essai. **130** Avion au décollage à 25 m, marteau pneumatique, moto à échappement libre. **120** *Seuil de la douleur.* Tonnerre, plastic. **110** Avion à quelques m, orchestre disco (pointes de 120

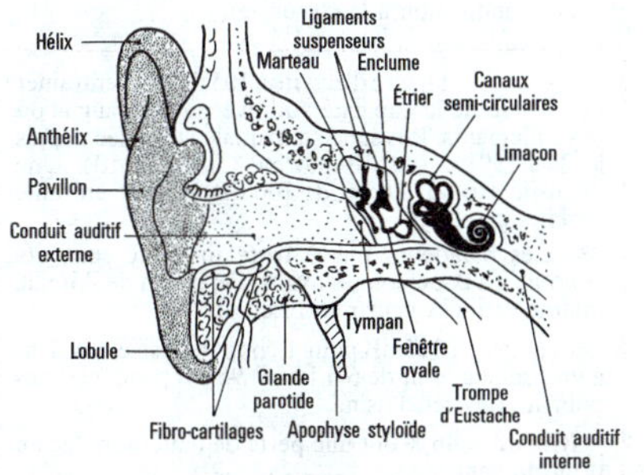

Ensemble de l'appareil auditif

à 130 dB), train passant dans une gare. **100** Puissance maximale autorisée des baladeurs vendus en France (voir encadré ci-dessous). Atelier de chaudronnerie, rivetage, circulation routière intense, intérieur d'un autobus, marteau piqueur à moins de 5 m. **95** Cantine scolaire, rue à trafic intense. **90** Rugissement d'un lion à quelques m, métro, scooter, gros camion, mixer à 50 cm. **80** Rue très active, Klaxon à 4 m, bureau avec machines comptables, mobylette (pointe à 100). **75** Usine moyenne, métro sur pneus. **70** Train (pour le passager), orchestre classique (la IXe symphonie de Beethoven peut atteindre 105 dB), téléviseur à son maximum, wagons-lits modernes, salle de cours, circulation importante. **65** Appartements bruyants, automobile sur route. **60** Conversation courante, radio en fonctionnement normal, bureau, musique de chambre, bateau à moteur, fenêtre sur rue, grands magasins. **50** Auto peu bruyante. **45** Transatlantique de 1re classe. **40** Rue calme, tic-tac de montre, conversation à voix basse, campagne tranquille. **35** Bateau à voile. **30** Habitation tranquille. **20** Chuchotement (distance de 1,20 m), désert, studio de radio, jardin tranquille. **15** Bruissement de feuilles dans la brise. **10** Studio d'enregistrement, chambre sourde. **5** Laboratoire d'acoustique. **0** Seuil absolu d'audibilité.

■ **Tests. Audiogramme tonal :** mesure en décibels l'intensité suffisante à laquelle différentes fréquences (habituellement 125 à 8 000 hertz) doivent être émises pour être perçues par un individu. L'*audiomètre* est étalonné de façon que chaque fréquence soit perçue par un individu normal au niveau 0 décibel. Ce *seuil d'audibilité* augmentera de façon plus ou moins importante suivant les cas. L'intensité nécessaire pour l'obtenir traduira en décibels la perte auditive tonale.

Audiogramme vocal : permet d'apprécier la capacité d'un individu à comprendre la parole. Il consiste à faire répéter des mots phonétiquement et statistiquement équilibrés et à reporter sur un diagramme le pourcentage de mots compris en fonction de l'intensité : on trace ainsi une courbe d'intelligibilité. Les fréquences de 500 à 2 000 hertz représentent la *zone conversationnelle,* les fréquences de 2 000 à 8 000 hertz permettront l'intelligibilité du message sonore.

Autres tests n'utilisant pas l'interprétation du sujet examiné : le *tympanogramme,* pour apprécier la perméabilité de la trompe d'Eustache et partant de l'oreille moyenne ; le *réflexe stapédien,* pour apprécier la mobilité du système tympan-osselets, en particulier de l'étrier, et la valeur de l'oreille interne ; étude des *potentiels évoqués du tronc cérébral,* recueille les influx nerveux consécutifs à l'émission de sons, au niveau de la partie basse du cerveau. *Otoémissions* (test fiable à plus de 95 %) : on envoie un son dans l'oreille et on recueille avec un appareillage spécial le son émis par les cellules ciliées externes de l'oreille interne (si celle-ci fonctionne normalement).

L'être humain peut localiser la provenance d'un son à 3° (géométriques) près.

Surdités

■ **1°) De transmission.** Liées à une atteinte de l'oreille moyenne ou externe dont le rôle est de transmettre les vibrations sonores à l'oreille interne : obstruction du conduit auditif externe, épanchement intratympanique, perforation de la membrane tympanique, lésion de la chaîne des osselets (malformation, rupture ou ankylose). Causes : *obstruction du conduit auditif* externe par du cérumen ou un corps étranger ; *sténoses* acquises ou congénitales du conduit auditif externe ; épanchement intratympanique par *otite* séreuse consécutive à une otite aiguë, à une infection rhinopharyngée ou à un barotraumatisme (par dysfonction de la trompe d'Eustache au cours de brusques variations de la pression atmosphérique, lors d'un atterrissage ou d'une plongée sous-marine) ; *otite chronique* avec perforation du tympan avec ou sans destruction ossiculaire ; traumatismes de la membrane tympanique ou de la chaîne des osselets, *otospongiose* (blocage de l'étrier dans la fenêtre ovale par de l'os néoformé) ; malformation congénitale de la chaîne des osselets. Traitements : **chirurgical :** fermeture d'une perforation tympanique par une greffe aponévrotique ou cartilagineuse (tympanoplastie), reconstruction ou remplacement par prothèse de la chaîne des osselets (ossiculoplastie), mise en place d'un aérateur trans-tympanique (yoyo ou diabolo), pouvant être associée à l'ablation des végétations adénoïdes chez l'enfant, en cas d'otite séreuse prolongée, pour rétablir une aération de l'oreille moyenne ; **médical :** antibiotiques et anti-inflammatoires en cas d'otite séreuse avant décision de mise en place d'un aérateur ; **prothèses** auditives, par voie aérienne ou osseuse : bons résultats dans la réhabilitation des surdités de transmission (en cas de contre-indication à la chirurgie).

> **Baladeurs :** 1 heure d'écoute à 105 dB peut entraîner une baisse de la capacité auditive pour les aigus ou des sifflements. Puissance maximale autorisée depuis le 24-7-1998 : 100 dB (norme OMS 90 dB). Une intensité excessive (plus de 100 dB) répétée entraîne un effet cumulatif.
>
> ☞ Les baladeurs mis à forte intensité sont déconseillés aux personnes ayant une lésion de l'oreille interne (cellules neurosensorielles).
>
> **Chasseurs :** 125 dB pour 1 coup de fusil équivalent à un risque auditif de 6 h/jour à 95 dB pendant 2 ans pour un ouvrier d'usine.
>
> **Motards :** 46 % ont une perte de l'audition due au bruit du vent.

■ **2°) De perception.** D'origines héréditaires ou acquises, s'accompagnant souvent d'*acouphènes* dus à une irritation des cellules cochléaires ou du nerf auditif (voir ci-après). Sont liées à une lésion de l'oreille interne, en particulier de l'*organe de Corti* (chargé de la réception et du codage du message auditif) et du nerf auditif. Dépistage : possible dès la gestation pour 50 % des formes héréditaires récessives, grâce à la découverte, en 1999, du gène DFNB1 responsable. Traitements : soins possibles pour les surdités brusques d'origine vasculaire lorsqu'elles sont soignées d'urgence ; médicaments à action vasculaire, corticothérapie, séances de caisson hyperbare : résultats décevants.

Prothèses : amplificateurs de vibrations sonores. 10 à 15 % des malentendants en France en utilisent, soit 60 000 prothèses par an ; en G.-B. 30 %, au Danemark 60 %. *Prix :* contour d'oreille de 6 000 à 14 000 F, intra-auriculaire de 3 500 à 10 000 F. *Remboursement Sécurité sociale :* enfant (moins de 16 ans) : 5 000 à 7 800 F par oreille ; adulte : 1 310 F (soit à 65 % : 851,50 F) pour 1 seule oreille. **Implant cochléaire :** convertit les ondes sonores en courants électriques. Comprend un émetteur (petite boîte cachable dans une poche ou contour d'oreille ; à l'étude : implanté, avec piles rechargeables par voie transcutanée) relié par 2 fils souples à une antenne et un micro fixés derrière l'oreille (tenus en place par un aimant implanté), un récepteur (implanté sous la peau du crâne) qui code les sons reçus et les envoie par un fil à une quinzaine d'électrodes implantées dans l'oreille interne. Destiné à la réhabilitation des surdités totales (ou très profondes et ne donnant pas un résultat efficace avec une aide auditive). Nécessite une rééducation très spécifique et contraignante ; risque d'échec et coût élevés. De nouveaux implants presque aussi efficaces et de taille réduite sont désormais possibles.

Aides auditives numériques : commercialisées en France depuis 1996 par 4 firmes : Philips : à carte numérique, Siemens : à 4 canaux ; 2 firmes danoises : *modèle intra-auriculaire Senso* de Widex : 1,5 g, 88 000 transistors capables de 40 millions de calculs/s, numérise puis filtre en permanence les sons enregistrés par le micro, autonomie 165 h ; *contour d'oreille Digifocus* d'Oticon : 4 g, alimenté par 1 pile 0,9 V, autonomie 300 h, microprocesseur capable d'effectuer 14 millions d'opérations/s et de traiter des fréquences sonores de 125 à 6 000 Hz. **Avantages :** l'effet Larsen (sifflements) et le bruit émanant du micro sont supprimés. Les distorsions sont diminuées. Grâce à la programmation de l'audiogramme dans la puce, l'appareil s'adapte instantanément à tous les environnements sonores. Quand le traumatisme est relativement bref, de nombreux neurones sont capables de se réparer. L'équipe de Montpellier préconise donc d'injecter par microperfusion au niveau de la cochlée des substances capables de freiner l'excessive production de glutamate (donc d'empêcher la destruction des synapses) ou encore d'agir sur le fonctionnement moléculaire des récepteurs, en injectant des molécules proches de la dopamine, qui soutiennent leur activité et favorisent la reconstruction des synapses.

☞ **Baisse soudaine d'audition :** consulter immédiatement car il peut s'agir d'une *surdité brusque :* survient en moins de 24 h (dans une seule oreille), parfois avec acouphènes ou vertiges rotatoires. Cause : « infarctus de l'oreille » : pur (20 % des cas), vasomoteur (8-10 %), secondaire à une cause virale (20 %) ou tumorale (1-3 %). Traitement d'urgence : vasodilatateurs ou oxygénation hyperbare pendant 1 semaine. Administré dans les 72 premières heures donne 90 % de chances de récupération.

■ **Différents degrés de surdité.** 0-20 dB : audition normale ; 20-40 dB : surdité légère ; 40-60 dB : surdité moyenne ; 70-90 dB : surdité sévère ; plus de 90 dB : surdité profonde.

■ **Causes. Avant la naissance :** *génétiques* (10 % de déficiences auditives), *infection syphilitique, maladies infectieuses* (essentiellement la rubéole pendant les 3 premiers mois de grossesse), *rhésus* (incompatibilité fœto-maternelle). **Après la naissance :** *origine infectieuse* ou *virale :* méningites, surtout cérébro-spinales, oreillons, zona, infections auriculaires mal ou non traitées ; *toxique :* en particulier par antibiotiques de la série aminoglucosique (streptomycine, kanamycine, gentalline, quinine à forte dose, aspirine à dose supérieure à 1 g/24 h). *Traumatismes crâniens. Traumatismes sonores* liés au bruit : surdités professionnelles, surdité des fervents des boîtes disco et amateurs d'appareils individuels [baladeur (voir col. a)]. *Vieillissement* physiologique, variable selon l'individu ; *presbyacousie :* hypoacousie apparaissant entre 50 et 60 ans, liée à une dégénérescence progressive des cellules de l'organe de Corti et des fibres acoustiques ; le vieillissement cérébral, entraînant une augmentation des temps de réaction, intervient également. **Doivent donner l'éveil :** *chez le nourrisson :* absence de réactions aux bruits environnants (surtout voix maternelle), de « gazouillis », d'onomatopées ; *à 2 ans et plus :* mutisme, mauvaise articulation, confusion dans les mots, gestes bruyants.

☞ Les chercheurs de l'université du Wisconsin à Madison (USA) ont constaté que le risque de baisse auditive des fumeurs est supérieur de 70 % à celui des non-fumeurs.

■ **Conséquence d'une surdité.** Si elle est sévère : déformation de la voix ; totale : mutisme.

■ **Acouphènes.** Bruits anormaux (bourdonnements, sifflements, ronflements, « jet de vapeur ») ; un élément psychique (variable avec chaque individu) s'y ajoute. Causes : difficiles à préciser ; souvent détonation, surdités professionnelles par traumatisme sonore ; parfois lésion des gros vaisseaux du cou (ils sont rythmés par le pouls, et le médecin les perçoit avec son stéthoscope), obstructions du conduit auditif (bouchons de cérumen, otites externes), hypertension artérielle ou goutte (influant sur la microcirculation dans l'oreille). Traitements récents : masqueurs d'acouphène (assez décevants), électrostimulation (30 % de résultats). Personnes atteintes (en France) : 4 à 5 millions, dont 150 000 en sont gênées.

☞ Adresse : *France Acouphènes,* La Varizelle, 69510 Thurins.

> ■ **Quelques sourds célèbres. Archéologue :** Heinrich Schliemann (1822-90, Allemand). **Chef d'orchestre :** Wilhelm Furtwängler (1886-1954, Allemand). **Cinéaste :** François Truffaut (1932-84, Français). **Compositeurs :** Ludwig Van Beethoven (1770-1827, Allemand), bien que sourd, il continua de composer les 10 dernières années de sa vie ; Gabriel Fauré (1845-1924, Français) ; Bedrich Smetana (1824-84, Tchèque). **Écrivains :** Joachim du Bellay (1522-60, poète français) ; Henri Bergson (1859-1941, philosophe français) ; Knut Hamsun (1859-1952, Norvégien) ; Ernest Hemingway (1899-1961, Américain) ; Jacques de Lacretelle (1888-1984, Français) ; Antoine de Lévis-Mirepoix, duc (1884-1981, Français) ; Somerset Maugham (1874-1965, Anglais) ; Pierre de Ronsard (1524-85, poète français) ; Jean-Jacques Rousseau (1712-78, Suisse) ; Philip Stanhope, Cte de Chesterfield (1874-1965, Anglais) ; Jonathan Swift (1667-1745, Irlandais). **Hommes politiques :** Leonid Brejnev (1906-83, Soviétique) ; Winston Churchill (1874-1965, Anglais) ; Georges Clemenceau (1841-1929, Français) ; Édouard Herriot (1872-1957, Français) ; Charles Maurras (1868-1952, Français) ; Ronald Reagan (né 1911, Américain). **Ingénieurs :** Marcel Dassault (1892-1986, Français) ; Thomas Edison (1847-1931, Américain). **Médecin :** Robert Debré (1882-1978, Français). **Militaires :** Arthur Wellesley, duc de Wellington (1769-1852, Anglais). **Peintre :** Francisco Goya (1746-1829, Espagnol). **Prédicateur :** Louis Bourdaloue (1632-1704, Français). **Rois :** Christian VII (1766-1808, Danois) ; François II (1544-60, Français). **Savants :** Graham Bell (1847-1922, Américain) ; Charles Nicolle (1866-1936, Français).

Communication avec les sourds

■ **Alphabet dactylologique.** Alphabet manuel utilisé au sein de l'ordre monastique de Juan Pablo Bonnet (moine espagnol), qui l'appliqua à la communication avec les sourds, et repris par l'abbé de L'Épée (Fr., 24-11-1712/23-12-1789). Mot créé par un écrivain sourd, Saboureux de Fontenay, vers 1750.

■ **LSF (Langue des signes française). XVIIIe s.** 1res écoles ouvertes à Paris en 1760 (chez l'abbé de L'Épée), Angers 1777, Bordeaux 1786. **1794** 1re école mondiale pour sourds à l'Institut national des jeunes sourds de Paris (INJS, 1er dir. : l'abbé Sicard (Roch Ambroise Cucurron dit, Fr., 1742-1822, entendant). **1816** Thomas Gallaudet (Amér., entendant) emmène Laurent Clerc (sourd) aux USA fonder la 1re école américaine pour sourds, elle deviendra université. **1825** abandon des « signes méthodiques » ; la LSF devient langue d'enseignement. **1880** interdite (congrès de Milan) au profit de la méthode orale pure. **1880-1900** les enseignants sourds sont mis à la porte des établissements scolaires pour sourds. La Fédération sportive des sourds de France conserve la LSF en cachette. **1977** la LSF reprend son expansion. **1991**-*18-1* loi autorisant à choisir entre éducation bilingue (LSF/français) et oraliste.

☞ Les scientifiques ont observé par IRM une activité de l'hémisphère droit (donc linguiste et non gestuelle) chez des sujets, sourds ou non, qui communiquent par signes.

■ **Lecture labiale.** Consiste à « lire sur les lèvres » de celui qui parle.

■ **Technologies. Téléphone :** communications par écrit, de Minitel à Minitel. **TV :** sous-titrage possible grâce à un décodeur spécial. **Ordinateur :** Internet.

Statistiques (en France)

■ **Nombre de sourds et déficients auditifs** (en 1998). 4 000 000 dont *selon l'âge* (rapport Gillot) : *0-18 ans :* 450 000 ; *18-65 :* 1 000 000 ; *plus de 65 :* 2 400 000 ; *selon le déficit* (selon la FNSF) : *profonds* (+ de 90 dB de perte) 120 000 ; *sévères* (70-90 dB) 360 000 ; *moyens* (40-70 dB) 1 300 000 ; *légers* (20-40 dB) 2 200 000. Il naît environ 200 enfants sourds/an dont 95 % de famille entendante. **% de sourds :** *moyenne de la population :* 7 %. *40-44 ans :* 3 % de la population ; *45-49 :* 5 ; *50-54 :* 7 ; *55-59 :* 9 ; *60-64 :* 11 ; *65-69 :* 22 ; *70-74 :* 33 ; *75-79 :* 45 ; *80-84 :* 56 ; *85-89 :* 65 ; *90-94 :* 67 ; *95 et plus :* 70. **% des enfants sourds accédant aux études :** primaires 90 dont secondaires 10 dont supérieures 2. **% d'illettrés parmi les sourds de naissance :** 80. **Nombre de personnes sourdes pratiquant la langue des signes :** 80 000. **Nombre d'interprètes en LSF :** 100. **Personnes appareillées** (en 1996) : 600 000. **Mariage :** 29 % des hommes et 22 % des femmes sourds entre 25 et 40 ans ne sont pas mariés (8,7 % chez les entendants).

☞ Adresses : *Académie de la langue des signes française,* 21, rue Rollin, 75005 Paris, créée 1979. *Association française des interprètes en langue des signes (Afils),* 254, rue St-Jacques, 75005 Paris. *Association nationale des parents d'enfants déficient auditifs (Anpeda),* 76, bd Magenta, 75010 Paris. *Bureau de coordination des associations de devenus sourds et malentendants (Bucodes),* c/o Fnapedida, 37, rue St-Sébastien, bât. D, 75011 Paris. *Centre de promotion sociale des adultes sourds (CPSAS),* 254, rue St-Jacques, 75005 Paris. *École française de langue des signes,*

245, rue St-Jacques, 75005 Paris. *Établissement Laurent Clerc,* 52, rue d'Emerainville, 77183 Croissy-Beaubourg, école bilingue. *Fédération nationale pour l'insertion des sourds et aveugles en France (Fisaf),* 1-3, rue Georges-Pitard, 75015 Paris. *Fédération nationale des sourds de France (FNSF),* 1, rue du 11-Novembre, 92120 Montrouge. *Fédération sportive des sourds de France (FSSF),* 84, rue de Turenne, 75003 Paris. *Institut national des jeunes sourds de Paris (INJS),* 254, rue St-Jacques, 75005 Paris. *International Visual Theather (IVT),* Tour du village, Château-de-Vincennes, 94300 Vincennes. *Institut de recherche sur les implications de la langue des signes (Iris),* 13 ter, rue Henri-Lenfant, 31500 Toulouse. *Signi Forma,* 9, rue Domrémy, 75013 Paris. *Visuels,* 64, rue Taitbout, 75009 Paris.

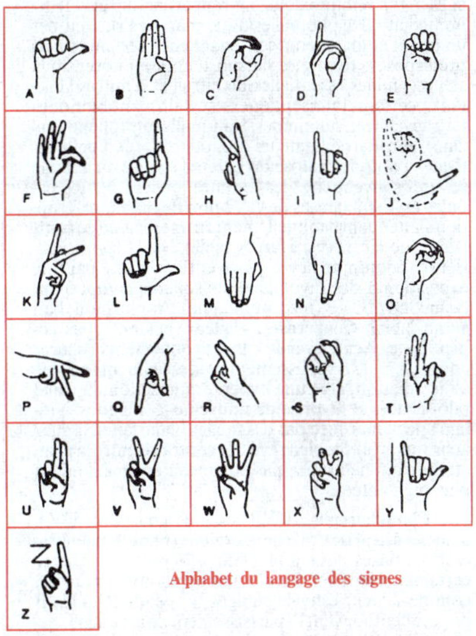

Alphabet du langage des signes

TOUCHER

RÔLE DE LA PEAU

La peau protège le corps contre l'entrée de l'eau et des microbes, les frottements, les chocs, les agents chimiques. Elle régule la température (lutte contre la chaleur par la sudation ; contre le froid grâce aux poils et à la graisse). Elle agit comme organe auxiliaire de la respiration et de l'excrétion et comme réserve de graisse. Elle produit de la vitamine D par action du soleil sur le cholestérol et absorbe des solutions alcooliques (exemple : teinture d'iode) ou graisseuses (pommade). Elle se continue au niveau des orifices naturels par les muqueuses digestive ou respiratoire.

■ **Brûlures. Grave :** atteint 15 à 50 % de la surface du corps, profonde par endroits. **Très grave :** plus de 50 % du corps, profonde. Nécessitent une hospitalisation en milieu spécialisé.

Jusqu'à 30 ans, si plus de 22 % de la peau est détruite, la mort peut s'ensuivre (à plus de 75 %, elle est inévitable). *De 45 à 49 ans :* 12 % (mort possible) et 58 % (mort inévitable). *Chez les plus âgés :* 23 % (mort probable). *Avec les techniques de greffe de sa propre peau :* sur 30 brûlés à 80 %, 3 sont morts (hôpital Percy, Clamart).

☞ Voir aussi **greffes** p. 171 a et **brûlures** p. 177 b.

STRUCTURE DE LA PEAU

■ **Surface.** 1,5 à 2 m² (en % : membres inférieurs 18, supérieurs 9, tête 9, tronc face antérieure 18, postérieure 18, parties génitales 1). **Épaisseur :** 0,5 à 4 mm (parfois plus pour la peau plantaire). **Poids :** environ 3 kg (adulte).

■ **Épiderme** (du grec *epi,* sur et *derma,* peau). Épithélium stratifié de 0,1 mm d'épaisseur. **1°) Couche basale** qui s'applique sur les saillies ou papilles du derme et renferme des *mélanocytes,* cellules qui, sous l'effet des rayons ultraviolets, transforment la tyrosine en *mélanine* [pigment noir qui protège des rayons solaires, responsable du brunissement et de la couleur des Noirs (moins de 1 g de mélanine suffit à colorer la peau d'un Noir)]. **2°) Couche muqueuse** dite de **Malpighi** formée de cellules vivantes polyédriques. **3°) Couche cornée,** formée de cellules mortes qui desquament (les cellules kératinisées vivent de 20 à 30 jours) de façon inapparente.

La peau de l'homme est plus épaisse que celle de la femme (de 16 % en moyenne) ; plus riche en collagène (protéine constituant l'essentiel du tissu conjonctif au niveau du derme), plus grasse, avec une sécrétion sébacée plus importante, diminuant progressivement avec l'âge (très fortement chez la femme après la ménaupose).

■ **Derme.** Réseau serré de fibres conjonctives et de fibres élastiques auxquelles la peau doit sa résistance et son élasticité. Renferme des vaisseaux sanguins qui nourrissent et réchauffent la peau, et des terminaisons nerveuses sensorielles.

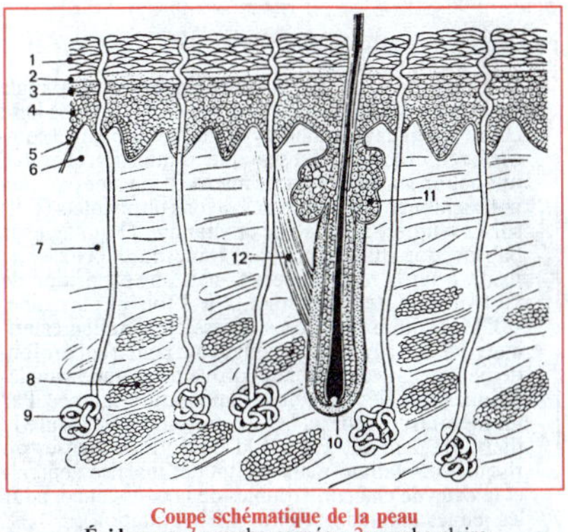

Coupe schématique de la peau
Épiderme : *1* couche cornée ; *2* couche claire (n'existe qu'au niveau palmoplantaire) ; *3* couche granuleuse ; *4* corps de Malpighi ; *5* couche génératrice : couche basale.
Derme : *6* papilles ; *7* couche du tissu conjonctif ; *8* cellule adipeuse du tissu sous-cutané ; *9* glomérule sudoripare ; *10* poil ; *11* glande sébacée ; *12* muscle arrecteur du poil.

■ **Cheveux. Composition. Tige pilaire :** partie visible constituée de cellules mortes emplies de kératine. **Cortex :** écorce située dans la partie médiane de la tige. Formée de cellules soudées les unes aux autres, emplies de filaments de kératine, elle donne sa couleur au cheveu, grâce aux grains de mélanine. **Moelle :** au cœur de la tige pilaire, présente dans les cheveux matures, dénuée de vie. **Bulbe :** à la base de la racine (partie implantée dans la peau), prend naissance dans la matrice. **Matrice :** les cellules germinatives se divisent à un rythme rapide. Les cellules nées de ces divisions repoussent vers le haut les cellules plus anciennes qui vont se kératiniser, puis mourir. **Mélanocytes :** cellules pigmentaires à la base du bulbe, leurs pigments donnent à la tige pilaire naissante sa couleur finale. **Papille :** s'enfonce dans le soubassement du bulbe pilaire, qui prend une forme creuse. **Follicule :** le cheveu s'implante dans un fourreau, le follicule pileux, sorte d'invagination de l'épiderme dans le derme, à la manière d'un doigt de gant retourné. **Glande sébacée :** lubrifie le cheveu. **Muscle horripilateur :** lorsqu'il se contracte, les cheveux se dressent sur la tête.

NOMBRE : adulte 100 000 à 150 000. Les blonds auraient 750 cheveux/cm² contre 620 pour les châtains et 500 pour les roux. *Perte par jour :* enfant 90, adulte 35 à 100, vieillard 120 (non remplacés). CROISSANCE : 0,35 mm par jour (de 8 à 11 mm par mois) pendant 4 à 6 ans chez la femme, 2 à 4 chez l'homme, puis le cheveu meurt et tombe en 3 semaines et est remplacé.

L'analyse des cheveux peut servir au diagnostic de nombreuses maladies (diabète juvénile, désordres métaboliques, carences alimentaires, affections du pancréas, toxicomanies, empoisonnements, certaines arriérations mentales, et même schizophrénie) et permettre de dater le moment où elles se sont introduites dans l'organisme. Elle permet aussi de connaître le suivi d'un traitement (exemple : sida).

Blanchiment : destruction des pigments par des phagocytes et pénétration de bulles d'air microscopiques. *Cause :* résulte d'une diminution progressive de l'activité d'une enzyme du bulbe pileux, la *tyrosinase.* Programmée dans nos gènes. *Apparition :* normalement, entre 35 et 40 ans mais variable selon sujets et cheveux (voir **Canitie** p. 153 a).

☞ Des chercheurs sont parvenus à activer des mélanocytes « dormants », situés dans des racines de cheveux gris, pour leur faire produire du pigment.

■ **Couleur des cheveux des Français** (en %). Châtains, 50, gris 20, blonds 10, noirs 10, roux 5, bruns foncés 2,5, blancs 2,5.

■ **Ongles.** STRUCTURE : **cuticule :** pellicule de peau qui le protège à sa base et le préserve des infections. **Matrice :** partie vivante située sous la peau, assure la croissance par renouvellement des cellules. **Lunule** (croissant plus clair à la base) : ligne de partage entre tissus cellulaires et ongle. **Tablette** (ongle proprement dit) : surface lisse et transparente, dure et perméable (ongle fragile en cas de contact prolongé avec de l'eau). **Lit :** extension de l'épiderme, fait suite à la matrice, support de la tablette dans laquelle il s'emboîte et croît simultanément. **Bord libre :** extrémité. CROISSANCE : 1 mm par semaine pour la main, 1 mm par 2 semaines ou 3 pour les pieds. Se renouvelle entièrement en 4 à 6 semaines (main), 12 à 18 (pieds). MALADIES : 1°) **ongle incarné :** agression du bourrelet latéral par le bord de l'ongle qui rentre dans la chair, créant une plaie pouvant s'inflammer et se surinfecter sous effet de macération locale (transpiration, chaussures trop courtes) ou de mauvaise hygiène (coupe trop courte). *Complications :* panaris. *Traitements :* chirurgical, antiseptique (bains de pieds), utilisation d'une lime à ongle incarné. *Prévention :* limer l'ongle plutôt que le couper. 2°) **Traumatismes :** hématome localisé (tache avançant avec la pousse de l'ongle, caillot de sang sous la tablette), bénin. Si l'hématome est plus important l'ongle tombe et laisse la place à un nouveau, il se décolle tout seul, ne pas le toucher. 3°) **Ongles striés et cassants :** le plus souvent, carence en vitamines, calcium et oligoéléments. Manger plus de fruits et de légumes verts, réaliser une supplémentation en fer, une cure de vitamines A, B, E ou de gélatine (en sachets). 4°) **Infections (panaris) :** infection bactérienne de la pulpe du doigt succédant à une lésion mineure (écharde, piqûre d'aiguille). Entraîne douleur vive et inflammation locale. *Sans traitement,* augmentation rapide de l'abcès qui se gonfle de pus, fièvre et insomnie ; devient alors une urgence chirurgicale. *Prévention :* désinfection soigneuse de toute brèche ou piqûre avec antiseptique. Plusieurs bains antiseptiques quotidiens pour faciliter le retrait d'échardes sous l'ongle. *Traitement :* antiseptiques. 5°) **Autres maladies :** l'ongle est le traducteur de l'état général (fièvres, interventions chirurgicales, carences). Modifications traduisant des troubles pulmonaires ou cardiaques, cirrhose, diarrhée. Toutes les dermatoses entraînent des troubles de l'ongle (exemples : psoriasis avec hypertrophie du lit et soulèvement de la tablette, érosion en dé à coudre ; eczéma, pelade avec périosys ou hyperkératose).

☞ **Soins des ongles :** *vernis :* protège la lame unguéale, limite les pertes d'eau, accroît l'hydratation. Peut induire (en fonction des composants) des allergies (eczéma très prurigineux à distance sur lèvres, cou, menton...). *Dissolvants :* retirent le film hypolipitique de la tablette. Éviter l'acétone pure au profit de corps gras. *Bases :* incolores (pour éviter la pigmentation orangée due au vernis coloré porté trop longtemps), à appliquer avant vernis. *Durcisseurs :* pallient la fragilité. *Fixateurs :* améliorent la résistance du vernis. Ne pas les utiliser trop longtemps car l'ongle perd toute souplesse et devient cassant. *Ongles artificiels :* port prolongé mal toléré empêchant l'ongle naturel de respirer ; certains comportent des allergisants.

Record de longueur : l'un des 5 ongles non coupés depuis 50 ans et mis en vente par le photographe indien Shuridar Chillal en décembre 2000 mesurait 1,474 m. L'usage des ongles longs (3 ou 4 cm, sinon jusqu'à 10-12 cm, voire 40 et même 45 cm) était autrefois répandu en Chine, Indochine et Thaïlande.

■ **Poils.** NOMBRE : de 500 000 à 5 millions ; sourcil 700, cil 320 (80 par paupières), aisselle 6 000, pubis 7 000. Poussent sur un épaississement conique de la couche de Malpighi, enfoncés obliquement dans le derme. CROISSANCE : 0,2 mm par jour, production annuelle 12 km. DURÉE DE VIE : 6 mois au maximum. A la base du poil s'attache un faisceau de fibres musculaires lisses, le *muscle horripilateur* ou *arrecteur.* Dans la gaine du poil, une glande en grappe, la *glande sébacée,* déverse un liquide gras ou *sébum* qui lubrifie l'épiderme et les poils et les empêche d'être mouillés par l'eau. *Barbe :* environ 15 000 poils ; *pousse :* 1 cm par mois.

Kératose pilaire (« chair de poule ») : dans les régions du corps couvertes de poils. Réflexe de défense contre les pertes de calories hérité des animaux à sang froid. Depuis Cro-Magnon, l'homme a perdu la quasi-totalité de ses poils. Cependant, il a gardé les petits muscles sous-cutanés, arrecteurs dont la contraction suffit pour accroître la température de l'épiderme.

■ **Glandes sudoripares.** Enfoncement en doigt de gant, long de 2 à 4 mm, de la couche basale de l'épiderme dans le derme. S'ouvrent à la surface par un pore. NOMBRE : 2 millions sur tout le corps. **Mérocrines :** sécrètent des liquides sans cellules ni débris cellulaires ; produisent la plus grande partie de la transpiration. **Eccrines :** réparties sur tout le corps (surtout paume des mains, plante des pieds, front, poitrine). Tube excréteur très long. *Sueur eccrine :* sécrétion intermittente claire, composée d'eau, chlorure de sodium, acide lactique et quelques déchets azotés ; acide, elle a un pouvoir bactéricide. **Apocrines :** principalement aux aisselles, mamelons, régions anale et génitale (pubis, périnée...). Glomérule sécréteur important et court canal excréteur. La *sueur apocrine* est sécrétée en continu, sous dépendance nerveuse et hormonale. Inodore à son émission, elle est alcaline et riche en matières organiques dégradées par les bactéries cutanées (origine des odeurs désagréables).

■ **Terminaisons nerveuses.** Extrémités des fibres nerveuses des nerfs rachidiens (tronc, membres) ou du trijumeau (visage). Des terminaisons nerveuses libres viennent les sensations douloureuses ; la sensibilité *thermique* [au chaud : corpuscules de Ruffini ; au froid : bulbes de Kraus (Wilhelm, anatomiste all., 1833-1910)] ; *tactile superficielle* [corpuscules de Meissner (Georg, All., 1829-1902), disques de Merkel (Friedrich, All., 1845-1919)] ; *profonde* [corpuscules de Golgi-Mazzoni (Camillo Golgi, médecin italien, 1843-1926), corpuscules de Pacini (Filippo, Italien, 1812-83)]. NOMBRE : *points de pression,* environ 500 000 ; *de froid,* 250 000 ; *de chaud,* 30 000 ; *de piqûre,* 3 500 000. **Zones les plus sensibles :** régions palmaires (pulpes des doigts : 2 300 terminaisons nerveuses au cm²) et plantaires. Le reste du corps présente une sensibilité à peu près homogène. **Temps de réaction :** excitation douloureuse 0,9 seconde ; mécanique 0,12 ; thermique 0,15 à 0,18.

☞ **La main, difficile à leurrer** [contrairement à l'œil, trompé par le défilement d'images à 24 images par secondes (principe du cinéma)], perçoit des mouvements d'une fréquence proche de 3 000 Hz.

SUEUR

■ **Composition.** Produite par les glandes sudoripares, elle ressemble à de l'urine diluée et comprend 10 g de matières dissoutes par litre (chlorure de sodium 4 g ; urée 1 g ; urates, phosphates, sulfates, acides gras volatils).

■ **Rôle.** L'élimination de la sueur **(sudation)** nous permet de lutter contre une élévation de la température du corps (glandes sudoripares eccrines) et sert à l'élimination des déchets du sang (mais elle ne peut remplacer l'action des reins car elle n'élimine que 1 g d'urée par jour). En se mélangeant au sébum, la sueur forme un film hydrolipidique qui protège la peau dans les zones exposées aux frottements (mains, pieds...). **Quantité éliminée en 24 h,** *pour une température moyenne,* par un adulte au repos : 0,6 à 1 kg de sueur ; *tropicale :* 3 à 4 kg ; *travail musculaire intense* (mineurs) : 10 kg. En pays chauds, il est souvent recommandé de prendre des tablettes de sel pour compenser une sudation trop intense qui provoquerait des crampes musculaires, et aggraverait la déshydratation (sans sel, l'eau que l'on boit n'est pas fixée).

■ **Troubles de la sudation.** Concernent 300 000 Français.

Anhidrose. Absence ou diminution de la transpiration. Maladie rare, le plus souvent héréditaire ou survenant après une maladie de peau (psoriasis, eczéma). Généralisée, elle est grave car elle empêche la régulation de la température du corps. **Miliaire :** inflammation aiguë des glandes sudoripares provoquant une rétention de la sueur et l'apparition de vésicules rouges sur la peau (en forme de grains de mil) qui entraînent d'intenses démangeaisons. S'observe par temps chaud et humide ou si le sujet est trop couvert. Fréquente sous les tropiques (*bourbouille*) ou chez le nouveau-né.

Hyperhidrose. Palmaire : à l'origine des mains moites. *Causes :* atmosphériques (chaleur, humidité) ou liées à un état émotionnel. **Plantaire :** plus fréquente chez les hommes (surtout à la puberté). Favorisée par chaussures trop serrées, mal aérées (sport), chaussettes en fils synthétiques qui provoquent irritation, macération et mauvaises odeurs. **Axillaire :** courante. Odeur aux origines isométriques d'un composé de méthyle de l'acide hexénoïque, produit de la dégradation de composés naturels par la flore bactérienne présente au niveau des creux axillaires (aisselles).

Mycoses associées. Développement de champignons microscopiques. *Aisselles :* apparition de plaques brunes. *Pieds :* entre les orteils là où la macération est la plus importante (voir **Dermatophytes**, p. 153 a).

■ **Traitements. Hygiène :** lavage de la peau à l'eau et au savon, frottage des mains avec du talc ou une serviette parfumée, port de sous-vêtements en coton, épilation. Bien sécher les pieds entre les orteils, frictionner à l'alcool dilué ou à l'eau de toilette ; chaussettes en fibres naturelles. **Produits cosmétiques : antisudoraux :** ils resserrent les tissus (action astringente) en obturant les glandes sudoripares. Action antiseptique et tonifiante. Généralement composés de sels d'aluminium, ils ont une action longue et efficace. Ne pas les appliquer sur une peau lésée et irritée ; **déodorants :** *bactéricides :* suppriment les bactéries responsables de la dégradation de la sueur et limitent les odeurs. Ne les appliquer que sur une peau propre, jamais avant de s'exposer au soleil ni après une épilation. *Absorbeurs d'odeurs :* ne suppriment pas leur cause. Efficaces dès application. **Préparations :** à base de formol, de sels d'aluminium ou de zinc. **Ionophorèse :** permet le passage transcutané d'éléments ionisés qui, sous l'action du courant électrique, vont produire un effet thérapeutique. Appareil coûtant de 3 000 à 6 000 F.

■ **Température de l'homme. Équilibre :** entre la *chaleur reçue* (par le métabolisme du corps, le milieu ambiant, les contractions volontaires ou involontaires des muscles et l'absorption de nourriture) et celle *perdue* (par rayonnement, conduction et convection 72 %, évaporation 15 %, échanges pulmonaires 7 %, réchauffement de l'air inspiré à l'intérieur des poumons 3 %, expulsion de l'urine et des matières fécales 3 %). **Température normale** (en °C) : 37 (un peu plus pour les jeunes enfants et un peu moins pour les personnes âgées). *Comparaisons :* cheval 37,6 ; jument 37,8 ; vache d'embouche 38,3, laitière 38,6 ; chat 38,6 ; chien 38,9 ; mouton 39 ; porc 39,1 ; lapin 39,5 ; chèvre 39,9 ; poule 41,7.

Exposition solaire

■ **Effets généraux. Action biologique générale :** règle les rythmes biologiques, élève le métabolisme de base et intervient dans équilibre psychique, humeur et sommeil, renforce nos défenses contre l'infection et exerce une action germicide sur les micro-organismes. **Action antirachitique :** influence des rayons ultraviolets (UV) sur la synthèse cutanée de la vitamine D qui agit sur l'absorption du calcium dans l'intestin et favorise sa fixation sur la trame osseuse, mais une exposition de 10 à 15 minutes, vers midi, 2 à 3 fois par semaine, suffit à produire les doses nécessaires. **Action calorique :** due aux rayons infrarouges qui pénètrent profondément dans le derme et qui provoquent une vasodilatation et une élévation de la température cutanée. Par un mécanisme réflexe, la sécrétion sudorale assure la thermorégulation. En cas d'exposition intense, on risque l'**insolation** (maux de tête et malaise général) et le **coup de chaleur** (troubles de la conscience, pour les jeunes enfants risque de déshydratation).

■ **Effets cutanés.** IMMÉDIATS. **Pigmentation :** quelques minutes après l'exposition sous l'action des UVA, disparaît en quelques heures. **Coup de soleil :** après une 1re exposition, même brève, sans précaution. Atteint son maximum entre 8 et 24 h après et persiste 48 h. Érythème douloureux, sensation de brûlure et démangeaisons. Souvent bénin, évolue vers un brunissement transitoire, sinon brûlure et malaise général (fièvre, maux de tête, vertiges, nausées...). Survient ensuite une desquamation sans pigmentation. **Bronzage :** pigmentation cutanée correspondant à une réaction d'adaptation de la peau à l'exposition aux UVB. Débute 2 jours après l'exposition au soleil, atteint un maximum vers le 28e jour et disparaît progressivement en l'absence de nouvelles expositions. Il réalise un *hâle* par augmentation de la teneur cutanée en mélanine (pigment synthétisé par certaines cellules, les mélanocytes). Chez certaines personnes, à peau blonde ou rousse, l'apparition de taches de rousseur, appelées *éphélides*, correspond à la formation d'une autre mélanine. La stimulation de la production de la mélanine, dite *mélanogenèse,* est un mécanisme régulateur de photoprotection. Les peaux mates et surtout noires, riches en substances mélanogènes, supportent mieux le soleil que les claires. Une peau bronzée protège du soleil car la mélanine filtre 60 % des UVB mais laisse passer une grande partie des UVA ; elle n'est pas protégée contre l'héliodermie (voir ci-dessous). Après 30 ans, le nombre des mélanocytes (cellules de la pigmentation) diminue de 8 à 20 % par décennie, d'où une plus grande difficulté à bronzer et l'apparition de taches (brunes ou blanches) sur les zones exposées au soleil (avant-bras, jambes, mains).

☞ Les UVB (de 280 nm à 320 nm), responsables des coups de soleil et du bronzage longue durée, sont arrêtés par une vitre ; les UVA (de 320 nm à 400 nm), responsables du bronzage immédiat et éphémère, la traversent. **Intensité du rayonnement UV reçu au sol : index UV** (depuis 1995) : *1-2 :* rayonnement (entre 12 h et 16 h) faible ; *3-4 :* modéré ; *5-6 :* fort ; *7-8 :* très fort ; *9 à 20 :* extrême. *Valeurs en France en été* (métropole) : Nord 6, Sud 7, en altitude jusqu'à 14. ADRESSE : *Sécurité solaire,* Fondation Rothschild, 25, rue Manin, 75019 Paris.

A LONG TERME. **Vieillissement cutané** ou **héliodermie :** augmentation de la kératine au niveau de l'épiderme (hyperkératose) puis modification du tissu conjonctif sous-cutané avec détérioration des fibres élastiques du derme (élastose solaire). La peau devient atone, épaisse, ridée, quadrillée de petits plis et parsemée de taches pigmentées plus ou moins foncées. **Cancers cutanés** (en France 6 000 et dans le monde 200 000 nouveaux cas de mélanomes sont dus chaque année aux abus de soleil). Les rayons UV provoquent des atteintes de l'ADN (acide désoxyribonucléique) cellulaire de la peau généralement réversibles. Des agressions solaires répétées peuvent au niveau de l'ADN provoquer des mutations et des tumeurs cutanées, souvent bénignes.

■ **Prévention.** Photoprotection naturelle impliquant un bronzage progressif : **1°)** éviter l'exposition entre 11 h et 14 h (très riche en UVB), préférer le soleil du matin et de la fin de l'après-midi ; **2°)** être prudent en haute montagne (la quantité d'UVB reçue augmente de 10 % environ à chaque fois que l'on s'élève de 100 m. Un ciel couvert peut l'absorber jusqu'à 50 %) et sous les tropiques ; **3°)** la réflexion des UV (variable : pour la neige 85 %, le sable 17 %, l'eau 5 %, l'herbe verte 3 %) constitue un facteur d'ensoleillement supplémentaire ; **4°)** s'exposer progressivement et modérément (5 minutes le 1er jour), emploi de filtres ; **5°)** éviter l'usage au soleil de substances photosensibilisantes (origine de réactions cutanées anormales) : application de produits parfumés (eau de Cologne, bergamote, etc.) déterminant souvent des taches foncées indélébiles.

■ **Photodermatoses. Photosensibilisation :** due à l'action des rayons solaires et d'une substance sensibilisante après application locale (agents photosensibilisants de contact), ou une administration générale (médicaments photosensibilisants). RÉACTIONS POSSIBLES : 1°) phototoxique marquée par un érythème immédiat ; 2°) photoallergique marquée surtout par un prurit et un eczéma survenant chez certains sujets prédisposés. Exemples de substances photosensibilisantes : huiles essentielles de citrus et d'autres végétaux, certains antiseptiques, certains antibiotiques (tétracyclines), sulfamides, tranquillisants (phénothiazine), coronarodilatateurs (amiodarone...). **Lucite estivale :** photodermatose ou eczéma solaire ou allergie solaire, souvent chez les femmes jeunes ; petites papules érythémateuses de 1 à 2 mm de diamètre, éruption s'atténuant habituellement en une dizaine de j sans laisser de cicatrices. **Herpès labial :** de la lèvre supérieure (bouton de fièvre), souvent déclenché par une exposition à des rayonnements solaires comprenant beaucoup d'UVB (mer, montagne). Application d'un écran labial. **Couperose :** chaleur, épices, repas copieux, etc. **Acné juvénile :** les rayonnements solaires l'aggravent. L'épaississement de la couche cornée, due à l'irradiation, crée une hyperkératinisation du canal pilo-sébacé, et favorise de nouveaux comédons. **Vitiligo :** peau marquée par des taches blanc laiteux (dites achromiques), le soleil révèle le contraste entre la peau atteinte qui ne bronze pas et la peau normale qui est plus pigmentée.

☞ **Photothérapie :** UVB les plus courts ou UVA associés à la prise orale de psoralène (photosensibilisateur) : utilisés pour « blanchir » le psoriasis, traiter certains eczémas et dans les cas de photodermatoses, comme la lucite estivale bénigne. Cependant les UVB provoquent souvent l'épaississement de la couche cornée, gênant l'élimination des sécrétions sébacées, et dans le psoriasis un excès d'exposition solaire ou aux UV peut déclencher des poussées (photoaggravation).

■ **Protection. Vêtements :** à trame égale, la fibre naturelle protège mieux que la synthétique. **Vêtements spéciaux « anti-UV » :** indice de protection 30 (contre 18 pour un tee-shirt en coton). **Écrans :** substances opaques s'opposant à la pénétration des UV, empêchant le bronzage (poudres inertes : oxyde de titane et oxyde de zinc, kaolin, talc, etc.). **Filtres :** absorbent une partie des rayonnements UV ou à la fois UVA et UVB ; généralement 2 ou 3 filtres solaires sont associés dans un produit solaire. Leur utilisation ne doit pas conduire à prolonger l'exposition ; l'indice de protection est évalué sur une base de 2 mg/cm^3 alors que l'utilisateur applique moins d'1 mg/cm^3 : la protection est diminuée de 25 à 30 %. Les mentions « écran total » ou « protection totale » ne signifient pas que la crème protège à 100 % du soleil. **Activateurs de bronzage :** agissent sur la synthèse de la mélanine. **Lampes à bronzer :** ne préparent pas la peau à l'exposition au soleil mais multiplie par 1,8 le risque de mélanome malin. Un décret du 30-5-1997 interdit aux professionnels de « faire référence à un effet bénéfique pour la santé ». **Psoralènes :** présents dans de nombreux végétaux (bergamote, céleri, citron, figue, persil) ; pénètrent les cellules de l'épiderme où ils absorbent les UVA. *Usage thérapeutique :* psoriasis, vitiligo. *Risque :* cancer de la peau. Déconseillés désormais sans contrôle médical. Associés ou non à des filtres solaires. **Autres substances :** vitamines A, E et F, substances régularisant l'hydratation cutanée, collagène, élastine, insaponifiables, acides gras, extraits végétaux, etc. Les produits solaires à base de bergaptène aux concentrations actuelles de 15 à 60 parties par million (ppm) ont été interdits le 15-6-1995 par la Communauté européenne.

■ **Statistiques.** En 1997, 93 % des Français (80 % en 1992) estimaient que le soleil a une responsabilité importante dans les cancers de la peau ; 72 % continuaient à s'exposer au soleil et 46 % sans protection. 36 % croyaient que des baignades répétées protègent du soleil, 29 % que les crèmes autobronzantes sont également protectrices.

■ Maladies de la peau (dermatoses)

☞ ADRESSE : *Fédération française de la peau,* 11, rue de Clichy, 75009 Paris.

■ **Définition.** Désigne toute maladie de la peau hormis les cancers. SYMPTÔMES : *érythème,* rougeur de la peau formant une tache à sa surface, souvent accompagné de squames (pellicules blanchâtres qui se détachent facilement) ; *macule,* tache rougeâtre sans relief ; *papule,* lésion en relief sans liquide ; *vésicule,* lésion superficielle, translucide, contenant un liquide clair ; grande, elle est appelée *bulle* ou *phlyctène* ; *pustule,* contient du liquide trouble souvent jaunâtre (*pus*) ; *nodule,* lésion ferme profondément ancrée à l'intérieur du derme, peut s'ulcérer ; *prurit,* démangeaisons.

Parfois isolées, les maladies de la peau peuvent aussi révéler une maladie organique, ou être dues à des facteurs liés à l'environnement.

■ **Acné.** Accumulation de sébum et de kératine dans le follicule pilo-sébacé, formant une masse arrondie, fermée *(microkyste)* ou ouverte à la surface de l'épiderme *(comédon* ou *point noir).* La rupture des parois folliculaires dans le derme (spontanée par distension excessive ou après manœuvres incomplètes d'élimination) libère une bactérie qui calorise la glande sébacée et provoque une inflammation : possibilité d'infection avec formation de pustules (boutons rouges). CAUSES : mal connues (facteur hormonal ? génétique ?) ; influence possible des troubles du sommeil, de la prise de benzodiazépine, de l'usage fréquent de fond de teint. L'hyperséborrhée et l'infection ne seraient que secondaires. L'acné juvénile se résorbe spontanément vers 20 ans. *Adolescents :* 70 % des 13-18 ans sont atteints. *Adultes :* acnés liées aux « cosmétiques » (lanoline, vaseline), fréquentes au niveau du menton ; « mécaniques », au niveau du cou (violonistes) ; « toxiques », dues aux dérivés chlorés et à certains médicaments. N'est ni contagieuse ni infectieuse. TRAITEMENTS : **1°) local :** hygiène (savonnages, pulvérisation d'eau minérale), antiseptiques doux, peroxyde de benzoyle, vitamine A (acide rétinoïque), traitement hormonal local, nettoyages de peau. Les cicatrices peuvent justifier un *peeling* ou une *dermabrasion* précédée par des « relèvements » ou des injections de « collagène » ; **2°) général** (éventuellement) : antibiotiques. Trétinoïne (sous surveillance médicale stricte et contraception obligatoire).

■ **Albinisme.** Absence de pigmentation (peau très blanche, cheveux blancs, iris pâle, reflet rouge du fond rétinien), vue faible avec photophobie et parfois myopie, strabisme, nystagmus. Sensibilité marquée au soleil (cancers cutanés plus fréquents). Très rare, transmis par un gène récessif, plus fréquent en cas de consanguinité. Formes atténuées plus fréquentes.

■ **Alopécie.** Chute des cheveux diffuse ou localisée. FORMES : *aiguës :* après une maladie infectieuse, certains traitements (antimitotiques, anticoagulants, anticholestérolémiants, antithyroïdiens, anorexigènes, rayons X), traumatisme (accident, chirurgie, choc psycho-affectif) ou trouble hormonal (après accouchement, à la ménopause). *Chroniques :* alopécie séborrhéique banale (surtout chez l'homme), sèche (surtout chez la femme). *Localisées :* pelade, teigne, lichen plan, sclérodermie, lupus érythémateux, folliculite décalvante, impétigo, trichotillomanie (tic d'épilation), alopécie du chignon, des bigoudis, etc. TRAITEMENTS : *formes séborrhéiques :* vitamine B, fer, soufre, bépanthène, shampooings fréquents non détergents ;

formes sèches : lotions excitantes (à base d'alcool, acétone, soufre, huile de cade), vitamines A et B, shampooings doux et espacés ; *autres cas :* neige carbonique, traitement de la cause (sédatifs, antimicrobiens, antifongiques, suppression du toxique...), Minoxidil, antiandrogènes dans l'alopécie androgénétique féminine, injection intradermique de dérivés corticoïdes dans la pelade en aires, Finasteride dans l'alopécie androgénétique masculine.

■ **Angiome. Plan (tache de vin) :** TRAITEMENT : essentiellement laser (argon et surtout à colorants). **Tubéreux :** tumeur vasculaire saillante rouge violine, augmentant de volume quelques mois puis régressant spontanément. TRAITEMENTS : abstention thérapeutique sous contrôle médical ; chirurgie (après arrêt de la régression spontanée, si celle-ci est incomplète) ; par laser à colorant pulsé.

■ **Anthrax.** Réunion de plusieurs furoncles d'origine staphylococcique. TRAITEMENTS : antiseptiques locaux, antibiotiques locaux et généraux, radiothérapie, chirurgie en cas d'échec de tous les traitements.

■ **Aphtes.** Ulcérations superficielles très douloureuses. Habituellement dans la bouche. TRAITEMENT : antiseptiques buccaux.

■ **Calvitie.** Perte définitive des cheveux dans certaines zones. Les hommes sont plus atteints que les femmes. CONDITIONS : *chez l'homme :* une zone sensible aux androgènes et programmée dans ce sens, où les racines des cheveux (sites récepteurs de l'hormone) vieillissent plus rapidement sous l'impact de l'hormone mâle. Un homme âgé qui garde ses cheveux n'a pas moins d'hormones mâles qu'un autre, il a des zones de cuir chevelu génétiquement insensibles à ces hormones. *Chez la femme :* les hormones mâles que toute femme possède en faible quantité sont insuffisantes pour déclencher une calvitie et sont contrecarrées par l'effet antiandrogène de ses hormones femelles. Risques : perte de cheveux à la ménopause en cas d'injections thérapeutiques d'hormones mâles, ou en cas d'hypersensibilité de certaines des zones sensibles à l'hormone mâle (zone frontale et bi-temporale). CAS (en France) : 9 millions ; 28 % des hommes perdent leurs cheveux à partir de 35 ans, 60 % des plus de 50 ans. TRAITEMENTS : *locaux :* Minoxidil (lotion) [chute stabilisée en quelques mois, repousse de « néo-cheveux » (duvet peu ressemblant) après 8 à 12 mois de traitement chez 30 à 40 % des patients] ; *chirurgicaux : greffes vivantes :* « mini- » ou « microgreffes » [les cheveux occipitaux restent insensibles à l'hormone mâle lorsqu'on les transplante (résistance au vieillissement prématuré) ; les cheveux greffés continuent de pousser normalement]. *Autres techniques chirurgicales :* « lambeaux » : prélèvement de fragments de cuir chevelu (15-20 × 3 cm) sur la couronne et transférés sur l'avant de la calvitie ; de moins en moins pratiqué au profit des mini- ou microgreffes ; « réduction tonsurale » : les zones chevelues sont décollées autour de la zone dégarnie puis rapprochées par suture. COÛT : mini- ou microgreffes (jusqu'à 900 greffons) : 10 000 à 30 000 F ; lambeaux : 10 000 à 20 000 F/lambeau ; réduction tonsurale : 5 000 à 15 000 F.

☞ Un gène de régulation du cycle pileux a été identifié en 1998 par des chercheurs de la Columbia Presbyterian University de New York.

■ **Canitie.** Blanchissement prématuré des cheveux. Le Dr Shaw-Claye a observé (1884) l'apparition de mèches blanches symétriques dans les aliénations mentales, avec retour à la coloration initiale lors d'améliorations. Pary aurait observé une canitie aiguë chez un cipaye révolté que l'on avait attaché à la bouche d'un canon. Le Dr MacNeille-Love (1944) cite un homme de 65 ans dont les cheveux blanchirent en une nuit après un bombardement par V2.

■ **Chéloïde.** Hypertrophie cutanée d'apparition spontanée (terrain chéloïdien) ou après traumatisme : blessure ou incision chirurgicale (cicatrice chéloïde). TRAITEMENT : cryothérapie et infiltration de corticoïdes en suspension.

■ **Cicatrice hypertrophique simple.** Se distingue de la chéloïde vraie par l'aspect microscopique. Toujours provoquée par un traumatisme ; elle est aisément curable contrairement à la chéloïde.

■ **Couperose.** Distension permanente des petits vaisseaux superficiels de la peau du visage. TRAITEMENTS : électrocoagulation, laser (très efficace et beaucoup mieux supporté).

■ **Dermatophytes. Pied d'athlète :** mycose avec fissures entre les orteils (lésions érythémateuses et prurigineuses qui se desquament). Les champignons peuvent s'étendre à la voûte plantaire. **Teignes des poils :** barbe ou corps, provoquant inflammation délimitée renfermant du pus, poils fragilisés et s'arrachant facilement. **Teignes du cuir chevelu :** surtout chez l'enfant ; les plus fréquentes : teignes tondantes, provoquent une cassure du cheveu, transmises par un animal domestique. TRAITEMENTS : griséofulvine, kétoconazole.

■ **Dermites** ou **dermatites.** Inflammations de la peau. **Dermite d'irritation, aiguë :** provoque une réaction de brûlure qui guérit rapidement sans cicatrice, sauf si un effet caustique important a nécrosé le derme. **Dermite chronique :** due à des irritations répétées par des irritants faibles tels que savons ou détergents, provoque une sécheresse de la peau, un érythème, un épaississement cutané et des fissures douloureuses, notamment aux mains.

■ **Eczéma.** Lésion cutanée passant par différents stades : érythème (rougeur) et œdème (gonflement), vésicules, suintements, croûtes, guérison. Peut s'infecter, se généraliser, se lichenifier. **Eczéma de contact (ou dermite allergique) :** lésions apparaissant au point de contact avec l'allergène en cause. Prurit intense et érythème couvert de petites vésicules qui se rompent, suintent et font place à des croûtes arrondies. Surinfection fréquente. En cas de contacts répétés, devient chronique avec démangeaisons intenses, la peau s'épaissit, devenant sèche et rugueuse. CAUSES : *allergies* professionnelles (ciment, vernis, colles...) ; aux cosmétiques, parfums, conservateurs, colorants, produits ménagers (détergents, eau de Javel), textiles, cuir, métaux (chrome et nickel des bijoux fantaisie), thérapeutiques locales ou générales (foyers infectieux latents). TRAITEMENT : pommade corticoïde. **Eczéma atopique (dermatite atopique) :** sur terrain allergique congénital. L'allergène attaque par voie circulatoire (poussières, acariens, moisissures, aliments). Nourrissons : joues, cou, plis de flexion, membres. Enfants : mains, plis, membres. Adultes : visage et haut du buste, avant-bras, jambes. Peut se généraliser. Surinfection fréquente. *Facteurs aggravants :* irritants locaux, allergènes de contact, chaleur, occlusion, émotions, sport, fumée, aliments chargés d'histamine. 1re manifestation de l'atopie, avant l'asthme et les rhinites et conjonctivites allergiques ; migraines et spasmes intestinaux. TRAITEMENTS : suppression des causes et mise en prévention des grands allergènes. *Local :* antiseptiques, anti-inflammatoires, cicatrisants ; *général :* antihistaminiques, antibiotiques si nécessaire. ADRESSE : *Association française des personnes atteintes de dermatite atopique (Afpada),* BP 36, 77982 St-Fargeau-Ponthierry.

■ **Engelure.** Tache rouge inflammatoire due à une mauvaise circulation du sang, pouvant s'ulcérer et saigner. CAUSE : froid. TRAITEMENTS : nifédipine, vitamines A, E, D, pommade grasse au calendula.

■ **Éphélides.** *Taches de rousseur :* causées par une accumulation de mélanine dans les cellules épidermiques. Accentuation par les expositions solaires. Plus fréquentes chez les roux.

■ **Épilation définitive.** S'adresser à un médecin spécialisé. Une aiguille soumise à un faible courant électrique détruit le follicule pileux. 3 à 5 séances sont souvent nécessaires, étalées sur 12 à 18 mois. COÛT : moustache 1 500 F, jambes 10 000 à 20 000 F (épilation *laser*).

■ **Épithélioma.** Petit cancer de la peau développé à partir des cellules non pigmentaires de la peau, favorisé par les expositions solaires non protégées, et qui se manifeste par une petite tumeur rouge ou par une formation croûteuse persistante.

■ **Folliculite.** Infection superficielle des follicules pileux. Se présente comme des pustules blanchâtres avec poil au centre. Peut être déclenchée par des frottements (rasage) ou par un agent irritant qui permet aux germes bactériens de pénétrer dans le follicule pileux.

■ **Furoncle.** Infection d'un follicule pilo-sébacé due au staphylocoque doré. TRAITEMENT (voir **Anthrax** col. a). **Furonculose :** succession de furoncles.

■ **Gale.** Démangeaisons nocturnes parfois isolées (« gale des gens propres »). Sillons sur les zones non pileuses qui correspondent au trajet du parasite et vésicules perlées des lésions de grattage (espaces interdigitaux, poignets, membres, fesses, seins, organes génitaux masculins, emmanchures intérieures, et chez les nourrissons, paumes et plantes). CAUSE : acarien (sarcopte *Scabei hominis*) vivant (2 mois) dans la couche cornée de la peau. CONTAGION : surtout directe, parfois indirecte (linge, literie). INCUBATION : 15 jours environ mais jusqu'à 6 semaines. TRAITEMENTS : DDT en solution organique, désinfection.

■ **Herpès.** Du grec *herpein,* ramper. Connu depuis l'Antiquité. ASPECT : sorte de « bouton de fièvre » apparaissant autour de la bouche, sur les muqueuses génitales ou dans n'importe quelle autre partie du tégument [exemple : herpès de la fesse accompagné parfois de douleurs sciatiques (herpès névralgique)]. CAUSE : virus *Herpes Simplex (HSV) :* herpès génital HSV2, herpès buccal HSV1, herpès virus 8 HHV8 (encore mal connu ; essentiellement localisé sur les globules blancs). TRANSMISSION : par contact direct avec un individu infecté (sécrétions salivaires ou génitales) ; de mère à enfant durant la grossesse ou lors de l'accouchement. ÉVOLUTION : infection initiale sans signe clinique (90 % des cas) ; apparition (10 % des cas) quelques jours après, sur la peau et les muqueuses, de vésicules contenant un liquide clair, très contagieux, qui vont s'ouvrir puis cicatriser (2 à 4 semaines). Concomitamment : douleurs, fièvre modérée, ganglions indolores (parfois). COMPLICATION : chez le nouveau-né, grave méningite. FACTEURS FAVORISANT LES CRISES : fièvre, stress ou vive émotion, fatigue, décalage horaire, traumatisme local, relations sexuelles, exposition au soleil, prise d'alcool, règles. TRAITEMENTS : antiseptiques, antiviraux (pommade Activir pour la forme courante, Zovirax pour les formes sévères). Abstention sexuelle recommandée (surtout pour la contagion de l'herpès) pendant l'éruption, car la plaie est un passage facile pour le tréponème pâle (syphilis) ou le VIH (sida) ; précautions lors de la grossesse et de l'accouchement. CAS (en France) : herpès génital 310 000, labial (moins grave) de 8 à 18 millions. 600 000 nouveaux cas par an. ADRESSE : *Association Herpès,* 102, rue du Fbg-St-Honoré, 75008 Paris.

■ **Hypertrichose.** Développement anormal de la pilosité. *2 cas célèbres actuellement dans le monde :* Ty Yun Bao et Yu Zhen Huan (nés 1939 et 1977, Chine). **Hypotrichose.** Diminution de la pilosité. **Atrichie.** Absence de pilosité.

■ **Impétigo.** Pustule due au streptocoque (complication : néphrite) ou (et) au staphylocoque. Touche surtout enfants et nourrissons (tronc et visage). TRAITEMENTS : antiseptiques et antibiotiques locaux, antibiotiques généraux dans les formes à streptocoques.

■ **Intertrigos.** Inflammation de la peau au niveau des plis (aine, aisselles, seins, etc.), de cause microbienne ou mycosique (*Candida albicans,* etc).

■ **Jaunisse (ictère).** S'accompagne d'une grande fatigue ; provoquée par les **hépatites B et C :** infections virales. TRANSMISSION : par contact sexuel, échange de seringues chez les toxicomanes et, dans certains pays, par transfusion et aiguilles souillées. INCUBATION : de 1 à 6 mois. Souvent inaperçues et découvertes par un test sanguin. COMPLICATIONS : formes aiguës mortelles (rares), formes chroniques avec possible développement d'une cirrhose, voire d'un cancer du foie. TRAITEMENT : *formes simples :* guérissent spontanément ; *cas graves et chroniques* (ou d'évolution prolongée) : vaccin, efficace contre l'hépatite B. DÉCÈS (en France) : *1982 :* 262 ; *85 :* 244 ; *92 :* 171. (Voir p. 160 b et c les autres formes d'hépatite.)

■ **Lésions précancéreuses et cancers de la peau** (voir encadré p. 152 et p. 165 b).

■ **Lucite** (voir encadré p. 152 c).

■ **Mélanome malin.** Tumeur maligne, développée à partir des cellules pigmentaires de la peau. Le soleil est un facteur déclenchant et aggravant. Au début, petite tache noire, sans relief et qui s'étend rapidement. Enlevée à temps, sa guérison est totale dans presque tous les cas. Plus tard (quelques mois ou années) elle s'épaissit, s'ulcère, saignote. Lorsqu'elle est volumineuse et/ou s'accompagne de localisations ganglionnaires, l'évolution peut être très grave malgré l'immunothérapie. PRÉVENTION : repérer toute tache noire nouvelle ou tout *nævus* (voir ci-après) qui se modifie et éviter les expositions solaires brutales et prolongées dès le plus jeune âge.

■ **Molluscum contagiosum.** Petites boules hémisphériques, comme posées sur la peau, dont le sommet est percé d'un orifice. De la taille d'une tête d'épingle à celle d'une lentille, elles sont facilement repérables. Auto- et hétérocontagieuses. TRAITEMENTS : arrachage à la curette ou par cryothérapie.

■ **Mycoses cutanées.** Infection de la peau par des champignons microscopiques divers comme épidermophyton, trichophyton, *Candida albicans.* CAUSES : conséquence directe de l'excès de sueur favorisé par la macération cutanée. FORMES : *au niveau des aisselles :* provoquent des plaques brunes ; *au niveau des pieds :* surtout localisés entre les orteils, où l'humidité est plus importante. Responsables du « pied d'athlète » (voir **Dermatophytes** col. a). TRAITEMENTS : miconazole, kétoconazole.

■ **Nævus (grain de beauté).** Tache brune, souvent congénitale, ne devant pas être irritée ni blessée par crainte de transformation maligne (cancer). *Autre type ne dégénérant pratiquement jamais :* petite tumeur hémisphérique couleur chair, le plus souvent au visage. En cas de traumatisme : ablation impérative mais non urgente.

☞ La **moléosophie** consistait à faire l'étude du caractère et de l'avenir selon la disposition des grains de beauté.

■ **Pelade.** Perte de cheveux à la suite d'un désordre auto-immunologique mal connu. Par plaques uniques ou multiples (pelade en aires) ou généralisées (pelade décalvante). Repousse : dans les 6 mois (30 % des cas), 1 an (50 %), 5 ans (80 %), jusqu'à 10 ou 20 ans (20 %). TRAITEMENT (pelade en aires) : infiltration sous-lésionnelle de suspension de corticoïdes.

■ **Perlèche.** Infection des commissures labiales provoquant une fissure (due à microbes, champignons, *Candida albicans*).

■ **Phlegmon.** Inflammation sous-cutanée du tissu cellulaire ou conjonctif se diffusant. TRAITEMENT : chirurgical sous antibiotiques.

■ **Phtiriase.** Dermatose parasitaire due à la *pédiculose* (infestation par les poux) ; 3 sortes de *poux,* parasites exclusifs de l'homme : *poux du cuir chevelu* [œufs qui adhèrent aux cheveux ; longueur 1 à 2 mm, larg. 0,5 à 1 mm, 6 pattes ; une femelle (vit 4 à 6 semaines) peut pondre 50 œufs (lentes) en 6 jours, et avoir 5 000 descendants en 8 semaines, à raison d'une dizaine d'œufs/jour, qui éclosent en 8 j et donnent une nymphe qui mûrit en 8 j], *de corps* (longueur 3 mm, larg. 1 mm, qui peut transmettre le typhus), *du pubis* (dit morpion, longueur 2 mm, larg. 1,5 mm). Se nourrissent de sang 2 à 3 fois/jour. TRANSMISSION : le plus souvent par contact direct, plus rarement par vêtements, literie, peignes. Actuellement en recrudescence. TRAITEMENTS : HCH (Aphtiria) ; DDT (Benzochloryl) ; produits : Marie-Rose (à base de pyréthréneas), Hégor, Paraplus ; passage au peigne fin, au peigne métallique électrocuteur (Robot Combi) ; rinçages à l'eau vinaigrée avant de peigner. Recommencer 15 jours après pour tuer les parasites devenus adultes.

■ **Pityriasis versicolor.** Mycose peu contagieuse ; prédomine chez l'adulte jeune dont la peau est souvent sujette à l'excès de sébum ou de moiteur. Petites taches jaunes, squameuses, sur la partie haute du thorax, le cou et à la base des membres supérieurs. Les zones atteintes ne brunissent pas au soleil. Les démangeaisons sont rares. TRAITEMENT : éconazole par voie locale.

■ **Poux** (voir **Phtiriase** ci-dessus).

■ **Psoriasis.** Dermatose fréquente associant un érythème (rougeur) et des squames (sèches et nacrées, en « taches de bougies »), touchant surtout coudes, genoux, avant-bras, jambes, tronc, plus rarement cuir chevelu, ongles, plis cutanés, paumes, et plantes des pieds. Évolue par poussées ; non contagieuse. FACTEURS AGGRAVANTS : bêtabloquants, stress, traumatismes, expositions solaires ou aux UV excessives (photoaggravation), alcool, tabac, sida. COMPLICATIONS : rhumatisme, généralisation, pustulisation. TRAITEMENTS : *local :* décapage des squames (réducteurs) puis traitement de l'érythème par pommades et lotions anti-inflammatoires au goudron ou aux corticoïdes ; *général :* sédatifs, vitamines D_2, A, cuivre... Photochimiothérapie (exposition aux UVA après absorption de médicaments appelés psoralènes) : récente, permet de traiter 80 % des psoriasis. Certains malades rechutent très rapidement mais peuvent être traités à nouveau dans les mêmes conditions. CAS (en France) : 3 millions dont 60 000 nouveaux cas/an. ADRESSE : *Association de lutte contre le psoriasis (ALCP),* 1, allée du Stade, 95610 Éragny.

■ **Purpura.** Tache rouge par extravasation sanguine ne s'effaçant pas à la pression (voir p. 126 c). TRAITEMENT : membres inférieurs : position allongée.

■ **Rides.** Plis cutanés du visage consécutifs à l'altération des fibres élastiques, dus au vieillissement de la peau. Le soleil joue un rôle majeur. Fumer favorise l'apparition des rides en rendant le revêtement cutané plus fin et moins souple. TRAITEMENTS : *préventif :* protection solaire par écrans, hydratation de la peau, vitamine A acide ; *curatif :* peeling, dermabrasion, injections de collagène (depuis 1981 aux USA, 1987 en France) ou d'acide hyaluronique (depuis 1998) : efficaces mais coûteuses (1 500 à 3 000 F/séance, à renouveler tous les 6 mois), lifting [mask lift : en profondeur (modifie les traits, peut comporter des greffes osseuses) ; lifting sous-cutané pur : très étendu, sous la peau], laser abrasion.

■ **Syndrome de Kaposi** (voir p. 147 a).

■ **Tache brune (grain de beauté)** (voir **Nævus** p. 153 c).

■ **Teigne.** Voir **Dermatophyte** p. 153 a.

■ **Trichotillomanie.** Manie de s'arracher des cheveux à un même endroit, prédisposant ce dernier à la calvitie.

■ **Tumeurs bénignes.** Prolifération d'un tissu à un endroit donné. Exemples : verrues, kystes sébacés, loupes (sur la tête). *Adénomes :* tumeurs des glandes ; *fibromes :* des tissus fibreux. TRAITEMENT : chirurgical ; pour les verrues, on peut utiliser la cryothérapie (congélation par azote liquide) ou des kératolytiques.

■ **Urticaire.** Rougeurs saillantes au toucher (papules ortiées) avec démangeaisons. Se modifient en quelques heures. CAUSES : allergie qui peut apparaître après l'absorption d'aliments (comme fraises, crustacés, chocolat, œufs...), d'additifs alimentaires, de certains médicaments ; après une exposition au soleil ou au froid ; parasites intestinaux ; foyers microbiens ou mycosiques chroniques ; maladie organique. TRAITEMENT de la cause : associé à sédatifs et antihistaminiques.

■ **Varicelle** (voir p. 163 b).

■ **Vergetures.** Atrophie cutanée en lignes parallèles (rappellent les stries que donneraient des coups de verges), violacées au stade inflammatoire puis blanches après cicatrisation (alors plus difficiles à atténuer). Touche ventre, cuisses, seins. FRÉQUENCE : 25 % des adolescentes, 50 % des femmes enceintes ou des suites de traitement à base de cortisone. Persistent indéfiniment.

■ **Verrues.** Tumeurs épithéliales bénignes. Plus fréquentes chez l'enfant et l'adulte jeune. D'origine virale, se transmettent facilement. Peuvent rester uniques ou se multiplier. Évolution capricieuse : régression totale au bout d'un délai plus ou moins long, persistance ou récidive.

■ **Vitiligo.** Dépigmentation acquise de la peau : apparition de zones décolorées en différentes parties du corps. CAUSE : inconnue. Troubles évoqués : immunitaires, neurologiques, enzymatiques ; facteurs héréditaires fréquemment retrouvés. Apparaît à tous les âges, quelle que soit la couleur de peau. Un peu plus fréquent chez les femmes. ADRESSE : *Association française du vitiligo,* 11, rue de Clichy, 75009 Paris.

■ **Xanthome.** Tumeur dermique jaunâtre constituée de grosses cellules remplies de lipides (cholestérol) dont l'intérêt réside dans l'association possible avec une maladie de surcharge lipidique. Diffus ou localisés, plans ou en reliefs (tubéreux, papuleux). CAS PARTICULIER : *xanthélasma* (xanthome plan) aux paupières. TRAITEMENT : destruction localisée (électrocoagulation et chirurgie).

■ **Zona** (voir p. 163 c).

VUE

ŒIL

■ **Description.** *Diamètre* antéro-postérieur 2,5 cm, vertical 2,3 cm ; *poids* 7 g ; *volume* 6,5 cm³. Le globe oculaire est logé dans l'*orbite.*

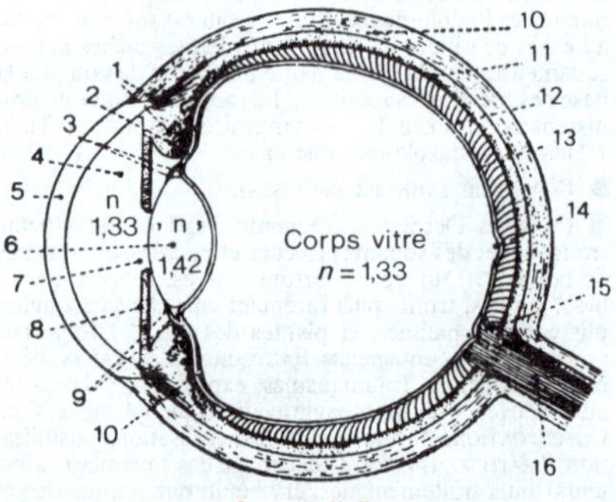

Coupe de l'œil :
1 muscle ciliaire. *2* procès ciliaires. *3* et *9* ligament suspenseur du cristallin ou zonule de Zinn. *4* humeur aqueuse. *5* cornée transparente. *6* cristallin. *7* pupille. *8* iris. *9* voir *3.* *10* sclérotique. *11* choroïde. *12* rétine. *13* membrane hyaloïde. *14* tache jaune ou macula. *15* tache aveugle ou papille optique. *16* nerf optique. *n* : indice de réfraction.

■ **Membranes. 1°) La sclère et la cornée :** *la sclère* ou *sclérotique* (du grec *scléros,* dur), opaque, blanche et vascularisée, sur laquelle s'insèrent les muscles oculomoteurs, occupe les 4/5 postérieurs de la surface ; *la cornée,* transparente, avasculaire, richement innervée, a une puissance réfractive de 45 dioptries : fenêtre par où les images pénètrent dans l'œil avant d'atteindre la rétine ; occupe le 1/5 antérieur de la surface. C'est sur elle qu'agit la chirurgie réfractive : kératotomie radiaire, kératomileusis, photokératectomie réfractive.

2°) L'uvée : *a) la choroïde* transforme le globe oculaire en chambre noire grâce à un pigment noir, la *mélanine.* Essentiellement composée de vaisseaux sanguins, elle maintient constante la température de l'œil et nourrit les neurorécepteurs de la rétine. *b) L'iris* placé derrière la cornée est un diaphragme variable percé d'un trou circulaire, la *pupille* (du latin *pupilla,* petite fille diam. de 2,5 à 4,5 mm), régie par un sphincter et un dilatateur formé de fibres musculaires antagonistes, lisses, rayonnantes et circulaires et qui s'agrandit quand les fibres musculaires sympathiques se contractent, se rétrécit quand les fibres circulaires parasympathiques agissent. COULEUR : gris-bleu à brun en passant par bleu et vert. Résulte de la combinaison de la transparence des fibres iriennes et des pigments qui s'y fixent progressivement. Bleu à la naissance, varie jusqu'à la puberté. Dans l'hétérochromie, les 2 iris sont de couleur différente (yeux *vairons*) ou 2 couleurs différentes coexistent sur le même iris (yeux *pers* si bleu majoritaire). *c) Le corps ciliaire* prolonge l'iris en arrière, rejoignant la choroïde. Il contient des fibres longitudinales [muscle lisse qui rattache la choroïde à l'éperon scléral et qui, en se contractant, ouvre les mailles du *trabéculum* et un muscle ciliaire circulaire avec ses fibres parasympathiques qui, par contraction, modifie la puissance du cristallin (variant de 19 à 33 dioptries) pour permettre la vision de près]. La partie interne plissée du corps ciliaire est formée par les **procès ciliaires** (environ 70 à 80, riches en capillaires sanguins) qui élaborent l'humeur aqueuse (barrière hémato-aqueuse).

3°) La rétine : [du latin *retis,* filet, réseau (de vaisseaux)] : membrane transparente fragile (épaisseur 0,5 mm ; 10 couches dont l'*épithélium pigmentaire* au contact de la *choroïde,* teinte noire permettant la réalisation d'une chambre noire pour la formation des images). Elle transforme en énergie électrique assimilable par le cerveau l'énergie lumineuse reçue par les 7 millions de *cônes,* surtout sensibles aux formes et couleurs, et les 41 à 85 millions de *bâtonnets* surtout sensibles à la perception du mouvement. Les cônes réagissent essentiellement aux longueurs d'ondes lumineuses visibles colorées allant dans le spectre électromagnétique du violet (380 nm) ou rouge (760 nm), les plus longues, les bâtonnets aux plus courtes (vert, bleu et violet). L'influx nerveux est transmis au cerveau par les 800 000 fibres du *nerf optique.*

La rétine a 2 points singuliers : *a) la tache jaune* (ou *macula lutea* ou *fovea*) dans l'axe optique de l'œil, renfermant environ 150 000 à 180 000 cônes/mm² (chacun relié directement au cerveau par un neurone bipolaire et un neurone ganglionnaire propre, tandis qu'à la périphérie de la rétine, 1 neurone bipolaire conduit l'influx de 100 à 200 cellules visuelles) ; *b) la tache aveugle* de Mariotte (découverte en 1668), correspondant à la papille optique, origine du nerf optique, et dépourvue de cellules visuelles. Après avoir traversé le réseau des vaisseaux rétiniens et les couches de neurones, la lumière atteint les cellules réceptrices, du moins chez l'homme.

■ **Vascularisation.** Les 8 couches internes de la rétine sont nourries par l'artère, la veine centrale et les capillaires, observées directement ou par fluoroangiographie à l'aide de l'ophtalmoscope [inventé en 1851 par Hermann von Helmholtz (Allemand, 1821-94)] ; les 2 dernières couches (cônes et bâtonnets, épithélium pigmentaire) sont nourries par la choroïde, par imbibition.

■ **Rôle optique de l'œil.** Assuré par différents milieux. **Larmes :** *rôle* lubrifiant pour les paupières ; humidificateur et nutritif (sels minéraux et oxygène) pour la cornée ; elles sont sécrétées par la glande lacrymale, principale responsable des pleurs émotionnels, et par les glandes lacrymales accessoires, assurant la confection du film lacrymal stabilisé par le clignement des paupières toutes les 10 s. Par le canal lacrymo-nasal, elles débouchent dans le nez sous le cornet inférieur. *Composition :* volume : 6,3 ml ; débit : 2,4 ml/min ; pH : 7,5 ; H_2o : 98 % ; électrolytes : 300 mmol/l ; métabolites : 220 mol/l ; protéines : 11 g/l ; enzymes : 4 600 mmol/min/ml. Pleurer diminue la tristesse ou la colère d'environ 40 %. Les femmes pleurent en moyenne 4 fois plus que les hommes parce qu'elles possèdent une hormone, la prolactine, en plus grande quantité. Jusqu'à 12 ans, les filles ne pleurent pas plus que les garçons (taux de prolactine équivalent). A 18 ans, elles en sécrètent 60 % de plus que les garçons. Les larmes provoquées par une grande émotion débarrassent l'organisme des produits chimiques responsables du stress. Une absence totale de larmes entraîne une sécheresse cornéenne avec altération de la surface de la cornée (forme sévère) puis perte de la vision jusqu'à la cécité. Collyres mouillants ou surfactants, gels ou pommades, occlusion mécanique des points lacrymaux visent à prévenir les complications cornéennes et à améliorer le confort des patients (résultats variables).

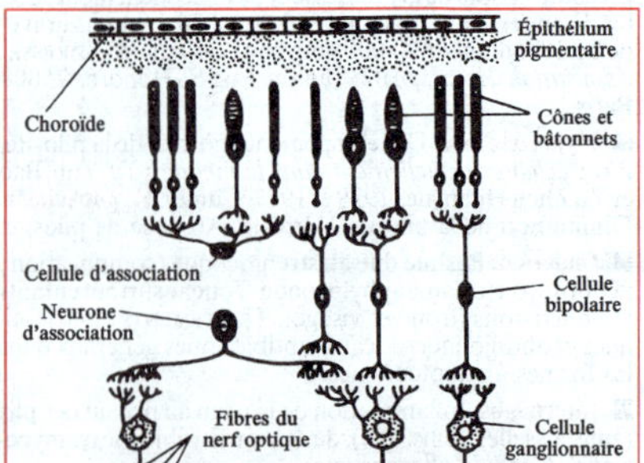

Structure de la rétine avec les neurones de ses 10 couches au niveau de la rétine centrale

Humeur aqueuse (H. A.) : contenue dans la chambre antérieure (entre cornée et iris) et dans la chambre postérieure (entre iris et cristallin) ; fluide comme de l'eau (*indice de réfraction n* = 1,337). Assure la régulation de la pression intraoculaire par un débit constant. *Dynamique aqueuse :* filtration et sécrétion dans les procès ciliaires du corps cilaire à partir du plasma sanguin. L'écoulement passe par le filtre trabéculaire dans le canal de Schlemm (1831) [Friedrich Schlemm (Allemand, 1795-1858)]. Débit : 250 ml/min ; mesure par fluorophotométrie. Coefficient de facilité à l'écoulement C = 0,18 à 0,24 ml/min/mmHg. Composition chimique en électrolytes et métabolites plus faibles que dans le plasma, particulièrement les protéines (6 à 7 g/l dans le sang contre seulement 0,01 à 0,05 g/l dans l'H.A.). D'où le rôle important de la barrière hémo-aqueuse (voir **Glaucomes** p. 156 a).

Cristallin (du grec *krustallos,* glace) (*n* = 1,42) : constitué de lames transparentes de nature cellulaire, emboîtées comme les écailles d'un oignon, est maintenu aux procès ciliaires par les fibres de la zonule de Zinn (Johann Gottfried, Allemand, 1727-59), organe de l'accommodation ; *lentille :* biconvexe, symétrique et déformable par contraction du muscle ciliaire (muscle de Rouget-Müller, innervé par le parasympathique), qui relâche la zonule et permet au cristallin de se bomber.

Corps vitré (*n* = 1,337) : tissu collagène transparent remplissant le *segment postérieur* du globe situé en arrière du cristallin ; représente les 4/5 du volume du contenu du globe oculaire et applique la rétine aux autres membranes de l'œil. De minuscules objets, visibles lorsqu'ils se trouvent dans notre ligne de vision, restent en suspens dans l'humeur vitrée (grains de protéines, de pigments, ou résidus embryonnaires piégés lors de la formation de l'œil). Pour les faire partir, bouger l'œil en effectuant des mouvements en haut et en bas qui feront tourbillonner l'humeur vitrée.

■ **Physiologie de la vision.** La rétine absorbe des quantas lumineux modifiant la *rhodopsine* (ou pourpre rétinien ; découverte en 1876 par Boll) dans le photorécepteur (opsine et rétinol). Le lacis rétinal est isomérisé en *tout-trans* grâce au *cycle de Wald* découvert en 1935 : une réaction photochimique dans les cônes et bâtonnets, hyperpolarisation, puis dépolarisation membranaire d'où naît l'excitation visuelle. Le signal électrique est transmis aux jonctions synaptiques des cellules bipolaires et ganglionnaires, puis au nerf optique (800 000 fibres) qui est en réalité une expansion cérébrale. Pour chaque œil, après traversée du chiasma optique, ils sont dirigés par les bandelettes optiques, le corps genouillé externe et les radiations optiques vers chacune des zones occipitales correspondantes. Les lésions des centres récepteurs produisent une cécité corticale par hémorragies, tumeurs ou ramollissement.

Les radiations optiques aboutissent aux 2 berges de la *scissure calcarine* à la face interne du lobe occipital = *aire striée* (ou aire 17 de Brodmann), entourée concentriquement par les aires *parastriée* (= aire 18) et *péristriée* (= aire 19). Le cortex traite une ou plusieurs fonctions visuelles : v3 (formes), v4 (couleurs), v5 (mouvements) ; v1 et v2 alimentent les autres aires du système associatif. Entre elles existent des renvois d'information permettant de reconstituer l'image définitive par superposition. Le cortex occipital répond à l'excitation lumineuse [réponse étudiée en clinique sous le nom de PEV (potentiel évoqué visuel)]. Les cellules corticales (regroupées en colonnes fonctionnelles) répondent à de petites taches lumineuses : les *champs récepteurs.* Au terme du codage, l'excitant n'est plus la lumière mais les lignes, les contours, le mouvement. Chaque cellule réagit électivement pour une position donnée.

Situation de l'image : l'œil donne d'un objet une image réelle renversée. Pour un œil *emmétrope* (normal), tous les rayons venant d'un objet situé à l'infini, c'est-à-dire au-delà de 5 à 6 mètres, arrivent parallèlement à l'axe de l'œil pour former sur la rétine une image inversée. On peut comparer l'œil à une lentille convergente d'une puissance de 60 dioptries dont le foyer principal serait sur la tache jaune et dont la distance focale serait de 15,7 mm.

Acuité visuelle : *pouvoir de séparation de l'œil :* 0,0003 radian, soit un arc de 1 minute (1/60 de degré), ce qui correspond à 0,1 mm vu à 25 cm. En France, l'*acuité visuelle-unité* est celle qui permet de séparer 2 points ou 2 lignes vus sous un angle de 1 minute d'arc. Le test correspondant à une acuité égale à l'unité, ou 10/10, est vu sous un angle de 5′, et chaque détail caractéristique sous un angle de 1′. Si l'observateur ne peut distinguer ce détail caractéristique que sous un angle de 10′, l'acuité est égale à 1/10 (l'angle visuel a comme sommet le point nodal). *L'acuité visuelle de loin* correspond à la zone centrale de la rétine, la *tache jaune* (ou *fovea*), dont le champ n'est que de 2°. Dès qu'on s'écarte de ce point, l'acuité normale tombe à 4,2 puis à moins de 1/10 à la périphérie du champ visuel. *L'acuité visuelle de près* est déterminée par des tests vus à 33 cm [à distance de lecture : test optométrique d'après Henri Parinaud (Fr., 1844-

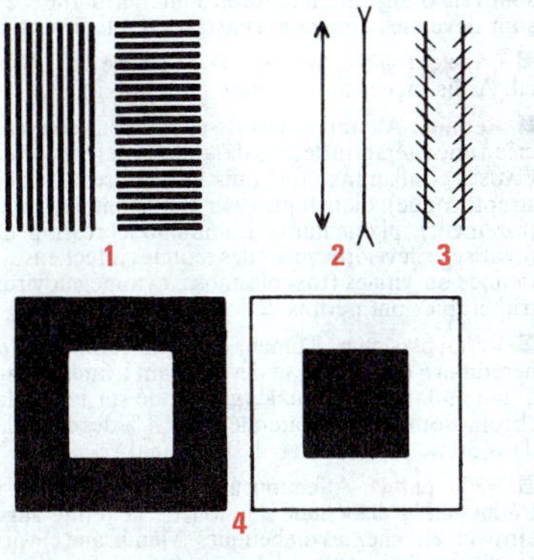

Illusions d'optique. Interprétations fausses de sensations réellement perçues. A ne pas confondre avec les hallucinations visuelles : conviction intime d'une vision perçue alors que nul objet extérieur n'est à portée de l'œil (hallucination psychotique du morphinomane ou de l'alcoolique délirant). **Exemples :** 1) Les 2 rectangles ont la même largeur. 2) Les 2 segments ont la même longueur. 3) Les 2 droites sont parallèles. 4) Les surfaces des petits carrés sont identiques.

1905)]. Elle fait entrer en jeu le *phénomène d'accommodation* réalisée par la modification de la courbure du cristallin sous l'influence du muscle ciliaire : l'image d'un objet à l'infini se forme sur la rétine. Quand l'objet se rapproche de l'œil, son image se déplace et se forme en arrière de l'œil. Elle est donc floue sur la rétine mais l'œil ramène l'image sur la rétine : en bombant la partie antérieure du cristallin par action des muscles ciliaires, il modifie la distance focale. *Distance minimale de vision distincte* (en cm selon l'âge) : *10 ans* : 10 ; *20* : 15 ; *30* : 20 ; *40* : 30 ; *50*: 60 ; *60*: 100. Elle correspond à la limite d'accommodation. Début de la presbytie vers 43 ans.

☞ Le point au-delà duquel la vision n'est plus distincte est appelé le *punctum remotum*.

Vision des couleurs : le mécanisme est mal connu ; la théorie trichromatique de Thomas Young (Anglais, 1773-1829) est actuellement adoptée. 41 à 85 millions de *bâtonnets* (1 000 fois plus sensibles que les cônes) assurent la sensation de lumière. Les *cônes* (2,2 à 4,3 millions) différencient la couleur (grâce aux substances photosensibles). Il y aurait dans la rétine 3 sortes de cônes sensibles à la couleur classés selon les longueurs d'ondes (en nanomètres = nm) dans lesquelles se situe leur bande d'absorption : bleu (longueur d'onde absorbée 380 à 500 nm) ; vert (500 à 600 nm) ; rouge (600 à 750 nm). L'œil n'est pas sensible aux radiations lumineuses de plus de 750 nm (rayons infrarouges) ou de moins de 380 nm (rayons ultraviolets). On compte 750 nuances dans cette bande de longueurs d'onde.

Ces 3 *couleurs fondamentales* (différentes des 3 couleurs primaires du peintre) permettent de produire par mélange toutes les couleurs ; exemples : on obtient le jaune en mélangeant du rouge et du vert, le violet avec du rouge et du bleu, le blanc en mélangeant toutes les couleurs du spectre par la superposition du bleu, du vert et du rouge.

■ **Sensation colorée.** *Caractéristiques : 1°)* tonalité définie par la longueur d'onde (l) de 380 à 750 nm ; *2°)* clarté définie par l'intensité (I) illustrée par la courbe de luminosité spectrale ; *3°)* saturation définie par la quantité de blanc à ajouter pour obtenir une autre teinte. Les courbes d'absorption de la sensation chromatique, chez l'homme, montrent que les cônes responsables réagissent à une bande spectrale assez large et préférentielle. Chez les primates, il y a absence de cônes sensibles au rouge. Le taureau ne réagit qu'au seul mouvement de la cape du toréador. (Voir p. 149 c « Audition colorée ».)

Dyschromatopsie (voir col. b).

■ **Vision du relief.** Quand on regarde un objet, il se forme une image sur chaque rétine. De ces 2 images, le cerveau donne une seule image droite en relief. Cette représentation est le résultat d'une éducation qui se fait dans les premiers mois de la vie par synthèse des sensations tactiles, auditives et visuelles. Avec la perception maculaire simultanée et la fusion sensorielle, la vision du relief parachève les 3 constituants principaux de la vision binoculaire, fonction n'existant que chez les primates.

☞ **Lecture :** l'œil se fixe 1/5 à 1/3 de seconde avant de se fixer sur un prochain arrêt ; il ne lit rien pendant le temps du mouvement entre 2 points de fixation.

■ Anomalies de la vision

■ **Albinisme.** Affection congénitale et héréditaire due à une absence ou à une insuffisance de mélanine dans les mélanocytes par déficit enzymatique (tyrosine), qui s'accompagne de malformations chorio-rétiniennes et d'une gêne considérable à la lumière, rendant la vision très faible. L'iris est pâle, transilluminable comme l'œil du lapin russe.

■ **Amblyopie.** Baisse de l'acuité visuelle uni- ou bilatérale allant de 4/10 à 1/20. **Organique :** par malformations, infections, etc. **Fonctionnelle :** baisse d'acuité visuelle inaméliorable par verres, sans lésion apparente et dont les lésions ne sont pas proportionnelles à l'importance de la baisse d'acuité. Dépistée suffisamment tôt, on peut l'améliorer ou la guérir par une rééducation de l'œil faible, en pénalisant le bon œil. Le plus souvent unilatérale dans le strabisme concomitant de l'enfant. **En France :** chaque année, 25 000 nouveau-nés sont menacés d'amblyopie fonctionnelle si celle-ci n'est pas dépistée et traitée avant l'âge de 3 ans. Grâce à des techniques spéciales (bébé-vision) on peut déceler très tôt un défaut visuel chez le très jeune enfant.

■ **Amétropie.** Anomalie de la réfraction de l'œil, congénitale ou acquise, caractérisée par une mauvaise mise au point des images rétiniennes venant d'objets situés à l'infini (myopie, astigmatisme) ou par un effort de mise au point (hypermétropie).

■ **Aniridie.** Absence de l'iris. Congénitale ou après traumatisme.

■ **Aphakie.** Absence de cristallin par luxation ou par ablation après opération de la cataracte, corrigée par lunettes, lentille de contact ou implantation d'un cristallin artificiel. L'aphake ne peut voir ni de très près ni de très loin.

■ **Astigmatisme.** Vision déformée. Vice de réfraction dû à des défauts de courbure de la cornée ou du cristallin ; les rayons parallèles incidents ne sont pas focalisés en un point. Corrigé par des verres cylindriques ou toriques.

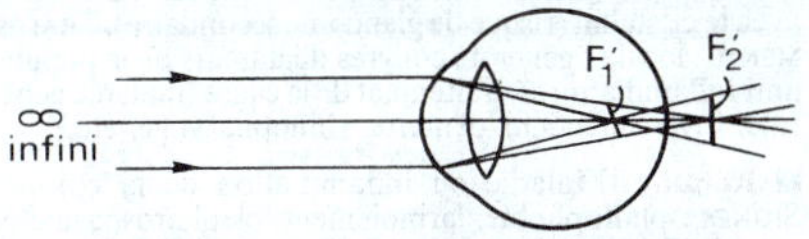

Œil astigmate : les 2 droites focales F'_1 et F'_2, perpendiculaires entre elles, placées en avant et en arrière de la rétine, donnent une image linéaire au lieu d'une image punctiforme (astigmatisme mixte).

■ **Diplopie.** Trouble de la vision binoculaire entraînant un dédoublement des images par paralysie ou mauvaise coordination des muscles moteurs des yeux, ou par déplacement du cristallin (plus rare, mais est alors monoculaire).

■ **Dyschromatopsie.** Anomalie congénitale de la vision des couleurs déterminée par des gènes récessifs situés sur le chromosome sexuel X (hérédité liée au sexe dans 10 % des cas). *Fréquence :* 8 % chez les hommes, 0,64 % chez les femmes (non atteintes, elles peuvent transmettre le gène à leurs enfants). Peut aussi résulter de maladies oculaires (rétinite pigmentaire, névrite optique, etc.). Types : **1°) anomalie trichromatique :** *protanomalie* (déficience pour le rouge : jaune et orange confondus), assez commune ; *deutéranomalie* (faible pour le vert, jaune et orange confondus), assez commune ; *tritanomalie* (faible pour le bleu, bleu et vert confondus), la plus rare. **2°) Anomalie dichromatique** ou **daltonisme** [découvert en 1794 par John Dalton (G.-B., 1766-1844) qui en était lui-même affecté] : *protanopie* (cécité pour le rouge ; rouge, jaune et vert confondus), assez commune ; *deutéranopie* (cécité pour le vert ; rouge, jaune et vert confondus), la plus commune ; *tritanopie* (cécité pour le bleu ; bleu et vert confondus), très rare ; due à l'absence du pigment rétinien sensible. **3°) Achromatopsie** (cécité et confusion pour toutes les couleurs), très rare. Le patient voit tout en gris.

■ **Héméralopie.** Baisse de la vision crépusculaire [carence de vitamine A, congénitale (rétinite pigmentaire), ou maladie après trop longue exposition à la lumière traduisant une altération de la fonction des bâtonnets avec gêne notable en vision crépusculaire]. En Angleterre et aux États-Unis, terme utilisé pour la cécité diurne (voir **Nyctalopie** col. c).

■ **Hémianopsie.** Disparition de la moitié ou du quart du champ visuel, traduisant une lésion des voies optiques au chiasma (hémianopsie hétéronyme bitemporale ou binasale) et en arrière du chiasma (hémianopsie latérale homonyme et quadranopsie).

■ **Hypermétropie.** Œil trop court. Due à une convergence trop faible des milieux transparents ou à un axe antéro-postérieur de l'œil trop court. L'image se forme en arrière de la rétine. L'hypermétrope a une bonne vision de loin (mais il a besoin d'une accommodation permanente et pénible). Il distingue souvent mal les objets rapprochés. Correction : verres sphériques convexes ; implant (jusqu'à 10 dioptries) [voir **Myopie**].

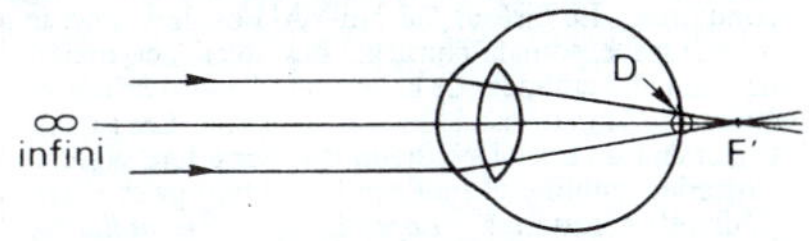

Œil hypermétrope : le foyer image F' est situé en arrière de la rétine. Sur la rétine, il se forme un cercle de diffusion D (image floue).

■ **Kératocône.** Cornée de forme conique. Dystrophie cornéenne progressive le plus souvent bilatérale survenant dans l'adolescence, semble toujours héréditaire mais tous les porteurs ne développent pas la maladie. Évolution lente vers l'astigmatisme et la myopie. Correction : lentilles de contact ou kératoplastie (kératoplastie perforante de très bon pronostic).

■ **Myopie** (du grec : *fermer l'œil* ou *cligner*, les myopes ayant l'habitude de fermer les yeux à demi pour ne laisser qu'un étroit passage aux rayons lumineux incidents, se plaçant ainsi dans les meilleures conditions optiques de perception, phénomène de fente ou *trou sténopéique*). Due à une trop grande convergence de l'œil ou à un diamètre antéro-postérieur de l'œil trop long. L'image se forme en avant de la rétine. Le myope distingue mal les objets éloignés ; l'accommodation ne commence à jouer qu'à faible distance et ne lui permet de voir que des objets très rapprochés. Causes : environnementales ou congénitales et favorisées par l'allongement de l'œil pendant la croissance (apparaît le plus souvent vers 10-12 ans et évolue jusqu'à 20 ans). Cet étirement, s'il est trop accentué, s'accompagne de lésions chorio-rétiniennes préjudiciables à la vision et prédisposant au décollement de la rétine. Cas (en France) : 7 millions. Correction : si l'œil est trop long pour sa valeur optique au repos, verres concaves pour replacer l'image sur la rétine (les verres au baryum ou au titane permettent de réaliser des verres plus minces) ; lentilles de contact rigides ou souples : préconisées en cas de myopie asymétrique de plus de 3 (et jusqu'à 8) dioptries ; chirurgie réfractive cornéenne (kératotomie radiaire, kératectomie photoréfractive au laser Excimer, etc.) : voir encadré p. 156 b ; anneaux intra-cornéens (technique réversible inventée en 1997 aux USA par Kera Vision : 2 demi-anneaux en polyméthylméthacrylate souple biocompatible mettent la cornée sous tension). Coût : kératotomie radiaire, laser Excimer : 4 000 à 15 000 F/œil.

Amplitude d'accommodation : 14 dioptries chez l'enfant, 3 vers 45 ans, 1 vers 60 ans.

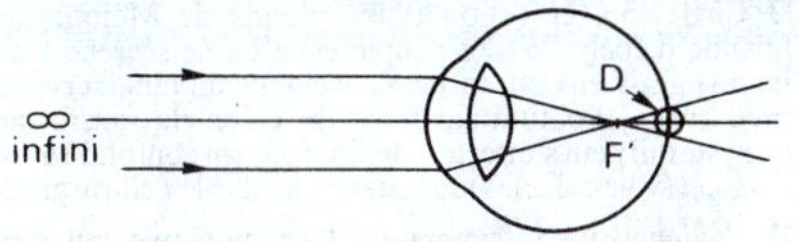

Œil myope : le foyer image F' est situé en avant de la rétine. D : cercle de diffusion (image floue).

■ **Nyctalopie.** Mauvaise vision diurne quand la lumière est bonne, vision normale lorsque la lumière est faible. Origine : congénitale ou maladive. Aux États-Unis *nyctalopie* désigne le cas d'une bonne vision diurne ou avec une lumière forte, en Angleterre une bonne vision en éclairement modéré, mais déficiente en faible éclairement (définition européenne de l'*héméralopie* ; voir col. b).

■ **Phosphènes.** Sensations lumineuses subjectives dues à une excitation de la rétine ou des centres visuels.

■ **Presbytie.** Vue floue en vision rapprochée. Phénomène naturel et inévitable qu'on ne peut ni prévenir ni traiter, atteignant tous les adultes à partir de 45 ans. L'œil accommode insuffisamment car le cristallin grossit et se rigidifie dans sa capsule moins souple. Quand un *myope* devient presbyte, il est tenté de lire en retirant ses lunettes de vision de loin, mais dès qu'il lève les yeux, sa vision redevient floue. *L'hypermétrope*, qui voit mieux de loin que de près, aura l'impression de devenir presbyte plus tôt que les autres. *L'astigmate* connaît une presbytie normale (sa cornée n'est pas parfaitement sphérique mais ce défaut ne concerne pas le système d'accommodation). Correction : verres convexes, bifocaux, multifocaux ou « progressifs », ou lentilles (rayons de courbure différents d'un point à l'autre du verre correspondant à une progression du degré de correction de la vision et permettant une vision normale à toutes distances ou lentilles bifocales). Vision de près : de 33 cm à 42 cm. Cas (en France) : 18 millions (600 000 nouveaux cas/an).

■ **Scotome.** Lacune dans le champ visuel central ou paracentral. Ilot de dépression de la sensibilité rétinienne, mis en évidence par la périmétrie ou la campimétrie. Le *scotome scintillant transitoire* est dû à la migraine ophtalmique.

■ **Strabisme.** Défaut de parallélisme des deux axes visuels dans le regard de loin et de près. Correction : lunettes. Traitement de l'amblyopie et souvent traitement chirurgical. Surveillance orthoptique, rééducation pour les strabismes tardifs. Statistiques (en France) : 4 % des enfants ont un trouble de la vision binoculaire dont 2,5 % louchent de la naissance à 3 ans.

■ **Voile noir des aviateurs.** Dû à une diminution d'apport sanguin à la rétine sous l'effet de l'accélération.

Fréquence des anomalies de la vision (en France, en %) : *enfants d'âge scolaire* : 15 ; *21 à 45 ans* : 17 ; *50 à 60 ans* : 50 ; *plus de 60 ans* : 70 (dont 2/3 pour la vision de loin). *Troubles congénitaux de l'œil* : 8 % des hommes, 1 % des femmes. **Défauts cumulables :** myopie et astigmatisme ; hypermétropie et astigmatisme ; plus, après 50 ans, la presbytie.

■ Maladies de l'œil

■ **Blépharite.** Inflammation aiguë ou chronique du bord ciliaire de la paupière pouvant entraîner la chute des cils. Causes : locales (infectieuses, allergiques), optiques (mauvaise correction de la vision), générales (diabète, allergies, troubles intestinaux), irritations diverses (poussières, lumière). Traitement : adapté à la cause.

■ **Blépharospasme.** Contraction involontaire et répétée (tic) des muscles entourant la paupière, entraînant une fermeture involontaire des yeux. Dû à une lésion de la cornée ou à une dystonie liée à un dysfonctionnement des noyaux gris du cerveau. Peut entraîner une quasi-cécité. Traitement du symptôme : injection (dans les paupières) de toxine botulique, à renouveler (environ tous les 4 mois).

■ **Cataracte.** Opacification du cristallin. Peut être congénitale ou acquise (âge, diabète, traumatismes, intoxication, troubles hormonaux, médicaments, maladies, etc.). Mode de correction optique utilisé dans l'aphakie : lunettes, lentilles de contact ou implants généralement en acrylate, éventuellement multifocaux, introduits à la place du cristallin. TRAITEMENT : chirurgical (98 % de succès). En cas de cataracte évoluée, on enlève tout le cristallin par extraction intracapsulaire (noyau et capsule protectrice), ou extra-capsulaire (seuls le noyau et le cortex qui l'entourent sont enlevés), ou par phako-émulsification (en détruisant le noyau et son cortex au moyen d'une sonde à ultrasons qui morcèle et aspire le cristallin). Certaines maladies oculaires associées (DMLA, etc.) compromettent la récupération visuelle et rendent donc l'opération inutile. STATISTIQUES : la cataracte sénile est la plus fréquente (90 % des plus de 70 ans présentent des formes plus ou moins évoluées). TAUX D'OPÉRATION (par million d'habitants et par an) : USA 5 000, Afrique 200. NOMBRE (est. OMS 1999) : 7 millions. NOMBRE D'IMPLANTS (en milliers) : *1993* : USA 1 600, Allemagne 320, *France 200*, G.-B. 150 ; *1998* : USA 2000, *France 392*.

Implants intraoculaires souples : acrylate (1er implanté par Ridley en 1949 en G.-B.). Les polyhémas monoblocs, difficiles à plier, ont une meilleure compatibilité que les silicones mais sont plus fragiles ; les polyacrylates se plient et se déplient très lentement dans le sac lacrymal sans léser les zonules souvent fragiles.

■ **Chalazion.** Infection d'une glande de Meibomius [glande palpébrale (des paupières) sébacée sécrétant un liquide graisseux qui forme l'enveloppe du film lacrymal précornéen] : l'obturation du canal excréteur la transforme en kyste qui peut s'infecter. Bénin. Souvent confondu avec l'*orgelet* (voir col. c). TRAITEMENT : médical et chirurgical.

■ **Conjonctivite.** Inflammation des conjonctives bulbaire et palpébrale (des paupières). Se traduit par une rougeur du blanc de l'œil, une sécrétion et un œdème. TRAITEMENT : collyres antibiotiques ou anti-inflammatoires.

■ **Dacryocystite.** Inflammation du sac lacrymal entraînant une oblitération lacrymonasale. TRAITEMENT : parfois chirurgical (dacryocystorhinostomie) : opération de Toti (1904), de Dupuy-Dutemps (1924).

■ **Décollement de la rétine.** Séparation de la couche des cônes et bâtonnets de l'épithélium pigmentaire, habituellement causée par une déchirure spontanée (myopes) ou traumatique de la rétine. TRAITEMENTS à faire en urgence : obturation de la déhiscence et réapplication rétinienne par indentation sclérale et (ou) tamponnement intraoculaire par huile siliconée ou gaz. Par *cryothérapie*, on obtient une cicatrice chorio-rétinienne adhésive par le froid à l'aide d'une cryode portée de – 60 à – 80 °C, ou par laser diode, sur la sclère externe indentée : lorsque la transparence des milieux intraoculaires est réduite. Lorsqu'on veut atteindre la rétine périphérique, l'*indentation sclérale* où la sclère va vers la rétine s'obtient par éponge ou bandes de Ducourreau (silicone ou PTFE). Le *tamponnement interne*, qui fait aller la rétine décollée vers la choroïde, est obtenu par l'injection intravitréenne du gaz. Les membranes épirétiniennes peuvent être pelées par *microchirurgie par voie transvitréenne*. PRÉVENTION : obturation des trous et déchirures rétiniennes (au laser à l'argon ou par cryoapplication transsclérale). Les lésions dégénératives rétiniennes doivent être vite dépistées et photocoagulées avant la déchirure. INTERVENTIONS (en France et par an) : 23 000.

■ **DMLA (Dégénérescence maculaire liée à l'âge).** Altération de la macula, souvent symétrique, par dégénérescence de la rétine fovéolaire. Perception visuelle périphérique initialement conservée. Origine génétique possible pour certaines formes (un gène isolé en 1999). **Sèche** ou **atrophique** (85 % des cas) : évolution très lente. TRAITEMENT : aucun. Dans les cas les plus invalidants, on tente une rééducation « basse vision » qui permettra d'utiliser les systèmes télescopiques grossissants. **Séreuse** ou **exsudative :** des microvaisseaux se forment sous la rétine ; responsable de 90 % des cas de cécité centrale. TRAITEMENT : laser ; translocation maculaire (1re réalisée en février 1999 à Liverpool, équipe du Dr Wong) ; photothérapie dynamique à la visudyne (depuis mi-2000). CAS (en France) : 50 000. ADRESSE : *Association Retina France*, BP 62, 31771 Colomiers Cedex.

■ **Dystrophies cornéennes.** Maladie progressive et symétrique des 2 cornées, survenant à l'adolescence et s'accentuant avec l'âge. Nombreuses variétés (héréditaires, dominantes ou récessives). TRAITEMENT : greffe de la cornée.

■ **Ectropion.** Renversement extérieur du bord libre de la paupière (sénile, cicatriciel, paralytique). TRAITEMENT : blépharoplastie.

■ **Embolie (de l'artère centrale de la rétine).** Entraîne une perte brutale et durable de la vision de l'œil atteint *(amaurose)* par oblitération de l'artériole terminale.

■ **Entropion.** Enroulement intérieur du bord libre de la paupière. TRAITEMENT : chirurgical pour empêcher le frottement des cils sur la cornée.

■ **Épiphora.** Larmoiement persistant avec écoulement des larmes le long de la joue.

■ **Exophtalmie.** Protrusion du globe oculaire (tumeur de l'orbite, hyperthyroïdie), symptôme majeur de la pathologie orbitaire.

■ **Glaucome. Aigu.** Fermeture brutale de l'angle irido-cornéen lors d'une dilatation pupillaire importante, éventuellement après instillation de collyre à l'atropine. Survient quand l'iris se situe naturellement très près de la cornée, au niveau de l'angle. Œil dur : pression de 40 à 60 mm de mercure. Perte visuelle rapide d'où urgence chirurgicale. TRAITEMENT : *médical* puis *iridectomie* au laser Nd-YAG. FRÉQUENCE : Europe : 0,4 %, Esquimaux : 2,9 %. **Chronique.** 90 % des glaucomes. Augmentation de la pression intraoculaire au-dessus de 22 mm Hg (jusqu'à 40) et dégradation progressive de la vision. Certaines formes d'hypertonie des liquides intraoculaires provoquent une atrophie du nerf optique irréversible par compression de la papille optique et dégradation progressive du champ visuel. SIGNES : trouble du champ visuel. Représente 90 % des cas. TRAITEMENTS : médical, chirurgical en cas d'échec (par laser). Dépistage précoce par prise systématique de la pression intraoculaire après 45 ans, relevé du champ visuel et examen de la tête du nerf optique. Non traité et méconnu par défaut d'examen, le glaucome peut aboutir à une perte partielle ou complète de la vision. Pourcentage augmentant après 50 ans. **Congénital (buphtalmie).** Dû à une malformation de l'angle irido-cornéen, empêchant l'humeur aqueuse de s'écouler normalement. L'augmentation de la pression intraoculaire distend fortement la sclérotique du nourrisson, donnant l'aspect d'un œil de bœuf. La menace de cécité nécessite une opération urgente. CAS de glaucome : *dans le monde :* 67 millions ; *en France :* 500 000 (1 naissance sur 10 000).

☞ Des chercheurs canadiens ont montré en 2000 qu'il s'agit d'une atteinte dégénérative de tout le système visuel, cerveau compris, ce qui ouvre des perspectives thérapeutiques.

■ **Iritis.** Inflammation de l'iris entraînant des adhérences avec le cristallin (risque de glaucome secondaire). TRAITEMENTS : local et général ; collyres dilatateurs de la pupille, anti-inflammatoires, traitement de la cause (maladie générale, foyer infectieux dentaire, rhinopharyngé, etc.).

■ **Kératite.** Maladie ou inflammation de la cornée. SIGNES : photophobie, larmoiement, blépharospasme et rougeur limbique fréquemment herpétique. TRAITEMENT : collyres (atropine 1 %), antibiotiques. Corticoïdes à éviter dans la kératite herpétique superficielle.

■ **Onchocercose (cécité des rivières).** Transmise par une petite mouche, la *simulie*, qui inocule une filaire (ver parasite) minuscule (*Onchocerca volvulus*) ; elle pond dans les rivières à courant rapide et vit jusqu'à 14 ans chez l'homme, formant des nodules et produisant des démangeaisons ; les larves vivent dans les tissus sous-cutanés et dans les yeux, entraînant la perte de la vision. INCUBATION : de 1 à 3 ans. CAS (dans le monde) : 120 millions de personnes exposées dans 36 pays (96 % en Afrique), 18 millions infestées (99 % en Afrique) dont 6,5 millions souffrent d'un prurit intense ou d'une dermatite et 270 000 sont devenues aveugles. TRAITEMENT : Ivermectine.

■ **Orgelet** (ou **compère-loriot**). Furoncle de la base d'un cil. A distinguer du *chalazion* (voir col. a).

■ **Rétinite.** Altération des tissus rétiniens souvent associée à une altération de ceux de la choroïde (choroïrétinite). CAUSES : inflammatoires puis infectieuses (toxoplasme, streptocoque), diabétique (voir **Rétinopathie**), myopique (rarement), pigmentaire. L'immunodépression du sida favorise le développement des rétinites infectieuses bactériennes ou virales (toxoplasmose, cytomégalovirus) ; les trithérapies ont permis de les faire disparaître.

■ **Rétinoblastome.** Tumeur maligne rétinienne parfois héréditaire de l'enfant se développant avant 4 ans et due à une mutation germinale (gène situé sur la bande Q 14 chromosome 13) ; unilatérale dans 64 % des cas, bilatérale dans 36 %. FRÉQUENCE : 1 sur 16 000.

■ **Rétinopathie.** Affection non infectieuse de la rétine. **Rétinopathie diabétique :** lésion de la rétine survenant tardivement chez les diabétiques. Membrane et vaisseaux capillaires de la rétine s'altèrent, circulation sanguine et nutrition des tissus sont perturbées avec formation de microanévrismes, d'œdème, d'exsudats, de néo-vaisseaux et d'hémorragies. **Rétinopathie pigmentaire :** héréditaire, touche 1 nouveau-né sur 4 000, soit 40 000 personnes en France. Après mutation, les bâtonnets dégénèrent, dégradant la vision périphérique et nocturne (voir **Héméralopie** p. 155 b), puis les cônes : la vision centrale diminue jusqu'à la cécité. TRAITEMENT : médical, ou photocoagulation des zones mal vascularisées ou des néo-vaisseaux au laser à l'argon (exceptionnellement chirurgical, par vitrectomie et pelage des membranes épirétiniennes) ; *à l'essai :* greffe de bâtonnets. PRÉVENTION : meilleur équilibre glycémique par traitement « intensif » du diabète.

☞ ADRESSE : *Association Retina France*, B.P. 62, 31771 Colomiers Cedex.

■ **Thrombose de la veine centrale de la rétine.** Oblitération partielle ou totale de la veine entraînant des hémorragies rétiniennes diffuses, un œdème et une ischémie rétinienne aboutissant à une perte visuelle liée à leur importance. TRAITEMENT : photocoagulation des zones rétiniennes ischémiques au laser argon pour empêcher la formation du glaucome néovasculaire.

■ **Trachome.** Conjonctivite granuleuse chronique due à un micro-organisme proche des virus *(Chlamydia trachomatis)*. Entraîne la perte progressive de la vue par surinfection. SIGNES : écoulement nasal (la bactérie infecte aussi nez, gorge et rectum) et yeux collés. CONTAGION : de personne à personne et par les mouches attirées par les yeux infectés et souillés des enfants. TRAITEMENT : antibiotiques appliqués localement (tétracycline) ou par voie orale (Zithromax, depuis 1999), ou sulfamides. Pas de vaccin efficace. PRÉVENTION : surveillance de l'eau insalubre, de l'hygiène. CAS (dans le monde) : personnes infectées 150 millions, maladie active 46 millions (particulièrement au Ghana, Mali, Maroc, Tanzanie, Viêt Nam) ; cécité (1re cause dans le monde après la cataracte) en grande partie irréversible 6 millions.

■ **Uvéite.** Atteinte inflammatoire du corps ciliaire de l'iris ou de la choroïde, isolée ou associée à une maladie générale (rhumatismes, connectivites, foyers septiques). Souvent chronique et récidivante. D'origine auto-immune ou infectieuse. FORMES : antérieure (iritis), intermédiaire (cyclite), postérieure, pan uvéite (tout l'œil). COMPLICATIONS : cataracte, glaucome, œdème rétinien, décollement de rétine, cécité. TRAITEMENT : anti-inflammatoires, cortico-stéroïdes, antibiotiques.

■ **Xérophtalmie (œil sec).** Sécheresse de la conjonctive et de la cornée due à l'insuffisance des larmes souvent liée à une carence en vitamines (surtout A et B1). Souvent facteur de complication de la malnutrition protéino-énergétique dans la petite enfance (entraîne une cécité par perte de transparence de la cornée) ; se développe notamment dans les régions où le riz forme la base de l'alimentation et où les feuilles vert sombre sont rares ou inutilisées (Asie du Sud et de l'Est, Afrique, Amérique latine). Affection très grave chez l'enfant. Occasionne rarement la mort, mais y contribue. TRAITEMENT préventif : vitaminothérapie précise. CAS : 5 millions dont 500 000 enfants aveugles.

■ **Vision sans images.** Des lésions cérébrales peuvent provoquer une *cécité centrale* relative et souvent transitoire ; un *syndrome de Balint* (Michael, psychiatre britannique d'origine hongroise, 1896-1970) qui affecte : la maîtrise des déplacements du regard devenu fixe ou errant, l'ajustement de la vue nécessaire à la localisation et au positionnement des stimuli indispensables au geste de préhension, une négligence visuelle qui altère le balayage des champs droit ou gauche de l'espace, une agnosie des objets et des images qui ne sont plus à même d'être reconnus d'après le traitement de leurs caractéristiques visuelles spécifiques. Une *alexie visuelle* est associée à ces troubles neuro-visuels qui, dès lors, sont soumis à divers bilans d'évaluation ainsi qu'à des tentatives de rééducation.

■ **Lasers utilisés en ophtalmologie. Diagnostiques : 1°)** *ophtalmoscope à balayage laser (SLO) :* illumine un point rétinien après l'autre et procure une image contrastée du fond de l'œil en temps réel. **2°)** *Laser interféromètre :* permet d'analyser la fonction rétinienne avant opération de la cataracte. **3°)** *Laser analysant l'astigmatisme cornéen, les opacités du cristallin évoluant vers la cataracte...* **Thérapeutiques : 1°)** *laser à argon :* pour la photocoagulation des déchirures rétiniennes, traitement préventif des décollements de la rétine et de la rétinopathie diabétique préproliférative. **2°)** *Laser à diode :* peu encombrant, émet dans l'infrarouge (810 nm). Se fixe sur microscope opératoire ou sur lampe à fente pour traitement des néovaisseaux rétiniens. Utilisé comme endo-photocoagulateur pendant les opérations intraoculaires. Sert aussi à la photocoagulation des procès ciliaires (replis) dans le glaucome. **3°)** *Laser YAG au néodymium et yttrium-aluminium Garnet (ou ceux dopés à l'holmium) :* puissance énergétique élevée, étaient utilisés dans le traitement du glaucome pour remplacer la trabéculectomie chirurgicale et dans la section des cataractes secondaires... Le bistouri au Nd-YAG est le scalpel le plus efficace pour la chirurgie des voies lacrymales, des tumeurs cutanées de la face. **4°)** *Laser à cristaux :* émet à 532 nm (Cristal focus à 1 064 nm). Les rayons traversent un cristal synthétique (laser à tête saphir). Entretien minime et indépendant d'une prise d'eau pour réfrigération. **5°)** *Laser Excimer (argon-fluor) :* expérimenté depuis 1983. Émet à 193 nm. Les photons UV à haute énergie émise rompent les ponts moléculaires en 15 nanosecondes permettant de pulvériser le tissu cornéen en épargnant le tissu avoisinant (PKR : photokératectomie réfractive). Permet des incisions cornéennes très fines et assez profondes et des remodelages de la cornée (myopie jusqu'à – 4 dioptries, astigmatisme). L'œil reste douloureux quelques jours ; acuité visuelle restaurée après 1 mois. **6°)** *« Lasik »* (depuis 1992 ; en France depuis 1995) : pour corriger myopie, astigmatisme et hypermétropie associe le laser Excimer à la chirurgie : une fine tranche de la cornée (160 µm) est découpée ; sous le « capot » ainsi formé, le laser peut agir pour amincir cette dernière ; puis le capot est rabattu. L'opération dure 15 minutes et est indolore (anesthésie locale par collyre). *Coût :* 6 000 F par œil. **7°)** *Microkératome de Barraquer :* découpe des tranches régulières de la cornée, mais nécessite un traitement antalgique postopératoire.

■ CORRECTION DE LA VUE

■ **Greffe de cornée (kératoplastie).** Transplantation d'une rondelle de 5 à 8 mm de cornée humaine prélevée sur un cadavre et conservée selon différentes méthodes à + 4 °C à moyen terme (jusqu'à 6 jours), à long terme à + 31 °C (jusqu'à 1 mois). Voir p. 170 c.

■ **Lunettes. Origine :** *Antiquité :* usage de lentilles. *XIe s. :* loupe. *Fin du XIIIe s. :* apparition des lunettes [inventeur : Roger Bacon (moine anglais, 1214-94), Alexandre de Spina ou Selvina Armati (de Florence) ?]. **Verres correcteurs.** *Unifocal :* à simple foyer corrigeant un seul défaut (vision de loin ou vision de près) ; *multifocal :* double ou triple foyer ou progressif (multitude de foyers) corrigeant plusieurs défauts (vision de loin et de près) ; *progressif :* mis au point en 1959 par Bernard Maitenaz, permet au presbyte d'être corrigé à toutes les distances de vision (de zéro à l'infini) grâce à une puissance optique variant d'un point à l'autre du verre. **Matières :** *verre organique :* dérivé du plastique, léger et résistant aux chocs ; *en polycarbonate :* dérivé du plastique, ultrarésistant aux chocs, très léger, aminci et apportant une protection UV totale ; *verre minéral :* dérivé du verre, mince et résistant aux rayures. **Traitements des verres :** *coloration :* teinte fixe permettant de diminuer l'intensité lumineuse ; protection contre l'éblouissement ; *photochromique :* teinte variable suivant l'intensité lumineuse ; protection progressive contre l'éblouissement ; *antireflet* : traitement de surface éliminant les reflets parasites ; améliore la transparence et la qualité de vision ; *anti-rayures* : traitement de surface augmentant la résistance aux rayures des verres organiques ; *anti-salissures* : traitement de surface hydrophobe et oléophobes permettant d'éviter l'adhérence des salissures et d'améliorer le nettoyage des verres ; *traitement combiné* : fabrication intégrée des traitements anti-rayures, antireflet et anti-salissures pour une meilleure adhérence.

☞ **Lunettes à régler soi-même** : inventées dans les années 1990 par le docteur Joshua Silver [New College, Oxford (G.-B.)]. Lentilles de polyester fixées sur une monture conventionnelle. Un tube permet de remplir d'eau l'interstice situé entre les 2 parois. Une seringue permet de faire varier la quantité de liquide. On peut ainsi adapter ces « verres » aux vues entre – 4 et + 4 dioptries. Coût : 1 $. Testées par l'OMS dans plusieurs pays d'Afrique.

■ **Lentilles de contact. Avantages** : esthétique, parfois seule correction possible (kératocône, astigmatisme irrégulier, aphakie unilatérale). **Origine** : *1887* : 1res verres mis au point par Eugène Fick (à Zürich), Auguste Muller (à Kiel) et Eugène Kalt (France), coques de verre que le premier patient ne put supporter. *Entre 1919 et 1939* : verres scléraux en cristal Zeiss (larges coques recouvrant l'œil et s'insérant sous les paupières), difficiles à supporter. *A partir de 1938* : Raymond-André Dudragne (France) développe les verres scléraux. *1947* : 1res lentilles en Plexiglas (PMMA) : Tuohy (USA) supprime la partie périphérique des verres, ne gardant que la partie centrale, en appui sur la cornée. *Début des années 1960* : Roger Bonnet (France) : travaux permettant de mieux connaître la surface de la cornée et de fabriquer des lentilles en PMMA la respectant. *1963* : Otto Wichterlé (Tchécoslovaquie) utilise l'hydroxyéthylmétacrylate (HEMA), permettant des lentilles souples. **Types : rigides** : diamètre 7,5 à 11 mm. *En PMMA* : durent 10 ans et plus. *LRPO* (rigides perméables à l'oxygène) : durent 2 à 4 ans, entretien simplifié, tolérance progressive. **Souples** (dites hydrophiles) : diamètre 12 à 16 mm, en HEMA et dérivés, mieux tolérées par les paupières (certaines peuvent être portées de façon continue) mais il faut une sécrétion lacrymale suffisante ; nécessitent un entretien soigneux et l'utilisation de solutions de conservation et d'aseptisation ; on distingue les lentilles moyennement hydrophiles (40 %, le plus courant) et fortement hydrophiles [70 à 80 %, utilisables en port prolongé ou permanent et qui ont quelquefois un but thérapeutique (voir Usages spécifiques ci-dessous)]. Peuvent corriger tous les défauts visuels même la presbytie pour laquelle plusieurs solutions sont proposées. 4 CATÉGORIES : *lentilles jetables* : usage unique, ne nécessitent aucun entretien (8,5 % des porteurs) ; *à renouvellement fréquent* (< 3 mois) : port journalier (avec retrait chaque soir) ou port occasionnel (65,5 %) ; *à renouvellement traditionnel* : port journalier ; durée d'utilisation environ 1 an ; nécessitent un entretien complet ; une garantie (déchirure + intolérance) longue est conseillée à l'achat (17,5 %) ; *rigides perméables à l'oxygène* (8,5 %). **A usages spécifiques** : *solaires* : avec filtre ultraviolet associé à un filtre teinté anti-éblouissement ; *cosmétiques* : colorées, elles modifient la couleur des yeux et peuvent aussi masquer des cicatrices cornéennes ; *thérapeutiques* : facilitent la cicatrisation de lésions cornéennes et l'application locale de certains médicaments.

Porteurs de lunettes ou de lentilles. NOMBRE DANS LE MONDE : + de 1 milliard [au moins 2 milliards en auraient besoin (dont 50 % de presbytes)]. **EN FRANCE** : *1996* : 28,6 millions [dont presbytes 51 %, myopes 40 %, astigmates 13 %, hypermétropes 9 %, autres 10 %]. **Répartition** (en %) : 49 % de la population (des cadres supérieurs 70,6, des agriculteurs 49,2, des ouvriers 40, des étudiants 36,3) ; *parmi les 15-45 ans* : des hommes 27,7, des femmes 41,8 ; *chez les plus de 45 ans* : 76,6/81,5 ; **selon l'âge** (en %, en France, 1996) : *0-14 ans* : 15,2 ; *15-29* : 30,6 ; *30-44* : 35,5 ; *45 à 59* : 76,9 ; *60 et plus* : 91,1. (Source : revue *Opt.-Lun.*) **Fréquence des affections déclarées par les porteurs de lunettes ou lentilles de moins de 45 ans** (en 1991, enquête décennale, hommes/femmes, en %) : myopie 56,6/58,9 ; presbytie 52 ; astigmatie 17,5/17 ; hypermétropie 9,3/8,8 ; autre problème de réfraction 17/17,2 ; strabisme 5,4/4 ; conjonctivites 1,8/1,8 ; cécité partielle ou totale 1,1/0,8 ; cataracte 0,7/0,2 ; troubles rétiniens 0,4/0,3 ; glaucome 0,2/0,2 ; autres 1,8/2,4. Nombre de déclarations par individu 1,1/1,1. *Totaux* : 111,5 (en raison des affections multiples). **Nombre de porteurs de lentilles** : 2 100 000. **Répartition** (en %) : femmes 70, hommes 20. Selon l'âge : *moins de 15 ans* : 0,5 ; *15-24* : 27,4 ; *25-34* : 35,3 ; *35-44* : 21,6 ; *45-54* : 8,1 ; *55-64* : 4,2 ; *plus de 65* : 2,9.

Industrie oculaire en France (en 1999). **Chiffre d'affaires** : 5 129,3 millions de F dont verres de lunettes et lentilles de contact 2 619,2 ; montures de lunettes optiques 1 728,1 ; solaires et de protection 782. **Entreprises** : 118 dont 63 de plus de 20 salariés. **Salariés** : 9 800. **Ventes en France** (en millions de pièces, production nationale et importations) : montures optiques 7,5, lunettes solaires 16, verres correcteurs 19, lentilles de contact 55. **Rang dans le monde** : 5e après USA, Italie, Allemagne et Japon. **Exportations** : 3 218,7 millions de F soit 62 % de la production totale. **Importations** : 2 933,7 millions de F. **Principales firmes** : Essilor, BBGR, Logo, Amy et AO Ouest Optique. **Points de vente en France** : 7 682. **Chiffre d'affaires TTC** de l'ensemble de l'optique-lunetterie de détail : 18,4 milliards de F.

☞ La mauvaise hygiène des lentilles de contact et le port non conforme aux prescriptions causent de nombreuses kératites bactériennes.

■ **Chirurgie-laser.** Soigne les troubles communs de la vision, presbytie exceptée. *Kératotomie radiaire* utilisée pour la 1re fois en 1973 par le Soviétique Sviatoslav Fiodorov : de petites incisions radiales de la cornée permettent de corriger la myopie (voir p. 155 c). La photokératectomie réfractive au moyen du laser Excimer s'y est substituée (voir encadré p. 156 b).

AVEUGLES

■ **Statistiques. Dans le monde. Nombre** (en millions, est. OMS février 2000) : personnes souffrant de handicap visuel 160 (dont totalement aveugles 45), perdant la vue 7/an (70 % retrouvent une vision satisfaisante après traitement). Enfants : 1,5 (dont en Asie 1). **Pourcentage de la population** : pays industrialisés : 0,1 à 0,2 ; tiers-monde : 1 à 3. **Causes de cécité les plus fréquentes** : *accidents* (de voiture, 6 % des accidents du travail). *Infections virales de la cornée* (surtout herpétiques), en constante réduction sous l'action d'antiviraux efficaces, *glaucome* (5,2 millions), *cataracte* (16 millions selon l'OPC, 20 selon l'OMS), *affections congénitales, cancer, maladies métaboliques et dégénératives* (dégénérescence maculaire sénile : 8 millions), *xérophtalmie par carence en vitamine A* (enfants des pays en voie de développement : 350 000/an), puis *maladies infectieuses* : *onchocercose* (amène une perte de vision chez 30 %, la cécité chez 4 à 10 % soit 270 000 cas) ; *rétinopathie diabétique* (2 millions) ; *trachome* (5,6 millions d'aveugles, 146 millions de cas évolutifs). *Traumatismes divers* (lésions de la cornée, lésions du globe, hémorragies du vitré, décollement de la rétine : 1 million). *Vieillissement* (80 % des nouveaux cas de cécité totale). Un programme mondial visant à limiter la cécité évitable coûterait de 350 à 560 millions de $.

☞ ADRESSE : *Organisation pour la prévention de la cécité (OPC)*, 17, villa d'Alésia, 75014 Paris.

En France. Déficients *visuels* : plus de 1 500 000 (soit 2,6 % de la population) dont, en 1997, environ 110 000 *aveugles* (acuité visuelle inférieure à 1/20 de la normale au meilleur œil après correction) et 250 000 *malvoyants* (acuité visuelle inférieure à 4/10).

Emploi : sur 18 000 aveugles en âge de travailler, environ 6 000 travaillent, dont 1 500 manuels (les 2/3 en secteur protégé), 1 500 standardistes, 1 300 masseurs kinésithérapeutes, 600 enseignants (en milieu spécialisé ou ordinaire), 400 sténodactylos, 300 musiciens professionnels, 300 divers (juristes, cadres de la fonction publique, informaticiens) ; plus de 50 % ne peuvent trouver du travail.

■ **Canne blanche.** Inventée par Mlle Guilly d'Herbemont ; popularisée par le journaliste-auteur Jean Delage († 1992 à 99 ans). 1re remise officielle le 7-2-1931 pour les déficients visuels graves ou aux aveugles. *Blanche striée de rouge* pour les sourds-aveugles (depuis 1987).

■ **Allocations** (au 1-1-2001). Si forte baisse visuelle bilatérale : *allocation aux adultes handicapés (AAH)* (3 654,50 F/mois) ou *pension d'invalidité* de la Sécurité sociale si salarié. Si moins de 1/20 aux 2 yeux et besoin constant d'aide dans la vie quotidienne : *allocation compensatrice* au titre de la tierce personne et pour frais professionnels (4 704,99 F/mois au maximum) ; *majoration pour tierce personne* de la Sécurité sociale (5 882 F/mois) ; *aide forfaitaire à l'autonomie* (585 F/mois).

ASSOCIATIONS

■ **Activités.** Certaines associations produisent des ouvrages en braille ou enregistrent des livres sur bandes magnétiques (livres parlés), gèrent des établissements de rééducation et de formation professionnelle (standardistes, sténodactylos, masseurs kinésithérapeutes, musiciens et accordeurs de piano, ouvriers manuels, agricoles, horticulteurs, programmeurs en informatique), des maisons de vacances ou des maisons de retraite, encadrent des activités sportives. Certains aveugles suivent un cycle d'études supérieures normal et exercent des carrières dans l'enseignement, le secteur public ou le secteur privé.

■ **Adresses. Association Valentin-Haüy pour le bien des aveugles et des malvoyants,** 5, rue Duroc, 75007 Paris. ORIGINE : *créée* : 1889 par Maurice de La Sizerane [(1857-1924), aveugle (par accident) à 9 ans, entré à l'Institution nationale pour les jeunes aveugles ; études musicales]. Reconnue d'utilité publique en 1891. *Valentin Haüy (St-Just, Oise, 13-11-1745/18-3-1822)* : fils de tisserand (frère de l'abbé Haüy qui inventa la cristallographie et fut membre de l'Académie des sciences) ; pratiquait une douzaine de langues (interprète du roi, de l'amirauté, de l'Hôtel de Ville) ; spécialiste du déchiffrement des manuscrits, il créa la typographie en relief et fonda l'Institut royal des enfants aveugles (1786) ; dès 1784, il recueillit le 1er jeune aveugle. Autres fondations créées de son vivant : Liverpool (1791), Vienne (1804), St-Pétersbourg (1806), Amsterdam (1808), Dresde (1809), Zurich (1810), Copenhague (1811).

PRINCIPALES ACTIVITÉS (en 1999) : *production en braille* : plus de 12 000 000 de pages, 28 revues, 6 234 pages de musique. *Bibliothèque « Braille »* : 27 500 titres, 307 nouveaux titres, 89 995 volumes prêtés, près de 4 000 utilisateurs. *Bibliothèque sonore* : 6 730 titres disponibles, 36 120 prêtés au siège, 6 500 utilisateurs. *Bibliothèque en gros caractères* : 203 abonnés, 3 263 livres prêtés. *Audiovision* : films et pièces de théâtre adaptés pour les aveugles et malvoyants (plus de 7 000 spectateurs). *Bibliothèques* : Paris (1re fondée en 1886), Lyon, Marseille, Nice, Rennes. *Clubs informatiques.*

FORMATION PROFESSIONNELLE : *Centres AVH CFRP* à Paris (150 étudiants). Formation aux emplois de kinésithérapeute (depuis 1906), standardiste-agent d'accueil et de communication (1917), secrétaire-sténodactylo (1949), cannage-rempaillage (1996). *Centre Paul et Liliane Guinot*, 24-26, bd Chastenet de Géry, 94814 Villejuif.

ACTION SOCIALE : fonds de secours, service social, SOS vie quotidienne, 80 groupes en province. Centres résidentiel (Paris 19e) et de vacances (à Arvert) pour déficients visuels. *Institut médico-professionnel* (pour adolescents aveugles), 91380 Chilly-Mazarin. *Centre d'aide par le travail Odette-Witkowska* (jeunes de 18 ans et plus) : 69110 Ste-Foy-lès-Lyon. *Atelier protégé de la Villette* (Paris 19e). *Centre de distribution de travail à domicile* (Nantes).

Fédération des aveugles et handicapés visuels de France, 58, av. Bosquet, 75007 Paris. *Créée* 1917. Reconnue d'utilité publique en 1921. *Rassemble* 22 associations et 14 groupements sympathisants qui gèrent 11 maisons de retraite spécialisées, un ensemble de CAT, coopératives, ateliers protégés, distribution de travail à domicile, centres de réadaptation ; bourses d'études pour jeunes déficients visuels ; soutien à la recherche scientifique sur les maladies cécitantes ; défense des droits des handicapés au niveau de l'UE. *Publications* : revues trimestrielles *La Canne Blanche, Voir* et annuelle *Avenir*.

Autres associations : Association des parents d'enfants déficients visuels (APEDV), 28, place St-Georges, 75009 Paris. **Auxiliaires des aveugles,** 71, av. de Breteuil, 75015 Paris. **Comité national pour la promotion sociale des aveugles (CNPSA),** 49, rue Blanche, 75009 Paris. **Croisade des aveugles,** 79, av. St-Mandé, 75012 Paris. **Fondation pour la réadaptation des déficients visuels. Groupement des intellectuels aveugles ou amblyopes (GIAA),** 5, avenue Daniel-Lesueur, 75007 Paris. **Institut national des jeunes aveugles (INJA),** 56, bd des Invalides, 75007 Paris. **Union des aveugles de guerre,** 49, rue Blanche, 75009 Paris. **Union européenne des aveugles,** 58, av. Bosquet, 75007 Paris.

ALPHABET BRAILLE

■ **Inventeur.** Louis Braille (Coupvray, S.-et-M., 4-1-1809/6-1-1852, inhumé au Panthéon le 22-6-1952). Fils de bourrelier. A 3 ans, se blesse à l'œil avec une serpette ; à 4 ans, il est aveugle. A 10 ans, il entre à l'Institution royale des jeunes aveugles, créée par Valentin Haüy (1745-1822). Grâce à l'invention, par le capitaine Barbier de la Serre, du système de sonographie, il s'oriente vers une utilisation nouvelle du point saillant. En 1825, il forme, sur son propre système (perfectionné en 1837), 63 combinaisons donnant l'alphabet, les chiffres, les mathématiques et la musique.

■ **Principe.** Formé de groupes de points en relief représentant lettre, chiffre ou signe. Lecture tactile (150 mots/minute). Adopté dans presque toutes les langues.

■ **Instruments modernes. Machine à lire** (15 000 à 25 000 F) : avec scanner, logiciel de reconnaissance de caractères et synthèse vocale. **Téléagrandisseurs** (15 000 à 30 000 F) : avec caméra et écran. **Adaptations pour ordinateurs** : logiciel de navigation et synthèse vocale ou afficheur braille (1 500 à 40 000 F). **Machine à calculer adaptée** : avec synthèse vocale ou afficheur braille. **Détecteur de couleurs parlant. Instrument électronique de guidage** (3 500 à 25 000 F) : détection d'obstacles utilisant rayons infrarouges ou ultrasons.

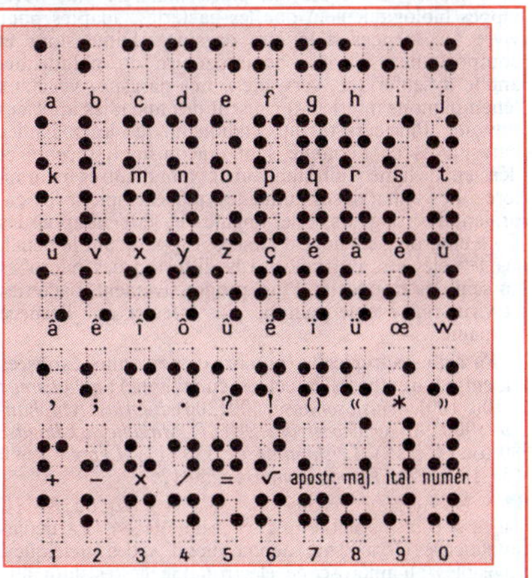

■ **Recherches.** Amélioration des instruments électroniques de guidage par le système GPS. Moyens d'accès aux données indiquées sur les afficheurs à cristaux liquides des matériels grand public. Logiciels de reconnaissance de caractères permettant de prendre en compte l'écriture manuscrite.

■ **Publications.** *Le Louis Braille, le Valentin Haüy, la Causette* (femmes), *les Échos du Monde, la Ronde sonore, la Revue musicale, Et la lumière fut, La Canne Blanche, Étoile, Cosmos, Dans le vent, Notre Revue, Liaison, Fée Claudine, K 7 familiale, Contact, Variétés, la Voix des aveugles et des malvoyants.*

MALADIES INFECTIEUSES

☞ D'après une étude de l'université d'Édimbourg, en 2000, l'humanité subit 1709 agents pathogènes (déclenchant des maladies) connus : virus, bactéries, champignons, protozoaires ou vers.

DÉFINITIONS

■ **Bactéries.** Du grec *baktêrion,* petit bâton. Micro-organismes unicellulaires possédant un noyau rudimentaire. TAILLE : généralement de 2 à 45 micromètres (la plus grande *la Beggiatoa mirabilis* : de 16 à 45). Visibles au microscope optique. Exception : *Thiomargarita namibiensis* 0,75 mm visible à l'œil nu (découverte en 1999 par la biologiste Heide Schultz (Institut Max-Planck, Brême, All.) FORMES : *sphériques* (cocci), *associées en chaînes* (streptocoques), ou *en grappes* (staphylocoques) ; en *bâtonnets* (bacilles diphtérique ou tuberculeux, entérobactéries, etc.) ; *incurvées* (vibrion cholérique) ; *spiralées* (spirilles). COMPORTEMENT : certaines exigent de l'oxygène libre *(aérobies)*; d'autres l'extraient de ses combinaisons organiques *(anaérobies)* ; certaines sécrètent des *toxines* diffusibles dans l'organisme. En culture liquide, 1 bactérie peut donner naissance à plus de 1 milliard de bactéries. Le bacille *Micrococcus radiodurans* résiste à une radiation atomique de 6,3 millions de röntgens (environ 10 000 fois la dose mortelle pour l'homme).

Il y a des milliers de bactéries utiles ou inoffensives *(saprophytes)*, quelques certaines seulement sont dangereuses *(pathogènes)*. En 1975 sont apparues des bactéries résistant aux antibiotiques par un mécanisme extra-chromosomique transmissible d'une bactérie à l'autre (staphylocoques, entérobactéries, bactérie pyocyanique, *Acinetobacter*...).

Entre bactéries et virus se situent des micro-organismes possédant les propriétés des unes et des autres mais rattachés aux bactéries (sensibilité aux antibiotiques) : *rickettsies* [découvertes 1907 par Howard Ricketts (Amér., 1871-1910)], *Chlamydiae, mycoplasmes.*

■ **Étiologie.** Recherche et étude des causes des maladies (mécaniques, physiques, chimiques ou biologiques).

■ **Maladies.** Altérations de l'organisme définies par leurs causes (exemples : infections, intoxications) ou par leur localisation et leurs effets (exemples : maladies digestives, pulmonaires, nerveuses, etc.). **Contagieuses :** transmissibles, se communiquent à des sujets réceptifs. *Épidémie :* groupement de nombreux cas ayant la même origine et de caractère extensif ; *pandémie :* épidémie qui s'étend à tout un continent ou au monde entier ; *endémie :* persistance toute l'année de cas sans liens apparents entre eux ; *épizootie :* épidémie atteignant un grand nombre d'animaux et donnant lieu à des mesures de police sanitaire. **Infectieuses :** dues à des agents pathogènes (bactéries, virus, parasites) de différents types. **Quarantenaires :** maladies infectieuses entraînant des mesures sanitaires internationales (déclaration, isolement des malades, surveillance des suspects, contrôles sanitaires aux frontières) : choléra, peste, fièvre jaune.

■ **Parasites.** Êtres uni- ou pluricellulaires, plus développés biologiquement que les bactéries, adaptés pour vivre aux dépens d'un être organisé. Dimensions et comportement variés (hématozoaire du paludisme, amibe dysentérique, vers, etc.). Les parasites végétaux (champignons inférieurs) causent des maladies appelées *mycoses.* Plusieurs travaux indiquent que les maladies parasitaires de l'homme sont d'acquisition récente et dérivent de lignées infestant auparavant d'autres mammifères. Les bilharzioses humaines, par exemple, proviendraient des rongeurs et des ongulés, et seraient apparues il y a environ 2 millions d'années. En parquant le bétail, les 1ers éleveurs ont favorisé la diffusion des microbes au sein des troupeaux. Puis, progressivement, bactéries et virus ont évolué pour ne plus infecter que l'espèce humaine.

Parasitoses tropicales (nombre de personnes exposées et, entre parenthèses, infectées, en millions) : *paludisme :* 2 100 (100). *Schistosomiase :* 600 (200). *Filariose lymphatique :* 900 (90). *Onchocercose :* 90 (17). *Maladie de Chagas :* 90 (de 16 à 18). *Leishmaniose :* 350 (12). *Lèpre :* 1 600 (de 10 à 12). *Trypanosomiase :* 50 (25).

■ **Prions (proteinaceous infectious agents)** ou **ATNC (agents transmissibles non conventionnels).** Particules infectieuses (15 à 40 nm) dépourvues d'acides nucléiques, invisibles au microscope électronique et résistant aux stérilisations classiques, chimiothérapie ou radiothérapie. A l'origine de la famille des *ESS (encéphalopathies subaiguës spongiformes).* DÉCOUVERTES : **1982** Stanley Prusiner (prix Nobel 1997 pour cette découverte ; université de San Francisco) isole, à partir d'un cerveau de hamster atteint de tremblante, une fraction infectieuse ne contenant ni champignon, ni bactérie, ni virus, mais une protéine, d'où l'hypothèse du prion, particule protéique infectieuse ; il démontrera que ce prion était une forme altérée de la protéine cérébrale normale. *1994* Richard Bessen et Richard March, de l'université du Wisconsin, démontrent que la même protéine peut prendre des formes différentes. **1997** Moira Bruce, de l'Institut pour la santé animale d'Édimbourg (Écosse) démontre qu'un même agent infectieux transmet la maladie de la vache folle et celle de Creutzfeld-Jakob. La forme pathologique du prion, PrP^{SC} (protéine du prion, de *scrapie,* tremblante en anglais) provoquerait la conversion de la forme normale PrP^{C} (protéine du prion cellulaire) via une structure protéique encore inconnue dite « facteur X ». DÉPISTAGE : l'équipe du Pr Prusiner a annoncé fin 1998 le lancement d'un test (résultats en 8 heures).

■ **Virus.** En latin « poison ». Agent infectieux sans métabolisme propre qui, pour se reproduire, parasite d'autres organismes ; la destruction ou la transformation (« cancérisation ») des cellules atteintes provoque parfois des maladies dans ces organismes. TAILLE : *variole :* 250 × 300 nanomètres ; *le plus petit virus* (le virus du tubercule de pomme de terre) : 20 nanomètres. DÉCOUVERTES : **1892** D. Ivanovski (Russie) : germe responsable d'une maladie des plants de tabac. **1898-99** M.W. Berjerinck (P.-Bas) conclut qu'il s'agit de l'agent infectieux lui-même et non d'une toxine ; des ultravirus sont identifiés. **1935** Stanley réussit la cristallisation du germe étudié par Ivanovski. **1957** André Lwoff le définit « élément de matériel génétique ayant besoin de cellules vivantes pour exprimer et reproduire cette information ». COMPOSITION : un génome très court (exemples : HIV, 10 000 nucléotides ; herpès ou variole, les plus gros, environ 100 000) plus une *capside* (coque protéique) et éventuellement une enveloppe forment un *virion.*

Virus à ARN (acide ribonucléique) : capside à symétrie cubique sans enveloppe : Reoviridae, Caliciviridae et Picornaviridae (hépatite A) ; avec enveloppe : Flaviviridae (hépatite C, fièvre jaune), Togoviridae (rubéole) ; *hélicoïdale* avec enveloppe : Bunyaviridae, Coronaviridae, Rhabdoviridae (rage), Paramyxoviridae (rougeole), Orthomyxoviridae (grippe) ; *complexe* avec enveloppe : Arenaviridae et Retroviridae (sida, rétrovirus : VIH). **Virus à ADN :** *capside à symétrie cubique* sans enveloppe : Papoviridae (verrues) et Parvoviridae, Adenoviridae (broncho-pneumonies) ; avec enveloppe : Iridoviridae, Herpesviridae (varicelle et zona) ; *à symétrie indéterminée* avec enveloppe : Hepadnaviridae (hépatite B) ; *complexe* avec enveloppe : Poxviridae (variole). TAILLE : de 14 à 300 millimicrons (visibles seulement au microscope électronique). COMPORTEMENT : parasites des cellules vivantes, détruits par la chaleur, résistants à la congélation. Les cellules infectées sécrètent une protéine appelée *interféron* qui peut s'opposer à la pénétration d'un autre virus. TRAITEMENT : *curatif :* antiviral dans les cas graves (aciclovir, zidovudine contre le sida) ; dans les cas bénins (grippe) on ne peut que soutenir l'organisme : les antibiotiques sont inefficaces ; *prophylactique :* vaccination. TYPES (nombre connu) : plus de 1 000.

Maladies à déclaration obligatoire en France (décret nº 99-363 du 6-5-1999, article L. 11 modifié du Code de la santé publique) : *maladies justiciables de mesures : 1º) exceptionnelles au niveau national ou au niveau international :* choléra[1], peste, fièvre jaune[1], rage, typhus exanthématique, fièvres hémorragiques africaines ; *2º) à prendre à l'échelon local et faisant l'objet d'une déclaration directe à la DGS :* fièvre typhoïde et fièvre paratyphoïde, brucellose, légionellose, tuberculose, tétanos, poliomyélite antérieure aiguë, diphtérie, méningite cérébro-spinale à méningocoque et méningococcémies, toxi-infections alimentaires collectives, botulisme, paludisme autochtone, infection aiguë symptomatique par hépatite B, infection par le VIH quel que soit le stade, suspicion de maladie de Creutzfeldt-Jakob et autres encéphalopathies subaiguës spongiformes transmissibles humaines, saturnisme chez les enfants mineurs.

Nota. – (1) Relèvent du règlement sanitaire international ; déclaration à l'OMS obligatoire.

☞ **Virus « émergents » ou « réémergents » nouvellement découverts :** émergeant par : **1º)** des mutations ; **2º)** des recombinaisons entre des virus existants qui peuvent engendrer des souches plus virulentes ; **3º)** des modifications des conditions dans lesquelles ils ont existé pendant des millions d'années (perturbation écologique) ; **4º)** la transmission d'homme à homme. **Origines :** sur les 156 maladies considérées comme émergentes en 2000, 114 étaient des zoonoses, et 17 étaient apparues entre 1980 et 2000 ; *réservoirs animaux les plus importants :* rongeurs, arthropodes (insectes, tiques, etc.), oiseaux. Les virus connus ne représentent qu'une portion des virus existant dans la nature et sont en constante mutation [exemples : Hantavirus transmis par les rongeurs, fièvre jaune et West Nile par certains moustiques, fièvre de la vallée du Rift par des moustiques et par des ongulés, grippe humaine provoquée par un virus dérivant de virus d'oiseaux (voir p. 160 a)]. **Facteurs favorisant l'émergence : non humains :** intempéries, variations climatiques ; **humains :** *exploitation de la nature :* déforestation, cultures de terrains où les rongeurs vecteurs sont endémiques, mise en eau de barrages (pullulation de moustiques et concentration humaine et animale), extension des périmètres irrigués (pullulation de moustiques), destruction des prédateurs des vecteurs ; *flux de population :* déplacement et regroupement massif lors de conflits, urbanisation, transports d'hommes et parfois de certains vecteurs (même par avion) ; *produits biologiques et médicaments :* dans les années 1980, transfusions, utilisation de seringues non jetables lors de vaccinations de masse, acupuncture, produits pharmaceutiques d'origine biologique comme les dérivés plasmatiques (facteurs de coagulation, immunoglobulines) ou l'hormone de croissance extractive, d'origine naturelle.

QUELQUES MALADIES

☞ *Légendes :* AZ : anthropozoonose (maladie infectieuse des animaux pouvant se transmettre à l'homme). B : infection bactérienne. P : parasitose. R : rickettsiose. V : virose. Le nombre de cas réels est souvent supérieur au nombre de cas déclarés ci-après.

■ **Bilharziose** (voir **Schistosomiase** p. 162 c).

■ **Blennorragie** (voir p. 144 c).

■ **Botulisme** (B). CAUSE : bacille anaérobie sécrétant une toxine neurotrope. CONTAMINATION : par ingestion d'aliments contaminés par le bacille (conserves mal stérilisées, charcuteries). SYMPTÔMES : troubles gastro-intestinaux, suivis de paralysies (pharyngées, oculaires et respiratoires dans les formes graves). TRAITEMENT : réanimation, respiration assistée. CAS (en France) : *1989 :* 23 ; *90 :* 49 ; *91 :* 24 ; *92 :* 22 ; *93 :* 10 ; *94 :* 28 ; *95 :* 14 ; *96 :* 8 ; *97 :* 16 ; *98 :* 16 ; *99 :* 26 ; *2000 :* 14.

■ **Brucellose (fièvre de Malte, mélitococcie)** (B, AZ). Zoonose. Provoquant des avortements (ovins, caprins, bovins). Diagnostic difficile chez l'animal. CAUSE : 3 espèces de bacilles *(Brucella)* sur les 6 connues peuvent toucher l'homme. CONTAMINATION HUMAINE : par lait et produits laitiers (fromage de chèvre) contaminés et par contact avec des animaux infectés, carcasses d'animaux et produits d'avortement ; professionnelle dans 42 % des cas (agriculteurs, bergers, employés d'abattoirs, bouchers). INCUBATION : 1 à 3 semaines, parfois plusieurs mois. SYMPTÔMES : état fébrile prolongé, irrégulier (fièvre ondulante) ; sueurs, douleurs, rate hypertrophiée. Évolution souvent longue. COMPLICATIONS : ostéo-articulaires, nerveuses, psychiques. TRAITEMENT : antibiotiques. CAS (localisée d'abord à l'île de Malte, elle s'est répandue dans les pays méditerranéens, puis est apparue en France en 1908) : *1978 :* 889 (4 †) ; *80 :* 685 ; *85 :* 228 ; *90 :* 125 ; *91 :* 127 ; *92 :* 114 ; *93 :* 128 ; *94 :* 179 ; *95 :* 100 ; *96 :* 77 ; *97 :* 93.

■ **Campylobactériose** (B). CAUSE : bacille *Campylobacter* en hélice, en S ou incurvé (16 espèces et 6 sous-espèces dont *C. coli* et *C. jejuni* sont les plus fréquents chez l'homme). CONTAMINATION : viandes ou produits carnés pas assez cuits, lait cru ou contaminé, eau ou glace contaminée. SYMPTÔMES : diarrhées (avec sang dans les selles), douleurs abdominales, fièvre, céphalées, nausées et vomissements durant 3 à 6 j. COMPLICATIONS : septicémie, hépatite, pancréatite, avortement et, si postinfection, arthrite, troubles neurologiques (exemple : syndrome de Guillain-Barré, paralysie de type poliomyélitique, parfois mortel). TRAITEMENT : réhydratation par solutions riches en électrolytes ; antimicrobiens dans les cas invasifs ou pour éliminer les porteurs sains. PRÉVENTION : à tous les stades de la chaîne alimentaire, par bactéricides, chauffage ou irradiation. FRÉQUENCE : en hausse.

■ **Chancre mou** (voir p. 145 a).

■ **Charbon** (B, AZ). CAUSE : bactéridie charbonneuse (découverte par Davaine), sporulée. CONTAMINATION : contact avec bétail infecté ; manipulation de produits importés (poils, laine, peaux, os). Maladie professionnelle. SYMPTÔMES : pustule maligne (surtout à la face), œdème malin ; parfois septicémie. TRAITEMENT : antibiotiques. CAS : rares.

■ **Choléra** (B). CAUSE : bacille (découvert en 1883 ; 150 germes dénombrés dont 2 dangereux pour l'homme : sérogroupes 01 et 0159) provoquant une infection intestinale aiguë. ORIGINE : Afrique du Nord (essentiellement) ; aucun pays n'est à l'abri. Le choléra peut être importé mais s'éteindra rapidement si le pays jouit d'un niveau d'hygiène suffisant. Jusqu'au XIXe s., il fut confiné en Asie et en Inde. Il y resta endémique, se répandant parfois vers l'ouest. CONTAGION : voie digestive (eau, aliments souillés par déjections), contact avec malades. INCUBATION : moins de 5 jours. SYMPTÔMES : vomissements, diarrhée aqueuse, abondante, indolore ; déshydratation très rapide et grave. TRAITEMENT : réhydratation par perfusion veineuse ou par voie orale ; antibiotiques. 95 % de guérisons si la réhydratation est correcte. VACCINS : vaccin tué administré par voie parentérale : protection partielle (50 % au maximum), limitée (3 à 6 mois) ; anticholériques oraux : bonne protection pendant plusieurs mois contre le choléra à *Vibrio cholerae* 01, nulle contre *Vibrio cholerae* 0139 (découvert en 1992). PRÉVENTION : maladie quarantenaire (mesures internationales), stérilisation de l'eau de boisson, abstention de crudités ; sulfamides, antibiotiques ; vaccin.

Pandémies : *1817 :* Inde, par voie maritime gagne Siam, Indochine, golfe Persique, Moscou. *1821 :* Astrakan. *1823, 1827-37 :* Inde. *1829, 1831, 1832 :* Paris (1er cas en mars ; en 6 mois 18 402 †). *1832-37 :* 100 000 †. *1841* France atteinte. *1848-49 :* 110 000 † dont Paris 19 184 (15-10-1848 : par Dunkerque ; Paris envahi en mars 1849). *1851-54 :* France atteinte 143 478 †. *1856 :* Crimée, Bassin méditerranéen. *1865-73 :* arrive à La Mecque (pèlerins musulmans de Java), atteint Égypte, Marseille (juin 1865), Paris (21-7-1865), revient en 1873 [Le Havre (juin), Paris (sept.)]. *1880-84 :* nouvelle offensive (*1880 :* La Mecque ; *1883 :* Égypte 28 616 †). *1884 :* France (Toulon 15-6) 11 769 † ; Espagne 119 931 † ; Italie 17 750 †. *1892 :* Russie 400 000 †, Hambourg. *1899, 1923, 1929 :* Iran. *1947 :* Égypte. *1961 :* Célèbes (Indonésie). *1963 :* Bangladesh. *1964 :* Inde. *1965-66 :* URSS, Pakistan, Iran et Iraq. *1970 :* Proche-Orient, Afrique de l'Ouest, Espagne. *1991 :*

Amérique latine. *Fin 1992 :* Inde puis Bangladesh : imputé à un sérogroupe de *Vibrio cholerae 0139,* synonyme Bengale. *Fin 1997 :* Afrique de l'Est (80 † à Zanzibar). *Début 1998 :* Comores (1 190 cas et 22 † au 31-3). *1999 :* Madagascar (15 000 cas, 860 †)

CAS (dans le monde) : *1971 :* Bengale 61 526 (6 935 †) ; Indochine 21 604 (3 371 †) ; Europe 96 (4 †). *1972 :* 60 000 ; *74 :* 99 141 ; *79 :* 56 813 ; *80 :* 42 164 ; *81 :* 36 840 ; *82 :* 54 856 ; *83 :* 64 061 ; *84 :* 28 893 ; *85 :* 40 510 ; *86 :* 46 473 ; *87 :* 48 507 ; *88 :* 44 083 ; *89 :* 48 403 ; *90 :* 70 084 ; *92 :* 461 783 (8 072 †) ; *93 :* 376 845 (6 781 †) ; *94 :* 384 403 (10 692 †) dont : *Amériques* 113 684 (1 107 †) [dont Brésil 49 455 (452 †), Pérou 23 887 (199 †), Salvador 11 739 (38 †), Nicaragua 7 821 (134 †), Guatemala 5 282 (38 †)] ; *Afrique* 161 983 (8 128 †) [dont Zaïre 58 057 (réfugiés rwandais) (4 181 †), Guinée 31 415 (671 †), Somalie 27 904 (1 198 †), Guinée-Bissau 15 296 (285 †), Sierra Leone 9 709 (623 †)] ; *Asie* 106 100 (1 393 †) [dont Afghanistan 38 735 (118 †), Chine 34 821 (319 †), Laos 9 640 (606 †), Viêt Nam 5 776 (68 †), Inde 4 973 (32 †)] ; *Europe* 2 630 (64 †) [dont Daghestan (Russie) 1 048 (15 †), Ukraine 813 (20 †), Albanie 626 (25 †), Roumanie 80 (dont 46 importés) (4 †)] ; *Océanie* 6 (0 †).

CAS (en France) : *1981 :* 20 ; *82 :* 21 ; *83 :* 3 ; *84 :* 1 ; *85 :* 0 ; *86 :* 35 ; *87 :* 7 ; *88 :* 0 ; *89 :* 1 ; *90 :* 6 ; *91 :* 7 ; *92 :* 3 ; *94 :* 7 ; *95 :* 1 ; *96 :* 5 ; *97 :* 3 (dont importés d'Inde 2, de Mauritanie 1).

■ **Coqueluche** (B). NOM : au Moyen Age, les malades atteints par la toux et les accès de fièvre portaient des capuchons appelés « coqueluches ». CAUSE : bacille de Bordet [Vincent (Belge, 1870-1961)]-Gengou [Octave (Belge,1875-1957)]. CONTAMINATION : directe par voie aérienne. INCUBATION : 6 à 12 jours (8 en moyenne). SYMPTÔMES : quintes de toux spasmodiques avec reprise bruyante (« chant du coq ») et troubles respiratoires et digestifs. DURÉE : de 20 à 30 jours. COMPLICATIONS : quintes asphyxiantes chez les tout jeunes enfants ; encéphalite ; infections respiratoires secondaires. TRAITEMENT : antibiotiques 14 j au moins. PRÉVENTION : isolement (durant 30 j après le début des quintes). Injection précoce de gammaglobulines humaines aux sujets ayant été en contact avec un malade. *Vaccin* recommandé dès 2 mois (associé au DTP ; parfois mal toléré ; vaccin acellulaire mieux toléré mais moins efficace et plus cher). CAS (dans le monde) : chaque année, 60 millions d'enfants atteints dont 600 000 meurent. CAS (en France) : *1961 :* 5 516 (207 †) ; *71 :* 668 (29 †) ; *80 :* 100 (6 †) ; *85 :* 86 ; *94 :* 30 ; *97 :* 588 (20 à 25 †). Déclaration : n'est plus obligatoire depuis 1986 ; réseau national de surveillance (Renacoq) depuis avril 1996.

■ **Coryza (rhume de cerveau)** (V). CAUSE : plusieurs variétés de virus. Chacun comporte de nombreux sérotypes, ce qui explique la répétition des rhumes et l'échec des essais de vaccination. INCUBATION : 1 à 3 jours.

■ **Cryptococcose.** Infection due à une levure encapsulée. Responsable de méningo-encéphalites graves. 80 % des cas infectés par le VIH. CAS (dans le monde, chez des sujets infectés par le VIH) : de *1989 à 1992 :* 576. CAS (en France, total) : *1991 :* 141.

■ **Cryptosporidiose** (P). CAUSE : cryptosporidium, présent dans l'appareil digestif des animaux, peut se propager via leurs excréments (survit plusieurs mois dans la boue, l'eau ou la glace). CONTAGION : eau potable. SYMPTÔMES : diarrhée, forte fièvre. PRÉVENTION : ozonisation de l'eau (chlore et eau de Javel sont inefficaces). CAS : en 1993, 400 000 personnes dans une ville du Milwaukee (USA) : 400 † ; en juin 1996, 8 000 à Ogose (Japon).

■ **Dengue** ou **fièvre rouge** (V). NOM : issu d'un terme espagnol équivalent du mot français « minauderie ». Appelée aussi « grippe tropicale ». CAUSE : 4 flavivirus parasites du sang transmis par des moustiques (*Aedes Aegypti,* identifié 1779, et parfois *Aedes albopictus*) évoluant en zone urbaine. INCUBATION : de 2 à 7 jours. SYMPTÔMES : longtemps confondue avec fièvre jaune ou paludisme (symptômes identiques au début) : fièvre, abattement général, maux de tête, nausées, vomissements, douleurs musculaires et articulaires, éruption cutanée. Après quelques jours, brève rémission puis reprise accentuée des symptômes qui régressent rapidement. DURÉE : 10 ou 11 jours, convalescence 15 jours. FORME MALIGNE (1 % des cas) : **dengue hémorragique :** pas de rémission, hémorragies intestinales, cutanées et cérébrales ; mortalité 15 à 20 %. Formes liées à 2 contaminations successives, la 1re entraînant une sensibilisation, la 2e des hémorragies correspondant à des phénomènes immunologiques. En 1953-54, apparition aux Philippines de la **dengue hémorragique avec syndrome de choc (DH/DSC) :** arrivée en Amérique en 1981 (Cuba, 320 000 hospitalisations, 158 †). GUÉRISON : totale et sans séquelles mais chez les moins de 15 ans risque d'état de choc avec défaillance circulatoire (de 15 à 20 % de mortalité en l'absence de traitement). Vaccin à l'étude aux USA et en Thaïlande. PRÉVENTION : destruction des moustiques par fumigation ; produits anti-moustiques. A l'essai au nord du Viêt Nam en 1999 : introduction, dans les réservoirs d'eau, de mésocyclopes (petits crustacés) se nourrissant de larves d'*Aedes.* ÉPIDÉMIES : *1897 :* Australie, *1926 :* Seychelles, *1927 :* Tunis, *1928 :* Athènes (1 250 †), *1931 :* Formose, *1981 :* Caraïbes. *Endémique* dans plus de 100 pays (zone intertropicale ; en Europe : Croatie). *Personnes exposées :* 2,5 milliards. CAS NOUVEAUX (par an) : 50 millions (95 % d'enfants) dont 500 000 hospitalisés. CAS (dans le monde) : *1995 :* Venezuela 13 101 ; *1996 :* Polynésie 400 ; *1998 :* Viêt Nam 235 000 (383 †). *Décès :* 1 à 5 % (environ 25 000 par an). En France : Guyane : *1991-92 :* 6 † ; *2000 :* 12.

■ **Diphtérie** (B). CAUSE : bacille de Löffler [Friedrich (All., 1852-1915)] découvert par Théodor Klebs (All., 1834-1913) en 1883 et isolé par Émile Roux (Fr., 1853-1933) en 1889. TRANSMISSION : directe par voie aérienne (gouttelettes de salive projetées lors de toux ou d'éternuement), parfois indirecte (objets souillés). INCUBATION : 2 à 5 jours. SYMPTÔMES : angine à fausses membranes ; ganglions cervicaux hypertrophiés ; pâleur et fatigue. Parfois, angine maligne, noirâtre, avec intoxication grave (myocardite, névrite), souvent mortelle. Peut avoir une localisation cutanée. Le *croup* est dû à la localisation des fausses membranes dans le larynx (dyspnée : gêne respiratoire, essoufflement, asphyxie). COMPLICATIONS : paralysies (voile du palais, accommodation), parfois généralisées. TRAITEMENT : sérum antidiphtérique, antibiotiques. MORTALITÉ : 5 à 10 % avec traitement, sinon supérieure. PRÉVENTION : isolement de 24 h avec traitement, sinon 2 à 3 semaines. VACCINATION : obligatoire avant 1 an [découverte de l'anatoxine par Léon Ramon (Fr., 1886-1963)]. CAS (dans le monde) : *1995 (est.) :* 55 000 à 60 000 ; + de 1 000 cas en Algérie en 1993-95. 80 % des cas sont observés en Europe. *Total ex-URSS : 1994 :* 47 802 (1 746 †) ; *95 :* 50 412. *En Russie, 1991 :* 1 871 ; *92 :* 3 897 ; *93 :* 15 211 ; *94 :* 39 703 (1 104 †). *En Ukraine, 1991 :* 1 103 (50 †) ; *92 :* 1 553 (68 †) ; *93 :* 2 987 (78 †) ; *94 :* 2 990 (111 †). CAS (en France, nombreux avant la vaccination systématique, en 1946) : *1945 :* 45 000 (3 168 †) ; *48 :* 7 235 (489 †) ; *61 :* 726 (23 †) ; *72 :* 43 (1 †) ; *81 :* 6 † ; *85 :* 4 ; *89 :* 1 ; *90 :* 0 ; *91 :* 1 ; *92 :* 0 ; *93 :* 1 ; *94-97 :* 0.

■ **Dracunculose** (P). Décrite dans le papyrus d'Ebers (1550 av. J.-C.). Description du ver adulte 1758 par Linné, du cycle parasitaire 1871 par Fedtchenko. CAUSE : *Dracunculus medinensis* (appelé successivement dragonneau, ver des Pharaons, filaire de Médine, fil d'Avicenne, ver de Guinée), parasite transmis par l'eau de boisson contenant des cyclopes (crustacés de 0,5 à 2 mm) contaminés ; devenu grand (environ 1 an après ingestion) ver rond, il migrera dans le tissu conjonctif pour émerger à travers la peau au niveau des pieds dans 90 % des cas, provoquant une ampoule puis un ulcère douloureux. SYMPTÔMES : fièvre, nausées, vomissements. EFFETS : invalidité de plusieurs mois. COMPLICATIONS : invalidité permanente par ankylose et décès par tétanos, septicémie, gangrène ou phénomènes de compression rares. ÉPIDÉMIES : annuelles au moment de la saison agricole ; touchent surtout les cultivateurs. TRAITEMENT : aucun. CAS (dans le monde) : *1986 :* 3,5 millions ; *89 :* 1 million ; *96 :* 152 814 ; *97 :* moins de 80 000. FOYERS : péninsule d'Arabie, Inde, Afrique subsaharienne : *1995 :* 8 500 ; Cameroun : 2 ; *1996 :* Soudan : 100 000 (44 % des 9 900 villages d'endémie et 78 % des cas dans le monde). Régression grâce aux mesures prises (isolement des cas, filtrage systématique de l'eau de boisson, désinfection des points d'eau stagnante, installation de pompes et aménagement de puits protégés).

■ **Dysenterie.** Maladie parasitaire ou bactérienne caractérisée par le syndrome dysentérique : diarrhée, émission de glaires et de sang par l'anus ; douleurs abdominales *(épreintes)* et anales *(ténesme).* 2 FORMES :

a) **Dysenterie amibienne** (P) : Asie, Afrique et Amérique tropicales. CAUSE : amibe (protozoaire), parasite du côlon. CONTAMINATION : par voie digestive. SYMPTÔMES : syndrome dysentérique ; tendance aux rechutes. COMPLICATIONS : colite chronique ; amibiase hépatique (congestion, puis abcès du foie) ; parfois abcès du poumon. TRAITEMENT : imidazoles, émétine, arsenicaux, quinoléine. PRÉVENTION : surveillance des aliments et des eaux de boisson. CAS (en France) : *1980 :* 169 ; *81 :* 31 ; *82 :* 56 ; *83 :* 24 ; *84 :* 20 ; *85 :* 20 ; *86 :* 13.

b) **Dysenterie bacillaire (shigellose)** (B) : CAUSE : entérobactérie. Isolée 1898 par Kiyoshi Shiga. 4 espèces répertoriées dont *Shigella flexneri* (forme endémique de la maladie), SDI (*Shigella dysenteriae* du sérotype I), *S. sonnei* (forme plus nordique) provoquant des épidémies meurtrières. CONTAMINATION : *digestive :* aliments souillés, eau ; *par contact :* de personne à personne. SYMPTÔMES : syndrome dysentérique avec fièvre, crampes abdominales, douleurs rectales ou gastro-entérite aiguë plus bénigne (cas le plus habituel en France, isolée ou groupée en foyers : milieu familial, collectivités). COMPLICATION : rhumatisme. TRAITEMENT : sulfamides intestinaux, antibiotiques (mais SDI résiste à de nombreux antimicrobiens), réhydratation. Vaccin oral à l'essai au Bangladesh en 1999. CAS (dans le monde) : 145 millions/an. *Amérique centrale* (de 1968 à 1972) : plus de 500 000 cas (au moins 20 000 décès). *Afrique :* apparue au Zaïre en 1979 ; confirmée depuis dans 15 États. *En France :* 1 000 à 2 000 cas par an. DÉCÈS (dans le monde) : 600 000 à 1 million/an.

Syndrome dysentérique épidémique des enfants (dans les pays en voie de développement) : CAUSES : *Shigella, Salmonella.* Risque de mort par déshydratation. TRAITEMENT : réhydratation rapide par solutés de glucose avec potassium et sodium. DÉCÈS (par an) : 3 200 000 enfants de moins de 5 ans.

■ **Encéphalite épidémique** (V). CAUSE : virus filtrant. SYMPTÔMES : encéphalite aiguë avec coma, paralysie, troubles respiratoires. TRAITEMENT : aucun connu. ÉPIDÉMIES : XVIIe s. Italie et Hongrie ; XVIIIe et XIXe s. plusieurs épidémies en Europe ; XXe s. *France* (1916, 6 000 victimes) ; 1919-20 atteint le monde entier.

Encéphalite subaiguë spongiforme transmissible humaine (ESST) : voir **MCJ** p. 136 b. DIAGNOSTIC : recherche de la protéine 14-3-3 dans le liquide céphalo-rachidien et électroencéphalogramme. Déclaration obligatoire depuis le 19-9-1996. CAS DÉCLARÉS de suspicion (en France) : voir p. 136 b. MORTALITÉ (par million d'habitants) : *1992 :* 0,66 ; *93 :* 0,61 ; *94 :* 0,80 ; *95 :* 1,02 ; *96 :* 1,18 ; *97 :* 1,38 ; *98 :* 1,35 ; *99 :* 1,45.

■ **Érysipèle** (B). CAUSE : streptocoque. SYMPTÔMES : plaque rouge limitée par bourrelet, née d'un foyer infectieux superficiel (nez, oreille) ; fièvre. DURÉE : 5 à 10 j. Peut récidiver. TRAITEMENT : antibiotiques.

■ **Fièvre du Nil occidental** (V). CAUSE : arbovirus *West Nile* découvert en 1930 en Ouganda, à l'ouest des sources du Nil et dans le Bassin méditerranéen. TRANSMISSION : d'animal à homme par les moustiques : *Culex pipiens.* Endémique chez les oiseaux ; cas chez des chevaux en France : *1966 ; sept. 2000 :* Hérault 33, Gard 13, Bouches-du-Rhône 1. INCUBATION : 5 à 15 j. SYMPTÔMES : maux de tête, fièvre, courbatures, vertiges. COMPLICATIONS : méningite, troubles neurologiques graves (en particulier chez personnes âgées et immunodéprimées). PRÉVENTION : *individuelle* contre les moustiques ; éviter tout contact à mains nues avec un animal mort ; *collective :* désinsectisation par voie aérienne. ÉPIDÉMIES : *années 1950 :* Israël ; *1994 :* Algérie ; *1996 :* Maroc, Roumanie ; *été 1997 :* Rép. tchèque ; *août-oct. 1999 :* New York 61 (7 †), Israël 247 (19 †) ; *mi-sept. 1999 :* Rép. tchèque ; *1999-2000 :* New Jersey (USA) 14. En France : *1962 :* 50 encéphalites dont 10 sévères ; *1975-80 :* sporadiquement en Camargue et Corse.

■ **Fièvres hémorragiques virales.** CAUSE : 12 virus distincts. INCUBATION : 3 à 21 jours.

Fièvre de la vallée du Rift (V) : CAUSE : phlébovirus isolé en 1930 au Kenya ; touche de nombreux animaux (dont les moutons). TRANSMISSION à l'homme : piqûre de moustiques (d'espèces variées), contact avec du sang, des liquides physiologiques ou des organes d'animaux infectés (par soins, abattage ou ingestion de lait cru), inoculation (en cas de lésion de la peau ou de blessure par coupure) ou inhalation sous forme d'aérosol (des laborantins ont été contaminés). INCUBATION : 2 à 6 j. SYMPTÔMES : syndrome grippal avec fièvre, céphalées, douleurs musculaires et dorsales, parfois raideur du cou, photophobie et vomissements ; dans ses 1ers stades, peut être confondue avec la méningite. COMPLICATIONS : pathologie oculaire (0,5 à 2 % des cas ; 1 à 3 semaines après les 1ers symptômes ; risque de cécité, décès rares), méningo-encéphalite ou fièvre hémorragique (moins de 1 % des cas ; apparaît après 2 à 4 j ; le patient peut rester virémique jusqu'à 10 j ; 50 % de décès). DIAGNOSTIC : par tests sérologiques. TRAITEMENT : ribavirine. PRÉVENTION : vaccin peu efficace ; protection contre moustiques ; insecticides. ENDÉMIES : Afrique. CAS : *été 1950 :* Afrique du Sud 20 000 (+ 100 000 ovins et bovins) ; *1977 :* Égypte 20 000 (100 †) ; *fin 1997 :* Kenya (300 †), Somalie (300 †) ; *fin 1998 :* Kenya 89 000 (478 †) ; *fin 2000 :* Arabie (170 †), Yémen 321 (32 †).

Fièvre jaune (V) : longtemps appelée *grippe des Tropiques.* Décrite milieu du XIIe siècle au Yucatan (Mexique). CAUSE : virus amaril (arbovirus : transmis par les arthropodes) de la famille des flaviviridae, isolé 1927. TRANSMISSION : d'homme à homme et de l'animal (singe) à l'homme par les moustiques : l'*Aedes Aegypti* (rôle découvert à Cuba en 1901 par la mission américaine) et l'*Aedes africanus.* INCUBATION : de 3 à 6 jours. SYMPTÔMES : début brutal, fièvre élevée, ictère (« jaunisse », d'où le nom de fièvre jaune) grave, vomissements noirs, hémorragies, néphrite. MORTALITÉ : 30 à 50 %, voire plus chez les adultes non vaccinés. DIAGNOSTIC : sérologique (IgM) et virologique (capture d'antigènes, RT-PCR). TRAITEMENT : symptomatique (sels de réhydratation, paracétamol). PRÉVENTION : maladie quarantenaire (mesures internationales) ; destruction des moustiques. VACCIN : par virus atténué ; dès 6 mois ; protège à 95 % ; bien toléré. ÉPIDÉMIES : Kenya (*1988-90 :* 8 700 cas, 2 700 † ; 1992) ; Ghana (1993) ; Gabon (1994) ; Liberia (1995) ; Bénin (1996) ; Nigeria (*1986-96 :* 1 million de cas ; plus grand pays d'endémie) ; Gambie (1978-79) ; Sénégal (1778, 1927) ; Panama ; USA [Philadelphie 1793 (4 000 † sur 40 000 habitants) ; vallée du Mississippi 1878 (13 000 †) ; New York] ; Europe (moustiques importés l'été par des navires) : Barcelone 1821 (10 000 †). Fin des années 1970 en Égypte : 200 000 cas, 600 † : rôle probable du barrage d'Assouân. Mauritanie : épidémies actuelles localisées, dues au relâchement de la prévention ou à l'existence chez les singes d'un réservoir de virus *(fièvre jaune selvatique* ou *de brousse).* CAS : *1992 :* 295 (102 †) ; *1993 :* 393 (117 †) dont Afrique 218 (38 †) [dont Nigéria 152 (8 †), Ghana 39 (15 †), Kenya 27 (15 †)] ; Amérique du Sud 175 (79 †) [dont Pérou 89 (47 †), Brésil 66 (17 †), Bolivie 18 (14 †), Colombie 1 (1 †), Équateur 1 (0 †)] ; *1997* (est. OMS) : 200 000 (30 000 †) ; *fin août 2000 :* Libéria 115. CAS D'IMPORTATION : en France : *1978 :* 2 † ; Allemagne : *1995* et *1999 :* 2 † ; USA : *1999 :* 1 †.

Dengue hémorragique (voir col. a).

Maladie de la forêt de Kyasanur ; fièvre hémorragique d'Omsk : transmise par les tiques.

Fièvre hémorragique d'Argentine : CAUSE : arénavirus Junin transmis par les rongeurs (développement favorisé par la transformation des prairies en champs de maïs). CONTAMINATION : poussières, aliments souillés. INCUBATION : 7 à 16 jours. SYMPTÔMES : frissons, maux de tête, nausées, fièvre. MORTALITÉ : 3 à 15 %. **De Bolivie :** CAUSE : arénavirus Machupo, transmis par des rongeurs. **Du Brésil :** CAUSE : arénavirus Sabia (découvert 1994). **De Crimée-Congo :** décrite par les Soviétiques en 1945, retrouvée au Congo en 1956. CAUSE : nairovirus. TRANSMISSION : par les tiques, le plus souvent au printemps ou à l'automne. MORTALITÉ : 30 à 50 % en ex-URSS et au Pakistan, rare en Afrique. **De Lassa** (village du nord-est du Nigeria) : décrite dans les années 1950. Apparue au Nigeria puis en Sierra Leone. CAUSE : arénavirus (isolé en 1969) transmis par les rongeurs. CONTAMINATION : limitée à l'Afrique de l'Ouest ; se fait par l'urine qui contamine les aliments, la poussière. SYMPTÔMES : peu spécifiques, début lent et insidieux. Durée : 1 à 4 semaines. Diagnostic : difficile ; l'inflammation de la gorge avec des plaques sur les amygdales constitue un signe distinctif important. Séquelles : perte d'acuité auditive dans 50 % des cas (dont 50 % restent sourds). Traitement : *ribavirine* (efficace s'il est entrepris dans les 6 premiers jours de la maladie), par voie intraveineuse, pendant 10 jours. Épidémies : Centrafrique, Liberia, Nigeria et Sierra Leone. Cas (janvier 1996/avril 1997) : 823 (dont 153 †). Mortalité : 36 à 67 % de formes graves. **Du Venezuela :** cause : arénavirus Guanarito (découvert 1991). **A syndrome rénal :** cause : hantavirus découvert 1977 (Hantaan), transmis par un rongeur sauvage *(Peromyscus)* et décrit dans les années 1930 en Mandchourie et en Scandinavie. D'autres virus apparentés (Puumala, Séoul, Prospect Hill, Dobrava) ont pu être isolés à partir de rongeurs en Asie, Scandinavie, Europe de l'Est et Balkans. Symptômes : fièvre, céphalées, douleurs musculaires, signes oculaires, insuffisance rénale transitoire. Cas : guerre de Corée (1950-53) : 3 000 cas. *En 1993 :* 42 cas (26 †) dans le sud-ouest des USA avec pneumopathies accompagnées de détresse respiratoire, les syndromes rénal et hémorragique étant peu intenses ou absents. En France métropolitaine : *1992 :* 36 cas ; *93 :* 165. Mortalité : pas de décès enregistrés. **A syndrome pulmonaire :** cause : hantavirus Sin (1993 Nouveau-Mexique, Arizona).

Maladie de Marburg (ville de Hesse près de Francfort, All.) : cause : filovirus (en forme de fil) Marburg. Identifié 1967 à Francfort et à Belgrade : chercheurs infectés par des singes verts importés d'Ouganda (31 cas, 7 †). 4 cas d'infection naturelle en Afrique du Sud, Zimbabwe, Kenya. Vaccin : à l'étude.

Maladie à virus Ebola (rivière du Congo, ex-Zaïre) : cause : filovirus Ebola (découvert en 1977) : 4 sous-types : Zaïre/Gabon, Soudan/Ouganda, Reston, Côte d'Ivoire (+ long virus connu). Transmission : mode inconnu ; des chimpanzés ont été contaminés en nov. 1992 (8 †) et nov. 1994 (12 †) ; rôle probable des vomissements, des selles, des hémorragies, des sécrétions respiratoires dans la transmission interhumaine ; des séquences du virus ont été détectées chez des petits mamifères en République centrafricaine en 1999. Incubation : 2 à 21 jours. Symptômes : maux de tête, fièvre, douleurs puis diarrhée conduisant à une déshydratation rapide. Hémorragies entre le 5e et le 7e jour. Prévention : quarantaine (les malades ne deviennent contagieux qu'à partir du moment où ils souffrent d'hémorragies). Vaccin : à l'étude. Épidémies : *1976 :* Soudan 284 (117 †) puis Zaïre 318 (280 †). *Août 1979 :* Nzara (Soudan) : 34 (22 †). *1994 :* Gabon (44 †). *Juin 1995 :* Kikwit (Zaïre) : 316 (245 †). *Mars 1996 :* Gabon (97 †) dont Mayibout : 37 (13 † qui avaient tous mangé de la viande d'un chimpanzé infecté). *Sept. 2000 :* Gulu (Ouganda) : 500 (280 †). Mortalité : 30 à 88 % selon les souches, en 2 à 10 jours.

■ **Fièvre Q** (voir **Rickettsioses** p. 162 b).

■ **Filariose** (voir **Helminthiases** col. b).

■ **Grippe** (V). Nommée **influenza** au XIVe s. : de l'italien *influenza di fredo*, influence du froid ; décrite en 1729 par Jussieu. Cause : *Myxovirus influenzae* (origine asiatique) logé dans le mucus du naso-pharynx. 3 types : **A**, isolé en 1933, le plus dangereux pour l'homme, touche aussi les animaux (exemples : oiseau, porc, cheval, phoque), sujet à des mutations et variations périodiques (virus A, A1, A2, H5N1 ou grippe du poulet). **B** (isolé en 1940) et **C** (isolé en 1947), plus bénins et essentiellement humains, se propagent moins facilement.

Contagion : directe par voie aérienne, facilitée en cas de brouillard. Les signes avant-coureurs seraient dus à 2 molécules protéiques de la communication cellulaire, 2 cytokines appelées interleukine 6 (IL-6) et interféron alpha (INF-α). Incubation : 1 à 3 j. Symptômes : fièvre, début brutal ; catarrhe trachéo-bronchique. « Saison » : hémisphère Nord : octobre à mars ; Sud : juin à août. Durée : 3 à 5 j. Complications : pneumonie, bronchopneumonie ; danger chez vieillards, insuffisants respiratoires, cardiaques. Asthénie prolongée de la convalescence. Traitement : antibiotiques (contre les complications bactériennes). Prévention : *vaccin tué, concentré et purifié* administré par voie parentérale et *vaccin vivant atténué,* par instillations ou pulvérisations nasales réduisant le taux d'infection des grippes à virus A de 70 à 90 % pendant le traitement. Une *mutation* du virus chez le porc (contaminé par les oiseaux d'élevage, eux-mêmes contaminés par les oiseaux aquatiques sauvages et migrateurs) rend caduque l'immunité acquise par une atteinte antérieure ou par vaccination ; il se produit alors une pandémie. Dans l'intervalle, les simples variations antigéniques provoquent des épidémies saisonnières.

Principales épidémies : **1387, 1403, 1410, 1415, 1427, 1482, 1505, 1510, 1557, 1559, 1574, 1580** (en Allemagne, appelée espagnole)**, 1590, 1591, 1669, 1675, 1695, 1729, 1742, 1743, 1780, 1800, 1802, 1817, 1833, 1836 et 1842. 1918-19 :** *grippe espagnole ;* apparue en février 1918 en Chine (Canton), puis dans des camps militaires aux USA, elle suivit l'armée américaine en Europe en avril, toucha Chine, Inde et Brésil en juin ; la 1re phase (avril-juin 1918) clouait le malade au lit 3 j ; la 2e (automne 1918) et la 3e (janvier 1919) tuaient en 3 j. *Personnes touchées :* 1 milliard (dont 28 % de la population des USA). *Décès :* 15 à 25 millions [dont Inde 6 000 000, USA 600 000, France 408 180 (dont 30 382 cas dans l'armée de terre du 1-5-1918 au 30-4-1919, dont Guillaume Apollinaire en nov. et Edmond Rostand en déc. 1918), Japon 246 000], Ste-Hélène, seule, ne fut pas touchée. L'espérance de vie aux USA en diminua de 10 ans. Virus H1N1 (de type A) découvert en 1933, réapparu aux USA en 1976 (500 cas dans le New Jersey) et identifié en 1997 à partir de tissus humains conservés depuis 1918, appartenant à un militaire né en Caroline du Sud. Apparenté aux premières souches de virus de porc. Souches humaines et souches porcines viendraient d'un ancêtre commun parasitant les oiseaux, et « entré » chez les mammifères avant 1918. **1947 :** 60 000 † en 6 mois aux USA. **1957 :** *grippe asiatique :* virus H2N2 (sous-type A). **1968 :** *grippe de Hong Kong :* virus H3N2 (sous-type A) ; environ 30 000 †. **1977 :** *grippe russe.* **1997 :** *« grippe du poulet » :* virus H5N1 (1er virus aviaire à infecter un être humain sans avoir transité par un autre mammifère comme le porc) découvert en 1961 chez des sternes (hirondelles de mer) en Afrique du Sud ; *mars :* 1 500 000 poulets sont abattus à Hong Kong ; *-21-5 :* à Hong Kong, un garçon de 3 ans meurt du syndrome de Reye. *Cas confirmés* (fin décembre) : 18 (6 †) ; 1 700 000 volatiles abattus d'urgence à Hong Kong et en Chine du Sud. « Préalerte mondiale » déclenchée avant Noël par l'OMS. Traitement : antiviraux : amantadine et ritamantadine (des résistances à l'amantadine peuvent apparaître rapidement), zanamivir (Relenza), oseltamivir (Tamiflu : aux USA, au Canada et en Suisse).

Les grandes épidémies européennes récentes auraient pour origine l'élevage intensif du canard en Chine et le mode d'élevage (les volailles sont sur claies au-dessus des porcs) qui favorise les recombinaisons génétiques.

☞ Les mêmes virus réapparaissent tous les 60 à 80 ans.

Statistiques (France) : cas (en millions) : *1988-89* et *89-90 :* 4 ; *96-97 :* 2,45 ; *98-99 :* 2,9 ; 12 % se font vacciner (20 % des plus de 65 ans). Décès (directement et indirectement) attribués à la grippe : **plus de 1 500 par an** : *1960 :* 12 323 ; *61 :* 2 471 ; *62 :* 7 092 ; *63 :* 8 867 ; *64 :* 2 447 ; *65 :* 9 309 ; *66 :* 3 116 ; *67 :* 4 160 ; *68 :* 8 253 ; *69 :* 15 070 ; *70 :* 7 264 ; *71 :* 4 065 ; *72 :* 4 797 ; *73 :* 8 906 ; *74 :* 4 375 ; *75 :* 4 806 ; *76 :* 5 336 ; *77 :* 2 600 ; *78 :* 3 502 ; *81 :* 2 947 ; *83 :* 2 278 ; *90 :* 2 110 ; *96 :* 2 000. **Moins de 700** : *1984 :* 627 ; *91 :* 425 ; *92 :* 571. Coût (en milliards de F) : 6 à 12 dont soins médicaux 0,7 à 3 et journées de travail perdues (1 à 2 millions d'arrêts de 1 à 15 jours).

■ **Helminthiases** (P). Causes : diverses classes de vers : **1°) Cestodes** (vers plats rubannés) : contamination par ingestion de porc ou de bœuf pour les ténias, de poisson pour le bothriocéphale. Exception : le *ténia échinocoque* (stade larvaire chez l'homme) ; les *larves* (cysticerques) produisent les *kystes hydatiques.* **2°) Trématodes** (vers plats ovalaires) : contamination par ingestion de poisson ou de végétaux d'eau douce : douves, qui provoquent la *distomatose* (hépatite toxi-infectieuse) ; à partir d'eaux polluées par des déjections urinaires ou fécales : *schistosomiase, bilharziose,* (voir p. 162 c) 1 million de cas dans le monde (20 000 †). **3°) Nématodes** (vers cylindriques) : comprennent : *a) parasites intestinaux :* ascaris, trichocéphales et oxyures (contamination par ingestion de larves) ; ankylostomes, anguillules (les larves pénètrent à travers la peau) ; trichines (ingestion de viande de porc mal cuite). *b) Parasites des vaisseaux lymphatiques ou du tissu cellulaire sous-cutané :* les *filaires,* transmises par des insectes vecteurs [*filariose lymphatique* ou *éléphantiasis :* au moins 120 millions de cas (dans 73 pays) dont filaire de Bancroft 106, autres 12,5, dont filaire loa-loa (voir **Onchocercose** ou cécité des rivières p. 156 b)] ou par ingestion d'un petit crustacé [filaire de Médine (voir **Dracunculose** p. 159 b)]. Traitement : ivermectine et DEC. Prévention : lutte contre les mollusques, assèchement des plans d'eau inutiles, suppression des plantes d'eau, etc. Cas : en France : *1975 :* 4 346 (460 †). USA : *1975 :* 56 134 ; *76 :* 56 795.

■ **Hépatites virales** (V). Dénommées « icterus epidemicus » au XVIIIe s. ; origine virale découverte en 1942. **2 groupes : 1°) A et E :** transmission orofécale, évoluant par cas isolés ou épidémies ; sans risque d'infections chroniques. **2°) B, C, D :** transmission parentérale (pour B sang et sécrétions – notamment sexuelles –, pour C sang surtout) ; risque de chronicité et d'évolution en cirrhose et cancer primitif du foie. Formes cliniques possibles (quel que soit le virus) : **hépatite asymptomatique** (infection sans expression clinique de la maladie). **Hépatite symptomatique :** *hépatite aiguë* commune (ictère ou jaunisse) ou grave (dite « fulminante ») avec ictère, coma et risque d'évolution mortelle. Traitement : repos, régime sans alcool. *Hépatite chronique* (uniquement possible avec VHB, VHC et VHD) : asthénie (fatigue), hépatomégalie (gros foie). Traitement : *VHB :* interféron ou lamivudine ; *VHC :* interféron et ribavirine. Déclaration : obligatoire en France depuis 1973.

Hépatite A : virus ubiquitaire, endémique dans les pays en voie de développement ; *pays industrialisés :* la séroprévalence (présence d'anticorps protecteurs dans le sang) chez enfants et adultes jeunes ne cessant de diminuer, toute une tranche de la population n'est plus protégée contre le virus, et les risques d'épidémie sont plus importants (repas de collectivité ou bains en rivière ou piscine surtout si ingestion d'eau). Incubation : 3 à 6 semaines. Complications : hépatite fulminante, surtout si infection préalable par hépatite C. Prévention : hygiène alimentaire ; injection préventive de gammaglobulines humaines polyvalentes ; vaccination (antigène d'enveloppe du virus) : protection à 99 % après injection de rappel 6 à 12 mois après primo-vaccination. **Hépatite B :** virus identifié en 1968. Incubation : 2 à 3 mois. Cause : virus produisant l'antigène *Australia* et appelé AgHBs (A : antigène, H : hépatite, B : virus B, s : surface car il s'agit d'un antigène d'enveloppe). Symptômes : au début fièvre, troubles digestifs ; puis (de façon inconstante) *ictère* (jaunisse) durant 3 semaines environ. Complications : hépatite fulminante, hépatite chronique, cirrhose, hémorragie digestive, cancer du foie, insuffisance hépatique, ascite. Traitement (hépatite chronique) : interféron alpha ou lamivudine (Zeffix), repos, régime sans alcool. Prévention : hygiène sexuelle ; élimination du don du sang des porteurs de l'antigène HB, injection de gammaglobulines spécifiques anti-HBs. Vaccin : antigène d'enveloppe (AgHBs) du VHB produit par recombinaison génétique (obligatoire pour professions exposées) depuis 1981 : protection à 95 % après vaccination complète (contre-indication : voir p. 181 c). Endémique dans les zones intertropicales d'Afrique et d'Asie, cas sporadiques dans les pays industrialisés (toxicomanes par voie intraveineuse, sujets à partenaires sexuels multiples, et personnes exposées au risque nosocomial ou iatrogène en particulier). **Hépatite C** (anciennement non-A, non-B) : virus identifié en 1989. Contamination : par sang ou dérivés sanguins infectés (30 % des cas), toxicomanie, contact professionnel (milieu hospitalier, soins dentaires) ; origine indéterminée dans 20 % des cas. Transmissible sexuellement dans moins de 5 % des cas, de mère à enfant dans moins de 6 %. Incubation : 6 semaines. Symptômes et complications : analogues à ceux de l'hépatite B mais hépatite aiguë le plus souvent peu symptomatique et évolution beaucoup plus fréquente vers la chronicité (80 %). Traitement : uniquement si évolution vers l'hépatite chronique, interféron alpha-2a (Roféron-A ou Laroféron) ou -2b (Viraféron) par injection sous-cutanée (de 3 millions d'unités), 3 fois/semaine associé à la ribavirine (Rebetol) pendant 6 mois ou 1 an selon les facteurs de rechute ; *coût :* 40 000 F pour 6 mois ; *efficacité :* rémission définitive : 40 % ; *intolérance :* 1 cas sur 5 ; *personnes traitées :* 15 000. L'interféron pégylé à administration hebdomadaire est désormais disponible (mais indications encore restrictives). Pas de vaccin car mutation permanente. Prévention : recherche systématique des anticorps anti-VHC chez les donneurs de sang. Endémies : seul virus d'hépatite sans zone d'endémie particulière ; prévalence : *forte :* Japon, Europe du Sud, pays en voie de développement ; *modérée* (1 à 1,5 %) : pays scandinaves, Europe de l'Ouest, USA. **Hépatite D (Delta) :** virus isolé 1977 ; défectif, ne peut se répliquer qu'en présence du VHB dont il utilise l'enveloppe (AgHBs). Transmission, incubation, prévention : superposables au VHB dont la prévention par le vaccin protège du VHD. **Hépatite E :** virus isolé 1990 ; anciennement non A-non B, ressemblant au A ; hépatites aiguës, de formes sévères, surtout chez les femmes enceintes. Épidémies : 1re (identifiée rétrospectivement) en Inde en 1955 (1 million de cas à New Delhi). Pays développés : cas sporadiques, généralement chez des sujets revenant de pays en voie de développement. Incubation : 5 semaines. Prévention : hygiène. **Virus F :** existence aujourd'hui récusée. **Hépatite G :** virus isolé en 1995 ; proche du VHC. Transmission : par le sang. Ne semble pas responsable d'hépatite. **Virus TTV** (initiales d'un patient) : découvert 1997 au Japon ; rôle pathogène non prouvé ; toucherait 2 à 10 % de la population.

Statistiques : *porteurs chroniques du virus B :* environ 400 millions ; prévalence forte (10 %) en Chine, Afrique, Asie du Sud-Est ; faible ($<$ 1 %) en Amérique du Nord, Europe de l'Ouest et Australie ; *du virus C* (estimation) : 170 millions dont Europe 5, USA 4. Décès : 2 millions par an par cancer du foie ou cirrhose. Cas (en France) : *1984 :* 2 270 (262 †) ; *85 :* 1 641 ; *86 :* 1 062. *Hépatites chroniques* (estimation 1998) : *VHC* (prévalence, estimation) : *dans le monde :* 170 millions ; *dans l'UE :* 2,4 à 5 millions ; *en France :* 500 000 à 650 000 (dont 30 % secondaires à une transfusion, 75 % des personnes ignorent qu'elles sont infectées) dont 30 % pouvant évoluer vers une cirrhose, 100 000 auraient fait un test de dépistage ; 5 000 nouveaux cas/an dont 70 % des toxicomanes par voie intraveineuse. *VHB* : 100 000. Décès (en France) : *VHC :* environ 2 000 par an (en augmentation). Chaque année, des injections mal pratiquées causeraient, selon l'OMS, entre 8 et 16 millions de cas d'hépatite B et 2,3 à 4,7 millions d'hépatites C.

☞ Adresses : *Association nationale Information hépatite C (ANIHC),* 14 *bis,* côte de Goumetx, 31800 St-Gaudens. *Association « SOS Hépatite »,* BP 98, 52103 St-Dizier Cedex.

■ **Kawasaki (syndrome de).** Décrit en 1967, par un spécialiste japonais dont il porte depuis le nom. Infection de l'enfant. Cause : inconnue. Aucune épidémie observée. Symptômes : fièvre élevée pendant plusieurs jours, parfois associée à une conjonctivite, des modifications des muqueuses de la langue (framboisée) et des lèvres (chéilite), éruptions, gonflements des ganglions, desquamation. Traitement : symptomatique à base d'aspirine. Si la fièvre persiste, gamma-globulines. Complications : artérite des coronaires. Cas (en France) : environ 150/an.

■ **Kuru (maladie de).** Transmis par les *prions* (voir p. 158 a) lors des rites funéraires chez les Fore (tribu de Papouasie-Nlle-Guinée qui mangeait la cervelle des morts). Découvert en 1957 ; à cette époque, tuait 200 personnes par an (soit 1 sur 150), les autochtones étant génétiquement prédisposés au mécanisme infectieux. Sa transmissibilité fut montrée par Carleton Gadjusek (prix Nobel 1976).

■ **Légionellose (maladie du légionnaire). Origine du nom :** en juillet-août 1976, 221 congressistes de l'American Legion avaient été atteints à l'hôtel Bellevue-Stratford à Philadelphie, 29 étaient morts. En 1974, dans le même hôtel, des membres d'une convention avaient déjà été frappés. En 1968, une forme bénigne (2 à 5 j) avait été observée pour la 1re fois à Pontiac (Michigan), d'où son nom de fièvre de Pontiac. Cause : *Legionella pneumophila* (découvert en 1977) : germe en forme de bâtonnet, mode d'action en grande partie inexpliqué. Contamination : par l'eau (boue, sources chaudes, torrents glacés, lacs stagnants). La croissance de la bactérie est favorisée entre 36 °C et 70 °C (circuits d'eau chaude et de chauffage central, de climatisation). Symptômes : *pneumopathie :* début brutal : malaises, maux de tête, douleurs musculaires, altération de l'état général. 24 h plus tard, pics thermiques à 40 °C, raideur intermittente, parfois toux, difficulté à respirer, parfois divers symptômes digestifs ou neurologiques (confusion, désorientation, hallucinations, obnubilation, etc.). Traitement : antibiotiques. Soumise à déclaration obligatoire depuis 1988 ; recherche systématique obligatoire chez tout hospitalisé pour pneumopathie (circulaire du 31-12-1998). Cas : *USA :* 25 000 par an. *En Europe* [recensés par le centre coordinateur EWGLI (European Working Group on Legionella Infection) de Londres] : *1994 :* 153 ; *95 :* 172 ; *96 :* 246 ; *97* (janvier-sept.) : 151 lors de voyages. *France : 1990 :* 490 ; *91 :* 65 ; *92 :* 66 ; *93 :* 59 ; *94 :* 84 ; *95 :* 71 ; *96 :* 80 ; *97 :* 206 ; *98 :* 316 ; *99 :* 440 (59 †). Mortalité : 15 % (80 % chez les immunodéprimés non traités, 25 % chez ceux traités).

■ **Leishmaniose** (P, AZ). Cause : *Leishmania,* parasite des cellules de l'homme et d'animaux (chiens, rongeurs sauvages). Contagion : indirecte par piqûre d'un insecte vecteur. Formes : *a) cutanée* (LC, dite bouton d'Orient : 50 à 75 % des nouveaux cas) : Bassin méditerranéen : lésion croûteuse et ulcérée sur la peau ; durée : 2 à 12 mois ; *b) viscérale* (LV, dite Kala-Azar) : Inde, Bassin méditerranéen : transmise par le phlébotome. En France, par le chien. Symptômes : fièvre prolongée ; hépatosplénomégalie (augmentation du volume du foie et de la rate) ; anémie ; cachexie. Traitement : diamidine, antimoniaux ; thermothérapie pour la forme cutanée. Cas (dans le monde) : en forte augmentation depuis 1993 ; *2000 :* 12 millions (350 millions de personnes menacées) en Afrique (*début 1998 :* Érythrée, Éthiopie, Soudan), Amér. du Sud (20 000 cas en Bolivie), Inde. *En France : 1999 :* 109.

■ **Lèpre** (B). Histoire : *600 av. J.-C. :* 1re mention écrite. *570 :* léproserie à St-Claude (Jura). *571 :* à Chalon-sur-Saône. *637 :* Metz, Verdun. *720 :* se répand avec les Sarrasins. *757 :* mesures de Pépin le Bref contre les lépreux. *Règne de Charlemagne :* internement général. Nombreux ravages à l'époque des croisades. *1225 :* s'étend de la Provence à toute la France (il y aura 2 000 léproseries vers 1550). *1346* les lépreux sont chassés de Londres, *1371* de Paris. *Vers 1664 :* disparaît presque complètement. Cause : *Mycobacterium leprae,* bacille découvert par Armauer Hansen (Norv., 1841-1912) en 1871. Gène de la sensibilité à la lèpre identifié en 1996 : « N. RAMP », situé sur le chromosome 2. Contamination : contact prolongé avec un lépreux contagieux. Incubation : longue (3 à 5 ans en moyenne, parfois 10, 15, voire 20 ans). Symptômes : débute par une macule (tache) insensible. 1°) **Lèpre paucibacillaire (PB) :** macules décolorées anesthésiques, lésions nerveuses (névrites, troubles trophiques), lésions osseuses. Aboutit à des déformations et mutilations. Se voit chez les sujets ayant une bonne défense immunitaire. Peu contagieuse et très sensible au traitement. 2°) **Lèpre multibacillaire (MB) :** nodules (lépromes), rhinite bacillifère, lésions viscérales et oculaires. Accidents neurologiques tardifs. Survient chez les sujets ayant une mauvaise défense immunitaire. Forme grave (plus de 7 000 millions de bactéries/g de tissu cutané) et contagieuse. Traitement : sulfones (depuis 1941), rifampicine (très active) et clofazimine (lamprène) depuis le début des années 1960. Depuis 1981 : PCT (polychimiothérapie) : association de dapsone, rifampicine et clofazimine. Le malade n'est plus infectieux dès la 1re dose. *Durée :* malades paucibacillaires : 6 mois, multibacillaires : 1 an ; *malades guéris* : 10 millions depuis 1981, *en traitement* (au 30-6-1998) : 888 000 dont par PCT 90 %. Dans les états réactionnels, intérêt des corticoïdes, de la clofazimine, de la thalidomide (qui ne doit pas être utilisée par les femmes sous peine de donner naissance à des enfants malformés) et parfois de la chirurgie décompressive. Chirurgie réparatrice. Prévention : vaccin spécifique à l'étude. Cas dans le monde (estimation OMS, en millions) : *1984 :* 10 à 12 ; *97 :* 1,15 ; *98 :* 0,82 ; *99 :* 0,74 nouveaux cas dépistés ; *2000 :* 0,75 traités. *Cas enregistrés et,* entre parenthèses, *prévalence pour 10 000 habitants* (en 1997) : 1 291 848 (2,33) dont Bangladesh 15 110 (1,2), Brésil 159 420 (10,2), Éthiopie 12 248 (2,2), Inde 807 257 (9), Indonésie 43 813 (2,3), Mozambique 13 567 (8,9), Myanmar 24 231 (5,4), Népal 15 945 (7,6), Nigéria 19 766 (2,2), Philippines 16 486 (2,5). Cas déclarés en France (recensés par la CNAMTS) : *1990 :* 106 ; *91 :* 89 ; *92 :* 93 ; *93 :* 103 ; *94 :* 75 ; *95 :* 56. Incapacités consécutives (estimation OMS, en millions) : *1992 :* de 2 à 3 ; *95 :* de 1 à 2. Évitées à 80/90 % par la PCT (voir ci-dessus). Adresse : *Fondation Raoul-Follereau,* 31, rue de Dantzig, 75015 Paris. Voir le chapitre **Œuvres.**

■ **Leptospirose (spirochétose ictéro-hémorragique)** (B, AZ). Cause : diverses espèces de leptospires (organismes spiralés). Découverte par Inada et Ido en 1914. Contamination : immersion dans l'eau souillée par l'urine des rats. Maladie souvent professionnelle : égoutiers. Symptômes : fièvre, douleurs musculaires, ictère, atteinte rénale, méningite. Traitement : antibiotiques. Cas déclarés (en France) : *1988 :* 670 ; *89 :* 560 ; *90 :* 611 ; *91 :* 299 ; *92 :* 230 ; *93 :* 305 ; *97 :* métropole 344, Nlle-Calédonie 148, Réunion-Mayotte 112, Antilles-Guyane 87, Tahiti 41, 21 cas importés.

■ **Listériose** (B). Cause : *Listeria monocytogenes.* Rare, mais mortelle chez les immunodéprimés (notamment cancéreux en chimiothérapie, porteurs du sida, alcooliques, toxicomanes), diabétiques, femmes enceintes, enfants *in utero,* nouveau-nés, personnes âgées. A déclaration obligatoire en France (décret du 19-5-1998). Contagion : par ingestion d'aliments contaminés, surtout viande et végétaux crus, charcuterie, fromages au lait cru, poissons fumés. Les listeria sont détruites par la chaleur (cuisson, pasteurisation) mais se multiplient au froid (réfrigérateur). Incubation : de 3 à 70 jours. Symptômes : fièvre, douleurs musculaires, troubles digestifs et, dans les cas graves, maux de tête, raideur de la nuque, convulsions. Traitement : antibiotiques (pendant 2 à 3 semaines). Taux de décès : 30 %. Cas (en France) : *1987 :* 661 ; *92 :* 749 (dont épidémie due à la langue de porc en gelée : 279 dont 63 † et 22 avortements) ; *93 :* 491 (39 épidémiques ; 3 † et 4 avortements) ; *94 :* 333 ; *97 :* 225 ; *98 :* 230.

■ **Lyme (maladie de).** Décrite en Europe 1910 dans sa forme dermatologique par Adam Afzelius (1750-1837) et en 1922 dans sa forme neurologique par les Français Garin et Bujadoux. Identifiée, dans sa forme arthritique, aux USA (dans le comté de Lyme, Connecticut) 1977 par Allen Steere et ses collaborateurs. Cause : due à un spirochète (*Borrelia burgdorferi,* découvert 1982 par Burgdorfer), transmis par la piqûre d'une tique surtout forestière, *Ixodes ricinus* en Europe, *I. scapularis* (= *dammini*) aux USA. Symptômes : éruption cutanée [plaque de plus de 5 cm, plus rouge à la périphérie et qui s'élargit (érythème migrant)], qui survient jusqu'à un mois après la morsure de la tique, parfois fièvre, raideurs articulaires et fatigue. En l'absence de traitement : apparition possible de symptômes neurologiques et/ou arthritiques. Plus rarement, atteintes cardiologiques, oculaires, hépatiques, etc... possibles. Prévention : port de vêtements couvrants, recours aux répulsifs, retrait rapide des tiques fixées (la transmission des bactéries a lieu 36 à 48 h après le début de la fixation), vaccin (efficace mais pourrait provoquer des cas d'arthrite d'origine auto-immune aux USA où il existe 1 espèce bactérienne ; ne convient pas pour l'Europe où 3 espèces se rencontrent). Traitement : antibiotiques. Cas annuels (en France) : 2 000 à 3 000 (USA 10 000 en moyenne).

■ **Malaria.** Voir **Paludisme** ci-après.

■ **Méningite bactérienne** (B). Inflammation des méninges d'origine généralement infectieuse. A partir d'une porte d'entrée, variant selon les agents infectieux, ces derniers prolifèrent dans le sang puis passent des capillaires sanguins cérébraux au liquide céphalo-rachidien circulant entre les méninges. Cause : méningocoque [dans le rhinopharynx de nombreux sujets ; quelques-uns font une méningite (30 % des cas), *Haemophilus influenzae* (50 %), pneumocoques (20 %)]. Contamination : directe par mucosités pharyngées ; *Haemophilus influenzae* par voie digestive ; streptocoque B par contact de l'enfant naissant avec les voies génitales de sa mère. Incubation : 2 à 4 jours. Symptômes : syndrome méningé (céphalée, raideur de la nuque), fièvre ; pus dans le liquide céphalo-rachidien. Complications : septicémie, purpura, arthrites. Traitement : antibiotiques (autrefois 50 % de décès). Prévention : antibiothérapie des sujets en contact avec le malade. Vaccins contre méningocoques A (Afrique) et C (pays anglo-saxons), *Haemophilus influenzae b* depuis 1993 (55 % des méningites à méningocoques en France). Épidémies en Afrique subsaharienne (20 États) depuis les années 1980 (exemples : en 1995 au Cameroun et oct. 1996 au Niger + de 150 000 cas (16 000 †, surtout des enfants) ; *1996-97 :* 59 461 (6 055 †) ; *1998 :* Soudan 32 000 (2 200 †) ; pays les plus touchés : Burkina Faso (148 † du 11 au 18-3-2000), Mali, Niger, Nigeria, Tchad). Cas : dans le monde 1,2 million/an (135 000 †) ; en France (méningite cérébrospinale à méningocoques) : *1981 :* 1 374 (107 †) ; *85 :* 840 (65 †) ; *87 :* 621 (38†) ; *88 :* 511 (32 †) ; *89 :* 513 ; *90 :* 426 ; *91 :* 429 ; *92 :* 442 ; *93 :* 413 ; *94 :* 365 ; *95 :* 314 ; *96 :* 364 ; *97 :* 384 ; *98 :* 487. Mortalité : 8 à 10 % des cas.

■ **Méningite virale** (V). Bénigne, guérit spontanément. Fréquente à l'approche de l'été. Symptômes : maux de tête, vomissements, raideur de la nuque ; précédés d'un état pseudo-grippal de 24 à 48 h. Touche surtout les enfants.

■ **Monkeypox (orthopoxvirose simienne** ou **« variole du singe »)** (V). Zoonose sporadique rare. Transmission : par contact (sang, morsure) avec écureuils ou primates. Zones d'endémie : villages écartés d'Afrique centrale et de l'Ouest. Cas : *1970-87 :* 400 ; *1996-97 :* au Congo (ex-Zaïre) : 511 cas suspects (confusion possible avec la varicelle). Mortalité : 2 % des personnes infectées.

■ **Mononucléose infectieuse** (V). Cause : virus EB (virus Epstein-Barr). Symptômes : fièvre, angine, fluxion des ganglions du cou, splénomégalie (grosse rate) discrète, présence dans le sang de mononucléaires basophiles. Durée : de 2 à plusieurs semaines. Complications : hépatite, méningo-encéphalite (rare). Traitement : corticoïdes (discutés). Fréquente chez jeunes adultes. Mortalité : exceptionnelle. Cas (en France) : 70 000 à 100 000 par an.

■ **Mycoses** (P). Causes : champignons microscopiques (par action directe et par sensibilisation). Nombreuses variétés : mycoses superficielles de la peau *(teignes, candidoses)* et des muqueuses *(muguet),* sous-cutanées *(sporotrichose, mycétomes),* profondes *(aspergillose, histoplasmose).* Évolution lente, chronique. Traitement : antifongiques.

■ **Oreillons** (V). Cause : virus ourlien. Contagion directe par voie aérienne. Incubation : 21 jours. Symptômes : parotidite (gonflement uni- ou bilatéral des glandes parotides) parfois associée à une atteinte testiculaire. Durée : 5 à 6 j. Complications : orchite, pancréatite ; méningo-encéphalite. Traitement : repos au lit. Prévention : isolement jusqu'à guérison clinique ; vaccin (ROR). Cas (en France) : *1986-87 :* 500 000 ; *92 :* 100 000 ; *94 :* 50 000 ; *97 :* 40 000.

■ **Ornithose** (AZ). Cause : *Chlamydia psittachi.* Contamination : inhalation de poussières contenant des excréments d'oiseaux infectés (pigeons). Symptômes : fièvre, pneumonie atypique. Durée : 8 à 10 jours. La *psittacose* (voir p. 162 a) est plus grave. Traitement : antibiotiques.

■ **Paludisme (malaria)** (P). Nom : du latin *palus,* marais et de l'italien *mal aria,* mauvais air. Cause : hématozoaire de Laveran, du genre *Plasmodium,* unicellulaire parasite des globules rouges : 4 types (*vivax, ovale, malariae* et le plus répandu : *falciparum,* responsable des formes mortelles et graves). Contagion : indirecte par piqûre de moustique (400 espèces d'anophèles identifiées dont environ 60 vecteurs de paludisme) se nourrissant d'hémoglobine riche en fer. Incubation : 9 à 30 jours (jusqu'à 9 mois pour certaines souches de paludisme vivax). Symptômes (paludisme de 1re invasion) : fièvre, embarras gastrique fébrile. Évolution : éclatement des globules rouges parasités par les hématozoaires ; de jeunes parasites sont libérés et pénètrent dans de nouvelles hématies ; plus tard, accès fébriles intermittents, tous les 2 ou 3 j, causés par la libération de substances lors de l'éclatement. Traitement : antimalariques de synthèse (chloroquine, amodiaquine), quinine (isolée en 1820), méfloquine, paluther (tiré de plantes chinoises), artémisinine (ou qinghaosu) ; à l'essai (car le taux de résistance à la chloroquine augmente en Afrique : mortalité multipliée par 2 à 5,5 dans un village du Sénégal entre 1986 et 1998) : association d'antifoliques, pyriméthamine et sulfadoxine ou de la chloroquine et des antihistaminiques ; pyronaridine (composé de synthèse chinois), copie synthétique d'artémisinine ; savarine (association de chloroquine et de proguanil) ; inhibiteurs de prothéases ; trioxaquines ; tafénoquine. Prévention : traitement des gîtes d'anophèles : pulvérisations d'insecticides [DDT (efficace mais écologiquement indésirable) sur les marais, lacs, etc.]. En cas de *voyage* en zone de paludisme, produits répulsifs, moustiquaire imprégnée d'insecticides et prise quotidienne de lariam (néfloquine) dès le départ et durant 1 mois suivant le retour, et de méfloquine en cas de résistance du parasite (résistance à la méfloquine rare : Thaïlande, Cambodge, Myanmar). Campagne d'éradication : 1955-75. Vaccin : SPF 66 Colombia : mis au point par Manuel Elkin Patarroyo en 1994 (inefficacité prouvée en 1996). Autres vaccins à l'essai aux USA. Endémies : dans 101 pays. Cas cliniques : 300 à 500 millions/an dont + de 90 % en Afrique tropicale, les 2/3 des autres cas dans 6 pays (Inde, Brésil, Sri Lanka, Viêt Nam, Colombie, îles Salomon) ; décès 1,5 à 2,7 millions/an (dont 700 000 enfants de moins de 5 ans) ; en France : *1996 :* environ 5 400 dont paludisme autochtone 2 610 (dont métropole 1, Guyane 2 609) ; *1997 :* autochtone 2 895 ; *1999 :* plus de 4 000 cas.

☞ En Europe : 1 cas non importé, en Italie en juillet 1997 (le 1er en 20 ans).

■ **Peste** (B, AZ). Cause : bacille de Yersin [découvert 1894 par Alexandre Yersin (1863-1943), microbiologiste suisse naturalisé français en 1889 pour pouvoir devenir chercheur à l'Institut Pasteur]. Contamination : maladie du rat et des rongeurs sauvages, transmise à l'homme par la *puce* (le rat noir serait davantage porteur que le rat gris). Incubation : 2 à 5 jours. Symptômes : *a) peste bubonique :* fièvre, délire ; ganglion suppuré dans l'aine ou l'aisselle ; *b) peste pulmonaire :* pneumonie, transmise directement d'homme à homme, très grave. Une nouvelle souche *Yersinia pestis* est à l'origine d'une épidémie en Inde (sept. 1994 : 60 †). Complications : septicémie (mortelle à 70 % si non traitée). Traitement : antibiotiques (ont réduit la mortalité). Prévention : maladie quarantenaire (mesures internationales) ; port d'un masque pour le personnel soignant ; vaccin ; chimioprophylaxie ; dératisation ; désinsectisation. Quelques épidémies : *avant J.-C. : 1285, VIIIe s.* (environ tous les 15 ou 20 ans), *431* (Athènes). *Après J.-C. : 542* (Paris), *994, 1027, 1035, 1043, 1232* (Chine), *1347-52* (peste noire, 25 millions de † en Europe), *1537, 1548, 1566, 1568, 1580, 1628* (Lyon et Paris, plus de 40 000 †), *1630-31* (Milan), *1638, 1654* (Danemark), *1657* (Suède), *1665* (G.-B. 75 000 † à Londres en 7 mois, peste bubonique et pulmonaire), *1668* (Suisse), *1669* (P.-Bas), *1681* (Espagne), *1713* (Moscou), *1720* (à Marseille après le retour du Levant, le 25-5, du bateau le *Grand Saint-Antoine* et en Provence, 85 000 †), *1722* (France), *1815-24* (Constantinople), *1834-35* (Le Caire), *1867-92* (Iraq), *1879* (Russie), *1894* (Chine), *1898-1908* (Inde 6 032 693 †), *1901* (Formose 3 670 †), *1907* (Birmanie 9 249 †), *1908* (USA), *1911* (Mandchourie 60 000 † ; Inde 840 000 †), *1914* (Ceylan 401 † ; Hong Kong 2 020 †), *1916* (État de New York 13 000 cas), *1917* (Mongolie 16 000 †), *1920* [Mandchourie 93 000 † ; *France* (peste des chiffonniers 34 †], *1930* (Chine 20 000 †), *1961 à 70* (2 000 cas/an déclarés dans le monde), *1985 :* 483 (51 †), *1986 :* 1 003 (115 †), *1987 :* 1 055 (215 †), *1988 :* 1 363 (153 †), *1989 :* 770 (104 †), *1990 :* 1 250 (127 †), *1991 :* 1 966 (133 †), *1992 :* 1 582 (138 †), *1993 :* 2 065 (191 †) dont *Afrique :* 950 (130 †) dont Madagascar 147 (23 †), Ouganda 167 (18 †), Zaïre 636 (89 †) ; *Amériques :* 621 (32 †) dont Pérou 611 (31 †), USA 10 (1 †) ; *Asie :* 494 (29 †) dont Chine 13 (1 †), Kazakhstan 3 (1 †), Mongolie 21 (7 †), Myanmar 87 († n.c.), Viêt Nam 370 (20 †). *1994* (à partir d'août) : Inde : 876 (54 †). En recrudescence depuis 15 ans : 1 200 cas/an en moyenne entre 1984 et 1999 (quelques-uns aux USA, aucun en Europe ni en Océanie).

■ **Pian** (P). Cause : tréponème voisin de celui de la syphilis. Transmission : par contact cutané. Symptômes : ulcérations cutanées, lésions bourgeonnantes et suintantes. Complications : osseuses déformantes. Traitement : pénicilline (excellents résultats par traitement de masse). Cas (dans le monde) : environ 2 millions/an (mortalité très faible).

■ **Poliomyélite** (V). Attaque le système nerveux central. Cause : virus de 3 types (I : le plus courant et le plus virulent, II, III). Reconnue 1840 par Heine et 1890 par Medin. En 1909, Karl Landsteiner (1868-1943) découvrit une immunité. Contamination : par voie digestive (eau). Incubation : 4 à 15 j. Symptômes : tous les sujets infectés ne présentent pas de symptômes : certains font une *maladie mineure* (angine, troubles digestifs) ; d'autres font ensuite une maladie *majeure* (méningite) ; parmi eux, certains font une *paralysie* à début brusque, plus ou moins étendue. *Forme grave :* paralysie respiratoire parfois mortelle. SÉQUELLES : paralysies définitives. TRAITEMENT : rien pour la forme courante ; respiration assistée et réanimation pour les paralysies respiratoires. VACCINATION : virus atténué (vaccin Sabin par voie orale) ou inactivé (vaccin Salk-Lépine par injection recommandé depuis 1982 par la DGS en France après des cas post-vaccinaux : *1979 :* 1 ; *80 :* 3 ; *81 :* 1 ; *82 :* 4 ; *83 :* 1 ; *86 :* 1). CAS (dans le monde) : *1988 :* 350 000 (dans 135 pays) ; *est. fin 1999 :* 20 000 dans 30 pays dont en Asie centrale [Afghanistan, Pakistan, Inde (70 % des cas)], Afrique occidentale (Nigeria surtout) et centrale (Congo surtout) ; *signalés* à l'OMS : *1988 :* 31 251 ; *89 :* 25 903 ; *90 :* 22 000 ; *91 :* 13 201 ; *92 :* 15 911 ; *93 :* 7 898 ; *94 :* 8 635 ; *95 :* 6 179 (dont Asie du S.-E. 3 398, Afr. 1 512, Méditerranée or. 738, Pacifique occidental 344, Europe 205) ; *96 :* 3 755 dans 45 pays [dont Inde 946 (*1988 :* 24 257), Chine 0 (*1988 :* 667)] ; *99 :* 7 094 ; *2000 :* 1 481 dans 30 pays [7 dus au vaccin oral dans les Caraïbes]. *Taux de vaccination* (en 1995) 83 %. CAS (en France) : *1957 :* 4 000 ; *61 :* 1 513 (126 †) ; *78 :* 26 ; *79 :* 14 ; *80 :* 8 ; *81 :* 8 ; *82 :* 14 ; *83 :* 3 ; *84 :* 7 ; *85 :* 2 ; *86 :* 5 ; *87 :* 3 ; *88 :* 1 ; *89 :* 2 (personnes non vaccinées) ; *90-94 :* 0 ; *95 :* 1 (cas importé) ; *96-97 :* 0. *Coût* direct dans le monde : 1,5 milliard de $/an.

■ **Psittacose** (V). ORIGINE : contagion virale par perroquet et perruche mise en évidence par Peter en 1892, individualisation par Morange en 1895. CAUSE : *Chlamydia psittachi.* SYMPTÔMES : pneumonie aiguë fébrile avec toux, douleurs thoraciques, encéphalites ou péricardites. Peu fréquente. TRAITEMENT : antibiotiques. CAS (en France) : *1979 :* 11 ; *80 :* 8 ; *82 :* 14.

■ **Rage** (V, AZ). Aurait été décrite par Démocrite (Ve s. av. J.-C.). 1re inoculation du vaccin par Louis Pasteur (1822-95) le 6-7-1885 sur Joseph Meister (9 ans) : 13 injections en 10 jours et injections sur lapins témoins. CAUSE : virus rabique. CONTAMINATION : contact d'une blessure (morsure, griffure ou léchage sur peau légèrement écorchée) avec la salive d'un mammifère enragé : chien, chat, chauve-souris [insectivores (sérotines), dans certains pays d'Amérique, les chauves-souris vampires hématophages contaminent le bétail], renard ; bovins, chevaux et autres herbivores sauvages sont atteints par la rage et en meurent mais ne la transmettent qu'exceptionnellement à d'autres animaux ou à l'homme, sauf si ce dernier « explore » la gueule des herbivores suspects (paralysie de la mâchoire) ; très exceptionnellement par inhalation de gouttelettes en suspension dans l'air [prévention : vaccination massive du bétail ; vampires badigeonnés d'anticoagulant et relâchés pour qu'ils contaminent le reste de la colonie ; limitation des renards (la « prime à la queue » a été abandonnée en 1990) ; vaccination des renards par distribution d'appâts contenant un vaccin antirabique vivant atténué ou un vaccin préparé à partir de la glycoprotéine de l'enveloppe du virus rabique (obtenu par génie génétique)] ; aérosol (spéléologues, laboratoires). SYMPTÔMES : *chez l'homme :* hydrophobie, aérophobie, convulsions, paralysie des membres jusqu'à la mort ; *chez l'animal : rage furieuse :* excitation générale (se méfier aussi de l'animal habituellement agressif devenu subitement doux, affectueux...), bave, mord, griffe ; *rage mue* ou *paralytique :* prostration, paralysie des muscles (difficile à déceler, le chat cherche les coins sombres, miaule plaintivement ou peut passer par des crises de furie). DÉCÈS : 100 % en 2-3 jours à 1 mois. PRÉVENTION HUMAINE : *vaccination* des professions exposées et des voyageurs allant en pays infectés. ANIMALE : *vaccination des animaux domestiques :* 2 injections à 15 j ou 1 mois d'intervalle pour les carnivores ou 1 injection avec vaccins agréés (chien dès 3 mois, chat dès 6 semaines), 1 seule injection pour les herbivores. *Rappel :* carnivores 1 par an, bovins tous les 2 ans (avec vaccins agréés). *Identification des animaux :* tatouage obligatoire pour valider la vaccination des carnivores. *Vaccination obligatoire* dans les départements officiellement atteints : les chiens non vaccinés doivent être tenus en laisse et les chats doivent rester enfermés. CONDUITE A TENIR : ne pas toucher à mains nues un animal sauvage ou inconnu ; en cas de suspicion de contamination, morsure, griffure, léchage sur peau excoriée ou muqueuse, ou manipulation d'un cadavre d'animal, nettoyer la plaie avec de l'eau et du savon, rincer abondamment, utiliser un antiseptique ; essayer de garder l'animal (chien ou chat) pour faire effectuer la surveillance vétérinaire, ou son cadavre pour le diagnostic de laboratoire ; consulter rapidement un médecin qui vérifiera l'immunité antitétanique et prescrira une antibiothérapie ; consulter le centre antirabique le plus proche ou l'Institut Pasteur qui décidera d'instituer ou non le traitement antirabique. TRAITEMENT ANTIRABIQUE (après exposition) : *vaccin* produit sur cultures cellulaires selon un protocole en 5 injections pratiquées par voie intramusculaire dans le deltoïde, J0, J3, J7, J14, J30, ou un protocole simplifié en 4 injections, 2 à J0, 1 à J7 et J21. Une sérothérapie, locale et parentérale, peut être associée à la vaccinothérapie, mais ne doit jamais être pratiquée seule. Passée la période d'incubation silencieuse, une fois les symptômes rabiques déclarés, aucun traitement ne s'est avéré jusqu'à aujourd'hui efficace. Seuls le traitement symptomatique et la réanimation retardent le décès inéluctable. VACCINÉS (avant exposition) : en cas de suspicion de contamination, 2 injections de rappel permettent de les protéger rapidement. Une sérothérapie n'est pas indiquée.

Rage animale en France : *rage du chien* disparue depuis 1941, *du renard* réapparue le 26-3-1968, en Moselle. Jusqu'à 1978, le front a progressé de 40 km par an vers l'ouest. La vaccination orale de la faune sauvage, pratiquée en Europe depuis 1978 et en France depuis 1986, a permis une régression spectaculaire du nombre de cas. *Départements officiellement déclarés infectés* [1] (arrêté du 28-7-1999) : Ardennes, Bas-Rhin, Meuse, Meurthe-et-Moselle, Moselle. *Cas signalés : de mars 1968 au 31-12-2000 :* 49 719 (dont 38 507 renards) dont *1968 :* 63 ; *70 :* 510 ; *75 :* 2 028 ; *80 :* 1 596 ; *81 :* 2 349 ; *86 :* 2 462 ; *87 :* 2 068 ; *88 :* 2 225 ; *89 :* 4 212 ; *90 :* 2 984 ; *92 :* 1 214 ; *93 :* 261 ; *94 :* 99 ; 95 : 40 ; *96 :* 17 ; *97 :* 2 (1 renard en Moselle ; 1 chauve-souris en Meurthe-et-Moselle) ; *98 :* 4 [1 chat ; 1 renard en Moselle ; 1 chauve-souris dans le Finistère ; 1 chien dans le Gard (cas importé)] ; *99 :* 1 chauve-souris (cas importé)] ; *2000 :* 5 chauves-souris (Finistère 2, Allier 1, Pyr.-Or. 1 ; 1 pipistrelle commune : Hte-Marne).

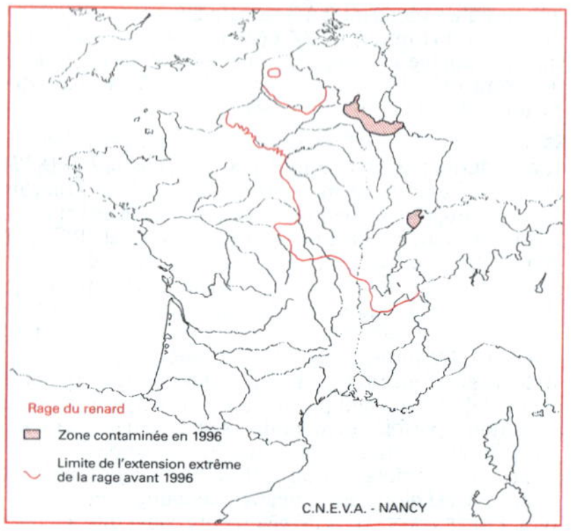

Nota. – (1) Lorsqu'un cas de rage est signalé dans un département, ce département reste officiellement « déclaré infecté » les 3 années suivantes (et tant qu'un département contigu est lui-même infecté).

Rage humaine dans le monde : *cas déclarés à l'OMS en 1998 :* 32 451 dont plus de 30 000 par l'Inde (de nombreux pays ne déclarent pas). Endémique en Afrique et Asie. **En Europe :** *cas signalés* (tous mortels) *en 1992 :* 12 ; *93 :* 8 (5 Russie, 1 Biélorussie, 1 Lettonie, 1 Lituanie) ; *98 :* 7. **En France :** *décès : cas autochtones :* 0 depuis 1924 ; *importés :* 8 depuis 1982 (1982, 91, 92, 94, 96, 97) ; *consultations en 1999 :* 11 411 (traitements : 5 929).

■ **Rickettsioses** (R). Maladies causées par des rickettsies (diamètre : 1 micron), parasites des cellules, sensibles aux antibiotiques. 5 grands groupes :

a) typhus exanthématique : CAUSE : *Rickettsia prowazeki* [du nom de Howard Ricketts (Amér., 1871-1910) et Stanislas von Prowazek (Autr. 1875-1915), médecins morts en luttant contre elle] ; génome identifié fin 1998. TRANSMISSION : d'homme à homme par le *pou du corps* (découvert en 1909). INCUBATION : 14 j. SYMPTÔMES : fièvre élevée, torpeur, éruption de taches rosées. COMPLICATIONS : cardiaques, artérites. PRÉVENTION : épouillage ; vaccin (1er employé : celui de Weigl). TRAITEMENT : une dose unique de doxycycline. STATISTIQUES (dans le passé) : nombreuses épidémies surtout pendant les guerres [guerre de Trente Ans, campagne de Russie de Napoléon, guerre de Crimée 1854-55, guerre russo-turque de 1878, 1914-18 (en Russie)]. 30 % de décès avant les antibiotiques. *253 peste de St-Cyrien. 1623* paraît pour la 1re fois (à Montpellier après le siège de cette place). *1649-50* épidémie en Languedoc et Saintonge. *1794-99* littoral méditerranéen. *1806* Est. *1807* Aube et Yonne. *1808* Gascogne. *1812* Yonne et Côte-d'Or. *1814* bords du Rhin et grande partie de la France. *1918-22* Russie 30 millions de cas, 3 millions de †. *1940-45* dans les camps de déportés et sur le front oriental. *1980 :* 7 506 cas (Afrique 7 432, Amér. centrale et du Sud 74), 18 † (Afrique 10, Amér. du Sud 8). PAYS D'ENDÉMIE : Burundi (*janvier-mars 1997 :* 20 000 cas), Éthiopie (de 7 000 à 17 000/an) et Rwanda.

b) Typhus murin (AZ) : TRANSMISSION : du rat à l'homme par les *puces.* SYMPTÔMES : identiques à ceux du typhus exanthématique, mais moins graves.

c) Fièvres boutonneuses pourprées (AZ) : TRANSMISSION : par morsures de tiques infectées sur des animaux (rongeurs sauvages, chien). SYMPTÔMES : fièvre, éruption boutonneuse (papules saillantes). Amérique et Méditerranée.

d) Fièvre des broussailles *(scrub-typhus)* (AZ) : TRANSMISSION : par morsure de larves d'acariens infectés sur des rongeurs. SYMPTÔMES : fièvre, éruption maculeuse, escarre au point d'inoculation. Maladie rurale d'Extrême-Orient et des îles du Pacifique (armées alliées : 12 000 cas en 1941-44).

e) Fièvre Q (AZ) : CONTAMINATION : surtout par inhalation de poussières infectées par divers animaux (bétail). SYMPTÔMES : fièvre, pneumonie atypique (pneumopathie aiguë fébrile avec toux, dyspnée et cyanose). Maladie découverte en Australie et répandue dans le monde entier.

CAS (en France, tous groupes réunis) : *depuis 1989 :* environ 100 par an.

■ **Rougeole** (V). CAUSE : morbillivirus. CONTAGION : directe (voie aérienne) ; en France, surtout au printemps. INCUBATION : 8 à 14 j. SYMPTÔMES : catarrhe oculo-nasal (coryza et/ou conjonctivite), toux, puis fièvre, éruption généralisée de papules rouges. DURÉE : 4 à 6 j. COMPLICATIONS : broncho-pneumonie, otite, encéphalite, peut tuer 1 malade sur 10 en Amérique du Sud et en Afrique intertropicale, et être la 1re cause de mortalité des enfants de 6 mois à 4 ans (mort entraînée par broncho-pneumonie, ou déshydratation provoquée par les troubles digestifs). TRAITEMENT : antibiotiques (seulement contre complications bactériennes). PRÉVENTION : séroprévention dès le contact par gammaglobulines humaines ; vaccination : efficace, recommandée chez les enfants fragiles et dans les crèches. CAS : *dans le monde :* 40 millions (dont 5 % sont notifiés) ; *en France : 1996 :* 65 000 ; *97 :* 80 000. DÉCÈS : *dans le monde :* plus de 800 000 enfants de moins de 5 ans/an ; *en France* (est.) : *1980 :* 1 244 ; *81 :* 1 132 ; *82 :* 812 ; *83 :* 876 ; *84 :* 979 ; *85 :* 290 ; *86 :* 268 ; *88 :* 7.

■ **Rubéole** (V). CAUSE : virus rubéoleux. CONTAGION : directe (voie aérienne). INCUBATION : 14 à 21 j. SYMPTÔMES : fièvre, éruption maculo-papuleuse parfois discrète et atypique ; ganglions cervicaux. Nombreuses formes inapparentes : 90 % des adultes ont des anticorps (preuve d'une atteinte). DANGER : malformations congénitales chez les enfants dont la mère a été infectée (primo-infection) durant les 3 premiers mois de la grossesse (cataracte, surdité, malformations cardiaques). PRÉVENTION : gammaglobulines humaines chez la femme enceinte supposée contaminée ; vaccination : préconisée chez nourrissons et filles de 11-13 ans non encore vaccinées ; éventuellement celle des femmes adultes n'ayant pas d'anticorps, uniquement sous contrôle médical. Vaccin efficace après 2 à 3 semaines. L'immunité naturelle (protège 75 % des femmes) ou par vaccin dure quelques années. Il faut donc contrôler systématiquement en cas de grossesse. CAS RECENSÉS (en France) : *1997 :* 78 primo-infections chez des femmes enceintes (sur 84 cas) ont provoqué 2 cas de rubéole congénitale malformative et 6 cas d'infection non malformative.

■ **Salmonelloses** (B). CAUSES : entérobactéries du groupe *Salmonella* (plusieurs centaines d'espèces). 1re souche découverte 1885 par Daniel E. Salmon (Américain, 1850-1914), 2 213 connues début 1997. GROUPES : 1°) *fièvre typhoïde et paratyphoïde* (voir **Typhoïde** p. 163 b) ; 2°) *Salmonella dublin* (bovidés), *Salmonella cholerae-suis* (porc), rare chez l'homme ; 3°) *souches restantes* dont *Salmonella enteridis* et *Salmonella typhimurium* transmises de l'animal à l'homme : transmises par les aliments, causent toxi-infections alimentaires (souvent collectives), septicémies, méningites, gastro-entérites infantiles, etc. Guérison souvent spontanée, graves complications chez les enfants, les personnes âgées et les patients ayant une faible résistance aux maladies infectieuses. TRAITEMENT : antibiotiques. Vaccin à l'étude pour poulets et bovins. ÉPIDÉMIES : *1994 :* USA (224 000 cas dus au transport de crème glacée pasteurisée dans des camions ayant servi auparavant au transport d'œufs liquides non pasteurisés et contenant *Salmonella enteridis*). CAS (en France) : plus de 15 000 par an ; 1/3 des patients sont hospitalisés.

☞ Les poulets d'élevage industriel sont parfois contaminés par des salmonelles qui peuvent se multiplier lors d'une cuisson insuffisante (en durée ou en température) et d'un stockage prolongé à température ambiante.

■ **Scarlatine** (B). CAUSE : streptocoque A. CONTAGION : directe (voie aérienne). INCUBATION : 3 à 5 j. SYMPTÔMES : angine, fièvre, puis éruption généralisée en nappe rouge uniforme ; ensuite desquamation de tout le corps. COMPLICATIONS : otites, néphrites, rhumatismes. TRAITEMENT : pénicilline. PRÉVENTION : antibiotiques dans l'entourage. Isolement : 15 jours seulement s'il y a eu traitement. CAS (en France) : *1980 :* 933 ; *85 :* 484 ; *86 :* 360.

■ **Schistosomiase (ou bilharziose)** (P). Maladie tropicale découverte par Théodore Bilharz en 1851. CAUSE : 4 espèces de plathelminthes (schistosomes : petits vers plats) : *Schistosoma japonicum* en Asie orientale (endémique dans 7 pays) ; *haematobium* Méditerranée orientale, Afrique (forme urinaire, endémique dans 54 pays) ; *mansoni* Méditerranée orientale, Amér. centrale et du Sud (endémique dans 53 pays) ; *intercalatum* Afr. centrale (forme intestinale, endémique dans 10 pays). Gène de résistance de l'organisme ou parasite nommé SM1 localisé en 1996 sur le chromosome 5. CONTAGION : par un mollusque ; les vers adultes s'installent dans les vaisseaux sanguins des organes internes où ils peuvent survivre de 20 à 30 ans. SYMPTÔMES : maladie chronique à évolution lente ; symptômes urinaires (émissions d'urine douloureuses ou sanglantes, rétention ; cas graves : symptômes de néphrite). TRAITEMENT : praziquantel. PRÉVENTION : éradication des mollusques transportant le parasite, éducation sanitaire surtout. PERSONNES INFECTÉES : plus de 200 millions (dont 20 chroniques) dans 48 pays sur 600 millions exposées en pays tropicaux. DÉCÈS : 200 000/an. Cas de bilharziose compliquée (en France) : *1990 :* 80 ; *91 :* 74 ; *92 :* 51 ; *93 :* 40 ; *94 :* 54 ; *95 :* 29.

■ **Septicémies** (B). CAUSE : nombreuses bactéries : strepto-, staphylo-, pneumocoques, entérobactérie, bacille pyocyanique, etc., se multipliant dans le sang par ensemencement répété à partir d'un foyer infectieux communiquant avec la circulation. Localisations suppurées possibles dans divers organes (septicopyohémie). TRAITEMENT : antibiotiques. DÉCÈS (en France) : *1985 :* 2 699 ; *97 :* 1 776. Depuis 1985, déclaration non obligatoire.

■ **Shigellose** (voir **Dysenterie bacillaire,** p. 159 b).

■ **Spirochétose ictéro-hémorragique** (voir **Leptospirose** p. 161 a).

■ **Syndrome septique** ou **sepsis** (B). Inflammation résultant de la complication d'infections et accompagnée de troubles de la coagulation. TRAITEMENT : protéine C.

■ **Syphilis** (voir **MST** p. 144 c).

■ **Tétanos** (B). CAUSE : bacille de Nicolaier (découvert 1884) produisant des spores qui se conservent dans le sol souillé par les déjections de bovidés, d'équidés. CONTAMINATION : plaies souillées de terre, ulcères chroniques aux jambes, avortements septiques, etc. INCUBATION : 4 à

21 jours. SYMPTÔMES : début par *trismus* (mâchoires serrées), puis contractures musculaires généralisées, avec paroxysmes. Décès par syncope, spasme laryngé. TRAITEMENT : sérum antitétanique, réanimation, respiration assistée (après trachéotomie). Moins de 30 % de décès si le traitement est correct. PRÉVENTION : sérum préventif ou gammaglobulines humaines chez les blessés non vaccinés ou mal vaccinés ; rappel chez les autres ; vaccination systématique de la population par anatoxine avec rappel tous les 10 ans (obligatoire : loi du 24-11-1940). DÉCÈS (dans le monde) : 767 000 nouveau-nés/an. CAS DÉCLARÉS (en France) : *1985 :* 131 (68 †) ; *90 :* 33 (19 †) ; *91 :* 43 ; *92 :* 55 ; *93 :* 61 ; *94 :* 36 ; *95 :* 24 ; *96 :* 46 ; *97 :* 29 (18 †).

■ **Toxi-infections alimentaires collectives (TIAC).** Voir **intoxication** à l'Index. CAS (en France) : *1997 :* 359.

■ **Toxoplasmose** (P, AZ). CAUSE : toxoplasme (protozoaire). FORMES : *toxoplasmose acquise :* contagion par ingestion de viande mal cuite (bœuf, porc, mouton) ou de légumes crus mal lavés ou par contact avec les chats et leurs déjections. SYMPTÔMES : adénopathies, atteintes oculaires, rarement encéphalite. *Toxoplasmose congénitale :* transmise au fœtus par mère infectée. PRÉVENTION : un examen médical au 3e mois de grossesse permet de déceler et de guérir la maladie. SYMPTÔMES : encéphalite à la naissance, ou plus tard lésions oculaires ou nerveuses. TRAITEMENT : sulfamides, antibiotiques. Dépistage de la vulnérabilité à la maladie par dosage d'anticorps possible lors d'un examen sérologique par prise de sang (85 % des adultes ont des anticorps, preuves d'une atteinte). FEMMES ENCEINTES NON IMMUNISÉES : de 220 000 à 350 000/an, dont 880 à 5 600 séroconversions/an. CONTAMINATION DU FŒTUS : risques si la mère est contaminée : non traitée 40 % ; traitée par antibiotiques 5 à 12 %. 7 à 8 ‰ des femmes enceintes sont contaminées pendant leur grossesse. 2 à 3 ‰ des enfants naissent avec une toxoplasmose congénitale de gravité variable.

■ **Trématodes** (P). Infestations d'origine alimentaire (douves). *Fascioliase* (causée par *Fasciola hepatica* ou *Fasciola gigantica*) parasitoses du bétail. 300 000 cas humains enregistrés depuis 1970 dans plus de 55 pays (dont la France). *Clonorchis sinensis,* 5 millions de personnes infectées (Chine, Corée, Viêt Nam, colonies chinoises, outre-mer). *Opistorchis viverrini* [Asie du Sud-Est, surtout nord-est de la Thaïlande (7 millions de cas), Laos, Cambodge]. *Opistorchis felineus* (2 millions de cas en Europe de l'Est et ex-URSS).

■ **Trichinose** (P). CAUSE : trichine (du grec *trikhinos*, poils) : ver filiforme. Fièvre élevée associée à des douleurs musculaires et gonflement du visage et des membres. Due en particulier à la consommation de viande de cheval (parfois de sanglier ou de porc) contaminée et mal cuite (en France, viande importée). INCUBATION : 4 à 5 jours. COMPLICATIONS : cardiaques et cérébrales ; douleurs musculaires chroniques. TRAITEMENT : antiparasitaire (Thibendazole). CAS (en France), épidémies : *1976 :* 125 ; *85 :* 1 073 ; *91 :* 21 ; *93 : 538 ; 98 :* plus de 600 (2 épidémies en Midi-Pyrénées).

■ **Trypanosomiases** (P). **Maladie du sommeil :** CAUSE : trypanosome. CONTAGION : indirecte par piqûre de *mouche tsé-tsé* (glossine). INCUBATION : 8 à 15 jours. SYMPTÔMES : fièvre, ganglions, puis symptômes nerveux : céphalée, torpeur, troubles mentaux, puis cachexie. TRAITEMENT : lomidine, arsenic, ornidyl (DFMO ou éflornithine). PRÉVENTION : destruction des glossines ; dépistage et traitement de sujets infectés. CAS : 300 000 à 500 000 (27 000 notifiés à l'OMS par le Congo en 1998 sur 350 000 estimés ; 8 000 par l'Angola sur 100 000 estimés), 55 millions de personnes exposées dans 36 pays d'Afrique subsaharienne. **Maladie de Chagas :** CAUSE : parasite *Trypanosoma cruzi* (découvert 1909 au Brésil). CONTAMINATION : indirecte par punaise hématophage *(réduve Triatoma infestans)* ou transfusion sanguine (Amérique du Nord). SYMPTÔMES : lésions réversibles du cœur (27 %), du système digestif (6 %), du système nerveux périphérique (3 %). Peut être asymptomatique durant des années. CAS : 16 à 18 millions dans 21 pays d'Amérique latine (100 millions de personnes exposées), 45 000 † par an. TRAITEMENT : chimiothérapie (efficace si dépistage rapide).

■ **Tuberculose** (B). CAUSE : *Mycobacterium tuberculosis* dit bacille de Koch (BK) : découvert 1882 par l'Allemand Robert Koch (1843-1910) ; un 1er gène de virulence a été identifié en 1998. Bâtonnet de 2 à 3 millièmes de mm de long, isolé ou groupé, entouré d'une coque cireuse, résistante, détruite à 100 °C : par antiseptique, capable de dissoudre la coque, par l'action prolongée du soleil et des rayons UV. CONTAGION : par voie aérienne (fines gouttelettes se transformant en noyaux microscopiques en suspension dans l'air), rarement digestive (bacille bovin dans le lait). CAUSES : *favorisantes :* pauvreté, malnutrition, diabète, ulcère gastrique, maladie infectieuse grave, fatigue inhabituelle (grossesse, surmenage...), transplantation, contaminations importantes et répétées, sida, et surtout alcoolisme. SYMPTÔMES : **a) primo-infection :** chancre pulmonaire avec ganglions intrathoraciques ; silencieuse (sans traduction clinique ni radiologique) dans 90 % des cas ; décelée par virage des réactions tuberculiniques qui traduisent un état d'allergie accompagnant un certain degré d'immunité. Formes graves de la primo-infection : pleurésie, méningite. **b) Tuberculose pulmonaire chronique (phtisie) :** début rarement caractéristique ou aigu (fièvre, toux, crachats purulents, fièvre vespérale) ; lésions infiltratives destructrices (cavernes) et fibreuses des poumons évoluant par poussées. **c) Autres localisations :** tuberculose ostéo-articulaire, coxalgie (atteinte de la hanche), *mal de Pott* (colonne vertébrale), tumeurs blanches aux articulations (coudes, genoux, poignets, etc.) ; tuberculose rénale ou génitale (souvent cause de stérilité chez la femme) ; tuberculose intestinale ; adénopathies tuberculeuses atteignant souvent les ganglions du cou (les cicatrices amenées par la suppuration de ces ganglions étaient appelées jadis les *écrouelles*) ; méninges, rein, etc. Ces localisations extrapulmonaires sont devenues rares. TRAITEMENT : antibiotiques [(année d'introduction) : streptomycine (1944), thiocétazone (1946), isoniazide (1952), pyrazinamide (1952), ethambutol (1961), rifampicine (1966)], associés pour éviter l'apparition de résistance jusqu'à la fin du 6e mois, reprise possible du travail dès le 2e ou 3e mois. Mis au point par le Dr Karel Styblo, le DOTS (acronyme anglo-saxon de « traitement de brève durée sous surveillance directe ») associe une série de médicaments antituberculeux prescrits sur une période courte (environ 6 mois) et absorbés quotidiennement par le malade sous la surveillance d'un médecin ou d'un soignant. PRÉVENTION : dépistage et traitement des contagieux ; vaccin BCG [bacille bilié de Calmette et de Guérin : Albert Calmette (Fr., 1863-1933) et Camille Guérin (Fr., 1872-1961)] [bacille bovin atténué (marque déposée)] provoquant une primo-infection inoffensive et immunisante et protégeant à 80 %. Il y a 6 fois moins de tuberculose chez les vaccinés. L'observance régulière du traitement amène la guérison dans plus de 95 % des cas. Sinon, les risques de résistance du bacille aux antibiotiques deviennent importants. LÉGISLATION (en France) : vaccination par le BCG obligatoire depuis le 5-1-1950 pour entrée en collectivités et pour les enfants avant 6 ans. Elle est précédée d'un *test tuberculinique* (introduction sous la peau de tuberculine obtenue par filtration de cultures de bacilles tuberculeux tués par la chaleur, par cuti, ou intradermoréaction à l'aide d'une fine aiguille). Si ce test est positif (on est déjà infecté par le BK ou on a déjà été vacciné) la vaccination est inutile. S'il est négatif, le BCG fera virer le test qui deviendra positif. Une revaccination est effectuée jusqu'à 25 ans si le test est redevenu négatif. Maladie à déclaration obligatoire depuis 1964. STATISTIQUES. **Dans le monde :** *nouveaux cas/an* (en millions) : 8 [dont Asie du Sud-Est 3, Afrique subsaharienne 1,5, Europe orientale 0,25] (dont décès 2 millions). *Personnes infectées* (est. OMS mi-1999) : 1,86 milliard. *Prévisions de l'OMS pour 2000-2020* (en millions) : personnes infectées 1 000, malades 200, décès 35 (17 % liés au sida). La tuberculose représente 30 % des décès de séropositifs dans le monde (40 % en Afrique où elle augmente de 10 %/an à cause du sida). **En France :** *nouveaux cas, pour 100 000 habitants : 1950 :* 135,6 ; *70 :* 66,7 ; *90 :* 16 ; *91 :* 15 ; *93 :* 17,2 ; *94 :* 17. *Décès et,* entre parenthèses, *nombre de cas : 1950 :* 24 364 ; *60 :* 10 086 ; *70 :* 4 141 ; *80 :* 1 156 (20 000) ; *90 :* 975 (9 030) ; *91 :* (8 310) ; *92 :* (9 220) ; *93 :* (9 735) ; *94 :* (9 679) ; *95 :* 758 (8 568) ; *96 :* 693 (7 822) ; *97 :* 692 (6 832) ; *98 :* n.c. (6 651) ; *99 :* n.c. (6 674 dont DOM 166).

☞ ADRESSE : *Comité national contre les maladies respiratoires et la tuberculose,* 66, bd Saint-Michel, 75006 Paris.

■ **Tularémie** (B, AZ). CAUSE : bacille *(Francisella tularensis* découvert par Mac Coy et Chapin en 1911). CONTAMINATION : indirecte par manipulation de cadavres d'animaux infectés (lièvre, lapin, rat, écureuil). INCUBATION : 2 à 4 jours. SYMPTÔMES : fièvres, adénopathies (ganglions) ; ulcérations cutanées. COMPLICATIONS : pleuro-pulmonaires, septicémie. TRAITEMENT : antibiotiques. CAS (en France) : *1985 :* 2 ; *90 :* 87 ; *91 :* 22 ; *92 :* 21 ; *93 :* 73.

■ **Typhoïde (fièvre)** (B). CAUSE : bacilles d'Eberth (Karl, Allemand 1835-1926) *Salmonella typhi* (107 souches) et paratyphiques *Salmonella Enteridis paratyphi* A, B et C d'Achard, Bensaude et Schottmüller. CONTAGION : surtout indirecte (aliments souillés par des déjections de malades), et surtout de porteurs sains de germes. INCUBATION : 8 à 15 jours. SYMPTÔMES : fièvre, torpeur. COMPLICATIONS : hémorragie et perforation intestinale ; encéphalite, myocardite. TRAITEMENT : antibiotiques (chloramphénicol, ampicilline). Autrefois : durée 3 à 4 semaines ; 10 à 15 % de décès. Aujourd'hui : 2 à 3 %. La fièvre tombe après 4 à 5 jours de traitement. PRÉVENTION : surveillance de l'eau ; abstention de crudités, coquillages, etc. ; vaccin antityphoïdique (expérimenté chez l'homme 1896). Vaccin à base de polyoside capsulaire du bacille d'Eberth, efficace à 90 %. CAS : *dans le monde :* 17 millions et 600 000 †/an. *En France : 1978 :* dernière épidémie autochtone ; *1980 :* 950 cas (51 †) ; *83 :* 848 (87 †) ; *84 :* 693 (55 †) ; *86 :* 657 (0) ; *89 :* 430 (21) ; *90 :* 320 (20) ; *91 :* 303 (19) ; *92 :* 330 (10) ; *93 :* 260 (6) ; *94 :* 248 [3 † (Guadeloupe 1, Martinique 1, Réunion 1)] ; *95 :* 247 ; *96 :* 162 ; *97 :* 109 (dont en Guyane 13) (46 †).

■ **Typhus exanthématique** (voir **Rickettsioses** p. 162 b).

■ **Ulcère de Buruli** (B). Maladie émergente. Apparue 1948 chez des fermiers en Australie (connue sous le nom d'*ulcère de Bairnsdale*) mais des cas avaient été décrits dès 1897. Mycobactériose détruisant les tissus et provoquant des lésions aux membres. CAUSE : *Mycobacterium ulcerans.* TRAITEMENT : long et coûteux, laisse des séquelles : greffe de peau après avoir excisé largement la lésion. ENDÉMIE : marécages (régions tropicales et subtropicales humides d'Asie, Océanie, Amérique latine, Afrique). Touche surtout les jeunes.

■ **Varicelle** (V). CONTAGION : directe par voie aérienne. INCUBATION : 14 jours. SYMPTÔMES : fièvre légère ; éruption de vésicules superficielles en plusieurs poussées. Maladie bénigne pouvant devenir grave chez les sujets atteints de leucémie ou d'insuffisance rénale. COMPLICATIONS : infection des vésicules, rares encéphalites. ISOLEMENT jusqu'à guérison clinique. PRÉVENTION : immunoglobulines (protection limitée de 4 à 6 semaines), vaccination réservée aux enfants atteints d'une maladie maligne (cancer, leucémie). CAS (en France) : 650 000 par an.

■ **Variole** (V). CONTAGION : directe par voie aérienne, et indirecte par les croûtes. INCUBATION : 7 à 17 jours. SYMPTÔMES : fièvre élevée, invasion brutale ; puis éruption généralisée de pustules qui s'ulcèrent et se couvrent de croûtes persistantes. FORMES graves (confluentes, hémorragiques : 80 % de décès) ; mineures. COMPLICATIONS : encéphalite, surinfection microbienne. SÉQUELLES : cicatrices indélébiles. TRAITEMENT : Méthisazone, gammaglobulines humaines. PRÉVENTION : maladie quarantenaire, isolement des malades et suspects. *Variolisation :* pratiquée il y a plus de 2 500 ans en Asie, puis à partir du XVIIe s. en Europe, importée en Angleterre par lady Mary Wortley Montagu, épouse de l'ambassadeur britannique à Constantinople en 1718. VACCINATION : *1770 :* le pasteur protestant Rabaud-Pommier constate que les personnes qui traient des vaches malades ne sont pas atteintes par la contagion variolique. *1783 :* il fait part de ses observations à Jacques Ireland, de Bristol, qui en parle au Dr Pugh (de Londres) ; celui-ci les expérimente en 1784. *1796 :* vaccination de James Phipps (8 ans) par prélèvement sur un sujet atteint par la variole de la vache [Edward Jenner (Anglais, 1749-1823)]. *1803 :* méthode importée en France par La Rochefoucauld-Liancourt ; le Dr Guillotin donne un avis favorable à Bonaparte : jusqu'en 1811, 2 500 000 personnes vaccinées en France. *1902 :* primovaccination ou revaccination obligatoire en France. *1979 :* suspension de l'obligation de primovaccination, mais maintien de l'obligation de « rappels ». *30-5-1984 :* obligation suspendue.

Destruction des stocks de vaccins : recommandée par l'OMS en mars 1986 pour fin 1993 au plus tard ; irrévocable, annoncée 24-5-1996 : date limite 30-6-1999, repoussée à 2002 le 25-5-1999. 500 000 doses de vaccin sont conservées par l'OMS, et le virus à Bilthoven (P.-Bas).

Statistiques : *vers 1500 av. J.-C. :* 1er récit attestant sa présence (Inde). *Vers 1160 av. J.-C. :* le pharaon Ramsès V en serait mort. *XVe s. :* importée d'Asie par les Sarrasins. *XVIe s. :* tue 3 500 000 Indiens (conquête de l'Amérique par les Espagnols). *XVIIe s. :* touche les Indiens d'Amér. du Nord. *XVIIIe s. :* Europe : 20 % des nouveau-nés en meurent. *1707 :* Islande : 18 000 † sur 57 000 habitants. *1770 :* Inde : 3 millions de †. *1774 :* Louis XV en meurt. *1870 :* 23 400 † dans l'armée française (278 dans l'armée allemande, vaccinée). *1930 :* 48 000 cas aux USA. CAS (dans le monde) : *1967* début du programme mondial d'éradication : 10 à 15 millions de cas (2 millions de †) dans 33 pays. *1975 :* 19 278 cas. *1977 :* 3 234 cas (Somalie 3 229, Kenya 5). Le dernier malade officiellement recensé est le cuisinier somalien Ali Maow Maali, guéri en octobre 1977. *1978 :* 2 cas à Birmingham (G.-B.) en août et septembre (origine probable : laboratoire). *8-5-1980 :* l'OMS annonce l'éradication totale dont le coût total (313 millions de $) a permis d'économiser une dépense annuelle de 2,5 milliards de $. *De 1980 à 86 :* 131 cas suspectés (causes réelles : varicelle 54, rougeole 19, maladie de la peau 16, erreurs dans les statistiques ou les médias 42). DERNIÈRES ÉPIDÉMIES FRANÇAISES : *1947 :* Paris 52 cas, 2 † ; *1952 :* Aisne 19 cas, 2 † ; *1954-55 :* Vannes et Brest 85 cas, 18 † (virus rapporté du Viêt Nam).

■ **Zona** (V). CAUSE : virus de la varicelle localisé sur ganglion nerveux rachidien. Touche des sujets partiellement immunisés par varicelle antérieure. SYMPTÔMES : éruption douloureuse de vésicules le long du trajet d'une ou plusieurs racines nerveuses. Troubles oculaires graves par localisation sur le trijumeau. COMPLICATIONS : douleurs prolongées (sujets âgés) ; méningo-encéphalites (rares).

■ **Maladies longtemps mystérieuses.** **Feu de Saint-Antoine** (ou mal des ardents) : sévissait au Moyen Age. Gangrène des membres qui noircissaient et se détachaient du corps. Dû à la consommation de pain fait avec du seigle parasité par un champignon (l'ergot de seigle). En août 1951, à Pont-Saint-Esprit (Gard), on l'accusa d'avoir provoqué 250 empoisonnements et 6 décès, mais on découvrit plus tard la cause réelle de l'intoxication. **Tarentisme (tarentulisme) :** sévissait près de Tarente (Italie) du XVe au XVIIe siècle. Maladie nerveuse due, croyait-on, à la morsure de la tarentule. On la soignait par la musique. Il s'agissait probablement d'une chorée du type de la danse de Saint-Guy.

CANCER

■ GÉNÉRALITÉS

■ **Définitions.** **Cancer :** tumeur maligne résultant de l'évolution d'un clone cellulaire (une seule cellule initialement concernée) dont le génome a été modifié par des mutations successives [héréditaires ou acquises (spontanément ou sous l'influence d'agents favorisants)] des gènes contrôlant la division cellulaire, l'apoptose et les capacités de mobilité cellulaire. Le nombre des altérations génétiques nécessaire pour qu'à partir du 1er événement (appelé « initiation ») la descendance de la cellule originelle modifiée forme un cancer varie : une seule dans le rétinoblastome (tumeur de l'enfant), plusieurs dans les cancers du côlon ou du poumon (leur développement à partir de la lésion génétique initiale s'étend sur plusieurs décennies). Des gènes particuliers peuvent contribuer à transformer une cellule normale en cellule maligne *(oncogènes),* ou à empêcher cette transformation *(antioncogènes ou gènes suppresseurs de tumeurs)* ou encore lorsque les gènes chargés de réparer l'ADN lésé *(réparases)* ne remplissent pas cette fonction ; des anomalies congénitales ou acquises de ces gènes contribuent à la naissance d'un cancer.

Classement histologique des cancers : 2 classes selon l'origine embryonnaire du tissu atteint, les **épithéliomas** ou **carcinomes** (tissus d'origine épithéliale) [*épidermoïde* ou *adénocarcinome* selon l'origine (épidermoïde ou glandulaire] et les **sarcomes** (tissus d'origine conjonctive). D'autres dénominations traditionnelles (*leucémies* et *lymphomes* pour maladies malignes du sang, voir p. 126 a ; *mélanomes malins,* voir p. 153 c, etc.) sont toujours employées. Le carcinome est dit *in situ* s'il ne franchit pas la membrane basale, et *invasif* s'il le franchit. **Classement selon l'évolution : cancer primitif :** n'atteint que le tissu ou l'organe où il a pris naissance ; **cancers secondaires** ou **métastases** [terme utilisé pour la 1re fois en 1829 par le Dr Joseph-Claude Anthelme Récamier (Fr., 1744-1852) pour une tumeur secondaire dans le cerveau d'une victime d'un cancer du sein] : dues à des cellules de la tumeur primitive qui ont migré par voie sanguine ou lymphatique. Les sites (poumon, foie, os) dépendent dans une certaine mesure du site primitif (exemple : les cancers du côlon donnent préférentiellement des métastases hépatiques). Pour certains cancers généralisés à plusieurs tissus ou organes, on ne retrouve pas toujours le point de départ : ces métastases d'origine indéterminée forment environ 5 % de l'ensemble des cancers. Un cancer sans métastase peut souvent être guéri ; un cancer métastatique peut rarement être définitivement éradiqué.

■ **Agents favorisants. Agents toxiques ou environnementaux :** ils sont nombreux, mais d'importance inégale et inégalement prouvée. On admet que les décès par cancer sont dus à l'alimentation (35 %), au tabac (30 % des cas), à l'abus d'alcool (10 %), à un risque professionnel (4 %, voir p. 165 b), aux radiations y compris le soleil (3 %), à la pollution (2 %), et aux traitements médicaux (1 %). Le rôle de l'alimentation découle d'études épidémiologiques alimentaires (cancer de l'estomac) chez les pêcheurs des États baltes (qui se nourrissent l'hiver de poisson fumé) 3 fois plus fréquent que dans la population de l'arrière-pays qui en consomme moins. Le rôle du tabac [cancers du poumon surtout, mais aussi des voies aéro-digestives supérieures (rôle multiplicatif de l'alcool ajouté au tabac), de la vessie (goudrons cancérigènes éliminés par l'urine)] est indiscutable : aux USA, la fréquence de ces cancers chez les hommes est réduite de 50 % dans les communautés dont la religion interdit l'usage du tabac (mormons, adventistes du 7e jour). **Certains germes ou virus :** exemples : *Hélicobacter pylori*, saprophyte de l'estomac et du duodénum, est associé à des lymphomes ou carcinomes gastriques ; le virus d'Epstein-Barr (avec d'autres facteurs) dans le lymphome de Burkitt, découvert dans les années 1950 par Denis Parson Burkitt (Angl., 1911-93) et certaines tumeurs malignes du rhinopharynx ; le virus de l'hépatite B et C dans le cancer du foie, les virus papillomateux dans celui du col de l'utérus, un herpès-virus (HHV8) dans le sarcome de Kaposi lié ou non au sida.

■ **Cancers à prédisposition héréditaire.** Prouvés dans un nombre croissant de cas pour enfants et adultes jeunes. Les parents paraissent normaux mais ont un gène anormal. **Cancers où sont trouvées des anomalies héréditaires chez l'enfant :** *rétinoblastome* (cancer de la rétine qui se manifeste successivement et très rapidement dans les 2 yeux, avec anomalie de l'antioncogène RB) ; *néphroblastome (ou tumeur de Wilms)* [cancer du rein qui peut atteindre les 2] ; *cancer médullaire de la glande thyroïde* et *cancer cutané liés au Xeroderma pigmentosum* avec anomalies des réparases ; en 1999, on a découvert que la leucémie aiguë lymphoblastique commune de l'enfant serait liée à une anomalie génomique [translocation t(12;21) aboutissant au gène-fusion TEL-AML1] survenue pendant la vie intra-utérine. D'autres cancers, à fréquence élevée, des **jeunes adultes** dans certaines familles, sont liés à des anomalies génomiques récemment identifiées : *cancer du sein* (gène BRCA1 : *cancers du sein et des ovaires ;* BRCA2 : *cancer du sein* dans les 2 sexes) ; *cancers colorectaux* au cours de la *polypose rectocolique familiale* (gène APC) ou au cours du *syndrome de Lynch* (forme familiale non polyposique de cancer colorectal lié à des anomalies de réparases) ; *cancer du pancréas* (gène DPC4) et *cancer baso-cellulaire* (gène PTC, découvert en 1996).

■ **Symptômes.** Induration ou grosseur ; modification de l'aspect de grains de beauté ; dérangement des fonctions intestinales ou urinaires ; difficultés à avaler ; cicatrisation interminable d'une plaie ; persistance d'une enflure ; enrouement ou toux opiniâtre ; saignement ou écoulement anormal. Ces symptômes ne révèlent pas nécessairement la présence d'un cancer, mais doivent amener à consulter un médecin. La douleur est tardive et inconstante.

☞ **Méthode « ABCDE » pour surveiller un grain de beauté qui s'étend :** *Asymétrie* (mélanome : forme irrégulière), *Bords* (déchiquetés), *Couleurs* (au moins 2 : noir, marron, rouge, voire blanc), *Diamètre* (plus de 6 mm), *Évolution* (croissance).

■ **Méthodes diagnostiques.** Certaines lésions sont visibles directement (peau, bouche, pharynx) ou par un *endoscope* (en fibre de verre souple couplé à un appareillage permettant de photographier, pratiquer une biopsie, électrocoaguler). **Méthodes d'imagerie médicale :** permettent de visualiser les lésions profondes non accessibles à la vue, qu'elles aident à ponctionner ou faire une biopsie. *Scanners* (voir encadré p. 166) couplés à l'informatique, de plus en plus performants ; *radiographies X* traditionnelles (encore utiles pour poumon, os et seins : mammographies). *Échographie :* utilise la transmission (différentielle selon la densité des milieux traversés) des ultrasons (pour foie, reins) ; peut être couplée à une endoscopie (œsophage, rectum). *Scintigraphie :* étudie la répartition d'isotopes radioactifs grâce à une caméra à scintillation (donne des images en 2 dimensions). *Tomographie par émissions de positrons (PET-Scan) :* couple scintigraphie et scanner (donne des images en 3 dimensions) ; appareils en service : France 5 (en 2000), USA environ 300. *IRM* (imagerie par résonance magnétique) : complète les résultats du scanner, facilite le diagnostic de tumeurs du système nerveux et certaines localisations métastatiques (os).

Marqueurs tumoraux : substances présentes dans le sang des sujets cancéreux ou pas ; leur dosage permet parfois d'aider au diagnostic mais surtout de suivre les effets du traitement et de surveiller les rechutes. *Exemples :* calcitonine et cancer médullaire de la thyroïde ; PSA et cancer de la prostate ; ACE (antigène carcino-embryonnaire) et cancers glandulaires, en particuliers digestifs ; Ca 15-3 et cancers du sein ; Ca 19-9 ; Ca 125 ; α Fœto Protéine ; β HCG... **Hemoccult :** test inventé par le Dr Greegor (USA) : un buvard imprégné de résine détecte les saignements miscroscopiques dans les selles (cancer du côlon et du rectum). La découverte d'un saignement conduit à une endoscopie à la recherche d'un cancer colorectal. Le test pourrait donc être utilisé dans le dépistage de masse de ce cancer. Coût : 50 à 100 F. Nombre réalisé : 300 000/an. Doit être répété tous les 1 ou 2 ans à partir de 45 ans (pour les personnes à risque : coloscopie).

☞ Seule la **biopsie** apporte une certitude du diagnostic de tumeur solide.

■ **Prévention et dépistage. Prévention :** éviter l'exposition à un agent cancérigène (tabac, soleil, alcool...). **Dépistage :** cancer du col utérin : travaux de Papanicolaou (USA, 1883-1962) sur les frottis vaginaux ; de la peau : examen clinique. L'imagerie permet de dépister certains cancers de petite taille, à un stade curable : sein (mammographie), poumon (scanner hélicoïdal multibarrettes), côlon (à l'étude : colonoscopie virtuelle). L'efficacité du dépistage des cancers colorectaux par recherche de sang dans les selles (Hemoccult) et de celui des cancers de la prostate *(PSA)* est encore à l'étude.

■ **Bilan avant traitement. But :** apprécier certaines particularités liées au *malade* (âge, autres maladies, état général...), *l'extension* du cancer, son *retentissement sur l'organisme* et son *pronostic.* Exemple : avant de traiter un cancer du côlon, examen clinique, coloscopie, échographie hépatique, radiographie pulmonaire, dosage de l'ACE.

■ **Traitements. 1°) A visée loco-régionale** (chirurgie d'exérèse : efficace localement si elle permet d'enlever toute la tumeur avec une marge de sécurité en tissu sain et radiothérapie) : pour la tumeur et les ganglions proches. **2°) A visée systémique** (chimiothérapie, hormonothérapie et immunothérapie) : pour réduire le volume de la tumeur et surtout pour les métastases, décelables ou microscopiques. **3°) Chirurgie réparatrice :** permettant certaines reconstructions (exemple : reconstruction mammaire après mammectomie).

Radiothérapie. Radiations ionisantes bloquant la division cellulaire et laissant aux cellules saines la possibilité de se reconstituer (effet différentiel). Intérêt en cas de cancer bien localisé ; peut couvrir de larges volumes (irradiations « en mantelet » dans la maladie de Hodgkin) à condition que l'organisme la tolère. **1°) Radiothérapie externe** (ou **téléradiothérapie**) : émet à distance (appareil de télécobalt, accélérateurs linéaires) un faisceau de radiations de haute énergie (photons, électrons ou, plus rarement, neutrons ou protons) qui pénètre dans l'organisme à des profondeurs variables selon l'énergie choisie pour atteindre la zone tumorale et l'irradier à la dose prescrite. En général, plusieurs séances sur plusieurs semaines. *A l'étude :* **radiothérapie conformationnelle :** permet de moduler l'intensité délivrée en 3 dimensions et donc d'augmenter la dose reçue par la cible visée sans augmenter celle reçue par les tissus voisins. **2°) Curiethérapie :** irradie la tumeur à son contact (plésiocuriethérapie) ou à l'intérieur (endocuriethérapie) avec des fils ou des grains radioactifs (iridium 192, césium 137) introduits dans des aiguilles ou des tubes de plastique mis en place au niveau de la tumeur. L'irradiation (photons dits « rayons gamma ») s'effectue à bas débit (hospitalisation de quelques jours) ou à haut débit (traitement ambulatoire). **3°) Radiothérapie métabolique :** certains organes fixent de préférence certaines sources ou molécules radioactives (exemple : iode 131 et glande thyroïde). Après administration, on peut obtenir une concentration spécifique de produit radioactif au niveau de la structure ou du système envahi par des cellules cancéreuses et délivrer une dose d'irradiation thérapeutique. **4°) Protonthérapie :** délivre des radiations plus puissantes et mieux ciblées que la radiothérapie habituelle. *A l'essai aux USA :* traitement du cancer de la prostate, du poumon, du sinus, naso- et oropharynx, des méningiomes bénins et des dégénérescences maculaires (à l'origine de la perte de la vue chez les personnes âgées). *Cyclotrons et synchrotrons* sont déjà utilisés pour des tumeurs rares comme celle de l'œil.

Chimiothérapie. Bloque la division cellulaire en agissant plus spécifiquement sur les cellules cancéreuses (a des effets secondaires). Administrée avec un traitement local (par chirurgie ou radiothérapie) dans la plupart des localisations cancéreuses ou seule lorsque la maladie est évoluée et métastatique. L'administration concomitante de chimiothérapie et de radiothérapie permet d'augmenter l'efficacité de cette dernière dans certaines localisations. Rôle majeur dans le traitement des cancers du système hématopoïétique (hémopathies malignes dont leucémies) et des tumeurs dysembryonnaires (cancers de l'enfant et de l'adolescent).

Médicaments utilisés : ciblant une enzyme : *antimétabolites* (méthotrexate, fluoropyrimidines, etc.) ; **ciblant le génome :** *agents alkylants* (cyclophosphamide, nitrosourées, sels de platine ou la mitomycine). *Intercalants* (anthracyclines,) ou agents ayant pour cible une enzyme nécessaire aux modifications structurales de l'ADN [épipodophyllotoxines (VP16), analogues de la camphoptécine] ; **provoquant une rupture de l'ADN** (bléomycine) ; **agissant sur l'appareil microtubulaire de la mitose** [poisons du fuseau (vincristine...), et taxanes (Taxotère, Taxol)] ; **inhibiteurs de la synthèse protéique** (L-asparaginase) ; **réverseurs :** permettent de contourner la résistance acquise des cellules cancéreuses en redonnant une activité à un médicament classique (adriblastine). **Formes habituelles :** perfusions brèves, répétées, à intervalles réguliers (3 à 4 semaines). Les associations visent à obtenir une addition des effets anticancéreux sans multiplier les toxicités. **Effets secondaires :** *vomissements* généralement bien contrôlés par des antiémétiques ; *alopécie,* le plus souvent réversible ; *cytopénies sanguines* ou *aplasie* (baisse du nombre de globules du sang), nécessitant parfois une compensation (transfusion), plus ou moins profondes et durables selon l'intensité du traitement, elles sont parfois raccourcies par les facteurs de croissance hématopoïétique (qui stimulent la moelle hématopoïétique) ; *mucites* (érosion des muqueuses bucco-pharyngées) évoluant parallèlement à l'aplasie.

CODE EUROPÉEN CONTRE LE CANCER
[Rédigé en 1986 sous la direction du Pr Maurice Tubiana, diffusé par l'action « Europe contre le cancer », votée par les chefs d'État européens au sommet de Milan en 1985 ; révisé en 1995]

Vous pouvez éviter certains cancers et améliorer votre capital santé si vous adoptez un mode de vie plus équilibré. 1°) Ne fumez pas. Si vous fumez, arrêtez le plus vite possible et ne fumez pas en présence des autres. Si vous ne fumez pas, ne vous laissez pas tenter par le tabac. 2°) Si vous buvez des boissons alcoolisées : bière, vin ou alcool, modérez votre consommation. 3°) Augmentez votre consommation quotidienne de fruits et de légumes frais. Mangez souvent des céréales à haute teneur en fibres. 4°) Évitez l'excès de poids, augmentez votre activité physique et limitez la consommation d'aliments riches en matières grasses. 5°) Évitez la surexposition au soleil et évitez les coups de soleil surtout durant l'enfance. 6°) Appliquez de manière stricte les réglementations dont la finalité est d'éviter l'exposition aux substances carcinogènes connues. Suivez toutes les consignes d'hygiène et de sécurité concernant les substances qui pourraient causer un cancer.

Plus de cancers pourraient être guéris s'ils étaient détectés tôt. 7°) Consultez un médecin si vous remarquez une grosseur, une plaie qui ne guérit pas (y compris dans la bouche), un grain de beauté qui change de forme, de taille ou de couleur ou des saignements anormaux. 8°) Consultez un médecin si vous avez des troubles qui persistent, comme une toux ou une voix enrouée, un changement des fonctions des intestins ou de la vessie, ou une perte inexpliquée de poids.

Pour les femmes. 9°) Faites pratiquer un frottis vaginal à intervalles réguliers. Participez à des campagnes de dépistage de masse du cancer du col de l'utérus. 10°) Examinez vos seins régulièrement. Si vous avez plus de 50 ans, participez à une campagne de dépistage de masse par mammographie.

☞ Ces mesures pourraient diminuer de 50 % le risque de cancer.

Hormonothérapie. Pour le sein (tamoxifène : antiœstrogène le plus utilisé à tous les stades), la prostate (œstrogènes, anti-androgènes, agonistes de la LHRH).

Immunothérapie. L'interféron et l'interleukine-2 modifient les réactions immunitaires. Leur action peut compléter d'autres traitements si le nombre de cellules malignes est faible (< 100 000) ou dans certains cancers. L'interféron est utilisé pour certaines hémopathies malignes : LMC, myélomes multiples. Le rôle thérapeutique de l'interleukine-2 est prouvé uniquement pour le cancer du rein de l'adulte et les mélanomes. Des anticorps spécifiques de certaines molécules de surface propres à certaines tumeurs peuvent aider à la destruction de celles-ci : l'anti-CD20 ou rituximab (mabthera ; dans certaines hémopathies malignes) ; l'anti-17-1A (panorex ; dans certains cancers du côlon) en Allemagne ; l'anti-HER2 (herceptin ; dans certains cancers du sein).

Antalgiques. Anti-douleurs périphériques ou morphiniques. La morphine existe maintenant sous forme orale et transdermique (patch) et peut être utilisée à tous les stades de la maladie : progressivement diminuée, elle est interrompue quand la lésion douloureuse est traitée efficacement.

Nouveaux traitements (en cours d'évaluation). **Chimiothérapie intensive avec autogreffe :** après une chimiothérapie à haute dose, la réinjection des cellules souches du patient permet la reconstitution de sa moelle hématopoïétique. **Thérapie cellulaire :** réinjection de cellules, modifiées ou non, et éventuellement multipliées hors du corps (inclut l'autogreffe). **Thérapie génique :** intervient directement sur le génome. Utilise l'ADN comme un médicament. Plusieurs mécanismes d'action utilisés. **Médicaments anti-angiogénèse :** bloquent la fabrication de nouveaux vaisseaux transportant les nutriments indispensables à la reproduction des cellules malignes. **Traitements locaux :** destruction de nodules (foie, prostate) par une source de chaleur (micro-ondes), de froid (cryothérapie) ou par embolisation (obstruction des vaisseaux nourriciers) ; électrochimiothérapie utilisant des chocs électriques pour faire pénétrer dans la tumeur des molécules non perméantes.

☞ **Vaccin anti-cancer universel :** testé sur des souris à l'université Duke (Durham, Caroline du N., USA) en 2000. A base de télomérase (exprimée dans 90 % des cancers).

Principaux organes atteints

Appareil respiratoire, lèvres, cavité buccale et pharynx. Décès (en France) : *1997 :* 4 922. **Bronches.** Cancer secondaire (métastase d'un cancer situé ailleurs) ou primitif. Les cancers primitifs sont liés au tabagisme ou à l'association tabagisme-polluants professionnels (amiante) dans plus de 90 % des cas ; on distingue les formes histologiques « à petites cellules » (rapidement métastatiques ; sensibles à la chimiothérapie) et les formes « non à petites cellules » (évolution longtemps locale ; peu sensibles à la chimiothérapie). Taux de survie à 5 ans : environ 10 %. Décès : *dans le monde* (en 1996) : 989 000 (1,32 million de cas nouveaux) ; *en France* (en 1997) : 24 417 (cancers de la trachée et des bronches inclus) ; taux pour 100 000 habitants : *1952 :* 11,7 ; *76 :* 30,6 ; *81 :* 32,5 ; *90 :* 39 ; *93 :* 43.

Sein. Fréquence : plus grande chez les femmes qui ont eu des antécédents familiaux, ou des règles précoces (11 ans), une ménopause tardive (55 ans), un 1er enfant tardif (après 35 ans), ou qui n'ont jamais allaité. Origine génétique estimée à 5 % des cas (voir **Méthodes diagnostiques** p. 164 a). Traitement principal : *local :* exérèse chirurgicale de la tumeur, limitée (tumorectomie, quadrantectomie, c'est-à-dire ablation de la tumeur ou d'un des 4 quadrants de la glande) ou complète (mastectomie, c'est-à-dire ablation de tout le sein), toujours associée à l'exérèse des ganglions axillaires du même côté ; radiothérapie du lit tumoral ou de la glande en cas de contre-indication chirurgicale. *Systémique* (hormonothérapie, chimiothérapie) : presque toujours associé au traitement local, sauf en cas de tumeur très petite traitée avant la ménopause. Reconstruction (après mastectomie) : insertion d'une prothèse ou remodelage chirurgical par un lambeau vivant prélevé sur le tronc ou l'abdomen. Dépistage : palpation par médecin généraliste ou gynécologue. La mammographie est la méthode la plus efficace (conseillée tous les 2-3 ans après 50 ans ; son intérêt et sa fréquence sont en cours d'évaluation de 40 à 50 ans). Dans certaines familles, surveillance dès 35 ans. Test génétique réalisable depuis la localisation de 2 gènes de prédisposition BRCA (BReast CAncer) 1 et 2. Taux de guérison : en moyenne 50 % à 5 ans, 80 à 90 % si la tumeur est petite. Décès : *dans le monde* (en 1996) : 376 000 ; *en France* (en 1997) : 10 955 [33 800 nouveaux cas en 1995 ; nombre en hausse (+ 60 % en 20 ans) car diagnostic plus précoce].

Tube digestif. **Œsophage :** difficulté à avaler. Prévention : éviter alcool et tabac dont l'association majore le risque. Diagnostic : œsophagoscopie. Décès (en France) : *1997 :* 4 324. **Estomac :** douleur gastrique durable, inappétence, parfois hémorragie, anémie, amaigrissement. Prévalence : diminue avec la généralisation de l'utilisation des réfrigérateurs. Décès (en France) : *1997 :* 5 599 (9 000 nouveaux cas/an). **Foie :** douleurs abdominales avec amaigrissement, parfois apparition d'une jaunisse (due à un ictère). *Cancer primitif :* peut compliquer les cirrhoses alcooliques ou virales (hépatite C). Fréquent dans les pays où l'on consomme des aliments infestés par un champignon microscopique *(Aflatoxine)*. Traitement : chirurgie (radicale : transplantation du foie ; exérèse partielle ; embolisation artérielle du cancer), chimiothérapie. *Cancer secondaire* (à un cancer digestif, du sein, de l'ovaire). Traitement : chirurgie, chimiothérapie. Décès (en France) : *1993 :* 6 100. **Côlon** (gros intestin) **et rectum :** diarrhée ou constipation, sang et glaires dans les selles, parfois faux besoins. Caché (sauf s'il est au niveau de l'anus), il risque de ne pas être traité à temps. Se développe souvent sur des polypes (bourgeonnements à l'intérieur du gros intestin), risque aggravé par un régime alimentaire trop riche en graisses (beurre, viande, charcuterie, fromage) et pauvre en fibres [1] (consommation insuffisante de légumes verts, pain, pain complet). Diagnostic : toucher rectal et rectoscopie pour le rectum ; radiologie ou endoscopie digestive pour les autres ; dépistages et traitement des polypes dans familles à risque. Tests : Hemoccult (voir p. 164 b) ; *à l'étude :* détection de la protéine GCC (guanylyl cyclase C) : test mis au point fin 1999. Cas (dans le monde) : 180 000. Décès : *dans le monde :* 110 000/an ; *en France* (en 1997) : 16 409 (33 500 nouveaux cas dont côlon 21 500). Traitement : *côlon :* chirurgie (et chimiothérapie) ; *rectum-anus :* radiothérapie, chirurgie et chimiothérapie ont réduit les cas (80 000 à fin 1999) où la colostomie (anus artificiel) est nécessaire. Taux de survie à 5 ans : 40 %. **Pancréas :** cancer de la *tête :* ictère ; cancer du *corps :* amaigrissement et crises douloureuses épigastriques. Décès (en France) : *1997 :* 6 747. Traitement : surtout chirurgie.

Nota. – (1) Postulat du Dr Denis Burkitt (chirurgien britannique) en 1971. Infirmé par 2 études américaines (publiées en 2000).

Prostate. Il existe des formes sporadiques et des formes familiales (des gènes de prédisposition sont actuellement en cours d'identification de plus en plus précise). Diagnostic : échographie prostatique avec biopsie ; si antécédent familial : toucher rectal ou dosage sanguin du PSA (*Prostatic Specific Antigen*) découvert en 1985 par le Dr Yakamura, chercheur japonais. Traitement : formes localisées sans métastase : chirurgie (risques : cystite, rectite, incontinence 10 %, impuissance 70 à 80 %), radiothérapie, ultrasons focalisés (à l'étude) ; formes diffuses : hormonothérapie. Incidence (pour 100 000) : Asie 10, Europe 50, Noirs américains 100, France (est. 1999) : 30 000 nouveaux cas/an (touche 10 % de la population masculine, 1re cause de mortalité chez les plus de 50 ans) [en hausse car meilleur diagnostic et vieillissement de la population]. Décès (en France) : *1997 :* 9 345. *Pourcentage, selon l'âge, des hommes présentant des cellules cancéreuses dans la prostate* en France : *50-70 ans :* 30 ; *70-80 :* 40 ; *plus de 80 :* 67.

☞ L'environnement joue un rôle (tomates protectrices ; graisses animales favorisantes).

Larynx. Favorisé par tabac et alcool. Mortalité : environ 2 pour 100 000 (en 1979). Décès (en France) : *1980 :* 3 956 ; *90 :* 2 979 ; *96 :* 2 351 ; *97 :* 2 202.

Os. **Ostéosarcome :** tumeur naissant directement dans l'os à partir des cellules des tissus osseux. Survient le plus souvent avant l'âge de 30 ans et atteint le plus fréquemment les os longs (membres). Taux de guérison : + de 50 %. Décès (en France) : *1997 :* 642. **Myélome multiple :** prolifération de cellules particulières dans la moelle osseuse, les plasmocytes médullaires qui, normalement, fabriquent les immunoglobulines. L'interleukine 6, fabriquée par d'autres cellules osseuses, stimule la prolifération des *plasmoblastes* précurseurs des plasmocytes et celle des *ostéoblastes* qui détruisent l'os. Cette prolifération aboutit à des lésions tumorales multifocales, détruisant les zones osseuses. Traitement : chimiothérapie, interféron, allogreffe médullaire si possible (radiothérapie sur lésions osseuses isolées). Taux de guérison : très faible. D'autre part, sécrétion de protéines (fragments anormaux d'immunoglobulines dans le sang), insuffisance rénale fréquente. Décès (en France) : *1997 :* 2 145. Les maladies nées dans la moelle sont à différencier des cancers généralisés qui peuvent secondairement toucher les os.

☞ **Sarcome d'Ewing** [James (Américain, 1866-1943)] : tumeurs agressives à évolution rapide avec des anomalies des chromosomes 11 et 22 présents dans les cellules tumorales. Fréquence : de 1,5 à 3 par million d'enfants de moins de 14 ans (les Blancs sont plus touchés).

Peau. Surtout les régions exposées au soleil (face, mains), peaux peu pigmentées (blonds, roux). **Mélanomes malins** (10 % des cas) peuvent survenir en peau saine, mais aussi à partir d'un *grain de beauté* qui s'étend ou augmente de volume, bourgeonne, suinte ou saigne, présente un aspect inflammatoire alentour ; peuvent apparaître chez des jeunes. Ceux situés aux zones de pression (soutiens-gorge, ceintures, chaussures) doivent être enlevés dès qu'ils sont irrités. Éviter les expositions prolongées au soleil, surtout dans l'enfance ; des études récentes remettent en cause la protection par les crèmes solaires vis-à-vis du mélanome. Cas (en France) : environ 5 000 nouveaux cas/an, 1 617 † en 1997 (660 en 1979). **Épithéliomas** (cancers malphigiens) sont traités par chirurgie ou radiothérapie. Taux de guérison : 95 %.

Sang. Voir **Leucémies** p. 126 b. Décès (en France) : *1996 :* 4 799 ; *97 :* 4 925.

Thyroïde. 10 % des nodules thyroïdiens sont malins. Prédominance féminine. **Cancer papillaire :** cas (en France) : 3/100 000. Survie à 5 ans : 98 %. **Carcinome folliculaire :** très bon pronostic. **Cancer médullaire de la thyroïde :** rare ; pronostic moins bon. **Carcinome anaplasique :** très rare ; sujet âgé ; forme plus agressive. Décès : 500/an (environ 700 nouveaux cas). Traitement : chirurgie, iode radioactif et hormonothérapie freinatrice.

Col de l'utérus. Traitement : chirurgie, radiothérapie. Fréquence : plus élevée si infections répétées ou rapports sexuels précoces et avec partenaires différents (virus, en particulier papillomavirus). Dépistage très fiable par frottis cervico-vaginal (6 millions réalisés/an en France). Prévention : traitement des lésions précancéreuses ; vaccin contre les infections à papillomavirus à l'essai. Taux de guérison : 90 % dans les formes de début, moins de 50 % dans les formes évoluées. Cas : *dans le monde :* 500 000 nouveaux cas et 300 000 †/an surtout dans les pays en développement (80 %). *France : 1997 :* 1 600 † (4 000 nouveaux cas/an).

Testicule. Petite boule sur la surface du testicule (auto-dépistage possible). Touche l'homme jeune (25-35 ans). Très bon pronostic si diagnostic précoce. Traitement : chirurgie, chimiothérapie, radiothérapie. Cas (en France) : quelques centaines/an.

Cerveau. Cancers primitifs (glioblastome) ou secondaires (métastases d'un autre organe). Traitement : neurochirurgie, radiothérapie.

Lymphomes. **Définition :** voir p. 164 a. Traitement : surtout chimiothérapie, radiothérapie. Fréquence : en hausse (lymphomes liés au sida, vieillissement de la population, meilleures méthodes de diagnostic).

Cancers professionnels. **Substances chimiques reconnues comme causes possibles** (entre parenthèses parties atteintes, en italique professions exposées) **: amiante** (poumons, plèvres : mésothéliome) *manipulateurs d'amiante.* **Arsenic** (peau, poumons, foie) *fonderies et raffineries de minerais, conservation du bois, fourrures, pesticides, ind. pharmaceutiques, verriers.* **Benzol** (organes hématopoïétiques présidant à la fabrication du sang) *peintres, ouvriers du caoutchouc, typographes, fabricants de boîtes métalliques.* **Chrome** (poumons, nez, sinus, larynx, estomac) *fabricants de goudron de houille et de poix ;* (peau, scrotum, larynx, poumons, vessie) *sidérurgistes, métallurgistes, charpentiers, fabricants de brosses, de cordes, ramoneurs, pêcheurs, souffleurs de verre.* **Colorants** (appareil urinaire, intestins, poumons) *fabricants de teintures, d'antioxydants, de caoutchouc ; manipulation d'amines aromatiques.* **Créosote** (peau, poumons) *créosoteurs, installateurs téléphoniques et électroniques.* **Goudron** (peau) *fabricants de goudron, d'huiles de machine.* **Huiles minérales** (peau, scrotum, larynx, poumons, tube digestif) *camionneurs, imprimeurs, ouvriers des entrepôts pétroliers, des chaussées.* **Nickel** (nez, sinus, poumons) *poudreurs et brasseurs.* **Paraffine** (peau, poumons, estomac) *presseurs de cire, ouvriers des raffineries de pétrole et du craquage.* **Radiations** (peau, os, organes hématopoïétiques, poumons, foie, larynx, thyroïde, reins, seins, utérus) *fabricants de tubes cathodiques et à rayons X, peintres en cadrans lumineux, radiologues.* **Rayons ultraviolets** (peau) *travailleurs de plein air, en particulier sous climats chauds et secs, à haute altitude ou près de nappes d'eau.* **Suie** (peau, scrotum, poumons) *ouvriers des fours à coke, ramoneurs.* **Ypérite** (poumons, larynx, os) *usines d'armement.*

☞ Les pilotes exposés aux radiations ionisantes à haute altitude courent plus de risques.

Cancers associés au sida. Vraisemblablement liés à la diminution des défenses immunitaires. *Sarcome de Kaposi* et lymphomes malins sont les plus fréquents mais aussi *angiosarcome, maladie de Hodgkin, myélome multiple, cancer du cerveau, cancer du testicule.*

Statistiques en France

Cas. 1 Français sur 4 a été, est ou sera atteint d'un cancer mais 1 sur 3 pour ceux nés à partir de l'an 2000 ; 250 000 cas dépistés/an. **Part attribuable :** au *tabac* (en %) : cancer du poumon 95, du larynx 85, de la cavité buccale 65, de la vessie 40 ; à l'*alcool :* plus de 10 % des cas ; à des *facteurs extérieurs à l'organisme :* 80 % dont 5 % liés à la pollution de l'air, eau ou alimentation.

Taux de survie à 5 ans (en %). *En 1993 :* cancers du testicule 95, du larynx 90, de la peau 90, de l'utérus 70, du sein 60, du tube digestif 50, des leucémies 50, des os 40, du côlon 30 (si dépistage très précoce 90), du poumon 8.

Mortalité dans le monde : en 1997, plus de 6 millions sur 50 millions de décès (soit 12 %). *Taux pour 100 000 habitants :* pays industrialisés 289, pays en voie de développement 181. Selon l'OMS, en l'an 2020, il y aura 20 millions de nouveaux cas/an dont plus de 70 % dans les pays en voie de développement.

Suicide

Statistiques en France

Groupes les plus exposés. *Adolescents et jeunes :* principale cause de mortalité avec accidents de la route. Facteurs : difficultés identitaires liées à une enfance difficile (abandon précoce, remaniements familiaux multiples, violences physiques et sexuelles, décès d'un parent, etc.), à l'émergence de troubles psychologiques (dépressions, troubles graves de la personnalité), et/ou à des situations familiales problématiques ou délétères (conflits incessants, relations de dépendance non résolues, gommage des différences de sexe et de génération, contexte incestueux, etc.). *Personnes âgées :* dégradation de l'état physique et mental, solitude, mort d'un être cher, sentiments d'inutilité et d'incapacité, maladie invalidante ; *atteintes de troubles mentaux :* en particulier d'états dépressifs. *Alcooliques. Détenus.*

Suicides déclarés. **Nombre :** *1970 :* 7 834 ; *75 :* 8 247 ; *80 :* 10 405 ; *81 :* 10 551 ; *82 :* 11 342 ; *83 :* 11 862 ; *84 :* 11 958 ; *85 :* 12 363 ; *86 :* 12 525 ; *87 :* 12 131 ; *88 :* 11 352 ; *90 :* 11 403 ; *92 :* 11 644 ; *93 :* 12 251 ; *96 :* 11 280 ; *97 :* 11 131 dont 8 094 hommes et 3 037 femmes.

Taux pour 100 000 habitants (femmes entre parenthèses) : *1960 :* 24 (8,2) ; *70 :* 23,5 (8,5) ; *80 :* 19,2 (5,6) ; *81 :* 30,4 (10,6) ; *82 :* 32,5 (11,4) ; *85 :* 33,1 (12,7) ; *86 :* 32,9 (12,9) ; *87 :* 31,7 (12,5) ; *93 :* 20,1 (11,1) ; *97 :* 28,4 (10,1). **Taux chez les jeunes :** multiplié par 3 pour les 15-19 ans et les 20-24 ans ; **chez les hommes de moins de 25 ans :** *1975 :* 11,5 % ; *96 :* 14 %.

Il existe des suicides non déclarés pour des raisons familiales ou religieuses, par crainte d'une action médico-légale, etc. et dont l'origine volontaire ne peut pas être toujours prouvée.

Répartition. **Selon la catégorie socio-professionnelle** (taux pour 100 000 habitants de 15-64 ans en 1987 ; hommes et, entre parenthèses, femmes) : *professions intermédiaires* 16,6 (8,3) ; *cadres supérieurs* 20,8 (6,8) ; *patrons industrie et commerce* 27,9 (11,7) ; *ouvriers* 38 (8,5) ; *agriculteurs* 43,4 (15,2) ; *employés* 52 (9,9). **Selon l'état matrimonial** (taux pour 100 000 habitants de 15 ans et plus, en 1987 ; hommes et, entre parenthèses, femmes) : *mariés* 31,9 (11,5) ; *célibataires* 66,4 (20,5) ; *divorcés* 71 (22,2) ; *veufs* 96,7 (26,3) ; *ensemble* 42,9 (15). **Selon le mode** [en %, 1987 ; hommes (et femmes)] : *pendaisons* 41 (28) ; *armes à feu* 30 (8) ; *empoisonnements* [1] 10 (25) ; *noyades* 7 (20) ; *autres* [2] 12 (19).

Nota. – (1) Intoxications médicamenteuses ou mixtes dont par hypnotiques non barbituriques (benzodiazépines, imidazopyridines, carbamates) 60 %, antidépresseurs 10 %, associations (avec AINS, paracétamol, antibiotiques, phytothérapie et benzodiazépines) 30 %, cardiotropes ou antipaludéens de synthèse (rarement). (2) Dont défenestration (675 cas entre 1992 et 1996).

Suicides en prison : *nombre :* environ 40 par an. *Taux pour 100 000 :* 120 (presque tous par pendaison). **Dans l'armée :** *taux pour 100 000 :* 9,2 (en 1972). **Du haut des monuments :** *tour Eiffel* (de 1889 à 1983) : 366 ; *Notre-Dame de Paris* (de 1190 à 1983) : 23. **Sous une rame de métro :** environ 130 par an.

Tentatives. **Nombre** (est.) : 100 000 à 150 000/an (164 000 en 1994). **Taux :** maximal entre 15 et 19 ans ; décroît rapidement ensuite. **% de tentatives commises avant 20 ans :** femmes 46,7, hommes 35,6.

Examens intérieurs du corps humain

Création d'image : *principes physiques utilisés :* rayons X (radiographies conventionnelles et scanographie), rayons gamma (scintigraphie), fibres optiques (endoscopie), ultrasons (Doppler et échographie), champs magnétiques (IRM : imagerie par résonance magnétique nucléaire). Chaque procédé a des indications particulières.

■ **Radiographie.** **Radioscopie** (ou **fluoroscopie**) : visualisation sur un écran fluorescent d'une partie du corps soumise à un faisceau de rayons X pendant quelques secondes. **Radiographie :** visualise, par impression d'un film photographique, les différences de densité au sein d'un tissu ou d'un organe. Sert principalement au diagnostic des affections pulmonaires ou troubles ostéo-articulaires (fractures, inflammations articulaires ou osseuses), lésions mammaires (*mammographie* pour étudier nodules ou anomalies découverts lors d'un examen médical préalable des seins). Radio de l'abdomen : permet de mettre en évidence certains calculs rénaux ou biliaires (lithiases), une occlusion intestinale ou une perforation. Pour *visualiser l'intérieur d'une cavité ou des vaisseaux,* on utilise des produits de contraste (substances qui rendent la zone voulue opaque aux rayons X) à base de baryum ou d'iode ; l'iode peut entraîner un phénomène allergique. L'étude de l'appareil digestif supérieur (œsophage, estomac et intestin grêle) est effectuée à l'aide de produits barytés (sels insolubles de baryum) ingérés par la bouche ; le produit de contraste est introduit par voie rectale (lavement baryté) pour l'examen du côlon. **Angiographie :** étude du système vasculaire, artériel ou veineux. **Angiocardiographie :** examen du cœur (valves, cavités cardiaques, parois des ventricules cardiaques). **Coronarographie :** état des artères coronaires (irriguant le cœur). Examen pratiqué après un infarctus ou en cas d'angine de poitrine, pour rechercher des rétrécissements des artères coronaires [on peut ensuite, par voie endovasculaire, dilater une artère rétrécie, sous contrôle radiologique *(angioplastie)*] ; peut être effectué au repos ou après un effort. **Urographie :** exploration des reins et des voies urinaires, à la suite d'une crise de colique néphrétique, à la recherche de calculs pour étudier le retentissement rénal d'une maladie. **Cholécystographie :** opacification de la vésicule pour détecter des calculs. Actuellement remplacée par l'échographie.

☞ La numérisation de l'image permet une **radiologie sans film :** possible même pour des clichés de grandes dimensions (exemple : du thorax) par utilisation de détecteurs RX au silicium (depuis fin 1997).

■ **Scanographie X** ou **tomodensitométrie (TDM).** Mise au point en G.-B. en 1971, intègre les données radiologiques obtenues grâce à la rotation d'un faisceau de rayons X autour du corps et reconstruit par ordinateur les images sur un écran, pour obtenir des coupes transversales d'une partie donnée du corps. Les images obtenues sont plus précises que les images de radiographie conventionnelle, car on évite la superposition des tissus. Un produit de contraste est le plus souvent utilisé : injecté par voie intraveineuse (iode), ingéré par voie orale (sulfate de baryum). Principes d'utilisation : pathologies osseuses (tumeurs, lésions traumatiques ou dégénératives), thoraciques (cancer, embolie pulmonaire, infection,...), abdominales (au niveau du foie, de la rate, du pancréas...) ou cérébrales (traumatisme crânien, accident vasculaire cérébral, tumeurs...). Durée de l'examen : quelques dizaines de secondes ; suivi d'un temps de traitement sur console des données. Indolore. Nombre de scanners : *dans le monde : 1996 :* 27 600 dont Europe 5 200 (dont All. 1 344, Italie 820) ; *en France : 1984 :* 59 ; *85 :* 132 ; *88 :* 300 ; *96 :* 550. Coût : environ 5 millions de F.

■ **Médecine nucléaire. Scintigraphies (« gamma caméras ») :** visualisent concentration et répartition d'un *produit radioactif* ou *radio-isotope*, injecté par voie intraveineuse dans l'organisme à dose infime. Les isotopes courants utilisés (iode 123, puis technétium, indium et thallium) ont une demi-vie courte (quelques heures) pour diminuer l'irradiation du sujet. Examen sans danger, employé pour explorer l'appareil endocrinien (thyroïde, parathyroïdes, surrénales...), l'appareil ostéoarticulaire [permet de voir les lésions inflammatoires (arthrite rhumatoïde), dégénératives (arthrose) et tumorales (métastases osseuses)], pour étudier ventilation et perfusion du poumon et déceler une embolie pulmonaire (obstruction d'une artère par un caillot). **Caméra à positrons** (PET : positron emission tomography) : permet d'évaluer le métabolisme des tissus ; nécessite l'injection d'un produit radioactif (le fluoroglucose). Indication croissante pour la détection des tumeurs et leur suivi : les cellules tumorales ont une captation augmentée. Nombre de PET-scan (est. 2000) : *en France :* 3, *aux USA :* plus de 300.

■ **Endoscopie.** Examen des organes creux du système digestif (œsophage, estomac, duodénum, intestin grêle, côlon, rectum), génital (utérus), respiratoire (bronches) ainsi que des voies urinaires. *Fibroscope :* sonde souple et flexible (diamètre < 1 mm) composée de fibres optiques (jusqu'à 10 000) et possédant un « œil » à son extrémité. Inventé par le Dr Basil Hirschowitz (USA) ; 1re utilisation en 1957. Peut explorer le tube digestif en étant introduit par l'anus ou par la bouche ; un faisceau projette de la lumière dans l'organisme, l'autre réfléchit l'image, retransmise alors sur écran ou enregistrée par caméra. Un anesthésique local est administré au malade peu avant l'examen. Permet de traiter : enlèvement des polypes, coagulation de zones hémorragiques, destruction des lésions par laser, extraction des calculs après pulvérisation. **Endoscopie virtuelle :** le radiologue, une fois les images acquises par scanner puis reconstruites par le logiciel, peut sur son écran, se déplacer dans l'arbre aérien respiratoire, le tube digestif et en explorer les parois.

■ **Doppler et échographie.** Permettent de diagnostiquer des lésions artérielles (plaques d'athérome, rétrécissement...) lors d'artérite des membres inférieurs ou de problèmes veineux : caillot (phlébite) ou insuffisance veineuse avec varices. *Échographie :* une onde ultrasonore est émise par une sonde appliquée sur la peau pour diriger le faisceau d'ultrasons vers l'organe à explorer. L'onde se propage dans les tissus, est réfléchie vers la sonde (écho) quand elle rencontre un nouveau type de tissu. Elle permet l'étude des organes pleins ou liquidiens abdominaux et pelviens (foie, reins, rate, pancréas, vessie, prostate, utérus, ovaires et les gros vaisseaux). Elle ne peut être utilisée pour explorer squelette, poumons et organes creux (tube digestif) car elle est réfléchie par os et gaz (air pulmonaire, gaz intestinaux). La sonde d'échographie peut être placée dans des cavités naturelles (sondes endocavitaires), permettant une meilleure exploration de certains organes (utérus, ovaires par voie endovaginale ; prostate par voie endorectale). Elle permet l'étude du cœur en mouvement. Examen inoffensif et indolore, il peut être pratiqué sur le fœtus : il indique le sexe de l'enfant et l'existence éventuelle de malformations et permet d'apprécier la croissance fœtale (biométrie : mesure du fémur, du diamètre abdominal transverse et du diamètre bipariétal). Statistiques : 50 % des Français subissent une échographie chaque année.

■ **IRM (Imagerie par résonance magnétique).** Fondée sur les *propriétés* électromagnétiques de l'atome d'hydrogène [abondant dans l'eau (H_2O) contenue dans le corps]. Les protons d'hydrogène du corps s'alignent parallèlement au champ magnétique dans lequel le patient est placé, se mettant dans une position d'équilibre. Pour réaliser une image IRM, on envoie une onde électromagnétique qui fait résonner les protons et les écarte de leur position d'équilibre. À l'arrêt de l'émission, ils reviennent à leur position initiale. En analysant, grâce à un ordinateur, les signaux de résonance fournis par ces mouvements, on peut obtenir une image précise d'organes [cerveau, os, système cardio-vasculaire, moelle épinière, foie, voies biliaires (cholangio-IRM)]. Contre-indications : claustrophobie, stimulateurs cardiaques (pacemaker, qui risque d'être déréglé ou arrêté), corps étranger métallique intra-oculaire qui risque de se déplacer sous l'effet du champ magnétique et d'endommager la rétine. Durée de l'examen (en moyenne) : 1/2 h. Coûts (approximatifs) : de l'appareil : 10 millions de F ; de l'examen : 2 000 F. Taux d'équipement (en 2000, par million d'habitants) : USA 14, Allemagne 9, Italie 8, Espagne 7, G.-B. 4,5, France 3,5.

SRM (Spectroscopie par résonance magnétique). Utilise les mêmes équipements que l'IRM, pour obtenir des informations sur les réactions chimiques à l'intérieur des tissus ou des organes. Permet un suivi thérapeutique de maladies musculaires.

■ **Quantité totale de rayonnement administrée par radiographie médicale en 1 an, par habitant** (en millisievert). Japon : 1,31 ; Espagne : 1,05 ; *France : 1 ;* Italie : 0,763 ; Pologne : 0,43 ; Suède : 0,41 ; G.-B. : 0,282.

■ **Examens de radiodiagnostic par an, pour 1 000 habitants.** *France : 825 ;* Italie : 665 ; G.-B. : 444. En comptant dépistage pulmonaire systématique et radiographies dentaires : *France : 1 536 ;* Italie : 864 ; G.-B. : 621.

■ **Nombre d'actes radiologiques annuels en France.** 50 millions [autrefois, dépistage systématique de la tuberculose (radiographies du thorax pratiquement abandonnées dans les pays où la tuberculose a presque disparu, hormis dans certaines classes de population connues)] ; les autres affections respiratoires et cardio-vasculaires sont mal repérées par cette méthode. *Dentistes :* 27,5 millions de clichés par an par 30 000 praticiens.

■ **Dose pour un examen. Thorax** ou **abdomen :** *radiographie classique :* 30 à 200 millirems ; *scanographie :* plus de 2 500. **Cerveau :** jusqu'à 44 000. Selon le radiologue, les doses peuvent varier de 1 à 20. **Dent :** la plupart moins de 100 millirems ; 6 %, englobant toute la denture, sont plus irradiants. **DGS (Dose génétiquement significative).** Ensemble des doses reçues au niveau des organes de reproduction réparti sur toute la population : *France : 29,5 millirems/an ;* G.-B. : 2 fois moins.

■ **Enfants.** Seuls les enfants ayant des facteurs de risque (géographiques, familiaux ou de présentation à l'accouchement notamment) sont explorés, par échographie au 1er mois et par radiographie du bassin au 4e mois.

Les femmes (66 % des tentatives, 75 % chez les 15-24 ans) essaient souvent avec des calmants. Sur 160 tentatives (15-24 ans), 1 seule aboutira. Sur 100 rescapés de 1res tentatives de suicide (TS), 10 % récidivent dans les 2 ans qui suivent. Sur 10 tentatives, 4 sont des récidives.

■ **Coût médical moyen.** *Tentative de suicide :* 5 310 F. **Coût social.** *Mort par suicide :* 2 047 058 F.

■ **Idées suicidaires. % de lycéens/lycéennes déclarant avoir pensé au suicide** (*source :* enquêtes Inserm) : *1978 :* 22/38 ; *93 :* 23/35 dont souvent 8/13.

☞ Associations : *SOS-Amitiés :* 600 000 appels/an (dont 50 000 directement liés au suicide). *SOS-Suicide Phénix. Suicide Écoute. Groupe d'études et de prévention du suicide,* 36, rue de Gergovie, 75014 Paris ; a organisé la 1re journée nationale d'information sur le suicide le 5-2-1997. *Association de défense contre l'incitation au suicide (Adis),* St-Germain, 13109 Simiane-Collongue.

■ **Dans le monde** (*source :* OMS). **Nombre de suicides en 2000** (est.) : 1 million ; **tentatives :** 10 à 20 millions. **Taux moyen annuel de suicide pour 100 000 personnes :** *1950 :* 10,1 ; *95 :* 16 (pays les plus touchés : Lituanie 41,9, Estonie 40,1, Russie 37,6, Lettonie 33,9, Hongrie 32,9, Sri Lanka 31, Kazakhstan 28,6, Biélorussie 28, Slovénie 26,6, Finlande 24,3).

Allergies

■ **Définition.** Du grec *allos,* autre et *ergon,* action. Correspond à un état anormal de sensibilisation de l'organisme vis-à-vis de substances biologiques ou chimiques étrangères, généralement bien tolérées. Cet état apparaît sur terrain prédisposé après l'introduction, prolongée ou répétée dans l'organisme, ou sur la peau et les muqueuses, surtout respiratoires, d'une substance appelée allergène. Les maladies allergiques procèdent d'une hyperergie (du grec *huper,* au-delà et *ergon,* action).

☞ Les phénomènes ont été découverts en 1902 par Richet et Portier (Fr.). On parlait alors d'anaphylaxie (du grec *ana,* à rebours et *phulaxis,* protection).

■ **Hypersensibilité immédiate ou humorale.** Due à la production excessive d'anticorps spécifiques circulants contre les allergènes responsables (faisant partie du groupe des immunoglobulines E, dites IgE), découverts en 1967 par l'Américain Ishikaza. **a) Allergies anaphylactiques :** causes : médicaments (anesthésiques, pénicilline, sérums), latex, venins d'hyménoptères (abeilles et guêpes), aliments. Risques mortels : un dard de 3 mm injectant 1/10 de mg de venin peut tuer un sujet sensibilisé en quelques minutes. Traitement : adrénaline, secondairement associée aux corticoïdes et antihistaminiques. Prévention : trousse avec seringues auto-injectables prêtes à l'emploi (contenant l'adrénaline), désensibilisation spécifique avec des extraits de venin purifié.

b) Allergies « atopiques » : toute protéine naturelle présente dans notre environnement peut devenir un allergène surtout chez des sujets génétiquement prédisposés à fabriquer des IgE spécifiques vis-à-vis de cet allergène. Appartements confinés et humides, multiplication de substances chimiques irritantes, présence d'animaux, pollution urbaine et automobile [1], tabagisme passif, infection virale et stress favorisent l'accroissement de ce type d'allergie. **Principales substances sensibilisant les atopiques :** inhalées (pneumallergènes) : poussière de maison, acariens, blattes, squames et sécrétions d'animaux domestiques (chat, chien, cobaye, hamster), moisissures. Pollens [1] de graminées, de plantes diverses (exemples : pariétaire, ambroisie, armoise) et d'arbres (exemples : cyprès, bouleau, chêne, platane, peuplier, olivier, genévrier). Toutes les protéines animales. Poussières professionnelles [farine, ricin, soja, gommes végétales, émanation des gants en latex (touche 15 % du personnel soignant hospitalier)]. Ingérées (trophallergènes) : poissons, crustacés, œufs, dinde, noix, lait, moutarde, arachide (cacahuète). *Sensibilisations alimentaires dues à des réactions croisées avec certains allergènes respirés :* pollen [1] de bouleau avec noisette ou pomme, cerise, abricot ; pollen d'absinthe sauvage avec céleri ou épices ; latex (caoutchouc) avec fruits (litchi, mangue, papaye, noix de coco, kiwi, banane, châtaigne, noix, melon, fraise, cerise, raisin, figue). Impuretés, additifs alimentaires tels les sulfites. **Principales formes d'allergie atopique :** respiratoires : coryza allergique saisonnier ou rhume des foins, rhinites perannuelles, asthme (voir p. 139 a), trachéite, bronchite asthmatiforme. Oculaires : rougeurs, démangeaisons, gonflement. Digestives : inflammation de la bouche, de l'estomac, de l'intestin. Peau : dermatite atopique, urticaire, éruptions accompagnées de démangeaisons. Allergies généralisées : *mineures :* œdèmes (gonflements) externes ou internes, troubles digestifs, malaise général ; *majeures :* perte de connaissance, choc anaphylactique (venins, aliments, médicaments) et mort (très rarement) par collapsus (effondrement de la tension artérielle) possible en cas d'immunothérapie non contrôlée. Facteurs surajoutés (pouvant révéler ou aggraver l'allergie, mais non la créer) : *psychiques* (contrariétés, émotions), *hormonaux* (imminence des règles, ménopause), *pathologiques* (infections virales, opérations, surmenage), *médicaments* (bêtabloquants dans le traitement de l'hypertension).

Nota. – (1) Certains polluants modifient la structure même des grains de pollen qui deviennent alors plus agressifs pour l'organisme.

c) Allergies humorales par produits chimiques : produits de traitement agricole, additifs alimentaires. **Diagnostic :** après interrogatoire, tests cutanés (intradermoréaction ou *prick-tests*). Analyse de sang : dosages des IgE spécifiques (méthode radio-immunologique ou enzymatique). Les tests cutanés ou sanguins positifs confirment l'existence d'une sensibilisation sans apporter la preuve de sa responsabilité dans les troubles cliniques. Le diagnostic est confirmé par interrogatoire et épreuves fonctionnelles respiratoires confrontées avec les expositions à l'allergène. **Traitement :** *préventif :* éviction de la substance sensibilisante : lutte contre acariens et moisissures (meilleure aération de la maison ; isolement de la literie par housses spéciales et pulvérisations de produits acaricides) ; éviction d'un animal familier et suppression des moquettes ; interdiction du tabagisme dans l'appartement ; amélioration du poste de travail ou reclassement professionnel. *Symptomatique :* antihistaminiques (pour urticaire et rhinite), antidégranulants (cromoglycate, Nedocromil), médicaments adrénergiques bronchodilatateurs, corticoïdes locaux inhalés réduisant en particulier l'inflammation allergique de l'asthme, dans les formes sévères corticoïdes généraux. *De fond :* immunothérapie spécifique, par injection d'extraits d'allergènes très dilués réalisée avec précaution par un spécialiste, ou par voie sublinguale. Efficace quand elle est possible (venins d'hyménoptères, pollens, acariens), elle doit être prolongée (plusieurs années), sous peine de rechute. Le traitement accéléré *(rush)* n'exclut pas l'entretien prolongé et expose à des réactions violentes (le malade doit être hospitalisé).

■ **Hypersensibilité retardée ou cellulaire.** Le mécanisme immunologique est exclusivement cellulaire, sans production d'anticorps circulant. La réaction allergique s'observe surtout au niveau de la peau après contact réitéré avec la substance sensibilisante. *Forme clinique :* eczéma ou dermite de contact. **Principales substances sensibilisantes** agissant par contact sur la peau : *professionnelles :* bois exotiques (dermites des ébénistes), ciment, caoutchouc, chrome, nickel (bijoux fantaisie), précurseurs des matières plastiques, cuir (tannage ou teinture), colorants chimiques, végétaux (tomate, artichaut, céleri, lierre, primevère). *Cosmétiques :* teintures capillaires, rouge à lèvres, fards à paupières, vernis à ongles, lotions, crèmes, poudres, conservateurs, fards, parfums. *Produits d'entretien :* savons, détergents. *Médicaments :* en lotions, crèmes, pommades, poudres, collyres (antibiotiques, antihistaminiques, conservateurs). *Caoutchouc :* gants, jarretières, jambières, etc. en latex. **Diagnostic :** après interrogatoire, patch-tests sur la peau (lecture après 48 h) et éviction de l'antigène. **Traitement :** éviction de l'allergène, pouvant imposer un changement d'activité professionnelle, et soins locaux (corticoïdes en crème ou pommade).

■ **Statistiques** (en France). **Sujets à une forme d'allergie latente (ou sensibilisation) :** 12 millions dont (en %) pollens 60, acariens 17,5, poils 12,5, insectes 5, aliments 3,5, médicaments 2,5. **Taux de guérison par désensibilisation :** aux venins d'insectes 95 %, pollens 70 à 80 %, acariens et pollen 60 à 70 %.

☞ ADRESSE : *Association pour la prévention des allergies,* BP 12, 91240 St-Michel-sur-Orge.

HANDICAPS PHYSIQUES, MENTAUX ET SENSORIELS

CATÉGORIES DE DÉFICIENCES

☞ **Déficiences auditives, visuelles, relationnelles :** voir **Sens** p. 149 a.

DÉFICIENCES INTELLECTUELLES

■ **Quotient intellectuel** ou **QI. Origine :** *1904* le médecin Alfred Binet (1857-1911), à qui le ministère a demandé comment remédier à l'échec scolaire, conçoit des tests permettant de déterminer l'*âge mental* d'un enfant. *Vers 1950* les psychologues américains font du rapport âge réel/âge mental un *quotient* permettant de situer un individu par rapport à la moyenne de ses contemporains. Tests conçus pour que 50 % de la population se situe entre 90 et 110. Ils sont réajustés quand le niveau général évolue.

■ **Définition.** On désigne par **oligophrénie** tous les degrés du *retard* mental ou de *l'arriération* mentale. La déficience intellectuelle génère un handicap mental et doit être distinguée de la maladie mentale provoquant un handicap psychique.

■ **Degrés de retard mental. Léger** *[QI (quotient intellectuel) entre 50 et 70]* : l'individu peut, grâce à une éducation spécialisée, acquérir des aptitudes pratiques, la lecture et des notions d'arithmétique, et être amené à une certaine insertion sociale. Un enseignement spécial peut lui permettre une vie autonome. Il peut s'intégrer normalement dans la vie active, s'il exerce une activité où l'intuition, la répétition dominent. **Moyen** *(QI entre 35 et 49)* : il peut acquérir des notions simples de communication, des habitudes d'hygiène et de sécurité alimentaires, et une habileté manuelle simple, mais ne peut acquérir aucune notion d'arithmétique ou de lecture. Enfant ou adolescent, il est accueilli dans des établissements spécialisés et peut, à l'âge adulte, l'être, selon ses potentialités, dans un atelier protégé ou un centre d'aide par le travail. **Sévère** *(QI entre 20 et 34)* : il peut apprendre systématiquement des gestes simples. Adulte, il peut être accueilli selon ses potentialités dans un centre d'aide par le travail, ou dans des foyers de vie ou d'hébergement. **Profond** *(QI inférieur à 20)* : susceptible d'un certain apprentissage pour les membres supérieurs, inférieurs et la mastication, il dépend de son entourage pour alimentation, toilette, habillement. Enfant, il peut être accueilli dans un IMP (institut médico-pédagogique) ; adulte, il fréquente une maison d'accueil spécialisée ou un foyer.

☞ **Classification de Wood** [Pr Philip H.N. Wood (Angl.) ; élaborée à la demande de l'OMS, publiée en 1980, révision en cours] : *déficience :* perte ou altération d'une structure ou d'une fonction ; *incapacité :* réduction partielle ou totale de la capacité d'accomplir une activité ; *handicap :* désavantage social qui limite ou interdit pour l'individu l'accomplissement d'un rôle normal.

■ **Causes.** Pouvant se conjuguer. **Organiques :** accidentelle (lésions traumatiques) ; congénitale [aberrations chromosomiques comme la trisomie 21 (voir p. 168 a), l'autisme, l'X fragile, le polyhandicap ou absence de certains gènes transmis héréditairement et provoquant des troubles graves du métabolisme s'accompagnant d'une débilité]. **Psychologiques :** brusque carence affective entraînant un blocage ou une régression du développement moteur, verbal, intellectuel et affectif. **Socio-économiques :** alimentation de la mère pendant la grossesse, du jeune enfant, conditions de vie, privations affectives, niveau des échanges verbaux avec la famille.

☞ En 1998, on a identifié le gène impliqué dans une forme de retard mental héréditaire et la protéine synthétisée par ce gène « oligophrénine 1 ».

DÉFICIENCE MOTRICE

■ **Degrés. Parésie** (diminution de la mobilité) : déficit musculaire partiel. **Paralysie** (abolition de la mobilité) : déficit moteur complet. **Monoplégie :** la paralysie touche un seul membre ; **diplégie :** 2 membres ; **hémiplégie :** 2 membres du même côté ; **paraplégie :** 2 membres inférieurs ; **tétraplégie :** les 4 membres. Lorsque les troubles moteurs sont liés à une lésion cérébrale, des troubles associés perceptifs, intellectuels, sont souvent présents. Le déficit musculaire peut être lié à une atteinte du muscle ou à une atteinte neurologique (cerveau, moelle, système nerveux périphérique) ou des articulations.

Paraplégiques et tétraplégiques (en France) : environ 25 000 dont + de 50 % âgés de moins de 25 ans. 1 500 à 2 000 nouveaux cas par an.

■ **Atteintes du muscle. Myopathie** ou **dystrophie musculaire** (dégénérescence de la fibre musculaire évoluant plus ou moins rapidement) : liées à des anomalies de la fibre musculaire, le plus souvent d'origine génétique, se traduisant par un affaiblissement progressif des membres.

■ **Atteintes du cerveau.** Souvent caractérisées par des hémiplégies ou des difficultés de coordination : avec parfois des difficultés d'articulation, de phonation, de la mobilité oculaire. Accidents de période fœtale (1/3 des cas), parfois liés à une rubéole de la mère ; accidents de la naissance (1/3 des cas). Durant la 1re enfance (10 %) : méningites, encéphalites. Accidents vasculaires cérébraux (AVC) : 140 000 par an, dont 50 000 nécessitent une rééducation.

■ **Atteintes de la moelle épinière.** Entraînent interruption ou perturbation dans la transmission au muscle de l'influx nerveux. Une interruption des informations sensorielles périphériques qui ne parviennent plus correctement à la conscience peut être associée selon les causes de l'atteinte médullaire et son importance. La croissance de l'os peut être perturbée, le déséquilibre postural peut entraîner des *scolioses.* Des troubles sphinctériens sont associés.

■ **Atteintes du système nerveux périphérique.** Parésie et paralysie sont liées à une atteinte du nerf qui commande le muscle (*sciatiques* paralysantes).

■ **Atteintes des articulations.** Peuvent être congénitales ou acquises, en rapport avec une maladie ou un accident (paraplégie, monoplégie). Blocages articulaires, anomalies de la croissance du squelette. *Principales atteintes :* tuberculose osseuse (attaque par le bacille de Koch de l'articulation de la hanche ou des vertèbres, devenue rare en France) ; malformations congénitales [luxation congénitale : hanche, cheville (*pied-bot*), poignet (*main-bote*)]. Maladies du collagène osseux [maladie de Lobstein (Johann ; Allemand, 1777-1835), fragilisant le squelette] ; hémophilie (lenteur de la coagulation sanguine qui, dans certains cas, se manifeste par des épanchements de sang dans la cavité articulaire détériorant l'articulation).

☞ Certaines maladies peuvent toucher la vie quotidienne : *cardiopathies :* malformations cardiaques congénitales. *Affections des artères coronaires, du muscle cardiaque, des voies respiratoires* (bronchite chronique, asthme). *Maladies métaboliques* (exemple : diabète). *Épilepsie.*

STATISTIQUES EN FRANCE

■ **Budget de l'État** (en milliards de F). *1995 :* 29,55 ; *96 :* 32,8. **AAH (Allocation aux adultes handicapés) :** *1995 :* 0,58 ; *96 :* 0,59. **ACTP (Allocation compensatrice tierce personne) :** *1989/91 :* 2,5 ; *92 :* 2,6 ; *93/94 :* 2,8.

■ **Personnes touchées.** 800 000 à 5 millions selon la définition adoptée. Environ 10 % des Français « éprouvent une gêne ou des difficultés dans la vie quotidienne ». C'est le cas de 2,6 % des moins de 21 ans, de 6,8 % des adultes de 21 à 59 ans et de 27,4 % des personnes âgées de 60 ans et plus. Handicapés vivant à domicile et déclarés « handicapés » (Insee, 1987) : 3 200 000 ; « se déclarant handicapés » (CTNERHI, 1991) : 3 300 000 ; se déclarant « handicapés ou souffrant d'une gêne dans la vie quotidienne » 5 500 000 ; atteints d'une incapacité selon les normes internationales [y compris accidentés, personnes âgées... (OMS)] : 6 000 000. Personnes handicapées ou dépendantes hébergées en institution : 680 000. L'UNAFTC estime à 100 000 le nombre de traumatisés crâniens graves vivant actuellement en France et à 160 000 par an les nouveaux traumatismes crâniens (dont 60 % suite à accidents de la route) dont 4 000 devront vivre avec de lourds handicaps neuropsychologiques et parfois moteurs ou cérébraux. Certains n'émergeront jamais vraiment. Selon un rapport de l'Inspection générale des affaires sociales, ils sont environ 1 200, en France, en état végétatif chronique. Mais le même rapport signale que 3,5 % d'entre eux survivent plus de 10 ans à l'accident initial.

■ **Handicapés sévères** (est. en 1983). 658 190 dont *0 à 4 ans :* 21 190 ; *5 à 19 :* 145 000 ; *20 à 64 :* 492 000. **Handicaps associés graves. Plurihandicapés** (associant surdité-cécité par exemple) : 8 000 à 15 000 de 0 à 20 ans. **Polyhandicapés** (associant une déficience mentale sévère à des troubles moteurs, sensoriels, somatiques, épileptiques, entraînant une restriction extrême de l'autonomie) : 30 000 à 40 000 de 0 à 20 ans. La plupart meurent jeunes. **Surhandicapés** (handicap originel cumulé avec un handicap relationnel, troubles du comportement par exemple) : 50 000 à 80 000 de 0 à 20 ans.

■ **Handicap congénital et périnatal.** 2 nouveau-nés sur 100 seraient porteurs d'une malformation congénitale et 2 pour 1 000 d'une maladie héréditaire du métabolisme se manifestant dès le 1er âge (*source :* Insee). **Nombre de maladies héréditaires :** environ 3 000 recensées.

☞ Dans le monde : 5 % des enfants naissent avec un trouble congénital ou héréditaire.

■ **Nombre de bénéficiaires d'aides liées au handicap** (au 1-1-1997). **Titulaires de la carte d'invalidité ouvrant droit à 1 demi-part supplémentaire de quotient familial (revenus de 1996 taxés en 1997) :** invalides déclarants 1 018 900, invalides conjoints 196 300, enfants infirmes invalides 206 700, autres personnes à charges 49 600.

Bénéficiaires de l'allocation : d'éducation spéciale (AES) : tous régimes (métropole) 101 000 ; **aux adultes handicapés (AAH) :** 631 093 dont métropole 609 582 (dont régime général 591 600) ; **compensatrice :** 294 621 (dont – de 60 ans 87 048 et 60 ans et + 207 573), métropole 284 562 (dont – de 60 ans 83 534, 60 ans et + 201 028).

Bénéficiaires de pensions militaires d'invalidité hors ayants droit (métropole) 358 000. **Pensions d'invalidité en cours :** 479 436 dont régime général 436 672. **Rentes d'accidents du travail** (y compris rentes pour faible taux d'incapacité) environ 2 000 000.

■ **Élèves handicapés. Intégrés à temps plein dans le 2[d] degré** (en 1998-99) : 10 179 *dont* collèges 6 008, LEGT 2 345, LP 1 826 *dont* déficience auditive 2 553, motrice 2 483, viscérale métabolique 1 924, intellectuelle et mentale 1 159, visuelle 1 101, du langage 204, autre 755.

■ **Adultes handicapés en établissement.** *1985 :* 40 883 ; *1990 :* 55 219 ; *1995 :* 71 182 ; *96 :* 81 160 dont foyer 70 967, maison d'accueil spécialisée 10 193.

☞ D'après le journal *Charlie-Hebdo* (10-9-1997) citant Nicole Dietrich, chercheuse à l'Inserm et au CNRS, 15 000 femmes vivant en France dans des établissements accueillant des handicapés mentaux auraient été stérilisées sous la contrainte.

■ **Travailleurs handicapés en entreprise. En poste** (en 1996, *Source :* Dares) : 221 000. **% de handicapés travaillant** (est. 2000) : 4. **Demandeurs d'emploi :** *1994 :* 92 818 ; *95 :* 95 701 ; *97 :* 125 148.

☞ La loi de 1987 oblige les entreprises de plus de 20 salariés à embaucher 6 % de personnes handicapées ou à verser les sommes correspondantes. **Montants collectés** (en millions de F) **et,** entre parenthèses, **taux de travailleurs handicapés** (en %) : *1990 :* 637 (3,25) ; *95 :* 1 584 (3,33) ; *97 :* 1 699 (4,11).

■ **Organismes. Association pour adultes et jeunes handicapés (Apajh)** 26, rue du Chemin-Vert, 75011 Paris : *adhérents* 25 000, *personnes prises en charge* 22 000. **Association des paralysés de France (APF)** 17, bd Auguste-Blanqui, 75013 Paris, *fondée* 1933, *membres actifs* 33 958, *donateurs* 632 900 ; *établissements* 185 dont 78 établissements et services médico-éducatifs (pour 3 400 enfants, adolescents et jeunes adultes déficients moteurs), 55 structures d'accueil pour adultes et 52 de travail adapté [dont 24 ateliers protégés, 20 CAT (centres d'aide par le travail)] ; *revue mensuelle :* « Faire face ». **Centre technique national d'études et de recherches sur les handicaps et les inadaptations (CTNERHI)** 236 bis, rue de Tolbiac, 75013 Paris. **Comité de liaison et d'action des parents d'enfants et d'adultes atteints de handicaps associés (Clapeaha)** 18, rue Étex, 75018 Paris. **Comité national de coordination de l'action en faveur des personnes handicapées** 36, rue de Prony, 75017 Paris. **Comité national français de liaison pour la réadaptation des handicapés (CNRH)** 236 *bis,* rue de Tolbiac, 75013 Paris ; *Minitel* 3614 Handitel ; *reconnue* d'utilité publique. **Commission technique d'orientation et de reclassement professionnel (Cotorep)** et **Commission départementale de l'éducation spéciale (CDES) :** s'adresser à la direction départementale du travail du domicile. **Conseil français des personnes handicapées pour les questions européennes (CFHE)** 17, bd Auguste-Blanqui, 75013 Paris. **Fédération française des associations d'infirmes**

moteurs cérébraux (FFAIMC) 19, rue de l'Abondance, 69003 Lyon. **Office chrétien des personnes handicapées (OCH)** 90, av. de Suffren, 75015 Paris. **Union nationale des associations de familles de traumatisés crâniens (UNAFTC),** 236 *bis,* rue de Tolbiac, 75013 Paris, *regroupe* 45 associations.

Groupement français des personnes handicapées (GFPH) 10, rue Georges-de-Porto-Riche, 75014 Paris, *regroupe :* **Assoc. française contre les dystrophies musculaires, Assoc. gérontologique en milieu ouvert (Agemo), Assoc. nationale de défense des malades invalides et handicapés (AMI), Assoc. nationale des parents d'enfants aveugles (Anpea), Assoc. nationale pour l'intégration des handicapés moteurs (ANPIHM), Croisade des aveugles, Féd. nationale des sourds de France (FNSF), Groupement pour l'insertion des personnes handicapées physiques (GIHP), Nouvelle association française des sclérosés en plaques (Nafsep), Union nationale des associations de parents et amis de personnes handicapées mentales (Unapei)** 15, rue Coysevox, 75018 Paris, *Minitel* 3615 Unapei, *regroupe* 750 associations, *reconnue* d'utilité publique, et grande cause nationale 1990, **Union nationale des polios de France (UNPF).**

■ **Dans le monde.** 7 à 10 % de la population souffrent d'incapacité, soit environ 500 millions de personnes. Près de 80 % vivent dans les pays en développement ; 1 à 2 % bénéficient des services de réadaptation nécessaires.

Quelques anomalies et malformations

■ **Achondroplasie.** Nanisme associé avec macrocéphalie. Pronostic habituellement favorable en dehors de l'insuffisance staturale. Fréquence : 1 cas sur 25 000 naissances. Adresse : *Association des personnes de petite taille,* 8, av. Anatole-France, 94600 Choisy-le-Roi.

■ **Anencéphalie.** Absence partielle ou totale de l'encéphale, parfois absence de moelle épinière (amyélencéphalie). Décelable par échographie pendant la grossesse. Crâne absent ou rudimentaire. Exceptionnellement, très courte survie.

■ **Anomalies chromosomiques.** 1 personne sur 500 a une anomalie chromosomique équilibrée (translocation, insertion, inversion) qui n'entraîne pour elle aucun désordre mais fait courir un risque particulier à sa descendance. Seules les anomalies déséquilibrées entraînent un syndrome pathologique dans 1 conception sur 2, d'où fausses couches à répétition, perte d'enfant, polyhandicap. Incidence des anomalies équilibrées + déséquilibrées : 1 sur 150. Dans 98 % des cas, cet accident se produit lors de la conception. Quand les deux parents ont un caryotype normal, il n'y a pas de risque de récurrence particulier. Types : anneau, délétion, duplication, monosomie, trisomie, tétrasomie, pentasomie, translocation réciproque et Robertsonienne, insertion, inversion. **Trisomie 21 :** Esquirol en 1838 et Seguin en 1856 ; Langdom-Down, en 1866, caractérise mieux la maladie. Causes : présence de 3 chromosomes 21 au lieu de 2 [découverte en 1958 par les Prs Jérôme Lejeune (1926-94), Gautier et Turpin]. Retard mental constant mais de degré variable. Hypotonie mais parfois hypertonie (15 % des cas) ; malformation cardiaque fréquente. Statistiques : risques d'avoir un enfant avec la trisomie 21 pour une femme de 20 ans : 1/2 000 ; à 40 ans : 1/150 ; à 45 ans : 1/25. Prévalence : 11,6/10 000 naissances. En raison de l'origine souvent accidentelle et non héréditaire, le risque d'avoir un 2e enfant trisomique est très faible [excepté si l'un des parents est porteur d'une translocation Robertsonienne impliquant le chromosome 21 : risque de 50 % ; 5 % des trisomies sont dues à des translocations ou des mosaïques (donc récurrence possible)]. *Enfants atteints :* 1/650 naissances soit environ 1 000/an (dont 75 % chez des femmes de moins de 38 ans). Diagnostic anténatal : notamment si anomalie morphologique vue par échographie entre la 12e et la 14e semaine de grossesse : analyse de sang puis *amniocentèse* (fiable à 99,999 %) : prélèvement, dans l'utérus, de liquide (contenant des cellules éliminées par le fœtus) vers la 15e semaine ; risque élevé de fausse couche (1 cas sur 200) ; proposé systématiquement et remboursé aux femmes de plus de 40 ans depuis 1973, aux femmes de plus de 38 ans depuis 1980, à toutes les femmes depuis le 23-1-1997 ; *taux de détection :* 70 %, *de « faux positifs » :* 5 %. *Cas identifiés* (en 1997) : 358 dont 318 chez des femmes de moins de 38 ans. Tests sanguins et échographie (en fin de 1er ou début de 2e trimestre) ne donnent qu'un intervalle de risque. Espérance moyenne de vie : *en 1930 :* 9 ans ; *68 :* 30 ans ; *78 :* 40 ans ; *95 :* 50 % atteignaient 60 ans. Adresses : *Amis et parents de trisomiques à l'écoute (APTE),* 42, rue Edmond-Membrée, 59300 Valenciennes. *Fédération d'associations pour l'insertion sociale des personnes porteuses d'une trisomie 21 (FAIT 21),* 10, rue du Monteil, 42000 St-Étienne. *Association de porteurs d'anomalies chromosomiques (Valentin Apac),* s/c Mme Marchetti-Waternaux, 52, la Butte Églantine, 95610 Éragny. *Fondation Jérôme-Lejeune,* 31, rue Galande, 75005 Paris.

Syndrome de Marfan : décrit en 1896 par Antoine Marfan (Fr., 1858-1942). Maladie génétique héréditaire des tissus conjonctifs caractérisée par grande taille, bras et mains allongés, problèmes cardio-vasculaires et oculaires graves. *En France :* environ 12 000 cas. Adresses : *Association française du syndrome de Marfan (AFSM),* 13, allée des Terrasses, 77200 Torcy. *Association du syndrome de Marfan-Amis d'Antoine (Asmaa),* B.P. 63, 95160 Montmorency.

Homosexuels : selon le Dr Dean Hamer (Institut national américain du cancer) le chromosome sexuel X serait porteur d'un gène impliqué dans l'homosexualité masculine. Une zone spécifique (baptisée Xq28) aurait une structure spécifique, influençant l'orientation sexuelle. Un petit noyau de neurones de l'hypothalamus, le cerveau « hormonal » INAH3, n'occupe que de 0 à 0,05 mm³, comme chez les femmes, contre 0,2 à 0,4 chez les hétérosexuels.

Transsexuels : individus dont l'état se caractérise par le sentiment irrésistible d'appartenir au sexe opposé à celui qui est génétiquement, physiologiquement et juridiquement le leur, avec le besoin de changer d'état sexuel, anatomie comprise. Des chercheurs d'Amsterdam ont annoncé en 1995 avoir mis en évidence une structure féminine du système nerveux central chez les transsexuels génétiquement masculins.

Changement de sexe (en France) : le 18-1-1965, lors de l'affaire « Coccinelle » [nom d'artiste de Jean-Charles Dufresnoy (né 1931), devenu Jeanne-Charlotte Coccinelle, 1er opéré en France en 1958], les juges décidèrent d'avoir recours à l'analyse des chromosomes (sexe génétique). Ce critère conduisait à rejeter toutes les demandes des transsexuels, leur patrimoine héréditaire étant celui du sexe auquel ils souhaitaient ne plus appartenir. Depuis les années 1976-77, on se fonde sur l'analyse « scientifique des différentes composantes du sexe : morphologique, chromosomique, psychologique et psychosociale ». Mais 3 arguments permettent de refuser le changement de sexe à l'état civil : le respect du corps humain (3 articles du Code pénal répriment les atteintes illicites au corps humain, même avec le consentement de la victime), l'indisponibilité de l'état des personnes (nul ne peut modifier l'état qui est le sien du fait de la loi ou de la nature) et l'atteinte à l'ordre public.

Syndrome de Rett : découvert en 1966 par Andreas Rett (Autrichien) puis, en 1983, par les docteurs Hagberg, Aicardi, Dias et Ramos ; apparaît chez les petites filles de 6 à 18 mois. Provoque un handicap mental associé à une infirmité motrice progressive. L'utilisation volontaire des mains est remplacée par des stéréotypies. Complications : crises d'épilepsie, scoliose, mobilité réduite, difficultés alimentaires. Causes : mal connues, anomalie chromosomique liée à l'X. Statistiques : 1 fille sur 10 000 à 15 000 (de 25 à 40 naissances par an en France). Sur 500 à 750 cas estimés en France, seulement 1 sur 4 est diagnostiqué. Souvent confondu avec l'autisme. Adresse : *Association française du syndrome de Rett (AFSR),* 38, rue Jacques-Hillairet, 75012 Paris.

Syndrome de l'X fragile : décrit en 1969 par Lubs. Anomalie chromosomique : petite cassure à l'extrémité du bras long du chromosome X. Le gène responsable (FMR1) a été découvert en 1991 par l'équipe du Pr Jean-Louis Mandel (Inserm, Strasbourg). Cause : prémutation sans conséquence pathologique, transmise par un des parents et conduisant à une mutation complète dans sa descendance (directe si la mère est transmettrice, à la génération suivante si c'est le père). Diagnostic : *prénatal :* mis au point en 1979 ; *âge moyen au diagnostic :* 12 ans. Effets : retard mental variable (troubles d'apprentissage, en particulier du langage), hyperactivité ou comportement autistique, légère dysmorphie faciale (visage allongé, front haut, menton saillant, lèvres épaisses, grandes oreilles). Incidence : en moyenne 1 garçon sur 4 000 et 1 fille sur 7 000, soit 10 000 personnes atteintes en France. 1 femme sur 400 serait vectrice saine. Adresses : *Association nationale du syndrome X fragile « Le Goéland »,* Capucines, allée des Fleurs, 61100 Flers. *Association Mosaïques X Fragile,* 77, rue Raspail, 92270 Bois-Colombes.

Anomalies des chromosomes sexuels : *dysgénésies gonadiques féminines :* **syndrome de Turner** [absence totale ou partielle (bras court) de l'un des chromosomes X de la femme] ; atteint 1 femme sur 2 500 ; petite taille (1,42 m ; si traitement par hormone de croissance synthétique : 1,50 m), paresse des ovaires (traitement par substitution œstro-progestatif ; infertilité dans 98 % des cas) ; caryotype 45 X ou mosaïques. Adresse : *Association des Groupes Amitié Turner (Agat),* 34, rue de la Tour-d'Auvergne, 75009 Paris. *Masculines :* **syndrome de Klinefelter** (atrophie testiculaire, développement des seins) ; caryotype 47 XXY. **Hermaphrodismes :** présence de gonades féminines et masculines.

■ **Anomalies congénitales** (existant dès la naissance) **et héréditaires** (transmises avec le patrimoine génétique). Prévalence : environ 2 ‰. Diagnostic prénatal ou anténatal : **1°) amniocentèse précoce :** *a) consultation génétique* (si possible avant la conception) en tout début de grossesse ; *b) ponction amniotique* ou *amniocentèse* proprement dite (à travers la paroi abdominale, sur l'utérus, en évitant le fœtus) ; à la 16e semaine après les dernières règles, en milieu chirurgical, ne nécessite pas d'hospitalisation ; peut provoquer une fausse couche dans 0,5 % des cas ; *c) culture des cellules fœtales* (pour l'étude des chromosomes ou d'un gène spécifique du fœtus). **2°) Biopsie chorionique :** *a) consultation génétique ; b) prélèvement par voie vaginale ou transabdominale* des villosités choriales à 10 semaines après les dernières règles ; permet de diagnostiquer les anomalies génétiques plus précocement, mais avec risque de fausse couche plus important (1 à 2 %). Ces deux méthodes permettent de diagnostiquer les anomalies d'origine chromosomique et des maladies héréditaires aux gènes connus ; mais d'autres malformations ou maladies leur échappent (exemple : bec-de-lièvre). **3°) Échographie :** permet de révéler *in utero* diverses atteintes morphologiques ou viscérales graves (anomalies cardiaques, rénales, atrésie de l'œsophage, malformations du squelette...) et de prévoir, dans certains cas, une intervention chirurgicale précoce à la naissance dans les conditions optimales de réussite. Renseignements : *Allo Gènes,* n° mis en place par le Centre d'information sur les maladies génétiques. *Eurordis* (European Organization for Rare Disorders), Institut de myologie, bât. Babinski, groupe hospitalier Pitié-Salpêtrière, 75651 Paris Cedex 13. *Association française de recherche génétique (AFRG),* Maison des maladies orphelines, 5, rue Casimir-Delavigne, 75006 Paris.

■ **Bec-de-lièvre.** Anomalie portant sur le palais, la lèvre supérieure ou les 2 à la fois. Répartition : bec-de-lièvre (groupe I), parfois double : 25 % des cas (l'enfant peut sucer et avaler normalement et il n'est pas nécessaire d'intervenir avant le sevrage) ; fissure du palais, gencive et lèvre (groupe III) : 50 %. Le palais fendu est généralement réparé dans la 2e année. Risques : si des parents normaux ont un enfant avec bec-de-lièvre, l'enfant suivant en aura un dans 4 à 5 % des cas. S'ils ont 2 enfants avec un bec-de-lièvre, risques pour le suivant : 10 %. Si l'un des parents a un bec-de-lièvre et un de ses enfants aussi, risques pour le suivant : 11 à 15 %. *Malformation du palais* (qui affecte les filles plus que les garçons), si les 2 parents sont normaux et ont un enfant avec un palais fendu, risque pour le suivant : 2 à 5 % (si l'un des parents et un enfant sont atteints : 15 %). Fréquence : 1 enfant sur 1 000. Adresse : *Aide aux parents d'enfants à malformation labiale et palatine,* 31, rue Étienne-Marcel, 93500 Pantin.

☞ Selon le Centre national de statistiques de santé américain, le tabac favorise la survenue des becs-de-lièvre chez les fœtus (étude publiée en 2000).

■ **Enfants siamois. Définition :** jumeaux monozygotes avec fusion en des points variables, ce qui entraîne l'existence d'organes communs. **Siamois complets :** chacun a ses propres organes ; **incomplets :** les organes vitaux nécessaires sont dans l'un d'eux, ce qui, dans le cas d'opération, ne permet pas la survie de l'autre. Fréquence : 1 cas sur 60 000 naissances. Opérations : *1912 :* 1re réussie en Angleterre ; *1974-juillet :* le Pr Pertuiset, Français, sépare 2 sœurs liées par le crâne ; *-18-9 :* l'Américain Koop sépare 2 sœurs qui avaient un foie et un intestin communs. *1993-20-8 :* le Pr O'Neill (Philadelphie, USA) sépare 2 sœurs. Transfert à Angela des organes vitaux uniques partagés avec sa sœur Amy (sacrifiée car plus faible), foie et cœur reconstruits [cœur à 4 cavités (il en avait 6)]. **Les plus célèbres :** *Chang et Eng* (Gauche et Droite en thaï) n'étaient pas siamois [mais étaient nés en 1811 à Bangkok (Siam) de parents chinois] ; les Siamois les appelaient « les frères chinois ». Ils mesuraient 1,35 m et 1,43 m, n'avaient qu'un seul foie pour 2 et étaient réunis par le bas du sternum. Ils furent conduits aux USA à 18 ans et exhibés par Phineas Taylor Barnum dans son cirque, puis devinrent fermiers en Caroline du Nord, épousèrent les 2 filles d'un pasteur et eurent 22 enfants normaux. Chang mourut à 69 ans d'une embolie cérébrale, pense-t-on. Eng mourut quelques heures plus tard (probablement de frayeur). *Les sœurs Bibbendon,* nées en Angleterre en 1100, vécurent 34 ans réunies des épaules aux hanches. *2 sœurs hongroises,* nées en 1701 et réunies par le dos, partageaient le même anus et le même vagin. *Les sœurs Blazek* étaient réunies de même, l'une devint enceinte, l'autre continua d'avoir ses règles, mais quand un garçon (sain et normal) fut né, toutes 2 eurent du lait.

■ **Hydrocéphalie.** Accumulation excessive de liquide céphalo-rachidien sous tension dans les ventricules cérébraux qui se dilatent. Peut être opérée selon la gravité par la pose d'une valve régulant la pression. Fréquence : 0,12 à 2,5 sur 1000 naissances.

■ **Mucoviscidose** (voir p. 141 c).

■ **Spina bifida.** Malformation de la colonne vertébrale causée par un manque de fermeture normale et mettant dans certains cas la mœlle épinière à nu surtout dans la région lombaire sacrée. Peut être opérée mais un manque d'innervation en bas de la lésion peut être une conséquence de cette malformation. Fréquence : 0,5 à 1 sur 1 000 naissances. Prévention : par administration, 1 mois avant la grossesse, d'acide folique (200 µg/jour). **Spina bifida occulta.** Malformation vertébrale osseuse, souvent inaperçue à la naissance, car généralement bénigne et révélée seulement par examen échographique. Adresses : *Association Spina Bifida et handicaps associés (ASB),* BP 92, 94420 Le Plessis-Trévise. *Fédération française des associations Spina Bifida,* 116 bis, rue des Amidonniers, 31000 Toulouse.

☞ **Arrêt Perruche :** le *17-11-2000* pour la 1re fois, la Cour de cassation a autorisé l'indemnisation d'un enfant né handicapé (Nicolas Perruche, 17 ans, sourd, aveugle et débile profond) pour préjudice subi : ni le médecin ni le laboratoire n'avaient diagnostiqué une rubéole chez sa mère qui, avertie, aurait avorté. Une centaine de familles regroupées dans un « Collectif des parents contre l'handiphobie » ont, le *1-12-2000,* assigné l'État pour « faute lourde dans l'exercice du service public de la justice ». Selon le Collectif, « il ressort de la décision litigieuse qu'il est préférable de mourir que de vivre handicapé » et « cette décision qui érige l'avortement en devoir, est parfaitement intolérable à ceux qui consacrent une partie de leur vie à accompagner leurs enfants souffrant d'un handicap ». Pour les magistrats, ce n'est pas le préjudice de vie qui est indemnisable mais celui résultant du handicap.

Quelques malades célèbres

■ **Maladies nerveuses et mentales. Agoraphobie :** Le Nôtre. **Amnésie :** Ampère, Beethoven, Diderot. **Dédoublement de la personnalité :** Musset. **Épilepsie :** Britannicus, César (?), Dostoïevski, Flaubert, Molière, Pétrarque, Pierre le Grand. **« Folie » :** Caligula, Charles VI, Christian VII de Danemark, Feydeau, Héliogabale, Jeanne la Folle, Junot, Louis II de Bavière, Maupassant, Nietzsche, Otton Ier de Grèce, Paul Ier de Russie, Pierre III de Russie, le Tasse, Van Gogh. **Hallucinations :** Cellini, César, Colomb, Cromwell, Goethe, Napoléon. **Mégalomanie :** Giordano Bruno, Auguste Comte, Dante. **Mélancolie, tristesse :** Chopin, Molière, Voltaire. **Obsession (doute) :** Leopardi, Manzoni. **Paranoïa :** J.-J.Rousseau (?), Deschanel. **Phobies :** Pascal. **Porphyrie** (maladie héréditaire caractérisée par une urine rouge et des crises nerveuses) : familles royales d'Angleterre (notamment Marie Stuart, Henriette d'Angleterre, la reine Anne, Georges III et Georges IV), et de Prusse (Frédéric II). **Psychose maniaco-dépressive :** Gérard de Nerval, Robert Schumann (?). **Considérés comme « névropathes ».** Baudelaire, Byron, Chateaubriand, Schopenhauer, Shelley, Wagner.

■ **Maladies diverses. Angiome plan (taches de vin) :** Gorbatchev. **Arthrite :** Louis XIV, Scarron, Renoir, Dufy, Édith Piaf. **Asthme :** Gambetta, Proust. **Azoospermie :** duc d'Angoulême. **Calculs :** Boileau, Cromwell (en mourut). **Cancer :** Pauline Borghèse (utérus), Voltaire (prostate), Vigny, Freud (mâchoire), Ingrid Bergman (2 seins). En 1980, le magazine *People* retrouva la trace de 150 des 220 participants du film *Le Conquérant* tourné en 1954 à 220 km de Yucca Flat (Nevada), centre d'expérimentation nucléaire où, en 1953, 11 bombes nucléaires avaient explosé : 91 avaient eu un cancer [46 étaient morts dont Pedro Armendariz (cancer des reins en 1958, maladie lymphatique, suicide 1963), Susan Hayward († 1975, tumeur au cerveau faisant suite à un cancer de la peau, du sein et de l'utérus), Agnes Moorehead († 1974), Dick Powell († 1963, cancer lymphatique), John Wayne († 1979, cancer de la gorge, poumons, estomac), Steve Mac Queen († 1980, cancer des poumons contracté pendant la guerre)]. **Choléra :** Mal Bugeaud († 1849), Gal Daumesnil, Gal Lamarque, Casimir Perier († 1832), Tchaïkovski († 1893). **Coxarthrose :** Colette. **Diabète :** Youri Andropov. **Dysenterie bacillaire :** Saint Louis [(?) ; voir Peste, typhoïde]. **Eczéma :** Marat, Pasteur. **Goitre :** Cléopâtre (?), Marie de Médicis. **Goutte :** Dickens, B. Franklin, Georges V d'Angleterre, Édouard Herriot, Leibniz (en mourut), Louis XVIII, Luther, Mazarin, Pitt. **Hémophilie :** la reine Victoria d'Angleterre transmit un gène à plusieurs de ses descendants, dont 2 fils du roi d'Espagne Alphonse XIII [Alphonse (1907-38), Gonzalo (1914-34)] ; le tsarévitch (fils du tsar Nicolas II). **Hoquet :** Charles Osborne (USA, 1894-1991) avait le hoquet depuis 1922. Pie XII. **Macroglobulinémie de Waldenström :** Boumediene. **Maux de tête :** Calvin, Pascal. **Myélome :** Pompidou. **Myiase** (parasitose) : Maximin II Daia, Galère, Sylla. **Os (maladie des) :** Toulouse-Lautrec (nanisme par atteinte dysplasique du squelette des membres inférieurs), Paul Reynaud (soudure de l'atlas et de l'axis). **Paludisme :** Alexandre le Grand (en mourut ; attrapé dans les marais de l'Euphrate). **Paralysie :** Cuvier, Alphonse Daudet, Henri Heine, Scarron (jambes), Léonard de Vinci. **Péritonite :** Gambetta. **Peste :** Camoens (en serait mort). Il a été dit que St Louis en était mort en 1270 (*peste* signifiait « épidémie » en général) ; en fait, il s'agirait de la typhoïde ou de la dysenterie. **Pierre (maladie de la) :** Napoléon III. **Poliomyélite :** F.D. Roosevelt, Walter Scott. **Psychodysostose :** Toulouse-Lautrec. **Rayons (mal des) :** les Curie. **Rhumatisme déformant :** Raoul Dufy, Auguste Renoir. **Sarcome :** Rimbaud. **Sida** (voir encadré p. 147 c). **Syndrome de Frohlich (dystrophie) :** Napoléon Ier ; **de Marfan :** Lincoln, Paganini, Rachmaninov. **Syphilis :** Baudelaire, Louis Bonaparte, Charles Quint, Alphonse Daudet, le roi David (?), François Ier, Gal Gamelin, Hérode (?), Job (?), Maupassant, Mussolini, Nietzsche, Rimbaud. **Tuberculose :** l'Aiglon, Chopin, Kafka, Molière, Musset, Spinoza (?)... ; **intestinale :** Louis XIII (en mourut). **Typhoïde :** Gogol (en mourut), St Louis (?). **Ulcère de l'estomac :** Napoléon. **Urémie :** Rousseau. **Variole :** Louis XV (en mourut), Marie II (reine d'Angleterre), Mirabeau, Ramsès II, Vauvenargues.

■ **Tares, infirmités, anomalies, accidents. Aphasie :** Baudelaire, Valery Larbaud, Maupassant, Nietzsche, Ravel. **Astigmatisme :** Le Greco. **Bégaiement :** Lewis Carroll, Georges Clemenceau, Louis Jouvet, Louis II le Bègue, Jean-Jacques Rousseau. 500 000 Français souffrent de cette « hypertonie au niveau des muscles articulateurs ». **Blanchiment précoce** (dès l'enfance) : Tamerlan. **Borgnes :** Abdul Aziz, Gabriele D'Annunzio, poète (œil droit le 16-1-1916 : lors d'un atterrissage forcé, l'arcade sourcilière heurte la mitrailleuse d'avant), Vincent Auriol (pistolet à amorce), Louis-Henri de Bourbon-Condé, Camoens (blessure de guerre), Horatius Cocles (blessure de guerre ; en latin *cocles* signifie borgne), Nicolas Conté [chimiste et mécanicien qui trouva un succédané à la plombagine (crayon Conté), perfectionna les techniques des aérostats] : œil gauche à Meudon, lors d'une explosion de gaz), Moshe Dayan (blessure de guerre), Degas, John Ford, cinéaste (œil gauche), Gambetta (fragment de tige d'une foreuse), Henri Garat (coup de palette donné par un croupier), Kiro Gligorov, Pt de la république de Macédoine (attentat d'octobre 1995), Hannibal (froid et humidité à la veille de la bataille du lac Trasimène), Jim Harrison, amiral Herbert, Mal Koutousov (de vieillesse, à 60 ans en 1805), Fritz Lang (cinéaste, en 1922 pendant le tournage de « Mabuse »), Marconi (accord d'instrument), Philippe de Macédoine, Gal Maunoury (blessure de guerre 12-3-1915), Gal von Neipperg 2e époux de Marie-Louise (blessure de guerre), Nelson (œil droit au siège de Calvi 1794), Mohammed Omar, chef des talibans ayant pris Kaboul (1996, à 38 ans), Philippe d'Orléans, Jean-Marie Le Pen, Willy Post (en 1937 fit le tour du monde seul en 7 j 18 h 42 min), Potemkine (au cours d'une querelle Alexis Orlof lui creva un œil d'un coup de queue de billard), Joshua Reynolds, Theodore Roosevelt, Henri Cte de Saint-Simon (suicide raté : se crève l'œil droit, 9-3-1823), Sartre, Hun Sen, Premier ministre du roi Sihanouk, ancien khmer rouge, (au combat), Gal Simon, Cel Stauffenberg, Tchekhov, baron de Torbay, Cte de Torrington (bataille de Béveziers 16-7-1690), Xavier Vallat, Ambroise Vollard, marchand de tableaux (œil plus ou moins borgne), Raoul Walsh (cinéaste, en 1929, un lapin fit voler en éclats son pare-brise), Mal Wavell (blessé de guerre 1914-18). **Bosse :** Ésope. **Cécité :** J.-S. Bach, Daumier, Euler, Haendel, Homère (selon la tradition), Lamarck, Milton, Sanson (le bourreau). **Claudication :** Anne de Bretagne, Byron (pied-bot), Benjamin Constant, Goebbels (pied-bot), Jeanne (femme de Louis XI), Walter Scott, Shakespeare, Talleyrand, Tamerlan, Mlle de La Vallière. **Conjonctivite bilatérale chronique :** Marat. **Daltonisme :** Dalton (physicien anglais, 1766-1844), d'où le nom. **Gauchers** (voir p. 133 b). **Hydrocéphalie :** Cuvier, Milton. **Hypersensibilité sensorielle (visuelle ou auditive) :** Alfieri, les Goncourt, Musset. **Loupe :** Louis David (à la joue gauche). **Membres arrachés :** Gal Castelnau (main), Gal Gouraud (bras droit), Nelson (bras), Gal Pau (main droite amputée). **Obésité :** Guillaume le Conquérant, Charles le Gros, Louis le Gros. **Prononciation (défauts de) :** Boissy d'Anglas, Darwin, Démosthène, Camille Desmoulins, La Condamine, Lesage, Malherbe, Moïse, Virgile. **Strabisme :** Henri de Montmorency. **Surdité** (voir p. 150 c).

Greffes et organes artificiels

Il se pose entre 200 000 et 300 000 prothèses par an dans le monde (stimulateurs cardiaques, prothèses de hanche, greffes vasculaires, lentilles transparentes, cristallins artificiels).

Définitions

■ **Autogreffes** (ou autotransplantations). Le *greffon* est pris chez le sujet lui-même [entre jumeaux vrais aucun *rejet* (voir ci-après) ne se produit]. Membres : doigts, mains, bras, pieds.

■ **Allogreffes** (ou homotransplantations). Le greffon est pris chez un autre sujet de la même espèce : par exemple d'un homme à un autre homme. **Rejet :** le tissu greffé, d'abord accepté quelques jours, est reconnu pour étranger par les systèmes « immunologiques » de l'hôte et rejeté, c'est-à-dire détruit, après une semaine environ (selon le degré de « compatibilité » du donneur et du receveur). Des médicaments « immunodépresseurs » (azathioprine, cortisone, cyclosporine, sérum antilymphocytaire, etc.) réduisent les réactions de rejet. Le Pr Jean Dausset (né en 1916, prix Nobel 1980) est à l'origine de la découverte du système tissulaire HLA (Human Leukocyte Antigens) – A, B, C, DR qui conditionne la compatibilité entre donneur et receveur de même que les groupes sanguins (voir p. 125 b). *24-8-1999* 1er succès (rein) sans immunosuppresseurs (General Hospital of Boston, USA).

☞ **Meilleurs donneurs :** *jumeaux vrais* (nés à partir du même œuf) ; *frères et sœurs* non jumeaux : possèdent généralement avec le malade un complexe majeur d'histocompatibilité (voir p. 125 c). Il existe des fichiers de donneurs volontaires de moelle osseuse (voir p. 170 b).

■ **Xénogreffes** (ou hétérotransplantations). La xénotransplantation [dite *concordante* entre espèces différentes mais proches (exemples : babouin sur homme chez les primates, hamster sur rat chez les rongeurs) ; *discordante* entre espèces différentes et de lignées différentes (exemples : porcin sur primate et porc sur homme)] d'organes vascularisés (vivants) n'a rien à voir avec la xéno- (ou hétéro-) transplantation des valves cardiaques (non vascularisées) réalisée depuis 1963 et fiable pendant au moins 10 ans. *Début 1900* Alexis Carrel expérimente sur l'animal. *1906* Jaboulay effectue 2 premiers essais sur l'homme avec rein de porc et de chèvre. *1910* Hunger utilise le rein d'un singe de Java, Neuhof un rein d'agneau, Schonstadt un rein de macaque. *1915* Serge Voronoff (1866-1951) greffe des thyroïdes de chimpanzés à des personnes souffrant d'anomalies thyroïdiennes et de l'os de chimpanzé à un soldat. *1920-12-6* S. Voronoff greffe des testicules de chimpanzé à un homme (en 1930 il en aura fait 500). *1963* développement des xénotransplantations : Reemtsma, Starzl, Traeger pour le rein prélevé chez le chimpanzé ; certains greffés ont eu une diurèse conservée jusqu'à 2 mois avec Reemtsma (1964), avec James Hardy pour le cœur, avec Starzl pour le foie. Échecs à court terme (de quelques heures à quelques jours). *1969-mai* le Pr Pierre Marion (1914-2000) greffe un cœur de chimpanzé sur un homme. *1995* à San Francisco, greffe de moelle osseuse d'un babouin sur un homme de 38 ans atteint du sida. *1997-98* tentatives de xénoperfusions sur foie de porc, aux USA et en France. *1999-30-9* un Américain (35 ans) meurt, 2 mois après avoir reçu un cœur de singe, d'un virus réputé n'atteindre que l'animal. Problèmes : éthiques et techniques : rejet malgré la mise au point de porcs transgéniques, possible transmission des rétrovirus porcins (PERV A et B).

☞ **Conservation des greffons :** quelques heures, 48 h pour le rein. En 2000, une équipe de Hiratsuka (Japon) a réussi à conserver 10 j un cœur de rat grâce au tréhalose, extrait d'un animal microscopique, le tardigrade.

Don d'organes et de tissus

■ **Don du corps « à la médecine ».** L'autonomie des universités (loi du 12-11-1968) les laisse libres d'accepter (et d'en déterminer les conditions) ou de refuser les dons de corps. L'intéressé doit en avoir fait la déclaration écrite datée et signée (Code des communes, art. R. 363-10 et suivants). *Don à des fins d'enseignement médical :* les donateurs doivent s'adresser au laboratoire d'anatomie de la faculté de médecine la plus proche. *A Paris :* 46, rue des Saints-Pères, 75270 Paris Cedex 06.

Les établissements bénéficiaires du don des corps peuvent être amenés à refuser le corps au moment du décès : parce qu'ils n'ont pas été prévenus à temps, que le corps a été autopsié ou bien que le malade a subi une opération récente, qu'il s'agit d'un accident de la route, d'un suicide, ou de toute autre raison susceptible de poser un problème médico-légal, qu'ils ne disposent pas de personnel (samedis, dimanches, fêtes légales, ponts réglementaires, périodes de congé du personnel) [circulaire n° 794049 du ministère des Universités du 23-7-1979].

■ **Modes de prélèvement. D'organes : 1°)** *sur une personne vivante :* voir ci-dessus ; **2°)** *sur un défunt :* le prélèvement est fait après le constat de mort cérébrale (voir dans le chapitre **Famille**), état très rare (environ 0,7 à 0,8 % des décès hospitaliers chaque année en France soit 1 600 environ). Le fonctionnement des organes est maintenu quelques heures artificiellement après échec de la réanimation à la suite d'un accident très grave ; le corps est ensuite rendu à la famille. *Age :* 18-50 ans. *Organes ou tissus greffables :* reins, cœur, foie, pancréas, poumons, cornée, os. Statistiques : voir encadré p. 170 b. **De moelle osseuse :** permet une fabrication normale des cellules du sang pour des malades atteints de leucémie, d'aplasie ou de déficit immunitaire. *Age :* 18-59 ans (révolus). *Nombre :* 1, exceptionnellement 2 fois pour le même malade. *Après examen sanguin* pour typage HLA (voir p. 125 c) dans un laboratoire agréé. *Prélèvement :* par ponction dans les os du bassin, sous anesthésie. *Reconstitution* en 48 h.

On peut garder sur soi une *carte de don* ou un document rédigé sur papier libre.

☞ **Établissement français des greffes (EfG),** 5, rue Lacuée, 75012 Paris. *Créé* par la loi du 18-1-1994. **France-Adot (Fédération française des associations pour le don d'organes et de tissus humains),** BP 35, 75462 Paris Cedex 10 ; *diffuse* une carte attestant l'accord du porteur pour tout prélèvement en cas de décès ; participe, avec France Greffes de Moelle, au développement et au financement du *fichier* de donneurs volontaires de moelle osseuse (voir p. 170 b) dont le typage HLA est connu. **Registre national des refus (RNR),** B.P. 2331, 13213 Marseille Cedex 02 ; registre automatisé des refus de prélèvement d'organes et de tissus. *Mise en service :* 15-9-1998. *Inscription :* âge minimal 13 ans ; formulaire disponible dans les pharmacies, auprès des médecins ou directement auprès de l'EfG ; reçu sur demande ; refus de finalité thérapeutique scientifique ou d'autopsie médico-scientifique sur *tous* organes, tissus, cellules ou produits du corps. *Inscrits* (au 18-1-2001) : 45 909. *Consultation :* par l'EfG, sur demande de l'hôpital, après signature du procès-verbal de constat de mort (délivré par un médecin autre que celui qui prélève).

■ **Données générales. Loi n° 94-548 du 1-7-1994** relative au traitement des données nominatives ayant pour fin la recherche dans le domaine de la santé et modifiant **la loi n° 78-17 du 6-1-1978** relative à l'informatique, aux fichiers et aux libertés. **Lois nos 94-653 et 94-654 du 29-7-1994** relatives au respect du corps humain et au don et à l'utilisation des éléments et produits du corps humain, à l'assistance médicale à la procréation et au diagnostic prénatal.

Code civil : art. 16-1. Chacun a droit au respect de son corps. Le corps humain est inviolable. Le corps humain, ses éléments et ses produits ne peuvent faire l'objet d'un droit patrimonial. **-2.** Le juge peut prescrire toutes mesures propres à empêcher ou faire cesser une atteinte illicite au corps humain ou des agissements illicites portant sur des éléments ou des produits de celui-ci. **-3.** Il ne peut être porté atteinte à l'intégrité du corps humain qu'en cas de nécessité thérapeutique pour la personne. Le consentement de l'intéressé doit être recueilli préalablement hors le cas où son état rend nécessaire une intervention thérapeutique à laquelle il n'est pas à même de consentir. **-5.** Les conventions ayant pour effet de conférer une valeur patrimoniale au corps humain, à ses éléments ou à ses produits sont nulles. **-6.** Aucune rémunération ne peut être allouée à celui qui se prête à une expérimentation sur sa personne, au prélèvement d'éléments de son corps ou à la collecte de produits de celui-ci.

Code pénal : art. 511-2. Le fait d'obtenir d'une personne l'un de ses organes contre un paiement, quelle qu'en soit la forme, est puni de 7 ans d'emprisonnement et 700 000 F d'amende. **-3.** Le fait de prélever un organe sur une personne vivante majeure sans que le consentement de celle-ci ait été recueilli dans les conditions prévues par l'art. L. 671-3 du Code de la santé publique est puni de 7 ans d'emprisonnement et de 700 000 F d'amende. Est puni des mêmes peines le fait de prélever un organe sur un donneur vivant mineur ou sur un donneur vivant majeur faisant l'objet d'une mesure de protection légale sans avoir respecté les conditions prévues aux art. L. 671-4 et L. 671-5 du Code de la santé publique. Est puni des mêmes peines le fait d'apporter son entremise pour valoriser l'obtention d'un organe contre le paiement de celui-ci, ou de céder à titre onéreux un tel organe du corps d'autrui. Les mêmes peines sont applicables dans le cas où l'organe obtenu dans les conditions prévues au premier alinéa provient d'un pays étranger. **-4.** Le fait d'obtenir d'une personne le prélèvement de tissus, de cellules ou de produits de son corps contre un paiement, quelle qu'en soit la forme, est puni de 5 ans d'emprisonnement et de 500 000 F d'amende. Est puni des mêmes peines le fait d'apporter son entremise pour favoriser l'obtention de tissus, de cellules ou de produits humains contre un paiement, quelle qu'en soit la forme, ou de céder à titre onéreux des tissus, des cellules ou des produits du corps d'autrui. **-5.** Le fait de prélever un tissu ou des cellules ou de collecter un produit sur une personne vivante majeure sans qu'elle ait exprimé son consentement est puni de 5 ans d'emprisonnement et 500 000 F d'amende. Est puni des mêmes peines le fait de prélever un tissu ou des cellules ou de collecter un produit sur une personne vivante mineure ou sur une personne vivante majeure faisant l'objet d'une mesure de protection légale sans avoir respecté les conditions prévues par l'art. L. 672-5 du Code de la santé publique. **-26.** La tentative des délits prévus par les art. 511-2, 511-3, 511-4, 511-5 est punie des mêmes peines.

☞ Voir aussi le chapitre *Libertés.* Le Code de la santé publique précise : *le consentement est révocable à tout moment* (art. L. 665-11), le don est gratuit, seuls les frais engagés pour prélever, conditionner, distribuer et acheminer les éléments ou produits du corps (organes ou tissus) peuvent être remboursés (art. L. 665-13 et L. 672-1).

Loi du 15-11-1987 : chacun est libre de formuler ses intentions pour ses obsèques et la destination à donner à ses restes. Tout document exprimant ses volontés suffit pour qu'il y soit donné suite.

■ **Organisation des greffes. Code civil, art. 16-8 :** Aucune information permettant d'identifier à la fois celui qui a fait don d'un élément ou d'un produit de son corps et celui qui l'a reçu ne peut être divulguée. Le donneur ne peut connaître l'identité du receveur, ni le receveur celle du donneur. En cas de nécessité thérapeutique, seuls les médecins du donneur et du receveur peuvent avoir accès aux informations permettant l'identification de ceux-ci : on parle de « traçabilité ».

Code de la santé publique, prélèvement sur un vivant, art. L. 671-3 : Le prélèvement d'organes sur un vivant, qui en fait le don, ne peut être effectué que dans l'intérêt thérapeutique direct d'un receveur. Le receveur doit avoir la qualité de père ou de mère, de fils ou de fille, de frère ou de sœur du donneur, sauf en cas de prélèvement de moelle osseuse en vue d'une greffe. En cas d'urgence, le donneur peut être le conjoint. **-4.** Aucun prélèvement d'organes, en vue d'un don, ne peut avoir lieu sur un vivant mineur ou sur un vivant majeur faisant l'objet d'une mesure de protection légale. **-5.** Aucun prélèvement de tissus ou de cellules, aucune collecte de produits du corps humain ne peut avoir lieu sur un vivant mineur ou sur un vivant majeur faisant l'objet d'une mesure de protection légale. Le consentement, révocable, est exprimé devant le Pt du tribunal de grande instance. Ces conditions ne sont pas requises pour les donneurs vivants de tissus.

Prélèvement sur un décédé : art. L. 671-7. : ne peut être effectué qu'à des fins thérapeutiques ou scientifiques et après que le constat de la mort a été établi dans des conditions définies par décret en Conseil d'État ; peut être effectué dès lors que le décédé n'a pas fait connaître, de son vivant, son refus d'un tel prélèvement. Ce refus peut être exprimé par l'indication de sa volonté sur un registre national automatisé prévu à cet effet. Il est révocable à tout moment. Les conditions de fonctionnement et de gestion du registre sont déterminées par décret en Conseil d'État. Si le médecin n'a pas directement connaissance de la volonté du défunt, il doit s'efforcer de recueillir le témoignage de sa famille.

☞ Pour un décédé mineur ou majeur protégé, le consentement écrit des titulaires de l'autorité parentale ou du représentant légal est requis.

■ **Obligation des médecins. Art. L. 671-10 :** les médecins qui établissent le constat de la mort, d'une part, et ceux qui effectuent le prélèvement ou la transplantation, d'autre part, doivent faire partie d'unités fonctionnelles ou de services distincts.

Sécurité sanitaire et traçabilité : des *tests de dépistage* d'infection doivent être effectués avant le prélèvement (décret n° 97-928 et arrêté du 9-10-1997) : HIV1 et 2, HTLV1 et 2, hépatite B et C, syphilis, EBV, toxoplasmose et CMV. *Éléments de traçabilité* (arrêté du 9-10-1995) : les résultats de la recherche des marqueurs biologiques d'infection doivent accompagner les greffons ; les antécédents cliniques personnels et familiaux du donneur doivent être recherchés.

☞ Il est impossible de procéder à un prélèvement d'organes en vue de greffe sur une personne qui décède en dehors d'un service de réanimation.

Dons d'organe en Europe. Nombre de donneurs total et, entre parenthèses, **pour 1 million d'habitants** (en 1997) : Espagne 1 153 (29), Belgique 240 (24), Autriche 163 (21,7), Italie (du Nord) 298 (16,5), Pays-Bas 231 (15,4), *France 880 (14,9),* Suisse 100 (14,3), Allemagne 1 102 (13,8). **Régime de consentement, date de mise en place, réponses possibles** (O : oui, N : non) **sur le registre et % de la population inscrite** (en sept. 1999) : *explicite :* Pays-Bas (1998, O/N) 30, Suède (juillet 1996, O/N) 16, Grande-Bretagne (oct. 1994, O), Danemark (1990, O/N) 5, Belgique (févr. 1997, O/N) 2 ; *présumé :* Espagne, *France* (sept. 1998, N) *0,06,* Pologne (oct. 1996, N) 0,04, Portugal (oct. 1994, N) 0,36, Autriche (janv. 1995, N) 0,03.

Rites et mouvements religieux. Admettant le don d'organes : catholique, protestant, bouddhiste, indouiste, mormon, adventiste du 7e jour, israélite (si effectué de vivant à vivant), musulman (si consentement du donneur et du receveur) ; **demandant de l'éviter :** orthodoxe ; **laissant libre mais refus majoritaire :** Témoins de Jéhova.

Greffes de tissus

☞ *Nombre dans l'UE :* 300 000/an.

■ **Dent.** Autogreffe pratiquée.

■ **Cellules. Hépatocytes** (cellules du foie) : 1er essai rapporté février 1997 (5 cas d'hépatite fulminante). **Ilots de Langerhans** (cellules du pancréas) : greffe d'îlots encapsulés dans des membranes artificielles (éviterait le traitement antirejet à vie, se substituerait à l'insuline pour les diabétiques insulinodépendants) : 1res en 2000 au Canada par le Pr James Shapiro : les 7 transplantés ont pu arrêter l'insuline. Voir aussi CSH (moelle osseuse ci-dessous) et peau (p. 171 a). **Cellules musculaires :** *30-6-2000* prélevées dans la cuisse et injectées dans le cœur d'une personne de 72 ans par le Pr Philippe Menasché (hôpital Bichat, Paris).

■ **Membres. Main :** 1re réimplantation, par S. Komatsu et S. Tamai, d'un *pouce* totalement sectionné. *Oct. 1974* (Lyon) *main* droite d'un hémiplégique transplantée à la place de sa main gauche amputée accidentellement. *23-9-1998* (8 chirurgiens dont le Pr Jean-Michel Dubernard, hôpital Édouard-Herriot de Lyon) 1re allogreffe *(main et une partie de l'avant-bras)* : sur Clint Hallam, Néo-Zélandais, 48 ans [avait perdu l'avant-bras droit en 1984 avec une scie circulaire à la prison de Rolleston ; n'ayant pas correctement suivi le traitement antirejet, s'est refait amputer début février 2001 à Londres (Dr Nadey Hakim)]. *24-1-1999 :* 1re allogreffe *(main)* aux USA : par le Dr Warren Breidenbach sur un homme de 37 ans amputé en 1985. *13-1-2000* (équipe internationale de 18 chirurgiens dont le Pr Dubernard, Lyon) 1re double greffe (*main* et *fraction de l'avant-bras* sur Denis Chatelier (33 ans) amputé des 2 mains depuis 1996. Depuis 1998, 7 greffes de mains réalisées dans le monde. **Genou :** *1987* (Philadelphie, USA) 1re greffe par Richard Schmidt *(bas du fémur, genou, haut du tibia)* sur Susan Lazarchik (32 ans). **Jambe :** *26-7-1988* (Bordeaux) 1re double greffe en Europe, *pied* droit au niveau de la cheville, jambe gauche au-dessous du genou. **Pied :** *1979* (Pays-Bas) greffe du *gros orteil d'un pied gauche* à la place d'un pouce gauche sectionné. *1986* (Montpellier) greffe des *2 gros orteils* d'une jeune fille sur sa main privée de 2 doigts. *1990* (Paris) pied implanté à la place d'une main (échec après 7 mois).

Pour réimplanter : *un pouce* il faut entre 4 et 5 h, *une main* 7 à 8 h. On ne saura guère avant 12 jours pour un doigt (15 pour un bras) si le membre survivra. **Nombre :** 350 doigts et mains/an en France. **Pourcentage de réussite :** *bras* ou *main :* 70 à 80 %, *doigt :* 50 à 60 %. Après 40 ans la récupération fonctionnelle (sensibilité et muscles) est médiocre. **Conditions :** l'intervention doit avoir lieu dans les 6 h (exception : opération réussie 17 h après un accident) ; le membre sectionné doit être transporté dans de bonnes conditions (dans un sac en plastique placé lui-même dans un sac contenant de la glace, et non en contact direct avec la glace).

■ **Moelle osseuse.** *1re greffe :* 21-11-1958 à l'hôpital Curie (Paris). *1re autogreffe :* 1977 à l'hôpital St-Antoine (Paris). Utilisée depuis 1970 pour le traitement des leucémies, des malades en aplasie médullaire ou nés en déficit immunitaire ; en traitement d'appoint de tumeurs solides (neuroblastomes de l'enfant, tumeurs germinales du testicule). Les allogreffes sont pratiquées entre frères et sœurs (75 % des cas) en raison de la nécessaire compatibilité HLA entre donneur et receveur. Essentiellement pratiquée entre frères et sœurs, mais les familles étant réduites, 2 fois sur 3 on ne peut rencontrer 2 individus compatibles. Des médicaments immunodépresseurs, comme la Cyclosporine A, permettent de maîtriser la GVH (*Graft Versus Host :* réaction du greffon contre l'hôte, provoquant amaigrissement, troubles digestifs et cutanés, et responsable d'une mortalité de 10 à 50 %). **Greffes de cellules souches hématopoïétiques (CSH)** en 1999 : *autogreffes :* 2 527 dont CSH du sang périphérique 93 % ; *allogreffes :* 786, *1998 :* 759 (dont familiales 563, avec donneur non apparenté 196) dont (en %) CSH de moelle osseuse 77, sang périphérique 18, sang placentaire 4, moelle osseuse + sang périphérique 0,56. *A partir de sang placentaire :* 1re en 1988 par le Pr Éliane Glutleman à l'hôpital St-Louis (Paris) ; *non compatible :* entre frère et sœur (les cellules, immatures, n'ont jamais été soumises à une agression immunitaire) : 1re en 1990 par le Pr Étienne Vilmer à l'hôpital Robert-Debré (Paris). **Donneurs volontaires :** 1ers fichiers en 1985, désormais reliés par Internet : plus de 6 millions d'inscrits dont (au 31-12-2000) 102 932 en France (coordonnés par l'*Association France greffe de moelle* et l'*Établissement français des greffes* (voir p. 169 c). **Allogreffes avec donneurs non apparentés** en 1999 : 196 dont français 62. **Donneurs prélevés** *en France* en 2000 : nationaux 111 (dont pour patients internationaux 58), internationaux (pour patients nationaux) 127. *Dans le monde :* dans 60 % des cas, aucun donneur n'a les mêmes caractéristiques tissulaires que le demandeur. **Banques de sang de cordon :** Netcord et, en Europe, Eurocard, recueillent les fiches des sangs placentaires conservés.

■ **Neurones.** *1982* Olof Backlund (neurochirurgien), Lars Olson et Aki Seiger (histologistes), de Stockholm (Suède), prélèvent des cellules de glandes surrénales sur un patient (atteint de la maladie de Parkinson) et les greffent sur son cerveau. *1987* greffes de cellules de fœtus sur des malades de Parkinson. Efficacité thérapeutique non prouvée. *1998-23-6* des neurones de culture sont infectés dans le cerveau d'une personne victime d'une attaque.

■ **Œil.** La greffe de l'œil entier demeure impossible. On ne peut traiter que les cécités dues à une opacité de la cornée, l'œil lui-même étant resté de bonne qualité on procède à une **kératoplastie :** la cornée à greffer est prélevée sur un cadavre (dans un délai de 8 h après la mort). *1re greffe* en 1877 par von Hippel. Rejet rare. Nombre en France : *cornées prélevées : 1995 :* 3 073 ; *97 :* 3 591 ; *99 :* 5 141 ; *importées : 97 :* 764 ; *99 :* 1 046 ; *greffées : 95 :* 2 678 ; *97 :* 3 210 ; *99 :* 4 157. Besoins (est. déc. 1999) : 5 263 ; liste d'attente à l'EFG depuis fin 1999 (arrêté du 7-12). Indications : kératocône, déformation progressive de la cornée, œdème de la cornée, opacification liée à la diminution du capital cellulaire, traumatismes oculaires, herpès.

En cas de vascularisation, le risque de rejet augmentant on procède à une **greffe de membrane amniotique :** greffe de surface favorisant la cicatrisation ; le placenta est prélevé lors d'un accouchement par césarienne. *1997 :* 1ers essais par le Pr Tseng (Miami, Floride, USA). *1999-10-11 :* 1re en France par le Pr Jean-Marc Legeais (né 20-8-1959) (Hôtel-Dieu, Paris). En 2000, 2 équipes ont réussi à recouvrir la surface de cette membrane avec des cellules cornéennes ; après quelque temps, la membrane disparaît naturellement, laissant les cellules souches en place. Indications : ulcère trophique, cornée vascularisée (suite de brûlure, maladie immunitaire du syndrome de Lyell ou trachome), pseudo-pemphigoïde (maladie immunitaire), syndrome de Stevens-Johnson.

Implantation de cellules souches cornéennes d'origine humaine à la surface de l'œil : pour faire repousser la cornée ; mise au point par le Dr Tsubota (Tōkyō, Japon), 70 interventions (à mi-1999).

Paupière artificielle : inventée par des chercheurs de l'université Humboldt (Berlin, Allemagne) : membrane de latex relevée par un fil de polyamide qui s'enroule sur l'axe d'un micromoteur activé par une électrode implantée dans le muscle releveur de la paupière de l'autre œil.

Vision artificielle : le 13-1-2000, un aveugle depuis 36 ans a pu lire de grosses lettres et se repérer dans l'espace grâce à 2 électrodes implantées dans son cerveau et reliées à une microcaméra fixée sur des lunettes et à un ordinateur fixé à la ceinture.

Opération de la cataracte avec remplacement du cristallin par un implant intra-oculaire : voir p. 156 a. Donneurs potentiels en France : plus de 90 000 selon la *Banque française des yeux,* 6, quai des Célestins, 75004 Paris.

Cornée artificielle (kératoprothèse) : *1995 :* 1re cornée « bio-intégrable » (au tissu vivant). **Cornée artificielle prête à l'emploi :** cylindre transparent (5 × 4 mm) en Plexiglas. Une sorte de parapluie composé d'un feutre en Dacron le maintient fixé à l'œil.

☞ *A l'étude :* **rétine électronique :** puce de 2 mm² et de 0,2 mm d'épaisseur, couverte de photodétecteurs reliés à des électrodes ; implantable sous la rétine ; 1er essai 1998 à l'hôpital Johns Hopkins (Baltimore, USA) : 1 homme de 71 ans a vu des lueurs quelques minutes ; **greffe de bâtonnets :** réussie sur des souris, mi-1998, par l'équipe du Pr Sahel (Strasbourg).

■ **Ongle.** *29-3-1980,* 1re greffe par le Dr Guy Foucher sur Christophe Kempf (12 ans).

■ **Os.** En dehors de quelques cas sans suite [*1re xénogreffe* en 1680 à Moscou (un noble russe, qui avait eu le crâne fêlé par un coup d'épée, reçut des fragments osseux d'un crâne de chien. La greffe réussit, mais le noble russe fut excommunié. Fort pieux, il ordonna au chirurgien de lui extirper ses os de chien. Il put ainsi retourner à l'église) ; *1re autogreffe* en 1820 par Philipp von Walther], l'usage se développe après les travaux, en 1858, de Léopold Ollier (1830-1900). **Autogreffes osseuses fraîches :** utilisées couramment depuis la fin du XIXe siècle ; prélèvement généralement au niveau de la crête iliaque ou du tibia. D'autres moyens sont souvent utilisés aujourd'hui pour reconstruire les pertes de substance osseuse. **Allogreffes osseuses conservées :** *1re attribuée* à Macewen en 1878 ; les délais sont plus longs du fait d'une réaction immunitaire. Les banques (1res créées en 1947) d'os conservent plusieurs types d'allogreffes : des têtes fémorales réséquées lors de l'implantation d'une prothèse de hanche, et des os entiers prélevés sur cadavre souvent stérilisés, en particulier grâce aux radiations ionisantes gamma ou bêta. **Xénogreffes osseuses :** nombre d'entre elles, allant de la corne de bœuf à l'os de bœuf lyophilisé, ont été abandonnées pour cause de rejet immunitaire. L'os de Kiel (os de veau déprotéinisé, dégraissé et stérilisé) est moins antigénique et paraît donner de bons résultats pour des reconstructions de petite taille. **Greffes cartilagineuses :** autogreffes ou allogreffes fraîches et minces peuvent donner de bons résultats, à condition d'obtenir une bonne congruence articulaire. Les greffes conservées donnent de moins bons résultats, malgré l'adjonction de cryoprotecteurs (produit ou solution permettant la conservation par le froid d'un organe ou tissu). **Transplants vascularisés :** *autotransplants* (segment d'os prélevé avec ses vaisseaux qui seront anastomosés à ceux du site receveur par microchirurgie) favorisent l'incorporation de la greffe. On utilise surtout des péronés, mais leur gracilité entraîne souvent des fractures de fatigue. *Allotransplants* non utilisés (rejet).

■ **Peau.** *1870 :* 1re greffe par Jacques-Louis Reverdin (Suisse, 1842-1929). Surtout utilisée lors de brûlures profondes (2e degré profond et 3e degré) ; également en cas de perte de substance spontanée (ulcères de jambe) ou postopératoire (exérèse de tumeurs cutanées) : autogreffe : sans risque de rejet immunitaire ; la peau prélevée peut être multipliée sous forme de filet pour augmenter sa surface ; le site donneur guérit spontanément en 10 j environ. Si lésions cutanées très étendues, allogreffe : assure les fonctions d'une peau normale sur le patient brûlé pendant environ 3 semaines, au terme desquelles survient un rejet immunitaire. En cas de manque de donneurs, on peut utiliser des xénogreffes de peau de porc dévitalisée, qui s'élimine en 15 jours environ. **Cultures d'épiderme ou de kéranocytes :** *1975* le Dr Howard Green (MIT, Boston, USA) produit des kératocytes en grande quantité. *1981 :* 1er essai, sur des brûlés à plus de 70 %. *1985 :* 1re utilisation en France, à Lyon (hôpital St-Luc et Édouard-Herriot). **Reconstruction de derme :** *1980 :* 1er « substrat dermique » inventé par le Dr Ianis Yannas (MIT, Cambridge, USA) à partir de collagène purifié de bovin. *1987 :* 1ers essais sur l'homme. *1995-août* disponible sous le nom d'Integra. Utilisé sur les brûlures les + graves (plus de 70 % en 3e degré). Genzyme Tissue Repair (Boston) cultive les fragments prélevés sur le brûlé et réexpédie des surfaces plus importantes du même tissu ; *prix* (en 1998) : 89 F/cm² ; depuis 1998, 1er centre en Europe, à Sophia Antipolis (près de Nice) : *prix :* 29 F/cm². Autres dermes artificiels : culture de fibroblastes tués (sous le nom de transcyte) ou vivants (dermagraft-TC), commercialisés par Advande Tissue Science aux USA. **Peau totale reconstruite :** comporte un derme et un épiderme vivants : Apligraf, développé par le Pr Bell depuis 1979.

☞ Ces substituts cutanés restent encore exceptionnels.

■ **Valves cardiaques.** *23-9-1965 :* 1re greffe (valve humaine puis animale conservée) par Jean-Paul Binet (né 1924).

Greffes d'organes

Patients inscrits en attente de greffe d'organes en France (au 31-12-2000) : rein 4 893, foie 403, cœur 341, poumons 122, pancréas 202, cœur/poumons 58, intestin 17. **Délai moyen** (1997, en mois) : rein 23, cœur 15, cœur/poumons 14, poumons 11, pancréas 10, foie 8. **Décès avant greffe enregistrés sur la liste d'attente :** *1996 :* 273 ; *97 :* 248 ; *98 :* 211 ; *99 :* 238 ; *2000 :* 234.

Transplantations : *1985 :* 1 360 ; *90 :* 3 512 ; *91 :* 3 572 ; *95 :* 2 856 ; *99 :* 3 023 ; *2000 :* 3 211 dont rein 1 924, foie 806, cœur 328, poumons 70, pancréas total 54, cœur/poumons 25, intestin 44.

Origine des dons (en %, en 2000) : victimes d'accidents cardio-vasculaires 47,7, de la route 24,9, d'autres traumatismes 17,4, autres 9,9. **Age moyen** (en 2000) : 41,5 ans. **Opposition au prélèvement** (sujets en état de mort encéphalique recensés chez lesquels aucun obstacle médical ou logistique n'a été observé) : *2000 :* 32 % (*1997 :* 525 dont opposition de l'entourage 69,9 %, du défunt 27,6 %, du procureur 2,5 %). **Effectivement prélevés** (en 2000) : 50,7 % des sujets en état de mort encéphalique recensés. **Greffons importés :** *1999 :* 28. **Organes prélevés et non greffés** (en 1999) : cœur 103, reins 92, foie 62, poumons 7, cœur/poumons 1.

Tarifs de prestation (base fixée par l'arrêté du 18-8-1994) : *transplantation* rénale 280 000 F, cardiaque 414 000 F, hépatique 570 000 F, cœur/poumons 500 000 F (coût total en 1999 : 1 000 000 F).

☞ En 2000, 150 000 personnes étaient en attente de greffe dans le monde.

Principaux exemples actuels

Source statistique : Établissement français des greffes.

■ **Cœur.** Nombre de greffes cardiaques : *en France :* *1985 :* 144 ; *90 :* 636 ; *95 :* 408 ; *96 :* 397 ; *97 :* 366 ; *98 :* 371 ; *99 :* 321 ; *2000 :* 328. *Dans le monde : 1968-99 :* 55 359. Taux de survie : *1999 :* 65 % à 5 ans, 50 % à 10 ans et 30 % à 15 ans grâce à l'utilisation de la cyclosporine, du FK 506 et de la ropamycine. Coûts : opération à cœur ouvert ou remplacement d'une valve : 80 000 à 120 000 F ; transplantation cardiaque : 500 000 F.

1res greffes : dans le monde : *Afrique du Sud :* 3-12-1967 par le Dr Christiaan Barnard (né 1922) [Louis Washkansky, 55 ans, survie 18 j] ; en Europe, *France :* 28-4-1968 par le Pr Christian Cabrol (né 16-9-1925) [Clovis Roblain, 66 ans, survie 2 j et 5 h], 8-5-1968 par le Dr Éric Nègre (survie 2 j), 12-5-1968 par les Prs Charles Dubost et Jean-Paul Cachera (né 1930) [RP Boulogne, survie 17 mois 5 j], en 1968 par l'équipe du Pr Jean-Paul Binet (né 9-1-1924) [survie 2 j] ; *URSS :* 26-10-1986 Nikolaï Chichkine (survie 3 jours).

1re femme opérée : Mme Guerra (3-4-1973 à Lyon par le Pr Pierre Marion, survie 27 j).

Plus jeunes opérés : à Loma Linda en Californie (4 j, le 20-11-1985 par le Pr Leonard Bailey ; en vie). Hollie Roffey (11 j, le 31-7-1984 par le Dr Magdi Yacoub ; survie 17 j). Nouveau-né extrait par césarienne au 9e mois et transplanté d'emblée par le Pr Bailey (1986).

Survies les plus longues : Drek Van Zyl (Afr. du Sud, 10-8-1926/6-7-1994) : 24 ans. 1 greffé par le Pr Norman Edward Shumway (Américain, né 1923), 22 ans en décembre 1993. Emmanuel Vitria, opéré en France par le Pr Henry le 27-11-1968, † 11-5-1987, après 6 738 j, avait reçu le cœur d'un fusilier marin, Pierre Ponson (20 ans), victime d'un accident de la circulation.

Greffe d'un cœur d'animal sur un homme *3 échecs : 1964* Pr Hardy à Jakson ; *1978* Pr Barnard au Cap ; *1984-30-7* Londres ; *1 survie de 20 j :* greffe d'un cœur de babouin sur une fillette de 14 j le 26-10-1984 à Loma Linda (Pr Bailey).

Greffe d'un 2e cœur, placé en dérivation (afin d'assister le cœur défaillant) : *1974-24-12* succès, Pr Barnard. *1988 :* 332 interventions, 45 % de survie à 5 ans (actuellement peu employée).

« Greffe » d'un morceau de muscle (cardiomyoplastie) : mise au point à Paris par les professeurs Alain Carpentier (né 1933) et Chachquès (actuellement, 425 personnes opérées, en vie). Renforce le cœur défaillant. *1933* 1er essai par René Leriche (1879-1955), échec. Depuis 1997, de moins en moins réalisée.

■ **Bloc. Cœur et poumons :** 1er succès : *1981 :* par le Pr Shumway (Stanford, USA) [en Europe : *6-3-1982 :* par le Pr Cabrol (la Pitié, Paris)]. Nombre : dans le monde : *2000 :* 2 698 ; 60 % de survie à 2 ans, 21 % à 12 ans. En France : *1985 :* 3 ; *90 :* 86 ; *91 :* 72 ; *92 :* 59 ; *93 :* 45 ; *94 :* 36 ; *95 :* 22 ; *96 :* 27 ; *97 :* 25 ; *98 :* 28 ; *99 :* 28 ; *2000 :* 25 ; *total au 31-12-2000 :* 605. Plus longue survie : cœur/poumons : 13 ans ; poumons : simple 11, double 9. **Cœur et foie :** 1re greffe : *14-2-1984* par les Prs Thomas Starzl et Henry Bahnson (Pittsburgh, USA) sur Stormie Jones (6 ans). **Cœur, poumons et foie :** 1re greffe : *1986* par Wallwork et sir Roy Yorke Calne (G.-B., né 1930). *22-6-1990 :* 1re en France par les équipes de Broussais et Cochin (Paris). **Cœur et pancréas :** 1er succès : *25-3-1989* (Washington, USA). **Cœur et rein :** 36 greffes réalisées en France (1re à la Pitié, le 17-10-1984 par le Pr Cabrol, 1re réussie à l'hôpital Henri-Mondor, le 28-2-1988 par le Pr Cachera). **Cœur-poumon-reins :** à la Pitié en déc. 1997, Pr Gandjbakhch. **Cœur-pancréas-rein :** en Europe, au CHU de Strasbourg le 20-2-1990, équipe des Prs Cinqualbre et Kieny, durée de l'opération 13 h. **Reins et pancréas :** pratiquée chez les diabétiques type I arrivés au stade de l'insuffisance rénale. Plus longue survie : 15 ans. Nombre (dans le monde) : 6 639. **Foie, estomac, pancréas, duodénum et intestin grêle :** 1re en Europe en octobre 1998 sur une fillette de 5 ans à Göteborg (Suède).

☞ Nombre de greffés reprennent leur activité normale (certains une activité sportive). Ils suivent seulement un traitement à vie fondé sur une association de cyclosporine, d'azathioprine et de corticoïdes à petites doses, ainsi que des contrôles médicaux réguliers. Récemment, emploi de FK 506 et de ropamycine. Les décès (20 %) surviennent surtout dans les 3 premiers mois suivant la greffe. Ils sont dus en général à la mauvaise qualité du cœur du donneur, ou à une incompatibilité, ou à l'organisme épuisé du receveur, mais surtout à l'infection.

■ **Foie.** Moins sensible au rejet que le cœur, le pancréas ou le rein (à long terme, tolérance receveur/greffon, précédée d'un chimérisme : échange réciproque de cellules entre donneur et receveur). Principales indications : cirrhoses au stade de l'insuffisance hépatique grave, certaines maladies des voies biliaires de l'enfant et certaines tumeurs primitives du foie. Coût : environ 500 000 F. Survie : *à 2 ans :* 75 % ; *la plus longue :* 26 ans. 1res greffes : *1963* à Denver (USA) par le Pr Starzl. *1964 :* 1re en France par le Pr Demirleau. *1984* voir **Bloc** ci-dessus. *1988-février* par les Prs Pichlmayr (Hanovre) et Bismuth (Villejuif), 1re greffe d'un demi-foie à 2 malades ; *-juillet* 1re double greffe foie-rein en France (Grenoble). *1989-23-5 :* 1re triple greffe foie-pancréas-duodénum (Prs Gillet et Mantion, Besançon) sur un homme de 52 ans ; *-27-11 :* 1re transplantation avec donneur vivant aux USA (Dr Christopher Broelsch, Chicago, USA) : une partie du foie d'une mère (Teri Smith, 29 ans) sur sa fille Alyssa (21 mois). 3 tentatives avaient eu lieu en 1989 (Brésil 2, Australie 1). *1990-9-11* triple greffe foie-pancréas-duodénum [Prs René Bricot, Le Treut (hôpital la Conception, Marseille)]. *1992-28-6* greffe d'un foie de babouin sur un homme de 35 ans (Pr Starzl, Pittsburgh, USA) décédé le 6-9 ; *-22-7* transplantation, sans obérer la fonction hépatique du donneur d'une partie du foie d'un homme (lobe gauche, soit 25 % de la masse hépatique totale) sur sa fille de 10 mois [Pr Boillot, Lyon : 25 transplantations (sur les 400 réalisées en France) ; environ 1 000 dans le monde (survie : 80 %)] ; *-11-10* foie de porc sur une femme de 26 ans (hôpital Cedars-Sinai, Los Angeles, USA), décédée. *1993-10-1* foie de babouin sur un homme de 62 ans atteint d'une hépatite B (Drs Satoru Todo, Andreas Tzakis, John Fung, Pittsburgh, USA) décédé le 5-2. *1996* technique « domino » : transplantation, à un malade en attente de greffon, d'un foie sain mais retiré car induisant une maladie métabolique après 20 ou 30 ans. *1997-14-3* à l'hôpital Beaujon, transplantation d'une partie du foie d'un père à son fils de 6 mois victime d'une hépatite fulminante (moins de 5 opérations semblables dans le monde). *1999-29-9* à l'hôpital Paul-Brousse (Villejuif), 3 transplantations à partir d'1 greffon (Pr Henri Bismuth). *Don vivant d'adulte à adulte :* depuis 1997 à Hong Kong ; déc. 1998 : 1re fois en France : foie droit, soit 60 % de la masse hépatique totale : survie supérieure à 85 %, 7 succès sur 51 transplantations (Pr Boillot, Lyon). Nombre en France : *1985 :* 57 ; *90 :* 663 ; *98 :* 693 ; *2000 :* 806 ; *total :* 8 130. Dans le monde : *1993 :* 26 371 ; *94 :* 34 500 ; *95 :* 48 967. Besoins : de 1 000 à 3 000 par an depuis 1991. Survie à 5 ans : 80 %.

■ **Intestin grêle.** Une dizaine d'essais. Échecs à court terme (1 seul survivant à 3 ans à l'hôpital Necker). Nombre (en France) : *1996 :* 2 ; *97 :* 10 ; *98 :* 9 ; *2000 :* 4.

■ **Larynx.** *1969-février :* 1re greffe par le Dr Kluyskens (Belgique) : échec (mort du patient). *1998-4-1 :* 1re greffe totale par le Dr Marshall Strome (Cleveland Clinic, Chicago) sur Timothy Heidler (40 ans) : réussite.

■ **Œil.** Cornée ou sclérotique (voir p. 170 c).

■ **Ovaire.** *1985* (Caen) 1re greffe au bras sur une jeune fille de 18 ans pour préserver sa fertilité (elle devait subir une radiothérapie abdominale pour guérir une maladie ganglionnaire). L'ovaire (gros comme une noisette) fait saillie au milieu du bras et se gonfle à chaque ovulation. Le jour où elle désirera un enfant, un ovule sera prélevé sur cet ovaire et fécondé *in vitro. 1999-18-2 :* 1re autogreffe réussie de tissu ovarien aux USA par le Pr Gosden (université de Leeds, G.-B.) sous la direction du Dr Kutluk Oktay (New York Methodist Hospital) sur Margareth Lloyd-Hart (30 ans). A l'essai : greffe de tissu ovarien dans un muscle chez des femmes condamnées à perdre leurs ovaires (sur 17 volontaires à mi-2000).

■ **Pancréas.** *1976* (Lyon) : stade expérimental dépassé (Pr Dubernard). Survie : *la plus longue :* 17 ans. Nombre : en France : *1985-2000 :* 753 (dont *2000 :* 54). Dans le monde : *1995 :* 1 743. Coût : 560 000 F. Voir **Bloc** col. a. *Greffes de cellules de Langerhans obtenues par culture :* voir p. 170 b.

■ **Poumon.** *1964 :* 1re greffe tentée. *14-11-1968 :* 1re réussie par le Pr Derom en Belgique (avec survie de 9 mois) sur Alois Vereecken (atteint de silicose). Survie maximale : plus de 5 ans. *1981* voir **Bloc** col. a. *1986* (Toronto, Canada) 1re greffe de 2 poumons. *1993-mars* 1er remplacement de 2 poumons par un seul coupé en deux, par le Dr Couetil (équipe du Pr Carpentier, hôpital Broussais, Paris). Nombre : en France : 70 en 2000 (dont 2 donneurs vivants) ; *total au 31-12-2000 :* 1 034. Dans le monde : *1995 :* 5 193. Survie : *à 2 ans :* double transplantation 60 %, isolée 68 % ; *à 9 ans :* 21 %.

■ **Rate.** *1964 :* 1re greffe. Échec.

■ **Rein.** 1res greffes réussies : *1950* par le Dr Richard H. Lawler sur un homme. *1951* par R. Kuss, Teinturier et Paul Milliez (1912-94). *1952-25-12 :* 1re en France avec survie prolongée, par Jean Hamburger (1909-92) sur Marius Renard à l'hôpital Necker (survie : 1 mois). *1958* entre jumeaux vrais [par John Putnam Merrill et John Edward Murray (né 1919) à Boston, USA]. *1959* entre faux jumeaux (par J. Hamburger à Paris, J.P. Merrill à Boston). *1962* entre non apparentés (par J. Hamburger). *1984* voir **Bloc** col. a. Plus longue survie : 33 ans. A 5 ans, 78 % des greffons sont fonctionnels, les autres repris en dialyse. Nombre : en France : *en 2000 :* 1 924 (dont 84 à partir de donneurs vivants) ; *total depuis 1985 :* 21 923. Dans le monde : *1995 :* 381 901 venant de volontaires vivants apparentés (parents semi-identiques, frères-sœurs identiques) ou surtout de cadavres (en France 95 %). Aux USA, 27 % des reins greffés viennent de donneurs vivants (Communauté européenne : 8 %, France : 10 %) dont 5 % de conjoints. Durée de demi-vie (date à laquelle 50 % des reins sont encore fonctionnels) : reins issus de donneurs vivants apparentés HLA identiques 30 ans, HLA semi-identiques 18, non apparentés 18, reins cadavériques 10. Décès : 1 %. Coût (1re année) : 250 000 F. Surveillance ultérieure : de 30 000 à 60 000 F/an, au lieu de 350 000 F pour le traitement par dialyse.

■ **Système digestif.** *11-11-1987 :* 1re greffe simultanée réussie des foie, pancréas, intestin grêle, parties du côlon et de l'estomac à Pittsburgh (USA) sur Tabatha Foster (Noire, 3 ans). *16-9-1993* [à Pittsburgh (USA)] **estomac, gros intestin, intestin grêle, foie, pancréas et 2 reins** sur une fillette de 5 ans qui avait subi sans succès, en juin 1992, une greffe du foie et de l'intestin grêle. Coût : 500 000 $ financés par une fondation (le roi Fahd d'Arabie saoudite avait offert 275 000 $).

■ **Testicule.** *1977 :* 1re greffe aux USA par le Dr Stilber.

■ **Tête.** *1979 :* 35e expérience du Dr Robert J. White de Cleveland (Ohio, USA) de transplantation de têtes sur des singes. Survie de quelques semaines.

■ **Thymus.** Réalisées chez des enfants nés sans thymus. USA 2 réussites, G.-B. 1.

■ **Trompe de Fallope** (du nom de Gabriello Fallopio, Italie, 1523-62). Greffe du conduit amenant l'ovule à l'utérus. Aucune réussite jusqu'à présent (en cas de réussite, la grossesse serait normale).

■ **Autres greffes. Nerf sciatique :** *1988* au Canada, sur un Américain de 9 ans. **Cellules fœtales :** *30-6-1988* à Lyon (Hôtel-Dieu), *in utero* sur un fœtus de 28 semaines atteint du « syndrome des lymphocytes dénudés ». **Gène de bactérie :** *22-5-1989* à Washington (USA) : dans les chromosomes d'un homme atteint d'un cancer de la peau (Dr Stephen Rosenberg et Dr French Anderson).

Organes artificiels

■ **Matériel utilisé. Plastiques** (silicones, polyesters, polyuréthanes, hydrogels) : prothèses vasculaires, articulaires, chirurgie esthétique. **Métaux** (aciers inoxydables à faible teneur en carbone, alliages de chrome-cobalt, de titane) : armatures de valves cardiaques, broches, plaques, vis, carbone. **Céramiques** (alumine fritée, oxyde de titane, phosphate de calcium, céramiques carbonées et carbone-silice) : prothèses articulaires, auditives, cristallin, implants dentaires. **Biomatériaux d'origine animale :** feuillets de péricarde, valves cardiaques, vaisseaux, os...

■ **Cœur artificiel. Placé à titre provisoire en attente de greffe :** 1res TENTATIVES : *4-4-1969* Denton Arthur Cooley (né 1920) et Domingo Liotta (Houston, Texas) dans le thorax d'un Américain de 47 ans, Harpell Karp, retiré 65 h après pour greffer le cœur d'une femme de 40 ans : survie de 3 j. *10-8-1981* Cooley et Akutsu. 1re RÉUSSIE : *29-8-1985* J. Copeland à Tucson, en utilisant le Jarvik 7 mis au point par les docteurs Willem Kolff (USA, né 1911) et Robert Jarvik (USA, né 1946), légèrement plus gros qu'un cœur normal. 1re EN FRANCE : *avril 1986* par le Pr Cabrol à l'hôpital de la Pitié (Paris). Utilisé en attente de transplantation (250 malades environ) ; il nécessite un compresseur externe de la taille d'un réfrigérateur, fournissant de l'air sous pression par 2 tuyaux qui traversent la poitrine. Le *11-1-1990,* la Food and Drug Administration (FDA) américaine a retiré l'autorisation d'implantation du Jarvik et l'a redonnée en 1992 à Cardiowest. NOMBRE : implantations (à fin 1999) : environ 300 ; malades greffés : 56 %. Plus grande série par le Pr Cabrol et ses collaborateurs à l'hôpital de la Pitié : 131 cas (à fin 1999). DURÉE MOYENNE : quelques mois.

Placés à titre définitif pour des malades ne pouvant être greffés : 1re TENTATIVE : *2-12-1982,* Barney Clark (61 ans) à Salt Lake City (Utah, USA, † 23-3-1983 de complications rénales et pulmonaires) : Jarvik 7 implanté par William Devries (USA, né 1943). 2e : *25-11-1984,* William Schroeder (USA, † 6-8-1986). 3e : *17-2-1985,* Murray Haydon (USA, † 19-6-1986). 4e *(1re en Europe) : 7-4-1985,* Leif Stenberg († 21-11-1985 d'embolie cérébrale), par le Dr Bjarne Semb, Suède. *Nombre implantés* (à mi-2000) : 160. **Avec le 1er cœur fabriqué en Europe :** *7-3-1986,* Bücherl (All.), survie 3 j, mort le lendemain d'une transplantation.

Cœurs artificiels totaux : 4 projets aux USA, soutenus par le NHLBI (National Heart, Lung and Blood Institute) : Texas Heart (Houston), Abiomed, Penn Heart (Hershey), Baylor Heart (Houston). Tous comportent 2 ventricules à plateau activés alternativement par moteur ou turbine (électrique ou électro-hydraulique). De nouveaux ventricules rotatifs : pompes centrifuges ou turbines sont à l'étude (Nimbus, Nasa, Vienne, Japon, pompe AB 180). Le programme 1995-2000 NHLBI prévoit la 1re implantation clinique aux environs de 2005.

Prothèse d'assistance cardiaque : nombreuses applications suivies de greffe ou de récupération des ventricules. **Pompe d'assistance extérieure :** 1re IMPLANTÉE (dans le monde) : *1966* USA, Dr Debakey. 1re DOUBLE ASSISTANCE VENTRICULAIRE SUIVIE DE TRANSPLANTATION : *déc. 1985* USA (San Francisco), Don Hill. 1re EN FRANCE : *4-2-1986* Pr Carpentier à Broussais. NOMBRE (total à fin 2000) : malades ayant reçu une pompe : environ 2 000 ; greffés : 72 %. Nouveau type en 2000 : *pompe axiale.* **Ventricules artificiels d'assistance :** pneumatiques (Thoratec, Symbion, TCI) (thermo-cardio-système) ou électro-mécaniques (Novacor) utilisés dans dérivations extracorporelles (la majorité) ou intracorporelles (Novacor, TCI), pour des implantations provisoires (jusqu'à 2 ans). *Record :* Rainer Hage (Allemagne) a vécu 795 jours avec, jusqu'en sept. 1996. Son cœur, au repos, put ainsi guérir seul pendant ce temps grâce à la pompe et aux médicaments cardiotoniques. *Système Novacor* utilisé dans configuration commande portable : 1re implantation *19-3-1993* [Pr Daniel Loisance (né 1945), hôpital Henri-Mondor, Créteil]. *Système Heart Mate-TCI* à commande électrique : en cours d'investigation (Houston-Cleveland).

Fin octobre 1995, Abel Goodman (64 ans, cinéaste anglais), trop âgé pour une greffe, a reçu au Radcliffe Hospital d'Oxford, à titre permanent un ventricule d'assistance : alimenté par une pile électrique (680 g) portée en bandoulière. Depuis, 32 implantations définitives et 1 400 temporaires (dont environ 50 en France) d'un Novacor et 1 200 d'un TCI électrique. COÛT (en 2000, en F) : *ensemble Novacor portable :* 390 000 ; *ventricule pneumatique :* extracorporel 100 000 à 250 000 (hors coût de la surveillance), implanté 1 500 000 (installation et surveillance incluses).

Octobre 1999, Rainer Körfer (Allemagne) implante le système *Lion-Arrow* : dérivation ventriculaire gauche à batteries rechargeables, totalement implantée, à travers la peau (autonomie : 3 h). *5-6-2000 :* 1re en France, Pr Iradj Gandjbakhch (la Pitié) sur un homme de 70 ans. Durée de vie des piles : 2 ans ; après, il faut réopérer.

Les systèmes *Micromed-Debakey* et *Jarvik 2000* sont évalués cliniquement depuis 2000.

■ **Cœur-poumon artificiel.** *1955* mis au point par C.W. Lillehei (USA), pour une circulation extracorporelle lors d'interventions à cœur ouvert.

■ **Foie bio-artificiel.** A l'étude : pour remplacer un foie dans l'attente d'un greffon.

■ **Oreille artificielle** ou **implant cochléaire.** Voir p. 150 b.

■ **Poumon artificiel.** 1re IMPLANTATION D'UN IVOX *(intravenous oxygenator :* oxygénateur intraveineux) : *2-2-1990* à Salt Lake City (USA) sur une fille de 16 ans. Composé de 1 200 fibres en polypropylène d'une surface de 1 m², implanté dans la veine cave inférieure, il permet l'échange oxygène-gaz carbonique. DURÉE D'UTILISATION : 7 jours au plus. Techniques encore expérimentales.

■ **Reins artificiels.** PREMIERS : créés par Wilhelm Kolff aux Pays-Bas (1944), Nils Alwall en Suède (1947), Skeggs et Leonards aux USA (1948). *1re génération de reins artificiels efficaces et bien tolérés :* John Putnam Merrill à Boston (1950), Jean Hamburger et Gabriel Richet à Paris (1956), Fredrik Kiil en Norvège (1960). PRINCIPE : faire passer le sang du malade urémique pendant plusieurs heures dans un circuit situé en dehors du corps et permettant une « épuration » imitant celle du rein normal. Cette épuration est obtenue par dialyse (séparation entre substances diffusibles « dialysables » et non diffusibles) au travers d'une membrane semi-perméable de cyprophane, de l'autre côté de laquelle se trouve un liquide de dialyse de composition exactement calculée. FORMES : *bobines* (plus guère utilisées), *plaques,* surtout *capillaires.* Membranes : cyprophane (la plus anciennement utilisée), polyacrilonitrile, acétate de cellulose, polycarbonate, etc. (mieux tolérées que la cyprophane). La perméabilité de certaines a permis de pratiquer l'hémofiltration : en 4 h, on soustrait jusqu'à 20 litres d'ultrafiltrat plasmatique que l'on remplace par une solution dont la composition est connue. UTILISATION : *1°) traitement des insuffisances rénales aiguës :* quelques séances de rein artificiel permettent de passer sans accident la phase critique pendant laquelle le malade est victime d'un arrêt complet des fonctions rénales. Celui-ci peut compliquer différents états pathologiques (choc, scepticémie, intoxication médicamenteuse). La reprise de la fonction rénale se produit en moyenne de 15 jours à 3 semaines plus tard avec retour à une fonction rénale normale. *2°) Remplacement des fonctions rénales* définitivement compromises à la suite d'une néphropathie chronique évoluant depuis plusieurs mois ou années (dialyse périodique : Scribner 1959). Les malades survivent normalement grâce à 2 ou 3 séances hebdomadaires de rein artificiel réalisées dans un centre de dialyse, ou à domicile, ou dans des structures alternatives au domicile (autodialyse, dialyse allégée). Seule une transplantation rénale réussie permet l'arrêt des séances de dialyse. Voir encadré p. 144 a.

Rein bio-artificiel. Prototype réalisé en 1997 par le Pr Humes (université du Michigan, USA).

■ **Divers. Respirateurs artificiels. Prothèses de membres. Bras artificiel** (2,5 kg) peut saisir et soulever jusqu'à 1 kg, mis au point à Édimbourg (Écosse) à l'hôpital Princess Margaret Rose. Alimenté par piles attachées autour de la taille. Recouvert d'une peau en silicone. Plusieurs prothèses myoélectriques sont disponibles. Coût élevé. Indications limitées, car lourdes et peu fonctionnelles (pince). **Larynx artificiel. Valves artificielles cardiaques** (70 à 90 % de succès à 9 ans). **Pancréas artificiel** à l'étude pour les diabétiques insulino-dépendants : notamment programmes français (Dr Gérard Reach, Hôtel-Dieu de Paris) et suisse (Dr Aebischer) ; se composerait d'un capteur de glycémie, d'un système de traitement de l'information, d'une pompe asservie, d'un réservoir à insuline et d'une source d'énergie. **Vessie reconstituée :** à l'étude (essais concluants sur le chien en 1999).

Stimulateurs et défibrillateurs

■ **Stimulateur cardiaque dit « pacemaker » (PM). 1re IMPLANTATION :** octobre 1958 sur Arne Larsson à Stockholm (Suède). **Indications :** maladie d'*Adams-Stokes* (syncopes brutales causées par des arrêts cardiaques). L'infarctus donne des troubles de conduction presque toujours transitoires ne nécessitant qu'une stimulation temporaire. **Caractéristiques :** PM abrité dans une coque en titane hermétique : *une pile* chimique, au lithium (iode) depuis 1973-75 de 1 à 2 ampère/heure de capacité. *Un circuit électronique* permet une programmation réglable de l'extérieur. TYPES : *1°) monochambres* (20 %) ; reliés à une seule électrode, ventriculaire ou auriculaire (surveillant le rythme cardiaque autonome). 20 % sont à fréquence asservie à des capteurs incorporés (par exemple au quartz) qui détectent des variations : de l'activité physique (quand le « stimulé » marche, le quartz vibre et la fréquence de stimulation s'accélère), de la fréquence respiratoire, la ventilation minute, la température du corps, etc. *2°) Double chambres* (80 %) ; électrode stimulant oreillette et ventricule (contre-indiqués en cas d'arythmie auriculaire). Certains sont à fréquence asservie puisque l'oreillette n'est pas capable de s'accélérer spontanément. *Épaisseur :* 6 à 8 mm. *Poids :* 25 à 40 g. *Volume :* 10 à 25 cm³, selon la pile. *Énergie délivrée :* 10 à 30 microjoules. *Longévité :* 5 à 10 ans selon la pile. ÉLECTRODE : fil multispire de 50 à 60 cm en acier inoxydable ou elgiloy recouvert d'un isolant en caoutchouc de silicone ou polyuréthane terminé par l'électrode proprement dite intracardiaque en platine ou carbone. Des « accrocheurs » (barbillons ou mini-vis) le fixent au cœur. *3°) Stimulateur à « 3 chambres » :* quand une greffe n'est pas possible (âge avancé, insuffisance hépatique, etc.) ou dans certaines insuffisances cardiaques (sous réserve). Mise en place d'une stimulation des 2 ventricules. **Prix :** PM : 12 000 à 25 000 F (à 4 chambres : 30 000 F) ; électrode : 2 000 à 4 000 F. Pris en charge par la Sécurité sociale. **Constructeurs :** 9 principaux dont 1 français. **Techniques d'implantation :** *endocavitaire* (99 % des cas), entre 20 et 60 min sous anesthésie locale : introduction d'une ou deux électrode(s), par dénudation de la veine céphalique ou ponction de la sous-clavière, poussée(s) sous contrôle radiologique dans les cavités cardiaques droites, le PM est enfoui dans une poche sous-cutanée par la même incision au creux de l'épaule. Le remplacement d'un PM usé est plus rapide (on ne change pas l'électrode). *Stimulation épicardique* (fixation directe d'électrodes sur le myocarde) : s'impose en cas de remplacement de la valve tricuspide et se discute en cas de bloc apparaissant au cours d'une chirurgie à cœur ouvert. **Défauts :** *pannes :* exceptionnelles (organisme de stimulo-vigilance). *Intolérance et infection :* favorisées par les interventions longues, plus fréquentes après les réinterventions. *Déplacement d'électrodes :* rare avec les électrodes « accrocheuses ». *Rupture de l'isolant fil :* provoquant des stimulations de contiguïté ou des courts-circuits. **Précautions :** *interférences :* rares avec les PM modernes. Ne pas s'immobiliser devant les *dispositifs antivol* situés dans certains magasins, ils peuvent arrêter le PM pendant l'exposition au champ électromagnétique mais pas le dérégler. *Examens par IRM et scanner.* Le signaler à son dentiste. *Intervention chirurgicale* avec *bistouri électrique. Appareils ménagers* (fours à micro-ondes...). *Téléphones portables* à ne pas mettre dans une poche proche du stimulateur et, en cas d'appel, à porter à l'oreille du côté opposé. *Contrôles cardiologiques :* recommandés une ou deux fois par an. L'usure se traduit par un ralentissement de fréquence ; la télémétrie permet de mesurer l'impédance de la pile. **Statistiques** (en France) : *implantations :* plus de 50 000 depuis 1985, dont 85 % en 1re intervention (dont enfants 1 %). *Age :* quelques jours à plus de 100 ans ; *moyen :* 72 ans.

☞ ADRESSE : *Association des porteurs de stimulateur cardiaque,* polyclinique de Bois-Bernard, route de Neuvireuil, 62320 Bois-Bernard.

■ **Stimulateurs destinés à traiter la douleur,** notamment celle induite par les *artérites des membres inférieurs* lorsque les traitements chirurgical et médical sont dépassés. Une électrode est introduite dans la cavité épidurale (en regard de la colonne vertébrale) et reliée à un stimulateur externe puis secondairement implantable si le procédé s'avère efficace. L'action antidouleur s'ajouterait une dilatation artérielle permettant d'espérer une stabilisation.

■ **Stimulateurs de la vessie et du cervelet** (rares).

■ **Défibrillateurs cardiaques implantables (DI). 1re IMPLANTATION :** 1980 (USA). **Caractéristiques :** pile au lithium et circuit électronique délivrant une énergie (réalisant un « choc électrique ») quand le DI a détecté le trouble du rythme grâce à un dispositif de veille. Certains DI (option *cardioversion*) peuvent délivrer un choc faible (1 à 5 joules) en cas de tachycardie ventriculaire, ou fort (30 à 40 joules) en cas de fibrillation. *Poids :* de 130 à 220 g. *Épaisseur :* de 1,5 à 2,3 cm. *Longévité :* de 2 à 4 ans. *Implantation :* actuellement, comme un stimulateur ; électrodes sur le ventricule jusqu'en 1989 (ce qui nécessitait une thoracotomie ou un abord sous-costal) introduites par une veine sous-clavière. Un modèle plus petit peut être implanté en prépectoral. Depuis peu, implantation par voie endocavitaire identique à celle d'un PM. **Indications :** « morts subites récupérées », liées à une fibrillation ventriculaire, troubles du rythme ventriculaire récidivants dont 80 % apparaissant à distance d'un infarctus. **Statistiques :** *nombre implantés :* dans le monde 50 000 ; France environ 800 depuis 1982, 5/an/million d'habitants en 1995 ; USA 22 000. *Constructeurs :* 5 (USA 3, France 1, Australie 1). **Prix :** en France : de 90 000 à 140 000 F.

☞ **Des défibrillateurs externes** (= semi-automatiques) très répandus (utilisés dans les Samu) permettent de traiter, en urgence, les fibrillations ventriculaires. Les États-Unis pensent installer des bornes avec des appareils de défibrillation automatique, utilisables sans formation médicale.

Causes de décès

En France

Tous ages en 1997

Ensemble dont, entre parenthèses, **femmes** (statistiques définitives) ; n.p. : non précisé. *Source :* SC8-Inserm.

■ **Maladies infectieuses et parasitaires** 8 599 (4 040) dont : fièvre typhoïde, paratyphoïde et infections à salmonella 46 (21). Autres infections intestinales 504 (306). Tuberculose 692 (298). Infections à méningocoques 23 (11). Tétanos 18 (14). Septicémie 1 778 (925). Poliomyélite aiguë 0 (0). Maladies à virus du système nerveux central 163 (78). Hépatite virale 270 (122). Syphilis 3 (0). Sida 1 287 (251). Autres maladies infectieuses et parasitaires 3 394 (1 814). Séquelles 421 (200).

■ **Tumeurs (cancers)** 146 837 (58 134) dont : tumeurs cavité buccale et pharynx 4 922 (663) ; œsophage 4 324 (708) ; estomac 5 599 (2 178) ; intestin 16 409 (7 799) ; pancréas 6 747 (3 183) ; autres parties appareil digestif et péritoine 11 100 (3 977) ; larynx 2 202 (179) ; trachée, bronches et poumons 24 417 (3 782) ; autres parties appareil respiratoire et organes thoraciques 4 656 (758) ; os et cartilage articulaire 642 (245) ; tissu conjonctif et autres tissus mous 582 (276) ; peau 1 617 (806) ; sein 10 955 (10 831) ; utérus (2 975) ; ovaire et autres annexes de l'utérus (3 239) ; prostate 9 345 ; vessie 4 530 (1 107) ; rein et organes urinaires autres ou n.p. 3 362 (1 231) ; autres organes génito-urinaires 623 (420) ; encéphale 2 724 (1 208) ; sièges autres et n.p. 10 138 (4 874) ; maladie de Hodgkin 279 (120). Autres tumeurs malignes des tissus lymphoïde et histiocytaire 4 161 (2 009). Myélome multiple et tumeurs immunoprolifératives 2 145 (1 122). Leucémies 4 925 (2 273). Tumeurs bénignes 604 (359). Carcinome *in situ,* tumeurs à évolution imprévisible et de nature n.p. 3 615 (1 812).

■ **Maladies endocriniennes, nutrition, métabolisme, troubles immunitaires** 14 053 (8 751) dont : diabète sucré 6 770 (3 982). Autres maladies 7 283 (4 769).

■ **Maladies du sang et des organes hématopoïétiques** 2 879 (1 540).

■ **Troubles mentaux** 13 670 (8 328) dont : alcoolisme et psychose alcoolique 2 302 (476). Autres 11 368 (7 852).

■ **Maladies du système nerveux et des organes des sens** 13 691 (7 474) dont : méningites 208 (102). Encéphalite, myélite et encéphalomyélite 111 (59). Syndrome parkinsonien 2 978 (1 441). Hémiplégie et autres syndromes paralytiques 295 (123). Autres 10 099 (5 749).

■ **Maladies de l'appareil circulatoire** 169 727 (91 514) dont : cardiopathies rhumatismales 955 (632). Maladies hypertensives 6 423 (4 107). Cardiopathies ischémiques 45 430 (20 232). Autres formes de cardiopathies 13 635 (7 405). Troubles du rythme cardiaque 12 855 (7 405). Insuffisance cardiaque et maladies cardiaques mal définies 32 726 (19 651). Maladies vasculaires cérébrales 42 473 (24 806). Autres 15 230 (7 307).

■ **Maladies de l'appareil respiratoire** 43 319 (21 205) dont : pneumonie et broncho-pneumonie 17 506 (9 350). Grippe 932 (628). Bronchite chronique et maladies pulmonaires obstructives 14 957 (6 217). Asthme et alvéolite allergique 2 011 (1 169). Autres 7 913 (3 841).

■ **Maladies de l'appareil digestif** 26 144 (12 319) dont : ulcère 1 469 (745). Occlusion intestinale sans mention de hernie 2 999 (1 915). Cirrhose alcoolique ou n.p. du foie 8 865 (2 664). Autres maladies chroniques du foie 716 (332) ; de l'appareil digestif 12 095 (6 663).

■ **Maladies des organes génito-urinaires** 7 300 (3 705) dont : néphrite et insuffisance rénale 4 833 (2 383). Hyperplasie de la prostate 151. Autres 2 316 (1 322).

■ **Complications grossesse, accouchement, suites de couches** (70).

■ **Maladies de la peau et du tissu sous-cutané** 2 613 (1 887).

■ **Maladies du système ostéo-articulaire, muscles, tissu conjonctif** 2 577 (1 722).

■ **Anomalies congénitales** 1 519 (712) dont : anomalies congénitales du système nerveux 198 (88) ; de l'appareil circulatoire 750 (355) ; de l'appareil digestif 81 (43). Autres anomalies et syndromes 490 (226).

■ **Affections dont l'origine se situe dans la période périnatale** 1 441 (607) dont prématurité et immaturité 125 (54). Traumatisme obstétrical et hémorragies fœtale et néonatale 186 (67). Anoxie et autres affections respiratoires 202 (203). Infections spécifiques 137 (54). Autres affections 491 (229).

■ **Symptômes, signes et états morbides mal définis** 32 492 (18 459) dont sénilité sans mention de psychose 9 748 (7 194). Mort subite de cause inconnue 1 894 (861). Causes inconnues ou non déclarées 8 499 (3 403). Autres 12 351 (7 001).

■ **Causes extérieures, traumatismes et empoisonnements** 43 388 (17 043) dont : accidents de la circulation 7 629 (2 033). Intoxications accidentelles 547 (285). Accidents et complications au cours et suites d'actes médicaux et chirurgicaux 2 418 (1 129). Chutes accidentelles 9 556 (6 018). Accidents n.p. 2 954 (1 021). Autres accidents et séquelles 6 501 (2 702). Suicides 11 139 (3 040). Homicides 551 (216). Traumatismes, empoisonnements, intention indéterminée 2 090 (599). Autres morts violentes et séquelles 3 (0).

■ **Total général** **530 319 (257 510).**

■ Enfants (de moins de 1 an)

■ **Maladies infectieuses et parasitaires** 70 dont fièvre typhoïde, paratyphoïde et infections à salmonella 0. Infections intestinales 26. Tuberculose 0. Infections à méningocoques 1. Tétanos 0. Septicémies 8. Poliomyélite aiguë 0. Maladies à virus du système nerveux central 1. Hépatites virales 2. Syphilis 0. Sida 2 et infections par le VIH. Autres 30. Séquelles 0.

■ **Tumeurs** 33 dont : maligne de l'œsophage 1 ; lèvres, cavité buccale et pharynx 0 ; pancréas 0 ; estomac 0 ; intestin 0 ; autres parties appareil digestif et péritoine 3 ; larynx 0 ; trachée, bronches et poumons 2 ; autres parties appareil respiratoire 1 ; os et cartilage articulaire 0 ; tissu conjonctif et autres tissus mous 1 ; peau 0 ; sein 0 ; utérus 0 ; ovaire et autres annexes de l'utérus 0 ; vessie 1 ; prostate 0 ; rein et organes urinaires autres ou n.p. 1 ; autres organes génito-urinaires 0 ; encéphale 6 ; sièges autres et n.p. 3 ; maladie de Hodgkin 0 ; tissus lymphoïde et histiocytaire 1. Myélome multiple et tumeurs immunoprolifératives 0. Leucémies 7. Tumeurs bénignes 2. Carcinome *in situ,* tumeurs à évolution imprévisible et de nature n.p. 4.

■ **Maladies endocriniennes, nutrition, métabolisme, troubles immunitaires** 47 dont diabète sucré 0.

Causes de décès (% du total)	Afrique	Amériques	Asie du Sud-Est	Europe	Méditerranée orientale	Pacifique occidental
Cardiopathie ischémique	2,9	17,9	13,8	25,5	13,6	11,1
Maladie cérébro-vasculaire	4,7	10,3	6,5	13,7	5,3	14,3
Infections aiguës des voies resp. inf.	8,2	4,2	9,3	3,6	9,1	4
VIH/sida	19	1,8	2,2	0,2	0,4	0,2
Broncho-pneumo. chronique obst.	1,1	2,8	1,6	2,7	1,7	12
Maladies diarrhéiques	7,6	2	6,6	0,7	7,4	1,2
Affections périnatales	5,5	2,6	6	1,2	7,3	2,2
Tuberculose	2,2	1	5,1	0,6	3,7	2,9
Cancer trachée/bronches/poumon	0,3	3,2	1,2	4,2	1	3,6
Accidents de la circulation	1,8	3,1	2,5	1,9	1,9	2

■ **Maladies du sang et organes hématopoïétiques** 8.

■ **Troubles mentaux** 0.

■ **Maladies du système nerveux et des organes des sens** 166 dont méningites 26, encéphalite, myélite et encéphalomyélite 2, hémiplégie et autres syndromes paralytiques 1, autres maladies 137.

■ **Maladies de l'appareil circulatoire** 55 dont : troubles du rythme cardiaque 8, insuffisance cardiaque et maladies cardiaques mal définies 12, maladies vasculaires cérébrales 8, autres maladies 2 ; autres formes de cardiopathies 25.

■ **Maladies de l'appareil respiratoire** 57 dont : pneumonie et broncho-pneumonie 15. Grippe 1. Bronchite chronique et maladies pulmonaires obstructives 2. Asthme et alvéolite allergique 1. Autres maladies 38.

■ **Maladies de l'appareil digestif** 31 dont : occlusion intestinale sans mention de hernie 4 ; cirrhose alcoolique ou n.p. du foie 0. Ulcère digestif 0. Autres maladies 27.

■ **Maladies des organes génito-urinaires** 6 dont néphrite et insuffisance rénale 6.

■ **Maladies de la peau et du tissu sous-cutané** 0.

■ **Anomalies congénitales** 806 dont : du système nerveux 104 ; de l'appareil circulatoire 399 ; de l'appareil digestif 30. Autres anomalies et syndromes 273.

■ **Affections d'origine périnatale** 1 441 dont : prématurité et immaturité 125. Traumatisme obstétrical et hémorragies fœtale et néo-natale 186. Anoxie et autres affections respiratoires 502. Infections spécifiques de la période périnatale 137. Autres affections 491.

■ **Symptômes, signes et états morbides mal définis** 574 dont : mort subite de cause inconnue 361. Causes inconnues ou non déclarées 182. Autres 31.

■ **Causes extérieures, traumatismes et empoisonnements** 145 dont : accidents de la circulation 23. Intoxications accidentelles 0. Accidents et complications actes médicaux et chirurgicaux 2. Chutes accidentelles 6. Accidents n.p. 11. Autres accidents et séquelles 67. Homicides 19. Suicide 0. Traumatismes, empoisonnements, intention indéterminée 17. Autres morts violentes 0.

■ **Total général** **3 439 (1 460).**

Dans le monde

Principales causes de décès en 1998 (*source :* OMS). **Nombre de décès** (en milliers) et, entre parenthèses, **% du total : Maladies cardio-vasculaires 16 690 (30,9)** dont cardiopathie ischémique 7 375 (13,7), maladie cérébro-vasculaire 5 106 (9,5) ; **maladies infectieuses et parasitaires 13 863 (25,7)** dont infections aiguës des voies respiratoires inférieures 3 452 (6,4), VIH/sida 2 285 (4,2), maladies diarrhéiques 2 219 (4,1), maladies de l'enfance 1 650 (3,1), tuberculose 1 498 (2,8), paludisme 1 110 (2,1) ; **tumeurs malignes 7 228 (13,4)** dont trachée/bronches/poumon 1 244 (2,3), estomac 822 (1,5) ; **traumatismes 5 765 (10,7)** dont accidents de la circulation 1 171 (2,2), auto-infligés 948 (1,8) ; **broncho-pneumopathie chronique obstructive** 2 249 (4,2) ; **affections périnatales** 2 155 (4) ; **affections neuropsychiatriques** 720 (1,3) ; **diabète sucré** 600 (1,1) ; **affections maternelles** 493 (0,9).

Thérapeutiques diverses

■ **Méthode Coué.** Méthode d'autosuggestion mise au point à la fin du XIXe s. par le pharmacien français Émile Coué (1857-1926), était censée guérir toutes les maladies.

■ On dénombrait en France, en 2000, près de 80 médecines douces, naturelles, parallèles ou autres « pratiques médicales non évaluées ». En 1997, le Parlement européen, s'appuyant sur le principe de liberté pour le patient de choisir la thérapie qu'il souhaite, a reconnu différentes médecines non conventionnelles sous réserve d'une garantie d'innocuité et de qualité des traitements dispensés.

■ **Bio-électronique.** *Fondée* 1948 par le Pr Louis-Claude Vincent (Fr., 1906-88). Étude des solutions aqueuses : degré d'acidité, pouvoir oxydo-réducteur et résistivité (concentration ionique) pour dépister les maladies.

Acupuncture

■ **Origine.** Du latin *acus,* aiguille, et *punctura,* piqûre. Remonterait à la préhistoire chinoise ; utilise des points repérés sur la peau, et puncturés ensuite à l'aide de fines aiguilles de métal. *1 500 av. J.-C. (?)* 1er ouvrage théorique en Chine. *XVIIe s.* ramenée de Chine par des missionnaires français créateurs du nom actuel (le révérend père Harvieux publia en 1671 *Le Secret de la médecine des Chinois*). *1826* le baron Cloquet l'introduit à l'hôpital St-Louis. *1863* Dabry de Thiersant publie *La Médecine chez les Chinois*. *1934 :* 1re traduction des principaux traités chinois par Soulié de Morant, diplomate français en Chine. *1945* fondation de la Sté française d'acupuncture et du Syndicat national des médecins acupuncteurs par le Dr de La Fuye.

■ **Base théorique.** Résumée par la doctrine cosmologique du *Tao* qui distingue 2 formes complémentaires de l'énergie : vers le ciel (le *Yang,* lumineuse, chaude, positive, virile) et vers la Terre (le *Yin,* obscure, froide, négative, féminine), tendant vers un équilibre jamais atteint car toujours instable, puisque tous les cycles naturels et biologiques passent successivement par des phases Yang et Yin.

L'acupuncture n'envisage pas l'homme sous un angle anatomique mais elle étudie les mouvements de ses énergies, les transformations dont il est le siège, les fonctions qui permettent la vie, l'entretiennent, la transmettent, la coordonnent et la régulent, et les rythmes biologiques. Les *méridiens* sont les lieux privilégiés où résonnent les activités du corps qui émergent au niveau des points, moyens de leur régularisation. Le dérèglement d'un paramètre engendre la maladie. Il peut être quantitatif (excès ou insuffisance) ou qualitatif [énergie dite perverse, soit exogène (vent, chaleur, feu, humidité, sécheresse, froid), soit endogène (souvent d'ordre alimentaire ou psychique : émotions, soucis, etc.)].

☞ Dans les années 1980, on crut authentifier par isotopes radioactifs l'existence de ces méridiens, mais il s'agissait en fait de veines et vaisseaux lymphatiques. Les points ont été mis en évidence (différence de potentiel, histologie...) et, dans certains cas, leurs effets (sécrétion hormonale).

■ **Pratique. Points :** 671 points (361 de chaque côté + 2 médians, antérieur et postérieur) ont été répertoriés ; en Chine, chacun porte un nom propre, en Occident, un numéro (1 point « bilatéral » à le même no à gauche et à droite). **Aiguilles** (en or, argent ou acier) : implantées aux points choisis sans douleur (ou minime) ou parfois **moxas** (cautères souvent d'armoise en ignition). **Prise des pouls :** en raison des rapports entre les différents niveaux (et qualités) des pulsations radiales, et les perturbations énergétiques (donc le fonctionnement des organes).

Les points peuvent être stimulés par aimants ou par champs électromagnétiques *(magnétothérapie)* et par rayonnement laser *(laserthérapie).* La *neurostimulation transcutanée (NST)* fait passer un courant électrique dans des aiguilles d'acupuncture au niveau des nerfs périphériques (entorses, lumbagos, torticolis, sciatiques, arthroses, douleurs après amputation).

■ **Indications générales.** *Rhumatologie :* tendinite, cervicalgies, dorsalgies, lombalgies, polyarthrite chronique évolutive, spondylarthrite ankylosante ; *neurologie :* névralgies faciales, cervico-brachiales, sciatiques, séquelles d'hémiplégie, paralysies faciales. Torticolis, lumbago aigu. Colite spasmodique, dyskinésie biliaire, dysménorrhée. *État inflammatoire aigu ou chronique :* pharyngite, rhinite, otite, sinusite ; *digestif :* gastrite, colite ; *urinaire :* cystite. *Allergie :* asthme, coryza spasmodique, urticaire, eczéma. *Déséquilibres du système nerveux : central :* états dépressifs, insomnie, émotivité, trac, spasmophilie ; *vago-sympathique :* tachycardie paroxystique, aérophagie, déséquilibres endocriniens (goitre, troubles des règles, stérilité). *Traumatismes sportifs :* entorses, tendinites. *Désintoxication tabagique.* **Analgésie par acupuncture :** seule ou associée à des médicaments à base de plantes ; peu pratiquée en Occident, sauf en art dentaire.

☞ L'acupuncture se distingue des réflexothérapies telles que l'auriculothérapie, auriculomédecine, nasothérapie, réflexologie podale qui utilisent des points réflexogènes spécifiques de l'image du corps (somatotopies périphériques).

■ **En France.** Les docteurs en médecine sont seuls autorisés à pratiquer l'acupuncture et à ouvrir droit à remboursement par la Sécurité sociale. Depuis 1987, seuls les médecins titulaires d'un diplôme peuvent indiquer sur leur plaque et leurs ordonnances qu'ils sont acupuncteurs. **Enseignement :** *facultés* de médecine de Bobigny, Bordeaux, Lille, Lyon, Montpellier, Nantes, Nice, Marseille, Strasbourg. *Études :* 3 ans (diplôme universitaire) ou 4 ans (avec mémoire). Perfectionnement dans des écoles privées (les 1res créées 1945). **Consultations d'acupuncture publiques et hospitalières :** 52. **Nombre de medecins pratiquant l'acupuncture :** 700 inscrits au syndicat ; **d'étudiants :** environ 300. ADRESSES : *Syndicat des médecins acupuncteurs de France,* 60, bd de Latour-Maubourg, 75007 Paris. *Association française d'acupuncture,* Tour CIT, 3, rue de l'Arrivée, 75015 Paris. *Organisation pour l'étude et le développement de l'acupuncture,* 86, rue Miromesnil, 75008 Paris.

ALLOPATHIE

■ **Nom.** Du grec *allos,* autre, et *pathos,* maladie. Donné à la médecine traditionnelle par les homéopathes, signifie usage de médicaments qui produiraient chez l'homme sain des symptômes contraires à ceux de la maladie que l'on veut éviter.

■ **Médicaments utilisés.** Reconnus par les instances officielles (gouvernements et universités, syndicats de l'industrie pharmaceutique, OMS), ils ne peuvent être commercialisés qu'après certaines réglementations (sur 10 000 molécules créées dans un laboratoire, une seule aura l'autorisation de mise sur le marché). **Recherches :** *expérimentations* sur des organes isolés et sur l'animal entier ; études de toxicité sur plusieurs espèces animales, de création possible de cancer (de 6 mois à 2 ans), de modification du patrimoine héréditaire, du cheminement et de la transformation du médicament dans l'organisme, de l'action du médicament chez l'homme sain, puis chez l'homme malade (échantillon 200 personnes environ), études multicentristes. Puis la *fabrication industrielle* commence (1 à 2 ans pour la réalisation) si l'autorisation gouvernementale de vente est donnée [autorisation de mise sur le marché : sigle AMM en France, donnée par la Food and Drug Administration (FDA) aux USA].

AURICULOTHÉRAPIE

☞ Selon l'Académie nationale de médecine (Bulletin 1987, p. 961), l'auriculothérapie n'est valable sur le plan scientifique ni dans ses bases ni dans ses réalisations.

■ **Origine.** Du latin *auricula,* oreille, et du grec *thérapeuein,* soigner. Découverte en 1951 par le Dr Paul Nogier.

■ **Principes.** Repose sur la propriété qu'a la peau de recueillir les stimulations douloureuses, électriques ou lumineuses et de les transmettre au système artériel. Le médecin, s'aidant de cette propriété, peut capter sur l'artère radiale certaines modifications du pouls pour établir un diagnostic précis de maladie. Emploi de l'oreille (auricule surtout), qui serait l'image renversée du fœtus *in utero,* à l'innervation très riche et aux multiples connexions avec le système nerveux central et certaines parties du corps (points de l'œil, de l'estomac, etc.). L'auriculothérapie détecte ces points (électriquement) puis les stimule par piqûre et par microcourant électrique. L'auriculothérapie injectée pratiquée à l'origine par le Dr Roure sous le nom de *méso-isothérapie* antitabac (tabagisme, troubles neurovégétatifs) utilise un extrait de tabac au 1/1 000. **Indications.** Douleurs aiguës ou chroniques, traumatiques ou rhumatismales, allergies (rhume des foins, eczéma, asthme), intoxications (tabac, alcool), analgésies (problèmes dentaires, accouchement).

■ **Statistiques.** *Auriculothérapeutes :* 55 000 (dont en France 5 000). Français traités : 1 million. *Enseignement* (en France) : depuis 1982, faculté de médecine de Bobigny.

CHI KONG OU QI KONG

Yoga chinois et science de la respiration (*chi :* énergie, *kong :* discipline). S'appuie sur le Yi King et les méridiens de l'acupuncture. **Principe.** L'homme est une parcelle du Cosmos ; le corps et l'esprit œuvrent ensemble.

☞ ADRESSE : *École supérieure de relaxation,* 77, avenue Félix-Faure, 92000 Nanterre.

EUTONIE

Méthode d'harmonisation psychotonique s'appuyant sur l'observation des sensations corporelles. *Fondée* 1957 par Gerda Alexander (née 1908).

GALACTOTHÉRAPIE

Injection de lait (de vache en général) sous la peau, dans les muscles ou dans les veines. Pratiquée au XVIIe s. en G.-B. et en 1875 aux USA. Développée en Europe en 1914-18. N'est plus utilisée.

GEMMOTHÉRAPIE

Proche de l'homéopathie, utilise jeunes pousses, radicelles et bourgeons. Après macération, le médicament est délivré en 1re dilution décimale hahnemannienne (voir **Homéopathie** ci-dessous).

GUÉRISSEURS ET REBOUTEUX

■ **Statut. En Europe :** les guérisseurs sont reconnus dans plusieurs pays, notamment en Allemagne et en Angleterre où ils peuvent pratiquer librement. **En France :** l'article *L. 372* du Code de la santé publique interdisant leur profession, les « guérisseurs » peuvent être passibles du tribunal correctionnel. Les professionnels, peu nombreux, paient la taxe professionnelle comme magnétiseurs, radiesthésistes, etc. **Guérisseurs célèbres :** Mis de Puységur (1751-1825), Mesmer (voir **magnétisme** p. 175 a), Deleuze (1753-1835), Cel de Rochas (1837-1914), Charles de Saint-Savin (1892-1976), Camille Eynard, Serge Alalouf, Hector Durville (1849-1923), Henri Durville (fils d'Hector et frère des médecins naturistes Gaston et André Durville). ADRESSES : *Gnoma (Groupement national pour l'organisation des médecines alternatives),* 8, rue du Charolais, 75012 Paris, Minitel 3615 Gnoma. *Fondé* 1949 par Charles de Saint-Savin. *Pt :* Jean-Paul Ruaud ; regroupe des « guérisseurs » employant des thérapeutiques naturelles, sans être diplômés docteurs en médecine. *Snamap (Syndicat national des magnétiseurs et praticiens des méthodes naturelles et traditionnelles),* mêmes adresse et Pt. *Fondé* 1997.

HAPTONOMIE

■ **Origine.** Du grec *hapto,* établir une relation tactile, et *nomos,* loi, règle, norme. Créée par Frans Veldman (Néerlandais, né 1921). **Principe.** *Confirmer affectivement* par un contact, dit *psychotactile,* faisant appel à l'*intentionnalité vitale* de la personne. **Applications.** Accompagnement pré-et postnatal (jusqu'à l'acquisition de la marche par l'enfant). Haptopsychothérapie, hapto-analyse et haptopsychagogie. Haptosynésie : du grec *synesis,* rencontrer, secourir : destinée au personnel de santé. ADRESSE : *Centre international de recherche et de développement de l'haptonomie,* 66400 Oms.

HÉLIOTHÉRAPIE

■ **Méthode.** Emploi thérapeutique des bains de soleil. On utilise aussi de puissantes lampes électriques aux rayons riches en ultraviolets. **Action.** Fixation du calcium par les rayons ultraviolets.

■ **Indications.** Cicatrisation des plaies, traitement des infections localisées, tuberculoses chirurgicales (osseuses, ganglionnaires, péritonéales), pour les enfants chétifs, rachitiques ou spasmophiles.

HOMÉOPATHIE

■ **Origine.** Du grec *homoios,* semblable, et *pathos,* affection, par opposition à l'allopathie (de *allos,* autre). Méthode thérapeutique conçue en 1796 par Samuel Hahnemann (All., 1755-1843) qui s'installa à Paris en 1835 ; plus de 1 million d'adeptes en 8 ans. Doctrine répandue aux USA par Hering (1800-80) et en France par Des Guidi (1769-1863), fondateur de l'école lyonnaise. Benoît Mure (1808-58), Chargé (1810-90), P. Jousset (1818-1910), Léon Vannier (1880-1963). Kent (USA, 1800-80) est connu par son répertoire. **But.** Stimuler les réactions physiologiques de l'organisme.

■ **Principes de base.** *Principe de similitude :* la similitude entre les symptômes présentés par un malade et ceux provoqués par un médicament chez un sujet sain conduit à la prescription, à visée thérapeutique, de ce médicament. *Dilutions infinitésimales :* les dilutions successives d'un médicament lui ôtent tout effet toxique, tout en lui donnant, sous certaines conditions, une activité thérapeutique en relation avec le principe de similitude. Plus la similitude de symptômes est importante, plus la dilution utilisée est élevée. *Individualisation thérapeutique :* est fonction des caractéristiques de la maladie, et de celles du malade, surtout en pathologie chronique.

■ **Diagnostic.** A la fois clinique (diagnostic de la maladie) et thérapeutique : le diagnostic du (des) médicament(s) à prescrire est fonction du terrain (antécédents, réaction individuelle du malade), des circonstances déclenchant la maladie (stress, infection) et des symptômes caractéristiques. Le médecin homéopathe peut ordonner des analyses médicales, une consultation chez un confrère spécialiste ou une hospitalisation et faire des prescriptions allopathiques (charte du SNMHF).

■ **Médicaments.** Comportent des substances actives (souches) et des produits nécessaires à la fabrication, en dilution (alcool ou eau distillée) ou en triturations (dans du lactose). D'origine *végétale* (plantes fraîches cueillies dans la nature, puis macérées), *animale* (extraits d'animaux entiers, venins), *minérales* (corps chimiques simples, sels), ou venant de *cultures microbiennes.* Inscription officielle à la pharmacopée française en 1965. Remboursement depuis 1967 (en 1999 : à 65 % pour 1 163 médicaments sur 2 500 ; représente 1 % des remboursements totaux). Directive européenne en 1992.

☞ A plusieurs reprises, l'**Académie nationale de médecine** a émis des doutes concernant l'efficacité de l'homéopathie. En 1987, à la suite d'une controverse à l'Académie, il apparaissait que la prescription de médicaments homéopathiques ne se justifiait que dans les manifestations pathologiques guérissant spontanément. Sur l'ensemble des études cliniques effectuées (méta-analyses), l'homéopathie agit différemment du placebo sans que son effet spécifique dans une maladie ait cependant été clairement démontré.

L'homéopathie ne fait pas partie de la liste des qualifications prévues réglementairement (ce n'est ni une spécialité ni une compétence médicale). En 1974, le **Conseil national de l'Ordre** des médecins a décidé d'autoriser les médecins spécialistes ou généralistes, prescrivant des médicaments homéopathiques, à mentionner une orientation en homéopathie sur leurs plaques et ordonnances, sans que l'Ordre établisse un contrôle sur le contenu des connaissances des praticiens dans cette discipline. Fin 1997, il a préconisé l'introduction de l'homéopathie dans le cursus médical et son évaluation scientifique.

Un médecin, prescrivant des médicaments homéopathiques et qui verrait sa responsabilité engagée, devrait apporter la preuve qu'il a reçu une formation lui permettant d'utiliser ce procédé thérapeutique.

« Mémoire de l'eau ». L'eau conserverait les propriétés chimiques d'une substance chimique qu'elle a contenue mais ne contient plus. Cette découverte, faite par le Dr Jacques Benveniste en 1988, constitue pour lui la démonstration de l'efficacité de l'homéopathie mais a été jugée non reproductible. Pour les chercheurs Henri Berliocchi (mathématicien normalien), Roland Conte (économiste), Yves Lasne (Dr en médecine) et Gabriel Vernot (ingénieur Arts et Métiers), la substance laisserait une enveloppe vide, un « trou blanc », à condition d'avoir secoué les tubes au moment des dilutions. Ces trous blancs seraient des points superlumineux émettant une onde électromagnétique qui ferait apparaître des « hyperprotons » émettant des rayons bêta.

■ **Statistiques. En France. Enseignement :** *aux médecins :* 8 facultés préparent au diplôme universitaire (en 3 ans) ou privé ; *aux pharmaciens :* 18 h au cours des études, cycle post-universitaire (1 an) dans 7 universités ; *aux vétérinaires :* dans 4 écoles vétérinaires. **Prescripteurs :** médecins généralistes 18 000 (soit 32 %), [dont à « orientation Homéopathie » reconnue (depuis 1974) 5 000 dans l'annuaire téléphonique, 1 397 recensés par la Cnam], spécialistes 500 environ (dont + de 100 pédiatres), chirurgiens-dentistes 2 000 (5 %), vétérinaires 700 (10 %). **Patients** (% de la population ayant recours à l'homéopathie) : *1985 :* 25 ; *90 :* 33 ; *98 :* 36 ; *99 :* 38 (*source :* Ipsos). **Chiffre d'affaires de l'industrie homéopathique** (en milliards de F) : *1985 :* 0,95 ; *88 :* 1,35 ; *93 :* 1,6 ; *97 :* 1,85 ; *98 :* 2. **Emplois :** 3 200. **En Europe. Patients :** 30 % y recourent. **Dans le monde. Chiffre d'affaires :** 6 milliards de F dont (en %) : Europe (sauf France) 35, *France* 25, Amérique du Nord 20, autres 20.

☞ ADRESSES : *Syndicat national des médecins homéopathes français (SNMHF),* 79, rue de Tocqueville, 75017 Paris. *Fédération nationale des Stés homéopathiques de France,* 104 *bis,* rue de l'Avenir, 94380 Bonneuil-sur-Marne.

HYDROTHÉRAPIE

■ **Définition.** Emploi thérapeutique de l'eau en applications externes, locales ou générales, chaudes ou froides. Très utilisée au cours des cures thermales.

■ **Grandes méthodes.** *Bain de siège* de Khune ; *capillothérapie* de Salmanoff ; *bain vertébral* de Sharma ; *affusion* de Kneipp ; *bain froid* de Brandt ; *bain de vapeur ; pédiluve ; douche rectale* de Marchesseau ; *aquapuncture* du Dr Leprince ; *circuit inversé* de Baruch ; *cure d'eau distillée* de Hanish ; *compresses, cataplasmes* et *enveloppements humides,* etc.

■ **But.** Accélérer le drainage humoral au niveau des vaisseaux et des émonctoires, donc favoriser l'autoguérison, par l'élimination des déchets et résidus du métabolisme.

HYGIÉNISME

■ **Histoire.** Bases posées aux USA par des médecins au début du XIXe s., principes affinés au XXe s. par le Dr Shelton (biologiste). Introduit en France par A.Mosséri au début des années 1950.

■ **Principe.** Les maladies ne sont pas le fait de microbes, bacilles, virus, rétrovirus, ou prions, mais la conséquence d'un mode de vie inadéquat. *L'hygiénisme enseigne : 1°)* l'unité de la maladie et le lien entre ses différents états (aiguës, chroniques et de dégénérescence) ; *2°)* comment recouvrer la santé sans le recours aux thérapies naturelles ou non ; *3°)* pourquoi les thérapies (et les vaccins) sont illusoires et nocives (même par effet placebo).

☞ ADRESSES : A. Mosséri, 25, rue du Grand-Pré, 10290 Rigny-la-Nonneuse. Revue *La Voie de l'hygiénisme,* 6, impasse Gabriel-Voisin, 31130 Balma, dirigée par Michel Lafosse.

Iridologie

■ **Définition.** Méthode d'étude et d'interprétation des modifications histologiques de l'iris de l'œil (texture, relief, couleur, forme, position, etc.). *Iridoscopie* : examen de l'iris sur le sujet. *Iridographie* : examen d'une photographie de l'iris. *Irido-examen télévisé* : permet de conserver l'image de l'iris vivant, en mouvement.

☞ Selon Guy Oppret : « Il faut se garder d'attribuer à des changements morphologiques minimes, à des dispositions pigmentaires subtiles, ou encore à de discrètes modifications géométriques de l'iris, une importance que ni l'expérience ni la connaissance médicales ne confirment. »

■ **Origine.** *Antiquité* connue dans le Proche-Orient et en Chine. Employée par Hippocrate et des médecins du Moyen Age. *1836* Ignaz Peczeli (Hongrois, sera plus tard médecin) l'expérimente sur un oiseau blessé. *1881* il fonde l'iridologie et en publie le 1er traité. **Chercheurs :** *Allemagne* (J. Thiel, E. Felcke, R. Schnabel, Maubach, Angerer, Grethman, J. Deck), *France* (L. Vannier, G. Verdier, G. Jausas, Dr J.-C. Houdret), *Europe du Nord* (M. Liljequist), *Espagne* (L. Ferrandiz), *USA* (H. Lindlarh, J. Haskell Kritrer, B. Jensen), *Canada* (Koegler, Winter), *Australie* et *Nlle-Zélande* (H.-S. Grimes). **Autre précurseur** : Dr Fortier-Bernoville.

■ **Principes.** Un organe commençant à ne plus fonctionner normalement réagit sur les centres nerveux dont il dépend, et sur le système sympathique en particulier, avant que des troubles constitués n'attirent l'attention. L'iris divisé en 12 secteurs correspondant aux différentes parties du corps en est le témoin. Il garde également l'empreinte du passé pathologique, des affections qui se sont mal terminées ou qui ont laissé des traces dans l'organisme.

■ **Diagnostic.** *Signes :* en *relief*, indiquent un excès ; en *creux* : une carence ; *trame irienne affaiblie* : une fragilité ; *coloration anormale* de certaines parties : intoxications d'origine extérieure (médicaments mal éliminés) ou auto-intoxications par mauvaise élimination des toxines.

■ **En France. Enseignement :** plusieurs écoles privées. *Faculté de médecine Paris XIII,* 93000 Bobigny. **Nombre d'iridologues :** quelques centaines.

Kinésithérapie

Discipline exercée par des auxiliaires médicaux spécialisés, utilisant massage, rééducation fonctionnelle et motrice (mouvements passifs et actifs). Leur champ de compétence est inscrit dans le Code de la santé et dans le décret d'actes no 96-879 du 8-10-1996.

☞ Depuis le 1-1-1996, les masseurs-kinésithérapeutes-rééducateurs doivent afficher s'ils sont conventionnés.

Macrobiotique

■ **Introduite** en Occident par *Oshawa,* après 1945.

■ **Principes.** Fondés sur une réforme alimentaire, axée sur un régime de riz et de soja. Sont exclus, en principe, fruits, laitages et viandes. Les aliments sont classés, suivant la philosophie chinoise, en 2 catégories : *Yin* (dilatateur) et *Yang* (constricteur). **Indications.** Monodiète au riz (ou céréales pauvres, avec légère base azotée), chez les gros mangeurs (hypertendus, pléthoriques, obèses, sanguins, etc.), et pour un temps donné de désintoxication.

Magnétisme (magnétothérapie)

■ **Origine.** *IVe s. avant J.-C.* Aristote est le premier à en avoir laissé un écrit. *Vers 200* Galien (médecin grec) découvre que les douleurs peuvent être soulagées en appliquant des aimants. *XIVe s.* le chirurgien Ambroise Paré réduit en poudre de l'aimant pour le mélanger avec d'autres substances et être avalé avec du miel ou appliqué sur des plaies. En *1679*, le physicien Maxwell en commente les principes dans *De Medecina Magnetica. Début XXe s.* Charcot note l'effet tranquillisant du magnétisme sur le système nerveux.

■ **Principes.** Outre l'influence des aimants sur la propagation des messages électrochimiques des nerfs, les champs magnétiques influent sur les molécules d'eau, les radicaux libres, les enzymes, etc. **Matériel utilisé :** des micro-aimants de 2 mm jusqu'aux blocs magnétiques de 2 kg, polarisés selon l'usage scientifique international (voir définition p. 237 c). Le pôle sud est antalgique et le nord vasodilatateur, notamment.

■ **Indications.** Rhumatismes, cicatrisation, lumbago, calculs rénaux, tendinites, entorses, cholestérol, œdèmes, hémorroïdes, constipation, hypertension, insomnie...

■ **Enseignement. Écoles privées comportant un module de magnétisme :** *ULBAB,* 43, avenue des Dunes, 64600 Anglet ; *ULSHP,* 60, bd Latour-Maubourg, 75007 Paris.

Magnétisme (mesmérisme)

■ **Origine.** Connu dans l'*Antiquité*, utilisé par les Égyptiens. Étudié par Franz Anton Mesmer (1734-1815) dans *Mémoire sur la découverte du magnétisme animal.* Développé en France avec Henri Durville et ses frères Gaston et André à l'origine du naturisme médical. On distingue le magnétisme dit *physique* ou *minéral* des magnéticiens, émis par des aimants, de celui dit *animal* émanant des magnétiseurs, non mesurable au magnétomètre donc de nature différente.

■ **Principes.** Magnétisme *vital* (végétal, animal ou humain) : pas d'explication scientifique reconnue. Le magnétisme *mental* relève de la suggestion et de l'hypnotisme (sophrologie) et dans certains cas de la *télépathie* (action mentale à distance). Le magnétisme *spirituel* (prière) est de nature métaphysique.

Mésothérapie

■ **Origine.** *1952 :* 1res observations du Dr Michel Pistor (né 15-12-1924), *1958* propose le nom de *mésothérapie.*

■ **Principe.** Injecter des médicaments à faibles doses, dans ou sous la peau, le plus près possible de la lésion ou de son origine. La tolérance aux médicaments est meilleure, du fait des microdoses utilisées et de l'absence de transit par l'estomac. **Matériel utilisé :** aiguilles de 4 mm de long. et de diamètre 0,39, pistolets injecteurs programmables, mésoperfusion à 4 aiguilles avec kit jetable (mésothérapie lente). Certains injecteurs ont un mini-ordinateur incorporé, administrant une très petite dose programmée (10 à 30 fois moins de médicament).

■ **Indications.** *Douleurs :* arthroses, tendinites, névralgies sciatiques, entorses, migraines, céphalées (la cause même de la douleur est souvent traitée). *Infections :* rhinopharyngites, otites, angines. *Allergies :* eczéma, rhinite, asthme. *Insomnie. Constipation. Colites. Médecine esthétique :* cellulite, pelades, cicatrices hypertrophiques, rides superficielles, vergetures récentes, chute de cheveux. *Presbytie, certaines myopies et surdités. Vertiges (maladie de Ménière). Pathologies neuro-articulaires (rhumatismales et sportives) et dysfonctions viscérales.*

■ **Médecins.** 15 000 à 20 000 en France. *Diplôme universitaire (DU)* à Paris, Bordeaux (diplôme international), Marseille. *Pratiquent* dans de nombreux hôpitaux et centres anti-douleur. *A l'étranger :* dans 26 pays dont USA et Russie.

☞ Adresses : *Sté française de mésothérapie,* 15, rue des Suisses, 75014 Paris, créée 1964, 1 605 membres. *Sté internationale de mésothérapie,* même adresse.

Naturothérapie

■ **Définition.** Ensemble de prescriptions et de pratiques visant à restaurer les défenses immunitaires par des mesures purement naturelles chaque fois que possible. Interviennent notamment : alimentation (diététique), jeûne, ostéopathie, physiothérapie, exercices physiques et respiratoires alternant avec repos, relaxation et sommeil, massages, hydrothérapie, thermalisme, crénothérapie (traitement par les eaux de source à leur point d'émergence), thalassothérapie, réflexologie, étude de l'habitat, du climat, des facteurs psychoaffectifs, phytoaromathérapie, biorespiration, massage tensionnel et bioanalyse.

■ **Origine.** Pratiques ancestrales. De nombreux praticiens – médecins ou non – y ont eu recours [exemples *en Angleterre :* Sydenham (médecin du roi) au XVIIe s., Thomson, Stanley, Lief, Benjamin ; *Allemagne :* Kuhne, Just, Blitz, Kneipp ; *USA :* Jackson, Trall, Lindlahr, Tilden, MacFadden]. *1850-1880* le mouvement se développe. *En France, 1920-40* synthèse réalisée par Paul Carton et les frères Durville. *Depuis 1945* essais de synthèse proposés par Marchesseau (†), Passebecq, Roux (†), Masson, Mérien, aux conceptions psychohygiénistes.

■ **Formation. Naturothérapeutes :** *Faculté de médecine Paris XIII,* 93000 Bobigny. **Praticiens de santé naturopathes :** 7 écoles regroupées (depuis 1985) dans la *Fénahman (Fédération nationale des associations d'hygiène et de médecines complémentaires naturelles)* 119, rue Championnet, 75018 Paris.

Oligothérapie

■ **Origine.** *1819* travaux de Coindet sur les éponges grillées et l'iode. *1890* mise en évidence de la nécessité de métaux pour la vie (13 oligoéléments sont indispensables aux animaux à sang chaud). *Fin XIXe s.* travaux de Gabriel Bertrand (manganèse). *1932 :* 1res utilisations thérapeutiques chez l'homme par J. Ménetrier puis Henry Picard (1945).

■ **Principes.** Les oligoéléments ou éléments-traces présents dans l'organisme en quantité infinitésimale sont indispensables à la vie. Ils jouent le rôle de coenzymes dans les réactions enzymatiques régissant la vie des cellules et interviennent comme nutriments.

■ **Produits utilisés.** Ampoules de solutés ioniques ou de suspensions buvables. Capsules associant vitamines et acides gras polyinsaturés. Oligoéléments prescrits par phytothérapeutes, homéopathes et généralistes.

■ **Enseignement.** Dans les écoles d'acupuncture, de naturopathie et de naturothérapie.

☞ Adresses : *Adimed,* 2, rue de l'Isly, 75008 Paris.

Ozonothérapie

■ **Origine.** *1895* en France. Travaux des docteurs Labbé et Oudin. Essor après 1935.

■ **Principe.** Utilise un mélange gazeux composé d'ozone, dilué dans de l'oxygène. *Relance énergétique* par stimulation de la respiration cellulaire, désintoxication de l'organisme et stimulation des défenses immunitaires. *Action anti-infectieuse :* détruit bactéries, champignons et virus. **Indications.** Stress, fatigue, tendance dépressive, troubles du sommeil, ankylose ; indications *cardio-vasculaires* (hypertension artérielle, artériosclérose, troubles veineux, artérites) ; *rhumatologiques* (arthrose, arthrite) ; *pneumologiques* (bronchite chronique, asthme, emphysème) ; *gastro-entérologiques* (troubles hépatiques, colites) ; *chirurgicales :* propriétés anti-infectieuses, anti-inflammatoires et cicatrisantes de l'ozone (plaies chroniques et suintantes, ulcères variqueux, brûlures).

Phytothérapie

■ **Définition.** Utilisation des plantes médicinales sous forme : de tisanes, d'extraits secs ou nébulisats, poudre, extraits hydroglycérinés, teintures, hydrolats. Les essences entrent dans le cadre de l'*aromathérapie.* Par voie externe : essentiellement phytols (extraits hydroglycoliques) permettent la fabrication de gels. La forme utilisée dépendra surtout de l'activité recherchée. *Exemple :* la prêle peut être consommée en l'état, sèche et sans préparation (présentée en poudre vrac ou gélules) pour ses propriétés reminéralisantes (silice) mais, pour qu'elle soit aquarétique (diurétique), il faut utiliser un solvant comme l'eau ou l'alcool pour extraire ses principes actifs (saponosides), donc la préparer en décoction aqueuse ou bien en teinture. **Principe.** Drainage des émonctoires (organes excréteurs : foie, reins, peau, etc.) par administration préventive, en traitement principal ou complémentaire du traitement allopathique ; exemples : rhumatologie, troubles métaboliques (excès de poids), circulatoires.

■ **En France. Diplôme :** d'herboriste supprimé en 1941. **Remboursement** suspendu depuis décembre 1989. **Prescriptions** faites par des médecins, distribution par pharmaciens et herboristes. *Herboristes :* ne délivrent que les plantes sèches (*1941 :* 4 500 ; *1987 :* 120 ; *2000 :* 10). Plus d'une centaine de plantes reconnues pour leurs propriétés aromatiques condimentaires ou d'usage externe, vente libre (marchés, magasins de produits naturels, parapharmacie). Adresses : *Association pour le renouveau de l'herboristerie (ARH),* 183, rue des Pyrénées, 75020 Paris. *Institut d'enseignement de phytothérapie et de médecine globale (IEPMG),* chez le Dr Moatti, 9, rue Gounod, 75017 Paris, fondé 1980 par Roger Moatti, Bernard Saal et Robert Fauron. *Faculté de médecine Paris XIII,* 93000 Bobigny. *Adimed,* 2, rue de l'Isly, 75008 Paris. *Association des amis des plantes médicinales (ADAPM),* 19, rue Milton, 75009 Paris. *Sté française de phytothérapie et d'aromathérapie,* 19, bd Beauséjour, 75016 Paris.

☞ Selon Léonore Arab (université de Chapel Hill, Caroline du Nord, USA), les Américains dépensent 4 milliards de $ par an pour des remèdes à base d'herbes non réglementés par la FDA.

Psychosomatique

■ **Définition.** Fondée sur l'union du psychique et du corporel. **Traitement** des troubles des fonctions végétatives en relation avec l'affectivité : biologique complété par psychanalyse, thérapeutique de groupe, cure de sommeil et tranquillisants.

■ **Indications.** Asthme, œdème pulmonaire, tuberculose, ulcère d'estomac, colites, crise de foie, tachycardie, perte de tension artérielle, impuissance et frigidité, eczéma et psoriasis.

Radiesthésie

■ **Nom.** Inventé en 1890 par l'abbé Bouly (1865-1958), curé de Hardelot (Pas-de-Calais) ; du latin *radius,* rayon, et du grec *aisthêsis,* sensibilité. **Origine.** *147* bas-relief représentant l'empereur chinois Yu une baguette à la main. *Renaissance* utilisée en Europe pour rechercher des trésors. *XVIIe s. pendule,* mentionné pour la 1re fois en 1662 par le père Schott, réservé à la recherche de l'or. *XVIIIe s.* l'abbé Guinebault ramène de Chine, et l'abbé Gerboin (professeur à Strasbourg) des Indes, des pendules utilisés pour les sources. *XXe s.* divulguée en France. *1922* fondation de l'Association française et internationale de radiesthésie. **Radiesthésistes célèbres.** *XXe s. :* père Bourdoux ; abbé Mermet (1866-1937, sourcier) ; père Henry de France (1872-1937, sourcier) ; Joseph Treyve (1877-1946) ; abbé Jean Jurion († 1977, guérisseur, fondateur du Syndicat national des radiesthésistes). *Scientifiques :* Turenne (1611-75), de Belizal, Jean de La Foye, Pagot. *Écrivains :* Luzy, Michel Moine, Christopher Bird.

Exemples de soins par les plantes

■ **Antispasmodiques.** *Aubépine* (sommités fleuries) tonifie le cœur, action régulatrice sur les vaisseaux. *Olivier* (feuilles), en alternance avec l'aubépine, pour l'hypertension artérielle, en préparation aqueuse filtrée et sucrée, matin et soir (consommer chaud). *Gui, valériane* (racine) agit sur le système nerveux central. *Lavande* en infusion avec des fleurs de souci, de la bourrache, de la pensée sauvage, active débit d'urine et de sueur. *Saule blanc* (décoction). *Basilic, marjolaine, angélique, fenouil, menthe poivrée.*

■ **Apéritifs.** *Serpolet, thym, anis, hysope, menthe, camomille, lavande, mélisse, gentiane, orange amère* stimulent l'appétit (1 tasse avant les repas).

■ **Athérosclérose.** *Gingembre, éleuthérocoque, ginseng, artichaut, prèle.*

■ **Béchiques** (plantes contre la toux). ÉMOLLIENTS : tisane pectorale (*coquelicot, bouillon-blanc, guimauve* et *mauve*) ; EXPECTORANTS : *aunée, drosera, mouron rouge, gui* ; FLUIDIFIANTS : *réglisse* (racine) calme aussi les douleurs de la gastrite et de l'ulcère gastrique, propriétés anti-inflammatoires sur certaines conjonctivites (en bains oculaires). *Primevère* (légèrement laxative) peut dégager les voies respiratoires en début de grippe (décoction de la racine). Rhume de cerveau : presser, dans la main, la moitié d'un *citron* et respirer fortement le jus qui s'écoule ; après avoir éternué plusieurs fois, faire de même avec l'autre moitié.

■ **Circulation veineuse.** *Vigne rouge, petit houx, marron d'Inde, mélilot, hamamélis, citron, cyprès, sauge,* en gélules de poudre ou d'extraits secs, tisane ou gel pour voie externe.

■ **Dartres, eczéma.** Prendre à jeun des tisanes de *houblon, salsepareille, douce-amère, grande ortie.*

■ **Dépuratifs.** *Bardane* (en décoction) agit sur la sécrétion hépato-biliaire, les glandes sudoripares. *Buis,* fébrifuge, agit aussi sur la sécrétion biliaire. Tisanes de *serpolet,* de *marrube,* de *millepertuis. Pensée sauvage* et *orme* (écorce moyenne des pousses) pour les dermatoses.

■ **Diabète gras.** *Bardane, oignon, géranium Robert, mûrier, noyer, galega, eucalyptus, olivier, fenugrec.*

■ **Diarrhées, dysenteries.** Écorce de racine de *simarouba* (arbre de Guyane) bouillie dans du vin jusqu'à réduction de moitié. Gélules de poudre de *caroube. Salicaire* en poudre. Pour les enfants : un blanc d'œuf délayé dans de l'eau sucrée ; dans la journée, tisane de riz. *Pour les adultes :* faire bouillir ensemble 1 verre d'eau et 2 verres de vinaigre fort jusqu'à réduction de moitié ; boire froid le matin à jeun, en 2 fois, et à 20 min d'intervalle.

■ **Diurétiques.** *Sauge* sous forme de vin de sauge (feuilles de sauge macérées 8 j dans du vin de Samos), facilite aussi le flux menstruel et la conception. *Barbe de maïs* calme les douleurs de la cystite chronique. *Fragon* ou petit houx, pour crises hémorroïdaires. *Mâche* ou céleri sauvage, bon aussi pour les engelures (en bains de pieds). *Fenouil* associé aux racines d'asperges, de persil, de petit houx et d'ache. *Pariétaire* ou perce-muraille (fraîche). *Busserole* ou raisin d'ours (en décoction concentrée). *Prèle, sureau, verge-d'or, oignon, piloselle, scille, cassis, bourrache, chiendent* et *queues de cerises.*

■ **Excès de poids.** Effet leurre : *gomme Guar* ou *amorphophallus Konjac.* Plantes déplétives, de drainage : *piloselle, orthosiphon, fenouil, fucus* qui active le catabolisme.

■ **Fatigue (asthénie).** *Églantier (cynorrhodon), karkadé, kolatier, guarana, quinquina rouge, ginseng, éleuthérocoque, gingembre.*

■ **Hypertension.** *Aubépine, ail* et *olivier ;* plantes déplétives telles que *piloselle, orthosiphon, bouleau, prèle.*

■ **Insomnies, stress, spasmophilie.** Plantes sous forme de poudre, d'extraits secs en gélules, ou de tisanes : *passiflore, aubépine, mélisse, pavot jaune de Californie, mélilot, saule blanc, valériane, coquelicot, laitue, ballote, bigaradier, millepertuis, lithothamme* (maërl : algue riche en calcium et magnésium).

■ **Narcotiques et analgésiques.** *Pavot* [1] renferme une vingtaine d'alcaloïdes (dont morphine, papavérine, codéine, narcéine). L'action sédative de l'opium sur la douleur s'accompagne d'une excitation des autres activités organiques : motricité nerveuse, fonctions respiratoires... *Aconit* [1], analgésiant actif. *Grande ciguë* [1], sédative, s'emploie en extrait alcoolique, en teinture de feuilles ou de semences. **Maux de dents :** *lierre grimpant,* faire bouillir 10 min, dans ½ litre de vin, une poignée de feuilles, ajouter une forte pincée de sel de cuisine, passer avec un linge et se gargariser la bouche du côté où les dents font mal ; cracher après quelques minutes. **Goutte et rhumatismes :** *colchique* [1] (bulbe) dont l'alcaloïde, la colchinine, est très actif au début des crises de goutte (à utiliser sur ordonnance, car elle a un effet inflammatoire sur la muqueuse intestinale). *Bardane,* racines sèches bouillies dans de l'eau ou de la bière. **Lumbago, douleur au genou ou aux épaules :** *chou,* feuilles bouillies avec du lait, étendues à chaud en compresse sur la partie souffrante. Maintenir 10 heures.

Nota. – (1) Plantes toxiques, vente réglementée effectuée sur prescription médicale.

■ **Purgatifs.** *Rhapontic* (poudre des racines), bon purgatif. *Psyllium* (semences) augmente le volume du bol fécal et lubrifie la paroi de l'intestin. *Son* dans une compote de pruneaux frais trempés. *Frêne* (feuilles en tisane). Régime : légumes, laitages.

■ **Rhumatismes (arthrose).** *Harpagophytum :* racine secondaire sous forme d'extraits secs (gélules, tisanes ou gel). Peut être associé à des plantes antalgiques ou anti-inflammatoires : *vergerette du Canada, saule blanc, reine des prés* (ou *ulmaire*), *cassis, genévrier, bouleau, fraisier, camomille.*

■ **Toniques.** ASTRINGENTS : *tanin* entre dans leur composition. *Chêne* (écorce) en décoction aqueuse, conseillé pour hémorragies utérines par fibrome ou métrites, inflammation de la muqueuse de l'utérus, pertes blanches, hémorroïdes. *Marron d'Inde* (écorce), efficace surtout pour hémorroïdes. *Tormentille* (racine), pour diarrhées chroniques, *consoude* (racine). *Peuplier* (bourgeons), action antiputride. TONIQUES AMERS : excitent l'appétit, facilitent la digestion : *gentiane* (racine). *Artichaut* (feuille de la tige) agit sur l'élimination urinaire, abaisse le taux d'urée. *Marrube blanc* (huile essentielle en substance cristallisée), cardiotonique, en sirop simple. *Houblon* pour gastrites nerveuses, en infusion.

■ **Vermifuges.** *Ail* (agit aussi, sous forme d'infusion, sur quintes de toux et vomissements). *Chou cru. Tanaisie* ou herbe aux vers (semences) en infusion ou en poudre, agit contre oxyures et ascaris.

■ **Principes.** Forme de sensibilité possédée par tout être humain à des degrés divers, et qui le pousserait à trouver instinctivement le remède approprié à son mal (comme le ferait l'animal). Le pendule ou la baguette sont des amplificateurs devant permettre à l'opérateur d'obtenir une réponse à une question posée, affirmative ou négative selon le sens de la giration et suivant une convention variant d'un radiesthésiste à l'autre. **Utilisation médicale :** le pendule pourrait guider le médecin dans son diagnostic en lui indiquant les causes de la maladie selon un ordre d'importance ; l'aider à choisir le remède adapté ; avoir une action préventive.

☞ ADRESSE : *Syndicat national des radiesthésistes,* 21, bd de la Libération, 94300 Vincennes. Créé 1954.

Sophrologie

■ **Définition.** Du grec *sos* harmonie, équilibre, *phren,* esprit, *logos,* discours, parole curative. Étude des modifications de conscience par des procédés psychologiques ; débouchent sur une psychothérapie à médiation corporelle. S'appuie surtout sur la *relaxation dynamique,* créée 1960 par le psychiatre colombien Alfonso Caycedo, et le *karaté sophrologique* de Guyonnaud. **Indications.** Troubles psychiques, psychosomatiques, physiologiques (respiratoires, circulatoires, digestifs), préparation à l'accouchement et aux épreuves sportives, traitement des pathologies addictives. **Pratiquants** (monde) : 20 000.

☞ ADRESSES : *Sté française de sophrologie,* 39, bd Garibaldi, 75015 Paris. *Institut européen de recherche en sophrologie et psychothérapie,* 7, av. Frémiet, 75116 Paris.

Tai-chi-chuan ou tai-ji-quan

■ **Origine.** Art martial chinois. Le combat ne peut être pratiqué qu'après plusieurs années d'exercice.

■ **Principe.** Lié à une conception de l'univers : l'existant est un tout dont l'homme fait partie, ce qui implique l'acceptation des rythmes naturels, principalement du rythme binaire figuré par le symbole du *Tao* [un cercle divisé en 2 sortes de virgules (noire et blanche, chacune portant un gros point de la couleur opposée)] qui exprime la juxtaposition d'éléments contraires (féminin-masculin, nuit-jour, etc.), c'est-à-dire du *yin* et du *yang,* se suivant, se détruisant et s'engendrant l'un l'autre. Ce symbole se nomme un tai-chi. Le tai-chi-chuan est le *chuan* (l'action ou la boxe, au sens plus restreint) suivant les lois du tai-chi. **Aspects :** *Lao-Jia,* « Vieille Forme », qui mène au combat de la « Nouvelle Forme », ou *Xin-Jia* (technique de santé physique et mentale). **Aspects thérapeutiques :** assouplissement des articulations, maîtrise de soi, meilleure santé. **But :** ouvrir le pratiquant à la circulation libre du *chi* (énergie interne qui intègre l'homme accompli, le Tchenjen, dans l'énergie cosmique « de la Terre et du Ciel »). Au combat, ce ne sera plus la force de l'individu qui agira, mais le *chi,* transmis à travers le geste.

■ **Étude.** Exercices d'enracinement, de souffle, d'assouplissement ; applications non violentes à deux. **Aspect le plus connu :** apprentissage de la Forme (succession réglée de déplacements et de gestes exécutés régulièrement et lentement, sur la vitesse de la respiration).

■ **Championnats internationaux de tue-cho** (joute). Intermédiaire entre le travail doux et le combat.

☞ ADRESSES : *Fédération française de karaté et arts martiaux affinitaires (FFKAMA),* 122, rue de la Tombe-Issoire, 75014 Paris. *Féd. de taï-chi et kung-fu,* 19, rue du Dr-Finlay, 75015 Paris. *Féd. française de taï-chi-chuan,* 59, avenue de Saxe, 75007 Paris. *Féd. française de taï-chi, kung-fu et qi-gong,* 62, rue de Cambronne, 75015 Paris. *Féd. des taï-chi-chuan traditionnels,* 17, rue du Louvre, 75001 Paris.

Thalassothérapie

■ **Définition.** Utilisation combinée, sous contrôle médical, avec but curatif ou préventif, des bienfaits du milieu marin (climat, eau de mer, algues, boues marines, sables et autres substances extraites de la mer). Ne pas confondre avec : thermalisme, spas anglo-saxons ou rééducation en milieu marin de type hospitalier.

■ **Origine.** *Antiquité :* les Romains prennent des bains thérapeutiques d'eau de mer dans des piscines chauffées. *Second Empire :* vogue des cures marines. *1866* le biologiste René Quinton (1866-1925) démontre la similitude entre le plasma désalbuminé et l'eau de mer ramenée à isotonie, et réussit à faire se développer une cellule humaine dans de l'eau de mer isotonique. *1865* le Dr La Bonardière, d'Arcachon, crée le terme de thalassothérapie. *1899 :* le Dr Louis Bagot, de Roscoff, crée le 1er centre « moderne » destiné aux rhumatisants. *1904* R. Quinton publie *L'Eau de mer en milieu organique. 1964 :* le champion cycliste Louison Bobet crée le centre de Quiberon et relance la thalassothérapie.

■ **Traitement.** En climat marin. **Soins humides :** bains, douches, jets, applications d'éléments marins et aérosols. Utilise eau de mer chauffée, algues, boues marines. **A sec :** massages, gymnastique, relaxation.

■ **Indications.** Douleurs (rhumatismes, dos), jambes lourdes, séquelles d'accident ou de pratique sportive intensive, fatigue fonctionnelle (suites opératoires, surmenage physique, convalescences) ; troubles liés au vieillissement et à l'inactivité ; préparation et récupération des sportifs, amincissement, remise en forme. **Contre-indications :** affections infectieuses aiguës, cardio-respiratoires décompensées ; cancers évolutifs non stabilisés ; certaines maladies de peau ; allergies à l'iode ; certaines hyperthyroïdes. *Cures spécifiques :* maman-bébé, antitabac, traitement bucco-dentaire.

☞ La thalassothérapie n'est jamais prise en charge par la Sécurité sociale.

■ **Implantation.** 42 centres en France. *Curistes : 1971 :* 26 741 ; *82 :* 40 000 à 45 000 ; *92 :* 150 000 ; *99 :* 200 000.

☞ ADRESSE : *Fédération Mer et Santé,* 8, rue de l'Isly, 75008 Paris.

Thérapeutiques manuelles

☞ « Doctrines irrationnelles et anti-scientifiques » selon le bulletin de l'Académie nationale de Médecine (1987, p. 945-951).

■ **Chiropratique palmérienne.** Du grec *kheiros,* main, et *praktikos,* pratique. **Origine :** fondée 1895 aux USA par le Dr Daniel David Palmer (1844-1913) et le Dr Bartlett Joshua Palmer (1881-1961). **Principe :** s'intéresse aux relations existant entre la colonne vertébrale et l'appareil nerveux en considérant l'état de santé général et la personnalité de chaque patient. **Méthodes :** examens orthopédique, neurologique et radiographique. **Correction :** au moyen d'*ajustements* (micromanipulations) indolores ne concernant qu'une vertèbre-clé à la fois. **But :** synchronisation fonctionnelle de l'ensemble crâne-colonne vertébrale-bassin ; aspect préventif et thérapeutique. **Enseignement :** diplôme international de « Doctor of Chiropractic » (DC) reconnu dans 20 pays. **Nombre :** environ 390 diplômés en exercice. **Statut :** praticien de santé indépendant ; sans prescription de médicaments ni de chirurgie. *En France,* sont tolérés ; au Canada, au Danemark, en Finlande, Grande-Bretagne, Suède et Suisse, reconnus légalement. ADRESSE : *Collège des chiropraticiens palmériens de France (CCPF),* 26 ter, rue Nicolaï, 75012

■ **Manipulation vertébrale.** Acte thérapeutique (à ne pas confondre avec la kinésithérapie ou l'ostéopathie). En relèvent : lumbagos aigus ou chroniques, sciatiques, cervicalgies, dorsalgies. On imprime à l'articulation intéressée un mouvement de faible amplitude et de grande vélocité qui, en respectant l'intégrité anatomique de l'articulation, permet de restaurer la mobilité articulaire sans dépasser les amplitudes physiologiques. **Risques** (évités par un diagnostic médical systématique complet et un geste adapté) : *aggravations de l'affection traitée,* exacerbation durable d'une douleur lombaire ou sciatique, lombalgies simples devenant lombo-sciatiques, sciatiques simples devenant paralysantes, ou paraplégie avec syndrome de la queue de cheval ; *d'une lésion méconnue,* spondylite infectieuse, ostéoporose ou cancer vertébral ; *apparition de troubles nerveux sévères après manipulations cervicales* (céphalées, vertiges, troubles de l'équilibre, bourdonnements d'oreille, nausées, troubles du sommeil réalisant un syndrome semblable au syndrome dit subjectif des traumatisés de la tête et du cou) ; *accidents cérébraux et bulbaires graves* (rares), par ischémie dans le territoire de l'artère vertébrale ou du tronc vertébro-basilaire. Voie **Chiropraxie**, p. 177 a.

Paris. Chiropraxie : méthode de manipulations vertébrales réservée aux médecins (arrêté du 6-1-1962). *Enseignement :* diplôme inter-universitaire de médecine manuelle dans 14 universités et à l'Ifec. Adresses : *Association française de chiropratique,* 24, rue de Montessuy, 75007 Paris. *Institut franco-européen de chiropratique (Ifec),* 24, bd Paul Vaillant-Couturier, 94200 Ivry-sur-Seine. *Créé* 1984.

■ **Étiopathie.** Du grec *aïta,* cause, et *pathos,* mal. Méthode d'analyse causale des pathologies, fondée en 1963 par le Français Christian Trédaniel. Dans l'esprit de l'art traditionnel du reboutement, analyse des éléments (articulaires, ligamentaires, neurologiques, vasculaires, tissulaires, environnementaux) participant à l'apparition et à l'entretien des phénomènes pathologiques, et correction de ces facteurs pour rétablir l'état de santé. Sont exclues les indications formelles de la chirurgie instrumentale, les infections germinales massives et les pathologies où les atteintes structurelles ont un caractère irréversible. **Enseignement :** facultés libres à Paris, Rennes et Toulouse (6 ans d'études). **Statut :** en voie d'affiliation en France, reconnue en Suisse, en Belgique et dans les pays anglo-saxons. **Nombre** (en France) : 200. Adresses : *Association institut français d'étiopathie (AIFE),* 44, rue de l'Ermitage, 75020 Paris. *Institut international d'étiopathie,* 75, rue de Carouge, 1205 Genève (Suisse).

■ **Ostéopathie.** *Fondée* 1874 par Andrew Taylor Still (Amér., 1828-1917), médecin, chirurgien et pasteur. 1er manuel en français : 1913 (Dr Moutin). **Principe :** vise à rétablir les équilibres perturbés sur tous les plans fonctionnels du corps. Elle restaure les mobilités nécessaires à la bonne santé et agit sur la composante mécanique de la maladie. **Indications :** essentiellement pathologie mécanique commune de la colonne vertébrale et des membres (lombalgies, dorsalgies, cervicalgies, entorses et blocages articulaires) ; soins des troubles fonctionnels par répercussion d'une mauvaise mobilité vertébrale sur les influx nerveux et la circulation sanguine ; à titre préventif (grossesse) pour préparer l'accouchement ; à la naissance, chez le jeune enfant, lorsque la structure osseuse (en particulier crânienne) fait pressentir des compressions ou des blocages ; peut traiter un grand nombre de problèmes viscéraux fonctionnels, un diagnostic médical préalable ayant éliminé une affection organique. *Séances :* de 1 à 4 (affections aiguës), jusqu'à 10 (affections chroniques). **Statut :** G.-B. et Belgique reconnaissent légalement la pratique des ostéopathes professionnels indépendants ne prescrivant ni médicament ni chirurgie. **Diplôme** (en France) : diplôme inter-universitaire de médecine manuelle-ostéopathie, créé par le Conseil national de l'Ordre des médecins le 13-2-1996, délivré dans 14 facultés aux seuls docteurs en médecine. **Statistiques** (en France) : *ostéopathes :* 2 000 à 3 000 dont *médecins « à orientation ostéopathique » :* 1 500 à 2 000. *Consultations :* environ 4 millions/an. Adresses : *Association des médecins ostéopathes de France (Ostéos de France),* 1, rue de l'Hôpital, 76000 Rouen. *Sté française d'ostéopathie,* 99, bd Blanqui, 75013 Paris ; *fondée* 1951. *Syndicat national des médecins ostéopathes (SNMO),* 148, bd Malesherbes, 75017 Paris.

THERMALISME-CRÉNOTHÉRAPIE

☞ Voir aussi **Thermalisme** à l'Index.

■ **Définition.** *Thermalisme* signifie chaleur ; englobe les thérapeutiques pratiquées dans les villes d'eau. *Crénothérapie :* thérapeutique par les sources (du grec *krênê).* **Thérapeutiques.** *Internes :* cure de boisson. *Externes :* hydrothérapie (douches, massages secs ou sous l'eau, douches sous-marines, lombo-rénales, pharyngiennes, inhalations, pulvérisations nasales, humages, aérosols), applications de boues très chaudes (péloïdes) analgésiantes dans les réactions arthrosiques douloureuses, vaporarium.

PREMIERS SOINS

☞ *Abréviation :* PLS : position latérale de sécurité.

■ **Accidents de la route.** 1°) *Prévenir les secours* publics (sapeurs-pompiers, gendarmerie, police), par le 17 ou le 18, en indiquant le lieu exact de l'accident, le nombre de blessés ; le Samu lors d'accidents graves par le 15. Baliser les abords de l'accident, si possible. 2°) *Sauf danger immédiat* (surtout incendie), ne pas sortir un blessé d'un véhicule avant l'arrivée des secours. Si la victime se trouve hors du véhicule, l'installer, si elle est inconsciente, en PLS. Arrêt des hémorragies par compression.

■ **Arrêt cardiaque.** Perte totale de la réactivité avec arrêt des mouvements respiratoires et du pouls, dilatation bilatérale des 2 pupilles ; coloration blême, livide de la peau. Peut survenir inopinément lors d'infarctus du myocarde pendant les 12 premières heures ; à craindre pendant une électrisation. L'intervention du Samu (appelé dans les 10 minutes) dans la première demi-heure évite la mort subite par les troubles du rythme (fibrillation ventriculaire) : 50 000 morts subites/an, taux de survie 2 %. Commencer, en attendant son arrivée, la réanimation cardio-pulmonaire par massage cardiaque ; des *défibrillateurs semi-automatiques (DSH)* permettent à des secouristes non médecins (infirmiers, sapeurs-pompiers...) d'intervenir avant l'arrivée du Samu. *Gestes d'urgence dans les 4 minutes : massage cardiaque externe* (associé au bouche-à-bouche : réanimation cardio-pulmonaire). Coucher le patient sur le dos, sur un plan dur ; se placer à côté, placer les 2 mains l'une sur l'autre, le talon de la main du dessous doit être posé au niveau du sternum, à hauteur des mamelons ; exercer alors des pressions (par séries de 15 en 10 secondes), en se penchant en avant, bras bien tendus verticalement (la dépression doit atteindre 4 cm environ). Seul le talon de la main doit toucher le sternum afin de réduire la surface de pression et éviter le bris de côtes. *Fréquence :* environ 80 pulsations par minute en associant 2 insufflations pulmonaires pour 15 compressions sternales. Pour un nourrisson, 2 doigts suffisent. *Pour arrêt cardiaque :* le Samu met en œuvre perfusion, choc électrique et injection de médicaments ; commencer la réanimation avant son arrivée sinon le cerveau ne « survit » que 3 min ; 1 min perdue diminue les chances de survie de 10 %. Si un arrêt cardiaque survient dans le froid (neige, glace, hiver), on peut pratiquer la réanimation plus longtemps (un maximum de 45 min en 1982).

■ **Asthme.** Certaines crises graves que le sujet (ou l'entourage) reconnaît lui-même par l'intensité des signes méritent qu'on alerte le Samu le plus tôt possible.

■ **Bouche-à-bouche.** Allonger le patient à plat dos ; ouvrir largement la bouche et la placer autour de la bouche ouverte du patient ; d'une main pincer ses narines (afin d'éviter des fuites d'air) ; souffler dans la bouche ; vérifier si la poitrine s'est bien soulevée. Lorsque la poitrine du patient s'est affaissée, recommencer l'opération (15 à 20 fois par minute). Ne pas arrêter tant que la victime ne reprend pas de mouvements respiratoires spontanés efficaces. Alerter le Samu (par le 15) et continuer jusqu'à l'arrivée d'une équipe médicale.

■ **Brûlures.** **Thermiques :** refroidir le plus vite possible en aspergeant avec de l'eau froide pendant au moins 10 minutes ou seulement quelques secondes si la brûlure est très étendue. La gravité dépend de la profondeur et de la surface. **Brûlures superficielles** (1er degré : simple rougeur de la peau ; *exemple :* coup de soleil ; 2e degré : existence de phlyctènes : cloques) **et peu étendues** (surface inférieure à celle de la main) : pansement stérile (tulle gras) : consulter un médecin. **Profondes, même de surface limitée** (3e degré : destruction de la totalité de la peau entraînant la coloration de la peau en marron et insensibilité) : visite médicale d'urgence. **Brûlures de grande surface :** ne rien appliquer. Envelopper dans un drap propre et appeler le Samu. Ne pas faire boire en attendant les secours. Les victimes de brûlures profondes ou de grande surface doivent être hospitalisées dans un centre spécialisé pour grands brûlés. **Chimiques :** par projections de bases et d'acides (soude caustique, acide chlorhydrique, sulfurique, nitrique). Laver abondamment à l'eau courante 15 à 20 min ; le plus souvent, hospitalisation indispensable. **Statistiques.** **Nombre** (moyenne par an en France) : brûlés 200 000 à 300 000 dont hospitalisés 10 000, décès 1 000, handicapés 1 500. **Causes des brûlures graves** (en %, en France) : *adultes :* flammes 50, eau chaude 15, explosion due au gaz 10 ; *enfants :* liquides chauds 70. Adresses : *Association des brûlés de France,* 46, quai de la Loire, 75019 Paris. *Sté française d'études et de traitement des brûlures,* 33, bd de Picpus, 75012 Paris.

■ **Coma.** **Perte prolongée de l'éveil et des réactions,** avec persistance des mouvements de ventilation et du pouls. Installer le sujet sur le côté en PLS pour éviter l'obstruction des voies aériennes. Appeler le Samu (par le 15). **Perte de connaissance brève** (quelques minutes) : appeler le médecin après avoir couché le sujet en PLS. Souvent sans gravité. **Hypoglycémie :** chez tous ceux qui ne mangent pas suffisamment et surtout chez le diabétique soumis à un traitement à l'insuline ; traduit un défaut de sucre dans le sang et peut être très grave ; dès les premiers signes annonciateurs (pâleur, crise, agitation), faire croquer 2 ou 3 morceaux de sucre dès que le sujet est redevenu conscient, sinon appeler le Samu (par le 15).

☞ **Tomber dans les pommes :** dérivé de « tomber en pâmoison », « tomber dans les pâmes » ou « se pâmer ».

■ **Convulsions.** Il peut s'agir de crises d'*épilepsie.* S'accompagnent parfois d'une morsure de la langue. Suivies souvent d'une perte de connaissance d'une dizaine de minutes. Chez le jeune enfant surtout, peuvent être provoquées par des toxiques ou une température élevée. Peuvent apparaître après un traumatisme crânien, une hypoglycémie, ou révéler une tumeur cérébrale. Mettre en PLS, en raison du risque d'obstruction des voies aériennes par les vomissements. Appeler médecin ou Samu (par le 15). Nombre (en France) : 400 000 épileptiques. Traitement : médicaments (voir p. 135 c).

■ **Crise de nerfs.** Isoler le sujet au calme, le rassurer et lui conseiller de voir son médecin.

■ **Crise d'hyperventilation.** Se déclenche chez des sujets prédisposés, même en bonne santé, ou par des crises de panique. Picotements, mains raides, pertes brèves de connaissance. Ne pas pratiquer des piqûres de calmants ou de calcium (inutiles) ; appeler le médecin si l'on n'arrive pas à calmer l'angoisse et l'hyperventilation en demandant au sujet de ne respirer ni trop profondément ni trop vite.

■ **Détresses respiratoires.** **Causes : 1°)** *l'air n'arrive plus aux alvéoles du poumon* en raison d'un obstacle mécanique sur les voies aériennes, le sujet « étouffe », « suffoque » (œdème de la glotte, piqûre d'insectes ou allergie aiguë), chute de la langue en arrière (état inconscient ou comateux), corps étrangers divers (vomissements, dentiers, aliments, etc.). En cas d'obstacle, il fait du bruit : il « ronfle », « gargouille » (obstruction par la langue ou des liquides stagnant dans l'arrière-gorge). **2°)** *L'appareil respiratoire est atteint :* muscles tétanisés (électrisation), compression et fracture du thorax, maladies respiratoires chroniques (insuffisance respiratoire, asthme grave). **3°)** *Atteinte des centres nerveux respiratoires de commande du bulbe rachidien :* intoxication par barbituriques, tranquillisants, opiacés, alcool... overdose de dérivés du pavot. Le sujet est inconscient (coma). **4°)** *L'air inspiré contient des produits toxiques pour : a) les globules rouges :* monoxyde de carbone (appareils de chauffage) ; *b) les tissus :* en inhibant la respiration tissulaire (non-utilisation de l'oxygène au niveau des cellules) : cas de l'hydrogène sulfuré (fosses d'aisance), l'acide cyanhydrique, certaines fumées d'incendie (combustion de matériaux plastiques). **5°)** *Le transport de l'oxygène des poumons aux tissus n'est plus assuré :* il en est ainsi en cas d'arrêt cardiaque. **Conduite à tenir :** sortir la victime de l'atmosphère toxique, dégager et libérer les voies aériennes, nettoyer la cavité buccale et l'arrière-gorge (débris alimentaires, dentier, sable, etc.), s'opposer à la chute de la langue en arrière en tirant sur le menton, mettre la victime en PLS systématiquement si le sujet est inconscient. S'il ne respire pas, lui faire le bouche-à-bouche après avoir dégagé ce qui peut obstruer la bouche, placer sa tête « bien en arrière ». Si l'on constate un arrêt circulatoire, faire une réanimation cardio-pulmonaire.

Arrêt respiratoire. Proche quand les mouvements respiratoires ne surviennent que quelques fois par minute. *Cause la plus fréquente :* overdose par drogue morphinique ou intoxication médicamenteuse ; demander avec insistance au sujet de respirer dès qu'il s'arrête plus de 10 secondes (la morphine arrête le centre respiratoire).

Arrêt cardiaque (voir col. a).

Obstruction respiratoire ou **suffocation par corps étranger.** Taper dans le dos, puis, si cela ne suffit pas, pratiquer la manœuvre de Heimlich : si la victime est debout, passer derrière, entourer la taille avec les 2 bras, placer un poing au creux de l'estomac, l'autre main étant sur la 1re, et pratiquer une pression vers le haut. *Si l'obstruction est partielle,* la respiration est bruyante (cornage), ne tenter aucune manœuvre et, surtout chez l'enfant, ne pas mettre la tête en bas en le pendant par les pieds ; laisser la victime à demi assise et alerter le Samu (par le 15).

■ **Électrisation.** Couper le courant au disjoncteur ; écarter le fil conducteur (basse tension 110-220) avec un corps isolant (bois sec, objet de verre) en s'isolant du sol (tabouret, tapis caoutchouté). Soins en fonction de l'état de la victime. Appeler sapeurs-pompiers et Samu. Ne pas toucher de fils haute tension.

Nota. – Le plus haut voltage auquel un homme ait résisté est 230 000 volts (Brian Latassa, 17 ans, USA).

■ **Entorses (foulures).** Extension forcée ou déchirure des ligaments d'une articulation caractérisée par : un œdème, un hématome, une limitation des mouvements. *Bénignes :* immobilisation et contention par bandes adhésives (strapping) ; pansement alcoolisé, repos et possibilité de rééducation précoce (*méthode finlandaise :* pendant 10 min, plonger alternativement la cheville dans de l'eau à 0 °C et dans de l'eau aussi chaude que possible, chaque fois 1 min). *Graves :* contrôle radiologique, immobilisation plâtrée (8 à 15 j) souvent nécessaire, voire intervention chirurgicale.

■ **Épilepsie** (voir **Convulsions** col. b).

■ **État de choc.** *Signes :* lividité, sueurs froides, anxiété, agitation, soif, pouls lent ou rapide difficile à prendre. *Soins :* coucher le sujet à plat dos et lui surélever les pieds en plaçant un objet sous les talons si le choc est dû à une perte importante de sang. Assurer une protection contre le froid et le rassurer ; ne lui donner ni à boire ni à fumer, appeler le Samu (par le 15).

■ **Fractures** ou **traumatismes.** **Crâne :** gravité liée à l'atteinte du cerveau (qui peut être lésé même sans fracture). Attention à l'apparition secondaire (après quelques heures, jusqu'à 1 ou 2 jours) de troubles de la conscience, de maux de tête, de vomissements ou de convulsions qui peuvent traduire une compression du cerveau. Tout sujet ayant présenté un traumatisme crânien avec perte de connaissance doit être montré à un médecin. Appeler le Samu (par le 15) dès qu'il y a coma.

Rachis : un traumatisme des vertèbres peut provoquer une lésion de la moelle épinière et une paralysie des membres et du tronc (tétraplégie, paraplégie), selon le niveau de la lésion de la moelle (cervicale, ou dorso-lombaire) : impossibilité de bouger bras et/ou jambes, troubles respiratoires...). Suspecter une lésion chez les victimes inconscientes après un accident de la circulation ou une chute de grande hauteur. Ne pas déplacer la victime et attendre l'arrivée des secours. Appeler le Samu pour assurer le transport à l'aide d'un matériel assurant une immobilisation stricte (matelas coquille ou collier cervical) ; ne retirer le casque d'un motard accidenté que si l'état du patient nécessite une ventilation artificielle.

Membre supérieur : l'immobiliser à l'aide d'une attelle de fortune (planche, journal plié) et d'une écharpe ; **inférieur :** l'immobiliser en utilisant l'autre membre.

☞ Fractures « urgentes » : lèsent une artère (pas de pouls au-dessous de la fracture, délai 1 h), ouvertes (délai 6 h). Certaines fractures (cuisse ou bassin) provoquent des hémorragies internes de plus de 1 litre de sang et exigent l'intervention d'une équipe médicale.

■ **Gelure.** Réchauffer si le réchauffement peut être durable et permanent jusqu'à l'arrivée des secours. Immerger l'extrémité gelée dans un bain à 37 °C additionnée d'une solution antiseptique type Daquin ; se couvrir : couverture de survie, duvets cloisonnés.

■ **Hémorragies.** **1°) Externes :** *plaie superficielle,* se tarit d'elle-même par vasoconstriction des capillaires lésés et coagulation locale ; *profonde :* freinée par compression (compresses ou mouchoir propre sur la plaie et bande semi-élastique). Si la compression locale n'est pas suffisante, comprimer, en amont de la plaie, l'artère qui irrigue le membre. *Garrot :* tissu de 5 à 10 cm de largeur sur 1,50 m de longueur, à poser après avoir fait les gestes précédents et si l'hémorragie ne s'arrête pas, quand il y a beaucoup de blessés et que les secouristes sont débordés (le garrot est douloureux et dangereux). Le blessé garrotté doit être vu dans l'heure (risque de devoir amputer le membre menacé de gangrène). **2°) Extériorisées :** hémorragie nasale (*épistaxis*) : faire appuyer sur l'aile du nez avec la pulpe de l'index pendant au moins 5 min. Ne pas mettre de coton à cause du risque de récidive chaque fois qu'on l'enlèvera. Si ce traitement ne suffit pas, conduire le sujet à l'hôpital ou chez le médecin. Ne pas l'étendre à plat dos, car le sang s'accumulerait dans l'arrière-gorge, provoquant une sensation désagréable. Crachement ou vomissement de sang et selles sanglantes (une hémorragie digestive d'origine haute n'est pas rouge mais noire comme du goudron lorsqu'elle apparaît dans les selles) ne sont graves que s'ils s'accompagnent de signes d'état de choc. **3°) Internes :** fracture de la cuisse ; atteinte d'un organe plein (rate ou foie) après un traumatisme de l'abdomen ou du thorax ; rupture de grossesse extra-utérine (grossesse toute récente ; douleur aiguë dans le flanc), si hémorragies graves, appeler le Samu dès les signes d'état de choc.

■ **Infarctus du myocarde.** Appeler le Samu (par le 15) dès les signes prémonitoires (douleur importante derrière le sternum, qui s'étend aux mâchoires et aux 2 bras) : urgence à traiter dans les 3 heures (la dissolution du caillot n'est plus possible ensuite). Il y a danger d'arrêt cardiaque dans les 12 premières heures après l'apparition de troubles du rythme. *En attendant les secours : 1°)* laisser le patient allongé ou en position semi-assise, au calme ; lui conseiller de prendre ses médicaments habituels (en particulier dérivés de la trinitrine) ; *2°)* certains traitements appliqués précocement (au chevet même du patient) peuvent limiter l'extension de l'infarctus en détruisant le caillot obstructeur (traitement par « thrombolyse »). Certains infarctus peuvent ne se manifester que par des douleurs thoraciques plus ou moins vagues, plus ou moins accompagnées d'un malaise général avec nausées. Les signes peuvent être uniquement digestifs (nausées, vomissements, douleurs abdominales) et retarder le diagnostic. Celui qui est traité pour angine de poitrine doit savoir que tout changement dans le déroulement d'une crise est suspect. Appeler d'urgence un médecin ou le Samu.

☞ **Signes d'alerte d'une attaque : 1°** faiblesse ou engourdissement soudain de la face, du bras ou de la jambe d'un côté du corps ; **2°** diminution ou perte de la vision, en particulier d'un œil ; **3°** perte soudaine de la parole, ou difficulté pour parler ou comprendre ce qui est dit ; **4°** mal de tête sévère, soudain et inhabituel, sans cause apparente ; **5°** instabilité de la marche inexpliquée ou chute soudaine, en particulier en association avec l'un des symptômes précédents.

■ **Insolation** (hyperthermie ou coup de chaleur de plus de 40 °C). *Cause :* exposition trop longue à une température élevée et humide. *Forme grave :* élévation de température, troubles neurologiques, maux de tête, troubles de la conscience, convulsions, hyperthermie (fièvre élevée). *Soins :* dévêtir le malade, le coucher sur le côté dans un endroit frais ; compresses ou vessie de glace sur la tête, le thorax, le cou ; jamais d'alcool ; enfant : le tremper dans un bain tiède. Alerter le médecin ou le Samu (par le 15).

■ **Intoxications. Par inhalation de gaz toxiques :** monoxyde de carbone, gaz industriels, etc. En cas d'intoxication oxycarbonée (nausées, vomissements, malaises, perte de connaissance, maux de tête) : ouvrir les fenêtres, arrêter tout chauffage et chauffe-eau et prévenir sapeurs-pompiers et Samu qui peuvent trouver des traces de monoxyde de carbone dans l'air. Si la victime est inconsciente, en état de choc ou avec des troubles respiratoires, appeler les sapeurs-pompiers qui pourront pénétrer dans les locaux dangereux grâce à leur équipement de protection, et le Samu, et mettre en route les premiers secours. **Par ingestion de produits toxiques ou substances vénéneuses** [médicaments (exemples : surdosages médicamenteux accidentels ; somnifère donné à un enfant ; à un malade présentant une bronchite chronique), toxiques agricoles, industriels, ménagers]. **Alimentaire :** botulisme (conserves avariées) ; trichinose (viande infestée de parasites). **Champignons :** *symptômes précoces* de 1 à 3 h après l'ingestion : signes nerveux (excitation, délire, hallucinations), digestifs (salivation, sueurs, vomissements, diarrhées) ; évolution souvent favorable après soins en milieu hospitalier ; *tardifs* environ 12 h après (amanites phalloïdes : risque mortel). Dans tous les cas, garder les restes de repas ou les épluchures, alerter le Samu (par le 15).

Statistiques (en 1998) : *cas traités au centre anti-poisons de Paris :* 42 228 (dont 13 637 enfants de moins de 3 ans) dont médicaments 19 898, produits ménagers 9 332, produits industriels 5 376, phytosanitaires 2 154, plantes 1 849, cosmétiques 1 312, gaz toxiques 1 200, stupéfiants 516.

☞ **Intoxication au talc Morhange** (en mars 1972) : de l'hexachlorophène (bactéricide), mélangé (6,35 %) à un lot de 3 000 boîtes soit 600 kg de talc pur par une entreprise chargée de conditionner le talc Morhange, avait provoqué la mort de 36 bébés et des handicaps chez 145 enfants. *Lors du procès,* les familles ont accepté environ 8 millions de F d'indemnisation. 5 inculpés ont été condamnés de 1 à 20 mois de prison (peine réduite à 12 mois au maximum en appel).

■ **Luxation.** Déboîtement d'une articulation. Immobiliser le membre comme pour une fracture, prévenir le médecin ou faire transporter à l'hôpital.

■ **Mal de mer.** Malaise provoqué par les mouvements du bateau. *Formes :* céphalée, somnolence, sueurs froides, nausées. *Cause :* une excitation anormale des canaux semi-circulaires de l'oreille interne, régulateurs de l'équilibre. Accentué par froid, manque de sommeil, anxiété, faim, chaleur et manque d'air. *Remèdes préventifs :* consulter un médecin ou un pharmacien (certains produits ayant des effets secondaires gênants ou des contre-indications). *Remèdes :* s'allonger, tête basse, sommeil ou air frais. Ne pas rester à jeun, ne pas fumer.

■ **Mal des montagnes.** État d'hypoxie : diminution de la concentration d'oxygène dans le sang. Maux de tête, diminution de l'appétit, vomissements ou insomnie après 6 à 8 h au-delà de 3 000 m : aspirine ; œdème pulmonaire ou cérébral : redescendre la victime le plus vite possible.

■ **Délais d'intervention. Délais immédiats :** dégager, évacuer des victimes potentielles (par exemple en tirant par les chevilles un inconscient gisant au milieu d'une chaussée où il risque d'être écrasé). Coucher sur le côté un sujet inconscient. Étendre à plat dos ceux qui s'évanouissent dès qu'ils sont assis ou debout. Arrêter par compression locale les saignements importants. Réaliser un bouche-à-bouche sur ceux qui s'arrêtent de respirer (overdose, mort subite du nourrisson). **Délais de 3 min :** un arrêt du cœur de plus de 3 min qui ne fait l'objet d'aucun secours compromet définitivement la survie cérébrale ; le premier témoin doit commencer le traitement, sinon l'évolution sera fatale. **Doivent être opérés : dans les 60 min :** interruption artérielle de membres ; **6 h :** ouverture par plaie atteignant une séreuse (méninge, œil, plèvre, péritoine, périoste, gaines synoviales).

■ **Membre coupé.** Si bras, doigt ou main, pied ou jambe : déposer la partie coupée dans un sac de plastique fermé et posé sur de la glace ; mettre un pansement compressif ; ne pas mettre d'antiseptique sur la blessure, mais de l'ammonium quaternaire ; ne rien boire, ne pas fumer et rester à jeun pour ne pas retarder l'anesthésie. Appeler le Samu.

■ **Morsure par animal. Chien** (voir **Rage**, p. 162 a). **Rat :** souvent profonde et souillée de spores tétaniques ou d'autres germes. Consulter tout de suite un médecin pour éviter une infection. Il vaut mieux être vacciné contre le tétanos (le sérum a un effet de courte durée et est parfois dangereux). **Chat :** morsure et griffure peuvent provoquer chez les enfants une inflammation ganglionnaire à l'aisselle ou au cou. Consulter un médecin. **Vipère ou serpent mal connu :** appeler le Samu (par le 15). Ne pas courir ni s'énerver, ni faire aucun effort musculaire (afin de restreindre la diffusion du venin dans l'organisme), s'allonger. Refroidir le membre mordu à l'aide de glace entourée de linge ; nettoyer et désinfecter la plaie à l'eau savonneuse ou à l'eau de Javel allongée à 5 ou 6 fois son volume d'eau ; prévoir un transfert immédiat dans un hôpital avec un accompagnement médical. Depuis 1998, test *Elisa (Enzyme-linked immunosorbent assay)* disponible pour doser le venin présent dans le sang (dès 15 min après la morsure et jusqu'à plusieurs jours après) : *niveau 0 :* 2 ng/l (50 % des cas) ; *niveau 3 :* 100 ng/l (risque de décès 50 % en l'absence de traitement). *Attention :* ne pas inciser la plaie ; ne pas exprimer le sang même par succion (on court un risque grave si l'on a la moindre plaie dans la bouche). Le sérum n'est pas toujours efficace et peut provoquer des accidents allergiques graves. *On reconnaît la vipère* à sa tête triangulaire, au rétrécissement brusque de sa queue et aux nombreuses plaques qu'elle a entre les 2 yeux. Elle mord si l'on marche dessus. On trouve les vipères dans les pierriers et vieux murs exposés au sud, les lisières des bois, les anciennes carrières et le long des voies ferrées. 4 espèces vivent en France : aspic, péliade, vipères d'Orsini et de Seoane, menacées de disparition. Elles sont protégées (loi de 1980) car elles avalent des millions de rongeurs et protègent les récoltes. Autrefois chaque département

■ **Urgence médicale.** *Téléphoner* à votre médecin, si vous en avez un ; ou au Samu par le 15. *Précisez :* d'où vous téléphonez (pour qu'on puisse vous rappeler) ; où se trouve la victime (ville, rue, n°, étage, code de porte, etc.) ; comment elle réagit lorsqu'on lui parle fort (état de conscience) ; comment elle respire ; ce qui s'est passé, les gestes de premiers secours réalisés. La police ou les pompiers sont tenus d'alerter le Samu en cas d'urgence médicale.

En cas d'urgence collective (attentats, explosions, accidents de chemin de fer, etc., avec de nombreux blessés). Prévenir les services publics via la police ou les sapeurs-pompiers en France ; éviter toutes évacuations « sauvages » vers les hôpitaux dans des moyens non adaptés et sans soins médicaux préalables ; limiter les soins aux blessés les plus graves : ceux qui saignent abondamment, qui sont inconscients, qui respirent très mal ; rassembler les blessés légers au même endroit, dans une zone abritée (café, gare, lieux publics...) ; guider les secours dès leur arrivée et se mettre à leur disposition. En présence de nombreuses victimes, le **Plan-Rouge** est déclenché avec installation d'un centre d'évacuation (PMA : poste médical avancé). **Cellule médico-psychologique :** mise en place après les attentats de 1995, dans les plans de secours (Plan-Rouge). Prend en charge les personnes « impliquées » dans un accident collectif (avion, train, car, etc.) pouvant présenter ultérieurement des troubles psychiques.

☞ L'organisation officielle des secours lors des catastrophes et urgences collectives est appelée *plan Orsec* et placée sous l'autorité du préfet.

Samu (Service d'aide médicale urgente). Service public rattaché à un centre hospitalier. Il coordonne l'ensemble des urgences d'un département, fonctionne 24 h sur 24, dispose d'un réseau téléphonique et radiotéléphonique. Selon le besoin, il envoie une ambulance professionnelle d'urgence ; un médecin praticien d'urgence ; une unité mobile hospitalière (ambulances médicalisées pour soins intensifs). A chaque Samu sont rattachés des Smur (service médical d'urgence et de réanimation) disposant d'ambulances de réanimation, de véhicules de liaison, et pouvant faire appel aux moyens de la marine, de l'armée, de la Sécurité civile (hélicoptères, avions, bateaux). Le Samu et les hôpitaux ont un Plan-Blanc en cas de catastrophe ou d'urgence collective. **Nombre d'appels reçus par les permanenciers de régulation médicale** (1997, en millions) : **total : 10,7** *dont* sans suite (erreurs, faux appels, malveillance) 6,6, entraînant l'ouverture d'un dossier médical 4,1 *dont* simple information ou conseil médical 1,3, médecins régulateurs 2,9 *dont* envoi : d'une équipe non médicalisée 1,5, d'un médecin de garde à domicile 0,803, médicalisée 0,505 *dont* transports à l'hôpital 0,578 *dont* simple consultation ou soins immédiats 14 %, hospitalisés 86 %.

Sapeurs-pompiers. *A Paris et à Marseille* sont militaires et disposent de plusieurs équipes médicales à bord d'ambulances de réanimation ; 24 h sur 24 un médecin coordonne les moyens envoyés sur place. La brigade des sapeurs-pompiers est responsable de la mise en œuvre du Plan-Rouge déclenché lors d'accidents (ou attentats) collectifs. *Dans les autres départements,* leur action est coordonnée par le Samu ; ils sont interconnectés avec lui.

Garde départementale des médecins généralistes. Consulter l'annuaire par professions à Médecins. Appeler directement, ou par le 15 (Samu). **D'ambulanciers (Atsu).** Appeler directement, ou par le 15 (Samu).

Organismes de secours médicaux aux Français en déplacement. Publics : *Français à l'étranger :* consulat, Samu de Paris. *Français en vol aérien :* Air France, Samu de Paris. *Français en mer :* littoral : Samu local par les moyens locaux ; en haute mer (Méditerranée) : Samu de Toulouse par St-Lys. **Privés :** Europe-Assistance, Mondial, Gesa, Intermutuelle, Medic'air.

☞ **Pour les étrangers ne parlant pas français :** appeler le 112 qui est en connexion directe avec le Samu. Les opérateurs parlent les langues d'Europe.

■ **Organismes divers. Chirurgie :** HÔPITAUX : Necker, St-Vincent-de-Paul, Trousseau, Robert-Debré, St-Michel. **Ophtalmologie :** *Hôtel-Dieu :* 1, place Parvis-Notre-Dame, 75004 Paris. *Hôpital des Quinze-Vingts* (24 h sur 24) : 28, rue de Charenton, 75012 Paris. **Oto-rhino-laryngologie :** *Hôpital Necker-Enfants-Malades :* 149, rue de Sèvres, 75015 Paris. **Pédiatrie :** *Hôpital Antoine-Béclère :* 157, rue de la Porte-Trivaux, 92140 Clamart ; *Ambroise-Paré :* 9, av. Charles-de-Gaulle, 92100 Boulogne ; *Bicêtre :* 78, rue du Général-Leclerc, 94270 Kremlin-Bicêtre ; *Jean-Verdier :* av. du 14-Juillet, 93140 Bondy ; *Louis-Mourier :* 178, rue des Renouilliers, 92700 Colombes ; *Necker-Enfants-Malades :* 149, rue de Sèvres, 75015 Paris ; *Robert-Debré :* 48, bd Serrurier, 75019 Paris ; *St-Vincent-de-Paul :* 74, av. Denfert-Rochereau, 75014 Paris ; *Trousseau :* 26, rue du Dr-Arnold-Netter, 75012 Paris. **Psychiatrie :** *Centre psychiatrique d'orientation et d'accueil (CPOA) de l'hôpital Ste-Anne* (24 h sur 24) : 1, rue Cabanis, 75014 Paris. *Hôtel-Dieu* (Paris), service psychiatrie. *La Pitié-Salpêtrière :* 47, bd de l'Hôpital, 75013 Paris. *Esquirol :* 57, rue du M^al^-Leclerc, 94410 St-Maurice. **Stomatologie :** *La Pitié (pavillon Gaston-Cordier) :* 83, bd de l'Hôpital, 75013 Paris. **SOS Amitié :** Assistance psychologique par téléphone. **SOS Drogue :** *Ste-Anne :* 1, rue Cabanis, 75014 Paris. **SOS Mains :** 35 centres dont PARIS : *Bichat, H^al^ européen Nanterre.* PROVINCE : Besançon, *St-Jacques ;* Bordeaux, *du Tondu ;* Lyon, *Édouard-Herriot ;* Marseille, *de la Timone ;* Montpellier-Nîmes, *Lapeyronie* (à Montpellier) ; Nancy, *Jeanne-d'Arc ;* Strasbourg, *de la Robertsau ;* Tours, *CHU.* BELGIQUE : Liège, *de Bavière.* **SOS Médecins :** Visites jour et nuit.

■ **Urgences sociales.** Vieillard ou enfant abandonné, incapable errant, agressé, etc. : appeler la police par le 17 en attendant que se crée un véritable *Sasu : service d'aide sociale d'urgence.* Le « Samu social » est un abus de langage.

■ **Statistiques. Nombre annuel d'accidents d'enfants de moins de 14 ans** (en France) : 250 000 dont 25 000 *intoxications* par médicaments (aspirine, sédatifs, antitussifs, analgésiques, antiseptiques) ; produits ménagers (eau de Javel, caustiques, détartrants, produits de nettoyage et de bricolage) : 36,2 %. 12 000 enfants *brûlés,* 7 000 *asphyxiés* ou *étouffés,* 1 000 *électrocutés,* 40 000 *victimes de fractures* diverses, plus de 100 000 *blessés avec couteaux, ciseaux, objets tranchants,* près de 50 000 *hospitalisés pour empoisonnement.*

☞ **Formation aux premiers secours. Pour sauveteurs issus du grand public : AFPS :** attestation de formation aux 1ers secours ; **pour secouristes institutionnels** (exemple : sapeurs-pompiers) **et associatifs : CFAPSE :** certificat de formation aux aptitudes de 1ers soins en équipe. **Modules optionnels :** sauvetage-déblaiement, secours sportif et aquatique, secours routiers. **Diplôme délivré par les Samu :** Fourmi.

avait son chasseur de vipères (certains en ramassaient 1 000 par an). Statistiques : *France :* 1 000 à 2 000 morsures/an. 70 % suivies d'injection de venin (dont 19 % provoquent une envenimation sérieuse), 1 à 3 †/an. *Asie :* 30 000 †/an, *Afrique, Amérique du Sud :* 1 000 †/an.

☞ En cas de morsure par un animal sauvage ou inconnu, consulter immédiatement le médecin traitant ; si l'on a pu capturer l'animal, le remettre à la police ou la gendarmerie, qui le confiera à un vétérinaire pour observation.

■ **Noyade.** **Causes : 1°)** *sujet ne sachant ou ne pouvant pas nager* et tombant à l'eau ; **2°)** *sachant nager, mais épuisé ;* **3°)** *hydrocution :* syncope survenant dans l'eau, ou au moment de la pénétration, dans certaines circonstances (exposition prolongée au soleil avant le bain ; immersion par plongeon sans adaptation progressive ; effort physique intense avant le bain ; période digestive après un repas riche). Cette syncope est liée à un déséquilibre circulatoire et à des réactions vasomotrices quand il y a une différence importante entre la température de la peau et celle de l'eau. Des signes d'alarme (frissons, tremblements, sensations d'angoisse vive ou de fatigue intense et brutale, vertiges, nausées, troubles visuels ou auditifs, crampes) l'annoncent parfois. Ne pas se baigner quand on ne se sent pas bien dans l'eau (en particulier si l'on a de l'urticaire) ; **4°)** *chute dans l'eau après une perte de connaissance.* **Conduite à tenir :** tendre perche ou corde, lancer une bouée. Mettre la victime en PLS : si elle est dans le coma, l'allonger en dégageant les voies aériennes supérieures (nettoyage de la cavité buccale) ; si elle ne respire pas, bouche-à-bouche et massage cardiaque externe (si arrêt cardiaque). Se rappeler que des noyés ont pu être sauvés après plusieurs heures de réanimation (voir **Hypothermie**, col. b). **Précautions :** *lors du 1er bain, ou si la température de l'eau est à moins de 20 °C (24 °C pour l'enfant) :* se baigner en compagnie, ne pas se baigner à plus de 10 m de la rive ou en eau profonde à plus de 5 m, entrer progressivement, rester dans l'eau à 18 °C au maximum 15 min. Sortir si l'on a froid, si l'on ressent un malaise, des crampes, de l'urticaire. Éviter : exposition prolongée au soleil, entrées dans l'eau et sorties successives, choc émotif, période digestive avant le bain, qui tous favorisent l'hydrocution. **Statistiques** (en France) : environ 2 000 personnes se noient chaque année, dont 800 entre le 1-6 et le 30-9. Environ 33 % se noient en mer, 13 % ont moins de 20 ans.

■ **Nuage toxique.** Exemples : incendies d'usines, accidents dans des complexes industriels. Sauf avis contraire des autorités, rester chez soi, portes et fenêtres fermées en se calfeutrant, arrêter une éventuelle climatisation, suivre les consignes des autorités en écoutant la radio.

■ **Oreille (obstruction).** **Insecte :** baisser la tête dans le sens opposé à celui de l'oreille où se trouve l'insecte, mettre de l'eau ou de l'huile d'olive pour noyer l'insecte. **Objet enclavé :** lavage avec poire ou seringue (de préférence par un médecin).

■ **Overdose de produits morphiniques.** Provoque un arrêt ventilatoire. Coucher le malade sur le côté. Faire le bouche-à-bouche s'il s'arrête de respirer. Le drogué est en danger dès qu'il ralentit sa respiration à moins de 1 respiration par 10 secondes (pauses respiratoires). Le stimuler pour qu'il respire en lui criant dans l'oreille (le centre respiratoire est arrêté alors que le cerveau peut encore agir). Appeler le Samu (par le 15).

■ **Pendaison** ou **strangulation.** Les pendus avec chute brutale peuvent mourir immédiatement. Les pendus incomplètement survivent avec parfois des séquelles de l'anoxie du cerveau (compression des carotides), lésions laryngées. *Gestes d'urgence* (voir **Détresse respiratoire** p. 177 b). Dépendre ou desserrer et se conformer à la marche à suivre en cas d'arrêt cardiaque (voir p. 177 a).

■ **Piqûres. Abeilles, guêpes, frelons :** le dard de l'abeille, muni de la glande à venin, reste fiché dans la peau. Pour l'enlever, le saisir avec les ongles, ou une pince à épiler, au plus près de celle-ci en évitant de presser sur la glande. Si on en dispose, utiliser le système aspivenin. **Réactions :** *normale :* rougeur et œdème d'environ 2 cm disparaissant en 2 ou 3 h. *Locale mais étendue :* œdème, atteinte d'au moins 2 articulations pendant plus de 24 h. *Généralisée :* urticaire générale, démangeaisons, anxiété, oppression thoracique, douleurs abdominales, diarrhées ; difficultés à respirer, déglutir, parler. *Choc anaphylactique :* réaction la plus dangereuse associant aux symptômes déjà décrits, hypotension, syncope. Les accidents généraux sont rares (fièvre, sueurs, malaises, difficultés à respirer) ; chez des sujets piqués déjà plusieurs fois et devenus allergiques (certains au contraire sont immunisés), des signes graves d'état de choc peuvent apparaître. Appeler le Samu en cas d'étouffement ou de malaise général avec vomissements, pâleur... **Statistiques** (en France) : chaque année, 20 à 25 personnes meurent du choc allergique brutal (choc anaphylactique) provoqué par une piqûre d'hyménoptère, abeille, guêpe ou frelon. 500 piqûres peuvent entraîner la mort chez le sujet normal ; une seule chez le sujet allergique si le traitement d'urgence n'est pas appliqué immédiatement par injection d'adrénaline, d'antihistaminiques et de corticoïdes.

Aoûtats : se fixent sur la peau (surtout sur les jambes), provoquent des démangeaisons qui, par grattage, entraînent une infection secondaire. Appliquer une lotion au benzoate de benzyle.

Animaux marins : **raie, grande et petite vives :** peuvent provoquer des enflures (lymphangite), des vertiges, sueurs, fièvres, paralysie motrice. Retirer l'épine, désinfecter et consulter le médecin. **Murène** (morsure) : nettoyer et aseptiser la plaie, appeler le médecin. **Actinies** (anémones de mer), **méduses, physalies** peuvent inoculer des toxines par contact avec la peau provoquant urticaire, démangeaisons, malaise général allant jusqu'à la perte de connaissance brève si on n'étend pas le malade.

Malmignatte (araignée dont l'abdomen noir porte 13 taches rouge vif ; Midi et Corse) : peut provoquer une raideur musculaire, un ralentissement cardiaque, de l'hypertension. Appeler le Samu (par le 15).

Tiques : ectoparasites hématophages des animaux, parfois de l'homme. Vectrices, sous tous les climats, de maladies virales, bactériennes et parasitaires, à l'homme comme aux animaux. Doivent s'enlever le plus rapidement possible, au plus près de la peau (pinces ou ongles), en évitant le recours à tout produit pouvant favoriser la régurgitation et donc la transmission des germes. Faire suivre l'arrachage d'une désinfection.

■ **Plaies.** **Simples** (peu profondes, peu étendues, sans saignement important et sans corps étranger) : désinfection (eau savonneuse, eau de Dakin, eau javellisée, liquides antiseptiques) ; recouvrir d'un pansement stérile maintenu à l'aide d'une bande ; nécessitent parfois une suture. **Graves** [profondes, étendues ou saignant abondamment ou spéciales (œil, cavité buccale, abdomen, thorax)] : arrêter l'hémorragie (voir **Hémorragies,** p. 177 c) ; pansement stérile sans désinfection préalable ; immobiliser le membre blessé ; diriger sur service hospitalier.

■ **Sida.** Toute personne qui vient d'être exposée à un risque devrait consulter dans les 48 heures un médecin ou un service d'urgence.

■ **Stress post-traumatique.** Consécutif à des traumatismes psychiques lors d'événements dramatiques [prises d'otages, attentats, explosions, accidents collectifs (avions, trains), agressions (sexuelles...)], ou indirectement (parents ou amis blessés ou morts). Lors d'une catastrophe, une cellule de crise est mise en place pour un soutien médico-psychologique précoce des victimes et des « impliqués ».

☞ Le syndrome de stress post-traumatique (PTSD) a été introduit depuis peu dans les classifications internationales des désordres mentaux car, non traité, il évolue vers des dépressions graves.

■ **Syncope.** « Arrêt cardiaque » de quelques secondes (en fait cœur très lent pendant la crise). Le sujet se réveille après quelques mouvements convulsifs. A distinguer de la lipothymie et du malaise vagal, le plus souvent bénins.

■ **Température.** Doit être prise après au moins 30 min de repos et la digestion terminée. Prise avec un thermomètre : *1°) à cristaux liquides* (remplace le thermomètre à mercure interdit à la vente en France depuis le 1-3-1999), dans la bouche (température la plus basse), sous l'aisselle, ou rectale (la plus fidèle) ; *2°) à infrarouges :* le Thermoscan (affichage en 1 seconde), dans l'oreille.

Hyperthermie. Liée à un effort physique intense par temps chaud et humide. Laisser la victime dans un endroit frais (en PLS si elle est inconsciente), placer des linges mouillés sur tête, thorax, abdomen, alerter Sapeurs-pompiers ou Samu. Voir aussi **Insolation** p. 178 a.

Hypothermie ou **mort apparente.** **Modérée :** température centrale en dessous de 36 °C, jusqu'à 31 ou 32 °C (frissons, obnubilations, confusion), **profonde :** jusqu'à 27 °C (coma, troubles cardiaques et respiratoires) ; en dessous de 27 à 25 °C, elle peut provoquer un état de mort apparente ; en dessous de 11 °C, mort cellulaire irrémédiable. Il faut y penser devant un sujet resté comateux au froid (accident de circulation, ivresse aiguë). *Si le sujet est conscient :* boissons chaudes, hospitalisation ; *s'il est inconscient :* appeler le Samu. Respiration artificielle et massage cardiaque externe si état de mort apparente. Pas de frictions ni de bouillottes. **Cas extrêmes :** *noyés :* plusieurs sauvetages (sans séquelles) après 20 à 45 min. dans de l'eau glacée (*exemples :* à Lyon en 1987, enfant de 7 ans resté 20 min, sauvé après 6 h de réanimation ; à Charleston (USA) en janvier 1988, enfant de 9 ans resté 40 min, après 2 semaines dans le coma). *Ensevelis sous la neige :* une femme de 25 ans, prisonnière d'une avalanche 9 h durant, ne respirant plus, ayant le cœur arrêté et une température rectale de 28 °C, a été réanimée après 45 min de massage cardiaque et 3 chocs électriques. Un homme de 42 ans, enseveli sous 7 m de neige, dégagé au bout de 5 h en état de « mort apparente », ayant une température de 19 °C a pu être réanimé. En 1984, on a sauvé une skieuse de fond restée 70 min en arrêt cardiaque et respiratoire, ayant une température de 18 °C. On connaît 2 cas où le malade a survécu à une température de 16 °C.

■ **Tendance suicidaire.** Guérissable. Voir un médecin d'urgence (psychiatre ou centre de crise le plus proche).

PRINCIPAUX MÉDICAMENTS

☞ Voir aussi **Industrie pharmaceutique** à l'Index.

Vidal : dictionnaire des spécialités pharmaceutiques, conçu par Louis Vidal (Fr., 1878-1945) : 1er paru en 1914 : « fiches pharmacologiques » de 336 produits de 131 laboratoires ; *2001 :* 7 300 fiches de 570 laboratoires.

■ **Efficacité.** **Évaluation[1] de l'Agence de sécurité sanitaire des produits de santé :** *en 1999 :* sur 1 176 médicaments évalués, 286 inutiles dont rhumatologie 35, cardiologie 185, métabolisme, nutrition 27, psychiatrie 39 ; *à mi-2000 :* sur 2 633, classés à service médical rendu majeur 1 610, modéré ou faible 395, insuffisant 658[2].

Nota. – (1) Initiée en 1998 pour, à terme, supprimer le remboursement des médicaments à l'intérêt médical insuffisant. (2) Leur prix devrait baisser de 20 % en 3 ans.

CLASSIFICATION

■ **Analeptiques.** Terme général s'appliquant aux médicaments qui stimulent les fonctions de l'organisme (par exemple : analeptiques respiratoire, cardiaque).

■ **Analgésiques.** Suppriment la douleur. Morphine, paracétamol, aspirine (voir à l'Index).

■ **Anesthésiques.** **Centraux :** morphine et certains de ses dérivés. Morphiniques de synthèse. **Généraux :** provoquent un sommeil profond : protoxyde d'azote, halothane (liquides volatils), barbituriques par voie veineuse. **Locaux :** ils exercent une action localisée : tétracaïne, dextrocaïne, butacaïne... ; effet du froid local (liquides volatils à action réfrigérante, application de glace). Agissent 3 à 5 fois plus longtemps s'ils sont mis en œuvre vers 15 h (au lieu de 7 h ou 19 h).

Consommation de morphine à des fins médicales : dans le monde : *1985 :* 3 tonnes ; *95 :* 17 t. **En Europe** (en kg, 1992) : G.-B. 1 196 ; Allemagne 430 ; *France 388 ;* Suède 311 ; Danemark 294 ; Pays-Bas 147 ; Norvège 91 ; Autriche 80 ; Irlande 76 ; Suisse 75 ; Belgique 58 ; Portugal 18 ; Grèce 7 ; Luxembourg 1.

☞ **Nociceptine :** molécule naturellement présente dans le cerveau découverte par Jean-Claude Meunier et Catherine Mollereau (CNRS, Toulouse). Des molécules antagonistes pourraient devenir de nouveaux médicaments antidouleur.

■ **Anorexigènes.** Freinent l'appétit, généralement dérivés de la phényléthylamine (amphétamine). Ne sont plus autorisés en France.

■ **Antiarythmiques.** Visent à régulariser le rythme cardiaque en abolissant ou en atténuant les troubles de l'excitabilité du myocarde ; exemples : quinidine, procaïnamide, disopyramide, etc.

■ **Antibiotiques. 1°) Sulfamidés,** synthétiques. *1935 :* Gerhard Domagk (1895-1964) obtient le protonsil ou rubiazol, 1er médicament contenant un groupement sulfanilamide (commercialisé en 1936 sous le nom de Septoplix) ; J. Tréfouël, Mme Tréfouël, F. Niti et D. Bovet montrent que c'est le groupement sulfanilamide qui est actif. Plusieurs dérivés de sulfamidés (sulfathiazol, sulfadiazine, sulfaguanidine) seront employés un peu avant 1939. Retardent ou empêchent la multiplication des bactéries. Utilisés dans de nombreux cas ; exemples : érysipèle, blennorragie, méningite à méningocoques, colibacillose, pneumococcies, entérocolites. *Noms chimiques :* sulfanilamide, sulfamidochrysoïdine, sulfapyridine, sulfathiazol, sulfathiourée, sulfadiazine, sulfaguanidine. Pour chacun, plusieurs noms de marque déposés.

2°) Fongiques (exemple : pénicilline). Effets secondaires indésirables : troubles intestinaux (par destruction de la flore intestinale) ; troubles otitiques consécutifs à la streptomycine ; accidents allergiques et toxiques. Résistance microbienne aux antibiotiques. *1ers antibiotiques :* thyrothricine (1940, Dubos et Hotchkiss) ; chloromycétine (découverte en 1947 par Burkholder) ; érythromycine (1952, Mac Guire) ; pénicilline [généralement attribuée à Alexander Fleming (1928), mais Ernest Duchesne (Fr., 1874-1912) l'aurait déjà isolée en 1897 ; commercialisée en 1943] ; tétracyclines et dérivés [exemples : chlortétracycline (1948, Duggar), oxytétracycline (1950, Finlay)] ; streptomycine (aminoside, 1943, Selman A. Waksman). *Antibiotiques hémi-synthétiques* (exemple : ampicilline). *Nouveaux antibiotiques* très puissants ou spécifiques de certains germes : céphalosporines (sous famille de bêta lactamine, exemple : ceftriaxone) ; gentamycine (molécule du groupe des aminosides) ; avoparcine ; vancomycine.

☞ Il existe plus de 160 antibiotiques dans le monde.

Traitement : pendant quelques jours, parfois plusieurs mois (acné, tuberculose) ou en une seule fois (traitement minute de la blennorragie). Réduire la dose ou arrêter trop tôt le traitement sous prétexte que la température a diminué, c'est risquer une rechute ou un retard de la guérison. Éviter de sortir en cas d'infections des voies respiratoires ; boire beaucoup d'eau (facilite l'assimilation du médicament et contribue à son efficacité) ; supprimer alcool et tabac ; prendre des repas légers pour éviter de surcharger l'organisme déjà fatigué par l'infection. Effets indésirables : *allergies* à certains antibiotiques (pénicilline, céphalosporine, sulfamides) : signes cutanés en général bénins (rougeurs, démangeaisons, urticaire) ou généraux et parfois graves (œdème du visage et des lèvres, chute brutale de la tension, état de choc, fièvre). Arrêter le traitement et appeler le médecin. *Réaction photoallergique,* dite de photosensibilisation (manifestations cutanées aux régions non couvertes par les vêtements). *Grossesse :* certains antibiotiques sont contre-indiqués, notamment les tétracyclines qui forment des complexes avec le calcium, se fixent sur les bourgeons dentaires et colorent les dents de l'enfant.

Mortalité avant et, entre parenthèses, **après la découverte des antibiotiques** (en %) : méningite tuberculeuse 100 (7) ; broncho-pneumonie 32,4 (6,3) ; pneumonie 31,1 (7,1) ; typhoïde 10 (3,2).

Prescriptions en France (*source :* rapport 1999 de l'Observatoire national des prescriptions et consommations de médicaments). **Évolution :** *entre 1980 et 1990 :* adultes + 86 %, enfants + 115 %.

% des infections respiratoires ou ORL traitées (en médecine de ville) **quoique présumées d'origine virale** [1] : angines 90, bronchites aiguës et otites moyennes aiguës, rhinopharyngites [2] 40.

Nota. – (1) Les antibiotiques sont inefficaces contre les virus. (2) 30 % des parents attendent une prescription d'antibiotiques et 5 % d'entre eux insistent en cas de refus du praticien.

Résistance : mi-2000, l'OMS a estimé qu'elle devenait inquiétante.

■ **Anticoagulants.** Corrigent le taux sanguin de la prothrombine. *Modernes :* héparine (1935), dicoumarol (synthétisé en 1940) et ses analogues (tromexane : 1944 ; narcoumar, counopyran, dipaxine : 1952), dérivés de l'indane-dione (phénindione).

■ **Antidépresseurs** (environ 30 produits). **Principe :** compensent le déséquilibre chimique en provoquant la libération, empêchant la destruction ou prenant la place des neuromédiateurs (dont ils sont chimiquement proches). **Effets :** réduisent dépression (au moins 6 mois de traitement si dépression sévère), troubles du sommeil, anorexie et boulimie, attaques de panique et sevrage alcoolique. Actifs dans 70 % des cas. **Risques :** de suicide entre 10e et 15e j (levée des inhibitions), de rechute si arrêt prématuré. **Effets secondaires :** pas d'accoutumance ni de dépendance. Parfois (avec les plus anciens), chute de tension artérielle au lever, baisse de vigilance, plus rarement bouffées de chaleur et sueurs. Troubles digestifs, du sommeil, de la libido. **Produits commercialisés en France** (en 2000) : 22 molécules. **Ventes mondiales** (en milliards de F, en 1996) : Prozac 12 (17 en 1998), Zoloft 6,8, Paxil-Deroxat 5,6, autres 20.

☞ D'après l'Observatoire national des prescriptions et consommations de médicaments mi-1998 : 20 % des antidépresseurs sont prescrits sans diagnostic psychiatrique étayé, 50 % pendant plus d'1 an, 66 % avec un autre psychotrope (contrairement aux recommandations officielles).

■ **Médicaments susceptibles d'entraîner une baisse de vigilance** (environ 1 500 concernés). Signalés obligatoirement par un pictogramme représentant une voiture (arrêté du 3-5-1999, application immédiate pour les nouveaux médicaments, dans les 2 ans pour ceux déjà existants).

■ **Antidiabétiques oraux.** Hypoglycémiants faisant baisser le taux de sucre dans le sang, essentiellement dérivés des sulfamides (sulfonylurées), des biguanides, des inhibiteurs de l'α-glucosidose ou des thiazilinediones. Voir p. 143 a.

■ **Antihémorragiques.** Hémostatiques (ayant la propriété d'arrêter une hémorragie) généraux (vitamines K...) et locaux (gélatine, thrombine...).

■ **Antihistaminiques.** S'opposent à l'histamine libérée lors des allergies. Action sédative puis hypnotique.

■ **Anti-inflammatoires.** S'opposent aux éléments constituant la réaction inflammatoire (vasodilatation, diapédèse leucocytaire) par différentes propriétés dont l'inhibition de la synthèse des prostaglandines. 2 sortes : *1°) dérivés des hormones corticosurrénaliennes (corticoïdes) :* les plus puissants. Le 1er fut la cortisone. Agissent sur différents organes (tissu osseux, estomac, muscles) et différents métabolismes (sucres, eau et sel) ; l'emploi prolongé comme anti-inflammatoires est dangereux. *2°) Anti-inflammatoires non dérivés des corticoïdes :* pyrazolés (phénylbutazone) ; indoliques (indométacine) ; propioniques (kétoprofène, ibuprofène, naproxène) ; anthraniliques (acides niflumique, flufénamique).

■ **Antimitotiques.** Inhibent les proliférations cellulaires (anticancéreux).

■ **Antipaludéens** ou **antimalariques.** Contre le paludisme : quinine, nombreux corps de synthèse dérivés, notamment, de la quinoléine (chloroquine, amodiaquine, pentaquine...), de l'acridine (mépacrine) et du biguanide (proguanil).

■ **Antipyrétiques.** Combattent la fièvre. **Aspirine :** acide acétylsalicylique ; marque déposée en 1899 en Allemagne par Bayer [1er procédé de fabrication mis au point en 1897 par Felix Hoffman, chimiste de Bayer ou, selon Walter Sneader (historien écossais), par Arthur Eichengrun, supérieur de Hoffman chez Bayer (juif, il aurait été dépossédé de son invention sous le régime nazi)]. « a » pour acétyl, « spir » pour spirsaüre (en allemand « acide de la pirée », nom scientifique de la reine-des-prés, *Spiraea ulmaria*) et « ine » (suffixe classique en chimie industrielle) ; jusqu'à la guerre de 1914-18 (c'était l'une des clauses économiques du traité de Versailles de 1919), Bayer garda la propriété exclusive de la marque (dans le monde, 250 noms de marque). En 1829, Henri Leroux avait isolé la salicine (principe chimique actif de l'écorce de saule). *Consommation mondiale :* 50 000 t/an ; **quinine.**

« Super-aspirine » : Cerebrex des laboratoires Searle (USA) : évite les effets secondaires en agissant plus spécifiquement ; disponible depuis 1999 aux USA et en Suisse.

■ **Antirétroviraux.** Voir à l'Index.

■ **Antiseptiques.** Tuent les microbes par action locale. Alcool éthylique, chlorexidine, formol, teinture d'iode.

■ **Antispasmodiques.** Combattent les spasmes. Atropine, alcaloïde de la belladone ; produits de synthèse.

■ **Antitussifs.** Combattent la toux. Produits variés : codéine et dérivés, antihistaminiques.

■ **Antiviraux.** Combattent les virus. 1er : Cyclovir, en 1986, contre herpès et varicelle.

■ **Anxiolytiques.** Tranquillisants. Benzodiazépines (consommateurs réguliers : 8 millions en France).

■ **Effet placebo** (mot latin, *je plairai*). Apparaît dans le vocabulaire médical en 1811 : « Nom donné à toute médecine prescrite pour plaire au patient et non pour le guérir. » Auparavant, désignait un courtisan cherchant à plaire. Traitement inactif (pilule de sucre, mie de pain) administré à la place d'un traitement actif, le malade ignorant la substitution. Effet secondaire sans aucun lien logique ou prévisible avec le traitement. Des patients « résistants » ont des réactions opposées à celles que l'on recherche. On parle alors d'*effet nocebo* (du latin *noceo*, nuire). **Améliorations subjectives observées après administration de placebo** (en %) : parkinsonisme 6 à 18, rhume des foins 22, angoisse 30, toux 36 à 43, pression artérielle 50, ulcère duodénal 55 à 88, arthrite 80 (*Source :* documentation médicale Labaz). L'effet placebo des psychostimulants atteindrait 70 %.

☞ **« Chirurgie placebo » :** aurait été utilisée par certains médecins américains dans les années 1950 pour l'angine de poitrine (sans toucher aux artères) puis les années 1990 chez des parkinsoniens (sans effectuer d'implants).

■ **Excipients** (du latin *excipere*, recevoir). Substances auxiliaires, neutres pour l'organisme, ajoutées au principe actif pour en assurer la mise en forme et le dosage pour le rendre assimilable ; véhiculer le médicament jusqu'au site d'absorption ; moduler la libération du principe actif dans l'organisme ; améliorer le goût du médicament administré par voie orale ; répondre aux besoins techniques de fabrication. **Principaux :** diluants (saccharose, lactose...) ; liants, délitants ou agents de désagrégation, lubrifiants (benzoate de sodium) ; acides ou bases participant au pouvoir tampon de la solution [glycine, carbonate de sodium, citrate de sodium (diacide)] ; arômes ; édulcorants (aspartame, saccharine...).

« q.s.p. » signifie : quantité suffisante pour une unité de médicament (principe actif et excipients).

■ **Forme galénique** [du nom de Claude Galien (Pergame vers 131-vers 201), médecin-pharmacien à Rome]. Association définie, qualitativement et quantitativement, d'un ou de plusieurs principes actifs dosés et d'excipients. La pharmacie galénique (pharmacotechnie) recherche les formes sous lesquelles les médicaments doivent être présentés, et développe leurs techniques de fabrication.

■ **Barbituriques.** Dérivés de l'acide barbiturique, ils provoquent le sommeil : phénobarbital (exemple : gardénal). Utilisés dans l'anesthésie : hexobarbital (exemple : évipan), thiopenthal sodique.

■ **Cholérétiques.** Augmentent la production de bile : artichaut (cynarine), boldo (boldine), nombreuses substances de synthèse. *Cholagogues :* font vider la vésicule biliaire (sulfate de magnésie).

■ **Curarisants.** Provoquent un relâchement musculaire (par modification de la chronaxie des nerfs) : curare, d-tubocurarine (substances naturelles), ammoniums quaternaires synthétiques comme la gallamine triéthiodure.

■ **Diurétiques.** Augmentent la diurèse. On utilise des dérivés sulfamidés, des antagonistes de l'aldostérone (spironolactone) et divers produits de synthèse, dont le mode et le niveau d'action déterminent les conditions d'emploi. Sulfamides diurétiques.

■ **Ganglioplégiques.** Interrompent la conduction de l'influx nerveux au niveau des ganglions du système nerveux autonome, empêchant sa transmission de la fibre préganglionnaire à la postganglionnaire. Certains alcaloïdes naturels (nicotine, spartéine, lobéline) possèdent cette activité, mais surtout des ammoniums quaternaires de synthèse.

■ **Hormones.** Sécrétées par les glandes, elles agissent à distance après avoir été transportées par le sang (voir à l'Index). Cortisone et ses dérivés : anti-inflammatoires. Insuline : traitement du diabète. *Prostaglandines* (substances hormonales complexes) : utilisées notamment en gynécologie (déclenchement de l'accouchement, avortement précoce) et pour traiter la stérilité masculine.

■ **Hormones sexuelles, hypophysaires et hypothalamiques.** Élaborées par les gonades (testostérone, folliculine, progestérone), l'hypophyse (gonadostimulines, corticotrophine ou ACTH, thyréostimuline, somatotrophine, intermédine...) et l'hypothalamus (*releasing hormones* et *inhibiting hormones).*

■ **Hypotenseurs antihypertenseurs.** Abaissent la tension artérielle ; de groupes divers (diurétiques, bêtabloqueurs, calciumbloqueurs, inhibiteurs de l'enzyme de conversion, des récepteurs de l'angiotensine, médicaments à action centrale).

■ **Alicament.** Aliment qui, au-delà du seul apport calorique, est censé améliorer la santé et le bien-être, voire limiter l'apparition de troubles. *Utilise* des composants naturels. *Destiné* en particulier aux personnes aux besoins augmentés : sportifs, femmes enceintes. **Pathologies visées :** cholestérol et maladies cardio-vasculaires, ostéoporose, constipation ou diarrhée. *Exemple :* céréales, avec adjonction de bêtaglycane, d'isoflavone, de vitamine E et C et d'acide folique, permettent d'abaisser de 7 à 10 % le taux de cholestérol.

■ **Interféron. Découvert** en 1957 par Alick Isaacs (Anglais) et Jean Lindenmann (Suisse) : protéine naturelle sécrétée par les cellules humaines attaquées par un virus et qui les rend inattaquables par un autre virus en même temps ; agit aussi sur le système immunitaire (renforce les défenses naturelles de la cellule contre un agresseur). **Premières expériences positives** dans les années 1970 pour grippe, hépatite, herpès ; essais en cours pour le cancer. **Utilisé en cancérologie :** pour les leucémies myéloïdes chroniques, le myélome multiple (hématologie) ; parfois associé à l'interleukine 2 et/ou une chimiothérapie (améliore la survie pour cancer du rein et mélanome métastatique) ; localement en injection dans la cavité abdominale (améliore les résultats de la chimiothérapie pour le cancer de l'ovaire). *En cours :* recherches pour la thérapie génique et essais de vaccination antitumorale.

■ **Laxatifs.** Facilitent ou provoquent l'évacuation des selles : essentiellement lubrifiants (huile de paraffine), mucilages (agar-agar, lin, psyllium...), salins (sulfates de sodium et de magnésium), péristaltogènes (à anthraquinones tels aloès, séné...), glucidiques (miel, manne, pulpes de fruits...). **Ventes en France** (est. 2000) : 26 millions de boîtes (300 millions de F).

■ **Myorelaxants.** Provoquent un relâchement musculaire en agissant au niveau de la jonction neuro-musculaire ou à l'étage médullaire ou central.

■ **Psychotropes.** Modifient le comportement et corrigent les troubles psychiques ; tranquillisants, psychotoniques ou antidépresseurs.

■ **Sédatifs.** Calment le système nerveux. Bromure de calcium (sodium, potassium) ; voir *Barbituriques.*

■ **Sérums.** [De nos jours, on administre de préférence des fragments d'immunoglobines purifiées (Fab'2 ou Fab) et l'on parle plutôt d'immunothérapie]. Confèrent une immunité passive contre une infection ou une intoxication grâce à des *anticorps* formés dans le sang d'un animal ou d'un sujet humain qui est alors un donneur de gammaglobulines spécifiques, immunisé contre l'agent pathogène ou la toxine responsable. *Sérum anti- :* botulinique, charbonneux, coquelucheux, diphtérique, gangréneux, tétanique, venimeux. *Sérums cytotoxiques :* Bogomoletz (toxines injectées sous la peau pour exciter les réactions de défense) ; antiréticulocytotoxique (SAC) [sérum de lapins ayant reçu des injections d'antigènes à base de cellules humaines pour stimuler l'organisme].

☞ On appelle improprement sérums des solutés injectables massifs (à base de chlorure de sodium ou de glucose par exemple) utilisés en perfusions.

■ **Somnifères** (environ 27 produits hors sédatifs). Différents des médicaments prescrits pour l'endormissement ou insomnies de fin de nuit (dégradation différente dans l'organisme). Favorisent l'entrée dans le sommeil et évitent les réveils nocturnes. **Catégories :** barbituriques, benzodiazépines (effets anxiolytiques). **Effets :** diminution du sommeil paradoxal (rêves) et du sommeil lent profond (permettant à l'organisme de récupérer) ; prolongement de l'apnée chez les ronfleurs ; **secondaires :** après 15 jours, retour des symptômes si arrêt, troubles de mémoire, baisse de vigilance (pendant traitement), besoin d'augmenter les doses après plusieurs mois de traitement. **Ventes en France** (en millions de boîtes) : *1993 :* benzodiazépines 51 (dont Havlane, Mogadon, Noctamide, Rohypnol 49 ; Halcion, Noctram, Noriel, Normisan, Nuctalon 1), non-benzodiazépines 49 (Imovane, Stilnox) ; *99 :* traitement des troubles du sommeil (hors sédatifs d'origine végétale) 58, anxiolytiques 73.

■ **Tonicardiaques.** Renforcent et régularisent les contractions du cœur. Digitaliques, dobutamine.

■ **Tranquillisants** (environ 25 produits). **Principe :** réduisent l'anxiété chronique (anxiolytiques), peuvent être administrés avant anesthésie et en cardiologie. Efficaces en 8 jours. Les plus utilisés : benzodiazépines (favorisent le sommeil et la décontraction musculaire) agissent en 30 min par voie bucale. Amélioration de 70 % des états anxieux. **Effets :** trous de mémoire parfois, réapparition de l'angoisse pendant le sevrage, effets paradoxaux d'hallucinations ou de confusion ; **secondaires :** risque de somnolence en début de traitement. Difficultés de concentration si consommation d'alcool ou de drogues sédatives. Au-delà de 3 mois, risque de dépendance. Arrêter progressivement le traitement. **Ventes en France** (en millions de boîtes, 2000) : 70 dont (en %) benzodiazépines 85 (dont Lexomil et Témesta 40 ; Lysanxia, Séresta, Tranxène, Urbanyl, Victan, Xanax 40 ; Librium, Nordaz, Novazam, Praxadium, Sériel, Valium, Vératran 5). Non-benzodiazépines 15 dont Atarax, Équanil, Buspar.

■ **Vasodilatateurs.** Provoquent une dilatation des vaisseaux. Agissent par l'intermédiaire du système nerveux autonome (acétylcholine, yohimbine, histamine, adrénolytiques de synthèse...) ou sur les muscles lisses des vaisseaux (papavérine, dérivés nitrés, calciumbloqueurs, inhibiteurs de l'enzyme de conversion).

■ **Vitamines.** Terme créé par Casimir Funk en 1912. Sont, comme les enzymes, des catalyseurs biologiques. L'organisme humain étant incapable d'en opérer la synthèse, elles doivent venir toutes faites de l'extérieur. Si cet apport n'est pas possible, l'avitaminose se traduit par une maladie carentielle (notion connue depuis longtemps en Orient). La prise à fortes doses de certaines vitamines peut être dangereuse. **Vitamine C :** apport quotidien (en mg) : recommandé 60 à 100, thérapeutique à partir de 150. Selon le Dr Mark Levine (Institut national américain de la santé, Bethesda), le besoin quotidien serait de 200 mg.

■ **Abus.** Selon *Philippe Meyer* (professeur de pharmacologie à l'hôpital Necker à Paris), les Français abusent des médicaments (ils en consomment 5 fois plus que les Suédois). En cas de forte fièvre, la prise systématique d'antibiotiques peut gêner le diagnostic d'infections localisées et sérieuses. Même l'aspirine doit être utilisée avec prudence, car la fièvre permet au corps de se défendre contre les virus. Les médicaments contre varices, hémorroïdes, fatigue, grippe, guère efficaces, rassurent les malades. **Automédication.** D'après un sondage (auprès de 1 135 Français en 2000), 80 % prennent des médicaments sans consulter un médecin, surtout en cas de mal de tête, rhume, désinfection d'une plaie, mal de gorge et toux.

☞ **Remède de bonne femme :** du latin *bona fama* (de bonne renommée), en vieux français « bonne fâme ».

VACCINATIONS

■ GÉNÉRALITÉS

■ **Origine. 1796**-*14-5* : 1re immunisation par l'agent pathogène (voir **Variole** p. 163 b). **1885**-*6-7* : 1re vaccination contre la rage (voir p. 162 a).

■ **Principe.** Conférer une immunité active, spécifique contre une maladie déterminée, en en introduisant dans un organisme l'agent pathogène atténué, inactivé, ou une fraction de celui-ci ou sa toxine préalablement détoxifiée.

■ **Types de vaccins. Vivants atténués :** composé d'agents infectieux rendus inoffensifs ; injectés dans l'organisme, ils provoquent la production d'antigènes qui vont détruire les agents infectieux et développer une immunité de l'organisme. **Inactivés :** quoique tués, les agents infectieux provoquent la même réaction de défense. Exemple : typhoïde, coqueluche. **Antitoxines :** les anticorps produits par le vaccin vont empêcher la sécrétion de toxines par certaines bactéries. Exemple : tétanos, diphtérie. **Combinés :** plusieurs vaccins sont groupés en 1 seule injection.

■ **Remboursements. Vaccinations remboursées par la Sécurité sociale :** coqueluche, diphtérie, hépatite B, infection à *Haemophilus influenzae* b, oreillons, poliomyélite, rougeole, rubéole, tétanos, tuberculose.

■ **Statistiques. Vaccins brevetés :** *1900-50 :* 12 ; *1951-98 :* 30. **Nombre de vaccinés. Dans le monde :** *d'après l'OMS : 1990 :* 80 % des enfants vaccinés (5 % en 1975) contre les 6 principales maladies infantiles (rougeole, diphtérie, coqueluche, tétanos, poliomyélite, tuberculose) ; 2 millions d'enfants sont morts en 1994 faute d'avoir été vaccinés contre rougeole, tuberculose, diphtérie, tétanos, poliomyélite, coqueluche. La vaccination sauve 3 millions de vies/an. **En France :** *1993 :* moins de 6 ans vaccinés contre la rougeole 81 %, la rubéole 80 %, les oreillons 77 % ; *1998-99 :* vaccinés contre la grippe 42 % des 65-69 ans, 67 % des 70-74 et 75 % des plus de 75 ans. *Automne 1998 :* 9 millions de doses de vaccin antigrippe injectées. *Fin 2000 :* 83,4 % des moins de 2 ans vaccinés contre rougeole, oreillons et rubéole (l'éradication exige un taux de 95 %).

Régression de maladies infectieuses graves. En France : **coqueluche :** *1961 :* 5 516 cas (c.) [207 †] ; *71 :* 668 c. (29 †) ; *85-87 :* 1 065 c. **Diphtérie :** *1961 :* 726 c. (23 †) ; *71 :* 38 c. (1 †) ; *85 :* 4 c. ; *89 :* 1 c. **Méningite :** *1989 :* 510 c. **Oreillons :** *1989 :* 162 c./100 000 hab. **Poliomyélite :** *1961 :* 1 513 c. (126 †) ; *71 :* 48 c. (9 †) ; *76 :* 6 c. [sujets non vaccinés] (0 †) ; *85 :* 2 c. ; *89 :* 2 c. **Rougeole :** *1989 :* 269 c./100 000 hab. **Rubéole congénitale :** *1988 :* 4 c. **Tétanos :** *1989 :* 61 c. **Tuberculose pulmonaire :** *1989 :* 7 163 c. ; *90 :* 9 030 ; *91 :* 8 510.

■ **Principaux vaccins. Anti-amaril (fièvre jaune) :** *1932* Sellard et Laigret, Fr., y travaillaient à l'institut Pasteur de Dakar (abandonné) ; *1937* Theiler souche 17D, USA ; *1939* Peltier, Durieux et collaborateurs, Fr., institut Pasteur de Dakar. 1 injection au moins 10 j avant le départ. Possible dès 6 mois. Valable 10 ans, 10 j après une primovaccination, le j même d'une revaccination. **Anticholérique :** *1884* Jaime Ferran, Esp. (réaction forte : abandonné) ; *1892* Waldemar Mordecai Haffkine, Russie (travaillait à l'Institut Pasteur, Paris). Désormais déconseillé par l'OMS et n'est plus commercialisé en France, mais continue d'être exigé dans certains pays. Une injection sous-cutanée est suffisante. Protection de 50 %, limitée à 6 mois. On recommande un intervalle de 3 semaines entre une vaccination anticholérique et une vaccination anti-amarile. Un vaccin oral très efficace est expérimenté. **Anticoquelucheux :** *1935* Leslie Gardner, USA. *1998* laboratoire SmithKline Beecham et Pasteur Mérieux MSD : acellulaire, mieux toléré, recommandé pour les rappels. **Antidiphtérique :** *1923* Gleeny, G.-B. ; Gaston Ramon, Fr. Présent dans les associations : DT, DTC-DTCP. **Antigrippal :** *1937* Francis et Magill (USA). Conseillé tous les automnes ; immunise pour 1 an. Gratuit pour les plus de 70 ans et les personnes atteintes d'une affection de longue durée. Efficacité : de 70 à 80 %. **Anti-haemophilus influenzae b (anti-Hib). Anti-hépatite A. Anti-hépatite B :** (voir **Risques professionnels** col. c). *1976* Maupas, Fr. ; Hillemann, USA. **Antiméningococcique C :** *1968* Gotschlich. Valable 3 ans. **Antiméningococcique A :** *1971* Gotschlich. Valable 3 ans. **Antiourlien :** *1966* Weibel, Buynak, Hillemann. **Antipneumocoque :** contre pneumonies à pneumocoques. Recommandé par certains spécialistes aux plus de 65 ans. **Antipoliomyélitique :** *1954* Jonas Salk, USA ; *1955* Pierre Lépine, Fr. ; *1961* Albert Sabin, USA. Obligatoire chez l'enfant avant 18 mois. Recommandé aux adultes tous les 10 ans. **Antirabique :** *1885* Pasteur, France (fait vacciner Joseph Meister le 6-7-1885 par Joseph Granger). **Antirougeoleux :** *1960* Enders. **Antirubéolique :** *1962* Weller, Neva et Parkmann. Peut être fait chez le petit enfant et chez la fillette avant la puberté sans sérologie préalable. **Antitétanique :** *1927* Pierre Descombey et Gaston Ramon, Fr. 2 injections à 1 mois d'intervalle, rappel au bout d'1 an, puis conseillé tous les 10 ans. **Antituberculeux :** *1921* Albert Calmette et Camille Guérin, Fr. BCG et contrôle annuel par cuti-réaction. Obligatoire en France depuis 1950. **Antityphoïdique :** *1888* Chantemesse et Widal, Fr. *1896* sir Almroth Wright, G.-B. TAB remplacé par vaccin antityphoïdique monovalent, administré en 1 seule injection, protège 3 à 5 ans. **Antivariolique :** *1796* Jenner, G.-B. (vaccine James Philips, 8 ans). N'est plus obligatoire en G.-B. depuis 1949 (déconseillé depuis 1971), aux P.-Bas 1975, en Suède et au Danemark 1976, en Italie 1977 ; progressivement abandonné dans le monde entier depuis la certification de l'éradication de la variole en 1980 ; *en France :* primo-vaccination depuis juillet 1979 ; revaccination depuis la loi du 30-5-1984.

Vaccins nouveaux ou en projet : 250 vaccins sont étudiés (est. OMS 1998). **1998** diarrhées sévères de l'enfant par rotavirus (enregistré aux USA le 31-8), maladie de Lyme. **1999-2000** pentavalent amélioré (D, T, $C_{acellulaire}$, P et Hib), hexavalent (pentavalent + hépatite B), méningites A et C injectable conjugué et pneumo conjugué, varicelle + ROR ; virus respiratoire syncitial ; choléra et typhoïde : nouveaux vaccins ; grippe : vaccin oral (disponible depuis le 28-9-1999). **2004-2005** chlamydia, herpès, cytomégalovirus, hépatite C, mononucléose, cancer de l'utérus par papillomavirus, certaines leucémies, ulcère gastrique. **2005-2010** cancer du sein, sida, tuberculose, dengue.

■ **Techniques à l'étude. Vaccination sans aiguille :** en appliquant une toxine directement sur la peau ou en propulsant le vaccin sous la peau à vitesse supersonique ; **aliments vaccinants ; « vaccin ADN » ou « génique » :** l'injection d'ADN ou son application en pommade force l'organisme à produire des antigènes.

■ **Calendrier vaccinal 2000 du Conseil supérieur d'hygiène publique de France.** *Abréviations :* BCG : bacille bilié de Calmette et Guérin. C : coqueluche. D : diphtérie. Hib : *Haemophilus influenzae* b. P : poliomyélite. ROR : rougeole-oreillons-rubéole. T : tétanos.

Dès le 1er mois : BCG si milieu à risque. **A partir de 2 mois :** DTCP (vaccin polio injectable recommandé en réservant le polio oral uniquement aux épidémies). Sauf contre-indication laissée à l'appréciation du médecin traitant, il est recommandé de pratiquer l'association DTCP et Hib (*Haemophilus influenza* b) ; hépatite B. **3 mois :** DTCP, Hib et hépatite B 2es injections. **4 mois :** DTCP et Hib 3es injections. **A partir de 12 mois :** ROR recommandé pour garçons et filles. Rougeole à partir de 9 mois pour les enfants vivant en collectivité, revaccination 6 mois plus tard en association avec rubéole et oreillons. Si menace d'épidémie dans une collectivité d'enfants, on peut vacciner tous ceux supposés réceptifs de plus de 9 mois ; la vaccination immédiate peut être efficace si elle est faite moins de 3 j après le contact. On peut faire simultanément, en un site d'injection séparé, le rappel DTCP. Hépatite B 3e injection (5 à 12 mois après la 1re). **16-18 mois :** DTCP et Hib 1er rappel, ROR (chez les enfants non encore vaccinés ; peut être injectée simultanément, en un site séparé). **3-6 ans** ROR 2e dose recommandée. **Avant 6 ans :** BCG obligatoire pour l'entrée en collectivité (école maternelle ou primaire). DTP 2e rappel. ROR pour enfants non vaccinés ou n'ayant reçu qu'une dose. **11-13 ans :** DTP 3e rappel et, simultanément, rappel anticoquelucheux. ROR rattrapage. Épreuve tuberculinique suivie du BCG en cas de négativité (vérifiée par IDR). Hépatite B : rappel si vaccination complète dans l'enfance ; schéma complet sinon. **16-18 ans :** DTP 4e rappel. Rubéole pour les filles non vaccinées (recommandée, par exemple lors d'une visite de contraception ou prénuptiale, peut être faite sans sérologie préalable. Si la sérologie prénatale est négative ou inconnue, la vaccination devra être pratiquée immédiatement après l'accouchement, avant la sortie de la maternité). Épreuve tuberculinique suivie du BCG en cas de négativité. **18-60 ans :** TP tous les 10 ans. Hépatite si groupe à risque. Rubéole pour les femmes non vaccinées en âge de procréer. **Après 65 ans :** TP (tous les 10 ans), vaccination grippale tous les ans.

☞ Éviter les boissons alcoolisées le jour du vaccin. Rappels DTP (tous les 5 ans), ainsi que vaccinations contre rougeole, rubéole, coqueluche et oreillons sont recommandés mais non obligatoires. Hépatite B : vaccination en milieu scolaire (en 6e) lancée 1994 et suspendue le 1-10-1998 (car ne permettait pas un interrogatoire approfondie sur les antécédents familiaux ou personnels de sclérose en plaques). 7 millions d'enfants jusqu'à 15 ans (et 18 millions d'adultes) auraient été vaccinés.

En cas de retard dans le calendrier indiqué, reprendre le programme au stade où il a été interrompu et compléter avec le nombre d'injections requis en fonction de l'âge. Respecter un délai minimal de 4 semaines entre deux injections. Faire mentionner vaccinations et dates sur un *carnet de vaccination.*

« Couverture vaccinale » des enfants d'1 an (en % vaccinés, en 1999) : rougeole 80, DTCP 95.

OBLIGATIONS DANS QUELQUES PAYS

Allemagne : aucune. **Belgique :** polio. **Danemark :** aucune. **Espagne :** aucune (vaccinations demandées à l'inscription dans un établissement scolaire, mais sans obligation légale). **Finlande :** aucune. **France :** diphtérie, tétanos, polio obligatoires avant 18 mois, rappel 1 an après sauf contre-indication ; BCG de l'entrée en collectivité (crèche, garderie) à 25 ans pour les sujets présentant une réaction négative à la tuberculine. Vaccinations exigées pour établissements scolaires. Typhoïde (en cas d'épidémie), hépatite B (personnes exposées professionnellement : voir ci-dessous). **G.-B. :** aucune. **Irlande :** aucune. **Islande :** aucune. **Italie :** obligatoires : diphtérie, hépatite B, polio, exigées pour établissements scolaires. **Luxembourg :** aucune. **Pays-Bas :** aucune. **Portugal :** obligatoires : diphtérie, tétanos pour enfants de 12 à 18 mois. **Suède :** aucune. **Suisse :** aucune.

■ RISQUES

■ **Professionnels. PERSONNELS DE SANTÉ** (soumis à l'arrêté du 6-2-1991). **Vaccinations obligatoires à l'embauche :** [limitées aux personnes à risque : en contact avec les patients et avec le sang et autres produits biologiques, soit directement (contact direct, projections), soit indirectement (manipulation et transport de dispositifs médicaux, de prélèvements biologiques, de linge, de déchets de soins)] : *DT* complètes dont le dernier rappel a été effectué depuis moins de 10 ans ; *P* complète, dernier rappel moins de 10 ans (vaccin inactivé recommandé). *Hépatite B* complète (en 3 injections à 1 et 6 mois d'intervalle). **Rappels :** *TP* tous les 10 ans.

La vaccination antityphoïdique est réservée à ceux exerçant dans un laboratoire d'analyses de biologie médicale (à l'embauche : vaccination de moins de 3 ans. Rappel : tous les 3 ans). BCG ou IDR + : jusqu'à 25 ans si l'IDR (intradermoréaction) est négative. L'art. 6 prévoit la présentation d'un certificat de contre-indication temporaire (DTP, hépatite B, typhoïde).

AUTRES CATÉGORIES PROFESSIONNELLES. Vaccinations recommandées : *tétanos :* tout individu, tous les 10 ans. *Leptospirose :* égoutiers, employés de voirie, gardes-pêche, travailleurs agricoles (en particulier des rizières), traitement des eaux usées. *Rage :* services vétérinaires, laboratoires manipulant du matériel contaminé ou susceptible de l'être, équarrisseurs, fourrières, naturalistes, taxidermistes, gardes-chasse, gardes forestiers, abattoirs. *Hépatite A :* personnels de crèches, d'internats des établissements et services pour l'enfance et la jeunesse handicapée, traitement des eaux usées, préparation alimentaire en restauration collective. *Hépatite B :* professionnels de santé libéraux, pompiers, secouristes, gardiens de prisons, éboueurs, égoutiers, policiers. Liste non exhaustive : l'intérêt de la vaccination doit être évalué par la médecine du travail de l'entreprise (ou le médecin conseiller de l'association).

■ **Particuliers. PERSONNES PARTICULIÈREMENT VULNÉRABLES. Grippe :** personnes âgées. Protège à 80 % avant 65 ans, 63 % après. **Pneumocoque :** tous les 5 ans, insuffisants cardiaques et respiratoires, personnes ayant subi une ablation de la rate. **Hépatite B :** entourage proche de sujets infectés par le virus de l'hépatite B ou porteurs de l'antigène HBs, nouveau-nés de mère porteuse de l'antigène HBs, enfants accueillis dans services et institutions pour l'enfance et la jeunesse handicapée, enfants et adultes accueillis dans les institutions psychiatriques, enfants d'âge préscolaire accueillis en collectivité, patients susceptibles de recevoir des transfusions massives et/ou itératives (hémophiles, dialysés, insuffisants rénaux, candidats à une greffe d'organe...), homosexuels, partenaires sexuels de sujets AgHBs, sujets ayant des partenaires sexuels multiples, toxicomanes utilisant des drogues parentérales.

VOYAGES À L'ÉTRANGER. Fièvre jaune : si exigée (dès l'âge de 1 an) : zones tropicales d'Afrique et d'Amérique du Sud. **Choléra :** n'est plus disponible en France depuis 1996 ; en zones d'endémie, se procurer sur place les antibiotiques qu'indiquera le médecin local. **Typhoïde :** efficace à partir de l'âge de 5 ans. **Hépatites : VHA :** surtout si mauvaises conditions d'hygiène ou séjours longs ; **VHB :** pour déplacements fréquents des voyageurs à risque ; **VHA/VHC** (Ticovac) : en cas de primo-vaccination. **Méningocoque A + C :** Sahara, Mongolie, Népal, Inde ; obligatoire pour le pèlerinage à La Mecque, déconseillé avant 18 mois ; **méningo-encéphalite à tiques :** Ticovac pour séjours dans certains pays d'Asie et d'Europe centrale et de l'Est. **Encéphalite japonaise** (Gevax) : en cas de longs séjours en Chine, Inde et Asie du Sud-Est ; valable 3 ans. **Rage :** recommandé en zones de moyenne et forte endémie (voir p. 162 a). **Diphtérie :** dans certains pays, d'ex-URSS notamment (rappel DT polio). Vérifier la date des derniers *rappels antidiphtérique, antipoliomyélitique, antitétanique, antituberculeux,* même pour certains pays d'Europe.

■ **Contre-indications.** En cas de maladie maligne évolutive (cancer, leucémie) et de maladie infectieuse temporaire accompagnée de fièvre. *Vaccins vivants* (fièvre jaune, BCG, polio oral, ROR) : en cas de déficit immunitaire congénital ou acquis et en période de grossesse, en principe (le médecin en jugera). *Coqueluche :* en cas d'affection neurologique. *Vaccins dont la culture comporte du jaune d'œuf* (fièvre jaune, grippe, rougeole et oreillons) : pour certaines allergies (voir p. 182 a) à l'œuf. *Hépatite B :* si terrain personnel ou familial de sclérose en plaques ou de maladie auto-immune (respectivement 276 et 160 cas notifiés à l'Agence du médicament parmi les 25 900 000 vaccinés entre 1981 et 1998 ; au 31-12-1999 : 636 affections démyélinisantes centrales, 87 périphériques, 59 lupus, 57 polyarthrites rhumatoïdes, 22 thyroïdites et « une cinquantaine » d'autres maladies auto-immunes, *source :* Afssaps). *Indemnisations : 1999 :* 6 ; *2000 :* 8 (dont 3 pour sclérose en plaques).

Le médecin traitant peut établir un certificat de contre-indication sans en préciser le motif, sauf pour le BCG, pour lequel elles sont limitativement énumérées dans un arrêté ministériel (5-9-1996).

Allergènes entrant dans la composition de vaccins courants : *œufs :* grippe, oreillons, rougeole, fièvre jaune ; *gélatine :* oreillons, rougeole, fièvre jaune ; *antibiotiques* (traces) : polio inactivé (streptomycine), atténué oral (néomycine et kanamycine), grippe, oreillons et rubéole (kanamycine), rougeole et rage (néomycine). **Précautions en cas d'allergie :** ne pas vacciner lors d'une poussée évolutive de la maladie. S'assurer que le vaccin utilisé ne contient pas d'antibiotiques réputés dangereux chez cet allergique. Prescrire un antihistaminique le jour de la vaccination et poursuivre le traitement jusqu'à 10 jours après celle-ci. Devant une allergie à un vaccin, on peut tester la sensibilité du sujet avec une solution de vaccin dilué.

☞ **Mercure :** l'Agence européenne d'évaluation des médicaments (communiqué du 4-7-2000) a demandé aux laboratoires pharmaceutiques de retirer de tous les vaccins le thiomersal, un conservateur contenant des dérivés du mercure.

■ **Contestations.** La *Ligue nationale pour la liberté des vaccinations* (4, rue Saulnier, 75009 Paris) considère l'obligation d'un acte médical comme une atteinte aux libertés individuelles, d'autant plus grave que les vaccins à germes vivants activent le virus du sida chez les porteurs asymptomatiques. S'appuyant sur le rapport n° 747 de l'OMS, ils affirment que la plupart des vaccins fabriqués à partir de lignées cellulaires et/ou par génie génétique (polio, ROR, rage, hépatite B...) présentent des risques. **Refus de vaccinations obligatoires :** amende (25 000 F par enfant) et emprisonnement (3 mois ferme, 6 mois pour BCG) sauf contre-indication médicale ; un enfant peut être écarté d'un établissement (scolaire public ou privé, classe de neige, centre d'apprentissage), par décision de l'inspecteur d'académie ou du préfet uniquement s'il ne présente ni certificat de vaccination ni certificat de contre-indication. **Accident provoqué par une vaccination obligatoire :** l'État est responsable (lois de 1964 et 1975) et assure, dans le cadre d'une procédure amiable, la réparation des dommages (rentes ou capital).

☞ La Cour des comptes a signalé (oct. 1998) les liens financiers existant entre les membres de l'Agence du médicament et les laboratoires pharmaceutiques et posé des questions sur leur indépendance.

Drogues et toxicomanie

Cannabis, héroïne, cocaïne, drogues de synthèse, alcool, tabac ou médicaments agissent sur le cerveau selon des modalités comparables (voir **Pharmacodépendance** col. b). Les pratiques de consommation de ces produits en France ont évolué, notamment chez les jeunes : banalisation du cannabis, augmentation des états d'ivresse répétés, de la consommation de tabac, baisse de la consommation d'héroïne, arrivée des drogues de synthèse, prise de conscience des pratiques de dopage, recours fréquents aux médicaments psychotropes, polyconsommation associant produits licites et illicites.

Définitions

■ **Drogue.** Substances étrangères à l'organisme qui ne sont pas utilisées comme aliment, mais doivent être éliminées après avoir subi des modifications de structures dans les cellules. Elles agissent en doses très faibles, ont pour cible principale le cerveau limbique ou paléo-cortex. Définies dans 3 conventions internationales : sur les *stupéfiants* (1961), *psychotropes* (1971), *stupéfiants et psychotropes* (1988). **Catégories de drogues :** DOUCES/DURES : voir **Pharmacodépendance** col. b ; SELON LEUR DANGEROSITÉ DÉCROISSANTE : *groupe 1 :* héroïne, cocaïne, alcool ; *2 :* psychostimulants, hallucinogènes, tabac, benzodiazépines ; *3 :* cannabis.

■ **Usages. Occasionnel et modéré :** souvent le cas chez les adolescents ou jeunes adultes qui expérimentent par curiosité, pour s'amuser ou pour imiter les autres. **Nocif :** entraîne des *risques sanitaires :* détérioration de l'état physique, complication de certaines maladies, voire décès prématuré ; *sociaux :* dans les situations où la consommation et ses effets peuvent occasionner un danger, entraîner des dommages pour soi et pour les autres.

■ **Surdose** ou **overdose.** L'usager d'héroïne utilise une dose trop forte par rapport à celle que son organisme a l'habitude de supporter. Ces accidents interviennent le plus souvent soit lorsque l'usager utilise la même dose qu'un autre, soit qu'il utilise sans le savoir un produit pas assez dilué ou coupé avec des substances qui augmentent le danger, soit qu'il prenne plusieurs produits dont les effets se potentialisent. Les risques de surdose interviennent notamment après un arrêt prolongé de la consommation, alors que l'organisme n'est plus accoutumé au dosage habituel.

■ **Pharmacodépendance.** État psychique et parfois physique résultant de l'interaction entre un organisme vivant et une drogue ; se caractérise par des modifications du comportement et d'autres réactions qui comprennent toujours une pulsion à prendre de la drogue afin de retrouver ces effets psychiques et quelquefois d'éviter le malaise de la privation (définition de l'OMS).

Dans les années 1960, les psychiatres ont classé *drogues avec dépendance physique* celles dont le manque entraînait des troubles physiques tels que crampes musculaires, transpiration, angoisse, etc. et *drogues avec dépendance psychique* ou *drogues douces* celles ne donnant pas ces troubles.

■ **Toxicomanie.** État d'intoxication périodique ou chronique, psychique et/ou physique engendrée par l'absorption périodique ou continuelle d'une ou de plusieurs drogues. **Caractéristiques :** invincible désir ou besoin (obligation) de continuer à consommer une drogue et de se la procurer par tous les moyens ; tendance à augmenter les doses pour obtenir les mêmes effets (tolérance) ; dépendance à l'égard des effets d'une drogue ; effets nuisibles à l'individu et à la société.

■ **Sevrage.** Arrêt de la prise de substance psychoactive de manière brutale ou progressive. Pour libérer l'organisme du besoin de drogue sans ressentir les effets physiques du manque, les personnes pharmacodépendantes peuvent faire une demande de sevrage sous assistance et contrôle médical. Le sevrage aux barbituriques (somnifères rarement utilisés) ou un accident de sevrage de l'alcool (*delirium tremens,* troubles psychiques) nécessitent une hospitalisation.

Produits utilisés

☞ L'observatoire Trend a relevé depuis 1998, en France, une augmentation de la polyconsommation.

■ **Classification** (source : CNID). **1°) Perturbateurs du système nerveux central :** *dérivés de substances naturelles :* cannabis, plantes hallucinogènes, cactus peyotl (mescaline), datura, champignons hallucinogènes, psilocybine mexicana (champignon magique) ; *hallucinogènes de synthèse :* LSD, PCP, dérivés méthoxylés de l'amphétamine, MDMA (ecstasy) et designers drugs, solvants volatils). **2°) Dépresseurs du système nerveux central :** alcool ; opiacés [opium, morphine, héroïne, codéine, codéthyline, pholcodine, buprémorphine (Subutex), méthadone] ; analgésiques (contre la douleur) ; hypnotiques, barbituriques (contre l'insomnie) ; benzodiazépines (contre l'anxiété et l'insomnie) ; anxiolytiques et tranquillisants (contre l'anxiété et l'énervement) ; neuroleptiques (pour traiter les psychoses). **3°) Stimulants du système nerveux central :** cocaïne, crack, amphétamines, médicaments antidépresseurs.

■ **Alcool.** Voir à l'Index.

■ **Anesthésiants.** Drogues de synthèse. **Gamma DH, GHB :** entraîne somnolence et perte de volonté ; à long terme, coma, troubles cardiaques, dépression respiratoire, amnésie. **Kétamine, spécial K :** entraîne hallucinations, dissociation corps/esprit ; panique, spasmes, secousses oculaires, coma, dépression respiratoire, amnésie. **PCP :** *idem,* sentiment d'invisibilité, agressivité, troubles de l'équilibre, risque de blessures graves, aggressions. **Protoxyde d'azote,** dit **« proto »** (gaz hilarant) conditionné dans des ballons vendus dans les soirées « raves » (pour maximiser les effets de l'ecstasy). EFFETS : *indésirables :* voix étrange, malaises ; *à long terme :* troubles cardiaques, hypoxie, troubles nerveux.

☞ Les ordonnances vétérinaires vont être modifiées pour éviter le détournement des anesthésiants.

■ **Cannabis.** Produit actif (Delta 9-Tetra-Hydrocannabinol, dit THC, découvert en 1964) utilisé sous 3 formes : *herbe* (feuilles, fleurs séchées et graines : kif, marijuana...) : 2 à 7 % de THC (20 à 30 % dans les nouvelles cultures néerlandaises sous abri « Nederweit ») ; *haschich* (résine : « hasch », « shit »..., revendu au détail sous forme de « barettes » brunâtres) : 25 à 40 % de THC ; *huile* (décoction de feuilles, visqueuse, brun foncé) : 60 % de THC. En France, se fume souvent mélangé à du tabac (cigarettes de kif, « joints », « pétards », etc.). Drogue la plus répandue et la moins chère. Utilisé dans la pharmacopée chinoise il y a 5 000 ans pour combattre la douleur ; abandonné par la suite « parce qu'il faisait venir les démons » c'est-à-dire à cause de ses effets secondaires, psychotropes pervers. Des experts de la British Medical Association (en 1997) et le rapport Roques (en 1998) concluent au « caractère anecdotique » des vertus thérapeutiques du cannabis. En Europe, Pays-Bas et Belgique ont dépénalisé la consommation de cannabis. Un projet de loi en ce sens doit être présenté au Parlement fédéral suisse en mars 2001.

Effets : à haute dose, difficultés à travailler ; vue, mémoire et perception du temps brouillées. **Dépendance :** *psychique :* minime ; *physique :* moyenne à forte.

☞ **Nirvana :** mélange de LSD et de cannabis apparu en 1999. **Bière au cannabis :** même ingéré, le cannabinol garde ses effets psychotropes. **« Bang » :** la fumée est inhalée à travers de l'eau chauffée ou de l'alcool chauffé (« superbang »), ce qui entraîne un passage plus rapide dans le cerveau.

■ **Coca.** *Culture :* Pérou, Bolivie, Équateur, Brésil, Colombie. Transformée en **cocaïne** (poudre blanche), principalement en Colombie, et acheminée ensuite en Amérique du Nord et en Europe où elle est inhalée (ou, plus rarement, injectée) ou fumée sous forme de crack (voir ci-dessous). Dans la zone de production, on fume la pâte de coca (produit du premier traitement de la feuille, contenant environ 30 % de cocaïne). **« Cocaïne noire » :** par procédé chimique, la cocaïne est camouflée en poudre ou liquide noir rougeâtre. Elle perd son odeur. Les chiens et le Narcotest ne la détectent pas. Elle est ensuite traitée à nouveau, avant d'être revendue, pour lui faire retrouver sa couleur blanche.

☞ **Histoire :** les paysans des Andes mâchaient les feuilles de la coca, riches en glucides, protides et lipides, pour combattre faim et fatigue ; 3 kg de feuilles donnaient 1 g de cocaïne, qui absorbée par voie orale est éliminée aux 2/3 par l'intestin, donc n'arrive pas au cerveau. Souvent utilisée en association avec le cannabis ou les morphiniques. Il y a *environ 4 500 ans,* servait à des fins religieuses et rituelles en Amérique centrale et du Sud. *1551* après la conquête espagnole, le concile de Lima en interdit l'usage. *1573* le vice-roi l'autorise car elle accroît la productivité dans les mines de Potosi, et devient alors la principale forme de rémunération de la main-d'œuvre. *1855* Friedrich Gaedcke (All.) isole la cocaïne à partir de la feuille de coca. *1860* Albert Nieman (All.) élabore le produit purifié connu sous le nom de cocaïne. *1863* Angelo Mariani, chimiste corse, commercialise un vin « remontant » (il lui donne son nom). *1886* naissance du Coca-Cola (mélange d'extrait de coca, caféine et noix de kola avec de l'eau et du gaz carbonique). *1887* Freud, qui en a fait usage, constate les dangers de la cocaïne. Ses premiers effets passés – euphorie, agilité intellectuelle, indifférence à la douleur, à la fatigue –, elle accélère le rythme cardiaque, provoque des sautes d'humeur, des crises de panique et de paranoïa. Très sérieuse dépendance psychique.

■ **« Crack »** (bruit qu'il fait lorsqu'on le chauffe) ou **« rock »** (gros cristaux beiges ou marrons). Cocaïne sous forme de base libre à environ 70 % (puissance 5 à 10 fois celle de la cocaïne classique) ; obtenu en traitant un *sel* de cocaïne impur par un alcalin. Se fume avec une pipe à eau, pur ou mélangé à du cannabis ou du tabac. Aspiré par la bouche très brusquement, il pénètre dans le cerveau plus rapidement qu'après reniflage, injection ou après une cigarette. Il crée une très forte dépendance dès les 1res prises. Apparu en 1982 aux USA, 1989 aux Antilles, 1990 à Paris.

■ **Hallucinogènes.** Produits naturels (mescaline, psilocybine), de semi-synthèse [**LSD** (acide lysergique diéthylamide) dit *acide :* extrait de l'ergot de seigle ; en comprimés ou 1 goutte sur sucre, buvard ou timbre ingéré] ou de synthèse [STP, MDA, DMT, DOB, 2 CB ; **GHB** (gamma-hydroxy-butyrate : à l'origine, anxiolytique mis au point en 1961 par le Pr Laborit) et **Spécial K** (kétamine : à l'origine, anesthésiant utilisé par les vétérinaires) : anesthésiques puissants, apparus vers 1996, dangereux surtout quand mélangés à l'alcool ou à d'autres produits, en vogue car assez bon marché, utilisés pour optimiser les effets de l'ecstasy]. Fabrication relativement aisée en laboratoire, mais dosage délicat : de l'ordre du µg/kg. On trouve dans tous les pays des substances hallucinogènes naturelles (plantes, champignons). Le LSD provoque des effets hallucinatoires et un délire puissant pendant 12 h, avec perte de conscience de l'endroit où l'on est et de ce que l'on fait. On peut après une seule et unique prise délirer à nouveau, de façon plus intense avec les mêmes risques (*flash back :* retour en arrière). Très utilisé dans les années 1970, le LSD est réapparu dans les soirées « raves[1] ». *Prix :* 50 à 100 F le timbre. **PCP** (phencyclidine, produit de synthèse créant des accidents très graves) : classé aux USA comme hallucinogène après avoir été utilisé comme un anesthésique en médecine dentaire, puis vétérinaire jusqu'en 1965 (interdit depuis 1978) ; *forme :* granulés blancs ; fumé ou inhalé. **MDMA** (méthylène-dioxy-méthamphétamine apparue aux USA en 1970) dite **ecstasy** (depuis 1981) ou *pilule d'amour,* XTC ou *Adam* (apparu 1987) et son analogue **MDEA**, dite *Ève.* 300 types de comprimés sont répertoriés par le laboratoire de la Police nationale. Ils contiennent en plus de l'ecstasy, de la cocaïne, de la strychnine (mort aux rats) ; l'usage de l'ecstasy s'est répandu dans les soirées « raves ». Particulièrement décommandée aux asthmatiques, cardiaques, diabétiques,

Lexique

Accro : accroché, soumis à l'effet de dépendance de la drogue. *Acid :* LSD. *Afghan :* résine de cannabis d'Afghanistan. *Amphés :* amphétamines. *Barbis :* barbituriques. *Barrette :* plaquette de haschisch. *Bassouko* ou *bazzuko :* crack colombien. *Blanche :* héroïne. *Blunt :* cigare de cannabis, parfois mélangé à de la phencyclidine ou de la cocaïne. *Brown-sugar :* héroïne n° 3. *Caillou :* crack. *Cé* ou *coke :* cocaïne. *Être cool :* éprouver un sentiment de bien-être et d'apaisement. *Dealer :* petit revendeur de drogue. *Défonce :* abus de drogue. *Fix :* injection intraveineuse. *Flash :* impression ressentie après un shoot. *Flipper :* ressentir l'angoisse du manque. *Galette :* crack. *Herbe :* marijuana. *Hook :* drogué. *Joint :* cigarettes de tabac et cannabis. *Julie :* cocaïne. *Junky :* toxicomane « lourd ». *Kif :* cannabis (terme marocain désignant la plante). *Naphtaline :* héroïne. *Neige :* cocaïne. *Pétard :* voir *joint. Poudre :* héroïne. *Poudre d'ange :* PCP. *Proto :* protoxyde d'azote. *Rails :* lignes de cocaïne. *Shit :* haschich (teushi, theush, chichon, tag, gueta, savonnette, vonce, vecca : pain de 250 g). *Shoot :* une piqûre et son effet. *Sniffer :* renifler. *Speed :* amphétamines. *Tango and Cash :* mélange d'héroïne et de méthylfentanyl. *Tarpé :* pétard (voir *joint*). *Taz :* cachet d'ecstasy. *Trip :* prise de LSD, voyage imaginaire sous l'effet de la drogue.

etc. Après la prise, risques de déshydratation, d'angoisse, de dépression. Possible dépendance psychique. **4-MTA** (4-méthylthio-amphétamine), dit *flatliner* (comprimé plat comportant une ligne creusée) : apparu nov. 1997 à Londres ; risque élevé de surdose dû à un effet retard (par rapport au MDMA).

Nota. – (1) D'après une étude de Médecins du Monde qui teste les cachets lors de fêtes technos, 75 % contiennent des produits divers, allant jusqu'aux anesthésiques vétérinaires.

■ **Haschich.** Voir **Cannabis.**

■ **Héroïne.** Dérivé synthétique de la morphine ; puissant anxiolytique. Présentée le plus souvent sous forme de poudre marron ou blanche. Mélangée à diverses substances, peut être colorée *(brown sugar)* ; le Mexique produit une héroïne noire : *black tar* (goudron noir). *Administrée* par voie intraveineuse ou, plus rarement, par voie nasale (prisée) et, depuis peu, fumée. Rend euphorique et extatique. Consommée régulièrement, crée une dépendance rapide, engendre des troubles du comportement alimentaire et du sommeil. Risques de contamination en cas d'injection (sida, hépatite) et d'overdose. *Cure de sevrage :* 8 jours, suivis de 3 mois de rééducation et de 12 à 18 mois de préparation à la réinsertion par formation professionnelle donneraient 70 à 75 % de réussite sans médicament d'accompagnement ou de substitution (*source :* CNID).

☞ Selon l'OMS (Organisation mondiale de la santé) l'utilisation médicale de l'héroïne ne repose sur aucune expérience scientifique ou pratique et serait vraisemblablement préjudiciable à tout pays dans lequel une telle pratique serait instituée (Rapport de la 40e session de la Commission des stupéfiants de l'Onu, 1997).

■ **Inhalants.** A l'air libre ou dans un sac. **Éther. Solvants :** colles plastiques ou à séchage rapide, utilisées pour modèles réduits, solvants et diluants pour peinture ; laque (contient du toluène et des alcools) ; produits à base de pétrole (essence, kérosène et essence à briquet). **Agents propulsants** contenus dans les aérosols (le plus souvent du difluorodichlorométhane et de l'hydrocarbone isobutane).

■ **Khat** ou **Qat.** *Thé des Abyssins* ou *thé d'Arabie :* feuilles d'un arbuste *(Catha edulis),* mastiquées, anorexigènes et stimulantes. *Consommation :* Madagascar, Kenya, Abyssinie, Yémen, Érythrée, Djibouti ; Europe (transports aériens de plantes fraîches).

■ **Médicaments.** *Analgésiques : naturels :* opium, morphine, codéine ; *de demi-synthèse :* héroïne ; *de synthèse :* péthidine, dextromoramide, méthadone, buprénorphine. La synthèse clandestine de péthidine s'est développée aux USA et la substance obtenue, souvent polluée par un dérivé, a provoqué de nombreux syndromes de Parkinson irréversibles. *Hypnotiques barbituriques, non barbituriques et tranquillisants :* détournés de leur usage médical comme sédatifs et somnifères ou pour calmer une angoisse. *Amphétamines :* psychostimulants présents dans certains anorexigènes. Consommés pour leur effet euphorisant et de réduction de la sensation de fatigue. Utilisés dans le dopage des sportifs. *Benzodiazépines :* souvent des anxiolytiques, induisent le sommeil. Utilisés mélangés à l'alcool ou à forte dose, entraînent une dépendance physique et psychique. *Temgésic* (buprénorphine) : antalgique détourné comme substitut à l'héroïne ; voir encadré p. 184 b. *Psychotropes, opiacés, stimulants, sirops antitussifs, antalgiques, laxatifs.*

■ **Morphine.** Alcaloïde extrait de l'opium ; sous forme de poudre blanchâtre. Analgésique puissant utilisé dans certaines indications comme médicament de la douleur. *Administrée* par voie intraveineuse. *Effets :* bien-être passager avec indifférence au monde extérieur, torpeur, dépendance physique et psychique très forte.

■ **Opium.** Issu du latex obtenu par incision de la capsule de pavot : 15 000 capsules donnent 1 kg d'opium dont on pourra tirer 100 g de morphine base qui, diacetalysée (traitement chimique par anhydride acétique) donne 100 g d'héroïne. Fumé ou ingéré. *Effets :* euphorie, sommeil onirique, dépendance physique et psychique.

■ **Phénéthylamines.** Drogues de synthèse : nom, effets recherchés ; secondaires ; complications : **2C-B, Nexus** hallucinations, dissociation corps/esprit ; panique, inconfort, nausées, révélation de troubles psychiatriques. **Amphétamine (speed) :** stimulation ; mouvements involontaires, sécheresse de la bouche ; hypertension, hyperthermie, paranoïa. **DMA :** *idem.* **DOB :** hallucinations + stimulation, panique ; hypertension, infarctus, troubles psychiatriques. **DOET :** stimulation, hallucinations ; secousses oculaires, nausées ; *idem* DOB. **DOM STP :** stimulation, légères hallucinations ; crispations de la mâchoire, tremblements, dépression ; *idem* MDMA. **MBDB, ecstasy :** *idem* MDMA (en moins fort) ; risque d'overdose, neurotoxicité ?. **Méthoxyamphétamine speed :** *idem* amphétamine en moins fort ; risque d'overdose. **Méthylamphétamine ice, speed :** *idem* amphétamine (plus intense) ; actes de violence. **MDMA, ecstasy :** stimulation, empathie, euphorie ; soif intense, angoisses ; neurotoxicité, troubles de la mémoire, intoxication par l'eau (même sans boire trop) hyperthermie, hépatite, dépression. **MDA, ecstasy :** *idem* MDMA. **MDE, Eve :** *idem* MDMA (effets moindres) ; *idem* MDMA, risque d'overdose. **4-MTA, S5, five point star :** stimulation, hallucinations légères ; *idem* MBDB, mouvements involontaires ; *idem* amphétamine, dépression respiratoire, mort subite, convulsions.

■ **Stimulants.** *Ice* (glace) ou *Crystal meth :* méthamphétamine de synthèse ; sous forme de petits cristaux transparents (ressemblant à du gros sel ou à du sucre candi) qui se fume et dont l'action quoique similaire est beaucoup plus longue que celle du crack. Très rare en France.

■ **Tabac.** Voir à l'Index.

■ **Tryptamines. DMT,** dite dimitri : *effets :* fortes hallucinations, panique effroyable, troubles psychiatriques. **LSD, mescaline, psilocybine :** hallucinations, angoisses, nausées, troubles psychiatriques.

STATISTIQUES

■ MONDE

■ **Production.** **Licite** (en 1998, en tonnes d'équivalent morphine) : environ 370 dont en Australie 121, en Inde 116, en France 60, en Turquie 46. **Illicite** (en t, estimation) : **opium :** *1986 :* 1 900 t ; *1989-90 :* 5 000 ; *93 :* 6 200 ; *98 :* 5 800 (dont Afghanistan 3 000, Myanmar 2 365, Laos 210) ; *99 :* 4 581 t en Afghanistan. Depuis quelques années : certains pays d'ex-URSS (Azerbaïdjan : opiacées de synthèse ; Russie, Biélorussie, Ukraine, pays Baltes : drogues dérivées). **Cocaïne** (*Source :* Ocrtis) : *surfaces cultivées : Bolivie :* 40 000 ha, *Pérou :* 150 000 ha, *Colombie :* 55 000 ha. *Production annuelle :* 800 à 1 000 t dont 85 % en Colombie. *Prix du kg de cocaïne :* en Colombie 5 000 $, à l'arrivée aux USA 20 000 $, en France 250 000 F. *Importations mondiales :* au moins 9,5 milliards de $.

☞ *La Turquie* est un pays de transit important pour l'héroïne à destination de l'Europe occidentale. *En Colombie,* en 1991, un paysan gagnait 2 800 F/an sur 1 ha de terre en culture ordinaire et 28 000 F avec 1 ha en culture de coca ; un projet a été mis en application en 1995 pour étudier les substances chimiques les plus fréquemment utilisées pour la fabrication illicite de stupéfiants (*source :* Interpol et département d'État des USA). — ... 30 000 hectares détruits en 1997. *Aux Pays-Bas,* la récolte annuelle (1,5 kg/an, autorisés pour la consommation personnelle) de 30 000 cultivateurs de chanvre, dit « Nederwiet », s'élève à 50 t (50 % de la demande nationale). La *Suisse* est le 1er producteur européen de chanvre.

■ **Coût de l'abus de drogue.** *USA* (en 1991) : 76 milliards de $ soit 1,3 % du PIB. *Australie* (en 1992) : 4,6 % du PIB.

■ **Saisies** (en t). **Cannabis :** *1996 :* 3 380 dont Mexique 1 000, USA 700, Espagne 300, Afrique du Sud 172, Colombie 147, Pakistan 108, Pays-Bas 81, Canada 75, Maroc 22 ; *1999 :* 4 255. **Cocaïne :** *1996 :* 172 dont USA 65, Colombie 27, Mexique 23, Espagne 13,7 et Pays-Bas 8 ; *1999 :* 380. **Héroïne :** *1996 :* 21 dont Pakistan 5 872 kg, Turquie 4 422, Inde 1 257, USA 1 013, Allemagne 898, Iran 804, France 617, Espagne 537, Mexique 363, Pays-Bas 361, Hongrie 319 ; *1999 :* 36 dont en Asie 19, en Europe 15.

☞ En Iran, la détention de plus de 30 grammes d'héroïne est passible de la peine de mort.

Saisies records (en une fois, en kg). **Cannabis herbe :** *France 23 000* (août 1996). **Cocaïne :** USA 20 000 (29-9-1989). Belgique 20 000 (juillet 1993). Colombie 11 000 (avril 1991). Mexique 6 000 (sept. 1990). Pays-Bas 3 000 (mars 1990). *France 1 274* (12-2-1999). Allemagne 1 000 (nov. 1990). Espagne 417 (en 1988). Suisse 339 (en 1990). Suisse 300 (en 1989). **Ecstasy :** frontière franco-luxembourgeoise 100 000 (30-7-1993). **Haschisch :** *France 10 391* (20-10-1991). **Héroïne :** Espagne 208 (1999, à bord d'un pétrolier sur l'Atlantique), *France 63* (6-12-1994 Paris) ; *106* (11-7-1996 tunnel sous la Manche). **Méthamphétamine :** G.-B. 2 700 (en 1997). **Opium :** Iran 38 000 (en 1992), 60 000 (en 1993).

☞ Environ 10 % de la drogue en circulation est saisie.

■ **Répression** (exemples). **Arabie saoudite :** 105 décapités (mai 1992 à mai 93). **Chine :** 100 exécutés en 1994. **Égypte :** 10 pendaisons en 1994. **Émirats arabes unis :** 3 exécutés en 1992. **USA :** emprisonnements : *1980 :* 2 300 ; *92 :* 16 000. **Iran :** plus de 1 000 pendus en 1990. **Malaisie :** depuis 1983, plus de 25 étrangers condamnés à mort et exécutés pour trafic. **Singapour :** pendaison d'un Néerlandais en 1994.

■ **Toxicomanes. DANS LE MONDE** (est. Onu en 1999, en millions) : consommateurs de drogues de synthèse (hallucinogènes, dérivés amphétaminiques) et de médicaments détournés de leur usage thérapeutique (sédatifs) 280, dérivés du cannabis 141,2, cocaïnomanes 13,3, héroïnomanes 8. **USA** [usagers en 1997 et, entre parenthèses, en 1985 (en millions)] : marijuana 11,1 (18,6), cocaïne 1,5 (5,7), héroïne 0,325 (0,137). **Iran :** 0,6. **Pakistan :** 2 (héroïnomanes). **Ex-Tchécoslovaquie :** 0,03. **Ex-URSS :** *1991 :* 1,5.

EN EUROPE. Ont consommé au moins une fois du Cannabis : (est. OEDT 2000) 45 millions : 18 % des 15-64 ans, 25 % des 15-16 ans et 40 % des jeunes de 18 ans ; *% de la population :* Danemark 30, Espagne 22, Pays-Bas 18, *France 15,* Allemagne, Grèce, Suède 12, Finlande 10, Belgique 5 ; **de l'héroïne :** 3 à 5 millions ; **de la cocaïne :** 1 à 6 % des 16-34 ans. **Nombre de toxicomanes** (en milliers) **et,** entre parenthèses, **% de la population totale :** Italie 300 (0,52), *France (stade 4) 160 à 200 (0,26),* G.-B 150 à 200 (0,26), Espagne 100 (0,25), Suisse 30 (0,44), P.-Bas 21 à 23 (0,14). **Toxicomanes soignés par la méthadone et,** entre parenthèses, **% du nombre total de toxicomanes :** G.-B. 17 000 (8,5), Italie 15 652 (5,2), Suisse 10 300 (34,3), *France 10 000 (0,017),* P.-Bas 8 378 (36,4), Espagne 500 (0,5).

☞ Selon une enquête américaine (portant sur 5 468 lycéens), 20 % des 13-18 ans qui fumaient régulièrement de la marijuana ont fait, après 1 an, l'expérience du LSD, de l'ecstasy, de l'héroïne ou de la cocaïne (*source :* Cnid).

■ **Consommation. Cocaïne,** entre parenthèses **héroïne et,** en italique, **cannabis/haschich** (est. 1993, en t) : *total :* 206 (61,6) *23 083* dont Amér. du Nord 150 (+ de 10) *1 818,* Europe de l'Ouest 50 (+ de 15) *2 080,* Europe de l'Est n.p., Amér. latine 2,3 (n.p.) *140,* Afrique 0,1 (n.p.) *1 405,* Moyen-Orient 1,2 (4) *531,5,* Asie du Sud-Ouest (n.p.) (6,5) *672,* du Sud-Est 2,1 (26) *n.p.,* Océanie 0,3 (0,1) *69. Source :* Interpol et département d'État des USA.

■ **Décès par surdose (« overdose »).** *1988 :* 4 236 ; *89 :* 11 868 ; *91 :* 12 203 ; *92 :* 15 075 (en fait, au moins 200 000 dont 6 000 aux USA d'après une estimation fondée sur le nombre des toxicomanes par voie intraveineuse (environ 5 300 000 dans le monde) ; *en Europe* (en 1995, auto-empoisonnements inclus) : 6 655 dont G.-B. 1 778, Allemagne 1 565, Italie 1 195, *France 465,* Espagne 394, Danemark 274, Portugal 196, Suède 194, Grèce 176, Autriche 160, Finlande 76, Pays-Bas 65, Irlande 49, Belgique 48, Luxembourg 20.

Sida [proportion des toxicomanes par voie intraveineuse chez les sidéens (en 1989-92, en %)] : Viêt Nam 85, Thaïlande 80, Myanmar 66, Espagne 66, Italie 60, Pologne 41, Suisse 40, Brésil 39, USA 30, *France 25,* Inde 25, Allemagne 14, P.-Bas 10, Chine, Suède 8, G.-B. 6.

■ **Chiffres d'affaires dans le monde** (en milliards de $). De 700 à 1 000 (dont 50 % pour héroïne et cocaïne). *France : 3,5. Aux Pays-Bas :* les 2 000 « coffee shops » ont un chiffre d'affaires de 3 milliards de F et emploient 20 000 personnes. **Importance financière :** d'après un rapport du 7-2-1990 du groupe d'action financière sur le blanchiment des capitaux venant de la drogue, les trafics illicites d'héroïne, cocaïne et cannabis en Europe et aux USA généraient 122,5 milliards de $ dont 85,4 étaient investis ou blanchis. Un plan mondial sur les aspects financiers du trafic de drogues et le blanchiment de l'argent a été adopté par l'Onu en 1995. **Blanchiment de l'argent de la drogue :** 300 milliards de $/an, dont 90 % sont réinvestis dans les pays occidentaux.

Prix des drogues illicites (au détail en F, 1996). **A la source** (par kg) : *héroïne :* Thaïlande 2 970, Laos 1 379, Myanmar 1 373, Pakistan 362, Afghanistan 262 ; *cocaïne :* 26 210 ; **à l'arrivée en France :** *héroïne :* 250 000 à 350 000/kg (en 2000 : héroïne blanche 100 000 à 300 000, brune 80 000 à 200 000), 400 à 800/g ; *cocaïne :* 26 210/kg, 400 à 800/g (400 à 500/g en 2000).

■ FRANCE

■ **Chiffre d'affaires de la drogue.** Environ 20 milliards de F.

☞ 10 % environ de la marchandise qui circule sont saisis.

■ **Affaires enregistrées par l'Office central pour la répression du trafic illicite des stupéfiants** (Ocrtis : ensemble des services opérant sur le territoire national : gendarmerie, police nationale et douanes). **En 1999 :** 54 350 affaires ont entraîné 95 910 interpellations dont 80 037 usagers simples, 10 367 usagers-revendeurs, 4 232 trafiquants locaux, 1 274 trafiquants internationaux.

■ **Produits volés. Cambriolages de pharmacies :** *1971 :* 21 ; *75 :* 795 ; *80 :* 900 ; *85 :* 551 ; *90 :* 135 ; *91 :* 131 ; *92 :* 186 ; *93 :* 113 ; *94 :* 139 ; *95 :* 102 ; *96 :* 58 ; *97 :* 43 ; *98 :* 53 (+ 1 tentative) ; *99 :* 26. **Vols :** *1999 :* avec violences contre pharmaciens ou médecins 26, autres établissements 63, autres vols au préjudice de médecins 135 (*source :* Ocrtis).

■ **Saisies** (en kg, en 1999). *Héroïne* 203. *Cocaïne* 3 687. *Cannabis* 67 481. *Amphétamines* 233. *LSD* 9 991 doses. *Ecstasy* 1 860 402 doses. *Crack* 11. *Opium* 0,5. **Dans les prisons :** *1992-93 :* plus de 1 500.

■ **Provenance** (en 1999, en kg). **Héroïne :** Pays-Bas 71, Thaïlande 12, Belgique 11, Turquie 9, non précisé 76. **Cocaïne :** Colombie 2 492, Espagne 288, Brésil 158, P.-Bas 127, Suriname 115, Venezuela 103, non précisé 184. **Résine de cannabis :** Maroc 36 590, Espagne 19 371, Pays-Bas 1 752, Belgique 536, non précisé 5 364 (*source :* Ocrtis).

■ **Trafiquants interpellés et déférés à la justice.** *1981 :* 831 ; *85 :* 4 045 ; *90 :* 5 198 ; *91 :* 5 303 ; *92 :* 5 982 ; *93 :* 6 451 ; *94 :* 7 149 ; *95 :* 7 107 ; *96 :* 8 412 ; *97 :* 6 560 ; *98 :* 5 541 ; *99 :* 5 506 dont (en %) : Français 66, Marocains 7, Algériens 5, Britanniques 2 (*source :* Ocrtis). **Condamnations** (en 1997) : 15 685 infractions à la législation des stupéfiants (ILS), dont 3 368 pour seul motif d'usage (*source :* ministère de la Justice, SDSED). **Incarcérations :** *1995 :* 12 589 ; *96 :* 11 943 ; *97 :* 10 594 ; *98 :* 9 215 ; *99 :* 9 125 dont (en %) pour trafic 64, cession 5, usage 5, autres ILS 25. **Détenus** (au 1-1-2000) : 8 600 (*source :* ministère de la Justice, DAP).

☞ **Drugwipe :** test allemand de détection de stupéfiant.

■ **Toxicomanes** (*source :* OFDT). **Nombre :** environ 150 000 usagers de drogue « à problème » en 1999. **Ont consommé au moins une fois du cannabis :** dans leur vie : 10 millions ; dans l'année écoulée : 3,6 millions en 1999. *Adultes :* en 1999, déclarent avoir pris du cannabis, au cours de leur vie : 21 % (12 % en 1992 et en 1995), au cours de l'année écoulée : 8 %. *Centres de sélection des Armées* (enquête 1996) : 26 % ont consommé du cannabis (15 % régulièrement), 2 % cocaïne (0,4 %), 1,4 % héroïne (0,3 %), ecstasy 4 % (1,2 %). **Adolescents** (14-19 ans) : en 1999, déclarent avoir pris au moins 1 fois au cours de leur vie (en %) : cannabis 35, produits à inhaler 11, champignons hallucinogènes 4, ecstasy 3, amphétamines 2, cocaïne 2, LSD 1, héroïne 1.

Toxicomanes soumis à l'injonction thérapeutique (voir p. 184 c) : *1995 :* 8 630 ; *96 :* 8 812 ; *97 :* 8 082. **Toxicomanes pris en charge en établissements** (enquête de nov. 1999 de la Drees) : *centres spécialisés* (271 établissements en nov. 1997) : 17 124 ; *établissements sanitaires*

(513) : 7 632 dont centres hospitaliers régionaux (56) 1 691, centres hospitaliers et hôpitaux publics (268) 2 700, centres hospitaliers spécialisés en psychiatrie et hôpitaux psychiatriques privés faisant fonction de public (107) 2 640, maisons de santé pour maladies mentales (77) 290, services médico-psychologiques régionaux (5) 311 (en 1997) ; *établissements sociaux* (447) : 5 229 dont centres d'hébergement et de réadaptation sociale (287) 2 200, club et équipes et prévention (160) 3 029.

Age : en majorité, entre 15 et 35 ans. **Age moyen des toxicomanes suivis** (en 1997)[1], **des usagers interpellés** (en 1998)[2] : 27/25,5 ans **dont par produit principal :** *héroïne* 30,3/27,8 ans ; *cannabis* 25,5/21,8 ; *cocaïne* 29,4/29,2 ; *crack* 31 [3] ; *ecstasy* 22,8/23. **Sexe :** 3 hommes pour 1 femme chez les toxicomanes suivis (d'après le Sesi), 9 hommes pour 1 femme chez les usagers interpellés (d'après l'Ocrtis).

Nota. – Sources : (1) Sesi. (2) Ocrtis. (3) Irep (Rapport de février 1998).

Cas de sida enregistrés : *total cumulé depuis 1978 parmi les usagers de drogues injectables* (au 30-6-1998) : 11 343 soit 23,4 % des sidas déclarés en France. *Nouveaux cas : 1990 :* 1 079 ; *94 :* 1 370 ; *96 :* 947 ; *97 :* 419 ; *98 (-30-6) :* 188. **Pourcentage de toxicomanes séropositifs :** 20 ; **porteurs de l'hépatite : B :** 23 ; **C :** 47 (enquête publiée en 1997 par l'Irep).

☞ Voir également p. 183 c et le chapitre Sida p. 145 b.

Usagers (en %) **de cannabis et,** entre parenthèses, **de drogues injectables** (*source :* enquête de l'Institut de recherche en épidémiologie de la pharmacodépendance déc. 1995/avril 1996) : *selon le niveau d'études :* primaire 2 (1), secondaire court 26 (71), long 23 (9), supérieur 49 (17) ; *selon les activités professionnelles :* actif 66 (25), étudiant 25 (1), chômeur inscrit 12 (41), stagiaire 3 (5), chômeur non inscrit 2 (28) ; *bénéficiaires du RMI :* 31 (3). 45 % des jeunes lycéens ont déjà expérimenté le cannabis et environ 50 % d'entre eux en ont consommé 10 fois et plus au cours des 12 derniers mois (*source :* Inserm-OFDT 1999).

Décès par overdose. *1970 :* 5 ; *75 :* 37 ; *80 :* 172 ; *85 :* 172 ; *90 :* 350 ; *95 :* 465 ; *96 :* 393 ; *97 :* 228 ; *98 :* 143 ; *99 :* 118 dont héroïne 69, médicaments 39, cocaïne 7, ecstasy 2 ; constatés à domicile : 72 % ; *par Subutex : 1999 :* 11 (*source :* Ocrtis). Chez les jeunes, est devenue une des causes principales de décès avec les accidents de la route et les suicides.

Drogues les plus fréquemment retrouvées dans les accidents de la route : alcool, cannabis, ecstasy, héroïne.

Produits utilisés (en %, en 1998 et, entre parenthèses, en 1990). Cannabis 85,2 (69,3), héroïne 8,7 (27,8), cocaïne 3,7 (1,8), ecstasy 1,2 (0,1), autres 1,2.

Nota. – L'Amineptine, antidépresseur (marque de Survector), pris abusivement par des toxicomanes, a entraîné des conséquences graves, telles que des hépatites.

Usagers interpellés et, entre parenthèses, **% de femmes.** *1971 :* 1 855 (21,36) ; *75 :* 2 593 (16,02) ; *80 :* 8 482 (16,73) ; *85 :* 25 704 (12,94) ; *90 :* 29 015 (10,55) ; *95 :* 62 325 (9,83) ; *96 :* 69 228 (9,26) ; *97 :* 82 725 (8,93) ; *98 :* 85 507 (8,39) ; *99 :* 90 404 (7,9) dont **par produit** (en %) : pour cannabis 87,2, héroïne 6,8, cocaïne et crack 3,8, ecstasy 1, autres 1,2 ; **par âge :** *- de 18 ans :* 13 462 ; *18-25 ans :* 56 848 ; *+ de 25 ans :* 20 094 (*source :* Ocrtis).

■ **Organismes. Comité interministériel de lutte contre la drogue,** *créé* 6-12-1989 ; *présidé* par le Premier ministre. **Mission interministérielle de lutte contre la drogue et la toxicomanie (MILDT),** *créée* 24-4-1996 ; remplace la DGLDT, rattachée au Premier ministre. *Pte :* Nicole Maestracci. *Budget 2000 :* 288 millions de F. Lutte aussi contre l'abus de produits licites (alcool, tabac, médicaments psychotropes). A mis en place l'observatoire **Trend (Tendances récentes et nouvelles drogues)** et le **Sintes (Système d'identification des toxiques et substances). Centre Didro,** 9, rue Pauly, 75014 Paris. **Comité national d'information sur la drogue (CNID),** 9 *bis,* bd Jean-Jaurès, 92100 Boulogne-Billancourt. Conteste la distinction drogues « douces/dures » et l'emploi de produits de substitution. **Centre national de documentation sur la toxicomanie (CNDT),** Université Lyon-II, 14, av. Berthelot, 69007 Lyon. **Observatoire français des drogues et des toxicomanies (OFDT),** 105, rue Lafayette, 75010 Paris.

Associations. Association familiale de lutte contre la toxicomanie (Afalt Paris), 11, square de la Salamandre, 75020 Paris. **Association médicale nationale d'aide aux écoles contre la drogue,** 57, rue des Mathurins, 75008 Paris. **Bureau d'aide psychologique universitaire,** 44, rue Henri-Barbusse, 75005 Paris. **Centre Marmottan,** 17, rue d'Armaillé, 75017 Paris. **Centre médico-psychologique,** 8, av. Joyeuse, 94340 Joinville-le-Pont. **Centre St-Germain-Pierre-Nicolle,** 69, bd Auguste-Blanqui, 75013 Paris. **Centre de thérapie familiale Monceau,** 5, rue Jules-Lefebvre, 75009 Paris. **Direction départementale de l'action sanitaire et sociale (Ddass),** dans chaque département. **Fédération nationale des associations de prévention (Fnap),** mairie de St-Mandé, 94160. **France toxicomanies prévention jeunesse (FTPJ),** Centre Monceau, 91, rue St-Lazare, 75009 Paris. **Union nationale familiale de lutte contre les toxicomanies (Unafalt),** 42, avenue Jean-Moulin, 75014 Paris. **Toxibase,** 14, av. Berthelot, 69007 Lyon. Minitel : 3617 Toxibase. **Toxitel,** service Minitel : 3615 GP2.

PRODUITS DE SUBSTITUTION

Buprénorphine : sous la marque Subutex et le nom de Temgésic, substitut de l'héroïne, en comprimés ; sur ordonnance (délivrée pour 28 jours au maximum ; *prix :* 177 F la boîte de 8 comprimés de 8 mg pour 8 jours) en cas de dépendance majeure depuis mars 1996 en France (contesté) : 57 200 utilisateurs en 1998 (64 300 en 1999) dont contaminés par l'hépatite C 31 %, l'hépatite B 23 %, le sida 17 % ; souffrant de tuberculose 2 % ; classé comme stupéfiant dans plusieurs pays (certains toxicomanes s'injectent des comprimés dissous) ; *1998* cause de 80 overdoses faute du suivi médico-social rigoureux nécessaire. 10 % des consommateurs le détournent de son usage (injection ou trafic). **Méthadone :** opiacée buvable sous forme de sirop ; mise au point par un laboratoire privé allemand en 1940 et testée sur des prisonniers, puis récupérée par les Alliés et définitivement mise au point dans les années 1960 par Dole et Nyswander (université Rockfeller, New York). Programme méthadone progressivement abandonné aux USA. *En France depuis 1992,* les pouvoirs publics ont encouragé des centres spécialisés à prescrire de la méthadone dans le cadre d'une prise en charge globale ; *à juin 1998 :* 7 150 toxicomanes en traitement (dans 224 centres agréés). **Lévo-alpha-acétyméthadol (LAAM) :** expérimenté au Portugal. **Héroïne par voie intraveineuse :** expérimentée en G.-B. (Liverpool), aux P.-Bas et en Suisse.

LÉGISLATION INTERNATIONALE

■ **Commission des stupéfiants.** *Créée* 1946, *États membres :* 53 (élus) ; se réunit chaque année pendant 2 semaines à Vienne, effectue un bilan annuel et, sur recommandation de l'OMS, détermine les substances à soumettre à un contrôle international. Suit la mise en œuvre des conventions ; peut présenter des recommandations.

■ **Organe international de contrôle des stupéfiants (OICS).** *Créé* 1961 ; organe judiciaire ; *siège :* Vienne. *Membres :* 13 personnalités, indépendantes (juristes et pharmaciens). Veille au respect des conventions par les États signataires en coopération avec les gouvernements, contrôle les activités internationales concernant le commerce licite des stupéfiants. Il s'efforce de limiter la culture, production, fabrication et utilisation des drogues, objet des Conventions, aux besoins nécessaires à des fins médicales et scientifiques (par un contrôle statistique) ; il veille au respect des conventions pour culture, production, fabrication, trafic et utilisation illicites.

■ **Programme des Nations unies pour le contrôle international des drogues (Pnucid).** *Créé* déc. 1990 par l'Assemblée générale de l'Onu ; *siège :* Vienne. *Rôle :* prépare et met en œuvre les décisions de la Commission des stupéfiants. Coordonne et renforce l'action de tout le dispositif des Nations unies dans la lutte contre la drogue ; développe des programmes d'assistance aux États (mise à jour des législations, formation, élaboration des stratégies nationales, laboratoires, renforcement de la répression, programmes socio-économiques, cultures de substitution) ; centralise les informations.

■ **Conventions des Nations unies. Convention unique de 1961 :** ratifiée par 167 États, crée l'OICS (voir ci-dessus). Étend les systèmes de contrôle à la culture des plantes qui servent de matière première aux stupéfiants naturels. Institutionnalise un système d'évaluations et de statistiques. Subordonne exportations et importations de stupéfiants à l'autorisation expresse des 2 gouvernements intéressés. Oblige les gouvernements à fournir des rapports sur leur manière de mettre en œuvre ses dispositions et à lui faire connaître lois et règlements édictés par eux pour se mettre en conformité. Tout en prévoyant une période de transition pour les États où il existe un usage traditionnel, elle interdit des pratiques telles que celles consistant à fumer ou à manger de l'opium, à mastiquer des feuilles de coca, à fumer du hashisch (cannabis) ou à utiliser le chanvre indien à des fins non médicales. Les États sont tenus de prendre des mesures spéciales de contrôle concernant les drogues particulièrement dangereuses comme l'héroïne. *Protocole additionnel de 1972 :* demande aux États de prendre des mesures de traitement, d'éducation, de postcure, de réadaptation et de réinsertion sociale, au lieu ou en complément d'une peine d'emprisonnement, pour les usagers de stupéfiants. Demande à l'OICS de veiller à assurer l'équilibre entre l'offre et la demande des stupéfiants nécessaires à des fins médicales et scientifiques et de s'efforcer de limiter culture, production, fabrication, trafic et usage illicite des drogues. **Convention de 1971 :** ratifiée par 160 États, porte sur les substances synthétiques et médicaments qui ont des effets psychotropes, élargit le système international de contrôle des drogues, l'étend aux hallucinogènes (LSD : acide lysergique diéthylamide), stimulants (amphétamines) et aux sédatifs-hypnotiques (barbituriques). **Convention de 1988 :** ratifiée par 151 États, oblige les États à incriminer l'usage de stupéfiants au moins de manière indirecte (possession en vue de l'usage) mais laisse le choix entre poursuites ou mesures de soins.

■ **Organisation des Nations unies.** Session sur la lutte contre la drogue en juin 1998 : 180 pays représentés.

■ **Législation européenne en matière d'usage non médical de stupéfiants. Incrimination de l'usage :** *directe :* Belgique (collectif ; sauf cannabis), Espagne, Finlande, France, Luxembourg, Portugal ; *indirecte (par le biais de la possession en vue de l'usage individuel) :* Allemagne, Autriche, Belgique, Danemark, Espagne, Grande-Bretagne, Grèce, Irlande, Pays-Bas, Suède (l'Italie a renoncé à incriminer l'usage illicite). **Sanctions :** *pénales (mais flexibilité dans l'application) :* Allemagne, Autriche, Belgique, Danemark, Finlande, France, Grande-Bretagne, Grèce, Irlande, Luxembourg, Portugal, Suède ; *administratives (amendes) et non pénales :* Espagne. *En pratique, loi non appliquée :* Pays-Bas (toutes les drogues), Allemagne (cannabis).

■ **Accord.** *Signé, lundi 20 avril 1998, à La Haye,* par les ministres de l'Intérieur français et néerlandais, Jean-Pierre Chevènement et Hans Dijkstal. Cet accord constitue une *« étape significative »* de la coopération bilatérale depuis *« sa réactivation au sein du groupe de travail sur la drogue »,* a estimé le ministre français. Il a fait l'objet de longues négociations à la suite des accusations portées en 1995 par le président Jacques Chirac contre la politique néerlandaise en matière de prévention de la drogue. Ce différend a conduit la France à refuser de lever ses contrôles aux frontières terrestres avec les pays du Benelux, comme il est prévu dans le cadre des accords Schengen, entrés en application en 1995.

LÉGISLATION FRANÇAISE

La loi nº 70-1320 du 31-12-1970 a été complétée et modifiée par la circulaire Marcellin de 1972, le décret du 19-12-1988 et par les lois des 22-7 et 16-12-1992, 24-8-1993, 1-3-1994 et 13-5-1996.

■ **Incitation à l'usage.** Même non suivi d'effets, sanctionnée par l'article 227-18 du Code pénal (loi du 13-5-1996) d'une amende allant jusqu'à 700 000 F et jusqu'à 5 ans de prison ; *sur mineur de moins de 15 ans :* 1 000 000 F et 7 ans de prison.

■ **Trafic de stupéfiants.** Sanctionné par les articles 222-34 à 222-39 du nouveau Code pénal. Les organisateurs du trafic, producteurs ou fabricants, peuvent être punis de la réclusion criminelle à perpétuité et de 50 millions de F d'amende. Importation, exportation, transport, détention, offre, cession, acquisition et emploi sont punis de 10 ans d'emprisonnement (30 si faits commis en bande organisée) et de 50 millions de F d'amende. **Train de vie des trafiquants :** le fait de ne pas pouvoir justifier de ressources correspondant à son train de vie, tout en étant en relations habituelles avec une ou plusieurs personnes se livrant à l'une des activités réprimées ou avec plusieurs personnes se livrant à l'usage de stupéfiants, est puni de 5 ans d'emprisonnement (10 si les personnes étaient mineures) et de 500 000 F d'amende (art. 222-39-1 du Code pénal). **Utilisation de mineurs dans le trafic :** le fait de pousser directement un mineur à transporter, détenir, offrir ou céder des stupéfiants est puni de 7 ans d'emprisonnement et de 1 000 000 F d'amende (10 ans et 2 000 000 F si le mineur a moins de 15 ans) [art. 227-18-1 du Code pénal].

■ **Usage illicite de stupéfiants.** Il est interdit et puni de 1 an d'emprisonnement et/ou de 25 000 F d'amende (art. L. 628 du Code de la santé publique). **Dispositions thérapeutiques alternatives :** *injonction thérapeutique :* en cas d'infraction d'usage de stupéfiants, le procureur peut ne pas poursuivre et enjoindre au toxicomane de se placer sous surveillance médicale ou de subir une cure de désintoxication (art. L. 628-1) ; *cure de désintoxication :* ordonnée par le juge d'instruction ou le juge des enfants ou la juridiction de jugement qui peut ne pas prononcer la peine (art. L. 628-2 et 628-3). La non-exécution de la cure prescrite fait encourir la peine (art. 628-4).

☞ 400 à 500 places sont proposées dans les établissements de soins qualifiés pour assurer l'efficacité de l'injonction thérapeutique.

Sanctions complémentaires : *obligatoires :* confiscation de substances ou de plantes (art. L. 628-1 al. 4 et L. 629-1) ; *facultatives :* fermeture d'établissements (art. L. 629-1 et L. 629-2). La *récidive* double les peines dans la plupart des cas, de même que la vente à des mineurs ou dans des lieux éducatifs. Partout où la drogue a été entreposée ou transportée, les biens du propriétaire sont saisissables (sanctions douanières). Les *établissements recevant du public* qui ont été le lieu de commission des infractions (bar, hôtel, boîte de nuit...) peuvent être fermés par le préfet ou par le juge pendant un an. La *garde à vue* dans les locaux de police est portée à 4 jours. Les *perquisitions* sont possibles en tout lieu, de jour comme de nuit. Le juge peut interdire l'exercice d'une profession à l'occasion de laquelle l'un des délits susvisés a été commis. *L'étranger* ayant participé au trafic sera condamné à l'interdiction du territoire français pendant 2 à 5 ans ou définitivement.

Mesures politiques : *1976* le Pt Giscard d'Estaing nomme une « Mme Drogue », Monique Pelletier, qui publiera, en 1978, un « Livre blanc ». *1977* circulaire du ministre de l'Éducation nationale sur la prévention dans les écoles. *1978* circulaire du ministre de la Justice, Alain Peyrefitte, demandant aux magistrats une simple admonestation aux possesseurs de cannabis, y compris récidivistes. *1983* « déclaration de guerre à la drogue » du Pt Mitterrand qui nomme la MILDT (voir col. a).

■ **Prévention, soins, répression. Traitement volontaire :** les toxicomanes peuvent se présenter spontanément dans un établissement hospitalier afin d'y être soignés gratuitement et demander à bénéficier de l'anonymat. Par la suite, ils ne pourront être poursuivis judiciairement pour les faits d'usage antérieurs à cette démarche volontaire. **Signalement :** l'autorité sanitaire saisie du cas d'un usager par une assistante sociale ou un médecin peut enjoindre à l'intéressé de se placer, tout le temps nécessaire, sous la surveillance médicale, soit du médecin choisi par elle, soit d'un dispensaire d'hygiène sociale ou d'un établissement agréé.

☞ Le décret du 13-5-1987 libéralise la vente des seringues en pharmacie, permet l'échange des seringues, la distribution de « Stéribox » (seringue, 1 préservatif, eau de Javel pour nettoyer les seringues, notice de prévention), les campagnes publicitaires. Celui du 7-3-1995 autorise les associations de prévention à distribuer des seringues aux toxicomanes.

■ **Lutte contre le blanchiment de l'argent.** « **Déclaration de soupçon** » : *loi n° 90-614 du 12-7-1990* : impose aux établissements de crédit et professions financières d'informer Tracfin (voir col. b) chaque fois qu'une transaction leur paraît suspecte. Lorsqu'ils ont, de bonne foi, déclaré leurs soupçons, les organismes financiers bénéficient d'une exonération de responsabilité pénale, civile et professionnelle. *Loi n° 93-122 du 29-1-1993* : élargit le champ d'application de la loi du 12-7-1990 au produit de l'activité d'organisations criminelles. *Loi n° 96-392 du 13-5-1996* : crée un délit général de blanchiment du produit de tous crimes et délits (art. 324-1 du Code pénal) et renforce le contrôle exercé sur les changeurs.

Aux USA et en Australie, toutes les opérations répondant à des critères prédéfinis (types de transactions, seuils, origines géographiques des fonds, etc.) sont automatiquement transmises au service antiblanchiment.

■ **Dispositif ministériel.** 1°) Du ministère des Finances : **Traitement du renseignement et action contre les circuits financiers clandestins (Tracfin)** : 23 bis, rue de l'Université, 75007 Paris. *Créé* 9-5-1990. **Nombre de déclarations de soupçon reçues :** *1991* : 179 ; *92* : 388 ; *93* : 648 ; *94* : 683 ; *95* : 864 ; *96* : 901 ; *97* : 1 202 ; *98* : 1 244. **Répartition par type d'organisme** (en %) : banques et établissements de crédit 67, établissements financiers publics 18, changeurs manuels 9, Stés d'assurances 5, entreprises d'investissement et mutuelles 0,44, autres 1. **Nombre d'affaires portées en justice :** *1991* : 7 ; *92* : 13 ; *93* : 18 ; *94* : 22 ; *95* : 30 ; *96* : 47 ; *97* : 76 ; *98* : 105 (pour un montant total de 2,7 milliards de F).

2°) Du ministère de l'Intérieur : **Office central pour la répression de la grande délinquance financière (OCRGDF)** : 101, rue des Trois-Fontanot, 92000 Nanterre. *Créé* 9-5-1990.

☞ *Difficultés du contrôle du trafic de la drogue en France* : frontières terrestres 2 970 km, maritimes 2 700 ; franchissements (annuels) : individus 240 millions, marchandises 400 millions de t, camions 7,4 millions, wagons 255 000, avions 382 000.

SANTÉ

☞ Pour découvrir la sélection **Quid** des meilleurs sites Internet sur la santé, rendez-vous sur **www.quid.fr**

STRUCTURES

ÉTABLISSEMENTS

STATUT

■ **Organisation hospitalière** (loi du 31-7-1991). **Secteur public hospitalier (SPH)** : *centres hospitaliers* sans vocation régionale (CH), à vocation régionale mais sans convention avec l'Université (CHR) ou avec convention (CHU). *Hôpitaux locaux* (en médecine et avec convention d'un CH public ou privé participant au service public) assurant des activités de moyen et long séjour et des soins de courte durée ou concernant les affections graves. *Centres de moyen séjour* (foyers de postcure pour malades mentaux, alcooliques..., unités de convalescence ou de rééducation fonctionnelle ou de réadaptation) demandant à l'entrée dossier médical ou médico-social. *Unités* ou *centres de soins de longue durée* (ex-hospices), pour personnes ayant perdu leur autonomie de vie ou ayant besoin d'une surveillance médicale constante et de traitements d'entretien.

Secteur privé : *à but lucratif : cliniques* (un tiers de l'hospitalisation privée). Propriétés de médecins ou chirurgiens, de sociétés civiles ou commerciales, dans lesquelles les médecins peuvent posséder des parts. La plupart sont conventionnées. *A but non lucratif* (hôpitaux de la Croix-Rouge, centres de lutte contre le cancer, établissements mutualistes ou gérés par associations, fondations ou caisses locales d'assurances maladie) : participent au service public.

Consultations externes : CH, CHR, CHU sont tenus d'en avoir, assurées par un personnel qualifié (à partir de 9 h, 6 malades par heure au maximum). *Prix des consultations* : le même pour tous les médecins consultés ; le patient affilié à la Sécurité sociale ne paie que le ticket modérateur et éventuellement rien si affilié à une mutuelle. Pour les non-assurés sociaux : gratuit (couverture maladie universelle depuis le 1-1-2000). En ville, les spécialistes « secteur II » ont des honoraires libres (de 200 à 400 F), dont une partie remboursée par les caisses d'assurance maladie. **Hospitalisation à domicile (HAD) :** en cas de maladie grave ou si présence à la maison souhaitable (grossesse à risques, jeunes accouchées, bébés malades...). *Coût* : gratuit pour le malade (l'organisme se fait rembourser par la Sécurité sociale). Revient à environ 600 F/jour au lieu de 1 800 F dans un service de médecine à l'hôpital, 900 F pour le sida (en raison du prix élevé des médicaments) et 4 200 dans une maternité de l'AP-HP. **Hôpital de nuit :** plutôt réservé aux malades mentaux exerçant une activité de jour. **Hôpital de jour :** pour malades vivant chez eux ou travaillant.

☞ Les médecins employés à plein temps par l'hôpital peuvent consacrer un cinquième de leur activité, pris sur leur temps de travail salarié, à titre libéral, à condition de ne pas gêner le service public : en donnant des consultations privées 2 demi-journées au maximum par semaine ; en utilisant des lits du public (2 au moins, 4 au plus par médecin sans excéder 8 % des lits du service) et en consacrant au minimum 1 demi-journée par semaine à donner des consultations et à utiliser des lits du service public. Aucun lit ni aucune installation ne peuvent être réservés à l'activité libérale et les médecins ayant passé un contrat d'activité libérale doivent effectuer en personne actes et consultations privés.

■ **Régime tarifaire. Établissements publics et privés participant au SPH (PSPH)** : *financés par dotation globale*, arrêtée par le préfet et versée par une caisse d'assurance maladie dite caisse pivot. Des tarifs de prestations (correspondant aux anciens prix de journée) sont opposables aux malades non assurés sociaux (loi du 19-1-1983) et pour le calcul des frais laissés à la charge des assurés sociaux (ticket modérateur). **Autres établissements :** financés par convention avec la caisse régionale d'assurance maladie selon un tarif à la journée ne comprenant ni les honoraires médicaux, ni certaines prestations médico-techniques et pharmaceutiques.

■ **Frais d'hospitalisation pris en charge par l'assurance maladie.** 80 % les 30 premiers jours, sauf pour pathologies lourdes et certains hospitalisés (invalides de guerre, accidentés du travail, femmes enceintes) ; 100 % à partir du 31ᵉ j. Un forfait journalier reste à la charge des hospitalisés (loi du 19-1-1983), 70 F (au 1-1-2001). *Recours contentieux*, contre les tarifications arrêtées par le préfet, possibles (dans le délai d'1 mois pour toute personne appelée à les supporter ou les encaisser) devant la commission interrégionale de la tarification sanitaire et sociale, et en appel devant la commission nationale du contentieux de la tarification sanitaire et sociale (loi du 23-1-1990).

STATISTIQUES

■ **Nombre de lits et places installés,** en italique **dans le public et,** entre parenthèses, **dans le privé sous dotation globale/soumis à l'OQN** (au 1-1-1999). **537 153** ***346 889*** **(74 664/115 600) dont hospitalisation complète** (lits) : 492 052 *318 795* (66 119/107 138) dont court séjour : 248 972 *158 023* (19 959/70 990), psychiatrie 67 478 *46 030* (10 650/10 798), toxicomanie et alcoolisme 1 812 *1 174* (367/271), soins de suite ou de réadaptation 91 338 *38 287* (30 080/22 971), long séjour 82 444 *75 273* (5 063/2 108) ; **hospitalisation partielle et chirurgie ambulatoire** (places) : 45 101 *28 094* (8 545/8 462) dont psychiatrie, toxicomanie et alcoolisme 26 776 *21 287* (5 210/279), hors psychiatrie 11 264 *5 830* (3 005/2 429), anesthésie et chirurgie ambulatoires 7 061 *977* (330/5 754).

☞ De 1999 à 2004, tous les établissements de soins français seront soumis à une procédure d'accréditation menée sous l'égide de l'Agence nationale d'accréditation et d'évaluation en santé (Anaes). Fin 1998, 330 restructurations étaient en cours, permettant la suppression de 2 900 lits. De 1994 à 1998, 17 033 lits ont été supprimés. De 1999 à 2004, 24 000 seront supprimés ou reconvertis.

■ **Dans le monde. Nombre de lits pour 1 000 hab.** (en 1997) : Suisse[1] 20,8, Japon 16,4, Islande[2] 15,9, Norvège 14,7, Pays-Bas 11,5, Allemagne 9,4, Finlande[3] 9,2, Autriche 9,1, Rép. tchèque 9, Australie[1] 8,5, *France 8,5*, Hongrie 8,5, Luxembourg 8,1, Belgique[3] 7,2, Italie[3] 6,5, Nlle-Zélande 6,1, Pologne 5,4, Suède 5,2, Grèce[3] 5, Corée 4,8, Danemark 4,6, G.-B. 4,3, Canada 4,2, Portugal 4,1, USA[3] 4, Espagne[4] 3,9, Irlande 3,7, Turquie 2,5, Mexique 1,1.

Nota. – (1) 1991. (2) 1992. (3) 1996. (4) 1995.

■ **Hospitalisation complète** (en 1999). **Entrées** (en milliers) : 11 856 (dont chirurgie et spécialités chirurgicales, médecine et spécialités médicales y compris lutte contre le cancer et gynécologie, obstétrique 10 567), *public* 8 045 (dont court séjour 1 843), *privé* 6 496 (dont court séjour 2 132). **Journées** (en milliers) : 144 458 (public 50 729) dont *total court séjour* (médecine, chirurgie et obstétrique) 66 716 (public 42 361), psychiatrie 20 379, toxicomanie et alcoolisme 512, long séjour 29 050, soins de suite ou de réadaptation 27 800. **Durée moyenne de séjour,** en italique **en hospitalisation publique et,** entre parenthèses, **privée sous dotation globale/soumis à l'OQN** (en jours) : 10,7 *11,4* (16,5/7,7) ; *court séjour* 6,3 *6,8* (6,7/5,4) [médecine et spécialités médicales 6,2 *6,5* (6,3/5,1), chirurgie, spécialités chirurgicales, gynécologie, obstétrique 6,5 *7,9* (7,5/5,5)] ; *lutte contre maladies mentales* 34,5 *31,5* (52,1/35,4) ; *alcoolomanie et toxicomanie* (en 1997) 23,1 *18,9* (27,9/33,6) ; *soins de suite et réadaptation* 32,3 *31* (34,7/31,5). **Coefficient d'occupation,** en italique **dans le public et,** entre parenthèses, **dans le privé sous dotation globale/soumis à l'OQN** (en %) : 82,82 *83,26* (81,5/82,09) ; *court séjour* 76,76 *77,13* (74,4/76,75) [en 1997 : médecine et spécialités médicales y compris lutte contre le cancer 80,7 *79,9* (77,3/87,2), chirurgie et spécialités chirurgicales 71,6 *69,4* (67,4/74,4), gynécologie, obstétrique 68,9 *67,2* (69,5/71,7)] ; *soins de longue durée* 97,52 *97,45* (97,6/99,9) ; *soins de suite et réadaptation* 85,03 *83,83* (82,6/90,17) ; *lutte contre maladies mentales* 83,22 *79,9* (83,66/96,7) ; *alcoolomanie et toxicomanie* (en 1997) 78,7 *70,8* (77,8/95).

■ **Séjours en médecine, chirurgie et obstétrique dans les services de soins de courte durée** (en 1998). Nombre de séjours annuels et, entre parenthèses, durée moyenne (en jours) : certaines maladies infectieuses et parasitaires 252 100 (6,7), tumeurs 1 166 300 (8,5), maladies du sang et des organes hématopoïétiques et certains troubles du système immunitaire 105 400 (7), maladies endocriniennes, nutritionnelles et métaboliques 334 700 (7,3), troubles mentaux et du comportement 284 300 (6,7), maladies du système nerveux 431 800 (6,6), maladies de l'œil et de ses annexes 524 400 (2,4), maladies de l'oreille et de l'apophyse mastoïde 195 500 (3,8), maladies de l'appareil circulatoire 1 333 400 (7,6), maladies de l'appareil respiratoire 852 900 (7), maladies de l'appareil digestif 1 698 400 (5,8), maladies de la peau et du tissu cellulaire sous-cutané 230 800 (6,2), maladies du système ostéo-articulaire des muscles et du tissu conjonctif 882 900 (7,1), maladies de l'appareil génito-urinaire 828 000 (5,1), grossesse, accouchement et puerpéralité 727 600 (5,7), certaines affections dont l'origine se situe dans la période périnatale 135 200 (10,1), malformations congénitales et anomalies chromosomiques 120 200 (5,4), symptômes, signes et résultats anormaux d'examens cliniques et de laboratoire non classés ailleurs 866 300 (4,9), lésions traumatiques, empoisonnements et certaines autres conséquences de causes externes 1 255 600 (6), facteurs influant sur l'état de santé et motifs de recours aux services de santé 1 738 900 (4,6). **Toutes causes non compris accouchement unique et spontané 13 964 700 (6,2). Accouchement unique et spontané 448 700 (5,2). Total toutes causes 14 413 300 (6,2).**

■ **Prix de la journée** (en F, au 1-1-2001, prix de l'Assistance publique – Hôpitaux de Paris). **Court séjour :** médecine générale 3 298, spécialisée 4 746 ; chirurgie générale 5 454 ; spécialités coûteuses 9 800, hôpitaux de jour 1ʳᵉ catégorie : 5 550, 2ᵉ : 4 850, 3ᵉ : 1 850, dialyses 4 450, chimiothérapie 3 450 ; hôpital de nuit 1 141 ; HAD 1ʳᵉ catégorie : 1 259, 2ᵉ : 640 ; nutrition parentérale à domicile adultes 1 921, enfants 1 424. **Moyen séjour :** convalescents 1 611 ; rééducation et rééducation spécialisée 2 264. **Long séjour :** forfait soins 275,57 ; cure médicale : forfait soins 178,19. **Soins à domicile/placement familial :** forfait soins 219,14.

■ **Hospitalisation partielle** (en milliers, en 1998). *Total des venues* : 10 392 dont hospitalisation en psychiatrie, toxicomanie et alcoolisme 5 295, hors psychiatrie 3 975, soins de suite et de réadaptation 1 122.

■ **Appareils et équipements soumis à autorisation. Nombre dans les établissements publics et,** entre parenthèses, **privés** (au 1-1-1998) : scanographes 335 (231), IRMN 89 (58), médecine nucléaire (caméra à scintillation, tomographe à émission, caméra à positrons) 215 (153), lithotripteurs 27 (19), radiothérapie (accélérateurs de particules et appareils contenant des sources scellées de radioéléments) 126 (328), angiographie numérisée (appareils de coronarographie et autres appareils d'angiographie) 346 (337), appareil de circulation sanguine extracorporelle 102 (65), autres appareils lourds soumis à autorisation (caisson hyperbarre, appareil destiné à la séparation *in vivo* des éléments figurant dans le sang, cyclotron à utilisation médicale, compteur de la radioactivité totale du corps humain, appareils de sériographie à cadence rapide) 46 (42).

■ **Infections nosocomiales. Définition :** du grec *nosos*, maladie, et *komein*, soigner. Infection qui, « absente à l'admission à l'hôpital » (définition du Conseil supérieur d'hygiène publique de France), apparaît au cours ou à la suite d'une hospitalisation. **Cas** (en France) : environ 800 000/an dont 10 000 décès (dont 75 % seraient dus à une bactérie multirésistante : bacille pyocyanique, staphylocoque doré, etc.). **Localisation** (en %) : appareil urinaire 36,3 (en pédiatrie : 12) ; respiratoire 20,7 (19) ; site opératoire 10,6 (8) ; peau 10,5 (5) ; sang 5,9 (13) ; ORL/œil 5,7 (8) ; cathéter 3,8 (13) ; appareil digestif 2,6 (13) ; autre 3,9 (9). **Origine :** 11,8 % surviennent chez des malades opérés (risques majeurs dans les services de réanimation, de grands brûlés et de prématurés). Infections mineures, mais entraînant une prolongation de la durée du séjour hospitalier de 5 à 7 jours en moyenne

■ **Carnet de santé. Origine :** loi Teulade de 1993 (ordonnance 99345 du *24-4-1996*, décret 96925 et arrêté du *18-10-1996*). Distribué fin 1996 aux assurés de plus de 16 ans. **But :** permettre la pratique des soins médicalement adaptés au patient et économiquement justifiés. Permet d'éviter la répétition des interventions. **Formalités :** *gratuit* (envoyé par les organismes d'assurance maladie). *Obligatoire :* doit être présenté (sauf cas de force majeure ou d'urgence) au médecin appelé à donner des soins. Sont implicitement exclus médecins du travail et médecins des compagnies d'assurances. *Le patient peut* (s'il le juge utile) *le présenter à d'autres professionnels de santé* (chirurgiens-dentistes, sages-femmes, pharmaciens, etc.). *Refus :* si un patient assuré social refuse de présenter son carnet à un médecin, le médecin-conseil peut en rechercher les raisons et le convoquer. *Personnes y ayant accès :* astreintes au secret médical, sous peine de sanctions pénales (1 an de prison, amende de 100 000 F). *Secret professionnel :* aucune mention ne peut figurer sans l'accord du patient qui peut s'opposer à ce que le médecin y consigne des informations médicales jugées confidentielles (exemple : séropositivité).

■ **Carte de santé.** Carte à microprocesseur, appartenant au patient. Régulièrement mise à jour, permet, en urgence, d'accélérer le traitement en évitant les examens inutiles. Pour la consulter, il faut disposer d'une carte d'habilitation (avec code confidentiel). **Carte Sésame Vitale 1 :** données administratives (de l'ancienne « carte d'assuré social ») ; valable 3 ans ; 40 millions distribuées de mai 1998 à mai 2000 (*coût :* environ 4 milliards de F), 13 millions supplémentaires, prévus au printemps 2001 pour les ayants droit de plus de 16 ans ; **Vitale 2 :** contiendra en sus des informations médicales et permettra de relier les caisses complémentaires aux caisses de Sécurité sociale et aux médecins ; 60 millions seront distribuées (y compris aux bénéficiaires de la CMU) à partir de 2004. Le patient pourra s'opposer à ce que son affection figure sur la puce, réclamer de lire ce qui y est inscrit, rectifier ou faire effacer certaines informations, faire mettre un code secret qu'il aura lui-même établi. **Carte des professionnels de santé (CPS) :** leur permet de transmettre électroniquement via internet et un intranet dit « réseau de santé social » (RSS) des feuilles de soins électroniques (FSE) aux caisses et aux mutuelles, de communiquer entre eux et d'être alertés (retrait de médicaments, épidémies, etc.) ; *lancée* 5-5-1998 à Rennes, *prix :* 60 F par an, lecteur 1 600 F ; vise, à terme, 1 000 000 de professionnels ; à fin 2000, plus de 60 000 (sur 250 000 CPS distribuées) l'utilisaient. La Cnam a versé une aide à l'équipement informatique de 9 000 F et paie 0,40 F par feuille de soins télétransmise. L'ordonnance d'avril 1996 prévoyait l'acquittement, par les médecins aidés, d'une *« contribution forfaitaire aux frais de gestion »* de l'assurance maladie. Cette position n'a pas été mise en œuvre.

■ **Dossier médical.** Établi par le service hospitalier qui prend en charge le patient et par tout médecin consulté en ville, il comporte l'état civil du malade, les réflexions du médecin [1], les examens et l'observation du malade, les analyses en laboratoire, les contrôles, l'interprétation de ces examens, les traitements. Le patient peut accéder à son dossier à condition de passer par un médecin de son choix (article R 710-2 du Code de la santé publique – loi du *31-7-1991*), le *secret médical* n'est pas opposable au malade dans l'intérêt duquel il a été institué, mais aux tierces personnes. En cas de problème, on peut faire demander plusieurs fois le même dossier directement à l'hôpital par des médecins différents. **Durée de conservation :** 20 ans ; 70 ans (maladies chroniques, pédiatrie, neurologie, stomatologie) ; indéfiniment (maladies héréditaires). **Refus de communication :** s'adresser au directeur de l'hôpital (ou à l'administrateur de garde) par lettre recommandée, puis, pour le secteur public et assimilé, saisir la Cada (Commission d'accès aux documents administratifs, 66, rue de Bellechasse, 75007 Paris ; 331 cas traités en 2000) dans un délai de 2 mois, puis, en dernier ressort, saisir le tribunal administratif. **Communication du dossier à un ayant droit :** il faut que, de son vivant, le malade n'y ait pas manifesté son opposition, qu'il n'y ait pas de conflit entre les ayants droit, et que le médecin traitant n'estime pas cette communication impossible car trop confidentielle (exemple : portant atteinte à la mémoire du disparu).

Nota. – (1) Ses notes personnelles et les informations recueillies auprès d'un tiers ne sont pas obligatoirement intégrées au dossier quand il est communiqué.

☞ PMSI (programme médicalisé des systèmes d'information) : données informatisées des dossiers médicaux, rendues anonymes. Fin 1998, Edouard Couty (direction des hôpitaux) avait dénoncé la possibilité de remonter au malade, donc de violer le secret médical. L'article 41 de la loi du *27-7-1999* oblige à demander l'accord préalable de la Cnil pour l'exploitation de ces données par des tiers.

■ **Droits du patient.** Loi du *31-7-1991 :* le patient peut choisir l'hôpital qui lui convient. **Refus d'admission :** *aux urgences :* le service doit examiner le malade, donner les 1ers soins, orienter vers service approprié, transférer ou hospitaliser. *En non-urgence :* le directeur peut refuser, en cas de surcharge, après avis des médecins. *Cliniques privées à but lucratif :* refus admis ; de plus, elles ont interdiction de surcharger. **Refus d'une intervention :** si le malade est conscient et refuse une intervention jugée nécessaire, personne ne peut le contraindre à la subir si elle porte atteinte à son intégrité corporelle. S'il est handicapé à vie à la suite d'un accident ouvrant le versement d'une pension, la compagnie d'assurances peut demander qu'une intervention soit pratiquée pour améliorer son état et réduire les frais. Le malade ne peut s'y opposer que si elle est « sérieuse, douloureuse, avec des résultats incertains pouvant créer un choc mettant la vie en danger ». Son refus sera jugé fautif si l'intervention est simple et sans risque sérieux.

Loi de bioéthique (en *1994*) : tout acte thérapeutique nécessite le consentement préalable de l'intéressé.

Charte du patient hospitalisé (annexe à la circulaire du *6-5-1995*) : 1°) Le service public hospitalier est accessible à tous et en particulier aux personnes les plus démunies. Il est adapté aux personnes handicapées. 2°) Les établissements de santé garantissent la qualité des traitements, des soins et de l'accueil. Ils sont attentifs au soulagement de la douleur. 3°) L'information donnée au patient doit être accessible et loyale. Le patient participe aux choix thérapeutiques qui le concernent. 4°) Un acte médical ne peut être pratiqué qu'avec le consentement libre et éclairé du patient. 5°) Un consentement spécifique est prévu notamment pour les patients participant à une recherche biomédicale, pour le don et l'utilisation des éléments et produits du corps humain et pour les actes de dépistage. 6°) Le patient hospitalisé peut, à tout moment, quitter l'établissement sauf exceptions prévues par la loi, après avoir été informé des risques qu'il encourt. 7°) La personne hospitalisée est traitée avec égards. Ses croyances sont respectées. Son intimité doit être préservée ainsi que sa tranquillité. 8°) Le respect de la vie privée est garanti à tout patient hospitalisé ainsi que la confidentialité des informations personnelles, médicales et sociales qui le concernent. 9°) Le patient a accès aux informations contenues dans son dossier, notamment d'ordre médical, par l'intermédiaire d'un praticien qu'il choisit librement. 10°) Le patient hospitalisé exprime ses observations sur les soins et l'accueil et dispose du droit de demander réparation des préjudices qu'il estimerait avoir subis.

☞ Depuis le *24-4-1996*, un *livret d'accueil* doit obligatoirement être remis à chaque patient lors de son entrée dans un établissement de santé (ou, si son état ne le permet pas, à ses proches). Il contient généralement un questionnaire de satisfaction.

■ **Devis préopératoire.** Obligatoirement signé par le chirurgien et le patient 15 jours avant toute intervention coûtant plus de 2 000 F (loi du *1-1-1997*).

☞ **Expériences de recherche biomédicale :** loi du *20-12-1988 (loi Huriet)*. Une personne en état végétatif peut servir de « cobaye » si sa mort cérébrale est constatée (la personne n'est plus un être humain pour la loi) et s'il a au préalable donné son consentement « libre, éclairé et exprès ». Le Pr Milhaud, accusé d'avoir pratiqué des expériences sur des comas dépassés, fut relaxé (il avait notamment, en 1988, injecté du protoxyde d'azote à un homme de 23 ans sans autorisation de la famille ni de l'hôpital, afin d'apporter le concours de la médecine expérimentale dans l'affaire criminelle de Poitiers (une jeune femme morte sur la table d'opération à la suite d'une inversion de tuyaux). Le « cobaye » était mort peu après d'une crise cardiaque. Voir aussi **Don de corps** p. 169 b.

[coûtant entre 10 000 et 20 000 F par malade infecté (soit un total de 2,2 à 3,5 milliards de F/an)]. **Contamination :** bactéries présentes à l'hôpital, souvent résistantes aux antibiotiques, développement favorisé dans ce milieu chaud et humide. *Principale source :* circulation des malades entre les services, contacts physiques fréquents imposés par les soins. En théorie, le personnel médical doit se laver les mains de 40 à 80 fois/jour pendant 2 minutes à chaque fois, bien se rincer pour éviter toute irritation (source potentielle d'infection) et se sécher avec un essuie-mains jetable. *Réutilisation d'un matériel théoriquement jetable :* dans 11 établissements (9 privés) sur 30 (enquête DGCCRF, 1997). *Fréquence moyenne de résistance des staphylocoques dorés à la méthicilline :* France établissements de moyen séjour 66 %, ensemble des hôpitaux 57 %, Allemagne 9, pays nordiques 1. **Dispositif de surveillance :** Comité de lutte contre les infections nosocomiales (CLIN) tenu de se réunir au moins 3 fois/an (décret du 6-5-1988 ; mesure étendue aux cliniques privées par la loi du 1-7-1998 relative au renforcement de la sécurité sanitaire). Depuis 1992 (arrêté du 3-8) : 5 Centres interrégionaux de coordination (CCLIN) ; Comité technique national (CTIN) : experts placés auprès du directeur général de la santé et du directeur des hôpitaux. Depuis avril 1995 : Cellule infections nosocomiales du secrétariat d'État à la Santé. Acces (Agir contre la contamination biologique de l'environnement en santé) : questionnaire mis au point par l'institut Pasteur de Lille pour évaluer le niveau d'hygiène des établissements. A partir des réponses obtenues, Pasteur-Lille et le réseau Santé-Qualité (groupement d'intérêt public qui assiste les hôpitaux dans la recherche de qualité) créeront une banque de données, disponible sur Internet. **Responsabilité :** un établissement de santé a une obligation de sécurité de résultat (cass. civ. 1 du 29-6-1999, Mechin). Il doit donc indemniser le patient, sauf s'il établit l'origine étrangère de l'infection.

☞ 15 % des cas d'hépatite C seraient d'origine nosocomiale.

■ **Médicaments. Hospitalisations dues aux effets secondaires :** 134 159 (soit 3,17 %) d'après l'Afssaps (étude du 2-3 au 3-4-1998). **Médicaments en cause** (en %) : cœur et circulation sanguine 30, psychotropes 11. Le patient lui-même est responsable dans 20 % des cas.

■ **Anesthésies.** Sur 3 600 000 *anesthésies* pratiquées en France en 1980, il y avait 1 décès pour 13 000 anesthésies ; 42 % de ces accidents étaient survenus lors du réveil. Le décret du 5-12-1994 rend obligatoire la surveillance en salle de réveil. **Enquête de la Sfar (Société française d'anesthésie et de réanimation)** du 1-2-1996 au 31-1-1997 auprès des 1 583 établissements pratiquant des anesthésies : **nombre** (en 1996) : 7 937 000 (dont générales 77 %) dont en chirurgie 5 879 000 [dont ophtalmologie 443 000 (dont sur cataracte 339 200) ; appendicectomies 159 900 (dont 27 % sous laparoscopie) ; cholécystectomies 95 300 (dont 77 % sous laparoscopie)].

■ **Accidents médicaux. Nombre :** 30 000 par an. **Conséquences :** par an : 2 000 à 8 000 handicapés à vie. **A l'hôpital :** *nombre de dossiers reçus* par la Sté hospitalière des assurances mutuelles (SHAM : assure 50 % des hôpitaux) : *1986 :* 900 ; *96 :* 1 800 ; *indemnités versées* par la SHAM : *1996 :* 260 millions de F. *Recours : commission de conciliation* de l'établissement (ordonnance du 24-4-1996 ; mise en place obligatoire depuis le 7-5-1999) : transmet les réclamations au médecin conciliateur désigné par le chef d'établissement.

☞ On distingue le préjudice par la faute d'un médecin (voir p. 188 a) de l'accident thérapeutique, survenu sans faute et résultant du risque inhérent à l'acte médical, dit *aléa thérapeutique :* la réparation de ses conséquences « n'entre pas dans le champ des obligations dont un médecin est contractuellement tenu à l'égard de son patient » (cass. 8-11-2000).

Entretiens de Bichat : créés 1947 à l'hôpital Bichat par les Prs Guy Laroche et Louis-Justin Besançon. Annuels, à la faculté de médecine Pitié-Salpêtrière. En *2000 :* 10 000 participants.

ÉTABLISSEMENTS SOCIAUX

☞ *Abréviation :* pl. : place.

■ **Enfance. Établissements et services d'éducation spéciale pour l'enfance handicapée** (au 1-1-1998) : 2 497 (127 465 pl.). **Établissements de l'Aide sociale à l'enfance** (au 1-1-1998) : 1 342, *foyers de l'enfance* 199, *villages d'enfants* 17, *maisons d'enfants à caractère social* 1 126 (total : 51 941 pl.). **Établissements d'hébergement, réadaptation et réinsertion sociale** (au 1-1-1998) : 994 (37 630 pl.).

■ **Adultes handicapés** (au 1-1-1998). *Hébergement :* 2 593 établissements (86 944 pl.) ; *CAT, ateliers protégés, réadaptation et réinsertion professionnelle :* 1 293 établissements (88 033 pl.).

■ **Familles et jeunes travailleurs** (familles en difficulté : hébergement, réadaptation et réinsertion sociale au 1-1-1992). 958 établissements (35 842 pl.).

■ **Personnes âgées** (au 1-1-1997). **Total :** 647 205 personnes hébergées dans 10 238 établissements. **Services de soins de longue durée des hôpitaux publics** (personnes nécessitant surveillance médicale et traitements d'entretien) : 861 établissements, 74 517 pl. (privé : 123 établissements, 6 699 pl.). **Établissements sociaux et médico-sociaux :** *sections hospice-maison de retraite des hôpitaux publics* [unités rattachées à un hôpital (hébergement type maison de retraite)] : 2 655 établissements, 214 832 pl. (*privé à but non lucratif :* 1 984 établissements, 119 587 pl. ; *à caractère commercial :* 1 505 établissements, 72 334 pl.). *Logements-foyers* [privatifs avec services (restaurant, salle de réunions, infirmerie, blanchissage, surveillance], il peut y avoir une section de cure médicale : 2 940 établissements, 155 703 pl. **Autres établissements :** 170 et 3 533 pl.

■ **Soins palliatifs et d'accompagnement. Définition** (selon l'OMS) : ensemble des soins actifs aux malades dont l'affection ne répond pas au traitement curatif. **Nombre de malades incurables en fin de vie** (en France) : 150 000/an. **Unités de soins : fixes :** 58 (576 lits) ; **équipes mobiles :** 108. **Budget :** 200 millions de F. **Prix de la journée** (en F) : en service spécialisé 2 200, à domicile 1 200, en service hospitalier actif 3 000 à 5 000. **Nombre d'associations de bénévoles :** 150.

☞ ADRESSES : *Sté française d'accompagnement et de soins palliatifs (Sfap)*, 106, av. Émile-Zola, 75015 Paris. Édite un répertoire. *Fédération Jalmalv (Jusqu'à la mort accompagner la vie :* 60 associations, publie *La Revue Jalmalv)*, 132, rue du Fg-St-Denis, 75010 Paris et *Unasp (Union nationale des associations pour le développement des soins palliatifs)*, 44, rue Blanche, 75009 Paris : bénévoles.

■ **Interruption/limitation des soins.** Selon l'enquête du Dr Édouard Ferrand (Henri-Mondor, Créteil) en 1999, 50 % des 7 500 malades de 113 services de réanimation sont décédés après une telle décision, prise collectivement dans 90 % des cas.

■ **Congé pour accompagner un proche en fin de vie.** Inscrit par la loi du 9-6-1999 ; 3 mois au maximum, non rémunéré.

☞ En 1994, 44 % des résidents d'établissements pour personnes âgées étaient atteints de détérioration intellectuelle, 44 % étaient incontinents. 33,5 % des résidents dépendants psychiques étaient confinés (lit ou fauteuil), 51 % aidés pour toilette ou habillage, 10 % pour sortir.

Établissements psychiatriques

■ **Lits en hospitalisation complète et,** entre parenthèses, **places en hospitalisation partielle** (au 1-1-1998). **Secteur public :** centres hospitaliers spécialisés (CHS) 35 727 (14 670), services de psychiatrie des hôpitaux généraux (SP publics) 13 284 (6 966), hôpitaux privés psychiatriques faisant fonction de publics (SPP) 8 378 (2 419). **Privé :** cliniques et foyers de postcure 13 184 (2 877), services de psychiatrie des cliniques générales (SP privés) 707 (118). **Secteur de psychiatrie générale (adultes) :** *public :* CHS 34 479 (9 905), SP publics 12 624 (4 569), HPP 8 191 (1 989) ; *privé :* cliniques et foyers de postcure 12 904 (1 773), SP privés 609 (20). **Infanto-juvénile :** *public :* CHS 1 248 (4 765), SP publics 660 (2 397), HPP 187 (430) ; *privé :* cliniques, foyers 280 (1 104), SP privés 98 (98).

Personnes suivies (en 1995) : 923 136 dont 70 % exclusivement en ambulatoire et (ou) à temps partiel et 280 296 (30 %) à temps complet. **Consultations** (en 1993) : 480 000 adultes dans les centres et hôpitaux psychiatriques.

■ **Régimes d'internement.** La loi du 27-6-1990 a abrogé la loi du 30-6-1838. Elle distingue l'hospitalisation librement consentie (75 % des cas) de l'hospitalisation sans consentement (22 % sur demande de tiers, 3 % d'office). Voir également le chapitre *Justice*.

Hospitalisation libre : formule créée en 1922 par Édouard Toulouse (hôpital Henri-Rousselle, enceinte de l'hôpital Ste-Anne). Règles d'admission et de sortie sont celles d'un hôpital général. **Sur demande d'un tiers (HDT) :** quand les troubles rendent impossible le consentement du malade dont l'état impose des soins immédiats et une surveillance en milieu hospitalier. Manuscrite et signée par un membre de la famille ou une personne susceptible d'agir dans l'intérêt du malade à l'exception des soignants de l'établissement d'accueil. Accompagnée (sauf péril imminent) de 2 certificats médicaux circonstanciés, de moins de 15 j, dont l'un établi par un médecin n'exerçant pas dans l'établissement d'accueil (un seul certificat en cas d'urgence). Dans les 24 h suivant l'admission, le psychiatre (différent des 2 premiers) doit signer un certificat la confirmant ou l'infirmant. La procédure est renouvelée au bout de 15 j, puis tous les mois. La mesure prend fin sur certificat du psychiatre, ou à la demande de l'auteur de la demande d'admission, du curateur, d'un conjoint, parent, d'une personne autorisée par le conseil de famille, ou de la commission départementale de l'hospitalisation psychiatrique.

Hospitalisation d'office (HO) : personnes dont les troubles mentaux compromettent l'ordre public ou la sécurité des personnes. Prononcée par arrêté du préfet. En cas de danger imminent, le maire ou le commissaire de police peut prendre les mesures provisoires nécessaires, à charge d'en référer dans les 24 h au préfet qui doit statuer sans délai. Faute de décision, les mesures provisoires sont caduques au bout de 48 h. Le préfet se prononce au vu d'un certificat médical circonstancié n'émanant pas d'un psychiatre exerçant dans l'établissement d'accueil. Des certificats médicaux sont aussi rédigés après 24 h d'hospitalisation, 15 j, puis tous les mois. La mesure prend fin sur décision du préfet après avis d'un psychiatre ou sur proposition de la commission départementale des hospitalisations psychiatriques. Dans tous les cas d'hospitalisation sans consentement : *1°)* des sorties d'essai peuvent être accordées (procédure simplifiée) jusqu'à 3 mois (renouvelables) ; *2°)* le Pt du tribunal de grande instance et le procureur de la République peuvent être saisis ou se saisir d'office de la situation d'un malade.

Nombre d'hospitalisations (en France métropolitaine) : total (en 1995) : 426 096 ; sur demande d'un tiers (1996) : 46 022 ; d'office (en 1996) : 7 871.

Service de santé des armées

■ **Histoire.** **1708**-*17-1* édit de Louis XIV, préparé par Le Tellier et Louvois, crée un service de santé militaire. **Révolution et Empire** hôpitaux militaires créés dans des établissements religieux devenus biens nationaux (exemple : Val-de-Grâce). **XIXe s.** autonome. École de Strasbourg remplacée par celles de Lyon et Bordeaux. **1948** unification des services (terre, marine, air).

Assistance publique – Hôpitaux de Paris (AP-HP)

■ **Histoire.** **Origine :** *Hôtel-Dieu* (fondé en 651 par St Landry, évêque de Paris), *Grand bureau des pauvres* (créé 1544 par François Ier), *Hôpital général* (créé 1656, comprend plusieurs établissements dont Bicêtre, la Salpêtrière, la Maison de Scipion, la Pitié, etc., doit assurer « le renfermement des pauvres mendiants »). **Loi de vendémiaire an V** unifie hôpitaux et hospices. **Arrêtés consulaires an IX** confient au Conseil général des hospices la gestion des hôpitaux de Paris, des secours à domicile et des enfants trouvés. **1849**-*10-1* loi transférant les attributions du Conseil (organisation collégiale) à un directeur (autorité exécutive) assisté d'un conseil de surveillance (pouvoir consultatif) ; début de l'Assistance publique. **1958** ordonnances lui attribuant 3 fonctions : soin, enseignement, recherche. **1961**-*22-7* services sociaux transférés au département (Aide sociale à l'enfance 1961, Protection maternelle et infantile 1969) ou à la ville de Paris (Aide médicale en 1964, Aide sociale en 1969, hospices en 1970). **1991** introduction de la mention « Hôpitaux de Paris ».

■ **Statut.** Établissement public de santé relevant de la ville de Paris ; constitue le CHRU de la région d'Ile-de-France. **Composition.** Hôpitaux ou groupes d'hôpitaux 41 dont à Paris 18, région parisienne 19, province 4 ; services généraux 5, Samu 4, centres de formation 38 (dont écoles spécialisées 9, instituts de formation en soins infirmiers 20, divers 9).

■ **Personnel.** 89 040 dont médical 17 706, administratif 9 157, soignant 50 300, technique et ouvrier 5 557, médico-technique 5 345, socio-éducatif 975. **Capacité** (en 1999). Lits d'hospitalisation 26 650 (court séjour 15 770, soins de longue durée 5 591, de suite et de réadaptation 4 109, places de jour 1 180). **Budget** (en 2000). 29,8 milliards de F. **Activité** (en 1999). Hospitalisations 996 600 ; consultations 4 750 000 ; urgences 914 582 ; malades hospitalisés à domicile 14 600.

Personnel médical

■ **Personnel hospitalier.** **Effectif total dont,** entre parenthèses, **secteur public/privé** (au 1-1-1997) : **médical :** médecins, biologistes, odontologistes et pharmaciens 184 421 (115 568/68 853), internes (y compris les faisant fonction d'interne et les diplômés interuniversitaires de spécialité) ; **non médical :** 757 157 (681 058/249 744) dont *personnel de direction* 9 346 (3 942/5 404), autre personnel administratif 102 505 (71 347/31 158), *des services de soins* 639 496 (474 421/165 075) dont encadrement du personnel soignant (dont infirmiers généraux) 33 375 (25 940/7 435), infirmiers (dont de secteur psychiatrique) 223 225 (168 037/55 188), infirmiers spécialisés 19 957 (14 630/5 327), autres personnels des services médicaux 23 024 (13 116/9 908), aides soignants 210 326 (162 339/47 987), agents des services hospitaliers et autres personnels secondaires des services médicaux 112 550 (78 158/34 392), psychologues 6 989 (5 511/1 478), sages-femmes 10 079 (6 735/3 344), *médico-techniques* 43 664, *techniques* 122 961 (89 255/33 706).

Chirurgiens-dentistes et docteurs en chirurgie dentaire

■ **Ordre national des chirurgiens-dentistes.** *Créé* par l'ordonnance du 24-9-1945 maintient les principes de moralité, de probité et de dévouement de la profession. Nul ne peut exercer s'il n'y est inscrit.

■ **Nombre.** **Inscrits :** *1900 :* 1 788 ; *1959 (1-1) :* 14 631 (dont 3 804 femmes) ; *1968 (1-1) :* 20 618 (5 490 f.) ; *1982 (31-12) :* 35 201 ; *1990 (5-1) :* 41 670 (12 483 f.) ; *1992 (31-12) :* 41 840 ; *1993 (4-2) :* 41 598 ; *1994 (28-1) :* 41 725 (12 963 f.) ; *1995 (31-1) :* 41 999 (13 210 f.) ; *1996 (31-1) :* 41 091 (13 355 f.) ; *1997 (30-1) :* 42 192 ; *1998 (30-1) :* 42 255 ; *1999 (1-1) :* 42 533 dont : **1°)** *libéraux et salariés :* 39 978 (dont spécialistes qualifiés en orthodontie dento-faciale 1 572) dont exercices individuels 21 448, associations 13 481, assistanat, collectivités 2 293, salariés 2 424, enseignants exclusifs 332 ; **2°)** *divers :* 2 655 dont chirurgiens-dentistes conseils 397, autre mode d'exercice 176, sans exercice 2 082. **Densité.** **Nombre pour 100 000 habitants :** *1959 :* 32,5 ; *70 :* 39,3 ; *82 (31-12) :* 60,8 ; *92 :* 72 ; *94 (28-1) :* 70 ; *97 (30-1) :* 69,7 ; *98 (30-1) :* 69,4, *soit 1 chirurgien-dentiste pour 1 439 habitants.*

■ **Secteur libéral.** *Au 31-12-1999 :* 37 233 chirurgiens-dentistes dont 1 632 spécialistes en orthodontie dento-faciale (spécialisation en 4 ans, sanctionnée par certificat d'études cliniques spéciales mention orthodontie : CECSMO). **Secteur salarié.** *Au 31-1-1999 :* 2 481 dont spécialistes en orthodontie dento-faciale 53. **Activité** (au 1-1-1999) : 78 millions d'actes, 9 millions de consultations. **Honoraires** (en milliards de F) : *1990 :* 28,3 ; *95 :* 33,2 ; *96 :* 34,8 dont (en %) : extractions (D) et prothèses restauratrices (DC) 5, soins conservateurs (SC) 55,8, prothèses (SPR) 29,9, orthodontie (TO) 3 ; *98 :* 36.

Nota. – La *pédodontie* (soin des dents de l'enfant), la *parodontologie* (traitement des tissus entourant les dents) et la *radiographie* ne sont pas des spécialités reconnues.

Médecins

■ **Ordre des médecins.** **Origine :** *1940* (loi du 7-10) créé sous le régime de Vichy (l'idée remontait à 1928 et émanait de députés socialistes). *1945* recréé par de Gaulle (après avoir été dissous). *1981* candidat à la présidence de la République, Mitterrand prévoit sa suppression. **Mission :** élaborer et appliquer un Code de déontologie (soumis au Conseil d'État et promulgué par le gouvernement), publié 1947, puis remanié 1955, 1979 et 1995. Tout malade s'estimant lésé par un médecin peut déposer plainte au conseil départemental qui la transmettra au conseil régional, qui la jugera. *Pt :* Pr Bernard Glorion (né 22-9-1928).

■ **Médecins inscrits à l'Ordre dont,** entre parenthèses, **actifs** (au 31-12). *1955 :* (39 356) ; *60 :* (44 954) ; *65 :* (54 764) ; *70 :* 65 219 (65 047) ; *80 :* 126 115 (117 920) ; *85 :* 161 949 (149 336) ; *90 :* 190 847 (171 463) ; *98 :* 223 694 (192 944) ; *99 :* 228 850 (196 968). *Hommes* n.c. (121 543), *femmes* n.c. (70 815). **Dom-Tom** (en 1999) : 4 821 (4 610) dont (en 1998) Réunion 1 598, Martinique 824, Guadeloupe 831, Pacifique Sud 437, Polynésie française 371, Guyane 291, Mayotte 54, St-Pierre-et-Miquelon 14. **Généralistes et**, entre parenthèses, **spécialistes (actifs en métropole) :** *1980 :* 65 094 (39 314) ; *85 :* 74 826 (55 063) ; *90 :* 88 278 (71 856) ; *97 :* 95 342 (90 237) ; *98 :* 95 471 (93 053) ; *99 :* 98 817 (93 541). **1res inscriptions (métropole) :** *1980 :* 8 715 ; *85 :* 8 517 ; *90 :* 6 650 ; *97 :* 5 055 ; *98 :* 4 703 ; *99 :* 5 754. **Départs à la retraite, radiation et décès :** *1999 :* 3 045 (dont 2 415 hommes et 630 femmes).

Effectifs par spécialité (en France métropolitaine, au 1-1-2000). *Anatomie et cytologie pathologique humaine* 1 426. *Anesthésie, réanimation* 8 728. *Biologie médicale* 2 231. *Cardiologie* 5 302. *Chirurgie générale* 5 297, *plastique* 216 ; *orthopédique* 1 838 ; *pédiatrique* 55 ; *thoracique et cardiovasculaire* 130 ; *urologique* 261 ; *vasculaire* 342. *Dermatologie, vénérologie* 3 829. *Endocrinologie et maladies métaboliques* 1 191. *Gastro-entérologie* 2 953. *Génétique médicale* 52. *Gynécologie-obstétrique* 4 674, *exercice gynécologie médicale et obstétrique* 2 362. *Hématologie* 134. *Médecine : interne* 2 316 ; *nucléaire* 405 ; *du travail* 5 238. *Néphrologie* 814. *Neurochirurgie* 304. *Neurologie* 1 434. *Neuropsychiatrie* 828. *Oncologie* 436. *Ophtalmologie* 5 265. *Oto-rhino-laryngologie* 2 816. *Pédiatrie* 5 782. *Pneumologie* 2 167. *Psychiatrie* 10 213. *Psy. option enfants et adolescents* 1 185. *Radiodiagnostic* 6 844. *Radiothérapie* 545. *Radiodiagnostic et -thérapie* 31. *Recherche médicale* 14. *Rééducation et réadaptation fonctionnelles* 1 689. *Rhumatologie* 2 478. *Santé publique et médecine sociale* 1 016. *Stomatologie* 1 488. **Total** 94 349.

Conventionnement. *1996 :* 113 524 médecins dont *secteur 1 :* 83 159, *secteur 2 (honoraires libres) :* 27 971, *DP (dépassement permanent) :* 2 394.

Nota. – Non conventionnés : 487.

Départements ayant le plus de médecins actifs inscrits (au 31-12-1998) : Paris 17 447, B.-du-Rh. 8 202, Nord 7 562, Hts-de-S. 6 299, Rhône 6 246, Gironde 5 064, V.-de-M. 4 762, Hte-G. 4 536, A.-M. 4 441, Yvelines 4 139, Hérault 3 820, S.-St-D. 3 728, Bas-Rhin 3 711 ; **le moins :** Lozère 168, Creuse 303, Terr. de Belfort 355, Cantal 379, Meuse 385, Ariège 399, Hte-Loire 414, Hte-Corse 424, Corse du Sud 428, Gers 451, Lot 451. **Médecins actifs pour 100 000 habitants** (généralistes et spécialistes, en métropole) : *1959-60 :* 98,6 ; *1980 :* 216 (gén. 121, sp. 74) ; *85 :* 266 (gén. 136, sp. 100) ; *90 :* 297 (gén. 156, sp. 127) ; *98 :* 323 (gén. 163, sp. 159) ; *2000 (prév.) :* 360.

Médecins salariés. Par activité (en %, au 1-1-1998) : hôpital (dont enseignement universitaire) 70,8, prévention 14,9, contrôle 4, administration 3,2, établissement social 1,6, centre de transfusion sanguine 0,95, industrie de la santé 0,8, laboratoire 0,7, non déclaré ou autre 3,1.

Femmes-médecins en activité. **Total :** *1980 :* 27 856 ; *86 :* 44 040 ; *90 :* 53 782 ; *98 :* 70 183 ; *99 :* 70 815. En 1990, 27,7 % étaient salariées, 28,2 % exerçaient à l'hôpital, 42,07 % sous forme libérale ; exercice non précisé pour 15,6 % (total supérieur à 100 % en raison des exercices mixtes). **% de femmes dans le corps médical :** *1980 :* 22,7 ; *90 :* 30,4 ; *97 :* 35,8 ; **par spécialité :** *1998 :* médecine du travail 69,3 ; endocrinologie 65 ; dermatologie 61,7 ; ORL 14,4 ; chirurgie générale 6,7 ; neuro-chirurgie 6.

Médecins libéraux. **Nombre :** *au 1-1-1999* (source Drees) : 116 900 dont généralistes 67 300, spécialistes 49 600. **Premières installations :** *1989 :* 5 927 ; *90 :* 4 959 ; *95 :* 2 954 ; *96 :* 2 851 dont omnipraticiens 1 377, spécialistes 1 474. **Départs ou décès :** *1995 :* 2 145 ; *96 :* 2 386 (1 282 omnipraticiens, 1 104 spéc.). **Solde :** 465 dont omnipraticiens 244, spécialistes 221. **Répartition** (en %) : **par spécialisation** (au 31-12-1996) : omnipraticiens 53,34 ; spécialités médicales 23,71, chirurgicales 17,15, psychiatriques 5,8 ; **par secteur d'activité** (au 1-1-1998) : en cabinet 89,9, établissement hospitalier 8,2, laboratoire 0,8, non déclaré 1,1.

Nota. – Médecins = omnipraticiens + spécialistes ; omnipraticiens = généralistes + MEP (ayant un mode d'exercice particulier).

Médecins du travail. *Au 1-1-2000 :* 5 238. Travailleurs surveillés : 12,5 millions dans 1 350 000 entreprises. **Médecins scolaires** (en 1990). 950 + 260 vacataires. 1 médecin pour 10 000 enfants (la loi en prévoit 1 pour 500). **Médecins universitaires.** 400.

Médecins étrangers exerçant en France (au 31-1-1998). 3 618 sur 192 944 actifs dont Belges 691, Marocains 491, Allemands 453, Italiens 372, Tunisiens 338, Espagnols 257, Asiatiques 176 (dont Vietnamiens 114), d'Afrique noire 167, Grecs 87, Luxembourgeois 81, Anglais 79, Néerlandais 63.

■ **Dans le monde.** **Médecins pour 1 000 habitants** (en 1997) : Italie 5,8, Espagne[1] 4,2, Grèce[1] 4, Hongrie 3,5, Allemagne 3,4, Belgique 3,4, Islande 3,3, Suisse 3,2, Portugal 3,1, Suède[1], Finlande 3, *France 3,* Rép. tchèque 3, Autriche 2,9, Danemark[1] 2,9, USA 2,7, Pays-Bas[2] 2,6, Australie 2,5, Norvège 2,5, Luxembourg 2,4, Pologne[1] 2,4, Nlle-Zélande 2,2, Japon[1] 1,8, G.-B.[1] 1,7, Mexique 1,3, Corée 1,2, Turquie[1] 1,1.

Nota. – (1) 1996. (2) 1991.

Omnipraticiens conventionnés ayant un mode d'exercice particulier (MEP) [en 1996]. 6 606 (dont acupuncture 2 003, homéopathie 1 326, angéiologie 818, allergologie 394, médecine d'urgence 371, médecine physique n.c., thermalisme 185, autres 1 978).

■ **Internes.** *1995:* 16 892 (dont public 15 710) dont faisant fonction d'internes 2 898 (public : 2 436), diplômés de spécialités 1 297 (public : 1 071).

■ **Nombre d'actes en 1996. Par l'ensemble des 114 011 médecins conventionnés et non conventionnés** (en milliers) : 490 461 dont omnipraticiens 282 673 dont généralistes 260 098, MEP (mode d'exercice particulier) 22 575 ; spécialistes 207 788. **Par médecin APE** (actif à part entière) en 1996 : omnipraticiens 4 760 ; spécialistes 3 762. **Prescriptions en acte C-V-K-Z par médecin APE** (en F) : omnipraticiens 1 811 100, spécialistes 548 228. **Actes techniques. Répartition** (en %) : **K** (actes de spécialité généralement de diagnostic non sanglant) 89,6 ; **KC** (chirurgie) 6,8 ; **SPM** (soins conservateurs et de prothèses effectués par un médecin) 0,1 ; **Z** (actes utilisant des radiations ionisantes) 3,6 dont **Z 1** (radiologues et spécialistes de l'appareil digestif) 92,8, **Z 2** (rhumatologues et pneumologues) 4,3, **Z 3** (autres spécialités) 2,9.

■ **Conditions de travail des médecins** (*source :* enquête emploi Insee, 1999). **% de médecins travaillant habituellement/parfois/jamais :** *le soir :* 12/62/26 ; *la nuit :* 4/48/48 ; *le samedi :* 32/52/16 ; *le dimanche :* 4/61/35 ; *sam. et dim. :* 4/61/35. **Heures travaillées par semaine :** 50,1 h (à temps complet 52,9/partiel 27,5), hommes 55,7 (56,3/25,8), femmes 41,2 (45,8/27,7), rural 51,9, villes 50,5, agglomération parisienne 48,2.

■ **Réclamations** (en 1995). **Saisies :** *des tribunaux de grande instance :* 945 demandes au fond ; *des cours d'appel :* 278. **Répartition des réclamations faites aux généralistes :** *diagnostic :* inapproprié 51,2, traumatisme 19,6, cancer 15,3, péritonites/occlusions 4,3, infarctus 4,3, torsion de cordon 3,82, embolie pulmonaire 1,43 ; *traitement :* globalement inapproprié 54,8, accidents non médicamenteux 25,08, médicamenteux 20,07.

Adresses. Aavac (Association d'aide aux victimes d'accidents corporels et d'erreurs médicales), 1, rue de l'Église, 33200 Bordeaux. **Aavam** (Assoc. d'aide aux victimes des accidents de médicaments), 10, rue de la Paix, 75002 Paris. **ADT** (Assoc. de défense des transfusés), 66, rue de Saintonge, 75003 Paris. **Adua** (Assoc. des usagers de l'administration et services publics et privés), 37, bd St-Martin, 75003 Paris. **Anameva** (Assoc. nationale des médecins-conseils de victimes de dommages corporels), BP 197, 75804 Paris Cedex 18. **AUHSM** (Assoc. des usagers de l'hôpital et des soins médicaux), 172, rue Cardinet, 75017 Paris. **Aviam** (Aide aux victimes d'actes médicaux), 30, rue Léon-Bourgeois, 51000 Châlons-en-Champagne. *Créée* 1984. **Cada** (Commission d'accès aux documents administratifs), 64, rue de Varenne, 75007 Paris. **Ordre national des patients,** 17, rue Madeleine-Michelis, 92200 Neuilly-sur-Seine. **Réseau hospitalier des usagers,** 71, rue Guy-Môquet, 75017 Paris.

Procès. 1835 pour la 1re fois un patient poursuit son médecin en justice pour les suites défavorables de ses actes attribuées à une faute professionnelle. **1936** arrêt Mercier : la responsabilité du médecin est contractuelle avec obligation de moyens et non de résultat. **1985** 180 procès en cours contre des chirurgiens ayant oublié des objets dans le corps de leurs patients (compresses, champs opératoires, aiguilles, pinces). Le « record » a été une « semelle de Pauchet-Duval » (39 cm de long, 900 g), servant à refouler les viscères, oubliée dans l'abdomen d'une opérée. **1993** le Conseil d'État condamne l'Assistance publique de Marseille à verser 3 millions de F à une personne devenue tétraplégique après une artériographie cérébrale. **1998** le GAMM (Groupe des assurances mutuelles médicales) couvre 207 442 sociétaires dont 119 318 médecins (dont 49 862 généralistes, 4 790 anesthésistes réanimateurs, 3 023 chirurgiens, 165 chirurgiens esthétiques, 1 177 obstétriciens, 36 gynécologues) et reçoit 2 155 déclarations de dommages corporels dont 70 % adressées par les malades ou leur famille. 50 % des dossiers ne sont pas indemnisés car non fautifs. **Délai moyen :** 5 ans.

☞ Si l'état antérieur à l'intervention a contribué à l'apparition de troubles que l'opération ne fait que révéler, les tribunaux ne retiennent pas la responsabilité du médecin.

Aux USA : l'association de consommateurs « Public Citizen » a publié, mi-2000, une liste de 20 000 médecins sanctionnés par leurs ordres pour faute professionnelle, mauvaise prescription de médicaments ou « comportement sexuel inapproprié ».

■ **Mesures récentes. 1980**-*mai* création du secteur 2 à « honoraires libres », suppression du droit permanent au dépassement (DP). **1983** suppression des lits privés à l'hôpital public, les libéraux sont considérés comme travaillant à temps partiel. **1986** rétablissement des consultations privées à l'hôpital public. **1987**-*27-1* du secteur privé à l'hôpital public. -*11-3* création des spécialités de chirurgie orthopédique et endocrinologie. *Plan Séguin :* exonération du ticket modérateur limitée aux soins concernant l'affection exonérante (protocole). **1988**-*déc.* création de la spécialité anatomo-cyto-pathologie. **1989** incitation au départ en retraite des médecins de plus de 60 ans. **1990** limitation du secteur 2 aux anciens chefs de clinique et anciens assistants des hôpitaux généraux ou régionaux ne faisant pas partie des CHU. **1992-94** engagements conventionnels de respecter un OQN (objectif quantifié national) de croissance : laboratoires et infirmiers (1992), médecins (1993), masseurs-kinésithérapeutes et orthophonistes (1994). Instauration d'une liste de « références médicalement opposables » (RMO) : actes superflus, dépenses jugées injustifiables. **1996**-*24-4* maîtrise médicalisée des dépenses de santé, organisation de la Sécurité sociale, réforme de l'hospitalisation publique et privée. **1997**-*28-3* approbation des conventions nationales (généralistes et spécialistes). **1998** OQN fixé à 1,6 %. -*3-7* le Conseil d'État annule la convention médicale (des généralistes). -*4-12* nouvelle convention (rétroactive au 10-7-1998) : *pour le patient,* dispense de l'avance de frais contre consultation du « médecin référent » avant le spécialiste, tiers payant étendu aux spécialistes « correspondants » du généraliste « référent » ; *pour le médecin,* allocation de 150 F par patient contre prescription de médicaments génériques (au moins 10 %), mise en œuvre d'efforts de prévention, informatisation de son cabinet, nombre d'actes compris entre 1 500 et 7 500 par an ; *la caisse* peut rompre le contrat si le patient ne respecte pas ses engagements.

■ **Numerus clausus. Nombre :** *1972-73 :* 8 652 ; *80-81 :* 6 409 ; *92-93 :* 3 500 ; *94-95 :* 3 750 ; *96-97 :* 3 576 ; *97-98 :* 3 583 ; *98-99 :* 3 700 ; *99-2000 :* 3 850. Voir aussi le chapitre **Enseignement**.

■ **Serment d'Hippocrate.** « Je jure par Apollon, médecin, par Esculape, par Hygie et Panacée, par tous les dieux et toutes les déesses, les prenant à témoin que je remplirai, suivant mes forces et ma capacité, le serment et l'engagement suivants : je mettrai mon maître de médecine au même rang que les auteurs de mes jours, je partagerai avec lui mon avoir et, le cas échéant, je pourvoirai à ses besoins ; je tiendrai ses enfants pour des frères, et, s'ils désirent apprendre la médecine, je la leur enseignerai sans salaire ni engagement. Je ferai part des préceptes, des leçons orales et du reste de l'enseignement à mes fils, à ceux de mon maître et aux disciples liés par engagement et un serment suivant la loi médicale, mais à nul autre.

« Je dirigerai le régime des malades à leur avantage, suivant mes forces et mon jugement, et je m'abstiendrai de tout mal et de toute injustice. Je ne remettrai à personne du poison, si on m'en demande, ni ne prendrai l'initiative d'une pareille suggestion ; semblablement, je ne remettrai à aucune femme un pessaire abortif. Je passerai ma vie et j'exercerai mon art dans l'opération de la taille. Dans quelque maison que je rentre, j'y entrerai pour l'utilité des malades, me préservant de tout méfait volontaire et corrupteur, et surtout de la séduction des femmes et des garçons, libres ou esclaves. Quoi que je voie ou entende dans la société pendant l'exercice ou même hors de l'exercice de ma profession, je tairai ce qui n'a jamais besoin d'être divulgué, regardant la discrétion comme un devoir en pareil cas.

« Si je remplis ce serment sans l'enfreindre, qu'il me soit donné de jouir heureusement de la vie et de ma profession, honoré à jamais des hommes ; si je le viole et que je me parjure, puissé-je avoir un sort contraire. »

■ **Serment d'Hippocrate réactualisé** par le Pr Bernard Hœrni (l'article 109 du nouveau Code de déontologie prévoit, comme dans les précédents codes, que tout médecin doit prêter serment).

« Au moment d'être admis(e) à exercer la médecine, je promets et je jure d'être fidèle aux lois de l'honneur et de la probité. Mon premier souci sera de rétablir, de préserver ou de promouvoir la santé dans tous ses éléments, physiques et mentaux, individuels et sociaux. Je respecterai toutes les personnes, leur autonomie et leur volonté, sans aucune discrimination selon leur état ou leurs convictions. J'interviendrai pour les protéger si elles sont affaiblies, vulnérables ou menacées dans leur intégrité ou leur dignité. Même sous la contrainte, je ne ferai pas usage de mes connaissances contre les lois de l'humanité. J'informerai les patients des décisions envisagées, de leurs raisons et de leurs conséquences. Je ne tromperai jamais leur confiance et n'exploiterai pas le pouvoir hérité des circonstances pour forcer les consciences. Je donnerai mes soins à l'indigent et à quiconque me les demandera. Je ne me laisserai pas influencer par la soif du gain ou la recherche de la gloire. Admis(e) dans l'intimité des personnes, je tairai les secrets qui me seront confiés. Reçu(e) à l'intérieur des maisons, je respecterai les secrets des foyers et ma conduite ne servira pas à corrompre les mœurs. Je ferai tout pour soulager les souffrances. Je ne prolongerai pas abusivement les agonies. Je ne provoquerai jamais la mort délibérément. Je préserverai l'indépendance nécessaire à l'accomplissement de ma mission. Je n'entreprendrai rien qui dépasse mes compétences. Je les entretiendrai et les perfectionnerai pour assurer au mieux les services qui me seront demandés. J'apporterai mon aide à mes confrères ainsi qu'à leurs familles dans l'adversité. Que les hommes et mes confrères m'accordent leur estime si je suis fidèle à mes promesses ; que je sois déshonoré(e) et méprisé(e) si j'y manque. »

☞ **Le Code de déontologie médicale** (décret du 6-9-1995) précise que le médecin « doit à la personne qu'il examine, soigne ou conseille une information loyale, claire et appropriée sur son état, les investigations et les soins qu'il lui propose » (art. 35) et que, « pour des raisons légitimes que le médecin apprécie en conscience, un malade peut être laissé dans l'ignorance d'un diagnostic ou pronostic grave ». L'obligation d'information : n'existe pas dans « les cas d'urgence, d'impossibilité ou de refus du patient d'être informé » ; vise aussi le médecin réalisant la prescription (arrêt du 14-10-1997) ; doit aussi porter sur les conséquences en cas de refus. La charge de la preuve en matière d'information incombe au médecin (arrêt du 25-2-1997). Le manquement à l'obligation d'informer constitue un préjudice s'il est établi que, si le patient avait été correctement informé, il aurait été susceptible de refuser l'intervention proposée et, ainsi, d'échapper au risque qui, en définitive, s'est produit (arrêt du 20-6-2000).

■ **Psychanalystes. Nombre** (en France) : 5 000 (taux le plus élevé au monde). **Affiliés à l'Association psychanalytique internationale** (*créée* 1910). Sté psychanalytique de Paris (SPP), reconnue d'utilité publique. *Fondée* 1926 (600 membres) à l'*Institut de psychanalyse* (323 élèves). Consultations et traitements gratuits pour les Parisiens, au Centre Jean-Favreau. **Association psychanalytique de France** (APF) : *fondée* 1965 ; 65 membres, 31 enseignants, 172 analystes en formation.

Quatrième groupe (Organisation psychanalytique de langue française). *Fondée* 1969, 43 psychanalystes membres, 220 participants aux activités de recherche et de formation.

« Lacaniens ». École freudienne [dissidente : 465 membres dont 34 enseignants et 311 dits praticiens (environ 35 % de médecins)] fondée 1964 et dissoute 1980 par Lacan (1901-81). **École de la Cause freudienne :** *créée* 1981, dernière institution présidée par Lacan. **Centre de formation et de recherches psychanalytiques (CFRP) :** *créé* 1982. **Association freudienne :** *créée* 1982. **Convention psychanalytique :** *créée* 1983. **École lacanienne de psychanalyse :** *créée* 1985. **Espace analytique. Sté de psychanalyse freudienne.**

Transcourants. Collège de psychanalystes : *fondé* 1980.

☞ Certains, comme le Pr Debray-Ritzen (1922-93), ont considéré la psychanalyse comme dépourvue de valeur scientifique et dénuée de tout résultat thérapeutique appréciable.

■ **Psychologues. Association nationale des organisations de psychologues (Anop) :** 20 *bis,* Grand'Rue, La Croix Rouge, 13013 Marseille. Regroupe 4 000 psychologues. Propose un *Code de déontologie des psychologues. Revue :* Médianop.

■ **Métapsychique. Origine :** *1889* Max Dessoir propose le terme de *parapsychologie* pour « caractériser toute une région frontière encore inconnue qui sépare les états psychologiques habituels des états pathologiques » et celui de *paraphysique* pour désigner ses manifestations objectives. *1922* Charles Richet (1850-1935, prix Nobel de physiologie 1913) unifie ces 2 concepts en définissant la *métapsychique* comme « une science qui a pour objet des phénomènes mécaniques dus à des forces qui semblent intelligentes ou à des puissances inconnues latentes dans l'intelligence humaine ». Il publie le *Traité de métapsychique* (réédité en 1994). *1954* Fernand Clerc propose le terme de *psychotronique* pour désigner « les phénomènes dans lesquels l'énergie est dégagée par le processus de la pensée ou par la pulsion de la volonté humaine ». *But :* étude rationnelle des phénomènes paranormaux (c'est-à-dire assez improbables pour paraître faire exception aux lois reconnues par la science classique). La *métapsychique objective* étudie actions et interactions paranormales (psychocinèse, prodiges) qui intéressent la paraphysique et le versant physique de la psychotronique. La *métapsychique subjective* étudie les informations paranormales (clairvoyance, télépathie, prémonition) qui intéressent la parapsychologie et le versant psychologique de la psychotronique. **En France :** *Institut métapsychique international,* reconnu d'utilité publique, 1, place de Wagram, 75017 Paris. *Pt :* Dr Mario Varvoglis.

☞ La métapsychique ne doit pas être confondue avec le *spiritisme,* étude des phénomènes médiumniques.

■ **Fiabilité des prescriptions. Étude de 150 000 ordonnances** prescrivant 6 médicaments (Urcam de Normandie, sept. 1998-févr. 1999) : 10 654 ; *7 :* 7 643 ; *8 :* 4 990 ; *9 :* 3 264 ; *10 :* 2 038 ; *11 :* 1 209 ; *12 :* 746 ; *13 :* 390 ; *14 :* 203 ; *15 :* 106 ; *16 :* 56 ; *17 :* 34 ; *18 :* 17 ; *19 :* 10 ; *20 :* 3 ; *24 :* 1 ; *ordonnances à risque :* 13 504 dont sévères 679, excès de risques sans gain thérapeutique avéré 2 107, risques potentiels et/ou prescriptions inutiles 3 172, prescriptions inutiles 7 546.

■ PHARMACIENS

☞ *Abréviation :* ph. : pharmacie.

■ **Historique. 1777** profession des apothicaires différente de celle des épiciers, naissance de l'enseignement privé de la pharmacie. **An XI** la *loi du 21 germinal* consacre le 1er véritable statut de l'officine (en vigueur jusqu'en 1941). **1803** 3 écoles publiques créées (Paris, Montpellier, Strasbourg). **1951**-*20-11* création d'un Ordre des pharmaciens.

■ **Étudiants en pharmacie.** *1960-61 :* 8 722 ; *70-71 :* 22 161 ; *80-81 :* 31 444 ; *90-91 :* 22 386 ; *98-99 :* 23 379. **Diplômes délivrés :** *1960 :* 1 085 ; *70 :* 2 312 ; *80 :* 3 980 ; *85 :* 3 839 ; *90 :* 2 272 ; *97 :* 2 230. Voir aussi le chapitre *Enseignement.*

Firent des études de pharmacie. L'humoriste *Alphonse Allais* (1854-1905), reçu à 4 examens de pharmacie, ne se présenta pas au 5e et dernier ; *Antoine Balard* (1802-76) célèbre grâce au métro, et non pour sa découverte du brome ; *Louis Jouvet* (diplômé le 12-4-1913) acteur ; *Antoine Parmentier* (1737-1813) propagea la pomme de terre ; *Jacques Séguéla* (né 1934) publicitaire.

■ **Régime actuel.** Arrêté du 17-7-1987. Enseignement dispensé dans 24 UFR. Après une 5e année hospitalo-universitaire : 6e année option officine ou industrie pour les filières courtes de « pharmacie générale » (stage obligatoire de 6 mois en officine ou en industrie et soutenance d'une thèse). Les reçus à l'internat en fin de 4e année effectuent la 5e année AHU et peuvent s'orienter vers le 3e cycle et préparer un DES (durée : 4 ans) : ph. hospitalière et des collectivités ; ph. industrielle biomédicale ; ph. spécialisée ; biologie médicale. Fin de scolarité avec soutenance de thèse (diplôme d'État de docteur en ph.). Le mémoire des DES tient lieu de thèse. Pour exercer la ph., il faut s'inscrire à l'un des 7 tableaux de l'Ordre national des pharmaciens. Depuis le 1-1-1996, obligation de 6 mois d'expérience comme assistant ou remplaçant.

■ **Nombre total** (au 1-1-2000, Dom-Tom inclus). 64 227 (dont femmes 40 674), dont : titulaires d'officines 27 129 (âge moyen environ 46 ans) dont femmes 14 474, étrangers 569 (en 1998), dans 22 689 ph. dont 7 012 (en 1998) en société, 74 mutualistes, 68 minières ; établissements de soins 3 788 (les établissements de – de 500 lits ont en général des « gérants » à temps partiel qui peuvent cumuler 2 ou 3 postes si le nombre total des lits est inférieur à 500) ; fabricants importateurs, exploitants 683 ; grossistes-répartiteurs et dépositaires (propriétaires ou mandataires sociaux) n.c. ; assistants 24 245 (dont en ph. d'officine 18 120, mutualiste 281, minière 99, industrie 2 054, répartiteurs 385, conseils de la Sécurité sociale 150, associations humanitaires 119, remplaçants en officine 39, gérants après décès en officine 32, autre 18, LABM 3) ; gérants ph. mutualistes et minières 140 ; chargés de produits sanguins labiles 47 ; biologistes 7 847 (certains cumulent d'activités sont légalement autorisés). **Nombre d'inscrits à l'Ordre** (au 1-1-2000 : 64 227. **Titulaires d'officines :** *1866* : 5 661 ; *1947* : 13 153 ; *82(31-12)* : 21 737 ; *92(1-1)* : 25 646 ; *95 (1-1)* : 26 503 ; *99 (1-1)* : 26 949 ; *2000(1-1)* : 27 129 (dont Ile-de-France 4 845) dont hommes 12 655, femmes 14 474. **Titulaires exerçant en commun** (au 1-1-2000) : 10 019. **Densité** (au 1-1-2000) : 1 pharmacien d'officine pour 1 214 habitants.

■ **Déchets issus de médicaments (DIM).** 70 000 t/an (1 kg/hab.) dont 90 % d'emballages. **Redistribution des médicaments non utilisés (MNU) :** *assurée* par 11 associations humanitaires, *gérée* par **Cyclamed** (association à but non lucratif) : 831 t (plus de 13 000 000 de boîtes) en 1999.

■ **Laboratoires d'analyse médicale (secteur libéral).** **Nombre :** *1996* : 4 043 dont laboratoires 3 619, labo. mixtes (B + BP) 330, labo. anatomopathologie (BP) 31 ; *1997* : 4 131. **Densité** (en 1994) : 7 pour 100 000 hab. **Chiffre d'affaires moyen d'un laboratoire** (en 1995) : 4 012 000 F. **Consommation d'actes d'analyses :** *1996* : 19 030 millions de F soit 326 F par habitant.

☞ En 2000, il existait environ 200 laboratoires indépendants (400 en 1975).

■ **Caducée.** Signe officiel depuis le rétablissement de l'ordre des médecins en 1945. **Origine :** du grec κερυξ, celui qui annonce la nouvelle. Insigne d'Hermès puis de Mercure ; à l'origine, tige avec des racines entrelacées. Vers le ve s. : remplacées par l'enlacement de 2 serpents. **Composition :** serpent, bâton et soleil. *Serpent :* représente le pôle, où se trouvent les Enfers. Selon *Pline,* le serpent avait été choisi parce qu'il se renouvelle en changeant de peau et que, par la médecine, l'homme se renouvelle. Selon *Hyginus* (Fable 49), en observant les serpents, Esculape aurait trouvé le secret de ses guérisons. Étant auprès d'un malade, Esculape tua un serpent qui s'était enroulé autour de son bâton. Un autre serpent apporta, dans sa gueule, une herbe qui guérit et ressuscita le premier. *Bâton d'Esculape :* arbre sacré symbole de l'équinoxe d'automne, autour duquel le dragon des Hespérides monte la garde (d'où l'idée du serpent = prudence). *Autre interprétation :* enroulés autour du bâton, qui symbolise l'arbre de vie, les serpents, avec leur mue annuelle, expriment la capacité régénératrice de la médecine ; leur venin se transforme en remède.

■ **Pharmacies d'officine. Création :** licence, accordée par la préfecture selon un quorum fixé par le Code de la santé publique (art. L. 571) : 1 pharmacie pour 3 000 hab. dans les villes de 30 000 hab. et + ; pour 2 500 hab. dans villes de 5 000 hab. à 30 000 hab. 3 500 en Guyane, Ht-Rhin, Bas-Rhin et Moselle (*JO* du 28-7-1999) ; 1 par tranche de 2 000 hab. dans communes de – de 5 000 hab. (Alsace-Lorraine : 1 pour 5 000 hab.). Dérogation possible si l'intérêt de la santé publique l'exige. (*1999* : 20 créations par voie normale ; 33 par dérogation). **Nombre de pharmaciens assistants** que le pharmacien d'officine doit employer selon son chiffre d'affaires (en millions de F HT, en 1999) : *5,2 à 10,4* : 1 ; *10,4 à 15,6* : 2 ; *plus de 15,6* : + 1 assistant par tranche de 5,2 supplémentaire. **Nombre** (au 1-1-2000) : 22 689 dont (au 1-1-1999) communes rurales 7 917, villes moyennes 10 793, grandes villes 1 470, métropoles 2 460. **Densité** (au 1-1-2000) : 1 officine pour 2 579 habitants. **Chiffre d'affaires moyen** (en 1997) : 6 230 000 F. Adresse : *Coordination nationale des élus et usagers pour la défense de leur pharmacie :* Mairie, 49410 La-Chapelle-Saint-Florent.

■ Biologistes médicaux

Postes ouverts à l'internat à l'issue des études de médecine ou de pharmacie : 200/an. **Biologistes en activité :** *1981* : 6 700 ; *98* : 10 000 dont médecins 2 400, pharmaciens 7 600.

■ Sages-femmes

Inscrites. 2000 : 16 687 (actifs 15 027). **Entrées dans les écoles :** *1984* : 714 ; *89* : 633 ; *93* : 668 ; *96* : 638. **Diplômes obtenus :** *1999* : 723. **Mode d'exercice** (en %, en 2000) : hôpital 56, clinique 22,5, cabinet 12,6, PMI 4,4, autre 4,5. **Nombre d'actes (C, V, SF, SFI).** 3 275 564. **Honoraires.** 293,92 millions de F.

Professions paramédicales

■ **Praticiens en exercice en 1996** (France entière) : 770 932 ; *source :* Sesi et organisations professionnelles). **Auxiliaires médicaux dont,** entre parenthèses, **% de salariés/de libéraux :** infirmiers diplômés d'État (DE) ou autorisés 296 119 (83/17) [en 1997 : 351 090 (85,8/14,2)], de secteur psychiatrique 54 574 (100/0), masseurs-kinésithérapeutes 49 466 (24/76), orthophonistes 12 861 (27/73), orthoptistes 1 912 (27/73), opticiens-lunetiers 6 500, diététiciens 4 500, pédicures-podologues 6 000 (12/88), audioprothésistes 2 000, manipulateurs d'électroradiologie médicale 20 000 (100/0), psychomotriciens 6 000 (82/18), ergothérapeutes 4 000 (100/0). **Autres :** aides-soignants 330 000 (en 1999), auxiliaires de puériculture 60 000, techniciens de laboratoire 45 000, psychologues 30 000. **Autorisations d'exercice délivrées à des ressortissants communautaires :** 257 dont masseurs-kinésithérapeutes 151, orthophonistes 65, opticiens-lunetiers 15, ergothérapeutes 15, techniciens de laboratoires 5, pédicures-podologues 4, manipulateurs d'électroradiologie 2.

ZOOLOGIE

☞ Pour découvrir la sélection **Quid** des meilleurs sites Internet sur la zoologie, rendez-vous sur **www.quid.fr**

Abréviations : esp. : espèce(s) ; M.a. : millions d'années. *Source :* J. Roche, Muséum.

Classification

Nombre d'espèces connues

Autrefois : 50 milliards d'espèces auraient vécu sur Terre, chacune pendant en moyenne 4 millions d'années. *Aristote* (384-322 av. J.-C.) ne connaissait guère plus de 400 animaux. *Linné* (1707-78) a répertorié plus de 4 400 espèces.

Actuellement : 1,7 à 1,8 million sont répertoriées. Des millions sont à découvrir (de 6 à 80 millions pour les seuls insectes). **En France** (selon le Service du patrimoine du Muséum national d'histoire naturelle, en 2000) : vertébrés : 980 espèces (4 cyclostomes, 420 poissons (dont 73 poissons d'eau douce), 38 amphibiens, 38 reptiles, 357 oiseaux dont 277 nicheurs, 112 mammifères) ; invertébrés : 50 000 à 70 000 espèces (dont 34 600 insectes, 2 500 crustacés, 1 400 mollusques, 250 échinodermes).

La faune actuelle peut se classer en 35 ou 36 embranchements. Certains animaux ne correspondent pas à des critères simples. Exemple : le *dipneuste* (protoptère d'Afrique) est un poisson qui dispose de branchies mais également de poumons lui permettant de vivre en léthargie hors de l'eau lorsque les mares s'assèchent.

Le classement ci-dessous est résumé et, si l'on voulait être complet, on pourrait par exemple définir ainsi un moustique : *embranchement :* arthropode ; *sous-embranchement :* mandibulate ; *classe :* insecte ; *sous-classe :* ptérygote ; *superordre :* mécoptéroïde ; *ordre :* diptère ; *sous-ordre :* nématocère ; *famille :* culicidés ; *genre :* culex (nom latin du « moustique ») ; *espèce :* culex pipiens (« qui pique »).

☞ **Cladisme :** méthode de reconstitution des relations de parenté et de construction des classifications, connue à l'origine sous le nom de systématique phylogénétique (fondée par l'entomologiste allemand Willi Hennig en 1950). N'inclut que les groupes monophylétiques, ou clades, déterminés uniquement par les caractères dérivés (ou évolués) communs aux espèces qu'ils comprennent.

I. Protozoaires

■ **Formés d'une seule cellule.** Plus de 30 000 espèces. Forme animale des protistes. Actuellement, *le plus grand* protozoaire est le *Pelomyxa palustris* (15,2 mm) ; *le plus petit : Micromonas pusilla,* diamètre 2 micromètres.

■ **Rhizopodes** (se déplacent par pseudopodes). *Amibes :* pas de squelette. *Foraminifères :* squelette externe calcaire ; marins. **Radiolaires** (pseudopodes rayonnants ; squelette interne siliceux). Exemples : Hexalonche, Thalassicola. **Flagellés** (se déplacent à l'aide d'un flagelle). Exemple : Trypanosome de la maladie du sommeil. **Ciliés** (se déplacent grâce à des cils vibratiles). 8 000 espèces. Exemple : Paramécie. **Sporozoaires** (ni cils, ni flagelle à l'état non reproducteur ; parasites). Exemples : Coccidie intestinale du lapin, Hématozoaire du paludisme.

II. Métazoaires

■ **Formés de nombreuses cellules** groupées en tissus et organes différenciés. 37 embranchements, dont 36 d'Invertébrés. Environ 1 350 000 espèces.

■ Invertébrés

■ **Myxozoaires.** Plasmodes, animaux dont les noyaux flottent à l'intérieur de l'organisme, sans être contenus dans des cellules.

■ **Placozoaires.** Organismes très simples, en forme de sacs aplatis, composés d'une assise épidermique de cellules ciliées périphériques, et ne renfermant que quelques cellules libres. 1 espèce : *Trichoplax adhaerens.*

■ **Spongiaires** ou **Éponges** (aquatiques, surtout marins, toujours fixés ; corps à cavités et canaux ; courant d'eau provoqué par des cellules flagellées ; squelette formé de spicules calcaires ou siliceux et de fibres cornées). 10 000 espèces. *Éponge de toilette :* pas de spicules, seulement des fibres cornées.

■ **Cnidaires** (aquatiques, surtout marins ; corps en forme de sac ; des cellules urticantes : harpons microscopiques). Tentacules. 10 000 espèces. **a) Hydrozoaires :** 2 700 espèces *hydraires :* alternance polype-méduse ; de petite taille ; marins : *Obelia ;* en eau douce : hydre, à polypes solitaires, et *Craspedacusta* à phase méduse et phase polype. *Siphonophores :* coloniaux ; parfois de grande taille ; souvent très urticants : physalie, velelle. **b) Scyphozoaires** ou **méduses acalèphes :** grande taille : *Pelagia, Aurelia ;* ou très grande taille : *Rhizostoma, Cyanea.* 200 espèces. **c) Cuboméduses :** très venimeuses, parfois mortelles (Pacifique sud-ouest). **d) Anthozoaires :** 7 000 espèces ; tous marins ; sans squelette rigide : anémones de mer, alcyons. Avec squelette calcaire : madrépores ou coraux, corail rouge. Avec squelette corné : gorgones, corail noir ou antipathaire.

■ **Cténaires.** Méduses pélagiques à appareil locomoteur formé de rangées de palettes et possédant des cellules adhésives spéciales, les colloblastes. Exemples : *Beroe* (en forme de cloche), *Pleurobrachia* (sphérique), *Cestus* (en forme de ceinture).

■ **Xénoturbellides.** Simples sacs à orifice unique et ventral, aplatis sur le substrat.

■ **Vers plats** ou **Plathelminthes (platodes). Turbellariés :** en forme de feuille ; des cils vibratiles (planaires). 20 000 espèces. Plusieurs grandes lignées évolutives ; certains groupes primitifs (Acoeles, Nématodermes) seraient isolés. **Trématodes :** en forme de feuille ; pas de cils ; parasites (Douve du foie). 2 400 espèces. **Cestodes :** en rubans articulés ; parasites ; exemple : *ténia* (ver solitaire). 1 500 espèces.

■ **Gnathostomulides.** Vers plats à tube digestif simple et pièces cuticulaires broyeuses dans le gésier.

■ **Némertes.** Vers presque toujours marins, le plus souvent libres, à grande faculté de régénération, trompe rétractile dans une cavité dorsale. Exemple : *Lineus*.

■ **Vers ronds** ou **némathelminthes (nématodes).** Par exemple, *trichine* du porc ; *ascaris* de l'homme ou du cheval ; *anguillule* du vinaigre. 100 000 espèces ; nématodes marins ; phytoparasites et nématodes du sol (plusieurs milliers d'espèces de chaque catégorie).

■ **Gastrotriches.** Vers libres microscopiques portant des tubes adhésifs généralement nombreux à la cuticule épidermique formée de plusieurs couches superposées, 500 espèces marines et d'eau douce. Face ventrale ciliée. Exemples : *Chaetonotus, Turbanella, Tetranchyroderma*.

■ **Rotifères** (eaux douces surtout). Une double couronne de cils locomoteurs céphaliques *(Rotifer, Seison)*. 1 800 espèces microscopiques < 1 mm, libres et nageuses ou fixées sur un hôte.

■ **Céphalorhynques.** Embranchement récemment créé. **Kinorhynques :** vers libres marins microscopiques à tête ornée de crochets. **Loricifères** (recouverts d'une cuticule très ornementée).

■ **Prapuliens** (vers non segmentés à métamorphose progressive ; à cuirasse bivalve).

■ **Gordiens** (vers de greffe et de régénération possibles). Longeur maxi. : 20 m. Nutrition trans-épidermique.

■ **Annélides** (corps à anneaux porteurs ou non de soies). **Soies nombreuses :** *polychètes*, 40 000 espèces dont *Néréis :* errants, marins ; *arénicoles :* creusent une galerie en U, marins ; *serpules :* vivent dans un tube calcaire, marins. **Soies rares :** *oligochètes :* vers de terre (lombrics), 2 500 espèces. **Pas de soies :** *achètes* ou *hirudinées : sangsues*, 300 espèces (utilisées en médecine).

■ **Sipunculiens.** Vers cylindriques à tube digestif très circonvoluturé.

■ **Échiuriens.** Vers à longue trompe terminée par des lobes.

■ **Myzostomides.** Animaux discoïdes à tentacules en périphérie et présentant des parapodes (lobes porteurs de soies) rappelant ceux des annélides.

■ **Mésozoaires.** Minuscules parasites formés de 2 cercles de cellules. Probablement des métazoaires ayant régressé. Seuls organismes pluricellulaires (avec les Spongiaires) ne passant pas par le stade embryologique « blastula ». Embranchements : **Orthonectides** et **Rhombozaires.**

■ **Lophophorates. a) Pogonophores :** marins, vermiformes avec tentacules. Pas de tube digestif. Bathyaux et abyssaux. **Vestimentifères :** *Riftia* vivant dans les sources hydrothermales des dorsales océaniques. **b) Phoronidiens :** tubicules vermiformes. 12 espèces. Exemple : *Phoronis.*

■ **Brachiopodes.** Coquille bivalve dissymétrique, l'une dorsale, l'autre ventrale. 450 espèces correspondant à des fins de lignées anciennes avec un développement embryologique différent. Les espèces à coquille munie de charnière ont des larves à métamorphose complexe (*Terabratula*) ; celles sans charnière ont un développement direct (*Lingula, Crania, Discinisca*). Probablement 25 000 espèces fossiles. Classification actuelle fondée sur les différents modes de formation de la cavité cœlomique.

■ **Bryozoaires** ou **Ectoproctes.** Colonies fixées, paroi chitineuse, souvent calcifiée. Tube digestif périodiquement renouvelé. Couronne de tentacules ciliés entourant la bouche. Pore anal extérieur à la couronne. Larves à métamorphose complexe. 5 700 espèces actuelles et 15 000 fossiles pour la plupart marins *(Alcyonidium, Bugula, Membranipora)* ; 70 espèces d'eau douce *(Plumatella)*. Couronne tentaculaire arrondie chez les espèces marines, en fer à cheval chez celles d'eau douce.

■ **Cycliophora.** Découverts en 1995. Fixés aux pièces buccales des langoustines. Cycle de reproduction complexe avec mâle et femelle libres émis par un individu fonctionnel fixé à un support. 1 espèce : *Symbion pandora* (régions scandinaves).

■ **Acanthocéphales.** Vers parasites, notamment des vertébrés, à trompe pourvue de crochets.

■ **Kamptozoaires** ou **Entoproctes.** Colonies fixées, individus toujours pédonculés, paroi chitineuse. Une couronne tentaculaire entourant les orifices buccal et anal. Souvent ectoparasites. 100 espèces, toutes marines (*Loxosoma, Pedicellina*) excepté l'*Urnatella gracilis.*

■ **Mollusques** [corps mou, coquille calcaire à 1 ou 2 valves (droite et gauche)]. 100 000 espèces. **a) Lamellibranches** ou **bivalves :** coquille à 2 valves, branchies lamelleuses ; pied en forme de soc (moule, huître, coquille St-Jacques). 18 000 espèces. **b) Gastéropodes :** coquille à 1 valve souvent en spirale ; des branchies ou un poumon ; se déplacent sur leur pied ; (exemples : escargot, limace : poumon ; bigorneau, ormeau : branchies). 80 000 espèces. **c) Céphalopodes :** des branchies, pied en tentacules. Exemples : seiche (coquille réduite = os) ; pieuvre (pas de coquille) ; nautile (belle coquille). 700 espèces. **d) Scaphopodes :** coquille en forme de cône très allongé. **e) Plusieurs groupes très primitifs :** *Aplacophores, Monoplacophores.*

■ **Chaetognathes.** Animaux styliformes, transparents, rigides, à nageoires latérales et caudale, planctoniques.

■ **Tardigrades.** Organismes microscopiques formés de 4 segments dont chacun porte 2 pattes terminées par des doigts s'achevant eux-mêmes par des griffes ou des ventouses. Terrestres, d'eau douce ou marins. 1 100 000 espèces.

■ **Onychophores.** Animaux segmentés à multiples paires de pattes qui pourraient être les ancêtres des arthropodes.

■ **Arthropodes** ou **articulés** (squelette chitineux externe articulé ; pattes à articles ; croissance par mues). 80 % de la faune connue, plus de 1 million d'espèces, les insectes formant à eux seuls les 9/10 des arthropodes.

A) Mandibulates : avec mandibules et antennes.

a) Crustacés : respirent par des branchies ; presque tous aquatiques ; 2 paires d'antennes. Corps en 3 parties : tête, thorax, abdomen. 55 000 espèces. **1°) Inférieurs, anciens entomostracés :** exemples : daphnie, anatife, pouce-pied (comestible), artémie. **2°) Supérieurs ou malacostracés :** 35 000 espèces : *a) corps aplati dorso-ventralement : isopodes :* cloporte (terrestre), ligie ; *b) corps comprimé latéralement : amphipodes :* puces de mer (talitres) ; *c) carapace soudant tête et tronc : décapodes :* abdomen grand : homard, langouste, écrevisse ; abdomen réduit, replié sous le corps : crabe ; abdomen mou, vit dans une coquille vide de gastéropode : pagure ou bernard-l'ermite.

b) Myriapodes : nombreuses pattes « mille-pattes ». 1 paire d'antennes. Scolopendre : crochets venimeux ; carnassière. Iule : herbivore. 10 000 espèces.

c) Hexapodes : 33 ordres actuels ; 6 pattes ; 1 paire d'antennes ; souvent des ailes. Plusieurs espèces intermédiaires entre crustacés et insectes inférieurs, suggérant l'idée que les insectes sont en fait une subdivision des crustacés.

– **1re sous-classe : 1°) Ellipura : Aptérygotes (primitivement aptères). Collemboles :** développement de type protomorphe ; mues imaginales ou « à l'état adulte ». Appendices abdominaux dont furca servant le plus souvent au saut. 6 500 espèces. **Protoures :** aveugles et sans antennes, minuscules, dépigmentés. Développement du type anamorphe : 9 segments chez le jeune, 12 ensuite. **2°) Insectes** *(au sens strict) :* **Diploures** (pièces buccales internes)**, Archeognathes et Zygeutomes** (à pièces buccales externes) ; conservent des rudiments d'appendices abdominaux. Cerques (appendices uni- ou multiarticulés à l'extrémité de l'abdomen) : Archeognathes et Zygeutomes vrais 3, Diploures 2.

Nota. – On divise souvent artificiellement les « Aptérygotes » en : *Ectotrophes* à pièces buccales visibles, comprenant les Diploures, Archeognathes et Zygeutomes vrais, et *Entotrophes* à pièces buccales masquées par les joues : Protoures, Diploures et Collemboles (qui pour certains forment une classe séparée).

– **2e sous-classe : Ptérygotes.** Pas d'appendices abdominaux, 2 paires d'ailes. Développement du type épimorphe. Pas de mues « à l'état adulte ». **1°) Paléoptères :** a) PALÉODICTYOPTÈRES : fossiles. b) ÉPHÉMÉROPTÈRES : pas d'ailerons prothoraciques, presque toujours un 3e cerque impair. *1°) Protoéphémères* (fossiles). *2°) Plectoptères :* éphémères actuels. Les ailes peuvent se relever au repos ; la 2e paire est très réduite. Prométaboles. c) ODONATOPTÈRES : 4 500 espèces. Cerques réduits, ailes à plat au repos, sauf chez quelques familles où elles peuvent se relever. Hémimétaboles. *1°) Méganisoptères :* libellules géantes (fossiles). *2°) Odonates :* libellules actuelles. **2°) Polynéoptères :** a) BLATTOPTÉROÏDES : *1°) Dictyoptères :* blattes et mantes. Ailes croisées à plat sur le dos. Pontes s'effectuant en oothèques. *2°) Protoblattoptères* (fossiles). *3°) Isoptères :* termites avec 4 ailes semblables qui ne subsistent que le temps du vol nuptial. *4°) Zoraptères :* voisins des termites, mais ne sont pas sociaux. b) ORTHOPTÉROÏDES : plus évolués ; en général, les ailes sont croisées à plat sur le dos ; pas d'oothèques au sens strict du terme. *1°) Proto-orthoptères* (fossiles). *2°) Plécoptères :* perles (larves aquatiques, la femelle n'a pas d'appareil génital bien différencié en ovipositeur). Chez les ordres suivants, la femelle possède un appareil de ponte et les larves sont terrestres. *3°) Notoptères :* quelques espèces dans les montagnes d'Amérique (Rocheuses) et du Japon. *4°) Phasmoptères* (ou chéleutoptères) : phasmes et phyllies, marcheurs. *5°) Orthoptères :* 20 000 esp. Sauteurs ; chez beaucoup, les ailes ne sont plus à plat sur le dos, mais leurs gros fémurs postérieurs sont très caractéristiques. Sauterelles, criquets, grillons. *6°) Embioptères :* vivent dans des tubes de soie sécrétée par des glandes des pattes antérieures. c) DERMAPTÉROÏDES : ailes antérieures transformées en élytres. *1°) Protélytroptères* (fossiles). *2°) Dermaptères :* perce-oreilles (forficules) à cerques durcis, formant pince. **3°) Paranéoptères :** a) PSOCOPTÉROÏDES : *1°) Psocoptères :* ailés ou aptères. Broyeurs. *2°) Anoploures :* poux. Parasites exclusifs des mammifères dont ils sucent le sang ; aptères. *3°) Mallophages :* aspect des poux, mais broyeurs se contentant d'ingérer les desquamations tégumentaires de leurs hôtes ; aptères. b) THYSANOPTÉROÏDES : Thysanoptères. Suceurs, ailes frangées de cils. c) HÉMIPTÉROÏDES : 85 000 esp. *1°) Homoptères :* suceurs, 4 ailes membraneuses. Cigales, pucerons, cochenilles. *2°) Hétéroptères :* suceurs. Punaises : 1re paire d'ailes partiellement durcie forme des « hémélytres ». Punaises terrestres et aquatiques, 45 000 espèces. **4°) Oligonéoptères :** a) COLÉOPTÉROÏDES : 1re paire d'ailes transformée en élytres vrais. Un seul ordre. *Coléoptères :* 400 000 esp. Broyeurs. Exemples : hanneton, doryphore, coccinelle, carabe, longicorne, charançon, staphylin. b) NÉVROPTÉROÏDES : *1°) Mégaloptères :* sialis aux ailes membraneuses pourvues de grosses nervures ; larves aquatiques. *2°) Raphidioptères :* prothorax étiré ; larves terrestres. Raphidia. *3°) Planipennes* (ou névroptères vrais) : pas de grosses nervures, ni de thorax allongé ; larves terrestres et chasseuses. Chrysope, fourmi-lion (voir encadré p. 195 a). c) MÉCOPTÉROÏDES : suceurs. *1°) Mécoptères :* tête allongée. Panorpe ou mouche-scorpion. *2°) Trichoptères* (Phryganes) : allures de papillons dont les ailes postérieures seraient transparentes. Les ailes portent des poils. Larves aquatiques dans un fourreau ou porte-bois. *3°) Lépidoptères :* 160 000 esp. Papillons. Les maxilles se développent en appareil de succion formant une trompe. Larves : chenilles ; nymphe : chrysalide. Exemple : bombyx du mûrier dont la chenille est le ver à soie. *4°) Diptères :* 130 000 esp., 1 paire d'ailes, la 2e étant transformée en « balanciers » ou « haltères ». Mouche, taon, moustique, tipule. *5°) Strepsiptères :* larves et femelles sont parasites. Le mâle n'a qu'une paire d'ailes, la 2e est transformée en organes formant haltères. d) APHANIPTÉROÏDES : aphaniptères. Puces. e) HYMÉNOPTÉROÏDES : pièces buccales orientées vers le type lécheur. *Hyménoptères :* 130 000 esp. Abeilles, guêpes, fourmis (12 000 à 15 000 esp.).

B) Chélicérates : sans mandibules, ni antennes ; des pinces minuscules, les chélicères.

a) Aériens (respiration par des trachées et des poumons) : *arachnides,* 4 paires de pattes ; *acariens.* 10 000 espèces : tiques [1] ; sarcoptes. *Aranéides :* araignées (30 000 espèces) dont la moitié tissent des toiles. Myopes. La toile leur permet d'attraper ou d'identifier une proie ; le filage de la toile est inné. *Opilions.* 2 400 espèces : faucheurs. *Scorpionides.* 600 espèces : scorpions.

b) Marins (respiration par des branchies) : *limules,* grande taille, aspect d'un sabot de cheval, considérées comme « fossiles vivants ».

Nota. – (1) Tiques, sarcoptes et araignées sont souvent considérés à tort comme des insectes.

■ **Échinodermes** (marins ; squelette calcaire dans la peau ; symétrie d'ordre 5 ; se déplacent à l'aide de pieds ambulacraires). *Oursins :* globuleux, des piquants servant à se défendre ou à se déplacer. 800 espèces. *Astéries* (étoiles de mer) : 5 bras. 1 600 espèces. *Holothuries* (concombres de mer) : cylindriques. 900 espèces. *Ophiures :* petite taille ; 5 bras très grêles. 2 000 espèces. *Crinoïdes :* fixés ; abyssaux. 80 espèces. Littoraux fixés par des crampons : comatules, 200 espèces. Abyssaux pédonculés : pentacrines, lys de mer. 100 espèces.

■ **Tuniciers.** Tous marins, filtreurs. Corps entouré d'une tunique cellulosique. Présence chez la larve de la corde dorsale, ébauche de la colonne vertébrale des vertébrés. 3 000 espèces. *Fixés :* ascidies [*Ciona, Microcosmus* (violet comestible)]. *Planctoniques :* appendiculaires, salpes, dolioles, pyrosomes. *Abyssaux :* sorbéracés.

■ **Céphalochordés.** *Nageurs : Amphioxus :* animal vermiforme aux faisceaux musculaires à gauche et à droite dissymétriques.

■ **Hémichordés.** Animaux marins dont le tube digestif différencie un organe particulier, la stomocorde. 2 classes, peut-être à élever au rang d'embranchement : les ptérobranches (coloniaux) et les entéropneustes (libres et vermiformes).

☞ Des genres d'invertébrés encore mal connus pourraient correspondre à de nouveaux embranchements (*Buddenbrockia, Salinella, Lobatocerebron, Jennaria, Limnognathia*).

■ VERTÉBRÉS

■ **Vertébrés.** Squelette avec colonne vertébrale, fentes branchiales pharyngiennes – au moins chez l'embryon –, épiderme pluristratifié, appareil circulatoire clos avec cœur ventral, glandes endocrines nombreuses assurant, sous le contrôle de l'hypophyse, l'homéostasie de l'organisme, reproduction purement sexuée à hermaphrodisme exceptionnel. Système nerveux dorsal complexe formé à partir d'un tube neural et de crêtes neurales.

I – Agnathes. Pas de mâchoire inférieure ni de membres. *Cyclostomes :* 84 espèces ; une ventouse buccale, des branchies ; aquatiques, souvent ectoparasites. Exemples : lamproie, myxine.

II – Gnathostomes. Mâchoires et membres.

A) Poissons. Aquatiques ; respirent par des branchies ; le plus souvent ovipares ; membres pairs représentés par des nageoires pectorales et pelviennes.

1°) Chondrichthyens. Squelette interne cartilagineux, peau pourvue d'écailles placoïdes (épidermo-dermiques). Principalement marins ; quelques espèces en eau douce.

– **Élasmobranches :** 5 à 7 paires de fentes branchiales (en général 5 paires) apparentes, latérales chez les requins (359 espèces) et ventrales chez les raies (456 espèces). **a) Superordre des squalomorphes** (requins « primitifs »). Ordres des *hexanchiformes* (requin à collerette, requin-lézard, griset, perlon) ; *squaliformes* (squale bouclé, squale chagrin, squale liche, sagres, squales grogneurs, laimargues, centrines, aiguillats) ; *pristiophoriformes* (requins-scies). **b) Superordre des squatinomorphes,** ordre des *squatiniformes* (anges de mer). **c) Superordre des galéomorphes** (requins « évolués »). Ordres des *hétérodontiformes* (requin-dormeur, à cornes) ; *orectolobiformes* (requin-carpette, -tapis, -nourrice, -baleine, -zèbre) ; *lamniformes* (requin-taureau, -féroce, -lutin, -crocodile, -grande gueule, renard de mer, requin-pèlerin, grand requin blanc, requin-taupe, requin-taupe-bleu) ; *carcharhiniformes* (roussette, émissole, requin-hâ, milandre, requin-tigre, -du Gange, -pointe-blanche, -pointe-noire, -citron, -océanique, -marteau). **d) Superordre des batoïdes,** ordres des *rajiformes* (raie, pocheteau, guitare de mer) ; *pristiformes* (poisson-scie) ; *torpediniformes* (Torpille) ; *myliobatiformes* (Pastenague, aigle de mer, raie-papillon, mourine, mante).

– **Holocéphales :** 4 paires de fentes branchiales recouvertes par un faux opercule membraneux (31 espèces). Familles des *chimèridés* (chimères) ; *rhinochimèridés* (chimères à long nez) ; *callorhynchidés* (chimères-éléphants). Animaux benthiques entre – 80 et – 2 600 m.

2°) Ostéichthyens. Squelette interne ossifié. Écailles ganoïdes (formes primitives) ou élasmoïdes (téléostéens).

– **Actinoptérygiens :** nageoires paires soutenues par des rayons osseux : les lépidotriches. **Chondrostéens** (26 espèces) : squelette peu ossifié, vessie natatoire : esturgeon, poisson-spatule. **Holostéens** (8 espèces) : squelette bien ossifié, poissons dulcicoles : lépisostée (avec écailles épaisses et juxtaposées), amia. **Téléostéens :** squelette très ossifié ; 38 ordres, 482 familles et environ 23 637 espèces. **Superordre des ostéoglossomorphes :** ordres des *ostéoglossiformes* (arapaima) ; *mormyriformes* (mormyre). **Superordre des élopomorphes :** ordres des *élopiformes* (tarpon) ; *anguilliformes* (anguille, congre, murène) ; *notacanthiformes.* **Superordre des clupéomorphes :** ordre des *clupéiformes* (sardine, anchois). **Superordre des ostariophysaires :** ordres des *gonorhynchiformes ; cypriniformes* (characin, carpe) ; *characiformes* (piranha, poisson-hachette, tétras, néon) ; *gymnotiformes* (gymnote, anguille électrique) ; *siluriformes* (poisson-chat). **Superordre des protacanthoptérygiens :** ordres des *salmoniformes* (saumon, éperlan, argentine, brochet, hache d'argent, poisson-lanterne) ; *stephanoberyciformes ; cténothrissiformes ;* **Superordre des paracanthoptérygiens :** ordres des *percopsiformes ; batrachoïdiformes* (poisson-crapaud) ; *gobiésociformes* (porte-écuelle) ; *lophiiformes* (baudroie) ; *gadiformes* (morue, grenadier, donzelle) ; *ophidiiformes.* **Superordre des athérinomorphes :** ordres des *athériniformes* (prêtre) ; *cyprinodontiformes* (exocet, orphie, guppy). **Superordre des percomorphes :** ordres des *béryciformes* (dorade rose) ; *zéiformes* (saint-pierre) ; *lampridiformes* (lampris, régalec) ; *gastérostéiformes* (épinoche, bécasse de mer, vipère de mer, hippocampe) ; *channiformes ; synbranchiformes ; scorpaeniformes* (rascasse, grondin, chabot) ; *dactyloptériformes* (grondin volant) ; *pégasiformes ; perciformes :* sous-ordres des *percoïdes* (serran, perche, rémora, carangue, coryphène, lutjan, pageot, sargue, ombrine, rouget-barbet, chétodon, demoiselle), *mugiloïdes* (mulet), *sphyraenoïdes* (barracuda), *polynémoïdes* (capitaine), *labroïdes* (labre, poisson-perroquet), *zoarcoïdes, notothénioïdes (« morue » antarctique, poisson des glaces), trachinoïdes* (vive), *blennioïdes* (blennie), *ammodytoïdes* (lançon), *callionymoïdes* (dragonnet), *gobioïdes* (gobie), *acanthuroïdes* (poisson-chirurgien), *scombroïdes* (thon, maquereau), *stromatéoïdes, anabantoïdes, luciocéphaloïdes* et *mastacembéloïdes ; pleuronectiformes* (turbot, flétan, limande, sole) ; *tétraodontiformes* (baliste, poisson-coffre, diodon, poisson-lune).

– **Brachioptérygiens** (cladistiens) : écailles ganoïdes (losangiques, osseuses, très épaisses) ; poissons dulcicoles africains ; 10 à 16 espèces : polyptère et poisson-roseau.

– **Dipneustes :** respiration branchiale et pulmonaire, poissons dulcicoles ; 6 espèces : protoptère (Afrique), cératodus (Australie), lépidosirène (Amazonie).

– **Crossoptérygiens :** fossiles connus du début du dévonien (400 M.a.) ; 1 espèce-relique pêchée en 1938 au large du Mozambique : **Latimeria chalumnae** (cœlacanthe) ; un vestige de poumon. Les premiers apparaissent au permien : – 260 M.a. environ. Site découvert en septembre 1998 au nord de Sulawesi (Indonésie). **L. menadœnsis.**

☞ **Anadromie :** les *potamotoques* (exemples : saumon, esturgeon, alose) croissent et vivent en mer, mais se reproduisent en rivière (migration génésique appelée *montaison*). **Catadromie :** les *thalassotoques* (exemple : anguille) croissent et vivent en eau douce mais se reproduisent en mer (migration appelée *dévalaison*).

B) Tétrapodes. Terrestres ; respirent par des poumons ; membres pairs marcheurs. Certains les font dériver de crossoptérygiens de l'ère primaire ; pour d'autres, ils seraient issus des dipneustes. Subdivisés en anamniotes (amphibiens) et amniotes (reptiles, oiseaux et mammifères) suivant l'absence ou la présence chez l'embryon d'une annexe embryonnaire, l'amnios, poche de liquide dans laquelle l'embryon effectue son développement.

1°) Amphibiens ou batraciens (peau nue, à métamorphose ; la larve – têtard – respire par des branchies). *Gymnophiones* ou *apodes* (sans membres) : environ 155 espèces, cécilie. *Urodèles* (allongés, membres courts, avec queue) : environ 350 espèces, salamandre, triton. *Anoures* (courts, membres longs, sans queue) : 3 500 espèces, grenouille, crapaud, rainette.

2°) Reptiles (recouverts d'écailles épidermiques, ovipares ou ovovivipares). *Rhynchocéphales* (semblables au lézard) : 2 espèces, sphénodon ou hatteria en Nlle-Zél. *Chéloniens* (avec carapace) : 270 espèces, tortue. *Crocodiliens* (de grande taille) : 22 espèces, crocodile, caïman, alligator, gavial. *Squamates.* Sous-ordre des Lacertiliens (écailles très fines) : environ 3 750 espèces à 4 membres, lézard, iguane, caméléon, varan ; sans membres, aphisaure, orvet. Sous-ordre des ophidiens (sans membres) : environ 2 550 espèces, serpents. Sous-ordre des amphisbéniens (sans membres ou réduits) : 135 espèces.

3°) Oiseaux (couverts de plumes ; ailes, bec corné ; ovipares ; température constante, de 37 à 42 °C). Nouvelle classification[1] :

a) Sous-classe des archéornithes : archéoptéryx [2]. Oiseaux fossiles reptiliens avec des dents et des mains griffues.

b) Sous-classe des odontornithes : Hesperornis [2]. Ichthyornis [2]. Oiseaux fossiles possédant encore des dents.

c) Sous-classe des néornithes : superordre des paleognathae : *ratites* (coureurs, ne peuvent voler) : struthioniformes (autruche) ; rhéiformes (nandous) ; casuariiformes (émeu, casoars) ; æpyornithiformes (æpyornis [2]) ; dinornithiformes [dinornis (moas) [2]] ; aptérygiformes [aptéryx (kiwis)]. *Tinamous :* tinamiformes (tinamous). **Superordre des neognathae :** *procellariiformes* (bons voiliers ; haute mer) : diomédéidés (albatros : 14 espèces) ; procellariidés (pétrels, puffins, prions) ; hydrobatidés (océanites) ; pélécanoïdidés (pétrels plongeurs). *Sphénisciformes* (ne volent pas, adaptés à la nage) : manchots. *Gaviiformes* (bons plongeurs) : gaviidés (plongeons) ; podicipédidés (grèbes). *Pélécaniformes* (= stéganopodes : 4 doigts réunis par une palmure) : phaéthontidés (phaétons) ; pélécanidés (pélicans) ; sulidés (fous) ; phalacrocoracidés (cormorans) ; frégatidés (frégates). *Ciconiiformes* (= ardéiformes. Hautes pattes, long cou) : ardéidés (hérons, aigrettes, butors) ; cochléariidés (savacou) ; balénicipitidés (bec-en-sabot) ; scopidés (ombrette) ; ciconiidés (cigognes, becs-ouverts) ; threskiornithidés (ibis, spatules). *Phoenicoptériformes :* flamants. *Ansériformes :* anhimidés (kamichis) ; anatidés [(bec lamellé) : cygnes, oies, tadornes, canards, sarcelles, macreuses, harles]. *Falconiformes* (= accipitriformes. Bec crochu, serres ; généralement prédateurs) : cathartidés [(vautours du Nouveau Monde) : condors] ; sagittariidés (serpentaires) ; accipitridés [aigles, buses, autours, éperviers, circaètes, busards, milans, pygargues, bondrées, vautours de l'Ancien Monde (vautour fauve et vautour moine, gypaète, percnoptère)] 224 espèces ; pandionidés (balbuzard) ; falconidés (faucons pèlerin, sacre, gerfaut...) 60 espèces. *Galliformes* (ailes courtes et arrondies, bec court et fort) : mégapodiidés (mégapodes) ; cracidés (hoccos) ; tétraonidés [tétras (coqs de bruyère), gélinottes, lagopèdes] ; phasianidés (faisans, coqs, perdrix, cailles, colins, francolins, paons) ; numididés (pintades) ; méléagrididés (dindons) ; opisthocomidés (hoazins). *Gruiformes* (= ralliformes « échassiers », ailes arrondies) : mésitornithidés (mésites) ; turnicidés (turnix) ; gruidés (grues) ; aramidés (courlan) ; psophiidés (agamis) ; rallidés (râles, gallinules, poules sultanes, foulques) ; héliornithidés (grébifoulques) ; rhynochétidés (kagou) ; eurypygidés (caurale) ; cariamidés (cariamas) ; phororhacidés (phororhacos [2]) ; otididés (outardes). *Charadriiformes* (« échassiers », petite ou moyenne taille, ailes pointues ; généralement mers et marais) : jacanidés (jacanas) ; rostratulidés (rhynchées) ; haematopodidés (huîtriers) ; charadriidés (pluviers, vanneaux, gravelots) ; scolopacidés (bécasses, bécassines, bécasseaux, chevaliers, courlis) ; récurvirostridés (avocettes, échasses) ; phalaropodidés (phalaropes) ; dromadidés (drome) ; burhinidés (œdicnèmes) ; glaréolidés (glaréoles, courvites) ; thinocoridés (thinocores) ; chionididés (becs-en-fourreau). *Alciformes :* alcidés (pingouins, guillemots, macareux). *Lariformes* (« palmipèdes », bons voiliers) : stercorariidés (labbes) ; laridés (goélands, mouettes, sternes, guifettes) ; rhynchopidés (becs-en-ciseaux) ; *columbiformes* (bec et pattes faibles) : ptéroclididés (gangas, syrrhaptes) ; columbidés (pigeons, tourterelles, gouras, diduncule) ; raphidés (drontes ou dodos [2], solitaires [2]). *Psittaciformes* (bec crochu, coloration généralement vive et variée) : perroquets, perruches. *Cuculiformes* (souvent parasites) : cuculidés (coucous) ; musophagidés (touracos). *Strigiformes* (nocturnes, carnivores et insectivores) : strigidés (chouettes, hiboux) ; tytonidés (effraies). *Caprimulgiformes* (crépusculaires et nocturnes) : caprimulgidés (engoulevents) ; podargidés (podarges) ; nyctibiidés (ibijaux) ; aegothélidés (aegothèles) ; stéatornithidés (guacharo). *Apodiformes* (= micropodiformes. Bons voiliers, pattes courtes) : apodidés (martinets, salanganes) ; hémiprocnidés (martinets arboricoles) ; trochilidés (colibris ou oiseaux-mouches). *Coliiformes :* colious. *Trogoniformes :* couroucous. *Coraciiformes* (colorés) : alcédinidés (martins-pêcheurs) ; todidés (todiers) ; momotidés (momots) ; méropidés (guêpiers) ; coraciidés (rolliers) ; brachyptéraciidés (rolliers terrestres) ; leptosomatidés (courols) ; upupidés (huppes, moqueurs) ; bucérotidés (calaos). *Piciformes* (« grimpeurs ») : galbulidés (jacamars) ; bucconidés (paresseux) ; capitonidés (barbus) ; indicatoridés (indicateurs) ; ramphastidés (toucans) ; picidés (pics, torcols). *Passériformes* (petite taille ; doués en général pour le chant : alaudidés à fringillidés) : eurylaimidés (eurylaimes) ; dendrocolaptidés (dendrocolaptes) ; furnariidés (fourniers) ; formicariidés (fourmiliers) ; conopophagidés (conopophages) ; rhinocryptidés (tapaculos) ; cotingidés (cotingas) ; pipridés (manakins) ; tyrannidés (tyrans ou gobe-mouches américains) ; oxyruncidés (oxyrhynches) ; phytotomidés (raras) ; pittidés (brèves) ; xénicidés (xéniques) ; philépittidés (philépittes) ; ménuridés (ménures ou oiseaux-lyres) ; atrichornithidés (atrichornes) ; alaudidés (alouettes) ; hirundinidés (hirondelles) ; dicruridés (drongos) ; oriolidés (loriots de l'Ancien Monde) ; corvidés (corbeaux, corneilles, choucas, chocards, corbins, podoces, pies, geais, casse-noix) ; cracticidés (gymnorhines, cassicans) ; grallinidés (grallines) ; ptilonorhynchidés (oiseaux à berceaux ou oiseaux-jardiniers) ; paradiséidés (paradisiers ou oiseaux de Paradis) ; paridés (mésanges) ; aegithalidés (mésanges à longue queue) ; sittidés (sittelles) ; certhiidés (grimpereaux) ; paradoxornithidés (paradoxornis, mésange à moustaches) ; timaliidés (akafats, turdimules, tomalies, cratéropes) ; campéphagidés (échenilleurs, minivets) ; pycnonotidés (bulbuls) ; irenidés (verdins) ; cinclidés (cincles) ; troglodytidés (troglodytes) ; mimidés (moqueurs) ; turdidés (merles, grives, rossignols, rouges-gorges, rouges-queues, traquets) ; sylviidés (fauvettes de l'Ancien Monde) ; régulidés (roitelets) ; muscicapidés (gobe-mouches de l'Ancien Monde) ; prunellidés (accenteurs) ; motacillidés (pipits, bergeronnettes) ; bombycillidés (jaseurs) ; artamidés (langrayens) ; vangidés (vangas) ; laniidés (pies-grièches) ; prionopidés (bagadais) ; calléidés (corneilles caronculées) ; sturnidés (étourneaux, mainates, pique-bœufs) ; méliphagidés (méliphages) ; nectariniidés (souïmangas) ; dicéidés (dicées) ; zostéropidés (oiseaux à lunettes) ; viréonidés (viréos) ; thraupines (sucriers) ; drépanididés (drépanis) ; parulidés (fauvettes américaines) ; plocéidés (moineaux, niverolles, veuves, républicains, tisserins, bengalis, astrilds, quéléas) ; ictéridés (troupiales, cassiques, molothres) ; tersinidés (tangaras-hirondelles) ; thraupidés (= tanagridés : tangaras) ; fringillidés (pinsons, serins, chardonnerets, linottes, bouvreuils, gros-becs, becs-croisés, pinsons de Darwin) ; emberizidés (bruants).

Nota. – (1) Correspondance avec classifications anciennes : *Coureurs :* struthioniformes, rhéiformes, casuariformes, aptérygiformes. *Gallinacés :* galliformes. *Palmipèdes :* procellariiformes, sphénisciformes, gaviiformes, pélécaniformes, ansériformes, lariformes. *Échassiers :* ciconiiformes, phœnicoptériformes, gruiformes, charadriiformes. *Rapaces diurnes :* falconiformes. *Rapaces nocturnes :* strigiformes. *Colombins :* columbiformes. *Grimpeurs :* piciformes, cuculiformes, psittaciformes. *Passereaux :* passériformes. (2) Famille ou ordre disparu.

4°) Mammifères (en général vivipares : l'œuf se développe complètement à l'intérieur de l'utérus maternel ; les petits se nourrissent du lait des mamelles ; en principe température constante de 37 à 40 °C ; dents différenciées en incisives, canines, prémolaires, molaires ; corps poilu). Plus de 4 000 espèces.

a) Monotrèmes (ovipares, sans dents). Ornithorynque ; 1 espèce. Échidnés ; 2 espèces.

b) Marsupiaux (vivipares, nouveau-né achève sa gestation dans une poche). 254 espèces. Kangourou : 52 espèces. Sarigues : 73 espèces.

c) Euthériens ou **mammifères placentaires** (vivipares, nouveau-né entièrement constitué). 19 ordres. **1°) Édentés** (xénarthres) 29 esp. : pas de dents (fourmilier) ; dents semblables (tatou, paresseux). **2°) Pholidotes** (pas de dents, recouverts d'écailles) 7 esp. : pangolin. **3°) Insectivores** (denture hérissée de tubercules pointus) 343 esp. : hérisson, musaraigne, taupe. **4°) Tupaiidés** (dents rappelant celles des insectivores, allure d'écureuil) 16 esp. : tupyes. **5°) Macroscélides** (dents rappelant celles des insectivores, museau allongé) 15 esp. : rat à trompe. **6°) Dermoptères** (dents rappelant celles des insectivores, allure d'écureuil volant) 2 esp. : galéopithèques. **7°) Chiroptères** ou **chauves-souris** 950 esp. : vampire (suceur de sang), pipistrelle (insectivore), roussette (frugivore). **8°) Carnivores** (canines en crocs ; terrestres) 240 esp. [canidés (ressemblent aux chiens) ; 35 esp. : chien, loup, chacal, renard. Ursidés ; 7 esp. : ours. Procyonidés ; 18 esp. : raton laveur, coati. Ailuropodidés ; 2 esp. : petit et grand panda. Mustélidés ; 67 esp. : belette, martre, glouton, blaireau, moufette, loutre. Viverridés ; 72 esp. : civette, genette, mangouste. Hyénidés ; 4 esp. : hyène. Félidés (félins) ; 35 esp. : chat, lynx, panthère, jaguar, lion, tigre, guépard]. **9°) Pinnipèdes** (carnivores amphibies) 34 esp. : phoque, 17 esp. ; éléphant de mer, 2 esp. ; otarie, 14 esp. ; morse, 1 esp. **10°) Cétacés** (marins ; membres antérieurs transformés en nageoires, membres postérieurs atrophiés) 76 esp. : à fanons (baleine, rorqual) 10 esp. ; à dents (dauphin, 48 esp. ; cachalot, 3 esp. ; narval, 1 esp.). **11°) Siréniens** (aquatiques) 5 esp. : dugong, 2 esp. ; lamantin, 3 esp. **12°) Tubulidentés** (denture réduite, fouisseur ; Afrique) 1 esp. : oryctérope. **13°) Proboscidiens** (ongulés : herbivores à sabots recouvrant leurs doigts ; 5 doigts au membre antérieur, nez en trompe, défenses) 2 esp. : éléphant d'Afrique et d'Asie. **14°) Hyracoïdes** (ongulés ; glande dorsale ; allure de marmotte) 5 esp. : daman. **15°) Périssodactyles** (ongulés ; moins de 5 doigts et en nombre impair) 17 esp. : tapir, 4 esp. ; rhinocéros, 5 esp. ; équidés [cheval (28 races homologuées), zèbre, âne], 8 esp. **16°) Artiodactyles** (ongulés ; nombre de doigts pair) 184 esp. *Non ruminants* (4 doigts, estomac simple) : sangliers, 8 esp. ; pécaris, 3 esp. ; hippopotame, 2 esp. *Ruminants* (2 ou 4 doigts, estomac à 3 ou 4 compartiments : panse, bonnet, feuillet, caillette) : bovidés, 123 esp. (bœuf, chèvre, mouton, gazelle, antilope). Camélidés, 4 esp. (chameau, dromadaire, lama). Giraffidés, 2 esp. (girafe, okapi). Antilocapridés, 1 esp. (pronghorn). Cervidés, 34 esp. (cerf, chevreuil, daim, élan, renne). Moschidés, 3 esp. (porte-musc). Tragulidés, 4 esp. (chevrotain). **17°) Rongeurs** (pas de canines) de 1 600 à 3 000 esp. suivant les auteurs : écureuil, marmotte, castor, gerboise, loir, campagnol, hamster, rat, souris, porc-épic. **18°) Lagomorphes** (voisins, mais 4 incisives à la mâchoire supérieure au lieu de 2) 54 esp. : lièvre, lapin, pika. **19°) Primates** (pouce opposable aux autres doigts) 179 esp. Ils comprennent : *tarsiens :* 3 esp. : tarsiers (tarsier spectre). *Lémuriens :* 40 esp. : aye-aye, maki, lori, galago, hapalemur doré, découvert 1986 à Madagascar. *Simiens* (singes) : 135 esp. : platyrhiniens ou singes d'Amérique à queue prenante, 49 esp. : ouistiti, hurleur, sajou, atèle. Catarhiniens ou singes de l'Ancien Monde à queue non prenante, 76 esp. : babouin, macaque, magot, cercopithèque, semnopithèque, nasique, colobe. Anthropoïdes (grande taille, pas de queue) ; 10 esp. : gibbon, orang-outan, chimpanzé, bonobo, gorille. *Hominiens* (hommes).

QUELQUES PRÉCISIONS

■ **Accouplement.** *L'âne* monte ou saillit. *Anesse* baudouine. *Bélier* lutte. *Brebis* béline ou hurtebille. *Étalon* monte ou saillit. *Chien* et *chienne* se lient. *Chienne* jumelle. *Chien,* avec *chienne* d'autres races, mâtine. *Jument* assortit. *Lapin, lièvre* bouquinent. *Oie* jargaude. *Oiseau* mâle côche. *Oiseaux* s'apparient. *Poisson* fraye. *Taureau* monte ou saillit. *Verrat* monte ou saillit. *Vivipares* couvrent.

■ **Ailes. Battements par minute :** *moucheron Forcipomya* 62 760 (133 080 à 37 °C). *Moustique* 36 000. *Colibri* de 1 200 à 5 400. *Chauve-souris* 960 à 1 200. *Moineau* 600. *Faisan* (à l'envol) 500. *Papillons divers* de 460 à 636 ; *Machaon* (papillon d'Europe) 300. *Martinet* 360. *Canard col-vert* 300. *Pigeon ramier* 300. *Coucou* 280. *Cigogne* 180. *Héron cendré* 120. *Cygne* de 60 à 120.

☞ Les grands *vautours* planent des heures (quelquefois 1 battement par seconde) ; les *condors* planent sur 100 km sans 1 seul battement ; les *albatros* peuvent planer pendant des jours. Les *kiwis (aptéryx)* néo-zélandais et des espèces insulaires (*cormoran des Galapagos, râles,* jadis *drontes,* etc.) ont perdu l'usage de leurs ailes devenues minuscules ; ils sont à la merci des prédateurs introduits par l'homme sur leur territoire (rats, chats ...).

■ **Alimentation.** *Antheraea* (papillon du chêne) dévore sitôt éclos, en 56 jours, 86 000 fois son poids de naissance en feuilles ; *le rat* mange 1/3 de son poids (150 g) chaque jour ; *la taupe* son propre poids (50 à 80 g) ; *les petites chauves-souris brunes* 5 000 petits insectes ou 150 gros, en 1 h ; *un cheval* de club hippique monté 2 h par j consomme par jour 4 à 5 kg de foin, 5 d'avoine, 6 de paille, 100 g de vitamines et sels minéraux. Un cheval de course mange jusqu'à 12 kg d'avoine par jour. Un poulain tète de 20 à 30 l de lait par jour. Le sevrage se fait entre 4 et 6 mois. *La baleine bleue* absorbe au moins 5 t de krill par jour et le baleineau 300 à 500 kg.

■ **Altitude record** (voir **Vol** p. 197 b). *Bactérie* 41 000 m. *Amphipodes* (crustacés) 4 053 m. *Crapaud* (Himalaya) 8 000 m (le plus bas à 340 m sous terre). *Yack* (peut vivre à 6 100 m).

■ **Animaux envahisseurs.** *Abeille mellifère* africaine introduite au Mexique : les métisses, plus agressives, se substituent progressivement aux races indigènes, de l'Amérique centrale aux USA. Sa piqûre cause des allergies graves. *Acanthaster* (étoile de mer) a depuis 1962 ravagé les récifs coralliens des océans Indien et Pacifique. *Achatine* (escargot géant, coquille de 20 cm), originaire d'Afrique, a envahi le Sud-Est asiatique, Hawaii et la Floride. *Boudragues* (ephippiger) *criquet* ravage vignes et jardins (ainsi dans le Var, été 1994). *Chien viverrin* (nyctereutes procyonoides d'Asie) : Europe (Bassin parisien) ; 20 cm, 7 kg, ressemble au raton laveur, se nourrit de petits rongeurs, poissons, œufs, fruits, glands et grenouilles. *Crapaud géant* (25 cm et 1,3 kg), originaire d'Amérique du Sud, a été introduit aux Antilles, aux îles Hawaii, en Nlle-Guinée et en Australie. *Criquet du désert* (4,5 à 6 cm) : en essaims gigantesques, dévorent presque tout sur leur passage. *Criquet pèlerin* (voir à l'Index ravages en Afrique : Algérie en 1866). *Écureuil du cap d'Antibes,* espèce asiatique (genre Callosciurus), introduit vers 1970. *Grenouille-taureau* (côte Est des USA) en Gironde (3 spécimens introduits 1960 à Aveyres par l'aviateur Armand Lotti), dans la plaine du Pô (1932 ; y a fait disparaître une espèce de grenouille verte). *Lucilie bouchère* ou mouche-vampire (Cochliomyia omnivorax) d'Amér. du Sud, en Afrique depuis 1988 (plus de 40 000 km² infestés en Libye, éradiqués en 1992 grâce à l'importation de plus de 1 milliard de mâles stériles ; coût : 50 millions de $) : ses asticots se développent à partir des tissus des animaux à sang chaud (voire des hommes) dans les plaies desquels ils ont été pondus. *Méduses* (dont des *rhyzostomes* habituellement localisés au Portugal et en Espagne) sur les côtes atlantiques, en Manche, mer du Nord et Méditerranée l'été 1992, dues à des courants marins inhabituels (« El Niño » du Pacifique Sud) et à des températures élevées de l'eau. *Ragondin* d'Amér. du Sud, et *rat musqué,* d'Amér. du Nord : minent les berges de rivières et pillent les cultures. *Raton laveur* (Amér. du Nord) : Europe (Bassin parisien).

■ **Animaux lumineux.** Généralement abyssaux ou planctoniques. La luminescence est due à des bactéries symbiotiques ou à des réactions chimiques intracellulaires (émission de lumière froide). Ces cellules sont groupées en organes plus ou moins complexes, les photophores. *Poissons abyssaux :* cératiidés, stomiidés. *Procordés :* salpes, pyrosomes. *Céphalopodes :* thaumatolampas. *Échinodermes :* quelques étoiles de mer. *Mollusques :* Phyllirhoe ; Pholas dactylus. *Crustacés :* copépodes, ostracodes ; Streetsia (amphipode) : euphausiacés ; sergestidés (crevettes). *Insectes :* ver luisant (lampyre femelle ; mâle : lumière plus faible) ; lucioles ; pyrophore (élatéride des Antilles)... *Annélides :* syllidiens ; tomopteris. *Pelagia noctiluca :* méduse acalèphe.

Luminescence : *de la mer* (et non phosphorescence) : due aux noctiluques (algues flagellées, ne sont donc pas des animaux), de taille microscopique ; 65 % des espèces pélagiques (de haute-mer : surtout bactéries, poissons, crevettes, calmars, plancton végétal) émettent une lumière (surtout bleu-vert, plus forte jusqu'à 1 000 m de profondeur). *D'oiseaux :* chouettes au plumage imprégné de moisissures luminescentes. *Des yeux du chat ou du chien :* due au tapis irisé qui recouvre leur choroïde et agit comme un miroir. *Un scorpion,* certains *coraux* placés sous une lampe à rayons ultraviolets présentent une *fluorescence.*

Nota. – Les Japonais utilisèrent pendant la guerre une poudre d'*ostracodes* (petits crustacés) pour communiquer leurs ordres de nuit par signes.

■ **Animaux qui emploient des outils.** *Ammophile* (sorte de guêpe) : dame le sol avec un caillou tenu entre ses mandibules. *Chimpanzé :* introduit des tiges dans des termitières et les suce lorsqu'elles sont couvertes d'insectes (acte réfléchi), et casse des noix ou des noisettes avec des gros cailloux. *Choucas :* lâche des pierres sur des noix pour les briser. *Corbeau* de Nouvelle-Calédonie : taille des brindilles pour attraper des noisettes. *Crabe des cocotiers* (de grosse taille) : se nourrit de noix de coco qu'il cueille ; pour les ouvrir, il les frappe contre un rocher ou les hisse au sommet de l'arbre et les laisse tomber. *Éléphant :* se gratte avec une branche qu'il tient dans sa trompe. *Fourmi fileuse :* coud les feuilles avec de la soie. *Loutre de mer :* casse les coquillages sur une pierre en faisant la planche. *Macaque :* nettoie ses aliments avec des feuilles (acte réfléchi). *Mangouste :* projette des œufs sur des rochers pour les casser. *Merle :* déblaie la neige avec une brindille qu'il tient dans son bec pour pouvoir gratter le sol. *Pinson des Galapagos* et *corbeau néo-calédonien :* empalent les insectes avec des brindilles. *Rat volant Néotoma :* tapisse les sentiers proches de son terrier avec des épines de cactus. *Sajou :* appelé singe mécanicien pour son aptitude à ouvrir des fruits durs. *Tisserin :* passereau des régions chaudes, coud des feuilles pour construire son nid. *Vautour percnoptère :* brise des œufs d'autruche avec des pierres.

Nota. – On a vu des animaux captifs utiliser des outils (singes « peintres », vautour employant un morceau de bois pour « labourer » le sable de sa cage, etc.).

■ **Animaux qui se droguent. Comportements naturels :** *grives* et *merles :* raisin ; divers autres oiseaux *(bulbuls) :* fruits fermentés ; *perroquets :* nectar ; *pigeons :* chènevis broyé ; *chevaux* et *moutons :* astragales (Amér. du Nord) ; *moutons :* genêt (Europe) ; *éléphants* et *babouins :* baies du Marula (Afr. du Sud) ; *chats :* papyrus (souvenir de son origine égyptienne ?) et Nepeta ou népète ; *poules :* alcool de cassis. Dans les fumeries d'opium, *mouches, souris, araignées* semblent être attirées ; *fourmis :* sécrétions des pucerons qu'elles élèvent.

Comportements artificiels : *aigles* de chasse drogués à l'opium (Afghanistan), *pigeons* au haschisch (Syrie), *coqs* et *taureaux* de combat au chanvre indien (Mexique). Jadis, les dresseurs romains excitaient leurs fauves à l'aide d'infusions de riz et de roseau. Selon les drogues qu'on leur fait ingérer, les *araignées* construisent des toiles ratées d'aspect variable.

■ **Animaux sauveteurs.** Les *dauphins* secourent parfois des personnes attaquées par des requins ou conduisent jusqu'au rivage des marins tombés à la mer. Comportement qui serait instinctif : le petit dauphin, né sous l'eau, est aussitôt remonté à la surface par sa mère. Quant à l'attaque des requins, ce serait un réflexe d'autodéfense.

■ **Animaux « savants ».** Éléphants marchant sur une grosse corde chez les Romains. Au début du XXe s., sur les scènes parisiennes : cheval plongeur ou aéronaute ; le chimpanzé Consul fumait le cigare, portait le haut-de-forme, allait aux courses. Singes utilisés en Thaïlande pour cueillir des noix de coco [on leur crie *« ripe »* (mûr, en anglais) pour leur indiquer celles qu'ils doivent cueillir].

Puces savantes : sous Louis XIV : puces attelées à des voitures, canons, corbillards miniatures. Vers 1830 : orchestre de puces, jouant avec des instruments à leur mesure. D'autres se battaient en duel ou dansaient la valse. Certaines, costumées en personnages historiques (le duc de Wellington, le dey d'Alger), chevauchaient d'autres puces harnachées et sellées. Des puces en costumes militaires français et hollandais jouaient le siège d'Anvers. Des dresseurs se produiraient encore en Europe du Nord.

■ **Animaux transgéniques.** Obtenus par transfert d'un gène (ou d'une partie d'ADN) d'une espèce à une autre. Le Bureau des brevets américains a admis (avril 1987) que les êtres vivants dont le patrimoine génétique a été manipulé peuvent désormais être brevetés. Pour élever ce type d'animal, appelé « transgénique », il faudra payer une redevance. Depuis 1980, des bactéries et depuis 1988 des animaux (souris Myc Mice créée 1984) génétiquement manipulés ont été brevetés aux USA. En France, sont brevetables les micro-organismes depuis 1968, et les plantes « transgéniques » depuis 1985.

☞ *Févr. 1997 :* 1re brebis clonée (Dolly) par Ian Wilmut. *Mars 1997 :* 2 macaques Rhésus (meurent peu après). *1999 :* 1 femelle (Tetra) clonée par Anthony Chan (Oregon) à partir d'un embryon au stade primitif de 8 cellules. *Oct. 2000 :* ANDi, macaque Rhésus, par Gérald Schatten (Portland, Oregon).

■ **Animaux utilisés pour la guerre. Abeilles :** des assiégés ou des assiégeants ont lancé des ruches pleines d'abeilles sur leurs ennemis (par exemple Richard Cœur de Lion à St-Jean-d'Acre). **Bothrops** *(Crotalinae) :* serpents introduits en Martinique et à Ste-Lucie au cours des guerres entre Caraïbes. **Chats :** les Perses auraient pris, en 525 avant J.-C., la ville égyptienne de Péluse, en tenant des chats sur leur poitrine ; les Égyptiens n'osèrent tirer, de peur de blesser les chats, sacrés chez eux. Au XVIe s., le maître d'artillerie Christophe de Habsbourg proposa de placer des canons sur le dos des chats : jamais mis en application. **Chauves-souris :** en 1941-43, projet américain X-Ray : utiliser des chauves-souris munies de bombes incendiaires à retardement. 8 millions furent capturées dans ce but. Un village expérimental construit dans le désert fut ainsi détruit à 80 %. Le projet fut néanmoins abandonné. **Chevaux. Chiens :** molosses des Égyptiens aux colliers à pointes de fer (également chez les Gaulois) ; Henri VIII lança plus de 500 dogues contre l'armée de Charles Quint. *Guerre 1941-45 :* les Russes dressent 50 000 chiens affamés munis de charges explosives à chercher leur pitance sous les chars allemands. *1941-43 :* les Américains forment plus de 20 000 chiens (port de bât, tireurs de traîneaux, éclaireurs d'infanterie). *Corée :* l'usage systématique des chiens permet de réduire de 60 % les pertes américaines. *1955-62 Algérie :* près de 2 000 équipes « maîtres-chiens » engagées contre les fellaghas (chiens pisteurs, démineurs, de garde ou de grottes : en 6 ans, 157 chiens-soldats tués). **Dauphins :** nombreux projets, utilisés par les Russes entre 1975 et 1987 pour surveiller la mer Noire, remonter des torpilles, rechercher des épaves. Les essais de dressage pour l'attaque d'humains ont échoué. Vers 1973, la marine américaine aurait employé un dauphin « espion » qui aurait posé un appareil de détection sur la coque d'un sous-marin nucléaire russe et serait venu le récupérer quelques semaines plus tard. En 1987, elle a utilisé 5 dauphins dans le golfe Arabo-Persique pour participer au dragage des mines. **Éléphants :** Asie (Perses, Indiens, Mongols, Siamois encore au XIXe s. pour porter des canons sur le dos), Afrique (Égyptiens et Carthaginois ; traversée des Pyrénées, du Rhône et des Alpes par les éléphants d'Hannibal). **Lions :** les pharaons égyptiens Amenhotep II et Ramsès le Grand les utilisèrent. **Marsouins :** 3 auraient été utilisés pendant la guerre du Viêt-Nam par les Américains. **Moutons :** pour faire sauter les mines. **Pigeons voyageurs** (voir p. 215 a). **Requins :** nourris près des bases aéronavales pour écarter les hommes-grenouilles. **Rhinocéros :** les Indiens l'utilisaient pour enfoncer les lignes adverses. Sa corne était renforcée par un trident de fer. **Sangliers** (?). **Singes :** en 1971 les Indiens les déguisaient en soldats et les envoyaient en éclaireurs ; les Pakistanais en tirant sur eux dévoilaient leurs batteries. **Taureaux. Varans :** en Asie, ils adhéraient si fort aux murs que des soldats assiégeant une ville s'accrochaient à des cordes attachées aux varans.

> **Hybridation de l'homme avec une espèce animale :** en 1897, à Vichy, une fillette qui vivait dans une roulotte avec son père et un singe (probablement un chimpanzé) a mis au monde un fœtus ayant des caractères simiesques. Expériences tentées : URSS, Chine (1960-70 : une chimpanzé aurait perdu son fœtus), USA, ex-Afrique-Occidentale française.

■ **Animaux venimeux pouvant présenter un danger pour l'homme en France.** ARACHNIDES : **scorpion :** le *Flavicandis* (noir) et le *Jaune languedocien* ne sont pas mortels, au sud de la France (le second l'est parfois pour les enfants dans d'autres pays) ; **araignées :** *latrodecte* ou *veuve noire* (Corse), *tarentule* (peu dangereuse), *Latrodectus tredecimguttatus* (malmignatte) proche parente de la veuve noire, abdomen noir taché de rouge (littoraux, Corse). CNIDAIRES : **méduses** (contact urticant) ; quelques *physalies* en Méditerranée. ÉCHINODERMES : **oursins** (voir à l'Index). INSECTES : **hyménoptères :** *fourmis, abeilles, guêpes, frelons, bourdons* (la gravité des piqûres dépend de leur nombre, de leur localisation, de l'âge et de la sensibilité allergique de la victime). Le *faux-bourdon,* qui ne possède pas d'aiguillon, est le mâle de l'abeille ; le *bourdon,* qui lui ressemble, constitue un genre à part. MYRIAPODES : **scolopendre** (région méditerranéenne). POISSONS : *vives, rascasses et synancées* (rayons épineux des nageoires), *raies pastenagues* et *mourines* (aiguillon sur la queue), *murènes* (toxines sécrétées par la muqueuse buccale et salive venimeuse). REPTILES : *vipère d'Orsini* (Sud-Est), *vipère péliade* (Nord, Bretagne et Centre), *vipère aspic* (Sud et Centre, jusqu'à Fontainebleau au nord), *vipère aspic de Zinniker* (Gers, Pyrénées) : venin blanc, de deux à quatre fois plus toxique que celui de la vipère aspic. La capture et la vente des vipères sont interdites (loi du 10-7-1976). Leurs prédateurs se raréfient : hérissons (écrasés sur les routes) ; circaète (rapace mangeur de serpents) ; dindons, pintades et poules vivant à l'état libre disparaissent de plus en plus.

☞ **Victimes de serpents venimeux dans le monde :** 1 000 000 par an dont 3 % de cas mortels. *Serpents dont la morsure est mortelle ou provoque une invalidité grave :* cobra cracheur à cou noir, crotale, serpents marin à bec, bananier, brun oriental, de mort, tigré, vipères heurtante, à dents de scie, levantine, de Palestine, de Russel, ammodyte.

■ **Animaux vivants à l'envers.** *Chauve-souris* dort la tête en bas, accrochée par les pattes. *Colugo* (ou *écureuil volant*) dort suspendu par les 4 pattes. *Flamant rose* passe une bonne partie de la journée la tête à l'envers. *Grogneur* (ou *poisson d'Afrique*) nage sur le dos. *Méduse Cassiopée* vit renversée.

■ **Araignées.** Ont 8 yeux. **La plus célèbre :** *Belinda :* 45 g, actrice dans *Indiana Jones et le Temple maudit ;* morte à 22 ans, le 19-10-1993, au zoo de Londres. **Toile :** tissée par jeunes et femelles (les glandes séricigènes sécrètent un liquide se solidifiant à l'air et se transformant en « soie »), confectionnée dans différentes soies, elle a des zones lisses et gluantes. *Long. maximale :* 30 m. *Production :* l'halabé (*Nephila* de Madagascar) : 55 km de soie/mois. *Supporte* des températures de – 60 °C sans se casser. *Coefficient d'extension :* 15 %. *Usages :* filets de pêche (Nlle-Guinée) ; pansement ; instruments optiques (réticules) ; tissus (tapis précieux, un gilet de Louis XIV) ; gilets pare-balles [à partir de la soie de *Nephila claciceps* (Amér. centrale), à l'étude].

■ **Bec.** *Coup* (vitesse de frappe) : 20,9 km/h chez un pivert. Décélération à l'impact d'environ 10 g.

■ **Biomasse.** *Biomasse des forêts tempérées par ha :* 300 t d'arbres, 1 t d'herbes, 1 t de lombrics, 8 kg d'oiseaux. Voir aussi **Lombrics,** p. 195 a.

■ **Bois.** Cerf (envergure) 2 m. **Les plus longs :** cerf géant *Megaloceros giganteus* (envergure) 4,30 m (disparu).

■ **Bruit.** Voir **Son,** p. 196 b.

■ **Cerveau. Le plus petit** (relativement) : *Stegosaurus* (dinosaure cuirassé), 70 g soit 0,004 % de son poids. **Le plus grand :** *cachalot mâle* 9,2 kg (long. de l'animal 14,93 m), *éléphant* 4,2 à 5,5 kg en moyenne (record 7,5 kg). *Animal domestique :* cheval 700 g.

■ **Chant. Baleines (à bosse) :** ne possèdent pas de cordes vocales mais peuvent émettre 1 000 sons ou « vocalises » différents (à plus de 100 dB). Les sons, produits par les mouvements des os de la boîte crânienne et l'élasticité des tissus de la mâchoire, vont du très grave au très aigu ; on croirait entendre des cymbales, un orgue ou un piccolo. Le concert dure plusieurs heures ; les chants évoluent d'une semaine à l'autre. Ils comprennent environ 6 thèmes contenant chacun un nombre constant de phrases de 2 à 5 sons distincts.

Oiseaux : le *syrinx* (caisse de résonance) est situé à l'endroit où la trachée se divise sur les poumons et muni

Quelques animaux légendaires

Aspic de Cléopâtre. Craignant de figurer comme prisonnière au triomphe d'Auguste après la bataille d'Actium (30 av. J.-C.), Cléopâtre, reine d'Égypte, se fit apporter un aspic dissimulé dans un panier de figues et se laissa mordre. C'était plus vraisemblablement un cobra ou un échis.

Bête de Chaingy. Forêt d'Orléans : 8 femmes et enfants dévorés ou blessés le 6-12-1814. Une louve sera tuée à la hache.

Bête du Vaccarès. Décrite au début du XVe s. par Jacques Roubaud, gardian près de l'étang de Vaccarès (Camargue), elle inspire Joseph d'Arbaud (1874-1950) qui publie *la Bèstio dou Vaccarès* (1924) et Henri Bosco, *Malicroix* (1948).

Bête du Gévaudan. Apparue en 1764 à Langogne (Lozère). *1764-67 :* 101 †. On pense qu'il s'agissait de plusieurs loups : l'un (65 kg, hauteur 90 cm, longueur 1,85 m) fut tué le 21-9-1765 dans les bois de Chazes, au sud de Langeac, par Antoine de Beauterne, porte-arquebuse de Louis XV avec 40 hommes, il touche 10 000 livres ; un autre, de 55 kg, tué le 18 ou 19-6-1767 par le garde-chasse Jean Chastel (lors d'une chasse dans la forêt de Tenazeyre menée par 12 hommes dirigés par le marquis d'Apcher et qui reçurent 312 livres à se partager) et, peut-être, un 3e.

☞ **Cas récents : Vosges :** hiver 1977-78, un animal mi-loup, mi-chien égorge 250 moutons, des vaches et un poulain. Il aurait ensuite été vu en Charente ou dans la Manche, en mai 1978 les habitants de la Creuse en ont peur. **Puma de la forêt de Chizé** (Deux-Sèvres) : félin de grande taille à robe fauve aperçu en 1995 ; 100 gendarmes et 1 hélicoptère ne trouveront rien.

Cheval de Brunehaut. (voir à l'Index).

Cheval de Troie. (voir à l'Index).

Dauphin d'Arion. Arion, poète et musicien grec du VIIe s. av. J.-C. rentrait, couvert de présents, de Syracuse où il venait de remporter un prix de musique et de poésie, lorsque ses compagnons de voyage l'agressèrent pour le voler. N'opposant aucune résistance il leur demanda la grâce de chanter en s'accompagnant de son luth, puis il se jeta dans les flots. Or un dauphin, charmé par sa musique, avait suivi le bateau ; il le recueillit et le porta jusqu'à la côte de Laconie. Pour ce sauvetage, il fut placé parmi les constellations.

Hydre de Lerne. Serpent monstrueux vivant dans le marais de Lerne en Argolide, qu'Hercule extermina en coupant d'un seul coup ses nombreuses têtes qui renaissaient sans cesse quand on les coupait une à une.

Licorne. Animal légendaire appelé d'abord nicorne. On distinguait : *licorne vraie,* (cheval à pattes courtes à tête de biche, avec une corne droite et queue du sanglier) ; *églissirion,* (gros chevreuil, corne aiguë) ; *monocéros,* (bœuf tacheté de blanc, corne de 2 coudées). En fait, les cornes étaient des défenses de narvals que les chasseurs de baleine basques rapportaient des régions subarctiques. Vers 800, le calife Haroun-al-Rachid offre à Charlemagne une corne de licorne.

Lion d'Androclès. Androclès, esclave d'un proconsul d'Afrique, fut jeté aux bêtes dans le Colisée, à Rome, pour avoir échappé à son maître. Le lion reconnut en lui l'homme qui jadis l'avait soigné d'une blessure à la patte et se coucha à ses pieds. On fit grâce à l'esclave, on lui donna le lion, qui le suivit comme un chien.

Oies du Capitole. Quand les Gaulois s'emparèrent de Rome, en 390 av. J.-C., ils ne purent prendre le Capitole par surprise, la nuit : les oies consacrées au culte de Junon poussèrent des cris perçants, donnant ainsi l'alerte.

Sirènes. *Femmes-oiseaux* dans la mythologie grecque (voir à l'Index). *Femmes-poissons :* mythe reposant sur l'existence des *lamantins* (2 m, 100 kg) : mammifères marins baptisés siréniens, et des *dugongs* (5 m).

Énigmes zoologiques

Société internationale de cryptozoologie. *Fondée* en 1982, *Pt :* Bernard Heuvelmans, a publié une liste de 110 à 138 animaux inconnus [dont 40 à 52 aquatiques (mers et océans 21 à 24, eau douce 19 à 28), 70 à 85 terrestres], à partir de 20 000 références.

☞ **Hommes sauvages :** Almasty, bigfoot, sasquatch, homme des neiges ou yéti (voir à l'Index).

Améranthropoïde (« anthropoïde américain »). Grand singe sans queue ; un spécimen tué au Venezuela en 1920 (il en existe une photo).

Anaconda géant. En Amazonie, spécimens relatés de plus de 10 m.

Éléphant nain. Espèce ou race naine (2 m au garrot) d'éléphant africain, forestière et amphibie.

Félins mystérieux. Signalés sur la plupart des continents : Afrique (survivance du machairodus ?), USA, G.-B. (affaire des *British Big Cats*), Australie (marsupiaux carnivores ?), etc.

Grand Pingouin. Survivance au Groenland, en Écosse (Orcades), en Norvège.

Irkouiem. Ours géant du Kamtchatka. A été assimilé à l'Arctodus fossile.

Mammouth. Rumeurs sur sa survie en Sibérie et en Alaska. Témoignages visuels et découvertes d'empreintes et d'excréments.

Mokélé-mbêmbé. Nord du Congo, près du lac Télé. Serait long de 7 à 8 m, long cou, longue queue, massif, amphibie, frugivore. *Hypothèses :* proboscidien ; crocodilien ; tortue géante (trionyx), varan géant ; dinosaurien sauropode. Niger : ossements d'un dinosaurien de 70 000 ans apparenté à l'iguanodon *(Ouranosaurus).*

Monstres lacustres (Allemagne, Pologne). Sans doute de grands silures [signalés aussi en France (Saône surtout) depuis 1985].

Monstre du loch Ness (lac d'eau douce écossais, longueur 42 km, largeur 1,8 km, profondeur 200 à 300 m). Signalé plusieurs fois depuis l'an 565. On en parle surtout depuis 1934. Appelé à partir de 1972 *Nessiteras rhombopteryx* (dit *Nessie*). Il serait gris ou brun, long de 4 à 5 m, avec un cou grêle, des nageoires dorsales en « pointe de diamant » et une forte queue. *Hypothèses :* plésiosaure survivant (peu vraisemblable : espèce disparue depuis 70 millions d'années), triton, anguille géante ; « otarie à long cou » pouvant respirer sous l'eau grâce aux « périscopes » qui prolongent ses narines, cétacé primitif, stégocéphale, nudibranche géant, etc. *Plusieurs explorations* ont été tentées (avec bathyscaphe, sous-marins de poche, sonars, dauphins, caméras et projecteurs). L'expédition Deepscan (budget : 10 millions de F, en oct. 1987) utilisa 24 vedettes équipées de sonars ; quelques échos peu convaincants furent obtenus. L'opération Simrad, patronnée par le British Museum of Natural History, a obtenu, l'été 1992, un écho de sonar de 2 min, et découvert des structures, d'origine humaine, au fond du loch. Le 12-3-1994, le petit-fils de Robert Wilson († 1993) révéla dans le *Daily Mirror* que son grand-père, le 19-4-1934 avait photographié, émergeant du lac, une tête de reptile qu'il avait confectionnée avec un jouet et de la pâte à bois. Cette photo avait fait le tour du monde. D'après Adrian Shine, directeur du Loch Ness Project, le lac abrite des esturgeons de 225 kg. D'autres monstres du même genre ont été signalés en Suède, en Sibérie, au Canada, en Argentine, etc.

Pieuvre géante de Saint Augustine (Floride). Masse de 20 t découverte le 30-11-1896 échouée sur une plage, qu'Addison Emery Verrill (professeur américain) appellera *Octopus giganteius*. En fait, constituée de collagène, substance sans structure cellulaire, indigeste pour bactéries et prédateurs marins, formant le tissu conjonctif d'une baleine qui avait coulé (controversé).

Ptérosaurien. Allure de reptile volant. Noir et Blanc. Présence (?) en Afrique (Cameroun, Namibie, etc.). Habiterait des cavernes montagneuses.

Pythons géants. Divers témoignages en Afrique tropicale ; une photo prise au Katanga en 1959, depuis un hélicoptère, montre un python long de 10 à 14 m.

Serpents géants en France. Jusqu'à 3 m de long. Boas ou pythons échappés ? Couleuvres ?

Serpent de mer. Signalé depuis l'Antiquité. On a distingué les « monstres à tête de cheval », prototypes des dragons chinois et vietnamiens (baie d'Along) ; les « monstres à long cou », dont celui du loch Ness (voir ci-contre), parfois présentés comme des cétacés primitifs ou des otaries, capables de se reproduire en haute mer ; des reptiles marins à l'aspect de crocodiles (peut-être des mosasaures) ; des calmars géants (*Architeuthis*) dont les tentacules peuvent atteindre 17 m. La plupart des « monstres » échoués, signalés de temps à autre, ne sont que des requins pèlerins plus ou moins décomposés. Une larve de congre de 1,84 m a été capturée dans l'Atlantique Sud en 1930, alors qu'elle n'aurait dû mesurer normalement que 10 cm.

Observations près du littoral français : Cotentin (1934) ; îles Anglo-Normandes (1923) ; Bretagne (1861, 1879, 1911, 1925, 1930, 1939, 1985) ; Atlantique (1892, 1915, 1945, 1972) ; Camargue (1964, 1983) ; Corse (1907, 1924, 1983).

Singe de mer. A tête de mammifère et queue de requin, aurait été observé en 1741, près des îles Aléoutiennes, par l'Allemand G.W. Steller.

Tatzelwurm (« ver à pattes »). Alpes (par exemple à St-Véran, Hautes-Alpes, en 1974). *Hypothèses :* héloderme (lézard venimeux nord-américain) européen, parent de l'ophisaure (orvet géant des Balkans), salamandre géante cavernicole (la plus vraisemblable). Longueur 0,60/1 m et plus ; 2 ou 4 pattes.

Thylacine (loup marsupial). Survivrait en Australie et Tasmanie (la Tasmanie offre une prime de 100 000 $ pour une photo de cet animal).

Tzuchinoko. Serpent des montagnes du Japon.

Varans géants. Jusqu'à 8 m, en Thaïlande, à Sumatra, en Nlle-Guinée, en Australie.

Rumeurs modernes

Alligators dans les égouts de New York. Il y en aurait eu un ou deux. **Paris :** mêmes rumeurs. **Attaques de rapaces, grands corbeaux, lynx, chats sauvages, etc.** Contre des personnes ou des animaux domestiques. Presque toujours dénuées de fondement. Voir **Oiseau** p. 195 c. **Chauves-souris suceuses de sang.** Croyance répandue dans certaines provinces. Voir **Vampire** p. 197 a. **Gros « rat » mangeur de chats.** Rumeur répandue en Europe. **Loutres de Paris.** Signalées sur les quais ou dans les égouts, et au lac d'Enghien. **Mygales dans les yuccas.** Pas de preuves (cependant, des plantes exotiques transportent araignées, insectes, etc.). **Serpent dans un supermarché.** Caché dans un régime de bananes, il mord un client. **Vipères lâchées d'hélicoptère.** En 1991, pour les réintroduire.

Comportements discutés

Castor : recherché pour ses testicules (remèdes de beaucoup de maladies). Poursuivi par un chasseur, se trancherait les testicules et se coucherait sur le dos pour montrer au chasseur qu'il est dépourvu de ce qu'il cherche. **Funérailles d'animaux :** chez les singes, les chats, les éléphants (qui recouvrent leurs morts de terre et de feuillage ; explication partielle des « cimetières d'éléphants » ?). **Hérisson :** transporterait parfois des pommes fichées sur ses épines. **Martinet :** passerait quelquefois l'hiver dans nos régions, à l'état de léthargie. **Narval :** embrocherait des flétans avec sa défense. **Pêche à la queue :** divers mammifères tremperaient leur queue dans l'eau et attendraient que des écrevisses s'y fixent. **Pluvian :** nettoierait les dents des crocodiles. **Sangliers nageurs :** iraient de Provence en Corse et *vice versa*. **Serpents :** téteraient les vaches. **Tribunaux de corbeaux :** jugeraient parfois l'un des leurs et le mettraient à mort. **Vol monté :** des petits passereaux voyageraient sur le dos de grands oiseaux (grues).

de fines membranes élastiques dont la tension est modifiée par les muscles. Le vautour aura en est dépourvu et émet des grognements et des chuintements. Le cygne muet émet un bruit musical en battant des ailes. Certains chants ou cris ressemblent à des onomatopées : *caille :* « Paie tes dettes » ; *mésange charbonnière :* « Pries-tu Dieu ? » ; *pinson :* « Dis, dis, veux-tu que je t'estropie, mon Ptit ? » ; *tourterelle :* « Tue tes poux pouilleux ». **Voix la plus aiguë** : roitelet triple-bandeau et roitelet huppé ; **la plus grave** : butor ; permet à l'oiseau d'affirmer la possession de son territoire, d'intimider les mâles intrus, d'attirer le conjoint par séduction orale. **Début du chant :** *1 h 30* (du matin) : pinson ; *2 h :* mésanges des bois ; *2 h 30 :* caille ; *3 h 30 :* merle ; *4 h :* bec-fin ; *4 h 30 :* mésange des marais ; *5 h :* moineau. **Concours de chant : pinson des arbres** *(Fringilla coeleb) :* il est capturé au nid et gardé dans une petite cage grillagée ; on soude ses paupières avec un fil de métal rougi au feu : la qualité du chant est meilleure dans l'obscurité. Le chant, qui peut différer suivant les régions, comprend : un prélude, un roulement, un finale. Des onomatopées définissent un trille complet : Rrript... pti, pti, pti, pti... chichuit ! Le gagnant est celui qui en exécute le plus en 1 heure. Le concours est individuel ou collectif (4 pinsons dont on fera la moyenne de la totalité des trilles). Meilleurs mois : avril à juin ; de 5 à 6 h ou de 6 à 7 h. Ouverture officielle : à la cloche, au clairon, à la détonation d'un fusil ou d'un petit canon. Les pinsons s'excitent mutuellement et lancent leurs roulades de plus en plus rapidement. Aussi parle-t-on souvent de *combats* ou *assauts* au lieu de concours. A chaque trille complet, le marqueur trace un trait sur le rillet (règle de 1,20 m, large de 4 cm). Scores : 300 à 1 000 trilles/heure. Pratique réprimée par le droit français (espèce protégée).

Grillon : en Orient (Chine, Japon). Peut modifier le timbre de ses stridulations, donnant l'impression qu'il est à un autre endroit. Joue de l'avant des ailes antérieures comme d'un plectre ou d'un archet sur la veine dentelée courant sous l'autre aile, et redresse la partie lisse de ses ailes membranées pour striduler. **Grillon-taupe mâle :** creuse 2 tunnels coniques qui lui servent de mégaphones.

■ **Chauves-souris.** Captent avec leurs oreilles très développées l'écho des vibrations à haute fréquence qu'elles émettent (voir **Son** p. 196 b) pour éviter les obstacles, jusqu'aux plus ténus (fils de Nylon), et repérer leurs proies. Le système est comparable à celui du sonar. En dépit d'un préjugé, les chauves-souris ne se prennent pas dans les cheveux (elles les détectent). **Vampire** (voir p. 197 a).

■ **Coccinelles.** Du grec *kokinos*, rouge. Plus de 5 000 espèces. En anglais *Ladybird* [de *Our Lady*, Notre Dame : coccinelles à 7 points noirs comme sur le manteau de la Vierge des peintures médiévales (représentant les 7 joies et 7 peines de Marie)].

■ **Combats d'animaux. Jeux de cirque** antiques ou plus récemment en *Asie* (en *Inde,* fauves variés). **Cailles** (en réalité turnix d'Andalousie) : *Asie.* **Chiens :** chez divers peuples ; *USA, France* jusqu'en 1834 ; **contre les rats :** *nord de la France.* **Coqs :** *Amérique latine, Asie du Sud-Est, Belgique* (interdits depuis 1926), *France* [interdits par la loi Grammont (voir p. 201 c) : non appliquée], autorisés depuis loi juillet 1964. Réglementation : maximum 6 min ; ergots munis de pointes métalliques de 52 mm. Nombre : sur 100 000 coqs élevés par 6 000 coqueleurs, 1 200 combats dans plusieurs dizaines de gallodromes. Fédération régionale du *Nord-P.-de-C., Madagascar, Martinique, Mexique, Polynésie ; Rome antique.* **Dromadaires :** *Turquie.* **Grillons :** *Chine, Indonésie, Madagascar.* **Mouches :** *Singapour.* **Moineaux :** *Chine.* **Perdrix :** *Afghanistan.* **Poissons :** *Thaïlande.* **Serpents contre mangoustes :** *Inde.* **Taureaux** (voir Tauromachie, chapitre Sports).

■ **Concentrations. Les plus fortes :** *Tadarida brasiliensis,* chauves-souris molosses du Mexique, se regroupent à plus de 20 millions ; *pinsons du Nord* à 36 millions. **Criquets :** du 10 au 30-7-1874, 12 500 milliards (25 millions de t) couvrirent 257 000 km² dans le Nebraska (USA).

■ **Constructions.** *Termites (des Bellicositermes) :* en Afrique ; termitières en terre (haut. 6 m, diam. 12 à 30 m). *Castors :* barrages de 1,50 à 4 m de haut et 500 m de long ; huttes (diam. 2 m, parfois 6 m) avec entrées sous l'eau permettant, quand l'eau est gelée, l'accès aux réserves. *Annélides polychètes* : récif, appelé le Banc des Hermelles, dans la baie du Mont-St-Michel, 200 à 300 m de long. (15 000 à 60 000 tubes d'annélides au m^2).

■ **Cornes.** **Les plus longues** : *arni* (buffle d'Asie), 4,24 m de pointe à pointe ; *bœuf* domestique d'Ankole (Botswana), 2,06 m et 46 cm de circonférence ; *rhinocéros blanc* (Afrique) 1,58 m (petite corne 57 cm) ; *argali* (mouflon du Pamir) 1,90 m. **Les plus courtes** : *suni* (antilope royale) 3,8 cm. **La plus grande envergure** : *bœuf* Longhorn 3 m.

■ **Courses d'animaux.** *Autruches* (Afrique du Sud), *chevaux, lévriers* (voir à l'Index et p. 197 b).

■ **Cri des animaux.** *Abeille* : bourdonne (avec ses ailes). *Aigle* : trompette, glapit ou glatit. *Alouette* : tire-lire, grisolle ou turlute. *Ane, baudet* : brait. *Bécasse* : croule. *Bélier* : bête, blatère. *Bœuf* : mugit, meugle, beugle. *Bouc* : béguette, bêle ou chevrote. *Brebis* : bêle. *Buffle* : souffle, beugle ou mugit. *Buse* : piaute. *Butor* : buttit. *Caille* : pituite, margotte, cacabe, courcaille, carcaille ou margaude. *Canard* : cancane, nasille ou canquette. *Cerf, brocard* : brame, ralle, rote, rée ou rait. *Chacal* : jappe ou aboie. *Chameau* : blatère. *Chat, matou* : miaule, ronronne. *Chat-huant* : chuinte, ulule ou hue. *Cheval, étalon* : hennit, s'ébroue. *Chèvre* : bêle, chevrote ou béguette. *Chevreuil* : brame, rée, rote. *Chien* : aboie, jappe, hurle, grogne, clabaude, clatit, halète. *Chien de chasse* : clatit, donne de la voix. *Chiot* : glapit ou jappe. *Chouette* : hioque, hue, ulule ou chuinte. *Cigale* : craquette, cricelle, criquette (avec ses membranes abdominales) ou stridule. *Cigogne* : craque, craquette, claquette ou glottore. *Cochon, porc, verrat* : grogne. *Colombe* : roucoule. *Coq* : chante, coqueline. *Coq de bruyère* : dodeldit. *Corbeau* : croasse, croaille, coraille, graille. *Corneille* : corbine, craille, criaille, babille, graille. *Coucou* : coucoule, coucoue. *Crapaud* : coasse. *Criquet* : stridule. *Crocodile* : pleure, vagit, ancoule. *Cygne sauvage* : trompette, drense, drensite, siffle [la plupart des cygnes domestiques sont muets ou n'émettent que de faibles gloussements. Le « chant du cygne » (qu'ils pousseraient avant de mourir) est une légende]. *Daim* : brame, ralle, rait, rée. *Dindon* : glougloute. *Éléphant* : barète ou barrit. *Épervier* : tiraille, glapit ou piale. *Étourneau* : pisote. *Faisan* : criaille, glapit ou piaille. *Faon* : ralle. *Faucon* : huit, réclame. *Fauvette* : zinzinule. *Geai* : cajole, cajacte, cocarde, cageole, gajole, frigulote ou fringote. *Gélinotte* : glousse. *Goéland* : pleure. *Grenouille* : coasse. *Grillon* : grésillonne, craquette (avec ses ailes). *Grue* : glapit, trompette ou craque. *Guêpe* : bourdonne. *Hibou* : ulule, hue, miaule, tutube, bubule ou bouboule. *Hirondelle* : gazouille, trisse, truisotte, tridule. *Hulotte* : hole, ulule. *Huppe* : pupule, pupute. *Hyène* : hurle. *Jars* : criaille, cagnarde, cacarde ou jargonne. *Lapin* : couine, clapit ou glapit. *Lièvre* : couine, vagit. *Lion* : rugit, grogne. *Loup* : hurle. *Marmotte* : siffle. *Merle* : siffle, appelle, babille, flûte, chante. *Mésange* : zinzinule. *Milan* : huit. *Moineau* : pépie, chuchète, chuchote. *Mouche* : bourdonne (bruit fait avec ses ailes). *Mouton* : bêle. *Oie* : cacarde, criaille, siffle, cagnarde. *Oiseaux* : gazouillent, dégoisent, sifflent, fredonnent, frouent, gringottent, chantent, ramagent. *Oiseaux de nuit* : ululent. *Ours* : gronde, grogne, hurle. *Panthère* : rugit. *Paon* : braille, criaille, paonne. *Perdrix* : brourit, cacabe, rappelle, pirouitte, glousse. *Perroquet* : piaille, parle, siffle, jase, cause. *Perruche* : jacasse, siffle. *Phoque* : bêle, grogne, rugit. *Pie* : jacasse ou jase. *Pigeon* : roucoule ou caracoule. *Pingouin* : brait. *Pinson* : ramage, siffle, fringote. *Pintade* : cacabe, criaille. *Pivert* : picasse, peupleute. *Poule* : glousse, caquette, claquette, cocaille, coclore, codèque, coucasse ou crételle. *Poulet* : piaille. *Poussin* : piaille. *Ramier* : caracoule, roucoule. *Rat* : chicote, couine. *Renard* : glapit, jappe. *Rhinocéros* : barète ou barrit. *Rossignol* : chante, trille, quirritte, gringote. *Sanglier* : grogne, grommelle, nasille ou roume. *Sauterelle* : stridule. *Serin* : ramage, trille. *Serpent* : siffle. *Singe* : crie, hurle. *Souris* : chicote. *Taureau* : beugle, mugit. *Tigre* : rauque, feule, ronronne, râle ou miaule. *Tourterelle* : gémit ou roucoule. *Vache* : beugle, mugit, meugle. *Zèbre* : hennit.

■ **Danse.** **Serpent** (cobra) : sourd, ne réagit pas à la musique mais aux vibrations du sol quand le « charmeur » tape du pied : il se dresse alors et, voyant dans les mouvements de la flûte un ennemi en face de lui, suit ces mouvements pour contrôler la situation.

■ **Décharges électriques.** Tension le plus souvent faible (quelques volts) pour communication et électro-localisation, et parfois élevée (jusqu'à 550 volts) pour attaque ou défense par électrocution. *Electrophorus electricus* [anguille électrique ou improprement « gymnote »] (voir p. 204 c), poisson d'eau douce de l'Amér. du Sud : peut émettre une décharge de 550 volts de 1 ampère. Il est le seul pratiquant simultanément l'électro-localisation et l'électrocution, grâce à des générateurs distincts. Les pêcheurs sud-américains les pêchent à main nue, après avoir immergé une carcasse d'animal contre laquelle les poissons déchargent toute leur électricité. *Malaptérures* (silures électriques), 2 espèces, Afrique, électrocution : 300 volts. *Torpille* (mers), électrocution : 60 volts. Les Romains, constatant que les décharges soulageaient rhumatismes et maux de tête, prescrivaient des applications de torpilles récemment pêchées. *Gymnarques, mormyres* ou *poissons-éléphants* (Afrique) et *gymnotes vrais* (Amér. du Sud) : électro-localisation.

■ **Défenses.** **Les plus longues** : mammouth laineux 5,02 m (courbure externe). Éléphant, droite 3,49 m, gauche 3,35 m (poids total 133 kg). **La plus lourde** : mammouth 150 kg (au maximum 90 cm de circonférence, environ 3,60 m de longueur), éléphant 117 kg ; *paire* : mammouth 226 kg (4,20 et 4,15 m de longueur), éléphant 211 kg (3,11 m et 3, 18 m de longueur). *Quelques cas d'éléphants d'Afrique à 4 défenses* ; 1 cas à 9 (atrophiées). Voir à l'Index.

■ **Denture record.** *Poisson-chat* : 9 280 dents. *Dauphins* (certains) : 260 (plus que n'importe quel autre mammifère). *Cachalot* : 40 dents sur sa mâchoire inférieure. *Narval* : 2 à la mâchoire supérieure chez le mâle, dont une incisive unique en défense torsadée pouvant atteindre 3 m. *Baleine franche* (comme tous les cétacés à fanons) : pas de dents, mais 700 fanons de 2,70 m à 3,60 m de long. (60 cm chez le rorqual bleu) qui retiennent le plancton sur la mâchoire supérieure, la mâchoire inférieure recevant la langue qui « prélève » dans les fanons le *krill* retenu. *Morse* mâle : la canine supérieure peut atteindre 80 cm.

■ **Distances.** **Animaux marins** : *thon albacore* peut parcourir 8 800 km en 11 mois (du sud-est de Tokyo au large de Los Angeles). *Saumons* fraient en eau douce et parcourent environ 3 000 km. *Larves d'anguille européenne* dérivent 200 à 300 jours de la mer des Sargasses au littoral européen, soit 5 000 km. **Oiseaux** : *capacités* : d'une seule traite : *courlis de l'Alaska* 3 300 km, *colibri* 1 100, *fauvette, gobe-mouches* 1 000, *aigle* 300, *foulque* 730 km en 2 j, *tournepierre* (petit échassier) 825 km en 25 h. *Pie-grièche écorcheur* 700 km en 20 h (traverse la Méditerranée en 12 ou 13 h, met 3 mois pour arriver en Afr. du Sud en automne, et 2 mois pour revenir en Europe au printemps ; parcourt 500 km chaque nuit). *Traquet motteux* 15 000 km aller et retour. Certains parcourent plus de 19 000 km 2 fois par an (exemple : la *sterne arctique*, de l'Arctique à l'Antarctique, ou le *pluvier doré*, qui pourrait parcourir 5 200 km sans escale ; une sterne a parcouru 22 530 km ; une *sterne perregorin* a volé de Finlande en Australie du 30-6-1996 à janvier 1997 soit 26 000 km). *Cigognes* de 10 000 à 20 000 km (325 km/j). Un *pigeon* a volé de Saigon (Viêt Nam) à Arras (France) 11 265 km (8-15 sept. 1931). Un *albatros hurleur*, contrôlé avec une balise Argos (180 g) fixée sur son dos, parti des îles Crozet le 1-2-1989 et revenu le 5-3, a parcouru 15 200 km en 33 j (vitesse moyenne 56,1 km/h, maximale 81,2 km/h). Une *barge rousse* peut aller du Sénégal aux Pays-Bas sans escale. Une *grive*, baguée en Pologne, fut retrouvée le lendemain à Nancy. Une *spatule blanche* a volé de Huelva (Andalousie) au nord des Pays-Bas en 1 jour (moyenne : 70 km/h). *Cigognes* et *hirondelles des cheminées*, 10 000 km, *bécasseau maubèche*, 16 000 km (voyage 7 mois sur 12), *pouillot fitis sibérien*, 14 000 km. **Autres animaux** : certains *manchots*, incapables de voler, parcourent à la nage 1 000 km et reviennent à leur plage d'origine pour y élever leurs petits. Les *criquets*, 1 000 à 1 500 km en vols de 50 km de large, comprenant 250 milliards d'individus. En 1988, des *criquets pèlerins*, poussés par les vents à partir de l'Afrique, ont, pour la première fois, atteint les Antilles. Un *puceron* peut parcourir de 1 000 à 2 000 km par jour, avec des courants aériens favorables.

☞ Un *fox-terrier* a parcouru 2 720 km pour rejoindre son maître. On connaît de nombreux autres cas comparables chez les chiens et les chats.

■ **Envergure** (en mètres). **Animaux ailés** : *albatros hurleur* 3,50 (longueur 1,20 m ; 8 kg). *Condor* 3,20 (2,80 m en moyenne) [longueur 1,20 m ; 9 kg]. *Albatros migrateur* 3,15 (maximum 3,63). *Vautour de l'Himalaya* 2,90, *moine* 2,87 (7 kg). *Gypaète barbu* 2,80 (6 kg). *Pélican blanc* 2,75 (10 kg). *Pygargue à queue blanche* 2,75 (10 kg). *Marabout d'Afrique* 2,50 (maximum 4,06). *Cygne* jusqu'à 3,65, moyenne 2,50 (20 kg). *Balæniceps rex* (bec-en-sabot) 2,50. *Aigle royal* 2,30 (5 kg). *Grue blanche* 2,28 (6 kg). *Outarde barbue* 2,20 (11 kg). *Frégate superbe* 2,10. *Hibou pêcheur* 1,89 (2 kg). *Chauve-souris* (Asie du Sud-Est) 1,70 (1,6 kg). *Kalong* 1,70 (900 g). *Grand corbeau* 1,30 (1 200 g). *Corneille* 1 (500 g). *Pigeon ramier* 0,75 (500 g). *Perdrix grise* 0,50 (400 g). *Papillon de nuit* (Australie tropicale, Nlle-Guinée) 0,36. *Papillon* (Thysania agrippina du Brésil) 0,31. *Papillon* (Nlle-Guinée) 0,28 (25 g). *Araignée* (Lasiodora) 0,28. *Sauterelle de Nlle-Guinée* 0,25. *Libellule* (Amér. du Sud, Bornéo) 0,19 (12 cm de long). *Papillon* 0,02. *Oiseau-mouche, abeille* 0,02 (1,5 g). *Johanssonia acetosea* (lépidoptère) 0,002. **Aquatiques** : *calmar géant Architeuthis* 18. *Raie manta* 7. *Crabe Macrocheira du Pacifique* 3,50. *Tortue luth* 3.

■ **Fidélité.** *Campagnol mâle*, si l'on inhibe l'activité de l'arginine vasopressive (hormone produite par l'hypothalamus), il multipliera les aventures extra-conjugales. *Corbeau* : serait le seul oiseau à garder la même compagne toute sa vie.

■ **Force.** *Scarabée* de 0,25 g : peut porter sur son dos 850 fois son poids. Une paire de *chevaux* a tiré une charge de 55 t sur traîneau. Un *saint-bernard* de 80 kg a déplacé sur 4,57 m, en moins de 90 secondes, une charge de 2,905 t. *Escargot de Bourgogne* : peut porter 12 fois son poids et le tirer 200 fois (*éléphant* : 1/4 de son poids). *Cerf-volant* (coléoptère) : peut tenir entre ses mandibules une baguette pesant 200 fois son poids. *Abeille* : développe une force égale à 24 fois son poids, certains insectes jusqu'à 40 fois. *Hanneton* : soulève 100 g, déplace 80 g (400 fois son poids). *Gorille* : peut porter 850 kg.

■ **Fourmis.** Environ 10 000 espèces connues. L'étude de leurs mœurs est appelée *myrmécologie*. TAILLE : 0,8 à 4 cm. MASSE GLOBALE : autant que celle de tous les hommes réunis. FOURMILIÈRES : *fourmi rousse (Formica rufa)* dans 1 m^3, 400 000 fourmis, dont la reine seule fertile ; *fourmi géante (Formica polyctena)* plusieurs millions de fourmis et jusqu'à 5 000 reines. COLONIES LES PLUS IMPORTANTES : *Jura* : 1 200 fourmilières sur 70 ha reliés par 100 km de pistes (250 à 300 millions de fourmis) ; *Hokkaido* (Japon) : *Formica yesensis* : 3 000 fourmilières sur 13 ha. VIE DES ADULTES : neutres (ouvrières) : quelques semaines ; reine : jusqu'à 12 ans (pond des milliers d'œufs chaque jour pendant plusieurs années). ALIMENTATION : les adultes échangent les aliments liquides de bouche à bouche (trophallaxie stomodéale). RÔLE : disséminent 1/3 des espèces de plantes, en pollinisant (exemple : cacao).

■ **Free-martin** (ou **vache-bœuf**). Terme d'éleveur : génisse intersexuée (plus rarement un animal d'une autre espèce : brebis, chèvre, etc.). Quand une vache porte 2 embryons faux jumeaux de sexe différent, les hormones du mâle peuvent gagner, par le sang, l'embryon femelle et le « masculinisent ». Stérile toute sa vie, aspect d'un bœuf castré.

■ **Gestation.** **Durée** (en jours) : *opossum* 13. *Hamster doré* 16. *Souris* 21. *Rat* 22. *Lapin* [1] 30. *Kangourou* 36. *Taupe* 40. *Lièvre* 42. *Écureuil* 44. *Renard* 52. *Hérisson* 58. *Chat* [1] 60. *Chien* [1] 63. *Loup* 63. *Cobaye* 68. *Lynx* 70. *Panthère* 93. *Castor* 105. *Lion* 106. *Porc* 115. *Castor* 128. *Mouton* [1] 150. *Chèvre* [1] 150. *Gazelle* 160. *Chamois* 165. *Babouin* 190. *Cerf* 200. *Ours brun* 220, *grizzly* 225, *blanc* 240. *Chimpanzé* 230. *Daim* 240. *Hippopotame* 240. *Renne* 246. *Morse* 260. *Chevreuil* 270. *Gorille* 260. *Phoque* 276. *Vache* 280. *Bison* 285. *Cheval* 335. *Baleine* environ 335. *Lama* 360. *Marsouin* 360. *Ane* 365-375. *Zèbre* 365. *Tapir* 400. *Chameau* 405. *Girafe* 440-460. *Cachalot* 480. *Morse* 480. *Rhinocéros blanc* 450, *noir* 480. *Éléphant d'Asie* 645, *d'Afrique* 660. *Salamandre noire des Alpes* 1 160 (si elle vit au-dessus de 1 400 m d'altitude).

Nota. – Source : Walker's Mammels of the World, 6e éd., 1999. (1) Domestique.

Mise bas. La *biche* faonne, *brebis* agnèle, *chatte* chatte, *chèvre* chevrote ou chevrette, *chevrette* faonne, *chienne* chienne, *daine* faonne, *hase* levrette, *jument* pouline, *lapine* lapine, *louve* louvette, *truie* cochonne, *vache* vêle.

■ **Habitat.** **Désignation** : *aigle* : aire [l'aigle belliqueux bâtit son aire (mesurant jusqu'à 4,80 m) dans les arbres à 15-25 m]. *Bouc* : étable. *Chevreuil* : bois. *Cochon* : soue. *Faisan* : faisanderie. *Lapin* : terrier. *Lièvre* : gîte, fort, antre. *Ours* : tanière. *Pigeon* : colombier. *Sanglier* : bauge. *Serpent* : repaire. *Souris* : trou, tanière. *Taureau* : bouverie. *Tigre* : repaire. *Tourterelle* : colombier. **Profondeur maximale** : POISSONS : *Charcanopsetta lugubris* 10 912 m, *Bassogigas profundissimus* 7 160 m ; CRUSTACÉ : *Amphipode* 10 500 m ; ÉTOILE DE MER : *Porcellanaster ivanovi* 7 584 m ; ÉPONGES : 5 637 m.

■ **Hibernation.** **Sans congélation** : la température du corps s'abaisse. L'animal diminue sa consommation d'oxygène et utilise, goutte à goutte, ses réserves de graisse ; le rythme cardiaque s'abaisse également. *Marmotte* : s'endort l'hiver dans son terrier pour 6 mois. Les battements de son cœur passent de 88 à 15 par min, ses mouvements respiratoires de 16 à 2, sa température interne de 38-40 à 4,5 °C, sa consommation d'oxygène est 20 fois moindre. En 160 j, elle perd 1/4 de son poids. En pleine hibernation (janvier) se réveille tous les 10/12 j, à la fin (mars) tous les 5/6 j (inactive 80 % de ce temps) pour toilettage, arrangement du « nid », défécation et pour se réalimenter. En cas de froid excessif, elle peut reprendre en 2 ou 3 h et pour 1 ou 2 j sa température d'été. *Petit écureuil* : 9 mois ; se réveille tous les 15 à 20 j. *Chauve-souris* : se réveille tous les 30 j, sa température pouvant descendre jusqu'à 3,5 °C. *Siciste des bouleaux* (rongeur de 13 g) : 8 mois. *Engoulevent de Nutall* : 88 j. *Loir. Ours* : voir p. 203 a. **Avec congélation** : *Gynaephora groenlandica* (chenille du Groenland) plus de 10 mois à – 50 °C ; *invertébrés* des plages nordiques ; *amphibiens et reptiles* (exemples : 4 espèces communes de grenouilles : grenouilles des bois, rainette crucifère, rainette versicole, rainette à 3 bandes, sur le sol des forêts avec 65 % d'eau corporelle transformée en glace) ; une *salamandre de Sibérie* : – 35 °C.

■ **Hybrides.** Obtenus le plus souvent en captivité par croisement artificiel de 2 espèces différentes. Généralement stériles, parfois l'un des sexes est fécond.

Ane + jument : mulet stérile ou mule parfois féconde. *Anesse + étalon* : bardot ou bardine. *Ane + zèbre* : dozed ou donzèbre. *Cheval + zèbre* : zébroïde ou zébrule. *Bélier + chèvre* : mouchèvre (obtenu en 1983 en G.-B. par « chimère » embryonnaire) ou musmon. *Bœuf + bison* : cattalo. *Bouc + brebis* : ovicapre. *Canard de Barbarie + cane domestique* : mulard. *Canard pilet + canard col-vert. Chameau à 2 bosses + dromadaire. Chien + chacal. Faisan + poule* : cocquard. *Gibbon + siamang* (grand gibbon de Sumatra à 50 chromosomes) : siabon. *Grand tétras + tétras-lyre. Jaguar + panthère* : jaguapard. *Jaguar + lionne* : jaguarion. *Panthère + lionne* : léopon. *Lièvre + lapin* : léporide (semble parfois viable). *Lion + tigresse* : ligre. *Loup + chienne* : crocotte. *Mouette rieuse + mouette mélanocéphale. Mouton + chèvre* : chabin (1985, école vétérinaire de Nantes). *Porc + laie* ou *sanglier + truie* : cochonglier. *Serin + chardonneret* : mulet. *Tigre + lionne* : tigon (ou tigron). *Triton à crête + triton marbré* : triton de Blasius. *Zébu + yack* : hybride mâle stérile (zopiok), hybride femelle parfois fécond (zoom).

Autres hybrides : de nombreuses espèces de papillons : certains hybrides sont féconds ; les *oies* et *canards*, notamment entre les divers fuligules (*milouin + morillon* par exemple), et même *oie rieuse + bernache nonnette*.

Nota. – Le *jumart*, prétendu hybride de *taureau* et de *jument*, relève du canular ou de la légende, comme le *catbit* (*chat + lapin*).

■ **Insectes.** **Marin** : une espèce principale, l'*halobate* (punaise), glisse sur l'eau (de 2 à 3 km/h), n'a pas d'ailes, vit de plancton, de débris de petits poissons, pond ses œufs sur n'importe quel objet flottant, habite les mers du Sud-Est asiatique. **Poids** : *scarabée* goliath de 70 à 100 g. **Longueur** (en cm) : *phasme* géant (Indonésie) 40. *Phalène* Érebus 30. *Coléoptère* longicorne 27 (antenne 19). *Myriapode* (golfe du Bengale) 33 (38 de large). *Libellule* (Amér. centrale et du Sud) 12, envergure 19. *Scarabée* goliath 12. *Papillons de nuit* (Johanssonia acetosea, G.-B. et Stigmella ridiculosa, Canaries) 0,02. *Microguêpe* Mymar 0,03. **Saut** (en cm) : *puce* hauteur 20 cm, longueur 33. **« Sociaux »** :

Quelques noms de larves d'insectes

Asticot : mouche (diptère). *Chenille :* lépidoptère (papillon). *Chenille processionnaire :* chenille de papillons du genre Thaumetopoea. *Portefaix :* phrygane (ou porte-bois). *Ver blanc :* hanneton. *Ver coquin :* chenille de conchylis. *Ver de farine :* ténébrion (coléoptère). *Ver fil de fer :* taupin (coléoptère). *Ver gris :* chenille de la noctuelle des moissons (lépidoptère). *Ver militaire :* certains sciaridés (diptères) forment de longues colonnes qui rampent sur le sol. *Ver à queue :* éristale (diptère). *Ver à soie :* chenille du bombyx du mûrier (lépidoptère). *Ver de vase :* chironome (diptère).

☞ *Le fourmi-lion* doit son nom à sa larve qui piège les fourmis. *La tordeuse* est un papillon dont la chenille roule les feuilles en « cigare ». La nymphe (forme prise par les larves) des lépidoptères est la *chrysalide,* celle des mouches la *pupe. Le cocon* de soie renferme une nymphe. *Le couvain* est l'ensemble des œufs, larves et nymphes, surtout chez l'abeille.

2 % des espèces connues (fourmis, termites, abeilles, guêpes). **Stérilité :** plus de 95 %. **Vitesse :** *mouche oestre* du daim 39 à 58 km/h.

■ **Lait.** **% de protéines,** entre parenthèses**, de graisses et,** en italique**, de glucides :** *chatte* 11 (109) *34. Chèvre* 42 (41) *46. Chienne* 93 (85) *28.* Femme 16 (34) *64. Marsouin* 111 (458) *13. Renne* 102 (224) *25. Vache* 34 (34) *48.* [Record : 90 kg (1 jour), 25 247 kg (365 j)].

■ **Lombrics** (vers de terre). Ils forment la première masse de protéines du globe et constituent 80 % du poids global des animaux des milieux terrestres, hommes compris ; en moyenne une t à l'ha (4 à 5 parfois). Poids total en France : de 100 à 200 millions de t (poids total des Français : environ 3 millions de t). Plus de 200 animaux mangent des lombrics (plus de 90 % du régime de la mouette rieuse). **Géants :** France (Vosges, Provence, Aveyron, Languedoc, Pays basque, etc.) : 60-70 cm, 1 m ou plus quand ils s'étirent. Amérique du Sud, Afrique et Australie : jusqu'à 3 m.

■ **Longévité** (en années et, entre parenthèses, records exceptionnels connus ; revu avec le *Walker's Mammels of the World,* 6e éd., 1999). *Abeille mâle* 10 semaines (0,5) ; *ouvrière* (1/2) ; *reine* sauvage 2, domestique 4 (5). *Aigle* (47). *Alligator* 56. *Ane* 12 (47). *Anguille* 5 (55 en élevage ; record : 88) ; *électrique* (11,5). *Antilope addax* (25). *Araignée* (26). *Autruche* (68). *Babouin* 20 (45). *Baleine* 80. *Belette* 8. *Boa constrictor* (40 ans 3 mois 14 jours). *Bigorneau* (3). *Bisons* 15 (40). *Bovins* (30). *Cacatoès* 60 (80). *Cafard* (4,5). *Calmar* (4). *Canard* 15 (20,5). *Canari* 12-15 (34). *Carpe* 30 (50). *Castor* 5 (50). *Cerf rouge* (28). *Chameau* (29,5). *Chamois* 20. *Chat* 13-17 (36). *Chauve-souris* (32). *Cheval* 20-25 (62). *Chèvre* 12 (18). *Chien* 8-15 (29 ans 5 mois). *Chimpanzé* 20-35 (55,5). *Clam à coquille* (kuahog) (220). *Cobra* (12,5). *Cochon d'Inde* 3 (14 ans 10 mois 2 semaines). *Condor des Andes* (70). *Coq à crête de soufre* (73). *Coquille St-Jacques* (2). *Corbeau freux* (20). *Corneille* 15. *Crapaud* (30 à 50). *Crocodile* jusqu'à 70 (en captivité 66). *Cygne* (29,5). *Daim* 10-15 (26). *Daphnie* 2,5 mois. *Dauphin* (32). *Dinde* (12,5). *Drosophile* 1 mois. *Écureuil* 8-9 (15). *Éléphant* 30, *d'Asie* (84). *Éponge* (50). *Escargot* 1 (30). *Esturgeon* 30 (48). *Esturgeon béluga* 75 (118) [36 en mer Noire, 60 en Caspienne]. *Étourneau* (16). *Flétan* (40). *Fourmi* (reine) (13). *Gibbon* (50). *Girafe* 20 (33,5). *Goéland* (32). *Gorille* (44). *Grenouille* 5 (15,5). *Hamster* 2 (4). *Hamster doré* (19). *Hérisson* 4-7 (16). *Hibou* (68). *Hippocampe* (4,5). *Hippopotame* 30 (51). *Hirondelle* (8). *Homard* 30 (50), *américain* 50. *Huître* (12). *Huître perlière* 50-60. *Insecte* (Buprestidae, larves 47). *Jaguar* (23). *Jars* (49). *Kangourou* 10-12 (19,5). *Lapin* 6-8 (18 ans 10 mois 3 semaines). *Lézard* (54). *Limace* (1,5). *Lion* 10 (49). *Loup* 10-12 (16). *Mainate* 17-20 (30). *Maquereau* (15). *Martinet* (21). *Moineau* 10 (20). *Mouche* 17 j (76 j). *Moule d'eau douce* (60). *Moustique* (1,5). *Mouton* 12 (26). *Musaraigne* 1. *Oie* 15-35 (49 ans 8 mois). *Oiseau-mouche* (8). *Opossum* (7). *Orang-outan* (59). *Orque épaulard* (90). *Ours* 18-20 (*blanc* 45, *brun* 36 et 10 mois), *grizzly* 25 (50). *Pélican* (52). *Perroquet* 35-40 (gris d'Afrique 72, d'Amazonie 104). *Perruche* 10-12 (29). *Phoque gris* (îles Shetland 46). *Pieuvre* (4). *Pigeon* 10-12 (35). *Pinson* 10-18. *Pogonophore* (invertébré marin) : pourrait vivre environ 200 000 ans, si l'on tient compte de la vitesse très lente avec laquelle croît le tube dans lequel il vit. *Poisson rouge* (41). *Poney* (54). *Porc* 10 (27). *Porc-épic* de Sumatra (27 ans 3 mois). *Poule* 7-8 (20). *Poulet* (30). *Punaise* (1,5). *Rat* 3 (5 ans 8 mois). *Raton laveur* (14). *Renard* 8-10 (14). *Rhinocéros* 36 (40). *Rossignol* 3-8. *Roussette des Indes* (31). *Salamandre du Japon* (55). *Sangsue* 27. *Sansonnet* 10-20. *Saumon* (13). *Scarabée Buprestida plus de 30 ans à l'état de larve. Serpent* (6), *à sonnette* (19,5) ; *boa* (Popeye mort 15-4-1977 à 40 ans, 3 mois, 10 jours, au zoo de Philadelphie). *Silure glane* 60. *Singe* (50). *Souris* 1-3 (7 ans 6 mois). *Sterlet européen* 27. *Tanrec* (16). *Tarentule* (20). *Taureau* (30). *Termite* (15). *Thon* (7). *Tique* (4). *Tortue* 20, *géante terrestre* 152-200 (record des vertébrés) ; la tortue géante du Jardin des Plantes de Paris, 250 kg (la plus grosse connue), entrée en 1878 ou 1929, à 40 ans au minimum, a plus de 100 ans. *Tortue marine* (88). *Tortue de Caroline* (138). *Tourterelle* 15-18 (25). *Truite* (41). *Vache* 9-12 (25). *Vautour* (41,5). *Ver de terre* (6). *Ver solitaire* (35). *Vison* (10). *Vombatus ursinus* (marsupial) (26).

Vie courte : *Éphémères* (insectes), vie adulte : de 1 heure à quelques semaines suivant les espèces. *Bombyx du mûrier* (papillon du ver à soie) 24 heures. *Phryganes :* de 4 jours à quelques semaines. *Poux* et certains *hyménoptères :* quelques semaines.

■ **Mammifères du désert.** **Bovidés :** *addax ; gazelle dorcas ; gazelle de Grant* (avec système artériel à contre-courant amenant au cerveau un sang rafraîchi au niveau du museau). Oryx algazelle ; mouflon à manchettes. Pour tous, leur pelage amortit le rayonnement solaire (à l'extérieur 70 °C ; à l'intérieur 40 °C). **Camélidés :** *dromadaires :* leurs urines quotidiennes ne dépassent pas 1/1 000 de leur poids ; ils respirent par coups brefs, ne perdant pas d'humidité par la langue et le museau.

■ **Mouches et moustiques.** **Les plus grands :** mydas d'Amérique (parfois 8 cm de longueur), tipule de France (4 cm). **Les plus petits** (moins de 1 mm) : *moucherons (cératopogonides),* 4 000 espèces dont environ 2 000 en France. Pondent 300 à 500 œufs (10 j après, ce sont des adultes reproducteurs). *Mouche drosophile (Drosophila littoralis) :* mesure 3 mm. *Moustiques (culicidés) :* 3 000 espèces dont 60 en France. Peuvent voler 35 h sans nourriture (7 h chez l'abeille). Nous repèrent grâce à un dégagement de gaz carbonique au niveau de la peau. Seules les femelles piquent : le sang absorbé est un apport énergétique nécessaire pour la ponte. L'effet anesthésiant de sa salive passé, les protéines anticoagulantes injectées provoquent des irritations.

■ **Nage.** Des *élans* vont parfois de Suède au Danemark. Des *sangliers* iraient de Provence en Corse. Voir aussi **Oiseaux migrateurs** col. c.

■ **Nid.** **Le plus petit :** *Colibri callioppe :* diamètre interne 19 mm, hauteur 30 mm. **Les plus grands :** *cigogne,* jusqu'à 500 kg (branches et terre). *Lepoa ocellé* (Australie), hauteur 4,60 m, diamètre 10,50 m, 300 kg de matériaux. En fait, il s'agit plus d'un « incubateur » que d'un vrai nid. *Aigle royal* (exceptionnellement), 4,50 m. *Pygargue* (ou *aigle de mer*), nid record : 2,90 m, profondeur 6 m, 2 tonnes (est. 1963). L'*hirondelle de cheminée* fait environ 1 000 voyages avec de la boue dans le bec pour édifier son nid formé de 750 à 1 400 boulettes de terre. Un nid de *crocodile* contient environ 60 œufs (développement 2 ou 3 mois).

■ **Odorat.** Le *chien* peut mémoriser plus de 100 000 odeurs. Un *doberman pinscher* a suivi un voleur sur 160 km. Un *colley* a retrouvé ses maîtres à 3 200 km (intervention d'un sixième sens ?). Le *petit paon de nuit* décèle sa femelle à 11 km ; la quantité (0,0001 mg) de substance odorante (phéromone) émise par celle-ci serait suffisante pour attirer un trillion de mâles. La *truie* est attirée par la truffe car celle-ci contient une substance odorante semblable à celle sécrétée par le verrat. Certains animaux marquent leur territoire par des odeurs d'urine (ainsi l'urine déposée en gouttes par le chien), de phéromones [hormones émises à l'extérieur par des glandes (le chevreuil se frotte la tête contre les arbres pour y déposer une substance parfumée), criquets, abeilles, fourmis]. *Oiseaux :* en général dépourvus d'odorat (quelques exceptions : kiwis, pétrels, vautours).

■ **Œil.** **Le plus grand :** celui du *cheval* [diam. 55 mm ; sa rétine a 12 500 fibres nerveuses par mm^2 (chez l'homme : diam. 24 mm, fibres 160 000 par mm^2)] ; *calmar* géant, diam. 38 cm.

■ **Œufs.** **Oiseaux :** nombre d'œufs *par ponte : albatros, manchot, pingouin, pétrel, grands rapaces* 1. *Colibri, pigeon* 2. *Mésange charbonnière* et *canard colvert* jusqu'à 15. *Autruche* 10 à 15. *Perdrix* 8 à 20. PAR AN : *poules* près de 300 (371 au maximum). *Oie domestique* (exceptionnellement) 50 œufs en 3 mois. *Cane* (exceptionnellement) 457 œufs en 463 jours. **Poissons** (par an) : *carpe* 100 000 à 300 000 par kg (une seule ponte à chaque cycle reproducteur), soit 40 000 pour une femelle de 40 cm, 2 millions pour une de 85 cm (1,2 à 1,5 mm de diam.). *Lotte de rivière* 1 million par kg, soit de 300 000 à 400 000 jusqu'à plus de 3 millions pondus en plusieurs fois à chaque cycle (1 à 1,5 mm de diam.). *Poisson-lune* 300 millions pondus par une femelle de 1,50 m (cette espèce peut atteindre 4 m et 1 à 2 tonnes, ce qui conduit *théoriquement* à plus de 5 milliards d'œufs !) [1,3 mm de diam.]. **Insectes** (par an, en millions) : *termite* jusqu'à 10 (20 000 par jour). *Abeille* 25 (osmies, abeilles sauvages) à 200 000 (abeilles domestiques). *Mouche* 200 à 400. *Criquet* 100. *Hanneton* 20. *Mouche tsé-tsé* 8 à 10 dans leur vie (3 mois). *Scarabée sacré* 2. *Fourmis* leurs œufs sont des nymphes. *Poux* œufs appelés lentes. **Vers** (par an) **:** *ascaris* de l'homme ou du cheval 64 millions soit 1 700 fois son poids. *Ténia* 80 millions.

Taille des œufs (en mm) : *Æpyornis maximus* (oiseau fossile de Madagascar) 340 × 241 × 723. *Cœlacanthe* (poisson) : diamètre : 100. *Diamantorus Wardi* (Namibie, 17 millions d'années) : oiseau disparu non répertorié (155 × 143 ; 1,7 litre ; coquille 2,8 à 3,9 mm d'épaisseur). *Dinosaure* (Hypselosaurus priscus) 300 × 140 × 90. *Requin-baleine* 305 × 140 × 89 (1953, dans le golfe du Mexique). *Autruche* 150/200 × 100/150, 1,2 l (1 650/1 860 g, record 2,35 kg) [cuisson à la coque : 40 min, coquille 1,5 mm d'épaisseur mais supporte le poids d'un homme]. *Oie grise* 160 g. *Dinde* 90 g. *Poule* 60 g. *Pigeon* 18 g. *Canari* 1 g. *Mésange* 0,8 g. *Colibri* 0,027 g (minimum record). *Insectes* 0,005 à 0,0005 g.

Incubation : *oiseaux :* chez 54 % d'entre eux, les œufs sont couvés alternativement par le mâle et la femelle, 25 % par la femelle seule, 6 % par le mâle seul, 15 % de cas indéterminés. Les *mégapodes* (7 espèces ; de la taille d'un pigeon ou d'un dindon : Australie, Célèbes, Nlle-Guinée) ne couvent pas : ils pondent leurs œufs au milieu de végétaux en cours de décomposition, la chaleur de fermentation assure l'incubation. Le *coucou* pond ses œufs (de 5 à 12) dans les nids d'environ 50 espèces (fauvette, rouge-gorge, bergeronnette, troglodyte, rousserolle, etc.).

DURÉE EN JOURS : *Gros-bec* 9 à 10. *Coucou* 10. *Passereau* (la plupart) 12 à 15. *Mésange, fauvette, moineau* 13. *Rouge-gorge, pinson, grive* 14. *Hirondelle, merle* 15. *Pigeon* 17. *Poule* 21. *Faisan* 26 à 27. *Canard, dindon, héron, oie, pintade* 28 à 30. *Faucon* 29. *Cigogne* 30. *Flamant* 30. *Grand duc* 35. *Cygne* 40 à 45. *Autruche* 50. *Vautour* 54 à 60. *Mégapode* 65. *Albatros hurleur* 75 à 82. *Kiwi* 80.

■ **Oiseaux.** **Migrateurs :** la tendance à migrer est déclenchée par la diminution ou l'augmentation de la longueur du jour ; les oiseaux accumulent alors des réserves de graisse (50 % de leur poids), source d'énergie pour la migration. Ils volent de 6 à 8 h par jour à 30-40 km/h (alouettes) à 100-110 km/h (sarcelles) + de 180 km/h [ibis, spatules ou hérons profitant des vents au-dessus du Neguev (Israël), observés à 5 000 m d'alt.]. 5 milliards quittent l'Europe après avoir niché en Eurasie, 5 milliards migrent d'Amérique du Nord vers l'Amérique centrale ou le sud de l'Amérique latine. 400 à 600 millions d'oiseaux migrateurs survolent la France à l'automne et au printemps (en France, sur 330 espèces d'oiseaux recensées, environ 50 % migrent). **Invasion :** en Europe occidentale, l'hiver, à la suite d'un manque de nourriture pour leurs effectifs élevés. Oiseaux nordiques : exemples : *casse-noix moucheté (pinson du Nord), jaseur boréal* (autrefois accusé d'annoncer la guerre ou la peste), *syrrhapte* paradoxal (dernière invasion 1908), *geais* (dernière invasion 1997) ; plus régulièrement *mésange noire, pic épeiche, bec-croisé des sapins, gros-bec.* Voir **Distances** p. 194 b et « **Sixième sens** » p. 196 b. **A la nage :** manchots, grand pingouin (autrefois), petit pingouin, guillemot.

Oiseaux parleurs : *perroquet* gris d'Afrique (une famille a gagné des concours en 1965-72 avec un répertoire de mots). *Mainate ; étourneau ; corbeau ; corneille ; pie ; geai ; alouette-calandre ; ménure (oiseau-lyre) ;* éventuellement d'autres passereaux.

Plumes : *nombre habituel* 1 000 à 30 000 (soit 10 % du poids). *Cygne siffleur* 25 216. *Oiseau-mouche* 940. *Coq phœnix* (Japon) possède les plumes les plus longues : jusqu'à 6 m (record 10,60 m).

Transport des jeunes en vol : *bécasse* un par un entre ses pattes ou sur le dos, quelquefois sur plus de 100 m. *Avocette* entre ses pattes. *Grèbe* sur le dos. *Tadorne* sur le dos ou dans le bec.

Attaque : en 1961, en Californie, des hordes d'oiseaux s'introduisirent dans les maisons, attaquèrent les habitants et vomirent sur la ville des morceaux d'anchois. Ce comportement, d'abord attribué au brouillard qui les aurait déstabilisés, était dû à l'acide domoïque (neurotoxine sécrétée par une algue marine) ingéré par des poissons que les oiseaux auraient ensuite mangés.

■ **Organes génitaux.** **Volume :** *éléphant* (1,50 m, 25 kg). *Baleine bleue* (érection : 2,40 m ; par rapport au volume de l'animal, représenterait environ 12 cm pour l'homme). *Gorille* (érection 5 cm). **Record** (proportionnellement à la taille) : *puce* (pénis 1/4 de sa longueur plus 2 pénis subsidiaires). **Spermatozoïdes** (longueur) : mouche *Drosophila bifurca* 6 cm (transposés à l'homme, mesureraient 30 à 35 m), *Drosophila littoralis* 2 cm.

■ **Pattes.** **Records :** *myriapodes (mille-pattes) :* plusieurs centaines de paires. Espèces européennes : 30 ou 40 (certains millipèdes ont des pattes de 28 cm de longueur et 2 cm de diamètre). *Illacme plenipes* (Californie, USA) : 375 paires. *Cloportes :* 14 pattes. *Crustacés :* certains ont de nombreux appendices.

■ **Plongée.** CÉTACÉS : *cachalot* peut plonger de 1 200 à 2 500 m sous l'eau pendant 90 min, parfois à plus de 3 000 m pour trouver sa nourriture. *Dauphin* 200 à 300 m, pour chasser 600 m, pendant 20 min au maximum. *Hypérodon :* atteindrait 1 300 m et resterait 2 h sous l'eau. *Éléphant de mer* 630 m (record 1 529 m). *Phoque de Weddel* 600 m pendant 45 min. *Manchot empereur* 250 m pendant 18 min (record 483 m), *manchot royal* 350 m.

■ **Portées.** **Records :** *brebis* 8, pas de survivant ; *chatte* 19 dont 15 survivants ; *chienne* 23 (saint-bernard, fox) ; *lapine* 8 à 12 (Blanc de Nlle-Zélande) ; *souris* 34 ; *tanrec sans queue* 31 (30 survivants), moyenne 12 à 15 (les femelles se reproduisent de 3 à 4 semaines après la naissance) ; *truie* 34.

■ **Prix.** **Records :** *cheval de course* 40 millions de $ (Shareef Dancer en 1983). *Coquillage* 24 000 $. *Couple d'orques,* estimé 20 millions de $ (Orky et Corky, en 1985). *Poulain* (Seattle Dancer, en 1985) 13,1 millions

Espèces ayant niché pour la première fois en France récemment. *Grande aigrette :* Camargue (1994) ; lac de Grand Lieu (1995). *Bécasseau variable :* Finistère (1977). *Busard pâle :* tentative dans les Ardennes en 1990. *Chevalier culblanc :* Normandie (1993). *Cigogne noire :* Jura, Pays de la Loire, Hte-Marne (1977) ; 35 à 40 couples en 1997 : Ardennes, Franche-Comté, Lorraine, Orléanais. *Élanion blanc* (petit rapace) : Sud-Ouest (1990). *Faucon kobez :* Vendée, Isère (1993). *Grèbe jougris :* Seine-et-Marne (1996). *Grue cendrée :* Orne (1 couple) en 1986 ; Lorraine (1 couple nicheur) en 1995 ; nidification possible dans le Sud-Ouest. *Harle huppé* (canard) : Manche (2 couples) en 1993. *Locustelle fluviatile :* Alsace. *Pluvier guignard :* Pyrénées. *Roselin cramoisi* (passereau) : Pas-de-Calais, Jura (1993). *Talève sultane :* Pyrénées-Orientales (1996). *Vautour moine :* Lozère (1996, réintroduit).

Espèces occasionnelles d'autres continents. Oiseaux de haute mer (albatros, pétrels, puffins, etc.) sur les côtes, déportés par les vents ; espèces nord-américaines (petits échassiers, bruants, etc.) traversent parfois l'Atlantique ; oiseaux africains et asiatiques dans les régions méditerranéennes, notamment. Une origine captive est parfois possible.

de $. *Chat* (Singapour, 1988) 10 000 $. *Chien* pékinois (en 1907) 32 000 £. *Pigeon* (en 1991) 850 000 F. *Faucon pèlerin*, un des animaux les plus chers (recherché par les émirs).

■ **Régénération.** Développement d'un organe ou d'une partie de l'organisme après son amputation. Existe chez cnidaires, échinodermes, annélides, crustacés, plathelminthes, vertébrés (surtout amphibiens et reptiles, assez peu chez oiseaux et mammifères). Un bras d'étoile de mer coupé repousse rapidement. Un bras isolé, auquel on a laissé une portion du « disque central », peut reconstituer une astérie entière. L'éponge peut se régénérer entièrement à partir d'un minuscule fragment. *Autotomie :* amputation volontaire pour échapper à un ennemi. Le crabe et les phasmes se débarrassent ainsi de leurs pattes, le lézard de sa queue. L'organe amputé se régénère ensuite.

■ **Reproduction.** **Records :** la *paramécie* (infusoire d'un millionième de milligramme) se reproduit surtout par division transversale. Après 15 j, elle pourrait avoir 1 t de descendants ; au bout de 1 mois, leur masse égalerait celle de la Terre ; après 5 semaines, celle du Soleil... *Puceron du chou (Brevicoryne brassicae) :* pourrait (sans prédateurs et avec une nourriture assurée) avoir 822 millions de t de descendants en 1 an. **Quelques animaux prolifiques :** *campagnol :* peut avoir 200 descendants par an. Certains se reproduisent jusqu'à 15 ans. *Douve du foie de mouton* (ver parasite) : pond 100 millions d'œufs, mais n'a que 2 descendants. *Lapin :* 24 lapins introduits en 1874 en Australie avaient, en 1949, 5 milliards de descendants. *Rat :* peut avoir de 3 à 14 petits 2 à 7 fois/an (soit 100 petits), et 20 millions de descendants en 3 ans.

Chez les insectes sociaux : il y a des *neutres* (ayant reçu à l'état de larve une alimentation différente) ouvrières des abeilles et des fourmis ; soldats et ouvriers des termites. Des *mâles fécondateurs* (fécondation en vol chez l'abeille). Des *femelles pondeuses.* A l'automne, les abeilles ouvrières chassent de la ruche les mâles, ce qui les condamne à mort.

☞ L'un des tentacules de l'*argonaute* (petite pieuvre) mâle se détache, chargé du sperme, à la recherche d'une femelle.

■ **Requins.** (*Légende : r. :* requin). 354 espèces connues. **Non dangereux** (tout au moins à proximité des plages) : *r.-pèlerin,* pêché pour son huile, peut atteindre 12 m et peser 6 t, ne mange que du plancton, se rassemble en groupe pouvant aller jusqu'à 300 ; *r.-baleine,* qui peut dépasser 15 m, se nourrit également de plancton ; *r.-taupe* de 3 m à 3,50 m dont le foie donne de l'huile et dont la peau est utilisée en maroquinerie ; *r.-renard* peut atteindre 5 à 6 m ; *r.-nourrice ; r.-de-sable ; roussettes* ou *chiens de mer* sont petits. **Dangereux :** *r. blanc* peut atteindre 8 à 10 m et peser jusqu'à 3 t ; *r.-marteau, r.-tigre* et *r.-mako* (le plus rapide : 50 km/h) peuvent attaquer les baigneurs en Australie, en Afrique du Sud, sur les côtes de l'océan Indien, dans le Pacifique ou sur la Côte atlantique des USA jusqu'au cap Horn. *R. bleu* ou *peau bleue* de 3 à 6 m (flancs d'un bleu intense), a un comportement dangereux dans les eaux chaudes tropicales ; vivipare, portée de 4 à 6 jeunes, 50 cm à la naissance ; *r.-taureau. L'aiguillat noir* ou *sage* (45 cm) est le plus petit requin de l'Atlantique. Le requin repère ses proies en détectant le sang (sens particulièrement développé chez le requin-marteau). 35 espèces de requins ont attaqué, au moins 1 fois, l'homme [naufragés, baigneurs, pêcheurs pratiquant la chasse sous-marine (Polynésie)] ; 79 attaques en 2000 (10 †).

☞ Le 1er *requin-éprouvette* du monde est né en juillet 1994 à Portsmouth (G.-B.).

■ **Résistance.** **Jeûne :** *grenouille* peut jeûner 12 mois, *vipère* 20, *python* 24, *serpent à sonnettes* 27, *boa* 28, *scorpion* 36. Un *chien* est resté sans manger 47 jours (record 112). On a retrouvé 16 *moutons* enfouis sous la neige depuis 50 jours (1 survivant). *Oryx* et *addax* (antilopes d'Afrique) peuvent rester 4 mois sans boire. Certains rongeurs du désert ne boivent jamais. **Froid :** *carpe* ou *truite* peuvent être congelées à – 4 °C et revenir à la vie. *Mille-pattes* résiste à – 50 °C, *oie* à – 100 °C, *escargot* à – 120 °C, *chien* à – 160 °C, *moucheron* (Polypedilum vanderplanki) de – 270 °C à + 102 °C. **Respiration :** *tuatara* ou *sphénodon* (reptile primitif) peut la retenir 60 min.

■ **Rongeurs.** **Castor :** abat un arbre de 1,20 m de diamètre en moins de 30 min puis le débite en tronçons de 60 à 90 cm de long (incisives en ciseaux). *Construit* des barrages avec des bouts de bois et des cailloux enrobés de boue (*hauteur* à l'intérieur : jusqu'à 1,80) ; exemples : barrage de la rivière Jefferson (Montana, USA), vieux d'un millier d'années, sur 1 km. En 1899 fut découvert un barrage entièrement constitué de morceaux de charbon (Dakota du Nord, USA). **Rat taupe :** 80 suffisent pour créer un réseau souterrain de 4 km. *Habitat :* Russie méridionale, Balkans, Afrique du Nord.

■ **Sauts.** **En hauteur** (en m) : *homme* 2,40. Cheval 2,47. Puma 3. Saumon 3. Kangourou 3 à 4. Chien 3,58. Chamois, bouquetin 4,50. Raie manta 5. Dauphin 7. **En longueur** (en m) : puce ordinaire 0,33. Grenouille 2 (au maximum 5,35 m ; 10,30 m en 3 bonds). Sauterelle 3 (grâce à la résiline, protéine se trouvant dans l'articulation et restituant 97 % de l'énergie impartie). Chamois, bouquetin 7. Ours polaire 5 à 8. Singe 8. Cheval 8. *Homme 8,95.* Chien 9,20. Antilope de 10 à 12. Kangourou 12,8. Panthère des neiges 15. **Chute :** un chat parvient à retomber de 6 m sur ses pattes, sans se blesser. Au-delà, il se brise un membre ou l'os du palais, et peut souffrir de lésions dans la rate. Plus il est lourd, plus il risque de se blesser ou de se tuer. Selon l'Association américaine des vétérinaires : sur 22 chats tombés d'une hauteur de 7 étages (environ 25 m), 1 seul est mort sur le coup, 20 ont été blessés (principalement à l'abdomen), 1/3 de lésions graves et 1/3 sérieuses. On a vu un écureuil atterrir indemne après une chute de 180 m.

Pour le (la)	Ce qu'un saut représente par rapport à la taille de l'animal	
Kangourou ..	hauteur 400 cm	2,5 fois
Grenouille ...	48	6
Sauterelle	40	35
Puce	44	300
Kangourou ..	longueur 1 280 cm	8 fois
Grenouille ...	200	27
Sauterelle	120	100
Puce	32,5	200

■ **Sevrage.** **Le plus rapide :** tanrec 5 jours. **Le plus tardif :** éléphant de 2 à 7 ans.

■ **« Sixième sens ».** **Orientation :** grâce aux étoiles et repères terrestres (oiseaux, insectes, mollusques). *Pigeon voyageur :* voir p. 215 a. **Télépathie :** chiens et chats retrouveraient leur maître grâce à une communication télépathique : un chien placé dans une pièce insonorisée s'agite si l'on fait mine d'attaquer sa maîtresse se trouvant dans une autre pièce. **Prémonition :** des chiens ont eu la prémonition de la mort ou la capacité de la ressentir à distance : ils s'agitent et hurlent à la mort au moment où leur maître décède. **Psychokinèse** (action du cerveau sur la matière) : un chat, des insectes, voire des œufs, seraient capables de divers exploits (comme de faire s'allumer des lampes). **Chez les poissons :** les « poissons éléphants », famille des *Mormyridae* (Congo, Niger, Nil, Volta), pratiquement aveugles, se meuvent dans des eaux profondes et boueuses où la visibilité est nulle. Ils dénichent leurs aliments (larves, vers, mollusques, petits crustacés) grâce à leur museau en forme de trompe. Ils émettent sans arrêt des décharges électriques de faible tension (1 à 2 V) et de faible intensité (quelques mA) qui créent autour d'eux un champ électrique suffisant pour permettre une électrodétection et une électrocommunication.

■ **Sommeil.** **Nombre d'heures/jour :** *koala* 22, *paresseux* 20, *opossum* 19, *maki* 16, *hamster, écureuil* 14, *chat* 13 [dont 27 % de sommeil paradoxal (sommeil de rêve)], *cochon* 13, *cobaye* 12 (dont 5 % de sommeil paradoxal), *marsouin de Dall* presque jamais. **Record :** 27 ans chez les vers nématodes (en raison de la sécheresse). Sommeil (anhydrobiose) fréquent chez les petits animaux des mousses (tartigrades et anguillules).

■ **Son.** **Le plus aigu :** *vampires* et *chauves-souris frugivores* émettent des sons à haute fréquence : 20 000 à 130 000 vibrations/seconde (voir **chauves-souris** p. 193 b). *Éléphant :* possède dans le front un organe émetteur d'infrasons. **Perception des sons** (fréquence en Hz) : *chauves-souris frugivores et vampires* 120 000 à 210 000. *Dauphin* 280. *Grenouille* de 50 à 10 000. *Homme* 20 000. *Insectes* 500 à 50 000. *Perroquet* de 40 à 14 000. *Poissons rouges* 80 à 4 000. **Le plus bruyant :** *Baleine bleue :* émet des sons de 188 dB détectés à 850 km. *Singe hurleur (alouate) :* peut s'entendre jusqu'à 16 km. *Cigale* mâle : 7 400 pulsations par min, son perceptible à plus de 400 m.

■ **Suicides.** Il n'y a pas de suicides chez les animaux. **Chats** ou **chiens** se laissent parfois mourir après la mort de leur maître (dépression réactionnelle ou comportement suicidaire). **Cétacés :** s'échouent en masse pour des causes variées : obéissance aveugle au chef du troupeau, impulsion migratoire, dérèglement du sonar (des signaux sonores émis par l'animal lui sont renvoyés par des obstacles, ce qui lui permet d'en apprécier l'éloignement) ou des conditions de propagation, troubles dus aux parasites dans l'oreille interne, tempêtes hivernales, sonar des navires militaires et surtout variations du champ magnétique terrestre ; les « routes magnétiques » suivies par les cétacés les feraient s'échouer quand celles-ci sont perpendiculaires à une côte. 300 à 400 mammifères marins dont 150 dauphins, s'échouent tous les ans sur les côtes françaises. Certains **dauphins** malades (d'encéphalite) sont parfois morts de s'être cogné la tête contre leur bassin. **Lemmings** (rongeurs, voisins du campagnol) : vivant du nord de l'Europe à l'Asie arctique (les migrants ont moins d'un an, les femelles ne sont pas fécondées), ils quittent les Alpes scandinaves vers la mer du Nord ou le golfe de Botnie à la recherche de régions de bouleaux et de genévriers ; arrivés à la mer, ils la prennent pour un cours d'eau semblable à ceux qu'ils ont déjà traversés et vont ainsi se noyer d'épuisement. **Rats :** se tenant les uns les autres par la queue, se sont noyés dans la région de Tsijiang (Chine). **Scorpions :** cernés par les flammes, ne se tuent pas volontairement en se piquant, mais il peut arriver que, terrifiés, ils se recroquevillent et donnent l'impression de se frapper de leur aiguillon (en fait, ils sont immunisés contre leur propre venin et on a pu en ranimer en les plongeant dans de l'eau salée).

■ **Surdité.** Serpents : ne possèdent ni oreille interne ni oreille externe. Voir **Danse** p. 194 a.

■ **Taille et poids.** (Fossiles, voir à l'Index.) **Les plus longs. 1°) Marins :** *méduse cyanée arctique géante* envergure 75 m (corps 2,28 m, tentacules 36,50 m) ; la plus petite, 2 cm. *Pieuvre géante* jusqu'à 66 m d'envergure (voir à l'Index). *Lineus longissimus* 55 m. *Baleine bleue* ou *rorqual de Sibbald* 35 m, 150 t, la femelle peut peser 190 t. *Requin-baleine* 15 m, 16 t. *Calmar géant* 17,50 m (dont 14,95 m pour les tentacules), 2 t. *Régalec* 8 m. *Cachalot* 15 m (exceptionnellement 20,70 m ; 25 m). *Poisson sans queue* ou *« tête nageuse »* (jusqu'à 3,30 m et 2 t). **Divers :** *arapaïma d'Amazonie* 2,50 m, 150 kg. *Crabe araignée géant* 0,30 à 0,35 m (pinces 2,45 à 2,75 m d'envergure, au maximum 3,65 m, 18,6 kg). *Crapaud marin* (Bufo marinus), une femelle : 0,26 m, 1,3 kg (record) ; le plus petit : Bufo taitanus teiranus avec 2 cm. *Crocodile* 4 à 5 m, 400 à 500 kg ; *marin* 7 m (record). *Éléphant de mer* 5 m, 2,3 t (au maximum 6,50 m, 5 t). *Éponge* (Loggerbead des Antilles) : record Hippospongia canaliculatta de 1,83 m, gonflée d'eau 41 kg, sèche 5,44 kg ; la plus petite : 3 mm (Leucosolenia blanca). *Espadon* 4 m, 300 kg. *Esturgeon béluga* 9 m, 1 300 kg. *Étoile de mer* 1,38 m d'envergure (diam. au centre 2,6 cm, sèche 70 g), au maximum 63 cm d'envergure, 6 kg ; la plus petite mesure 18,3 mm, pèse 10 g. *Gobie* (poisson des îles Marshall) : 12 à 16 mm (le gobie nain pygmée d'eau douce 7,5 à 10 mm, 4 à 5 mg). *Grand requin blanc* 4,50 m, 500 à 750 kg (exceptionnellement 6,40 m ; 3 313 kg). *Grenouille goliath* 34 cm, 81,5 cm pattes étendues (3,306 kg). *Homard américain* 1,06 m, 20 kg (max. 22 kg). *Octopus appolyon* (pieuvre) 3,70 m ; 25 kg (exceptionnellement 7 m d'envergure, 53,8 kg). *Orque épaulard* (« baleine tueuse ») 7,50 m à 10 m. *Poisson-lune* 4,26 m (2,235 t). *Grande raie cornue* 8 m, 3 t (golfe du Mexique). *Rainette* 0,09 m, max. 0,14 m ; la plus petite 0,015 m. *Salamandre géante* 1,10 m, 25 à 30 kg (max. 1,80 m, 65 kg). *Silure glane* 2,50 m, 160 kg (record 300 kg). *Tortue de mer* 1,85 à 2,15 m, 300 à 360 kg (max 2,54 m, 865 kg) ; *luth* 1,80 à 2,15 m, 450 kg (record 2,91 m, 916 kg) ; *caret* 1,20 m, 450 kg (Méditerranée). *Triton* 0,40 m, 450 g ; le plus petit 0,05 m. **Coquillages :** *clam géant* 1,09 m × 0,73 m, 263 kg. *Conque marine* (Australie) 0,77 m, 1 m de circonférence, 18 kg. *Praire géante* 1,09 m. *Tridacna gigas* (bénitier) jusqu'à 333 kg (1,10 m) ; record 1,32 m. **2°) Terrestres :** *anaconda* (serpent) 8,48 m. *Cobra royal* 5,71 m. *Crocodile d'estuaire* 3,70 à 4,30 m, 500 kg. *Dromadaire* 4,10 m. *Bison* 3,40 m. *Girafe* 5,80 m. *Hippopotame* 4,90 m. *Lombric mégascolide* 3 m. *Ours kodiak* 2,40 m. *Python royal* 10,70 m, *réticulé* (Asie du Sud-Est) 6,20 m (record 10 m). *Rhinocéros blanc* 3,40 m. *Salamandre géante de Chine* 1,15 m, 25 à 30 kg (record 1,80 m, 65 kg). *Serpent à sonnettes* 2,36 m, 15 kg. *Tigre de Sibérie* 3,15 m, 265 kg. *Varan de Komodo* 2,25 m, 60 kg (record 3,10 m, 166 kg), *de Saltator* 4,80 m. *Ver d'Afrique du Sud* (Microchaetus rappi) 1,36 m (record 6,70 m, diam. 0,02 m).

☞ La plus grande chauve-souris est le *Pteropus vampyrus :* longueur 40 cm, envergure 1,80 m.

Les plus hauts. 1°) Vertébrés : *autruche d'Afrique du Nord* 2,74 m, 156,5 kg. *Capybara* (rongeur) 1 m à 1,40 m, 79 kg. *Casoar* 1,52 m, 33,5 kg. *Cheval* 2 m. *Élan d'Alaska* 2,30 m, 1 180 kg ; *du Cap* 1,65, 943 kg. *Éléphant africain,* 4,16 m au garrot, 10,67 m de long, 11 960 kg. *Émeu* 1,52 m, 40 kg. *Girafe* 2,50 à 5,50 (record 6,09 m, 1 800 kg). *Gorille des montagnes* 1,75 m (exceptionnellement 1,95 m) 130 à 310 kg. *Gymnure de Raffles* (insectivore) 0,26 à 0,44 m, queue 0,20/0,21 m, 1,4 kg. *Kangourou rouge* 1,80 m debout, 2,85 m avec la queue, 80 kg (record 90 kg). *Lion d'Afrique* 1 m au garrot, 2,70 m de longueur, 180 à 185 kg (au maximum 313 kg, en captivité 375 kg). *Ours kodiak* 2,40 m (1,32 m au garrot), 476 à 533 kg (au maximum 4,11 m, 751 kg) ; *polaire* 3,40 m. *Tigre de Sibérie* 3,25 m (1,25 m au garrot), 265 kg ; *d'Inde* 3,22 m, 388,7 kg. **2°) Invertébrés :** *araignée Theraphosa blondi,* envergure 0,28 m, 56 g ; mangeuse d'oiseaux ; record connu (Suriname) : long. des pattes 10,2 cm, envergure 26,7 cm, poids 122,2 g. *Escargot géant d'Afrique* 0,39 m, 900 g. *Gastéropode Syrinx aruanus* 0,71 m, circonférence 0,96 m, 15,9 kg. *Millipède Graphidostreptus gigas* (Seychelles, océan Indien) 0,28 m, diam. 0,02 m. *Phasme des Tropiques* 0,33 m.

PRODUITS PARTICULIERS D'ORIGINE ANIMALE

Ambre gris : constitué à partir des restes de calmars rejetés par les cachalots. **Bézoard :** concrétion du tube digestif des ruminants, surtout des chèvres d'Iran (considérée comme une panacée). **Cantharidine :** extraite de la cantharide ou « mouche d'Espagne » (coléoptère), on lui attribue des propriétés vésicantes et aphrodisiaques. **Carmin rose indien et laque :** fournis par les cochenilles. **Castoréum :** sécrétion du castor, considérée jadis comme une panacée. **Chagrin :** cuir préparé avec de la peau de chèvre. **Colle, farines de poissons :** requin, morue, etc. **Corne de rhinocéros :** en poudre, connue pour ses vertus aphrodisiaques, en Asie. Depuis la protection du rhinocéros (1989), des négociants japonais lui ont substitué de la poudre de **cœlacanthe**. Prix du cœlacanthe : 2 000 à 10 000 $. **Crin de cheval :** utilisé pour cosmétiques.

Engrais de poissons. Essence d'Orient : nacre fournie par l'ablette. **Galuchat :** du nom de celui qui lança la mode (XVIIIe s.) ; peau de sélaciens utilisée en maroquinerie et ébénisterie. **Glandes génitales de castor :** utilisées dans la composition de certains parfums. **Graisse de marmotte :** censée soigner les rhumatismes. **Huiles de poissons :** requin, morue etc. ; **d'hémiptère :** l'Agonoscelis, au Soudan. **Musc :** matière odorante produite par civette, genette, chevrotain porte-musc.

Pénis de phoque : séchés, entrent dans la composition de « potions sexuelles », en Asie. **Poisons de flèche :** exemple : les Indiens de Colombie utilisent un poison provenant de la peau de grenouille (batrachotoxine). **Pourpre :** matière colorante sécrétée par des mollusques gastéropodes marins *(Murex, Purpura).* **Soie :** celle de certaines araignées est aussi utilisée (notamment aux îles Salomon). **Spermaceti :** sorte de cire très fine contenue dans l'extrémité antérieure de la tête du cachalot. **Trépang :** nom donné aux holothuries en Extrême-Orient où on les mange.

Scarabée Dynastes hercules et *Dynastes neptunus* 0,19 et 0,18 m ; *longicorne* 0,27 m (antenne 0,19 m). *Scolopendre* 0,33 m, diam. 0,38 m.

Les plus petits. *Amibe protée* (unicellulaire) 0,5 mm. *Antilope royale* 25 à 30 cm au garrot, 3 à 3,5 kg. *Araignée* Patu marplesi 0,4 mm. *Belette polaire* 18 à 21 cm, 35 à 70 g. *Calypte d'Hélène* (colibri) 5,7 cm, 2 g. *Caméléon nain* 3,2 cm. *Centipèdes* 5 mm. *Chat moucheté* 65 à 75 cm, 1,3 kg. *Chauve-souris de Kitti* (Thaïlande) 2,9 à 3,3 cm, envergure 13 à 14,5 cm, 1,7 à 2 g. *Cheval falabella* moins de 75 cm (record 35,5 cm), 35 à 45 kg (exceptionnellement 9,1 kg). *Chevrotain* (Asie du Sud-Est) 20 à 24 cm, 2,7 à 3,2 kg. *Coléoptère* (famille des ptiliidés) 0,008 à 0,2 mm. *Coquillage univalve* (G.-B.) 0,5 mm. *Crabe petit pois* diam. 6,3 mm. *Crapaud* de Cuba 1,2 cm. *Crocodile* nain du Congo 1,20 m. *Dauphin de Commerson* 23 à 35 kg. *Étoile de mer* (Patiriella parvivipara) 9 mm. *Fauconnet de Bornéo* 35 g. *Gambusie* (Europe) 3,5 cm. *Gecko* (lézard ; Haïti) 3,6 cm dont 1,7 de queue (record). *Gobie* (de mer) 0,86 à 0,89 cm ; *nain* (eau douce) 0,75 à 1 cm, 0,04 à 0,05 g ; *des îles Samoa* 1,2 à 2 cm, 2 mg. *Grenouille venimeuse* (Cuba) 8,5 à 12,5 mm. *Guêpe* (Myrmaridae) 0,2 mm. *Hanneton à ailes velues* 0,2 mm. *Homard* 10 à 12 cm. *Lémurien de Madagascar* (Microcebus rupus) 10 à 12 cm, 45 à 90 g. *Millipède Polyxenus lagurus* 2,1 à 4 mm. *Musaraigne pachyure étrusque* 3,6 à 5,2 cm, 1,5 à 2,5 g ; *à queue plumée* 2,3 à 3,3 cm, 30 à 50 g. *Oiseau de mer* (pétrel) 14 cm. *Oiseau-mouche abeille* (Cuba) 5,6 cm, 1,6 g. *Ouistiti mignon* ou *marmouset* (Cebuella pygmala) 10 à 12 cm, 45 à 90 g. *Pachyure étrusque* (musaraigne étrusque) 2 g. *Papillon nain bleu* (envergure) 1,4 cm ; *de nuit* (Stainton) et *Stigmella ridiculosa* (envergure 2 mm). *Pétrel pygmée* 14 cm, 28 g. *Planigale d'Ingram* (marsupial) 6 cm, 4 à 5 g. *Poisson* (Schindleria praematurus) 1,2 à 1,9 cm. *Puce d'eau* (Alonella) 0,25 mm. *Pudu* ou *Poudou* (cerf, Équateur) 33 à 38 cm, 8 à 9 kg. *Rainette* (Hyla ocularis) 1,5 cm. *Requin à longue tête* 15 cm. *Roitelet triple bandeau* 10 cm, 4 à 5,5 g. *Salamandre pygmée* (USA) 2 cm. *Serpent fil* (Antilles) et *s. aveugle brahminy* 10,8 cm. *Souris marsupiale* 4,5 cm, 4 g ; *pygmée* (Mexique) 10 cm, 7 à 8 g. *Tortue tachetée du Cap* 6 à 9,6 cm. *Toupaye* (marsupial) 23 à 33 cm, 30 à 50 g. *Triton rayé* 5 cm. *Ver* (Chaetogaster annandalei) 0,5 mm.

Poids records. 1°) Aériens : *Condor de Californie* 10,5 kg (record 14 kg). *Cygne tuberculé* 18 kg. *Dindon* 35,8 kg. *Outarde barbue* 12 kg et plus ; *de Kori* 18 kg. *Poulet « White Sully »* 10 kg. Le *nandou* et l'*autruche* (150 kg) ne volent pas. **2°) Marins :** *crocodile marin* 2 t. *Homard américain* 20,14 kg. *Loutre de mer* 37 kg. *Perche du Nil* 188,6 kg. *Phoque marbré* (Phoca hispida et Phoca sibirica) 1,70 m, 130 kg (au maximum). *Poisson-lune* 2 235 kg (exceptionnellement). *Rorqual bleu* de 33,58 m, en gestation 195 à 200 t (langue 4,3 t, cœur 698,5 kg). **3°) Terrestres :** *Anaconda* 230 kg. *Bison américain* 1 t. *Bœuf domestique* 2,2 t. *Chat* 21,3 kg. *Cheval pur-sang belge* 1 450 kg. *Chien mastiff* 75 à 90 kg (record 155 kg). *Dromadaire* 600 kg. *Éland du Cap* 943 kg. *Éléphant d'Afrique* 4 à 7 t (record 12 t). *Girafe* 1,2 t. *Gorille* 350 kg. *Hippopotame* 2 t. *Jument* poids moyen 1 t (record 1,450). *Lapin géant des Flandres* 7 à 8,5 kg (0,90 m) [record 11,3 kg]. *Ours polaire* 400 kg (record 1 t). *Porc* 1 157,5 kg. *Tarentule velue* 85 g. *Taureau* 2,260 t. *Tigre d'Inde* 190 kg (record 389 kg). *Tortue éléphantine* 279 kg. *Vache* 2 268 kg.

■ **Température. Homéothermes** (à température constante, dits improprement « à sang chaud ») : mammifères, oiseaux et quelques reptiles ; *la plus élevée :* oiseaux, chèvre domestique 39,9 °C, *la plus basse :* hamster doré en hibernation 3,5 °C (record : chauve-souris – 1,3 °C). **Pécilothermes** (à température variable, dits « à sang froid » à cause de la sensation ressentie à leur contact) : reptiles, amphibiens, poissons, invertébrés ; elle dépasse celle du milieu ambiant de quelques 1/10 de degré ou, exceptionnellement, quelques degrés ; température d'un lézard au soleil : jusqu'à 50, voire 60 °C.

■ **Territoire de chasse.** *Lion* 3 000 ha. *Buse* 260 ha. *Cygne* 120 à 150 ha. *Héron* 400 m². *Lézard* (petit) 37 m².

■ **Troupeau. Taille record :** *Springboks,* environ 10 millions de têtes, 24 km × 160 km.

■ **Vampire.** Chauve-souris d'Amérique centrale et du Sud : seul mammifère à se nourrir exclusivement de sang. Sa salive contient une substance qui empêche le sang de la plaie qu'elle a causée de coaguler. Attaque bétail, chevaux, ânes, porcs ; rarement l'homme.

■ **Vers. Espèces :** environ 9 000, dont 3 000 connues. En France : une centaine, en 3 grands groupes : *épigés* (quelques cm) : vivent à la surface du sol dans les déchets, consomment la matière organique fraîche et la transforment en compost, mélange fermenté de débris organiques (comme l'*Eisenia foetida,* utilisé par les pêcheurs) ; *endogés :* rose, jaune ou grisâtre, souterrains, se déplacent en ingérant la terre contenant la matière organique consommée et creusant des galeries ; *anéciques :* les plus nombreux ; la nuit, ils introduisent la litière (feuilles mortes, débris organiques divers) dans leurs galeries presque verticales, et l'absorbent après un temps d'« incubation ». *Endogés* et *anéciques* exercent des pressions très fortes (environ 10 atmosphères) sur le sol qu'ils écartent ainsi, mais généralement ils progressent en avalant la terre qu'ils rejettent en surface, la nuit, sous forme de tortillons terreux. En 1881, Darwin calcula qu'en 1 an, les vers peuplant 1 ha pouvaient rejeter 15 à 40 t de terre à la surface, et décrivit leur rôle essentiel dans la formation de l'humus. **Masse :** au moins 500 kg/ha. **Espèce géante :** *Eophila occidentalis :* 1 m, au Pays basque, peuvent descendre jusqu'à plus de 3 m de profondeur.

■ **Vitesse** (records, en km/h). **Sur terre.** *Paresseux* à trois doigts 0,012 (au sol) à 0,27. *Escargot* 0,05 [*en 1987, 1er prix de traînage de pierres,* organisé chaque année à Valle de Trapagua (province de Biscaye, Espagne) pour les escargots : *Es Igual* a déplacé de 50 cm en 10 min un caillou de 240 g]. *Boa* 0,36. *Tortue* 0,37. *Centipède Scrutigera coleoptrata* 1,8. *Cafard tropical* (Dictyoptera) 5,4. *Serpent* (mamba noir ou Dendroaspis polylepis) 11 (au maximum 24). *Crabe* (terrestre) 12. *Crocodile* 12 à 13. *Poulet* 14,4 (course). *Araignée-soleil* (Solpuga) 16. *Cochon* 17,6. *Mouton* 24. *Chameau* 25 (au maximum). *Banteng* (ou *buffle des îles de la Sonde*) 25. *Reptile* (coureur à 6 lignes ou Cnemidophorus sexlineatus) 29 (poursuivi par une voiture). *Gélinotte, lézard sprinter* 32. *Homme* 37. *Lapin* 38. *Éléphant* 40. *Loup, rhinocéros* 45 (son coup de corne est alors comparable au choc d'une voiture de 1 t lancée à 100 km/h). *Daim, kangourou* 48. *Autruche, émeu, girafe, phacochère* 50. *Ane sauvage de l'Inde, chacal, buffle d'Afrique* 55. *Antilope-cheval* 56 (88 sur 800 m). *Chien* 60, *de traîneau* 45. *Kangourou géant* (record) 64. *Coyote, hyène tachetée, zèbre* 65. *Cheval* 69,3 (70 sur 400 m ; 48 sur 6 km). *Lévrier afghan* 69,8 (sur 314 m). *Lièvre* 70. *Antilope* 72-100. *Cerf* 78. *Gazelle, gnou, lion* 80. *Antilope américaine* 88,5 sur 800 m. *Springbok* 95. *Chevreuil* 98 (record sur 183 m). *Guépard* (des savanes d'Afrique australe) 100 sur 400 m.

Dans les airs. Mammifères : *chauve-souris* minioptère 55 km/h, sérotine 40, pipistrelle 22 (record *molosse* 51). **Oiseaux :** *bécasse* 21. *Chardonneret* 30. *Alouette* 32. *Hirondelle* 35-100. *Corbeau* 38. *Faucon* 40 à 80 (en piqué 300), *pèlerin* 200 (en piqué, jusqu'à 350). *Pélican* 48. *Grue* 50. *Faisan* 59. *Pigeon* 63 à 150 (moyenne sur 800 km : 45, voir p. 215 a). *Corneille* 76. *Vanneau* 80. *Épervier* 80-110. *Perdrix* 84. *Cygne* 88. *Canard* 90-120. *Martinet* 100 ; *épineux* 171. *Huîtrier-pie* (échassier) 120. *Buse* 120 (en piqué). *Sarcelle* 135. *Oie* 142. *Vautour* 150. *Aigle* 161 (belliqueux 50 à 80 en vitesse de croisière, lui permettant de parcourir plus de 300 km/j ; *royal* 300 en piqué). *Frégate* 200. **Insectes :** *Cératopogon* (moucheron) 0,035. *Taon* 40. *Sphinx* 50. *Libellule d'Australie* 58 (en pointe). **Poissons :** *volants* 72.

Dans l'eau. Homme nageant 6,451. **Pinnipèdes :** *lion de Californie* 40. *Otarie* 40. **Cétacés :** *rorqual bleu* 37 (pendant 10 min en cas de danger). *Cachalot* 40. *Rorqual commun* 45. *Baleine* 48. *Marsouin de Dall* 55,5. *Orque* 55,5. *Dauphin* 15 à 60 (moyenne 30 à 40). **Crustacés :** *homard* 23. **Mollusques :** *pieuvre* 6. **Poissons :** *perche* 2,1. *Chabot* 8. *Épinoche* 11. *Anguille* 12. *Carpe* 12,2. *Mulet* 12,8. *Gardon* 16. *Brochet* 33. *Truite* 37. *Saumon* 40. *Poisson volant* 56 (voir aussi **Vol,** ci-après). *Poisson volant à 4 ailes* 65 et plus (moyenne 55). *Merlan, wahoo, grand requin bleu, thon* (à nageoire bleue) 70. *Espadon* 92 (moyenne 56 à 64). *Voilier cosmopolite* 110 (record sur 100 m). **Oiseaux :** *cormoran* (en plongée) 2,5. *Grèbe* 7. *Manchot gentoo* 27,4. *Petit pingouin* (en plongée) 36 (10 m/s sous l'eau). **Reptiles :** *crocodile* 20/25. *Tortue luth* 35.

■ **Vol. Altitude :** *Oie à tête barrée, cygnes, cygne chanteur* de 8 000 à 9 000 m, *oies sauvages* et *bécasseaux* 3 000 m, *linotte* 3 300 m, *grue cendrée* (Europe) 4 053 m, *barge à queue noire* et *canard pilet* (Himalaya) 5 000 m, *courlis, choucas* 6 000 m (régions diverses), *vautour* 11 300 m (collision avec un avion le 29-11-1973 ; seul cas connu). Migrateurs généralement 100 à 700 m (certains 3 000 à 9 000 m). **Disposition en « V » :** chacun profite apparemment des remous produits par les ailes du précédent. **Vol le plus long :** *oiseaux* (voir p. 195 c). *Poisson* 90 secondes à 11 m de haut sur 1 110 m (44 km/h).

■ **Vue. Champ de vision total :** *bécasse des bois* 360°, essentiellement monoculaire (yeux placés de chaque côté de la tête). *Chat* 187° (*homme* 125°). *Chouette* 110°, sa vision binoculaire correspond à un angle de 70° mais elle peut faire pivoter sa tête sur 180°. *Marmotte* 300° grâce à la position latérale de ses yeux. **Acuité visuelle :** *rapaces nocturnes* 50 à 100 fois supérieure à celle de l'homme. Mais ils ne voient pas dans l'obscurité totale. Ils chassent le jour (s'il pleut) mais préfèrent la nuit car proies surtout nocturnes (souris, rats, mulots, etc.). *Chouette chevêche* et *hibou des marais* chassent souvent le jour. *Aigle doré* décèle un lièvre de 46 cm de long à 3,2 km d'altitude. *Faucon pèlerin* peut voir un pigeon en mouvement à plus de 8 km.

Peuvent voler. Insectes, ptérosauriens (fossiles), **oiseaux** et **chauves-souris, calmars** (décollent parfois jusqu'à 7 m), **poissons volants** (prenant appui sur l'air par leurs nageoires pectorales : exocets), **grenouilles** volantes (aux pattes à grande palmure), **lézards volants** (appelés dragons en Indonésie) à replis de peau soutenus par des côtes, **écureuils volants** (mammifères à replis de peau reliant les pattes ; phalanger : marsupial ; galéopithèque : lémurien ; polatouche : rongeur). **Araignées :** vol plané atteignant 100 m ; des jeunes accrochées à des fils de soie (« fils de la vierge ») sont parfois transportées sur 200 km à 1 500 m d'altitude.

Ne volent pas. Insectes : poux, puces, pucerons aptères. **Oiseaux : Autruche :** Afrique. **Cagou :** Nlle-Calédonie. **Canard** aptère : éteint au XVIIIe s., île Amsterdam. **Casoar :** Australie et Nlle-Guinée. **Cormoran des Galapagos. Dronte** ou **Dodo :** disparu vers 1700, vivait à Maurice et à la Réunion. **Émeu :** Australie, peut courir à 45 km/h. **Kiwi :** Nlle-Zélande, ailes atrophiées de 5 cm de long. **Manchot :** Antarctique, Amérique du Sud, etc. **Moa :** disparu fin XIXe s., vivait en Nlle-Zélande. **Nandou :** Amérique du Sud. **Grand Pingouin :** Atlantique Nord (disparu en 1844). **Solitaire :** île Rodrigues, disparu vers 1700.

☞ On dit bavard comme un *perroquet,* bête comme une *oie,* fidèle comme le *chien,* innocent comme la *colombe,* malin comme un *singe,* muet comme une *carpe,* orgueilleux comme un *paon* (se pavaner), *ours* mal léché, sale comme un *cochon,* têtu comme un *âne* ou une *mule,* avoir une tête de *linotte.*

Apparitions et disparitions

A l'époque préhistorique

☞ *Abréviation :* M.a. : âge en millions d'années.

■ Évolution

☞ Une bactérie, conservée dans une abeille depuis 25 à 40 M.a. (enfermée dans de l'ambre depuis l'ère tertiaire) s'est transformée en spore (particule vivant au ralenti). Elle a été réveillée par Raul Cano et George Poinar, de l'université polytechnique de Californie, qui avaient déjà identifié en 1993 un fragment de gène d'un charançon vieux de 120 M.a.

■ **Évolution générale.** Le *conodont,* aux dents en forme de cône, apparu il y a 515 M.a., 1er vertébré prédateur antérieur aux poissons sans dents. Disparu il y a 200 M.a., l'*anguille* en descend. Du *cœlacanthe* (360 M.a. soit 200 M.a. avant le dinosaure, trouvé aux Comores, en Indonésie et en Afrique du Sud : voir p. 198 b) descendrait la lignée qui aboutit à l'homme. L'*Ichtyostega,* amphibien découvert au Groenland, fut le 1er vertébré connu à s'installer sur la terre ferme, au cours du Dévonien supérieur. Les reptiles *mammaliens* [(aux dents différenciées en incisives, canines, molaires), dont fait partie le *Procynosuchus*], apparus il y a environ 280 M.a., furent remplacés vers la fin du trias par de petits mammifères (de la taille d'une musaraigne). A cette époque apparurent reptiles volants, crocodiles, tortues, lézards, dinosaures. *Ère des dinosaures :* de – 248 à – 65 M.a. (*Staurikosaurus, Herrerasaurus* et *Eoraptor lunensis* d'il y a environ 230 M.a., trouvés en Amérique du Sud). Leur disparition (en quelques M.a.) favorisa le développement des mammifères.

■ **Causes de la disparition des grands reptiles il y a 65 M.a. (fin du Crétacé). Hypothèses :** plus de 80 recensées dont : **1°)** attaques de prédateurs plus évolués (carnassiers mammifères). **2°)** Accroissement excessif de la taille et du poids par rapport au volume de la cervelle. **3°)** Disparition de leurs proies. **4°)** Luis W. Alvarez (Amér., prix Nobel) : catastrophe planétaire avec froid et raz-de-marée due soit à la chute d'une météorite de 1 000 milliards de t [cratère de 300 km (Chicxulub, Mexique) qui aurait aussi provoqué une température de 11 200 °C, d'où des incendies sur toute la Terre (ce qui expliquerait la présence d'iridium dans certaines régions du globe)] il y a 65 M.a. (d'après des carottages faits au large de la Floride), soit à un volcanisme exceptionnel (en Inde). **5°)** Recul des mers (régression) et refroidissement du climat (voir à l'Index). **6°)** Pluie de comètes [envoyées par une étoile (Némésis ?) ou une planète (la planète X)] qui auraient frappé la Terre à la fin du secondaire. Une telle catastrophe surviendrait tous les 28 M.a. **7°)** 1985 : A. Hoffmann (New York) et R. Bernas (Orsay) : période d'inversion du champ magnétique terrestre qui s'annule, d'où un bombardement cosmique intense. **8°)** 1987 : baisse de 50 % de la teneur en oxygène de l'atmosphère en quelques dizaines de M.a. (calculée d'après l'air contenu dans l'ambre fossile).

■ **Types. Dinosaures. Découvertes :** *1677 :* le Dr Robert Plot décrit une tête de fémur qu'il attribue à un géant humain. *1770 :* crâne gigantesque découvert à Maastricht (P.-Bas). *1788 :* Cuvier découvre des ossements de grands reptiles dans les falaises des Vaches noires près de Villers-sur-Mer (Calvados). *1818 :* William Buckland, professeur de géologie à l'université d'Oxford (G.-B.), décrit divers ossements découverts à Stonesfield ; il les attribue à un « grand reptile » qu'il baptise en 1841 du nom de *Megalosaurus bucklandi. 1822 :* le Dr Gideon Mantell trouve dans le Sussex (G.-B.) des dents géantes et conclut qu'elles ressemblent à celles d'un iguane. Il songe, dans une lettre adressée à Cuvier le 12-11-1824, à le dénommer *Iguanosaurus.* En 1825, il le décrit sous le nom d'*Iguanodon. 1842 :* sir Richard Owen, anatomiste et paléontologue, constate qu'il y avait 9 genres de grands reptiles vivant à l'ère secondaire pouvant constituer un nouveau groupe : les dinosaures (du grec *deinos,* terrible et *saura,* lézard). *De 1800 à 1900 :* aux USA (Colorado, Montana et Wyoming), Othniel Charles Marsh et Edward Drinker Cope en décrivent plus de 130 espèces. Charles H. Sternberg découvre 2 exemplaires de momies de dinosaures, les 2 seules connues. *1878 :* à Bernissart en Hainaut (Belgique), on découvre des dinosaures dans une mine à 322 m de profondeur. Louis Dollo (Belge) reconstitue *Iguanodon* dressé sur ses postérieurs. *1923 : oviraptor* découvert au pied des falaises de Bain-Dzak (Mongolie). Le squelette de 2 m de hauteur reposant sur un nid d'œufs, on crut que c'était un voleur d'œufs, mais, en 1993, Mark Norell (USA) a découvert, dans le désert de Gobi, un embryon dans un œuf vieux de 80 M.a. L'oviraptor était une mère couveuse. *1983 :* os de serre de *spinosaure* (thérapode) découvert près de Dorking (G.-B.) ; devait mesurer 3 à 4 m de haut ; baptisé *Baryonyx walkeri* (griffe lourde). *1988 :* en Argentine, *Herrerasaurus* de 230 M.a. (150/225 kg, 3/6 m d'envergure) ; *-mars : Westlothiana lizziae* de 340 M.a. (long. 20,32 cm) ; *-15/8 : stégosaure* (squelette presque intact, 3 t) près de Canon City (Rocheuses du Colorado) de 140 M.a. *1993 :* en Argentine, *Eoraptor lunensis* de 230 M.a. *1994 :* au Niger, *Afrovenator abakensi* de 130 M.a. (carnivore, long. 10 m) ; sauropode (famille des brontosaures) du secondaire (longueur 20 m). *1996-août :* en Chine, *Sinosauropteryx prima* (long. 50 cm ; couvert de duvet mais n'est pas ancêtre des oiseaux) de 120/140 M. a. *2000 :* en Thaïlande, *Isanosaurus alta vipachi* (long. 6,50 m, 14 ossements) de 210 M.a. *2001 :* à Madagascar, *Masiakausaurus knopfleri* (du nom de Mark Knopfler, du groupe de rock Dire Straits) de 65 M.a. ; *-février :* en Argentine, *titanosaure* de 70 M.a. (70 t, long. 40 m).

☞ **En France :** *plateosaurus* (découvert XIXe s., Lorraine, Jura) prosauropode herbivore quadrupède, 6 à 9 m de long, + de 2 t. *Lexovisaurus* (découvert 1955, Normandie) stégosaure herbivore quadrupède, 7 m, 5 t. *Megalosaurus* (découvert 1835, Normandie, Boulonnais) théropode carnivore bipède, 7 à 8 m de long, 1,5 t. *Compsognathus* (découvert 1972, le long des futures Alpes) théropode carnivore bipède, quelques dizaines de cm, quelques kg. *Iguanodon* (découvert XIXe s., du bassin de Paris à la Lorraine) ornithopode herbivore, surtout sur 4 pattes, parfois sur 2, jusqu'à 9 m, environ 4 t. *Ampelosaurus* (découvert 1995, vallée de l'Aude) titanosaure herbivore quadrupède, jusqu'à 15 m, 10 à 12 t. *Variraptor* (découvert 1998, Haut-Var) raptor carnivore bipède, 1 à 2 m, environ 50 kg.

Œufs : DÉCOUVERTES : *1859 :* dans le Roussillon. Accumulations : bassin d'Aix-en-Provence, plateau de Rennes-le-Château, Corbières. *1920 :* Mongolie. *1961 :* vallée de la Durance (Provence) : *Hypselosaurus priscus* (« lézard à hautes crêtes »), titanosaure 12 m, 80 M.a., longueur 30 cm, diamètre 25 cm (capacité 3,3 l). *1993 :* désert de Gobi : œuf brisé contenant un embryon *d'oviraptor*. COQUILLE : *épaisseur* pour œuf de 20 cm de long : 1 à 2 mm ; œuf de protocératops (2 m de long) : 20 cm. FORME : ronds, ovoïdes ou allongés. VENTE : en 1993, à Londres, 10 œufs du Jurassique, 450 000 F. Des fragments de 1 cm^2 venant des gisements de Provence, 50 F pièce à New York.

Empreintes : DÉCOUVERTES : en Afrique (Ténéré), Vendée (plage du Veillon). Une série, découverte au Texas (USA) en 1981, atteste une vitesse de 40 km/h pour un dinosaure. Une série de 60, découverte en 2000 dans une grotte des Pouilles (Sud de l'Italie) : 45 cm, 120 M.a. TAILLE : *hadrosaure* découvert en 1932 en Utah (USA) : 1,36 × 0,80 m.

Classification : 800 espèces. Robert Bakker et Peter Galton (1974) sépareraient les dinosaures des reptiles pour les réunir aux oiseaux, leurs descendants. *Poids :* de 1 kg à plusieurs tonnes. La plupart étaient herbivores. **ORDRE DES SAURISCHIENS : sauropodomorphes :** petite tête, très long cou, corps massif, longue queue, pattes massives ; exemple : le *Saltasaurus ; Jobaria tiguidensis* (long. 17 m, 20 t, 135 millions d'années) ; *Nigersaurus taqueti* (long. 13 m, 600 dents, découvert au Niger en 1999) ; le *sauropéidon* (long. 45 à 50 m, cou 18 m, 60 t). **Thérapodes :** carnivores, bipèdes aux membres antérieurs très réduits ; longueur : certains ne sont pas plus grands qu'un chat ; *giganotosaure* (12 à 13 m) et *tyrannosaure* (10 à 12 m). **ORDRE DES ORNITHISCHIENS : ankylosauriens :** herbivores, quadrupèdes, aux membres courts et au corps large. Cuirassés de plaques osseuses juxtaposées, couvrant tête, dos et flancs. L'*Euoplocephalus* a même des paupières ossifiées. Chez certains la masse osseuse est portée par l'extrémité de la queue. **Stégosauriens :** herbivores quadrupèdes ; double rangée de plaques osseuses fichées dans le dos ; puissantes épines sur la queue ; bec corné ; long. 9 m, poids environ 3 t. **Cératopsiens :** crâne avec de grandes cornes et une large collerette osseuse couvrant le cou (celle du *Torosaurus* est de 2,60 m de long) ; bec corné. **Ornithopodes :** de 1 m (bipèdes) à 10 m (quadrupèdes ou occasionnellement bipèdes) ; *hadrosaure :* 9 m de long. ; herbivores. **Pachycéphalosauriens :** os du crâne formant un dôme ; herbivores bipèdes, marchant la queue rigide portée au-dessus du sol ; environ 8 m.

Diplodocus (« double poutre »). Dinosaurien (famille des diplodocidés), environ 26,60 m de longueur (cou 6,70 m, corps 4,50 m, queue 15 m), hauteur 3,50 m (au bassin), poids (estimation) 10,56 t (Amérique du Nord, – 150 M.a.). 1re reconstitution d'un squelette complet (*Diplodocus carnegiei*), en 1908 au Jardin des Plantes de Paris, par l'Américain Holand, avec les os de 4 sujets différents, extraits de la carrière de Sheep Creek (Wyoming, USA, devenue le centre du Dinosaur National Monument créé 1915). En 1909, Earl Douglas découvrit en Utah un squelette complet de diplodocus de 27 m, conservé au musée Carnegie de Pittsburgh (moulage au Muséum de Paris). L'anatomie du crâne n'a été connue correctement qu'en 1975. Le diplodocus aurait vécu le plus souvent dans l'eau, sa pression sanguine (estimée à partir de celle de serpents, notamment le python à tête noire du Queensland) étant trop faible pour irriguer normalement son cerveau lorsque sa tête était dressée ; ses œufs très poreux devaient être recouverts d'un amas de végétation jouant ainsi le rôle d'un incubateur. **Le plus petit connu :** *Compsognatus coralestris* (cœlurosaure), France, longueur 1,10 m, hauteur 70 cm. **Le plus grand :** *Seismosaurus* découvert en 1985, Nouveau-Mexique ; USA, 39 à 47 m, 50 t.

Famille des brachiosauridés : brachiosaure (« lézard à bras »), gigantosaure *(Pelorosaurus).*

Reptiles. *Apatosaurus* (herbivore) 30 m. *Carnosaure* 5 m de haut. *Coelurosauravus jaekali :* plus ancien reptile volant (All., – 250 M.a.). *Deinosuchus riograndensis* (crocodile) 16 m (Texas, – 75 M.a.). *Gigantophis garstini* (serpent) 11 m. *Ichtyosaure* (marin) 10 m. *Iguanodon* 10 m. *Kronosaurus queenslandicus* (marin) 17 m (crâne 3,70 m). *Pachyrhachis problemeticus* (lézard marin, – 97 M.a.). *Plésiosaure* (marin) 5 à 15 m. *Ptéranodon* (volant) 8,20 m d'envergure. *Ptérodactyle* (volant) 1 m d'envergure. *Ptérosaure Quetzalcoatlus northropi* « serpent à plumes » (volant) 11 à 12 m d'envergure, plus de 100 kg (ouest du Texas, – 70 M.a.). *Ramphosuchus,* 15,25 m (nord de l'Inde, – 150 M.a.). *Stégosaure* (à plaques osseuses) 7 m. *Stretosaurus macromerus,* plésiosaure à cou court, 15,50 m. *Tricératops* 8 m (crâne de 1,50 m de large, cerveau 16 à 17 cm). *Tyrannosaure* 13,70 m, 7 t (crâne de 1 m de large).

Amphibiens : *Prionosuchus plummeri* d'environ 9 m de long. (– 230 M.a.).

Oiseaux. *Æpyornis maximus* (oiseau-éléphant, Madagascar) 2,75 à 3 m, 455 kg, ne pouvait voler. *Archéoptéryx,* bipède, 30 cm, issu des reptiles bipèdes (– 145 M.a. ; capacité de voler controversée ; 9 spécimens dont « Microraptor », – 125 M.a., doté de serres) ; *Lithografica* découvert en All. : – 175 M.a. *Argentavis magnificens* (vautour, Argentine, 6-8 M.a.) 7,5 m, 80 kg. *Condor,* envergure 5 m, 22 kg (Amér. du Nord, – 10 000 ou 100 000 ans). *Dinornis giganteus* (Nlle-Zél.) 3,50 m, 227 kg (ne volait pas). *Dromornis stirtoni,* hauteur 3 m, plus de 500 kg. *Gigantormis eaglesomei,* envergure 6 m. *Ornithodeomus latidens,* envergure 5 m. *Protarchaeopteryx robusta :* le plus ancien connu. *Protoavis texensis,* – 220 M.a. *Teratornis incredibilis,* envergure 5 m. *Protoptéryx,* – 120 M.a., de la taille d'un étourneau, espèce inconnue découverte en 2000.

Poissons. Taille record : *Carcharodon megalodon* (requin, – 50 M.a.) 30 m.

Mammifères. *Baluchitherium* (rhinocéros sans corne), long. 11 m, haut 5,40 m, 20 t (Europe et Asie centrale, – 35 M.a.). *Mégathérium* 4,50 m. *Basilosaure,* 21,33 m, 27 t (découvert en Alabama) : mammifère marin. *Mammouth,* voir encadré ci-contre.

Insectes. *Meganeura monyi* (libellule) : 0,70 m d'envergure (fossile découvert dans l'Allier, – 280 M.a.).

■ SURVIVANTS PRÉHISTORIQUES

■ **Mammifères.** *Okapi* 30 M.a. **Aquatique :** *Platypus* ou *ornithorynque* 150 M.a.

■ **Reptiles.** *Sphénodon* (Nlle-Zélande) 200 M.a., *crocodile* 160 à 195, *tortue* 275. **Amphibien :** *grenouille de l'île de Stephens* (Nlle-Zélande) 170 à 275.

■ **Animaux marins. Brachiopode :** *lingule* 500 M.a. **Mollusque :** *néopilina* 350 M.a., retrouvé par 4 000 m de fond en 1957. **Poissons :** *cœlacanthe* 400 M.a. (1,40 m, 65 kg, yeux de 6-7 cm de diam.). Représenté aux Baléares sur un ancien ex-voto en argent. 1er redécouvert le 22-12-1938 par 65 m de fond au large de la rivière Chalumna (côte est d'Afrique du Sud) par le chalutier du capitaine Goosen, examiné par Miss Courtenay Latimer (assistante au muséum à East London, Afr. du Sud), identifié par le professeur J.L.B. Smith (université de Rhodes, Afr. du Sud), appelé *Latimeria chalumnae ;* 2e pêché en 1950 au large d'Anjouan (Comores) ; 1res photos sous-marines de Jacques Stevens en 1965 ; on croyait l'espèce éteinte depuis 65 M.a., 200 pêchés de 1938 à 1988. Il en resterait 150, dont 2 photographiés en déc. 1999 aux Célèbes (Indonésie) de même espèce. En 2000, découvert sur les côtes d'Afrique du Sud. *Dipneuste* 200 M.a. (pêché en 1869). **Chélicérates :** *limule* 300 M.a., *péripate* (Tropiques) 500 M.a. **Crustacés :** *Neoglyphea* (Philippines) 60 M.a. (pêchée 1908, puis 1976).

■ A L'ÉPOQUE HISTORIQUE

■ DISPARITIONS

1 espèce animale disparaîtrait chaque semaine (la fréquence serait 100 fois plus rapide qu'au XVIe s.).

■ **Afrique. Vers 1800** *hippotrague bleu* (antilope, Afrique du Sud). **1875** *zèbre couagga* (Afrique du Sud). **1909** *zèbre de Burchell* (Botswana) exploité par les Boers. **Au XXe s.** *bubale* (Afrique du Nord, 1926). *Lion* (dernier tué en Afrique du Nord en 1922). *Ane sauvage. Colobe rouge* (Afrique de l'Ouest).

■ **Amérique du Nord. 1802-90** *bison,* chassé pour viande et cuir (vers 1890, il en restait 835). **Vers 1844** *grand pingouin* (Terre-Neuve). **1878** *canard du Labrador.* **1904** *perruche de la Caroline.* **1914** *pigeon migrateur* (5 à 10 milliards migraient, vers 1800, à l'est des USA, Canada, Mexique). **1962** *courlis esquimau* (Canada). **1987** *moineau maritime Ammodromus maritimus.*

■ **Amérique du Sud.** De gigantesques parents des *tatous* et des *paresseux* persistaient au début de la période historique. **1765** *Ara grossei* (perroquet, Jamaïque) victime de la déforestation. **1876** *loup des Falkland* (Malouines), *phoque moine* (Antilles). **1937** *Orestias cuvieri* (poisson du Titicaca) mangé par des truites importées.

■ **Asie. 1627** *aurochs* habitait le Proche-Orient dans l'Antiquité. **1768** *rhytine de Steller* ou *vache de mer* (mammifère sirénien) [îles du Commandeur, Russie]. **Vers 1850** *cormoran à lunettes* (île de Béring, Russie). **1868** *caille de l'Himalaya* (1 500-2 000 m d'altitude). **1905** *loup du Japon.* **1927** *hémippe de Syrie* (espèce d'âne sauvage). **1937** *tigre de Bali.* **XXe s.** *cerf de Schomburgk* (Thaïlande). *Lion,* qui habitait le Proche-Orient dans l'Antiquité, subsiste dans la forêt de Gir, en Inde (survivance en Iran douteuse). **1960** *Zalophus californianus japonicus* (lion des mers, Japon) chassé pour sa fourrure.

■ **Europe. 11000 avant J.-C.** *cerf mégacéros,* ramures de 2 m d'envergure. **Vers 1700 avant J.-C.** (île de Wrangel) *mammouth :* voir encadré ci-contre. **Antiquité** *éléphant nain de Sicile,* 60 cm au garrot. *Chèvre Myotragus* (Baléares) parmi les 1ers animaux domestiques. **XVIe s.** *lagomys* (parent du lapin), en Corse. **1627** *aurochs* (forêt de Jatkorowka en Lituanie, 1,80 à 2 m au garrot, mâle noir, vache rousse, cornes en lyre) ; 1 400 en Prusse orientale en 1240 ; recréés dans les années 1930 par Lutz et Heinz

MAMMOUTH

Le mot mammouth viendrait de l'estonien *maa,* terre, *mut,* rat (les Estoniens vivaient autrefois en Sibérie) ; en *1666* le Hollandais Witzen utilisa ce terme dans le récit de son voyage à Moscou. Haut. 2,60 à 3,50 m, long. 2,70 m, poids 3,5 t, défenses : record 6 m, 200 kg, poils 10 à 15 cm, oreilles 0,40 × 0,30 m.

■ **Apparition.** Il y a 3 M.a. 2 espèces se différencient : l'éléphant antique (d'où les éléphants d'Afrique et d'Asie) et le mammouth. Le *plus vieux mammouth méridional :* restes découverts dans les cratères de la Hte-Loire (défense de plus de 6,50 m) conservés au musée Lecoq à Clermont-Ferrand ; puis le mammouth des steppes : *Mammuthus trogontherii* entre 800 000 et 170 000 av. J.-C. (plus de 4,50 m au garrot, défenses de plus de 5 m) ; mammouth laineux : *Mammuthus primigenius* de 300 000 à 2 000 ans av. J.-C.

■ **Extinction (causes).** Selon Isbrand Ides, des changements climatiques ont suivi la fin de la dernière glaciation, lors du Déluge ; les mers ont envahi les continents et la température a chuté : les mammouths ont été noyés et pris dans les glaces ; ou alors, leurs cadavres ont dérivé de l'Équateur, où ils vivaient, jusqu'en Sibérie. Les Esquimaux confondent les cadavres de mammouths pris dans les glaces avec des carcasses de baleines. En Sibérie, Toungouses et Yakoutes considèrent les cadavres de mammouths trouvés dans les boues glacées comme ceux de taupes gigantesques appelées *cheli, kamagrita* ou *surikosar.*

■ **Découvertes. 1613** Mazurier (médecin lyonnais) découvre des ossements près de Chaumont et les présente comme les os de Teutobrod (roi des Cimbres vaincu par le Romain Caius Marius en 102 av. J.-C.) ; un étudiant en médecine avance l'hypothèse qu'ils pourraient venir d'un vieil éléphant. **1663** Otto von Guericke, bourgmestre de Magdebourg (All.) recueille des os de mammouths et reconstitue le squelette d'une présumée licorne. **1727** le tsar Pierre II ordonne au gouverneur de Sibérie de lui rapporter un squelette. **1796** Cuvier présente le mammouth comme apparenté à l'éléphant. **1799** Blumenbach (All.) l'appelle *Elephans primigenius.* Ossip Tchoumatchov (chasseur toungouse) découvre une carcasse dans la presqu'île de Tumys au nord-ouest de la Sibérie, arrache les défenses et les vend à Roman Boltun qui réalise le 1er dessin d'un mammouth. **1807** M.F. Adams emporte le squelette à St-Pétersbourg où il l'expose. **1864** Édouard Lartet (géologue, 1801-71) découvre à La Madeleine (Périgord) une plaquette d'ivoire avec une gravure de mammouth. **1900** Semjon Tarabykin (chasseur) découvre un cadavre le long de la rivière Beresovka, arrache les défenses et les vend. **1901** une expédition part de St-Pétersbourg, récupère le cadavre et le découpe en morceaux. **1902**-*février* à St-Pétersbourg, les quartiers de viande fossile sont naturalisés et le mammouth empaillé est présenté. **1907** 1ers vestiges de mammouths découverts en Alaska, en Ukraine près de Starunia (aujourd'hui territoire polonais) et **1908-09** Borna (près de Leipzig, All.), Danemark, Suède, Norvège, P.-Bas, France (dans des marécages ou sur des bords de rivières). **1910** cadavre découvert aux îles Liakhov (Sibérie), **1912** offert à la France par le Cte Stenbock-Fermor, propriétaire des îles (squelette, tête et 1 patte naturalisées, exposés au Muséum). Découverte de cabanes (4 à 20 m de longueur) construites en ossements de mammouths. **1974** Hot Springs (Dakota du Sud) découverte de plus de 100 squelettes de mammouths morts enlisés. **1977** dans la région de Magadan (Sibérie) découverte de Dima, bébé mammouth mort il y a 40 000 ans, très bien conservé avec poils, peau, trompe, queue et yeux ; son cœur contenait encore 1,5 g de sang coagulé. En testant ses cellules sanguines, on a détecté la présence d'albumine émettant des anticorps. **1993** espèce naine (1,80 m, 2 t) datée entre – 7 000 et – 4 000 découverte sur l'île de Wrangel (Arctique). **1997** 3 chasseurs nomades Dolgans, les frères Jarkov, ayant repéré des défenses de 3 m dépassant du sol, défoncèrent une partie du crâne pour les récupérer et les revendre. Le guide français, Bernard Buigues, suggéra de prélever l'animal entier : mammouth baptisé Jarkov (mort il y a 20 380 ans). **1999**-*17-10* un cube de permafrost pesant 23 t et contenants les restes congelés est transporté suspendu à un hélicoptère depuis son lieu de découverte (presqu'île de Taïmyr, Sibérie) à Khatanga à 230 km. Mâle de 47 ans, défenses de 2,49 m et de 2,98 m pesant 40 et 45 kg, crâne très abîmé, une partie du dos (côtes et vertèbres) a subi des dommages liés au dégel du sol, chaque printemps, sur 50 à 70 cm d'épaisseur.

☞ **Clonage :** Il faudrait pouvoir extraire, de la moelle, des os ou des matières molles, des cellules bien conservées permettant une lecture complète de l'ADN. Or, il ne peut être préservé qu'au-dessous de – 30 °C (celle du permafrost est de – 10 °C à – 20 °C). L'hypothèse d'une hybridation avec une éléphante à partir du sperme de mammouth est impossible (le sperme en paillette se conserve à – 200 °C) et les espèces sont incompatibles.

Heck (All.) à partir des bovins des plaines de Russie du Sud, Hongrie, Italie, mêlés à des *Old Texas longhorns* ; spécimens au zoo de Berlin (1954) transférés à Neandertal, Düsseldorf (All.). Utilisé en forêt de Rambouillet pour débroussailler la forêt, laissant place à des prairies qui serviront de pâturages aux cervidés. **1844** *grand pingouin* (Islande), encore sur les côtes normandes au XIXe s. (égaré). **1850** *cheval de Prjevalski*. **1876** *tarpan* (cheval sauvage d'Europe centrale). Jusqu'au XVIe s. dans les Alpes et les Vosges. Une dizaine recréés dans domaine de Neandertal. **Vers 1914** *lynx,* le dernier tué dans les Htes-Alpes. *Pardelles* une cinquantaine de couples survivent en Espagne. *Francolin* (sorte de perdrix), dans les régions méditerranéennes ; subsiste en Asie et Afrique. *Cerf de Corse* a disparu vers 1978 ; réintroduit à partir de la Sardaigne. *Bison* jusqu'au VIIe s. dans les Vosges ; une dizaine dans le domaine de Neandertal. *Élan* en Alsace jusqu'au Xe s. *Baleine des Basques,* exterminée par les Basques dans le golfe de Gascogne. *Outarde barbue* (1 m) encore en Champagne au XIXe s. ; apparaît parfois durant les coups de froid. *Ibis chauve* (ou *waldrapp*) (75 cm) dans le Jura et les Alpes jusqu'au XVIe s. (subsiste en Afrique et au Proche-Orient). *Pélican blanc,* jadis en Camargue. *Sarcelle marbrée* (38 cm) disparue de Camargue. *Érismature à tête blanche* (autre canard, 45 cm) disparue de Corse en 1954 (projet de réintroduction), de France en 1966.

■ **Madagascar et îles voisines.** **XVIe** ou **XIXe s.** *Æpyornis* (oiseaux géants, 3 m de hauteur, 455 kg), plusieurs espèces de *lémuriens* géants (de la taille du gorille), *hippopotame, tortue géante*. Les Mascareignes ont perdu à peu près aux mêmes époques : le *dronte* ou *dodo* (apparenté aux pigeons) de l'île Maurice (vers 1680), et de la Réunion (vers 1700) ; le *solitaire* (voisin du dronte) de l'île Rodriguez (1760) ; la *tortue* de Rodriguez (XVIIIe s.) ; la *« huppe de Bourbon »* (passereau de la Réunion) [milieu du XIXe s.] ; le *tribonyx* (1850) ou râle de Madagascar ; une *poule d'eau* géante (Leguatia) et un *perroquet* terrestre.

■ **Océanie.** **Environ 1 000 ans avant J.-C.** *tortue à cornes (Meiolania)* (Pacifique Sud), 1,30 m de long, ne sait pas nager, exterminée. **Vers 1700** *dinornis* ou *moas,* oiseaux géants de Nlle-Zélande (jusqu'à 3,50 m de haut., 234 kg) tués par les Maoris (un hôtelier a fait croire à sa réapparition en 1993). **Début du XIXe s.** *émeu noir* (Australie). Nombreuses disparitions d'oiseaux aux îles Hawaii. **XXe s.** *loup marsupial ; marsupial insectivore* (Perameles fasciata), *perroquet nocturne* (Australie) ; *chouette* (Nlle-Zélande) ; *perruche, mégapode, crocodile* (Nlle-Calédonie) au moins 15 ou 20 espèces ; *huia* (Nlle-Zélande).

■ Animaux menacés de disparition

Généralités

■ **Causes de disparition. 1°)** Responsabilité de l'homme : directe (chasse, pêche, piégeage, fourrures, insecticides, engrais, lignes à haute tension, trafics d'animaux vivants, collections, etc.) ou indirecte (assèchement des marais, défrichement des forêts, destruction des haies, remembrement, routes, pollution des eaux douces et marais, etc.), pression démographique. **2°)** Élimination par des concurrents mieux adaptés. **3°)** Compétition avec les troupeaux domestiques.

■ **Statistiques.** **Nombre d'espèces répertoriées par l'UICN comme déclarées en danger ou menacées de disparition :** *1996* : 5 205 dont 1 096 mammifères, 1 107 oiseaux, 253 reptiles, 124 amphibiens, 407 crustacés, 537 insectes ; *2000* : 5 435.

Nombre d'espèces menacées par pays (mammifères et, entre parenthèses, **oiseaux** en % des espèces connues, fin des années 1990) : All. 36,7 (29,2), Australie 14,9 (6,4), Autriche 35,4 (37), Can. 19,2 (10,8), USA 10,5 (7,2), *France* 20,2 (14,3), Irl. 6,5 (21,8), Japon 7,7 (8,3), Lux. 54,1 (50), Mexique 33,2 (16,9), Norv. 5,9 (6,3), Russie 12,5 (7,7), Suède 18,2 (8,6).

Population de quelques espèces à partir de la fin des années 1980 et, entre parenthèses, **vers 1950** (en milliers). **En déclin :** *rorqual* commun 110 (470), boréal 25 (200), - à bosse 10 (125), *baleine* franche 6 (120), des Basques 3 (200), bleue 2 (200), *phoque* moine de Hawaii 1 (2,5), *otarie* à fourrure du Chili 0,6 (4 000), boréale 66 (154). **En augmentation :** *otarie* à fourrure des Kerguelen 1 530 et des Galapagos 30 (extinction proche), *morse* 280 (50), *dugong* 55 (30), *baleine* grise 21 (10).

Principaux animaux menacés

■ **Afrique.** *Ane sauvage* (Somalie, 400). *Céphalophe de Jentink* (Liberia, Côte d'Ivoire). *Cercopithèque à face de chouette. Cerf de Barbarie* (Algérie, Tunisie, 500). *Chimpanzé* (Afr. occidentale, 10 000 en 1990). *Crocodile* du Nil. *Drill. Éléphant. Gorille. Grenouille* (Afr. du Sud). *Hippotrague* (antilope noire, variété « variani » de l'Angola). *Ibis chauve* (Maroc, 1 colonie). *Manchot* du Cap. *Oryx. Mandrill. Panthère. Phoque blanc* (Mauritanie). *Rhinocéros* (*1992* : 8 300 ; *99* : 13 000 dont blancs 80 %). *Zèbre* de montagne (Afr. australe, 140). La faune de l'Afrique du Nord, a presque complètement disparu, à part de rares chacals, renards et panthères au Maroc, des singes en Algérie et au Maroc, des gazelles Dorcas et de Cuvier, des ibex de Nubie dans le sud de l'Égypte. Le Sahara héberge encore des mouflons à manchettes et de rares addax, oryx et gazelles Dama.

■ **Amérique du Nord.** *Bison. Bœuf musqué. Condor* de Californie (disparu dans la nature, 29 en captivité). *Cygne trompette* (2 200). *Grue blanche, cygne trompette* de l'Alaska et du Canada (70). *Jaguar. Loup. Lynx roux. Morse. Ours blanc. Ours grizzly. Pétrel* des Bermudes (50). *Pic à bec d'ivoire* (moins de 20). *Puma. Putois à pattes noires* (disparus dans la nature, élevage en captivité). *Pygargue à tête blanche. Salamandre aveugle* (Texas).

■ **Amérique du Sud.** *Ara de Spix* (moins de 10). *Caïman à lunettes. Cervidés endémiques. Chinchilla* (Andes). *Cyanopsitta spixii* (oiseau, disparu dans la nature, 27 en captivité au Brésil). *Jaguar. Loutre géante* du Brésil. *Ocelot. Ouistiti. Ours à lunettes* (Andes). *Pénélope à ailes blanches* (Pérou, retrouvée vivante en 1977). *Singe-lion* (Brésil). *Tamarin. Tatou géant* (Amazonie). *Tortue géante* des Galapagos.

■ **Antilles.** *Crocodile* de Cuba. *Lisophis ornatus* (serpent ; Ste-Lucie, 100). *Passereaux. Perroquets. Pic à bec d'ivoire* de Cuba. *Solénodon* (insectivore géant).

■ **Asie.** *Aigle mangeur de singes* (Philippines, moins de 100). *Anoa* (buffle nain) et *Babiroussa* des Philippines. *Cerf du père David* ou *milou* (environ 500) [Chine : survit en captivité, échec d'une réintroduction en 1987]. *Chameau sauvage* (Asie centrale, peut-être 400). *Cheval de Prjevalski* retrouvé en Mongolie (1879) par l'explorateur polonais qui lui donna son nom, disparu à l'état sauvage (vers 1940), *1993* : plus de 1 000 en zoo ; 130-140 cm à l'encolure, courte crinière, sans « mèche » sur le front, pelage bourru de robe orange rupestre, possède 66 chromosomes (autres chevaux : 64). *Crocodile marin. Daim* iranien (30 à 40). *Dauphin lacustre* de Chine (400). *Douc* (singe d'Indochine). *Gaur* (bœuf sauvage des forêts montagneuses). *Gavial du Gange. Grue* de Mandchourie. *Hémione* (espèce d'âne sauvage). *Ibis nippon* (10). *Kouprey* ou bœuf gris cambodgien très rare (il a été victime des guerres) ; quelques animaux ont été redécouverts en Indochine et au Cambodge après 20 ans de disparition. *Lièvre à poil dur* (Inde). *Lion d'Asie* (Inde, 300). *Nasique. Orang-outan* (Sumatra, Bornéo). *Oryx* d'Arabie (réintroduit en Jordanie en 1983, à Oman et en Arabie saoudite). *Panda* [*(grand)* Chine, principalement réserves de Qinling et de Wolong]. *Panthère des neiges* (Asie centrale), 3 000 à 6 000 ; *d'Asie ; pongibande. Plataniste du Gange. Rhinocéros de l'Inde* ; de Sumatra ; de Java (1 corne ; 50 à Java, 10 au Viêt Nam). *Rhinopithèques. Salamandre géante* (Chine, Japon). *Sanglier pygmée* (Inde). *Tigre. Varan géant de Komodo* (Indonésie).

■ **Europe.** *Aigle impérial, pygargue* et grands rapaces. *Bison* d'Europe. *Cigognes blanches. Faucons pèlerins :* G.-B. 750 couples, France plus de 900 couples (en 2000), Italie 350, Allemagne 120, Suisse 100, Finlande 70, Suède environ 15. *Goéland d'Audouin* (Méditerranée). *Loups* (voir à l'Index). *Lynx pardelle* (Espagne). *Ours bruns. Phoque moine :* 200 survivants en 1990 ; extinction prévue entre 1994 et 1998 : victimes de la pollution des eaux, des pêcheurs (tir, dynamite) et des dérangements (plaisanciers, pêche sous-marine). En Bulgarie, Grèce, ex-Yougoslavie, Sardaigne (et à Madère, dans l'Atlantique), la pêche est réglementée dans les zones où ils habitent, pour ne pas les priver de poisson ; en France, a disparu des îles d'Hyères (1950) et de Corse (vers 1975). *Protée* (ex-Yougoslavie).

■ **Madagascar et environs.** *Aigle des serpents. Aye-aye* (lémurien, 20). *Faucon crécerelle de l'île Maurice. Fouche* ou *fossa. Indri* (lémurien). *Lépilémur. Propithèque de Verreaux* (lémurien).

■ **Océanie.** **Australie :** *grenouille mouchetée. Passereaux. Perroquets. Phalanger de Leadbeater* et autres *marsupiaux.* **Hawaii :** *oie d'Hawaii* ou *néné* (plus de 500). **Nouvelle-Calédonie :** *effraie des clochers* (chouette), *gecko, kagou* (échassier), *papillon bleu ; perruche* d'Ouvéa. **Nouvelle-Zélande :** *kakapo* ou *perroquet-hibou ; takaké* ou *notornis* (voisin de la poule d'eau, 200 à 300).

■ **Océans.** *Dugong* (océan Indien). *Baleines des Basques :* quelques centaines ; *du Groenland :* quelques dizaines ; *bleue ; franche ; à bosse. Dauphins :* 7 millions massacrés ces dernières années dans le Pacifique par les Japonais (?). *Rorqual bleu :* 600 à 700 (400 000 il y a 60 ans). *Tortues marines :* intoxiquées par des sacs plastiques confondus avec des méduses. Capture dans les filets, ramassage des œufs, dérangement des plages de ponte.

Quelques animaux menacés en France

Source : Inventaire de la faune menacée en France, dir. H. Maurin, 1994 (MNHN/Nathan).

■ **Insectes.** *Apollon* (papillon, montagnes), *leste enfant* (libellule), *criquet rhodanien, grand dytique* (coléoptère aquatique), *carabe à reflets d'or* (coléoptère).

■ **4 poissons.** *Esturgeon* (Garonne), *apron* (endémique du Rhône), *hippocampe, raie* blanche (côtes de France).

■ **3 amphibiens.** *Pélobate brun, grenouille des champs* (Alsace), *salamandre de Lanza* (Alpes).

■ **2 reptiles.** *Emyde* lépreuse (tortue aquatique, Roussillon), *vipère* de Seoane (Pays basque).

■ **17 oiseaux.** RAPACES : *gypaète* barbu (17 couples nicheurs, Pyrénées ; 8 en Corse ; réintroduit dans les Alpes), *aigle* de Bonelli (28 couples en Provence), *faucon crécerelette* (24 couples, B.-du-Rh.), *hibou des marais* (10 à 100 couples selon les années). PETITS ÉCHASSIERS : *blongios nain* (petit héron de 450 couples nicheurs), *marouette* poussin et de Baillon (râles fréquentant les zones humides), *glaréole à collier* (moins de 20 couples, Camargue), *pluvier guignard* (1 à 10 couples selon les années, Pyrénées orientales et centrales), *petit chevalier* (environ 10 couples sur le littoral atlantique et Manche), *bécassine des marais* (250 à 300 couples), *hirondelle* de mer : *sterne de Dougall* (100 couples nicheurs sur le littoral breton), *guifette* noire (100 couples, marais de l'Ouest, Brenne et Sologne). ALCIDÉS : *pingouin torda* (40 couples, littoral breton). PASSEREAUX : *pic tridactyle* (Savoie et Hte-Savoie), *alouette calandre* (moins de 50 couples, Midi), *traquet rieur* (moins de 5 couples, Pyrénées orientales).

■ **9 mammifères.** *Ours* (6 dans le Béarn, et 4 réintroduits dans les Pyrénées centrales) ; *lynx* (quelques-uns réintroduits dans les Vosges, quelques dizaines réapparus à partir de la Suisse, du Jura et des Alpes) ; *loup* [disparu vers 1930, 17 (au 1-1-1997) réapparus dans le parc national du Mercantour à partir de l'Italie] ; *loutre* (1 000, littoral ouest et Massif central) ; *vison d'Europe* (40 000 en Russie) ; *phoque veau marin* (disparu vers 1930, réapparu baie de Somme en 1991) ; *marsouin ; rhinolophe de Mehely* et *vespertilion des marais* (chauve-souris).

■ Animaux découverts depuis 1980

Des centaines d'espèces sont découvertes chaque année (surtout insectes et poissons) [*de 1900 à 1970,* voir Quid 1983 ; *de 1970 à 1979,* voir Quid 1989]. Parmi les principales découvertes depuis 1980, on peut citer :

■ **Afrique.** **1980** *Lemniscomys roseveari,* rat rayé de Zambie. *Nannomys baoulei,* souris de Côte d'Ivoire. *Myonycteris relica,* roussette du Kenya. *Crocidura usambarae,* musaraigne de Tanzanie. *Crocidura lucina* et *thalia,* musaraignes d'Éthiopie. **1982** *Mirafra ashi,* alouette de Somalie. *Ploceus ruweti,* tisserin du Zaïre. **1983** *Lemur fulvus flavifrons,* maki de Madagascar. *Glaucidium aubertinum,* chouette chevêchette du Zaïre. *Nectarinia rufipennis,* souïmanga de Tanzanie. **1984** *Hipposideros lamottei,* chauve-souris du mont Nimba (Guinée). **1985** *Taterillus petteri,* gerbille du Burkina. *Hirundo perdita,* hirondelle du Soudan. **1986** *Lamottemys okuensis,* rat du mont Oku (Cameroun). *Hybomys eisentrauti,* rat à bande dorsale (Cameroun). **1987** *Hapalemur aureus (doré),* lémurien de Madagascar. **1988** *Cercopithecus solatus,* cercopithèque rayon de soleil, Gabon. **1989** *Propithecus tattersalli,* lémurien de Madagascar. *Ploceus burnieri,* tisserin d'Afrique de l'Est. *Allocebus trichotis,* lémurien redécouvert à Madagascar. **1990** *Cisticola dorsti.* **1991** *Laniarius piberatus,* pie-grièche de Somalie. **1993** *Afrovetor,* carnivore trouvé au Sahara (présenté 1995 en Australie). **1994** (non confirmé) poissons : 2 nouvelles espèces (Nigéria) ; *Fimbristylis littoralis* (plante), et *Eragrostis olivacea* (herbe) au Kenya. **2000** lémuriens : 3 nouvelles espèces (Madagascar) ; drosophile de Sao Tomé (golfe de Guinée).

■ **Amérique.** **1980** *Cabassous chacoensis,* tatou du Paraguay. *Tijuca condita,* cotinga du sud-est du Brésil. *Metallura odomae,* colibri du nord du Pérou. **1981** *Marmosa handleyi,* sarigue de Colombie. *Otus marshalli,* hibou petit duc des Andes du Pérou. **1984** *Dicrostonyx minutus,* le lemming des lichens (Canada). **1985** *Tangara meyerdeschauenseei,* tangara du sud du Pérou. *Saimiri vanzolinii,* singe-écureuil du Brésil. **1986** *Onza,* félin du Mexique, sous-espèce du puma. *Chaetomys subspinosus,* rongeur retrouvé vivant au Brésil. **1989** *Asthenes luizae,* fournier terrestre (passereau) du Brésil. *Glaucidium hardyi,* petite chouette chevêchette du Brésil. *Leontopithecus caissara,* singe-lion (tamarin) du Brésil.

■ **Asie.** **1980** *Acomys whitei,* rat épineux du sultanat d'Oman. *Microtus evoronensis,* campagnol de Sibérie orientale. *Brachypteryx cryptica,* petite grive à ailes courtes de l'Inde. **1985** *Gazella bilkis,* gazelle du Yémen. **1986** *Courvite de Jerdon* qu'on croyait disparu depuis 1900, retrouvé vivant en Inde. *Eublepharis ensafi,* gecko (40 cm, Iran). *Lophura,* faisan du Viêt Nam. **1988** *orcelle d'eau douce* sans dents à Bornéo (dauphin sans dents). **1989** *varan* au Yémen. **1990** *Himantura chaophraia, raie* d'eau douce (500 à 600 kg, Thaïlande). **1992** *saola (Pseudoryx nghentinhensis)* et carpe de rivière (*Parazaco*

Animaux exotiques introduits en France (XIXe ou XXe s.)

Afrique : invertébrés : mouche des fruits, wohlfahrtia, oie d'Égypte, ibis sacré. **Amérique du Nord :** crépidule, doryphore, écrevisse américaine, phylloscerer ; poisson chat, perche soleil, black bass à grande et à petite bouche, omble de fontaine, crapet de roche, umbre pygmée, gambusie, grenouille taureau, tête de boule, saumon chinook, cristivomer, truite arc-en-ciel ; tortue de Floride ; érismature rousse, bernache du Canada, colins de Californie et de Virginie ; bison d'Amér., rat musqué, lapin de Floride, raton laveur, castor américain. **Amérique du Sud :** fourmi d'Argentine, ragondin. **Asie occidentale et méridionale :** crabe hétéropanope ; **orientale :** faisan vénéré. **Australie :** coccinelle Novices cardinalis, cochenille Icerya purchasi. **Europe de l'Est :** moule zébrée, hotu, silure glane, sandre, esturgeon de Sibérie, huchon. **Extrême-Orient :** huître et palourde japonaises, bombyx de l'ailante, crabe chinois ; Pseudorasbora, carpes amour, argentée et à grosse tête, faisan vénéré, canard mandarin ; cerf silka, hydropote, écureuil de Corée (Tamias), écureuil à ventre rouge (Callosciurus).

Nota. – L'importation des animaux sauvages et exotiques est prohibée pour des motifs sanitaires par arrêté ministériel (certaines autorisations peuvent cependant être accordées).

vuquangensis) du Viêt Nam. **1994** *Munt jac géant,* cerf aboyeur géant (*Megamuntiacus vaquangensis*) du Viêt Nam. **1997** *Truong son muntja* du Viêt Nam.

■ Europe. **1980** *Baleaphryne muletensis,* alyte de Majorque (crapaud). **1989** *pétrel* noir (Molène, France). **1991** *Phoneutria,* araignée venimeuse (Espagne). **2000** *Lézard géant de Gomera* [déjà connu à l'état fossile] (îles Canaries, Espagne). *Pipistrelle* (chauve-souris) soprano ou pygmée. **2001** *Méduse* du genre *Aurélia* (Croatie).

Grottes de Moville (Dobroudja, Roumanie) : découvertes à partir de 1986 ; renferment 1 à 5 % d'oxygène, hébergent bactéries [capables de transformer le soufre de l'hydrogène sulfuré (contenu dans les eaux souterraines) en substances organiques], champignons, protozoaires, vers, crustacés, insectes, myriapodes. 80 % sont des espèces fossiles vivantes.

■ Océanie. **1983** *Cichlornis llaneae,* fauvette de l'île Bougainville. *Rheobatrachus silus,* grenouille australienne qui incube ses œufs dans son estomac. **1985** *Hipposideros carynophyllus,* chauve-souris de Nlle-Guinée. **1986** *Hoplodactylus delcourti,* gecko (62 cm, Nlle-Zélande ou Nlle-Calédonie). Il était conservé au muséum de Marseille. **1990** *Fregetta titan,* pétrel de l'île de Rapa, en Polynésie française. *Dendrolague,* kangourou arboricole géant, en Nlle-Guinée. **1992** 43 genres et une cinquantaine d'espèces de poissons (Nlle-Calédonie).

■ Océans. **1976** *Megachasma pelagios,* ou requin à maquereaux, 4,50 m de long., unique représentant connu des mégachasmidés, de l'ordre des laminiformes. **1980** *Hexatrygon,* raie aberrante, côtes d'Afrique du Sud. **1983** *Néopiline* (mollusque monoplacophore) près des Açores. *Orcinus glacialis,* orque dans l'Antarctique. **1984** une grande pieuvre inconnue filmée dans le Pacifique par la soucoupe plongeante *Cyana.* **1986** échinodermes (crinoïdes) primitifs batiaux : *Guillecrinus reunionensis* à la Réunion et *Gymnocrinus richeri* en Nlle-Calédonie. **1990** *Frigonognathus kabeyai,* requin, au large du Japon.

■ Terres australes. **1983** *Diomedea amsterdamensis,* albatros d'Amsterdam.

Protection

☞ Selon le Fonds mondial pour la nature (WWF), le commerce international de la faune et de la flore sauvages représente 100 milliards de F par an (hors pêche et exploitation forestière). Trafic illégal : 30 milliards de F par an (est. 2000).

Accords internationaux

■ Conventions. **Baleinière internationale** 2-12-1946, Washington, réglemente la pêche industrielle des cétacés (moratoire depuis 1986) ; 40 pays contractants dont la France ; *28-5-1994 :* création d'un **sanctuaire international** dans l'Antarctique (session de Puerto Vallarta, Mexique). **Traité sur l'Antarctique** 1-12-1959, Washington (protocole relatif à la protection de l'environnement 4-10-1991, Madrid). **Relative aux zones humides d'importance internationale, particulièrement comme habitats des oiseaux d'eau** 2-2-1971, Ramsar (Iran), 96 pays contractants ; 858 zones humides d'importance internationale ; signée par la France le 26-7-1984 et ratifiée le 1-10-1986. Se réunit en conférence tous les 3 ans. *1996 :* Australie (6e). *1999 :* Costa Rica (7e). **Pour la protection des phoques dans l'Antarctique** 1-6-1972, Londres. **Pour la protection du patrimoine mondial, culturel et naturel** 23-11-1972, Paris. Déc. 1996 : 147 pays contractants. Réunion annuelle du Comité de 21 membres élus. 506 sites naturels et culturels. **Sur le commerce international des espèces de faune et de flore sauvages menacées d'extinction [Convention on International Trade in Endangered Species of Wild Fauna and Flora (Cites)]** 3-3-1973, entrée en vigueur en 1975, Washington, conclue par 21 États dont la France ; ratifiée au 1-1-2000 par 146 États ; se réunit en conférence tous les 4 ans : *10/20-4-2000 :* Kenya (11e) ; *2003 :* prévue (12e) au Chili ; règlement CEE d'application du Conseil du 9-12-1996 ; règlement CEE d'application de la Commission du 26-6-1997. **Pour la protection de la mer Méditerranée contre la pollution** 16-12-1976, Barcelone (protocoles relatifs : - à la prévention de la pollution par immersions effectuées par navires et aéronefs 16-12-1976, Barcelone ; - à la coopération en matière de lutte contre la pollution par les hydrocarbures et autres substances nuisibles en cas de situation critique 16-12-1976, Barcelone ; - à la protection contre la pollution d'origine tellurique 17-5-1980, Athènes ; - aux aires spécialement protégées 3-4-1982, Genève). **Sur la protection du Pacifique Sud** 12-6-1976, Apia. **Relative à la conservation des espèces migratrices appartenant à la faune sauvage** 23-6-1979, Bonn. **Relative à la conservation de la vie sauvage et du milieu naturel de l'Europe** 19-9-1979, Berne. **Sur la protection de 109 plantes** (dont 9 présentes en France) **et 680 espèces animales** (dont moins de 50 % présentes en France) **menacées d'extinction.** Élaborée par une vingtaine de pays ; ratifiée par la France le 22-8-1990. Oblige à protéger les habitats des espèces menacées, interdit « la détérioration des sites de reproduction ou des aires de repos », « la perturbation, notamment durant la période de reproduction et d'hibernation » (art. 6), encourage « la réintroduction des espèces indigènes de la faune sauvage, lorsque cette mesure contribue à leur conservation ». **Sur la conservation de la faune et de la flore marines de l'Antarctique** 20-5-1981, Canberra. **Pour la protection et la mise en valeur du milieu marin de la région des Caraïbes** 23-3-1983, Cartagène de Indias (protocoles relatifs : - à la coopération en matière de lutte contre le déversement d'hydrocarbures dans la région des Caraïbes 24-3-1983, Cartagène de Indias ; - aux zones et à la vie sauvage spécialement protégées par la Convention pour la protection et la mise en valeur du milieu marin de la région des Caraïbes 18-1-1990, Kingston). **Pour la protection, la gestion et la mise en valeur du milieu marin et des zones côtières de la région de l'Afrique orientale** 21-6-1985, Nairobi (protocoles relatifs : - aux zones protégées ainsi qu'à la faune et la flore sauvages 21-6-1985, Nairobi ; - à la coopération en matière de lutte contre la pollution des mers en cas de situation critique 21-6-1985, Nairobi). **Sur la protection des ressources naturelles et de l'environnement de la région du Pacifique Sud** 25-11-1986, Nouméa. **Sur la réglementation des activités relatives aux ressources minérales de l'Antarctique** 2-6-1988, Wellington. **Sur la pêche au filet maillant dérivant dans le Pacifique Sud** 24-11-1989, Wellington. **Sur la protection des Alpes** 7-11-1991, Salzbourg. **Sur la diversité biologique** 5-6-1992, Rio. Bonn. **Pour combattre la désertification. Sur les changements climatiques** 5-6-1992, New York.

Textes communautaires européens : réglementant : **1979-2-4** conservation des oiseaux sauvages (entrée en application 6-4-1981). **1981-20-1** règles communes aux importations des produits dérivés de baleines et autres cétacés. **1983-28-3** importation dans les États membres de peaux de bébés phoques et de produits dérivés. **1986-24-11** rapprochement des dispositions législatives, réglementaires et administratives des États membres relatives à la protection des animaux utilisés à des fins expérimentales ou à d'autres fins scientifiques. **1991-4-11** commerce de la fourrure et utilisation des pièges. **1992-7-2** *Traité de Maastricht* étend la compétence de la Communauté à la protection animale dans les domaines de la politique agricole commune, des transports, du marché intérieur et de la recherche. **1992-21-5** conservation des habitats naturels ainsi que de la faune et de la flore sauvages ; création d'un instrument financier pour l'environnement (Programme LIFE). **1993-22-12** procédés de mise à mort des animaux à fourrure dans les élevages. **1995-29-6** transport des animaux. **1996-9-12** protection des espèces de faune et de flore sauvages par le contrôle de leur commerce. **1997-20-1** élevage des veaux. **-26-5** modalités d'application. **-25-6** norme des aires de repos de 24 h lors de longs trajets d'animaux. **-2-10** *Traité d'Amsterdam* comporte un protocole d'accord relatif au bien-être des animaux, introduit la notion d'être sensible, et impose aux États de tenir compte des exigences en matière de bien-être des animaux. **1998-16-2** aménagement des véhicules de transport. **-20-7** protection des animaux dans les élevages. **1999-29-5** protection et bien-être des animaux dans les zoos. **-19-7** normes minimales relatives à la protection des poules pondeuses.

■ Espèces menacées d'extinction immédiate. *Annexe I de la Cites :* grands singes (gorilles, chimpanzés...), lémuriens, pandas, rhinocéros, grands félins (guépard, léopard, tigre...), certains ours, tortues marines, certains crocodiles, certains lézards, salamandres géantes, la plupart des cétacés (dauphin, baleine...), certains rapaces, grues, faisans, certains perroquets, certains coquillages, palissandre du Brésil.

■ Espèces actuellement non menacées d'extinction mais demandant une réglementation dans la juridiction de certains pays. *Annexe II de la Cites :* tous les singes [1], tous les félins [1], toutes les loutres [1], les pécaris, certaines antilopes, tous les crocodiles [1] et varans [1], tortues de terre et de mer, tous les boïdés (boa, python) [1], cétacés [1], perroquets (sauf 3) [1], rapaces [1], colibris [1], les flamants, tous les coraux noirs, les coraux durs, l'hippopotame, l'antilope saïga.

Nota. – (1) Sauf les espèces déja reprises à l'annexe I.

■ Espèces soumises à une règlementation dans la juridiction de certains pays. *Annexe III de la Cites : faune.* Mammifères : nombre d'espèces regroupées en 7 familles : des chiroptères chauves-souris (Uruguay) ; édentés (Costa Rica, Guatemala, Uruguay) ; pangolins (Ghana) ; rongeurs : écureuils, marmottes, porcs-épics (Costa Rica, Ghana, Honduras, Inde, Uruguay) ; pinnipèdes : morses (Canada) ; artiodactyles : antilopes, buffles, etc. (Ghana, Guatemala, Népal, Tunisie). Oiseaux : plusieurs espèces de : cigognes, hérons, ibis ; canards, oies, cygnes (Ghana, Honduras) ; gallinacées (Colombie) ; faisans, pintades, dindons (Guatemala, Malaisie) ; colombes, tourterelles, pigeons (Ghana, Guatemala) ; coucous (Ghana) ; toucans (Argentine, Colombie) ; passereaux (Colombie, Ghana, île Maurice). Reptiles : serpents (Honduras, Inde). Flore. Plusieurs espèces (Népal).

☞ Après l'accord international de 1911 protégeant l'otarie à fourrure (3 à 4 m, 500 kg, vivant du Kamtchatka à l'Alaska), leur nombre est remonté de 125 000 à 2 ou 3 millions.

Déclassement en annexe II (rétablissement de l'autorisation de commerce contrôlé) : *rhinocéros blanc vivant* accordé en 1994 à : Afr. du Sud (exportation de corne sans tête interdite) ; *éléphant :* en 1997 (Botswana, Namibie et Zimbabwe) et en 2000 (Afrique du sud) avec des quotas zéro pour l'ivoire. Le commerce international de l'ivoire reste interdit pour tous les pays.

Méthodes

■ Reproduction en captivité ou semi-captivité. Quelques espèces se reproduisent facilement : *lions, babouins, daims,* au contraire des *gorilles, rhinocéros, grues* (espaces insuffisants, régimes alimentaires et mœurs mal connus). On a créé des banques de sperme (notamment pour les éléphants). Le *milou* ou *cerf du père David,* cerf à queue de vache, ne subsistait au XIXe s. que dans le parc de l'empereur de Chine où un missionnaire français, le père A. David, le découvrit. Des spécimens furent envoyés en Europe et s'y reproduisirent en captivité. Réintroduit en Chine en 1987. En général, les espèces menacées se reproduisent mal en captivité. La réintroduction se révèle souvent impossible (prédateurs, etc.). La reproduction en captivité provoque des modifications du patrimoine génétique des animaux. La réintroduction dans la nature d'animaux issus de captivité présente des risques de pollution génétique en raison de l'existence fréquente de sous-espèces, et de contamination des espèces autochtones.

■ Surveillance. Exemple : en France, comme en Allemagne, des volontaires (recrutés par le Fonds d'intervention pour les rapaces) se relaient 24 h sur 24 pour empêcher le dénichage des rapaces rares.

■ Parmi les espèces sauvées par des réintroductions. Dans de nombreux pays d'Europe, on tente de réintroduire des espèces animales disparues ou qui menacent de s'éteindre. Exemples : **apollon** (papillon) : mont Pilat (Loire). **Aurochs :** voir p. 198 c. **Bison :** Ardennes françaises (parc de Bel Val), réintroduction à l'étude ; Allemagne (voir p. 199 a et b). **Bouquetin :** 4 sites en France. **Castor :** France (13 sites dont Alsace, Poitou, Bretagne, Val de Loire) et Suisse. **Chamois et isard :** relâchés dans 8 sites en France. **Cheval de Prjevalski** (voir p. 199 a et b) : Cévennes, *1984 :* 4 étalons († 1985, malformations congénitales), *1989 :* 3 ; *1997 :* 23 en réserve sur 300 ha (Cévennes). **Cigogne blanche :** Alsace, Suisse, Belgique (Knokke-Le Zoute). **Érismature à tête blanche :** Andalousie (1977 : 20 ; 1993 : 786). **Grand duc :** Jura suisse. **Gypaète :** Alpes. **Lynx** (voir à l'Index). **Macareux moines :** Sept-Iles (Côtes-d'Armor depuis les îles Féroé). **Oie naine :** trop chassée en Turquie où elle hiverne ; des Suédois en confient des œufs à des Bernaches nonnettes qui hivernent aux Pays-Bas. **Petit pingouin :** Finistère. **Pygargue** (ou aigle de mer) : îles Hébrides. **Tortue :** centre d'élevage dans le Var. **Vautour fauve :** Cévennes ; **moine :** 6 jeunes réintroduits en 1992 dans les Causses et les Cévennes. A l'étude. **Ours** (Pyrénées et Alpes), **bouquetin ibérique** (Pyrénées), et **phoque moine de Méditerranée** (parc marin de Port-Cros).

Organisations

■ Organisations internationales. **BirdLife International** nouvelle alliance mondiale pour la protection des oiseaux, *créée* 1993 (remplace ICBP *créé* 1922), *regroupe* les associations de 140 pays, *siège* à Cambridge (G.-B.), *représentant français :* LPO (voir p. 201 a). **Chaîne bleue** association sans but lucratif, av. Guillaume-Gilbert, 10, Ixelles, Belgique. **Commission pour la conservation de la faune et de la flore marines de l'Antarctique (CCAMLR)** *siège :* Hobart (Tasmanie, Australie). **Équipe Cousteau** 92, avenue Kléber, 75116 Paris, *créée* 1981. *But :* protection de toutes les ressources en eau. *Réalisations :* pétition pour le droit des générations futures (9 millions de signatures). Protection de l'Antarctique. Lutte contre les armes atomiques. Participation à la charte des océans. *Revue* de l'équipe « Calypso Log ». **Eurogroup for Animal Welfare** 17, square Marie-Louise, B-1040 Bruxelles. **Institut juridique international pour la protection des animaux (Ijipa)** 9, impasse en Basses-Terres, 21850 Saint-Apollinaire. **Ligue internationale des droits de l'animal** (International League for Animal Rights) BP 785, Luxembourg ; *créée* 1977, *Pt :* L. Bollendorff (Luxembourg). **Ligue internationale des médecins pour l'abolition de la vivisection (Limav)** 6517 Arbedo, Suisse. Traffic réseau international œuvrant pour la conservation de la nature par le suivi du commerce mondial d'espèces sauvages (faune et flore) menacées. *Bureau pour l'Europe :* Chaussée de Waterloo 608, 1050 Bruxelles. *France :* voir p. 201 b. **Office international des épizooties (OIE)** 12, rue de Prony, 75017 Paris ; *créé* 25-1-1924. *Pays membres* (en 2000) : 155. *Pt :* Dr Romano Marabelli ; *Dir. général :* Dr Bernard Vallat. *Missions :* informations sur les maladies animales et harmonisation des règles zoo-sanitaires pour les échanges internationaux. **UICN-Union mondiale pour la nature** ex-Union internationale pour la conservation de la nature et de ses ressources, rue Mauverney, 1196 Gland, Suisse ; *créée* 1948. *Organisation :* 76 États, 104 organismes de droit public, 720 organisations non gouvernementales nationales et internationales, 35 membres affiliés sans droit de vote, scientifiques et experts de 181 pays. **WCMC (Centre mondial de surveillance continue de la conservation de la nature)** voir à l'Index. **World Organisation for the Rights of Animals** (Organisation mondiale des droits de l'animal) 446, Sardarpura, Jodhpur 342003, Inde ; *créée* 1986, *Pt :* Justice V.R. Krishna Iyer (Inde). *Secr. général :* Madan Raj S. Bhandari. *Lord Chancellor,* Order of Nature : prof. Georges Heuse (Fr., Belgique). **World Society for the Protection of Animals (WSPA)** [Sté mondiale pour la protection des animaux] 89, Albert Embankment, London SE1 7TP, G.-B. ; *créée* le 1-1-1981 de la fusion de la *Fédération mondiale pour la protection des animaux (WFPA)* et de la *Sté internationale pour la protection des animaux (ISPA). Membres :* 200 000, 350 associations dans 75 pays. **World Wide Fund for Nature (WWF)** avenue du Mont-Blanc, CH 1196 Gland, Suisse ; *créé* 1961, *Pt :* Pr.

Ruud Lubbers ; *section française :* 188, rue de la Roquette, 75011 Paris ; *créée 1973, Pt :* Daniel Richard ; association de conservation de la nature, *revue :* « Panda magazine » (trimestrielle), lancée 1980, 12 000 abonnés, *symbole :* panda géant.

☞ **Libération animale, antispécisme :** mouvement né dans les pays anglo-saxons dans les années 1970. Dénonce le *spécisme* (discrimination fondée sur l'espèce) et propose l'égalité de prise en compte de tous les êtres sensibles ; remet en cause l'alimentation carnée. *Bibliographie :* « The Case for Animal Rights », Tom Regan, 1983 ; « La Libération animale », Peter Singer, 1993 ; « Animal, Mon Prochain », Florence Burgat, 1996 ; *revue :* « Cahiers antispécistes » (semestriel), 20, rue d'Aguesseau, 69007 Lyon. **Projet Grands Singes :** manifeste de scientifiques et de philosophes demandant l'inclusion des chimpanzés, gorilles et orangs-outans aux côtés des êtres humains dans la *communauté des égaux,* avec droit à la vie, à la liberté individuelle et à ne pas être torturés. *Bibliographie :* « The Great Ape Project », dir. Paola Cavalieri et Peter Singer, 1993 ; « Déclaration sur les grands singes anthropoïdes ». **Front de libération des animaux (FLA) :** mouvement radical, actif surtout en G.-B. et aux USA.

■ **Associations nationales. Aire du chat** 102, rue St-Maur, 75011 Paris. **Artus** BP 39, 41003 Blois Cedex. Études et réintroduction d'ours en France. *Adhérents :* 12 000. *Revue :* « Ours et Nature » (trim.), 10 000 abonnés. **Assoc. des amis des ânes (Adada)** Pissevache, 19450 Chamboulive. **Assoc. française d'information et de recherche sur l'animal de compagnie (Afirac)** 7, rue du Pasteur-Wagner, 75011 Paris. **Assoc. d'information et de protection animale** 1, rue Pasteur, 29000 Quimper. **Assoc. nationale d'aide au placement des équidés réformés des courses (Anaperc)** Domaine de Villedomble, 91400 Saclay. 1 200 adhérents, 600 chevaux placés depuis 1988. **Assoc. de protection des animaux sauvages (Aspas)** BP 34, 26270 Loriol ; *créée* 1980, 60 000 membres. *Pt :* Gérard Charollois. *Revue :* « Aspas Mag » (trim.). **Centres d'hébergement pour équidés martyrs (Chem)** 3, rue de Lyon, 75012 Paris ; *créés* 1978, 1 500 membres. **Confédération nationale des SPA de France (CNSPA)** 25, quai Jean-Moulin, 69002 Lyon. 250 associations. 175 refuges. *Adhérents :* 461 000. *Revue :* « Défense de l'Animal » (trim.). **Conseil national de la protection animale (CNPA)** 10, place Léon-Blum, 75011 Paris ; *créé* 1970 par le Dr Fernand Méry. **Fédération des amis du cheval (FAC)** 3, rue de Lyon, 75012 Paris. **Fondation assistance aux animaux** 24, rue Berlioz, 75116 Paris ; *créée* 1930. *Reconnue d'utilité publique.* Conseil d'Administration, auquel participent 4 ministères de tutelle, 100 salariés permanents, 75 000 donateurs. Nombreux refuges en France (chiens, chats, chevaux, oiseaux), dispensaires, maisons de retraite, fermes éducatives. Recueille et replace des milliers d'animaux par an. Particularité : ne tue pas les bêtes. Membre de la World Society for the Protection of Animals (WSPA) voir p. 200 c. *Adhérents :* 75 000. *Revue :* « la Voix des Bêtes » (bim.). **Fondation Brigitte Bardot** 4, rue Franklin, 75016 Paris. *Revue :* « Info Journal » (trim.). **Fondation Ligue française des droits de l'animal (LFDA)** *reconnue d'utilité publique* 1985, 39, rue Claude-Bernard, 75005 Paris. *Pt :* Pr Jean-Claude Nouët. **Fondation Trente Millions d'amis** 75402 Paris Cedex 08. *Pte :* Mme Reha Hutin. **Fonds d'intervention pour les rapaces (FIR)** devient le 31-5-1998 la **Mission FIR de la Ligue pour la Protection des Oiseaux** 136, rue Falguière, 75015 Paris. **France Nature Environnement** 57, rue Cuvier, 75231 Paris Cedex 05 ; *créée* 1968. 850 000 membres dans 3 500 associations. A créé, en 1996, la *Mission loup* (18, rue du 22-novembre, 67000 Strasbourg) pour faciliter son retour naturel. *Publie* « La Voie du loup ». **Greenpeace** 21, rue Godot-de-Mauroy, 75009 Paris. **Groupement pour la recherche des équidés volés (Grev)** Gué des Sablons, 61290 Maletable. Fichier des chevaux tatoués. **Ligue française contre la vivisection** voir encadré p. 214 b. **Ligue française pour la protection du cheval (LFPC)** 124, rue du Vieux-Pont-de-Sèvres, 92100 Boulogne-Billancourt ; *fondée* 1909. *Reconnue d'utilité publique.* **Ligue pour la protection des oiseaux (LPO)** La Corderie royale, BP 263, 17305 Rochefort Cedex et 136, rue Falguière, 75015 Paris ; *créée* 1912, 3 000 adhérents. 27 délégations ou relais. *Pt :* Allain Bougrain-Dubourg. *Revues :* « L'Oiseau Magazine » (trim., 17 000 ex.), « Ornithos » (trim., 3 000 ex.). **Ligue internationale de la protection du cheval** 3, rue de Lyon, 75012 Paris. **Œuvre d'assistance aux bêtes d'abattoirs (Oaba)** 10, place Léon-Blum, 75011 Paris ; *créée* 1961 par Mme J. Gilardoni, *reconnue d'utilité publique* 1965, 4 500 adhérents. **Roc** (Ligue pour la préservation de la faune sauvage et la défense des non-chasseurs) BP 261, 02106 St-Quentin Cedex. *A Paris :* 26, rue Pascal, 5e ; ex-Rassemblement des opposants à la chasse *créé* 1976. *Pt :* Hubert Reeves (né 1932). **Sté d'études ornithologiques de France** (Laboratoire d'écologie, MNHN) 4, avenue du Petit-Château, 91800 Brunoy. *Revue :* « Alanda » (trim., 1 000 ex.). **Sté française pour l'étude et la protection des mammifères** Bohallard, Puceul, 44390 Nort-sur-Erdre ; *créée* 1978. **Sté herpétologique de France** laboratoire d'anatomie comparée, université Paris VII, 2, place Jussieu, 75005 Paris. **Sté nationale pour la défense des animaux** (SNDA et Union antitauromachie) BP 30, 94301 Vincennes Cedex ; *créée* 1972, *reconnue d'utilité publique,* 15 000 m. *Pte :* Andrée Valadier. **Sté nationale de protection de la nature** 57, rue Cuvier, 75005 Paris. **Sté protectrice des animaux (SPA)** 39, boulevard Berthier, 75017 Paris ; *fondée* 1845, *reconnue d'utilité publique* 1860, 70 000 adhérents, 82 délégations, 55 refuges, 12 dispensaires, 1 200 délégués-enquêteurs bénévoles, 200 salariés permanents. Recueille 60 000 animaux par an. *Pt :* Serge Belais (vétérinaire). *Pt d'honneur :* Roland Nungesser. *Section éducative des jeunes* fondée 1948. 5 000 membres. *Refuge Grammont* 30, avenue du Gal-de-Gaulle, 92230 Gennevilliers : le plus grand d'Europe (7 000 m²), 20 000 chiens et chats accueillis, 4 300 chiens adoptés en 1996. Accueil d'animaux suspendu 18-4-1996 à cause de la surpopulation (1 000 animaux pour 630 places). *Ouverture* d'un 2e refuge prévue en région parisienne en 1996. *Mensuel :* « Animaux Magazine ». Voir aussi, pour la *province :* **CNSPA** (col. a). **Traffic-France** (voir Traffic-Europe p. 200 c), s'adresser au WWF à Versailles.

■ **Services et organismes publics. Ministère de l'Environnement,** 20, avenue de Ségur, 75007 Paris. **Ministère de l'Agriculture DGAL,** 251, rue de Vaugirard, 75732 Paris Cedex 15 ; pour la protection des animaux contre les mauvais traitements et actes de cruauté. *Directions départementales des services vétérinaires ;* **procureurs de la République :** chargés de la répression des infractions pénales. **Mairies,** *commissariats de police, gendarmeries.* **Circonscriptions régionales du service des haras et de l'équitation.**

Mesures prises

■ **Origine. 1822** 1re loi protectrice en G.-B. : interdit les mauvais traitements infligés « en public » aux animaux domestiques. **1824** création de la *Société protectrice des animaux* (RSPCA : Royal Society for the Prevention of Cruelty to Animals) en G.-B. par William Wilberforce et Thomas Fowell Buxton. **1839** les Anglais interdisent d'utiliser les chiens comme animaux de trait. **1843**-*5-10* Paris, arrêté du préfet Delessert interdisant aux cochers de frapper les chevaux avec le manche de leur fouet. **1845**-*2-12* chez le docteur Parisot de Cassel (4, cité Trévise, Paris), le Dr Étienne Pariset († 3-7-1847) fonde la Société protectrice des animaux. Statuts rédigés par le Dr Dumont de Monteux. **1914** *Animal Rights,* d'Henry Salt, publié en français. **1924** André Géraud publie une *Déclaration des droits de l'animal.* **1953** 1re charte : International Animal's Charter. **1972** *Norvège :* déclaration en 10 articles.

■ **Déclaration universelle des droits de l'animal. 1972** *France :* 1er texte de la Déclaration universelle des droits de l'animal. **1973** adoptée avec quelques modifications par le Conseil national pour la protection des animaux. **1977** adoptée à Londres. **1978** proclamée le 15-10 à l'Unesco (Paris). **1989** après révision, adoptée le 21-10 par la Ligue internationale des droits de l'animal. **1990** remise au Directeur général de l'Unesco.

Texte. Préambule : considérant que la vie est une, tous les êtres vivants ayant une origine commune et s'étant différenciés au cours de l'évolution des espèces, – que tout être vivant possède des droits naturels, et que tout animal doté d'un système nerveux possède des droits particuliers, – que le mépris, voire la simple méconnaissance de ces droits naturels provoquent de graves atteintes à la Nature et conduisent l'homme à commettre des crimes envers les animaux, – que la coexistence des espèces dans le monde implique la reconnaissance par l'espèce humaine du droit à l'existence des autres espèces animales, – que le respect des animaux par l'homme est inséparable du respect des hommes entre eux, **il est proclamé ce qui suit :**

Article 1. 1°) Tous les animaux ont des droits égaux à l'existence dans le cadre des équilibres biologiques. 2°) Cette égalité n'occulte pas la diversité des espèces et des individus. **2.** Toute vie animale a droit au respect. **3.** 1°) Aucun animal ne doit être soumis à de mauvais traitements ou à des actes cruels. 2°) Si la mise à mort d'un animal est nécessaire, elle doit être instantanée, indolore et non génératrice d'angoisse. 3°) L'animal mort doit être traité avec décence. **4.** 1°) L'animal sauvage a le droit de vivre libre dans son milieu naturel, et de s'y reproduire. 2°) La privation prolongée de sa liberté, la chasse et la pêche de loisir, ainsi que toute utilisation de l'animal sauvage à d'autres fins que vitales, sont contraires à ce droit. **5.** 1°) L'animal que l'homme tient sous sa dépendance a droit à un entretien et à des soins attentifs. 2°) Il ne doit en aucun cas être abandonné, ou mis à mort de manière injustifiée. 3°) Toutes les formes d'élevage et d'utilisation de l'animal doivent respecter la physiologie et le comportement propres à l'espèce. 4°) Les exhibitions, les spectacles, les films utilisant des animaux doivent aussi respecter leur dignité et ne comporter aucune violence. **6.** 1°) L'expérimentation sur l'animal impliquant une souffrance physique ou psychique viole les droits de l'animal. 2°) Les méthodes de remplacement doivent être développées et systématiquement mises en œuvre. **7.** Tout acte impliquant sans nécessité la mort d'un animal, et toute décision conduisant à un tel acte constituent un crime contre la vie. **8.** 1°) Tout acte compromettant la survie d'une espèce sauvage, et toute décision conduisant à un tel acte constituent un génocide, c'est-à-dire un crime contre l'espèce. 2°) Le massacre des animaux sauvages, la pollution et la destruction des biotopes sont des génocides. **9.** 1°) La personnalité juridique de l'animal et ses droits doivent être reconnus par la loi. 2°) La défense et la sauvegarde de l'animal doivent avoir des représentants au sein des organismes gouvernementaux. **10.** L'éducation et l'instruction publique doivent conduire l'homme, dès son enfance, à observer, à comprendre et à respecter les animaux.

Textes complémentaires. Mis au point par les ligues pour répondre aux critiques notamment concernant l'abattage d'animaux autorisé pour l'alimentation. « L'esprit de la déclaration universelle des droits de l'animal » ; « Bases biologiques de la déclaration universelle » ; « Déclaration sur l'éthique alimentaire » ; 1989 : 3e formulation de la Déclaration universelle.

☞ En septembre 1995, la 7e conférence internationale sur l'interaction entre l'homme et l'animal adopte la déclaration de Genève qui réaffirme les avantages de la présence *« d'un compagnon animal »* et demande aux gouvernements de reconnaître le droit universel et sans discrimination à la possession d'un animal de compagnie *« en tout lieu et en toutes circonstances raisonnables ».*

Législation française

☞ **Chasse :** voir à l'Index.

■ **Code civil.** La loi du 6-1-1999 distingue désormais l'animal de la chose, tout en classant l'animal comme un bien meuble (art. 528) ou immeuble [art. 522 et 524 (animaux attachés à la culture, pigeons des colombiers, lapins de garennes, ruches à miel)]. *Art. 547 :* le croît des animaux appartient au propriétaire par droit d'accession. *Art. 1385 :* le propriétaire d'un animal ou celui qui s'en sert, est responsable du dommage que l'animal a causé, soit que ce fût sous sa garde, soit qu'il fût égaré ou échappé.

■ **Loi Grammont.** Votée le 2-7-1850. A l'instigation du général-comte Jacques Delmas de Grammont (1796/14-6-1862, député de la Loire, Pt de la SPA depuis le 22-3-1850). « Seront punis d'une amende de 5 à 15 F et pourront l'être d'un à 5 jours de prison ceux qui auront exercé publiquement et abusivement de mauvais traitements envers les animaux domestiques. La peine de la prison sera toujours applicable en cas de récidive. L'article 483 du Code pénal sera toujours applicable. »

Cette loi a été *renforcée le 11-12-1937 : amende :* 5 000 F ; emprisonnement possible (jusqu'à 10 mois) pour qui se livre, publiquement ou non, à la torture ou à des sévices sur les chiens et autres animaux domestiques.

■ **Charte de l'animal.** Loi votée le 10-7-1976 par le Parlement. *Art. 9 :* tout animal, étant un être sensible, doit être placé par son propriétaire dans des conditions compatibles avec les impératifs biologiques de son espèce.

■ **Code pénal. Article R 521-1** (modifié par la **loi 99-5 du 6-1-1999**). 2 ans d'emprisonnement et 200 000 F d'amende pour avoir exercé des sévices graves ou commis un acte de cruauté envers un animal domestique, apprivoisé ou tenu en captivité. A titre de peine complémentaire, le tribunal peut interdire la détention d'un animal, à titre définitif ou non. Dispositions non applicables aux courses de taureaux et aux combats de coqs lorsqu'une tradition locale ininterrompue peut être invoquée, mais création de nouveaux gallodromes interdite. Mêmes peines en cas d'abandon volontaire d'un animal domestique, apprivoisé ou tenu en captivité, à l'exception des animaux destinés au repeuplement. **Art. R 521-2.** Sera puni des peines prévues à l'art. 521-1 quiconque aura pratiqué des expériences sur les animaux sans autorisation personnelle, délivrée par le min. de l'Agriculture (décret du 19-10-1987). Les établissements d'expérimentation et de fourniture des animaux sont soumis à réglementation et à contrôle, afin d'assurer aux animaux la nourriture et l'habitat convenables. Ils doivent tenir un registre indiquant la provenance ou la destination des animaux (arrêtés du 27-4-1988). **Art. 13-11 de la loi n° 76-629 du 10-7-1976.** La remise de l'animal à une association de protection animale ou à un particulier, en renonçant à tout droit de propriété moyennant signature d'une décharge, ne constitue pas un abandon tel qu'il est défini par la loi. **Art. 14.** Les associations de protection animale peuvent exercer les droits reconnus à la partie civile. **Art. 2-13 du Code de procédure pénale** (loi 94-89 du 1-2-1994). Toute association régulièrement déclarée depuis au moins 5 ans à la date des faits dont l'objet statutaire est la défense et la protection des animaux peut exercer les droits reconnus à la partie civile en ce qui concerne les infractions réprimant les sévices graves ou actes de cruauté et les mauvais traitements envers les animaux ainsi que les atteintes volontaires à la vie d'un animal prévues par le Code pénal (art. 521-1 et suivant).

Quelques animaux

Légende : L : longueur (du museau à la base de la queue) + longueur de la queue ; H : hauteur au garrot.

☞ Voir aussi **Animaux familiers** p. 210 a, **Chasse, Élevage** et **Gibier** à l'Index.

Animaux d'Afrique

■ Mammifères

■ **Antilope. Addax** L 150 à 170 + 25 à 35 cm, H 95 à 115 cm, 60 à 125 kg. *Cornes* 75 cm (record 109) en hélice étirée (2 tours). *Gestation :* 330 j. *Longévité :* 16/18 ans (en voie de disparition). **Bongo** L 170 à 250 + 45 à 65 cm, H 110 à 125 cm, 220 kg. *Cornes :* 60/70 cm (record 1 m) en forme de lyre, très épaisses, massives mais élégantes. *Gestation :* 230 j. *Longévité :* 14/16 ans. **Bubales ou bubales majors** (*Hartebeest* « bête dure », nom donné par les Boers) L 175 à 245 + 45 à 70 cm, H 110 à 150 cm, 120 à 225 kg. Haut sur jambes, ligne oblique du dos s'abaissant du garrot à la croupe. *Cornes :* 45/55 cm (record 70) annelées à base massive. *Gestation :* 8 mois. *Hardes* de 5 à 30. *Longévité :* peut atteindre 19 ans. **Cobs (ou cobes)** L 180 à 220 + 22 à 45 cm, H 120 à 130 cm, 170 à 250 kg. *Cornes :* 50/80 cm (record 99) simplement arquées, très écartées à leur base. *Hardes* de 10 à 30 cm. 6 espèces dont **cobs defassa** ou **cobs onctueux** (*Waterbuck*) et **cobs à croissant** *hardes* de 30 et plus. **Cobs de Buffon** L 125 à 180 + 18 à 45 cm, H 70 à 105 cm, 50 à 120 kg. *Cornes :* 35/50 cm (record 57) plutôt courtes et épaisses, en lyre et courbées. *Gestation :* 215/225 j. **Éland de Derby** ou **géant** L 275 + 100 cm, H 170 cm, 900 kg (record). *Cornes :* 80/100 cm (record 123). **Éland du Cap** ou **antilope canna** L 235 à 345 + 50 à 90 cm, H 140 à 180 cm, 800/1 000 kg. *Cornes :* jusqu'à 113 cm. *Gestation :* 8 mois 1/2 à 9 mois, *portée :* 1. *Habitat :* steppe. *Longévité :* 15/18 ans. **Gnou à queue noire** *(Blue Wildebeest)* L 175 à 240 + 70 à 100 cm, H 115 à 145 cm, 145 à 250 kg. *Cornes :* 60/70 cm (record 83) resserrées et recourbées. **Guib** (ou **guibe**) **d'eau, sitatunga** ou **limnotrague** L 115 à 170 + 30 cm, H 75 à 124 cm, 45/50 kg. *Cornes :* 55 cm au max., assez faibles et en lyre. *Croupe :* plus haute que le garrot. *Longévité :* 8/10 ans. **Hippotrague** L 188 à 267 + 37 à 76 cm, H 100 à 160 cm, 150 à 300 kg. Élancé, haut sur jambes, profil dorsal un peu tombant. *Cornes :* recourbées en croissant dirigé vers le haut. *Gestation :* 270/280 j, *portée :* 1. *Longévité :* 17 ans environ en captivité. *2 espèces :* **Antilope rouanne** ou **chevaline** (ou **hippotrague**), *cornes :* 50 à 95 cm. **Hippotrague noir** *(Sable Antilope)* L 225 + 75 cm, H 140 cm environ, 250 kg. *Cornes :* 70 à 173 cm (record 154, 164 pour race d'Angola). **Koudou** (grand) L 195 à 245 + 150 cm, H 120 à 150 cm, 290 à 320 kg. *Cornes :* jusqu'à 168 cm (record 181) spiralées et divergentes. *Gestation :* 8 mois. *Hardes* de 6 à 20. *Longévité :* 15 ans. **Koudou** (petit) L 110 à 140 + 45 cm, H 90 à 105 cm, 60 à 100 kg. *Cornes :* jusqu'à 90 cm. *Gestation :* 7 mois. *Longévité :* 12 à 15 ans. **Nyala** L 135 à 165 + 60 cm, H 80 à 115 cm, 120 à 130 kg. *Cornes :* 70/80 cm (record 83). *Gestation :* 225 j. *Hardes* de 6 à 40. *Longévité :* 14/16 ans ; **de montagne** (à partir de 2 500 m d'alt., en Éthiopie) L 190 à 260 + 30 cm, H 90 à 135 cm, 215 à 230 kg. *Cornes :* 80/100 cm (record 118). *Gestation :* 7 mois. *Longévité :* 8 ans. **Oréotrague sauteur** *(Klipspringer)* L 75 à 115 + 8 à 13 cm, H 50/60 cm, 18 kg. *Cornes :* 9 cm (record 15). *Gestation :* 215 j. *Longévité :* 7 à 9 ans. **Oryx** L 160 à 235 + 45 à 90 cm, H 90 à 140 cm, 100 à 210 kg. *Cornes :* 85 cm (record 109), droites ou légèrement recourbées. *Gestation :* 290 j. *Longévité :* 15 ans. **Oryx algazelle** *habitat :* zone sahélienne, déplacements fréquents. Animal domestique des anciens Égyptiens.

■ **Buffle.** **Noir de Cafrerie** ou **du Cap** L 250/260 + 80/100 cm, H 170 cm, 800 à 1 200 kg. *Cornes* à section semi-circulaire, écartement de plus de 1 m. Agile (50 km/h). *Gestation :* 10 mois environ. *Longévité :* 26 ans. *Troupeaux* de 30 à 60. **De forêt** ou **nain** L 180 + 60 cm, H 100 à 130 cm, 400 à 450 kg. *Cornes :* 50/60 cm (record 75) pointues, dirigées vers l'arrière. *Vit* solitaire, en couple ou petite harde. **De savane** ou **équinoxial** H 120 à 140 cm, 750 kg. *Gestation :* 245 j. *Longévité :* 15 à 18 ans.

■ **Caracal**. Félidé apparenté au lynx. L 55 à 75 + 22 à 33 cm, H 40 à 45 cm. Pelage rouge vineux à gris rougeâtre ou jaune sable, ventre blanchâtre, oreilles grises terminées par long pinceau de poils. *Gestation :* 70 à 78 j. *Portée :* 1 à 4. *Habitat :* steppes à épineux.

■ **Chacal commun** ou **doré.** L 70 à 85 + 22 à 28 cm, H 45 à 50 cm, 7 à 14 kg. Ressemble au loup. *Gestation :* 63 j. *Portée :* 3 à 8. *Longévité :* 12 ans.

■ **Dromadaire** ou **méhari.** H 200 cm, jusqu'à 700 kg. *Gestation :* 1 an. *Portée :* 1. *Régime :* herbivore. Résiste à la soif (5 à 6 j en hiver, 20 à 30 j s'il dispose de pâturages verts). Absorbe 100 l d'eau en 10 min ; évacue peu d'eau (urines peu abondantes, transpiration nulle au-dessous de 40 °C grâce à sa température corporelle de 34 et 41 °C). Résiste à la faim grâce à sa bosse (15 kg ; réserve de graisses soumises à un régime d'hydratation et de déshydratation). Peut perdre 30 % de son poids dans une traversée. Monté, peut marcher 17 h de suite, parcourir 210 km en 1 j, 640 km en 4 j. Lourdement chargé (250 kg), peut faire 70 km/j.

■ **Éléphant d'Afrique.** L 500 + 150 cm, H 200/350 cm, on peut évaluer la hauteur au garrot en multipliant par 2 la circonférence de ses traces, largeur du pied 40 cm, 4 500 kg (record 6 650). *Sexe :* en érection 1,20 (diam. 10 cm). *Défenses :* 100 à 350 cm, 10 à 50 kg [record : 349 et 335 cm. 132 kg (paire), record 241 kg]. *Trompe :* 150 à 210 cm (150 à 200 kg) lui permet absorber 9 l à chaque aspiration. *Cerveau :* 5 kg. **Différences avec l'éléphant d'Asie :** oreilles très larges irriguées de telle sorte que lorsqu'il s'évente, la température du sang circulant dans les oreilles s'abaisse de 5 °C. Front du mâle régulièrement convexe (chez l'éléphant d'Asie, le front est concave et l'échine convexe), défenses plus fortes, 2 appendices en forme de doigt terminent la trompe. **Vitesse :** marche 7 à 15 km/h, galop 35 km/h lorsqu'il charge. Peut parcourir de 30 à 50 km par jour. **Sommeil :** 2 à 4 h par jour. **Nourriture :** 150 à 200 kg par jour (écorces, feuilles, pousses, herbes, racines et fruits). *Besoins en eau :* 200 l environ par jour. **Gestation :** 21 ou 22 mois, la femelle peut se reproduire de 10 à 50 ans. Intervalle entre 2 naissances : 4 ans, quelquefois 8 ; l'*éléphanteau* mesure 80 à 90 cm au garrot à sa naissance et pèse environ 100 kg. Il tète avec sa bouche, et non sa trompe. Il est sevré à 2 ans. **Longévité :** mâles 50 ans et plus, femelles 60 ans. Réputé *myope* (il ne distingue pas un obstacle à plus de 30 m), *odorat* et *ouïe* très développés ; sous le vent on peut l'approcher à 20 m, sinon pas à moins de 1 km. **Vit** souvent en hardes de 4 à 16 ; parfois de plusieurs centaines, conduits par la femelle la plus âgée et la plus grosse, les mâles fermant la marche. De vieux mâles vivent par groupes de 2 à 5. **Sous-espèces :** *Loxodonta africana* (éléphant de savane de 3 m à 3,50 m au garrot) ; *Cyclotis* (éléphant de forêt, de 2,30 m à 2,60 m au garrot), défenses longues et droites ; *Pumilio* (pygmée de 2 m au garrot), vivrait dans les forêts marécageuses (en fait, groupes de jeunes mâles exclus du troupeau). **Nombre** (estimations peu fiables en zone forestière) : *1970 :* 2 000 000 ; *1987 :* 764 410 dont Zaïre 195 000, Tanzanie 100 000, Gabon 76 000, Congo 61 000, Botswana 51 000, Zimbabwe 43 000, Zambie 41 000, Soudan 40 000, Kenya 35 000, Cameroun 21 000 ; *1992 :* 330 000 [entre 1970 et 1989, environ 2 millions tués, notamment par les rebelles en Angola, au Mozambique et au Soudan (l'ivoire permettant d'acheter des armes)] ; *1997 (est.) :* 400 000 à 600 000. **Protégés** partout (sauf régulation locale ou tir de trophées), classés en 1989 en annexe I de la Cites (voir p. 200 b). **Ivoire** *exporté :* 1 000 t par an jusqu'en 1989 (dont 40 % vers le Japon), ce qui représente 120 000 éléphants abattus. Autrefois, on trouvait sur le marché des défenses de 13 à 16 kg, actuellement la moyenne est de 3 à 4 kg (on tue donc des petits). **Peau :** épaisseur 2,5 cm (dos), utilisée notamment pour les bottes texanes. **Poils** *de la queue :* 500 à 700 crins (20 à 50 cm de longueur) épais (2 à 3 mm) ; on en fait des bracelets censés assurer bonheur et longue vie. **Musth :** période durant laquelle les glandes temporales secrètent un liquide attirant fortement les femelles et qu'il diffuse en remuant les oreilles. Il devient agressif et dominant. Débute vers 30 ans (dure 1 semaine/an puis augmente).

■ **Fennec.** Canidé. L 35,7 à 40,7 cm, H 17,8 à 30,5 cm, moins de 1,5 kg. Oreilles : plus de 15 cm. Pelage doux et laineux jaune crème, queue touffue. *Gestation :* 52 j. *Portée :* 2 à 4. *Longévité :* 12 ans. *Habitat :* déserts et zones semi-désertiques (Sahara) ; creuse des terriers dans le sable. *Mœurs :* nocturnes. *Vit* en groupes jusqu'à 10. *Omnivore.* Peut rester longtemps sans boire.

■ **Fossa** (prononcer *fousse*). Viverridé. L 80 + 80 cm. Madagascar. Peut-être le plus primitif des carnivores actuels. Ressemble à une grande martre, ou au jaguarondi. *Chasse* rongeurs surtout, lémuriens. Protégé depuis 1996.

■ **Gazelle.** Antilope de taille moyenne. 26 espèces dont : **Leptoceros** ou **à cornes grêles** H garrot 70 cm, 20 kg ; *cornes* 25/30 cm (record 40), longues et droites 25/30 cm (record 40). *Habitat :* désert (zones sablonneuses). **Dorcas** H 60 cm, *cornes* en lyre. *Longévité :* 10 à 12 ans. A 1 semaine, peut courir à 75 km/h comme les adultes. *Habitat :* désert et semi-désert (zones pierreuses). En régression. **Dama** H 70 cm. *Habitat :* autrefois, zone sahélienne. Ne vit plus qu'en captivité. **De Grant** L 125 + 35 cm, H 85 cm, 60/75 kg ; *cornes* 50 cm (record 80). **Girafe** ou **de Waller** L 160 + 25 cm, H 95 cm, 50 kg ; *cornes* 25/35 cm (record 44). **Impala** ou **à pieds noirs** L 160 + 30 cm, H 100 cm, 65/75 kg ; *cornes* chez le mâle (en forme de lyre, 70/75 cm, record 1991). *Bonds :* jusqu'à 2,50 m de hauteur et 8 à 10 m en longueur.

■ **Genette** (voir **Amérique et Europe** p. 203 a).

■ **Girafe tachetée.** L 225 + 80 cm, H 300/550cm (plus grand mammifère terrestre), 500 kg dont cœur 12 kg. Tête avec 2 ou 3 cornes, parfois 5. *Nourriture :* feuillage (surtout acacias) : 88 %. Cueille les feuilles en enroulant sa langue (qui atteint parfois 45 cm) autour d'elles. *Territoire :* 5 000 ha. *Groupes* de 10 à 30. Parfois la proie des lions. *Gestation :* 450 j. *Portée :* 1. *Longévité :* 25 ans. **Du Kenya. Du Sud. De Baringo. De Nubie-Réticulée.**

■ **Guépard.** L 135 + 75 cm, H 80 cm, 40 kg. Félidé, mais aux griffes non rétractiles. Peut atteindre 95 km/h ; ne grimpe pas aux arbres. *Habitat :* savane sèche. *Groupes* de 2 à 5. *Gestation :* 3 mois. *Portée :* 2 à 5. *Longévité :* 15 ans. S'apprivoise. *Nombre :* 10 000, menacé de disparition.

■ **Hippopotame.** 2 espèces. **Amphibie** L 400 + 55 cm, H 140 cm, 2 400/3 000 kg (40 à la naissance). Pattes courtes terminées par 4 orteils. *Couleurs :* du noir ou brun au rose sale. *Canines* inférieures jusqu'à 60 /70 cm de long dont l'ivoire, très fin, est plus dur que celui de l'éléphant. *Vit* en groupes de 5 à 30. *Souvent immergé,* il respire à la surface toutes les 2 à 4 min en ne laissant dépasser que les narines. *Gestation :* 8 mois. **Nain** L 150/170 + 15 cm, H 75 cm, 150/170 kg (Guinée, Libéria, Côte d'Ivoire). *Vit* hors de l'eau et ne s'y rend que pour se baigner.

■ **Hyène tachetée.** L 130 + 35 cm, H 140 cm, 80 kg. *Groupes* de 5 ou 6. **Hyène rayée.**

■ **Lamantin** (voir **Animaux d'Amérique du Sud** p. 204 a).

■ **Lion.** L 180 + 90 cm, H 105 cm, 180/200 kg. *Crinière :* poils de 50 cm de long, apparaît à 4 ans (la lionne, plus petite, n'en a pas). *Dents :* 30 (12 incisives, 4 canines de 7 cm, 4 molaires, 10 prémolaires). *Griffes :* 5 par patte (environ 7 cm). *Rugissement :* audible à 8 km. *Nourriture :* 18 à 32 kg de viande par repas (en captivité, 5 à 7 kg par jour). *Polygame,* un gros mâle vit souvent avec 2 ou 3 lionnes et peut s'accoupler à 20 ou 25. Lionne en chaleur tous les 3 mois, 4 à 8 j, le mâle la couvre toutes les 20 min (72 fois en 1 jour). *Gestation :* 3 mois 1/2, naissent aveugles. *Portée :* 2 à 6. Sevrés à 3 mois, chassent à partir d'un an, ont leur pelage définitif à 2 ans, arrivent à pleine maturité à 5 ans (1re proie vers 15 mois). *Vit* en groupes de 2 ou 3, contrairement à la plupart des félins. *Chasse :* femelles en groupes, mâle seul (manque sa prise 9 fois sur 10). *Attaque :* zèbres, antilopes, girafes, phacochères, buffles. Les vieux lions solitaires peu agiles deviennent mangeurs d'hommes. *Territoire :* 4 000 à 13 000 ha, selon la taille du groupe et la densité des proies (en moyenne 1 000 herbivores pour 3 ou 4 lions). *Vitesse max. :* 80 km/h sur 100 m. *Bonds :* de 6,50 m en longueur, 2 m en hauteur. *Longévité :* 13 à 15 ans (30 en captivité) ; meurent avant 2 ans : 2 mâles sur 5, 5 femelles sur 10. *Habitat :* essentiellement au sud du Sahara. Absent de certaines régions (exemple : Congo). *Nombre :* plus de 200 000 en 1994. Disparu du Cap (1865), d'Algérie (1922).

■ **Mouflon à manchettes.** L 130/165 + 25 cm, H 75/100 cm, 40 à 140 kg. Pas de barbe, longue crinière à la partie inférieure du cou et sur le poitrail. *Cornes :* 60 cm (record 87). *Habitat :* montagnes du Sahara. *Gestation :* 170 j. *Portée :* 1 ou 2. *Longévité :* 13/15 ans. Rare.

■ **Okapi.** Giraffidé. Très rare. *Ruminant* découvert vers 1900 dans la forêt congolaise. L 210 + 30/40 cm, H 150/170 cm, 250 kg. *Nourriture :* essentiellement feuillages qu'il saisit avec sa langue (presque aussi longue que celle de la girafe). *Ouïe* très fine. *Gestation :* 426 j. *Portée :* 1. *Longévité :* 25/30 ans.

■ **Pangolin géant.** Pholidote (famille des Manidés). Mammifère à écailles. L 80 + 65 cm. *Nourriture :* fourmis, termites. Terrestre et nocturne, s'enroule en cas de danger.

■ **Panthère d'Afrique** ou **léopard.** L 120 + 95 cm, H 65 cm, 70 kg. *Gestation :* 3 mois. *Portée :* 2 à 5. *Longévité :* environ 20 ans. *Chasse* seule et *vit* généralement en solitaire, sauf lors du rut. *Attaque* volailles, pintades, pangolins, petites antilopes, phacochères et potamochères, chacals. Ne dévore pas toujours les animaux abattus, grimpe aux arbres. *Nombre :* 100 000 environ. 6 000 tués chaque année (2 000 légalement, pour protéger les troupeaux, et 4 000 par les braconniers qui vendent environ 600 $ la peau).

■ **Phacochère** (en grec : cochon à lentilles). L 130 + 40 cm, H 75 cm, 90/105 kg. *Défenses :* 2 supérieures (30 cm chez les mâles ; record 60 cm) ; inférieures (– de 15 cm). *Herbivore. Portée :* 4 à 8. *Longévité :* 15 ans. *Bandes* de 4 ou 5.

■ **Rhinocéros africain.** 2 espèces. **Noir** L 330 + 65 cm, H 150 cm, 1 200/1 750 kg. *Corne* antérieure : 55/75 cm (record 158). *Pieds* à 3 doigts, celui du centre étant plus long. *Odorat* et *ouïe* très fins, mais ne distinguent pas des objets situés à plus de 25 m. *Couleur :* gris beige surtout dû à la boue séchée. *Vit* seul, par couple ou groupes de 3 ou 4. *Nourriture :* feuilles, racines et pousses d'arbres. *Vitesse* de charge : 40/45 km/h. *Gestation :* 15/16 mois. *Longévité :* environ 45 ans. *Nombre :* 2 500 dont 500 au Zimbabwe. **Blanc** (ou **camus**) L 400 + 70 cm, H 165 cm, 1 900/2 100 kg. *Couleur :* gris (lors de leur découverte, ils s'étaient vautrés dans une argile blanchâtre : on crut que c'était leur couleur naturelle). *Habitat :* sud du Soudan, nord-est du Congo dém., Ouganda, Afrique du Sud. *Nombre :* 4 000 [dont Kenya 200 (13 000 en 1969)].

■ **Singe.** **Babouin** ou **cynocéphale commun** L 60/80 + 50 cm, 30/65 kg. Aboie. *Groupes* de plus de 100. *Longévité :* jusqu'à 50 ans. *Alimentation :* omnivore. **Cynocéphale d'Abyssinie** ou **hamadryas** L environ 60 cm et parfois plus, queue assez longue en pinceau. *Alimentation* (en captivité) : viande, poisson, légumes cuits, quelques fruits, biscuits. **Chimpanzé** H 150/170 cm. Membres antérieurs 80 cm, postérieurs 60 cm, 50/70 kg. Sans queue. Surtout *végétarien. Intelligence* remarquable, grande mémoire. *Gestation :* 8 mois 1/2 (*chimpanzé nain,* rive sud du Congo). *Longévité :* 50/60 ans. *Nombre :* 150 000 à 200 000 dans 21 pays ; **occidental** ou **« à lunettes »** (pigmentation foncée autour des yeux) : entre Gambie et Niger ; **d'Afrique centrale :** jusqu'au fleuve Zaïre ; **orientaux ; bonobo** ou **pygmée :** H 1,30 m, 15 000, forêts marécageuses du sud-ouest du Congo démocratique. Certains sont capables de retenir 200 mots et de construire des phrases simples.

Gorille H 160/200 cm. Membres antérieurs 100 cm, postérieurs 75 cm, 130/200 kg, femelle 60/115 kg. Sans queue. Cage thoracique développée (tour de poitrine jusqu'à 2,05 m). *Longévité :* 50 ans. *Vit* en familles, ou en groupes, jusqu'à 40. Établit généralement son nid à même le sol, parfois sur des branches basses. *Végétarien* (fruits et pousses). Ne se tient debout que pour regarder au-dessus de la végétation. N'attaque pas l'homme. En cas de danger, crie et se livre à des mimiques dissuasives, mais ne combat pas. *Territoire :* 40 km^2. *Nombre : gorille de côte (Gorilla gorilla gorilla)* 9 000 au sud du Cameroun, Rép. centrafricaine, Guinée équatoriale ; environ 150 redécouverts récemment dans le sud-est du Nigéria ; *gorille de plaine (Gorilla gorilla graveri)* 4 000 à l'est du Congo dém. ; *gorille de montagne (Gorilla gorilla beringei)* 365 à la frontière du Rwanda avec Congo dém. et Ouganda, et en Ouganda. Sur 48 gorilles capturés, 30 survivent à la captivité, 12 au transport, 6 jusqu'à l'âge adulte, un seul couple se reproduit.

Mandrill L 90 cm, 40/50 kg. Face rouge et bleue. Queue très courte. *Vit* souvent à terre en groupes de 30 à 40. Un mâle est mort en captivité à 46 ans. **Singes verts** (dont **grivet** et **vervet**) 90/125 + 50/70 cm, 3/5 kg. Communs et largement répandus. Pelage gris à verdâtre. *Groupes* de 20 à 30, dominés par un mâle. Seuls les vieux mâles vivent en solitaires. Font partie (avec le hocheur, le talapoin, la mone à face bleue) des **cercopithèques,** appelés aussi **guenons** (*guenon* est employé abusivement dans le sens de « singe femelle »). **Singe rouge** ou **patas** L tête, corps et queue : 140 cm, 10 kg. *Gestation :* 7 mois. *Longévité :* 15/20 ans. Grimpe rarement aux arbres. *Groupes* de 10 à 20, dirigés par un mâle âgé.

Talapoin ou **cercopithèque mignon** ou **singe de mangrove** L 30/40 + 37/50 cm, 0,8/1 kg. *Gestation :* 200 j environ. *Portée :* 1. *Longévité :* 20 ans.

■ **Zèbre** (équidé). **Commun** L 230 + 80 cm, H 130 cm, 250/300 kg. *Couleur :* blanc avec raies noires. *Vitesse :* 65 km/h. *Longévité :* 12 ans. *Groupes* de 6 à 20 ou de plusieurs centaines. Souvent accompagnés de gnous, bubales, damalisques et autruches. **De Grévy** (2 spécimens furent offerts au Pt Jules Grévy par l'empereur d'Éthiopie) L 240 + 100 cm, H 150 cm, 280/320 kg. *Vit* en troupeaux de 6 à 30. Éthiopie, Somalie, nord du Kenya. **De montagne** le plus petit (120 cm au garrot) ; *vit* en Afrique australe. *Nombre :* 120.

OISEAUX

Autruche. H 200/250 cm (à la naissance : 30), 100/120 kg. Le plus grand des oiseaux connus. Ne se sert de ses ailes atrophiées que pour se déplacer plus vite ou comme balancier. *Vitesse* d'un adulte : 50 km/h. Craintive et vigilante, ne dort pas plus de 15 min consécutives. *Vit* en troupeaux de 2 à 40. Un seul mâle accompagne les femelles. *Œufs* : 15 cm de long sur 10/12 de large, près de 2 kg. La femelle en pond de 10 à 20, ils sont couvés alternativement par mâle et femelle. Plusieurs femelles peuvent pondre dans le même nid. Avale fréquemment des cailloux assez gros (comme les volailles avalent des gravillons qu'elles stockent dans leur gésier pour triturer les grains). Ces cailloux ne vont pas dans leur estomac et l'expression « estomac d'autruche » est fausse. Parfois, par voracité, elle avale des objets non comestibles : cette erreur lui est toujours fatale. L'expression « la politique de l'autruche » (l'autruche cachant sa tête sous le sable en cas de danger) repose sur une mauvaise observation (les autruches creusent des trous pour leurs œufs, mais ne se cachent pas).

Pélican. H 140/160 cm, 10 kg. Blanc et gris. Long bec, pouvant atteindre 50 cm de long. *Vol* un peu lourd mais rapide (60 km/h). *Nourriture* : poissons, grenouilles. **Pélican blanc** et **pélican frisé** (plus rare) présents en Roumanie, Grèce, Bulgarie et Albanie.

REPTILES

Cobra cracheur. Certains (le cobra égyptien ou *naja-haje*) crachent leur venin pour aveugler leurs victimes (ne provoque généralement qu'une conjonctivite). Morsure fréquemment mortelle. *Ovipare.*

Crocodile du Nil. L 5 à 6 m. *Ovipare. Nourriture* : poissons, oiseaux et mammifères (environ 2 kg/j). *Denture* : mâchoire supérieure 36 ou 38 dents, inférieure 28 ou 30. *Température* : 25 °C. Peut rattraper un homme à la course. *Longévité* : 50 à 80 ans. Menacé de disparition. Élevages au Zimbabwe et en Afrique du Sud. *Larmes* : d'après une légende du XVIIIe s., ses larmes accompagnées de cris de souffrance servent à attirer les proies ; cependant, Keith Howard a établi qu'en ouvrant la gueule le crocodile comprime les glandes situées près de ses yeux.

Python de Seba. L 4 à 5 m. *Ovipare.* Non venimeux. Capture généralement sa proie en la frappant d'un coup de tête, puis s'enroule autour pour l'étouffer, l'avale lentement et la digère, parfois en plusieurs semaines.

Serpent minute. Typhlopidé (c'est-à-dire presque aveugle). L 10/90 cm. Écailles lisses. Inoffensif : son nom (latin *Serpens minutus,* « serpent menu ») a fait croire que son venin donnait la mort en une minute, mais il n'est pas venimeux.

Tortue-léopard. L 30/50 cm ; mâle 8/10 kg, femelle 15/20 kg. *Ovipare.* **Terrestre** 100/150 cm, 100/300 kg.

Varan. Du désert L 100 cm, 1,5 kg. *Ovipare* (8 à 12 œufs). *Carnivore,* polyphage (lézards, rongeurs, insectes), diurne, héliophile. Repos hivernal. **Du Nil** L 120/170 cm à 2 m, jusqu'à 2 kg. *Ovipare.* Grimpe aux arbres, nage bien, court vite. *Se nourrit* d'oiseaux, rongeurs, batraciens, d'œufs d'oiseaux et de reptiles. Ne s'attaque pas à l'homme. Menacé de disparition, sauf au Sénégal.

ANIMAUX D'AMÉRIQUE DU NORD ET D'EUROPE

☞ Voir légende p. 201 c.

CRUSTACÉS

Cloporte. Oniscidé isopode. 2 cm. Corps aplati. 14 pattes. Certaines espèces peuvent se rouler en boule. *Vit* dans les lieux sombres et humides. Souvent considéré à tort comme un insecte.

MAMMIFÈRES

☞ Voir aussi **Loup, Loutre, Lynx** à l'Index.

Bison. D'Amérique L 250 + 50 cm, H 200 cm, 1 t (femelle 500 kg et H 150 cm). *Vitesse* : 45 km/h au galop. *Nombre* : *XVe s.* : environ 75 millions ; *1890* : 1 million ; *1996* : 35 000 dans les réserves dont quelques milliers dans la forêt canadienne. **D'Europe** L 270 + 80 cm, H 180/195 cm, 800/900 kg. *Nombre* : 2 000 (Caucase et forêt de Białowieża, frontière russo-polonaise). Réintroduit en France.

Desman des Pyrénées. L 12 + 14 cm, 60 g. Petit *insectivore* à trompe mobile. Petits yeux. Pelage brun. *Habite* les torrents des Pyrénées.

Genette. Importée d'Afrique (9 espèces) en Europe (1 espèce), adaptée au nord des Pyrénées, réapparue dans les Cévennes. Prédatrice (campagnols, mulots, souris...), difficile à apprivoiser.

Glouton. L 110 cm, 15/30 kg. Le plus gros mustélidé connu. *Gestation* : jusqu'à 9 mois. *Portée* : 2 ou 3. *Carnivore,* surtout charognard. Peut dévorer un cadavre entier de cerf ou de renne. *Vie* : forêts de résineux, toundra. Généralement solitaire. *Territoire* de chasse étendu.

Orignal ou **élan américain.** Élan du Canada et de l'Alaska. 300 cm, 800 kg. Le plus grand des cervidés.

Ours brun. D'Europe L 150/240 cm, mâle 80/300 kg, femelle 65/220 kg (à la naissance 350 à 400 g, aveugle 3 semaines, à 3 mois 3 kg, à 1 an 12, à 3 ans 40. Ensuite prend 15 à 16 kg par an pendant 10 à 15 ans). *Longévité* : 25 ans environ. *Habitat* : surtout hêtraies-sapinières entre 600 et 1 500 m d'altitude. *Vitesse* (de pointe) : 40 km/h. *Rayon d'action* : 30 km (en une nuit de 10 h) ; passe toujours aux mêmes endroits. *Omnivore, végétarien* à 75 %, *carnivore* à 25 % (insectes, charognes, etc.). La fin des faines (dont il est friand) correspond à son entrée en hibernation. *Nombre* (chasse autorisée jusqu'en 1962) : Albanie 250, Autriche 25, Bulgarie 700, Espagne dans les monts Cantabriques 80, Finlande 400. **De France** 13 ou 14 dont 7 ou 8 issus de la population pyrénéenne d'origine en Béarn (1 braconné en 1994, 3 naissances en 1995, 1998 et 2000), 6 issus de la réintroduction d'ours slovènes en Hte-Garonne/Ariège et val d'Aran (dont 4 oursons nés en 1997 et « Melba » (voir ci-après) [*1937* : 150 ; *54* : 70 ; *84* : 20 ; *91* : 9 ; *94* : 6]. Ont disparu des Vosges et du Massif central au début du XIXe s., du Jura à la fin du XIXe s., des Alpes vers 1937. *Réintroductions* : *France* : projet franco-espagnol (programme européen de 15 millions de F) : 2 femelles « Ziva » et « Melba » lâchées le 19-5 et le 6-6-1996 ; 1 mâle « Pyros » lâché le 2-5-1997 à Melles en Hte-Garonne ; Melba a été tuée par un chasseur le 27-9-1997 ; ses 2 oursons (9 mois) sont laissés en liberté. *Grèce* : 120, *Hongrie* : occasionnelles, *Italie* : 70 (dans les Abruzzes 40/80, Trentin et Frioul : moins de 10), *Norvège* : 200, *Pologne* : 90, *Roumanie* : 3 000, *Russie d'Europe* : 36 000, *Slovaquie* : 700, *Suède* : 730, *Suisse* : ont disparu début du XXe s., *Rép. tchèque* : 5, *ex-Yougoslavie* : 2 000.

☞ **Grizzly** (Amér.) peut atteindre 500 kg. **Kodiak** (Alaska) 2,70 m. Dépasse parfois 850 kg. *Vitesse* : 45 km/h sur de courtes distances. *Régime* : carné (saumons, truites) et végétal. *Gestation* : 7 à 8 mois. *Portée* : 1 à 3.

Ours noir ou **baribal** (Amér. du Nord). L 150/180 + 12 cm, 150 kg. *Gestation* : 7 mois. *Portée* : 1 à 4.

Phoque moine ou **Monachus monachus.** *Nombre* (estimation) : *1978* : 1 000 ; *84* : 500 ; *94* : 300. *Vit* dans les mers chaudes : disparu des Caraïbes, subsiste dans le Pacifique, l'Atlantique entre la Mauritanie et Madère (*1988* : 6 à 8 ; *janv. 1994* : 12). *1997* : 150 phoques morts (50 % de la population) sur les côtes du Sahara occidental et de la Mauritanie. Seule espèce encore présente en Méditerranée. Présente autrefois en Corse.

Pronghorn ou **antilocapre.** L 100/150 + 10 cm. *Portée* : 2. Ongulé le plus rapide d'Amér. du Nord : 60 km/h sur de courtes distances, 45 sur plusieurs km. *Nombre* : 10 000 (au XVIIIe s. 40 millions). *Vit* l'été en petites hardes ; l'hiver en grands troupeaux (100 individus) migrant vers le sud.

Renne (appelé *caribou* au Canada). Cervidé H 150. Vitesse 80 km/h. Plusieurs millions ; 1,2 million, de l'Alaska à la terre de Baffin, appartiennent à 5 troupeaux qui descendent du Grand Nord à la forêt de conifères qui le borde. *Alimentation* : herbes, feuilles et surtout lichens. *Bois* (mâles et femelles) : os avec perche dénudée (longueur max. 1,50 m) aux terminaisons multiples et aplaties (empaumure), un andouiller d'œil et, au-dessus, un autre andouiller en forme de pelle dont il s'aide pour briser la glace. Ces bois tombent (mâle fin de l'automne, femelle mai-juin, période où elle met bas).

Wapiti (Amérique du Nord). Grand cerf. H 170 cm.

OISEAUX

Aigle. Impérial (en Europe) L 78/84 cm, 2,5/3,5 kg. Brunâtre, tête claire, presque blanche avec l'âge. *Ponte* : 1 à 3, *incubation* : 43 j. *Proies préférées* : rongeurs, gallinacés. *Territoire* : 2 000 ha par couple. **Royal** L 75/83 cm, envergure 190/230, max. 6,5 kg (femelle). Parfois charognard. *Nombre* (en 2000, en France) : environ 1 000 dont dans le parc des Écrins 45 couples, Pyrénées 37, Mercantour 34, Vanoise 22. **De Bonelli** L 65/72 cm. Brunâtre au dessous très clair. Menacé de disparition. 24 couples nicheurs en France en 1999 (16 reproducteurs).

Albatros. A sourcils noirs envergure : 2 m. Fréquente régulièrement les côtes d'Europe (îles Féroé et Shetland, Irlande).

Balbuzard (voir **Oiseaux** p. 205 b).

Buse variable. L 53 cm, ailes repliées 40 cm, envergure 120 cm, 1 kg. Rapace diurne. Plumage brun, variable.

Chouette. Effraie L 34 cm, envergure 91/95 cm, 0,3 kg. Disque facial blanc en forme de cœur, yeux noirs. Dos roux doré. *Ponte* : 5 ou 6 œufs, *incubation* : 30/34 jours. *Carnivore* (essentiellement des rongeurs). *Niche* dans greniers des villages et faubourgs. **Hulotte** L 38 cm, envergure 94/104 cm, jusqu'à 0,6 kg. Aspect massif, pas d'aigrettes frontales. Yeux noirs. *Ponte* : 2 à 4 œufs, *incubation* : 30 jours. *Carnivore* : rongeurs, oiseaux, batraciens, lézards. **Chevêche d'Athéna** L 22 cm, envergure 50/56 cm, 170 g. Petite, nerveuse, activité souvent diurne. Yeux jaunes. *Ponte* : 3 à 5 œufs. *Alimentation* : rongeurs, gros insectes, vers de terre. Menacée par la disparition des haies, vieux arbres, vergers et des gros insectes (hannetons...).

Cigogne. Blanche L 100 cm, ailes repliées 60 cm, envergure 180 cm, 3/4 kg. Blanche avec rémiges noires. Bec et pattes rouges. *Niche* sur toits ou arbres. *Nombre de couples en France* (en 1997) : 425 couples nicheurs dont 50 % en Alsace. 30 % sur la frange littorale ouest, le reste dans des zones marécageuses. De plus en plus de couples passent l'hiver en Espagne, les autres en Afrique. Certaines fréquentent les décharges publiques et migrent moins. **Noire** même taille, ventre blanc, bec rouge. *Nombre en France* : 22 à 35 nids (en 1997), en Champagne, Lorraine et Centre. *Solitaires*, menacées par les lignes électriques, les produits chimiques fragilisant la coquille des œufs et surtout par la régression des zones humides et des bocages (moins de petits rongeurs, de grenouilles, de criquets, etc.).

Condor de Californie. En voie d'extinction (survit uniquement en captivité). Moins de 33 individus. Réintroduction de 50 oiseaux tentée dans le parc national de Los Padres (oiseaux nés au zoo de San Diego).

Grand cormoran. L 90 cm, ailes repliées 35 cm, envergure 140 cm, 2,5 kg. Noir, avec long cou. *Perche* sur arbres et rochers. *Ponte* : 3 ou 4 œufs, *incubation* : 28 j. *Piscivore. Niche* en colonies. En extension en Europe de l'Ouest. **Cormoran huppé** L 75 cm, ailes repliées 26 cm, 1,7 kg. Plus petit, maritime (Bretagne, Provence, Corse, etc.).

Coucou gris (Europe). L 33 cm, ailes repliées 20/23 cm, envergure 59/61 cm, 90/135 g. *Insectivore* essentiellement. Parties supérieures grisâtres ; inférieures rayées de brun-noir et de blanc, queue longue et ailes pointues. *Ponte* : 2 à 12 œufs. *Couvaison* par parents nourriciers (12/13 j).

Cygne. Tuberculet ou **muet** L 145/155 cm, ailes repliées 54/62 cm, envergure 210/230 cm, 10/23 kg. Plumage blanc immaculé, bec orangé, cou long et recourbé en S. *Vit* sur les lacs et les marais, même dans les villes. Les mâles attaquent souvent leurs congénères. **Chanteur** ou **sauvage** L 125/150 cm, ailes repliées 57/64 cm, envergure 210/250 cm, 7 à 13 kg. Plumage blanc ; bec jaune à la base ; sans tubercule. *Niche* en Sibérie, Islande et au nord-est de la Scandinavie. En hiver surtout lac du Der (Champagne). **Trompette : américain** plus grand, bec noir ; protégé et redevenu commun ; **de Bewick** des toundras migre vers G.-B. et Pays-Bas. Rare en France (Camargue) ; **noir** d'Australie. *Nourriture* : végétale. *Ponte* : 5 à 7 œufs, *incubation* : 5 semaines.

Étourneau sansonnet. L 21 cm. *Ponte* : 5/7 œufs, *incubation* : 12 jours. Europe, introduit en Amérique du Nord. L'hiver, se rassemblent par millions, notamment en ville.

Flamant rose. Œuf unique. Parades nuptiales. *Alimentation* : petits crustacés. *Vole* au bout de 2 mois 1/2. *Hiverne* autour de la Méditerranée. *Reproduction* : Camargue (étang du Fangassier), Espagne, Sardaigne. *Couples nicheurs* : selon les années 11 000 à 20 000. 8 600 (1990) à 17 000 (1993) en Camargue.

Fou de Bassan. L 90 cm, ailes repliées 50 cm, envergure 170 cm, 3,5 kg. Blanc avec pointes des ailes noires. *Plonge* de 30 m de haut sur les poissons. *Niche* en colonies sur les îles maritimes en France, aux Sept-Iles (Côtes-d'Armor) [13 500 en 1997], et à Aurigny (île anglo-normande) ; tente de nicher depuis 1996 en Méditerrané à Bandol (1 couple par an).

Goéland. Argenté L 57 cm, ailes repliées 42 cm, envergure 145 cm. Ailes grises terminées de noir, bec jaune, pattes roses. Jeunes : plumage tacheté. Peut vivre jusqu'à 25 ans. En expansion sur côtes et fleuves (profite des décharges publiques). *Nombre* : 90 000 dans l'ouest de la France (*1920* : 100 ; *65* : 22 000). **Leucophée** semblable. Méditerranéen. Pattes jaunes. En extension nord-ouest de la France.

Grand duc. L 66/71 cm, ailes repliées 43/46 cm, 1,5 à 3 kg. Le plus grand des rapaces nocturnes européens. *Couleur* : fauve, gros yeux orangés. *Carnivore* (surtout les rongeurs : 50 % de sa nourriture). *Ponte* : 2 à 5 œufs, *incubation* : 35 j. *Longévité* : 60 ans (en captivité). Peut vivre jusqu'à 5 000 m d'altitude.

Héron. Cendré L 90 cm, ailes repliées 45 cm, envergure 180 cm. Gris, avec long cou blanc. En expansion. Commun au bord des étangs. *Niche* en colonies (héronnières) dans de grands arbres. **Garde-bœufs** en extension vers le nord. Un couple a niché dans la Somme (parc du Marquenterre) de 1991 à 1996, 8 ou 10 en 2000.

Moineau domestique. L 14,5 cm. Europe, introduit en Amérique du Nord et ailleurs. Mâle : dos brun chaud, bavette noire. Femelle : gris-brun terne. *Ponte* : 5 œufs, *incubation* : 12 jours. *Niche* sur édifices ou arbres.

Mouette rieuse. L 37 cm, ailes repliées 30 cm, envergure 105 cm. Bec et pattes rouges. « Capuchon » brun au printemps. Commune l'hiver en ville. *Niche* en colonie (marais, en arrière du littoral ou à l'intérieur des terres).

Pie bavarde. L 45 cm, ailes repliées 19 cm, envergure 51 cm. Noire et blanche avec une longue queue. Nid de brindilles surmonté d'un « toit ». Commune.

Spatule blanche. Bec caractéristique. 4 100 couples en Europe. Migration de 1 100 couples hollandais par la France et l'Espagne vers l'Afrique de l'Ouest. *Niche* dans 4 sites en France (55 couples en 1997).

Vautour. *Vol* : il ne brasse pas d'air pour se déplacer, il attend les mouvements d'air ascendants, puis il plane des heures. **Fauve** envergure 270 cm, 8 à 10 kg. Cou nu et collerette blanche. Pyrénées (450 couples en 2001), réintroduit dans les gorges du Tarn et de la Jonte (320 oiseaux en 2001). **Moine** plumage brunâtre et tête dégarnie ; plus grand rapace d'Europe ; disparu début XXe s., réintroduit dans les gorges du Tarn et de la Jonte (réintroduit *1992* : 23 oiseaux ; en *1996* : 30 en 2001) ; subsiste en Espagne et Grèce. **Gypaète barbu** cou emplumé, envergure 280 cm, réintroduit dans les Alpes, existe depuis toujours dans les Pyrénées (11 couples en 1998). *Vit* généralement en couple. La femelle *pond* entre décembre et février généralement 2 œufs à 4/5 jours d'intervalle (couvaison 53 à 60 j). Le 1er né, agressif, écarte de la nourriture le 2e qui meurt peu de temps après. *Plumage* : blanc coloré d'un rouge-orange [boue rouge (oxyde de fer)]. *Nourriture* : *vautour fauve* : grands animaux morts ; *moines* : animaux plus petits (lapins...) ; *percnoptère* : omnivore (insectes, mammifères, poissons, reptiles, oiseaux). *Gypaète* : os (ils contiennent autant d'éléments énergétiques que la viande) de chamois, bouquetins, moutons, chèvres. Il laisse tomber les os les plus gros de 50/100 m sur une falaise ou un pierrier et mange la moelle.

1re couvaison : 5/8 ans ; âge maximal : jusqu'à 44 ans en captivité. Exterminé dans les Alpes au XIXe s. Dernier tué : 1913 dans le Val d'Aoste. Survit à l'état naturel dans Pyrénées, Corse, Crète et Grèce (une centaine de couples). En 1922, C. Stemmler (ornithologue) propose la réintroduction dans les Alpes. *1970 :* oiseaux d'origine asiatique lâchés : échec. *Depuis 1973,* des gypaètes couvent dans le zoo alpin d'Innsbruck. *1978,* projet international de réintroduction. Programme européen de conservation des espèces menacées (European Endangered Species Programme, EEP) : regroupe les zoos détenant des gypaètes captifs. En France, un centre (Hte-Savoie) produit en général un jeune gypaète/an. Nouveau centre au zoo de Goldau (Suisse). *Sites de lâchers :* Rauris [parc national du Hohe Tauern (Autriche)] depuis 1986 ; massif du Bargy (commune du Reposoir, Hte-Savoie) depuis 1987 ; parc national suisse (Engadine/canton des Grisons) depuis 1991 ; parc naturel Alpi maritime/parc national du Mercantour, depuis 1993 en alternance chaque année. Sur 65 lâchés de 1986 à 1996 : recaptures 3, perdus dans des avalanches 2, morts des chocs avec des lignes à haute tension 2, dans la grotte de lâcher 2, considérés comme disparus 6, abattus au fusil 2.

☞ **Oiseaux (non nicheurs) observés de plus en plus fréquemment en France :** *bargette de Terek* (Sibérie), Bretagne, Picardie. *Bécasseau d'Alaska* (USA), Vendée. *Bécasseau rousset* (USA), Bretagne, Picardie. *Bruant mélanocéphale* (Balkans), région méditerranéenne, *nain* (Europe du Nord-Est). *Buse pattue* (Scandinavie, Sibérie). *Faucon d'Éléonore* (Méditerranée). *Fuligule à bec cerclé* (Amér. du Nord), Bassin parisien. *Gobe-mouches nain* (Europe de l'Est). *Goéland à bec cerclé* (USA), côtes occidentales (un spécimen à Paris) ; *à ailes blanches* (USA), Nord, Pas-de-Calais, Vendée. *Gravelot mongol* (Sibérie, Asie centrale), 1re donnée française en Vendée en 1995. *Mergule nain* (cercle polaire). *Merle sibérien* (Sibérie). *Phalarope de Wilson* (Amér. du Nord), régions littorales. *Bécasseau tacheté* (Amér. du Nord, Sibérie). *Pipit de Richard* (Sibérie). *Pouillot à grands sourcils* (Sibérie), côtes de la Manche, *de Pallas* (Asie), Flandre maritime, Ouessant. *Puffin semblable* (Açores, Canaries), Ouessant. *Rousserole isabelle* (Ukraine), Bretagne. *Talève sultane* (Espagne), Pyrénées-Orientales, Var, Camargue, Aude.

Reptiles

■ **Couleuvre.** Serpent (colubridé). 10 espèces, dont : *à collier* (L 150 cm), semi-aquatique ; *vipérine* (L 70 cm), aquatique ; *verte et jaune* (Midi, L 200 cm), milieu sec ; *d'Esculape* (Midi, L 180 cm), bronzée ; *de Montpellier* (pourtour Méditerranée, L 100/250 cm), venimeuse (crochets postérieurs).

■ **Orvet.** L 15/20 cm. Lézard sans pattes. Souvent considéré à tort comme un serpent, car il se déplace en rampant sur le ventre. Appelé « serpent de verre » (sa queue se casse facilement).

■ **Vipère.** Serpent (vipéridé). 10 espèces venimeuses, dont : *vipère péliade* (L 70 cm), sombre avec taches noires en zigzag ; *aspic* (Est, Midi, Bassin parisien), nez retroussé ; *vipère d'Orsini* (Alpes du Sud, L 50 cm) ; *vipère de Seoane* (Pays basque).

Animaux d'Amérique du Sud

☞ Voir légende p. 201 c.

Mammifères

■ **Cabiai** ou **capybara.** L 100/130 cm, H 50 cm, 50 kg. *Herbivore* (plus grand rongeur). *Gestation :* 110/120 j. *Portée :* 2 à 8. *Vie :* bord des fleuves (bandes de 30).

■ **Chinchilla.** L 20/28 + 7,5/15 cm, 0,5/1 kg. Rongeur. Rare à l'état sauvage parce que massacré pour sa fourrure. *Gestation :* 115/125 j. *Portée :* 5 ou 6. *Longévité :* jusqu'à 20 ans. *Herbivore.*

■ **Coypou** (voir **Ragondin** col. b).

■ **Guanaco.** L 225 + 25 cm, H 100/120 cm, 60 kg. Camélidé, proche du lama. *Gestation :* environ 11 mois. *Portée :* 1, parfois 2. *Longévité :* 22 à 28 ans. *Végétarien. Vit* jusqu'à 4 000 m d'altitude.

■ **Jaguar.** L 160/230 + 51/65 cm, 60/115 kg (jusqu'à 180 kg). Félin. Peau jaune parsemée d'ocelles noirs. Mélanisme fréquent (jaguar noir). *Gestation :* environ 100 j. *Portée :* habituellement 2 (de moins de 6 kg). *Apprentissage :* long et difficile. Menacé de disparition.

■ **Jaguarondi.** L 93/120 + 30/46 cm, H 120/140 cm, 60 à 80 kg. Félin, mais proche des mustélidés par son allure. Robe sans taches, noire, rousse ou grise. Agile et souple. *Portée :* 2 ou 3. *Omnivore.*

■ **Kinkajou.** L 88/105 + 46/54 cm. *Carnivore* à queue préhensile. Gris ou beige. *Portée :* 1 ou 2.

■ **Lama.** L 220 cm, H 150 cm, 60/80 kg. *Gestation :* 350 j. *Portée :* 1. *Longévité :* 20 ans. *Charge :* 30 à 50 kg. *Parcours maximal journalier :* 15 à 18 km. *Grignote* les broussailles jusqu'à 2 m, mais n'attaque pas l'écorce des arbres. Les coussinets sous ses pattes ne dégradent pas le sol, à la différence des sabots des ongulés. Manifeste son mécontentement en crachant avec force et précision un jet d'aliments prédigérés. Utilisé par les Indiens comme bête de bât et pour sa chair, sa laine, son cuir, ses os (armes et ornements) et même ses excréments (« taquia ») qui servaient de combustible. Il avait aussi une grande importance religieuse. Aujourd'hui en voie de disparition. *Très proche :* l'alpaga (domestique).

■ **Lamantin de l'Amazonie.** L 250/300 cm, 140/500 kg. Aquatique. Ordre des « siréniens » (origine du nom : la légende des sirènes). *Gestation :* 270 j. *Portée :* 1 petit 1 fois par an. *Longévité :* 8 ans.

■ **Mara** ou **lièvre de Patagonie.** L 69/75 + 4,5 cm, jusqu'à 16 kg. Longues pattes. *Saut :* 2 m d'un seul bond. Au repos, assis comme un chien. *Herbivore. Portée :* 1 à 5.

■ **Mazama** ou **daguet.** L 70/135 + 8/15 cm, H 35/75 cm, 8/25 kg. Petit cerf bois courts, sans ramifications. Nocturne. *Herbivore. Gestation :* 32 semaines. *Portée :* 1 ou 2.

■ **Nutria** (« loutre » en espagnol) voir **Ragondin** ci-dessous.

■ **Ocelot.** L 85/120 + 30/45 cm, 4/12 kg. Félin. Teinte variable, tacheté. Arboricole et nocturne. *Portée :* 2.

■ **Opossum** ou **savigne.** L 32/50 + 25/53 cm, 2,5/5 kg. Didelphidé, proche de la sarigue ; pelage doux et fourni. *Gestation :* 12/13 j. *Portée :* 8 à 18 petits dont 13 viables au maximum. La poche ventrale des femelles (le marsupium) renferme 13 mamelles. Les petits, nés à l'état de larves, y achèvent leur développement puis sortis de la poche, vivent longtemps accrochés au dos de la mère. *Simule la mort* pour décourager ses prédateurs (« faire le mort » se dit en américain « to play opossum »).

■ **Ours à lunettes.** L 150/180 cm, jusqu'à 140 kg. Seul ours sud-américain (forêts andines). Marques blanches sur la face. *Végétarien. Gestation :* 32/34 semaines. *Portée :* 1 à 3. *Longévité :* 36 à 39 ans.

■ **Paca.** L 60/80 + 2,5 cm, 6/10 kg. Rongeur. Chassé pour sa chair. *Portée :* 1 petit 2 fois par an.

■ **Paresseux.** L 50/65 + 6,5 cm, 4/9 kg. Édenté (xénarthre) tardigrade, couvert de longs poils. *Gestation :* 5/6 mois. *Portée :* 1. *Survit* grâce au mimétisme avec la végétation. *Dort* 80 % du temps. *Se déplace* avec lenteur dans les arbres. *Végétarien.*

■ **Pécari.** L 75/110 + 2/5 cm, H 45/55 cm, 18/30 kg. Ressemble au porc. Couvert de poils. *Gestation :* 140/160 j. *Portée :* souvent 2. *Longévité :* 25 ans. *Se déplace* en bandes. *Omnivore.* Une glande sécrète une substance d'odeur pénétrante dont le rôle n'est pas connu.

■ **Pudu** ou **poudou.** L 33/38 cm, 8/9 kg (le plus petit cervidé).

■ **Puma.** L 100/150 + 60/90 cm, maximal 120 kg. Félin ressemblant à une lionne. Nocturne. *Gestation :* 92 j. *Portée :* 1 à 6 (aveugles, tachetés, pesant moins de 500 g). Se rencontre aussi en Amér. du Nord.

■ **Ragondin.** L 43/63 + 30/40 cm, 7/9 kg. Rongeur. Adapté à la vie aquatique (les mamelles de la femelle, très haut sur les flancs, permettent aux jeunes de téter quand leur mère flotte). Construit des refuges. *Végétarien. Gestation :* 130 j. *Portée :* 5/6 petits 2 ou 3 fois par an.

■ **Singe. Alouate** ou **hurleur** L 60/92 + 59/62 cm, 7/9 kg. Au lever du jour, les mâles poussent des hurlements rauques audibles à plusieurs km. *Omnivore. Gestation :* 140 j. *Portée :* 1. **Atèle** ou **singe-araignée** L 38/64 + 51/89 cm, 6 kg. Queue préhensile. *Vit* en groupes de 10 à 35. *Nourriture :* fruits. *Gestation :* 139 j. *Portée :* 1. *Longévité :* jusqu'à 20 ans en captivité.

Douroucouli L 24/37 + 32/40 cm, 0,6/1 kg. Espèce primitive. Seul singe nocturne. Queue non préhensile. *Omnivore. Portée :* 2. *Longévité :* 25 ans. **Lagotriche** L 59/69 + 60/72 cm, 5 kg. Abondante bourre laineuse. *Gestation :* 135/150 j. *Portée :* 1. **Ouakari** L 51/57 + 15 cm. Queue courte. Face et dessus de la tête rouges. *Omnivore.*

Ouistiti (Brésil) L 13/24 + 20/38 cm, 80 à 350 g, queue annelée et noire. *Gestation :* 145 j environ. *Portée :* 2. *Longévité :* jusqu'à 15 ans. Griffu, son pouce n'est pas opposable aux autres doigts. Ne supporte qu'une semi-captivité (chambre au soleil : il est frileux et fragile). *Nourriture :* fruits, légumes crus, raisins secs, semoule, farine, insectes, viande, poisson. **Ouistiti mignon** L 15 + 15/18 cm, 49/80 g. *Gestation :* 140 j. *Portée :* 2 petits 1 fois par an. *Longévité :* 20 ans. Communication auditive par ultrasons. *Nourriture :* fruits et insectes.

Saïmiri ou **singe-écureuil** L 26/36 + 35/43 cm, 750/1 100 g. Roux, museau foncé, queue longue et touffue non préhensile. *Reproduction :* 1 fois par an. *Gestation :* 170 à 180 j. *Portée :* 1. *Vit* en bordure des fleuves. *Nourriture :* insectes, œufs et fruits. **Sajou** ou **capucin** L 30/38 + 38/51 cm, 1 à 4 kg. Très intelligent. *Gestation :* environ 6 mois. *Portée :* 1. *Longévité :* plus de 32 ans en captivité ; 12 à 13 ans sous nos climats. Indépendant et susceptible. *Nourriture :* fruits frais et secs, verdure, cacahuètes, riz, viande hachée très fraîche...

Tamarin à crinière de lion ou **dorée** L 25/35 + 30/36 cm, 490/550 g. *Gestation :* 130 j. *Portée :* 2. **Impérial,** *à moustaches, à manteau rouge, à manteau nègre* L 15/30 + 29/44 cm, 280/400 g. *Nourriture :* voir **Ouistiti.**

■ **Tamandua.** L 54/58 + 5,5 cm. Édenté *insectivore. Vit* à la cime des arbres. 4 ongles aux membres avant. Capture ses proies en projetant sa langue gluante.

■ **Tamanoir** ou **grand fourmilier.** L 100/200 + 65/90 cm, 18/23 kg. Édenté *insectivore.* Très puissant, aux griffes effilées, craint même du jaguar. *Odorat* développé. *Gestation :* 190 j environ.

■ **Tapir.** L 180/250 + 5/10 cm, H 75/120 cm, 225/300 kg. Corps massif, cou trapu, petite trompe mobile. Ongulé archaïque, proche des rhinocéros et des chevaux. 4 espèces connues en voie de disparition. Bon nageur et grimpeur. *Omnivore. Gestation :* environ 14 mois. *Portée :* 1.

■ **Tatou.** L 37/43 + 25/37 cm, 4/8 kg (géant : 100 + 50 cm, 60 kg). Édenté ; protégé par une cuirasse articulée. *Vit* dans des galeries souterraines. *Insectivore.* Chassé pour sa chair et sa carapace (dont on fait des paniers ou des instruments de musique). Seul animal à contracter la lèpre.

■ **Tuco-tuco** (rongeur appelé aussi *rat à peigne* à cause de poils durs qu'il a à la base des ongles). L 17/25 + 6/11 cm, 200/700 g. *Vit* en Patagonie. Adapté à la vie souterraine. Yeux sur le dessus de la tête. *Nourriture :* bulbes, racines et tiges. *Gestation :* 103/107 j. *Portée :* 1 à 5.

■ **Vampire. D'Azara** L 7,9/9 + avant-bras 6 cm, 15/50 g. Chauve-souris *hématophage.* S'attaque aux gros herbivores, parfois aux hommes, arrache un petit lambeau de peau et aspire le sang (boit environ 3 cl de sang par nuit). Sa salive contient une substance anticoagulante qui empêche la cicatrisation de la blessure. Peut transmettre la rage. *Gestation :* 90/100 j. **Faux vampire** L 13 + avant-bras 10,5 cm, 145/190 g. *Carnivore.*

■ **Vigogne.** L 160/190 + 15 cm, H 75/110 cm, 35/50 kg. Camélidé proche du lama. *Vit* au-dessus de 3 600 m (jusqu'à 5 000 m ; au-dessous des neiges éternelles). Agile et rapide (jusqu'à 60 km/h). *Se nourrit* de feuilles. *Gestation :* 11 mois. *Portée :* 1. *Nombre* (en 2000) : 45 000.

■ **Viscache des pampas.** L 47/66 + 15/20 cm, 7/10 kg, femelle 2/5 kg. Rongeur. *Vit* en petites communautés dans des galeries souterraines. Chassé car dangereux pour les chevaux qui trébuchent dans les galeries.

Oiseaux

■ **Agami.** L 55 cm. Noir à reflets métalliques.

■ **Ara.** L 95 cm. Le plus grand des psittacidés. Énorme bec. Souvent une dominante rouge. Plusieurs espèces.

■ **Colibri** ou **oiseau-mouche.** Plus de 300 espèces *nectarivores* associées aux fleurs. Taille de celle d'un martinet (Patagon géant) à celle d'un bourdon (Hélène de Cuba). Vol rapide, aisé (à reculons ou sur place), long bec à langue aspirante, plumage éclatant, parures (huppes, collerettes,...), femelles plus discrètes. Nid en coupe. *Ponte :* 2 œufs, *incubation :* 14 à 19 jours.

■ **Condor des Andes.** Rapace, proche du vautour. Ailes repliées 80/85 cm, queue 35/38 cm, envergure 290 cm, 12 kg (mâle). Un des plus grands oiseaux voiliers du monde. Se déplace en solitaire ou en bandes (jusqu'à 60). *Nécrophage. Ponte :* sept.-oct. une année sur 2 (1 œuf).

■ **Coq de roche.** L 27 cm. Passereau orange, avec huppe érectile.

■ **Harpie.** L 80/90 cm, 6 kg. Aigle forestier. Chasse singes et gros oiseaux. *Ponte :* 1 œuf.

■ **Nandou.** L 95/170 cm, 25 kg maximum. Ressemble à l'autruche. *Vit* en groupes de 10 à 20. Voit loin mais ne sent pas. S'associe au cerf qui sent mais ne remarque pas l'approche des prédateurs. Le mâle couve les œufs (20 à 30).

■ **Quetzal.** L 33 cm. Famille des couroucous, ou trogonidés. Jadis adoré par Aztèques et Mayas. Très rare. Vert avec de grandes plumes émeraude. Emblème national du Guatemala. *Ponte :* 2 à 4 œufs.

■ **Tinamou.** L 25/45 cm. Ressemble à la perdrix. Mimétisme avec le sol. Le mâle couve l'œuf et s'occupe du poussin.

■ **Toucan.** L 35/60 cm (bec 8/10). Surnommé « clown de la forêt » pour son énorme bec coloré et ses habitudes tapageuses. *Ponte :* 2 à 4 œufs.

■ **Vautour pape** ou **royal.** Ailes repliées 50 cm, queue 25 cm, 3,5 kg. Plumage blanc. *Ponte :* 1 œuf.

Poissons

■ **Arapaïma** ou **pirarucu** (ostéoglossiforme, téléostéen). L 250 cm, 150 kg. *Habite* les grands fleuves d'Amazonie.

■ **Gymnote électrique** ou **anguille tremblante** (gymnotiforme, téléostéen). L 180/250 cm. *Nage* en avant ou en arrière. *Produit* de l'électricité pour s'orienter, localiser ses proies et les électrocuter (200 décharges consécutives de 550 volts et 1 à 2 ampères). *Respire* l'oxygène atmosphérique (toutes les 15 min environ) grâce à une muqueuse buccale très vascularisée.

■ **Piranha** (characiforme, téléostéen). L 30/50 cm. *Carnassier* des eaux douces d'Amazonie. *Se déplacent* par milliers. Armés de dents tranchantes, attirés par l'odeur du sang, attaquent et dépècent leur proie en quelques minutes si elle est déjà blessée et ensanglantée. **Poissons voisins** avec dents broyeuses mais frugivores ou mangeurs de feuilles : coumarous, Pacous...

Reptiles

■ **Anaconda** ou **eunecte.** L 5 à 9 m. Boa aquatique. *Mord* sa proie puis s'enroule autour ; elle meurt par arrêt de la circulation sanguine et asphyxie. *Portée :* 60 petits mesurant environ 80 cm. *Longévité :* 29 ans.

■ **Boa.** L 4 m. Non venimeux. *Étouffe* sa proie en s'enroulant autour d'elle. *Longévité :* 23 ans.

■ **Caïman** (crocodilidé ; se distingue de l'alligator : écailles du ventre aussi dures que celles du dos). L 120/500 cm. *Ponte :* 50 œufs. En voie de disparition.

■ **Tortue luth.** L 180/210 cm, 300/500 kg. Marine, à carapace sans écailles. *Alimentation :* méduses. *Longévité :* inconnue. *Vitesse* maximale 50 km/h.

Animaux d'Asie

☞ Voir légende p. 201 c.

Mammifères

■ **Antilope. Cervicapre** L 120 + 18 cm, H 81 cm, 37 kg. *Cornes* torsadées chez le mâle (45 à 68 cm). *Gestation :* 180 jours. *Portée :* 1 ou 2. *Longévité :* 15 ans. **Tétracère** L 100 + 12,5 cm, H 60 cm. 4 cornes (postérieures 8 à 10 cm, antérieures 2,5 à 3,8 cm). *Gestation :* 8 mois. *Portée :* 1 à 3.

■ **Axis.** Cervidé. L 110/140 + 30 cm, H 75/97 cm, 75/100 kg. Bois plus fins et moins ramifiés que ceux du cerf européen (3 andouillers seulement). *Herbivore.*

■ **Banteng.** Bovidé. L 180/200 cm, H 130/170 cm, 500/900 kg. A robe noire (mâle) ou rouge (femelle). *Vit* en troupeaux en forêt.

■ **Binturong.** Viverridé, proche de la mangouste. L 117/185 + 56/90 cm, 9/14 kg. Poils longs et noirs. Arboricole, nocturne. *Gestation :* 3 mois. *Portée :* 2 ou 3.

■ **Buffle d'eau.** H plus de 180 cm, 500/1 000 kg. *Vit* en zones marécageuses. Domestiqué. Rares troupeaux sauvages. *Gestation :* 310 j.

■ **Chameau de Bactriane.** H 210 cm (du sol au sommet des 2 bosses qui sont des réserves de graisse et non d'eau). Ne transpire qu'à partir de 40 °C, perd en urinant 1 l d'eau par jour. Peut perdre jusqu'à 30 % de son poids et se réhydrater en buvant 120 l d'eau (les globules rouges, très nombreux, se gonflent et absorbent l'eau sans éclater). Par comparaison, un homme perdant 12 % de son poids (déshydratation extrême) ne pourrait absorber une quantité équivalente d'eau sans encourir une indigestion hydrique mortelle. *Vitesse* maximale 25 km/h (chargé 3,5). *Charge :* 250 à 270 kg. Domestiqué (menacé d'extinction) encore à l'état sauvage dans les plaines d'Asie centrale.

■ **Grande civette de l'Inde.** Viverridé. L 115/125 + 40/48 cm, 7/11 kg. *Mœurs* nocturnes. Sécrétion odorante des glandes périnéales, qui s'apparente au musc ; utilisée en parfumerie. *Portée :* 2 ou 3.

■ **Dhole** ou **cuon.** Chien sauvage apparenté au loup. L 76/100 + 28/48 cm, 14/21 kg. 4 doigts aux membres antérieurs. *Gestation :* 9 semaines. *Portée :* 2 à 6.

■ **Éléphant d'Asie.** H 300 cm max., jusqu'à 5 t. Front déprimé, dos arqué, petites oreilles ; 50 % seulement des mâles ont des défenses ; trompe lisse terminée par un seul appendice. *Herbivore. Gestation :* 21 mois. *Portée :* 1. *Longévité :* au maximum 60 ans. *Nombre* (estimation car vit en forêt) : en 1987, 30 000 à 55 000, dont 20 000 en Inde. *Dressage :* capturé, il est confié à un cornac chargé de le conduire et de le soigner toute sa vie. Au début, 2 sujets déjà apprivoisés l'aident. Après 2 à 3 semaines, sait répondre à « En route ! Debout ! A genoux ! Lève-toi ! ». Obéit à 21/24 formules différentes.

■ **Galéopithèque.** L 50/69 + 22/27 cm, 1,50 kg. Dermoptère planeur, allure d'écureuil volant (sur 136 m, ne descend que de 10-12 m). *Végétarien. Gestation :* 60 j. *Portée :* 1.

■ **Gaur.** L 260/330 + 85 cm, H 180/200 cm, 1 t. Bovidé. Cornes incurvées atteignant 60 cm chez le mâle.

■ **Kouprey.** L 220 cm au maximum, H 190 cm, 900 kg. Bovidé du Cambodge. En voie de disparition.

■ **Linsang rayé** ou **civette à bandes.** Viverridé. L 75/80 + 35 cm, 750 g. *Gestation :* 2 mois. *Portée :* 2 ou 3.

■ **Lion d'Asie.** 300 dans la réserve de Gir (Inde) : forêt de 1 500 km² entourée d'une enceinte de 175 km. Nombreux au XVIIIe s. A disparu au XIXe s. des Proche- et Moyen-Orient, d'Iraq en 1923. *Différences avec le lion d'Afrique :* touffe de poils à l'articulation des membres antérieurs, toupet de la queue plus grand, crinière peu fournie.

■ **Muntjac** ou **cerf aboyeur.** L 89/135 + 13/23 cm, H 50 cm, 15/35 kg. Les canines supérieures forment des défenses. Le mâle porte de petits bois. *Vit* en forêt.

■ **Nilgaut.** L 180/210 + 45/53 cm, H 120/150 cm, 200 kg. Antilope ressemblant au taureau et au cerf. Mâle : cornes de 20 cm. Vénéré en Inde. *Végétarien. Gestation :* 245 j. *Portée :* 2. *Longévité :* 15 ans.

■ **Ours.** *Omnivore.* **Lippu** L 180 cm, H 90 cm, 120 kg maximum. Redouté à Ceylan (agressif). Nocturne. Mange des termites qu'il aspire avec ses lèvres (il est si bruyant qu'on l'entend à plus de 200 m). *Gestation :* 7 mois. *Portée :* 2. *Longévité :* 30 ans environ. **Malais** ou **des cocotiers** L 125 cm, H 60 cm, 70/100 kg. Très agile. Arboricole. *Gestation :* 7 mois. *Portée :* 2. **A collier** Tibet, Japon, Asie centrale. L 180 cm, 130 kg. Arboricole.

■ **Panda. Grand** L 150 cm (avec la queue), 75/160 kg. *Vit* solitaire ; *se nourrit* de bambous (+/– 13 kg/j) qu'il attrape facilement grâce à son 6e doigt fonctionnant comme un pouce opposable. *Gestation :* 140 j. *Portée :* 1. Décrit en 1869 par le père David (1826-1900) comme l'« Ours blanc » *(Ursus melanoleucos)*, n'est pas un ursidé mais un *Ailuropoda melanoleuca*, proche du raton-laveur, du koati et du kinkajou américain. *Nombre en 1977 :* 1 000 ; *92 :* 400 au Sichuan (sud-ouest de la Chine), entre 2 000 et 3 000 m d'altitude ; *2000 :* 1 000 en Chine. Un couple, offert en 1975 au zoo de Mexico (2 400 m d'altitude), a procréé durablement. Tuer un panda est passible en Chine de la peine de mort. **Petit** L 60 cm, 3/4,5 kg, pelage roux. *Se nourrit* la nuit de bambous, racines, glands. *Gestation :* 90/150 j. *Portée :* 1 ou 2. Femelle en chaleur 2 ou 3 j par an. Plus répandu : Népal, Bhoutan, Tibet, nord de la Birmanie, provinces chinoises du Sichuan et du Yunnan.

■ **Panthère nébuleuse.** L 120/190 + 60/91 cm, H 80 cm, 14/23 kg (à la naissance, petits aveugles, 140 à 170 g). Grisâtre ou fauve ornée de taches. *Gestation :* 90 j. *Portée :* 2 à 4. *Longévité :* 21 ans.

■ **Primates.** Les plus anciens : *Maki nain* 31 g (décrit 1852, retrouvé 1994 à Madagascar), *gris* 60 g, pelage gris, grandes oreilles, *roux* 50 g, petites oreilles. **1°) Singe : gibbon** L 45/90 cm, H 100 cm, 5/12 kg. Membres antérieurs très développés. Bonds de plus de 10 m. Seul primate capable de marcher sur ses pattes arrière. Monogame. Communique surtout par cris. *Omnivore. Gestation :* 200/212 j. *Portée :* 1. *Longévité :* jusqu'à 30 ans en captivité. **Macaque** L 38/76 + 0/61 cm, jusqu'à 13 kg. Queue absente, moyenne ou longue selon les espèces (12). *Omnivore. Gestation :* 5/6 mois. *Portée :* 1. *Longévité :* plus de 30 ans en captivité. *Vit* au sol, en groupes ; isolé, ne peut survivre. Utilisé dans les laboratoires en raison de sa similitude physique et psychique avec l'homme (facteur Rhésus découvert grâce au macaque « Rhésus »). **Macaque à bonnet** (Bengale) ou **singe crabier** (il pêche les crabes avec sa queue) L environ 50 cm, fourrure assez courte, ocre jaune ; oreilles rosâtres et décollées. *Portée :* 1 par an. **Nasique** L 66/76 + 56/76 cm, 16/22,5 kg (femelle 54/60 cm, 7/11 kg). *Vit* à Bornéo. Seul singe bon nageur (même en mer). Vers 7 ans, le nez du mâle s'allonge démesurément. *Végétarien. Portée :* 1. **Orang-outan** (« homme des bois » en malais) H 150 cm, 75/100 kg (femelle H 115 cm, 40 kg). Pas de queue. Membres antérieurs plus développés que les postérieurs. *Vit* en solitaire. Coefficient intellectuel proche de celui du chimpanzé. Arboricole. En captivité, devient obèse. *Nourriture :* fruits, feuilles, écorces, œufs. *Gestation :* 8/9 mois. *Portée :* 1. *Longévité :* en liberté 30 à 40 ans, en captivité moins car sensible aux maladies pulmonaires transmises par l'homme. **Semnopithèque** L 43/80 + 33/107 cm, 7/18 kg. Vénéré en Inde comme animal sacré. *Végétarien. Gestation :* 196 j. *Portée :* 1. **2°) Tarsier spectre** L 27/35 + 17/22 cm, 100/150 g. Nocturne. Iles de la Sonde. Yeux et membres postérieurs démesurés. Se déplace par bonds (jusqu'à 2 m). Doigts préhensiles pourvus de disques. Sa tête peut tourner sur 180°.

■ **Rhinocéros asiatique.** 3 espèces exterminées pour les prétendues vertus aphrodisiaques de la poudre de ses cornes. **Unicorne de l'Inde** L 420 cm, H maximale 200 cm, 4 t maximum. Une seule corne de 60 cm. Cuirasse formée de plaques. *Gestation :* 560 j. *Portée :* 1. *Longévité :* 40 ans. *Vit* en milieu marécageux. *Végétarien. Nombre :* 2 000 en Inde et au Népal. **De Java** même aspect, plus petit. *Nombre :* 30. **De Sumatra** L 250/280 cm, H 150 cm, jusqu'à 1 t. Le seul en Asie à posséder 2 cornes. Pelage laineux ; dépourvu de plaques. *Nombre :* une centaine.

■ **Tigre.** L 230/300 + 75/91 cm, H 90 cm, jusqu'à 384 kg (record pour un tigre de Sibérie). Pelage jaune (parfois blanc, dans la principauté de Rewah en Inde) rayé de sombre. Originaire de Sibérie, supporte neige et froid. *Solitaire.* Chasse dans l'obscurité. Ouïe très fine. *Attaque* les animaux, parfois l'homme. *Gestation :* 105/113 j. *Portée :* 2 à 4, parfois 7 (1/1,5 kg, ouvrent les yeux à 14 j). *Longévité :* 15 à 25 ans. *Nombre :* environ 6 500 (dans 14 pays), dont tigre **du Bengale** 4 000 (Inde, Bangladesh, Népal, Birmanie), **indochinois** 1 500 (Asie du Sud-Est), **de Sumatra** 450 (Indonésie), **sibériens** 380 (Russie, Chine, Corée du Nord), **de Chine du Sud** 25. En captivité : 1 200.

■ **Tupaye.** L 3/45 + 15/24 cm. Petit mammifère (Tupaiidé) à allure d'écureuil, *insectivore.* Présente des caractères simiens. *Gestation :* 45/50 j. *Portée :* 2.

■ **Yack du Tibet.** H 170 cm, 550/700 kg. Bovidé. *Vit* jusqu'à 6 000 m d'altitude. Résiste à – 40 °C. Quand la nourriture se raréfie, mange mousses et lichens et se désaltère de neige. *Gestation :* 277/290 jours. *Portée :* 1.

Mammifères aquatiques

■ **Dugong.** L 250/280 cm, 140/170 kg. Sirénien proche du lamantin (océan Indien, Pacifique Ouest). *Gestation :* 11 mois. *Portée :* 1. Chassé pour sa chair, sa graisse et de prétendues propriétés curatives.

■ **Plataniste du Gange** ou **dauphin du Gange.** L 250 cm. Cétacé d'eau douce. Aveugle. *Portée :* 1.

Oiseaux

■ **Balbuzard** ou **aigle pêcheur.** L 55 cm, ailes repliées 40 cm, envergure 160 cm, 1,3/1,7 kg. *Ponte :* 3 œufs, *incubation :* 35/38 j. Nicheur en Corse (27 couples) et sur de rares sites en France continentale (en augmentation).

■ **Coq bankiva.** L 65/70 + 27,5/50 cm. A l'origine de toutes les races de coqs domestiques (domestiqué vers 5000 av. J.-C.). *Ponte :* 5 à 10 œufs (après chaque ponte, la poule s'éloigne de son nid et caquette pour attirer sur elle l'attention des prédateurs : comportement souvent maintenu chez les races de basse-cour mais sans utilité).

■ **Gypaète barbu.** Charognard. Vole jusqu'à 9 000 m d'alt. (Himalaya).

■ **Paon bleu.** L 150/200 cm. Vénéré en Inde comme l'incarnation du dieu Krishna. *Nourriture :* végétaux, fourmis, petits reptiles. *Ponte :* 3/5 œufs.

Poissons

■ **Archer cracheur** ou **toxotes.** L jusqu'à 30 cm. Capture les insectes en crachant jusqu'à 1,50/2 m au-dessus de l'eau.

■ **Périophtalme.** L 12/30 cm. Nageoires pectorales ressemblant à des « membres ». Avant d'aller sur le rivage, fait provision d'eau dans des cavités situées de chaque côté de sa tête. Voit mieux à l'air libre que dans l'eau.

Reptiles

■ **Crocodile.** 2 espèces : **des marais** L 3 à 4,25 m. En Inde et à Ceylan. *Ponte :* 15 à 20 œufs. *S'alimente* d'insectes. **Marin** L 7 à 10 m (à la naissance 30). *Carnivore,* dangereux. *Ponte :* 30 à 50 œufs (pesant de 66 à 140 g). *Incubation :* 2 mois et demi.

■ **Gavial du Gange.** L 4,50 à 8 m. Inde et Myanmar. Gavialidé. Aspect redoutable dû à son immense mâchoire pourvue de dents fines, mais n'est pas dangereux pour l'homme. Va rarement à terre. *Se nourrit* surtout de petits poissons. *Ponte :* jusqu'à 40 œufs (de 9 cm sur 7 cm).

■ **Varan. A deux bandes** ou **Varan malais** L 2 m. Lézard géant. Bon nageur, grimpe aux arbres. *Omnivore. Ponte :* 7 à 30 œufs dans une cavité. **De Saltator** L 4 m et plus. Nouvelle-Guinée. Très longue queue. **De Komodo** L jusqu'à 3 m. Massif. Petites îles à l'est de Java.

Animaux australiens

☞ Voir légende p. 201 c.

Mammifères

■ **Couscous** ou **phalanger.** Marsupial. L 40/50 + 25/35 cm. *Vit* dans les arbres. Assez agressif. *Omnivore.*

■ **Dingo.** Chien sauvage. Chasse par bandes.

■ **Échidné.** L 25 cm. Ovipare. Couvert de piquants, bec corné. *Insectivore.* La femelle pond puis porte ses œufs dans une poche (repli de peau).

■ **Kangourou** (en aborigène, signifie animal). *Herbivore. Vitesse :* jusqu'à 88 km/h sur trajets courts, bonds exceptionnels de 13,50 m de longueur et 3,30 m de hauteur. *Poche* (le marsupium) bien développée chez les femelles, dirigée vers l'avant et contenant 4 tétines. *Gestation :* 30/40 j. *Portée :* 1 (environ 25 mm). Il grimpe par reptation dans la poche et happe une tétine. Y demeure 235 j. *Longévité* (en captivité) : 17 à 18 ans. **Roux** mâle L 130/160 + 85/105 cm ; femelle L 100/120 + 65/85 cm ; 23/70 kg (mâle 2 fois plus lourd que femelle). *Vit* en plaine. **Géant** mâle L 105/140 + 95/100 cm. *Vit* en forêt. **Wallaroo** mâle L 100/140 + 80/90 cm. *Vit* en montagne. *Couleur :* mâle roux, femelle grise.

■ **Koala.** L 60/82 cm, 16 kg. Sans queue. Arboricole nocturne lent, *mangeant* des feuilles d'eucalyptus. *Gestation :* 25/30 jours (2 cm de long à la naissance). Reste plus de 6 mois dans la poche ventrale.

■ **Ornithorynque.** L 45 + 15 cm. Mammifère ovipare. Bec corné (d'où son nom, littéralement « bec-oiseau ») doté d'électro-récepteurs formant une sorte de sonar, pattes palmées, corps recouvert de fourrure, queue plate lui permettant de creuser des galeries près des étangs où il vit. La femelle pond des œufs, les couve, puis allaite.

■ **Wallaby.** Nom de nombreux petits kangourous.

Oiseaux

■ **Balbuzard** (voir col. b).

■ **Émeu.** Famille des casoars, voisin des autruches. H 180 cm, H dos 100 cm, 55 kg. *Ponte :* 8 à 15 œufs. Le mâle couve les œufs : 52/60 j (perd 5 kg et plus). Plumage brun mat. Court à environ 50 km/h, peut nager.

■ **Martin-chasseur géant** ou **kookaburra,** dit *« Jean-le-Rieur »* (il ricane). Famille des martins-pêcheurs. *Alimentation :* petits reptiles, insectes, crustacés.

■ **Oiseau-lyre** ou **ménure.** L jusqu'à 100 cm. Doit son nom aux longues plumes recourbées de la queue du mâle. Voix forte et mélodieuse, talent d'imitateur.

Reptiles

■ **Crocodile marin.** Au nord de l'Australie (voir ci-dessus).

Animaux polaires

☞ Voir légende p. 201 c.

Arctique

■ **Bœuf musqué** *(Ovibos moschatus).* L 180/245 + 7/10 cm, H 110/145 cm, 200/300 kg ; femelle beaucoup plus petite que le mâle. *Cornes* recourbées vers le bas, pointes dressées vers le haut. Ruminant. Pelage hirsute ; hiver : bourre longue et épaisse qui enveloppe tout le corps sauf mufle et lèvre inférieure, et à l'arrière descend presque jusqu'aux sabots ; les poils du mâle sont plus longs au niveau de la gorge, d'où son nom eskimo : *Umimmak* (le barbu). Été : quand la bourre est recouverte de poils, a un aspect échevelé. Odeur d'une sécrétion produite pendant la saison du rut. *Gestation :* 8 mois 1/2. *Portée :* 1 tous les 2 ans. *Vit* au nord du Canada, au Groenland. Pendant l'ère glaciaire, répandu en Europe centrale.

■ **Harfang des neiges** ou **chouette harfang** *(Nyctea scandiaca).* L 56/65 cm (la plus grande chouette connue). Mâle plus petit et d'un blanc pur ou blanc avec des points ou des rayures gris pâle ou brunâtres. Femelle plus foncée, rayures plus prononcées. Présence et reproduction dépendent de l'abondance des rongeurs.

■ **Lemming** (plusieurs genres et espèces). Rongeur de la famille des campagnols. Fourrure longue, épaisse, ne craignant pas l'eau. Surtout dans les régions polaires, *mangent* des végétaux (lichens) et de petites charognes ; en hiver, vivent presque exclusivement sous la neige. Prolifiques et abondants, faciles à capturer par renards polaires ou ordinaires, gloutons, hermines, chouettes harfangs, chouettes lapones et rapaces diurnes du Nord, loups arctiques, ours blancs. **Des forêts** L 7,5/11 cm, 20/30 g. Fourrure gris ardoisé, dessin brun-rouge sur le dos. La femelle met bas 2 fois l'été. **Des toundras** L 10/13 + 1,8/2,6 cm, 40/112 g. Couleur variable.

■ **Morse** *(Gdobenus rosmanus).* Mâle L 360 cm, jusqu'à 1,5 t. Femelle L 300 cm, 550 kg. Possède des *défenses* (jusqu'à 1 m chez le mâle adulte). Peut rester jusqu'à 12 min en plongée. *Se nourrit* de mollusques (environ 3 000 palourdes par j). *Gestation :* 15 à 16 mois. *Longévité :* jusqu'à 40 ans.

■ **Ours blanc** *(Ursus maritimus).* Mâle L 240/250 cm, femelle L 180/210 cm, 320/410 kg (en Sibérie jusqu'à 1 000 kg). *Carnivore* en hiver (phoques), *omnivore* en été (œufs, algues, bois, détritus, cadavres de cétacés). Marche à l'amble (en levant les 2 pattes du même côté) comme tous les ours. Bon grimpeur. Peut parcourir en mer 30 km à 10 km/h, mais ne chasse pas dans l'eau. Mâles solitaires ; femelles et jeunes vivent en famille 2 ans environ. *Gestation :* 8 mois. *Portée :* souvent 2 (25 à 30 cm, 700 à 900 g). *Nombre :* 20 000 à 25 000 dans le monde (environ 1 300 tués chaque année par l'homme).

■ **Petit pingouin** *(Alca torda).* Famille des alcidés. L 40 cm, ailes repliées 20 cm, envergure 68 cm, 700 g environ. *Vit* dans l'hémisphère Nord jusqu'en Bretagne. Ailes relativement petites, vol rapide et impétueux. Excellent nageur et plongeur.

■ **Phoque.** 18 espèces. **Marbré** L 135/165 cm, 90 kg. *Solitaire*, se déplace peu. **Du Groenland** L 180 cm, 180 kg. *Vit* en grande société. *Alimentation :* 5 kg de poisson/j. *Se reproduit* sur la glace en février et mars. *Nombre en 1981 :* 2 millions ; *91 :* 5 millions. **A capuchon** L 315 cm, 400 kg. Possède des cavités nasales dilatables qui s'étendent au-dessus des yeux. *Nombre :* 400 000 au nord-est du Canada. *Alimentation :* 9 kg de poisson/j. **Barbu** L 225 cm, 225/270 kg. *Solitaire.* **A rubans** *solitaire, vit* dans le nord du Pacifique.

Antarctique

■ **Manchot.** Palmipède marin. Ailes transformées en nageoires impropres au vol, queue triangulaire servant de gouvernail, corps recouvert de plumes courtes et raides, sauf sur la plaque incubatrice. Peut plonger 6 min à 300 m de profondeur, nager à 11 km/h, capturer en 5 j, pendant l'été austral, 5 kg de poissons dont il rapporte 2 kg à ses poussins. *Nombre :* des millions. Par colonies, plusieurs dizaines de milliers de couples. **Adélie** L 70 cm ; aileron 18 cm, 6 kg. *Plumage :* noir (dos et tête), blanc (ventre), bec noir, pattes orange. Queue longue. *Se nourrit* essentiellement de krill (crustacés planctoniques). *Reproduction :* estivale. *Nid* constitué de petits cailloux sur lesquels 2 œufs sont pondus. *Incubation :* 33-35 j, élevage des poussins (pendant 2 mois environ) effectué en alternance par les 2 partenaires. **Empereur** L totale 120 cm, aileron 34 cm, 30 à 40 kg. Plumage gris bleuté (dos) et blanc (ventre) avec taches orange sur tête et cou. Bec long, étroit, légèrement recourbé vers le bas, portant à la mandibule inférieure une plaque orange ou violette. *Alimentation :* poissons, céphalopodes et crustacés. *Reproduction :* hivernale, jusqu'à – 50 °C. *Ponte* (automne) : 1 œuf. Aucun nid. Les adultes couvent l'œuf sous leurs pattes. Peuvent se déplacer avec et se former en groupes serrés (« tortucs ») pour lutter contre le froid. *Incubation :* 62 à 64 j, par le mâle seul, qui jeûne près de 4 mois entre son arrivée dans la colonie et son départ en fin d'incubation. La femelle, retournée à la mer dès la ponte, revient lors de l'éclosion, les 2 parents alterneront pour alimenter leur petit. *Mue des adultes :* 3 ou 4 semaines, débute lorsque celle des poussins est achevée. **Royal** *(Aptenodytes patagonica)* H 70/75 cm, 15 kg.

■ **Phoque.** 4 espèces. Les jeunes naissent sur la glace. *Gestation :* 9 mois. Croissance rapide. **De Weddell** L 300 cm, 340 à 450 kg (29 kg à la naissance, 112 kg à 6 semaines), plonge à plus de 500 m pour *pêcher* calmars et poissons. **Léopard de mer** L 400 cm, 380 kg (et plus pour la femelle). *Solitaire. Carnassier :* poissons, manchots et jeunes phoques d'autres espèces. **Crabier** L 260 cm, 225 kg. Femelle plus grande. *Se nourrit* de petits crustacés planctoniques. **De Ross** L 200/230 cm, 215 kg, *mange* varechs et invertébrés mous des fonds océaniens, et céphalopodes.

Zoos

Histoire

■ **Antiquité. 1re collection d'animaux connue :** celle de Shulgi, gouverneur de la IIIe dynastie d'Ur, de 2094 à 2047 av. J.-C., à Puzurish (Iraq). **Rome :** *ménagerie d'Auguste* (29 av. J.-C.), 3 500 animaux : 20 tigres, 260 lions, 600 bêtes africaines (panthères, guépards, etc.) ; *de Gordien* (vers 237), 1 000 ours, 100 tigres, 100 girafes ; *de Probus* (276-282), 1 000 autruches, 1 000 cerfs, 1 000 sangliers, 300 ours.

■ **Zoos modernes. Nombre :** plus de 2 000 dans le monde (350 millions de visiteurs par an). **1er zoo connu :** *Schönbrunn* (Autriche 1752). **1er zoo moderne** (enclos plus vastes, fossés, cadre plus proche de la nature, programmes d'élevage, de reproduction) : conçu par Hagenbeck à Hambourg (All.) au début du XXe s. **1res naissances en zoo :** *girafe :* 1836 Londres, 1852 Schönbrunn ; *éléphant :* 1906 Schönbrunn ; *chimpanzé :* 1915 La Havane (Cuba), 1920 Bronx (USA), 1921 Berlin ; *orang-outan :* 1928 Berlin ; *gorille :* 1956 Colombus (USA).

Zoos français

Légende : date de création ; superficie (ha) ; nombre d'animaux (a.), d'espèces (e.), de visiteurs par an (v.) ; zoo ou zoologique (z.). Statut : (1) privé. (2) public.

■ **Nombre** (au 1-1-1997). 353 parcs d'animaux sauvages et aquariums.

■ **Paris. 1°) Bois de Boulogne :** ours, daims, animaux de la ferme, volière. **2°) Jardin d'acclimatation** (1860) : 19 ha. 176 a. 1 300 000 v. Parc d'attractions. Musée en herbe. Théâtre. Ateliers. Poney Club. Golf. Guignol. **3°) Ménageries du Jardin des Plantes** (1793) **et vivarium :** 5,5 ha. 60 employés. 1 100 a. 65 e. de mammifères, 140 e. d'oiseaux, 78 e. de reptiles, de batraciens, d'insectes et d'arachnéidés. Microzoo. 500 000 v. **4°) Parc zoologique de Paris** dit **zoo de Vincennes** (1931 attraction pour l'Exposition coloniale sur le modèle de celui de Hambourg ; 1932 passe de 3 à 15 ha, fossé ; 1934 inauguré) : 130 employés. 1 200 a. 535 mammifères de 80 e., 600 oiseaux de 80 e., 900 000 v. ; e. très rares : cerfs d'Eld, cobs de Mrs Gray, hippotragues noirs, okapis, grand panda, rhinocéros blancs, loups du Canada, éléphants d'Asie, lémuriens, guépards. Naissances : 106 girafes depuis 1934.

■ **Province. Ambert** (P.-de-D.) *parc z. du Bouy* (1975) [1] 50 ha. 500 a. Reproduction de lycaons. 35 000 v. **Amiens** (Somme) *parc z. de la Petite Hotoie* (1952) [2] 7 ha. 100 e. 488 a. 96 345 v. (1999). **Amnéville** (Moselle) *parc z. du Bois de Coulange* (1986) [1] 9 ha. 1 000 a. 170 e. 421 000 v. (1999). **Ardes-sur-Couze** (P.-de-D.) *parc animalier du Cézallier* [1] 25 ha. 400 a. **Beaucens** (Htes-Pyr.) *Donjon des Aigles,* volerie. **Belval** (Ardennes) *parc de vision* (1973) [1] 570 ha. 7 e. 20 000 v. **Besançon** (Doubs) *parc z. du Muséum d'histoire naturelle de la Citadelle* (1963) [2] 5 ha. 280 a. 61 e. Aquarium, insectarium, noctarium. Petite ferme. 245 000 v. **Bidache** (Pyr.-Atl.) *château des Aigles,* volerie. **Bordeaux-Pessac** (Gironde) *parc z.* (1976) [1] 6 ha. 400 a. 110 e. 100 000 v. (1997). **Boutissaint-en-Puisaye** (Yonne) *1er parc de vision français* (1968) [1] 400 ha. 100 km de chemins, miradors, 400 a. 5 e. 25 000 v.

Cambrai (Nord) *parc d'Estourmel* (1967) [1] 6 ha. 200 a. dont oiseaux, 35 e. (la plupart en semi-liberté). **Château-sur-Allier** (Allier) *parc z. de St-Augustin* (1962) 100 ha. 50 e. (carpes centenaires) 80 000 v. **Châteauneuf-sur-Cher** (Cher) *parc animalier du château* (1978) 4 ha. 30 000 v. **Clères** (S.-M.) *parc z.* (1919-20) 13 ha ouverts au public, 13 ha en réserve. 2 000 oiseaux de plus de 250 e., 200 mammifères (8 e.). 100 000 v. **Courzieu** (Rhône) *fauconnerie* (1980) [1] 23 ha. 200 rapaces. Vallée des loups. 80 000 v.

Dompierre-sur-Besbre (Allier) *Le Pal* (1973) 23 ha [1]. Parc animalier (plus de 500 a., 100 e.) et 25 attractions. 300 000 v. **Doué-la-Fontaine** (M.-et-L.) (1960) [1] 10 ha. 500 a. 80 e. 210 000 v. **Émancé** (Yvelines) *parc du château de Sauvage* (1974) 40 ha ouverts au public, 14 ha en réserve. 500 a. **Eschbourg** (Bas-Rhin) *parc animalier du Schwartzbach.* **Fréjus** (Var) *parc z.* (1971) [1] 20 ha. 800 a. 145 e. 120 000 v.

Gramat (Lot) 1°) *Parc animalier* (1979) 40 ha. 1 000 a. (300 oiseaux). 150 e. 80 000 v. 2°) *Parc z. de Padirac.* 2 ha. **Heudicourt-sous-les-Côtes** (Meuse) *parc aux oiseaux* (1983) 6,5 ha. 200 oiseaux, 16 000 v. + *réserve du lac de Madine :* plus de 10 000 oiseaux migrateurs selon saison. **Jurques** (Calvados) *parc z.* (1960) [1] 15 ha. 500 a. 100 e. (perroquets, rapaces). 105 000 v.

La Barben (B.-du-Rh.) *parc z.* (1969) [1] 30 ha. 600 a. 200 000 v. **La Boissière-du-Doré** (L.-A.) *espace z.* (1984) [1] 9 ha. 450 a. 90 e. 86 000 v. **La Faute-sur-Mer** (Vendée) *parc de Californie* (1986) [1] 4 ha. 2 500 a. 300 e. 60 000 v. **La Flèche** (Sarthe) *zoo de La Flèche* (1946) [1] 14 ha. 800 a. 150 e. 291 000 v. parc des ours polaires : un des plus beaux d'Europe. **La Palmyre-Royan** (Ch.-M.) (1966) [1] 14 ha. 1 600 a. dont 200 singes, 150 e. 705 000 v. Le plus important z. privé de France. **Le Breil-sur-Mérize** (Sarthe) *parc animalier du domaine de Pescheray* (1976) 70 ha. 500 a. 55 e. 43 600 v. **Le Guerno** (Morbihan) *parc de Branféré* (1965) légué à la Fondation de France (1988) 35 ha. 2 000 a. en liberté. 150 e. 95 000 v. **Les Abrets** (Isère) *parc z. Fitilieux-Bruniaux* (1968) [1] 30 ha. 250 a. 60 e. 45 000 v. **Les Angles** (Pyr.-Or.) *parc animalier* (1994) [1] 37 ha. 111 a. 12 e. 115 000 v. **Les Sables-d'Olonne** (Vendée) *parc z.* (1975) [1] 4 ha. 200 a. 40 e. 100 000 v. **Lille** (Nord) *parc z. municipal* (1953) [2] 4 ha. 350 a. 85 e. 1 200 000 v. **Lisieux** (Calvados) *centre d'étude et de recherche z. Augeron (Cerza)* (1986) [1] 50 ha. 350 a. 48 e. en semi-liberté. 262 000 v. **Lyon** (Rhône) *parc de la Tête d'Or* (1856-58) [2] 105 ha dont lac 16 ha, jardin botanique 6 ha, zool. 6 ha. 700 a. 90 e. 2 millions de v. *Roseraie internationale* (1964) 6 ha. 55 000 rosiers. 400 variétés. 1 million de v.

Maubeuge (Nord) *parc z.* (1955) [2] 7 ha. 600 a. 50 e. 125 000 v. **Merlimont** (P.-de-C.) *parc d'attractions de Bagatelle* (1955) [1] 26 ha. Zoo classé. 450 a. 25 e. 425 000 v. (en 1999). **Mervent** (Vendée) *parc z.* (1959) [1] 5 ha. 350 a. (reproductions). 100 000 v. **Montpellier** (Hérault) *parc z. de Lunaret* municipal, gratuit (1964) [2]. 80 ha. 542 a. 81 e. 500 000 v. **Mulhouse** (Ht-Rhin) *parc z. et botanique de la ville* (1868) [2] 25 ha. 1 200 a. 190 e. et sous-e. 326 476 v. **Nay** (Pyr.-Atl.) Parc aux kangourous. *Zoo d'Asson* (1964) 3,27 ha. 40 000 v.

Obterre (Indre) *parc de la Haute-Touche* (1980) [2] 480 ha. 1 000 a. 100 e. 60 000 v. **Oléron** (île d') (Ch.-M.) *Le Marais aux oiseaux* (1983) 10 ha. 600 a. 70 e. 40 000 v. **Orcines** (P.-de-D.) *parc z. des Dômes.* **Orléans** voir le chapitre Régions. 140 000 v. **Ozoir-la-Ferrière** (S.-et-M.) *parc z. du bois d'Attilly* (1966) [1] 16 ha. 150 a. 90 000 v.

Peaugres (Ardèche) *safari de Peaugres* (1974) [1] 80 ha. 800 a. 127 e. 283 500 v. Ours blancs en semi-liberté, manchots, otaries. **Peumerit** (Finistère) *parc de la Pommeraie.* **Plaisance-du-Touch** (Hte-G.) *parc z.* (1970) [1] 5 ha. 350 a. 50 e. *Réserve African Safari* (1990), otaries, 15 ha. 60 a. 10 e. 160 000 v. **Pleugueneuc** (I.-et-V.) *parc z. de la Bourbansais* (1965). Spectacle de meute. 15 ha. 45 e. 350 a. 87 000 v. **Poitiers** (Vienne) 1°) *parc de Blossac* (XVIIIe-XIXe s.) 7,5 ha. 180 a. 38 e. 150 000 v. 2°) *parc z. des Bois de St-Pierre* (1970) 5 ha (dans parc 248 ha). 240 a. 55 e. 150 000 v. **Pont-Scorff** (Morbihan) *parc z.* (1973) 10,5 ha. 600 a. 135 e. Plus de 40 félins (14 e.). 214 000 v.

Rambouillet (Yvelines) [1972, rénové 1994] 250 ha. *Espace Rambouillet (ex-parc animalier des Yvelines)* en liberté : 260 cerfs, chevreuils, sangliers et daims ; 6 aurochs ; 100 rapaces dont certains présentés en vol par 4 fauconniers. 145 000 v. **Rhodes** (Moselle) *domaine de Ste-Croix* (1980) 70 ha. Faune européenne. **Rive-de-Gier** (Loire) *espace z. de St-Martin-la-Plaine* (1972) [1] 13 ha. 350 a. 60 e. Élevage de gorilles. 135 000 v. **Rocamadour** (Lot) *rocher des Aigles* (1979) 3 ha. 300 rapaces. 44 e. 160 000 v. **Romanèche-Thorins** (S.-et-L.) *Touroparc* (1961) [1] 10 ha. 800 a. 170 000 v.

St-Aignan-sur-Cher (L.-et-C.) *zoo-parc de Beauval* (1980) [1] 15 ha. 200 mammifères (dont tigres blancs, lamentins, lions blancs), 2 500 oiseaux exotiques (250 e.), 100 reptiles, 3 serres tropicales de 2 000 m^2. 400 000 v. Spectacles de rapaces et otaries, plus grande piscine d'Europe (3 000 m^3, 1 000 m^2). **St-Denis** (île de la Réunion) *parc z. du Chaudron* (1976) 2,8 ha. 90 e. (oiseaux 63, mammifères 20, reptiles 7). 80 000 v. **St-Jean-Cap-Ferrat** (A.-M.) *parc d'acclimatation* (1950) [1] ancienne propriété du roi Léopold II de Belgique. 3 ha. 400 a. 100 000 v. **St-Malo** (I.-et-V.) *exotarium.* **St-Symphorien-des-Monts** (Manche) *parc d'animaux domestiques.* **Stes-Maries-de-la-Mer** (B.-du-Rh.) *parc ornithologique du Pont de Gau* (1949) [1] 60 ha. 2 500 oiseaux (170 e.). 106 000 v. **St-Vrain** (Essonne) *parc* (1975) : au XVIIIe s. à la Ctesse du Barry, depuis propriété des Mortemart. 130 ha. Animaux en liberté (éléphants, girafes, singes, ours, tigres...). Fermé à la visite. **Sanary-sur-Mer** (Var) *jardin exotique et zoo de Sanary-Bandol* (1960) [1] parc tropical cactées, plantes vertes, oiseaux et animaux (fennecs, singes, lamas, kangourous, perroquets...) de 2 ha. 52 695 v. **Sigean** (Aude) *réserve africaine* (1974) [1] 300 ha de garrigues et d'étangs. 3 100 a. (dont 498 mammifères, 1 909 oiseaux, 693 reptiles). 330 000 v.

Thoiry (Yvelines) (1967) [1] château XVIe s. 450 ha. 800 a. en liberté. Tunnel des tigres et des lions, panthères noires, ours, lions, singes, reptiles, oiseaux exotiques, rhinocéros, girafes, éléphants et dragons du Komodo. Parcours pédagogique. 365 000 v. **Toulon** (Var) *centre d'élevage et de reproduction de fauves* (1969) [1] 4 ha. 120 a. 100 000 v. **Trégomeur** (C.-d'A.) *jardin z. de Bretagne* (1970) [1] 14 ha. 300 a. 60 e. 70 000 v. Iles à lémuriens de Madagascar.

Upie (Drôme) *jardin aux oiseaux* (1976) [1] 6 ha. « Serre aux Oiseaux-Mouches. » Spectacles de rapaces et perroquets, d'avril à septembre. 1 000 oiseaux. 200 e. 45 000 v. **Villars-les-Dombes** (Ain) *parc des oiseaux* (1970) 24 ha. 2 000 oiseaux. 385 e. 200 000 v. **Villedieu-les-Poêles** (Manche) *parc z. de Champrepus* (1957) 7 ha. 50 e. 77 000 v. **Villiers-en-Bois** (D.-S.) *zoorama européen de la forêt de Chizé* (1973) 25 ha. 600 a. 165 e. (européennes). Environ 60 000 v. **Yvoire** (Hte-Savoie) *vivarium* (1986) [1] 200 m^2. 300 a. 75 e. 35 000 v.

Syndicat national des directeurs de parcs zoologiques français (SNDPZ). *Créé* 1974. *Siège :* parc zoologique, av. Matthias-Delobel, 59800 Lille. *Membres :* 68. *Emblème :* le dodo, oiseau de l'île Maurice exterminé au XIXe s. *Revue :* « Inter Zoo ». *Bulletin :* « La Lettre du dodo ».

Association nationale des parcs et jardins zoologiques privés (ANPJZP). *Créée* 1969. *Siège :* Zoo parc de Beauval, 41110 St-Aignan-sur-Cher. *Label :* licorne blanche sur fond vert, *décerné* aux zoos répondant à des normes de qualité. *Membres :* 32 actifs (parcs privés), 13 associés (parcs d'État).

Syndicat France Parcs. *Créé* 1983. Devenu le **Syndicat national des espaces de loisirs, d'attractions et culturels (SNELAC)** en déc. 1998. *Siège :* 84, rue Chardon-Lagache, 75016 Paris. Regroupe 66 parcs.

Principaux zoos étrangers

Afrique du Sud : Pretoria. **Algérie :** Alger. **Allemagne :** Augsbourg, Berlin (le plus grand d'Europe : 1 500 e., 11 000 a.), Cologne, Dresde, Duisburg, Francfort, Gelsenkirchen, Halle, Hambourg-Stellingen, Hanovre, Krefeld, Leipzig, Munich, Münster, Nuremberg, Osnabrück, Rheine, Stuttgart, Walsrode (parc ornithologique le plus important du monde), Wuppertal. **Australie :**

Sydney. **Autriche :** Innsbruck, Vienne. **Belgique :** Anvers, Planckendael, grottes de Hann-sur-Lesse. **Canada :** Québec, Toronto, Montréal (Biodôme), St-Félicien, Granby. **Chine :** Pékin. **Congo** (ex-Zaïre) **:** Kinshasa. **Danemark :** Copenhague. **Égypte :** Alexandrie, Le Caire. **Espagne :** Barcelone, Jérez, Madrid. **Finlande :** Helsinki. **Grande-Bretagne :** Alfriston (Drusillas), Aviemore, Bourton-on-the-Water, Bristol, Cantorbéry, Chester, Chichester, Édimbourg, Farnham, Glasgow, Jersey, Londres (Regent's Park), Manchester, Port Lympe, Whipsnade. **Hongrie :** Budapest. **Italie :** Naples, Rome. **Maroc :** Rabat. **Pays-Bas :** Amsterdam, Apeldorn, Arnhem, Emmen, Rotterdam. **Pologne :** Cracovie, Poznań, Varsovie, Wrocław. **Portugal :** Lisbonne. **Sénégal :** Dakar. **Sri Lanka :** Colombo. **Suède :** Stockholm (Skansen). **Suisse :** Bâle, Berne, La Garenne, Rapperswill, Zurich. **Rép. tchèque :** Brno, Dvür Kralove, Liberec, Prague, Olomouc, Ostrava. **Tunisie :** Tunis. **Russie :** Moscou. **USA :** Chicago (Lincoln Park, Brookfield), Cincinnati, Cleveland, Detroit, Kansas City, Marineland (Oceanarium), Miami (Oceanarium), New York (Bronx, Central Park), Philadelphie, St Louis, San Diego, Washington.

Statistiques

■ **Alimentation journalière. Carnivores :** viande crue non désossée (bœuf, cheval, mouton) et compléments minéraux vitaminés. 2 jours de diète par semaine. *Tigre* et *lion :* 10 à 12 kg par repas ; *lionne :* 8 à 10 kg ; *panthère :* 5 ; *vautour :* carcasses déposées dans la volière 2 fois par semaine. **Carnivores piscivores :** mangent viande et poisson. *Cigogne, héron, ibis, marabout.* **Granivores :** granulés fabriqués à base d'un mélange de graines, salade, carottes râpées. *Bernache de petite taille, canard, cygne, oie, paon, perroquet* (régime strict avec bananes, pommes, oranges coupées en morceaux, granulés spéciaux et graines variées). **Herbivores :** fourrage sec (luzerne ou foin de prairie), fourrage vert (luzerne), carottes, granulés pour bovidés. Compléments minéraux pour ruminants (sel gemme et pierres à lécher). *Buffle :* fourrage à volonté et 1 kg de granulés par jour. **Omnivores :** *babouin :* biscuits pour carnivores, salade, carottes, pommes, oranges, bananes, fruits de saison, croquettes pour singes. *Ours :* viande crue, croquettes pour chiens, poisson cru, œufs (1 ou 2 fois par semaine), salade, carottes et pommes. *Ours blanc :* poisson cru en supplément. **Piscivores :** poisson frais (hareng, maquereau, sardine, merlan). *Phoque* et *otarie :* 5 à 8 kg par jour.

■ **Régimes spéciaux.** *Aye-Aye* (1 fois par jour) : canne à sucre, avocats, mangues, oranges, vers de farine, bouillie lactée, noix de coco vertes (3 fois par semaine). *Éléphant* (d'environ 4 t) : 5 kg de farine d'orge, 5 kg de granulés pour bovidés, 5 kg de carottes, 40 kg de foin et de luzerne verte, pommes. *Girafe* et *okapi* (2 fois par jour) : 1 à 2 kg d'avoine germée, 10 à 15 kg de luzerne sèche fine, 4 l de lait avec 2 kg de flocons d'avoine et de farine d'orge cuite, oignons crus, carottes, bananes ; l'été, apport de luzerne verte. *Panda* (2 fois par jour) : lait, œuf, carottes râpées, bananes, pommes, sel, sucre, fagot de 15 kg de bambou. *Propithèque* (2 fois par jour) : acacias, ronces, avocats, mangues, pommes oranges, figues, dattes, châtaignes, pain complet et miel, bouillie lactée.

■ **Quelques prix européens** (en F)[1]. Autruche 10 000. Chimpanzé 10 000. Cygne 500 à 1 500. Éléphant 250 000. Girafe 80 000. Hippopotame 65 000. Lion 500. Lionceau 500. Ours 750 à 5 000. Perroquet 10 000. Rhinocéros d'Asie 450 000, d'Afrique (noir) 920 000. Tigre 1 500 à 10 000.

Nota. (1) Les zoos ne vendent plus d'animaux sauf les animaux banals (chèvre naine) ou de reproduction facile (lion, autruche) vendus à un prix symbolique. Ils les confient (mise en dépôt). Les prélèvements dans la nature sont devenus inexistants. Okapi et panda ne sont pas commercialisés.

Parcs et réserves

Dans le monde

■ **Réserves naturelles intégrales.** De quelques km^2 à près de 50 000 km^2. Ne sont pas entourées de grillage : les animaux s'y réfugient. Sont fermées au public. **La plus grande du monde :** Wood Buffalo (Alberta, Canada, *créée* 1922) 45 500 km^2 ; **de France :** réserve marine Yves-Merlet (Nouvelle-Calédonie, *créée* 1970) 167 km^2.

■ **Parcs nationaux et réserves analogues.** Territoires qui, dans un ensemble homogène généralement non exploité par l'homme (pas de chasse, pêche, coupe de bois, culture, élevage, exploitation du sous-sol), présentent des espèces végétales et animales de grand intérêt. Gestion et surveillance sont assurées par la plus haute autorité compétente du pays. Visite autorisée sous certaines conditions (habituellement contrôle à l'entrée et à la sortie). A l'intérieur, on distingue *les aires naturelles intégrales :* interdites au public ; *dirigées :* pour protéger une espèce ou un groupe d'espèces particulier ; *de nature sauvage :* le public peut y circuler suivant des conditions particulières à chaque parc (absence de moyens motorisés, routes, camps aménagés). **1er créé :** Yellowstone (USA), en 1872 (8 991,35 km^2). C'était « un domaine mis en réserve par la nation pour servir les aspirations sportives, esthétiques et culturelles de tous ses membres ». **Le plus grand du monde :** *nord-est du Groenland* (Danemark, créé 1974, agrandi 1988), 972 000 km^2. **De France :** les *Écrins* (Htes-Alpes et Isère ; créé 1973) 918 km^2.

■ **Parcs provinciaux.** Statut de protection fixé par une autorité autre que le gouvernement central.

■ **Nombre de parcs nationaux et aires protégées en 1995.** 9 832 (9 263 500 km^2) dont *catégorie I* (réserves scientifiques, réserves naturelles intégrales) 1 460 (864 700 km^2), *II* (parcs nationaux) 2 041 (3 767 800 km^2), *III* (monuments naturels, éléments naturels marquants) 250 (136 900 km^2), *IV* (réserves de conservation de la nature, réserves naturelles dirigées, sanctuaires de faune) 3 808 (3 083 100 km^2), *V* (paysages terrestres ou marins protégés) 2 273 (1 410 900 km^2).

☞ Il existe souvent, autour des réserves et parcs, des zones de protection où la plupart des activités humaines sont permises, sauf la chasse, la capture d'animaux et la construction de cités d'habitation.

En France

☞ **Espaces protégés** (en ha, 1999). Parcs nationaux : zones centrales 369 919, périphériques 907 978 ; parcs naturels régionaux 5 600 000, réserves naturelles 451 700 (dont 295 039 dans les Dom).

■ Parcs nationaux

■ **Définitions.** Créés par la loi du 22-7-1960 (votée à l'unanimité) complétée par la loi du 2-2-1995 et le décret du 31-10-1961. Un parc national peut comprendre 3 territoires :

1°) **Zone centrale :** protège faune, flore et milieu naturel. Les activités agricoles, pastorales et forestières sont réglementées : chasse interdite en général, autorisée mais sévèrement réglementée par exception (parc des Cévennes) ; constructions et tous travaux publics ou privés interdits s'ils altèrent le caractère du parc, autorisés s'ils correspondent à la mission dévolue au parc ; discipline du tourisme (déchets, dérangement minimal, bruits, etc.).

2°) **Zone périphérique :** domaine de transition permettant l'accueil et l'hébergement des visiteurs. Bénéficie de crédits spécifiques permettant des programmes d'amélioration d'ordre social, économique et culturel, tout en rendant plus efficace la protection de la nature. Seul Port-Cros, parc marin, ne dispose pas de zone périphérique.

3°) **Réserves intégrales :** constituées à l'intérieur du parc, pour la recherche scientifique, la sauvegarde de sites géologiques, d'espèces animales ou végétales particulièrement menacées. Il en existe une dans le parc des Écrins.

■ **Budget** (en millions de F, 2000). **Subventions de fonctionnement :** Écrins 21,82 ; Cévennes 19,11 ; Pyrénées 17,27 ; Mercantour 15,86 ; Vanoise 14,90 ; Guadeloupe 11,44 ; Port-Cros 10,15 ; Conservatoire botanique national de la Méditerranée 3,17. **Dépenses d'investissement** (autorisations de programme) [investissements parc + contrat de plan État-région pour l'aménagement des zones périphériques] : Vanoise 8,4 ; Pyrénées 8,14 ; Écrins 7,7 ; Cévennes 7,6 ; Mercantour 7,5 ; Port-Cros 6,25 ; Guadeloupe 4,4 ; Conservatoire botanique 1,08.

■ **Parcs existants. Cévennes** (Château de Florac, 48400 Florac). *Créé* 2-9-1970. *Classé* « réserve mondiale de la biosphère » par l'Unesco depuis 1985. *Concerne :* 117 communes. 321 005 ha dont *zone centrale* 91 279 ha et 591 hab. (Lozère 74 400 ha, 39 communes ; Gard 16 879 ha, 13 communes) et *zone périphérique* 229 726 ha et 41 000 hab. (Lozère 124 073 ha et 22 communes ; Gard 82 820 ha et 34 communes ; Ardèche 22 833 ha et 9 communes). Hébergement : 118 gîtes d'étapes ou refuges, 655 gîtes ruraux. Sentiers balisés : 1 800 km (dont 600 équestres, 200 VTT, 100 ski de fond). Prés, landes, parcours : 33 232 ha en zone centrale. Forêts : 58 047 ha en zone centrale dont domaniale 51 %, privée 45 %, communale 4 %. *Altitude zone protégée :* 378 à 1 699 m. *Faune :* 2 410 espèces répertoriées. 45 % des vertébrés et 66 % des mammifères de France ; richesse particulière en aigles royaux, circaètes Jean-le-Blanc, faucons pèlerins, grands ducs, chauves-souris, loutres ; 15 000 sangliers, 150 mouflons, mammifères carnivores. Réintroduits : 320 vautours fauves, 30 vautours moines, 70 grands tétras, castors, 3 000 cerfs, chevreuils. *Chasse* limitée. *Flore :* 2 250 espèces, dont 33 protégées, 48 endémiques : lys martagon, trolle, adonis printanier, sabot de Vénus ; associations végétales remarquables : narses et tourbières du mont Lozère, hêtraie-sapinière naturelle. *Visiteurs :* environ 800 000/an.

Écrins (Domaine de Charance, 05000 Gap). *Créé* 27-3-1973. *Alt. :* 800 à 4 102 m (barre des Ecrina). *Concerne :* 61 communes (Htes-Alpes 43, Isère 18). *Zone centrale :* 91 800 ha (Htes-Alpes 57 900, Isère 33 900 ; 21 180 domaniaux, 67 630 communaux et 2 930 à des particuliers), alpages 36 750, forêts 3 000, glaciers 17 000 ; *périphérique :* 178 200 ha, 29 199 hab. (Htes-Alpes 125 337, Isère 53 336, réserve intégrale de Lauvitel créée 1993, 695 ha). *Faune :* plus de 340 espèces de vertébrés dont 14 000 à 15 000 chamois, 260 bouquetins, plus de 700 chevreuils, marmottes, campagnols ; 234 espèces d'oiseaux : 24 mâles lagopèdes, aigles royaux (107 individus), coqs de bruyère, tichodromes ; 23 espèces de reptiles et batraciens (triton alpestre). *Chasse* interdite. *Flore alpine :* quelques espèces rares et menacées : reine des Alpes, sabot de Vénus, lys orangé, ancolie des Alpes, génépi ; groupements forestiers (du chêne pubescent au pin cembro). *Visiteurs :* 800 000.

Guadeloupe (Habitation Beausoleil, Montéran, 97120 St-Claude). *Créé* 20-2-1989 (origine : parc naturel créé 1969). *Alt. :* 210 à 1 463 m (La Soufrière, volcan actif). *Fait partie* de la réserve mondiale de la biosphère (Unesco). *Zone centrale :* 17 380 ha, *périphérique* 16 200 ha : communes de Pointe-Noire, Bouillante et Vieux-Habitants. *Réserve naturelle* « du Grand Cul-de-Sac marin » : 3 700 ha (mangrove, marais, forêt marécageuse, récifs coralliens, herbiers). *Faune :* racoon (raton laveur), pic de Guadeloupe, endémique sur l'île, grive « pieds jaunes », coucou manioc, colibri, scieur de long (coléoptère). *Flore :* forêt dense primaire. 300 espèces d'arbres et d'arbustes : bois rouge-carapate, gommier, bois-côtelette, châtaignier, fougères arborescentes, orchidées (100 espèces), lianes et épiphytes. *Visiteurs :* + de 1 000 000/an.

Mercantour (23, rue d'Italie, BP 1316, 06006 Nice Cedex). *Créé* 18-8-1979. *Alt. :* 490 (gorges de la Bévéra) à 3 143 m (Gelas). A 50 km de Nice, hautes vallées de la Roya, de la Tinée, de la Vésubie, du Var, du Verdon et de l'Ubaye. Sur 28 communes (A.-M. 22, Alpes-de-Hte-Provence 6). *Zone centrale :* 68 495 ha (17 843 domaniaux, 40 588 communaux, 10 020 à des particuliers et 44 au parc) ; *périphérique :* 146 270 ha, 28 communes, 17 385 hab. *Faune :* 8 060 chamois, 520 bouquetins (réintroduits 1988-89), 750 mouflons, 600 cerfs, 20 loups [indices/observations hiver 1998-99 : brebis tuées : *1993 :* 36 ; *94 :* 191 (plus 146 blessées, sur 80 000 ovins) ; indemnités versées : *1993 :* 57 200 F ; *94 :* 200 000 ; *95 :* 300 000 ; *96 :* 950 000 ; sommes perçues par l'éleveur pour un agneau 550 F, bélier 2 000 F], faucons pèlerins (10 couples), grands ducs (15), lièvre variable, marmotte, hermine, tétras-lyre, lagopède, chouette de Tengmalm, aigle royal (40 couples), gypaète barbu (7), chauves-souris (19 espèces), insectes remarquables. *Chasse* interdite. *Flore :* plus de 2 500 espèces. Étage méditerranéen : chêne vert, olivier, ostrya ; étage de sapins et d'épicéas sur les ubacs, de pins sylvestres sur les adrets ; étage de pins à crochets et pins cembros ; lande de rhododendrons, pelouse alpine et rochers. *Gravures rupestres :* 36 000 à ciel ouvert (de 1800 à 1500 av. J.-C.) dans la vallée des Merveilles (environ 30 km^2). *Visiteurs :* 600 000/an.

Port-Cros (Castel Sainte-Claire, rue Sainte-Claire, 83418 Hyères Cedex). *Créé* 14-12-1963. Parc national sous-marin et insulaire du Var : île de Port-Cros (48 hab.), île de Bagaud, îlots de Rascas et de la Gabinière. *Superficie du parc : partie marine :* 1 255 ha, *terrestre :* 675 ha (600 m autour des côtes de Port-Cros et Bagaud). *Autres territoires gérés par le parc :* île de Porquerolles (1 000 ha, 342 hab.), cap Lardier (300 ha). *Réserves naturelles ou espaces de protection renforcée :* en mer : récifs artificiels ; à terre : île de Bagaud (40 ha) interdite au débarquement et à la circulation du public. Port-Cros : pêche professionnelle artisanale, appelée « petit métier » (un pêcheur permanent sur l'île). Porquerolles : cultures fruitières et vignobles (195 ha). *Faune terrestre :* rat noir, chauve-souris, lapin, couleuvre de Montpellier et couleuvre à échelons, lézard, reinette verte, discoglosse sarde... Puffin de Méditerranée et cendré, faucon pèlerin, goéland leucophée, martinet pâle et alpin, hibou moyen et petit duc, fauvette pitchou, grand corbeau... Cigale, jason, sphinx du laurier rose, araignées. *Marine :* grande nacre de Méditerranée, poulpe, seiche, oursins, éponges, gorgones, anémones ; poissons : mérou, congre, murène, corb, denti, daurade, loup, sériole, sar, girelle, rascasse. Étape pour migrateurs : huppes, guêpiers, passereaux. *Espèces marines :* algues 500, poissons 180. *Chasse sous-marine :* interdite. *Visiteurs par an :* Port-Cros : 220 000. Porquerolles : 1 000 000.

Pyrénées (59, route de Pau, 65000 Tarbes). *Créé* 23-3-1967. *Alt. :* 1 067 à 3 298 m. Longe sur 100 km une zone continue de plus de 100 000 ha de réserves de chasse nationales espagnoles et jouxte le parc national espagnol d'Ordesa et du Mont-Perdu (15 600 ha). Depuis 1997, une partie du massif Mont-Perdu/Gavarnie est patrimoine mondial de l'Unesco. *Concerne :* 86 communes (Pyr.-Atl. 30, Htes-Pyr. 56), 39 332 hab. (1990). *Zone centrale :* 45 707 ha (Pyr.-Atl. 15 120, Htes-Pyr. 30 587 ; 166 domaniaux, 44 347 communaux et 1 194 à des particuliers) sur 15 communes ; *périphérique :* 206 352 ha (Pyr.-Atl. 94 192, Htes-Pyr. 112 160). *Réserve naturelle du Néouvielle* (créée 1968) : 2 313 ha sur 3 communes. *Réserve naturelle d'Ossau :* 82 ha sur 4 communes. *Lacs :* 118 (algues : 571 espèces). *Faune :* 6 à 8 ours bruns ; 6 200 isards, desman des Pyrénées ; vautours fauves (220 couples), percnoptères (27 couples), aigles royaux (37 couples), gypaètes barbus (11 couples), faucons pèlerins (25 couples), grand coq de bruyère, lagopède, grand duc ; nombreux animaux communs : marmotte, hermine, genette, chat sauvage, renard, martre, loutre, sanglier ; nombreux lacs et torrents peuplés de salmonidés, surtout truites communes. *Flore :* variée, espèces rares : ramondia, fritillaire, lys, aster des Pyrénées. *Chasse :* interdite. *Pêche :* réglementée. *Visiteurs :* 1 800 000/an.

☞ En 2000, 23 attaques d'ours sur des troupeaux domestiques, 44 ovins tués et indemnisés pour un montant total de 68 404 F ; *plan d'aide européen (1995-2000) :* 1,4 million de F/an. *Charte* signée à Pau le 31-1-1994 entre les élus locaux et le min. de l'Environnement, *prévoit* 13 000 ha de réserve, aide à l'élevage, la chasse ou l'exploitation.

Vanoise (135, rue du Dr-Julliand, BP 705, 73007 Chambéry Cedex). *Créé* 6-7-1963. *Alt. :* 1 280 à 3 855 m (la Grande Casse). 107 sommets de plus de 3 000 m. Jumelé depuis 1972 au parc national italien du Grand-Paradis (contigu sur 14 km) : ensemble, forment la plus grande réserve d'Europe occidentale (12 500 km^2). *Concerne :* 28 communes en Savoie, moitié en Maurienne, moitié en Tarentaise (30 000 hab. en zone périphérique). *Zone centrale :* 52 839 ha (11 domaniaux, 47 610 communaux et 5 218 privés) ; nature : alpages 32 132 ha, rochers

14 879, glaciers 5 325, forêts 422, lacs 81 ; *périphérique :* 143 637 ha. *5 réserves naturelles limitrophes* (Tignes-Champagny, Iseran, Grande Sassière, Plan de Tueda, Hauts de Villaroger) : 7 096 ha. *Habitants* (en 1990) : zone périphérique 31 953, zone centrale : aucun permanent. *Faune :* 1 700 bouquetins, 5 000 chamois ; marmotte, gypaète barbu, lièvre variable, hermine, aigles royaux (20 couples), grand duc, lagopède, casse-noix, casse-noix moucheté, renard, blaireau, campagnol des neiges, tétras-lyre, perdrix bartavelle, niverolle, chocard, crave, tichodrome, merle de roche, chauves-souris (10 espèces), grenouille rousse. Chasse interdite, pêche autorisée. *Flore :* 1 200 espèces dont 107 protégées ; saule arctique, valériane celtique, bruyère des neiges, linnée boréale, saxifrage, mélèze, pin cembro. *Visiteurs :* 800 000/an.

Parcs naturels régionaux

■ **Définition.** Territoires habités mais fragiles, au patrimoine naturel et culturel intéressant, où tous les partenaires associent leurs efforts pour inventer un aménagement équilibré, soucieux du respect de l'environnement. A la protection s'associent le développement de l'accueil, l'éducation et l'information du public sur le patrimoine naturel et culturel. Les parcs sont réalisés à l'initiative de la région, en accord avec les collectivités locales ou groupements de collectivités concernées, ou sur leur proposition mais le label est attribué par décret ministériel.

La *charte du parc,* valable 10 ans, prévoit des contraintes négociées et acceptées par ses signataires. Si le parc s'appuie sur la réglementation classique pour mettre en œuvre sa politique de protection de la nature (par exemple réserves naturelles, sites classés...), la loi du 8-1-1993 sur la protection et la mise en valeur des paysages (et son décret d'application du 1-9-1994) précise que les documents d'urbanisme des communes du territoire du parc doivent être compatibles avec sa charte. Dispositions spécifiques : loi du 29-12-1979 relative à la publicité par enseignes et préenseignes, et loi du 3-1-1991 relative à la circulation des véhicules terrestres dans les espaces naturels.

Nombre (à fin 2000) : 38 parcs naturels régionaux : 3 244 communes, 5 892 500 ha, 2 759 500 hab. **Le plus petit :** parc de la haute vallée de Chevreuse (21 communes, 24 300 ha, 46 500 hab.). **Les plus grands :** plus de 150 communes et plus de 300 000 ha.

■ **Parcs existants. Armorique** (Finistère, créé 30-9-1969) 173 500 ha (dont 60 000 en mer), 39 communes (51 500 hab.). **Avesnois** (Nord, 13-3-1998) 125 000 ha, 129 com. (131 000 hab.). **Ballons des Vosges** (Ht-Rhin, Terr.-de-Belfort, Hte-Saône, Vosges, 5-6-1989) 291 500 ha, 203 com. (253 500 hab.). **Brenne** (Indre, 22-12-1989). 166 000 ha, 46 com. (30 000 hab.). **Brière** (L.-A., 16-10-1970) 40 000 ha, 18 com. (75 000 hab.). **Brotonne** (S.-M., Eure, 17-5-1974) 58 000 ha, 72 com. (45 500 hab.). **Camargue** (B.-du-Rh., 25-9-1970) 86 500 ha, autour d'une réserve naturelle botanique et zoologique de 13 500 ha, 2 com. (8 000 hab.). **Caps et marais d'opale** (Pas-de-Calais, 11-2-1986) 132 000 ha, 152 com. (186 500 hab.). **Causses du Quercy** (Lot, 1-10-1999) 175 000 ha, 97 com. (25 000 hab.). **Chartreuse** (Isère, Savoie, 6-5-1995) 69 000 ha, 52 com. (35 000 hab.). **Corse** (Hte-Corse, Corse-du-Sud, 12-5-1972) 375 000 ha, 143 com. (26 000 hab.). **Forêt d'Orient** (Aube, 16-10-1970) 71 500 ha, 50 com. (20 000 hab.). **Gatinais français** (Essonne, S.-et-M., 4-5-1999) 63 500 ha, 57 com. (70 000 hab.). **Grands Causses** (Aveyron, 6-5-1995) 360 000 ha, 94 com. (63 500 hab.). **Ht-Jura** (Jura, Doubs, Ain, 21-4-86) 145 500 ha, 96 com. (66 000 hab.). **Hte vallée de Chevreuse** (Yvelines, 11-12-1985) 24 500 ha, 21 com. (46 500 hab.). **Ht-Languedoc** (Hérault, Tarn, 22-10-1973) 260 500 ha, 93 com. (82 000 hab.). **Landes de Gascogne** (Gironde, Landes, 16-10-1970) 303 000 ha, 40 com. (48 500 hab.). **Livradois-Forez** (Hte-Loire, P.-de-D., 4-2-1986) 310 000 ha, 170 com. (98 000 hab.). **Loire-Anjou-Touraine** (I.-et-L., M.-et-L., 30-5-1996) 235 000 ha, 136 com. (177 000 hab.). **Lorraine** (M.-et-M., Meuse, Moselle, 17-5-1974) 204 000 ha, 186 com. (70 000 hab.). **Luberon** (Vaucluse, Alpes-de-Hte-Provence, 31-1-1977) 165 000 ha, 67 com. (148 000 hab.). **Marais du Cotentin et du Bessin** (Manche, Calvados, 14-5-1991) 145 000 ha, 143 com. (64 500 hab.). **Martinique** (10-9-1976) 63 000 ha, 32 com. (100 000 hab.). **Massif des Bauges** (Savoie, Hte-Savoie, 7-12-1995) 81 000 ha, 58 com. (52 500 hab.). **Montagne de Reims** (Marne, 28-9-1976) 50 000 ha, 68 com. (35 000 hab.). **Morvan** (C.-d'Or, Nièvre, S.-et-L., Yonne, 16-10-1970) 226 000 ha, 94 com. (33 000 hab.). **Normandie-Maine** (Manche, Mayenne, Orne, Sarthe, 23-10-1975) 234 000 ha, 150 com. (85 500 hab.). **Perche** (Orne, Eure-et-Loir, 16-1-1998) 182 000 ha, 118 com. (74 000 hab.). **Périgord-Limousin** (Dordogne, Haute-Vienne, 9-3-1998) 180 000 ha, 78 com. (50 000 hab.). **Pilat** (Loire, Rhône, 17-5-1974) 70 000 ha, 47 com. (48 000 hab.). **Queyras** (Htes-Alpes, 31-1-1977) 60 000 ha, 11 com. (3 000 hab.). **Scarpe-Escaut** (Nord, 11-2-1986) 45 000 ha, 48 com. (162 000 hab.). **Vercors** (Drôme, Isère, 16-10-1970) 178 000 ha, 62 com. (30 500 hab.). **Verdon** (Alpes-de-Hte-Provence, Var, 3-3-1997) 180 000 ha, 44 com. (22 000 hab.). **Vexin français** (Yvelines, Val-d'Oise, 9-5-1995) 65 500 ha, 94 com. (79 000 hab.). **Volcans d'Auvergne** (Cantal, P.-de-D., 25-10-1977) 395 000 ha, 153 com. (88 000 hab.). **Vosges du Nord** (Bas-Rhin, Moselle, 14-2-76) 121 500 ha, 100 com. (76 000 hab.).

☞ **Fédération des parcs naturels régionaux de France,** 4, rue de Stockholm, 75008 Paris. *Créée* 1971 par Paul Flandin. *Pt. :* Jean-Paul Fuchs. *Budget* (2000) : 17 000 000 F.

Réserves naturelles

■ **Définition. Créées** au titre des lois du 2-5-1930 (modifiée) et du 10-7-1976 sur la protection de la nature (codifiée en 1989). **Vocation :** conservation de la faune, de la flore, du sol, des eaux, des gisements de minéraux et de fossiles et des milieux naturels (marins ou terrestres) présentant une importance particulière, ou devant être soustraits à toute intervention artificielle susceptible de les dégrader. Information et sensibilisation du public.

Pour classer les terrains mis en réserve, il faut un décret simple s'il y a accord des propriétaires (sinon un décret en Conseil d'État). *L'acte de classement* peut soumettre à un régime particulier et, le cas échéant, interdire dans la réserve toute action susceptible de nuire au développement naturel de la faune et de la flore : chasse, pêche, activités agricoles, forestières et pastorales, industrielles, minières et commerciales, travaux publics ou privés, extraction de matériaux cessibles ou non, utilisation des eaux, circulation du public quel que soit le moyen employé, divagation des animaux domestiques et survol de la réserve.

■ **Superficie des réserves naturelles** (en ha, au 1-1-2001). Entre terre et mer : 132 996,28 ha ; fleuves et rivières : 12 066,43 ha ; lacs, tourbières, marais : 118 562,25 ha ; landes, forêts, prairies : 184 213,06 ha ; montagne : 79 754,56 ha ; roches, fossiles, monde souterrain : 1 486,72 ha ; dont forêt tropicale : 176 000 ha. **Réserve la plus grande en métropole :** Bouches de Bonifacio (Corse-du-Sud) 79 460 ha. **La plus petite :** Toarcien (Deux-Sèvres), 0,6 ha. **La plus élevée :** Contamines-Montjoie (Hte-Savoie) jusqu'à 3 800 m.

■ **Réserves existantes.** Nombre (au 1-1-2001) : 149. **Ain :** *grotte de Hautecourt,* 10-9-1980, 10 ha. *Haute chaîne du Jura,* 28-2-1993, 10 800 ha ; faune et flore alpines. *Marais de Lavours,* 24-3-1984, 473,39 ha ; faune, flore. **Aisne :** *marais d'Isle,* 8-10-1981, 48 ha ; faune, flore. *Versigny,* 16-5-1995, 91,86 ha ; landes acides. *Marais de Vesles-et-Caumont,* 3-4-1997, 108,67 ha ; zone humide, tourbière, faune, flore. **Allier :** *val d'Allier,* 29-3-1994, 1 450 ha. **Alpes-de-Hte-Provence :** *Digne,* 6-11-1984, 269,32 ha, alt. 600 à 2 000 m ; intérêt géologique, 18 sites fossilifères (ichtyosaure). **Ardèche :** *gorges de l'Ardèche* (Ardèche et Gard), 18-1-1980, 1 572,22 ha ; géomorphologie, faune, flore. **Ardennes :** *Vireux-Molhain,* 20-3-1991, 1,82 ha ; stratigraphie et paléontologie, base du Dévonien moyen, *pointe de Givet,* 5-3-1999, 354 ha, stratotype du Givetien, falaises et forêts. **Aube et Haute-Marne :** *étang de la Horre,* 9-5-2000, 415,37 ha. **Aude :** *grotte du TM 71,* 21-8-1987, 96,02 ha ; concrétions. **Bas-Rhin :** *forêt d'Offendorf,* 28-7-1989, 59,9 ha. *Forêt d'Erstein,* 18-9-1989, 179,55 ha. *Ile de Rhinau,* 13-9-1991, 306,72 ha ; forêt alluviale rhénane. *Ile du Rohrschollen,* 11-3-1997, 309,91 ha ; forêt rhénane alluviale, faune, flore. *Delta de la Sauer,* 5-9-1997, 486,37 ha ; forêt rhénane alluviale. **Bouches-du-Rhône :** *Camargue,* 10-5-1975, 13 117,55 ha ; zone humide, saumâtre, faune, flore. *Ste-Victoire,* 3-3-1994, 139,84 ha ; gisement d'œufs de dinosaures.

Calvados : *coteaux de Mesnil-Soleil,* 28-8-1981, 25 ha ; botanique et insectes. *Falaise de Cap-Romain,* 20-7-1984, 24 ha dont 23 du domaine public maritime ; géologie. **Charente-Maritime :** *Lilleau des Niges (Fier-d'Ars), île de Ré,* 16-2-1980, 215 ha avec la zone de protection ; avifaune migratrice. *Marais d'Yves,* 15-9-1981, 192,41 ha ; ornithologie et flore. *Marais de Moeze,* 5-7-1985, 6 500 ha (domaine public maritime), 220 ha (littoral) ; ornithologie. *Baies de l'Aiguillon-Sud,* 4-7-1999, 2 600 ha, prolonge la Baie de l'Aiguillon (Vendée). **Cher et Nièvre :** *val de Loire* entre La Charité et Boisgibault, 24-11-1995, 1 900 ha ; fleuve en tresse, îles, flore, avifaune. **Corse-du-Sud :** *îles Cerbicale,* 6-3-1981, 36 ha ; faune, flore. Décret de création du 6-3-1981 de la Réserve des Iles Cerbicale abrogé au profit de celui de la *Réserve des Bouches-de-Bonifacio* créée 24-9-1999, 79 460 ha, zones marines françaises du futur parc international marin des Bouches de Bonifacio. *Iles Lavezzi,* 8-2-1982, 79 ha et 5 093 ha du domaine maritime ; faune, flore. *Pré Talude de Suartone,* 11-12-2000, 217,95 ha, mares temporaires. **Côtes-d'Armor :** *Baie de St-Brieuc,* 30-4-1998, 1 140 ha, ornithologie, flore et géologie. *Sept-Iles,* 30-10-1976, 320 ha ; oiseaux (macareux, fous de Bassan), phoques gris. **Deux-Sèvres :** *Toarcien,* 27-11-1987, 0,61 ha ; géologie. **Doubs :** *ravin de Valbois,* 30-10-1983, 335 ha ; flore (plantes de rocaille), faune entomologique. *Lac de Remoray,* 24-4-1980, 426,69 ha ; avifaune aquatique. **Drôme :** *Ramières,* 8-10-1987, 346 ha ; ripisylves, intérêt ornithologique et faunistique. **Essonne :** *réserve géologique de l'Essonne,* 17-7-1989, 4,83 ha. **Eure :** *les Mannevilles,* 6-10-1994, 93,31 ha ; marais tourbeux.

Finistère : *Iroise,* 20-10-1992, 39,43 ha ; îles rocheuses, faune, flore. *St-Nicolas-des-Glénan,* 2-5-1974, 1,53 ha ; flore (narcisse). *Tourbière de Venec,* 18-2-93, 47,78 ha ; flore. **Gironde :** *banc d'Arguin,* 19-11-1972 et 9-1-1986, domaine public maritime de 150 à 500 ha, îlot sableux à l'entrée du bassin d'Arcachon ; avifaune migratrice (sterne caugek, huîtrier-pie). *Étang du Cousseau,* 26-8-1976, 600 ha ; nidification de migrateurs. *Marais de Bruges,* 27-2-1983, 262,18 ha ; faune (migrations) et flore. *Prés-salés d'Arès et de Lège-Cap-Ferret,* 13-9-1983, 495,93 ha dont 350 maritimes ; faune (prés-salés, marais côtiers). *Réserve géologique de Saucats et La Brède,* 5-9-1982, 75,5 ha. **Guadeloupe :** *Grand Cul-de-Sac Marin,* 27-11-1987, 3 706 ha. *Iles de la Petite Terre,* 10-9-1998, 990 ha dont 148,5 émergés, flore, milieu marin. *St-Barthélemy,* 11-10-1996, 1 200 ha ; faune et flore sous-marines, ichtyologie, récif corallien, faune marine. *St-Martin,* 10-9-1998, 3 060 ha dont 153,4 terrestres, faune, flore, coraux, mangrove. **Guyane :** *Amana,* 14-3-1998, 14 800 ha, ornithologie, herpétologie, protection du plus important site de ponte de la tortue luth dans le monde. *Marais de Kaw-Roura,* 14-3-1998, 94 700 ha, ornithologie, herpétologie (caïman noir). *Ile du Grand-Connétable,* 15-12-1992, 7 852 ha. *Trinité,* 7-6-1996, 76 000 ha ; forêt primaire amazonienne et inselbergs, flore et faune. *Nouragues,* 20-12-1995, 100 000 ha ; forêt primaire amazonienne et inselbergs, flore et faune.

Haute-Corse : *étang de Biguglia,* 9-8-1994, 1 790 ha ; lagune, ornithologie. *Scandola,* 11-12-1975, partie terrestre 919 ha, maritime 750 ha ; ornithologie (balbuzard pêcheur), faune et flore sous-marines. *Iles Finocchiarola,* 29-6-1987, 3 ha ; zone de nidification du goéland d'Audouin. **Hautes-Alpes :** mitoyennes du parc national des Écrins. *Hte Vallée de la Séveraisse,* 25-5-1974, 155 ha, alt. 1 150 - 1 640 m ; faune. *Hte Vallée de St-Pierre,* 25-5-1974, 20 ha ; faune. *Cirque du Grand Lac des Estaris,* 25-5-1974, 145 ha ; faune. *Versant nord des pics du Combeynot,* 25-5-1974, 685 ha, alt. 1 823-3 155 m ; faune, flore. **Haute-Marne :** *Chalmessin,* 8-9-1993, 123,65 ha ; marais tuffeux, plantes et insectes. **Hautes-Pyrénées :** *Néouvielle,* 26-2-1969, 2 313 ha, alt. 1 750 - 3 092 m, mitoyenne du parc des Pyrénées occidentales ; faune (isards), flore (forêts, tourbières, pelouse, milieux lacustres). **Haut-Rhin :** *Frankenthal et Misskeimle,* 20-10-1995, 746,36 ha ; cirques glaciaires, hauts chaumes, flore et faune. *Petite Camargue alsacienne,* 16-6-1982, 120 ha ; faune, flore. **Haute-Saône :** *Sabot de Frotey,* 15-9-1981, 98,46 ha ; botanique, insectes. *Grotte du Carroussel,* 31-3-1990, 2,31 ha. **Haute-Savoie :** *aiguilles Rouges,* 4-9-1974, 3 279 ha, alt. 1 200 - 2 965 m ; faune, flore. *Delta de la Dranse,* 30-1-1980, 52 ha ; flore, faune (sternes). *Marais du bout du lac d'Annecy,* 4-1-1975, 84 ha ; faune, flore. *Sixt-Passy,* 10-11-1977, 9 200 ha ; faune, flore. *Roc de Chère,* 15-11-1977, 68,24 ha ; flore. *Contamines-Montjoie,* 7-9-1979, 5 500 ha ; faune, flore. *Passy,* 23-12-1980, 2 000 ha ; faune, flore. *Carlaveyron,* 9-3-1991, 599 ha, alt. 1 000 à 2 300 m ; faune, flore. *Vallon de Bérard,* 23-9-1992, 539,7 ha, alt. 1 700 à 2 695 m ; faune, flore. **Hérault :** *Bagnas,* 24-11-1983, 561,29 ha ; zone humide littorale, ornithologie, flore. *Roque Haute,* 11-12-1975, modifié 27-3-1998, 154,64 ha ; plateau basaltique, flore. *Étang de l'Estagnol,* 18-12-1975, 78,37 ha ; lieu d'escale et de nidification pour canards et foulques, avifaune migratrice.

Indre : *Cherine,* 27-7-1985, 145 ha ; zone humide intérieure, ornithologie et flore. **Isère :** *Étang du Grand Lemps,* 24-12-1993, 53,5 ha, alt. 500 m ; tourbière acide. *Hts plateaux du Vercors,* 28-2-1985, 16 662 ha (aussi Drôme) ; lapiaz, faune et flore. *Hte vallée du Vénéon,* 25-5-1974, 90 ha. *Hte vallée du Béranger,* 25-5-1974, 85 ha mitoyens du parc des Écrins ; faune. *Ile de la Platière,* 1-3-1986, 485 ha (aussi Ardèche, Loire) ; zone humide intérieure, ornithologie et flore (ripisylves). *Lac Luitel,* 7-3-1962, 17,15 ha ; lac glaciaire, flore (sphaignes, diatomées, droséracées), tourbières acides d'altitude. **Isère et Savoie :** *Hauts de Chartreuse,* 4-10-1997, 4 450 ha ; pelouses et prairies alpines, faune. **Jura :** *Girard,* 18-7-1982, 94,23 ha ; faune, flore. *Grotte de Gravelle,* 22-12-1992, 1,37 ha ; biotope d'une espèce rare (chauve-souris). **Landes :** *Courant d'Huchet,* 1-10-1981, 656,23 ha ; étang landais et courant côtier, cordon dunaire, botanique, faune (loutre, genette), oiseaux. *Étang Noir,* 10-7-1974, 59 ha ; faune (batraciens) et flore. *Marais d'Orx,* 11-2-95, 774,62 ha ; zone humide littorale, avifaune. **Loire-Atlantique :** *Grand Lieu,* 16-9-1980, 2 694 ha ; plus grande colonie européenne de hérons cendrés. **Loiret :** *île de St-Pryvé-St-Mesmin,* 18-12-1975, 6,3 ha, île de la Loire ; ornithologie. **Loir-et-Cher :** *vallées de Grand-Pierre et Vitain,* 23-8-1979, 296,22 ha ; vallée sèche, flore. **Lot-et-Garonne :** *étang de la Mazière,* 22-6-1985, 68,36 ha ; zone humide intérieure, ancienne boucle de la Garonne, ornithologie et flore. *Frayère d'Alose,* 17-5-1981, 45 ha ; faune (alose).

Manche : *domaine de Beauguillot,* 22-1-1980, 686 ha ; migrateurs. *Tourbière de Mathon,* 26-10-1973, 16 ha ; plantes rares hydro- et hygrophiles. *Mare de Vauville,* 10-6-1976, 44,5 ha ; faune, flore, phytosociologie, insectes. *Marais de la Sangsurière et de l'Adriennerie,* 2-3-1991, 396,07 ha ; flore. *Forêt domaniale de Cérisy* (Manche et Calvados), 30-3-1976, 2 124 ha ; entomologie (protection des carabes dorés). **Martinique :** *îlets Sainte-Anne,* 16-8-1995, 5,57 ha ; îlots rocheux, avifaune. *Presqu'île de la Caravelle,* 30-3-1976, 422 ha ; faune, flore : mangroves, forêt tropicale, savanes. **Morbihan :** *marais de Séné,* 23-8-1996, 410 ha ; anciens marais salants, ornithologie. *Réserve géologique « François le Bail », Ile de Groix,* 14-1-1983, 43 ha ; sites minéralogiques, faune et flore. **Moselle :** *Hettange Grande,* 13-4-1985, 6,1 ha ; géologie. *Montenach,* 12-2-1994, 107,13 ha ; pelouses calcicoles, orchidées. *Roches et tourbières du pays de Bitche,* 17-5-1998, 355, 24 ha, flore, faune, pinèdes de l'ère glaciaire. **Nord :** *dune Marchand,* 24-12-1974, 83 ha ; flore, géomorphologie.

Pas-de-Calais : *Platier d'Oye,* 16-7-1987, 391 ha, 250 ha de domaine public maritime ; ornithologie. *Baie de Canche,* 16-7-1987, 465 ha et 40 ha de domaine public maritime ; ornithologie. **Puy-de-Dôme :** *Les Sagnes de la Godivelle,* 12-7-1975, 24 ha ; zone humide d'altitude, faune, flore. *Rocher de la Jacquette,* 30-10-1976, 18,38 ha ; ornithologie, flore. *Vallée de Chaudefour,* 17-5-1991, 820,5 ha, alt. 1 100 à 1 900 m ; botanique, tourbières de pente, avifaune. **Pyrénées-Atlantiques :** *aires de nidification de vautours fauves en vallée d'Ossau* (2 secteurs), 27-12-1974, 82 ha. **Pyrénées-Orientales :** *forêt de la Massane,* 12-8-1973, 336 ha ; hêtraie, faune (insectes et microarthropodes du sol). *Cerbère-Banyuls,* 5-3-1974, 650 ha (entièrement marins) ; faune et flore sous-marines. *Conat,* 29-10-1986, 549 ha ; avifaune forestière, flore. *Jujols,* 29-10-1986, 472,36 ha ; faune, flore. *Mantet,* 20-9-1984, 3 028,34 ha, alt. 1 400 à 2 700 m ; faune, flore. *Mas*

Larrieu, 22-7-1984, 145 ha ; zone humide littorale (estuaire du Tech), faune, flore. *Nohèdes,* 29-10-1986, 2 137,23 ha ; espace montagnard, faune (blaireau, rapaces), flore. *Prats-de-Mollo,* 20-3-1986, 2 186 ha ; faune (lagopède, aigle royal, isard), flore. *Py,* 19-9-1984, 3 930 ha, alt. 1 000 m à 2 400 m ; faune, flore. *Vallée d'Eyne,* 25-3-1993, 1 177,31 ha ; grand coq de Bruyère, flore.

Réunion (La) : *Roche écrite,* 29-12-1999, 3 643 ha ; forêt relique sur ancienne coulée de lave. *St-Philippe-Mare-Longue,* 15-9-1981, 68,39 ha ; flore. **Saône-et-Loire :** *La Truchère,* 3-12-1980, 93,04 ha ; flore et ornithologie. **Savoie :** réserves mitoyennes du parc de la Vanoise ; faune, flore. *Tignes-Champagny,* 12-3-1964, 999 ha, alt. 2 000 - 3 655 m. *Grande Sassière,* 13-9-1973, 2 230 ha, alt. 1 798 - 3 747 m. *La Bailletaz,* 8-12-1999, 495,23 ha [abrogation de *Val d'Isère-Bonneval-sur-Arc,* 12-3-1964, 1 491 ha, alt. 2 100-3 400 m]. *Plan de Tuéda,* 19-7-1990, 1 112,7 ha. *Hauts de Villaroger,* 2-2-1991, 1 114,68 ha, alt. 1 300 à 3 600 m ; chamois, tétras-lyres. **Seine-Maritime et Eure :** *estuaire de la Seine,* 1-1-1998, 3 768 ha ; vasières, roselières, prairies humides, faune. **Somme :** *étang de St-Ladre,* 21-9-1979, 13,37 ha ; zone humide, flore (sphaignes). *Baie de Somme,* 23-3-1994, 3 000 ha ; estuaire : oiseaux migrateurs, phoque, veau marin. Inclut le *parc ornithologique du Marquenterre,* 1973, 250 ha. Environ 195 espèces par an. 110 000 visiteurs. **Vaucluse et Alpes de Haute-Provence :** *Luberon,* 10-10-1987, 812 ha ; site géologique. **Vendée :** *baie de l'Aiguillon,* 10-7-1996, 2 300 ha (vasières, prés salés) ; ornithologie, loutre, grand dauphin, avifaune migratrice. *Mullembourg,* 1-9-1994, 48,39 ha ; marais salants, avifaune. *St-Denis-du-Payré,* 30-10-1976, 206,44 ha ; ornithologie. **Vienne :** *Pinail,* 16-2-1980, 135 ha ; faune, flore. **Haute-Vienne :** *tourbières des Dauges,* 22-9-1998, 200 ha, faune, flore, tourbières. **Vosges :** *massif du Ventron,* 25-2-1989, 1 647,08 ha. *Tanet-Gazon du Faing,* 3-2-1988, 504,07 ha ; tourbière, chaumes d'altitude, hêtraie, grand tétras. *Tourbière de Machais,* 11-4-1996, 144,73 ha ; tourbière, faune, flore. **Yonne :** *bois du Parc,* 2-9-1979, 45 ha ; flore et géomorphologie. **Yvelines :** *St-Quentin-en-Yvelines,* 20-3-1986, 138 ha + l'étang ; ornithologie, flore, entomologie.

Réserves biologiques

■ **Définition. Créées** par arrêté conjoint du ministre chargé des Forêts et du ministre chargé de l'Environnement, en forêt domaniale ou autre forêt publique relevant du régime forestier. Gérées par l'Office national des forêts, elles sont également dénommées « réserves biologiques domaniales » (forêts domaniales) ou « réserves biologiques forestières » (forêts communales). **Nombre :** 167 dont outre-mer 7. **Superficie :** 141 720 ha dont 123 310 outre-mer. **But :** sauvegarde des espèces animales ou végétales rares ou menacées (grand tétras, sabot de Vénus), ou des milieux fragiles ; protéger des territoires intéressants sur le plan patrimonial et scientifique. **Gestion :** *réserves biologiques dirigées* (objectif de protection, de conservation ou de restauration) : 22 375 ha ; *réserves biologiques intégrales* (écosystème en libre évolution ; aucune intervention humaine directe) objectif de recherche scientifique : 119 345 ha (dont 110 300 en Guyane). Exemples : réserve de *la Tillaie à Fontainebleau* (Seine-et-Marne) : évolution naturelle de la hêtraie ; *pointe d'Arçay* (Vendée) : dune boisée ; *vallée de la Clauge* (Jura) : forêt alluviale ; *Offendorf* (Bas-Rhin) : forêt alluviale rhénane ; *Carcanet* (Ariège) : sauvegarde du Grand tétras ; *Aulp du Seuil* (Isère) : évolution naturelle de la pessière sur lapiaz.

Autres statuts

■ **Réserves naturelles volontaires.** Les propriétaires peuvent demander que leur terrain soit agréé par le préfet pour 6 ans, renouvelables par tacite reconduction. Le préfet fixe les mesures conservatoires dont bénéficient ces territoires et les obligations du propriétaire, notamment en matière de gardiennage et de responsabilité civile à l'égard des tiers. **Nombre** (en 1995) : 97 totalisant 9 300 ha.

■ **Réserves de statut libre.** Réserves départementales, communales, privées, réserves gérées par les Stés de protection de la nature, établies par le propriétaire ou le locataire du terrain à son initiative.

■ **Arrêtés de protection de biotope.** Arrêtés préfectoraux pour la protection de sites de nidification, le maintien de la valeur écologique des rives, la sauvegarde de marais, etc. **Nombre** (en 1994) : 316. **Superficie :** 74 000 ha.

Réserves de chasse

■ **Statut. 1°) Réserves de chasse et de faune sauvage instituées par arrêté préfectoral :** créées sur l'initiative des propriétaires ou détenteurs du droit de chasse (terrains privés, forêt domaniale) ; interdites à la chasse, sauf à celle des « espèces nuisibles », qui obéit à une réglementation spéciale. L'approbation offre des garanties (garderie, sanctions pénales) et des avantages (fiscaux notamment). **2°) Réserves nationales de chasse et de faune sauvage :** constituées par arrêté du ministre chargé de la Chasse. Constituées généralement autour d'un noyau de forêts soumises au régime forestier (domaniales et communales), pouvant incorporer des terrains communaux ou privés. Leur budget inclut un gardiennage permanent, et leur gestion est le plus souvent du ressort d'un établissement public [Office national de la chasse (ONC) ou des forêts (ONF)]. **3°) Réserves des Acca et Aica** (associations communales et intercommunales de chasse agréées), obligatoirement créées par les associations sur au moins 1/10 de la superficie de leur territoire (même type de sanction que pour les réserves approuvées). **4°) Réserves du Domaine public maritime :** limites définies par arrêtés préfectoraux. Gestion revenant de droit aux préfets mais en fait confiée par décision préfectorale aux fédérations des chasseurs qui en assurent en particulier la garderie. **5°) Réserves de chasse communales. 6°) Réserves naturelles** (voir p. 208 b). L'ONC intervient sur certaines d'entre elles par conventions passées avec les organismes gestionnaires.

■ **Réserves gérées par l'Office national de la chasse ou en association avec d'autres organismes** (2000). 4 réserves naturelles (5 450 ha), 9 nationales de chasse et de faune sauvage (31 699 ha), 1 arrêté de protection de biotope [Domaine de la Peyroutarié (Hérault, 114 ha jouxtant la réserve nationale du Caroux-Espinouse), rapaces. 21 réserves de chasse et de faune sauvage (20 834 ha)]. *Total :* 35 espaces protégés (58 097 ha). **Classification en fonction des espèces présentes :** *3 réserves de grande faune des milieux forestiers :* cerf, chevreuil et sanglier : Chambord, Chize, La Petite-Pierre (10 687 ha). *10 de faune de montagne :* bouquetin, chamois/isard, mouflon, tétras, lagopède, bartavelle, marmotte et rapaces (21 736 ha). *22 d'avifaune :* anatidés, limicoles, oies... (26 034 ha).

■ **Principales réserves. Gibier de terre. Ain :** *domaine de Praillebard,* 135 ha ; daims. **Alpes-Maritimes :** *Pierlas* [4], 1 100 ha ; chamois, marmottes, perdrix rochassières, aigle royal. *Quatre-Cantons* [4], 1 418 ha ; chamois, tétras-lyres, aigle royal. **Ariège :** *Orlu* [1], 4 248 ha ; isards, lagopèdes, marmottes, grands tétras ; territoire privé. *Mt-Vallier* [2], 8 815 ha ; chamois, grands tétras, lagopèdes ; forêt domaniale. **Bas-Rhin :** *La Petite-Pierre* [3], 2 675 ha ; cervidés, sangliers ; forêt domaniale 2 642 ha, communale 225 ha. **Deux-Sèvres (et Charente-Maritime) :** *Chizé* [3], 2 572 ha ; chevreuils, sangliers ; forêt domaniale. **Hte-Corse :** *Asco* [1], 3 511 ha ; mouflons. *Bavella* [3], 1 847 ha ; mouflons. **Htes-Alpes :** *Combeynot* [2], 4 780 ha ; chamois, petits tétras, lagopèdes ; forêt domaniale. *Pelvoux* [2], 10 199 ha ; chamois, petits tétras, lagopèdes ; forêt domaniale 8 714 ha, terrain privé 1 485 ha. *Segure/Ristolas,* 1 200 ha ; chamois, tétras-lyre. **Htes-Pyrénées :** *Moudang* [4], 2 433 ha ; isards, chevreuils, marmottes, lagopèdes. **Hérault :** *Le Caroux-Espinouse* [3], 1 724 ha ; mouflons. **Isère :** *Belledonne/Sept-Laux* [1], 2 387 ha ; bouquetin des Alpes. **Loir-et-Cher :** *Chambord* [3], 5 440 ha ; cervidés, sangliers ; forêt domaniale. **Marne :** *Trois-Fontaines* [3], territoire d'étude et d'expérimentation ; forêt domaniale 1 369 ha ; chevreuils. **Pyrénées-Orientales :** *Jujols,* 472 ha ; isards, marmottes, rapaces. **Savoie et Hte-Savoie :** *Les Bauges* [3], 5 202 ha ; chamois, mouflons, chevreuils, marmottes, tétras-lyres, lagopèdes, bartavelles ; forêt domaniale 3 917 ha, départementale 126 ha, terrain privé 1 515 ha.

Gibier d'eau (avifaune migratrice). **Ain :** *domaine du Grand-Birieux,* 148 ha. *Villars-les-Dombes* [1], chasse interdite, 214 ha ; réserve ornithologique et botanique, départementale. *Le Chapelier,* 56 ha. **Ardèche (et Drôme) :** *Printegarde* et *Saulce-sur-Rhône* [1], 710 ha ; castors. **Ardennes :** *étang de Bairon,* 152 ha ; domaine public. **Aube :** *lac de la forêt d'Orient,* 320 ha. **Aude :** *étang de Campignol,* 200 ha ; domaine public maritime **Bas-Rhin :** *île du Rhin* [1], 4 461 ha. **Bouches-du-Rhône :** *réserves de Camargue,* domaine public maritime, 9 366 ha. **Hte-Corse :** *Casabianda* [1], 1 748 ha. **Côtes-d'Armor :** *Sept-Iles* [1], îles et îlots, domaine public maritime, réserve naturelle, 40 ha. **Eure :** *Grand' Mare* [4], 145 ha. **Finistère :** *îles de Beniguet* [1], 64 ha. **Hte-Marne et Marne :** *lac du Der, Chantecoq, étangs d'Outines et d'Arrigny* [1], 5 651 ha. **Hte-Savoie :** *Génissiat,* 227 ha. **Hérault :** *Estagnol* [1], réserve naturelle, 78 ha. *St-Marcel-Mauguio,* 37 ha. **Landes :** *Arjuzanx* [1], 2 452 ha. **Loir-et-Cher :** *Malzone* [4], 77 ha. **Loire-Atlantique :** *Herbauges-Grand'Lieu* [1], chasse interdite, 650 ha. *Réserve de Loire,* 13 500 m de fleuve ; domaine public fluvial. *Le Massereau* [1], 393 ha ; domaine privé et domaine public maritime. **Manche :** *Carentan dite réserve des Bohons* [4], 265 ha. *Iles Chausey* [1], 54 ha d'îles et îlots plus domaine public maritime ; terrain privé. *Ste-Marie-du-Mont,* partie terrestre de la baie des Veys [4], 135 ha. *Marais de Gorges* [4], 505 ha. *Domaine de Beauguillot,* réserve naturelle, 456 ha. **Marne (et Hte-Marne) :** *lac du Der-Chantecoq et étangs d'Outines et d'Arrigny,* 5 651 ha. **Meuse (et Meurthe-et-Moselle) :** *lac de Madine* et *étang de Pannes* [1], 1 735 ha, réserve nationale depuis 10-4-1998. **Somme :** *Hable d'Ault* [1], 62 ha. **Vaucluse (et Drôme) :** *Donzère-Mondragon* [1], 1 490 ha. **Vendée :** *Chanteloup* [1], 38 ha. *Pointe d'Arçay* [3], 1 015 ha + domaine public maritime ; forêt domaniale. *Baie de l'Aiguillon* [4], 2 300 ha.

Nota. – (1) ONC, (2) ONF, (3) ONF/ONC, (4) Fédération départementale des chasseurs.

Aquariums français

Légende : entre parenthèses : date de création, a. : nombre d'animaux ; aq. : aquarium ; e. : d'espèces ; v. : de visiteurs par an. Statut : (1) privé ; (2) public.

Antibes (Alpes-Maritimes). *Aq.* (1970) [1] 18 aq. tropicaux, 2 500 l, 200 e. (poissons et invertébrés). 1 aq. corail, 1 « pépinière » 20 m³. 1 bassin de 12 requins de 2 000 m³ avec tunnel transparent de 30 m. 1 200 000 v. **Arcachon** (Gironde). *Aq.* (1865) [2] 31 (200 l à 4 m³), une centaine d'e., plus de 1 000 a. (poissons et invertébrés marins). *Musée :* zoologie, ostréiculture, archéologie. *Ouvert* de mars à mi-nov. 55 000 v. Station de biologie marine créée 1865 par la Sté scientifique d'Arcachon. Associée 1948 à l'université de Bordeaux. Centre d'océanographie biologique de l'université Bordeaux-I depuis 1971.

Banyuls-sur-Mer (Pyr.-Or.). *Aq. du laboratoire Arago* (1882). *Observatoire océanologique du CNRS et de l'université de Paris-VI* [2]. 350 e. Faune et flore de Méditerranée. Exposition de 200 e. d'oiseaux naturalisés. 60 000 v. **Biarritz** (Pyr.-Atl.). *Aq. du musée de la Mer* (1933, rénovation totale en 1992) 150 e. 2 000 a. 25 aq. (165 m³), 2 bassins à vision subaquatique (280 m³). Poissons, requins, phoques. Faune du golfe de Gascogne ; expositions : cétacés, oiseaux naturalisés (350 e.). 235 000 v. **Boulogne-sur-Mer** (Pas-de-Calais). *Nausicaa* (1991) 10 000 a. dont plus de 1 000 tropicaux. 400 e., plus de 36 aq. (4 000 m³). En 1998, extension (+ 2 000 m²) pour 2 800 m³ supplémentaires dont bassin des lions de mer 1 000, de pleine mer 1 200, lagon corallien 1 200 : coût : 85 millions de F. 800 000 v. **Brest** (Finistère). *Océanopolis* (1990). 10 000 a., 1 000 e., 3,7 millions de litres d'eau de mer. 3 pavillons (polaire, tropical, tempéré). 320 000 v. **Brioude** (Hte-Loire). *Maison du Saumon. Aq. et musée de la rivière Allier* (1988) 400 a. 30 e. Poissons d'eau douce. Anneau à saumon unique en Europe, 25 m de circonférence, 22 t d'eau. 16 aq. 15 000 v.

Courseulles-sur-Mer (Calvados). *Maison de la Mer. Aquarium-tunnel et musée du Coquillage* (1987) [1] 60 e. Tortues marines. 20 aq. 58 000 v.

Dinard (Ille-et-Vilaine). *Station marine* (1935) [2] 100 e. (faune marine locale : invertébrés et vertébrés). 25 bacs. 8 000 v.

Granville (Manche). *Musée océanographique Le Roc* (1961) [1] 60 aq. 200 e. Musée maritime. 3 parcs : Féérie des coquillages, Palais minéral et Jardin des papillons. 80 000 v.

La Rochelle (Ch.-M.). *Groupe Coutant* (1988) [1] l'un des plus grands de France : 550 m³, un bassin à requins de 250 m³. 2 500 a. 350 e. 540 000 v. **Le Croisic** (Loire-Atlantique). *Océarium* (1992) 1 000 a. 200 e. 700 m³ d'eau de mer, 45 aq. dont 1 aq. de 300 000 litres traversé par un tunnel (nourriture en plongée). Début 2001 nouvel Aq. (3 000 m³) en ville. Coquillages, faune île de Vancouver, cœlacanthe, méduses, manchots, Les Abysses. 260 000 v. **Limoges** (Hte-Vienne). *Aqu. du Limousin* (1993) [1], 600 m², 40 bassins, 4 bacs tactiles (10 000 litres chacun). Plus de 300 e., 2 500 a. 3 sections : eau douce européenne (silure, esturgeon, koï...), eau douce tropicale (piranhas, poisson électrique, tortues, poisson arc-en-ciel), eau de mer tropicale (murène géante, poisson-ballon, poisson-vache, bébé requin...). 30 000 v.

Marne-la-Vallée (S-et-M.). *Aq. du Val d'Europe* dit *Sea Life Paris* (prévu 2002) dans la Cité des Loisirs. 32 bassins, 10 000 a., 300 e. **Monaco** (Principauté). *Institut océanographique* (1910, 1ers bacs installés en 1902) 90 aq. 3 000 poissons. 400 e. 40 sortes de coraux. 755 478 v.

Nancy (Meurthe-et-Moselle). *Muséum-Aquarium* (1970) [2]. 500 e. Plus de 2 000 a. Faune des récifs, poissons électriques, fossiles et a. naturalisés (plus de 15 000 a.) ; depuis 1993, collection de l'Ecole nat. sup. de géologie. 56 000 v.

Paris. *Aq. du musée national des Arts d'Afrique et d'Océanie* [2], porte Dorée. 5 000 poissons. 300 e. Faune intertropicale. 350 000 v. *Aq. du Trocadéro :* ouvert 1867, modernisé 1937, fermé août 1985, reconstruction votée le 26-2-1996, ouverture prévue sept. 2002 (37 bassins) : « Cité marine ».

Roscoff (Finistère). *Station biologique* CNRS et université Pierre-et-Marie-Curie (1953) [2]. 33 aq. 100 e. 26 000 v.

St-Malo (Ille-et-Vilaine). *Aq.* (1961) [1] 250 m², 500 a., 75 e., 40 000 v. *Grand aq.* (12-6-1996) record de France (1,2 million de l dans plus de 45 aq.). Aq. circulaire 600 000 l avec requins. Faille de 7,50 m de profondeur. Vaisseau englouti. Cinéma 3 D. Aquaterrarium 500 e. 400 000 v. **Sénart** (S.-et-M.) *Grand aq. d'Ile-de-France* (prévu 2002).

Six-Fours-les-Plages (Var, île des Embiez, 95 ha ; acquise 1958). *Institut océanographique Paul-Ricard* (1972) [1]. 100 e. 250 a. Musée écologique et archéologique marin méditerranéen. 36 000 v.

Tours (Indre-et-Loire). *Aq. tropical du château* (1985) [2] 1 500 a. 220 e. 35 aq. 33 000 v. **Trouville** (Calvados). *Aq.-vivarium* (1973) [1] 200 à 250 e. 600 m² d'exposition, plus 65 bacs, aq. et vivariums à reptiles, insectes. Bassin à requins. 65 000 v.

Vannes (Morbihan). *Aq. océanique et tropical* (1984) 300 e. 1 000 a. 40 aq. Reconstitution d'un récif corallien, nautiles, mérou géant, tortues marines, poisson-scie, raies aigles, murènes géantes, crocodile trouvé dans les égouts de Paris. Fosse à requins. 185 000 v. **Villerville** (Calvados). *Musée Mer et Désert* (1993) [1] 2 000 coquillages, plantes rares, animaux du désert, tortues, serre de 600 m². 3 000 v.

☞ **Le plus grand aquarium du monde :** *Centre Epcot* (Floride, USA, ouvert 1986) : 21,5 millions de litres d'eau, 8 000 spécimens différents dont 85 espèces de poissons-corail des Antilles.

Océanariums (delphinariums ou marinelands)

■ **Dans le monde. Le plus ancien :** *Marineland* (Floride, 1938) : 26,3 millions de l d'eau de mer pompés par jour. 2 réservoirs : rectangulaire (30,50 m × 12,20 × 5,50 ; 1 700 m³), circulaire (circonférence 71 m, profondeur 3,65 m ; 1 500 m³).

■ **En France.** *Antibes* (Alpes-Maritimes). 4 ha, 1 bassin circulaire (35 m de diamètre) de 1 800 m³, et un bassin de 8 500 m³, 10 m de profondeur, 1 700 m² (2e au monde). Créé (1970) par Roland de La Poype (né 1920). Une cinquantaine d'animaux marins (orques, dauphins, otaries, phoques, éléphants de mer, manchots). 900 000 v. Musée de la Mer et des Aquariums.

SITES ORNITHOLOGIQUES

■ **Sites ornithologiques en France.** *Camargue* : migrations, nidification, hivernage, hérons d'Europe (9 espèces), flamant rose, sternes dont sterne Hansel, goéland railleur, coucou-geai, glaréole à collier, rollier guêpier, canards (125 000), aigle criard. *Cap Gris-Nez, cap Blanc-Nez* (P.-de-C.) : des centaines de milliers d'oiseaux y transitent de septembre à novembre. *Chanteloup* (Vendée) : site de reproduction de l'avocette. *Dunkerque* (Nord) : digue du Clipon : oiseaux de mer rares. *Grands Causses* : rapaces (vautour fauve, vautour moine, aigles...). *Ile de Ré* (Ch.-M.) : réserve LPO (Ligue pour la protection des oiseaux), limicoles et bernaches cravants. *Lac de Créteil* (V.-de-M.) : nidification du grèbe huppé ; canards variés (milouin, garrot, etc.). *Lac du Der* (Marne et Hte-Marne) : des milliers de grues cendrées y font escale en octobre-novembre et mars, hivernage du pygargue à queue blanche, du grand cormoran, d'oies et de cygnes ; sarcelle d'hiver, canards chipeau et souchet ; grande aigrette. *Lacs d'Arjuzanx* (Landes) : grues cendrées, canards... *Lac de la Forêt d'Orient* (Aube). *Le Massereau* (L.-A.). *Marais de Moëze* (Ch.-M.) : réserve LPO. Oies cendrées et limicoles. *Marais d'Orx* (Landes) : oies, grues, canards à l'automne (*1997* : 5 couples de spatules nicheuses). *Narse de Lascols* (Cantal) : canards, échassiers, rapaces... *Parc du Marquenterre* (Somme) : avocettes (87 couples), vanneau huppé (21 couples), héron cendré (69 couples), aigrette garzette (74 couples), héron gardebœuf (8 à 10 couples, les plus nordiques du monde), huîtrier-pie (3 000 à 13 700 à marée haute), grande aigrette (20 en hivernage), canard pilet (4 000 en hivernage). La moitié des couples nicheurs français d'oie cendrée (25 à 30 couples). Important site de migration pour la spatule blanche d'août à début octobre, 1re nidification en 2000 (5 à 6 couples). *Parc du Teich* (bassin d'Arcachon) : stationnement de spatules, grande colonie d'aigrettes garzettes. *Plan d'eau de l'Ailette* (Aisne) : lac de barrage. Balbuzard (été), morillons, milouins, grèbes... *Port d'Antifer* (S.-M.) : plongeons et grèbes, l'hiver ; 1 pélican blanc s'y est fixé depuis 1981. *Réserve du val d'Allier* (LPO Auvergne/ONF) : reproduction de sternes pierregarins et naines, œdicnèmes, halte migratoire importante pour canards, limicoles et rapaces. *Rhin* : canard colvert, milouin, morillon. *Sept-Iles* (C.-d'Armor) : voir p. 208 b. *Réserve de Séné-Falguérec* (Morbihan) : nidification d'avocettes, échasses et sternes. *Réserve de Biterne* (Loire) : nidification de nombreux anatidés (canards chipeaux, fuligules morillons...). *Écopôle du Forez* (Loire) : dortoir de grands cormorans, balbuzards, anatidés, bécassines...

■ **Lieux d'observation des migrations. Printemps :** *col de l'Escrinet* (Ardèche), *Leucate* (Aude), *pointe de Grave* (Gironde). **Été-automne :** *Baracuchet* (Loire), *cap Gris-Nez* (P.-de-C.), *col de Prat-de-Bouc* (Cantal), *Eyne* (Pyr.-Or.), *Gruissan* (Aude), *île d'Ouessant* (Finistère), *Lindux et Lizarrieta* (Pyr.-Atl.), *Montagne-de-la Serre* (Puy-de-Dôme), « col libre » (sans chasseurs) d'*Organbidexka* (Pyrénées) ouvert de mi-juillet à mi-nov., *parc du Marquenterre* (Somme), *Pont-de-Roide* (Doubs). **Automne :** *Fort-l'Écluse* (Ain), *St-Gervais-d'Auvergne* (Puy-de-Dôme), *pointe de l'Aiguillon* (Vendée), *Cap Ferret* (Gironde), *Puychaffou, monts d'Ambazac* (Hte-Vienne).

☞ ADRESSES : LPO (voir p. 201 a). *En cas de découverte d'un oiseau bagué mort* : envoyer la bague au CRBPO, 55, rue Buffon, 75005 Paris.

ANIMAUX FAMILIERS

DONNÉES GÉNÉRALES (FRANCE)

■ **Adresses. Syndicat national des vétérinaires urbains (SNVU)** 10, place Léon-Blum, 75011 Paris. **Organismes** (voir p. 201 b), **Chats** et **Chiens** (voir p. 211 a et suiv.).

■ **Revues.** *Animaux Magazine* (mensuel SPA, tiré à 20 000 exemplaires), 39, bd Berthier, 75017 Paris. *Trente Millions d'amis* (mensuel, diffusé à 98 000 exemplaires), 9-13, rue du Colonel-Pierre-Avia, 75015 Paris.

■ **Animaux familiers. Nombre** (en millions) : 44,3 dont poissons 21,4 ; chats 8,1 ; chiens 7,6 ; oiseaux 5,7 ; rongeurs 1,5. *Source* : enquête Sofres 1995.

■ **Ration type** (en g/jour). **Viande maigre :** *teckel* 120 ; *berger allemand* 360 ; *chat* 50. **Flocons de céréales :** *t.* 60 ; *b. all.* 180 ; *ch.* 20. **Légumes verts :** *t.* 60 ; *b. all.* 180 ; *ch.* 20. **Complément d'équilibre** (huile, levure, minéraux) : *t.* 30 ; *b. all.* 90 ; *ch.* 10. **Ration ménagère :** *t.* 270 ; *b. all.* 810 ; *ch.* 100. **Complément humide :** *t.* 400 ; *b. all.* 1 200 ; *ch.* 130 ; **sec :** *t.* 150 ; *b. all.* 450 ; *ch.* 50.

■ **Industries des aliments pour animaux familiers. Origine :** *aliments préparés* : inventés par sir James Pratt qui s'est inspiré du pemmican, nourriture à base de viande de bison séchée créée par les Indiens. *1ers biscuits spéciaux pour chiens* : 1885 en G.-B., 1921 en France. *1re marque d'aliments préparés pour chiens* : « Dogaliment » 1956 ; *marques les plus connues* : « Canigou » et « Ronron » 1957 ; *1ers aliments secs* : 1958. **Statistiques en France,** *source* : Facco (au 25-11-2000) : *nombre de fabricants français* : 18. *Chiffre d'affaires* : 12,7 milliards de F (dont exportation 4). *Production* (en milliers de t) : 1 950 dont conserves 1 130, produits secs 820. *Export.* : 920 000 t. *Import.* : 86 000 t. *Balance commerciale* : 2,7 milliards de F. *Produits agricoles utilisés* (en milliers de t) : 1 200 dont viande 535, poisson 25, céréales, légumes et compléments 640. *Emplois* (en 2000) : 17 900 (dont directs 4 900). **% de foyers possesseurs utilisateurs :** *1999* : chiens 89, chats 97.

RENSEIGNEMENTS PRATIQUES

■ **Abandon d'un animal. Nombre d'abandons répertoriés en 1993 :** 100 000 chiens, 80 000 chats. **Adresses :** *Reptiles* : aquarium écologique de Trouville. *Oiseaux* : s'adresser à la LPO (voir p. 201 a). *Autres animaux* : dans les refuges des associations de protection animale déclarées.

■ **Adoption.** *Auprès de la SPA* : animaux vaccinés, tatoués et, pour la plupart, stérilisés ; *coût* : chien 700 à 800 F, chat environ 400. *Auprès du RCP* (voir p. 211 a).

■ **Abattoirs.** Bovins, ovins, caprins, porcins, équidés, volailles, lapins et gibier doivent être étourdis avant la saignée, selon des procédés autorisés (trépanation ou percussion de la boîte crânienne à l'aide d'un pistolet d'abattage à cheville, masselotte captive, électroanesthésie, anesthésie par du CO_2). Il est interdit de suspendre les animaux avant leur étourdissement (sauf volailles, lapins et petit gibier si l'étourdissement est fait immédiatement). *Abattage rituel* : dans un abattoir, par des sacrificateurs habilités (loi peu souvent respectée). L'animal doit être renversé et maintenu par un dispositif le protégeant des risques de contusion. Pour les bovins, des boxes rotatifs agréés doivent être utilisés. *Animaux de boucherie* : abattage possible hors de l'abattoir en cas d'urgence (maladie ou accident) ; il faut un certificat vétérinaire. *Lapins, volailles, caprins, ovins* et *porcins* : peuvent être abattus par celui qui les a élevés et qui réserve la viande à la consommation familiale.

■ **Achat d'un animal.** De préférence *entre 2 et 6 mois* (chien, chat). Exiger : *carnet de santé* comprenant (pour les chiens) les primo-vaccinations (maladie de Carré, hépatite de Rubarth, parvovirose, leptospirose, rage ; rappels : à charge de l'acheteur) ; *certificat de naissance* délivré par la SCC (si le chien est vendu comme animal de race) ; *attestation de vente* (vérifier les clauses) : *certificat de garantie* et *facture* (décret du 28-6-1990) *détaillée* signée par le vendeur et l'acheteur précisant date de vente et de livraison, identité, prix de vente et adresse du vétérinaire, du vendeur et (facultatif) de l'acheteur ; *carte de tatouage* (depuis 1989, chiens et chats vendus ou donnés doivent être tatoués). **Vices rédhibitoires :** depuis le 28-6-1990, la vente est nulle de droit lorsque, dans un certain délai suivant leur livraison, les animaux sont atteints ou soupçonnés d'être atteints d'une de ces maladies : *chiens* : maladie de Carré (délai 8 j) ; hépatite contagieuse (6) ; parvovirose canine (5) ; dysplasie coxofémorale ; ectopie testiculaire (pour les chiens de plus de 6 mois) ; atrophie rétinienne. *Chat* : leucopénie infectieuse (5) ; péritonite infectieuse féline (21) ; infection par virus leucomogène félin (15) ; par virus de l'immunodépression. Le diagnostic peut être fait par un vétérinaire ou par un expert nommé par le tribunal d'instance ; la réclamation doit être déposée dans le mois qui suit la vente (15 jours si l'animal meurt). En cas de problème, s'adresser au service d'enquêtes de la répression des fraudes ou à la direction départementale des services vétérinaires. L'absence d'attestation est punie (amende 160 à 600 F).

☞ A l'achat, ne pas signer de décharge annulant certains droits à recours.

■ **Assurance.** Dans un contrat d'assurance multirisques, faire ajouter une clause couvrant l'animal et les dégâts qu'il peut commettre. Existent également (exemples) : *Association mutualiste des propriétaires d'animaux de compagnie*, 62, rue Ducouédic, 75014 Paris ; *Generali France assurances*, 5, rue de Londres, 75009 Paris. **Tarifs :** selon étendue des garanties, plafonds d'indemnisation et montant des franchises. Exemple : *Abeille assurances « Animassur » : chirurgie* (660 F) : transfert en ambulance animalière, honoraires, frais de séjour, analyses, radios, médicaments : plafond 8 000 F ; *tous soins* : (1 835 F) : idem + frais des séquelles pathologiques d'une mise bas, de chenil si hospitalisation du maître (plafond 1 000 F) : plafond 10 000 F.

■ **Chevaux.** Barbelés interdits autour des enclos.

■ **Décès.** *Chien de plus de 40 kg* : il est interdit d'enterrer un animal de plus de 40 kg. L'équarrisseur (ou service d'hygiène) de la mairie doit être averti au plus tôt. *Chien de moins de 40 kg* : doit être enterré à 1 m de profondeur, à au moins 35 m de distance des habitations, puits, sources... **Cimetières :** *4, pont de Clichy, 92600 Asnières* : établissement privé, *créé* 1899, 1 200 concessions, dont le monument à Barry (saint-bernard qui sauva 40 personnes et fut tué par la 41e en juin 1900), 100 000 animaux enterrés ; site protégé depuis le 25-6-1987, fermé le 31-8-1987 par son propriétaire ; devenu propriété communale, rouvert le 3-4-1989. *Route de Tremblay, 93420 Villepinte ; créé* 1957 (2 500 tombes). *« Le Champ du repos » 92081 Paris La Défense Cedex 11.* **Service de pompes funèbres :** Animaux services, 22, route de Tremblay, 93420 Villepinte. *Forfait* : 1 100 F ; *concession annuelle* : 420 F TTC, renouvelable ; *cercueil* à partir de 750 F. **Incinération :** admise pour les moins de 40 kg. *Collective* : de 100 (petit rongeur) à 590 F (gros chien) ; *individuelle* : 200 à 1 050 F. *A Paris* : Siaf (Service d'incinération des animaux familiers) 3, rue du Fort, 94130 Nogent-sur-Marne. Enlèvement du corps à domicile 24 h/24 h . (On peut se faire enterrer avec les cendres de son animal dans son cercueil.)

■ **Dressage.** Coût de formation (6 mois) d'un chien d'aveugle (labrador, golden-retriever ou berger allemand ; depuis 1997, 150 ont été remis gratuitement chaque année) : environ 80 000 F. *Association nationale d'éducation des chiens d'assistance pour handicapés (Anecah),* 137 *bis*, rue Nationale, 75013 Paris. *École des chiens guides d'aveugles,* 105, avenue de St-Maurice, 75012 Paris.

■ **Importation. Chiens.** Les chiens d'attaque (1re catégorie) sont interdits (loi du 6-1-1999) depuis le 1-6-1999. **Animaux destinés à la revente :** ne peuvent être importés que s'ils sont destinés à des établissements possédant des locaux de quarantaine agréés par la direction des services vétérinaires. Les animaux y restent 8 jours. Contrôle à destination (et non plus à la frontière) s'ils viennent d'Europe. **Chiens et chats âgés d'au moins 3 mois accompagnant les voyageurs** (3 animaux dont au plus 1 chiot) : le certificat sanitaire doit permettre d'identifier les animaux ; complété par : 1°) un certificat antirabique si le pays de provenance n'est pas indemne. L'animal doit avoir 4 mois au minimum (vaccination antirabique à 3 mois plus 1 mois nécessaire à la validation) ; 2°) les vaccinations contre la maladie de Carré, la parvovirose et l'hépatite contagieuse en cours de validité pour les chiens ; pour les chats : panleucopénie infectieuse.

■ **Livre des origines français (LOF).** Ouvert par la *Sté centrale canine* (SCC) en 1885, inscrit en 1957 au Registre des livres généalogiques du ministère de l'Agriculture. Inscription codifiée par décret ministériel en 1966. Seuls les certificats d'inscription délivrés par la SCC sont reconnus par le ministère de l'Agriculture. Ils comportent 1 tableau généalogique remontant à 3 générations (pedigree). Le chien sera confirmé (par un juge ou un expert qualifié pour la race considérée) s'il peut entretenir ou améliorer les qualités de la race, et s'il est au minimum conforme aux normes du standard de la race. Environ 36 % des chiens inscrits sont présentés.

■ **Pensions.** La SPA fournit une liste de pensions.

■ **Perte d'un animal. Région parisienne :** aviser SPA, gendarmerie ou commissariat de police les plus proches du lieu où a été perdu l'animal. Leur demander l'adresse de la fourrière. *SPA (Sté protectrice des animaux)* ; pour Paris : *Refuge Grammont* 30, av. Charles-de-Gaulle à Gennevilliers : capacité 500 chiens, 500 chats. *Assistance aux animaux* 24, rue Berlioz, 75116 Paris. *Actions animaux nature.* **Province :** gendarmerie, filiales SPA. *Confédération nationale des SPA de France* 25, quai Jean-Moulin, 69002 Lyon.

☞ La cellule antitrafic de la SPA évalue à 60 000 le nombre de disparitions annuelles de chiens.

■ **Possession.** Un propriétaire ne peut refuser que ses locataires possèdent des animaux familiers mais ceux-ci ne doivent pas gêner les autres locataires (*loi du 9-7-1970*). **Animaux exotiques :** la réglementation actuelle ne permet, en principe, de se procurer que bengalis, mandarins, calfats, ministres, canaris, cardinaux, moineaux du Japon, papes, tortues de Floride. Leur exportation est souvent interdite par le pays d'origine car leur capture engendre des massacres (1 animal sur des dizaines qui sont capturés parvient à bon port). **Animal dangereux** (loi n° 99-5 du 6-1-1999, chap. 1, art. 1) : la police peut intervenir si l'animal est reconnu dangereux pour l'entourage et capable d'occasionner un accident grave. S'il est sale, bruyant et cause des troubles de voisinage, il faut saisir les responsables municipaux de l'environnement. *A Paris* : 5 animaux domestiques au maximum par foyer (hors oiseaux et poissons). **Saisie judiciaire :** les animaux d'appartement ne peuvent être saisis (loi du 24-3-1995) mais ils le sont parfois en tant qu'objets de valeur.

■ **Soins. Consultation vétérinaire :** 70 à 250 F (en général 150 à 200). *Opération* chirurgicale 1 000 à 1 500 F (castration d'un chat 250 à 350 F, chatte 500 à 700 F ; prothèse de hanche sur berger allemand 10 000 F). *Vaccins* : les 3 de la 1re année 660 F, puis rappel 220 F. *Tatouage* (au dermographe, avec anesthésie générale) : chien 300 F, chat 225 F. **Dispensaires :** *SPA*, 8, rue Maître-Albert, 75005 Paris ; 11 dispensaires en régions. *Fondation Assistance aux animaux* 23, av. de la République, 75011 Paris et à Marseille et Toulon : soins gratuits, pour animaux de personnes démunies uniquement.

☞ Dépense moyenne des Français chez le vétérinaire (est. 2000) : 370 F/an.

■ **Taxidermie** (du grec *taxis,* arrangement et *derma,* peau). Art de naturaliser les animaux morts en vue de leur conservation. Science consistant à classer et à présenter leurs dépouilles. **Réglementations :** la loi du 10-7-1976 réglemente la protection de la nature. Les arrêtés du 17-4-1981 interdisent de ramasser, transporter, vendre ou acheter et naturaliser les sujets d'espèces protégées. **Taxidermistes :** 425 établis (plus 40 à 50 dans les musées d'État). Profession regroupée depuis 1966 au sein du *Syndicat des naturalistes de France,* Val de l'Œil, 03170 Deneuille-les-Mines ; création d'un CAP le 2-7-1982.

Tarifs des animaux empaillés [en milliers de F, 2000 ; *Source* : Deyrolle (fondé 1831)] : **oiseaux :** autruche (2,50 m) 50. Canard et canard de Barbarie 1,5, exotique 1,5. Coq 1,8. Cygne noir 5. Dinde 1,6. Dindon 5. Faisan commun 1,5, doré 1,8, vénéré 1,8. Grue couronnée 5. Oies (grise et blanche) 5. Paon blanc ou commun 10. Perroquet amazone 1,3. Pintade 1,5. Poule 1,2. **Mammifères :** bélier

25. Bison (jeune) 40. Blaireau 4. Bouc (grandes cornes) 25. Sika 30. Chameau 20. Chamois 9. Chat 4. Cheval 80. Chèvre 20. Chevrette 8. Daim mâle 20, femelle 20. Éléphanteau 50. Hyène 35. Lama 40. Lion 65. Lionne 50. Lycaon 20. Mandrill 12. Mouton noir 20. Nandou 18. Orignal 70. Ours blanc 70, noir 50. Poney 40. Porc 25. Ragondin 3,5. Renard 3,2. Renne 40. Sanglier 15 à 20. Singe 5. Taureau de Camargue 45. Veau couché 8. Yack 40. Zèbre jeune 25, adulte 60. **Têtes :** cerf 12. Cheval 12. Cob 5,8. Koudou 10. Waterbuck 10. Taureau : 100.

■ **Testament.** On peut faire un testament en faveur d'une personne ou d'une association stipulant que celle-ci devra prendre soin de l'animal désigné jusqu'à sa mort.

■ **Toilettage.** Chien ou chat au *poil long :* de 300 à 600 F, à faire tous les 2 mois ; *poil court :* environ 300 F, tous les 4 mois.

■ **Voyage. En France. Autobus :** *chiens et chats :* autorisés dans panier (max. 45 cm). *Gros chiens :* non admis. **Autocar :** *animaux de moins de 5/6 kg :* généralement dans un sac, gratuit. *Gros chiens :* muselés, tenus en laisse, demi-tarif ou prix forfaitairement fixé par la Cie. **Avion :** sur Air France : *chiens* [1] *et chats jusqu'à 5 kg* en cabine et dans sac aéré (115 F) sous réserve d'accord lors de la réservation. *Gros chiens :* en soute climatisée et dans caisse standardisée (315 à 1 150 F). En général, animal et contenant hors franchise bagages ; le prix sera celui d'un excédent de bagages (gratuité pour malvoyants). Staffordshire-terrier (pitt-bull), american staffordshire-terrier, mastiff et tosa sont interdits sur Air France (loi du 6-1-1999). **Bateau :** *chiens :* dans un chenil à bord (exemple : Continent-Corse : 173 F au 1-1-1999) ou dans le véhicule du maître (92 F). Le maître peut promener son animal en laisse sur le pont [sauf sur les navires de la SNCM (Sté nationale maritime Corse Méditerranée) : chien au chenil ou dans le véhicule du maître]. Un certificat récent de bonne santé et de vaccination antirabique de moins de 6 mois est exigé. *Chats et autres petits animaux :* dans le véhicule au garage ou dans un panier avec leur maître. **Métro :** *chiens et chats de moins de 5/6 kg :* autorisés dans panier de 45 × 30 × 25 cm. Gratuit. *Grands animaux :* non admis sauf chiens d'aveugles. **RER :** *petits chiens et chats :* admis dans un sac (max. 45 cm). *Chiens plus grands :* muselés, tenus en laisse, aux extrémités avant ou arrière des voitures, billet demi-tarif 2e cl. **Taxi :** les chauffeurs peuvent refuser les personnes accompagnées d'animaux (sauf chiens d'aveugles). *Paris :* supplément de 4 F par animal transporté. **Taxis spéciaux pour animaux :** *Paris et région parisienne :* « Taxi-canine ». *Dijon et alentours :* « Snoopy service ». *Reims :* « Cabotage ». **Train :** *petits animaux domestiques de moins de 6 kg :* autorisés dans sac ou panier de 45 × 30 × 25 cm, prix forfaitaire 30 F. *Plus grands :* 50 % du prix de 2e classe (même en 1re classe). S'assurer de l'accord des autres voyageurs du compartiment et avoir une muselière si le contrôleur ou les autres voyageurs l'exigent. *Gratuit* lorsqu'accompagnant un enfant titulaire de la *carte Kiwi*. *Chiens :* peuvent voyager en voiture-lit si l'on dispose d'un compartiment exclusif.

Hors de France métropolitaine. Avec un chien ou un chat, vous devez posséder avant votre départ (sous réserve de modifications) : **certificat de bonne santé :** Algérie, Allemagne, Autriche, Belgique, Danemark, Espagne, Finlande, Grèce, Israël, Luxembourg, Maroc, Norvège, Portugal, Réunion, St-Pierre-et-Miquelon, Suède, Suisse, Tunisie, ex-Yougoslavie. **Certificat antirabique** *datant de moins d'un an et de plus d'un mois :* Algérie, Allemagne, Autriche, Belgique, Danemark, Espagne, Finlande, France, Grèce, Israël, Italie, Japon, Luxembourg, Norvège, Pays-Bas, Portugal, St-Pierre-et-Miquelon, Suisse, Tunisie, Turquie, USA. Certificat indispensable pour le retour en France. Ces 2 documents doivent être contresignés par la Direction des Services vétérinaires du département où exerce le vétérinaire qui les a établis. **Quarantaine :** *40 jours :* Cuba, île Marianne du Nord, Papouasie-Nouvelle-Guinée. *6 mois :* Chypre, Costa Rica, Cuba, G.-B., île Maurice, Nlle-Zélande (chiens d'aveugles seulement), Suède, Seychelles, Trinité-et-Tobago. **Importation interdite :** Australie, Arabie saoudite, Norvège, Nlle-Zélande. Se renseigner auprès du consulat ou de la Direction des douanes (St-Pierre-et-Miquelon, Nouvelle-Calédonie, Polynésie française : auprès des services vétérinaires locaux).

CHATS

☞ **Ancêtres du chat domestique :** chat sauvage d'Afrique (80 cm de haut, 40 de large), domestiqué il y a plus de 10 000 ans ; chat de steppe asiatique [*Felis ornata* (corps 63-70 cm, queue 23-33 cm, mince comme le chat domestique)]. En Europe, a remplacé la genette (voir p. 203 a).

☞ Voir **Renseignements pratiques** p. 210 b.

■ **Renseignements. Fédération internationale féline (Fifé)** Little Dene, Lentham Heath, Maidstone, ME 14 2 BS, G.-B. *Créée* 1949, 33 pays membres, environ 50 000 chats inscrits par an. **Union nationale des associations félines (Unaf)** BP 28, 76320 Caudebec-lès-Elbeuf. *Créée* 1956 par M. Guidon. 8 associations régionales, 3 000 adhérents. **Fédération féline française (FFF)** 75, rue Claude-Decaen, 75012 Paris. *Créée* 1933 (sous le nom de Sté centrale féline), plus de 20 000 adhérents. **Cat Club de Paris** 75, rue Claude-Decaen, 75012 Paris. *Créé* 1913 par le Dr Jumaud à St-Raphaël. 1924 le Cat Club de Paris devient autonome. Après 1945, la Sté centrale féline s'y intègre. 3 500 membres. **Association de l'école du chat** 110, rue Championnet, 75018 Paris. *Créée* 1978, 11 000 adhérents. **Regroupement des chats perdus (RCP)** 71, rue Paul-Doumer, 91330 Yerres. *Créé* 1962. *Refuge :* jusqu'à 100 chats adoptables. *Gère* une pension. *Membres adhérents :* plus de 1 800. **Fédération des associations du chat citoyen** 98, rue Leibniz, 75018 Paris. *Créée* 2000.

■ **Achat.** Les chats doivent être tatoués et vaccinés contre la rage (départements contaminés) avant d'être cédés. Une attestation de vente doit être établie par le vendeur avec la mention du prix. **Prix d'achat :** chat de race, poil court, 2 000 à 4 000 F, persan 3 000 à 6 000 F et plus (suivant beauté et origines), persan chinchilla et sacré de Birmanie de 3 000 à 6 000 F ; chat de gouttière à la SPA de Gennevilliers 400 F.

■ **Alimentation.** Besoins protidiques supérieurs de 25 % à ceux du chien. Le chat se rationne mieux que le chien (6 à 12 % d'obèses au lieu de 1/4 à 1/3 des chiens). *Par jour :* viande 50 à 75 g (le *mou* est déconseillé), flocons céréales 20 à 30, complément d'équilibre (huile, complément minéral vitaminé, levure sèche) 10 à 15, ou aliment complet sec 50 à 75, humide 130 à 250. Doubler chez femelles en lactation. Tolérance au lait : variable.

■ **Chute** (voir **Sauts** p. 196 a).

■ **Circulation.** Les maires doivent empêcher leur divagation. Est considéré comme en état de divagation tout chat non identifié trouvé à plus de 200 mètres des habitations ou tout chat trouvé à plus de 1 000 m du domicile de son maître et qui n'est pas sous sa surveillance immédiate ainsi que tout chat dont le propriétaire n'est pas connu et qui est saisi sur la voie publique ou sur la propriété d'autrui.

■ **Exposition.** Pour participer, il faut adhérer à une association ou un club affilié à la Fédération féline française ou à l'Unaf. Le chat doit être inscrit au LOOF (voir **Pedigree**), ou au Registre expérimental (RIEX) si le propriétaire ne peut prouver les origines de son animal, et après avis favorable donné par 2 juges au cours d'une exposition où le chat concourra en classe « novices ».

■ **Hygiène.** Un chat fait sa toilette lui-même. Cependant, il faut brosser régulièrement et démêler les poils très longs des chats de race.

■ **Identification. Fichier national félin** 10, place Léon-Blum, 75011 Paris (1,5 million enregistrements), créé par le syndicat des vétérinaires d'exercice libéral (SNVEL). Pour y figurer, les chats doivent être tatoués par un vétérinaire sur l'oreille ou la face interne de la cuisse.

■ **Nom de baptême.** Mêmes règles que pour les chiens (voir p. 212 b).

■ **Pedigree.** Un chat français ne peut figurer au Livre officiel des origines françaises de la Fédération féline française (LOFF) ou au livre de l'Unaf (voir ci-dessus) que si ses parents y sont inscrits jusqu'à la 3e génération (120 000 chats inscrits). Chats inscrits à l'Union nationale des associations félines (en % de 1956 à 1998) : persan 72, siamois 12, sacré de Birmanie 7, chartreux 4, oriental 2, abyssin 1, burmese 1, européen 1, autres races 2. Actuellement : *à poils longs* (persan) 60, *mi-longs* (birman, maine coon, norvégien) 20, *courts* (chartreux, siamois, oriental) 20.

■ **Races.** 3 catégories. **1°) Poils longs :** *persans :* unicolores (blanc, noir, bleu, chocolat, lilas, rouge, crème), tabbies ou marbrés [brown, blue, silver (peuvent avoir les yeux orange), red tabby], écaille-de-tortue, fumés. Race récemment créée. **2°) Poils mi-longs :** *birman* ou *sacré de Birmanie :* 6 variétés reconnues, en tabby : seal point, blue point, chocolat, lilas point, crème et red ; en tortie tabby : seal, bleu, chocolat et lilas. Les pattes sont plus foncées que le reste du corps et se terminent par des « gants ». *Balinais :* siamois à poil long. Seules sont reconnues les 4 couleurs classiques : seal point, blue, chocolat et lilas. *Turkish Van (chat turc* ou *chat du lac de Van) :* poils roux et blancs ; marques rousses autour des oreilles et sur la queue. *Maine coon :* le plus connu, le brown tabby classique, ressemblant à un raton laveur. *Somali :* abyssin à poil long dû à un gène récessif. *Chat des forêts norvégien. Angora turc. Ragdoll.* **3°) Poils courts :** *abyssin :* fourrure caractérisée par le « ticking » : chaque poil présente 2 zones de coloration, la plus claire près de la peau, la plus foncée à l'extérieur. Couleurs principales : abyssin lièvre et abyssin sorrel. *American shorthair. Bombay. Bleu russe :* bleu. *Bombay. British :* reconnu dans toutes les couleurs. *Burmese :* issu du croisement d'un siamois et d'un tonkinois. Variété d'origine marron ou zibeline. Autres couleurs : bleu (ou gris argent), chocolat (Burmese champagne), lilas (aussi appelé platine), écaille-de-tortue (mélange de brun, crème et roux, nettement tranché et sans barres apparentes). *Cornish Rex* ou *Devon Rex :* apparus dans les expositions dans les années 1950, nombreuses couleurs. *Chartreux :* origine française. Bleu, en fait gris bleuté. *Manx* ou *chat de l'île de Man :* sans queue, de toutes les couleurs. *Européen. Exotique à poil court :* en fait persan à poil court, résultat de croisements entre persans et american shorthair ou persan et burmese. *Havana-Japanese bobtail. Korat :* bleu. *Scottish fold :* oreilles tombantes ; toutes couleurs. *Siamois :* apparu en Europe lors d'une exposition à Londres en 1871 ; couleurs : seal point d'origine, blue point, chocolat point et lilas point. *Oriental :* siamois de couleur uniforme ou bicolore, écaille-de-tortue, tabbies ou tiquetés. *Ocicat. Singapura. Sphynx. Tonkinois.*

■ **Rage** (voir p. 212 c).

■ **Records. Poids maximal :** 21 kg (longueur 96,5 cm, tour de cou 38 cm, de taille 84 cm) ; **moyen :** 4 kg ; **minimal :** croisé de siamois mâle, 800 g. **Age :** 36 ans. **Portée :** 19 chatons (après césarienne, 15 survécurent). **Chatte la plus prolifique :** 420 chatons. **Chasseur :** 28 900 souris en 24 ans. **Grimpeur :** 21 m le long d'un immeuble. Un chaton de 4 mois a suivi des alpinistes jusqu'à 4 478 m. **Prix :** chat pailleté de Californie vendu 24 000 $ en 1988 aux USA. **Trajet :** pour retrouver ses maîtres : 700 km en 4 mois.

■ **Reproduction.** Possible dès le 10e mois pour la femelle. Conseillée à la 2e « chasse ». *Période de chaleur* variable : chatte de maison 2 à 4 fois par an, persane printemps et automne, siamoise ou abyssine la plus grande partie de l'année. *Rut :* 6 j. Faire pratiquer la saillie entre 2e et 3e j de « chasse ». *Gestation :* 63 à 67 j en moyenne. Les races à poil court sont plus prolifiques que celles à poil long. *Castration :* très pratiquée pour les mâles. Restreint odeur, saleté et vagabondage. Pour les femelles : ablation des ovaires ou ovariectomie courante. *Stérilisation :* ligature des trompes, vasectomie (entre 6 et 8 mois).

■ **Revue.** *Atout chat :* tiré à 75 000 exemplaires, mensuel fondé en 1985. *Chat magazine :* tiré à 50 000 exemplaires, bimestriel fondé en 1997.

■ **Ronronnement.** Son produit par un mouvement aérodynamique. Serait le signe d'une émotion intense. Tous les félidés, y compris la panthère des neiges, ronronnent. Il s'agit d'un murmure.

■ **Santé.** *Respiration :* 25 à 30 mouvements à la min. *Pouls (mesure à la face interne de la cuisse) :* 110 à 140 pulsations par min. *Température normale :* 38 °C. **Maladies :** *cancer :* 1 % des chats. *Coryza :* mortel si non traité ; signes : rhinite, conjonctivite, larmoiements, salivation ; vaccin dès le 2e mois, puis le mois suivant, 1er rappel 1 an après puis tous les ans. *Leucopénie infectieuse (typhus) :* incubation rapide ; troubles digestifs, déshydratation rapide ; vaccin. 250 000 † par an en France. *« Leucose » :* plus de 30 % de chats sont porteurs de rétrovirus FeLV (leucose féline) ou FIV (immuno-déficience féline). Incurable, ne se transmet pas à l'homme. *Péritonite infectieuse féline :* pas de vaccin, mortelle et contagieuse. *Tuberculose :* rare, communiquée par une viande infectieuse ou l'homme ; le chat maigrit, tousse, s'essouffle ; il faut l'abattre. **Parasites :** gale, puces (voir **Chiens** ci-dessous). *Teigne :* due à un champignon qui laisse une tonsure au contour net ; transmissible à l'homme. **Vie moyenne :** 11 ans (au max. 36).

■ **Statistiques. Nombre de chats domestiques :** *monde :* 400 millions, *France :* 8 millions.

■ **Vaccinations.** *Panleucopénie infectieuse* (typhus du chat) : à partir de la 10e sem. ; rappel 1 mois plus tard, puis tous les ans. *Coryza, chlamydiose, Leucose. Rage :* à partir de la 12e sem. ; rappel (1 injection) tous les ans. Voir p. 212 c.

■ **Vols.** *France :* environ 20 000/an.

☞ A Ypres, on pratiquait encore en 1848 le « jet du chat ». Une fois l'an, un bouffon de la ville jetait du beffroi 3 chats que la foule achevait à coups de bâton et de pierres.

CHIENS

■ **Renseignements. Sté centrale canine (SCC)** 155, av. Jean-Jaurès, 93535 Aubervilliers Cedex. Fédération des Stés régionales et des associations de race affiliées, *fondée* 1882. **Francophone de Cynotechnie** 12, chemin Capet, 33650 Saucats, *créée* 1979.

■ **Achats** (voir p. 210 b).

■ **Alimentation.** Le chien avale sans mastiquer ; la salive agit peu. Une abondante sécrétion de suc gastrique (riche en acide chlorhydrique) dans l'estomac assure une bonne digestion de la viande crue et des os tendres.

On peut donner : *viande* rouge (en morceaux plutôt que hachée) pour le phosphore, peu de poisson et d'abats divers. La viande bouillie, moins attaquable par les sucs, est moins bien assimilée. Cependant la cuisson peut renforcer l'appétit pour la viande (mais détruit 15 à 50 % des vitamines du groupe B). *Os* (en complément) *:* plats et friables : omoplates de veau, humérus de bœuf (ni porc ni côtes de mouton). Les gros os à moelle fournissent aux chiots des phosphates de calcium assimilables. Ils doivent être toujours frais ; jamais d'os de volaille et de gibier pouvant former des esquilles. *Légumes verts :* cuits (éviter excès de carottes et d'épinards), hachés et bien mélangés à la viande (le chien les aime peu). *Matières grasses :* 5 à 12 % d'apport d'acides gras indispensable (qualité de la fourrure), et d'énergie sous forme très concentrée (jeunes, nourrices, chiens de travail) : lait (calcium) [le lait de chienne est 2 fois plus nourrissant que le lait de vache], œufs (1 ou 2 par semaine), yaourts (bons pour l'hygiène digestive) et fromages (excellents pour la croissance). *Pain, pâtes, riz et autres céréales, pommes de terre,* etc. doivent être bien cuits (l'intestin court n'est pas adapté à la digestion des hydrates de carbone). RECOMMANDÉS : huile de table riche en acides gras essentiels, levure sèche, complément minéral vitaminé bien adapté pour garantir une ration équilibrée, apport suffisant en magnésium et fer, en évitant les excès de chlorure de sodium.

Éviter : farineux crus (ne donner du pain que sec et rassis), sauce, soupes trop liquides, à base de pain trempé, ou trop grasses (suif ou saindoux), sucre, chocolat, bonbons, crème glacée (exceptionnellement), repas trop chauds ou glacés. Ne pas alimenter un animal avant un voyage. **Proscrire :** poissons à grosses arêtes, aliments rances, rognures de viande faites de graisse, de tendons ou d'aponévroses (nerfs) riches en collagène (putréfactions intestinales).

Ration journalière : le chien doit absorber 5 à 10 % de son poids en nourriture par jour. 2 repas par jour. RATION MOYENNE PAR JOUR EN G : *races naines et petites (jusqu'à 5 kg) :* viande de bœuf 80 à 130, riz et légumes 50, fruits 5, graisses 5, sels minéraux 2 à 5. Supplément possible : lait de vache 50. *Moyennes (de 15 à 20 kg) :* viande ou foie de bœuf 300 à 500, riz, avoine ou pâtes 200, légumes verts 200, graisses 20, fruits et carottes râpées 1 à 20, sels minéraux 5, lait 100. *Grandes (de 30 kg et plus) :* viande de bœuf crue 350 à 500, abats (foie) 250, riz (flocons d'avoine ou pâtes) 150, graisses 25 à 50, fruits et carottes râpées 25, sels minéraux 20, lait 200. Besoins et ration de travail sont de 1,5 à 4 fois plus importants que ceux d'entretien. Besoins en calories : petits chiens 150 par kg, grands 45 par kg. Eau : un chien boit environ 60 ml par kg de son poids.

☞ Les aliments secs (granulés, croquettes), semi-humides ou humides (conserves) sont généralement complets et satisfont l'ensemble des besoins.

■ **Allaitement.** Au minimum 4 à 6 semaines ; sevrage à partir de 3 semaines ; ne laisser que 4 à 5 petits à la mère ou l'aider par un allaitement artificiel complémentaire (lait sec). Dès la fin du mois on épaissit progressivement avec un aliment composé complet, le sevrage sera alors facile et précoce si nécessaire ; donner ensuite 3 à 4 repas, puis 2 par jour.

■ **Assurance** (voir p. 210 b).

■ **Certificat d'inscription.** Déclarer la *saillie* dans les 4 semaines à la Sté centrale canine (SCC), puis la naissance dans les 2 semaines. Après vérifications, la SCC adresse à l'éleveur une proposition d'inscription qu'il lui renvoie après avoir radié les chiots décédés entre-temps et en joignant les volets d'identification par tatouage au fichier central ainsi que les frais d'enregistrement. L'*inscription provisoire* au titre de la descendance donne lieu à délivrance d'un certificat provisoire *(certificat de naissance)* lequel est remplacé par un certificat définitif (*pedigree :* mot anglais de l'ancien français *pié de grue*) lorsque le chien a été reconnu apte à la *confirmation* (examen pratiqué à la demande du propriétaire à partir de 12 ou 15 mois suivant les races).

■ **Circulation.** *Art. 9 du décret du 6-10-1904 :* tout chien circulant sur la voie publique en liberté ou même tenu en laisse doit être muni d'un collier portant gravés sur une plaque de métal nom et demeure de son propriétaire. *Arrêté ministériel du 16-3-1955 :* interdit la divagation des chiens dans les terres cultivées ou non, les prés, vignes, vergers, bois, marais, bords des cours d'eau, étangs et lacs ; et la promenade des chiens non tenus en laisse en dehors des allées forestières du 15-4 au 30-6. *Art. 213 du Code rural :* les maires prennent toutes dispositions propres à empêcher la divagation des chiens et des chats. Est considéré comme en état de divagation tout chien qui, en dehors d'une action de chasse ou de la garde d'un troupeau, n'est plus sous la surveillance effective de son maître, se trouve hors de portée de voix de celui-ci ou de tout instrument sonore permettant son rappel, ou qui est éloigné de son propriétaire ou de la personne qui en est responsable d'une distance dépassant cent mètres. Tout chien abandonné, livré à son seul instinct, est en état de divagation. Les maires peuvent ordonner qu'ils soient tenus en laisse et muselés. Les chiens errants trouvés sur la voie publique, dans les champs ou les bois sont conduits à la fourrière et, si leur propriétaire reste inconnu et s'ils n'ont pas été réclamés, **abattus : 4 j après l'entrée en fourrière chien non tatoué, et 8 j s'il l'est ; ces délais pouvant être prolongés. Propriétaires**, fermiers ou métayers peuvent saisir ou faire saisir par le garde champêtre ou tout autre agent de la force publique les chiens divaguant. Ils seront conduits au dépôt et, s'ils n'ont pas été réclamés dans les délais et que dommages et autres frais ne sont pas payés, ils pourront être abattus sur l'ordre du maire.

■ **Contraception. Mâle :** *chirurgie :* vasectomie ou castration. **Femelle :** *bombes déodorantes :* masquent l'odeur mais sont inefficaces ; *culottes* adaptées à la chienne : s'enlèvent facilement. *Contraception transitoire :* pilules (report de quelques semaines), injections (report de 6 mois), mais on ne peut la prolonger plusieurs années ; *définitive :* chirurgie (ovariectomie ou ovario-hystérectomie) ; ligature ou sectionnement des trompes utérines.

■ **Décès** (voir p. 210 b).

■ **Gestation.** *Durée :* 2 mois. *Dès la 5e semaine :* le ventre grossit, les mamelles gonflent. *8e semaine :* ventre rond ; les tétines se remplissent de lait. *3 dernières semaines :* augmenter la quantité de nourriture (× 1,5) en 2 repas (midi et soir) et ajouter des vitamines.

■ **Hygiène.** *Bain :* 1 fois par mois, d'autres conseillent 4 à 5 fois par an. *Oreilles :* nettoyer à sec, avec bâtonnet de coton, toutes les semaines. *Poils :* longs : peigne fin ; frisés : étrille ; courts : brosse. *Yeux :* nettoyer régulièrement avec coton humide.

■ **Maladies. Génétiques :** environ 300 « naturelles » identifiées, souvent incurables. Tares oculaires (colley, mastiff et bullmastiff). Dysplasie de la hanche (berger allemand, labrador, terre-neuve). **Parasitaires :** *aoûtats :* en été ou en automne ; provoquent la trombiculose ; symptômes : petits grains orangés sur les oreilles ou dans les espaces interdigitaux. *Poux :* chez le chiot. *Puces :* transmettent d'autres parasites internes tels que le ténia (ver solitaire). Le chien souvent allergique à la salive de puce se gratte violemment. Prévention : colliers, poudres insecticides d'usage hebdomadaire. Traiter litière et recoins de l'animal. *Tiques :* provoquent souvent des kystes, vecteurs de la piroplasmose. Pour les décrocher, les asphyxier avec un tampon de coton imbibé d'éther (2 min), puis avec une pince à épiler, saisir la tête à la surface de la peau, tirer doucement mais fermement. Ne pas les brûler avec une cigarette allumée (brûlures). Colliers, bombes ou poudres insecticides peu efficaces. *Gale :* dermatose causée par de petits acariens aux pattes munies de ventouses, qui creusent dans la peau des galeries à la vitesse de 2 mm par jour. Très contagieuse. **Maladies virales :** *cancer :* 3 à 7 % des chiens. *Coryza :* dès 2 mois, 2 injections à 1 mois d'intervalle ; rappel annuel. *Échinococcose, hydatidose :* prévention : ne jamais donner d'abats, surtout de mouton ; vermifuger. *Ehrlichiose :* lutte contre les tiques, antibiotiques, tétracyclines. *Filariose :* prise quotidienne de Notézine, mensuelle d'Ivermectine. *Hépatite :* gastro-entérite, conjonctivite, vomissements, diarrhées ; traitement peu efficace ; vaccin au 2e mois, puis au 3e, 1er rappel 1 an après, puis tous les 2 ans. *Maladie de Rubarth* ou *hépatite infectieuse :* fièvre 41 °C, amaigrissement ; souvent en même temps que la maladie de Carré ; vaccin commun. *Leishmaniose :* vaccin à l'étude. *Leptospirose (typhus) :* transmise par l'urine de rongeurs ; fièvre 40 °C, abattement ; vaccin CHL (Carré, hépatite, leptospirose). *Maladie de Carré :* la plus grave ; symptômes : pus dans les yeux, toux, sécrétion nasale, température 39,5 à 40 °C ; vaccination CHL de la 7e à la 12e semaine ; rappel à 4 mois (puis 1 an après, puis tous les 2 ans), sinon traitement par sérums homologues et antibiotiques. *Parvovirose :* gastro-entérite provoquant vomissements, diarrhées souvent hémorragiques ; vaccin. *Piroplasmose (babésiose) :* due à des parasites sanguins transmis par les tiques ; température élevée, muqueuses jaunes, urines foncées, traitement souvent efficace, vaccination possible (n'immunise pas à 100 %). *Rage :* transmissible à l'homme par morsure ; vaccination à 3 mois, rappel 15 à 50 j plus tard, puis annuel. *Tuberculose :* transmissible par l'homme ; amaigrissement, toux, essoufflement ; il faut sacrifier l'animal.

■ **Métiers canins. Ambulanciers :** guerre de 1914-18. **Assistance** pour aveugles, handicapés moteurs, sourds (reconnaît sonnerie de porte d'entrée, téléphone, réveil-matin et pleurs de bébé ; amène son maître à la source du bruit). **Chasse** (courants, d'arrêt, etc.). **Cirque,** music-hall, théâtre, cinéma. **Course** (lévriers). **Cuisine** (saint-bernard faisant tourner la broche). **Défense. Détecteurs de corps ensevelis** [bombardements, avalanches, catastrophes ; origine en G.-B. (1939-40), utilisés après les bombardements. En France, lors de la catastrophe du plateau d'Assy (Hte-Savoie), le 16-4-1970. En 1979, création de la cellule catastrophe à la Préfecture de Police. 1re intervention officielle : Joigny (Yonne) le 21-4-1981. Actuellement quelques grands centres urbains en sont dotés] ; **de drogue ; d'œuvres d'art volées. Destruction des rats. Garde** (troupeaux, locaux). **Géologues** (détectent les minerais). **Guerre** (voir p. 192 b). **Météorologistes. Police et douane** (contrebandiers). **Sauvetage en mer** (terre-neuve), **et en montagne. Télégraphiste :** guerre de 1914-18 (portaient des messages). **Traîneau** [en Arctique, Extrême-Orient, Groenland (husky : nom venant de la tribu esquimaude des Chukhi, n'aboie pas, mâle 36 à 54 kg, femelle : 32 à 43 kg), Sibérie. On attelle 4 ou 5 paires de chiens ensemble (avec un chien de tête) ou en éventail (chaque bête est sur un trait séparé)]. **Trait** (Belgique, nord de la France). **Truffiers.**

■ **Mémoire.** Un chien peut mémoriser plus de 100 000 odeurs différentes.

■ **Morsure.** Toute personne mordue a le droit de savoir si le chien mordeur n'est pas atteint de rage : le propriétaire devra faire examiner son chien 3 fois à une semaine d'intervalle, le plus tôt possible après la morsure. **Nombre** (par an) : *en France :* 500 000 plaintes (0,5 à 1 % des urgences médicales) ; 50 % des victimes (surtout enfants de 2 à 4 ans) restent marquées. *1999 :* 1 682 facteurs mordus, 56 444 jours d'arrêt. *Amende :* 40 à 80 F pour le propriétaire. *Aux USA :* environ 600 000 personnes.

■ **Nom de baptême.** Dans le cadre de l'Union nationale des livres généalogiques (UNLG) à laquelle elle est affiliée, la Sté centrale canine attribue aux chiens de race pure nés dans l'année une lettre initiale pour leur nom inscrit au Livre généalogique. Soit en : 1979 P, 1980 R, 1981 S, 1982 T, 1983 U, 1984 V, 1985 A, 1986 B, 1987 C, 1988 D, 1989 E, 1990 F, 1991 G, 1992 H, 1993 I, 1994 J, 1995 L, 1996 M, 1997 N, 1998 O, 1999 P, 2000 R, 2001 S, 2002 T, etc., K, Q, W, X, Y, Z ne sont pas attribuées. Certains chiens ont des doubles noms. Exemple : Titus « de l'Ombrée ». L'affixe (l'Ombrée) est une dénomination, mais pas une marque au sens légal et juridique du terme, permettant de savoir de quel élevage vient un chien. Il est attribué par la Sté centrale canine sous réserve d'engagements précis de l'éleveur auquel il peut être retiré en cas de manquement à ces engagements.

■ **Statistiques (en France). Nombre de chiens** (en 1998) : 9 millions dont 1,5 million d'apparence pure ; 1 500 000 chiens vivants inscrits au Livre généalogique (LOF). 7 000 000 tatoués (en 1998). 17 % vivent en appartement. **Naissances** (en 1998) : 148 620 enregistrées au LOF (dont berger allemand 12 920, retriever du Labrador 10 286, terrier du Yorkshire 5 495, setter anglais 5 133, épagneul breton 5 171, rottweiler 4 843, beauceron 3 704, golden retriever 4 382, teckels 4 169, berger belge 4 847).

Chiens retrouvés grâce au Fichier national canin : *1985 :* 28 000 ; *90 :* 46 600 ; *98 :* 70 031 ; **écrasés sur les routes :** 4 000 à 5 000/an.

■ **Quelques records. Poids :** mastiff anglais 155 kg. **Taille maximale :** dogue allemand 1,05 m au garrot ; lévrier irlandais plus de 1 m au garrot ; **minimale :** yorkshire terrier (record : haut. 6,3 cm, long. 9,5 cm, 113 g), chihuahua, caniche toy 453 g. **Force** (charge tirée) : danois 3 438,5 kg ; saint-bernard 2 905 ; terre-neuve 2 289. **Age :** 29 ans et 5 mois (rarement plus de 20 ans). **Vitesse :** à la course de traîneaux Anchorage-Nome (Alaska) en 1981, 1 688 km en 11 j 2 h 5 min 13 s. **Saut, en hauteur :** berger allemand 3,58 m ; **en longueur :** lévrier 9,20 m. **Portée :** chienne foxhound, st-bernard, dogue allemand 23. **Chiens les plus prolifiques :** lévriers : 2 414 en 8 ans.

■ **Pension** et **Perte** (voir p. 210 c).

■ **Pitbull.** De l'anglais *pit*, arène, et *bull*, taureau. *Origine :* XVIIIe s. en Angleterre, combats de staffordshire bull-terriers (interdits 1835) ; initialement élevé et sélectionné pour être utilisé dans des combats contre taureaux et ours. Au Mexique, utilisé pour rechercher des personnes enlevées. Surnommé *Devil dog* (chien du diable) en G.-B., *Time bomb on legs* (bombe à retardement sur pattes) aux USA. *Poids moyen :* 20 kg. *Hauteur :* jusqu'à 35 cm au garrot. *N'aboie* presque jamais. *Mâchoires* pouvant exercer une pression de 600 kg/cm². *Grimpe* aux arbres. *Résiste à la douleur,* ne lâche pas sa victime. *Nombre :* USA plus de 1 million, Grande-Bretagne 6 000, France plus de 40 000 en 2000 (pitbulls et assimilés ; est. du ministère de l'Intérieur). *Prix :* bon combattant 25 000 F. **En France :** *14-2-1994* Gennevilliers (Hts-de-Seine) en interdit la détention et la circulation ; *22-7-1996* sa possession est assimilée à l'« usage d'une arme par destination » ; *déc.-1998* loi les classant dans les chiens d'attaque, que les maires peuvent faire abattre, interdiction de circuler dans les lieux publics, bêtes stérilisées, commerce interdit ; *6-1-1999* loi interdisant les chiens d'attaque (1re catégorie : pitbulls, boer-bulls et assimilables à la race Tosa) ; *6-1-2000* loi punissant non-stérilisation (6 mois de prison, 100 000 F d'amende), non déclaration en mairie (5 000 F), absence d'assurance au tiers (3 000 F) et circulation dans transports en commun ou lieux publics (1 000 F).

■ **Pollution.** A Paris (200 000 chiens, 16 t de déjections canines par jour). En 2000, 119 trottin'nets (motos équipées d'un système de ramassage des déjections) ont nettoyé 2 400 km de traits en semaine et 400 km le dimanche (1 longueur de trottoir sur 4,50 m de largeur). *Coût :* 32 millions de F par an (personnel et engins). Depuis le 18-5-1992 (art. 99-6 du Règlement sanitaire du département de Paris), amende jusqu'à 3 000 F si le chien fait ses déjections hors caniveaux ou emplacements signalés ; *procès-verbaux dressés : 1995 :* 543 ; *98 :* 920 ; *99 :* 1 568 ; *2000 :* 2 200 ; *amende moyenne :* 1 000 F.

■ **Puberté.** *Mâle* à 7/10 mois ; *femelle* à 6/12 mois, pas de ménopause.

■ **Queue entre les jambes.** Moyen pour le chien, en masquant sa zone anale, de se faire oublier.

■ **Rage.** *Décret 13-9-1976, art. 8.* Dans les départements infectés, les chiens peuvent circuler librement sous la surveillance directe de leur maître, si celui-ci peut présenter un certificat de vaccination valide et une carte d'identification portant le numéro du tatouage ; chiens et chats doivent tous être vaccinés (*art. 232-5-1 du Code rural*). Les chiens errants capturés ne peuvent être restitués que s'ils sont tatoués et vaccinés contre la rage. Sinon, le délai de garde est de 4 j pour un animal non tatoué, 8 j pour un animal tatoué. *Art. 9.* Tout animal ayant mordu ou griffé une personne ou un autre animal, si l'on peut s'en saisir sans l'abattre, est soumis à la surveillance d'un vétérinaire (pendant 15 j). *Symptômes :* atteinte du système nerveux, troubles du comportement, forte salivation, paralysie. Depuis le 22-6-1989 : vaccin obligatoire dans les départements contaminés, les campings et aux frontières.

■ **Reproduction.** *« Chaleurs »* tous les 6 mois, durent 12 à 15 j. *Maximum de chances de fécondation :* entre le 9e et le 13e jour. Renouveler la saillie 2 j après pour plus de sécurité. Éviter la saillie avant 18 mois (2 ans est mieux). Ne pas faire saillir pour la 1re fois une chienne de 7 à 8 ans. *Gestation :* 59 à 67 j (moy. 60). *Mise bas :* pendant les 24 dernières heures, la température tombe au-dessous de la normale (37,3 °C-37,5 °C) ; les petits sont mis au monde à la cadence de 1 toutes les 20 minutes à 1 toutes les heures. *Nombre de chiots :* 3 à plus de 12 selon les races (record 23). Le chiot double son poids en 8-9 j, le double à nouveau à 28 j. Certains sites Internet ou Minitel ont un *fichier mariage*, proposant des listes de chiots de race ou un annuaire géographique des éleveurs.

■ **Responsabilité.** *R. 30 alinéa 7, R. 37 alinéa 2 et art. 1385 du Code civil :* le propriétaire d'un animal, ou celui qui s'en sert, est responsable du dommage que l'animal a causé, qu'il ait été sous sa garde, ou égaré ou échappé. Il existe des assurances (voir p. 210 b). Un chien doit être tenu en laisse à l'extérieur. *Dommages possibles : corporels* (morsures) ; *matériels* (plates-bandes dévastées, vêtements déchirés, poulaillers « visités », meubles endommagés) ; *troubles divers* (aboiements incessants, frayeur chez des cardiaques).

■ **Revues.** *Chiens 2000* (mensuel fondé 1973, 80 000 exemplaires) 9-13, rue du Colonel-Pierre-Avia, 75754 Paris Cedex 15. *Atout Chiens* (mensuel fondé 1986, 80 000 ex.) 41, rue des Chantiers, 78000 Versailles. *Vos Chiens Magazine* (mensuel fondé 1984, 55 000 ex.) BP 1, 26210 Lapeyrousse-Mornay.

■ **Santé. Température** *normale :* 38,5 à 38,7 °C. **Respiration** *normale :* environ 16 à 18 mouvements à la minute (jeune 18 à 20, vieux 14 à 16). **Pouls :** 90 à 100 pulsations à la minute (jeune 110 à 120, vieux 70 à 80), se prend à la face interne de la cuisse.

■ **Tatouage.** Effectué sur la face interne de la cuisse ou de l'oreille droite par 8 000 vétérinaires et 2 300 éleveurs agréés par le ministère de l'Agriculture. Obligatoire pour tous les chiens (Code rural art. 276-2 du 28-8-1991). Depuis la loi 99-5 du 6-1-1999, tatouage obligatoire pour les chiens de + de 4 mois et nés après le 6-1-1999 (Code rural art. 276-2 du 6-1-1999). Le propriétaire reçoit alors la carte d'immatriculation ; 4 volets : 1°) à envoyer par le tatoueur à la Sté centrale canine ; 2°) pour l'éleveur déclarant sa production au Livre des origines français (LOF), voir p. 210 c ;

3°) à conserver par le tatoueur 3 ans ; 4°) à conserver par le propriétaire. *Autre solution :* le **Transponder :** relais radio implanté, permettant une identification à vie de l'animal.

■ **Titres homologués (par la Sté centrale canine) et inscrits sur les pedigrees. Championnats de France.** *Conformité au standard :* pour être champion de France, un chien doit obtenir un certain nombre de certificats d'aptitude au championnat de conformité au standard (CACS) en 2 ans et, pour les races soumises au travail, un minimum de récompenses en travail. Chaque année, 4 championnats de France par race (2 mâles, 2 femelles). *Travail* (un par spécialité, avec des règlements revus régulièrement ; récompense les aptitudes naturelles des chiens et non des épreuves visant à « mécaniser » des chiens) : courses de traîneaux, de pulka (1 homme à ski, 1 pulka, 2 ou 3 chiens), cavage (recherche truffes), courses de lévriers, field trial (concours de chasse), ring (programme avec obéissance, défense, sauts), pistage, troupeau (concours de chiens de berger), expositions (concours de beauté).

■ **Titres divers** (non homologués). A l'occasion d'expositions, on décerne souvent le titre de « meilleur chien du groupe » et « de l'exposition ».

■ **Vols ou disparitions.** *France :* 60 000/an. L'association des victimes pour la prévention contre le vol d'animaux de compagnie (VVAC) diffuse photos et n^{os} de tatouage des animaux perdus ou trouvés par le biais de l'association internationale Missing Animals.

■ **Voyage** (voir p. 211 a).

■ **Xoloitzcuintle.** Race de chiens sans système pileux.

NOMENCLATURE

Appliquée depuis le 1-1-1989. **Nombre d'inscriptions** au LOF en France, en 2000. *Total :* 151 766.

Groupe I. Chiens de berger et de bouvier (sauf chiens de bouvier suisses). **A. Chiens de berger. Berger allemand :** 11 835. **Australien :** Australian Shepherd 381. Berger australien 5. **Belge :** dont noir à poil long (grœnendael) 767, poil long autre que noir (tervueren) 1 199, à poil court (malinois) 3 062, dur (lakenois) 14. *Schipperkes* 142. **Britanniques :** *collie (colley)* 1 313 (dont à poil ras 7). *Collie barbu (bearded collie)* 716. *Border collie* 1 279. *Berger des Shetland* 717. *Bobtail (old english sheepdog)* 200. *Welsh corgi* dont welsh corgi cardigan 23 et welsh corgi pembroke 50. **D'Espagne :** *de Catalogne* (gos d'Atura) 52. *de Majorque (cão de bestiar).* **Français :** beauceron 3 574. Briard 1 127. Picard 329. Des Pyrénées (à poil long, à face rase) 800. **Hongrois :** komondor 11. Kuvasz 15. Mudi 9. Puli 19 (Pumi). **Italiens :** 8. de Maremme 12, de Bergame 2. **Des Pays-Bas :** hollandais à poil court (kortharige) 85, long (langharige) 11, dur (ruwharige). Schapendoes 124. Chien loup de Saarloos (Saarloos wolfhond) 28. **Polonais :** de plaine (Nizinni) 226, de Podhale 124. **Du Portugal :** portugais (cão da Serra de Aires). **Russes :** du Caucase 15, d'Asie centrale, ovtcharka de Russie méridionale 4. **Tchécoslovaques :** slovensky cuvac 10. **Yougoslaves :** charplanina 136. **B. Chiens de bouvier. Des Ardennes** 25. **D'Australie** (australian cattle dog) 23. **Des Flandres :** 574.

II. Chiens de type pinscher et schnauzer, chiens de bouvier suisses, molossoïdes. A. Type pinscher-schnauzer. I Pinscher : affenpinscher 8. Doberman [1] (noir et feu, marron et feu, bleu et feu) 2 230. Pinscher moyen 107. Pinscher nain 402. **II Deutscher Schnauzer :** moyen (noir ; poivre et sel) 320, géant (noir ; poivre et sel) 380, nain (noir ; poivre et sel ; gris argenté ; blanc) 418. **III Smoushond. B. Molossoïdes. I Type dogue :** broholmer. Boxer 2 275. Bulldog 514. Bullmastiff 187. Dogue allemand 1 895. Dogue argentin 1 205. Dogue de Bordeaux 465. Fila Brasileiro 164. Mastiff 106. Mâtin de Naples 333. Rottweiler 5 925. Shar pei (très ridé) 1 124. Tosa 23. **II Type montagne :** Aïdi 55. Berger portugais 6. Cane Corso 537. Estrela (portugais, à poil court, ondulé) 40. Chien de montagne des Pyrénées 408. Tibetan mastiff 84. Dogue du Tibet 137. Hovawart 151. Landseer 134. Léonberg 1 034. Mâtin espagnol 43. Mâtin des Pyrénées 19. Terre-neuve 1 523. Chien de combat majorquin. Rafeiro de Alentejo. Saint-Bernard (à poil court, long) 696. Berger d'Asie centrale. Berger d'Anatolie 66. **C. Chiens de bouvier suisses.** Appenzeller 23. Bernois 2 021. Entlebucher 9. Grand bouvier suisse 67.

Nota. – (1) Créé 1860, par sélection, par M. Doberman, employé à la fourrière d'un bourg de Thuringe ; apparu en France en 1917.

III. Terriers. I De grande et moyenne taille : airedale 289. Bedlington 18. Border 130. Fox-terrier à poil lisse 511, à poil dur 928. Glen of Imaal 10. Irish 38. Deutscher jagdterrier 924, brésilien 13. Reverend jack russel 1 161. Kerry Blue 36. Lakeland 68, de Manchester 17. Soft-coated wheaten 45, noir russe 31. Welsh 225. Cesky 17. **II De petite taille et bassets :** australien 10. Cairn 1 373. Dandie dinmont 18, de Norfolk 9, de Norwich 23, écossais 874, de Sealyham 13, de l'île de Skye 7. Westie 2 814. **III De type bull :** staffordshire américain 2 723. Bull-terrier 349, miniature. Bull-terrier du Staffordshire 146. **IV D'agrément :** silky 99. Toy terrier 3, du Yorkshire 4 769.

IV. Teckels. Teckels 4 152 dont standard (poil ras 533, long 691, dur 2 928), nain, kaninchen.

V. Chiens de type spitz et type primitif. A. Chiens nordiques. I Chiens de traîneau : esquimau du Groenland 57. Husky sibérien 848. Malamute de l'Alaska 182. Samoyède 293. **II Chiens de chasse :** elkhound 8. Lundehund, norvégien de Macareux, d'ours de Carélie 2, d'élan norvégien (gris, noir), suédois, laïka a) russo-européen, b) de Sibérie (occidentale, c) de Sibérie orientale, spitz de Norrbotten, finnish spitz 4. **III Chiens de garde et de berger** (garde et conduite des troupeaux) : chien d'Islande 4. Buhund norvégien (Norsk buhund) 3. Chien finnois de Laponie 48. Berger finnois de Laponie 1. Chien suédois de Laponie (lapphund), de Goths de l'Ouest 9. **B. Spitz allemands.** Spitz Loup 22, grand spitz (noir, marron, blanc). Spitz [moyen (noir, marron, blanc, orange, gris nuagé), petit (noir, marron, blanc, orange, gris nuagé), nain (noir, orange, gris nuagé, autres couleurs)] 451. **C. Spitz italiens.** Volpino italiano 4. **D. Spitz asiatiques et apparentés. I Spitz japonais :** akita inu 348. Hokkaïdo 6. Kai. Kishu. Shiba inu 72. Spitz japonais 5. Shikoku. **II Chow-Chow :** (noir, bleu) 170. **III Eurasier :** 214. **E. Type primitif.** Basenji 58. Chien de Canaan 20.

VI. Chiens courants et chiens de recherche au sang. 1re Section : Chiens courants. A. De grande taille. I Races françaises à poil ras : billy 42. Français tricolore 36, blanc et noir 8, blanc et orange. Grand anglo-français tricolore 12, blanc et noir 1, blanc et orange. Grand bleu de Gascogne 190. Grand gascon saintongeois 132. Poitevin 107. **II A poil long :** grand griffon vendéen 133. **III Autres races :** *à poil court :* coonhound noir et feu. Chien de St-Hubert (bloodhound) 155. Foxhound 4 ; *à poil long :* chien de loutre. **B. De taille moyenne. I Races autrichiennes :** brachet feu, de Styrie à poil dur, autrichien à poil lisse. **II Britannique :** harrier 54. **III Espagnole :** sabueso español 1. **IV Françaises :** *à poil ras :* anglo-français de petite vénerie. Ariégeois 447. Beagle harrier 416. Chien d'Artois 43. Porcelaine 390. Petit bleu de Gascogne 443. Petit gascon saintongeois 133 ; *à poil long :* briquet griffon vendéen 393. Griffon bleu de Gascogne 743, fauve de Bretagne 320, nivernais 650. **V Grecque :** chien courant hellénique. **VI Italienne :** segugio italiano (poil court, dur) 8. **VII Scandinaves :** dunker (norvégien). Finsk stövare (finlandais). Hamilton stövare (suédois). Haldenstövare (norv.). Hygenhund (norv.), Schiller stövare (suédois). Smälandsstövare (suédois). **VIII Suisses :** chien courant suisse, bernois 49, du Jura (type bruno 441, type saint-hubert 51), lucernois 34, schwyz 26. **IX Yougoslaves :** balkanski gonic. Bosanki ostradlaki gonic-barak. Istarski kratkodlaki G. I. ostradlaki G. Jugoslovenski planinski G. trobojni G. posavski G. **X Slovaque :** chien courant slovaque 200. **XI Polonaise :** brachet polonais. **C. De petite taille. I Races allemandes :** brachet allemand du Sauerland. Basset du Sauerland, de Westphalie 1. **II Autrichienne :** basset des Alpes (alpenländische dachsbracke) 14. **III Britanniques :** basset hound 839. Beagle 2 017. **IV Bassets français :** artésien normand 335. Bleu de Gascogne 176. Fauve de Bretagne 1 080. Grand basset griffon vendéen 106. Petit basset griffon vendéen 409. **V Suédoise :** drever. **VI Suisses :** petit chien courant suisse, bernois, du Jura, lucernois, schwyz 9.

2e Section : Chiens de recherche au sang. Chien rouge de Hanovre 4, de Bavière 10.

VII. Chiens d'arrêt. A. Continentaux. I Braques : *1°) Allemagne :* allemand 1 810. Drahthaar 1 019, raide. De Weimar à poil ras 1 129, long 29 ; *2°) Danemark :* gammel dansk hönsehund ; *3°) France :* de l'Ariège 18, d'Auvergne 354, du Bourbonnais 136, dupuy, français (type Gascogne, grande taille, Pyrénées, petite taille) 623, St-Germain 59 ; *4°) Hongrie :* hongrois (vizsla) à poil ras 233, dur 12, erdelikopo ; *5°) Italie :* bracco italiano (blanc/orange, marron/rouan) 9 ; *6°) ex-Tchécoslovaquie :* B. slovaque à poil dur, barbu tchèque 16 ; *7°) Roumanie :* chien courant de Transylvanie 5. **II Épagneuls :** *1°) Allemagne :* épagneul de Münster 234 (langhaar 10, petit münsterlander 213, grand münsterlander 8), chien d'arrêt allemand à poil long ; *2°) France :* bleu picard 132, breton (blanc et orange, autres couleurs) 5 290, français 513, picard 86, de Pont-Audemer 52 ; *3°) Pays-Bas :* épagneul hollandais de Drente 1, stabijhound 1. **III Griffons :** d'arrêt à poil dur korthals 1 393, à poil laineux (griffon boulet). Czeski fousek. Slovensky hruborsty ohar. Spinone 8. **IV Autres races :** perdigueiro de Burgos 2. Perdigueiro portugués 6. Pudel pointer 1. **B. Des îles Britanniques. I Pointers :** 1 653. **II Setters :** irlandais 651, anglais 5 137, gordon 814.

VIII. Chiens leveurs de gibier, rapporteurs et chiens d'eau. A. Rapporteurs de gibier. I Chiens d'Amérique du Nord : chesapeake bay retriever (USA) 4. Nova scotia duck tolling retriever 13. **II Britanniques :** retriever à poil bouclé (curly-coated) 1, plat (flat-coated) 214, du Labrador 9 359, golden 5 413. **B. Chiens leveurs de gibier ou broussailleurs. I Allemagne :** deutscher wachtelhund 20. **II Amérique :** american cocker 612. **III Afrique :** rhodesian ridgeback 173. **IV Grande-Bretagne :** english cocker spaniel, noir, rouge et doré, autres couleurs 3 892, clumber (clumber spaniel) 36, field spaniel 2, springer anglais (english springer spaniel) 1 481, gallois (welsh springer spaniel) 44, Sussex spaniel 1. **V Pays-Bas :** kooikerhondje. **C. Chiens d'eau. I Amérique :** american water spaniel. **II Espagne :** espagnol 1. **III France :** barbet 9. **IV Italie :** romagnol 1. **V Pays-Bas :** wetterhound. Frison 3. **VI Irlande :** irish water spaniel. **VII Portugal :** cão de agua (à poil long ondulé, bouclé) 3.

IX. Chiens d'agrément ou de compagnie. A. Bichons et apparentés. I Bichons : à poil frisé 1 291, bolonais 19, havanais 104, maltais 563. **II Coton de Tuléar :** 1 575. **III Petit chien lion :** 36. **B. Caniches** (blanc, marron, noir, gris, abricot). Grand, moyen, nain, miniature : 1 803. **C. Chiens belges de petit format. I Griffons :** belge 3, bruxellois 30. **II Brabançon** 27. **D. Chiens nus.** Chien chinois à crête 129, mexicain à peau nue (xoloitzcuintle) 8, du Pérou à peau nue (inca orchid moonflower dog) 2. **E. Chiens du Tibet.** Lhassa apso 983. Épagneul du Tibet 238. Shih Tzu 1 950. Terrier tibétain 276. **F. Chihuahua.** A poil court ou long 757. **G. Dalmatien.** 771. **H. Épagneuls anglais d'agrément. I Cavalier king-charles :** 3 901. **II King-charles :** 256. **I. Épagneuls japonais et pékinois. I Épagneul japonais (chin) :** 169. **II Épagneul pékinois (pekingese) :** 326. **J. Épagneuls nains continentaux.** Papillon (à oreilles droites) 219. Phalène (à oreilles tombantes) 54. **K. Kromfohrländer. L. Molossoïdes de petit format.** Bouledogue français (bringé, caille) 1 600. Carlin (mops pug, beige à masque noir, noir) 451. Boston terrier 164.

X. Lévriers et races apparentées. A. Lévriers. I A poil long ou frangé : *1°) Asie :* afghan 198, saluki 104. *2°) Russie :* barzoï 216. *3°) Pologne :* chart polski 11. **II A poil dur :** lévrier écossais (deerhound) 24, irlandais (irish wolfhound) 163. **III A poil court, oreilles couchées ou tombantes :** azawakh 59. Galgo 3. Greyhound 91. Magyar agar 11. Petit lévrier italien 183, Sloughi 52. Whippet (à poil court, dur) 932. **B. Races apparentées. Chiens de garenne :** cirneco de l'Etna. Chien du pharaon (pharahound) 13. Podengo ibicenco (poil dur, lisse) 3. Podengo portugués 9 ; à poil court ou à poil dur (grand, moyen, petit).

AUTRES MAMMIFÈRES

■ **Cobaye** [viendrait du mot indigène (Amér. du Sud) *« cabiai »*], surnommé *cochon d'Inde.* **Origine :** Andes. **Taille :** 15 à 30 cm, pas de queue. **Poids :** 350 à 500 g. Vit en communauté mais s'accommode de la solitude, ne mord pas. **Types :** 3 : à *poil lisse,* à *rosettes* (touffes de poil sur le dos), *angora* (mèches de poils de 12 à 15 cm). **Habitation :** volière en grillage fin au sol recouvert de sciure, paille ou copeaux de bois (et accessoires : fontaine-buvette, mangeoires, râtelier), ou en liberté avec une petite caisse remplie de foin pour dormir. Siestes fréquentes. Mange jour et nuit. **Alimentation :** variée (environ 200 g/jour). Foin, paille, blé, luzerne, graines germées ou sèches (orge, blé, maïs, semoule...), pâtée de riz à l'eau (pendant les froids), verdure propre, jamais humide ni fermentée (pas de chou, chou-fleur, tomate, pomme de terre...), fruits, sandwiches de graines et granulés spéciaux. Éviter bouton-d'or, digitale, pavot, ciguë, primevère, moutarde... Boisson : eau pure et légère, faiblement minéralisée. **Reproduction :** toute l'année. **Gestation :** 66 j. Isoler la femelle dans une cage à part. La mère allaite 15 j et abandonne ses petits à 1 mois pour recommencer une famille nouvelle. *Adultes* à 9 mois.

■ **Hamster doré** (de l'allemand *Hamster :* accapareur). **Origine :** rapporté de Syrie en 1930 par le biologiste anglais Aharoui pour étudier son comportement. Un autre avait été rapporté en 1839 par Waterhouse. **Longévité :** 2 à 4 ans. **Taille :** 15 à 30 cm, queue 2 à 5 cm. **Poids :** 50 à 200 g. **Odorat :** très sensible. Ronge tout. **Aspect :** oreilles courtes, corps dodu, pelage roux doré. **Autres types :** hamster plus petit aux tons plus recherchés, hamster arlequin à fourrure blanche et taches brunes, hamster albinos aux yeux rouges, **hamster ruby-eyed à fourrure jaune clair et yeux rouges,** hamster angora à poils longs. Ouïe fine. **Habitation :** aime vivre seul. 2 mâles dans une cage se battent à mort, une femelle vivant dans un lieu exigu dévore sa portée ; cage spacieuse (50 × 50 cm) avec barreaux en métal (sinon il les ronge) et litière absorbante en sciure, rognures de papier, etc. (et mangeoires, fontaine-buvette, coton, papier, brins de laine) ; à placer dans une pièce saine, à température constante d'au moins 15 à 16 °C, sans humidité ni courant d'air ni télévision ; le sortir très souvent. Dort le jour et vit la nuit. **Achat :** à 3 ou 4 semaines (robe lisse, yeux brillants, queue dressée). **Alimentation :** mange dressé sur les pattes arrière, décortique la nourriture avec les pattes antérieures, fait des provisions dans ses bajoues (jusqu'à 500 kg par an) et dans sa cage. Choux, carottes, fruits, graines, viande crue, biscuits secs, fromage, de temps en temps foin des Alpes et quelques gouttes d'huile de foie de morue. Ne pas dépasser 200 g par jour. Boisson : eau pure et légère. **Détermination du sexe :** la femelle a l'arrière-train arrondi, le mâle en forme de poire ; soulever la queue et regarder les deux orifices naturels, ceux de la femelle sont en contact, ceux du mâle séparés par quelques mm. **Reproduction :** à partir de 4 mois. Jusqu'à 6 fois dans l'année de mars à octobre pendant quelques h tous les 4 j. Stérile vers 1 an et demi. **Gestation :** 15 à 18 j. **Portée :** 1 à 10. **Maladies :** *carence alimentaire* (chute du poil, entérite, ajouter à la nourriture une goutte d'une solution buvable polyvitaminée, donner des légumes crus, de l'huile de foie de morue), *diarrhée* (donner de l'eau de riz) ou *constipation* (carottes râpées et huile d'amandes douces), *parasites* (vermifuges en prévention 2 fois par an, lotion antiparasites et fréquents brossages du poil), *maladies respiratoires* (lui faire inhaler de la vapeur d'eau additionnée d'un produit balsamique), *otite* (nettoyage de l'oreille), *ophtalmie* (irréversible si l'animal est vieux).

■ **Lapin. Origine :** péninsule Ibérique, domestiqué et disséminé à travers l'Europe par les Romains. **Habitation :** si possible « abri de jardin » avec litière sèche ou cage plus longue que haute (100 × 50 × 50 cm) à 2 « pièces » si possible avec un nid ; ne supporte pas l'humidité ; en appartement prévoir un « plat à chat » ; lui donner les moyens d'user ses dents et ses griffes qui poussent continuellement. **Alimentation :** son frais, pain rassis (complet), restes de carottes, choux, granulés spéciaux (70 g par jour, 200 pour une mère allaitant), 200 à 250 g de foin sec ou luzerne l'hiver. Éviter bouton-d'or, digitale, pavot, ciguë, primevère, moutarde. **Détermination du sexe :** appuyer derrière l'orifice urogénital : la femelle a une fente, le mâle un orifice circulaire. **Reproduction :** femelle à environ 7 mois, mâle environ 12 mois. **Gestation :** 31 j ; la lapine prépare son nid vers le 20e j et s'arrache les poils du ventre pour le rendre plus confortable ; elle a alors besoin de beaucoup d'eau comme pendant les 4 semaines d'allaitement et sa ration doit être doublée en fin de gestation. Vers 1 mois, les lapereaux peuvent être sevrés avec du lait à moitié coupé d'eau et un peu de son. Ne jamais soulever un lapin même petit par les oreilles. **Maladies :** *myxomatose* (virus transporté par certains moustiques) : difficilement réversible, déclaration obligatoire à la mairie ou la préfecture. Vaccins préventifs dès 21 j, puis 1 fois par an. **Parasites :** gros ventre, diarrhées (surveiller l'alimentation, donner herbes fraîches et sèches, thym, ail, bruyère, pissenlit, coquelicot, etc., carottes en morceaux saupoudrées de sulfate de fer). *Coryza :* lui donner vitamines. *Gale :* donner alimentation saine, surveiller sa propreté. **Races :** *alaska :* petit, noir. *Argenté de Champagne :* moyen, né noir puis argenté après quelques mois, oreilles assez courtes, craint peu l'hiver. *Blanc de Vendée :* 3 à 5 kg, blanc, poil mi-long, longues oreilles droites, assez résistant. *Blanc de Vienne :* blanc plutôt court, yeux bleus. *Californien :* musclé, 3,5 à 5 kg. *Fauve de Bourgogne :* moyen, fauve et ventre blanc, longues oreilles droites, moustaches noires. *Géant blanc du Bouscat :* blanc, longue queue, yeux roses, peu fragile. *Géant des Flandres :* gros (7 à 8 kg), gris brunâtre, oreilles en V. *Néo-zélandais :* 4 à 5,5 kg. *Papillon français :* blanc avec taches noires, oreilles noires droites en V. *Polonais :* minuscule, fourrure épaisse et serrée, argent ou blanc, yeux bleus ou rose. *Russe :* 3 kg, blanc taché de noir aux extrémités, œil rouge. *Zibeline :* petit, poil très soyeux assez long, avec sous-poil ocré, et grands yeux fauves.

☞ **Records : poids** (entre parenthèses, poids moyen) : géant des Flandres 11,3 kg (7 à 8,5), lapin de garenne 3,8 kg (1,5), lièvre d'Europe 6,8 kg (3,5) ; *minimum :* lapins nains polonais 900 g à 1 kg. **Reproducteurs :** lapins blancs de Nouvelle-Zélande et de Californie 5/6 portées de 3 à 7 lapereaux par an. **Oreilles :** lapin noir anglais 72,4 × 18,4 cm.

■ **Souris blanche. Taille :** 9 cm, queue de 7 cm. **Poids :** 19 à 30 g. **Habitation :** cage métallique avec litière végétale à renouveler souvent (avec fontaine-buvette et mangeoires en verre ou porcelaine) et quelques obstacles si possible ; température moyenne 15 °C ; éviter humidité, courants d'air et proximité de la télévision. **Alimentation :** variée (blé, maïs, orge, sandwiches de graines, biscuits, pain rassis). **Reproduction :** à partir de 8 semaines, en toutes saisons, jusqu'à 6 portées par an. **Gestation :** 18 à 20 j, au 15e jour il est préférable de séparer la femelle du mâle. **Portée :** jusqu'à 8. **Souris danseuse japonaise** (6,5 à 8 cm, 13 à 25 g, queue 5 à 7 cm, vit 3 ans maximum, gestation 21 à 24 j) a besoin d'une température de 17 °C.

Oiseaux

Principales espèces

■ **Exotiques. Canaris.** Élevage facile, chant agréable, nombreuses variétés en chant (harz, malinois), en couleur et en posture (frisés, huppés, etc.). Nombreuses mutations et hybridations. Les canaris rouges demandent un colorant dans l'alimentation. *Vie :* plus de 15 ans. **Perruches et perroquets :** bec crochu, robuste, plumage souvent très coloré, taille variable (perruche moineau 12 cm, ara bleu 90 cm). Granivores et omnivores, parfois frugivores (loris). **Amazones** (Amér. du Sud, queue courte et arrondie). **Aras** (Amér. du Sud et centrale, longue queue étroite). **Cacatoès** (Australie, huppés). **Perroquet gris** (dit *jaco,* 31 cm), bon parleur mais jaloux. *Inséparables* (Afrique, 14 cm) sociables mais bruyants, nombreuses variétés de couleurs. **Perruche** *ondulée* (Australie, granivore, frugivore, 20 à 25 cm), robuste mais bruyante, nombreuses et jolies variétés de couleurs, élevage facile ; *callopsitte* (Australie, omnivore, 33 cm), sociable, huppée ; *turquoisine* et *splendide* (21 cm, jolies couleurs).

■ **Autres exotiques. Amaranthe** (Afrique) : assez fragile. **Astrilds** (lavande, ondulé, vert...) : bec-d'argent, bec-de-corail, bec-de-plomb, bengalis, tous petits (8 à 10 cm) pour volière chauffée. **Bouton d'or** (Amér.) : 12 cm, granivore, robuste, remuant. **Caille de Chine :** 11,5 cm, granivore, insectivore, vole mal, court bien. **Cardinal vert** (Amér. du Sud) ; **rouge** (Amér. du Nord, Virginie) : tous deux huppés, chanteurs, agressifs en période de reproduction. **Chanteur d'Afrique :** 11 cm, excellent chanteur, granivore. **Colibris** (Amér.) : 3 à 11 cm, nectarivores, élevage délicat en volière plantée. **Colombe diamant** (Australie) : 19 cm, sociable, jolies variétés. **Cordon-bleu** (Afr.) : 12 cm, fragile. **Coucoupé** (Afr.) : 11 cm. **Damier** (Asie) : 12 cm, granivore pour volière. **Diamant de Gould** (Australie) : 12 cm, très beau, assez fragile, jolies variétés. **Grenadin** (Afr.) : 10 cm, beau mais fragile. **Mandarin** (Australie) : 10 cm, robuste, sociable, remuant, nombreuses variétés. **Mainate** (Asie) : 27 cm, robuste, excellent imitateur, à isoler. **Ministre** (Amér. du Nord) : 12 cm, d'un joli bleu, chant agréable, granivore. **Moineau du Japon :** 12 cm, granivore, élevage facile, nombreuses variétés, souvent employé comme parent adoptif d'exotiques. **Papes** [de Leclancher, de Louisiane (Amér.)] : couleurs vives, granivores. **Paroare** (Amér.) : 19 cm, robuste, omnivore, chanteur. **Pie bleue** (Himalaya) : 60 cm dont queue de 40 cm, robuste, omnivore. **Rossignol du Japon :** 15 cm, omnivore, chant puissant. **Tangaras** (Amér.) : 13 à 14 cm, couleurs superbes, élevage délicat (insectes indispensables). **Tarin rouge** (Venezuela) : granivore, jolis hybrides avec le canari. **Tisserins** (Afr.) : 12 cm, granivores, tissent des nids. **Tourterelles** (Afr.) : 21 cm, plusieurs espèces, sociables, élevage facile. **Veuves** (Afr.) : mâles à très longue queue, femelles pondant dans d'autres nids.

■ **Indigènes.** Divers oiseaux européens ont été à l'origine de variétés d'élevage, nées par mutation : *verdier, sizerin, cini, chardonneret, bouvreuil, merle, tarin des aulnes, moineau, etc.*

Données pratiques

☞ Certains oiseaux (becs crochus, indigènes, divers exotiques) ne peuvent être élevés sans autorisation.

■ **Achat. A un commerçant ou un éleveur.** Choisir un oiseau alerte, au plumage brillant, bien ordonné et complet, au bec lisse et sans défaut, aux pattes propres, sans croûte, avec des ongles ni trop longs, ni déformés. Le ventre doit être rose et souple, la respiration silencieuse, la région cloacale propre, non enflammée. Au repos, l'oiseau a l'œil vif et se tient droit. A l'œil mi-clos, ou restant la tête sous l'aile, est présumé malade. Dans le doute, attendre quelques jours avant de le mettre avec les autres.

■ **Alimentation.** Les *granivores* (bec robuste) consomment surtout des graines ; les *frugivores,* des fruits ; les *insectivores* (bec fin), de petites proies ; les *nectarivores,* des jus et du nectar de fleurs... mais la diversité dans l'alimentation évite les carences et favorise la santé. *Boisson :* l'eau du robinet, chlorée, peut être nuisible ; préférer une eau de source légère. **Principales graines :** *alpiste ou millet plat* (allongée, pointue, farineuse, très digeste) pour canaris et petits granivores. *Millet* (petite, arrondie, brillante, jaune clair à jaune orange) pour petits exotiques, peut se donner en grappes. *Avena* (avoine pelée, gruau), surtout en période de reproduction, très nourrissante. *Graines petites et noires* (navette arrondie, niger allongé) : riches en lipides et très énergétiques. *Chènevis* (chanvre) : grisâtre, excitant (ne pas en abuser). *Lin* (aplati) : laxatif. *Graines dites de santé* (œillette, chardon, laitue...). *Mouron grainé :* excellent complément. Pour perruches et perroquets : maïs, tournesol, arachide, etc. Une pâtée d'élevage, à base de jaune d'œuf, de couscous, de biscottes, avec carottes râpées, germe de blé, levure, etc., est très utile aux jeunes et en période de mue. Il existe des granulés pour oiseaux (aliment complet).

■ **Digestion.** Plus un oiseau est petit, plus il consomme comparativement à son poids. Un *canari* (20 g) consomme 5 à 6 g de graines par jour. Une *perruche* 1 ou 2 cuillerées à café en graines et 1 ou 2 cuillerées à café d'eau (par comparaison, un homme de 70 kg mangerait 22 kg de nourriture par j). Les déchets sont rejetés 1 à 2 h après l'ingestion des aliments (40 fientes par jour).

■ **Expositions.** Consulter la revue *Vivre avec les Oiseaux.*

■ **Habitat.** Pour un couple, une cage de préférence avec séparation afin d'isoler les jeunes en fin de sevrage. Volume et perchoirs adaptés à la taille, mangeoires et nid extérieurs pour être bien accessibles. Volière pour les oiseaux sociaux ou d'élevage difficile (craintifs ou agressifs). Cage en longueur, sauf pour les perroquets, pour permettre le vol. Volière suffisamment haute et profonde, bien éclairée, bien abritée. Pour rassurer les oiseaux, mettre la cage assez haut, dans un lieu aéré mais sans courants d'air. Le choix du nid (en coupe, en boule...) et des matériaux (herbe sèche, filasse, mousse, fibres de coco...) est important. Le bain est nécessaire à la qualité du plumage : l'oiseau malade ne se baigne pas. Éviter vapeurs de cuisine, odeurs de peinture, gaz d'échappement. Mettre au soleil, mais avec possibilité d'ombre par grande chaleur.

■ **Mues.** Plumes de contour ou tectrices, plumes du vol ou pennes (rémiges aux ailes, rectrices à la queue). Renouvellement annuel. En général une mue en juillet-août, parfois 2 mues, l'une en été donnant le plumage éclipse, l'autre en hiver donnant le plumage nuptial. Pendant la mue, la reproduction est arrêtée et le mâle ne chante plus (exception : pigeon).

■ **Pathologie.** Troubles digestifs d'origine microbienne (diarrhée, amaigrissement) ; éviter tout aliment avarié ou pollué. Troubles respiratoires d'origines variées. Mal de ponte (l'œuf ne peut être pondu). Épidémies (variole, salmonellose...). L'oiseau malade se met en boule, sa respiration est sifflante. L'isoler et lui assurer chaleur (10 °C en plus) et lumière, n'utiliser d'antibiotique qu'associé à des vitamines. Veiller à la propreté des pattes et du bec (possibilité de gale). Les troubles du comportement (abandon des jeunes, picage) sont généralement dus à de mauvaises conditions d'élevage.

■ **Prix.** *Canari :* 200 F. *Perroquet :* d'élevage de 7 500 à 20 000 F, sauvage de 3 000 à 4 000 F (ne parlera guère). *Perruche :* 110 F.

■ **Reproduction.** Cycle annuel avec ponte provoquée par l'allongement des jours, l'élévation de la température et une nourriture plus abondante. Certains oiseaux ne se reproduisent qu'en volière plantée.

■ **Respiration.** Poumons en rapport avec 9 sacs aériens (2 cervicaux, 1 claviculaire, 2 axillaires, 2 thoraciques antérieurs, 2 thoraciques postérieurs) et 2 abdominaux ; le tout occupant 20 % du corps. D'où fréquence des

Expérimentation animale

☞ *« Vivisection »* [(1765) composé du latin *vivus,* vivant, et de dissection] : dissections anatomiques et expérimentations physiologiques sur des êtres vivants.

Généralités

■ **Historique.** 1ers élevages d'animaux destinés à l'expérimentation : Allemagne, France, Angleterre (XIXe s.). *Fin des années 1920 :* 1res souches créées (souris) aux USA.

■ **Principe.** Pour acquérir des connaissances fondamentales et appliquées dans le domaine de la biologie médicale et vétérinaire, pour mettre au point diagnostic, traitement et prophylaxie des maladies humaines et animales, et pour vérifier l'innocuité des substances administrées à l'homme et aux animaux. Permet une extrapolation à l'homme avec une certaine probabilité de réussite et de sécurité. Si des méthodes substitutives ou complémentaires (cultures de cellules, organes isolés, modèles mathématiques, etc.) ont permis de réduire le nombre d'animaux utilisés ; les études sur l'animal entier apparaissent encore indispensables dans tous les domaines où jouent la multiplicité des mécanismes de régulation et d'interaction entre cellules, tissus et organes, ainsi que les processus complexes qui peuvent résulter d'une intrication de ces mécanismes régulateurs. En 1993, 76 prix Nobel de physiologie et de médecine sur les 84 décernés depuis 1901 l'avaient été pour des découvertes accomplies à l'aide d'expériences réalisées sur des animaux.

■ **Législation. En France :** *Convention européenne pour la défense des animaux utilisés à des fins expérimentales* adoptée par le Conseil de l'Europe en 1985 (directive 86/609/CEE), signée 1987 et ratifiée 5-6-2000 par la France. *Décret du 19-10-1987* demandant la réglementation de l'expérimentation et le développement des méthodes « substitutives ».

Statistiques

Dans le monde. Animaux utilisés : 800 millions/an dont USA plus de 60. **En France : vertébrés utilisés en 1999 et,** entre parenthèses, **en 1990 :** 2 309 298 (3 645 708) dont rongeurs 2 115 363 (3 309 563), souris 1 552 330 (2 264 225), rats 460 407 (871 789), cobayes 77 021 (147 495), hamsters dorés 16 200 (26 054), autres non déterminés 9 405, lapins 49 836 (113 773), oiseaux 86 610 (91 452), poissons 22 805 (54 941), amphibiens 6 187 (30 690), chiens 5 203 (7 721), chats 1 835 (2 808), primates 2 322 (3 132), caprins et ovins 6 294 (4 261), porcs 8 897 (15 467), reptiles 50 (852), bovins 3 104 (2 425), chevaux, ânes 440 (258). **Laboratoires animaliers** (publics et privés) 1 073, animaux officiellement victimes 2 940 611/an, fournis par 1 000 voleurs et 300 élevages officiels et « fournisseurs occasionnels », centres de formation à l'expérimentation animale 39, aux méthodes substitutives 0.

Opposition

Principales associations. Coalition mondiale pour l'abolition de l'expérimentation sur l'homme et sur l'animal 8, chemin du Cèdre, Chêne-Bougeries, 1224 Genève. *Créée* 1955 par M. Messerly (France). **Fondation européenne pour la coordination des recherches en biosubstitutologie** 35, rue des États-Unis, 1477 Luxembourg. **Fondation Ligue Française des Droits de l'Animal,** 39, rue Claude-Bernard, 75005 Paris ; décerne le Prix de Biologie Alfred Kastler, récompensant des travaux de recherche sur des méthodes substitutives. **Ligue française contre la vivisection et contre les expérimentations sur les animaux** 84, rue Blanche, 75009 Paris. *Créée* 1956 par Jean Duranton de Magny. **Pro anima** 16, rue Vézelay, 75008 Paris. Regroupe la *Ligue antivivisectionniste de France-Défense des animaux martyrs* (LAF-DAM), *Aequalis* et *Action de la Jeunesse. Pt d'honneur :* Pr Théodore Monod, *Pt :* Dr J.-F. Bequain. **Société nationale pour la défense des animaux,** BP 30, 94301 Vincennes Cedex. *Pte :* Andrée Valadier.

Texte. Voir Déclaration universelle des droits de l'animal, p. 201 b.

Argumentation. « Chaque espèce est spécifiée par la niche écologique dans laquelle elle s'est adaptée et a prospéré. Elle y a élaboré un métabolisme et des défenses caractéristiques, qu'elle peut (ou peut ne pas) partager avec d'autres espèces. La biologie moderne permet de comprendre les mécanismes de toxicité, cancérisation, affections neurologiques, etc. sur des cellules humaines en culture ou des organes en perfusion. Elle apporte les garanties de fiabilité, de reproductibilité et de rationnel là où le modèle animal n'est qu'empirisme. Le pas entre cellule ou organe et l'organisme complet est certes grand mais est incommensurablement plus petit que celui d'une espèce à l'autre, même entre primates. »

En Suisse : *référendum du 1-12-1985 :* 70,5 % des voix contre le projet de révision constitutionnelle demandant l'interdiction de la vivisection (88,5 % dans le Valais, de langue française).

☞ 6 membres du groupe antivivisection Arche de Noé, qui avaient enlevé des animaux de laboratoire et volé des documents à l'Inserm de Lyon, dans la nuit du 20/21-5-1989, ont été condamnés le 1-12-1992 par le tribunal correctionnel de Lyon à 6 mois de prison avec sursis et à verser 1 million de F à l'Inserm pour dommages et intérêts. Le laboratoire a été fermé.

troubles respiratoires chez les oiseaux malades. Rythme 80 à 130 inspirations/min pour un canari au repos, bien plus en vol (pour un homme 13).

■ **Statistiques** (en France). *Oiseaux de cage* : 7,8 millions, plus de 3 millions de canaris, 2 millions de perruches et un peu moins de petits exotiques. *Éleveurs* : 12 000, appartenant à des sociétés.

■ **Température.** *Interne* : 40 à 44 °C. Résistance au froid moindre pour les jeunes, pendant la mue et après le bain. Par temps couvert réduisant la durée du jour, un éclairage d'appoint est nécessaire.

Colombophilie

■ **Définition.** Art d'élever et d'entraîner des pigeons voyageurs pour des compétitions. **Utilisation. Égypte :** 3 000 av. J.-C. **États-Unis :** pour détecter des pièces industrielles défectueuses ; par la Navy pour retrouver les naufragés en mer. **France :** *civile* : d'hôpital à laboratoire d'analyse de sang ; *militaire* : la victoire de Poitiers (732), le siège de Paris par Henri IV (1589), Waterloo (1815). *1870-71* : siège de Paris, le ballon *Général-Ulrich* emporte le plus de pigeons : sur 36, 14 reviennent (portent un tuyau de plume de 1 g contenant 20 pellicules de collodion de 3 × 5 cm, pesant 0,05 g, et représentant 16 pages in-folio d'imprimerie en 3 colonnes qu'on peut lire sur écran). *Avant l'armistice du 28-1-1871* : 300 000 dépêches distribuées dans Paris. *1872* : assurent en 10 min la liaison Versailles (siège de l'Assemblée nationale)-Paris (20 km). *1892* : par un médecin-major pour transporter du vaccin de Fontenay-le-Comte à La Rochelle. *1914-18* : 1er pigeon (Le Vaillant) décoré de la Légion d'honneur pour services rendus. **Italie (Rome) :** lors de sièges ou pour informer des parieurs absents pendant les courses de chars.

☞ *En 1889*, en Allemagne, on essaya de dresser des faucons pour attaquer les pigeons voyageurs. On y remédia *1°)* en fixant à la queue du pigeon des petits sifflets éoliens d'origine chinoise *(chao-tsé)* dont le sifflement éloigne les oiseaux de proie ; *2°)* en immergeant les pigeons dans une matière fétide avant de les lâcher.

■ **Caractéristiques des pigeons. Poids moyen :** 500 g (femelle un peu plus petite que le mâle). **Coloris :** bleus et écaillés le plus souvent. **Sélection :** selon rapidité à rejoindre le pigeonnier. **Distances :** jusqu'à 1 000 km par jour. **Vol le plus long :** 8 700 km (ou 11 250 si le pigeon a évité le Sahara), par le pigeon du duc de Wellington (1769-1852), lâché au large des îles Ichabo (Afrique occidentale) le 8-4-1845, tombé mort à 1 500 m de son colombier, près de Londres, le 1-6, 55 j plus tard. **Vitesse :** 60 km/h par vent de face, à 140 par vent arrière. **Orientation** (hypothèses) : sens « cartographique » magnétique (une zone à la base du cerveau contiendrait des cristaux de magnétite servant de boussole). Des éruptions solaires provoquant une projection d'ondes électriques à très haute énergie, des orages et des nuages épais peuvent désorienter les pigeons. Longtemps, on les a crus seulement attirés par le pôle Nord (en Europe, la plupart des colombophiles se trouvaient dans le Nord, les lâchers se faisaient dans le sud et les pigeons remontaient vers le nord).

■ **Concours.** 1ers organisés en Belgique en 1818. 1re course sur longue distance 1819 (Londres-Anvers), 36 concurrents (actuellement, jusqu'à 100 000). *Concours de vitesse* jusqu'à 250 km, *1/2 fond* : de 250 à 550, *fond* : plus de 550. **Nombre moyen de concurrents en France :** *concours de vitesse* 4 000, *1/2 fond* 15 000, *fond* 10 000.

■ **Réglementation.** *Jusqu'en 1789*, seuls monastères et châteaux forts avaient le privilège de posséder un *colombier* (synonyme de puissance et de richesse). *Aujourd'hui*, la colombophilie est réglementée par la loi du 23-6-1994 et le décret du 18-12-1995 qui la placent non plus sous la tutelle du ministère de la Défense mais sous la responsabilité de la Fédération colombophile française, habilitée à délivrer des licences. Tout détenteur de pigeons voyageurs doit adhérer à une association colombophile (type loi de 1901) sous peine d'amende (jusqu'à 25 000 F). Chaque pigeon est muni de 2 bagues fermées et sans soudure : *matricule* indiquant numéro, année de naissance et pays d'origine ; *adresse* de l'association ou de l'éleveur. Chaque année, 800 000 pigeons sont bagués en France. *L'article 5 de la loi du 23-6-1994* punit d'une amende de 25 000 F quiconque aura capturé, détruit, ou tenté de le faire, des pigeons ne lui appartenant pas (le pigeon voyageur se distingue par un vol plus rapide que celui du pigeon ramier et par son plumage clair sous les ailes).

■ **Fédérations.** Dans plus de 50 pays. **Fédération internationale :** siège à Bruxelles, organise des Olympiades (bisannuelles) ; **Fédération colombophile française :** créée 1976, 54, bd Carnot, 59800 Lille. **Revues.** *L'Envol* (trimestriel) 23 000 exemplaires, Les 20 fédérations régionales correspondant aux anciennes régions militaires doivent se concentrer en 8 à 10 zones administratives.

■ **Statistiques (en France). Adhérents licenciés :** 21 000. **Associations :** 896 [60 % dans le Nord-Pas-de-Calais (Roubaix 1849, 1re Sté « le Cercle Union »)]. 1/3 des colombophiles ne participent pas aux concours. **Fédérations régionales :** 20, correspondant aux anciennes régions militaires. **Nombre de pigeons adultes en France :** 3 millions, **de pigeons voyageurs :** en région parisienne 40 000.

Poissons d'eau douce

Ovipares

☞ **Reproduction :** la femelle pond une certaine quantité d'*ovules* que le mâle fertilise en projetant sur eux une émission de laitance (sperme) ; les *alevins* sortent des œufs après une incubation plus ou moins longue selon l'espèce et la température de l'eau.

■ **Cyprinidés.** 210 genres et plus de 2 000 espèces Sans dents labiales ; os broyeurs ou mâchoires pharyngiennes (dans le fond de la gorge) portant 1, 2 ou 3 rangées de dents. La plupart ont 2 paires de barbillons et très souvent des « boutons » sur le corps (formations sexuelles secondaires chez les mâles à l'époque du frai). Il faut parfois 2 mâles pour 1 femelle et éloigner les parents après la ponte. **Poissons rouges** (voir encadré ci-dessous). **Barbus :** continent eurasien et Afrique. Jusqu'à 2 m (en Inde). *Incubation* : 1 à 2 j. 300 espèces dont les poissons-clowns (*barbus everetti* à reflets émeraude et écailles ourlées de vert), barbeaux à tête pourprée, barbeaux rosés. **Danios géants :** 10 cm au maximum. Bleus avec des bandes roses et violettes, nageoires verdâtres, nageoire anale rouge orangé. *Eau* : 20 à 25 °C. **Petits Danios :** Bengale (poisson zébré, utilisé pour l'étude de l'embryogenèse des poissons). **Faux poissons cardinaux :** Chine, à l'état sauvage. 4 cm. *Eau* : 20 à 25 °C. Remuants. **Rasboras :** îles de la Sonde, Malaisie, Inde. 5 cm au maximum. Blanc argenté, reflets bleus et rose saumon. *Ponte* : 2 h. *Incubation* : 18 h. **Bouvières :** petits cyprins associés à des moules d'eau douce dans lesquelles ils pondent. *Eau* : 5 à 20 °C. Une espèce en France.

■ **Cobitidés.** 110 espèces. Se cachent dans le fond de l'aquarium où ils dévorent les débris. Voisins des cyprins (barbillons plus nombreux, écailles plus petites). **Loches de Malaisie :** Java, Sumatra. Orange marbré de taches brunes. *Eau* : 7 à 28 °C.

■ **Characiformes.** 10 familles (237 genres). Afrique (208 espèces). Amér. centrale et du Sud (1 200). Bouche avec denture, petite nageoire adipeuse en arrière de la nageoire dorsale. Reproduction difficile pour certains, les parents ayant tendance à dévorer les œufs. **Tétras de Rio** (*Hyphessobrycon flammeus*) : 5 cm au maximum. Rouges, partie antérieure brun-jaune avec 2 barres noires. *Eau* : 18 à 24 °C. **Tétras noirs** (*Gymnocorymbus ternetzi*) : Paraguay. 4 à 6 cm. Blanc argenté avec 2 raies noires, noir velouté sur la moitié antérieure. *Eau* : 24 à 30 °C. **Aphyocharax à nageoires rouges :** 4 à 6 cm. Dos vert olive, flancs argentés à reflets bleus ou verts, nageoires rouge sang. *Eau* : 10 à 25 °C. **Pristellas** (*Pristella maxillaris*) : Amazonie, 4 à 5 cm. Corps jaune-brun transparent. **Feux-de-position** (*Hemigrammus ocellifer*) : 4,5 cm. Dorés avec tache rouge. Yeux lumineux dans la pénombre s'ils reçoivent une lumière venant d'en haut. *Eau* : 20 à 28 °C. **Poissons crayons** (*Nannostomus beckfordi*) : ressemblent à des requins en miniature. Amazonie. Dos brun, bande noire bordée d'or et de rouge, nageoires rouges. Fragilité des jeunes. *Eau* : 22 à 30 °C. **Néons** (*Paracheirodon*, 3 espèces). **Piranhas** (carnivores). **Pacous** (herbivores).

> **Poissons rouges**
>
> **Nom :** dorade de Chine, cyprin doré, carassin doré (nom scientifique : *Carassius carassius auratus*). Originaire de Chine, maintenant répandu dans le monde entier. **Espèces :** plus de 2 000 de la famille des Cyprinidés. *Ovipares.* **Caractéristiques :** *longueur* : 10 à 20 cm, parfois 25 à 30. *Adulte* : mâle à 2 ou 3 ans, femelle 3 ou 4. *Longévité* : 10 ans, parfois 30. *Poisson d'eau froide* : température idéale 15 °C. **Description :** *denture* : 4 dents pharyngiennes sur 1 rangée (la carpe en a 5 sur 3 rangées). Pas de dents buccales. *Nageoires* : caudale, dorsale, ventrales, anale et pectorales. *Vitesse* : 145 cm/s soit 5,2 km/h. *Écailles* : 650 environ. *Couleurs* : unicolores : rouges, orangés, rosés ou blanchâtres ; tachetés : taches souvent noires, parfois bleutées ; multicolores. **Anatomie :** *estomac* et *intestin* mal individualisés. *Cœur* formé d'un sinus veineux, d'une oreillette, d'un ventricule et d'un bulbe aortique. *Sang*, alimenté en oxygène, pulsé dans les artères, de minuscules vaisseaux alimentent les *branchies* où le sang se charge de l'oxygène dissous dans l'eau et débarrasse du gaz carbonique. *Vessie natatoire* ou *vessie gazeuse* : poche membraneuse emplie des gaz contenus dans l'air que le poisson respire à la surface de l'eau. Sert à l'équilibre ; relié à l'appareil auditif par des osselets (appareil de Weber). *Ouïe* : fine : sons perçus jusqu'à 3 480 Hz. **Reproduction :** impossible dans un petit bac (exemple : 50 × 30 × 30). L'eau du bac de ponte doit être chauffée au min. à 20 °C. 1re *ponte* : mi-avril, 2e : fin mai, 3e vers la mi-juin et 4e début juillet. Sitôt la ponte achevée, retirer les poissons qui, sinon, dévoreront les œufs. Les *alevins* (environ 2 mm) adhèrent à l'aquarium ou aux plantes et restent la tête vers le haut 2 ou 3 jusqu'à résorption du *sac vitellin* dont ils se nourrissent en premier. Puis ils prennent la position horizontale. Dès le 4e j, les alimenter (infusoires). **Sélection :** nombreuses variétés : « queue de voile », « comète », « poisson œuf », « œil globuleux », etc.
>
> **Aquarium** de 30 cm de profondeur : 70 poissons de 2 cm ou 3 poissons de 10 cm. *Volume minimal* 1001 (90 × 30 × 40 cm), *idéal* 4001 (150 × 50 × 55 cm). *Largeur* plus importante que la hauteur : la surface de contact de l'eau et de l'air doit être la plus grande possible. *Coût* : bocal 60 F, aquarium moyen équipé (eau douce) 1 000 F, (eau de mer) 6 000 F. **Poissons :** de quelques F à 8 000 F (poisson vietnamien).

■ **Siluriformes.** 34 familles (412 genres). Plus de 2 400 espèces. **Poissons-chats :** Amér. du Nord 40 cm. Brun-gris. *Eau* : 10 à 20 °C. **Poissons-chats cuirassés : callichthyidés :** 130 espèces dont plus de 100 du genre corydoras. Larges plaques osseuses en 2 rangées latérales sur le corps. Utiles (friands de déchets et débris). *Corydoras à casque* : Argentine. 8 cm au max. *Eau* : 13 à 28 °C. Nettoyeurs. Espèces d'Amér. du Sud uniquement. **Poissons de verre :** on voit leur squelette. *Eau* : 20 à 25 °C.

■ **Cyprinodontiformes.** 8 familles dont les cyprinodartidés, 88 genres, au moins 800 espèces. Petite taille. Couleurs vives (surtout les mâles). Pourvus de dents, mais sans barbillons. La lumière empêche les œufs d'éclore. *Reproduction* : hiver. *Ponte* : 1 semaine, parfois plus. *Éclosion* : 2 à 5 semaines. **Têtes plates** (*Epiplatys dageti*) : Afr. occidentale. 4 à 6 cm. *Eau* : 20 à 25 °C. Carnivores (proies vivantes). *Incubation* : 15 j. **Cap-Lopez** (*poissons-lyres*) : Afrique. 6 cm. *Eau* : 22 à 26 °C. Nombreuses formes annuelles (durée de vie inférieure à 1 an). Voir **Ovovivipares,** pour les pœcilidés.

■ **Cichlidés.** Plus de 1 275 espèces. Formes et couleurs spectaculaires. Mâchoires pharyngiennes. Chez certains, femelle ou mâle pratique l'incubation buccale. **Scalaires :** Amazonie. Blanc argenté, légèrement bruns sur le dos, bandes verticales foncées. Nageoires (surtout dorsales) parfois rougeâtres. *Eau* : 20 à 30° C. **Hemichromis à deux taches :** Afrique. Querelleurs. 8 à 15 cm. Femelle brun-rouge, mâle tacheté de bleu. *Eau* : 15 à 28 °C. Se nourrissent de viande ou de proies vivantes. **Pseudo-crénilabre multicolore :** Égypte. 8 cm au max. Reflets rouges, verts, bleus. *Eau* : 18 à 28 °C. Se nourrissent de petites proies vivantes. Œufs pondus dans le sable et fécondés par le mâle puis pris par la femelle dans sa bouche. La femelle garde la ponte 15 j, pendant lesquels elle se nourrit peu.

■ **Bélontiidés.** 46 espèces. Respirent l'oxygène de l'eau et de l'air extérieur grâce à un *labyrinthe* situé au-dessus de la cavité branchiale. Peuvent vivre plusieurs heures hors de l'eau. Les mâles construisent à la surface un nid de bulles d'air où les œufs seront incubés. **Combattants** (*Betta splendens*) : *couleurs* variées. *Eau* : 18 à 32 °C. En Thaïlande, on élève des bettas pour le combat qui peut durer plusieurs minutes. L'un des 2 finit par refuser le combat ou par tomber au fond de l'aquarium. **Poissons de paradis** (*Macropodus opercularis*) : Taïwan, Viêt Nam. 8 cm au max. Corps brun-vert. Femelle plus pâle que le mâle. *Eau* : 14 à 25 °C. Monogames. Craignent les rayons directs du soleil. Variétés albinos rose. **Gouramis grondeurs** (*Trichopsis vittatus*) : Sumatra. 6,5 cm. *Eau* : 28 à 30 °C.

■ **Scatophagidés.** Moins de 10 espèces. Eaux tropicales, de préférence près des ports. Nageoires dorsale et anale séparées en 2 parties : l'une aux rayons épineux qu'ils peuvent redresser, l'autre aux rayons souples qu'ils font onduler. **Scatophages** (*Scatophagus argus*) : Inde, Australie. Jusqu'à 12 cm. *Eau de mer* ou *saumâtre* : 18 à 25 °C. Corps gris ou saumon.

■ **Gobiidés.** 1 875 espèces, surtout marines ou d'eau saumâtre. Possèdent sous le thorax une ventouse constituée par les nageoires pelviennes et qui leur permet de se fixer sur les pierres. *Reproduction* difficile en aquarium. **Poissons-abeilles** (*Brachygobius xanthozonus*) : Viêt Nam, archipel de la Sonde, mesurent environ 5 cm. *Eau* : 23 à 28 °C. Sautent fréquemment hors de l'eau. Quelques espèces du genre *Gobius* communes dans les flaques à marée basse près des rochers.

■ **Centrarchidés** ou **Perches soleils.** 29 espèces. **Pomotis à bandes noires** (*Mesogonistius chaetodon*) : USA. Argent strié de bandes noires. *Eau* : 10 à 12 °C. **Perche soleil** (*Lepomis gibbosus*) : importée en France en 1877.

■ **Loricariidés.** 550 espèces. Nombreuses plaques osseuses formant une véritable carapace, bouche en forme de suçoir. Omnivores. **Laveurs de carreaux** (*loricaires à bouche inférieure*) : de 5 à 70 cm. *Eau* : 16 à 27 °C. Espèces d'Amérique du Sud uniquement.

Ovovivipares

☞ **Reproduction :** le mâle fertilise les *ovules* dans le ventre de la femelle en s'accouplant à elle. Les œufs restent dans l'ovaire ou l'oviducte jusqu'à l'éclosion.

■ **Poeciliidés.** Comme tous les poissons ovovivipares, les 1ers rayons de la nageoire anale du mâle constituent l'organe copulateur ou *gonopode*. Dans l'aquarium il suffit d'un mâle pour plusieurs femelles. Après l'accouplement, très rapide, la femelle est fécondée pour 4 ou 5 pontes. **Gambusies** (*poissons-léopards*) : USA. Mâle 3 cm, femelle 7 cm. Gris pâle avec des reflets bleus ou violets. Friands de proies vivantes. *Eau* : 8 à 10 °C. **Guppys :** Guyane, île de la Trinité. Mâle 2,5 cm, femelle 5 cm. *Eau* : 16 à 22 °C. **Xiphos** (*porte-glaive* ou *porte-épée*) : chez le mâle, le prolongement de la partie inférieure de la nageoire caudale évoque une épée. Mâle 8 cm, femelle 12 cm. *Eau* : 20 à 28 °C. **Platys tachetés :** Mexique, Guatemala. Mâle 3 cm, femelle 7 cm. *Eau* : 18 à 28 °C. **Mollies à voilure :** Mexique. Voile sur le dos (nageoire dorsale). Mâle 12 cm, femelle 15 cm. *Eau* 22 à 30 °C.

Tortue

■ **Aquatique (Cistude).** *Amphibie*, carapace aplatie, pattes fines, doigts griffus réunis par une palmure. Vit en *2 phases* : *belle saison*, active ; *saison froide*, s'enfouit dans le sable ou la vase. *Carnassière :* recherche escargots, hannetons, limaces, lombrics, petits mollusques, œufs de batraciens, têtards, larves... Reproduction difficile en captivité. *Longévité :* jusqu'à 100 ans. *Taille :* maximum 20 cm. *Habite* les marais du centre et du sud de la France ; aujourd'hui protégée (détention interdite). **Tortue de Floride** ou **à tympan rouge :** décorative, se plaît en captivité (température constante 25 °C, éclairage 5 h par j, tubes fluorescents à proscrire). *Taille :* 30 cm. *Carapace :* vert olive striée de jaune ou de noir, peau de la tête et des pattes vert tendre rayée de gris sombre ou d'or clair, touche rouge sur les tympans. *Carnassière :* vers vivants, viande, œufs de poisson, poisson cru émietté. Importation interdite (échappée, devient prédatrice). **Autres espèces :** *peinte, à dos diamanté...*

■ **Terrestre.** *Taille :* variable, de la petite tortue grecque ou mauresque à l'éléphantine (250 kg). **Tortue grecque :** carapace bombée, pattes antérieures courtes mais puissantes et armées de griffes qui l'aident à avancer sur le sol, pattes postérieures plus faibles. Vit en *2 phases : saison chaude,* active, se déplace rapidement et constamment ; *froide,* ralentit son rythme vital jusqu'à l'hibernation ou la semi-hibernation. *Omnivore :* salade, fruits, lait, fromage blanc. Boit, se baigne souvent. Reproduction difficile.

☞ **Prix :** *l'anolis,* lézard de petite taille, 90 F ; *boa* 3 000 F ; *python royal* 1 500 à 2 000 F.

LES PLANTES

☞ Pour découvrir la sélection **Quid** des meilleurs sites Internet sur les plantes, rendez-vous sur **www.quid.fr**

Il y aurait environ 450 000 espèces de plantes (dont 300 000 à fleurs parmi lesquelles 530 carnivores) et chaque année 5 000 espèces nouvelles seraient signalées. **En France :** environ 4 800 plantes vasculaires dont 107 « strictement » françaises (endémiques strictes) ; 387 espèces sont menacées (dont 97 très menacées).

CELLULE ET TISSUS

CELLULE

■ **Composition.** Noyau baignant dans le *cytoplasme* (limité par la *membrane plasmique* ou *plasmalemme*) et renfermant divers *organites* (mitochondries, plastes, dictyosomes, réticulum endoplasmique...) et des *vacuoles.*

■ **Différences avec la cellule animale. 1°) Elle renferme des organites qui lui sont propres :** les *plastes : chloroplaste* (contenant la chlorophylle) dans les feuilles et autres « tissus chlorophylliens », et où s'effectue la synthèse de substances organiques nécessaires à la plante, à partir du gaz carbonique de l'air, de l'eau venue du sol, et de l'énergie lumineuse captée par la chlorophylle ; *amyloplastes* (contenant de l'amidon) dans les tissus de réserve ; *chromoplastes* (contenant des « pigments ») dans les fleurs et autres parties colorées de la plante ; *proplastes* (peu structurés) dans les cellules très jeunes ; *étioplastes* dans les cellules des plantes étiolées ; *leucoplastes* (blancs) dans les tissus non chlorophylliens. **2°) La paroi qui l'entoure est relativement épaisse et rigide,** parce que pecto-cellulosique ou lignifiée, ce qui confère aux plantes leur « tenue ». Comme chez les animaux des *plasmodesmes* (perforations transpariétales d'un µm de diamètre) mettent en contact les cytoplasmes de 2 cellules voisines. **3°) Elle possède un appareil vacuolaire beaucoup plus développé** (occupant souvent plus de 80 % du volume cellulaire) : les vacuoles sont bordées par une membrane, le *tonoplaste,* et renferment des solutions de sels et molécules organiques assurant la turgescence de la plante.

TISSUS

■ **Définition.** Ensemble de cellules assurant une fonction déterminée.

■ **Parenchymes. Chlorophylliens :** cellules contenant de nombreux chloroplastes assurant la photosynthèse. **De réserve :** cellules stockant sucres, protéines ou lipides.

■ **Bois** ou **xylème. Conducteurs de la sève brute.** Constitué par les *vaisseaux,* longs tubes à parois lignifiées, épaisses et ponctuées, résultant de l'assemblage de plusieurs cellules dont le cytoplasme et le noyau disparaissent à l'état adulte ; les *cellules parenchymateuses* (à contenu vivant), qui jouent le rôle d'intermédiaires entre les vaisseaux (transporteurs à longue distance) et les tissus irrigués ; les *fibres de soutien,* lignifiées, souvent à proximité des vaisseaux, qui améliorent la rigidité du bois. Dureté et porosité dépendent beaucoup du milieu d'origine de l'espèce (plus ou moins humide et chaud par exemple). *Plantes possédant le moins de bois :* plantes aquatiques et de milieux humides ; *le plus :* arbres. Sous nos climats, chaque année, une zone génératrice fabrique un anneau ou cerne de bois près de la périphérie des axes ; le *bois de printemps* est plus poreux et plus clair, le *bois d'été* plus dense. Seuls, les cernes des dernières années *(aubier)* assurent la conduction de la sève ; le bois plus ancien *(cœur)* n'a qu'un rôle de soutien.

■ **Liber** ou **phloème. Conducteur de la sève élaborée.** Il comprend : les *tubes criblés,* à parois transverses et longitudinales percées de nombreux pores, assurant le transport à longue distance ; le *parenchyme libérien* entourant les tubes criblés ; les *cellules compagnes* pouvant se transformer en tubes criblés quand ces derniers sont obstrués. Certaines mousses et certaines algues ont également des tissus conducteurs.

■ **Collenchyme.** Constitué de cellules à parois cellulosiques épaisses et à contenu cytoplasmique fonctionnel ; joue un rôle de soutien.

■ **Sclérenchyme.** Ensemble de cellules à parois lignifiées, épaissies, dont le contenu vivant disparaît à l'état différencié ; joue un rôle de soutien.

■ **Fibres.** Cellules allongées à paroi épaisse, cellulosique ou lignifiée, à contenu régressé (comme le sclérenchyme ou comme les vaisseaux du bois) ; joue un rôle de soutien.

■ **Épiderme.** Couche de cellules enveloppant la plante ; la paroi externe est revêtue d'une *cuticule,* polymère lipidique imperméabilisé par des cires, constituée principalement de cutine. Percé de *stomates* et éventuellement pourvu de poils ; rôle protecteur : régule l'évapotranspiration et empêche le lessivage des tissus par les pluies.

■ **Liège** ou **suber.** Cellules dont le contenu vivant est remplacé par de l'air ; parois souples. Isole les tissus intérieurs de l'atmosphère ambiante, mais permet les échanges gazeux par des pores de communication ou *lenticelles. Suber le plus épais :* chêne-liège.

■ **Méristèmes.** Ensemble de cellules restées à l'état embryonnaire, aptes à la division. *Méristèmes primaires :* responsables de la mise en place des tissus des tiges, feuilles et racines, assurent la croissance en longueur des tiges et racines. *Secondaires* (ou zones génératrices) : responsables de la croissance en épaisseur ; produisent des *tissus secondaires* aux cellules bien alignées.

■ **Tissus sécréteurs.** Poches sécrétrices des orangers sécrétant des essences, poils de labiées (lavande, thym, menthe, mélisse...), canaux sécréteurs des conifères (résines), laticifères des hévéas (latex), euphorbes, salsifis ou laitues.

NUTRITION

NUTRITION MINÉRALE

■ **Racines.** Elles puisent dans le sol les solutions hydriques (apport d'eau par pluies ou arrosage) complexes, à base de NPK (azote, phosphore et potassium), contenues dans le sol. Les légumineuses (pois, soja, haricot) hébergent dans des nodosités de leurs racines des bactéries symbiotiques (rhizobium) qui fixent directement l'azote de l'air. La plante a aussi besoin de soufre, phosphore, magnésium, fer et calcium *(macro-éléments),* et, en quantité infime, de bore, cobalt, cuivre, manganèse, molybdène et zinc *(oligo-éléments).* Les racines de nombreux arbres sont entourées d'un manchon de tissus de champignons : les *mycorhizes* qui aident à l'absorption des ions (phosphore notamment).

■ **Sève.** La *sève brute,* composée d'eau et de substances minérales (notamment azotées) puisées dans le sol par les racines, circule des racines vers les feuilles ; le moteur de l'ascension de la sève brute est l'évaporation de l'eau à la surface des feuilles (appel transpiratoire). La *sève élaborée,* contenant les sucres et acides aminés produits dans les feuilles par la photosynthèse, circule vers tous les organes de la plante qu'elle va nourrir (*vitesse :* quelques centimètres à quelques mètres par heure suivant l'espèce, l'heure, la saison).

QUELQUES DÉFINITIONS

Anémochore. Plantes dont les semences sont disséminées par le vent. **Planeurs :** *légers :* diaspores de faible poids (exemple : des spores de mousses) pouvant être disséminées à des milliers de km ; *lourds :* diaspores dont la dissémination est facilitée, par exemple, par des organes plumeux (graines de saules), des ailes membraneuses (samares des frênes ou des érables) ; *rouleurs :* organes ou plantes en boules arrachés par le vent, roulés parfois sur de grandes distances. **Autochore.** Plante dont la dissémination des semences s'effectue par elle-même [exemple : fruits qui explosent sous l'influence d'un dispositif mécanique (genêt à balai) ou d'une augmentation de la pression osmotique (balsamine)]. **Autotrophe.** Être vivant capable de faire la synthèse de sa propre substance à partir de matières minérales. Les végétaux chlorophylliens sont autotrophes.

Bulbille. Propagule (voir ci-contre) de lis (bourgeon axillaire dormant), d'ail, des polygonum (fleurs modifiées).

Chaparral. Formation végétale d'arbustes sclérophylles (à petites feuilles dures et persistantes). Californie et nord du Mexique. **Cryophiles.** Plantes recherchant le froid.

Diaspore. Unité de dissémination d'une plante sexuée ou non (graine, fruit ou « propagule »).

Endozoochore. Semence ou spore qui est disséminée par les animaux en passant à l'intérieur de leur corps (exemple : le gui). **Entomophiles.** Plantes dont la pollinisation est assurée par les insectes. **Éphémérophyte.** Plante au cycle biologique très court (quelques semaines au plus). **Épiphyte.** Organisme végétal se développant sur une plante (un arbre en général) qui lui sert uniquement de support.

Formes biologiques selon Raunkiaer (Christen, Danois) : **thérophytes :** plantes annuelles qui passent la mauvaise saison (période froide ou période sèche) sous forme de *diaspores.* **Cryptophytes :** plantes vivaces dont les organes pérennants sont enfouis dans le sol *(géophytes),* la vase *(hélophytes,* exemple : roseaux), ou l'eau *(hydrophytes).* **Hémicryptophytes :** plantes dont les bourgeons hivernaux sont au ras du sol, entourés d'une rosette de feuilles protectrices. **Chaméphytes :** grandes plantes ligneuses : *nanophanérophytes* (de 50 cm à 2 m) et *macrophanérophytes* (plus de 2 m).

Héliophile. Plante recherchant la lumière. **Hétérotrophe.** Être vivant ne pouvant faire la synthèse de ses matières organiques qu'à partir des produits organiques préexistants. Animaux et champignons sont hétérotrophes.

Limnophyte. Plante fixée dans la vase. Certaines submergent (exemple : myriophylles), ou flottent à la surface de l'eau (exemple : renoncules).

Phytocénose. Ensemble des végétaux vivant dans un biotope. **Propagule.** Organe permettant la multiplication ou reproduction végétative (non sexuée). **Psammophyte.** Plante croissant dans le sable (exemple : l'oyat sur les dunes).

Symbiose. Association (à bénéfices réciproques) entre êtres vivants (exemple : lichens, mycorhizes).

Tropisme. Orientation de la croissance suivant certains facteurs externes : lumière *(phototropisme),* humidité *(hydrotropisme),* attraction terrestre *(géotropisme),* contact sur un support *(haptotropisme).*

QUELQUES PLANTES CARNIVORES

Dionée : feuilles composées de 2 lobes réunis par une nervure formant charnière ; mouches, moustiques ou insectes touchant ce piège sont digérés par des acides et des enzymes. **Drosera** (ou rossolis) : espèce des tourbières acides à poils rouges qui engluent les petits insectes puis les digèrent. **Grassette** (10 à 15 cm) : feuilles sécrétant une substance permettant d'engluer et de digérer les insectes. **Nepenthes** (ou tasse à singe) : urne dressée et recourbée ; les insectes attirés par le nectar y glissent sans pouvoir remonter. **Sarracenia** (ou plante trompette ; marais) : cornet dressé pour attirer les insectes qui ne peuvent remonter à l'intérieur. **Utriculaires :** feuilles aquatiques transformées en petite outre, piège pour les petits crustacés.

QUELQUES PLANTES TOXIQUES

LÉGENDE : *en italique :* substances toxiques. *Al. :* alcaloïdes, *at. :* atropines, *card. :* cardiotoxiques, *hét. :* hétérosides, *inc. :* inconnues, *m. c. :* mal connues, *sap. :* saponosides, *sol. :* solanines.

Aconit [1,6] (plusieurs espèces) *al.* **Actée en épis** [3] *inc.* **Arum** [3] *m. c. (sap.).* **Belladone** [1,3] *al. (at.).* **Bryone** [3,6] *cucurbitacines.* **Chanvre** [1] *dérivés phénoliques.* **Chèvrefeuille** *saponine, acide cyanhydrique.* **Ciguës** [1] *al.* **Colchique** [1,6] *al. (colchicine).* **Cytise** [1,5] *al. (cytisine, phytohémagglutinines).* **Daphnés** [1,3] *hét.* **Datura** [1,2] *al. (at.).* **Dieffenbachia** [4] *protéase hét.* **Digitales** [1] *alcaloïdes hét.* **Douce-amère** [1,3] *sap. gluco-al.* **Fusain** [2] *hét.* **Glycine** [5] *phytohémagglutinines.* **Gui** [3] *m. c.* **Hellébore** (rose de Noël) [1] *helléborine.* **If** [1,5] *al. (taxine).* **Laurier rose** [1] *hét. card.* **Lierre** [2] *sap.* **Lyciet** [3] *sol. sap.* **Maïanthème** [3] *card.* **Morelle noire** [3] *sol. sap.* **Muguet** [1,3] *hét. card.* **Œnanthe safrané** [1] *œnanthotoxine.* **Parisette** [1,3] *inc.* **Phytolaque** [3] *sap.* **Redoul** [2] *hét.* **Ricin** [5] *phytotoxines.* **Sceau de Salomon** [3,6] *sap.* **Tamier** [1,3] *sap.* **Tanaisie** [1] *santonine.* **Vérâtre** [6,1] *al. (vératrine).*

Nota. – (1) Toute la plante. (2) Fruit. (3) Baies. (4) Feuilles. (5) Graines. (6) Racines.

Nutrition carbonée

■ **Plantes sans chlorophylle.** Elles empruntent des matières organiques à d'autres corps, morts **(saprophytisme)** ou vivants **(parasitisme** ou **symbiose)**.

■ **Plantes à chlorophylle. Photosynthèse :** grâce à la chlorophylle contenue dans les chloroplastes de leurs feuilles, les plantes utilisent l'énergie lumineuse du soleil pour combiner le gaz carbonique qu'elles absorbent avec l'hydrogène (apporté par l'eau) et former des substances organiques (sucres en particulier). Elles rejettent alors de l'oxygène : 6 CO_2 + 6 H_2O + énergie lumineuse → $C_6H_{12}O_6$ (glucose) + 6 O_2.

– 1re phase (photochimique) : le dégagement d'oxygène s'accomplit à la lumière. Grâce à l'énergie lumineuse captée par la chlorophylle au niveau de 2 photosystèmes (complexes protéines-pigments), des électrons arrachés à l'eau sont transférés jusqu'au $NADP^+$ par une chaîne de transporteurs d'électrons localisés dans la membrane des thylakoïdes, petits sacs constituant les lamelles photosynthétiques isolées et les granas (empilements de lamelles plus courtes). Le $NADP^+$ est alors réduit en NADPH + H^+ en prélevant 2 protons dans le stroma plastidial. Au cours de ce transfert, des protons sont accumulés dans le lumen des thylakoïdes. Une différence de concentration en protons, c'est-à-dire une différence de pH, s'établit de part et d'autre de la membrane du thylakoïde entre le lumen et le stroma. La libération de protons dans le stroma au niveau des ATP synthétases permet la synthèse d'ATP (adénosine triphosphate) et annihile la différence de pH.

– 2e phase (thermochimique) : le CO_2 est fixé sans besoin de lumière. Le NADPH + H^+ et l'ATP obtenus précédemment sont utilisés pour transformer le gaz carbonique en sucre (glucose). L'enzyme qui fixe le CO_2 est la ribulose 1,5 biphosphate carboxylase/oxygénase, ou Rubisco. Cette enzyme peut représenter 50 % des protéines d'une feuille. Du point de vue de l'assimilation du CO_2, on distingue : *1°) les plantes en C_3* (surtout arbres des forêts tempérées) pour lesquelles le 1er produit qui suit la fixation du CO_2 est une molécule à 3 atomes de carbone (acide phosphoglycérique) ; *2°) les plantes en C_4* (maïs, canne à sucre, plantes de régions subtropicales) qui incorporent le CO_2 dans un corps en C_4 (acide oxaloacétique puis acide malique ou aspartique). Dans les plantes en C_4, une phosphoénol-pyruvate-carboxylase fixe le CO_2 avant que n'intervienne la rubisco (dans un second temps).

La 1re plante à photosynthèse date de 2 milliards d'années. Les *cyanobactéries* (anciennement algues bleues) photosynthétiques sont les ancêtres des chloroplastes.

Importance de l'assimilation chlorophyllienne. Un hectare de maïs consomme (du semis à la récolte) 3 000 m^3 de gaz carbonique ; un ha de forêt 3500 m^3 et plus par an. Un hectare de tournesols produit 6 à 7 t de matière organique par an, et la totalité des végétaux chlorophylliens de la planète environ 3×10^{11} t.

Équivalents de l'énergie lumineuse utilisée annuellement par les végétaux chlorophylliens : 7×10^7 t de charbon.

Rendement de la photosynthèse : 1 à 2 calories sur 100 apportées par l'énergie lumineuse.

Respiration

Les plantes échangent des gaz (gaz carbonique, oxygène, vapeur d'eau) avec l'atmosphère environnante par les **stomates**, situés à la surface des feuilles (1 feuille de chêne : 350 000 stomates, 1 feuille de tournesol : 13 millions) et constitués de 2 cellules en forme de rein qui ménagent entre elles un orifice, l'**ostiole,** par où circulent les gaz. L'ostiole peut être ouvert ou fermé, et les stomates contrôlent ainsi les échanges gazeux de la plante.

En respirant à l'obscurité, une plante absorbe de l'oxygène et accomplit une série de réactions chimiques se terminant dans les mitochondries, assimilables à la combustion lente des substances mises en réserve. Alors que ces substances sont transformées en gaz carbonique, rejeté par la plante, l'énergie qu'elles contenaient est libérée sous forme d'ATP et de chaleur (à la fin de l'hiver, la respiration très active des arums sauvages fait des trous dans la neige). L'énergie récupérée par la cellule est utilisée à divers processus d'entretien et de croissance. Les échanges gazeux liés à la respiration sont inverses de ceux de la *photosynthèse,* les mécanismes des 2 phénomènes ne font pas intervenir les mêmes compartiments cellulaires ni les mêmes enzymes, mais ils présentent certaines homologies de fonctionnement.

Dans la journée, la photosynthèse l'emporte sur la respiration. *La nuit,* elle s'arrête faute de lumière, les plantes rejettent alors le gaz carbonique et absorbent l'oxygène de l'atmosphère. C'est pour cette raison que l'on recommande de ne pas garder les plantes la nuit dans une chambre à coucher sauf les plantes à métabolisme photosynthétique de type C_4 (ficus, caoutchouc) qui fixent le CO_2 la nuit. Certaines plantes présentent, en plus de la respiration mitochondriale, une photorespiration stimulée par la lumière : au cours de la photosynthèse, les chloroplastes peuvent rejeter une partie du carbone fixé sous forme d'acide glycolique. Cet acide passe ensuite dans de petits organites (1 µm de diamètre) : les *peroxysomes,* où il se trouve oxydé (en acide glyoxylique) par de l'oxygène au cours d'une réaction dont l'un des produits intermédiaires est l'eau oxygénée ou peroxyde d'hydrogène (qui donne son nom aux peroxysomes). L'acide glyoxylique donne du *glycocolle* (par transamination), passe dans la mitochondrie où il est transformé en *sérine* (2 molécules de glycocolle → 1 molécule de sérine + CO_2 + NH_3). La Rubisco présente 2 activités enzymatiques, carboxylase et oxygénase, qui varient selon la concentration en gaz. Cette enzyme peut fixer 1 molécule de CO_2 sur le ribulose-biphosphate Rubp (processus photosynthétique) ou fixer une molécule d'O_2 sur le Rubp (processus photorespiratoire). La photorespiration ressemble à la respiration par les échanges gazeux, rejet de CO_2 et absorption d'O_2, mais il n'y a pas ou peu de création d'énergie, le métabolisme et les sites d'échanges de gaz sont différents. La photorespiration entre en compétition avec la photosynthèse et diminue ainsi son rendement. Les plantes à métabolisme photosynthétique en C_4 ne présentent pas de photorespiration et présentent ainsi une meilleure fixation du CO_2 que les plantes à métabolisme en C_3. La photorespiration débute par l'oxydation et le clivage du Rubp par la Rubisco, pour donner de l'acide glycolique.

Transpiration

Lorsque la température ambiante s'élève, les plantes luttent contre la chaleur excessive en laissant s'évaporer à travers les stomates de leurs tiges et de leurs feuilles la plus grande partie de l'eau puisée dans le sol par leurs racines. Une faible transpiration cuticulaire s'ajoute à la transpiration stomatique. En une année, 1 ha de maïs restitue 2 740 l d'eau (sur 2 800 tirés du sol) ; en une saison, un bouleau en restitue près de 7 000 l, un hêtre 9 000 l. Les plantes peuvent arrêter cette transpiration en fermant leurs stomates. Les feuilles des plantes grasses s'épaississent et constituent une réserve d'eau.

Défense

Sous l'effet d'un traumatisme (piqûre, irritation...) ou d'un choc ionique, les tissus de plantes supérieures émettent un potentiel d'action suivi d'une *onde lente de dépolarisation* transmise de cellule à cellule vers les autres tissus de la plante, en suivant le courant de transpiration. Cette onde est associée (parfois longtemps après) à une modification morphogénétique des tissus de la plante, changements de potentialité de croissance des bourgeons, inhibition de la croissance caulinaire. Cette onde, mais aussi l'expression de messages chimiques (comme les jasmonates, les salicylates, l'éthylène, la systémine...) expliquent la diminution de taille des arbres exposés aux vents, associés aux grains de sable, près de la mer, ou la différence de croissance des rameaux soumis aux vents dominants sur un même arbre.

De jeunes pousses de maïs attaquées par des insectes herbivores émettent une substance de type terpénoïde qui attire les guêpes, prédateurs de ces insectes.

☞ Des acacias dont les feuilles sont mangées par les antilopes émettent un produit chimique qui provoque la fabrication, par lui-même et ses voisins de la même espèce, de tanins, substances désagréables et toxiques pour les herbivores. Ces derniers arrêtent alors de se nourrir sur ces arbres et recherchent des plantes plus comestibles.

Types d'inflorescences

Certaines fleurs sont isolées (coquelicot, tulipe), mais le plus souvent elles sont rassemblées dans la région sexuée de la plante : ce groupement constitue une *inflorescence.* On en distingue 2 types :

■ **1°) Les grappes.** Sens de floraison ascendante (fleurs les plus âgées à la base et de plus en plus jeunes vers le haut) ; exemple : muguet. Si à la fin de son développement la grappe a une fleur terminale, elle est dite *définie ;* sinon elle est dite *indéfinie* (cas le plus fréquent). Il existe de nombreux **cas particuliers de grappes :** *épis :* grappes de fleurs sessiles (sans pédoncule) ; exemple : maïs. *Chatons :* épis de fleurs unisexuées (mâles ou femelles) ; exemple : saule. *Corymbes :* grappes dont les pédoncules ont des longueurs telles que les fleurs se trouvent dans un même plan ; exemple : poirier. *Ombelles :* comme dans les corymbes, les fleurs sont dans un même plan mais les pédoncules partent pratiquement d'un même point ; exemple : lierre, et quelques ombellifères (la plupart dans cette famille ont des inflorescences complexes comme des ombelles d'ombelles, des cymes d'ombelles... voir p. 219 b). *Capitules :* les fleurs de certaines familles (dipsacacées, ex-composées appelées désormais brassicacées, etc.) sont rassemblées en capitules dont chacun semble, à première vue, être une fleur : marguerite, bleuet, pissenlit, scabieuse.

■ **2°) Les cymes.** Sens de floraison descendante (la fleur la plus âgée est en position terminale ; on observe les fleurs de plus en plus jeunes en descendant le long de l'axe) ; exemple : stellaire. Beaucoup de plantes ont en fait des *inflorescences complexes :* cyme de grappes, cyme d'ombelles, cyme de capitules, grappe de grappes.

☞ Le parfum est surtout diffusé aux heures les plus chaudes, lorsque les plantes ont accumulé le maximum de chaleur, en général vers 17 h. Les odeurs sont transportées par des molécules volatiles, situées dans les pétales des fleurs (rose, violette), dans les feuilles (lavande, thym, menthe), ou dans les tiges (sureau). Certaines plantes peuvent effectuer une thermogenèse au niveau de leurs fleurs pour accroître l'émission de molécules volatiles.

Multiplication des végétaux

■ **Sexuelle. Semis :** moyen le plus naturel et pratiquement le seul pour les plantes qui ne vivent qu'un an.

■ **Asexuée. Bouturage :** enracinement d'un fragment de plante (tige, feuille ou racine) préalablement détaché. Les boutures de **méristèmes** en tube à essai sont des boutures par prélèvement de parties microscopiques dans l'extrémité de la tige (boutures dites d'apex). Jouent un grand rôle dans l'obtention de végétaux exempts de viroses. **Division :** séparation d'une souche en plusieurs fragments. **Marcottage :** tiges rampantes prenant racine. **Greffage :** partie d'un végétal implantée sur un autre, porte-greffe ou sujet. **Drageonnage :** racines s'étendant autour de la plante mère et donnant d'autres tiges.

☞ Conditions particulières pour la floraison. **Photopériodisme :** exigence d'une alternance jour/nuit : marguerite et épinard sont des plantes de jours longs (floraison en été), le chrysanthème de jours courts (floraison en automne). **Thermopériodisme :** exigence d'une alternance de périodes chaudes et froides : crocus, jacinthe, tulipe. **Vernalisation :** exigence d'un traitement froid (2-6 °C) pour une plante bisannuelle : jusquiame noire, vernalisée en hiver.

Classification et reproduction

☞ Principales familles recensées.

■ **Thallophytes.** Végétaux dont les cellules sont assemblées en un *thalle* dont aucune des parties n'est spécialisée comme le sont les tiges, les feuilles ou les racines d'autres plantes. Le thalle entier assure généralement les différentes fonctions (photosynthèse, conduction, absorption...). **1°) Algues.** Elles prospèrent en milieu aquatique (surtout marin) [il existe cependant quelques espèces terrestres]. Les *algues vertes,* ou chlorophycées (ulve, chlorelle...), possèdent surtout de la chlorophylle. Chez les *algues rouges,* ou rhodophycées (porphyra, chondrus...), la chlorophylle est masquée par des pigments surnuméraires rouges et bleus (phycobilines), chez les *algues brunes,* ou phéophycées, par des pigments bruns. Les thalles peuvent être unicellulaires (chlorelles) ou pluricellulaires filamenteux (ulothrix), parenchymateux relativement homogènes (ulve) ou présentant des ébauches de tissus, notamment conducteurs (laminaires). Les modes de reproduction varient : certaines algues rouges ont, par exemple, des cycles à 3 générations morphologiquement différentes. **2°) Champignons** (sans chlorophylle). Plus de 100 000 espèces. Monocellulaires (levures) ; en filaments ténus (moisissures) ; champignons visibles à l'œil nu (macromycètes). Ils vivent en **parasites** sur les arbres, les plantes et les cultures (maladies cryptogamiques) ; en **saprophytes** sur les débris animaux et végétaux ; ou en **mycorhize** [association symbiotique du mycélium (partie végétative d'un champignon) et d'une racine, peut être *endotrophe* (vivant à l'intérieur de la racine) ou *ectotrophe* (vivant à l'extérieur de la racine) selon la position du mycélium]. Les *truffes* sont des champignons mycorhiziens. **3°) Lichens.** Association symbiotique d'une algue et d'un champignon. Ce sont les premiers colonisateurs des terrains nus.

☞ On répartit également les **macromycètes** selon leur mode de reproduction, en 2 catégories : les *basidiomycètes* et les *ascomycètes.*

■ **Bryophytes. 1°) Mousses.** De taille modeste, possèdent des tiges et des feuilles, mais pas de racines. Caractérisées par 2 générations de plantes différentes dont l'une parasite l'autre : *la plante feuillée,* qui est productrice de gamètes (gamétophyte), est autotrophe ; *la capsule* (généralement sur une soie) est la 2e génération issue de l'œuf qui germe sur le gamétophyte. Cette capsule produit des spores : c'est le *sporophyte,* parasite du gamétophyte. Les mousses colonisent des milieux variés : reviviscentes, certaines espèces sont bien adaptées aux substrats secs (comme le polytric poilu) ; les hypnums et polytrics des bois s'accommodent de peu de lumière ; les sphaignes, avec leurs cellules à réserves d'eau, colonisent les tourbières acides et contribuent à la formation de la tourbe. **2°) Hépatiques.** Leur cycle est comparable à celui des mousses. Leur appareil végétatif, de taille toujours réduite, présente des aspects variés : tantôt feuillé (frullania), tantôt en forme de thalle (marchantia).

■ **Ptéridophytes (cryptogames vasculaires).** Plantes dépourvues de fleurs, affiliées aux fougères, dont l'appareil végétatif est un *sporophyte ;* les spores germent en donnant un gamétophyte appelé *prothalle* qui porte gamètes mâles et femelles ; en germant, l'œuf redonne un *sporophyte.* **1°) Fougères.** A grandes feuilles (frondes ou macrophylles) portant sur leur face inférieure des *sporanges.* Herbacées sous les climats tempérés, elles sont en forme de *rosette* (sans tige aérienne) et possèdent un *rhizome* souterrain. En région tropicale, certaines espèces sont arborescentes. **2°) Prêles.** Herbacées, à tige chlorophyllienne pourvue de petites feuilles (microphylles) disposées en verticilles. Les *sporanges* sont groupés en épis. Au carbonifère, on trouve des prêles géantes de plus de 30 m. **3°) Lycopodes** et **sélaginelles.** Assez petites, pourvues de tiges rampantes et dressées munies de petites feuilles (microphylles). Les spores sont à l'aisselle des feuilles ou groupés en épis. Les sélaginelles sont surtout tropicales. **4°) Psilotes.** Sans feuilles, à tige chlorophyllienne, représentent peut-être les ancêtres de toutes les plantes de cet embranchement.

■ **Phanérogames (plantes à fleurs et à graines). Une fleur comprend en général** (de l'extérieur à l'intérieur) : **sépales :** ordinairement verts, protègent les autres pièces au cours de leur développement ; rappellent les feuilles (voir ceux des rosiers) et ont, comme elles, une fonction chlorophyllienne (tant qu'ils sont verts) ; **pétales :** généralement

QUELQUES RECORDS

☞ *Abréviation :* circ. : circonférence.

■ **Abondance. Plante la plus répandue :** *Cynodon dactylon.* En FRANCE : le *paturin des prés* de 0 à 2 600 m d'altitude. **Fleur la plus rare :** un *souci* blanc (Iowa, USA), prix Burpee 1924, un spécimen de *Presidio manzanita* à fleurs roses (Californie).

■ **Age. Plante la plus vieille :** buisson de houx *Lomatia tasmania* de Tasmanie (Australie) 43 000 ans.

■ **Algue.** Varech géant du Pacifique *(Macrocystis pyrifera) :* 60 m de long, croît de 45 cm par jour. **Profondeur record :** 270 m, algue brune près de l'île de San Salvador, noir total (rayons du soleil filtrés à 99,9995 %).

■ **Arbres. Altitude :** l'*Abies squamata* pousse jusqu'à 4 600 m. *Ermania himalayensis* et *Ranunculus lobatus* trouvés en 1995 à 6 400 m d'alt., mont Kamet (Inde). **Les plus grands :** *Sequoia sempervirens* « Paradox Tree » 112,47 m et *pin de Douglas* 100,27 m (Californie, USA). *Eucalyptus regnans* 95 m (Tasmanie, Australie) ; un spécimen tombé en 1872 en Australie aurait atteint 132,6 m. *Eucalyptus sempervirens* 92 m (Portugal, 1972). *Fromager (Ceiba pentandra)* de 70 m (Java). FRANCE : 3 *Sapins pectinés* plantés vers 1694 (Russey, Doubs) : 47 m (circ. 3,90 m, 21 m³), 51 m (circ. 5,20 m, 30 m³) et 52 m (circ. 5,30 m, 32 m³). *Platane* avenue Foch (Paris) 42 m. **Le plus petit :** le *saule arctique* ou *herbacé :* 2 cm (visible en haute montagne) pousse jusqu'à 83° de lat. Nord (ainsi que le pavot jaune). **Les plus gros troncs :** *Castanea sativa* « châtaignier aux 100 chevaux » (Sicile), châtaignier ayant entre 3 600 et 4 000 ans, avait 57,9 m de circ. en 1780 (détruit en partie par les intempéries, il est fendu en 3 parties et mesure aujourd'hui environ 51 m). Certains baobabs *(Adansonia digitata)* pourraient mesurer 43 m de circ. Le *banian* peut avoir plus de 350 gros troncs et 3 000 petits ; Calcutta (Inde), figuier banian 412 m de circ. Le *cyprès* « El Gigante » de Montezuma (Mexique), hauteur 40 m, circ. 40 m. **Le plus volumineux :** de tous les temps : *Arbre de Lindsey Creek :* séquoïa : tronc 2 549 m³, 3 300 t, déraciné 1905 (tempête) ; encore vivant : *séquoia* « General Sherman » (Calif., USA) hauteur 84 m, circ. 31,3 m, tronc 1 487 m³, 2 000 t (avec racines). FRANCE : *platane* du parc Monceau à Paris planté 1814, haut. 35 m, circ. 7,50 m. **Les plus vieux** (en années) : *pin* « de Wollemi » (Australie, découvert 1994) 150 000 000. *Chêne* « de Nightcap » (Australie, découvert 2000) 90 000 000. *Baobab* 5 150. *Cèdre japonais (Cryptomera)* 5 200. *Châtaignier commun* 900 à 1 000. *Chêne* 4 000. *Chêne-liège* 250 à 500. *Cyprès* 1 970. *Frêne commun* 250 à 275. *If* 3 000. *Cyprès rouge hinoki,* dit arbre sacré d'Alishan (Taïwan) 3 000 (hauteur 35 m, circ. 23 m, foudroyé 1953 et 1956, abattu 1998). *Larrea tridentata* 11 700. *Olivier* (avec souches recépées) 2 000 à 4 000. *Peuplier noir* 500. *Pin Huon* 10 000. *Pinus longaeva* (pin brestlecone) 4 644 en 2000 (vie potentielle 5 500 ; record 5 100 au Nevada, encore vivant : le « Mathusalem », 4 700 en Californie). *Pinus aristata* 4 600. *Platane* 800. *Poirier* 700. *Rosier* 1 100. *Séquoia* « Eternal God » (Californie, USA) 7 000. *Tilleul* 400. FRANCE : voir encadré col. b. GRANDE-BRETAGNE : *chêne* près de Nottingham où Robin des Bois et ses compagnons avaient l'habitude de se cacher, 800 ans [sera soutenu par une structure métallique (coût : 20 millions de F)]. **Le plus cher** (prix au kg) : *garou* (Thaïlande) brûlé dans certaines mosquées 3 000 F ; *loupe d'Amboine* 1 000 à 1 200 F. **Spécimens uniques :** *palmier* de l'île Maurice *(Hyophorbe amaricaulis)* au jardin botanique ; *caféier* de l'espèce *Ramosmania heterophylla,* 13 cm, au jardin botanique royal de Londres (1 ou 2 pieds sauvages à l'île Maurice en 1989).

☞ Le *Robinier acacia* (410 ans en 2002) du square Viviani face à Notre-Dame est le plus vieil arbre de Paris.

■ **Bambou. Le plus haut :** *Bambusa arundinacea à épines* (Travancore, Inde, coupé en nov. 1904) : 37 m ; *Dendrocalamus brandisii* et *giganteus :* plus de 40 m.

■ **Bois. Le plus lourd :** l'*Olea laurifolia* ou sidéroxylon (Afrique du Sud) : 1 490 kg/m³, ne flotte pas. **Le plus léger :** *Aeschynomene hispida* (Cuba) : 44 kg/m³. *Balsa :* 40 à 380 kg/m³. *Liège :* 240 kg/m³.

■ **Bonsaï.** Art d'origine chinoise remontant à la dynastie Song, perfectionné dès le XIVe s. par les Japonais. 3 GROUPES : miniature (*Shoshin Bonsaï,* 15 à 20 cm), moyen (30 à 70 cm), jardin (1 à 1,80 m). Sa valeur sera fonction de l'harmonie des proportions entre l'arbre et son contenant, et de sa ressemblance avec ses frères vivant à l'état sauvage. On réalise également des plantations sur rochers, des groupes et des paysages miniatures *(saikei).* CULTURE : à partir de graines, de boutures, de greffes, de marcotte et par récolte. NANIFICATION : par la taille des racines, des branches, du feuillage. Conduite du tronc et des branches vers la forme désirée avec fil de cuivre. **Termes employés.** *Jin :* cime ou branches desséchées. *Nebari :* racines affleurantes. *Omote :* devant. *Saba-miki* ou *Shari-miki :* tronc desséché. *Tachiagari :* fût. *Ura :* dos. *Yaku-eda :* branche principale (*Ichi-no-eda :* branche la plus basse ; *Kuitsuki-eda :* branche d'arrière-plan ; *Ochi-eda :* branche tombante ; *Sashieda :* la plus grosse ; *Uke-eda :* branche d'équilibre). **Tronc (configuration) :** *vertical :* Chokkan ; *penché :* Shakan ; *sinueux :* Moyogi ; *en torsade :* Bankan ; *en cascade :* Kengai ; *en semi-cascade :* Han-Kengai ; *en forme « de lettre » :* Bunjingi ; NOMBRE : *Go-kan :* 5 troncs ; *Kabudachi :* troncs multiples ; *San-Kan :* 3 ; *So-kan :* 2 ; *Tankan :* tronc simple. **Branches :** *Fukinagashi :* forme battue par les vents ; *Hokidachi :* forme en balai. **Racines :** *Ikadabuki :* tronc-radeau. *Neagari :* racines apparentes ; *Netsuranari :* racines rampantes. **Culture :** *Ishitsuki :* sur roche ; *Yose-ue :* culture d'ensemble.

■ **Cactus. Les plus grands :** sans piquant (Arizona, USA) : 24 m, arraché par une tempête en 1986, à 150 ans ; saguaro (*Cereus giganteus* ou *Carnegiea gigantea)* colonne verte surmontée de branches en forme de candélabre (Arizona et Californie, USA ; Mexique) : 17,67 m, 6 à 10 t, peut vivre 200 ans, contient jusqu'à 3 000 l d'eau.

■ **Champignon. Les plus gros :** une pousse d'*Armillaria bulbosa* (trouvée dans le Michigan, USA, le 2-4-1992) âgée de 1 500 ans, 100 t, s'étend sur 15 ha. Sparassoïdes *(Peziza proteana)* 55 kg, long. 80 cm (près de Jonage, Isère). Polypore géant *(Meripilus giganteus)* 20,075 kg, circ. 3,38 m. Vesse-de-loup *(Langermannia gigantea)* 22 kg, circ. 2,64 m (Kent, G.-B.). *Rigidoporus ulmarius* 1,63 × 1,40 m, circ. 4,80 m (Surrey, G.-B.). **Les plus étendus :** *Armillaria ostoyae,* de 2 400 ans, sur 890 ha dans l'Orégon (USA).

■ **Courge.** 444 kg (1999, USA).

■ **Croissance. La plus rapide :** l'*Albizzia falcata* (arbre voisin des acacias) planté 1975 en Malaisie a atteint 30 m en 5 ans et 4 mois. Un spécimen d'*Hesperoyucca whipplei* a grandi de 3,65 m en 14 jours en 1978 dans les îles Sorlingues. Certains bambous poussent de 91 cm par j (4 cm/h), et peuvent atteindre 30 m en 3 mois. **La plus lente :** *Puya raimondii,* sa panicule apparaît au bout de 80 à 150 ans. Les *bonsaïs* (voir col. a) atteignent 30 cm au bout de 98 ans (tronc : 2,5 cm de diam.). Un *Dioon edule* de 120 ans mesure 10 cm. *Fitzroya* (Chili) peut atteindre 60 m, 3 m de diam. et 2 000 ans, mais mesure à peine 20 m à 300 ans.

■ **Étendue.** La *Gaylussacia brachyera* (du nom de L.J. Gay-Lussac) peut recouvrir 40 ha en 13 000 ans. *Armillaria bulbosa* voir ci-dessus champignon. Une racine unique de tremble du Canada (*Populus tremuloides*) a engendré un organisme de 43 ha et 6 000 t, dans l'Utah (USA).

■ **Arbres les plus vieux de France. Aubépines :** 1 700 ans (*St-Mars-la-Futaie,* Mayenne). **Buis :** 700 a. (*Maucomble,* S.-M.). **Cèdres :** 200 a. (*Orléans,* Loiret ; *St-Just,* L.-et-G.). **Châtaigniers :** millénaires (*Abbaretz,* L.-A., circ. 10,6 m ; *Gange,* Gard : mort mais tronc exposé ; *Vico,* Corse) ; 1 200 a. (*Combrit,* Finistère) ; 1 000 a. (*Neuillé,* M.-et-L. ; *St-Cernin-de-l'Herm,* Dordogne). **Chênes :** 2 000 a. (*St-Sulpice-le-Verdon,* Vendée ; *Villedieu-la-Blouère,* M.-et-L.) ; 1 300 a. (*Pessines,* Ch.-M.) ; (*Allouville,* S.-M. : 15 m de circ., hauteur 25 m, contient 2 chapelles depuis 1696, refaites en 1851) ; 1000 a. (*Beauval-en-Caux,* S.-M.) ; *chêne des partisans* (Vosges) 18 m de circ. au niveau des racines, 9,8 m à 2,3 m du sol, 32 m de hauteur, s'est cassé en 1927, disparu depuis ; 1 000 a. (*St-Pardoux,* Deux-Sèvres : circ. 11,3) ; millénaire (*Bulat-Pestivien,* C.-d'A.) ; 850 a. (*St-Avold,* Moselle) ; 800 a. (*St-Jeannet,* A.-M. ; *St-Vincent-de-Paul,* Landes : circ. 12,5) ; 750 a. (*St-Jean-de-Compiègne,* Oise) ; 700 a. (*Beuvardes,* Aisne) ; 600 a. (*forêt de Sénart,* Essonne ; *St-Aubin-de-Blaye,* Gironde : disparu vers 1970 ; *forêt de Bon-Secours,* Nord ; *Iraty,* Pyr.-Atl.). 500 a. (*La Lambonnière de Pervenchères,* Orne). **Chênes-lièges :** millénaires (*La Londe-les-Maures,* Var). **Chênes verts :** 1 000 a. (*Tourette-sur-Loup,* A.-M.) ; 700 a. (*Talmont-St-Hilaire,* Vendée) ; 500 a. (*Olmi-Capella,* Corse) ; 350 a. (*Médis,* Ch.-M.). **Ginkgo biloba :** 300 a. (*Tours,* I.-et-L.) ; 200 a. (*Nancy,* M.-et-M.). **Hêtres :** millénaires (*Verzy,* Marne) ; 500 a. (*Frémestroff,* Moselle) ; 270 a. (*Marchaux,* Doubs). **Ifs :** 1 600 a. (*Estry,* Calvados : circ. 12 m) ; 1 500 a. (*La Haye-de-Routot,* Eure) ; 1 400 a. (*Vigeois,* Corrèze) ; 1 200 à 1 500 a. (*La Lande-Patry,* Orne) ; millénaires (*Lalacelle,* Orne ; *Pommerit-le-Vicomte,* C.-d'A. ; *St-Ursin,* Manche) ; 900 a. (*Bertric-Burée,* Dordogne) ; 800-900 a. (*La Lande-Patry,* Orne) ; 800 a. (*La Motte-Feuilly,* Indre). **Magnolias :** 230 a. (*Nantes,* L.-A.). **Micocouliers :** 500 a. (*Aix-en-Prov.,* B.-du-Rh.). **Noyer :** *de Lafayette* [1776] (*abbaye de Sablonceau,* Ch.-M.). **Oliviers :** 2 000 a. (*Roquebrune-Cap-Martin,* A.-M.) ; millénaires (*Nyons,* Drôme ; *L'Union,* Hte-G.). **Ormes :** 1 000 a. (*Cassignas,* L.-et G. : mort 1985) ; 700 a. (*Roquefixade,* Ariège : mort 2000) ; 600 a. (*Biscarosse,* Landes). **Peupliers :** 200 a. (*Gourville,* Charente : « Arbre de la Liberté » planté 1789). **Peupliers noirs :** 500 a. (*Montpellier-de-Médillan,* Ch.-M.). **Pins parasols :** 400 a. (*Dunes,* T.-et-G. : disparu ; *Geay,* Ch.-M. : cassé par la tempête fin 1999) ; 180 a. (2 spécimens, à *Sémussac,* Ch.-M.). **Platanes :** 400 a. (*Clayes-sous-bois,* Yvelines) ; 350 a. (*Lamanon,* B.-du-Rh.) ; 300 a. (*St-Guilhem-le-Désert,* Hérault). **Poiriers :** 400 a. (*Médis,* Ch.-M. ; *Rétaud,* Ch.-M. : tombé fin 1999, vivant). **Pommiers :** 200 a. (*Jullouville,* Manche). **Saules pleureurs :** millénaires (*Avolsheim-Dompeter,* B.-Rh.) ; 600 a. (*Réaumont,* Isère) ; 300 a. (*Marseille,* B.-du-Rh.). **Tilleuls :** 700 a. (Bergheim, Ht-Rh.) 562 a. (*Samoens,* Hte-Savoie), 521 a. (*Ivory,* Jura) ; 400 a. (*Gérardmer,* Vosges).

■ **Jardins botaniques. 1540** *France :* 1er créé à Touvoie (près du Mans) par Pierre Belon. **A partir de 1540-50** créés en liaison avec les chaires universitaires pour la production des simples et la formation des médecins. *Italie :* Padoue, Florence, Pise, Bologne ; *Pays-Bas :* Leyde. **Vers 1595** *France :* Montpellier, créé par Richer de Belleval : 1 300 plantes (catalogue 1598). Paris : petit jardin dans l'île de la Cité, dirigé par Jean puis Vespasien Robin, fleurs exotiques. **1626-33** Paris : Jardin des Plantes (1er catalogue 1636), créé sous le nom de « Jardin royal des Plantes médicinales », devenu « Muséum d'histoire naturelle » à la Révolution. **Vers 1634** Blois. **1668** Nantes : jardin des Apothicaires.

■ **Serres et jardins d'hiver.** *Le jardin d'Amsterdam :* hangar vitré où croissent et fructifient des plantes tropicales, dont le caféier *arabica* (1713). **France : vers 1780** 1res serres, parois de verre et armature de bois et de métal. **XVIIIe et XIXe s.** *Paris* (parc Monceau), *La Malmaison, Suresnes* pour Salomon de Rothschild, *Ferrières* pour James de Rothschild, *château d'Aubigny* à Céret (Pyr.-Or.). **1896** *Nantes :* serres. **1836** *Paris :* Jardin des Plantes : pavillons édifiés par Charles Rohault de Fleury pour végétaux des milieux arides. **1857** *Paris :* jardin d'Hiver : 100 × 65 m, haut. 18,5 m. **1865-90** *Lyon :* grandes serres. **1884** *Strasbourg :* serre Victoria dans le jardin botanique. **1927** *Paris :* serres d'Auteuil : 100 × 15 m, haut. 16 m. **1936** *Paris :* Jardin des Plantes : jardin d'hiver 55 × 20 m, haut. 16 m, construit par Berger. **G.-B. : 1820-27** *Syon.* **1826** *Chatsworth* par Paxton. **Vers 1830** *Bicton :* serre à palmiers (20 × 10 m). **1844-48** 1res serres métalliques. **1851** *Londres :* Crystal Palace : 562 × 124 m, haut. 33 m.

☞ **« Eden » :** plus grande serre du monde, à St Austell (Cornouailles, G.-B.). Dômes transparents dont *« biome des Tropiques » humides :* 1,55 ha, hauteur 55 m ; *tempérés chauds :* 0,65 ha, haut. 35 m. *Ouverture définitive :* 17-3-2001.

■ **Feuilles. Les plus grandes :** *Raffia ruffia* (îles Mascareignes) et *Raphia taedigera* ou palmier d'Amazonie (Amérique du Sud et Afrique) : jusqu'à 20 m. *Victoria regia* (nénuphar, découvert en Guyane britannique 1837) : jusqu'à 2 m de diam. *Bananier :* 6 m de long, 1 m de large (exceptionnel). **Arbres ayant le plus de feuilles :** *cyprès :* 45 à 50 millions (aiguilles). *Chêne :* 250 000 environ.

■ **Fleurs. Les plus grandes :** *Foliata galeola :* jusqu'à 15 m de haut (Queensland, Australie). *Rafflesia arnoldii :* jusqu'à 90 cm de diam., 2 cm d'épaisseur, 6 à 7 kg (Sumatra et Java), odeur de viande putréfiée, ni tige ni feuillage vert (s'apparente à un champignon). *Nénuphar sauvage blanc :* 15 cm de diam. (la plus grande fleur en France). **Les plus petites :** la lentille d'eau *Wolffia angusta* (Australie) : 0,6 mm. Les *Pilea microphylia* (Antilles) : 0,35 mm. **Plantes ayant beaucoup de fleurs :** broméliacée géante *Puya raimondii* dont chaque panicule (diam. 2,5 m, hauteur 10,70 m) porte jusqu'à 8 000 fleurs blanches (fleurit pour la 1re fois entre 80 et 150 ans, puis meurt). Sur un *rosier* de Californie, 20 000 fleurs peuvent fleurir chaque année. *Chrysanthème :* 1 028 fleurs (haut. 2,11 m ; tour 6,37 m, parvenu à maturité en 11 mois à partir d'une tige de 10 cm). *Wisteria géant* (Sierra Madre, Californie) : glycine, branches de 152 m de long, 4 000 m², 22 t, 1,5 million de fleurs. **Plante à fleurs la plus vieille :** fossile d'angiosperme découvert fin 1998 en Chine dans une gangue de calcaire : 142 à 148 millions d'années. *Bexhalstia pebja* (25 cm) fossilisée il y a 130 millions d'années dans un étang du Surrey. **Plus haute altitude :** *Stellaria decumbens* (Himalaya) : trouvée à 6 500 m. **Spécimen unique :** femelle d'*Encephalartos woodii* (existe depuis 65 à 225 millions d'années), Kew (Surrey, G.-B.) ; *Pennantia baylisiana* (Nlle-Zél.) n'existe qu'à l'état femelle.

■ **Fossiles.** *Archaeopteris* 150 exemplaires fossilisés (350 millions d'années) trouvés au Maroc (1998), hauteur 30 m. **Vivants.** *Ginkgo* « arbre aux 40 écus » : date du jurassique (– 160 millions d'années) ; il en subsiste un peuplement naturel en Chine (1 spécimen de plus de 3 000 ans sur le Mt Fulaï) ; il y en a dans les parcs de Paris et d'Azay-le-Rideau. *Cyca :* date du trias ; feuilles pennées et port dressé ; régions tropicales. *Welwitschia mirabilis :* feuilles rampantes (Afrique du Sud).

■ **Fougères. Les plus grandes :** fougère arborescente *Cyathea novae caledoniae* découverte 1991 (Nlle-Calédonie) 28 m. *Alsophila excelsa* (île de Norfolk), 18 m. **Les plus petites :** *Hecistopteris pumila* (Amérique centrale) 1,2 cm de long ; *Azolla caroliniana* (USA).

■ **Fruits.** *Jacques (du jacquier) :* 15 à 40 kg ; *Coco de mer :* 18 kg (la pousse peut prendre 10 ans).

■ **Graines. Les plus anciennes :** *lupin arctique* 10 000 à 15 000 ans, trouvées en 1954 dans la boue gelée à Miller Creek (Canada), ont pu germer en 1966. On a pu faire germer des graines d'autres espèces (datant de 1 000 à 1 700 ans), mais rien n'indique que l'on ait pu faire germer des graines venant des tombeaux des pharaons. **Les plus nombreuses :** l'*Acropera* peut compter 74 millions de graines par plante ; une *Cycnoches chlorochilon* (orchidée du Venezuela) en aurait donné 3,7 millions dans une cosse. **La plus lourde :** *coco de mer* ou coco double des Seychelles : voir fruits, ci-dessus. **Les plus petites :** 1,2 million de celles de l'orchidée épiphyte pèsent 1 g.

■ **Haies.** *Hêtres* (Écosse) : haut. 26 m, long. 550 m, plantée en 1746. *Ifs* (parc de lord Bathurst, G.-B.) : haut. 11 m, épaisseur 4,50 m. *Buis* (Offaly, Irlande) : haut. 11 m, plantée au XVIIIe s.

■ **Latitude. Sud** : le *Deschampsia antarctica* fleurit en Antarctique par 68°21′ ; le *Rhinodina frigida* jusqu'à 86°. **Nord** : le *Papaver radicatum* (pavot jaune) et le *Salix artica* (saule arctique) jusqu'à 83°.

■ **Lianes.** *Palmier rotang* dont on tire le *rotin.* Lianes de plus de 100 m, 5 cm de diam. : on découpe l'écorce de ses entre-nœuds en lanières pour le cannage.

■ **Mousse. La plus grande** : *Fontinalis* : filaments jusqu'à 90 cm de long. **La plus petite** : *Ephemerum*, microscopique.

■ **Projection.** Le *Hura crepitans* (arbre de 10 à 12 m) projette à 25 m les morceaux de son fruit.

■ **Racines. Les plus profondes,** celles d'un *figuier* sauvage du Transvaal (Afrique du Sud) : 120 m. Un *orme* anglais : 110 m. Un seul plant de *seigle d'hiver (Secale cereale)* peut avoir 623 km de minuscules racines dans 0,05 m³ de terre.

blancs ou d'autres teintes que vert, aux fonctions multiples dont protection des pièces reproductives situées à l'intérieur (repères pour les insectes qui les fréquentent) ; **étamines** : parties mâles, constituées d'un *filet* portant à sa partie supérieure des *anthères :* parties renflées constituées de *sacs polliniques* d'où sort le *pollen* formé de grains microscopiques ; *carpelles :* généralement surmontés d'un *style* portant à sa partie supérieure le *stigmate :* retient les grains de pollen (apportés par vent, insectes, etc.) qui fécondent les *ovules* contenus dans l'ovaire (partie inférieure renflée du carpelle).

On admet généralement que les pièces florales sont des feuilles qui se sont modifiées au cours de l'évolution. Ces pièces sont en plus ou moins grand nombre ou absentes, plus ou moins soudées entre elles, etc. Les carpelles sont très souvent peu nombreux et soudés entre eux bien que leurs stigmates restent généralement indépendants. Ils forment alors un *pistil.*

■ **A) Gymnospermes. Cycadacées.** Cycas.

Ginkgoacées : ginkgo (classés par beaucoup avec les cycas).

Conifères. Graines et ovules nus ; fleurs unisexuées ; *mâles :* axe portant des étamines serrées ; *femelles :* ensemble d'écailles, souvent groupées en cônes, et portant les ovules, mais la fécondation s'opère de la même façon que chez les angiospermes. **Abiétinées :** fleurs femelles groupées en cônes formés de nombreuses écailles : pin, sapin, épicéa, cèdre, mélèze. **Cupressinées :** fleurs femelles groupées en cônes globuleux formés de quelques écailles : cyprès, thuya, genévrier. **Taxinées :** fleurs femelles isolées : if.

Fruits charnus. Baies ou fruits à pépins, exemples : raisin, melon. **Drupes** ou fruits à noyau, exemples : pêche, cerise, abricot.

Fruits secs (s'ouvrant à maturité et généralement à plusieurs grains), exemple : pois. **Follicules** (s'ouvrant par une seule fente), exemple : hellébore. **Gousses** (par 2), exemple : haricot. **Siliques** (par 4), exemple : giroflée. **Capsules** venant de plusieurs carpelles coudées, exemple : datura. Certains fruits secs n'ont qu'une seule graine, exemples : le fraisier [sur le réceptacle charnu (partie comestible) beaucoup de fruits, les **akènes**], le blé (le grain est un fruit nommé **caryopse** ; les grains sont groupés sur un épi).

■ **B) Angiospermes.** A stigmate, à ovules contenus dans un ovaire clos, graines encloses dans un fruit. Une fleur peut avoir les 2 sexes (étamines et pistil bien constitués), elle est *hermaphrodite* ; ou un seul (fleur mâle ou femelle), elle est dite *dichogame.* Lorsque les étamines et parfois les carpelles sont transformés en pièces pétaloïdes, la fleur est dite double.

Une plante peut avoir : soit des fleurs hermaphrodites ; soit des fleurs entièrement mâles ou des fleurs entièrement femelles, l'espèce est dite *dioïque* ; soit des fleurs mâles et des fleurs femelles, l'espèce est dite *monoïque.*

1°) Monocotylédones. Graine avec un seul cotylédon ; en général, feuilles à nervures parallèles ; pièces florales par 3 ou 6.

■ **Palmiers.** Tige, ou stipe, presque toujours simple, terminée par un bouquet de feuilles pennées ou en éventail. Exemples : cocotier, raphia.

■ **Liliacées.** Calice floral à 3 sépales pétaloïdes, corolle à 3 pétales, 2 verticilles à 3 étamines, ovaire à 3 loges, stigmate trilobé. Certaines à bulbe (lis, tulipe, jacinthe, oignon, poireau) d'autres à rhizome (asperge, muguet).

■ **Iridacées.** 3 étamines, ovaire infère (au-dessous de la corolle et du calice). Exemples : glaïeul, iris, crocus.

■ **Amaryllidacées.** 6 étamines, ovaire infère. Exemples : amaryllis, narcisse.

■ **Commelinacées.** Comprennent des espèces des pays chauds *(Commelina, Tradescantia)* cultivées comme plantes d'ornement.

■ **Broméliacées.** Exemples : ananas, bromélias. Souvent épiphytes (fixées sur un autre végétal mais non parasites).

■ **Orchidacées.** Exemples : cattleya, vanille.

■ **Graminées,** maintenant appelées **poacées** (ou **graminacées**). Tige creuse, feuilles engainantes, fleurs groupées en épillets, 3 étamines, ovaires à un ovule, fruit : caryopse. Exemples : céréales (blé, maïs, orge, riz, seigle), gazons (paturin, dactyle), bambous, roseaux, canne à sucre.

■ **Cyperacées.** Plantes des lieux humides en régions tempérées (carex, souchets). La moelle du *Cyperus papyrus* servait à fabriquer le papier qu'utilisaient, dans l'Antiquité, Égyptiens, Grecs et Romains.

2°) Dicotylédones. Graine à 2 cotylédons ; feuilles à nervures ramifiées ; pièces florales par 4 ou 5.

a) Dialypétales (à pétales séparés). **Renonculacées.** Herbacées à nombreuses étamines aux anthères ouvertes vers l'extérieur, fruits indéhiscents (akène) : renoncule, anémone, clématite ; ou à fente longitudinale (follicules) : hellébore, pivoine, ancolie ; baie : actée.

AUTRES FAMILLES : **papavéracées :** pavot, coquelicot, œillette. **Malvacées :** mauve, guimauve, rose trémière, cotonnier, baobab. **Tiliacées :** tilleul. **Lauracées :** lauriers. **Nymphéacées :** nénuphar.

Rosacées. Fleurs régulières, 5 sépales verts, 5 pétales, étamines nombreuses en verticilles, feuilles dentées et stipulées : fraisier, framboisier, rose, églantine, pimprenelle, pommier, poirier, aubépine, reine-des-prés, amandier, cerisier, pêcher, prunier.

Légumineuses. Souvent herbacées, corolle irrégulière à 10 étamines dont 9 soudées, ovaire se transformant en gousse. Pois, haricot, fève, lentille *(papilionoïdées, lotoïdées).* Sainfoin, trèfle, luzerne, vesce. Arachide. Robinier, cytise, glycine, acacia *(mimosoïdées).* Flamboyant, tamarinier, caroubier *(césalpinioïdées).*

AUTRES FAMILLES : **Linacées :** lin. **Vitacées :** vigne. **Violacées :** violettes, pensées. **Géraniacées :** géranium.

Crucifères (ou **brassicacées**). Fleurs régulières, 4 sépales, 4 pétales en croix, 6 étamines, ovaire à 2 carpelles soudés par leur bord ; fruit sec : silique. Chou, navet, radis, cresson, colza, giroflée.

Ombellifères (ou **apiacées**). Herbacées, ovaire à 2 loges, fleurs groupées (ombelles simples ou composées) ; fruit : akène double. Panais, carotte, céleri, persil, ciguë.

Caryophyllacées. En général, tiges avec des nœuds, feuilles opposées, fruits en capsules. *Alsinées :* nielle des blés. *Silénées :* œillet.

b) Gamopétales (à pétales soudés). **Solanacées.** En général herbacées, fleurs régulières à 5 étamines, ovaire libre à 2 loges ; fruit : baie (pomme de terre) ou capsule (tabac).

AUTRES FAMILLES : **borraginacées :** fruits à 2 carpelles cloisonnés en 4 loges ayant chacune un ovule. Myosotis, bourrache, héliotrope. **Cucurbitacées :** melon, citrouille, potiron, concombre, courge.

Lamiacées. Tige quadrangulaire, fleurs à 2 lèvres et à 4 étamines, ovaire libre à 4 loges (ayant chacune un ovule) ; fruit : tétrakène. Thym, menthe, lavande, romarin, sauge.

AUTRES FAMILLES : **scrofulariacées.** Exemple : gueule-de-loup.

Composées (astéracées). Fleurs groupées en capitules, étamines soudées, ovaire infère à un ovule ; fruit : akène en général à aigrette. Pissenlit, laitue, chicorée. Bleuet, marguerite, pâquerette, dahlia, zinnia, chrysanthème, artichaut, topinambour, salsifis, tournesol.

AUTRES FAMILLES : **convolvulacées :** liseron. **Éricacées :** myrtille, callune, bruyères, rhododendrons, azalées. **Caprifoliacées :** sureau, yèble, obier, chèvrefeuille. **Valérianacées :** valériane, mâche, lilas d'Espagne. **Dipsacacées :** cardère, scabieuse. **Oléacées :** frêne, troène, lilas...

c) Apétales (pas de corolle distincte). **Amentifères.** Arbres à chatons. Chêne, hêtre, châtaignier, noisetier, charme, aulne, bouleau, peuplier, noyer.

Chénopodiacées. Betterave, épinard.

Urticacées. 4 étamines, 1 ovaire : 1 loge, une graine. Ortie, ramie.

AUTRES FAMILLES : **cannabinacées :** houblon, chanvre. **Ulmacées :** orme. **Polygonacées :** oseille, patience, sarrasin, renouée...

PROTECTION

■ **Généralités. Dans le monde :** *actuellement :* 40 000 à 60 000 plantes à fleurs (1 sur 4) sont menacées de disparition immédiate. *Causes :* déforestation (brûlis, exploitation des forêts...), développement industriel et touristique, urbanisation, introductions animales et végétales, agriculture industrielle, remembrement, carrières... *Sont protégés :* cactus, orchidées, certains acajous, certains cyclamens, un prunus d'Afrique *(Prunus africana).* **En France :** *métropolitaine :* 414 sur 4 800 sont protégées ; *Antilles :* 78 sur 1 700 ; *Réunion :* 61 sur 800. *Espèces disparues (métropole) :* 25 environ, dont 7 « endémiques strictes » (n'existaient nulle part ailleurs).

Sur 500 espèces endémiques recensées en région méditerranéenne française, 200 sont en situation vulnérable, une centaine en danger, 10 éteintes.

☞ *Banque de semences du millénaire,* annexe des Jardins botaniques royaux de Kew (Londres) : *créée* 1974 dans le château Tudor du domaine de Wakehurst ; rassemblera les graines des 1 400 espèces de plantes à fleur de G.-B. et celles de 10 % des plantes dans le monde (environ 24 000) d'ici à l'an 2010 (en 2000 : 5 000 variétés conservées). Les Jardins botaniques de France et des pays francophones projettent la création d'une banque de semences de la flore française.

■ **CBN (Conservatoires botaniques nationaux).** *Créés* en 1988 par le ministère de l'Environnement. Chacun anime un réseau de professionnels et amateurs. Le service du Patrimoine naturel (ex-secrétariat de la Faune et de la Flore), au Muséum national d'histoire naturelle, centralise leurs données.

Bagnères de Bigorre : Conservatoire botanique pyrénéen, Vallon de Salut (Htes-Pyr. ; ancien établissement thermal du XVIIIe s. avec parc thermal). *Créé :* 1999, *agréé* 2001. *Superficie :* 10 ha. *Alt. :* 600 m. Centre de documentation ; banque de données floristiques cartographiques sur 11 départements ; herbiers (Ramond de Carbonnières, Gaston-Sacaze, G. Bosc) ; banque de semences en cours de constitution ; serre, jardin conservatoire, jardin médicinal, potager et verger (en projet).

Bailleul : Centre régional de phytosociologie, hameau de Haendries (Nord). *Créé* 1970, *agréé* 1991. *Superficie :* 32 ha dont 1,5 ha de jardin conservatoire et un jardin de plantes médicinales (700 plantes) « Matthias de Lobel ». *Herbier :* 75 000 planches. *Bibliothèque botanique et phytosociologique de France :* l'une des plus importantes d'Europe, héritière de la bibliothèque de Braun-Blanquet et dépositaire de celle de la Société de Botanique de France. *Banque de données floristiques et phytosociologiques « Digitale » :* plus de 1 000 000 de données sur Haute-Normandie, Picardie, Nord/Pas-de-Calais. Banque de graines des plantes menacées du Nord-Ouest de la France.

Bassin parisien : Muséum national d'histoire naturelle, 61, rue Buffon, 75005 Paris. *Agréé* 10-6-1998. *Délégations :* Orléans (région Centre) Cherré (Sarthe). *Missions :* connaissance de la flore (base de données de 500 000 informations), recherche (biologie de la conservation de la flore) ; conservation des espèces les plus menacées ; diffusion des connaissances sur la flore française. *Personnel :* 20. *Budget :* 2 millions de F/an (hors salaires). *Espèces à gérer :* 2 650 dont 448 protégées.

Brest : 52, allée du Bot (Finistère). *Créé* 1975 (1er au monde), *officialisé* 1977, *agréé* 1990. *Superficie :* 22 ha dont étangs 2 ha, serres 1 300 m². *Espèces en culture :* 1 500 menacées dont 432 espèces rares de métropole et DOM-TOM.

Gap-Charance : domaine de Charance (ancienne résidence d'été des évêques), Gap (Htes-Alpes). CBN alpin. *Créé* 1991, *agréé* 1993. *Alt. :* 1 020 à 1 830 m. *Superficie :* 7 ha (domaine : 220 ha). Abrite notamment 100 variétés de cognassiers, 900 de poiriers, 350 taxons de rosiers botaniques et 145 d'aubépines, 800 de roses anciennes d'avant 1914, 500 de pommiers, quelques pruniers. *Banque de semences :* de 800 espèces. *Herbiers :* 100 000 planches, 5 000 espèces. *Banque de données floristiques alpines :* 1 600 000 données. *Cultures :* 200 espèces.

Mascarin : domaine des Colimaçons (ancien domaine agricole), St-Leu (la Réunion). *Créé* 1986, *agréé* 1993. *Alt. :* 500 m. *Superficie :* 12,5 ha (dont 7 aménagés). *6 collections :* « Réunion » (forêt disparue des bas de l'Ouest ; plus de 50 espèces indigènes), « plantes Lontan » (parcours historique), « verger créole » (plus de 50 espèces), succulentes, sciaphiles (plus de 20 espèces), palmiers (50 espèces). *Culture :* 161 espèces.

Massif central : Chavaniac-Lafayette (Hte-Loire). *Créé :* 1996, *agréé :* 1998. *Alt. :* 750 m. *Superficie :* 7 ha (dont 3 de culture et jardin). *Espèces répertoriées :* 3 000 dont 800 espèces rares, menacées ou protégées. *Base de données floristiques :* plus d'1 million de données sur l'ensemble du Massif Central. *Herbiers :* 1 500 espèces. *Banques de graines :* 200 espèces rares et menacées. *Collection* de Ribes (cassis, groseilles) et verger de variétés fruitières traditionnellement cultivées en Auvergne.

Méditerranée : Le Hameau, île de Porquerolles, Hyères (Var). *Créé* 1979, *agréé* 1990. *Superficie :* 180 ha. Inventaire de la flore, Corse comprise : 3 000 espèces de plantes sauvages (1/4 du patrimoine européen), collection variétales d'arbres fruitiers : figuiers, pêchers, mûriers, oliviers. Banque de semences.

Nancy : 100, rue du Jardin-Botanique, Villers-lès-Nancy (M.-et-M.). 1er jardin botanique *créé* 1758 par le duc Stanislas de Lorraine, nouveau site du Montet *créé* 1975, 27 ha, 2 500 m² de serres tropicales, 12 000 espèces en culture, CBN *créé* 1980, *agréé* 1990. *Banque de graines* pour plus de 40 % des plantes rares ou menacées du Nord-Est. *Herbier* du botaniste lorrain Dominique Alexandre Godron : 30 000 spécimens. *Annexe :* Jardin alpin du Haut-Chitelet, col de la Schlucht, Xonrupt-Longemer (Vosges). *Créé* 1966, 11 ha dont 1,5 ha de rocailles, plus de 2 500 espèces.

ADRESSES UTILES

■ **Société nationale d'horticulture de France.** 84, rue de Grenelle, 75007 Paris. **Origine :** *11-6-1827 :* Sté d'horticulture de Paris. Créée par la Sté royale et centrale d'agriculture. *1er Pt :* Vte Héricart de Thury (1776-1834) élu 6-7-1827. *1837 :* Sté royale d'horticulture de France. *1855 :* reconnue d'utilité publique. **18 sections spécialisées :** arbres et arbustes d'ornement, art floral, art des jardins, beaux-arts, bonsaïs, cactées et succulentes, camélias, dahlias, floriculture, fuchsias, géraniums, jardins d'agrément, jardins fruitiers, plantes d'intérieur, plantes

CALENDRIER DE BOTANIQUE

PLANTATIONS

Toute l'année. Arroser abondamment en période sèche. Si l'on ne plante pas immédiatement, mettre : arbres et arbustes à racines en jauge (racines jusqu'au collet en terre meuble ou sable frais) ; végétaux en mottes, pots ou paniers à l'abri du vent et du soleil protégés par une toile ou un plastique noir. En cas d'attente prolongée, déposer les plants en cave ou dans un local non chauffé où il ne gèle pas.

FLEURS

Légende : début du mois de floraison, nom des fleurs, couleur, date du semis *(s.)* ou de la plantation *(pl.)* ou de division *(div.)*, période de floraison en italique. Esp. : espèce.

Janvier. Crocus : bleu, jaune, violet, *pl.* sept.-oct., *hiver/printemps* (selon espèces). **Cyclamen coum :** rouge, pourpre, *s.* sept.-mars, *janv.-févr.* **Galanthus :** blanc, *pl.* sept.-nov., *janv./févr.-mars.* **Hellébore :** blanc, extérieur souvent pourpré, *pl.* mars ou mai, *janv.-mars.* **Iris unguicularis :** mauve, *division* août-sept., *janv.-mars.*

Février. Crocus, Galanthus (voir janv.). **Iris reticula :** violet foncé maculé de blanc, *pl.* automne, *févr.-mars.*

Mars. Arabette : blanc, parfois rose, *s.* mai, *mars-juin.* **Aubriète :** blanc, rose à rouge, bleu à violet-bleu, *s.* sous châssis au printemps *ou bouture* août, *mars-juin.* **Bergenia cordifolia :** rose violacé, *pl.* oct. ou mars, *div.* mai-juillet, *mars-avril.* **Chèvrefeuille** (Lonicera) : rouge, rose, jaune, blanc, etc., *pl.* avril-mai (persistant) ou sept.-mars (caduc), *printemps-été* (suivant espèces). **Chionodoxa :** bleu uniforme ou cœur blanc, *pl.* automne, *printemps.* **Chrysanthème :** nombreux coloris, *s.* avril, ou juin en pot, *selon espèces, toutes saisons sauf hiver.* **Cœur-de-Marie** (Dicentra) : rose, rose foncé, blanc, *s.* sept.-oct., *mars-juin.* **Drave :** jaune, *div. ou s.* mars-avril, *avril.* **Gazania :** jaune-orange, blanc, *pl.* mai-juin, *s.* févr.-mars, *mars-avril.* **Giroflée** (Matthiola) : blanc, écarlate, lavande, mauve, rose, **annuelle** *s.* mars-avril, *pl.* mai-juin, **bisannuelle et vivace** *s.* juillet-août, *pl.* sept.-oct., *mars-août* (suivant espèces). **Narcisse :** jaune et/ou blanc, *pl.* août-oct., *mars-avril.* **Nigelle :** bleu, blanc, *s.* mars-avril ou sept., *printemps-été.* **Pâquerette** (Bellis) : rose et blanc, *s.* mai-juin, *printemps-été.* **Tulipe :** nombreux coloris, *pl.* sept.-nov., *printemps.*

Avril. Alysse : blanc, jaune, parfois mauve, violet, *s.* avril-mai, *avril-août* (selon espèces). **Coucou** (Primula veris) : jaune, *s.* mars-avril, *avril-juin.* **Couronne impériale** (Fritillaria imperialis) : jaune, orange, rouge, *pl.* sept.-nov., *avril.* **Giroflée jaune** (Cheiranthus cheiri) : brun, jaune, orange, rouge, pourpre, *s.* mai-juin, *avril-juin.* **Œillet des fleuristes** (Dianthus caryophyllus) : blanc, jaune, pourpre, rose, rouge, *s.* déc.-janv., *l'année du semis.* **Pivoine** (Paeonia) : blanc-jaune, jaune, rose, rouge, *pl.* oct. ou mars, *avril-mai.*

Mai. Ancolie (Aquilegia) : bleu, *s.* juillet-août ou mai, *mai.* **Eremurus :** blanc ou jaune, rose ou pourpre, *s.* et *pl.* automne, *mai-juin.* **Iberis :** blanc, pourpre, violet, *s.* (annuelle et bisannuelle) ou *boutures* (vivace) mai-juin, *mai-sept.* (selon esp.). **Iris des marais** (Iris pseudocarpus) : jaune, centre parfois bordé de brun-pourpre, *div.* août-sept., *fin mai-juin.* **Julienne** (Hesperis) : blanc, jaune, lilas, violet, *mai-sept.* (selon esp.). **Lupin :** blanc, bleu, carmin, jaune, rose, rouge vif, bicolore, *pl.* oct. ou mars, *div.* mars-avril, *s.* avril-mai (transplantation difficile), *mai-juin.* **Lychnide :** blanc, orange, rouge, etc., *s.* mars-avril, *mai-août.* **Pavot de Californie** (Eschscholzia californica) : jaune, orange, *pl.* mars, *s.* sept., *mai-sept.* **Souci** (Calendula) : abricot, tous les jaunes, orange, *s.* mars-avril ou sept., *mai-oct.*

Juin. Achillée : blanc, jaune, pourpre, *pl.* mars ou oct., *s.* printemps, *div.* mars-avril, *juin-août* (selon esp.). **Aconit tue-loup** (Aconitum vulparia) : toxique (voir encadré p. 216) ; jaune, *s.* sept. à nov., *juin à août.* **Amarante queue-de-renard** (Amarantus caudatus) : blanchâtre, jaunâtre, rouge, verdâtre, *s.* mars-mai, *été.* **Balsamine des jardins** (Impatiens balsamina) : *s.* mars-avril, *pl.* mai-juin, *juin-sept.* **Camomille** (Anthemis) : blanc, jaune, *pl.* et *div.* sept. ou mars, *s.* mars-avril, *juin-août.* **Campanule :** blanc, bleu, *pl.* oct. ou mars, *s.* avril, *juin-août.* **Ceraiste :** blanc, *s.* mars-avril ou août-sept., *juin.* **Clarkia :** blanc, pourpre, rose, rouge, *s.* mars-avril, *juin-sept.* **Cléome :** blanc, jaune, rouge, *pl.* mai, *juin-sept.* **Digitale :** crème, jaune, rose, *pl.* oct. ou mars, *boutures* avril-mai, *s.* mars-avril, *juin-août.* **Fuchsia :** rose, rouge, violet, etc., *boutures* févr.-mars, *juin-oct.* **Gaillarde :** jaune, rouge, *pl.* mars-mai, *s.* mai-juin, *juin-oct.* **Gypsophile :** blanc, rose, rouge, *pl.* avril-mai, *s.* printemps ou août, *juin-août.* **Héliotrope :** bleu à violet, *s.* sept.-oct. ou févr.-mars (graines de plus de 3 ans), *pl.* mai, *juin-sept.* **Lis blanc** (Lilium candidum) : blanc, *pl.* août, *juin-juillet.* **Lobelia :** blanc, bleu, orange, rouge, etc., *s.* mars, *juin-oct.* **Mauve :** blanc, rose, *pl.* oct. ou mars, *juin-sept.* **Meconopsis :** bleu, jaune, rouge, *pl.* mars-avril, *juin-août* (selon esp.). **Mignonnette** (Reseda) : blanc, jaune, orange, rouge, *s.* mars-avril ou sept., *pl.* mai, *juin-oct.* **Millepertuis** (Hypericum) : jaune, *s.* août, *juin-sept.* **Muflier** (Antirrhinum) : nombreux coloris, *pl.* mars ou mai, *juin-oct.* **Pélargonium :** blanc, mauve, rose, rouge, *s.* juin-août, *boutures* nov.-févr., *avril-août* (selon esp.). **Pétunia :** blanc, bleu, écarlate, rose, saumon, violet, *pl.* mi-mai, *s.* févr.-avril, *juin-oct.* **Pied-d'alouette** (Delphinium) : blanc, bleu, jaune, pourpre, rose, rouge, *pl.* sept. ou mars, *boutures* avril-mai, *s.* mars-avril. **Pois de senteur** (Lathyrus odoratus) : nombreux coloris, *s.* oct.-févr., *pl.* avril-mai, *juin-août.* **Tabac** (Nicotinia) : blanc, crème, jaune, rouge, verdâtre, *s.* mars-avril ou sept., *printemps-été.* **Vergerette** (Erigeron) : bleu, lavande, rose, violet, *pl.* et *div.* oct. ou mars, *juin-août.*

Juillet. Chardon bleu ou **Panicaut** (Eryngium) : bleu, *s.* mars, *juillet-août.* **Chrysanthème** (voir Mars). **Glaïeul :** tous coloris, *pl.* mars-avr., *juillet-sept.* **Helipterum :** blanc, jaune, rose, *s.* avril, *juillet-sept.* **Ipomée :** blanc au rouge, bleu, rarement jaune, *s.* févr.-mars, *juillet-oct.* **Lavatère :** blanc, rose-mauve, *s.* août-sept., *juillet-sept.* **Mirabilis :** blanc, jaune, rose, rouge, violet, *pl.* fin mai, *juillet-août.* **Reine-marguerite** (Callistephus chinensis) : nombreux coloris, *s.* avril, juin en pot, *pl.* mars ou mai, *juin-oct.* **Rose trémière** (Alcea rosea) : blanc, jaune, rose, violet, *s.* été, *juillet-sept.* **Soleil** (Helianthus) : jaune, *pl.* mai-juin, *s.* avril, *juillet-sept.*

Août. Alstroemeria : blanc, jaune, orange, rouge, bicolore, *s.* ou *div.*, *été.* **Aster d'été :** bleu, violet, *s.* oct., *été.* **Bégonia** (tubéreux et bulbeux) : tous coloris, *boutures* janv.-févr., *été.* **Gentiane :** bleu, *s.* ou *div.* mars-avril, *août.* **Sauge** (Salvia azurea) : bleu, *s.* printemps, *août-sept.* **Tagète tachée** (Tagetes termifolia) : jaune, orange, *pl.* mi-mai, *août-1res gelées.*

Septembre. Aster d'automne : bleu, violet, *s.* oct., *automne.* **Cortaderia :** blanc, pourpre, rose, *div.* mars, *automne.* **Cyclamen :** *automne, hiver, printemps* (selon esp.). **Pélargonium :** blanc, mauve, rose, rouge, *s.* juin-août, *boutures* nov.-févr., *été et automne.* **Sauge** (Salvia aurea) : brun, jaune, mauve, verdâtre, *s.* printemps, *sept.-oct.*

Octobre. Chrysanthème (voir mars). **Gentiane sinoornata :** bleu pâle, *s.* ou *div.*, *sept.* **Nerine :** blanc-rose, rose, rouge, *div.* août, *oct.-déc.* **Schizostylis :** rose, *div.* mars-avril, *oct.-nov.*

Novembre. Chrysanthème, Cyclamen, etc. (début de floraison, voir ci-dessus).

Décembre. Crocus, Cyclamen coum (voir janvier). **Narcisse** (voir mars). **Primevère :** blanc, bleu, jaune, lilas, pourpre, rouge, *s.* mars-avril, *déc.-mai.*

LÉGUMES

Légende : mois de récolte (début), nom, sous châssis ou serre chaude *(ch.)*, en pépinière *(p.)*, en place *(pl.)*, repiquage *(r.)*.

Mars. Oignon blanc (à juin) : *p.* août-sept., *r.* oct.-nov.

Avril. Radis de tous les mois (à oct.) : *ch.* janv.-mars, *pl.* avril-sept. **Laitue d'été/automne** (à mai) : *p.* sept.-oct., *r.* oct.-nov. **Cerfeuil** (à oct.) : *ch.* févr. à mars, *p.* juillet, *pl.* avril à août. **Cresson** (à nov.) : *pl.* mars à oct.

Mai. Chou de printemps (à juillet) : *ch.* janv.-févr., *r.* mars-avril. **Mâche-Marjolaine** (à nov.) : *pl.* nov.-avril. **Navet de printemps** (à juin) : *pl.* mars-avril, *r.* éclaircir. **Pois** (à juin) : *pl.* févr.-avril. **Roquette** (à oct.) : *pl.* mars à août. **Sauge** (à juillet) : *p.* avril à mai, *r.* sept. **Basilic** (à oct.) : *ch.* mars à avril, *r.* mai.

Juin. Carotte (à oct.) : *pl.* mars à juillet, *r.* éclaircir. **Chicorée frisée** et **scarole** (à oct.) : *r.* juin à sept. **Chou d'été/automne** (à sept.) : *p.* mars-avril, *r.* avril-mai. **Fève** (à août) : *ch.* mars, *pl.* avril à juillet. **Persil** (à mars) : *pl.* févr.-août. **Sariette** (à sept.) : *pl.* mars à juin. **Tétragone** (à oct.) : *pl.* mars à mai. **Thym** (à juillet) : *ch.* févr.-mars, *p.* avril à juillet, *r.* sept. **Tomate** (à sept.) : *ch.* févr.-avril, *r.* mars à juin.

Juillet. Aubergine (à oct.) : *ch.* avril, *r.* avril-mai. **Betterave** (à oct.) : *pl.* mars à juin, *r.* éclaircir. **Chou-fleur** (à déc.) : *r.* avril à juillet. **Concombre cornichon** (à oct.) : *pl.* avril à juin. **Courgette** (à sept.) : *pl.* mai à juin. **Haricot** (à oct.) : *pl.* févr. à avril. **Laitue de printemps** (à oct.) : *pl.* mars, *r.* avril à juillet. **Melon** (à sept.) : *pl.* mai-juin. **Oignon jaune** et **rouge** (à sept.) : *pl.* févr. à avril, *r.* éclaircir. **Poirée** (à oct.) : *pl.* mars-juillet, *r.* éclaircir.

Août. Céleri (à nov.) : *ch.* févr. à avril, *p.* mai à juillet, *r.* avril à juin. **Piment** (à oct.) : *ch.* févr.-mars, *r.* avril à juin.

Septembre. Aneth : *pl.* avril. **Chou de Bruxelles** (à déc.) : *p.* mars à juin, *r.* avril à juillet. **Fenouil** (à nov.) : *ch.* déc., *pl.* févr.-mars. **Pissenlit** (à févr.) : *pl.* mars à juin, *r.* éclaircir. **Poireau** (à mars) : *p.* févr. à mai, *r.* mai à juillet. **Radis d'hiver** (à déc.) : *pl.* juin à août. **Scorsonère** (à janv.) : *pl.* mars à mai.

Octobre. Chou d'hiver (à févr.) : *p.* mai à juillet, *r.* juin à août. **Épinard** (à févr.) : *pl.* août-sept., juin-juillet, *r.* éclaircir. **Laitue d'hiver** (à mars) : *pl.* août, *r.* éclaircir. **Navet d'automne** (à déc.) : *pl.* juillet à sept., *r.* éclaircir.

Novembre. Chicorée de Bruxelles [endive] (à mars) : *pl.* mars à juin.

ARBUSTES ET ARBRES D'ORNEMENT

Légende : mois de floraison (début), nom des arbustes (– de 7 m de haut) ou des abres (+ de 7 m), hauteur (en mètres), couleur des fleurs.

Janvier. Camélia : 3-6 ; rose, blanc, rouge, panaché. **Chimonanthe :** 2 ; jaune. – **Mimosa :** 6-8 ; jaune clair.

Février. Cornouillier mâle : 2,5 ; jaune, blanc. **Mahonia du Japon :** 2,5 ; jaune citron. **Rhododendron :** 0,6 et plus ; rose, blanc, rouge, panaché. – **Peuplier tremble :** 20 ; brun-gris, jaune. **Pêcher à fleurs :** 5-10 ; rose. **Rhododendron :** 6-12 ; rose, rouge, blanc, panaché.

Mars. Cognassier du Japon : 0,9 ; rouge orangé. **Forsythia :** 2,5 ; jaune d'or. **Magnolia :** 5-20 ; blanc. –**Érable rouge :** 23.

Avril. Berberis : 2,5 ; jaune. **Genêt à balai :** jaune. **Spirée :** 1-2 ; blanc. – **Érable :** 10-20 ; jaune, verdâtre. **Merisier :** 10-13 ; blanc.

Mai. Oranger du Mexique : 1,5 ; blanc. **Cotonéaster :** 1,5-5 ; blanc, rosé. **Buisson ardent à feuilles crénelées :** 3 ; blanc. – **Marronnier rouge :** 4, 5-6 ; rose. **Arbre de Judée :** 4, 5-6 ; rose. **Paulownia :** 5-10 ; bleu lavande.

Juin. Arbre aux papillons : 3 ; jaune, orangé, lilas clair, rose. **Deutzia :** 1-2 ; blanc. **Seringat :** 2,5 ; blanc. – **Orme :** 24 ; blanc crème. **Robinier :** 6-25 ; blanc.

Juillet. Callune : < 0,6 ; blanc, rose, pourpre. **Fuchsia :** 1,2-1,8 ; rouge, rose, blanc. **Indigotier :** 1,75 ; pourpre. **Cléthra :** 2 ; blanc, rose pâle. **Hibiscus :** 2,5 ; blanc à pourpre. **Myrte :** 2,6 ; blanc. – **Catalpa commun :** 18 ; blanc. **Tulipier de Virginie :** 10-15 ; jaune-vert.

Août. – **Arbre de soie :** 6-10, rose. **Sophora du Japon :** 15-20 ; blanc crème, jaune. **Viorne odorante :** 5 ; blanc.

Septembre. Lespedeza : 2 ; rose, pourpre, blanc. **Leycesteria :** 1,8 ; rouge, blanc, jaune. – **Arbousier :** 10 ; blanc, rosé.

Octobre. Fatsia : 2,5 ; verdâtre. **Octobre-novembre.** – **Aulne :** 8-15 ; brun, jaune, orange.

Novembre. Jasmin d'hiver : 3 ; jaune. **Chèvrefeuille de Standish :** 2 ; crème.

Décembre. Hamamélis : 2,2 ; jaune, orange. **Chèvrefeuille odorant :** 2 ; crème. **Viornetin :** 2,5 ; blanc rosé.

☞ **Art topiaire :** art de tailler arbres et arbustes.

potagères, plantes vivaces, rhododendrons, roses (la plus ancienne : 1850). **Membres :** 6 000. **Sociétés adhérentes :** plus de 180 locales ou nationales. **Centre de documentation et d'information :** plus de 6 000 ouvrages, 500 collections de revues du XIXe s. et 120 périodiques reçus régulièrement, banque de données de 34 000 références bibliographiques, fonds de 50 000 poèmes sur la nature, les plantes et les jardins. **Revue :** « Jardins de France » (mensuel, 17 000 exemplaires). **Budget :** 6 à 8 millions de F/an. **Pt :** Michel Cointat (depuis 1979).

■ **Cours d'horticulture pour amateurs. École d'horticulture du Breuil,** bois de Vincennes, route de la Ferme, 75012 Paris. **École d'horticulture du jardin du Luxembourg,** 64, bd St-Michel, 75006 Paris. **SNHF. École nationale supérieure du paysage (ENSP),** 6 bis, rue Hardy, BP 914, 78009 Versailles Cedex.

■ **Organismes divers. Association française des amateurs de bonsaïs (Afab),** 8, rue Lakanal, 92330 Sceaux. **Association des parcs botaniques de France (APBF),** 15 bis, rue de Marignan, 75008 Paris. **Conservatoire national du chrysanthème,** mairie de St-Jean-de-Bray, 45800 St-Jean-de-Bray. **Ligue française du coin de terre et du foyer** (jardins familiaux), 11, rue Desprez, 75014 Paris. **Sté des amateurs de jardins alpins,** 43, rue Buffon, 75005 Paris. **Sté française des chrysanthémistes,** 53, rue Francis-de-Pressensé, 69100 Villeurbanne. **Sté française du dahlia (SFD),** 6, rue du Carpiquet, 50250 La Haye-du-Puits. **Sté française des iris et plantes bulbeuses,** 19, rue du Dr-Kurzenne, 78350 Jouy-en-Josas. **Sté française d'orchidophilie,** 17, quai de Seine, 75019 Paris. *Créée* en 1969, *agréée* 22-10-1985. **Sté française des roses** (*Revue :* « Les Amis des roses »), parc de la Tête-d'Or, 69459 Lyon Cedex 03.

1 2

Arbustes et arbres à feuilles caduques : 1. Spirée (1,5 à 2 m) ; 2. Symphorine (1,5 à 2 m).

■ Symboles et origines de quelques plantes

Symboles

Acacia : *affection pure, amour platonique.* **Achillée mille-feuille :** *guerre, mérite caché, guérison.* **Adonis :** *tendre douleur.* **Amarante :** *fidélité, constance.* **Amaryllis :** *fierté et inconstance.* **Ancolie :** *folie.* **Anémone :** *abandon ;* des prés : *maladie.* **Anis :** *promesse.* **Anthémis :** *présomption.* **Argentine :** *candeur, naïveté.* **Aristoloche :** *tyrannie.* **Arum gobe-mouches :** *piège.* **Asphodèle :** *amour perdu.* **Aster :** *amour confiant.* **Aubépine :** *espérance.* **Azalée :** *amour timide.* **Balsamine :** *ardeur, impatience.* **Basilic :** *haine.* **Bégonia :** *cordialité.* **Belle-de-jour :** *coquetterie.* **Belle-de-nuit :** *amour craintif.* **Bleuet :** *délicatesse.* **Boule-de-neige :** *amour froid.* **Bourrache :** *fermeté, énergie.* **Bouton d'or :** *moquerie.* **Bruyère :** *rêverie solitaire.* **Buglosse :** *mensonge.* **Buis :** *stoïcisme, fermeté.* **Camélia :** *constance.* **Camomille :** *énergie dans l'adversité.* **Campanule à feuilles rondes :** *soumission.* **Capucine :** *flamme d'amour.* **Célosie :** *fidélité et constance, immortalité.* **Centaurée :** *message d'amour, félicité.* **Chèvrefeuille :** *liens d'amour.* **Chiendent :** *persévérance.* **Chrysanthème :** *amour.* **Ciguë :** *perfidie, trahison.* **Clématite :** *attachement.* **Cobée :** *nœuds.* **Colchique :** *jalousie.* **Coquelicot :** *ardeur fragile.* **Corbeille-d'argent :** *indifférence.* **Corbeille-d'or :** *tranquillité.* **Coucou :** *retard.* **Crocus :** *joie, allégresse juvénile.* **Cyclamen :** *sentiments durables.* **Cyprès :** *deuil.* **Cytise :** *dissimulation.* **Dahlia :** *reconnaissance stérile, nouveauté.* **Delphinium :** *charité* ou *légèreté.* **Dentelaire de Chine :** *causticité.* **Digitale pourpre :** *travail et absence.* **Doronic du Caucase :** *grandeur.* **Églantine :** *bonheur fugitif.* **Épine noire :** *obstacles.* **Euphorbe :** *inquiétude.* **Fougère :** *sincérité.* **Fraisier :** *ivresse, délices.* **Fritillaire :** *arts ménagers, puissance.* **Fuchsia :** *gentillesse.* **Fumeterre :** *fiel, envie.* **Fusain :** *souvenir constant.* **Gardénia :** *sincérité.* **Genêt :** *préférence.* **Genévrier :** *asile secourable.* **Gentiane :** *mépris, dédain.* **Géranium :** *sentiments d'amour.* **Giroflée :** *fidélité dans le malheur ;* quarantaine : *élégance, compassion.* **Glaïeul :** *défi, indifférence.* **Glycine :** *tendresse.* **Grenadier :** *union de deux cœurs.* **Guimauve :** *bienfaisance.* **Hellébore :** *médisance.* **Hélénie :** *pleurs.* **Héliotrope :** *éternel amour, amour fou.* **Hortensia :** *froideur.* **Houblon :** *méchanceté.* **Houx :** *insensibilité.* **If :** *affliction.* **Immortelle :** *constance,* jaune : *souvenir.* **Impatience :** *impatience.* **Iris :** *message.* **Jacinthe :** *grâce et douceur, jeu.* **Jasmin :** *sympathie voluptueuse.* **Jonquille :** *désir.* **Joubarbe :** *esprit.* **Laurier (branche) :** *gloire, victoire ;* couronne : *récompense du mérite ;* laurier-sauce : *séduction, sincérité.* **Laurier-rose :** *séduction.* **Lavande :** *silence.* **Lierre :** *attachement, amitié solide.* **Lilas :** *amour naissant ;* blanc : *jeunesse.* **Lin :** *bienfait.* **Lis :** blanc : *majesté et pureté ;* rouge : *inquiétude.* **Liseron :** *faiblesse, humilité.* **Marguerite :** *grandeur et fidélité.* **Mauve :** *sincérité.* **Menthe :** *mémoire.* **Millefeuille :** *oubli, guérison.* **Millepertuis :** *retard.* **Mimosa :** *sécurité.* **Monnaie-du-pape :** *oubli.* **Morelle-cerisette :** *beauté sans bonté.* **Mouron :** *rendez-vous.* **Muflier :** *présomption.* **Muguet de mai :** *bonheur.* **Myosotis :** *« ne m'oubliez pas. »* **Myrte :** *amour.* **Narcisse :** *vanité, égoïsme.* **Nasturtium :** *patriotisme.* **Nénuphar :** *froideur ;* blanc : *éloquence.* **Nielle :** *sympathie.* **Noyer :** *ferveur.* **Œillet :** *amour sincère, caprice ;* blanc : *fidélité ;* de poète : *finesse ;* jaune : *dédain, exigence ;* des fleuristes : *amour sincère ;* mignardise : *enfantillage ;* musqué : *souvenir fugitif ;* panaché : *vertu inflexible ;* ponceau : *frayeur, effroi ;* rose : *amour vif et pur.* **Olivier** (branche) : *paix.* **Oranger :** *virginité, générosité.* **Orchidée :** *ferveur.* **Oreille-d'ours :** *amour du changement.* **Pâquerette :** *affection partagée.* **Pavot :** *oubli ;* blanc : *sommeil du cœur ;* coquelicot : *beauté éphémère.* **Pêcher :** *bonheur d'aimer.* **Pensée :** *souvenir d'amour, pensez à moi.* **Perce-neige :** *épreuve.* **Pervenche :** *amitié inébranlable, sûre, doux souvenir.* **Pétunia :** *obstacle.* **Phlox :** *unanimité.* **Pied-d'alouette :** *cœur ouvert.* **Pivoine :** *confusion.* **Pois de senteur vivace :** *délicatesse.* **Primevère :** *affection tendre et sincère, jeunesse.* **Reine-marguerite :** *variété.* **Renoncule :** *attraits et danger.* **Réséda :** *« vos qualités égalent vos charmes. »* **Rhododendron :** *élégance.* **Romarin :** *souvenir, « votre présence me rend à la vie ».* **Rose :** *amour et beauté ;* blanche : *silence ;* blanc et rouge : *beauté ardente ;* capucine : *éclat, caprice ;* cent-feuilles : *grâce, plaisir ;* des quatre saisons : *beauté toujours nouvelle ;* du Bengale : *complaisance, beauté étrangère ;* en bouton : *jeune fille ;* flétrie : *beauté flétrie ;* jaune : *infidélité ;* moussue : *extase voluptueuse ;* musquée : *beauté capricieuse ;* pompon : *gentillesse ;* simple : *simplicité.* **Rose trémière :** *fécondité.* **Sauge :** *considération, estime.* **Scabieuse :** *incertitude* ou *deuil, fleur des veuves.* **Sensitive :** *pudeur, sensibilité.* **Seringa :** *amour fraternel.* **Soleil vivace :** *fausse richesse.* **Souci :** *sourde inquiétude, jalousie.* **Sureau :** *prudence.* **Thym, serpolet :** *émotion profonde.* **Tilleul :** *amour conjugal.* **Trèfle :** *incertitude ;* à quatre feuilles : *promesse de renommée, richesse, amour et santé.* **Troène :** *défense.* **Tubéreuse :** *volupté.* **Tulipe :** *grandeur, magnificence ;* jaune : *amour désespéré ;* rouge : *déclaration d'amour.* **Valériane :** *facilité, aisance.* **Véronique :** *fidélité, aveu, offrande d'un cœur.* **Verveine :** *enchantement, vertu des épouses, sentiment pur.* **Violette** blanche : *modestie, candeur, innocence ;* double : *amitié réciproque ;* odorante : *modestie ;* en bouquet avec feuilles : *amour caché.* **Viorne :** *refroidissement, calomnie.* **Volubilis :** *attachement, dévouement.* **Zinnia :** *inconstance.*

D'où vient leur nom ?

Adansonia : baobab auquel le botaniste français Adanson (1727-1806), nommé botaniste du roi en 1771, avait consacré une monographie.

Bégonia : de Michel Bégon (1638-1710), gouverneur français de St-Domingue de 1682 à 1684. Nom donné par le père Charles Plumier (1646-1706), qui rapporta la fleur d'Amérique. Officialisé par Linné en 1753. **Belladone :** « Belle dame » (suc des baies utilisé comme fard pour « agrandir le regard »). *Atropa belladonna* en latin : Atropos, une des 3 déesses grecques du Destin, est celle de la Mort (des baies, vénéneuses, on extrait l'atropine qui dilate les pupilles et accélère le rythme cardiaque). **Bignonia :** de Jean-Paul Bignon (1662-1743), prédicateur puis bibliothécaire du roi en 1718, académicien. Donné par Joseph de Tournefort en 1694. Repris par Linné 1753. **Bougainvillée :** de Louis Antoine de Bougainville (1729-1811), diplomate, navigateur, auteur du *Voyage autour du monde* (1771), comte de l'Empire. Donné par Philibert Commerson (1727-73). Confirmé par Jussieu.

Camélia : dédié à Georg Joseph Kamel (1661-1706), jésuite morave, botaniste. Donné par Carl von Linné (1707-78). Lautour-Mézeray, surnommé « l'Homme au camélia », lança la mode du camélia à la boutonnière. **Cobéa :** de Barnabé Cobo (Lopéra, Espagne 1582), jésuite, missionnaire au Mexique et au Pérou. Donné par Cavanillès, directeur du Jardin royal de botanique de Madrid. **Colchique :** du pays de Médée, fille du roi de Colchide (légende de la Toison d'Or).

Dahlia : d'Andreas Dahl (Suède, 1751-89), élève de Linné. Donné par l'abbé Antonio José Cavanillès (Espagnol) à la plante reçue en 1789 du Mexique (où elle se nommait *Acotoli* ou *Chichipalti*). Même nom donné par Thunberg à une autre plante en 1792 (inapplicable selon la loi de priorité en nomenclature). **Davidia :** dédié au père Armand David (1826-1900), découvreur de plantes, Chine.

Eschscholtzia : dédiée à Johan Friedrich Eschscholtz (1783-1831), botaniste, voyageur et collecteur russe. **Euphorbe :** d'Euphorbus, médecin de Juba Ier, roi de Numidie (Ier siècle av. J.-C.).

Forsythia : de G. Forsyth (G.-B., 1737-1804), surintendant des jardins royaux. Donné par M. Vahl (1805). **Fuchsia :** de Leonard Fuchs (Allemagne, 1501-66), botaniste. Donné par Plumier en 1693. Repris par Linné en 1735 puis 1753.

Gardénia : d'Alexander Garden (Écosse, 1728-91), médecin, botaniste. Donné par J. Ellis (1761).

Hortensia : de *flos hortorum* (« fleur des jardins »). Donné par Philibert Commerson (1727-73), en hommage à Hortense de Nassau (?), qui l'appela d'abord *Lepautia caelestina*, en mémoire de Nicole Reine Lepaute, mathématicienne († 1788). Officialisé par Jussieu en 1789. Nom botanique : *Hydrangea* (du grec *hudor*, eau, et *aggeion*, vase), fruit en forme de coupe donné par Gronovius, repris par Linné 1737 et 1753.

Incarvillée : dédiée au père d'Incarville, jésuite du XVIIIe s. qui herborisa au Québec et en Chine.

Magnolia : de Pierre Magnol (Montpellier, 1638-1715), professeur de botanique. Donné par Plumier (1703), repris par Linné en 1735 et 1753.

Paulownia : d'Anna Pavlovna, fille du tsar Paul Ier de Russie ; donné par Sieber et Zuccarini en 1835. **Pétunia :** par allusion au *pétun,* terme indien (Brésil) pour le tabac.

Rafflesia arnoldii : découverte par sir Thomas Raffles (1781-1826), homme d'État et explorateur anglais, et Joseph Arnold, naturaliste et ancien chirurgien de la British Navy, le 20 mai 1818 à Sumatra (voir aussi encadré p. 218 c). **Robinier :** nom dédié à Jean (1550-1629) et Vespasien Robin († 1662), jardiniers du roi. Donné par Linné en 1735.

Zinnia : de Johann Gottfried Zinn (1727-59), botaniste allemand. Donné par Linné en 1759.

☞ Campagne nationale **« Fleurir la France ».** Lancée 1959 par Robert Buron (min. des Travaux publics, des Transports, chargé du Tourisme) dans le cadre des *1res Floralies internationales de Paris* (au Cnit à La Défense). *Communes participantes : 1959 :* 900 ; *1999 :* + de 11 000. 107 ont le panneau « Ville ou village fleuri à 4 fleurs » (correspondant à 4 étoiles).

Énigmes

La 1re énigme est évidemment celle de l'origine de l'Univers (voir p. 33). Nous donnons ci-dessous une liste non exhaustive et accueillerons avec intérêt les suggestions que feraient nos lecteurs.

■ Archéologie

Continent Mu. Les géologues qui admettent la théorie de la « dérive des continents » ont longtemps cru que l'Australie et l'Antarctide (ou Antarctique) étaient les deux seuls vestiges d'un continent très ancien, détaché par dérive de l'Afrique et de Madagascar. Ils pensent actuellement que ce bloc continental dérivé ne s'est pas brisé en 2 parties, mais en 3, dont l'une a occupé le Pacifique central et méridional actuel. Or, un colonel anglais, James Churchward, aurait découvert dans les archives d'un monastère tibétain le récit de la disparition (vers 12000 av. J.-C.) d'un continent pacifique, nommé continent *Mu.*

Feu grégeois. Utilisé à partir du VIIe s. par les Byzantins. La formule de sa composition était perdue après la conquête de Constantinople par les Turcs en 1453. A base de salpêtre et de matières bitumineuses, il brûlait même au contact de l'eau.

Miroirs d'Archimède. Selon les historiens antiques, Archimède aurait incendié à distance les navires romains qui assiégeaient Syracuse (214 av. J.-C.) en concentrant les rayons solaires avec des « miroirs ardents ». Les hommes de science (Descartes 1630) se sont montrés incrédules (il aurait fallu un miroir parabolique de dimensions exceptionnelles). Cependant, en 1973, l'ingénieur grec Sakkas incendia un modèle réduit de galère, à 50 m, en utilisant 70 « boucliers-miroirs ».

Pierres d'Ica (Pérou). Le Dr Javier Cabrera, demeurant à Ica, a recueilli dans les environs, notamment à Ocucaje, 11 000 pierres gravées. Scènes, souvent à plusieurs personnages, dans lesquelles on peut reconnaître la pratique de techniques modernes (chirurgie, astronomie, entomologie) et également une chasse au dinosaure (animal remontant à 140 M.a.). Selon le Dr Cabrera, ces pierres constitueraient une bibliothèque conservant les connaissances scientifiques de l'humanité depuis une époque infiniment lointaine.

☞ Voir à l'Index : **Antikythera. Atlantide. Blancs** d'Amérique. **Crâne** de Lubaatun (Belize). **Glozel. Légendes** bibliques. **Mammouths** des grottes de Rouffignac. **Pile** électrique de Ctésiphon (Iraq). **Pistes et dessins** de Nazca (Pérou). **Secrets** des Égyptiens. **Statues** de l'île de Pâques. **Zimbabwe.**

■ Alchimie

Nicolas Flamel. Au XIVe s. à Paris, l'écrivain-juré et alchimiste Nicolas Flamel réalisa par des moyens inexpliqués une fortune considérable. L'étendue de ses libéralités (il dota 14 églises et hôpitaux, dont les Quinze-Vingts, et entretenait tous les pauvres de son quartier) fit croire qu'il avait trouvé le secret de la transmutation des métaux *(pierre philosophale).*

■ Assassinat

Paul-Louis Courier (10-4-1825). Retrouvé dans ses bois, tué d'un coup de feu, on crut d'abord à un assassinat politique (Courier était un pamphlétaire). Cependant, 2 valets de ferme, les Dubois (dont l'un était l'amant de Mme Courier) et le garde Frémont furent arrêtés, puis acquittés. A la suite d'un témoignage accablant, il y eut un nouveau procès. Les coupables survivants furent acquittés.

☞ Voir **Henri IV** à l'Index et également dans la table des matières le chapitre **Attentats.**

■ Bilocations

Cas fameux. *St-Philippe de Liguori* (1774) : vu à la fois à son monastère d'Arienzo et à Rome. *Carl Strindberg,* écrivain suédois (1897) : vu en Scandinavie, alors qu'une maladie le retenait à Paris. *Padre Pio* († 1968) dont les phénomènes de bilocation ont été constatés par des journalistes.

Depuis 1971, les phénomènes de bilocation sont appelés, aux USA, OOBE (Out of Body Experience : c'est-à-dire expériences de projections hors du corps). Ils sont étudiés au laboratoire de psychologie de l'université de Californie.

■ Bruits et explosions

Explosion au-dessus du Pacifique (9-4-1984). Un gigantesque nuage en forme de champignon (largeur : 320 km, hauteur : 18 000 m) apparut à 300 km du Japon et 400 km des îles Kouriles. **Hypothèse :** explosion nucléaire d'un sous-marin soviétique justifiée par la vitesse d'ascension du nuage (7 km/min, un cumulo-nimbus ne dépassant pas 2,4 km/min) mais ni ondes sous-marines, ni radioactivité ne furent détectées.

☞ Suite p. 270.

LES SCIENCES

MATHÉMATIQUES

☞ Pour découvrir la sélection **Quid** des meilleurs sites Internet sur les mathématiques, rendez-vous sur **www.quid.fr**

HISTOIRE DES MATHÉMATIQUES

■ **Science des nombres (arithmétique).** **Avant J.-C. Vers 3000** arithmétique chaldéenne ; arithmétique commerciale sumérienne. **2200-1350** tablettes de Nippur (Babylone) : utilisent la base 60 [encore utilisée de nos jours dans le calcul du temps (60 secondes, 60 minutes) et dans la mesure des angles (1 cercle = 6 × 60⁰)]. **1650** papyrus Rhind en Égypte : utilise la numération de base 10 (décimale). Connaît les signes + (2 jambes marchant vers la gauche) et – (2 jambes marchant vers la droite). **1102** traité d'arithmétique chinois, le *Chou-Pei* : les calculs se font avec le boulier (connu en Inde, au Moyen-Orient, en Égypte ; introduit dans le monde gréco-romain sous le nom d'*abacus*). **VIe s.** Pythagore (Grec, vers 570-vers 480) crée l'arithmétique moderne. Numération décimale [les chiffres sont les 10 premières lettres de l'alphabet (ils seront supplantés par les chiffres romains) ; les calculs se font ordinairement avec des tables à calculer, appelées plus tard *échiquiers* car elles contiennent des cases rangées 10 par 10 : il y a la rangée des unités, des dizaines, des centaines, etc. ; les chiffres sont représentés par des cailloux placés sur les cases, d'où le mot de *calcul* (du latin *calculus*, petit caillou)]. La *table de multiplication* ou « *table de Pythagore* », qui donnait par écrit les multiples des premiers nombres en utilisant les notations grecques (lettres de l'alphabet), a été conservée avec des chiffres romains. Démontre un théorème établissant une relation entre les longueurs des côtés des triangles rectangles. **Après J.-C. IVe s.** 1er traité occidental complet d'arithmétique : *Arithmetica*, de Diophante d'Alexandrie. **610** traité de l'Indien Aryabhata : extraction des racines carrées et cubiques ; règle de trois : utilise 9 chiffres, le zéro figure par un point. **Vers 900** les Arabes utilisent le système indien et remplacent le point du *zéro* par un petit cercle. **980** Gerbert d'Aurillac (Fr., 940-1003) va à Cordoue, s'initie aux chiffres arabes ; devenu le pape Silvestre II en 999, il favorise leur essor et réintroduit en Occident l'*abacus* gréco-romain, utilisé par les Arabes (les mathématiciens sont nommés abacistes). Mais l'usage de la table à calculer reste prédominant, et le calcul écrit est ignoré. **1202** Léonard de Pise (Leonardo Fibonacci, 1175-1240) répand les méthodes de calcul arabe en Occident *(Traité de l'abacus)* ; adopte les chiffres arabes et le zéro [rien (*sunya* en sanscrit, *sifr* en arabe, traduit en *zephirium* par Fibonacci, fixé en *zéro* en 1491)] ; crée la « suite de Fibonacci » : 0, 1, 1, 2, 3, 5, 8, 13, 21, 34, etc. (chaque nombre étant la somme des 2 précédents). **1545** *Ars Magna* de Jérôme Cardan (Gerolamo Cardano, It., 1501-76) : résolution des équations du 3e degré. **1550** manuel d'arithmétique d'Adam Riese (All., 1492-1559) : contribue à l'abandon de la table à calculer, du boulier, des chiffres romains, et à l'adoption en Occident du calcul écrit. **1579** *Canon mathematicus* de François Viète (Fr., 1540-1603). **1585** dans *De Thiende* [La Disme (ou le Dixième)] Simon de Bruges (Simon Stevin, 1548-1620) présente les fractions décimales et leurs applications courantes connues par les Arabes depuis Al Uqlidisi (952) et en Occident par Emmanuel Bonfils de Tarascon (1350), Regiomontanus (1463), Christoph Rudolff (1525), Elie Mizrachi (1535) et François Viète (1579).

■ **Géométrie.** **Avant J.-C. VIe s.** *Thalès de Milet* (Grec, 625-550) inscrit un triangle dans un cercle, trouve la hauteur d'un objet d'après la longueur de son ombre, démontre l'égalité des angles opposés par le sommet et énonce un théorème : « Des parallèles projettent d'une droite sur une autre des longueurs proportionnelles. » **IVe s.** *Euclide* (Grec, 450-380) expose son « postulat » dans son traité, *Les Éléments* : d'un point extérieur à une droite, on ne peut mener qu'une parallèle à cette droite. **IIIe s.** *Archimède* (Grec, 287-212), dans son traité *Mesure du cercle*, donne la valeur de π (pi) [traité perdu, mais connu indirectement par le mathématicien arabe Al Biruni (973-1048)]. **IIe s.** *Hipparque de Nicée* dit le Rhodien (Grec, 180-135 av. J.-C.) divise le cercle en 360 degrés, selon les normes babyloniennes (voir col. a). **Après J.-C. 1637** *René Descartes* (Fr., 1596-1650) pose les fondements de la géométrie analytique (utilisant le calcul algébrique). **1639** *Traité des coniques* de *Blaise Pascal* (Fr., 1623-62) ; à 16 ans, il retrouve les lois d'*Apollonios de Perga* (Grec, 262-180 av. J.-C.). **1768** *Jean-Henri Lambert* (Fr., 1728-77) crée la *géométrie non euclidienne*. Autres théoriciens : *Janos Bolyai* (Hongrois, 1802-60), *Nikolaï Lobatchevski* [(Russe, 1792-1856) géométrie hyperbolique (1830) : la surface du plan est comparable en chacun de ses points à une selle de cheval] ; *Bernhard Riemann* (All., 1826-66) développe les travaux de *Carl Friedrich Gauss* (All., 1777-1855). Création d'une géométrie elliptique (le plan est défini comme la surface d'une sphère de rayon infini). **1798** *Caspar Wessel* (Danois) lance la notion de vecteur. **1872** programme d'Erlangen de *Felix Klein* (All., 1849-1925) définit la géométrie comme l'étude de groupes de transformateurs qu'il intègre dans une théorie algébrique. **1946** *Hermann Weyl* (All., 1885-1955) qualifie de géométrie symplectique (du grec : qui entrelace), la géométrie traitant essentiellement d'objets mathématiques issus de la mécanique [remonte aux travaux de Joseph-Louis Lagrange (Fr., 1736-1813)]. **1965** *Benoît Mandelbrot* (Fr. d'origine polonaise, né 1924) étudie les *objets fractals* (du latin *frangere*, briser et *fractus*, irrégulier, morcelé) qui sont à l'origine d'une nouvelle géométrie décrivant la nature mieux que ne le faisait la géométrie traditionnelle.

■ **Théorème de Fermat.** Formulé par Pierre de Fermat (1601-65), magistrat de Toulouse et de Castres qui développa la géométrie analytique liant équations et courbes : « Pour tout *n* supérieur ou égal à 3 il n'existe pas d'entiers *x*, *y*, ou *z* non nuls tels que $x^n + y^n = z^n$ ». Faute de le démontrer, les mathématiciens se sont contentés de le vérifier pour des valeurs données de *n*. Des ordinateurs permettent une vérification jusqu'à des exposants atteignant 4 000 000. A la fin des années 1980, le Japonais Yoichi Miyaokaune propose une démonstration qui se révèle fausse, en décembre 1993 il la reconnaît incomplète et en fournit une autre en octobre 1994. Le 23-6-1993 à Cambridge, l'Anglais Andrew Wiles (né 1931) fait une démonstration (1 000 pages), mais incomplète, puis une seconde en 1995 lui vaut le prix Fermat de recherche en mathématique.

■ **Algèbre.** De l'arabe *al djabr* : réduction, par le latin médiéval *algebra*. **Av. J.-C. IIe millénaire** les Babyloniens (tablettes de Nippur) connaissent l'équation du 1er degré à plusieurs inconnues. **Vers 1700** Papyrus de Rhind (Égypte) : équations du 1er et 2e degré résolues. **Apr. J.-C. IVe s.** *Diophante d'Alexandrie* adopte les termes de *x* et *y* pour les inconnues des équations. **825** *Mohamed al Kharezmi* (Arabe, vers 780-850) invente l'élimination des termes égaux de chaque côté du signe =, et le transfert des termes avec changement de signe ; son nom latinisé a donné algorithme. **XVIe s.** Équations du 3e et 4e degré : les Italiens *Scipione del Ferro*, *Niccolo Fontana* dit Tartaglia (vers 1500-57) et *Jérôme Cardan*. **1572** Raffaele Bombelli (It., 1526-73) invente les *nombres complexes*. **1591** traité de François Viète (Fr., 1540-1603) : *Isagoge in artem analyticum* : Introduction à l'analyse, fondant l'algèbre moderne ; les inconnues sont désignées par des consonnes et les données par des voyelles. **1637** Descartes, dans une annexe au *Discours de la Méthode*, distingue la géométrie de l'algèbre et crée le système de notations algébriques encore utilisé. **1656** John Wallis publie des études sur la géométrie infinitésimale et les nombres complexes. L'algèbre se divise alors en de nombreuses branches :

Calcul des probabilités : précurseurs : Luca Pacioli (It., 1445-1510), Jérôme Cardan (voir col. a). Créateurs : Blaise Pascal (Fr., 1623-62), Georges de Méré (Fr., 1610-85), Pierre de Fermat (voir encadré col. a). 1er traité complet : *De ratiociniis in ludo aleae* (« Spéculations sur le jeu de dés », 1656) de Christiaan Huygens (Holl., 1629-95). *Fondateurs des probabilités modernes* : Tchebytchev (1821-94), Markov (1856-1922), Émile Borel (1871-1956), Kolmogorov (1903- ?).

Calcul infinitésimal : Pierre de Fermat en 1636 puis théoriciens : Gottfried Wilhelm Leibniz [(All., 1646-1716) nouvelle méthode pour déterminer les maximums et les minimums (1684)] ; Isaac Newton [(Angl., 1642-1727) méthode des fluxions et des séries infinies (1671)].

Algèbre logique ou « algèbre de Boole » : créée en 1846 par George Boole (Angl., 1815-64).

1826 *Niels Henrik Abel* (Norvégien, 1802-29) prouve que l'équation du 5e degré ne peut être résolue.

■ **Trigonométrie.** PRÉCURSEURS : *Aristarque de Samos* (Grec, 300-230 av. J.-C.) et *Hipparque de Nicée* (voir ci-dessus). *Claude Ptolémée* (Grec, 80-160) rédige l'*Almageste*. *Mohamed al Kharezmi* (voir ci-dessus) établit les 1res tables de sinus. *Habasih* (Arabe) celle des tangentes. *Al Battani* (Arabe, 858-922) conçoit la trigonométrie sphérique appliquant la trigonométrie classique à l'espace à 3 dimensions. **1770** 1er exposé complet par Jean-Henri Lambert (Français, 1728-77), devant l'Académie de Berlin : *Trigonométrie hyperbolique*.

■ **Logarithmes.** **IIIe s. av. J.-C.** Archimède (voir col. a) dans l'*Arenaria* (« études sur les grains de sable »), calculant le nombre de grains de sable nécessaire pour remplir l'univers, donne un nombre équivalent à 10 puissance 51 : il est près de concevoir les logarithmes modernes. **XVe s.** Nicolas Chuquet (Fr., 1445-1500) définit les progressions géométriques et arithmétiques ; il invente les exposants négatifs. **1614** John Napier ou Neper (Écossais, 1550-1617) invente le mot et le concept de logarithme dans sa *Description de la stupéfiante règle des logarithmes*. Son système permet de remplacer les multiplications par des additions et les divisions par des soustractions (en utilisant des nombres plus petits). **1617** Henry Briggs (Angl., 1561-1631) invente les logarithmes de base 10 (appelés décimaux ou vulgaires). **1624** il donne les tables logarithmiques de 1 à 20 000 et de 90 000 à 101 000 avec 14 décimales [1res tables logarithmiques (très sommaires) par Jobst Bürgi (Suisse, 1552-1632), en 1620].

■ **Fonctions.** **XVIIe s.** *Gottfried Wilhelm Leibniz* (voir col. b) remarque que certaines variables comme la distance et le temps peuvent être liées et exprimées l'une en fonction de l'autre. **XVIIIe s.** *Jean Bernoulli* (Fr., 1667-1748) fait connaître les méthodes de calcul de Leibniz et les introduit en France en 1691-99. *Leonhard Euler* (Suisse, 1707-83) développe ces travaux, donne la 1re théorie générale du calcul de variation, reprécise la notion de fonction et rassemble les résultats dans ses *Institutiones calculi differentialis* (1755) et *Institutiones calculi integralis* (1768-70). **1851** *Bernhard Riemann* (voir col. b) pose les bases de la topologie et élabore la théorie du calcul de « fluctions ». **1858 calcul matriciel** : *Arthur Cayley* (Anglais, 1821-95). **Structure de groupe :** *Augustin Cauchy* (Fr., 1789-1857) étudie les groupes de permutations de racines d'équations algébriques. *Évariste Galois* (Fr., 26-10-1811/30-5-1832). **1870-80** *Sophus Lie* (Norvégien, 1842-99) élabore la théorie des groupes continus de transformations ou « groupes de Lie ». **1879** Gottlob Frege (All., 1848-1925) poursuit dans cette voie. **1903** Bertrand Russel (Anglais, 1872-1970) révèlera ses travaux.

■ **Mathématiques modernes.** Précurseurs : Évariste Galois rédigea sa *Lettre à Auguste Chevalier* résumant sa théorie des équations, la nuit précédant le duel où il fut tué ; Carl Friedrich Gauss (voir col. b) ; Georg Cantor (All., 1845-1918) : *Théorie des ensembles* (1872-79) ; Niels Abel (Norv., 1802-1829) : *Théorie des fonctions elliptiques*.

XIXe s.-XXe s. Topologie : partie des mathématiques qui étudie les notions, *a priori* intuitives, de *continuité* et de *limite*. *David Hilbert* (All., 1862-1943) introduit les « voisinages ». *Maurice Fréchet* (Fr., 1878-1973) définit la notion de « métrique ». *Frédéric Riesz* (Hongrois, 1880-1956) la notion de « topologie ». *Henri Cartan* (Fr., né 1904) définit les « filtres ». **Théorie de la mesure :** *Henri Lebesgue* (Fr., 1875-1941) accepte l'existence paradoxale d'ensembles contenant une infinité de points et ayant pourtant une mesure nulle. **Analyse non standard :** inventée par Abraham Robinson (Amér., 1918-74) après 1960.

☞ **Statistique :** mot créé en 1746 par *Gottfried Achenwall* (économiste all., 1719-72). *Adolphe Quetelet* (Belg., 1796-1874) conçut en 1853 que la statistique était fondée sur le calcul des probabilités.

ARITHMÉTIQUE

NUMÉRATION

On peut utiliser, comme base de numération, tout nombre entier à partir de 2. **Base dix** (numération décimale). Permet de représenter n'importe quel nombre au moyen de 10 symboles appelés chiffres. Ce nombre de 10 symboles a été choisi probablement parce que l'homme a compté très tôt sur ses 10 doigts. L'Italien Magini répand l'usage du **point** entre unités et dixièmes (système utilisé par les Anglo-Saxons) ; les Hollandais Willebrord et Snel Van Royen dit Snellius (1580-1626) et l'Écossais John Napier (voir ci-dessus) emploient la **virgule.**
Exemple : $7\,524 = 4.10^0 + 2.10^1 + 5.10^2 + 7.10^3$ (la puissance d'exposant zéro d'un entier non nul étant égale à 1).

Base deux. On utilise 2 symboles : 0 et 1.
Exemple : $(1011011)_{deux}$ correspond à

$$1 \times 2^0 + 1 \times 2^1 + 0 \times 2^2 + 1 \times 2^3 + 1 \times 2^4 + 0 \times 2^5 + 1 \times 2^6 = 1 + 2 + 0 + 8 + 16 + 0 + 64$$
$$= 91 \text{ du système décimal.}$$

Le système binaire, utilisant seulement 2 symboles pour représenter tout nombre entier, est très utilisé dans l'industrie (électronique). En effet, 2 chiffres sont facilement représentables et détectables par 2 niveaux d'une même grandeur physique.

SYMBOLES

+	plus
–	moins
× ou .	multiplié par
:	divisé par
$\lvert a \rvert$	valeur absolue de a
$\lVert \vec{u} \rVert$	norme du vecteur $\vec{u}$
$\sqrt[2]{\ }$ ou $\sqrt{\ }$	racine carrée
$\sqrt[3]{\ }$	racine cubique
$\sqrt[n]{a}$	racine $n^{ième}$ de a
=	égal à
≡	identique à ou congru à
≠	différent de
≃	à peu près égal à
<	strictement inférieur à
⩽	inférieur ou égal à
>	strictement supérieur à
⩾	supérieur ou égal à
∀	quel que soit
∃	il existe
→	tend vers
↗	croissant
↘	décroissant
+ ∞	plus l'infini
– ∞	moins l'infini
!	factorielle
Σ	sigma de (somme de)
π	pi
∈	appartient à
∉	n'appartient pas à
⊂	inclus dans
⊄	non inclus dans
∪	union
∩	intersection
$\complement_E A$	complémentaire de A dans E
∅	ensemble vide
ℕ	ensemble des entiers naturels
ℕ*	ℕ - {0}
ℤ	ensemble des entiers relatifs
ℤ*	ℤ - {0}
ℚ	ensemble des nombres rationnels
$\mathbb{Q}_+$	ensemble des nombres rationnels positifs ou nuls
$\mathbb{Q}_+^*$	ensemble des nombres rationnels strictement positifs
ℝ	ensemble des nombres réels
ℝ*	ℝ - {0})
ℂ	ensemble des nombres complexes
⟹	implique ou entraîne
⟺	équivalent à
⊥	perpendiculaire à
//	parallèle à

■ **Dates d'adoption des symboles.** + et – : arithmétique de Jean Widmann d'Eger (All.) 1489, *Arithmetica integra* de Michael Stifel 1544. **X** : William Oughtred (Angl.) 1637. √ : Christoff Rudoff (All.) 1526. < et > : Thomas Harriot (Angl.) 1631. **Chiffres mis en exposant** pour désigner la puissance : René Descartes (Fr.) 1637 ; **exposants négatifs** : John Wallis (Angl.) 1656. ∈, ∩ : Giuseppe Peano (It., 1858-1932) 1895. ⊂ : Schröder (All.) 1877.

■ **Nombres premiers.** Dans l'ensemble des entiers naturels non nuls, un nombre est dit premier si, et seulement si, il n'est divisible que par lui-même ou par l'unité. Euclide (IIIe s. avant J.-C.) démontra que leur ensemble est infini. Ératosthène (vers 284-vers 192) mit au point une méthode pour leur recherche systématique.

Des nombres sont premiers entre eux s'ils admettent pour seul commun diviseur 1. Exemples : 12 (diviseurs 1, 2, 3, 4, 6, 12) et 35 (diviseurs 1, 5, 7, 35).

Nombres premiers de 1 à 1 000

2	97	227	367	509	661	829
3	101	229	373	521	673	839
5	103	233	379	523	677	853
7	107	239	383	541	683	857
11	109	241	389	547	691	859
13	113	251	397	557	701	863
17	127	257	401	563	709	877
19	131	263	409	569	719	881
23	137	269	419	571	727	883
29	139	271	421	577	733	887
31	149	277	431	587	739	907
37	151	281	433	593	743	911
41	157	283	439	599	751	919
43	163	293	443	601	757	929
47	167	307	449	607	761	937
53	173	311	457	613	769	941
59	179	313	461	617	773	947
61	181	317	463	619	787	953
67	191	331	467	631	797	967
71	193	337	479	641	809	971
73	197	347	487	643	811	977
79	199	349	491	647	821	983
83	211	353	499	653	823	991
89	223	359	503	659	827	997

Classe (ou nombres) de Mersenne : Marin Mersenne (Fr., 1588-1648) avait imaginé de retrancher 1 unité aux nombres pairs pour rechercher des nombres premiers, sous la forme $p = 2^n - 1$, quand n est lui-même premier. En 1876, Edouard Lucas (Fr., 1842-91) mit au point une étude rapide pour les grands nombres. Entre 1876 et 1950, le plus grand nombre premier connu était un nombre de 39 chiffres, $2^{127} - 1$. En 1963, nombre premier établi pour $n = 11\,213$, en 1971 pour $n = 44\,497$, en 1983 pour $n = 85\,243$, en 1986 pour $n = 216\,091$, en 1993 pour $n = 859\,433$, en 1996 pour $n = 1\,398\,269$ (35e nombre de Mersenne, comprenant 420 921 chiffres, découvert par Joël Armangaud, Fr.) et en 1997 pour $n = 2\,976\,221$ (36e nombre découvert par Gordon Spence).

☞ *En 1772,* Leonhard Euler propose le polynôme du second degré $x^2 + x + 41$ qui donne 40 nombres premiers pour 40 valeurs consécutives de x, de 0 à 39. Le record d'Euler a été battu en *1988* (Fung : 43 sur 43) ; *1989* (Ruby : 45 sur 45) ; *2000* (François Dress et Bernard Landreau : 46 sur 46) avec les polynômes $66x^3 + 83x^2 - 13\,735x + 30\,139$ et $16x^4 + 28x^3 - 1\,685x^2 - 23\,807x + 110\,647$.

■ **Nombre parfait.** Nombre entier égal à la somme de tous ses diviseurs autres que lui-même.

Exemple : 28 = 1 + 2 + 4 + 7 + 14.

Le plus petit est 6 : 1 + 2 + 3.

Le plus grand connu est $2^{216091} \times (2^{216090} - 1)$

On peut aussi citer le polynôme remarquable $x^2 + x - 1\,354\,363$ qui donne un record de 698 nombres premiers pour 1 000 valeurs consécutives de x (François Dress et Michel Olivier, 1997).

■ **Entiers relatifs.** Ensemble : entiers positifs et négatifs.

■ **Nombre rationnel.** Peut être représenté par une fraction $\frac{a}{b}$ où a et b sont des entiers relatifs ($b = 0$).

■ **Nombre transcendant.** Nombre qui n'est solution d'aucune équation algébrique à coefficients rationnels (mise en évidence en 1882 par Linderman de la transcendance de π).

■ **Nombres complexes.** Une fois introduit le nombre i tel que $i^2 = -1$, un nombre complexe est de la forme $a + bi$ (notation introduite par d'Alembert en 1746).

■ **Nombres irrationnels.** Mis en évidence par Aristote (IVe s. avant J.-C.) en démontrant l'impossibilité pour racine de 2 de s'écrire sous forme de fraction.

CALCULS NUMÉRIQUES

ÉQUATIONS

■ **Équation algébrique à 1 inconnue.** Égalité *conditionnelle* entre 2 expressions algébriques contenant une variable inconnue. On appelle *solution* ou *racine* de l'équation toute valeur de l'inconnue pour laquelle l'égalité conditionnelle est vérifiée. *Résoudre* une équation, c'est déterminer l'ensemble de ses solutions.

■ **Équation du 1er degré à 1 inconnue.** $ax + b = 0$.

Si $a \neq 0$, une solution unique, le réel $-\frac{b}{a}$.

Exemple : l'équation : $3x - 6 = 0$ a une solution unique égale à 2.

■ **Équation du 2e degré à 1 inconnue.** $ax^2 + bx + c = 0$.

Le réel Δ *(delta)* $= b^2 - 4ac$ est appelé *discriminant*. 3 cas possibles :

1er cas : Δ est négatif (Δ < 0). Il n'y a pas de racine : aucune valeur réelle de x ne satisfait l'équation.

2e cas : Δ est nul (Δ = 0). Il y a une seule solution, appelée *solution double*, le réel $-\frac{b}{2a}$.

3e cas : Δ est positif (Δ > 0). Il y a deux solutions distinctes :

$$x' = \frac{-b - \sqrt{b^2 - 4ac}}{2a} \quad \text{et } x'' = \frac{-b + \sqrt{b^2 - 4ac}}{2a}.$$

Exemple : $x^2 - 3x + 2 = 0$

$\Delta = 9 - 4 \times 2 = 9 - 8 = 1$

$$x' = \frac{+3 - \sqrt{1}}{2} = 1 \quad \text{et} \quad x'' = \frac{+3 + \sqrt{1}}{2} = 2.$$

Somme et produit des racines de l'équation : si elles existent, les racines ont pour somme :

$$S = -\frac{b}{a} \quad \text{et pour produit } P = \frac{c}{a}.$$

Réciproquement, si 2 nombres ont pour somme S et pour produit P, ils sont solutions de l'équation $x^2 - Sx + P = 0$.

Soit le système $y + z = 5$ et $y \times z = 6$, y et z sont solutions de l'équation : $x^2 - 5x + 6 = 0$.

$\Delta = 25 - 24 = 1$,

$$x' = \frac{5 - \sqrt{1}}{2} = 2, \quad x'' = \frac{5 + \sqrt{1}}{2} = 3.$$

On a $y = 2$, $z = 3$ (ou $z = 2$, $y = 3$).

■ **Système de 2 équations du 1er degré à 2 inconnues.**

$$\begin{cases} ax + by = c \\ a'x + b'y = c' \end{cases}$$

4 méthodes pour les résoudre :

1°) Par substitution. On exprime l'une des inconnues en fonction de l'autre dans l'une des équations et on remplace, dans l'autre équation, cette inconnue par l'expression équivalente tirée de la 1re.

2°) Par comparaison. On exprime une inconnue en fonction de l'autre dans les 2 équations et on égale les 2 expressions ainsi obtenues.

3°) Par combinaison linéaire. On multiplie les 2 équations par des coefficients convenables de façon qu'en ajoutant membre à membre on obtienne une équation ne renfermant plus qu'une inconnue.

4°) Des déterminants. Le déterminant de 4 nombres a, b, a', b' est le nombre $ab' - ba'$; il est noté :

$$\begin{vmatrix} a & b \\ a' & b' \end{vmatrix}$$

Exemples : $\begin{vmatrix} 3 & 2 \\ 4 & 7 \end{vmatrix} = 3 \times 7 - 2 \times 4 = 13$;

$$\begin{vmatrix} +9 & +2 \\ -3 & -4 \end{vmatrix} = (+9) \times (-4) - (+2) \times (-3) = (-36) - (-6) = -30.$$

Résolution d'un système de 2 équations du 1er degré à 2 inconnues :

$$\begin{cases} ax + by = c \\ a'x + b'y = c' \end{cases}$$

coefficients de x	coefficients de y	termes constants
a	b	c
a'	b'	c'

On extrait les 3 déterminants :

$D = \begin{vmatrix} a & b \\ a' & b' \end{vmatrix} = ab' - a'b$ (déterminant principal du système).

$D_x = \begin{vmatrix} c & b \\ c' & b' \end{vmatrix} = cb' - c'b$ (déterminant relatif à x), obtenu en remplaçant dans le tableau la colonne des coefficients de x par celle des termes écrits dans le 2e membre.

$D_y = \begin{vmatrix} a & c \\ a' & c' \end{vmatrix} = ac' - a'c$ (déterminant relatif à y), obtenu en remplaçant dans le tableau la colonne des coefficients de y par celle des termes écrits dans le 2e membre.

Solution :

1er cas : D ≠ 0. Il y a un couple (x, y), unique solution.

$$x = \frac{D_x}{D} = \frac{cb' - c'b}{ab' - a'b}$$

$$y = \frac{D_y}{D} = \frac{ac' - a'c}{ab' - a'b}.$$

2e cas : si D = 0, alors il y a soit impossibilité, soit indétermination.

CALCULS DANS ℝ

■ **Fractions.** Pour tout $m \neq 0$, on a $\frac{b}{a} = \frac{mb}{ma}$;

si b et $d \neq 0$, on peut écrire

$$\frac{a}{b} + \frac{c}{d} = \frac{ad + bc}{bd} \quad \text{et} \quad \frac{a}{b} \times \frac{c}{d} = \frac{ac}{bd}.$$

Division par un nombre : $\dfrac{\frac{a}{b}}{c} = \dfrac{a}{bc}$.

Division par une fraction : $\dfrac{\frac{a}{b}}{\frac{c}{d}} = \dfrac{ad}{bc}$.

■ **Identités.** Égalités entre 2 expressions algébriques valables quelles que soient les valeurs données aux *paramètres* ou *variables* qu'elles contiennent. Exemple : $(x + a)^2 = x^2 + 2ax + a^2$ quels que soient a et x.

Identités remarquables :

$(a + b)^2 = a^2 + 2ab + b^2$

$(a - b)^2 = a^2 - 2ab + b^2$

$a^2 - b^2 = (a + b)(a - b)$

$a^3 + b^3 = (a + b)(a^2 - ab + b^2)$

$a^3 - b^3 = (a - b)(a^2 + ab + b^2)$

$(a + b)^3 = a^3 + 3a^2b + 3ab^2 + b^3$

$(a - b)^3 = a^3 - 3a^2b + 3ab^2 - b^3$.

Si n entier ⩾ 2,

$a^n - b^n = (a - b)(a^{n-1} + a^{n-2}b + a^{n-3}b^2 + ... + ab^{n-2} + b^{n-1})$ et

$$(a + b)^n = \sum_{k=0}^{n} C_n^k a^k b^{n-k} = \sum_{k=0}^{n} C_n^k a^{n-k} b^k$$

(binôme de Newton).

Nota. – C_n^k *est le nombre des combinaisons de* n objets pris p à p (voir **Analyse combinatoire** p. 224 b).

■ **Puissances.** Si n est un entier supérieur à 1, on appelle puissance $n^{ième}$ du réel a le produit de n facteurs égaux à a ; on note : a^n ; l'entier n est l'exposant.

Par convention, on pose : $a^1 = a$ et, si $a \neq 0$, $a^0 = 1$.

La notation 0^0 n'est pas définie.

Propriétés [et exemples] :

1°) $a^m\,a^n = a^{m+n}$ $[a^5 \times a^7 = a^{12}]$.

2°) $(a\,b\,c)^m = a^m b^m c^m$ $[(2 \times 4 \times 5)^3 = 2^3 \times 4^3 \times 5^3]$.

3°) $(a^m)^n = a^{m \times n}$ $[(a^5)^4 = a^{20}]$.

4°) $\left(\dfrac{a}{b}\right)^m = \dfrac{a^m}{b^m}$ $\left[\left(\dfrac{3}{4}\right)^2 = \dfrac{3^2}{4^2} = \dfrac{9}{16}\right]$.

Puissances entières relatives :

Calcul de $\dfrac{a^m}{a^n}$ avec $a \neq 0$, $m \in \mathbb{N}$, $n \in \mathbb{N}$:

$\dfrac{a^m}{a^n} = a^{m-n}$; il en résulte $a^{-n} = \dfrac{1}{a^n}$.

Puissance rationnelle : on convient d'écrire, si m et n sont 2 entiers arithmétiques et $a \geqslant 0$:

$\sqrt[m]{a^n} = a^{\frac{n}{m}}$.

Exemple : $\sqrt[5]{a^9} = a^{\frac{9}{5}}$.

Les propriétés des puissances entières relatives sont encore vraies.

Exemple :

$\sqrt[2]{64} \times \sqrt[3]{64} = 64^{\frac{1}{2}} \times 64^{\frac{1}{3}} = 64^{\frac{1}{2}+\frac{1}{3}} = 64^{\frac{5}{6}} = 32$.

■ **Racine carrée d'un nombre algébrique.** On appelle racine carrée d'un nombre réel A tout nombre réel, s'il y en a, dont le carré est égal à A.

Exemple : + 9 a pour racines carrées – 3 et + 3, car $(-3)^2 = +9$, $(+3)^2 = +9$.

Le nombre 0 a pour seule racine carrée 0. Les nombres négatifs n'ont pas de racine carrée. Tout nombre positif A a 2 racines carrées opposées. La racine positive se note $\sqrt{A}$, l'autre, négative $-\sqrt{A}$.

Propriétés (valables seulement pour des nombres positifs ou nuls) :

$\sqrt{a \times b \times c} = \sqrt{a} \times \sqrt{b} \times \sqrt{c}$;

si $a \geqslant 0$ et $b > 0$, $\sqrt{\dfrac{a}{b}} = \dfrac{\sqrt{a}}{\sqrt{b}}$.

☞ *Attention !* $\sqrt{a+b} \neq \sqrt{a} + \sqrt{b}$

$\sqrt{a-b} \neq \sqrt{a} - \sqrt{b}$.

■ **Majorants, minorants.** Soit A un ensemble ordonné de réels. M est un majorant de A si tout élément de A est inférieur ou égal à M. Un réel m est un minorant de A si tout élément de A est supérieur ou égal à m.

On appelle borne supérieure de A le plus petit des majorants et borne inférieure le plus grand des minorants.

Exemple : soit $0 < q < 1$ et $n \in \mathbb{N}$. L'ensemble A des réels de la forme $\dfrac{3}{2-q^n}$ admet pour majorants les réels 3, 4, 17, ... et pour minorants les réels 1, – 2, ... La borne supérieure est 3 ; elle appartient à A ; la borne inférieure est $\dfrac{3}{2}$; elle n'appartient pas à A.

Un ensemble ordonné peut ne pas avoir de majorant ou de minorant.

Exemple : l'ensemble $\mathbb{Z}$ des entiers relatifs n'a ni majorant ni minorant.

PROGRESSIONS

■ **Progression arithmétique.** Suite de termes tels que chacun est égal à la somme du précédent et d'un nombre réel constant appelé *raison*.

Exemples : 3, 7, 11, 15, 19, ... (raison : + 4) ;
7, 3, – 1, – 5, – 9, – 13, ... (raison : – 4).

Si a est le premier terme et r la raison, le $n^{\text{ième}}$ terme est $l = a + (n-1)\,r$.

La somme des n termes consécutifs est :

$$S_n = (a + l) \times \frac{n}{2} = [\,2a + (n-1)\,r\,] \times \frac{n}{2}.$$

■ **Progression géométrique.** Suite de termes tels que chacun est égal au produit du précédent par un nombre constant appelé *raison*.

Exemples : 3, 6, 12, 24, 48, 96, ... (raison : 2) ;
1, – 5, + 25, – 125, + 625, ... (raison : – 5 : suite dite *alternée*).

Si a est le 1er terme et q la raison, le $n^{\text{ième}}$ terme est $l = a \times q^{n-1}$.

Si $q = 1$, la somme des n termes consécutifs est $S_n = na$.

Si $q \neq 1$, la somme de ces n termes est :

$$S = \frac{a\,(q^n - 1)}{q-1}.$$

Nota – Si $q < 1$, la somme S_n a une limite lorsque n tend vers l'infini. Cette limite est :

$$S = \frac{a}{1-q}.$$

Application : le paradoxe de Zénon d'Élée (490 avant J.-C.). Zénon « démontrait » qu'Achille ne pourrait jamais rattraper à la course une tortue partie avant lui.

Supposons, disait-il, que la tortue ait 100 m d'avance et qu'elle parcoure 1 m en 1 s, tandis qu'Achille parcourt 10 m en 1 s, que va-t-il se passer ? Achille parcourt les 100 m de son retard en 10 s pendant lesquelles la tortue a avancé de 10 m. Pour rattraper ces 10 m de retard, Achille mettra 1 s pendant laquelle la tortue a avancé de 1 m. Pour rattraper ce mètre, Achille mettra 1/10 de s pendant lequel la tortue a avancé d'1/10 de m, etc. Le temps nécessaire pour rattraper la tortue peut s'écrire ; 10 s + 1 s + 1/10 s + 1/100 s + 1/1 000 s, etc., ce qui est une suite infinie et « prouve » que par conséquent Achille ne rattrapera jamais la tortue.

En réalité, il s'agit d'une progression infinie de raison $q < 1$. Sa somme a pour limite :

$$S = \frac{a}{1-q} = \frac{10}{1 - 1/10} = \frac{100}{9} = 11\ 1/9.$$

Achille rattrapera la tortue au bout de 11 s 1/9.

■ **Suites.** On appelle suite d'éléments de E une application de $\mathbb{N}^*$ dans E.

On la note : $(x_1, x_2, ..., x_n)$, ou plus simplement (x_n).

Égalité de 2 suites (x_n) et (y_n) :

$(x_n) = (y_n) \Leftrightarrow \forall n \in \mathbb{N}^*,\ x_n = y_n$.

Somme de 2 suites : $(x_n) + (y_n) = (x_n + y_n)$.

Produit de 2 suites : $(x_n) \times (y_n) = (x_n\ y_n)$.

Convergence d'une suite : une suite (x_n) converge vers x_0 quand n tend vers l'infini s'il existe un entier p tel que $n > p$ entraîne pour tout réel positif ϵ l'inégalité : $|x_n - x_0| < \epsilon$.

CALCULS FINANCIERS

■ **Intérêts simples.** Somme placée a. La somme s obtenue au bout de n années par placement à intérêts simples au taux r est : $s = a\,(1 + nr)$.

Ce cas correspond à celui d'une *rente* où les intérêts sont versés au créancier chaque année.

■ **Intérêts composés.** Les intérêts produits s'ajoutent à la fin de chaque année au capital et produisent à leur tour des intérêts (capitalisation).

Somme placée a ; somme obtenue au bout de n années : $s = a\,(1 + r)^n$.

■ **Annuités** (constitution d'un capital par annuités constantes). On place au début de chaque année une somme a (annuité) qui est capitalisée au taux r. Le capital obtenu à la fin de la n^e année est :

$$s = a\,(1+r)\,\frac{(1+r)^n - 1}{r}.$$

■ **Amortissements** (remboursement d'une dette par annuités constantes). On a emprunté une somme s, que l'on rembourse par annuités constantes, la première étant versée à la fin de la première année. L'amortissement de la dette s est réalisé par le versement de n annuités $a = s\,\dfrac{r\,(1+r)^n}{(1+r)^n - 1}$.

ANALYSE COMBINATOIRE

■ **Factorielle.** Si n est un entier > 1, on appelle factorielle n et on note $n\,!$ le produit des n premiers entiers naturels non nuls.

Si $n = 1$, on pose : $1\,! = 1$; si $n = 0$, on pose : $0\,! = 1$.

Valeurs des premières factorielles :

1! = 1 = 1.
2! = 1 × 2 = 2.
3! = 1 × 2 × 3 = 6.
4! = 1 × 2 × 3 × 4 = 24.
5! = 1 × 2 × 3 × 4 × 5 = 120.
6! = 1 × 2 × 3 × 4 × 5 × 6 = 720.
7! = 1 × 2 × 3 × 4 × 5 × 6 × 7 = 5 040.
8! = 1 × 2 × 3 × 4 × 5 × 6 × 7 × 8 = 40 320.
9! = 1 × 2 × 3 × 4 × 5 × 6 × 7 × 8 × 9 = 362 880.
10! = 1 × 2 × 3 × 4 × 5 × 6 × 7 × 8 × 9 × 10 = 3 628 800.

■ **Arrangements.** On appelle arrangements de n objets (d'un ensemble E) pris p à p ($p \leqslant n$) tout sous-ensemble ordonné de E contenant p objets distincts. On démontre que leur nombre est :

$$A_n^p = \frac{n\,!}{(n-p)\,!}.$$

A_n^p est le nombre d'injections d'un ensemble à p éléments dans un ensemble à n éléments.

Exemple : supposons 17 chevaux au départ d'une course. La notion de *tiercé dans l'ordre* correspond à celle d'arrangement de ces 17 chevaux pris par 3. 2 tiercés joués diffèrent soit parce qu'ils ne contiennent pas les mêmes chevaux, soit parce qu'ils contiennent les mêmes chevaux, mais pas dans le même ordre [(chevaux A, B, C) et (chevaux C, A, B)]. Nombre de tiercés possibles dans l'ordre pour 17 chevaux :

$$A_{17}^3 = \frac{17!}{(17-3)!} = \frac{17!}{14!} = \frac{1 \times 2 \times 3 \times 4 \times ... \times 13 \times 14 \times 15 \times 16 \times 17}{1 \times 2 \times 3 \times 4 \times ... \times 13 \times 14} =$$

15 × 16 × 17 = 4 080.

■ **Permutations.** Dans le cas où $p = n$, l'arrangement prend le nom de permutation.

Nombre de permutations de n objets :

$$A_n^n = \frac{n\,!}{(n-n)\,!} = \frac{n\,!}{0\,!} = n\,! \qquad P_n = n\,!$$

Exemple : de combien de façons 6 personnes peuvent-elles se placer sur un banc ?

Ce nombre est celui des permutations : 6! = 720.

■ **Combinaisons.** On appelle combinaison de n objets (d'un ensemble E) pris p par p ($p \leqslant n$) tout sous-ensemble de E contenant p objets distincts.

Leur nombre, noté C_n^p, est $C_n^p = \dfrac{n\,!}{p\,!\,(n-p)\,!}$.

Soit 17 chevaux au départ d'une course. La notion de *tiercé dans le désordre* correspond à celle de la combinaison de 17 chevaux pris 3 à 3.

2 tiercés dans le désordre ne diffèrent que s'ils ne contiennent pas les mêmes chevaux : {A, B, C} et {B, A, C} représentent le même tiercé dans le désordre ou la même combinaison de 17 chevaux 3 par 3.

Nombre de tiercés possibles dans le désordre pour 17 chevaux :

$$C_{17}^3 = \frac{17\,!}{14\,!\,3\,!} = 680.$$

ANALYSE

FONCTIONS NUMÉRIQUES

Une fontion numérique d'une variable réelle est une application f de $\mathbb{R}$ dans $\mathbb{R}$. **Ensemble de définition :** si l'ensemble de définition D n'est pas fixé par l'énoncé, D est l'ensemble des valeurs de x pour lesquelles le réel $f(x)$ existe. D est en général un intervalle ou une réunion d'intervalles.

DÉRIVÉES ET PRIMITIVES

Nombre dérivé. Soit f une fonction définie et continue sur un intervalle $[a,b]$. Le nombre dérivé de f en un point x_0 de $[a,b]$ est la limite de $\dfrac{f(x_1) - f(x_0)}{x_1 - x_0}$ lorsque x_1 tend vers x_0.

Fonction dérivée. Si f est dérivable en tout point de $[a,b]$, on dit qu'elle est dérivable sur cet intervalle. La fonction f' qui à tout point x_0 associe le nombre dérivé en x_0 est appelée fonction dérivée.

Fonction primitive. On dit que F est une primitive de f sur $[a,b]$ si F est dérivable et admet f pour fonction dérivée. Si f admet sur $[a,b]$ une primitive F, elle admet une infinité de primitives de la forme F + k, où k est un réel arbitraire.

FONCTIONS DÉRIVÉES USUELLES

Fonction	Dérivée
k (constante)	0
$k\,u$	$k\,u'$
$f\,(u)$	$f'\,(u)\,u'$
$u + v + w$	$u' + v' + w'$
uv	$u'\,v + u\,v'$
uvw	$\Sigma\,u'vw$
$\dfrac{1}{v}$	$\dfrac{-\,v'}{v^2}$
$\dfrac{u}{v}$	$\dfrac{u'v - uv'}{v^2}$
x^m ($m \in \mathbb{R}^*$)	$m\,x^{m-1}$
u^m ($m \in \mathbb{R}^*$)	$m\,u^{m-1}\,u'$

Nota. – Si m est égal à – 1, à $\dfrac{1}{2}$ ou à un rationnel $\dfrac{p}{q}$, il est parfois plus pratique de noter par exemple : $x^{-1} = \dfrac{1}{x}$; $u^{\frac{1}{2}} = \sqrt{u}$; $u^{\frac{p}{q}} = \sqrt[q]{u^p}$. Au lieu d'écrire les dérivées sous la forme $m\,x^{m-1}$ ou $m\,u^{m-1}\,u'$, on utilise alors des notations plus courantes :

	Fonction	Dérivée
$m = -1$	$\dfrac{1}{x}$	$-\dfrac{1}{x^2}$
	$\dfrac{1}{u}$	$-\dfrac{u'}{u^2}$
$m = \dfrac{1}{2}$	$\sqrt{x}$	$\dfrac{1}{2\sqrt{x}}$
	$\sqrt{u}$	$\dfrac{u'}{2\sqrt{u}}$
$m = \dfrac{p}{q}$	$\sqrt[q]{x^p}$	$\dfrac{p}{q}\,x^{\frac{p}{q}-1}$
	$\sqrt[q]{u^p}$	$\dfrac{p}{q}\,u^{\frac{p}{q}-1}\ u'$

■ **Angle orienté. Arc orienté.** Au cercle trigonométrique de centre O associons le repère orthonormé $(O, \vec{i}, \vec{j})$ et prenons pour origine le point A de coordonnées (1, 0).

Tout réel x détermine sur $\underline{\text{le cercle}}$ trigonométrique un unique point M tel que : $(\overrightarrow{OA}, \overrightarrow{OM}) = x$.

A tout point M du cercle correspond une infinité de réels. Si x est l'un d'eux, tous les autres sont de la forme $x + k \cdot 2\pi$ avec $k \in \mathbb{Z}$.

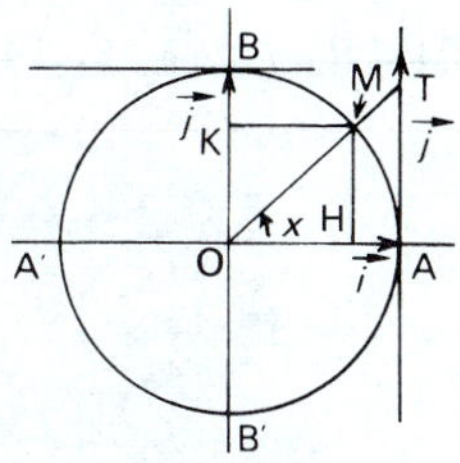

RAPPORTS TRIGONOMÉTRIQUES D'UN RÉEL x

Les coordonnées du point M sont $(\overline{OH}, \overline{OK})$.

Par définition, on pose : $\overline{OH} = \cos x$ (cosinus x) et $\overline{OK} = \sin x$ (sinus x). La droite OM coupe la tangente en A au cercle au point T ; on pose : $\overline{AT} = \tan x$ (tangente x). La notation tan x est conforme à la norme Afnor.

$\overline{OH} = \cos x$	$\overline{OK} = \sin x$	$\overline{AT} = \tan x$

Si $\tan x \neq 0$, l'inverse est appelé cotangente x et notée cot x.

RAPPORTS TRIGONOMÉTRIQUES DANS UN TRIANGLE

Soient A, B, C les mesures en radians des angles d'un triangle et a, b, c les longueurs des côtés.

■ **Triangle rectangle** d'hypoténuse a $A = B + C = \frac{\pi}{2}$;

$\cos B = \sin C = \frac{c}{a}$; $\sin B = \cos C = \frac{b}{a}$;

$\tan B = \cot C = \frac{b}{c}$; $\cot B = \tan C = \frac{c}{b}$.

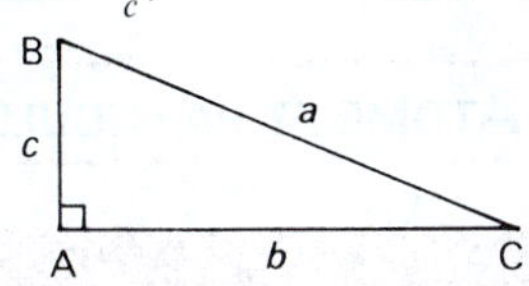

■ **Triangle quelconque.** $A + B + C = \pi$.

$\frac{a}{\sin A} = \frac{b}{\sin B} = \frac{c}{\sin C}$;

$a^2 = b^2 + c^2 - 2bc \cos A$;

$b^2 = c^2 + a^2 - 2ca \cos B$;

$c^2 = a^2 + b^2 - 2ab \cos C$;

$a = b \cos C + c \cos B$;

$b = c \cos A + a \cos C$;

$c = a \cos B + b \cos A$.

RAPPORTS TRIGONOMÉTRIQUES SIMPLES

α	0	$\frac{\pi}{6}$	$\frac{\pi}{4}$	$\frac{\pi}{3}$	$\frac{\pi}{2}$
sin α	0	$\frac{1}{2}$	$\frac{\sqrt{2}}{2}$	$\frac{\sqrt{3}}{2}$	1
cos α	1	$\frac{\sqrt{3}}{2}$	$\frac{\sqrt{2}}{2}$	$\frac{1}{2}$	0
tan α	0	$\frac{\sqrt{3}}{3}$	1	$\sqrt{3}$	✕
cot α	✕	$\sqrt{3}$	1	$\frac{\sqrt{3}}{3}$	0

FORMULAIRE TRIGONOMÉTRIQUE

■ **Relations fondamentales.** $\sin^2 a + \cos^2 a = 1$.

si $a \neq \frac{\pi}{2} + k\pi$, $\tan a = \frac{\sin a}{\cos a}$;

si $a \neq k\pi$, $\cot a = \frac{\cos a}{\sin a}$;

si $a \neq k\frac{\pi}{2}$, $\tan a \,.\, \cot a = 1$;

si $a \neq \frac{\pi}{2} + k\pi$, $1 + \tan^2 a = \frac{1}{\cos^2 a}$;

si $a \neq k\pi$, $1 + \cot^2 a = \frac{1}{\sin^2 a}$.

■ **Angles associés.** On suppose tan a et cot a définies.

$\sin(-a) = -\sin a$ $\cos(-a) = \cos a$ $\tan(-a) = -\tan a$

$\sin(\pi - a) = \sin a$ $\cos(\pi - a) = -\cos a$ $\tan(\pi - a) = -\tan a$	$\sin(\pi + a) = -\sin a$ $\cos(\pi + a) = -\cos a$ $\tan(\pi + a) = \tan a$
$\sin\left(\frac{\pi}{2} - a\right) = \cos a$ $\cos\left(\frac{\pi}{2} - a\right) = \sin a$ $\tan\left(\frac{\pi}{2} - a\right) = \cot a$	$\sin\left(\frac{\pi}{2} + a\right) = \cos a$ $\cos\left(\frac{\pi}{2} + a\right) = -\sin a$ $\tan\left(\frac{\pi}{2} + a\right) = -\cot a$

■ **Formules de transformation.**

$\sin(a + b) = \sin a \cos b + \sin b \cos a$;

$\cos(a + b) = \cos a \cos b - \sin a \sin b$.

Si $a + b \neq \frac{\pi}{2} + k\pi$, $\tan(a + b) = \frac{\tan a + \tan b}{1 - \tan a \tan b}$;

$\sin(a - b) = \sin a \cos b - \sin b \cos a$;

$\cos(a - b) = \cos a \cos b + \sin a \sin b$.

Si $a - b \neq \frac{\pi}{2} + k\pi$, $\tan(a - b) = \frac{\tan a - \tan b}{1 + \tan a \tan b}$;

$\cos 2a = \cos^2 a - \sin^2 a$;

$\cos 2a = 2\cos^2 a - 1 = 1 - 2\sin^2 a$;

$\sin 2a = 2 \sin a \cos a$.

Si $a \neq \frac{\pi}{2} + k\pi$, $\cos 2a = \frac{1 - \tan^2 a}{1 + \tan^2 a}$

et $\sin 2a = \frac{2 \tan a}{1 + \tan^2 a}$.

Si $a \neq \frac{\pi}{4} + k\frac{\pi}{2}$ et $a \neq \frac{\pi}{2} + k\pi$, $\tan 2a = \frac{2 \tan a}{1 - \tan^2 a}$;

$1 + \cos a \; 2\cos^2 \frac{a}{2}$;

$1 - \cos a = 2 \sin^2 \frac{a}{2}$;

$\cos p + \cos q = 2 \cos \frac{p+q}{2} \cos \frac{p-q}{2}$;

$\cos p - \cos q = -2 \sin \frac{p+q}{2} \sin \frac{p-q}{2}$;

$\sin p + \sin q = 2 \sin \frac{p+q}{2} \cos \frac{p-q}{2}$;

$\sin p - \sin q = 2 \sin \frac{p-q}{2} \cos \frac{p+q}{2}$;

$\tan p + \tan q = \frac{\sin(p+q)}{\cos p \cos q}$;

$\tan p - \tan q = \frac{\sin(p-q)}{\cos p \cos q}$.

FONCTIONS TRIGONOMÉTRIQUES

On appelle ainsi les fonctions :
$x \mapsto \cos x$, $x \mapsto \sin x$, $x \mapsto \tan x$.

On dit aussi fonctions circulaires.

FONCTION $x \mapsto \cos x$

Fonction : définie et continue sur $\mathbb{R}$.

Périodique : période 2π.

Fonction paire : $\cos(-x) = \cos x$.

Intervalle d'étude : $[0, \pi]$, puis symétrie d'axe $(O, \vec{j})$, puis translations $k \cdot 2\pi\,\vec{i}$.

Fonction dérivée : $x \mapsto -\sin x$.

Courbe représentative : sur $[0, \pi]$:

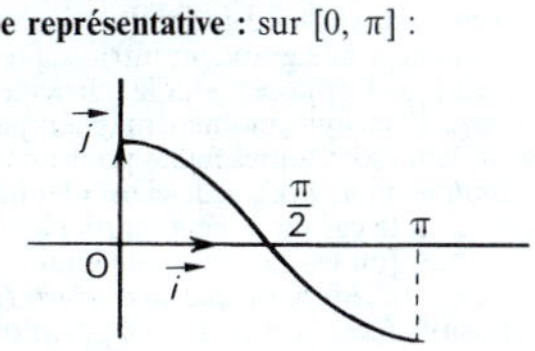

FONCTION $x \mapsto \sin x$

Fonction : définie et continue sur $\mathbb{R}$.

Périodique : période 2π.

Fonction impaire : $\sin(-x) = -\sin x$.

Intervalle d'étude : $[0, \pi]$, puis symétrie de centre O, puis translations $k \cdot 2\pi\,\vec{i}$.

Fonction dérivée : $x \mapsto \cos x$.

Courbe représentative : sur $[0, \pi]$:

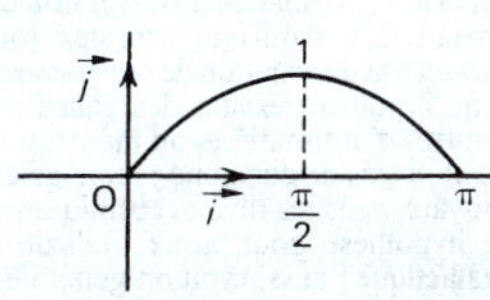

FONCTION $x \mapsto \tan x$

Fonction : définie si $x \neq \frac{\pi}{2} + k\pi$.

Périodique : période π.

Fonction impaire : $\tan(-x) = -\tan x$.

Intervalle d'étude : $[0, \frac{\pi}{2}[$, puis symétrie de centre O, puis translations $k \cdot \pi\,\vec{i}$.

Courbe représentative : sur $[0, \frac{\pi}{2}[$:

les droites d'équation $x = \frac{\pi}{2} + k\pi$ sont asymptotes à la courbe :

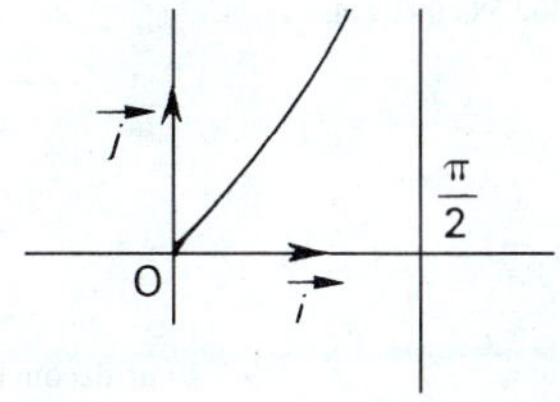

FONCTIONS DÉRIVÉES

Fonctions	Fonctions dérivées
$x \mapsto \cos x$	$x \mapsto -\sin x$
$x \mapsto \sin x$	$x \mapsto \cos x$
$x \mapsto \tan x$	$x \mapsto \frac{1}{\cos^2 x}$
$x \mapsto \cos(ax + b)$	$x \mapsto -a \sin(ax + b)$
$x \mapsto \sin(ax + b)$	$x \mapsto a \cos(ax + b)$
$x \mapsto \tan(ax + b)$	$x \mapsto \frac{a}{\cos^2(ax + b)}$

FONCTIONS PRIMITIVES

Fonctions	Fonctions primitives
$x \mapsto \cos x$	$x \mapsto \sin x + k$
$x \mapsto \sin x$	$x \mapsto -\cos x + k$
$x \mapsto \tan x$	$x \mapsto -\ln\lvert\cos x\rvert + k$
$x \mapsto \cos(ax + b)$	$x \mapsto \frac{1}{a} \sin(ax + b) + k$
$x \mapsto \sin(ax + b)$	$x \mapsto -\frac{1}{a} \cos(ax + b) + k$
$x \mapsto \tan(ax + b)$	$x \mapsto -\frac{1}{a} \ln\lvert\cos(ax + b)\rvert + k$

VALEURS APPROCHÉES USUELLES

Dans le tableau qui suit, x est voisin de 0 :

Expression	Valeur approchée	Ordre de grandeur de l'erreur
$\sin x$ (x en rd)	x	$\frac{x^3}{6}$
$\tan x$ (x en rd)	x	$\frac{x^3}{3}$
$\cos x$ (x en rd)	$1 - \frac{x^2}{2}$	$\frac{x^4}{24}$
$\ln(1 + x)$	x	$\frac{x^2}{2}$

LOGARITHMES

On utilise pour désigner le logarithme népérien et le logarithme décimal les notations ln et lg. Ce sont les notations Afnor du 11 sept. 1981. Elles remplacent les notations Log et log.

Fonction logarithme népérien. On appelle fonction logarithme népérien la primitive de la fonction $x \mapsto \frac{1}{x}$ sur $\mathbb{R}_+^*$ qui s'annule pour $x = 1$.

On la note : $x \mapsto \ln x$.

Si l'on pose : $y = \ln x$, on a : $y' = \frac{1}{x}$. La fonction $x \mapsto \ln x$ est une bijection de $\mathbb{R}_+^*$ sur $\mathbb{R}$.

Propriétés : pour $a > 0$, $b > 0$, $n \in \mathbb{Z}$, on a :

$a < b \Leftrightarrow \ln a < \ln b$;

$\ln ab = \ln a + \ln b$;

$\ln a^n = n \ln a$.

Il existe un réel e tel que $\ln e = 1$. Ce réel, base des logarithmes népériens, est irrationnel ; une valeur approchée à 10^{-12} près est 2,718 281 828 495.

Logarithme décimal. Pour tout réel strictement positif a le logarithme décimal de a est égal à $\frac{\ln a}{\ln 10}$.

On note : $\lg a = \frac{\ln a}{\ln 10}$.

Comme pour les logarithmes népériens, on a, pour $a > 0, b > 0, n \in \mathbb{Z}$:
$a < b \Leftrightarrow \lg a < \lg b$;
$\lg ab = \lg a + \lg b$;
$\lg a^n = n \lg a$.

Relations entre ln 10 et lg *e*. On a : $\ln 10 \times \lg e = 1$.
Si l'on désigne par M le réel lg *e* ou $\frac{1}{\ln 10}$, on a :
$\lg a = M \ln a$, ou $\ln a = \frac{1}{M} \lg a$.
Les valeurs approchées de M et de $\frac{1}{M}$ à 10^{-12} près sont :
$M \approx 0{,}434\ 294\ 481\ 903$;
$\frac{1}{M} \approx 2{,}302\ 585\ 092\ 994$.

Fonction exponentielle

La fonction logarithme népérien est une bijonction de $\mathbb{R}_+^*$ sur $\mathbb{R}$.
La fonction réciproque est appelée fonction exponentielle de base *e*, ou simplement, fonction exponentielle. Elle est notée : $x \mapsto \exp x$, ou encore : $x \mapsto e^x$.
C'est une bijection de $\mathbb{R}$ sur $\mathbb{R}_+^*$. Le réel e^x est défini pour tout réel *x* et il est strictement positif : $\forall x \in \mathbb{R}$, $\forall y \in \mathbb{R}_+^*$, $y = e^x \Leftrightarrow x = \ln y$.
On en déduit pour tout couple de réels (*a, b*) et pour tout entier relatif *n* :
$a < b \Leftrightarrow e^a < e^b$; $e^a \cdot e^b = e^{a+b}$; $(e^a)^n = e^{an}$.
La fonction dérivée de : $x \mapsto e^x$ est la fonction : $x \mapsto e^x$.

Limites où interviennent les fonctions ln et exp

$\lim_{x \to 0^+} \ln x = -\infty$; $\lim_{x \to +\infty} \ln x = +\infty$

$\lim_{x \to 0^+} x \ln x = 0$; $\lim_{x \to +\infty} \frac{\ln x}{x} = 0$

$\lim_{x \to -\infty} e^x = 0$; $\lim_{x \to +\infty} e^x = +\infty$

$\lim_{x \to -\infty} x e^x = 0$; $\lim_{x \to +\infty} \frac{e^x}{x} = +\infty$

$\lim_{x \to 0} \frac{\ln(1+x)}{x} = 1$; $\lim_{x \to 0} \frac{e^x - 1}{x} = 1$

PHYSIQUE

☞ Pour découvrir la sélection **Quid** des meilleurs sites Internet sur la physique, rendez-vous sur **www.quid.fr**

I — Physique atomique Matière et antimatière

☞ Voir **Unités de mesure** p. 247.

Matière

■ **Définition.** Par matière, on entend tout ce qui est localisable et possède une masse. La matière est constituée d'éléments chimiques différents qui peuvent se trouver à l'état pur (corps simples), ou être combinés chimiquement entre eux (corps composés) ou mélangés (alliages pour les métaux). Voir la liste p. 246.

■ **L'atome** est la plus petite partie d'un corps simple susceptible d'entrer dans une combinaison chimique, constitué de protons, neutrons et électrons au nombre variable selon l'élément [nom adopté en 1891 par le physicien anglais Stoney, du grec *elektron* (ambre dont la propriété d'attirer les corps légers était connue dans l'Antiquité)].

■ **Molécule.** La plus petite quantité de matière pouvant exister à l'état libre.
Dans un **corps composé,** la *molécule* peut, suivant les corps, contenir de 2 atomes à des milliers. Toutes les molécules comprennent les mêmes éléments de base et toujours dans les mêmes proportions ; ainsi toutes les molécules d'eau comprennent 2 atomes d'hydrogène et 1 atome d'oxygène, ce qui s'écrit H_2O. Les molécules peuvent être « cassées », libérant alors les éléments de base ; ainsi, l'on peut casser une molécule d'eau par électrolyse et l'on obtiendra 2 atomes d'hydrogène et 1 d'oxygène pour chaque molécule cassée. Les atomes libérés se recombinent en engendrant des molécules d'hydrogène (H_2) et d'oxygène (O_2).
Dans un **mélange,** les molécules ne sont pas identiques, les composants peuvent être mélangés en proportions variables (exemple : le pétrole brut).

■ **État de la matière.** Elle peut, dans notre environnement, se présenter au moins sous 3 états différents : *gazeux, liquide, solide* en plasma. Les cristaux de plusieurs milliers de produits chimiques ne conduisent pas, par fusion, directement à l'état liquide mais à des états intermédiaires présentant alors des propriétés des liquides (la fluidité) et des propriétés rappelant celles des solides (en particulier pour le comportement vis-à-vis de la lumière). Ces états intermédiaires *(mésophases)* sont classés en catégories : *nématiques* (du grec *nêma,* fil : les molécules, de forme allongée, sont disposées parallèlement à une même direction) ; *cholestériques* (à cause du *cholestérol* dont la plupart de ces produits dérivent), à structure hélicoïdale et texture lamellaire ; *smectiques* (de la racine grecque *smêkh,* idée de nettoyage et de savon : les mêmes molécules sont disposées perpendiculairement à une surface parallèle). Ces diverses sortes correspondent à des arrangements différents des molécules les unes à côté des autres (c'est-à-dire à des structures variées). Le plasma est un milieu gazeux ionisé, c'est-à-dire composé d'ions positifs et d'électrons (négatifs) libres, la charge spatiale globale étant nulle. Il se rencontre dans les étoiles et les espaces interstellaires et peut être créé artificiellement par arc électrique ou impact laser sur la matière.

☞ **États superdenses : BEC (Condensation de Bose-Einstein) :** *1924* établie par Satyendranath Bose (Indien, 1894-1974) et Albert Einstein (All., naturalisé Amér., 1879-1955). Modèle mathématique de comportement des bosons (voir pp. 229 a et c), obtenu par des bosons soumis à des températures extrêmement basses. *1995-5-6* observée pour la 1re fois à Boulder (Colorado, USA) par M. Anderson, E. Cornell, C. Wieman, J. Ensher et M. Matthews [température 170 nanoKelvins (– 273,15 °C), densité 2 500 milliards de bosons au cm³)].

■ **Quelles sont les forces fondamentales ?** On parle généralement de 4 forces (ou interactions) fondamentales (l'hypothèse d'une 5e force, émise en 1986, n'a pas résisté aux analyses ultérieures) qui sont : *l'interaction gravitationnelle* (dite *la gravitation*) : force attractive s'exerçant entre toutes les particules de l'Univers ; *l'interaction électromagnétique* (liant les électrons au noyau des atomes) ; *l'interaction forte* (à laquelle on doit la cohésion de ce noyau) et *l'interaction faible* [principalement responsable de la désintégration de certaines particules (radioactivité)].
Dans les années 1970, la théorie électrofaible a voulu représenter les interactions à la fois faibles et électromagnétiques, réduisant à 3 le nombre de forces fondamentales. Des confirmations expérimentales ont été apportées, notamment avec les découvertes faites au Cern, en 1973 par A. Lagarrigue, des interactions par « courants neutres » à l'aide de la chambre à bulles Gargermelle, et en 1983 par Carlo Rubbia (It., né 1934) et Simon Van der Meer (Holl., né 1925), des bosons W et Z_0. Des efforts d'unification de la théorie se poursuivent afin de réduire encore le nombre d'interactions fondamentales.
Il est possible qu'à la naissance de l'Univers, les 4 forces n'en faisaient qu'une et se seraient progressivement séparées et figées à mesure que l'énergie (la température) baissait.
☞ La *force électromagnétique* se propage sous forme d'ondes (ondes radio, par exemple), ou, ce qui est équivalent en raison de la dualité onde-particule, sous forme de photons qui en sont les « vecteurs ». Dans la théorie unifiée, les *bosons* W et Z_0 sont les vecteurs de l'interaction faible, et les *gluons* ceux de l'interaction forte.
La détection directe d'*ondes gravitationnelles,* non encore observées, est l'objet de plusieurs projets dont le programme franco-italien Virgo.

Antimatière

☞ Évoquée en 1897 et 1898 par Walther Nernst et Arthur Schuster. Prédite pour la 1re fois en 1931 par Paul Dirac (Angl., 1902-84), à partir des théories de la relativité et de la mécanique quantique, par une équation à 2 solutions (électron et antiélectron).

■ **Antiparticule.** A toute particule comme le neutron, le proton et l'électron correspond une antiparticule de même masse ; en revanche, toute grandeur intrinsèque pourvue d'un signe a des signes opposés pour la particule et l'antiparticule : charge électrique, moment magnétique propre, etc. Si ces grandeurs sont toutes nulles pour une particule (dite alors *absolument neutre*), celle-ci est identique à son antiparticule ; c'est le cas du *photon,* particule du champ électromagnétique (ondes hertziennes, lumière, rayons ultraviolets, X et γ). *Antiparticules découvertes :* **positon** ou électron positif, découvert en 1932 à partir des gerbes de rayons cosmiques, par Carl Anderson (Amér. 1905-91) du Caltech et Patrick Blackett (Amér. né 1920) de l'université de Manchester ; **antiproton**, obtenu au Bevatron de Berkeley en 1955 par Owen Chamberlain, Emilio Segrè (Amér. 1905-89), Tom Ypsilantis et Clyde Wiegand ; **antineutron** obtenu en 1956 par Bruce Cork, Oreste Piccione, William Wenzel et Glen Lambertson.

■ **L'antimatière** est constituée d'antineutrons, antiprotons et électrons positifs de même que la matière est constituée de neutrons, protons et électrons négatifs. Matière et antimatière ne peuvent voisiner : des masses égales de ces deux espèces s'« annihileraient » très rapidement en particules très légères (finalement en photons, électrons et neutrinos, voir p. 230 a) qui emporteraient toute l'énergie correspondant à la destruction de ces masses. Certains ont supposé qu'il pouvait exister des galaxies faites de matière et d'autres d'antimatière, ou même que les 2 variétés pouvaient coexister dans une même galaxie. L'absence d'antinoyaux dans les rayons cosmiques primaires infirme cette hypothèse pour notre Galaxie et même notre amas galactique ; aussi croit-on généralement que l'Univers est fait de matière, l'antimatière ne pouvant se trouver que localement et d'une manière transitoire. Cependant, l'antimatière a pu exister et s'« annihiler » ensuite avec une partie de la matière sous l'effet des énormes températures du début de l'Univers (théorie du big-bang). La prédominance de la matière reste alors à expliquer. Des objets stellaires, en général très éloignés les uns des autres, peuvent être faits de matière ou d'antimatière.
A l'inverse de l'annihilation, une paire particule + antiparticule peut être créée aux dépens de l'énergie cinétique au cours de collisions de particules. Des antinoyaux légers ont été obtenus : antideutérium à Berkeley (USA 1965, Leon Lederman) ; antihélium 3 à Serpoukhov (URSS 1970, Pr Prokochkine). *En juillet 1978,* des physiciens du Cern ont « stocké » pendant 85 heures 99 noyaux d'antitritium, mais la production d'antimatière pour des applications industrielles ou militaires semble hors de portée (pour certains, il faudrait au Cern « un million d'années pour en produire 1 seul mg »). *En 1981,* Gerald Gabrielse (université d'Harvard) a proposé une expérience de confinement et de stockage d'antiprotons au Fermilab, puis au *Lear* (Low Energy Antiproton Ring) du Cern, où il a maintenu plus de 3 mois des antiprotons dans un cylindre de 15 cm de hauteur refroidi à – 269 °C. *En sept. 1995,* une équipe du Cern, dirigée par Walter Oelert (All.) et Mario Macri (It.), a créé 9 atomes d'antihydrogène dans le *Lear.*

☞ Projet de spectromètre magnétique AMS (Alpha Magnetometer Spectrometer) lancé par une navette de la Nasa : aimant fer-néodyme-bore de 1 t traquant les particules d'antimatière.

Atome et particules

Atome

☞ En 1931, Ernest Rutherford (G.-B., 1871-1937) découvre que l'atome possède un noyau entouré d'électrons.

■ **Composition.** L'atome comprend :

1°) Un noyau (99,95 % de la masse de l'atome) formé de **nucléons** (*protons* chargés positivement et *neutrons* non chargés) qui ont des masses sensiblement égales, un **moment magnétique** et un **spin** (mouvement de rotation sur soi-même). Ils s'attirent mutuellement par la **force nucléaire** qui n'a pas de caractère électrique mais résulte de l'échange de pions (voir **Méson**, p. 229 b) entre nucléons. Le noyau est stable (protons et neutrons sont si bien « liés » ensemble qu'aucun ne s'échappe) sauf dans les éléments les plus lourds (dits **radioactifs**) dont le noyau comporte trop de neutrons et de protons, si le rapport entre ceux-ci est trop disproportionné. Des protons ou des neutrons peuvent s'échapper sous la forme de particules α (2 protons + 2 neutrons) ou se transformer l'un en l'autre.

2°) Des électrons qui gravitent autour du noyau sur une ou plusieurs couches (jusqu'à 7 couches dans les éléments actuellement connus). La 1re peut avoir 2 électrons ; la 2e 8 ; la 3e 18 ; la 4e 32 ; etc. Chaque couche est divisée en sous-couches. Ainsi les 8 électrons de la 2e couche sont répartis en 2 sous-couches de 2 et 6 électrons. La 3e couche est divisée en 3 sous-couches de 2, 6 et 10 électrons.
Les électrons sont chargés négativement : $1{,}6 \times 10^{-19}$ coulombs. Par leur rotation (spin), ils acquièrent les propriétés d'un aimant (caractérisé par une valeur de *moment magnétique* $\mathcal{M}$).

☞ Il existe un grand vide dans l'atome. Si, pour représenter l'atome, on donnait au noyau la taille d'une boule de billard, on devrait placer ses électrons à plus de 1 km. Si cet espace n'existait pas dans l'atome, une tête d'épingle pèserait 100 000 t. La charge électrique totale de l'atome est nulle : la charge des protons positifs est équilibrée par celle des électrons négatifs.

■ **Nombre atomique.** Le nombre de protons, de neutrons et d'électrons varie suivant les corps, mais dans chaque atome neutre d'un corps déterminé il y a autant de protons que d'électrons. Ce nombre de protons (ou d'électrons) est appelé *nombre atomique*. Le total des protons et des neutrons est égal au **nombre de masse** (masse des électrons négligeable). Pour connaître le nombre de neutrons d'un atome, il suffit de retrancher de son nombre de masse le nombre atomique (exemple : nombres pour le fer, masse 56, atomique 26, neutrons 30).

■ **Masse atomique** (dite aussi **poids atomique**). Masse de l'atome en prenant celle du carbone [poids 12 u.m.a. (unités de masse atomique)] comme référence. Elle est rarement un nombre entier en raison des pertes de masse correspondant aux énergies de liaison des neutrons et des protons.

■ **Atome-gramme.** Quantité exprimée en g qui correspond à la masse atomique du corps (exemple : 12 g pour le carbone). Il contient $6{,}022 \times 10^{23}$ atomes du corps [**nombre d'Avogadro** (Cte Amedeo di Quaregna, Italie, 1766-1856)]. En divisant par ce nombre la masse atomique, on obtient le poids d'un atome (pour l'hydrogène $1{,}67.10^{-24}$ g, pour l'oxygène 26.10^{-24}).

■ **Isotope.** Les noyaux d'un élément peuvent avoir un nombre différent de neutrons. Leurs atomes sont appelés *isotopes* ; leurs masses atomiques sont différentes. Certains sont instables, donc radioactifs. Exemple : si la plupart des atomes de fer contiennent 30 neutrons, certains en contiennent 28, 31 ou 32 ; $^{238}_{92}$U représente un isotope de l'uranium dont le noyau comprend 92 protons et 146 neutrons, 238 étant le nombre de masse ; $^{235}_{92}$U ne comporte que 143 neutrons.

■ **Dimensions. Diamètre en millimètres :**
Molécule .... 0,000 000 1 et plus.
Atome lourd (uranium) ...... 0,000 000 4.
Atome léger (hydrogène) .... 0,000 000 1.
Noyau d'uranium 238 .... 0,000 000 000 016.
Proton .... 0,000 000 000 002.
Électron : ponctuel (à l'échelle des dimensions jusqu'ici accessibles) : $< 10^{-14}$.

☞ Entre ces 2 barres | |, distantes de 1 mm, on pourrait placer de 2 à 5 millions d'atomes.

Les limites de la microscopie optique [atteintes lorsque les détails à explorer ont des dimensions de l'ordre de la longueur d'onde de la lumière qui les éclaire ($\lambda \simeq 0{,}5\,\mu$m)] peuvent être reculées en « éclairant » l'objet par un faisceau d'électrons (microscopie électronique).

PARTICULES

■ COMPORTEMENT

■ **Modèle standard.** Selon les théories actuelles, l'Univers est constitué de particules de matière, et de forces d'interaction. **Particules** (12 connues) : 6 **quarks** [à partir desquels sont construits les **hadrons** (protons, neutrons, mésons...)] et 6 **leptons**. Chaque particule a une antiparticule de même masse, mais de charge électrique opposée. **Forces d'interaction :** agissent par l'intermédiaire d'autres particules, les **bosons de jauge,** qui en sont les vecteurs (les messagers), tel le photon pour la force électromagnétique.

Il y a 2 concepts, d'onde ou de particule, pour un même phénomène physique. La relation fondamentale de la mécanique ondulatoire, découverte en 1923 par Louis de Broglie, $\lambda = \frac{h}{p}$ attribue à toute particule de quantité de mouvement p une onde associée de longueur d'onde λ.

QUARKS

■ **Découverte.** Particules fondamentales qui, selon l'hypothèse de Murray Gellman (Amér., né 1929), constitueraient les hadrons. Il les a baptisées quarks [mot forgé par le romancier irlandais James Joyce (1882-1941) (dans *Finnegans Wake*), pour des objets allant par trois]. Leurs charges seraient fractionnaires par rapport à celle du proton $\left(\frac{2}{3} \text{ et } -\frac{1}{3}\right)$.

Jusqu'en 1974, tous les hadrons connus pouvaient s'interpréter par des combinaisons des 3 quarks u, d et s [*up, down* et *strange* (étrange)]. En 1974, des expériences faites à Brookhaven (USA), sur un accélérateur à protons, et à Stanford (USA), sur un anneau de collisions e^-e^+, ont montré des résonances mésoniques lourdes (3,1 et 3,7 GeV) relativement stables (10^{-19} s) impliquant l'existence d'un 4e quark plus lourd, dit *charme* ou *quark charmé*, prévu par certaines théories. En 1976, on a observé des résonances mésoniques « charmées » (qui seraient formées d'un quark charmé et d'un quark ordinaire). En 1977, une nouvelle résonance mésonique très lourde (9,5 GeV) et relativement stable a été découverte, impliquant un 5e quark, encore plus lourd, dénommé *b* pour *beauté* puis pour *bottom* (bas). En février 1994, un 6e quark (le *top*) a été découvert au Fermilab. N'ayant pas découvert de quarks isolés, on admet que les quarks sont nécessairement liés par 3 ou par paires quark + antiquark par le **champ gluonique** dont les particules associées (quanta de ce champ), appelées **gluons**, sont, comme les quarks, « confinées » dans les hadrons.

■ **Théorie de la chromodynamique quantique.** On explique que les états à 3 quarks (ou quark + antiquark) existent seuls en leur attribuant 3 « couleurs » quelle que soit par ailleurs leur « saveur » (charge, isospin, etc.). Les seuls états observés de baryons (voir col. b) sont « blancs » (1 bleu + 1 jaune + 1 rouge) ; il en est de même pour les états de mésons. Le vide est opaque à la couleur comme un superconducteur est opaque à un champ magnétique ; la température critique est dans ce cas de 150 à 200 MeV. La chromodynamique quantique a servi de base pour tenter d'unifier toutes les interactions autres que la gravitation (théories unifiées), l'objectif final étant de les unifier toutes suivant l'espoir qu'avait exprimé Einstein en son temps.

CONSTANTES PHYSIQUES

Accélération normale de la pesanteur : $g = 9{,}806$ m/s ^{2}.
Charge de l'électron : $e = (1{,}602\,192 \pm 0{,}000\,007) \times 10^{-19}$ coulombs.
Constante de Boltzmann : $k = 1{,}380\,662 \times 10^{-23}$ joules/degré absolu.
Constante de Faraday : F = $9{,}6485309 \times 10^4$ coulombs/mole.
Constante en gaz : R = 8,314510 joules/kg/mole.
Constante gravitationnelle : G = $6{,}672 \times 10^{-11}$ N m^2 kg^{-2}.
Constante de Planck : $h = (6{,}626\,176 \pm 0{,}000\,06) \times 10^{-34}$ joules × seconde (énergie de radiation).
Facteur de conversion de la masse en énergie : 1 g = $(5{,}610\,000 \pm 0{,}000\,11)\ 10^{26}$ MeV.
Masse de l'électron au repos : $m_e = (9{,}109\,534 \pm 0{,}000\,05) \times 10^{-31}$ kg.
Masse du neutron au repos : $m_a = (1{,}674\,954 \pm 0{,}000\,01) \times 10^{-27}$ kg.
Masse du proton au repos : $m_p = (1{,}672\,648 \pm 0{,}000\,01) \times 10^{-27}$ kg.
Nombre d'Avogadro : N = $(6{,}022\,17 \pm 0{,}000\,4) \times 10^{23}$ (nombre d'atomes par atome-gramme).
Nombre de Loschmidt $N_L = 2{,}686763 \times 10^{25}$ m^{-3}.
Pression normale : H = $1{,}01325 \times 10^5$ Pa.
Vitesse de la lumière dans le vide : $c = 299\,792\,458$ m/s.
Zéro de l'échelle Celsius des températures : T° = 273,15 K.

■ **Hadrons. Proton.** Constituant du noyau (et seul constituant du noyau d'hydrogène), chargé positivement, composé de 3 quarks (u, u, d). Sa stabilité sur des périodes très longues a été mise en question par certaines théories.

Neutron. Constituant du noyau, non chargé, composé de 3 quarks (d, d, u). Stable à l'intérieur du noyau. Libre, se désintègre spontanément, par radioactivité β, avec une vie moyenne de 17 minutes, donnant naissance à 1 proton, 1 électron négatif, et 1 antineutrino.

Baryon. A la suite de collisions violentes, neutrons et protons peuvent être excités sous forme de résonance baryonique [ou baryons, constitués de 3 quarks intimement liés, mais faisant apparaître d'autres types de quarks, comme le quark étrange (s), et composant des hypérons $\Sigma^\pm$, Σ_0 et Λ].

Méson. Constitué d'une paire quark-antiquark. Durée de vie fugace. Des échanges permanents de mésons, surtout des π (*pions*), se produisant entre les nucléons (neutrons et protons) au sein du noyau expliquent la cohésion de ce dernier. Les *kaons* sont des mésons étranges ($s\bar{u}$ ou $u\bar{s}$, $\bar{u}$ désignant l'antiparticule du quark u).

LEPTONS

Particules insensibles à l'interaction forte. *Familles de leptons :* le couple *électron-neutrino, muon-neutrino muonique, tau- neutrino tauique*. Lors de la désintégration ß d'un neutron (mettant en jeu l'interaction faible), un électron (stable) et un antineutrino apparaissent. Le muon et le tau sont instables. Le muon se désintègre en neutrino, antineutrino, et électron.

BOSONS (DE JAUGE, OU VECTEURS)

■ **Photon.** Des échanges d'énergie entre la matière et le rayonnement électromagnétique (exemple : la lumière) se produisent d'une manière discontinue par « quanta ». La quantité d'énergie de chaque quantum est donnée par : E = $h\nu$, sachant que $h = 6{,}62 \times 10^{-34}$ joules-seconde (h est la constante de Planck, ν est la fréquence de la vibration électromagnétique). Le photon est le quantum d'énergie électromagnétique. Sa masse et sa charge électrique sont nulles mais il a une quantité de mouvement et une énergie telles que : E = $p\,c$. Sa vitesse est : $c = 3 \times 10^8$ m/s. Sa quantité de mouvement peut être exprimée en fonction de la fréquence de la lumière : $p = \frac{h\nu}{c}$, or $\lambda = \frac{c}{\nu}$, donc $p = \frac{h}{\lambda}$.

Il peut y avoir diffusion de photons avec perte d'énergie ; c'est l'*effet Compton* (Arthur Compton, Amér., 1892-1962), qui confirme l'hypothèse de la nature corpusculaire de la lumière.

ACCÉLÉRATEURS

■ **Définition.** Appareils accroissant l'énergie cinétique des particules chargées électriquement (électrons, protons, deutons, particules alpha, ions lourds, c'est-à-dire noyaux de tous éléments) qui servent de projectiles pour produire des réactions nucléaires ou de nouvelles particules.

Accélérateurs électrostatiques : permettent d'atteindre une dizaine de MeV (million d'électrons-volts) pour les particules lourdes (protons, deutons, alpha). Exemples : le multiplicateur de tension de *Cockroft* et *Walton*, le générateur électrostatique de *Van de Graaf* (ex-tandem d'Orsay). **Accélérateurs linéaires :** surtout utilisés pour les électrons. Utilisant un champ électrique accélérateur de haute fréquence appliqué à des électrodes échelonnées le long de la trajectoire rectiligne du faisceau de particules et « suivant » leur mouvement. LES PLUS GRANDS : USA le *Slac (Stanford Linear Accelerator Center)* 45-50 GeV, France, *Orsay :* 2,5 GeV. Ils sont souvent associés à des « anneaux de stockage » qui maintiennent sur des trajectoires circulaires les électrons accélérés, réalisant finalement des « anneaux de collisions » où 2 faisceaux tournent en sens inverse. **Accélérateurs circulaires :** dérivent tous du cyclotron.

■ **Cyclotron.** Les ions animés au départ d'une vitesse assez faible parcourent, sous l'action d'un champ magnétique de guidage fixe, une orbite en spirale : à chaque demi-tour, une différence de potentiel est appliquée à la particule par des électrodes, augmentant ainsi graduellement son énergie cinétique. **Supraconducteurs.** Les aimants sont refroidis à quelques degrés au-dessus du 0 absolu (moins 273,15 °C) par de l'hélium liquide, devenant supraconducteur. On peut alors faire passer des courants beaucoup plus intenses et créer ainsi des champs magnétiques plus forts permettant de donner aux particules des énergies plus élevées. *Cyclotron conventionnel :* Ganil (grand accélérateur national d'ions lourds), IN2P3, CEA, en service à Caen, constitué de 2 cyclotrons de 6 m de diamètre supraconducteurs *K 1 200. Cyclotrons supraconducteurs :* Agor (accélérateur Groningen-Orsay), Orsay (Institut de physique nucléaire), en construction.

Le cyclotron est utilisable seulement pour des énergies où la dynamique est non relativiste (petites par rapport à Mc², M étant la masse au repos de la particule). Exemple : petites par rapport à 1 GeV (1 giga électrons-volts soit 1 milliard d'électrons-volts) pour le proton. Au-delà, on doit utiliser le *synchrocyclotron* (cyclotron dans lequel le champ électrique accélérateur a une fréquence variable), puis le synchrotron.

■ **Synchrotron.** Cyclotron en anneau dont le champ magnétique de guidage est variable pour maintenir la particule toujours sur la même orbite au cours de son accélération. Le *bêtatron* est un accélérateur circulaire, type synchrotron, accélérant des électrons. **Synchrotrons à protons :** *Saturne* (CEA/IN2P3 Saclay, France) 3 GeV, adapté pour accélérer des deutons (noyau d'hydrogène lourd formé d'un proton et d'un neutron) et des ions lourds. **Supraconducteurs :** *Tevatron* du *Fermilab* (*Fermi National Accelerator Laboratory)* [Batavia, Illinois, USA] 1 000 GeV (installé dans un tunnel annulaire long de 6,4 km ; les protons sont maintenus sur leur orbite par plus de 1 000 aimants, chacun long de 7 m, refroidis à l'hélium liquide). **Synchrotrons à électrons :** *ESRF (European Synchrotron Radiation Facility),* Grenoble (utilisable 1994, fin construction 1998), anneau de 850 m de diamètre ; conçu principalement pour utiliser le rayonnement synchrotron (rayonnement électromagnétique X émis par le faisceau d'électrons dévié par les aimants de l'accélérateur).

■ **Collisionneurs.** Anneaux dans lesquels des faisceaux de particules tournent en sens inverse et se croisent en des points privilégiés où l'on observe les collisions. *Lep (Large Electron Positron Ring)* du Cern, Genève (Suisse), collisionneur électron-positon de 27 km de circonférence, son énergie est passée de 91 à 210 GeV. Coût : 4,7 milliards de F. *Hera* (Hambourg, All.), plus grand collisionneur électron-proton (respectivement 30 et 800 GeV), anneau de 6,3 km de circonférence. En service depuis 1989, fermeture prévue en sept. 2000, reportée de 1 mois après la détection pendant l'été de 5 à 15 « événements » relatifs au *boson de Higgs* (recherché depuis 10 ans, il serait à l'origine de la masse des autres particules), sera remplacé par le *LHC (Large Hadron Collider)* dans le tunnel existant (15 000 GeV, coût 11,2 milliards de F), prévu 2005 ; *Elfe (Electron Laboratory For Europe),* accélérateur à haut flux d'électrons pouvant sonder la matière nucléaire ; *RHIC (Relativistic Heavy Ion Collider,* Long Island, USA), collision d'ions lourds pour reproduire le plasma de quarks et gluons déconfinés à l'origine de l'Univers ; *SSC (Superconducting Super Collider,* Waxahachie, Texas, USA) 40 000 GeV, anneau de 87 km (coût 11 milliards de $ au minimum), abandonné fin 1993.

■ **Détecteurs.** Placés autour de câbles situés sur un faisceau de particules ; puis maintenant souvent aux points de croisement des collisionneurs pour détecter les nouvelles particules produites par les collisions haute énergie dans l'accélérateur et analyser leur trajectoire. *Chambres à bulles :* détectaient en moyenne 1 particule par minute. *Chambres à étincelles :* 1 000 par seconde. *Chambres à fil de Georges Charpak* (prix Nobel) : 100 millions par seconde.

■ **Graviton.** Vecteur de la force d'attraction universelle (Newton). Détection, mais observation impossible dans les conditions actuelles.

■ **Gluon.** Particule associée à l'interaction forte ou plus précisément à la *force de couleur* qui s'exerce entre les quarks. Selon le modèle standard, il y a 8 sortes de gluons, tous de masse nulle.

■ **Bosons intermédiaires** (bosons vectoriels faibles) W+ W– (chargés) et Z^0 (neutres). Vecteurs de l'interaction faible. Obtenus en projetant l'une contre l'autre 2 particules accélérées. Le Z^0 se désintègre après 10^{-27} seconde et engendre toutes les particules qui composent la matière dans les mêmes proportions. Découverts en 1983 au grand synchrotron du Cern transformé en collisionneur. Depuis 1989, produits et étudiés en détail au Lep.

Particules de matière

Quarks (masse)	Leptons (masse)	Bosons de jauge (masse)
u (100 MeV)	électron (0,51 MeV)	photon (0)
d (100 MeV) s (0,2 GeV)	neutrino ν_e (0) muon (105,6 MeV)	gluon (0) (8 espèces)
c (1,5 GeV)	neutrino ν_μ (0)	$W^\pm$ (85 GeV) Z^0 (94 GeV)
b (5 GeV) t[1] (25 GeV)	tau (1,784 GeV) neutrino ν_τ[1] (< 200 MeV)	graviton[1]

Nota. – (1) Observation expérimentale non réussie.

Radioactivité

☞ Voir aussi **Radioactivité** à l'Index.

■ **Découverte.** La radioactivité (émission de radiations invisibles par le noyau de certains atomes, dits radioactifs) fut découverte en 1896 par Henri Becquerel (Fr., 1852-1908). Pierre Curie (Fr., 1859-1906) et sa femme Marie (Fr. d'origine polonaise, 1867-1934) lui donnèrent son nom et reçurent le prix Nobel avec Becquerel en 1903. Comme elle provenait de minerai d'uranium, présent dans la nature, on parla de radioactivité naturelle.

■ **Types de radiations. a) Radiation alpha (α) :** la particule α (identique au noyau de l'atome d'hélium) comprend 2 protons et 2 neutrons liés. *Énergie :* 4 à 9 MeV. *Vitesse :* environ 10 000 km/s. *Portée* dans l'air : 2,5 à 8,5 cm ; dans les solides : 10 à 100 microns (une feuille de papier l'arrête).

b) Radiation bêta (β) : la particule β est soit un électron (chargé négativement et appelé *négaton*), soit un électron positif (*positon*). *Énergie maximale :* de quelques centaines d'eV à quelques MeV. *Vitesse :* 0 à 300 000 km/s. *Portée* dans l'air : quelques m ; dans les solides : quelques mm (100 feuilles de papier l'arrêtent). En même temps que la particule β, le noyau émet une autre particule non chargée que l'on suppose sans masse au repos et qui peut traverser toute matière sans laisser de trace (de rares traces dans des expériences à haut flux de neutrinos). Si la particule β est un électron *positif*, c'est un **neutrino** ; *négatif*, c'est un **antineutrino** : les émissions α et β changent le nombre atomique du noyau. Un corps nouveau apparaît qui, s'il n'est pas stable, continuera à émettre des radiations, changeant de nature à son tour jusqu'à ce qu'il devienne un corps stable. De l'uranium donnera ainsi finalement du plomb.

c) Radiation gamma (γ) : onde électromagnétique très courte et très pénétrante, non chargée électriquement, voyageant à la vitesse de la lumière et transportant de l'énergie (jusqu'à plusieurs MeV).

Un même corps émet rarement à la fois des particules α et des β, mais fréquemment les radiations γ accompagnent des radiations α ou β.

☞ Les dénominations *alpha, bêta, gamma* et la loi de décroissance radioactive dues à **Ernest Rutherford** sont antérieures à la compréhension des phénomènes physiques leur correspondant, et une notation homogène décrit des processus différents. Littéralement, « radioactivité » signifie « activité de rayonnement ». *Rayonnement gamma :* les notions de désintégration, de transmutation et de période ne s'appliquent pas. Seuls les processus bêta et alpha (ainsi que la fission et les radioactivités « exotiques ») s'accompagnent de désintégrations nucléaires. Le rayonnement gamma (très irradiant) est susceptible de déposer beaucoup d'énergie dans les tissus vivants ou les matériaux inertes. Certains noyaux « bêta purs » (peu irradiants) se désintègrent par radioactivité bêta en déposant très peu d'énergie dans le milieu, et émettent peu de rayonnement : littéralement, ils ne sont pas « radioactifs ».

■ **Période** (temps nécessaire pour que la moitié de la masse d'un corps radioactif se décompose en un corps différent). *Polonium 212* 3.10^{-7} s, *polonium 214* $1,6.10^{-4}$ s, *iode 128* 25 min, *sodium 24* 15 h, *radon 222* 3,8 jours, *iode 131* 8 j, *phosphore 32* 14,3 j, *cobalt 60* 5,3 ans, *krypton 85* 10 a, *strontium 90* 28 a, *césium 137* 33 a, *radium 226* 1 602 a, *carbone 14* 5 730 a, *plutonium 239* 24 100 a, *uranium 234* $0,25.10^4$ a (2 500), *uranium 235* 710.10^6 a, *uranium 238* $4,5.10^9$ a (4,5 milliards d'années), *thorium 232* 14.10^9 a.

☞ La désintégration des noyaux radioactifs permet de dater fossiles, roches, océan et air. A l'origine de la Terre, les éléments radioactifs naturels de très longue période étaient plus abondants qu'aujourd'hui.

■ **Radioactivité artificielle ou provoquée.** Découverte en 1934 par Irène (1897-1956) et Frédéric (1900-58) Joliot-Curie (Nobel 1935) en bombardant des corps stables par des particules α issues elles-mêmes d'une source radioactive naturelle. En fait il s'agit de la synthèse de nouveaux isotopes radioactifs, par modification du nombre de protons ou de neutrons du noyau initial. De nombreux isotopes radioactifs ont été ainsi créés par bombardement de noyaux stables par des protons (dans un accélérateur de particules), des neutrons (dans un réacteur atomique) ou des ions lourds accélérés. Certains de ces isotopes radioactifs ont des applications en biologie ou en médecine (traceur, imagerie). De nouveaux types de radioactivité (par émission de ^{14}C par exemple) sont étudiés notamment à l'Institut de physique nucléaire d'Orsay.

■ **Réactions en chaîne** (voir **Fission nucléaire** à l'Index).

II — Mécanique

Cinématique

Étude des mouvements indépendamment des causes qui les produisent.

Statique

Généralités

■ **Définition.** Étude de l'équilibre des corps. Force exercée par un fluide en équilibre sur une portion de paroi. Pression en un point d'un fluide en équilibre, dans une direction donnée : pression qui s'exercerait sur la face d'une très petite paroi plane normale à cette direction et centrée sur le point. *En un point d'un liquide,* la pression conserve une valeur constante, indépendante de l'orientation de l'élément de surface centré sur le point considéré. Conclusion : en un point d'un fluide en équilibre, la pression est la même dans toutes les directions.

■ **Force.** Ensemble des causes capables de déformer un corps ainsi que de produire ou de modifier le mouvement d'un corps. *Forces de contact* (interaction de 2 corps en tout point de leur surface de contact) ; *forces à distance* (interaction de 2 corps électrisés ou aimantés, forces de gravitation). En particulier, le poids d'un corps est la force d'attraction que la Terre exerce sur lui. On la mesure avec une balance. On caractérise une force par sa *ligne d'action,* son *sens,* son *intensité,* son *point d'application.* On la représente par un *vecteur.* Lorsque la force est appliquée à un système indéformable, son effet est le même quand on la déplace sur sa ligne d'action.

■ **Mesure d'une force.** On mesure avec un **dynamomètre** une force par la déformation qu'elle fait subir à un ressort. 2 forces sont égales si elles produisent la même déformation. La force est liée à l'allongement Δl du ressort à spires par la relation $F = k\Delta l$ (k constante de raideur du ressort).

■ **Moment d'une force $\vec{F}$ par rapport à un point O.** C'est un vecteur défini par :

$$\vec{\mathcal{M}} = \overrightarrow{OH} \wedge \vec{F}.$$

Il est normal au plan déterminé par le point O et la force, et son module vaut OH × F.

■ **Moment d'une force $\vec{F}$ par rapport à un axe Δ.** Soit $\vec{\mathcal{M}}$ le moment de $\vec{F}$ par rapport à un point O de Δ et $\overrightarrow{OA}$ le représentant de $\vec{\mathcal{M}}$ d'origine O. Le moment de $\vec{F}$ par rapport à Δ est le vecteur $\vec{\mathcal{M}'}$ représenté par $\overrightarrow{OA'}$ où A' est la projection orthogonale de A sur Δ.

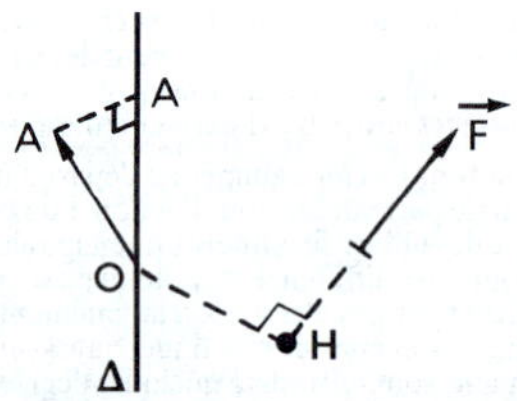

■ **Couple.** Ensemble de 2 forces parallèles de sens opposés et de même intensité. Il tend à faire tourner le système auquel il est appliqué. Son effet est d'autant plus grand que son moment, vecteur normal au plan des 2 forces et d'intensité $M = F \times d$ (d = distance des 2 forces ou bras de levier du couple), est plus grand. Le système est en équilibre lorsque la rotation a amené les 2 forces à avoir une même ligne d'action.

Un fil tordu tend à revenir à sa position initiale en exerçant un *couple de torsion* dont le moment est proportionnel à l'angle de torsion $M = C\alpha$, C étant la constante de torsion du fil.

Équilibre d'un solide

■ **Condition.** Il faut et il suffit que la somme géométrique des forces appliquées et la somme des moments de ces forces par rapport à un point quelconque soient nulles. Si la 1re condition est vérifiée, il suffit que la somme des moments par rapport à un point particulier soit nulle pour que la 2e condition soit vérifiée pour tous les points.

Un système soumis à 2 forces est en équilibre si ces forces ont même ligne d'action, même intensité et des sens opposés.

■ **Action et réaction.** Si un corps A exerce sur un corps B une force $\vec{F}$, le corps B exerce sur le corps A une force $\vec{F'}$ opposée : $\vec{F}$ et $\vec{F'}$ ont une même ligne d'action, une même intensité et des sens opposés.

Une surface polie exerce sur un solide en contact avec elle une réaction normale (perpendiculaire) à la surface de contact ; une surface rugueuse exerce une réaction oblique formant avec la normale à la surface un angle φ dont la tangente, appelée *coefficient de frottement* (voir ci-dessous), est indépendante de l'aire de la surface de contact.

■ **Coefficient de frottement.** Bois sur bois = environ 0,4 ; métal sur bois ≃ 0,5 ; métal sur métal sans lubrifiant ≃ 0,2 ; avec lubrifiant ≃ 0,05.

■ **Cas particuliers. Solide soumis à 3 forces parallèles :** il y a équilibre si la force dont la ligne d'action est entre les 2 autres est de sens opposé aux 2 autres, d'intensité égale à la somme des 2 autres et si la somme des moments de $\vec{F_1}$ et $\vec{F_2}$ par rapport à un point de $\vec{F_3}$ est nulle : $F_1\, d_1 = F_2\, d_2$.

Ensemble de forces parallèles et de même sens : elles sont équivalentes à une force unique dont l'intensité est égale à la somme des intensités de chacune des forces et dont la ligne d'action passe par le centre G des forces parallèles tel que :

$$F \,.\, OG = F_1 \,.\, OA + F_2 \,.\, OB + F_3 \,.\, OC...$$

O étant un point quelconque et A, B, C étant les points d'application des diverses forces.

Si ces forces sont les poids des différents éléments d'un système, G est le *centre de gravité* ou *centre d'inertie.*

Solide mobile autour d'un axe : la somme géométrique des réactions de l'axe est égale et opposée à la somme des forces agissantes puisque le solide ne subit pas de translation. Comme le moment de ces réactions par rapport à l'axe est nul, la condition d'équilibre est que la somme algébrique des moments par rapport à l'axe des forces appliquées soit nulle.

■ **Centre d'inertie d'un solide.** Loi de l'inertie : lorsqu'un solide est soumis à des actions qui se compensent, il existe un point G, unique, lié à ce solide. G a un mouvement rectiligne et uniforme par rapport à la Terre. G est appelé le *centre d'inertie.*

Le centre d'inertie est le barycentre des masses m_A et m_B de ses deux parties A et B.

$\overrightarrow{GG_A}$ et $\overrightarrow{GG_B}$ sont colinéaires ;

$m_A . \overrightarrow{GG_A} + m_B . \overrightarrow{GG_B} = \vec{0}$; finalement :

$$\overrightarrow{OG} = \frac{m_A . \overrightarrow{OG_A} + m_B . \overrightarrow{OG_B}}{m_A + m_B}.$$

G est aussi appelé *centre de masse.*

III — Dynamique

Étude des relations entre les forces et les mouvements qu'elles produisent.

Généralités

■ **Dans un référentiel galiléen,** un point matériel qui n'est soumis à aucune force conserve son vecteur vitesse, donc est soit immobile ($\vec{v} = \vec{0}$), soit animé d'un mouvement rectiligne uniforme. Le **repère de Copernic,** centré au centre de gravité du système solaire et dont les axes passent par 3 étoiles fixes, ainsi que tout autre repère animé, par rapport au repère de Copernic, d'un mouvement de translation rectiligne et uniforme, sont des repères galiléens. Un repère terrestre n'est pas galiléen puisque la Terre tourne sur elle-même et autour du Soleil. Mais, comme les mouvements sont lents, tout repère terrestre peut être considéré comme galiléen.

■ **Masse. Principe fondamental de la dynamique :** dans un repère galiléen, une force $\vec{F}$ appliquée à un point matériel lui communique une accélération de même support et de même sens : $\vec{F} = m\vec{\gamma} = m\dfrac{d\vec{V}}{dt}$.

Cette relation définit la masse inerte du point matériel.

2 points matériels distants de d et de masse gravitationnelle m_1 et m_2 exercent l'un sur l'autre une force attractive portée par la droite qui les joint et d'intensité :

$$F = \varepsilon\, \frac{m_1 \times m_2}{d^2}$$

où $\varepsilon = 6,67 \times 10^{-11}$ dans le système SI.

Masse gravitationnelle et masse inerte sont égales. C'est le **principe d'équivalence d'Einstein,** base de la relativité générale.

En mécanique classique, la **masse d'un corps** est égale à la somme des masses des diverses parties qui le constituent. La **masse volumique** d'un corps homogène est la masse de l'unité de volume $\rho = \dfrac{m}{V}$.

■ **Densité.** Rapport de la masse d'un certain volume d'un corps à la masse du même volume du corps de référence, généralement l'eau :

$$d = \frac{\mu}{\mu_e}$$

où μ est la masse volumique du solide ; $\mu_e = 10^3$ kg/m³ ; *d*, étant un rapport, s'exprime sans unité.

DENSITÉ (PAR RAPPORT A L'EAU)

Bois	
Chêne rouge d'Australie	1,32
If	1
Amandier	0,99
Abricotier	0,89
Pommier	0,88
Chêne-liège	0,86
Chêne d'Europe	0,80
Noyer	0,80
Érable	0,70
Cerisier	0,70
Mûrier	0,70
Hêtre	0,65
Peuplier	0,45
Tilleul	0,45
Balsa	0,10-0,16
Liquides	
Eau de mer	1,03
Lait	1,03
Vin	0,99
Huile d'olive	0,92
Pétrole	0,80
Métaux et alliages	
Iridium	22,64

Osmium	22,59
Platine	21,40
Rhénium	21,00
Plutonium	19,70
Or	19,30
Tungstène	19,10
Uranium	18,70
Mercure	13,59
Plomb	11,34
Argent (comprimé après fusion)	10,49
Cuivre	8,94
Bronze	8,40-9,20
Fer électrique	7,90
Acier	7,80
Fonte blanche	7,40
Laiton	7,30-8,40
Étain blanc	7,30
Substances diverses	
Diamant	3,51
Cristal ordinaire	3,35
Verre à vitre	2,53
Sucre	1,60
Corps humain	1,07
Graisse	0,94

Le poids est proportionnel à la masse ; on compare les masses de 2 corps en comparant leurs poids.

A la surface de la Terre, l'intensité de la pesanteur, variable avec le lieu, est voisine de 9,8 m/s². A la surface de la Lune : 1,65.

DYNAMIQUE DES SYSTÈMES MATÉRIELS

■ **Le centre de gravité (ou d'inertie)** d'un système a même mouvement qu'un point matériel de masse égale à la masse totale du système, et auquel seraient appliquées toutes les forces extérieures agissant sur le système.

■ **Chute des corps dans le vide.** Ils ne sont soumis qu'à la pesanteur, supposée constante sur toute la trajectoire. La trajectoire est verticale. La relation fondamentale de la dynamique s'écrit $mz'' = mg$ (z : altitude). Le mouvement, indépendant de la masse du corps, est uniformément varié et de loi :

$$z = \frac{1}{2}gt^2 + v_0t + z_0, \quad v = gt + v_0$$

(v_0 et z_0 : vitesse et position initiales).

Si $v_0 = 0$ (chute libre) et $z_0 = 0$, le mouvement est uniformément accéléré :

$$z = \frac{1}{2}gt^2, \quad v = gt = \sqrt{2gz}.$$

Si le mobile est lancé vers le haut, il s'élève suivant un mouvement uniformément retardé ($v < 0$ et $g > 0$) jusqu'au moment où sa vitesse s'annule, puis il descend suivant un mouvement accéléré.

■ **Mouvements des projectiles.** La résistance de l'air est négligée. Le projectile est assimilé à un point matériel lancé à partir d'un point O avec un vecteur vitesse initiale $\vec{V_0}$ de norme v_0. Le plan de la trajectoire est rapporté à un repère orthonormé $(O, \vec{i}, \vec{k})$ où $\vec{k}$ est un vecteur directeur de la verticale ; soit θ la mesure de l'angle $(\vec{i}, \vec{V_0})$. On a :

$x'' = 0$, $z'' = -g$, d'où

$x' = v_0 \cos\theta$, $z' = -gt + v_0 \sin\theta$ et enfin

$x = v_0 \cos\theta\, t$, $z = -\frac{1}{2}gt^2 + v_0 \sin\theta\, t$.

L'équation de la trajectoire s'obtient en éliminant *t* entre ces relations :

$$z = \frac{-gx^2}{2v_0^2 \cos 2\theta} + x \operatorname{tg}\theta.$$

C'est une parabole.

La portée $OM = \frac{v_0^2 \sin 2\theta}{g}$ reste la même pour 2 inclinaisons complémentaires θ (tir tendu) et $\frac{\pi}{2} - \theta$ (tir plongeant) ; elle est maximale pour θ = 45°.

Si l'accélération d'un mobile dans un repère non galiléen est $\vec{g_r}$ et si $\vec{g_e}$ et $\vec{g_c}$ sont l'accélération d'entraînement et l'accélération de Coriolis de ce repère par rapport à un repère galiléen, la relation fondamentale de la dynamique s'exprime par :

$$\vec{F} = m(\vec{g_r} + \vec{g_e} + \vec{g_c}),$$

$$\text{soit : } m\,\vec{g_r} = \vec{F} - m\,(\vec{g_e} + \vec{g_c})\ ;$$

$\vec{g_r}$ s'obtient donc en ajoutant à la force réelle $\vec{F}$ une force d'inertie $-m\,(\vec{g_e} + \vec{g_c})$.

■ **Mouvement circulaire uniforme.** Il ne peut se produire que sous l'action d'une force centripète

$$F = m\frac{v^2}{r} = m\omega^2 r.$$

Nota. – ω est la vitesse angulaire de rotation (en radians/seconde) ; ω = 2 π *f* (*f* étant la fréquence de rotation, en tours/s).

Le point paraît immobile pour un observateur situé dans un repère tournant avec lui autour de l'axe du cercle ($\vec{g_r} = \vec{0}$, $\vec{g_c} = \vec{0}$) ; la relation fondamentale de la dynamique s'écrit alors $\vec{F} = m\vec{g_e} = \vec{0}$. Le point est donc en équilibre relatif sous l'influence de la force réelle F et de la force d'inertie centrifuge $F = m\omega^2 r$.

Le **poids d'un corps** est la résultante de l'attraction newtonienne dirigée vers le centre de la Terre et de la force d'inertie centrifuge due à la rotation de la Terre.

Application. Satellites artificiels (voir p. 55 c).

RÉSISTANCE DES FLUIDES AU MOUVEMENT

Un fluide (exemple : l'air) exerce sur un corps en mouvement des forces de frottement (viscosité) et de pression (surpression à l'avant, dépression à l'arrière). Si le solide a un axe de symétrie, elles se réduisent à une force unique R, en sens inverse de la vitesse et dont l'intensité est fonction du nombre de Mach, $M = \frac{V}{V_0}$, rapport de la vitesse du mobile à la vitesse du son dans le fluide.

Pour $M < 0{,}15$, R est proportionnel à la vitesse ; dans le cas d'une sphère de rayon *r*, $R = 6\,\pi\,\eta r V$, η étant le coefficient de viscosité du fluide (formule de Stokes). Pour $0{,}15 < M < 0{,}8$, $R = CaSV^2$; C constante liée à la forme du corps ; *a* masse volumique du fluide ; S maître couple, aire de la projection du corps sur un plan normal à la direction du mouvement.

Lorsque le mobile franchit le mur du son, il apparaît une *onde de choc*. Pour $M > 1{,}2$ (vitesses hypersoniques), il se produit 2 ondes de choc, l'une à l'avant du mobile, l'autre à l'arrière, qui forment le « double bang ».

Au cours de la chute d'un mobile, la vitesse, d'abord croissante, atteint une valeur limite lorsque la résistance du fluide devient égale au poids ; à partir de ce moment, le mouvement est uniforme, de vitesse

$$v = \sqrt{\frac{mg}{CaS}}.$$

■ **Mouvement perpétuel.** Un volant parfaitement équilibré, tournant dans le vide sans aucun frottement, conserverait son énergie sous forme cinétique et ne s'arrêterait jamais de tourner. Mais cette rotation perpétuelle est irréalisable en pratique : les frottements existent, si faibles soient-ils, et l'énergie cinétique du volant se dissipera peu à peu en chaleur équivalente. Il faudra donc un apport extérieur d'énergie pour maintenir la rotation.

IV — HYDROSTATIQUE, HYDRODYNAMIQUE

HYDROSTATIQUE

■ **Pression en un point d'un liquide.** Toute surface au sein d'un fluide est soumise à une force normale, dirigée vers la surface du liquide. La pression est :

$$p = \frac{F}{S}.$$

■ **Relation fondamentale de l'hydrostatique.** La différence de pression entre 2 points d'un même fluide en équilibre est égale au poids d'une colonne de liquide, de section unité et de hauteur égale à la dénivellation *h* entre les deux points : $p' - p = h\,\rho\,g$, ρ étant la masse volumique du liquide et *g* l'intensité de la pesanteur.

■ **Transmission des pressions par un liquide.** Alors qu'un solide transmet les forces, un liquide fluide incompressible transmet intégralement et dans toutes les directions les variations de pression qu'on lui fait subir.

■ **Mesure de la pression.** Dans un gaz de faible volume, la pression est la même en tous les points. On la mesure à l'aide de **manomètres** : en général, tubes en U contenant un liquide (eau ou mercure) ; une des branches est reliée à l'enceinte contenant le gaz, l'autre à une enceinte de référence (atmosphère ou vide). La dénivellation mesure la différence de pression entre les 2 enceintes.

Manomètres : *à liquide* : à air libre, barométrique (fidèles, fragiles, encombrants) ; *métalliques* : anéroïdes ou de Vidi, de Bourdon (robustes, peu encombrants, montables en instruments enregistreurs, pas fidèles).

■ **Principe d'Archimède.** Un fluide exerce sur un solide immergé des forces pressantes, qui se réduisent à une force unique ascendante portée par la verticale du centre de gravité du fluide déplacé. Son intensité est égale au poids du fluide déplacé (c'est-à-dire au poids du fluide que contiendrait un volume égal à celui du solide). Si le solide est entouré par 2 fluides superposés, la poussée qu'il subit est la résultante des poussées que subirait chaque partie du solide entièrement plongée dans le fluide. Si un corps flotte à la surface d'un liquide, le poids de l'air déplacé est négligeable vis-à-vis de celui du liquide déplacé, qui représente la poussée totale.

HYDRODYNAMIQUE

■ **Théorème de Daniel Bernoulli** (Suisse, 1700-82). Si un liquide non visqueux, de masse volumique ρ, s'écoule en régime permanent dans un tuyau épousant la forme d'une veine de courant, il n'existe pas de remous ; les seules forces intervenant sont la force de pesanteur et les forces pressantes à l'amont et à l'aval.

L'application du théorème de l'énergie cinétique à une tranche de la veine comprise entre une section S de cote *z*, où la pression est *p* et la vitesse *v*, et une autre section S' de cote *z'*, où la pression est *p'* et la vitesse *v'*, conduit à la relation :

$$p + pgz + \tfrac{1}{2}pv^2 = \text{constante}.$$

■ **Théorème d'Evangelista Torricelli** (Italien, 1608-47). La vitesse d'écoulement à travers un orifice étroit d'un liquide contenu dans un récipient de large section est obtenue par application du théorème de Bernoulli. La vitesse d'écoulement au niveau supérieur étant négligeable, si H désigne la pression atmosphérique, il vient :

$$H + pgz + 0 = H + pgz' + \tfrac{1}{2}\rho v^2,$$

d'où $v = \sqrt{2g(z - z')} = \sqrt{2gh}$, *h* étant la hauteur de chute.

Le liquide sort avec la même vitesse que s'il était tombé en chute libre. Cette vitesse, et par conséquent le temps de vidange, est indépendante de la masse volumique du liquide, pourvu que la viscosité soit négligeable.

■ **Fluide visqueux ; loi de Jean-Louis Poiseuille** (Fr., 1799-1869 ; loi de 1844). En raison du frottement du liquide sur les parois et entre les diverses couches, il existe dans un tube horizontal une chute progressive de pression (perte de charge). Dans un tube capillaire de longueur *l* et de rayon *r*, le débit par seconde a pour expression $q = \frac{\pi r^4 P}{8\eta l}$, P étant la différence des pressions aux extrémités et η le coefficient de viscosité.

■ **Diffusion d'un gaz à travers une paroi poreuse.** Vitesse de diffusion en fonction de la densité du gaz :

$$v = \frac{k}{\sqrt{d}}.$$

V — CHALEUR ET THERMODYNAMIQUE

THERMOMÉTRIE

■ **Repère de la température.** A partir des variations au chaud et au froid d'une grandeur physique d'un corps (longueur, volume, pression). La mesure de cette grandeur et la température sont liées linéairement : $l = at + b$.

Pour déterminer *a* et *b*, on choisit 2 points fixes : fusion de la glace et ébullition de l'eau sous pression de 760 mm de mercure. A ces points fixes, on attribue les températures de 0° et 100° dans l'échelle Celsius, 0° et 80° dans l'échelle Réaumur, 32° et 212° dans l'échelle Fahrenheit (voir à l'Index). Dans une enceinte protégée de toute action extérieure, le thermomètre se met en équilibre thermique avec les corps placés dans l'enceinte dont il indique ainsi la température.

Dans l'échelle légale, le phénomène utilisé est la variation de pression d'un gaz à volume constant. Si p_0 est la pression à 0 °C et p_1 celle à 100 °C, la relation thermométrique est : $\frac{p - p_0}{t - 0} = \frac{p_1 - p_0}{100 - 0}$, ou

$$p = p_0 \left| 1 + t\frac{p_1 - p_0}{100\,p_0} \right| = p_0\,(1 + \beta t).$$

Si on utilise un gaz sous faible pression initiale, le coefficient thermométrique β est indépendant de la nature du gaz (le gaz est dit « parfait ») :

$$\beta = \frac{1}{273{,}15}.$$

On définit ainsi l'échelle légale ou échelle du thermomètre à gaz parfait. La pression d'un gaz ne peut devenir nulle : la plus faible température théorique réalisable est :

$$t = -\frac{1}{\beta} = -273{,}15\ °C \text{ (zéro absolu).}$$

La température thermodynamique qui seule a une valeur physique est $T_K = t + 273{,}15$ (échelle Kelvin).

■ **Thermomètres liquides.** On repère la température à partir de la dilatation apparente d'un liquide dans un tube de verre comprenant un réservoir et une tige graduée. Le *thermomètre à mercure* est utilisable entre − 30 °C et + 600 °C ; le *thermomètre à alcool* jusqu'à − 100 °C et le *thermomètre à pentane* jusqu'à − 200 °C. Dans le *thermomètre médical,* un étranglement du tube à la sortie du réservoir empêche le mercure de rétrograder quand il a atteint son niveau supérieur. On ramène le mercure dans le réservoir en secouant l'appareil. **Autres thermomètres.** *A variation de la résistance* d'un fil de platine ou *à variation de la f.e.m.* (force électromotrice) *de contact* entre 2 métaux (couples thermoélectriques) ; ou encore *à rayonnement lumineux* (pyromètres optiques).

DILATATION

■ **Dilatation des solides.** Une tige de longueur l_0 à 0 °C a, à t °C, la longueur $l = l_0 (1 + \lambda t)$. Le coefficient de dilatation linéaire λ est d'environ 10^{-5} pour la plupart des métaux (10^{-6} pour l'invar, alliage Cu + Ni).

Un corps plein se dilate dans toutes ses dimensions ; si v_0 est son volume à 0 °C, à t °C il est : $v = v_0 (1 + kt)$, k étant le coefficient de dilatation cubique. Un cube d'arête a, à 0 °C, occupe à t °C le volume : $v = a^3 (1 + \lambda t)^3 = a^3 (1 + kt)$, d'où : $k = 3\lambda$, en négligeant les termes petits en $\lambda^2 t^2$ et $\lambda^3 t^3$.

Masse volumique et température : un corps chauffé conserve sa masse. Si ρ_0 et ρ désignent les masses volumiques à 0 °C et à t °C, $m = \rho_0 v_0 = \rho v_0 (1 + kt)$,

d'où : $\rho_0 = \rho (1 + kt)$.

■ **Dilatation ou compression des gaz ; loi de l'abbé Edme Mariotte** (Fr., vers 1620-84 ; loi de 1676). Pour une masse donnée de gaz à température constante, la pression et le volume sont inversement proportionnels.

$p = \dfrac{A}{v}$ ou $pv = A$, A constante dépendant de la température, de la masse et de la nature du gaz.

Nota. – Les gaz sont très compressibles. La loi de Mariotte, applicable à l'état gazeux parfait, n'est à peu près exacte que pour les gaz difficilement liquéfiables et au voisinage de la pression atmosphérique. Sous 3 000 atmosphères, la compressibilité de l'oxygène est à peu près celle de l'alcool, et sa densité un peu supérieure à celle de l'eau.

■ **Dilatation sous pression constante ; loi de Louis-Joseph Gay-Lussac** (Fr., 1778-1850 ; loi de 1802). Entre le volume v à t °C d'une masse gazeuse, dont la pression reste constante, et son volume v_0 à 0 °C, existe la relation $v = v_0 (1 + \alpha t)$. Le coefficient de dilatation α est indépendant de la température, de la pression et de la nature du gaz,

$$\alpha = \frac{1}{273{,}15}.$$

■ **Augmentation de pression à volume constant ; loi de Jacques Charles** (Fr., 1746-1823). La pression p à t °C d'un gaz dont le volume reste constant est liée à sa pression à 0 °C par la relation $p = p_0 (1 + \beta t)$; β, coefficient d'augmentation de pression à volume constant, est indépendant de la température, de la pression et de la nature du gaz.

$$\beta = \alpha = \frac{1}{273{,}15}.$$

Nota. – Ces lois sont des lois limites qui ne sont qu'approximativement vérifiées. Elles le sont d'autant mieux que le gaz est plus éloigné de ses conditions de liquéfaction (température élevée, pression faible). Le gaz obéit rigoureusement à ces lois.

■ **Équation d'état d'un gaz parfait.** C'est la relation entre la pression p, le volume v, la température t d'une masse donnée de gaz (état 2) et la pression p_0, le volume v_0 à 0 °C (état 1). On peut passer d'un état à l'autre, d'abord par dilatation sous pression constante jusqu'à t °C [état défini par p_0, $v_0 (1 + \alpha t)$], puis par compression isotherme à t °C, il vient :

$$\frac{pV}{1 + \alpha t} = \text{constante.}$$

Si la masse de gaz correspond à une mole,

$$pV = p_0 \, V_0 \frac{T}{T_0} = RT \, ;$$

V_o étant une constante (22,4 litres dans les conditions normales) ; R est une constante universelle égale à 8,32 unités SI. (T = température Kelvin.)

Pour N moles, l'équation devient :

$$pv = N\,RT.$$

■ **Mélange de gaz parfaits.** Si $p_1 \, v_1 \, T_1$, $p_2 \, v_2 \, T_2$, etc., sont les caractéristiques initiales des gaz pvT, celles du mélange sont :

$$\frac{pv}{T} = \frac{p_1 v_1}{T_1} + \frac{p_2 v_2}{T_2} + ...$$

La *densité* d'un gaz (d) est le rapport de la masse d'un certain volume de ce gaz à la masse du même volume d'air dans les mêmes conditions.

Si v est le volume du gaz, v_0 son volume (ou celui de l'air) dans les conditions normales, a_0 la masse volumique de l'air dans ces conditions, on a :

$$m_{\text{air}} = a_0 v_0 = a_0 \frac{p}{p_0} \, v \, \frac{T_0}{T} \text{ ; d'où :}$$

$$m = a_0 \, d \frac{p}{p_0} \frac{T}{T_0} = a_0 \, d \frac{P}{76} \frac{1}{1 + \alpha t},$$

p étant la pression du gaz en cm de mercure.

Extension aux gaz du théorème fondamental de l'hydrostatique qui peut s'écrire :

$$F_B - F_A - P = O,$$
$$(p_B - p_A) \, S = P.$$

On ne peut pas appliquer aux gaz (compressibles) la formule $p_B - p_A = \omega \, h$ car le poids volumique varie d'un point à l'autre dans le même sens que la pression.

La différence de pression entre 2 points d'un fluide en équilibre est numériquement égale au poids d'une colonne verticale de ce fluide, de section horizontale égale à l'unité d'aire et de hauteur égale à la différence des niveaux entre les 2 points. *Exemple :* la différence de pression $p_1 - p_2$ entre la base et la partie supérieure d'un récipient haut de 1 m, contenant de l'air de poids volumique moyen 1,3 kgf/m³ et dont la pression à la partie inférieure est $p_1 = 10^5$ Pa. L'unité de surface est 1 m², la différence de pression $p_1 - p_2$ est exprimée par le même nombre que le poids de 1 m² × 1 m = 1 m³ d'air, soit 1,3 kgf, ou 9,8 × 1,3 = 12,74 N. Donc $p_1 - p_2$ = 12,74 N/m², ou Pa.

■ **Transmission des pressions dans les liquides ; théorème de Blaise Pascal** (Fr., 1623-62). Considérons un récipient fermé, rempli d'un liquide en équilibre, de poids volumique ω. La différence de pression entre deux points A et B, séparés par la distance verticale h, est $p_B - p_A = \omega \, h$. Supposons que la pression p_A augmente et devienne $p'_A = p_A + a$. Le liquide est incompressible, par conséquent son poids volumique ne varie pas et la différence entre les nouvelles pressions p'_B et p'_A est encore $\omega \, h$;

$p'_B - p'_A = p_B - p_A$, d'où $p'_B - p_B = p'_A - p_A = a$.

Toute variation de pression en un point d'un liquide en équilibre est transmise intégralement à tous les autres points du liquide.

CALORIMÉTRIE

■ **Principe.** Si un corps reçoit de la chaleur, sa température s'élève ou il change d'état physique. La quantité de chaleur qui fait passer M grammes d'eau de t_1 à t_2 est $Q = M \, (t_2 - t_1)$. Q est mesuré en calories (1 calorie = 4,18 joules).

Si un corps subit 2 transformations inverses, la quantité de chaleur qu'il reçoit dans l'une est égale à celle qu'il cède dans l'autre. Lorsqu'il y a uniquement échange de chaleur entre 2 corps, la quantité de chaleur cédée par le plus chaud est égale à celle gagnée par le plus froid.

■ **Mesure d'une quantité de chaleur.** On la fait dégager dans une masse connue M d'eau, dont on mesure l'élévation de température. On utilise un calorimètre, protégé contre tout échange avec l'extérieur.

■ **Chaleur massique.** C'est la quantité de chaleur nécessaire pour élever de 1 °C la température de 1 g du corps. Pour l'eau, c = 1 cal/g. Pour élever de t_1 à t_2 la température de m grammes du corps, il faut fournir : $Q = mc \, (t_2 - t_1)$; mc est la *capacité calorifique.*

■ **Loi de Pierre-Louis Dulong** (Fr., 1785-1838) **et Alexis Petit** (Fr., 1791-1820). La capacité calorifique atomique Ac d'un corps simple solide est voisine de 6,4.

☞ Voir également p. 252 b les unités calorifiques.

CRYOSCOPIE, ÉBULLIOSCOPIE

■ **Solution.** Mélange homogène d'un corps dit « soluté » dans un liquide « solvant ». A une température donnée, la dissolution n'est plus possible dès que la concentration $s = \dfrac{m''}{m}$ (rapport de la masse du soluté à la masse du solvant) atteint une certaine valeur appelée « solubilité ». Il y a alors en présence le soluté solide et la solution dite « saturée ».

La température de congélation commençante d'une solution est inférieure à celle de congélation du solvant pur. Pour une solution étendue non électrolysable, Raoult a montré que l'abaissement de cette température est proportionnel à la concentration et inversement proportionnel à la masse molaire du soluté :

$$\Delta\Theta = K \, \frac{s}{M}$$

(K, **constante cryoscopique,** ne dépend que du solvant ; pour l'eau, K = 1 850).

De même, la température d'ébullition commençante d'une solution d'un soluté non volatil est supérieure à la température d'ébullition du solvant pur. Pour une solution étendue non électrolysable, l'élévation est proportionnelle à la concentration et inversement proportionnelle à la masse molaire du soluté :

$$\Delta\Theta = K' \, \frac{s}{M}$$

(K', **constante ébullioscopique,** ne dépend que du solvant ; pour l'eau, K' = 520).

Les *lois de Raoult* permettent de déterminer la masse molaire approximative d'un soluté.

THERMODYNAMIQUE

Étude des relations entre les phénomènes thermiques et les phénomènes mécaniques.

■ **Chaleur-travail : équivalence.** *Un corps chaud fournit spontanément de la chaleur à un corps froid.* C'est ainsi que peuvent se produire l'égalisation des températures de 2 corps en présence ou le changement d'état physique d'un des 2 corps (vaporisation d'un liquide, fusion ou sublimation d'un solide).

Les frottements mécaniques entre solides, ou entre un solide et un fluide (résistance de l'air), peuvent provoquer une élévation de température ou un changement d'état. Dans ce cas, *le travail des forces de frottement a été transformé en chaleur.*

Les moteurs thermiques (machine à vapeur, moteur à explosion) utilisent la chaleur dégagée par la combustion du charbon, du mazout ou de l'essence pour fournir un travail. *Ils transforment la chaleur en travail mécanique.*

■ **Premier principe de la thermodynamique.** Le plus souvent, une transformation amenant un système d'un état initial à un état final s'effectue par échange de chaleur (Q) et de travail (W).

Dans toutes les transformations qui, par échanges de chaleur et de travail avec le milieu extérieur, font passer un système déterminé d'un état initial à un état final fixe, la somme algébrique W + Q est constante, indépendante de la transformation envisagée. C'est le principe de l'état initial et de l'état final.

Cas particulier d'un cycle : lorsqu'un système qui n'échange avec le milieu extérieur que de la chaleur et du travail décrit un cycle, c'est-à-dire lorsque son état final est en tous points identique à son état initial, *l'énergie totale échangée avec le milieu extérieur est nulle :* W + Q = 0. Donc, lorsqu'un système subit une suite fermée de transformations en n'échangeant avec le milieu que de la chaleur et du travail : *1°)* s'il reçoit du travail, il fournit de la chaleur ; *2°)* s'il reçoit de la chaleur, il fournit du travail ; *3°)* les valeurs numériques des quantités de chaleur et de travail, exprimées avec les mêmes unités, sont égales.

Énergie interne : soit un système qui n'échange avec le milieu extérieur que de la chaleur et du travail. S'il subit une transformation l'amenant d'un état initial A à un état final B, son énergie interne a augmenté de la quantité : Δ U = W + Q. U est analogue à une énergie potentielle dont on ne peut calculer que les variations. $U_B - U_A$ = W + Q.

■ **Deuxième principe de thermodynamique** ou **principe de Carnot** (Nicolas Lazare Sadi Carnot, 1796-1832 ; fils de Lazare Carnot). Une machine thermique ne peut, au cours d'un cycle, fournir de travail que si elle emprunte une quantité de chaleur ($Q_1 > 0$) à une source chaude et si elle en restitue une partie ($Q_2 < 0$) à une source froide. Le travail qu'elle fournit a pour valeur algébrique : $W = Q_1 - Q_2$, W est donc négatif.

■ **Rendement d'un moteur thermique.** C'est le taux de convertibilité de la chaleur en travail.

$$r = \frac{|W|}{Q_1}.$$

■ **Rendement thermique maximal : théorème de Carnot.** Le rapport des quantités de chaleur échangées avec les 2 sources, dans les conditions optimales de fonctionnement d'un moteur thermique, est indépendant de l'agent thermique utilisé ; sa valeur absolue est égale au rapport des températures absolues des 2 sources correspondantes :

$$\frac{Q_1}{Q_2} = \frac{T_1}{T_2}. \text{ (T = température absolue.)}$$

L'expression pratique est : $r = 1 - \dfrac{T_2}{T_1}$.

■ **Applications. Réfrigérateurs :** moteur thermique fonctionnant en sens inverse : on lui fournit du travail et il fait passer de la chaleur d'une source froide sur une source chaude. Le moteur reçoit de l'extérieur une énergie W (W > 0) (sur une prise de courant). Une quantité de chaleur Q sera extraite de la source froide : « freezer » ($Q_2 > 0$). La quantité de chaleur Q_1 sera envoyée à la source chaude ($Q_1 < 0$).

$$Q_2 = \frac{WT_2}{T_1 - T_2}.$$

Un réfrigérateur sera d'autant plus avantageux que les températures T_1 et T_2 seront plus voisines, car à une consommation minime d'énergie W correspondra une grande valeur de Q_2.

L'expression $\dfrac{Q_1}{Q_2} = -\dfrac{T_1}{T_2}$ n'a plus de sens si T_2 est nulle. Donc une machine thermique ne permet pas d'obtenir le zéro absolu.

Thermopompe : analogue à un réfrigérateur, mais on utilise la quantité de chaleur $|Q_1|$ pour le chauffage.

$$Q_1 = \frac{-WT_1}{T_1 - T_2} \text{ ou } |Q_1| = \frac{WT_1}{T_1 - T_2}.$$

La source froide est l'eau d'une rivière ou d'un lac ; la source chaude est l'eau du radiateur de chaleur qui se trouve ainsi chauffée et peut par thermosiphon circuler dans les radiateurs d'un chauffage central. Le système est très intéressant quand il combine une patinoire (source froide) et une installation de chauffage (source chaude).

☞ En 1903, René Blondlot (Nancy, 1849-1930) crut avoir découvert un nouveau type de rayonnement qu'il baptisa *rayons N* [Robert Williams Wood (Amér., 1868-1955) démontra son erreur]. Il avait, à partir de la théorie de Paul Drude (All., 1863-1906) qui avait tenté d'expliquer l'effet thermo-ionique (émission d'électrons par les métaux chauffés), fait en 1887 des expériences qui lui permirent de mettre au point avec Bichat un électromètre très précis.

■ **Froid. Zéro absolu :** 0 Kelvin (soit − 273,15 °C ou 459,6 °F). Il n'existe pas à l'état naturel : l'espace interstellaire est à + 3K. **Température la plus basse obtenue :** 2,8 pico Kelvin (milliardième de degré), à l'université de technologie d'Helsinki en février 1993 [record précédent : 1,1 micro K à l'université du Colorado. Plus basse température cinétique (de mouvement des atomes) : 2,5K à l'École normale supérieure à Paris]. **Température la plus basse utilisée dans les applications pratiques :** celle de l'hydrogène liquide servant pour la propulsion des fusées (− 253 °C). On utilise fréquemment l'hélium liquide (− 271,6 °C) pour les supraconducteurs (aimants très puissants, projet d'ordinateur supraconducteur chez IBM).

■ **Chaleur maximale obtenue.** Le 27-5-1994, 510 millions de degrés C dans le *Tokamak*, Princeton (USA) [noyau du Soleil 15 millions de °C].

VI — Énergie et travail

Généralités

Un système possède de l'énergie quand il est susceptible de produire du travail. L'énergie existe sous diverses formes : mécanique (cinétique et potentielle), calorifique, électrique, chimique, rayonnante, nucléaire, etc., qui peuvent se transformer les unes en les autres.

■ **Principe de la conservation.** L'énergie totale d'un système isolé (n'échangeant rien avec l'extérieur) reste constante ; les éventuels échanges internes se compensent exactement.

Travail d'une force F qui effectue un déplacement infiniment petit *dl*. C'est le produit scalaire :

$$\vec{F}.\vec{dl} = F.\,dl.\cos\alpha$$

α étant l'angle de la force et du déplacement. Pour un déplacement fini,

$T = \int F dl \cos\alpha$. Le travail d'une force est la somme des travaux de ses composantes.

Travail de la pesanteur. Quand un corps se déplace entre 2 points d'altitude z_1 et z_2, le travail de son poids est :

$$T = mg\int \cos\alpha\, dz = mg\,(z_1 - z_2).$$

Il ne dépend que de la différence d'altitude.

Travail d'un couple. Il est égal au produit du moment du couple par l'angle de rotation évalué en radians :

$$T = \mathcal{M}\,\alpha.$$

■ **Énergie cinétique.** Pour un point matériel de masse *m* animé d'une vitesse *v*, elle est :

$$E_c = \tfrac{1}{2}\, mv^2.$$

Pour un ensemble de masses, on aura :

$$E_c = \Sigma\, \tfrac{1}{2}\, mv^2.$$

Si un solide de masse M est en translation, tous les points, en particulier le centre de gravité, ont la même vitesse, $E_c = \frac{1}{2}\, Mv^2$. Si le solide est animé d'un mouvement de rotation autour d'un axe, tous ses points ont la même vitesse angulaire ; l'énergie cinétique est :

$$E_c = \tfrac{1}{2}\, J\alpha'^2,$$

J étant le moment d'inertie autour de l'axe de rotation.

Un mouvement quelconque est la résultante d'une translation du centre de gravité G avec la vitesse V de ce point et d'une rotation autour d'un axe de direction fixe, passant par ce centre de gravité ; l'énergie cinétique est :

$$E_c = \tfrac{1}{2}\, MV_G^2 + \tfrac{1}{2}\, J_G\, \alpha'^2.$$

■ **Théorème de l'énergie cinétique.** La variation de l'énergie cinétique d'un système entre 2 instants est égale à la somme des travaux, entre ces 2 instants, de toutes les forces, intérieures et extérieures, agissant sur les diverses parties du système : $T = E_{2c} - E_{1c}$.

Si le solide est indéformable, le travail des forces intérieures est nul ; seules interviennent les forces extérieures. L'énergie cinétique s'évalue en joules.

Exemple : pour arrêter, après N tours, un volant de moment d'inertie J tournant à la vitesse angulaire α', il faut lui appliquer un couple dont le moment sur l'axe de rotation ait pour valeur algébrique $\mathcal{M}$ telle que :

$$\tfrac{1}{2}\, J\alpha'^2 = \mathcal{M}\,\alpha = \mathcal{M}\,\alpha 2\pi N.$$

■ **Énergie potentielle.** Si l'on peut faire agir les forces intérieures d'un système, on récupère un travail qui est égal à la diminution ΔE_p de l'énergie potentielle du système. L'énergie potentielle E_p est définie à une constante près.

Exemple : *énergie potentielle de pesanteur :* pour le système formé par la Terre et un corps, le poids du corps est une force intérieure qui fournit le travail :

$$T = mg\,(z_1 - z_2) = \Delta E_p$$

au cours du passage de l'altitude z_1 à l'altitude z_2. L'énergie potentielle du système Terre-corps est $E_p = mgz$.

■ **Énergie mécanique totale.** Somme des énergies potentielle et cinétique : $E_t = E_p + E_c$. Dans un système isolé (qui ne subit aucune action extérieure) où les frottements sont négligeables, elle reste constante. S'il existe des frottements, une partie se transforme en chaleur. Pour un système isolé :

$$E_p + E_c + Q = \text{constante}.$$

Pour un satellite de masse *m*, à une distance *r* du centre de la Terre, l'énergie potentielle de pesanteur est

$E_p = -\dfrac{\varepsilon M m}{r}$, (M étant la masse de la Terre).

Son énergie totale est : $E_t = \frac{1}{2}\, mv^2 - \dfrac{\varepsilon M m}{r}$.

Pour que le satellite lancé en un point de la Terre (de rayon R) s'éloigne indéfiniment, il faut que son énergie totale soit positive ; la vitesse minimale de lancement, ou vitesse de libération, est telle que :

$$\tfrac{1}{2}\, mv^2 - \frac{\varepsilon M m}{R} > 0.$$

On trouve $v = 11{,}2$ km/s.

Mécanique quantique

Contrairement à la mécanique classique, les échanges d'énergie (émission ou absorption) ne peuvent s'effectuer que d'une manière discontinue, par sauts brusques, multiples entiers d'un quantum représentant l'**unité élémentaire d'énergie** dite **constante de Planck** [Max (All., 1858-1947)] : $E = h\nu$ avec ν : fréquence du rayonnement et $h = (6{,}626\,19 \pm 0{,}000\,06) \times 10^{-34}$ joules × seconde].

Cette hypothèse permet d'expliquer :

1°) les lois expérimentales du rayonnement du **corps noir,** corps idéal qui absorbe toutes les radiations qu'il reçoit et qui peut être approximativement réalisé par une enceinte fermée, à température constante, munie d'une petite ouverture ;

2°) les variations avec la température de la chaleur massique des solides ;

3°) l'effet photoélectrique (voir p. 239 a) ;

4°) les lois de l'émission des **raies spectrales.** Un électron gravitant autour du noyau est assimilable à un courant électrique ; il doit donc rayonner de l'énergie, et, de ce fait, il devrait se rapprocher du noyau et finir par tomber sur lui. Bohr admet qu'il existe des orbites particulières, correspondant à des états stationnaires de l'atome, pour lesquelles il n'y a pas d'énergie rayonnée ; elles sont telles que le moment cinétique *mvr* de l'électron est un multiple

entier de $\dfrac{h}{2\pi} = \hbar$, soit $mvr = n\hbar$.

Il n'y a émission de lumière que lorsque l'électron passe d'une orbite à une autre, l'atome passant d'un état d'énergie E_2 à un état d'énergie E_1 inférieure à E_2, la fréquence de la lumière émise étant telle que $h\nu = E_2 - E_1$.

Mécanique ondulatoire

■ **Définition.** Élaborée par Louis de Broglie (Fr., 1892-1987), entre 1911 et 1929, pour concilier l'aspect ondulatoire et l'aspect corpusculaire de la lumière. Tout corpuscule de quantité de mouvement *p* est guidé par une onde associée de longueur d'onde :

$$\lambda = \frac{h}{p} = \frac{h}{mv}.$$

La trajectoire d'un électron dans l'atome étant fermée, le mouvement ne pourra se maintenir que si l'onde est stationnaire, c'est-à-dire si l'on peut placer un nombre entier de longueurs d'onde sur l'orbite de Bohr :

$$2\,\pi\, r = n\lambda = n\,\frac{h}{mv}.$$

Les propriétés ondulatoires de l'électron ont été vérifiées par Joseph Davisson (Amér., 1881-1958) et Lester Germer (Amér., 1896-1971) ; en envoyant un faisceau d'électrons sur un cristal de nickel, ils obtinrent des phénomènes de diffraction analogues à ceux obtenus avec des rayons X et vérifièrent quantitativement la formule de Louis de Broglie.

Les ondes associées aux particules matérielles en mouvement étant de plus grande fréquence que les ondes lumineuses, on a pu réaliser des microscopes électroniques ou protoniques ayant de meilleures limites de résolution que les microscopes ordinaires.

L'aspect corpusculaire et l'aspect ondulatoire du rayonnement ne sont pas contradictoires, mais complémentaires. Les 2 aspects ne peuvent se manifester simultanément. On peut observer l'effet corpusculaire lorsque l'on peut attribuer une position définie au corpuscule ; dans le cas contraire, il se comporte comme une onde de longueur d'onde définie.

■ **Relation d'incertitude.** En mécanique classique, l'état d'une particule est défini par sa position et sa vitesse. En mécanique ondulatoire, il est impossible de déterminer rigoureusement, au même instant, ces 2 grandeurs, donc de définir exactement la trajectoire de la particule. Cela parce que l'instrument qui permet de mesurer le phénomène perturbe la mesure. L'incertitude Δx sur la position est liée à l'incertitude Δp sur la quantité de mouvement par la **formule de Heisenberg** (Werner, All., 1901-76) :

$$\Delta x\,.\,\Delta p \geqslant \hbar.$$

On peut seulement faire correspondre à chaque état d'une particule une fonction d'onde Ψ, fonction du temps et de paramètres géométriques, et telle que la probabilité de trouver la particule dans un volume *dv* autour d'un point M(*x,y,z*) est :

$$dP = \psi\,(x,y,z,t)\,.\,\overline{\psi}\,(x,y,z,t)\,dv,$$

$\overline{\psi}$ étant la fonction imaginaire conjuguée de ψ. A la notion d'orbite d'un électron dans un atome doit être substituée celle de zone de probabilité de présence ou de nuage électronique.

L'équation d'évolution qui remplace la relation $F = \dfrac{dp}{dt}$ de la mécanique classique est l'équation de Erwin Schrödinger (Autr., 1887-1961) :

$$\frac{d^2\psi}{dx^2} + \frac{d^2\psi}{dy^2} + \frac{d^2\psi}{dz^2} + \frac{2m}{\hbar^2}\,(E - Ep)\,\psi = 0.$$

Mécaniques quantique et ondulatoire se réduisent à la mécanique classique quand les échanges d'action sont des multiples très élevés de la constante de Planck.

Théorie de la relativité

Elle a permis de répondre au problème soulevé par l'expérience de l'Américain Albert Michelson (1852-1931) en 1887 : la vitesse de la lumière reste la même pour tous les référentiels galiléens (animés d'un mouvement rectiligne et uniforme les uns par rapport aux autres), que la source lumineuse soit fixe ou mobile par rapport à l'observateur. Cette expérience a été faite à l'aide d'un *interféromètre stellaire,* projetant successivement 2 rayons lumineux, l'un en direction du mouvement terrestre, l'autre perpendiculairement à ce mouvement.

■ **Relativité restreinte. Principe :** les lois physiques sont les mêmes dans tous les repères galiléens. L'application de ce principe aux lois de l'électromagnétisme a conduit Hendrik Antoon Lorentz (P.-Bas, 1853-1928) à établir de nouvelles formules de changement de coordonnées : la relation de mécanique classique $V_a = V_r + V_e$, entre la vitesse absolue V_a, la vitesse relative V_r et la vitesse d'entraînement V_e, devient :

$$Va = \frac{V_r + V_e}{1 + \dfrac{V_r V_e}{c^2}}.$$

Contraction des longueurs : soit une règle de longueur *l* pour un observateur A qui lui est lié ; pour un observateur B, animé par rapport à A d'une vitesse relative *v,* la longueur de la règle, supposée parallèle à la direction du mouvement, est :

$$l' = l\left(1 - \frac{v^2}{c^2}\right)^{1/2}.$$

Dilatation des temps : pour un observateur animé de la vitesse *v,* le temps n'a pas même mesure que pour un observateur au repos ; il est multiplié par :

$$\left(1 - \frac{v^2}{c^2}\right)^{-1/2}.$$

Une horloge dans un système en mouvement ralentit par rapport aux horloges extérieures. Les mésons μ qui, dans un système au repos, ont une durée de vie de 2 μs, leur permettant de parcourir au maximum 600 m, peuvent atteindre la Terre alors qu'ils ont été produits à une altitude de 10 km.

Ainsi le temps et l'espace sont liés : nous évoluons dans un espace-temps.

Relation entre la masse et la vitesse : la masse d'une particule évoluant à la vitesse *v* est liée à la masse au repos m_0 par la formule : $m = m_0\left(1 - \dfrac{v^2}{c^2}\right)^{-1/2}$.

La variation de masse n'est appréciable que pour des particules dont la vitesse est proche de celle de la lumière.

La quantité $\left(1 - \dfrac{v^2}{c^2}\right)^{-1/2}$ ne peut exister que si $v < c$: la vitesse de la lumière apparaît donc comme une limite qui ne peut être dépassée.

Cela interdit l'instantanéité des actions à distance.

La relation fondamentale de la dynamique est donc :

$$\vec{F} = \frac{d\,\overrightarrow{(mv)}}{dt} = \frac{\vec{dp}}{dt} \text{ et non : } \vec{F} = m\,\frac{\vec{dv}}{dt}.$$

Équivalence de la masse et de l'énergie : une masse *m* est équivalente à une énergie $E = mc^2$. Le principe de conservation de l'énergie de la mécanique classique reste valable si l'on tient compte de cette relation due à Einstein.

Énergie cinétique : différence entre l'énergie d'un mobile de vitesse *v* et son énergie au repos : $E_c = mc^2 - m_0c^2$, soit :

$$E_c = m_0c^2\left|\left(1 - \frac{v^2}{c^2}\right)^{-1/2} - 1\right|.$$

Aux faibles vitesses,

$$E_c = m_0c^2\left|1 + \tfrac{1}{2}\,\frac{v^2}{c^2} - 1\right| = \tfrac{1}{2}\, m_0v^2,$$

on retrouve l'expression utilisée en mécanique classique.

■ **Relativité générale.** Fondée sur le principe d'**équivalence de la masse inerte** $m = \frac{F}{g}$ **et de la masse pesante** $m' = \frac{F}{g}$, établi par Einstein, qui avait noté que les effets de la gravitation sont comparables à ceux d'une force d'inertie ; c'est-à-dire que le champ de gravitation est équivalent à un champ de forces créé par un système accéléré et qu'il est impossible de les distinguer.

Par ailleurs, un rayon lumineux possédant une énergie, donc une masse, doit être courbé dans un champ de gravitation intense. On constate en effet que les étoiles, situées dans la direction du Soleil et que l'on peut observer au cours des éclipses, paraissent déplacées en position. Ce déplacement et celui du périhélie de Mercure, dont la valeur observée est voisine de la valeur prévue, constituent un début de vérification du principe de la relativité générale. En raison de la courbure de l'espace-temps, il peut être énoncé ainsi : les lois de la physique sont les mêmes dans tous les repères, quel que soit leur mouvement.

Toute source d'énergie sur Terre provient directement ou indirectement du Soleil ou des réactions de fission des atomes des éléments radioactifs existant dans la masse de la Terre.

Conservation de la masse et de l'énergie : dans un système isolé, la somme de l'énergie et du produit mc^2, où m est la masse totale et c la vitesse de la lumière dans le vide, reste constante, quelles que soient les transformations que subit le système.

En mécanique newtonienne, lorsque les vitesses restent petites par rapport à celle de la lumière, l'énergie et la masse restent toutes deux constantes.

Conservation de l'énergie mécanique : soit un système formé d'une bille, de masse M et de poids p, et de la Terre, entre lesquelles n'agit d'autre force que la pesanteur. L'énergie potentielle de la bille est le travail qu'accomplirait la pesanteur en transportant la bille au centre de la Terre. Cette bille, tombant d'une hauteur h, acquiert une vitesse v, et son énergie cinétique devient :

$$\frac{1}{2}\,Mv^2 = \frac{1}{2}\,M\left(\sqrt{2gh}\right)^2 = Mgh = ph.$$

Mais elle a perdu en énergie potentielle ph ; énergie cinétique acquise = énergie potentielle dépensée.

Le principe de la conservation de l'énergie est général, et la quantité totale d'énergie d'un système isolé est constante, quelles que soient les transformations de cette énergie à l'intérieur du système.

☞ On distingue l'*énergie calorifique* (ou thermique), l'*énergie mécanique* et l'*énergie chimique*. Ces énergies se transforment l'une dans l'autre ; on transforme la chaleur en travail mécanique, et réciproquement. Cependant, si l'on peut transformer intégralement un travail en chaleur, la réciproque n'est pas vraie : la chaleur, pour se transformer en travail, laisse un résidu de chaleur à plus basse température. De même, la fission de l'atome d'uranium, qui dégage de la chaleur, n'est pas réversible. Dans l'ensemble de l'univers, il y a dégradation de l'énergie.

VII — Mouvements vibratoires

Généralités

Un phénomène est périodique s'il se reproduit, identique à lui-même, à des intervalles de temps égaux appelés **période**. L'inverse de la période est la **fréquence**.

L'étude d'un phénomène périodique peut être faite : par enregistrement graphique (cylindre enregistreur), par balayage optique ou par *stroboscopie :* on éclaire le système vibrant, de fréquence N, par des éclairs de fréquence N' : si N = N' ou N = kN' (k entier), le système paraît immobile ; si N ≠ N', le système a un mouvement périodique apparent de fréquence v = N – N', de même sens que le mouvement réel si N > N', de sens inverse si N < N'.

Quand un milieu élastique subit une déformation locale, cette déformation se propage avec une célérité C constante, qui dépend du milieu. La vibration est transversale si la déformation est normale à la direction de propagation (vibrations d'une corde) ; elle est longitudinale si la matière vibre dans la direction de propagation (compression et dilatation d'un ressort). Les solides permettent la propagation des 2 types de vibrations ; les fluides ne transmettent à leur intérieur que des vibrations longitudinales mais la surface d'un liquide qui se comporte comme une membrane peut transmettre des vibrations transversales (rides à la surface de l'eau).

La **longueur d'onde** est la distance parcourue par la vibration pendant une période T soit λ = CT = C/N [C = vitesse de la lumière (3×10^8 m/s dans le vide)].

■ **Théorème de Joseph Fourier** (Fr., 1768-1830). Une fonction périodique de fréquence N peut toujours se décomposer d'une seule façon en une somme de fonctions sinusoïdales de fréquence N, 2N..., kN.

Le terme de fréquence N est le *fondamental,* les autres sont les *harmoniques.*

Tout système qui peut vibrer avec une fréquence déterminée oscille avec une amplitude qui peut être très grande quand on lui communique des impulsions périodiques dont la fréquence est voisine de celle du système.

1°) *En électroacoustique,* le phénomène de résonance trouve de nombreuses applications : haut-parleur, micro, écouteur téléphonique. Le tympan de l'oreille humaine est un résonateur amorti sensible aux excitations de 20 à 20 000 Hz.

2°) *En mécanique,* si la fréquence de l'excitation est proche de la fréquence propre du résonateur et si l'amortissement de ce dernier est faible, l'amplitude de ses oscillations peut devenir très importante. Près d'Angers, en 1850, le pont de Basse-Chaîne a été mis en résonance par le pas cadencé d'une troupe et s'est rompu (voir p. 432 b).

3°) *En radiotechnique,* le phénomène de résonance est utilisé grâce aux circuits résonants composés d'une bobine et d'un condensateur reliés soit en série, soit en dérivation.

Dans un tel circuit, l'intensité du courant atteint une valeur maximale pour une fréquence particulière de la tension appliquée.

Ondes électromagnétiques

Oscillations électriques

Dans un circuit oscillant, l'énergie électrostatique du condensateur (potentielle) 1/2 Cv^2 se transforme en énergie magnétique d'inductance 1/2 Li^2 (cinétique), laquelle recharge à nouveau le condensateur dans l'autre sens, et ainsi de suite. Pour obtenir des oscillations permanentes, il faudra coupler le circuit oscillant à un dispositif d'entretien qui fournira l'énergie nécessaire pour compenser les pertes par effet Joule dans la résistance R.

Propriétés des courants HF

■ **Antenne.** Le courant électrique est dû à la circulation d'électrons dans les conducteurs. Lorsqu'il s'agit d'un courant périodique de fréquence F, à cette propagation correspond une longueur d'onde [1] λ = V/F avec F = 1/T, où V est la vitesse de propagation de l'onde.

Dans une antenne verticale liée au sol et dans laquelle on produit par induction des oscillations de haute fréquence, il s'établit un système d'ondes stationnaires si sa longueur est $(2\,k + 1)\,\frac{\lambda}{4}$.

– *A l'extrémité libre :* un nœud d'intensité (le courant ne passe pas) et un ventre de potentiel (le potentiel peut varier librement). *Au point de contact avec le sol :* un ventre d'intensité (le courant passe librement) et un nœud de potentiel (le potentiel du sol est constant).

Nota. – (1) Voir **Champ électromagnétique** ci-dessous.

■ **Impédance.** La **pulsation** d'un courant de haute fréquence, ω = 2π F, étant très grande, la **réactance** d'inductance Lω est également très élevée. Elle retarde le courant de 1/4 de période sur la tension aux bornes.

Au contraire, un condensateur a une réactance de capacité 1/Cω d'autant plus faible que la fréquence du courant est plus élevée ; il a pour effet d'avancer le courant de ¼ de période sur la tension à ses bornes.

■ **Effets d'induction.** Un conducteur parcouru par un courant de haute fréquence crée dans l'espace un champ magnétique alternatif de même fréquence et, si l'on place dans son voisinage un circuit fermé normal au champ magnétique, celui-ci sera traversé par un flux alternatif $\Phi = \Phi_m \sin \omega t$; il sera donc le siège d'une tension électromotrice induite :

$$e = d\,\Phi/dt = \omega\Phi_m \cos \omega t$$

d'autant plus grande que la fréquence du courant sera plus élevée, puisque ω = 2π F. On utilise ces effets d'induction pour produire des courants de haute fréquence dans des circuits voisins réglés à la résonance sur le circuit émetteur.

■ **Effets physiologiques.** L'établissement ou la variation de courant à travers le corps humain se traduisent par des sensations de douleur et des contractions musculaires qui se font sentir très peu de temps après la variation de courant. Dans le cas des basses fréquences, comme les 50 Hz du réseau de distribution d'EDF, les variations répétées de courant peuvent provoquer des contractions dangereuses allant jusqu'à la tétanisation musculaire. Les courants de haute fréquence ne peuvent pas provoquer ces sensations douloureuses ou ces contractions musculaires, en raison de l'inertie de l'organisme. Leur passage à travers l'organisme se manifeste par un dégagement de chaleur utilisé en diathermie (élévation provoquée de température interne sans brûlure superficielle). On utilise l'effet congestif qui en résulte dans le traitement des rhumatismes et des névralgies. Autres applications : le bistouri électrique, qui provoque une destruction et une coagulation des cellules par élévation de température très localisée, sans hémorragie ; le four à micro-ondes (N = 2 250 MHz).

Propagation des ondes électromagnétiques

■ **Champ électromagnétique.** Soit un oscillateur linéaire, ou antenne, dans lequel s'est établi un système d'ondes stationnaires de haute fréquence. Ses extrémités présentent des nœuds de courant, donc des ventres de potentiel ; en ces ventres, distants de $\frac{\lambda}{2}$, les vibrations sont en opposition de phase et il existe une différence de potentiel sinusoïdale entre les extrémités de l'antenne. Cette différence de potentiel crée, en chaque point de l'espace, un champ électrique $\vec{E}$. En un point M sur la médiatrice de l'antenne, situé à une distance $d > \lambda$, ce champ est parallèle à l'antenne. Le courant oscillant dans l'antenne crée également en ce point de l'espace un champ magnétique sinusoïdal $\vec{B}$, normal au plan défini par M et l'antenne. L'ensemble des 2 champs oscillants rectangulaires $\vec{E}$ et $\vec{B}$ constitue le champ électromagnétique produit dans l'espace par l'antenne. A une distance assez grande de la source émettrice, on peut considérer que les ondes $\vec{E}$ et $\vec{B}$ sont planes. En chaque point existent alors un champ magnétique et un champ électrique alternatifs rectangulaires, normaux à la direction de propagation : l'onde est transversale. Ces 2 champs sont en phase. Une telle onde est polarisée rectilignement puisque le support des vecteurs-champs a une direction fixe. Au contraire, à petite distance, $d < \lambda$, le champ est pratiquement statique, E celui d'un dipôle électrique, B celui d'un dipôle magnétique.

■ **Propriétés des ondes électromagnétiques.** Semblables à celles des ondes lumineuses : **1°)** elles se propagent à la vitesse de la lumière dans le vide et dans les isolants dits parfaits, mais un écran métallique les arrête. **2°)** Elles peuvent se réfléchir sur une plaque ou un grillage métalliques. Ces phénomènes de réflexion sont utilisés pour l'obtention de faisceaux dirigés, par exemple au moyen de miroirs paraboliques, ou de cornets dans le radar. Les ondes émises se réfléchissent lorsqu'elles rencontrent un obstacle (avion, bateau, rochers...) ; la réception de l'écho permet de déceler l'obstacle et de calculer sa distance. **3°)** Elles peuvent donner naissance à des ondes stationnaires. Dans ce cas, les nœuds du champ électrique sont les ventres du champ magnétique, et inversement ; en chaque point $\vec{E}$ et $\vec{B}$ sont en quadrature. **4°)** Elles peuvent se réfracter en passant d'un milieu transparent à un autre, différent.

La mesure de la distance entre 2 nœuds permet de déterminer la longueur d'onde λ ; si on connaît la fréquence F, on en déduit la célérité c = λ F.

■ **Ondes radioélectriques.** Caractérisées par leur fréquence ou par leur longueur d'onde et l'énergie qu'elles transportent à travers une surface donnée proportionnelle au produit| E |×| H | ; l'énergie présente dans un élément de volume dv en régime permanent, autrement dit « entretenu », est $\varepsilon_r\,\varepsilon_0\,\mu_r\,\mu_0$ E.B dv. (Voir coefficients de permittivité ε_0 et ε_r, p. 235 b.)

Les ondes myriamétriques (avec des puissances d'émission élevées) et les ondes décamétriques peuvent faire 1, 2 ou 3 tours de la Terre. Le **radar** utilise des ondes centimétriques ou millimétriques souvent émises par impulsions périodiques de très courte durée ; la puissance instantanée peut ainsi atteindre plusieurs mégawatts. Les **communications spatiales** utilisent des ondes centimétriques pour traverser la couche ionisée de l'ionosphère, ou couche de Kemly-Heaviside. Le **laser** fonctionne avec des ondes électromagnétiques dont les longueurs d'onde se situent dans la partie visible et infrarouge du spectre de la lumière. Il a permis de raccorder les hyperfréquences avec la lumière infrarouge, maintenant visible. Sa fréquence se mesure en térahertz. En mesurant sa longueur d'onde, on obtient une détermination très précise de la vitesse des ondes électromagnétiques (officiellement : 299 792 458 m/s). Le **maser** fonctionne avec des ondes de longueurs plus grandes, du domaine des micro-ondes.

Les *ondes entretenues* permettent plus aisément que les *ondes amorties* (voir p. 235 a) la transmission de l'information (sons, images ou autres). Elles sont modulées, un de leurs paramètres étant modifié par le courant ou la tension qui traduit l'information. Ainsi, les ondes porteuses peuvent être modulées en amplitude, en fréquence ou en phase. Selon leur mode de propagation, on peut distinguer l'*onde directe,* ou *onde de surface,* qui, en allant de l'émetteur au récepteur, suit la surface du globe, et l'*onde indirecte,* ou *onde réfléchie,* ou encore *onde d'espace,* qui, entre émetteur et récepteur, a subi zéro, une ou plusieurs réflexions contre la couche ionosphérique et la Terre ou l'Océan.

Fréquence	Longueur d'onde
3 à 30 kHz	myriamétriques
30 à 300 kHz	kilométriques
300 à 3 000 kHz	hectométriques
3 à 30 MHz	décamétriques
30 à 300 MHz	métriques
300 à 3 000 MHz	décimétriques
3 à 30 GHz	centimétriques
30 à 300 GHz	millimétriques

Nota. – kHz : kilohertz. MHz : mégahertz. GHz : gigahertz. Coefficients multiplicateurs : k = 1 000 ; M = 10^6 ; G = 10^9.

	Longueur d'onde	Fréquence
Ondes électromagnétiques	supérieure à 1 mm	inférieure à 3×10^{11} Hz
Infrarouge	1 mm à 0,8 μ	3×10^{11} à 4×10^{14} Hz
Spectre visible	0,8 μ à 0,4 μ	$3{,}7 \times 10^{14}$ à $7{,}5 \times 10^{14}$ Hz
Ultraviolet	0,4 μ à 500 Å	$7{,}5 \times 10^{14}$ à 6×10^{15} Hz
Rayons X	500 Å à 1/100 Å	6×10^{15} à 3×10^{20} Hz
Rayons γ	inférieure à 1/100 Å	supérieure à 3×10^{20} Hz

Nota. – μ : abréviation de μm (micromètre soit 10^{-6} m = 10^{-3} mm). Å = 0.1 nm = 10^{-10} m.

On entend par **audiofréquences** les fréquences audibles (jusqu'à 15 kHz environ) ; **radiofréquences,** celles qui permettent le rayonnement à grande distance (15 kHz à 30 MHz) ; **hyperfréquences,** celles au-delà de 3 000 MHz, correspondant aux micro-ondes.

☞ On a réparti en 2 classes les émissions électromagnétiques : *classe A, émission d'ondes entretenues,* c'est-à-dire dont les oscillations successives sont identiques en régime permanent ; *classe B, émission d'ondes amorties,* ondes composées de trains successifs dans lesquels l'amplitude des oscillations, après avoir atteint un maximum, décroît graduellement par suite de la discontinuité de la décharge et des pertes d'énergie dans les circuits.

Ondes lumineuses

■ **Théories.** La lumière est formée d'ondes et de corpuscules. Louis de Broglie (Fr., 1892-1987) a avancé en 1924 que les corpuscules de matière étaient eux aussi accompagnés d'une onde.

Un prisme dévie ces rayons de leur direction naturelle et les décompose en un **spectre** coloré dans lequel on distingue traditionnellement 7 couleurs élémentaires se présentant dans cet ordre : violet, indigo, bleu, vert, jaune, orangé, rouge. La différence entre les indices de réfraction des rayons violets et des rayons rouges est appelée **coefficient de dispersion.** La dispersion des verres est d'autant plus importante qu'ils sont plus denses (*flint* opposé au *crown*, léger) mais ils sont absorbants dans l'ultraviolet. Un **spectre** est dit normal lorsque la distance des raies sur l'écran est proportionnelle à l'écart de longueur d'onde des rayons correspondants. Ce spectre est obtenu directement par diffraction de la lumière sur les réseaux. La position des raies est déterminée par une échelle micrométrique projetée sur l'écran parallèlement au spectre à étudier.

Inversement, on peut recomposer la lumière blanche par la superposition des diverses radiations du spectre ; en particulier, si l'on fait tourner un disque de carton divisé en secteurs colorés convenables *(disque de Newton),* on obtient à l'œil la sensation de la lumière blanche à cause de la persistance des impressions lumineuses sur la rétine. Au-delà du violet visible s'étend une zone d'activité chimique : les radiations qui la provoquent sont dites **« ultraviolettes » ;** au-delà du rouge se trouvent également des radiations invisibles à propriétés calorifiques ; on les appelle **« infrarouges ».** L'indice de réfraction étant décroissant lorsque la longueur d'onde du rayon considéré croît, l'étude des spectres permet de déterminer la nature d'un rayonnement donné.

L'émission lumineuse est généralement discontinue, et rarement monochromatique. Pour obtenir des interférences, il faut dédoubler une source unique en 2 sources de lumière cohérente. Ce dédoublement n'est plus nécessaire dans le cas des oscillations électriques.

■ **Longueur des ondes lumineuses** (en micromètres µm). Rouge 0,75 ; orange 0,65 ; jaune 0,55 ; vert 0,51 ; bleu 0,47 ; indigo 0,44 ; violet 0,42. Les rayons infrarouges peuvent atteindre 1 m.

■ **Laser. Définition :** source de lumière parallèle cohérente. Une lumière est dite cohérente (ou monochromatique) si elle est calée sur une longueur d'onde λ unique, stable et précise ; à une distance donnée de l'émetteur, tous les signaux sont donc en phase. Le *laser* a permis d'obtenir des sources de lumière monochromatique et cohérente sur une surface de l'ordre de 1 cm², ce qui facilite l'obtention des interférences. **Propriétés :** grande directivité du faisceau (fonction du rapport λ/D, D diamètre du réflecteur), car λ est faible, donc possibilité de concentration intense d'énergie ; forte amplification possible (si fréquence stable) ; mesure de distance très précise par des mesures de temps de trajet aller-retour des ondes, et de phase (résultats d'autant plus précis que λ est faible). **Quelques dates :** *1916* Einstein suggère la possibilité de produire un rayonnement de lumière cohérente en excitant des atomes. *1954* Charles Townes (né 1915, USA) construit le 1er maser *(Microwave Amplification by Stimulated Emission of Radiation). 1960-16-4* 1er pinceau de lumière par un laser à rubis. *1964* Townes reçoit le prix Nobel avec les Russes Nikolaï Bassov (né 1922) et Alexandre Prokhorov (né 1916). Depuis, les applications se sont multipliées.

■ **Lumière la plus vive.** Les *rayons laser* ont une luminosité plus de 1 000 fois supérieure à celle du Soleil, qui atteint 500 candelas/cm². **Rayon laser le plus puissant :** 1,3 × 1 015 W pendant 10 s le 22-5-1996 (labo. Lawrence Livermore, Californie, USA). **Source de lumière la plus puissante :** l'arc à argon de la Sté Vortek (Canada), 313 kW sous haute pression, produit une lumière de 1 200 000 candelas. **Rayons lumineux les plus puissants :** radiation synchrotonique émise par une fente de 100 × 2,5 mm au bout de l'accélérateur linéaire de Stanford (Californie, USA, voir encadré p. 229 b). Flash ultraviolet de 1 picoseconde (10^{-12} s) et 5.10^{15} watts.

VIII — Électrostatique

■ **Champ électrique.** L'électricité, comme la matière, a une structure discontinue ou granulaire. *L'électron* est le plus petit grain d'électricité négative. Tous les électrons sont identiques. Un corps sera d'autant plus électrisé qu'il aura cédé ou gagné plus ou moins d'électrons ; c'est-à-dire qu'il portera une charge électrique plus ou moins grande.

Les forces d'attraction ou de répulsion s'exerçant entre 2 charges ponctuelles dans le vide sont inversement proportionnelles au carré de la distance. Le module de chacune de ces forces peut se calculer par la relation suivante : $f = \frac{1}{4\pi\varepsilon_0} \frac{qq'}{r^2}$ avec $\frac{1}{4\pi\varepsilon_0} = 9.10^9$;

f : force exprimée en newtons (N) ; *q* et *q'* : charges exprimées en coulombs (C) ; *r* : distance des charges exprimée en mètres.

Lorsqu'on place une charge électrique en un point de l'espace, les propriétés de cet espace sont modifiées tout autour de la charge et jusqu'à de très grandes distances. L'espace modifié est le siège d'un **champ électrique** qui apparaît comme un vecteur ($\vec{E}$) caractérisant chaque point de l'espace.

Une charge électrique quelconque *q*, placée en un point quelconque de cet espace, subit une force $\vec{f}$ telle que : $\vec{f} = q\vec{E}$.

Si la charge *q* est positive, $\vec{f}$ a le sens de $\vec{E}$; si la charge *q* est négative, $\vec{f}$ a le sens contraire à $\vec{E}$. Les champs électriques se composent vectoriellement.

Une **ligne de champ** est une courbe de l'espace telle qu'en chacun de ses points le champ électrique lui soit tangent ; on l'oriente par continuité dans le sens du champ.

Généralisation : chaque fois qu'il y a force à distance, on peut parler de champ (champ newtonien de l'attraction universelle, champ magnétique).

Travail, potentiel : lorsqu'une charge *q* placée dans un champ électrique se déplace d'un point A à un point B, le travail de la force électrique appliquée à cette charge est proportionnel à la charge *q* et indépendant du chemin suivi par la charge entre A et B ; il ne dépend que des positions de A et de B.

La relation s'écrit : $W = q(V_A - V_B)$.

On dit que la charge *q* passant de A en B subit une **chute de potentiel** de $(V_A - V_B)$ volts.

Électret : matériau isolant (diélectrique) demeurant électrisé après avoir été soumis à un champ temporaire et entretenant un champ électrique constant (équivalent électrique de l'aimant permanent). *Applications pratiques :* microphones, relais, commutateurs optiques, boutons pressoirs de calculatrices, microphones pour acoustiques sous-marines, capteurs de pression biomédicaux.

Condensateurs

■ **Définition.** Ensemble de conducteurs séparés par un isolant. Chaque conducteur constitue une armature.

La charge d'un condensateur est proportionnelle à la différence de potentiel de charge : $Q = C(V_A - V_B)$.

C est la capacité, proportionnelle à la surface S commune aux armatures en regard, et inversement proportionnelle à la distance entre les armatures :

$$C = \frac{\varepsilon_0 \, \varepsilon_r \, S}{e} \cdot \left(\varepsilon_0 = \frac{1}{36 \, \pi \times 10^9} = \text{permittivité du vide.} \right)$$

Elle s'exprimera en farad (F).

Le coefficient ε_r dépend de la nature de l'isolant qui sépare les armatures ; c'est sa *permittivité relative* ou *pouvoir inducteur spécifique.* Dans le vide $\varepsilon_r = 1$; l'air 1,003 ; le papier 2 à 2,8 ; la paraffine 2,3 ; le verre 3 à 7 ; le mica 8.

L'énergie d'un condensateur chargé est mesurée par l'énergie qu'il restitue au cours de sa décharge :

$$W = \frac{1}{2} C (V_A - V_B)^2.$$

■ **Claquage des condensateurs.** Pour accroître l'énergie emmagasinée par un condensateur, on augmente sa capacité C et la différence de potentiel de charge $V_A - V_B$. L'augmentation de la capacité se fera, pour éviter un encombrement excessif, par diminution de l'épaisseur de l'isolant (0,5 µm dans les condensateurs électrolytiques). Cependant, on ne peut la diminuer sans inconvénient ; il existe une tension de charge au-delà de laquelle, pour une valeur de *e* fixée, une étincelle éclate entre les deux armatures. On dit que le condensateur est *claqué.*

Tension de claquage, pour 1 cm (en volts) : air 32 000, verre 75 000 à 300 000, papier 40 000 à 100 000, papier paraffiné 400 000 à 500 000, mica 600 000 à 750 000.

Groupement des condensateurs

1°) En parallèle : $C = C_1 + C_2 + \ldots$ pour augmenter la capacité.

2°) En série : $\frac{1}{C} = \frac{1}{C_1} + \frac{1}{C_2} + \ldots$ pour obtenir une batterie de condensateurs chargée sous une grande différence de potentiel.

IX — Électrocinétique

Courant électrique

■ **Définition.** Le courant électrique dans un conducteur métallique est dû à une circulation d'électrons.

■ **Intensité.** Elle caractérise la charge électrique qui traverse la section du conducteur par unité de temps :

$$I = q/t.$$

Elle est à chaque instant la même en tous points d'un circuit unique (le débit d'électrons est le même partout). Mais ce débit peut varier au cours du temps : on a alors un *courant variable.* Si l'intensité reste constante au cours du temps, il s'agit d'un *courant continu.*

■ **Effets.** Le passage d'un courant dans un circuit se manifeste par 3 effets : chimique, calorifique, magnétique.

Sens du courant : choisi arbitrairement, il va, dans une cuve à électrolyse contenant de l'eau acidulée, de l'électrode d'où se dégage l'oxygène [**anode** (du grec *anodos,* en haut du chemin)] à celle d'où se dégage l'hydrogène [**cathode** (*cathodos,* en bas)]. Ce choix implique que, dans le circuit extérieur au générateur, le courant va du pôle positif au pôle négatif. Le courant électrique réel dans le métal est un courant d'électrons qui circulent en sens inverse du sens conventionnel du courant.

La vitesse de déplacement de l'ensemble des électrons dans un métal est faible (environ 0,1 mm/s), mais les effets du courant se manifestent instantanément d'un bout à l'autre du circuit car le champ électrique qui commande le mouvement d'ensemble des électrons se propage le long du fil électrique de façon quasi instantanée.

En chaque point d'un conducteur parcouru par un courant, il existe un champ électrique $\vec{E}$, dirigé dans le sens du courant. Entre deux points quelconques, A et B, du circuit extérieur au générateur, il existe une différence de potentiel.

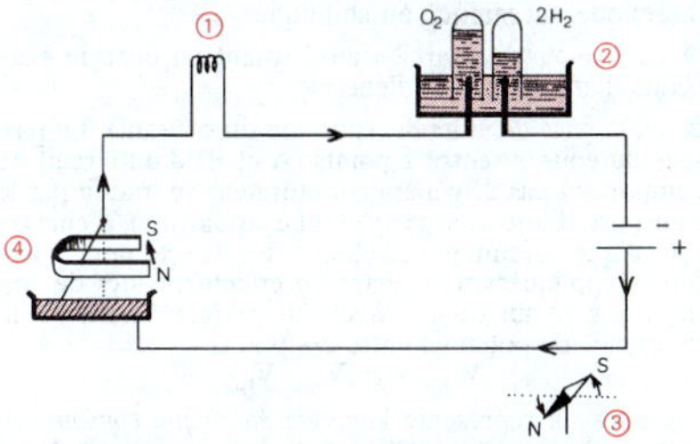

Effets du courant : (1) échauffement du filament ; (2) électrolyse de l'eau additionnée de H_2SO_4 ; dégagement d'oxygène et d'hydrogène ; (3) action du courant sur un aimant (déviation de la boussole) ; (4) action d'un aimant sur un courant (déplacement du fil conducteur). Si nous ouvrons l'interrupteur, nous « coupons » le courant, tous ces effets cessent.

■ **Électrolyse.** Lorsqu'un courant électrique traverse un électrolyte (solution d'acides, de bases, de sels, ou des bases ou des sels fondus), son passage s'accompagne de l'apparition aux électrodes de produits chimiques.

La cuve où se produit l'électrolyse a été longtemps appelée **voltamètre.**

■ **Lois de Michael Faraday** (G.-B., 1791-1867). **1°)** Au cours d'une électrolyse, les produits libérés n'apparaissent qu'aux électrodes (*à la cathode :* dégagement d'hydrogène ou dépôt de métal ; *à l'anode :* produits variés tels qu'oxygène, chlore...), et la masse d'un corps, dégagé ou déposé à l'une des électrodes, pendant un temps donné et pour une intensité de courant fixée, est indépendante de la forme du voltamètre et de la surface des électrodes. **2°)** Dans une électrolyse où un seul corps simple apparaît aux électrodes (anode ou cathode), la masse de substance déposée ou dégagée à chaque électrode est proportionnelle à la quantité d'électricité qui a traversé le voltamètre. **3°)** Dans une électrolyse où un seul corps simple apparaît aux électrodes, la masse *m* de ce corps libérée en un temps *t* donné est proportionnelle à sa masse atomique A et inversement proportionnelle à sa valence *n* :

$$m = \frac{1}{96500} \, \frac{A}{n} \, It$$

d'où 96 500 coulombs libèrent $\frac{A}{n}$ grammes.

1 faraday (F) vaut 96 500 coulombs. L'électrolyse s'explique par la présence des ions (stables en solution, constitués d'un ou plusieurs atomes réels ayant perdu ou gagné un ou plusieurs électrons) qui existent dans les solutions d'électrolyte, indépendamment du passage du courant.

Lorsque les 2 électrodes d'un voltamètre sont réunies aux pôles d'un générateur, il s'établit une différence de potentiel entre les électrodes, qui crée un champ électrique $\vec{E}$ dans l'électrolyte. De ce fait, les ions positifs (cations) soumis à des forces s'exerçant dans le sens du champ, de l'anode vers la cathode, se dirigent vers la cathode. Les ions négatifs (anions), soumis à des forces opposées aux précédentes, vont à l'anode.

Au contact des électrodes, les ions *échangent des électrons* avec le courant qui circule dans le conducteur reliant les électrodes au générateur. Les anions, oxydés à l'anode, perdent des électrons. Les cations, réduits à la cathode, en gagnent.

Le nombre d'atomes contenu dans une mole d'atomes est $N = 6{,}02 \times 10^{23}$. C'est le **nombre d'Avogadro** (voir p. 229 a). L'apparition d'un atome réel sur l'une des électrodes met en jeu une quantité d'électricité :

$q = \frac{nF}{N} = ne$, en posant $e = \frac{F}{N}$. Il y a donc au niveau des atomes échange de grains d'électricité de charge *e*.

$e = \frac{96\,500}{6{,}02 \times 10^{23}} = 1{,}6 \times 10^{-19}$ coulombs, valeur absolue de la charge de l'électron.

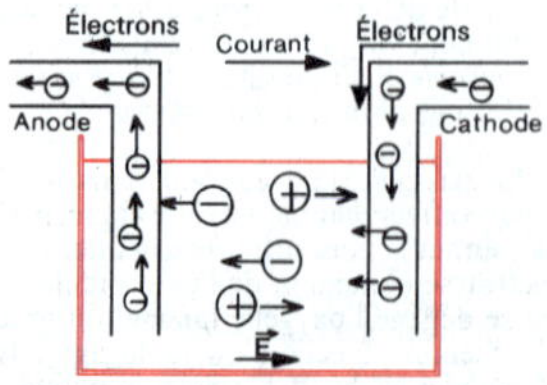

Applications : *électrochimie :* préparation de certains corps simples et de certains métaux (chlore, hydrogène, oxygène, aluminium). *Affinage électrolytique des métaux :* cuivre très pur (électro), fer « électro », or « fin », argent « vierge »... *Galvanoplastie :* réalisation d'un dépôt métallique sur un autre métal ou sur un moule ; utilisée pour la reproduction de médailles, monnaies, clichés typographiques, l'argenture des couverts, la dorure de pièces décoratives, le chromage et le nickelage destinés à la protection des métaux contre la corrosion.

Énergie électrique

■ **Transformation.** Toutes les applications du courant sont des transformations d'énergie électrique en énergie thermique, mécanique ou chimique.

■ **Générateur.** Appareil transformant en énergie électrique d'autres formes d'énergie.

■ **Différence de potentiel** (passage du courant). Le passage du courant entre 2 points (A et B) d'un circuit ne comportant pas de générateur entre eux se traduit par le transport d'une charge q et une apparition d'énergie calorifique, mécanique ou chimique entre ces points. Les forces appliquées à la charge q effectuent lors de son déplacement un travail W_{AB} qui permet de définir la différence de potentiel entre ces points :

$$W_{AB} = q\,(V_A - V_B).$$

Ce travail représente l'*énergie électrique consommée* entre les 2 points (I étant l'intensité du courant et t la durée de son passage) :

$$W_{AB} = (V_A - V_B)\,It.$$

■ **Loi de Joule** (James, G.-B., 1818-89). La quantité de chaleur dégagée par le passage d'un courant électrique dans un conducteur est proportionnelle à la durée de passage du courant et au carré de l'intensité ; elle dépend du conducteur :

$$W = RI^2t,$$

où W désigne la quantité de chaleur dégagée pendant un temps t par un courant d'intensité I [s'exprime en joule (J)]. R est la résistance (électrique) du conducteur au passage du courant ; plus elle est grande, plus les électrons se déplacent avec difficulté, plus le dégagement de chaleur est important. La température du fil parcouru par un courant va donc croître lentement jusqu'à une température d'équilibre quand il rayonnera toute la chaleur apparue par effet Joule.

Si le courant est plus intense que prévu, on peut atteindre la température de fusion du conducteur ; c'est le principe des **coupe-circuit** ou **fusibles**, calibrés de façon à fondre pour une intensité supérieure à 5 ampères, 10 ampères...

Résistance des conducteurs

■ **Mesure.** La résistance d'un conducteur cylindrique de nature donnée est proportionnelle à sa longueur l et inversement proportionnelle à sa section S :

$R = \rho \frac{l}{S}$, ρ étant la résistivité du conducteur, qui s'exprime en ohm (Ω).

En cas de conducteurs en série, leurs résistances s'ajoutent.

Plus un métal est pur, plus faible est sa résistivité. La résistance du métal pur croît proportionnellement à la température absolue :

$$\rho = AT.$$

En pratique, on utilise la relation : $\rho = \rho_0\,(1 + a\theta)$; θ est la température Celsius, ρ_0 la résistivité à 0 °C ; a est le coefficient de température ($a = 4.10^{-3}$ pour un cristal unique parfait, 0,02 pour les électrolytes).

En refroidissant les métaux, on les rend plus conducteurs. En refroidissant l'aluminium à 17 K, le sodium à 8 K (technique appelée *cryogénie*), on réduit de 10 % les pertes par effet Joule.

■ **Supraconducteurs.** Si l'on refroidit davantage certains métaux (étain, plomb) ou alliages (niobium-étain ou niobium-zirconium), pour une température T, caractéristique de chaque matériau, la résistivité tombe brusquement et n'est plus mesurable.

Supraconductivité obtenue : *1911 :* les Néerlandais Gerd Holst et Heike Kamerlingh Onnes (1853-1926, prix Nobel 1913) annulent la résistance du mercure en le refroidissant à près de zéro K (– 273 °C). *1987 :* Georg Bednorz (All., né 1950) et Alexander Müller (Suisse, né 1927) reçoivent le prix Nobel en obtenant la supraconductivité à 30 K sur une céramique élaborée à Caen. *1993-mai :* obtenue à 133 K à pression normale (160 K sous 300 000 atmosphères) pour un composé $HgBa_2Ca_2Cu_3O_8$; *-déc. :* obtenue par 2 équipes françaises du CNRS à température ambiante (– 23 à + 7 °C) pour des composés de bismuth, strontium, calcium et oxyde de cuivre ou des cuprates de mercure, « tricotés » en couches monoatomiques sur 30 nanomètres d'épaisseur.

Charge	Symbole	Nom
Cations		
1	Na^+	sodium
1	K^+	potassium
1	Ag^+	argent
1	NH_4^+	ammonium
2	Fe^{++}	ferreux
2	Zn^{++}	zinc
2	Cu^{++}	cuivrique
3	Al^{+++}	aluminium
3	Au^{+++}	or
3	Fe^{+++}	ferrique
Anions		
1	Cl^-	chlorure
1	OH^-	hydroxyde
1	MnO_4^-	permanganate
1	NO_3^-	nitrate
2	SO_4^{2-}	sulfate
2	CO_3^{2-}	carbonate
2	$Cr_2O_7^{2-}$	bichromate
3	PO_4^{3-}	phosphate

Température de supraconductivité en kelvins. Zinc 0,79 ; aluminium 1,14 ; étain 3,69 ; mercure 4,12 ; plomb 7,26.

Résistivité à 15 °C en ohms-mètres. **Métaux :** argent $1{,}5.10^{-8}$. Cuivre $1{,}6.10^{-8}$. Aluminium $2{,}5.10^{-8}$. Tungstène $5{,}33.10^{-8}$. Zinc 6.10^{-8}. Fer 10.10^{-8}. Nickel 12.10^{-8}. Plomb 20.10^{-8}. Mercure 95.10^{-8}. **Alliages :** maillechort (60 % Cu, 25 % Zn, 15 % Ni) 10^{-8}. Manganine (85 % Cu, 11 % Mn, 4 % Ni) 42.10^{-8}. Constantan (60 % Cu, 40 % Ni) 49.10^{-8}. Ferronickel (75 % Fe, 24 % Ni, 1 % C) 80.10^{-8}. Nichrome (60 % Ni, 12 % Cr, 28 % Fe) 80.10^{-8}. **Électrolytes :** solution de H_2SO_4 à 5 % ; $4{,}8.10^{-2}$, à 10 % ; $2{,}5.10^{-2}$, à 30 % ; $1{,}35.10^{-2}$. $CuSO_4$ à 5 % ; 20.10^{-2}, saturée ; 53.10^{-2}. NaCl saturée ; $4{,}6.10^{-2}$. NaOH à 10 % ; $3{,}2.10^{-2}$.

■ **Semi-conducteurs.** Ont des propriétés intermédiaires entre conducteurs et isolants (ou diélectriques). Résistivité électrique de 10^{-4} à 10^{6} Ω. m ; comprise entre celle des conducteurs (10^{-8} Ω. m) et celle des isolants (10^{22} Ω. m).

■ **Semi-conducteurs intrinsèques les plus utilisés.** Le silicium a remplacé le germanium. Pour les semi-conducteurs rapides on utilise l'arséniure de gallium. Lorsqu'ils sont à l'état pur, on les appelle *intrinsèques.*

■ **Excitation des semi-conducteurs.** *A très basse température,* ils ne comportent aucune charge électrique libre dans leur structure ; *à température ambiante,* la chaleur leur apporte de l'énergie qui va être absorbée en priorité par les électrons ; ceux-ci, engagés dans des liaisons avec les électrons d'autres atomes, possèdent une énergie comprise dans une plage appelée « bande de valence ». Si l'énergie apportée par la température est suffisante, certains passeront dans une autre plage, dite « bande de conduction ». Entre ces 2 bandes se trouve la bande interdite, d'une valeur de 1,12 eV pour le silicium contre 0,7 eV pour le germanium. Il n'y a pas d'électron dont l'énergie se trouve dans cette plage à cause de la répartition quantique des niveaux d'énergie.

Le passage d'électrons dans la bande de conduction rend le cristal conducteur (très faiblement) ; mais rapidement, du fait des collisions qui se produisent entre électrons, ceux-ci vont perdre leur énergie. Ils quitteront alors la bande de conduction pour retrouver la bande de valence où ils reprendront leur place. A 20 °C, il y a ainsi dans la bande de valence en moyenne 10^6 électrons libres/cm^3 de silicium. Pendant ce temps, l'atome est resté électriquement neutre.

■ **Dopage des semi-conducteurs** (conduction intrinsèque). Pour rendre le cristal conducteur, on le dope en introduisant dedans des impuretés susceptibles de fournir des charges électriques excédentaires en quantités contrôlées. Ces impuretés auront, sur leur couche externe, plus ou moins d'électrons que le semi-conducteur considéré. Leur taille atomique devra être voisine de celle du cristal. Pour le silicium de numéro atomique 14, ses dopants possibles sont le bore (5) et l'aluminium (13) d'un côté, l'arsenic (32) et le phosphore (15) de l'autre.

Plus la quantité d'impuretés introduite dans le cristal est grande, plus sa conductivité électrique augmente. Cependant, au-dessus de 10^{19} atomes de dopants/cm^3, soit 1 pour 10 000 atomes de silicium, l'édifice cristallin tend à se désagréger.

Dopage p : introduisons dans un cristal un atome de bore (B) qui n'a que 3 électrons sur sa couche périphérique. Il mettra en commun ses 3 électrons avec 3 des 4 atomes de silicium voisins. N'ayant rien à partager avec le 4e atome, il va manquer de façon permanente 1 électron dans la structure (excès de 1 charge positive appelé « trou »). Ce dopage crée dans le cristal des charges positives libres en nombre égal à celui des atomes d'impuretés introduits.

Dopage n : si nous dopons le cristal avec du phosphore (P), celui-ci, possédant 5 électrons sur sa couche externe, réalisera 4 liaisons avec les 4 atomes voisins et conservera le 5e disponible (libre de se déplacer dans la structure). Ce dopage crée des charges négatives en excédent dans le cristal.

Loi d'Ohm

Découverte en 1827 par Georg Simon Ohm (All., 1789-1854). La différence de potentiel entre 2 points d'un conducteur dans lequel l'énergie électrique est intégralement transformée en chaleur se mesure par le produit de l'intensité du courant par la résistance du conducteur :

$$V_A - V_B = RI.$$

■ **Générateur.** *Transforme* en énergie électrique une autre forme d'énergie. Placé dans un circuit, il produit un courant qui transporte de l'énergie.

Pendant un certain temps t, le générateur fournit à la quantité d'électricité q qui le traverse une certaine énergie W, fonction de la nature du générateur employé et de son efficacité d'électromoteur : $W = Eq$, E est la force électromotrice (f.é.m.) du générateur. Exprimée en volts, elle est égale au quotient du nombre qui mesure la puissance totale mise en jeu par le générateur, exprimée en watts, par le nombre qui mesure l'intensité du courant, exprimée en ampères :

$$\underset{\text{watts}}{P} = \underset{\text{volts}}{E} \times \underset{\text{ampères.}}{I}$$

Si plusieurs générateurs sont associés en série, leurs forces électromotrices s'ajoutent.

■ **Récepteur.** Système qui, parcouru par un courant électrique, fournit de l'énergie sous une autre forme que la chaleur. L'énergie utile fournie, W, est proportionnelle à la quantité d'électricité q qui a traversé le récepteur pendant le même temps t :

$W = eq$, où e est la force contre-électromotrice du récepteur (f.c.é.m.).

■ **Application à un circuit fermé.** Pendant le temps t, l'intensité du courant étant I, l'énergie fournie par le générateur est dépensée d'abord par effet Joule, puis en énergie utilisable par le récepteur :

$$EIt = (R + r + r')I^2t + eIt,$$

soit en divisant par It :

$$E - e = (R + r + r')I.$$

Cas général : dans un circuit simple (à 1 maille) comprenant un nombre quelconque de générateurs, de récepteurs et de résistances, la somme des différences de potentiel successives conduit à la **loi de Pouillet** (Claude, Fr., 1790-1868)] :

$$0 = I\Sigma R - \Sigma E + \Sigma e,\ \text{soit} : I = \frac{\Sigma E - \Sigma e}{\Sigma R}.$$

■ **Principe de la résolution d'un circuit complexe.** Résoudre un circuit, c'est trouver les valeurs des intensités des courants dans chaque branche.

On appelle *nœuds* les points communs à plusieurs dérivations. **Loi des nœuds** ou 1re loi de Gustave Kirchhoff (All., 1824-87)] : il n'y a nulle part accumulation d'électricité ; donc, la somme des intensités des courants arrivant à un nœud est égale à la somme des intensités des courants qui en partent. La différence de potentiel entre 2 nœuds est commune à toutes les dérivations attachées à ces nœuds.

■ **Pile d'Alessandro Volta** (It., 1745-1827). La 1re pile (1800) était composée d'une série de disques de cuivre et de zinc isolés les uns des autres par des rondelles de drap ou de carton trempées dans de l'eau acidulée ; un fil métallique, reliant le dernier disque de cuivre au dernier disque de zinc, était parcouru par un courant.

■ **Pile au bichromate de potassium.** Type classique : 2 plaques de charbon de cornue, servant de pôle positif, sont disposées de chaque côté d'une lame de zinc coulissante (négatif) ; le tout plonge dans une solution acide de bichromate de potassium. Dès l'immersion de la lame métallique, le courant se produit en vertu des réactions suivantes : un sulfate double de potassium et de chrome se forme, tandis qu'il y a dégagement d'oxygène, dont la combinaison avec l'hydrogène empêche la polarisation. Ces piles ont une force électromotrice de 2 V.

☞ La plus pratique des piles à un seul dépolarisant solide est l'élément de *Georges Leclanché* (Fr., 1839-82) de 1868 : une tige de zinc plongeant dans une solution de chlorure d'ammonium forme le pôle négatif ; au centre, un vase poreux ou un sac de toile renferme une plaque de charbon de cornue (positif), contre laquelle on a aggloméré par pression du bioxyde de manganèse ; cette pile donne une force électromotrice de 1,5 V.

■ **Pile de John Frederic Daniell** (G.-B., 1790-1845). Elle se compose d'un vase contenant une tige de zinc (pôle négatif), plongée dans du sulfate de zinc. A l'intérieur, un vase poreux renferme un cylindre de cuivre (pôle positif) entouré d'une solution saturée de sulfate de cuivre. Cette pile donne une force électromotrice de 1,08 V.

X — Courant alternatif

Définition

Si l'on fait tourner une bobine dans l'entrefer d'un aimant, un flux d'induction dû à l'aimant traverse les spires de la bobine. Lorsque la bobine tourne, ce flux varie. La bobine est donc le siège d'une force électrique motrice (f.é.m.) induite qui se manifeste par une différence de potentiel. Si la bobine comporte N spires de surface S chacune, le flux à travers toutes les spires est : Φ = NSB cos Θ. Si la bobine tourne régulièrement, à raison de n tours par seconde, l'angle Θ augmente de $2\pi n$ radians par seconde, et l'on peut écrire : $\Theta = 2\pi nt$, t étant le temps.

On a donc : $\Phi = NSB \cos 2\pi nt$.

On sait que la f.é.m. d'induction a pour valeur :

$$e = -\frac{d\Phi}{dt} = 2\pi n NSB \sin 2\pi nt,$$

relation que l'on peut écrire : $e = E_m \sin 2\pi nt$ avec $E_m = 2\pi n NSB$.

Cette f.é.m. est *alternative* (sinusoïdale). Il en est de même pour la différence de potentiel $V_A - V_B = e$, entre les bornes A et B, le circuit étant ouvert.

On obtient le même résultat en faisant tourner un aimant devant une bobine fixe.

Si l'on établit une différence de potentiel alternative aux bornes d'une résistance R, à chaque instant t, l'intensité i du courant sera donnée par la loi d'Ohm :

$$i = \frac{v}{R} = \frac{V_m}{R} \sin 2\pi nt = I_m \sin 2\pi nt.$$

Cette intensité est celle d'un *courant alternatif*. Elle est sinusoïdale et atteint ses valeurs extrémales $\pm I_m$ chaque fois que $\sin 2\pi nt$ prend les valeurs ± 1.

A chaque fois que le temps t augmente de $T = \frac{1}{n}$, l'argument $2\pi nt$ augmente de 2π, et le sinus, donc l'intensité, reprend la même valeur en grandeur et en signe. T est la *période* du courant.

Son inverse $n = \frac{1}{T}$ est la *fréquence* du courant ; on l'exprime en hertz (Hz).

Le courant alternatif industriel a une fréquence de 50 hertz. En radioélectricité, on utilise des hautes fréquences de l'ordre de millions de hertz.

$\omega = 2\pi n$ est la *pulsation* ; elle s'exprime en radians par seconde, puisque 2π est en radians et que $n = \frac{1}{T}$ est l'inverse d'un temps.

EFFETS DU COURANT ALTERNATIF

■ **Effet chimique.** Si l'on fait passer un courant alternatif dans un voltamètre à eau acidulée, pendant une alternance, l'une des électrodes est anode, l'autre est cathode ; de la première se dégage de l'oxygène, de l'autre de l'hydrogène ; pendant l'alternance suivante, le courant a changé de sens : anode et cathode ont permuté. On constate en fin d'expérience que les 2 tubes du voltamètre contiennent des mélanges détonants de même volume : $2 H_2 + O_2$.

■ **Effet Joule.** Proportionnel au carré de l'intensité du courant indépendamment de son sens, il varie en fonction du temps.

■ **Effets magnétiques.** Le champ magnétique créé par un courant en un point sera alternatif et de même fréquence que le courant. Si l'on approche un pôle d'aimant d'une lampe à filament de carbone alimentée par le secteur, la boucle présente alternativement une face sud et une face nord devant le pôle d'aimant : il y aura une attraction et une répulsion à chaque période et le filament vibrera avec la fréquence du courant. Si la lampe était alimentée en courant continu, la boucle serait constamment attirée (ou repoussée), selon la position de ses faces nord et sud.

■ **Effet de peau (« skin effect »).** Un courant continu se répartit également dans toute la section d'un fil conducteur. Mais un courant alternatif produit un champ magnétique variable, et se propage surtout par la partie périphérique du conducteur : *effet de peau*. Ce phénomène est d'autant plus important que le conducteur est plus gros, plus conducteur, et que la fréquence est plus élevée. Pour les hautes fréquences, le centre du conducteur ne transporte pratiquement plus de courant et on peut remplacer, sans rien changer, un conducteur plein par un tube. L'effet Kelvin augmente l'effet Joule, car le courant n'utilise qu'une section de conducteur plus petite que la section réelle, et la résistance apparente est proportionnelle à la racine carrée de la fréquence.

PRINCIPE DES ALTERNATEURS ET DES TRANSFORMATEURS

Les alternateurs sont des générateurs industriels de tension alternative.

■ **Alternateur à pôles saillants.** L'*inducteur*, ou **rotor** de l'alternateur, entraîné par un moteur, est formé par des *électroaimants*, disposés en nombre pair à la périphérie d'un volant et présentant successivement un pôle nord, N, et un pôle sud, S. Ils sont montés en série, mais les enroulements changent de sens quand on passe de l'un à l'autre.

Le courant d'excitation des électroaimants est un courant continu à basse tension fourni par une dynamo auxiliaire ; il arrive par 2 frotteurs sur 2 colliers, c et c', liés à l'axe de rotation, et auxquels sont soudées les extrémités du circuit d'alimentation des électroaimants.

L'*induit*, ou **stator**, est formé d'une succession de bobines, B, B', B", disposées à l'intérieur d'une couronne fixe, en nombre égal à celui des pôles de l'inducteur. La *couronne* est formée de tôles juxtaposées, afin d'éviter des pertes d'énergie par **courants de Foucault** (Léon, Fr., 1819-68), courants induits dans le métal par les lignes d'induction coupées. Les bobines sont montées en série, mais le sens d'enroulement change quand on passe de l'une à l'autre. Les bornes sont P_1 et P_2.

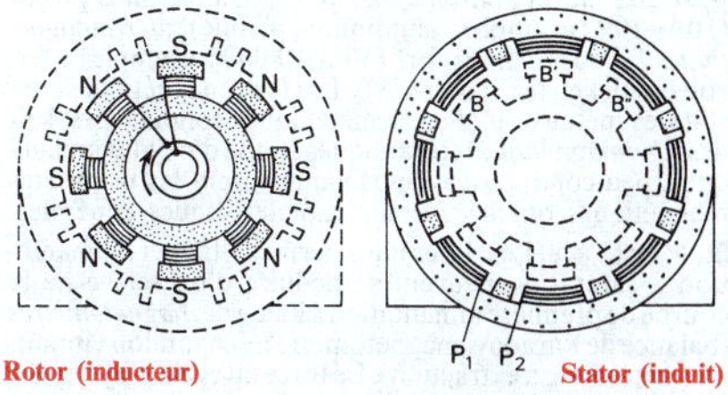

Rotor (inducteur) **Stator (induit)**

■ **Fonctionnement.** Lorsqu'un pôle nord, N, s'approche de la bobine B, le flux magnétique augmente dans B qui est le siège d'une force électromotrice d'induction ; il en est de même pour la bobine B", et ainsi de suite, de 2 en 2. Mais en même temps, un pôle sud s'approche des bobines intermédiaires B', et ainsi de suite de 2 en 2 : ces bobines sont le siège d'une force électromotrice d'induction en sens contraire de celles qui apparaissent dans les bobines précédentes. Comme les sens des enroulements sont alternés quand on passe d'une bobine à la suivante, il en résulte que les forces électromotrices s'ajoutent, et leur somme apparaît aux bornes P_1 et P_2 de l'induit. Puis ce sont des pôles sud qui s'approchent des bobines B, B", etc., des pôles nord qui s'approchent des bobines B', etc. : seul le signe des forces électromotrices est modifié. Enfin, on retrouvera une nouvelle période lorsque, à nouveau, un pôle nord s'approchera de B, un pôle sud de B', comme au début. L'entrefer ne dépasse pas quelques millimètres. On dispose donc en P_1 et P_2 d'une *force électromotrice alternative*.

■ **Transformateurs.** Ils comprennent un circuit magnétique feuilleté M sur lequel sont enroulés un circuit primaire de n_1 spires soumis à une tension alternative V_1, et un circuit secondaire de n_2 spires aux bornes duquel on recueille la tension alternative V_2, donc un courant si le secondaire débite en circuit fermé. Le courant primaire crée dans M un flux magnétique alternatif qui induit dans S une force électromotrice.

Le transformateur étant supposé idéal, on a :

$$\frac{V_2}{V_1} = -\frac{I_1}{I_2} = \frac{n_2}{n_1} = n \text{ (rapport de transformation).}$$

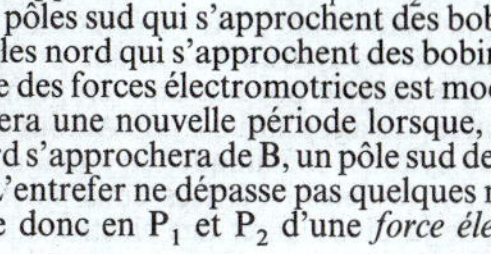

PUISSANCE EN COURANT ALTERNATIF

■ **Définition.** La *puissance active* dissipée P est inférieure à la *puissance apparente* S. En effet :

$S = V \times I$; $P = kS$ avec $k = \frac{R}{Z} = \cos\varphi$; c'est le *facteur de puissance*.

Donc : $P = VI \cos\varphi$.

La puissance active s'exprime en watts ; la puissance apparente, en voltampères (VA).

La *puissance réactive* $Q = VI \sin\varphi$ s'exprime en voltampères réactifs (VAR). Le facteur de puissance, étant $\cos\varphi$, est compris entre 0 et 1 ; la puissance active P est donc inférieure à la puissance apparente.

■ **Conséquences pratiques.** Si un consommateur branche sur le secteur un appareil de puissance P, la tension à la prise de courant étant V, l'intensité efficace sera :

$$I = \frac{P}{V} \times \frac{1}{\cos\varphi}.$$

Si le facteur de puissance $\cos\varphi$ est petit, I est grand et l'EDF perd de l'énergie par effet Joule dans les lignes. Les installations doivent donc avoir un facteur de puissance compris entre 0,8 et 0,9 ; au-dessous de 0,8, le consommateur est pénalisé ; au-dessus de 0,9, il profite d'une remise. On peut améliorer le facteur de puissance en disposant convenablement des condensateurs qui compensent les effets inductifs dus aux bobinages des moteurs.

■ **Mesure de la puissance. Principe du wattmètre :** le courant traversant un moteur passe dans une bobine b montée en série avec lui ; on utilise pour cela les bornes A et B, appelées bornes du « circuit des ampères ». Une bobine B', pouvant tourner, est montée en dérivation aux bornes du moteur, en utilisant les bornes C et C' appelées bornes du « circuit des volts ». La bobine B est ainsi parcourue par le courant I, et la bobine B' est parcourue par un courant I' proportionnel à V. Le couple électromagnétique qui tend à faire tourner B' pour qu'elle reçoive par sa face sud un flux maximal est proportionnel à $I \times I'$, donc à $V \times I$, et la puissance moyenne sera : $P = UI \cos\varphi$ que mesure le wattmètre.

XI — MAGNÉTISME, ÉLECTROMAGNÉTISME

GÉNÉRALITÉS

■ **Aimants.** Le magnétisme est l'ensemble des phénomènes qui se rattachent aux 2 propriétés des aimants : ils attirent des morceaux de fer et peuvent s'orienter à la surface de la Terre lorsqu'on les rend mobiles. Le pôle nord d'un aimant est celui des 2 pôles qui se dirige spontanément vers le nord magnétique. Lorsqu'on approche 2 aimants l'un de l'autre, les pôles de même nom se repoussent ; les pôles de noms contraires s'attirent. L'oxyde de fer Fe_3O_4 (appelé oxyde magnétique de fer) est un aimant naturel.

■ **Champ magnétique.** Les actions magnétiques sont des actions à distance ; on les attribue à l'existence d'un « champ magnétique ». Il existe à la surface de la Terre un champ magnétique particulier (une aiguille aimantée s'oriente lorsqu'elle est au voisinage de la Terre : boussole). Toutes les actions dues à un champ magnétique sont liées à l'intensité B de ce champ. Par exemple, un barreau aimanté placé dans un champ magnétique uniforme est soumis à un couple. Le moment du couple est proportionnel à une grandeur caractéristique de l'aimant, appelée son *moment magnétique*, $\mathcal{M}$, représenté par un vecteur, $\vec{\mathcal{M}}$, parallèle à la ligne des pôles de l'aimant, dirigé dans le sens SN.

Ce couple $\vec{T}$ est aussi proportionnel à la valeur du champ magnétique $\vec{B}$ ainsi qu'au sinus de l'angle que font entre eux les vecteurs $\vec{\mathcal{M}}$ et $\vec{B}$. On a $T = \mathcal{M}.\ B.\ \sin\alpha$, T est en newtons par mètre (N/m), $\mathcal{M}$ en ampères par mètre carré (A/m^2) et B en teslas (T).

On est conduit à définir l'*excitation magnétique* H, indépendante du milieu considéré, par la relation $B = \mu\ H$. μ est la *perméabilité* du milieu :

$\mu = \mu_0\,\mu_r$ où la constante μ_0 est la *perméabilité du vide* ($4\pi\ 10^{-7}$ henrys/mètre) et μ_r la *perméabilité relative* du milieu (1 pour le vide), paramètre sans dimension voisin de 1 pour l'air et les matériaux *non ferromagnétiques* (voir p. 238 b). H s'exprime en ampères/mètre (A/m). Auparavant B s'appelait *induction magnétique* et H *champ magnétique*.

Une *ligne d'égal champ* est une courbe qui est tangente au vecteur $\vec{B}$ en chacun de ses points. L'image d'un ensemble de lignes de champ s'appelle *spectre magnétique*.

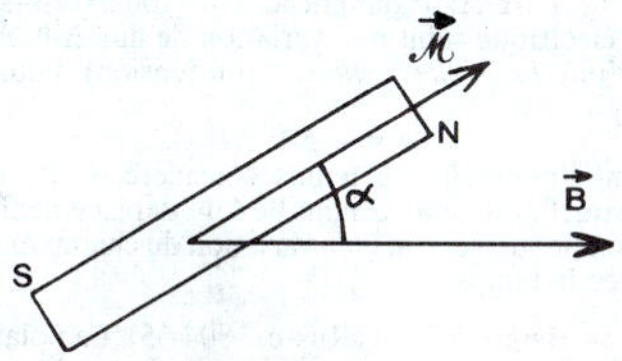

CHAMPS MAGNÉTIQUES CRÉÉS PAR LES COURANTS

Lorsqu'on fait passer un courant dans un conducteur, une aiguille aimantée placée à proximité dévie, ce qui prouve l'existence d'un champ magnétique.

■ **Champ d'un courant rectiligne.** Ce champ possède une symétrie de révolution autour du courant I (les lignes de champ sont des cercles concentriques). Son module est donné par la relation

$$B = \frac{\mu_0}{2\pi}\,\frac{I}{a},\ a = \text{distance OA}$$

avec $\mu_0 = 4\pi \times 10^{-7}$ = perméabilité absolue du vide.

Le sens du vecteur $\vec{B}$ se déduit de la **règle du tire-bouchon** [sens dans lequel il faut tourner un tire-bouchon classique (pas de vis *à droite*) pour qu'il se déplace dans le sens du courant].

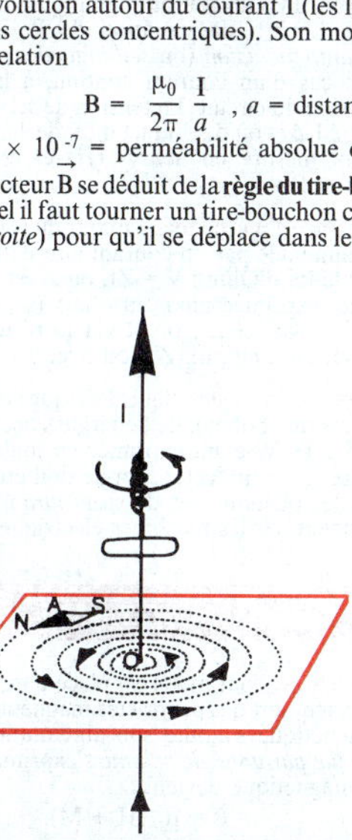

■ **Champ d'un courant circulaire.** Le long de son axe, une spire circulaire unique parcourue par un courant I produit un champ magnétique colinéaire, dont le sens est aussi donné par la **règle du tire-bouchon** (voir p. 237 c). La valeur du champ au centre de la spire de rayon R est :

$$B = \frac{\mu_0}{2}\ \frac{I}{R}.$$

■ **Champ d'un solénoïde.** Par extension, on en déduit le champ produit en n'importe quel point de son axe par une bobine cylindrique circulaire (appelée aussi *solénoïde*) comportant N spires. Si la longueur *l* de la bobine est grande par rapport à son diamètre, le champ au voisinage du centre est donné par la relation approchée :

$$B = \mu_0\ NI/l.$$

La règle du tire-bouchon donne le sens de B.

■ **Valeurs de champs magnétiques.** La composante du champ terrestre parallèle à la surface du globe vaut environ 5×10^{-5} T (= 50 microteslas). Un électro-aimant standard fournit des champs maximaux d'environ 2 T. Des champs permanents élevés (25 T) peuvent être obtenus par des bobines refroidies par eau consommant une forte puissance électrique [par exemple au *Service national des champs intenses (SNCI)* du CNRS à Grenoble]. Des bobines en *matériau supraconducteur* refroidies par de l'hélium liquide (– 269 °C) peuvent fournir des champs permanents d'environ 15 T avec une très faible puissance dissipée. Un ensemble hybride *bobine à eau + bobine supraconductrice* fournit de 30 à 35 T au SNCI. En régime pulsé (décharge de condensateurs dans des bobines spécialement étudiées), on peut avoisiner les 100 T pendant des temps très courts, comme au *Service national des champs magnétiques pulsés* du CNRS à Toulouse.

INDUCTION MAGNÉTIQUE

■ **Flux.** Le flux magnétique $\Delta\Phi$ à travers un élément de surface ΔS est le produit de ΔS par la projection du vecteur champ sur la normale à ΔS :

$$\Delta\Phi = B.\Delta S.\ \cos\theta.$$

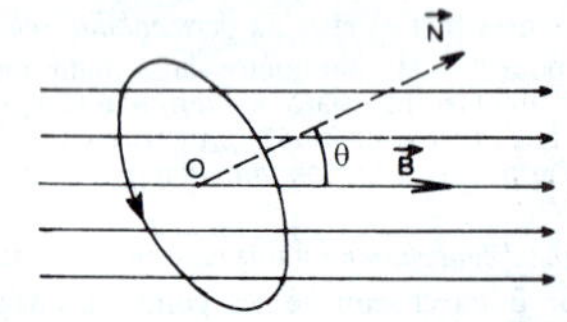

■ **Loi de Faraday** (voir encadré p. 106 a). Lorsqu'un circuit électrique subit une variation de flux $\Delta\Phi$, il est le siège d'une *force électromotrice* (ou tension) induite qui vaut :

$$e = -\ \Delta\Phi/\Delta t,$$

Δt étant l'intervalle de temps considéré. Cette loi est valable quelle que soit l'origine de $\Delta\Phi$: déplacement, donc variation de surface, ou bien variation du champ magnétique avec le temps.

■ **Loi de Heinrich Lenz** (Russe, 1804-65). La polarité de la tension induite par la variation du flux inducteur est telle que le courant créé, si le circuit est fermé, donne naissance à un flux propre qui s'oppose au flux inducteur. Donc, si le circuit est mobile, il y a création d'une force qui s'oppose au déplacement ; si le champ est variable, la tension créée par la variation du flux propre s'oppose à la tension induite.

■ **Auto-induction.** Bobine soumise à une variation de son propre courant I, lorsqu'elle est alimentée en courant variable avec le temps. Si I varie, il produit une variation de B donc de Φ, donc une tension induite. Le circuit étant fermé, il y a un courant induit qui s'oppose, d'après la loi de Lenz, à la variation de I. C'est le phénomène d'*auto-induction* (ou *self-induction*) qui se produit aussi, en cas d'un courant continu, à la fermeture et à l'ouverture du circuit. La tension de self-induction vaut $e = -L\ \Delta I/\Delta t$, où L, inductance de la bobine est un coefficient mesuré en henrys (H) et est couramment appelé « self ».

■ **Impédance d'une bobine.** Le courant et la tension d'une bobine alimentée par un courant alternatif de fréquence *f* suivent la loi d'Ohm : V = ZI, où Z est l'*impédance* de la bobine, exprimée aussi en ohms (Ω) et donnée par $Z^2 = R^2 + 4\pi^2 f^2 L^2$, où R est la *résistance ohmique* (= en courant continu). Z croît avec *f*.

■ **Énergie électromagnétique.** Lorsque l'on établit le courant I dans une bobine, de l'énergie s'accumule qui vaut $W = 0{,}5\ L\ I^2$, W étant exprimée en joules (J). Lorsque l'on ouvre le circuit, cette énergie doit être cédée, ce qui explique les phénomènes d'*extra-courant de rupture* qui interviennent sur les machines électriques.

FERROMAGNÉTISME

■ **Généralités.** Tout matériau placé dans un champ magnétique acquiert des propriétés magnétiques. A l'excitation magnétique s'ajoute son aimantation M, *moment magnétique par unité de volume* s'exprimant en A/m. Le champ magnétique devient :

$$B = \mu_0\ (H + M).$$

La perméabilité $\mu = \mu_0\ \mu_r = B/H$ peut donc s'écrire $\mu_0\ (1 + M/H) = \mu_0\ (1 + \chi)$. χ s'appelle la *susceptibilité magnétique*, terme sans dimension. Sa valeur permet de classer les matériaux en 3 catégories principales : *diamagnétiques* [χ faible et négatif (– 10^{-5} environ ; exemples : cuivre, argent, or), sauf les supraconducteurs dont le χ peut être élevé] ; *paramagnétiques* [χ faible mais positif (10^{-3} à 10^{-5} ; exemples : aluminium, platine)] ; *ferromagnétiques* [χ positif mais fort (50 à 10 000 ; exemples : fer, cobalt, nickel, ferrites divers)]. Les ferromagnétiques sont soit des métaux ou alliages métalliques conducteurs, soit des *ferrimagnétiques* (céramiques à base d'oxydes métalliques, peu conductrices ou isolantes) dont les propriétés magnétiques ont les mêmes caractéristiques générales.

■ **Métrologie.** Les différentes perméabilités et l'aimantation à saturation peuvent se déduire d'un relevé de la courbe de première aimantation à l'aide de *magnétomètres* (balance de Faraday, magnétomètre à échantillon vibrant, magnétomètre à extraction). Le tracé du cycle d'hystérésis fournit aussi l'aimantation à saturation, ainsi que les autres paramètres fondamentaux : aimantation rémanente et cœrcitivité. Ce tracé peut s'effectuer à l'aide des magnétomètres, mais plus commodément à l'aide d'*hystérésimètres* à induction.

XII — ÉLECTRONIQUE

EFFET THERMOÉLECTRONIQUE

■ **Diode à vide.** Ampoule à vide très poussé (un millionième de mm de mercure), contenant un filament de tungstène qui peut être porté à une température élevée (2 000 °C) par le passage d'un courant. Autour du filament, on dispose un cylindre métallique, ou « plaque », destiné à capter les corpuscules électrisés émis par le filament. Le filament de la diode émet des électrons lorsqu'il est porté à une température suffisante. Ces électrons sont soumis à l'action du champ électrique $\vec{E}$ qui va de la plaque au filament ; ils se déplacent en sens inverse du champ électrique $\vec{E}$: il s'établit ainsi un courant d'électrons du filament vers la plaque, équivalant à un courant de charges positives allant de la plaque au filament. Si la différence de potentiel V*p* est suffisante, tous les électrons émis par le filament sont captés par la plaque : on obtient ainsi le courant de saturation I*g*.

Si V*p* est négatif, le champ électrique $\vec{E}$ est dirigé du filament vers la plaque, et les électrons émis sont ramenés vers le filament : aucun courant ne peut s'établir entre la plaque et le filament.

Les électrons d'un métal qui participent au passage du courant dans ce métal, dits de conductivité, ne peuvent pas sortir du métal s'ils n'ont pas une énergie suffisante. Si la température s'élève, leur vitesse d'agitation augmente, donc leur énergie croît, et certains peuvent s'échapper.

■ **Triode.** Lee De Forest (physicien amér., 1873-1961) perfectionna la diode en introduisant une 3e électrode, la grille, située entre la plaque et le filament (1907). La grille contrôle le flux d'électrons émis par le filament. La triode joue le rôle d'amplificateur. Elle n'est plus utilisée que pour les applications haute fréquence de grande puissance, comme les émetteurs de radiodiffusion, mais a été remplacée par des dispositifs à semi-conducteur, transistors bipolaires et à effet de champ.

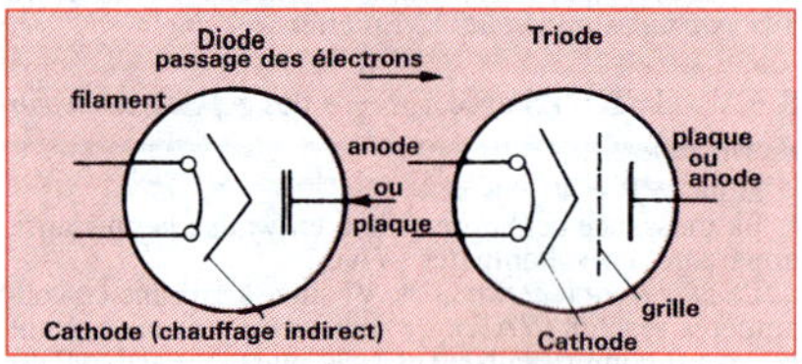

SEMI-CONDUCTEURS

DIODE A SEMI-CONDUCTEUR

■ **Fonctionnement.** Constituée par l'assemblage de 2 semi-conducteurs de même nature (silicium par exemple), mais dopés différemment : l'un de *type N* [les charges électriques mobiles (majoritaires) sont les électrons ; les fixes sont les ions du dopant (arsenic par exemple), qui sont positifs] ; l'autre de *type P* [les charges mobiles (et majoritaires) sont les trous (positifs) et les fixes sont les ions négatifs du dopant].

Si l'on n'applique pas de tension extérieure : il y a, à la frontière séparant les régions, un champ électrique dû aux ions immobiles dans le semi-conducteur. Ce champ, dirigé de la zone N vers la zone P, va repousser les électrons dans la zone N et les trous dans la zone P, créant ainsi une région désertée par les charges mobiles majoritaires.

En appliquant une tension extérieure inverse : on augmente le champ électrique à la frontière des régions P et N, donc on chasse encore plus loin les charges mobiles ; la zone désertée s'élargit, le courant ne peut pas passer, la diode est non passante ou bloquée (il ne subsiste qu'un très faible courant de fuite dû aux porteurs minoritaires : trous de la région N qui rencontrent les électrons de la région P ; ils sont des milliards de fois moins nombreux que les porteurs majoritaires).

En appliquant une tension extérieure directe suffisante (0,2 V pour le germanium, et 0,7 V pour le silicium) : on annule le champ électrique de la zone frontière et les électrons de la région N iront à la rencontre des trous de la région P (ce sont les porteurs majoritaires, et ils sont très nombreux), donc le courant passera. A la frontière, un électron comble un trou, il y a de très nombreuses recombinaisons de paires électron-trou.

■ **Applications. Redressement du courant alternatif :** la diode ne laisse passer le courant que dans un seul sens, et permet donc de transformer un courant alternatif en courant continu, ou du moins de même sens. On distingue 3 types de redressements : à 1 alternance ; à 2 alternances (montage à 2 diodes et montage en pont de Graëtz) ; polyphasé.

Effet photovoltaïque : *piles solaires.* La lumière éclaire la jonction (une des zones doit être transparente, donc en couche mince). L'énergie des photons qui entrent en collision avec les électrons permet la création de paires électron-trou. Elles ne se recombineront pas toutes à cause du champ électrique de la jonction, et créeront donc un courant électrique dans le circuit extérieur de la jonction. On aura ainsi un générateur d'électricité. Une photopile au silicium de 55 mm de diamètre, placée au soleil, produit un courant de 0,5 A sous une tension de 0,45 V. Le rendement ne dépasse guère 15 %, mais on espère l'améliorer.

Diode électroluminescente : l'énergie de recombinaison d'un électron et d'un trou est transformée en énergie lumineuse. *Applications :* voyants de contrôle, chiffres des calculatrices, transmissions de signaux lumineux à faible puissance (exemple : transmission infrarouge dans une pièce, pour un casque d'écoute haute-fidélité sans fil, télécommande de TV).

Diode à capacité variable : la zone désertée constitue l'isolant d'un condensateur. Son épaisseur, donc sa capacité, varie avec la tension inverse appliquée à la diode. *Applications :* commande de l'accord d'un circuit haute fréquence par une tension continue, dans les récepteurs de radio et de télévision.

■ **Diode Zener.** Diode utilisée en inverse. Son dopage est calculé pour obtenir une avalanche du courant inverse à partir d'une tension donnée. *Utilisation :* stabilisation de tension.

TRANSISTOR BIPOLAIRE

■ **Constitué** de 2 jonctions P-N, très proches. *2 types :* transistors N-P-N, et P-N-P ; le transistor (abréviation de : *transfer resistor*) est formé de 3 zones, reliées à 3 électrodes : l'émetteur (E), la base (B) et le collecteur (C). La base est très mince (quelques microns) ; les performances du transistor dépendront de son épaisseur et de la géométrie des jonctions.

■ **Circuits intégrés.** Formés de milliers de transistors gravés sur la même plaquette de silicium et interconnectés.

■ **Principes du transistor de type N-P-N.** (Pour un transistor de type P-N-P, il suffit d'inverser le sens des courants et des tensions.)

Effet transistor : en fonctionnement « normal », la jonction E-B est polarisée dans le sens passant, et la jonction B-C est bloquée. Les électrons, majoritaires dans l'émetteur (de type N), vont, en partie, diffuser dans la base (de type P), car la jonction E-B est parcourue par un courant direct. Quelques-uns se recombineront avec les trous de la base (c'est le courant de la base I_B), mais la majorité sera attirée vers le collecteur (type N) par le très fort champ électrique créé par la polarisation inverse de la jonction B-C (voir diode ci-dessus). Il y aura donc un important courant collecteur I_C.

Ce courant collecteur I_C est à peu près proportionnel au courant direct dans la base I_B :

$$I_C = \beta.\ I_B$$

propriété fondamentale où β est le gain en courant du transistor (de 50 à 500 selon le type de transistor). Ce gain dépend beaucoup de l'épaisseur de la base, et varie pour un même type de transistor d'un échantillon à l'autre.

TRANSISTOR A EFFET DE CHAMP

■ **Types. Transistor à jonction** (JTEC ou TEC), **transistor à grille isolée** ou MOS (métal oxyde semi-conducteur), et **transistor** MOS complémentaire (CMOS).

■ **Caractéristiques.** *Tensions particulières :* V_P : tension de pincement (« Pinch-off ») ; V_T : tension de seuil (« Threshold », (« Turn-off »). *Modes de fonctionnement :* appauvrissement – striction (« depletion »). Enrichissement (« enhancement »).

■ **Constitué** d'une couche de semi-conducteur P (substrat), de 2 régions N appelées *source* et *drain,* d'un *canal* N diffusé reliant ces 2 régions. Dans le MOS, la grille (métal) est isolée du canal par une couche de bioxyde de silicium Si O_2. Il en existe **2 types :** le **N-MOS** (ou MOS canal N) dont le substrat est un silicium de type P, et la source et le drain en silicium de type N ; le **P-MOS** (ou MOS canal P) qui utilise le type N pour son substrat et le type P pour sa source et son drain. L'association de ces 2 types (appelée C-MOS) est équivalente à un interrupteur ne nécessitant que peu d'énergie. *Applications :* microprocesseurs, montres électroniques...

■ **Fonctionnement.** Une tension positive est appliquée entre le drain et la source. Une tension négative entre la source S et la grille G crée un champ électrique qui commande le courant qui circule dans le canal. Une tension de plus en plus négative déterminée, par effet électrostatique, une zone dépeuplée de porteurs dans le canal (*appauvrissement* ou *déplétion*). Pour une tension fortement négative $V_{GS} = -V_P$, il y a un *pincement* du canal et le transistor est bloqué. Si la tension V_{GS} est positive ou nulle, le transistor est saturé.

Ces transistors sont surtout employés dans les circuits intégrés à très grande échelle (VLSI).

OSCILLOSCOPE CATHODIQUE

Constitué essentiellement d'un tube à vide dont une partie évasée est fermée par un écran électroluminescent.

A l'intérieur se trouvent : *un canon à électrons* formé par une cathode chaude à chauffage indirect, ainsi que des cylindres qui forment les lentilles électrostatiques A et B donnant sur l'écran luminescent une image ponctuelle ; *2 condensateurs C_1 et C_2* qui peuvent provoquer, lorsqu'ils sont chargés, des déviations horizontale ou verticale du faisceau (chacune de ces déviations étant proportionnelle à la différence de potentiel entre les armatures du condensateur correspondant).

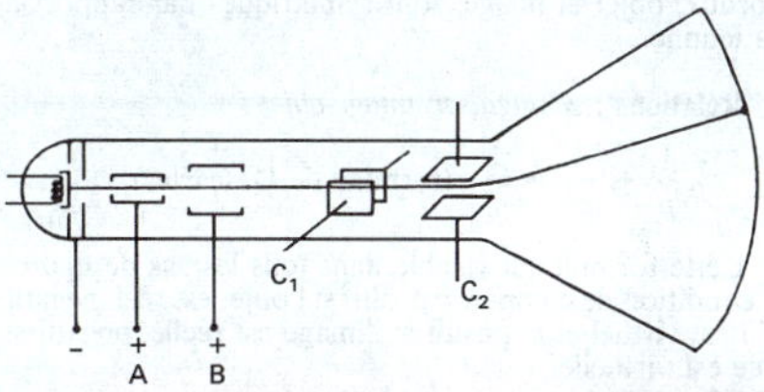

EFFET PHOTOÉLECTRIQUE

■ **Définition.** Phénomènes électriques provoqués par l'action de la lumière sur la matière. Découverts par Heinrich Hertz (All., 22-2-1857/1-1-1894) en 1887.

■ **Principaux effets.** *Émission* (éjection d'électrons par absorption de lumière) ; *photoconductivité* (l'absorption augmente la conductibilité d'un corps) ; *effet photovoltaïque* (si les conducteurs sont éclairés de façon appropriée : transformation directe de l'énergie lumineuse en énergie électrique).

■ **Expérience de Hertz.** Une couche mince de métal pur (en général alcalin) est disposée à l'intérieur d'une ampoule de verre transparent à l'ultraviolet, et absolument vide (elle constitue la cathode) ; une tige (ou anneau) métallique est placée dans l'ampoule et constitue l'anode. L'anode est reliée au pôle positif d'un générateur par un microampèremètre ; la cathode est reliée au pôle négatif du générateur. L'ensemble constitue une cellule photoélectrique.

■ **Mécanisme de l'effet photoélectrique.** Mis en évidence par Albert Einstein [Ulm, 14-3-1879/Princeton, 18-4-1955 ; All. naturalisé Suisse puis (1940) Américain] en 1905, il lui valut le prix Nobel en 1921 (voir p. 268 c).

Pour extraire un électron d'un métal pur, il faut communiquer à cet électron une énergie W supérieure à l'énergie d'extraction W_0. L'excédent d'énergie constitue alors l'énergie cinétique de l'électron : $W - W_0 = \frac{1}{2} mv^2$.

L'effet photoélectrique se manifeste même en lumière peu intense. L'énergie lumineuse se répartit uniformément sur la surface réceptrice ; l'énergie reçue par un atome est nettement inférieure à l'énergie W_0 nécessaire à l'extraction d'un électron. Einstein en a déduit que l'énergie lumineuse était localisée en certains points, c'est-à-dire que la lumière se propageait par grains d'énergie (photons).

Chaque photon correspond à une radiation monochromatique de fréquence ν et possède une énergie : $W = h\nu$, relation où h est une constante universelle, appelée *constante de Planck* :

$$h = 6{,}62.10^{-34} \text{ (joule × seconde)}.$$

Lorsqu'un faisceau lumineux arrive sur un métal, un grand nombre n de photons viennent frapper sa surface par unité de temps, et pénètrent plus ou moins dans le métal ; certains d'entre eux seulement, soit n', rencontrent des électrons de valence.

Si l'énergie $h\nu$ d'un photon actif est inférieure à l'énergie W_0 d'extraction de l'électron, aucun électron ne peut sortir. Si cette condition est réalisée, le nombre d'électrons éjectés par unité de temps et correspondant au courant de saturation i_s est alors proportionnel, pour une cellule donnée, à la puissance totale du faisceau incident : $P = nh\nu$.

La différence d'énergie : $\nu - W_0$ représente l'énergie cinétique maximale qu'un électron peut avoir en sortant du métal :

$$\frac{1}{2} mv^2 = h\nu - W_0 = h(\nu - \nu_0).$$

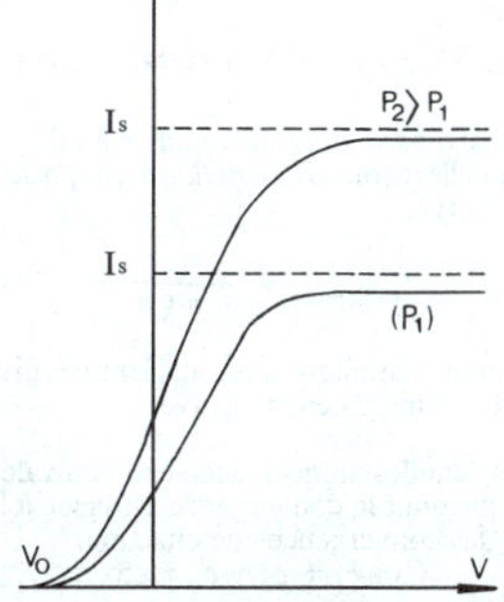

■ **Applications de l'effet photoélectrique.** Mesure des intensités lumineuses en photométrie, comptage d'objets opaques passant devant la cellule (visiteurs d'une exposition, par exemple), mise en marche de dispositifs mécaniques (escaliers, portes...), etc.

■ **Effet photovoltaïque (photopile).** Un couple photovoltaïque ou photopile (ou encore *cellule à couche d'arrêt*) comprend un matériau semi-conducteur (couche de sélénium gris déposée sur du fer, ou silicium) ; la face exposée à la lumière présente une mince couche transparente d'or ou de platine. L'action de la lumière sur le sélénium libère des électrons, ce qui, dans ce semi-conducteur, crée aussi des trous positifs ; le sélénium (comme l'électrolyte d'une pile) contient alors des charges mobiles, et si on relie les deux pôles or et fer par un circuit extérieur, ce circuit est parcouru par un courant. Les photons créent des charges mobiles qui sont « mises en route » par un champ électromoteur « voltaïque » (différence de potentiel au contact de 2 métaux).

RAYONS X

■ **Découverte.** Photons X découverts par Wilhelm Conrad Röntgen (Allemand, 1845-1923 ; prix Nobel 1901) le 8-11-1895. Max von Laue (Allemand, 1879-1960) détermina, en 1912, leur nature : radiations électromagnétiques de très courte longueur d'onde (10^{-4} µ).

■ **Tube de William David Coolidge** (Américain, 1873-1975). Constitué par une ampoule sous vide, il comporte une cathode (filament de tungstène chauffé) et une anode (bloc de métal peu fusible et assez épais, placé au centre du miroir concave formé par la cathode). Le faisceau d'électrons émis par la cathode est accéléré par une haute tension. Un rhéostat permet de régler le chauffage du filament de tungstène, donc de modifier le nombre d'électrons émis par la cathode, et par suite l'intensité des rayons X. Les électrons arrivent sur l'anticathode avec une certaine énergie cinétique. Pour certains d'entre eux, toute cette énergie se transforme en énergie rayonnante en donnant un photon de fréquence γ_0. Si une partie seulement de l'énergie W est transformée, les photons X produits auront une fréquence γ telle que : $h\gamma < W$.

$$\text{Comme } v < c, \text{ il vient : } \lambda > \frac{hc}{W}.$$

On observe donc toutes les longueurs d'onde possibles supérieures à :

$$\lambda_0 = \frac{hc}{W}, \text{ soit } \lambda \geqslant \lambda_0.$$

En augmentant la tension, le seuil d'émission diminue ; on obtient des rayons plus durs sous haute tension, c'est-à-dire de plus faible longueur d'onde. L'intensité du rayonnement, caractérisée par le nombre de photons émis, croît avec le nombre d'électrons émis par le filament, donc avec la température du filament.

La tension anode-cathode va de quelques dizaines de milliers de volts à plusieurs centaines de milliers dans les appareils industriels.

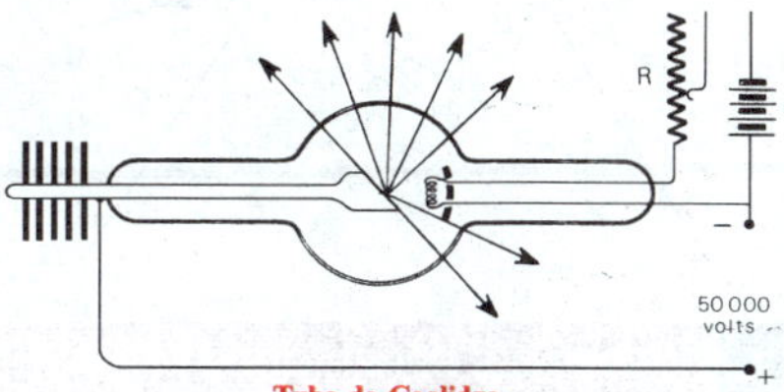

Tube de Coolidge

■ **Propriétés fondamentales.** Les rayons X provoquent la fluorescence du sulfure de zinc, du platinocyanure de baryum (lumière verte), du tungstène de cadmium (lumière bleue). Ils impressionnent les émulsions photographiques. Ils provoquent l'ionisation des gaz (ils arrachent des électrons aux molécules des gaz, créant ainsi des ions positifs et négatifs).

Ils se propagent en ligne droite, en traversant de nombreuses substances et en subissant une absorption qui dépend : de l'*épaisseur de la substance* ; des *atomes*, et non des édifices atomiques (ions ou molécules) constituant la substance.

L'absorption est une *propriété atomique* : elle augmente beaucoup avec le *numéro atomique Z* de l'atome et avec la *longueur d'onde* des rayons X utilisés.

Dans les cristaux, les atomes ou les ions sont disposés régulièrement aux sommets des mailles du réseau cristallin. On peut alors définir dans le cristal des plans parallèles et équidistants qui passent par ces atomes ; ce sont des plans réticulaires.

Un faisceau de rayons X pénétrant à l'intérieur du cristal subit une diffraction analogue à celle d'un faisceau lumineux tombant sur une série de fentes parallèles et équidistantes. Les angles de diffraction dépendent de la longueur d'onde du faisceau X et de l'équidistance des plans réticulaires. Si l'on connaît l'une de ces grandeurs, on peut en déduire l'autre.

XIII — OPTIQUE GÉOMÉTRIQUE

GÉNÉRALITÉS

L'optique étudie des phénomènes lumineux, c'est-à-dire qui impressionnent l'œil. On distingue des *objets lumineux par eux-mêmes* (Soleil, lampes à incandescence), et des *objets éclairés* qui diffusent la lumière reçue.

Les substances *transparentes* (eau, verre) laissent passer une partie de la lumière ; d'autres l'arrêtent complètement (corps *opaques*). Les substances *translucides* laissent passer la lumière mais ne permettent pas de distinguer la forme des corps placés derrière eux.

■ **Principe fondamental.** Dans un milieu transparent homogène, la lumière se propage en ligne droite. On appelle **rayon lumineux** tout trajet rectiligne suivi par la lumière. Cette définition est purement géométrique, car on ne peut isoler un rayon.

Faisceau lumineux : ensemble de rayons. Les rayons issus d'un point forment un *faisceau divergent* ; les rayons aboutissant à un point forment un *faisceau convergent*.

Diamètre apparent d'un objet : angle des 2 rayons issus des extrémités de l'objet et pénétrant dans l'œil. L'œil voit, en moyenne, comme un point, tout objet au diamètre apparent inférieur à 1 minute sexagésimale, soit à environ $\frac{3}{10\,000}$ radian.

LOIS DE LA RÉFLEXION

■ **Miroir plan.** Un miroir plan donne d'un objet B une image B', symétrique par rapport au plan du miroir. L'image a la même dimension que l'objet. **1re loi :** le rayon incident, la normale au point d'incidence et le rayon réfléchi sont dans un même plan. **2e loi :** l'angle de réflexion est égal à l'angle d'incidence.

Si un rayon lumineux BI pénètre dans un système optique quelconque pour en ressortir suivant IR, inversement un rayon lumineux entrant dans le système suivant RI ressortira suivant IB.

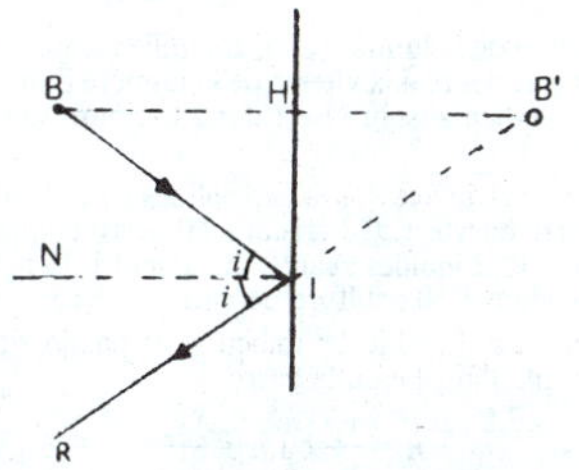

■ **Objets ou images réels ou virtuels.** Un appareil optique donne des images d'objets. A l'entrée de l'appareil se trouve le domaine de l'objet, ou *espace objet ;* à sa sortie se trouve le domaine de l'image, ou *espace image.* Dans l'espace objet, si le faisceau tombant sur l'appareil est divergent, il émanera d'un point *objet réel,* c'est-à-dire réellement situé en avant du système. Si, au contraire, le faisceau incident est convergent, son point de convergence, A, situé en arrière de la face d'entrée, sera appelé point *objet virtuel.* Dans le cas intermédiaire d'un faisceau incident parallèle, on dit que l'objet est à l'infini.

Les définitions sont exactement inverses pour le milieu image. Si le faisceau sortant de l'appareil converge en un point A', on dit que A' est une *image réelle :* une telle image peut se recevoir sur un écran. Si le faisceau diverge, ses rayons semblent provenir d'un point A' situé avant la sortie de l'appareil ; A' est alors une *image virtuelle.* On ne peut pas observer cette image sur un écran ; il faut regarder dans l'appareil.

■ **Miroirs sphériques.** **Concave :** il est réfléchissant par sa face creuse. Un rayon incident parallèle à l'axe se réfléchit en passant par le foyer F, à égale distance du sommet S et du centre C de la sphère originelle. Un tel miroir donne toujours une *image réelle* (télescope) sauf quand l'objet réel est entre le sommet S et le foyer F (miroir grossissant).

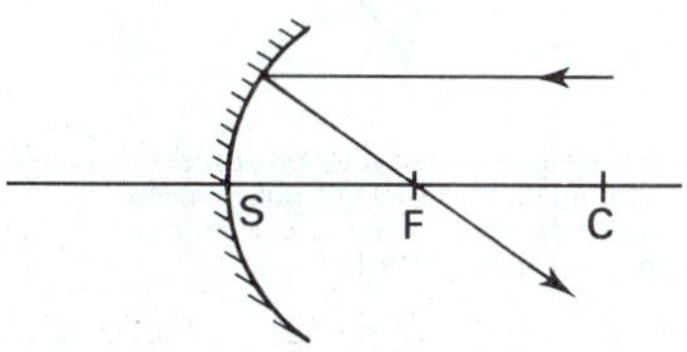

Convexe : il est réfléchissant par sa face bombée. Un rayon incident parallèle à l'axe se réfléchit comme s'il provenait du foyer F (virtuel) équidistant de C et de S. Un tel miroir donne toujours une *image virtuelle* (rétroviseur), sauf quand l'objet virtuel est situé entre le sommet S et le foyer F.

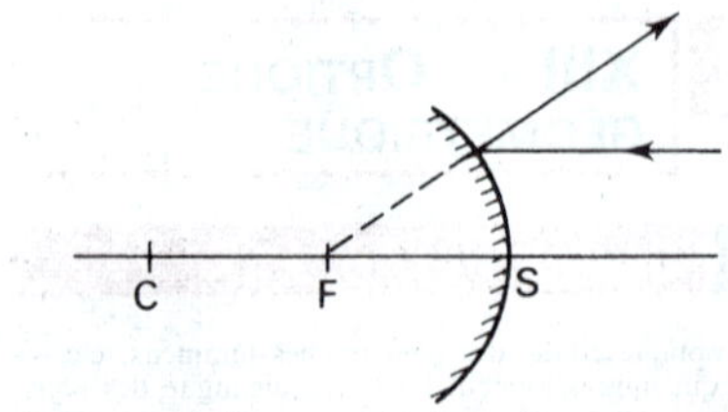

Lois de la réfraction

Il y a réfraction lorsqu'un faisceau lumineux se propageant dans un milieu optique passe dans un autre en changeant de direction. **1re loi :** le rayon incident, la normale au point d'incidence et le rayon réfracté sont dans un même plan. **2e loi :** le sinus de l'angle d'incidence est dans un rapport constant avec le sinus de l'angle de réfraction : $\sin i = n \sin r$ (n s'appelle l'*indice de réfraction* du second milieu par rapport au premier).

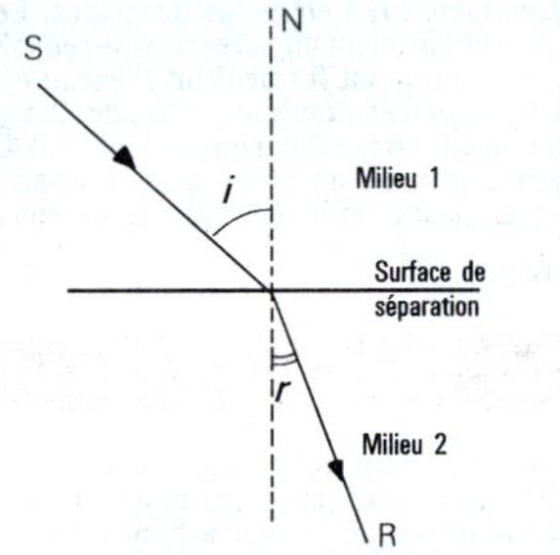

■ **Indices de réfraction absolus.** Si le 1er milieu est le vide, l'indice s'appelle l'*indice* absolu N.

La vitesse de la lumière dans le vide est c = 299 792 458 m/s (d'après la définition du mètre promulguée en octobre 1983). La vitesse de la lumière v dans un milieu d'indice N est $v = c/\mathrm{N}$.

$$\mathrm{N} = \frac{c}{v}.$$

La vitesse de la lumière dans un milieu transparent est toujours inférieure à la vitesse de la lumière dans le vide : $v < c$. L'indice absolu N est donc toujours supérieur à l'unité.

■ **Valeur des indices absolus. Solides :** verre ordinaire 1,52 ; verre baryté 1,57 ; cristal 1,60 ; cristal lourd 1,96 ; diamant 2,42. **Liquides :** eau 1,33 ; alcool 1,36 ; glycérine 1,47 ; benzine 1,50 ; sulfure de carbone 1,63.

Indices relatifs. Si le 1er milieu n'est pas le vide, mais par exemple l'air, l'eau, le verre... :

$$n = \frac{v_1}{v_2} \text{ ou } n = \frac{\mathrm{N}_2}{\mathrm{N}_1}.$$

La 2e loi de la réfraction peut donc aussi se formuler, avec les indices absolus :

$$\sin i_1 = \frac{\mathrm{N}_2}{\mathrm{N}_1} \sin i_2, \text{ ou : } \mathrm{N}_1 \sin i_1 = \mathrm{N}_2 \sin i_2.$$

La symétrie de cette relation exprime le principe du retour inverse.

Dioptre plan

C'est l'ensemble de 2 milieux inégalement réfringents, séparés par une surface plane. Il n'y a pas d'image de A_1 pour une incidence quelconque, mais il y en a pour des rayons peu inclinés sur la normale (approximation de Gauss).

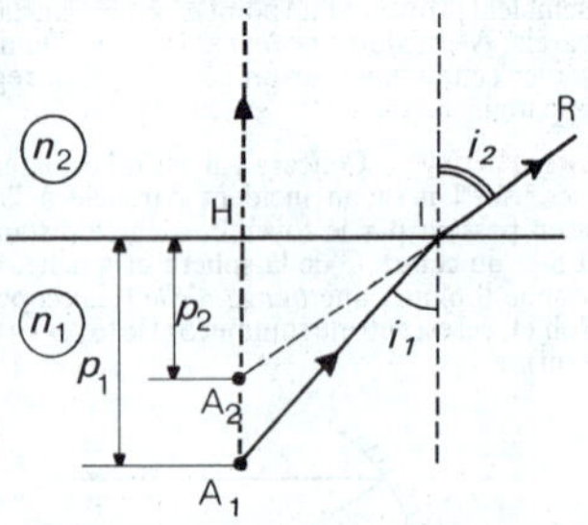

Le dioptre plan donne d'un objet réel une image virtuelle, et d'un objet virtuel une image réelle. Ces images sont droites, égales à l'objet, et leur position par rapport au dioptre est donnée par la formule :

$$\frac{n_1}{p_1} = \frac{n_2}{p_2}.$$

Lame à faces parallèles

Elle est constituée par 2 dioptres plans parallèles séparant un milieu transparent de 2 autres milieux transparents. Lorsqu'elle sépare 2 milieux d'indices différents, les relations entre les angles d'incidence et d'émergence sont les mêmes que si la lame n'existait pas :

$$n_1 \sin i_1 = n \sin r \text{ (à l'entrée),}$$
$$n \sin r = n_2 \sin i_2 \text{ (à la sortie),}$$
$$n_1 \sin i_1 = n_2 \sin i_2.$$

Une lame à faces parallèles donne d'un objet plan et parallèle à elle une image droite et égale à l'objet. Les images ne seront donc acceptables que dans l'approximation de Gauss.

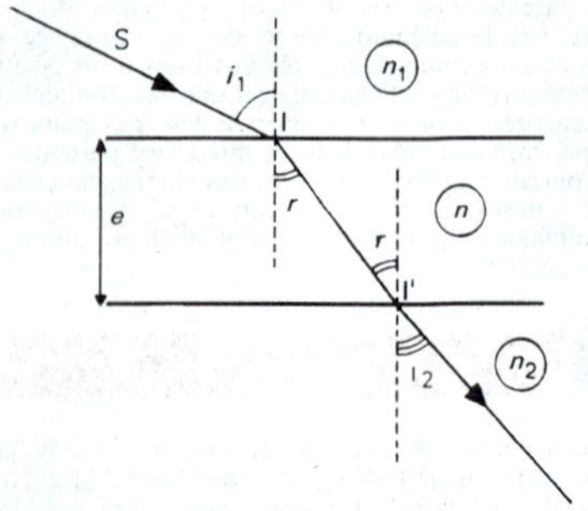

Lorsque les milieux extrêmes sont identiques, le déplacement $d = \mathrm{A}_1\mathrm{A}_3$ vaut :

$$d = e\left(1 - \frac{1}{n}\right).$$

Il s'effectue toujours dans le sens de la lumière.

Prisme

■ **Définition.** Milieu transparent limité par 2 faces planes non parallèles formant un *dièdre.* On appelle *section principale* du prisme toute section perpendiculaire à l'arête. C'est le plan d'incidence et de réfraction de tous les rayons contenus dans la section principale (1re loi de Descartes).

Si nous envoyons sur un prisme un faisceau de lumière blanche, il se produit à la fois une *déviation* du faisceau (plus importante pour le violet que pour le rouge) et une décomposition *(dispersion)* de la lumière blanche. Toute lumière qui n'est pas dispersée par le prisme est appelée une lumière monochromatique.

■ **Formules du prisme.**

$$\sin i = n \sin r \qquad \sin i' = n \sin r'$$
$$\mathrm{A} = r + r' \qquad \mathrm{D} = i + i' - \mathrm{A}.$$

La déviation augmente avec l'angle du prisme, avec l'indice du prisme. Quand l'angle d'incidence varie, la déviation passe par un minimum ; à ce moment, $i = i'$, et le trajet de la lumière est symétrique par rapport au prisme.

Si l'angle du prisme est faible, la déviation est égale à :

$$\mathrm{D} = (n - 1)\,\mathrm{A}.$$

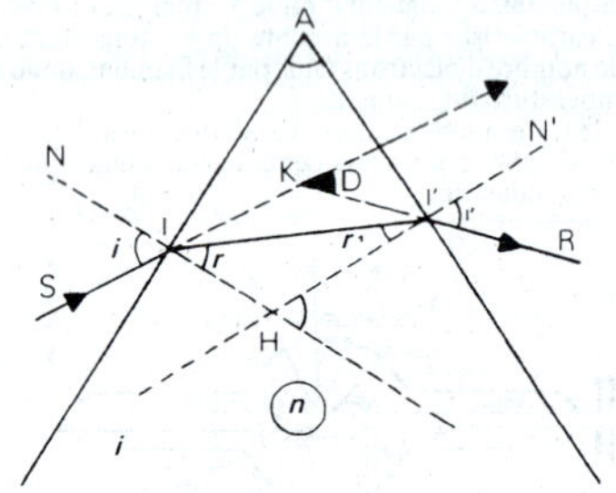

Lentilles sphériques minces

Définitions

Une lentille sphérique est un milieu transparent, en général du verre, limité par 2 calottes sphériques ou une calotte sphérique et un plan.

On appelle *axe principal* la droite joignant les 2 centres des faces sphériques, ou la droite passant par le centre de la face sphérique et perpendiculaire à la face plane. Le *centre optique* O est le point de rencontre de l'axe principal avec les 2 dioptres limitant la lentille, l'épaisseur étant négligeable.

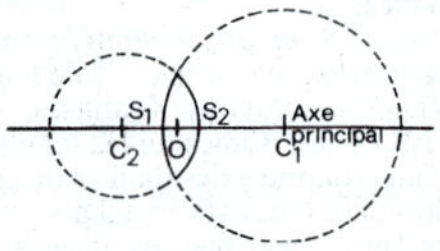

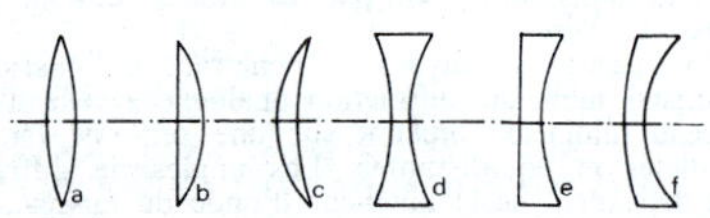

Catégories de lentilles. Convergentes, à bord mince : biconvexe (a), plan convexe (b), ménisque (c). **Divergentes,** à bord épais : biconcave (d), plan concave (e), ménisque (f).

Catégories de lentilles

■ **Lentille convergente.** Ne donne d'images nettes que : si elle est diaphragmée (rayons traversant la lentille à une petite distance de l'axe) ; si l'objet est petit et se trouve au voisinage de l'axe (rayons peu inclinés sur l'axe). Tout rayon lumineux passant par le centre optique d'une lentille n'est pas dévié en traversant la lentille.

Foyer image et plan focal image : la lentille transforme un faisceau parallèle à l'axe principal en un faisceau convergent passant par un point F' de l'axe, appelé *foyer image* (qui est donc l'image du point à l'infini situé sur l'axe principal). La distance OF' est la **distance focale image** f.

Foyer objet et plan focal objet : tout rayon incident passant par le foyer objet donne naissance à un rayon émergent parallèle à l'axe. Le foyer objet est donc le point de l'axe dont l'image est rejetée à l'infini. Les 2 plans focaux, objet et image, sont symétriques par rapport à la lentille.

Relations : *conjugaison image-objet :*

$$\frac{1}{p} + \frac{1}{p'} = \frac{1}{f} \quad \text{(formule de Descartes).}$$

Cette formule est valable dans tous les cas de figure, à condition de compter p positif si l'objet est réel, négatif s'il est virtuel et p' positif si l'image est réelle, négatif si elle est virtuelle.

Grandissement : $y = \dfrac{\mathrm{I}}{\mathrm{O}} = -\dfrac{p'}{p}.$

y est positif si l'objet est droit par rapport à l'objet, négatif s'il est renversé.

Avec une lentille, l'objet et l'image se déplacent toujours dans le même sens.

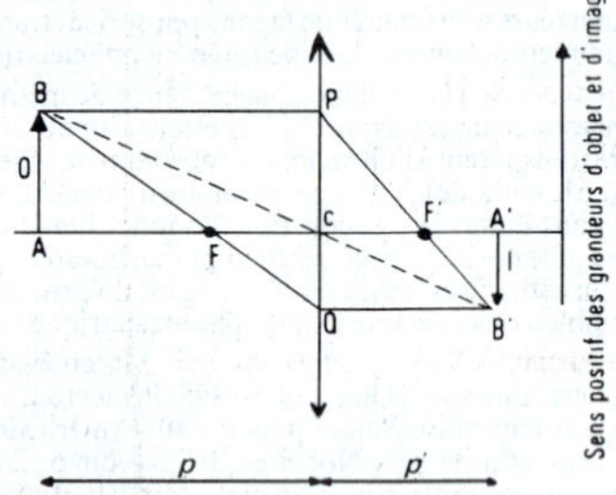

Image donnée : une lentille convergente donne toujours une *image réelle* sauf quand l'objet réel est situé entre le foyer objet et la lentille.

■ **Lentille divergente.** Tout rayon incident parallèle à l'axe émerge en semblant venir du foyer virtuel image. Tout rayon se dirigeant sur le foyer virtuel objet émerge parallèlement à l'axe. Quelle que soit la forme de la lentille, les foyers virtuels objet et image sont symétriques par rapport au centre optique.

Relations : les formules des lentilles convergentes s'appliquent en donnant à f une valeur négative.

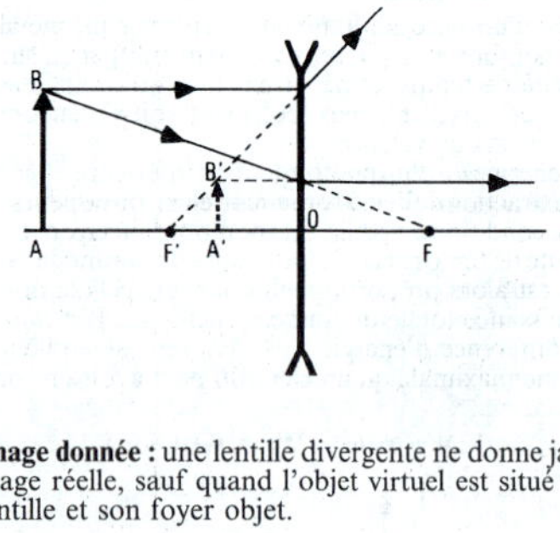

Image donnée : une lentille divergente ne donne jamais d'image réelle, sauf quand l'objet virtuel est situé entre la lentille et son foyer objet.

Convergence d'une lentille

Une *lentille à bord mince* a tendance à faire converger la lumière qu'elle reçoit. Une *lentille à bord épais* a tendance à la faire diverger.

$$\mathrm{C}_{\text{dioptries}} = \frac{1}{f_{\text{mètres}}}$$

Cette formule s'applique aussi aux lentilles divergentes, en donnant à f une valeur négative.

Plusieurs lentilles minces accolées équivalent à une lentille unique dont la convergence est égale à la somme algébrique des convergences de chacune.

$$\mathrm{C} = c_1 + c_2 + c_3 + \text{etc.}$$

■ **Valeur de la convergence d'une lentille.** Dans cette relation : n est l'indice de la lentille ; R_1 est le rayon de courbure (rayon de la sphère) de la face d'entrée ; R_2 celui de la face de sortie :

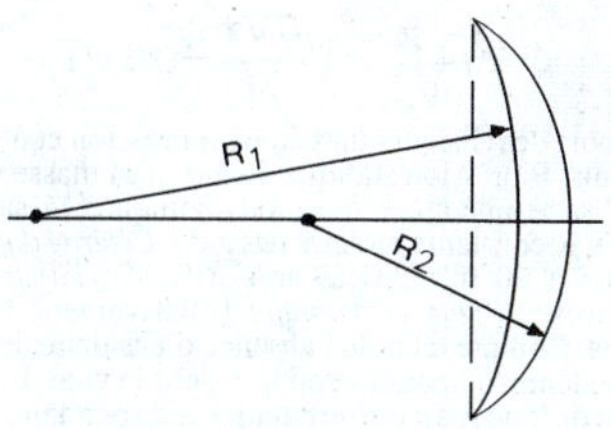

$R_1 < 0 \quad R_2 > 0$

$$\frac{1}{f} = (n-1)\left(\frac{1}{R_1} - \frac{1}{R_2}\right).$$

R_1 et R_2 sont comptés positivement si la face correspondante est bombée, négativement si elle est creuse. L'indice n étant toujours supérieur à 1, le terme $(n-1)$ est toujours positif. Le signe de la convergence sera donc déterminé d'après les signes de R_1 et de R_2. Pour une face plane, R est infini.

INSTRUMENTS D'OPTIQUE

☞ Voir également **Œil** à l'Index.

Tout instrument d'optique d'observation a comme but principal d'améliorer la perception des détails d'un objet ; pour cela, il substitue à l'objet une *image virtuelle de diamètre apparent plus grand.* On dit qu'il « grossit ».

■ LOUPE

■ **Définition.** Lentille convergente de petite distance focale. Pour obtenir une image virtuelle agrandie, il faut placer l'objet entre le plan focal objet et la loupe. La *latitude de mise au point* (de quelques mm) est la distance des 2 positions extrêmes entre lesquelles on peut déplacer l'objet pour que l'image puisse toujours être observée par l'œil.

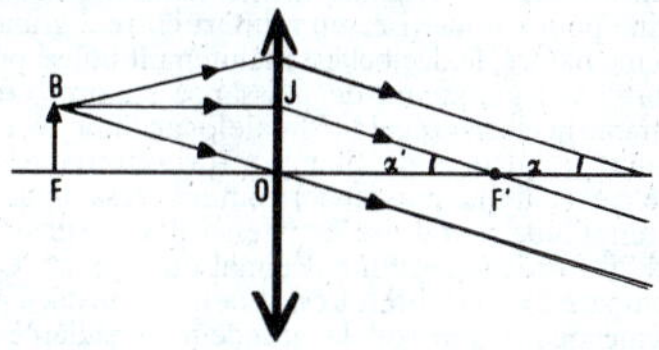

■ **Puissance.** Mesurée par le rapport de l'angle α' exprimé en radians à la longueur AB de l'objet : $P = \dfrac{\alpha'}{AB}$. S'exprime en dioptries si AB est exprimé en mètres et α' en radians. Si l'image est rejetée à l'infini, la puissance est égale à la convergence ; c'est sa *puissance intrinsèque* $P = \dfrac{1}{f}$: pratiquement comprise entre 5 et 100 dioptries.

■ **Grossissement.** Égal au rapport du diamètre apparent α' de l'image au diamètre apparent α de l'objet vu à l'œil nu dans les meilleures conditions, c'est-à-dire lorsque l'objet est à la *distance minimale de vision distincte* : $G = \dfrac{\alpha'}{\alpha}$. On peut écrire :

$$G = \frac{\alpha'}{\alpha} = \frac{\alpha'}{AB} \times \frac{AB}{\alpha} \text{ soit } G = P \times \delta,$$

où P est en dioptries, et δ (distance minimale de vision distincte) est en mètres.

Comme δ varie avec l'observateur, on a choisi pour cataloguer les loupes :

$$\delta = 0{,}25 \text{ m} = \frac{1}{4} \text{ m}.$$

Grossissement commercial : défini par un nombre égal au quart de la puissance en dioptries. La distance focale d'une loupe doit toujours être inférieure à la distance minimale de vision distincte.

■ MICROSCOPE

■ **Définition.** Instrument donnant d'un objet petit une image réelle très agrandie. *Microscope optique* [*champ lointain :* la source de lumière est placée à une grande distance (par rapport à la longueur d'onde de la lumière) de l'objet à observer] : l'objectif donne de l'objet à observer une image agrandie (mais inversée) que l'on examine à travers un oculaire jouant le rôle de loupe. *Microscope à champ proche :* l'objet observé n'est pas agrandi mais « palpé » par une « pointe » ultrafine dont la forme à l'apex conditionne le détail le plus fin observé. Suivant l'interaction privilégiée entre la pointe et l'objet, il s'agit d'un microscope à effet tunnel (électronique), à force atomique (mécanique), à champ proche optique (lumière). L'image est formée par balayage de l'objet en utilisant le signal de stabilisation de la pointe à une distance très faible (quelques nanomètres) de l'objet comme information topographique.

■ **Microscope optique. Construction de l'image.** D'un petit objet AB, l'objectif O_1 de distance focale f_1 donne une image réelle et renversée A'B', y fois plus grande que l'objet AB. Cette image intermédiaire sert d'objet pour l'oculaire O_2, de distance focale f_2, fonctionnant comme loupe ; elle est placée entre le foyer objet F_2 de l'oculaire et la lentille ; l'oculaire en donne une image virtuelle définitive A″B″, droite par rapport à A'B', mais renversée par rapport à l'objet initial AB.

Puissance.
$$P = \frac{\alpha'}{AB} = \frac{\alpha'}{A'B'} \times \frac{A'B'}{AB}.$$

Le 1er rapport exprime la puissance p de l'oculaire ; le second, le grandissement donné par l'objectif :

$$P = p \times y.$$

L'image A'B' est toujours très près du foyer F_2 :

$$y = \frac{A'B'}{AB} = \frac{\Delta}{f_1}.$$

Δ est appelé *intervalle optique* entre l'objectif et l'oculaire. Si l'image est rejetée à l'infini :

$$p = \frac{1}{f_2}, \text{ la relation } P = py \text{ donne : } P_i = \frac{\Delta}{f_1 f_2}.$$

La puissance varie ordinairement de 100 à 2 500 dioptries (dans certains cas 5 000).

Grossissement.

$$G = \frac{\alpha'}{\alpha} \quad \text{Il vaut : } G = P \times \delta$$

P en dioptries, δ en mètres.

Grossissement commercial : $G_c = \dfrac{P}{4}$.

> **Microscope électronique le plus puissant de France :** il se trouve à Toulouse au laboratoire d'optique électronique du Cemes (Cnes). Tension d'accélération 3 000 000 V. Résolution de l'ordre de l'angström.
>
> **Meilleur pouvoir séparateur :** microscope de Grenoble (résolution 1,6 angström).

■ LUNETTE ASTRONOMIQUE

■ **Définition.** Comprend 2 systèmes optiques : un *objectif* (convergent, assimilable à une lentille mince, convergente donnant de l'objet à l'infini une image dans son plan focal image) et un *oculaire* [qui, dans la lunette de *Galilée,* est une lentille divergente (dispositif des jumelles de théâtre)]. *Distances focales de l'objectif :* de 1 à 20 m.

■ **Construction de l'image.** D'un astre AB vu de la Terre, sous un diamètre apparent α, l'objectif O_1 donne une image renversée $A'B' = F \times \alpha$, dans son plan focal image, F étant la distance focale de l'objectif. A'B' doit se trouver entre le foyer objet F_2 de l'oculaire et cette lentille qui en donne l'image finale A″B″, virtuelle, droite par rapport à A'B', mais renversée par rapport à AB.

La lunette renverse les images. Elle est dite *afocale* lorsque le foyer image de l'objectif coïncide avec le foyer objet de l'oculaire ; l'image d'un objet à l'infini est elle-même à l'infini.

■ **Grossissement.** C'est le rapport du diamètre apparent de l'image au diamètre apparent de l'objet :

$$G = \frac{\alpha'}{\alpha} = \frac{F}{f}.$$

$$\text{G est aussi égal à : } G = \frac{R}{r}.$$

R : rayon de l'objectif, r : rayon du cercle oculaire (image de l'objectif à travers l'oculaire).

La nature ondulatoire de la lumière fait que l'image donnée par l'objectif ne peut être parfaitement fine. Si l'on appelle α' (exprimé en minutes) le diamètre apparent sous lequel l'œil voit 2 points de l'image qu'il peut tout juste distinguer, et R (exprimé en mm) le rayon de l'objectif, cet angle α' est donné par la règle de Léon Foucault (1819-68) :

$$\alpha' = \frac{1}{R}.$$

Un objectif de 12 (12 cm de diamètre) sépare la seconde.

XIV — OPTIQUE PHYSIQUE

THÉORIE

Une lumière monochromatique est une onde vibratoire sinusoïdale de période T ; sa fréquence est :

$$\nu = \frac{1}{T}.$$

Sa période spatiale, ou longueur d'onde dans le vide est $\lambda_o = cT = c/\nu$.

Dans le vide, les radiations monochromatiques se propagent avec une célérité c indépendante de la fréquence et de la direction de propagation. Les *surfaces d'onde* correspondant à une source ponctuelle S sont les ensembles des points atteints par la lumière au même instant t. Ce sont des sphères de centre S. En tous les points d'une surface d'onde de rayon R, les vibrations lumineuses sont en phase et présentent avec la source un retard de phase :

$$\varphi = 2\pi R/\lambda.$$

On représente la vibration à la source S par : t/T et, en un point de la surface d'onde, par :

$$y = a \sin 2\pi (t/T - R/\lambda).$$

Dans un milieu transparent, d'indice n pour la radiation considérée, la *célérité de la lumière* pour cette radiation est : $v = c/n$.

Le milieu est dit *isotrope* si cette célérité est indépendante de la direction de propagation. Dans un tel milieu, la longueur d'onde λ est toujours inférieure à la longueur d'onde λ_0 dans le vide :

$$\lambda = \nu T = \frac{cT}{n} = \frac{\lambda_0}{n}.$$

L'indice de l'air pour les radiations lumineuses vaut sensiblement $n = 1{,}0003$.

INTERFÉRENCES

■ **Miroirs d'Augustin Fresnel** (Fr., 1788-1827). Soit 2 miroirs plans, M_1 et M_2, faisant entre eux un très petit angle α et éclairés par une source ponctuelle S de lumière monochromatique (lumière jaune d'une lampe au sodium, lumière d'un arc électrique « filtrée » par un verre rouge). Les miroirs donnent de la source S, 2 images virtuelles S_1 et S_2, d'où viennent 2 faisceaux réfléchis, l'un de sommet S_1 s'appuyant sur le miroir M_1 (de trace OM_1 sur la figure p. 242 a), l'autre de sommet S_2 s'appuyant sur le miroir M_2 (de trace OM_2). Ces 2 faisceaux réfléchis se superposent sur une partie commune A_1OA_2.

En coupant les faisceaux réfléchis par un écran E, on observe dans la partie A_1A_2 des raies alternativement brillantes et obscures, appelées franges. Ces franges existent dans toute la partie commune aux 2 faisceaux, quelle que soit la position de l'écran. Elles ne sont donc pas localisées.

En un point A arrivent 2 rayons lumineux réfléchis, SIA et SJA. S_1 et S étant symétriques par rapport au miroir M_1, le trajet SIA est égal au trajet S_1IA ; de même, $SJA = S_2JA$.

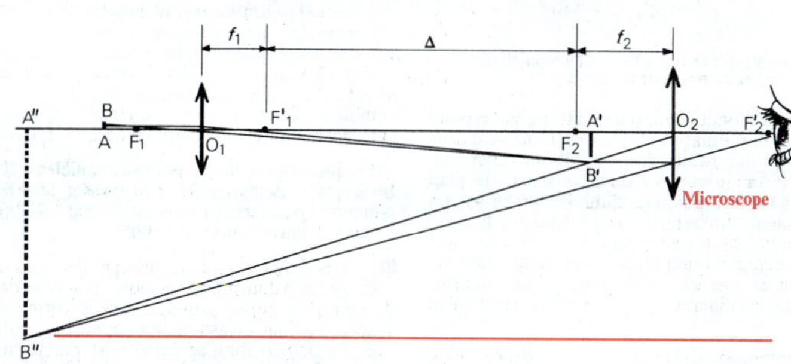

Microscope

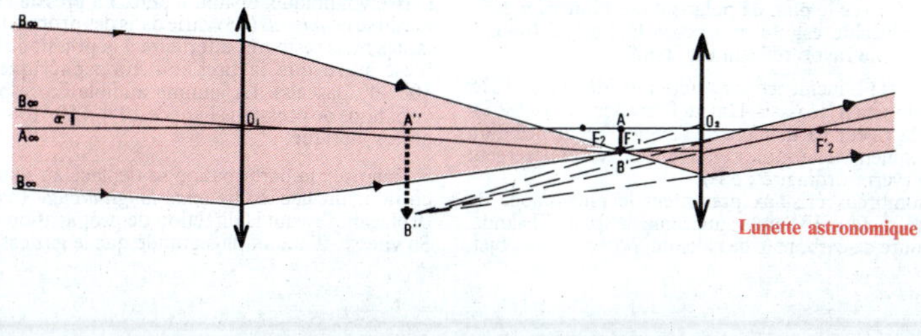

Lunette astronomique

La différence de phase des vibrations lumineuses arrivant en A vient de la différence des chemins parcourus : $d_1 = S_1IA$ et $d_2 = S_2JA$.

Nous pouvons donc remplacer la source S par ses 2 images S_1 et S_2 qui sont synchrones (de même période et en phase l'une par rapport à l'autre).

Longueurs d'onde des radiations lumineuses : violette : 0,4 micromètre (10^{-3} mm) ; rouge extrême : 0,75 micromètre. Fréquences correspondantes : $7{,}5.10^{14}$ hertz et 4.10^{14} hertz.

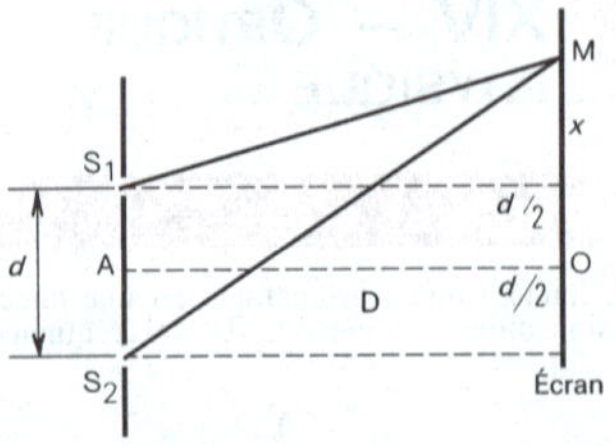

■ **Interféromètre Albert Michelson** (Pologne, 1852/USA, 1931). Un rayon venant d'une source lumineuse monochromatique L est divisé en 2 rayons partiels, l'un réfléchi, l'autre transmis par un miroir semi-transparent (la lame séparatrice S). Après réflexion normale sur 2 miroirs plans M_1 et M_2, ces rayons partiels se superposent : on observe des interférences au moyen du récepteur R. Chaque fois que la différence de trajet $2SM_2 - 2SM_1$ des rayons partiels est égale à $k\lambda$ (k entier, λ longueur d'onde), on a un maximum de lumière sur R.

Application : mesure d'une longueur (la longueur du déplacement d de M_1 en M'_1) en fonction de la longueur d'onde préalablement connue émise par une source étalon (lampe à krypton 86, laser He-Ne). C'est la méthode la plus précise de mesure en laboratoire : $2d$ est égal à λ multiplié par la variation de k (nombre de maximums observés pendant le déplacement de M_1 en M'_1).

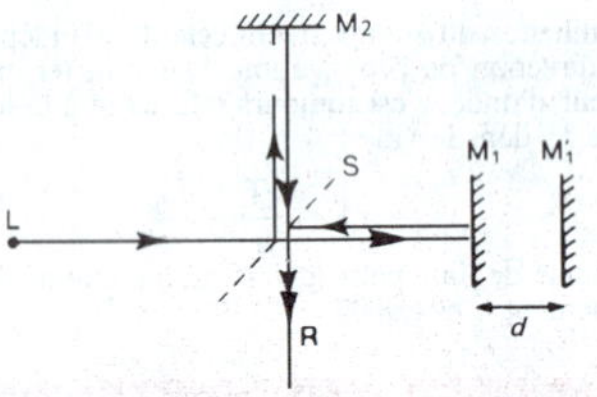

Diffraction

■ **Spectroscope.** Appareil composé d'un prisme ou d'un réseau sur lequel on fait tomber un faisceau de lumière parallèle. Par réfraction ou réflexion, ce faisceau donne autant de faisceaux parallèles qu'il y a de radiations dans la lumière.

Dans le plan focal image de l'objectif d'une lunette placée à la suite, on obtient autant d'images de la fente qu'il y a de radiations.

Polarisation

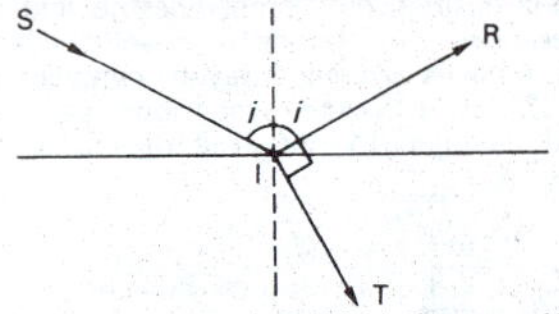

SI rayon incident. IR rayon réfléchi. IT rayon réfracté. Incidence brewstérienne (angle i).

A chaque train d'ondes émis par un atome correspond un vecteur vibrant normal au rayon. Les trains successifs étant répartis au hasard, les vecteurs vibrants d'une lumière naturelle ont toutes les directions dans le plan normal au rayon. Si la lumière naturelle tombe sur un miroir à l'incidence brewstérienne [1], i, telle que tg $i = n$ (n, indice du milieu sur lequel se produit la réflexion), seul est réfléchi le vecteur vibrant normal au plan d'incidence, qui est dit plan de polarisation. La lumière est polarisée. Pour une incidence i différente, la lumière est partiellement polarisée.

Lorsque le rayon polarisé tombe sous l'incidence brewstérienne sur un 2e miroir tel que le plan d'incidence fasse un angle Θ avec le plan de polarisation, l'intensité de la lumière réfléchie est : $I = I_0 \cos^2 \Theta$ (loi de Malus). Si $\Theta = 90°$, le rayon réfléchi est éteint.

Nota. – (1) L'incidence brewstérienne [définie en 1815 par le physicien écossais David Brewster (1781-1868)] indique la valeur particulière de l'angle d'incidence d'un rayon lumineux, telle que le rayon réfléchi soit entièrement polarisé (verre ordinaire : 55°).

De nombreux cristaux présentent le phénomène de double réfraction. Exemple : une lame de spath d'Islande, variété pure de carbonate de calcium, posée sur un objet, en donne 2 images. Il y a 2 rayons sortants pour 1 seul rayon incident ; ces 2 rayons sont polarisés dans des plans rectangulaires. La *tourmaline* (borosilicate naturel d'alumine) présente à la fois une double réfraction et une absorption inégale des 2 rayons réfractés. Une lame de tourmaline de 1 mm d'épaisseur et convenablement taillée absorbe complètement l'un des rayons polarisés.

On construit, depuis 1934, des lames polarisantes appelées **Polaroïds.** La polarisation est produite par des cristaux microscopiques de substances synthétiques (iodure de quinine) qui absorbent l'un des rayons. Ces cristaux sont orientés de la même façon spontanément sur la couche de gélatine d'un film ordinaire.

La lumière peut être polarisée d'une façon circulaire. Elle est alors caractérisée par un vecteur vibration de module constant mais tournant d'un mouvement uniforme autour de la direction de propagation.

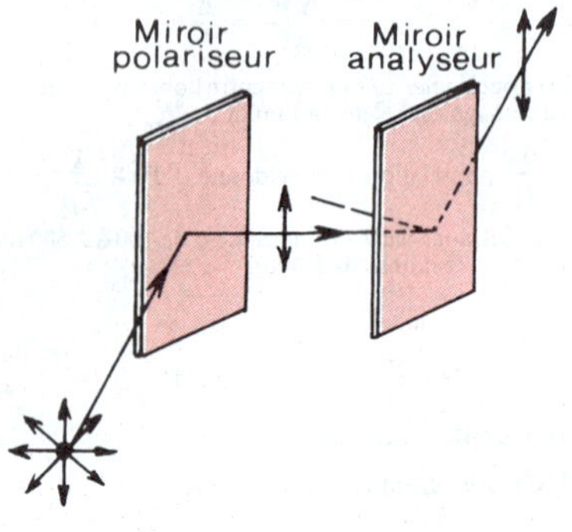

XV — Acoustique

☞ Voir aussi **Bruit**, **Ouïe** et **Son** à l'Index.

Données générales

■ **Définition.** Bien qu'étymologiquement l'acoustique soit l'étude des phénomènes concernant l'ouïe, elle constitue en fait la partie de la physique qui traite **1°**) des propriétés des sons (production, propagation, réception) ; **2°**) de leurs applications pratiques (électroacoustique, acoustique architecturale, musicale ou industrielle...), de ses modes de perception par l'oreille (psychoacoustique). Déjà, dans l'Antiquité, Pythagore, Aristote et Ptolémée ont étudié les relations mathématiques entre les différents intervalles musicaux. Vitruve a posé les premières bases de l'acoustique architecturale.

L'acoustique moderne et l'électroacoustique datent d'une centaine d'années (travaux des physiciens lord Rayleigh, Helmholtz et Sabine, ou inventions de Bell, Cros, Édison, Poulsen...).

■ **Phénomènes vibratoires.** A l'origine de toute émission sonore il y a un système vibrant constituant la *source sonore*. Solide (corde tendue, table de violon, membrane de haut-parleur) ou aérien (colonne d'air pulsé d'un tuyau, gaz ionisé,...). La vibration produite est un phénomène périodique plus ou moins complexe. L'élément sonore fondamental est le *son pur* caractérisé par 3 paramètres physiques, la *pression* (en pascals), la *fréquence* (ou inverse de la période en hertz), sa *durée* (en secondes). L'*intensité* d'un son est le plus souvent exprimée en niveau sonore (dB) proportionnel au logarithme de la pression. Un son complexe est aussi caractérisé par ces 3 grandeurs, mais on prend également en compte la relation qui existe entre le niveau et chacune des fréquences qui le constitue et dont la caractéristique est le *spectre*.

Lorsque la vibration du milieu aérien parvient à l'oreille, elle provoque une *sensation sonore*, caractérisée par : 1°) son *niveau subjectif* lié à son intensité (échelles de sonie) ; 2°) sa *hauteur* liée à sa fréquence (échelles de tonie) ; 3°) sa durée perçue liée à sa durée physique. La combinaison de l'intensité de chaque composante avec sa fréquence induit la perception de *timbre* lié à son spectre.

Fréquences (en hertz) des sons audibles : 20 à 20 000. **Infrasons :** moins de 20. **Ultrasons :** 15 000 à 20 000 (entendus par certains animaux : chat : 40 000 ; chien : 80 000 ; chauve-souris : 120 000).

■ **Propagation des ondes sonores.** Toute source sonore placée au sein d'un milieu élastique induit une déformation de ce milieu qui se propage sous la forme d'une **onde sonore.** Le milieu élastique est appelé milieu de propagation. Sa déformation se caractérise par un mouvement alternatif qui affecte localement l'état du fluide : pression, masse volumique, dilatation, etc. **La pression acoustique** mesurée en *pascals* (Pa) varie dans des proportions importantes mais reste très inférieure à la pression statique qui n'est autre que la pression atmosphérique (environ 100 000 pascals). La gamme audible correspond à des variations de pression allant de 10^{-10} à 10^{-3} fois la pression atmosphérique.

Célérité : la perturbation se déplace au sein du milieu en donnant lieu à une *onde longitudinale* (particules se déplaçant suivant la direction de propagation de l'onde). Sa vitesse, d'autant plus grande que le gaz est plus léger, croît avec la température, mais est pratiquement indépendante de la pression statique du gaz. Pour un gaz assimilé à un gaz parfait, la célérité C est donnée par la formule de Laplace :

$$C = \sqrt{\frac{\gamma P}{\rho}} = \sqrt{\frac{\gamma RT}{M}} = 20\sqrt{T}.$$

(γ rapport des chaleurs massiques à pression et à volume constants, P pression statique du gaz, ρ sa masse volumique, T sa température thermodynamique, M sa masse molaire, R constante molaire des gaz). *Célérité dans l'air :* 343 m/s à 20 °C ; 331,29 m/s à 0 °C ; *l'hydrogène :* 1 270 m/s ; *le gaz carbonique* (relativement lourd) : 258 m/s. Compte tenu de l'absence d'élasticité, le son ne peut évidemment pas se propager dans le vide. **Longueur d'onde :** distance parcourue par une onde pendant la durée d'une période vibratoire, elle ne dépend pas de l'amplitude de la vibration, mais est inversement proportionnelle à la fréquence. Dans l'air, elle varie entre 15 m environ pour les sons les plus graves et quelques cm pour les sons les plus aigus.

Dans les liquides : *célérités* (en m/s) : dans l'eau 1 450 (eau de mer 1 450 à 1 550), alcool éthylique 1 170.

Dans les solides : les célérités sont les vitesses de déformation des *ondes longitudinales* (en m/s) : aluminium 5 200, acier 5 050, plomb 1 250, bois 1 000 à 4 000 selon la dureté, verre 3 500 à 5 000 selon la composition. On trouve aussi des *ondes transversales* (les particules se déplacent perpendiculairement à la direction de propagation des ondes), et des *ondes superficielles* (nées à la surface des solides) aux célérités différentes.

■ **Notation en décibels. Niveaux :** les amplitudes de vibrations et les pressions acoustiques rencontrées dans la pratique varient. Ainsi le rapport des amplitudes de vibrations (ou des pressions acoustiques) correspondant à un bruit de réacteur d'avion et au seuil d'audibilité (le plus faible son qu'une oreille peut percevoir) est de l'ordre de 10 millions. *Sensation auditive :* obéissant à la *loi de Fechner* [Gustav (All., 1801-87)] est proportionnelle au logarithme de l'excitation. Autrement dit, l'accroissement de la sensation est la même quand la pression passe de 0,1 à 0,2 pascals, que quand elle passe de 0,2 à 0,4 pascals, ou de 1 à 2 pascals. Cette observation est à l'origine de la notation logarithmique. Le *décibel* (dB) est la 10e partie du rapport d'intensité entre 2 sons de même nature. Introduit à l'origine pour caractériser un rapport entre 2 grandeurs de même nature, le décibel est maintenant utilisé pour le rapport de 2 grandeurs de puissance sonore, rapport exprimé en décibels et égal à 10 fois le logarithme décimal) ; avec une grandeur « de champ » (proportionnelle à la racine carrée d'une puissance) comme pression acoustique, amplitude vibratoire et vitesse des particules, on prend 20 fois le logarithme décimal du rapport. Quand on compare 2 états vibratoires, le nombre de décibels est le même quelle que soit la grandeur considérée pour caractériser ces 2 états.

Le rapport d'une grandeur à une grandeur de même espèce prise comme référence définit le *niveau* de cette grandeur, exprimé en décibels. Ainsi, si l'on choisit comme pression acoustique de référence $p_0 = 2.10^{-5}$ pascals, ce qui correspond sensiblement à la plus faible pression acoustique perceptible par une oreille humaine, on définit le niveau de pression acoustique L correspondant à une pression p par l'expression :

$$L = 20 \lg \frac{p}{p_0}.$$

Conversion de rapport de grandeurs de champ en décibels (valeurs arrondies)

R	dB	R	dB	R	dB
1	0	5	14	30	29,5
1,1	0,8	6	15,6	50	34
1,2	1,6	8	18	100	40
1,5	3,5	10	20	1 000	60
2	6	12	21,6	10 000	80
3	9,5	15	23,5		
4	12	20	26		

■ **Effet Doppler** [de Christian Doppler (Autr., 1803-53)]. Apparaît sous la forme d'une altération apparente de la fréquence du son lorsque la source et l'observateur sont en mouvement relatif (exemple : le passage d'un véhicule devant un piéton se traduit par une variation de la hauteur du son, qui croît ou décroît suivant que le véhicule s'approche ou s'éloigne).

■ **Rayonnement des sources sonores.** La propagation d'une onde sonore correspond à une propagation de l'énergie acoustique produite par la source. On peut donc caractériser le rayonnement d'une source sonore par sa *puissance acoustique*. Le rayonnement dépend du rapport entre les dimensions de la source sonore et la longueur d'onde du son émis. Si ce rapport est petit, le rayonnement est faible ; si ce rapport devient très supérieur à 1, le rayonnement devient important, mais se complique d'un phénomène de *directivité* (la source rayonne suivant des directions privilégiées). Ainsi, pour que des sons graves rayonnent au moyen d'un haut-parleur, il faut des membranes de grand diamètre animées de mouvements de grande amplitude. Par contre, un *tweeter* de quelques cm de diamètre suffit pour qu'un son aigu intense rayonne, mais ce rayonnement est localisé au voisinage de l'axe du *tweeter*. (En pratique, cet effet directif est souvent masqué par les réflexions des ondes sur les parois de la salle d'écoute.)

Fibres optiques

■ **Définition.** Tubes capillaires de faible diamètre composés de 2 types de matériaux naturels ou synthétiques. Ils transmettent la lumière le long d'un trajet rectiligne ou incurvé suivant le principe de réflexion interne. Ils possèdent un cœur central et en général une seule couche de revêtement externe (gaine).

■ **Principe.** Un rayon lumineux pénètre dans la fibre sous un angle faible. L'aptitude d'une fibre à recevoir de la lumière est déterminée par son ouverture numérique donnée par la relation : O.N. = $n_0 \sin\alpha_0$ = $(n_1^2 - n_2^2)^{0,5}$ (n_0 = indice de réfraction de l'air, α_0 = angle sous lequel le rayon lumineux atteint l'interface entre le cœur et le revêtement, n_1 = indice de réfraction du cœur, n_2 = indice de réfraction du revêtement). Jusqu'à ce qu'il rencontre l'interface entre le cœur et le revêtement, le rayon se propage linéairement. A l'interface, le rayon est réfléchi et suit la courbure du cœur de la fibre car l'indice de réfraction du revêtement est supérieur à celui de l'air mais inférieur à celui du cœur (n_1 > 1,4).

■ **Propriétés. a) Optiques :** un certain nombre délimité de longueurs lumineuses peuvent transmettre la lumière et sous un certain angle. **b) Thermiques :** utilisation entre – 40 et + 80 °C. **c) Électriques :** ne conduisent pas l'électricité. **d) Acoustiques :** le transport des ondes acoustiques sous forme d'ondes lumineuses entraîne une perte acoustique de quelques dB/km due à la réflexion du rayon lumineux. **e) Mécaniques :** faible diamètre, fragile et flexible.

■ **Différentes sortes. 1°) Fibres monomodes :** elles ont une bande passante (taux de transmission des informations) élevée (plusieurs GHz/km), un cœur de diamètre de l'ordre du micromètre et pas de revêtement.

2°) Fibres multimodes : a) *à gradient d'indice :* diamètre du cœur 50 micromètres, revêtement 120 micromètres. Leur faible atténuation acoustique (3 dB/km) et leur bande passante de l'ordre de 400 MHz/km permettent leur utilisation dans la télédistribution et les liaisons informatiques à haut débit ; **b)** *à saut d'indice :* dimensions du cœur et du revêtement, de l'ordre du mm. Surtout utilisées pour des liaisons industrielles et militaires. Bande passante, quelques dizaines de MHz/km.

■ **Applications. 1°) Transmission et transport de la lumière d'un espace limité vers un espace non limité :** exemple : lampe décorative constituée de fibres optiques diffusant de la lumière d'une ampoule située à l'extrémité inférieure des fibres.

2°) D'un espace non limité vers un espace limité : exemple : pour examiner les petits objets d'habitude inaccessibles. **a)** Microscopes et projecteurs de profil. *Endoscopes souples :* la lumière envoyée est renvoyée avec son image réelle. **b)** Pour la recherche sur le cerveau et le cœur on utilise des filaments de fibre sans revêtement ; l'image est visualisée sur un écran de télévision. **c)** De courtes fibres optiques sont assemblées en un disque que l'on peut employer comme « renforçateur » d'image devant une caméra de télévision.

3°) Transmettre de la lumière invisible d'un espace non limité vers un autre espace non limité : dans les télécom., on code les ondes acoustiques de la parole sous forme d'impulsions lumineuses et on les envoie dans des fibres optiques. Ce système est insensible aux interférences électromagnétiques, d'un poids et d'un encombrement réduits par rapport aux fils de cuivre, résiste aux vibrations et ne brûle pas. Raccordement et câblage des fibres optiques entraînent une perte acoustique négligeable (0,1 dB ou la fibre elle-même).

Holographie

■ **Origine.** Principe découvert par Dennis Gabor (Brit. d'origine hongroise, 1900-79) en 1947. Application pratique en 1962 avec la découverte du laser.

■ **Principe.** Donne un double parfait en 3 dimensions de l'objet enregistré grâce à un codage de la lumière par un système d'interférence de 2 faisceaux issus d'une même source.

Obtention de l'hologramme : la lumière monochromatique et cohérente d'un laser traverse une glace semi-transparente où elle se scinde en 2 faisceaux amplifiés avec une lentille divergente, le faisceau de référence (R) étant dirigé par l'intermédiaire d'un miroir vers une plaque photosensible, le dévié (D) vers l'objet à holographier. L'objet émet alors une lumière modulée qui vient frapper la plaque photosensible. La rencontre des 2 faisceaux (R) et (D) forme sur la plaque un système d'interférences qui contient l'état lumineux de l'objet. Le développement de la plaque photosensible permet l'obtention d'un hologramme.

Formation de l'image holographique : après développement, le faisceau (R) éclaire la plaque photosensible impressionnée et restitue le front d'ondes lumineuses contenues dans l'objet [faisceau (D)]. L'observateur voit ainsi l'objet en relief reconstitué au 1/10 de micromètre près.

■ **Applications. Le procédé Multiplex,** composé d'environ 1 000 hologrammes. Chacun représente une vue d'un film décrivant un cercle autour du sujet. Un observateur déplacé latéralement voit défiler une suite de vues réalisant une scène animée.

La représentation d'un objet imaginaire (prototype d'une voiture par exemple) peut se faire avec un hologramme calculé, qui est inscrit sur une plaque sensible par l'intermédiaire d'un ordinateur.

Le **conoscope** (ENST) utilise un cristal biréfringent qui sépare en deux tout rayon venant d'une source lumineuse banale. Un équipement vidéo couplé à un micro-ordinateur peut remplacer la pellicule. Le conoscope permettra le guidage de robot, la reconnaissance de forme, le calcul des coordonnées des points d'une maquette d'automobile ou d'avion qu'on pourra introduire dans un système CAO, et le cinéma en relief.

Les puissances acoustiques mises en jeu sont en général très faibles, de l'ordre du milliwatt ou du microwatt. Cependant, en raison du faible rendement des sources (environ 1 % pour un haut-parleur), on utilise des amplificateurs de plusieurs dizaines de watts pour la haute fidélité.

■ **Transmission des sons.** Lorsqu'une onde sonore frappe une paroi, la variation de pression ainsi créée entraîne la vibration de celle-ci, qui rayonne à son tour. Le son ainsi transmis est d'autant plus intense que la paroi est légère et que la fréquence est basse. En pratique, on caractérise acoustiquement un mur ou une cloison par son *indice d'isolement acoustique* (rapport, en décibels, entre l'énergie reçue par la paroi et l'énergie transmise). Parois et planchers peuvent aussi être caractérisés par leur transmission des « bruits d'impact » (pas, chocs).

■ **Ultrasons.** Ils sont dirigés plus facilement que les sons audibles ; 90 % de l'énergie est contenue dans un cône de demi-angle au sommet α, tel que $\sin \alpha = \frac{\lambda}{d}$, d étant le diamètre de la source et λ la longueur d'onde. Ils sont utilisés pour les sondages sous-marins, par détermination de la durée d'écho sur un obstacle. Dans l'air, ils s'amortissent rapidement.

■ **Cordes vibrantes.** Une corde de longueur l, tendue entre deux points, vibre si on la frappe avec un marteau (piano), si on la pince (harpe), si on la frotte avec un archet (violon). Elle est le siège d'ondes stationnaires de grande amplitude si elle contient un nombre entier de fuseaux, $l = k\frac{\lambda}{2}$. La célérité des ondes ayant pour expression $C_F = \sqrt{\frac{F}{\mu}}$, F étant la tension de la corde (en newtons) et μ la masse linéique (en kg/m), les lois des cordes vibrantes sont données dans la formule $N = \frac{k}{2l}\sqrt{\frac{F}{\mu}}$ où N est la fréquence du son émis. Le son fondamental correspond à k = 1, les harmoniques aux valeurs entières de k *: une corde peut émettre tous les harmoniques du son fondamental.*

■ **Électroacoustique.** Les signaux acoustiques sont transformés en signaux électriques au moyen de *transducteurs acoustoélectriques :* les microphones omnidirectionnels (insensibles à l'orientation des ondes) ou directionnels (plus sensibles aux ondes arrivant dans leur axe).

Les signaux électriques sont transformés en signaux acoustiques au moyen de *transducteurs électroacoustiques :* haut-parleurs (dont la directivité varie également avec la fréquence) ou écouteurs (casques).

Microphone électrodynamique *à bobine mobile* (solidaire d'un diaphragme) se déplaçant dans l'entrefer d'un aimant. Sous l'action des ondes sonores, le diaphragme et la bobine sont soumis à un mouvement alternatif qui crée par effet électromagnétique une tension électrique aux bornes de la bobine. Les microphones à ruban fonctionnent suivant le même principe.

Microphone électrostatique *à condensateur* électrique, constitué par une membrane qui vibre sous l'action des ondes sonores et par une plaque fixe située très près. Le condensateur est polarisé par une tension continue à travers une résistance de forte valeur. Les mouvements de la membrane se traduisent par une variation de capacité qui entraîne une variation de tension aux bornes du condensateur. *A électrets :* conserve, grâce à un traitement spécial d'une des électrodes, une polarisation permanente. Ainsi, la tension de polarisation extérieure n'est plus nécessaire.

Autres types de microphones : piézoélectriques, à fibres optiques, électromagnétiques, etc.

Haut-parleurs et **écouteurs :** le plus courant : *haut-parleur électrodynamique à bobine mobile* se déplaçant dans l'entrefer d'un aimant. Lorsque la bobine est parcourue par un courant alternatif (fourni par un amplificateur par exemple), il se produit des forces électromagnétiques qui mettent en vibration la membrane (conique, solidaire d'une bobine). Celle-ci rayonne alors une onde acoustique dans l'espace environnant.

■ **Enregistrement et reproduction du son.** On utilise un *support* qui défile devant un dispositif d'enregistrement auquel sont appliquées, sous forme de signaux électriques, venant par exemple d'un microphone, les informations à conserver et qui sont ainsi fixées sur ce support. Lors de la lecture, on fait défiler le support devant un dispositif qui transforme l'information enregistrée en signaux électroacoustiques. Ceux-ci sont amplifiés et transformés en ondes acoustiques, au moyen d'un haut-parleur par exemple.

Enregistrement sur disques (voir **Disque** à l'Index).

Enregistrement magnétique. Bande magnétique (ruban plastique recouvert d'une couche ferromagnétique) ayant en général 2 ou 4 pistes (30 si bandes professionnelles), pour permettre un enregistrement stéréophonique. En retournant la bande, on peut doubler la durée de l'enregistrement. Pour le cinéma sonore, on a longtemps utilisé un enregistrement photographique sur une piste située sur le film cinématographique et modulée en amplitude ou en opacité. On obtient de meilleurs enregistrements en disposant sur le bord du film une piste magnétique que l'on enregistre selon le procédé habituel. **Enregistrement :** réalisé par une *tête d'enregistrement* qui produit dans la bande un champ d'induction variable et modifie son état magnétique. **Lecture :** par une *tête de lecture* devant laquelle défile la bande ; les variations de flux magnétique créées par le défilement produisent par induction une tension électrique aux bornes de la tête. On peut, après utilisation, effacer avec une *tête d'effacement* l'information enregistrée sur la bande.

Enregistrement numérique sur disque optique ou disque dur.

CHIMIE

☞ Pour découvrir la sélection **Quid** des meilleurs sites Internet sur la chimie, rendez-vous sur www.quid.fr

Corps simples et corps composés

La **chimie minérale** (« chimie inorganique ») étudie les corps simples et leurs composés, sauf les composés du carbone qui sont à la base des matières végétales et animales et qu'étudie la **chimie organique**.

Représentation des corps

■ **Éléments.** Constituants de la matière, en principe immuables dans les transformations dites chimiques. Certains peuvent subir des transmutations dites radiochimiques engendrant d'autres éléments. Chaque élément est représenté par un symbole. Les éléments naturels peuvent être des individus uniques, mais la plupart d'entre eux sont des mélanges d'*isotopes.*

■ **Corps composés.** Ils comprennent plusieurs éléments. **Composés gazeux** (la majorité). Formés de particules toutes semblables, appelées *molécules.* Ainsi, l'oxygène est formé de molécules renfermant 2 atomes et est représenté par la formule O_2. L'eau *gazeuse* est formée de molécules associant 2 atomes d'hydrogène à 1 atome d'oxygène ; on la représente par la formule H_2O. **Non gazeux. A l'état liquide :** les molécules d'eau sont associées, c'est-à-dire faiblement attachées les unes aux autres ; on conserve cependant la formule H_2O. D'autres liquides, comme le sulfure de carbone CS_2, sont peu associés. **A l'état solide :** cas plus complexe. Ainsi le camphre solide est-il constitué de molécules $C_{10}H_{16}O$ à peu près indépendantes, mais ce n'est pas le cas de la plupart des composés solides minéraux. Un cristal de diamant C est une énorme molécule formée exclusivement de carbone ; un cristal de chlorure de sodium est un agrégat gigantesque d'*ions* Cl^- (atome de chlore ayant accepté 1 électron) et d'*ions* Na^+ (atome de sodium ayant perdu 1 électron). On le représente néanmoins par la formule NaCl, qui ne signale pas la positivité et la négativité, mais indique seulement la proportion des composants [**stœchiométrie** (du grec *stoikheion :* élément)]. La même remarque s'applique à tous les sels : la formule du sulfate de sodium Na_2SO_4 rappelle l'égalité électrique entre les ions SO_4^{--} et les ions Na^+.

Molécule-gramme ou mole. La mole d'eau (18 g) renferme $6{,}02.10^{23}$ molécules élémentaires. La mole de chlorure de sodium (58,5 g) renferme $6{,}02.10^{23}$ ions Cl^- et $6{,}02.10^{23}$ ions Na^+.

Classification

■ **Éléments (ou corps simples). I – Métaux.** Ils sont solides à la température ordinaire (sauf le mercure). La plupart ont, quand ils sont polis, un éclat métallique. Ils sont en général bons conducteurs de l'électricité et de la chaleur : malléables, ductiles (étirables), tenaces (résistants à la rupture), durs. Ils se combinent avec l'oxygène, donnant un ou plusieurs **oxydes** basiques. Certains se combinent avec l'hydrogène, donnant des **hydrures.**

Métaux nobles (exemples : or, platine) : métaux qui ne s'oxydent ni à l'air ni dans l'eau « sous des conditions usuelles de température et pression ». Les acides les attaquent difficilement. **Métaux alcalins et alcalino-terreux :** métaux qui s'oxydent facilement. Exemples : lithium, sodium, potassium, rubidium, calcium, baryum.

II – Non-métaux (terme remplaçant officiellement celui de **métalloïdes**). Ils ne possèdent pas, généralement, les qualités des métaux. Ils sont sans éclat, mauvais conducteurs, non malléables, non étirables, peu résistants, peu durs, sauf le bore et le carbone sous forme de diamant. Tous leurs composés oxygénés sont neutres ou acides, jamais basiques. Ils se combinent avec l'hydrogène.

Suivant leurs propriétés, on peut les classer en 5 groupes : 1°) halogènes (c.-à-d. donnant des composés binaires non oxygénés avec un métal) : fluor, chlore, brome, iode, astate ; 2°) oxygène, soufre, sélénium, tellure ; 3°) azote, phosphore, arsenic ; 4°) carbone, silicium (bore apparenté) ; 5°) hydrogène.

III – Gaz rares. Gazeux à la température ordinaire. Ce sont : *hélium, néon, argon, krypton, xénon.* Jusqu'en 1962, on a cru qu'ils ne pouvaient pas se combiner avec un autre corps, mais qu'ils pouvaient seulement entrer dans des mélanges (exemple : dans l'air). Depuis, des combinaisons avec le fluor ont été obtenues (XeF_2, XeF_4...) sauf pour He, Ne et Ar.

■ **Composés définis (ou stœchiométriques).** Les éléments se combinent dans des proportions variant suivant leur *valence.* Celle-ci dépend du nombre d'électrons situés sur la couche extérieure de l'atome. Ce nombre n'est pas toujours constant dans certains corps qui peuvent ainsi avoir plusieurs valences. Dans un composé binaire, les éléments s'unissent en proportions telles que les valences (*abréviation :* val.) de chacun d'eux s'équilibrent.

Exemple : Al (val. 3) + O (val. 2) donne Al_2O_3.

En se combinant, les corps composés peuvent en donner d'autres ou libérer des corps simples.

☞ Il existe des *composés minéraux non stœchiométriques* [c'est-à-dire en contradiction avec la loi de Proust (Joseph-Louis, 1754-1826) ou *loi des proportions définies,* selon laquelle les éléments s'unissent entre eux selon des proportions invariables] et des *macromolécules.* Celles-ci, d'origine naturelle (amidon, cellulose) ou synthétique, constituent l'ensemble des résines synthétiques ; leur masse moléculaire est généralement élevée mais variable. Exemple : le polyéthylène, résine venant de la polymérisation de l'éthylène, est représenté par la formule $(-CH_2-CH_2-)_n$.

■ **Composés oxygénés. Oxyde :** un corps, en se combinant avec l'oxygène, peut donner un ou plusieurs oxydes. S'il n'en donne qu'un, on appelle l'oxyde du nom du corps (exemple : oxyde de zinc). S'il en donne 2, on utilise 2 terminaisons (exemple : oxyde *ferrique* pour le plus oxygéné Fe_2O_3, *ferreux* pour le moins oxygéné FeO).

Anhydride : oxyde qui, en se combinant avec l'eau, donne un ou plusieurs acides. Si le corps donne un seul anhydride, on utilise la terminaison *-ique* (exemple : anhydride carbonique). S'il en donne 2, on utilise 2 terminaisons (exemple : anhydride *nitrique* pour le plus oxygéné N_2O_5, *nitreux* pour le moins oxygéné N_2O_3).

■ **Composés binaires non oxygénés.** Souvent combinaison d'un métal et d'un non-métal. On les appelle *chlorure, bromure, iodure, sulfure, carbure.* Si le métal donne une combinaison, on dira par exemple : chlorure de sodium. S'il en donne 2, on dira chlorure *mercureux* pour le moins chloré, *mercurique* pour le plus chloré.

■ **Autres composés ternaires, quaternaires, etc.** Corps à base de 3, 4, etc., éléments qui peuvent revêtir de nombreux aspects. Parmi ceux-ci, on distingue notamment les *hydroxydes métalliques* qui résultent de la réaction de l'eau sur des oxydes. Exemple : l'hydroxyde de calcium $Ca(OH)_2$, ou chaux éteinte, est obtenu à partir de l'oxyde de calcium CaO, ou chaux vive.

■ **Acide – Base.** Selon la théorie de Johannes Nicolaus Brønsted (Danois, 1879-1947) ou de Svante Arrhenius (Suédois, 1854-1927), un acide est un composé AH qui, dans l'eau, est capable de céder des protons solvatés H_3O^+ selon : $AH + H_2O = H_3O^+ + A^-$. A^- est appelé *base conjuguée de l'acide AH.* Inversement, une base est capable de fixer des protons. AH/A^- constitue un couple acide/base. Si l'équilibre ci-dessus est totalement déplacé vers la droite, AH est un acide fort (exemple : HNO_3) et sa base conjuguée (NO_3^-) est infiniment faible. A un acide faible (acide acétique) correspond une base conjuguée faible (ion acétate). On peut définir pour ce couple une constante d'acidité $K_a = [H_3O^+][A^-]/[AH]$, expression dans laquelle [X] représente la concentration de l'espèce X. On note $pK_a = -\log(K_a)$. Il existe aussi des bases fortes qui réagissent sur l'eau quantitativement pour donner des ions (exemple : ion amidure NH_2^- car : $NH_2^- + H_2O = NH_3 + OH^-$). L'ancienne définition de la base, selon Arrhenius (composé qui contient OH^-), est insuffisante car elle ne rend pas compte de la basicité de composés tels que l'ammoniac NH_3.

L'électrolyse d'un acide libère de l'hydrogène à la cathode. Donne avec une base : eau + sel + chaleur ; avec certains métaux : sel + hydrogène sauf exception (acide nitrique). L'électrolyse d'une base peut libérer le métal à la cathode. Si ce n'est pas le cas, il se dégage de l'hydrogène et des ions OH^- sont créés (exemple : électrolyse d'une solution de soude). Avec un acide, donne : eau + sel + chaleur.

> **Élément métallique le moins dense :** lithium (0,5334 g/cm³). **Le plus dense :** iridium (22,64 g/cm³). **Le plus ductile :** or (1 g/2,4 km). **La plus grande résistance à la traction :** bore (26,8 GPa). **Le plus bas point de fusion/d'ébullition :** hélium (– 272,375 °C sous une pression de 24,985 atmosphères et – 268,928 °C). **Le plus haut point d'ébullition/de fusion :** tungstène (3 422 °C et 5 730 °C). **Le plus dilatable (dilatation négative) :** plutonium (– 5,8 × 10⁻⁵ cm/cm/°C entre 450 et 480 °C (allotrope delta prime découvert en 1953).

■ **Sel.** Composé résultant de l'action d'un acide sur un métal ou une base, et d'écriture générale : A_aC_c, dans laquelle A est l'anion (ion négatif, de charge $z_a < 0$) et C le cation (ion positif, de charge z_c). Le sel est électriquement neutre : $a\,z_a + c\,z_c = 0$. Une solution saline peut être soit acide, soit neutre (pH=7), soit basique.

Chimie minérale

Les alliages (mélanges homogènes, à échelle macroscopique, de métaux ou de métaux avec des non-métaux) n'entrent pas dans la catégorie des *composés* ci-dessous, résultant d'une réaction chimique, avec variation de la valence des éléments constituants. Les alliages de mercure sont appelés *amalgames.*

■ **Composés minéraux. Binaires.** Pour les composés formés de l'union d'un non-métal et d'un métal, ou de 2 non-métaux, on nomme en 1er l'élément le plus électronégatif, terminé par la désinence *-ure,* et on fait suivre ce terme du nom de l'élément le plus électropositif (chlorure d'argent AgCl, chlorure de soufre S_2Cl_2, sulfure de carbone CS_2, fluorure d'oxygène OF_2). L'oxygène est, après le fluor, le plus électronégatif des éléments ; par exception Cl_2O est un oxyde de chlore, N_2O un oxyde d'azote, MnO un oxyde de manganèse. Exemples : chlorure ferreux $FeCl_2$, chlorure ferrique $FeCl_3$; sulfure stanneux SnS, sulfure stannique SnS_2 ; oxyde azoteux ou nitreux N_2O, oxyde azotique ou nitrique NO (les composés en *-eux* sont ceux dans lesquels la valence de l'élément électropositif est la plus faible).

Les **oxydes** sont très nombreux : anhydride sulfureux SO_2 ; anhydride sulfurique SO_3 ; anhydride nitreux N_2O_3 ; anhydride nitrique N_2O_5 ; anhydride permanganique Mn_2O_7. Les *composés binaires* que l'hydrogène donne avec les métaux sont les **hydrures** ; on appelle carbure d'hydrogène un composé de carbone et d'hydrogène. Le chlorure d'hydrogène HCl et le sulfure d'hydrogène H_2S sont des gaz qui se dissolvent dans l'eau en donnant des solutions acides : acide chlorhydrique, acide sulfhydrique, dont les sels sont les chlorures, sulfures des divers métaux ; composés binaires eux-mêmes.

Ternaires. 1°) Acides : ce sont les oxacides ou oxyacides. Les acides se nomment : en *-eux* pour le moins oxygéné, en *-ique* pour le plus oxygéné (acide sulfureux H_2SO_3, acide sulfurique H_2SO_4). Pour des cas plus complexes : on utilise des préfixes *hypo-, per-,* pour distinguer les divers acides ; ainsi anhydride et acide hypochloreux Cl_2O et HClO ; acide chloreux $HClO_2$; acide chlorique $HClO_3$; anhydride et acide perchlorique Cl_2O_7 et $HClO_4$. **2°) Bases :** soude, potasse, ammoniaque, chaux. Le nom générique est hydroxyde, suivi du nom du métal ; hydroxyde ferreux $Fe(OH)_2$, hydroxyde ferrique $Fe(OH)_3$. **3°) Sels :** les acides en *-hydrique* donnent des sels en *-ure :* acide chlorhydrique HCl, chlorure de sodium NaCl ; les acides en *-eux* donnent des sels en *-ite :* acide nitreux HNO_2, nitrite de sodium $NaNO_2$; les acides en *-ique* donnent des sels en *-ate :* acide nitrique HNO_3, nitrate de sodium $NaNO_3$. Les polyacides et les polybases donnent plusieurs sels. Si le métal a plusieurs valences, il peut donner plusieurs sels avec un acide : sulfate ferreux $FeSO_4$ ou sulfate de fer II ; sulfate ferrique $Fe_2(SO_4)_3$ ou sulfate de fer III. La formule de nombreux sels (dits hydratés) fait intervenir des molécules d'eau.

Chimie organique

■ **Principaux groupements fonctionnels. Substances organiques :** substances contenant du *carbone,* un élément dont les atomes peuvent se souder en *chaînes.* Ces enchaînements peuvent être courts ou longs, linéaires ou ramifiés, acycliques ou cycliques. Les hydrocarbures **saturés** sont exclusivement formés de carbone tétravalent et d'hydrogène. Si dans la formule d'un carbure saturé on retire 2 atomes d'hydrogène pris à des carbones voisins, on dit que ces carbones sont doublement liés ; si on en retire 4, ils sont dits triplement liés.

Mais les *fonctions* proprement dites résultent de la substitution, dans un hydrocarbure, d'un hétéroatome (atome différent de C et de H) à un ou à plusieurs atomes d'hydrogène liés à un même carbone. Si certaines fonctions (la fonction acide carboxylique par exemple) sont caractérisées par la présence d'un *groupe fonctionnel* unique $-CO_2H-$, à d'autres fonctions (la fonction amine par exemple) correspondent de très nombreux groupes fonctionnels.

> **Le pH (potentiel hydrogène)** d'une solution est égal au cologarithme de la concentration en ions H^+ dans ce milieu. En solvant aqueux, l'échelle des pH est comprise entre 0 et 14. La solution est dite *acide* si son pH est inférieur à 7. La valeur 7 correspond à la « *neutralité* ». Exemple : monoacide fort à la concentration M/1 000 : $[H^+] = 10^{-3}$M ; pH = 3. Le pH d'une solution se détermine à l'aide d'un « pH-mètre » [voltmètre qui mesure la différence de potentiel (ddp) entre une électrode de verre et une électrode de référence ; la ddp est une fonction affine du pH]. Plus simplement, on évalue le pH à l'aide d'un indicateur coloré (solution diluée d'un acide faible AH et de sa base conjuguée A^-). AH et A^- étant de couleur différente, si $pH < pK_a$, AH est l'espèce majoritaire et impose sa couleur à la solution. Si $pH > pK_a$, A^- est majoritaire. Aux pH voisins de pK_a, AH et A^- sont en quantités comparables ; on observe une couleur intermédiaire. Exemple : le bleu de bromothymol est jaune à pH acide et bleu en milieu basique. Domaine de virage : $6 < pH < 7{,}6$ (couleur verte).
>
> Il existe des « indicateurs universels » constitués d'un mélange d'indicateurs colorés possédant des domaines de virage suffisamment distincts et des espèces chimiques de colorations différentes. Une solution dans laquelle on introduit quelques gouttes d'indicateur universel prend une couleur caractéristique permettant un repérage semi-quantitatif de son pH.

Une même molécule peut porter de nombreuses fonctions identiques ou différentes ; mais la substitution, sur un même carbone, de plusieurs hétéroatomes crée non pas 2 fonctions, mais une seule autre fonction ; ainsi, si sur un groupe CH_3, on substitue O à 2 H et Cl à 1 H, on n'obtient pas un aldéhyde chloré, mais un chlorure d'acide RCOCl.

On appelle **isomères** des composés ayant même formule brute, mais dans lesquels les atomes sont diversement associés ; **homologues** des composés dont la chaîne carbonée est de longueur différente, mais qui portent les mêmes fonctions.

Nombre de substances organiques rencontrées dans la nature ou obtenues artificiellement : en 1960, leur nombre dépassait le million ; chaque année, il en naît plusieurs dizaines de mille. Théoriquement, il y aurait des milliards de composés possibles renfermant moins de 25 atomes de carbone.

■ **Principaux composés naturels. Composés simples.** Carbures (pétroles). Alcools (fermentation, huiles essentielles). Aldéhydes, cétones, esters (huiles essentielles). Acides (très répandus, libres ou sous forme de sels ou d'esters).

Lipides. Principalement constitués par des triesters du glycérol (huiles et graisses végétales et animales).

Glucides. Leurs noms sont terminés par le suffixe *-ose* quand ils sont simples ou non hydrolysables ; par *-oside* quand ils ne sont pas simples. *-Oses :* polyalcools, aldéhydes ou cétones (aldoses ou cétoses). Exemples : glucose $C_6H_{12}O_6$ (aldose), fructose $C_6H_{12}O_6$ (cétose). *Holosides :* anhydrides entre plusieurs oses. Exemple : saccharose $C_{12}H_{22}O_{11}$ (anhydride entre glucose et fructose). *Polyosides :* osides très condensés. Exemples : amidon, cellulose $(C_6H_{10}O_5)n$, H_2O (anhydrisation entre *n* molécules de glucose). *Hétérosides :* anhydrisation entre un ose et une autre molécule. Exemples : amygdaloside, digitaloside, etc.

Protides. Principalement constitués par l'anhydrisation entre *n* acides aminés. Exemples : albumine, caséine, gélatine, etc.

Alcaloïdes. Composés basiques renfermant au moins un atome d'azote. Exemples : atropine, quinine, cocaïne, etc.

Vitamines. Constitutions très diverses. Exemples : acide ascorbique, calciférol, etc.

Hormones. Constitutions très diverses. Exemples : équilénine, androstérone, etc.

Antibiotiques. Constitutions très diverses. Exemples : pénicilline, streptomycine, etc.

Réaction chimique

■ **Définition.** Modification de la nature chimique d'un ensemble de composés définis en engendrant un autre.

Ainsi l'hydrogène H_2 et le chlore Cl_2 réagissent l'un sur l'autre en formant le chlorure d'hydrogène (ou gaz chlorhydrique) ; cette réaction se symbolise ainsi : $H_2 + Cl_2 = 2\,HCl$.

Une réaction peut être quasi totale (ou *irréversible*) ; c'est le cas de l'exemple choisi, et l'on tend de plus en plus à écrire : $H_2 + Cl_2 \rightarrow 2\,HCl$.

Mais d'autres réactions peuvent être réversibles, c'est-à-dire s'exercer dans l'un ou l'autre sens. Vers 350 °C, un mélange d'oxygène O_2 et d'anhydride sulfureux SO_2 engendre partiellement l'anhydride sulfurique SO_3 ; mais, à partir de ce dernier et à la même température, il y a régénération partielle de O_2 et de SO_2. La réaction est réversible et on écrit :

$$2\,SO_2 + O_2 \rightleftarrows 2\,SO_3.$$

Le résultat est le même si l'on part des composés du 1er membre ou du composé du 2e membre ; on dit qu'il y a *équilibre chimique.*

Les réactions peuvent être très rapides (quasi instantanées) ; c'est le cas pour la réaction $H_2 + Cl_2 \rightarrow 2\ HCl$ lorsqu'on enflamme le mélange. C'est une réaction explosive, dégageant lumière et chaleur.

Réactions non instantanées. Certaines réactions, qui dégagent au total des quantités de lumière et de chaleur équivalant à celles des réactions explosives, sont si lentes que ces dégagements paraissent très faibles ou sont même totalement imperceptibles. Exemple : l'oxydation du fer par l'air humidifié (chaleur importante mais dégagée en plusieurs mois).

La vitesse d'une réaction augmente généralement lorsque la température croît, mais, à température constante, elle peut être augmentée par la présence d'une substance ne participant pas, définitivement du moins, à la réaction. Cette substance est appelée *catalyseur.* Celui-ci permet des réactions en son absence. A l'obscurité, Cl_2 et H_2 ne réagissent pratiquement pas à la température ambiante, mais l'introduction de mousse de platine déclenche une réaction exothermique qui élève la température jusqu'à en provoquer l'explosion. Une vive lumière provoque le même phénomène, mais il est incorrect de dire que la lumière est un catalyseur.

Constance des masses. Après une *réaction,* la masse des produits obtenus sera égale à la masse des produits d'origine. Exemple : H_2SO_4 (acide sulfurique) + Zn (zinc) → $ZnSO_4$ (sulfate de zinc) + H_2 (hydrogène).

H_2	=	2 (2 × 1, masse d'un atome de H).
S	=	32 (masse d'un atome de S).
O_4	=	64 (4 × 16, masse d'un atome d'O).
Zn	=	65 (masse d'un atome de Zn).
Total :		*163 (masse des corps en présence).*
Zn	=	65 (masse d'un atome de Zn).
S	=	32 (masse d'un atome de S).
O_4	=	64 (4 × 16, masse d'un atome d'O).
H_2	=	2 (2 × 1, masse d'un atome de H).
Total :		*163 (masse des corps obtenus).*

■ **Principaux types de réactions. Réactions d'oxydoréduction.** Réactions d'échange d'électrons faisant intervenir des « couples oxydant-réducteur ». Peuvent avoir lieu en solution ou en phase sèche.

L'ancienne définition d'un *oxydant* (composé qui cède facilement de l'oxygène qu'il contient ou qui enlève facilement l'hydrogène) est insuffisante ou incorrecte (exemple : en chimie des solutions). La définition correcte stipule qu'un oxydant (Ox) accepte des électrons et qu'un réducteur (Red) cède des électrons. Un couple rédox associe une espèce Ox et une espèce Red, qui peuvent s'échanger un ou plusieurs électrons.

Une réaction d'oxydation est toujours couplée à une réaction de réduction faisant intervenir un autre couple rédox. La superposition de 2 demi-équations rédox constitue une réaction d'oxydoréduction, au cours de laquelle l'oxydant le plus fort des 2 couples mis en jeu réagit sur le réducteur le plus fort (appartenant à l'autre couple) :

$$1^{er}\text{ couple : } Ox_1 + n_1e^- = Red_1$$
$$2^e\text{ couple : } Ox_2 + n_2e^- = Red_2.$$

La réaction globale équilibrée ne doit plus faire intervenir d'électrons :

$$n_2\ Ox_1 + n_1\ Red_2 \rightarrow n_2\ Red_1 + n_1\ Ox_2.$$

Ox_1 est réduit à l'état Red_1. Red_2 est oxydé en Ox_2.

Électrolyse. Dans une électrolyse, de l'énergie électrique est convertie en énergie chimique ; la réaction d'oxydoréduction a lieu dans le sens inverse du processus spontané. Par exemple, le courant électrique décompose l'eau rendue conductrice par de la soude : on recueille à la cathode 2 volumes d'hydrogène contre 1 volume d'oxygène à l'anode : $2\ H_2O \rightarrow 2\ H_2 + O_2$. La réaction spontanée est l'oxydation de H_2 par O_2 pour former de l'eau.

De même, le courant électrique décompose le chlorure de sodium fondu : le sodium apparaît à la cathode et le chlore se dégage à l'anode.

Dans une pile ou un accumulateur a lieu le processus inverse d'une électrolyse : l'énergie chimique libérée par une réaction d'oxydoréduction spontanée est convertie en énergie électrique. La pile saline type Leclanché : Zn + 2 Mn(IV) → Zn(II) + 2 Mn(III).

Une batterie d'accumulateurs peut se recharger, contrairement à une pile. L'accumulateur au plomb : Pb + Pb(IV) → 2 Pb(II) pendant la décharge, 2 Pb(II) → Pb + Pb(IV) pendant la charge.
(Les chiffres romains entre parenthèses indiquent le degré d'oxydation des éléments.)

Réactions ioniques. Font intervenir des ions (entités électriquement chargées). On peut distinguer les *réactions acide-base* (don d'un proton H^+ d'un acide à une base), les *réactions de complexation* (formation d'un complexe) et les *réactions de précipitation* (formation d'un composé insoluble en solution).

En solution, les espèces ioniques sont dissociées.

Chimie organique

Types de réaction beaucoup plus nombreux.

■ **Addition.** Réunion de 2 molécules en une ; le chlore s'unit à l'éthylène pour former le chlorure d'éthylène (ou dichloro-1-2 éthane) :

$$Cl_2 + CH_2 = CH_2 \rightarrow CH_2Cl - CH_2Cl.$$

■ **Élimination.** Réaction inverse. Sur alumine vers 400 °C, l'alcool éthylique (éthanol) se déshydrate en éthylène : $CH_3 - CH_2OH \rightarrow H_2O + CH_2 = CH_2$.

Élimination d'eau entre 2 molécules avec soudure des restes. Cas de l'*estérification,* ou action d'un acide organique sur un alcool (aboutissant à un ester). L'éthanol C_2H_5OH et l'acide acétique CH_3-COOH engendrent ainsi, avec équilibre, l'acétate d'éthyle CH_3-$COOC_2H_5$.

■ **Substitution.** La substitution de Cl à H est réalisable en présence de lumière ; le méthane se chlore progressivement en 4 fois : $CH_4 + Cl_2 \rightarrow HCl + CH_3Cl$
$CH_3Cl + Cl_2 \rightarrow HCl + CH_2Cl_2$, etc.

■ **Oxydation et réduction.** Très fréquentes ; l'*oxydation* d'un alcool primaire conduit à un aldéhyde puis à un acide : $CH_3 - CH_2OH + [O] \rightarrow CH_3 - CHO$ (aldéhyde) + H_2O ; $CH_3 - CHO + [O] \rightarrow CH_3 - COOH$ (acide), [O] désignant un oxydant (exemple : oxygène, permanganate de potassium $KMnO_4$).

La *réduction* d'une cétone engendre un alcool secondaire : $CH_3 - CO - CH_3$ (acétone) + $H_2 \rightarrow CH_3 - CHOH - CH_3$.

■ **Polycondensation.** Un acide et une amine engendrent un amide : $CH_3 - COOH + CH_3 - NH_2$ (amine) → $H_2O + CH_3 - CO - NH - CH_3$.

Un composé à la fois acide et amine subit une polycondensation par action réciproque des fonctions, d'où un superpolyamide (exemple du textile appelé *Rilsan*) : $n\,NH_2 - (CH_2)_{10} - CO_2H \rightarrow (n-1)\,H_2O + NH_2 - (CH_2)_{10} - CO - [NH - (CH_2)_{10} - CO]_{n-2} - NH - (CH_2)_{10} - CO_2H$.

■ **Polymérisation.** De nombreux composés non saturés se polymérisent indéfiniment. Sous l'action d'organoaluminiques (catalyseur), *n* molécules d'éthylène se condensent en polythène : $n(CH_2 = CH_2) \rightarrow CH_3 - CH_2\ (CH_2 - CH_2)_{n-2} - CH = CH_2$ (polythène).

Polycondensation et polymérisation conduisent à des textiles, verres, élastomères, résines synthétiques. On utilise aussi l'acide phosphorique comme catalyseur pour polymériser l'éthylène et le propylène, ainsi que l'acide sulfurique pour l'isobutylène. Autres polymérisations courantes : celles des amines, des esters, des glycols.

Phlogistique : du grec *phlogistos,* inflammable. Selon Johann Joachim Becher (All., 1635-82), toute matière était constituée d'air, d'eau et des 3 « terres » [l'inflammable *(terra finguis),* la mercurielle et la fusible (ou vitreuse) : correspondant aux 3 principes des alchimistes (soufre, mercure et sel)]. La combustion était perte de matière. Georg Ernst Stahl (All., 1660-1734) imagina qu'un phlogistique s'échappait lors de la combustion en se transformant en d'autres substances. A la chaleur, on avait cette réaction : métal zinc + air + chaleur = chaux de zinc + phlogistique.

Composés définis

■ **États des composés.** Quand on parle de solide, de liquide ou de gaz [nom adopté par le médecin flamand Jean Baptiste Van Helmont (1579-1644) car ressemblant au mot chaos], on désigne généralement des corps ayant cet état à la température ordinaire (le fer est ainsi un solide, l'eau un liquide, l'oxygène un gaz). Cependant, beaucoup

Tableau périodique des éléments de Mendeleïev

de Dmitri Mendeleïev (chimiste russe, 1834-1907) établi en 1869.

États des corps chimiques dans des conditions ordinaires de température et de pression (le sodium Na peut être fondu et vaporisé) : solide (•), gaz (\), liquide "blanc" (\\), •• obtenu par synthèse.

Non-métaux : à droite du trait gras plein « escalier ».

Éléments de transition

Groupe IA	IIA	IIIB	IVB	VB	VIB	VIIB	VIII	VIII	VIII	IB	IIB	IIIA	IVA	VA	VIA	VIIA	VIIIA
1 \ H Hydrogène																	2 \ He Hélium
3 • Li Lithium	4 • Be Beryllium											5 • B Bore	6 • C Carbone	7 \ N Azote	8 \ O Oxygène	9 \ F Fluor	10 \ Ne Néon
11 • Na Sodium	12 • Mg Magnésium											13 • Al Aluminium	14 • Si Silicium	15 • P Phosphore	16 • S Soufre	17 \ Cl Chlore	18 \ Ar Argon
19 • K Potassium	20 • Ca Calcium	21 • Sc Scandium	22 • Ti Titane	23 • V Vanadium	24 • Cr Chrome	25 • Mn Manganèse	26 • Fe Fer	27 • Co Cobalt	28 • Ni Nickel	29 • Cu Cuivre	30 • Zn Zinc	31 \\ Ga Gallium	32 • Ge Germanium	33 • As Arsenic	34 • Se Sélénium	35 \\ Br Brome	36 \ Kr Krypton
37 • Rb Rubidium	38 • Sr Strontium	39 • Y Yttrium	40 • Zr Zirconium	41 • Nb Niobium	42 • Mo Molybdène	43 • Tc Technétium	44 • Ru Ruthénium	45 • Rh Rhodium	46 • Pd Palladium	47 • Ag Argent	48 • Cd Cadmium	49 • In Indium	50 • Sn Étain	51 • Sb Antimoine	52 • Te Tellure	53 • I Iode	54 \ Xe Xénon
55 \\ Cs Césium	56 • Ba Baryum	57 • La* Lanthane	72 • Hf Hafnium	73 • Ta Tantale	74 • W Tungstène	75 • Re Rhénium	76 • Os Osmium	77 • Ir Iridium	78 • Pt Platine	79 • Au Or	80 \\ Hg Mercure	81 • Tl Thallium	82 • Pb Plomb	83 • Bi Bismuth	84 • Po Polonium	85 • At Astate	86 \ Rn Radon
87 \\ Fr Francium	88 • Ra Radium	89 • Ac** Actinium	104 • Unq Unnilquadium														
				58 • Ce Cérium	59 • Pr Praséodyme	60 • Nd Néodyme	61 •• Pm Prométhéum	62 • Sm Samarium	63 • Eu Europium	64 • Gd Gadolinium	65 • Tb Terbium	66 • Dy Dysprosium	67 • Ho Holmium	68 • Er Erbium	69 • Tm Thulium	70 • Yb Ytterbium	71 • Lu Lutécium
				90 • Th Thorium	91 • Pa Protactinium	92 • U Uranium	93 •• Np Neptunium	94 •• Pu Plutonium	95 •• Am Américium	96 •• Cm Curium	97 •• Bk Berkélium	98 •• Cf Californium	99 •• Es Einsteinium	100 •• Fm Fermium	101 •• Md Mendélévium	102 •• No Nobélium	103 •• Lw Lawrencium

Les propriétés chimiques de l'élément sont déterminées par la couche périphérique d'électrons qui gravite autour de l'atome. Si l'on dispose les éléments par masse atomique croissante en plaçant dans une même colonne verticale les corps qui ont des propriétés identiques, on constate que le nombre atomique (nombre total d'électrons) croît d'une unité en suivant les lignes. De plus, les éléments d'une même colonne ont le même nombre d'électrons périphériques. Ainsi les métaux alcalins (exemple : sodium) n'en ont qu'un seul, les halogènes (exemple : fluor) en ont 7. Les corps, tel le néon, dont la dernière couche est complète, sont parfaitement stables (ils s'allieront difficilement à d'autres corps). Par contre, si la dernière couche est incomplète, les corps sont actifs du point de vue chimique : le sodium, qui possède un seul électron sur la dernière couche, alors que la couche précédente est complète, tend à perdre cet électron pour devenir stable. Il s'allie en particulier très bien avec le fluor, qui cherche un électron pour compléter sa couche extérieure. L'électron périphérique du sodium va permuter entre les 2 éléments pour donner 2 édifices parfaitement stables.

Éléments et date de découverte	Symb.	Masse atomique	N°	Temp. en °C de fusion ou ébullition		Valence	Masse volumique (g/cm3)	Structure électronique
Actinium (1899 Debierne)	Ac	227	89	1050	3200	3	10,1	$(Rn)6d^{1}7s^{2}$
Aluminium (1827 Wöhler)	Al	26,9815	13	660,3	2467	3	2,7	$(Ne)3s^{2}3p^{1}$
Américium [1, 10] (1945 Seaborg [24])	Am	243	95	994	2607	2, 3, 4, 5, 6, 7	13,7	$(Rn)5f^{7}6d^{0}7s^{2}$
Antimoine (1450)	Sb	121,75	51	630,7	1750	3, 5	6,69	$(Kr)4d^{10}5s^{2}5p^{3}$
Argent (av. J.-C.)	Ag	107,87	47	961,9	2212	1	10,5	$(Kr)4d^{10}5s^{1}$
Argon [3] (1894 Rayleigh [15])	Ar	39,948	18	– 189,2	– 185,7		1,4	$(Ne)3s^{2}3p^{6}$
Arsenic [4] (XIIIe s. Albert le Gd)	As	74,9216	33	817*(a)*	613*(b)*	3, 5	5,72	$(Ar)3d^{10}4s^{2}4p^{3}$
Astate [4] (1940 Corson [24])	At	210	85	302	337	1, 3, 5, 7	—	$(Xe)4f^{14}5d^{10}$
Azote [4] (1772 Rutherford)	N	14,0067	7	– 209,9	– 195,8	3 ou 5	0,81	$1s^{2}2s^{2}2p^{3}$
Baryum (1808 Davy)	Ba	137,34	56	725	1640	2	3,5	$(Xe)6s^{2}$
Berkélium [2, 10] (1949 Seaborg [24])	Bk	247	97			3, 4	—	$(Rn)5f^{0}6d^{0}7s^{2}$
Béryllium [6] (1798 Vauquelin)	Be	9,012	4	1278	2970	2	1,85	$1s^{2}2s^{2}$
Bismuth (1753 Geoffroy)	Bi	208,98	83	271,3	1560	3, 5	9,8	$(Xe)4f^{14}5d^{10}6s^{2}6p^{3}$
Bohrium [10] (1981), [25]	Bh	261	107					$(Rn)5f^{14}6d^{6}7s^{2}$
Bore [4] (1808 Gay-Lussac [11])	B	10,811	5	2300	2550	3	2,34	$1s^{2}2s^{2}2p^{1}$
Brome [4] (1826 Balard)	Br	79,904	35	– 7,2	58,78	1, 3, 5	3,12	$(Ar)3d^{10}4s^{2}4p^{5}$
Cadmium (1817 Stromeyer)	Cd	112,40	48	320,9	765	2	8,65	$(Kr)4d^{10}5s^{2}$
Calcium (1808 Davy)	Ca	40,08	20	839	1484	2	1,55	$(Ar)4s^{2}$
Californium [2, 10] (1950 Seaborg [24])	Cf	251	98			2, 3, 4	—	$(Rn)5f^{10}6d^{6}7s^{2}$
Carbone [4] (av. J.-C.)	C	12,011	6	3550	4827	2, 3 ou 4	2,26	$1s^{2}2s^{2}2p^{2}$
Cérium [5] (1803 Berzelius [12])	Ce	140,12	58	799	3426	3, 4	6,67	$(Xe)4f^{2}5d^{0}6s^{2}$
Césium (1860 Bunsen [16])	Cs	132,905	55	28,4	678,4	1	1,87	$(Xe)6s^{1}$
Chlore [4] (1774 Scheele)	Cl	35,453	17	– 100,98	– 34,6	2, 3, 5, 7	1,56	$(Ne)3s^{2}3p^{5}$
Chrome (1797 Vauquelin)	Cr	51,996	24	1857	2672	2, 3, 6	7,19	$(Ar)3d^{5}4s^{1}$
Cobalt (1735 Brandt)	Co	58,9332	27	1495	2870	2, 3	8,9	$(Ar)3d^{7}4s^{2}$
Cuivre (av. J.-C.)	Cu	63,54	29	1083,4	2567	1, 2	8,96	$(Ar)3d^{10}4s^{1}$
Curium [2, 10] (1945 Seaborg [24])	Cm	247	96	1340		3, 4	13,5	$(Rn)5f^{7}6d^{1}7s^{2}$
Dubnium [10] (1967-70)[8, 25]	Db	262	105			5 (?)		
Dysprosium [5] (1886 Boisbaudran)	Dy	162,50	66	1412	2562	3	8,54	$(Xe)4f^{10}5d^{0}6s^{2}$
Einsteinium [2, 10] (1955 Ghiorso [24])	Es	254	99			2, 3	—	$(Rn)5f^{11}6d^{0}7s^{2}$
Élément 110 (1994) [26]			110					
– 111 (1994) [27]			111					
– 112 (1996) [28]			112					
– 114 (1999) [29]		179	114					
– 116 (1999)								
– 118 (1999)								
Erbium [4, 5] (1843 Mosander)	Er	167,26	68	1529	2863	3	9,05	$(Xe)4f^{12}5d^{0}6s^{2}$
Étain (av. J.-C.)	Sn	118,69	50	231,96	2270	2, 4	7,3	$(Kr)4d^{10}5s^{2}5p^{2}$
Europium [4,5] (1896 Demarcay)	Eu	151,96	63	822	1597	2, 3	5,26	$(Xe)4f^{7}5d^{0}6s^{2}$
Fer (av. J.-C.)	Fe	55,847	26	1535	2750	2, 3, 6	7,87	$(Ar)3d^{6}4s^{2}$
Fermium [2, 10] (1953 Ghiorso [24])	Fm	257	100			2, 3	—	$(Rn)5f^{12}6d^{0}7s^{1}$
Fluor [4] (1886 Moissan)	F	18,9984	9	– 219,62	– 188,14	1	1,11	$1s^{2}2s^{2}2p^{2}$
Francium [1] (1939 Marguerite Perey)	Fr	223	87	27	677	1	—	$(Rn)7s^{1}$
Gadolinium [3,5] (1886 Marignac)	Gd	157,25	64	1313	3266	3	7,89	$(Xe)4f^{7}5d^{1}6s^{2}$
Gallium (1875 Boisbaudran)	Ga	69,72	31	29,78	2403	2, 3	5,91	$(Ar)3d^{10}4s^{2}4p^{1}$
Germanium (1885 Winkler)	Ge	72,59	32	937,4	2834	4	5,32	$(Ar)3d^{10}4s^{2}4p^{2}$
Hahnium (1923 Coster [17])	Hf	178,49	72	2231	4602	4	13,3	$(Xe)4f^{14}5d^{2}6s^{2}$
Hassium [10] (1984), [25]	Hs	265	108					$1s^{2}$
Hélium [3] (1895 Janssen)	He	4,0026	2	– 269,7*( )*	– 268,93		0,126	$(Xe)4f^{11}5d^{0}6s^{2}$
Holmium [5] (1879 Delafontaine [18])	Ho	164,93	67	1474	2695	3	8,8	$1s^{1}$
Hydrogène [4] (1766 Cavendish)	H	1,00797	1	– 259,14	– 252,87	1	0,071	$(Kr)4d^{10}5s^{2}5p^{1}$
Indium (1863 Reich [19])	In	114,82	49	156,6	2080	1, 3, 4	7,31	$(Kr)4d^{10}5s^{2}5p^{5}$
Iode [4] (1811 Courtois)	I	126,9045	53	113,5	184,35	1, 3, 5, 7	4,94	$(Xe)4f^{14}5d^{7}6s^{2}$
Iridium (1803 Tennant)	Ir	192,2	77	2443	4428	3, 4, 2, 2	22,5	$(Ar)3d^{10}4s^{2}4p^{6}$
Krypton [3] (1898 Ramsay [20])	Kr	83,8	36	– 156,6	– 152,3	2	2,6	$(Xe)5d^{1}6s^{2}$
Lanthane [5] (1839 Mosander)	La	138,91	57	921	3457	3	6,14	$(Rn)5f^{14}6d^{1}7s^{2}$
Lawrencium [2, 10] (1961 Ghiorso [24])	Lw	257	103			3	—	$1s^{2}2s^{1}$
Lithium (1817 Arfuedson)	Li	6,941	3	180,5	1347	1	0,53	
Lutécium [5] (1907 Urbain)	Lu	174,97	71	1663	3395	3, 4	9,84	$(Xe)4f^{14}5d^{1}6s^{2}$
Magnésium (1829 Blach)	Mg	24,305	12	648,8	1090	2	1,74	$(Ne)3s^{2}$
Manganèse (1774 Gahn [13])	Mn	54,9380	25	1244	1962	2, 3, 4, 6, 7	7,43	$(Ar)3d^{5}4s^{2}$
Meitnérium [10] (1982), [25]	Mt	266	109					$(Rn)5f^{14}6d^{7}7s^{2}$
Mendélévium [2, 10] (1957 Ghiorso [24])	Md	258	101			1, 2, 3	—	$(Rn)5f^{13}6d^{0}7s^{2}$
Mercure (av. J.-C.)	Hg	200,59	80	– 38,87	356,6	1, 2	13,6	$(Xe)4f^{14}5d^{10}6s^{2}$
Molybdène (1782 Scheele)	Mo	95,94	42	2617	4612	2, 3, 4, 5, 6	10,2	$(Kr)4d^{5}5s^{1}$
Néodyme [5] (1885 von Welsbach)	Nd	144,24	60	1016	3068	3	7	$(Xe)4f^{4}5d^{0}6s^{2}$
Néon [3] (1898 Ramsay [20])	Ne	20,179	10	– 248,7	– 246		1,21	$1s^{2}2s^{2}2p^{6}$
Neptunium [1, 10] (1940 MacMillan [21])	Np	237	93	640	3902	3, 4, 5, 6, 7	20,2	$(Rn)5f^{4}6d^{1}7s^{2}$
Nickel (1751 Cronstedt)	Ni	58,71	28	1453	2732		8,9	$(Ar)3d^{8}4s^{2}$
Niobium [7] (1802 Hatchett)	Nb	92,9064	41	2468	4742	3, 5	8,4	$(Kr)4d^{4}5s^{1}$
Nobelium [2, 10] (1959 Ghiorso [24])	No	254	102			2, 3	—	$(Rn)5f^{14}6d^{0}7f^{2}$
Or (av. J.-C.)	Au	196,967	79	1064,4	2807	1, 3	19,3	$(Xe)4f^{14}5d^{10}6s^{1}$
Osmium (1803 Tennant)	Os	190,2	76	3045	5027	2, 3, 4, 6, 8	22,6	$(Xe)4f^{14}5d^{6}6s^{2}$
Oxygène [4] (1772 Priestley)	O	15,9994	8	– 218,4	– 182,96	2	1,14	$1s^{2}2s^{2}2p^{4}$
Palladium (1803 Wollaston)	Pd	106,4	46	1552	3140	2, 4	12	$(Kr)4d^{10}5s^{0}$
Phosphore [4] (1669 Brand)	P	30,9738	15	44,1	280	3, 5	1,82	$(Ne)3s^{2}3p^{3}$
Platine (1735 Ulloa)	Pt	195,09	78	1772	3830	2, 4	21,4	$(Xe)4f^{14}5d^{9}6s^{1}$
Plomb (av. J.-C.)	Pb	207,19	82	327,5	1620	2, 4	11,4	$(Xe)4f^{14}5d^{10}6s^{2}6p^{2}$
Plutonium [1, 10] (1940 Seaborg [24])	Pu	244	94	641	3232	3, 4, 5, 6, 7	—	$(Rn)5f^{6}6^{10}7s^{2}$
Polonium [1] (1898 Curie)	Po	210	84	254	962	2, 4, 6	9,3	$(Xe)4f^{14}5d^{10}6s^{2}6p^{2}$
Potassium (1807 Davy)	K	39,102	19	63,65	770	1	0,86	$(Ar)4s^{1}$
Praséodyme [5] (1885 von Weisbach)	Pr	140,907	59	931	3512	3, 4, 6	6,77	$(Xe)4f^{3}5d^{0}6s^{2}$
Prométhéum [5] (1926)	Pm	145	61	1080	2460	3	7,2	$(Xe)4f^{5}5d^{0}6s^{2}$
Protactinium [1] (1918 Hahn [22])	Pa	231,03	91	1600	n.c.	3, 4, 5	15,4	$(Rn)5f^{2}6d^{1}7s^{2}$
Radium [1] (1898 P. et M. Curie)	Ra	226,03	88	700	(1140)	2	5	$(Rn)7s^{2}$
Radon [1] (1900 Dorn)	Rn	222	86	– 71	– 62	6	—	$(Xe)4f^{14}5d^{10}6s^{2}6p^{6}$
Rhénium (1925 Noddach [14])	Re	186,2	75	3180	5596	3, 4	21	$(Xe)4f^{14}5d^{5}6s^{2}$
Rhodium (1803 Wollaston)	Rh	102,9055	45	1960	3730	1, 3	12,4	$(Kr)4d^{8}6s^{1}$
Rubidium (1861 Bunsen [16])	Rb	85,47	37	39	688	1	1,53	$(Kr)5s^{1}$
Ruthénium (1843 Klaus)	Ru	101,07	44	2250	4150	3, 4, 6, 8	12,4	$(Kr)4d^{7}5s^{1}$
Rutherfordium [10, 11] (1969 Ghiorso) [9, 25]	Rf	257	104			4		$(Xe)4f$
Samarium [5] (1878 Boisbaudran)	Sm	150,35	62	1077	1791	2, 3	7,54	$(Xe)4f^{8}d^{0}6s^{2}$
Scandium (1879 Nilson)	Sc	44,956	21	1541	2831	3	3,0	$(Ar)3d^{1}4s^{2}$
Seaborgium [10] (1974 Ghiorso) [25]	Sg	263	106					$(Rn)5f^{14}6d^{4}7s^{2}$
Sélénium [4] (1817 Berzelius)	Se	78,96	34	217	685	2, 4, 6	4,79	$(Ar)3d^{10}4s^{2}4p^{4}$
Silicium [4] (1823 Berzelius)	Si	28,086	14	1410	2355	4	2,33	$(Ne)3s^{2}3p^{2}$
Sodium (1807 Davy)	Na	22,9898	11	97,81	882,9	1	0,97	$(Ne)3s^{1}$
Soufre [4] (av. J.-C.)	S	32,064	16	112,8	444,67	2, 4, 6	2,07	$(Ne)3s^{2}3p^{4}$
Strontium (1790)	Sr	87,62	38	769	1381	2	2,54	$(Kr)5s^{2}$
Tantale (1802 Ekeberg)	Ta	180,948	73	2985	5425	3, 5	16,65	$(Xe)4f^{14}5d^{3}6s^{2}$
Technétium (1937 Perrier [23])	Tc	98,91	43	2172	4877	2, 4, 5, 6, 7	11,5	$(Kr)4d^{3}5s^{2}$
Tellure [4] (1782 von Reichenstein)	Te	127,60	52	449,5	989,4	2, 4, 6	6,24	$(Kr)4d^{10}5s^{2}5p^{4}$
Terbium [5] (1843 Mosander)	Tb	158,9254	65	1356	3123	3, 4	8,23	$(Xe)4f^{9}5d^{0}6s^{2}$
Thallium (1861 Crookes)	Tl	204,3	81	303,5	1457	1, 3	11,85	$(Xe)4f^{14}5d^{10}5s^{2}6p^{1}$
Thorium (1828 Berzelius)	Th	232,0381	90	1750	4790	3, 4	11,7	$(Rn)5f^{0}6d^{2}7s^{2}$
Thulium [5] (1878 Cleve)	Tm	168,9342	69	1545	1947	2, 3	9,33	$(Xe)4f^{13}5d^{0}6s^{2}$
Titane (1783 Gregor)	Ti	47,90	22	1660	3287	3, 4	4,54	$(Ar)3d^{3}4s^{2}$
Tungstène (1761 J. et F. d'Elhuyar)	W	183,85	74	3410	5660	2, 4, 5, 6	19,3	$(Xe)4f^{14}5d^{4}6s^{2}$
Uranium [1] (1789 Peligot)	U	238,03	92	1132,3	3818	2, 3, 4, 5, 6	19,07	$(Rn)5f^{3}6d^{1}7s^{2}$
Vanadium [3] (1801 del Rio)	V	50,9414	23	1890	3380	2, 3, 4, 5	6,1	$(Ar)3d^{3}4s^{2}$
Xénon (1898 Ramsay [20])	Xe	131,3	54	– 111,9	– 107,1	2, 4, 6	3,06	$(Kr)4d^{10}5s^{2}5p^{6}$
Ytterbium [5] (1878 Marignac)	Yb	173,04	70	819	1194	2, 3	6,98	$(Xe)4f^{14}5d^{0}6s^{2}$
Yttrium (1794 Gadolin)	Y	88,9059	39	1522	3338	3	4,47	$(Kr)4d^{1}5s^{2}$
Zinc (av. J.-C.)	Zn	65,37	30	419,58	907	2	7,14	$(Ar)3d^{10}4s^{2}$
Zirconium (1789 Klaproth)	Zr	91,22	40	1852	4377	4	6,5	$(Kr)4d^{2}5s^{2}$

◄ Il existe plusieurs autres classifications, en particulier celle de Francis Perrin (1974). Elles ne modifient pas les connaissances de l'atome. **Légendes :** *(a)* A 36 atmosphères. *(b)* Température de sublimation. *(c)* A 43 atmosphères. (1) Uranide. (2) Curide (radioélément ou actinide). (3) Gaz rare. (4) Non-métal. (5) Terre rare (ou lanthanide). (6) D'abord appelé glucinium (Gl). (7) D'abord appelé columbium (Cb). (8) Appelé aussi nielsbohrium. (9) Appelé aussi kourchatovium, aurait été découvert 1965. (10) Éléments de nombre atomique supérieur à 92, dits **transuraniens** obtenus par transmutation nucléaire artificielle. (11) Avec Thénard, Davy. (12) Avec Hisinger, Klaproth. (13) Avec Scheele, Bergman. (14) Avec Berg et Tackle. (15) Et Ramsay. (16) Et Kirchoff. (17) Et von Hevesy. (18) Et Soret. (19) Et Richtev. (20) Et Travers. (21) Et Abelson. (22) Et Meitner. (23) Et Segré. (24) Et collaborateurs. (25)Pour éléments 104 à 109 : noms provisoires ; les noms définitifs sont étudiés au TWG (Transfermium Working Group). 104 nommé rutherfordium par les Anglo-Saxons ; pourrait être renommé kourchatovium dubnium. 105 nommé hahnium par les Allemands (les Français préconisent joliotum). 106 nommé seaborgium (entériné par l'American Chemical Society), mais 12 pays préconisent rutherfordium. 107 nielsbohrium. 108 hassium (le centre de Darmstadt est en Hesse). 109 meitnérium, de Lise Meitner qui travailla aux côtés de Hahn mais dut (en tant que juive) quitter l'Allemagne en 1938. Éléments 110 et 111 découverts nov.-déc. 1994 ; 112 début 1996, obtenu par la rencontre d'atomes de zinc et d'une feuille de plomb au sein d'un accélérateur de particules. (26) Noyau avec 162 neutrons. (27) Noyau avec 161 neutrons (apparu pendant 1,4 milliseconde). (28) Identifié à Darmstadt (stable 280 millisecondes). (29) Obtenu à Dubna après avoir bombardé 1 mois une cible de plutonium 244 avec un isotope de calcium – 48 ; durée de vie 30 s.

On ne trouve sur la Terre que 89 éléments (les 92 premiers moins 3 éléments naturellement radioactifs qui sont éteints : technétium, prométhéum, francium). Les autres se désintègrent spontanément et aboutissent à la forme plomb ou bismuth. Ainsi le *plutonium 239* s'éteint de moitié en environ 24 000 ans. Dans 1 million d'années, les tonnes de plutonium synthétisées depuis 20 ans et entreposées seront transformées en *uranium 235* par le jeu des transmutations spontanées. On a pu synthétiser les éléments *transuraniens* en faibles quantités : quelques t pour le plutonium, quelques kg pour l'américium et le curium, quelques g pour le berkélium et le californium, des millionièmes de g et seulement quelques atomes pour les autres.

---

de corps peuvent se présenter alternativement sous l'état solide, liquide ou gazeux suivant la température. Exemple : l'eau, solide au-dessous de 0 °C (glace), gazeuse au-dessus de 100 °C (vapeur), liquide entre 0 et 100 °C à pression normale (sous pression plus forte, la glace fond au-dessous de 0 °C et l'eau reste liquide au-dessus de 100 °C).

1°) État gazeux. *Pression :* les gaz n'ont ni forme ni volume propres ; ils ont tendance à occuper tout l'espace qui leur est offert. Ils sont constitués par des molécules se déplaçant à peu près librement et animées d'un mouvement incessant d'autant plus important que la température est plus élevée. Cette agitation se manifeste par la pression exercée sur les parois des récipients qui les contiennent (exemple de l'air dans une chambre à air). Les actions intermoléculaires, en général faibles, sont négligeables dans le cas d'un **gaz parfait** (système idéal). Des volumes égaux de gaz parfaits pris dans les mêmes conditions de température et de pression renferment le même nombre de molécules : 22,4 litres d'un gaz parfait dans les conditions normales (température 0 °C, pression 760 mm de mercure) contiennent $N = 6{,}022.10^{23}$ molécules *(nombre d'Avogadro).*

Les *manomètres* mesurent la pression des gaz.

Pression atmosphérique : l'air de l'atmosphère exerce de même une pression sur tous les objets qui sont autant de parois s'opposant à son expansion (voir Pression atmosphérique à l'Index). Les *baromètres* mesurent la pression atmosphérique.

Masse des gaz : les gaz sont pesants (1 l d'air à 0 °C sous une pression de 760 mm de mercure pèse 1,293 g).

Principe d'Archimède appliqué aux gaz : tout corps plongé dans un gaz subit une poussée verticale égale au poids du volume de gaz déplacé. Si le corps a une densité moins grande que celle de gaz déplacé, il « flotte » (cas des ballons plus légers que l'air).

2°) État liquide. Les molécules d'un liquide sont « attachées » ensemble par les forces de Van der Waals (Johannes Diderik, Holl., 1837-1923) qui assurent au liquide un volume bien défini, mais elles n'ont pas perdu leurs mouvements ; elles peuvent se chevaucher, s'écouler. Les liquides n'ont pas de forme propre, ils prennent la forme du récipient qui les contient. Sous un faible volume, laissés à eux-mêmes, ils forment des boules *(gouttes).* Beaucoup moins compressibles que les gaz, ils sont dans la pratique considérés comme incompressibles.

Principe d'Archimède (Grec, vers 287-212 av. J.-C.) **:** un corps plongé dans un liquide subit une poussée verticale, de bas en haut, égale au poids du liquide déplacé et appliquée au centre de gravité de ce liquide déplacé. Si la densité du corps est supérieure à celle du liquide déplacé, le corps coule. Si elle est égale, il reste en équilibre. Si elle est inférieure, il flotte.

3°) État solide. Les molécules ont perdu leurs mouvements. L'état solide parfait est l'**état cristallin**, où les éléments constituants (molécules, atomes, ions) sont disposés régulièrement dans des plans réticulaires. On distingue des cristaux ioniques (chlorure de sodium), moléculaires (iode, naphtaline), atomiques (carbone diamant). Les particules du réseau peuvent se déplacer un peu de part et d'autre de leur position moyenne ; l'amplitude des vibrations croît avec la température. Dans tous les cas, l'état cristallin est un état **anisotrope** (dont les propriétés diffèrent selon la direction considérée).

■ **Passage d'un état à l'autre.** Sous pression constante, le changement d'état d'un corps pur se fait à température fixe (caractéristique du corps ; elle varie en général avec la pression). Un changement d'état s'accompagne d'un changement de volume et met en jeu de la chaleur : la

chaleur latente est la quantité de chaleur que doit absorber sans changement de température 1 g de corps solide pour passer à l'état liquide ou 1 g de corps liquide pour passer à l'état gazeux. Respectivement chaleurs latentes de fusion et de vaporisation.

De l'état gazeux à l'état liquide (condensation). Par compression : les molécules rapprochées s'attachent. **Par refroidissement :** les mouvements des molécules se ralentissent et les molécules ont tendance à se rapprocher au-dessous du point de condensation.

De l'état liquide à l'état solide (solidification). Par refroidissement : le mouvement des molécules se ralentit au point qu'elles ne peuvent plus se chevaucher à partir du point de solidification. En se solidifiant, les corps diminuent en général de volume, sauf l'eau qui augmente d'environ 9 % (d'où l'éclatement des radiateurs gelés). Un liquide refroidi peut subsister à l'état liquide à une température inférieure à celle de fusion. On fait cesser la *surfusion* en mettant un cristal du corps au contact du liquide surfondu. Si la surfusion est trop forte, la viscosité empêche la cristallisation (verre).

Par compression : en avril 1979, Jean-Michel Besson et Jean-Pierre Pinceaux ont obtenu de l'hélium solide à température ambiante, sous une pression de 115 000 atmosphères (utilisation de l'enclume-diamant).

De l'état solide à l'état liquide (fusion). Par réchauffement : les molécules reprennent leurs mouvements au point de fusion. En général, un corps augmente de volume en fondant. L'eau fait exception. La chaleur de fusion de la glace est 80 cal/g. La température de fusion dépend peu de la pression ; pour l'eau, elle décroît quand la pression croît.

De l'état liquide à l'état gazeux (vaporisation). Par évaporation : un corps reste liquide si la pression exercée sur lui est suffisante, mais si l'on remplit à moitié un récipient dans lequel on a fait le vide (il n'y a plus de pression de l'air) une partie du liquide se vaporise instantanément. Cette vaporisation s'arrêtera cependant à un certain moment dit **point de saturation** (ou **point de vapeur saturante**). A ce point, la pression exercée sur le liquide par la vapeur évaporée est trop forte pour que l'évaporation continue.

Le point de saturation varie selon la température et s'élève avec elle (plus le récipient sera chaud et plus le liquide pourra s'évaporer).

L'absorption de calories au cours de la vaporisation de gaz liquéfiés (ammoniac, gaz sulfureux, Fréon CF_2C_{12}) est utilisée dans les machines frigorifiques.

Les liquides s'évaporent également *dans l'atmosphère,* mais plus lentement. Cette évaporation dépend de l'agitation de l'air (vent), de la température (l'air ambiant étant saturé alors plus ou moins tôt) et surtout du degré hygrométrique quand il s'agit de l'eau.

L'eau bout à :	Altitude en mètres	Pression atmosphérique en mm de mercure
100 °C	0	760
99 °C	300	732
98 °C	590	706
97 °C	865	682
96 °C	1 150	658
95 °C	1 450	634
90 °C	2 100	526
80 °C	6 080	355

Pression de vapeur (à 20 °C en mm de mercure) : éther 440, acétone 185, chloroforme 161, tétrachlorure de carbone 91, benzène 74,6, alcool 44,5, eau 17,5, mercure 0,0013. Les corps à pression de vapeur élevée (exemple : l'éther) sont dits *volatils.*

Ébullition : un liquide est en ébullition quand il se vaporise dans sa masse (et pas seulement en surface comme dans le cas de l'évaporation). Cette ébullition se produit quand la pression de vapeur égale la pression atmosphérique.

Dans les récipients fermés, les liquides ne bouillent pas et conservent l'état liquide au-dessus de leur point d'ébullition (exemple : l'eau dans un *autoclave*). Pour vaporiser 1 g d'eau à 100 °C, il faut fournir 540 calories. L'*alcool* bout à 78 °C.

De l'état solide à l'état gazeux. Par sublimation, sans passer par l'état liquide. Ainsi, à la pression atmosphérique, l'anhydride carbonique solide *(neige carbonique)* prend l'état gazeux dès que la température dépasse – 93 °C. Mais en vase clos il se liquéfie à – 80 °C, et sous une pression voisine de 20 atmosphères il passe de l'état liquide à l'état gazeux vers 0 °C. De même, mais cette fois par évaporation, le linge gelé sèche à l'air libre à – 5 °C sans passage par l'état liquide.

■ **États particuliers. États vitreux :** les verres sont des liquides surfondus. Au cours du refroidissement, la cristallisation ne s'est pas produite : la viscosité empêche le mouvement des molécules qui sont disposées au hasard. Tout en ayant les propriétés mécaniques des solides, les verres sont donc **isotropes,** c'est-à-dire que la lumière s'y propage de la même manière dans toutes les directions.

État colloïdal : les colloïdes sont formés de **micelles,** assemblages de molécules qui ne traversent pas les membranes de parchemin. Les solutions colloïdales, ou *sols,* peuvent donner des gels par *floculation* (coagulation sous forme de flocons).

États mésomorphes et plasmas (voir p. 228 a).

Classification des systèmes dispersés

Phase dispersante ϕ_1	Corps dispersé ϕ_2	Diamètre des particules dispersées	Nom du système dispersé
gaz	liquide	10 à 100 µ	brouillards
	solide	10 à 100 µ	fumées
liquide	gaz	très variable	mousses
	liquide	ordre de 0,1 µ	émulsion
		0,1 à 0,2 µ	suspension
	solide	0,2 µ à 2 mµ	sol
		inférieur à 2 mµ	solution vraie

Unités de mesure

☞ Pour découvrir la sélection **Quid** des meilleurs sites Internet sur les unités de mesure, rendez-vous sur **www.quid.fr**

Systèmes anciens

☞ *Abréviation :* L : litre.

Antiquité

2700 avant J.-C. : les Chinois établissent un « étalon universel » (reposant sur la fréquence d'une note émise, liée à la longueur d'onde du son) constitué d'une tige de bambou [sert d'*étalon de longueur :* lorsque la distance entre 2 nœuds est telle que le bambou, utilisé comme sifflet, émet une note (la 100e partie de cette longueur est la largeur d'un grain) ; *de capacité :* volume du cylindre de bambou, égal à 1 200 grains ; *de poids :* 1 200 grains].

■ Grèce (système attique)

■ **Longueur.** *Doigt* (largeur du doigt) : environ 2 cm. *Pied :* 30,8 cm. *Coudée :* 0,48 m. *Pas :* 0,74 m. *Brasse (orguia,* 4 coudées) : 1,92 m. *Acène (akaina :* aiguillon) : 2,96 m. *Plèthre :* 29,60 m. *Stade :* 177,60 m (240 pas).

■ **Poids.** *Obole :* 0,72 g. *Drachme :* 4,32 g (6 oboles). *Mine :* 432 g (100 drachmes). *Talent :* 25,920 kg (60 mines).

■ **Superficie.** *Plèthre carré :* 10 000 pieds ² (870 m²).

■ **Capacité. Liquides :** *cotyle :* 0,27 L. *Conge (khous) :* 12 cotyles (3,24 L). *Amphore* ou *métrète italique :* 19,44 L. *Métrète :* 144 cotyles (38,38 L). **Solides :** *Cotyle :* 0,27 L. *Chénix :* 4 cotyles (1,08 L). *Hecteus* (setier : 1/6 de médimne) : 32 cotyles (8,64 L). *Médimne :* 192 cotyles (51,84 L).

■ Rome

■ **Capacité. Solides :** *hemina* (hémine = 1/32 modius) : 0,274 L. *Sextarius* (setier = 1/16 modius) : 0,548 L. *Semodius* (demi-muid = 1/2 modius) : 4,394 L. *Modius* (muid = 1/3 quadrantal) : 8,788 L. **Liquides :** *sextarius* [setier = 1/48 quadrantal (Q)] : 0,547 L. *Congius* (conge grec = 1/8 Q) : 3,283 L. *Urna* (urne = 1/2 Q) : 13,132 L. *Quadrantal* (ou *amphora* ou *métrète italique* ou 1 pied cubique) : 26,364 L. *Culleus* (tonneau = 20 Q) : 527,28 L.

■ **Longueur.** *Digitus* (doigt ou pouce) : 0,0184 m. *Palmus* (palme ou empan = 4 doigts) : 0,0736 m. *Pes* (pied = 4 palmes) : 0,2944 m. *Palmipes* (= 1 pied + 1 palme = 20 doigts) : 0,3680 m. *Cubitus* (coudée = 1 pied + 2 palmes = 24 doigts) : 0,4416 m. *Gradus* (pas simple = 2 pieds + 2 palmes) : 0,736 m. *Passus* (pas double = 5 pieds) : 1,472 m. *Milia passuum* (mille = 1 000 pas) : 1 472 m.

■ **Poids.** *Uncia* (once = 1/12 livre) : 27,28 g [sous-multiples : *semuncia* (1/2 once), *scripulum* (1/24 once) ; multiples : *quincunx* (5), *septunx* (7), *bes* (8), *dodrans* (9), *dextans* (10), *deunx* (11)]. *Libra* ou *as* (livre = 12 onces) : 327,45 g [sous-multiples : *semis* (1/2 = 6 onces = 163,5 g), *triens* (1/3 = 4 onces), *quadrans* (1/4 = 3 onces), *sextans* (1/6 = 2 onces)].

Nota. – **Sicles bibliques.** *Or :* sicle du sanctuaire (déposé par Moïse dans le Tabernacle) = 8,41 g. *Argent :* sicle vulgaire (phénicien) = 14,92 g.

■ **Superficie.** *Quadratus pes* (1 pied carré) : 0,086 m². *Decempeda quadrata* (= 10 p × 10 p = 100 p²) : 8,66 m². *Jugerum* (arpent = 240 p × 120 p = 28 800 p²) : 25 ares. *Heredium* (= 2 jugères) : 50 ares. *Centuria* (= 100 heredia) : 50 ha. *Saltus* (= 4 centuries) : 200 ha.

France (Ancien Régime)

Principales collections de mesures anciennes. Musées : Angers, Albi, Vieux-Lyon, Paris (musée national des Techniques).

■ **Caractéristiques.** Les unités, les valeurs, les affectations sont différentes (« pied de terre » et « pied de vitrier ») ; leurs divisions sont irrégulières (un pied peut avoir 10 ou 12 pouces selon les régions ; une livre : 12, 14 ou 15 onces selon les villes et même les quartiers urbains). *Dans le Toulousain :* il y a 16 mesures pour le vin (5 noms différents : pot, quart, juste, pinte, méga ; chacun désigne 3 ou 4 mesures différentes divisées chacune de 4 façons différentes) : uchau (8e), pouchou, mesure, petit. L'uchau varie de 0,364 L à 0,60 L en Toulousain ; de 0,406 L à 1,060 L dans le comté de Foix ; de 0,771 L à 1,582 L en Béarn.

■ **Capacité. Liquides :** *roquille* (contenu d'une écorce d'orange appelée « roquille ») : 0,030 L. *Demi-posson* (2 roquilles) : 0,060 L. *Posson* (doublet de potion, « coup à boire ») [4 roquilles] : 0,119 L. *Demi-setier* (2 possons) : 0,238 L. *Chopine* (primitivement mesure germanique de la bière, environ 0,33 L) ou *setier* (du latin *sextarius,* sixième) : 0,476 L. *Pinte de Paris* (2 chopines) : environ 0,93 L ou 48 pouces cubes (définie en 1742). *Pot* ou *quade* (ou *cade*) [2 pintes]. *Velte* (du latin médiéval *gualguita,* petite jauge) [8 pintes] : 7,44 L. *Quartaut* (9 veltes) 67 L. *Feuillette* (tonneau marqué d'une feuillure, « entaille de jauge ») [2 quartauts] : 137 L. *Muid* (du latin *modius,* mesure) [288 pintes] : 274 L, *de Bourgogne* (2 feuillettes) : 268 L, *de Paris :* 268,2 L.

Matières sèches (à Paris) : *litron :* 0,79 L. *Boisseau* [de *boisse,* bas-latin *bostia,* gaulois *bosta,* creux de la main (16 litrons)] : 12,7 L (utilisé pour blé, avoine, sel, charbon de terre, charbon de bois). *Setier* (12 boisseaux) : 152 L. *Minot* (de mine : du gréco-latin *hemina,* mesure de 28 cl) [avoine, charbon de terre valant : 6 boisseaux ; sel : 4 ; blé : 3 ; charbon de bois : 2]. *Double minot* (la mine) : *muid* [(12 setiers ; mais le « demi-setier » est un 32e du setier) valant pour charbon de bois 20 mines (client) ou 16 (commerçant), de terre 7 mines et demie ; plâtre 72 (ou 36 sacs) ; avoine 288 ; sel 192 ; blé 144]. En outre, chaque boisseau change de valeur selon les façons (fixées par l'usage) de le remplir : bon poids ou poids courant ; comble ou ras, etc.

■ **Longueur.** *Point :* 0,188 mm. *Ligne* (12 points) : 0,226 cm. *Pouce* (12 lignes) : 2,707 cm. *Pied du roi,* censé être celui de Charlemagne (12 pouces) : 0,325 m. *Toise* [du latin *(ex) tensa,* sous-entendu *brachia,* les bras étendus] (6 pieds) : 1,949 m. *Pas :* 0,624 m. *Perche de Paris* (18 pieds) : 5,847 m ; *ordinaire* (20 pieds) : 6,496 m ; *des Eaux et Forêts* (22 pieds) : 7,146 m. *Lieue gauloise :* 2 222 m (1,5 mille romain). De poste (du gaulois *leuca,* distance entre 2 pierres) : 3,9 km, soit 2 000 toises anciennes. *De France :* 4,18 km. *De Paris : jusqu'en 1674 :* considérée comme valant 1 666 toises ; *1674 à 1737 :* 2 000 (3,898 km) ; *1737 :* pour les tarifs du transport de grains 2 400, Ponts et Chaussées 2 000, les Postes 2 200. En fait, le nombre de lieues d'une ville à l'autre est fixé traditionnellement et la valeur de la lieue change pour que ce nombre reste constant malgré les variations des itinéraires. *De Touraine :* 3,933 km. *De Picardie, Normandie, Champagne :* 4,444 km. *De Bretagne, Anjou :* 4,581 km. *De Provence :* 5,849 km.

Nota. – De 1812 à 1840 : toise métrique : 2 m ; pied métrique : 0,33 m ; pouce métrique : 0,0275 m ; ligne : 0,0023 m.

Étoffes : *aune de Paris* [du francique *elina* (latin *ulna*), avant-bras ; 4 pieds romains] : 1,188 m [fixée officiellement en 1540 par François Ier (3 pieds, 7 pouces, 8 lignes) ; chiffres confirmés en 1554, 1557, 1714, 1736, 1745]. *Quinze-seize :* 15/16 d'une aune (finira par désigner une sorte d'étoffe de soie).

Marine : *brasse* (longueur de corde entre les bras étendus) (5 pieds) : 1,624 m. *Encablure* (1/10 mille) : 185,2 m (ou 194,9). *Lieue marine* 1/20 du degré terrestre (3 milles marins) : 5 556 m.

■ **Masse.** *Grain :* 53 mg. *Denier* (24 grains) : 1,275 g. *Gros* (3 deniers) : 3,824 g. *Once* (8 gros) : 30,59 g. *Quarteron* (1/4 de livre ou 4 onces) : 122,4 g. *Marc* (unité allemande dont les poids étaient importés de Nuremberg : du gothique *marka,* demi-livre) [8 onces] : 244,75 g. *Livre* (latin *libra*) [16 onces, 9 216 grains] : 489,506 g [en fait de 300 à 850 g : *livres subtile, d'apothicaire, carnassière, poids de marc* (485,9 g)]. *Quintal* (dérivé grec de *cent,* latin *centum,* arabe *quintar*) : 48,95 kg [100 livres (la livre étant l'unité de poids) puis 100 kg]. *Millier* (1 000 livres) : 489,5 kg. *Tonneau de mer* (primitivement, mesure de capacité) [2 000 livres] : 979 kg.

☞ *La pile de Charlemagne :* actuellement au musée national des Techniques à Paris. Fabriquée au XIVe s., tronc de cône (hauteur 9 cm) évasé vers le haut, bases circulaires [(supérieure) diamètre 15,5 cm, (inférieure) 14 cm]. Comprend 13 poids à godets en cuivre qui s'emboîtent ; le plus petit est plein et les 12 autres creux (le plus grand, constituant la boîte avec couvercle et poignée). La « livre poids de marc » (0,4895 kg) correspond au 1/25 de l'étalon pesant 50 marcs [12,2377 kg (le marc servant pour fixer le poids des monnaies et les transactions sur les métaux précieux)]. La pile a servi à déterminer la valeur des étalons provisoire (1795) et définitif (1799) du kg.

■ **Superficie.** Les mesures de longueur citées élevées au carré et : **pour les bois :** *arpent des Eaux et Forêts* (du gaulois *arepenn,* portée de flèche) : 100 perches de 22 pieds de côté, soit 48 400 pieds carrés (5 107,2 m²) pour les forêts royales ; *ordinaire :* 4 221 m² ; *de Paris :* 3 418,87 m², 32 400 pieds carrés, 900 toises carrées. *Perche des Eaux et Forêts :* 22 pieds de côté soit 484 pieds carrés (51,062 m²) ; *de Paris :* 18 pieds de côté soit 324 pieds carrés (34,182 m²). *Verge* [terme sans doute préceltique *vège* (espagnol *vega,* champ plat), contaminé par *vergée,* terrain mesuré à la verge] (1/4 arpent) : 1 276 m². **Pour les terres : Paris :** *arpent* de 100 perches carrées. **Normandie :** terres et prés par *acres* (1 acre = 160 perches) [bois et bocages par arpents, vignes et vergers par *quartiers* (le quartier = 25 perches)]. **Dauphiné :** *sesterées* de 900 cannes carrées (*sesterée* = 4 cartelées ; *cartelée* = 4 civadiers ; *civadier* = 4 *picotins*). **Provence :** *saumée* de 1 500 cannes carrées (saumée = 2 cartelées et demie ; *cartelée* = 4 civadiers ; *civadier* = 4 picotins). **Languedoc :** *saumée* de 1 600 cannes carrées (*canne* = 8 pans ; *pan* = 8 pouces 9 lignes). **Bretagne :** *journal* de 22 seillons un tiers (*seillon* = 6 raies ; *raie* = 2 gaules et demie ; *gaule* = 12 pieds). **Touraine :** *arpent* de 100 chaînes ou perches (*perche* = 25 pieds ; *pied* = 12 pouces). **Lorraine :** *journal* de 250 toises carrées (*toise* = 10 pieds ; *pied* = 10 pouces). **Orléanais :** *arpent* de 100 perches carrées (*perche* = 20 pieds ; *pied* = 12 pouces). **Surface labourable par un homme en une journée** *journal* (Bordeaux 31,9 ares, Paris 32,8, St-Brieuc 40, Mamers 44, nord de la Mayenne 50, Domfront 50) ; **bêchable par 8 hommes l'été,** limitée à 360 perches de 9 pieds et demi, en Bourgogne ; *pied :* 12 pouces.

■ **Volume.** Les mesures de longueur élevées au cube et pour le bois : *voie de Paris* (voie = voyage, c'est-à-dire charretée) : 1,920 m³ ; *corde :* 3,839 m³ ; *solive :* 0,102 m².

LE SYSTÈME MÉTRIQUE

☞ Bibliographie : H. Moreau : *le Système métrique,* éd. Chiron.

ORIGINE

☞ *Avant 1795,* le terme « système métrique » désignait un ensemble de poids et mesures plus ou moins coordonnés, quelle que soit la base de ce système (*métrique* signifiant relatif aux mesures) ; aussi, le nouveau système sera-t-il appelé « système métrique décimal » pour le distinguer des systèmes métriques antérieurs.

■ **Choix de l'unité de base. 1790** Claude Antoine Prieur-Duvernois [futur Prieur de la Côte-d'Or (1763-1832)], officier du Génie, rédige un « Mémoire sur la nécessité et les moyens de rendre uniformes les mesures, dans tout le Royaume ». *-8-5* sur proposition (du 9-3) de Talleyrand, l'Assemblée nationale constituante se prononce pour la création d'un système de mesures stable, uniforme et simple. L'unité de base choisie est le pendule battant la seconde. Des délégués sont envoyés en Espagne, en Angleterre et aux États-Unis (où le Pt Jefferson se montre très favorable). *-12-5* Leblond propose le mètre divisé en tomes. *-27-10* échelle décimale adoptée pour poids, mesures, monnaies. **1791**-*16-2* sur la proposition de Charles de Borda, (1733-99) une commission [comprenant Condorcet (Antoine, Mis de, 1743-94), Laplace (Pierre-Simon, Mis de, 1749-1827), Lagrange (Louis, Cte de, 1736-1813) et Gaspard Monge (Cte de Péluse, 1746-1818)] est constituée. *-19-3* elle repousse le pendule et préconise un arc terrestre. Raisons : 40 ans auparavant, Pierre Bouguer (1698-1758) avait remarqué que les mesures de degrés de méridien et de longueurs de pendules à secondes, effectuées à l'équateur, en France et en Suède, ne variaient pas régulièrement de l'équateur au pôle et il avait suggéré de refaire une triangulation ; souhait de Borda, dit-on, de mettre en valeur le « cercle répétiteur » (qu'il avait fait construire, en 1784 par Étienne Lenoir, portant 2 lunettes au lieu d'une, pour les travaux de topographie ou de géodésie sur terre) qui adaptait aux opérations géodésiques le cercle de réflexion (inventé vers 1750 par l'astronome allemand Tobie Mayer pour, en opérant par réitérations sur un cercle entier, remplacer le sextant qu'il avait amélioré en 1772) et destiné aux navigateurs ; Angleterre et États-Unis, d'abord favorables au pendule, avaient changé d'avis fin 1790. *-26-3* sur proposition de l'Académie des sciences, la Constituante choisit la grandeur du quart du méridien terrestre pour base du nouveau système de mesures : le « méridien » : le mètre sera la 10 millionième partie du quart du méridien terrestre, soit la distance comprise depuis le pôle jusqu'à l'équateur. *-13-4* l'Académie des sciences désigne les membres des commissions devant effectuer les travaux prévus : la triangulation et la détermination des latitudes sont confiées à une équipe [Cassini, Legendre et Pierre-François Méchain (1744-1804), Monge et Meusnier] devant se charger de la mesure des bases. En juin 1791, Cassini visitera avec Méchain la base (ayant servi à son père en 1739, à son grand-père en 1701 et à Pichard en 1670) de Villejuif (V.-de-M.), à Juvisy (Essonne), où l'obélisque dite « La Pyramide » en marque le terme austral (mais elle ne servira pas) ; puis il restera à Paris pour aider Borda. Monge et Legendre ne feront presque rien, du moins au début. En 1793, Meusnier sera tué à l'armée du Rhin. A. Delambre (1749-1822) et Méchain se chargeront seuls des opérations de triangulation [ils seront interrompus plusieurs fois (arrestations, révocations temporaires, endommagements et destructions de leurs ouvrages géodésiques...)]. Plus de 100 triangles, formant une chaîne ininterrompue, seront mesurés entre Dunkerque et Barcelone. La *partie nord* (Dunkerque/Rodez) est confiée à Delambre, la *partie sud* [Rodez/Barcelone (Montjuich)] à Méchain. 2 bases de référence d'environ 6 000 toises (11,7 km) sont utilisées : l'une entre Melun et Lieusaint, l'autre entre Le Vernet et Salses (près de Perpignan). **1792**-*début juin* Cassini et Borda commencent, à l'Observatoire de Paris, leurs expériences sur le pendule à secondes ; elles dureront jusqu'au 4-8 ; ils lui trouvent une longueur de 440,559 3 lignes de la toise du Pérou (soit pour nous 993,826 3 mm).

☞ **Nomenclatures proposées par l'Académie des sciences** (en 1792) **et,** entre crochets, **nomenclature vulgaire** ou **des noms simples et,** entre parenthèses, **valeurs.** LONGUEUR : [*décade* (1 000 000 m)] ; [*degré* (100 000 m)] ; [*poste* (10 000 m)] ; millaire [*mille* (1 000 m)] ; [*stade* (100 m)] ; [*perche* (10 m)] ; mètre [*mètre*] ; décimètre [*palme*] ; centimètre [*doigt*] ; millimètre [*trait*]. VOLUME : muid [*tonneau*] ; décimuid [*setier*] ; centimuid [*boisseau*] ; pinte [*pinte*]. MASSE : millier [*millier*] ; [*quintal*] ; [*décal*] ; grave [*livre*] ; décigrave [*once*] ; centigrave [*drâme*)] ; milligrave [*maille*] ; [*grain*]. MONNAIE : *unité monétaire ; dixième ; centième.*

1793 décret du 1-3 fixant provisoirement l'unité de longueur d'après la mesure de l'abbé Louis de La Caille (1713-1762) de 1740, effectuée sur le méridien de Paris. Le mètre est ainsi défini : 3 pieds 11,44 lignes de la toise du Pérou à 13° Réaumur, soit 0,513243 toise. Décret du 1-8, instituant un système de mesures décimales provisoire. **Longueur :** *quart du méridien* (10 000 000 m), *grade* (du latin *gradus,* pas simple) ou *degré décimal* (100 000 m), *millaire* [de l'adjectif latin *milliarius* désignant les bornes placées tous les mille pas (1 000 m)], *mètre, décimètre, centimètre, millimètre.* **Superficie :** *are* (10 000 m²) [du féminin latin *area,* surface, mis au masculin], *déciare* (1 000 m²) et *centiare* (100 m²). **Volume :** *cade* [du grec *kados,* baril (utilisé par les sauniers provençaux), 1 m³], *décicade* (0,1 m³), *centicade* (0,01 m³), *pinte* (0,001 m³) [du vieux français *pinte* (« peinte » : la marque de contrôle était peinte sur le récipient) ; devenue *cadil* (diminutif de *cade*) par décret du 19-1-1794]. **Poids :** *bar* (du grec *barus,* lourd) ou *millier* (1 000 kg), *décibar* (100 kg), *centibar* (10 kg), *grave* [du latin *gravis,* lourd (1 kg)] [décret du 18 germinal an III (7-4-1795)], *décigrave* (0,1 kg), *centigrave* (0,01 kg), *gravet* (0,001 kg), *décigravet* (0,000 1 kg), *centigravet* (0,00 001 kg), *milligravet* (0,000 001 kg). **Monnaie :** *franc d'argent.* *-28-11* Lavoisier est arrêté (on lui reproche ses fonctions d'ancien fermier général) ; Borda, Laplace, Coulomb, Brisson et Delambre demandent qu'on le rende à ses travaux (il sera guillotiné le 8-5-1794). *-23-12* la *Commission temporaire des poids et mesures* exclut (par un arrêté pris à l'instigation de Prieur) Lavoisier, Borda, Laplace, Coulomb, Brisson et Delambre et les remplace par Buache, Hassenfratz et Prony. **1794**-*1-4* (12 germinal an II), la Commission travaille au ralenti et publie une « Instruction sur les mesures déduites de la grandeur de la Terre ». *-10-4* (21 germinal) elle publie une « Instruction abrégée... » rédigée par Haüy. *-29-6,* elle se met en sommeil. **1795**-*7-4* (décret du 18 germinal an III) : longueurs : myriamètre, kilomètre, hectomètre, décamètre, mètre, décimètre, centimètre, millimètre. **Superficie (agraire) :** hectare (10 000 m²), are (100 m²), centiare (1 m²). **Volume :** kilolitre, hectolitre, décalitre, litre (sur proposition de Prieur), décilitre, centilitre. **Mesure des bois :** stère (1 m³), décistère. **Masses :** myriagramme, kilogramme, hectogramme, décagramme, gramme (défini par le poids dans le vide de 1 cm³ d'eau à la température de la glace fondante), décigramme, centigramme, milligramme. **Monnaies :** franc, décime, centime. La loi confirme la nécessité de fabriquer un mètre étalon provisoire en platine. Les sous-multiples ont conservé leurs préfixes latins, mais les multiples reçoivent des préfixes grecs (*déca-, hecto-, kilo-, myria-*). Pour la facilité des échanges, on admet pour chaque mesure son double et sa moitié que l'on renonce à faire précéder de *bi-* et de *mi-*. *-11-4* loi du 22 germinal nommant les 3 membres de l'*Agence temporaire des poids et mesures :* Legendre, Coquebert et Gattey. *-17-4* arrêté du 28 germinal nommant les commissaires chargés de continuer les travaux scientifiques : Berthollet, Borda, Brisson, Coulomb, Delambre, Haüy, Lagrange, Laplace, Méchain, Monge, Prony et Vandermonde. *-10-5* les commissaires se répartissent les tâches. Méchain et Delambre doivent poursuivre la triangulation ; ils sont pris en charge par le Dépôt de la Guerre (le directeur, le Gal Calon, a travaillé autrefois à la carte de Cassini). Laplace et Prony aident Delambre à établir la base proche de Paris. Borda, Haüy et Prony font fabriquer un poids étalon provisoire. Berthollet, Monge et Vandermonde dirigent le travail du platine destiné à former l'étalon du mètre et ses copies.

Directoire : 1795-*22-8* la Constitution (5 fructidor an III) consacre 2 paragraphes aux nouvelles unités de mesure (l'article 371 affirme qu'« il y a, dans la République, uniformité des poids et mesures »). *-23-9* loi du 1er vendémiaire an IV rendant obligatoire l'usage du mètre à partir du 22-12-1795 à Paris et 10 jours après dans la

PROJETS D'UNIFICATION

Nombreux, ils se heurtèrent tous aux résistances locales [projets de Charles le Chauve (édit de Pîtres, 864), Louis le Hutin, Philippe le Long. Édits de François Ier sur l'aunage (1540-45), d'Henri II (1557-58). Suppliques des états généraux (1560, 76, 1614). Projets de Henri IV, puis de Colbert. Tentatives de Laverdy en 1764, de Trudaine de Marigny en 1766. Cependant, depuis le XVIe s., les matières précieuses étaient pesées en France au poids de Paris [la livre « poids de marc » (voir **Masse** p. 247 a) et ses subdivisions]. Le *minot de sel* ou *de Paris* avait à peu près partout la même valeur ainsi que l'*arpent des Eaux et Forêts* (voir **Superficie** ci-dessus). En 1788, les cahiers de doléances rappelèrent le principe : « Un roi, une loi, un poids et une mesure. » L'armée impose le boisseau de Paris pour la « mesure de l'étape », indispensable pour les réquisitions et l'approvisionnement des troupes.

Projets pour la toise : 1668 création au Châtelet de la *toise* de « 6 pieds de roi de 12 pouces de 12 lignes de 12 points » ; refait en 1667, l'*étalon* était une règle ayant un talon à chaque extrémité et qui était scellée au pied de l'escalier du Grand Châtelet de Paris ; **1669** définition de l'*arpent* (calculé en pieds de roi) ; **1735** création de la *toise-étalon* ; elle eut *2 copies : 1°) la toise dite du Pérou ou de l'équateur* ou *de l'Académie :* emportée au Pérou de 1735 à 1744 (pour servir à la mesure de la courbure de la Terre près de l'équateur) par Pierre Bouguer (1698-1758), Charles-Marie de La Condamine (1701-74) et Louis Godin (1704-60) [fabriquée par C. Langlois, ingénieur du roi pour les instruments d'astronomie, sous la direction de Godin ; règle en fer forgé et poli d'environ 7,7 mm d'épaisseur et 40 mm de largeur ; chaque extrémité est entaillée sur la moitié de sa largeur de manière à laisser sur l'autre moitié 2 talons saillants de 13 mm ; la distance entre les faces de ces entailles représente la longueur de la toise ; dans le prolongement des arêtes des entailles est tracé un trait se terminant par un point creux de 0,4 mm de diamètre ; la face plate qui porte ces points est divisée de 3 en 3 pouces ; l'un des bouts de chaque division comporte un 1er intervalle de 1 pouce divisé en 12 lignes, puis 5 intervalles successifs de 1 pouce : il s'agit donc d'un étalon à la fois à bouts, à traits et à points, d'où 3 valeurs (proches de 1/25 de ligne, soit 0,1 millimètre)]. La longueur légale de l'étalon est celle de la toise à bouts [distance des faces terminales, prise à une ligne du fond des entailles et à la température de 13° Réaumur (16,25 °C)] ; **1747** à son retour, La Condamine constate que la toise du Châtelet avait été faussée par le travail de la maçonnerie du pilier qui la portait et par les toises un peu longues que l'on entrait de force entre ses 2 talons ; **1758**-*29-7* La Condamine propose à l'Académie comme toise étalon celle du Pérou ; **1766**-*16-5* Louis XV charge Tillet, de l'Académie des sciences, de faire exécuter 80 toises semblables à celle du Pérou, et de les répartir dans le royaume : la toise du Pérou devient ainsi l'étalon légal de longueur en France ; **1770**-*8-8* la toise est déposée au cabinet de l'Académie des sciences, au Louvre (elle est maintenant à l'Observatoire de Paris) ; elle servira à fixer la valeur des étalons provisoire (1795) et définitif (1799) du mètre et à étalonner ; en 1823, la toise de Frédéric Guillaume Bessel (All., 1784-1846) de l'Institut géodésique royal prussien, employée comme étalon de référence pour les opérations géodésiques en Europe au XIXe s. *2°) La toise du Nord* qui servit aux mêmes travaux en Laponie (1736-37), par Pierre-Louis de Maupertuis (1698-1759), Alexis Clairaut (1713-65), Charles Camus (1699-1760), Pierre-Charles Le Monnier (1715-99) et l'abbé Réginald Outhier (1694-1774), mais qui revint endommagée.

Autres projets : abbé Gabriel Mouton (1618-94, Lyonnais) : aurait été le 1er à proposer, pour les longueurs, un système de mesures « géométriques » à base 10 ; il se rapporte à la Terre en nommant *milliare* la longueur de l'arc terrestre dont l'amplitude angulaire vaut 1 seconde (à l'époque on croit la Terre sphérique) ; il propose pour les subdivisions *centuria, decuria, virga* (le millième, soit 1,852 m), *virgula* (valant un peu plus de 6 pouces), *decima, centesima, millesima.* **Abbé Jean Picard** (1620-82) dans *la Mesure de la Terre* (1671), **Christiaan Huygens** (Holl., 1629-95) : longueur d'un pendule battant la seconde, dont il nomme le tiers « pied horaire » (1673), ce qui aurait unifié les notions de longueur et de temps ; ce projet fut défendu par Charles-Marie de La Condamine, John Riggs-Miller (Angl., 1744-98), Thomas Jefferson (Amér., 1743-1826), mais on buta sur le choix du point où devaient être mesurés les battements du pendule [inégaux selon l'attraction terrestre, comme l'avait découvert, à Cayenne, l'astronome J. Richer (1630-96) en 1672-73. Serait-ce l'équateur (Quito), ou le 45e parallèle (Bordeaux) que Turgot aurait choisi en 1775 (mais il fut disgracié avant que la mesure soit réalisée) ?]. **Jacques Cassini** (1677-1756), après sa mesure du méridien entre Dunkerque et Collioure (1718), propose le centième d'un arc d'une seconde, soit 308,7 mm. **Projet d'unifier les 2 notions de longueur et de poids** (masse) en pesant un volume d'eau défini par des unités de longueur [*Observations sur les principes métaphysiques de la géométrie* (1758) de Louis Dupuy (1709-95)]. Jefferson avait par ailleurs calculé que le pied cubique d'eau pesait exactement 1 000 onces, ce qui aurait prouvé que la relation poids-longueur existait dans la nature.

Seine ; prévoit des vérificateurs dans les « principales communes ». **1796**-*20-2* (1er ventôse) l'*Agence temporaire des poids et mesures* est supprimée pour être réunie au ministère de l'Intérieur où elle formera le *Bureau consultatif*, qui deviendra plus tard le *Bureau des poids et mesures.*

Consulat : 1800-*4-11* arrêté du 13 brumaire an IX rétablissant les noms « français » des anciennes mesures. **Longueur :** lieue (10 000 m), mille (1 000 m), perche (10 m), palme (0,1 m), doigt (0,01 m), trait (0,001 m). **Superficie agraire :** arpent (10 000 m²), perche carrée (100 m²), mètre carré. **Volume :** muid (1 m³), setier (0,1 m³), boisseau ou velte (0,01 m³), pinte (0,001 m³), verre (0,000 1 m³). **Mesure des bois :** stère (1 m³), solive (0,1 m³). **Masses :** millier (1 000 kg), quintal (100 kg), livre (1 kg), once (0,1 kg), gros (0,01 kg), denier (0,001 kg), grain (0,000 1 kg). **Monnaie :** franc, sol (décime), denier (centime).

Ier Empire : 1812-*12-2* décret impérial et *-28-3* arrêté ministériel d'exécution autorisant, à côté du système légal, l'emploi des mesures « usuelles » accommodées au besoin du peuple (on crée ainsi une toise de 2 m, une aune de 12 dm, une livre de 500 g, un boisseau de 1/8 hl, etc.) se subdivisant, selon les usages anciens, en suivant une échelle non décimale. **1816**-*21-2* arrêté ministériel supprimant les fractions décimales des poids et mesures et ordonnant l'emploi exclusif des mesures « usuelles » pour la vente au détail des denrées et marchandises. A Metz, par exemple, on rencontrait un pied métrique « usuel » de 0,333 m, un pied de roi de 0,327 m, un pied messin de 0,300 m et un pied des carriers de 0,270 m.

Restauration : 1837-*4-7* loi abrogeant le décret du 12-2-1812 et interdisant à partir du 1-1-1840, tous les poids et mesures autres que ceux du système métrique décimal.

■ **Construction des étalons.** Différents étalons sont fabriqués, 4 exemplaires en sont comparés et l'un d'entre eux est choisi comme étalon provisoire. Le 1er étalon métrique légal est exécuté par Étienne Lenoir (1744-1832) le 9-6-1795 et remis au Comité d'instruction publique le 6-7-1795 ; sa longueur (3 pieds 11,44 lignes de la toise du Pérou ou de l'Académie) est déduite des calculs de La Caille qui, en 1740, avait évalué le 1/4 de méridien à 5 132 430 toises de Paris ; ce mètre provisoire était plus long de 0,144 ligne (soit 0,325 mm), mais il sera en fait plus exact, le mètre définitif ayant été plus tard reconnu trop court de 0,23 mm par rapport à la dix-millionième partie du quart du méridien terrestre. **1796**-*février* **à 1797**-*déc.* 16 mètres en marbre seront installés à Paris (conformes au mètre provisoire de 1793, donc théoriquement trop long de 0,325 mm). 4 subsistent dont 1 seul resté à son emplacement primitif, 36, rue de Vaugirard. **1798**-*9-6* Talleyrand envoie une note aux agent diplomatiques pour inviter des savants étrangers, à Paris, pour fixer les nouvelles unités. Une commission internationale est constituée. *-Sept.-oct.* savants étrangers et français constituent des commissions chargées de la vérification des règles, celle du mètre, de l'unité de poids et de l'examen des opérations géodésiques et astronomiques. **1799**-*20-4/3-5* Coulomb, Mascheroni, Méchain, Multedo et Vassali effectuent la comparaison des 4 règles bimétalliques de 2 toises (platine et cuivre) ayant servi à la mesure des bases, avec la toise du Pérou et d'autres toises-étalons. Delambre, Laplace, Legendre, Méchain, Ciscar, Van Swinden (Rép. batave) et Trallès (Rép. helvétique) déterminent l'arc du méridien et la longueur du mètre. *-25-5*, leur rapport (du 30-4) est lu à l'Institut par Van Swinden. *-30-5* Trallès lit à l'Institut le rapport de la commission, composée de lui-même, Coulomb, Mascheroni (Rép. Cisalpine), Van Swinden et Vassali (Piémont), chargée de vérifier la détermination de l'unité de poids. *-22-6* (4 messidor an VII) les prototypes définitifs en platine du mètre et du kilogramme sont présentés au Conseil des Cinq-Cents, puis au Conseil des Anciens, par une délégation composée de savants étrangers et des membres restants de la Commission des poids et mesures de l'Institut national. Les étalons sont ensuite remis à Camus, garde des Archives de la République, qui les enferme dans une double armoire en fer fermée par 4 clefs, d'où leur nom : « mètre et kilogramme des Archives » [l'arrêté du 1er vendémiaire an XII (24-9-1803) prescrivant leur dépôt à l'Observatoire national, sous la surveillance du Bureau des longitudes, ne sera pas exécuté]. *-10-12* loi du 19 frimaire an VIII (ratifiée par le Corps législatif le 1-1-1800) sanctionnant définitivement la valeur des étalons du système métrique décimal, voir p. 250 b ; aucune précision n'est donnée sur la définition du kg. L'art. 2 précise que « le mètre et le kg en platine, déposés le 22-6 au Corps législatif par l'Institut national des sciences et des arts, sont les étalons définitifs des mesures de longueur et de poids » et seront remis à la Commission consulaire des Cinq-Cents. Les autres « copies exactes » en platine, 3 m et 3 kg (dont 2 m et 2 kg déterminés après le 22-6), sont actuellement conservées à Paris : 1 m et 1 kg au Conservatoire national des arts et métiers, 1 m et 2 kg à l'Observatoire, 1 m à l'École nationale des ponts et chaussées. **1869**-*8-4* une 1re *Commission internationale du Système métrique* est nommée : elle délègue à sa section française la construction des étalons. *-1-9* Napoléon III approuve un rapport proposant la création d'une Commission spéciale. Le gouvernement français invite les États étrangers à s'y faire représenter. 26 acceptent (15 enverront des délégués). **1870** *du 8 au 13-8* la *Commission internationale* du mètre se réunit, mais, en raison de la guerre (déclarée le 19-7), repousse toute décision définitive à une époque plus favorable.

IIIe République : 1872-*avril* un *Comité des recherches préparatoires* se réunit. *Du 24-9 au 12-10* la *Commission internationale* du mètre reprend ses travaux avec la participation des délégués de 30 pays (dont 10 américains). **1875** *du 1-3 au 20-5 Conférence diplomatique du mètre à Paris. -20-5* 17 États (sur 20 représentés) signent la « Convention du mètre » (qui sera modifiée le 5-10-1921) ; la *Commission internationale du mètre* s'efface devant un *Comité international des poids et mesures.*

■ **Conférence générale des poids et mesures (CGPM).** 1re réunion le 1-9-1889. *Réunion :* tous les 4 ans. *Décisions :* préparées et exécutées par le **CIPM**.

■ **Comité international des poids et mesures (CIPM).** *Créé* en 1875. *Siège :* domaine du *pavillon de Breteuil* à Sèvres (Hts-de-S.) [*superficie :* 25 153 m² (augmentée de 285 m² en 1930 et portée à 43 517 m² en 1964) ; *bâti* en 1743 pour le duc Louis-Philippe d'Orléans (père de Philippe-Égalité) et mis gracieusement par le gouvernement français à la disposition du Comité par une convention du 4-10-1875 (loi du 27-11, promulguée le 11-12-1875)]. *22-4-1876* le prototype lui est remis. *Membres :* 18. *Réunion :* annuelle. *Comités consultatifs :* 10.

■ **Bureau international des poids et mesures (BIPM).** *Créé* en 1875. *Siège :* pavillon de Breteuil à Sèvres (Hts-de-S.). *Mission :* assure l'établissement du Système métrique dans le monde par la construction et la conservation des nouveaux prototypes du mètre et du kg, compare les étalons nationaux fournis aux différents États et perfectionne les procédés de mesure. Plus tard, étude de problèmes métrologiques et des constantes physiques qui conditionnent la précision des mesures, puis attributions étendues au domaine des unités électriques (1927), photométriques (1933), radiométriques (1937), des étalons de mesure des rayonnements ionisants (1960), aux échelles de temps (1988), à l'acoustique (1998).

■ **Étalons du mètre étalon.** Il fut décidé que le mètre international serait un *étalon à traits* (longueur définie par la distance séparant 2 traits gravés), en alliage composé de 90 % de platine et 10 % d'iridium. Sa section transversale serait celle calculée par Henri Tresca (1814-85) afin que la graduation ne subisse pas de déformation [profil en forme de X comportant une ligne axiale (fibre neutre) ni tendue ni comprimée (selon la théorie des moments de flexion) quand la règle est légèrement fléchie, et qui conserve la même longueur]. Sa valeur serait déduite de celle du mètre des Archives dans leur état d'alors ; Henri Sainte-Claire Deville (1818-81) choisit le platine iridié : alliage inaltérable, homogène, dur, au coefficient d'élasticité élevé (voisin de celui de l'acier), apte à recevoir un beau poli. Le *13-5-1874*, 250 kg seront fondus ; ils serviront à fabriquer une trentaine de mètres attribués à divers pays et laboratoires. Cet alliage contenant de petites quantités d'impuretés qui dépassaient la tolérance fixée, la Maison Johnson-Matthey de Londres fut chargée (1883-86) de la fonte d'un nouvel alliage plus pur d'où l'on tira une trentaine de règles métriques entre 1885 et 1888. L'étalon no 6, dont la valeur était la plus proche de celle du mètre des Archives, fut choisi comme prototype international et désigné par le symbole 𝕸.

■ **Étalons du kg.** Après avoir rejeté verre, quartz, or, on adopta le même alliage que pour les mètres en conservant la forme du kg des Archives : cylindre poli, de diamètre égal à la hauteur (39 mm), avec arêtes très légèrement arrondies. Le prototype fut choisi en 1883 parmi 3 étalons en platine iridié construits en 1879 et comparés directement en 1880 au kg des Archives.

La 1re Conférence générale des poids et mesures (sept. 1889) sanctionna les résultats ; les prototypes métriques internationaux et leurs « témoins » furent déposés le 28-9-1889 dans un des caveaux du *pavillon de Breteuil* à Sèvres (Hts-de-S.), à 9 m sous terre (3 clés, nécessaires pour y accéder, sont détenues par le Pt du Comité international des poids et mesures, le directeur du Bureau international des poids et mesures et le directeur des Archives de France). Le mètre international, comme le mètre des Archives, est d'environ 0,2 mm inférieur à la dix-millionième partie du quart du méridien terrestre. Le kg international excède de 28 mg la masse du dm³ d'eau à sa densité maximale. Les prototypes nationaux furent tirés au sort entre les différents États. La France reçut plusieurs étalons, dont le mètre no 8 et le kg no 35. Déposés au Conservatoire national des arts et métiers, ils sont devenus le 11-7-1903 les étalons nationaux français, en remplacement du mètre et du kg des Archives.

Métrologie légale : garantie de l'exactitude et de l'usage loyal des instruments de mesure intervenant dans le commerce, les expertises judiciaires ou la fixation de salaire. Balances du commerce de détail, distributeurs routiers de carburant, compteurs domestiques (eau, électricité, gaz), compteurs de fuel et de propane ou butane liquides, taximètres, cinémomètres radars de la police, chronotachygraphes des transporteurs routiers, appareils de mesure des oxydes de carbone contenus dans les gaz d'échappement des véhicules, ou dans des échanges entre professionnels (saccharimètres, humidimètres, réfractomètres servant à des transactions agricoles, jaugeage des pétroliers et des bacs de stockage d'hydrocarbures, etc.).

Contrôle des instruments de mesure en France : *Sous-direction de la métrologie* 20, avenue Ségur, 75007 Paris ; rattachée au sous-secrétariat d'État chargé de l'Industrie. *Subdivisions de métrologie* sous l'autorité des directeurs régionaux de l'industrie et de la recherche.

Adoption du système métrique

☞ Bibliographie : *le Système international d'unités (SIU)*, Sèvres, éd. BIPM.

■ **Dates d'adoption du système métrique** et, entre parenthèses : **dates d'entrée en vigueur de la décision officielle** ou **mise en application définitive.**

Açores 1852. Afghanistan 1926. Afrique du Sud 1922 [3] ; 1967 (1974). Albanie 1951. Algérie 1843. Allemagne 1871 (1872). Andorre [1]. Angleterre (voir Royaume-Uni). Angola 1905 (1910). Antilles néerlandaises 1875 (1876). Arabie saoudite 1962 (1964). Argentine 1863 (1887). Australie 1961 [3] ; 1970. Autriche 1871 (1876). Bahamas [2]. Bahreïn (1969). Bangladesh [4]. Barbade 1973. Belgique 1816 (1820). Bélize [2]. Bénin 1884-91. Bermudes 1971. Bhoutan [2]. Bolivie 1868 (1871). Botswana 1969-70 (1973). Brésil 1862 (1874). Brunéi (1986-91). Bulgarie 1888 (1892). Burkina 1884-1907. Burundi [1]. Cambodge 1914. Cameroun 1894. Canada 1871 [3] ; 1970. Cap-Vert 1891. Centrafricaine (Rép.) 1884-1907. Chili 1848 (1865). Chine 1929 (1930). Chypre 1972-74. Colombie 1853. Comores 1914. Congo 1884-1907. Congo dém. (1910). Cook (Iles) [2]. Corée (Rép.) 1949. Corée (Rép. dém.) 1947. Costa Rica 1881 (1912). Côte d'Ivoire 1884-90. Cuba 1882 (1960). Danemark 1907 (1912). Djibouti 1898. Dominicaine (Rép.) 1849 (1942-55). Égypte 1939 (1951-61). Émirats arabes unis [2]. Équateur 1865-71. Espagne (et possessions) 1849 (1871). Éthiopie 1963. Fidji 1972. Finlande 1886 (1892). *France* 1795 (1840) [Guadeloupe 1844, Guyane 1840, Martinique 1844, Réunion 1839, Nouvelle-Calédonie 1862, Polynésie 1847, St-Pierre-et-Miquelon 1824-39]. Gabon 1884-1907. Gambie 1979. Ghana 1972 (1975). Gibraltar 1970. Gilbert et Ellice (Iles) [2]. Grèce 1836 [2] (1959). Guatemala 1910 (1912). Guinée 1901-06. Guinée-Bissau 1905 (1910). Guinée équatoriale [1]. Guyana 1971. Haïti 1920 (1922). Honduras 1910 (1912). Hong Kong [2]. Hongrie 1874 (1876). Inde 1920 [3] ; 1956. Indonésie 1923 (1938). Iran 1933 (1935-49). Iraq 1931 [3] ; 1960. Irlande 1897 [3] ; 1968-69. Islande 1907. Israël 1947 (1954). Italie 1861 (1863). Jamaïque 1973. Japon 1893 [3] ; 1951 (1959-66). Jordanie 1953 (1954). Kenya 1951 [3] ; 1967-68. Koweït 1961 (1964). Laos (fin XIXe s.). Lesotho 1970. Liban 1935. Libéria [4]. Libye 1927. Liechtenstein 1875 (1876). Luxembourg 1816 (1820). Macao 1957. Madagascar 1897. Madère 1852. Malaisie 1971-72. Malawi [2] 1979. Maldives [3]. Mali 1884-1907. Malte 1910 (1921). Maroc 1923. Maurice 1876 (1878). Mauritanie 1884-1907. Mexique 1857 (1896). Monaco 1854. Mongolie [1]. Mozambique 1905 (1910). Myanmar 1920 [3]. Namibie 1967. Nauru 1973-80. Népal 1963 (1966-71). Nicaragua 1910 (1912). Niger 1884-1907. Nigéria 1971-73. Niue (île) [2]. Norvège 1875 (1882). Nouvelle-Zélande 1925 [3] ; 1969. Oman [2]. Ouganda 1950 [3] (1967-69). Pakistan 1967-72. Panama 1916. Papouasie-Nlle-Guinée 1970. Paraguay 1899. Pays-Bas 1816 (1832). Pérou 1862 (1869). Philippines 1906 (1973-75). Pologne 1919. Portugal 1852 (1872). Puerto Rico 1849. Qatar [2]. Roumanie 1864 (1884). Royaume-Uni 1897 [3] (1965, voir p. 253 b). Russie 1899 [3] ; 1918 (1927). Rwanda [1]. St-Marin 1907. Salomon britanniques (îles) 1970. Salvador 1910 (1912). Samoa occidentales (îles). São Tomé et Príncipe 1891. Sénégal 1840. Seychelles (Les) 1880. Sierra Leone [2]. Singapour 1968-70. Slovaquie 1871 (1876). Somalie 1950 [2] (1972). Soudan 1955. Sri Lanka 1970 (1974). Suède 1878 (1889). Suisse 1868 (1877). Suriname 1871 (1916). Swaziland 1969 (1973). Syrie 1935. Taïwan 1954. Tanzanie 1967-69. Tchad 1884-1907. Tchécoslovaquie 1871 (1876). Thaïlande 1923 (1936). Timor 1957. Togo 1924. Tokelau (îles) [2]. Tonga (îles) 1975. Trinité et Tobago 1970-71. Tunisie 1895. Turquie 1869 ; 1931 (1933). Uruguay 1862 (1894). USA 1866 [3] (voir p. 253 a). Venezuela 1857 (1912-14). Viêt Nam 1911. Viêt Nam (Rép. dém.) 1950. Ex-Yougoslavie 1873 (1883). Zambie 1937 [3] ; 1970. Zimbabwe 1969.

Nota. – (1) Date d'adoption non précisée. (2) Conversion métrique en cours ou décidée. (3) Adoption à titre facultatif. (4) Pays non métrique.

Unités de base internationales

■ **Système international d'unités (SI). Origine :** créé en *1960*. En 1948, la 9e CGPM (Conférence générale des poids et mesures) avait chargé le CIPM d'une enquête en vue de recommander un « système pratique d'unités de mesure » susceptible d'être adopté par tous les pays. Les 10e (1954), 11e (1960) et 14e (1971) CGPM adoptèrent les unités de base et supplémentaires, le nom *Système international d'unités* (sigle SI dans toutes les langues) et les préfixes. **Composition :** 3 classes d'unités : **1°)** *unités de base* sur lesquelles le SI est fondé : *mètre* (longueur) ; *kilogramme* (masse) ; *seconde* (temps) ; *ampère* [du physicien français André-Marie Ampère, 1775-1836 (intensité de courant électrique)] ; *kelvin* [du physicien anglais William Thomson, lord Kelvin, 1824-1907 (température thermodynamique)] ; la *mole* [abréviation de molécule-gramme (quantité de matière)] ; la *candela* [mot latin, chandelle (intensité lumineuse)]. **2°)** *Unités dérivées :* formées en combinant les unités de base (et supplémentaires) d'après des relations algébriques choisies qui lient les grandeurs correspondantes. **3°)** *Unités supplémentaires :* pouvant être classées dans l'une des 2 classes précédentes ; actuellement, le *radian* (rad) : unité d'angle plan, et le *stéradian* (sr) : unité d'angle solide.

Ces unités forment un *système cohérent* dans lequel les équations aux grandeurs et les équations aux valeurs numériques correspondantes sont les mêmes ; les unités dérivées sont obtenues par une simple multiplication ou division (ou une combinaison de ces opérations) des unités de base et des unités supplémentaires, sans autre facteur que le nombre. Certaines unités dérivées ont un nom et un symbole spéciaux [exemple : la grandeur force, produit d'une masse par une accélération, a pour unité le kilogramme-mètre par seconde carrée (appelé *newton*)].

■ **Systèmes utilisés temporairement** (et qui ne sont plus légaux en France depuis le 1-1-1962). **MGS (millimètre, gramme, seconde)** : *1832* Karl Friedrich Gauss (1777-1855, astronome et mathématicien all.) propose, pour les unités électriques, un système « absolu » (dans le sens de cohérent) fondé sur le millimètre, le milligramme et la seconde. **CGS (centimètre, gramme, seconde)** : *1862* l'Association britannique pour l'avancement des sciences crée une commission pour étudier la question des unités électriques. *1863* lord Kelvin propose un système fondé sur le mètre, le gramme et la seconde. *1873* la commission se prononce pour. *1881* système adopté par le 1er Congrès international d'électricité ; il donne naissance aux systèmes électromagnétique et électrostatique CGS. **MTS (mètre, tonne, seconde)** : légal en France de 1919 à 1961, codifié par la loi du 2-4-1919 et le décret du 26-7-1919, les unités CGS ayant été reconnues trop faibles. **MKS (mètre, kilogramme-masse, seconde)** : variante du précédent. **MKfS [mètre, kg-force** (tenant compte de l'attraction terrestre), **seconde]** : abandonné à cause des variations de la force d'attraction selon les points du globe ; appelé aussi « système industriel ou des mécaniciens ». **MKSA (mètre, kilogramme-masse, seconde, ampère)** : proposé, en 1901 par l'ingénieur italien Giovanni Giorgi (1871-1950) pour englober les unités électriques dans un seul système en faisant disparaître la dualité des 2 systèmes d'unités « électrostatiques » et « électromagnétiques » ; *1935* adopté par la Commission électrotechnique internationale. *1950* l'ampère est choisi comme 4e unité.

Décrets relatifs aux unités légales en France. *Décret nº 61-501* du 3-5-1961 modifié par les décrets *nos 66-16* du 5-1-1966, *75-1200* du 4-12-1975, *82-203* du 26-2-1982 et *85-1500* du 30-12-1985.

Extrait du décret du 26-2-1982. « Il est interdit, sous réserve des nécessités du commerce international hors de la Communauté économique européenne et des dérogations prévues aux articles 8 et 13, d'employer des unités de mesure autres que les unités légales mentionnées au décret du 26-2-1982 et dans son annexe, pour la mesure des grandeurs dans les domaines de l'économie, de la santé et de la sécurité publique, ainsi que dans les opérations à caractère administratif. Toutefois, sans préjudice des dispositions de l'article 12, les indications exprimées en d'autres unités peuvent être ajoutées à l'indication en unité de mesure légale, à condition qu'elles soient exprimées en caractères de dimensions au plus égales à l'indication exprimée dans l'unité de mesure légale. Les dispositions de l'article 8 ne mettent pas obstacle à l'impression et à l'emploi de tables de concordance entre les unités. »

En France, on ne doit plus mettre de points pour séparer les tranches de 3 chiffres ; pour faciliter la lecture, les nombres peuvent être partagés en tranches de 3 chiffres par un petit espace. La virgule n'est utilisée que pour séparer la partie entière des nombres de leur partie décimale. Cette règle, qui résulte d'une résolution de la 9e Conférence générale des poids et mesures (1948), a été incorporée en 1950 dans les normes de l'Afnor et figure pour la 1re fois dans le décret sur les unités de mesure de déc. 1975 (certains pays ont gardé l'usage britannique de mettre le point avant les décimales). **Dans quelques pays** (Inde et Pakistan), les nombres entiers sont séparés par paires, sauf les 3 premiers (10,00,000 = 1 000 000).

FORMATION DES MULTIPLES ET SOUS-MULTIPLES DE L'UNITÉ

Facteur par lequel est multipliée l'unité. Préfixe et symbole à mettre avant celui de l'unité.

Exemple : 10^3 mètres équivalent à 1 kilomètre, dont le symbole est km.

MULTIPLES

10^{24}	1 000 000 000 000 000 000 000 000	(yotta : Y)
10^{21}	1 000 000 000 000 000 000 000	(zêta : Z)
10^{18}	1 000 000 000 000 000 000	(exa : E)
10^{15}	1 000 000 000 000 000	(peta : P)
10^{12}	1 000 000 000 000	(téra : T)
10^9	1 000 000 000	(giga : G)
10^6	1 000 000	(méga : M)
10^3	1 000	(kilo : k)
10^2	100	(hecto : h)
10^1	10	(déca : da)

SOUS-MULTIPLES

10^{-1}	0,1	(déci : d)
10^{-2}	0,01	(centi : c)
10^{-3}	0,001	(milli : m)
10^{-6}	0,000 001	(micro : µ)
10^{-9}	0,000 000 001	(nano : n)
10^{-12}	0,000 000 000 001	(pico : p)
10^{-15}	0,000 000 000 000 001	(femto : f)
10^{-18}	0,000 000 000 000 000 001	(atto : a)
10^{-21}	0,000 000 000 000 000 000 001	(zepto : z)
10^{-24}	0,000 000 000 000 000 000 000 001	(yocto : y)

☞ **Atto :** (adopté 1964) du danois *atten*, 18. **Centi :** (1793) du latin *centum*, cent. **Déca :** du grec *deka*, dix. **Déci :** du latin *decimus*, dixième. **Exa :** du grec *hexa*, six. **Femto** (1964) : du danois *femten*, 15. **Giga** (1960) : du grec *gigas*, géant. **Hecto :** du grec *hekaton*, cent. **Kilo :** du grec *khilioi*, mille. **Méga** (employé vers 1870 par les électriciens ; adopté officiellement en France par décret du 26-7-1919) : du grec *megas*, grand. **Micro :** du grec *mikros*, petit. **Milli :** du latin *mille*. **Nano** (1960) : du grec *nannos*, nain. **Peta :** du grec *penta*, cinq. **Pico** (1960) : de l'italien *piccolo*, petit. **Téra** (1960) : du grec *teras*, monstre. **Yocto** (préfixe inventé qui signifie 24) et **yotta** (1991) : évoquent 8 (8e puissance de 10^{-3} et 10^3). **Zepto** (préfixe inventé qui signifie 21) et **zetta** (1991) : évoquent 7 (7e puissance de 10^{-3} et 10^3). **Hectokilo** (1919 ; 100 000 = 10^5, **décimili** ou **dimi** (1919 ; 0,001 = 10^{-4}) et **centimilli** (1919 ; 0,000 01 = 10^{-5}) furent légaux jusqu'en 1961. **Myria** (1795) : du grec *murias* (10 000 = 10^4) parfois encore employé (exemple : « ondes myriamétriques »).

☞ **Autres dénominations :** asankhyeya = 10^{140} (origine bouddhique) ; centilion = 10^{600} ; gogolplex = 10 élevé à la puissance 10^{100}, terme « inventé » par Edward Kasner († 1955) et James Newman.

ÉNONCÉ DES GRANDS NOMBRES

Équivalences. Selon la règle (N) légale en France depuis le 3-5-1961 (utilisée en Allemagne, G.-B. et autres pays) : 10^6 million, 10^{12} billion, 10^{18} trillion, 10^{24} quatrillion, 10^{30} quintillion, 10^{36} sextillion, 10^{42} septillion, 10^{48} octillion, 10^{54} nonillion, 10^{60} décillion, 10^{100} googol, 10^{600} centillion et **selon la règle** (n – 1), dite **règle latine,** utilisée précédemment en France (et encore maintenant aux USA, en Italie et dans d'autres pays) : 10^6 million, 10^9 billion, 10^{12} trillion, 10^{15} quatrillion, 10^{18} quintillion, 10^{21} sextillion, 10^{24} septillion, 10^{27} octillion, 10^{30} nonillion, 10^{33} décillion, 10^{36} undécillion, 10^{39} duodécillion, 10^{42} tredécillion, 10^{45} quattuor décillion, 10^{48} quindécillion, 10^{51} sexdécillion, 10^{54} septendécillion, 10^{57} octodécillion, 10^{60} novemdécillion, 10^{63} vigintillion, 10^{100} googol, 10^{303} centillion, etc.

Le **milliard** (10^9), qui vaut 1 000 millions (1 billion dans la règle latine), n'a pas d'« existence légale ». **1 milliard de F** en billets de 100 F mis les uns sur les autres formerait une tour haute de 1 km. *1 milliard de secondes* correspond à 31 ans et 8 mois et demi.

INCERTITUDE DES MESURES

Les mesures physiques sont toujours entachées d'une incertitude : défaillance ou erreur systématique des appareils, insuffisance de l'expérimentation. Il faut indiquer une valeur maximale et une valeur minimale entre lesquelles se trouve probablement le résultat de la mesure.

Incertitude sur 2 facteurs indépendants. x et y connus à Δx et Δy près en plus ou en moins, avec $\Delta x > 0$ et $\Delta y > 0$. *Somme :* la valeur exacte $S = x + y$ appartient à l'intervalle $[S - \Delta S, S + \Delta S]$ avec une incertitude absolue $\Delta S = \Delta x + \Delta y$. *Différence :* $D = x - y$; $\Delta D = \Delta x + \Delta y$. *Produit :* $P = xy$; on mesure l'incertitude absolue $\Delta P = x\Delta y + y\Delta x$ et l'incertitude relative

$$\frac{\Delta P}{P} = \frac{\Delta x}{x} + \frac{\Delta y}{y}.$$

$$\textit{Quotient} = Q = \frac{x}{y}\ ;\ \frac{\Delta Q}{Q} = \frac{\Delta x}{x} + \frac{\Delta y}{y}.$$

UNITÉS GÉOMÉTRIQUES

Légende : en gras : unité de base ou unité exprimée à partir des unités de base.

■ **Longueur (L). Mètre (m = 100 cm)** [du grec *metron*, mesure]. Mot déjà proposé en 1675 par l'Italien Tito Livio Burattini, pour désigner la longueur du pendule battant la seconde (≃ 0,994 m) ; le 12-5-1790 Auguste-Savinien Leblond (1760-1811) propose le nom de mètre pour le pied astronomique (1 degré de grand cercle = 345 600 pieds astronomiques).

1re définition du mètre [décret du 18 germinal an III (7-4-1795)] : fraction du méridien terrestre mesuré par la Commission Delambre-Méchain sur l'axe Dunkerque-Barcelone (5 130 740 toises de Paris ; différence avec le chiffre de La Caille : 1 690 toises).

2e définition : la fixation provisoire de la longueur du mètre à 3 pieds 11 lignes 44 centièmes, ordonnée par les lois des 1-8-1793 et le décret du 18 germinal an III (7-4-1795), demeure révoquée ; la longueur du mètre, formant la dix-millionième partie de l'arc du méridien terrestre, compris entre le pôle Nord et l'équateur, est fixée, dans son rapport avec les anciennes mesures, à 3 pieds 11 lignes 296 millièmes. La loi du 19 frimaire an VIII (10-12-1799) détermine la mesure de l'étalon des Archives (en platine, construit selon le module de Borda), soit 3 pieds et 11,296 lignes de la toise de Paris (raccourcie de 0,144 ligne par rapport au mètre provisoire de La Caille, mais sans référence au méridien). Les illettrés savaient tous diviser les longueurs par 2. Le *1-8-1796*, la fixation provisoire de la longueur du mètre (3 pieds, 11 lignes, 44 centièmes) est révoquée ; le mètre est défini comme la dix-millionième partie de l'arc du méridien terrestre compris entre le pôle Nord et l'équateur et fixé dans son rapport avec les anciennes mesures, à 3 pieds, 11 lignes, 296 millièmes. On a combiné l'arc Dunkerque-Mont-Jouy avec celui mesuré au Pérou entre 1736 et 1740, obtenant 1/334, d'où pour le quart de méridien une longueur de 5 130 740 toises (valeur prise en 1793 : 5 132 430) et pour le mètre définitif 443,296 lignes au lieu de 443,44, c.-à-d. 0,144 ligne (ou 0,324 mm) en moins. On sait que le kg définitif pesait 18 827,15 grains (au lieu de 18 841 pour le kg provisoire). On laissera les mètres-étalons en cuivre dans les départements, mais on fera revenir à Paris les kg car ils ont 13,85 grains (0,735 g de trop).

3e définition (1927) : distance, à la température de 0 °C, des axes des 2 traits médians tracés sur le prototype international en platine iridié (dit Mètre international), sanctionné par la 1re Conférence générale internationale des poids et mesures, tenue en septembre 1889 à Paris.

4e définition : adoptée le 14-10-1960 (décret 3-5-1961) ; le mètre est la longueur égale à 1 650 763,73 longueurs d'onde dans le vide de la radiation correspondant à la transition entre les niveaux 2p10 et 5d5 de l'atome de krypton 86. Cet étalon optique est 100 fois plus précis que l'étalon de 1889.

5e définition : adoptée le 20-10-1983 par la 17e Conférence générale des poids et mesures (France, décret du 30-12-1985) ; elle s'appuie sur une constante physique universelle, la vitesse de la lumière dans le vide. Le mètre est la longueur du trajet parcouru dans le vide par la lumière pendant 1/299 792 458e de seconde. Le nombre de longueurs d'onde contenu dans le mètre a été choisi en sorte que le mètre de 1960 soit compatible avec le mètre-étalon précédent dans l'intervalle d'incertitude de ce dernier, qui était de 2.10^{-7}.

☞ *En 1894,* Albert Abraham Michelson (USA, 1852-1931) avait évalué pour la 1re fois la dimension du m en longueur d'onde lumineuse.

mégamètre (Mm) : 1 000 000 m.
kilomètre (km) : 1 000 m.
hectomètre (hm) : 100 m.
décamètre (dam) : 10 m.
décimètre (dm) : 0,1 m ou 10 cm.
centimètre (cm) : 0,01 m ou 10 mm.
millimètre (mm) : 0,001 m.
micromètre (µm) : 0,000 001 m [dit de 1879 à 1967 micron (µ)].
nanomètre (nm) : 0,000 000 001 m.

Mesure utilisée dans la marine : le *mille marin :* égal à un arc de 1 minute compté sur le méridien, soit 1 852 m.

Nombre d'ondes : 1 par mètre (m^{-1}) : nombre d'ondes d'une radiation monochromatique dont la longueur d'onde est égale à 1 mètre.

Mesures utilisées en astronomie : *année de lumière :* distance parcourue en un an par la lumière = 9 461 milliards de km ou 63 300 UA ou 0,307 parsec. *Unité astronomique* (UA) : longueur du rayon de l'orbite circulaire non perturbée d'un corps de masse négligeable en mouvement autour du Soleil avec une vitesse angulaire sidérale de 0,017 202 radian par jour de 86 400 secondes des éphémérides. On admet 1 UA ≃ 149 600 000 km ≃ 0,000 015 8 année de lumière ≃ $4{,}848\ 14 \times 10^{-6}$ parsec. L'unité astronomique est très voisine de la distance moyenne de la Terre au Soleil. *Parsec* (pc) (abréviation

Évaluation de la hauteur d'un arbre : on peut compter une certaine distance, par exemple 50 m à partir de son pied, et à ce point planter un bâton, puis on se met à plat sur le sol et on place son œil de façon que le haut du bâton soit aligné sur le sommet de l'arbre : AC est à AX comme BC à la hauteur du bâton.

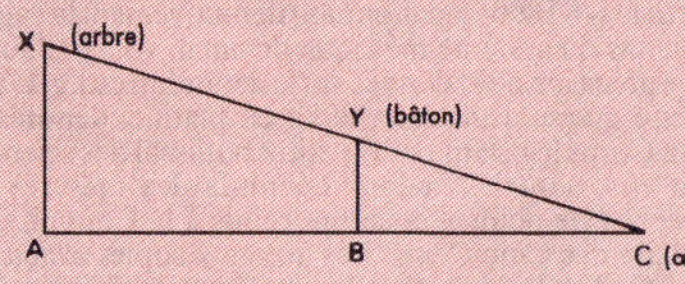

$$\frac{AX}{AC} = \frac{BY}{BC} \Rightarrow AX = \frac{AC \times BY}{BC}$$

Évaluation d'une distance : on voit clairement les yeux et la bouche d'une personne à 50 m ; les yeux comme des points à 100 m ; les détails du vêtement à 200 m ; le visage à 300 m ; le mouvement des jambes à 400 m ; par bon éclairage, la couleur du vêtement à 500 m. La distance d'un tireur lointain que l'on voit tirer s'évalue par le nombre de secondes, pris par le son (il parcourt 340 m par seconde).

Par *temps brumeux,* les distances paraissent plus grandes et par *temps clair* plus courtes. Si de nombreux objets nous séparent d'un point, celui-ci paraît plus éloigné.

de *parallaxe-seconde*) : distance à laquelle une unité astronomique sous-tend un angle de 1 seconde d'arc = 30 857 milliards de km, 3,26 années de lumière, 206 265 UA.

Mesure des longueurs d'onde des rayons X : *unité X* = 1,002 × 10^{-4} nm.

☞ UNITÉS A NE PLUS EMPLOYER : le *micron* (μ) valant un micromètre ; *l'angström* (Å) [nom du physicien suédois Anders Ångström, 1814-74] : 0,000 000 000 1 m ; le *myriamètre* (10 000 m).

■ **Aire ou superficie (L^2). Mètre carré (m^2 = 10 000 cm^2) :** carré de 1 m de côté.
kilomètre carré (km^2) : 1 000 000 m^2.
hectomètre carré (hm^2) : 10 000 m^2.
décamètre carré (dam^2) : 100 m^2.
décimètre carré (dm^2) : 0,01 m^2.
centimètre carré (cm^2) : 0,000 1 m^2.
millimètre carré (mm^2) : 0,000 001 m^2.

Mesures des surfaces agraires : hectare (ha) : 100 ares (10 000 m^2) ; *are* (a) : 1 a ou 100 centiares (100 m^2) ; *centiare* (ca) : 0,01 a (1 m^2).

☞ UNITÉ A NE PLUS EMPLOYER : barn (b) [de l'anglais *barn,* grange, par antiphrase humoristique : on dit « vaste comme une grange » (= 10^{-28} m^2 ou 10^{-24} cm^2)], unité de section efficace de choc entre les noyaux d'atomes.

■ **Angle plan. Radian (rad)** [du latin *radius,* rayon] : angle qui, ayant son sommet au centre d'un cercle, intercepte, sur la circonférence de ce cercle, un arc d'une longueur égale à celle du rayon du cercle.
1 rad = 180°/π, soit 57°17′44″, ou 63,662 gons.
angle droit (D) : 100 grades ou 90 degrés.
grade ou *gon* (gon) [du grec *gônia,* angle] : 0,01 D ou (π/200) rad.
décigrade (dgon) : 0,001 D.
centigrade (cgon) : 0,0001 D.
milligrade (mgon) : 0,000 01 D.
degré (°) : 1/90 de D ou 60 minutes ou (π/180) rad.
minute (du latin *minuta,* menue) *d'angle* (′) : 1/60 de degré ou (π/10 800) rad.
seconde [du latin *secunda,* deuxième (sous-entendu : subdivision)] *d'angle* (″) : 1/3 600 de degré ou (π/648 000) rad.
tour (tr) : 4D ou 2 π rad.

Mesures utilisées en astronomie et en navigation :
l'*heure d'angle* vaut $\frac{2\pi}{24}$ radian, soit 15 degrés.

Le *degré géographique* vaut la 1/360 partie du méridien terrestre (= 360°), en moyenne 111,11111 km. Il varie suivant la latitude (à l'équateur : 111,307 km).

■ **Angle solide. Stéradian (sr)** [*ste-* vient du grec *stereos,* solide] : angle solide qui, ayant son sommet au centre d'une sphère, découpe sur la surface de celle-ci une aire équivalant à celle d'un carré dont le côté est égal au rayon de la sphère.

■ **Capacité. Litre (l ou L) :** en 1795, valait 1 dm^3 ; défini de 1901 à 1964 comme étant le volume occupé par 1 kg d'eau pure à la température de 4 °C et sous la pression de 760 mm de mercure. 1 L valait 1,000 028 dm^3. Aujourd'hui, le mot litre peut être utilisé comme un nom spécial donné au dm^3.
hectolitre (hl) : 100 L ou 100 dm^3.
décalitre (dal) : 10 L ou 10 dm^3.
décilitre (dl) : 0,1 L ou 100 cm^3.
centilitre (cl) : 0,01 L ou 10 cm^3.
millilitre (ml) : 0,001 L ou 1 cm^3.

■ **Volume (L^3). Mètre cube (m^3) :** cube de 1 m de côté ou 1 000 dm^3 ou 1 000 000 cm^3 ou 1 000 litres.
kilomètre cube (km^3) : 1 000 000 000 m^3.
décimètre cube (dm^3 ou litre) : 0,001 m^3 ou 1 000 cm^3.
centimètre cube (cm^3) : 0,000 001 m^3 ou 1 000 mm^3.
millimètre cube (mm^3) : 0,000 000 001 m^3.

UNITÉS DE MASSE

■ **Masse (M). Kilogramme (kg = 1 000 g) :** définition historique : poids d'un décimètre cube (litre) d'eau à 4 °C. Appelé le *grave* (1-8-1793) ; sa masse fut déterminée par Antoine-Laurent de Lavoisier (1743-94) et l'abbé René-Just Haüy (1743-1822). Sa valeur admise par rapport au marc moyen de la pile de Charlemagne était de 18 841 grains. Au début de 1799, Louis Lefevre-Gineau (1754-1829) assisté de Giovanni-Vittorino Fabbroni [chimiste et ingénieur italien (1752-1822)] déterminèrent la masse d'un volume connu d'eau en pesant successivement dans l'eau et dans l'air un cylindre creux en laiton de dimensions déterminées. Ils déduisirent la masse du décimètre cube d'eau distillée prise à sa densité maximale (4 °C) et non plus à la température de la glace fondante comme en 1793. Une Commission sanctionna cette détermination le 30-5-1799 et donna la valeur de 18 827,15 grains pour la masse du décimètre cube d'eau. La 3e CGPM (Conférence générale des poids et mesures, 1901), pour faire cesser l'ambiguïté sur la signification du terme « poids », confirma que le « kilogramme était l'unité de masse » (il est égal à la masse du prototype international du kilogramme en platine iridié (sanctionné par la 1re CGPM en 1889)). La loi du 11-7-1903 déclara que ce prototype, déposé au Bureau international des poids et mesures, serait considéré désormais comme unité de masse. Doutant que les étalons des Archives fussent conformes, il fit, à 3 reprises (de 1895 à 1905), mesurer le volume du kg, déterminant par des mesures linéaires le volume d'un corps de forme régulière, puis déterminant par des pesées hydrostatiques la perte de poids apparente que ce corps subit dans l'eau. Pour la France, l'étalon du kg est la copie no 35 du kg prototype international.
tonne (t) : 1 000 kg.
quintal (q) : 100 kg (n'est plus légal en France).
hectogramme (hg) : 0,1 kg ou 100 g.
décagramme (dag) : 0,01 kg ou 10 g.
gramme (g) : 0,001 kg ou 10 dg.
décigramme (dg) : 0,0001 kg ou 10 cg.
centigramme (cg) : 0,000 01 kg ou 10 mg.
milligramme (mg) : 0,000 001 kg ou 1 000 μg.
microgramme (μg) [dit aussi autrefois gamma (γ)] : 0,000 000 001 kg.

☞ Le kilogramme est la seule unité de base dont le nom contient un préfixe (kilo). On a proposé pour remplacer son nom une quarantaine de noms : berg, bes, bob, borda, brize, dalembert, dimno, einstein, fortin, galileo, gaul (ou gaulle), giorgi, gramme, grave, iners, inertia, ka, képler, ker, kig, kilg, kilo, kilon, klog, kog, lib, libra, moles, néo-gramme, pig, quant, quilo, quram (ou qurram), stathm, statmo, sigramme (de SI et gramme), yle (ou hyle).

■ **Concentration. Kilogramme par mètre cube (kg/m^3) :** concentration d'un échantillon homogène contenant 1 kilogramme du corps considéré dans un volume total de 1 mètre cube. L'emploi d'appellations telles que degré Baumé, degré Brix, etc., pour désigner des concentrations, densités ou titres est interdit.

Mole par mètre cube (mol/m^3) : concentration d'un échantillon homogène contenant 1 mole du corps considéré dans 1 volume total de 1 m^3.

Nota. – Le *titre,* en un corps donné, d'un échantillon homogène est le rapport, exprimé en nombre décimal, de la mesure, relative à ce corps, d'une grandeur déterminée et de la mesure, relative à la totalité composite de l'échantillon, de la même grandeur. En un mot, c'est la proportion du corps considéré dans l'échantillon. Le mot titre doit être accompagné d'un qualificatif tel que « massique » ou « volumique » : à défaut de qualificatif, titre doit s'entendre comme titre massique.

Le *titre alcoométrique* d'un mélange d'eau et d'alcool est le rapport entre le volume d'alcool absolu, à la température de 15 degrés Celsius, contenu dans ce mélange, et le volume total de celui-ci à la température de 15 degrés Celsius. Il s'exprime en % vol.

☞ UNITÉ A NE PLUS EMPLOYER : le *degré alcoométrique* (°GL) [degré de l'échelle centésimale de Gay-Lussac, dans laquelle le titre alcoométrique de l'eau pure est 0 et celui de l'alcool absolu 100].

■ **Masse des diamants, perles fines, pierres précieuses. Carat** (de l'arabe *qirat,* venu du grec *keration,* gousse ou 1/24 d'obole) métrique (0,2 g). Avant 1912, le carat équivalait à 0,205 5 g. Ce carat ne doit pas être confondu avec *le carat utilisé pour l'or.* Un lingot d'or comprenait 24 parties égales appelées carats et, suivant qu'il contenait 18, 20, 22 ou 23 parties d'or pur, on disait qu'il était à 18, 20, 22 ou 23 carats. Ce carat se divisait en demis, quarts, huitièmes, seizièmes et trente-deuxièmes ou grains de fin.

■ **Masse atomique. Unité de masse atomique (u)** égale à la fraction 1/12 de la masse d'un atome du nucléide ^{12}C = 1,660 540 × 10^{-27} kg.

■ **Masse linéique. Kilogramme par mètre (kg/m) :** masse linéique d'un corps homogène de section uniforme dont la masse est 1 kilogramme et la longueur 1 mètre. *Tex :* employé dans le commerce des fibres textiles et des fils (1 tex = 10^{-6} kg/m = 1 g/km).

■ **Masse surfacique. Kilogramme par mètre carré (kg/m^2) :** masse surfacique d'un corps homogène d'épaisseur uniforme dont la masse est 1 kilogramme et la surface 1 mètre carré.

■ **Volume massique. Mètre cube par kilogramme (m^3/kg) :** volume massique d'un corps homogène dont le volume est 1 mètre cube et la masse 1 kilogramme.

■ **Masse volumique (ML^{-3}). Kilogramme par m^3 (kg/m^3) :** masse volumique d'un corps homogène dont la masse est 1 kg et le volume 1 m^3. Gramme par cm^3 (g/cm^3) : 0,001 kg/cm^3, ou 1 kg/dm^3.

UNITÉS DE QUANTITÉ DE MATIÈRE

■ **Quantité de matière.** *1971* **Mole (mol)** [de mol (écule-gramme)] : quantité de matière d'un système contenant autant d'entités élémentaires qu'il y a d'atomes dans 0,012 kilogramme de carbone 12. Quand on emploie la mole, les entités élémentaires doivent être spécifiées et peuvent être des atomes, des molécules, des ions, des électrons, d'autres particules ou des groupements spécifiés de telles particules.

■ **Concentration molaire.** Mole par m^3 (mol/m^3).

■ **Molalité.** Mole par kilogramme de solvant (mol/kg).

■ **Volume molaire.** Mètre cube par mole (m^3/mol).

UNITÉS DE TEMPS

■ **Temps (T). Seconde (s) :** durée de 9 192 631 770 périodes de la radiation correspondant à la transition entre les 2 niveaux hyperfins de l'état fondamental de l'atome de césium 133 (décret du 4-12-1975), avec une précision de 10^{-12}. Elle avait été définie sur la rotation de la Terre comme la fraction 1/86 400 du jour solaire moyen (seconde de temps moyen) qui n'autorisait qu'une précision de 10^{-7} (décret 3-5-1961), puis comme la fraction 1/31 556 925,974 7 de l'année tropique au 1-1-1900, à 12 h de temps des éphémérides. Les définitions successives de la seconde ont été choisies de façon que les durées correspondantes soient égales dans la limite de l'imprécision des mesures.
minute (min ou m s'il n'y a pas ambiguïté ; l'ancien symbole mn n'est plus légal) : 60 s.
heure (h) : 3 600 s ou 60 min.
jour (j ou d) : 86 400 s ou 1 440 min ou 24 h.

■ **Fréquence (T^{-1}). Hertz (Hz)** [nom du physicien allemand Heinrich Hertz (1857-94) ; appelé parfois aussi cycle par seconde] : fréquence d'un phénomène périodique dont la période est une seconde.
kilohertz (kHz) : 1 000 Hz.
mégahertz (MHz) : 1 000 000 Hz.
gigahertz (GHz) : 1 000 000 000 Hz.

UNITÉS MÉCANIQUES

■ **Accélération angulaire (T^{-2}). Radian par seconde par seconde (rad/s^2) :** accélération angulaire d'un corps qui est animé d'une rotation uniformément variée autour d'un axe fixe et dont la vitesse angulaire varie, en 1 seconde, de 1 radian par seconde.

■ **Accélération linéaire (LT^{-2}). Mètre par seconde par seconde (m/s^2) :** accélération d'un mobile animé d'un mouvement uniformément varié, dont la vitesse varie, en 1 s, de 1 m/s.

Gal [du nom de Galilée (1564-1647)] : unité spéciale employée en géodésie et en géophysique pour exprimer l'accélération due à la pesanteur = 0,01 m/s^2.

■ **Chaleur (quantité de) (ML^2T^{-2}). Joule (J)** [nom du physicien anglais James Joule, (1818-89)] : unité d'énergie, voir col. c.

☞ UNITÉS A NE PLUS EMPLOYER : *calorie :* quantité de chaleur nécessaire pour élever de 1 °C la température de 1 gramme d'un corps dont la chaleur massique est égale à celle de l'eau à 15 °C sous la pression atmosphérique normale (101 325 pascals) ; *thermie* (th) ou mégacalorie (Mcal) : 4,185 5 × 10^6 J ou 10^6 calories ; *millithermie* (mth) ou kilocalorie (kcal) ou grande calorie : 0,001 th ; *microthermie* (μth) : 0,000 001 th ou 4,185 5 J ou 1 calorie (cal).
La frigorie a disparu depuis le 1-1-1978.

■ **Contrainte et pression ($ML^{-1}T^{-2}$). Pascal (Pa)** [nom du physicien et philosophe français Blaise Pascal (1623-62)] : contrainte qui, agissant sur une surface plane de 1 m^2, exerce sur elle une force totale de 1 newton ; dit aussi newton par m^2 (N/m^2) [et autrefois millipièze (mpz)] : 10 baryes. La contrainte s'exerçant sur un élément de surface est le quotient, par l'aire de cet élément, de la force qui lui est appliquée. C'est un vecteur dirigé comme la force. Il peut être oblique : s'il est normal, on le nomme *pression* ; s'il est tangentiel, on le nomme *cission.*

Le **bar** (bar) [dit autrefois hectopièze (hpz)] : 100 000 Pa ou 100 pz ou 0,98 atmosphère.
centibar (cbar) : 1 000 Pa.
millibar (mbar) : 100 Pa.
microbar (μbar) [dit autrefois *barye*] : 0,1 Pa.
kilogramme force par cm^2 (kgf/cm^2) : 0,98 bar ou 9,8 × 10^4 Pa.

La **pression atmosphérique** normale est par définition 101 325 pascals. Elle est égale à la pression exercée par une colonne de mercure de 0,76 m de hauteur à 0 °C, et sous l'accélération normale de la pesanteur : 9,806 65 m/s^2. Elle est exprimée en millibars (mbar) ou millimètres de mercure (mmHg). Le *millimètre de mercure* est une unité de pression sanguine : 1 mm Hg = 133,322 Pa.

☞ UNITÉS A NE PLUS EMPLOYER : la *pièze* (du grec *piezein,* comprimer) : pression produite par une force de 1 sthène sur une surface de 1 m^2 ; la *barye* (du grec *barus,* lourd) : pression produite par une force de 1 dyne sur une surface de 1 cm^2 ; le *torr* [du nom de l'Italien Evangelista Torricelli, (1608-47)] : pression exercée par une colonne de mercure à 0 °C ayant une hauteur de 1 mm.

■ **Force (MLT^{-2}).** Le **newton (N)** [nom de l'astronome anglais Isaac Newton (1642-1727)] est la force qui communique à un corps ayant une masse de 1 kg une accélération de 1 m par seconde.

☞ UNITÉS A NE PLUS EMPLOYER : *tonne poids* (tp) ou *tonne force* (tf) [9,806 65 sn (sthène : du grec *sthénos,* robuste : 1 000 N)] ; *kilogramme poids* (kgp) ou *kilogramme force* (kgf) [9,81 N] ; *gramme poids* (gp) ou *gramme force* (gf) [981 dyn (dyne : du grec *dunamis,* force : 0,000 01 N)] (il mesure la *pesanteur* à Paris : c'est la force avec laquelle une masse de 1 g est attirée par la Terre) ; *milligramme poids* (mgp) ou *milligramme force* (mgf) [0,981 dyn].

■ **Intensité énergétique. Watt par stéradian (W/sr).**

■ **Moment d'une force. Newton-mètre (Nm).**

■ **Puissance, flux énergétique, flux thermique (ML^2T^{-3}).** Le **watt (W)** [nom du physicien anglais James Watt (1736-1819)] est la puissance d'un système énergétique dans lequel est transférée uniformément une énergie de 1 joule pendant 1 seconde (ou 0,1019 kgm/s). Noms spéciaux du watt : le nom *voltampère,* symbole « VA », est utilisé pour le mesurage de la puissance apparente de courant élec-

trique alternatif, et le nom *var,* symbole « var », pour le mesurage de la puissance électrique réactive.
gigawatt (GW) : 1 000 000 000 W.
mégawatt (MW) : 1 000 000 W
kilowatt (kW) : 1 000 W.
microwatt (μW) : 0,000 001 W.

☞ UNITÉS A NE PLUS EMPLOYER : *cheval-vapeur* (ch) : 735,5 W ou 75 kgm/s. Unité créée en 1784 par James Watt lors de l'obtention de la 1re patente de ses machines à vapeur. Il avait calculé que les plus forts chevaux de brasseurs de Londres pouvaient fournir un travail de 33 000 livres élevées à 1 pied par minute. La livre étant de 0,4536 kg et le pied de 0,3048 m, cela représente 76,04 kgm/s (chiffre arrondi à 75). Le cheval nominal (défini également par Watt) est la puissance d'une machine corrigée par le coefficient de rendement. *Erg par seconde* (erg/s) : 10^{-7} W.

■ **Tension capillaire. Newton par mètre (N/m).**

■ **Travail et énergie. Quantité de chaleur (ML^{2}T^{-2})** : le *joule* (J) est le travail produit par une force de 1 newton dont le point d'application se déplace de 1 m dans la direction de la force : 10 000 000 ergs ou 0,101 972 kgm. Le *wattheure* (Wh) est le travail effectué pendant 1 h par une machine dont la puissance est de 1 watt ; 3 600 J ou 860 cal.
mégajoule (MJ) : 1 000 000 J.
kilojoule (kJ) : 1 000 J.
kilowattheure (kWh) : 3,6 MJ ou 367 098 kgm.

☞ UNITÉS A NE PLUS EMPLOYER : *erg* (du grec *ergon,* travail) : travail de 1 dyne dont le point d'application se déplace de 1 cm : 0,000 000 1 J ; *kilogrammètre* (kgm) : travail de 1 kg force dont le point d'application se déplace de 1 m : 9,81 J.

L'énergie électrique se mesure en wattheures (voir ci-dessus). **L'énergie des particules** en électronvolts (eV) : énergie cinétique acquise par un électron accéléré sous une différence de potentiel de 1 V : 1,60219 × 10^{-19} J.
gigaélectronvolt (GeV) : 10^9 eV ou 1,6 × 10^{-10} J.
mégaélectronvolt (MeV) : 10^6 eV ou 1,6 × 10^{-13} J.

■ **Viscosité cinématique (L^{2}T^{-1}). L'unité de viscosité cinématique (m^2/s)** est la viscosité cinématique d'un fluide dont la viscosité dynamique est de 1 pascal-seconde et la masse volumique de 1 kg par m^3.

☞ UNITÉ A NE PLUS EMPLOYER : *stokes* (St) [nom du mathématicien irlandais Gabriel Stokes (1819-1903)] : 0,0001 m^2/s (système CGS).

■ **Viscosité dynamique (ML^{-1}T^{-1}). Le pascal-seconde** est la viscosité dynamique d'un fluide dans lequel le mouvement rectiligne et uniforme, dans son plan, d'une surface plane, solide, indéfinie, donne lieu à une force retardatrice de 1 newton par m^2 de la surface en contact avec le fluide homogène et isotherme en écoulement relatif devenu permanent, lorsque le gradient de la vitesse du fluide, à la surface du solide et par mètre d'écartement normal à ladite surface, est de 1 m/s par mètre : *pascal-seconde* (Pa.s) ou 10 P.

☞ UNITÉS A NE PLUS EMPLOYER : *poise* (P) [nom du physiologiste français Jean Poiseuille (1799-1869)] : 1 P = 0,1 Pa.s ; *sthène seconde par m^2* (sn.s/m^2) : 10 000 P.

■ **Vitesse angulaire (T^{-1}). Radian par seconde (rad/s)** : voir unités géométriques p. 250 b.
tour par minute (tr/min) : (π/30) rad/s.

■ **Vitesse linéaire (LT^{-1}). Le mètre par seconde** est la vitesse d'un mobile qui, animé d'un mouvement uniforme, parcourt une distance de 1 m en 1 seconde.
kilomètre par heure (km/h) : $\frac{1}{3,6}$ m/s.

Nota. – Le *nœud* 0,514 m/s (soit 1 852 m/h) est la vitesse uniforme qui correspond à 1 mille par heure (réservé à la navigation maritime ou aérienne).

UNITÉS ÉLECTRIQUES

■ **Capacité électrique (M^{-1}L^{-2}T^{4}I^2). Le farad (F)** [nom du chimiste anglais Michael Faraday (1791-1867)] est la capacité d'un condensateur électrique entre les armatures duquel apparaît une différence de potentiel de 1 volt lorsqu'il est chargé d'une quantité d'électricité égale à 1 coulomb.
microfarad (μF) : 0,000 001 F.
picofarad (pF) ; 0,000 000 000 001 F.

■ **Champ magnétique (IL^{-1}). Ampère par mètre (A/m).**

☞ UNITÉ A NE PLUS EMPLOYER : *œrsted* (Œ) [nom du chimiste danois Christian Œrsted (1777-1851)] : $\frac{10^3}{4}$ A/m (système CGS).

■ **Conductance électrique (M^{-1}L^{-2}T^{3}I^2). Le siemens (S)** [nom de l'ingénieur allemand Werner von Siemens (1816-92) ; unité appelée jusqu'en 1919 *Mho,* anagramme de *Ohm*] est la conductance d'un conducteur dont la résistance est égale à 1 ohm : 1Ω^{-1}.

■ **Densité de courant (IL^{-2}). Ampère par m^2 (A/m^2).**

■ **Flux d'induction magnétique (ML^{2}T^{-2}I^{-1}). Le weber (Wb)** [nom du physicien allemand Wilhelm Weber (1804-91)] est le flux magnétique qui, traversant un circuit d'une seule spire, y produit une force électromotrice de 1 volt si on l'amène à zéro en une seconde par décroissance uniforme.

☞ UNITÉ A NE PLUS EMPLOYER : *maxwell* (Mx) [nom du physicien anglais James Maxwell (1831-79)] : 0,000 000 01 Wb (système CGS).

■ **Force électromotrice et différence de potentiel (ou tension) [ML^{2}T^{-3}I^{-1}]. Le volt (V)** [nom du physicien italien Alessandro Volta (1745-1827)] est la différence de potentiel qui existe entre 2 points d'un fil conducteur parcouru par un courant constant de 1 ampère, lorsque la puissance dissipée entre ces points est égale à 1 watt.
mégavolt (MV) : 1 000 000 V.
kilovolt (kV) : 1 000 V.
millivolt (mV) : 0,001 V.
microvolt (μV) : 0,000 001 V.

■ **Force magnétomotrice.** L'**ampère (A),** voir ci-dessous : force magnétomotrice produite le long d'une courbe fermée quelconque qui entoure une seule fois un conducteur parcouru par un courant électrique de 1 ampère.

■ **Inductance électrique, perméance (ML^{2}T^{-2}I^{-2}).** Appelée autrefois *coefficient de self-induction.* Le **henry (H)** [nom du physicien américain Joseph Henry (1797-1878)] est l'inductance électrique d'un circuit fermé dans lequel une force électromotrice de 1 volt est produite, lorsque le courant électrique qui parcourt le circuit varie uniformément à raison de 1 ampère par seconde.
millihenry (mH) : 0,001 H.
microhenry (μH) : 0,000 001 H.

■ **Induction magnétique (MT^{-2}I^{-1}). Le tesla (T)** [nom de l'ingénieur yougoslave Nikola Tesla (1856-1943)], ou **weber par m^2,** est l'induction magnétique uniforme qui, répartie normalement sur une surface de 1 m^2, produit à travers cette surface un flux magnétique total de 1 weber.

☞ UNITÉ A NE PLUS EMPLOYER : *gauss* (G) [nom de l'astronome allemand Carl Gauss (1777-1855)] : 0,0001 T (système CGS).

■ **Intensité de champ électrique (MLT^{-3}I^{-1}). Le volt par mètre (V/m)** est l'intensité d'un champ électrique exerçant une force de 1 newton sur un corps chargé d'une quantité d'électricité de 1 coulomb.

■ **Intensité de courant électrique (I). L'ampère (A)** [nom du physicien français André-Marie Ampère (1775-1836)] est l'intensité d'un courant électrique constant qui, maintenu dans 2 conducteurs parallèles, rectilignes, de longueur infinie, de section circulaire négligeable, et distants de 1 m dans le vide, produirait entre ces conducteurs une force de 2 × 10^{-7} newton par m de longueur.
kiloampère (kA) : 1 000 A.
décaampère (daA) : 10 A.
milliampère (mA) : 0,001 A.
microampère (μA) : 0,000 001 A.

☞ UNITÉ A NE PLUS EMPLOYER : *biot* (Bi) [nom du physicien français Jean-Baptiste Biot (1774-1862)] : 10 A (système CGS).

■ **Permittivité. Farad par mètre (F/m).**

■ **Puissance (ML^{2}T^{-3}). Le watt (W)** : 1 J/s ou 1 VA (voir unités mécaniques).
Puissance apparente voltampère (VA). *Puissance réactive* var (var).

■ **Quantité d'électricité, charge électrique (IT). Le coulomb (C)** [nom du physicien français Charles de Coulomb (1736-1806)] est la quantité d'électricité transportée en 1 seconde par un courant de 1 ampère.
kilocoulomb (kC) : 1 000 C.
millicoulomb (mC) : 0,001 C.
ampère-heure (Ah) : 3 600 C.
Constante de Faraday (F) : 96 500 C par mole.

☞ UNITÉ A NE PLUS EMPLOYER : *franklin* (Fr) [nom du physicien américain Benjamin Franklin (1706-90)] : 0,3336 × 10^{-9} C (système CGS).

■ **Réluctance. Henry à la puissance moins un (H^{-1}).**

■ **Résistance électrique, impédance, réactance (ML^{2}T^{-3}I^{-2}).** L'**ohm (Ω)** [nom du physicien allemand Georg Ohm (1787-1854)] est la résistance électrique qui existe entre deux points d'un fil conducteur lorsqu'une différence de potentiel de 1 volt, appliquée entre ces 2 points, produit dans ce conducteur un courant de 1 ampère, ledit conducteur n'étant le siège d'aucune force électromotrice.
mégohm (MΩ) : 1 000 000 Ω.
microhm ($\mu\Omega$) : 0,000 001 Ω.

UNITÉS CALORIFIQUES

☞ **Chaleur (quantité de)** : voir p. 251 c.

■ **Chaleur massique, entropie massique. Joule par kilogramme-kelvin [J/(kg.K)]** : chaleur massique d'un corps homogène de masse 1 kilogramme dans lequel l'apport d'une quantité de chaleur de 1 joule produit une élévation de température thermodynamique de 1 kelvin.

Capacité thermique, entropie. Joule par kelvin (J/K) : augmentation de l'entropie d'un système recevant une quantité de chaleur de 1 joule à la température thermodynamique constante de 1 kelvin, pourvu qu'aucun changement irréversible n'ait lieu dans le système.

Conductivité thermique. Watt par mètre-kelvin [W/ (m.K)] : conductivité thermique d'un corps homogène isotrope dans lequel une différence de température de 1 kelvin produit entre 2 plans parallèles, ayant une aire de 1 m^2 et distants de 1 m, un flux thermique de 1 watt.

■ **Température (Θ). Celsius** [1] [échelle, dite centésimale avant 1948, attribuée au Suédois Anders Celsius (1701-44) ; utilisée légalement en France et dans les pays « métriques »]. 1 °C (degré Celsius, dit, avant 1948, Centigrade) = 1 K ou 1,8 °F. Zéro absolu : – 273,15 °C ; gel : 0 °C ; température du corps humain : 37 °C ; ébullition de l'eau : 100 °C.

Nota. – (1) En 1743, Celsius et J.-P. Christin (1683-1755, Lyonnais) construisirent un thermomètre à mercure marquant 0 ° dans la glace fondante et 100 ° dans l'eau bouillante.

Kelvin (K) [nom de l'Anglais William Thomson (lord Kelvin, 1824-1907)]. Fraction 1/273,16 de la température thermodynamique du point triple de l'eau (point appartenant en même temps aux 3 courbes de transformation : solide-liquide, liquide-gaz, solide-gaz). 1 K = 1 °C ou 1,8 °F. Zéro absolu : 0 K ; gel : 273,15 K ; ébullition de l'eau : 373,15 K.

☞ UNITÉS (degrés) A NE PLUS EMPLOYER : *Fahrenheit* [nom du Prussien Gabriel-Daniel Fahrenheit (1686-1736)]. En 1715, il avait construit le 1er thermomètre à 1 colonne de mercure scellée dans un tube de verre gradué en partant du corps qui lui paraissait le plus froid (glace et sel, observé à Dantzig en 1709) pour en faire le degré zéro et avait mesuré la température d'une personne en bonne santé. L'écart devait être de 12 graduations mais, le mercure montant plus vite que prévu, il multiplia par 8 les divisions de son échelle : ainsi la température du corps fut déterminée à 96° au lieu de 12 (en fait 96,8° en raison d'imperfections du tube de verre) ; il mesura ensuite le point de congélation et le point d'ébullition de l'eau pure : 32° et 212° (voir p. 254 a) ; utilisée légalement aux USA, en G.-B. et dans les pays anglo-saxons. 1 °F = 0,56 K ou 0,56 °C. Zéro absolu : – 459,67 °F. *Rankine* [inventé par l'Écossais William Rankine (1820-72)]. Zéro absolu : 0 °R ; gel : 491,67 °R ; ébullition de l'eau : 671,67 °R. *Réaumur* [inventé par le Français René Antoine Ferchault de Réaumur (1683-1757)]. Gel : 0° ; ébullition de l'eau : 80°. Persista en Europe centrale jusqu'au début du XXe s.

UNITÉS OPTIQUES

■ **Éclairement (ΦL^{-2}). Le lux (lx)** [mot latin, lumière] est l'éclairement d'une surface qui reçoit, d'une manière uniformément répartie, un flux lumineux de 1 lumen par mètre carré : 1 lm/m^2.

☞ UNITÉ A NE PLUS EMPLOYER : *phot* (ph) [du grec *photo,* lumière] : 10 000 lx (système CGS).

■ **Exitance. Lumen par m^2 (lm/m^2).**

■ **Flux lumineux (Φ). Le lumen (lm)** [mot latin, lumière] est le flux lumineux émis dans 1 stéradian par une source ponctuelle uniforme placée au sommet de l'angle solide et ayant une intensité lumineuse de 1 candela.

■ **Intensité lumineuse (I). La candela (cd)** [mot latin, chandelle] est l'intensité lumineuse dans une direction donnée d'une source qui émet un rayonnement monochromatique de fréquence 540 × 10^{12} hertz, et dont l'intensité énergétique dans cette direction est de 1/683 watt par stéradian (définition de 1979).

☞ UNITÉS A NE PLUS EMPLOYER : *bougie décimale* : utilisée jusqu'en 1948, égale au 1/20 de l'étalon Violle [établi en 1884 par le Français Jules Violle (1841-1923) : lumière émise par 1 cm^2 de platine en fusion] ; *bougie nouvelle* : fondée sur la luminance du radiateur intégral de Planck (corps noir) à la température de congélation du platine, utilisée de 1948 à 1980. Le *carcel* [nom du Français Bertrand Carcel (1750-1812), inventeur de la lampe Carcel (lampe à huile avec mouvement d'horlogerie)] qui était la luminosité d'une lampe à huile dont la mèche avait 7 mm de diamètre et qui brûlait 42 g d'huile de colza à l'heure.

■ **Luminance lumineuse (IL^{-2}). Candela par m^2 (cd/m^2).**

☞ UNITÉS A NE PLUS EMPLOYER : *nit (nt)* [du latin *nitere,* luire, briller] ; *Lambert (L)* [nom du mathématicien français Jean Henri Lambert (1728-77)] : $\frac{10^4}{\pi}$ cd/m^2 = 3 183 cd/m^2. *Stilb (sb)* [du grec *stilbein,* briller] : 10 000 cd/m^2 (système CGS).

■ **Vergence des systèmes optiques (L^{-1}). Dioptrie (δ)** : vergence d'un système optique ayant un mètre de distance focale dans un milieu dont l'indice de réfraction est 1.

Nota. – La *convergence* est la vergence positive ; la *divergence,* la vergence négative.

UNITÉS DES RAYONNEMENTS IONISANTS

■ **Activité nucléaire. Becquerel (Bq)** (s^{-1}) [nom du physicien français Henri Becquerel (1852-1908)] : activité d'une quantité de nucléide radioactif pour laquelle le nombre moyen de transitions nucléaires spontanées par seconde est égal à 1.

☞ UNITÉ A NE PLUS EMPLOYER : *curie* [1] (Ci) [nom du couple de physiciens français Pierre (1859-1906) et Marie (1867-1934) Curie] : activité de 1 g de radium-226 = 3,7 × 10^{10} Bq.

■ **Exposition. Coulomb par kg (C/kg)** : exposition telle que la charge totale des ions de même signe produite par des photons (x ou gamma) dans une masse d'air de 1 kg et complètement arrêtés dans l'air correspond à une charge totale de 1 coulomb.

☞ UNITÉ A NE PLUS EMPLOYER : *röntgen* [1] : (R) [nom du physicien allemand Wilhelm Röntgen (1845-1923)] : 1 R = 2,58 × 10^{-4} C/kg.

■ **Dose absorbée.** **Gray (Gy) (J/kg)** [nom du physicien anglais Louis Harold Gray (1905-65)] : dose absorbée dans une masse de matière de 1 kg à laquelle les rayonnements ionisants communiquent en moyenne de façon uniforme une énergie de 1 joule.

☞ UNITÉ A NE PLUS EMPLOYER : *rad* [1] (rad ou rd) : 1 rad = 0,01 Gy.

■ **Énergie communiquée massique.** **Gray (Gy)** énergie communiquée massique telle que l'énergie communiquée par les rayonnements ionisants à une masse de matière de 1 kg est égale à 1 joule.

■ **Kerma** (de l'anglais, *Kinetic Energy Released in MAtter*, énergie cinétique libérée dans la matière) ; gray (Gy) : somme des énergies cinétiques initiales de toutes les particules chargées libérées par des particules non chargées dans la matière. 1 Gy = 1 J/kg.

■ **Équivalent de dose.** **Sievert (Sv)** [nom du physicien suédois Rolf Sievert (1896-1966)] : dose absorbée par un tissu à laquelle on affecte un facteur de qualité selon le type de rayonnement car, à dose absorbée égale, les différents rayonnements produisent des effets biologiques différents. 1 Sv = 1 J/kg.

☞ UNITÉ A NE PLUS EMPLOYER : *rem* [1] (Röntgen Equivalent for Man) : dose de rayonnement qui produit les mêmes effets biologiques qu'un rad de rayons X, 1 rem = 0,01 Sv.

■ **Quantum d'action.** **Joule-seconde (Js).**

Nota. – (1) Emploi interdit depuis le 1-1-1986.

UNITÉS DE MESURE DIVERSES NON LÉGALES

■ **Bel (B)** [nom de l'inventeur américain Alexander Graham Bell (1847-1922)]. En acoustique et en radioélectricité, et plus généralement en électronique, sert à mesurer un rapport d'énergies ou de puissances (amplification) exprimé sous forme logarithmique. Ainsi, si l'on applique à l'entrée d'un système une énergie *W1,* et que l'on retrouve à la sortie une énergie *W2,* l'amplification (ou l'atténuation) d'énergie est mesurée en bels par $\log_{10}$ *(W2/W1).* Pratiquement, on emploie toujours le décibel (dB) égal à 0,1 B. S'agissant d'un rapport, c'est un coefficient sans dimension.

■ **Debye** [nom du chimiste hollandais Petrus Debye (1884-1966)]. Couramment employé par les physiciens, mesure le moment dipolaire électrique des molécules. Il vaut 10^{-18} unités CGS es, l'unité électrostatique de moment dipolaire électrique étant le moment dipolaire $e \times l$ de 2 charges électriques $+e$ et $-e$ de signes contraires, égales en valeur absolue à 1 unité CGS es et distantes de l = 1 centimètre.

■ **Point typographique** (voir p. 354 a).

UNITÉS ÉTRANGÈRES

UNITÉS ANGLO-SAXONNES

■ **États-Unis.** **1786**-*8-8* le Congrès approuve un système monétaire décimal. **1790**-*janv.* le Pt George Washington invite le Congrès à s'occuper du système des poids et mesures. *-13-7* T. Jefferson (secrétaire d'État) propose au Congrès une réforme sur une base décimale avec pour étalon une tige en fer oscillante battant la seconde à la latitude de 45°, avec multiples et sous-multiples décimaux de l'unité fondamentale (pied) prise égale à 1/5 de la longueur de la tige. Il reste fidèle au pendule, considérant que la base du nouveau système doit être d'une mesure facile dans tous les pays, et rejettera le projet du méridien retenu par l'Académie des sciences de Paris, que les bonnes relations entre la France et l'Espagne permettaient de mesurer. **1795** la France envoie un mètre et un kg, copies des étalons provisoires français. Les unités de mesure anglaises, plus homogènes que celles du royaume de France, sont communes à la Grande-Bretagne et à ses colonies d'Amérique jusqu'à la révolution américaine. Des étalons, plus ou moins fidèles, de la livre et du yard ont été transportés outre-Atlantique par les colons et, jusqu'en 1824, les différences entre mesures américaines et anglaises ne seront pas plus grandes que celles existant entre les mesures régionales anglaises. **1821** J. Quincy Adams reconnaît les mérites du système métrique, mais l'estime insuffisamment mûr pour recommander son adoption par les États-Unis. **1824** les États-Unis ne reconnaissent pas le « système impérial britannique » qu'adopte le Royaume-Uni ; mais les 2 systèmes restent liés, les mesures américaines (système coutumier) étant définies par rapport aux mesures impériales britanniques. **1866**-*28-7* les États-Unis admettent légalement l'usage parallèle du système métrique. **1875** ils signent la Convention du mètre (27-9-1878 : ratification). **1893**-*5-4* ils décident *(ordonnance Mendenhall)* de définir toutes les mesures par rapport aux unités du système métrique. Cependant, le service géodésique américain (US Coast and Geodesic Survey) continuera à employer la relation fixée : 1 *survey foot* = 1 200/3 937 m = 0,304 800 6 m. Les étalons du mètre et du kg sont déclarés « étalons fondamentaux » de la nation ; le *yard* et le *pound* américains sont définis par une fraction déterminée de ces étalons. **1894**-*12-7* loi adoptant les unités électriques internationales fondées sur les unités électromagnétiques CGS. **1918** les unités métriques sont temporairement adoptées par l'armée américaine opérant en France. **1959**-*1-7* adoption (avec Afrique du Sud, Australie, Canada, Nlle-Zélande et Royaume-Uni) de valeurs unifiées du yard et du pound pour les domaines scientifiques et techniques : 1 *yard* = 0,914 4 m exactement (1 *inch* = 25,4 mm), 1 *pound* = 0,453 592 37 kg exactement. **1960** standards métriques révisés. **1972**-*18-8* adoption d'un projet de loi en faveur d'un programme de conversion métrique volontaire sur 10 ans. **1974**-*7-5* projet de loi similaire rejeté par la Chambre des représentants par 240 voix contre 153 (question de procédure). **1975**-*23-12 Metric Conversion Act* visant à accélérer une conversion volontaire. **1978** *Federal Aid Highway Act* interdisant l'usage de fonds fédéraux pour les signaux autoroutiers (supprimé 1991). **1978 à 82** mise en pratique par le Bureau métrique (US Metric Board) et, depuis oct. 1982, par le ministère du Commerce. **1988** amendement prévoyant que les agences gouvernementales se convertiront au système métrique pour 1992. *Metric Usage Law* décidant l'usage du système métrique pour la construction d'autoroutes sur des fonds fédéraux. **1991** ordre exécutif du Pt Bush qui précise la mission de conversion du ministère du Commerce.

■ **Royaume-Uni.** **1790**-*8-5* le gouvernement anglais est sollicité pour contribuer à la détermination de la longueur du pendule simple battant la seconde sur le 45e parallèle. Sir John Riggs Miller est pour. *Milieu 1790* le Parlement est dissous ; Miller ne fait pas partie du suivant. *-3-12* le secrétaire d'État anglais aux Affaires étrangères (le duc de Leeds) informe l'ambassadeur de France à Londres (le Mis de la Luzerne) que le projet de réforme des mesures est impraticable. **1792**-*7-9* Talleyrand quitte Paris pour Londres (mission : essayer d'établir l'unité des poids et mesures entre France et Angleterre ; il n'a aucun succès). **1824** l'Angleterre adopte, pour elle et ses colonies, le *système impérial britannique*. **1864**-*29-7* loi permettant l'emploi des mesures métriques dans les contrats. **1871** une loi, pour l'adoption obligatoire du système métrique, est rejetée par la Chambre des communes, par 5 voix de majorité. **1884** adhésion à la Convention du mètre. **1889**-*nov.* réception des étalons anglais du mètre et du kg en platine iridié, copies des prototypes internationaux. **1894**-*23-8* loi adoptant les unités électriques internationales fondées sur les unités électromagnétiques CGS. **1897**-*6-8* loi légalisant l'emploi du Système métrique et les étalons du mètre et du kg reçus en 1889. **1902**-*août* Conférence impériale de Londres : les Premiers ministres des Colonies estiment opportun d'adopter le Système métrique dans l'Empire. **1904** projet de loi pour l'adoption obligatoire du Système métrique adopté par la Chambre des lords. **1907**-*23-3* la Chambre des communes, d'abord convaincue par le « Decimal Association », repousse finalement (par 150 voix contre 118) l'adoption officielle du Système métrique (qui selon Lloyd George avait fait faillite en France). **1959**-*1-7* Royaume-Uni, Canada, Australie, Afrique du Sud et Nelle-Zélande signent un *accord* définissant, sur le plan international, leurs mesures de longueur et de masse par rapport au système métrique. **1963**-*30-7 acte britannique* prévoyant que l'usage des *pennyweight* (masse), *peck* et *bushel* (capacité) est illégal pour le commerce à compter de juillet 1968. Des règlements d'application interdisent l'emploi des unités impériales pour les médicaments à partir du 1-1-1971 : *minims* (capacité) et *onces* d'apothicaire (masse). *-31-7* loi sur les poids et mesures définissant yard et pound en fonction du mètre et du kg par les relations adoptées en 1959. **1969**-*mars* entrée en vigueur de la réglementation prescrivant que les produits pharmaceutiques doivent être délivrés uniquement en unités métriques. *-Mai* création du *Metrication Board* pour coordonner la conversion métrique. **1971**-*15-2* entrée en vigueur de la monnaie décimale : 1 *livre sterling* = 100 *pennies*. **1985**-*30-10 acte britannique.* La définition des mesures britanniques en termes du système international d'unités est adoptée pour l'intérieur du Royaume-Uni : mètre et kg sont définis comme unités de référence pour les autres unités de mesure, au même titre que le *yard*, qui vaut 0,9144 m (il était réputé mesurer la longueur d'une ceinture d'homme, puis celle du bras d'Henri Ier), et la *livre (pound)*, dite *avoirdupois* (mot français médiéval désignant toutes les unités légales de masse dans le système traditionnel britannique) 0,453 592 37 kg. **Étalons primaires :** *yard :* distance à 62 °F (16 2/3 °C) de 2 traits gravés sur des pastilles d'or portées par une barre en bronze (barre de 1445 de la corporation des tailleurs de Londres) ; *livre « avoirdupois » :* masse d'un étalon en platine.

☞ Depuis le 1-1-2000, les détaillants doivent vendre leurs produits en unités métriques. Plusieurs exceptions à la conversion sont prévues (dont le « mile » pour la signalisation routière).

☞ *Légende :* a : mesures non utilisées ; b : usage illégal pour le commerce ; c : usage toujours légal pour métaux précieux.

■ **Capacité.** **Mesures britanniques :** unité minimale des liquides ou goutte [*fluid minim* ou *drop* (min ou m)[b]] : 0,059 mL. Drachme liquide ou petit verre [*fluid drachm* ou *dram* (fl drm)[b]] : 3,552 mL (60 minims). Once liquide [*fluid ounce* (fl.oz)] : 28,413 ml (8 fl drm). Quart de pinte [*gill* (gi)] : 0,142 07 L (5 fl. oz). Pinte [*pint* (pt)] : 0,568 26 L (4 gills). Quart de gallon [*quart* (qt)] : 1,136 5 L (2 pints). Gallon (gal) : 4,54 609 L (4 quarts ou 277,42 cu in). Double gallon [*peck* (pk)[b]] : 9,092 L (2 gallons). Boisseau [*bushel* (bush ou bu)[b]] : 36,368 7 L (4 pecks).

Mesures américaines : *liquides.* Minim : 0,061 611 5 mL. *Liquid dram* (liq dr) : 3,696 69 mL (60 minims). *Liquid ounce* (liq oz) : 29,573 5 mL (8 liquid drams). Quart de pinte [*gill* (gi)] : 0,118 294 L. Pinte liquide [*liquid pint* (pt)] : 0,473 176 L (4 gills). Quart de gallon liquide [*liquid gallon* (qt)] : 0,946 353 L (2 pints). US gallon (gal) : 3,785 4 L (4 quarts ou 231 cu in). Baril [*barrel* (bbl)] : 117,35 à 158, 99 L[c] sont de 31 à 42 gallons suivant les États [le baril mesurant les produits pétroliers vaut 42 (soit 35 gallons anglais), selon la densité, 1 tonne métrique de pétrole comprend de 7 à 7,7 barils].

Matières sèches : pinte sèche *(dry pint) :* 0,550 6 L. Quart de gallon sec *(dry quart) :* 1,101 221 L (2 pints). Double gallon *(peck) :* 8,809 77 L (8 quarts). Boisseau [*bushel* (bu)] : 35,239 07 L (4 pecks).

■ **Chaleur (quantité de).** British Thermal Unit (BTU) : 1 055,06 joules.

■ **Consommation de carburant.** En général indiquée en *miles par gallon :* 10 miles par gallon britannique correspondent à 28,247 litres pour 100 km, 10 miles par gallon US à 23,521 litres pour 100 km. 10 litres pour 100 km correspondent à 28,247 miles par gallon britannique, 23,521 miles par gallon US.

■ **Contrainte, pression.** Livre par pouce carré [*pound per square inch* (lbf/in^2 ou psi)] : $6,894\,8.10^3$ pascals. Tonne longue par pouce carré [*long ton per square inch* (ton/in^2)] : $1,544.10^7$ pascals.

■ **Éclairement.** *Footcandle :* 10,764 lux.

■ **Énergie.** *Foot pound-force* (ft. lbf) : 1,355 8 joule. *Foot poundal* (ft pdl) : 0,042 14 joule.

■ **Force.** *Poundal* (pdl) : 0,138 25 newton. Livre poids (lbf), *pound-force :* 4,448 2 newtons. Tonne-poids longue, *long ton-force :* 9 964,02 newtons ; courte, *short ton-force :* 8 896,44 newtons.

■ **Longueur.** Ligne, *line :* 2,117 mm. *Mil* (ou « thou », 0,001 inch) : 0,025 4 mm. Pouce (in ou ''), *inch :* 25,4 mm (12 lines). Main, *hand :* 10,16 cm (4 inches). Pied (ft ou '), *foot* (pluriel *feet*) : 30,48 cm (12 inches). *Cubit :* 45,72 cm (18 inches). *Yard* (yd) : 0,914 4 m (3 feet). Perche (po), *pole, perch* ou *rod :* 5,029 2 m (5,5 yards)[a]. Huitième de mile (fur), *furlong :* 201,168 m (40 poles). Mile (st mi), *statute mile :* 1 609,344 m (1 760 yards ou 5 280 feet). Lieue terrestre[a], *land league :* 4 828,032 m (3 miles).

La marine utilise : brasse (fath), *fathom :* 1,828 8 m (6 feet). Encablure, *cable length :* 219,456 m (120 fathoms ou 720 feet). Nœud, *knot :* 1 852 m/h. Mille marin, *nautical mile :* 1 852 m exactement [ancienne valeur du mille marin en G.-B. : 1 853,184 m (6 080 ft)]. Lieue marine, *nautical league :* 5 556 m.

Les arpenteurs utilisent : le Gunter's surveyors system[a] et l'Engineer's system[b] ; maillon (li)[a], *link :* 0,201 m[a] ; 0,305[b]. Chaîne (chn), *chain :* 20,116 8 m[a] ; 30,480 m[b].

■ **Luminance.** Candela par pouce carré, *candela per square inch :* 1 550 cd (candela)/m^2 ; par pied carré, *per square foot :* 10,764 cd/m^2. *Foot-lambert :* 3,426 cd/m^2.

■ **Masse.** **Système avoirdupois** (G.-B. et USA) : *grain* (gr) : 0,064 8 g (jadis poids d'une seule graine). *Dram*[b] (dr) : 1,771 8 g (27,34 grains). *Once* (oz), *ounce :* 28,349 5 g (16 drams). Livre (lb), *pound :* 0,453 6 kg (16 ounces). Unité des turfistes (st), *stone*[b] *:* 6,350 3 kg (14 pounds). Quartaut (qr), *quarter*[b] *:* 12,700 6 kg (2 stones). Quintal court, *cental*[b] *(short hundredweight) :* 45,359 kg (100 pounds). Quintal long (cwt), *hundredweight*[b] *:* 50,802 3 kg (4 quarters ou 8 stones, ou 112 pounds). Tonne courte (US ton), *short ton :* 907,184 7 kg (2 000 pounds). Tonne longue (ton) *long ton*[b] *:* 1 016,046 9 kg (20 hundredweights ou 2 240 pounds).

Systèmes troy (de Troyes, en Champagne) : *grain* (gr) : 0,064 8 g. *Carat*[a] : 0,259 2 g (4 grains). Denier de 24 grains (dwt)[a], *pennyweight :* 1,555 2 g ou 6 carats (24 gr). Once (oz t)[c], *ounce :* 31,103 5 g (20 dwt). Livre (lb t)[b], *pound :* 373,242 g (12 ounces).

Système d'apothicaire : *grain* (gr)[a] : 0,064 8 g. Scriplum (scr)[a], *scruple :* 1,296 g (20 grains). Drachme (drm)[a], *drachm :* 3,887 9 g (3 scruples). Once (ap oz)[a], *ounce :* 31,103 5 g (8 drachmes). Livre (lb)[a], *pound :* 373,2 g (12 ounces).

■ **Puissance.** Livre poids-pied par seconde (ft lbf/s), *foot pound-force per second :* 1,355 8 watt. Poundal-pied par seconde (ft pdl/s), *foot poundal per second :* 0,042 14 watt. Cheval-vapeur britannique (hp), *horse-power :* 745,699 watts.

■ **Superficie.** Pouce carré (sq in ou in^2), *square inch :* 6,451 6 cm^2. Pied carré (sq ft ou ft^2), *square foot :* 929,030 4 cm^2 (144 sq in). Yard carré (sq yd ou yd^2), *square yard :* 0,836 127 36 m^2 (9 square feet ou 1 296 sq in). Perche carrée (sq po)[a], *square pole :* 25,293 m^2 (30,25 sq yd). Quart d'acre ou vergée, *rood :* 1 011,718 m^2 (40 sq po, ou 1 210 sq yd, ou 10 890 sq ft). *Acre* (ac) : 4 046,873 m^2 (du latin « ager » : champ) ; 0,404 7 ha (4 square roods ou 4 840 sq yd). Mile carré (sq. mi. ou mi^2), *square mile :* 2,589 988 km^2 ; 258,999 ha (640 acres).

■ **Température.** Degré Fahrenheit. Formules permettant les conversions :

1°) **de °F en °C :** $t_C = \frac{5}{9}(t_F - 32)$;

2°) **de °C en °F :** $t_F = \left[\frac{9}{5}(t_C)\right] + 32$.

Tableau de conversion

Lire : – *50 °C* valent – 58 °F, – *50 °F* valent – 45,6 °C.

En °C	°C ou °F	En °F	En °C	°C ou °F	En °F
– 45,6	– 50	– 58	26,7	80	176
– 40	– 40	– 40	29,4	85	185
– 34,4	– 30	– 22	32,2	90	194
– 28,9	– 20	– 4	35	95	203
– 23,3	– 10	+ 14	37,8	100	212
– 17,8	0	+ 32	48,9	120	248
– 15	+ 5	41	60	140	284
– 12,2	+ 10	50	71,1	160	320
– 9,4	15	59	82,2	180	356
– 6,6	20	68	93,3	200	392
– 3,9	25	77	121	250	482
– 1,1	30	86	149	300	572
+ 1,7	35	95	177	350	662
+ 4,4	40	104	204	400	752
7,2	45	113	232	450	842
10	50	122	260	500	932
12,8	55	131	315	600	1 112
15,6	60	140	371	700	1 292
18,3	65	149	426	800	1 472
21,1	70	158	482	900	1 652
23,9	75	167	538	1 000	1 832

■ **Volume.** Pouce cubique *cubic inch* (cu in ou in³) [b] : 16,387 cm³. Pied cubique *cubic foot* (cu ft ou ft³) [b] : 28 317 cm³ (1 728 cubic inches). Yard cubique *cubic yard* (cu yd ou yd³) [a] : 764 555 cm³ (27 cubic feet). Tonneau anglais, *shipping ton (freight)* : 1,132 674 m³ (40 cubic feet). Tonneau de jauge international, *register ton* (rt) : 2,831 685 m³ (100 cubic feet).

Autres pays

■ **Exemples d'unités anciennes** (remplacées légalement par le système international). *Abréviations :* (n.s.) : nouveau système ; (v.s.) : vieux système.

Afghanistan. Charak 1,764 kg. Kharwar 564,528 kg. Khord 110,28 g. Seer 7,058 kg. Gereh-gaz-sha 6,6 cm.

Afrique du Sud. Livre hollandaise 494 g. Pied du Cap 31,5 cm. Balli 46 L. Gantang 9,2 L. Mud 109,1 L. Morgen 0,857 ha.

Algérie. Tarie 19,974 L. Calisse 317,100 L. Ssah' 48 L. Kolleh 16,66 L. Métalli (huile) 17,9 L. Dzéra 0,623 m. Pik maure 0,467 m. Pik turc 0,623 m. Ougyah (once) 34,13 g. Rothl (16 onces) 546,08 g. Metsquât 4,669 g. Gyral 0,207 g. Cantar variable.

Allemagne. Zoll (pouce) 0,026 15 m. Fuss (pied) 0,313 85 m. Rute (verge) 3,776 m. Meile (mille) 7,532 5 km [grand 9,2208 km, ordinaire ou géographique 7,4166 km, petit 6,2676 km, de Prusse 7,7488]. Morgen (demi-arpent) 25,532 a. Pfund (livre) 0,5 kg. Zentner (demi-quintal) 50 kg. Doppelzentner (quintal) 100 kg. *Mesures non légales :* Kilopond (kp) : kg-force. Pond (p) : g-force.

Arabie saoudite. Maund 37,29 kg. Qintar (Kantar ou Buhar) 0,449 kg. Busa 2,54 cm. Ardabb (ou Ardeb) 198,024 L. Donum (ou Dunum) 4,201 m².

Autriche. Mile 7,586 km.

Brésil. *Longueur :* lieue 2 555 m. Brasse 2,2 m. Vare 1,63 m. Pied 0,033 m. Pouce 0,027 m. Palme 0,22 m. *Capacité :* moïo (= 60 alquières marchands) 2 176 L. Alquière de sel 40,76 L, marchand 36,26 L, de Bahia 35,24 L. Pipa 479 L. Canada 2 L. Quartilho 0,66 L, de rhum 1,42 L. Frasco d'huile 2,13 L. *Masse :* tonneau de fret 793 kg. Quintal 58,52 kg. Arrobe 14,68 kg. Livre 460 g. Marc 230 g. Once 28 g. Gros 3 g.

Bulgarie. Dékare 1 000 m². Untzia (cocon) 30 g.

Cambodge. Hat 50 cm. Phyéam 2 m. Sen 40 m. Yoch 16 km. Kantang 7,5 L. Tao 15 L. Thang 30 L. Lin 3,75 cg. Hun 3,75 dg. Chin 3,75 g. Tael 37,5 g. Néal 600 g. Chong 30 kg. Hap ou picul 60 kg.

Canada. *Longueur :* point typographique 4,089 4 mm. Arpent 58,46 m. *Surface :* arpent (Québec) 0,342 ha. Section (Manitoba, Alberta, Saskatchewan) 259 ha. *Capacité :* minot 38,91 hl. *Masse :* hundredweight 45,359 2 kg. Ton 907,185 kg.

Chine. *Longueur :* chang 3,34 cm. Ch'ih 91 cm (v.s.) 33,27 cm (n.s.). Fen 0,33 cm. Li 645-681 m (v.s.) 500 m (n.s.) Ts'un 3,58 cm (v.s.) 13,34 cm (n.v.). *Surface :* ch'ing (n.s.) 6,66 ha. Maw 0,65 ha. Mou 0,065 ha. *Masse :* catty (ou Chang, Chin, Kan, Kati, Kon) 0,603 kg (v.s.) 0,5 kg (n.s.). Candareen (ou Fen) 0,378 g (v.s.) 0,283 g (n.s.). Fan 0,378 g (v.s.) 0,311 g (n.s.). Liang (ou Tael) 37,8 g (v.s.) 31,18 g (n.s.). Mace 3,78 g (v.s.) 3,11 g (n.s.). Picul (ou tam) 60,48 kg (v.s.) 50 kg (n.s.). Tan 60,48 kg (v.s.) 50 kg (n.s.).

Chypre. Quintar (Kantar ou Buhar) 228,614 kg. Uqqa ou Oke 1,27 kg. Dirraa (Dra ou Pic) 60,96 cm. Kadah 36,368 L. Donum (ou Dunum) 1 333,8 m².

Danemark. *Longueur :* mille (= 2 400 perches) 7 532 m. Pied danois 0,3138 m. Aune de Copenhague (= 2 pieds) 0,6276 m. Perche (= 10 pieds) 3,1382 m. Toise 2,834 m. Palme 0,158 m. Pouce 0,0395 m. *Capacité :* toond (baril) pour les grains (= 8 skieps = 144 pots) 139 L. Viertel pour liquides (= 4 kanns ou 8 pots) 7,722 L. Hogsheab (= 30 viertels) 231,66 L. Anker (= 39 pots) 37,646 L. Ohm (= 4 ankers) 150,58 L. Pot 0,965 L. Kann (= 2 pots) 1,93 L. *Surface :* perche carrée 0,0985 ares. Tonne saatland 5,554 ares. Tonne kart-korn 22,218 ares. Pflug 177,743 ares. *Masse :* livre (= 16 onces = 32 loths = 128 drachmes) 499 g. Bismerpfund (= 12 livres) 5,988 kg. Exhood 112,5 kg. Tonne 56,25 kg, de hareng 131 kg, de pommes de terre 75 kg. Wog ou wag (= 3 bismerpfund) 17,964 kg.

Égypte. *Longueur :* gasab 3,85 m. Pick 67,7 cm. Derah 64,74 cm. *Capacité :* roub 7,58 L. Ardeb du Caire (24 roubs) 182 L, ordinaire 276 L. Killot de blé 171,84 L. Rébèbe de blé 158,56 L. *Surface :* feddam el risag (= 400 gasabs) 59,29 ares. Gasab 0,1482 ares. *Masse :* rotolo (= 144 drachmes) 431,032 g. Oke (= 400 drachmes) 1,197 kg. Harcela (livre de soie) 1,195 kg. Cantar [= 100 rottoli ; pour le fer = 233 ; le plomb = 140] 43,103 kg. Drachme 3,993 g.

Espagne. *Longueur :* lieue royale (= 24 000 pieds) 6,697 km, commune (= 20 000 pieds) 5,572 km. Mille marin 6,365 km, de 20 au degré 5,555 km. Pied (= 12 pouces = 192 lignes) 28,26 cm. Vare (aune = 4 palmos) 84,79 cm. Estado (toise = 6 pieds) 1,6959 m. Passo (pas = 5 pieds) 1,4132 m. Estadale 3,1091 m. Grande palme 37,68 cm. Corde 12,4367 m. Canne de Catalogne 1,538 m. *Capacité :* fanega de Castille 55,584 L. Cantaro de Castille 16,136 L. Cantar ou arrobe pour liquides (= 8 azumbres = 32 cuartillos) 16,073 L. Arrobe menor pour les huiles 11,5 à 12,633 L. Mayo de vin (= 16 cantaros) 256 L. Pipa (= 27 cantaros) 436 L. Nota (= 30 cantaros) 480 L. Cuartillo 0,504 L. *Surface :* fanegada (pour les champs) 64,39 ares, ordinaire 48,336 ares. Arançada pour vignobles 44,72 ares, ordinaire 38,668 ares. Yugada 1 419,28 ares. Cahizada 205,89 ares. Vare carrée 0,6987 m². Pouce carré 0,0003 m². *Masse :* livre de Castille (= 2 marcs = 16 onces) 460,87 g. Once de Castille 28,8 g. Arrobe (= 25 livres) 11,5 kg. Drachme 3,6 g. Quintal (= 100 livres) 46,087 kg. Macho (= 6 arrobes) 69 kg. Tonneau (= 20 quintaux) 921,74 kg. Marc 230 g.

Éthiopie. Metir ou netir 453,59 g. Senzer 23,144 cm. Cabaho 5,91 L. Kuma 5 L. Messe 1,477 L. Gasha 40 ha.

Grèce. *Longueur :* pic 1 m. Ora 500 m. *Surface :* strêma 100 m². *Masse :* mine (Mnas) 1,5 kg. Talent (Talandos) 15 kg. Tonos (tonneau) 1 500 kg.

Inde. *Longueur :* coss 1 920,2 m. Danda 1,83 m. Gudge au Bengale 91,44 cm, à Bombay 68,58 cm, à Madras 83,82 cm. Hath 45,72 cm. Ungul 1,9 cm. *Capacité :* ser 1 L. *Surface :* bigha 0,253 ha. Cawny 0,534 ha. *Masse :* candy à Bombay 254 kg, à Madras 226,8 kg. Chittak 57,5 g. Maund officiel 37,29 kg, à Bombay 12,7 kg, à Madras 11,34 kg. Pa 235 g. Picul (outam) 60,48 kg. Seer officiel 0,93 kg, à Madras 0,28 kg, à Bombay 0,33 kg. Tola 11,66 g. Visham 1,36 kg.

Indonésie. *Longueur :* tjengkal 15-20 cm. El 68,8 cm. *Surface :* bahungkal 0,709 ha. Paal 227,08 ha. *Masse :* kati 0,617 kg. Picul 61,76 kg.

Iran (Perse). *Longueur :* parasang 5 km. Bambou 3,911 m. Cubit ou haut 45,7 cm. Guz royal 71,65 cm, commun 63,03 cm. Arish (aune) 97,23 cm. Schah archia 80 cm. *Capacité :* artaba 65,757 L. *Surface :* chattak (= 20 cubits²) 4,18 m². *Masse :* maund de bazar 37,252 kg, de factorerie 33,864 kg. Chattak de grains 52,913 g, de liquides 58,205 g. Seer (= 16 chattaks). Sikka 1,863 kg. Abbas (pour perles) 0,14 g.

Iraq. Hogga 1,27 kg. Donum (ou Dunum) 2 500 m².

Islande. Tomma ou thumlungur 2,54 cm. Sjomila 1,855 km. Enjgateigur 0,319 ha. Sildartunna 118-120 L. Sildarmal 150 L.

Israël. Donum 1 000 m².

Italie. Anciennes unités variables selon les États (mille : en général 1 654 m, à Venise 1 835 m).

Japon. *Longueur :* bu 0,3 cm. Cho 109,08 m. Jo 3,03 m. Ken 1,82 m. Ri 3,926 km. Rin 0,3 mm. Shaku 30,3 cm. Sun 3,03 cm. Inkar Tattamy 1,9 m. Ikje 2,118 m. *Capacité :* go 0,18 L. Koku 180,39 L. Shaku 0,018 L. Sho 1,8 L. To 18,039 L. *Surface :* bu (= Tsubo) 3,3 m². Cho 1 ha. Se 1 a. Tan 0,1 ha. *Masse :* kwan 3,75 kg. Momme (= Me) 3,75 g. Picul (= 100 cattys) 59,348 kg. Catty (= 16 taëls) 593,48 kg. Taël (= 10 mas) 37,09 g. Mas (= 10 candorins) 3,71 g.

Liban. Kirat 2,83 cm (textiles), 3,16 (agriculture). Drah ou zirah ou pic 68 et 75,8 cm. Dönüm 919 m². Kadine 23-35 a. Dirham 3,205 g. Okiya 213 g. Oke 1,282 kg. Ratl 2,564 kg. Kantar 256,4 kg.

Maroc. *Longueur :* canne 1,715 m. Cabit ou cadée 0,517 m. Covado 0,504 m. Pyk mauresque 0,661 cm. *masse :* rottl de Mogador 538 g, des autres ports 504 g, de marché 808 g, pour le fer et la cire 533 g.

Maurice. Pied français 32,5 cm. Corde 3,584 m³.

Norvège. *Longueur :* mille de terre 11,295 km. Pied (fod) 31,3 cm. *Capacité :* kubic fod 0,031 m³. Pot 0,9651 L. Tonde (barrique) de matières sèches 139 L, de liquides, de poissons, de goudron 115,9 L. *Surface :* quadrat fod 0,098 m². Mal 9,84 ares. *Masse :* pund 498,1 g. Lispund 7,9696 kg. Skippund 159,396 kg. Centner 49,81 kg. Vog 17,962 kg.

Pays-Bas. *Longueur :* uren 5 km. Myl 1 km. Roede 10 m. El (aune) 1 m. Palm 10 cm. Duin 1 cm. Stryp 0,1 cm. Aune d'Amsterdam 68,78 cm, de Harlem 68,35 cm, pour linge 70,06 cm, de Leyde 68,31 cm. *Capacité : liquides :* vat (tonneau) 100 L. Kan 1 L. Maatjès 0,1 l. Vingerhad 0,01 L ; *solides :* last 3 000 L. Mudde ou zach 100 L. Shepel 10 L. Kop 1 L. Maatjès 0,1 L. Vingerhad 0,01 L. Cubieke el 1 m³. Wisse (pour le bois) 1 stère. *Surface :* vierkante el 1 m². Vierkante roede 1 are. Runder 1 ha. *Masse :* pond (livre) 1 kg. Onzen (once) 100 g. Lood 10 g. Wiytji 1 g. Korrel 0,1 g.

Philippines. *Longueur :* pulgada 2,31 cm. *Capacité :* cavan 75 L. Chupa 0,37 L. Ganta 3 L. *Masse :* arroba 11,5 kg. Quintal 46 kg.

Portugal. *Longueur :* lieue 6,179 km, marine 5,555 km. Mille marin 1,851 km. Vare (= 3 palmes) 1,01 m. Pied (= 12 pouces) 33 cm. Palme (= 8 pouces) 22 cm. Pouce 2,75. *Capacité : liquides :* pia (= 30 almudes) 496,2 L, de Lisbonne 430 L, de Porto 527 L, de Sétubal 412,5 L. Almude 16,54 L. Canada 1,38 L. Quartilla 0,34 L ; *solides :* Moïo (= 60 alqueires) 828 L, de Porto 1 020 L, de Sétubal 775 L. Alqueire 13,8 L, de Porto 17 L, de Sétubal 42,9 L. *Masse :* once 28 g. Marc 229 g. Arratel (livre) 459 g. Arrobe (= 32 livres) 14,68 kg. Quintal (= 4 arrobes) 58,75 kg.

Prusse. *Longueur :* mille (= 2 000 perches) 7,532 km. Aune 66,69 cm. Pied du Rhin (= 12 pouces) 31,38 cm. Pouce (= 12 lignes) 2,6 cm. *Capacité :* scheffel (= 16 metzen) 54,961 L. Last de blé 3 297,66 L. Eimer de vin 68,69 L. Anker 34,345 L. Ohm 137,38 L. Exhoft 206,07 L. Tonne (chaux et plâtre) 220 L. Metzen 3,4 L. Klafter 3,34 stères. *Surface :* morgen (= 180 perches carrées) 25,532 ares. Hufe (= 30 morgens) 765,96 ares. Pied carré 0,0082 m². *Masse :* livre (= 16 loths) 500 g. Quintal (= 100 livres) 50 kg. Loth (= 10 quentch) 16,36 g. Quentchen (= 10 tzents) 0,166 g. Tzent (= 10 korns) 0,016 g.

Roumanie (Moyen Age). *Longueur :* pasul 0,98 – 1,6725 m. Stînjenul. Palma 0,2-0,279 m. Linia 0,00196-0,0029 m. Prajina. Funia 24-200 m. *Surface :* plugul 107, 49 ha. Jugarul ou holda 7 166 m² puis 0,4316-0,5755 ha. Pogonul 5 012 m². Falcea 14 323 m². *Masse :* maja. Carul. Povara 140-181 kg. Cîntarul 55,968-59,864 kg. Ocaua 1,271-1,291 kg. Litre 317,98-322,75 g. Dramuri 3,179-3,2275 g. Tenchiuri 0,795 g. *Capacité :* buti 400-1 000 L. Poloace 200-500 L. Ciubere 42 L. Acauri 52-54,3 L. Vedre 12,88-15,2 L. Ocale ou cofe 1,288-1,52 L. *Matières sèches* (céréales) : galeti ou cîble jusqu'à 1,494,24 L. Colode. Merte 22,5-215,04 L. Chile jusqu'à 679,268 L. Obroace 37,356-112,068 L. Banite jusqu'à 67,926 L. *Volume :* stog, claia, carul (foin, paille). Stînjenul cubic (bois).

Russie. *Longueur :* verste (= 500 sagènes = 1 500 archines = 2 400 werschocks) 1 km. Archine (aune = 16 werschocks) 71,1 cm. Sagène 2,133 m. Werschock 4,4 cm. Aune de Riga 54,82 cm. Palme de Riga (pour les bois) 7,77 cm. *Capacité : solides :* schetwert 209,74 L. Osmin 104,87 L. Pajok 52,435 L. Tschtwerick 26,2175 L. Garnetz 3,2772 L ; *liquides :* wedre 101,56224 L. Crouchka 12,69528 L. Tcherwerka 25,39056 L. Anker de vin 30 L. Tonneau 492 L. Oxhoft 221 L. *Surface :* déciatine géométrique 109,324 ares, économique 145,765 ares. Sagène carrée (= 9 archines carrées) 4,552 m². Archine carrée 50,5 cm². Pied carré 9,2 cm². *Masse :* livre (= 32 loths = 96 solotnicks) 408,99 g. Doli 0,4 g. Solotnick 4,09 g. Poud (= 40 livres) 16,38 kg. Berkowetz (= 10 pouds) 163,8 kg. Tonneau (= 6 berkowetz) 982,84 kg.

Soudan. Busa 2,54 cm. Kadam 30,48 cm. Ardeb 198,024 L. Kadah 2,063 L. Keila 16,502 L. Ratel 0,568 L. Feddan 4,201 m². Qintar (Kantar ou Bichar) 44,928 kg.

Sri Lanka. Candy (pour le coprah) 254 kg.

Suède. *Longueur :* mille (= 2 250 perches) 10,688 km. Pied (= 12 pouces) 29,7 cm. Allen (aune = 2 pieds) 59,4 cm. Faum (toise = 3 aunes) 1,781 m. Ruth (perche = 8 aunes) 4,75 m. Pouce 2,5 cm. *Capacité : solides :* tonne 146 L, de grains 181 L, de houille 117 L. Spann 1/2 t. 73 L. Halfspann 36 L. *Liquides :* oxhufwud 235 L. Aime 157 L. Embar 52 L. Ancre 8 L. Kanne (détail) 2,6 L. Cubik fot 0,02617 m³. *Surface :* tumaland (= 218 perches carrées 3/4) 49,364 ares. Aune carrée 0,352825 m². Pied carré (quadrat fot) 0,088 m². *Masse :* livre de victuailles 425,2 g, des villes de l'intérieur 358 g. Staplestad (livre de métal) 340 g. Livre de fer brut 488,7 g, de cuivre brut 377,4 g, des mines 375,8 g. Lispund (= 20 livres) 8,504 kg. Skeppund de fer 135,2 kg, de victuailles 170,8 kg. Last de commerce 2 449 kg, de bois 1 992, 45 kg.

Suisse. *Longueur :* wegstund (lieue) 4,8 km. Fuss (pied) 30 cm. Stab (aune) 1,2 m. Klafter (toise) 1,89 m. Ruthe (perche) 3 m. *Capacité :* viertel, sester, quarteron ou boisseau 15 L. Vierling 3,75 L. Mas (pot) 1,05 L. Schoppe 0,18 L. Eimer (brente) 37,5 L. Saum ou Ohm 150 L. *Surface :* juchart (arpent) 36 ares. *Masse :* pfund (livre) 500 g. Unze (once) 31,25 g. Loth 15,05 g. Centner (quintal) 50 kg.

Syrie. Donum 919,04 m².

Tunisie. *Longueur :* pyck pour laine 67,29 cm, pour soie 63,07 cm, pour toile 47,3 cm. *Capacité :* métar d'huile (Tunis) 19,397 L, de Souza 24,12 L, de vin 9,85 L. Cafiss de blé (= 16 wibas) 528,54 L. Millerolle de Marseille 64,33 L. *Masse :* cantar (= 100 rottoli) 49,62 kg. Rottolo (= 16 onces = 128 méticals) 496,2 g.

Turquie. *Longueur :* pic archène halebi (pour étoffes précieuses) 67,05 cm, archène indase (pour cotonnades) 64,96 cm. Pic de Smyrne 66,77 cm (indase 62,6 cm), d'Alep 67,67 cm, de Seide 60,4 cm. Draa de Stamboul 64,74 cm, Masre 55,5 cm. Mille turc 1,6696 km, marin 1,4793 km. *Capacité :* métro pour liquides 13,33 L. Oke pour liquides 1,333 L. Almude pour liquides 5,227 L, pour l'huile 10,264 L. Killot pour céréales 33,158 L, pour autres matières sèches 50,526 L, de Smyrne 51,3 L. Cass de vin, de Chypre 4,73 L. *Masse :* métro d'huile 10,264 kg. Cheky de Constantinople 320,7 g, de Smyrne 798 g. Oke de Constantinople 1,283 kg, de Smyrne 1,2757 kg, de détail 1,2881 kg. Rottl de Constantinople 564,52 g, d'Alep 2,297 kg (pour soie 2,211 kg), de Damas 1,902 kg. Quantar (= 100 Rottl).

Yemen. Maund 37,24 kg.

Ex-Yougoslavie. Hvat 1,896 m. Hvat ² 3,597 m². Hvat ³ 6,821 m³. Jutro (1 600 hvats²) 5 755 m². Lanac (2 000 hvats²) 7 192 m². Dulum 1 000 m².

MESURE DU TEMPS

☞ Pour découvrir la sélection **Quid** des meilleurs sites Internet sur les mesures du temps, rendez-vous sur **www.quid.fr**

☞ *Abréviations* : j : jour, h : heure, min : minute, s : seconde.

MONTRES À QUARTZ

Cristal de quartz. « Piézo-électrique » : une plaquette, stimulée par une pile, est animée de vibrations mécaniques de haute fréquence (8 000 à 4 000 000 d'oscillations par seconde) qui imposent leur rythme aux vibrations électriques. Un diviseur de fréquences reçoit ces vibrations électriques régulières et les transforme en vibrations plus lentes (d'une à quelques vibrations par seconde, mais aussi stables, qui peuvent exciter un micromoteur électrique actionnant des aiguilles, ou modifier l'état électrique d'un registre à mémoire qui commande à son tour un affichage numérique, tel qu'un module à cristaux liquides ou à diodes luminescentes). *Affichage électronique pseudo-analogique :* mode d'indication simulant par un moyen électronique (en général avec des cristaux liquides) l'apparence d'aiguilles se déplaçant de façon presque continue sur un cadran circulaire ; appliqué sur certaines montres à quartz : Texas Instruments 1978.

Diode luminescente (LED, « Light Emitting Diode »). Formée d'un cristal semi-conducteur (arséniure ou phosphure de gallium, etc.) qui émet une lumière le plus souvent rouge quand il est traversé par un courant. Par un arrangement de petits rectangles lumineux en groupes de 7 « segments », comme ceux des cristaux liquides, on peut dessiner n'importe quel chiffre et afficher, en juxtaposant plusieurs de ces groupes, l'indication des heures, minutes, secondes et dates. Cette indication est visible dans l'obscurité, mais la puissance électrique utilisée (quelques dizaines de milliwatts) est telle que l'affichage ne doit être provoqué que sur demande par action sur un contact à pression afin d'économiser les piles. Pratiquement abandonnée, sauf en instrumentation.

Cristal liquide (LCD, « Liquid Cristal Display »). Alors que dans un cristal solide les molécules sont toutes orientées de façon régulière, dans un cristal liquide (corps se présentant à la température ordinaire dans un état *mésomorphe* intermédiaire entre les états *solide cristallisé* et *liquide amorphe*), elles peuvent changer d'orientation ou la perdre dans certaines circonstances.

État mésomorphe : état *nématique* dans lequel les molécules allongées demeurent parallèles en l'absence d'influence extérieure, même quand elles se déplacent les unes par rapport aux autres ; mais elles peuvent basculer sous l'effet d'un champ électrique, ou s'orienter selon les rayures d'une paroi au voisinage de celle-ci. La transparence optique diffère selon l'orientation des molécules. Exemples : méthoxybenzilidène-butyl-aniline (MBBA) stable de 21 à 47 °C ; éthoxybenzilidène-butyl-aniline (EBBA) stable de 32 à 68 °C. Des mélanges de ces corps dont l'état nématique est stable de 0 à 60 °C peuvent être utilisés aux températures ambiantes usuelles. En excitant électriquement une région d'un cristal liquide nématique compris entre 2 lames de verre, on peut modifier la transparence de cette région et la faire apparaître plus sombre ou plus claire que les régions voisines. En dessinant par exemple des régions rectangulaires ou « segments » grâce à des électrodes transparentes, on peut faire apparaître des symboles : 7 segments groupés suffisent pour définir à tour de rôle n'importe quel chiffre. En juxtaposant plusieurs groupes, on forme de 4 à 6 chiffres (heures, minutes, éventuellement secondes ou dates). Quelques microwatts les rendent visibles à la lumière ambiante.

Autres méthodes d'affichage en développement : électrophorèse-électrochromie-ferroélectrique.

HISTOIRE

OBSERVATION DE L'OMBRE

■ **Constructions architecturales.** Reposent sur des observations astronomiques définissant des longues durées. Exemples : dolmens de Locmariaquer (France, vers 2000 av. J.-C.) ; alignements de Stonehenge (G.-B., vers 1400 av. J.-C.), Carnac (France, 2000-1400 av. J.-C.).

■ **Gnomon.** Bâton (en grec) ou objet vertical. On détermine les variations de son ombre pour connaître l'inclinaison du globe (de l'écliptique) puis, grâce à elles, les saisons et les moments de la journée. En rapportant les longueurs de l'ombre exprimées en pieds à la hauteur de l'homme, on obtient le premier cadran solaire mobile (tables d'ombres en Inde, IVe s. av. J.-C.).

■ **Indicateurs solaires de hauteur. 1300 av. J.-C.** indicateur ombre de Thoutmosis III ou de Sethi Ier. Indicateurs fixes horizontaux sous forme de cavités hémisphériques munies d'un gnomon vertical, puis horizontal (polos babylonien, scaphe romain) ; puis de surfaces planes verticales (Louxor) ; ou horizontales (gréco-romains IVe s. av. J.-C. ou IIIe apr. J.-C.). **Ier s.** 1ers cadrans déclinants grecs (tour des Vents) Athènes. Longtemps utilisés, les indicateurs marqueront des heures inégales. **VIIIe s.** 1er cadran occidental décrit par Bède le Vénérable (Anglais, vers 673-735).

■ **Cadrans solaires de direction. Vers 1200** Abdoul Hassan al Marakesshi découvre le style axe indiquant les heures égales. L'Occident redécouvre les Anciens, puis les Arabes. **XIIIe s.** 1er cadran à gnomon incliné ; **milieu du XIVe s.** cadran à Brunsweig avec divisions inégales. **XVe s.** style-axe redécouvert par Ruffi : style parallèle à l'axe de la Terre. Avec les cadrans portatifs l'orientation du style est réglable en fonction de la latitude.

OBSERVATION DES ASTRES

■ **Astrolabe.** Inventé par Hipparque (IIe s av. J.-C.), complété et décrit sous sa forme planisphérique par Synésios puis Philopon au VIe s. Utilisé par Arabes, Espagnols, astrologues et marins. Il sert notamment à déterminer la hauteur du Soleil, donc le moment de la journée correspondant, grâce aux tables astronomiques, et à déterminer la position des étoiles à une date donnée.

■ **Instruments divers.** Quart de cercle, bâton de Jacob, triquetum, torquetum, lunettes astronomiques.

ÉCOULEMENT D'UN FLUIDE

■ **Clepsydre** (du grec *klepto*, je dissimule et *hudor*, eau). Percé (ou non) à sa base, un récipient se vide ou se remplit en un temps déterminé à l'avance. Il y a au musée du Caire une clepsydre datant de 1530 av. J.-C.

■ **Horloge à eau. Vers le IIIe ou le IIe s. avant J.-C.** 1res horloges ; la variation de hauteur du niveau d'eau est utilisée pour commander certains mécanismes. Un flotteur, posé sur un réservoir d'eau dont le niveau monte ou descend régulièrement, anime un mécanisme qui va du simple axe tournant faisant évoluer un index à un ensemble complexe pouvant comporter des automates. **Antiquité** horloge de la tour des Vents d'Athènes. **90** Chang Heng, Chinois, parle d'un moyen de faire tourner une sphère céleste avec l'eau d'une clepsydre (tentative de I-Hsing, notée en 682-727). **511** Théodoric offre une horloge à Gondebaud. **807** Haroun al-Rachid en offre une à Charlemagne. **1090** l'horloge astronomique de Su Song (Chine) comprend un régulateur qualifié d'*échappement.* **1100** réveil clepsydre à Cîteaux. **1206** horloge de Baghdad décrite par Al Gazari. **1270** horloge à mercure Alphonsine ; réveil de l'époque de Jacques II de Catalogne. **1308** horloge à automates de Tlemcen ; **1357** celle de Fez.

HORLOGE MÉCANIQUE

■ **Origine.** Mal connue. **XIIIe s.** le contrepoids devient moteur à la cour de France, puis avec l'horloge à mercure d'Alphonse le Sage et la clepsydre de Drover (1270) ; les systèmes de régulation sont avant tout des ralentisseurs de la chute du poids moteur, d'abord sous forme de flotteur d'un vase horaire, puis de tambour hydraulique compartimenté, enfin d'échappement à verge. **1283** en Europe *1res horloges mécaniques :* Londres, Dunstable Priory, Bedfordshire. **XIVe s.** les horloges à échappement sont implicitement évoquées en 1300 dans les *Comptes du Roi de France* (Pipelard), le *Roman de la Rose* de Jean de Meung (vers 1305), *la Divine Comédie* (1314-18) de Dante, puis de façon explicite par Froissart (*li Orologe amoureus,* 1360). **1335** Milan, l'horloge de St-Gothard est admirée de tous. **1344** Jacopo Dondi construit une horloge pour Padoue. **1350-80** *1re horloge à alarme :* Würzburg (All.). **1364** Giovanni Dondi, le fils de Jacopo, termine l'horloge de Pavie « en laiton et en cuivre ». **1386** horloge de la cathédrale de Salisbury (découverte 1929 et restaurée), la plus ancienne en fonctionnement. Pour rendre les horloges mobiles, le rôle des poids moteurs est assuré par un ressort. L'irrégularité de la force restituée nécessite un système de compensation. **XVe s. 1424** horloge astronomique, cathédrale de Bourges (la plus ancienne conservée). Un mulet portant une horloge accompagne Louis XI en voyage. **1488** Ludovic Sforza aurait remplacé un bouton de costume par une petite horloge ou « montre ». Le ressort moteur, enroulé dans une boîte ou barillet, tire, en se désarmant, la corde à boyau enroulée préalablement sur la fusée (tronc de cône). Un dispositif égalisateur de force, associé à un ressort spiral libre, apparaît en Allemagne (Stackfreed), réduisant l'encombrement de la partie motrice. Il s'effacera devant la fusée, de meilleur rendement. **XVIe s. 1500** l'évêque de Cologne possède une canne avec une montre dans son pommeau. **1518** en France, le roi a 2 dagues ainsi équipées. Dans montres et horloges d'appartement, le laiton tend à remplacer le fer qui continuera à être employé jusqu'au XIXe s., surtout dans les horloges rustiques ou de clocher. **Vers 1550** les vis commencent à remplacer les clavettes. *L'échappement à verge,* dit à roue de rencontre, comprenant un foliot droit remplacé par un balancier. **XVIIe s. 1657** poursuivant les travaux de Galilée, le mathématicien hollandais Christiaan Huygens (1629-95) applique aux horloges un pendule chargé de régulariser leur marche. Il charge Salomon Coster de construire la 1re horloge de ce type qui, bientôt, portera le nom de *pendule.* **1664** Gruet remplace dans les montres la corde à boyau par une chaînette, plus sûre. **1675** Huygens fait exécuter par Isaac Thuret († 1706) la 1re montre à ressort spiral réglant (progrès décisif vers la précision, invention contestée notamment par Hooke). **Fin XVIIe s.** l'Anglais Daniel Quare (1649-1724) adapte l'aiguille des minutes au centre de la montre. **XVIIIe s. Vers 1700** en Angleterre, utilisation de pierres percées comme coussinet de pivotement, pour les balanciers d'abord. **1714** avec d'autres États, le Parlement anglais met au concours « toute méthode capable de déterminer la longitude en mer » avec une prime de 10 000 livres pour un résultat n'excédant pas 1 degré d'erreur, 15 000 livres pour 40 min et 20 000 livres pour 1/2 degré et moins. L'Angleterre était atterrée par les désastres dus à des erreurs de longitude [exemple : perte de l'escadre de sir Cloudesley Shovel (1650-1707) qui se jeta sur les îles Scilly (ou Sorlingues) alors qu'il croyait entrer dans la Manche (1707)]. **1718** George Graham (Angl., 1673-1751) améliore l'échappement en « auge de cochon » (échappement à cylindre), inventé par Thomas Tompion (1639-1713), Booth (Edward Barlow *dit,* 1639-1719) et Houghton. **1725** John Harrisson (Angl., 1693-1776) invente le pendule compensateur, composé de 2 métaux différents par leur coefficient de dilatation ; appelé *gridiron,* ce pendule rend l'horloge insensible aux changements de température. **1748** et **1754** Pierre Le Roy (Fr., 1717-85) applique, le 1er, l'échappement à détente. **1751** John Harrisson obtient la 1re partie de la prime offerte par le Parlement anglais, après son 4e chronomètre, et en *1773* la 2e moitié après son 5e. **Vers 1760** James Cox (Brit.) invente une horloge apparemment dotée du mouvement perpétuel : utilisa en fait l'énergie produite par les variations de la pression atmosphérique (une colonne de mercure monte et descend suivant les variations de la pression atmosphérique, poussant un levier qui remonte les poids du mécanisme du balancier). **1767-69** Ferdinand Berthoud (Fr. d'origine suisse, 1727-1807), mécanicien de la Marine, construit des montres marines. Pierre Le Roy obtient les 2 prix successivement offerts par l'Académie des sciences pour « la meilleure manière de mesurer le temps en mer ». **1771** Louis Abraham Breguet (Fr. d'origine suisse, 1747-1823) invente un système de remontoir et de mise à l'heure « au pendant ». Plusieurs horlogers prendront des brevets à ce sujet au XIXe s., mais ce système ne s'imposera qu'à la fin du siècle (la fabrication des montres à clef s'arrêtera vers 1890-1900). **Vers 1770-80** remontage automatique attribué au Suisse Perrelet (1729-1826), perfectionné par Breguet. **1790** Genève : 1er concours de précision entre chronomètres. Leur degré de perfection est apprécié par un système de points définitivement fixé en 1879 par Émile Plantamour (Suisse, 1815-82), directeur de l'Observatoire de Genève [autres concours : Kew et Teddington (G.-B.), 1884 ; Besançon (France), 1885]. **1793-*5-10*** la Convention décrète la *décimalisation du temps. (7-4-1795* décret suspendant son application pour une durée indéterminée ; *1806* senatus consulte décrétant son abolition ; *1871* reprise 3 semaines par la Commune). **XIXe s. 1826** *1re horloge éclairée* (église St Bride, Fleet Street, Londres). **1840** *1re horloge électrique d'Alexander Bain* (Angl., 1811-77) [*1852* horloges électriques à Gand (de Charles Nollet, né 9-11-1817) puis *1853* Bruxelles, *1856* Marseille]. **1868** « montre à 20 F », *de Georges-Frédéric Roskopf* (Suisse, 1813-89), 1re montre fiable d'usage courant. **1873-*1-1*** le Japon abandonne les heures temporaires et adopte le système européen des heures équinoxiales ; début de l'industrie horlogère japonaise. **1876** 1re montre antimagnétique, Paillard (All., installé en Suisse). **1896** la marine allemande adopte, pour ses officiers, des montres retenues au poignet par une chaînette. **XXe s. 1905** montre de poche la plus plate du monde : 2 mm d'épaisseur, mouvement 1,18 mm [les plus plats, produits en série (1,64 mm), peuvent être logés dans une pièce de monnaie]. **Vers 1910** on porte au poignet les premières montres de sautoir, dans un bracelet adapté ; des anses de fil ayant été ajoutées, la montre est directement maintenue par un bracelet du type courroie. **1917** cadran lumineux. Radiolite supplantant peintures au phosphore. **1926** pendule *Atmos,* à balancier atmosphérique, mise au point par Jean-Léon Reutter, prévue pour marcher 600 ans sans intervention humaine ; se remonte grâce à un mélange gazeux (chlorure d'éthyle) contenu dans

■ **Jacquemarts.** Automates « marteleurs » actionnés par un sonneur, puis par un mécanisme relié à une horloge, frappant une cloche. **Origine :** Orient (époque des croisades). **Après le XVIIIe s. :** déclin du spectacle s'effaçant devant l'utilité des horloges publiques (cadran visible de loin) et pendules d'intérieur. **Statistiques** (en France) : *nombre :* environ 20. *Personnages :* généralement en chêne, polychrome, parfois recouvert de fer-blanc, certains en cuivre (Dijon) ou bronze (mince paroi, Cambrai). *Tailles :* Romans-sur-Isère 2,60 m, Cambrai 2,50 m, Thann 1,18 m, Auffay 1 m, Lyon 40 cm. *Nombre de statuettes :* Auffay, Feurs, Molsheim, Thann, Cambrai 2 ; Aigueperse, Clermont-Ferrand, Compiègne, Lambesc, Montbard, Benfeld 3 ; Avignon, Lyon, Montdidier, Moulins, Dijon 4. *Types :* Avignon, Beaumont-le-Roger, Benfeld, Besançon, Lavaur, Moulins, etc. : « homme d'armes » ; Molsheim : « épouse et enfant angelot » ; Lyon : « Guignol et Gnafron » ; Clermont-Ferrand : « Mars », « Temps », « faune » ; Cambrai : « Maure » ; Benfeld, Thann : « la Mort » ; Dijon : « Jacquemart, Jaquette, Jacquelinet, Jacquelinette » ; St-Omer : « Mathurin » ; Graveson : « Beluguet ».

■ **Horloges** (diamètre en m). *Grands cadrans :* tour Eiffel (1933) 20 ; Jersey City (1924) 16 ; Malines (1560) 11,60 ; Zurich (1844) 8,65 ; New York (Metropolitan) 8 ; Hambourg (1911) 7,8 ; Liverpool (1911) 7,5 ; Westminster (1859) 7 ; gare de Lyon (1901) 6,5.

■ **Horloge atomique.** La firme allemande Junghans commercialise depuis 1986 des réveils liés directement par radio aux signaux horaires de référence. L'horloge de référence est une horloge atomique à jet de césium installée à l'Institut fédéral de physique de Braunschweig, à l'est de Hanovre. Les signaux horaires de cette horloge sont codés et transmis en DCB (décimal codé binaire), sur grandes ondes (3 870 m) en modulation d'amplitude, par l'émetteur de 25 kW, DCF 77, qui se trouve à Mainflingen, à 24 km au sud-est de Francfort. La portée (2 500 km) couvre l'Europe. Des émetteurs de ce type envoient dans le monde entier des signaux horaires codés, principalement utilisés à des fins scientifiques, pour la navigation, l'astronautique et l'aérospatiale. Ils émettent sur grandes ondes : 5 000 m pour Anglais et Américains, 7 500 m pour Japonais (émetteur France Inter 1 829 m). Ces ondes électromagnétiques sont formées par la propagation simultanée de 2 champs oscillants, l'un électrique, l'autre magnétique. Réveils et montres utilisent des antennes faites d'un fil de cuivre bobiné autour d'un barreau de ferrite (dans la montre Mega Star, de Junghans, cette antenne est bobinée à plat et doit être orientée dans la direction de l'émetteur pour avoir le meilleur rendement). L'antenne est reliée à un circuit récepteur hétérodyne accordé à la fréquence de l'émetteur, à haute densité d'intégration, du même type que ceux des calculatrices comprenant un détecteur et un amplificateur. Le signal qui en sort est alors envoyé à un décodeur associé à un contrôleur. Un bouton active le récepteur et, dès que celui-ci a enregistré le signal radio de l'horloge atomique, les aiguilles se mettent à zéro. Le microprocesseur décodage/contrôle traite l'information reçue, puis l'envoie au moteur électrique qui met les aiguilles sur l'heure exacte. *Pour les réveils* qui possèdent une grosse pile, le récepteur est réactivé toutes les heures et le microprocesseur compare les informations venues de l'horloge atomique avec celles du cadran : si elles diffèrent, l'heure affichée est automatiquement corrigée.

une capsule qui se rétracte et se dilate à chaque variation de température [une variation d'un degré assure une autonomie de 48 h (1 journée d'une saison normale donne 1 année de réserve)], n'oscille que 2 fois par minute (au lieu de 300 fois pour une montre-bracelet classique). **1928** remontage automatique sur montre-bracelet. **1931** Reverso (Jaeger-Le Coultre). **1933** *1re horloge à quartz oscillant* (16 384 alternances par seconde). **1949** *1re horloge moléculaire* à ammoniac. **1952** montre électrique. **1954** *1re horloge atomique.* **1959** *montre électronique.* **Vers 1968** *montre à quartz analogique.* **1970** *montre à quartz numérique,* à diodes luminescentes, puis à cristaux liquides. **1975** montre calculatrice. **1979** montre-réveil multiprogrammable. **1984** montre-ordinateur ; la montre à affichage analogique devance celle à affichage numérique en Occident. **1986** horloges ou réveils commerciaux radioélectriques. **1988**-*15-6* dispositif *Lasso* (Laser Synchronisation from Stationnary Orbit) fixé sur le satellite Météosat P2. **1990** montre-bracelet radioélectrique ; montre radiopilotée *Junghans* (Sté allemande créée 1861), munie d'une antenne qui reçoit de l'émetteur (portée 1 500 km) les informations sur grandes ondes venant de l'horloge atomique mère. Un microprocesseur compare ces messages avec sa propre horloge interne à quartz et se réajuste automatiquement en cas de différence. **1991** *montre-bracelet parlante.* **1992** montre radiopilotée solaire. **1993** montre avec télécommande ; montre recevant des messages. **1994** cadran lumineux revêtu de sulfate de zinc et de cuivre excité par un champ électrique procurant une lumière bleue (Timex). **1996** *montre à quartz sans pile :* un rotor actionne un générateur de courant stocké dans un condensateur (Seiko).

■ **Horloges atomiques. A césium :** reposent sur l'hypothèse que les propriétés atomiques sont immuables, notamment les *fréquences* des radiations correspondant aux transitions entre niveaux d'énergie. L'étalon atomique comprend un résonateur atomique qui fournit la référence ultime, et une partie électronique générant, à partir d'un oscillateur à quartz à 5 MHz, un signal d'excitation vers 9,191 GHz. L'interaction de ce dernier avec le « jet » atomique dans le résonateur fournit un signal d'erreur qui vient corriger en permanence la fréquence de l'oscillateur à quartz qui se trouve ainsi asservie à la fréquence de transition atomique.

Exactitude d'une horloge atomique : appareils commerciaux environ 10^{-12} [horloges atomiques du *Physikalisch-Technische Bundesanstalt* (Allemagne) et du *National Institute of Standards and Technology* (USA) : 10^{-14} ; horloges à césium de laboratoire (horloge travaillant en *fontaine atomique* réalisée par le Laboratoire primaire du temps et des fréquences de l'Observatoire de Paris en 1995) : 3×10^{-15} (soit un écart de 0,26 nanoseconde par jour)].

■ **Autres types.** Moins exacts : *masers à hydrogène* (les plus stables jusqu'à 1 seconde en 3 000 ans) ; *à rubidium* (les moins chers) ; *à ions de mercure confinés* (stables à long terme, expériences en cours).

■ **L'heure légale en France.** Le *Bureau national de métrologie (BNM)* a chargé le *Laboratoire primaire du temps et des fréquences (LPTF)* de l'Observatoire de Paris d'établir, de maintenir et d'améliorer les références françaises du temps et des fréquences. Il établit, d'une part, le temps atomique français en utilisant les données de ses étalons à césium et d'autres étalons de divers laboratoires français ; d'autre part, il maintient une horloge maîtresse fournissant la version française de l'UTC (temps universel coordonné), appelée UTC (OP) [base du temps légal (décret du 9-8-1978)], l'écart avec l'UTC ne dépassant pas cent nanosecondes. Il diffuse l'heure nationale, déduite de l'UTC (OP), par l'horloge parlante et par des lignes directes. Il fournit aussi la référence à divers systèmes de diffusion publique du temps et des fréquences, notamment par l'intermédiaire de la fréquence porteuse de France Inter.

■ **Horloge parlante. Histoire : 1932**-*14-3* présentée à l'Académie des sciences par Ernest Esclangon (1876-1954), directeur de l'Observatoire de Paris, qui adapte un système vocal à une horloge de la maison Brillé (auparavant, heure donnée par téléphone d'après lecture de la pendule). **1933**-*14-2* mise en service et reliée au réseau téléphonique : 1re au monde (il y aura 140 000 appels, dont 20 000 seront satisfaits). **Voix utilisées : 1932** voix de Marcel Laporte, dit Radiolo (animateur de Radio-Paris). Les heures, minutes, secondes, ainsi que *« au 4e top, il sera exactement... »* sont enregistrés optiquement et lus sur des cylindres rotatifs contrôlés par une pendule. **1954** voix d'Hélène Garaud (comédienne), arrêta après 24 h à cause d'une mauvaise réception des aigus). **1965** voix d'Henri Thiollière (postier, membre de la troupe des comédiens des PTT), les bandes étant usées. **1975** « top » sonore commandé par 3 horloges indépendantes, reliées à des oscillateurs atomiques au césium. Si l'une diverge par rapport aux 2 autres, elle est mise hors circuit provisoirement. En raison du temps de transmission de l'heure sur le réseau (à Nice par exemple), l'heure peut arriver avec un retard d'environ 20 millisecondes. **1991**-*18-9* nouvelle horloge entièrement électronique (précise au millionième de seconde à l'Observatoire de Paris). *Voix enregistrées :* 1 homme et 1 femme (la comédienne Sylvie Behr), la voix changeant chaque minute. *Coût :* 500 000 F. Les mots, nécessaires à la construction des messages, sont enregistrés sur disque compact puis stockés dans les mémoires électroniques de la machine sous forme de locutions élémentaires comme « vingt », « tren », « té un », « te deux ». Ces sons, une fois regroupés par l'ordinateur, forment le message. Grâce à ce procédé, 4 minutes d'enregistrement ont permis de constituer un dictionnaire complet jusqu'en... 2090. **Renseignements donnés :** jour, mois, année et heure une fois par minute, messages et « tops » horaires diffusés toutes les 10 secondes, exactitude au 1/50e de seconde. **Nombre d'appels :** plus de 200 000 par jour (facturés chacun 74 c par unité). **Revenus :** 55 millions de F par an, dont 520 000 F pour l'Observatoire. **Numéro d'appel :** 3699 (*en 1933 :* Odéon 84.00).

■ **Heure de France Inter.** Depuis 1982, France Inter diffuse une heure précise avec le signal de son émetteur grandes ondes à Allouis (Cher) qui émet 2 MW le jour, 1 MW la nuit, 24 h sur 24 en modulation d'amplitude sur 162 kHz. Le Cnet emprunte ce signal pour émettre, sans perturber les programmes de France Inter, une fréquence étalon et des signaux de temps codés. La fréquence diffusée par France Inter est comparée en permanence à l'étalon français élaboré par le Laboratoire primaire du temps et des fréquences (LPTF). Pour capter l'heure qui se glisse dans le signal de la station de radio, il faut un récepteur décodeur (coût : environ 10 000 F). Pour avoir la même heure partout, les récepteurs sont étalonnés en fonction du lieu où ils sont implantés, permettant de recevoir l'heure avec une précision de l'ordre de la milliseconde. **Récepteurs en service** (en France) : 5 000 à 10 000 [notamment pour contrôler le trafic routier (récepteurs installés sur des feux rouges pour synchronisation des radars), pompiers, France Telecom pour les horloges déclenchant les changements de tarifs téléphoniques].

NOTIONS DE TEMPS

■ **Temps universel (UT).** Fourni par la rotation de la Terre. Il correspond au *temps solaire moyen de Greenwich* (c'est-à-dire au méridien origine des longitudes) ; mais il est calculé sur minuit (c.-à-d. le temps du passage inférieur du Soleil). Le *GMT (Greenwich Mean Time)* est une mesure astronomique calculée sur midi (c.-à-d. le temps du passage supérieur du Soleil). C'est donc à tort qu'on emploie l'expression GMT pour désigner l'heure à laquelle se produit un événement dans le système d'UT. Dans les travaux de précision, on applique à l'UT des corrections pour tenir compte des petits mouvements quasi périodiques des pôles terrestres par rapport au sol (mouvements d'une dizaine de mètres d'amplitude) ; on désigne par UT1 l'UT ainsi corrigé.

Jusqu'à la fin du XIXe siècle, on a pensé que l'UT1 était pratiquement uniforme. Puis on a découvert les irrégularités de la rotation terrestre qui peuvent apporter des avances ou retards de quelques secondes par an à l'UT1 par rapport au temps uniforme. Elles sont dues pour l'essentiel aux mouvements atmosphériques et océaniques (exemple : le courant El Niño, en 1983, ralentissait de 1 milliseconde la rotation) ainsi qu'aux mouvements du noyau fluide de la Terre ; elles restent imprévisibles, de sorte que l'unité de temps liée à l'UT1, la seconde de temps moyen, subissait des fluctuations relatives de l'ordre 10^{-7} ; elle n'avait qu'une médiocre valeur métrologique. C'est pourquoi la seconde a été redéfinie, d'abord en 1960 comme une fraction de l'année (l'année est plus régulière que le jour), puis en 1967 à partir d'une transition atomique du césium 133. Cependant, l'UT1 reste nécessaire pour connaître la position angulaire de la Terre autour de son axe dans les travaux de géophysique, d'astronomie, de recherche spatiale, et l'on continue à le mesurer avec toute la précision possible, par l'interférométrie sur radiosources extragalactiques, notamment des quasars, et par la télémétrie par laser appliquée à des satellites artificiels (Lageos notamment), ou des panneaux réflecteurs posés sur la Lune par les USA et l'URSS (missions Apollo et robots Lunakhod). Cette télémétrie spatiale permet de corriger en temps réel les calculs théoriques destinés à prévoir le comportement du système Terre-Lune.

Organismes. Le Bureau international de l'heure (BIH) *créé* le 26-7-1919 (siège : Observatoire de Paris) chargé depuis le 1-1-1920 de centraliser (grâce à la réception mutuelle de tous les signaux horaires) les déterminations de l'heure faites dans le monde, de les analyser et d'en déduire l'échelle de Temps universel, a cessé son activité le 31-12-1987. Le 1-1-1988, ses activités ont été confiées à 2 organismes : la **Section du temps du Bureau international des poids et mesures,** responsable de la référence du Temps atomique international (TAI) et le **Bureau central du Service international de la rotation de la Terre (SIRT),** ou **IERS (International Earth Rotation Service)** à l'Observatoire de Paris, responsable des paramètres de rotation de la Terre et qui réalise le système de référence terrestre (désigné par ITRF) et le système de référence céleste (ICRF) ; il centralise les mesures d'UT1 et publie les écarts entre UT1 et UTC (Temps universel coordonné), diffusé par les signaux horaires. Précision actuellement obtenue : 0,0001 seconde. Il est en charge des « sauts de seconde », et diffuse une circulaire biannuelle à 250 organismes distributeurs de temps dans le monde.

■ **Temps atomique international (TAI).** Le premier étalon atomique à jet de césium considéré comme étalon de temps a été mis en service régulier en 1955 au National Physical Laboratory, Teddington, Middlesex (G.-B.). Depuis, de nombreux étalons atomiques de temps ont été construits. Diverses méthodes permettent de comparer en permanence ces étalons à des distances intercontinentales, avec des incertitudes d'une dizaine de nanosecondes, la plus employée étant la réception simultanée des signaux émis par le système de positionnement par satellites GPS. On peut ainsi calculer une moyenne qui constitue le Temps atomique international TAI. On se garantit donc contre les risques d'arrêt.

En 1999, le TAI repose sur près de 230 horloges commerciales. Sa stabilité est telle qu'il ne peut prendre une avance ou un retard de plus de 1 microseconde par an par rapport à un temps strictement uniforme (il est un million de fois plus uniforme que le Temps universel). Le BIPM (Bureau international des poids et mesures) publie le retard ou l'avance de chacune des horloges qui ont servi à établir le TAI. Par convention, on a fait coïncider TAI et UT1 le 1-1-1958. Depuis, UT1 a pris du retard par rapport à TAI, la différence TAI-UT1 atteignant 32 s au 1-1-1999. L'écart continue à s'accroître au rythme approximatif de 0,7 s par an.

Le TAI n'est pas directement diffusé. Il est réservé aux usages scientifiques et, notamment, à l'interprétation dynamique des mouvements des corps célestes naturels et artificiels. L'exactitude et la stabilité des étalons atomiques de temps sont telles qu'il est maintenant nécessaire de prendre en compte les effets relativistes dans leurs applications les plus précises, par exemple dans les systèmes de positionnement par satellites.

■ **Temps universel coordonné (UTC).** Compromis entre TAI et UT1 adopté le 1-1-1972, la détermination du point astronomique à la mer requérant, en effet, la connaissance immédiate de l'UT1 et une imprécision d'environ 1 seconde n'apportant pas de gêne à la navigation.

L'UTC diffère du TAI d'un nombre entier de secondes choisi de sorte que l'écart entre UTC et UT1 reste inférieur à 0,9 seconde ; il peut donc y avoir, de temps en temps (à la fin d'un mois), des sauts d'une seconde exactement, afin de tenir compte des irrégularités de la rotation terrestre. De 1972 à 1999 on a introduit 22 secondes intercalaires (1 par an ou 1 tous les 2 ans ; dernière en date : 1-1-1999). A partir de l'UTC, les utilisateurs scientifiques peuvent rétablir le TAI.

L'UTC est l'échelle de temps commune aux diffusions de signaux horaires. Il est la base du temps en usage dans tous les pays. Les horloges maîtresses des laboratoires horaires réalisent pratiquement l'UTC à quelques centaines de nanosecondes près.

DIVISION DU TEMPS

La plus grande mesure du temps est le **kalpa,** notion philosophique des Hindous, correspondant à 4 320 millions d'années (pour certains à 12 millions) ; **la plus petite** (mesurable) est la **femtoseconde** : $1{,}0 \times 10^{-15}$ s.

PRINCIPALES DIVISIONS

En principe, le temps devrait être divisé en prenant pour base la seconde (voir **Unités de temps,** p. 251 b). Cependant, l'on a conservé d'autres divisions :

■ **Ère** (*aeris,* génitif de *aes,* airain). **Origine du mot :** à Rome, après un événement mémorable, le grand prêtre chargé du calendrier enfonçait un clou d'airain dans le mur du temple, indiquant ainsi qu'une série d'années commençait. On appelle donc *ère* en chronologie un fait culminant servant de point de départ au calcul des années. Chaque peuple a souvent choisi plusieurs ères au cours de son histoire. *Ère* (vocable étranger) a aussi pu être employé par les mercenaires pour désigner les années. Ils auraient pris la forme plurielle *aera* pour un féminin singulier, ce qui expliquerait la forme moderne de ce mot.

Ère olympique : Grèce, 1-7-776 av. J.-C.

Ère de Rome : ère de fondation de la ville [AUC (*Anno Urbis Conditae* ou *Ab Urbe Condita*)] : 753 av. J.-C. (21 avril).

Ère capitolienne : 752 av. J.-C.

Ère de Nabonassar (dont s'est servi Ptolémée) : 26-2-746 av. J.-C.

Ère du monde : utilisée par les chrétiens en calculant la date de la création du monde par l'étude de la Bible.

Ère alexandrine : 5500 av. J.-C. Établie par Jules Africain en 221, réformée fin 284 après J.-C. : on retrancha 10 ans, la fin de notre année 284 (pour les Alexandrins l'an 287 de J.-C.) et l'an du monde 5787 devinrent l'an 277 de J.-C. et l'an du monde 5777.

Ère d'Antioche : 5493 av. J.-C. Le moine égyptien Panodore retrancha 10 ans aux calculs de Jules Africain. Comme, en 284, les Alexandrins avaient aussi retranché 10 ans, les deux ères se confondent à cette époque, mais la 1re année de l'ère chrétienne concorde avec la fin de l'année 5493 et le commencement de l'année 5494, tandis que depuis la réforme des calculs de Jules Africain la 1re année de notre ère correspond à la 2e partie de l'année 5490 et à la 1re de l'année 5491 de l'ère mondaine d'Alexandrie.

Ère de Constantinople : 5509 av. J.-C. La 1re année de notre ère correspond aux 8 derniers mois de l'an du monde 5509. En usage à Constantinople avant le milieu du VIIe s. puis suivie par l'Église grecque et pratiquée en Russie jusqu'à Pierre le Grand. L'année ecclésiastique commença soit le 21 mars, soit le 1er avril ; l'année civile commença le 1er septembre et peut-être aussi le 1er janvier. Plus tard, Joseph-Juste Scaliger (voir ci-dessous) indiqua 3950 ; le père Paul Pezron, cistercien (1639-1707), 5873 ; James Usher (1581-1656) 4004 (date retenue par Bossuet dans son *Histoire universelle*).

Cycle julien de Scaliger : Joseph Juste Scaliger (érudit français protestant d'origine italienne, 1540-1609) créa un cycle de 7 980 années, dit *période julienne,* qu'il obtint en effectuant le produit de 3 nombres : 28, 15 et 19, représentant les périodes respectives des 3 éléments du comput : cycle solaire, indiction romaine et nombre d'or (voir p. 260 c). 28, 15 et 19 étant premiers entre eux, il y a dans la période julienne une année et une seule admettant un système de 3 nombres donnés comme cycle solaire, indiction romaine et nombre d'or. La 1re année de la période est l'an 4713 avant notre ère (– 4712), choisie parce que son cycle solaire, son indiction romaine et son nombre d'or sont tous 3 égaux à 1. Les 7 980 années sont numérotées en série unique depuis l'an 4713 avant notre ère (– 4712) jusqu'à l'année à venir 3267. L'an un avant notre ère, année zéro des astronomes, y portant le numéro 4 713, l'année 2002 de notre ère correspond à l'année julienne 6 715. Pour passer d'une année du cycle julien à une année de l'ère chrétienne, il suffit de soustraire 4713.

Ère chrétienne, dite aussi **ère vulgaire, ère de l'Incarnation, ère de la Rédemption :** année de la naissance du Christ (supposée en l'an 753 de Rome), date calculée par un moine scythe, Denys le Petit (voir p. 259 b).

Ère espagnole : débute le 1er janvier de l'an de Rome 716, en 38 av. J.-C. L'an 1 de l'ère chrétienne coïncide avec l'an 39 de l'ère d'Espagne. Il s'agit peut-être d'une ère provinciale du monde romain, ayant pour point de départ la date de la réduction du pays en province romaine, ou d'une ère ecclésiastique liée aux tables de Pâques en vigueur au Ve s. et marquant le commencement d'un cycle pascal. Les royaumes de Castille et de León l'ont employée officiellement jusqu'en 1383. Le Portugal, indépendant depuis 1139, l'utilisa jusqu'en 1422 ; le 22-8, dom João Ier substitua à l'« ère de César » le compte des années à partir de la naissance du Christ.

Ère évangélique : 5 av. J.-C. (en considérant que J.-C. était né 5 ans plus tôt, en 748 de Rome).

Ère de Dioclétien (ère des martyrs) : 248 apr. J.-C. Ses années étant réglées sur le calendrier égyptien, l'année se composait de 12 mois de 30 j chacun (plus, à la fin de l'année, 5 j intercalaires nommés épagomènes).

Ère des astronomes : elle a une année 0, qui est l'an 1 av. J.-C. Les années 2, 3, 4, 5, etc. av. J.-C. sont appelées – 1, – 2, – 3, – 4, etc.

Ère post-consulaire : 541 après J.-C.

Ère républicaine : voir encadré p. 261.

Ère luni-solaire de Cassini : durée 11 600 ans. Créée par Jean-Dominique Cassini (1625-1713), astronome de Louis XIV. Période au bout de laquelle les cycles lunaires se reproduisent exactement aux mêmes dates par rapport aux cycles solaires.

■ **Autres ères. Bouddhique :** 544 av. J.-C. (voir p. 262 a). **De Philippe Arrhidaios :** 323 av. J.-C. **Des Séleucides :** 3-10-312 av. J.-C. **Des Arsacides :** 250 av. J.-C. **Des Sassanides :** 224 av. J.-C. **De Sāhivāhā** (Inde) : 78 av. J.-C., etc. **Mahométane (ou hégire) :** 622 apr. J.-C. **De Yazdgard III :** 632 apr. J.-C.

Période sothiaque ou **Grande Année :** cycle de 1 460 ans, lié aux révolutions de Sirius (astronomie égyptienne). Le « lever héliaque » de Sirius se reproduit aux mêmes dates solaires après un cycle de 1 456 ans, souvent arrondi à 1 460 (4 × 365) ans. Aristote (Grec, 384-322 av. J.-C.), qui avait hérité la notion traditionnelle de Grande Année sans la comprendre, la définissait comme le cycle au bout duquel toutes les planètes se retrouvaient ensemble à une position de départ. Selon Hérodote (Grec, 484-420 av. J.-C.) le *Phénix* revenait se consumer dans le feu sacré tous les 1 460 ans pour renaître de ses cendres rajeuni et purifié.

■ **Siècle.** Durée de 100 années. D'après les *libri rituales* des aruspices toscans, chaque siècle avait pour terme la mort de celui des citoyens qui existait déjà à l'ouverture de la période et qui vivait le plus longtemps ; cette durée dépendait ainsi de 2 événements impossibles à constater ; les dieux envoyaient des prodiges exceptionnels qui en marquaient l'échéance. Les 4 premiers siècles étrusques eurent ainsi 100 ans, le 5e 123, les 6e et 7e 118. Puis les Romains adoptèrent le siècle invariable de 100 ans. Pour Hésiode (Grec, VIIIe s. av. J.-C.), la durée de la vie humaine est de 96 ans. Les astronomes utilisent le *siècle julien* de 36 525 j exactement.

HEURE LÉGALE

Tableau donné sous toutes réserves : il n'existe pas de source officielle centrale.

Afrique

Açores*	– 1
Afrique du S.	+ 2
Algérie	+ 1
Angola	+ 1
Bénin	+ 1
Botswana	+ 2
Burkina	0
Burundi	+ 2
Cameroun	+ 1
Canaries*	0
Cap-Vert	– 1
Centrafricaine	+ 1
Comores	+ 3
Congo (ex-Zaïre)	+ 1
Kinshasa	+ 1
oriental	+ 2
Côte d'Ivoire	0
Djibouti	+ 3
Égypte	+ 2
Éthiopie	+ 3
Gabon	+ 1
Gambie	0
Ghana	0
Guinée	0
Guinée-Bissau	0
Guinée équat.	+ 1
Kenya	+ 3
Kerguelen (îles)	+ 5
Lesotho	+ 2
Liberia	0
Libye*	+ 2
Madagascar	+ 3
Madère*	0
Malawi	+ 2
Mali	0
Maroc	0
Maurice (île)	+ 4
Mauritanie	0
Mozambique	+ 2
Namibie*	+ 1
Niger	+ 1
Nigeria	+ 1
Ouganda	+ 3
Réunion	+ 4
Rwanda	+ 2
Sainte-Hélène	0
São Tomé et P.	0
Sénégal	0
Seychelles	+ 4
Sierra Leone	0
Somalie	+ 3
Soudan	+ 2
Swaziland	+ 2
Tanzanie	+ 3
Tchad	+ 1
Togo	0
Tunisie	+ 1
Zambie	+ 2
Zimbabwe	+ 2

Amérique centrale

Antilles néerlandaises	– 4
Bahamas*, Turks et Caïcos*	– 5
Bélize	– 6
Bermudes*	– 4
Caïmans	– 5
Costa Rica	– 6
Cuba*	– 5
Dominicaine	– 4
Guatemala	– 6
Haïti*	– 5
Honduras	– 6
Jamaïque	– 5
Nicaragua	– 6
Panama	– 5
Puerto Rico	– 4
Salvador	– 6
Îles Sous-le-Vent (Leeward)(1)	– 4
Îles du Vent (Windward)(2)	– 4
Trinité et Tobago	– 4

Amérique du Nord

Canada*	
Terre-Neuve*	– 3.30
Labrador*	– 4
Nouv.-Brunswick, Nlle-Écosse, île du Pce-Édouard, Québec à l'est de 63° W	– 4
Terr. du N.-O. (est), Ontario, Ottawa, Québec à l'ouest de 63° W (Montréal, Québec)	– 5
Terr. du N.-O. (centre), Saskatchewan, Manitoba	– 6
Terr. du N.-O. (Mountain), Alberta	– 7
Terr. du N.-O. (ouest), Colombie brit.	– 8
Yukon	– 8
États-Unis*	
Côte Est, New York, Washington	– 5
Nlle-Orléans, Houston, Chicago	– 6
Denver	– 7
Côte Ouest	– 8
Alaska, est de 169°30′ W.	– 9
Aléoutiennes, O. de 169°30′ W.	– 10
Groenland*	
Nuuk (ex-Godthaab)	– 3
Thulé*	– 4
Mexique or.	
Côte E., est de 92° 5′ W. (Acapulco)	– 6
Côte E., O. par 92° 5′ et côte O., S. de 20° 7′ N. (dont Mexico)	– 6
Côte O., N. de 20° 7′ N. sauf Basse-Californie N. de 28° N.	– 7
[Basse-Californie N. de] 28° N.	– 8
St-Pierre-et-M.*	– 3

Désignations usuelles : NST : Northern Standard Time – 3.30, IST : Atlantic ou intercolonial St. T. – 4, EST : Eastern St. T. – 5, CST : Central St. T. – 6, MST : Mountain St. T. – 7, PST : Pacific St. T. – 8, AST : Alaska St. T. – 10

Amérique du Sud

Argentine	– 3
Mendoza	– 4
Bolivie	– 4
Brésil* oriental (Rio)	– 3
– central	– 4
– occidental	– 5
Chili*	– 4
Colombie	– 5
Équateur	– 5
Falkland (îles)*	– 4
Guyana	– 4
Guyane fr.	– 3
Pâques (île de)*	– 6
Paraguay*	– 4
Pérou	– 5
Suriname	– 3
Trinidad* (Atl. Sud)	– 2
Tristan da Cunha	0
Uruguay	– 3
Venezuela	– 4

Désignations usuelles : h de l'Atlantique Sud – 2, de Paramaribo – 3.30, du Venezuela – 4

Antarctique

Terre Adélie	+ 9
Terre de Graham	– 3

Asie

Afghanistan	+ 4.30
Arabie saoudite	+ 3
Bahreïn	+ 3
Bangladesh	+ 6
Bhoutan	+ 6
Brunéi	+ 8
Cambodge	+ 7
Chine	+ 8
Christmas (oc. Indien)	+ 7
Chypre Nord*	+ 2
Chypre Sud*	+ 2
Corée du N.	+ 9
Corée du S.	+ 9
Émirats ar. unis	+ 4
Hong Kong	+ 8
Inde	+ 5.30
Indonésie : Java, Madura, Sumatra	+ 7
Bali, Bornéo, Célèbes, Sumba, Loro Sae	+ 8
Moluques, Irian Jaya	+ 9
Iran*	+ 3.30
Iraq*	+ 3
Israël*	+ 2
Japon sauf B.	+ 9
Bonin	+ 10
Jordanie*	+ 2
Kazakhstan*	+ 6
Kirghizistan*	+ 5
Koweït	+ 3
Laos	+ 7
Liban*	+ 2
Macao	+ 8
Malaisie	+ 8
Maldives	+ 5
Mongolie*	+ 8
Myanmar	+ 6.30
Népal	+ 5.45
Oman	+ 4
Ouzbékistan	+ 5
Pakistan	+ 5
Philippines	+ 8
Qatar	+ 3
Russie* :	
Iakoutsk	+ 9
Irkoutsk	+ 8
Khabarovsk	+ 10
Krasnoïarsk	+ 7
Magadan	+ 11
Novosibirsk	+ 7
Okhotsk	+ 10
Omsk	+ 6
Sakhaline	+ 11
Tiksi	+ 9
Vladivostok	+ 10
Wrangel	+ 13
Singapour	+ 8
Sri Lanka	+ 6
Syrie*	+ 2
Tadjikistan	+ 5
Taïwan	+ 8
Thaïlande	+ 7
Turkménistan	+ 5
Viêt Nam	+ 7
Yémen	+ 3

Désignations usuelles : h d'Aden + 3, de l'Inde + 5.30

Europe

Albanie*	+ 1
Allemagne*	+ 1
Andorre*	+ 1
Arménie*	+ 4
Autriche*	+ 1
Azerbaïdjan*	+ 4
Belgique*	+ 1
Biélorussie	+ 2
Bosnie*	+ 1
Bulgarie*	+ 2
Croatie*	+ 1
Danemark*	+ 1
Espagne*	+ 1
Estonie*	+ 2
Féroé (îles)*	0
Finlande*	+ 2
France*	+ 1
Géorgie	+ 3
Gibraltar*	+ 1
G.-B.*	0
Grèce*	+ 2
Hongrie*	+ 1
Irlande*	0
Islande	0
Italie*	+ 1
Lettonie*	+ 2
Liechtenstein*	+ 1
Lituanie*	+ 1
Luxembourg*	+ 1
Macédoine	+ 1
Malte*	+ 1
Moldavie*	+ 2
Monaco*	+ 1
Monténégro	+ 1
Norvège*	+ 1
Pays-Bas*	+ 1
Pologne*	+ 1
Portugal*	0
Roumanie*	+ 2
Russie* :	
Arkhangelsk	+ 3
Moscou	+ 3
St-Pétersbourg	+ 3
Sverdlovsk	+ 5
Volgograd	+ 4
Saint-Marin*	+ 1
Serbie	+ 1
Slovaquie*	+ 1
Slovénie*	+ 1
Spitzberg	+ 1
Suède*	+ 1
Suisse*	+ 1
Tchéquie*	+ 1
Turquie (Europe et Asie)*	+ 2
Ukraine*	+ 2
Vatican*	+ 1
Yougoslavie*	+ 1

Désignations usuelles : h de l'Europe occidentale [ou Temps universel (UT)] 0, centrale + 1, orientale + 2

Océanie

Australie* (sauf Queensland et Terr. du N.) (occ.), Perth	+ 8
Broken Hill, Terr. du N., Austr. mér.	+ 9.30
Sydney, Canberra, Melbourne Tasmanie	+ 10
Carolines ouest Pingelap	+ 11
Christmas (oc. Pacifique)	– 10
Cook	– 10
Fanning	– 10
Fidji	+ 12
Hawaii	– 10
Kiribati	+ 12
Banaba	+ 11.30
Mariannes	+ 10
Marshall	+ 12
Eniwetok, Kwajalein	– 12
Micronésie :	
Chuuk, Yap	+ 10
Pohnpei	+ 11
Kosrae	+ 12
Midway	– 11
Nauru	+ 12
Nlle-Calédonie Loyauté	+ 11
Nlle-Zélande*	+ 12
Chatham*	+ 12.45
Palau	+ 9
Papouasie-Nlle-Guinée	+ 10
Polynésie fr.	– 10
sauf : Gambier	– 9
îles Marquises	– 9.30
Salomon	+ 11
Samoa	– 11
Tonga	+ 13
Tuvalu	+ 12
Vanuatu	+ 11
Wallis-et-Futuna	+ 12

Désignations usuelles : h de l'Australie méridionale + 9.30, de la Nlle-Zélande + 12, des îles Fidji + 12, Samoa – 11

(*) **Correction en heures et minutes.** Pour les pays marqués d'un astérisque, ajouter une correction supplémentaire (en général 1 h) pendant une partie de l'année (période des jours longs). Exemple : s'il est midi à Paris le 1er janvier, quelle heure est-il à New York ? La France étant en hiver en avance de 1 h sur l'UT, il est 11 h en UT, et New York étant en retard de 5 h sur l'UT, il est 11 – 5 = 6 h du matin à New York. En 1981, les pays d'Europe de l'Ouest ont adopté les mêmes heures d'été, de fin mars à fin septembre (Grande-Bretagne, au jour suivant le 4e dimanche d'octobre).

Nota. – (1) St-Martin, Antigua et Barbuda, St-Christophe, Guadeloupe, Dominique, Montserrat. (2) Martinique, Ste-Lucie, St-Vincent, Barbade, Grenade.

Année de début des siècles. Jusqu'en 1800, on considérait que les siècles commençaient dès que les 2 premiers chiffres changeaient : 1600, 1700, 1800. Le Bureau des longitudes a précisé que la 1re année du 1er siècle d'une ère serait *l'an 1* et non l'an 0 ; le 31-12 de cette année, c.-à-d. le 31-12-1, il y a une année écoulée, et le 31-12-100, il y en a cent ou un siècle : donc le IIe s. a commencé le 1-1-101, le XXe s. le 1-1-1901 ; il s'est terminé le 31-12-2000 et le XXIe s. a commencé le 1-1-2001. Cette règle de début de siècle s'applique à tous les pays qui ont adopté le calendrier grégorien. Elle s'explique pour des raisons logiques de chronologie, la 1re année du 1er siècle d'une ère est l'an 1 (comme on compte les objets à partir de 1 et non de zéro, le premier jour du mois est 1, etc.).

Par contre, pour des raisons de commodité, les astronomes ont adopté avec Jacques Cassini en 1740 une notation algébrique : ils appellent année 0 l'an 1 avant J.-C. des historiens et comptent négativement les années antérieures. Ainsi ils facilitent le calcul entre les années positives et négatives, en respectant certaines règles telles que celle de divisibilité par 4 des années bissextiles (qui ne peut s'appliquer dans la notation des historiens). L'introduction de l'année 0 n'a changé en rien la numérotation à partir de 1 des années de notre ère sur laquelle historiens et astronomes s'accordent. Elle permet également de calculer par soustraction le nombre d'années écoulées entre des jours identiques de 2 années différentes, qu'elles soient avant ou après J.-C. Pour calculer l'âge auquel est mort Tibère (42 av. J.-C.-37 apr. J.-C. un amateur serait tenté de faire la soustraction 37 – (– 42) = 79, vieillissant Tibère d'une année ce qui n'arrive pas en introduisant un zéro.

Dans leur vie quotidienne, les astronomes utilisent la datation julienne. Proposée par Joseph Scaliger en 1583, la période julienne est une suite continue de jours, débutant par un jour zéro, fixé arbitrairement à midi du 1er janvier de 4713 av. J.-C. - un lundi. Le 1er janvier 2001 à 0 heure (calendrier grégorien) correspond à la date julienne 2 451 910,5 (en jours).

☞ La norme ISO 8601-1998 publiée par l'Afnor stipule que « le 1er jour du mois est désigné 01, le 1er mois de l'année 01 et les années sont comptées à partir de l'an 1 ». De même, la date et les numéros des siècles et des millénaires utilisent « une représentation ordinale commençant à 1 ».

■ **Semaine.** Durée de 7 j (*septimana* en latin). Utilisée chez les Hébreux. Employée en Occident à partir du IIIe s. de notre ère. Sa durée correspond à peu près aux phases de la Lune (7 j 1/4). Les noms des 5 planètes connues de l'Antiquité (plus Lune et Soleil) ont été donnés aux 7 j de la semaine par les Égyptiens, à cause de la coïncidence 7 et 7. L'explication donnée par les Hébreux (6 j de travail, 1 j de repos) a été reprise par la tradition chrétienne, assurant que c'était le rythme « naturel » du travail humain (chiffres admis actuellement : 5 et 2). L'Occident (Grecs d'Alexandrie) n'a adopté la semaine de 7 j qu'au IIIe s. après J.-C.

■ **Décade.** Adoptée par décret de l'Assemblée nationale du 4 frimaire an II. On observait le repos les après-midi des décadis et des quintidis. Abandonnée en 1806.

■ **Jour.** Du latin médiéval *diurnum,* diurne, en ancien français, *jorn.*

Jour civil : nom donné par les Romains à une durée de 24 h (1 j + 1 nuit) par opposition au *jour naturel,* du lever au coucher du Soleil. Ils le comptaient de minuit à minuit (1/2 nuit + 1 j + 1/2 nuit), à la différence des Grecs, des Gaulois et des Germains, qui comptaient par *nuit* (d'un coucher de Soleil à l'autre, c.-à-d. jamais exactement 24 h).

Jour sidéral : durée d'une rotation complète de la Terre par rapport au 1er point vernal (point d'intersection écliptique/équateur) : 23 h 56 min 4,09 s.

Jour solaire : temps écoulé entre 2 passages du Soleil au méridien. Il est plus long que le jour sidéral, car la Terre change sa position par rapport au Soleil, alors que cette position ne change pas par rapport aux étoiles considérées à l'infini. Le **jour solaire vrai** n'est pas constant, car la translation de la Terre sur son orbite se fait à une vitesse angulaire inégale et l'orbite ne coïncide pas avec le plan équatorial. Aussi parle-t-on souvent de **jour solaire moyen. L'équation du temps** est la différence entre le jour solaire moyen et le jour solaire vrai, elle est maximale en février (+ 14 min) et en novembre (– 16 min), et nulle 4 j seulement par an (vers les 15-4, 14-6, 1-9, 25-12). Le jour civil et le jour solaire moyen sont égaux, mais ce dernier est compté de midi à midi.

■ **Heure.** La division du jour en heures est probablement d'origine chaldéenne. Les Babyloniens comptaient par couples d'heures, appelées *Kaspar* (12 Kaspar par jour). En Chine, le jour est divisé en 12 *Tokis.* En Grèce et à Rome, le temps est fractionné en heures temporaires pour les besoins courants. Le **nycthémère** [unité physiologique de temps, comportant une nuit (*nux, nuktos* en grec) et un jour (*hemera*)] est partagé en 12 heures de nuit (du coucher au lever du Soleil) et en 12 h de jour (du lever au coucher du Soleil) de durée variable suivant la saison. **A Rome** (jusqu'à la fin du Moyen Age) : voir p. 261 c.

Heure civile : 24e partie du jour. **Heure sidérale :** 24e partie du jour sidéral ; plus courte que l'heure civile. **Heure solaire vraie :** 24e partie du jour solaire vrai.

L'heure en France : 1891 la loi du 14-3 (parue au *JO* du 15-3) instaura comme heure légale en France et en Algérie l'heure, temps moyen de Paris [heure déterminée à partir du méridien de Paris, défini par l'axe central de l'Observatoire matérialisé par une règle de laiton enchâssée dans le marbre, prolongé par la mire du Nord (*1675* poteau planté par l'abbé Jean Picard, *1736* pyramide au 1, av. Junot, Paris 18e) et par la mire du Sud (*1806* construite par Vaudoyer dans le parc Montsouris à Paris)], et correspondant au temps solaire moyen calculé par rapport à la méridienne de France, référence nationale pour l'origine des longitudes. **1910**-*23-5* envoi, depuis la tour Eiffel, de l'heure par TSF à minuit au méridien de Paris, puis aussi, à partir de nov. à 11 h du matin en semaine puis en juin 1911 à 11 h 45, 11 h 47 et 11 h 49 (après l'adoption du méridien de Greenwich). **1911** la loi du 10-2 (appliquée à partir du 11-3) instaure comme heure légale en France et en Algérie l'heure, temps moyen de Paris retardée de 9 min 21 s, en concordance avec le système universel des fuseaux horaires. Le projet de loi avait été déposé le 8-3-1897. La Chambre des députés le vota le 24-2-1898, et le Sénat le 9-3-1911. La France s'alignait ainsi sur l'heure de Greenwich (à 9 min 21 s à l'ouest de Paris). Jusque-là, chaque ville avait son heure particulière (*heure solaire vraie*) ; ainsi, quand il était midi à Paris, il était 12 h 19 min 46 s à Nice et 11 h 32 min 41 s à Brest ; l'heure extérieure des gares avançait de 5 min sur l'heure intérieure. **1912**-*1-6* on adopte pour les usages de la vie civile (exemple : chemins de fer) le décompte des heures de 0 à 24 [avant, on distinguait les heures du matin de 0 (minuit) à 12 (midi) et les heures de l'après-midi de 0 (midi) à 12 (minuit) ; midi est désigné par le chiffre 12, minuit par 24 lorsqu'il s'agit de l'arrivée d'un train ou par 0 s'il s'agit d'un départ]. **1916** décret du 10-6 (*JO* du 11-6) : heure d'été [projet de Honnorat (député des Basses-Alpes) adopté pour économie d'éclairage] du 14-6 à 23 h au 1-10 à 24 h, en avance de 1 h sur l'heure normale de notre fuseau

■ **Année. Origine du nom :** de la même racine que *annus,* « anneau » : suggère le retour cyclique des saisons et des mois.

Année anomalistique : temps écoulé entre 2 passages du Soleil au même point de son orbite apparente : 365 j 6 h 13 min 52,53 s en temps atomique, en 2000 (31 558 432,53 s).

Année civile : temps moyen mis par la Terre à tourner autour du Soleil.

Année cosmique : période de rotation du Soleil autour du centre de la galaxie de la Voie lactée : 225 millions d'années. L'*année de lumière* est une mesure non pas de temps, mais de distance (9 461,1 milliards de km), celle parcourue en 1 année par la lumière, dans le vide, à 300 000 km/s.

Année draconitique : intervalle de temps qui sépare 2 passages consécutifs du Soleil par le nœud ascendant de l'orbite lunaire sur l'écliptique : 346,6 j. C'est la 19e partie du *saros,* période qui règle approximativement le retour des éclipses.

Année sidérale : temps écoulé entre 2 passages du Soleil en un point donné du ciel : 365 j 6 h 9 min 9,77 s (365,2564 j solaires), en temps atomique, en 2000.

Année tropique (ou équinoxiale) : temps mis par la Terre à tourner autour du Soleil entre 2 équinoxes de printemps : 365 j 5 h 48 min 45,183 s (365,2422 j solaires), en temps atomique, en 2000. Les Romains estimaient l'année tropique à 365 j 1/4 (365,25 j). Pourtant, Hipparque (IIe s. av. J.-C.) avait déjà atteint une précision supérieure : 365 j 5 h 55 min (au lieu de 49 min). Si ces chiffres avaient été adoptés lors de la réforme césarienne (voir p. 259 c), le retard pris par le calendrier julien en 1582 (réforme grégorienne) n'aurait été que de 6 j au lieu de 10. L'année tropique règle le retour des saisons.

■ **Mois. Lunaire** (ou *lunaison*) : en anglais, *moon,* lune et *month,* mois ont la même racine. Valeur moyenne de l'intervalle de temps écoulé entre 2 conjonctions successives de la Lune et du Soleil (nouvelles lunes) : 29 j 12 h 44 min 2,8 s (la durée varie de 29 j 12 h à 29 j 20 h). Notre calendrier, bien que divisé en mois primitivement lunaires, ne tient plus compte des lunaisons. D'autres calendriers sont restés purement lunaires, par exemple chez les Indiens d'Amérique et les Tahitiens, qui ignorent l'année solaire. Les musulmans connaissent l'année solaire, mais donnent priorité aux lunaisons, la date du début de chaque année étant variable, et dépendant des phases de la Lune.

Mois sidéral : invariable lorsqu'il est mesuré en unités du jour sidéral ; par contre, mesuré en unités du jour solaire, sa longueur varie de 27,03 à 27,61 selon le mois (moyenne 27,32166).

Mois synodique (celui des phases) de 29,26 à 29,80 j (moyenne 29,5306). L'orbite lunaire étant elliptique, les 4 quartiers ont des durées de 7 à 8 j selon le cas.

FUSEAUX HORAIRES

Il existe une heure différente en chaque point de la Terre puisque la notion d'heure est liée au mouvement apparent du Soleil (qui résulte de la rotation terrestre), ce dernier ayant une position différente vue de chaque point de la Terre. On ne retient cependant - par commodité - que les heures de certains méridiens.

■ **Origine. Congrès de Rome (1883) :** on eut d'abord l'idée d'établir une *heure universelle,* permettant à chacun de trouver par un calcul simple, en partant du temps local civil observé, le temps qu'il est sur une horloge fictive et unique qui servirait à compter les instants de l'humanité. Les géodésiens, réunis à Rome, préparèrent un avant-projet. On convint de choisir un méridien unique à partir duquel on compterait les longitudes, et celui de Greenwich [observatoire fondé en 1684 près de Londres, déplacé en 1948 à Herstmonceux (Sussex)] fut adopté sans discussion. Le Français Faye proposa de prendre comme heure universelle le temps civil de Greenwich, en comptant les longitudes de 0 à 12 h à partir de Greenwich, avec le signe + à l'est et le signe – à l'ouest (temps universel = temps local – longitude). Cette heure avait un défaut : elle faisait, par exemple, se lever le Soleil à 9 h du soir au Japon. On convint alors, la formule de Faye ayant été adoptée, de diviser les 360° de la circonférence en 24 fuseaux de 15° de longitude, chacun d'eux correspondant à 1 h. Ils reçurent des noms et des lettres indicatrices. Le 1er avait pour axe Greenwich et s'étendait à 7° 30′ dans l'est et à 7° 30′ dans l'ouest. Pour chacune des localités situées dans un fuseau, l'heure légale était l'heure, temps moyen des pays situés sur le méridien axial du fuseau. Les divergences entre le temps légal et le temps moyen local étaient ainsi d'une demi-heure au maximum. Pour les États-Unis et le Canada, étendus en longitude, avec de grandes voies ferrées dirigées dans le sens des parallèles, la réforme fut intégrale. En Europe, les États, plus petits, ayant à peu près la largeur d'un fuseau, on pensa que les limites des fuseaux devaient suivre le tracé des frontières. L'emploi des fuseaux réduit le nombre d'heures de 74 à 5 pour l'Amérique et de 27 à 3 pour l'Europe. Les décisions du congrès n'engageaient pas les États représentés, et les heures légales s'établirent peu à peu après délibération dans les corps législatifs des États.

Congrès de Washington (1884) : on choisit le *1er méridien.* Sur 27 États représentés, la France, le Brésil et St-Domingue s'opposèrent seuls alors à l'adoption du zéro de Greenwich. La France réclamait l'adoption d'un méridien universel. M. Janssen proposa celui de *l'île de Fer* (Canaries) que Louis XIII avait choisi par ordonnance le 25-4-1634 (après une résolution de mathématiciens européens réunis à Paris le 25-4) pour le partage des terres découvertes. M. de Chancourtois, celui qui passe par les *îles Fortunées* [Canaries (déjà choisies par Marin de Tyr et Ptolémée)] et *St-Michel* des Açores, évitant l'Islande. Struve, directeur de l'Observatoire de Poulkovo (Russie), proposa de prendre un nombre entier d'heures à partir de Greenwich, à condition toutefois que le méridien ainsi défini tombât dans l'océan. Mais, comme le choix d'un méridien universel et indépendant de toute nationalité aurait demandé des mesures précises et longues pour le rattacher aux observatoires existants, le congrès préféra choisir un méridien déjà existant. Le Japon l'adopta en 1888, l'Allemagne en 1891 et la France en 1911. L'abandon du méridien de Paris fut alors considéré comme une « capitulation ». Le député nationaliste Grandmaison avait demandé à la Chambre d'adopter au moins la formule « *méridien de Saumur* », le méridien de Greenwich passant tout près de cette ville. On avait proposé aussi le « *méridien d'Argentan* ». On aurait pu proposer *La Flèche* où il passe (il y a une stèle).

Heure légale : l'heure du méridien origine est le *Temps universel* (TU). Chaque région ou pays devrait être à l'heure du fuseau sur lequel il est situé. Pour des raisons diverses (habitudes locales, voisinage, économies d'énergie, étalement sur plusieurs fuseaux), ils adoptent souvent *une heure civile* (ou *légale*) différente. Ainsi, la France, presque entièrement située dans le fuseau Z (Greenwich), adopte en hiver l'heure du fuseau horaire voisin A plus à l'est (1 heure d'avance sur Z), et en été celle du fuseau B (2 heures d'avance sur Z).

Ligne de changement de date : elle suit en gros le méridien antipode de Greenwich. Un voyageur, partant du méridien origine, qui fait la moitié du tour de la Terre vers l'ouest, aurait perdu 12 h ; un autre dans l'autre sens aurait gagné 12 h (différence totale : 24 h) ; en arrivant aux antipodes, les 2 voyageurs sont donc à la même heure, mais pas à la même date, s'ils ne sont pas du même côté de la ligne. On recule d'1 jour si on la franchit d'ouest en est et vice versa.

Les fuseaux sont en général numérotés de 0 à 23, à partir de Greenwich en allant vers l'est. Le numéro indique l'heure du fuseau lorsqu'il est zéro heure à Greenwich, et, pour passer de la date et de l'heure de Greenwich à la date et à l'heure correspondantes d'un fuseau quelconque, il suffit d'y ajouter un nombre entier d'heures égal au numéro du fuseau ; si ce numéro excède 12, il faut retrancher 1 jour à la date obtenue.

Pour les lieux employant l'heure du fuseau 12, la même règle est valable, à condition de retrancher un jour dans le cas où le lieu est à l'est de la ligne de changement de date, ou à l'est de l'antiméridien s'il s'agit d'un navire.

Avant 1917, les navires réglaient en mer leur montre sur l'heure vraie du point, lequel en général est fait chaque jour à midi. Avec ce système, quand 2 bateaux se rencontraient, leurs montres marquaient généralement deux heures différentes. Le ministère de la Marine décida, le 22-3-1917, que, sur tous les bâtiments de la Marine française, l'heure serait désormais réglée d'après le système des fuseaux.

horaire (elle fut supprimée en Algérie par la loi du 30-6-1921). Les dates varieront [extrêmes *début :* 1-3 en 1919 au 20-4 en 1929 ; 25-2 à 2 h en 1940, *fin* du 1-10 en 1916, 1927, 1932, 1938 au 25-10 en 1920 et 1921 ; en 1939, elle fut fixée du 15-4 à 23 h au 7-10 à 24 h et prolongée (décret du 26-9) au 18-11 à 24 h ; en 1940, fin au 31-12]. Dans les territoires occupés par les Allemands, + 2 h du 9-5-1940 au 2-11-1942 (*heure allemande*). **1946 à 1976** + 1 h. Meilleure unification de l'heure en Europe.

L'heure d'été : appliquée en France de 1916 à 1940 et depuis 1976, en G.-B. depuis 1918 et en Italie depuis 1966, s'est généralisée dans l'Union européenne à la fin des années 1970. En **1988**, la 5e directive du Conseil de l'Europe du 21-12 fixe pour 1990, 1991 et 1992 les dates de la période d'été : début 25-3-1990, 31-3-1991, 29-3-1992 ; fin 30-9-1990, 29-9-1991, 27-9-1992. Elle introduit une date et une heure communes dans la CEE sauf pour Irlande et G.-B., pour lesquelles la période d'été s'achève fin octobre. La 6e directive propage l'heure d'été pour 1993 et 1994 et à la demande de la France, la majorité des États de l'UE l'a reconduite ensuite pour 3 ans jusqu'en 1997, avec les mesures suivantes : dispositif actuel maintenu en 1995 (fin mars-fin septembre), harmonisation complète des dates de fin dès 1996 (fin mars-27 octobre), justification de l'heure d'été et de ses conséquences soumises à débat d'experts. **En 1997,** une 8e directive prolonge l'heure d'été jusqu'en 2001. En 2000, en vigueur dans 108 pays. **Controverse en France :** *avantages :* elle permettrait d'économiser 1,2 GWh (en 1976 : 0,4) par an sur la consommation des particuliers, soit environ 1 million de F (mais cette notion a été remise en cause par un rapport européen de 1989 et de l'EDF en 1990) ; favorise les activités sportives. Depuis le 28-3-1976 on est revenu à l'heure d'été avancée de 1 h sur l'heure d'hiver (soit 2 h d'avance sur l'heure du fuseau). *Inconvénients:* perturbation des rythmes biologiques ; pollution : circulation plus importante aux heures claires, or l'action des ultraviolets d'origine solaire sur les oxydes d'azote et des hydrocarbures (produits par la circulation routière) augmenterait de 15 % la production d'ozone oxylithe dans les basses couches de l'atmosphère, tendant à dégrader les matériaux et à attaquer les végétaux ; augmentation des accidents de la circulation dus aux brouillards matinaux (compensée en fin de journée, selon des études britanniques).

☞ Les « Heures » dans la mythologie grecque : déesses appelées *Hôrai* (transcription latine : *horae*, d'où « heures »). *Avant le Xe s. av. J.-C. :* personnifications des phénomènes naturels : rosée, brumes, chaleurs fertilisantes. *Temps homériques (IXe s.) :* divinités mineures, mais bienfaisantes, compagnes des Nymphes et des Grâces ; suivantes des dieux et déesses comme Apollon, Déméter, Aphrodite. *IVe s. :* elles sont 4, personnifiant les saisons de l'année. *IIIe s. :* à Alexandrie, puis à Rome : elles sont 12, compagnes de la déesse Aurore *(Éos)*. Celle-ci les place chaque jour dans le ciel à des intervalles réguliers, pour qu'elles guident le char du dieu Soleil.

☞ Une fois par siècle, une date transcrite selon le code international s'écrit en 8 chiffres continus (au XXIe s., le 5 juin 2078 : 12 h 34 5-6-78).

■ **Minute.** 60e partie de l'heure.

■ **Seconde.** 60e partie de la minute, la 86 400e partie du jour ; unité adoptée par les Grecs et les Romains, utilisée universellement et devenue unité de base du système international d'unités, pour le temps. Définie en 1967 comme la durée de 9 192 631 770 périodes de la radiation correspondant à la transition entre les 2 niveaux hyperfins de l'état fondamental de l'atome de césium 133 (seconde atomique).

CALENDRIERS

DÉFINITION

■ **Étymologie.** De *calendes* (mot étrusque, désignant le 1er du mois chez les Romains). Le *calendarium* était un livre de comptes (on payait les factures en début de mois).

■ **Autres noms des calendriers. Parapegme** (grec) : indiquant les jours fastes et défavorables. **Almanach** (de l'article arabe *al* et de la racine grecque arabisée *méné* désignant la lunaison) : calendrier lunaire. A pris ultérieurement le sens de « livre de prévision astrologique ».

Adjectifs exprimant la périodicité et la durée : qui dure 1 an ou qui revient 1 fois par an : annuel ; **qui dure 2 ans ou qui revient 1 fois tous les 2 ans :** biennal ; **3 ans :** triennal ; **4 ans :** quadriennal ; **5 ans :** quinquennal ; **6 ans :** sexennal ; **7 ans :** septennal ; **8 ans :** octennal ; **9 ans :** novennal ; **10 ans :** décennal ; **11 ans :** undécennal ; **12 ans :** duodécennal ; **15 ans :** quindécennal ; **16 ans :** sexdécennal ; **17 ans :** septemdécennal ; **18 ans :** octodécennal ; **19 ans :** novodécennal ; **20 ans :** vicennal ; **30 ans :** tricennal ; **40 ans :** quadragennal ; **50 ans :** quinquagennal ; **60 ans :** sexagennal ; **70 ans :** septuagennal ; **80 ans :** octogennal ; **90 ans :** nonagennal.

Adjectifs exprimant seulement la périodicité : bihebdomadaire (2 fois par semaine), **bimensuel** (2 fois par mois), **bimestriel** (1 fois tous les 2 mois), **biquotidien** (2 fois par j), **bisannuel** (1 fois tous les 2 ans) [*synonyme :* biennal], **hebdomadaire** (1 fois par semaine), **mensuel** (1 fois par mois), **quotidien** (1 fois par j), **séculaire** (1 fois tous les 100 ans), **semestriel** (1 fois tous les 6 mois), **trihebdomadaire** (3 fois par semaine), **trimensuel** (3 fois par mois), **trimestriel** (1 fois tous les 3 mois), **trisannuel** (1 fois tous les 3 ans) [*synonyme :* triennal].

NOTRE CALENDRIER

ORIGINE

■ **Ère chrétienne.** A cause des débats autour de la Pâque de 455, Hilaire, archidiacre du pape Léon le Grand (440-461) commande à Victorius d'Aquitaine une table (1re à Rome), partant de la Passion du Christ, située en 28 de notre ère. En 532, sur une proposition du moine scythe *Denys le Petit* (*Dyonisius exiguus,* † 540 à Rome ; ses calculs sont entachés d'une erreur égale ou supérieure à 4 ans), l'Église décida de compter les années à partir du 1er janvier qui suivit la naissance de Jésus (le 25 décembre de l'an 753 de la fondation de Rome), c'est-à-dire que le 1er janvier de l'an de Rome 754 devint rétrospectivement le 1er janvier de l'an 1 de l'ère chrétienne (Denys prolongea la table cyrillienne, qui s'arrêtait en 531, en renonçant au 2e cycle de Saint-Cyrille, car celui-ci commençait en l'an 248 de Dioclétien, le persécuteur. Mais, hors table pascale, il ne fit appel ni à l'an de l'Incarnation, ni à une autre ère). Les historiens n'appellent pas l'année de la naissance du Christ l'année 0, et l'on saute de l'an 1 av. J.-C. à l'an 1 de l'ère chrétienne. Cette manière de compter devint courante au IXe s. ; l'Angleterre l'adopta au VIIe s. [concile de Whitby en 664, puis travaux de Bède le Vénérable (673-735) ; mais l'Église ne datera ainsi ses documents qu'après celui de Chelsea en 816] ; la France au VIIIe s. [1er exemple : capitulaire de Carloman (maire du palais) date de 742] ; l'Espagne au XIVe s., la Grèce au XVe s., la Franche-Comté en 1575, la Lorraine en 1579, l'Écosse en 1600, la Russie en 1725, la Toscane en 1750, l'Irlande en 1752 (voir **Année de début des siècles,** encadré p. 258 a). L'emploi s'étant généralisé en Europe occidentale après l'an mille, on donna le nom de *millésime* au chiffre servant à exprimer la date.

Les années de l'ère chrétienne sont communément désignées par les expressions *anno ab Incarnatione, anno Domini, anno a Nativitate,* et depuis le XIIe s. : *anno gratias ;* dans les actes français : *l'an du Seigneur* ou *l'an de grâce ;* assez souvent la date y est exprimée sous cette forme : *quand li miliaire couroit par M. et deus cent et vingt-trois.* Certaines chartes sont datées de l'an de la Passion *(anno a Passione). Ère de la Passion :* départ postérieur de 33 ans. Dans d'autres chartes, *anno a Passione* est synonyme de *anno ab Incarnatione* et annonce comme elle l'année de l'ère chrétienne.

Début de l'année : le jour à partir duquel on change le millésime de l'année a été fixé en France selon 8 « styles » différents depuis l'adoption de l'ère chrétienne : **1°) 1er mars** (tradition romaine ancienne) ; **2°) 1er janvier** [tradition romaine depuis le règne de Numa Pompilius (715-672 av. J.-C.)] ; **3°) 25 décembre** (*style de la nativité :* naissance du Christ ; date fixée en 337 par le pape Jules Ier) ; répandu dans le Midi et dans les domaines des Plantagenêts, encore en faveur à la fin du Moyen Age en Dauphiné ; **4°) 25 mars** (Incarnation du Christ ; le plus fréquent, d'où l'expression *« An de l'Incarnation »* pour désigner les années de l'ère chrétienne) ou *style de l'Annonciation ;* en usage dans le Midi, en Limousin, Auvergne, Lorraine, Champagne et Picardie ; **5°) 25 mars,** avec 1 an de retard ; **6°) Pâques** (*style de France,* utilisé par la chancellerie royale pour les administrations et juridictions royales), en pratique depuis le VIe s. environ ; Pâques étant une fête mobile pouvant varier de 35 jours, l'année pouvait compter plus de 13 mois ou 11 mois seulement et le nombre des jours varier de 330 à 400. Des années pouvaient comprendre 2 fois les 10 derniers j de mars et les 24 premiers j d'avril et d'autres être dépourvues de la fin du mois de mars et de presque tout le mois d'avril. Le 1er jour de l'année peut être Pâques ou la veille (samedi saint) ou plus rarement le lundi de Pâques ; **7°) Pâques,** avec un an de retard ; **8°) 1er janvier** avec un an de retard (très petite minorité). L'usage du 1er janvier sans année de retard fut prescrit par un édit de Charles IX [édit de janvier 1563 Paris (art. 39), enregistré au parlement de Toulouse en 1564, de Bordeaux en 1565 et Paris en 1567. Le 9-8-1564, la *Déclaration de Roussillon* fit droit à certaines remontrances du Parlement sur plusieurs des 38 premiers articles de l'édit mais l'art. 39 n'en fait pas partie] à une époque où la longitude du soleil (nulle lors de l'équinoxe de printemps) est proche de 280°. Cette valeur implique de situer l'origine de l'année tropique (voir p. 258 a) 233,5 heures après le solstice d'hiver. *L'année 1561* dura du samedi saint 5-4 au samedi saint 28-3 ; *1562 :* du samedi 28-3 au samedi 10-4 ; *1563 :* du samedi 10-4 au samedi 1-4 ; *1564 :* du samedi 1-4 au 31-12 (elle n'eut donc que 9 mois) ; *1566 :* du 14-4 au 31-12 (8 mois et 17 j).

■ **Calendrier grégorien.** Le pape Grégoire XIII décida en octobre 1582 de réformer le *calendrier julien.* Le retard accumulé depuis son adoption (45 av. J.-C.) étant de 11 min 14 s par an (soit 18 h 40 min par siècle) il atteignait alors 13 j, mais la réforme ne tint compte que des 10 j de retard accumulés après le concile de Nicée, négligeant le retard de 3 j accumulés depuis son adoption jusqu'à l'époque du concile de Nicée en 345 apr. J.-C. Il y avait déjà eu de vaines tentatives de réforme, en 1414 (cardinal Pierre d'Ailly) et en 1545 (concile de Trente).

L'année resta de 365 jours, mais certaines années *bissextiles* furent supprimées. Désormais sont bissextiles les années divisibles par 4, à l'exception des années multiples de 100 qui ne sont pas divisibles par 400 (exemple : 1900), l'année 2000 sera donc bissextile. Cette année réformée est encore trop longue de 25 s par rapport à la durée de l'année tropique moyenne (soit 1 j en 3 456 ans).

Inexactitudes du calendrier grégorien : 1°) l'année grégorienne a été calculée avec une précision insuffisante ; elle est trop longue de 0,0003 j, c.-à-d. a 3 jours de trop en 10 000 ans. **2°)** Il ne tient pas compte de l'allongement de l'année dû au ralentissement de la rotation terrestre (0,60 s au bout de 1 siècle).

Date d'adoption : 1582 : le jeudi 4-10-1582 (julien) fut suivi du vendredi 15-10 (grégorien), la succession des jours de la semaine étant respectée. Italie, Espagne, Portugal, *France* [selon mandement de Henri III du 2-11-1582, le dimanche 9 décembre (julien) fut suivi de vendredi 20-12], Pays-Bas catholiques, Lorraine (édit du duc Charles III du 25-11), Savoie (en déc.). **1584 :** Autriche, Allemagne et Suisse catholiques. **1586 :** Pologne. **1587 :** Hongrie. **1610 :** Prusse. **1648 :** Alsace (Strasbourg, 1682) avec le rattachement à la France. **1700-01 :** Allemagne, Suisse et Pays-Bas protestants, Danemark, Norvège. **1744 :** Charles XI, craignant que supprimer 10 jours d'un coup ne nuise aux transactions commerciales ou ne produise des troubles comme il y en avait eu à Riga, décida de supprimer les années bissextiles de 1696 à 1744 (qui concordera avec le nouveau style). **1752 :** Grande-Bretagne, [la décision provoqua des émeutes : le peuple estimait qu'on lui avait volé 3 mois (en outre, le début de l'année était fixé au 1er janvier et non plus au 25 mars)]. **1753 :** Suisse protestante (dernier canton, Grisons 1811). **1873 :** Japon. **1911 :** Chine. **1916 :** Bulgarie. **1919 :** Roumanie, Yougoslavie. **1923 :** URSS (les journées d'octobre 1917, qui marquent le début de la révolution russe, sont ainsi depuis 1923 commémorées en novembre), Grèce. **1926 :** Turquie.

Ces pays avaient tous le calendrier julien, sauf le Japon et la Chine (calendrier national), et la Turquie (calendrier musulman). Pendant une période transitoire, on mentionna 2 dates, exemple 10/23 janvier 1920 (10 vieux style, 23 nouveau style ou grégorien).

En Europe occidentale, les *pays protestants* furent parmi les derniers à s'incliner. « Les protestants, disait Kepler, aiment mieux être en désaccord avec le Soleil que d'accord avec le pape. » Les *orthodoxes* orientaux ont rejeté la réforme : l'ordre des jours de la semaine ayant été créé par Dieu, il est impie d'y toucher.

■ **Jours juliens.** On désigne souvent en astronomie une date par le nombre de jours écoulés depuis le commencement de la *période julienne,* qui est situé à 12 h Temps universel le 1er janvier de l'année – 4712 (ou 4713 avant J.-C.). Par exemple, le numéro du jour julien qui commence à 12 h UT le 1-1-2000 est 2 451 545. Par extension, on emploie la *date julienne* qui comprend une fraction décimale du jour comptée depuis 12 h UT et qui peut servir à fixer l'instant d'un événement dans un système purement décimal.

Dans de nombreuses applications scientifiques, on préfère la *date julienne modifiée,* MJD, obtenue en retranchant 2 400 000,5 à la date julienne. Le jour de MJD commence donc en même temps que le jour à 0 h UT. Bien que le système de datation se rapporte en principe à UT, il est courant, dans des applications demandant une grande précision, de spécifier la date MJD dans l'échelle du Temps atomique international.

Poissons d'avril. On a dit qu'à l'origine ils étaient de pseudo-cadeaux que l'on se faisait par plaisanterie après la suppression du Nouvel An du 1er avril. Mais la coutume serait plutôt liée à la fermeture de la pêche, généralisée en France au 1er avril, depuis des siècles, à cause du frai. Pour taquiner les pêcheurs en eau douce, privés de poissons, on leur envoyait des harengs.

Vendredis 13. Il y en a de 1 à 3 par an. Lors de la Cène, Jésus et les Apôtres étaient 13 avec Judas (qui allait le trahir). Le chiffre 13 devint ainsi fatidique. Aux États-Unis, on passe souvent directement du 12e au 14e étage dans les hôtels, il n'y a pas de rangée 13 en avion. À Paris, dans de nombreuses rues, un 11 *bis* remplace le 13.

PROJETS DE RÉFORME

■ **Défauts du système actuel. 1°)** Les mois étant de longueur variable, le nombre des jours ouvrables mensuels varie jusqu'à 12 %, ce qui perturbe toutes les statistiques économiques. **2°)** La mobilité de certaines fêtes chômées (lundis de Pâques et de Pentecôte, Ascension), la coïncidence possible d'un jour férié et d'un dimanche (1er mai, 15 août) compliquent les plannings mensuels.

■ **Principaux types de projets. 1°) 4 trimestres de 91 jours avec des mois de 30 et 31 jours : calendrier universel :** projet proposé en 1884 par Camille Flammarion (1842-1925), dont s'approchèrent Armelin et Hanin en 1887, définitivement établi par Flammarion le 5-6-1901. *Avantages :* les dates restent les mêmes, l'année commençant toujours un lundi (le 21 mars, équinoxe de printemps pour l'hémisphère nord et d'automne pour l'hémisphère sud) [les années sont identiques (52 semaines de 7 jours) séparées par 1 jour de fête *(jour zéro)* qui ne compte pas, et par 2 jours lors des années bissextiles]. Les 12 mois sont partagés en 4 trimestres égaux de 30, 30 et 31 jours. Les 31 tombent un dimanche. Les noms des mois « pourraient être remplacés par des désignations dignes des qualités, ou, tout au moins, des tendances intellectuelles de l'Humanité, telles que : *Vérité, Science, Sagesse ; Justice, Honneur, Bonté ; Amour, Beauté, Humanité ; Bonheur, Progrès, Immortalité.* » **Calendrier mondial** d'Elisabeth Achelis (All., 1931) soumis depuis 1947 à l'Onu, en vue de son adoption : 4 trimestres avec des mois de 31, 30, 30 j, soit 364 j. Tous les ans 1 jour supplémentaire (*World Day,* « jour mondial ») ; tous les 4 ans, 1 jour W bissextile. Les années et les trimestres commenceraient par un dimanche ; les 1ers mois de 30 j par un mercredi ; les 2es par un vendredi. **Autres projets :** de l'*abbé Mastrofini* (Italien), 1837 (jour

Pour trouver le jour correspondant a une date

Nota. – S'assurer que l'année choisie est divisible par 400 pour être une année bissextile. Pour les années bissextiles, on utilise les mois de janvier et de février suivis de la lettre (B).

Tableau I

Années

00	01	02	03	–	04	05
06	07	–	08	09	10	11
–	12	13	14	15	–	16
17	18	19	–	20	21	22
23	–	24	25	26	27	–
28	29	30	31	–	32	33
34	35	–	36	37	38	39
–	40	41	42	43	–	44
45	46	47	–	48	49	50
51	–	52	53	54	55	–
56	57	58	59	–	60	61
62	63	–	64	65	66	67
–	68	69	70	71	–	72
73	74	75	–	76	77	78
79	–	80	81	82	83	–
84	85	86	87	–	88	89
90	91	–	92	93	94	95
–	96	97	98	99	–	–

Siècles

Juliens (Jusqu'au 4 octobre 1582)				Grégoriens (Depuis le 15 octobre 1582)					00…	01…	02…	03…	–	04…	05…
0	7	14			–	17	21	25	6	0	1	2	3	4	5
1	8	15			–	–	–	–	5	6	0	1	2	3	4
2	9	–			–	18	22	26	4	5	6	0	1	2	3
3	10	–			–	–	–	–	3	4	5	6	0	1	2
4	11	–			15	19	23	27	2	3	4	5	6	0	1
5	12	–			16	20	24	28	1	2	3	4	5	6	0
6	13	–			–	–	–	–	0	1	2	3	4	5	6

Tableau II

	Mai	Août Févr. (B)	Févr. Mars Nov.	Juin	Sept. Déc.	Avr. Juill. Janv. (B)	Janv. Oct.
1	2	3	4	5	6	0	1
2	3	4	5	6	0	1	2
3	4	5	6	0	1	2	3
4	5	6	0	1	2	3	4
5	6	0	1	2	3	4	5
6	0	1	2	3	4	5	6
0	1	2	3	4	5	6	0

Tableau III

	1, 8, 15, 22, 29	2, 9, 16, 23, 30	3, 10, 17, 24, 31	4, 11, 18, 25, –	5, 12, 19, 26, –	6, 13, 20, 27, –	7, 14, 21, 28, –
1	D.	L.	m.	M.	J.	V.	S.
2	L.	m.	M.	J.	V.	S.	D.
3	m.	M.	J.	V.	S.	D.	L.
4	M.	J.	V.	S.	D.	L.	m.
5	J.	V.	S.	D.	L.	m.	M.
6	V.	S.	D.	L.	m.	M.	J.
0	S.	D.	L.	m.	M.	J.	V.

Exemple : quel était le jour de la délivrance d'Orléans par Jeanne d'Arc, le 8 mai 1429 ?
Tableau I : à l'intersection de la colonne verticale où se trouve le nombre 29 sur le tableau des années et de la ligne horizontale où se trouve le nombre 14 sur le tableau des siècles correspond le chiffre 0. *Tableau II :* ce 0 reporté dans la première colonne des mois donne 1 dans la colonne mai. *Tableau III :* à l'intersection de ce chiffre 1 (1re colonne du tableau III) et du quantième 8, correspond la lettre D. Le 8-5-1429 était donc un dimanche.

Répétition de calendriers : *année ordinaire :* 35 ans (1er dimanche choisi entre le 1er et le 7-1, Pâques entre 5 dimanches, du 21-3 au 25-4), mais 63 ans entre 1995 et 1911 ; *bissextile* tous les 84 ans (1 038,96 lunaisons), mais possible 6 et 11 ans (se renouvelle plus vite). Exemples : 1903, 1914, 1925, 1936, 1998, 2009, 2020 (7 fois en 120 ans). D'autres calendriers sont rarissimes : 1791, 2011 ; 1628, 2000 ; 1818, 2285.

bissextile : mardi *bis* 29 février) ; de *Grosclaude*, 1900 ; d'*Alexander Philips* (Angl.), 1900 ; de *Carlos de la Plaza* (Esp.), 1911 ; de *Gabriel Nahapetian* [moine arménien (mékhithariste) de Venise], 1911-15 ; d'*Arnaud Baar* (Belge), 1912.

2°) **13 mois de 28 jours : calendrier fixe** d'Auguste Comte (1798-1847), publié en 1849, nommé en 1911 par Eastman (Amér.). Chaque mois porte le nom d'un grand homme. Un nouveau mois, « sol », s'intercale entre juin et juillet. Le jour de l'an, le 29 décembre, ne fait partie d'aucune semaine et est férié comme le jour bissextile, placé le 29 juin tous les 4 ans. **Autres projets :** de *Moses Cotsworth* (Canadien), 1914 ; de *Robert Heinicke* (Allemand) ; de *Paul Delaporte* (Français), 1913.

3°) **4 trimestres avec 2 mois de 28 j** (4 semaines) **et 1 mois de 35 j** (5 semaines) : *John Robertson* (Écossais), *Arnold Kampe* (All.), *Henry Dalziel*.

4°) **53e semaine ajoutée à certaines années :** *Frédéric Black* (Angl.) : années de 364 j, puis 1 année de 371 j tous les 5 ou 6 ans. **Variantes :** *P. Searle* (Amér.), *Alsa Koopman* (Holl.).

5°) **Régulation des bissextiles :** projet russe (*Madler, Glasenapp*), repris par *lord Grinthorp* (Angl.) et *Ghazi Moukhtar Jacha* (Turc) : supprime 1 jour tous les 128 ans, ce qui permettrait aux années de commencer toujours par le même jour de la semaine.

6°) **Projet décimal :** inspiré par celui de la Révolution française. *Unité :* l'heure. 1 j : 1 décaheure ; 10 j : 1 hectoheure ; 100 j : 1 kiloheure, etc.

☞ **En 1924,** la SDN a établi un Comité spécial d'étude de la réforme du calendrier. Les nombreux calendriers proposés étaient parents de celui d'Auguste Comte, ou de Flammarion. Mais aucune suite ne fut donnée.

L'Organisation internationale de standardisation a proposé un calendrier ISO (International Standardization Organization) pour désigner jours (le 1-1-1994 est le 19 940 101e) et semaines [la 1re semaine de l'année est celle où se trouve le 1er jeudi de janvier (la semaine 01 de 1994 débute le 3-1)]. Une année commençant un jeudi (un mercredi si elle est bissextile) compterait 53 semaines.

Calendrier ecclésiastique

Généralités

Il est à la fois lunaire et solaire. **Cycle sanctoral :** fêtes fixes dont la date s'exprime par un quantième et un mois : la plupart des fêtes du Christ (Nativité 25-12, Circoncision 1-1, Épiphanie 6-1, Baptême 13-1, Transfiguration 6-8) et toutes celles de la Vierge (Annonciation 25-3, Visitation 2-7, Assomption 15-8, Nativité 8-9, Présentation au Temple 21-11) et des saints, notamment celle de tous les saints (1-11). **Cycle temporal** autour de la fête de Pâques, mobile par rapport à notre calendrier, mais fixée par rapport au calendrier lunaire (Pâques étant fixé à la 1re nuit de samedi à dimanche après la pleine lune de printemps, au plus tôt le jour de l'équinoxe, le 21 mars, ou après). **Cycle des Quatre-Temps** qui précèdent le mercredi des Cendres par lequel s'ouvre le carême jusqu'au samedi après le 24e dimanche après la Pentecôte. **Cycle de Noël** combinant les quantièmes et le jeu des semaines : semaines de l'Avent (4 avant Noël) et semaines après l'Épiphanie (nombre variable selon la date du début du carême, lié à Pâques).

■ **Date de Pâques. Jusqu'au concile de Nicée (325) :** chaque Église chrétienne avait sa façon particulière de calculer Pâques : certaines (par exemple Antioche) se référaient à la Pâque juive ; on laissait les juifs calculer leur Pâque et on prenait le dimanche suivant. La plupart se référaient à l'anniversaire de la mort de Jésus (non le jour anniversaire lui-même, mais la pleine lune qui le suivait). Dans ce système, 2 sources de divergences : **1°)** les Églises *quatuordécimantes* mettaient leur Pâque au 14e j, qu'il fût un dimanche ou non, alors que Rome et Alexandrie choisissaient toujours le dimanche ; **2°)** la date de la résurrection du Christ n'est pas fixée de façon uniforme, car on choisit pour sa mort les années 29, 30, 31, 32 ou 33 ; elle varie ainsi du 3 au 17 avril.

Depuis le concile de Nicée : la date de Pâques est fixée au dimanche qui suit le 14e jour de la Lune, qui atteint cet âge au 21 mars ou immédiatement après. Il y eut de nombreuses réticences (notamment l'Église d'Irlande, au bord d'un schisme d'origine « pascale » jusqu'au VIIIe s.). Le retard de l'année julienne sur le calendrier réel retarda considérablement la fête de Pâques jusqu'en 1523. L'équinoxe se produisant avant le 21 mars, la lune prise en considération pour le calcul de Pâques était toujours celle d'avril-mai, et Pâques tombait parfois à la mi-juin.

☞ Il y a désaccord sur la *date réelle* de l'anniversaire de la *Résurrection* de Jésus-Christ qu'on célèbre le 3e jour après sa mort.

Dates de Paques de 1900 a 2049

Légende : chiffres en romain : il s'agit du mois d'avril ; en italique : il s'agit du mois de mars.

Années	0	1	2	3	4	5	6	7	8	9
1900	15	7	*30*	12	3	23	15	*31*	19	11
1910	*27*	16	7	*23*	12	4	23	8	*31*	20
1920	4	*27*	16	1	20	12	4	17	8	*31*
1930	20	5	*27*	16	1	21	12	*28*	17	9
1940	*24*	13	5	25	9	1	21	6	*28*	17
1950	9	*25*	13	5	18	10	1	21	6	*29*
1960	17	2	22	14	*29*	18	10	*26*	14	6
1970	*29*	11	2	22	14	*30*	18	10	*26*	15
1980	6	19	11	3	22	7	*30*	19	3	*26*
1990	15	*31*	19	11	3	16	7	*30*	12	4
2000	23	15	*31*	20	11	*27*	16	8	*23*	12
2010	4	24	8	*31*	20	5	*27*	16	1	21
2020	12	4	17	9	*31*	20	5	*28*	16	1
2030	21	13	*28*	17	9	*25*	13	5	25	10
2040	1	21	6	*29*	17	9	*25*	14	5	18

Nota. – Limites extrêmes : *Pâques* 22 mars (1598, 1693, 1761, 1818, 2285)-25 avril (1666, 1734, 1886, 1943, 2038, 2190) [*Pentecôte* 10 mai-13 juin].

☞ **Nombre de jours avant Pâques :** *septuagésime* (63 j avant Pâques), *sexagésime* (56), *quinquagésime* (49). [Ces termes ne sont plus utilisés depuis le 1-1-1971, la période liturgique correspondante (servant de préface au Carême) ayant été supprimée.] *Mercredi des Cendres* 46 [comme il est interdit de jeûner les dimanches, pour obtenir 40 jours de jeûne (durée du jeûne de Jésus dans le désert), en comptant les vendredi et samedi saints et en soustrayant les 6 dimanches, le début du jeûne fut avancé de 4 j]. *Quadragésime* 42. *Reminiscere* 35. *Oculi* 28. *Laetare* 21. *Passion* 14. *Rameaux* 7. **Après Pâques :** *Quasimodo* 7. *Ascension* 39. *Pentecôte* 49. *Trinité* 56. *Fête-Dieu* 60.

■ **Noël.** A vu le jour à Rome vers 330 et s'est imposé en Orient 1 siècle plus tard [Palestine 2 siècles (570)]. En effet, les Orientaux célébrant la naissance du Christ le 6 janvier, en même temps que l'adoration des mages, la circoncision et le baptême, l'*Épiphanie* est restée pour eux la fête majeure.

Dates des fêtes mobiles

Années	Cendres	Pâques	Ascension	Pentecôte	Avent
2001	28-2	15-4	24-5	3-6	2-12
2002	8-3	23-4	1-6	11-6	3-12
2003	5-3	20-4	29-5	8-6	30-11
2004	25-2	11-4	20-5	30-5	28-11

Comput ecclésiastique

■ **Définition.** Ensemble d'opérations permettant de calculer les dates des fêtes religieuses mobiles et particulièrement celle de Pâques. Il ne tient pas compte des inégalités du mouvement de la Lune, et parfois les indications du calendrier ecclésiastique sont en désaccord avec son mouvement réel.

■ **Éléments du comput. Nombre d'or :** nombre compris entre 1 et 19 qui indique le rang d'une année donnée dans un cycle de 19 ans, au bout duquel les phases de la Lune se reproduisent aux mêmes dates (les Grecs le gravaient en lettres d'or sur les monuments publics). L'astronome grec Méton aurait découvert en 432 av. J.-C. que 19 années solaires valent 235 lunaisons (cycle de Méton). Le nombre d'or est égal au reste de la division par 19 du millésime de l'année, augmenté de 1 ; l'an 1 de l'ère chrétienne ayant 2 pour nombre d'or.

Épacte : nombre qui indique l'âge de la Lune à la veille du 1er janvier en convenant de désigner par 0 son âge le jour où elle est nouvelle. Comme une lunaison compte 29 j et quelques h, l'épacte peut varier de 0 à 29. De la valeur de l'épacte, on déduit la date de la pleine lune (le 21 mars ou immédiatement après). Puis, par la lettre dominicale (voir ci-après), on obtient la date du dimanche suivant : le jour de Pâques.

Lettre dominicale : indique les dimanches d'une année avec la convention suivante : on désigne à partir du 1er janvier les jours successifs de l'année par A,B,C,D,E,F,G, en recommençant la série des 7 lettres quand elle est épuisée. Les jours de même nom sont donc désignés par la même lettre. Si le 1er janvier est un lundi, A désigne les lundis, B les mardis, ..., G les dimanches : alors G est la lettre dominicale de l'année. Les années bissextiles, le 29 février usurpe la lettre qui devrait revenir au 1er mars. On indique, pour les 10 derniers mois de l'année, une 2e lettre dominicale qui eût été normalement celle de l'année suivante.

Cycle dominical (ou, improprement, **cycle solaire**) **:** 28 ans, au bout desquels reviennent les mêmes lettres dominicales. Chaque année peut être caractérisée par son rang (entre 1 et 28) dans ce cycle.

Indiction romaine : période de 15 années, conventionnelle, n'ayant aucune signification astronomique (correspondant à Rome, au temps des empereurs, à la perception d'un impôt exceptionnel). Les papes, depuis Grégoire VIII, ont fait commencer l'indiction au 1-1-313. Depuis, les années portent un numéro compris entre 1 et 15, qui porte aussi le nom de l'indiction romaine. L'indiction est égale au reste de la division par 15 du millésime de l'année, augmenté de 3. Exemple : *année 2002 :* nombre d'or : 8 ; épacte : 16 ; lettre dominicale : F ; cycle solaire : 23 ; indiction romaine : 10.

Nota. – Des notaires turinois l'employèrent jusqu'au XVIIIe s., le St-Empire jusqu'en 1806. Les bulles papales sont toujours datées en Indiction.

Calendrier romain

■ **A l'origine. Calendrier lunaire :** années de 304 j divisées en 10 mois, comptées de la date de la fondation de Rome (en 753 av. J.-C. sous Romulus).

Lustre : à l'origine, fête expiatoire instituée par Servius Tullius, puis période de 4 années (dite Olympiade chez les Grecs) puis de 5 années.

Nom des mois : *d'abord adjectifs numéraux,* terminés en ilis : aprilis (2e), quintilis (5e), sextilis (6e), ou en ber : september (7e, *septem ab imbre :* le 7e après les neiges), october (8e), november (9e), december (10e). *Puis, on en dédia à des divinités :* le 1er, martius, à Mars, dieu de la guerre ; le 3e, *maïus*, à Maïus ou Maïa, divinités préromaines ; le 4e, *junius*, à Junon, épouse de Jupiter. On ajoutait, après le dernier mois, le nombre de jours nécessaires pour égaler l'année solaire ; ces jours n'eurent d'abord pas de nom. Puis on en fit 2 mois, placés, après décembre, à la fin de l'année. L'un fut ensuite placé avant martius et appelé *januarius* (il était consacré à Janus, ou Dianus, divinité préromaine à 2 visages). L'autre, februarius, resta d'abord après décembre. Les mois eurent un nombre de jours impair (les Romains croyaient que le nombre impair portait bonheur). Le total donnait 354 j ; pour avoir un nombre impair on donna à l'année 355 j en ajoutant 1 jour au dernier mois qui, de 27 j, passa à 28 j. Ce nombre pair en faisait un mois néfaste qui fut consacré à des cérémonies expiatoires, d'où son nom de *februarius* (*februare,* verbe archaïque d'origine sabine, signifiant purifier). Vers l'an 400 de Rome, februarius fut déplacé entre januarius et martius, et devint le 2e mois.

Calendrier républicain

ÈRE RÉPUBLICAINE	I	II	III	IV	V	VI	VII	VIII	IX	X	XI	XII	XIII	XIV
ÈRE GRÉGORIENNE	1792	1793	1794	1795	1796	1797	1798	1799	1800	1801	1802	1803	1804	1805
1er *vendémiaire* .... Septembre	22	22	22	23	22	22	22	23	23	23	23	24	23	23
1er *brumaire* .... Octobre	22	22	22	23	22	22	22	23	23	23	23	24	23	23
1er *frimaire* .... Novembre	21	21	21	22	21	21	21	22	22	22	22	23	22	22
1er *nivôse* .... Décembre	21	21	21	22	21	21	21	22	22	22	22	23	22	22
ÈRE GRÉGORIENNE	1793	1794	1795	1796	1797	1798	1799	1800	1801	1802	1803	1804	1805	
1er *pluviôse* .... Janvier	20	20	20	21	20	20	20	21	21	21	21	22	21	
1er *ventôse* .... Février	19	19	19	20	19	19	19	20	20	20	20	21	20	
1er *germinal* .... Mars	21	21	21	21	21	21	21	22	22	22	22	22	22	
1er *floréal* .... Avril	20	20	20	20	20	20	20	21	21	21	21	21	21	
1er *prairial* .... Mai	20	20	20	20	20	20	20	21	21	21	21	21	21	
1er *messidor* .... Juin	19	19	19	19	19	19	19	20	20	20	20	20	20	
1er *thermidor* .... Juillet	19	19	19	19	19	19	19	20	20	20	20	20	20	
1er *fructidor* .... Août	18	18	18	18	18	18	18	19	19	19	19	19	19	

Correspondance. Exemple : à quelle date correspond le 18 brumaire de l'an VIII ? *Le 1er brumaire correspondant au 23 octobre 1799, le 18 brumaire correspondra au 23 + 17* (le chiffre à ajouter est diminué d'une unité pour ne pas avoir à compter le jour même du départ du mois) = *40 octobre, c'est-à-dire au 9 novembre 1799.*

Origine. A partir de 1790, sans décision législative, l'usage s'établit de désigner l'année sous le nom d'*an II de la Liberté* (le « Moniteur » du 14-7-1790 est pour la 1re fois daté du 1er jour de l'an II de la Liberté). Une confusion s'ensuit : les uns prenant pour point de départ de l'ère nouvelle le 14-7-1789, datent de l'an II jusqu'en juillet 1791 ; d'autres, comptant 1789 pour une année entière, commencent à dater de l'an III en janvier 1791. Amenée à trancher, l'Assemblée législative décrète, le 2-1-1792, que tous les actes publics, civils et judiciaires, portent désormais la mention de **ère de la Liberté,** et que l'an IV de la Liberté a commencé le 1-1-1792. Le « Moniteur » appliquera ce décret à partir de son numéro du 5-1-1792, daté de l'an IV alors que son numéro du 4 était daté de l'an III. Après le 10-8, on ajoute l'**an de l'Égalité** (à partir du 21-8-1792, le « Moniteur » porte la mention : L'an IV de la Liberté et le I de l'Égalité).

Sous la Convention. Dès sa 1re séance, après avoir aboli la Monarchie, elle décrète, le 22-9-1792, sur proposition de Billaud-Varenne (1756-1819), que ce jour ouvre l'**ère de la République** et que tous les actes seront désormais datés de l'an I de la République. « Le même jour à 9 h 18 min 30 s du matin (pour l'Observatoire de Paris), le Soleil est arrivé à l'équinoxe vrai, en entrant dans le signe de la Balance. L'égalité des jours et des nuits était marquée dans le ciel, au moment même où l'égalité civile et morale était proclamée par les représentants du peuple français comme le fondement sacré de son nouveau gouvernement. » Pour mettre les années de l'ère nouvelle en concordance avec le calendrier en usage, la Convention décrète le 2-1-1793 que l'an II commencera le 1-1-1793, mais bientôt elle songe à remanier tout le calendrier. Le Comité d'instruction publique charge une commission présidée par G. Romme (1750, condamné et suicidé 17-6-1795) comprenant : Lagrange, Monge, Lalande, Guyton, Pingré, Dupuis, etc., de préparer un projet. Sur la proposition de cette commission, la Convention décrète le *14 vendémiaire an II* (5-10-1793) que le point de départ de l'ère républicaine et le commencement de l'an I sont fixés à la date de la proclamation de la République, qui se trouve coïncider avec l'équinoxe vrai d'automne au 22-9-1792. Le décret qui fixait le commencement de la 2e année au 1-1-1793 est rapporté. Tous les actes datés de l'an II de la République, passés dans le courant du 1-1 au 22-9 exclusivement, sont regardés comme appartenant à la 1re année de la République. Le même décret établit un **calendrier révolutionnaire.** Le 18-10-1793, Romme présente à la Convention le projet d'instruction sur le calendrier républicain et lui soumet les propositions relatives à la nomenclature. La Convention adopte le projet d'instruction et renvoie la nomenclature à l'examen d'une commission composée de Chénier, David, Fabre d'Églantine et Romme. L'idée d'attribuer aux jours de l'année le nom d'une plante, d'un animal ou d'un instrument proposée à la Convention dès le 5 octobre est faite par Fabre. L'idée est de consacrer, par le calendrier, le système agricole et d'y ramener la nation. Ils pensent « que la nation, après avoir chassé cette foule de Canonisés de son calendrier, doit y retrouver en place les dignes objets, sinon de son culte, au moins de sa culture ». Les noms des jours de la décade sont proposés à la Convention par Romme sous forme à peu près semblable : *(prime-di, deux-di, tri-di, quatre-di, cinq-di, six-di, sept-di, huit-di, neuf-di, dix-di).* A chaque demi-décade, les 5, 15 et 25 de chaque mois, un animal domestique est inscrit ; à chaque décade, c'est un instrument domestique. Cette nouvelle nomenclature est adoptée le 24-10-1793 *(3 brumaire an II)* et elle est promulguée par décret du *4 frimaire an II* (24-11-1793). Ce calendrier demeura en vigueur jusqu'au 1-1-1806 (senatus-consulte du 9-9-1805). La Constitution du *5 fructidor an III* (22-8-1795) avait spécifié (article 372) : « L'**ère française** commence au 22 septembre 1792, jour de fondation de la République ».

Organisation du calendrier. Le commencement de l'année est fixé « à minuit avec le jour où tombe l'équinoxe vrai d'automne pour l'Observatoire de Paris » (décret du *4 frimaire an II*, art. 3). Les astronomes doivent déterminer pour chaque année le moment exact du passage du Soleil par le plan de l'équateur, et un décret spécial fixera ensuite le commencement de l'année. Les années commencent ainsi tantôt le 22, le 23 ou le 24 septembre. Si le passage du Soleil au point équinoxial a lieu vers minuit, les calculateurs peuvent être embarrassés pour fixer avant ou après l'heure exacte de minuit et par conséquent décider si l'année doit commencer un jour ou l'autre.

Divisions de l'année. L'année, de 365 j, est divisée en 12 *mois* de 3 *décades* de 10 j, pour se conformer aux règles du système métrique, et se termine par 5 j *complémentaires.* Du 5 au 24-11-1793, on a désigné mois et jours par des numéros d'ordre. Le décret du *4 frimaire an II* (24-11-1793) adoptait les noms de *prime-di* (mais *primidi* s'imposera ensuite), *duodi, tridi, quartidi, quintidi, sextidi, septidi, octidi, nonidi, décadi.* Les jours complémentaires furent appelés, à partir du 24-11-1793 (décret du 3e j du 2e mois de l'an II), *sans-culottides,* puis à partir du décret du *7 fructidor an III* (24-8-1794), de nouveaux jours complémentaires devenant des fêtes : *1°)* de la vertu, *2°)* du génie, *3°)* du travail, *4°)* de l'opinion, *5°)* des récompenses.

En mémoire de la Révolution qui, après 4 ans, a conduit la France au gouvernement républicain, la période bissextile de 4 ans [dite sextile depuis le décret du *19 brumaire an II* (9-11-1793)] est appelée la *Franciade* et le 6e jour intercalaire qui doit la terminer, *« jour de la Révolution ». Le nom des mois* a été établi par le poète Fabre d'Églantine qui leur a donné des terminaisons semblables pour chaque saison : *automne :* -aire ; *hiver :* -ôse ; *printemps :* -al ; *été :* -or (thermidor fut d'abord appelé fervidor, de *fervidus,* brûlant dans le texte primitif du rapport Fabre.) Chaque jour recevait le nom d'une production végétale (exemples : raisin, safran, châtaigne, potiron) ; ou, pour le quintidi, animale (exemples : cheval, oie, faisan). Le décadi était appelé du nom d'un instrument rural (exemples : pressoir, tonneau).

Les noms choisis correspondaient au climat de la France et de ses proches acquisitions. Ce calendrier, qui se prétendait être universel, était déjà absurde dans les territoires français d'outre-mer.

Divisions du jour. Le calendrier républicain fut le seul à adopter un système horaire décimal (10 h de 100 min), mais il ne fut pas suivi. D'après l'article 11 du décret du *14 vendémiaire an II* (5-10-1793), chaque jour, entre minuit et minuit, est divisé en 10 parties égales (valant 14 min 14 s anciennes), chacune étant divisée en 10 autres subdivisions et ainsi de suite jusqu'à la limite des unités divisibles raisonnablement. Cet article fut modifié par le décret du *4 frimaire an II* (24-11-1793) : la 100e partie de l'heure (dite centi-jour) est connue sous le nom de minute décimale et la 100e partie de cette dernière sous celui de seconde décimale. Le décret du *21 pluviôse an II* (9-2-1794) organisa un concours pour stimuler la recherche de solutions techniques par les savants et les fabricants d'horloges. Diverses propositions furent faites mais les montres ou pendules fabriquées aux nouvelles normes resteront des objets de collection. Après le décret du *18 germinal an III* (7-4-1795), suspendant la loi pour une période indéterminée, les citoyens n'eurent plus à craindre d'être traduits devant les tribunaux pour le simple fait de posséder une montre indiquant l'heure traditionnelle.

Usage. Sous la Révolution et l'Empire [du 24-11-1793 au 1-1-1806 (*11 nivôse an XIV*)]. A la fin de la Révolution, le calendrier républicain, tombé en désuétude, n'était plus employé que dans les documents officiels. Selon l'arrêté des consuls du *7 thermidor an VIII,* l'observation du décadi n'est plus obligatoire que pour les autorités constituées et fonctionnaires. Après le Concordat, cet arrêté est abrogé. La loi relative à l'organisation des cultes du *18 germinal an X* (8-4-1802) spécifie dans son art. 57 que le repos des fonctionnaires est fixé au dimanche (il fallait que les fonctionnaires puissent aller à la messe). Un arrêté des consuls du *13 floréal an X* (3-5-1802) prescrit que désormais la publication de mariage ne pourrait avoir lieu que le dimanche.

Sous la Commune (en 1871) : le *Journal officiel* emploie le calendrier grégorien, mais certaines mesures sont datées suivant le calendrier révolutionnaire. Ainsi, *le 6-5,* le *JO* publie l'arrêté du Comité de salut public du *16 floréal an 79* prescrivant la démolition de la Chapelle expiatoire. *Le 10-5-1871,* le Comité de salut public prescrit la démolition de la maison de Thiers (*21 floréal an 79*). Le *23-5-1871* (*3 prairial an 79*) des affiches appellent aux armes.

L'année, qui débutait vers l'équinoxe de printemps, commença alors vers le solstice d'hiver. Comme elle était plus courte que l'année solaire, on essaya (Numa ou les décemvirs) de la faire coïncider avec les saisons en établissant un cycle de 4 ans, au cours duquel on ajouta, de 2 en 2 ans, un 13e mois (appelé *mercedonius* parce que les mercenaires étaient payés à ce moment) tantôt de 23 j, placés entre le 24 et 25 février, tantôt de 22 j, entre le 23 et 24. Dans ce cycle, *la 1re année* avait 355 j, *la 2e :* 355 + 22 = 377, *la 3e :* 355 et *la 4e :* 355 + 23 = 378. *Total* 1 465 j pour 4 ans (au lieu de 1 461).

Pour remédier à cet excès de 4 j, les décemvirs adoptèrent, en 450 av. J.-C., l'**octaétéride** de Cléostrate de Tenedos, période de 8 ans : pendant 3 octaétérides, on devait intercaler 5 mois (au lieu de 6) de 22 j. Comme il restait encore 2 j en plus, les pontifes furent chargés d'assigner au mois *mercedonius* le nombre de jours requis pour maintenir la concordance entre année civile et année vraie, mais ils le firent d'une façon arbitraire ; le désordre augmenta : en 46 av. J.-C., l'équinoxe civil différait de l'astronomique d'environ 3 mois. Le début de l'année fut fixé au 1er janvier à partir de 152 ou 153 avant J.-C.

■ **Réforme julienne. Date :** sous Jules César, 708 de Rome, 46 av. J.-C. ; à partir du 1er janvier (jusque-là, l'année changeait de chiffre seulement le 1er mars). **Motif :** mettre fin au pouvoir abusif des pontifes (il arrivait qu'un pontife raccourcisse une année pour faire sortir de charge un ennemi). **Principe astronomique :** César, conseillé par l'Égyptien Sosigène, commença par ajouter à l'année courante, en plus du mois de 23 j intercalé cette année-là, 2 autres mois de 33 et 34 j, entre novembre et décembre, pour regagner le retard. Cette année de 455 j est connue sous le nom d'**année de confusion.** Puis il déclara que l'année, désormais réglée principalement sur le cours du Soleil, aurait 365 j ; en raison de l'excédent évalué à 6 h (soit 24 h en 4 ans), on ajouterait 1 j chaque 4e année. Placé après le 24 février (appelé *sexto ante calendas martii*), ce jour fut nommé *bis sexto ante calendas martii,* d'où son nom de jour **bissextile,** l'année qui le contient étant une année bissextile. Les 10 j supplémentaires furent distribués parmi les mois qui eurent alors 30 ou 31 j alternativement, sauf février qui, de 30 les années bissextiles, n'en eut que 29 les années ordinaires. En 716 de Rome, sur la proposition d'Antoine, le mois quintilis (c.-à-d. le 5e) fut appelé *julius* en hommage à Jules César.

La réforme julienne fut d'abord mal appliquée. Les pontifes intercalèrent une année bissextile tous les 3 ans. Au bout de 36 ans, on avait intercalé 12 années bissextiles au lieu de 9. Auguste ordonna alors que pendant 12 ans on ne fît aucune année bissextile. La réforme julienne reprit sa justesse. En récompense, le Sénat romain décréta, en 746 de Rome (8 av. J.-C.), qu'on donnerait à sextilis (sixième mois) le nom d'*augustus.* Auguste n'étant en rien inférieur à César, on enleva donc à février un jour (il n'eut plus alors que 28 j ou 29 j les années bissextiles). Pour qu'il n'y eût pas à la suite 3 mois de 31 j, on donna le 31 de septembre à octobre et le 31 de novembre à décembre.

Retard du calendrier julien

Jours	Date julienne	Date grégorienne
10	5 octobre 1582	15 octobre 1582
11	1er mars 1700	12 mars 1700
12	1er mars 1800	13 mars 1800
13	1er mars 1900	14 mars 1900
14	1er mars 2100	15 mars 2100

Division du mois : en 3 parties inégales, dont les noms sont d'origine étrusque : les **calendes** [*(j'appelle),* parce qu'en ces jours on *appelait* le peuple aux assemblées] désignaient le 1er jour du mois et (environ) le 1er tiers du mois, elles n'existaient pas chez les Grecs (d'où l'expression « renvoyer aux calendes grecques » pour dire renvoyer *sine die*), les **nones** le 5e j (ou le 7e pour mars, mai, juillet, octobre), les **ides** le 13e (ou le 15e pour mars, mai, juillet, octobre). Les jours se comptaient en rétrogradant à partir de ces dates. Cette division remonte à l'époque où les habitants du Latium avaient établi une concordance entre les cycles de la Lune et les j du mois. Les calendes correspondaient au 1er j de la nouvelle lune, les ides à la pleine lune et les nones au 9e j avant les ides. **Noms des jours :** les mêmes que ceux des 7 astres connus des Chaldéo-Assyriens, se retrouvent dans plusieurs langues modernes : Lunae dies (lundi), Martis dies (mardi), Mercurii dies (mercredi), Jovis dies (jeudi), Veneris dies (vendredi), Saturni dies (*saturday,* anglais), Solis dies (*sunday,* anglais). Dimanche tire son origine de dies dominicus (j du seigneur), et samedi de sabbati dies (j du sabbat).

Heures : la journée se divise en 12 h de jour (du lever du soleil à son coucher) et 12 h de nuit. Aussi la durée des heures varie-t-elle selon la saison. Elles ne sont égales qu'aux équinoxes [exemples : *23 décembre :* 44 min 30 s (jour à Rome : 8 h 54 min) ; *25 juin :* 75 min 30 s (15 h 6 min)]. Au début, la mi-journée (midi officiel) était proclamée par le consul quand le Soleil passait entre les Rostres et le Graecostasis, puis l'avant et l'après-midi. Enfin, la 1re heure *(prime)* au lever du Soleil ; la 3e heure *(tierce)* entre 8 h 15 et 10 h de nos heures ; la 9e heure *(none)* entre 14 h et 15 h 45.

La journée est divisée jusqu'au IVe s. av. J.-C. en *ante meridiem* et *de meridie*, au IIIe s. on dit *mane* (le matin) et *suprema* (le soir) ; les différents moments de la journée (approximatifs) portent des noms particuliers : *diluculum* (point du jour), *mane* (matin), *ad meridiem* (vers midi), *meridies* (milieu du jour), *de meridie* (après midi), *suprema* (coucher du soleil), *vespera* (soir), *crepusculum* (crépuscule), *prima fax* (première torche), *concubium* (nuit avancée), *intempesta nox* (nuit profonde), *media nox* (milieu de la nuit), *gallicinium* (chant du coq). Avec les **horomètres** à fonctionnement indépendant du Soleil, principalement les horloges mécaniques, l'usage des heures égales, jusque-là propre aux mathématiciens astrologues, va se généraliser.

Usage actuel du calendrier julien : l'Église orthodoxe russe conserve le calendrier julien [elle fête Noël le 7 janvier grégorien (25 décembre julien)]. D'autres églises orthodoxes, les patriarcats de Constantinople et d'Antioche, les Églises de Grèce et de Finlande célèbrent Noël le 25 décembre grégorien, mais gardent le calendrier julien pour fixer la date de Pâques. **A Paris,** la cathédrale orthodoxe (rue Daru) célèbre 2 fois Noël : en français le 25 décembre, en russe le 7 janvier, tandis que la cathédrale ukrainienne (rue des Saints-Pères), unie à Rome, célèbre Noël le 7 janvier.

CONCORDANCE POUR 2002

☞ Toutes les dates entre parenthèses correspondent aux dates du calendrier grégorien.

Calendrier julien. 1-1 (14-1).

Calendrier musulman. *1422*, 6 Chaououal (1-1), 1 Dou-l-Qa'da (29-01), 1 Dou-l-Hidjja (14-02). *1423* 1 Mouharram (15-03), 1 Safar (14-04), 1 Rabi'-oul-Aououal (13-05), 1 Rabi'-out-Tani (12-06), 1 Djoumada-l-Oula (11-07), 1 Djoumada-t-Tania (10-08), 1 Radjab (8-09), 1 Cha'ban (8-10), 1 Ramadan (6-11), 1 Chaououal (6-12).

Calendrier copte. *1718* 23 Keihak (1-1), 1 Toubah (9-1), 1 Amchir (8-2), 1 Barmahat (10-3), 1 Barmoudah (9-4), 1 Bachnas (9-5), 1 Bou'nah (8-6), 1 Abib (8-7), 1 Masari (7-8), 1er des jours épagomènes (6-9). *1719* 1 Tout (11-9), 1 Babah (11-10), 1 Hâtour (10-11), 1 Keihak (10-12).

CALENDRIERS DIVERS

■ **Aztèques. Calendrier civil (solaire) :** 18 mois de 20 j, soit 360 j, plus 5 j néfastes *(nemontemi),* qui n'ont pas de signes. Siècle de 52 ans *(xiuhmolpilli).* Chaque année a un des quatre signes suivants : roseau *(acatl),* couteau sacrificiel *(tecpatl),* maison *(calli),* lapin *(tochtli).*

Calendrier religieux : année divinatoire *(tonalpohualli)* de 260 j. Chaque jour a un signe (série de 20 signes) et un nombre (1-13).

Calendrier vénusien : année de 584 j solaires. Au bout de 56 années vénusiennes (104 années solaires, soit 2 siècles), les 3 calendriers retrouvent la même date.

■ **Bahà'i.** L'ère bahà'ie commence le 21-3-1844. Année solaire de 19 mois de 19 j, plus 4 j intercalaires (5 les années bissextiles) commençant à l'équinoxe de printemps (21-3). Chaque mois est nommé d'après les attributs de Dieu : Splendeur, Gloire, etc. Les jours commencent au coucher du Soleil. *Fêtes :* voir à l'Index.

■ **Cambodge et Laos. Calendrier d'origine indienne :** luni-solaire (année solaire de 365 ou 366 j ; mois lunaires de 29 ou 30 j). 1 mois intercalaire est ajouté tous les 3 ou 4 ans et 1 jour tous les 5 ou 6 ans. Cycle de 60 années combinant un cycle duodécennal avec un cycle décennal.

Ères : 1°) *petite ère* (*tiounla-sakaraj* ou *cullakaraja* au Laos) : d'origine birmane, commençant le 21-3-638 après J.-C. et commémorant un événement mal connu ; l'an 1 correspond à 639 ; sert en astronomie. **2°)** *Ère bouddhique (budha-sakaraj) ;* commençant au jour de la pleine lune du mois de Vissakha (ou 6e mois) 544 av. J.-C., année de la mort de Bouddha d'après la tradition cinghalaise. L'an 1 correspond à 543. Cette ère, employée au Laos par le clergé bouddhique, est devenue depuis 1913 l'ère officielle thaïlandaise. *Grande ère* (*maha-sakaraj,* datant de 78 apr. J.-C.) : n'est plus utilisée.

■ **Chine. Calendrier luni-solaire :** comprenait des années courtes de 354 ou 355 j et des années longues de 383 et 384 j. En vigueur jusqu'en 1911. **Numérotation des années lunaires** à partir du début de l'ère chinoise encore employée, et chaque année reçoit un nom symbolique. Exemples : *1990* (4 688) Cheval ; *1991* (4 689) Chèvre, mouton ; *1992* (4 690) Singe ; *1993* (4 691) Coq ; *1994* (4 692) Chien ; *1995* (4 693) Porc, sanglier ; *1996* (4 694) Rat ; *1997* (4 695) Buffle ; *1998* (4 696) Tigre ; *1999* (4 697) Lapin (Lièvre à Taïwan et au Japon ou Chat au Viêt Nam) ; *2000* (4 698, début : 11-2) Dragon ; *2001* (4 699, début 24-1) Serpent ; *2002* (4 700) Cheval ; *2003* (4 701) Chèvre, mouton ; *2004* (4 702) Singe ; *2005* (4 703) Coq.

☞ **Les 12 signes du Zodiaque chinois** sont : Rat, Bœuf, Tigre, Lapin, Dragon, Serpent, Cheval, Mouton, Singe, Coq, Chien et Sanglier.

■ **Égypte. Calendrier vague** [1] ou **civil :** à partir du Ve millénaire avant notre ère. Fondé sur l'apparition de Sirius (lever héliaque) dans le ciel : le 19 juillet, choisi comme 1er jour de l'année solaire. Estimation de l'année : 365,25 j ; division : 12 mois de 30 j (3 décades), plus 5 jours intercalaires (*épagomènes ;* 6 tous les 4 ans lorsque le millésime de l'année suivante est multiple de 4), ajoutés en fin d'année (ce qui induit une erreur d'un quart de jour par an). 3 saisons (inondation, végétation, récoltes). *An 1 copte :* correspond à l'an julien 284. Modèle du calendrier républicain de 1793, qui apporta la correction des années sextiles.

Nota. – (1) Mauvaise traduction d'une expression latine signifiant « année mobile ».

■ **Éthiopie. Calendrier copte :** inspiré du calendrier vague égyptien ancien ; luni-solaire : 12 mois de 30 j suivis par 5 j complémentaires formant un mois *épagomène,* devenant un mois de 6 j les années bissextiles. Année bissextile tous les 4 ans. *Date origine :* naissance du Christ, selon le comput de l'ère alexandrine mineure fixée en l'an 5493 de la création du monde.

■ **Grèce ancienne. Calendrier lunaire :** avec cycle de 4 ans correspondant aux jeux Olympiques. Les villes avaient des calendriers particuliers. *Athènes :* année lunaire de 12 mois alternativement de 29 et 30 j (hekatombaiôn, metageitniôn, boêdromiôn, pyanepsiôn, maimaktêriôn, poseideiôn, gaurêliôn, anthestêriôn, elaphêboliôn, mounykhiôn, targêliôn et skirophoriôn). Tous les 2 ans, on intercalait 1 mois supplémentaire (second poseideiôn) alternativement de 22 et 23 j. Le jour commençait au coucher du Soleil. Aux IXe et VIIIe s. av. J.-C., nuit et jour furent divisés en parties mal délimitées (début, milieu, fin), puis en 12 h égales, variant selon la saison entre 45 et 75 minutes environ (heures temporaires). 10 jours formaient une *décade,* dont le 1er j du mois (nouvelle lune) était appelé *néoménie.* A la 3e décade, on parlait du 9e jour avant la disparition de la Lune, puis du 8e... jusqu'au dernier jour du mois, dit *triacade* (le trentième).

■ **Inde. Calendrier grégorien :** pour les usages officiels. **Calendrier national :** fondé sur l'*ère saka* (adoptée à partir du 22-3-1957). *Année :* 365 j ; divisée en *6 saisons* [*vasanta* (printemps) : mi-mars à mi-mai ; *grisma* (été) : mi-mai à mi-juillet ; *varsa* (saison des pluies) : mi-juillet à mi-septembre ; *sarad* (automne) : mi-septembre à mi-novembre ; *hemanta* (hiver) : mi-novembre à mi-janvier ; *sisira* (saison de la rosée) : mi-janvier à mi-mars] et *12 mois* coïncidant chacun avec le temps que le Soleil met à parcourir l'un des signes du zodiaque. Elle commence avec l'entrée du Soleil dans le signe du Bélier (20 au 21-3).

Jour : chaque mois est divisé en 30 j. Cependant, comme le cycle des phases de la Lune ne couvre que 29,5 j solaires environ, le jour lunaire *(tithi)* ne coïncide pas avec le jour civil *(ahoratra),* qui est divisé en 30 *mukurta* de 48 min ou 60 *ghatika* de 24 min. Longtemps coexistèrent les 2 types de calendriers : les lunaires (354 j), dont les mois correspondaient aux phases de la Lune, ou au passage de la Lune dans les signes du zodiaque ; et les solaires (365 j plus une fraction de jours différente selon les régions), dont les mois correspondaient au passage du Soleil dans les signes du zodiaque. Puis les mois lunaires ont été confondus avec les mois solaires. Le 1 chaitra (1er mois) correspond au 22 mars une année ordinaire (21 mars une année bissextile). Point de départ : 3-3-78 apr. J.-C. *2002* correspond donc à *saka* 1924. **Ères :** *samvat* ou *vikramâditya* (ou *vikramâjit*), prédominante dans le nord de l'Inde ; début 23-2-57 av. J.-C. *2002* correspond donc à *samvat* 2058. Utilisée pour les almanachs avec les mois lunaires, commençant à la pleine ou à la nouvelle lune, selon les régions.

■ **Iran.** *Nouvel An* le 21 mars, 1er jour de l'an [*Now Rouz* (nouveau jour)], 1er jour du printemps. Les Iraniens s'assemblent autour de la nappe du *« Haft Sin »* sur laquelle se trouvent 7 produits commençant par « S » : *Sib* (pomme), *Senjed* (olive de Bohême), *Somaq* (sumac), *Sir* (ail), *Sabzeh* (grains de blé ou de lentille germés dans une assiette), *Serkeh* (vinaigre), *Sekkeh* (pièces de monnaie). On croit que le moment précis de l'entrée du Soleil dans le signe zodiacal du bélier est indiqué par un petit mouvement d'une feuille flottant dans un bol. On échange alors des cadeaux, souvent des pièces d'or.

■ **Israélite. Calendrier luni-solaire :** adopté au IVe s. après J.-C. après affinement du calendrier ancien ; fondé sur les lunaisons et l'année tropique. Le calendrier ancien (1re mention au début du Ier millénaire av. J.-C.) fixait déjà les règles du calcul de la **Pâque juive :** 14e j de la lunaison de Nissan, qui avait été celle de l'équinoxe du printemps l'année de l'Exode. Cette date subissait des déplacements du fait du désaccord entre 2 cycles de la Lune et du Soleil : dans le calendrier définitivement adopté, *le cycle lunaire* (de 19 ans) comprend *12 années communes* de 12 mois (presque alternativement de 30 ou 29 j), soit 354 j, mais parfois 353 ou 355 suivant le j où tombe le 1er j de l'année, et *7 années embolismiques* (les 3e, 6e, 8e, 11e, 14e, 17e, 19e) de 13 mois (alternativement de 30 ou 29 j), soit 384 j, mais parfois 383 ou 385 suivant le j où tombe le 1er j de l'année. Le 13e mois (Véadar) est intercalé entre Adar et Nissan. La date de la Pâque avance donc chaque année de 11 j par rapport à l'année solaire, puis recule de 30 j aux années embolismiques. La fête de Shavouot (Pentecôte) se situe après les 49 j de la période de l'Omer qui commence le 2e soir de Pessah (Pâque juive ; elle tombe le 6 Sivan). La semaine de 7 j commence le 1er j après le **Sabbat,** correspondant au dimanche chrétien. Le **jour** commence au coucher du Soleil et finit à la tombée de la nuit suivante ; divisé en 24 heures, elles-mêmes divisées chacune en 1 080 parties. **Jour origine :** correspond au 7 octobre 3761 av. J.-C., jour virtuel et qui était le 1er Tishri précédent, date présumée de la Création. *Fêtes :* voir à l'Index. **Année 5762** 17 Tébeth (1-1-2000), 1er Schébat (14-1), 1er Adar (13-2), 1er Nissan (14-3), 1er Iyar (13-4), 1er Sivan (12-5), 1er Tamouz (11-6), 1er Ab (10-7), 1er Elloul (9-8). **Année 5763** 1er Tisseri (7-9), 1er Hesvan (7-10), 1er Kislev (6-11), 1er Tébeth (1-12).

■ **Japon. Calendrier grégorien** assorti d'époques correspondant aux règnes de l'Empereur, exemples : *Meiji :* 13-10-1868/29-7-1912 (Mutsuhito) ; *Taisho :* 30-7-1912/24-12-1926 (Yoshihito) ; *Showa :* 25-12-1926/7-1-1989 (Hirohito) ; *Heisei :* 8-1-1989.

■ **Mayas. Calendrier civil :** 18 mois de 20 j, plus 5 j néfastes *(uayeb).* **Calendrier religieux (tzolkin) :** année divinatoire de 260 j, chaque jour ayant un signe (série de 20 signes) et un nombre (1 à 13). COMPTE LONG : succession de périodes dont l'unité est le *kin* (jour) : *uinal* (20 j), *tun* (18 uinales = 360 j), *katun* (20 tuns = 7 200 j), *baktun* (20 katuns = 144 000 j) ; périodes plus longues : *pictun* (20 baktuns = 2 880 000 j), *calabtun, kinchiltun, alautun* (environ 63 millions d'années). **Calendrier lunaire :** 2 semestres où alternent les mois de 30 et de 29 j. **Calendrier vénusien :** année de 584 j solaires. CYCLE ÉSOTÉRIQUE : *9 signes* correspondant à 9 divinités accompagnatrices (nocturnes) ; *de 819 j :* résultat de la combinaison de 7 divinités terrestres, 9 du monde inférieur et 13 des cieux. Le début de l'ère maya précède d'environ 3 400 ans les dates relevées sur les plus anciennes stèles mayas.

■ **Musulman. Calendrier lunaire :** adopté vers 632 après J.-C. **Jour origine :** le 1er jour de l'an I de l'ère musulmane (dite *hégire*) correspond au 16-7-622, jour où Mahomet quitta La Mecque pour Médine.

Année de 12 mois (ou lunaisons) ayant alternativement 29 ou 30 j (comptés à partir du coucher du Soleil du j civil précédent). Une année normale (*commune*) est ainsi de 354,37 j. Pour corriger, 11 années sur 30 sont augmentées de 1 j *(années abondantes)* au dernier mois (années 2, 5, 7, 10, 13, 16, 18, 21, 24, 26 et 29 d'un cycle de 30 ans), soit au total 10 631 j. *Fêtes* (voir à l'Index). **Concordance du 1er jour de l'année musulmane (1er Muharram) avec le calendrier grégorien :** *1423* (15-3-2002). *1424* (5-3-2003).

■ **Viêt Nam. Calendrier grégorien :** adopté pour les actes officiels. **Calendrier chinois :** calendrier lunaire (année de 12 mois complets de 30 j ou incomplets de 29 j avec tous les 2 ou 3 ans 1 mois embolismique variable). *Cycle* de 60 ans et période arbitraire. *Fêtes :* du Têt (Nouvel An lunaire), fin janvier et début février ; du Nouvel An : 1-1 ; du Travail : 1-5 ; Nationale : 2-9. Pour la dernière dynastie, celle des Nguyen, l'usage identifiait la période au règne : périodes *Gia-Long* (1802-20), *Minh-Mang* (1820-41), *Thiêu-Tri* (1841-47), etc., jusqu'à *Bao-Daï* (1er an : 1926).

FAITES CE TEST... SAURIEZ-VOUS RÉPONDRE ?

Quelles sont les questions du questionnaire de Marcel Proust ?

En 1893, à 22 ans, Marcel Proust se prête à un jeu de questions : **1.** Le principal trait de mon caractère. **2.** La qualité que je désire chez un homme. **3.** La qualité que je préfère chez une femme. **4.** Ce que j'apprécie le plus chez mes amis. **5.** Mon principal défaut. **6.** Mon occupation préférée. **7.** Mon rêve de bonheur. **8.** Quel serait mon plus grand malheur. **9.** Ce que je voudrais être. **10.** Le pays où je désirerais vivre. **11.** La couleur que je préfère. **12.** La fleur que j'aime. **13.** L'oiseau que je préfère. **14.** Mes auteurs favoris en prose. **15.** Mes poètes préférés. **16.** Mes héros dans la fiction. **17.** Mes héroïnes favorites dans la fiction. **18.** Mes compositeurs préférés. **19.** Mes peintres favoris. **20.** Mes héros dans la vie réelle. **21.** Mes héroïnes dans l'histoire. **22.** Mes noms favoris. **23.** Ce que je déteste par-dessus tout. **24.** Les caractères historiques que je méprise le plus. **25.** Le fait militaire que j'admire le plus. **26.** La réforme que j'estime le plus. **27.** Le don de la nature que je voudrais avoir. **28.** Comment j'aimerais mourir. **29.** L'état présent de mon esprit. **30.** Les fautes qui m'inspirent le plus d'indulgence. **31.** Ma devise.

Quels sont les livres préférés des collégiens (15 ans) ?

D'après une étude portant sur 4 ans : *Jamais sans ma fille* (Betty Mahmoody), *Germinal* (Émile Zola), *Dix Petits Nègres* (Agatha Christie), *La Gloire de mon père* (Marcel Pagnol), *Le Grand Meaulnes* (Alain-Fournier), *Le Horla* (Guy de Maupassant), *Vipère au poing* (Hervé Bazin), *Un sac de billes* (Joseph Joffo), *Croc-Blanc* (Jack London), *Des souris et des hommes* (John Steinbeck).

Et des lycéens (18 ans) ?

Candide (Voltaire), *Le Monde de Sophie* (Gaarder), *On n'est pas sérieux quand on a dix-sept ans* (Samson), *Le Rouge et le Noir* (Stendhal), *Bel-Ami* (Maupassant), *L'Alchimiste* (Coelho), *Phèdre* (Racine), *Ça* (King), *Carrie* (King), *Le Père Goriot* (Balzac).

Grands savants

☞ Pour découvrir la sélection **Quid** des meilleurs sites Internet sur les grands savants, rendez-vous sur **www.quid.fr**

Nationalité : *All.* : Allemand. *Amér.* : Américain. *Angl.* : Anglais. *Ar.* : Arabe. *Arg.* : Argentin. *Austr.* : Australien. *Autr.* : Autrichien. *Bulg.* : Bulgare. *Can.* : Canadien. *Cub.* : Cubain. *Dan.* : Danois. *Éc.* : Écossais. *Ég.* : Égyptien. *Esp.* : Espagnol. *Est.* : Estonien. *Finl.* : Finlandais. *Fl.* : Flamand. *Fr.* : Français. *Gr.* : Grec. *Ho.* : Hongrois. *Irl.* : Irlandais. *Isr.* : Israélien. *It.* : Italien. *Jap.* : Japonais. *Lat.* : Latin. *Mex.* : Mexicain. *Néerl.* : Néerlandais. *Néo-Zél.* : Néo-Zélandais. *Norv.* : Norvégien. *Ouz.* : Ouzbek. *Pol.* : Polonais. *Port.* : Portugais. *R.* : Russe. *Soviét.* : Soviétique. *Sué.* : Suédois. *Sui.* : Suisse. *Tchéc.* : Tchécoslovaque. *Vénéz.* : Vénézuélien. *Youg.* : Yougoslave.

Spécialité : (1) Agronome. (2) Alchimiste. (3) Anatomiste. (4) Anthropologue. (5) Architecte. (6) Astronome. (6a) Astrologue. (7) Bactériologiste. (8) Biochimiste. (9) Biologiste. (10) Botaniste. (11) Cardinal. (12) Cardiologue. (13) Chimiste. (14) Chirurgien. (15) Dentiste. (16) Écrivain. (17) Évêque. (18) Égyptologue. (19) Entomologiste. (20) Ethnologue. (21) Explorateur. (22) Général. (23) Généticien. (24) Géographe. (25) Géologue. (25a) Géophysicien. (26) Gynécologue. (27) Historien. (28) Homme d'État. (29) Imprimeur. (30) Ingénieur. (31) Ingénieur électricien. (32) Ingénieur mécanicien. (33) Ingénieur métallurgiste. (34) Inventeur. (34a) Journaliste. (35) Laryngologiste. (36) Logicien. (36a) Magistrat. (37) Marin. (38) Mathématicien. (39) Médecin. (39a) Météorologiste. (40) Microbiologiste. (41) Minéralogiste. (42) Naturaliste. (43) Neurologue. (44) Neuropsychologue. (45) Obstétricien. (46) Officier. (47) Paléontologue. (48) Pathologiste. (49) Peintre. (50) Pharmacien. (51) Philologue. (52) Philosophe. (53) Photographe. (54) Physicien. (55) Physiologiste. (56) Physicien biologiste. (57) Psychologue. (58) Radioastronome. (59) Érudit. (60) Sculpteur. (61) Sismologue. (61a) Statisticien. (62) Théologien. (63) Vétérinaire. (64) Zoologiste.

☞ Voir aussi **Prix Nobel** p. 266 c et **Académie des Sciences** p. 336 b.

■ **Nés avant J.-C.** **Alcméon de Crotone** (VIe s.), Gr. [39]. **Anaxagore de Clazomènes** (vers 500-428), Gr. [6, 52]. **Anaximandre de Milet** (vers 610-vers 547), Gr. [6, 24, 52]. **Antisthène** (444-365), Gr. [52]. **Apollonios de Perga** (262-180), Gr. [38]. **Archimède** (287-212) ; son nom signifie « le 1er des inventeurs », Gr. [38, 54]. **Aristarque de Samos** (310-230), Gr. [6]. **Aristippe** (Ve s.), Gr. [52]. **Aristote** (384-322), Gr. [52, 59]. **Confucius** (551-479), Chinois [52]. **Démocrite** (vers 460-vers 370), Gr. [52, 59]. **Diogène le Cynique** (413-327), Gr. [52]. **Empédocle** (vers 490-vers 430), Gr. [52, 59]. **Épicure** (341-270), Gr. [52, 59]. **Érasistrate de Cos,** dit l'Infaillible († vers 280), Gr. [3]. **Ératosthène** (vers 276-vers 196), Gr. [38]. **Euclide** (IIIe s.), Gr. [38]. **Héraclide du Pont** (vers 388-312), Gr. [6]. **Héraclite** (vers 550-vers 480), Gr. [52, 59]. **Héron d'Alexandrie** (Ier s.), Gr. [30]. **Hipparque de Nicée,** dit le Rhodien (IIe s.), Gr. [6, 38]. **Hippocrate** (vers 460-vers 377), Gr. [39]. **Métrodore de Chio** (IVe s.), Gr. [39, 52]. **Parménide** (540-450), Gr. [52, 59]. **Philon de Byzance** (IIIe s.), Gr. [38, 54]. **Platon** (428-348/7), Gr. [52]. **Pythagore** (580-500), Gr. [38, 52]. **Socrate** (vers 470-399), Gr. [52]. **Straton** († 268), Gr. [52]. **Thalès de Milet** (625-547), Gr. [38, 52]. **Théophraste** (372-287), Gr. [10, 52, 57]. **Varron** (116-27), Lat. [16, 59]. **Vitruve** (Ier s.), Lat. [5, 30]. **Zénon d'Élée** (490-430), Gr. [52].

■ **Nés entre l'an 1 et 1000 après J.-C.** **Abulcasis** ou **Albucasis** (936-1013), Ar. [15]. **Al Battani** (vers 900), Ar. [6]. **Al Biruni** (973-1050), Ar. [6, 27, 38]. **Alcuin**, Albinus Flaccus (vers 735-804), origine anglo-saxonne [57, 59]. **Alexandre de Tralles**, « le Médecin par excellence » (525-605), Gr. [59]. **Al Hazin** (Ibn Al Haytham) (965-1039), Ég. [38, 54]. **Augustin**, saint (354-430), Africain [62]. **Avicenne** (Ibn Sina) (980-1037), Ouz. [39, 52]. **Celse**, dit le « Cicéron » de la médecine (Ier s.), Lat. [59]. **Cyrille de Salonique**, saint (826/27-869), Bulg. [51, 59, 63]. **Dioscoride** (Ier s.), Gr. [39]. **Galien**, Claude (vers 131-vers 201), Gr. [39]. **Gerbert d'Aurillac** (vers 938-1003) [pape Sylvestre II en 999], Fr. [6, 38]. **Grégoire de Nazianze**, saint (vers 330-vers 390), Gr. [62]. **Héron** (Ier s.), Gr. [30, 38, 54]. **Isidore de Séville**, saint (vers 560-636), Esp. [59]. **Jérôme**, saint (347-420), Lat. [52, 62]. **Pline l'Ancien** (23/24-79), Lat. [42, 59]. **Ptolémée**, Claude (100-170), Gr. [6, 24, 38].

■ **Nés de 1000 à 1500.** **Abélard**, Pierre (1079-1142), Fr. [52, 62]. **Albert le Grand**, saint, dit le Docteur universel (vers 1193-1280), All. [52, 62]. **Al-Gazal** (1058-1111), Ar. [62]. **Averroès** (1126-98), Ar. [39, 52, 59]. **Bacon**, Roger, dit le Docteur admirable (1214-94), Angl. [52, 59, 62]. **Bonaventure**, saint (1221-74), It. [52, 62]. **Chuquet**, Nicolas (1445-1500), Fr. [38]. **Copernic**, Nicolas (1473-1543), Pol. [6]. **Cusa**, Nicolas de (1401-64), All. [11, 54]. **Eckhart**, Johann, dit Maître (1260-1327), All. [62]. **Érasme** (1469-1536), Néerl. [52, 59]. **Fernel**, Jean (1497-1558), Fr. [6, 38, 39, 54]. **Fibonacci**, Leonardo (1175-apr. 1240), It. [38]. **Gutenberg** [Johannes Gensfleisch] (vers 1397/1400-1468), All. [29]. **Lulle**, Raymond, dit l'Illuminé (vers 1235-1315), Catalan [2, 17]. **Luther**, Martin (1483-1546), All. [62]. **Maïmonide**, Moïse (1135-1204), Juif andalou, né à Cordoue, dut fuir à Fès puis au Caire où il devint le médecin de Saladin [2, 39, 52]. **Maricourt**, Pierre de (XIIIe s.), Fr. [54]. **Michel-Ange** [Michelangelo Buonarroti] (1475-1564), It. [5, 49]. **Oresme**, Nicole d' (1325-82), Normand [17, 38]. **Paracelse** [Theophrastus von Hohenheim] (1493-1541), Sui. [39]. **Thomas d'Aquin**, saint (1225-74), It. [52, 62]. **Vinci**, Léonard de (1452-1519), It. [5, 30, 49, 59, 60].

■ **Nés de 1500 à 1600.** **Bacon**, Francis (1561-1626), Angl. [28, 52]. **Brahe**, Tycho (1546-1601), Dan. [6]. **Bruno**, Giordano (1548-1600), It. [52]. **Calvin**, Jean (1509-64), Fr. [62]. **Cardan**, Jérôme (1501-76), It. [38, 52]. **Caus**, Salomon de (vers 1576-1626), Fr. [30]. **Comenius** [Jan Amos Komensky] (1592-1670), Tchèque [52, 62]. **Della Porta**, Giambattista (vers 1535-1615), It. [42, 54]. **Desargues**, Gérard (1593-1662), Fr. [38]. **Descartes**, René (1596-1650), Fr. [38, 52]. **Galilée** [Galileo Galilei] (1564-1642), It. [6, 38, 54]. **Gassendi** (Pierre Gassend) (1592-1655), Fr. [38, 52]. **Gilbert,** William (1544-1603), Angl. [39, 54]. **Harvey**, William (1578-1657), Angl. [39]. **Jung**, Joachim (1587-1657), All. [38, 42]. **Kepler**, Johannes (1571-1630), All. [6]. **Mercator** [Gerard Kremer] (1512-94), Fl. [24, 38]. **Mersenne**, père Marin (1588-1648), Fr. [59]. **Neper** ou **Napier**, John, Bon de Merchiston (1550-1617), Éc. [38]. **Nostradamus** [Michel de Notre-Dame] (1503-66), Fr. [6a, 39]. **Paré**, Ambroise (1509-90), Fr. [14]. **Servet de Villanova**, Miguel (1509-53), Esp. [39, 64]. **Stevin**, Simon (1548-1620), Fl. [38, 54]. **Tartaglia** [Niccolo Fontana, dit] (1499-1557), It. [38]. **Ubaldi**, Guido (XVIe), It. [38]. **Van Helmont**, J.B. (1579-1644), Fl. [13, 39]. **Vésale**, André (1514-64), Fl. [3]. **Viète**, François (1540-1603), Fr. [38].

■ **Nés de 1600 à 1700.** **Amontons**, Guillaume (1663-1705), Fr. [54]. **Bayle**, Pierre (1647-1706), Fr. [16]. **Berkeley**, George (1685-1753), Angl. [38]. **Bernoulli**, Jacques Ier (1654-1705), Sui. [38]. Jean Ier (1667-1748), Sui. [38]. **Boerhaave**, Herman (1668-1738), Néerl. [10, 39]. **Bouguer**, Pierre (1698-1758), Fr. [6, 38]. **Boyle**, Robert (1627-91), Irl. [13, 54]. **Bradley**, James (1693-1762), Angl. [6]. **Browne**, Thomas (1605-82), Angl. [5, 39]. **Cassegrain**, Jean (1625-1712), Fr. [54]. **Cassini**, Jean Dominique, dit Cassini Ier (1625-1712), Fr. [6]. **Collinson**, Peter (1693-1768), Angl. [42]. **De Graaf**, Reinier (1641-73), Néerl. [39, 55]. **Delisle**, Joseph (1688-1768), Fr. [6]. **Du Fay**, Charles (1698-1739), Fr. [54]. **Fahrenheit**, Gabriel (1686-1736), All. [54]. **Fauchard**, Pierre (1678-1763), Fr. [15]. **Fermat**, Pierre de (1601-65), Fr. [38]. **Fontenelle**, Bernard Le Bovier de (1657-1757), Fr. [52, 59]. **Gray**, Stephen (vers 1670-1736), Angl. [54]. **Gregory**, James (1638-75), Éc. [38, 54]. **Guericke**, Otto von (1602-86), All. [54].

Halley, Edmond (1656-1742), Angl. [6, 54]. **Hooke**, Robert (1635-1703), Angl. [54]. **Huygens**, Christiaan (1629-95), Néerl. [6, 38, 54]. **Jussieu**, Antoine de (1686-1758), Fr. [39]. **La Quintinie**, Jean de (1626-88), Fr. [1]. **Leibniz**, Gottfried Wilhelm (1646-1716), All. [38, 52]. **Lémery**, Nicolas (1645-1715), Fr. [13]. **Magnol,** Pierre (1638-1715), Fr. [10]. **Malpighi**, Marcello (1628-94), It. [3, 39]. **Mariotte**, abbé Edme (vers 1620-84), Fr. [54]. **Maupertuis**, Pierre de (1698-1759), Fr. [38, 54]. **Mercator** [Nikolaus Kauffman, dit] (vers 1620-87), All. [6, 38]. **Moivre**, Abraham de (1667-1754), Fr. [38]. **Morgagni**, Giambattista (1682-1771), It. [3]. **Musschenbroek**, Petrus van (1692-1761), Néerl. [54]. **Newcomen**, Thomas (1663-1729), Angl. [32]. **Newton**, sir Isaac (1642-1727), Angl. [6, 38, 52, 54]. **Papin**, Denis (1647-1714), Fr. [34, 54]. **Pascal**, Blaise (1623-62), Fr. [38, 52, 54]. **Périer**, Florin (1605-72), Fr. [54]. **Picard**, abbé Jean (1620-82), Fr. [6]. **Réaumur**, René Antoine Ferchault de (1683-1757), Fr. [42, 54]. **Roberval**, Gilles Personnier (ou Personne) de (1602-75), Fr. [38, 54]. **Römer**, Olaüs (1644-1710), Dan. [6]. **Savery**, Thomas (1650-1715), Angl. [34]. **S'Gravesande**, Guillaume (1688-1742), Néerl. [38, 54]. **Stahl**, Georg Ernst (1660-1734), All. [39]. **Stenon**, Nicolas (1638-86), Dan. [3, 25]. **Sydenham**, Thomas (1624-89), Angl. [39]. **Torricelli**, Evangelista (1608-47), It. [54]. **Tournefort,** Joseph Pitton de (1656-1708), Fr. [10]. **Van Leeuwenhoek**, Antonie (1632-1723), Néerl. [3, 42]. **Varignon,** Pierre (1654-1722), prêtre, Fr. [38].

■ **Nés de 1700 à 1800.** **Addison**, Thomas (1793-1860), Angl. [39]. **Alembert**, Jean Le Rond d' (1717-83), Fr. [16, 38, 52]. **Ampère**, André (1775-1836), Fr. [38, 54]. **Appert**, Nicolas (1749-1841), Fr. [34]. **Arago**, François (1786-1853), Fr. [6, 28, 38, 54]. **Atwood**, George (1746-1807), Angl. [54]. **Audubon**, John James (1785-1851), Amér. [42]. **Augenbrugger**, Léopold (1722-1809), Autr. [39]. **Avogadro**, Cte Amedeo di Quaregna (1776-1856), It. [13]. **Banks**, Joseph (1743-1820), Angl. [42]. **Baudelocque**, Jean-Louis (1746-1810), Fr. [14, 45]. **Baumé**, Antoine (1728-1804), Fr. [13, 50]. **Beccaria**, Giambattista (1716-81), It. [54]. **Becquerel**, Antoine (1788-1878), Fr. [54]. **Bérard**, Jacques (1789-1869), Fr. [13, 54]. **Bernoulli**, Daniel (1700-82), Sui. [54]. **Berthollet**, Claude (1748-1822), Fr. [13]. **Berzelius**, Bon Jacob (1779-1848), Sué. [13]. **Bessel**, Friedrich (1784-1846), All. [6]. **Bichat**, Xavier (1771-1802), Fr. [3, 55]. **Biot**, Jean-Baptiste (1774-1862), Fr. [54]. **Black**, Joseph (1728-99), Angl. [13, 54]. **Bode**, Johann Elert (1747-1826), All. [6]. **Borda**, Charles de (1733-99), Fr. [37, 38, 54]. **Boucher de Crèvecœur de Perthes**, Jacques (1788-1868), Fr. [47]. **Bouillaud**, Jean-Baptiste (1796-1881), Fr. [39]. **Bretonneau**, Pierre (1778-1862), Fr. [39]. **Brewster**, sir David (1781-1868), Éc. [54]. **Brongniart**, Alexandre (1770-1847), Fr. [25, 41]. **Broussais**, François (1772-1838), Fr. [39]. **Brown**, Robert (1773-1858), Angl. [10]. **Buffon**, Georges Louis Leclerc, Cte de (1707-88), Fr. [42].

Cabanis (1757-1808), Fr. [39]. **Cagniard de la Tour**, Charles (1777-1859), Fr. [54]. **Carlisle**, Anthony (1768-1840), Angl. [14, 55]. **Carnot**, Lazare (1753-1823), Fr. [22, 28, 30, 38] ; Nicolas Sadi (1796-1832), Fr. [30, 54]. **Cauchy**, Auguste-Louis (1789-1857), Fr. [38]. **Cavendish**, Henry (1731-1810), Angl. [13, 54]. **Celsius**, Anders (1701-44), Sué. [6, 54]. **Champollion**, Jean-François (1790-1832), Fr. [18]. **Chappe**, Claude (1763-1805), Fr. [30]. **Chaptal**, Jean, Cte de Chanteloup (1756-1832), Fr. [13]. **Charles**, Jacques (1746-1823), Fr. [54]. **Chasles**, Michel (1793-1880), Fr. [38]. **Chevreul**, Eugène (1786-1889), Fr. [13]. **Clairaut**, Alexis (1713-65), Fr. [6, 38]. **Clapeyron**, Émile (1799-1864), Fr. [54]. **Clément**, Nicolas (1779-1842), Fr. [54]. **Commerson,** Joseph Philibert (1727-73), Fr. [10]. **Condorcet**, Antoine Caritat, Mis de (1743-94), Fr. [38, 52]. **Conté,** Nicolas-Jacques (1755-1805), Fr. [13]. **Coriolis**, Gaspard (1792-1843), Fr. [38]. **Corvisart**, Jean Nicolas (1755-1821), Fr. [39]. **Coulomb**, Charles de (1736-1806), Fr. [54]. **Courtois**, Bernard (1777-1838), Fr. [13, 50]. **Cuvier**, Bon Georges (1769-1832), Fr. [42].

Dalibard, Thomas (1703-79), Fr. [42, 54]. **Dalton**, John (1766-1844), Angl. [13, 54]. **Daubenton**, Louis (1716-1800), Fr. [42]. **Davy**, sir Humphry (1778-1829), Angl. [13, 54]. **Delafosse**, Gabriel (1796-1878), Fr. [41]. **Delessert**, Étienne (1735-1816), Fr. [1]. **Desault**, Pierre-Joseph (1744-95), Fr. [14]. **Desormes**, Charles (1777-1862), Fr. [13, 54]. **Diderot**, Denis (1713-84), Fr. [52]. **Dulong**, Pierre-Louis (1785-1838), Fr. [13, 54]. **Dupuytren**, Guillaume, Bon (1777-1835), Fr. [14].

Esquirol, Jean (1772-1840), Fr. [39]. **Euler**, Leonhard (1707-83), Sui. [38].

Faraday, Michael (1791-1867), Angl. [13, 54]. **Flourens**, Pierre (1794-1867), Fr. [55]. **Fourcroy**, Antoine, Cte de (1755-1809), Fr. [13]. **Fourier**, Joseph, Bon (1768-1830), Fr. [38, 54]. **Franklin**, Benjamin (1706-90), Amér. [28, 34, 34a, 52, 54]. **Fraunhofer**, Joseph von (1787-1826), All. [54]. **Fresnel**, Augustin (1788-1827), Fr. [54].

Gall, Franz Josef (1758-1828), All. [39]. **Galvani**, Luigi (1737-98), It. [39, 54]. **Gauss**, Carl Friedrich (1777-1855), All. [6, 38, 54]. **Gay-Lussac**, Louis Joseph (1778-1850), Fr. [13, 54]. **Geoffroy St-Hilaire**, Étienne (1772-1844), Fr. [42]. **Green**, George (1793-1841), Angl. [38]. **Guettard**, Jacques-Étienne (1715-86), Fr. [42]. **Guillotin**, Joseph (1738-1814), Fr. [28, 39].

Hachette, Jean (1769-1834), Fr. [38, 54]. **Hahnemann**, Samuel (1755-1843), All. [39]. **Hall**, James (1761-1832), Angl. [25]. **Haller**, Albrecht von (1708-77), Sui. [39, 55]. **Hassenfratz**, Jean-Henri (1755-1827), Fr. [54], invente le mot « technologie ». **Hauksbee** ou **Hawksbee**, Francis († vers 1713), Angl. [54]. **Haüy**, René-Just (1743-1822), abbé, Fr. [41]. **Henderson**, Thomas (1798-1844), Éc. [6]. **Henry**, Joseph (1797-1878), Amér. [30]. **Herapath**, John (1790-1868), Angl. [54]. **Herschel**, sir John (1792-1871), Angl. [6] ; sir William (1738-1822), Angl. (origine all.) [6]. **Humboldt**, Alexander, Bon de (1769-1859), All. [24, 25, 42]. **Hutton**, James (1726-97), Angl. [13, 25].

Jacquard, Joseph-Marie (1752-1834), Fr. [32]. **Jenner**, Edward (1749-1823), Angl. [39]. **Jussieu**, Antoine-Laurent de (1748-1836), Fr. [10].

Kant, Emmanuel (1724-1804), All. [6, 52].

Lacépède, Étienne de La Ville, Cte de (1756-1825), Fr. [42]. **La Condamine**, Charles (1701-74), Fr. [42]. **Laennec**, René (1781-1826), Fr. [39]. **Lagrange**, Cte Louis (1736-1813), Fr. [38]. **Lalande**, Joseph, Jérôme Lefrançois de (1732-1807), Fr. [6]. **Lamarck**, Jean-Baptiste de Monet, chevalier de (1744-1829), Fr. [42]. **Lambert**, Jean Henri (1728-77), Fr. [38]. **Laplace**, Pierre, Mis de (1749-1827), Fr. [6, 38, 54]. **Larrey**, Dominique, Bon (1766-1842), Fr. [14]. **Lavoisier**, Antoine Laurent (1743-94), Fr. [13]. **Legentil de la Galaisière**, Guillaume (1725-92), Fr. [6]. **Le Monnier**, Pierre (1715-99), Fr. [6]. **Leslie**, John (1766-1832), Angl. [42, 54]. **Lichtenberg**, Georg Christoph (1742-99), All. [54]. **Linné**, Carl von (1707-78), Sué. [42]. **Lobatchevski**, Nikolaï Ivanovitch (1792-1856), R. [38]. **Lomonossov**, Mikhaïl (1711-65), R. [54].

Magendie, François (1783-1855), Fr. [43, 55]. **Malus**, Étienne Louis (1775-1812), Fr. [54]. **Mesmer**, Franz Anton (1734-1815), All. [39]. **Messier**, Charles (1730-1817), Fr. [6]. **Minckeleers**, Jean-Pierre (1748-1824), Belge [54]. **Möbius**, August (1790-1868), All. [38]. **Monge**, Gaspard, Cte de Péluse (1746-1818), Fr. [38]. **Montgolfier**, Joseph (1740-1810) et Étienne (1745-99), Fr. [34]. **Morin**, Arthur (1795-1880), Fr. [54]. **Morse**, Samuel (1791-1872), Amér. [49, 54].

Navier, Henri (1785-1836), Fr. [30]. **Nicol**, William (vers 1768-1851), Angl. [54]. **Nicholson,** William (1753-1815), Fr. [13, 54]. **Niepce**, Nicéphore (1765-1833), Fr. [54]. **Nollet**, Jean (1700-70), Fr. [54].

Oersted, Christian (1777-1851), Dan. [54]. **Ohm**, Georg (1789-1854), All. [54]. **Peltier**, Jean (1785-1845), Fr. [54]. **Petit**, Alexis Thérèse (1791-1820), Fr. [54]. **Pictet**, Marc-Auguste (1752-1825), Sui. [6, 25, 39a, 54]. **Pinel**, Philippe (1745-1826), Fr. [39]. **Poggendorf**, Johann (1796-1877), All. [54]. **Poiseuille**, Jean-Louis (1799-1869), Fr. [54]. **Poisson**, Denis (1781-1840), Fr. [38, 54]. **Poncelet**, Jean Victor (1788-1867), Fr. [22, 38]. **Pouillet**, Claude (1790-1868), Fr. [54]. **Prévost**, Constant (1787-1856), Fr. [25]. **Priestley**, Joseph (1733-1804), Angl. [13, 62]. **Prony**, Marie Riche, B[on] de (1755-1839), Fr. [30]. **Proust**, Louis (1754-1826), Fr. [13]. **Purkinje**, Johannes von (1787-1869), All. [3, 55]. **Quételet**, Adolphe (1796-1874), Belge [6, 38, 61a].

Raspail, François (1794-1878), Fr. [13]. **Raymond**, Jean-Michel (1766-1837), Fr. [13]. **Richter**, Jeremias (1762-1807), All. [54]. **Romas**, Jacques de (1713-76), Fr. [36a, 54]. **Romé de l'Isle**, Jean-Baptiste (1736-90), Fr. [41]. **Romme**, Gilbert (1750-95), Fr. [38]. **Rumford**, Benjamin, Cte (1753-1814), Amér. [54]. **Rush**, Benjamin (1745-1813), Amér. [39].

Saussure, Horace Bénédict de (1740-99), Sui. [42, 54]. **Savart**, Félix (1791-1841), Fr. [54]. **Scheele**, Carl Wilhelm (1742-86), Sué. [13]. **Seebeck**, Thomas (1770-1831), All. [54]. **Seguin**, Armand (1767-1835), Camille († 1852) et Marc (1786-1875), Fr. [30]. **Simpson**, Thomas (1710-61), Angl. [38]. **Spallanzani**, Lazaro (1729-99), It. [9]. **Steiner**, Jakob (1796-1863), Sui. [38]. **Stephenson**, George (1781-1848), Angl. [30]. **Struve**, Wilhelm von (1793-1864), R. [6].

Tenon, Jacques (1724-1816), Fr. [3, 14]. **Thenard**, Louis-Jacques, B[on] (1777-1857), Fr. [13]. **Titius**, Johann (1729-96), All. [38]. **Tronchin**, Théodore (1709-81), Sui. [39].

Vaucanson, Jacques de (1709-82), Fr. [32]. **Vauquelin**, Nicolas Louis (1763-1829), Fr. [13]. **Velpeau**, Alfred (1795-1867), Fr. [14]. **Volta**, Alessandro, Cte (1745-1827), It. [54].

Watt, James (1736-1819), Éc. [32]. **Weber**, Ernst (1795-1878), All. [3, 55]. **Wells**, Charles (1757-1817), Éc. [39a, 55]. **Wollaston**, William (1766-1828), Angl. [13, 54]. **Young**, Arthur (1741-1820), Angl. [1]; Thomas (1773-1829), Angl. [39, 54].

■ **Nés de 1800 à 1900. Abbe**, Cleveland (1838-1916), Amér. [54]. **Adler**, Alfred (1870-1937), Autr. [57]. **Agramonte**, Aristides (1869-1931), Cub. [39]. **Albee**, Fred Houndlett (1876-1945), Amér. [14]. **Andrews**, Thomas (1813-85), Irl. [54]. **Angström**, Anders Jonas (1814-74), Sué. [54]. **Arrhenius**, Svante (1859-1927), Sué. [13, 54]. **Arsonval**, Arsène d' (1851-1940), Fr. [39, 55]. **Auer**, Carl, B[on] von Welsbach (1858-1929), Autr. [13].

Baade, Walter (1893-1960), Amér. [6]. **Baekeland**, Leo Hendrik (1863-1944), Belge [13]. **Balard**, Antoine (1802-76), Fr. [13]. **Balmer**, Johann (1825-98), Sui. [54]. **Banting**, sir Frederick (1891-1941), Can. [39, 54]. **Beau de Rochas**, Alphonse (1815-1893), Fr. [30]. **Beckmann**, Ernst Otto (1853-1923), All. [13]. **Becquerel**, Edmond (1820-91), Fr. [54]; Henri (1852-1908), Fr. [54]; Jean (1878-1953), Fr. [54]. **Behring**, Emil von (1854-1917), All. [7, 39]. **Belin**, Édouard (1876-1963), Fr. [53]. **Bell**, Alexander Graham (1847-1922), Amér. [54]. **Bernard**, Claude (1813-78), Fr. [55]. **Bert**, Paul (1833-86), Fr. [55]. **Berthelot**, Marcelin (1827-1907), Fr. [13, 28]. **Bertrand**, Gabriel (1878-1953), Fr. [9, 13]. **Bessemer**, sir Henry (1813-98), Angl. [30]. **Best**, Charles H. (1899-1978), Can. [39, 54]. **Blalock**, Alfred (1899-1964), Amér. [14]. **Blondel**, André (1863-1938), Fr. [54]. **Bohr**, Niels (1885-1962), Dan. [54]. **Boltzmann**, Ludwig (1844-1906), Autr. [54]. **Bolyai**, Janos (1802-60), Ho. [38]. **Boole**, George (1815-64), Angl. [38]. **Bordet**, Vincent (1870-1961), Fr. [39]. **Borel**, Émile (1871-1956), Fr. [38]. **Born**, Max (1882-1970), All. [54]. **Bose**, Satyendranath (1894-1974), Indien [13, 38, 54]. **Bothe**, Walter (1891-1957), All. [54]. **Boussinesq**, Joseph (1842-1929), Fr. [38, 54]. **Boussingault**, J.-Baptiste (1802-87), Fr. [13]. **Bragg**, William Henry (1862-1942) et William Lawrence (1890-1971), Angl. [54]. **Branly**, Édouard (1844-1940), Fr. [54]. **Bravais**, Auguste (1811-63), Fr. [54]. **Breuil**, abbé (1877-1961), Fr. [47]. **Broca**, Paul (1824-80), Fr. [4, 14]. **Broglie**, Louis, duc de (1892-1987) et Maurice de (1875-1960), Fr. [54]. **Brönsted**, Johannes Nicolaus (1879-1947), Dan. [13]. **Brown-Séquard**, Édouard (1817-94), Fr. [39, 55]. **Bunsen**, Robert (1811-99), All. [13, 54]. **Burger**, Hans (1873-1941), All. [44]. **Burroughs**, William Steward (1857-98), Amér. [34]. **Buys-Ballot**, Christophorus (1817-90), Néerl. [39a].

Calmette, Albert (1863-1933), Fr. [7]. **Cannizzaro**, Stanislas (1826-1910), It. [13]. **Cantor**, Georg (1845-1918), All. [38]. **Carothers**, Wallace (1896-1937), Amér. [13]. **Carrel**, Alexis (1873-1944), Fr. [9, 14, 16, 55]. **Cartan**, Élie (1869-1951), Fr. [38]. **Chadwick**, sir James (1891-1974), Angl. [54]. **Chancourtois**, Alexandre Émile Béguyer de (1820-86), Fr. [13, 25]. **Chantemesse**, André (1851-1919), Fr. [39]. **Charcot**, Jean (1867-1936 en mer sur le *Pourquoi-pas ?*), Fr. [21, 39]; Jean-Martin (1825-93), Fr. [39, 43]. **Claude**, Albert (1899-1983), Belge [9]. **Claude**, Georges (1870-1960), Fr. [13, 54]. **Clausius**, Rudolph (1822-88), All. [54]. **Cockcroft**, sir John Douglas (1897-1967), Angl. [54]. **Compton**, Arthur (1892-1962), Amér. [54]. **Coolidge**, William David (1873-1975), Amér. [54]. **Cotton**, Émile (1872-1950), Fr. [54]. **Couder**, André (1897-1979), Fr. [6]. **Cremona**, Luigi (1830-1903) It. [38]. **Crookes**, William (1832-1919), Angl. [54]. **Curie**, Pierre (1859/19-4-1906, écrasé par un camion), Fr., et Marie née SKLODOWSKA (1867-1934), Fr. d'origine pol. [54]. **Cushing**, Harvey (1869-1939), Amér. [14].

Danjon, André (1890-1967), Fr. [6]. **Darwin**, Charles (1809-82), Angl. [9, 42]. **Davis**, John Staige (1872-1946), Amér. [14]. **Davisson**, Clinton Joseph (1881-1958), Amér. [54]. **Debré**, Robert (1882-78), Fr. [39] pédiatre. **Debye**, Petrus (1884-1966), Néerl. [54]. **Deslandes**, Henri (1853-1948), Fr. [6]. **Dick**, George (1881-1967) et Gladys (1881-1963), Amér. [39]. **Diels**, Otto (1876-1954), All. [13]. **Dieulafoy**, Georges (1840-1911), Fr. [39]. **Domagk**, Gerhard (1895-1964), All. [9]. **Doppler**, Christian (1803-53), Autr. [54]. **Dreyer**, Johan (1852-1926), Dan. [6]. **Duchesne de Boulogne**, Guillaume (1806-75), Fr. [39, 55]. **Dumas**, Jean-Baptiste (1800-84), Fr. [13].

Eddington, sir Arthur Stanley (1882-1944), Angl. [6, 54]. **Edison**, Thomas (1847-1931), Amér. [54]. **Ehrenfest**, Paul (1880-1933), Autr. [54]. **Ehrlich**, Paul (1854-1915), All. [39]. **Einstein**, Albert (1879-1955), Sui. (d'origine all. puis nat. amér. 1940) [54]. **Einthoven**, Willem (1860-1927), Néerl. [55]. **Eotvos**, Lorant von (1848-1919), Ho. [54]. **Ericsson**, John (1803-89), Sué. [32]. **Esnault-Pelterie**, Robert (1881-1957), Fr. [30].

Fabre, Jean Henri (1823-1915), Fr. [19]. **Fabry**, Charles (1867-1945), Fr. [54]. **Finlay**, Carlos Juan (1833-1915), Cub. [39]. **Fischer**, Emil (1852-1919), All. [13]. **Fitzgerald**, George (1851-1901), Irl. [54]. **Fizeau**, Armand Hippolyte (1819-96), Fr. [54]. **Flammarion**, Camille (1842-1925), Fr. [6]. **Fleming**, sir Alexander (1881-1955), Angl. [39]; sir John Ambrose (1849-1945), Angl. [31]. **Forel**, François Alphonse (1841-1912), Sui. [24]. **Foucault**, Léon (1819-68), Fr. [54]. **Fourneau**, Ernest (1872-1949), Fr. [38]. **Franck**, James (1882-1964), Amér. [54]. **Frankland**, sir Edward (1825-99), Angl. [13]. **Frémy**, Edmond (1814-94), Fr. [16]. **Freud**, Sigmund (1856-1939), Autr. [57]. **Friedel**, Charles (1832-99), Fr. [13, 41].

Galois, Évariste (1811-32), Fr. [38]. **Geiger**, Hans (1882-1945), All. [54]. **Germer**, Lester (1896-1971), Amér. [54]. **Gibbs**, Josiah Willard (1839-1903), Amér. [54]. **Goddard**, Robert Hutchings (1882-1945), Amér. [30]. **Goldstein**, Eugen (1850-1930), All. [54]. **Graham**, Thomas (1805-69), Angl. [13]. **Gramme**, Zénobe (1826-1901), Belge [31]. **Guérin**, Camille (1872-1961), Fr. [63].

Hadamard, Jacques (1865-1963), Fr. [38]. **Haeckel**, Ernst (1834-1919), All. [9]. **Hahn**, Otto (1879-1968), All. [54]. **Haldane**, John Scott (1860-1936), Angl. [55, 57]. **Hamilton**, William (1805-65), Irl. [38]. **Heavyside**, Oliver (1850-1925), Angl. [54]. **Helmholtz**, Hermann von (1821-94), All. [54, 55]. **Henry**, Paul (1848-1905), Fr. [6]. **Hermite**, Charles (1822-1901), Fr. [38]. **Héroult**, Paul (1863-1914), Fr. [33]. **Hertz**, Gustav (1887-1975), All. [54]; Heinrich (1857-94), All. [54]. **Hertzprung**, Ejnar (1873-1967), Dan. [6]. **Hilbert**, David (1862-1943), All. [38]. **Hittorf**, Johann (1824-1914), All. [54]. **Hopkins**, sir Frederick (1861-1947), Angl. [13, 55]. **Hubble**, Edwin Powell (1889-1953), Amér. [6]. **Humason**, Milson La Salle (1891-1973), Amér. [6]. **Huxley**, sir Julian (1887-1975), Angl. [9, 28]; Thomas (1825-95) [42], Angl.

Jackson, Chevalier (1865-1953), Amér. [35]. **Jacobi**, Charles Gustave (1804-51), All. [38]. **Jamot**, Eugène (1879-1937), Fr. [39]. **Janssen**, Jules (1824-1907), Fr. [6]. **Jeans**, James Hopwood (1877-1946), Angl. [6, 54]. **Jenner**, William (1815-98), Angl. [3, 54]. **Johannsen**, W.L. (1857-1927), Dan. [9]. **Joliot-Curie**, Irène (1897-1956), Fr. [54]. **Jordan**, Camille (1838-1922) Fr. [38]. **Joule**, James Prescott (1818-89), Angl. [54]. **Joy**, Alfred (1882-1973), Amér. [6]. **Jung**, Carl Gustav (1875-1961), Sui. [57].

Kamerlingh Onnes, Heike (1853-1926), Néerl. [54]. **Kapitsa**, Piotr (1894-1984), R. [54]. **Kármán**, Theodor von (1881-1963), Amér. (d'origine ho.) [54]. **Kekule**, August (1829-96), All. [13]. **Kelvin**, lord sir William Thomson (1824-1907), Angl. [54]. **Kendall**, Edward Calvin (1886-1972), Amér. [8]. **Kerr**, John (1824-1907), Éc. [54]. **Kirchhoff**, Gustav (1824-87), All. [54]. **Kitasato**, Shibasaburo (1852-1931), Jap. [39]. **Klebs**, Edwin (1834-1913), All. [39]. **Klein**, Felix (1849-1925), All. [38]. **Koch**, Robert (1843-1910), All. [7]. **Koenig**, Karl Rudolf (1832-1901), Fr. (origine all.) [54]. **Kohlrausch**, Rudolf (1809-58) et Friedrich (1840-1910), All. [54]. **Krönig**, August (1822-79), All. [54]. **Kundt**, August (1839-94), All. [54].

Lacroix, Alfred (1863-1948), Fr. [41]. **Landsteiner**, Karl (1868-1943), Amér. [9]. **Langerhans**, Paul (1847-88), All. [55]. **Langevin**, Paul (1872-1946), Fr. [54]. **Langmuir**, Irving (1881-1957), Amér. [13]. **Lartet**, Édouard (1801-71), Fr. [47]. **Laue**, Max von (1879-1960), All. [54]. **Lecomte du Noüy**, Pierre (1883-1947), Fr. [9]. **Lenoir**, Étienne (1822-1900), Belge [54]. **Lenz**, Heinrich (1804-65), R. (d'origine est.) [54]. **Le Verrier**, Urbain (1811-77), Fr. [6]. **Lewis**, Gilbert Newton (1875-1946), Amér. [13, 54]. **Lie**, Marius-Sophie (1842-99), Norv. [38]. **Liebig**, Justus, B[on] von (1803-73), All. [13]. **Liouville**, Joseph (1809-82), Fr. [38]. **Lister**, lord Joseph (1827-1912), Angl. [14]. **Lorentz**, Hendrik Antoon (1853-1928), Néerl. [54]. **Loschmidt**, Joseph (1821-95), Autr. [13, 54]. **Lowell**, Percival (1855-1916), Amér. [6]. **Lumière**, Auguste (1862-1954), Fr. [9] et Louis (1864-1948), Fr. [13], et inventeurs du cinéma. **Lundman**, Knut (1889-1958), Sué. [6]. **Luyten**, Willem Jacob (1899), Amér. [6]. **Lyssenko**, Trofim (1898-1976), R. [9] (très discuté).

Mach, Ernst (1838-1916), Autr. [52, 54]. **Macleod**, John J.R. (1876-1935), Éc. [39]. **Marconi**, Guglielmo (1874-1937), It. [54]. **Marey**, Étienne Jules (1830-1904), Fr. [39, 55]. **Marsden**, Ernest (1889-1970), Néo-Zél. [54]. **Maxwell**, James Clerk (1831-79), Éc. [54]. **Mayer**, Julius von (1814-78), All. [39, 54]. **Mayo**, William James (1861-1939) et Charles Horace (1865-1939), Amér. [14]. **Meitner**, Lise (1878-1968), Autr. [54]. **Melde**, Franz (1832-1901), All. [54]. **Mendel**, Johann Gregor, moine (1822-84), Autr. [10]. **Mendeleïev**, Dimitri (1834-1907), R. [13]. **Menninger**, Karl Augustus (1893-1990) et William Claire (1899-1966), Amér. [57]. **Metchnikoff**, Élie (1845-1916), R. (nat. fr.) [9]. **Michelson**, Albert (1852-1931), Amér. [54]. **Millikan**, Robert (1868-1953), Amér. [54]. **Milne**, John (1850-1913), Angl. [61]. **Milne-Edwards**, Henri (1800-85), Fr. [42, 55]. **Minkowski**, Rudolph (1895-1976), Amér. [6]. **Mitchourine**, Ivan (1855-1935), R. [1]. **Moissan**, Henri (1852-1907), Fr. [13]. **Monz**, Egas (1874-1955), Port. [43]. **Morgan**, Thomas Hunt (1866-1945), Amér. [9]. **Morley**, Edward (1838-1923), Amér. [54]. **Morton**, William T.G. (1819-68), Amér. [15, 39]. **Moseley**, Henry Gwyn-Jeffreys (1887-1915), Angl. [54]. **Müller**, Johannes Peter (1801-58), All. [55].

Nélaton, Auguste (1807-73), Fr. [14]. **Nernst**, Walter (1864-1941), All. [13, 54]. **Nicolle**, Charles (1866-1936), Fr. [7]. **Nipkow**, Paul (1860-1940), All. [54]. **Nobel**, Alfred (1833-96), Sué. [13]. **Noguchi**, Hideyo (1876-1928), Jap. [7].

Ocagne, Maxime d' (1862-1938), Fr. [38]. **Ostwald**, Wilhelm (1853-1932), All. [13, 54].

Pacinotti, Antonio (1841-1912), It. [54]. **Painlevé**, Paul (1863-1933), Fr. [28, 38]. **Papanicolaou**, George Nicolas (1883-1962), Amér. [39, 55]. **Pasteur**, Louis (1822-95), Fr. [9, 13] [*Académie des Sciences* : *en 1857* il n'obtient que 16 voix (section de minéralogie) ; *1861* que 24 voix (section botanique) ; *2-12-1862* est élu (section de minéralogie) avec 36 voix sur 60 ; *Académie française* : est élu en 1882]. **Pauli**, Karl (1839-1901), All. [55]. **Pavlov**, Ivan (1849-1936), R. [55]. **Péan**, Jules (1830-98), Fr. [14]. **Pelouze**, Jules (1807-67), Fr. [13]. **Perrin**, Jean (1870-1942), Fr. [54]. **Picard**, Émile (1856-1941), Fr. [38]. **Planck**, Max (1858-1947), All. [54]. **Planté**, Gaston (1834-89), Fr. [54]. **Plateau**, Joseph (1801-83), Belge [54]. **Plücker**, Julius (1801-68), All. [38, 54]. **Poincaré**, Henri (1854-1912), Fr. [38]. **Pouchet**, Georges (1833-1894), Fr. [3].

Rabi, Isaac Isidor (1898-1988), Amér. [54]. **Ramanujan**, Srinivasa (1887-1920), Indien [38]. **Rankine**, William (1820-72), Éc. [30]. **Rayleigh**, lord John Strutt (1842-1919), Angl. [54]. **Reed**, Walter (1851-1902), Amér. [39]. **Regnault**, Henri-Victor (1810-78), Fr. [54]. **Richet**, Charles (1850-1935), Fr. [55]. **Ricketts**, Howard Taylor (1871-1910), Amér. [47]. **Riemann**, Bernhard (1826-66), All. [38]. **Röntgen**, Wilhelm Conrad (1845-1923), All. [54]. **Ross**, sir Ronald (1857-1932), Angl. [39]. **Rostand**, Jean (1894-1977), Fr. [9]. **Roux**, Émile (1853-1933), Fr. [9]. **Russell**, sir Bertrand (1872-1970), Angl. [38, 52]. **Russell**, Henry Norris (1877-1957), Amér. [6]. **Rutherford**, lord Ernest (1871-1937), Angl. [54]. **Rydberg**, Johannes (1854-1919), Sué. [54].

Sainte-Claire Deville, Henri (1818-81), Fr. [13]. **Schick**, Béla (1877-1967), Ho. [39]. **Schmidt**, Otto Ioulevitch (1892-1956), R. [38]. **Schrödinger**, Erwin (1887-1961), Autr. [54]. **Schuster**, Arthur (1851-1934), Angl. (d'origine all.) [54]. **Schwann**, Theodor (1810-82), All. [9]. **Schweitzer**, Albert (1875-1965), Fr. [39, 52]. **Secchi**, Angelo (1818-78), It. [6]. **Semmelweis**, Ignác Fülöp (1818-65), Ho. [39]. **Siemens**, Werner von (1816-92), All. [30]. **Sims**, James Marion (1813-83), Amér. [26]. **Snow**, John (1813-58), Angl. [39]. **Soddy**, Frederick (1877-1956), Angl. [13]. **Sommerfeld**, Arnold (1868-1951), All. [54]. **Stefan**, Josef (1835-93), Autr. [54]. **Steinheil**, Carl von (1801-70), All. [54]. **Steinitz**, Ernst (1871-1928), All. [38]. **Stern**, Otto (1888-1969), All. [54]. **Stokes**, sir George (1819-1903), Irl. [38, 54]. **Sullivan**, Harry Stack (1892-1942), Amér. [57]. **Szilard**, Leo (1898-1964), Amér. (d'origine ho.) [54].

Tait, Peter (1831-1901), Angl. [38, 54]. **Teilhard de Chardin**, Pierre (jésuite) (1881-1955), Fr. [47, 52]. **Teisserenc de Bort**, Léon (1855-1913), Fr. [54]. **Tellier**, Charles (1828-1913), Fr. [30]. **Terraillon**, Octave (1844-95), Fr. [39]. **Tesla**, Nikola (1856-1943), Youg. [54]. **Thomson**, sir Joseph John (1856-1940) et sir George Paget (1892-1975) son fils, Angl. [54]. **Tréfouël**, Jacques (1897-1977), Fr. [38]. **Trousseau**, Armand (1801-67), Fr. [39]. **Trumpler**, Robert (1886-1956), Amér. [6]. **Tuffier**, Théodore (1857-1929), Fr. [14]. **Tyndall**, John (1820-93), Irl. [54].

Urey, Harold (1893-1981), Amér. [13].

Van't Hoff, Jacobus Henricus (1852-1911), Néerl. [13, 54]. **Villard**, Paul (1860-1934), Fr. [54]. **Virchow**, Rudolf (1821-1902), All. [39]. **Vries**, Hugo de (1848-1935), Néerl. [10]. **Vulpian**, Alfred (1826-87), Fr. [39, 55].

Waals, Johannes van der (1837-1923), Néerl. [54]. **Waksman**, Selman A. (1888-1973), Amér. [40]. **Wallace**, Alfred (1823-1913), Angl. [42]. **Wassermann**, August [87] von (1866-1925), All. [39]. **Waterston**, John (1811-83), Angl. [54]. **Weber**, Wilhelm (1804-91), All. [54]. **Wegener**, Alfred L. (1880-1930), All. [25a, 39a]. **Weiss**, Pierre (1865-1940), Fr. [54]. **Wheatstone**, sir Charles (1802-75), Angl. [54]. **Whitehead**, Alfred North (1861-1947), Angl. [36, 38]. **Widal**, Fernand (1862-1929), Fr. [39]. **Wien**, Wilhelm (1864-1928), All. [54]. **Wiener**, Norbert (1894-1964), Amér. [38]. **Wilson**, Charles Thomson Rees (1869-1959), Éc. [54]. **Wittig**, Georg (1897-1987), All. [13]. **Wöhler**, Friedrich (1800-82), All. [13]. **Wood**, Robert Williams (1868-1955), Amér. [54]. **Wurtz**, Charles Adolphe (1817-84), Fr. [13].

Yersin, Alexandre (1863-1943), Fr. [40]. **Young**, James (1811-83), Éc. [14]. **Zeeman**, Pieter (1865-1943), Néerl. [54]. **Zwicky**, Fritz (1898-1974), Sui. [6]. **Zworykin**, Wladimir Kosma (1889-1982), R. [34].

■ **Nés depuis 1900. Abragam**, Anatole (1914), Fr. (d'origine russe) [54]. **Aiken**, Howard H. (1900-73), Amér. [38]. **Alfven**, Hannes (1908-95), Sué. [54]. **Ambartsoumian**, Victor (1908), R. [54]. **Anderson**, Carl (1905-91), Amér. [54]. **Anfinsen**, Christian (1916-95), Amér. [8].

Bardeen, John (1908-91), Amér. [54]. **Barton**, Derek Harold (1918-98), Angl. [13]. **Bethe**, Hans (1906), Amér. [54]. **Bovet**, Daniel (1907-92), Fr. [38]. **Braun**, Wernher von (1912-77), All. (naturalisé amér.) [30].

Cameron, Donald (1912), Amér. [6]. **Chain**, Ernest Boris (1906-79), Angl. [8]. **Chandrasekhar**, Subrahmanyan (1910), Indien [6]. **Church**, Alonzo (1903-95), Amér. [38]. **Crick**, Francis Harry Compton (1916), Angl. [9]. **Critchfield**, Charles (1910), Amér. [6].

Dieudonné, Jean (1906-92), Fr. [38]. **Dirac**, Paul (1902-84), Angl. [54]. **Dobzhansky**, Theodosius (1900-75), Amér. [23]. **Douzou**, Pierre (1926-2000), Fr. [8]. **Dubos**, René (1901-82), Fr. [39]. **Duchesne**, Maurice (1913), Fr. [6].

Elsasser, Walter (1904), Amér. (d'origine all.) [25a].

Fermi, Enrico (1901-54), It. [54]. **Franklin,** Rosalina (1920-58) [9].

Gamow, George Anthony (1904-68), Amér. (d'or. russe) [54]. **Glaser**, Donald Arthur (1926), Amér. [54]. **Gödel**, Kurt (1906-78), Autr. [38]. **Gollen**, Frank (1910-88), Tchéc. [39]. **Goudsmit**, Samuel (1902-78), Amér. [54].

Haro, Guillermo (1913), Mex. [6]. **Hawking**, Stephen (1942), Angl. [54] [atteint d'une sclérose amyotrophique latérale, ne marche ni ne parle, communique par l'intermédiaire d'un ordinateur (10 à 15 mots/minute), marié, père de 3 enfants]. **Heisenberg**, Werner (1901-76), All. [54]. **Herbig**, George Howard (1920), Amér. [6]. **Hoyle**, Fred (1915), Angl. [6]. **Huggins**, Charles (1901), Amér. [13, 39]. **Huxley**, sir Andrew Fielding (1917), Angl. [43].

Jacob, François (1920), Fr. [8]. **Jensen**, Hans (1907-73), All. [54]. **Joliot-Curie**, Frédéric (1900-58), Fr. [54].

Kastler, Alfred (1902-84), Fr. [54]. **Kolmogorov**, Andreï (1902-87), R. [38]. **Kowarski**, Lew (1907-79), Fr. (d'origine russe) [54]. **Kuiper**, Gerard (1905-73), Amér. [6].

Lallemand, André (1904-78), Fr. [6]. **Landau**, Lev (1908-68), R. [54]. **Lawrence**, Ernest O. (1901-58), Amér. [54]. **Leakey**, Louis (1903-72), Angl. [47]. **Lee**, Tsung Dao (1926), Sino-Amér. [54]. **Lépine**, Pierre (1901-89), Fr. [38]. **Lévi-Strauss**, Claude (1908), Fr. [20]. **Lorenz**, Konrad (1903-89), Autr. [64]. **Lwoff**, André (1902-94), Fr. [9].

Métraux, Alfred (1902-63), Fr. (d'origine sui.) [20]. **Monod**, Jacques (1910-76), Fr. [8]. **Néel**, Louis (1904), Fr. [54]. **Neumann,** Johannes von (1903-57), Amér. (d'origine ho.)[38].

Oort, Jan Hendrik (1900), Néerl. [6]. **Oppenheimer**, Robert (1904-67), Amér. [54].

Parenago, Paul (1906), R. [6]. **Pauli**, Wolfgang (1900-58), Sui. (d'origine autr.) [54]. **Pauling**, Linus Carl (1901-94), Amér. [13]. **Perey**, Marguerite (1909-75), Fr. [54]. **Prigogine**, Ilya (1917), Belge (d'origine russe) [13].

Rusk, Howard (1901), Amér. [39]. **Ryle**, sir Martin (1918-84), Angl. [6].

Sabin, Albert (1906-93), Amér. [39]. **Sakharov**, Andreï (1921-89), R. [54]. **Salk**, Jonas (1914-95), Amér. [7]. **Schatzmann**, Evry (1920), Fr. [6]. **Schwartz**, Laurent (1915), Fr. [38]. **Seaborg**, Glenn (1912-99), Amér. [13]. **Shklovsky**, Joseph (1916-85), R. [6]. **Stanley**, Wendell M. (1904-71), Amér. [8].

Thom, René (1923), Fr. [38]. **Townes**, Charles Hard (1915), Amér. [54]. **Turing,** Alan (1912-suicidé 7-6-1954), Angl. [38].

Uhlenbeck, George (1900), Amér. [13].

Van de Hulst, Hendrik (1918), Néerl. [58]. **Vaucouleurs,** Gérard de (1918-95), Amér. (d'origine fr.) [6].

Walker, Merle (1926), Amér. [6]. **Walton**, Ernest (1903-95), Irl. [54]. **Watson**, James Dewey (1928), Amér. [9]. **Weizsäcker**, Carl von (1912), All. [54]. **Wigner**, Eugène (1902-94), Amér. (d'origine ho.) [54]. **Wilkins**, Maurice Hugh Frederick (1916), Angl. [9].

Yukawa, Hideki (1907-81), Jap. [54].

Quelques inventions et découvertes

☞ Il est souvent difficile de fixer avec certitude l'origine d'une invention ou d'une découverte. Beaucoup ont lieu simultanément dans de nombreux pays, ou plusieurs personnes trouvent des aspects différents et complémentaires d'une même invention. Sont indiqués ci-après le sujet ou le nom de la découverte, sa date, le nom de l'inventeur, son pays d'origine. Pour la découverte des éléments (voir p. 246), les découvertes géographiques (voir p. 87 c).

■ **Accumulateur électrique** 1860, Planté, Fr. **Acétylène** 1836, E. Davy, Angl. **Acier** (voir à l'Index). **ADN** 1869, Meischer, All. ; *structure* 1953, J.D. Watson, Amér. ; Crick, Angl. **Adrénaline,** *molécule* 1897, J. J. Abel, Amér. **Aéroglisseur** 1956, Christopher Cockerell, Angl. **Aéroplane** *RB dirigeable* 1908, Bellot, Fr. **Aérosol** 1926, E. Rotheim, Norv. ; 1948, J. Estignard, Fr. **Air,** *densité* vers 1600, Galilée, It. ; *composition* John Mayow (1640-79), Angl. 1770, Lavoisier, Fr. ; 1781, Cavendish, Angl. ; *conditionné* 1911, W. H. Carrier, Amér. ; *liquide* 1895, K. von Linde, All. ; 1902, G. Claude, Fr. **Allumette,** *chimique* 1805, Chancel, Fr. ; *à friction* 1831, C. Sauria, Fr. ; *de sûreté* 1845, von Schrotter, All. ; 1852, Lundström, Sué. ; *de ménage* 1864, Lemoine, Fr. **Aluminium,** *préparation* 1854, Sainte-Claire Deville, Fr. **Ammoniac** 1908, F. Haber, All. **Anémomètre** 1910, capitaine Etévé, Fr. ; R. Badin, Fr. ; *à palette* 1644, R. Hooke, Angl. ; *à pression* 1775, J. Lind, Irl. ; *à coupelles* 1846, T. R. Robinson, Irl. **Anesthésie** 1799, Davy, Angl. ; *chirurgicale* 1844, H. Wells (1815-48), Amér. ; *générale* 1847, J.Y. Simpson (1811-70), Éc. **Antibiotiques** (voir p. 244 c). **Arc** *électrique* 1811, H. Davy. **Antimatière** 1932, Carl Anderson, Amér. **Arracheuse** *de betteraves* 1886, A. Bajac, Fr. **Ascenseur,** *à vapeur* 1857, E.G. Otis (1811-61), Amér. (réalisation pratique 1867, Édoux, Fr.) ; *électrique* 1880, Werner von Siemens, All. **Asepsie,** Octave Terraillon, Fr. **Aspirateur** 1869, Mac Gaffey, Amér. ; 1901, J. Spangler, Booth ; 1907 Bimm, Fr. **Aspirine** 1853, Ch. Gerhardt (1816-56), Fr. ; 1859, H. Kolbe ; *usage médical* 1899, Dreser, All. **Aspivenin** 1983, M. Emerit. **Astrolabe** IIe s. av. J.-C., Hipparque, Gr. **Atome,** *théorie* 1803, Dalton, Angl. ; 1858, Cannizzaro, It. ; *structure* 1911, Rutherford, Angl. ; 1913, Bohr, Dan. **Attraction** *universelle* 1687, Newton, Angl. **Autochromes** 1903, L. et A. Lumière, Fr. **Automobile, Aviation** (voir à l'Index).

■ **Bactéries** 1681, Leeuwenhoek, Néerl. **Bakélite** 1909, Léo Baekeland, Belgique. **Balai** *mécanique* 1876, M.R. Bissel, Amér. **Balance** *à 2 fléaux* 1670, Roberval, Fr. **Balle** *dum-dum* 1897, Angl. **Bande** *magnétique* 1928, F. Pfleumer, All. **Baromètre** 1643, Torricelli, It. ; *à cadran* 1665, R. Hooke, Angl. ; *anéroïde* 1844, L. Vidie (1805-66), Fr. **Bas** *Nylon* 1938, W. Carothers, Amér. **Bateau** (voir à l'Index). **BCG** 1906-1923, Calmette, Guérin, Fr. **Béchamel** *sauce* 1700, L. de Béchamel, Fr. **Bélier** *hydraulique* 1796, J. et E. de Montgolfier, Fr. **Benzine,** *synthèse* 1866, M. Berthelot, Fr. **Bicross** 1972, Amér. **Bicyclette** (voir à l'Index). **Billard** *électrique* 1938, S. Gensberg, Amér. **Boîte** *de conserve* 1795, N. Appert, Fr. ; *en fer blanc* 1810, P. Durand, Fr. ; 1812, B. Donkin et J. Hall, Angl. **Braille,** *alphabet* (voir à l'Index). **Briquet,** *à gaz* 1777, Volta (1745-1827), It. ; *à pierre* K. Auer, Autr. **Brosse à dents** *électrique* 1924, Zerollo, It. **Brouette** XIIe s. (sur vitrail de Chartres). **Brûleur** *à gaz* 1855, Bunsen, All.

■ **Cadran** *solaire* 550 av. J.-C., Anaximandre, Gr. **Calcul,** *des probabilités* 1656, C. Huygens, Néerl. ; *différentiel* 1660, Leibniz, All. ; 1665, Newton, Angl. **Calculatrice** *électronique de poche* 1972, J.S. Kilby, J. D. Merryman et J. H. Van Tassel, Amér. **Calorimètre** 1783, Lavoisier, P.S. Laplace, Fr. **Calotype** 1840, H.F. Talbot, Fr. **Camescope** 1983, Sanyo, Jap. **Canon** XIVe s., Arabes, apparaît en Occident en 1346 (Crécy) ; *antichar* 1944 ; *sans recul* 1910, Davis, Amér. **Caoutchouc** *synthétique* 1879, Bouchardat, Fr. *1891* William Tiden, Angl. 1930 ; *néoprène,* Nieuwland et Carothers, Amér. 1935, Buna, All. **Carburateur** *à essence* 1876, Daimler, All. **Carte,** *à mémoire* 1974, R. Moréno, Fr. ; *de crédit* 1950, R. Scheider, Amér. ; *de géographie* (voir à l'Index). **Cartouches** 1832, C. Lefaucheux, Fr. **Cassettes** *audio* 1963, Philips, Néerl. ; *vidéo* 1969, Sony, Jap. **Catastrophes** (théorie) 1972, René Thom, Fr. **Ceinture** *de sauvetage* 1769, abbé de Lachapelle, Fr. **Cellophane** 1892, C.F. Cross (1855-1935) ; E.J. Bevan (1856-1921), Angl. ; *industrie* 1911, Jacques Brandenberger, Sui. **Cellule,** *photoélectrique* 1895, Julius Elster (1854-1920) et Hans Geitel (1855-1923), All. ; *photovoltaïque* 1839, A. Becquerel, Fr. **Celluloïd** 1865, Parkes, Angl. ; *industrie* 1869, frères Hyatt, Amér. **Cerveau** *électronique* 1931, Vannevar Bush, Amér. **Chalumeau,** *oxhydrique* 1801, R. Hare ; *à hydrogène atomique* (4 200° C) 1920, I. Langmuir, Amér. ; *à plasma* (20 000° C) 1951, Maecker, Amér. **Changement de vitesse** *progressif* (applicable automobile, industrie) 1910, Forest, Fr. **Chasse d'eau** 1595, J. Harington, Angl. ; 1775, A. Cunnings, Angl. ; 1778, J. Bramah, Angl. **Chatterton** 1860, Chatterton, Angl. **Chewing-gum** 1872, T. Adams, Amér. **Chloroforme** 1831, S. Guthrie, Amér. **Chronomètre** *de marine* 1776, J. Harrison, Angl. **Chute** *des corps (loi)* 1602, Galilée, It. **Cinéma** (voir à l'Index). **Circuits intégrés** vers 1929, Texas Instrument, Amér. ; 1952, Dummer, Angl. **Coca-Cola** 1886, J. Pemberton, Amér. **Cocotte-Minute** 1680, D. Papin, Fr. ; 1927, Hautier, Fr. ; 1953, F., J. et H. Lescure, Fr. ; *« Mélanie »* 1952, G. Lavergne. **Code à barres,** *usage commercial* 1970, Sté Monarch, Amér. ; *industriel* 1970, Plessey Telecommunications, Angl. **Cœur** *artificiel* 1937 Dr Henry Demikhov, Soviét. **Coke,** *sidérurgie* 1735, Abraham Darby, Angl. **Comptabilité** *en partie double-contrôle des comptes* XVe s., L. Paciolo, It. **Compteur Geiger** 1913, E. Rutherford, Angl. Hans Geiger, All. **Concasseur** 1858, E. Whitney, Amér. **Conserves appertisées** 1794, Nicolas Appert, Fr. **Contraception orale** 1954, Pincus, Min Chueh Chang, J. Rock, Djerassi, Amér. **Cortisone** 1937, Edward C. Kendall et Philipp Hench, Amér. et Tadeus Reichstein, Sui. **Coton,** *parcheminé* 1833, Swan, Angl., traité à l'acide sulfurique ; *poudre* 1847, C. Schonbein, All. **Coussin** *d'air* 1961, L. Duthion, Fr. **Couche-culotte,** Victor Mills († 1997 à 100 ans) Amér. **Couveuse,** *artificielle* 1880, Budin, Fr., J.F. Braille, Fr. ; *électrique* 1881, P. Cornu, Fr. **Crayon** *à mine de graphite* 1794, N. Conté (1755-1805), Fr. **Cryptands** (chimie supramoléculaire) 1968, J.-M. Lehn. **Cuir** *synthétique* 1942, Sté Dupont de Nemours, Amér. **Cybernétique** 1947, N. Wiener, Amér. **Cyclotron** vers 1934, E.O. Lawrence, Amér.

■ **DDT,** *synthèse* 1874, Seidler, All. ; *propriétés* 1939, P. Müller, Sui. ; *fabrication industrielle* 1942, Frey, Sui. **Diapason** 1711, J. Shore, Angl. **Diesel,** *moteur* 1893, Diesel, All. **Différentiel** 1827, O. Pecqueur, Fr. **Diode** 1905, sir J. A. Fleming, Angl. ; *tunnel* 1957, E. Leo, Jap. **Dirigeable,** *à vapeur* 1852, H. Giffard (1825-82), Fr ; *rigide* 1900, von Zeppelin, All. **Disque** (voir à l'Index). **Dolby** 1967, R. Dolby, Amér. **Duralex** 1939, St-Gobain, Fr. **Dynamite** 1866, A. Nobel, Sué. **Dynamo** 1871, Gramme, Belge.

■ **Eau,** *composition* 1804, Gay-Lussac, Fr., et Humbolt, All. ; *de Javel* (hypochlorite de potassium, fabriquée à Javel à Paris) 1789, C. Berthollet, Fr. ; *oxygénée* 1818, L.J. Thenard, Fr. **Ébonite** 1840, Th. Hancock, Angl. **Électrocardiographe** 1903, Willem Einthoven, Néerl. **Électroencéphalographe** 1929, Berger, All. **Électromagnétisme** 1819-1820, Oersted, Dan., Ampère, Fr. ; *1er électro-aimant* 1825, W. Sturgeon. **Électron** 1881, Helmholtz, All. ; 1897, Emil Wiechert (All.), Joseph John Thomson (Angl.). **Électroscope** 1747, C.F. Du Fay. **Ensembles,** *théorie* 1874, G. Cantor, All. **Enzyme,** *synthèse* 1969, université de Rockefeller et laboratoires Merck. **Épandeur** *de fumier* 1865. **Épingle** *de sûreté* XIXe s., Rollin White, Amér. ; 1849, Hunt, Amér. **Équation** *du 3e degré (solution)* 1545, Cardan, It. **Escalier** *roulant* 1892, J. Reno, Amér. **Espace-Temps** 1908, Hermann Minkowski (en s'appuyant sur les travaux d'H. Poincaré). **Étoile,** *nature* 1915, P. Langevin et J. Perrin, Fr. **Expert** (système) Lendral 1971, chercheurs de Stanford.

■ **Faucheuse** *à foin mécanique* 1822, Amér. **Fax** (voir *télécopieur*). **Fécondation** *in vitro* 1959, R. Edwards, Angl. **Fer à repasser** IVe s., Chinois ; *électrique* 1882, H. W. Seely, Amér. ; *à vapeur* 1921, C. Caroni, Fr. ; *sans fil* 1978, H. O. Freckleton et J. S. Bird, Angl. **Fermeture** *Éclair* 1851, Elias Howe, Amér. ; 1890, W. Judson, Amér. **Feu d'artifice** VIIe s., Chinois. **Fibre** *de verre* 1836, I. Dubus-Bonnel, Fr. ; *optique* 1955, N. Kapany, Angl. **Fil de fer** *barbelé* 1874, J. Farewell, Glidden, Amér. **Filtre à air**, Ch.-E. Chamberland, Fr. **Forceps** vers 1630, Chamberlen ; XVIIIe s., A. Levret, Fr. **Four** *à micro-ondes* 1945, Percy Bon Spencer, Amér. ; *solaire* 1952, Félix Trombe, Fr. **Frein** *dynamométrique* 1821, M. R. de Prony, Fr. ; *à air comprimé* (1860, Désiré Martin, Fr. ; refusé par chemins de fer français) ; 1868, Westinghouse, Amér. ; *à disque* 1902, Lanchester, Angl. **Funiculaire** 1866, Ritter, All. ou anonyme, Amér. ; 1879, Egben, Sui. **Fusée** - *missile* 1232, Chinois ; *à carburant liquide* 1903, Soviét. ; *à étages* 1936, L. Damblanc, Fr. ; *sol-air* 1916, Fr. ; *à liquide lancée* 1926, R. H. Goddard, Amér. ; *postale* 1931, F. Schmiedl, Autr. ; *air-mer* 1940, All. **Fusil** *chassepot* 1866, Antoine Chassepot, Fr. ; *à répétition* 1866, N. Lebel, Fr. ; *antichar* 1918, All. ; *à laser* 1964, Amér. ; *à tirer dans les coins* XIXe s., Fr.

■ **Galvanisation** 1786, Galvani, It. **Galvanomètre** 1808, Jean Salomon Schweigger, All. ; 1834, Ampère, Fr. **Gaz** *dilatation* 1661, Robert Boyle (1627-91) Irl. **Gaz d'éclairage** 1783, J.-P. Minckeleers, Belge ; 1787, Ph. Lebon, Fr. ; 1792, Murdoch, Angl. ; *exploitation* 1805, Winzler, Angl. **Gazogène** 1883, E. Dowson, Angl. **Gène humain,** *transfert* 1989, Rosenberg, Blaese, Anderson, Amér. ; *découverte* 1909, W.L. Johannsen, Dan. **Générateur électrique** 1832, Faraday, Angl. ; vers 1832, J. Henry, Amér. ; *manuel* 1833, H. Pixii, Fr. ; *courant alternatif* 1892, N. Tesla, Amér. **Géode** 1985, A. Fainsilber et Chamayou, Fr. **Géométrie,** *analytique* 1637, Descartes, Fr. ; *non euclidienne* 1826, Lobatchevski, R. ; 1854, Riemann, All. **Glace,** *fabrication* 1857, Carré, Fr. **Glycérine** 1779, Scheele, Sué. **Gonocoque** 1879, A. Neisser, All. **Gyrocompas** 1911, Sperry, Amér. **Gyroscope** 1852, L. Foucault, Fr.

■ **Haut-fourneau** *industriel* 1735, A. Darby, Angl. **Hélice** *marine* 1827, Ressel, Autr. ; 1837, Sauvage, Fr. ; 1839, Smith, Angl. **Hibernation** *artificielle* 1905, Simsom, Angl. **Hologramme** 1948, Dennis Gabor (1900-79), Angl. d'or. hongroise ; *matricé* 1975, Jap. ; *« alcôve »* 1986, S. Benton et le MIT, Amér. **Homéopathie** 1789, S. Hahnemann, All. **Horloge,** *électrique* 1839, C. von Steinhell, All. ; *à quartz* 1929, W. Marrison, A. Scheibe, V. Adelsberger ; *atomique* 1949, Amér. **Houille** *blanche* 1867, Bergès, Fr. **Hovercraft** (voir à l'Index). **Hygromètre** 1401-1464, N. de Cusa, All. ; *à cheveu* 1783, Saussure, Sui.

■ **Imperméable** *caoutchouc* 1819, MacIntosh, Éc. **Imprimerie** *caractères mobiles* vers 1436, Gutenberg, All. **Induction,** *magnétique* 1831, Faraday, Angl. ; *bobine* 1841, Antoine Masson, Louis Bréguet ; 1851, Ruhmkorff (1803-77), All. **Informatique** (voir à l'Index). **Insuline** 1921, Frederick Banting, Can., et Charles Herbert Best, Amér. **Invar** *alliage fer-nickel à 36 %* 1896, C.-E. Guillaume (1861-1938), Sui. **Iode** 1811, B. Courtois, Fr. **Isotopes,** *concept* 1912, Soddy, Angl. ; *stables* 1913, Thompson, Angl. ; *démontrés par spectrographie de la masse* 1919, Ashton.

■ **Jumelles,** *à lentille divergente* vers 1600, Galilée ; *à prismes* 1850, I. Porro, It.

■ **Kaléidoscope** 1817, Brewster, Éc. **Kevlar** 1965, Sté Du Pont de Nemours, Amér. **Kinétoscope** 1887, Edison, Amér.

■ **Lait** *condensé* vers 1820, *concentré* Nicolas Appert, Fr. 1853, Gail Borden, Amér. **Lampe,** *à arc* 1801, Davy, Angl. et 1879, Brush, Amér. ; *à fluorescence* 1867, Becquerel, Fr. ; *à incandescence* 1878, Swann, Angl. et Edison, Amér. ; *à mouvement d'horlogerie* 1800, Guillaume Carcel, Fr. ; *à vapeur de mercure* 1901, Hewitt, Amér. ; *au néon* 1910, G. Claude, Fr. ; *à filament de tungstène* 1906, Coolidge, Amér. et 1915, Langmuir, Amér. **Laser** 1958, Richard Gordon Gould (né 1920), puis Townes et Schawlow, Amér. ; *à rubis* 1960, T. H. Maiman, Amér. **Lave-vaisselle** 1850-65, Amér., puis 1912 Mme Labrousse, Fr. **Lentilles de contact** *solaires* 1984, Essilor, Fr. (marque Lunelle). **Linoléum** vers 1860, Walton, Angl. **Linotype** 1884, Mergenthaler, All. **Liquéfaction des gaz** 1833, Faraday, Angl. **Lithographie** 1796, Senefelder, Autr. **Lobotomie,** 1936, Moniz, Port. **Locomotive** (voir à l'Index). **Logarithmes** 1614, Napier ou Neper, Éc. **Lumière,** *vitesse* 1849, A. H. Fizeau, puis 1850, L. Foucault 1819-68, Fr. ; *polarisation* 1811, F. Arago, J.-B. Biot, Fr. **Lunettes,** *correctrices* 1315, Salvino Degli Armati, It. ; *verres antireflets* vers 1938, Edwin H. Land, Amér.

■ **Machine, à calculer** 1639-42, Pascal, Fr. ; **à coudre** début XIXe s., Thomas Stone et John Anderson ; 1815-1840, Josef Madersperger, Autr. ; *1er chas dans la pointe de l'aiguille* 1829, Barthélemy Thimonnier (1793-1857), Fr. ; 1834, Walter Hunt ; 1846, Elias Howe, Amér. ; 1851, Isaac Singer, Amér. ; **à écrire** 1714, H. Mill ; *typographe* 1828, W. Austin Burt ; *à frappe radiale* 1843, Thurber, Angl. ; 1859, Guillemot, Fr. ; 1866, Peter Mitterhofer, Autr. ; *production en série* 1867, « piano littéraire » breveté par C. L. Sholes, 1873, racheté par Remington, Amér. ; *à boule imprimante* 1878, Dan., 1947 François Julliard (1954 cède brevet à IBM) ; *portative* 1889 C.C. Blickensderfer, 1906 ; *électrique* 1914, J. Field Smather ; *à caractères Braille* 1920, Lalie, Fr. ; *videowriter* 1987, Philips ; **à laver le linge,** *manuelle* 1851, J. King ; *électrique* 1901 Th. Cahill, 1907, Alva Fisher, Amér. ; **à vapeur** (voir *moteur à vapeur, pompe à feu*). **Magnétomètre** Carl Gauss (1777-1855), All. **Magnétophone** 1934, AEG, IG Farben. **Magnétoscope** (voir à l'Index). **Manomètre** P. Vargnon (1654-1722) ; *manoscope* vers 1650, Otto von Guericke, All. ; *métallique* 1849, E. Bourdon, Fr. **Marégraphe** 1850, A. Chazallon, Fr. **Margarine** 1869, H. Mège-Mouriès, Fr. **Marteau pneumatique** 1871, S. Ingersoll, Amér. **Maser** 1951, Townes, Amér., Bassov et Prokhorov, Soviét. **Massicot** 1844, G. Massicot ou Massiquot, Fr. **Mécanique ondulatoire** 1924, L. de Broglie, Fr. **Mélinite** ou **poudre à obus**, H. Sprengel (1834-1906). **Métier,** *à filer* 1768, Hargreaves, Angl. ; 1769, Arkwright, Angl. et 1779, Crompton, Angl. ; *à peigner* 1790, Cartw-

■ **Bourbaki (Association des collaborateurs de Nicolas).** **Origine :** *fondée* vers 1934 à Paris par des mathématiciens, anciens de l'École normale supérieure, dont Henri Cartan (1904), Claude Chevalley (1909-84), Jean Delsarte (1903-68), Jean Dieudonné (1906-92), André Weil (1906-98). Nom rappelant un « canular » : vers 1880, un élève déguisé s'était présenté au directeur de l'école comme étant le Gal Claude Bourbaki et avait eu droit à une visite commentée. **Recrutement :** par cooptation. Démission obligatoire à 50 ans. **Objectif primitif :** refaire l'exposé des mathématiques, en les prenant à leur point de départ logique, selon la pensée de l'Allemand David Hilbert (1862-1943). **Publications :** 45 monographies (6 000 pages), signées Nicolas Bourbaki, qui constituent le début d'un traité (*Éléments de mathématique* 1939, *Éléments d'histoire des mathématiques* 1960). **Séminaire N. Bourbaki :** *créé* en 1948. Présente les résultats les plus récents des mathématiques ; réunit 2 jours 3 fois par an plusieurs centaines de mathématiciens.

■ **Mouvement Pugwash.** **Origine :** *fondé* en 1957 à Pugwash, Nouvelle-Écosse (Canada) par Bertrand Russell (1872-1970) et Albert Einstein (1879-1955). **Objectif :** organiser la paix grâce à des échanges de vue réguliers entre savants et universitaires de l'Est et de l'Ouest. **Activités :** conférences (47 depuis la fondation) ; dernière en date : Jurica (Mexique) 30-9/4-10-1998. **Prix Nobel de la paix 1995** avec J. Rotblat (né 1908).

right, Angl. ; *à tisser (mécanique)* 1745, Vaucanson, Fr. ; 1790, Jacquard, Fr. ; 1790, Whittemore, Angl. **Métronome** 1816, J. N. Maelzel, Autr. **Microbes** *anaérobies* 1862, Pasteur, Fr. **Microphone** 1877, D. Hughes, E. Gray, T. A. Edison et G. Bell, Amér. **Microprocesseur** 1971, Ted Hoff, Amér. **Microscope** 1604, Jansen, Néerl. ; 1610, Drebbel ; 1663, Hudde, Néerl. ; *ultramicroscope* 1903, Zsigmondy, Autr. ; *électronique* 1932, M. Knoll, Ruska, All. ; *SIAM (Scanning Interferometric Apertureless Microscope)* 1996, Frédéric Zenhaussern, Sui. **Microsillon** (voir à l'Index). **Mitrailleuse** 1718, Puckle, Angl. ; 1860, Gatling, Amér. ; *perfectionnée* 1872, Hotchkiss, Amér. ; *automatique à canon unique* 1833, Maxim, Amér. **Moissonneuse,** *à barre de coupe* 1831, Cyrus Hall McCormick, Amér. ; 1853, Patrick Bell, Éc. ; *batteuse simple* 1790, Andrew Meikle, Éc. ; *lieuse* 1890, C. H. McCormick, Amér. ; *moissonneuse-batteuse* 1828, Amér. **Molécule** 1811, Avogadro, It. **Monotype** 1887, Lanston, Amér. **Montre** (voir à l'Index). **Morphine** 1811, B. Courtois, Fr. **Morse** *alphabet* 1840, Morse, Amér. **Moteur** (voir *automobile* à l'Index), *à vapeur* vers 1625, Salomon de Caus parle d'une machine à vapeur ; 1705, les Anglais Savery et Newcomen réalisent la 1re ; 1707, Denis Papin publie les résultats de ses expériences ; 1769, Watt, Angl., apporte des améliorations ; 1781, Hornblower, Angl. ; *à explosion* 1862, Beau de Rochas, Fr. (cycle à 4 temps non réalisé) ; *à essence* 1870, Siegfried Marcus, Autr. ; *à gaz à 2 temps* 1878, Carl Benz, All. ; *diesel* (voir à l'Index) ; *électrique à électro-aimants* 1833, Moritz Jacobi, All. ; 1860, A. Pacinotti, It., publié en 1865 ; 1873, Gramme, Belge (réversion de sa dynamo) ; *à courant alternatif* 1892, Nicolas Tesla, Amér. **Moulin** *à légumes* 1931, Jean Mantelet, Fr.

■ **Navire frigorifique** 1877, *Le Frigorifique,* Teller, Fr. **Néon,** *tube* (voir *lampe*). **Néoprène** 1930, Carothers, Amér. **Neuroleptique** *chlorpromazine* 1952, H. Laborit, Fr. **Neutron** 1932, Chadwick, Angl. **Neutrino** 1956. **Nitroglycérine** 1847, Ascanio Sobrero, It. **Nombres** *irrationnels* 1872, R. Dedekind, All. **Nutation** 1747, J. Bradley, Angl. **Nylon** (voir à l'Index).

■ **Offset** 1904, W. Rubel, Amér. **Oncogènes** 1981, R. Weinberg, G. Cooper, M. Wigler, Amér. **Ondes** *électriques* et *électromagnétiques* 1887, H. Hertz, All. **Ophtalmoscope** 1851, H. von Helmholtz, All. **Opinel** 1890, Joseph Opinel, Fr. **Ordinateur** (voir à l'Index).

■ **Parachute** 1783, Lenormand, Fr. ; 1785, Blanchard, Fr. ; 1797, Garnerin, Fr. **Paratonnerre** 1752, Franklin, Amér. **Parcmètre** 1935, C. Magee, Amér. **Pasteurisation** 1865, Pasteur, Fr. **Patins,** *à roulettes* 1863, J. Plimpton, Amér. ; *à acétylène* 1926, Gebhar, All. **Pendule** 1657, Huygens, Néerl. **Pénicilline** 1928, Alexander Fleming, Angl., a découvert par hasard qu'un champignon, le *Penicillium rubrun,* inhibe le développement de certaines bactéries ; 1939, Howard Florey et Ernest Chain (chercheurs d'Oxford) mettent en valeur son pouvoir antibiotique. **Périscope** 1893, Tony Garnier, Fr. **Pétrole Hahn** 1855, Hahn, Sui. **PH** (échelle) 1909, Soren Sorensen, Dan. **Phonographe** (voir à l'Index). **Photographie** 1827 (voir à l'Index). **Photon** 1900, Planck, All. **Piano** 1711, Cristofori, It. **Piézoélectricité** 1880, Pierre Curie et Paul Jacques, Fr. **Pile,** *atomique* 1942, Fermi, It. ; *à combustible* 1839, W.R. Grove ; *hydro-électrique* 1800, Volta, It. ; 1868, Leclanché, Fr. ; *sèche* 1890, Palmiers, It. *Wonder* 1916, Estelle Courtecuisse. **Pilote** *automatique* 1913, Elmer Sperry. **Pilule** *contraceptive* 1954, G. G. Pincus, Amér. **Pneu** (voir à l'Index). **Plasma** 1930, Langmuir, Amér. **Poêle** *Téfal* 1954, M. Grégoire, Fr. **Pointeuse** du personnel *automatique à cartes* 1918. **Polarimètre** 1828, William Nicol, Angl. ; 1830, Lüdwig Seebeck, All. **Polaroïd** 1947, Edwin Land (1909-91), Amér. **Polyéthylène** 1939, Karl Ziegler, All. Giulio Natta, Ital. **Polymérisation** 1920, Hermann Staudinger, All. **Pompe,** *à feu* 1688, Denis Papin, Fr. ; 1698, Savery, Angl. ; 1705, Newcomen, Angl. ; *à vide* 1654, Otto von Guericke, All. ; *solaire* 1615, S. de Caus. **Positron** 1932, C.D. Anderson, Amér. **Poubelle** 1884, E. Poubelle, Fr. **Poudre** vers 1000 av.J.-C. en Chine (composition révélée 1248 par R. Bacon) ; *sans fumée* 1863, Schultze, All. ; 1884, Vieille, Fr. **Poumon** *d'acier* 1876, E. Woillez, Fr. ; 1928, Drinken, Slaw, Amér. ; 1937, Dr Henry, Fr. ; *artificiel* 1955, C.W. Lillehei, Amér. **Presse,** *à foin* 1853, Amér ; *à poste fixe* 1872 ; *rotative* 1847, Marinoni, Fr. **Pression** *atmosphérique* 1648, Pascal, Fr. **Prion,** Prusiner, Amér. **Propulsion par réaction** 1936, Whittle, Angl. ; von Hohain, All. **Proton** 1886, E. Goldstein, All. ; 1916, J.J. Thomson, Angl. **Protozoaires** 1715, Van Leeuwenhoek, Néerl. **Pscillomètre** (pression artérielle) 1909, Pachon, Fr. **Pulvérisateur** 1884, V. Vermorel, Fr. **Pyromètre** J. Wedgwood (1730-95), Angl.

■ **Quanta** 1900, Planck, All. **Quinine** 1820, Pelletier, Caventou, Fr. ; 1853, Pasteur, Fr.

■ **Radar** 1900, Tesla, Croate ; 1904, Hulfsmeyer, All. ; 1922, Taylor, Young, Amér. ; 1934, P. David, Gutton, Ponte, Fr. ; Watson Watt, Angl. **Radioactivité,** *naturelle* 1896, H. Becquerel, Fr. ; *artificielle* 1934, F. et I. Joliot-Curie, Fr. **Radiodiffusion** (voir à l'Index). **Radiotéléscope** 1932, Karl Jansky. **Radiothérapie** 1899, T. Stenbeck. **Radium** 1898, P. et M. Curie, Fr. **Ramasse-miettes** *à brosses* 1924. **Ramasseuse-presse** 1932, Amér. **Rasoir,** *de sûreté* 1895, Gillette, Amér. ; *électrique* 1931, Schick, Amér. **Rayonne** 1884, Hilaire Bernigaud de Chardonnet, Fr. (nommé par lui « *soie artificielle* ») ; 1893, Swan, Angl. ; (cupramonium) 1890, Louis Despeissis, Fr. ; *viscose* 1892 Charles Cross, Angl. ; 1895, Arthur Little, USA. **Rayons** *X* 1895, Röntgen, All. ; *cathodiques* 1850, H. Geissler, All. ; 1879, sir W. Crookes, Angl. ; 1895, J. Perrin, Fr. ; *cosmiques* 1911 V. Hess. **Réacteur** (voir à l'Index). **Réflexes conditionnés** 1903, Ivan Pavlov, R. **Réfrigérateur** 1834, J. Perkins, Amér. ; 1850, Twining, Amér. ; 1855, Harrison, Austr. (Frigidaire : 1913, Amér.). **Règle à calcul** 1620, E. Gunter, Angl. ; 1621, Oughtred, Angl. ; *à réglette coulissante* 1750, Leadbetter, Angl. **Relativité,** *restreinte* 1905 ; *universelle* 1912-17, Einstein (publiée 1916, vérifiée 29-5-1919 au Brésil par Arthur Eddington, lors d'une éclipse de Soleil), All. **Revolver** 1815, Lenormand, Fr. ; 1835, Colt, Amér. **Rhéostat** 1879, L. Clerc, Fr. **Rhésus,** *facteur* 1941, Landsteiner, Amér., Wiener, Amér. **RMN** 1946, F. Bloch et E. Mills Purcell, Amér. **Rouet** Inde, introduit en Europe au Moyen Age vers 1500-1600, Angl. **Rouleau** *compresseur,* L. Cessart (1719-1806), Fr. **Rubis** *synthétique* 1860, Frémy, Fr. ; 1892, Verneuil, Fr. **Rustine** 1922 Louis Rustin (Fr.).

■ **Saccharine** 1879, Fuhlberg, Remsen, Amér. **Sang** (voir à l'Index). **Saxophone** 1842, A. Sax, Fr. d'or. belge. **Scalpel,** *cryogénique* 1962, Amér. ; *à plasma* 1965, C. Sheer, Amér. **Scanner** 1971, G.-N. Hounsfield, Angl., A. Cormak McLeod, Amér. **Scooter** 1902, G. Gauthier, Fr. **Semelle** *crêpe* 1927, Delbon, Fr. **Semi-conducteur** 1929, F. Bloch, Amér. **Seringue** 1841, Ch.-G. Pravaz (1791-1853), Fr. **Serrure,** *de précision* 1829, A. Fichet, Fr. ; *à combinaison* 1846, A. Fichet ; *de sûreté* 1855, L. Yale. **Sérum physiologique** 1879, H. Kronecker, All. **Servomoteur** 1868, J. Farcot, Fr. **Sextant** 1730, Hadley, Angl. **Siège** *éjectable* 1944, James Martin, Irl. **Sifflet** *à ultrasons* 1883, F. Galton, Angl. **Sismographe** *enregistreur* 1855, K. Kreil, All. **Soude** *caustique* 1791, Nicolas Leblanc (1742-suicide 16-1-1806), Fr., *préparation à l'ammoniaque* 1863, Solvay, Belgique. **Sous-marin** (voir à l'Index). **Souris** (informatique) 1968, Douglas Engelbart (né 1925), Amér. **Spectroscope** 1814, J. von Fraunhofer, All. ; 1859, Kirchhoff, Bunsen, All. **Spirographe** 1925, De Benedict. **Staphylocoque** 1878, L. Pasteur, Fr. **Sténographie** *machine* 1922, Pigier, Fr. **Stéréochimie** 1874, J. A. Le Bel, Fr., et J. H. Van't Hoff, Néerl. **Stéthoscope** 1815, Laennec, Fr. **Streptomycine** 1945, Selman Waksman, Amér. **Stylo** 1864, Mallat, Fr. ; 1884, Waterman, Amér. ; *à bille* 1888, Loud, Amér. (réalisé 1938, Lazslo et Georg Biro, Ho.) ; 1919, Pasquis, Fr. ; *cartouche* 1927, Perraud, Fr. **Sulfamides** 1935, Domagk, All. ; Tréfouël, Fourneau, Fr. **Supraconductivité** 1911, Heike Kamerlingh Onnes, Néerl., Gilles Holst, Néerl. ; *théorie* 1956, J. Bardeen, L. Cooper, J. R. Schrieffer, Amér. **Surgélation** 1929, Birdseye, Amér. **Synchrocyclotron** 1945, Mac Millan, Amér.

■ **Tank** 1914, Swinton, Angl. ; 1915, Estienne, Fr. **Téflon** 1938, R. J. Plunkett, Amér. **Télautographe** 1847, Bakewell ; 1855, Jones ; 1885, Gray. **Télécommande** (ou *radiocommande*) 1924, E. Fiamma, It. ; *systèmes « Actadis »* 1928, J. Bethenod et J.-L. Routin, Fr. ; *« Durlat »* 1907, M. Durepaire et A. Perlat, Fr. **Télécopieur** 1843 ; *pendule à images* A. Bain, Angl. ; *phototélégraphie* 1906, Arthur Korn, All. ; *bélinographe* 1907, Édouard Belin (1876-1963) ; *téléphotographie* 1924, Ives et Gray, Amér. ; 1928, Miwa, Japon ; *téléfax* 1949, Muirhead Ltd, Angl. (1er système installé au Japon pour l'Asahi Times). **Télégraphe,** *aérien* 1793, Chappe, Fr. ; *électrique* 1820, Ampère, Fr. ; 1838, Wheatstone, Angl. ; 1843, Morse, Amér. **Téléphone** 1854, Bourseul, Fr. ; 1861, Reiss, All. ; 1876, Bell, Amér. **Télescope** 1608, Lippershey, Néerl. ; 1609, Galilée, It. ; *astronomique* 1611, Kepler, All. ; *à miroir* 1671, Newton, Angl. **Télétype** 1928, Morkrum, Kleinschmidt, Amér. **Télévision** (voir à l'Index). **Tension,** *artérielle* (appareil de prise) 1880, P. Potain, Fr. ; *brassard pneumatique* 1890, Rocci, It. **Test** *d'intelligence* 1905, Alfred Binet, Théodore Simon, Fr. **Théodolite** J. Ramsden (1735-1800), Angl. **Thermocouple** 1823, Thomas Seebeck, All. **Thermodynamique** 1730, D. Bernoulli, Fr., Mariotte, Fr., Boyle, Angl. ; 1824, Carnot, Fr. ; 1842, Mayer, All. ; 1845, Joule, Angl. ; Maxwell, Angl. ; 1877, Boltzmann, Autr. ; Gibbs, Amér. **Thermomètre** avant 1597, Galilée, It. **Thyrotricine** 1925, René Dubos, Fr. **Tondeuse** *à gazon* 1829, Budding, Angl. ; 1902, Ransome, Angl. **Tout-à-l'égout** E. Belgrand (1810-78), Fr. **Tracteur** 1849, P. Barat, Fr. ; *à moteur à pétrole* 1894 ; *à chenilles* 1904, B. Holt, Amér. ; *diesel* 1929. **Transistor** 1948, Bardeen, Brattain et Shockley, Amér. **Trombone,** *attache* 1900, J. Waler, Norv. **Turbine,** *à gaz* 1899, Curtis, Amér. ; 1930, Franck Whittle, Angl. ; *hydraulique* 1849, Francis, Amér. ; 1824, Bourdin, Fr. ; 1827, Fourneyron ; 1873, Fontaine, Fr. ; 1919, Viktor Kaplan, Autr. ; *à vapeur* 1884, Ch. Parson, Angl. ; 1898, A. Rateau, Fr. **Turboréacteur** 1930, Frank Whittle, Angl.

■ **Ultracentrifugeuse** 1923, T. Svedberg, Sué. **Urée,** *synthèse* 1828, F. Wölher, All.

■ **Vaccin** (voir à l'Index). **Velcro,** *bande* 1954, Georges de Mestral, Sui. **Velpeau,** *bande* 1860, Alfred-Marie Velpeau, Fr. **Verrou** *à cylindre* 1851, Linus Yale, Amér. **Vitamines** (voir à l'Index). **Vulcanisation** *caoutchouc* 1839, Goodyear, Amér.

■ **Walkman** 1979, Sony TPS-L2.

PRIX

PRIX NOBEL

■ **Origine.** Institués par le savant suédois Alfred Bernhard Nobel (Stockholm, 21-10-1833/San Remo, 10-12-1896). Nobel passa son enfance à Stockholm et fit ses études à Saint-Pétersbourg (où son père avait une usine de mécanique que ses frères aînés Robert et Louis développèrent). En 1863, il revint en Suède à Heleneborg (Stockholm) au laboratoire de son père ; l'année suivante il y installa une petite usine de nitroglycérine (que l'Italien Ascanio Sobrero venait de découvrir, brevetée le 15-7-1864 sous l'appellation huile explosive de Nobel) ; l'usine sauta, causant plusieurs morts dont celle de son plus jeune frère Émile. Nobel vécut en Allemagne et voyagea beaucoup avant de s'établir à Paris de 1873 à 1891 (quand, accusé d'espionnage par les autorités françaises, il fut contraint de quitter la France), puis à San Remo (Italie). Pensant revenir en Suède, il avait acheté en 1893-94 les aciéries Bofors. En 1866, il inventa la *dynamite* [1 part de nitroglycérine pour 4 de kiselguhr (terre contenant de la silice)], moins dangereuse que la nitroglycérine ; elle fut adoptée pour la construction de tunnels, canaux, ports, et l'exploitation des minéraux. En 1875, il inventa la *gélatine explosive* (combinaison de nitroglycérine et nitrocellulose) et, en 1885, la *poudre sans fumée* qui révolutionna l'industrie des munitions. En 1894, il déposa des brevets pour des matériaux artificiels tirés de la nitrocellulose (caoutchouc et cuir synthétiques, cire artificielle, laques, vernis). Peu avant sa mort, il avait envisagé de développer ceux-ci sur une large échelle. En tout, dans des pays variés, il avait déposé 355 brevets représentant 150 inventions qu'il exploita dans 90 usines créées dans plus de 20 pays. En 1886, il avait 60 compagnies qu'il avait rassemblées dans 2 trusts : l'un, le Latin Trust (sous l'égide de la Cie française), l'autre, comprenant les Cies anglaises, allemandes et est-européennes.

Nobel rêvait de découvrir une substance ou une « machine » dont les effets seraient si destructeurs que la guerre en deviendrait impossible. Il écrivait des poèmes. Il avait proposé au préfet de Paris de créer un hôtel des suicidés où les « hôtes » pourraient trouver un bon repas, passer une bonne soirée puis mourir d'une façon rapide et indolore.

■ **Fondation.** Sa fortune, venant pour plus de 90 % de la création d'explosifs à usage civil (mines, routes, tunnels) et pour 1/7 des actions possédées par la famille Nobel dans les pétroles de Bakou, permit à Nobel de laisser à sa mort un capital (voir ci-après) pour créer une fondation (célibataire, il n'avait pas d'enfants). Selon son testament du 27-11-1895 (signé à Paris et ouvert le 10-12-1896), le capital devait être placé en valeurs mobilières sûres dont les revenus seraient distribués chaque année à titre de récompense aux personnes qui, au cours de l'année écoulée, auraient rendu à l'humanité les plus grands services. Ces revenus seraient divisés en 5 parties égales. La 1re serait attribuée à l'auteur de la découverte ou de l'invention la plus importante dans le domaine de la physique ; la 2e à l'auteur de la découverte ou de l'invention la plus importante en chimie ; la 3e à l'auteur de la découverte la plus importante en physiologie et en médecine ; la 4e à l'auteur de l'ouvrage littéraire d'inspiration idéaliste le plus remarquable ; la 5e à la personnalité qui aurait le plus ou le mieux contribué au rapprochement des peuples, à la suppression ou à la réduction des armées permanentes, à la réunion et à la propagation des congrès pacifistes... Nobel ne créa pas de prix de mathématiques, en raison – a-t-on dit – des rapports qu'entretenait sa maîtresse Sophie avec le mathématicien suédois Mittag Lefler ; en fait, plus vraisemblablement parce qu'il ne s'y intéressait pas.

Il faudra 4 ans pour résoudre les problèmes posés par l'ouverture de son testament, les membres de la famille contestant sa validité et les biens de Nobel étant dispersés à travers l'Europe. Le 29-6-1900, le roi Oscar II de Suède (qui régnait alors aussi sur la Norvège) promulgua les statuts de la Fondation Nobel. *Montant du capital de Nobel* (en couronnes suédoises) : 33 223 792,20 dont part de la fondation 31 587 202,28, legs et dépenses 1 646 589,92.

■ **Attribution des prix.** Les 1ers prix furent accordés en 1901 après propositions faites au moins 1 an avant par des jurys nommés pour 4 ans ; chaque juré peut recommander jusqu'à 3 personnes et doit justifier ses choix. **Physique et Chimie :** décerné par l'Académie royale des Sciences de Suède (350 membres). **Physiologie et Médecine :** par l'Assemblée Nobel de l'Institut Carolin (fondé 1810 ; 50 membres). **Littérature :** par l'Académie suédoise (18 membres). **Paix :** par le Comité Nobel norvégien (5 membres) nommé par le Storting (parlement norvégien). **Sciences économiques :** institué en 1968 par la Banque de Suède lors de son tricentenaire, à la mémoire d'Alfred Nobel. En 1907 Léon Walras avait présenté sa candidature au prix Nobel de la Paix et soutenu que la science économique contribuait à la paix par ses enseignements, mais il n'avait pas obtenu le prix. Décerné par l'Académie royale des Sciences de Suède.

■ **Récompense** (pour chaque lauréat). Diplôme, médaille Nobel [conçue 1902 par Erik Lindberg : portrait de Nobel/allégorie de la Nature et de la Science] + paiement variant selon le revenu net du capital de la fondation. **Montant** (pour chaque prix, en millions de couronnes suédoises) : *1901* : 0,15 ; *23* : 0,115 (montant le + bas) ; *50* : 0,164 ; *60* : 0,226 ; *70* : 0,4 ; *80* : 0,88 ; *86* : 2 ; *90* : 4 ; *91* : 6 ; *94* : 7 ; *95* : 7,2 ; *96* : 7,4 ; *97* : 7,5 ; *98* : 7,6 ; *99* : 7,9 ; *2000* : 9.

■ **Remise. Physique, Chimie, Physiologie et Médecine, Littérature, Économie** : le 10 décembre (anniversaire de la mort de Nobel) *à Stockholm* (Palais des concerts) par le roi de Suède (en 1991, année du 90e anniversaire du prix, à l'Arena Globe, devant les anciens lauréats). L'après-midi, cérémonie (plus de 2 h entrecoupées d'intermèdes musicaux). A l'appel de son nom et de ses titres, le lauréat descend du podium. Le roi lui remet médaille, diplôme et chèque avant de lui adresser quelques mots de félicitations. Le lauréat salue et se retire à reculons. Près de 1 300 invités se retrouvent ensuite à un banquet à l'Hôtel de Ville. Si le lauréat le souhaite, le 13 décembre (sainte Lucie), 8 jeunes femmes en robe blanche et couronnées de cierges se rendent avant le lever du jour au pied du lit du lauréat pour le réveiller et lui chanter l'hymne de la sainte. Ce cérémonial, conçu par la fondation, correspondant au solstice d'hiver, devient ici un hommage aux Lumières. **Paix** : remis simultanément à *Oslo* (Hôtel de Ville).

■ **Statistiques. Femmes prix Nobel** : voir à l'Index.

Les plus jeunes prix Nobel : Physique : sir William Lawrence Bragg (1890-1971, Angl.) 25 ans, 1915, avec son père sir William Henry Bragg (1862-1942). **Littérature** : Rudyard Kipling (1865-1936, Angl.) 41 ans, 1907. **Paix** : Mairead Corrigan (1944, Irl.) 32 ans, 1976. Rigoberta Menchú Tum (1959, Guatémaltèque) 33 ans, 1992. **Économie** : Kenneth Arrow (1921, Amér.) 51 ans, 1972. **Médecine** : sir Frederick Banting (1891-1941, Can.) 32 ans, 1923. James Dewey Watson (1928, Amér.) 34 ans, 1962. Joshua Lederberg (1923, Amér.) 35 ans, 1958. David Baltimore (1938, Amér.) 37 ans, 1975. **Les plus âgés : Médecine** : Francis Peyton Rous (1879-1970, Amér.) 1966 et Karl von Frisch (1886-1982, All.) 1973 (tous les 2 à 87 ans). **Économie** : Ronald Coase (1910, Amér.) 1991, 81 ans.

Ont reçu plusieurs fois le prix : 3 fois : *Comité international de la Croix-Rouge de Genève* (1917, 44, 63 avec la Ligue internationale des Stés de Croix-Rouge) ; **2 fois** : *Marie Curie* (Fr.) : Physique (1903, partagé avec son mari Pierre Curie et Henri Becquerel), Chimie (seule, 1911). *Linus Pauling* (Amér.) : Chimie (1954), Paix (1962). *John Bardeen* (Amér.) : Physique (1956 et 1972), les 2 fois, prix partagé. *Frederick Sanger* (Angl.) : Chimie [1958 (seul), 1980 (partagé)]. *Ht-Commissariat de l'Onu pour les réfugiés*, Genève : Paix (1954 et 1981). *Famille Curie* : Pierre et Marie (voir ci-dessous) et leur fille Irène : Chimie (1935 avec son mari Frédéric Joliot-Curie).

1er ouvrier à avoir reçu le prix de la Paix : Lech Walesa, Polonais (1983).

Ont refusé le prix : *Richard* Kuhn (Chimie, 1938) et *Gerhard Domagk* (Physiologie et Médecine, 1939) All., contraints par Hitler (décret de 1937). *Pasternak*, Soviét. (Littérature, 1958), contraint par le gouvernement soviétique. *Jean-Paul Sartre*, Fr. (Littérature, 1964) et *Le Duc Tho*, Vietnamien (Paix, 1973) l'ont refusé d'eux-mêmes.

Lauréats généreux : *Romain Rolland* (Littérature 1915) offre sa récompense à la Croix-Rouge internationale ; *Georg von Bekesy* (Médecine 1961) à la Fondation Nobel (dont il fera sa seule héritière) ; *Max Delbrück* (Médecine 1969) à Amnesty International et son colauréat *Salvador Lurja* à des mouvements pacifistes ; *Pt Sadate* (Paix 1978) à son village natal de Mit Abou El Kom.

Famille de lauréats : *Curie*, Pierre et Marie (Physique 1903), Marie seule (Chimie 1911), Irène, leur fille, avec son mari Frédéric Joliot (Chimie 1935). **Frères :** *Tinbergen*, Nikolaas (1907-88 ; Physiologie 1973) et Jan (1903-94 ; Économie 1969). **Couples mariés :** *Cori*, Carl Ferdinand et Gerty Theresa (Médecine 1947, ensemble). *Myrdal*, Gunnar (Économie 1974) et Alva (Paix 1982). **Père et fils :** *Thomson*, sir Joseph John (Physique 1906) et sir George Paget (Physique 1936). *Von Euler-Chelpin* (All.), Hans (Chimie 1929) et Ulf (Physiologie 1970). *Bohr*, Niels (Physique 1922) et Aage (Physique 1975). *Siegbahn*, Manne (Physique 1924) et Kai (Physique 1981). *Bragg*, sir William Henry (53 ans) et sir William Lawrence (25 ans) [Physique 1915, ensemble]. **Beau-père et gendre :** *Heinrich Wieland* (Chimie 1927), beau-père de *Feodor Lynen* (Physiologie 1964). *John Howard Northrop* (Chimie 1946), beau-père de *Frederick Chapman Robbins* (Physiologie). *Francis Peyton Rous* (Physiologie 1966), 3 ans après son gendre *Alan Hodgkin* (Physiologie 1963).

☞ **Parmi ceux qui n'ont pas eu le prix :** *Édouard Branly* (Guglielmo Marconi Nobel 1908 s'appuyait sur les travaux de Branly) ; *Nicolas Tesla* ; *Oswald Avery* : affirma en 1944 que l'ADN était le support de l'hérédité ; il était mort lorsqu'on réalisa la justesse de ses vues ; *David Bohm* ; *Lise Meitner*, chimiste, travaillant avec Otto Hahn n'était plus auprès de lui (elle avait fui l'Allemagne) lors de l'expérience du 19-12-1938 au cours de laquelle des éléments surgirent de noyaux d'uranium bombardés par des neutrons. Hahn interrogea Lise Meitner qui lui expliqua qu'une cassure du noyau d'uranium avait eu lieu. Hahn eut le Nobel de chimie en 1944.

■ **« Contre-prix ».** Décernés par des contestataires : **1974** *« Nobel de la Paix »* décerné le 14-2 à Mgr Helder Camara (« l'évêque rouge » brésilien). Une collecte réunit 308 000 F. Sa candidature avait été proposée par la Confédération latino-américaine des syndicats chrétiens puis reprise par la Fédération luthérienne mondiale et par des évêques belges et allemands, des parlementaires ou des syndicalistes néerlandais, italiens et suédois. **1976** *« Prix populaire de la paix »* aux dirigeantes du mouvement des femmes. *Montant* : 1 500 000 F (souscription organisée par 22 quotidiens norvégiens).

■ **Nobel « alternatif ».** Voir Prix pour un mode d'existence juste, p. 270 c.

■ **Ig Nobel.** Parodie des prix Nobel, gratifient ceux dont les travaux ou actions « ne peuvent ou ne devraient pas être reproduits » en raison de leur caractère « Ig-noble » et loufoque. **Lauréats 1999** *(30-9)* 9e année : *biologie* : Mexicain pour une sauce aux épices sans épices. *Chimie* : Sté japonaise vendant des vaporisateurs permettant de révéler d'invisibles traces de sperme. *Environnement* : Coréen pour un costume de travail « autoparfumant ». *Littérature* : British Standards Institution pour ses 6 pages sur la meilleure façon de se préparer une bonne tasse de thé. *Paix* : 2 Sud-Africains commercialisant un lance-flammes intégré à une voiture pour se protéger contre les attaques. *Physique* : partagé entre Len Fisher (Angl.), qui a calculé durant 2 mois la meilleure façon de tremper un biscuit dans son thé ou son café, et Jean-Marc Vanden Broeck (Belge), qui a fabriqué un bec de théière ne gouttant pas. *Santé* : couple d'Américains pour une table d'accouchement tournant à grande vitesse afin que la force centrifuge facilite l'expulsion du bébé. *Sociologie* : Steve Penfold pour sa thèse de doctorat sur les magasins canadiens de beignets.

■ Lauréats du prix Nobel

☞ En gras : lauréats français.

Chimie

1901 Jacobus van't Hoff (1852-1911) (Néerl.). **02** Emil Fischer (1852-1919) (All.). **03** Svante Arrhenius (1859-1927) (Sué.). **04** sir William Ramsay (1852-1916) (Angl.). **05** Adolf von Baeyer (1835-1917) (All.). **06 Henri Moissan** (1852-1907). **07** Eduard Büchner (1860-1917) (All.). **08** lord Ernest Rutherford (1871-1937) (Angl.). **09** Wilhelm Ostwald (1853-1932) (All.).

1910 Otto Wallach (1847-1931) (All.). **11 Marie Curie** (1867-1934) (d'origine pol.). **12 Victor Grignard** (1871-1935), **Paul Sabatier** (1854-1941). **13** Alfred Werner (1866-1919) (Sui.). **14** Theodore Richards (1868-1928) (Amér.). **15** Richard Willstätter (1872-1942) (All.). **16-17** *non décerné*. **18** Fritz Haber (1868-1934) (All.) pour la synthèse industrielle de l'ammoniac (et non pour ses travaux sur les gaz de combat). **19** *non décerné*.

1920 Walther Nernst (1864-1941) (All.). **21** Frederick Soddy (1877-1956) (Angl.). **22** Francis Aston (1877-1945) (Angl.). **23** Fritz Pregl (1869-1930) (Autr.). **24** *non décerné*. **25** Richard Zsigmondy (1865-1929) (Autr.). **26** Theodor Svedberg (1884-1971) (Sué.). **27** Heinrich Wieland (1877-1957) (All.). **28** Adolf Windaus (1876-1959) (All.). **29** sir Arthur Harden (1865-1940) (Angl.), Hans von Euler-Chelpin (1873-1964) (All.).

1930 Hans Fischer (1881-1945) (All.). **31** Carl Bosch (1874-1940) (All.), Friedrich Bergius (1884-1949) (All.). **32** Irwing Langmuir (1881-1957) (Amér.). **33** *non décerné*. **34** Harold Urey (1893-1981) (Amér.). **35 Frédéric Joliot** (1900-58) **et Irène Joliot-Curie** (1897-1956). **36** Peter Debye (1884-1966) (Néerl.). **37** sir Walter Haworth (1883-1950) (Angl.), Paul Karrer (1889-1971) (Sui.). **38** Richard Kuhn (1900-67) (All.). **39** Adolf-Friedrich Johann Butenandt (1903-95) (All.), Léopold Ruzicka (1887-1976) (Sui. d'origine tchèque).

1940-42 *non décerné*. **43** Georg Hevesy de Heves (1885-1966) (Sué. d'origine ho.). **44** Otto Hahn (1879-1968) (All.). **45** Arturi Ilmari Virtanen (1895-1973) (Finl.). **46** James Sumner (1887-1955), John Northrop (1891-1987), Wendell Stanley (1904-71) (Amér.). **47** sir Robert Robinson (1886-1975) (Angl.). **48** Arne Tiselius (1902-71) (Sué.). **49** William Francis Giauque (1895-1982) (Amér.).

1950 Otto Diels (1876-1954), Kurt Alder (1902-58) (Ouest-All.). **51** Glenn Seaborg (1912-99), Edwin McMillan (1907-91) (Amér.). **52** Archer Martin (1910), Richard Synge (1914-94) (Angl.). **53** Hermann Staudinger (1881-1965) (Ouest-All.). **54** Linus Pauling (1901-94) (Amér.). **55** Vincent du Vigneaud (1901-78) (Amér.). **56** sir Cyril Hinshelwood (1897-1967) (Angl.), Nicolaï Semenov (1896-1986) (Soviét.). **57** lord Alexander Todd (1907-97) (Angl.). **58** Frederik Sanger (1918) (Angl.). **59** Jaroslav Heyrovsky (1890-1967) (Tchéc.).

1960 Willard Libby (1908-80) (Amér.). **61** Melvin Calvin (1911-97) (Amér.). **62** sir John C. Kendrew (1917) (Angl.), Max F. Perutz (1914) (Angl. d'origine autr.). **63** Karl Ziegler (1898-1973) (Ouest-All.), Giulio Natta (1903-79) (It.). **64** Dorothy Crowfoot Hodgkin (1910-94) (Angl.). **65** Robert Burns Woodward (1917-79) (Amér.). **66** Robert S. Mulliken (1896-1986) (Amér.). **67** Manfred Eigen (1927) (Ouest-All.), Ronald George Wreyford Norrish (1897-1978) et lord George Porter (1920) (Angl.). **68** Lars Onsager (1903-76) (Amér. d'origine norv.). **69** sir Derek Harold Barton (1918-98) (Angl.), Odd Hassel (1897-1981) (Norv.).

1970 Luis F. Leloir (1906-87) (Argentin d'origine fr.). **71** Gerhard Herzberg (1904-99) (Can. d'origine all.). **72** Christian Anfinsen (1916-95) (Amér.), Stanford Moore (1913-82), William H. Stein (1911-80) (Amér.). **73** Ernst Otto Fischer (1918) (Ouest-All.), sir Geoffrey Wilkinson (1921) (Angl.). **74** Paul John Flory (1910-85) (Amér.). **75** Vladimir Prelog (1906-98) (Sui. d'origine bosniaque), sir John Cornforth (1917) (Austr.). **76** William N. Lipscomb (1919) (Amér.). **77** Ilya Prigogine (1917) (Belge d'origine russe). **78** Peter Mitchell (1920-92) (Angl.). **79** Herbert C. Brown (1912) (Amér.), Georg Wittig (1897-1987) (Ouest-All.).

1980 Paul Berg (1926) (Amér.), Walter Gilbert (1932) (Amér.), Frederick Sanger (1918) (Angl.). **81** Kenichi Fukui (1918-98) (Jap.), Roald Hoffmann (1937) (Amér. d'origine pol.). **82** sir Aaron Klug (1926) (Angl. d'origine sud-africaine). **83** Henry Taube (1915) (Amér. d'origine can.). **84** Bruce Merrinfield (1921) (Amér.). **85** Herbert A. Hauptman (1917) (Amér.), Jérôme Karle (1918) (Amér.). **86** Dudley R. Herschbach (1932) (Amér.), Yuan Lee (1936) (Amér.), John Polanyi (1929) (Can. d'origine all.). **87** Donald Cram (1919) (Amér.), **Jean-Marie Lehn** (1939), Charles J. Pedersen (1904-89) (Amér. d'origine norv.). **88** Johann Deisenhofer (1943) (All.), Robert Huber (1937) (All.), Hartmut Michel (1948) (All.). **89** Sidney Altman (1939) (Can.), Thomas Cech (1947) (Amér.).

1990 Elias J. Corey (1928) (Amér.). **91** Richard R. Ernst (1933) (Sui.). **92** Rudolph A. Marcus (1923) (Amér.). **93** Kary B. Mullis (1944) (Amér.), Michael Smith (1932-2000) (Can. d'origine angl.). **94** Georges A. Olah (1927) (Amér., d'origine ho.). **95** Paul Crutzen (1933) (Amér.), Mario Molina (1943) (Amér. d'origine mex.), Franz Sherwood Rowland (1927) (Amér.). **96** Robert F. Curl Jr. (1933) (Amér.), Richard E. Smalley (1943) (Amér.), Harold W. Kroto (1939) (Angl.). **97** Paul D. Boyer (1918) (Amér.), John E. Walker (1941) (Angl.), Jens C. Skou (1918) (Danois). **98** Walter Kohn (1923) (Amér.), John A. Pople (1925) (Angl.). **99** Ahmed H. Zewail (Égypt., 1946) (et Amér.). **2000** Alan Heeger (1936) (Amér.), Alan McDiarmid (1927) (Amér.), Hideki Shirakawa (1936) (Jap.).

Littérature

1901 Sully Prudhomme (1839-1907). **02** Theodor Mommsen (1817-1903) (All.). **03** Bjœrnstjerne Bjœrnson (1832-1910) (Norv.). **04 Frédéric Mistral** (1830-1914), José Echegaray (1832-1916) (Esp.). **05** Henryk Sienkiewicz (1846-1916) (Pol.). **06** Giosue Carducci (1835-1907) (It.). **07** Rudyard Kipling (1865-1936) (Angl.). **08** Rudolf Eucken (1846-1926) (All.). **09** Selma Lagerlöf (1858-1940) (Sué.).

1910 Paul von Heyse (1830-1914) (All.). **11** comte Maurice Maeterlinck (1862-1949) (Belge). **12** Gerhart Hauptmann (1862-1946) (All.). **13** Rabindranath Tagore (1861-1941) (Indien). **14** *non décerné*. **15 Romain Rolland** (1866-1944). **16** Carl Gustaf Verner von Heidenstam (1859-1940) (Sué.). **17** Karl Gjellerup (1857-1919) (Dan.), Henrik Pontoppidan (1857-1943) (Dan.). **18** *non décerné*. **19** Carl Spitteler (1845-1924) (Sui.).

1920 Knut Hamsun (1859-1952) (Norv.). **21 Anatole France** (1844-1924). **22** Jacinto Benavente (1866-1954) (Esp.). **23** William Butler Yeats (1865-1939) (Irl.). **24** Wladyslaw Reymont (1868-1925) (Pol.). **25** George B. Shaw (1856-1950) (Irl.). **26** Grazia Deledda (1871-1936) (It.). **27 Henri Bergson** (1859-1941). **28** Sigrid Undset (1882-1949) (Norv.). **29** Thomas Mann (1875-1955) (All.).

1930 Sinclair Lewis (1885-1951) (Amér.). **31** Erik Axel Karlfeldt (1864-1931) (Sué.). **32** John Galsworthy (1867-1933) (Angl.). **33** Ivan Bounine (1870-1953) (apatride d'origine russe). **34** Luigi Pirandello (1867-1936) (It.). **35** *non décerné*. **36** Eugene O'Neill (1888-1953) (Amér.). **37 Roger Martin du Gard** (1881-1958). **38** Pearl Buck (1892-1973) (Amér.). **39** Frans Emil Sillanpää (1888-1964) (Finl.).

1940-43 *non décerné*. **44** Johannes Vilhelm Jensen (1873-1950) (Dan.). **45** Gabriela Mistral (1889-1957) (Chilienne). **46** Hermann Hesse (1877-1962) (Sui. d'origine all.). **47 André Gide** (1869-1951). **48** Thomas Stearns Eliot (1888-1965) (Angl. d'origine amér.). **49** William Faulkner (1897-1962) (Amér.).

1950 sir Bertrand Russell (1872-1970) (Angl.). **51** Pär Lagerkvist (1891-1974) (Sué.). **52 François Mauriac** (1885-1970). **53** sir Winston Churchill (1874-1965) (Angl.). **54** Ernest Hemingway (1898-1961) (Amér.). **55** Halldór Kiljan Laxness (1902-98) (Islandais). **56** Juan Ramón Jiménez (1881-1958) (Esp.). **57 Albert Camus** (1913-60) (Fr., né en Algérie). **58** Boris Pasternak (1890-1960) (Soviét.) [refuse, contraint par les autorités soviétiques]. **59** Salvatore Quasimodo (1901-68) (It.).

1960 St-John Perse (Alexis Léger) (1887-1975). **61** Ivo Andrić (1892-1975) [Youg. (Serbe)]. **62** John Steinbeck (1902-68) (Amér.). **63** Giorgos Séféris (1900-71) (Gr., né en Turquie). **64 Jean-Paul Sartre** (1905-80) [refuse]. **65** Mikhaïl Cholokhov (1905-84) (Soviét.). **66** Samuel Jos. Agnon (1888-1970) (Isr.), Nelly Sachs (1891-1970) (Sué. d'origine all.). **67** Miguel Angel Asturias (1899-1974) (Guatémaltèque). **68** Yasunari Kawabata (1899-1972) (Jap.). **69** Samuel Beckett (1906-89) (Irl.).

1970 Alexandre Soljenitsyne (1918) (Soviét.). **71** Pablo Neruda (Neftali Reyes Bascalto) (1904-73) (Chilien). **72** Heinrich Böll (1917-85) (Ouest-All.). **73** Patrick White (1912-90) (Austr.). **74** Eyvind Johnson (1900-76) (Sué.), Harry Martinson (1904-78) (Sué.). **75** Eugenio Montale (1896-1981) (It.). **76** Saul Bellow (1915) (Amér.). **77** Vicente Aleixandre (1898-1984) (Esp.). **78** Isaac Bashevis Singer (1904-91) (auteur yiddish, Amér. d'origine pol.). **79** Odysseus Alépoudhélis, dit Elytis (1911-96) (Gr.).

1980 Czeslaw Milosz (1911) (Amér. d'origine pol.). **81** Elias Canetti (1905-94) (Angl. d'origine bulg.). **82** Gabriel García Márquez (1928) (Colombien). **83** sir William Golding (1911-93) (Angl.). **84** Jaroslav Seifert (1901-86) (Tchéc.). **85 Claude Simon** (1913). **86** Wole Soyinka (1934) (Nigérian, 1er Africain). **87** Joseph Brodsky (1940-96) (Amér. d'origine russe). **88** Naguib Mahfouz (1912) (Ég.). **89** Camilo José Cela (1916) (Esp.).

1990 Octavio Paz (1914-98) (Mex.). **91** Nadine Gordimer (1923) (Sud-Africaine). **92** Derek Walcott (1930) (Ste-Lucie). **93** Toni Morrison (1931) (Amér.). **94** Kenzaburô Ōe (1935) (Jap.). **95** Seamus Heaney (1939) (Irl.). **96** Wyslawa Szymborska (1923) (Pol.). **97** Dario Fo (1926) (It.). **98** José Saramago (1922) (Port.). **99** Günter Grass (1927) (All.). **2000 Gao Xingjan**, écrivain français de langue chinoise (né 1940 en Chine, à Paris en 1988, naturalisé 1998).

Paix

1901 Henri Dunant (1828-1910) (Sui.), **Frédéric Passy** (1822-1912). **02** Elie Ducommun (1833-1906), Albert Gobat (1843-1914) (Sui.). **03** sir William Cremer (1838-1908) (Angl.). **04** Institut. de droit intern., Gand (1873) (Belgique). **05** Bertha von Suttner (1843-1914) (Autr.). **06** Theodore Roosevelt (1858-1919) (Amér.). **07** Ernesto Moneta (1833-1918) (It.), **Louis Renault** (1843-1918) (professeur de droit international, participe aux conférences de La Haye). **08** Klas Arnoldson (1844-1916) (Sué.), Fredrik Bajer (1837-1922) (Dan.). **09** Auguste Beernaert (1829-1912) (Belge), **Paul d'Estournelles de Constant** (1852-1924).

1910 Bureau international permanent de la paix (Berne, 1891). **11** Tobias Asser (1838-1913) (Néerl.), Alfred Fried (1864-1921) (Autr.). **12** Elihu Root (1845-1937) (Amér.). **13** Henri Lafontaine (1854-1943) (Belge). **14-16** *non décerné.* **17** Croix-Rouge internationale (Genève, 1863). **18** *non décerné.* **19** Th. Woodrow Wilson (1856-1924) (Amér.).

1920 Léon Bourgeois (1851-1925). **21** Hjalmar Branting (1860-1925) (Sué.), Christian Lange (1869-1938) (Norv.). **22** Fridtjof Nansen (1861-1930) (Norv.). **23-24** *non décerné.* **25** sir Austen Chamberlain (1863-1937) (Angl.), Charles Dawes (1865-1951) (Amér.). **26 Aristide Briand** (1862-1932), Gustav Stresemann (1878-1929) (All.). **27 Ferdinand Buisson** (1841-1932), Ludwig Quidde (1858-1941) (All.). **28** *non décerné.* **29** Frank Billings Kellogg (1856-1937) (Amér.).

1930 Nathan Söderblom (1866-1931) (Sué.). **31** Jane Addams (1860-1935) (Amér.), Nicholas Murray Butler (1862-1947) (Amér.). **32** *non décerné.* **33** sir Norman Angell (1874-1967) (Angl.). **34** Arthur Henderson (1863-1935) (Angl.). **35** Karl von Ossietzky (1889-1938) (All.). **36** C. Saavedra Lamas (1878-1959) (Arg.). **37** lord Edgar Cecil of Chelwood (1864-1958) (Angl.). **38** Office international Nansen pour les réfugiés (1921) (Sui.). **39-43** *non décerné.*

1944 Croix-Rouge internationale. **45** Cordell Hull (1871-1955) (Amér.). **46** Emily Balch (1867-1961) (Amér.), John R. Mott (1865-1955) (Amér.). **47** Friends Service Council (Londres, 1647), American Friends Service Committee (Washington, 1672) [Quakers]. **48** *non décerné.* **49** lord John B. Orr of Brechin (1880-1971) (Angl.).

1950 Ralph Bunche (1904-71) (Amér.). **51 Léon Jouhaux** (1879-1954). **52 Albert Schweitzer** (1875-1965) (Fr. d'origine all., Alsacien). **53** George Marshall (1880-1959) (Amér.). **54** Haut-Commissariat de l'Onu pour les réfugiés. **55-56** *non décerné.* **57** Lester Pearson (1897-1972) (Can.). **58** RP. D. G. Henri Pire (1910-69) (Belge). **59** Philip John Noel-Baker (1889-1982) (Angl.).

1960 Albert-John Lutuli (1898-1967) (Sud-Afr.). **61** Dag Hammarskjöld (1905-61) (Sué.). **62** Linus Pauling (1901-94) (Amér.). **63** Croix-Rouge internationale et Ligue des Sociétés de la Croix-Rouge (Genève). **64** Martin Luther King (1929-68) (Amér.). **65** Unicef. **66-67** *non décerné.* **68 René Cassin** (1887-1976), Pt de la Cour européenne des droits de l'homme. **69** Organisation internationale du travail (Genève).

1970 Norman E. Borlaug (1914) (Amér.). **71** Willy Brandt (1913-92) (Ouest-All.). **72** *non décerné.* **73** Henry A. Kissinger (1923) (Amér. d'origine all.), Le Duc Tho (1911-90) (Nord-Vietnamien) [refuse]. **74** Sato Eisaku (1901-75) (Jap.), Sean MacBride (1904-88) (Irl.). **75** Andréi Sakharov (1921-89) (Soviét.). **76** Mairead Corrigan (1944) (Irl.), Betty Williams (1943) (Irl.). **77** Amnesty International. **78** Anouar el-Sadate (1918-81) (Ég.), Menahem Begin (1913-92) (Isr. d'origine pol.). **79** mère Teresa (1910/5-9-1997) (Indienne d'origine albanaise, de Youg.).

1980 Adolfo Pérez Esquivel (1931) (Arg.). **81** Haut-Commissariat de l'Onu pour les réfugiés. **82** Alva Myrdal (1902-86) (Sué.), Alfonso García Robles (1911-91) (Mex.). **83** Lech Walesa (1943) (Pol.). **84** Desmond Tutu (1931) (Sud-Afr.). **85** Internationale des médecins contre la guerre nucléaire (Boston, Amér.). **86** Élie Wiesel (1928) (Amér. d'origine roumaine). **87** Oscar Arias Sanchez (1941) (Costaricien). **88** Forces des Nations unies, gardiennes de la paix. **89** Dalaï Lama (Tenzin Gyatso, 1935) (Tibétain).

1990 Mikhaïl Gorbatchev (1931) (Soviét.). **91** Aung San Sou Kyi (1945) (Birmane). **92** Rigoberta Menchú Tum (1959) (Guatémaltèque). **93** Frederik de Klerk (1936) et Nelson Mandela (1918) (Sud-Afr.). **94** Yasser Arafat (1929) (Palestinien) ; Shimon Peres (1923) et Yitzhak Rabin (1922-95) (Isr.). **95** Josef Rotblat (1908) (Angl. d'origine pol.) et le mouvement Pugwash (voir encadré p. 266 a). **96** Mgr Carlos Felipe Ximenes Belo (1948) et Jose Ramos-Horta (1946) (Timor-Oriental, Indonésien). **97** International Campaign to Ban Landmines (ICBL, fondée 1992), Jody Williams (1950) (Amér.). **98** John Hume (1937, catholique) et David Trimble (1944, protestant) [Irl. du Nord]. **99** Médecins sans frontières (voir à l'Index). **2000** Kim Dae Joung (1925) (Corée du Sud).

☞ Le Gal George Marshall (Amér., 1880-1959) fut le 1er militaire à recevoir, en 1953, le prix de la Paix pour son plan d'assistance et de reconstruction de l'Europe avant les forces de l'Onu (1988).

Physiologie ou médecine

1901 Emil von Behring (1854-1917) (All.) pour le sérum contre la diphtérie. **02** sir Ronald Ross (1857-1932) (Angl.) explication de la malaria. **03** Niels Finsen (1860-1904) (Dan.) traitement par ultraviolets de la tuberculose cutanée. **04** Ivan Pavlov (1849-1936) (R.). **05** Robert Koch (1843-1910) (All.) pour la découverte du bacille de la tuberculose. **06** Camillo Golgi (1843-1926) (It.), Santiago Ramon y Cajal (1852-1934) (Esp.). **07 Alphonse Laveran** (1845-1922). **08** Paul Ehrlich (1854-1915) (All.), Elie Metchnikoff (1845-1916) (R.). **09** Theodor Kocher (1841-1917) (Sui.).

1910 Albrecht Kossel (1853-1927) (All.). **11** Allvar Gullstrand (1862-1930) (Sué.). **12 Alexis Carrel** (1873-1944). **13 Charles Richet** (1850-1935). **14** Robert Bárány (1876-1936) (Autr.). **15-18** *non décerné.* **19** Jules Bordet (1870-1961) (Belge).

1920 August Krogh (1874-1949) (Dan.). **21** *non décerné.* **22** sir Archibald Hill (1886-1977) (Angl.), Otto Meyerhof (1884-1951) (All.). **23** sir Frederick G. Banting (1891-1941) (Can.), John J.R. McLeod (1876-1935) (Éc.) [lauréat par erreur, il n'a pas participé aux travaux récompensés, ayant seulement prêté son laboratoire]. **24** Willem Einthoven (1860-1927) (Néerl.). **25** *non décerné.* **26** Johannes Fibiger (1867-1928) (Dan.) crut avoir créé artificiellement un cancer chez les rats (or, il s'agissait d'un papillome causé par une déficience en vitamine A dans le régime des rats). **27** Julius Wagner-Jauregg (1857-1940) (Autr.). **28 Charles Nicolle** (1866-1936). **29** Charles Eijkman (1858-1930) (Néerl.), sir Frédérick Hopkins (1861-1947) (Angl.).

1930 Karl Landsteiner (1868-1943) (Amér. d'origine autr.). **31** Otto Warburg (1883-1970) (All.). **32** sir Charles Sherrington (1857-1952), lord Edgar Adrian (1889-1977) (Angl.). **33** Thomas Morgan (1866-1945) (Amér.). **34** George Whipple (1878-1976), W. Parry Murphy (1892-1987), George Minot (1885-1950) (Amér.). **35** Hans Spemann (1869-1941) (All.). **36** sir Henry Dale (1875-1968) (Angl.), Otto Lœwi (1873-1961) (All.). **37** Albert Szent-Györgyi von Nagyrapolt (1893-1986) (Amér. d'origine ho.). **38** Corneille Heymans (1892-1968) (Belge). **39** Gerhard Domagk (1895-1964) (All.).

1940-42 *non décerné.* **43** Edward Adelbert Doisy (1893-1986) (Amér.), Henrik Dam (1895-1976) (Dan.). **44** Joseph Erlanger (1874-1965), Herbert Spencer Gasser (1888-1963) (Amér.). **45** sir Alexander Fleming (1881-1955) (Angl.), sir Ernst Boris Chain (1906-79) (Angl.), lord Howard Florey (1898-1968) (Angl.). **46** Hermann Muller (1890-1967) (Amér.). **47** Carl (1896-1984) et Gerty Cori (1896-1957) (Amér. d'origine tchéc.), Bernardo Houssay (1887-1971) (Arg.). **48** Paul Müller (1899-1965) (Sui.). **49** Walter Hess (1881-1973) (Sui.), Antonio de Abreu Freire Egas Moniz (1874-1955) (Port.) inventeur de la lobotomie.

1950 Philip Hench (1896-1965), Edward Kendall (1886-1972) (Amér.), Tadeus Reichstein (1897-1996) (Sui. d'origine pol.). **51** Max Theiler (1899-1972) (Sud-Afr.). **52** Selman Waksman (1888-1973) (Amér. d'origine r.). **53** Fritz Lipmann (1899-1986) (Amér. d'origine all.), sir Hans Krebs (1900-81) (Angl. d'origine all.). **54** John Enders (1897-1985), Thomas Weller (1915), Frederick Robbins (1916) (Amér.). **55** Hugo Theorell (1903-82) (Sué.). **56** Dickinson Richards (1895-1973) (Amér.), Werner Forssmann (1904-79) (Ouest-All.), André Cournand (1895-1988) (Amér. d'origine fr.). **57** Daniel Bovet (1907-92) (It. d'origine sui.). **58** Joshua Lederberg (1925) (Amér.), George Beadle (1903-89) (Amér.), Edward Tatum (1909-75) (Amér.). **59** Severo Ochoa (1905-93) (Amér. d'origine esp.), Arthur Kornberg (1918) (Amér.).

1960 sir Frank Burnet (1899-1985) (Austr.), sir Peter Brian Medawar (1915-87) (Angl.). **61** Georg von Békésy (1899-1972) (Amér. d'origine ho.). **62** James Dewey Watson (1928) (Amér.), Francis Harry Compton Crick (1916) (Angl.), Maurice Hugh Frederick Wilkins (1916) (Angl.). **63** sir John Carew Eccles (1903-97) (Austr.), sir Alan Lloyd Hodgkin (1914-98), sir Andrew Fielding Huxley (1917) (Angl.). **64** Konrad Bloch (1912) (Amér. d'origine all.), Feodor Lynen (1911-79) (Ouest-All.). **65 François Jacob** (1920), **André Lwoff** (1902-94), **Jacques Monod** (1910-76). **66** Charles B. Huggins (1901) et Francis Peyton Rous (1879-1970) (Amér.). **67** Ragnar Granit (1900-91) (Sué. d'origine finl.), Haldan Keffer Hartline (1903-83) (Amér.) et George Wald (1906-97) (Amér.). **68** Robert Holley (1922-93) (Amér.), Har Gobind Khorana (1922) (Amér. d'origine indienne), Marshall Nirenberg (1927) (Amér.). **69** Max Delbrück (1906-81) (Amér. d'origine all.), Alfred Hershey (1908-97) (Amér.), Salvador Edward Luria (1912-91) (Amér. d'origine it.).

1970 sir Bernard Katz (1911) (Angl. d'origine all.), Ulf von Euler (1905-83) (Sué.), Julius Axelrod (1912) (Amér.). **71** Earl Sutherland (1915-74) (Amér.). **72** Gerald Edelman (1929) (Amér.), Rodney Robert Porter (1917-85) (Angl.). **73** Karl von Frisch (1886-1982) (Autr.), Konrad Lorenz (1903-89) (Autr.), Nikolaas Tinbergen (1907-88) (Angl. d'origine néerl.). **74** Albert Claude (1899-1983) (Belge), Christian de Duve (1917) (Belge), George Emil Palade (1912) (Amér. d'origine roumaine). **75** Howard Martin Temin (1934-94) (Amér.), Renato Dulbecco (1914) (Amér. d'origine it.), David Baltimore (1938) (Amér.). **76** Baruch S. Blumberg (1925) (Amér.), D. Carleton Gajdusek (1923) (Amér.). **77** Rosalyn Yalow (1921) (Amér.), Roger Guillemin (1924) (Amér. d'origine fr.), Andrew Schally (1926) (Amér.). **78** Werner Arber (1929) (Sui.), Daniel Nathans (1928-99) (Amér.), Hamilton Smith (1931) (Amér.). **79** Alan Cormack (1924) (Amér. d'origine sud-afr.), sir Godfrey N. Hounsfield (1919) (Angl.).

1980 Baruj Benacerraf (1920) (Amér. d'origine vénéz.), **Jean Dausset** (1916), George D. Snell (1903-96) (Amér.). **81** Roger W. Sperry (1913-94) (Amér.), David H. Hubel (1926) (Amér. d'origine can.), Torsten N. Wiesel (1924) (Amér. d'origine sué.). **82** Sune Bergström (1916) (Sué.), Bengt I. Samuelson (1934) (Sué.), sir John R. Vane (1927) (Angl.). **83** Barbara McClintock (1902-92) (Amér.). **84** Niels Jerne (1911-94) (Dan.), Georges Köhler (1946-95) (Ouest-All.), Cesar Milstein (1927) (Angl. d'origine arg.). **85** Michael Brown (1941) (Amér.), Joseph Goldstein (1940) (Amér.). **86** Stanley Cohen (1922) (Amér.), Rita Levi-Montalcini (1909) (It.). **87** Susumu Tonegawa (1939) (Jap.). **88** sir James Black (1924) (Angl.), Gertrude Elion (1918-99) (Amér.), George H. Hitchings (1905-98) (Amér.). **89** J. Michael Bishop (1936) (Amér.), Harold E. Varmus (1939) (Amér.). De nombreux savants français ont regretté que Dominique Stehelin (qui a découvert le 1er oncogène alors qu'il n'était que stagiaire après son doctorat en 1976 dans le laboratoire de Bishop et Varmus, à l'université de Californie à San Francisco) n'ait pas été appelé à partager ce prix.

1990 Joseph E. Murray (1919) (Amér.), E. Donnall Thomas (1920) (Amér.). **91** Erwin Neher (1944) (All.), Bert Sakmann (1942) (All.). **92** Edmond H. Fischer (1920) (Amér.), Edwin G. Krebs (1918) (Amér.). **93** Richard G. Roberts (1943) (Amér. d'origine angl.), Philipp A. Sharp (1944) (Amér.). **94** Alfred G. Gilman (1941) (Amér.), Martin Rodbell (1925) (Amér.). **95** Edward B. Lewis (1918) (Amér.), Christiane Nuesslein-Volhard (1942) (All.), Eric F. Wieschaus (1947) (Amér. d'origine sui.). **96** Peter Doherty (1940) (Austr.), Rolf Zinkernagel (1944) (Sui.). **97** Stanley B. Prusiner (1942) (Amér.). **98** Robert F. Furchgott (1916) (Amér.), Ferid Murad (1936) (Amér.), Louis J. Ignarro (1941) (Amér.). **99** Günter Blobel (All., 1936) (et Amér.). **2000** Arvid Carlsson (25-1-1923) (Sué.), Paul Greengard (11-12-1925) (Amér.), Eric Kandel (7-11-1929) (Amér. d'origine autr.)

☞ Sigmund Freud fut proposé à plusieurs reprises entre 1915 et 1938 sans succès.

Physique

1901 Wilhelm Röntgen (1845-1923) (All.). **02** Hendrik Lorentz (1853-1928) et Pieter Zeeman (1865-1943) (Néerl.). **03 Henri Becquerel** (1852-1908), **Pierre** (1859-1906) **et Marie Curie** (1867-1934) (Fr. d'origine pol.). **04** John Strutt (lord Rayleigh) (1842-1919) (Angl.). **05** Philipp Lenard (1862-1947) (All.). **06** sir Joseph Thomson (1856-1940) (Angl.). **07** Albert Michelson (1852-1931) (Amér. d'origine pol.). **08 Gabriel Lippmann** (1845-1921). **09** Guglielmo Marconi (1874-1937) (It.), Ferdinand Braun (1850-1918) (All.).

1910 Joh. D. van der Waals (1837-1923) (Néerl.). **11** Wilhelm Wien (1864-1928) (All.). **12** Gustaf Dalén (1869-1937) (Sué.). **13** Heike Kamerlingh-Onnes (1853-1926) (Néerl.). **14** Max von Laue (1879-1960) (All.). **15** sir William Henry Bragg (1862-1942) et sir William Lawrence Bragg (1890-1971) (Angl.). **16** *non décerné.* **17** Charles Barkla (1877-1944) (Angl.), pour la découverte du rayonnement J qui n'existe pas. **18** Max Planck (1858-1947) (All.). **19** Johannes Stark (1874-1957) (All.).

1920 Charles-Éd. Guillaume (1861-1938) (Sui.). **21** Albert Einstein (1879-1955) (Sui. d'origine all. puis Amér. en 1940), pour son explication en 1905 de l'effet photoélectrique (depuis 1912, il avait été présenté pour la théorie de la relativité). **22** Niels Bohr (1885-1962) (Dan.). **23** Robert Millikan (1868-1953) (Amér.). **24** Karl Siegbahn (1886-1978) (Sué.). **25** James Franck (1882-1964) (Amér. d'origine all.), Gustav Hertz (1887-1975) (All.). **26 Jean Perrin** (1870-1942). **27** Arthur Compton (1892-1962) (Amér.), Charles Wilson (1869-1959) (Angl.). **28** sir Owen Richardson (1879-1959) (Angl.). **29 prince Louis-Victor de Broglie** (1892-1987).

1930 sir Chandrasekhara Venkata Raman (1888-1970) (Indien). **31** *non décerné.* **32** Werner Heisenberg (1901-76) (All.). **33** Erwin Schrœdinger (1887-1961) (Autr.), Paul Dirac (1902-84) (Angl.). **34** *non décerné.* **35** sir James Chadwick (1891-1974) (Angl.). **36** Victor Hess (1883-1964) (Amér. d'origine autr.), Carl David Anderson (1905-91) (Amér.). **37** Clinton Davisson (1881-1958) (Amér.), sir George Thomson (1892-1975) (Angl.). **38** Enrico Fermi (1901-54) (It.). **39** Ernest O. Lawrence (1901-58) (Amér.).

1940-42 *non décerné.* **43** Otto Stern (1888-1969) (Amér., d'origine all.). **44** Isidore Isaac Rabi (1898-1988) (Amér. d'origine autr.). **45** Wolfgang Pauli (1900-58) (Sui. d'origine autr.). **46** Percy W. Bridgman (1882-1961) (Amér.). **47** sir Edward Appleton (1892-1965) (Angl.). **48** lord Patrick Blackett (1897-1974) (Angl.). **49** Hideki Yukawa (1907-81) (Jap.).

1950 Cecil Franck Powell (1903-69) (Angl.). **51** sir John Douglas Cockcroft (1897-1967) (Angl.), Ernest Walton (1903-95) (Irl.). **52** Edward Mills Purcell (1912-97) (Amér.), Félix Bloch (1905-83) (Amér. d'origine sui.). **53** Frits Zernike (1888-1966) (Néerl.). **54** Max Born (1882-1970) (Angl. d'origine all.), Walther Bothe (1891-1957) (Ouest-All.). **55** Polykarp Kusch (1911-93) (Amér. d'origine all.), Willis Lamb (1913) (Amér.). **56** William Shockley (1910-89) (Amér. d'origine angl.), Walter Brattain (1902-87) (Amér.), John Bardeen (1908-91) (Amér.). **57** Tsung Dao Lee (1926) et Chen Ning Yang (1922) (Amér. d'origine chinoise). **58** Pavel Cherenkov (1904-90), Ilia Michajlovic Frank (1908-90) et Igor Tamm (1895-1971) (Soviét.). **59** Emilio Segrè (1905-89) (Amér. d'origine it.), Owen Chamberlain (1920) (Amér.).

1960 Donald Glaser (1926) (Amér.). **61** Robert Hofstadter (1915-90) (Amér.), Rudolf Mössbauer (1929) (Ouest-All.). **62** Lev Landau (1908-68) (Soviét.). **63** Eugene Paul Wigner (1902-94) (Amér. d'origine ho.), Maria Goeppert-Mayer (1906-72) (Amér. d'origine all.), Hans Jensen (1907-73) (Ouest-All.). **64** Charles Hard Townes (1915) (Amér.), Nikolaï Bassov (1922) (Soviét.), Aleksandr Prokhorov (1916) (Soviét.). **65** Richard P. Feynman (1918-88) (Amér.), Julian Schwinger (1918-94) (Amér.), Sin-Itiro Tomonaga (1906-79) (Jap.). **66 Alfred Kastler** (1902-84). **67** Hans A. Bethe (1906) (Amér. d'origine all.). **68** Luis W. Alvarez (1911-88) (Amér.). **69** Murray Gell-Mann (1929) (Amér.).

1970 Hannes Alfvén (1908-95) (Sué.), **Louis Néel** (1904-2000). **71** Dennis Gabor (1900-79) (Angl. d'origine ho.). **72** John Bardeen (1908-91), Léon N. Cooper (1930) (Amér.), John R. Schrieffer (1931) (Amér.). **73** Léo Esaki (1925) (Amér. d'origine jap.), Ivar Giaever (1929) (Amér. d'origine norv.), Brian D. Josephsón (1940) (Angl.). **74** sir Martin Ryle (1918-84) (Angl.), sir Antony Hewish (1924) (Angl.). **75** Aage Bohr (1922) (Dan.), Ben

Mottelson (1926) (Dan. d'origine amér.), James Rainwater (1917-86) (Amér.). **76** Burton Richter (1931) (Amér.), Samuel C.C. Ting (1936) (Amér.). **77** Philip Anderson (1923) (Amér.), sir Nevill Mott (1905-96) (Amér.), John H. Van Vleck (1899-1980) (Amér.). **78** Piotr L. Kapitsa (1894-1984) (Soviét.), Arno Penzias (1933) (Amér. d'origine all.), Robert Wilson (1936) (Amér.). **79** Sheldon L. Glashow (1932) (Amér.), Abdus Salam (1926-96) (Pakistanais), Steven Weinberg (1933) (Amér.).

1980 James W. Cronin (1931) (Amér.), Val L. Fitch (1923) (Amér.). **81** Nicolaas Bloembergen (1920) (Amér. d'origine néerl.), Arthur L. Schawlow (1921-99) (Amér.), Kai M. Siegbahn (1918) (Sué.). **82** Kenneth G. Wilson (1936) (Amér.). **83** Subrahmanyan Chandrasekhar (1910-95) (Amér. d'origine indienne), William A. Fowler (1911-95) (Amér.). **84** Carlo Rubbia (1934) (It.), Simon Van der Meer (1925) (Néerl.). **85** Klaus von Klitzing (1943) (Ouest-All.). **86** Ernst Ruska (1906-88) (Ouest-All.), Gerd Binnig (1947) (All.), Heinrich Rohrer (1933) (Sui.). **87** Bednorz J. Georg (1950) (Ouest-All.), Müller K. Alexander (1927) (Sui.). **88** Leon Lederman (1922) (Amér.), Melvin Schwartz (1932) (Amér.), Jack Steinberger (1921) (Amér. d'origine all.). **89** Norman M. Ramsey (1915) (Amér.), Hans G. Dehmelt (1922) (Amér. d'origine all.), Wolfgang Paul (1913-93) (Ouest-All.).

1990 Jerome I. Friedman (1930) (Amér.), Henry W. Kendall (1926-99) (Amér.), Richard E. Taylor (1929) (Can.). **91 Pierre-Gilles de Gennes** (1932). **92 Georges Charpak** (1924) (Fr. d'origine pol.). **93** Russel A. Hulse (1950) (Amér.), Joseph H. Taylor Jr (1941) (Amér.). **94** Bertram N. Brockhouse (1918) (Can.), Clifford G. Shull (1915) (Amér. d'origine angl.). **95** Martin L. Perl (1927) (Amér.), Frederick Reines (1918-98) (Amér.). **96** David Lee (1931) (Amér.), Douglas Osheroff (1945) (Amér.), Robert Richardson (1937) (Amér.). **97** Steven Chu (1948) (Amér.), **Claude Cohen-Tannoudji** (Constantine, 1933), William D. Phillips (1948) (Amér.). **98** Robert B. Laughlin (1950) (All.), Horst L. Störmer (1949) (Amér.), Daniel C. Tsui (1939) (Amér.). **99** Gerardus't Hooft (1946) (Néerl.), Martinus J. G. Veltman (1931) (Néerl.). **2000** Jaurès Alferov (1930) (R.), Herbert Kroemer (1928) (All.), Jack Kilby (1923) (Amér.)

Sciences économiques

■ **But.** Ce ne sont ni les œuvres, ni les hommes qui sont récompensés, mais les travaux qui émanent souvent d'équipes ou de centres intellectuels.

■ **Types de lauréats. Généralistes :** *Paul Samuelson* (1970), *Kenneth Arrow, John Hicks* (1972), *Maurice Allais* (1988). **Innovateurs récompensés pour un apport très spécifique :** *Wassily Leontief* et sa méthode « input/output » (1973), *Herbert Simon* et sa rationalité limitée (1978), *Franco Modigliani* et sa théorie du cycle de vie de l'épargne (1985), *Ronald Coase* et son analyse des coûts de transaction (1991). **Chefs de file ou initiateurs d'une école de pensée :** *Friedrich von Hayek* et la tradition autrichienne (1974), *Milton Friedman* et le monétarisme (1976), *James Buchanan* et l'école du « public choice » (1986), *Gary Becker* et l'approche microéconomique des comportements sociaux (1992). **Chercheurs représentatifs d'un domaine particulier de l'analyse économique :** *Ragnar Frisch* (1969), *Lawrence Klein* (1980) : économétrie ; *Richard Stone* (1984) : comptabilité nationale ; *Harry Markowitch, Merton Miller* et *William Sharpe* (1990) : théorie financière ; *Robert Fogel* et *Douglas North* (1993) : histoire quantitative.

Lieux où les lauréats ont effectué leur recherche : *à l'université de Chicago* : 6, *au MIT (Massachusetts Institute of Technology)* : 4. D'autres institutions américaines ont joué un grand rôle [*Fondation Cowles :* créée 1932 par l'industriel Alfred Cowles dans le Colorado, fixée de 1939 à 1955 à Chicago puis à New Haven dans l'environnement de l'université de Yale, 10 des prix Nobel y ont travaillé (économie mathématique, économétrie). *NBER (National Bureau of Economic Research)* : à Cambridge (Massachusetts) : Simon Kuznets (1971), George Stigler (1982)].

Prix distribués longtemps après les travaux couronnés (certaines idées peuvent longtemps après leur publication être à l'origine d'un courant de recherche fécond) : **1974** *Hayek* (avec Gunnar Myrdal) pour ses travaux relatifs à la théorie monétaire et à la théorie des conjonctures, qui datent d'avant 1939 ; **1988** *Maurice Allais* pour ses recherches menées pendant la guerre ; **1991** *Ronald H. Coase* pour son article de 1937 sur la nature des firmes. **Oublis :** *Boulding,* généraliste ; *Shackle,* analyse de la décision en incertitude, concept de « surprise potentielle » ; *Joan Robinson, Piero Sraffa* et *Nicholas Kaldor :* représentants de l'*école de Cambridge* d'après-guerre (contribution critique aux théories traditionnelles du capital et des prix).

■ **Lauréats. 1969** Ragnar Frisch (1895-1973) (Norv.), Jan Tinbergen (1903-94) (Néerl.). **70** Paul A. Samuelson (1915) (Amér.). **71** Simon Kuznets (1901-85) (Amér. d'origine r.). **72** sir John R. Hicks (1904-89) (Angl.), Kenneth J. Arrow (1921) (Amér.). **73** Wassily Leontief (1906-99) (Amér. d'origine r.). **74** Gunnar Myrdal (1898-1987) (Sué.), Friedrich von Hayek (1899-1992) (Angl. d'origine autr.). **75** Tjalling Charles Koopmans (1910-85) (Amér. d'origine néerl.), Léonide Kantorovitch (1912-86) (Soviét.). **76** Milton Friedman (1912) (Amér.). **77** Bertil Ohlin (1899-1979) (Sué.), James Meade (1907-95) (Angl.). **78** Herbert Simon (1916-2001) (Amér.). **79** Theodore W. Schultz (1902-98) (Amér.), sir Arthur Lewis (1915-91) (Angl. d'origine indienne).

1980 Lawrence R. Klein (1920) (Amér.). **81** James Tobin (1918) (Amér.). **82** George J. Stigler (1911-91) (Amér.). **83** Gérard Debreu (1921) (Amér. d'origine fr.). **84** Richard Stone (1913-91) (Angl.). **85** Franco Modigliani (1918) (Amér. d'origine it.). **86** James Buchanan (1919) (Amér.). **87** Robert M. Solow (1924) (Amér.). **88 Maurice Allais** (1911). **89** Trygve Haavelmo (1911-99) (Norv.).

1990 Harry M. Markowitz (1927) (Amér.), Merton M. Miller (1923-2000) (Amér.), William F. Sharpe (1934) (Amér.). **91** Ronald H. Coase (1910) (Angl.). **92** Gary S. Becker (1930) (Amér.). **93** Robert W. Fogel (1926) (Amér.), Douglas C. North (1920) (Amér.). **94** John C. Harsanyi (1920) (Amér.), John F. Nash (1928) (Amér.), Reinhard Selten (1930) (All.). **95** Robert E.-Lucas Jr (1937) (Amér.). **96** James A. Mirrlees (1936-96) (Angl.), William Vickrey (1914-96) (Can.). **97** Robert C. Merton (1944) (Amér.), Myron S. Scholes (1941) (Can.). **98** Amartya Sen (1933) (Inde, 1er Asiatique). **99** Robert A. Mundell (1932) (Can.). **2000** Daniel McFadden (1937) (Amér.), James Heckman (1944) (Amér.).

■ Répartition par pays

Chimie. USA 50. All. 27. G.-B. 25. *Fr. 7.* Sui. 5. Can., Suè. 4. Autr., Jap., P.-Bas 2. Arg., Austr., Belg., Dan., Finl., It., Norv., Tchéc., Égypte, URSS 1.

Littérature. *Fr. 13* (dont 1 d'origine chinoise). USA 12. G.-B., Suè. 7. All., It. 6. Esp. 5. Irl., URSS-Russie 4. Dan., Norv., Pol. 3. Chili, Gr., Jap., Sui. 2. Afr. du Sud, Austr., Belg., Colombie, Ég., Finl., Guatemala, Inde, Islande, Isr., Mex., Nigéria, Port., Ste-Lucie, Tchéc., Youg. 1.

Paix. USA 18. *Fr. 9.* G.-B. 8. Suède 5. All., Afr. du Sud 4. Belg., Irl., Isrl., Sui. 3. Arg., Autr., Irl. du Nord, Norv., Timor-Oriental, URSS-Russie 2. Can., Corée du Sud, Costa Rica, Dan., Ég., Guatemala, Inde, It., Jap., Mex., Myanmar, P.-Bas, Palestine, Pol., Tibet, Viêt Nam 1. Institutions 17 (dont la Croix-Rouge 3, Onu 1). 20 fois non décerné.

Physiologie ou Médecine. USA 84. G.-B. 23. All. 15. *Fr. 8.* Suè. 7. Sui. 6. Dan. 5. Autr., Belg. 4. It., Austr. 3. P.-Bas, URSS 2. Afr. du Sud, Arg., Can., Esp., Jap., Port. 1.

Physique. USA 73. G.-B. 20. All. 19. *Fr. 11.* P.-Bas, URSS-Russie 8. Sui. 5. Suè. 4. Dan., It., 3. Can., Jap. 2. Autr., Inde, Irl., Pakistan 1.

Sciences économiques. USA 28. G.-B. 7. Can., Norv., Suè. 2. All., *Fr.,* Inde, P.-Bas, URSS 1.

Total. USA 256. G.-B. 89. All. 72. *Fr. 48.* Suède 27. Suisse 21. URSS-Russie 18. Institutions 17 (dont la Croix-Rouge 3, Onu 1). P.-Bas 14. It. 13. Dan. 12. Can. 10. Autr., Belg., 9. Irl., Jap., Norv. 8. Afr. du Sud, Esp. 6. Austr. 5. Arg., Inde, Isr., Pol. 4. Ég. 3. Chili, Finl., Grèce, Guatemala, Irl. du Nord, Mex., Port., Timor-Oriental, Tchéc. 2. Colombie, Corée du Sud, Costa Rica, Isl., Myanmar, Nigéria, Pakistan, Palestine, Ste-Lucie, Tibet, Viêt Nam, Youg. 1. *Non décernés :* Chimie 3 fois. Littérature 7. Paix 20. Physiologie ou Médecine 9. Physique 6.

☞ Une conférence réunit, du 18 au 21-1-1988 à Paris, sur l'initiative du Pt Mitterrand et d'Élie Wiesel (prix Nobel de la Paix), 75 lauréats du prix Nobel. *Thème :* « menaces et promesses à l'aube du XXIe s. ». Elle émit 16 conclusions dont celles-ci : *1°)* Toutes les formes de vie doivent être considérées comme un patrimoine essentiel de l'humanité. Endommager l'équilibre écologique est donc un crime contre l'avenir. *2°)* L'espèce humaine est une, et chaque individu qui la compose a les mêmes droits à la liberté, l'égalité et la fraternité. *3°)* La richesse de l'humanité est aussi dans sa diversité. Elle doit être protégée dans tous ses aspects, culturel, biologique, philosophique, spirituel. Pour cela, la tolérance, l'écoute de l'autre, le refus des vérités définitives doivent être sans cesse rappelés. *7°)* L'éducation doit devenir la priorité absolue de tous les budgets et doit aider à valoriser tous les aspects de la créativité humaine. *9°)* Si la télévision et les nouveaux médias constituent un moyen essentiel d'éducation pour l'avenir, l'éducation doit aider à développer l'esprit critique face à ce que diffusent ces médias.

Autres prix

■ **Académie des Sciences. Total des prix attribués pour 1994 :** 3 769 000 F dont 2 385 000 F pour 19 grands prix. **Lauréats. 1998** *Prix Mergier Bourdeix* 300 000 F : Claude Jaupart ; *Charles-Léopold Mayer* 250 000 F : Elisabeth H. Blackburn ; *Ampère de l'électricité de France* 200 000 F : Michel Brune et Jean-Michel Raymond ; *du Commissariat à l'énergie atomique* 200 000 F : Alain Berthoz ; *Gaz de France* 200 000 F : Michel Primet ; *de l'Institut français du pétrole* 200 000 F : Jean-Marie Basset ; *France Télécom* 200 000 F : Olivier Faugeras ; *Marcel Dassault* 200 000 F : Marcel Lesieur ; *François Lhermitte* 150 000 F : Marie-Jo Besson ; *Péchiney* 100 000 F : Hervé Combeau ; *industries agroalimentaires* 100 000 F : Pierre Raibaud ; *cardiologie* 100 000 F : Florent Soubrier.

■ **Fondation AGF Athena. Création :** 1984, par Athena Assurances. Académie des Sciences consultée pour le choix définitif du lauréat. **Montant :** 500 000 F. **Lauréats. 1995** Yves Agid, professeur de neurologie (Pitié-Salpêtrière). **96** Jean Weissenbach, directeur de recherche (CNRS). **97** Diane Mathis et Christophe Benoist, directeurs de recherche (Inserm, CNRS). **98** Gilles Thomas, professeur de génétique médicale (Université Paris VI). **99** Jacques Pouysségur (CNRS). **2000** Philippe Sansonetti (Institut Pasteur, Inserm).

■ **Balzan. Création :** Fondation internationale créée 1956 par Angela Balzan (1892-1957) épouse Danieli, en mémoire de son père Eugenio Balzan (1874-1953), administrateur du *Corriere della Sera* (journal de Milan). Divisée en 2 organismes : Fondation-Prix (reconnue 10-2-1962, siège à Milan) et Fondation-Fonds (à Zurich) qui administre le patrimoine. **Montant :** 1 à 4 prix annuels de 500 000 FS chacun et, avec un intervalle d'au moins 3 ans, 1 prix pour l'Humanité, la paix et la fraternité entre les peuples (1 000 000 de FS en 2000 : 2 000 000 FS).

Lauréats. Humanité, paix et fraternité entre les peuples : 1961 Fondation Nobel. **62** Jean XXIII (1881-1963, It.). **78** mère Teresa de Calcutta (1910-97, Agnès Gonxha Bojaxhiu, Indienne, d'origine albanaise, de Youg.). **86** Haut-Commissariat des Nations unies pour les réfugiés. **91** abbé Pierre (1912, Henri Grouès, Fr.). **92, 93, 94, 95** *non décerné.* **96** Comité international de la Croix-Rouge. **2000** Abdul Sattar Edhi (1928, Pakistan).

Sciences de l'Antiquité [1], **sciences orientales** [2], **philologie, critique littéraire** [3] **et d'art** [4], **littérature comparée** [5] **: 1980** Jorge Luis Borges [3] (1899-1986, Arg.). **82** Massimo Pallottino [2] (1909-95, It.). **83** Francesco Gabrieli [2] (1904-96, It.). **84** Jean Starobinski [3] (1920, Sui.). **85** Ernst Hans Josef Gombrich [4] (1909, Angl. d'origine autr.). **88** René Étiemble [5] (1909, Fr.). **90** Walter Burkert [1] (1931, All.). **92** Giovanni Macchia [3,4] (1912, It.). **93** Jean Leclant [1] (1920, Fr.). **95** Yves Bonnefoy [3] (1923, Fr.). **2000** Martin Lietchfield West [1] (1937, Angl.).

Philosophie [1], **sciences sociales et politiques** [2], **sociologie** [3], **histoire économique** [4], **anthropologie sociale** [5] **: 1979** Jean Piaget [2] (1896-1980, Sui.). **81** Josef Pieper [1] (1904-97, All.). **82** Jean-Baptiste Duroselle [2] (1917-94, Fr.). **83** Edward Shils [3] (1910-95, Amér.). **88** Samuel Noah Eisenstadt [3] (1923, Isr.). **89** Emmanuel Lévinas [1] (1905-95, Fr. d'origine lituanienne). **95** Carlo Cipolla [4] (1922, It.). **96** Stanley Hoffman [2] (1928, Fr./USA). **97** Stanley Jeyaraja Tambiah [5] (1929, Amér.). **99** Paul Ricœur [1] (1913, Fr.).

Histoire : 1962 Samuel Eliot Morison (1887-1976, Amér.). **79** Ernest Labrousse (1895-1988, Fr.). Giuseppe Tucci (1894-1984, It.). **87** sir Richard Southern (1912, Angl.). **91** Vitorino Magalhães Godinho (1918, Port.). **93** Lothar Gall (1936, All.). **96** Arno Borst (1925, All.). **98** Andrzej Walicki (1930, Pol., Amér.). **99** sir John Elliott (1930, Angl.).

Histoire de la science : 1986 Otto Neugebauer (1899, Amér.). **97** Charles Coulston Gillispie (1918, Amér.).

Histoire du droit : 2000 Michael Stolleis (1941, All.).

Musique : 1962 Paul Hindemith (1895-1963, All.). **91** György Ligeti (1923, Ho. naturalisé Autr. 1967).

Architecture, urbanisme : 1980 Hassan Fathy (1899-1989, Ég.).

Biologie [1], **botanique** [2], **géologie et géophysique** [3], **zoologie** [4], **génétique** [5], **océanographie-climatologie** [6], **psychologie humaine** [7], **anthropologie physique** [8], **éthologie** [9], **médecine préventive** [10], **paléocéanographie** [11], **science des matériaux nouveaux** [12], **météorologie** [13], **épidémiologie** [14], **biodiversité** [15], **géochimie** [16], **science des origines de l'homme** [17], **sciences écologiques** [18] **: 1962** Karl von Frisch [1] (1886-1982, All.). **79** Torbjörn Caspersson [1] (1910, Sué.). **81** Dan Peter McKenzie [3] (1942, Angl.), Drummond Hoyle Matthews [3] (1931-97, Angl.), Frederick John Vine [3] (1939, Angl.). **82** Kenneth Vivian Thimann [2] (1904-97, Amér.). **83** Ernst Mayr [4] (1904, All.). **84** Sewall Wright [5] (1889-1988, Amér.). **86** Roger Revelle [6] (1909-91, Amér.). **87** Jerôme Seymour Bruner [7] (1915, Amér.), Phillip V. Tobias [8] (1925, Sud-Africain). **88** Michael Evenari [2] (1904-89, Isr.) et Otto Ludwig Lange (1927, Ouest-All.). **89** Leo Pardi [9] (1915-90, It.). **90** James Freeman Gilbert [3] (1931, Amér.). **91** John Maynard Smith [5] (1920, Angl.). **92** Ebrahim M. Samba [10] (1932, Gambie). **93** Wolfgang Helmut Berger [11] (1937, All.). **94** René Couteaux [1] (1909, Fr.). **95** Alan J. Heeger [12] (1936, Amér.). **96** Arnt Eliassen [13] (1915, Norv.). **97** Thomas Wilson Meade [14] (1936, Angl.). **98** Robert M. May [15] (1936, Austr., Angl.), Harmon Craig [16] (1926, Amér.). **99** Luigi Luca Cavalli-Sforza [17] (1922, Amér. et It.). **2000** Ilkka Hanski [17] (1953, Finl.).

Mathématiques : 1962 Andrej Kolmogorov (1903-87, Soviét.). **80** Enrico Bombieri (1940, It.). **85** Jean-Pierre Serre (1926, Fr.). **92** Armand Borel (1923, Sui. et Amér.). **99** Mikhael Gromov (1943, Fr. et URSS).

Astrophysique [1], **instrumentation et techniques** [2] **: 1984** Jan Hendrik Oort [1] (1900-92, Néerl.). **89** Martin John Rees [1] (1942, Angl.). **94** Fred Hoyle [1] (1915, Angl.) et Martin Schwarzschild [1] (1912, Amér.). **2000** Michel G.E. Mayor [2] (1942, Sui.).

Droit international public : 1981 Paul Reuter (1911-90, Fr.). **Droit international privé : 90** Pierre Lalive d'Épinay (1923, Sui.). **Droits fondamentaux de la personne : 86** Jean Rivero (1910, Fr.). **Droit et science politique : 94** Noberto Bobbio (1909, It.).

■ **CNRS (médaille d'or).** Décernée à un chercheur français de renommée internationale. **Lauréats. 1990** Marc Julia. **91** Jacques Le Goff. **92** Jean-Pierre Changeux. **93** Pierre Bourdieu. **94** Claude Allègre. **95** Claude Hagège. **96** Claude Cohen-Tannoudji. **97** Jean Rouxel. **98** Pierre Potier. **99** Jean-Claude Risset.

■ **Crafoord. Création :** Fondation Crafoord créée 1980 par Holger Crafoord (1908-82, Sué.) : fonds de 1 600 000 SEK (couronnes suédoises) en 2000. Décerné en septembre par l'Académie suédoise à un chercheur dont la discipline n'est pas couverte par les Nobel. Siège : Malmövägen 8, Lund. **Montant :** 1 prix de 500 000 $ dans une discipline différente chaque année.

Lauréats. 1996 (écologie) Robert M. May (Angl.). **97** (astronomie) Fred Hoyle (Angl.) et Edwin E. Salpeter (Amér.). **98** (sciences de la Terre) Don L. Anderson et Adam M. Dziewonski (Amér.). **99** (biologie) John Maynard Smith (Angl.), Ernst Mayr et George C. Williams (Amér.). **2000** (médecine) Ravinder N. Maini

(Angl.), Marc Feldmann. **2001** (mathématiques) Alain Connes (Fr.).

■ **Dillon (John H., médaille). Création :** 1984, par la Sté américaine de physique (APS) pour récompenser un jeune scientifique ayant passé sa thèse depuis moins de 10 ans. **Lauréat. 1998** Spiros Haralambos Anastasiadis (Université de Crète). **1999** Anne M. Mayes (Massachusetts, Institute of Technology). **2000** Wesley Roth Burghardt (Northwestern University). **2001** Klaus Schmidt-Rohr (Iowa State University).

■ **Fields (médaille). Création :** 1936 [fonds résultant du bilan positif du financement du Congrès de Toronto, de 1924, présidé par le Pr John Charles Fields (1863-1932, Can.), et du Congrès de Vancouver, de 1974]. 2 à 4 médailles décernées, au plus tous les 4 ans, à de jeunes mathématiciens, au cours du Congrès international de mathématiciens, par un comité émanant de l'Union mathématique internationale [*1994 :* à Lucerne (Sui.), *Pt :* David Mumford ; *secrétaire général :* Pr J. Palis]. **Montant :** 10 500 F au maximum par lauréat. **Lauréats. 1936** Lars Ahlfors (1907, Finl.), Jesse Douglas (1897-1965, Amér.). **50** Laurent Schwartz (1915, Fr.), Atle Selberg (1917, Norv.). **54** Kunihiko Kodaira (1903, Jap.), Jean-Pierre Serre (1926, Fr.). **58** Klaus Friedrich Roth (1925, Angl.), René Thom (1923, Fr.). **62** Lars Hörmander (1931, Sué.), John Milnor (1931, Amér.). **66** Michael F. Atiyah (1929, Angl.), Paul J. Cohen (1934, Amér.), Alexandre Grothendieck (1928, Fr.), Stephen Smale (1930, Amér.). **70** Alan Baker (1939, Angl.), Heisuke Hironaka (1931, Amér. d'origine jap.), S. Novikov (1938, Soviét.), John C. Thompson (Angl.). **74** Enrico Bombieri (1940, It.), David Mumford (1937, Amér.). **78** Pierre Deligne (1944, Belge), Charles Fefferman (1949, Amér.) et Daniel Quillen (1940, Amér.), Grigory Alexandre Margoulis (1946, Soviét.). **82** Alain Connes (1947, Fr.), William P. Thurston (1946, Amér.), Shing Tung-Yau (1949, Amér.). **86** Simon Donaldson (1957, Angl.), Gerd Faltings (1954, Ouest-All.), Michael Freedman (1951, Amér.). **90** V.G. Drienfeld (1954, Ukrainien), Vaughan F.R Jones (1952, Amér.), Shigefumi Mori (Jap.), Edward Witten (1951, Amér.). **94** Pierre-Louis Lions (1956, Fr.), Jean-Christophe Yoccoz (1957, Fr.), Jean Bourgain (1954, Belge), Ephim Zelmanov (1956, R.). **98** Richard E. Borcherds (1959, Angl.), William Timothy Gowers (1963, Angl.), Maxim Kontsevich (1964, R.), Curtis T. McMullen (1958, Amér.) ; *spécial :* Andrew J. Wiles.

☞ *Sur 42 médaillés :* 14 Amér. (nés ou formés aux USA), 6 Fr. anciens normaliens, 1 apatride ayant fait études et carrière en France, 7 Angl., 4 R., 2 Belges, 2 Jap., 1 All., Finl., It., Sué., Norv., Ukrainien.

■ **Japan. Création :** 1983 par Konosuke Matsushita. Décerné par la Fondation du Japon pour la science et la technologie. **Montant :** 50 millions de yens par lauréat (environ 1,8 million de F.). **Lauréats. 1985** John R. Pierce (1910, Amér.), Ephraïm Katchalski Katzir (1916, Isr.). **86** David Turnbull (1915, Amér.), William J. Kolff (1911, Amér.). **87** Henry M. Beachell (Amér.), Gurdev S. Khush (Indien), Theodore H. Malman (1927, Amér.). **88** Georges Vendryes (1920, Fr.), Donald A. Henderson (1928, Amér.), Isao Arita (1926, Jap.), Frank Fenner (1914, Austr.), Luc Montagnier (1932, Fr.), Robert C. Gallo (1937, Amér.). **89** Frank Sherwood Rowland (1927, Amér.), Elias James Corey (1925, Amér.). **90** Marvin Minsky (1927, Amér.), William Jason Morgan (1935, Amér.), Dan Peter McKenzie (1942, Angl.), Xavier Le Pichon (1937, Fr.). **91** Jacques-Louis Lions (1928, Fr.) mathématicien, John Julian Wild (1914, Amér.) médecin. **92** Gerhard Ertl (1936, All.), Ernest John Christopher Polge (1926, Angl.). **93** Franck Press (1924, Amér.), Kary B. Mullis (1944, Amér.). **94** William Hayward Pickering (1910, Amér.), Arvid Carlsson (1923, Sué.). **95** Nick Holonyak Jr (1928, Amér.), Edward Fred Knipling (1909, Amér.). **96** Charles K. Kao (1933, Amér.), Masao Ito (1928, Jap.). **97** Takashi Sujimura (1926, Jap.), Bruce N. Ames (1928, Amér.), Joseph F. Engelberger (1925, Amér.), Hiroyuki Yoshikawa (1933, Jap.). **98** Leo Esaki (1925, Jap.), Jozef S. Schell (1935, Belge), Marc C. E. Van Montagu (1933, Belge). **99** W. Wesley Peterson (1924, Amér.), Jack L. Strominger (1925, Amér.), Don C. Wiley (1944, Amér.). **2000** Ian L. McHarg (Amér.), Kimishige Ishizaka (Jap.).

■ **Kalinga. Création :** 1951 par Unesco grâce au don de M.B. Patnalk, de l'État d'Orissa (Inde), Pt-fondateur du « Kalinga Fondation Trust ». Prix de vulgarisation scientifique (1 000 £) attribué chaque année depuis 1952 (sauf 1973 et 1975). Sur 55 lauréats : 10 Britanniques, 8 Amér., 5 Fr. (dont Louis de Broglie 1952, Jean Rostand 1959, Paul Couderc 1966, Pierre Augier 1971, Yves Coppens 1984), 5 Russes, 4 Indiens, 3 Vénéz., 3 Brésiliens. **Lauréats. 1999** Marian Addy (Ghana) et Emil Gabrielian (Arménie). **2000** Ernst W. Hamburger (Brésil).

■ **Lasker (Albert). Création :** par Mrs Mary Lasker (1899-1994) en souvenir de son mari. Délivré 1944-62 par diverses organisations médicales bénévoles ; depuis 1962 par la Fondation Albert et Mary Lasker. Chaque année, 6 à 12 lauréats. Beaucoup ont reçu plus tard le prix Nobel de Médecine (54 de 1944 à 1995). Prix individuel : une statuette dorée de la Victoire de Samothrace et une somme : *1946 :* 1 000 $; *57 :* 2 500 ; *91 :* 15 000 ; *95 :* 25 000 ; *98 :* 10 000 et 25 000. **Lauréats. 1996** *médecine fondamentale :* Robert F. Furchgott, Ferid Murad ; *clinique :* Porter Warren Anderson Jr, David H. Smith, John B. Robbins, Rachel Schneerson ; *spécial :* Paul C. Zamecnik. **97** *médecine fondamentale :* Mark S. Ptashne ; *clinique :* Alfred Sommer ; *spécial :* Victor A. McKusick. **98** *médecine fondamentale :* Leland Hartwell, Yoshio Masui, Peter Nurse ; *clinique :* Alfred Knudson Jr., Peter Nowell, Janet Rowley ; *spécial :* Daniel E. Koshland Jr.

■ **Lépine (concours). Création :** 1901 par le préfet de police Louis Lépine (1846-1933). Se déroule dans le cadre de la Foire de Paris (surface : 4 000 m²). **Durée :** 12 jours début mai. **Droits de participation** (frais du salon) : environ 2 800 F par stand « inventeur ». **But :** offrir à des inventeurs et fabricants une occasion de se faire connaître et d'étudier des débouchés commerciaux. **Organisateur :** Association des inventeurs et fabricants français (AIFF), 12, rue Beccaria, 75012 Paris ; créée le 8-12-1901, reconnue d'utilité publique 1912 (subventions Ville de Paris : 40 800 F). *Pt :* Gérard Dorey. **Jury :** indépendant, 40 spécialistes bénévoles. **Récompenses :** Grand Prix du Pt de la République (vase de Sèvres), Grand Prix du concours Lépine. Coupes et médailles de l'AIFF, de ministères et organismes publics ou privés, prix en espèces (plus de 200 000 F en 1995). **Nombre des primés :** environ 150 par an. **Revue :** *Invention-magazine* (bimestrielle).

■ **Mode d'existence juste (Right Livelihood Award). Création :** 1980 par Jakob von Uexkull (Suédois) pour honorer ceux qui, par leur travail, contribuent à assainir notre planète, choisissent de respecter la vie dans son intégralité, transmettent leur inspiration à la communauté humaine. Parfois appelé « Nobel alternatif ». **Décerné** au Parlement suédois le 9-12, c'est-à-dire la veille de la remise des prix Nobel. **Montant :** 200 000 $, partagés.

■ **Nevanlinna (Rolf, science de l'information). Création :** 1982 par l'Union mathématique internationale. Nom donné en mémoire du professeur finlandais Rolf Nevanlinna (1895-1980), ancien Pt de l'Union. Décerné par l'université d'Helsinki (Finlande) lors du Congrès international des mathématiciens. Attribué tous les 4 ans à un jeune mathématicien pour les aspects mathématiques des sciences de l'information. **Montant :** 5 000 FS. **Lauréats. 1982** Robert E. Tarjan (1948, Amér.). **86** Leslie Valiant (1949, Angl.). **90** A.A. Razborov (R.). **94** Avi Wigderson (1956, Isr.). **98** Peter Shor (1959, Amér.).

■ **Philip Morris. Création :** 1988. **Jury :** 5 personnalités scientifiques françaises. Décerné à des équipes de chercheurs dans 2 disciplines. **Lauréats. 1999 :** *thérapie génique :* Pr Alain Fischer et Marina Cavazzana-Calvo (hôpital Necker U429 de l'Inserm). *Histoire :* Dominique Julia (dir. de recherche au CNRS) et l'équipe du Centre d'anthropologie religieuse européenne de l'EHESS. **Jury 1999 :** *Pt :* Pr Pierre Toubert. **Montant :** 400 000 F.

■ **Rayonnement français. Création :** 1981 par le Comité du rayonnement français. Voir encadré p. 347 a.

■ **Wolf. Création :** 1978 par Ricardo Wolf (1887-1981). **But :** promouvoir les sciences et les arts au bénéfice de l'humanité. **Montant :** 100 000 $. **Lauréats. 1999** *Chimie :* Raymond U. Lemieux (Can.). *Mathématiques :* Laszlo Lovasz (Ho.) et Elias M. Stein (Amér.). *Médecine :* Eric R. Kandel (Amér.). *Physique :* Dan Shechtman (Isr.). *Arts (peinture) :* Sigmar Polke (All.).

☞ Voir les chapitres **Arts** p. 488 c, **Prix littéraires** p. 339 c et **Prix de musique** p. 425 b.

Énigmes

☞ Suite de la page 221.

Bruits et explosions

BONI (Bruits d'origine et de nature inconnues). Appelés aussi brontides. Semblables à un coup de canon dans le lointain, ils se transmettent parfois sur des centaines de kilomètres. **Causes envisagées :** émissions gazeuses d'origine volcanique, tassement du plateau continental avec rejet des gaz contenus dans les sédiments, microséismes. En 1976, on avait parlé de la répercussion possible des bangs du Concorde sur les masses d'eaux océaniques. Des brontides précurseurs furent ainsi entendus avant le tremblement de terre de San Francisco (1906). De nombreux marins ont signalé, depuis le XVIIe siècle, que mers et océans peuvent être agités par des explosions (détonations sourdes, émission de brumes, formation de dômes d'eau). **Lieux de ces observations :** côtes de la Belgique (où le phénomène est nommé « mistpouf »), golfe du Bengale (« canons de Barisal »), golfe de Gascogne, côtes atlantiques des USA (« canons de Séneca »).

☞ Voir à l'Index : **Météorites de Toungouska.**

Disparition

Jean Salvator, archiduc d'Autriche. Fils du grand duc Léopold II et de Marguerite des Deux-Siciles, il avait obtenu (en 1880) de l'empereur François-Joseph d'abandonner ses privilèges et titres d'archiduc pour devenir un simple particulier sous le nom de Jean Orth.

Officiellement, il disparut en juillet 1890 dans le naufrage de la *Santa-Margarita* au large du cap Horn. Il semble en fait qu'il ait fini ses jours dans un ranch au pied de la cordillère des Andes, sous le nom de Fred Otten.

☞ Voir à l'Index : **Baudouin de Flandres,** empereur de Constantinople.

Empoisonnements

Boris de Bulgarie (roi). Mort le 28-8-1943, au retour d'une entrevue avec Hitler. La reine et Hitler étaient convaincus qu'il fut empoisonné, car les Alliés, mais également les Soviétiques et les Allemands avaient intérêt à sa disparition.

Pour certains, le masque à oxygène utilisé par le roi lors de son vol de retour d'Allemagne aurait contenu une substance toxique. Plus vraisemblablement, le roi est mort d'une thrombose coronaire provoquée par son entrevue difficile avec Hitler.

Du Parc, Thérèse (1633-68). Maîtresse de Racine, Thérèse Du Parc mourut en pleine Affaire des poisons. La Voisin accusa Racine de l'avoir assassinée à l'instigation de la Champmeslé. On prétendit aussi qu'enceinte du poète, elle était morte des suites d'un avortement.

Lecouvreur, Adrienne (1692-1730). Tragédienne, morte en quelques jours, à 37 ans, elle aurait été empoisonnée par la duchesse de Bouillon qui voulait lui enlever son amant, le maréchal de Saxe. Cependant, l'autopsie ne montra pas trace de poison et, à son lit de mort, la duchesse protesta de son innocence.

☞ Voir à l'Index : **Affaire des poisons** (1673-79). **Besnard,** Marie (1896-1980). **Couty de la Pommerais** (1830-64). **Lafarge** Marie (1816-52). **Marty** Marguerite (1925). **Louvois.**

Enlèvements

☞ Voir également à l'Index. **Koutiepoff** (G[al]). **Miller** (G[al]).

Imposteurs

Bourbon-Conti (Stéphanie-Louise de). Née en 1768, fille naturelle du P[ce] de Conti et de la duchesse de Mazarin. Elle fut déclarée sous le nom de Ctesse de Mont-Cair-Zina (anagramme de Conti-Mazarin). Son demi-frère, le Cte de la Marche, la déclara morte le 7-6-1773 et la maria à un procureur de Lons-le-Saunier nommé Billet après lui avoir imposé un faux état civil (celui de la fille de sa femme de chambre, nommée Delorme).

Stéphanie fit reconnaître sa véritable naissance par son cousin Louis XVI en 1788, mais elle tomba dans la misère à la Révolution. Barras, qui était en relations secrètes avec Louis XVIII, lui octroya un débit de tabac à Orléans où elle mourut en 1825. Son histoire a été racontée par Goethe dans *la Fille naturelle.*

Chevalier d'Éon. Aventurier du XVIIIe siècle (1728-1810) ; de son vrai nom Charles de Beaumont d'Éon. On ignora longtemps son sexe. C'était en réalité un homme, mais il s'habillait en femme et signait « la chevalière », ce qui ne l'empêcha pas d'être un bon soldat et un diplomate de valeur.

Demetrius (faux). Plusieurs imposteurs, au début du XVIIe s., fomentèrent des troubles sanglants en se faisant passer pour le tsarévitch Dimitri (né 1581, assassiné en 1591 par le régent Boris Godounov).

Le plus connu, apparu en 1603, aurait été en réalité le moine Gregor Otrapiev. Couronné tsarévitch (Moscou 1605), il fut assassiné l'année suivante.

L'Inconnue de la Seine. Jeune femme dont le cadavre fut repêché à Paris. Un moulage de son visage fut pris à la Morgue. Une légende s'est formée autour.

Jack l'Éventreur. Assassin jamais identifié qui, d'août à novembre 1888, tua et mutila 5 (peut-être 6) prostituées dans les rues de Londres.

On a pensé à un policier ou à un pasteur, à l'avocat Montague John Druitt (qui se suicida après le dernier meurtre), au duc de Clarence, fils aîné du P[ce] de Galles (syphilitique et déséquilibré), à James Stephen (ami intime du duc), à sir William Gull (médecin de la famille royale).

Madame Royale (comtesse des Ténèbres). Surnom donné à une mystérieuse comtesse Vavel de Versay qui s'était installée à Eishausen (Saxe) de 1807 à sa mort (25-11-1837) avec son prétendu mari. On a dit qu'il s'agissait de Madame Royale, la fille de Louis XVI. On aurait voulu ainsi s'assurer son silence quant à l'évasion du Dauphin. La duchesse d'Angoulême, revenue à la cour à la Restauration, aurait été une fausse Madame Royale substituée (peut-être une princesse de Condé de la main gauche).

☞ Suite voir Table des matières.

LETTRES

☞ Pour découvrir la sélection **Quid** des meilleurs sites Internet sur la littérature, rendez-vous sur **www.quid.fr**

PRINCIPAUX AUTEURS ET PRINCIPALES ŒUVRES

☞ *Liste des abréviations :* ⚜ : Académie française, **Ac** : Académie, **Autobiogr.** : Autobiographie, **Av** : Avocat, **Bio** : Biologiste, **Biogr.** : Biographie, **C** : Cinéaste, **Chan** : Chansonnier, **Chr** : Chroniqueur, **Cr** : Critique ; **d'a** : d'art, **D** : Dramaturge, **Dia** : Dialoguiste, **E** : Écrivain, **Ec** : Économiste, **Ency** : Encyclopédiste, **Ens** : Enseignant, **Ento** : Entomologiste, **Éru** : Érudit, **Es** : Essayiste, **Ethn** : Ethnologue, **F** : Prix Fémina, **Fab** : Fabuliste, **G** : Prix Goncourt, **Géo** : Géographe, **Gram** : Grammairien, **H** : Historien ; **d'a** : d'art, **Hum** : Humoriste, **I** : Prix Interallié, **J** : Journaliste, **Jur** : Jurisconsulte, **L** : Livre, **Ling** : Linguiste, **M** : Prix Médicis, **Math** : Mathématicien, **Méd** : Médecin, **Mém** : Mémorialiste, **Mor** : Moraliste, **N** : Prix Nobel, **Nat** : Naturaliste, **Nouv** : Nouvelliste, **Or** : Orateur, **P** : Poète, **Pe** : Peintre, **Ph** : Philosophe, **Phy** : Physiologiste, **Pol** : Écrivain politique, **Polé** : Polémiste, **Préd** : Prédicateur, **Prof** : Professeur, **Pros** : Prosateur, **Pseudo** : Pseudonyme, **Psy** : Psychiatre, **Psychan** : Psychanalyste, **Psycho** : Psychologue, **R** : Romancier, **Ren** : Prix Renaudot, **Rhé** : Rhétoricien, **Sav** : Savant, **Sc** : Scénariste, **Soc** : Sociologue, **Th** : Théâtre, **Théo** : Théologien, **Trad** : Traducteur, **Un** : Universitaire.

☞ Biblio : *le Nouveau Dictionnaire des œuvres* (collection Bouquins, Éditions Robert Laffont).

Quelques dates avant J.-C. : vers 35000 apparition des images et du langage chez l'*Homo sapiens.* **30000** peintures pariétales en Europe ; entailles sur os (moyens mnémotechniques). **15000** peintures des grottes de Lascaux et d'Altamira. **9000** galets peints de la culture azilienne. **3300** invention de l'écriture *pictographique* en basse Mésopotamie (Uruk IV b). **3100** début de l'écriture *hiéroglyphique* égyptienne. **2800-2600** l'écriture sumérienne devient cunéiforme. **2500** le *cunéiforme* commence à se répandre dans tout le Proche-Orient. **2300** écriture originale non déchiffrée des peuples de la vallée de l'Indus. **1800** l'*akkadien* devient la langue diplomatique internationale de tout le Proche-Orient. **1500** invention du système hiéroglyphique hittite. Écriture alphabétique au Sinaï ; chinoise idéographique sur vases de bronze et os oraculaires ; minoenne dite « linéaire B » en Crète. **1400** alphabet cunéiforme consonantique sémitique utilisé à Ugarit. **1100** inscriptions connues en alphabet linéaire phénicien. **900** les Phéniciens répandent à travers la Méditerranée leur alphabet consonantique, précurseur de notre alphabet. **800** les Grecs inventent l'alphabet moderne avec voyelles.

LITTÉRATURE ALLEMANDE

☞ Voir **Littérature autrichienne** (p. 283), **suisse** (p. 323).

XIIIe-XIVe SIÈCLE

■ **Nibelungenlied.** Poèmes épiques nationaux, dans la lignée des sagas scandinaves. Mélange d'éléments chrétiens, courtois et de sauvagerie barbare. Auteurs anonymes.

■ **Minnesang.** Poésie lyrique amoureuse. Heinrich von Morungen (vers 1200), Walther von der Vogelweide (1170-1228).

XVIIe-XVIIIe-XIXe SIÈCLE

■ **École baroque.** Poésies mystiques et piétistes à l'imitation des espagnols. Friedrich Spee von Langenfeld (1591-1635), Martin Opitz (1597-1639), Paul Fleming (1609-40), Andreas Gryphius (1616-64), Hans Jakob Christoph von Grimmelshausen (1621-76), Johann-Christian Günther (1695-1723).

■ **Aufklärung** (Siècle des Lumières). Vise la tolérance, l'émancipation de la tutelle de l'Église, du mysticisme ; croyance dans le progrès de l'humanité et la science ; recherche un équilibre avec la nature. Johann Christoph Gottsched (1700-66), Friedrich Gottlieb Klopstock (1724-1803), Gotthold Ephraim Lessing (1729-81), Christoph Martin Wieland (1733-1813).

■ **Sturm und Drang** (Tempête et Passion). Titre d'un drame de Friedrich von Klinger (1752-1831). Retour à la nature caractérisant toute une génération. Poésies imprégnées de « sensibilisme » anglais, mais utilisant les procédés de style des classiques attardés français. Théoricien : Johann Gottfried Herder (1744-1803).

■ **Époque classique.** Johann Wolfgang von Goethe (1749-1832) et Friedrich von Schiller (1759-1805). Font partie du *Sturm und Drang* et ont influencé le romantisme.

■ **Romantisme.** Créé par 2 critiques littéraires philosophes, les frères Schlegel : August Wilhelm (1767-1845) et Friedrich (1772-1829). Veulent imprégner de « poésie », exprimant les grandes émotions personnelles ou collectives, toute la littérature. Novalis (1772-1801), Ernst Hoffmann (1776-1822), Achim von Arnim (1781-1831), Heinrich Heine (1797-1856).

■ **Réalisme.** Penche plus pour la résignation et l'ironie que la critique sociale. Adalbert Stifter (1805-68), Friedrich Hebbel (1813-63), Gottfried Keller (1819-90), Theodor Storm (1817-88), Theodor Fontane (1819-98).

XXe SIÈCLE

■ **Expressionnisme.** Antinaturalisme sans idéologie précise où chaque écrivain s'intéresse à réaliser son *moi* et à décrire son univers intérieur en écrivant pour conjurer ses fantasmes. Rainer Maria Rilke (1875-1926) : obsession de la mort, impuissance à être. Franz Kafka (1883-1924) : angoisse devant la force d'agression des autres. Else Lasker-Schüler (1869-1945), Alfred Döblin (1878-1957), Gottfried Benn (1886-1956), Georg Trakl (1887-1914), Franz Werfel (1890-1945).

■ **Renouveau épique populaire.** Se manifeste surtout chez Bertolt Brecht (1898-1956) dont l'idéologie a évolué vers le marxisme, mais qui reste un classique du théâtre. Ernst Toller (1895-1939) : plus proche des expressionnistes.

NÉS AVANT 1600

Anonymes : Chant de Hildebrand (820), Heliand (830), Roman de Renart (vers 1180), Gudrun (vers 1230), Chant des Nibelungen (vers 1250), Till l'Espiègle (1480), Histoire de Faust (1587). **Albert le Grand** (Saint) [Ph, Théo] (vers 1193-1280). **Böhme,** Jakob [Ph] (1575-1624). **Brant,** Sebastian [P] (1458-1521) : la Nef des fous. **Eckhart,** Heinrich, dit Maître [Théo] (vers 1260-vers 1327) : le Livre de la consolation divine, Sermons, Traités. **Gottfried de Strasbourg** [P] (début XIIIe s.) : Tristan. **Gottschalk** [Théo] (vers 805-vers 868). **Hartmann von Aue** [P] (vers 1165-vers 1215) : Erec, Iwein, le Pauvre Henri. **Konrad de Wurtzbourg** [P] (vers 1220-87). **Luther,** Martin [Théo] (1483-1546) : Trad de la Bible, Commentaires, Lettres. Voir à l'Index. **Melanchthon** (Philipp Schwarzerd) [Théo] (1497-1560) : le Livre de l'âme. **Nicolas de Cuse** [Ph] (1401-64) : De docta ignorantia. **Opitz,** Martin [P] (1597-1639) : le Livre de la poésie allemande. **Ottfried de Wissembourg** [P] (vers 875) : le Livre des Évangiles. **Reuchlin,** Johannes [E] (1445-1522) : Traductions du grec et de l'hébreu. **Sachs,** Hans [P] (1494-1576) : le Rossignol de Wittenberg, Théâtre, Dialogues. **Suso,** Heinrich [Théo] (vers 1296-1366) : l'Exemplaire, l'Horloge de Sapience, Lettres. **Tauler,** Johann [Théo] (vers 1300-61) : Sermons mystiques. **Wolfram von Eschenbach** [E] (vers 1170-vers 1220) : Parsifal.

NÉS ENTRE 1600 ET 1700

Gerhardt, Paul [Théo, P] (1607-76). **Grimmelshausen,** Hans Jakob Christoph von [R] (vers 1621-76) : Simplicius Simplicissimus (1669), la Vagabonde Courasche (1670). **Günther,** Johann Christian [P] (1695-1723). **Leibniz,** Gottfried Wilhelm [Ph, Sav] (1-7-1646/14-11-1716) : Discours de métaphysique (1686), Nouveaux Essais sur l'entendement humain (1704), Théodicée (1710), la Monadologie (1714). – *Biogr. :* père tchèque, professeur de philosophie à Leipzig. Orphelin de père à 6 ans, élevé par sa mère, fille d'un savant, qui lui enseigne latin et grec. *1663* bachelier en philosophie ancienne. *1666* docteur en droit à Nuremberg ; initié Rose-Croix. *1672-76* séjour à Paris. *1676* bibliothécaire des ducs de Hanovre pendant 40 ans, admiré par toute l'Europe. **Moscherosch,** Michael [E] (1601-69) : les Visions de Philander de Sittenwald (1642). **Pufendorf,** Samuel von [Jur] (1632-94) : Du droit de la nature et des gens (1672). **Wolff,** Christian, B^on^ von [Ph] (1679-1754).

NÉS ENTRE 1700 ET 1800

Adelung, Johann Christoph [Ency] (1732-1806). **Arndt,** Ernst Moritz [P] (1769-1860) : Chants de guerre, l'Esprit du temps (1806-18). **Arnim,** Achim von [P, R] (1781-1831) : Contes fantastiques (1841-42). **Baumgarten,** Alexander [Ph] (1714-62). **Bopp,** Franz [Ling] (1791-1867). **Brentano,** *Bettina* (1785-1859 ; mariée 1811 à Achim von Arnim) : Günderode (1840), le Livre du roi (1843), Entretiens avec les démons (1852), le Livre des pauvres ; *Clemens* [P, R] (1778-1842) : Godwi (1801), le Cor merveilleux de l'enfant (1806). **Bürger,** Gottfried August [P] (1747-94) : Ballades (Lénore), le Baron de Crack (1786). **Carus,** Carl Gustav [Sav] (1789-1811) : Psyché. **Chamisso,** Adelbert von (d'origine française) [E] (1781-1838) : Peter Schlemihl (1814). **Clausewitz,** Karl von [H] (1780-1831) : De la guerre (1816-30). **Droste-Hülshoff,** Annette, B^onne^ von [P] (1797-1848) : Dons suprêmes, l'Année spirituelle (1851). **Eichendorff,** Josef, B^on^ von [P] (1788-1857) : Scènes de la vie d'un propre à rien (1826), Poèmes. **Fichte,** Johann Gottlieb [Ph] (1762-1814) : Considération sur la Révolution française (1793-94), Discours à la nation allemande (1807-08).

Goethe, Johann Wolfgang von [P, R, D] (28-8-1749/22-3-1832, infarctus) : *Théâtre :* Goetz von Berlichingen (1774), Iphigénie en Tauride (1779), Egmont (1787), Torquato Tasso (1789), Faust (1808), Second Faust (1833). *Romans et autobiogr. :* les Souffrances du jeune Werther (1774 ; roman par lettres), Werther (1774), les Années d'apprentissage de Wilhelm Meister (1796), les Affinités électives (1809), Poésie et Vérité (1811-33), Voyage en Italie (1816-29), Campagne de France (1822). *Poésie :* Élégies (1793-98), Hermann et Dorothée (1797), l'Apprenti sorcier (1797), la Fiancée de Corinthe (1797), le Divan occidental et oriental (1819), Élégie à Marienbad (1823). – *Biogr. :* père conseiller de Francfort, grand-père maternel échevin, éducation française et italienne. *1765-68* étudiant en droit à Leipzig. *1770-72* à Strasbourg (rencontre avec Herder ; idylle avec Frédérique Brion). *1772* reçu docteur ; rentre à Francfort ; magistrat à Wetzlar. *1773* débuts en littérature. *1775* attaché à la cour du duc de Weimar [Charles-Auguste (1757-1828)]. *1776-86* liaison avec Charlotte von Stein († 6-1-1827 ; de 7 ans plus âgée ; il lui écrira 1 700 lettres). *1786* s'en éloigne en fuyant en Italie. *1788* retour à Weimar ; ministre du duc ; vit maritalement avec Christiane Vulpius (1765-1816, épousée 1806). *1791* directeur du Théâtre ducal (jusqu'en 1817). *1792* suit la campagne de France (Valmy). *1794* début de l'amitié avec Schiller († 1805). *1808* rencontre Napoléon à Erfurt (décoré de la Légion d'honneur). *1814-19* passion pour Marianne von Willemer. *1822* demande en mariage Ulrike von Levetzow (16 ans) ; échec. Termine sa vie célèbre (surnommé le « Sage de Weimar »). **Görres,** Josef von [H] (1776-1848). **Gottsched,** Johann Christoph [E, Ph] (1700-66). **Grimm,** *Jacob* [E] (1785-1863) : Histoire de la langue allemande (1848), en collaboration avec son frère *Wilhelm* (1786-1859) : Contes populaires (1812-22), Dictionnaire allemand (1854). **Günderode,** Karoline von [P] (1780-1806).

Hamann, Johann Georg [Ph] (1730-88). **Hebel,** Johann Peter [Chr] (1760-1826). **Hegel,** Georg Friedrich [Ph] (27-8-1770/14-11-1831, choléra) : la Phénoménologie de l'esprit (1807), la Science de la logique (1812), Encyclopédie des sciences philosophiques (1817), Leçons sur la philosophie de l'histoire (1837-40). – *Biogr. :* père fonctionnaire du duc de Wurtemberg. *1788-93* étudiant en théologie à Tübingen. *1793-96* préceptorat en Suisse. *1797-1800* à Francfort. *1801* professeur de philosophie à Iéna (influence de Schelling). *1808-16* directeur de lycée à Nuremberg. *1816-18* professeur à Heidelberg. *1818-31* à Berlin. **Heine,** Heinrich [P] (1797/Paris 17-2-1856, empoisonné ?) : De l'Allemagne (1834), les Deux Grenadiers, la Lorelei, Tableaux de voyages (1826-27), Livre des chants (1827-44), Romanzero (1851). *Mémoires. Correspondance.* **Herder,** Johann Gottfried [Ph] (1744-1803) : Idées sur la philosophie de l'histoire de l'humanité (1784). **Hoffmann,** Ernst Theodor Amadeus [E] (1776-1822) : *Nouvelles :* Fantaisies à la manière de Callot (1814-15), les Frères Sérapion (1819-21). *Romans :* les Élixirs du Diable (1815-16), le Chat Murr (1821). **Hölderlin,** Friedrich [P] (1770-1843) : Hymnes (1790-92), Hyperion (1797-99). **Humboldt,** Wilhelm, B^on^ von [Ph, Ling, Cr] (1767-1835) : Sur la structure du langage (1836-40).

Jacobi, Friedrich [Ph] (1743-1819). **Jean-Paul** (Friedrich Richter, dit) [R] (1763-1825) : la Loge invisible (1793), Hesperus (1795), Siebenkäs (1796), Titan (1800-04). **Kant,** Emmanuel [Ph] (22-4-1724/12-2-1804) : Critique de la raison pure (1781), Fondement de la métaphysique des mœurs (1785), Critique de la raison pratique (1788), Critique du jugement (1790), Vers la paix perpétuelle (1795). – *Biogr. :* père sellier de Königsberg (Prusse) ; 4e de 11 enfants (mesure 1,50 m). Études au collège piétiste. *1740* étudiant en théologie. *Vers 1742* suit des cours de philosophie et mathématiques. *1746-55* précepteur de familles nobles en Prusse. *1755* maître de conférences de philosophie à Königsberg. *1770* professeur (logique et métaphysique). *1781 Critique de la raison pure :* célébrité. *1794-97* Frédéric-Guillaume II lui interdit d'écrire sur la religion. *1797* mort du roi ; démissionne de sa chaire, pour raisons de santé. *1800* sénile. **Kleist,** Heinrich von [D, P] [18-10-1777/21-11-1811 se suicide dans l'île aux Paons (lac de Wann, près de Postdam) avec une amie, Henriette Vogel, atteinte d'un cancer ; tire sur elle puis se tue] : la Cruche cassée (1803), Penthésilée (1808), la Bataille d'Arminus (1808), le Prince de Hombourg (1810), la Marquise d'O, Michael Kohlhaas (1810). **Klinger,** Friedrich Maximilian von [P] (1752-1831) : Sturm und Drang (Tempête et Passion, 1776). **Klopstock,** Friedrich Gottlieb [P] (1724-1803) : Odes (1747-71), la Messiade (1748-1800). **Körner,**

Theodor [P] (1791-1813) : Chants de guerre. **Kotzebue,** August von [E] (1761-1819) : Misanthropie et Repentir, l'Ane hyperboréen. *Théâtre :* 26 pièces.

La Motte-Fouqué, Friedrich, B^on^ de [E] (1777-1843) : le Héros du Nord (1810), Ondine (1811). **Lessing,** Gotthold Ephraim [E, D] (22-1-1729/15-2-1781) : Minna von Barnhelm (1767), Dramaturgie de Hambourg (1769), Emilia Galotti (1772), Nathan le Sage (1779), Dialogues maçonniques (1780), l'Éducation du genre humain (1780). – *Biogr. :* père pasteur de Lusace (aîné de 10 garçons) ; études au séminaire protestant de Meissen (Afraneum). *1746* théologie à Leipzig. *1747* médecine ; vit chez son cousin Mylius, auteur comique. *1748* débute au théâtre avec lui. *1751* philologie à Wittemberg. *1752* maîtrise de lettres ; commence à vivre de sa plume. *1756-58* préceptorat ; voyage en Angleterre. *1767* directeur du théâtre de Hambourg. *1769* bibliothécaire du duc de Brunswick à Wolfenbüttel. *1776* épouse Eva König († en couches 1778). *1778-81* dépressif. **Lichtenberg,** Georg Christoph [E, S] (1742-99 ; bossu, mesurait 1,40 m) : Aphorismes (1800-06). **List,** Friedrich [Ec] (1789-1846) : Système national d'économie politique. **Moritz,** Karl Philipp [E] (1756-93) : Anton Reiser (1785). **Novalis,** Friedrich (B^on^ von Hardenberg, dit) [P] (1772-1801) : Hymnes à la nuit (1797), Fragments (1798), Henri d'Ofterdingen (1802). **Platen,** August von [P] (1796-1835) : Ballades (1818-33), la Pantoufle de verre (1823), Journaux.

Ranke, Leopold von [H] (1795-1886) : Histoire des papes aux XVIe et XVIIe siècles (1834-36). **Rückert,** Friedrich [P] (1788-1866). **Schelling,** Friedrich Wilhelm von [Ph] (27-1-1775/30-8-1854) : Système de l'idéalisme transcendantal (1800), Philosophie et Religion (1804), Philosophie de la Révélation (1856).

Schiller, Friedrich von [R, D, S] (10-11-1759/9-5-1805) : *Théâtre :* les Brigands (1781), la Conjuration de Fiesque (1782), Intrigue et Amour (1784), Don Carlos (1787), Wallenstein (1796), Marie Stuart (1799), la Pucelle d'Orléans (1801), la Fiancée de Messine (1803), Guillaume Tell (1804). *Histoire :* Histoire de la guerre de Trente Ans (1791-93). *Essai :* la Grâce et la Dignité (1793-94). *Poésie :* Poèmes philosophiques, Hymne à la joie (1785). – *Biogr. :* père chirurgien aux armées wurtembergeois. *1773-80* cadet de l'académie militaire de Stuttgart. *1780* médecin militaire. *1782* fait jouer sa 1re pièce sans autorisation, et déserte. *1783* recueilli en Thuringe par la famille Wolzogen. *1784* auteur attitré du théâtre de Mannheim. *1785* contrat rompu. *1785-87* recueilli par des admirateurs à Leipzig, puis à Dresde. *1788* professeur d'histoire sans traitement à l'université d'Iéna (existence précaire). *1790* épouse Charlotte von Lengefeld. *1791* pensionné par le prince Frédéric-Christian d'Augustenbourg. *1794* Goethe le pousse vers le journalisme satirique. *1799* se fixe à Weimar, près de Goethe. *1805-9-5* meurt tuberculeux. **Schlegel,** *August Wilhelm von* [E] (1767-1845) ; *Friedrich von* [P] (1772-1829). **Schleiermacher,** Friedrich [Ph] (1768-1834) : De la religion (1799), les Leçons d'esthétique (1843). **Schopenhauer,** Arthur [Ph] (1788-1860) : le Monde comme volonté et comme représentation (1818), Parerga et Paralipomena (1850). – *Biogr. :* père riche commerçant (républicain) de Dantzig, voyage en Europe (1800-05). *1806* son père meurt, sa mère, Johanna, ouvre un salon littéraire à Weimar et écrit des romans. *1809* médecine à Göttingen. *1810* philosophie. *1813* docteur. *1814-18* brouillé avec sa mère, vit seul à Dresde. *1820* maître de conférences à Berlin (démissionne après 6 mois). *1825* vit de ses rentes. *1833* à Francfort.

Tieck, Ludwig [R] (1773-1853) : le Blond Eckbert (1797), le Monde à l'envers, Contes. **Uhland,** Ludwig [P] (1787-1862) : Ballades. **Voss,** Johann Heinrich [P] (1751-1826) : Louise (1795), Traductions d'Homère. **Wackenroder,** Wilhelm Heinrich [E] (1773-98) : Épanchements d'un moine ami des arts (1793). **Wagner,** Heinrich Leopold [D] (1747-79) : l'Infanticide. **Werner,** Zacharias [Ec] (1768-1823) : *Théâtre :* le Fils de la vallée (1803), la Croix sur la Baltique (1806), le 24 Février, la Mère des Macchabées (1820). **Wieland,** Christoph Martin [R, P] (1733-1813) : *Romans :* Agathon (1764), Musarion (1768), les Abdéritains (1774-81), Aristipp (1800-01). *Poésie :* Obéron (1780). **Winckelmann,** Johann Joachim [H] (1717-68) : Histoire de l'art chez les Anciens (1764).

Nés entre 1800 et 1900

Avenarius, Richard [Ph] (1843-96) : Critique de l'expérience pure (1888-90). **Andreas-Salomé,** Lou Andreas von (1861-1937) : Enfants des hommes (1899). *-Biogr. : 1887* mariage blanc avec Andreas ; amie de Nietzsche, Rilke, Freud. **Bauer,** Bruno [Ph] (1809-82). **Becher,** Johannes R. [P] (1891-1958) : De Profundis Domine (1913), A l'Europe (1916), A la fraternité (1916), Poèmes de l'exil (1933-45). **Benjamin,** Walter [Es, Pros, Ph] (1892-1940) : Passage de Walter Benjamin, Journal de Moscou, l'Œuvre des passages, Rastelli raconte... (suivi de : le Narrateur). **Benn,** Gottfried [P] (1886-1956) : Morgue (1912), la Taverne, Chair (1917), Poèmes statiques (1948). *Nouvelles :* Cerveaux (1916), le Ptolémée (1949). **Bergengruen,** Werner [R, P] (1892-1964) : l'Empire en ruines (1927), le Grand Tyran (1935). **Bernstein,** Eduard [Pol] (1850-1932). **Bloch,** Ernst [Ph] (1885-1977) : l'Esprit de l'utopie (1918), Thomas Münzer, le Principe Espérance (1949-59), Experimentum mundi (1975). **Böhm-Bawerk** (Eugen von) [Ec] (1851-1914). **Brecht,** Bertolt [D, P] (10-2-1898/1956) : *Théâtre :* Tambours dans la nuit, l'Opéra de quat'sous (1928-31) personnage principal : Macheath dit Mackie-le-surineur, Maître Puntila et son valet Matti (1940), la Résistible Ascension d'Arturo Ui (1941), Mère Courage (1941), Galileo Galilei (1943), le Cercle de craie caucasien (1945). *Poésie :* les Sermons domestiques (1927). – *Biogr. :* famille bavaroise modeste, études à Augsbourg. *1917-19* médecine à Munich. *1919-28* fréquente les milieux littéraires anarchistes. *1924* avec l'actrice Hélène Weigel, rejoint à Berlin le Deutsches Theater de Reinhardt, qui monte ses pièces. *1924* Elisabeth Hauptmann devient sa maîtresse et son « nègre ». *1928* épouse Hélène, devient marxiste. *1933-40* exilé au Danemark. *1940-41* en Finlande, puis en Russie. *1941-47* en Californie. *1949* avec sa femme, fonde à Berlin-Est le Berliner Ensemble, crée le « Théâtre épique », d'inspiration marxiste. **Brentano,** Franz [Ph] (1838-1917). **Büchner,** *Georg* [D, P] (1813-37) : la Mort de Danton (1835), Woyzeck (1836), Léonce et Léna (1836). *Ludwig* [Méd., Ph] (1824-99). **Burckhard,** Jakob [Es, H] (1891-1974) : Biographies, Figures et Pouvoirs (1941).

Carossa, Hans [R] (1878-1956) : Poésies (1910), le Docteur Gion (1931), Mondes inégaux (1951). **Cassirer,** Ernst [Ph] (1874-1945) : Philosophie des formes symboliques (1923), le Mythe de l'État (1946) ; Essai sur la France (1930). **Cohen,** Hermann [Ph] (1842-1918). **Curtius,** Ernst Robert [Ph, Cr] (1886-1956). **Dehmel,** Richard [P] (1863-1920) : la Femme et le Monde (1896). **Dilthey,** Wilhelm [Ph] (1833-1911). **Döblin,** Alfred [R] (1878-1957) : Berlin Alexanderplatz (1929), Voyage babylonien (1934), Pas de quartier (1935), le Tigre bleu, Bourgeois et Soldats, Novembre 1918. **Elias,** Norbert [Soc] (1897-1990) : la Civilisation des mœurs et la Dynamique de l'Occident (1939), Du Temps. **Engels,** Friedrich [Ph, Pol] (1820-95) : Manifeste du parti communiste (avec Marx, 1848). **Ernst,** Paul [R, D] (1866-1933) : l'Étroite Voie du bonheur (1904), Demetrios (1905), Canossa (1908). **Eucken,** Rudolf [Ph] (1846-1926) [N 1908]. **Fallada,** Hans (Rudolf Ditzen dit) [R] (1893-1947) : Et puis après (1932), Loup parmi les loups (1932), Nous avions un enfant (1934), Vieux Cœur en voyage (1936), Gustave-de-Fer (1938). **Fechner,** Gustav Theodor [Ph, Phy] (1801-87). **Feuchtwanger,** Lion [R] (Munich 1884-en France en 1933, aux USA en 1940, où il sera naturalisé Amér., y meurt 1958) : le Juif Süss (1925). **Feuerbach,** Ludwig [Ph] (1804-72) : l'Essence du christianisme (1841), Principe de la philosophie de l'avenir (1843). **Fontane,** Theodor [P, R] (1819-98) : Journal de captivité (1870), l'Adultère, Cécile (1884-86), Dédales (1888), Errements et Tourments (1888), Madame Jenny Treibel (1892), Effi Briest (1895), le Stechlin (1899). **Freiligrath,** Ferdinand [P] (1810-76) : Profession de foi (1844), Nouvelles Poésies politiques et sociales (1849). **Freytag,** Gustav [E] (1816-95) : Doit et Avoir (1855), les Ancêtres (1873-81).

George, Stefan [P] (1868-1933) : le Septième Anneau (1907), l'Étoile d'alliance (1914). **Grabbe,** Christian Dietrich [D] (1801-36) : le Duc Théodore de Gotland (1827), Don Juan et Faust (1829), Henri VI (1830), Napoléon (1831). **Groddeck,** Georg [Psy] (1866-1934) : le Livre du ça (1923). **Groth,** Klaus [P] (1819-99). **Guardini,** Romano [Théo] (1895-1968) : l'Esprit de la liturgie (1918), Monde et Personne (1939), la Mort de Socrate (1943), De la mélancolie (1949), la Fin des temps modernes (1950). **Gutzkow,** Karl [R, D, E] (1811-78) : Wally la sceptique (1835), Perruque et Épée (1844).

Haecker, Theodore [J et Polé] (1879-1945) : Qu'est-ce que l'homme ?, le Livre des jours et des nuits. **Hartmann,** Eduard von [Ph] (1842-1906). **Hauptmann,** Gerhart [D] (1862-1946) : *Drames :* Avant l'aube (1889), Âmes solitaires (1891), les Tisserands (1892), Florian Geyer (1896), la Cloche engloutie (1896), le Voiturier Henschel (1898), Rose Bernd (1903). *Comédie :* la Pelisse de castor (1893) [N 1912]. **Hebbel,** Friedrich [D, P] (1813-63) : Marie-Madeleine (1844), les Nibelungen (1862). **Heidegger,** Martin [Ph] (26-9-1889/26-5-1976) : l'Être et le Temps (1927), Qu'est-ce que la métaphysique ? (1929), De l'essence de la vérité (1943), Lettre sur l'humanisme (1947), Chemins qui ne mènent nulle part (1950). **Hesse,** Hermann [P, R] (1877-1962, naturalisé Suisse 1923) : *Romans et nouvelles :* Peter Camenzind (1904), l'Ornière (1905), Gertrude (1910), Demian (1919), le Dernier Été de Klingsor (1920), Siddhartha (1922), le Loup des steppes (1927), Narcisse et Goldmund (1930), le Voyage en Orient (1932), le Jeu des perles de verre (1943) [N 1946]. **Heyse,** Paul von [P, D, R] (1830-1914) : *Drames :* Hans Lange et Colberg. *Romans :* les Enfants du monde, Au Paradis, Merlin (1880) [N 1910]. **Holz,** Arno [E] (1863-1929) : la Famille Selicke (avec J. Schlaf, 1890), Phantasus (1898), Poèmes. **Horkheimer,** Max [Ph] (1895-1973) : la Dialectique de la raison (1947, avec Adorno). **Huch,** Ricarda [E] (1864-1947) : Poèmes (1891), les Romantiques allemands (1908), Histoire de l'Allemagne. **Husserl,** Edmund [Ph] (1859-1938) : Idées directrices pour une phénoménologie (1913), Méditations cartésiennes (1931), la Crise des sciences européennes (1936).

Jahnn, Hans Henny [R] (1894-1959) : Perrudja (1929), le Fleuve sans rives (1949-61), la Nuit de plomb (1956), Perrudja II, le Navire de bois, Treize Histoires peu rassurantes, Ugrino et Ingrabanie. **Jaspers,** Karl [Ph, Méd] (naturalisé Suisse, 1883-1969) : Philosophie de l'existence (1938), Raison et déraison de notre temps (1950), Introduction à la philosophie (1950), Origine et Sens de l'histoire (1954). **Jünger,** Ernst [R, E] (29-3-1895/17-2-1998) : Orages d'acier (1920), le Lt Sturm (1923), le Cœur aventureux (1929-38), le Travailleur (1932), Jeux africains (1936), Sur les falaises de marbre (1939), la Paix (1945), Héliopolis (1949), l'Essai sur l'homme et le temps [le Passage de la ligne (1950), Traité du rebelle (1951), le Nœud gordien (1953), le Mur du temps (1959)], Visite à Godenholm (1952), Abeilles de verre (1957), l'État universel (1960), Chasses subtiles (1967), le Contemplateur solitaire (1928-75), Eumeswil (1977), l'Auteur et l'Écriture, le Problème d'Aladin (1983), les Ciseaux (1990), Soixante-dix s'efface (1980-97), l'Exposition (1993). Journal 1939-1948 (4 vol.), le Boqueteau 125. **Kasack,** Hermann [R] (1896-1966) : la Ville au-delà du fleuve (1947), le Grand Filet (1952). **Kästner,** Erich [E] (1899-1974) : Émile et les Détectives (1929), la Classe volante (1933). **Keyserling,** Hermann von [E] (Estonie, 1880-1946) : Système du monde (1906), Journal d'un philosophe (1919), Analyse spectrale de l'Europe (1928), Méditations sud-américaines, la Pensée aux sources de la vie. **Klemperer,** Victor [E] (n. c.) Mes soldats de papier (journal 1933-1941), Je veux témoigner jusqu'au bout (journal 1942-1945). **Kolb,** Annette [E] (1875-1967). **Kracauer,** Siegfried [R, Cr, H, Ph] (1889-1966).

Langbehn, August [Cr d'a] (1851-1907). **Lange,** Friedrich Albert [Ph] (1828-75) : Histoire du matérialisme. **Langgässer,** Elisabeth [R] (1899-1950) : le Sceau indélébile (1946), les Argonautes de Brandebourg. **Lasker-Schüler,** Else [P, D] (1869-1945) : Die Wupper (1909), le Malik, une histoire d'empereur, Mon cœur, Mon piano bleu (1943). *Théâtre :* Moi et moi. **Lassalle,** Ferdinand [Pol] (1825-64) : la Guerre d'Italie et la Mission de la Prusse (1859), Capital et Travail (1862). **Le Fort,** Gertrud von [P, R] (1876-1971) : Hymnes à l'Église (1924), le Voile de Véronique (1928-46), la Dernière à l'échafaud (1931), la Couronne des anges (1946), la Fille de Farinata, l'Enfant étranger (1961). **Liliencron,** Detlev von [P] (1844-1909) : Nouvelles de guerre (1885), Poèmes (1889). **Ludwig,** *Emil* (Cohn) [H] (1881-1948) : Goethe (1920), Napoléon (1925), Bismarck (1926) ; *Otto* [E] (1813-65) : le Forestier héréditaire (1853), Entre ciel et terre (1856).

Mann, Heinrich [R] (1871-1950, frère de Thomas) : les Déesses ou les Trois Romans de la duchesse d'Assy (1903), Professeur Unrat (1905), la Petite Ville (1909), le Sujet (1918), les Pauvres (1918), la Tête (1925), Henri IV (1935-38), le Guerrier pacifique (1938). **Mann,** Thomas [R] (1875-1955) : les Buddenbrook (1901), Tristan (1903), Tonio Kröger (1903), Altesse royale (1909), la Mort à Venise (1912), la Montagne magique (1924), Histoires de Jacob (1933), le Jeune Joseph (1934), Joseph en Égypte (1936), Charlotte à Weimar (1939), Docteur Faustus (1947), l'Élu (1951), les Confessions du chevalier d'industrie Félix Krull (1954), Journal (1940-55). – *Biogr. :* père négociant en grains de Lübeck, mère sud-amér., sénateur ; frère de Heinrich. *1891* son père mort, sa famille va vivre à Munich. *1905* épouse Katja Pringsheim (vivra à Munich jusqu'en 1933, aura 6 enfants). *1929* Nobel de littérature. *1933-38* exil en Suisse. *1938* professeur (Princeton, USA). *1941-52* en Californie. *1952* naturalisé Américain, se retire en Suisse. **Marx,** Karl [Ph, Ec] (1818-83) : voir à l'Index. **Mommsen,** Theodor [H] (1817-1903) : Histoire romaine (1854-85) [N 1902]. **Morgenstern,** Christian [P] (1871-1914) : Chants du gibet (1905). **Mörike,** Eduard [P] (1804-75) : Poésies (1838), le Voyage de Mozart à Prague (1856).

Natorp, Paul [Ph] (1854-1924) : les Fondements logiques des sciences exactes (1910). **Nietzsche,** Friedrich [Ph] (15-10-1844/25-8-1900) : la Naissance de la tragédie (1872), Humain trop humain (1878), le Gai Savoir (1881-87), Ainsi parlait Zarathoustra (1883-85), Par-delà le bien et le mal (1886), l'Antéchrist (1888), le Crépuscule des idoles (1889), la Volonté de puissance (1896-1911), Le monde te prend tel que tu te donnes (publié 1994). – *Biogr. :* famille de pasteurs ; orphelin de père à 4 ans. *1856* séminariste luthérien à Pforta. *1861* étudiant à Bonn. *1867* élève officier, réformé après chute de cheval. *1868* prof. de grec à Bâle. *1869* démissionne (syphilis) ; vit en Italie (hivers à Nice). *1889* crise de démence, paralysie générale ; interné à Iéna puis à Weimar jusqu'à sa mort.

Panofsky, Erwin [H d'a] (1892-1968). **Perutz,** Léo [R] (1884-1957) : le Marquis de Bolibar. **Plievier,** Theodor [R] (1892-1955) : Stalingrad (1945), Moscou (1952), Berlin (1954).

Raabe, Wilhelm [R] (1831-1910) : le Pasteur de la faim (1857), la Chronique de la Rue aux moineaux (1864), publiée sous le pseudo de Jacob Corvinus. **Reichenbach,** Hans [Ph] (1891-1953). **Remarque,** Erich Maria [R] (1898-1970) [Erich Paul Remark, nat. Américain] : A l'ouest rien de nouveau (1928), Arc de triomphe (1938), les Camarades (1946), l'Île d'espérance (1954). **Reuter,** Fritz [R] (1810-74) : Drôleries et Rimailleries (1853-58), Sans maison (1858). **Röpke,** Wilhelm [Ec] (1899-1966) : Explication économique du monde moderne, Gegen die Brandung.

Sachs, Nelly [P] (1891-1970) : Brasier d'énigmes (1963), Présence de la nuit, Juifs en errance [N 1966]. **Scheler,** Max [Ph] (1874-1928) : l'Éternel dans l'homme (1921), Nature et formes de la sympathie (1923), Mort et Survie (1930). **Schleicher,** August [Ling] (1821-68). **Seidel,** Ina [P, R] (1885-1974) : le Labyrinthe (1922), l'Enfant du destin (1930), Lennacker (1938). **Sieburg,** Friedrich [Es] (1893-1964) : Dieu est-il français ? (1929), Napoléon (1956), Chateaubriand (1959). **Simmel,** Georg [Ph, Soc] (1858-1918) : les Problèmes de la philosophie de l'histoire (1892), Philosophie de l'argent (1900), Sociologie (1908). **Sombart,** Werner [H] (1863-1941) : le Bourgeois (1913). **Spengler,** Oswald [Ph, H] (1880-1936) : le Déclin de l'Occident (1918-22), l'Homme et la technique (1931). **Sternheim,** Carl [D, R] (1878-1942) : le Snob (1914), le Contemporain déchaîné (1920). **Stirner,** Max (Johann Kaspar Schmidt, dit) [Ph] (1806-56) : l'Unique et sa Propriété (1845). **Storm,** Theodor [R] (1817-88) : Immensee (1852), l'Homme au cheval blanc (1888). **Strauss,** *Emil* [R] (1866-1960) : l'Ami Hein (1902), le Jouet des géants (1934) ; *Leo* [Ph] (1899-1973) : Droit naturel d'histoire. **Sudermann,** Hermann [R, D] (1857-1928) : l'Honneur (1890), la Fin de Sodome (1891).

Tucholsky, Kurt [P, R] (9-1-1890/Suède, 21-12-1935, suicide) : Chansons pieuses (1919), Apprendre à vivre sans pleurer (1931), Un été en Suède (1931), Chroniques allemandes (1918-35), Un livre des Pyrénées (1927-83). **Unruh,** Fritz von [P] (1885-1970) : le Sacrifice (Verdun) (1916), Ce n'est pas encore la fin (1947). **Wassermann,** Jakob [R] (1873-1934) : les Juifs de Zirndorf (1897), Gaspard Hauser ou la Paresse du cœur (1908), l'Affaire

Maurizius (1928), Etzel Andergast (1930), la Vie de Stanley (1932). **Weber,** Max [Soc, Éc] (1864-1920) : Philosophie de l'histoire, l'Éthique protestante et l'Esprit du capitalisme (1920), le Savant et le Politique (1919), Économie et Société, Essais sur la théorie de la science (1922). **Wedekind,** Frank [D] (1864-1918) : l'Éveil du printemps (1891), la Boîte de Pandore (1904), Un mauvais démon, le Coup de foudre (1905-1908). **Wertheimer,** Max [Ph] (1880-1943). **Wiechert,** Ernst [R] (1887-1950) : l'Enfant élu (1929), la Grande Permission (1931), la Vie simple (1939), le Bois des morts (1945), les Enfants Jéromine (1945), Missa sine nomine (1950). **Wölfflin,** Heinrich [H d'a] (1864-1945). **Wundt,** Wilhelm [Ph, Psycho] (1832-1920) : Logique (1880-83), Psychologie des peuples (1900-20). **Zuckmayer,** Carl [E] (1896-1977) : le Général du diable (1946), le Chant dans la fournaise (1950), Meurtre au carnaval (1959). **Zweig,** Arnold [R] (1887-1968) : le Cas du sergent Grischa (1927), l'Éducation héroïque devant Verdun (1935), la Hache de Wandsbek (1947), Un meurtre à Jérusalem (1994), Sortilège à Palerme.

NÉS DEPUIS 1900

Achternbusch, Herbert [R, Pros] (1938) : Le jour viendra (1973), l'Heure de la mort (1975), Ella, Susn, Gunt (1980).

Adorno, Theodor W. [Ph] (1903-69) : Minima moralia (1951), Philosophie de la nouvelle musique (1949-58), Mahler (1960), Dialectique négative (1966).

Andersch, Alfred [R] (1914-80, naturalisé Suisse) : le Père d'un assassin, les Cerises de la liberté (1952), Un amateur de demi-teintes (1953), Zanzibar (1957), le Voyage en Italie (1960), Ephraïm (1967), Winterspelt (1974), la Femme aux cheveux roux.

Andres, Stefan [R] (1906-70) : Utopia (1943), le Chevalier de justice (1948).

Arendt, Hannah [Ph] (Hanovre, 14-10-1906/New York, 4-12-1975) : le Concept d'amour chez Augustin (1929), Les Origines du totalitarisme (1951), la Condition de l'homme moderne (1958), Essai sur la Révolution (1963).

Augustin, Ernst [R] (1927) : la Tête (1962), Évelyne ou le Voyage autour de la folie (1976).

Becher, Ulrich [R] (1910-90) : l'Heure juste, la Chasse à la marmotte, l'Ex-Casino Hôtel (1973).

Becker, *Jurek* [R] (1937-97) : Jakob le menteur (1969), Histoire de Gregor Bienek (1973), l'Heure du réveil (1978), les Enfants Bronstein (1986), Amanda sans cœur ; *Thorsten* [R] (1960) : la Caution.

Bense, Max [Ph] (1910-90).

Bieler, Manfred [E] (1934) : Boniface ou le Matelot dans la bouteille (1963), Maria Morzeck (1969).

Bienek, Horst [E] (1930-90) : Bakounine (1970), la Première Polka (1975), Lumière de septembre (1977).

Blumenberg, Hans [Ph] (1920-96) : Le souci traverse le fleuve (1990), Naufrage avec spectateur (1994), la Légitimité des Temps modernes.

Bobrowski, Johannes [P, R] (1917-65) : Le Moulin à Lévine (1963), les Pianos de Lituanie (1966).

Böll, Heinrich [R] (1917-85) : le Train était à l'heure (1949), le Silence de l'ange (1949), Où étais-tu Adam (1951), Rentrez chez vous Bogner (1953), les Enfants des morts (1954), le Pain des jeunes années (1955), les Deux Sacrements (1959), la Grimace (1963), Loin de la troupe (1964), Fin de mission (1966), Portrait de groupe avec dame (1971), Kolossal, l'Honneur perdu de Katharina Blum (1974), Femmes devant un paysage fluvial (1985). *Souvenirs :* Journal irlandais (1937) [N 1972].

Borchert, Wolfgang [E] (1921-47) : Dehors, devant la porte (1946), Nouvelles (1947).

Born, Nicolas [E] (1937-79) : la Face cachée de l'histoire (1976), la Falsification, Esquisse d'un malfaiteur (1983).

Brasch, Thomas [D, Pros] (1945) : les Fils meurent avant les pères (1977), Mercedes (1983).

Braun, Volker [P, D, R] (1939) : le Roman de Hinze et Kunze (1975), les Quatre Outilleurs.

Breitbach, Joseph [R] (1903-80) : le Liftier amoureux (1928), Rival et Rivale (1932), Clément (1937-38), Rapport sur Bruno (1962). *Théâtre :* la Jubilaire (1960).

Brinkmann, Rolf Dieter [R, P, Nouv] (1940-75).

Bruyn, Günter de [R] (1926).

Buber-Neumann, Margarete [E] (1901-89) : Prisonnière de Staline et d'Hitler (2 vol.), De Potsdam à Moscou, les Champs de bataille de la Révolution, l'Underground communiste (1970), Milena.

Buch, Hans Christoph [R] (1944) : le Mariage de Port-au-Prince (1984), Haïti chérie (1990), Voyage au creux du désordre, Amiral Zombie (1993).

Domin, Hilde [P] (1912).

Dorst, Tankred [D] (1925) : Excursion d'automne (1959), Grande Imprécation devant les murs de la ville (1961), Toller (1968).

Eich, Günther [P] (1907-72).

Elsner, Gisela [R] (1937-92) : les Nains géants (1964), Vainqueur aux points (1977).

Enzensberger, Hans Magnus [P] (1929) : *Essais :* Culture ou Mise en condition ? (1962), le Bref Été de l'anarchie (1972), Mausolée (1975), le Naufrage du Titanic (1978), Médiocrité et Folie, les Sept voyages de Pierre.

Fassbinder, Rainer Werner [D] (1946-82) : les Larmes amères de Petra von Kant (1971), l'Ordure, la Ville et la Mort (1975), l'Anarchie de l'imagination.

Fichte, Hubert [E] (1935-84) : l'Orphelinat (1965), la Palette (1968), Puberté (1974).

Gadamer, Hans Georg [Ph] (1900) : Vérité et méthode.

Goes, Albrecht [R] (1908) : Jusqu'à l'aube (1950), la Flamme du sacrifice (1961).

Goetz, Rainald [D, R] (1954) : *Romans :* Chez les fous (1983), Contrôlé (1988). *Théâtre :* Guerre.

Goldschmidt, Georges-Arthur [E] (1928) : la Ligne de fuite.

Grass, Günter [R, D] (16-10-1927) : *Théâtre :* la Crue (1957), les Méchants Cuisiniers (1957), Les plébéiens répètent l'insurrection (1966). *Romans :* Trilogie de Dantzig [1 le Tambour (1959), 2 le Chat et la Souris (1961), 3 les Années de chien (1963)], Anesthésie locale (1969), Journal d'un escargot (1972), le Turbot (1978), Une rencontre en Westphalie (1979), la Ratte (1986), Tirer la langue (1988), l'Appel du crapaud (1992), Toute une histoire (1995). *Essais :* Évidences politiques (1968), Lettres par-dessus la frontière (1969), Propos d'un sans-patrie, Mon siècle (1999). *Poésies* (1971). [N 1999]

Habermas, Jürgen [Ph, Soc] (1929) : la Technique et la science comme idéologie (1968), Raison et Légitimité, Connaissances et Intérêt (1973), Morale et Communication (1983).

Hacks, Peter [D] (1928).

Haffner, Sebastian (Raimund Pretzel) [H] (1907-99) : Un certain Adolf Hitler (1978), Profils prussiens (1979), De Bismarck à Hitler (1987).

Harig, Ludwig [R] (1927).

Härtling, Peter [R] (1933) : Janek (1966), Niembsch ou l'Immobilité (1964), la Fête de famille (1969), Une femme (1974), Hölderlin (1978), Derrière la porte bleue.

Hein, Christoph [R] (1944) : Invitation au lever bourgeois (1980), l'Ami étranger (1982), la Fin de Horn (1985), le Joueur de tango (1989), Willenbrock.

Heissenbüttel, Helmut [E] (1921-96) : la Fin d'Alembert (1970).

Herburger, Günter [Pros] (1932) : la Prise de la citadelle (1972).

Hermlin, Stephan [Pros, R] (1915-97) : Crépuscule (1979), Dans un monde de ténèbres (1982).

Heym, Stefan [R] (1913) : les Croisés (1948), les Yeux de la raison (1951), l'Âge cosmique (1959), Une semaine en juin (1974), Berlin 1953, Ahasver (1981).

Hildesheimer, Wolfgang [E, D] (1916-91) : le Retard (1961), Voyage nocturne, Mozart (1977), Masante.

Hochhuth, Rolf [D] (1931) : le Vicaire (1963), Soldats (1967), Nécrologie pour Genève, Lysistrate (1973).

Hofmann, Gert [R] (1932-93) : le Cheval de Balzac (1983), Juste avant les pluies (1990), Notre philosophie.

Huchel, Peter [P] (1903-81) : Poèmes.

Jens, Walter [R, Es] (1923) : le Monde des accusés (1950), l'Aveugle (1951), Visages oubliés (1952).

Jeremias, Joachim [Théo] (1900-79).

Johnson, Uwe [R] (1934-84) : la Frontière (1959), l'Impossible Biographie (1961), Deux Points de vue (1965), Une visite à Klagenfurt (1974), Une année dans la vie de Gesine Cresspahl (1970-83).

Jonas, Hans [Ph] (1903-93).

Kaschnitz, Marie-Louise [P] (1901-74).

Kempowski, Walter [R] (1929) : Tadellöser et Wolff (1971), Das Echolot (1993), Echolot II (1999).

Kesten, Hermann [Es] (1900-96) : Ferdinand et Isabelle (1936), les Enfants de Guernica (1939), Philippe II, le démon de l'Escurial (1938-50).

Keun, Irmgard [E] (1910-82) : Gilgi, jeune fille des années 30 (1931), Après minuit (1937).

Kieseritzky, Ingomar [Pros, E] (1944) : l'Un comme l'autre (1971), Précis d'anatomie à l'usage des artistes.

Kipphardt, Heinar [D] (1922-82) : le Chien du général (1962), le Dossier J. Robert Oppenheimer (1964), Joel Brand, histoire d'une affaire (1964-65).

Kirsch, Sarah [P] (1935).

Kirst, Hans Hellmut [R] (1914-89) : 08/15 (1954-55), Dieu dort en Mazurie (1956), les Loups de Maulen (1967), Condamné à la vérité (1972).

Koepf, Gerhard [R] (1948) : le Chemin (1985), la Communauté des héritiers (1987).

Koeppen, Wolfgang [R] (1906-96) : Un amour malheureux (1934), Pigeons sur l'herbe (1951), la Mort à Rome (1954), Jeunesse (1976).

■ **Quelques personnages. Abbé de Calemberg :** héros de vieux contes allemands (à l'origine du mot calembour). **Gudrun :** épopée anonyme des Nibelungen (la princesse de légende). **Parsifal :** épopée (1200-16) de Wolfram d'Eschenbach (le chevalier errant). **Till l'Espiègle :** légende anonyme (vers 1483) [mystificateur]. **Hanswurst (« Jean Saucisse ») :** théâtre populaire (XIVᵉ s.) [bouffon cynique et maladroit]. **Simplicius Simplicissimus :** roman (1669) de Grimmelshausen (reître candide). **La Mère Courage :** *id.* (1670), puis drame de Brecht (1941) [fille à soldats et vagabonde]. **Minna von Barnhelm :** drame (1767) par Éphraïm Lessing (dame noble et généreuse). **Lénore :** ballade (1770) de Bürger (amoureuse que sa passion mène à la mort). **Le Baron de Crack** (de Münchhausen) : récit (1786) de Bürger (conteur d'aventures imaginaires). **Ondine :** ballade (1811) de La Motte-Fouqué (adolescente envahie par l'amour). **Blanche-Neige :** conte (1812) des frères Grimm (jeune fille au cœur pur). **Hansel et Gretel :** *id.* ; repris en 1893 dans un opéra de Humperdinck (enfants aux prises avec le merveilleux). **Zarathoustra** (Ainsi parlait) [essai, 1883] de Nietzsche (surhomme impitoyable).

PERSONNAGES DE GOETHE : **Goetz de Berlichingen :** drame (1774) [guerrier impitoyable]. **Werther :** roman (1774) [amoureux romantique et désespéré]. **Le Roi de Thulé :** poème (1774) [amant éternellement fidèle]. **L'Apprenti sorcier :** poème (1797) [présomptueux ; fauteur de catastrophe]. **Faust :** drame (1808-33) [surhomme pétri d'orgueil]. **Méphistophélès :** de Faust (le Tentateur). **Marguerite :** de Faust (pitoyable victime des corrupteurs).

Konzakik, Heinz (Heinz Günther, dit) [R] (1921-99) : 155 romans vendus à 83 millions d'exemplaires ; Le Médecin de Stalingrad (1956).

Kreuder, Ernst [R, P] (1903-72) : la Société du grenier (1946), les Introuvables (1948).

Krolow, Karl [P, Cr, Es] (1915-99) : Corps étranger (1959), Rien d'autre que vivre (1970).

Kühn, Dieter [E] (1935).

Kunert, Günter [P] (1929).

Kunze, Reiner [P] (1933) : les Années merveilleuses.

Lange, Hartmut [D] (1937) : Trotski in Coyoacán (1973), le Récital, la Sonate « Waldstein » (1984), la Promenade sur la grève (1990).

Lenz, *Hermann* [R] († 12-5-1998 à 85 ans) ; *Siegfried* [E] (1926) : la Nuit des otages, la Leçon d'allemand (1968), le Modèle (1973), le Musée d'art régional (1978), Une perte (1981), le Dernier Bateau.

Lettau, Reinhard [E] (1929-96) : Promenade en carrosse (1960), Propos de petit déjeuner à Miami.

Loest, Erich [R] (1926) : les Souris du Dr Ley (1966), la Colère du mouton (1990).

Luhmann, Niklas [Soc] (1927-98).

Mann, Klaus [R] (18-11-1906/Cannes, 22-5-1949, suicide, fils de Thomas, devient tchèque puis américain) : la Danse pieuse, Alexandre (1929), Fuite dans le Nord (1934), Méphisto (1936), le Volcan (1939), le Tournant (1942), Journal (1952).

Maron, Monika [R] (1941) : le Transfuge (1946), le Malentendu.

Marx, Werner [Ph] (1910-94).

Mayer, Hans [E] (1907) : la Tour de Babel (1991), les Marginaux.

Moltmann, Jürgen [Théo] (1926).

Morgner, Irmtraud [Pros, R] (1933-90) : Vie et Aventures de la Trobairitz Béatrice (1974).

Müller, *Heiner* [D, P] (1929-95) : le Briseur de salaires (1956), Germania mort à Berlin (1956), Ciment (1972), Hamlet-Machine (1977), la Mission, Quartette (1980) ; *Herta* [R] (Roumaine, 1953) : Basses Terres (1984), L'homme est un grand faisan sur terre (1986), Février aux pieds nus (1988), Le renard était déjà le chasseur, la Convocation.

Nolte, Ernst [H] (11-1-1923) : la Guerre civile européenne (1917-45), le Fascisme dans son époque.

Nossack, Hans Erich [R] (1901-77) : *Romans :* la Dérive (1955), Spirales (1956), le Frère cadet (1958), Avant la dernière révolte (1961). *Récits :* Nekia, Récit d'un survivant (1947), Interview avec la mort (1948).

Noth, Ernst Erich [R] (naturalisé Américain, 1909-83) : l'Enfant écartelé, Un homme à part, la Voie barrée, Mémoires d'un Allemand.

Novak, Helga M. [P, Pros, R] (1935).

Pausewang, Gudrun [R] (1928) : Plaza Fortuna (1966), Mariage bolivien, l'Enlèvement de Doña Agata (1971).

Plenzdorff, Ulrich [D, R] (1934).

Plessen, Elisabeth [R] (1944) : Lettre ouverte à la noblesse (1976).

Rahner, Karl [Théo] (1904-84).

Richter, Hans Werner [R] (1908-93) : les Vaincus (1949), Tombés de la main de Dieu (1951), Empreintes sur le sable (1953), Tu ne tueras point (1955).

Rinser, Luise [R] (1911) : les Anneaux transparents (1940), Jean Lobel (1948), Histoire d'amour (1950), Je suis Tobias (1966), Chantier, l'Ane noir (1974).

Roth, Friederike [D, E] (1948) : Tollkirschenhochzeit (1978), Ritt auf die Wartburg.

Rühmkorf, Peter [P] (1929).

Sahl, Hans [E] (1902-93) : Survivre est un métier, Die Wenningen und die Vielen, Das Exil im Exil.

Salomon, Ernst von [R] (1902-72) : les Réprouvés (1930), la Ville (1932), les Cadets (1933), le Questionnaire (1951), le Destin de A. D. (1960).

Schädlich, Hans Joachim [Pros] (1935) : Tentative d'approche (1977), Tallhover (1986).

Schlink, Bernhard [R] (1944) : le Liseur (1995), Amours en fuite (2000).

Schmidt, Arno [R] (1914-79) : Léviathan (1949), Brand's Haide, Scènes de la vie d'un faune, la République des savants, Zettels Traum (1963), l'Immortalité.

Schneider, Peter [E] (1940) : Lenz (1973), Te voilà un ennemi de la Constitution, le Couteau dans la tête, le Sauteur de mur (1982), la Ville des séparations (1992).

Schulze, Ingo [Nouv.] (1962) : Histoires simples.

Seghers, Anna (Netty Radvanyi, née Reiling) [R] (1900-83) : la Capitaine (1933), la Septième Croix (1942), Transit (1944), la Fin (1948), Les morts restent jeunes (1949).

Sloterdijk, Peter [Ph] (1947).

Strauss, Botho [D, Pros] (1944) : la Dédicace (1977), Grand et Petit (1978), Raffut (1980), Couples, passants, Kalldewey Farce (1983), le Jeune Homme (1984), Personne d'autre (1989), Demeure, pénombre, mensonge, les Erreurs du copiste.

Süskind, Patrick [R] (1949) : le Parfum, le Pigeon, Un combat et autres récits, l'Histoire de Monsieur Sommer.

Szondi, Peter [E, P] (Budapest, 1929-71).

Theobaldy, Jürgen [P, R] (1944) : Cinéma le dimanche.

Walser, Martin [R, D] (1927) : *Romans et nouvelles :* Quadrille à Philippsbourg (1957), Histoires pour mentir (1964), la Licorne (1966), Je ne sens pas bon (1972), Au-delà de l'amour (1976), Un cheval qui fuit (1978), Fiction, Travail d'âme, la Maison des cygnes (1980), la Lettre à lord Liszt (1982), Ressac (1988), Wolf et Doris (1990), Dorn ou le Musée de l'enfance (1992), Une fontaine jaillissante, Une source vive (2000). *Théâtre :* Chêne et Lapins angoras (1962), le Cygne noir (1964).

Weisenborn, Günther [R, D] (1902-69) : *Romans :* Furies tropicales (1937), l'Exécuteur (1961). *Théâtre :* U-Boot (1928), la Mère (d'après Gorki, 1931). *Essai :* Mémorial (1947).

Weiss, Peter [D, R] (1916-82) : Point de fuite (1962),

la Persécution et l'Assassinat de Jean-Paul Marat représentés par le groupe théâtral de l'hospice de Charenton sous la direction de M. Sade (1964), l'Instruction (1965), le Chant du fantoche lusitanien (1967), Trotski en exil. **Wellershoff,** Dieter [Es, E] (1925) : Un beau jour (1966), Chasse à l'homme dans la campagne tranquille (1972). **Wohmann,** Gabriele [E] (1932) : Abschied für Länger (1965), Ernste Absicht (1970), Schönes Gehege (1975), Excursion avec la mère (1976), Pas de deux (1979), le Cas de Marlène Z. (1980). **Wolf,** Christa [E] (1929) : le Ciel partagé (1963), Christa T. (1968), Trame d'enfance (1975), Cassandre, Ce qui dérange, Changement d'optique, Ce qui reste, Adieu aux fantômes, Medea, Ici même, autre part. **Zürn,** Unica [Es] (1916-1970, suicide) : l'Homme jasmin (1977).

Littérature américaine

Nés avant 1800

Audubon, John James [E] (1785-1851) : Journal du Missouri (1929). **Barlow,** Joel [P] (1754-1812) : la Colombiade (1807). **Bradford,** William [H] (1590-1657) : Histoire de la plantation de Plymouth. **Bradstreet,** Anne Dudley [P] (1612-72) : la 10e Muse apparue récemment en Amérique. **Brown,** Charles Brockden [R] (1771-1810) : Wieland (1798), Ormond ou le témoin secret (1799), Edgar Huntly. **Bryant,** William Cullen [P] (1794-1878) : Thanatopsis (1817). **Cooper,** James Fenimore [R] (1789-1851) : l'Espion (1821), le Dernier des Mohicans (1826), la Prairie (1827), The Bravo (1833), Gleanings from Europe (1837-38), le Tueur de daims. **Crèvecœur,** Michel-Guillaume de [Chr] (Franco-Américain 1735-1813). **Edwards,** Jonathan [Théo] (1703-58). **Franklin,** Benjamin [Pol] (1706-90) : la Science du bonhomme Richard (1732), Autobiographie (1792). **Irving,** Washington [R, H] (1783-1859) : Rip Van Winkle (1819), Vie de Washington. **Mather,** Cotton [Théo] (1663-1728) : Magnalia Christi Americana. **Otis,** James [Pol] (1725-83). **Paine,** Thomas [Polé] (1737-1809, naturalisé Français) : le Siècle de raison (1795). **Prescott,** William [H] (1796-1859). **Taylor,** Edward [P] (1642-1729) : Méditations sacramentelles. **Tyler,** Royall [Polé] (1757-1826). **Williams,** Roger [E] (vers 1603-83).

Nés entre 1800 et 1900

Adams, Henry (Brooks) [H] (1838-1918) : Démocratie (1879), Histoire des États-Unis 1801-1817 (9 vol., 1889-91), Mémoires d'Arii Taimai (1893). **Aiken,** Conrad (Potter) [P, R] (1889-1973) : la Terre triomphante (1914), Voyage bleu (1927), le Grand Cercle (1933), le Roi Cercueil (1935). **Alcott,** Louisa May [R] (1832-88) : les 4 Filles du Dr March (1867), Pour le meilleur et pour le pire et pour l'éternité (écrit 1866, publié 1995). **Anderson,** *Maxwell* [D] (1888-1959) : Winderset (1935), la Grande Aiguille (1938), Jeanne la Lorraine (1947) ; *Sherwood* [R] (1876-1941) : Winesburg en Ohio (1919), Pauvre Blanc (1920).

Bancroft, George [H] (1800-91) : Histoire des États-Unis (1834-76). **Barnes,** Djuna [E, P, R] (1892-1982) : Un livre (1923), le Bois de la nuit (1936). **Beecher Stowe,** Harriet [R] (1811-96) : la Case de l'oncle Tom (1851), la Fiancée du ministre (1958). **Benedict,** Ruth [E] (1887-1948) : le Chrysanthème et le Sabre (1946). **Benet,** Stephen Vincent [P] (1898-1943). **Bierce,** Ambrose [E] (1842-vers 1914) : Au cœur de la vie (1891), le Dictionnaire du Diable (1906). **Bromfield,** Louis [R] (1896-1956) : Emprise, Précoce Automne, Vingt-Quatre Heures, Un héros moderne, la Mousson (1937), Mrs. Parkington (1942), la Folie Mac Leod (1948). – *Biogr. :* père agriculteur de l'Ohio ; études à Colombia. *1916-18* ambulancier en France. *1923* critique littéraire de *Time,* en France, jusqu'en 1939. *1940* retour aux USA (Ohio), achète un domaine agricole. **Buck,** Pearl [R] (1892-1973) : Vent d'Est vent d'Ouest (1930), la Terre chinoise (1932), Fils de Dragon, la Mère (1934), Pavillon de femmes (1946), Pivoine, le Sari vert, le Pain des hommes [N 1938] (voir p. 350 a). – *Biogr. :* père missionnaire presbytérien, le révérend Sydenstricker, née en Virginie-Occidentale, élevée en Chine, études secondaires à Shanghaï, supérieures en Virginie. *1914* retourne en Chine ; professeur à Nankin. *1917* épouse un missionnaire en Chine, John Buck. *1923* publie des nouvelles. *1932 la Terre chinoise,* prix Pulitzer. *1934* divorce. *1935* épouse Richard Walsh (éditeur new-yorkais), se fixe aux USA. **Burke,** Kenneth [E, Cr] (1897-1986). **Burroughs,** Edgar Rice [R] (1875-1950) [voir encadré p. 280 b] : Tarzan roi des singes (1912), le Retour de Tarzan (1915), le Fils de Tarzan (1917), Tarzan le terrible (1921).

Cabell, James Branch [R] (1879-1958) : Jurgen (1919), Figurines (1921). **Carnap,** Rudolf [Ph, logicien] (d'or. all. 1891-1970) : la Construction logique du monde (1928), la Syntaxe logique du langage (1934), Signification et Vérité (1947). **Cather,** Willa Sibert [R] (1876-1947) : Pionniers (1913), Mon Antonia (1918), Un des nôtres (1922), Une dame perdue (1923), la Mort et l'Archevêque (1927), Ombres sur le rocher (1931). **Chopin,** Kate [R] (1851-1904) : l'Éveil (1899). **Cowley,** Malcolm [E] (1898-1989). **Crane,** *Hart* (Harold, dit) [P] (21-7-1899/26-4-1932, suicide par noyade) : le Pont (1930) ; *Stephen* [R, Nouv, P] (1871-1900) : Maggie (1893), la Conquête du courage (1895). **Crawford,** Francis Marion [R] (1854-1909). **Cummings,** Edward Estlin [P] (1894-1962). **Dana,** Richard Henry [R] (1815-82) : Deux Années sur le gaillard d'avant (1840).

Deutsch, Babette [P, Cr] (1895-1982) : Un feu dans la nuit, Poésie contemporaine. **Dewey,** John [Ph, Psycho] (1859-1952). **Dickinson,** Emily [P] (1830-86) : Avec amour, Émily. **Dodge,** Mary Mapes [R] (1831-1905) : Hans Brinker (1865). **Dos Passos,** John Roderigo [R, Pol] (14-1-1896/28-9-1970) : Initiation d'un homme (1919), Trois Soldats (1921), Manhattan Transfer (1925), USA [trilogie : le 42e Parallèle (1930), 1919 l'An premier du siècle (1932), la Grosse Galette (1936)], Aventures d'un jeune homme (1939), Bilan d'une nation (1951). – *Biogr. :* né à Chicago d'un immigrant portugais devenu avocat ; études à Harvard. *1916* en Espagne étudie l'architecture. *1917-18* volontaire de la Croix-Rouge sur le front français. *1919-20* à Montparnasse. *1920-27* reporter (Espagne, Mexique, France, Moyen-Orient). *1927* prend parti pour Sacco et Vanzetti, collabore à *New Masses* (communiste). *1938* nationaliste. *1964* soutient Goldwater aux présidentielles. **Dreiser,** Theodore [R] (1871-1945) : Sister Carrie (1900), Jennie Gerhardt (1911), le Financier (1912), le Titan (1914), Une tragédie américaine (1925). **Dunbar,** Paul Laurence [P] (1872-1906). **Durant,** Will [H] (1885-1981).

Eliot, Thomas Stearns [P] (1888-1965) : voir p. 279 a. **Emerson,** Ralph Waldo [Es, Ph] (1803-82) : la Nature, l'Intellectuel américain (1837), l'Âme anglaise (1858).

Faulkner, William (Falkner, dit) [R, Nov] (25-9-1897/6-7-1962) : Monnaie de singe (1926), le Bruit et la Fureur (1929), Sartoris (1929), Sanctuaire (1931), Lumière d'août (1932), Absalon ! Absalon ! (1936), les Palmiers sauvages (1939), le Hameau (1940), Requiem pour une nonne (1951), la Ville (1957), le Domaine (1959), les Larrons (1962). – *Biogr. :* famille d'industriels sudistes, ruinés et devenus quincailliers au Tennessee. *1918* élève-pilote au Canada. *1919-21* étudiant en français au Mississippi. *1921* études inachevées ; employé de chemin de fer. *1925* voyage en Europe. *1926-31* peintre et charpentier. *1931* célèbre, achète la villa Rowanoak à Oxford [N 1949]. **Ferber,** Edna [R] (1887-1968) : Show Boat (1926), Saratoga (1941), Great Son (1945). **Field,** Eugene [P] (1850-95). **Fisher,** Irving [Ec] (1867-1947). **Fitzgerald,** Francis Scott [R] (24-9-1896/21-12-1940) : l'Envers du paradis (1920), les Heureux et les Damnés (1922), Gatsby le Magnifique (1925), Tendre est la nuit (1934), Un diamant gros comme le Ritz (1935), le Dernier Nabab (inachevé, 1941), la Fêlure (1945). – *Biogr. :* père représentant de commerce irlandais de St-Paul (Minnesota) ; études à Princeton (*1917,* sans diplôme, s'engage). *1919* démobilisé (sous-lieutenant) ; publicitaire. Commence à boire. *1920* 1er succès ; épouse Zelda Sayre (née 1889, fille de juge, internée 1930, † 10/11-3-1948 dans l'incendie de son asile). *1925* rejoint Hemingway à Paris ; alcoolique. *1929* pauvreté. *1931-40* misère, *delirium* (tente 2 fois de se suicider). **Fletcher,** John Gould [P] (1886-1950). **Frost,** Robert Lee [P] (1874-1963) : Testament d'un garçon (1913), Un masque de pitié (1947). **Fuller,** Margaret [Cr] (1810-50) : Littérature et Art (1846).

Gallico, Paul [R] (1897-1976) : Jennie, l'Aventure du Poséidon, l'Oie des neiges (1941). **Gardner,** *Dora* [E] (1889-n.c.) ; *Erle Stanley* [R] (1889-1970) : romans policiers. **Garland,** Hamlin [R] (1860-1940) : les Routes à gros trafic, Vu de ma terrasse, Dix Degrés au nord de Frederick. **Glasgow,** Ellen [R] (1874-1945) : Terre stérile (1925), la Vie protégée (1932), Dans un corps pur (1935). **Grey,** Zane [P] (1872-1939) : les Cavaliers de la sauge violette (1912).

Harris, Joel Chandler [R] (1848-1908) : l'Oncle Remus (1881-1906). **Harte,** Francis Bret [R] (1836-1902) : la Chance de Roaring Camp (1870). **Hawthorne,** Nathaniel [R] (1804-64) : la Lettre écarlate (1850), Valjoie (1852), le Faune de marbre (1860). **Hemingway,** Ernest [R] (21-7-1899/2-7-1961) : Le soleil se lève aussi (1926), l'Adieu aux armes (1929), Mort dans l'après-midi (1932), les Neiges du Kilimandjaro (1935), En avoir ou pas (1937), Paradis perdu, Pour qui sonne le glas (1940), le Vieil Homme et la mer (1952), Au-delà du fleuve et sous les arbres (1956), Paris est une fête (1964), le Jardin d'Éden (1986) [N 1954]. Voir p. 351 a. – *Biogr. :* père médecin de l'Illinois ; pêcheur et chasseur ; études en France (bilingue). *1914* reporter à Kansas City (16 ans). *1918* volontaire dans la Croix-Rouge, *8-7* blessé en Italie. *1921* à Montparnasse (principaux compagnons : Sherwood Anderson, Ezra Pound, Gertrude Stein). *1926* succès. *1927-36* en Floride et à Cuba. *1936-38* correspondant de guerre en Espagne. *1961-2-7* se suicide d'une balle dans la tête comme son père. S'était marié 4 fois. **Heyward,** Dorothy, Du Bose [R] (1885-1940) : Porgy (1925). **Holmes,** Olivier Wendell [E] (1809-94) : le Poète et l'Autocrate à table (1857). **Howe,** Julia [P] (1819-1910) : les Passiflores. **Howells,** William Dean [R] (1837-1920) : Une rencontre (1873), la Fortune de Silas Lapham (1885).

James, Henry [R] (1843-1916) : Roderick Hudson (1876), l'Américain (1877), les Européens (1878), Daisy Miller (1878), Washington Square (1881), Un portrait de femme (1881), les Bostoniennes (1885), la Princesse Casamassima (1886), les Papiers de Jeffrey Aspern (1887), la Muse tragique (1890), les Dépouilles de Poynton (1897), Ce que savait Maisie (1897), le Tour d'écrou (1898), l'Âge ingrat (1899), les Ailes de la colombe (1902), les Ambassadeurs (1903), la Coupe d'or (1904), le Tollé (1911), l'Âge mûr (1917), la Tour d'ivoire, Du roman considéré comme un des beaux-arts. – *Biogr. :* fils de Henry James [E] (New York, 1811-82) ; frère de William [Ph] ; famille riche ; adolescence en Europe. *1862* à Harvard ; commence à écrire. *1864* à Cambridge (Massachusetts). *1869-70* et *1872-74* séjours en Italie. *1876* à Paris et souvent Londres. *1881* et *1904-05* visites aux USA. *1905* élu à l'American Academy. *1915* naturalisé Anglais. **James,** William [Ph] (1842-1910) : Principes de psychologie (1890), le Pragmatisme (1842). **Jeffers,** Robinson [P] (1887-1962). **Johnson,** James Weldon [P] (1871-1938) : les Trombones de Dieu.

Kaufman, George [D] (1889-1961). **Kelly,** George [D] (1887-1974) : le Vantard (1924), la Femme de Craig, Faiblesse. **Keyes,** Frances Parkinson [R] (1885-1970) : l'Ambassadrice, le Dîner chez Antoine. **Kilmer,** Joyce [P] (1896-1918) : les Arbres. **Koffka,** Kurt [Ph, psycho] (origine allemande 1886-1941) : Principes de la psychologie de la forme (1938).

Lanier, Sidney [P] (1842-81) : la Science des vers anglais (1880), le Roman anglais (1883). **Lardner,** Ringgold [Hum] (1885-1933) : les Ballades de Bib (1915), Perds avec le sourire (1933). **Lazarus,** Emma [P] (1849-87) : Danse macabre. **Lewis,** Sinclair [R] (1885-1951) : Main Street (1920), Babbitt (1922), Arrowsmith (1925), Elmer Gantry (1927), Dodsworth (1929), Impossible ici (1935), De sang royal (1947), Notre monde immense (1951). – *Biogr. :* fils d'un médecin du Minnesota. *1906* interrompt ses études à Yale, entre au phalanstère d'Upton Sinclair (New Jersey), Helicon Home. *1907* incendie du Helicon ; vie difficile, journaliste. *1920* succès grâce à *Main Street. 1930* 1er Américain prix Nobel de littérature. *1950* à Florence. **Lewisohn,** Ludwig [R] (Berlin 1833-Miami 1955) : le Destin de Mr Crump (1929), Crime passionnel (1930). **Lindsay,** Nicholas Vachel [P] (1879-1931) : le Congo et autres poésies (1914). **London,** Jack (John Griffith) [R, N, J] (12-1-1876/22-11-1916, suicide ?) : le Peuple d'en bas (1902), l'Appel de la forêt (1903), le Loup des mers (1904), Croc-Blanc (1906), l'Amour de la vie (1907), Martin Eden (1909). – *Biogr. :* enfant naturel (père astrologue, mère spirite), abandonné à San Francisco. *1891* écumeur de parcs à huîtres. *1892-93* chasseur de phoques au Japon. *1897* chercheur d'or en Alaska. *1898* journaliste pigiste, racontant ses aventures. *1906* succès avec *Croc-Blanc. 1910* millionnaire ; alcoolique. **Longfellow,** Henry Wadsworth [P] (1807-82) : les Voix de la nuit (1839), Ballades (1842), Évangéline (1847), Hiawatha (1855), Miles Standish (1858). **Lovecraft,** Howard [R] (1890-1937) : la Couleur tombée du ciel (1927), Dans l'abîme du temps (1935), les Montagnes hallucinées (1936). **Lowell,** *Amy* [P] (1874-1925) ; *James Russell* [E] (1819-91) : les Carnets de Biglow (2 vol. : 1848 et 1868).

Mac Leish, Archibald [P] (1892-1982) : Conquistador (1932), J.B (1958). **Marcuse,** Herbert [Ph] (Berlin, 19-7-1898/29-7-1979, Américain depuis 1940) : Éros et Civilisation (1955), le Marxisme soviétique (1958), Vers la libération (1960), l'Homme unidimensionnel (1964), la Fin de l'utopie (1967). – *Biogr. :* famille israélite ; études à Berlin et Fribourg. *1934* aux USA ; attaché à l'Institut de recherches sociales de Columbia (jusqu'en 1940). *1941-50* au Bureau des services stratégiques, puis au Département d'État. *1951-53* professeur à Harvard. *1954-65* à San Diego. **Marquand,** John Phillips [R] (1893-1960) : Feu George Apley (1937), l'Impossible retour (1949). **Masters,** Edgar Lee [P] (1868-1950) : les Épitaphes de Spoon River (1915). **Mayo,** Elton [Soc] (1880-1949). **Mead,** George Herbert [Soc] (1863-1931). **Melville,** Herman [R, C, P] (1819-91) : Typee (1846), Omoo (1847), Mardi, Redburn (1849), la Vareuse blanche (1850), Moby Dick (1851), Pierre ou les Ambiguïtés (1852), Israël Potter (1854), le Grand Escroc (1857), Billy Budd (1924). **Mencken,** Henry Louis [Es] (1880-1956) : Un livre de préfaces (1917), Préjugés (1919-27). **Millay,** Edna St Vincent [P] (1892-1950). **Miller,** Henry [R] (1891-1980) : Tropique du Cancer (1934), Max et les Phagocytes (1938), Tropique du Capricorne (1938), le Colosse de Maroussi (1941), le Cauchemar climatisé (1944), la Crucifixion en rose [trilogie : Sexus (1949), Plexus (1953), Nexus (1960)], Un diable au paradis (1956), Jours tranquilles à Clichy (1966), J'suis pas plus con qu'un autre (1977). – *Biogr. :* père tailleur new-yorkais, immigrant allemand récent ; enfance miséreuse à Brooklyn. *1920-24* fréquente des anarchistes. *1924* se marie ; à la Compagnie du téléphone ; abandonne femme et fille (June) pour une entraîneuse (Mona). *1930* abandonne Mona ; à Paris ; journaliste au *Phœnix. 1938-39* à Athènes. *1940* en Californie avec sa 4e femme et ses enfants. *1967 :* 5e mariage avec une Japonaise. **Miller,** Joaquin [P] (1839-1913) : Chants des sierras. **Mises,** Ludwig von [Ec] (origine autrichienne, 1881-1973) : Théorie de la monnaie et du crédit (1912). **Moore,** Marianne Craig [P] (1887-1972). **Motley,** John Lathrop [H] (1814-77). **Mumford,** Lewis [Soc] (1895-1990) : l'Âge d'or (1926), la Culture des villes (1931), Technique et Civilisation (1934), la Cité à travers l'histoire (1961), le Mythe de la machine (1967-70), le Projet urbain (1968).

Nabokov, Vladimir [R, P] (1899-1977) : Machenka (1926), la Défense Loujine (1930), le Guetteur (1930), Chambre obscure (1932), l'Exploit (1932), Invitation au supplice (1935), la Méprise, le Don (1937), la Vraie Vie de Sebastian Knight (1941), Brisure à senestre (1947), Lolita (1955, histoire d'une nymphette de 12 ans), Pnine (1957), Feu pâle (1962), Autres Rivages (1967), Ada ou l'Ardeur (1969), la Transparence des choses (1972), Regarde, regarde, les Arlequins ! (1974), l'Extermination des tyrans (1975). – *Biogr. :* famille noble de St-Pétersbourg. *1917* exil à Berlin. *1939* Paris (fuit le nazisme : femme d'origine juive). *1940* USA, professeur (littérature, russe, ethnologie). *1945* naturalisé Amér. *1960-77* Montreux (Suisse). Écrit en anglais après quelques nouvelles en russe. **Nasby,** Petroleum (David Ross Locke) [R] (1833-1888) : le Démagogue (1891). **Norris,** Frank [R] (1870-1902) : les Rapaces (1899), la Pieuvre (1901), la Fosse (1903).

O'Hara, Mary [R] (1885-1980) : Mon amie Flicka. **O'Henry** (William Sydney Porter, dit) [R] (1862-1910) : les Quatre Millions (1899), Contes du Far West (1912). **O'Neill,** Eugene [D] (1888-1953) : l'Empereur Jones (1920), Par-delà l'horizon (1920), Anna Christie (1921), le Désir sous les ormes, le Singe velu (1922), Le deuil sied à Électre (1929), Long Voyage dans la nuit (1940) [N 1936].

Park, Robert Ezra [Soc] (1864-1944). **Parker,** Dorothy [J, P, N] (1893-1967) : Comme ils sont. **Parkman,** Francis [H] (1823-93) : Pionniers français du Nouveau Monde

(1865). **Peirce,** Charles Sanders [Ph] (1839-1914) : Comment rendre nos idées claires (1878). **Poe,** Edgar Allan [R, P] (19-1-1809/7-10-1849) : les Aventures d'Arthur Gordon Pym de Nantucket (1838), la Chute de la maison Usher (1839), Histoires extraordinaires (1840), le Mystère de Marie Roget (1844), Nouvelles Histoires extraordinaires (1845, dont : Double Assassinat dans la rue Morgue, la Lettre volée), le Corbeau (1845), Annabel Lee (1849). – *Biogr.* : parents comédiens ambulants. *1810* † de David, père alcoolique ; *1811* d'Elizabeth, sa mère, dans un incendie. *1812* recueilli par Richard Allan (négociant à Richmond). *1815-20* études secondaires en G.-B. *1825* retour à Richmond ; adolescence dissipée. *1826* études à l'université de Virginie. *1827* alcoolique ; chassé par les Allan. *1827-31* engagé volontaire, puis étudiant à West Point. *1831* exclu de l'armée pour ivrognerie ; réfugié chez une tante, Maria Clemm. *1833* succès littéraire à Richmond. *1836* épouse sa cousine, Virginia Clemm, 13 ans ; vit pauvre à Baltimore. *1837* éthylisme ; s'enfuit à New York. *1841-42* directeur littéraire du *Graham's Magazine* ; vie aisée. *1845* propriétaire du *Broadway Journal*. *1846* Virginia meurt de tuberculose ; tente de se suicider ; éthylisme. *1849* retour à Richmond ; meurt (*delirium*) à Baltimore avant d'épouser sa voisine. **Porter,** Katherine Anne [R] (1890-1980) : l'Arbre de Judée (1930), Hacienda (1934), le Vin de midi (1937), la Tour penchée (1944), la Nef des fous (1962). **Pound,** Ezra [Es] (30-10-1885/Venise 1-11-1972) : Lustra (1916), Hugh Selwyn Mauberley (1920), Trente Cantos (1930), la Kultur en abrégé (1938), Cantos Pisans (1945). **Powell,** Dawn [R, D] (1897-1965) : Tourne roue magique (1936).

Rawlings, Marjorie Kinnan [R] (1896-1953) : le Yearling (1938). **Reed,** John [E, J] (1887-1920 du typhus, enterré sous les murs du Kremlin) : Dix Jours qui ébranlèrent l'Occident (1919), la Guerre dans les Balkans (1996), le Mexique insurgé (1996). **Riley,** James Whitcomb [P] (1849-1916). **Robinson,** Edwin Arlington [P] (1869-1935) : les Enfants de la nuit, Merlin, Lancelot, Tristram (1927). **Runyon,** Damon [Hum] (1884-1946).

Sandburg, Carl [P] (1878-1967). **Santayana,** George [Ph] (Madrid 1863-Rome 1952) : la Vie de la raison (1905), le Dernier Puritain (1935). **Sherwood,** Robert [D] (1896-1955) : la Forêt pétrifiée (1935), Abraham Lincoln en Illinois (1938). **Sinclair,** Upton [R] (1878-1968) : la Jungle (1906), le Roi Charbon (1917), le Pétrole (1927), les Griffes du dragon (1942), Pamela (1950). **Stein,** Gertrude [R] (1874-1946) : Trois Vies (1909), Tendres boutons (1914), Brewsie et Willie, Américains d'Amérique (1925). *Mémoires :* Autobiographie d'Alice Toklas (1933), Autobiographie de tout le monde (1937), Guerres que j'ai vues (1945). Vécut en France de 1907 à sa mort. **Stevens,** Wallace [P] (1879-1955) : Harmonium (1923), Aurores d'automne (1947), l'Ange nécessaire (1951, essai). **Stout,** Rex [R] (1886-1975) : Graines au vent, Feu de forêt.

Tarkington, Booth [R] (1869-1946) : M. Beaucaire (1919). **Tate,** Allen [R, P] (1899-1979) : les Ancêtres (1938), la Mer d'hiver (1946), le Démon sans espoir (1953). **Teasdale,** Sara [P] (1884-1933) : Sonnets à Duse (1907), les Fleuves de la mer (1915). **Thoreau,** Henry David [E] (1817-62) : Walden ou la Vie dans les bois (1854), Journal (1906), Cap Cod. **Thurber,** James [Hum] (1894-1961) : la Quadrature du sexe (1929), la Vie secrète de Walter Mitty. **Toomer,** Jean [P] (1894-1967). **Twain,** Mark (Samuel Langhorne Clemens, dit) [J, Hum] (30-11-1835/21-4-1910) : les Aventures de Tom Sawyer (1876), les Aventures d'Huckleberry Finn (1885), Un Yankee à la cour du roi Arthur (1887), le Soliloque du roi Léopold (1905), le Mystérieux Étranger (1916). – *Biogr.* : père épicier du Mississippi ; enfance pauvre, éducation puritaine. *1847-52* apprenti typographe. *1852-54* imprimeur ambulant en Nouvelle-Angleterre. *1854-61* batelier (*marktwain,* « profond de 2 brasses », vient du vocabulaire marin). *1861-65* chercheur d'or dans l'Ouest. *1865* journaliste à New York. *1869* reporter en Europe. *1870* épouse Olivia Langdon, riche bourgeoise new-yorkaise. *1875* se fait bâtir un château à Redding (Connecticut). *1884* éditeur. *1894* faillite. *1895-97* conférences en Europe ; fortune. *1898-1910* sa femme et deux de ses filles meurent ; dépression.

Untermeyer, Louis [P] (1885-1977) : Du rôti de Léviathan (1923), le Buisson ardent (1928). **Van Doren,** Mark [Cr] (1894-1972) : le Critique heureux. **Veblen,** Thorstein Bunde [Ec] (1847-1929) : la Théorie de la classe de loisirs (1899). **Wallace,** Lewis [R] (1827-1905) : le Vrai Dieu, Histoire de la conquête du Mexique (1873), Ben-Hur (1880), le Prince des Indes (1893). **Ward,** Artemus [R] (1834-67). **Watson,** John, Broadus [Ph, Psycho] (1878-1958) : A l'origine du béhaviorisme. **Wharton,** Edith (née Jones) [R] (1862-1937) : Chez les heureux du monde (1905), le Fruit de l'arbre (1907), Ethan Frome (1911), l'Écueil (1912), la Coutume du pays (1913), l'Âge de l'innocence (1920), les Chemins parcourus, les New-Yorkaises (1927), Sur les rives de l'Hudson (1929). **White,** Elwyn Brooks [E, Es, P] (1899-1985). **Whitman,** Walt [P, E] (1819-92) : les Feuilles d'herbe (1855-92), Jours exemplaires (1882). **Whittier,** John Greenleaf [P] (1807-92) : Mogg Megone, les Voix de la liberté. **Wilder,** Thornton [R, D] (1897-1975) : *Roman :* le Pont de San Luis Rey (1927), la Femme d'Andros (1930), les Iles de Mars (1948). *Théâtre :* Notre petite ville (1938), la Peau des dents (1943), les Ides de Mars (1948), Hello, Dolly ! (1963). **Williams,** William Carlos [P] (1883-1963) : Paterson (1946-51), Tableaux d'après Bruegel (1962). **Willis,** Nathaniel Parker [P] (1806-67). **Wilson,** Edmund [Cr] (1895-1972) : le Château d'Axel (1931), la Gare de Finlande (1940). **Woollcott,** Alexandre [Cr] (1887-1943) : Mémoires du comte d'Hécate (1942).

NÉS DEPUIS 1900

Abish, Walter [E] (Vienne, 1931). Alphabetical Africa (1974), Allemand, dites-vous ? (1980).

Albee, Edward [D] (1928) : Zoo Story (1959), la Mort de Bessie Smith, Qui a peur de Virginia Woolf ? (1962), Délicate Balance, Tout dans le jardin (1972).

Alchian, Armen [Ec] (1914).

Algren, Nelson [R] (1909-81) : Le matin se fait attendre (1942), le Désert de néon (1947), l'Homme au bras d'or (1949), la Rue chaude (1956).

Allen, Hervey [R] : Anthony Adverse (1933).

Ashbery, John [P] (1927).

Asimov, Isaac [Sav, E] (1920-92) : Vie et Énergie, les Origines de la vie. Voir encadré p. 280 b.

Auchincloss, Louis [R] (1917).

Auster, Paul [P, R, D] (3-2-1947) : la Cité de verre (1985, refusé par 17 éditeurs), l'Invention de la solitude (1982), la Chambre dérobée, Revenants (1986), le Voyage d'Anna Blume, Moon Palace (1989), la Musique du hasard (1990), Léviathan (1992, M étranger 1993), le Carnet rouge (1993), M. Vertigo (1994), Tombouctou (1999).

Baldwin, James [P, R, E] (Noir, 1924-87). *Romans :* les Élus du Seigneur (1953), Mon ami Giovanni (1956), Personne ne sait mon nom (1961), Un autre pays (1961), la Prochaine fois le feu (1963), Face à l'homme blanc (1965), Chassés de la lumière (1972), le Jour où j'étais perdu, Meurtres à Atlanta, Harlem Quartet (1979), la Conversion.

Ball, John (1911-88) : Dans la chaleur de la nuit, la Fourgonnette (1989).

Banks, Russell [R] (1940) : Affliction (1989), De beaux lendemains, Sous le règne de Bone (1995), Pourfendeur de nuages, l'Ange sur le toit.

Baraka, Imamu Amiri (Le Roi, Jones) [R, P, D] (1934) : le Métro fantôme (1964), l'Esclave (1964).

Barth, John [R] (1930) : l'Opéra flottant (1956), l'Enfant bouc, Chimère (1972), Lettres (1979).

Barthelme, Donald [R] (1931-89) : Blanche-Neige (1967), Pratiques innommables, La ville est triste.

Begley, Louis [E] (1933 en Pologne) : Une éducation polonaise (M étranger 1992), l'Homme en retard, le Regard de Max, M. Schmidt.

Bellow, Saul [R] (1915, né au Québec, fils d'immigrés russes) : l'Homme de Buridan (1944), la Victime (1947), les Aventures d'Augie March (1953), Au jour le jour (1956), le Faiseur de pluie (1959), Herzog (1964), la Planète de M. Sammler (1970), le Don de Humbol, Retour de Jérusalem (1976), l'Hiver du doyen (1982), La journée s'est-elle bien passée ? (1985), la Bellarosa Connection, Un larcin, Une affinité véritable (1998), Ravelstein [N 1976].

Berger, Thomas [R] (1924) : Mémoires d'un visage pâle.

Berryman, John [P] (1914-72).

Bettelheim, Bruno [Es, Soc] (Vienne, 28-8-1903, suicide la tête dans un sac en plastique 13-3-1990) : la Forteresse vide (1967), les Enfants du rêve (1969), Dialogue avec les mères (1973), Un lieu où renaître (1975), Psychanalyse des contes de fées (1976), Survivre (1979), Pour être des parents acceptables, le Poids d'une vie (1991).

Bishop, Elizabeth [P] (1911-79).

Blatty, P. William [R] (1928) : l'Exorciste, l'Esprit du Mal.

Bloom, Allan [Ph] (1930-92) : l'Ame désarmée (1987), l'Amour et l'Amitié.

Bly, Robert [P] (1926).

Boswell, John [H] (1947-94).

Bowles, Paul [R, E, Nouv] (1910-99) : Un thé au Sahara (1949), la Maison de l'araignée (1955), Des airs du temps (1982), le Scorpion, Réveillon à Tanger (1987), Mémoires d'un nomade.

Boyle, Tom Coraghessan [E] (1948) : Water Music (1981), Au bout du monde (1987), la Belle Affaire, L'Orient c'est l'Orient, America, Riven Rock, 25 histoires d'amour, Un ami de la terre.

Bradbury, Ray [R] (1920) : voir encadré p. 280 b.

Bradley, David [R] (1950) : South Street (1975), l'Incident (1982).

Brautigan, Richard [R] (30-1-1935/25-10-1984, suicide) : Un général sudiste de Big Sur (1964), la Pêche à la truite en Amérique (1967), Sucre de pastèque (1968), l'Avortement (1970), Retombées de sombrero (1976), Tokyo-Montana Express (1980).

Brodkey, Harold [Nouv] (1930-96, mort du sida) : Premier Amour et autres chagrins, L'Ame en fuite, Ange.

Brooks, Gwendolyn [P] (6-7-1917/3-12-2000).

Buchanan, James [Ec] (1919) : le Calcul du consentement (1962) [N 1986].

Buechner, Frederick (1926).

Bukowski, Charles [P, R] (1920-94) : Women, Au sud de nulle part, Souvenirs d'un pas-grand-chose, Contes de la folie ordinaire, Pulp (publié 1995), le Ragoût du septuagénaire.

Burnham, James [Soc] (1905-87) : l'Ère des managers (1941).

Burns, John Horne [R] (1916-53) : On meurt toujours seul, le Diable au collège.

Burroughs, William S. [R] (1914-97) : le Festin nu (1959), l'Exterminateur (1960), la Machine molle (1961), le Ticket qui explosa (1962), les Lettres du Yage (1963), Nova Express (1964), Apomorphine (1966), les Garçons sauvages (1971), Havre des saints (1973).

Caldwell, Erskine (Preston) [R, Nouv] (17-12-1903/11-4-1987) : *Romans :* le Bâtard (1929), le Petit Arpent du Bon Dieu (1933), Bagarre de juillet (1940), Terre tragique (1944). *Nouvelles :* Nous les vivants (1933), Un p'tit gars de Géorgie (1943). *Théâtre :* la Route au tabac (1932). – *Biogr.* : père pasteur presbytérien de Géorgie ; jeunesse errante dans le Sud (déplacements du père). *1925* à l'université de Virginie. *1926* reporter dans le Maine. *1930-34* scénariste à Hollywood. *1933* prix de la *Yale Review*. *1938-39* reporter en Tchécoslovaquie, Espagne, Mexique. *1941* sur le front russe. *1942-43* à Hollywood ; dirige jusqu'en 1955 la revue *American Folkways.*

Capote, Truman (Truman Persons, dit) [R] (1924-84) : les Domaines hantés (1948), Un arbre de nuit (1949), Les muses parlent (1956), Petit Déjeuner chez Tiffany (1958), De sang-froid (1966), Les chiens aboient (1973), Musique pour caméléons (1981), Un Noël (1983), Prières exaucées.

Carson, Rachel [Sav] (1907-64) : Cette mer qui nous entoure (1951), le Printemps silencieux (1962).

Carver, Raymond [Nouv] (1938-88) : Parlez-moi d'amour (1981), les Vitamines du bonheur (1984), Qu'est-ce que vous voulez voir ?

Chomsky, Noam [P, Ling] (7-12-1928).

Cisneros, Sandra [P, Nouv] (1955) : *Récit :* la Petite Fille de la rue Mango (1983).

Chase-Riboud, Barbara [R] (1939) : le Nègre de l'Amistad.

Cheever, John [R, Nouv] (1912-82) : *Nouvelles :* environ 100. *Romans :* The Wapshot Scandal (1964), Falconer (1977), Oh, What a Paradise it Seems.

Clancy, Tom [R] (1947) : Octobre rouge (1988), Danger immédiat (1990), Sans aucun remords (1993), Sur ordre.

Cleaver, Eldridge [Es] (1936) : Des âmes sur la glace.

Collins, Larry [R] (1930) : Fortitude, Dédale (1989), les Aigles noirs (1993), Demain est à nous (1998) ; voir Lapierre p. 309 b.

Commager, Henry Steele [H] (1902-98) : l'Esprit américain (1965).

Connell, Evan S. Jr [Nouv, R] (1924) : Mrs Bridge (1959), Mr Bridge (1969).

Conroy, Pat [R] (1945) : Un cri dans le désert (1967), le Prince des marées (1984), Beach Music.

Coover, Robert [R] (1932) : Origin of the Brunists (1966), la Flûte de Pan (1969), le Bûcher de Times Square (1977), Au lit un soir (1983), Gerald reçoit (1986), Une éducation en Illinois (1987).

Cozzens, James Gould [R] (1903-78) : le San Pedro (1931), la Garde d'honneur, Saisi par l'amour.

Crews, Harry [R] (1935) : Car (1972), Des mules et des hommes (1978), Body (1980).

Crichton, Michael [R] (1942, mesure 2,05 m) : Soleil levant, Jurassic Park, Harcèlement (1994), le Monde perdu (1995), Turbulences (1996), Voyage (1997), le Treizième Guerrier, les Prisonniers du Temps (2000).

Crumley, James [R] (1939) : Un pour marquer la cadence (1969), le Dernier Baiser, le Canard siffleur mexicain.

Cullen, Countee [P] (1903-46).

Cunningham, Michael [R] (1952) : la Maison du bout du monde (1990), De chair et de sang, les Heures (1999).

Davenport, Guy [Es, Nouv] (1927).

DeLillo, Don [R] (1936) : Americana (1971), l'Étoile de Ratner (1976), Chien galeux (1978), les Noms (1982), Bruit de fond (1984), Libra (1988), Outremonde (1997), Body Art, Valparaiso.

Devereux, Georges [Ethn] (1905-85).

De Vries, Peter [E] (1910-93).

Dick, Philip K. [R] (1928-82) : voir encadré p. 280 b.

Dickey, James [P, R] (1923-97) : Délivrance (1970).

Didion, Joan [R] (1934) : Maria avec ou sans rien, The Book of Common Prayer (1977).

Dillard, Annie [P, R] (1945) : Pèlerinage à Tinker Creek (1974), the Living (1992).

Discon, Stephen [Nouv, R] (1936).

Doctorow, Edgar L. [R] (1931) : Big as Life (1966), le Livre de Daniel, Ragtime (1975), Billy Bathgate (1989).

Donleavy, James Patrick [R] (1926) : Homme de gingembre (1955), Barbe-Rousse, le Tennis d'Alfonce (1984).

Dunne, Dominick [E] (1925) : People like Us.

Eberhart, Richard [E] (1904).

Elkin, Stanley [R] (1930-95).

Ellis, Bret Easton [R] (1964) : Moins que zéro (1985), Lois de l'attraction (1987), American Psycho (1991), Zombies (1994), Glamorama (1999).

Ellison, Ralph [R] (1914-94) : Homme invisible pour qui chantes-tu ? (1952), Shadow and Act (1964), De retour au pays.

Ellroy, James [E] (1948) : le Grand Nulle Part, le Dahlia noir (1987), Trilogie noire (Brown's Requiem, Clandestin, Un tueur sur la route), White Jazz, American Tabloïd, Ma part d'ombre, American Death Trip.

Erdrich, Louise [Nouv, P, R] (1954) : l'Amour sorcier, la Branche cassée, la Forêt suspendue, Bingo Palace.

Fante, John [R] (1909-83) : Bandini (1938), Demande à la poussière, l'Orgie, le Vin de la jeunesse, Plein de vie,

■ **Quelques personnages. Rip Van Winckle :** (1819) conte de Washington Irving (garçon qui s'endort 20 ans au milieu des montagnes). **Œil-de-Faucon (Natty Bumppo) :** (1823-41) récits des Bas-de-cuir par John Fenimore Cooper (aventurier dans l'Ouest). **L'Oncle Tom :** (1851) la Case de l'oncle Tom, roman de Harriet Beecher Stowe (esclave au grand cœur). **Tom Sawyer :** (1876) les Aventures de T. S. (gamin ingénieux et hardi) et **Huckleberry Finn :** (1885) les Aventures d'H (gamin libre, sale, heureux) par Mark Twain. **Ben-Hur :** (1880) roman de Lewis Wallace (redresseur de torts). **Le Capitaine Achab :** (1891) Moby Dick, roman de Herman Melville (aventurier à idée fixe). **Babbitt :** (1922) roman de Sinclair Lewis (homme d'affaires réaliste et naïf). **Scarlett :** (1936) Autant en emporte le vent, roman de Margaret Mitchell (héroïne sudiste). **Lolita :** (1955) roman de Nabokov (nymphette de 12 ans aimée d'un homme mûr). **Japhy Ryder :** clochard érudit, héros de Kerouac.

Rêves de Bunker Hill (1982), la Route de Los Angeles (posth. 1985).

Farmer, Philip José [R] (1918) : voir encadré p. 280 b.

Farrell, James (Thomas) [R] (1904-79) : le Petit Lonigan (1932), Mac Ginty (1933), le Jugement dernier (1935).

Fast, Howard [R] (1914) : les Deux Vallées, l'Invincible, Spartacus (1951), l'Affaire Winston (1959), les Bâtisseurs (1977), Seconde Génération (1979).

Ferlinghetti, Lawrence [P] (1919) : la Quatrième Personne du singulier (1961).

Fielding, Helen [R] (n. c.) : le Journal de Bridget Jones (1996), l'Âge de raison (1999).

Ford, Richard [R] (1944) : The Sportswriter (1986), Une saison ardente, Ma mère, Indépendance, une Situation difficile.

Forsyth, Frederick [J, R] (1938) : Chacal, l'Alternative du diable (1980), le Quatrième Protocole, le Négociateur (1989), le Point de Dieu (1994), Icône (1997).

Friedman, Milton [Ec] (1912) : Capitalisme et Liberté (1962), Histoire monétaire des États-Unis (1963) [N 1976].

Gaddis, William [R] (1922-98) : les Reconnaissances (1955), J. R. (1975), Gothique Charpentier (1985), le Dernier Acte (1996).

Gaines, Ernst [R] (1933) : D'amour et de poussière (1967), l'Autobiographie de Miss Jane Pitman (1971), Une longue journée de novembre, Colère en Louisiane (1983), Dites-leur que je suis un homme (1993).

Gaitskill, Mary [E] (1958) : Mauvaise Conduite.

Galbraith, John Kenneth [Ec, Soc] (1908) : l'Ère de l'opulence (1961), les Conditions actuelles du développement économique (1962), l'Heure des libéraux (1963), le Capitalisme américain (1966), le Nouvel État industriel (1967), le Triomphe (1969), Voyage en Chine (1973), l'Argent (1977), le Temps des incertitudes (1978), Une vie dans son siècle, Anatomie du pouvoir (1985).

Gangemi, Kenneth [R] (1937) : Lydia (1970).

Gardner, John [R] (1933-1982) : Grendel (1971), la Symphonie des spectres, On Moral Fiction.

Gibbons, Kaye [E] (1960) : Ellen Forster (1988), Une sage femme (1995), En mon dernier après-midi.

Gilchrist, Ellen [E] (1935) : Un air de vérité.

Ginsberg, Allen [P] (1926-97) : Hurlement (1955), Kaddish, Journaux indiens (1970), Sandwichs à la réalité.

Goodis, David [R] (1917-67) : Cauchemar, Tirez sur le pianiste, la Lune dans le caniveau, Sans espoir de retour (1954).

Goyen, William [Nouv, R] (1915-83) : la Maison d'haleine (1950), Arcadio, Une forme sur la ville, la Précieuse Porte (1984), Merveilleuse Plante (1994), Zamour.

Gray, John [Es] (1951) : Mer, Women and Relationships, Min are from Mars, Women are from Venus.

Green, Gerald [R] (1922) : Holocauste (1978), les Enfants d'Hippocrate (1979).

Grisham, John [E] (1955) : Miranda Amendment, The Runaway jury, l'Associé, la Firme, la Loi du plus faible, le Testament, Non coupable, l'Engrenage.

Haley, Alex [Ec] (1921-92) : l'Autobiographie de Malcolm X, Racines (1977), le Cavalier blanc.

Harrison, Jim [R] (1937) : Sorcier, Un beau jour pour mourir, Faux Soleil, Dalva, Légendes d'automne (1979), Julip, la Route du retour, En route vers l'Ouest.

Hart, Moss [D] (1904-61) [coauteur avec Kaufman] : Une fois dans la vie (1930), l'Homme qui vient dîner.

Hawkes, John [R] (1925-98) : le Cannibale (1949), la Patte du scarabée (1950), le Gluau (1961), Cassandra (1964), les Oranges de sang (1971), Virginie (1981), Aventures dans le commerce des peaux en Alaska (M étranger 1986), Autobiographie d'un cheval (1995).

Haruf, Kent [R] (n.c.) : le Chant des plaines.

Hayden, Robert [P] (1913-80).

Heller, Joseph [R] (1923-99) : Catch 22 (1961), Panique (1974), Dieu sait (1984 ; M étranger 1985), On ferme (1995).

Hellman, Lillian [D] (1907-84) : l'Heure enfantine (1934), la Garde sur le Rhin (1941).

Helprin, Mark [R] (1947) : Ellis Island (1981), Conte d'hiver (1983).

Hersey, John [R] (1914-93) : Une cloche pour Adano (1944), Hiroshima (1946), le Mur (1950).

Higgins Clark, Mary : voir encadré p. 311 b.

Hite, Shere [Es] (1943) : le Rapport Hite, les Femmes et l'Amour (1988), Rivales ou Amies (1999).

Hopkins, John [R] (1922) : l'Arpenteur (1967), les Mouches de Tanger, le Vol du pélican (1983).

Horgan, Paul [R, H] (1903-95) : Loin de Cibola, le Rio Grande, les Conquistadors.

Hughes, Langston [P] (1902-67).

Hugo, Richard [P] (1923-82).

Inge, William [D] (1913-73).

Irish, William : voir encadré p. 311 b.

Irving, John [R] (1942) : Liberté pour les ours (1968), l'Épopée du buveur d'eau (1972), Un mariage poids moyen (1974), le Monde selon Garp (1978), l'Hôtel New Hampshire (1981), l'Œuvre de Dieu, la Part du Diable (1985), Une prière pour Owen (1989), Un enfant de la balle (1994), la Petite Amie imaginaire (1995), Une veuve de papier (1998).

Isherwood, Christopher [R, D] (origine anglaise, 1904-86) : *Romans :* Tous les conspirateurs (1928), le Mémorial (1932), M. Norris change de train (1935), le Lion et son ombre (1938), Adieux à Berlin (1939), Là-bas en visite (1942), la Violette du Prater (1945), Octobre (1980).

Jarrel, Randall [P] (1914-65).

Johnson, *Denis* [P, R] (1949) : la Débâcle des anges (1983), Fiskadoro (1985), Déjà mort (1997), Un perdu ressuscité ; *Dorothy* [R, Nouv] (1905-84) : Contrée indienne, la Colline des potences.

Jones, James [R] (1921-77) : Tant qu'il y aura des hommes (1951), le Retour (1982).

Jong, Erica [R] (1942) : le Complexe d'Icare (1973), la Planche de salut (1977), Fanny (1980), les Parachutes d'Icare, Nana Blues.

Kennan, George F. [H] (1904).

Kennedy, William [R] (1928), Legs (1975), Billy Phelan (1978), l'Herbe de fer (1983).

Kerouac, Jack (Jean-Louis Lebris de Kerouac) [R, P] (12-3-1922/21-10-1969) : Avant la route (1950), Sur la route (1957), les Clochards célestes (1958), Visions de Cody (1959), Docteur Saxe (1963), Visions de Gérard (1963), les Anges vagabonds (1965). *Poésies :* Mexico City Blues (1959), Rimbaud, Satori à Paris (1966), Tristessa.

Kesey, Ken [R] (1935) : Vol au-dessus d'un nid de coucou (1962), Demon Box (1986).

King, Stephen [R] (1947) : 200 millions de livres vendus. Carrie (1974), l'Accident (1979), Misery (1987), la Part des ténèbres (1990), Minuit 2, Bazaar, Dolores Claiborne, Jessie, la Ligne verte (1996), Rose Madder, Désolation, les Régulateurs (signé Richard Bachman), la Tempête du siècle, Sac d'os, The Plant, Cœurs perdus en Atlantide.

Kingsley, Sidney [D] (1906-95) : Des hommes en blanc (1933), les Patriotes, Histoire de détective.

Kinnell, Galway [R] (1927) : Lumière noire (1959).

Korda, Michael [R] (1933) : l'Héritage, la Succession Bannerman (1989).

Kosinski, Jerzy [R, E] [origine polonaise 1933 (arrive aux USA 57) – 1991, suicide] : The Future is Ours, No Third Pass, Comrade (1960), l'Oiseau bariolé (1965), les Pas (1968), Being There (1971), la Sève du Diable (1971), Cockpit (1975), le Partenaire inconnu (1977), le Jeu de la passion, Flipper (1982), l'Ermite de la 69ᵉ Rue (1988).

Krantz, Judith [R] (1928) : Scrupules (1978), Princesse Daisy (1980), l'Amour en héritage (1983).

Kuhn, Thomas S. [Ph] (1922-96).

Kunitz, Stanley [E, P] (1905).

Lahiri, Jhumpa [Nouv] (1968).

Laurents, Arthur [D] (1918) : West Side Story (1957).

Lazarsfeld, Paul Felix [Soc] (1901-76).

Leavitt, David [Nouv, R] (1961).

Lee, Harper [R] (1926) : Mort d'une pie moqueuse.

Leontief, Vassily (origine russe) [Ec] (1905-99) : Tableaux des entrées et des sorties (1966).

Levine, Philip [P] (1928).

Lowell, Robert [P] (1917-77) : le Château de lord Weary (1946), Life Studies (1959), Benito Cereno (1967), Notebook 1967-1968 (1969), Prometheus Bound (1971).

Lowery, Bruce [R] (1931) : la Cicatrice.

Ludlum, Robert [R] (1927-2001) : l'Héritage Scarlatti (1970), la Mémoire dans la peau, la Mort dans la peau, l'Agenda Icare (1989), l'Échange Rhinemann, la Vengeance dans la peau, le Manuscrit Chancellor, la Route d'Omaha (1993), Illusion Scorpio, les Veilleurs de l'apocalypse (1995), la Conspiration Trevayne (1996), le Secret Halidon (1998), le Complot des Matarese (1999).

Lurie, Alison [R] (1926) : Liaisons étrangères (1987), la Vérité sur Lorin Jones, Femmes et Fantômes (1994), Un été à Key West.

McCarthy, *Cormac* [R] (1933) : l'Obscurité du dehors (1968), Un enfant de Dieu (1973), Suttree (1979), Méridien de sang (1985), De si jolis chevaux (1992), le Grand Passage (1994), Des villes dans la plaine (1998) ; *Mary* [R] (1912-89) : Dis-moi qui tu hantes (1942), les Bosquets d'Académe (1952), A contre-courant (1961), le Groupe (1963), les Oiseaux d'Amérique, Cannibales et Missionnaires (1979).

McCauley, Stephen [R] : l'Objet de mon affection, l'Art de la fugue, Qui va promener le chien ?

McCourt, Frank [R] (1930) : les Cendres d'Angela, C'est comment l'Amérique ? (1999).

McCullers, Carson [R, D] (1917-67) : Le cœur est un chasseur solitaire (1940), Reflets dans un œil d'or (1941), Frankie Adams, la Ballade du café triste, l'Horloge sans aiguille (1961), le Cœur hypothéqué (1971).

McElroy, Joseph [R] (1930) : A Smuggler's Bible (1966), Hind's Kidnap (1969), Ancient History (1971), Women and Men (1987).

McGarry Morris, Mary (1953) : Disparue (1988), Une femme dangereuse, Maladie du temps ordinaire (1995).

McGuane, Thomas [R] (1939) : 33 °C à l'ombre, Comment plumer un pigeon, l'Homme qui avait perdu son nom, Rien que le ciel bleu, Outsider.

McInerney, Jay [R] (1955) : Journal d'un oiseau de nuit, le Dernier Savage (1997), Glamour Attitude.

McMurtry, Larry [R] (1936) : la Dernière Séance (1966), Anything for Billy (1987).

Mailer, Norman [R] (31-1-1923) : les Nus et les Morts (1948), le Parc aux cerfs (1955), the White Negro (1957), Un rêve américain (1965), Pourquoi sommes-nous au Viêt Nam ? (1967), les Armées de la nuit (1968), Mémoires imaginaires de Marilyn (1973), le Chant du bourreau (1979), Nuit des temps (1983), Les vrais durs ne dansent pas (1984), Harlot et son fantôme (1992), Oswald : un mystère américain (1994), l'Évangile selon le fils.

Malamud, Bernard [R] (1914-86) : le Commis, les Idiots d'abord (1965), l'Homme de Kiev (1967), Portrait de Fidelman (1969), les Locataires (1971), Dubin's Live (1979), la Grâce de Dieu (1982).

Manchester, William [R] (1922) : Mort d'un président, les Armes des Krupp, la Splendeur et le Rêve, Winston Churchill (2 vol. 1990).

Manfred, B. Lee [R] (1905-71).

Maupin, Armistead [R] (1946) : Chroniques de San Francisco, Une voix dans la nuit.

Mayer, Arno [H] (1926) : la « Solution finale » dans l'Histoire (1988).

Mead, Margaret [Soc] (1901-78) : l'Un et l'Autre Sexe (1948), Mœurs et Sexualité en Océanie (1963).

Melwin, William Stanley [P] (1927).

Merrill, James [P] (1926-95).

Michener, James A. [R] (1907-97) : Pacifique-Sud (1947), Chesapeake (1979), Alaska (1989).

Miller, Arthur [D, R] (17-10-1915). *Théâtre :* Ils étaient tous mes fils (1947), Mort d'un commis voyageur (1949), les Sorcières de Salem (1952), Vu du pont (1955), les Désaxés (1961, scénario), Après la chute (1964), le Prix (1968). *Roman :* Focus (1944). *Autobiogr. :* Au fil du temps (1987). – *Biogr. : 1929* famille ruinée ; *1931* étudiant, primé pour sa pièce *L'herbe pousse encore. 1938* diplômé de l'université de Michigan, tente de créer un théâtre fédéral américain (échec). *1938-44* critique dramatique. *1947* succès (*Ils étaient tous mes fils*). *1949* prix Pulitzer. *1956* épouse l'actrice Marilyn Monroe (son 3ᵉ mariage ; divorcé 1961). *1959* American Academy.

Millett, Kate [R] (1936) : En vol, la Politique du mâle (1970), Sita.

Mills, Charles Wright [Soc] (1916-62) : l'Élite du pouvoir (1956).

Mitchell, Margaret (Munnerlyn ; Mᵐᵉ John R. Marsh) [R] (8-11-1900/16-8-1949, écrasée par une voiture) : Autant en emporte le vent [25 millions d'ex-vendus dans le monde (50 000 jour de sa parution le 30-6-1936) ; une suite : Scarlett (d'Alexandra Ripley), publiée 1991].

Moore, Lorrie [E] (1957) : Histoires pour rien (1985), Anagrammes (1986).

Morrison, Toni [R] (Chloe Anthony Wofford dite, 1931) : l'Œil le plus bleu (1970), Sula (1973), le Chant de Salomon (1977), Tar Baby (1981), Beloved (1987), Jazz (1992), Playing in the Dark, Paradis (1994). *Comédie musicale :* New Orleans (1983). *Théâtre :* Dreaming Emmet (1986) [N 1993].

Murray, Albert [Nouv] (1916).

Nash, *John Forbes* [M, Ec] (1928) : [N. d'économie (1994)]. *Ogden [Hum] (1902-71) : le Parc animalier.*

Nemerov, Howard [Es, P] (1920-91).

Neumann, Johannes von [Math, Ec] (origine hongroise, 1903-57) : Théorie des jeux et des comportements économiques (avec Oskar Morgenstern 1944).

Nin, Anaïs [R] (1903-77) : la Maison de l'inceste (1936), Un hiver d'artifice (1939), les Cités intérieures [les Miroirs dans le jardin (1946), les Enfants de l'albatros (1947), Une espionne dans la maison de l'amour (1955), le Cœur aux 4 logis (1959), la Séduction du Minotaure (1961)], Être une femme, Vénus Erotica (1968). *Nouvelles :* Sous une cloche de verre. *Journal* (1966-80).

Oates, Joyce Carol [R] (16-6-1938) : Eux (1969), Une éducation sentimentale (1976), Mariages et Infidélités (1980), Bellefleur, la Légende de Bloodsmoor, les Mystères de Winterthurn (1984), l'Homme que les femmes adoraient, Marya (1986), Ailes de corbeau (1989), Chaleur (1991), American Appetites (1991), Confessions d'un gang de filles, Nous étions les Mulvaneys (1998).

O'Connor, Flannery [R, Nouv] (1925-64) : la Sagesse dans le sang (1952), Les braves gens ne courent pas les rues (1955), Et ce sont les violents qui l'emportent (1960), Mon mal vient de plus loin (1965), le Mystère et les Mœurs (1969), l'Habitude d'être (1979).

Odets, Clifford [D] (1906-63) : Rocket to the Moon (1938), le Grand Couteau (1949).

O'Hara, John H. [R] (1905-70) : Rendez-vous à Samarra (1934), Mon copain Joe (1940), Ourselves to Know (1960), Le cheval connaît la route (1961).

Olen Butler, Robert [R] : Un doux parfum d'exil (1993), Étrange Murmure, la Nuit close de Saïgon.

Olson, Charles [P, Es] (1910-70).

Oppen, George [P] (1908-84) : Itinéraire.

Packard, Vance [Soc] (1914-96) : la Persuasion clandestine (1957), les Obsédés du standing (1959), l'Art du gaspillage (1961), Une société sans défense (1964), le Sexe sauvage (1969).

Paley, Grace [R] (1925) : les Petits Riens de la vie (1959), Plus tard le même jour (1985).

Parsons, Talcott [Soc] (1902-1979).

Percy, Walker [R] (1916-90) : le Cinéphile (1961), le Syndrome de Thanatos (1987).

Phelps, Edmund [Ec] (1933).

Pinsky, Robert [P] (1940).

Plath, Sylvia [P] (1932-63) : la Cloche de détresse.

Potok, Chaïm [R] (1929) : le Livre des lumières.

Powers, Tim [R] (1956) : les Voies d'Anubis (1987), le Palais du déviant (1989), le Poids de son regard, Poker d'âmes (1995).

Prokosch, Frederic [R] (1908-89) : les Asiatiques (1935), les Sept Fugitifs (1937), Béatrice Cenci (1951).

Purdy, James [R] (1923) : Malcolm (1959), le Neveu (1960), le Satyre (1964), l'Oiseau de paradis (1972).

Puzo, Mario [R] (1920-99) : le Parrain (1969, 21 millions vendus dans le monde), C'est idiot de mourir (1978), le Sicilien (1985), le Dernier Parrain (1996), Omerta (2000).

Pynchon, Thomas [R] (1937) : V (1963), la Vente à la criée du lot 49 (1965), l'Arc-en-ciel de la gravité (1973), l'Homme qui apprenait lentement (1984), Vineland (1990), Mason et Discon.

Queen, Ellery [R] (1905-82) : voir encadré p. 311 b.

Quine, Willard van Orman [Ph] (1908).

Rawls, John [Ph] (1921) : Théorie de la justice (1971).

Reed, Ishmael [E] (1938) : Mumbo Jumbo (1991).

Riding, Laura [P] (1901-95).

Robbins, Tom [E] (1936).

Roditi, Édouardo [E] (1910-92) : Écrits sur l'art.

Roethke, Theodore [P] (1908-63).

Rorty, Richard [Ph] (1931).

Rostow, Walt Whitman [Ec] (1916) : les Étapes de la croissance économique (1952), les Étapes du développement politique (1974), Comment tout a commencé : origines de l'économie moderne (1975).

Roth, *Henry* [R] (Galicie 1906-95) : l'Or de la terre promise (1934), A la merci d'un courant violent (1994), Une étoile brille sur Mount Morris Park, Un rocher sur l'Hudson (1995), la Fin de l'exil ; *Philip* [R] (1933) :

Goodbye, Columbus (1959), Laissez courir (1961), Portnoy et son complexe (1969), Ma vie d'homme (1974), l'Écrivain des ombres (1978), la Leçon d'anatomie (1983), la Contrevie (1986), Mensonges (1990), Opération Shylock (1993), Pastorale américaine (1998), J'ai épousé un communiste (1998).

Salinger, *Jerome David* [R] (1919) : l'Attrape-Cœur (1951), Un jour rêvé pour le poisson-banane, Franny et Zooey (1961), Dressez haut la poutre maîtresse, charpentiers (1963), Seymour, une introduction (1963) ; *Pierre* [J; R] (1925) : le Scoop (1985), le Nid du faucon (1988), De mémoire (1995).

Salter, James (James Horowitz) [R, Sc] (1925) : The Hunters (1957), Un sport et un passe-temps (1967), Un bonheur parfait (1975), Une vie à brûler (1997).

Samuelson, Paul Anthony [Ec] (1915) [N 1970].

Saroyan, William [R, D] (1908-81) : *Roman, nouvelles :* Une comédie humaine (1942), le Tigre de Tracy (1951). *Théâtre :* Mon cœur est dans les Highlands (1939), l'Amour toujours (1940).

Schaefer, Jack [R] (1907-91).

Schlesinger, Arthur, Jr [E] (1917) : Un héritage amer : le Viêt Nam (1967), la Crise de confiance, Kennedy et son temps (1979).

Schulberg, Budd [R] (1914) : Qu'est-ce qui fait courir Sammy ? (1941), le Désenchanté (1950).

Schürmann, Reiner [Ph] (1941-93).

Segal, Erich [R] (1937) : Love Story (1970), Oliver's Story (1976), Un homme, une femme, un enfant (1980), la Classe (1986), Docteurs, Actes de foi (1991). Voir p. 352 a.

Searle, John [Ph] (1932).

Selbyr, Hubert [R] (1928) : Dernière Sortie pour Brooklyn (1964), la Geôle, Retour à Brooklyn, le Saule (1999).

Setton, Kenneth [H] († 1995).

Shapiro, Karl [P] (1913-2000) : Lettres d'un vainqueur et autres poèmes (1944).

Shaw, Irwin [R] (1913-84) : le Bal des maudits (1948), Entrez dans la danse, le Riche et le Pauvre, le Mendiant et le Voleur, la Croisée des pistes (1980).

Sheldon, Sidney [R] (1917) : Jennifer ou la Fureur des anges (1978), Rien n'est éternel (1994).

Shepard, Sam [D] (1943).

Shields, Carol [R] (1935) : Swann (1987), la République de l'amour (1993), la Mémoire des pierres.

Shirer, William L. [H] (1904-93) : la Chute de la IIIe République, le IIIe Reich (1960), les Années de cauchemar.

Simon, *Neil* [D] (1927) : Pieds nus dans le parc, le Bon Docteur (1973). *Herbert* [Ec] (1946) [N 1978].

Simmons, Dan [R] (1948) : Hypérion, l'Échiquier du mal, Nuit d'été, Alter ego, Le Styx coule à l'envers, les Larmes d'Icare (1994), l'Homme nu (1994), l'Éveil d'Endymion, les Forbans de Cuba.

Singer, Isaac Bashevis [R] (Pologne 1904-New York 1991 ; écrivait en yiddish) : Une histoire d'autrefois (1933), la Corne du bélier (1935), la Famille Moskat (1950), Gimpel le Naïf (1957), le Magicien de Lublin (1960), le Manoir (1967), le Domaine (1969), Ennemies (1970), Shosha (1978), Old Love (1979), le Pénitent (1983), le Certificat (1992), les Ombres de l'Udson. *Autobiogr. :* Perdu en Amérique (1981), Meshugah [N 1978].

Slaughter, Franck [R] (1908) : Afin que nul ne meure (1941), la Divine Maîtresse (1949).

Snyder, Gary [P] (1930).

Solow, Robert [Ec] (1924) [N 1987].

Sontag, Susan [Es, R] (1933) : la Maladie comme métaphore, l'Amant du volcan, En Amérique.

Sorrentino, Gilbert [P, R] (1929).

Steel, Danielle [R] (1947) : 49 romans, 400 millions d'ex. vendus.

Stegner, Wallace [R] (1903-93) : la Vie obstinée (1967), Vue cavalière (1976).

Steinbeck, John [R, D] (27-2-1902/20-12-1968) : *Romans :* la Coupe d'or (1929), Tortilla Flat (1935), En un combat douteux (1936), Des souris et des hommes (1937), la Grande Vallée (1938), les Raisins de la colère (1939, prix Pulitzer), la Mer de Cortez (1941), Nuits noires (1942), la Perle (1944), Rue de la Sardine (1945), les Naufragés de l'autocar (1947), A l'est d'Eden (1952), Tendre Jeudi (1954), l'Hiver de notre mécontentement (1961), Mon caniche, l'Amérique et moi (1962) [N 1962]. *– Biogr. :* famille germano-irlandaise immigrée en Californie ; enfance à Salinas, études à Stanford, puis retour à Salinas (travailleur agricole). *1930* sans travail (crise), se tourne vers le socialisme. *1936* succès du roman communisant : *En un combat douteux.* Après *1952,* abandonné par son public, écrit plusieurs livres réactionnaires (dont un pamphlet antifrançais : *le Règne éphémère de Pépin IV*).

Stone, Irving [R] (1903-89) : Malice, Silent Honor.

Styron, William [R] (1925) : Un lit de ténèbres (1951), la Marche de nuit (1952), la Proie des flammes (1961), les Confessions de Nat Turner (1967), le Choix de Sophie (1979), Cette paisible poussière et autres écrits (1982), Face aux ténèbres (1990), Un matin de Virginie (1994), Trois Histoires de jeunesse (1993).

Sukenick, Ronald [R] (1932) : Up (1968), The Death of the Novel and Other Stories, Out, Blow Away (1986).

Susann, Jacqueline [R] (1921-74) : la Vallée des poupées, Love Machine, Une fois ne suffit pas.

Taylor, *Kressmann* [R] († 1997) : Inconnu à cette adresse (1938) ; *Peter* [Nouv, R] (1917-94).

Terkel, Studs [E, D, H, Cr] (1912).

Theroux, Paul [R] (1941) : Railway Bazaar (1975), le Royaume des moustiques (1982), la Double Vie de Lauren S. (1984), Patagonie Express (1988), Mon histoire secrète (1991).

Thompson, Hunter S. [R] (1937) : Las Vegas parano, la Grande Chasse aux requins, le Nouveau Testament, Gonzo, Rhum Express.

Töffler, Alvin [E] (1928) : le Choc du futur (1974), la Troisième Vague (1982), les Nouveaux Pouvoirs.

Toole, John Kennedy [R] (1937-69, suicide) : la Conjuration des imbéciles, la Bible de néon.

Triffin, Robert [Ec] (Belgique, 1911).

Trumbo, Dalton [J] (1905-76) : Johnny s'en va-t-en guerre (1939).

Tuchman, Barbara W. [E, R] (1912-89).

Tullock, Gordon [Ec] (1922).

Tyler, Anne [R] (1941) : Toujours partir, A la recherche de Caleb, le Déjeuner de la nostalgie, le Voyageur malgré lui, Et la vie va presque droite.

Updike, John [R] (1932) : Cœur de lièvre (1961), le Centaure (1963), la Ferme (1965), Bech voyage (1970), Rabbit rattrapé (1971), Un mois de dimanches (1975), Épouse-moi (1976), le Putsch (1978), Rabbit est riche (1982), Bech est de retour (1983), les Sorcières d'Eastwick (1984), Ce que pensait Roger (1986), Rabbit en paix (1990), Mémoires de l'administration Ford, la Parfaite Épouse, Brésil (1995), Dans la splendeur des lis, Aux confins du temps.

Uris, Leon [R] (1924) : Exodus (1957), Topaze (1967), Trinité (1976), Hadj (1984), Rédemption.

Van Vogt, Alfred [R] (1912) : voir encadré p. 280 b.

Vendler, Helen Hennessy [Cr] (1933).

Vidal, Gore [R, D] (1925) : Julien (1964), Messiah (1965), Burr (1973), les Faits et la Fiction (1980), Création (1981), Empire (1987).

Vonnegut, Kurt [R] (1922) : voir encadré p. 280 b.

Walker, Alice [R] (1944) : la Couleur pourpre (1983), Cher Bon Dieu (1988).

Wallace, Irving [R] (1916-90) : le Signe du poisson, le Club (1977).

Warren, Robert Penn [R, P] (1905-89) : le Cavalier de la nuit (1939), Aux portes du ciel (1943), les Fous du roi (1946), le Grand Souffle (1950), l'Esclave libre (1955), la Caverne (1959), Les eaux montent (1963), Un endroit où aller (1977).

Watkins, Paul [R] (1964) : Éclairs de nuit (1988), Avis de coup de vent (1989), The Promise of Light (1993).

Welch, James [R] (1939) : l'Hiver dans le sang (1974), la Mort de Jim Loney (1977), Comme des ombres sur la terre (1994), C'est un beau jour pour mourir.

Welty, Eudora [Nouv] (1909) : l'Homme pétrifié (1941), Mariage au Delta (1946), les Pommes d'or (1949), The Ponder Heart (1954), Oncle Daniel, Losing Battles (1970), la Fille de l'optimiste (Pulitzer, 1973).

West, Nathanael (Weinstein) [R] (1903-40) : Courrier du cœur (1933), Un million tout rond (1934), l'Incendie de Los Angeles (1939).

White, Edmund [R] (1940) : Oublier Elena (1973), Un jeune Américain (1982), le Héros effarouché, l'Écharde (1987), la Tendresse sur la peau (1988), la Symphonie des adieux, l'Homme marié.

Wideman, John Edgar [R] (1941).

Wilbur, Richard [P] (1921).

Williams, Tennessee (Thomas Lanier) [D, R, P] (24-3-1911/24-2-1983) : la Ménagerie de verre (1944), Un tramway nommé Désir (1947), la Rose tatouée (1951), Camino Real (1953), la Chatte sur un toit brûlant (1955), Baby Doll (1957), Soudain l'été dernier (1958), la Nuit de l'iguane (1961). *Nouvelles :* la Statue mutilée (1948), la Quête du chevalier (1966). *– Biogr. :* père commis voyageur sudiste. *1923* élevé à St Louis. *1929* université du Missouri. *1930* dans l'indigence. *1930-33* ouvrier (chaussures). *1933* université de l'Iowa, puis St Louis. *1939* 1re pièce. *1940* boursier de la fondation Rockefeller. *1940-44* scénariste à Hollywood. *1948* prix Pulitzer. *Vers 1950* proche de Simone de Beauvoir. *1955 :* 2e prix Pulitzer.

Williamson, Olivier [Ec] (1932).

Wolfe, *Thomas* [R] (1900-38) : l'Ange exilé, Aux sources du fleuve (1929), Au fil du temps (1935), la Toile et le Roc (1939), l'Impossible Retour (1940) ; *Tom* [Cr, R] (1931) : l'Étoffe des héros (1979), le Bûcher des vanités (1987), Un homme, un vrai (1998).

Woolf, Douglas [R] (1922) : les Croulants (1959), D'un mur à l'autre (1962).

Wouk, Herman [R] (1915) : Ouragan sur le Caine (1951), le Souffle de la guerre (1971), les Orages de la guerre (1978), Jours glorieux.

Wright, *James* [P] (1927-80) ; *Richard* [R] (1908-60) : les Enfants de l'oncle Tom (1938), Un enfant du pays (1940), Black Boy (1945), le Transfuge (1950), Puissance noire (1954).

Wurlitzer, Rudolph [R] (1938) : Nog (1969), Flats, Quelle secousse ! (1972), Slow Fade (1984).

Yates, Richard [R] (1926) : Revolutionary Road (1961), Fauteur de troubles (1975).

☞ **Beat generation :** groupe célébrant alcool, drogue, sexe, désespoir et liberté : Charles Bukowski, William Burroughs, Neal Cassidy, Gregory Corso, Allen Ginsberg, Brian Gysen, Jack Kerouac, Gary Snyder.

LITTÉRATURE ANGLAISE

NÉS AVANT 1500

■ **De langue latine. Alcuin** [Sav] (vers 735-804). **Anselme de Cantorbery St** [Ph, Théo] (1033-1109). **Bacon,** Roger, dit le Docteur admirable, moine [Ph, Théo] (vers 1220-1292) : Opus majus, minus (1267), tertium (1268). **Bède le Vénérable** [Eru, H] (673-735). **Duns Scot,** John, dit le Docteur subtil [Ph, Théo, béatifié 20-3-1993] (Écosse, vers 1265-1308, enterré vivant, en léthargie) : Traité du principe de toutes choses, Livre des sentences. **Geoffroi de Monmouth** de [H] (vers 1100-55) : Histoire des rois de Bretagne. **Grosseteste,** Robert [Ph] (1167-1253). **Guillaume d'Ockham,** [Ph] (1285-1349). **More,** ou **Morus,** sir Thomas [Ph, Pol] (1477-décapité 6-7-1535) : l'Utopie (1516). A écrit aussi en anglais. **Scot Érigène,** Jean [Ph, Théo] (Écosse ou Irlande, IXe siècle).

■ **De langue saxonne ou anglaise. Anonymes :** Beowulf (vers 1000), Sire Gauvain et le Chevalier vert (XIVe s.), Robin des Bois (vers 1340). **Aelfric** [Préd, Mor] (vers 955-1010). **Alfred,** roi du Wessex [H, Ph] (848-99) : traduction d'ouvrages latins. **Caedmon** [P] (vers 670-80) : Poèmes « caedmoniens » (apocryphes). **Chaucer,** Geoffrey [P] (1346-1400) : Troïlus et Cressida (1380), Contes de Cantorbéry (1387-1400). **Cynewulf** [P] (vers 750-vers 800) : Hélène. **Dunbar,** William [P] (vers 1465-vers 1530) : le Chardon et la Rose. **Gower,** John [P] (vers 1330-1408). Écrit également en latin et en français. **Henryson,** Robert [Fab] (Écosse, vers 1425-1508). **Heywood,** John [D, P] (1497-1580) : Interludes. **Langland,** William [P] (vers 1330-vers 1400) : la Vision de Pierre le Laboureur. **Layamon** [P] (XIIe s.). **Lydgate,** John [P] (vers 1370-vers 1449) : le Livre de Troie (vers 1420). **Malory,** sir Thomas [P] (vers 1408-71) : la Mort d'Arthur (1471). **Occleve,** Thomas [P] (vers 1368/9-1437). **Skelton,** John [P] (vers 1460-1529) : Satires, Élégie sur Philippe le Moineau, la Guirlande de laurier (1523). **Tyndale,** William [Théo, Pol] (vers 1494-1536) : De l'obéissance du chrétien (1528). **Wulfstan** [Préd] († 1023) : Sermons. **Wyclif,** John [Théo] (vers 1320-84) : traduction de textes bibliques.

NÉS ENTRE 1500 ET 1600

Ascham, Roger [Eru] (1515-68) : le Maître d'école. **Bacon,** sir Francis [Es, Ph] (1561-1626) : Essais (1597), Novum Organum (1620), De la justice universelle (1622). **Burton** (Robert) [E] (1577-1640) : l'Anatomie de la mélancolie (1621). **Campion,** Thomas [P] (1567-1620). **Dekker,** Thomas [D] (vers 1570-vers 1632) : l'Honnête Courtisane, Fête chez le cordonnier (1599). **Donne,** John [P] (1572-1631) : Dévotions (1623), Poésies, Paradoxes et Problèmes. **Fletcher,** John [D] (1579-1625) et **Beaumont,** Francis (1554-1616) : le Chevalier de l'ardent pilon (1607), le Misogyne (1607), Tragédie de la jeune fille (1610), Philaster (1610), le Curé espagnol 1622). **Ford,** John [D] (1586-1640) ; Dommage qu'elle soit une putain (1633), le Cœur brisé (1638). **Foxe,** John (1516-87) : Livre des martyrs (1559). **Greene,** Robert [D, R] (vers 1558-92). **Gresham,** Thomas [Ec] (1519-79) : supposé être l'auteur de la formule dite *loi de Gresham* : la « mauvaise monnaie chasse la bonne ». **Herbert,** George [P] (1593-1633) : le Temple (1652). **Herrick,** Robert [P] (1591-1674). **Heywood,** Thomas [D] (1573-1641). **Hobbes,** Thomas [Ph] (1588-1679) : le Citoyen (1649), Léviathan (1651), la Nature humaine (1658). **Jonson,** Ben [D] (1572-1637) : Chacun dans son caractère (1598), Chacun hors de son caractère, Catilina, Volpone ou le Renard (1606), Le Diable est un sot (1616). **Kyd,** Thomas [D] (vers 1558-94) : Arden de Feversham (1586), Tragédie espagnole.

Lodge, Thomas [P] (1557-1625) : Rosalinde (1590). **Lyly,** John [D, Nouv] (vers 1554-1606) : Euphues (1578), Endymion l'homme dans la lune (1587). **Marlowe,** Christopher [D] (1564/30-5-1593) : le Grand Tamerlan (1587), Édouard II (1594), la Tragique Histoire du docteur Faust (1601). Voir Shakespeare. **Massinger,** Philip [D] (1583-1640). **Middleton,** Thomas [D] (1580-1627) : Que les femmes se défient des femmes (1612). **Nashe,** Thomas [Polé, R] (1567-1601) : l'Anatomie de l'absurdité (1589), le Voyageur infortuné (1593). **Norton,** Thomas [D] (1532-84) : Gorboduc (1561) [écrit avec Thomas Sackville]. **Peele,** George [D, P] (1558-96).

Sackville, Thomas, Bon [D, P] (1536-1608) voir Norton. **Shakespeare,** William [D, P] (1564-1616) : Sonnets (1600-09). *Théâtre :* Henri VI (1590-92), la Mégère apprivoisée (1594), Édouard III (1594-95), Roméo et Juliette (1595), le Songe d'une nuit d'été (1595), Richard II (1597), Richard III (1597), Henri IV (1597-98), les Joyeuses Commères de Windsor (1598), Jules César (1599), le Marchand de Venise (1600), Henri V (1600), Beaucoup de bruit pour rien (1600-23), la Nuit des rois (1600), Hamlet (1600-01), Troïlus et Cressida (1602), Tout est bien qui finit bien (1602-03), Othello (1604), Mesure pour mesure (1604), Macbeth (1606), Antoine et Cléopâtre (vers 1607), Timon d'Athènes (1608), le Roi Lear (1608), Coriolan (1608-23), la Tempête (1611), Henri VIII (1612), Comme il vous plaira (1623). *– Controverses :* sur quelques poèmes, il n'a rien publié de son vivant et l'on ne connaît aucun manuscrit de lui. Certains estiment que, simple acteur n'ayant guère voyagé, il n'aurait pu écrire des pièces se déroulant dans des régions et à des époques variées, ont vu « sous le masque de Shakespeare » le philosophe Francis Bacon ; Edward de Vere (17e Cte d'Oxford) ; Roger Manners (Cte de Rutland) ; William Stanley (6e Cte de Derby) ; Christopher Marlowe [voir ci-dessus ; poète aventurier, agent secret, compromis pour athéisme, il aurait fait croire à sa mort le 30-5-1593 dans une rixe au cabaret ; caché chez le Cte d'Oxford, il aurait ensuite écrit des drames]. 1re traduction en français de Pierre Le Tourneur (1736-88) que Jean-François Ducis (1733-1816) adapta en vers (ne sachant pas l'anglais) ; François-Victor Hugo (1828-73) : sonnets 1857, théâtre 1860-64. **Shirley,** James [D, P] (1596-1666) : Hyde Park (1632), la Mondaine (1635), le Cardinal (1641). **Sidney,** sir Philip [R, P] (1554-86) : l'Arcadie (1580), Astrophel et Stella (1591). **Spenser,** Edmund [P] (1552-99) : le Calendrier du berger (1579), la Reine des fées (1591), l'Allégorie, Épithalame. (Créateur de la strophe spensérienne.) **Surrey,** Henry Howard, comte de [P] (1517-47) : Sonnets.

Walton, Izaak [Chr] (1593-1683) : le Parfait Pêcheur à la ligne (1653). **Watson,** Thomas [P] (vers 1557-vers 1592) : Sonnets. **Webster,** John [D, E] (vers 1580-1634) : le Démon blanc (1612), la Duchesse de Malfi (1614). **Wyatt,** sir Thomas [P] (vers 1503-42) : Sonnets.

Nés entre 1600 et 1700

Addison, Joseph [E, P] (1672-1719) [fonda avec Steele le journal « The Spectator »] : Caton (1713). **Arbuthnot,** John [Polé] (1667-1735) : Histoire de John Bull (1712). **Bentley,** Richard [Cr] (1662-1742). **Berkeley,** George [Ph] (Irlande, 1685-1753, évêque) : Nouvelle Théorie de la vision (1709), Alciphron (1732). **Browne,** sir Thomas [Es] (1605-82). **Bunyan,** John [R] (1628-88) : le Voyage du pèlerin (1678-84). **Butler,** Samuel [P] (1612-80) : Hudibras (1663-78). **Chesterfield,** Philip Stanhope, lord [E] (1694-1773) : Lettres à mon fils (1774). **Congreve,** William [D] (1670-1729) : Amour pour amour (1695), Ainsi va le monde (1700). **Cowley,** Abraham [P] (1618-67). **Crashaw,** Richard [P] (1612-49) : Épigrammes sacrées (1634), les Marches du temple (1646). **Defoe,** Daniel [R] (vers 1660-1731) : Robinson Crusoé [1719, inspiré de l'aventure d'Alexander Selkirk (1676-1721)], le Capitaine Singleton (1720), Moll Flanders (1722), Journal de l'année de la peste (1722), les Chemins de fortune (1724). **Denham,** John [P] (1615-69) : la Colline de Cooper. **Dryden,** John [D, P] (1631-1700) : Stances héroïques sur la mort de Cromwell (1659), Essai sur la poésie dramatique (1668), Absalon et Achitophel (1681), Amphitryon (1690), le Roi Arthur (1691). **Etherege,** sir George [D] (vers 1635-91) : l'Homme à la mode (1675). **Farquhar,** George [D] (Irlande, 1677-1707) : l'Inconstant (1702), les Jumeaux ennemis (1703), le Stratagème des roués (1707). **Gay,** John [D] (1685-1732) : l'Opéra des gueux (1728).

Locke, John [Ph] (1632-1704) : Essai sur l'entendement humain (1690), Traités du gouvernement civil (1690). **Lovelace,** Richard [P] (1618-58). **Marvell,** Andrew [P] (1621-78) : Poèmes choisis. **Milton,** John [E, P] (1608-74) : Défense du peuple anglais (1651), le Paradis perdu (1667), Samson combattant (1671), le Paradis reconquis (1671, où Pandemonium est la capitale des enfers). – *Biogr.* : père notaire puritain ; commence à écrire à 10 ans ; études à Oxford. *1630* refuse les ordres (méprise le clergé). *1630-38* vit chez son père près de Windsor. *1638-39* voyage France et Italie. *1639-42* à Londres, précepteur de ses neveux. *1643* se marie (4 enfants de 1646 à 52). *1643-48* partisan de Cromwell ; écrit un traité justifiant l'exécution du roi. *1649* secrétaire latin du Conseil d'État. *Vers 1650* perd la vue. *1656* veuf, se remarie. *1657* redevient veuf. *1660* épuré à la Restauration, puis gracié. *1662* perd ses biens (faillite du notaire). *1663* épouse Elizabeth Minshull (17 ans), dévouée pour lui jusqu'à sa mort (attaque de goutte). **Newton,** sir Isaac [Sav] (1642-1727). **Otway,** Thomas [D] (1652-85) : Don Carlos (1676), l'Orpheline ou le Mariage malheureux (1680), Venise sauvée (1682). **Pepys,** Samuel [E] (1633-1703) : Journal (1893). **Pope,** Alexander [P, Ph] (1688-1744) : les Pastorales (1709), Essai sur la critique (1711), la Boucle dérobée (1712), la Dunciade (1728), Épîtres (1731-35), Essai sur l'homme (1733-34).

Ray, John [Nat] (1627-1705). **Richardson,** Samuel [R] (1689-1761) : Pamela (1740), Clarisse Harlowe (1747-48), l'Histoire de sir Charles Grandison (1754). **Shaftesbury,** Anthony, comte de [Ph] (1671-1713) : Traits caractéristiques des hommes, des coutumes, des opinions et des temps (1711). **Steele,** sir Richard [D] (Irlande, 1672-1729). **Suckling,** sir John [D, P] (1609-41). **Swift,** Jonathan [R] (Irlande, 1667-1745) : Conte du tonneau (1704), le Journal à Stella (1710-13), la Conduite des alliés (1711), les Lettres du drapier (1724), Voyages de Gulliver (1726), Instructions aux domestiques (1745). **Vanbrugh,** sir John [D] (1664-1726). **Vaughan,** Henry [P] (1621-95). **Wycherley,** William [D] (vers 1640-1716) : l'Amour dans un bois (1671), la Provinciale (1674), l'Homme franc (1676). **Young,** Edward [P] (1683-1765) : Nuits (1742-45).

Nés entre 1700 et 1800

Austen, Jane [R] (1775/13-7-1817) : Raison et Sentiments (1811), Orgueil et Préjugés (1813), Mansfield Park (1814), Emma (1815), Persuasion (1818), Catherine Morland (1818). **Bentham,** Jeremy [Ph, Jur] (1748-1832). **Blake,** William [P] (1757-1827) : Chants d'innocence (1785), Chants d'expériences (1794), Jérusalem (1804-20). **Boswell,** James [E] (1740-95) : Relation de Corse (1768), Vie de Samuel Johnson (1791). **Burke,** Edmund [Es, Pol] (1729-97) : Réflexions sur la Révolution française (1790). **Burney,** Frances (Madame d'Arbley) [Nouv, R] (1752-1840) : Evelina (1778), Cecilia (1782), Journal. **Burns,** Robert [P] (Écosse, 1759-96) : Chansons populaires d'Écosse (1786). **Byron,** George Gordon, lord [P] (22-1-1788/19-4-1824) : le Chevalier Harold (1812), la Fiancée d'Abydos (1813), le Corsaire (1814), Lara (1814), le Siège de Corinthe (1816), le Prisonnier de Chillon (1816), Manfred (1817), Mazeppa (1819), Don Juan (1819-24). – *Biogr.* : noblesse écossaise sans fortune. Pied-bot. *1798* hérite (de son oncle, lord Byron). *1801-05* études à Harrow ; sportif. *1805-08* études à Cambridge. *1808* dans son domaine Newstead où siège à la Chambre des lords. *1810* croisière en Méditerranée. *1813* liaison incestueuse avec sa demi-sœur Augusta Leigh. *1815-16* épouse Annabella Milbanke (la chasse, reprend Augusta), eut d'elle son seul enfant légitime, Ada (1815-52). Voir à l'Index. *1816-24* Italie ; fréquente les carbonari ; rejoint les insurgés grecs à Missolonghi. *1824-19-4* y meurt de paludisme.

Carlyle, Thomas [Es, Cr] (1795-1881) : Sartor Resartus (1836), Frédéric le Grand (1858-65). **Chatterton,** Thomas [P] (20-11-1752/24-8-1770, suicide à l'arsenic) : Poésies de Thomas Rowley (1777). **Cleland,** John [R] (1709-89) : Fanny Hill (1749). **Coleridge,** Samuel Taylor [P] (1772-1834) : Ballades lyriques [dont le Vieux Marin (1798), Christabel (1816), Kubla Khan (1816), Propos de table (1825)]. **Collins,** William [P] (1721-59) : Odes. **Cowper,** William [P] (1731-1800) : la Tâche, Lettres. **Fielding,** Henry [R] (1707-54) : Tom Thumb (1731), Joseph Andrew (1741), Tom Jones (1749), Amelie (1751). **Gibbon,** Edward [H] (1737-94) : Histoire de la décadence et de la chute de l'Empire romain (1776-88), Mémoires (1796). **Godwin,** William [R, Pol] (1756-1836) : Enquête sur la justice politique (1793), Caleb Williams (1794). **Goldsmith,** Oliver [E, Nouv, P] (vers 1730-74) : le Vicaire de Wakefield (1766), le Village abandonné (1770), Elle s'abaisse pour vaincre (1773). **Graves,** Richard [R] (1715-1804) : le Don Quichotte. **Gray,** Thomas [P] (1716-71) : Élégie écrite dans un cimetière de campagne (1751). **Hamilton,** sir William [Ph] (Écosse, 1788-1856), la Philosophie de l'inconditionnel (1829). **Hazlitt,** William [Cr, Es] (1778-1830). **Hogg,** James [P, R] (1770-1835) : Pastorales écossaises (1801), la Confession d'un pécheur justifié (roman, 1824). **Hume,** David [E, Ph] (1711-76) : Essais sur l'entendement humain (1748).

Johnson, Samuel [E] (1709-84) : Dictionnaire (1755), Vie des poètes anglais (1779-81). **Keats,** John [P] (1795-1821) : Endymion (1818), Odes [à un rossignol, à l'automne (1819-20)], la Vigile de la Sainte-Agnès, la Belle Dame sans merci (1819). **Lamb,** Charles (1775-1834) et Mary (1764-1847) [E] : Contes tirés de Shakespeare (1807), Essais d'Élia. **Landor,** Walter Savage [P, Pros] (1775-1864). **Lewis,** Matthew Gregory [R, D] (1775-1818) : le Moine (1796), le Spectre du château (1798). **Mackenzie,** Henry [Nouv] (1745-1831) : Julia de Roubigné (1777). **Macpherson,** James [P] (Écosse, 1736-96) : Poèmes « d'Ossian » (1760), Fingal (1761), Temora (1763). **Malthus,** Thomas Robert [Ec] (17-2-1766/23-12-1834) : Essai sur le principe de population (1798), Principes d'économie politique (1819). **Mill,** James [Ph, H, Ec] (1773-1836). **Moore,** Thomas [P] (Irl., 1779-1852) : Mélodies irlandaises (1807-34), Lalla Rookh (1817). **Owen,** Robert [industriel] (1771-1858). **Peacock,** Thomas Love [Hum] (1785-1866). **Percy,** Thomas [Éru] (1729-1811). **Quincey,** Thomas de [E] (1785-1859) : Confessions d'un mangeur d'opium anglais (1821), De l'assassinat considéré comme un des beaux-arts (1827), les Derniers Jours d'Emmanuel Kant, Judas Iscariote. **Radcliffe,** Ann [R] (1764-1823) : les Mystères du château d'Udolphe (1794), l'Italien (1797). **Reid,** Thomas [Ph] (1710-96). **Ricardo,** David [Ec] (1772-1823) : les Principes de l'économie politique et de l'impôt (1817). **Roget,** Peter Mark [Ency] (1779-1869) : Roget's Thesaurus of English Words and Phrases.

Scott, sir Walter [P, R] (Écosse, 1771-1832) : la Dame du lac (1810), Waverley (1814), Rob Roy (1818), la Fiancée de Lammermoor (1819), Ivanhoé (1819), Kenilworth (1821), Quentin Durward (1823), la Jolie Fille de Perth (1828). – *Biogr.* : père avoué, à Édimbourg ; maladif. *1787* secrétaire au tribunal de son père. *1792* avocat. *1799* shérif du Selkirkshire. *1806-31* greffier au Parlement d'Édimbourg. *1808* se ruine (imprimerie, édition, théâtre, etc.). *1814* romans (anonymes) pour payer ses dettes. *1820* baronet. *1824* reconstruit son château d'Abbotsford (acheté 1810). *1825* faillite (114 000 livres de dettes). *1830* surmené (pour payer ses dettes), paralysé. **Shelley,** Mary [fille de William Godwin (voir ci-dessus) et de Mary Wollstonecraft, auteur des Droits de la femme, qui meurt en couches, épouse de Percy] [R] (30-8-1797/1-2-1851) : Frankenstein ou le Prométhée moderne [mars 1818, inspiré de la vie de Konrad Dippel (Frankenstein, All., 1673/24-8-1734) alchimiste], Perkin Warbeck, le Dernier Homme (1826), Lodore (1835), Falkwer (1837), Valperga (1923). **Shelley,** Percy Bysshe [P] (1792-1822) : Alastor, la Sensitive, Ode au vent d'Ouest, Ode à l'alouette, Adonaïs (1821). – *Biogr.* : père gentilhomme campagnard ; éduqué à Eton (souffre-douleur de ses camarades), puis à Oxford (chassé pour athéisme). *1811* enlève Harriet Westbrook (16 ans) et l'épouse. *1813* naissance de sa fille Ianthe. *1814* s'enfuit sur le continent avec Mary Godwin. *1815* hérite de sa grand-mère : aisance. *1816* a un fils (William) de Mary : Harriet se suicide (noyade) ; épouse Mary et va avec elle en Italie. *1820* à Pise. *1822-8-7* se noie au large de La Spezia ; incinéré en présence de Byron. **Sheridan,** Richard Brinsley Butler [D] (1751-1816) : les Rivaux (1775), l'École de la médisance (1777). **Smith,** Adam [Ec] (Écosse, 1723-90) : Théorie des sentiments moraux (1759), Recherches sur la nature et les causes de la richesse des nations (1776). **Smollett,** Tobias George [E] (Écosse, 1721-71) : Roderick Random (1748), Peregrine Pickle (1751), les Aventures de Ferdinand comte Fathom (1753), Voyage de Humphry Clinker (1771). **Southey,** Robert [P] (1774-1843) : la Vie de Nelson (1813), Vie des amiraux anglais (1834). **Sterne,** Lawrence [R] (Irlande, 1713-68) : Tristram Shandy (1760-67), le Voyage sentimental (1768). **Stewart,** Dugald [Ph] (Écosse, 1753-1828). **Thomson,** James [P] (Écosse, 1700-48) : les Saisons (1726-30).

Walpole, Horace, Cte d'Oxford [R] (1717-97) : le Château d'Otrante (1764). *Correspondance* (1798). **Warton,** Thomas [P, Cr] (1728-90) : Histoire de la poésie anglaise (1774-81). **Wordsworth,** William [P] (1770-1850) : Ballades lyriques (1798), l'Excursion (1814), le Prélude (1850). – *Biogr.* : père magistrat ; perd sa mère à 7 ans, son père à 13 ans. Élevé à Cambridge. *1791* en France, devient républicain ; il a un enfant naturel, né à Blois, qu'il reconnaît. *1793* poursuivi comme Girondin, s'enfuit en Angleterre. *1795* petit héritage, vit avec sa sœur à Racedown ; rencontre Coleridge, se consacre à la poésie. *1799* se fixe avec sa sœur à Dove Cottage (Lake District). *1802* épouse sa cousine, Mary Hutchinson. *1822* pension (de sir George Beaumont) ; voyage en Europe. *1842* poète lauréat. *1843* pension royale de 3 000 livres.

Nés entre 1800 et 1900

Ackerley, James Richard [E] (1897-1976). **Aldington,** Richard [R, P] (1892-1962) : Mort d'un héros (1929), la Fille du colonel, Sept contre Reeves. **Arnim,** Elizabeth von [E, R] (1866-1941) : Avril enchanté (1922), Elisabeth en son jardin allemand. **Arnold,** Matthew [P, Cr] (1822-88) : le Viveur égaré (1849), Mérope (1858), Culture et Anarchie (1869).

Bailey, Philip James [P] (1816-1902) : Festus (1839). **Bain,** Alexander [Ph] (Écosse, 1818-1903) : les Sens et l'Intelligence (1855), Science de l'éducation (1879). **Baldwin,** James Mark [Psycho] (1861-1934) : Individu et Société (1910). **Baring,** Maurice [R] (1874-1945) : Daphné Adeane (1926), l'Angoissant Souvenir (1928), l'Habit sans couleurs (1929), Friday's Business (1933). **Barrie,** sir James [D, R] (Écosse, 1860-1937) : Peter Pan (1904). *Théâtre* : l'Admirable Crichton. **Beerbohm,** Max [R] (1872-1956) : l'Heureux Hypocrite (1897), Zuleika Dobson (1911). **Belloc,** Hilaire [P, R, Cr] (origine française, 1870-1953) : Emmanuel Burden (1904), Sur rien, Belinda (1928). **Bennett,** Enoch Arnold [R] (1867-1931) : Histoire de vieilles femmes (1908), Chayanger (1910). **Beresford,** John Davys [R] (1873-1947). **Beveridge,** lord William Henry [Ec, Soc] (1879-1963) : Du travail pour tous dans une société libre (1944). **Blyton,** Enid [R] (1897-1968) : les Caprices du fauteuil magique (1937) [voir à l'Index]. **Boole,** George [Math, Ph] (1815-64). **Borrow,** George [Ling, Nouv] (1803-81) : les Zingaras (1841), la Bible en Espagne (1843), Lavengro (1851-57). **Bowen,** Elizabeth (Dorothea Cole) [R, Nouv] (Dublin 1899-Londres 1973) : l'Hôtel (1927), Septembre dernier (1929), Emmeline (1932), la Maison à Paris (1935), les Cœurs détruits (1938), Sept hivers (1942), l'Ardeur du jour (1949), Un monde d'amour (1951), l'Adultère (1994). **Bradley,** Francis Herbert [Ph] (1846-1924). **Bridges,** Robert [P, Cr] (1844-1930). **Brontë** (3 sœurs mortes de la tuberculose), *Anne* [R] (1820-49) : Agnes Grey (1847), la Dame de Wildfell Hall (1848). *Charlotte* [R] (1816-55) : Jane Eyre (1847), Shirley (1849), Villette (1853), le Professeur (1857). *Emily* [R] (1818-48) : les Hauts de Hurlevent (1847). **Brooke,** Rupert [P] (1887-1915) : le Soldat. **Browning,** *Elizabeth* Barrett [P] (1806-61) : Sonnets (1847), Aurora Leigh (1855). *Robert* (son mari) [P] (1812-89) : Hommes et Femmes (1855), l'Anneau et le Livre (1868-69). **Bulwer,** Edward, lord Lytton [R] (1803-73) : Pelham ou les aventures d'un gentleman (1828), Eugene Aram (1832), les Derniers Jours de Pompéi (1834). **Butler,** Samuel [R, Ph] (1835-1902) : Erewhon (1872), Ainsi va toute chair (1903).

Carroll, Lewis (Charles Lutwidge Dodgson) [R] (1832-98) : Alice au pays des merveilles (1865), conte improvisé le 3-7-1862 pour Alice Liddell lors d'un pique-nique (il était diacre depuis peu et professeur de maths), À travers le miroir (1872), la Chasse au Snark (poème, 1876), Sylvie et Bruno (1889-93). Écrivit 98 721 lettres. **Cary,** Arthur Joyce (Lunel) [R] (1888-1957) : Missié Johnson (1939), Sara (1941), la Bouche du cheval (1944), Une joie terrible (1949), la Gracieuse Prisonnière (1959). **Chesterton,**

■ **Quelques personnages. Les chevaliers de la Table ronde : épopées du « cycle breton » (XIe-XIVe siècle)** [héros mystiques et chevaleresques] ; **Merlin l'Enchanteur** : devin, vieux savant et défenseur du roi Arthur. **Robin des Bois** : récits (vers 1340) [redresseur de torts]. **Volpone** (comédie, 1607) de Ben Jonson (financier cupide et sans scrupules). **John Bull** (histoire de J.B., pamphlet, 1712) d'Arbuthnot (peuple anglais réaliste et brutal). **Robinson Crusoé** (1719) : roman de Daniel Defoe (naufragé colonisateur d'une île déserte). **Gulliver** (1727) : roman de J. Swift (observateur impitoyable mais humoriste des vices). **Lilliputien** : *id.* (habitant de Lilliput, haut de 6 pouces). **Pamela** (1741) roman de S. Richardson (l'innocence persécutée). **Lovelace** (Clarisse Harlowe, 1748) : roman de S. Richardson (pervertisseur cruel). **Childe Harold** (1812-18) : poème de Byron (misanthrope épris de voyages). **Manfred** (1817) : drame de Byron (romantique au destin maudit). **Ivanhoé** (1820) : roman de Walter Scott (résistant saxon contre les Normands). **Pickwick** (1837) : roman de Dickens (jobard mythomane et mégalomane). **Oliver Twist** (1838) : *id.* (enfant des bas-fonds de Londres). **Docteur Jekyll et Mr Hyde** (1855) : roman de Stevenson (nos 2 tendances : bonne et mauvaise). **Enoch Arden** (1864) : poème de Tennyson (romantique vertueux, se sacrifie par amour). **Alice au pays des merveilles** (1865) : conte de Lewis Carroll (petite fille dans l'univers des rêves). **Sherlock Holmes** (1891-1927) : romans de Conan Doyle (détective lucide et méthodique). **Mowgli** (1894) : *le Livre de la jungle* de Kipling (petit garçon parmi les bêtes). **Kim** (1901) : *id.* (jeune Anglais à la vocation colonisatrice). **L'Homme invisible** (1897) : roman de Wells (être fantastique allant à sa propre destruction). **Lady Chatterley** (1928) : roman de David H. Lawrence (femme décidée à conquérir son bonheur). **James Bond** (1959-64) : série de Ian Fleming (agent secret redresseur de torts).

Personnages de Shakespeare : **la Mégère apprivoisée** (1594) : jeune mariée capricieuse et têtue. **Roméo et Juliette** (1595) : couple idéal de jeunes amoureux. **Shylock** (dans le Marchand de Venise 1596) : usurier rapace. **Falstaff** (dans Henri IV et Henri V, les Commères de Windsor, 1598) : brigand truculent, vantard et lâche. **Hamlet** (drame, 1600-01) : velléitaire désespéré. **Iago** (dans Othello) : traître. **Othello** (le Maure de Venise, 1604) : jaloux tragique. **Lady Macbeth** (Macbeth, 1606) : ambitieuse criminelle. **Caliban** (La Tempête, 1611) : monstre borné et naïf.

Gilbert Keith [R, P, Cr] (1874-1936) : *Romans, nouvelles :* le Napoléon de Notting Hill Gate (1904), le Nommé Jeudi (1908), la Clairvoyance du père Brown (1911). *Essais :* la Vie de Robert Browning, Dickens, Ce qui cloche dans le monde, les Crimes de l'Angleterre (1915). *Théâtre :* Magie. – *Biogr. :* père agent immobilier. *1891* dessinateur, les romans d'Hilaire Belloc. *1900* journaliste au *Speaker* et au *Daily News. 1901* épouse Frances Blogg Battersea. *1903* s'impose comme critique. *1922* converti au catholicisme. **Christie,** Agatha [R] (1891-1976) : voir p. 311 a. **Clarke,** Marcus [R] (1846-81). **Clough,** Arthur Hugh [P] (1819-61) : Amours de voyage (1849). **Compton-Burnett,** Ivy [R] (1884-1969) : Frères et Sœurs (1929), Des hommes et des femmes (1933), les Ponsonby, les Vertueux Aînés, la Chute des puissants (1961). **Conrad,** Joseph (J.T. Konrad Naleçz Korzeniowski, dit) [R] (Ukraine 3-12-1857/3-8-1924) : la Folie Almayer (1895), Un paria des îles (1896), le Nègre du « Narcisse » (1897), Lord Jim (1900), Typhon (1902), Nostromo (1904), le Miroir de la mer (1906), l'Agent secret (1907), Sous les yeux d'Occident (1911), Une victoire (1915). – *Biogr. : 1861* parents polonais, propriétaires en Ukraine, indépendantistes, exilés en Russie du Nord, où ils meurent. *1867* recueilli par un oncle ; études à Cracovie. *1874* s'enfuit à Marseille ; matelot et contrebandier. *1876* combattant carliste en Espagne. *1878* rejoint l'Angleterre ; matelot (Australie et océan Indien). *1886* naturalisé Anglais, officier de la marine marchande. *1893* écrits. *1896* épouse Jessie George ; pension de retraite. *1913* succès de *Chance* ; renonce à sa pension ; finit paralysé (rhumatismes). **Coward,** Noel [D] (1899-1973) : les Amants terribles (1930), L'esprit s'amuse (1941). **Cronin,** Archibald Joseph [R] (1896-1981) : le Chapelier et son château (1930), la Citadelle (1937), les Clefs du royaume (1941), les Vertes Années (1944), le Destin de Robert Shannon (1948), le Jardinier espagnol (1950). Voir p. 350 c. – *Biogr. :* études médicales à Glasgow. *1917* médecin. *1921-30* à Londres avec sa femme, Mary Gibson, épousée 1921. *1930* congé de maladie, écrit *le Chapelier :* succès ; abandonne la médecine ; riche, voyage. **Curwood,** James Oliver [R] (1878-1927) : Bari, chien-loup (1917), le Piège d'or (1921).

Darwin, Charles [Nat] (1809-82) : De l'origine des espèces (1859), la Descendance de l'homme (1871). **Davies,** William Henry [P] (1871-1940). **De la Mare,** Walter [P, R] (1873-1956). **Dickens,** Charles [R] (1812-70) : les Aventures de M. Pickwick (1837), Oliver Twist (1837-8), Nicolas Nickleby (1838-9), le Magasin d'antiquités (1840-1), Martin Chuzzlewit (1843-4), Un chant de Noël (1843), le Grillon du foyer (1845), David Copperfield (1850), Bleak House (1853), les Temps difficiles (1854), la Petite Dorrit (1857-58), De grandes espérances (1861), Notre ami commun (1865), le Mystère d'Edwin Drood (inachevé, 1870). – *Biogr. :* né à Portsmouth, 2e de 8 enfants. *1824* père (petit fonctionnaire de la Marine) en prison pour dettes ; pas de scolarité. *1826* son père hérite et l'envoie à Londres apprendre la sténo. *1828-35* sténographe aux Communes. *1835* journaliste au *Morning Chronicle. 1836* épouse Catherine Hogarth, fille d'un confrère. *1837* succès de *M. Pickwick. 1841* citoyen d'honneur d'Édimbourg. *1846* fonde le *Daily News. 1849* fonde *Household Words. 1858* divorce. *1859* fonde *All the Year Round* (conférences payées). *1868* tournée aux USA pour 20 000 £ ; surmené, meurt d'apoplexie. **Disraeli,** Benjamin [H, R] (1804-81) : Vivian Grey (1826), Henrietta Temple (1837), Jeune Angleterre (1844), Sybil (1845), Tancred (1847). **Drinkwater,** John [D, P] (1882-1937).

Edwards, G.B. [R] (1889-1976) : Sarnia (1983). **Eliot,** George (Mary Ann Evans, dite) [E] (1819-80) : Adam Bede (1859), le Moulin sur la Floss (1860), Silas Marner (1861), Felix Holt (1866), Middlemarch (1871-72), Daniel Deronda (1876). – *Biogr. :* père régisseur (château d'Arbury) d'un baronet du Warwickshire, Francis Newdigate. *1841* va avec son père à Coventry ; renonce au christianisme, sous l'influence du philosophe Charles Hennell. *1849* mort de son père ; voyage en Europe. *1851* directrice à la *Westminster Review,* se fixe à Londres ; en ménage avec le philosophe George Henry Lewes (1817-78), ouvre un salon littéraire. *1863* s'installe avec Lewes à Regent's Park ; *1876* à Witley (Lewes y meurt en 1878). *1880* épouse un banquier américain, J.Walter Cross. **Eliot,** Thomas Stearns [D, P] (origine américaine, 1888-1965) : *Théâtre :* Meurtre dans la cathédrale (1935), la Réunion de famille (1939), la Cocktail Party (1950), le Secrétaire particulier (1954), Fin de carrière (1959). *Essais :* le Bois sacré (1920), Essais choisis (1932). *Poésie :* Prufrock (1917), la Terre désolée (1922), Mercredi des Cendres (1929), Quatre Quatuors (1943-44) [N 1948].

Falkner, John Meade [R, P] (1858-1932) : le Stradivarius perdu (1895), Moonfleet. **Firbank,** Ronald (Arthur Annesley) [R] (1886-1926) : Valmouth (1919), la Fleur foulée aux pieds (1923). **Flecker,** James Elory [P] (1884-1915). **Ford,** Ford Madox [R] (1873-1939) : le Bon Soldat (1915), Fin de parade (1924-28). **Forester,** Cecil Scott [R] (1899-1966) : Paiement différé (1926), le Canon, le Navire, The African Queen (1935), série des Capitaine Hornblower, Un vaisseau de ligne, le Commodore (1944), Hornblower et l'Atropos (1953). **Forster,** Edward Morgan [R, Nouv] (1879-1970) : Monteriano (1905), le Plus Long des Voyages (1907), Avec vue sur l'Arno (1908), Howards End (1910), le Legs de Mrs Wilcox (1911), la Colline de Devi (1912-53, publié 1994), Maurice (1913, publié 1971), le Retour à Penge (1914, publié 1971), la Route des Indes (1924). **Fowler,** Henry [E] (1858-1933) : Dictionary of Modern English Usage (1926). **Frazer,** sir James George [Mor, Sav] (1854-1941) : le Rameau d'or (11 vol., 1890-1915). **Freud,** Anna [Psychan] (Autriche, 1895-1982, fille de Sigmund).

Galsworthy, John [R] (1867-1933) : la Saga des Forsyte [3 trilogies : I (sans titre) (le Propriétaire 1906, Aux aguets 1920, À louer 1921) ; II Comédie moderne (le Singe blanc 1924, la Cuillère d'argent 1926, le Chant du cygne 1928) ; III la Fin du chapitre (Dinny 1931, Floraison 1932, Sur l'autre rive 1933)], Fraternité (N 1932). – *Biogr. :* père riche avoué du Surrey ; éducation à Harrow et Oxford (droit). *1890* au barreau, mais part pour l'Extrême-Orient, se liant avec Joseph Conrad. *1897* débuts en littérature. *1906* au théâtre. *1920* succès avec *les Forsyte.* **Garnett,** David [R] (1892-1981) : la Femme changée en renard (1922), Un homme au zoo (1924), le Retour du marin (1925), No Love (1929). **Gaskell,** Elizabeth Cleghorn [R] (1810-65) : Mary Barton (1848), Ruth (1853), Cranford (1853), Nord et Sud (1855), Ma cousine Philis (1863). **Gissing,** George [R] (1857-1903) : Demos (1886), la Rue des meurt-de-faim (1891), Né en exil (1892). **Granville-Barker,** Harley [D] (1877-1946) : l'Héritage des Voysey, Gaspillage, la Maison de Madras. **Graves,** Robert [P, R, Cr] (1895-1985) : Moi, Claude (1934), King Jesus (1946), les Mythes celtes : la Déesse blanche (1948), les Mythes grecs (1955). *Autobiogr. :* Au revoir à tout ça (1929).

Haggard, Rider (Henry) [R] (1856-1925) : les Mines du roi Salomon (1886), Elle (1887). **Hardy,** Thomas [R, P, Ph] (1840-1928) : *Romans :* Remèdes désespérés (1871), le Retour au pays natal (1878), le Trompette-Major (1880), les Forestiers (1887), Tess d'Urberville (1891), Jude l'obscur (1895). *Poésie :* The Dynasts (1904-08). – *Biogr. : 1856-62* chez un architecte qui restaure les églises. *1862-63* assistant de l'architecte Arthur Blomfield ; médaille d'architecture. *1867 :* 1er essai, manuscrit refusé. *1874* triomphe du feuilleton *Loin de la foule déchaînée,* paru sans signature et attribué par le public à George Eliot ; se marie. *1912* veuf ; se remarie avec Florence Dugdale, romancière pour enfants. **Hartley,** Leslie Poles [P, E] (1895-1972) : la Crevette et l'Anémone (1944), le Sixième ciel (1946), Eustace et Hilda (1947), le Messager (1953). **Hearn,** Lafcadio (1850-1904, naturalisé Japonais) : Chita (1889), Youma (1890), le Japon inconnu (1894). **Hopkins,** Gerard Manley (jésuite) [P] (1844-89) : le Naufrage du Deutschland (1875), Journaux et papiers (1937 posth.). **Housman,** Alfred [P] (1859-1936) : Un gars du Shropshire (1896). **Huxley,** Aldous [R] (1894-1963) : Jaune de chrome (1921), Contrepoint (1928), Marina di Vezza (1929), le Meilleur des mondes (1932), Jouvence (1939), Temps futurs (1948), les Diables de Loudun (1952), le Génie et la Déesse (1955), l'Île (1962). – *Biogr. :* petit-fils du biologiste Thomas Henry Huxley (1825-95), frère de Julian (1887-1975) biologiste ; éducation à Eton puis Balliol ; études médicales, perd la vue plusieurs années. *1914-15* études littéraires à Oxford. *1919* épouse Maria Nys, réfugiée belge ; collabore à *Athenaeum. 1923-30* Italie. *1937* Californie ; aveugle, adepte du mysticisme oriental.

Jerome, Jerome Klapka [R] (1859-1927) : Trois Hommes dans un bateau (1889), Paul Kelver (1902), le Locataire du 3e sur cour (1907), Ma vie (1926). **Joyce,** James (Augustine Aloysius) [P, R] (Irlande, 1882-1941) : les Gens de Dublin (1914), Dedalus (1916), Ulysse (1922), Finnegan's Wake (1939), Stephen le héros (publié 1944). – *Biogr. :* famille catholique bohème ; études chez les jésuites de Dublin. *1900* quitte Trinity College, haïssant le catholicisme, fréquente les naturalistes de Paris. *1904* se marie, quitte l'Irlande avec sa femme. *1904-14* professeur d'anglais (Italie, Suisse). *1914* rompt avec la bourgeoisie dublinoise (publie *les Gens de Dublin*). *1920* séjourne à Paris, fréquente Montparnasse. *1922* succès d'*Ulysse* (interdit aux USA jusqu'en 1933). *1922-40* alcoolique, déprimé ; aidé par des amis français. *1940* malade, il part en Suisse. *13-1-1941* y meurt.

Kennedy, Margaret (née Moore) [R] (1896-1967) : Tessa, la nymphe au cœur fidèle (1926), l'Idiot de la famille (1930), Femmes (1941), Lucy Carmichael (1951). **Keynes,** John Maynard, lord [Ec] (1883-1946) : Théorie générale de l'emploi, de l'intérêt et de la monnaie (1936). **Kipling,** Rudyard [R, P] (Bombay 30-12-1865/18-1-1936) : *Essai :* l'Égypte des magiciens. *Romans, nouvelles :* Simples Contes des collines (1888), l'Homme qui voulut être roi (1888), la Lumière qui s'éteint (1891), le Livre de la jungle (1894), les Sept Mers (1896), Capitaines courageux (1897), Kim (1901), Histoires comme ça (1902), Cinq Nations (1905), Puck (1906) [N 1907]. – *Biogr. :* père pasteur méthodiste, conservateur du musée de Lahore ; élevé en Angleterre. *1882* aux Indes, collabore à la *Civil and Military Gazette. 1887* publie ses articles en recueil. *1887-89* courts romans imprimés à Allahabad. *1889* atteint le public anglais. *1892* épouse Caroline Balestier (Amér.) ; dans le Vermont, se lance dans la poésie. *1894* succès du *Livre de la jungle. 1895* élu poète lauréat, refuse. *1902* fixé à Burwash, Sussex, passe l'hiver en Afrique du Sud. *1927* fonde la Kipling Society (patriotique et impériale). *1937* enseveli à Westminster.

Lawrence, David Herbert [R] (11-9-1885/2-3-1930) : le Paon blanc (1911), Amants et Fils (1913), l'Arc-en-ciel (1915), Femmes amoureuses (1920), Aaron's Rod (1922), Île, mon île (1922), le Serpent à plumes (1926), l'Amant de lady Chatterley [publié 1927 à Florence, à Londres 1932 (expurgé) et 1960 (non expurgé)], l'Homme qui était mort (1929). – *Biogr. :* fils d'un mineur du Nottinghamshire et d'une institutrice ; études à Nottingham. *1903-11* instituteur à Croydon. *1911* quitte l'enseignement, vit de sa plume. *1912* s'enfuit en Italie avec la femme (allemande) d'un professeur de faculté ; l'épouse en 1914. *1914-18* retour en G.-B. *1919-22* en Italie. *1924-28* au Nouveau-Mexique, un ami lui a donné un ranch. *1928* chassé de G.-B. et des USA à cause de *l'Amant de lady Chatterley,* jugé immoral ; meurt tuberculeux, à Vence. **Lawrence,** Thomas Edward (Lawrence d'Arabie) [R] (15-8-1888/19-5-1935) : les Sept Piliers de la sagesse (1926), la Matrice (1936). – *Biogr. :* famille distinguée du Leicestershire, parents adultérins, père Thomas Chapmon, baronet, mère (sa gouvernante) s'enfuient et prennent le pseudo de Lawrence, éduqué à Oxford ; homosexuel. *1912-14* assistant de l'égyptologue Flinders Petrie ; en Égypte. *1914-18* agent de l'Intelligence Service au Moyen-Orient ; commande des guérilleros arabes. *1919-21 fellow* d'All Souls College à Oxford. *1921* responsable des affaires arabes au Colonial Office. *1922* mécanicien de la Royal Air Force. *1926* affecté en Inde. *1927* se fait appeler Shaw. *1929* rappelé en G.-B. *19-5-1935* meurt (le 13, accident de moto). **Leacock,** Stephen [Hum] (1869-1944). **Le Fanu,** Sheridan [R] (1814-73) : l'Oncle Silas, le Peintre Shalken. **Lewis,** Percy Wyndham [R, Es] (1882-1957) : Tarr (1918), le Roman de l'amour (1937).

Quelques mouvements littéraires

■ **XIVe-XVe s. Chaucériens :** Roman de la Rose (poésie) et Décaméron de Boccace (prose). Geoffrey Chaucer (vers 1340-1400), William Langland (vers 1300-vers 1400), William Dunbar (vers 1465-vers 1520).

■ **XVIe-XVIIe s. Renaissance anglaise :** retour au naturalisme et à la culture classique sans rompre avec le Moyen Age. John Lyly (vers 1553-1606), Philippe Sydney (1554-86), Edmund Spenser (1552-99). Surtout en latin : Thomas Morus (1478-1535).

Théâtre élisabéthain : tendance au scepticisme : insignifiance de l'homme, vanité des actions terrestres, universalité de la bêtise. Coupure avec le réalisme, la vérité étant recherchée à travers des mensonges qui font choc. William Shakespeare (1564-1616), Christopher Marlowe (1564-93), Ben Jonson (1572-1637).

Biblicisme : en réaction contre la culture païenne de la Renaissance, s'inspire de la piété puritaine. John Milton (1608-74).

■ **XVIIIe s. Classicisme :** sous l'influence française, attache plus d'importance à la forme (style noble, versification stricte, tendance rhétorique de la prose). Utilise parodie et pastiche. John Dryden, *précurseur* (1631-1700), Jonathan Swift (1667-1745), Alexander Pope (1688-1744), John Gay (1685-1732), Daniel Defoe (1660-1731), Samuel Johnson (1709-84). Un réalisme bourgeois, qui influencera le théâtre français, se manifeste chez Joseph Addison (1672-1719), Henry Fielding (1707-54), George Smollett (1721-71).

Sensibilisme : réaction contre la sécheresse et le matérialisme des satiriques classiques. Les poètes retrouvent les grands thèmes lyriques ; les romanciers et moralistes, la beauté des sentiments pieux. *Poètes :* Edward Young (1683-1765), Thomas Gray (1716-71). *Prosateurs :* Samuel Richardson (1689-1761), Laurence Sterne (1713-68), Oliver Goldsmith (1728-74).

Préromantisme : retrouve les sujets médiévaux qui avaient inspiré Chaucer, et les traite généralement sur le ton sensible. *Prosateurs :* Horace Walpole (1717-97), Ann Radcliffe (1764-1823). *Poète :* James Macpherson, dit Ossian (1736-96).

■ **XIXe s. Lakistes :** surnom donné aux romantiques de la 1re génération qui chantent les lacs d'Écosse *(Lake poets).* Samuel Coleridge (1772-1834), William Wordsworth (1770-1850).

Poètes maudits : surnom donné aux romantiques de la 2e génération qui cherchent à s'affirmer contre la société. George Byron (1788-1824), Percy Shelley (1792-1822), John Keats (1795-1821). *Prosateurs de la même inspiration :* Walter Scott (1771-1832), Mary Shelley (1797-1851), Emily Brontë (1818-48).

Préraphaélites et victoriens : romantiques embourgeoisés goûtant l'art primitif italien, du carbonarisme ou irlandisme. *Poètes :* Alfred Tennyson (1809-92), Robert Browning (1812-89), Christina Rossetti (1830-94). *Prosateurs :* George Meredith (1828-1909), Thomas Hardy (1840-1928), Robert Stevenson (1850-94).

Réalistes : ont des préoccupations sociales comme Charles Dickens (1812-70), ou le simple goût du roman-reportage comme William Thackeray (1811-63), George Eliot (1819-80).

Impérialistes : inspirés par le dynamisme de la civilisation anglaise. Rudyard Kipling (1865-1936), H.G. Wells (1866-1946).

■ **XXe s. Romanciers du courant de conscience :** James Joyce [(1882-1941) : le romancier écrit un texte dont les éléments sont à interpréter simultanément, selon différentes grilles, qu'il ne révèle pas forcément à son lecteur (ainsi *Ulysse* est à la fois le roman de l'Odyssée, de la société dublinoise et de Joyce lui-même)]. Place importante du monologue intérieur. Virginia Woolf (1882-1941), Malcolm Lowry (1909-57).

Géorgiens : poètes qui écrivirent, *sous le règne de Georges V* (1910-36), sur la nature et la vie rurale ; influencés par William Wordsworth (1770-1850). John Masefield (1878-1967), Robert Graves (1895-1985), Alfred E. Housman (1859-1936), Harold Monro (1879-1932), Walter de la Mare (1873-1956).

Macspaundays (vers 1930) : poètes marxistes. Wystan Hugh Auden (1907-73), Cecil Day Lewis, Louis MacNiece, Stephen Spender.

Mouvement du « travel writing » (années 1970) : retour à la fiction, récit, aventure, voyage. Filiation Stevenson-Conrad-Greene : Bruce Chatwin (1940-89), Kenneth White (1936).

Science-fiction

■ **Vers 180** *Histoire véritable* : Lucien de Samosate (Grec, 125-191). **1516** *la Description de l'île d'Utopie* : Thomas Morus (Angl., 1478-1535). **1532** *Pantagruel,* **1534** *Gargantua* : François Rabelais (Fr., vers 1494-1553). **1626** *la Nouvelle Atlantide* : Francis Bacon (Angl., 1561-1626). *Histoire comique de Francion* : Charles Sorel (Fr., 1600-74). **1634** *Somnium* : Johannes Kepler (All., 1571-1630). **1657** *les États et Empires de la Lune* : Savinien Cyrano de Bergerac (Fr., 1619-55). **1726** *Voyages de Gulliver* : Jonathan Swift (Irlandais, 1667-1745). **1741** *Voyage de Nicolas Klim dans le monde souterrain* : Ludwig Holberg (Danois, 1684-1754). **1752** *Micromégas* : Voltaire (Fr., 1694-1778). **1764** *le Château d'Otrante* : Horace Walpole (Angl., 1717-97). **1771** *l'An deux mille quatre cent quarante* : Louis-Sébastien Mercier (Fr., 1740-1814). **1772** *le Diable amoureux* : Jacques Cazotte (Fr., 1719-92). **1781** *la Découverte australe par un homme volant* : Nicolas Restif de La Bretonne (Fr., 1734-1806). **1794** *les Mystères du Château d'Udolphe* : Ann Radcliffe (Angl., 1764-1823). **1796** *le Moine* : Matthew Gregory Lewis (Angl., 1775-1818). **1797** *l'Italien ou le Confessionnal des pénitents noirs* : A. Radcliffe. **1818** *Frankenstein* : Mary Shelley (Angl., 1797-1851). **1820** *Melmoth ou l'Homme errant* : Charles Robert Maturin (Irlandais, 1782-1824). **1821** *Smarra ou les Démons de la nuit* : Charles Nodier (Fr., 1780-1844). **1822** *Infernaliana* : C. Nodier. **1830** *l'Élixir de longue vie* : Honoré de Balzac (Fr., 1799-1850) ; *Contes fantastiques* : Ernst Theodor Amadeus Hoffmann (All., 1776-1822). **1831** *la Peau de chagrin* : Balzac ; *la Cafetière* : Théophile Gautier (Fr., 1811-72). **1832** *Albertus* : T. Gautier ; *la Fée aux miettes* : C. Nodier. **1834** *Onuphrius* : T. Gautier. **1835** *Melmoth réconcilié* : Balzac. **1836** *la Morte amoureuse* : T. Gautier. **1838** *les Aventures d'Arthur Gordon Pym* : Edgar Allan Poe (Amér., 1809-49) ; *la Vénus d'Ille* : Prosper Mérimée (Fr., 1803-70) ; *Inès de las Sierras* : C. Nodier. **1845-46** *le Monde tel qu'il sera* : Émile Souvestre (Fr., 1805-54). **1854** *Sylvie* : Gérard de Nerval (Fr., 1808-55). **1856** traduction par Baudelaire des *Histoires extraordinaires* de Poe. **1858** *le Roman de la momie* : T. Gautier. **1863** *le Capitaine Fracasse* : T. Gautier. **1865** *De la Terre à la Lune* : Jules Verne (Fr., 1828-1905) ; *Aurélia* : Nerval. **1868** *Lokis* : Mérimée. **1872** *Récits de l'infini (Lumen)* : Camille Flammarion (Fr., 1842-1925). **1874** *les Diaboliques* : Jules Barbey d'Aurevilly (Fr., 1808-89). **1875** *la Main écorchée* : Guy de Maupassant (Fr., 1850-93). **1882-83** *le Vingtième Siècle* : Albert Robida (Fr., 1848-1926). **1883** *Contes cruels* : Auguste Villiers de l'Isle-Adam (Fr., 1838-89). **1884** *Un fou ?* : Maupassant. **1886** *Docteur Jekyll et Mr Hyde* : Robert Louis Stevenson (Angl., 1850-94) ; *l'Ève future* : V. de l'Isle-Adam ; *le Horla* : Maupassant. **1887** *les Xipéhuz* : J.-H. Rosny aîné (Fr., 1856-1940). **1888** *Cent Ans après* : Edward Bellamy (Amér., 1850-98). **1888-96** *les Aventures extraordinaires d'un savant russe* : Henry de Graffigny (Fr., 1863-1942) et Georges Lefaure (Fr., 1858-1953). **1895** *la Machine à explorer le temps* : H.G. Wells (Angl., 1866-1946). **1897** *Dracula* : Bram Stoker (Irlandais, 1847-1912). **1898** *la Guerre des mondes* : Wells.

■ **A partir de 1900. Argentine. Bioy Casares,** Adolfo (1914-99) : l'Invention de Morel (1940), le Songe des héros (1954), Journal de la guerre au cochon (1969), Plan d'évasion, Dormir au soleil, le Héros des femmes (1978). *Avec J. L. Borges* : Nouveaux Contes de Bustos Domecq. **Borges,** Jorge Luis (1899-1986) : Fictions (1944). **Australie. Egan,** Greg (1961) : l'Énigme de l'Univers (1997). **Autriche. Meyrink,** Gustav (1868-1932) : le Golem (1915).

États-Unis. Anderson, Poul (1926) : la Patrouille du temps (1955-60). **Asimov,** Isaac (1920-92) : cycle de Fondation et des Robots (1940-87). **Benford,** Gregory (1941) : Un paysage du temps (1980). **Bester,** Alfred (1913-87) : l'Homme démoli (1952). **Bishop,** Michael (1945) : le Bassin des cœurs indigo (1975). **Blish,** James (1921-75) : Un cas de conscience (1958). **Brackett,** Leigh (1915-78) : le Livre de Mars (1948-64). **Bradbury,** Ray (1920) : Chroniques martiennes (1946-50), l'Homme illustré, Bien après minuit, Fahrenheit 451 (1951-53), A l'ouest d'octobre (1990). **Brown,** Fredric (1906-72) : Martiens, Go Home (1954). **Burroughs,** Edgar Rice (1875-1950) : le Conquérant de la planète Mars (1912). **Card,** Orson Scott (1951) : les Maîtres chanteurs (1980). **Coney,** Michael (1932) : le Roi de l'île au sceptre. **Delany,** Samuel R. (1942) : Nova (1968). **Dick,** Philip K. (1928-82) : Ubik (1969). **Disch,** Thomas M. (1940) : Camp de concentration (1968). **Ellison,** Harlan (1934) : la Bête qui criait amour au cœur du monde (1957-69). **Farmer,** Philip José (1918) : les Amants étrangers (1961), cycle du Fleuve de l'éternité (1965-80). **Finney,** Jack (1911-95) : Graines d'épouvante (1955), le Voyage de Simon Morley (1970). **Galouye,** Daniel (1920-76) : Simulacron 3 (1964). **Gernsback,** Hugo (1884-1967) : Ralph 124 C 41+ (1911). **Gibson,** William (1948) : Neuromancien (1984). **Grimwood,** Ken : Replay (1986). **Haldeman,** Joe (1943) : la Guerre éternelle (1974). **Heinlein,** Robert Anton (1907-88) : Histoire du futur (1939-50), Étoiles, garde-à-vous, En terre étrangère (1961). **Herbert,** Frank (1920-86) : cycle de Dune (1965-85), le Facteur Ascension (1988). **Keyes,** Daniel (1927) : Des fleurs pour Algernon (1966). **Knight,** Damon (1922) : les Univers (1951-65). **Le Guin,** Ursula K. (1929) : les Dépossédés (1974). **Leiber,** Fritz (1910) : le Cycle des épées (1939-77), le Vagabond (1964). **London,** Jack (1876-1916) : le Talon de fer (1907). **Lovecraft,** Howard Phillips (20-8-1890/15-3-1937) : la Couleur tombée du ciel (1927-36). **Matheson,** Richard (1926) : l'Homme qui rétrécit, Je suis une légende (1954), les Seins de glace. **McIntyre,** Vanda (1948) : le Serpent du rêve (1978). **Merritt,** Abraham (1884-1943) : le Gouffre de la lune (1919). **Miller,** Walter M. Jr (1922) : Un cantique pour Leibowitz (1955). **Murphy,** Pat : la Cité des ombres. **Pohl,** Frederik (1919) : la Grande Porte (1977). **Robinson,** Spider (1948), *avec sa femme Jeanne* : la Danse des étoiles (1978). **Russ,** Joanna (1937) : l'Autre Moitié de l'homme (1975). **Sheckley,** Robert (1928) : les Univers (1952-65). **Silverberg,** Robert (1936) : les Monades urbaines (1971), le Temps des changements (1971), l'Oreille interne (1972), Compagnons secrets (1989). **Simak,** Clifford D. (1904-88) : Demain les chiens (1944-73). **Simmons,** Dan (1948) : Hypérion (1989), la Chute d'Hypérion (1992), Endymion (1996), l'Éveil d'Endymion (1998). **Sladek,** John (1937) : Mécanisme (1968), Tik-Tok (1986). **Smith,** Cordwainer (1913-66) : les Seigneurs de l'instrumentalité (1950-66). **Spinrad,** Norman (1940, vit en France) : Jack Baron et l'éternité (1969), les Années fléaux (1990), En direct. **Sturgeon,** Theodore (1918-85) : les Plus qu'humains (1952). **Tiptree,** James Jr (1915-87) : Par-delà les murs du monde (1978). **Trout,** Kilgore (1907) : les Amants étrangés (1961). **Vance,** Jack (1920) : cycle de Tschaï (1968-70). **Van Vogt,** Alfred Elton (26-4-1912/26-1-2000) : Cycle du non-A (1945-84), Créateur d'univers, la Faune de l'espace, l'Homme multiplié. **Varley,** John (1947) : Persistance de la vision (1978), Gens de la lune (1994). **Vonnegut,** Kurt Jr (1922) : Player Piano (1952), Berceau du chat, Abattoir 5 (1969), Jailbird (1979). **Waldrop,** Horace : Ces chers vieux monstres. **Wilhelm,** Kate (1928) : Hier, les oiseaux (1976). **Wolfe,** *Bernard* (1915-85) : Limbo (1952) ; *Gene* (1931) : la Cinquième Tête de Cerbère (1972), cycle du Livre du nouveau soleil (1981-89, 5 vol.). **Zelazny,** Roger (1937-95) : le Maître des rêves (1966), Seigneur de lumière (1968), l'Ile des morts (1969), Princes d'ambre (1970-91, 10 volumes).

France. Andrevon, Jean-Pierre (1937) : le Désert du monde (1977), Sukran (1989). **Ayerdhal** (Max Soulier) (1959) : la Bohême et l'Ivraie (1990), l'Histrion. **Barjavel,** René (1911-85) : Ravage (1943), la Nuit des temps (1968). **Brussolo,** Serge (1951) : Sommeil de sang (1981), le Château d'encre (1987). **Curval,** Philippe (1929) : Cette chère humanité (1976). **Drode,** Daniel (1932-84) : Surface de la planète (1959). **Guieu,** Jimmy (1928-2000). **Houssin,** Joël (1953) : les Vautours (1985), Argentine (1989). **Ivoi (d'),** Paul (1856-1915) : Miss Mousquetaire (1906). **Jeury,** Michel (1934) : les Yeux géants (1980). **Jouanne,** Emmanuel (1960) : Nuage (1983), le Rêveur de chats (1988). **Klein,** Gérard (1937) : les Seigneurs de la guerre (1971). **Leblanc,** Maurice (1864-1941) : les Trois Yeux (1919). **Le Rouge,** Gustave (1867-1938) : le Prisonnier de la planète Mars (1908). **Limite** (groupe littéraire 1986-87) : Malgré le monde (1987). **Merle,** Robert (1908) : Un animal doué de raison, Malevil (1972), les Hommes protégés, Madrapour. **Messac,** Régis (1893-1943 ?) : la Cité des asphyxiés (1937). **Pelot,** Pierre (1945) : Delirium Circus (1977). **Renard,** Maurice (1875-1939) : le Docteur Lerne, sous-dieu (1908), le Voyage immobile (1911), le Péril bleu (1912), Monsieur d'Outrement et autres histoires singulières (1913), les Mains d'Orlac (1920) [sur un pianiste aux mains broyées dans un accident de train, on greffe les mains d'un criminel ; adaptations au cinéma : 1924 *le Cabinet du Dr Caligari* (Robert Wiene avec Conrad Veidt), 1935 Karl Freund avec Peter Lorre, 1960 Edmond T. Gréville], Un homme chez les microbes (1928). **Rosny aîné,** J. H. (1856-1940) : la Mort de la Terre (1910). **Ruellan,** André (1922) : Tunnel (1973). **Spitz,** Jacques (1896-1963) : la Guerre des mouches (1938). **Werber,** Bernard (1961). **Wul,** Stephan : Oms en série (1957).

Grande-Bretagne. Aldiss, Brian (1925) : Croisière sans escale (1958), cycle d'Helliconia (1982-85). **Ballard,** James Graham (1930) : Vermilion Sands (1971), Crash ! (1973). **Banks,** Ian : l'Homme des jeux (1988). **Brunner,** John (1934-95) : Tous à Zanzibar (1968), l'Orbite déchiquetée, le Troupeau aveugle, Sur l'onde de choc, Anti-utopie. **Burgess,** Anthony (1917-93) : Orange mécanique (1962). **Clarke,** Arthur C. (1917) : 2001, l'Odyssée de l'espace (1968), 2010, Odyssée 2 (1988). **Dantec,** Maurice G. : les Racines du mal (1995). **Doyle,** Arthur Conan (sir, 1859-1930) : le Monde perdu (1912). **Huxley,** Aldous (1894-1963) : le Meilleur des mondes (1932). **Moorcock,** Michael (1939) : Saga d'Elric le nécromancien (1955-77), Voici l'homme (1969). **Orwell,** George (Eric Blair, dit, 1903-50) : Et vive l'aspidistra (1936), la Ferme des animaux (1945), 1984 (1949). **Priest,** Christopher (1943) : le Monde inverti (1974). **Roberts,** Keith (1935-2000) : Pavane (1968). **Shaw,** Bob (Dublin, 1931-96) : les Yeux du temps (1972). **Stapledon,** Olaf (1886-1950) : Créateur d'étoiles (1937). **Tolkien,** J.R.R. (1892-1973) : Bilbo le Hobbit (1937), le Seigneur des anneaux (1954-55) : la Communauté de l'anneau, les Deux Tours, le Retour du roi, le Silmarillion (publié en 1977). **Watson,** Ian (1943) : l'Enchâssement (1973).

Pologne. Lem, Stanislaw (1921) : Solaris (1961).

Russie. Strougatski, Arkadi et Boris (1925-91 et 1923) : Destin boiteux, Il est difficile d'être un dieu. **Zamiatine,** Eugène (1884-1937) : Nous autres (1920).

Tchèque (Rép.). Capek, Karel (1890-1938) : RUR (1920), la Guerre des salamandres (1936).

Macaulay, *Rose* [P, R] (1881-1958) ; *Thomas* Babington, lord [P, H] (1800-59) : Histoire d'Angleterre (1848-61). **Mc Diarmid,** Hugh (Christopher Murray Grieve) [P] (1892-1978, Écossais). **Mackenzie,** sir Compton [R] (1883-1972) : l'Impasse (1913-14), Guy et Pauline, Whisky à gogo (1947). **Mansfield,** Katherine (Kathleen Beauchamp) [R], (Nlle-Zélande, 1888-1923) : Félicité (1920), Lettres (1915-22), la Garden Party (1922), Journal (1927). **Marshall,** Alfred [Ec] (1842-1924) : Principes d'économie (1890), Industrie et Commerce (1919), Crédit, Argent et Commerce (1923). **Masefield,** John [R, D, P] (1878-1967). **Maugham,** Somerset [R, D, Nouv] (25-1-1874/16-12-1965) : *Romans* : Liza de Lambeth (1897), Mrs Craddock (1902), Mademoiselle Ley (1904), Servitude humaine (1915), la Lune et six pence (1919), la Passe dangereuse (1925), l'Arbre de Casuarina (1926), la Ronde de l'amour (1930), le Fil du rasoir (1944). *Théâtre* : Nos chefs (1917), le Cercle (1921), la Lettre (1923). – *Biogr.* : né à Paris (père avoué), francophone ; orphelin à 10 ans, élevé par un oncle clergyman dans le Kent, apprend l'anglais ; public school de Cantorbéry, puis philosophie à Heidelberg. *1892* médecine. *1897* docteur, ne peut exercer (tuberculose ?) ; voyage en Espagne, puis entre Paris et Londres, dans la gêne. *1907* succès de *Lady Frederick. 1915-17* agent du service de renseignements. *1917* épouse une divorcée, Syrie Wellcome (divorce 1927). *1926* achète une villa au Cap-Ferrat. *1929* s'y retire (aux USA pendant la Guerre) jusqu'à sa mort (91 ans). **Meredith,** George [R, P] (1828-1909) : *Poésie* : Amour moderne (1862). *Romans* : Rhoda Fleming (1865), l'Égoïste (1879), les Comédiens tragiques (1880). **Meynell,** Alice [P] (1847-1922). **Mill,** John Stuart [Ph, Ec] (1806-73) : Logique inductive et déductive (1843), De l'utilitarisme (1863). **Monro,** Harold [P] (1879-1932). **Moore,** George [R] (Irlande, 1852-1933) : Esther Naters (1894), Confessions d'un jeune homme (1888), Mémoires de ma vie morte (1906), Héloïse et Abélard (1921). **Morgan,** Charles [R, D] (1894-1958) : Portrait dans un miroir (1929), Fontaine (1932), Sparkenbroke (1936), le Fleuve étincelant (1938), l'Histoire du juge (1946). **Morris,** William [P] (1834-96) : le Paradis terrestre (1868-70), Sigurd le Volsung (1876), Poèmes sur le chemin. *Prose* : Nouvelles de nulle part (1891).

Newman, John Henry [Théo] (1801-90, cardinal) : Apologia pro vita sua, Grammaire de l'assentiment (1870). **Noyes,** Alfred [P, C] (1880-1958). **O'Casey,** Sean [D] (Irlande, 1880-1964) : Junon et le Paon (1924), la Charrue et les Étoiles (1926), Roses rouges pour moi (1942), Coquin de coq (1949), On attend un évêque (1955), Rose et Couronne (1994). **O'Flaherty,** Liam [R] (Irlande, 1897-1984) : le Mouchard (1926), l'Assassin (1928), le Puritain (1931), le Martyr (1933), Famine (1937), Insurrection (1950). **Owen,** Wilfred [P] (1893-1918). **Pater,** Walter [E] (1839-94) : la Renaissance (1873), Marius l'épicurien (1885). **Patmore,** Coventry [P] (1823-96) : Amelia (1878). **Powys** (frères), *John Cowper* [R, P] (1872-1963) : Rodmoor (1916), Wolf Solent (1929), les Enchantements de Glastonbury (1932), le Testament, la Crucifixion, le Miracle, le Déluge, les Sables de la mer (1934), Camp retranché (1936), Morwyn (1937), l'Art de vieillir (1944), la Fosse aux chiens (1952), Atlantis (1954). *Theodor Francis* [R] (1875-1953) : le Bon Vin de M. Weston (1927), De vie à trépas (1931). *Llewelyn* [E] (1884-1939) : les Confessions de deux frères (1916). **Priestley,** John Boynton [R, D, Cr] (1894-1984) : les Bons Compagnons (1929), Virage dangereux (1932), Un héros (1933), Jours ardents (1946), la Littérature et l'Homme occidental (1960), le Trente et Un Juin (1961). *Théâtre* : Tournant dangereux (1932). **Pusey,** Edward Bouverie [Préd, Théo] (1800-82).

Read, Herbert [P] (1893-1968) : Églogues. **Reade,** Charles [R,D] (1814-84) : le Cloître et le foyer (1861), Argent comptant, Griffith Gaunt (1866). **Rhys,** Jean [R] (1890-1979) : Rive gauche (1927), Voyage dans les ténèbres (1934), Bonjour minuit (1939), la Prisonnière des Sargasses (1966). **Richardson,** Dorothy [R] (1873-1957) : *Roman-fleuve* : Pèlerinage (1915-38) [Toits pointus (1915), Backwater (1916), Honeycomb (1917), le Tunnel, Interim (1919), Deadlock (1921), Revolving Lights (1923), The Trap (1925), Oberland (1927), la Main gauche de l'aurore, Clear Horizon (1935), le Col des Fossets (4 vol., 1938)]. **Rossetti,** Dante Gabriel [P] (1828-82) : la Damoiselle élue (1847), Sœur Hélène (1853). **Ruskin,** John [Cr d'a] (1819-1900) : la Bible d'Amiens, Peintres modernes (1843-60), les Sept Lampes de l'architecture (1849), les Pierres de Venise (1851-53), le Sésame et les Lys (1865), Fors changera (1871-84). **Russell,** sir Bertrand [Math, Ph, Soc] (18-5-1872/2-2-1970) : Introduction à la philosophie mathématique (1919) [N 1950].

Sackville-West, Vita [R, P] (1892-1962) : Héritage (1918), Au temps du roi Édouard (1930), Toute passion épuisée (1931), Pepita (1937). **Sassoon,** Siegfried [P] (Irlande, 1886-1967). Sayers, Dorothy L. [R] (1893-1957). **Shaw,** George Bernard [D] (Irlande, 1856-1950) : l'Homme aimé des femmes (1893), la Profession de Mrs Warren (1893), le Héros et le soldat (1894), Candida (1895), l'Homme du destin (1895), On ne peut jamais dire (1896), César et Cléopâtre (1899), Androclès et le Lion (1912), Pygmalion (1912), Sainte Jeanne (1924) [N 1925]. – *Biogr.* : parents bourgeois dublinois (protestants), sans fortune ; formation musicale (mère professeur de musique). *1871-76* employé de banque. *1876-85* à Londres, pauvre (*1883* : militant socialiste). *1885* critique dramatique à la *Saturday Review. 1892* auteur d'avant-garde. *1894* succès. *1898* se marie, renonce au militantisme. **Shute,** Nevil [R] (1899-1960) : le Testament (1939). **Sinclair,** May [E] (1863-1946) : Audrey Craven, le Feu divin (1904), les Trois Sœurs (1914). **Sitwell,** Dame Edith [P] (1887-1964). **Spencer,** Herbert [Ph] (1820-1903) : Principes d'éthique (1855), de psychologie (1855-93), de sociologie (1877-96). **Standish,** Robert [R] (1898-1981) : les Trois Bambous (1940), la Piste des éléphants (1947). **Stephens,** James [P] (Irlande, 1882-1950). **Stevenson,** Robert Louis (Balfour) [P, R, E] (Édimbourg 13-11-1850/Upolo, Samoa 3-12-1894) : les Nouvelles Mille et Une Nuits (1882), l'Île au trésor (1883), Enlevé (1886), Le Cas étrange du Dr Jekyll et de Mr Hyde (1886), la Flèche noire (1888), le Maître de Ballantrae (1889), Un mort encombrant (1889), Catriona (1893). **Strachey,** Lytton [E] (1880-1932). **Swinburne,** Algernon Charles [P, D] (1837-1909) : Atalante en Calydon (1865), Dolorès (1866), Poésies et Ballades (1866), Chants d'avant l'aube (1871). **Synge,** John Millington [D] (Irlande, 1871-1909) : la Fontaine aux saints (1905), le Baladin du monde occidental (1907), Deirdre des douleurs (1910).

Tennyson, Alfred, lord [P, D] (1809-92) : la Princesse (1847), In memoriam (1850), Maud (1855), Idylles du roi (1859), Enoch Arden (1864). *Théâtre :* Becket (1884). **Thackeray,** William Makepeace [R] (1811-63) : Mémoires d'un valet de pied (1836), Barry Lyndon (1844), le Livre des snobs (1848), la Foire aux vanités (1848), Henry Esmond (1852), les Virginiens (1857-59). **Thompson,** Francis [P] (1859-1907). **Thomson,** James [P] (Écosse, 1834-82). **Toynbee,** Arnold [H] (1889-1975) : l'Histoire, Un essai d'interprétation (1933), la Civilisation à l'épreuve (1948), Guerre et Civilisation (1950), le Monde et l'Occident (1953), la Religion vue par un historien (1953), le Changement et la Tradition, le Défi de notre temps (1966). **Trollope,** Anthony [Chr] (1815-82) : Vendée (1850), le Pasteur (1855), les Tours de Barchester (1857), le Docteur Thorne (1858), la Cure de Framley (1861), la Dernière Chronique de Barset (1867), les Claverings (1867), Phinéas Finn (1868), les Diamants Eustace (1873), les Antichambres de Westminster, Comment nous vivons (1875), le Premier Ministre.

Walpole, sir Hugh [R] (1884-1941). **Walsh,** Maurice [R] (Irlande, 1879-1964) : l'Homme tranquille (1952). **Webb,** Mary (née Meredith) [R] (1881-1927) : la Flèche d'or (1917), la Renarde (1917), Sept pour un secret (1922), Sarn (1924). **Wells,** Herbert George [R] (1866-1946) : la Machine à explorer le temps (1895), l'Île du docteur Moreau (1896), l'Homme invisible (1897), la Guerre des mondes (1898), Anne Véronique (1909), Tono-Bungay (1909), Mariage. *Essai :* Esquisse de l'histoire universelle (1912). – *Biogr. :* mère domestique ; père sportif professionnel, puis boutiquier ; études primaires ; commis drapier et aide-pharmacien. *1884* boursier de l'institut de biologie de South Kensington ; y a pour maître Huxley. *1888* licencié en biologie, enseignant, vit pauvrement. *1891* épouse sa cousine, Isabel Wells, qu'il abandonne en 1893 pour une femme de lettres, Any Robbins (épousée plus tard). *1922* au Parti travailliste, rencontre Lénine et Staline en URSS. *1927* veuf, se retire sur la Côte d'Azur. *1940* en G.-B. **West,** Rebecca (Isobel Fairfield) [R] (1892-1983) : le Retour du soldat (1918), le Juge (1922), la Voix rauque (1936), l'Agneau noir et le Faucon gris (1941), la Famille Aubrey (1957), la Cour et le Château (1958). **Whitehead,** Alfred North [Math, Ph] (1861-1947) : Principia mathematica (1910-13) avec B. Russell, la Science et le Monde moderne (1925), la Fonction de la raison (1929). **Wilde,** Oscar (Fingal O'Flahertie Wills Wilde, origine irlandaise) [R,D,P] (Dublin 16-10-1854/Paris 30-11-1900) : *Contes :* le Fantôme de Canterville (1887), le Crime de lord Arthur Saville (1891). *Poésie :* Ballade de la geôle de Reading (1898). *Romans et autobiogr. :* Aristote à l'heure du thé (1887), le Portrait de Dorian Gray (1890), De profundis (publié 1905). *Théâtre :* l'Éventail de lady Windermere (1892), Une femme sans importance (1893), Un mari idéal (1895), De l'importance d'être constant (1899). – *Biogr. :* père chirurgien à Dublin, mère (Speranza) poétesse ; études (Dublin, puis Oxford). *1878* prix Newdigate (poème sur Ravenne) ; fonde le mouvement de l'Art pour l'Art ; persécuté à Oxford : jeté dans la Cherwell. *1882* conférences aux USA. *1884* épouse Constance Lloyd († 1898), aura 2 fils. *1893 Salomé* interdite à Londres, jouée à Paris par Sarah Bernhardt. *1895* liaison homosexuelle avec Alfred Douglas ; insulté par le père de celui-ci (Mis de Queensberry), il l'attaque en diffamation, perd, est emprisonné 2 ans à Pentonville, Wandsworth, puis le 21-11 à Reading. *19-5-1897* libéré, se réfugie en France sous le nom de Sébastien Melmoth ; converti au catholicisme ; meurt seul et pauvre. **Williamson,** Henry [R] (1895-1977) : Tarka la loutre (1927), Salar le saumon (1935), Une chronique de l'ancienne lumière du Soleil (1951-69). **Wiseman,** Nicolas Patrick [R, Théo] (1802-65, cardinal) : Fabiola (1854). **Wodehouse,** Pelham Grenville [R] (1881-1975) : SOS Jeeves, Une pluie de dollars, Tous cambrioleurs. **Woolf,** Virginia [R] (25-1-1882/28-3-1941, suicide par noyade) : Croisière (1915), Nuit et jour (1919), Mrs Dalloway (1925), la Promenade au phare (1927), Orlando (1928), les Vagues (1931), Flush (1933), les Années (1937), Entre les actes (1941). *Journal* (1953). *Bibl. :* La Vie de Roger Fry. [Avait eu une liaison avec Victoria Sackville-West].

Yeats, William Butler [D, P] (Irlande, 13-6-1865/Roquebrune, 28-1-1939) : *Théâtre :* la Comtesse Cathleen (1892), Deirdre (1907). *Poèmes :* Responsabilités (1914), la Tour (1928), l'Escalier tournant (1929), l'Unique Rivale d'Emer, les Mots sur la vitre (1930) [N 1923].

NÉS DEPUIS 1900

Ackroyd, Peter [R, Cr] (1949) : le Dernier Testament d'Oscar Wilde (1983), Chatterton (1987), Premières Lueurs (1989), la Mélodie d'Albion (1992), le Golem de Londres (1994).

Acton, Harold [E] (1904-94) : Pivoines et Poneys.

Amis, *Kingsley* [R] (1922-95) : Jim la Chance (1954), Ce sentiment peu sûr (1955), Une fille comme toi (1960), Un Anglais bien en chair (1963), l'Homme vert (1969), le Meurtre au bord de l'eau (1969) ; *Martin* [R] (1949, fils de Kingsley) : le Dossier de Rachel (1973), London Fields, la Flèche du temps (1991), l'Information (1995), Train de nuit, Eau lourde, Expérience.

Anand, Mulk Raj [R] (1905, Indien) : l'Intouchable (1935), Coolie (1936), Kama-Kala (1958), la Vie privée d'un prince indien (1963), Morning Face (1968).

Arden, John [D] (1930) : la Danse du sergent Musgrave.

Atkinson, Kate [R] (1952) : Dans les coulisses du musée (1996), Dans les replis du temps (1997), Sous l'aile du bizarre (2000).

Auden, Wystan Hugh [P, D] (1907-73, naturalisé Américain) : les Orateurs (1932), Une autre fois (1940).

Ayckbourne, Alan [D] (1939).

Ayer, Alfred, Jules [Ph] (1910-89).

Bainbridge, Beryl [R] (1934) : le Jardin d'hiver (1980), Sombre Dimanche (1981), Filthy Lucre (1986), Géorgie.

Balchin, Nigel [R] (1908-70) : la Petite Chambre (1943), la Mort apprivoisée (1943), Mon propre bourreau (1945), A travers bois, la Traversée de la nuit (1951), la Chute d'un moineau (1955).

Ballard, James Graham, (Irl.) [R] (Sanghaï, 1930) : l'Empire du soleil, Le Vent de nulle part (1962), Salut l'Amérique (1981), Crash, Super-Cannes (2000).

Banville, John (Irl.) [R] (1945) : l'Intouchable, l'Éclipse.

Barnes, *Julian* [R] (1946) : Metroland (1980), le Perroquet de Flaubert (1984), le Soleil en face (1986), Une histoire du monde en 10 chapitres 1/2 (1989), Avant moi, Love, etc. (1991), le Porc-Épic (1992), Lettres de Londres, Outre-Manche (nouvelles), England, England (1999) (Prend le pseudonyme Dan Kavanagh pour les romans policiers, dont Vol à tous les étages.) ; *Peter* [D] : The Ruling Class (1969), Laughter (1978), Red Noses (1984).

Barstow, Stan [R] (1928) : A Kind of Loving (1960), A Raging Calm, Next of Kin (1991).

Bates, Herbert [R] (1905-74) : les Deux Sœurs (1926), Amour pour Lydia (1952), Un instant (1964).

Bedford, Sybille [R] (1911) : Puzzle, Visite à Otavio.

Behan, Brendan [D] (Irlande, 1923-64) : *Théâtre :* le Client du matin (1955), Deux Otages (1959). *Récits :* l'Escarpeur, Un peuple partisan (1958).

Behr, Edward [J, R] (1926) : Y a-t-il ici quelqu'un qui a été violé et qui parle anglais ? (1979), la Transfuge, Puyi (1987), Baise la main que tu n'oses mordre (1990), Une Amérique qui fait peur (1995).

Benchley, Peter [R] (1940) : les Dents de la mer, les Chiens de mer (1978).

Berger, John [R, Es, Sc] (1926) : G (1972). Trilogie [(1979-90) : la Quadrille, Joue-moi quelque chose, Flamme et Lilas], Qui va là ?, King, Photocopies.

Berlin, Isaïah [Ph, H] (Riga 1909-97) : les Penseurs russes (1979).

Betjeman, John [P] (1906-84).

Blaug, Mark [Ec] (origine néerlandaise, 1927).

Bolt, Robert [D] (1924-95) : Un homme pour l'éternité.

Bond, Edward [D] (1934) : Sauvés (1965), Black Mass (1970), Passion (1971), Lear (1971), Bingo (1973), l'Imbécile (1975), la Femme (1978), Été (1982), Jackets ou la Main secrète (1989), la Compagnie des hommes (1992).

Boyd, William [R, Sc] (1952) : Un Anglais sous les tropiques (1981), Comme neige au soleil (1982), la Croix et la Bannière (1984), les Nouvelles Confessions (1987), la Chasse au lézard, Brazzaville plage (1990), l'Après-midi bleu (1993), le Destin de Nathalie, Armadillo, Visions fugitives, la Croix et la Bannière.

Bradbury, Malcolm [R] (1932) : The History Man (1975), Cuts (1987).

Braine, John [R] (1922-86) : Une pièce au soleil.

Brookner, Anita [R] (1928) : Providence (1982), Regardez-moi (1983), Hôtel du lac, Mésalliance (1986), Lewis Percy (1989), Fraude (1992), Dolly, États seconds.

Bunting, Basil [P] (1900-85) : Briggflats (1966).

Burgess, *Anthony* (John Burgers Wilson, dit) [R, Bio] (1917-93) : Un temps pour un tigre (1956), Orange mécanique (1962), la Folle Semence (1962), l'Extérieur d'Enderley (1968), Un agent qui vous veut du bien (1969), le Testament de l'orange (1974), la Symphonie Napoléon (1974), l'Homme de Nazareth (1977), Du miel pour les ours (1980), les Puissances des ténèbres (1980), le Royaume des mécréants (1985), Pianistes (1986), D. H. Lawrence, Ferraille à vendre (1991), Dernières Nouvelles du monde, Ce sacré Hemingway, Mort à Depford (1993), Byrne, le Mode du diable (1999), le Dr est malade ; *Melvin* [R] (1954) : Junk (1993), la Déroute (1996).

Byatt, Antonia Susan [R, Cr] (1936) : la Vierge dans le jardin (1978), Possession (1990), Des anges et des insectes (1992), Histoires pour Matisse (1996), le Djinn dans l'œil-de-rossignol.

Canetti, Elias (voir p. 283 c).

Carter, Angela [R] (1940-92) : le Magasin de jouets enchanté (1967), la Compagnie des loups (1979), Nuits au cirque (1984).

Cartland, Barbara [R] (9-7-1901/21-5-2000) : Jigsaw (1923). [A publié 723 livres dont 460 romans roses]. -*Biogr. : 1927* épouse Alexander Mc Corquodale. *1933* divorce. *1936* épouse Hugh Mc Corquodale, cousin de son 1er mari. *1960* Vice-Pte de l'Association des écrivains sentimentaux.

Cato, Nancy [R, P] (Australie, 1917).

Chatwin, Bruce [R, P] (1940-89) : En Patagonie (1977), le Vice-Roi de Ouidah (1980), les Jumeaux de Black Hill (1982), le Chant des pistes (1987), Utz (1988), Qu'est-ce que je fais là ?, Anatomie de l'errance (1996).

Churchill, Caryn [D] : Vinegar Tom (1976), Cloud Nine (1979), Serious Money (1987), Mad Forest (1990).

Clark, Colin Grant [Ec] (1905) : Le Revenu national (1924-1931), les Conditions du progrès économique.

Clavell, James [R] (1924-94) : Un caïd (1962), Taïpan (1966), Shôgun (1975), Noble Maison (1981), Ouragan (1981), Gai-Jin (1994).

Coe, Jonathan [R] (1961) : Testament à l'anglaise (1995), la Maison du sommeil (M 1998), the Rotter's Club.

Cohn, Nik [J, R] (1946) : Market (1963), Awop bop a loo bop a lop ham boom (1968), La Grande Voie blanche (1992), Anarchie au Royaume-Uni.

Col, Jonathan [R] (1961) : Testament à l'anglaise (1994), la Maison du sommeil (1997).

Coltze, J.-H. [R.] (1940) : Michael K. (1983).

Cook, Robin [R] (pseudonyme Derek Raymond) († 1994) : le Mort à vif, Mémoire vive, Bombe surprise, J'étais Dora Suarez, Quand se lève le brouillard rouge.

Cope, Wendy [P, Hum] (1945).

Crace, Jim [R] (1946) : Arcadia, Quarantaine.

Dahl, Roald [E] (1916-90) : Sales Bêtes (1984).

Delanay, Shelagh [D] (1939) : Un goût de miel.

Dennis, Nigel (Forbes) [D, R] (1912-89) : Cartes d'identité (1955), Une maison en ordre (1966).

Doyle, Roddy [D, R] (Irl., 1958) : the Commitments (1988), the Snapper (1990), the Van (1991), Paddy Clarke ha, ha, ha (1993), la Légende d'Henry Smart.

Drabble, Margaret [R] (1939) : Jerusalem the Golden (1967), The Needle's Eye (1972), l'Age d'or d'une femme, la Cascade (1969), le Poing de glace, le Milieu de la vie.

Du Maurier, Daphné [R] (1907-89, petite-fille de l'écrivain George et fille de l'acteur Gerald) : l'Auberge de la Jamaïque (1936), Rebecca (1938, suite écrite par Susan Hill, voir p. 282 a), le Général du roi (1946), Ma cousine Rachel (1951), le Bouc émissaire (1957), les Souffleurs de verre (1963), le Vol du faucon (1965).

Dummett, Michael [Ph] (1925).

Dunn, Douglas [P] (1942).

Durrell, Lawrence [R] (27-2-1912/7-11-1990) : Vénus et la mer (1953), Citrons acides (1957), le Quatuor d'Alexandrie (1957-60 : Justine, Balthazar, Mountolive, Clea), Scènes de la vie diplomatique (3 vol., 1958, 59), Tunc (1968), Nunquam (1970), le Quintette d'Avignon [Monsieur ou le Prince des Ténèbres (1974), Livia ou l'Enterrée vive (1978), Constance ou les Pratiques solitaires (1982), Sébastien ou les Passions souveraines (1983), Quinte ou la Version Landru (1985)], le Carrousel sicilien (1977), les Iles grecques (1978). *Théâtre :* Actée ou la Princesse barbare. – *Biogr. :* né aux Indes, parents irlandais, missionnaires anglicans ; études primaires à Darjeeling, secondaires au séminaire anglican de Cantorbéry. *1930* à Londres, pianiste de jazz et poète. *1936* à Corfou. *1940-45* mobilisé au Caire, à l'ambassade. *1946-52* professeur de littérature au British Council. *1952-57* chargé des relations publiques du gouvernement chypriote. *1957-70* s'installe à Sommières (Gard).

Eddy, Paul [R] (1944) : Flint (2001).

Evans, Nicholas [R] (1950, vit aux USA) : l'Homme qui murmurait à l'oreille des chevaux, le Cercle des loups.

Fenton, James [P] (1949).

Follett, Ken [R] (1949) : l'Arme à l'œil (1978), Triangle, le Code Rebecca, l'Homme de St-Pétersbourg, Comme un vol d'aigles, les Lions du Panshir, les Piliers de la terre (1989), la Marque de Windfield (1994), le Pays de la liberté (1995), le Troisième Jumeau (1996), Apocalypse sur commande (1999), Code to Zero.

Foote, Shelby [P, H, R] (1916) : la Guerre de Sécession, l'Amour en saison sèche, l'Enfant de la fièvre, Tourbillon.

Fowles, John [R] (1926) : l'Amateur (1963), l'Obsédé (1963), les Aristos (1965), le Mage (1966), Sarah et le lieutenant français (1969), la Tour d'ébène (1974), Daniel Martin (1977), la Créature (1985).

Francis, Dick [R] (1920) : Appellation contrôlée.

Frayn, Michael [R, D] (1933) : l'Interprète russe, Une vie très privée (1968).

Fry, Christopher (Christopher Harris, dit) [D] (1907) : La dame ne brûlera pas (1949), Vénus au zénith, le Songe du prisonnier, le Faux Jour (1954).

Fugard, Athol [D] (1932) : Liens du sang (1963), Boesman et Lena (1re : 1969), l'Ile, Scorze Bansi est mort.

Fuller, John [R, P] (1937) : l'Envol de nulle part.

Garland, Alex (1970) : la Plage, le Tesseract.

Gascoyne, David [P] (1916).

Golding, William [R] (1911-93) : Sa Majesté des Mouches (1954), les Héritiers (1955), Chris Martin (1956), Chute libre (1959), la Nef (1964), la Pyramide (1967), le Dieu scorpion (1971), la Parade sauvage (1979), Rites de passage (1980), les Hommes de papier (1983), Journal égyptien (1985), Coup de semonce (1987), la Cuirasse de feu (1989) [N 1983].

Goudge, Elizabeth [R] (1900-84) : l'Arche dans la tempête (1934), la Cité des cloches (1936), le Pays du dauphin vert (1944), les Amants d'Oxford.

Gray, Simon [D] (1936).

Green, Henry (H. Yorke) [R] (1905-73) : Vivre (1929), Amour (1945), Conclusion (1948), Rien (1950).

Greene, Graham [R, D] (1904-91, agent des services secrets) : *Romans :* le Rocher de Brighton (1938), l'Agent secret (1939), la Puissance et la Gloire (1940), le Fond du problème (1948), le Troisième Homme (1950), la Fin d'une liaison (1951), Un Américain bien tranquille (1955), Notre agent à la Havane (1958), la Saison des pluies (1961), les Comédiens (1966), Voyages avec ma tante (1969), le Consul honoraire (1973), le Facteur humain (1978), Docteur Fisher de Genève (1980), Monseigneur Quichotte

(1982), le Dixième Homme. *Mémoires :* Une sorte de vie (1971). *Théâtre :* Living-Room (1953), l'Amant complaisant (1959), le Capitaine et l'Ennemi (1988).

Hampton, Christopher [D] (1946) : Total Eclipse (1968), The Philanthropist (1970), Sauvages (1973).

Harrison, Tony [P] (1937).

Heaney, Seamus [P] (Irlande, 1939) [N 1995].

Henriques, Robert [R] (1905-67) : Sans arme ni armure.

Hicks, John Richard (Ec) (1904-89) [N 1972].

Higgins, Aidan [R] (1927).

Hill, *Geoffrey* [P] (1932) ; *Susan* [R] (1942) : l'Oiseau de nuit, Un printemps provisoire, Je suis le seigneur du château (1970), Air et Anges (1991), la Malédiction de Manderley (1993, suite de Rebecca de Daphné Du Maurier, voir p. 281 c).

Hilton, James [R] (1900-54).

Habsbawn, Eric [H, Ess] (1917) : l'Ère du capital, l'Ère des empires, l'Ère des révolutions, l'Age des extrêmes.

Hofmann, Michael [P] (Suisse, 1957, vit en G.-B.).

Hornby, Nick [R] (1957) : Fever Pitch, Haute Fidélité, A propos d'un gamin.

Hoyle, Fred [R, Sav] (1915) : la Nuée de l'Apocalypse, A comme Andromède, le Nuage de la vie.

Hughes, Ted [P] (1930-98) : Lupercale (1960), Corbeau (1970), Tales from Ovid, Birthday Letters.

Isherwood, Christopher [R, Nouv, D] (1904-86) : l'Adieu à Berlin (1939), la Violette du Prater (1945).

Ishiguro, Kazuo [R] (Nagasaki 1954, vit en Angleterre depuis 1960) : Lumière pâle sur les collines (1982), les Vestiges du jour (1989), l'Inconsolé (1995).

James, Phyllis Dorothy [R] (1920) : l'Ile des morts, Un certain goût pour la mort (1986), Une certaine justice, Il serait temps d'être sérieuse.

Jellicoe, Ann [D] (1927) : The Knack (1962).

Johnson, Pamela Hansford [E] (1912-81).

Johnston, Jennifer [R] (Irlande, 1930) : Si loin de Babylone (1974), le Sanctuaire des fous (1987).

Josipovici, Gabriel [R, Nouv, Th] (1940) : Contre-Jour.

Kavanagh, Patrick [R, Es, P] (Irlande, 1904-67) : le Fou vert (1938), Une âme à vendre (1947).

Keneally, Thomas [E] (Australie, 1935) : la Liste de Schindler (1982).

King, Francis [E, R, Nouv, Cr] (1923).

Koestler, Arthur [R] (Budapest, 5-9-1905/Londres, 3-3-1983) : le Testament espagnol (1938), Spartacus (1939), le Zéro et l'Infini (1940), la Lie de la Terre (1941), Croisade sans croix (1943), la Tour d'Ezra (1946), Les hommes ont soif (1951), la Corde raide (1952), les Call-Girls (1972), la Quête de l'absolu, l'Étranger du square (posthume). – *Biogr. :* père industriel israélite de Budapest ; études à l'institut polytechnique de Vienne. *1926* reporter de la *Vossische Zeitung* de Berlin (Moyen-Orient, Paris). *1930-32* adhère au Parti communiste, travaille aux éditions Ullstein à Berlin. *1932-33* journaliste en URSS ; rompt avec le PC ; pigiste à Zurich et Paris. *1936-39* correspondant de guerre du *News Chronicle* en Espagne ; capturé par les franquistes, condamné à mort, évadé. *1940-41* interné au Vernet (Ariège). *1941-45* combattant dans l'armée britannique. *1946* naturalisé Anglais ; succès. *1983* se suicide avec sa femme.

Kureish, Hanif (1954) : le Bouddha de banlieue, My Beautiful Landrette, Black Album (1996).

Laing, Ronald David [Psy] (1927-89).

Larkin, Philip [P, R] (1922-85) : *Romans :* Jill (1946), Une jeune fille en hiver (1947).

Le Carré, John [R] (1931) : voir encadré p. 311 c.

Lehmann, Rosamond [R] (1901-90) : Poussière (1927), l'Invitation à la valse (1932), Intempéries (1936), la Ballade et la Source (1944), le Jour enseveli (1953).

Lessing, Doris [R, Nouv] (1919) : Vaincue par la brousse (1950), les Enfants de la violence (5 vol., 1952-69, 1er : Martha Quest), l'Écho lointain de l'orage (1958), le Carnet d'or (1962, M 1976), Prise au piège (1965), la Cité promise (1969), la Descente aux enfers (1971), Mémoires d'une survivante (1974), la Terroriste (1985), l'Habitude d'aimer (1992, nouvelles), Dans ma peau (1994), l'Amour encore (1995), le Monde de Ben (2000).

Lenis, Norman [R] (1914) : le Sicilien.

Lively, Penelope [R] (1933) : Serpent de Lune (1987), Un été au bout du monde.

Lloyd, Geoffrey Ernest Richard [H] (1933) : Magie, Raison et Expérience (1979).

Lodge, David [R] (1935) : la Chute du British Museum (1965), Changement de décor (1975), Un tout petit monde (1984), Jeu de société (1988), Nouvelles du paradis (1991), Jeux de maux, Hors de l'abri (1994), Thérapie (1995).

Lowry, Malcolm [R] (1909-57) : Ultramarine (1933), Au-dessous du volcan (1947), Écoute notre voix ô Seigneur (1961), Lunar Caustic (1963), Sombre comme la tombe où repose mon ami (1968).

Macbeth, George (Mann) [P] (1932-92).

MacInnes, Colin [R] (1914-76) : les Blancs-Becs.

MacNeice, Louis [P] (1907-63).

Massie, Allan [R] (1938, Écosse) : Auguste, les Mémoires de Tibère, les Ombres de l'empire (1997).

McCullough, Colleen [R] (Australie, 1937) : Les oiseaux se cachent pour mourir (1977), la Passion du docteur Christian, l'Amour et le Pouvoir.

McEwan, Ian [R, Nouv, Th] (1948) : Sous les draps (1978), le Jardin de ciment (1978), l'Enfant volé (F étranger 1993), les Chiens noirs (1995), le Rêveur, Délire d'amour.

McGahern, John [R] (Irlande, 1934) : la Caserne (1963), l'Obscur, Journée d'adieu (1974), le Pornographe (1979).

McGrath, Patrick [R] (1950) : Spider, l'Asile.

McIlvanney, William [R, P] (1935, Écosse) : *Romans :* Docherty (1975), Laidlaw (1977), les Papiers de Tony Wetch (1983), Big man (1985), Étranges loyautés (1991).

McLiam Wilson, Robert [R] (1964) : Ripley Bogie (1989), Eureka Street (1996).

Mayle, Peter [E] (1939) : Une année en Provence (1993), Hôtel Pastis, Provence toujours (1994), Une vie de chien (1996), la Femme aux melons, le Diamant noir (1999).

Meade, James [Ec] (1907-95) [N 1977].

Mitford, Nancy [R] (11-11-1904/30-6-1973) : la Poursuite de l'amour (1945), l'Amour dans un pays froid (1949), le Cher Ange (1951), Pas un mot à l'ambassadeur (1960), le Roi Soleil (1966). *-Biogr. :* fille aînée de lord Redestale. S'installe à Paris après 1945. SŒURS : *Pamela* (25-11-1907) épouse de Derek Jackson (physicien) ; *Diana* (17-6-1910) intime de Churchill et d'Hitler ; épouse 1°) 1929 Bryan Guiness, 2°) 6-10-1936 à Berlin chez Göebbels, Oswald Mosley [16-11-1896/1980 (emprisonné de juin 1940 à nov. 1943)] ; Une vie de contrastes (1977), Êtres chers (1985) ; *Unity* (1914/19-5-1948) : nazie, amoureuse d'Hitler, 3-9-1939 se tire une balle dans la tempe ; *Jessica* (1917-96) : enlevée par Esmond Romilly (un cousin), communiste, combat contre les franquistes. Poules et Rebelles (1960). *Deborah* épouse le duc de Devon. FRÈRE : Tom (tué en Birmanie 4-4-1945), germanophile.

Monsarrat, Nicholas [R] (1910-79) : Mer cruelle (1951), Smith and Jones (1963).

Mortimer, John [R, D] (1923) : Que dirons-nous à Caroline ?

Murdoch, Iris [R] (Irlande, 1919-99) : Sous le filet (1954), le Séducteur quitté (1956), les Eaux du péché (1957), les Cloches (1958), Une tête coupée (1961), le Château de la licorne (1963), les Angéliques (1966), les Demi-Justes (1968), le Rêve de Bruno (1968), Une défaite assez honorable (1970), Henry et Caton (1976), la Mer, la mer (1978), les Soldats et les Nonnes (1980), l'Élève du philosophe (1983), le Message à la planète (1989), le Dilemme de Jackson (1999).

Naipaul, sir Viddiadhar Surajprasad [R] (Trinité, 1932, origine indienne) : le Masseur mystique (1957), Miguel Street (1959, nouvelles), Une maison pour M. Biswas (1961), l'Illusion des ténèbres (1964), Dis-moi qui tuer, Guerilleros (1975), l'Inde brisée (1977), A la courbe du fleuve (1979), Sacrifices (1984), Une virée dans le Sud, les Hommes de paille, l'Énigme de l'arrivée (1987), l'Inde, un million de révoltes (1992), Un chemin dans le monde (1994), Jusqu'au bout de la foi.

Narayan, Rasipuram Krishnaswami [R] (Inde, 1906) : Swami et ses amis (1935), le Mangeur d'hommes, le Guide (1958), le Peintre d'enseignes (1977).

Nichols, Peter [D] (1927).

Nolan, Christopher [P, R] (Irlande, n.c.) : Sous l'œil de l'horloge.

O'Brian, Patrick (Richard P. Russ) [R] (1914-2000) : 20 volumes d'aventures du capitaine Jack Aubrey.

O'Brien, *Edna* [R, D] (Irlande, 1932) : la Jeune Irlandaise, Down by the River ; *Flann* (Brian O'Nolan) [R, J] (Irlande, 1911-66) : Kermesse irlandaise (1939), le Pleure-Misère (1941), le Troisième Policier (1967).

O'Connor, *Frank* (Michael O'Donovan) [E] (Irlande, 1903-66) : Gelées de pommes sauvages (1941). *John* [R] (Irlande, 1963) : Sweet Liberty, Desperados.

Orwell, George (voir encadré p. 280 c).

Osborne, John [D] (1929-94) : Jeune Homme en colère (1956), Luther (1961), Inadmissible Évidence (1964), Un bon patriote (1965).

Peake, Mervyn [R] (1911-68) : le Livre de Titus (1946-59), Gormenghast (1950), Titus errant (1959).

Pinter, Harold [D] (1930) : le Gardien (1960), la Collection (1963), l'Amant (1963), le Retour (1965), Corbeau (1970), C'était hier (1971), Moonlight (1993), Ashes to Ashes, les Nains.

Plomer, William [R] (1903-73) : Chez soi (1958).

Popper, Karl [Ph] (1902-94) : voir p. 283 c.

Powell, Anthony [Nouv, R] (1905) : la Ronde de la musique du temps [1951-75, 12 vol. dont Une question d'éducation (1951), les Mouvements du cœur (1952), l'Acceptation (1955)], le Roi pêcheur (1986).

Pym, Barbara [R] (1913-80) : Des femmes remarquables (1952), Quatuor d'automne (1977), A Few Green Leaves.

Raban, Jonathan [R] (1942) : Terre étrangère, Nouveau Monde.

Raine, *Craig* [P] (1944) ; *Kathleen* (Jessie) [P, Cr] (1908).

Rao, Raja [R] (Inde, 1909) : Kanthapura (1938), la Chatte et Shakespeare (1965).

Rattigan, Terence [D] (1911-77) : Tables séparées, l'Écurie Watson, Lawrence d'Arabie (1960).

Rawling, Joanne K. [R] (n.c.) : série des Harry Potter (voir p. 350).

Redgrove, Peter [P, R] (1932).

Reed, Jeremy [P] (1951).

Rendell, Ruth (pseudo, depuis 1986, de Barbara Vine) [R] (1930) : Un amour importun (1964), l'Enveloppe mauve (1976), l'Analphabète (1977), Vera va mourir (1981), le Maître de la lande (1982), le Journal d'Asta, l'Été de Trapellune, l'Oiseau crocodile (1993), Simisola, Noces de feu, Jeux de mains, Sage comme une image.

Roberts, Michèle [R] (1949) : Flesh and Blood, Celle qui revient (1992).

Sampson, Anthony [E] (1923).

Sansom, William [R] (1912-76) : Son corps.

Saunders, James [D] (1925).

Self, Will [R, Nouv] : Vice-Versa, Mon idée de plaisir, les Grands Singes.

Seth, Vikram [R] (Calcutta 1952) : Un garçon convenable (1993), Quatuor (1999).

Shaffer, Peter [D] (1926) : la Chasse royale du Soleil (1964), Comédie noire (1965), Equus (1973).

Shuttle, Penelope [P, R] (1947) : Éclats de pluie sur le jardin du zodiaque (1972).

Sillitoe, Alan [R] (1928) : Samedi soir, dimanche matin (1958), la Solitude du coureur de fond (1959), Nottinghamshire, les Aventuriers de l'Aldebaran (1983), Leonard's War (1991).

Simpson, Norman Frederick [D] (1919) : Balancier sans retour.

Snow, lord Charles [E] (1905-80) : Étrangers et Frères (1940), le Temps de l'espoir, les Hommes nouveaux.

Spark, Muriel (Sarah) [R] (1918) : Memento mori (1959), le Bel Age de Miss Brodie (1961), les Demoiselles de petite fortune (1963), la Porte Mandelbaum (1965), l'Image publique (1968), Intentions suspectes (1981), le Seul Problème (1984).

Spender, Stephen [P] (1909-95) : le Centre immobile (1939), Ruines et visions (1942), le Temple (1988).

Stoppard, Tom (Thomas Straussler, origine tchèque) [D] (1937) : Rosencrantz et Guildenstern sont morts (1966), Parodies (1974), Night and Day (1978).

Storey, David [R, D] (1933) : Radcliffe (1965), Saville (1976). *Théâtre :* Home (1970).

Stuart, *Francis* [R] (1902-2000) : Liste noire (1971) ; *Alexander* [R] (1955) : Zone dangereuse.

Swift, Graham [R] (1949) : la Leçon de natation (1982), le Pays des eaux (1983), Hors de ce monde (1988), A tout jamais (1992), la Dernière Tournée (1996).

Taylor, Elizabeth [Nouv, R] (1912-75) : Vue sur le port (1947), Angel (1957), le Papier tue-mouches, Un cœur lourd (1976), la Belle Endormie.

Thomas, *Dylan* [P] (1914-53, Gallois) : Dix-huit Poèmes (1934), Vingt-cinq Poèmes (1936), Morts et Entrées (1946). *Drame :* Under Milkwood (1953). *Autobiogr. :* Portrait de l'artiste en jeune chien (1940) ; *Hugh* (1931) : la Guerre d'Espagne, Cuba, Histoire inachevée du monde (1979).

Thomas-Ellis, Alice [R] : la Trilogie du jardin d'hiver, Un rideau de flammes.

Thompson, Edward P [H, R, P] (1924-93) : la Formation de la classe ouvrière (1963), William Morris (1955), The Skyros Papers (1988), Customs in Common (1991).

Thorpe, Adam [R, P] (1956) : Ulverton (1992).

Toibin, Coln [R] (Irlande, 1955) : Désormais notre exil, la Bruyère incendiée, Histoire de la nuit.

Tremain, Rose [R] (1943) : Sacred Country (1988), le Don du roi (1989), le Royaume interdit (1992) [F étranger en 1994], l'Été de Valentina (1997).

Trevor, William [R] (Irlande, 1928) : les Vieux Garçons (1964), le Silence du jardin (1988), Ma maison en Ombrie (1991), le Voyage de Felicia (1994), En lisant Tourgueniev, Mauvaises Nouvelles.

Trollope, Joanna [R] : les Enfants d'une autre.

Tyler, Anne [R] (1941) : le Voyageur malgré lui.

Tynan, Kenneth [Cr, D] (1927-80) : O Calcutta ! (1970), Show People (1980).

Uhlman, Fred [R] (1901-85, origine allemande, réfugié en Angleterre 1938) : l'Ami retrouvé (1971), Il fait beau à Paris aujourd'hui (1960), Lettre de Conrad, Sous la lune et les étoiles.

Ustinov, Peter [D, R] (1921) : l'Amour des quatre colonels, Krumnagel, Cher moi, le Désinformateur, le Vieil Homme et Mr Smith (1993), Dieu et les Chemins de fer d'État (1994).

Wain, John (Barrington) [R, P] (1925-94) : les Diplômés de la vie (1953), Vivre au présent (1955), les Rivaux (1958), Et frappe à mort le père (1962), Where the Rivers Meet (1988).

Waugh, Evelyn [R] (1902-66) : Grandeur et Décadence (1928), Diableries (1932), Une poignée de cendre (1934), Scoop (1938), Hissez le grand pavois (1942), Retour à Brideshead (1945), Officiers et Gentlemen (1955), la Capitulation (1961), Un peu de savoir (1964).

Weldon, Fay [R, Nouv] (1931).

Wesker, Arnold [D] (1932) : Trilogie [Soupe de poulet à l'orge (1958), Racines (1959), Je parle de Jérusalem (1960)], la Cuisine (1961).

Wesley, Mary [R] (1912) : Jumping the Queue (1983), la Pelouse de Camomille (1984), l'Attelage de paons (1985), Rose sainte-nitouche (1987), les Raisons du cœur (1990), Souffler n'est pas jouer (1994).

West, Paul [E] (1930, nat. Amér.) : le Médecin de lord Byron, les Filles de Whitechapel et Jack l'Éventreur, le Pavillon des brumes oranges.

White, *Kenneth* [P, R] (1936, double nationalité : française et anglaise) : les Limbes incandescents, En toute candeur, la Figure du dehors, la Route bleue, l'Esprit nomade ; *Terence* [R] (1906-65) : l'Épée dans la pierre.

Whiting, John [D] (1917-63) : les Démons (1961).

Wilson, *Angus* [R, Cr] (1913-91) : Saturnales (1949), la Ciguë et après (1952), Attitudes anglo-saxonnes (1956), les 40 Ans de Mrs Eliot (1958), la Girafe et les Vieillards (1961), l'Appel du soir (1964), En jouant le jeu (1967), Embraser le monde (1980) ; *Colin* [E] (1931) : l'Homme en dehors (1956), le Tueur.

Winterson, Jeanette [R] (1959) : Écrit sur le corps.

Wyndham, John (J.B. Harris) [R] (1903-69).

LITTÉRATURE ANGLOPHONE

■ **Afrique du Sud** (voir p. 327 c).

■ **Antilles. Walcott,** Derek (Ste-Lucie) [P, D] (1930) [N 1992].

■ **Australie. Aldridge,** H.E. James [R] (1918). **Carey,** Peter [R] (1943) : Illywhacker (1985), Oscar et Lucinda (1988), l'Inspectrice (1991), The unusual Life of Tristan

Smith, Jack Maggs. **Lawson,** Henry [P] (1867-1922). **Malouf,** David [E] (1934). **Porter,** Harold [R] (1911-84). **West,** Morris [R] (1916-99) : l'Avocat du diable (1959), les Souliers de saint Pierre (1963), la Vallée des maléfices, la Seconde Victoire, le Loup rouge, l'Ambassadeur, la Salamandre, Arlequin, Kaloni le navigateur, Lazare. **White,** Patrick [R] (Londres 1912-Sydney 90) : Voss (1956), le Char des élus (1961), les Échaudés (1969), le Mystérieux Mandala (1966), le Vivisecteur (1970), l'Œil du cyclone (1973), Ceinture de feuilles (1976), les Incarnations d'Eddie Twynborn (1979) [N 1973]. **Winton,** Tim [R] (1960) : Cet œil, le Ciel.

■ **Canada** (voir p. 285 a).

■ **Nigeria. Achebe,** Chinua (1930) : Le monde s'effondre (1958), la Flèche de Dieu (1964), le Démagogue (1966), les Termitières de la savane (1987). **Anozie Sunday,** Oghonna (n.c.). **Balogun,** Ola (1945). **Ben Okri** (1959) : Flower and Shadows (1980), Incidents at the Shine (1987), la Route de la faim (1991), Un amour dangereux, Étonner les dieux. **Ekwensi,** Cyprian (1921). **Iroh,** Eddie (n.c.). **Osofisan,** Femi (n.c.). **Segun,** Mabel (dite Mabel Jolaosho). **Soyinka,** Wole (1934) : *poésie :* Idanre (1967), Poèmes de prison (1969). *Romans :* les Interprètes (1965), Une saison d'anomie (1973). *Récits autobiographiques :* Ake (1981), Ibadan (1989). *Théâtre :* la Danse de la forêt (1963), la Route (1965), l'Écuyer et la Mort du roi (1975) [N 1986]. **Tutuola,** Amos (1920-97) : l'Ivrogne dans la brousse (1952), Ma vie dans la brousse des fantômes (1954). **Umezimwa Wilberforce** (n.c.).

LITTÉRATURE AUTRICHIENNE

NÉS AVANT 1800

■ **En latin. Anonymes :** « Théâtre des Jésuites » 9 000 pièces de 1570 à 1760. **Avancinus,** Nicolas [H, P, D] (1611-86) : Poesis dramatica 1675-79.

■ **En allemand. Alxinger,** Jean-Baptiste [P] (1755-97). **Beer,** Johann [R] (1655-1700). **Blumauer,** Aloïs [P] (1755-98) : l'Énéide travestie. **Collin,** Matthieu von [D] (1779-1824). **Grillparzer,** Franz [D, P] (1791-1872) : l'Aïeule, Sappho, la Toison d'or, Médée, les Vagues de la mer et de l'amour (1831), Ottokar, Malheur à qui ment. **Hafner,** Philipp [D] (1735-64). **Kringsteiner,** Joseph-Ferdinand [D] (1775-1810). **Maximilien,** l'Empereur (1459-1519) : Teuerdank. **Neidhart von Reuenthal** (1re moitié du XIIIe) : Chansons courtoises paysannes. **Oswald von Wolkenstein** [P] (1377-1445). **Raimund,** Ferdinand [D] (1790-1836). **Sealsfield,** Charles (Karl Postl) [R] (1793-1864) : le Vice-Roi et les Aristocrates (1835), la Prairie du Jacinto (1861). **Steigentesch,** August von [D] (1774-1826). **Stranitzky,** Joseph-Anton [D] (1676-1726) : Théâtre de Hanswurst. **Walther von der Vogelweide** [P] (vers 1170-vers 1228). **Zedlitz,** Josef von [P] (1790-1862).

NÉS ENTRE 1800 ET 1900

Adler, Alfred [Ph] (1870-1937). **Altenberg,** Peter (Richard Engländer) [R, N] (1859-1919). **Auersperg,** Cte Anton-Alexander von [P] (1808-76) : Promenades d'un poète viennois (1831). **Bauernfeld,** Edouard [D] (1802-90) : Aveux (1834), Bourgeois et Romantique (1835). **Baum,** Vicki [R] (1888-1960) : Grand Hôtel (1929), Lac aux dames (1932), Prenez garde aux biches, Shanghai Hotel. **Beer-Hofmann,** Richard [E] (1866-1945) : la Mort de Georges (1900). **Böhm-Bawerk,** Eugen von [E] (1851-1914) : Capital et Intérêt (1884-89), Théorie positive du capital (1889). **Broch,** Hermann [R] (1886-1951) : les Somnambules (1928-37), la Mort de Virgile (1946). **Brod,** Max [D, Es, R] (1884-1968, ami de Kafka) : la Formation de l'Hétaïre (1909), Juives (1911), la Voie de Tycho Brahe vers Dieu (1916), Stephan Rott ou l'Année décisive (1931). **Bronnen,** Arnolt [D, R] (1895-1959). **Doderer,** Heimito von [R] (1896-1966) : la Brèche (1924), le Cas Gütersloh (1930), Un sursis (1940), les Fenêtres éclairées (1950), l'Escalier du Strudlhof (1951), les Démons (1956), les Chutes de Slunj (1963), la Forêt frontalière (1967), Histoires brèves et ultra-brèves (1972). **Ebner-Eschenbach,** Marie von [R] (1830-1916) : Bozena (1875), Krambambuli (1883), Nouvelles du village et du château (1883), les Deux Comtesses (1884), l'Enfant assisté (1887).

Freud, Sigmund [Méd] (6-5-1856/23-9-1939) : l'Interprétation des rêves (1900), Un souvenir d'enfance de Léonard de Vinci (1910), Totem et Tabou (1913), Introduction à la psychanalyse (1916), Au-delà du principe de plaisir (1920), le Moi et le Ça (1923), Inhibition, Symptôme et Angoisse (1926), Moïse et le monothéisme (1939). – *Biogr. :* père commerçant israélite de Moravie. *1856* ses parents (pauvres) se fixent à Vienne. *1876* assistant dans un laboratoire. *1881* diplômé de neurologie. *1885* agrégé ; stage à la Salpêtrière de Paris (Charcot). *1886* épouse Martha Bernays (dont il eut 3 filles et 3 fils). *1886-96* associé à Vienne du psychiatre Joseph Breuer (1842-1925). *1897* commence son autopsychanalyse. *1905* réunit des disciples. *1907* rencontre Jung à Zürich et le prend pour assistant. *1909* part avec lui pour USA. *1910* fonde avec lui l'Association psychanalytique internationale. *1912* s'en sépare. *1920* professeur à Vienne. *1923* tumeur à la bouche (excision du palais et des maxillaires). *1938* chassé par nazis. *23-9-1939* meurt à Londres (cancer de la bouche). **Friedell,** Egon [E, H] (1878-1938). **Fussenegger,** Gertrud (1912). **Hayek,** Friedrich August von [Ec, Ph] (1899-1992) : Prix et Production (1931), Nationalisme monétaire et Stabilité internationale (1937), la Pure Théorie du capital (1941), la Route de la servitude (1944), l'Individualisme et l'Ordre économique (1948), Droit, Législation et Liberté (1960), l'Ordre politique d'un peuple libre (1979) [N sciences, 1974]. **Hofmannsthal,** Hugo von [D, P] (1874-1929) : l'Empereur et la Sorcière (1897), la Lettre de lord Chandos, le Chevalier à la rose (1908), Jedermann (1911), le Grand Théâtre du monde de Salzbourg (1922), l'Incorruptible (1923), la Tour (1924), la 67e Nuit.

Kafka, Franz [R] (Prague 3-7-1883/Kierling, Autriche, 3-6-1924) : la Métamorphose (1915), le Procès (1925 : héros Joseph K), le Château (1926), l'Amérique (1927). *Nouvelles :* la Colonie pénitentiaire (1919), la Muraille de Chine (1931). *Lettres.* – *Biogr. :* père commerçant juif de Prague. Études de droit. *1908* rédacteur dans une compagnie d'assurances. *1912-17* longues fiançailles, plusieurs fois interrompues, avec une Berlinoise, Félicie Bauer. *1917* tuberculeux. *1919* démissionne ; entre au sanatorium. *1923* liaison à Berlin avec Dora Dymant ; finit sa vie dans un sanatorium près de Vienne, assisté par Dora. Max Brod publiera ses œuvres. **Kolbenheyer,** Erwin Guido [R] (1878-1962). **Kraus,** Karl [E, J] (1874-1936) : les Derniers Jours de l'humanité (1919). **Kubin,** Alfred [Pe, E] (1877-1959) : l'Autre Côté (1909). **Leitgeb,** Joseph [P] (1897-1952). **Lenau,** Nikolaus (Nikolaus, Franz Niembsch, Edler von Strehlenau, dit) [P, D] (1802-50) : Faust (1834-40), Don Juan (1844), les Albigeois (1832-51), Poèmes lyriques. **Menger,** Carl [Ec] (1840-1921). **Meyrink,** Gustav [R] (1868-1932) : le Golem (1915), le Visage vert (1916), la Nuit de Walpurgis (1916). **Musil,** Robert [R] (1880-1942) : les Désarrois de l'élève Törless (1906), les Exaltés (1921), l'Homme sans qualités (1931-43), Journaux (1976). **Nestroy,** Johann Nepomuk [D] (1801-62). **Perutz,** Leo [R] (1882-1957) : le Marquis de Bolibar (1920), le Cavalier suédois (1926).

Reich, Wilhelm [Psychan] (1897-1957, USA, en prison pour escroquerie) : l'Analyse caractérielle (1933), la Psychologie de masse du fascisme (1933), la Révolution sexuelle (1945). **Rilke,** Rainer Maria [P] (Prague, 4-12-1875/Montreux, Suisse, 29-12-1926) : les Cahiers de Malte Laurids Brigge (1910), Élégies de Duino (1912-23), Sonnets à Orphée (1923), Journal florentin (1929), Lettres à un jeune poète (1929), Correspondance (1936-39). **Rosegger,** Peter [R] (1843-1918) : Dans ma forêt, les Sapins du maître d'école (1875). **Roth,** Joseph [R] (2-9-1894/27-5-1939 à Paris) : Hôtel Savoy (1923), la Fuite sans fin (1927), la Marche de Radetzky (1932), Confession d'un meurtrier (1936), la Crypte des capucins (1938), la Légende du saint buveur (1939). **Sacher-Masoch,** Leopold von [R] (27-1-1836/9-3-1895) : la Femme séparée (1870), l'Amour de Platon (1870), la Vénus à la fourrure (1870), Récits galiciens (1876), Contes juifs (1886). (Le terme masochisme fut forgé vers 1880 par le psychiatre Kraft-Ebing en s'inspirant de la *Vénus à la fourrure* pour désigner le plaisir pris dans la souffrance.) **Saiko,** George [R] (1892-1962). **Schnitzler,** Arthur [R, D] (1862-1931) : la Ronde (1903), Vienne au crépuscule, Mourir, Une jeunesse viennoise, Rien qu'un rêve. **Schumpeter,** Joseph Alois [Ec] (1883-1950) : Théorie de la croissance économique (1912), Capitalisme, socialisme et démocratie (1942), Histoire de l'analyse économique (1954). **Steiner,** Rudolf [Ph] (1861-1925). **Stifter,** Adalbert [R, Fab] (1805-68) : les Cartons de mon arrière-grand-père (1841-42), le Château des fous (1843), l'Homme sans postérité (1845), l'Été de la Saint-Martin (1857), Witiko (1865-67).

Trakl, Georg [P] (1887-1914, suicide). **Ungar,** Hermann [R] (1893-1928) : Enfants et Meurtriers (1920), l'Assassinat du capitaine Hanika (1925). **Weiss,** Ernst [R] (Moravie 1882-1940, suicide) : la Galère (1913), la Lutte (1916), l'Aristocrate (1928), le Séducteur (1938), Témoin oculaire (1940). **Werfel,** Franz [R, P] (1890-1945) : la Mort du petit-bourgeois (1927), Barbara ou la piété (1929), les 40 Jours de Mussa Dagh (1933), le Crépuscule du monde (1937), le Paradis volé (1939), le Chant de Bernadette (1941), l'Étoile de ceux qui ne sont pas nés (1946). *Théâtre :* l'Homme dans le miroir (1920). **Wildgans,** Anton [P, D] (1881-1932). **Wittgenstein,** Ludwig Joseph [Ph, logicien] (1889-1951) : Tractatus logico-philosophicus (1921).

Zweig, Stefan [P, R, H] (23-11-1881/22-2-1942) : *Nouvelles :* l'Amour d'Erika Ewald (1904), Brûlant Secret (1913), la Peur (1913), Amok (1922), la Confusion des sentiments (1927), 24 Heures de la vie d'une femme (1927), le Joueur d'échecs (1942). *Romans :* la Pitié dangereuse (1938), Ivresse de la métamorphose (publié en 1982), Clarissa (publié en 1990). *Biographies :* Romain Rolland (1921), Joseph Fouché (1929), Marie-Antoinette (1932), Marie Stuart (1935). *Souvenirs :* Journaux intimes (1912-40), le Monde d'hier (1942). – *Biogr. :* père industriel juif. *1900-06* étudie littérature et philosophie. *1920* épouse Friederike Burger (divorcée de M. von Winsternitz). *1934* quitte l'Autriche. *1935-sept.* Londres. *1936-août/sept.* Brésil et Argentine. *1938* divorce. *1939-août* épouse Lotte Altmann (née 1908, sa secrétaire, asthmatique). *1940-mars* naturalisé Anglais ; *-juillet* New York. *1941-août* Brésil. *1942-22-2* ayant appris la chute de Singapour, se suicide avec Lotte à Petrópolis.

NÉS APRÈS 1900

Aichinger, Ilse [R] (1921) : le Grand Espoir (1948). **Améry,** Jean [Ph] (1912-78). **Artmann,** Hans Carl [P] (1921). **Bachmann,** Ingeborg [P, R] (1926-73) : la Trentième Année (1961), Un lieu de hasards (1965), Poésie lyrique, Malina (1971), Requiem pour Fanny Goldmann, Un roman inachevé (1987).

Bauer, Wolfgang [D] (1941) : Magic Afternoon. **Bernhard,** Thomas [D, R] (1931-89) : Gel (1963), Perturbation (1967), la Plâtrière (1973), Corrections (1975), Oui (1978), l'Imitateur (1978), le Neveu de Wittgenstein, le Naufragé, Des arbres à abattre, Les apparences sont trompeuses, Extinction (1986). *Autobiographie :* l'Origine (1975), la Cave, le Souffle, le Froid, Un enfant (1982). *Théâtre :* le Président, le Faiseur de théâtre, Minetti, Heldenplatz, Place des héros (1988).

Canetti, Elias [E] (1905-94, né Bulgare, naturalisé Anglais en 1994) : Autodafé (la Tour de Babel, roman, 1935), Masse et Puissance (1959), le Territoire de l'homme (1973), le Témoin auriculaire (1974), la Conscience des mots (1986), le Cœur secret de l'horloge (1987). *Autobiogr. :* Histoire d'une jeunesse, la Langue sauvée (1977), le Flambeau dans l'oreille (1980), Jeux de regards (1985). *Théâtre :* Noces (1932), la Comédie des vanités (1933-34), les Sursitaires (1956) [N 1981]. – *Biogr. :* famille juive sépharade [chassée de Canete (Espagne) en 1492] parlant le ladino. Études à Francfort et Vienne. *Années 1930* écrit en allemand. *1938* à Paris. *1939-janvier* à Londres.

Celan, Paul (Anczel) [P] (Bucovine 1920-70, suicide : se noie à Paris) : Pavot et Mémoire (1952), la Rose de personne (1963), Contrainte de lumière (1970).

Fink, Humbert [R, J] (1933-92) : les Murs étroits (1958).

Fried, Erich [P] (1921-88) : le Soldat et la Fille (1960), les Enfants et les Fous (1965), la Démesure des choses (1982).

Fussenegger, Gertrud [R] (1912).

Handke, Peter [D, R] (1942) : le Colporteur (1967), l'Angoisse du gardien de but au moment du penalty (1970), le Malheur indifférent (1972), l'Heure de la sensation vraie (1975), la Femme gauchère (1976), Leur retour (1979), Histoire d'enfant (1981), le Chinois de la douleur (1983), Après-midi d'un écrivain (1988), Mon année dans la baie de Personne, Questions au bord des larmes. *Théâtre :* Outrage au public (1965), la Chevauchée sur le lac de Constance (1971), Par les villages (1981).

Haushofer, Marlen [R, Nouv] (1920-70) : Nous avons tué Stella (1958), le Mur invisible (1962), Dans la mansarde (1969), la Cinquième Année (1991).

Hochwälder, Fritz [D] (1911-86) : l'Expérience sacrée (1941), l'Accusateur public (1948).

Horvath, Ödön von [D] (1901-38) : Histoires de la forêt viennoise (1931), la Nuit italienne (1931), Casimir et Caroline (1932), la Foi, l'Espérance, la Charité (1932), Don Juan revient de guerre (1932), Figaro divorce (1937), Jeunesse sans Dieu (1938), Un fils de notre temps (1938).

Illich, Ivan [Pol, Es] (1926) : Libérer l'école, Une société sans école (1971), Libérer l'avenir, Énergie et Équité (1973), la Convivialité (1973), Némésis médicale (1975), le Travail fantôme (1981).

Jandl, Ernst [P] (1925-2000).

Jelinek, Elfriede [Th, R] (1946) : les Amantes (1975), Lust (1979), Nora (pièce 1979), les Exclus (1980), la Pianiste (1986).

Jonke, Gert [P, R] (1946) : Musique lointaine, l'École du virtuose, la Mort d'Anton Webern.

Lavant, Christine [P] (1915-73).

Mayröcker, Friederike [P] (1924).

Popper, Karl [Ph] (1902-94 ; 1937 émigre en Nlle-Zélande, 1945 en G.-B., naturalisé Anglais) : la Logique de la découverte scientifique (1934), Misère de l'historicisme (1945), la Société ouverte et ses ennemis (1945), la Connaissance objective (1972), L'avenir est ouvert, la quête inachevée (1981), l'Univers irrésolu (1982), la Leçon de ce siècle (1992).

Ransmayr, Christoph [R] (1954) : les Effrois de la glace et des ténèbres (1984), le Dernier des mondes (1988), le Syndrome de Kitahara.

Rezzori, Gregor von [R] (Cernovitz 1914-98) : Œdipe à Stalingrad (1954), la Mort de mon frère Abel (1976), Mémoires d'un antisémite (1979).

Sperber, Manès [E] (1905-84, réfugié en France 1933) : Et le buisson devint cendre (1949), Plus profond que l'abîme (1950), la Baie perdue (1953), le Talon d'Achille (1957), le Pont inachevé (1973), Porteurs d'eau (1974), Au-delà de l'oubli (1977), Ces temps-là (4 vol., 1975-79), Être juif (publié 1994).

Weigel, Hans [E] (1908-91).

Wiesenthal, Simon [E] (1908).

Winkler, Josef [R] (1953) : le Serf, Cimetière des oranges amères.

LITTÉRATURE BELGE

DE LANGUE FRANÇAISE

NÉS AVANT 1800

Bolland, Jean [Chr.] (1596-1665) : les Actes des Saints (1630-68). **Chastellain,** Georges [Chr, P] (1405-75) : Chronique, Recollection des merveilles advenues de mon temps. **Hemricourt,** Jacques de [Chr] (1333-1403) : Miroir des nobles de Hesbaye, le Patron de la temporalité. **Le Bel,** Jean (Jehan) [Chr] (1292-1370) : les Vraies Chroniques de Messire Jehan le Bel. **Ligne,** Charles Joseph (Pce de) [Mém] (1735-1814) : Mes écarts ou Ma tête en liberté, Lettres et Pensées (1809), Mémoires et Mélanges historiques. **Marche,** Olivier de la [Chr, E] (1425-1502) : Mémoires. **Marnix,** Jean de [P] (1580-1631) : les Représentations. **Outremeuse,** Jean d' [Chr] (1338-1400) : Geste de Liège, le Miroir des histoires, les Voyages de sir John Mandeville. **Sainte-Aldegonde,** Marnix de [Pol] (1540-98) : Tableau des différends de la religion. **Sigebert**

de Gembloux [Chr] (1030-1112) : Des hommes illustres, Chronique universelle, Lettre apologétique. **Walef,** Blaise Henri de Corte, B[on] de [E] (1661-1734) : le Combat des échasses, Rues de Madrid.

NÉS ENTRE 1800 ET 1900

Adine, France (Mme Coucke, née Cécile Van Dromme) [R] (1890-1977) : la Cité sur l'Arno. **Avermaete,** Roger [Es, P, D, Cr] (1893-1988). **Ayguesparse,** Albert [R, P, Es] (1900-96) : le Vin noir de Cahors (1957), Simon-la-bonté (roman 1965). **Baie,** Eugène [Es] (1874-1963). **Baillon,** André [R, J] (1875-1932, suicide) : Histoire d'une Marie (1921), Zonzon Pépette fille de Londres (1923), Délires, le Perce-Oreille du Luxembourg (1928). **Braun,** Thomas [P, Es] (1876-1961). **Burniaux,** Constant [R, J, Cr] (1892-1975) : Une petite vie (1929), les Temps inquiets (1944-52), D'humour et d'amour (1968). **Carême,** Maurice [P] (1899-1978). **Courouble,** Léopold [R] (1861-1937) : la Famille Kaekebroek (1902-09), Images d'outre-mer (1904). **Crommelynck,** Fernand [D, R] (1886-1970) : le Sculpteur de masques (1911), le Cocu magnifique (1920), Tripes d'or (1925), Carine ou la Jeune Fille de son âme (1929), les Amants puérils (1931), Une femme qui a le cœur trop petit (1934), Chaud et Froid (1936). **De Bock,** Paul-Aloïs [D, Es, R] (1898-1985) : Terres basses (1953), le Sucre filé, le Pénitent (1981). **De Coster,** Charles [E] (1827-79) : Légendes flamandes (1857), la Légende d'Ulenspiegel (1867). **Des Ombiaux,** Maurice [R] (1868-1943) : le Joyau de la mitre, Mihien d'Avène, Le Maugré (1910). **Destrée,** Jules [Pol] (1863-1936). **Eekhoud,** Georges [R, Cr, P] (1854-1927) : Kermesses (1884), le Cycle patibulaire (1892), Escal Vigor (1899), Voyous de velours (1904). **Elskamp,** Max [P] (1862-1931). **Flanders,** John (voir **Ray,** Jean ci-dessous). **Fontainas,** André [P, Cr d'a] (1865-1948) : les Vergers illusoires (1892), l'Indécis (1903).

Gevers, Marie [R, P] (1883-1975) : les Arbres et le Vent (1924), la Comtesse des digues (1931), Guldentop (1935), Vie et Mort d'un étang (1950). **Ghelderode,** Michel de (Adémar Martens) [D] (1898-1962) : la Mort du Dr Faust (1926), Don Juan (1926), Barabbas (1928), Christophe Colomb (1929), Escurial (1930), la Ballade du grand macabre (1935), Hop Signor ! (1938), Fastes d'enfer (1950), l'École des bouffons (1953). **Ghil,** René [P] (1862-1925) : Légendes d'armes et de sang (1885), le Traité du verbe (1886). **Gilbert,** Oscar-Paul [P, R, Nouv, J] (1898-1972) : M. de Choisy, belle dame (1931), Baudouin des mines (1941-48). **Gilkin,** Iwan [P, D] (1858-1924) : la Nuit (1897). **Giraud,** Albert (Émile Albert Kayenbergh) [P, Cr, J] (1860-1929) : Pierrot lunaire (1884), Hors du siècle (1888). **Goffin,** Robert [P, Es, R] (1898-1984) : *Poèmes :* Rosaire des soirs (1918), Jazz-Band (1922). *Romans :* l'Apostat (1935), le Temps des noires épines (1947). **Grevisse,** Maurice [Gram] (1895-1980) : le Bon Usage. **Hellens,** Franz (Frederic Van Ermengen) [R, P] (1881-1972) : Mélusine (1920), le Naïf, Mémoires d'Elseneur. **Krains,** Hubert [R] (1862-1934) : le Pain noir (1904), Mes amis (1921). **Lemonnier,** Camille [R, Cr d'a] (1844-1913) : les Charniers (1871-81), Un mâle (1881), le Mort (1882), la Belgique (1883), Happe-Chair, Comme va le ruisseau (1903). **Libbrecht,** Géo [P] (1891-1976) : Livres cachés. **Linze,** Georges [P, Es, R] (1900-93) : Poèmes. **Maeterlinck,** Maurice [P, D] (1862-1949) : Serres chaudes (1889), Douze Chansons (1896). *Théâtre :* la Princesse Maleine (1889), les Aveugles (1890), Pelléas et Mélisande (1892), Monna Vanna (1902), l'Oiseau bleu (1909). *Essais :* le Trésor des humbles (1896), la Vie des abeilles (1901), l'Intelligence des fleurs (1907), la Vie des termites (1926), la Vie des fourmis (1930) [N 1911]. **Man,** Henri de [E, Pol] (1885-1953) : Au-delà du marxisme (1929), l'Idée socialiste (1933). **Michaux,** Henri [P] (1889-1984) : voir p. 301 a. **Mockel,** Albert [P, Cr] (1866-1945). **Mœrman,** Ernst [P] (1898-1944). **Norge,** Géo (Georges Mogin) [P] (1898-1990, naturalisé Français) : la Langue verte (1954). **Nothomb,** Pierre [Av, Es, R, P] (1887-1966) : la Dame du pont d'Oye, Norménil. **Nougé,** Paul [P, E] (1895-1967) : Histoire de ne pas rire (1956), L'expérience continue (1966). **Noulet,** Émilie [Cr] (1892-1978) : Paul Valéry.

Picard, Edmond (Antonin Claude) [Av, Th, P] (1836-1924) : Scènes de la vie judiciaire. **Pirenne,** *Henri* [H] (1862-1935) : Histoire de Belgique ; *Jacques* [H] (1891-1972, son fils) : les Grands Courants de l'histoire universelle. **Pirmez,** Octave [Es] (1832-83) : Jours de solitude (1869), Heures de philosophie, Rémo (1878). **Plisnier,** Charles [P, Av, R] (1896-1952) : Mariages (1936), Faux Passeports (1937), Meurtres (1939-41). **Ray,** Jean (Raymond de Kremer) [R] (1887-1964) : les Contes du whisky (1925), Harry Dickson (1933-40), le Grand Nocturne (1942), les Cercles de l'épouvante (1943), Malpertuis (1943), la Cité de l'indicible peur (1943). Écrivit aussi sous le nom de John **Flanders. Rodenbach,** Georges [P, D, R] (1855-98) : le Règne du silence (1891), Bruges-la-Morte (1892), le Voile (1894), le Carillonneur (1897). **Ruet,** Noël [P] (1898-1965). **Thiry,** Marcel [P, R] (1897-1977) : *Fiction :* Marchands (1936), Juste ou la Quête d'Hélène (1953). **Tousseul,** Jean (Olivier Degée) [R] (1890-1944) : Jean Clarambaux (5 vol.), François Stienon (3 vol.). **T'Serstevens,** Albert [P, Es, R] (1886-1974) : l'Homme seul (3 vol., 1919-26), l'Or du Cristobal (1936). **Van Hasselt,** André [P] (1806-74). **Van Lerberghe,** Charles [P] (1861-1907) : Entrevisions (1898), la Chanson d'Ève (1904). **Vanzype,** Gustave [D, J, Cr d'a] (1869-1955) : le Patrimoine, les Autres. **Verboom,** René [P] (1891-1955). **Verhaeren,** Émile [P, Es, D] (1855/27-11-1916, écrasé par un train, gare de Rouen) : les Soirs (1887), les Débâcles (1888), les Flamandes (1890), les Villes tentaculaires (1895), les Heures claires (1896-1911), les Forces tumultueuses (1902), Toute la Flandre (1904-11). *Théâtre :* les Aubes, le Cloître (1900), Philippe II (1904). **Virès** (H. Briers de Lume, dit Georges) [R] (1869-1946) : la Glèbe héroïque, la Bruyère ardente. **Vivier,** Robert [P, R, Cr] (1894-1989) : la Route incertaine (1921), le Ménestrier (1924), Folle qui s'ennuie (1933), Délivrez-nous du mal (1936), Mesures pour rien (1947), Et la poésie fut langage (1954), J'ai rêvé de nous (1989). **Waller,** Max (Maurice Warlomont) [E] (1860-89).

NÉS APRÈS 1900

Bal, Willy [Ling] (1916).

Baronian, Jean-Baptiste [R] (1942) : le Diable vauvert (1979), La vie continue (1989).

Bastia, France [R] (1939) : Une autruche dans le ciel, le Cri du hibou.

Bauchau, Henry [P, R, D] (1913) : *Romans :* le Régiment noir (1972), Œdipe sur la route, Antigone (1997).

Bayer, Konrad [R, P] (1932-64).

Beck, Béatrix [R] (1914) : Barny (1948), Une mort irrégulière (1952), Léon Morin, prêtre (G 1952), Cou coupé court toujours (1967), la Décharge (1979), la Mer intérieure (1981), l'Enfant chat (1984), Un(e) (1989), Recensement, Une lilliputienne (1993), Moi ou autres (1994), la Petite Italie (2000, nouvelles).

Bernier, Armand [P, D] (1902-69) : le Monde transparent, le Sorcier triste.

Bertin, Charles [R, P, D] (1919) : Psaumes sans la grâce. *Romans :* Journal d'un crime (1961), le Bel Age (1964), les Jardins du désert (1981). *Théâtre :* Don Juan (1947), Christophe Colomb (1961).

Bodart, Roger [P, Es, J] (1910-73).

Bronne, Carlo [P, H] (1901-87).

Brucher, Roger [P, Es] (1930).

Chavée, Achille [P] (1906-69).

Cliff, William (André Imberechts) [P] (1940) : Marché au charbon, En Orient (1986), l'État belge.

Closson, Herman [R, D] (1901-82) : *Roman :* le Cavalier seul. *Théâtre :* Godefroid de Bouillon (1934).

Compère, Gaston [P, R] (1924) : *Poésie :* Géométrie de l'absence (1969). *Romans :* Portrait d'un roi dépossédé (1978), Robinson (1986).

Cornelus, Henri [P, R] (1913-83).

Crickillon, Jacques [P, R] (1940) : Neuf Royaumes.

Curvers, Alexis [P, R] (1906-92) : Tempo di Roma (1957), Pie XII le pape outragé (1964).

Dannemark, Francis [P, R] (1955) : Mémoires d'un ange maladroit, Promenade avec un cheval mort.

Daubier, Louis [P] (1924).

Delaby, Philippe [P] (1914-93).

Delépinne, Berthe [P, R, Es, Nouv] (1902).

Desnoues, Lucienne [P] (1921).

Detrez, Conrad [R] (1937-85, naturalisé Français 1982) : Ludo (1974), les Plumes du coq (1975), l'Herbe à brûler (Ren 1978), la Lutte finale (1980), la Ceinture de feu (1984).

Doms, André [P] (1932) : la Fascinante consumée, l'Ost.

Doppagne, Albert [Es, Ethn, Ling, Cr, P] (1912).

Dotremont, Christian [P] (1922-79).

Drach, Albert [R] (1902-95).

Dubrau, Louis (Louise Janson-Scheidt) [P, Nouv, R] (1904-97) : l'An quarante (1945), A la poursuite de Sandra (1963), le Cabinet chinois (1970), A part entière (1974).

Dumont, Georges-Henri [H, Es, P] (1920).

Foulon, Roger [P, Es, R] (1923) : l'Envers du décor (1967), le Dénombrement des choses (1973), Un été dans la fagne, Naissance du monde (1986).

Frère, Maud [R] (1923-79) : l'Herbe à moi, le Délice, les Jumeaux millénaires (1962), l'Ange aveugle (1970).

Fritsch, Gerhard [R, P] (1924-69).

Gascht, André [P, Es, Nouv, Cr] (1921).

Gillès, Daniel (Daniel Gillès de Pélichy) [R, E] (1917-81) : la Mort douce, les Brouillards de Bruges, la Rouille, le Cinquième Commandement.

Goosse, André [Ling] (1926).

Hanse, Joseph [Gram, Es, Ling] (1902-92].

Haulot, Arthur [P, Fab] (1913).

Haumont, Thierry [R] (1949) : le Conservateur des ombres (1984), les Peupliers.

Hénoumont, René [R, J] (1922) : la Maison dans le frêne, la Boîte à tartines, Au bonheur des Belges (Ren 1991).

Hons, Gaspard [P, Chr] (1937).

Izoard, Jacques (Delmotte) [P] (1936).

Jacqmin, François [P] (1929-92).

Jones, Philippe (P. Roberts-Jones) [P, Es] (1924).

Juin, Hubert (Loescher) [R, P, Cr, Es] (1926-87) : les Bavards (1956), les Guerriers du Chalco (1976), les Visages du fleuve (1984). *Romans :* les Hameaux (5 vol., 1958-68). *Récits. Poésie.*

Kalisky, René [D] (1936-81) : le Pique-Nique de Claretta (1974), la Passion selon Pier Paolo Pasolini (1977), Falsch.

Kanters, Robert [Cr] (1910-85).

Kegels, Anne-Marie (née Canet) [P] (1912-94).

Kesteman, Émile [E] (1922).

Kinds, Edmond [P, Av, D, Cr] (1907-92).

Kinet, Mimy [P, Cr] (1948-96).

Lacour, José-André [R, D] (1919) : Panique en Occident (1943), la Mort en ce jardin (1954). *Théâtre :* l'Année du bac (1959).

Lebert, Hans [R] (1919-93).

Leuckx, Philippe [P] (1955).

Leys, Simon (Pierre Rijckmans) [E] (1935) : les Habits neufs du Pt Mao (1971), Ombres chinoises (1974), Images brisées (1976), la Forêt en feu (1983), l'Humeur, l'honneur, l'horreur (1991), l'Ange et le Cachalot.

Lilar, Suzanne [E, D] (1901-93, mère de F. Mallet-Joris) : le Burlador (1945), Tous les chemins mènent au ciel, le Roi lépreux (1950).

Linze, Jacques-Gérard [P, R] (1925-97) : *Romans :* la Conquête de Prague (1965), le Fruit de cendre (1966), l'Étang-Cœur (1967), la Fabulation (1968).

Lison, Françoise [P, Cr] (1951).

Lobet, Marcel [Es] (1907-92) : Écrivains en aveux, la Ceinture de feuillage (1966), l'Abécédaire du meunier (1974). *Roman :* le Fils du temple (1978).

Magnes, Claire-Anne [P] (1937).

Mallet-Joris, Françoise (Mme J. Delfau née Lilar) [R] (6-7-1930) : le Rempart des béguines (1951), la Chambre rouge, les Mensonges (1955), l'Empire céleste (F 1958), les Personnages (1960), Lettre à moi-même (1963), Marie Mancini (1964), les Signes et les Prodiges (1966), la Maison de papier (1970), Allegra (1976), Jeanne Guyon (1978), Dickie Roi (1979), Un chagrin d'amour et d'ailleurs (1981), le Rire de Laura (1985), la Tristesse du cerf-volant (1988), Adriana Sposa (1989), Divine (1991), les Larmes (1993), La maison dont le chien est fou (1997), Sept démons dans la ville.

Marceau, Félicien : voir p. 310 a.

Mariën, Marcel [P, Cr] (1920-93).

Masoni, Carlo [P, Th] (1921) : Ces mains de cendre, Vous serez mes juges, Fugues.

Mertens, Pierre [R, Es] (1939) : l'Inde ou l'Amérique (1969), la Fête des anciens (1971), les Bons Offices (1974), les Éblouissements (M 1987), Une paix royale (1995).

Mesens, E.L.T. [P] (1903-71).

Miguel, André (Van Vlemmeren) [P, R, Es, D] (1920) : *Roman :* l'Équilibre (1961).

Mogin, Jean [D, P] (1921-86, fils de Norge, mari de Lucienne Desnous).

Moreau, Marcel [R, Es] (1933) : Quintes (1962), Bannière de bave (1965), A dos de Dieu (1980).

Moulin, *Jeanine* [P, Cr] (1912-98) ; *Léo* [Soc, H] (1906-96).

Muno, Jean (Robert Burniaux) [R] (1924-88) : le Joker (1972), Ripple-Marks, Histoires singulières (1979).

Nelod, Gilles [R, Nouv, Es, Cr] (1922-89) : les Poings, les Conquistadores de la liberté.

Nicolaï, Marie [R, Es] (1923) : Où reposer la tête, la Gagnante, les Vieux Jours.

Nothomb, *Amélie* [R] (13-8-1967) : l'Hygiène de l'assassin (1992), le Sabotage amoureux, Péplum, Attentat, Mercure, Stupeur et tremblements, Métaphysique des tubes (2000) ; *Paul* [E] (1913) : N'y être pour rien (1995).

Orbaix, Marie-Claire d' [P] (1920-90).

Otte, Jean-Pierre [R] (1949).

Outers, J.-Luc [R] (1949) : l'Ordre du jour (1987), Corps de métier (1992).

Owen, Thomas (Gérald Bertot) [E, R, Cr d'a (pseudonyme : Stéphane Rey)] (1910) : le Livre interdit (1944), les Grandes Personnes (1954), le Tétrastome (1990).

Paron, Charles [L, J, Nouv, D, Es] (1914-86).

Périer, Odilon-Jean [P, R] (1901-28) : le Passage des anges (1926), le Promeneur (1927).

Piron, Maurice [Es] (1914-86).

Pirotte, Jean-Claude [R] (1939) : la Pluie à Rethel, Un été dans la combe (1982), l'Épreuve du jour, Journal moche, Plis perdus (1994), Cavale (1997).

Poulet, Georges [Cr, Es] (1902-91) : Études sur le temps humain (4 vol., 1949-68), les Métamorphoses du cercle (1961), l'Espace proustien, Qui était Baudelaire ?, la Conscience critique, la Pensée indéterminée (1985-90).

Quinot, Raymond [P, Es] (1920) : l'Age d'or.

Rolin, Dominique [R, P] (1913) : le Souffle (F 1952), le Lit (1960), le For intérieur (1962), Deux (1975), la Voyageuse (1984), l'Enfant-Roi (1985), Vingt Chambres d'hôtel (1990), Deux Femmes un soir (1992), l'Accoudoir (1996), la Rénovation (1997).

Savitzkaya, Eugène [P, R] (1955) : *Romans :* Un jeune homme trop gros, la Traversée de l'Afrique, Marin mon cœur, En vie (1995).

Scheinert, David [R, P, Es] (Pologne 1916-96) : *Romans :* l'Apprentissage inutile (1948), le Flamand aux longues oreilles (1959), la Contre-saison.

Schmitz, André [P] (1929).

Scutenaire, Louis [P, Av, E] (1905-87).

Seuphor, Michel (Ferdinand Louis Berckelaers) [P, Es] (1901-99) : l'Art abstrait (1949).

Simenon, Georges [R] (1903-89) : A la conquête de Tigy (1921-24, publié en 1995), la Mort de Belle, le Relais d'Alsace (1930), le Testament Donnadieu (1937), les Sœurs Lacroix (1938), Touriste de bananes (1938), les Inconnus dans la maison (1940), la Veuve Couderc (1942), la Vérité sur Bébé Donge (1942), Pedigree (1948), La neige était sale (1948), Feux rouges (1953), le Blanc à lunettes, le Pendu de St-Pholien, En cas de malheur, série des Maigret [créée en 1929, inaugurée 1931 par Fayard avec Pietr le Letton, œuvres complètes 330 titres, 72 vol. (1967-73)]. – *Biogr. : 1918* apprenti pâtissier, commis de librairie. *1921* série de 17 articles : « le Péril juif ». *1925* passion pour Joséphine Baker. *1938 :* 13 livres publiés. *1942-43* écrit dans des journaux collaborationnistes belges et dans *Je suis partout*. *1945* aux USA. *1949* condamné à 2 ans d'interdiction de paraître par le comité d'épuration des Gens de lettres. *1952* à Paris ; USA. *1955* Suisse ; dicte sa vie sur magnétophone. A publié 218 romans sous son nom dont 80 Maigret, 300 sous pseudonymes (17 pseudonymes enregistrés). Tirage total : 500 millions d'exemplaires, diffusion 1 million par an. Adaptations : cinéma 52, télévision 211. 24 acteurs ont interprété Maigret (télévision 13 dont Jean Richard et Bruno Crémer, cinéma 11 : Pierre Renoir, Abel Tarride, Harry Baur, Albert Préjean, Charles Laughton, Michel Simon, Maurice Manson, Jean Gabin, Gino Cervi, Ruper Davies, Heinz Ruhmann). Prétendait avoir connu 10 000 femmes.

Sion, Georges [D, Es, Cr] (1913) : le Voyageur de Forceloup (1952), la Malle de Paméla (1955).

Sodenkamp, Andrée [P] (1906).

Stécyk, Irène [P, R] (1937) : Une petite femme aux yeux bleus (1972), la Balzac (1992).

Steeman, Stanislas-André : voir p. 311 a.

Sternberg, Jacques [R, J] (1923) : Lettre ouverte aux Terriens, le Cœur froid, Sophie la mer et la nuit.

Swennen, René [E, Av] (1943) : Palais-Royal (1983), la Nouvelle Athènes (1985), les Trois Frères (1986), le Roman du linceul (1991).
Thinès, Georges [P, R] (1923) : le Tramway des officiers (1975), l'Œil de fer.
Tordeur, Jean [P] (1920).
Toussaint, Jean-Philippe [R] (1957) : la Salle de bain.
Trousson, Raymond [Ph, Es] (1936).
Vandegans, André [Es] (1921).
Vandercammen, Edmond [P, Es, Pe] (1901-80).
Vandromme, Pol [Es, Cr] (1927) : Lettres vives.
Vaneigem, Raoul [Es] (1934).
Verhesen, Fernand [P, Es, Pe] (1913) : Franchir la nuit (1970), les Clartés mitoyennes (1978).
Walder, Francis (Waldburger) [R, Es] (1906-97) : Saint-Germain ou la Négociation (G 1958), Cendre et Or (1959), Une lettre de Voiture, Chaillot ou la Coexistence (1987).
Weyergans, *François* [R, C] (1941) : le Pitre (1973), Macaire le copte (1981), la Vie d'un bébé (1986), Françaises Français (1980-88), Rire et Pleurer (1990), la Démence du boxeur (1992), Franz et François (1997) ; *Franz* (Désiré) père du précédent [R, Av, J, Es] (1912-74) : l'Opération.
Willems, Paul [D, R] (1912-97) fils de Marie Gevers : *Théâtre :* Il pleut dans ma maison (1963), les Miroirs d'Ostende (1974).
Wouters, Liliane [P] (1930).

DE LANGUE NÉERLANDAISE

Anonymes : *Karel ende Elegast* (cycle Charlemagne) XIIIe s. ; *Van den Vos Reinaerde* (Roman de Renart) XIIIe s. ; *Elckerlyc* (Moralité) XIVe s. **Bijns,** Anna [Pol] (1493-1575). **Boon,** Louis-Paul [R] (1912-79) : Le faubourg s'étend, Menuet. **Claus,** Hugo [D, R] (1929) : Sucre, la Fiancée du matin, Vendredi, A propos de Dédée, le Chagrin des Belges, Gilles et la Nuit (1995). **Conscience,** Hendrik [E] (1812-83) : le Lion de Flandre. **Daisne,** Johan (Herman Thiery) [P, R, D, Cr] (1912-78) : *Romans :* l'Homme au crâne rasé (1947), les Dentelles de Montmirail (1964). **D'Haene,** Christine [P] (1923). **Elsschot,** Willem (A. de Ridder) [R] (1882-1960) : le Feu follet, Villa des roses (1913). **Geeraerts,** Jef [R] (1930) : Gangrène, Chasser. **Gezelle,** Guido [P] (1830-90). **Gijsen,** Marnix (J.A. Goris) [R] (1899-1984) : le Livre de Joachim de Babylone (1946). **Hadewijch** [P] (XIIIe s.) : Poèmes strophiques. **Lampo,** Hubert [R] (1920) : Hélène Defray (1944), la Venue de Joachim Stiller (1960). **Raes,** Hugo [E] (1929) : les Rois fainéants (1961). **Roelants,** Maurice [R, P, Cr] (1895-1966). **Ruysbroek,** Jan Van, l'Admirable (ou Jean Ruusbroec) [Théo] (1293-1381) : Écrits mystiques. **Ruyslinck,** Ward [R] (1929) : les Dormeurs dégénérés (1957). **Schillebeeckx,** Édward [Théo] (1914). **Streuvels,** Stijn [E] (1871-1969). **Teirlinck,** Herman [D, R, P] (1879-1967). **Timmermans,** Félix [E] (1886-1947). **Van Aken,** Piet [E] (1920-84) : Klinkaart (1954). **Van Assenede,** Diederik [D] : « Beatrijs ». **Vandeloo,** Jos [R] (1925) : le Danger. **Van de Woestijne,** Karel [P] (1878-1929). **Van Maerlant,** Jacob [Ency] (vers 1225-apr. 1321). **Van Ostayen,** Paul [P] (1896-1928) : Ville occupée, le Premier Livre de Schmoll. **Van Veldeke,** Hendrik [P] († av. 1200). **Vermeylen,** August [E] (1872-1945) : le Juif errant. **Walschap,** Gérard [R] (1898-1989) : Houtekiet, Sœur Virgilia, Noir et Blanc, Un homme de bonne volonté, le Nouveau Deps.

LITTÉRATURE CANADIENNE

DE LANGUE FRANÇAISE

NÉS AVANT 1900

Barbeau, Marius [Es] (1883-1969). **Beauchemin,** Nérée [P] (1850-1931). **Bégon,** Élisabeth [E] (1696-1755) : Lettres au cher fils (1748-53). **Boucher,** Pierre [Nat] (1622-1717). **Buies,** Arthur [Es] (1840-1901) : Chroniques canadiennes (1873), la Lanterne d'Arthur Bules (1964), Lettres sur le Canada (1978). **Casgrain,** Henri (abbé) [P, Es] (1831-1904). **Charbonneau,** Jean [P] (1875-1960). **Conan,** Laure [R] (1845-1924) : Angéline de Montbrun (1884), A l'œuvre et à l'épreuve (1891), l'Obscure Souffrance (1919). **Crémazie,** Octave [P] (1827-79). **Évanturel,** Eudore [P] (1852-1919). **Fréchette,** Louis Honoré [P, E] (1839-1908) : Pêle-Mêle (1881), la Légende d'un peuple (1887), Feuilles volantes (1891), Originaux et Détraqués (1892). **Garneau,** François-Xavier [H] (1809-66). **Gaspé,** Philippe Aubert de [R] (1786-1871) : Anciens Canadiens. **Grignon,** Claude, Henri [R] (1894-1976) : les Vivants et les Autres (1922), Un homme et son péché, le Déserteur et autres récits de la terre. **Groulx,** Lionel (abbé) [H] (1878-1967). **Guèvremont,** Germaine [E] (1893-1968) : En pleine terre (1942), le Survenant, Marie-Didace. **Hémon,** Louis [R] (né Brest 1880/vécut au Canada à partir d'oct. 1911, y fut tué par un train 8-7-1913) : Maria Chapdelaine (1916), la Belle que voilà, Colin-Maillard, M. Ripois et la Némésis (publié en 1950), Lettres à sa famille (1968). **Morin,** Paul [P] (1889-1963). **Nelligan,** Émile [P] (1879-1941). **Ringuet,** Philippe Panneton, dit [R] (1895-1960) : Trente Arpents (1938), l'Héritage. **Roquebrune,** Robert de [R] (1889-1978) : les Habits rouges (1948), Testament de mon enfance, la Seigneuresse, Cherchant mes souvenirs (1968). **Rumilly,** Robert [H] (1897-1983). **Savard,** Félix-Antoine [R] (1896-1982) : la Minuit (1948), Menaud, maître graveur, le Bouscueil. **Sulte,** Benjamin [J] (1841-1923).

NÉS APRÈS 1900

Aquin, Hubert [R] (1929-77) : Prochain Épisode (1965), l'Antiphonaire (1969), Neige noire (1974).
Barbeau, Jean [D] (1945-94) : Ben Ur (1971), Émile et une Nuit.
Beauchemin, Yves [R] (1941) : l'Enfirouapé (1974), le Matou (1981).
Beaulieu, Victor Lévy [R] (1945) : Race de monde (1969), Monsieur Melville (1978), Satan Belhumeur (1981), les Grands-Pères.
Benoît, Jacques [R] (1941) : Jos Carbone.
Bergeron, Léandre [H] (1933).
Bersianik, Louky (Lucille Durand) [R] (1930) : l'Euguélionne (1976), Maternative : les pré-Ancyls (1980).
Bessette, Gérard [R] (1920) : le Libraire, l'Incubation, les Anthropoïdes, Mes romans et moi.
Blais, Marie-Claire [R] (Québec, 1939) : la Belle Bête (1954), Une saison dans la vie d'Emmanuel (M 1966), le Loup (1972), A cœur joual (1974), les Nuits de l'underground (1978), le Sourd dans la ville (1979), Visions d'Anna ou le Vertige (1982), Soifs.
Bombardier, Denise [J, Es, R] (1941) : Une enfance à l'eau bénite, Lettre ouverte aux Français qui se croient le nombril du monde (2001).
Bosco, Monique [R] (1927) : Charles Lévy, Schabbat, 70-77 (1978), la Femme de Loth.
Boucher, Denise [R] (1935) : Les fées ont soif.
Bourassa, André G. [E] (1936).
Brault, Jacques [P] (1933).
Brossard, Nicole [P] (1943).
Caron, Louis [R] (1942) : les Fils de la liberté, le Bonhomme sept heures.
Carrier, Roch [R, D] (1937) : *Romans :* la Guerre, yes Sir ! (1968), Floralie, le Jardin des délices. *Théâtre :* la Céleste Bicyclette, la Dame qui avait des chaînes aux chevilles, le Cirque noir.
Chamberland, Paul [P] (1939).
Choquette, *Gilbert* [P, R] (1929) : Au loin l'espoir (1959), Interrogation (1962), l'Honneur de vivre (1964), Apprentissage (1966), la Défaillance (1969), la Mort au verger, Un tourment extrême (1979). *Robert* [P] (1905-88).
Cousture, Arlette [E] (1948) : les Filles de Caleb.
Dansereau, Pierre [R] (1911) : le Futur d'un Québec au conditionnel.
Daveluy, Paule [R] (1919) : l'Été enchanté (1958).
Desautels, Denise (1945).
Desbiens, Jean-Paul [E] (1927) : les Insolences du frère Untel, Sous le soleil de la pitié (1973).
Desrochers, Alfred [P] (1901-78).
Dion, Léon [Soc] (1922) : la Prochaine Révolution (1973), le Québec et le Canada.
Dubé, Marcel [D] (1930) : Un simple soldat (1967), les Beaux Dimanches (1968), le Réformiste (1977), Entre midi et soir, Octobre (1977).
Ducharme, Réjean [Hum] (1941) : l'Avalée des avalés.
Dumont, Fernand [E] (1927).
Ferron, Jacques [R] (1921-85) : la Nuit (1965), le Ciel de Québec, Dr Cotnoir, l'Amélanchier (1977), les Confitures de coing, Rosaire (1981).
Folch-Ribas, Jacques [R] (1928) : l'Aurore boréale, la Chaire de Pierre (1989), Marie Blanc (1994).
Gagnon, Madeleine [P, R] (1938).
Garneau, *Hector* (De Saint Denys) [P] (1912-43) ; *Michel* [D] (1925) : les Célébrations, Moments (1973), Quatre à quatre (1974).
Gauvreau, Claude [D] (1925-71) : Refus global (1948), Entrails (1981).
Gelinas, Gratien [D] (1909) : Ti-Coq, Bousille et les Justes (1959), Hier, les enfants dansaient.
Germain, Jean-Claude [D] (1939) : Un pays dont la devise est je m'oublie (1976), l'École des rêves (1979), Mamours et Conjuguat (1979).
Giguère, *Diane* [R] (1937) : le Temps des jeux, L'eau est profonde, Dans les ailes du vent. *Roland* [R] (1929) : l'Age de la parole, la Main au feu.
Godbout, Jacques [R] (1933) : l'Aquarium (1962), Salut Galarneau ! (1967), l'Isle au dragon (1976), les Têtes à Papineau (1981), Opération Rimbaud.
Grandbois, Alain [P] (1900-75).
Grand'maison, Jacques [E] (1931).
Gurik, Robert [D] (1932) : Hamlet, prince du Québec.
Hamel, Réginald [E] (1931).
Hébert, Anne [P, R] (1916-2000) : les Songes en équilibre (1942), le Torrent (1950), le Tombeau des rois (1953), les Chambres de bois, Mystère de la parole, le Temps sauvage (1967), Kamouraska, Héloïse, les Fous de Bassan (1982), l'Enfant chargé de songes, Aurélien, Clara, Mademoiselle et le Lieutenant anglais, Un habit de lumière.
Hénault, Gilles [R] (1920) : Sémaphore (1962), Signaux pour les voyants.
Jasmin, Claude [E] (1930) : la Petite Patrie (1972), Le veau dort (1979), les Contes du sommet bleu (1980), Délivrez-nous du mal (1981).
Laberge, Marie [D] (1929) : C'était avant la guerre à l'Anse-à-Gilles (1981), l'Homme gris.
Langevin, *André* [R] (1927) : l'Élan d'Amérique, le Fou solidaire, Poussière sur la ville ; *Gilbert* [P] (1938).
Languirand, Jacques [R] (1931) : les Insolites.
Lapointe, Gatien [P] (1931).
Lapointe, Paul-Marie [R] (1929-85) : Pour les âmes (1963), le Vierge incendié, le Réel absolu.
Lasnier, Rina [P] (1915-97).
Leclerc, Félix [Chan, R] (1914-88) : Allégro (1945), Pieds nus dans l'aube (1947).
Lemelin, Roger [R] (1919-92) : Au pied de la pente douce (1944), les Plouffe (1948), Pierre le Magnifique (1952), la Culotte en or (1980).
Leroux, Pierre [R] (1958) : le Rire des femmes.
Loranger, Françoise [D] (1913-96) : Double Jeu (1969), Jour après jour, Un si bel automne (1971).
Maillet, Antonine [R, Th] (1929) : *Romans :* Évangéline Deusse (1975), Mariaagélas, la Sagouine, les Cordes de bois, Pélagie la Charrette (G 1979), la Gribouille, Cracheà-pic (1984), les Confessions de Jeanne de Valois, le Chemin de saint Jacques, les Cahiers rouges, Chronique d'une sorcière de vent. *Théâtre :* l'Oursiade, William S.
Major, André [E] (1942) : l'Épouvantail (1974), les Rescapés, l'Épidémie (1977).
Marcotte, Gilles [R] (1925) : le Poids de Dieu (1962), le Roman à l'imparfait (1976).
Martel, Suzanne [P] (1924).
Martin, Claire [R] (1914) : Dans un gant de fer (1965), Markoosie (1971), La petite fille lit (1973).
Miron, Gaston [P] (1928-96) : l'Homme rapaillé.
Monière, Denis [E] (1947).
Morency, Pierre [P] (1942).
Ouellette, Fernand [E] (1930) : Edgar Varèse, les Actes retrouvés, Poésie.
Ouvrard, Hélène [R] (1938) : le Corps étranger (1973), la Noyante, l'Herbe et le varech (1980).
Paradis, Suzanne [P] (1936).
Parizeau, Alice (Cracovie 1930-91) : Les lilas fleurissent à Varsovie (1985).
Perrault, Pierre [P] (1927).
Pilon, Jean-Guy [P] (1930).
Poulin, Jacques [R] (1937) : Faites de beaux rêves, les Grandes Marées, Volkswagen Blues.
Robert, Guy [E] (1933).
Roy, Gabrielle [R] (1909-83) : Bonheur d'occasion (F 1947), la Petite Poule d'eau, Rue Deschambault, Alexandre Chênevert, la Montagne secrète (1961), la Route d'Altamont, Ces enfants de ma vie, Cet été qui chantait, la Détresse et l'Enchantement.
Ruelland, Jacques [E] (1948).
Selye, Hans [M] (1907-82) : Stress sans détresse.
Soucy, Jean-Yves [R] (1945) : Un dieu chasseur (1978), les Chevaliers de la nuit, l'Étranger au ballon rouge.
Thériault, *Marie-José* (1945) : l'Œuvre du Gallois ; *Yves* [R] (1915-83) : Aaron (1954), Agaguk (1958), le Dernier Havre, la Fille laide (1970), les Aventures d'Ori, le Dompteur d'ours, Tayaout.
Tremblay, Michel [R, D] (1943) : les Belles Sœurs (1968), l'Impromptu d'Outremont (1980), les Chroniques du plateau Mont-Royal, le Vrai Monde (1987), la Nuit des princes charmants.
Trudel, Marcel [H] (1917) : Histoire de la Nouvelle-France, Montréal, la formation d'une société.
Uguay, Marie [P] (1955-81).
Vadeboncœur, Pierre [Es] (1920) : Indépendance (1972), l'Autorité du peuple (1977), les Deux Royaumes (1978), To be or not to be (1980).
Vallières, Pierre [Pol] (1938-98) : Nègres blancs d'Amérique (1968).
Vigneault, Gilles [Chan, P] (1928).
Wyczynski, Paul [E] (1921).

DE LANGUE ANGLAISE

NÉS AVANT 1900

Brooke, Frances (Moore) [R] (1724-1789) : The History of Emily Montague (1769). **Campbell,** Wilfred [P] (1861-1918). **Carr,** Emily (Artiste) [E] (1871-1945) : Klee Wyck. **Connor,** Ralph (Rev. Charles William Gordon, dit) [R] (1860-1937) : The Man from Glengarry (1901), Glengarry School Days (1902). **De la Roche,** Mazo [R] (1885-1961) : Jalna (15 romans). **Grove,** Frederick Philip [E] (1871-1948). **Haliburton,** Thomas Chandler [Hum] (1796-1865) : Sam Slick the Clockmaker (1823). **Jenness,** Diamond [Ethn] (1886-1969). **Kirby,** William [R] (1817-1906) : le Chien d'or. **Lampman,** Archibald [P] (1861-99). **Leacock,** Stephen Butler [Hum] (1869-1944). **Montgomery,** Lucy Maud [R] (1874-1942) : Anne of Green Gables (1908). **Moodie,** Susanna (Strickland) [Pros] (1803-85). **Parker,** Gilbert [R] (1862-1932) : The Seats of the Mighty (1896). **Pratt,** Edwin John [P] (1883-1964). **Richardson,** John [R] (1796-1852) : Wacousta or the Prophecy, A Tale of the Canadas (1832). **Roberts,** Charles G.D. [P] (1860-1943). **Sangster,** Charles [P] (1822-93). **Scott,** Duncan Campbell [P] (1862-1947). **Scott,** Francis Reginald [P, Pol] (1899-1985). **Service,** Robert William [P] (1874-1958). **Seton,** Ernst Thompson [Nat, R] (1860-1946). **Traill,** Catharine Parr [Pros] (1802-99). **Wilson,** Ethel Davis [R] (1890-1980).

NÉS APRÈS 1900

Acorn, Milton [P] (1923-86).
Atwood, Margaret [P, R] (1939) : la Servante écarlate (1986), Œil-de-Chat (1989), la Voleuse d'hommes (1994), Mort en lisière (1996), Captive (1998), the Blind Assassin.
Berton, Pierre [H] (1925).
Birney, Earle [P, R] (1904-95).
Bissett, Bill [P] (1939).
Bissoondath, Neil [E] (1955, vit à Québec) : l'Innocence de l'âge.
Bolt, Carol [D] (1941) : Red Emma : Queen of the Anarchists (1973).
Bowering, George [P, R] (1935) : En eaux troubles, West Window, Kerrisdate Elegies.
Buckler, Ernest [R] (1908-84) : The Mountain and the Valley (1952), Whirligig.
Callaghan, Morley [R] (1903-90) : Telle est ma bien-aimée (1934), More Joy in Heaven (1937), The Loved and the Lost (1951), Cet été-là à Paris (1963), The Energy of Slaves (1972), Death of a Lady's Man (1977), The Many-Coloured Coat (1988).

Cohen, *Leonard* [P, Chanteur] (1934). *Matt* [R] (1942-99) : The Disinherited, le Médecin de Tolède (1982), The Bookseller (1993), Elizabeth et après.
Coleman, Victor [P] (1944).
Coles, Don [P] (1928).
Creighton, Donald Grant [H] (1907-79) : John A. MacDonald (1955), Dominion of the North (1957), The Forked Road (1976).
Davies, Robertson [R, D] (1913-95) : Cinquième Emploi (1970), la Trilogie de Deptford [l'Objet du scandale, le Manticore, le Monde des merveilles de Cornish (les Anges rebelles)], Un homme remarquable, la Lyre d'Orphée.
Engel, Marian [R] (1933-85) : Bear (1976), The Glassy Sea, Lunatic Villas.
Findley, Timothy [R] (1930) : le Dernier des fous (1965), Guerres (1977), Stones (1986), le Chasseur de têtes (1993), la Fille de l'homme au piano (1995), Nos adieux (1996), Pilgrim.
Freeman, David [D] (1945) : Creeps (1972).
Frye, Northrop [Cr] (1912-91).
Gallant, Mavis [R] (1922) : Home Truths (1981), Rue de Lille (1988), les Quatre Saisons, l'Été d'un célibataire (1989), Across the Bridge (1993), Poisson d'avril.
Glassco, John [E] (1909-81).
Gray, John [D] (1946) : Billy Bishop Goes to War, Rock and Roll (1982).
Gwyn, Richard [J] (1934).
Harlow, Robert [R] (1923) : Scann (1972), Paul Nolan (1983), The Saxophone Winter (1988).
Herbert, John [D] (1926) : Aux yeux des hommes (1967), Some Angry Summer Songs (1976).
Hodgins', Jack [R] (1938) : Spit Delaney's Island, The Resurrection of Joseph Bourne, The Honourary Patron.
Kinsella, W.P. [R] (1935) : Dance Me Outside (1977), Shoeless Joe Jackson Comes to Iowa.
Klein, Abraham Moses [P, R] (1909-72).
Kroetsch, Robert [R] (1927) : The Studhorse Man (1969), Alibi, Advice to my Friends.
Laurence, Margaret [R] (1926-87) : l'Ange de pierre (1964), les Gracles, Ta maison est en feu.
Layton, Irving [P] (1912).
Lee, Dennis [P] (1939).
Livesay, Dorothy [P] (1909-96).
MacLennan, Hugh [R] (1907-90) : Two Solitudes, The Watch that Ends the Night, Voices in Time.
Maillard, Keith [R] (1942) : The Knife in my Hands (1981), Cutting Through (1982).
McCall-Newman, Christina [J, H] (1936), Grits : an Intimate Portrait of the Liberal Party (1982).
McLuhan, Marshall [Soc] (1911-80) : la Galaxie Gutenberg (1962), Pour comprendre les médias (1964), D'œil à oreille (1977).
Mistry, Robinton [E] (1952).
Mitchell, William Ormond [R] (1914) : Qui a vu le vent ? (1947), Ladybug (1988).
Moore, Brian [R] (1921) : The Luck of Ginger Coffey (1960), Robe noire (1984).
Mowat, Farley [R, Ethn, Polé] (1921) : People of the Deer (1952), Mes amis les loups (1963), Ouragan aux Bermudes (1979), Virunga (1987).
Munro, Alice [R] (1931) : Lives of Girls and Women (1971), Who Do You Think You Are ? (1978), les Lunes de Jupiter (1982), Secrets de Polichinelle.
Newlove, John [P] (1938).
Newman, Peter C. [J] (1929).
Nowlan, Alden [P] (1933-83).
O'Hagan, Howard [R] (1902-82) : Tay John.
Ondaatje, Michael [P, R] (1943, origine sri lankaise) : The Collected Works of Billy the Kid (1970), Un air de famille (1982), Secular Love, la Peau d'un lion (1987), le Patient anglais (1992), le Fantôme d'Anil.
Ormsby, Margaret A. [H] (1909).
Page, Patricia Kathleen [P] (1916).
Reaney, James [P] (1926).
Ricci, Nino [E] (1959).
Richards, David [E] (1950).
Richler, Mordecai [R] (1931) : le Choix des ennemis, l'Apprentissage de Duddy Kravitz, Gursky, le Monde de Barney.
Ritchie, Charles [Pol] (1906-95).
Rooke, Leon [R] (1934) : Fat Woman (1980), Shakespeare's Dog (1983).
Ross, James-Sinclair [R] (1908) : As for Me and My House (1941), The Race and Other Stories.
Saul, John [R, E] (1947) : l'Ennemi du bien (1986), Paradis Blues (1988), les Bâtards de Voltaire, le Compagnon du doute, la Civilisation inconsciente.
Simpson, Jeffrey Carl [H] (1949) : Discipline of Power.
Skelton, Robin [P] (1925-97).
Smart, Elizabeth [R] (1913-86) : By Grand Central Station I Sat Down and Wept (1945).
Stewart, Roderick [R] (1934) : Norman Bethune.
Suknaski, Andrew [P] (1942).
Vanderhaeghe, Guy [R] (1951) : Man Descending : Selected Stories (1982).
Wade, Mason [H] (1913-86).
Watkins, Mel [Soc, Pol] (1932).
Watson, Sheila [R] (1919) : The Double Hook.
Webb, Phyllis [P] (1927).
Wiseman, Adele [R] (1928) : The Sacrifice (1956), Crackpot, Letter to the Past : an Autobiography.
Woodcock, George [H, P, R] (1912-95) : Gabriel Dumont, Faces from History.

LITTÉRATURE ESPAGNOLE

QUELQUES MOUVEMENTS

Lyrisme catalan. Troubadours occitans. Vivace à Barcelone, puis à Valence ; pratique en outre l'allégorisme. Raymond Lulle (1235-1315), Ausias March (1397-1459), Jaime Roïg (1409-78).

Poèmes chevaleresques. *Romanceros :* du type des poèmes épiques français. Au XVe s., García Rodriguez de Montalvo crée dans leur tradition le roman de chevalerie : Amadis de Gaule, modèle de la littérature romanesque entre 1650 et 1750.

Gongorisme (ou cultéranisme). Expression littéraire recherchée de sentiments raffinés. Dans la tradition des troubadours occitans du Moyen Age espagnol, celle du *trobar clus* (poésie hermétique). Luis de Gongora (1561-1627), les frères Argensola : Bartolomé (1562-1631), Lupercio (1559-1613).

Picarisme. Roman de l'antihéros. Les *personnages* sont des coquins et des antisociaux. Miguel de Cervantès [1547-1616, *Sancho Pança* (et *Don Quichotte* est un Amadis ridiculisé)] ; Mateo Alemán (1547-1614), Vicente Espinel (1550-1624), *Lazarillo de Tormes* (1554, anonyme), Francisco López de Ùbeda (1558-80).

Mystiques. Sainte Thérèse d'Avila (1515-82), saint Jean de la Croix (1542-91).

Génération de 1898. Réaction contre la tendance à la rhétorique. Cherche à s'exprimer en langage dépouillé. Sens moral chrétien et inquiétude patriotique. Miguel de Unamuno (1864-1936), Jacinto Benavente (1866-1954), Pío Baroja (1872-1956), Azorín (1873-1967), Antonio Machado (1875-1939), Ramiro de Maeztu (1875-1936).

Génération de 1927. Tricentenaire de la mort de Gongora dont plusieurs se réclament : Rafael Alberti (1902-99), Dámaso Alonso (1898-1990), Vicente Aleixandre (1898-1984), Miguel Ayllon Altolaguirre (1906-59), José Bergamin (1894-1983), Luis Buñuel (1900-83), Jorge Guillén (1893-1984), Federico García Lorca (1898-1936).

NÉS ENTRE 1100 ET 1400

Anonymes : le Poème du Cid (*Cantar de mio Cid,* vers 1140), Roncevaux, les Sept Enfants de Lara, la Grande Conquête d'outre-mer (XIIIe s.), Danses de la mort (XIVe s.). **Alphonse X** le Savant [P, H, E] (1221-84, roi de Castille et empereur d'Allemagne) : Cantiques de sainte Marie, Première Chronique générale. **Averroès** [Ph de l'islam] (1126-98). **Avicébron** (Salomon ibn Gabirol) [Ph] (juif, vers 1020-vers 1058) : la Source de vie. **Berceo,** Gonzalo de [E] (vers 1198-apr. 1264) : les Miracles de Notre-Dame. **Juan Manuel,** l'Infant [Mor] (1282-1348) : Livre de Petronio ou le comte Lucanor. **López de Ayala,** Pedro [H] (1332-1407) : Rimado de Palacio. **Lulle,** Raymond (bienheureux) surnommé le Docteur illuminé [Théo, P, alchimiste] (vers 1235-1315) a écrit en latin, catalan, arabe : Ars magna, Livre de l'Ami et de l'Aimé, Félix ou le Livre des merveilles. **Maimonide,** Moïse [Méd, Théo, Ph] (juif, 1135-1204) : le Guide des égarés. **Mendoza,** Iñigo López de (Mis de Santillana) [P] (1398-1458) : Sonnets. **Pérez de Guzmán,** Hernán [P, H, E] (vers 1376-1458). **Ruiz,** Juan (archiprêtre de Hita) [P] (vers 1285-1350) : le Livre de bon amour. **Sem Tob,** le rabbi [Mor] (vers 1300-1370) : Proverbes moraux.

NÉS ENTRE 1400 ET 1500

Anonyme : Romance du roi Rodrigue (XVe s.). **Boscán,** Juan [P] (vers 1495-1542). **Castillejo,** Cristóbal de [P] (vers 1490-1550). **Cortés,** Hernán [H] (1485-1547) : Lettres sur la conquête du Mexique. **Díaz del Castillo,** Bernal [Chr] (1492-1581 ?) : Véritable Histoire de la conquête de la Nouvelle-Espagne (1632). **Encina,** Juan del [D, P] (1468-vers 1529) : Églogues : Cristino et Febea (1509). **Guevara,** fray Antonjo de [E, H] (1480-1545) : l'Horloge des princes (1529), Épîtres familières (1539-41). **Ignace de Loyola,** saint [Préd] (1491-1556, fonda la Compagnie de Jésus dont il élabora les constitutions et les règles) : Exercices spirituels, Journal (1544-45). **Las Casas,** fray Bartolomé de [H] (1474-1566) : Histoire générale des Indes (1526-1552). **Manrique,** Gómez [P] (1413-vers 1491). **Manrique,** Jorge [P] (vers 1440-79) : stances sur la mort de son père (1476). **Martorell,** Joanot [R] († vers 1465) : Tirant le Blanc. **Mena,** Juan de [P] (1411-56) : Labyrinthe de fortune ou *Las Trescientas* (300). **Oviedo,** Fernandez de [E] (1478-1557) : Histoire générale et naturelle des Indiens (1535). **Padilla,** Juan de [P] (1468-1521). **Rodriguez de Montalvo,** García [R] (vers 1440-1500) : Amadis de Gaule (1492). **Rojas,** Fernando de [D] (vers 1465-1541) : la Célestine (1499), Comédie (1499), Tragicomédie (1502). **Torres Naharo,** Bartolomé de [D] (1480-vers 1531) : Hyménée (vers 1515), Propalladia. **Vives,** Juan Luis [Ph] (1492-1540) a écrit en latin.

NÉS ENTRE 1500 ET 1600

Anonyme : la Vie de Lazarillo de Tormes (1554). **Alcázar,** Baltasar del [P] (1530-1606). **Alemán,** Mateo [R] (1547-1614) : Vie et Aventures de Guzmán de Alfarache (1599). **Argensola,** Bartolomé Léonardo de [P, H] (1562-1631). **Balbuena,** Bernardo de [P, H] (1568-1627). **Castillo y Solórzano,** Alonso de [R] (1584-1647) : Histoire et Aventures de doña Rufine (1642). **Castro y Bellvís,** Guillén de [D] (1569-1631) : les Enfances du Cid (1618). **Cervantès Saavédra,** Miguel de [R] (1547-1616) : Galatée (1585), Don Quichotte de la Manche (1605-16), Nouvelles exemplaires (1613), les Travaux de Persilès et de Sigismonde (1617). – *Biogr.* : famille noble et pauvre de Alcalá de Henares (Nlle-Castille) ; études à l'université. *1569* cherche fortune en Italie. *1570* s'engage. *1571* Lépante, perd la main gauche. *1573-75* combat en Afrique du Nord. *1575-80* prisonnier des Barbaresques ; racheté 500 écus. *1581-83* combat (Açores, Algérie). *1584* épouse Catalina de Palacios, s'installe à Esquivias, près de Madrid. *1588-1603* commissaire aux vivres de l'Invincible Armada (séjourne surtout en Andalousie). *1603* vit (mal) de ses livres et comédies à Valladolid (1603-06), puis Madrid. *23-4-1616* y meurt. **Céspedes y Meneses,** Gonzalo de [P, R] (vers 1585-1638). **Ercilla y Zuñiga,** Alonso de [P, H] (1533-94) : l'Araucana (37 chants 1569-89). **Espinel,** Vicente [R] (1550-1624) : Vie de l'écuyer Marcos de Obregón (1618).

Garcilaso de la Vega [P] (1501-36) : Églogues, Élégies. **Góngora y Argote,** Luis de [P] (1561-1627) : Polyphème (1612), les Solitudes (1613), Sonnets (1627), Romances (1629). **Herrera,** Fernando de [P] (1534-97). **Hurtado de Mendoza,** Diego [P, H] (1503-75) : on lui attribue la Vie de Lazarillo de Tormes (1554). **Jean de La Croix,** saint [P] (1542-91) : Cantique spirituel, Ascension du mont Carmel, Nuit obscure de l'âme. **Lope de Vega Carpio,** Félix [R, D, P] (1562-1635) : Arcadie (1598), l'Étranger dans sa patrie (1604), Odes (1609), le Nouveau Monde (1614), Peribáñez et le Commandeur d'Ocaña (1614), Font-aux-Cabres (1618), le Chien du jardinier (1618), Aimer sans savoir qui (1630), Dorothée (1632), Le meilleur alcalde, c'est le roi (1635). – *Biogr. :* noblesse asturienne, fixée à Madrid ; études (Théatins de Madrid, puis université d'Alcalá). *1582* participe à l'expédition des Açores. *1583-87* secrétaire du Mis de las Navas. *1588* enlève et épouse Isabel de Urbina, s'engage dans l'Invincible Armada. *1588-95* fait partie de la maison du duc d'Albe, puis de celle du Mis d'Alpica. *1598* veuf, se remarie (2 enfants). *1605* célèbre, est pris en charge par le duc de Sessa. *1614* veuf (2e fois) se fait prêtre (chapelain du duc de Sessa jusqu'à sa mort). *1627* le pape Urbain VIII le nomme docteur du Collegium Sapientiae et membre de l'ordre de St-Jean (on l'appelle « fray Lope »). **Luis de Granada,** fray (Or, Théo) (1504-88) : le Guide des pécheurs (1556). **Luis de León,** fray [P] (vers 1527-91) : les Noms du Christ (publié 1631). **Lupercio,** L. de [P] (1559-1613).
Mariana de la Reina, Juan de [H] (1536-1624) : Histoire d'Espagne (en latin 1592, castillan 1601). **Montemayor,** Jorge de [R, P] (vers 1520-61) : Cancionero (1554), la Diane (1559). **Pérez de Hita,** Ginés [H] (vers 1544-1619) : Guerres civiles de Grenade (1595). **Quevedo y Villegas,** Francisco Gómez de [E] (1580-1645) : le Songe de l'enfer (1608), de la mort (1621), Histoire de la vie du Buscón, don Pablo de Ségovie (1626), Sonnets (1627). **Rueda,** Lope de [D] (vers 1510-65). **Ruiz de Alarcón,** Juan [D] (vers 1580-1639) : les Seins privilégiés (1625), la Vérité suspecte (1630), l'Examen des maris (1632), le Tisserand de Ségovie (1634). **Sahagun,** frère Bernardino de [Théo] (1500 ?-90) : Histoire générale des choses de la Nouvelle Espagne. **Suarez,** Francisco (jésuite) [Ph, Théo] (1548-1617) : Défense de la foi, Disputations métaphysiques (1597). **Suarez de Figueroa,** Cristobal [Mor, P] (1571-1645?) : le Passager (1617). **Thérèse d'Avila,** sainte (de Cepeda y Ahumada ; en religion : Thérèse de Jésus béatifiée 1614, canonisée 1622) [Théo] (1515-82) : Autobiographie (1562-1565), Fondations, le Château intérieur (1577), Chemin de la perfection (1583, publié 1585). **Tirso de Molina** (Fray Gabriel Téllez, dit) [D, R] (1583-1648) : Marthe la dévote (1614), le Timide à la Cour (1624), les Jardins de Tolède (1624-31), le Séducteur de Séville (1630), les Amants de Teruel (1635). **Valdés,** Juan de [E] (vers 1501-41) : Dialogue sur le langage (1535), l'Alphabet chrétien (1545). **Vélez de Guevara,** Luis [D, H] (1579-1644) : le Diable boiteux (1641), Reigner après la mort. **Virués,** Cristóbal de [P] (1550-après 1610).

NÉS ENTRE 1600 ET 1800

Barbosa du Bocage, Manuel Maria [P] (1765-1805). **Bretón de los Herreros,** Manuel [E] (1796-1873) : Marcelle (1831), Descendre de son alpage, Meurs et tu verras, l'École du mariage (1852). **Caballero,** Fernán (Cecilia Böhl de Faber) [H] (1796-1877) : Clemencia, la Famille Alvareda (1856), la Mouette. **Cadalso y Vazquez,** José [D, P] (1741-82) : Lettres marocaines (1789), Nuits lugubres (1789). **Calderón de la Barca,** Pedro [E, D] (1600-81) : le Principe constant (1629), La vie est un songe (1631), la Dévotion à la Croix (1634), l'Alcade de Zalamea (1636), le Magicien prodigieux (1637), le Médecin de son honneur (1637), la Fille séduite par Gómez Arias (1672). **Feijóo y Montenegro,** fray Benito Jerónimo [E] (1676-1764) : Théâtre critique (1726-60), Lettres érudites et curieuses. **Fernández de Moratín,** Leandro [D] (1760-1828) : la Défaite des pédants (1789), le Oui des jeunes filles (1805), la Comédie nouvelle ou le Café (publié 1838).
Gracián y Morales, Balthasar [D, E] (1601-58) : le Héros (1630), Traité des pointes et du bel esprit (1642-48),

■ **Quelques personnages. Le Cid :** « romancero » anonyme (XVe siècle) [héros chevaleresque]. **La Célestine :** Calixte et Melibée (1499) attribuée à Fernando de Rojas (entremetteuse). **Lazarillo de Tormes :** roman anonyme (1554) [jeune aventurier picaresque]. **Lindor :** amoureux (comédie). **Matamore** (tueur de Maures) : comédies populaires (XVIe s., en France et Italie : fanfaron vantard et peureux). Employé par Agrippa d'Aubigné (1578), Corneille (l'Illusion comique, 1636), Scarron (1645) et Théophile Gautier. **Don Quichotte :** *1605* de Cervantès (héros chevaleresque caricaturé). *1631* cité par Saint-Amand. *1878* entré dans le dictionnaire de l'Académie. **Dulcinéa de Toboso :** femme idéale. **Maritorne :** servante d'auberge disgracieuse. **Rossinante :** cheval efflanqué. **Sancho Pança :** bonhomme terre à terre. **Don Juan :** le séducteur de Séville (1630) par Tirso de Molina (grand seigneur impie et débauché). *Origine :* au XVIe s., Don Juan Tenorio avait tué, à Séville, le commandeur Ulloa dont il avait enlevé la fille. Repris par Louis Dorimond (1628-93) (*le Festin de pierre,* 1658), Molière (*Dom Juan ou le Festin de pierre,* 1659), Mozart (*Don Giovanni,* 1787) etc.

l'Homme de cour (1647), l'Homme détrompé (1651-57). **Iriarte,** Tomás de [D, P] (1750-91) : Fables. **Isla,** padre Francisco José de [E] (1703-81) : Histoire du fameux prédicateur frère Gerundio de Campazas alias Zotes (1758), Lettres (1789-90), Sermons (1792). **Jovellanos,** Gaspar Melchor de [E] (1744-1811) : Criminel par honneur (1774), Rapport sur la loi agraire (1787). **La Cruz Cano,** Ramón de [H] (1731-94). **Luzán y Claramunt,** Ignacio de [P] (1702-54). **Meléndez Valdés,** Juan [P] (1754-1817). **Moreto y Cabaña,** Agustín [D] (1618-69) : Dédain pour dédain (1652). **Quintana,** Manuel José [E, P] (1772-1857) : Vies des Espagnols célèbres (1807-33), Poésies. **Rivas,** Angel de Saavedra, duc de [P] (1791-1865) : la Force du destin, Romances historiques (1841). **Rojas Zorrilla,** Francisco de [D] (1607-48) : Entre fous va le jeu (1637), García del Castañar (1650). **Samaniego,** Félix Maria [P] (1745-1801) : Fables morales (1781). **Solis,** Antonio de [H] (1610-86) : Histoire de la conquête du Mexique (1684).

NÉS ENTRE 1800 ET 1900

Alarcón, Pedro Antonio de [R] (1833-91) : Journal d'un témoin de la guerre d'Afrique (1859), le Tricorne (1874), le Scandale (1875), l'Enfant à la boule (1880). **Aleixandre y Merlo,** Vicente [P] (1898-1984) : Enceinte (1927), Des épées comme des lèvres (1932), la Destruction de l'amour (1934), Ombre du paradis (1939-43), Histoire du cœur (1954), Poésie totale (N 1977). **Alonso,** Dámaso [P, Es] (1898-1990). **Azorín** (José Martinez Ruiz, dit) [E, R] (1873-1967) : l'Ame castillane (1900), la Volonté (1902), Antonio Azorín (1903), Sur la route de Don Quichotte (1906), Castille (1912), En marge des classiques (1915), Doña Inés (1925), Félix Vargas (1928), (Pré-roman) (1929). **Barea,** Arturo [R] (1897-1957) : la Forge (1938), la Route (1939), la Flamme (1944). **Baroja y Nessi,** Pío [R] (1872-1956) : la Maison Aizgorri (1900), Paradoxe Roi, Chemin de perfection (1901), Aurore rouge, Zalacaín l'aventurier (1910), Mémoires d'un homme d'action (22 vol., 1913-35). **Bécquer,** Gustavo Adolfo [P] (1836-70) : poésies, légendes espagnoles, *rimas* (publié 1871). **Benavente y Martínez,** Jacinto [D] (1866-1954) : le Nid d'autrui (1894), les Intérêts créés (1907), la Mal-Aimée (1913), la Noble Dame (1945), Titania (1966) [N 1922]. **Bergamín,** José [Es, P, D] (1894-1983) : l'Art de birlibirloque (1930), le Puits de l'angoisse (1941). **Blasco Ibañez,** Vicente [R] (1867-1928) : Fleur de mai (1895), Terres maudites (1899), Boue et Roseaux (1902), la Horde (1905), Arènes sanglantes (1908), les Quatre Cavaliers de l'Apocalypse (1916), Mare nostrum (1918), les Ennemis de la femme (1919), le Pape de la mer (1925). **Campoamor y Camposono,** Ramón de [P] (1817-1901). **Carner,** Josep [P, E, R] (1884-1970) : Paliers (1950), Nabi (1959), l'Ébouriffé (1963). **Castro,** Américo [Ph, H] (1885-1972) : Réalité de l'Espagne (1962). **Chacel,** Rosa [R] (1898-1994) : Mémoires de Leticia Valle (1945), l'Insensée (1960), Quartier de Maravillas (1980), Acropole, Sciences naturelles (1988). **Clarín** (Leopoldo Alas, dit) [R, Cr] (1852-1901) : la Régenta (1884), Son fils unique (1890), Contes. **Coloma,** Luis [R] (1851-1914) : Bagatelles (1890). **Diego,** Gerardo [P] (1896-1987).
Echegaray y Eizaguirre, José [D] (1832-1916) : Folie ou Sainteté (1877), le Grand Galeoto (1881), le Fils de don Juan (N 1904). **Espina de la Serna,** Concha [E] (1877-1955) : la Petite Fille de Luzmela (1910), le Sphinx Maragata (1914). **Espronceda,** José de [P] (1808-42) : l'Étudiant de Salamanque (1836), le Diable-Monde (1840). **Felipe,** Léon (Felipe Camino Galicia) [P] (1884-1968). **Foix,** Josep Vicenç [R] (1893) : Diari 1918, Gertrudis (1927), Krtu (1932). **Ganivet,** Angel [R, Cr] (1865-98) : Idearium español (1897), Conquête du royaume de Maya (1897). **García Lorca,** Federico [D, P] (5-6-1898/19-8-1936) : Romancero gitan (1928). *Théâtre :* le Public (1930, publié 1978), Noces de sang (1933), Yerma (1934), la Maison de Bernarda Alba (1935), Ferias (1997 posth.). – *Biogr. :* riche famille de terriens andalous libéraux. *1915-23* licence de droit à Grenade ; pratique surtout musique (piano) et dessin. *1918-27* à Madrid, donne des récitals (poésie et piano). *1928-30* en Amérique ; s'initie au jazz. *1931* République : directeur du Théâtre universitaire et populaire (itinérant). *1933* tournée et conférences en Argentine. *1936* dénoncé aux franquistes par un homosexuel (vengeance) ; abattu le 19-8. **Gómez de La Serna,** Ramón [P] (1888-1963) : le Rastro (1915), la Veuve noire et blanche (1917), le Docteur invraisemblable (1921), la Femme d'ambre (1927), Greguerías, Gustave l'incongru, le Torero Caracho (1926), le Romancier (1924-46). **Guillén,** Jorge [P] (1893-1984) : Cantique (1928). **Hartzenbusch,** Juan Eugenio [D] (or. allemande, 1806-80) : les Amants de Teruel (1837). **Jiménez,** Juan Ramón [P] (1881-1958) : Chansons tristes (1903), Platero et moi (1914), Journal d'un poète nouveau marié, Éternités (1918) [N 1956].
Larra, Mariano José de (pseudonyme Figaro) [P, E] (1809-37) : articles de mœurs. **La Torre,** Claudio de [R] (1896-1973) : Hôtel Terminus. **Machado,** *Antonio* [P] (1875-1939) : Solitudes (1903-07), Champs de Castille (1912), Poésies complètes (1917), Juan de Mairena (1936). *Manuel* (frère du précédent) [P] (1874-1947) : Julianillo Valcárcel (1926). **Madariaga,** Salvador de [Pol] (1886-1978) : Anglais, Français, Espagnols (1929), l'Espagne, Essai d'histoire contemporaine (1978). **Maeztu,** Ramiro de [Es] (1875-1936) : la Crise de l'humanisme, Défense de l'hispanité (1934). **Marañon,** Gregorio [H] (1887-1960) : Don Juan. **Marquina,** Eduardo [P, R, D] (1879-1946) : Le soleil s'est couché en Flandre. **Martínez Sierra,** Gregorio [E] (1881-1947) : Drames, Printemps en automne. **Menéndez Pidal,** Ramón [H] (1869-1968) : l'Espagne du Cid (1929 et 1947), la Ville de protégés (1986). **Menéndez y Pelayo,** Marcelino [H, Cr] (1856-1912). **Miró Ferrer,** Gabriel [R] (1879-1930) : Notre père saint Daniel (1922), l'Évêque lépreux (1925). **Nuñez de Arce,** Gaspar [D, P] (1834-1903). **Ors y Rovira,** Eugenio d' [Es] (1882-1954) : Du baroque (1935), le Secret de la philosophie (1950). **Ortega y Gasset,** José [Ph, Es] (1883-1955) : le Spectateur (8 vol. 1916-34), l'Espagne invertébrée (1921), Thèmes de notre temps (1923), Écrits en faveur de l'amour, la Révolte des masses (1930), Idées et croyances (1940), l'Histoire comme système (1941), le Schéma des crises (1942). **Palacio Valdés,** Armando [R] (1853-1938) : José (1885), Riverita (1886), le Quatrième Pouvoir (1888), la Sœur Saint-Sulpice (1889), la Foi (1892), Tristan ou le Pessimisme (1906), le Village perdu (1911). **Pardo Bazán,** Emilia de [R] (1851-1921) : le Château d'Ulloa (1886), Coup de soleil (1889), la Sirène noire (1908). **Pereda y Porrúa,** José Maria de [R] (1833-1906) : Don Gonzalo (1879), Sotileza (1893), Sur les hauteurs. **Pérez de Ayala,** Ramón [R] (1881-1962) : Apollonius et Bellarmin (1921), Juan le tigre (1926). **Pérez Galdós,** Benito [J, R, D] (1843-1920) : Épisodes nationaux (1873-79), Doña Perfecta (1876), la Déshéritée (1881), Fortunata et Jacinta (1886), Angel Guerra (1891), Tristana (1892), Nazarín (1895), Miséricorde (1897).
Rueda Santos, Salvador [P] (1857-1933) : Chants de Castille. **Salinas,** Pedro [P] (1891-1951) : la Voix qui t'est due (1933), Raison d'amour (1936). **Unamuno,** Miguel de [P, Ph] (1864-1936) : *essais :* l'Essence de l'Espagne (1895-1906), Amour et Pédagogie (1903), le Sentiment tragique de la vie (1914), Brouillard (1914), le Christ de Velasquez (1920), Tante Tula (1921), l'Agonie du christianisme (1925), le Roman de don Sandalio. *Poésie :* Cancionero (publié 1953). *Journal.* **Valera y Alcalá Galiano,** Juan [E, P] (1824-1905) : Pepita Jiménez, la Grande Jeannette, Doña Luz. **Valle-Inclán,** Ramón María del [D, R, P] (1866-1936) : *Théâtre :* Comédies barbares (1907-22), Divines Paroles (1920), Lumières de Bohême (1924). *Romans :* Sonates (1902-05), Jardin ombreux (1905), Fleur de sainteté (1907), la Guerre carliste, Tirano Banderas (1926). **Zorrilla y Moral,** José [D, P] (1817-93) : Romances (1837-82), Don Juan Tenorio (1844).

NÉS DEPUIS 1900

Alberti, Rafael [D, P] (16-12-1902/28-10-1999) : Marin à terre (1923), l'Aube et la giroflée (1926-27), Sur les anges (1929), l'Élégie civique (1930), Pleine Mer (1944).
Aldecoa, Ignacio [R] (1925-69).
Arbo, Sebastián Juan [R] (1902) : l'Inutile Combat (1931), Terre de l'Elbe, Sous les pierres grises.
Aub, Max [R, D] (Paris, 1903-Mexico, 1972) : le Labyrinthe magique [5 romans dont Champ clos (1940)], Crimes exemplaires (1956), Jusep Torres Campalans (1958), les Bonnes Intentions.
Azúa, Felix de [E, R] (1944) : les Leçons de Iéna, le Paradoxe du primitif, Hautes Trahisons.
Benet, Juan [R, Nouv] (1927-93) : Tu n'arriveras jamais à rien (1961), Baalbec, Une tache, Tu reviendras à Région (1967), l'Autre Maison de Mazón (1973), l'Air d'un crime (1980), les Lances rouillées, Dans la pénombre (1989).
Buñuel, Luis [Cr] (1900-83) : Mon dernier soupir.
Caballero Bonald, José Maria [R, P] (1926) : Deux Jours de septembre.
Casona, Alejandro (Rodriguez Alvarez) [D] (1903-65) : la Sirène échouée (1934), Encore le diable (1935), Notre Natacha (1936), la Dame de l'aube (1944).
Cela, Camilo José [R, N] (1916) : San Camilo (1936), la Famille de Pascal Duarte (1942), Pavillon de repos (1943), Nouvelles Aventures et Mésaventures de Lazarillo de Tormes (1944), Voyage en Alcarria (1948), la Ruche (1951), Mrs Caldwell parle à son fils (1953), la Catira (1955), l'Office des ténèbres (1973), Mazurka pour deux morts (1983), le Joli Crime du carabinier (N 1989).
Celaya, Gabriel [P] (1911-91) : Chants ibères (1955), l'Irréductible Diamant, l'Espagne en marche (1961).
Cernuda, Luis [P] (1902-63).
Conde, Carmen [P] (1907-96).
Corrales Egea, José [R] (1919-90) : l'Autre Face (1960), Semaine de passion (1976).
Cunqueiro, Alvaro [R] (1911-81) : les Chroniques du sous-chantre (1956), Un homme qui ressemble à Oreste.
Delibes, Miguel [R] (1920) : le Chemin (1950), la Feuille rouge (1959), les Rats (1962), Cinq Heures avec Mario (1966).
Espriu, Salvador [P] (1913-85) : la Peau de taureau.
Extebarria, Lucia [R] (1966) : Amour, Prozac et autres curiosités, Beatriz et les corps célestes, Nous qui sommes différentes des autres.
Fernández de La Reguera, Ricardo [R] (1914) : Quand vient la mort, le Poids des armes (1954).
Fernández Santos, Jesús [R] (1926-88) : les Fiers (1954), Tête rase (1958), le Livre de la mémoire des choses (1970), Extramuros (1978).
Ferrater, Gabriel [Ling] (1922-72) : Théorie des corps.
Ferrater Mora, José [P, R] (1912-91).
Fuster, Joan [Es] (1922-92) : Nous les Valenciens (1962).
García Hortelano, Juan [R] (1928) : Orage d'été (1962).
García Pavón, Francisco [R] (1919) : les Sœurs rouquines, le Rapt des Sabines, Nouvelles Histoires de Pline.
Gimferrer, Pere [P] (1945).
Gironella, José Maria [R] (1917) : Les cyprès croient en Dieu (1953), Un million de morts, Un homme.
Gonzalez Ledesma, Francisco [R] (1927) : Chronique sentimentale en rouge (1984), Soldados (1985), Histoire de Dieu à un coin de rue (1991).
Goytisolo, (3 frères) : *José* [P] (1928-99) ; *Juan* [R] (1931) : Jeux de mains (1953), Deuil au paradis (1955), le Ressac (1958), Pièces d'identité (1966), Don Julián (1969), Juan sans terre (1975), Makbara (1980), Chasse gardée (1985), l'Arbre de l'écriture (1990), Trois Semaines en ce jardin ; *Luis* [R] (1935) : Du côté de Barcelone (1958).
Grosso, Alfonso [R] (1929) : la Procession.
Guelbenzu, José Maria [R] (1944) : Rivière de lune, la Terre promise (1995).
Hernández, Miguel [P] (1910-42).
Herrera Petere, José [P] (1910).
Laforet, Carmen [R] (1921) : Nada (Rien) (1944).
Lera, Angel Maria de [R] (1912) : les Trompettes de la mort, la Noce, les Derniers Étendards (1967).
López Pacheco, Jesús [P, R] (1930) : Centrale électrique (1957), Je jure sur l'Espagne (1961).
López Salinas, Armando [R] (1925) : la Mine (1949), Chaque jour compte en Espagne.
Lozano, José Jimenez [P, R] (1930) : le Grain de maïs rouge, les Sandales d'argent.
March, Susana [E] (1918) : les Ruines et les Jours.
Marías, Javier [R] (1951) : l'Homme sentimental (1986), Un cœur si blanc, Demain pense à moi dans la bataille (1994), Dans le dos noir du temps.
Marsé Garbo, Juan [P, R] (1933) : Teresa l'après-midi (1966), Adieu la vie, adieu l'amour (1973), Un jour je reviendrai (1982), Boulevard du Guinardo (1984).
Martín Gaite, Carmen [R] (1925-2000) : la Chambre du fond, A travers les persiennes (1957), Passages nuageux (1992), la Reine des neiges (1995), Drôle de vie la vie, Claquer la porte.
Martín Santos, Luis [R] (1924-64) : les Demeures du silence (1962).
Matute, Ana María [R] (1926) : Fête au Nord-Ouest (1953), Marionnettes (1954), Plaignez les loups (1958), les Brûlures du matin (1960), Les soldats pleurent la nuit (1963), la Trappe (1969), la Tour de guet (1971).
Mendoza, Eduardo [R] (1943) : la Vérité sur l'affaire Savolta (1975), la Ville des prodiges (1986), l'Ile enchantée (1989), l'Année du déluge (1994), Une comédie légère.
Moix, *Anna Maria* [P, Nouv, R] (1947) : Julia (1969) ; *Terenci* [R] (1945) : Le jour où est morte Marilyn.
Muñoz Molina, Antonio [R] (1956) : Beatus ille (1986), Un hiver à Lisbonne (1987), Beltenebros (1989), le Royaume des voix, les Mystères de Madrid, le Sceau du secret, Pleine Lune (1996), Une ardeur guerrière, Rien d'extraordinaire.
Nieto, Jose Garcia [P] (1914-2001).
Otero, Blas de [P] (1916-79) : Je demande la paix et la parole (1955), Parler clair (1959).
Perez Reverte, Arturo [R] (1951) : le Club Dumas (1994), le Capitaine Alatriste (1998).
Pineiro, Juan Bautista [R, Th] (1945-94) : le Voyage nu (1977), les Amours du Nil (1981).
Pombo, Alvaro [R] (1939).
Porcel, Baltasar [R] (1937) : les Frères Tambourini (1977), Galop vers les ténèbres (1990).
Puertolas, Soledad [R] (1947) : le Bandit doublement armé (1979), l'Indifférence d'Éva (1983), Reste la nuit (1989), Hôtel de charme.
Quiroga, Elena [R] (1921-95) : Viento del Norde, la Sève et le Sang.
Rios, Julian [E] (1941) : Larva (1980).
Rodoreda, Merce [R] (1909-83) : la Place du diamant, Tant et tant de guerre.
Rodriguez, Claudio [P] (1934-99).
Romero, Luís [R] (1916) : la Noria, les Autres.
Rosales, Luis [P] (1910-92) : la Maison incendiée.
Sales, Joan [E] (1912) : Gloire incertaine.
Sánchez Ferlosio, Rafael [R] (1927) : Inventions et Pérégrinations d'Alfanhui, les Eaux du Jarama (1956).
Sastre, Alfonso [D] (1926) : L'escouade marche à la mort (1953), Ana Kleiber, Guillaume Tell a l'air triste, le Corbeau.
Semprun, Jorge [E] (1923) : le Grand Voyage (1963), La guerre est finie (1966), l'Évanouissement (1967), Autobiographie de Federico Sanchez (1977) ; *en français :* la Deuxième Mort de Ramón Mercader (1969), Quel beau dimanche, la Montagne blanche (1986), Netchaiev est de retour (1987), Federico Sánchez vous salue bien (1993), l'Écriture ou la Vie (1994), Adieu vive clarté (1998), le Mort qu'il faut (2001). – *Biogr. :* père professeur de droit. *1939* exil en France. *1943* déporté. *1945* au PC espagnol clandestin. *1964* exclu de la direction du PCE. *1980 (mars)-91* ministre de la Culture espagnol.
Sender, Ramón [R] (1902-81) : Contre-Attaque (1938), Noces rouges (1942), le Roi et la Reine (1949), le Bourreau affable (1952), Requiem pour un paysan espagnol (1953), Chronique de l'aube.

Serrano Plaja, Arturo [P] (1910).
Soubriet, Sonia Garcia [R] (1957) : l'Autre Sonia (1987), Bruno.
Tomeo, Javier [R] (1932).
Torrente Ballester, Gonzalo [R] (1910-99) : les Délices et les Ombres (1957-62), la Sega/fuga de J.B. (1972), l'Île des jacinthes coupées (1980), le Roi ébahi (1989).
Valente, Jose Angel [P] (1929-2000).
Vazquez Montalban, Manuel [E, J, R] (1939) : la Rose d'Alexandrie (1984), le Pianiste (1985), Happy End, Moi, Franco (1992), l'Étranger (1994), la Pasionaria et les Sept Nains.
Zambrano, María [E, Ph] (1904-91).
Zuniga, Juan Eduardo [E] (1919).

Littérature hispano-américaine

Nés avant 1900

Acuña, Manuel (Mexique) [P] (1849-73, suicide). **Argüedas,** Alcides (Bolivie) [H, R] (1879-1946) : Race de bronze (1919), Histoire de la Bolivie (1920-26). **Asturias,** Miguel Ángel (Guatemala) [P, R] (1899-1974) : *Romans :* Légendes du Guatemala (1930), Monsieur le Président (1946), Hommes de maïs (1949), l'Ouragan (1949), le Pape vert (1954), les Yeux des enterrés (1960), Une certaine mulâtresse (1963), Trois des quatre soleils (1971), Vendredi des douleurs (1972). *Poésies :* Messages indiens, Claire Veillée de printemps (N 1967). **Azuela,** Mariano (Mexique) [R, E] (1873-1952) : Mauvaise Graine (1909), Ceux d'en bas (1915). **Barrios,** Eduardo (Chili) [R] (1884-1950) : Frère Ane. **Bello,** Andrés (Venezuela) [P] (1781-1864). **Blest,** Alberto (Chili) [R] (1830-1920) : Martín Rivas (1862). **Blest Gana,** Guillermo (Chili) [P] (1829-1905). **Borges,** Jorge Luis (Argentine) [Conteur, P, Es] (24-8-1899/14-6-1986, aveugle depuis 1960) : Evaristo Carriego (1930), Fictions (1944), Histoire de l'infamie, l'Aleph, Enquêtes, le Livre de sable, le Chiffre (1981), Neuf Essais sur Dante (1982), les Conjurés (1985). Romans policiers avec Bioy Casares. **Darío,** Rubén (Felix Rubén Garcia-Sarmiento, dit) (Nicaragua) [P] (1867-1916) : Azur (1888), Proses profanes (1896), l'Espagne contemporaine (1901), Chants de vie et d'espérance (1905). **Fernández,** Macedonio (Argentine) [R] (1874-1952) : Papiers de nouveau venu, Continuation du rien, Musée du roman de l'éternelle, Elena Bellemort (1990). **Fernández de Lizardi,** José Joaquín, dit le Penseur mexicain (Mexique) [Polé] (1776-1827) : el Periquillo Sarmiento (1816), Don Catrín de la Fachenda (1832). **Gallegos,** Rómolo (Venezuela) [R] (1884-1969) : Doña Bárbara (1929), Cantaclaro, Canaima (1935). **Galván,** Manuel de Jesus (Saint-Domingue) [R] (1834-1910) : Enriquillo (1879-82). **Gálvez,** Manuel (Argentine) [R] (1882-1962) : l'Ombre du cloître Humaïta (1944), Journée d'agonie (1947). **García-Calderón,** Ventura (Pérou) [E] (1886-1959) : la Vengeance du condor (1919), le Sang plus vite (1933), Amour indien, la Perichole (1959), Contes péruviens. **Garcilaso de la Vega,** dit l'Inca (Pérou) [H] (1549-1616) : Histoire des Incas, les Commentaires royaux. **Gavidia,** Francisco (Salvador) [D, P] (1863-1955). **Gomez de Avelleneda,** Gertrudis (Cuba) [P, R, D] (1814-75) : la Croix, Guatimozín, le Prince de Viana. **Gonzalez Prada,** Manuel (Pérou) [Polé] (1848-1918). **Guzmán,** Martín Luis (Mexique) [R] (1887-1976) : l'Aigle et le Serpent (1928), l'Ombre du Caudillo. **Hernández,** José (Argentine) [P] (1834-86) : Martín Fierro (1872-79). **Huidobro,** Vicente (Chili) [P, R] (1893-1948) : Vents contraires (1926), Altazor (1931), manifestes. **Ibarbourou,** Juana de (Uruguay) [P] (1895-1979) : Langues de diamant (1919). **Isaacs,** Jorge (Colombie) [P, R] (1837-95) : Maria. **La Cruz,** Sor Juana Ines de (Mexique) [P] (1651 ?-95) : le Divin Narcisse. **Latorre,** Mariano (Chili) [R] (1886-1955) : l'Île aux oiseaux. **Lugones,** Leopoldo (Argentine) [P, Pol] (1874-1938) : les Montagnes de l'or (1897), la Guerre des gauchos (1906), les Odes séculaires (1910), la Grande Argentine (1931). **Marmól,** José (Argentine) [P, R] (1817 ?-71) : le Pèlerin (1846), Amalia (1851-55). **Martí,** José (Cuba) [P] (1853-95) : Notre Amérique. **Masferrer,** Alberto (Salvador) [E] (1868-1932). **Mistral,** Gabriela (Chili) [P] (1899-1957) : Désolation (1922), Tala (1938), Lagar (1954) [N 1945]. **Montalvo,** Juan (Équateur) [E] (vers 1833-89).
Ocampo, Victoria (Argentine) [Es] (1890-1979, sœur de la précédente) : Dante, V. Woolf, Gandhi. *Autobiogr. :* Témoignage (10 vol., 1935-77). **Olmedo,** José Joaquin (Équateur) [P] (1780-1847) : Ode à la victoire de Janin. **Palma,** Ricardo (Pérou) [Pros] (1833-1919). **Quiroga,** Horacio (Uruguay) [R] (1878-1937) : Contes d'amour, de folie et de mort (1917), les Exilés (1926). **Reyes,** Alfonso (Mexique) [E] (1889-1959) : Vision de l'Anáhuac (1917). **Rivera,** José Eustasio (Colombie) [P, R] (1889-1928) : Terre promise (1921). *Roman :* la Voragine (1924). **Rodó,** José Enrique (Uruguay) [Pros] (1871-1917) : Ariel (1910), Variations sur Protée. **Sarmiento,** Domingo Faustino (Argentine) [R] (1811-83) : Facundo (1845), Souvenirs de province (1850). **Vallejo,** César (Pérou) [P] (1892-1938) : les Hérauts noirs (1918), Trilce (1922), Espagne écarte de moi ce calice (1937-38), Poèmes humains (1939). **Villaverde,** Cirilo (Cuba) [R] (1812-94) : Cecilia Valdes. **Zorrilla de San Martín,** José (Uruguay) [P] (1855-1931) : Tabaré (1888), le Livre de Ruth (1928).

Nés après 1900

Aira, Cesar (Argentine) [R] (1949-67), nièce du Pt S. Allende.
Alcorta, Gloria (Argentine) [E] (1915) : l'Hôtel de la Lune (1957), Dans la maison morte (1963), l'Oreiller noir (1978), le Crime de doña Clara (1989).
Alegría, Ciro (Pérou) [P, R] (1909-67) : le Serpent d'or (1935), les Chiens affamés (1939), Vaste est le monde (1941).
Allende, Isabel (Chili) [R] (1942) : la Maison aux esprits (1982), Paula (1994), Fille du Destin (2000).
Amorím, Enrique (Uruguay) [R, P] (1900-60) : la Roulotte (1932), le Paysan Aguilar (1934).
Arciniegas, German (Colombie) [H] (1900-99).
Arenas, Reinaldo (Cuba) [R] (1943-90, suicide) : le Monde hallucinant (1969), le Puits (1973), le Palais des très blanches mouffettes (1975), Voyage à la Havane (1990), la Couleur de l'été (1991), Avant la nuit (1992).
Arguedas, José Maria (Pérou) [R] (1911-1969, suicide) : les Fleuves profonds (1958), Tous sangs mêlés (1966).
Aridjis, Homero (Mexique) [P, R] (1940) : 1492, les Aventures de Juan Cabezón de Castille, le Temps des anges.
Arlt, Roberto (Argentine) [R, D] (1900-42).
Arreola, Juan José (Mexique) [R] (1918) : Confabulario (1952), la Foire (1963).
Arrufat, Anton (Cuba) [P, R] (1938).
Baquero, Gaston (Cuba) [P, R] (1918-97).
Bareiro-Saguier, Rubén (Paraguay) [P, Conteur] (1930) : Pacte de sang (1971).
Barnet, Miguel (Cuba) [P, R] (1940) : Esclave à Cuba (1966), Akeké y la jutía (1979).
Bastos, Roa (Paraguay) [R] (1917) : Fils d'homme, Moi, le Suprême.
Benedetti, Mario (Uruguay) [E] (1920) : Avec et sans nostalgie (1978), la Trêve (1960).
Bianciotti, Hector (Argentine) [R] (1930) : voir p. 304 c.
Bioy Casares, Adolfo (Argentine) [R] : voir encadré p. 280 a.
Briceño Guerrero, José Manuel (Venezuela) [Es, Ph] (1929) : l'Enfance d'un magicien.
Britto-Garcia, Luis (Venezuela) [D, E] (1940).
Bryce Echenique, Alfredo (Pérou) [R] (1939) : Julius (1970), la Passion selon San Pedro Balbuena (1977), Je suis le Roi (1980), la Vie exagérée de Martín Romaña, le Petit Verre de ces dames (1990), Ne m'attendez pas en avril (1995), Noctambulisme aggravé, l'Amygdalite de Tarzan.
Cabrera Infante, Guillermo (Cuba) [R] (1929) : Trois tristes tigres (1967), La Havane pour un infant défunt (1979), Coupable d'avoir dansé le cha-cha-cha.
Calveyra, Arnaldo (Argentine) [P, D] (1930) : l'Homme du Luxembourg, le Livre du miroir.
Cardenal, Ernesto (Nicaragua) [P] (1925).
Carpentier, Alejo (Cuba) [R] (1904-80) : Ekoué-Yamba-Ó (1933), le Royaume de ce monde (1949), le Partage des eaux (1953), Chasse à l'homme (1956), Guerre du temps (1958), le Siècle des lumières (1962), le Recours de la méthode (1974), la Harpe et l'Ombre (1978), la Danse sacrale (1978).
Carrera Andrade, Jorge (Équateur) [P, Es] (1902-78) : le Temps manuel (1935), Biographie à l'usage des oiseaux (1937), Inventaire du monde (1940), Dicté par l'eau (1951), Famille de la nuit (1953).
Casaccia, Gabriel (Paraguay) [R] (1907-80) : la Limace.
Castellanos, Rosario (Mexique) [R, P] (1925-74) : les Étoiles d'herbe, le Christ des ténèbres.
Cepeda Samudio, Alvaro (Colombie) [R] (1926-72) : le Maître de la Gabriela.
Coloane, Francisco (Chili) [R] (1910) : le Dernier Mousse (1936), Cap Horn (1941), Tierra del Fuego (1945), le Sillage de la baleine, Antartida, le Passant du bout du monde.
Cortázar, Julio (Argentine) [R] (1914-84, nat. français) : les Armes secrètes (1959), les Gagnants (1960), Histoires de Cronopes et Fameux (1962), Marelle (1963), le Tour du jour en 80 mondes (1967), le Livre de Manuel (1973), Façons de perdre (1977).
Dalton, Roque (Salvador) [P] (1935-75) : Les morts sont de jour en jour plus indociles.
Del Paso, Fernando (Mexique) [R] (1935) : Palinure de Mexico (1975), Des nouvelles de l'Empire (1987).
Denevi, Marco (Argentine) [R] (1922) : Rosa ce soir, Cérémonie secrète (1960).
Donoso, José (Chili) [R] (1924-96) : le Couronnement (1958), Ce dimanche-là (1966), Ce lieu sans limites, l'Obscène Oiseau de la nuit (1970), Casa de Campo, le Jardin d'à côté, la Désespérance (1986).
Droguett, Carlos (Chili) [R] (1912) : Eloy (1960), Pattes de chien (1965).
Dujovne Ortiz, Alicia (Argentine) [R] (1940) : la Bonne Pauline (1980), Maradona c'est moi, Eva Perón.
Edwards, Jorge (Chili) [R] (1931) : le Poids de la nuit (1964), les Invités de pierre (1978).
Eielsón, J.E. (Pérou) [R, P] (1924) : le Corps de Giulia-non (1971).
Elizondo, Salvador (Mexique) [R] (1932) : Farabeuf (1965), l'Hypogée secret (1968).
Estrazulas, Enrique (Uruguay) [R, P] (1942) : les Feux du paradis.
Fuentes, Carlos (Mexique) [R] (1928, ambassadeur à Paris de 1974 à 1977) : la Plus Limpide Région (1958), la Mort d'Artemio Cruz (1962), Zone sacrée (1967), Terra nostra (1975), le Vieux Gringo (1985), le Miroir enterré, l'Oranger (1995), Diane ou la Chasseresse solitaire (1996), les Années avec Laura Diaz, la Frontière de verre (1999).
Futoransky, Luisa (Argentine) [P, E] (1939) : Julia, Cheveux, Toisons et Autres Poils, Lunes de miel.
Galeano, Eduardo (Uruguay) [R, Cr] (1940) : les Veines ouvertes de l'Amérique latine (1971), Jours d'amour et de guerre (1978), Mémoire du feu (1982-86).
Gangotena, Alfredo (Équateur) [E] (1904-44).
García Márquez, Gabriel (Colombie) [R, J] (1928) : Des feuilles dans la bourrasque (1955), Des yeux de chien bleu (nouvelles, 1947-55), les Étrangers de la banane (1955), Récit d'un naufragé (1955), Pas de lettre pour le colonel (1957), les Funérailles de la grande mémé (1962), la Mauvaise Heure (1962), Cent Ans de solitude (1967), la Candide Erendira et sa grand-mère diabolique (nouvelles, 1971-72), l'Automne du patriarche (1975), Chronique d'une mort annoncée (1981), l'Amour au temps du choléra (1986), le Général dans son labyrinthe (1987), De l'amour, et autres démons (1995) [N 1982].
Garibay, Ricardo (Mexique) [R, P] (1923) : la Maison qui brûle la nuit.
Gerbasi, Vicente (Venezuela) [P] (1913) : Mon père l'Immigrant (1945), les Espaces chauds (1952).
Giardinelli, Mempo (Argentine) [R] (1947) : la Révolution à bicyclette (1980), Lune chaude, Et l'oubli sera leur linceul, le Dixième Cercle.
Glanz, Margo (Mexique) [R] (1945).
Gomez-Arcos, Agustín [R] (1933-98, écrit en français) : l'Agneau carnivore, Ana non.
Gonzales y Contreras, Gilberto (Salvador) [Es, P, Cr] (1904-54).
Guido, Beatriz (Argentine) [R] (1924-86) : la Maison de l'ange (1955), la Chute (1985).
Guillén, Nicolás (Cuba) [P] (1902-89) : West Indies Ltd (1934), Élégies antillaises (1948-58).
Gutiérrez, Gustavo (Pérou) [Théo] (1928).
Hernández, Felisberto (Uruguay) [E] (1902-64) : les Hortenses, la Maison inondée, le Cheval errant (1943).
Icaza, Jorge (Équateur) [R, D] (1906-78) : Huasipungo, la Fosse aux Indiens, Cholos, l'Homme de Quito.
Juarroz, Roberto (Argentine) [P] (1926-95).
Lezama Lima, José (Cuba) [P, R] (1912-78) : Mort de Narcisse (1937), Paradis (1966).
Liscano, Juan (Venezuela) [P] (1916) : Poèmes.
Loynaz del Castillo, Dulce Maria (Cuba) [R, P] (1902) : Chant à la femme stérile (1938), le Jardin (1951), Un été à Tenerife (1952), Derniers Jours d'une maison (1958).
Lynch, Marta (Argentine) [E] (1930).
Mallea, Eduardo (Argentine) [E] (1903-82) : Chaves (1953), la Barque de glace, Dialogue des silences.
Manet, Eduardo (Cuba) [R, D] (1930, naturalisé Français en 1970) : (écrit en français, voir p. 310 a).
Manzur, Gregorio (Argentine) [D, P, R] (1936) : Solstice du jaguar, la Gorge de l'aigle (1978), Iguazú (1999).
Marechal, Leopoldo (Argentine) [P, Th] (1900-70) : Adan Buenosayres, le Banquet de Severo Arcángelo.
Mizón, Luis (Chili) [R, P] (1942) : Poème du Sud (1982), la Mort de l'Inca (1991, poèmes).
Molina, Enrique (Argentin) [P] (1910-96).
Monsivais, Carlos (Mexique) [J.E] (1938).
Morejon, Nancy (Cuba) [P] (1944).
Mujica Lainez, Manuel (Argentine) [R] (1910-84) : Bomarzo (1962), l'Unicorne (1965), le Labyrinthe (1974).
Mutis, Alvaro (Colombie) [P, R] (1923) : *Romans :* la Neige de l'amiral (1986), Ilona vient avec la pluie (1987), Un bel morir (1989), Amirbar, le Rendez-vous de Bergen (1993). *Poésies :* les Éléments du désastre (1994).
Neruda, Pablo (Neftali Reyes) (Chili) [P] (1904-73) : Résidence sur la terre (1933-47), Chant général (1950), Odes élémentaires, la Centaine d'amour, Mémorial de l'Ile-Noire (1964), l'Épée de flammes (1970), Vague divague (1971), les Pierres du ciel/les Pierres du Chili (1972), J'avoue que j'ai vécu, Né pour naître (N 1971).
Ocampo, Silvina (Argentine) [P, Pe, R] (1903-93) : *Poésie :* Espaces métriques (1945), Poèmes d'amour désespéré. *Romans :* Faits divers de la terre et du ciel (1974), Mémoires secrètes d'une poupée (1988).
Onetti, Juan Carlos (Uruguay) [R] (1909-94) : le Puits (1939), la Vie brève (1950), les Adieux (1954), le Chantier (1961), Tombe anonyme, Ramasse-vioques (trilogie, 1961-64), Quand plus rien n'aura d'importance (1994), Demain sera un autre jour (1994), Laissons parler le vent.
Orgambide, Pedro (Argentine) [Es, P, R] (1929) : Mémoires d'un honnête homme (1964), le Désert, Hôtel Familias (1972).
Ortiz, Adalberto (Équateur) [R, P] (1914) : Juyungo.
Otero Silva, Miguel (Venezuela) [P, R] (1908-1985) : Maisons mortes (1955), Et retenez vos larmes (1973).
Padilla, Heberto (Cuba) [P] (1932) : Hors jeu.
Paz, Octavio (Mexique) [P, Es] (1914-98) : Liberté sur parole (1935-57), le Labyrinthe de la solitude (1950), Aigle ou Soleil ? (1951), l'Arc et la Lyre (1956), Pierre de soleil (1957), le Singe grammairien (1972), Courant alternatif, Mise au net, Sœur Juana Inez de la Cruz (1988), L'arbre parle, la Flamme double (1994), Itinéraires (1996) [N 1990].
Piñera, Virgilio (Cuba) [P, R D] (1912-79) : Contes froids (1956), Dos Viejos Panicos (1968).
Pitol, Sergio (Mexique) [Conteur, R] (1933) : Parade d'amour, la Vie conjugale (1991).
Poniatowska, Elena (Mexique) [J, E] (1933) : Vie de Jesusa, Cher Diego, Quiela t'embrasse, la Fille du philosophe.
Puig, Manuel (Argentine) [R] (1932-90) : le Baiser de la femme araignée (1976).
Rama, Angel (Uruguay) [Cr] (1926).
Revueltas, José (Mexique) [R, Es] (1914-76).
Ribeyro, Julio Ramón (Pérou) [R, D] (1929-94) : Charognards sans plumes (1955), Chronique de San Gabriel, la Relève, Silvio et la roseraie (1981, en français).
Roa Bastos, Augusto (Paraguay) [R, D] (1917) : le Feu et la lèpre, Moi le Suprême, Mourance, Fils d'homme.
Rodriguez Monegal, Emir (Uruguay) [Cr] (1921) : Neruda, le voyageur immobile.
Romero, Elvio (Paraguay) [P] (1926).
Romero de Nohra, Flor (Colombie) [R] (1933) : Crépitant Tropique (1978).
Rulfo, Ivan (Mexique) [R] (1918-86) : le Llano en flammes (1953, contes), Pedro Páramo (1955).

Sabato, Ernesto (Argentine) [R] (1911) : le Tunnel (1948), Héros et Tombes, Alejandra (1961), l'Ange des ténèbres (1974), Avant la fin.

Saer, Juan Jose (Argentine) [P, R] (1938) : Nadie, nunca nada (1979), les Grands Paradis (1974), l'Ancêtre (1983), Quelque chose approche, les Nuages.

Sánchez, Nestor (Argentine) [R] (1935) : Nous deux, Pitre de la langue.

Sánchez Juliao, David (Colombie) [E] (1945).

Sarduy, Severo (Cuba) [P, R, D, Es] (1937-93) : Gestes (1963), Écrit en dansant (1967), Cobra (1972), Maitreya (1978), Colibri, Cocuyo (1990), Oiseaux de la plage (1993).

Scorza, Manuel (Pérou) [R] (1928-83) : la Guerre silencieuse (5 vol., 1970-79).

Sepulveda, Luis (Chili) [J, R] : le Vieux qui lisait des romans d'amour, Rendez-vous d'amour dans un pays de guerre, Journal d'un tueur sentimental.

Skarmeta, Antonio (Chili) [R, Conteur] (1940) : Soñé que la nieve ardia (1975), No pasó nada (1980), l'Insurrection (1982).

Solarte, Tristán (Panamá) [R] (1924) : le Noyé.

Soriano, Osvaldo (Argentine) [R] (1943-97) : Quartiers d'hiver (1981), Je ne vous dis pas adieu (1972), la Révolution des gorilles (1991), Jamais plus de peine ni d'oubli, l'Heure sans ombre.

Sosa, Roberto (Honduras) [P] (1930) : Mer intérieure, les Pauvres, Un monde divisé pour tous.

Spota, Luis (Mexique) [R] (1925-85) : C'est l'heure, matador.

Tejera, Nivaria (Cuba) [R, P] (1930) : le Ravin, Somnambule du soleil.

Torre, Javier (Argentine) [R] (1950) : Rubita (1975), Quemar las naves (1983).

Torres Bodet, Jaime (Mexique) [P, Es] (1902-74) : Civilisation, l'Éducation sentimentale (1931).

Triana, José (Cuba) [D, P] (1931) : Médée dans le miroir (1960), la Nuit des assassins (1965), Paroles communes (1986), les Cinq femmes.

Uribe, Armando (Chili) [F] (1933) : Ces messieurs du Chili (1979).

Uslar Pietri, Arturo (Venezuela) [R, E] (1906) : les Lances rouges (1931), le Chemin d'El Dorado (1947), Office des morts (1974), les Vainqueurs (1995).

Valdès, Zoé (Cuba) [R] (1959) : Sang bleu, Néant quotidien, la Douleur du dollar, Café Nostalgia (1999), le Pied de mon père, Cher premier amour.

Valladares, Armando (Cuba) [P] (1937).

Vargas Llosa, Mario (Pérou, nat. Espagnol ; candidat à la présidence du Pérou, battu en 1990) [R, D, Es] (1936) : la Ville et les Chiens (1963), la Maison verte (1966), Conversation à la cathédrale (1969), la Guerre de la fin du monde, Histoire de Mayta, On a tué Palomino Moléro, l'Homme qui parle, Éloge de la marâtre (1988), Lituma dans les Andes (1994), les Enjeux de la liberté (1996). *Essais :* l'Orgie perpétuelle (1975), la Tante Julia et le Scribouillard (1977), Contre vents et marées (1983), la Vérité par le mensonge, le Poisson dans l'eau (1994), les Cahiers de Don Rigoberto. *Théâtre :* Jolis Yeux, Vilains Tableaux (2000).

Yañez, Agustín (Mexique) [R] (1904-80) : Passion et Convalescence (1938), Archipel de femmes (1943), Demain la tempête (1947), la Terre prodigue (1960).

Yurkievich, Saúl (Argentine) [Cr, P] (1931).

Zalamea, Jorge (Colombie) [P] (1905-69) : Le grand Burundun-Burunda est mort (1952).

LITTÉRATURE FRANÇAISE

QUELQUES MOUVEMENTS

XVIe SIÈCLE

■ **La Pléiade.** Appelée la « Brigade », puis la « Pléiade » (1556), du nom de la constellation de 6 (7 pour les Grecs anciens) étoiles (filles d'Atlas et de Pléione) donné déjà à une réunion de poètes dans la Grèce antique : rejette la poésie à forme fixe héritée du Moyen Age, et vise à recréer le « grand lyrisme » imité de l'Antiquité (notamment les odes). Pierre de Ronsard (1524-85), Joachim Du Bellay (1522-60), Jean-Antoine de Baïf (1532-89), Pontus de Tyard (1521-1605), Étienne Jodelle (1532-73), Rémi Belleau (1528-77), Jacques Peletier du Mans (1517-82) [Jean Dorat (1508-88) lui fut substitué dans la liste].

■ **Humanisme.** Né au XVe s. en Italie, épanouissement en Europe au XVIe ; influencé par l'Antiquité gréco-latine. Jacques Lefèvre d'Étaples (1450-1537), théologien ; Guillaume Budé (1467-1540), philologue ; Rabelais (vers 1494-1553) ; Amyot (1513-93).

XVIIe SIÈCLE

■ **Préciosité.** Style littéraire importé d'Espagne [gongorisme, créé par Luis de Góngora (1561-1627)]. Recherche l'expression originale et compliquée de sentiments raffinés. Madeleine de Scudéry (1607-1701), Honoré d'Urfé (1567-1625), Voiture (1598-1648).

Exemples d'expressions passées de mode : *achever :* rendre complet ; *aimer :* avoir un furieux tendre pour ; *balai :* instrument de la propreté ; *chandelle :* supplément du soleil ; *chapeau :* affronteur des temps ; *cheminée :* empire de Vulcain ; *chemise :* compagne perpétuelle des morts et des vivants ; *chenets :* bras de Vulcain ; *chien qui fait sa crotte :* chien qui s'ouvre furieusement ; *dents :* ameublement de la bouche ; *eau (verre d') :* bain intérieur ; *joues :* trônes de la pudeur ; *larmes :* perles d'Iris ; *main :* belle mouvante ; *se marier :* donner dans l'amour permis ; *miroir :* conseiller des grâces, peintre de la dernière fidélité, singe de la nature, caméléon ; *nez :* porte du cerveau, écluses du cerveau ; *peigner (se) :* se délabyrinther les cheveux ; *perruque :* jeunesse des vieillards ; *pieds :* chers souffrants ; *il pleut :* le troisième élément tombe ; *poissons :* habitants du royaume de Neptune ; *sièges :* commodités de la conversation.

Devenues courantes : bel *air,* un *ajustement,* avoir l'*âme* sombre, être aux *antipodes* de..., *avantageux,* les *bras* m'en tombent, le *centre* du bon goût, *conditionné,* les derniers *confins,* avoir une *conversation* avec quelqu'un, *corps de garde, dauber, demeurée* (l'intelligence), être du *dernier* bourgeois, *donner* dans le vrai, *donner* à la nature son tribut, une taille *élégante,* l'*élément* liquide, une intelligence *épaisse, façonnée,* des baisers *fades,* faire *figure, flatterie,* la *force* des mots, les *incertitudes, incongru, indu,* les *insultes* du temps, être l'*interprète* de, les *inutilités, laisser mourir* la conversation, les *lumières* d'un esprit, *lustré, se lustrer,* un *mouchard, perdre* son sérieux, une *petite* vertu, bien *planté,* à *pleine* bouche, la *portée* de la voix, un *procédé, proprement,* de *qualité, remplir* une solitude, *selon* moi, une vertu *sévère, spirituel,* le *superflu,* le *surcroît, terriblement, tout, uni.*

Quelques phrases : *Inutile, ôtez le superflu de cet ardent,* pour « Laquais, mouchez la chandelle » ; *être de la petite portion* pour « avoir peu de biens » ; *vous m'encendrez et m'encapucinez le cœur* pour « vous me témoignez une grande affection » ; *Portez les miroirs de l'âme sur le conseiller des grâces* pour « Portez les yeux sur ce miroir ».

■ **Burlesque.** Réaction contre la préciosité. Exprime des sentiments triviaux dans une langue truculente. Charles d'Assoucy (1605-75), Scarron (1610-60).

■ **Classicisme** (règne de Louis XIV). Admiration des Anciens, goût de la rigueur et de la mesure [pour la tragédie, *règle des 3 unités :* un seul fait accompli (pas d'intrigues multiples), un seul jour, un seul lieu (pas de changement de décors) ; *le Cid* de Corneille, tragi-comédie, ne respectait pas ces règles], recherche de la pureté et de la clarté du style. Corneille (1606-84), La Fontaine (1621-95), Molière (1622-73), Pascal (1623-62), Bossuet (1627-1704), Boileau (1636-1711), Racine (1639-99), La Bruyère (1645-96). *Prédécesseurs :* Malherbe (1555-1628), Descartes (1596-1650) ; au XVIIIe s., Voltaire s'en réclame.

Héros cornélien : il croit la volonté humaine plus forte que les impulsions de la sensibilité. Cette volonté est au service d'une morale (créant des devoirs : service du prince, respect d'une foi religieuse, honneur, loyauté envers un proche). Elle entre en conflit dans des situations dites cornéliennes avec le désir de vivre et l'amour individuel. Le héros choisit généralement de sacrifier sa vie et son amour à son devoir, parce que : *1o)* son amour de la vie est en grande partie commandé par la *morale* (une vie déshonorée est sans valeur) ; *2o)* son amour pour les êtres humains repose avant tout sur l'*estime :* on n'aime pas une personne sans vertu ; on n'a aucune chance d'être aimé si l'on est déshonoré. Le héros se sacrifie en sachant qu'il n'a rien de valable à perdre.

Principales situations cornéliennes : Chimène (*le Cid*) demande la mort de son fiancé, pour venger son père : Rodrigue avait renoncé à son amour en tuant (par devoir) le père de Chimène. Auguste doit compromettre son autorité pour épargner le conspirateur *Cinna* qu'il aime tendrement. Le vieil *Horace* doit sacrifier son seul fils survivant à la gloire de Rome. *Polyeucte* veut sacrifier sa vie à la gloire du christianisme ; sa femme Pauline sacrifie son amour vivant pour Sévère à son honneur de veuve de martyr. Eurydice sacrifie son amour pour *Suréna* aux intérêts du royaume d'Arménie, etc.

Héros racinien : fataliste, il sait la volonté humaine impuissante en face des pulsions de la sensibilité qui dépendent du Destin (le *Fatum* des Antiques). Cette volonté s'attache surtout à atteindre les objectifs des passions : passion amoureuse (*Phèdre*) avec comme conséquence le désir de vengeance (Hermione, dans *Andromaque*), jalousie (Roxane, dans *Bajazet,* Néron dans *Britannicus*), goût du pouvoir (Néron, Mithridate), fanatisme religieux (*Athalie*), ambition politique (le grand vizir Acomat, dans *Bajazet*), amour pour un peuple (*Esther*), maternel (*Andromaque*), paternel (Agamemnon, dans *Iphigénie*). Souvent, la volonté s'avoue trop faible pour résister à l'épreuve imposée par les circonstances : Agamemnon, placé dans une situation cornélienne (son devoir lui impose de sacrifier sa fille), écoute son cœur et tâche de faire évader Iphigénie. Bajazet choisit par amour sa propre mort plutôt que celle d'Atalide. Titus et Bérénice capitulent devant le Destin : il n'y a plus tragédie, mais élégie (lamentation sur la tristesse de la vie).

■ **Jansénisme.** Expression littéraire de la doctrine attribuée à Jansenius (1585-1638), représentant une conception religieuse restrictive de la liberté humaine par rapport à Dieu. Défendu par Pascal.

☞ **Querelle des Anciens et des Modernes :** controverses qui ont opposé, fin XVIIe s., les **anciens :** Boileau, Racine, Bossuet, La Bruyère aux **modernes :** Perrault, Quinault, St-Evremond, Fontenelle, Houdan de La Motte. Leur opposition portait sur la réalité d'un progrès de l'intelligence et de la moralité générale.

XVIIIe SIÈCLE

■ **Drame bourgeois.** Peint des professions et des relations au lieu de peindre des caractères (Beaumarchais, Diderot, Sébastien Mercier, Sedaine).

■ **Encyclopédistes.** « Philosophes » subissant l'influence anglaise, rationalistes, anticatholiques combattant pour la tolérance religieuse et les libertés politiques. Esprit des Lumières (la lumière de la raison remplacera la lumière surnaturelle). Influents, ils occupent vers 1770 les sièges de l'Académie française. Maîtres à penser des révolutionnaires avec les rousseauistes. Voltaire (1694-1778), Diderot (1713-84), d'Alembert (1717-83).

■ **Rousseauistes et préromantiques.** Font passer le sentiment avant la raison, sous l'influence de J.-J. Rousseau (1712-78) : Bernardin de Saint-Pierre (1737-1814), Chateaubriand (1768-1848).

☞ **Salons littéraires** (XVIIe et XVIIIe s.) : *Rambouillet,* Madame de (1588-1655) ; *Lenclos,* Anne, dite Ninon de (1616-1705) ; *Tencin,* Mlle de (mère de d'Alembert) [1682-1749] ; *du Deffand,* Marie, Mise de (1697-1780) ; *Geoffrin,* Mme de (1699-1777) ; *Lespinasse,* Julie de (1732-76) ; *Condorcet,* Mise de (1764-1822) ; *Staël-Holstein,* Bonne de, dite Mme de Staël (1766-1817).

XIXe SIÈCLE

■ **Romantiques** (1er emploi du mot remonte à 1675). Poussent le rousseauisme à l'extrême et recherchent l'infini dans l'exercice des émotions humaines, sous l'influence allemande : Mme de Staël (1766-1817), Benjamin Constant (1767-1830), Lamartine (1790-1869). En littérature, réaction contre l'idéal classique (véhémence au lieu de mesure) : Hugo (1802-85), Vigny (1797-1863), Stendhal (1783-1842), Balzac (1799-1850), George Sand (1804-76), Musset (1810-57), Alexandre Dumas (1802-70). *Jusqu'à 1830 :* individualisme (exaltation de la sensibilité, imagination ; culte du moi ; goût du pittoresque, de l'exotisme). *Après 1830 :* social (humanitarisme, vertus civiques, paix universelle). On appelle *Jeune France* les militants pour le romantisme, portant cheveux longs, barbe fourchue, pourpoint de velours, feutre mou, ou habit bleu ciel et culotte jaune de Werther.

Héros romantique : 1o) *avant 1830,* personnage aristocratique, individualiste, dédaigneux. Il éprouve le dégoût de la vie (*René,* de Chateaubriand) ou la tentation de la révolte (*Manfred,* de Byron), aspire à la solitude, au rêve, à l'amour sans espoir (« ver de terre amoureux d'une étoile »), à l'infini (sentiment religieux, sans appartenance à une religion) ; il comprend les voix secrètes de la nature, mais ne s'engage pas dans l'action par crainte de la malchance (il porte malheur à tout ce qui l'entoure).

2o) *Après 1830,* lancé dans le grand public, le héros romantique parle au peuple (et même pour le peuple ; il deviendra un « mage ») ; enflammé, il fait des prophéties sur l'avenir social de l'apostolat humanitariste, prône l'émancipation des Nations (Pologne, Italie, Grèce) ; il met la poésie et l'histoire au service de l'action ; il prévoit le bonheur éternel des peuples par la République universelle. L'individualisme du héros aristocratique a pris la forme d'un attachement passionné à la liberté (qui aboutira plus tard au nihilisme et à l'anarchisme).

Principaux héros romantiques français : Corinne (Mme de Staël), Adolphe (Benjamin Constant), Jocelyn (Lamartine), Hernani, Quasimodo, Jean Valjean (Hugo), Rastignac (Balzac), Lélia (Sand), Lorenzaccio, Mardoche, Cœlio (Musset), Antony (Dumas).

■ **Réalisme.** Réaction contre le romantisme. Recherche de la précision dans l'observation et l'analyse. Influencé par le développement des sciences biologiques, imprégné de philosophie positiviste : Comte (1798-1857), Taine (1828-93). « École de la sincérité dans l'art » : Champfleury (1821-89), Duranty (1833-80), Flaubert (1821-80).

■ **Naturalisme.** École groupée autour de Zola (1840-1902), née en 1880 avec le « Roman expérimental » de Zola et « les Soirées de Médan » (recueil collectif de nouvelles : Alexis, Céard, Hennique, Huysmans, Maupassant), fondant la vérité du roman sur l'observation scrupuleuse de la réalité, même dans ses aspects les plus vulgaires, et sur l'expérimentation : Maupassant (1850-93), les Goncourt (1830-70 et 1822-96), Céard (1851-1924), Paul Alexis (1847-1901), Huysmans (1848-1907). S'y rattachèrent : Alphonse Daudet (1840-97), Octave Mirbeau (1848-1917), Jules Renard (1864-1910), Jules Vallès (1832-85), Rosny (1856-1940), Paul et Victor Margueritte (1860-1918 et 1866-1942). Théâtre : Henri Becque (1837-99).

■ **Parnasse.** École poétique (à partir de 1852), condamnant le lyrisme personnel et recherchant une forme impeccable ; 3 recueils collectifs « le Parnasse contemporain » (1866, 71, 76) sont à l'origine du nom (montagne de Grèce, siège d'Apollon : symbolise la poésie classique) : Théophile Gautier (1811-72), Leconte de Lisle (1818-94), Banville (1823-91), Heredia (1842-1905), Sully Prudhomme (1839-1907), Coppée (1842-1908), Dierx (1832-1912). Verlaine (1844-96) et Mallarmé (1842-98), accueillis dans les 2 premiers recueils, furent exclus du 3e. Baudelaire (1821-67), qui y figure, n'est pas considéré comme parnassien. *Principaux thèmes :* histoire (tableaux pittoresques, scènes tragiques) ; géographie (exotisme) ; vie sociale (ton parfois moralisateur).

■ **Décadents.** Nom donné (1885) aux futurs symbolistes par Gabriel Vicaire (1848-1900) et Henri Beauclair (1860-1919), dans leur satire *les Déliquescences,* poèmes décadents d'Adoré Floupette. Ils visaient les disciples de Verlaine, notamment Moréas (1856-1910) qui adoptera cette définition, créant deux revues éphémères : *la Décadence,* puis *le Décadent* (1886-89) auquel collaborent Barbey d'Aurevilly, Jean Lorrain, Mallarmé, Rachilde, Verlaine.

■ **Symbolisme.** École poétique et dramatique composée surtout de disciples de Verlaine, se réclamant aussi de

Baudelaire (qui a répandu la notion de « symbole »). Un poète doit s'efforcer, non de copier la nature, mais d'exprimer ce qu'elle a d'« ineffable », en l'évoquant au moyen d'images symboliques. *Principaux poètes :* Verlaine, Mallarmé, Moréas [(1856-1910), qui publia un manifeste le 18-9-1886 dans *le Figaro*], Vielé-Griffin (1863-1937), Régnier (1864-1936), Dujardin (1861-1949). *Dramaturge :* Maeterlinck (Belge) [1862-1949].

■ **Roman-feuilleton.** Roman à épisodes né avec *la Presse* (1836) et *le Siècle* (1836), journaux populaires : Balzac, Bernède, Delly, Dumas, Dumas fils, Féval, Gaboriau, Leblanc, Lerouge, Leroux (G.), Montépin, Ponson du Terrail, Sand, Sue, du Veuzit, Zévaco.

■ **Théâtre de boulevard.** Répertoire des salles du boulevard du Temple puis des grands boulevards de Paris (mélodrames, vaudevilles, pièces légères).

■ XXe SIÈCLE

■ **Unanimisme** (1906). Doctrine créée par Jules Romains (1885-1972) et Georges Chennevière (1884-1927) : les groupes sociaux connaissent une vie psychique propre comme les individus qui les composent. PRINCIPAUX ROMANS : *les Copains* (1913), *les Hommes de bonne volonté* (1932-1946) de Romains. POÉSIE : *la Vie unanime* (1908) de Romains et *le Printemps* (1911) de Chennevière. THÉÂTRE : *Knock* (1923) de Romains. PROCHE : Charles Vildrac (1882-1971).

■ **Dadaïsme.** *But :* selon Tsara : prouver que la poésie est une force vivante sous tous les aspects, l'écriture n'en étant qu'un véhicule occasionnel nullement indispensable.

■ **Surréalisme** **1916**-*5-7* Zurich, inauguration du cabaret Voltaire ; *-8-2* choix du mot dada (au hasard dans le dictionnaire ?) ; *-14-7 :* 1re soirée dada. **1917**-*27-3* galerie dada ouverte ; *-juil.* 1er numéro de la revue *Dada.* **1924** *1er Manifeste du surréalisme* d'André Breton (1896-1966). **1925-26** rapprochement politique avec le groupe communiste *Clarté ;* Aragon (1897-1982), Breton, Éluard (1895-1952), Benjamin Péret (1899-1959), Unik adhèrent au Parti communiste ; Antonin Artaud (1896-1948) et Philippe Soupault (1897-1990) exclus (accusés « d'activité littéraire »). **1928** Breton publie *Nadja* et *le Surréalisme et la Peinture,* Aragon *le Traité du style ;* Vitrac exclu ; rupture idéologique avec Pierre Naville. **1929** *2e Manifeste* (Breton affirme l'autonomie du surréalisme). **1930-31** rupture progressive d'Aragon avec le groupe surréaliste de René Char (1907-88), Salvador Dali et Luis Buñuel. **1933** dernier numéro du *Surréalisme au service de la Révolution ;* Breton, Éluard et René Crevel exclus du parti communiste. **1935-39** Breton précise *la Position politique du surréalisme.* **1935** suicide de Crevel. **1938** Éluard rompt définitivement avec Breton qui s'exile à New York en juillet 1941 et revient en 1946 ; il est alors combattu par les communistes. **1969** *l'Archibras,* dernière revue surréaliste, disparaît. **1971** renouveau avec la **Poésie électrique** (*Manifeste électrique aux paupières de jupes,* signé par 16 jeunes poètes, dont Michel Bulteau, Matthieu Messagier, Alain Jouffroy).

■ **École des Annales.** Inspirée de Durkheim ; privilégie l'étude des structures socio-économiques, des phénomènes collectifs et non plus celle des événements. *Fondateurs :* Lucien Febvre (1878-1956), Marc Bloch (1886-1944). *1929* (15-1) *1er numéro des Annales d'histoire économique et sociale,* revue trimestrielle chez Armand Colin. *1946* deviennent *Annales, Économies, Sociétés, Civilisations. Représentants :* Fernand Braudel (1902-1985), Georges Duby (1919-96), Pierre Goubert (1915), Ernest Labrousse (1895-1988), Jacques Le Goff (1924), Emmanuel Le Roy Ladurie (1929).

■ **Existentialisme.** Mouvement philosophique (Sören Kierkegaard, Danois, 1813-55) animant au XXe s. des romans, drames, essais : l'homme a conscience d'exister, mais son existence lui semble « absurde » et il se sent destiné au Néant (Angoisse). *Principaux auteurs français :* Gabriel Marcel (1889-1973), Sartre (1905-80), Camus (1913-60), Simone de Beauvoir (1908-86). Leurs personnages s'engagent dans l'action pour échapper à l'angoisse.

■ **Nouveau Roman.** Application, au roman naturaliste, des techniques surréalistes permettant de reconstituer l'atmosphère des rêves : subjectivité (l'auteur brode autour d'un thème qu'il connaît sans le communiquer au lecteur), enchaînement « autistique » des faits (l'histoire ne se déroule ni chronologiquement ni logiquement ; chaque détail du décor peut amener un développement indépendant de l'action), pluriréalité des événements (chaque épisode peut signifier plusieurs choses simultanément). Depuis *1971* (colloque de Cerisy-la-Salle), 7 auteurs ont droit au titre de « nouveau romancier » : Butor (1926), Ollier (1923), Pinget (1919), Robbe-Grillet (1922), Nathalie Sarraute (1900-99), Claude Simon (1913) et Ricardou (auteur du *Nouveau Roman,* 1973). *Techniques analogues :* Claude Mauriac (1914-2000), Le Clézio (1940), Pascal Lainé (1942), Jean-Loup Trassard (1912), Henri Thomas (1912-93). *Précurseurs* (vers 1950) : Beckett (1906-89), Cayrol (1911), Marguerite Duras (1914-96).

Cadavres exquis (Jeu). S'asseoir à 5 autour d'une table ; chacun note, en se cachant, sur une feuille de papier, un substantif (sujet), plie la feuille pour cacher le mot et la passe à son voisin de gauche. On note un adjectif ou un membre de phrase susceptible de le qualifier, on plie à nouveau la feuille et on la passe à son voisin de gauche qui notera un verbe. Il passe ensuite à son voisin de gauche, qui notera le substantif devant servir de complément direct et qui passera la feuille pliée au dernier, qui notera un adjectif ou un membre de phrase susceptible de qualifier le substantif ; on déplie alors la feuille de papier qui est lue. Exemple classique : « Le cadavre exquis boira le vin nouveau. » **Jeu à 2 :** chacun écrit une question, plie sa feuille et la passe à l'autre qui écrit la réponse sans avoir lu la question (par exemple : André Breton/Benjamin Péret : « Qu'est-ce que le jour ? » « Une femme qui se baigne nue à la tombée de la nuit ; « Qu'est-ce que le viol ? » L'Amour et la vitesse).

■ **Théâtre de l'absurde.** Genre comprenant aussi essais ou romans, et nommé parfois **Littérature de dérision.** Assume l'angoisse des existentialistes, généralement sur le mode bouffon : Beckett (1906-89), Adamov (1908-70), Ionesco (1912-94), Billetdoux (1927-91), Obaldia (1918), Marguerite Duras (1914-96, créatrice du roman-dialogue et du roman-poème).

■ **Littérature dite « populiste »** (avant 1940) et **« prolétarienne »** (après 1945). Auteurs autodidactes, parlant des problèmes quotidiens des travailleurs. *Précurseurs :* Agricol Perdiguier (1805-75), Marguerite Audoux (1863-1937), Charles-Louis Philippe (1874-1909). *Principaux « populistes » :* Pierre Hamp (1876-1962), Henry Poulaille (1896-1980), Eugène Dabit (1898-1936). *« Prolétariens » :* Bernard Clavel (1925), Michel Ragon (1924).

■ **Hussards.** Nom donné en 1952 par Bernard Frank à Roger Nimier (1925-62) [*le Hussard bleu,* 1950], Jacques Laurent (1919-2000), Antoine Blondin (1922-91), puis Michel Déon (1919), Kléber Haedens (1913-76), Félicien Marceau (1913) ; opposés à la littérature engagée, se signalent par leur humour et leur insolence. Culte de Stendhal, Morand, Gobineau, Fraigneau. *La Parisienne* (fondée par J. Laurent) reflète leurs idées.

■ **Situationnistes.** Groupe formé en 1957, animé par Guy-Ernest Debord (1931-1994), séparé en 1952 du lettrisme d'Isidore Isou, publie en 1967 *la Société du spectacle ;* fonde *l'Internationale situationniste* (12 numéros entre 1958 et 69) ; critique la société de consommation, dénonce la dictature de la représentation, marque les événements de mai 1968.

■ **Oulipo (Ouvroir de littérature potentielle).** *1960-61* créé par François Le Lionnais (1901-84), Georges Perec (1936-82), Jacques Roubaud, Raymond Queneau (1903-76). Étudie, développe et applique le principe de contrainte esthétique et de jeu formel aux structures du texte (lipogrammes) : règles alphabétiques, sémantiques, mathématiques, etc. Exemple : S + 7 (méthode mise au point par Jean Lescure en 1961) : on remplace chaque substantif d'un texte par le 7e qui le suit dans le dictionnaire. *Œuvres :* Pérec *la Disparition, la Vie mode d'emploi* (1978), Queneau *Cent Mille Milliards de poèmes, Exercices de style* (1947-63), Roubaud *le Grand Incendie de Londres* (1989).

■ **Tel quel.** Groupe d'essayistes décidés à créer un « structuralisme littéraire », et souvent proches des analyses marxistes [précurseur : Roland Barthes (1915-80)]. *Tel quel,* revue littéraire fondée en mars 1960 par Philippe Sollers (1936), Jean-Edern Hallier (1936-97) et 4 autres écrivains. Devint en 1966 philosophique et politique, recrutant notamment Marcelin Pleynet (1933), Denis Roche (1937), Jean-Pierre Faye (1925, démissionnaire en 1967, fonda *Change* qui abandonne la *structuration* pour la *créativité*). Sollers et les téliquéliens restent fidèles à l'écriture « percurrente » « hallucination réglée », décrite dans le manifeste *Paradis* (1977).

■ **Poésie froide.** Créée 1973, contre le surréalisme, par 4 marxistes, auteurs de : *De la déception pure : manifeste froid :* Jean-Christophe Bailly, Serge Sautreau, Yves Buin, André Velter. Préconise une poésie mettant la réalité à nu, avec une rigueur glacée. Choisit ses sujets dans l'actualité politique.

■ **Littérature au magnétophone.** Interview mise en forme littéraire.

AUTEURS NÉS AVANT 1100

☞ **Anonymes : Glossaire de Reichenau** (VIIe s.) [dictionnaire latin-roman]. **Serments de Strasbourg** (14-2-842) : prononcés par Charles le Chauve (en langue romane) et Louis le Germanique (en tudesque) s'alliant contre leur frère Lothaire [le serment de Charles, où les mots d'origine latine ont perdu leurs finales non accentuées, est considéré comme le 1er texte écrit de langue française (appelée « romane » à l'époque)]. **Cantilène de sainte Eulalie** (après 882) : 29 vers assonancés (1er texte poétique de langue « romane » : les *a* posttoniques latins deviennent *e* muets). **Vie de saint Léger** (fin Xe s.) : 240 vers assonancés. **Vie de saint Alexis** (1040) : 625 vers assonancés (de Thibaud de Vernon ? : forte influence pendant 5 siècles). **Chanson de Roland** (vers 1080), attribuée à Turold (voir à l'Index).

Abélard ou **Abailard,** Pierre [Théo, Ph] (1079-1142). – *Biogr. :* noblesse d'épée ; renonce à son héritage pour l'étude. *Vers 1090* à Paris, élève de Guillaume de Champeaux. *1094* ouvre une école de philosophie sur la montagne Ste-Geneviève. *Vers 1100* théologie à Laon, près d'Anselme, puis reprend ses cours à Paris (devient riche et célèbre). *Vers 1112* chargé par le chanoine Fulbert de l'éducation de sa nièce Héloïse (1101-64). *Vers 1114* Héloïse est enceinte ; le mariage est célébré. *1118* Fulbert fait châtrer Abélard (sans doute par erreur : Héloïse s'était retirée au couvent d'Argenteuil et Fulbert la croyait répudiée). *1119* Héloïse fait ses vœux de religion ; Abélard également. *1120* ouvre une école de théologie au prieuré de Maisoncelle, en Champagne. *1121* déclaré hérétique au concile de Soissons ; se soumet. *1122* élu abbé de St-Gildas, en Bretagne ; construit un nouveau monastère, le Paraclet, où il fait venir, en *1129,* Héloïse et les religieuses d'Argenteuil. *Vers 1130* les moines de St-Gildas tentent de l'égorger ; se réfugie au Paraclet. *1136* reprend ses cours à Paris. *1140* déclaré hérétique (concile de Sens) ; ne se soumet pas. *1141* condamné à se retirer au couvent clunisien de St-Marcel, près de Chalon-sur-Saône, où il meurt. *Influence :* créateur, en logique, de la doctrine « antiréaliste » (les concepts sont les mots), et, en morale, de la notion d'intention.

Bernard de Clairvaux, saint [Théo, Ph] (1090-1153) : l'Amour de Dieu (1125), la Grâce et le Libre Arbitre (1128), De la considération. – *Biogr. :* noblesse militaire bourguignonne (famille des sires de Montbard). *1112* noviciat de Cîteaux. *1115* abbé de Clairvaux. *1128* secrétaire du concile de Troyes. *1130* arbitre en faveur d'Innocent II la querelle de l'élection papale (contre l'antipape Anaclet II). *1138* à la mort d'Anaclet, persuade l'antipape Victor IV d'abdiquer. *1140* fait condamner Abélard au concile de Sens. *1146* prêche la croisade à Vézelay. *1148* fait condamner Gilbert de la Porrée. *1153* mort à Clairvaux. *1173* canonisé. *1830* proclamé docteur de l'Église. *Influence :* créateur de la « Théologie mystique » : la science doit mener à la contemplation. Surnommé la « Colonne de l'Église ».

Gilbert de la Porrée [Ph] (1075-1154) : commentaires de Boèce, des Psaumes, des épîtres de saint Paul.

Guillaume IX, duc d'Aquitaine [P] (v. 1070-1122) : vers occitans (1er troubadour connu). – *Biogr. :* le plus grand feudataire du royaume (également comte du Poitou). Mauvais chrétien, prend part malgré lui à la 1re croisade (1101-02). Revenu à Poitiers, vie très libre, créant la mystique amoureuse (la femme, objet d'un culte).

Guillaume de Champeaux [Ph] (v. 1070-1122). Sentences, Commentaires moraux sur Job. – *Biogr. :* chanoine régulier à St-Victor de Paris. *1113* évêque de Châlons-sur-Marne. *1119* envoyé par le pape Calixte II auprès de l'empereur Henri V (querelle des Investitures).

Roscelin [Ph] (1050-après 1120), fondateur du nominalisme. Professeur de philosophie à Tours, puis chanoine de Compiègne. A évité d'être condamné par le concile de Soissons en 1092 (en abjurant sa doctrine sur la Trinité). Exilé en Angleterre. Puis réconcilié et nommé chanoine de Besançon. Son œuvre se réduit à des fragments.

NÉS ENTRE 1100 ET 1200

☞ **Anonymes : Floire et Blanchefleur** (vers 1160) : Floire (fils d'un roi sarrasin) se convertira après avoir épousé Blanchefleur (esclave chrétienne). **Folies Tristan** (d'Oxford et de Berne). **Le Roman de Renart** [certains auteurs sont connus (Pierre de Saint-Cloud, 1174-1250), parodie des chansons de geste où les animaux tiennent le rôle des chevaliers : le « goupil » : Renart (nom devenu commun) ; le loup : Ysengrin ; le lion : Noble].

Benoît de Sainte-Maure [P, H] (XIIe s.) : les Arts d'aimer, la Canso de la Crozada (2e partie), Floire et Blancheflor (1162), le Roman de Troie (1165), Chronique des ducs de Normandie (vers 1170).

Béroul [P] (XIIe s.) : Tristan et Iseut (1170-91).

Bodel (ou Bedel), Jean [P] (vers 1170-vers 1210) : Congé, le Jeu de saint Nicolas, Fabliaux.

Braine, Jean (de) [P] (vers 1198-1239).

Chrétien de Troyes [P] (vers 1135-vers 1183) : Érec et Énide (vers 1160), Yvain ou le Chevalier au Lion (vers 1170), Cligès ou la Fausse Morte (vers 1170), Lancelot ou le Chevalier de la Charrette (vers 1170), Perceval ou le Conte du Graal [(vers 1175), vase qui aurait servi à Jésus pour la Cène et dans lequel Joseph d'Arimathie aurait recueilli le sang de Jésus après sa crucifixion ; il en émane une lumière surnaturelle ; la *quête du Graal* est le symbole de la longue marche à la recherche de l'amour divin], Philomena, Guillaume d'Angleterre. – *Biogr. :* vit à la cour de Marie, Ctesse de Champagne, puis de Philippe, Cte de Flandres. Célèbre, dépressif, laisse Geoffroy de Lagny terminer ses derniers poèmes.

Conon de Béthune [P] (XIIe s-vers 1220).

Lambert le Tort [P] (XIIe s.) et **Alexandre de Bernay** [P] (XIIe-XIIIe s.) : le Roman d'Alexandre [utilise pour la 1re fois des vers dodécasyllabiques (12 syllabes) qui seront appelés alexandrins].

Marcabru [P] (vers 1110-50).

Marie de France [P] (1154-89) : Lais [1] [Yonec (l'Oiseau bleu), le Laostic, Du chèvrefeuille, Du rossignol, Des deux amants], Fables, le Purgatoire de saint Patrice. Vécut en Angleterre à la cour d'Henri II Plantagenêt.

Robert de Boron (ou Borron) [P] (XIIe-XIIIe s.) : Histoire du Graal.

Rudel, Jaufré, Pce de Blaye [P] (XIIe s.) : la Princesse lointaine (légende de sa passion pour la Ctesse de Tripoli, aimée sans qu'il l'ait vue, auprès de qui il se serait rendu pour mourir dans ses bras).

Thomas [P] (XIIe s.) : Tristan (vers 1158-vers 1180).

Ventadour, Bernard (de) [P] (XIIe s.).

Villehardouin, Geoffroy de [H] (vers 1150-vers 1218) : la Conquête de Constantinople (1204). – *Biogr. :* haute noblesse champenoise. *1185* maréchal de Champagne (conseiller de Thibaud III). *1199* croisé avec Thibaud. *1200* négocie traité entre croisés et Venise. *1204* ambassadeur à Rome de l'empereur Baudouin. *1205-12* maréchal de Romanie (commande les troupes de l'Empire latin). *1212-18* on perd sa trace († sans doute en Orient).

Wace [P, H] (vers 1110-80) : le Roman de Brut (1155), le Roman de Rin (1160), Histoire des Normands.

Nota. – (1) Poème narratif ou lyrique souvent en vers de 8 syllabes.

Nés entre 1200 et 1300

☞ **Anonymes : les Fabliaux** (contes). **Richard de Lison. Aucassin et Nicolette** [1re moitié du XIIIe s. ; appelé *chantefable* et comportant des strophes chantées : 2 adolescents, le noble Aucassin et l'esclave sarrasine Nicolette, après mille aventures, finissent par se retrouver (parodie des poèmes courtois)].

Adam de la Halle, Adam le Bossu, dit [D] (vers 1230-vers 1286) : le Jeu de Robin et de Marion (1275), le Jeu de la feuillée (1276).

Adenet le Roi [P] (vers 1240-1300) : Berte aus grans piés (vers 1275).

Beaumanoir, Philippe de Rémi, sire de [E, légiste] (vers 1250-1296) : Coutumes de Beauvaisis.

Buridan Jean [Théo, Ph] (1295-1360) : on lui prête l'argument de l'âne assoiffé et affamé qui, à égale distance d'un seau d'eau et d'un picotin d'avoine, meurt d'indécision (voir à l'Index).

Cortebarbe (ou **Courtebarbe**) [P] (XIIIe s.) : les Trois aveugles de Compiègne.

Guillaume de Lorris [P] (vers 1210-vers 1240) : le Roman de la Rose (1re partie ; 4 058 vers).

Joinville, Jean de [Chr] (1225-1317) : Mémoires (1309). – *Biogr. :* haute noblesse champenoise (sénéchaux héréditaires des comtes de Champagne). *1248* prend part à la 7e croisade ; prête, à Chypre, l'hommage lige à St Louis. *1254* conseiller de St Louis à Paris ; intermédiaire entre les cours de Paris et de Troyes. *1270* refuse de participer à la 8e croisade. *1300-09* à la demande de Jeanne de Navarre, écrit une vie de St Louis. *1314* prend part à une ligue féodale contre Philippe le Bel.

Lancastre, Henri, duc de (Angleterre) [Es] (1299-1361) : le Livre des saintes médecines (1354).

Meung, Jean Clopinel ou Chopinel, dit Jean de [E] (vers 1240 ?-avant 1305) : le Roman de la Rose (suite, 1275-80 ; 18 722 vers).

Pierre Oriol ou **d'Auriole** [Théo] (?-1321).

Rutebeuf [E, D, P] (vers 1230-vers 1285) : le Miracle de Théophile, le Dit de l'herberie. – *Biogr. :* jongleur parisien ; vie errante, réclame l'aide de protecteurs (Louis IX, Alphonse de Poitiers). Mariage malheureux (décrit : *le Mariage de Rutebeuf*).

Nés entre 1300 et 1400

Ailly, Pierre d' [Prélat, Théo, Ph] (1350-1420).

Arras, Jean d' [Libraire, Pros] (XIVe s.) : Roman de Mélusine.

Chartier, Alain [P, Pol] (vers 1385-1433) : la Belle Dame sans merci, le Quadrilogue invectif.

Deschamps, Eustache [P] (vers 1346-vers 1406) : Ballades, Lais, Rondeaux.

Froissart, Jean [Chr] (1333 ou 1337-vers 1410) : Chroniques. – *Biogr. :* du Hainaut ; clerc, ordonné prêtre tard (date inconnue). *1361* secrétaire de Philippine de Hainaut, devenue reine d'Angl. *1369* à la mort de celle-ci, au service de Wenceslas de Luxembourg. *Vers 1380* chapelain de Guy de Châtillon, Cte de Blois, époux de la Ctesse de Namur. *1388-89* dans le Midi français. *1394-95* séjour à la cour de Richard II d'Angleterre ; finit chanoine de Chimay.

Gerson, Jean Charlier, dit de [Th, Ph] (1363-1429).

Guillaume de Machault [P] (vers 1300-1377) : Voir dit, Lais, Messe Notre-Dame, Confort d'ami.

La Sale, Antoine de [Mor] (vers 1385-1461) : la Salade (1442), la Sale (1452).

Mandeville, Jean de [Pros] (vers 1300-72) : Voyage d'outre-mer (1356).

Oresme, Nicole d'[Ph, Ec, Théo] (1325-82).

Orléans, Charles d' (Frère du roi Loui XII) [P] (1394-1465) : Ballades, Rondeaux.

Pisan, Christine de [P] (Italie, vers 1364-vers 1430) : Ballades, Livre des faits et des bonnes mœurs du roi Charles V.

Nés entre 1400 et 1500

☞ **Anonymes : La Farce de maître Pathelin** (vers 1464). **Les Quinze Joyes de mariage** (début XVe s.).

Angoulême, Marguerite d' [P] (1492-1549, ép. 1509 duc d'Alençon, et 1527 Henri d'Albret, roi de Navarre) : le Miroir de l'âme pécheresse (1531), Dialogue en forme de vision nature, les Marguerites de la Marguerite des princesses (1547), Histoire des amants fortunés ou l'Heptaméron, Contes ou Nouvelles de la reine de Navarre (72 nouvelles, 1559).

Bouchet, Jean [H, P] (1476-1550) : Annales d'Aquitaine (1524), les Renards traversants.

Brant, Sébastien [E] (Strasbourg, 1457-1521) : la Nef des fous (1494, en allemand).

Budé, Guillaume [Éru] (1467/25-8-1540) : De l'institution du prince.

Bueil, Jean de [Pros] (1405-77) : le Jouvenel (1453).

Chastellain, Georges : voir Belgique p. 283 c.

Commynes, Philippe Van den Clyten, sire de [Chr] (v. 1447-1511) : Mémoires (posthumes, 1524-28). – *Biogr. :* noblesse de robe artésienne (fonctionnaires de l'État bourguignon). *1464* écuyer du Cte de Charolais. *1465* conseiller de Philippe le Bon. *1468* à l'entrevue de Péronne, se laisse acheter par Louis XI. *1470-71* ambassadeur de Charles le Téméraire en Bretagne, Angl., Esp. *1472* se rallie à Louis XI. *1473* nommé Pce de Talmont et conseiller du roi. *1475* négocie le traité de Picquigny. *1483* à la mort de Louis XI, doit restituer Talmont aux La Trémoille. *1487* emprisonné par Charles VIII. *1489* exilé à Dreux. *1494-95* rentrée provisoire en grâce. *1495* disgrâce définitive.

Gréban, Arnoul [D] (vers 1420-vers 1471) : Mystère de la Passion (vers 1450), La Passion de Paris.

Gringoire, Pierre [D, P] (1475-vers 1538) : le Jeu du prince des Sots et de mère Sotte (1512).

Lefèvre, Jacques [Théo] (1450-1537) : traduction de la Bible, d'Aristote.

Lemaire de Belges, Jean [P, E] (1473-apr. 1520) : la Légende des Vénitiens.

Marot, Clément [P] (1496-1544) : Épîtres, Épigrammes, Ballades, Élégies (1534), l'Enfer (1539). – *Biogr. :* originaire du Quercy, fils d'un poète de cour. *Vers 1510* clerc à la chancellerie. *1518* valet de chambre de Marguerite d'Angoulême. *1521* fréquente les « bibliens » (protestants). *1526* dénoncé et emprisonné au Châtelet, pendant la captivité de François Ier. *1527* libéré, valet de chambre du roi. *1534* compromis dans l'affaire des Placards (protestantisme), s'enfuit à la cour de Nérac, puis à Ferrare où il devient le secrétaire de la Pcesse Renée de France. *1535* rencontre Calvin et devient ouvertement protestant. *1536* abjure et revient à la cour de Paris. *1542* poursuivi par la Sorbonne pour ses *Psaumes* en français ; se réfugie à Genève. *1543* brouillé avec Calvin, s'enfuit en Savoie.

Meschinot, Jean [P] (1421-91) : les Lunettes des princes (1493).

Molinet, Jean [Chr, P] (1435-1507).

Rabelais, François [R] (La Devinière, 1483 ou vers 1494-1553) : Pantagruel (1532), Gargantua (1534), Tiers Livre (1546), Quart Livre (1552), Cinquième Livre (1564). Signe d'un anagramme (Maître Alcofrybas Nasier) ses 2 premiers livres. – *Biogr. :* sa mère mourut à sa naissance, père avocat (Chinon) ; études chez les bénédictins. *1520* franciscain à Fontenay-le-Comte. *1524* bénédictin (Ligugé). *1530* médecine à Montpellier. *1532* médecin à Lyon. *1534* médecin du cardinal du Bellay, diplomate ; séjours en Italie. *1541* condamné par la Sorbonne (humaniste et pamphlétaire) se cache plusieurs années en Touraine et sans doute en Italie. *1545* protégé par François Ier, revient d'exil ; curé de Meudon. *1546-48* réfugié à Metz après la parution du *Tiers Livre*. *1552* condamné par la Sorbonne pour le *Quart Livre ;* perd sa cure de Meudon.

Saint-Gelais, Mellin de [P, D] (1491-1558) : traduction de la Sophonisbe de Trissino (Italie, 1478-1550).

Villon, François (F. de Montcorbier ou des Loges, dit) [P] (1431-apr. 1463) : Lais, le Grand Testament et le Petit, Ballade des pendus (1489). – *Biogr. :* origine modeste. Élevé par Guillaume de Villon, chapelain de St-Benoît-le-Bétourné, dont il prit le nom. *1452* maître ès arts à la Sorbonne. *1455* tue un prêtre au cours d'une rixe et quitte Paris. *1456* impliqué dans le vol du collège de Navarre, quitte à nouveau Paris. On le retrouve à Bourges, à Blois (auprès de Charles d'Orléans). *1461* emprisonné à Meung, gracié par Louis XI. *1462* emprisonné à Paris pour vol, libéré, condamné à mort à la suite d'une rixe. Fait appel : *1463* exilé pour 10 ans ; le *4-9* on perd sa trace.

Nés entre 1500 et 1600

☞ **Anonymes : les Amadis** (12 vol., 1540-66), **les Contredits de Songe-Creux** (1530), **la Satire Ménippée** (Gilles Durant, Jean Passerat, Nicolas Rapin, 1593).

Amyot, Jacques [Mém] (1513-93) : traductions d'Héliodore (les Amours de Théagène et de Chariclée) et vie de Plutarque (les Vies parallèles).

Aneau, Barthélémy [P, R] (1505-1561, assassiné) : Alector ou le Coq, Histoire fabuleuse (1560).

Aubigné, Agrippa d' [P, H] (1552-1630) : les Tragiques (1616), Histoire universelle (1619). – *Biogr. :* famille de hobereaux saintongeais, protestants ; précoce, lit le grec à 9 ans. *1570* combat au siège d'Orléans. *1572* séjour à Genève, chez Théodore de Bèze. *1574* officier de l'armée d'Henri IV. *1585* prisonnier des catholiques, condamné à mort, puis gracié. *1589* se sépare d'Henri IV après l'abjuration et se retire sur ses terres. *1620* condamné à mort par le Parlement après la publication de l'*Histoire universelle,* se réfugie à Genève. *1624* s'y remarie.

Baïf, Jean-Antoine de [P] (1532-89) : les Passe-Temps (1573). *Poèmes :* Amours de Méline (1552).

Balzac, Jean-Louis Guez de [Pros, Es] (1597-1654) : le Prince (1631), les Entretiens (publié 1657), l'Aristippe (publié 1658).

Belleau, Rémi [P] (1528-77) : Petites Inventions (1556), la Bergerie (1565, Odes).

Bérulle, cardinal Pierre de [Théo] (1575-1629)

Bèze, Théodore de [Théo protestant, D, P] (1519-1605) : Abraham sacrifiant (1552).

Bodin, Jean [Ec, E] (1530-96) : De la République (1576).

Boisrobert, François le Métel, seigneur de [P] (1592-1662).

Bouchet, Guillaume [Hum] (1514-94) : les Sérées (1608).

Brantôme, Pierre de Bourdeille, abbé de [Mém] (1537-1614) : Vie des hommes illustres et des grands capitaines (1665), Vie des dames illustres (1665), galantes (1666). – *Biogr. :* haute noblesse périgourdine. *1553* abbé commendataire de Brantôme (ordres mineurs, célibat). *1557-73* combattant (Turcs et huguenots). *1584* chute de cheval ; paralysé ; se retire dans son abbaye, écrivant ses mémoires.

Buttet, Marc-Claude [P] (1529 ou 30 ?-1586).

Calvin, Jean Cauvin, dit [Théo] (1509-64) : Institution de la religion chrétienne (1536), Traité des reliques (1543).

Champlain, Samuel de (1570-1635) : Voyages.

Charron, Pierre [Mor] (1541-1603) : les Trois Vérités (1594), Traité de la sagesse (1601).

Crenne, Hélisenne de (Marguerite Briet) [Pros] (vers 1510-après 1560) : Épîtres familières (1539), les Angoisses douloureuses qui procèdent d'amours (1541), le Songe de madame Hélisenne (1543).

Cujas, Jacques [Jur] (1520-90).

Daurat ou **Dorat** (Jean Dinemandi) [Éru, P] (1508-88) : Poematia (1586).

Descartes, René [Ph, Math] (31-3-1596/11-2-1650) : Discours de la méthode pour bien conduire sa raison et chercher la vérité dans les sciences (1637), Méditations métaphysiques (1641), Principes de la philosophie (1644-47), Traité des passions (1649). – *Biogr. :* noblesse de robe tourangelle. Orphelin de mère, élevé par sa grand-mère. *1604-14* interne au collège jésuite de La Flèche. *1616* officier de Maurice de Nassau, en Hollande. *1618* rencontre à Breda le physicien Beekman. *1620* se bat à la Montagne Blanche comme officier hollandais. *1622-23* en France. *1623-24* en Italie. *1626-27* travaux de maths et physique à Paris. *1628* en Hollande. *1642* célèbre, protégé par la Pcesse Palatine Élisabeth, lui enseigne philosophie et physique. *1649* les Hollandais l'accusant de pélagianisme, se réfugie à Stockholm. Meurt d'une pneumonie contractée en allant voir la reine Christine. (Crâne dans une vitrine au musée de l'Homme.)

Desmarets de Saint-Sorlin, Jean [E] (1595-1676) : les Visionnaires (1637). Déclenche la querelle des Anciens et des Modernes (voir p. 289 b).

Desmasures, Louis [P] (1510-80).

Des Périers, Bonaventure [Pros] (vers 1510-1544, suicide) : Cymbalum Mundi (1537), Nouvelles Récréations et Joyeux Devis (publié 1558).

Desportes, Philippe [P] (1546-1606) : Stances et Élégies (1573), les Amours d'Hippolyte.

Dolet, Étienne [Humaniste] (1509-46, brûlé pour hérésie).

Du Bartas, Guillaume [P] (1544/28-8-1590) : la Semaine (1578), la Seconde Semaine (1584).

Du Bellay, Joachim [P] (1522-60) : l'Olive (1549), Défense et Illustration de la langue française (1549, manifeste), les Regrets (1557), les Antiquités de Rome (1558), le Poète courtisan (1559). – *Biogr. :* famille de soldats et de diplomates angevins. Droit à Poitiers. *1547* rencontre Ronsard qu'il suit à Paris, interne au collège Coqueret (recteur : Jean Dorat). *1549* prend part à la fondation de la Brigade, future Pléiade. *1553* à Rome, comme secrétaire de son oncle, le cardinal Jean du Bellay. *1557* en revient malade, sans doute phtisique.

Du Vair, Guillaume [évêque, Mor] (1556-1621) : Traité de l'éloquence française.

Estienne, *Henri* [E] (vers 1528-98, fils de Robert) : De la précellence du langage français (1591). *Robert* [E] (1503-59) : Dictionnaire français-latin.

Fauchet, Claude [H] (1530-1602) : Antiquités gauloises et françaises (1579-1602).

François de Sales, saint [Théo] (1567-1622) : Introduction à la vie dévote (1608-09), Traité de l'amour de Dieu (1616), les Vrais Entretiens spirituels (1629).

Garnier, Robert [D] (1544-90) : Hippolyte (1578), Bradamante (1582), les Juives (1583).

Gassendi (abbé Pierre Gassend, dit) [Math, Ph] (1592-1655) : Recherche métaphysique (1644).

Gaultier-Garguille, Hugues Guéru ou Guéry [E, Acteur] (1573-1634) : Chansons (1632).

Guillet, Pernette du [P] (1520-45) : Rimes.

Hardy, Alexandre [D] (1570-1632) : 600 pièces (34 publiées) dont Didon (1603), Marianne (1610).

Jodelle, Étienne [P, D] (1532-73) : *Tragédies :* Cléopâtre captive (1553), Didon se sacrifiant (1555). *Comédie :* Eugène ou la Rencontre (1552).

Labé, Louise (L. Charly, dite) [P] (vers 1524-66), dite « la Belle Cordière » : Œuvres (1555).

La Boétie, Étienne de [Es] (1530-63) : Contr'un ou Discours de la servitude volontaire (1561).

La Céppède, Jean de [P] (1548-1623).

La Mothe le Vayer, François de [Mor] (1588-1672) : De la vertu des païens (1642).

Larivey, Pierre Giunto [D] (vers 1540-vers 1619) : les Esprits (1579), les Écoliers (1579).

L'Estoile, Pierre de [Chr] (1546-1611) : Journal d'un bourgeois de Paris.

Loyal Serviteur [Le] (Jacques de Mailles) : Histoire de Bayard (1527).

Magny, Olivier (de) [P] (1529-61).

Malherbe, François de [P] (1555-1628) : Odes, stances et sonnets (publié 1630). – *Biogr. :* noblesse de robe normande protestante (mais il reste catholique). Études à Bâle, puis Heidelberg. *1576* secrétaire d'Henri d'Angoulême, gouverneur de Provence, à Aix. *1581* épouse Madeleine de Corioli, fille du Pt du parlement d'Aix. *1586* assassinat d'Henri d'Angoulême. *1587-95* dans sa famille, à Caen (élu échevin en *1594*) ; gloire littéraire. *1595-98* et *1599-1605* séjours à Aix ; protégé du cardinal du Perron. *1605* poète de la cour à Paris ; pensionné. *1620* trésorier de France. *1624* son fils est tué en duel. *1624-28* atteint d'idée fixe (faire exécuter le meurtrier de son fils), se brouille avec le roi et Richelieu ; meurt de chagrin.

Maynard, François [P] (1582-1646) : Philandre (1619), Épigrammes (1646).

Mersenne, Marin (abbé) [Ph] (1588-1648) : Harmonie universelle (1636).

Monluc, Mal Blaise de [Mém] (1502-77) : Lettres choisies, Commentaires et lettres (posth. 1592).

Montaigne, Michel Eyquem de [Es] (28-2-1533/13-9-1592) : Apologie de Raymond Sebond, les Essais (1re édition 1580). – *Biogr. :* d'une riche famille de « Portugais » par sa mère (juifs proscrits du Portugal en 1498 et réfugiés à Bordeaux). Éduqué au château paternel de Montaigne (Périgord). Lit le latin à 6 ans et le grec à 10 ans. *1554* conseiller à la cour des aides de Périgueux (amitié avec La Boétie). *1565* riche mariage (Françoise de Chassagne). *1568* hérite de Montaigne ; y vit entouré de livres. *1577* gentilhomme de la Chambre d'Henri de Navarre, renonce pour raisons de santé. *1579-81* voyage à cheval en Allemagne et Italie. *1581* élu maire de Bordeaux. *1585* quitte sa mairie (épidémie de peste). *1588* Mlle de Gournay, sa

« fille d'alliance », collabore à l'édition de ses œuvres et préfacera les *Essais* en 1595. *1590* refuse le poste de conseiller auprès d'Henri IV. Meurt à Bordeaux.

Montchrestien, Antoine de [Ec, D] (vers 1575-1621) : Sophonisbe (1596), l'Écossaise (1601), Traité de l'économie politique (1615, a créé le mot).

Nostradamus, Michel de Nostre-Dame, dit [P] (1503-66) : Centuries (1555). Nommé astrologue de la cour par Charles IX (il avait prédit la mort d'Henri II, tué en 1559 lors d'un tournoi). Pour certains, il a prédit la mort d'Elizabeth Tudor en 1603 à 70 ans, l'exécution de Charles Ier d'Angleterre, l'incendie de Londres en 1666, la Révolution (exécution de Louis XVI, persécution) et Hitler (nommé Hister). Pour d'autres, les *Centuries* seraient une chronique parodique de la Provence de son temps.

Palissy, Bernard [Es, Sav] (vers 1500-89) : Le moyen de devenir riche (1563).

Pasquier, Étienne [Jur, P] (8-6-1529/30-8-1615) : Recherches sur la France (1561).

Passerat, Jean [P] (1534-1602, aveugle).

Pibrac, Guy du Faur de [P] (1529-84, chancelier du duc d'Anjou puis de Marguerite de Navarre).

Racan, Honorat de Bueil, seigneur de ❯ [P] (1589-1670) : Bergeries (1619), Odes sacrées (1651), Poésies chrétiennes (1660).

Ramus, Pierre la Ramée, dit Pierre [Ph] (1515-1572, assassiné) : Defensio pro Aristotele (1571).

Régnier, Mathurin [P] (1573-1613) : Satires (1608).

Ronsard, Pierre de [P] (La Possonnière-à-Couture, 11-9-1524/27-12-1585) : Odes (1550-56), les Amours (de Cassandre 1552, Marie 1555, Hélène 1574), Hymnes (1555-56), Remontrance au peuple de France, Discours des misères de ce temps (1562), l'Art poétique (1565), Élégies (1565), la Franciade (1572), le Bocage royal (1584). – *Biogr.* : famille de hobereaux vendômois (d'origine roumaine selon lui). *1536* page chez Madeleine de France qu'il suit en Écosse quand elle devient reine. *1537* sourd, tonsure (ordres mineurs lui permettant d'avoir des bénéfices ecclésiastiques). *1540* secrétaire de Lazare de Baïf, à Paris. *1543-49* élève de Dorat au collège Coqueret à Paris. *1545* passion pour Cassandre Salviati, fille d'un banquier florentin. *1548* fonde la Brigade, future Pléiade. *1555-56* liaison avec une paysanne angevine de 15 ans, Marie Dupin. *Vers 1560* prieur de Croix-Val, Montoire-en-Vendômois, St-Cosme-lez-Tours ; vit aisément, entouré de poètes et d'écrivains. *1574* célèbre, essaie en vain de séduire Hélène de Surgères, dame d'honneur de Catherine de Médicis. Meurt désenchanté à St-Cosme.

Saint-Amant, Marc Antoine de [P] (1594-1661) : Ode à la solitude (1617), les Visions (1618), Rome comique (1643), Moïse sauvé (1653), la Lune parlante (1661).

Sainte-Marthe, Scévole de [P] (1536-1623) : la Gaule chrétienne (1656).

Scève, Maurice [P] (vers 1501-64) : Blasons anatomiques (1536), Délie (1544), Microcosme (1562).

Schélandre, Jean de (Daniel d'Anchères) [D, P] (1584-1635) : Tyr et Sidon ou les Funestes Amours de Belcar et de Méliane (1608).

Sebillet, Thomas [Humaniste, Trad] (1512-1589) : Art poétique français (1548).

Sponde, Jean de [P] (1557-95) : Sonnets.

Tahureau, Jacques [P] (1528-1555) : les Dialogues (1565).

Thou, Jacques de [P] (1553-1617) : Historia Thuana (1609-14).

Turlupin, Henri le Grand, dit Belleville [Acteur] (1587-1637).

Tyard, Pontus de [P] (1521-1605, évêque) : les Erreurs amoureuses (1549-55). Introduit le sonnet en France.

Urfé, Honoré d' [R] (1567-1625) : Épîtres morales, l'Astrée (12 vol., 1607-19).

Vair, Guillaume du [Or, Ph] (1556-1621) : De la constance et consolations ès calamités publiques (1590), De la philosophie morale des stoïques (1592-1603).

Vaugelas, Claude de ❯ [Gram] (1585-1650) : Remarques sur la langue française (1647). – *Biogr.* : noblesse de robe savoyarde ; fils de l'érudit Anthoyne Favre. Secrétaire du duc de Nemours-Savoie à Turin, puis Paris. *1615* introduit à l'Hôtel de Rambouillet. *Vers 1630* gentilhomme de Gaston d'Orléans, maigre pension. *1636* académicien : responsable du dictionnaire. Meurt insolvable.

Vauquelin de la Fresnaye, Jean [P] (1536-1606) : les Foresteries (1555), l'Art poétique français (1605).

Viau, Théophile de [P, D] (1590-1626) : Pyrame et Thisbé (1621), Ode à la solitude.

Voiture, Vincent [Pros, P] (1598-1648) : Épître au prince de Condé (1648, poésie), Lettres (1650), Sonnets (1650).

NÉS ENTRE 1600 ET 1700

Anselme (père) [H] (vers 1625-1693, Pierre Guibourg, dit) : Histoire généalogique et chronologique de la Maison de France.

Arnauld, Antoine, dit le Grand Arnauld [Math, Gram, Théo] (1612-94) : De la fréquente communion (1643).

Aulnoy, Marie-Catherine, Ctesse d' [E] (vers 1650-1705) : les Illustres Fées (1698).

Bayle, Pierre [Cr, Ph] (1647-1706) : Pensées sur la comète (1682), Nouvelles de la République des Lettres (1684-87), Dictionnaire historique et critique (1697).

Benserade, Isaac de ❯ [P] (1613-91) : Ballets (1651-81), Sonnet de Job (1648).

Boileau, Nicolas ❯ [P, Cr] (1-11-1636/13-3-1711) : Satires (1666-68), Épîtres (1669-98), Art poétique (1674), le Lutrin (1683), Réflexions sur Longin (1693). – *Biogr.* : noblesse de robe parisienne. Victime d'un accident (à 13 ans, verge attaquée par un dindon), renonce à toute carrière et vit des rentes familiales. *1677* historiographe du roi (pension de 6 000 livres) ; achète une maison à Auteuil (actuellement rue Boileau) ; ami de Racine.

Boisguilbert, Pierre Le Pesant, seigneur de [Ec] (1646-1714).

Bossuet, Jacques Bénigne ❯ [évêque, Préd, E] (27-9-1627/12-4-1704) : Panégyrique (1652-59), Sermons (1643-1702), Discours sur l'histoire universelle (1681), Histoire des variations des Églises protestantes (1688), Oraisons funèbres (1656-91), Maximes et Réflexions sur la comédie (1694), Relation sur le quiétisme (1698), la Politique tirée de l'Écriture sainte (1709), Traité de la concupiscence (1693-94). – *Biogr.* : père conseiller au parlement de Metz transféré à Toul. Tonsuré à 8 ans. Chanoine de Metz à 13 ans. Élevé chez les Jésuites. Travailleur acharné, surnommé *Bos suetus aratro,* le « bœuf habitué à la charrue ». *1642* philosophie au collège de Navarre. *1652* prêtre. *1652-59* chanoine à Metz. *1659* prédicateur à Paris. *1669* évêque de Condom. *1670-80* précepteur du Dauphin. *1681* évêque de Meaux ; prêche avec éloquence (surnommé l'*Aigle de Meaux*). *1682* gallican, ne sera pas cardinal. *1697* conseiller d'État.

Bouhours, Dominique [G] (1628-1702).

Boulainvilliers, Henri de [H, Ec] (1658-1722) : l'État de la France (1727).

Bourdaloue, Louis [Préd, jésuite] (1632-1704) : sermons et œuvres diverses. Nom donné (sans e) à un ruban garni d'une boucle qu'il portait à son chapeau, à un pot de chambre en céramique ovale ou en forme de haricot (dont auraient usé ses auditrices lors de longs sermons), à un entremets (créé par un pâtissier de la rue Bourdaloue, Paris), à un tampon de nivellement (créé par un géodésien, Paul Bourdaloue, en 1857).

Brébeuf, Georges de [P] (1618-1661) : l'Énéide travestie (1650).

Bussy-Rabutin, Roger, Cte de ❯ [Chr] (1618-93) : Histoire amoureuse des Gaules (1665), Mémoires.

Cantillon, Richard [Ec] (Irlande 1680-1734)

Caylus, Marthe de Murçay, Ctesse de [Mém] (1673-1729) : Anecdotes sur Versailles (publiées par Voltaire sous le titre : *Souvenirs,* 1770).

Corneille, Pierre ❯ [D] (6-6-1606/1-10-1684) : *Comédies :* Mélite (1628), la Veuve (1632), Clitandre (1633), la Galerie du palais (1634), la Suivante (1634), la Place royale (1634), l'Illusion comique (1639), le Menteur (1644), la Suite du Menteur (1644). *Tragédies :* Médée (1635), le Cid (1636 ou 2-1-1637), Horace (1641), Cinna (1642), Polyeucte (1643), la Mort de Pompée (1642-43), Rodogune (1644-45), Théodore (1645), Héraclius (1646), les Triomphes de Louis le Juste (1649), Andromède (1650), Don Sanche d'Aragon (1650), Nicomède (1651), Pertharite (1652), Œdipe (1659), la Toison d'or (1661), Sertorius (1662), Sophonisbe (1663), Agésilas (1666), Attila (1667), Tite et Bérénice (1670), Psyché (1671, tragi-comédie-ballet en collaboration avec Molière, Quinault et Lully), Pulchérie (1672), Suréna (1674). – *Biogr.* : père avocat à Rouen. Habitera sa maison natale 56 ans (rue de la Pie à Rouen). Études chez les jésuites de Maulévrier. *1628* avocat du roi, pour les Eaux et Forêts et l'Amirauté, à Rouen. *1636* ses pièces triomphent à Paris, mais déplaisent à Richelieu. *1642* protection de Mazarin. *1650* procureur des états de Normandie. *1651* écrit *Nicomède,* favorable au Pce de Condé ; perd poste et pensions. *1659* protégé par Fouquet qui paie largement *Œdipe. 1662* fixé à Paris avec son frère Thomas (ont épousé les 2 sœurs). *1663* pensions. *1674* perd son fils à la guerre ; renonce à écrire ; pauvre (pension non versée 7 ans). *1681* hémiplégique.

Corneille, Thomas ❯ [P, D] (1625-1709) : le Geôlier de soi-même (1655), Timocrate (1658), Ariane (1672), le Comte d'Essex (1679).

Cosnard, Marthe [D] (1614-59) : les Chastes Martyrs.

Crébillon (père), Prosper Jolyot de ❯ [D] (1674-1762) : Électre (1708), Rhadamiste et Zénobie (1711), Catilina (1748).

Cyrano de Bergerac, Savinien de [Hum] (Paris, 1619-55) : Histoire comique des États et Empires de la Lune (publié 1657), du Soleil (1662). *Théâtre :* le Pédant joué (1654). Cadet en 1639 dans la compagnie des gardes de Carbon de Casteljaloux ; ses parents possédaient un domaine à Bergerac (vallée de Chevreuse).

Dancourt, Florent Carton dit [D] (1661-1725) : le Chevalier à la mode (1687), les Bourgeoises de qualité (1700).

Dangeau (Louis de Courcillon), abbé de [Gram] (1643-1723 ; frère du Mis).

Dangeau (Philippe de Courcillon), Mis de [Mem] (1638-1720) : Journal.

Deshoulières (Antoinette, Madame) [P] (1638-94).

Destouches, Philippe (P. Nicolas Néricault, dit) [D] (1680-1754) : le Philosophe marié (1727), le Glorieux (1732), l'Homme singulier (1764).

Domat, Jean [Juriste] (1625-96) : Traité des lois.

Du Cange, Charles [Éru] (1610-88) : Glossaire du latin médiéval (1733-36).

Fénelon, François de Salignac de La Mothe (évêque) ❯ [E] (6-8-1651/7-1-1715) : Traité de l'éducation des filles (1687), Fables (1690), Dialogues des morts (1692), les Aventures de Télémaque (1699), Table de Chaulnes (1711), Lettre à l'Académie (1714). – *Biogr.* : noblesse périgourdine. *Vers 1675* prêtre de St-Sulpice. *1678-88* aumônier des Nouvelles Catholiques (jeunes protestantes récemment converties). *1689* précepteur du duc de Bourgogne. *1691* suspect de quiétisme (sa disciple, Mme Guyon, est condamnée). *1694* archevêque de Cambrai (150 000 livres de revenus). *1699* condamné comme quiétiste, sur intervention de Bossuet, pour son *Explication des maximes des saints ;* administre jusqu'à sa mort son diocèse.

Fléchier, Valentin Esprit (évêque) ❯ [Préd] (1632-1710) : Oraisons funèbres, Mémoires sur les grands jours d'Auvergne.

Fontenelle, Bernard de ❯ [Es] (1657/9-1-1757 : † à 99 ans 10 mois 15 jours) : Entretiens sur la pluralité des mondes (1686), Histoire des oracles (1687), Digression sur les Anciens et les Modernes (1687), Éloges (1699-1740). – *Biogr. :* noblesse de robe ; neveu de Corneille par sa mère. *Vers 1670* avocat à Rouen, renonce dès son 1er procès, vit sur sa fortune personnelle. *1679-87* essaie de devenir auteur dramatique (échec). *1687* à Paris ; apprécié dans les salons, notamment celui de Mme de La Sablière. *1688* partisan des Modernes contre les Anciens. *1697* secrétaire perpétuel de l'Académie des sciences.

Furetière, Antoine (abbé) ❯ [R] (1619-88) : le Roman bourgeois (1666), Dictionnaire universel (1690).

Galland, Antoine [E] (1646-1715) : les Mille et Une Nuits, contes arabes (1704-17).

Gomberville, Marin Le Roy de ❯ [R] (1600-74) : la Carithée (1621), Polexandre (1629), la Cythérée (1640).

Graffigny, Françoise de (née d'Issembourg d'Happoncourt) [E] (1695-1758) : *Roman :* Lettres d'une Péruvienne (1747). *Théâtre :* Cénie (1750), la Fille d'Aristide (1758).

Hamilton, Anthony, Cte de (Irlandais, 1646-1720) : Mémoires de la vie du comte de Gramont (1660-65), le Bélier (1731).

Labat René (père dominicain) (1663-1738) : Voyage aux îles d'Amérique (1722), Relation sur l'Afrique occidentale (1728).

La Bruyère, Jean de ❯ [Mor] (16-8-1645/10-5-1696) : les Caractères (1688-96).

La Calprenède, Gautier de Costes, sieur de [D, R] (1610-63) : *Théâtre :* le Comte d'Essex (1638). *Romans :* Cléopâtre (12 vol., 1647-58), Cassandre (10 vol., 1642-50), Pharamond (12 vol., 1661-70, achevé par Vaunorière).

La Fayette (Ctesse de) [R] (16-3-1634/25-5-1693) : la Princesse de Montpensier (1662), Zayde (signé Segrais, 1670), la Princesse de Clèves (non signé, 1678), Mémoires (1731).

La Fontaine, Jean de ❯ [P, Fab] (8-7-1621/13-4-1695) : Adonis (1658), Élégie aux nymphes de Vaux (1662), Contes (1665-74), le Songe de Vaux (fragments, 1665-1729), Fables (1668-94), Psyché (1669), le Florentin (1686). – *Biogr.* : petite noblesse ; père maître des Eaux et Forêts de Château-Thierry. *1641* novice à l'Oratoire. *1642* renonce à l'Église. *1646* vie dissipée à Paris, fréquente Tallemant des Réaux. *1647* épouse Marie Héricard [(14 ans), séparés de biens en 1659, de corps en 1672]. *1652* achète une charge de maître des Forêts. *1657* hérite des 2 charges de son père. *1659-61* protégé par Fouquet, vit à Vaux. *1664* protégé par le duc de Bouillon (seigneur de Château-Thierry), devient gentilhomme de Marguerite de Lorraine, au Luxembourg à Paris. *1672* mort de celle-ci ; va chez Mme de La Sablière, rue Neuve-des-Petits-Champs. *1683* élu à l'Académie (reçu avec 2 ans de retard car réputé libertin et ami de Fouquet). *1693* mort de Mme de La Sablière, va chez le banquier d'Hervart. Malade, promet à son confesseur de n'écrire que des textes religieux (dont la paraphrase du *Dies irae*).

Lancelot, Claude (dom) [Gram] (vers 1616-95) : Grammaire générale et raisonnée (dite de Port-Royal).

La Rochefoucauld, François, duc de [Mor] (1613-80) : Maximes (1664).

Le Maistre de Sacy, Isaac Louis [Théo] (1613-84).

Lesage, Alain René [R, D] (1668-1747) : le Diable boiteux (1707), Histoire de Gil Blas de Santillane (1715-35). *Théâtre :* Turcaret ou le Financier (1708).

L'Hermite, François (dit Tristan) [P, D] : les Plaintes d'Acante (1638). *Théâtre :* Marianne (1636), Penthée (1637).

Mabillon, dom Jean [Éru] (1632-1707, bénédictin) : De re diplomatica libri (1681).

Mairet, Jean [P, D] (1604-86) : Sylvie (1626), Sophonisbe (1634, 1re tragédie régulière).

Malebranche, Nicolas de [Ph] (1638-1715) : De la recherche de la vérité (1674-75), Traité de l'amour de Dieu (1697). – *Biogr.* : noblesse de robe parisienne. *1660* religieux de l'Oratoire. *1664* prêtre ; vit à l'Oratoire de Paris, les princes de Condé le reçoivent à Chantilly. *1680* Bossuet lui reproche son nationalisme. *1697* réconciliation avec Bossuet qu'il soutient contre Fénelon.

Marivaux, Pierre Carlet de Chamblain de ❯ [D, R] (4-2-1688/12-2-1763) : *Comédies :* la Surprise de l'amour (1722), la Double Inconstance (1723), l'Île des esclaves (1725), la Seconde Surprise de l'amour (1727), la Colonie (1728), le Jeu de l'amour et du hasard (1730), les Serments indiscrets (1731), le Triomphe de l'amour (1732), le Legs, les Fausses Confidences (1737), l'Épreuve (1740). *Romans :* l'Iliade travestie (1717), la Vie de Marianne (1731 à 1745), le Paysan parvenu (1735-36), Télémaque travesti (1736). – *Biogr.* : petite noblesse de robe parisienne. Enfance à Limoges où son père a une charge. *Vers 1708* orphelin, monte à Paris. *1710* reçu chez la marquise de Lambert. *1717* épouse Colombe Bologne († 1723), riche bourgeoise. *1720* ruiné (faillite de Law). *1740* sa fille unique entre au couvent. *1744* vit avec Angélique de La Chapelle St-Jean (scandale).

Massillon, Jean-Baptiste ❯ [Préd] (1663-1742) : le Grand et le Petit Carême.

Maupertuis, Pierre-Louis Moreau de [Math, Ph] (1698-1759) : Système de la nature (1756).

Ménage, Gilles [Gram] (1613-92) : Observations sur la langue française (1672-75).

Meslier, Jean, dit le Curé (1664-1729) : Mémoire des pensées et des sentiments.

Molière, J.-B. Poquelin, dit [D] (janv. 1622/17-2-1673) : le Médecin volant (1645), l'Étourdi ou les Contretemps (1655), le Dépit amoureux (1656), les Précieuses ridicules (1659), Sganarelle ou le Cocu imaginaire (1660), Dom Garcie de Navarre ou le Pce jaloux (1661), l'École des maris (1661), les Fâcheux (1661), l'École des femmes (1662), l'Impromptu de Versailles (1663), le Mariage forcé (1664), la Pcesse Élise (1664), Tartuffe ou l'Imposteur (1664), Dom

Juan ou le Festin de pierre (1665), l'Amour médecin (1665), le Misanthrope (l'Atrabilaire amoureux, 1666), le Médecin malgré lui (1666), George Dandin (1666), Mélicerte (1666), le Sicilien ou l'Amour peintre (1667), l'Avare (1668), Amphitryon (1668), M. de Pourceaugnac (1669), le Bourgeois gentilhomme (1670), la Comtesse d'Escarbagnas (1671), les Fourberies de Scapin (1671), Psyché (1671), les Femmes savantes (1672), le Malade imaginaire (1673). – *Biogr. :* père parisien, « tapissier du Roi » (charge anoblissante). Orphelin de mère à 10 ans, études au collège de Clermont (jésuite, actuel lycée Louis-le-Grand à Paris, le quitte en *1639*). *1643* comédien à l'« Illustre Théâtre » [liaison avec l'actrice Madeleine Béjart († 17-2-1672)]. *1645* faillite, prison pour dettes. *1645-58* acteur ambulant. *1650* dirige la troupe. *1658-oct.* à Paris salle du Petit-Bourbon (dépendance du Louvre), protection du roi. *1662-20-2* épouse Armande Béjart (15 ans, fille de Madeleine), accusé d'avoir épousé sa propre fille ; il en a un fils, Louis (Louis XIV est le parrain). *1663 :* 1res représentations à Versailles *(Impromptu de Versailles),* y séjourne chaque année avec sa troupe jusqu'en 1673. *1664-69* lutte contre le « parti des dévôts » qui fait interdire *Tartuffe. 1665* Louis XIV achète sa troupe 6 600 livres par an. *1672* perd la faveur de Louis XIV. *1673-17-2* meurt chez lui après avoir joué *le Malade imaginaire. 1817* ses restes sont transférés au Père-Lachaise. Certains ont prétendu que l'auteur de ses pièces était l'« homme au masque de fer » (anonyme, 1893), Louis XIV (Maurice Garçon, 1914), Corneille (Henri Poulaille et Pierre Louÿs).

Montesquieu, Charles de Secondat, B^{on} de La Brède et de ⚘ [Mor, Ph] (18-1-1689/10-2-1755) : Lettres persanes (1721), le Temple de Cnide (1725), Considérations sur les causes de la grandeur des Romains et de leur décadence (1734), Histoire véritable (1738, publié 1892), Mes pensées (1899), Spicilège, De l'Esprit des lois (1748, à Genève). – *Biogr. :* vieille noblesse de robe bordelaise. Enfance au château de la Brède (pratique toute sa vie l'occitan). *1714* conseiller au parlement de Bordeaux. *1715* épouse une huguenote, Jeanne de Lartigue (100 000 livres de rentes). *1716* président à mortier du parlement de Bordeaux (héritage de son oncle). *1721-25* succès des *Lettres persanes* et vie mondaine à Paris. *1728-32* voyage en Europe et séjourne en Angleterre. *Vers 1750* considéré comme maître à penser par Frédéric II, Catherine de Russie, les parlementaires anglais. Meurt presque aveugle.

Moreri, Louis [Éru] (1643-80) : Grand Dictionnaire historique (1674).

Nicole, Pierre [E] (1625-95) : la Logique ou l'Art de penser (avec Arnauld), Essais de morale (1671-78).

Nivelle de La Chaussée ⚘ [D] (1692-1754) : *Comédies :* le Préjugé à la mode (1735), l'École des mères (1744). *Drames :* Mélanide, la Gouvernante.

Pascal, Blaise [Math, Ph, E] (19-6-1623/19-8-1662) : les Provinciales (1656-57), Pensées (1670). – *Biogr. :* fils d'un président de la cour des aides de Clermont. Perd sa mère à 3 ans. *1627* se révèle enfant prodige. *1631* son père vend sa charge et vient vivre à Paris pour pousser son éducation : latin et grec à 9 ans ; retrouve les principes de la géométrie euclidienne à 12 ans ; écrit l'*Essai sur les coniques* à 16 ans. *1642* célèbre (à 19 ans) en inventant une machine à calculer. *1646* premiers contacts avec le jansénisme. *1647* découvre au Puy-de-Dôme le principe de la pression atmosphérique. *1648* à Paris, lié avec le duc de Roannez (amour platonique pour la sœur du duc, de trop haute naissance pour lui). *1656* conversion définitive (mysticisme janséniste). *1659* dépression nerveuse (surmenage). *1660* projet d'une compagnie de carrosses à 5 sols ; lettres patentes en 1662. *1661* mort de sa sœur Jacqueline ; se retire du monde. *1662* abjure le jansénisme.

Patin, Gui [Méd] (1601-72) : Lettres.

Perrault, Charles ⚘ [E] (1628-1703) : le Siècle de Louis le Grand (1687, poésie), Parallèles des Anciens et des Modernes (1688-97), Contes de ma mère l'Oye [(1697), signés par son fils Pierre (1678-1700) dont : la Belle au bois dormant, le Petit Chaperon rouge, Barbe-Bleue, le Chat botté, Cendrillon, Riquet à la houppe, le Petit Poucet].

Piron, Alexis [P, D] (1689-1773) : Gustave Vasa, la Métromanie (comédie, 1738).

Pradon, Jacques [D, P] (1644-98) : Pyrame et Thisbé (1676), Phèdre (1677).

Prévost d'Exiles (abbé) [R] (1-4-1697/23-11-1763) : Mémoires et Aventures d'un homme de qualité (1728-31), dont le 7e tome Histoire du chevalier des Grieux et de Manon Lescaut (1731), Cleveland (1732-39), Clarisse Harlowe (1751).

Quesnay, François [Ec, Méd] (1694-1774) : Tableau économique de la France (1748), la Physiocratie (1768-69).

Quesnel, Pasquier [Théo, janséniste] (1634-1719) : Réflexions morales (1671).

Quinault, Philippe ⚘ [P, D] (1635-88) : Astrate (1664), la Mère coquette (1665), Roland (1683).

Racine, Jean ⚘ [D] (La Ferté-Milon, 22-12-1639/Paris, 21-4-1699) : *Théâtre :* la Thébaïde (1664), Alexandre (1665), Andromaque (1667), les Plaideurs (comédie, 1668), Britannicus (1669), Bérénice (1670), Bajazet (1672), Mithridate (1673), Iphigénie (1674), Phèdre (1677), Esther (1689), Athalie (1691). *Poésie :* Hymnes du Bréviaire (vers 1680), Cantiques spirituels (1694), Épigrammes (posth. 1722). *Histoire :* le Siège de Namur (1692), Précis historique des campagnes de Louis XIV (1730), Abrégé de l'histoire de Port-Royal (1742-67). *Polémique :* Lettre à l'auteur des Hérésies imaginaires (1666). *Correspondance :* Lettres (publiées 1747). – *Biogr. :* noblesse de robe. Orphelin de mère à 13 mois ; de père (fonctionnaire de La Ferté-Milon) à 3 ans. Élevé par sa grand-mère. *1655* pensionnaire chez les solitaires (jansénistes) de Port-Royal. *1660* homme de lettres à Paris, sans ressources. *1664* pensionné par le roi pour une ode sur sa convalescence (2 000 livres annuelles à vie). *1667* liaison avec la tragédienne Thérèse du Parc (1633-68). *1668* avec sa rivale, Marie Champmeslé (1642-1701) ; on le suspecte d'avoir empoisonné la du Parc. *1673* trésorier de France à Moulins (charge fictive, bien payée). *1677* historiographe du roi ; épouse Catherine de Romanet (fortune moyenne). Abandonne les milieux théâtraux, vit dans l'intimité de Louis XIV, lui faisant la lecture. *1690* renoue avec Port-Royal et s'éloigne de la cour. Meurt d'un abcès au foie.

Regnard, Jean-François [D] (1655-1709) : le Joueur (1696), le Légataire universel (1708).

Retz, Paul de Gondi, cardinal de [Mém] (1613-79) : Mémoires (publiés 1717).

Rotrou, Jean de [D] (1609-50) : Bélisaire (1643), Saint Genest (1646), Venceslas (1647), Cosroes (1649).

Rousseau, Jean-Baptiste [P] (1671-1741) : Odes, Cantates.

Saint-Évremond, Charles de [Polé, Cr] (1616-1703, enterré abbaye de Westminster, Londres) : Comédie des académistes (1650), Pamphlets (1670).

Saint-Simon, Louis, duc de [Mém] (1675-1755) : Mémoires (1694-1723, publiés 1829). – *Biogr. :* haute noblesse chartraine (pair de France, Grand d'Espagne). Parents âgés. Souffreteux, presque nain. *1692-1702* aux armées ; démissionne (n'a pas été nommé M^{al} de camp). *1702-12* attaché au duc de Bourgogne. *1712* au duc d'Orléans qui, Régent (1715), le prend pour conseiller. *1718* démissionne. *1721-23* ambassadeur en Espagne. *1723-55* retiré dans son château de La Ferté-Vidame, fréquente la Grande Trappe.

Scarron, Paul [Hum] (14-7-1610/7-10-1660) : le Virgile travesti (1648-52), le Roman comique (1651-57). Épouse en 1652 Françoise d'Aubigné (future Mme de Maintenon qui épousera Louis XIV).

Scudéry, *Georges de* ⚘ (1601-67) et sa sœur *Madeleine* (1607-1701) [R] : Artamène ou le Grand Cyrus (1649-53), Clélie (1654-60 ; 7 316 pages avec la carte du Tendre).

Segrais, Jean Regnault de [P] (1624-1701).

Sévigné, Marie de Rabutin-Chantal, dame de Sévigné, dite la marquise de [E] (Paris, 5-2-1626/Grignan, 17-4-1696) : Lettres (publiées 1726).

Sorel, Charles [R] (vers 1600-74) : la Vraie Histoire comique de Francion (1622).

Tallemant des Réaux, Gédéon [Mém] (1619-90) : Historiettes (publiées 1835).

Tillemont, Sébastien Le Nain de [H] (1637-98) : Histoire ecclésiastique des six 1ers siècles (1690-1738).

Tristan l'Hermite, François dit ⚘ [D, R, P] (vers 1601-55) : le Page disgracié (roman, 1642).

Voltaire, François-Marie Arouet, dit ⚘ [E, R] (Paris, 21-11-1694/Paris, 30-5-1778) : *Tragédies :* Œdipe (1718), Mahomet (1731), Zaïre (1732), la Mort de César (1735), Alzire ou les Américains (1736), Mérope (1743), l'Orphelin de la Chine (1755), Tancrède (1760). *Histoire :* Histoire de Charles XII (1731), le Siècle de Louis XIV (1751). *Philosophie et polémique :* Lettres philosophiques (1734), Éléments de la philosophie de Newton (1738), Essai sur les mœurs et l'esprit des nations (1756), Traité sur la tolérance (1763), Dictionnaire philosophique (1764), Commentaire sur le livre des délits et peines (1766). *Contes :* Zadig (1748), Micromégas (1752), Candide (1759), l'Ingénu (1751-68), l'Homme aux quarante écus (1768). *Poésie :* la Henriade (1723), Épîtres ou Satires : 117 pièces, le Mondain (1736). *Correspondance :* 21 000 lettres conservées (1 200 destinataires). – *Biogr. :* héritera du cabinet de son père, notaire parisien, homme d'affaires des ducs de Richelieu et de Saint-Simon. Études à Louis-le-Grand (jésuites) à Paris. *1714* admis au « souper du Temple », chez le grand prieur de Vendôme, lieu de débauche. *1716* exilé à Sully-sur-Loire et, *1717,* embastillé 11 mois (écrits contre le Régent). *1718* prend le nom de Voltaire. *1723* introduit à la cour grâce à ses succès littéraires. *1725* embastillé pour avoir provoqué en duel un fils de duc, le chevalier de Rohan. *1726*-5-5 part pour l'Angleterre. *1729* retour en France. *1730-34* liaison avec Mme de Besnières (à Rouen). *1734*-6-5 s'enfuit en Lorraine (mandat d'arrêt). *-Juin* à Cirey avec la M^{ise} du Châtelet, née Breteuil (1706-49) ; liaison continue jusqu'à la mort de celle-ci. *1736* écarté de la cour pour ses écrits antireligieux, s'installe avec la M^{ise} et son mari à Cirey, arrière-fief du duc de Bar-Lorraine, enclavé en Champagne (le Mis, seigneur lorrain, y a les pouvoirs de police). *1742-43* missions auprès de Frédéric II. *1743* protégé par le Mis d'Argenson et la M^{ise} de Pompadour, revient à Versailles. Liaison avec sa nièce, Mme Denis. *1745*-27-3 historiographe du roi. *1746*-25-4 élu à l'Académie française. *1750-53* à Potsdam (avec Mme Denis) à la cour de Frédéric II de Prusse. *1753-54* brouillé avec Frédéric II, se réfugie à Colmar. *1754-59* à Prangins, puis aux Délices, près de Genève. *1759* retraite définitive (avec Mme Denis) à Ferney (frontière franco-suisse) ; y acquiert un riche domaine et construit un château ; célèbre en Europe (surnommé le « roi Voltaire »). *1765* obtient la réhabilitation de Jean Calas (1698/exécuté 10-3-1762), condamné à tort comme assassin de son fils Marc-Antoine (qui, protestant, aurait voulu se convertir au catholicisme). Intervient pour Sirven (1762-64), le chevalier de La Barre (décapité 1766). *1773* entreprend en vain une campagne pour réhabiliter Lally-Tolendal, condamné à mort pour avoir capitulé à Pondichéry ; malade (strangurie). *1778-10-2* à Paris ; invité par l'Académie française ; manifestations triomphales. *-2-3* signe une rétractation, reçoit l'absolution, refuse la communion. *-30-5* meurt (cancer de la prostate ?). Enterré quasi clandestinement à l'abbaye de Scellières par son neveu, l'abbé Mignot. *1791-11-7* repose au Panthéon (voir à l'Index).

Nés entre 1700 et 1800

Alembert, Jean Le Rond d' ⚘ [Math, Ph] (1717-83 ; fils naturel de Mme de Tencin (1682-1749) et du chevalier Destouches-Canon, lieutenant-G^{al} d'artillerie, abandonné sur les marches de la chapelle St-Jean-le-Rond) : Traité de dynamique (1743), Discours préliminaire de l'Encyclopédie (1751).

Argens, Jean-Baptiste, marquis d' [Polé] (1704-71) : Mémoires secrets de la République des lettres (1737).

Ballanche, Pierre Simon [E] (1776-1847, célèbre pour son amitié amoureuse avec Mme Récamier) : Du sentiment considéré dans ses rapports avec la littérature et les arts (1801).

Balzac, Honoré de [R] (Tours, 20-5-1799/18-8-1850) : les Chouans (1829), la Physiologie du mariage (1830), la Femme de 30 ans (1831), la Peau de chagrin (1831), Maître Cornélius (1831), Louis Lambert, le Curé de Tours (1832), le Médecin de campagne (1833), Eugénie Grandet, Histoire des Treize, la Duchesse de Langeais, la Recherche de l'absolu (1834), le Père Goriot (1834-35), le Lys dans la vallée (1835), les Illusions perdues (1837-43), la Rabouilleuse (1841) Une ténébreuse affaire (1841), Ursule Mirouet (1842), la Cousine Bette (1846), le Cousin Pons (1847), les Paysans (1855) ; rassemblant 2 472 personnages, la Comédie humaine regroupe 65 titres (1re édition 1842). – *Biogr. :* bourgeoisie parisienne fixée en Touraine ; détesté par sa mère, mis tout jeune en pension à Vendôme. *1814-19* études à Paris. *1820* liaison avec Laure de Berny ; de 22 ans plus âgée, elle le protégera jusqu'à sa mort (1836). *1821-26* feuilletoniste, sous différents pseudonymes. *1826-29* fonde une imprimerie (aurait imprimé 286 ouvrages) ; faillite (12-8-1828), lourdes dettes. *1830* gros droits d'auteur mais dépense sans compter. *1833* liaison avec Éveline Hanska (Ctesse polonaise, 1800-82). *1836* vie clandestine (crainte des créanciers). *1843* voyage à St-Pétersbourg auprès d'Éveline (veuve depuis 1841). *1846* fils mort-né, Victor-Honoré (inconsolable) ; achat et décoration ruineuse d'un hôtel, rue Fortunée (rue Balzac). *1847-48,* puis *1850* séjours en Ukraine ; *-14-3* y épouse Éveline ; *-juin* revient avec elle, épuisé, rue Fortunée, y meurt le *18-8.*

Barante, Prosper, baron de ⚘ [H] (1782-1866) : Histoire des ducs de Bourgogne (1821-24).

Barthélemy, abbé Jean-Jacques ⚘ [Éru] (1716-95) : Voyage du jeune Anacharsis en Grèce (1788).

Beaumarchais, Pierre Caron de [D] (24-1-1732/18-5-1799) : Eugénie (1767), Mémoires (1774), le Barbier de Séville (1775), le Mariage de Figaro (1784), la Mère coupable (1792). – *Biogr. :* fils d'un horloger parisien. *1752* invente un système d'échappement pour les montres, que l'horloger Lepaute cherche à s'approprier. *1754* gagne son procès contre Lepaute. *1755* horloger du roi. *1756* clerc de la maison du roi ; prend le nom de Beaumarchais, terre appartenant à sa femme (épousée 1756, morte 1757 ; il est soupçonné de l'avoir assassinée). *1757* professeur de harpe des filles de Louis XV. *1758-64* associé du financier Pâris-Duverney ; achète une charge de secrétaire du roi (qui l'anoblit). *1762-82* lieutenant général des chasses ; spéculations. *1770* à la mort de Pâris-Duverney, est accusé de fraude par les héritiers (procès gagné au bout de 8 ans). *1771* mort de sa 2e femme et procès en détournement d'héritage avec sa belle-famille. *1774 :* 3e mariage avec une riche héritière, Thérèse de Villermawlaz. Mission secrète à Londres (faire détruire un pamphlet contre Mme du Barry) ; mis en prison à Vienne (affaire de chantage). *1776* arme une flotte privée pour soutenir les insurgés américains. *1777* fonde la Sté des auteurs dramatiques. *1784* succès du *Mariage de Figaro* (achevé 1778 ; 1re le 27-4) ; s'enrichit. *1790* rallié à la Révolution. *1792* monte une affaire d'achat d'armes en Hollande ; suspect à la Convention. *1793-96* exilé à Hambourg. *1796-99* rentre à Paris, écrit ses mémoires. Meurt d'apoplexie.

Beaumont, Jeanne-Marie Leprince de [E] (1711-80) : Contes (dont la Belle et la Bête).

Béranger, Jean-Pierre de [Chans] (19-8-1780/16-7-1857) : le Roi d'Yvetot (1813), 6 recueils de chansons.

Bernardin de St-Pierre, Henri ⚘ [E] (1737-1814) : Voyage à l'Isle de France (1773), Études de la nature (1784-88), Paul et Virginie (1787), la Chaumière indienne (1790). – *Biogr. :* famille bourgeoise. *1758* ingénieur des Ponts et Chaussées. *1763* cherche fortune en Russie, puis en Prusse. *1767* en poste à l'île Maurice. *1771* démissionne ; misère à Paris ; disciple de Rousseau. *1787* succès de *Paul et Virginie. 1795* membre de l'Institut. *1799* pensionné par le 1er consul.

Berquin, Arnaud [P, R] (1747-91). Par allusion à ses romans, on a appelé berquinade une histoire sentimentale sans saveur.

Boigne, Louise d'Osmond, Ctesse de [Mém] (1781-1866) : Récits d'une tante (4 vol., publiés 1907-08).

Bonald, Louis, Vte de ⚘ [Es] (1754-1840) : Théorie du pouvoir politique et religieux (1796).

Brillat-Savarin, Anthelme [Es] (1755-1826) : la Physiologie du goût (1825).

Brosses, Charles de (président) [Pros] (1709-77) : Lettres familières (1739-40), Lettres d'Italie (1740).

Buffon, Georges Louis Leclerc, Cte de ⚘ [Nat] (1707-88) : Histoire naturelle (36 volumes, 1749-89), Discours sur le style (1753). – *Biogr. :* noblesse terrienne bourguignonne. Études à Dijon (Jésuites). *1730* en Italie, voyage avec le duc de Kingston (Angl.) ; séjourne souvent en Angleterre. *1733* membre adjoint de l'Académie des sciences, pour des travaux de physique. *1735* transforme sa propriété de Montbard en parc botanique expérimental. *1739* intendant du Jardin du roi (Jardin des Plantes). *1744* réunit une équipe scientifique, dont le médecin Louis Daubenton (1716-99). Passe 8 mois à Montbard et 4 à Paris, travaillant à son *Histoire naturelle. 1777* fait comte. *1779* condamné par la Sorbonne, sauvé par le veto royal.

PRINCIPAUX PERSONNAGES DE LA LITTÉRATURE FRANÇAISE

Anonymes. Chanson de Roland (XIIe s.) : *Roland et Olivier* (amis chevaleresques) ; *Ganelon* (le traître). **Le cycle de Tristan** (XIIe s.) : *Tristan et Iseut* (amants prédestinés). **Roman de Renart** (XIIe-XIIIe s.) : *Renart* (aventurier matois et sans scrupules). **La Farce de maître Pathelin** (XVe s.) : *maître Pathelin* (avocat roublard). **Légende médiévale :** *Mélusine :* fille d'Élinas, roi d'Albanie (Écosse) et de la fée Pressine ; chaque samedi, le bas de son corps prend la forme d'un serpent ; *Merlin l'enchanteur :* magicien des légendes celtes et du cycle d'Arthur. **Alain-Fournier. Le Grand Meaulnes :** *Augustin* (adolescent croyant à la réalité du monde subjectif) ; *Yvonne de Galais*. **Aragon. Aurélien :** *Aurélien Leurtillois*. **Les Cloches de Bâle :** *Diane de Nettencourt ; Catherine Simonidzé*. **Audiberti (J.). L'Effet Glapion** (comédie) : *Émile Glapion* (magicien transformant les vies tristes en féeries). **Aymé (M.). Clérambard** (original tyrannique et illuminé). **La Vouivre** (créature mythologique, reine des serpents).

Balzac (H. de). La Comédie humaine : *le père Goriot* (martyr de l'amour paternel) ; *la rabouilleuse* (ambitieuse vulgaire et sans scrupules) ; *Rastignac* (ambitieux distingué et sans scrupules) ; *Vautrin* (forçat génial devenu redresseur de torts) ; *Nucingen* (boursier véreux) ; *Lucien de Rubempré* (ambitieux échouant par faiblesse de caractère) ; *madame de Mortsauf* (caractère noble jusqu'à l'héroïsme) ; *Ursule Mirouet* (l'innocence persécutée). **Barbey d'Aurevilly (J.). Les Diaboliques :** *la duchesse de Sierra Leone* (orgueilleuse et vindicative jusqu'au diabolisme). **Le Chevalier Des Touches. Un prêtre marié :** *Jean Gourgue*. **Barrès (M.). Colette Baudoche** (patriote fidèle malgré l'annexion). **Beaumarchais (P. Caron de). Le Mariage de Figaro :** *Chérubin* (adolescent s'éveillant aux amours) ; *Bridoison* (juge stupide) ; *Figaro* (valet à l'esprit frondeur) ; *le comte Almaviva* (maître libertin). **Beauvoir (S. de). L'Invitée :** *Françoise Miquel*. **Les Mandarins :** *Anne* et *Robert Dubreuil ; Henri Perron*. **Beckett (S.). En attendant Godot :** *Vladimir* (Didi) [métaphysicien désenchanté] ; *Estragon* (gogo désenchanté incapable de métaphysique) ; *Godot* (l'espérance humaine toujours déçue) ; *Kiki* (sous-homme robotisé). **Molloy** (égoïste déshumanisé). **Benoit (P.). L'Atlantide :** *Antinéa* (femme divinisée incarnant amour et mort). **Koenigsmark :** *la princesse Aurore* (la femme-reine, inaccessible). **Bernanos (G.). Sous le soleil de Satan** et **Nouvelle Histoire de Mouchette :** *Mouchette* (adolescente naïve mais désespérée). **La Joie :** *Chantal de Clergerie*.

Camus (A.). L'Étranger : *Meursault* (homme étranger à lui-même). **Le Mythe de Sisyphe :** *Sisyphe* (désespéré optimiste). **La Chute :** *Clarence* (désespéré amer et sarcastique). **La Peste :** *Bernard Rieux*. **Céline (L.-F.). Mort à crédit** et **Voyage au bout de la nuit :** *Ferdinand Bardamu* (désespéré sans pudeur et pourtant humaniste). **Cendrars (B.). Moravagine** (la malfaisance du « grand fauve » humain). **Chateaubriand (F.-R. de). Les Natchez :** *Chactas* (le bon sauvage devenu romantique). **René :** *la Sylphide* (idéal féminin n'existant qu'en rêve). **Les Martyrs :** *Velléda* (l'amour païen). **Choderlos de Laclos (P.). Les Liaisons dangereuses :** *le vicomte de Valmont* et *la marquise de Merteuil* (nobles dépravés et cyniques). **Cholières (N. de).** *Jocrisse* (benêt) repris par Dorvigny (**le Désespoir de Jocrisse**), dans le dictionnaire de l'Académie en 1718. **Chrétien de Troyes. La Légende du roi Arthur :** *Gringalet* (cheval du chevalier Gauvain). **Perceval** (chevalier lancé à la poursuite du Graal). **Cocteau (J.). Opéra :** *l'ange Heurtebise* (la crise de conscience purificatrice). **Thomas l'imposteur :** *Thomas Guillaume* (mythomane pris à son piège). **Les Enfants terribles :** *Élisabeth ; Paul*. **Cohen (A.). Solal** et **Belle du Seigneur :** *Solal* (séducteur intelligent). **Colette (S.-G.).** Série des **Claudine :** *Claudine* (ingénue coquette et fantaisiste) ; *Maugis* (esprit critique jusqu'à la férocité). **Chéri** et **la Fin de Chéri :** *Léa* (quinquagénaire amoureuse d'un adolescent). **Constant (B.). Adolphe :** *Ellénore* (amoureuse vieillissante et despotique). **Corneille (P.). Le Cid :** *Chimène* (amoureuse dominant sa passion par devoir) ; *Rodrigue* (stoïcien de cape et d'épée) ; *don Diègue ; don Gormas*. **Courteline (G.). Les Gaietés de l'escadron :** *l'adjudant Flick* (militaire aigri).

Daudet (A.). Aventures prodigieuses de Tartarin de Tarascon (appelé d'abord Barbarin, mais un habitant de Tarascon protesta), **Tartarin sur les Alpes, Port-Tarascon :** *Tartarin* [fanfaron douillet, mais bon cœur (mot commun dérivé : tartarinade)]. **Le Petit Chose :** *Daniel Eyssette,* portant ce surnom (jeune pion persécuté). **Les Lettres de mon moulin :** *l'Arlésienne* (femme inspirant un amour tragique que l'on attend sans la voir) ; *la chèvre de Monsieur Seguin* (jeunesse préférant ses chimères à la vie) ; *le curé de Cucugnan* (réaliste et truculent) ; *maître Cornille* (cœur simple fidèle à un idéal) ; *le révérend père Gaucher* (moine pieux mais buveur) ; *le sous-préfet aux champs* (rigide administrateur sujet à des faiblesses). **Jack :** *Jack de Barancy*. **Dekobra (M.). La Madone des sleepings :** *Diana Wynham* (aristocrate riche et fantasque). **Drieu La Rochelle (P.). Gilles :** *Gilles Jambier* (« l'homme couvert de femmes »). **Dumas, père (A.). Le Comte de Monte-Cristo :** *Edmond Dantès* (vengeur impitoyable). **La Tour de Nesle :** *la reine Marguerite* (reine débauchée et meurtrière). **Les Trois Mousquetaires :** *d'Artagnan* (héros de cape et d'épée) ; *Aramis* (René d'Herblay) ; *Athos* (de La Fère) ; *Porthos* (du Vallon de Bracieux de Pierrefonds) ; *Milady* (Anne de Winter) [aventurière perverse]. **Dumas, fils (A.). La Dame aux camélias :** *Marguerite Gautier* (courtisane au grand cœur) ; *Armand Duval*.

Erckmann-Chatrian. Les romans nationaux : *madame Thérèse* (une vivandière) ; *le fou Yegof* (agent ennemi bien camouflé). **L'Ami Fritz :** *Fritz Kobus* (vieux garçon touché par l'amour).

Féval (P.). Le Bossu : *Lagardère* (héros bon et généreux) ; *Passepoil* (un soudard). **Feuillade (L.) et Allain (M.). Fantômas** (criminel génial et misanthrope). **Flaubert (G.). Bouvard et Pécuchet** (utopistes pédants et ignorants). **Madame Bovary :** *Emma Bovary* (petite-bourgeoise romantique) ; *Homais* (humaniste pédant et ignorant). **L'Éducation sentimentale :** *Frédéric Moreau ; Marie Arnoux*. **France (A.). Le Crime de Sylvestre Bonnard :** *Sylvestre Bonnard* (l'intellectuel coupé du monde réel). **Crainquebille** (brave prolétaire anarchisant). **Thaïs** (femme d'une beauté fatale). **Fromentin (E.). Dominique :** *Dominique de Bray*.

Galland (A.). Les Mille et Une Nuits : *Schéhérazade* (P^{cesse}, symbole de volupté) ; *Aladin* (auquel une lampe magique accorde tout ce qu'il demande) ; *Ali Baba* (marchand de bois persan qui découvre la grotte, à laquelle on accède en disant « Sésame ouvre-toi », où 40 voleurs cachent leur trésor dont il s'empare). **Gautier (T.). Le Capitaine Fracasse :** *le baron de Sigognac* (héros de cape et d'épée). **Mademoiselle de Maupin :** *Camille de Maupin* (héroïne de cape et d'épée, séductrice d'hommes et de femmes). **Genevoix (M.). Raboliot** (braconnier). **Gide (A.). Les Caves du Vatican :** *Lafcadio* (amateur d'actes gratuits). **L'Immoraliste** et **les Nourritures terrestres :** *Michel* (le philosophe de la ferveur). **Les Faux-Monnayeurs :** *Édouard ; Olivier Molinier ; Bernard Profitendieu*. **La Symphonie pastorale :** *Gertrude*. **Giono (J.). Angelo, le Bonheur fou, le Hussard sur le toit :** *Angelo Pardi* (héros de cape et d'épée mais lucide et raisonnable) ; *Jean le Bleu* (jeune rural à l'âme panthéiste). **Regain :** *Panturle* (montagnard attaché à sa terre) ; *la Mamèche* (vieille campagnarde un peu sorcière). **Colline :** *le père Janet* (vieux sorcier misanthrope) ; *le Gagou* (simple d'esprit, vivant une vie instinctive). **Giraudoux (J.). Siegfried et le Limousin :** *Siegfried* (le provincial français attaché à son terroir). **Suzanne et le Pacifique :** *Suzanne* (gentillesse et dignité des jeunes provinciales). **La guerre de Troie n'aura pas lieu :** *Démokos* (le belliciste borné). **Ondine** (divinité incapable de bonheur humain). **Gracq (J.). Le Rivage des Syrtes :** *Aldo*. **Green (J.). Moïra :** *Joseph Day*.

Hugo (V.). Les Misérables : *Fantine* (prostituée au cœur maternel) ; *Javert* (policier rigide) ; *le ménage Thénardier* (bas et immoral) ; *Cosette* (enfant martyre) ; *Gavroche* (gamin héroïque) ; *Jean Valjean* (ancien criminel devenu philanthrope). **Notre-Dame de Paris :** *Quasimodo* (monstre de laideur à l'âme bonne) ; *Claude Frollo* (religieux satanique) ; *Esmeralda* (jeune beauté vouée au malheur). **Bug-Jargal** (esclave révolté). **Claude Gueux. Le roi s'amuse :** *Triboulet* [bouffon du roi (déjà dans Pantagruel de Rabelais)]. **Huysmans (J.-K.). A rebours :** *Des Esseintes* (esthète perverti).

Jarry (A.). Ubu roi : *le père Ubu* (fantoche cynique et lâche) ; *la mère Ubu* (fantoche cynique et immoral).

Kock (P. de). La famille Gogo : *Gogo* (bourgeois peu éclairé, dans le dictionnaire de l'Académie en 1932).

La Calprenède. Cléopâtre : *Artaban* (fier héros). **La Fontaine (J. de). Fables :** *Perrette* (rêveuse emportée par son imagination) ; *la Chauve-Souris* (personnage habile à changer de camp) ; *la Mouche du coche* [bon à rien donneur de conseils (expression passée dans la langue)] ; *le Roseau* (personnage souple et résistant). **Leblanc (M.). Les Aventures d'Arsène Lupin :** *Arsène Lupin* [« gentleman cambrioleur » ; origine du personnage : Georgiu Mercadente Manulescu (né en 1871)], alias prince Lahovany, duc d'Otrante, Georges Mercadente, etc. **Loti (P.). Madame Chrysanthème** (amours exotiques d'un marin). Messager en a tiré un opéra (1893). **Mon frère Yves :** *Yves* (marin breton simple et bon). **Pêcheur d'Islande :** *Gaud* (Bretonne de la côte, à l'âme noble). **Ramuntcho** (contrebandier basque, hardi et croyant). **Louÿs (P.). Les Aventures du roi Pausole :** *Pausole* (souverain paillard et débonnaire).

Malot (H.). Sans famille : *Vitalis* (artiste déchu, resté digne) ; *Remi* (orphelin courageux). **Martin du Gard (R.). Les Thibault :** *Meynestrel* (militant pacifiste) ; *Jenny de Fontanin* (noble jeune femme aux idées émancipées) ; *Oscar Thibault* (bourgeois conservateur et impitoyable). **Maupassant (G. de). Bel-Ami :** *Georges Duroy* (arriviste sans scrupules). **Nouvelles :** *Boule-de-suif* (la prostituée bonne fille) ; *le Horla* (être imaginaire acharné à détruire ses victimes). **Mauriac (F.). Genitrix :** *Félicité Cazenave* (la mère abusive). **Thérèse Desqueyroux** (épouse indifférente devenue haineuse). **Asmodée :** *monsieur Couture* (misogyne convoitant sournoisement les femmes). **Mérimée (P.). Carmen** (popularisée par l'opéra de Bizet) [« Si je t'aime, prends garde à toi »]. **Molière. Le Cocu imaginaire :** *Sganarelle* (un mari trompé). **L'École des femmes :** *Agnès* (ingénue délurée). **Le Tartuffe** (bigot hypocrite inspiré par Tartufo, « la Truffe », personnage de la commedia dell'arte). **Le Misanthrope :** *Célimène* (coquette éternellement jeune) ; *Alceste* (esprit sincère, dégoûté de l'humanité, soupirant de Célimène) ; *Philinte* (humoriste sceptique sur la vertu des hommes). **L'Avare :** *Harpagon* (grippe-sous, entré au dictionnaire de l'Académie en 1878). **Le Malade imaginaire :** *Diafoirus* (médecin ignare). **George Dandin** (maladroit, cause de ses propres ennuis). **Les Femmes savantes :** *Philaminte* (la pédante) ; *Chrysale* (le bourgeois terre à terre). **Le Bourgeois gentilhomme :** *monsieur Jourdain* (gros marchand de drap, avide d'accéder, par son argent, aux fastes de la cour). **Amphitryon :** *Sosie,* repris de l'Amphitryon de Plaute (valet de Mercure qui prit ses traits). **Monnier (H.). Mémoires de Joseph Prudhomme :** *monsieur Prudhomme* (bourgeois louis-philippard aux déclarations pompeuses). **Montherlant (H. de). La Reine morte :** *le roi Ferrante* (serviteur cynique de la raison d'État). **Les Jeunes Filles :** *Pierre Costals ; Solange Dandillot ; Andrée Hacquebaut*. **Murger (H.). Scènes de la vie de bohème :** *Musette* (vie légère, cœur innocent). **Musset (A. de). Mimi Pinson** (ouvrière parisienne honnête et délurée). **Lorenzaccio** (héros avili par le rôle qu'il doit jouer). **Margot** (amoureuse de 16 ans à la larme facile). **Rolla** (romantique pessimiste). **Les Caprices de Marianne :** *Marianne* (coquette impitoyable) ; *Cœlio* (romantique sincère et triste) ; *Octave* (romantique pessimiste et faussement gai). **Confessions d'un enfant du siècle :** *Octave de T...*

Nimier (R.). Les Épées : *François Sanders*.

Pagnol (M.). Topaze (homme d'affaires véreux). **César** (Méridional pittoresque mais digne) ; *Panisse* (Méridional véhément mais estimable) ; *Marius ; monsieur Brun ; Fanny*. **Perrault (C.). Contes du temps passé :** *Barbe-Bleue* (ogre tueur de dames, inspiré de Gilles de Rais, voir à l'Index) ; *Cendrillon* (la petite sœur brimée) ; *le marquis de Carabas* (seigneur richissime) ; *le Petit Chaperon rouge* (innocente entourée de périls) ; *le Petit Poucet* (petit futé qui triomphe des grands) ; *la Belle au bois dormant* (personne de haute valeur, inutilisée) ; *le Chat botté* (le bluff créateur). **Perret (J.). Le Caporal épinglé** (le prisonnier demeuré rebelle). **Ponson du Terrail (P.). Les Drames de Paris :** *Rocambole* [aventurier d'une habileté géniale (le mot rocambolesque est passé dans la langue)]. **Prévost (l'abbé). Manon Lescaut** (aventurière aimante et digne d'être aimée). **Proust (M.). A la recherche du temps perdu :** *le baron de Charlus* (homosexuel antipathique) ; *Odette de Crécy* (« mademoiselle Sacripant » : demi-mondaine féroce) ; *Oriane de Guermantes* (grande dame sympathique) ; *Sidonie Verdurin* (dame bas-bleu) ; *Robert de St-Loup* (homosexuel sympathique) ; *Albertine Simonet* (homosexuelle coureuse) ; *Charles Swann* (grand bourgeois israélite) ; *Gilberte Swann* (nouvelle riche, snob) ; *marquise de Villeparisis* (vieille aristocrate aux idées larges) ; *Françoise* (domestique aux réflexions pittoresques, inspirée de sa servante Céleste).

Queneau (R.). Zazie dans le métro : *Zazie Lalochère* (gamine délurée).

Rabelais (F.). Gargantua et **Pantagruel :** *Gargantua* (géant énorme et débonnaire) ; *Pantagruel* (géant doué d'un appétit monstrueux) ; *Panurge* (aventurier canaille et mystificateur, dont les moutons se jettent à l'eau) ; *frère Jean des Entommeures* (moine paillard et bagarreur) ; *Pétaud* [chef (sans autorité) de mendiants] ; *Picrochole* (souverain mégalomane et poltron) ; *Raminagrobis* (juge habile et matois). **Racine (J.). Les Plaideurs :** *Madame de Pimbêche* (femme agressive et chicanière) ; *Chicaneau* (plaideur acharné). **Athalie :** *Jézabel* (fantôme effrayant). **Phèdre** (la « proie » de Vénus). **Esther :** *Assuérus* (majesté redoutable). **Radiguet (R.). Le Bal du comte d'Orgel :** *Mahaut d'Orgel ; François de Seryeuse*. **Le Diable au corps :** *Marthe Grangier, épouse Lacombe*. **Renard (J.). Poil de Carotte** (enfant haï par sa mère). **Romains (J.). Les Hommes de bonne volonté :** *Jallez* et *Jerphanion* (normaliens inséparables). **Rostand (E.). Cyrano de Bergerac** (héros gascon à long nez, désintéressé, caricature à partir d'un personnage réel. Voir Cyrano p. 292 b).

Sand (G.). La Petite Fadette : *Fanchon Fadet,* surnommé *Fadette* (petite paysanne charmante par son innocence) ; *François le Champi* (enfant trouvé aimé d'une riche meunière). **Sartre (J.-P.). Les Chemins de la liberté :** *Ivich* (immigrée russe, victime d'un monde absurde). **La Nausée :** *Roquentin* (écrivain conscient de l'absurdité du monde). **Les Mains sales :** *Hugo* (militant politique confronté à l'absurde). **Scribe (E.). Le Soldat laboureur :** *Nicolas Chauvin* (soldat de Napoléon, blessé 17 fois). Personnage également créé par Charles Cogniard. **Ségur (Ctesse de). Mémoires d'un âne :** *Cadichon* (l'âne). **L'Auberge de l'Ange gardien :** *le général Dourakine* (grand seigneur russe coléreux mais bon). **Un bon petit diable :** *madame Macmiche* (bigote tortionnaire). **La Sœur de Gribouille :** *Gribouille* (brave garçon un peu simple d'esprit). **Les Deux Nigauds :** *madame Bonbeck* (femme au bon cœur et bourrue). **Les Petites Filles modèles :** *Sophie* (fillette étourdie). **Pauvre Blaise :** *Blaise Anfry* (paysan pieux et honnête). **Simenon (G.). Les Enquêtes du commissaire Maigret :** *Jules Maigret* (policier psychologue et humain, fume la pipe). **La Veuve Couderc :** *Tatie Couderc* (femme du peuple, laborieuse et méfiante). **Staël (G. de). Corinne ou l'Italie :** *Corinne* (belle âme éprise d'esthétique). **Stendhal. Le Rouge et le Noir :** *Julien Sorel* (jeune arriviste plutôt mal doué) ; *Mathilde de La Mole* (jeune aristocrate orgueilleuse et naïve) ; *madame de Rénal* (vertueuse provinciale vaincue par la passion). **La Chartreuse de Parme :** *Fabrice del Dongo* (carbonaro héroïque et veule) inspiré par Alexandre Farnèse (1468-1549), le futur pape Paul III ; sa tante *Gina del Dongo,* puis comtesse Pietranera, puis duchesse de Sanseverini, puis comtesse Mosca (tendresse passionnée pour un neveu). **Lucien Leuwen** (égotiste ayant réussi). **Sue (E.). Les Mystères de Paris :** *M. Pipelet* (concierge parisien, mot passé dans la langue).

Tournier (M.). Le Roi des Aulnes : *Abel Tiffauges* (anarchiste resté sentimentalement un enfant).

Urfé (H. d'). **L'Astrée :** *Céladon* (soupirant platonique). **Vailland (R.).** **Drôle de jeu :** *François Lamballe,* alias *Marat.* **La Loi :** *don Cesare.* **Les Mauvais Coups :** *Milan.* **Valéry (P.).** **Monsieur Teste** (l'intelligence pure). **Vallès (J.).** **Jacques Vingtras** (intellectuel de gauche). **Verne (J.).** **Le Tour du monde en quatre-vingts jours :** *Phileas Fogg* (riche Anglais flegmatique) ; *Passepartout* (valet de chambre fidèle et débrouillard). **Michel Strogoff** (officier hardi et dévoué). **Vingt Mille Lieues sous les mers :** *le capitaine Nemo* (inventeur génial à la fois humanitaire et misanthrope). **Robur le Conquérant :** *Robur.* **De la Terre à la Lune :** *Michel Ardan.* **Voltaire.** **Candide :** *Pangloss* (optimiste béat). **Mahomet :** *Séide* (esclave affranchi pour son dévouement aveugle). **Zola (E.).** **Les Rougon-Macquart :** *Nana* (courtisane ambitieuse) ; *Gervaise* (femme du peuple, guettée par la déchéance) ; *Coupeau* (ouvrier tombé dans l'alcoolisme) ; *Lantier* (une « bête humaine », homicide) ; *Octave Mouret* (séducteur commerçant).

Cabanis, Georges ❦ [Ph, Sav] (1757-1808) : Rapports du physique et du moral de l'homme (1802), Lettres sur les causes premières (publiées 1824).

Cabet, Étienne [Ph] (1788-1856) : Voyage en Icarie (1842).

Caigniez, Louis [D] (1762-1842) : la Pie voleuse (1815).

Carmontelle, Louis Carrogis, dit [D, artiste] (1717-1806) : Proverbes dramatiques.

Casanova de Seingalt, Jean-Jacques [Mém] (Venise, 2-7-1725/Dux, Bohême, 4-6-1798) : Mémoires (publiés 1822-28). – *Biogr. :* fils d'acteurs. Études de droit, intrigues amoureuses à scandale. Après un 1er séjour en prison, secrétaire du cardinal Acquaviva. Nouveaux scandales, s'engage dans l'armée. Voyage à Paris (crée la 1re loterie publique française). Agent secret, puis bibliothécaire du Cte Waldstein, seigneur de Bohême.

Cazotte, Jacques (1719-92) : le Diable amoureux (1772).

Chamfort, Nicolas-Sébastien Roch dit de ❦ [Mor] (1741/13-4-1794, suicide) : Lettres (1792), Pensées, Maximes et Anecdotes (1796).

Chasles, Philarète [Or] (1798-1873).

Chateaubriand, François-René, Vte de [E] (St-Malo 4-9-1768/Paris, 4-7-1848) : Essai sur les révolutions (1797), Atala (1801), le Génie du christianisme (14-4-1802 comprend Atala et René), les Martyrs (1809), l'Itinéraire de Paris à Jérusalem (1811), les Natchez (1815-26), les Aventures du dernier Abencérage (1826 ; rédigé 1810), Voyage en Amérique (1827), Vie de Rancé (1844), Mémoires d'outre-tombe (1849-50). – *Biogr. :* famille noble bretonne (château de Combourg) ; collèges de Dol puis de Rennes. *1786* sous-Lt au régiment de Navarre. *1791-92* voyage aux États-Unis. *1792* épouse Céleste Buisson de La Vigne († 8-2-1847) ; rejoint les émigrés à Coblence. *1793-1800* à Londres. *1800-6-5* rentre à Calais ; retour à Paris, liaison avec Pauline de Beaumont (1768/4-11-1803). *1801-1-4* succès d'*Atala.* *1803-4-5 :* 1er secrétaire d'ambassade à Rome (y arrive 27-6). *1804* à Paris, nommé ambassadeur dans le Valais ; démissionne avant de partir après l'exécution du duc d'Enghien (21-3). *1806-07* voyage en Orient. *1807-oct.* opposant à Napoléon : doit s'éloigner de Paris ; s'installe à la Vallée aux Loups (Châtenay-Malabry). *1811* commence ses mémoires. *1814-29-4* accueille Louis XVIII à Compiègne ; mis à l'écart car partisan d'une monarchie constitutionnelle. *1815-20-3* suit Louis XVIII à Gand (Cent-Jours) ; au retour, ministre d'État et *-17-8* pair de France ; chef du parti ultra (ministre des Affaires étrangères 1821-24). *1816* proteste contre la dissolution de la Chambre introuvable (n'est plus ministre d'État). *1818-21-7* doit vendre la Vallée-aux-Loups. *1821 du 1-1 au 17-4* ambassadeur à Berlin. *1822 du 5-4 au 8-9* à Londres ; *-oct./déc.* au Congrès de Vérone ; *-28-12* ministre des Affaires étrangères. *1824-6-6* renvoyé (opposant à Villèle). *D'oct. 1828 au 16-5-1829* ambassadeur à Rome. *1830-juillet* approuve la révolte mais refuse de prêter serment à Louis Philippe ; démissionne ; *-10-8* renonce à sa pension. *1832 du 16 au 30-6* incarcéré (prévenu de complot). *1833* à Prague, voit Charles X (14-5/5-6 et 3-9/6-10), plaide la cause de la duchesse de Berry. *1838* s'installe 112, rue du Bac où il termine ses Mémoires. *Après 1844* vit d'avances sur ses *Mémoires* (Émile de Girardin achète le droit de les publier en feuilleton dans *la Presse,* malgré ses protestations). *1847* dépose ses *Mémoires* chez un notaire. *1848-4-7* meurt à Paris ; *-19-7* inhumé îlot du Grand-Bé, en face de St-Malo. *Nombreuses liaisons :* dont depuis 1802 Delphine de Custine († 13-7-1826), de 1809 à 1828, Dchesse de Duras, en 1818 Juliette Récamier [Julie Bernard (1777-1849) adorée pour sa beauté (elle n'aurait eu que lui pour amant), leur amour se changea en affection platonique qui dura jusqu'à la mort], en 1823 Cordélia de Castellane, en 1829 Hortense Allard.

Chénier, *André* [P] (29-10-1762-25-7-1794, guillotiné) : Bucoliques (la Jeune Tarentine, 1785-87), Idylles, Élégies, Iambes (la Jeune Captive, 1794), Hermès ; *Marie-Joseph de* [D, P] (1764-1811) : Charles IX (1796), le Chant du départ (paroles).

Comte, Auguste [Ph] (Montpellier 19-1-1798/Paris 5-9-1857) : Plan des travaux scientifiques pour réorganiser la société (1822), Cours de philosophie positive (1830-42). – *Biogr. :* bourgeoisie (monarchiste et catholique). D'une mémoire extraordinaire. *1814* reçu à Polytechnique (16 ans). *1816* école fermée (causes politiques) ; professeur de maths ; secrétaire de Saint-Simon. *1822* rupture avec Saint-Simon, qui désapprouve le *Plan.* *1825* épouse une prostituée. *1826* interné pour troubles mentaux. *1829* fonde une école privée de philosophie. *1832* répétiteur à Polytechnique. *1844* liaison avec Clotilde de Vaux (1815-46). *1848* fonde la religion de l'Humanité (positivisme) dont Clotilde est la divinité centrale. *1852* misère jusqu'à sa mort (cancer).

Condillac, Étienne de ❦ [Ph] (1714-80) : Traité des systèmes (1749), des sensations (1754), des animaux (1755), la Logique ? (1790).

Condorcet, Marie Jean Antoine Nicolas de Caritat, marquis de ❦ [Math, Ph] (1743-29-3-1794, trouvé mort en prison) : Réflexions sur l'esclavage des Nègres (1781), Esquisse d'un tableau historique des progrès de l'esprit humain (publié 1795), Correspondance avec Turgot.

Courier de Méré, Paul-Louis [E, Pol] (1772-10-5-1825, assassiné par son garde-chasse et le frère de son valet de ferme, amant de sa femme) : Pamphlets, Lettres.

Cousin, Victor ❦ [Ph] (1792-1867) : Du vrai, du beau, du bien (1837).

Crébillon (fils), Claude Prosper de [R] (1707-77) : Lettres de la Mise de M*** au Cte de R*** (1732), les Égarements du cœur et de l'esprit (1736), le Sopha (1742), l'Écumoire, la Nuit et le Moment (1754).

Custine, Astolphe, Mis de [E] (1790-1857) : Aloys (1829), l'Espagne sous Ferdinand VII (1838), Lettres de Russie (1840).

Delavigne, Casimir ❦ [P, D] (1793-1843) : les Messéniennes (1818-22), les Vêpres siciliennes.

Delille, Jacques Fontanier, dit abbé ❦ [P] (1738-1813) : les Jardins, traductions (Virgile, Milton).

Desbordes-Valmore, Marceline [P, cantatrice] (1786-1859) : Élégies (1818-25), les Pleurs (1833).

Destutt de Tracy, Antoine ❦ [Ph, idéologue] (1754-1836) : Éléments d'idéologie (1811-15).

Diderot, Denis [Ph, Ency] (5-10-1713/31-7-1784) : Pensées philosophiques (1746), les Bijoux indiscrets (roman, 1748), Lettre sur les aveugles à l'usage de ceux qui voient (1749), Lettres à d'Alembert, la Religieuse (roman 1760, publié 1796), le Neveu de Rameau (dialogues 1762, publié 1774), Essai sur la peinture (1766, publié 1795), Jacques le Fataliste (roman 1773, publié 1796), Paradoxe sur le comédien (1773, publié 1830), les Salons (1759-81, publié 1812). *Théâtre :* le Fils naturel (1757), le Père de famille (1758). – *Biogr. :* père coutelier langrois. Études au collège des jésuites de Langres (1723-28 ; tonsuré 1726) puis à Paris (1728-32). Jusqu'en *1742,* on perd sa trace (sans doute clerc et précepteur). *1743* épouse secrètement Anne-Antoinette Champion. *1744-48* rédacteur au Dictionnaire de Médecine. *1746* obtient le privilège de l'*Encyclopédie ;* il y travaillera jusqu'en 1759 (gains modestes). *1755* liaison avec Sophie Volland (jusqu'à la mort de celle-ci en 1783). *1765* sauvé de la misère [Catherine II de Russie achète (en viager) sa bibliothèque, 150 000 livres, et l'en nomme bibliothécaire pour 300 pistoles par an]. *1773-74* visite à St-Pétersbourg. *1784* s'installe dans un appartement payé par Catherine II, rue Richelieu, et y meurt.

Dorat, Claude-Joseph [E] (1734-80) : les Sacrifices de l'amour (1771), les Malheurs de l'inconstance.

Dupont de Nemours, Pierre-Samuel [Ec] (1739-1817).

Duras, duchesse de (née Claire de Kersaint) [R] (1777-1828) : Édouard (1823), Ourika (1824).

Ecouchard-Lebrun (Ponce Ecouchard, dit Lebrun Pindare) [P] (1729-1807).

Enfantin, Barthélemy Prosper d', dit le Père [Ec] (1796-1864).

Épinay, Louise Florence Pétronille Tardieu des Clavelles, Mise d' [Mém] (1726-1783) : La Conversation d'Émilie (1774), Lettres à l'abbé Galiani.

Florian, Jean-Pierre de ❦ [Fab] (1755-94) : Fables (5 livres, 1792).

Fontanes, Louis de [E] (1757-1821) : responsable de l'université impériale.

Fourier, Charles [Ph, Éco], (1772-1837) : Théorie des 4 mouvements (1808), Théorie de l'unité universelle (1822-41), le Nouveau Monde industriel et sociétaire (1829).

Fréron, Élie [J] (1718-76) : l'Année littéraire (1754-76).

Genlis, Stéphanie Félicité du Crest, Ctesse de [E] (1746-1830) : environ 140 ouvrages dont Adèle et Théodore (1782), les Veillées du château (1784), Mlle de Clermont (1802), Mémoires (1825).

Gilbert, Nicolas Joseph Laurent [P] (1750-80).

Godard d'Aucour, Claude [E] (1716-95) : Mémoires turcs (1743), Thémidore (1745).

Gresset, Louis ❦ [P, D] (1709-77) : Vert-Vert (1734), le Méchant (1747).

Grimm, Melchior, Bon de [E] (All., 1723-1807) : Contes, Correspondance (publiée 1812).

Guizot, François ❦ [H, Pol] (1787-1874). Voir à l'Index.

Helvétius, Claude-Adrien [Ph, Ency] (1715-1771) : De l'esprit (1758), De l'homme (1772).

Holbach, Paul, Bon d' [Ph, Ency] (Allemagne, 1723-89) : le Christianisme dévoilé (1767), le Système de la nature (1770).

Joubert, Joseph [Mor] (1754-1824) : Carnets (1838).

Jouffroy, Théodore [Ph] (1796-1842).

Kock, Charles Paul de [D, R] (1794-1871) : Madame de Valnoir (1814), Georgette ou la Nièce du tabellion (1820), Gustave ou le Mauvais Sujet (1821), Monsieur Dupont ou la Jeune Fille et sa bonne (1824), la Pucelle de Belleville (1834).

Krüdener, Barbara Juliane de Wietinghoff, Bonne de [R] (Russe, 1764-1824) : Valérie (1804).

Laclos, Pierre Choderlos de [R] (1741-1803) : les Liaisons dangereuses [1782 ; 1re édition : 2 000 ex. ; 2e (1 mois plus tard) : 2 000 ; condamné à la destruction pour outrage aux bonnes mœurs en 1823]), De l'éducation des femmes (1783), Éloge de Vauban (1786).

La Harpe, Jean-François Delharpe, dit Fr. de ❦ [Cr] (1739-1803) : Cours de littérature ancienne et moderne (1799), Une soirée chez Cazotte (publié 1806).

Lamartine, Alphonse de ❦ [P, H, Pros] (Mâcon 21-10-1790/Paris 26 ou 28-2-1869) : *Poésie :* Méditations poétiques (1820), les Nouvelles Méditations poétiques (1823), la Mort de Socrate (1823), le Dernier Chant du pèlerinage d'Harold (1825), les Harmonies poétiques et religieuses (1830), Jocelyn (1836), la Chute d'un ange (1838), Recueillements poétiques (1839), la Marseillaise de la paix (1841), la Vigne et la Maison (1857). *Histoire :* Histoire des Girondins (1847), de la Restauration, de la Turquie, de la Russie. *Prose :* le Voyage en Ouest (1835), Raphaël (1849), les Confidences (1849), Graziella (1849), Geneviève (1851), le Tailleur de pierres de Saint-Point (1851), Cours familier de littérature (1856). – *Biogr. :* noblesse terrienne mâconnaise ; instruit par des précepteurs à Milly. *1801-08* interne à Lyon, puis à Belley. *1811-12* voyage en Italie (1res amours à Naples avec Antoniella, intendante de son oncle). *1816-17* liaison avec Julie Charles (Elvire), femme d'un physicien (phtisique, † déc. 1817). *1818* mariage avec une Anglaise, Marianne Elisa Birch. *1820-30* diplomate en Italie. *1830* démissionne et tente en vain d'être élu député. *1833* voyage en Orient. *1833-48* député de Bergues (Nord) : non inscrit jusqu'en 1838, opposition libérale de 1838 à 48. *1848* prend part à la révolution de février ; ministre des Affaires étrangères. *1849* candidat à la présidence de la République (échec, 17 910 voix). Difficultés financières (ses propriétés du Mâconnais lui coûtent cher) ; se condamne aux « travaux forcés littéraires ». *1861* vend son château de Milly. *1867* veuf, se remarie secrètement avec sa nièce Valentine (sa fille adoptive). *1869* meurt d'une attaque, oublié, dans un châlet à Passy que la ville de Paris lui a prêté. Valentine refuse les funérailles nationales dont il n'avait pas voulu ; *-4-3* inhumé à St-Point, près de Mâcon.

Lamennais, Félicité de [Ph] (St-Malo 19-6-1782/Paris 27-2-1854). – *Biogr. :* père propriétaire terrien breton, anobli en 1782. Élevé dans la maison paternelle, La Chesnaie. *1808* ordres mineurs. *1816* prêtre. *1817* célèbre avec *Essai sur l'indifférence.* *1830* fonde le journal catholique libéral *l'Avenir* (condamné par Rome 15-8-1832). *1834 Paroles d'un croyant,* condamnées par Rome le 24-6. *1836* rupture avec Rome. *1838* le Livre du peuple. *1840* un an de prison pour des écrits républicains. *1848* député (gauche) ; fonde *le Peuple constituant* (dure 5 mois). Se retire de la vie publique et meurt sans l'assistance d'un prêtre.

La Mettrie, Julien Offroy de [Méd, Ph] (1709-51) : Histoire naturelle de l'âme (1745), l'Homme-Machine (1747).

Las Cases, Emmanuel, Cte de [H] (1766-1842) : Mémorial de Sainte-Hélène (1823).

Leprince de Beaumont, Marie Jeanne [E] (1711-80) : la Belle et la Bête (1757).

Louvet de Couvray, Jean-Baptiste [E] (1760-97) : les Amours du chevalier de Faublas (1787-90).

Mably, Gabriel Bonnot de [Ph] (1709-85).

Maine de Biran, François-Pierre Gonthier de Biran, dit [Ph] (1766-1824) : Mémoire sur l'habitude (1802), l'Aperception immédiate (1807), Journal intime (publié 1927).

Maistre, *Joseph, Cte de* [Es, Ph] (1753-1821) : Considérations sur la France (1797), Du pape (1819), les Soirées de St-Pétersbourg (1821) ; *Xavier, Cte de* [Es] (1763-1852) : Voyage autour de ma chambre (1795), le Lépreux de la cité d'Aoste (1811).

Malte-Brun, Konrad [Géographe] (Dan. 1775-Paris 1826) : Géographie universelle, la France illustrée.

Marmontel, Jean-François ❦ [Mor] (11-7-1723/31-12-1799) : Contes moraux (1767-77), Mémoires (1800-05).

Mercier, Louis Sébastien ❦ [Pros, D] (1740-1814) : l'An 2440, la Brouette du vinaigrier (1775), le Tableau de Paris (1781), Mon bonnet de nuit.

Michaud, Joseph [H] (1767-1839) : Biographie universelle (1811-28), Histoire des croisades (1812-22).

Michelet, Jules [H, Es] (21-8-1798/9-2-1874) : Histoire de France (1833-67), le Peuple (1846), Histoire de la Révolution française (1847-53), l'Oiseau (1856), l'Insecte (1857), la Femme (1860), la Sorcière (1862), Correspondance (1994). – *Biogr. :* père imprimeur parisien ; enfance pauvre. *1819* docteur ès lettres. *1821* agrégé, professeur à Ste-Barbe. *1824* épouse sa maîtresse, Pauline Rousseau (1791-1839), alcoolique et tuberculeuse. *1827* professeur à l'École normale. *1834* à la Sorbonne. *1838* au Collège de France. *1839-42* liaison avec une grande malade, Mme Dumesnil, mère de son gendre. *1848* avec Athénaïs Mialaret (épousée 1849 ; sera sa collaboratrice). *1852* révoqué du Collège de France par Napoléon III (refus du serment).

Mignet, François ❦ [H] (1796-1884) : Histoire de la Révolution française (1824), Marie Stuart (1851).

Millevoye, Charles [P] (1782-1816) : la Chute des feuilles (1812).

Mirabeau, Victor Riqueti, Mis de [Ec] (1715-89) : l'Ami des hommes (1757). Voir à l'Index.

Monnier, Henry [D, Peintre] (7-6-1799/2-1-1877) : la Famille improvisée (1831), Grandeur et Décadence de Joseph Prudhomme (1852).

Morellet, André ❦ [Ph] (1727-1819).

Morelly, [Ph] (vers 1717-vers 1778).

Nerciat, André-Robert Andréa de [R] (1739-1800).

Nodier, Charles ❦ [R, P] (1780-1844) : Contes [Trilby (1822), la Fée aux miettes (1832), etc.].

Parny, Évariste, Vte de ❦ [P] (1753-1814) : Poésies érotiques (1778-81), Chansons madécasses (1787 ; 1ers poèmes français en prose), la Guerre des dieux (1799).

Pigault-Lebrun, Guillaume (Antoine de L'Épiney) [D, R] (1753-1835).

Pixérécourt, René Guilbert de [D] (1773-1844) : Victor ou l'Enfant de la forêt (1798), Cœlina ou l'Enfant du mystère (1800), Robinson Crusoé (1809), les Ruines de Babylone (1810).

Pompignan, Jacques Le Franc, Mis de [D, P] (1709-84) : Didon (1734), Poésies sacrées.

Raban, Louis-François [R] (1795-1870) : l'Auberge des Adrets.

Raynal, Guillaume, abbé [Théo] (1713-96) : Mémoires politiques de l'Europe, Histoire philosophique et politique des établissements et du commerce des Européens dans les deux Indes (1772).

Restif de La Bretonne, Nicolas [R, Mém] (1734-1806) : la Famille vertueuse (1767), le Pornographe (1769), le Paysan perverti (1775), la Vie de mon père (1779), la Découverte australe (1781), la Paysanne pervertie (1784), les Nuits de Paris (1788-94), le Palais-Royal (1790), Monsieur Nicolas ou le Cœur humain dévoilé (1794-97).

Reybaud, Louis [Ec] (1799-1879) : *Roman :* Jérôme Paturot à la recherche d'une position sociale (1843).

Riccoboni, Marie-Jeanne [R] (1713-92) : Lettres de mistress Fanni Butlerd (1757), Lettres de milord Rivers (1776).

Rivarol, Antoine de Rivaroli, dit le Cte de [Polé] (1753-1801) : Discours sur l'universalité de la langue française (1784), Maximes et Pensées (1808).

Rousseau, Jean-Jacques (voir Suisse, p. 324 a).

Royer-Collard, Pierre-Paul [Or] (1763-1845).

Sade, Donatien, Mis de [R, Ph] (1740-1814) : Justine ou les Malheurs de la vertu (1791), Aline et Valcour (1795), la Philosophie dans le boudoir (1795), la Nouvelle Justine, suivie de l'Histoire de Juliette, sa sœur (10 volumes, 1797), Oxtiern (1799), les Crimes de l'amour (1800), Dorcé (publié 1881), Historiettes, contes et fabliaux (publiés 1926), les 120 Journées de Sodome (publiées 1931-32), Cahiers personnels (publiés 1953), Monsieur le 6 (publié 1954), 111 notes pour la Nouvelle Justine (publiées 1956). – *Biogr. :* noblesse provençale ; élevé au château de Saumane par son oncle, l'abbé de Sade d'Ébreuil, historien. *1750-55* collège d'Harcourt (jésuite) à Paris. *1755* sous-lieutenant d'infanterie. *1757-63* combat à la guerre de Sept Ans. *1763* se marie. *1772-73* condamné à mort pour violences sexuelles, incarcéré en Savoie, évadé. *1774-77* séjour au château de la Coste ; affaires de mœurs. *1778-84* captivité à Vincennes. *1784-89* embastillé, déplacé à Charenton peu avant le 14-7-89. *1790-2-4* libéré grâce au décret sur les lettres de cachet. *1790-93* membre de la section révolutionnaire des Piques. *1794* condamné à mort, échappe à la guillotine (on ne sait plus dans quelle prison il se trouve). *1794-1801* en liberté, écrit des romans scandaleux. *1801* emprisonné. *1803-14* transféré à l'hospice de Charenton, y vit en ménage avec Marie-Constance Quesnet jusqu'à sa mort. A partir de 1836 on appela sadisme la « perversion sexuelle dans laquelle le plaisir érotique dépend de la souffrance infligée à autrui ».

Saint-Martin, Louis-Claude de [Ph, Théo] (18-1-1743/13-10-1803), dit le *Philosophe inconnu* [pseudonyme utilisé pour le livre des Erreurs et de la Vérité (1775)] : l'Homme de désir (1790), le Nouvel Homme (1792), Ecce Homo (1792), le Ministère de l'homme d'esprit (1802).

Saint-Simon, Claude Henri de Rouvroy, Cte de [Eco, Ph] (1760-1825) : Lettres d'un habitant de Genève (1802), Du système industriel (1821), le Catéchisme des industriels (1823-24), le Nouveau Christianisme (1825).

Say, Jean-Baptiste [Ec] (1767-1832).

Scribe, Eugène [D] (24-12-1791/20-2-1861) : 350 comédies [dont l'Ours et le Pacha (1820), Michel et Christine (1821), Bertrand et Raton (1833), la Camaraderie (1836), le Verre d'eau (1840)], vaudevilles, livrets d'opéras.

Sedaine, Michel-Jean [P, D] (1719-97) : le Philosophe sans le savoir (1765), la Gageure imprévue (1768).

Ségur, Sophie Rostopchine, Ctesse de [R] (St-Pétersbourg, 19-7-1799/Paris, 9-2-1874) : les Petites Filles modèles (1858), les Vacances (1859), les Malheurs de Sophie (1859), Mémoires d'un âne (1860), Pauvre Blaise (1861), la Sœur de Gribouille, les Deux Nigauds (1862), l'Auberge de l'Ange gardien (1863), Un bon petit diable (1864), le Général Dourakine (1866). – *Biogr. :* fille du Cte Rostopchine († 18-1-1826, gouverneur de Moscou dont il provoqua l'incendie, voir à l'Index), à Paris en 1817. *1819-14-7* épouse Eugène de Ségur († 18-7-1861) dont elle aura 8 enfants. *1855* publie à compte d'auteur « la Santé des enfants ». *1866* tertiaire franciscaine (sœur Marie-Françoise). Son cœur, embaumé, est déposé au couvent de la Visitation, rue de Vaugirard.

Senancour, Étienne de [E] (1770-1846) : Obermann.

Staël, Bonne de (voir Suisse, p. 324 b).

Stendhal, Henri-Marie Beyle, dit [R] (23-1-1783/23-3-1842) : De l'amour (1822), Armance (1827), Promenades dans Rome (1829), le Rouge et le Noir (1830), Chroniques italiennes (1832), Souvenirs d'égotisme (1832, publié 1897-1927), Vie de Henry Brulard (1835-36, autobiographie), Lucien Leuwen (1834 inachevé, publié 1894-1927), la Chartreuse de Parme (1839, écrite en 52 jours en 1838), l'Abbesse de Castro (1839), Lamiel (inachevé, publié 1889), Napoléon (Vie de Napoléon 1817-18 ; Mémoires sur Napoléon rédigés 1836-37, publiés 1876 et 1897). – *Biogr. :* bourgeoisie grenobloise, père magistrat. Perd sa mère à 7 ans. *1796-99* École centrale d'ingénieurs à Grenoble. *1800* sous-lieutenant de cavalerie (démission-ne 1801). *1805* liaison, à Marseille, avec l'actrice Mélanie Guilbert. *1806-10* intendant militaire en Allemagne, protégé par son cousin, le comte Daru. *1810* auditeur au Conseil d'État. *1811-14* liaison avec Angéline Bereyter. *1812* prend part à la campagne de Russie. *1814-21* à Milan ; amour malheureux pour Métilde Dembowski. *1821* expulsé par Autrichiens (pour carbonarisme), se fixe à Paris. *1823-26* liaison avec la Ctesse Curial ; correspondant à Paris de journaux anglais. *1827* sans ressources. *1830-37* consul à Civitavecchia (Italie). *1837-38* congé à Paris ; brille dans les salons. *1839-41* à Civitavecchia. *1841-42* congé de santé à Paris. Candidat à l'Académie ; *-22-3* meurt d'apoplexie.

Thierry, Augustin [H] (1795-1856) : Histoire de la conquête de l'Angleterre (1825), Récits des temps mérovingiens (1835-40).

Thiers, Adolphe [H] (1797-1877) (voir à l'Index).

Vadé, Jean-Joseph [Chan, D] (1720-57).

Vauvenargues, Luc de Clapiers, Mis de [Mor] (1715-47) : Maximes (1746).

Vigny, Alfred, Cte de [P] (Loches 22-3-1797/Paris 17-9-1863) : *Poésie :* Éloa (1824), Poèmes antiques et modernes (1822-26), les Destinées (1864). *Romans :* Cinq-Mars (1826), Stello (1832), Servitude et Grandeur militaires (1835), Daphné (1912). *Drames :* Othello (1re : 24-10-1829), la Maréchale d'Ancre (1re : 25-6-1831), Quitte pour la peur (1re : 30-4-1833), Chatterton (1re : 12-2-1835). *Recueil de notes :* Journal d'un poète (1867). *Mémoires* inédits (1958). – *Biogr. :* noblesse militaire, ruinée par la Révolution. Interne à la pension Hix (cours au lycée Bonaparte). *1814* sous-lieutenant aux mousquetaires-rouges du roi. *1823* capitaine d'infanterie à Strasbourg. *3-2-1825* en garnison à Pau, épouse Lydia Bunbury (Anglaise, 6-4-1796/22-12-1862). *1827* démissionne de l'armée ; à Paris, fréquente les milieux littéraires. *1835-43* dans sa propriété du Maine-Giraud en Charente. *8-5-1845* élu à l'Académie française (après 5 échecs), *29-1-1846* reçu avec insolence par le Cte Molé, se brouille avec ses confrères. *1846-63* séjours au Maine-Giraud. *17-9-1863* meurt à Paris. *Liaisons : 1822 :* Delphine Gay (qui le 1-7-1831 épouse Émile de Girardin). *1823* Marceline Desborde-Valmore. *1824* Virginie Ancelot. *1827* Thryphina Holmes. *1831-38* Marie Dorval (1798-1849, actrice). *1838* Julia Dupré. *1844* Alexandra Kossakovska. *1854* Louise Colet. *1858-63* Augusta Froustey (dont 1 fils Auguste-Froustey Bouvard).

Villemain, Abel [Cr] (1790-1870) : Cours de littérature française (1829).

Vivant Denon, (Dominique Vivant de Non) [E, Peintre, Diplomate] (1747-1825) : Voyage dans la Basse et la Haute-Égypte [pendant les campagnes du Gal Bonaparte (1802)].

Volney, Constantin François de Chassebœuf, Cte de [Ph] (7-2-1757/25-4-1820) : les Ruines ou Méditation sur les révolutions des empires (1791).

Nés entre 1800 et 1900

About, Edmond [R] (1828-85) : le Roi des montagnes (1857), le Nez d'un notaire (1862), l'Homme à l'oreille cassée (1862).

Albert-Birot, Pierre [D, P] (1876-1967) : Poèmes à l'autre moi (1927), Grabinoulor (1921).

Achard, Marcel (Marcel Augustin Ferréol) [D] (5-7-1899/4-9-1974) : Voulez-vous jouer avec moâ ? (1923), Jean de la Lune (1929), Nous irons à Valparaiso, Patate (1957), l'Idiote (1961).

Acremant, Germaine [R] (1889-1986) : Ces dames aux chapeaux verts (1921), Gai ! Marions-nous (1969).

Adam, Paul [R] (1862-1920) : la Force du mal ?

Aftalion, Albert [Ec] (1874-1956).

Agraives, Jean d' (Frédéric Causse) [R] (1892-1951).

Aicard, Jean [P, D, R] (1848-1921) : Poésies, le Père Lebonnard, Maurin des Maures (1908).

Ajalbert, Jean [P, R] (1863-1947).

Alain, Émile Chartier, dit [Ph] [(1868-1951, professeur au lycée Henri IV (1909-33)] : Propos d'un Normand (parus chaque jour dans la *Dépêche de Rouen,* 1906-14), Mars ou la guerre jugée (1921), Éléments d'une doctrine radicale (1925), les Idées et les Ages (1927), Propos sur le bonheur (1928), Sur l'Éducation (1932), les Dieux (1932).

Alain-Fournier, Henri-Alban Fournier, dit [E] (La Chapelle-d'Angillon, Cher, 3-10-1886/disparu au combat aux Éparges 22-9-1914, identifié 15-11-1991, inhumé 10-11-1992) : le Grand Meaulnes (1913), Correspondance avec Jacques Rivière (publiée 1926-28), Colombe Blanchet (esquisse publiée 1990).

Alexis, Paul [R, D] (1847-1901).

Allais, Alphonse [Hum] (1855-1905) : la Nuit blanche d'un hussard rouge, A se tordre (1891), Vive la vie (1892), le Parapluie de l'escouade (1894), Deux et deux font cinq (1895), On n'est pas des bœufs (1896), Amours, délices et orgues (1898), le Captain Cap (1902). *Comédie :* Monsieur la Pudeur (1903).

Apollinaire, Guillaume (Wilhelm Apollinaris de Kostrowitzky, dit) [P, R] (Rome 26-8-1880/Paris 9-11-1918) : *Contes et récits :* les Onze Mille Verges (1907), l'Enchanteur pourrissant, l'Hérésiarque et Cie (1910), le Poète assassiné (1916). *Poésie :* le Bestiaire (1911), Alcools (1913), Calligrammes (posth. 1918). *Théâtre :* les Mamelles de Tirésias (1918), Couleur du temps (1918), Poèmes à Lou (1955). – *Biogr. :* fils naturel d'un officier italien (Francesco Flugi d'Aspermont ?), élevé par sa mère (Angelica de Kostrowitzky † 1919) à Rome puis Monaco. *1899* Paris. *1900* secrétaire d'une officine financière. *1901* précepteur en Allemagne ; amoureux d'une gouvernante anglaise, Annie Playden. *1902-août* Paris, employé de banque, collabore à des revues. *1904* rédacteur en chef du *Guide des rentiers. 1905-08* employé de banque. *1907* publie sous le manteau 2 romans érotiques (*les Onze Mille Verges, Mémoires d'un jeune Don Juan*) ; *-mai* rencontre Marie Laurencin. *1911* emprisonné 5 jours pour complicité du vol de *la Joconde* au Louvre (non-lieu). *1914* engagé volontaire. Liaison avec « Lou » (Louise de Coligny-Châtillon). *1915* fiancé à Madeleine Pagès. *1916-7-3* naturalisé Français ; *17-3* blessé à la tempe ; *-9-5* trépané. *1917-25-6* affecté à la censure. *1918-janv.* congestion pulmonaire ; *-2-5* épouse Jacqueline Kolb ; *-28-7* lieutenant à titre provisoire ; *-9-11* meurt de la grippe espagnole.

Aragon, Louis (L. Andrieux) [Es, H, P, R] (3-10-1897/24-12-1982) : *Romans :* Anicet ou le Panorama (1920), le Libertinage (1924), le Paysan de Paris (1926), le Con d'Irène (1928), les Cloches de Bâle (1933), les Beaux Quartiers (Ren 1936), les Voyageurs de l'impériale (1942), Aurélien (1944), les Communistes (1949-51), la Semaine sainte (1958), la Mise à mort (1965), Blanche ou l'Oubli (1967), la Défense de l'infini (1986 ; inédits de 1923-27). *Poésie :* le Mouvement perpétuel (1926), le Crève-Cœur (1941), les Yeux d'Elsa (1942), le Musée Grévin (1943), la Diane française (1945), le Roman inachevé (1956), le Fou d'Elsa (1963), les Adieux (1981). – *Biogr. :* fils naturel d'une gérante de pension de famille et du préfet Louis Andrieux. *1916* études de médecine. *1916-18* mobilisé. *1919* fréquente dadaïstes, puis surréalistes. *1927* membre du Parti communiste. *1928* tentative de suicide. *1930* voyage en Russie. *1937* codirecteur de *Ce soir*. *1939* épouse Elsa Triolet (1896-1970), belle-sœur du poète soviétique Maïakowski. *1942-44* clandestinité. *1944* fonde les *Lettres françaises. 1945-60* vice-Pt du Comité central du PC. *1967-68* académie Goncourt (démissionne). 2 fois prix Lénine.

Arène, Paul [D, R] (1843-96) : *Récits :* Jean des Figues (1870), la Gueuse parfumée (1876), la Chèvre d'or (1884).

Arland, Marcel [Cr, R] (5-7-1899/21-10-1986) : l'Ordre (G 1929), l'Eau et le Feu (1956), A perdre haleine (1960), le Grand Pardon (1965), Attendez l'aube (1970), Lumière du soir (1983).

Arnoux, Alexandre [E] (1884-1973) : le Cabaret (1919), le Rossignol napolitain (1937), Paris-sur-Seine.

Aron, Robert [H] (1898-1975) : Histoire de Vichy ; de la Libération ; de l'Épuration (1967-68).

Artaud, Antonin [Es, D, P] (4-9-1896/4-3-1948) : Tric-Trac du ciel (1923), le Pèse-Nerfs (1925), l'Art et la Mort (1929), les Tarahumaras (1945), Lettres de Rodez (1946). *Prose poétique :* l'Ombilic des limbes (1925), Van Gogh (1947). *Théâtre :* les Cenci (1935). *Essais :* le Théâtre de la cruauté (1932), Héliogabale (1934), le Théâtre et son double (1938). *Correspondance* avec Jacques Rivière (1924).

Arvers, Félix [P, D] (1806-50) : Mes heures perdues (1833, contenant Sonnet imité de l'italien écrit en hommage à Marie Nodier, fille du poète ? 1er vers : « Mon âme a son secret, ma vie a son mystère »).

Assollant, Alfred [R] (1827-86) : le Capitaine Corcoran (1867).

Aubanel, Théodore (1829-86) [poète provençal].

Aubry, Octave [H] (1881-1946) : le Roi de Rome, la Révolution française, Écrits de Napoléon, Napoléon et l'amour, Sainte-Hélène.

Audiberti, Jacques [P, D] (25-3-1899/10-7-1965) : *Poésies :* l'Empire de la Trappe, Race des hommes. *Romans :* Abraxas (1938), Marie Dubois (1952), la Poupée (1956), Les tombeaux ferment mal (1963). *Théâtre :* Quoat-Quoat (1946), le Maître de Milan, les Jardins et les fleurs, Le mal court (1947), l'Effet Glapion (1959).

Audoux, Marguerite [R] (1863-1937) : Marie-Claire (F 1910), l'Atelier de Marie-Claire (1920), De la ville au moulin (1926), Douce Lumière (1937).

Augier, Émile [D] (1820-89) : l'Aventurière (1848), Ceinture dorée, le Gendre de M. Poirier (1854), les Lionnes pauvres (1858), le Fils de Giboyer (1862).

Bac, Ferdinand [E] (1859-1952)

Bachelard, Gaston [Ph] (1884-1962) : le Nouvel Esprit scientifique (1934), la Psychanalyse du feu (1938), la Philosophie du non (1940), l'Eau et les Rêves (1942).

Bailly, Anatole [Helléniste] (1883-1911) : Dictionnaire grec-français (1894).

Bainville, Jacques (Stadt) [H] (1879-1936) : Histoire de France (1924), Napoléon (1931), Histoire de trois générations (1934), les Dictateurs (1935), la Troisième République (1935).

Banville, Théodore de [P] (1823-1891) : les Cariatides (1842), les Stalactites (1846), Odes funambulesques (1857), le Sang de la coupe (1857), Trente-Six Ballades joyeuses (1866), Rimes dorées (1875). *Contes :* Contes pour les femmes (1881), Mes souvenirs (1882), Contes bourgeois (1885). *Théâtre :* Gringoire (1866), Floride (1870), Riquet à la houppe (1884), le Baiser (1888).

Barbey d'Aurevilly, Jules [Polé, Cr, R] (1808-89) : *Romans :* l'Amour impossible (1841), Une vieille maîtresse (1851), l'Ensorcelée (1854), le Chevalier Des Touches (1855), Un prêtre marié (1865), Une histoire sans nom (1882). *Nouvelle :* les Diaboliques (1874). *Critique :* les Œuvres et les Hommes (15 volumes). *Journal* (1836-64).

Barbier, Auguste [P] (1805-82) : Iambes.

Barbusse, Henri [J, R] (1873-1935) : l'Enfer (1908), le Feu, journal d'une escouade, [G 1916]. *Biogr. : 1919* fonde *Clarté* avec R. Rolland.

Barrès, Maurice [Polé, Es, R] (Charmes, Vosges, 19-8-1862/Neuilly, 4-12-1923) : le Culte du moi [Sous l'œil des Barbares (1888), Un homme libre (1889), le Jardin de Bérénice (1891)], Du sang, de la volupté et de la mort (1894), le Roman de l'énergie nationale [les Déracinés (1897), l'Appel au soldat (1900), Leurs figures (1902)], le Voyage de Sparte (1906), Colette Baudoche (1909), la Colline inspirée (1913), la Grande Pitié des églises de France (1914), Un jardin sur l'Oronte (1922). – *Biogr. :* riche famille de Lorraine ; lycée de Nancy. *1883* à Paris. *1889* député nationaliste de Nancy ; boulangiste. *1896* antidreyfusard. *1904* patronne l'*Action française. 1914-18* propagande pour l'effort de guerre. *1920* perd son influence ; sa mort est l'occasion d'une mascarade surréaliste.

Bashkirtseff, Marie (Russe) [Mém] (1860-84) : Journal (1887), Cahiers intimes (1925).

Bastiat, Frédéric [Ec] (1801-50) : Harmonies économiques (inachevé).

Bastide, Roger [Ethn] (1898-1974).

Bataille, *Georges* [R, Ph] (10-9-1897/8-7-1962) : le Bleu du ciel (1935), l'Expérience intérieure (1943), la Part maudite (1949), l'Abbé C. (1950), l'Érotisme (1957), Histoire de l'œil (sous le pseudo lord Auch) ; *Henry* [P, D] (1872-1922) : Maman Colibri (1904), la Marche nuptiale (1905).

Baudelaire, Charles [P, Cr] (Paris, 9-4-1821/31-8-1867) : *Poèmes :* les Fleurs du mal (1840-57), les Paradis artificiels (1860), le Spleen de Paris (1855-62), Petits Poèmes en prose (1863). *Pensées :* Fusées (vers 1851), Mon cœur mis à nu (1864). *Critique :* le Salon de 1845, Curiosités esthétiques (1868). *Traduction :* Histoires extraordinaires d'Edgar Poe (1856). – *Biogr. :* fils d'un prêtre sécularisé à la Révolution († 1827). *1828* sa mère se remarie avec le général Jacques Aupick (1789-1857) ; Baudelaire en est traumatisé. Études à Louis-le-Grand, puis faculté de Droit. *1840* liaison avec Sarah (surnommée Louchette). *1841* son beau-père l'envoie à l'île Maurice. *1842* Paris, vit en dandy dans les milieux littéraires, dépensant l'héritage reçu à sa majorité (75 000 F). *1843* liaison avec Jeanne Duval (Noire née dans l'île de St-Barthélemy, alors suédoise), qui le rend syphilitique (ne l'abandonnera jamais). *1844* un conseil judiciaire lui mesure ses ressources jusqu'à sa mort. *1848* prend part en amateur à la Révolution. *1852* liaison avec Anne Sabatier, dite la Présidente. *1855* critique d'art au *Pays. 1857-20-8* condamné à 300 F d'amende pour l'immoralité des *Fleurs du mal* (jugement cassé le 30-5-1949 par la Cour de cassation). *1864* exil volontaire en Belgique. *1866* fait une chute à Namur. *1867* meurt de paralysie générale, après avoir demandé les sacrements.

Bauër, Gérard (pseudonyme : Guermantes ; fils naturel de A. Dumas fils) [Chr] (1888-1967).

Bazin, René ⚘ [R] (1853-1932) : Stéphanette (1884), la Terre qui meurt (1899), les Oberlé (1901), le Blé qui lève (1907), Davidée Birot (1911).

Beaumont, Germaine (Battendier) [E] (1890-1983) : Piègre (Ren 1930), Silsauve (1952), Un chien dans l'arbre (1975).

Becque, Henry [D] (1837-99) : les Corbeaux (1882), la Parisienne (1885).

Bedel, Maurice [R] (1883-1954) : Jérôme, 60e latitude nord (G 1927), Molinoff Indre-et-Loire (1928).

Bédier, Joseph ⚘ [Éru] (1864-1938) : le Roman de Tristan et Iseult, Légendes épiques (1908-15).

Béhaine, René [R] (1880-1966) : Histoire d'une société (17 volumes, 1904-64).

Bellessort, André [Cr] (1866-1942).

Benda, Julien [Ph, R] (1867-1956) : Belphégor (1919), la Trahison des clercs (1927), Discours de la Nation européenne (1933), la France byzantine (1945).

Benjamin, René [R, Cr] (1885-1948) : Gaspard (G 1915), Balzac, l'Enfant tué (1946).

Benoit, Pierre ⚘ [R] (1886-1962) [le nom de ses héroïnes commence par A] : Kœnigsmark (1918, Aurore), l'Atlantide (1919, Antinéa), Pour don Carlos (1920, Allegria), le Lac salé (1921, Annabel), la Chaussée des géants (1922, Antiope), Mlle de La Ferté (1923, Anne), la Châtelaine du Liban (1924, Athelstane), Axelle (1928), Fort-de-France (1933, Aissé), M. de la Ferté (héros : Angel), Boissière (1935, Adlanne), les Compagnons d'Ulysse (1937, Angelica), le Désert de Gobi (1941, Alzire), Montsalvat (1957, Alcyone), les Amours mortes (1961, Alcmène).

Béraud, Henri [R, Polé] (1885-1958) : le Martyre de l'obèse (G 1922), le Vitriol de lune (1922), la Croisade des longues figures (1924), la Gerbe d'or (1928), Ciel de suie (1933), Qu'as-tu fait de ta jeunesse ? (1943), les Derniers Beaux Jours (1953). – *Biogr. :* père boulanger lyonnais, abandonne ses études avant le bac ; employé de bureau, polémiste local. *1914-18* artilleur. Journaliste à *l'Œuvre,* au *Canard enchaîné,* au *Crapouillot,* au *Petit Parisien ;* anticommuniste, préconise l'entente avec Mussolini. *1934* collabore à *Gringoire ;* xénophobe. *1940-44* opte pour Pétain. *1944-24-8* arrêté et condamné à mort. *1945* gracié par de Gaulle sur intervention de Mauriac et Churchill. *1950* hémiplégique, libéré de St-Martin-de-Ré.

Berdiaev, Nikolaï [Ph] (Russe, 1874-1948) : De la destination de l'homme (1931), Cinq Méditations sur l'existence (1936), Esprit et Réalité (1938), les Sources et le Sens du communisme russe (1939).

Berger, Gaston [Ph] (1896-1960).

Bergson, Henri ⚘ [Ph] (1859-1941) : Essai sur les données immédiates de la conscience (1889), Matière et Mémoire (1896), le Rire (1900), l'Évolution créatrice (1907), l'Énergie spirituelle (1919), Durée et Simultanéité (1922), les Deux Sources de la morale et de la religion (1932), la Pensée et le Mouvant (1934) [N 1927].

Berl, Emmanuel [Es, R] (1892-1976) : Mort de la pensée bourgeoise (1929), Mort de la morale bourgeoise (1930), le Bourgeois et l'Amour (1931), Sylvia (1952), la France irréelle, A contretemps (1969).

Bernanos, Georges [R, Polé, D] (20-2-1888/5-7-1948) : *Romans :* Sous le soleil de Satan (1926), l'Imposture (1927), la Joie (F 1929), Un crime (1935), le Journal d'un curé de campagne (1936), Nouvelle Histoire de Mouchette (1937), Monsieur Ouine (1940). *Essais :* la Grande Peur des bien-pensants (1931), les Grands Cimetières sous la lune (1938), les Enfants humiliés (posth. 1949). *Théâtre :* Dialogue des carmélites (1949). – *Biogr. :* père artisan lorrain. Études (droit). *1913-14* journaliste (monarchiste) à Rouen. *1914-18* combattant ; blessé. *1919-34* marié et père de 6 enfants, vit pauvrement de sa plume. *1934-27-3 à 1937* à Majorque. *1937* revient en France. *1938-20-7* part pour le Paraguay ; *-4-9* Brésil ; se rallie à la France libre. *1946-48* Tunisie. Il eut 6 enfants dont Michel [P, R] (20-1-1923/27-7-1984, suicide).

Bernard, *Claude* ⚘ [Ph, Sav] (1813-78) : Introduction à l'étude de la médecine expérimentale (1865) ; *Paul,* dit Tristan [Hum, R, D] (1866-1947) : l'Anglais tel qu'on le parle (1889), Triplepatte (1905), le Petit Café (1911).

Bernède, Arthur [R] (1871-1937) : Judex (1917), Belphégor (1927), Poker d'as (1928).

Bernstein, Henry [D] (1876-1953) : la Rafale, le Voleur (1907), Espoir, Samson, la Soif (1949).

Berr, Henri [H, P] (1863-1954).

Berthelot, Marcelin [Pol, Chr] (1827-1907) : Science et Philosophie (1886), Science et Morale (1897).

Bertrand, *Louis,* dit Aloysius [P] (1807-41) : Gaspard de la nuit (posthume, 1842) ; *Louis* [E] (1866-1941).

Bescherelle, Louis-Nicolas [Gram] (1802-83) et Henri [Gram] (1804-52) : Grammaire nationale (1834-38), Dictionnaire national (1843-45).

Beucler, André [R, Nouv, Mém] (1898-1985) : Gueule d'amour (1926), le Mauvais Sort (1928), Plaisirs de mémoire, De St-Pétersbourg à St-Germain-des-Prés.

Bibesco, Marthe (Pcesse, née Lahovary) [R, Bio] (Bucarest 21-1-1886/Paris 23-11-1973). *Romans :* le Perroquet vert (1925), Catherine Paris (1927). *Biogr. :* Au bal avec Marcel Proust (1929).

Billy, André [Cr, R] (1882-1971) : Benoni (1907), l'Approbaniste (1937), Introïbo (1939), Vie de Balzac (1944), les Frères Goncourt (1954).

Blanc, Louis [H] (1811-82) : Hist. de dix ans (1841-44).

Bloch, *Jean-Richard* [Polé, R] (1884-1947) : Sur un cargo (1924), Et compagnie (1925), la Nuit kurde (1925), Cacaouètes et Bananes (1929), Destin du siècle (1931). Fonde la revue *Europe* (1925) avec Romain Rolland et *le Soir* (1937) avec Aragon ; *Marc* [H] (1886-1944) : les Rois thaumaturges (1924), Caractères originaires de l'histoire rurale française (1931), la Société féodale (1939). Fonde avec Lucien Febvre *les Annales d'histoire économique et sociale* (1er numéro 21-1-1929).

Blondel, Maurice [Ph] (1861-1949) : l'Action (1893), la Pensée (1934), l'Être et les Êtres (1935).

Bloy, Léon [Polé] (1846-1917) : le Désespéré (1887), Sueurs de sang (1893), la Femme pauvre (1897), l'Exégèse des lieux communs (1902-12), le Pèlerin de l'absolu (1914), Journal.

Blum, Léon [Ph, Pol] (1872-1950) : Du mariage (1907), A l'échelle humaine (1945).

Bonnard, Abel ⚘ [E] (1883-1968).

Bordeaux, Henry ⚘ [R] (1870/29-3-1963) : les Roquevillard (1906), la Robe de laine (1910), la Neige sous les pas (1912), la Peur de vivre (1921).

Borel d'Hauterive, Pierre, dit Petrus [P, R] (1809-59) : Rhapsodies (1832), Champavert, Contes immoraux (1833), Madame Putiphar (1839).

Bornier, Henri, Vte de ⚘ [D] (1825-1901) : la Fille de Roland (1875).

Bosco, Henri [R, P] (1888-1976) : l'Ane Culotte (1937), le Mas Théotime (1945), M. Carré Benoit à la campagne (1947), Malicroix (1948), Antonin (1952), l'Enfant et la Rivière (1953).

Botrel, Théodore [Chan] (1868-1925) : la Paimpolaise, le Petit Mouchoir de Cholet, Par le petit doigt.

Boulard, Fernand [Soc] (1897-1977).

Bourdet, Édouard [D] (1887-1945) : la Prisonnière (1926), Vient de paraître (1927), le Sexe faible (1929), les Temps difficiles (1934), Fric-Frac (1936).

Bourges, Élémir [R, D] (1852-1925) : le Crépuscule des dieux (1884), la Nef (1904-22).

Bourget, Paul ⚘ [R, Cr] (2-9-1852/25-12-1935) : *Romans :* Cruelle Énigme (1885), André Cornélis (1887), le Disciple (1889), Cosmopolis (1892), l'Étape (1902), Un divorce (1904), l'Émigré (1907), le Démon de midi (1914). *Critique :* Essais de psychologie contemporaine (1883-99).

Bourget-Pailleron, Robert [R] (1897-1970) : l'Homme du Brésil (I. 1933).

Bousquet, Joë [E, P] (1897-1950) : Traduit du silence (1941), la Connaissance du soir (1947). *Autobiogr. :* le Meneur de lune (1946).

Bouthoul, Gaston [Soc] (1896-1980, fondateur de la polémologie) : le Phénomène guerre (1962).

Boutroux, Émile ⚘ [Ph] (1845-1921) : De la contingence des lois de la nature (1874).

Bove, Emmanuel (Bobovnikoff) [R] (1898-1945) : Mes amis (1924), Un père et sa fille (1928), le Piège.

Boylesve, René Tardivaux, dit ⚘ [R] (1867-1926) : la Becquée (1901), la Leçon d'amour dans un parc (1902), l'Enfant à la balustrade (1903).

Bréal, Michel [Ling] (1832-1915).

Bréhier, Émile [Ph] (1876-1952) : Histoire de la philosophie (1925-49).

Bremond, abbé Henri ⚘ [Cr, H] (1865-1933) : l'Inquiétude religieuse (1901-09), l'Abbé Tempête (1929), Histoire littéraire du sentiment religieux en France (1916-32).

Brémond d'Ars, Yvonne [E] (1894-1976).

Breton, André [P] (Tinchebray, Orne 18 ou 19-2-1896/Paris 28-9-1966) : *Poésie :* les Champs magnétiques (1920), l'Union libre (1931). *Récits :* Nadja (1928), les Vases communicants (1932), l'Amour fou (1937), Arcane 17 (1945). *Essais :* Premier Manifeste du surréalisme (15-10-1924), Second Manifeste (1929), la Clé des champs (1953). – *Biogr. :* fonde *1919-21 Littérature* avec Aragon et Soupault (*1922-24* sans Aragon) ; *1924-29 la Révolution surréaliste. 1927-35* au PC. *1941-46* à New York.

Brieux, Eugène ⚘ [D] (1858-1932) : Blanchette (1892), le Berceau (1898), la Robe rouge (1900).

Brion, Marcel ⚘ [Cr, R] (1895-1984) : l'Allemagne romantique (1962-78), Histoire de la littérature allemande (1968). *Romans :* la Folie Céladon (1935), Château d'ombres (1974).

Brisson, Pierre [Cr, J] (1896-1964).

Brizeux, Auguste [P] (1803-58) : Marie (1831), la Fleur d'or (1841), les Bretons (1843).

Broglie, Louis, duc de ⚘ [Sav, Ph] (1892-1987).

Bruant, Armand, dit Aristide [Chan] (1851-1925).

Brunetière, Ferdinand ⚘ [Cr] (1849-1906).

Brunhes, Jean [Géo] (1869-1930) : la Géographie humaine (1910).

Bruno, G. (Augustine Tuillerie alors Mme Gayau, puis Mme Alfred Fouillée) [R] (1823-1923) : le Tour de France par deux enfants (1877).

Brunot, Ferdinand [Ling] (1860-1938) : Histoire de la langue française (1905-43).

Brunschvicg, Léon [Ph] (1869-1944) : les Ages de l'intelligence (1922), De la connaissance de soi (1931).

Cahuet, Albéric [R, H] (1877-1942) : le Masque aux yeux d'or, Pontcarral, Vie et mort de Marie Bashkirtseff (1926), Lucile de Chateaubriand (1935).

Capus, Alfred [D] (1857-1922) : la Veine (1901), les Deux Écoles (1902), l'Adversaire (1903).

Carco, Francis (François Carcopino-Tusoli, dit) [P, R] (Nouméa 1886-Paris 1958) : Jésus la Caille (1914), l'Homme traqué (1922), Poésies (1939).

Carcopino, Jérôme ⚘ [H] (1881-1970).

Carré de Malberg, Raymond [Jur] (1861-1935).

Carrel, Alexis [Phy] (1873-1944) : l'Homme, cet inconnu (1935).

Cassou, Jean [Cr] (1897-1986) : *Essais :* les Massacres de Paris (1935). *Romans :* la Clef des songes (1929), Légion (1939), le Bel Automne (1950).

Céard, Henry [R, D] (1851-1924) : la Saignée (1880), Une belle journée (1881), Terrains à vendre au bord de la mer (1906).

Céline, Louis-Ferdinand Destouches, dit [R, Polé] (médecin) (27-5-1894/1-7-1961) : Voyage au bout de la nuit (Ren 1932), l'Église (1933), Mort à crédit (1936), la Vie et l'Œuvre de Philippe-Ignace Semmelweiss (1936), Mea Culpa (1936), Bagatelles pour un massacre (1937), l'École des cadavres (1938 ; condamné pour diffamation 21-6-1939), les Beaux Draps (1941), Guignol's Band I (1944), Casse-pipe (1948), Féerie pour une autre fois I et II (sous le titre Normance, 1952-54), D'un château l'autre (1957), Ballets sans musique, sans personne, sans rien (1959), Nord (1960), Guignol's Band II (publié 1964), le Pont de Londres (publié 1964), Rigodon (publié 1969), Lettres des années noires (1938-47, publiées 1994). – *Biogr. :* petite bourgeoisie prolétarienne. *1914* combattant ; *-27-10* blessé. *1915-2-12* réformé. *1916-17* surveillant de plantation au Cameroun. *1919* bachelier. *1920-24* médecine. *1924-27* missions médicales ; employé à la SDN. *1924-32* médecin de marine. *1927-29* dispensaire de Clichy. *1932* célèbre, grâce au *Voyage. 1936* voyage en URSS, pamphlétaire antisémite. *1940* médecin-chef du dispensaire de Sartrouville. *1944* en Allemagne nazie. *1945-27-3* au Danemark ; *-17-12* incarcéré. *1947-24-6* libéré sur parole. *1950-21-2* en son absence, condamné en France à 1 an de prison, 50 000 F d'amende, l'indignité nationale et la confiscation de la moitié de ses biens. *1951-26-4* amnistié ; *-1-7* rentre en France, se retire à Meudon. *1953* ouvre chez lui un cabinet médical.

Chack, Paul [H] (1876/9-1-1945, accusé d'intelligence avec l'ennemi, fusillé, de Gaulle refusant sa grâce).

Chadourne, *Louis* [E, P, R] (1890-1925, fou) : Inquiète Adolescence ; *Marc* [R] (1895-1975) : Vasco (1927), Cécile de la Folie (F 1930), la Clé perdue (1947).

Chaigne, Louis [Cr] (1899-1973).

Champfleury, Jules Husson, dit Fleury puis [R] (1821-89) : Chien-Caillou (1847), les Aventures de Mlle Mariette (1853), les Bourgeois de Malinchart (1854), la Succession le Camus (1858).

Chardonne, Jacques Boutelleau, dit [E] (1884-1968) : l'Épithalame (1921), Claire (1931), le Bonheur de Barbezieux (1938), Chimériques (1948), Vivre à Madère (1953), Matinales, Demi-Jour (1964).

Chastenet, Jacques [H, J] (1893-1978) : Histoire de la IIIe République (1952-63).

Châteaubriant, Alphonse de **Brédenbec de** [R] (1877-1951) : M. des Lourdines (G 1911), la Brière (1923), la Meute (1927), la Réponse du Seigneur (1933). – *Biogr. : 1940-44* fonde *la Gerbe* (hebdo). *1945* condamné à mort par contumace, se réfugie dans un monastère en Autriche.

Chavette, Eugène (Vachette) [R] (1827-1902) : le Procès Pictompin (1853), le Guillotiné par la persuasion, Aimé de son concierge, la Chambre du crime.

Chenu, Marie-Dominique [Théo] (1895-1990).

Chérau, Gaston [R] (1872-1937) : Valentine Pacquault (1921), la Maison de Patrice Périer (1921).

Chevallier, Gabriel [Hum] (1895-1969) : Clarisse Vernon (1932), Clochemerle (1934), Sainte-Colline (1937), Propre à rien (1938).

Christophe, Georges Colomb, dit [Hum] (1856-1945) : voir à l'Index.

Cladel, Léon [R] (1835-92) : les Martyrs ridicules (1862), Ompdrailles, le Tombeau des lutteurs (1879).

Claretie, Jules ⚘ [H, JR] (1840-1913) : *Romans :* Une drôlesse (1862), les Victimes de Paris (1864), la Maîtresse (1880), Monsieur le ministre (1881).

Claudel, Paul ⚘ [D, P] (Villeneuve-sur-Fère 6-8-1868/Paris 23-2-1955) : *Poésie :* Cinq Grandes Odes (1904-10), le Cantique du Rhône (1911). *Prose :* Connaissance de l'Est (1900), la Sagesse (1939), Job (1946). *Théâtre :* Tête d'or (1890), la Jeune Fille Violaine (1892), la Ville (1893), l'Échange (1901, joué 1914), Partage de midi (1906), l'Annonce faite à Marie (1911, jouée 1912), l'Otage (1910, joué 1914), le Pain dur (1918, joué 1949), le Soulier de satin (1924, joué 1943), le Père humilié (1919, joué 1948), Christophe Colomb (1931). – *Biogr. :* petite bourgeoisie champenoise. *1882-86* Paris (lycée Louis-le-Grand, puis Sciences-Po). *1886* converti au catholicisme. *1890-94* consul aux États-Unis. *1894-1905* en Chine. *1905* se marie. *1906-09* en Chine. *1909* consul à Prague, *1911-12* Francfort, *1914* Hambourg, *1915* Rome. *1917* ministre plénipotentiaire (1917 Brésil, 1919 Danemark). *1921* ambassadeur (1922 Japon, 1927 États-Unis, 1933 Bruxelles). *1935* se retire au château de Brangues (Isère), acheté 1927. *1944-17-9* apprend que Maurras l'a dénoncé 2 fois à la Gestapo. *1947-13-3* reçu à l'Académie française.

Clouard, Henri [Es] (1889-1972).

Cocteau, Jean ❦ [E, P] (5-7-1889/11-10-1963) : *Poésie :* Plain-Chant (1923), Opéra (1927). *Romans :* le Potomak (1919), Thomas l'Imposteur (1922), le Grand Écart (1923), les Enfants terribles (1929). *Théâtre :* les Mariés de la tour Eiffel (1921), Antigone (1922), Orphée (1926), la Machine infernale (1934), les Parents terribles (1938), l'Aigle à deux têtes (1946), Bacchus (1951). *Essai :* la Difficulté d'être (1974). *Cinéma* (voir à l'Index). – *Biogr. :* bourgeoisie d'affaires parisienne. Fréquente salons littéraires dès 14 ans. *1918* mobilisé, non-combattant. *1919-39* fréquente le « Tout-Paris », goûts homosexuels (liaison avec Radiguet, de 1920 à 22). *1932* film *le Sang d'un poète*. *1940-44* cinéaste [acteur favori Jean Marais]. *Après 1945* peintre et décorateur (2 chapelles, 1 mairie). *1955* Académie française.

Cohen, *Albert* : voir Suisse, p. 324 a ; *Gustave* [Prof] (1879-1958, créa le groupe théâtral des Théophiliens).

Cohen, Marcel [Ling] (1884-1974).

Colet, Louise [P, R] (1810-76) : les Fleurs du Midi (1836). *Prose :* les Cœurs brisés (1843), Lui (1860).

Colette, Sidonie-Gabrielle [Pros] (23-1-1873/3-8-1954) : Claudine [4 romans (1900-03) publiés sous le nom de Willy (H. Gauthier-Villars 1859-1931, critique d'art), son mari], les Vrilles de la vigne (1908), l'Ingénue libertine (1909), la Vagabonde (1910), Chéri (1920), le Blé en herbe (1923), la Fin de Chéri (1926), la Naissance du jour (1928), la Seconde (1929), Sido (1930), Ces plaisirs (1932), la Chatte (1933), Julie de Carneilhan (1941), Gigi (1944), le Fanal bleu (1949). – *Biogr. :* bourgeoisie rurale. Études primaires supérieures à St-Sauveur-en-Puisaye. *1893* épouse Willy, de 14 ans plus âgé. *1906* divorce, vit avec Missie de Morny (1863-1944, divorcée du Mis de Belbœuf). *1912-12-12* épouse Henry de Jouvenel (1876-1935) dont 1 fille, Bel Gazou, en 1913. *1925* divorce. *1935* épouse Maurice Goudeket (1889-1977) de 16 ans plus jeune. *1945* Académie Goncourt (Pte depuis 1949). *1948-54* arthritique, vit au Palais-Royal, entourée d'animaux. *1954* funérailles nationales.

Considérant, Victor [Ph, Ec] (1808-93).

Constantin-Weyer, Maurice [R] (1881-1964) : Manitoba (1924), la Bourrasque (1925), Un homme se penche sur son passé (G 1928).

Coolus, Romain (René Weill) [D] (1868-1952) : l'Enfant chérie (1906), les Enfants de Sazy (1907), l'Éternel masculin (1920).

Coppée, Francis, dit François ❦ [P, D] (26-1-1842/23-5-1908) : le Passant (1869), les Humbles (1872), le Cahier rouge (1874), la Bonne Souffrance (1898).

Corbière, Édouard Joachim, dit Tristan [P] (1845-75) : les Amours jaunes (1873).

Corthis, André (Mme Raymond Lécuyer) [R] (1885-1952) : Pour moi seule (1919), l'Entraîneuse (1923).

Cournot, Antoine [Math, Ph] (1801-77).

Courteline (Georges Moinaux) [E, D] (1858-1929) : les Gaietés de l'escadron (1886), les Femmes d'amis (1888), le Train de 8 h 47 (1888), Lidoire (1891), Boubouroche (1892), Messieurs les ronds-de-cuir (1893), Le commissaire est bon enfant (1899), la Paix chez soi (1903).

Croisset, Francis de (Franz Wiener) [D, R] (1877-1937) : la Féerie cinghalaise (1926). (Voir **Flers** col. c).

Cros, Charles [P, Hum, Sav] (1842-88) : le Coffret de Santal (1873), le Fleuve (1874), le Collier de griffes (1908).

Curel, François de ❦ [D] (1854-1928) : l'Envers d'une sainte, les Fossiles (1892), la Nouvelle Idole (1899), la Fille sauvage (1902), la Danse devant le miroir (1914).

Dabit, Eugène [R] (1898-1936) : Hôtel du Nord (1929) Un mort tout neuf (1934), Journal intime (1939).

Danrit, capitaine (Émile Driant) [R] (1855-1916) : la Guerre de demain (1891), Jean Tapin (1898).

Darien, Georges (Adrien) [Polé, R] (1862-1921) : Biribi (1890), Bas les cœurs (1889), le Voleur (1898), la Belle France (1900).

Dash, vicomtesse de Poilloüe de Saint-Mars, dite comtesse [R, Mém] (1804-72).

Daudet, *Alphonse* [R] (13-5-1840/16-12-1897 en mangeant de la soupe) : le Petit Chose (1868), les Lettres de mon moulin (1869), Tartarin de Tarascon (1872), l'Arlésienne (1872), Contes du lundi (1873), Fromont jeune et Risler aîné (1874), Jack (1876), le Nabab (1877), Numa Roumestan (1881) [modèle : Numa Baragon, député, 1835-92], Sapho (1884), Tartarin sur les Alpes (1885), l'Immortel (1888), Port-Tarascon (1890) ; *Léon* (fils du précédent) [Polé, J] (1867-1942) : les Morticoles (1894), le Stupide XIXe siècle (1922), Souvenirs.

Dauzat, Albert [Ling] (1877-1955).

David-Neel, Alexandra [Es] (1868/8-9-1969) : la Puissance du néant, Voyage d'une Parisienne à Lhassa (1926).

Deharme, Lise [P] (1898-1979, née Meyer).

Dekobra, Maurice (Tessier) [R] (1885-1973) : la Madone des sleepings (1925).

Delacroix, Henri [Ph] (1873-1937) : le Langage et la Pensée.

Delarue-Mardrus, Lucie [P, R] (1880-1945) : *Romans :* Graine de vent, le Roman de six petites filles (1909), l'Ex-Voto (1921), Mémoires (1932).

Delly, *Frédéric* Petitjean de La Rosière (1876-1949), et sa sœur *Jeanne-Marie* (1875-1947) [R] : Esclave ou Reine (1909), Magali (1910), Entre deux âmes (1913), l'Infidèle (1931), la Colombe de Rudsay-Manor.

Delteil, Joseph [R] (1894-1978) : Sur le fleuve Amour (1922), Choléra (1923), Jeanne d'Arc (F 1925), les Poilus (1926), Jésus II (1947).

Demaison, André [R] (1893-1956) : Diato, Le livre des bêtes qu'on appelle sauvages (1929), Tropiques.

Derême, Tristan (Philippe Huc, dit) [P] (1889-1941) : la Verdure dorée (1922), le Zodiaque (1927).

Déroulède, Paul [P] (1846-1914) : les Chants du soldat (1872), Nouveaux Chants du soldat (1875).

Descaves, Lucien [D, R] (1861-1949) : les Sous-Offs (1889), Souvenir d'un ours (1946).

Detœuf, Auguste [Ec] (1883-1947) : Propos de O.L. Baranton confiseur (1954).

Deval, Jacques (Boularan) [D, R] (1890-1972) : *Théâtre :* Une faible femme (1920), Tovaritch (1935), Mademoiselle, Ce soir à Samarcande (1950), Et l'enfer, Isabelle ? *Roman :* les Voyageurs (1964).

Dierx, Léon [P] (la Réunion 1838-Paris 1912) : les Lèvres closes (1867), les Amants (1879). Nommé « prince des poètes » en 1898.

Donnay, Maurice ❦ [D, P] (1859-1945) : Lysistrata (1892), Amants (1895), l'Autre Danger (1902).

Dorgelès, Roland (Lécavelé) [R] (1885-1973) : les Croix de bois (F 1919), le Cabaret de la belle femme (1919), Saint Magloire (1922), le Château des brouillards (1932).

Doumic, René ❦ [Cr] (1860-1937).

Drieu La Rochelle, Pierre [R, Es] (1893-1945) : *Essais :* Mesure de la France, Plainte contre inconnu. *Romans :* l'Homme couvert de femmes (1925), le Feu follet (1931), la Comédie de Charleroi (1934), Rêveuse Bourgeoisie (1937), Gilles (1939), l'Homme à cheval (1943), Récit secret (1951), les Chiens de paille (1963), Mémoires de Dick Raspe (1966). *Théâtre :* Charlotte Corday, le Chef (1944). *Poèmes :* Interrogations (1917). Journal de guerre (1991). – *Biogr. :* grande bourgeoisie parisienne. *1914-18* combattant, blessé et décoré. *1919-28* vie mondaine à Paris, nombreuses liaisons féminines. *1928* pacifiste. *1934* converti au fascisme. *1936* doriotiste. *1941-43* directeur de la NRF, collaborateur. *1943* rompt avec NRF. *1944-août/1945-mars* recherché par l'épuration, se cache à Paris ; *-16-3* suicide (3e tentative).

Drumont, Édouard [E] (1844-1917) : la France juive (1886), le Testament d'un antisémite (1891).

Du Bos, Charles [Cr, Biogr.] (1882-1939) : Journal.

Du Camp, Maxime ❦ [Mém] (1822-94) : Mémoires d'un suicidé (1853), les Chants modernes (1855), Paris, ses organes, ses fonctions et sa vie (1869-75), les Convulsions de Paris (1878-79), Souvenirs littéraires (1882).

Ducasse, André [H] (1894-1986).

Duhamel, Georges (Denis Thévenin) ❦ [P, R, chirurgien, E] (1884-1966) : la Vie des martyrs (1917), Civilisation 1914-1917 (G 1918), la Possession du monde (1919), la Nuée d'orage (1928), Scènes de la vie future (1930), *Vie et aventures de Salavin* [5 volumes : la Confession de minuit (1920), Deux hommes (1924), le Journal de Salavin (1927), le Club des Lyonnais (1929), Tel qu'en lui-même (1932], *la Chronique des Pasquier* [10 volumes : le Notaire du Havre (1933), le Jardin des bêtes sauvages (1934), Vue de la Terre promise (1934), le Nuit de la Saint-Jean (1935), le Désert de Bièvre (1937), les Maîtres (1937), Cécile parmi nous (1938), le Combat contre les ombres (1939), Suzanne et les jeunes hommes (1945), la Passion de Joseph Pasquier (1945)], Lumières sur ma vie (1953).

Duhem, Pierre [Ph] (1861-1916).

Dumas père, Alexandre [R, D] (1802/5-12-1870) : *Théâtre :* Henri III et sa cour (1829), Antony (1831), la Tour de Nesle (1832), Kean (1836). *Romans :* Georges (1843), les Trois Mousquetaires (1844) [Athos, Porthos, Aramis, d'Artagnan], Vingt Ans après (1845), la Reine Margot (1845), la Dame de Monsoreau (1846), le Chevalier de Maison-Rouge (1846), le Comte de Monte-Cristo (1848), les Quarante-Cinq (1848), le Collier de la Reine (1849), le Vicomte de Bragelonne (1850), la Comtesse de Charny (1852), la Royale Maison de Savoie (Turin 1852-56), les Mohicans de Paris (1854), Grand Dictionnaire de cuisine (1873), Jacques Bonhomme (publié 1993). A créé 37 267 personnages. *Mémoires* (1852-54). – *Biogr. :* son grand-père, Alexandre Davy, marquis de la Pailleterie, eut à St-Domingue, d'une union libre avec Marie Cisette Dumas (Noire), son père Thomas (1762-1806, général). Orphelin de père à 4 ans ; élevé pauvrement par sa mère. Pas d'études. *1823* employé aux écritures chez le duc d'Orléans. *1829* triomphe au théâtre avec *Henri III*. *1847-51* ruiné dans la construction d'un théâtre historique. *1851-53* poursuivi par ses créanciers, s'exile en Belgique. *1853-57* fonde plusieurs journaux-feuilletons. *1860-64* collaborateur de Garibaldi à Naples. *1864-70* Paris, entretenu par son fils et sa fille. Utilisa des « nègres » dont Auguste Maquet (1812-88) de 1838 à 1851.

Dumas fils, Alexandre ❦ [D] (1824-95) : *Théâtre :* la Dame aux camélias [1848 et 1852, inspirée d'Alphonsine Plessis, dite Marie Duplessis (15-1-1824/3-2-1847)], le Demi-Monde (1855), la Question d'argent (1857), l'Ami des femmes (1864), la Femme de Claude (1873), l'Étrangère (1876), Denise (1885), Francillon (1887).

Dumas, Georges [Psycho, Ph] (1866-1946) : Traité de psychologie.

Dumézil, Georges ❦ [H] (1898-1986) : Mythes et Dieux germains (1939), Naissance de Rome (1944), Tarpeia (1947), l'Héritage indo-européen à Rome (1949), Mythe et Épopée (1968-73), la Courtisane et les Seigneurs colorés (1984).

Dupanloup, Mgr, Félix ❦ [E] (1802-78).

Du Plessys, Maurice [P] (1864-1924).

Duranty, Louis-Edmond [R] (1833-80) : le Malheur d'Henriette Gérard (1860).

Durkheim, Émile [Socio, Ph] (1858-1917) : De la division du travail social (1893), Règles de la méthode sociologique (1895), le Suicide (1897), Sur le totémisme (1901), les Formes élémentaires de la vie religieuse (1912).

Duruy, Victor ❦ [H] (1814-94) : Histoire des Romains (1879-85).

Duvernois, Henri (Simon Schwabacher, dit) [E] (1875-1937) : Crapotte (1901), Edgar (1919), A l'ombre d'une femme (1933).

Eberhardt, Isabelle [E] (1877-1904) : Dans l'ombre chaude de l'islam, Notes de route (1908), Trimardeur, les Journaliers (1923), Écrits sur le sable (1988).

Éluard, Paul (Eugène Grindel) [P] (St-Denis 14-12-1895/Charenton 18-11-1952) : Capitale de la douleur (1926), la Vie immédiate (1932), les Yeux fertiles (1936), Cours naturel (1938), Donner à voir (1939), Poésie et Vérité (1942), Au rendez-vous allemand (1945), Poésie ininterrompue (1946-53), le Phénix (1951) – *Biogr. : 1926* au PC. *1929* Gala Diakovna (épousée 1917, † 10-6-1982) le quitte pour Salvador Dalí. *1933* exclu du PC. *1934* épouse Nusch (Maria Benz). *1936* se rapproche du PC. *1938* rompt avec Breton. *1942* au PC. *1946-28-11* Nusch meurt ; devient suicidaire. *1949* rencontre Dominique (Odette Lemort, 1914-2000). *1951* l'épouse.

Erckmann-Chatrian, Émile Erckmann (1822-99) et Alexandre Chatrian (1826-90) [R] : l'Ami Fritz (1864), l'Invasion (1867), le Juif polonais (1869).

Esme, Jean d' (Vte Jean d'Esmenard) [R] (1894-1966) : Thiba fille d'Annam (1920), l'Empereur de Madagascar (1929), l'Homme des sables (1930), Bournazel (1952).

Esparbès, Georges d' [Dessinateur, R] (1863-1944) : la Légende de l'Aigle (1893), les Demi-Soldes (1899).

Estaunié, Édouard ❦ [R] (1862-1942) : l'Empreinte (1896), l'Épave (1902), la Vie secrète (F 1908), Les choses voient (1913), Madame Clapain (1932).

Fabre, *Émile* [D] (1869-1955) : l'Argent (1895), Timon d'Athènes (1899), la Rabouilleuse (1903), les Ventres dorés (1905) ; *Ferdinand* [R] (1827-98) : les Courbezon (1862), Julien Savignac (1853), le Chevrier (1868), l'Abbé Tigrane (1873), le Roman d'un peintre (1878), Un illuminé (1881) ; *Jean-Henri* [Ento] (1823-1915) : Souvenirs entomologiques (1879-1907) ; *Lucien* [R] (1889-1952) : Rabevel ou le Mal des ardents (G 1923).

Fabre-Luce, Alfred [Polé] (1899-1983) : Haute Cour (1962), Journal de la France 1939-1944 (1969).

Faguet, Émile [Cr] (1847-1916).

Fagus, Georges (Faillet) [P] (Bruxelles 1872-Paris 1933) : Frère tranquille (1918), la Danse macabre (1920), Clavecin (1926).

Fargue, Léon-Paul [P, Chr] (1876-1947) : le Piéton de Paris (1939), Haute Solitude (1941).

Farrère, Claude (Frédéric Bargone) ❦ [R] (1876-1957) : les Civilisés (G 1905), l'Homme qui assassina (1907), la Bataille (1909).

Faure, Élie [Es] (1873-1937) : Histoire de l'art (1909-21), l'Esprit des formes (1927).

Fay, Bernard [H] (1893-1979).

Febvre, Lucien [H] (1878-1956) : Philippe II et la Franche-Comté (1912), Martin Luther (1928), Rabelais, Problème de l'incroyance au XVIe s. (1942).

Fénéon, Félix [Cr d'a, E] (1861-1944).

Feuillet, Octave [R] (1821-90) : la Vie de Polichinelle (1846 ; page du roi de Naples auquel il révèle que le grand majordome, Ernest de Bugolin, a le corps couvert de plumes ; secret qu'il répétera), le Roman d'un jeune homme pauvre (1858), M. de Camors (1867), Histoire de Sybille (1868), Julia de Trécœur (1872).

Féval, Paul [R, D] (29-9-1816/8-3-1887) : le Loup blanc (1843), les Mystères de Londres (1844), la Fée des grèves (1851), le Club des phoques, le Champ de batailles (1854), la Sœur des fantômes (1853), le Bossu (1857), Aimée (1858), les Habits noirs (1863), Étapes d'une conversion (1877-81), Coup de grâce (1881).

Feydeau, Ernest [R] (1821-73) : Fanny (1858), Daniel (1859), Sylvie (1861), Monsieur de Saint-Bertrand, le Mari de la danseuse (1863), la Comtesse de Chalis (1867), le Lion devenu vieux (1872).

Feydeau, Georges [D] (8-12-1862/5-6-1921) : Champignol malgré lui (1892), Monsieur Chasse (1892), Un fil à la patte (1894), l'Hôtel du libre-échange (1894), le Dindon (1896), la Dame de chez Maxim (1899), La main passe (1907), la Puce à l'oreille (1907), Occupe-toi d'Amélie (1908), Feu la mère de Madame (1908), On purge Bébé (1910), Mais n'te promène donc pas toute nue (1912).

Flaubert, Gustave [R] (12-12-1821/8-5-1880) : Madame Bovary [1857, inspirée de Delphine Couturier (1821-48), épouse du Dr Delamare], Salammbô (1862), l'Éducation sentimentale (1843-45 et 1864-69), la Tentation de saint Antoine (1849-74), Trois Contes (1877), Bouvard et Pécuchet (1881), Mémoires d'un fou (1900), Dictionnaire des idées reçues (1913), Carnets de travail (1987), Correspondance (3 vol.). – *Biogr. :* père chirurgien ; grandit à l'Hôtel-Dieu de Rouen. Études contrariées (santé). *1836* épris d'Élisa Schlesinger (plus âgée de 11 ans ; sa maîtresse en 1842). *1844 :* 1re crise d'épilepsie. *1846-56* liaison avec Louise Colet (1810-76), demi-mondaine et femme de lettres. *1856* se retire auprès de sa mère, à Croisset, près de Rouen, veillant à l'éducation de sa nièce. *1857* procès en correctionnelle pour l'immoralité de *Madame Bovary* (acquitté). *1875* se dépouille pour sauver le mari de sa nièce de la faillite.

Fleg, Edmond (Flegenheimer) [P, D, R] (1874-1963) : Écoute Israël (poèmes, 1913-54), l'Enfant prophète (roman, 1926), Moïse (1928).

Flers, Robert, Mis de ❦ [D] (1872-1927) : *Avec Arnaud de Caillavet* (1869-1915) : Miquette et sa mère (1906), le Roi (1908), le Bois sacré (1910) l'Habit vert (1913), Primerose (1911). *Avec Francis de Croisset* (1877-1937) : les Vignes du Seigneur (1923), Ciboulette (opérette, musique de Hahn, 1923), les Nouveaux Messieurs (1925).

Focillon, Henri [Cr d'a] (1881-1943) : la Vie des formes (1934), Art d'Occident (1938).

Forneret, Xavier [P, D] (1809-84) : Sans titre (1838), Broussailles de la pensée (1870).

Fort, Paul [P] (1872-1960, élu « prince des poètes » 1-7-1912) : Ballades françaises (17 vol., 1897-1951).

Foucauld, père Charles de (1858-1916) : Reconnaissance au Maroc (1888), Écrits spirituels (1924).

Foudras, marquis de [R, P] (1800-72) : les Gentilshommes chasseurs (1849), Pauvre Défunt, les Hommes des bois : le curé de Chapaize et autres contes.

Fouillée, Alfred [Ph] (1838-1912) : l'Évolutionnisme des idées-forces (1890).

Fourest, Georges [Hum] (1867-1945) : la Négresse blonde (1909), le Géranium ovipare (1935).

France, Anatole-François Thibault, dit Anatole * [E] (16-4-1844/12-10-1924) : le Crime de Sylvestre Bonnard (1881), le Livre de mon ami (1885), Thaïs (1890), la Rôtisserie de la reine Pédauque (1893), le Lys rouge (1894), Pierre Nozière (1899), Crainquebille (1903), l'Île des pingouins (1908), Les dieux ont soif (1912), le Petit Pierre (1918) [N 1921]. – *Biogr. :* père libraire parisien ; études : Stanislas, École des chartes. *1865* lecteur chez Lemerre ; opposant à l'Empire. *1886* critique littéraire au *Temps*. *1891* liaison avec Léontine de Caillavet. *1893* quitte *le Temps* ; vit de sa plume. *1898* rallie les dreyfusards. *1910* mort de Léontine ; se retire dans sa propriété de La Béchellerie, près de Tours. *1920* épouse sa domestique, Emma Laprévotte. *1924* incidents des surréalistes lors de ses funérailles (nationales).

Franc-Nohain (Maurice-Étienne Legrand) [Fab] (1873-1934) : Fables, le Kiosque à musique (1927).

Frapié, Léon [R] (1863-1949) : la Maternelle (G 1904), l'Écolière (1905).

Fromentin, Eugène [R, Cr] (1820-76) : Un été dans le Sahara (1857), Une année dans le Sahel (1858), Dominique (1863), les Maîtres d'autrefois (1876).

Fumet, Stanislas [Es] (1896-1983) : Notre Baudelaire (1926), Mission de Léon Bloy (1935), la Ligne de vie (publiée 1945), Paul Claudel (1961).

Funck-Brentano, Frantz [H] (Luxembourg, 1862-1947) : l'Ancien Régime, la Monarchie française.

Fustel de Coulanges, Numa-Denis [H] (1830-89) : la Cité antique (1864), Histoire des institutions politiques de l'ancienne France (1874-92).

Gaffiot, Émile (1870-1937) : Dictionnaire illustré latin-français (1934).

Galtier-Boissière, Jean [J, Polé] (1891-1966) : fonde *le Crapouillot* (1915).

Galzy, Jeanne [R] (1883-1977) : les Allongés (F 1923).

Gandon, Yves [Cr] (1899-1975) : le Pré aux dames (12 vol., 1942-73).

Garçon, Maurice * [Av, H, Es] (1889-1967).

Gautier, Théophile [P, Cr, R] (31-8-1811/23-10-1872) : *Poèmes :* Émaux et Camées (1852). *Romans :* Mademoiselle de Maupin (1835), Fortunio (1838), les Grotesques (1844), le Roman de la momie (1858), le Capitaine Fracasse (1863). *Voyages :* Espagne (1843), Italie (1852), Russie (1867).

Gaxotte, Pierre * [H] (1895-1982) : la Révolution française (1928), le Siècle de Louis XV (1933), la France de Louis XIV (1946), Histoire des Français (1951), Histoire de l'Allemagne (1963).

Genevoix, Maurice * [Chr, R] (1890-1980) : Ceux de 14 (5 volumes, 1916-23), les Éparges (1923), Raboliot (G 1925), la Dernière Harde (1938), Éva Charlebois (1944), Derrière les collines (1964), la Forêt perdue (1969). *Essai :* la Mort en face (1972). *Autobiogr. :* Un jour (1976), 30 000 Jours (1980).

Géraldy, Paul (Lefèvre) [P, D] (1885-1983) : Toi et Moi (1913). *Théâtre :* les Noces d'argent (1921).

Gérard, Rosemonde (Mme E. Rostand) [P] (1871-1953) : les Pipeaux (1889), Papillotes (1931).

Ghéon, Henri (Vangeon) [D, R] (1875-1944) : le Pauvre sous l'escalier (1911), le Comédien et la Grâce (1925).

Gide, André [R, Es] (Paris 22-11-1869/Paris 19-2-1951) : les Cahiers d'André Walter (1891), la Tentative amoureuse (1893), le Voyage d'Urien (1893), Paludes (1895), les Nourritures terrestres (1897), le Prométhée mal enchaîné (1899), l'Immoraliste (1902), la Porte étroite (1909), Isabelle (1912), les Caves du Vatican (1914), la Symphonie pastorale (1919), Si le grain ne meurt (1919-26), Corydon (1924), les Faux-Monnayeurs (1925), Retour de l'URSS (1936), Journal (1939-50), Thésée (1946) [N 1947]. – *Biogr. :* bourgeoisie protestante ; neveu de Charles (qui suit). École alsacienne à Paris. *1893* tuberculeux. *1893-94* convalescence en Algérie ; y affirme sa pédérastie. *1895* épouse sa cousine germaine, Madeleine Rondeaux (mariage blanc). *1909* fondation de la NRF. *1926* anticolonialiste. *1927* voyage au Congo. *1930-35* sympathisant du PC. *1936* rompt avec PC après voyage en URSS. *1942* réfugié en Tunisie. *1951-19-2* meurt d'une crise cardiaque.

Gide, Charles [Ec] (1847-1932) : Histoire des doctrines économiques (avec Charles Rist, 1874-1955).

Gillet, Louis * [H, Cr d'a] (1876-1943).

Gilson, Étienne * [Ph] (1884-1978) : le Thomisme (1921), la Philosophie au Moyen Age (1925), l'Être et l'Essence (1948).

Giono, Jean [R] (30-3-1895/9-10-1970) : Colline (1928), Un de Baumugnes (1929), Regain (1930), le Grand Troupeau (1931), Jean le Bleu (1933), le Serpent d'étoiles (1933), le Chant du monde (1934), Que ma joie demeure (1935), l'Eau vive (1943), Un roi sans divertissement (1947), Noé, Mort d'un personnage (1949), le Hussard sur le toit (1951), le Moulin de Pologne (1952), le Bonheur fou (1957), Angelo (1958), Ennemonde (1968), l'Iris de Suse (1970), Faust au village (publié 1977). – *Biogr. :* père cordonnier italien immigré à Manosque (anarchiste). *1912* employé de banque. *1915-18* chasseur alpin. *1920-22-6* épouse Élise († 21-7-1998 à 101 ans). *1925* à Manosque. *1930* vit de sa plume. *1935* réunit des pacifistes ; apôtre du « retour à la terre ». *1939* emprisonné pour pacifisme. *1944* pour pétainisme. *1947* reconquiert la gloire.

Girardin, Émile de [J, Mém] (1806-81).

Giraudoux, Jean [R, D] (Bellac 29-10-1882/31-1-1944) : *Romans :* Simon le Pathétique (1918), Elpénor (1919), Suzanne et le Pacifique (1921), Siegfried et le Limousin (1922), Juliette au pays des hommes (1924), Bella (1926), Aventures de Jérôme Bardini (1930), Combat avec l'ange (1934), Choix des élues (1939), la Menteuse (publié en 1968). *Théâtre :* Siegfried (1928), Amphitryon 38 (1929), Intermezzo (1933), Tessa (1934), La guerre de Troie n'aura pas lieu (1935), Électre (1936), Ondine (1939), Sodome et Gomorrhe (1943), la Folle de Chaillot (1945), Pour Lucrèce (1953). *Essais :* les Cinq Tentations de La Fontaine (1938), Pleins Pouvoirs (1939), Sans pouvoirs (1945). – *Biogr. :* père conducteur des Ponts et Chaussées puis percepteur. *1903* École normale ; échoue à l'agrégation d'allemand. *1910* au ministère des Affaires étrangères (reçu au petit concours). *1924* chef du service de presse. *1930* inspecteur des postes diplomatiques. *1939-29-7* au *1940-20-3* commissaire à l'Information. *1941-21-1* mis à la retraite. *1944-31-1* meurt d'urémie due au botulisme (empoisonné par la Gestapo, a dit Aragon).

Gobineau, Arthur, Cte de [Es] (Ville d'Avray, 14-7-1816/13-10-1882) : Mlle Irnois (1847), De l'inégalité des races humaines (1853-55), Trois Ans en Asie de 1855 à 1858 (1859), les Pléiades (1874), Nouvelles asiatiques (1876), la Renaissance (1877), Adélaïde (1913) - *Biogr. :* père officier de la garde royale. Étudie les coutumes celtes. *1837* Paris, employé à la Cie du gaz, puis aux Postes. *1849* ministère des Affaires étrangères. *1855-58* ministre à Téhéran. *1858-61* Paris. *1862-63* ministre plénipotentiaire à Téhéran, Athènes, puis Rio de Janeiro. *1872-77* ambassadeur à Stockholm. *1882* meurt à Turin.

Goll, Yvan (Isaac Lang) [R, D, P] (1891-1950) [a écrit en allemand, français, anglais] : *Poésies :* Poèmes d'amour (1925), de jalousie (1926), de mort (1927), Jean-sans-Terre (1936-39). *Théâtre :* les Immortels (1920-23), Mathusalem (1924). *Romans :* Agnus Dei (1929), Sodome et Berlin (1929).

Goncourt, *Edmond* de (1822-96) et *Jules* de (1830-70) dit « les frères Goncourt » [R] : Journal (1851-1896), Renée Mauperin (1864), Germinie Lacerteux (1865), Manette Salomon (1867), Madame Gervaisais (1869). *Edmond* seul : la Fille Élisa (1877), les Frères Zemganno (1879), la Faustin (1882).

Gouhier, Henri * [Ph] (1898-1994).

Gourmont, Rémy de [Cr, P, R] (1858-1915) [fondateur du *Mercure de France*] : le Latin mystique (1892), la Culture des idées (1900), Physique de l'amour (1903), Une nuit au Luxembourg (1906), Un cœur virginal (1907), Promenades littéraires (1904-13), Lettres à l'Amazone (1914).

Gozlan, Léon [R] (1803-66) : le Notaire de Chantilly (1836), le Médecin du Pecq (1839), les Nuits du Père-Lachaise (1845), les Maîtresses à Paris (1852), le Vampire du Val-de-Grâce (1861).

Gregh, Fernand * [P] (1873-1960) : la Maison de l'enfance (1896), les Clartés humaines (1904).

Grousset, René * [H] (1885-1952) : Histoire de l'Asie (1922), Histoire des croisades (1934-36), l'Empire des steppes (1939-45), Bilan de l'histoire (1946).

Guéhenno, Jean * (M. Marcel) [Cr, Polé] (1890-1978) : Journal d'un homme de 40 ans (1934), Jean-Jacques Rousseau (1950), Changer la vie (1961).

Guénon, René [Ph] (1886-1951) : la Crise du monde moderne (1927), le Règne de la quantité et les signes du temps (1945).

Guérin, *Charles* [P] (1873-1907) : Fleurs de neige (1893), le Sang des crépuscules (1895), le Cœur solitaire (1898), le Semeur de cendres (1901), l'Homme. *Eugénie* de [Mém] (1805-48) : Journal, Lettres, Reliquiae (1855). *Maurice* de (son frère) [P] (1810-39) : le Centaure (1840), la Bacchante (1861), Journal et Lettres (1865).

Guéroult, Martial [Ph] (1891-1976).

Guilloux, Louis [R] (15-1-1899/14-10-1980) : la Maison du peuple (1927), le Dossier confidentiel (1930), les Compagnons (1931), Hyménée (1932), Angelina (1934), le Sang noir (1935), le Pain des rêves (1942), le Jeu de patience (Ren 1949), les Batailles perdues (1960), la Confrontation (1968), Coco perdu (1978).

Guitry, Sacha (Alexandre) [D, Hum] (Saint-Pétersbourg 21-2-1885/24-7-1957) : Nono (1905), Un beau mariage (1911), le Veilleur de nuit (1911), la Prise de Berg-op-Zoom (1913), Faisons un rêve, Mon père avait raison (1916), Deburau (1918), Pasteur (1919), Mozart (1926), Jean de La Fontaine (1928), Mémoires d'un tricheur (1935), le Mot de Cambronne (1936). – *Biogr. :* fils de l'acteur Lucien Guitry. *De 1902 à 1949* fit jouer 140 pièces. *1944-23-8* arrêté à la Libération, libéré le 24-10. Épouse 14-8-1907 Charlotte Lysès (1877-1956), divorce 1918 ; 11-4-1919 Yvonne Printemps (1894-1977) qui le quitte en 1932 pour Pierre Fresnay (qui abandonne Berthe Bovy) ; 21-2-1935 Jacqueline Delubac (1910-97) ; 4-7-1939 Geneviève de Séréville (née 1919) ; 25-11-1949 Lana Marconi († 1990). *Films* 38 tournés (voir à l'Index).

Gurdjieff (Georges) [Ph] (Russie 1877 – Paris 1949) : Récits de Belzébuth à son petit-fils (1956).

Gurvitch, Georges [Soc] (1894-1965) : Morale théorique et Science des mœurs (1937).

Gyp (Sibylle Riqueti de Mirabeau, Ctesse de Martel) [R] (1850-1932) : le Mariage de Chiffon (1894), le Bonheur de Ginette (1901).

Halbwachs, Maurice [Ph, Sociol] (1877-1945, en déportation) : la Classe ouvrière et les niveaux de vie (1913), les Cadres sociaux de la mémoire (1925), les Classes sociales (1946), la Mémoire collective (1950).

Halévy, *Daniel* [H, Es] (1872-1962) fils de Ludovic (qui suit) : Histoire de 4 ans, 1997-2001 (1893), Michelet (1928), la Fin des notables (1930), la République des ducs (1937), Essai sur l'accélération de l'Histoire (1948), l'Europe brisée (1998) ; *Ludovic* * [R, D] (1834-1908) : *Romans :* les Petites Cardinal (1880), l'Abbé Constantin (1882). *Livrets des œuvres d'Offenbach* avec Meilhac : la Belle Hélène (1864), la Vie parisienne (1866), la Grande-Duchesse de Gerolstein (1867), la Périchole (1868), le Petit Duc (1878) ; *de Carmen* (de Bizet, 1875). *Comédie* (avec Meilhac) : Froufrou (1869).

Hamelin, Octave [Ph] (1856-1907).

Hamp, Pierre (Henri Bourillon) [R] (1876-1962) : la Peine des hommes (plusieurs volumes).

Hanotaux, Gabriel [H] (1853-1944) : Histoire de la nation française (1920-29).

Harcourt, Cte Robert d'* [Cr] (1881-1965).

Hazard, Paul * [Cr] (1878-1944) : la Crise de la conscience européenne 1680-1715 (1935).

Hello, Ernst [E] (1828-85) : l'Homme (1872).

Hennique, Léon [R, D] (1851-1935).

Henriot, Émile (Paul Maigrot) * [Cr, P, R, Mém] (1889-1961) : Aricie Brun (1924), la Rose de Bratislava (1947).

Heredia, José Maria de * [P] (Cuba 22-11-1842/Bourdonné, Yvelines, 3-10-1905) : les Trophées (1893), la Nonne Alferez (nouvelle, 1894). – *Biogr.* de ses 2 filles voir Pierre Louÿs p. 300 c.

Hériat, Philippe (Raymond Payelle) [R, D] (1898-1971) : *Romans :* l'Innocent (Ren 1931), les Enfants gâtés (G 1939), la Famille Boussardel (1946), les Grilles d'or (1957), le Temps d'aimer (1968). *Théâtre :* l'Immaculée (1947), Belle de jour (1950), les Noces de deuil (1953).

Hermant, Abel * [E] (1862-1950) : le Cavalier Miserey (1887), les Transatlantiques (1897), les Confidences d'une biche (1909), Mémoires.

Hervieu, Paul * [R, D] (1857-1915) : Peints par eux-mêmes (1893). *Théâtre :* les Tenailles (1895), l'Énigme (1901), la Course au flambeau (1901).

Houssaye, Arsène (A. Housset) [P] (1815-96).

Houville, Gérard d' [P, R] (1875-1963, Marie de Heredia, fille de José ; ép. Henri de Régnier 1895) : l'Inconstante [1903 ; raconte ses liaisons avec Jean de Tinan (1897-1901) et Pierre Louÿs devenu son beau-frère], l'Esclave (1905), le Temps d'aimer (1908), le Séducteur (1914).

Hugo, Victor * [P, R, D] (Besançon 26-2-1802/Paris 22-5-1885) : *Poésies :* Odes et Poésies diverses (1822), Nouvelles Odes (1824), Odes et Ballades (1826), les Orientales (1827), les Feuilles d'automne (1831), les Chants du crépuscule (1835), les Voix intérieures (1837), les Rayons et les Ombres (1840), les Châtiments (1853), les Contemplations (1856), la Légende des siècles (1859-83), les Chansons des rues et des bois (1865), l'Année terrible (1872), les Années funestes (1872), l'Art d'être grand-père (1877), le Pape (1878), la Pitié suprême (1879), Religions et Religion (1880), les Quatre Vents de l'esprit (1881), la Fin de Satan (1886), Toute la lyre (1888-93), Dieu (1891). *Romans :* Han d'Islande (1823), Bug Jargal (1826), N.-D. de Paris (1831), Claude Gueux (1834), les Misérables (1862), les Travailleurs de la mer (1866), l'Homme qui rit (1869), Quatre-Vingt-Treize (1874). *Théâtre :* Amy Robsart (1826), Cromwell (1827), Hernani (1830), Marion Delorme (1831), Le roi s'amuse (1832), Lucrèce Borgia (1833), Marie Tudor (1833), Angelo (1835), la Esmeralda (1836), Ruy Blas (1838), les Burgraves (1843), Torquemada (1882), Théâtre en liberté (publié 1886), les Jumeaux (publié 1889). *Divers écrits en prose :* le Dernier Jour d'un condamné (1829), Littérature et Philosophie (1834), le Rhin (1842), Napoléon le Petit (1853), Victor Hugo raconté (1863), Actes et Paroles (1875), Histoire d'un crime (1877), Choses vues (1887-99), Alpes et Pyrénées (1890), Correspondance (1896-98), Journal (1830-48) (1951), Carnets intimes (1870-81, publié 1953), Journal de ce que j'apprends chaque jour (1846-48, publié 1965), Boîte aux lettres (publié 1965), Épîtres (publié 1966). – *Biogr. :* père, Léopold (1773-1828), général, comte (du roi d'Espagne, Joseph Bonaparte) ; mère née Sophie Trébuchet ; enfance loin de son père (sauf 1811, à Madrid) au jardin des Feuillantines où sa mère vit avec son amant, le Gal Victor de La Horie (né 1766, peut-être son vrai père, 28-10-1812 fusillé pour avoir soutenu la conspiration du Gal Malet contre Napoléon Ier). *1819* couronné par les Jeux floraux. *1820* pensionné de Louis XVIII ; poète officiel du légitimisme. *1822* épouse Adèle Foucher (1803-68), amie d'enfance. *1827 Préface de Cromwell,* manifeste du théâtre romantique. *1829* chef des romantiques. *1830-25-2* bataille d'Hernani. *1832* liaison de sa femme avec Sainte-Beuve. *1833-16-2* liaison avec l'actrice Juliette Drouet (1806-83) qui durera 50 ans. *1841-7-1* élu à l'Académie. *1843-1-9* noyade à Villequier (S.-M.) de sa fille Léopoldine (née 28-8-1824) et de son gendre Charles Vacquerie, mariés depuis le 15-2-1843. *1845* pair de France. *1848* député de droite à la Chambre ; finance *l'Événement* qui soutient la candidature de Louis Napoléon. *1849* se rallie à la gauche. *1851-2-12* coup d'État de Louis Napoléon ; tente d'organiser la résistance ; *-11-12* se réfugie à Bruxelles. *1852-5-8* à Jersey. *1855-31-10* à Guernesey (Hauteville House). *1870-5-9* rentre à Paris. *1871-févr./1872-janv.* député (Pt de la gauche à l'Assemblée nationale). *1876* sénateur (de gauche). Riche (droits d'auteur) ; en secret vie débauchée. *Depuis 1873,* élève ses 2 petits-enfants, Georges et Jeanne. *1881* hommage solennel de la République pour ses 80 ans. *1885-22-5* à 13 h 27 meurt ; *-1-6* funérailles nationales, porté de l'Arc de triomphe au Panthéon, selon ses vœux, sur le char des pauvres.

Huysmans, Joris-Karl [E] (Paris, 5-2-1848/12-5-1907) : le Drageoir aux épices (1874), les Sœurs Vatard (1879), En ménage (1881), A vau-l'eau (1882), l'Art moderne, A rebours (1884), Là-bas (1891), En route (1895), la Cathédrale (1898), Paris (1902), l'Oblat (1903), les Foules de Lourdes (1906).

Isaac, Jules [H] (1877-1963).

Istrati, Panaït [R] (Roumain, 1884-1935) : la Vie d'Adrien Zografi, Kyra Kyralina (1924), Codine, Mickhail, les Haïdouks, Nerant Soula, Oncle Anghel (1925), Vers l'autre flamme (1927), les Chardons du Baragan (1928), la Maison Thüringer (1933), Mes départs.

Ivoi, Paul d' (P. Deleutre) [R] (1856-1915) : les Cinq Sous de Lavarède (1894), Corsaire Triplex (1898).

Jacob, Max [Pros, P] (11-7-1876/5-3-1944) : Saint Matorel (1909), le Cornet à dés (1916), la Défense de Tartufe (1919), le Laboratoire central (1921), le Roi de Béotie (1921), le Cabinet noir, Art poétique (1922), le Terrain Bouchaballe (1923), les Pénitents en maillots roses (1925), Derniers Poèmes (1945-61), Méditations religieuses (1945), l'Homme de cristal (1967). – *Biogr. :* baptisé à 40 ans. *1921-27* et *1939-44* retiré à l'abbaye de St-Benoît-sur-Loire. Considéré comme juif par les Allemands. *1944-5-3* meurt au camp de Drancy.

Jaloux, Edmond ⸙ [R, Cr] (1878-1949) : l'Escalier d'or (1922), l'Esprit des livres (1924-40), la Balance faussée (1932), le Reste et le Silence (F. 1909).

Jammes, Francis [P, Pros] (2-12-1868/1-11-1938 ; converti 7-7-1905) : De l'Angélus de l'aube à l'Angélus du soir (1888-97), le Deuil des primevères (1901), Clairières dans le ciel (1902-06), les Géorgiques chrétiennes (1911-12). *Prose :* Clara d'Ellébeuse (1899), Almaïde d'Étremont (1901), le Roman du lièvre (1903).

Janet, *Paul* [Ph] (1823-99). *Pierre* [Ph, Psycho] (1859-1947).

Jarry, Alfred [D] (Laval 8-9-1873/Paris 1-11-1907) : Minutes de sable mémorial (1894, prose et vers), Ubu roi (1888 avec marionnettes, 10-12-1896 avec acteurs au théâtre de l'Œuvre), les Jours et les Nuits (1897), Ubu enchaîné (1900), Ubu sur la butte (1901), les Paralipomènes d'Ubu, Ubu cocu (posth. 1994). *Roman :* le Surmâle (1902), Messaline. *Récits :* l'Amour absolu (1898), Gestes et opinions du Dr Faustroll, pataphysicien (1898-1911), Messaline (1901). Ubu : modèle de son professeur de physique M. Hébert.

Jouhandeau, Marcel [Es, Chr] (1888-1979) : les Pincengrain (1924), Monsieur Godeau intime (1926), M. Godeau marié (1933), Chaminadour (1934-41), Algèbre des valeurs morales (1935), le Péril juif (1936), Chroniques maritales (1938), De l'abjection (1939), l'Oncle Henri (1943), Don Juan (1947), Mémorial (1948-72), Chronique d'une passion (1949), l'Imposteur (1950), Astaroth (1960), la Mort d'Élise (1978), Nunc Dimittis (1978). – *Biogr. :* père boucher à Guéret (Creuse). *1912-49* professeur de 6e à St-Jean de Passy. *1928* homosexuel, rencontre Élise (Élisabeth Toulemon, ex-danseuse sous le nom de Caryathis). *1929* l'épouse. *1933 :* 1er livre sur sa vie avec Élise. *1935* Élise lui interdit sa chambre (il redevient homosexuel). *1971* Élise meurt.

Jouve, Pierre-Jean [P, R] (1887-1976, se convertit au catholicisme en 1924) : *Romans :* Paulina 1880 (1925), Hécate (1928), Aventure de Catherine Crachat (1947). *Poésie :* le Paradis perdu (1929), les Noces (1931), Sueur de sang (1933), Matière céleste (1937), Kyrie (1938), Diadème (1949), Mélodrame (1957), Moires (1962).

Juglar, Clément [Ec] (1819-1905) : Des crises commerciales (1862).

Julien, Charles-André [H] (1891-1991, suicide) : Histoire de l'Afrique du Nord.

Jullian, Camille [H] (15-3-1859/12-12-1933) : Histoire de la Gaule (8 vol., 1907-27).

Kahn, Gustave [P symboliste] (1859-1936).

Karr, Alphonse [Hum] (1808-90) : les Guêpes (revue satirique qu'il dirige seul, 1839-46), les Nouvelles Guêpes (1853-55), Agathe et Cécile (1853).

Kemp, Robert ⸙ [Cr] (1879-1959).

Kessel, Joseph ⸙ [R] (Clara, Argentine, 10-2-1898/Avernes, Val d'Oise, 23-7-1979) : l'Équipage (1923), les Rois aveugles (1925), Nuits de princes (1927), Belle de jour (1928), Fortune carrée (1930), la Passante du Sans-Souci (1936), l'Armée des ombres (1946), le Tour du malheur (1950), les Temps sauvages (4 vol., 1950-51), Au grand Socco (1952), le Lion (1958), Tous n'étaient pas des anges (1963), les Cavaliers (1967).

Koyré, Alexandre [Math, Ph] (1882-1964) : Copernic (1934), Études galiléennes (1940), Du monde clos à l'univers infini (1957), Études newtoniennes (1965).

Laberthonnière, Lucien [Théo] (1860-1932).

Labiche, Eugène ⸙ [D] (1815-88) : Embrassons-nous Folleville (1850), Un chapeau de paille d'Italie (1851), le Voyage de Monsieur Perrichon (1860), les Deux Timides (1860), la Poudre aux yeux (1861), la Cagnotte (1864), la Main leste (1867).

Labrousse, Ernest [H] (1895-1988).

Lachelier, Jules [Ph] (1832-1918) : Du fondement de l'induction (1871).

Lacordaire (père Henri) ⸙ [E, Préd] (1802-61) [disciple de La Mennais, collabore à *l'Avenir*, prédicateur (carêmes 1835-36 à N.-D. de Paris), dominicain (rétablit l'ordre en France), député (1848)] : Conférences de N.-D. de Paris (1844-51), Lettres.

Lacretelle, Jacques de ⸙ [E] (1888-1985) : la Vie inquiète de Jean Hermelin (1920), Silbermann (F 1922), la Bonifas (1925), l'Amour nuptial (1930), les Hauts Ponts (4 volumes, 1932-36).

Lacroix, *Jules* [R, Th] (1809-87), *Paul* [Éru] (1807-84), son frère, dit P.-L. Jacob ou le Bibliophile Jacob.

Lafargue, Paul [Ph] (1842-1911) : le Droit de la paresse (1883).

La Force (duc de) ⸙ [H] (1878-1961).

Laforgue, Jules [P] (Montevideo, Uruguay 1860-Paris 1887) : les Complaintes (1885), l'Imitation de Notre-Dame la lune (1886), Moralités légendaires (1887).

Lagneau, Jules [Ph] (1851-94).

La Gorce, Pierre de ⸙ [H] (1846-1934) : Histoire de la Seconde République (1887), Histoire du Second Empire (1894-1906).

Lalande, André [Ph] (1867-1963) : Vocabulaire de la philosophie (1902-23).

Lalou, René [Cr, Es] (1889-1960).

Lanson, Gustave [Cr] (1857-1934).

Laprade, Pierre Victor Richard de ⸙ [P] (1812-83) : Odes et Poèmes (1844), Poèmes évangéliques (1852).

Larbaud, Valery [E] (Vichy 29-8-1881/2-2-1957, hémiplégique et aphasique depuis 1935) : les Poésies de A.O. Barnabooth (1908-23), Fermina Marquez (1911), Journal intime (1913), Enfantines (1918), Beauté, mon beau souci (1921), Amants, heureux amants (1920-24), Ce vice impuni, la lecture (1925-41), Jaune, bleu, blanc (1927), le Domaine anglais (1936), Aux couleurs de Rome (1938), Journal (1954-55).

Larguier, Léo [Chr, P] (1878-1950).

La Rochefoucauld, Edmée, D[esse] de (Pseudo Gilbert Mauge) [Cr] (1895-1991).

Larousse, Pierre Athanase [Ency] (Toucy, Yonne, 23-10-1817/Paris, 3-1-1875) : Grammaire élémentaire (1849), Nouveau Dictionnaire de la langue française (1856), Grand Dictionnaire universel du XIXe s. (1866-76, 15 tomes : 483 millions de signes, 22 500 pages de 21 500 signes) avec 2 suppléments (1878, 1890), le Petit Larousse illustré fut conçu en 1905 par Claude Augé.

Laufenburger, Henri [Ec] (1867-1965).

Lautréamont, Isidore Lucien Ducasse, dit le Cte de [P] (Montevideo, Uruguay 4-4-1846/Paris 24-11-1870) : les Chants de Maldoror (1869). – *Biogr. : 1860* prépare Polytechnique à Paris. *1867* s'y fixe.

Lauwick, Hervé [Hum] (1891-1975).

Lavallée, Théophile [H] (1804-67) : Histoire des Français (1830-40), Histoire de Paris (1852).

La Varende, Jean Mallard, Vte de [R] (1887-1959) : Pays d'Ouche (1934), Nez de cuir (1937), le Centaure de Dieu, les Manants du roi (1938), Man d'Arc (1942), l'Homme aux gants de toile (1943).

Lavedan, Henri ⸙ [D, Chr, R] (1859-1940) : *Théâtre :* le P[ce] d'Aurec (1894), le Mis de Priola (1902), le Duel (1905), Servir (1913). *Roman :* le Chemin du salut (7 volumes, 1920-25).

Lavelle, Louis [Ph] (1883-1951) : Dialectique du monde sensible (1922), De l'Être (1928), la Conscience de soi (1933), la Présence totale (1934), Du temps et de l'éternité (1945).

La Ville de Mirmont, Jean de [P, E] (20-12-1886/28-11-1914, tué) : l'Horizon chimérique (1920). *Roman :* les Dimanches de Jean Dézert (1914, publié 1994).

Lavisse, Ernest ⸙ [H] (1842-1922) : Histoire générale du IVe s. à nos jours (1892 avec Alfred Rambaud), Histoire de France (1900-22).

Léautaud, Paul [Cr, Chr] (1872-1956) : Journal (1893-1956), le Petit Ami (roman, 1903), Mémoriam (1905), Amours (1906), le Théâtre de Maurice Boissard (1907-41).

Le Bon, Gustave [Méd, Soc] (1841-1931) : la Psychologie des Foules (1895).

Le Bras, Gabriel [Prof] (1891-1970).

Le Braz, Anatole [Prof, R, S] (1859-1926) : la Chanson de la Bretagne (1892), la Légende de la mort en basse Bretagne (1893).

Lebret, Louis [Théo] (1897-1966).

Le Cardonnel, Louis [P] (1862-1936), ordonné prêtre en 1894.

Lecomte, Georges ⸙ [R] (1867-1958).

Lecomte du Noüy, Pierre [Bio, Ph] (1883-1947) : l'Avenir de l'esprit (1941), l'Homme et sa destinée (1948).

Leconte de Lisle, Charles (Leconte) [P] (La Réunion 22-10-1818/18-7-1894) : Poèmes antiques (1852), barbares (1862), tragiques (1886).

Lefebvre, Georges [H] (1874-1959) : les Paysans du Nord, pendant la Révolution (1924), Napoléon (1935).

Le Goffic, Charles ⸙ [R, P, G] (1863-1932).

Lemaître, Jules ⸙ [E] (1853-1914) : les Contemporains (7 vol., 1885-99), Impressions de théâtre (1888-98), En marge des vieux livres (1905).

Lenéru, Marie [D] (1875-1918) : les Affranchis (1911), le Redoutable (1912), Journal (1922).

Lenormand, Henri-René [D] (1882-1951) : les Ratés (1918), Le temps est un songe (1919).

Lenotre, G. (Théodore Gosselin) ⸙ [H] (1857-1935) : Vieilles Maisons, vieux papiers (1891-1926).

Le Play, Frédéric [Ec] (1806-82) : les Ouvriers européens (1855-79), la Réforme sociale (1864).

Le Rouge, Gustave [E] (1867-1938) : le Mystérieux Dr Cornélius (série ; 1918-19).

Leroux, Gaston [J, R] (1868-1927) : Le Mystère de la chambre jaune (1907), Le Parfum de la dame en noir (1909), Le Fantôme de l'Opéra (1910) Chéri-Bibi (1914).

Le Roy, *Édouard* ⸙ [Math, Ph] (1870-1954) : le Problème de Dieu (1929). *Eugène* [R] (1836-1907) : le Moulin du Frau (1894), Jacquou le Croquant (1899).

Leroy-Beaulieu, Paul [Ec] (1843-1916).

Le Senne, René [Ph] (1882-1954) : Obstacle et Valeur (1934), Traité de caractérologie (1943).

Levet, Henri Jean-Marie [P] (1874-1906).

Lévis-Mirepoix, Antoine, duc de ⸙ [H] (1884-1981).

Lévy-Bruhl, Lucien [Ph] (1857-1939) : la Morale et la Science des mœurs (1903), la Mentalité primitive (1922), la Mythologie primitive (1925).

Lichtenberger, André [Es, R] (1870-1940) : Mon petit Trott (1898), la Petite Sœur de Trott (1898).

Littré, Émile ⸙ [Ph, Ency, Méd] (1-2-1801/2-6-1881) : Dictionnaire de la langue française (1863-72), 85 000 mots. – *Biogr. : 1840* positiviste. *1871* (8-2) député, (déc.) académicien (reçu 1873). *1875* sénateur inamovible ; (8-7) initié franc-maçon ; meurt baptisé sur son lit de mort ; enterré religieusement.

Lorrain, Jean (Paul Duval) [R] (7-8-1855/30-6-1906) : *Poèmes :* Modernités (1885). *Théâtre :* Viviane (1885). *Romans :* les Lépillier (1885), Très russe (1886), M. de Bougrelon (1897), M. de Phocas (1901), la Maison Philibert (1904), le Poison de la Riviera (1993 posth.).

Loti, Pierre (Julien Viaud) ⸙ [R] (Rochefort, Ch.-M., 14-1-1850/Hendaye, 10-6-1923) : Aziyadé (anonyme, 1879), le Mariage de Loti (1880), le Roman d'un spahi (1881, 1er livre signé Pierre Loti), Mon frère Yves (1883), Pêcheur d'Islande (1886), Madame Chrysanthème (1887), Fantôme d'Orient (1892), Ramuntcho (1897), l'Inde sans les Anglais (1903), les Désenchantées (1906), la Mort de Philae (1908). – *Biogr. :* famille modeste protestante. *1867* École navale. *1869-98* officier de marine. *1872* séjour à Tahiti, il en rapporte le nom de Loti (rose en tahitien) que lui avaient donné les suivantes de la reine Pomaré. *1876-77* Constantinople. *1891* élu à l'Académie (18 voix contre 0 à Zola) ; *1892* L[t] de vaisseau. *1898* mis à la retraite (pour des articles sur la stratégie), gagne en Conseil d'État. *1899* réintégré. *1906* capitaine de vaisseau. *1910* (11-1) retraite. *1914-18* officier de liaison. *1919* retiré à Hendaye. *1921* hémiplégique. *1923* funérailles nationales (enterré à Oléron en direction de La Mecque).

Louÿs, Pierre (Pierre Louis) [P, R] (Gand 10-12-1870/Paris 6-6-1925) : *Poèmes :* Astarté (1891), les Chansons de Bilitis (1894) présentées comme une traduction de poèmes grecs, Derniers Vers (1924). *Romans :* Aphrodite (1896), la Femme et le Pantin (1898), les Aventures du roi Pausole (1901), Psyché (1927). *Contes :* Sanguines (1903), Archipel (1906). – *Biogr. :* noblesse d'Empire, élevé par son demi-frère Georges-Louis, diplomate (probablement son propre père). *1888* ami d'André Gide. *1891* d'Oscar Wilde (il corrige *Salomé* écrit en français). *1895* Marie de Heredia (fille du poète José Maria, voir p. 299 c), qu'il aime, épouse Henri de Régnier. *1896* succès d'*Aphrodite*. *1897* en Algérie, en ramène Zohra, devient l'amant de Marie. *1899* poussé par elle à épouser sa sœur, Louise de Heredia. *1912* divorce. *1914* retiré à Auteuil ; presque aveugle. *1919* soutient que Corneille a écrit les pièces de Molière.

Lubac, Henri Sonier de [Théo, cardinal] (1896-1991) : Catholicisme (1936), Paradoxes, Surnaturel (1946).

Lunel, Armand [R, H, P, Es] (1892-1977) : Esther de Carpentras (1926), Nicolo Peccavi (Ren. 1926), Lettres.

Mac Orlan, Pierre (Dumarchey) [P, R, J] (1882-1970) : le Rire jaune (1913), le Chant de l'équipage (1918), la Cavalière Elsa (1921), la Vénus internationale (1923), Marguerite de la nuit (1925), le Quai des brumes (1927), Nuit aux bouges (1927), les Dés pipés (1929), la Bandera (1931), Filles et Ports d'Europe (1945), le Mémorial au petit jour (1955).

Madaule, Jacques [Es] (1898-1993).

Madelin, Louis ⸙ [H] (1871-1956) : Fouché (1901), Histoire du Consulat et de l'Empire (1937-54, 16 vol.).

Magre, Maurice [P] (1877-1942).

Maindron, Maurice [R] (1857-1919) : le Tournoi de Vauplassans (1895).

Mâle, Émile ⸙ [H d'a] (1862-1954).

Malègue, Joseph [R] (1876-1940) : Augustin ou le Maître est là (1933).

Mallarmé, Stéphane [P] (Paris 18-3-1842/Valvins, S.-et-M., 9-9-1898) : Igitur (1870, publié 1925), Prélude à l'après-midi d'un faune (1876), Prose pour des Esseintes (1885), Poésies complètes (1887), Vers et proses (1893), Hérodiade (1893), Un coup de dés jamais n'abolira le hasard (1897), Correspondance, Divagations (1897). – *Biogr. :* famille de petits fonctionnaires. *1860* surnuméraire de l'Enregistrement. *1862* à Londres, liaison avec Marie Gerhart, Allemande, qu'il épouse le 10-8-1863. *1863* professeur d'anglais au collège de Tournon. *1866* Besançon. *1867* Avignon. *1871* Paris (lycée Fontanes, actuel Condorcet). *1874* début des « mardis » littéraires chez lui, rue de Rome. *1884* révélé au grand public. *1893* retraite, le « Livre », œuvre unique qu'il n'écrira jamais. *1898* meurt d'un spasme du larynx, demandant qu'on détruise ses brouillons.

Malot, Hector [R] (1830-1907) : 70 romans dont Sans famille (1878), En famille (1893).

Malraux, Clara [R] (1897-1982).

Marcel, Gabriel [Ph, D] (1889-1973) : *Essais :* Journal métaphysique (1927), Être et Avoir (1935), Du refus à l'invocation (1940), Homo viator (1944), les Mystères de l'être (1951-52), l'Homme problématique (1955), la Dignité humaine (1964), Percée vers un ailleurs (1973). *Théâtre :* Un homme de Dieu (1925), le Chemin de crête (1936), Rome n'est plus dans Rome (1951).

Mardrus, Joseph [Éru] (1868-1949, mari de Lucie Delarue-Mardrus) : traductions du Livre des Mille et Une Nuits (1898-1904), du Coran (1925).

Margueritte, *Paul* [E] (1860-1918) : Jours d'épreuve (1889), Amants (1890), la Force des choses (1891), la Flamme (1909), l'Embusqué (1916), Jouir (1918, avec Victor), Une époque [le Désastre (1898), les Tronçons du glaive (1900), les Braves Gens (1901), la Commune (1904)]. *Victor* [E] (1866-1942), son frère : Prostituée (1907), la Garçonne (7-7-1922), la Femme en chemin (1924).

Maritain, *Jacques* [Ph] (1882-1973) [collabore à *la Revue universelle* de Jacques Bainville (s'en sépare en 1927, après la condamnation de l'Action française par Rome)] : Art et Scolastique (1920), Frontière de la poésie (1926), Distinguer pour unir ou Les degrés du savoir (1932), Humanisme intégral (1936). *Raïssa* (or. russe) [P] (1883-1960, sa femme, convertie au catholicisme en même temps que lui) : la Vie donnée, les Grandes Amitiés.

Martin, Henri [H] (1810-83) : Histoire de France (1833-36).

Martin-Chauffier, Louis [R, Es] (1894-1980) : Chateaubriand, l'Homme et la Bête (1948).

Martin du Gard, *Roger* [R] (1881-1958) : Une vie de saint (1908), Devenir (1909), Jean Barois (1913), les Thibault (8 parties, 1922-40), Confidence africaine (1931), le Lieutenant-Colonel de Maumort (1983), Journal (3 volumes) [N 1937]. *Maurice* (1896-1970) son cousin issu de germain : Chronique de Vichy, les Mémorables.

Martonne, Emmanuel de [Géogr] (1873-1955).
Massignon, Louis [H] (1883-1962).
Massis, Henri ❯ [Es] (1886-1970) : les Jeunes Gens d'aujourd'hui (1910), Défense de l'Occident (1927), Maurras et notre temps (1961).
Mathiez, Albert [H] (1874-1932) : la Révolution française (1922-27).
Mauclair, Camille (Séverin Faust) [Cr, P, R] (29-12-1872/23-4-1945) : le Soleil des morts (1898).
Maupassant, Guy de [R] (5-8-1850/6-7-1893) : *Contes* dont Boule de suif (1880), la Maison Tellier (1881), Mlle Fifi (1882), les Contes de la Bécasse (1883), le Horla (1887). *Romans* : Une vie (1883), Bel-Ami (1885), Mont-Oriol (1887), Pierre et Jean (1888), Fort comme la mort (1889), Notre cœur (1890). – *Biogr.* : noblesse rurale normande (son père abandonne sa famille en 1857 ; sa mère, Laure Le Poittevin, est très liée avec Flaubert, dont il est peut-être le fils). Études à Yvetot, puis Rouen. *1870-71* militaire. *1873-80* fonctionnaire (Marine puis Instruction publique) ; pratique le canotage. *1880* lancé dans les milieux littéraires par Flaubert. *1881* enrichi (droits d'auteur), achète un yacht. *1885* premiers troubles cérébraux, d'origine syphilitique. *1889* manie de la persécution. *1892* tentative de suicide ; interné chez le Dr Blanche.
Mauriac, François ❯ [R, D, P, Chr] (Bordeaux 11-10-1885/Pau 1-9-1970) : *Romans* : l'Enfant chargé de chaînes (1912), la Robe prétexte (1914), le Baiser au lépreux (1922), Genitrix (1923), le Désert de l'amour (1925), Thérèse Desqueyroux (1927), le Nœud de vipères (1932), le Mystère Frontenac (1933), la Fin de la nuit (1935), la Pharisienne (1941), Galigaï (1952), l'Agneau (1954), Un adolescent d'autrefois (1969). *Essais* : Racine (1928), Pascal (1931), la Vie de Jésus (1936), Journal (1934-51), Bloc-notes (1958-71) [N 1952]. Mémoires intérieurs. *Théâtre* : Asmodée (1937), les Mal Aimés (1938), Passage du malin (1947), le Feu sur la terre. – *Biogr.* : bourgeoisie terrienne. *1949* orphelin de père à 20 mois. Études à Grand-Lebrun (Bordeaux). *1911* abandonne l'École des chartes. Homme de lettres. *1914-18* mobilisé. *1922* succès du *Baiser au lépreux*. *1933* Académie. *1943* collabore à la presse clandestine. *1945* journaliste au *Figaro* puis à *l'Express*. *1958* rallié à la Ve République, polémiste.
Maurois, André (Émile-Salomon-Wilhelm Herzog ; [pseudonyme devenu nom légal) ❯ [E, R, H] (1885-1966) : *Romans* : les Silences du colonel Bramble (1917), les Discours du Dr O'Grady (1922), Bernard Quesnay (1926), la Vie de Disraeli, Climats (1928), le Cercle de famille (1932). *Biogr.* : Ariel ou la Vie de Shelley (1923), Don Juan ou la Vie de Byron (1952), Leila ou la Vie de George Sand (1952), Olympio ou la Vie de Victor Hugo (1954), Prométhée ou la Vie de Balzac (1965). *Histoire* : d'Angleterre (1937), parallèle des USA et de l'URSS (Aragon).
Mauron, Charles [Cr] (1899-1966).
Maurras, Charles ❯ [E, Pol] (Martigues 20-4-1868/16-12-1952) : le Voyage d'Athènes (1896-98), l'Avenir de l'intelligence (1900), Anthinéa (1901), les Amants de Venise (1902), Enquête sur la monarchie (1900-09). *Poésies* : la Musique intérieure (1925), les Vergers sur la mer. – *Biogr.* : père percepteur provençal. Études chez les frères d'Aix-en-Provence. *1881* sourd. *1890* journaliste à Paris. *1895* chef des antidreyfusards. *1904* fonde avec Léon Daudet *l'Action française* (monarchiste et nationaliste), qu'il dirige jusqu'en 1944. *1926* condamné par Pie XI (interdit levé 1-7-1939 par Pie XII). *1944* prison perpétuelle pour son attitude sous l'Occupation. *1952-16-11* meurt dans clinique de Tours (suites de son incarcération).
Mauss, Marcel [Soc] (1872-1950) : Essai sur le don (1922-24), Sociologie et Anthropologie (1950).
Meilhac, Henri ❯ [D] (1831-97) : *Opéras bouffes* : Livres d'Offenbach avec Halévy (la Belle Hélène, la Vie parisienne). *Comédie* : Froufrou (1869).
Meillet, Antoine [Ling, D] (1866-1936).
Mendès, Catulle [P, R] (21-5-1841/7/8-2-1909, heurté par un train) ; avait épousé 1°) Judith Gautier (1845-1917) ; 2°) Jane-Primitive Mette († 1951, mère de Marcel Boussac) : *Romans* : le Roi vierge (1881), la Première Maîtresse (1887), Gog (1896). *Poésie* : Philomela (1863), Contes épiques (1872), Soins moroses (1876). *Théâtre* : la Part du roi (1872), Ariane (1906). *Contes* : Jupe courte (1884), Pour lire au bain (1885).
Mérimée, Prosper ❯ [E] (27-9-1803/23-9-1870) : Théâtre de Clara Gazul (1825), la Jacquerie (1828), Mateo Falcone (1829), Chronique du règne de Charles IX (1829), le Vase étrusque (1830), la Double Méprise (1833), la Vénus d'Ille (1837), Colomba (1840), Carmen (1845), Lokis (1868). *Opéras* : Gwendoline (1886, musique de Chabrier), Isoline (1888, musique de Messager). – *Biogr.* : père peintre parisien. Lycée Henri-IV. *1824* au ministère du Commerce, fréquente les salons littéraires. *1830* chef de cabinet ministériel. Voyage en Espagne, devient l'intime de la Ctesse de Montijo, mère de la future impératrice Eugénie. *1833* inspecteur général des Monuments historiques. *1854* intime de la famille impériale (sénateur). *A partir de 1856*, atteint d'asthme, séjourne à Cannes. Il y meurt de chagrin à la nouvelle du désastre de Sedan.
Merrill, Stuart [P] (New York 1863-Versailles 1915).
Meyerson, Émile [Ph] (origine polonaise 1859-1933) : Identité et Réalité (1908).
Michaux, Henri [P] (Namur 24-5-1899/Paris 19-10-1984, infarctus ; Belge naturalisé Français le 27-8-1954) : Qui je fus (1927), Ecuador (1929), Mes propriétés (1929), Un certain Plume (1930), l'Espace du dedans (1944). – *Biogr.* : famille bourgeoise de Namur. *1920* abandonne études médicales ; matelot. *1921-24* vie de bohème à Bruxelles. *1924-27* fréquente surréalistes à Paris. *1927-37* voyages. *1937* peintre non figuratif. *1955-60* expérimente LSD. *1965* refuse Grand Prix national des Lettres.
Migne, abbé Jacques-Paul [Ency] (1800-75).
Mille, Pierre [J, R] (1864-1941).

■ **Dictée de Mérimée.** Due à Prosper Mérimée (1803-70) en 1857 à la demande de l'impératrice Eugénie, pour distraire la Cour (?). Il existe plusieurs variantes : *1re publiée dans le Sport du 15-7-1868* (aurait été donnée au palais de Fontainebleau) : « Quelles que soient, quelque exiguës que t'aient paru les arrhes qu'étaient censés avoir données la douairière et le marguillier à maints et maints fusiliers subtils, bien que lui ou elle soit censé les avoir refusées, allez les réclamer à telle bru, jolie, bien qu'il ne lui seye pas les lui avoir suppléées pour quelque autre motif. » Le Pce de Metternich fit 6 fautes, le baron Corvisart 8, Napoléon III 9, le Pce impérial 11, Octave Feuillet de l'Académie française 14. *2e texte* (aurait été donné aux Tuileries) : « Quelles que soient et quelque exiguës que t'aient paru les arrhes qu'étaient censés avoir données à maints et maints fusiliers subtils la douairière ainsi que le marguillier, bien que lui ou elle soit censé les leur avoir refusées et s'en soit repenti, va-t'en les réclamer pour telle ou telle bru jolie par qui tu les diras redemandées, quoiqu'il ne siée pas de dire qu'elle se les est laissé arracher par l'adresse desdits fusiliers et qu'on les leur aurait suppléées dans toute autre circonstance ou pour des motifs de toute sorte. » *3e version publiée en 1900 dans la Vie heureuse* (sous la signature de Léo Claretie) :
« Pour parler sans ambiguïté, ce dîner à Sainte-Adresse, près du Havre, malgré les effluves embaumés de la mer, malgré les vins de très bons crus, les cuisseaux de veau et les cuissots de chevreuil prodigués par l'amphitryon, fut un vrai guêpier. Quelles que soient, quelque exiguës qu'aient pu paraître, à côté de la somme due, les arrhes qu'étaient censés avoir données la douairière et le marguillier, il était infâme d'en vouloir, pour cela, à ces fusiliers jumeaux et malbâtis, et de leur infliger une raclée, alors qu'ils ne songeaient qu'à prendre des rafraîchissements avec leurs coreligionnaires. Quoi qu'il en soit, c'est bien à tort que la douairière, par un contre-sens exorbitant, s'est laissé entraîner à prendre un râteau et qu'elle s'est crue obligée de frapper l'exigeant marguillier sur son omoplate vieillie. Deux alvéoles furent brisés ; une dysenterie se déclara suivie d'une phtisie et l'imbécillité du malheureux s'accrut. – Par saint Hippolyte, quelle hémorragie ! s'écria ce bélître. A cet événement, saisissant son goupillon, ridicule excédent de bagage, il la poursuit dans l'église tout entière. »
☞ D'après les *Souvenirs* de la Pcesse de Metternich : Napoléon III aurait fait 75 fautes, l'impératrice 62, Alexandre Dumas 24, Octave Feuillet 19, le Pce Metternich (ambassadeur d'Autriche, fils du chancelier) 3.

Milosz (Oscar Vladislas de Lubicz-) [P] (Lituanie 28-5-1877/Fontainebleau 2-3-1939) : Miguel Mañara (1912), Symphonies (1915). *Roman* : l'Amoureuse Initiation (1910). – *Biogr.* : *1906* se fixe à Paris. *1920-25* représente la Lituanie. *1927* converti. *1931* naturalisé Français.
Miomandre, Francis de (F. Durand) [R] (1880-1959) : Écrit sur de l'eau (G 1908), l'Aventure de Thérèse Beauchamps (1914), Samsara (1931), l'Ane de Buridan (1946), l'Œuf de Colomb (1954).
Mirbeau, Octave [R, D] (1848-1917, fait sous-préfet à St-Girons) : *Romans* : l'Abbé Jules (1888), Sébastien Roch (1890), le Calvaire (1886), le Jardin des supplices (1899), le Journal d'une femme de chambre (1900). Sous pseudo : l'Écuyère, la Maréchale, Dans la vieille rue. *Théâtre* : Les affaires sont les affaires (1903), le Foyer (1908). *Essai* : les 21 Jours d'un neurasthénique (1901).
Mistler, Jean ❯ [Cr, R, E] (1897-1988) : Ethelka (1929), Gare de l'Est (1975).
Mistral, Frédéric [P] (8-9-1830/25-3-1914) : Mireille (1859), Calendal (1867), les Iles d'or (poèmes, 1876). Écrit en provençal (N 1904). Voir **Félibrige** à l'Index.
Mithouard, Adrien [P] (1864-1919).
Mondor, Henri ❯ [E, Méd] (1885-1962) : Vie de Mallarmé (1944), Pasteur (1945).
Monfreid, Henri de [R] (1879-1974) : les Secrets de la mer Rouge (1932), la Croisière du haschich (1937), le Trésor des flibustiers (1961), Testament de pirate (1963).
Monnier, Henri [Hum] (1805-77) : Mémoires de M. Joseph Prudhomme (1857).
Monnier, Thyde (Mathilde) [R] (1887-1967).
Montalembert, Charles Forbes, Cte de [E] (29-5-1810/13-3-1870).
Montépin, Xavier de [R] (1823-1902) : les Filles de plâtre (1855), la Porteuse de pain (1884), la Voleuse d'amour (1894).
Montesquiou-Fezensac, Robert Cte de [P, R] (1855-1922) : la Petite Mademoiselle (1910), la Trépidation (1922). Inspira à Huysmans Des Esseintes (de *A rebours*).
Montherlant, Henry Millon de ❯ [E, R, D] (Neuilly-sur-Seine 20-4-1895/21-9-1972, suicide) : *Essais* : la Relève du matin (1920), l'Équinoxe de septembre (1938), le Solstice de juin (1941). Carnets (publiés 1995). *Romans* : Thrasylle (1916), le Songe (1922), les Bestiaires (1926), Aux fontaines du désir (1927), la Petite Infante de Castille (1929), Moustique (1929, publié 1986), les Célibataires (1934), les Jeunes Filles [Pitié pour les femmes (1936), le Démon du bien (1937), les Lépreuses (1939)], le Chaos et la Nuit (1963), la Rose de sable (1968), les Garçons (1969), Un assassin est mon maître (1971), Mais aimons-nous ceux que nous aimons (1973). *Théâtre* : l'Exil, la Reine morte (1942), Fils de personne (1943), le Maître de Santiago (1947), Malatesta (1948), Demain il fera jour (1949), Celles qu'on prend dans ses bras (1950), La ville dont le prince est un enfant (1951, créée 1967), Port-Royal (1954), Brocéliande (1956), Don Juan (1958), le Cardinal d'Espagne (1960), la Guerre civile (1965). *Poésies* : les Olympiques (1924), Pasiphaé [poésie dramatique (1938)].

– *Biogr.* : noblesse rurale. *1914-18* combattant, blessé. *1920-26* pratique les sports, dont la tauromachie. *1926-39* voyages. *1944* cité en justice à la Libération. *1945-72* vit en solitaire, perd peu à peu la vue. *1960* élu à l'Académie sur présentation du secr. perpétuel par 24 voix sur 29. *1972* se suicide (pistolet) [cendres dispersées à Rome sur le Forum et dans le Tibre par Jean-Claude Barat (son héritier) et Gabriel Matzneff (écrivain) en mars 1973].
Morand, Paul ❯ [E] (Paris 13-3-1888/Paris 23-7-1976) : Milady, les Extravagants (1910, publié 1986), Ouvert la nuit (1922), Fermé la nuit (1923), Lewis et Irène (1924), l'Europe galante (1925), Fouquet, Rien que la terre (1926), Bouddha vivant (1927), Magie noire (1928), Champions du monde (1930), Air indien (1932), l'Art de mourir (1932), Mes débuts (1933), Londres (1933), la Route des Indes (1936), l'Homme pressé (1941), Montociel (1947), le Flagellant de Séville (1951), Hécate et ses chiens (1954), la Folle amoureuse (1956), Fin de siècle (1957), Nouvelles d'une vie (1965), Venise (1971), *Journal inutile* (2001). – *Biogr.* : père homme de lettres. *1913* diplomate à Londres, Rome, Madrid, Bangkok. Épouse la Pcesse Hélène Soutzo. *1938* en Roumanie (commission du Danube). *1939/juillet 1940* ambassadeur à Londres. *1943* Bucarest. *1944* Berne (à la Libération, révoqué sans traitement). *1953* réintégré, mis à la retraite. *1958* candidat à l'Académie française ; veto de De Gaulle. *1968* élu.
Moréas, Jean (Papadiamantopoulos) [P] (Athènes 1856-Paris 1910) : le Pèlerin passionné (1891-93), Autant en emporte le vent (1893), les Stances (1899-1920).
Moreau, Hégésippe (Pierre-Jacques Roulliot) [P] ((9-4-1810/20-12-1838) : le Myosotis (posth. 1838).
Morgan, Claude (fils de Georges Lecomte) [R, Cr] (1898-1980).
Murger, Henri [R, P] (24-3-1822/22-1-1861) : Scènes de la vie de bohème (1848), de jeunesse (1851).
Musset, Alfred de ❯ [D, P, R] (Paris 11-12-1810/2-5-1857) : *Théâtre* : la Nuit vénitienne (1 acte joué 1 fois le 1-12-1830), la Coupe et les Lèvres (créée 21-4-1926) et A quoi rêvent les jeunes filles (1832) réunies en 1834 dans Un spectacle dans un fauteuil, les Caprices de Marianne (1833), Andréa del Sarto (1833), Fantasio (1833, créée 18-8-1866), On ne badine pas avec l'amour (jouée en 1861), Lorenzaccio (1834), le Chandelier (1835), Barberine (1835, créée 27-2-1882), Il ne faut jurer de rien (1836), Un caprice (1837, jouée en 1847), Rhin allemand (1841, en réponse au Rhin allemand de Nicolas Becker), Il faut qu'une porte soit ouverte ou fermée (1845), Carmosine (1850, créée 7-11-1865). *Poésies* : Namouna (1831), Rolla (1833), les Nuits (1835-37), Une soirée perdue (1840), Poésies nouvelles (1840). *Roman* : la Confession d'un enfant du siècle (1836). 15 *contes* dont Contes d'Espagne et d'Italie (1821), Mimi Pinson (1845). – *Biogr.* : noblesse vendômoise fixée à Paris. Éducation raffinée (musique, peinture, poésie). Fréquente les cénacles littéraires dès 18 ans. Liaisons avec : *1834-35* George Sand (suivie d'une dépression nerveuse), *1839* Rachel, tragédienne, *1840* Louise Allan, actrice. *1851* élu à l'Académie (après 2 échecs : 6-1-1848 et 17-3-1850). *1852* liaison avec Louise Colet, femme de lettres. *1853* essaie de vivre de sa plume, mais sombre dans l'alcoolisme. Meurt usé par les excès.
Musset, Paul de [R, Nouv] (1804-80, frère d'Alfred) : Lui et elle (1859).
Nabert, Jean [Ph] (1881-1962) : Essai sur le mal (1955).
Nadaud, Gustave [Chan] (1820-93) : environ 300 chansons dont les Deux Gendarmes (1849 ; refrain : « Brigadier, vous avez raison »).
Nau, John-Antoine (Eugène Torquet) [P, R] (San Francisco 19-11-1860/Tréboul 17-3-1918). *Poésies* : Au seuil de l'espoir (1897), Hiers bleus (1904), Vers la fée Viviane (1908). *Roman* : Force ennemie (1er prix Goncourt 1903).
Nerval, Gérard de (G. Labrunie, dit) [P, Pros] (Paris 22-5-1808/26-1-1855) : *Poésies* : Élégies nationales (1827), Odelettes (1835), les Chimères (1854), Poésies complètes (1877 posth.). *Prose* : le Marquis de Fayolle (1849), les Illuminés (1852), Lorelei : souvenir d'Allemagne (1852), la Bohème galante (1852), les Filles du feu (1854), Pandora (1854), Sylvie (1854), Promenade autour de Paris (1855), Aurélia ou le Rêve et la Vie (1855), Voyage en Orient (1851). – *Biogr.* : père médecin militaire, orphelin de mère à 2 ans. *1832* étudiant en médecine. *1834* fait un héritage qu'il perd aussitôt (faillite du *Monde dramatique*). *1834-38* fréquente la « bohème » ; passion malheureuse pour l'actrice Jenny Colon. *1838-40* séjours en Allemagne. *1841* : 1re crise de folie (absinthe). *1842* mort de Jenny Colon ; vagabonde (Orient, Égypte, Europe centrale, Angleterre). *1851* interné clinique du docteur Blanche. *1854* voyage en Allemagne. *1855* dans le dénuement, se pend le *26-1* dans une rue à Paris.
Noailles, Anna, Ctesse Mathieu de (née Pcesse Brancovan) [P] (1876-1933) : le Cœur innombrable (1901), l'Ombre des jours (1902), les Éblouissements (1907). *Romans* : la Nouvelle Espérance (1903), le Visage émerveillé (1904).
Noël, Marie (Rouget) [P] (1883-1967) : les Chansons et les Heures (1929), le Rosaire des joies (1930), Chants et psaumes d'automne (1947).
Nolhac, Pierre de [R, E] (1859-1936).
Nouveau, Germain [P] (1851-1920) : la Doctrine de l'amour (1904), Calepin du mendiant (1922).
Obey, André [R, D] (1892-1975) : le Joueur de triangle (Ren 1928), Noé (1929), le Viol de Lucrèce (1930), l'Homme de cendres (1949), Lazare (1951).
Ohnet, Georges (G. Hénot) [R, D] (1848-1918) : Serge Panine (1881), le Maître de forges (1882), la Comtesse Sarah (1883), la Grande Marnière (1885).
Ormesson, Wladimir, Cte d' ❯ [H] (1888-1973).
Pagnol, Marcel ❯ [D] (28-2-1895/18-4-1974) : *Romans* : Topaze (1928), Marius (1929), Fanny (1930), Pirouettes (1932), César (1936), l'Eau des collines [Jean de Florette, Manon des sources (1964)]. *Mémoires* : la Gloire de mon

père (1957), le Château de ma mère (1957), le Temps des secrets (1960), le Temps des amours (1977). – *Biogr. :* père instituteur provençal (enfance à Marseille, vacances près d'Aubagne). *1915* non mobilisé, entre dans l'enseignement. *1920-22* professeur d'anglais à Marseille ; fonde la revue *Fortunio* (devenue en 1935 les *Cahiers du Sud*). *1922* muté à Paris. *1926* quitte l'enseignement, vit de sa plume. *1928* succès de Topaze. *1933* producteur de films à succès, voir à l'Index.

Pailleron, Édouard [D] (1834-99) : Le monde où l'on s'amuse (1868), où l'on s'ennuie (1881).

Parain, Brice [E] (1897-1971) : Sur la dialectique (1953), De fil en aiguille (1960), Joseph (1964).

Passeur, Stève (Étienne Morin) [D] (1899-1966) : l'Acheteuse (1930), les Tricheurs (1932), Je vivrai un grand amour (1936), Marché noir (1941).

Pasteur Vallery-Radot, Louis ❦ [Méd] (1886-1970), fils de René Vallery-Radot, petit-fils de Louis Pasteur.

Paulhan, Jean ❦ [R, Cr, Es] (1884-1968) : le Guerrier appliqué (1917), les Fleurs de Tarbes (1941), Clef de la poésie (1944). Dirigea la NRF.

Péguy, Charles [Pros, P] (Orléans 7-1-1873/ Villeroy, S. et M. 5-9-1914) : *Poésies :* Jeanne d'Arc (1897), le Mystère de la charité de Jeanne d'Arc (1910), le Porche du mystère de la deuxième vertu (1911), le Mystère des Saints Innocents, la Tapisserie de sainte Geneviève et de Jeanne d'Arc (1912), la Tapisserie de Notre-Dame, Ève (1914). *Prose :* Notre patrie (1905), Clio (1909-12), Notre jeunesse (1910), l'Argent (1913). – *Biogr. :* fils d'artisans. Orphelin de père dès le berceau. Mère rempailleuse de chaises. *1894-97* École normale supérieure ; ne se présente pas à l'agrégation ; épouse (civilement) la sœur de son camarade au collège Sainte-Barbe, Marcel Baudoin ; socialiste, prend parti pour Dreyfus (1894-1906). *1898* investit la dot de sa femme dans une librairie socialiste. *1900* se brouille avec ses associés et fonde les *Cahiers de la quinzaine ;* père de 4 enfants, vit pauvre. *1905* anti-allemand après l'affaire de Tanger. *1908* retrouve la foi, sans pouvoir pratiquer (à cause de son mariage civil). *1914-5-9* lieutenant, tué (la Marne).

Peisson, Édouard [R] (1896-1963) : Hans le marin (1930), Gens de mer (1934), le Sel de la mer (1954).

Péladan, Joseph, dit Joséphin ou le Sâr [R] (1858-1918) : la Décadence latine [21 volumes dont le 1er le Vice suprême (1884)].

Péret, Benjamin [P] (1899-1959) : le Passager du transatlantique (1921), le Grand Jeu (1928), Je ne mange pas de ce pain-là (1936), Je sublime (1936), Feu central (1947).

Pergaud, Louis [R] (1882-1915) : De Goupil à Margot (G 1910), la Guerre des boutons (1912).

Perochon, Ernest [R] (1885-1942) : Nêne (G 1920).

Pesquidoux, Joseph Dubosc de ❦ [R] (1869-1946) : Chez nous, Sur la glèbe (1923), le Livre de raison (1925-32), la Harde (1936), Un petit univers (1940).

Peyré, Joseph [R] (1892-1968) : l'Escadron blanc (1931), Sang et Lumières (G 1935).

Philippe, Charles-Louis [R] (1874-1909) : Bubu de Montparnasse (1901), le Père Perdrix (1902), Marie Donadieu (1904), Croquignole (1906).

Picabia, Francis [P, Pe] (1879-1953) : Cinquante-Deux Miroirs (1914-17), Pensées sans langage (1919), Unique Eunuque (1920).

Piéchaud, Martial [J, R] (1888-1957).

Piéron, Henri [Ph, Psycho] (1881-1964).

Pierre-Dominique (P. Lucchini) [R, Es] (1891-1973).

Pierre l'Ermite (Mgr Edmond Loutil, curé de St-François de Sales) [R] (1863-1959) : la Grande Amie (1899), Comment j'ai tué mon enfant (1921), la Femme aux yeux fermés.

Pillement, Georges [Chr] (1898-1984) : Paris inconnu (1965).

Poincaré, Henri ❦ [Math, Ph] (1854-1912, cousin de Raymond) : la Science et l'hypothèse (1902), la Valeur de la science (1905), Science et Méthode (1908).

Ponchon, Raoul (Pouchon) [P] (1848-1937) : la Muse au cabaret (1920), la Muse gaillarde (1937) [il aurait écrit 150 000 vers].

Ponge, Francis [P] (27-3-1899/6-10-1988) : Douze Petits Écrits (1926), le Parti pris des choses (1942), le Grand Recueil (1962), Pour un Malherbe (1965), le Savon (1967).

Ponsard, François ❦ [D] (1814-67) : Lucrèce (1843), Charlotte Corday (1850), le Lion amoureux (1866).

Ponson du Terrail, Pierre Alexis, vicomte [R] (1829-71) : les Drames de Paris (1859-84), les Exploits de Rocambole (22 volumes à partir de 1859).

Porché, François [P] (1877-1944).

Porto-Riche, Georges de ❦ [D] (1849-1930) : Amoureuse (1891), le Passé (1897), le Vieil homme (1910).

Poulaille, Henri [R] (1897-1980) : le Pain quotidien (1931), les Damnés de la terre (1935), Pain de soldat (1937), les Rescapés (1938).

Pourrat, Henri [E] (1887-1959) : Gaspard des montagnes (1922-31), Vent de mars (G 1941), le Trésor des contes (1948-62), le Bestiaire.

Pozzi, Catherine (épouse E. Bourdet en 1907) [P] (1882-1934) : Agnès (1927), Journal 1913-34 (1987).

Pradines, Maurice [Ph] (1874-1958).

Prévost, Marcel ❦ [R] (1862-1941) : les Demi-Vierges (1894), les Vierges fortes (1900).

Prévost-Paradol, Lucien [E] (1829-70).

Proudhon, Pierre-Joseph [Éco, Pol] (Besançon 15-1-1809/Paris 19-1-1865) : Carnets, Correspondance, Qu'est-ce que la propriété ? (1840), De la création de l'ordre dans l'humanité (1843), la Philosophie de la misère (1846), De la justice dans la Révolution et dans l'Église (1858), la Guerre et la Paix (1861).

Proust, Marcel [R] (Paris 10-7-1871/18-11-1922) : les Plaisirs et les Jours (1896), Jean Santeuil (1896, publié 1952), Pastiches et Mélanges (1908), A la recherche du temps perdu (1913-27) [Du côté de chez Swann, refusé par la NRF (Gide) et Fasquelle, publié (1913) à 1 750 exemplaires à compte d'auteur chez Grasset], A l'ombre des jeunes filles en fleurs (G 1919), Du côté de Guermantes (1922), Sodome et Gomorrhe (1922), la Prisonnière (1923), Albertine disparue (ou la Fugitive, 1925), le Temps retrouvé (1927)], Chroniques (1927), Contre Sainte-Beuve (1954). – *Biogr. :* père médecin (à Illiers, E.-et-L.), mère israélite alsacienne. Enfance à Paris (Auteuil), fréquents séjours à Illiers. Crises d'asthme. *1890-92* droit et sciences po. Vit de ses revenus et mène une vie mondaine. *1896* duel au pistolet avec le critique Jean Lorrain (qui a évoqué son homosexualité). *1905* mort de sa mère. Vit isolé ; liaison avec son secrétaire, Alfred Agostinelli et d'autres. *1914* mort accidentelle d'Agostinelli ; s'enferme dans sa chambre pour écrire malgré ses crises d'asthme ; sort la nuit. *1922* meurt de pneumonie.

Psichari, Ernest [E] (1883-22-8-1914, tué au combat) [petit-fils de Renan, fils de Jean P. (1854-1924) philologue, converti au catholicisme en 1912] : l'Appel des armes (1913), le Voyage du centurion (1915).

Pyat, Félix [J, Pol, D] (1810-89) : *Théâtre :* les Deux Serruriers (1841), le Chiffonnier de Paris (1847).

Quicherat, Jules [Architecte, H] (1814-82) : Procès de Jeanne d'Arc.

Quinet, Edgar [H] (1803-75) : Ahasvérus (1833, roman), les Révolutions d'Italie (1852).

Rachilde (Marguerite Eymery, Mme Alfred Vallette) [R] (1860-1953) : Monsieur Vénus (1884), les Hors Nature (1897), la Tour d'amour (1899), le Meneur de louves (1905).

Ravaisson-Mollien, Félix [Ph] (1813-1900) : De l'habitude (1838), Uchronie ou l'Histoire telle qu'elle n'a pas été, telle qu'elle aurait pu être, Testament philosophique.

Rebell, Hugues (Georges Grassal) [P, R] (1867-1905) : la Nichina (1897), la Câlineuse (1899), les Nuits chaudes du Cap français (1902).

Reboux, Paul (Henri Amillet) [E] (1877-1963).

Reclus, Élisée [Géo] (1830-1905) : Géographie universelle (1876-94), la Terre (1868-69).

Régnier, Henri de ❦ [P, R] [1864-1936, épouse Marie de Heredia (1875-1963) qui publie sous le nom de Gérard d'Houville] : *Poésies :* la Double Maîtresse (1901). *Romans :* les Médailles d'argile (1900), le Bon Plaisir (1902), la Cité des eaux (1902).

Renan, Ernest ❦ [E, Ph] (Tréguier, 28-2-1823/2-10-1892) : Histoire des origines du christianisme [1863-81 ; 1er volume la Vie de Jésus (1863, succès mondial)], la Réforme intellectuelle et morale (1871), l'Antéchrist (1873), Prière sur l'Acropole (1883), Souvenirs (1883), Histoire du peuple d'Israël (1887-93), l'Avenir de la science (1890). – *Biogr. : 1841* séminariste. *1845-oct.* crise religieuse, quitte le séminaire. *1848* agrégation de philosophie (1er). *1862* professeur d'hébreu, Collège de France, suspendu (réintégré après 1870).

Renard, Jules [Hum] (1864-1910) : l'Écornifleur (1892), Poil de Carotte (1894), Histoires naturelles (1894), l'Œil clair (1913). *Théâtre :* le Plaisir de rompre (1897), le Pain de ménage (1898). *Journal* (publié en 1925).

Renouvier, Charles [Ph] (1815-1903) : Science et Morale (1869), les Derniers Entretiens (5 volumes, 1925).

Renouvin, Pierre [H] (1893-1975).

Reverdy, Pierre [P] (1889-1960) : Poèmes en prose (1915), la Lucarne ovale (1916), les Ardoises du toit (1918), Flaques de verre (1929), Ferraille (1937), le Chant des morts (1948). *Cahiers :* le Gant de crin (1927), le Livre de mon bord (1948), En vrac (1956).

Révillon, Antoine, dit Tony [R] (1832-98) : la Bourgogne pervertie.

Ribemont-Dessaignes, Georges [E] (1884-1974) : l'Autruche aux yeux clos (1924), Céleste Hugoline (1928), Déjà jadis (1958).

Ribot, Théodule [Ph] (1839-1916) : la Psychologie des sentiments (1896), Essai sur les passions (1907).

Richepin, Jean ❦ [P, R] (Algérie 1849-Paris 1926) : la Chanson des gueux (1876 ; 500 F d'amende : outrage aux bonnes mœurs). *Roman :* la Glu (1881). *Théâtre :* le Chemineau (1897).

Rictus, Jehan (Gabriel Randon de St-Amand) [P, Polé] (1867-1933) : les Soliloques du pauvre (1897), Fil de fer (1906, roman), Dimanche et lundi férié (1905).

Rimbaud, Arthur [P] (Charleville 20-10-1854/Marseille 10-11-1891) : Poésies (1869-73) dont Voyelles (sonnet, 1870 ; 1er vers : « A noir E blanc I rouge U vert O bleu » : voyelles), le Bateau ivre (1871), Illuminations (1871, publiées 1886), Une saison en enfer (1873). – *Biogr. :* mère propriétaire terrienne ardennaise, père officier. *1860* vit avec sa mère à Charleville (séparée de son père). *1870* fugue à Paris, puis en Belgique. *1871* à Paris. *1871-73* liaison homosexuelle avec Verlaine. *1872-73* fugue avec Verlaine en Belgique et Angleterre (mai, rupture), *-10-7* Verlaine blesse Rimbaud d'un coup de revolver. *1874* Angleterre. *1875* Allemagne ; Italie (insolation à Brindisi, rapatrié par le consulat). *1876* s'engage dans l'armée coloniale hollandaise, touche la prime, déserte. *1877* interprète de cirque en Scandinavie. *1878* vagabondage Europe centrale et orientale. *1879* chef de chantier à Chypre ; rapatrié après maladie. *1880-91* marchand (armes, ivoire) en Afrique orientale. *1891-mai* rapatrié (tumeur au genou). Amputé, meurt à l'hôpital de Marseille. *1949-17-5* le *Mercure de France* publie la *Chasse spirituelle* (pastiche avoué le 10-5 par M. Akakia Viala et Nicolas Bataille).

Riquet, Michel [Théo] (1898-1993).

Rivière, Jacques [E] (1886-1925) : l'Allemand (1918), Aimée (1922), Correspondance avec Alain-Fournier (1926-28) [frère d'Isabelle sa femme], Florence (inachevé).

Roché, Henri-Pierre [E] (1874-1959) : Jules et Jim (1953), Deux Anglaises sur le continent (1956).

Rochefort, Henri (Mis de Rochefort-Luçay) [Polé, R] (1831-1913) : *la Lanterne* (hebdo., 1868-70), 1er no le *1-6-1868,* le 3e est saisi, Rochefort condamné à 13 mois de prison et 10 000 F d'amende. Passe en Belgique. *1870* député à Paris. *1871* déporté après la Commune (*déc. 1873* en Nlle-Calédonie). *1874-20-3* s'évade. Vit à Londres et Genève. *1880* amnistie, rentre, écrit dans *l'Intransigeant. 1885* député boulangiste. *1889* réfugié à Londres, *-13-8* condamné par contumace à la déportation perpétuelle. *1895* amnistie, rentre. Antidreyfusard.

Rolland, Romain [E] (29-1-1866/30-12-1944) : Jean-Christophe (1904-12, F 1905), Au-dessus de la mêlée (1914-15), Colas Breugnon (1919), Clérambault (1920), l'Ame enchantée (1922-33), le Voyage intérieur (1942). *Vies :* Beethoven (1903), Michel-Ange (1905), Tolstoï (1911), Péguy (1944) [N 1915]. – *Biogr. :* bourgeoisie protestante et républicaine de Vézelay. *1880* études à Paris. *1886* École normale supérieure. *1889-91* École française de Rome. *1898* aux *Cahiers de la quinzaine,* de Charles Péguy. *1914* surpris par la guerre en Suisse (neutraliste). *1922* fonde la revue *Europe. 1927* adhère au PC ; voyage en URSS. *1939* retiré à Vézelay.

Rollinat, Maurice [P] (1846-1903) : les Névroses (1883), l'Abîme (1886), les Apparitions (1896).

Romains, Jules (Louis Farigoule ; pseudonyme devenu nom légal) ❦ [R, D] (St-Julien-Chapteuil 26-8-1885/Paris 14-8-1972) : *Romans :* Mort de quelqu'un (1911), les Copains (1913), Psyché [Lucienne (1922), le Dieu des corps (1928), Quand le navire (1929)], les Hommes de bonne volonté [27 volumes, 1932-47, notamment : Éros de Paris (1932), le 6 Octobre (1933), Recherche d'une Église (1934), Prélude à Verdun (1938), Verdun (1938), la Douceur de la vie (1939), Cette grande lueur à l'Est (1941), le 7 Octobre (1946)], Une femme singulière (3 volumes, 1957). *Théâtre :* Amédée ou les Messieurs en rang, M. Le Trouhadec saisi par la débauche (1921), Knock ou le Triomphe de la médecine (1923), Donogoo Tonka (1929), Volpone (1937). *Poésie :* la Vie unanime (1909). – *Biogr. :* père instituteur d'origine auvergnate. Études à Paris. *1906* École normale supérieure. *1909* agrégé de philo ; professeur à Brest, Laon, Nice. *1919* quitte l'Université, vit de sa plume. *1923* succès de *Knock. 1940-45* réfugié Mexique et États-Unis. *1945* fixé à St-Avertin (I.-et-L.).

Romier, Lucien [Es] (1885-1944) : l'Homme nouveau (1928), Qui sera le maître, Europe ou Amérique ?

Rosny, J.H. *aîné* (Joseph Henri Boex, 17-2-1856/11-2-1940, né en Belgique) [R] : la Guerre du feu (1911), le Félin géant (1918) ; *jeune* (Séraphin Justin, Belgique 21-7-1859/16-6-1948, son frère) [R] : Sépulcres blanchis (1913). *Ensemble :* les Xipéhuz (1887), Vamireh (1892), le Mont et la Terre (1912).

Rostand, *Edmond* ❦ [D, P] (Marseille 1-4-1868/Paris 2-12-1918) [épouse Rosemonde Gérard (1866-1953)] : les Romanesques (1894), la Princesse lointaine (1895), la Samaritaine (1897), Cyrano de Bergerac (1re 27-12-1897), l'Aiglon (1900), Chantecler (1re 8-2-1908). *Poésie :* les Musardises (1890), le Vol de la Marseillaise (1916). – 2 fils : *Jean* ❦ [Bio] (1894-1977). *Maurice* [P] (1891-1968).

Rougier, Louis [Ph] (1889-1982).

Roussel, Raymond [P, R, D] (Paris 20-1-1877/Palerme 14-7-1933, suicide) : la Vue (1904), Impressions d'Afrique (1910), Locus Solus (1914).

Rueff, Jacques [Ec] (1896-1978).

Sainte-Beuve, Charles ❦ [Cr, E] (Boulogne-sur-Mer 23-12-1804/Paris 13-10-1869) : les Consolations (1830, poésie), Volupté (1834, roman), Port-Royal (1840-67), Causeries du lundi (1851-75), Mes poisons (1926). – *Biogr. :* noblesse picarde, ayant abandonné la particule à la Révolution. Orphelin de père dès sa naissance. *1823* étudiant en médecine, adopte la philosophie matérialiste. *1825-33* fréquente romantiques. *1832-36* liaison avec Adèle Hugo, femme de Victor. *1837-38* professeur de littérature à Lausanne. *1840-48* conservateur de la Mazarine. *1848-49* professeur de littérature à Liège. *1849* critique au *Constitutionnel,* puis au *Moniteur* (rallié à l'Empire). *1857-61* professeur à l'École normale. *1865* sénateur.

Sainte-Soline, Claire (Nelly Fouillet) [R] (1891-1967) : Journée, Noémie Strauss.

Saint-Georges de Bouhélier (Stéphane-Georges de B., dit) [P, D] (1876-1947) : *Poésie :* les Chants de la vie ardente (1902). *Théâtre :* le Carnaval des enfants (1910).

Saint-John Perse (Alexis Saint-Léger Léger) [P] (Guadeloupe 31-5-1887/Giens 24-9-1975) : Éloges (1911), la Gloire des rois, Anabase (1924), Pluies (1943), Exil (1944), Neiges (1944), Vents (1946), Amers (1957), Chronique (1960), Oiseaux (1962), Sécheresse (1974) [N 1960]. – *Biogr. :* famille de planteurs. Études à Pointe-à-Pitre, puis Bordeaux. *1914* aux Affaires étrangères. *1925-32* directeur de cabinet d'Aristide Briand. *1933-40* secrétaire général aux Affaires étrangères. *1941* réfugié aux États-Unis, publie ses 1res poésies. *1941-46* bibliothécaire du Congrès à Washington. *1957* s'installe à Giens, se consacre à la littérature.

Saint-Pol Roux (Paul Roux) [P] (1861-1940) : la Dame à la Faulx (1899), Anciennetés (1903), les Reposoirs de la procession (1893). *Opéra :* Louise (musique de Charpentier).

Salacrou, Armand [D] (9-8-1899/25-11-1989, fils du pharmacien du Havre qui avait créé l'antipoux, la Marie-Rose) : *Théâtre :* Une femme libre (1934), l'Inconnue d'Arras (1936), Un homme comme les autres (1937), La terre est ronde (1938), Histoire de rire (1940), les Fiancés du Havre (1945), le Soldat et les Sorciers (1946), l'Archipel Lenoir (1947), Bd Durand (1960), la Rue noire (1967). *Mémoires :* Dans la salle des pas perdus [C'était écrit (1974), les Amours (1976)].

Salmon, André [P, R, Es] (1881-1969).

Samain, Albert [P] (1858-1900) : Au jardin de l'infante (1893), Aux flancs du vase (1898).

Sand, George (Aurore Dupin, Bonne Dudevant) [R] (Paris 1-7-1804/Nohant 8-6-1876) : Indiana (1832), Lélia

(1833-39), Mauprat (1837), Consuelo (8 volumes, 1842-43), le Meunier d'Angibault (1844-45), la Mare au diable (1846), François le Champi (1848), la Petite Fadette (1849), les Maîtres sonneurs (4 volumes, 1853), Histoire de ma vie (1854), Elle et Lui (1859), le Marquis de Villemer (1861). – *Biogr.* : orpheline de père (officier) à 4 ans. Élevée par sa grand-mère paternelle (fille naturelle du maréchal de Saxe), au château de Nohant (Indre). *1817-20* pensionnaire à Paris. *1822-10-12* épouse le baron Dudevant. *1824* séparée. *1831* à Paris, avec son fils et sa fille, fréquente la bohème littéraire. *1832-34* liaison avec Jules Sandeau. *1834-35* avec Musset ; vit de ses droits d'auteur. *1837-47* avec Chopin (long séjour aux Baléares). *1848* ralliée à la Révolution, effrayée par les massacres de juin, se réfugie à Nohant. *1849-76* « bonne dame de Nohant », liaison quasi conjugale avec son intendant.

Sandeau, Jules [R, D] (1811-83) : Mlle de La Seiglière (1848), la Roche aux mouettes (1871). *Théâtre* (avec Augier) : la Pierre de touche (1853), le Gendre de M. Poirier (1854), Ceinture dorée (1855).

Sardou, Victorien [D] (1831-1908) : la Maison neuve (1867), la Tosca (1887), Thermidor (1891), Madame Sans-Gêne (1893).

Sarment, Jean (Jean Bellemère) [D] (1897-1976).

Saulcy, Félix de [Eru, H] (1807-79).

Sauvy, Alfred [Ec] (1898-1990) : Richesse et Population (1943), la Montée des jeunes (1959-69), Croissance zéro ?, la Fin des riches (1975).

Schlumberger, Jean [E] (1877-1968) : le Lien devenu vieux (1924), Saint-Saturnin (1931), Essais et Dialogues (1937). – *Biogr.* : *1908* fonde la *Nouvelle revue française* avec Gide.

Scholl, Aurélien [Hum, J] (1833-1902).

Schwob, Marcel [E] (1867-1905) : Cœur double (1891), le Livre de Monelle (1894), les Vies imaginaires (1896). – *Biogr.* : *1900* épouse Marguerite Moreno, actrice.

Sée, Henri [Ec] (1864-1936).

Ségalen, Victor [P] (1878-1919) : *Poèmes* : Stèles (1912), Peintures (1916), Équipée (1929). *Romans* : les Immémoriaux (1907), René Leys (1922), le Fils du ciel (1975).

Seignobos, Charles [H] (1854-1942) : Introduction aux études historiques (1898), Histoire sincère de la nation française, le Régime féodal en Bourgogne jusqu'en 1630.

Sertillanges, le père Antonin [Théo] (1863-1948).

Séverine (Caroline Rémy) [J, E] (1855-1929).

Siegfried, André [Ec] (1875-1959) : Tableau politique de la France de l'Ouest sous la IIIe République (1913), les États-Unis d'aujourd'hui (1927).

Simiand, François [Ec] (1873-1935) : le Salaire, l'Évolution sociale et la Monnaie (1932).

Simone (Pauline Porché, née Benda) [R, D] (1877-1985) [épouse 1°) à 18 ans Charles Le Bargy (acteur plus âgé de 23 ans), devient actrice ; 2°) Claude Casimir Périer ; 1913 liaison avec Alain-Fournier ; 3°) Wladimir Porché] : Jours de colère (1935).

Sorel, Albert [H] (1842-1906) : l'Europe et la Révolution française (1885-1904).

Sorel, Georges [E, Pol] (2-11-1847/30-8-1922) : Illusions du progrès, Réflexions sur la violence (1908), Plaidoyer pour Lénine (1920), De l'utilité du pragmatisme (1921).

Soupault, Philippe [P, R, Es] (1897-1990) [exclu des surréalistes 1929] : *Poésie* : Aquarium (1917), Georgia (1926), Rose des vents (1929). *Romans* : le Bon Apôtre (1923), Histoire d'un blanc (1927). *Récit* : le Nègre (1927).

Souriau, Étienne [Ph] (1892-1979).

Stern, Daniel (Marie de Flavigny, Ctesse d'Agoult) [E] (1805-76) : Nélida (roman, 1846), Lettres républicaines (1848), Histoire de la révolution de 1848 (1851-53), Trois Journées de la vie de Marie Stuart (1856). – *Biogr.* : *1827* épouse le Cte d'Agout dont 2 filles Louise (1828-35), Claire (née 1830). *1833-mai/1840* liaison avec Liszt (son cadet de 6 ans) dont 2 filles [Blandine (1835-62) épouse d'Émile Ollivier ; Cosima (1837-1930) épouse 1°) Hans von Bülow, chef d'orchestre, 2°) Richard Wagner] et 1 fils Daniel (né 1839). *Second Empire* : tient un salon libéral.

Suarès, Isaac-Félix, dit André [E] (1868-1948) : Voici l'homme (1906), le Bouclier du zodiaque (1907), le Voyage du condottiere [Vers Venise 1910, Fiorenza, Sienne la bien-aimée 1932), la Nation contre la race (1916)].

Sue, Eugène [R, D] (1804-57) : Kernok le Pirate (1830), El Gitano (1830), Atar-Gull (1831), la Salamandre (1832), le Morne-au-Diable (1842), les Mystères de Paris (1842-43), le Juif errant (1844-45), les Mystères du peuple (1849-56), les Fils de famille (1856). *Théâtre* : les Pontons (1841), Martin et Bamboche (1847).

Sully Prudhomme (Armand Prudhomme, dit) [P] (16-3-1839/1907) : Stances et Poèmes (1863 dont le Vase brisé), le Passant, les Solitudes (1869), les Destins (1872), Vaines Tendresses (1875) [N 1901].

Supervielle, Jules [P, R] (Montevideo 16-1-1884/Paris, 17-5-1960) : Débarcadères (1922), Gravitations (1925), la Fable du monde (1938), Oublieuse Mémoire (1949), le Corps tragique (1959). *Romans* : l'Homme de la Pampa (1923), le Voleur d'enfants (1926), le Survivant (1928), l'Enfant de la haute mer (1931).

Tailhade, Laurent [P, Polé] (1854-1919) : le Jardin des rêves (1880), Poèmes élégiaques (1907).

Taine, Hippolyte [Ph, H] (1828-93) : Philosophie de l'art (1865), Voyage en Italie (1866), De l'intelligence (1870), Origines de la France contemporaine (1875-93), Étienne Mayran (roman, 1907).

Tarde, Gabriel de [Soc] (1843-1904) : les Lois de l'imitation (1890).

Teilhard de Chardin, R.P. Pierre [Théo, Ph, Sav] (1-5-1881/10-4-1955) : le Phénomène humain (1955), l'Apparition de l'homme (1956), le Groupe zoologique humain (1956), le Milieu divin (1957), l'Avenir de l'homme (1959). – *Biogr.* : *1905* prêtre jésuite. *1912* paléontologue. *1922* docteur ès sciences. *1930* participe à la découverte du sinanthrope. *1931-32* à la Croisière jaune. *1937-38* incursion à Java. *1939-45* (janv.) en Chine, rentre en France. *1950* Académie des sciences. *1951* aux USA. *1955-10-4* meurt à New York.

Tharaud, *Jérôme* (Ernest, dit) (1938) (1874-1953) et *Jean* (Charles, dit) (1946) (1877-1952) [R] : Dingley l'illustre écrivain (G 1906), la Maîtresse servante (1911), A l'ombre de la croix (1917), la Randonnée de Samba Diouf (1922), l'An prochain Jérusalem (1924).

Thérive, André (Roger Puthoste) [R, Cr] (1891-1967) : Noir et Or (1930).

Theuriet, André [R] (1833-1907) : Mademoiselle Guignon (1874), Madame Heurteloup (1882).

Thibaudet, Albert [Cr] (1874-1936) : la République des professeurs (1927), Histoire de la littérature (1936).

Thyde-Monnier (Mathilde Monnier, dite) [R] (1887-1967) : les Desmichels (7 vol.), Moi (4 vol.).

Tillier, Claude [J, R] (1801-44) : Belle Plante et Cornélius (1841), Mon oncle Benjamin (1843).

Tinayre, Marcelle [R] (1872-1948) : la Rebelle (1905), l'Ennemie intime (1931).

Tocqueville, Alexis Clérel de [H] (1805-59) : De la démocratie en Amérique (1835), l'Ancien Régime et la Révolution (1856), Souvenirs (1893). – *Biogr.* : ancienne noblesse de robe. *1827* magistrat à Versailles. *1830* en mission aux États-Unis. *1832* démissionne ; journaliste politique. *1840* député de la Manche (libéral). *1849* ministre des Affaires étrangères. *1852* exilé après le coup d'État. *1854* en France ; renonce à la politique.

Toulet, Paul-Jean [R, P] (1867-1920) : *Poésies* : Entr'Actes (1898), les Contrerimes (1921). *Romans* : Mon amie Nane (1905), la Jeune Fille verte (1920).

Triolet (Elsa Kagan épouse André Triolet puis 1928 rencontre Aragon) [R] (d'origine russe 25-9-1896/16-6-1970) : le Cheval blanc (1943), Le 1er accroc coûte 200 F (G 1944), l'Age de nylon (1959-63), Roses à crédit (1959), l'Ame (1963), le Grand Jamais (1965).

Truc, Gonzague [Cr] (1877-1972).

Tzara, Tristan (Samuel Rosenstock) [P] (Roumain, 16-4-1896/24-12-1963, a lancé le groupe Dada, voir à l'Index) : l'Homme approximatif (1931).

Valéry, Paul [P, E] (Sète 30-10-1871/Paris 20-7-1945) : Narcisse (1890), la Crise de l'esprit, la Soirée avec M. Teste (1896), Album de vers anciens (1900), la Jeune Parque (1917), le Cimetière marin (1920), l'Ame et la Danse (1921), Charmes (1922), Eupalinos ou l'Architecte (1923), Variétés (1924-44), Analecta (1928), Regards sur le monde actuel (1931), l'Idée fixe (1932), Tel quel (1941-43), Mauvaises Pensées et autres (1942), Mon Faust (1941), Cahiers (1957). – *Biogr.* : père douanier corse, mère italienne. Études à Montpellier. *1897* rédacteur au min. de la Guerre. Fréquente le salon de Mallarmé. *1900* secrétaire à l'Agence Havas. *1919-34* vit de conférences et d'articles. *1925* académicien. *1936* professeur de « poétique » au Collège de Fr. *1937* rédige inscriptions Palais de Chaillot. *1945* funérailles nationales ; enseveli au cimetière marin de Sète.

Vallery-Radot, René [E] (1853-1933, petit-fils de Louis Pasteur) : Vie de Pasteur (1900), Lamennais (1931).

Vallès, Jules [Polé] (1832-85) : Jacques Vingtras (l'Enfant 1879, le Bachelier 1881, l'Insurgé 1886), Tableau de Paris (1882-83).

Van Gennep, Arnold (Charles Kurr) [Anthropologue] (1873-1957) : les Rites de passage (1909), Manuel du folklore français (9 volumes, 1932-59).

Vaudoyer, Jean-Louis [E] (1883-1963).

Vautel, Clément (C. Vaulet) [E] (1876-1954) : Mon curé chez les riches (1920), chez les pauvres (1921).

Vercel, Roger (R. Cretin) [R] (1894-1957) : Jean Villemeur (1930), Capitaine Conan (G 1934), Remorques (1935), Été indien (1956).

Verlaine, Paul [P] (Metz 30-3-1844/Paris 8-1-1896) : Poèmes saturniens (1866), Fêtes galantes (1869), la Bonne Chanson (1870), Romances sans paroles (1874), Sagesse (1880), Jadis et Naguère (1884), Parallèlement (1889), Liturgies intimes (1893), Élégies (1893), Invectives (1896). *Prose* : les Poètes maudits (1884), Mémoires d'un veuf (1886), Mes hôpitaux (1891), Mes prisons (1893), Confessions (1895). – *Biogr.* : père capitaine ardennais, démissionnaire et vivant à Paris. Études (lycée Condorcet, droit). *1863-66* fréquente les milieux littéraires. *1870-11-8* épouse Mathilde Mauté (chantée dans la Bonne Chanson), garde national. *1871-73* liaison homosexuelle avec Rimbaud qu'il suit en Angleterre et Belgique (Romances sans paroles, 1874). *1873-75* emprisonné à Mons pour 2 coups de revolver sur Rimbaud (blessé) lors de leur rupture (*10-7*), se convertit, écrit *Sagesse*. *1874-mai* sa femme obtient la séparation de corps. *1875-77* professeur en Angleterre, *1877-79* en France, à Rethel. Liaison avec un élève, Lucien Létinois. *1880-81* tentative de retour à la terre (avec Létinois, † 7-4-1883). *1884* succès des *Poètes maudits*. *1885* : 3 mois de prison à Vouziers (violences envers sa mère). Syphilitique, séjours à l'hôpital. Vit en marginal, jusqu'à sa mort, avec 2 maîtresses, Eugénie Krantz et Philomène Boudin. *1892* tournées en Hollande, Belgique, Angleterre. *1894* élu prince des poètes. *1896* meurt (misère, alcoolisme).

Verne, Jules [R] (8-2-1828/24-3-1905) : Un prêtre en 1839 (publié 1992), 5 Semaines en ballon (1863), Paris au XXe siècle (1863, publié 1994), Voyage au centre de la Terre (1864), De la Terre à la Lune (1865), Voyages et Aventures du capitaine Hatteras (1866), les Enfants du capitaine Grant (1867-68), Vingt Mille Lieues sous les mers (1869, en 1 vol. en 1871), Autour de la Lune (1870), le Tour du monde en 80 jours [1872 ; itinéraire : de Londres à Suez par Mont-Cenis et Brindisi (train + paquebot) 7 j, Bombay (paquebot) 13, Calcutta (train) 3, Hong Kong (paquebot) 13, Yokohama (paquebot) 6, San Francisco (paquebot) 22, New York 7, Londres (paquebot et chemin de fer) 9], l'Ile mystérieuse (1874), Michel Strogoff (1876), Hector Servadac (1877), les Indes noires (1877), Un capitaine de 15 ans (1878), les 500 Millions de la Bégum (1879), les Tribulations d'un Chinois en Chine (1879), Mathias Sandorf (1885), Robur le conquérant (1886), Nord contre Sud (1887), l'Ile à hélice (1895), Face au drapeau (1896), le Sphynx des glaces (1897). [En tout : 64 voyages extraordinaires, 31 romans conjecturaux, 20 pièces (adaptations des romans). *Opérette* : Colin-Maillard (1853)]. – *Biogr.* : père avoué nantais. *1848-51* doctorat en droit à Paris. *1851-57* refuse le notariat ; auteur dramatique à Paris. *1857-63* épouse Honorine Deviane, riche veuve ; courtier à la Bourse. *1863* contrat avec l'éditeur Hetzel : gros droits d'auteur. *1864-71* vit au Crotoy ; nombreuses croisières. *Après 1872* à Amiens. Auteur français le plus traduit. Liaisons homosexuelles. *1886* son neveu tire sur lui 2 coups de revolver ; blessé au tibia, il marchera dès lors avec une canne. Son fils publiera, en 1908, *le Pilote du Danube* (réécrit *le Beau Danube jaune*).

Verneuil, Louis (Collin Barbié du Bocage, dit) [D] (1893-1952) : l'Amant de cœur (1921).

Vialar, Paul [R] (1898-1996) : la Rose de la mer (F 1939), la Grande Meute (1943), La mort est un commencement (8 vol., 1946-51), Chronique française du XXe s. (10 vol., 1955-61), la Croule, la Chasse de décembre (1979).

Vidal de La Blache, Paul [Géo] (1845-1918).

Vielé-Griffin, Francis [P] (USA, 1864-1937) : les Cygnes (1887), Joies (1889), la Clarté de vie (1897).

Vildrac, Charles (Messager) [D, P] (1882-1971) : le Paquebot Tenacity (1920), la Brouille (1930).

Villiers de L'Isle-Adam, Auguste [P, R, D] (St-Brieuc 7-11-1838/Paris 18-8-1889) : Isis (1862), Axel (1872-90), Contes cruels (1883), l'Ève future (1886), l'Amour suprême (1886), Tribulat Bonhomet (1887), les Nouveaux Contes cruels (1888). – *Biogr.* : ancienne noblesse bretonne, appauvrie par la Révolution. *1855* déception sentimentale. *1857* sa famille vient avec lui à Paris, pour lui ouvrir une carrière littéraire. *1859* ruiné, retourne en Bretagne. *1863* revendique le trône de Grèce, en vertu de sa prétendue parenté avec les L'Isle-Adam. *1867* rédacteur en chef de la *Revue des Lettres et des Arts*. *1876* liaison avec une servante (qu'il épousera sur son lit de mort). *1883-89* vit d'aides (de Mallarmé, d'Huysmans).

Vitrac, Roger [P, D] (1899-1952) : les Mystères de l'amour (1927), Victor ou les Enfants au pouvoir (1928), le Coup de Trafalgar (1934).

Vivien, Renée (Pauline Tarn, dite) [P, E] (1877-1909) : Cendres et Poussières (1902), Évocations (1903).

Vogüé, Eugène Melchior, Vte de [E] (1848-1910) : le Roman russe (1886). *Romans* : Jean d'Agrève (1897), les Morts qui parlent (1899).

Wahl, Jean [Ph, P] (1888-1974).

Wallon, Henri [Ph] (1879-1962) : l'Évolution psychologique de l'enfant (1941-47).

Walras, Léon [Ec] (1834-1910) : fondateur de l'école de Lausanne.

Warnod, André [E, Cr] (1885-1960).

Weiss, Louise [E] (1893-1983) : la Marseillaise, Sabine Legrand, Mémoires d'une Européenne.

Werth, Léon [E] (1878-1955) : Maison blanche (1913), Clavel soldat (1919), Déposition (1945).

Wurmser, André [J] (1899-1984) : l'Enfant enchaîné, la Comédie inhumaine, Une fille trouvée.

Yver, Colette [R] (28-7-1874/17-3-1953).

Zévaco, Michel [R] (1860-1918) : le Pont des Soupirs (1901), Borgia (1906), le Capitan (1907), les Pardaillan (1907), Triboulet (1910), la Cour des Miracles (1910), Buridan (1911).

Zimmer, Bernard [D] (1893-1964).

Zola, Émile [R, J] (Paris 12-4-1840/29-9-1902) : Thérèse Raquin (1867), les Rougon-Macquart (1871-93) [20 vol. : la Fortune des Rougon (1871), la Curée (1872), le Ventre de Paris (1873), la Conquête de Plassans (1874), la Faute de l'abbé Mouret (1875), l'Assommoir (1877), Une page d'amour (1878), Nana (1880 ; modèle : l'actrice Henriette Hauser, dite Citron), Pot-Bouille (1882), Au bonheur des dames (1883), Son Excellence Eugène Rougon (1883), la Joie de vivre (1884), Germinal (1885), l'Œuvre (1886), la Terre (1887), le Rêve (1888), la Bête humaine (1890), l'Argent (1891), la Débâcle (1892), le Docteur Pascal (1893)], les Trois Villes [Lourdes (1894), Rome (1896), Paris (1898)], les Quatre Évangiles [Fécondité (1899), Travail (1901), Vérité (1903), Justice (inachevé)], la Mort d'Olivier Bécaille (publié 1994). – *Biogr.* : A 7 ans, orphelin de père (ingénieur italien travaillant à Aix-en-Provence). Études au collège d'Aix. *1858* à Paris avec sa mère (très pauvre). Échoue au bac. *1862* employé chez Hachette ; naturalisé Français. *1870* épouse Alexandrine Meley. *1871-76* succès avec 6 romans. *1877-80* réunit ses disciples dans sa villa de Médan. *1880* publie *les Soirées de Médan* avec des naturalistes [Paul Alexis (*Après la bataille*), Henry Léaud (*la Saignée*), Léon Hennique (*l'Affaire du grand 7*), J.-K. Huysmans (*Sac au dos*), Zola (*l'Attaque du moulin*)]. *1888* prend une maîtresse, Jeanne Rozerot (1867-1914) dont 2 enfants ; à la mort de Zola, sa femme les adoptera. *1897* dreyfusard. *1898* : 1 an de prison et 3 000 F d'amende pour son article « J'accuse » (titre de Clemenceau, publié dans *l'Aurore* du 13-1) ; *-18-7* s'enfuit en Angleterre. *1899-5-6* revient. *1902-29-9* meurt asphyxié par un feu de cheminée. *1908-4-6* inhumé au Panthéon.

NÉS APRÈS 1900

Abellio, Raymond (Georges Soulès) [R, Es] (1907-86) : Heureux les pacifiques (1946-64), Les yeux d'Ézéchiel sont ouverts, la Fosse de Babel (1962), la Structure absolue (1963), Fondements d'éthique (publié en 1995).

Abirached, Robert [Cr, Es, R] (1930) : Casanova ou la Dissipation (1961), l'Émerveillée, Tu connais la musique (1971), la Crise du personnage dans le théâtre moderne (1977), l'Amour dans l'âme (1979).

Absire, Alain [R] (1950) : Lazare ou le Grand Sommeil, l'Égal de Dieu (F 1987).
Adamov, Arthur (M. Adamian) [D] (or. russo-arménienne, en France à 16 ans, 1908-70) : l'Invasion (1950), la Parodie (1952), le Ping-Pong (1955), Paolo Paoli (1957), Off Limits (1969).
Agulhon, Maurice [H] (1926).
Ajar, Émile (Paul Pavlowitch, 1949) : voir **Gary.**
Albérès, René-Marill [Es, R] (1921-1982) : la Révolte des écrivains d'aujourd'hui, l'Aventure intellectuelle du XXe siècle, Velléda, le Livre du silence.
Allais, Maurice [Ec] (1911) : A la recherche d'une discipline économique (1943), Économie et Intérêt (1947), Théorie générale des surplus (1981) [N 1988].
Alleg, Henri [Es, J] (1921) : la Question (1958), la Guerre d'Algérie, Croissant vert et Étoile rouge.
Almira, Jacques [R] (1950) : le Voyage à Naucratis (M 1975), la Fuite à Constantinople ou la Vie du Cte de Bonneval (prix des Libraires 1987), le Bal de la guerre ou la Vie de la P^{cesse} des Ursins (1990).
Alquié, Ferdinand [Ph] (1906-85).
Althusser, Louis [Ph] (16-10-1918/22-10-1990) : Pour Marx (1965), L'avenir dure longtemps (1992), Journal de captivité (1992), Lettres à Franca (1998). – *Biogr. :* marxiste ; démence : étrangle sa femme, Hélène, 16-11-1980.
Alyn, Marc (Fécherolle) [Cr, P] (1937) : Le chemin a la parole (1954), Demain l'amour.
Amade, Louis [P] (1915-92).
Amadou, *Jean* [Hum] (1929). *Robert* [Es] (1924).
Ambrière, Francis (Charles Letellier) [Cr, R] (1907-98) : les Grandes Vacances (G 1940 décerné 1946).
Amette, Jacques-Pierre [Cr, R] (1943) : les Deux Léopards (1997), l'Homme du silence (1999), Ma vie, son œuvre (2001).
Amouroux, Henri [J, E] (1920) : Une fille de Tel-Aviv, la Vie des Français sous l'Occupation (1961), la Grande Histoire des Français sous l'Occupation (10 vol., 1976-93), M. Barre (1986), Pour en finir avec Vichy (1997).
André, Robert [R, Es] (1921) : Un combat opiniâtre (1961), le Regard de l'Égyptienne, l'Enfant miroir (1978).
Andrea, Yann (1952) [Es] : Cet amour-là, Ainsi (2000).
Andreu, Pierre [Es] (1909-87) : le Rouge et le Blanc.
Angot, Christine (1959) [R] : Vu du ciel (1990), Not to be (1991), l'Inceste (1999), Quitter la ville (2000), Normalement (2001).
Anouilh, Jean [D] (Bordeaux 23-6-1910/Lausanne 3-10-1987) : *Théâtre :* 8 recueils (1942-1960) : *Pièces noires* (1942) : l'Hermine (1932), le Voyageur sans bagage (1937), la Sauvage (1938) ; *Pièces roses* (1942) : le Bal des voleurs (1938), le Rendez-vous de Senlis (1942) ; *Pièces brillantes* (1951) : l'Invitation au château (1947), la Répétition ou l'Amour puni (1950) ; *Pièces grinçantes* (1956) : la Valse des toréadors (1952), Ornifle ou le Courant d'air (1955), Pauvre Bitos ou le Dîner de têtes (1956) ; *Nouvelles Pièces noires* (1958) : Antigone (1944), Roméo et Jeannette (1947), Médée (1953) ; *Pièces costumées* (1960) : l'Alouette (1953), Becket ou l'Honneur de Dieu (1959), la Foire d'empoigne (1960) ; *Nouvelles Pièces grinçantes* (1970) : l'Hurluberlu (1959), la Grotte (1961), l'Orchestre (1962), le Boulanger, la boulangère et le petit mitron (1968), les Poissons rouges (1970) ; *Pièces baroques* (1974) : Cher Antoine (1969), Ne réveillez pas Madame (1970), le Directeur de l'Opéra (1971) ; *Hors recueil :* Chers Zoiseaux (1976), Vive Henri IV ! (1977), la Culotte (1978), le Nombril (1981). *En collaboration avec Robert Piétri :* le Scénario (1976). *Autobiogr. :* La vicomtesse d'Éristal n'a pas reçu son balai mécanique (1987). – *Biogr. :* père tailleur bordelais. *1928* dans la publicité à Paris. *1930* secrétaire de Jouvet, à l'Athénée ; écrit. *1937* succès. *1965* metteur en scène.
Antier, Jean-Jacques [H, R] (1928).
Arban, Dominique (Nathalie Huttner) [E] (1903-91).
Arcangues, Guy d' [J, P, R] (1924) : l'Opportuniste.
Ariès, Philippe [H] (1914-84) : Essais de mémoire (1943-83), Histoire des populations françaises et de leurs attitudes devant la vie depuis le début du XVIIIe s. (1948), Temps de l'histoire (1954), l'Enfant et la Vie familiale sous l'Ancien Régime (1960), l'Homme devant la mort (1977).
Armand, Louis [Es] (1905-71).
Arnaud, Georges (Henri Girard) [R] (1918-87) : le Salaire de la peur (1949), le Voyage du mauvais larron, la Plus Grande Pente. – Le 2-6-1943, la cour d'assises de la Dordogne l'acquitta du meurtre (le 29-10-1941) de son père Georges (archiviste des Affaires étrangères en retraite), de sa tante Amélie et de leur domestique au château d'Escoire (Maurice Garçon était son avocat).
Arnothy, Christine (Mme Claude Bellanger) [R, D] (Budapest, 1930) : *Romans :* J'ai 15 ans et je ne veux pas mourir (1954), Toutes les chances plus une (I 1980), Voyages de noces (1994), la Piste africaine (1997), la Dernière Nuit avant l'an 2000, Malins Plaisirs (1999), Complot de femmes, Embrasser la vie (2001).
Aron, *Jean-Paul* [Ph, H] (1925-88). *Raymond* [Es] (1905-83) : Introduction à la philosophie de l'Histoire (1938), l'Homme contre les tyrans (1944), le Grand Schisme, l'Opium des intellectuels, Dimensions de la conscience historique (1960), Paix et Guerre entre les nations (1962), la Lutte des classes (1964), Démocratie et Totalitarisme (1965), Penser la guerre (1976), Plaidoyer pour l'Europe décadente, le Spectateur engagé (1981), Mémoires (1983), Machiavel (1993).
Arrabal, Fernando [D, P, R, Es] (Espagnol, 1932) : *Romans :* Baal Babylone (1959), la Vierge rouge (1986), la Fille de King-Kong (1988), la Tueuse du jardin d'hiver. *Théâtre :* Fando et Lis (1953), le Grand Cérémonial (1956), le Cimetière de voitures (1958), Pique-Nique en campagne (1959), le Tricycle (1961), le Couronnement (1965), l'Architecte et l'Empereur d'Assyrie (1967), le Jardin des délices (1969), Bella Ciao (1972), Sur le fil (1975), Théâtre Bouffe (1978), la Traversée de l'empire (1988), Porté disparu (2000).
Arsan, Emmanuelle [R] (1938) : Emmanuelle (1959), la Leçon d'homme, l'Anti-Vierge, les Enfants d'Emmanuelle.
Assouline, Pierre [Biogr., R] (1953) : Jean Jardin, Gaston Gallimard, Marcel Dassault, D.-H. Kahnweiler, Albert Londres, Simenon, Hergé, le Fleuve Combelle, le Dernier des Camondo (1997), Cartier Bresson, l'éveil du siècle. *Roman :* la Cliente (1998). Double vie (2001).
Attali, Jacques [Es, Bibl.] (1-11-1943) : Bruits (1977), Verbatim (I 1993, II et III 1995), Blaise Pascal (2000).
Auclair, Georges [R, Soc] (1920).
Audiard, Michel [R, Dia] (1920-85) : Méfiez-vous des blondes, Priez pour elles, La nuit, le jour et toutes les autres nuits (1978).
Audisio, Gabriel [P, Pros] (1900-78) : *Poésies :* l'Homme au soleil (1923), Ici-bas (1927). *Essais :* Misères de notre poésie (1943), Ulysse ou l'Intelligence (1945). *Romans :* les Augures (1932), les Compagnons de l'Ergador (1940).
Audouard, *Yvan* [Hum] (1914) : A Catherine pour la vie, Brune hors série, les Secrets de leur réussite, La connerie n'est plus ce qu'elle était, M., Jadis est de retour (1994), le Sabre de mon père. *Antoine* [R] (1956) fils d'Yvan : Adieu mon unique (2000).
Audry, Colette [R] (1906-90) : Derrière la baignoire (M 1962), Léon Blum ou la Politique du juste (1970), l'Autre Planète (1972), l'Héritage (1984), Rien au-delà (1993).
Aury, Dominique (Anne Desclos) [Cr] (1907-98), voir **Réage** Pauline, p. 312 b.
Autin, Jean [H] (1921-91).
Aveline, Claude (Eugène Avtsine) [E, P, R] (or. russe, 1901-93) : la Double Mort de Frédéric Belot (1932), la Vie de Philippe Denis (1930-55), le Prisonnier (1936), Hoffmann-Canada.
Avril, Nicole [R] (1939) : les Gens de Misar, le Jardin des absents, la Disgrâce, Sur la peau du diable, Dans les jardins de mon père, l'Impératrice, Le Roman du visage (1999).
Aymé, Marcel [D, R] (Joigny 28-3-1902/Paris 29-10-1967). *Romans :* Brûlebois (1923), la Table aux crevés (Ren 1929), la Jument verte (1933), Travelingue (1941), le Passe-Muraille (nouvelle), la Vouivre (1943), le Chemin des écoliers (1946), Uranus (1948), le Confort intellectuel (1949). *Contes :* du chat perché (3 vol., 1934-50-58). *Théâtre :* Clérambard (1950), la Tête des autres (1952).
Azéma, Jean-Pierre [Es] (1937).
Badinter, Élisabeth (née Bleustein-Blanchet) [Es] (5-3-1944) : l'Amour en plus (1980), L'un est l'autre (1986), Condorcet (1989, avec son mari, Robert), XY de l'identité masculine (1992), Passions intellectuelles (1999).
Badiou, Alain [Ph] (1937) : l'Être et l'Événement (1988), Manifeste pour la philosophie, Conditions (1992), Manuel d'inesthétique (1998, 3 vol.).
Balandier, Georges [Soc] (1920) : Anthropologie politique (1967), le Grand Système.
Bancquart, Marie-Claire [P] (1932).
Barbier, Élisabeth (Renée Guérin) [R] (1920-96) : les Gens de Mogador (1947-61), Mon père, ce héros (1958), Ni le jour ni l'heure (1969).
Bardèche, Maurice [Es, J] (1909/7-98) : Histoire du cinéma (1935) avec son beau-frère Brasillach, Nuremberg ou la Terre promise (1948), Histoire des femmes (1968), Stendhal, Marcel Proust romancier (1971), Balzac (1980), Céline (1986), Léon Bloy (1989).
Barillet, Pierre (1923) et **Grédy,** Jean-Pierre (1920) [D] : le Don d'Adèle (1949), la Plume (1956), Au revoir Charlie (1964), Quarante Carats, Folle Amanda (1971), le Préféré (1978), Potiche (1980).
Barjavel, René [J, R] (1911-85) : Ravage (1943), le Voyageur imprudent (1944), Tarendol (1944), le Diable l'emporte (1947), la Nuit des temps (1968), les Chemins de Katmandou (1969), le Grand Secret (1973), les Dames à la licorne (1974), la Charrette bleue (1980), la Tempête (1982), Demain le Paradis.
Barthes, Roland [Es] (1915-80) : le Degré zéro de l'écriture (1953), Mythologies (1957), Éléments de sémiologie (1965), Critique et Vérité (1966), S/Z, l'Empire des signes (1970), la Chambre claire (1980).
Bartillat, Christian de [R,H] (1930) : Christophe ou la Traversée, les Flammes de la Saint-Jean (1982), Clara Malraux (1986), Histoire de la noblesse française, le Livre du sourire (1995).
Bastide, François-Régis [Cr, D, R] (1926-96) : la 3e Personne (1949), les Adieux (F 1956), la Vie rêvée (1962), Flora d'Amsterdam, Zodiaque, la Palmeraie, la Forêt noire, l'Homme au désir d'amour lointain (1994).
Bataille, *Christophe* [R] (1972) : Annam, Absinthe, le Maître des heures (1996), Vive l'enfer (2000). *Michel* [R] (1926) : Une pyramide sur la mer (1963), l'Arbre de Noël (1967), le Cri dans le mur (1970), les Jours meilleurs (1973).
Baudrillard, Jean [Soc] (1929) : les Allemands (1963), le Système des objets (1968), la Société de consommation (1974), l'Échange symbolique et la Mort (1976), De la séduction (1980), l'Illusion de la fin (1992), le Crime parfait, le Paroxyste indifférent (1998), Mots de passe (2000), Cool Memories IV.
Bazin, Hervé (Jean-Pierre Hervé-Bazin) [R] (1911-96) : Vipère au poing (1948), la Tête contre les murs (1949), la Mort du petit cheval (1950), Qui j'ose aimer (1956), le Matrimoine (1967), le Cri de la chouette (1972), Madame Ex (1975), le Grand Méchant Doux (1992), le Neuvième Jour (1994).
Béalu, Marcel [P] (1908-93) : Mémoires de l'ombre (1941, 44, 59), l'Expérience de la nuit (1945), l'Araignée d'eau (1948), les Messagers clandestins (1956).
Béarn, Pierre (Louis Besnard) [R, P] (15-6-1902) : Dialogues de mon amour, Passantes, la Bête, 300 fables, l'Arc-en-ciel de ma vie. *Revue :* « la Passerelle » (qu'il écrit seul).
Beaujeu-Garnier, Jacqueline [Géographe] (1917-94).
Beauvoir, Simone de [E] (9-1-1908/14-4-1986) : *Romans :* l'Invitée (1943), le Sang des autres (1945), Tous les hommes sont mortels (1946), les Mandarins (G 1954), les Belles Images (1962), la Femme rompue (1968). *Essais :* Pyrrhus et Cinéas (1944), Pour une morale de l'ambiguïté (1947), le Deuxième Sexe (1949), la Vieillesse (1970). *Théâtre :* les Bouches inutiles (1945). *Nouvelles :* Primauté du spirituel (1979, refusé en 1937). *Autobiogr. :* Mémoires d'une jeune fille rangée (1958), la Force de l'âge (1960), la Force des choses (1963), Une mort très douce (1964), Tout compte fait (1972), la Cérémonie des adieux (1983), Lettres à Sartre (1990), à Nelson Algren (1997). – *Biogr. :* père avocat parisien. *1929* agrégée de philo ; compagne de J.-P. Sartre. *1931-43* professeur de philo (1931 Marseille, 1932 Rouen). *1943* quitte l'enseignement après *l'Invitée*. *1970-71* directrice de *l'Idiot international* et *l'Idiot liberté*. *1974* Pte de la Ligue du droit des femmes.
Becker, Lucien [P] (1912-84).
Beckett, Samuel [D, R] (Irlande 13-4-1906/Paris 22-12-1989) : *Romans :* Murphy (1938), Molloy (1951), Malone meurt (1951), Walt (1953), l'Innommable (1953), Comment c'est (1961), Cap au pire (1982), Soubresauts (1989), Dream of Fair to Middling (1992), Bande et Sarabande (1994). *Théâtre :* En attendant Godot (1952), Fin de partie (1957), la Dernière Bande (1958), Oh ! les beaux jours (1962), Mal vu, mal dit (1981). *Essai :* Proust (1931) [N 1969]. – *Biogr. :* père métreur ; études à Dublin. *1926* 1er séjour en France. *1928-30* lecteur d'anglais à Normale supérieure. *1930-32* assistant de français à Dublin. *1933-37* vit pauvre à Londres. *1938* à Paris, écrit en français à partir de 1939. *1942-45* à Roussillon (Vaucluse). *1945-52* Paris (traductions d'anglais). *1952* succès de *Godot ;* vie retirée.
Bédarida, François [H] (1926).
Beer, Jean de [D, Es] (1911).
Belaval, Yvon [Ph] (1908-88).
Belletto, René [R, Nouv] (1945) : le Revenant, Sur la terre comme au ciel (1982), l'Enfer (F 1986), la Machine (1990), le Temps mort (1996, nouvelles), Ville de la peur, Créature (2000).
Bénézet, Mathieu [Es, P] (1946).
Bénichou, Paul [Es] (1908) : Morales du grand siècle (1948), le Temps des prophètes (1977), les Mages romantiques (1988), l'École du désenchantement (1992), Selon Mallarmé (1995).
Benoist, *Alain de* [Es] (1943) : Anthologie critique des idées contemporaines (1977), Vu de droite, l'Écume et les Galets. *Jean-Marie* [Pol] (1942-90) : Marx est mort (1970), Tyrannie du Logos, la Révolution structurale (1975), Pavane pour une Europe défunte, les Nouveaux Primaires, le Devoir d'opposition (1982), les Outils de la liberté (1986).
Benoist-Méchin, Jacques [H] (1-7-1901/83) : Histoire de l'armée allemande (1936), Mustapha Kémal (1954), Ibn Seoud (1955), 60 Jours qui ébranlèrent l'Occident (1956), Fayçal d'Arabie (1975), Alexandre le Grand (1981), Frédéric de Hohenstaufen. – *Biogr. :* père milliardaire aventurier. *1940* mission diplomatique des prisonniers de guerre. *1941-42* secrétaire d'État chargé des rapports franco-allemands. *1942* ambassadeur à Ankara ; collaborateur. *1945* prisonnier à Clairvaux. *1947* condamné à mort, gracié. *1954* en liberté conditionnelle.
Benoziglio, Jean-Luc [R] (1941) : Tableaux d'une ex.
Benveniste, Émile [Ling] (1902-76).
Benzoni, Juliette [R] (1920) : les Reines tragiques (1962), Belle Catherine, Jean de la nuit (1985), la Chambre de la reine (1997), la Vie de château (1998), l'Homme du roi (1999), la Comtesse des ténèbres.
Bercoff, André [E, J] (12-12-1940, utilise aussi 3 pseudonymes : Caton, Philippe de Commines, Philippe Murat).
Berger, Yves [R] (1931) : Sud (F 1962), le Fou d'Amérique, les Matins du nouveau monde, la Pierre et le Saguaro (1990), l'Attrapeur d'ombres (1992), Immobile dans le courant du fleuve (M 1994), le Monde après la pluie (1997), Sante Fe (2000).
Bergounioux, Pierre [R] (1949) : Catherine (1984), la Bête faramineuse (1986), la Mue, l'Orphelin (1992), le Grand Sylvain (1993), la Toussaint (1994), Miette (1995), la Mort de Bruno (1996).
Bérimont, Luc (André Leclercq) [P, R] (1915-83) : *Roman :* le Bois Castiau.
Bernard, *Jean* [Méd] (1907) : De la biologie à l'éthique (1990), les Deux Privilèges (1993). *Marc* [R] (1900-83) : Zigzag (1927), Anny (1934), la Mort de la bien-aimée, Tout est bien ainsi (1979). *Michel* [R] (1934) : la Plage (1960), la Négresse muette (1968), la Jeune Sorcière, le Cœur du paysage, les Bouches de Kotor (1984).
Bernardi, Gil [R, J] (1952) : Ormuz.
Bernheim, Emmanuèle [R] : Cran d'arrêt (1985), Un couple (1988), Sa femme (1993), Vendredi soir (1998).
Berstein, Serge [H] (1934).
Bertin, Célia [H] (1921) : Mayerling, la Dernière Bonaparte, la Dernière Innocence (Ren 1953).
Besançon, Alain [H] (1932) : Une génération (1987), l'Image interdite (1994), le Malheur du siècle (1998).
Besson, Patrick [R] (1956) : Les petits maux d'amour (1974), Dara (1985), la Paresseuse, Julius et Isaac, les Braban, les Petits Maux d'amour (1996), la Science du baiser, le Sexe fiable, les Frères de la consolation (1998), la Titanic (1999), Accessible à certaine mélancolie (2000), 28 rue Aristide Briand (2001).
Bésus, Roger [R] (1915) : Cet homme qui vous aimait, Paris le monde, la Couleur du gris, le Maître.
Bianciotti, Hector [R] (Argentine 1930, en France depuis 1961, naturalisé Français 1981) : les Déserts dorés (1967), Celle qui voyage la nuit (1969), Ce moment qui s'achève (1972), le Traité des saisons (M étranger 1977), L'amour n'est pas aimé (1982), Sans la miséricorde du Christ (F 1986), Seules les larmes seront comptées,

Ce que la nuit raconte au jour (1991), le Pas si lent de l'amour (1995), Comme la trace de l'oiseau dans l'air (1999), Une passion en toutes lettres (2001).

Billetdoux, *François* [R, D] (1927-91) : l'Animal (1955), Tchin-Tchin (1959), Va donc chez Törpe (1961), Comment va le monde, môssieu ? Il tourne, môssieu (1964), Il faut passer par les nuages (1964), Rintru pa trou tar, hin ! (1971), la Nostalgie, camarade (1974), Ai-je dit que je suis bossu ? (1980), Réveille-toi, Philadelphie (1988). *Raphaëlle* (fille de François) [R] (1951) : Prends garde à la douceur des choses (I 1976), Mes nuits sont plus belles que vos jours (Ren 1985), Entrez et fermez la porte (1991), Mélanie dans un vent terrible (1994), Chère madame ma fille cadette (1997), Je frémis en le racontant (2000).

Blanchot, Maurice [E] (1907) : Thomas l'obscur (1941-50), Aminadab (1942), le Très-Haut (1948), le Dernier Homme (1957), l'Attente l'Oubli (1962), l'Écriture du désastre (1980).

Blancpain, Marc (Bénoni) [R] (1909-2000) : le Solitaire, Arthur et la Planète, Ces demoiselles de Flanfolie, La femme d'Arnaud vient de mourir.

Blanzat, Jean [R] (1906-77) : Septembre, l'Orage du matin (1942), le Faussaire (F 1964).

Blond, Georges [J, H] (1906-89) : le Survivant du Pacifique, Verdun (1961), la Marne (1962), Pétain, la Grande Armée (1979), l'Invincible Armada.

Blondin, Antoine [R] (1922-91) : l'Europe buissonnière (1949), les Enfants du Bon Dieu (1952), l'Humeur vagabonde (1955), Un singe en hiver (1959), Monsieur Jadis ou l'École du soir (1970), Quat'Saisons (1975), Certificat d'études (1977), l'Ironie du sport (1988).

Bluche, François [H] (1925) : Louis XIV, le Grenier à sel.

Bodard, Lucien [J, R] (Chongjin, Chine 1914/Paris 1998) : la Guerre d'Indochine (5 volumes, 1963-69), la Chine de Tseu-Hi à Mao, M. le consul (I 1973), le Fils du consul (1975), la Vallée des roses, la Duchesse, Anne-Marie (G 1981), la Chasse à l'ours, les Grandes Murailles, les Dix Mille Marches, le Chien de Mao (1998).

Bohringer, Richard [R] (1941) : C'est beau une ville la nuit, le Bord intime des rivières.

Boisdeffre, Pierre de [Cr, R] (1924) : *Romans :* les Fins dernières, l'Amour et l'Ennui (1959). *Nouvelles :* les Nuits (1980). *Essais :* Métamorphoses de la littérature, la Foi des anciens jours, Goethe m'a dit, Histoire de la littérature de langue française (1930-80), Vie d'André Gide. *Biogr. :* Contre le vent majeur (1994).

Boissard, Janine [R] (n.c.) : Une femme neuve, l'Amour Béatrice, Belle-Grand-Mère, Boléro (1995), Bébé couple (1997), la Maison des enfants, Priez pour petit Paul (2001).

Bon, François [R] (1953) : Sortie d'usine (1982), Limite (1985), le Crime de Buzon (1986), Calvaire de chiens, la Folie Rabelais (1990), l'Enterrement (1991), Un fait divers (1993), Prison, Impatience (1998), Autoroute (2000).

Bona, Dominique [R] (1953) : les Heures volées (1981), Malika (I 1992), le Manuscrit de Port-Ébène (Ren 1998). – *Biogr. :* Romain Gary (1987), les Yeux noirs, Gala (1995), Stefan Zweig (1996), Berthe Morisot (2000).

Bonheur, Gaston (Tesseyre) [J, R] (1913-80) : Qui a cassé le vase de Soissons ? (1964).

Bonnefoy, Yves [Cr, Es, P] (24-6-1923) : *Poésie :* Du mouvement et de l'immobilité de Douve (1953), Hier régnant désert (1958), Pierre écrite (1965), Dans le leurre du seuil (1975). *Essais :* Peintures murales de la France gothique, Rimbaud, Giacometti, Shakespeare (1998), Lieux et destins de l'image (2000).

Bordes, Gilbert [J, R] (1948) : l'Angélus de minuit (1989), le Roi en son moulin (1990).

Bordier, Roger [Cr d'a, R] (1923) : les Blés (Ren 1961), le Tour de ville, les Éventails, l'Océan, Meeting, l'Objet contre l'art, les Temps heureux (1984).

Bordonove, Georges [H, R] (1920) : la Caste (1952), Chien de feu, les Atlantes, les Templiers (1960).

Borel, *Jacques* [P] (1917) : la Fuite au cœur, Elle était une Foi. *Jacques* [Cr, R] (1925) : l'Adoration (G 1965), le Retour (1970), la Dépossession, l'Aveu différé.

Borne, *Alain* [P] (1915-62). *Étienne* [Ph] (1907-93) : Dieu n'est pas mort (1956), le Problème du mal (1958), Passion de la vérité (1960), les Nouveaux Inquisiteurs (1983).

Bory, Jean-Louis [R, Cr] (1919-79, suicide) : Mon village à l'heure allemande (G 1945), Chère Aglaé, Usé par la mer (1959), Eugène Sue, le Pied.

Bosquet, Alain (Anatole Bisk) [P, R, Es] (Odessa 1919-98). *Essai :* la Mémoire ou l'Oubli, les Fruits de l'an dernier. *Romans :* la Confession mexicaine (I 1965), les Tigres de papier (1968), Une mère russe (1978), Ni guerre ni paix (1983), les Fêtes cruelles, les Solitudes, Demain sans moi (1993), Georges et Arnold (1995), Portrait d'un milliardaire malheureux (1997), Un parc, une femme, quelques mensonges (1997), Un départ (1999).

Bost, Pierre [R, D] (1901-75) : le Scandale, Monsieur Ladmiral va bientôt mourir.

Bothorel, Jean [J, Es, E] (1940) : Un prince, le Pharaon, Histoire du septennat giscardien, Vie et passions d'un éditeur, Un si jeune président (1995).

Bott, François [J] (1935) : la Femme insoupçonnée, Radiguet (1995), la Demoiselle des lumières, Sur la planète des sentiments (1998).

Bouchet, André du [P] (7-5-1924/19-4-2001).

Boudard, Alphonse [R] (17-12-1925/14-1-2000) : la Métamorphose des cloportes (1962), la Cerise (1963), l'Hôpital (1972), Cinoche, les Combattants du petit bonheur (Ren. 1977), le Corbillard de Jules, la Fermeture (1986), l'Éducation d'Alphonse (1987), Faits divers et châtiments, Mourir d'enfance (1995) ; Madame de Saint-Sulpice, l'Étrange Monsieur Jo (1998), Chère Visiteuse (1999), les Trois mamans du petit Jésus (2000). *Nouvelles :* Enfants de chœur, Saint Frédo (1993).

Boudon, Raymond [Soc] (1934).

Boudot, Pierre [E] (1930-88) : Nietzsche et l'au-delà de la liberté (1971). *Romans :* la Matasse (1966), le Cochon sauvage (1968), la Louve (1981).

Boulanger, Daniel [D, Nouv, P, R] (1922) : les Noces du merle (1964), le Chemin des caracoles (1966), le Gouverneur polygame (1980), Mes coquins (1990), Ursacq, le Retable Wasserfall, le Miroitier (1995), Tombeau d'Héraldine, Talbard (1997), le Ciel de Bargetal, les Mouches et l'Ane (2000).

Boulle, Pierre [R] (1912-94) : William Conrad (1950), le Sacrilège malais (1951), Contes de l'absurde (1953), l'Épreuve des hommes blancs (1955), E = MC² (1957), le Pont de la rivière Kwaï (1958), la Planète des singes (1963), le Jardin de Kanashima (1964), les Vertus de l'enfer (1974), le Bon Léviathan, A nous deux Satan (1992).

Bourbon-Busset, Jacques, Cte de ⚘ [R, Es] (27-4-1912/9-5-2001) : *Romans :* le Silence et la Joie (1957), Fugue à deux voix (1958), les Aveux infidèles (1962), le Berger des nuages (1983). *Essais :* Moi César (1958), Foi jurée, esprit libre (1992), l'Esprit de la forêt (1993), Alliance (1997). *Journal* (le Livre de Laurence) : 10 vol. (1966-85).

Bourdet, Claude [J] (1909).

Bourdieu, Pierre [Soc] (1930) : les Héritiers (1964), la Reproduction (1970), Homo academicus (1984), la Noblesse d'État (1989), la Misère du monde (1993), Raisons pratiques (1994), Sur la télévision (1996), Méditations pascaliennes (1997), la Domination masculine (1998), les Structures sociales de l'économie (2000), Contre-Feux (2001).

Bourin, *André* [Cr, Es] (1918) : Dictionnaire de la littérature française contemporaine, Jules Romains et Province, terre d'inspiration. *Jeanne* (épouse du précédent) [R] (1922) : Le bonheur est une femme (1963), Très Sage Héloïse, la Dame de beauté (1970), la Chambre des dames (1979), le Jeu de la tentation (1981), les Pérégrines, la Rose et la Mandragore, la Garenne (1994), le Sourire de l'ange.

Bourniquel, Camille [R] (1918) : le Lac, Sélinonte ou la Chambre impériale (M 1970), l'Enfant dans la cité des ombres (1973), la Constellation des lévriers, Tempo, l'Empire Sarkis (1981), le Dieu crétois (1982), le Jugement dernier (1983), Karma.

Boutang, Pierre [Polé, Es, R] (1916-98). *Essais :* Sartre est-il un possédé (1947), la Politique (1948), l'Ontologie du secret (1973-88), Précis de Foutriquet (1980, pamphlet contre Giscard d'Estaing). – *Biogr. :* Maurras. *Romans :* le Purgatoire (1976), la Maison un dimanche.

Bouvard, Philippe [J, Hum, E] (1929) : Un oursin dans le caviar (1973), la Cuisse de Jupiter (1974), Du vinaigre sur les huiles, Et si je disais tout, Un oursin chez les crabes (1981), Contribuables, mes frères (1990), Un homme libre (1995), le Journal de Bouvard (1997), Pâle ordure (1998), Joueurs mes frères (1999).

Brasillach, Robert [E, R] (Perpignan 31-3-1909/6-2-1945) : l'Enfant de la nuit (1934), Comme le temps passe (1937), les Sept Couleurs (1937), Notre avant-guerre (1941), la Conquérante (1943), les Quatre Jeudis (1944), Écrit à Fresnes (*poèmes,* 1944), les Captifs, la Reine de Césarée (*pièce,* montée 1957). – *Biogr. :* père officier au Maroc, tué 1914. Élevé par sa mère à Paris. *1928* École normale supérieure. *1930* critique à *l'Action française. 1937-43* rédacteur en chef de *Je suis partout,* collaborateur en 1940. *1945-19-1* condamné à mort (de Gaulle refuse sa grâce), *-6-2* fusillé fort de Montrouge.

Braudel, Fernand ⚘ [Ec, H] (1902-1985) : la Méditerranée et le monde méditerranéen à l'époque de Philippe II (1949), Écrits sur l'histoire (1969), Civilisation matérielle, Économie et Capitalisme XVe-XVIIIe s. (3 volumes, 1967-79), la Dynamique du capitalisme (1985), l'Identité de la France (1986).

Bredin, Jean-Denis ⚘ [E] (1929) : Joseph Caillaux (1980), l'Affaire (1983), Sieyès, Battements de cœur (1991), Bernard Lazare, Comédie des apparences (1994), Encore un peu de temps (1996), l'Éloquence, Personnes (1998), Une singulière famille (1999), Rien ne va plus, Lettre à Dieu le fils (2001).

Brenner, Jacques (J. Meynard) [R, Cr] (1922/20-1-2000).

Bretagne, Christian [J, R] (1928-84).

Breton, Guy [Chr] (1919) : Histoires d'amour de l'Histoire de France.

Brincourt, André [J, R] (1920) : le Paradis désenchanté (2000).

Brissac, Elvire de [R] (1939) : Au diable (1993), le Tour de l'arbre (1996), les Anges d'en-bas (1998).

Brisville, Jean-Claude [D, R] (1922) : le Souper (1992), la Dernière Salve (1995), De mémoire (1998).

Brochier, Jean-Jacques [R] (1937) : l'Hallali, Pour Sartre (1995).

Broglie, P^ce^ Gabriel de ⚘ [H, E] (1931) : Madame de Genlis, Guizot (1991), Mac-Mahon (2000).

Brosse, Jacques [Es] (1922) : l'Ordre des choses (1959), Zen et Occident, Autobiographie d'un enfant (1993).

Bruckner, Pascal [Es] (1948).

Brulé, Claude [D] (1925) : les Grosses Têtes (1969), l'Homme qui dérange (1985), Le plaisir de dire non.

Brunet, Roger [G] (1931).

Burdeau, Georges [Ph] (1905-88).

Butor, Michel [Cr, R] (1926) : *Romans :* Passage de Milan (1954), l'Emploi du temps (1956), la Modification (Ren 1957), Degrés (1960), Histoire extraordinaire (1961), Portrait de l'artiste en jeune singe (1967), Boomerang (1978). *Essais :* Répertoire (1960-74), Essai sur les essais (1968), le Japon depuis la France.

Cabanis, José ⚘ [R, Cr] (1922/6-10-2000) : l'Age ingrat (1952-60), le Bonheur du jour (1960), les Cartes du temps (1962), la Bataille de Toulouse (Ren 1966), Saint-Simon l'admirable (1975), les Profondes Années (1976), Mauriac (1991).

Cadou, René-Guy [P] (1920-51) : la Vie rêvée (1944), Pleine Poitrine, Hélène ou le Règne végétal (1952).

Caillois, Roger ⚘ [Es] (1913-78). *Essais :* le Mythe et l'Homme (1938), l'Homme et le Sacré (1939), Pierres (1966), Cohérences aventureuses (1976). *Autobiogr. :* le Fleuve Alphée (1978).

Calaferte, Louis [R, P, J] (14-7-1928/2-5-1994) : Requiem des innocents (1952), Partage des vivants, Septentrion (1963), Rosa Mystica (1968), Portrait de l'enfant, le Chemin de Sion, la Mécanique des femmes (1984), l'Incarnation (1987).

Calet, Henri [Hum] (1904-56) : la Belle Lurette (1935), le Bouquet (1945), le Tout sur le tout (1948), Peau d'ours (1958).

Camoletti, Marc [D] (1923) : Boeing-Boeing (1961), Secretissimo (1965), Duo sur canapé, Happy Birthday (1976), le Bluffeur (1985).

Camus, Albert [Ph, E, D] (Algérie 7-11-1913/4-1-1960, accident sur la nationale 6, à 88,4 km de Paris, voiture pilotée par Michel Gallimard † de ses blessures le 10-1) : *Théâtre :* Caligula (écrit 1938, 1944), le Malentendu (1944), l'État de siège (1948), les Justes (1950). *Essais :* l'Envers et l'Endroit (1937), Noces (1939), le Mythe de Sisyphe (1942), Actuelles (3 vol., 1950-58), l'Homme révolté (1951), l'Été (1954). *Romans :* l'Étranger (1942), la Peste (1947), la Chute (1956), la Mort heureuse (1971), le Premier Homme (inachevé, publié 1994). *Nouvelles :* l'Exil et le Royaume (1957) [N 1957]. – *Biogr. :* père ouvrier français, tué 1914. Élevé par sa mère. *1932* un an de sanatorium. *1933-37* acteur et directeur de troupe à Alger. *1937-39* journaliste à Paris. *1940-43* en zone libre. *1943-44* lecteur chez Gallimard, à Paris. *1945-47* dirige *Combat. 1947* succès de *la Peste. 1948* polémique avec Sartre sur le communisme. *1952* rompt avec lui.

Canguilhem, Georges [Ph] (1904-95) : le Normal et le Pathologique (1966).

Caratini, Roger [Ency] (1924) : Encyclopédie Bordas, Philosophie, Mahomet, Jeanne d'Arc (2000).

Cardinal, Marie [R] (1929-2001) : Écoutez la mer (1962), la Clef sur la porte (1972), les Mots pour le dire (1976), le Passé empiété (1983), les Grands Désordres (1987).

Carré, Ambroise-Marie ⚘ [Théo] (1908).

Carrère, Emmanuel (fils d'Hélène Carrère d'Encausse) [R] (1957) : l'Amie du Jaguar (1983), la Moustache (1986), Hors d'atteinte (1988), la Classe de neige (F 1995), l'Adversaire (1999).

Carrère d'Encausse, Hélène ⚘ origine géorgienne, née Zourabichvili [E] (Paris 6-7-1929). L'Empire éclaté (1979), le Grand Frère (1983), Ni paix ni guerre (1986), le Malheur russe (1988), la Gloire des nations (1990), Victorieuse Russie (1992), Nicolas II (1996), Lénine (1998), la Russie inachevée (2000).

Carrière, *Jean* [R, Cr] (1932) : Retour à Uzès (1967), l'Épervier de Maheux (G 1972), la Caverne des pestiférés [I Lazare (1978) ; II les Aires de Comeizas (1979)], les Années sauvages (1987), l'Empire des songes (1997). *Jean-Claude* [R, D] (1931) : Simon le mage, la Force du bouddhisme, le Cercle des menteurs, le Vin bourru (2000), le Fer dans la plaie.

Cars, *Guy des* [R, D] (1911-93) : voir p. 350 b. *Jean des,* fils de Guy [E, H] (1943) : Louis II de Bavière, Haussmann, Élisabeth d'Autriche, Sleeping Story, Malesherbes (1994), Eugénie (2001).

Cartano, Tony [R] (1944) : le Danseur mondain, Bocanegra, le Souffle de Satan (1991), En attendant Callagher.

Cartier, Raymond [J] (1904-75) : les 48 Amériques, les 19 Europes, la Seconde Guerre mondiale.

Castans, Raymond [Cr, D] (1920) : Marcel Pagnol m'a raconté (1974). *Théâtre :* le Pirate, Auguste, Libres sont les papillons, Rendez-vous au Plaza, le Grand Standing, les Meilleurs Amis du monde.

Castelot, André (Storms) [H] (1911) : Marie-Antoinette, l'Aiglon, Joséphine, Napoléon Bonaparte (10 volumes, 1969-70), Maximilien et Charlotte, Talleyrand (1980), François Ier (1983), Henri IV, Madame du Barry (1989), Fouché (1990).

Castillo, Michel del [R] (Espagne, 1933) : Tanguy (1957), le Colleur d'affiches, le Manège espagnol, le Silence des pierres, la Nuit du décret (Ren 1981), la Gloire de Dina, Mort d'un poète (1989), Une femme en soi, le Crime des pères (1992), Mon frère l'idiot, le Sortilège espagnol, la Tunique d'infamie, De père français, Colette, l'Adieu au siècle (2000).

Castillou, Henry [R] (1921-94) : Orteno (1947), Cortiz s'est révolté (1948), Soleil d'orage, Frontière sans retour (1967), la Victorieuse, l'Orage de juillet (1968), le Vertige de midi (1969), Thaddéa.

Castoriadis, Cornelius [Ph] (Constantinople 1922-Paris 26-12-1997) : l'Institution imaginaire de la société (1975), les Carrefours du labyrinthe (1978), Domaines de l'homme (1986), le Monde morcelé (1990), la Montée de l'insignifiance, Fait et à faire (1997). – *Biogr. : 1945* en France. *1949* fonde avec Claude Lefort le groupe (et la revue) *Socialisme ou Barbarie ;* dissous 1966.

Castries, René, duc de ⚘ [H] (1908-86) : Mirabeau, Mme du Barry, la Fin des rois, Chateaubriand, la Pompadour, Monsieur Thiers, la Reine Hortense.

Cau, Jean (P, R] (1925-93) : la Pitié de Dieu (G 1961), le Meurtre d'un enfant (1965), Nuit à Saint-Germain-des-Prés (1977). *Théâtre :* Pauvre France !

Cauvin, Patrick (voir **Klotz** Claude, p. 309 a).

Cavaillès, Jean [Ph] (1903-44).

Cavanna, François [R, Hum] (1926) : les Aventures de Dieu (1971), Et le singe devint con (1972), les Ritals (1978), les Russkoffs (I 1979), Bête et Méchant, les Écritures, les Yeux plus grands que le ventre (1983), Maria (1985), l'Œil du lapin, Cœur d'Artichaut, la Déesse-Mère.

Cayrol, Jean [P, R] (1911) : le Hollandais volant (1936), Je vivrai l'amour des autres (Ren 1947), les Corps étrangers (1959), Exposés au soleil, l'Homme dans le rétroviseur (1981), Nuit et Brouillard (1996).

Cazeneuve, Jean [Soc] (1915) : l'Ethnologie (1967), l'Homme téléspectateur (1974), les Hasards d'une vie (1989), la Personne et la Société (1995), l'Avenir de la morale (1998), les Roses de la vie (1999).

Cerf, Muriel [R] (1951) : le Diable vert, les Seigneurs du Ponant (1979), Julia M, Une vie sans secrets (1998).

Certeau, père Michel de [Anthro, H] (1925-86).

Césaire, Aimé [E, P] (Martinique, 1913). *Poésies :* Cahier d'un retour au pays natal (1939), Soleil cou coupé (1948), Cadastre (1961), Moi laminaire (1980). *Théâtre :* Et les chiens se taisaient (1956), la Tragédie du roi Christophe (1963), Une saison au Congo (1966). *Essai :* Toussaint Louverture. – Député-maire de Fort-de-France depuis 1945.

Cesbron, Gilbert [R, Es] (1913-79) : voir p. 350 b.

Chabrol, Jean-Pierre [R] (1925) : les Fous de Dieu, Fleur d'épine (1957), la Dernière Cartouche, Un homme de trop, les Rebelles, la Gueuse, l'Embellie, le Canon Fraternité, le Bouc du désert, Vladimir et les Jacques (1980), Le lion est mort ce soir (1982).

Chabrun, Jean-François [P, Cr d'a, J] (1920-97).

Chalon, Jean [Cr, H] (1935) : Chère Marie-Antoinette, Chère George Sand, Liane de Pougy, Colette, Journal de Paris (2000), Journal d'un biographe (2001).

Chamoiseau, Patrick [R] (Martinique, 1953) : Chronique des sept misères (1986), Antan d'enfance, Solibo magnifique, Texaco (G 1992), Chemin d'école (1994), Caraïbes.

Champion, Jeanne [R] (1931) : les Gisants, la Maison de Germanicus (1996), A perpétuité (1999).

Chamson, André 🌿 [E] (1900-83) : Roux le bandit (1925), les Hommes de la route (1927), le Crime des justes (1928), la Suite cévenole (1948), le Chiffre de nos jours (1954), la Superbe (1967), la Tour de Constance (1970).

Chancel, Jacques (Joseph Crampes) [J] (1928) : Radioscopie (6 vol.), le Temps d'un regard (1978), le Désordre et la Vie (1991), l'Or et le Rien (2000).

Chandernagor, Françoise [E] (1945) : l'Allée du Roi (1981), la Sans pareille (1988), l'Archange de Vienne (1989), l'Enfant aux loups (1990), l'Enfant des Lumières (1995), la Première Épouse (1998).

Changeux, Jean-Pierre [Méd] (1936) : l'Homme neuronal (1983), Matière à pensée (1989), Raison et Plaisir.

Chapsal, Madeleine [E, J] (1925) : la Jalousie, Une femme en exil, la Maison de jade, Adieu l'amour, Une saison de feuilles (1988), l'Inventaire, l'Inondation, Une femme heureuse (1995), le Foulard bleu, les Amoureux, Ils l'ont tuée, Un été sans toi, la Maîtresse de mon mari.

Char, René [P] (1907-88) : Arsenal (1929), le Marteau sans maître (1934), Seuls demeurent (1945), Feuillets d'Hypnos (1946), Fureur et Mystère (1948), les Matinaux (1950), la Parole en archipel (1962).

Charles-Roux, Edmonde (Mme Gaston Defferre) [R] (17-4-1920) : Oublier Palerme (G 1966), Elle Adrienne, l'Irrégulière, Une enfance sicilienne, Un désir d'Orient, Nomade j'étais (1995).

Charrière, Christian [R, J] (1939) : les Vergers du ciel, le Simorg (1977), la Forêt d'Issambre, Mayapura.

Chastel, André [H] (1912-90).

Chatté, Robert [P] (1901-57).

Chauffin, Yvonne [R] (1905-95) : les Rambourt (4 volumes, 1925-55), le Séminariste.

Chaunu, Pierre [H, R] (1923) : la Civilisation de l'Europe classique (1966), le Temps des Réformes (1975), la Mémoire de l'éternité, la Mort à Paris (du XVIe au XVIIe s.), la Mémoire et le Sacré, le Sursis, la France (1982), le Grand Déclassement (1989), Danse avec l'histoire (1997), le Grand Charles (2000).

Chawaf, Chantal [R] (origine égyptienne, 1948) : Blé de semences, le Soleil de la terre, Crépusculaires, le Manteau noir.

Chiappe, Jean-François (J, H] (1931).

Cholodenko, Marc [R, P] (1950) : les États du désert (M 1976), les Pleurs ou le Grand Œuvre d'Andréa Bajarsky (1979), Métamorphoses, Quasi una fantasia (1996). *Poèmes :* Deux Odes (1981).

Christophe, Robert [H] (1907-83) : Danton (1964), les Flammes du purgatoire (1979).

Cioran, Emil M. [Es] (Roumanie, 1911-95, à Paris depuis 1937) : *en roumain :* Sur les cimes du désespoir (1933), la Transfiguration de la Roumanie (1936), le Livre des leurres (1936), Des larmes et des saints (1937), Crépuscule des pensées (1940), Bréviaire des vaincus (1944) ; *en français :* Précis de décomposition (1949), la Tentation d'exister (1956), Histoire et Utopie (1960), la Chute dans le temps (1964), De l'inconvénient d'être né (1973), Aveux et Anathèmes (1987), Anthologie du portrait (posth., 1996), Cahiers 1957-72 (posth. 1997).

Cixous, Hélène [R, Es, D] (Oran 1937) : Dedans (M 1969), les Commencements (1970), le Troisième Corps (1970), Souffles (1975), Angst (1977), l'Ange au secret (1991), les Lettres de mon père (1997), les Rêveries de la femme sauvage (2000). *Théâtre :* l'Indiade (1987), la Ville parjure (1994), Le jour où je n'étais pas là (2000).

Clancier, Georges-Emmanuel [P, Cr, R] (1914) : le Paysan céleste (1943), Dernière heure (1951), le Pain noir (1956), l'Éternité plus un jour, les Incertains, Oscillantes Paroles, l'Enfant double, Une ombre sarrasine (1995).

Clavel, *Bernard* [R, Nouv] (1923) : l'Espagnol (1959), Malataverne (1960), les Fruits de l'hiver (G 1968), le Seigneur du fleuve (1972), le Silence des armes, les Colonnes du ciel (5 t, 1976-81), Harricana (1983), Miserere, Amarok, l'Angélus du soir, Maudits Sauvages, Cargo pour l'enfer (1993), l'Homme du Labrador (nouvelle), la Guinguette (1997), le Soleil des morts (1998), Les Petits Bonheurs (1999), le Cavalier de Baïkal (2000), Brutus (2001) ; *Maurice* [D, Es, R] (10-11-1920/23-4-1979) : *Théâtre :* les Incendiaires. *Romans :* St Euloge de Cordoue, Une fille pour l'été, la Pourpre de Judée, le Tiers des étoiles (M 1972), le Mur et les Hommes, Irène ou la Résurrection, le Carcajou. *Essais :* Dieu est Dieu, nom de Dieu ! (1976).

Clément, Catherine [E] (1939) : Pour l'amour de l'Inde, la Valse inachevée (1994), la Putain du diable, le Voyage de Théo (1997), Martin et Hannah (1998), Jésus au bûcher (2000), Cherche-Midi (2000).

Closets, François de [J, Es] (1933) : le Bonheur en plus, la France et ses mensonges, Scénarios du futur, le Système EPM (1980), Toujours plus (1982), Tous ensemble (1985), Tant et plus (1992), le Compte à rebours (1998).

Cluny, Claude-Michel [P] (1930).

Collange, Christiane (Servan-Schreiber) [J, E] (1930) : Ça va les hommes ? (1981), Moi, ta mère, Moi, ta fille, Dessine-moi une famille, Toi, mon senior (1996), Nous, les belles-mères (2001).

Collard, Cyril [R] (1957-93) : les Nuits fauves.

Combaz, Christian [R] (1954) : Constance II (1981), Éloge de l'âge, Chez Cyprien, Bal dans la maison du pendu (1991), Franz (1995), Une petite vie (1996), Jours de France (1998), la Barque de nuit (2000).

Combescot, Pierre [R] (1940) : Louis II de Bavière (1973), les Chevaliers du crépuscule (1976), les Funérailles de la sardine (M 1986), les Filles du calvaire (G 1991), le Songe de Pharaon (1998), les Petites Mazarines (1999).

Comte-Sponville, André [Ph] (1952) : Traité du désespoir et de la béatitude (1984-88), le Petit Traité des grandes vertus, la Sagesse des modernes (1998 avec Luc Ferry), l'Être-temps (1999).

Conchon, Georges [R] (1925-90) : l'État sauvage (G 1964), l'Amour en face (1972), le Sucre (1977), Sept Morts sur ordonnance (1975), Judith Therpauve (1978), le Bel Avenir, Colette Stern (1987).

Condé, Maryse [Es, R, D] (1937) : Une saison à Rihata (1981), Ségou (1984), Moi, Tituba sorcière noire de Salem (1986), la Vie scélérate (1987), Pension les Alizés (1988), les Derniers Rois mages (1992), la Colonie du nouveau monde (1993), Celanire cou-coupé (2000).

Confiant, Raphaël [E] (1951) : le Nègre et l'Amiral (1988), Eau de café (1991), Ravines du devant-jour (1993), l'Allée des soupirs (1994), le Commandeur du sucre (1994), Bassin des ouragans (1994), la Vierge du grand retour (1996), le Cahier de romances (2000).

Congar, père Yves [Es, Théo] (1904-95).

Constant, Paule [R] (1944) : Ouregano (1980), Propriété privée, Balta (1983), White Spirit (1989), la Fille du Gobernator, la Sainte Famille, Confidence pour confidence (1998).

Conte, Arthur (Es, H, R] (1920) : Yalta, Bandoung, Sire ils ont voté la mort, l'Après-Yalta, les Dictateurs du XXe s., Verdun, le 1er Janvier 1789, Billaud-Varenne, Joffre, Nostalgies françaises, Au village de mon enfance, Grandes Françaises du XXe s. Un provincial à Paris.

Conty, Jean-Pierre (Jean Walrafen) [R] (1917) : Série des Suzuki.

Corbin, Alain [H] (1936) : le Miasme et la Jonquille (1982), l'Odorat et l'Imaginaire social aux XVIIIe et XIXe s., le Territoire du vide, l'Occident et le désir du rivage, le Village des cannibales.

Corbin, Henry [Ph, orientaliste] (1903-78).

Cornevin, Robert [H] (1919-88).

Cossé, Laurence [R] (1950) : les Chambres du Sud (1981), le Coin du voile (1996), la Femme du premier ministre (1998), le Mobilier national (2000).

Couffon, Claude [Cr] (1926).

Coulonges, Henri (Marc-Antoine de Dampierre) [R] (1936) : les Rives de l'Irrawady (1975), l'Adieu à la femme sauvage (1979), A l'approche d'un soir du monde (1983), les Frères moraves (1986), la Lettre à Kirilenko, la Marche hongroise (1992), Passage de la comète (1996), Six Oies cendrées (2001).

Courrière, Yves (Gérard Bon) [H] (1935) : Histoire de la guerre d'Algérie (5 vol.), Pierre Lazareff.

Cousteau, Jacques-Yves 🌿 [Sav] (1910-97) : le Monde du silence.

Couteaux, André [R] (1930-85) : l'Enfant à femmes, Un homme aujourd'hui, Don Juan est mort.

Crémeux-Brilhac, Jean-Louis [H] (1917).

Crevel, René [P, R, Es] (10-8-1900/18-6-1935, suicide) : *Romans :* Détours (1924), Mon corps et moi, la Mort difficile (1926), Êtes-vous fou ? (1929). *Essais :* l'Esprit contre la raison (1927), Dalí (1931).

Criel, Gaston [P, R] (1913-90).

Curtis, Jean-Louis (Louis Laffitte) 🌿 [R, N] (1917-95) : les Forêts de la nuit (G 1947), les Justes Causes (1954), Un jeune couple (1967), le Thé sous les cyprès, l'Horizon dérobé (1979-81), le Mauvais Choix (1984), le Temple de l'amour (1990), le Comble du chic (1994), Andromède.

Daix, Pierre [R] (1922) : la Dernière Forteresse (1949), Un tueur (1954), Maria (1962), l'Accident (1965), les Chemins du printemps (1979), la Porte du temps, l'Ordre et l'Aventure (1984), Aragon (1994), Braudel (1995), Tout mon temps (2001).

Damas, Léon-Gontran (Guyane) [E] (1912-78).

Daniel, Jean (Bensaïd) [J, E] (1920) : le Temps qui reste, l'Ère des ruptures, l'Erreur (1953), le Refuge et la Source (1977), les Religions d'un président, la Blessure (1992), l'Ami anglais (1994), Voyage au bout de la nation, Avec le temps, Carnets (1998-2000). – *Biogr. : 1964* a fondé *le Nouvel Observateur.*

Daniélou, cardinal Jean 🌿 [Théo] (1905-74) : Platonisme et Théologie mystique (1944).

Daniel-Rops (Henri Petiot, dit) 🌿 [R, J, Es] (1901-65) : *Romans :* l'Ame obscure (1929), Mort où est ta victoire ? (1934), l'Épée de feu (1939). Histoire de l'Église du Christ (7 volumes, 1948-66).

Daninos, Pierre [Hum] (1913) : Sonia, les Autres et Moi, les Carnets du Bon Dieu (I 1947), les Carnets du major Thompson (1954), Un certain M. Blot, le Jacassin, Snobissimo, la Galerie des Glaces, la France dans tous ses états (1985), Candidement vôtre, les Derniers Carnets du major Thompson (2000).

Dansette, Adrien [H] (1901-76) : Histoire religieuse de la France contemporaine (1948-51).

Darrieussecq, Marie [R] (1969) : Truismes (1996), Naissance des fantômes (1998), le Mal de mer (1999).

Daumal, René [Es, P] (1908-44) : le Contre-Ciel, le Mont analogue (1952).

Debord, Guy [Es, C] (1931/30-11-1994, suicide) : la Société du spectacle (1967), In girum imus nocte et consumimur igni (1978), Panégyrique (1989), Correspondance.

Debray, Régis [J, R] (1941) : l'Indésirable, La neige brûle (F 1977), le Scribe (1980), la Puissance et les Rêves, les Empires contre l'Europe, l'Europe des masques (1987), Que vive la République (1988), Tous azimuts (1989), A demain de Gaulle (1990), Vie et Mort de l'image (1992), l'Œil naïf (1994), Loués soient nos seigneurs (1996), Transmettre, Par amour de l'Art (1998), Croire, voir, faire (1998), l'Emprise (2000), I.F. (2000).

Debray-Ritzen, Pierre (P. Debray) [E, R] (1922-93).

Decaunes, Luc [Es, P] (1913) : A l'œil nu, Air natal.

Decaux, Alain 🌿 [H] (1925) : la Castiglione (1953), le Prince impérial (1957), les Grands Mystères du passé (1964), Dossiers secrets de l'Histoire (1966), Histoire des Françaises (1972-74), Alain Decaux raconte, Victor Hugo (1984), le Tapis rouge (1992), l'Abdication (1995).

Decoin, Didier [R] (1945) : Un policeman, Abraham de Brooklyn, Il fait Dieu (1975), John l'enfer [G 1977], la Dernière Nuit (1977), La Sainte Vierge a les yeux bleus (1984), Béatrice en enfer, Meurtre à l'anglaise, la Femme de chambre du Titanic (1991), la Promeneuse d'oiseaux (1996), la Route de l'aéroport (1997), Louise (1998).

Dedeyan, *Charles* [P, R] (4-4-1910) : Lorelei ou l'Enchanteur enchanté (1995). *Christian* [E] (son frère jumeau).

Deforges, Régine [R] (1935) : Blanche et Lucie, le Cahier volé, Contes pervers, la Bicyclette bleue (1981 ; les héritiers de Margaret Mitchell, réclamant 5 millions de F pour contrefaçon, ont été déboutés en appel en déc. 1992), Le Diable en rit encore, Sur les bords de la Gartempe (1985), Noir Tango, Rue de la soie (1994), la Dernière Colline, l'Orage, Cuba libre (1998).

Deguy, Michel [P] (1930) : Fragments du cadastre (1960), Tombeau de Du Bellay (1973), A ce qui n'en finit pas (1995), l'Énergie du désespoir (1998), la Raison poétique (2000).

Delaunay, Constance [R] (1922) : les Éventails de l'impératrice (1994).

Delavouet, Max-Philippe [P] (1920).

Delay, *Jean* 🌿 [Méd, Es] (1907-87) : Hommes sans nom, Avant-mémoire (4 vol.). *Florence* 🌿, fille de Jean [Es] (19-3-1941) : l'Insuccès de la fête, Riche et Légère (F 1983), Etxemendi (1990), Catalina : enquête (1994), la Séduction brève (1997), Dit Nerval (1999).

Delerm, Philippe [R] (1950) : Autumn, Sundborn ou les Jours de lumière, la Première Gorgée de bière..., Il avait plu tout le dimanche, Les chemins nous inventent (1997), le Portique (1999), la Sieste assassinée (2000).

Deleuze, Gilles [Ph] (18-1-1925/4-11-1995, se jette par la fenêtre) : Nietzsche (1962), Proust et les signes (1964-70), la Logique du sens (1969), Spinoza. *Avec Félix Guattari :* l'Anti-Œdipe (1972), Rhizome (1976), le Pli (1988), Qu'est-ce que la philosophie ? (1991).

Delumeau, Jean [H] (1923) : la Peur en Occident (1978), le Péché et la Peur, le Sentiment de sécurité dans l'Occident d'autrefois (1989), l'Aveu et le Pardon (1990), Une histoire du paradis (t. 1, 1992), Mille Ans de bonheur (1995), Que reste-t-il du paradis ? (2000).

Del Vasto, Lanza : voir **Lanza del Vasto** p. 309 b.

Déméron, Pierre [J, Cr] (1932).

Deniau, Jean-François 🌿 [Pol, R] (1928) : La mer est ronde (1975), Deux Heures après minuit (1985), la Désirade, Un héros très discret (1989), l'Empire nocturne (1990), Ce que je crois (1992), le Secret du roi des serpents (1993), Mémoires de 7 vies (1994) [t. II Croire et oser (1997)], L'Atlantique est mon désert (1996), le Bureau des secrets perdus (1998), Tadjoura (1999), l'Ile Madame (2001).

Denis, Stephane [R] (1950) : Histoire de France (1995), les Derniers Jours, Madame est morte, People, Chambres d'hôte, la Grande Forme, Elle a maigri pour le festival.

Denuzière, Maurice [J, R] (1926) : Une tombe en Toscane, Lettres de l'étranger (1975), Louisiane (1977), Fausse Rivière, Bagatelle, les Trois Chênes, l'Adieu au Sud, l'Amour flou, Helvétie (1992), Rive-Reine, Romandie, Et pourtant, elle tourne (1998), Beauregard (1998).

Déon, Michel 🌿 [R] (1919) : la Carotte et le Bâton, les Gens de la nuit, le Balcon de Spetsaï (1961), les Poneys sauvages (I 1970), Un taxi mauve (1973), le Jeune Homme vert (1975), Thomas et l'Infini (1977), Un déjeuner de soleil (1981), la Montée du soir (1987), le Prix de l'amour, la Cour des grands (1996), Madame Rose (1998).

Derogy, Jacques (Weitzmann) [J] (1925).

Derrida, Jacques [Ph] (1930) : la Voix et le Phénomène (1967), l'Écriture et la Différence, De la grammatologie (1967), la Dissémination (1972), Glas (1974), Psyché (1987), Donner le temps (1991), l'Autre Cap (1991), Spectres de Marx (1994), Résistances (1996), Du droit à la philosophie, Apories, l'Archéologie du futile.

Desanti, Jean-Toussaint [Ph] (1914) : les Idéalités mathématiques (1968), Un destin philosophique (1984).

Deschamps, Fanny [R] (1920/28-5-2000) : la Bougainvillée (1982), Louison ou l'Heure exquise (1987), Louison dans la douceur perdue (1989), Pauline de sa jeunesse (1998).

Deschodt, Éric [J, R] (1937) : les Demoiselles sauvages, le Royaume d'Arles (1988), Gide, Agrippa d'Aubigné, *avec J.-C. Lattès :* le Seul Amant (30-12-2000).

■ **Dicos d'or.** **1985** Championnats du monde d'orthographe lancés par Bernard Pivot. **1986** 1re retransmission sur A2 et FR3 : plus d'un million de téléspectateurs rédigent la dictée en direct. **1989** finale mondiale : 13 pays candidats. **1990** 90 pays. **1992** 108 pays participent à la super-finale de New York. **1993** devient les *Dicos d'or* (144 finalistes). **Finale 2000** (texte établi par Bernard Pivot et révisé par le jury national).

Des Forêts, Louis-René [E] (1918-2000) : les Mendiants (1943), le Bavard (1946), la Chambre des enfants (1960), Ostinato (1997). *Poèmes :* les Mégères de la mer (1967).

Desjardins, Thierry [J, Es] (1-10-1941) : Arrêtez d'emmerder les Français (2000).

Desnos, Robert [P] (4-7-1900/8-6-1945) : la Liberté ou l'Amour (1927), Corps et Biens (1930), État de veille (1943), Contrée (1945), Destinée arbitraire (1945). – *Biogr. : 1922-30* dadaïste, surréaliste ; journaliste, réalisateur. *8-6-1945* meurt en déportation à Térézin (Bohême).

Desplechin, Marie [R] (7-1-1959) : Sans moi (1998).

Dhôtel, André [R, P] (1900-91) : Campements (1930), les Rues dans l'aurore (1945), David (1948), Le pays où l'on n'arrive jamais (F 1955), le Ciel du faubourg (1956).

Diesbach, Ghislain de [H, R] (1931) : Histoire de l'émigration, Necker, Mme de Staël, la Princesse Bibesco, Proust, Chateaubriand.

Dietrich, Luc [P, Pros] (1913-44) : le Bonheur des tristes (1935), l'Apprentissage de la ville (1942), l'Injuste Grandeur (publié en 1951).

Diwo, Jean [R] (1914) : les Dames du Faubourg, l'Empereur, la Fontaine du roy, les Ombrelles de Versailles (1999).

Djian, Philippe [R] (1949) : 50 contre 1 (1981), Bleu comme l'enfer (1983), Zone érogène (1985), 37,2° le matin, Maudit Manège, Échine, Crocodiles, Lent dehors, Sotos, Assassins, Criminels (1996), Sainte-Bob (1998), Vers chez les Blancs (2000).

Dollé, Jean-Paul [Ph] (1939) : le Désir de révolution (1972), Voie d'accès au plaisir (1974), le Myope (1975), la Haine de la pensée (1976).

Dolto, Françoise [Psycho] (1908-88) : Psychanalyse et Pédiatrie (1939), le Cas Dominique (1971), Lorsque l'enfant paraît (1977-79), la Cause des enfants (1985), la Cause des adolescents.

Domenach, Jean-Marie [J] (13-2-1922/6-7-1997). Directeur d'*Esprit* (1957-76) : le Retour du tragique (1967).

Dorin, Françoise [D, R] (1928) : *Romans :* Virginie et Paul, Va voir maman, papa travaille, les Lits à une place (1980), les Jupes-Culottes (1984), les Corbeaux et les Renardes (1988), la Mouflette (1994), les Vendanges tardives (1997), la Courte-Paille (1999), les Julottes (2001). *Théâtre :* la Facture (1968), Un sale égoïste, les Bonshommes, le Tournant (1973), le Tube, Si t'es beau t'es con, le Tout pour le tout (1978), l'Intoxe (1980), l'Autre Valse, l'Étiquette, les Cahiers Tango. *Comédie musicale :* la Valise en carton (1986).

Dormann, Geneviève [R] (1933) : la Première Pierre, la Fanfaronne (1959), le Chemin des Dames, Fleur de péché (1980), le Roman de Sophie Trébuchet (1982), Amoureuse Colette, le Bal du dodo (1989), la Petite Main, le Bateau du courrier, Adieu phénomène (1999).

Doubrovsky, Serge [R] (1928) : Fils (1977), Un amour de soi (1982), le Livre brisé (1989), l'Après-vivre (1994), Laissé pour conte (1999).

Droit, Michel [R, Es, J] (23-1-1923/22-6-2000) : Plus rien au monde, Pueblo, le Retour (1964), le Temps des hommes (I les Compagnons de la Forêt-Noire, II l'Orient perdu, III la Ville blanche, IV la Mort du connétable), les Feux du crépuscule, les Clartés du jour, le Lion et le Marabout, le Temps d'apprendre à vivre, le Temps qui tient au cœur.

Drouet, Minou [P] (1947) : Arbre mon ami (janvier 1956), Du brouillard dans les yeux.

Droz, Jacques [H] (1909-98).

Druon, Maurice [R, D] (23-4-1918) : les Grandes Familles (G 1948), la Chute des corps (1950), Rendez-vous aux Enfers (1951), la Volupté, les Rois maudits (7 vol., 1955-77), les Mémoires de Zeus (2 vol., 1963-67). *Essais :* le Pouvoir (maximes, 1965), la Parole et le Pouvoir (1974), Réformer la démocratie (1982), le Bon Français (1996-99). *Théâtre :* Mégarée (1942), Un voyageur (1954), la Contessa (1961), Circonstances politiques (3 tomes, 1998-99). – *Biogr. :* auteur avec son oncle J. Kessel du *Chant des partisans* (1943). *1966* Académie française. *1973-74* ministre des Affaires culturelles. *1978-81* député de Paris. *1979* représentant à l'Assemblée européenne, démissionne 1980. *1986-99* secrétaire perpétuel de l'Académie.

Dubillard, Roland [D, Hum] (1923) : Naïves Hirondelles (1961), la Maison d'os (1962), Dialogues (1976), le Bain de vapeur (1977), Carnets en marge (1998).

Duby, Georges [H] (1919-96) : le Dimanche de Bouvines (1973), le Temps des cathédrales (1976), Histoire de la France rurale (avec A. Wallon 1975-77), Histoire de la France urbaine, les Trois Ordres ou l'Imaginaire du féodalisme (1978), le Chevalier, la femme et le prêtre (1981), Dames du XIIe s. (3 vol., 1995-96).

Duché, Jean [E, Hum] (1915) : Elle et Lui, l'Histoire de France racontée à Juliette, le Premier Sexe, la Gloire de Laviolette (1991).

Ducreux, Louis [D] (1911) : Un souvenir d'Italie, Le roi est mort.

Duhamel, Alain [Pol, J] (1940) : le Complexe d'Astérix (1985), les Habits neufs de la politique, De Gaulle-Mitterrand (1993), la Politique imaginaire, Mitterrand, portrait d'un artiste (1996), Une ambition française, Derrière le miroir (2000).

Dulong-Sainteny, Claude [H] (1927).

Dumitriu, Petru [R] (Roumain, 1924) : le Beau Voyage, la Liberté, Incognito (1962), Mon semblable mon frère (1983), la Moisson (1989).

Dumur, Guy [R, Cr] (1921-91).

Dupont-Sommer, André [H] (1900-83).

Dupré, Guy [R] (1928) : Les fiancées sont froides (1953), le Grand Coucher (1982), les Mamantes (1986), les Manœuvres d'automne (1989), Comme un adieu dans une langue oubliée (2000).

Duquesne, Jacques [R, J] (1930) : Une voix la nuit (1979), Maria Vandamme, Au début d'un bel été, Catherine Courage, Jésus, Théo et Marie (1996), le Dieu de Jésus (1997), le Bonheur en 36 vertus (1998), les Héritières : t. 1 Aline (2000), t. 2 Aurélie.

Durand, Loup [R] (1933-95) : Daddy (1987), le Jaguar (1989), le Grand Silence (1994).

Duras, Marguerite (Donadieu, ex-épouse de Robert Antelme) [R, D] (Gia Dinh, Viêt Nam 4-4-1914/Paris 3-3-1996) : *1er livre :* l'Empire français [1941 (avec Philippe Roques)]. *Romans et récits :* les Impudents (1943), la Vie tranquille (1944), Un barrage contre le Pacifique (1950), le Marin de Gibraltar (1952), les Petits Chevaux de Tarquinia (1953), Moderato cantabile (1958), Hiroshima mon amour (1960), le Ravissement de Lol V. Stein (1964), le Vice-Consul (1965), l'Amante anglaise (1967), Détruire dit-elle (1969), la Maladie de la mort (1982), Savannah Bay (1982), l'Amant (G 1984), la Douleur (1985), la Musica deuxième (1985), l'Amant de la Chine du Nord (1991), la Pluie d'été (1992), C'est tout (1995). *Théâtre :* Des journées entières dans les arbres (1966), Suzanna Andler (1968), India Song (1973), l'Éden-Cinéma (1977), *Film :* Hiroshima mon amour (1960), Nathalie Granger (1972), la Femme du Gange (1974), le Camion (1977). *Chronique :* l'Été 80. – *Biogr. :* parents enseignants. *1932* droit à Paris. *1935-41* au ministère des Colonies. *1942* au Comité d'organisation du livre. *1943* démissionne, vit de sa plume à Paris. *1946-49* milite au PC. *1970* réalisatrice de films. Épouse 1939 Robert Antelme (divorce 1947) ; eut des liaisons dont Jacques-Laurent Bost, Dionys Mascolo († 1997, dont 1 fils : Jean), Gérard Jarlot, Yann Andrea (de 1980 jusqu'à sa mort).

Duroselle, Jean-Baptiste [H] (1917-94).

Dutourd, Jean [R, Polé] (1920) : le Complexe de César, Au bon beurre (I 1952), Doucin, les Taxis de la Marne (1956), l'Ame sensible, les Horreurs de l'amour, le Printemps de la vie (1972), Mémoires de Mary Watson (1980), la Gauche la plus bête du monde, le Spectre de la rose, le Séminaire de Bordeaux (1987), Ça bouge dans le prêt-à-porter (1989), le Vieil Homme et la France (1994), le Feld-Maréchal von Bonaparte (1996), Journal des années de peste (1997), A la recherche du français perdu (1999), Jeannot, mémoire d'un enfant (2000).

Duverger, Maurice [E, Jur, J, Pol] (1917) : les Institutions françaises, la Démocratie sans le peuple.

Duvignaud, Jean [Ph, R] (1921) : Sociologie du théâtre (1965), Sociologie de l'art, le Langage perdu, le Favori du désir, le Singe patriote, Cicatrices.

Eaubonne, Françoise d' [R] (1920) : Comme un vol de gerfauts (1947), Jusqu'à la gauche (1963), Toutes les sirènes sont mortes (1992).

Échenoz, Jean [R] (1947) : le Méridien de Greenwich (1979), Cherokee [M 1983], l'Équipée malaise (1986), l'Occupation des sols (1988), Lac (1989), Nous trois, les Grandes Blondes, Un an, Je m'en vais (G 1999).

Elgey, Georgette [H] (1929).

Eliade, Mircea [Ph, R] (Roumanie, 1907-86 ; vit à Paris après 1945, naturalisé Français) : *Romans :* la Nuit bengali (1923), les Hooligans (1935), Minuit à Serampore (1939). *Essais :* le Mythe de l'éternel retour (1949), le Sacré et le Profane (1956), Forgerons et Alchimistes (1956), l'Histoire des croyances et des idées religieuses (1976-83), la Nostalgie des origines, l'Épreuve du labyrinthe (1985).

Elleinstein, Jean [H] (1927) : Histoire du phénomène stalinien, Histoire de la France contemporaine, Marx (1981), Staline (1984).

Ellul, Jacques [H, Ph) (1912-94) : la Technique (1964), Histoire des institutions, la Parole humiliée (1981).

Emmanuel, Pierre (Noël Mathieu) [P, R] (3-5-1916/22-9-1984) : le Tombeau d'Orphée (1941), Sodome, Qui est cet homme ? (1948), Évangéliaire (1961), Jacob (1970), Tu (1978), Una ou la Mort la vie (1978), Duel (1979), l'Autre (1980).

Enthoven, Jean-Paul [J, R] (11-1-1949) : les Enfants de Saturne (1996), Aurore (2000).

Erlanger, Philippe [H] (1903-87) : Cinq-Mars, Louis XIV, Richelieu.

Ernaux, Annie [R] (1940) : la Place [Ren 1983], Une femme, Passion simple (1991), Journal du dehors, la Honte (1996), l'Événement (2000), Se perdre (2001).

Escarpit, Robert [Hum] (1918-2000) : les Dieux du Patamba (1958), le Littératron, les Somnambidules (1971), les Voyages d'Hazembat (3 tomes, 1984-86).

Estang, Luc (Lucien Bastard) [J, P, R] (1911-92) : *Romans :* Cherchant qui dévorer (1951), l'Interrogatoire (1957), l'Apostat (1968), les Déicides (1980), Celle qui venait du rêve (1989).

Etchart, Salvat [R] (1927) : Une bonne à six, le Monde tel qu'il est (Ren 1967).

Etcherelli, Claire [R] (1934) : Élise ou la Vraie Vie (F 1967), Un arbre voyageur.

Étiemble, René [R, Cr, Es] (1909) : l'Enfant de chœur (1937), Parlez-vous franglais ?, le Mythe de Rimbaud, Lignes de vie, Blason d'un corps.

Fajardic, Frédéric (Ruf Moreau) [R, D] (29-8-1947).

Fallet, René [R, P] (1927-83) : Carnets de jeunesse, Banlieue sud-est, Paris au mois d'août (1964), le Braconnier de Dieu, Ersatz, Le beaujolais nouveau est arrivé, Y a-t-il un docteur dans la salle ?, les Yeux dans les yeux, la Soupe aux choux, l'Angevine (1982).

Fanon, Frantz (Psycho) (1925-61) : Peau noire masques blancs, les Damnés de la terre (1961).

Faraggi, Claude [R] (1942-91) : les Dieux de sable (1965), le Maître d'heure (F 1975), le Jeu du labyrinthe (1978), le Passage de l'ombre, la Saison des oracles (1988).

Fasquelle, Solange (de La Rochefoucauld) [E] (1933) : le Congrès d'Aix (1961), l'Air de Venise, les Amants de Kalyros, l'Été dernier, les Falaises d'Ischia, les Chemins de Bourges, les Routes de Rome, les Sarranches (1995), l'Ombre des treize vents (2000).

Faure, *Edgar* [E] (1908-88) : voir à l'Index. *Lucie* (épouse du précédent) [J, R] (1908-77).

Fauvet, Jacques [J, E, Pol] (1914) : la IVe République, Histoire du Parti communiste français.

Favier, Jean [H] (1932) : Philippe le Bel (1978), la Guerre de Cent Ans (1980), François Villon (1982), le Temps des principautés, De l'or et des épices, les Grandes Découvertes (1991), Dictionnaire de la France médiévale, Paris, deux mille ans d'histoire, Charlemagne (1999).

Fayard, Jean [J, R] (1902-78) : Mal d'amour (G 1931).

Faye, Jean-Pierre [Es, P, R] (1925) : Langages totalitaires (1972), Théorie du récit, la Critique du langage et son économie. *Romans :* 6 volumes dont l'Écluse (Ren 1964), l'Hexagramme. Fonde la revue *Change* 1964.

Féret, Henri-Marie [Théo] (1904).

Fermigier, André [H d'art] (1924-88).

Fernandez, Dominique [Cr, R] [1929 ; fils de Ramon (1894-1944) critique] : Porporino ou les Mystères de Naples (M 1974), Dans la main de l'ange (G 1982), l'Amour, la Gloire du paria, le Rapt de Ganymède (1989), l'École du Sud, Porfirio et Constance, Tribunal d'honneur (1996), Nicolas (1999).

Ferniot, Jean [J, E] (1918) : l'Ombre portée (I 1961), Pierrot et Aline, les Vaches maigres, les Honnêtes Gens, Saint Judas, Soleil orange, Je recommencerais bien, Morte saison, Un temps pour aimer, un temps pour haïr.

Ferro, Marc (1924) [H] : Pétain, Nicolas II.

Field, Michel [J] (1954) : Excentriques, Contes cruels pour Anaëlle.

Finkielkraut, Alain [Ph, Es] (1949) : la Sagesse de l'amour (1985), la Défaite de la pensée (1987), la Mémoire vaine (1989), le Mécontemporain, l'Ingratitude (1998), Une voix vient de l'autre rive (2000).

Fisson, Pierre [R] (1918) : Voyage aux horizons.

Florenne, Yves [R, D, E] (1918-92).

Follain, Jean [P, Es] (1903-71) : la Visite du domaine (1935). *Prose :* Paris (1935), Cunisy (1942).

Folz, Robert [H] (1910-97).

Fombeure, Maurice [P, D] (1906-81) : les Moulins de la parole (1938), Aux créneaux de la pluie (1946), Une forêt de charme (1958), Sous les tambours du ciel (1959). *Théâtre :* Orion le tueur (1946).

Fontaine, André [J] (1921) : Histoire de la guerre froide, Un seul lit pour deux rêves (1981), Sortir de l'hexagonie (1984), l'Un sans l'autre, Après eux le déluge (1995).

Fontanel, Sophie [J, R] (1962) : Sacré Paul, le Plus Jeune Métier du monde (1999).

Forrester, Viviane (née Dreyfus) [Cr, Es, R] (1925) : l'Horreur économique (1996), Une étrange dictature.

Fossier, Robert [H] (4-9-1927) : le Moyen Age.

Foucault, Michel [Ph, Es] (15-10-1926/25-6-1984) : Histoire de la folie à l'âge classique (1961), les Mots et les Choses (1966), l'Archéologie du savoir (1969), Histoire de la sexualité [la Volonté de savoir (1976) ; l'Usage des plaisirs (1984) ; le Souci de soi (1984)].

Fouchet, Max-Pol [Ethn, J, P, Es] (1913-80) : *Poésies :* Demeure le secret (1961).

Fourastié, Jean [Ec] (1907-90) : le Grand Espoir du XXe s. (1949), Machinisme et Bien-Être (1952), les 40 000 Heures, les Conditions de l'esprit scientifique, Essais de morale prospective, les Trente Glorieuses (1979), le Jardin du voisin (1980), Ce que je crois.

Fraigneau, André [R, Es] (1907-91) : Val de grâce (1930), la Fleur de l'âge (1941), l'Amour vagabond, les Étonnements de Guillaume Francœur (1960).

Frain, Irène [R] (1950) : le Nabab, Modern Style, Désirs, Secret de famille, Histoire de Lou, Devi, l'Homme fatal (1995), l'Inimitable (1998), la Maison de la source (2000).

Francastel, Pierre [H] (1900-70) : Peinture et Société (1951), la Réalité figurative (1965).

Frank, Bernard [R, Es] (1929) : la Géographie universelle (1953), les Rats (1953), Un siècle débordé, Israël, l'Illusion comique, le Dernier des Mohicans, Solde (1980), Mon siècle (chroniques 1952-60), En soixantaine (1961-71), Bohèmes (1998), Rêveries.

Frénaud, André [P] (1907-93) : les Rois mages (1943), Il n'y a pas de paradis (1962), la Sainte Face, la Sorcière de Rome (1973), Nul ne s'égare (1986).

Freund, Julien [Soc] (1921-93).

Freustié, Jean (Pierre Teurlé) [R] (1914-83) : Marthe, la Passerelle, Isabelle ou l'Arrière-Saison (Ren 1970), Loin du paradis, Proche est la mer, l'Héritage du vent.

Friedmann, Georges-Philippe [Soc] (1902-77) : Où va le travail humain ? (1950), le Travail en miettes (1956).

Frison-Roche, Roger [E] (1906-99) : Premier de cordée (1941), l'Appel du Hoggar (1965), Djebel Amour (1978), le Versant du soleil (1981).

Frossard, André [D] (1915-95) : Dieu existe, je l'ai rencontré (1968), Il y a un autre monde (1978), Portrait de Jean-Paul II, l'Homme en question (1993).

Fumaroli, Marc [H] (1932) : l'Age de l'éloquence (1980), l'État culturel (1992), la Diplomatie de l'esprit, Trois Institutions littéraires, le Poète et le Roi (1996).

Furet, François [H] (27-3-1927/12-7-1997, accident 8-7 partie de tennis ; élu à l'Académie en mars 1997 au fauteuil de M. Debré ; devait être reçu 1998) : la Révolution française (avec D. Richet, 1965), Lire et écrire (1977), Penser la Révolution française (1978),

Dictionnaire critique de la Révolution française (avec *Mona Ozouf*, 1988), la Révolution 1770-1880 (1988), le Passé d'une illusion (1995), Fascisme et Communisme (1998).

Gadenne, Paul [R] (1907-56) : Siloé (1941), le Vent noir (1947), la Rue profonde (1948), l'Avenue (1949), la Plage de Scheveningen (1952), l'Invitation chez les Stirl (1955), les Hauts-Quartiers (1973).

Gaillard, Robert [R] (1909-75) : les Liens de chaîne (Ren 1942), l'Homme de la Jamaïque, Marie des îles, la Volupté de la haine, Moissons charnelles.

Galey, Matthieu [Cr] (1934-86) : Journal.

Gallo, Max [J, H, R] (1932) : la Baie des Anges (1975), le Palais des fêtes (1976), la Promenade des Anglais (1976), l'Homme Robespierre (1978), Une affaire intime, Garibaldi (1982), le Grand Jaurès, Jules Vallès, le Regard des femmes, l'Amour au temps des solitudes (1993), le Condottiere (1994), le Fils de Klara H, l'Ambitieuse, la Part de Dieu, Napoléon (1997), De Gaulle, Bleu, blanc, rouge (3 vol.), les Patriotes (I : l'Ombre et la Nuit, II : La flamme ne s'éteindra pas, III : le Prix du sang).

Gallois, Claire (Renard) [R] (1938) : Une fille cousue de fil blanc (1970), La vie n'est pas un roman, les Heures dangereuses, La nuit dernière quand j'étais jeune, Trahisons sincères (1997).

Gandillot, Thierry [J, R] (1954) : l'Héritage Windsmith.

Ganne, Gilbert [R, J] (1924) : les Plages de l'hiver, les Chevaliers servants, les Hauts Cris, Saint-Aviste, Comme les roses de Jéricho.

Garaudy, Roger [Ph, Es, R] (1913) : Appel aux vivants (1979), l'Affaire Israël (1983), Hegel, Mon tour du siècle en solitaire (1988), les Mythes fondateurs de la politique israélienne (1996), le Procès du sionisme israélien (1998).

Garcin, Jérôme [J, Es, R] (1956) : la Chute de cheval, C'était tous les jours tempêtes (2001).

Gardel, Louis [R] (1939) : l'Été fracassé (1973), Couteau de chaleur (1976), Fort Saganne (1980), le Beau Rôle, l'Aurore des bien-aimés, Grand seigneur (1999).

Garreta, Anne [R] (1962) : Sphinx, Ciels liquides.

Gary, Romain (Kacew) [R] (Moscou, 8-5-1914/Paris, 20-12-1980) : Éducation européenne (1945), les Racines du ciel [G 1956], la Promesse de l'aube (1960, autobiogr.), Lady L (1963), la Danse de Gengis Cohn (1967), Chien blanc (1970), La nuit sera calme (1974), Au-delà de cette limite votre ticket n'est plus valable (1975), Clair de femme, les Clowns lyriques (1979), les Cerfs-volants (1980). *Sous le nom d'Émile Ajar* (en 1981, Paul Pavlowitch, son neveu, révélera la supercherie de ce pseudo) : Gros Câlin (1974), la Vie devant soi (G 1975), Pseudo (1976), l'Angoisse du roi Salomon (1979). – *Biogr.* : israélite, citoyen soviétique. *1942* aviateur. *1945* naturalisé Français. *1945-52* marié à Lesley Blanch (Anglaise, écrivain). *1956-60* consul de France à Los Angeles. *1963* épouse l'actrice Jean Seberg (divorce 1972 ; suicidée 30-8-1979). *1967* au ministère de l'Information. *1980-20-12* se suicide (revolver).

Gascar, Pierre (Fournier) [J, R] (1916-97) : les Bêtes, le Temps des morts (G 1953), les Chimères, l'Homme et l'Animal, Voyage chez les vivants, le Règne végétal (1981), le Fortin (1983), la Friche (1993).

Gatti, Dante, dit Armand [D] (1924) : le Crapaud-buffle (1959), l'Enfant-rat (1960), l'Éboueur Auguste Geai (1962), Chronique d'une planète provisoire, Chant public devant deux chaises électriques (1962), la Passion du général Franco (1968).

Gauchet, Marcel [Ph] (1946).

Gautier, Jean-Jacques ➤ [R, Cr] (1908-86) : Histoire d'un fait divers (G 1946), la Chambre du fond (1970), Cher Untel, Une amitié tenace (1982).

Gay-Lussac, Bruno [R] (1918-95) : Une gorgée de poison, le Salon bleu (1964), l'Homme violet (1973), Thérèse (1975), La nuit n'a pas de nom (1986), Mère et Fils (1986), l'Autre, Arion (1995).

Genet, Jean P. [R, D] (Paris 19-12-1910/Paris 15-4-1986) : *Journal* du voleur (1959). *Romans* : Notre-Dame des Fleurs (1944), Miracle de la rose (1946), Pompes funèbres, Querelle de Brest (1947). *Théâtre* : les Bonnes (1947), Haute Surveillance, Splendid's (1948), le Balcon (1956), les Nègres (1959), les Paravents (1961).

Genette, Gérard [Cr] (1930).

Gennari, Geneviève [R, Es] (Italienne, 1920) : les Cousins Muller, Journal d'une bourgeoise, J'avais vingt ans, la Fugue irlandaise, Un mois d'août à Paris, la Robe rouge, la Neuvième Vague.

George, Pierre [Géo.] (1909).

Gerber, Alain [R, D] (1943) : le Plaisir des sens (1977), Une sorte de bleu (1980), le Jade et l'Obsidienne (1981), Lapin de lune (1982), Une rumeur d'éléphant (1984), le Verger du diable (I 1989), Une citadelle de sable, la Porte d'oubli, l'Aile du temps, Quatre Saisons à Venise (1996), On dirait qu'on serait (2000).

Germain, Sylvie [R] (1954) : le Livre des nuits, Nuit d'ambre, Jours de colère, l'Enfant méduse, Éclats de sel (1996), Céphalophores, Tobie des marais (1998).

Gheorghiu, Virgil [R] (Roumain, 1916-92 ; prêtre 1963, patriarche de l'Église orthodoxe roumaine de Paris 1971) : la 25e Heure (1949), la Seconde Chance (1952), la Tunique de peau (1960), la Condottiera (1967), l'Espionne (1971), le Grand Exterminateur (1978), Dieu à Paris (1980).

Gibeau, Yves [R] (1916-94) : Et la fête continue (1950), Allons z'enfants !, les Gros Sous (1953), le Grand Monôme (1984), Mourir idiot (1988).

Giesbert, Franz-Olivier [J, R] (18-1-1949) : Monsieur Adrien (1981), le Président (1990), l'Affreux (1992), la Fin d'une époque (1993), la Souille (1995), le Vieil Homme et la Mort (1996), le Sieur Dieu (1998).

Gilson, Paul [P, D] (1904-63) : Ballades pour fantômes (1951), le Grand Dérangement (1954).

Giovanni, José [R] (1923) : le Trou, Classe tous risques, l'Excommunié, les Chemins fauves.

Girard, René [Es] (1923) : la Violence et le Sacré (1972), le Bouc émissaire (1982), Choses cachées depuis la fondation du monde (1978).

Giroud, Françoise (Gourdji) [J, E, R] (1916) : le Tout-Paris, la Nouvelle Vague, Si je mens (1972), la Comédie du pouvoir, Une femme honorable (1981), le Bon Plaisir, Alma Mahler (1987), Leçons particulières (1990), Jenny Marx (1991), Journal d'une Parisienne (1994), Mon très cher amour (1994), Cœur de tigre (1995), Arthur ou le Bonheur de vivre, Deux et deux font trois (1998), les Françaises (1999), Histoires (presque) vraies, On ne peut pas être heureux tout le temps (2001).

Giudicelli, Christian [J, R, D] (1942) : Station balnéaire (1986), Quartiers d'Italie (1993), Celui qui s'en va. *Théâtre* : Première Jeunesse.

Glissant, Édouard [P, R, Ess] (1928, Martiniquais) : Un champ d'îles (1953), la Terre inquiète, la Lézarde (Ren 1958), l'Intention poétique (1969), Malemort (1975), Tout-monde (1993), le IVe Siècle (1997), Sartorius (1999). – *Biogr.* : *1961* cofondateur du Front antillo-guyanais.

Glucksmann, André [Ph] (1937) : le Discours de la guerre (1968), Stratégie et Révolution en France (1968), les Maîtres penseurs (1977), la Force du vertige (1983), la Bêtise (1985), Descartes c'est la France, le Onzième Commandement, le Bien et le Mal (1997), la Troisième mort de Dieu (2000).

Goldmann, Lucien [Soc] (1913-70) : le Dieu caché.

Goubert, Pierre [H] (1915) : Les Français ont la parole (1965), Louis XIV et 20 millions de Français (1966), l'Ancien Régime (1969-73-84), Clio parmi les hommes, Mazarin (1990).

Gougaud, Henri [Hum] (1936) : le Grand Partir.

Gourou, Pierre [Géo.] (1900-99).

Gracq, Julien (Louis Poirier) [R] (27-7-1910) : Au château d'Argol (1938), Un beau ténébreux (1945), Liberté grande (1947, poèmes en prose), le Rivage des Syrtes (G 1951, refusé), Un balcon en forêt (1958), la Presqu'île (1970), les Eaux étroites (1976), la Forme d'une ville (1985), Autour des sept collines (1988). *Essais* : Lettrines (1967-74), En lisant, en écrivant (1981). *Théâtre* : le Roi pêcheur (1948).

Grainville, Patrick [R] (1947) : les Flamboyants (G 1976), le Dernier Viking (1980), les Forteresses noires, la Caverne céleste, le Paradis des orages (1986), l'Atelier du peintre, l'Orgie, la Neige, Colère (1992), les Anges et les Faucons, le Lien (1996), le Tyran éternel (1997), le Jour de la fin du monde, Une femme me cache (1999).

Grall, Xavier [E, P] (1930-81).

Granger, Gilles-Gaston [Ph] (1920).

Grèce, Michel (de) [R, H] (1939) : la Nuit du sérail, le Dernier Sultan, la Bouboulina, l'Impératrice des adieux.

Green, Julien ➤ en 1971 (Julian Hartridge Green) [R, D, Es] (Américain, Paris 6-9-1900/13-8-1998) : *Romans* : Si j'étais vous (1921), le Voyageur sur la terre (1924), Mont-Cinère (1926), Adrienne Mesurat (1927), Léviathan (1929), le Visionnaire (1934), Minuit (1936), Varouna (1940), Moïra (1950), Chaque homme dans sa nuit (1960), l'Autre (1971), le Mauvais Lieu (1977), les Étoiles du Sud (1989), Ralph et la Quatrième Dimension (1991), Dionysos (1994). – *Biogr.* : Frère François (1983). *Théâtre* : Sud (1953), l'Ennemi (1954), l'Ombre (1956), l'Automate (1981), l'Étudiant roux (1993). *Autobiogr.* : Jeunes Années (5 récits, 1963-92). *Journal* : 16 tomes (1938-96).

Grégoire, Marie, dite Menie [J, R] (1919) : le Métier de femme (1964), Femmes (1966), la Belle Arsène, Tournelune, Nous aurons le temps de vivre, la Magicienne (1993), le Bien Aimé (1996).

Greimas, Algirdas-Julien [Ling] (Russie 1917-92) : Sémantique structurale (1966).

Grenier, Roger [R] (1919) : le Palais d'hiver (1965), Avant une guerre (1971), Ciné-roman (F 1972), le Miroir des eaux, Un air de famille, la Follia (1980), la Fiancée de Fragonard (1982), Il te faudra quitter Florence, Albert Camus, la Mare d'Auteuil (1988), Partita (1991). *Nouvelles* : la Salle de rédaction (1977), la Marche turque (1993). *Essais* : Trois Heures du matin, Quelqu'un de ce temps-là, les Larmes d'Ulysse (1998), le Veilleur (1999).

Grimal, Pierre [E] (1912-96) : Cicéron (1986), le Siècle des Scipions, les Erreurs de la liberté (1989), Mémoires d'Agrippine, le Procès de Néron (1995).

Gripari, Pierre [E] (1925-90) : Contes de la rue Broca (1967), Gueule d'Aminche (1973), Contes d'ailleurs et d'autre part.

Grosser, Alfred [H] (1925).

Groult, [R] *Benoite* (1920 ; épouse de P. Guimard, voir col. c) : la Part des choses, Ainsi soit-elle (1975), le Féminisme au masculin, les Vaisseaux du cœur, Pauline Roland, Histoire d'une évasion (1997). *Flora* (1924-2001, sa sœur) : Maxime ou la Déchirure, Ni tout à fait la même, ni tout à fait une autre (1979), le Passé infini, Belle Ombre, le Coup de la reine d'Espagne. *Ensemble* : Journal à 4 mains (1962), le Féminin pluriel, Il était 2 fois.

Groussard, Serge [R, J] (1921) : Pogrom, la Femme sans passé (F 1950), Taxi de nuit (1971).

Guattari, Pierre Félix [Ph] (1930-92) voir **Deleuze**.

Guérin, Daniel [E, H] (1904-88).

Guérin, Raymond [R] (1905-55) : Quand vient la fin (1941), l'Apprenti (1946), les Poulpes (1953).

Guibert, Hervé [R] (1955/27-12-1991) : la Mort propagande (1977), l'Image fantôme (1981), Des aveugles (1985), A l'ami qui ne m'a pas sauvé la vie (1990), Mon valet et moi, le Protocole compassionnel, le Paradis.

Guillemin, Henri [H] (1903-92).

Guillevic, Eugène [P] (1907-97 ; au PCF de 1942 à 1980) : Terraqué (1942), Exécutoire (1947), Trente-et-un sonnets (1954), Carnac (1961), Encoches (1970), Trouées (1981), Requis (1983).

Guimard, Paul [R, J] (1921) : les Faux Frères, Rue du Havre (I 1957), l'Ironie du sort, les Choses de la vie, le Mauvais Temps, Un concours de circonstances (1990), l'Age de pierre, les Premiers Venus (1996).

Guitton, *Henri* [E] (1904-92). *Jean* ➤ [E, Ph] (18-8-1901/21-3-1999) : Portrait de M. Pouget (1941), l'Existence temporelle (1949), le Problème de Jésus, le Travail intellectuel, Dialogues avec M. Pouget (1954), Siloé, Journal (1966-68), la Dernière Heure, Césarine ou le Soupçon, Un siècle, une vie (1988), l'Impur, Dieu et la Science (1991), Chaque jour que Dieu fait (1996), Mon testament philosophique (1997).

Guth, Paul [Pros] (1910-97) : *Série* du Naïf, *Série* de la Mince, Quarante contre un, Histoire de la littérature française, Histoire de la douce France, le Retour de Barbe-Bleue (1990).

Guyotat, Pierre [Pros] (1940) : Tombeau pour 500 000 soldats (1967), Éden, Éden, Éden (1970).

Haedens, Kléber [Cr, R] (1913-76) : Une histoire de la littérature française (1970). *Romans* : Salut au Kentucky, Adieu à la rose, L'été finit sous les tilleuls (I 1966), Adios (1974).

Haedrich, Marcel [R, J] (1913) : la Rose et les Soldats (1961), le Patron (1964).

Hagège, Claude [Ling, Prof] (1936) : Halte à la mort des langues (2000).

Halimi, Gisèle [Av] (1927) : la Cause des femmes (1973), le Lait de l'oranger, Une embellie perdue (1995), Fritna ma mère (1999).

Hallier, Jean-Edern [Es, R] (1936/12-1-1997) : le Grand Écrivain (1967), la Cause des peuples (1972), Chagrin d'amour (1973), Le premier qui dort réveille l'autre, Chaque matin qui se lève est une leçon de courage (1978), Lettre ouverte au colin froid (1979), Fin de siècle (1980), l'Évangile du fou (1986), Carnets impudiques (1988), la Force d'âme (1992), Je rends heureux (1992), le Refus (1992-94), l'Honneur perdu de F. Mitterrand (1996), les Puissances du mal (1996), Journal d'outre-tombe (1998).

Halter, Marek [R] (Pologne, 1936 ; naturalisé Français en 1980) : le Fou et les Rois (1976), la Mémoire d'Abraham (1983), les Fils d'Abraham (1989), Un homme, un cri (1991), les Fous de la paix (1994), la Force du bien, le Messie (1996), Jérusalem est né d'une source (1999), le Vent des Khazars (2001).

Hamburger, Jean ➤ [Méd, Es] (1909-92) : la Puissance et la Fragilité (1972), l'Homme et les Hommes (1976), Demain, les autres (1979), la Raison et la Passion (1984), Monsieur Littré (1988), les Belles Imprudences. *Théâtre* : le Dieu foudroyé (1985).

Haumont, Marie-Louise [R] (1929) : le Trajet (F 1976), l'Éponge (1981).

Hébrard, Frédérique (fille d'André Chamson ; épouse de Louis Velle) [R] (1927) : la Demoiselle d'Avignon (avec Louis Velle 1971), La vie reprendra au printemps, la Citoyenne (1985), le Harem (1987), le Mari de l'ambassadeur (1990), le Château des oliviers (1993), Félix, fils de Pauline, le Grand Batre, Esther Mazel (2000).

Hecquet, Stephen [R, Cr] (1919-60).

Helias, Pierre, dit Per Jakez [R, P] (1914-95). *Romans* : le Cheval d'orgueil (1975), l'Herbe d'or, Contes du vrai et du semblant (1984), le Quêteur de mémoire, la Nuit singulière (1990).

Henry, Michel [Ph, R] (1922) : l'Essence de la manifestation (1963), Marx (1976), l'Amour les yeux fermés (Ren 1976), Généalogie de la psychanalyse (1983), l'Éloge des intellectuels.

Hocquenghem, Guy [E, R] (1946/28-8-1988) : le Désir homosexuel (1972), la Dérive homosexuelle (1977), les Amours en relief (1982), la Colère de l'agneau (1985), Ève, les Voyages et Aventures extraordinaires du frère Angelo (1988), l'Amphithéâtre des morts (1994).

Host, Michel [R] (1937) : Valet de nuit (G 1986).

Houellebecq, Michel [P, R] (1958) : Extension du domaine de la lutte (1994), les Particules élémentaires (1998), Renaissance (1999).

Hougron, Jean [R] (1923) : Tu récolteras la tempête (1950), Rage blanche, Soleil au ventre, Mort en fraude (1953), les Asiates (1954), Histoire de Georges Guersant (1964), l'Homme de proie (1974), l'Anti-jeu (1977), la Chambre (1982), Coup de soleil (1984).

Hue, Jean-Louis [R] (1949) : le Chat dans tous ses états, Dernières Nouvelles du père Noël.

Huguenin, Jean-René [R] (1936-62) : la Côte sauvage (1960), Journal, Une autre jeunesse (1965).

Humbert, Marie-Thérèse [R] (1940) : A l'autre bout de moi (1979), le Volkameria (1984), la Montagne des signaux (1994), Amy (1998).

Huser, France [R] (1940) : la Chambre ouverte.

Husson, Albert [D] (1912-78) : la Cuisine des anges (1952), le Système Fabrizzi.

Huyghe, René ➤ [Cr d'a] (1906-97) : Dialogue avec le visible (1955), l'Art et l'Homme, Delacroix.

Ikor, Roger [R, Es] (1912-86) : les Grands Moyens (1951), les Eaux mêlées (G 1955), Si le temps... (6 volumes, 1960-64), le Cas de conscience du professeur, l'Éternité dernière, les Fleurs du soir.

Ionesco, Eugène ➤ [D] (d'origine roumaine, 26-11-1909/28-5-1994) : la Cantatrice chauve (1950), la Leçon (1951), les Chaises (1952), Victime du devoir (1953), Amédée ou Comment s'en débarrasser (1954), le Nouveau Locataire (1955), Rhinocéros (1960), Le roi se meurt (1962), la Soif et la Faim (1965), Jeux de massacre (1970), Macbeth (1972), l'Homme aux valises (1975). *Roman* : le Solitaire (1973). *Essais* : Notes et contre-notes (1962), Découvertes (1969). *Autobiogr.* : Journal en miettes (1967). – *Biogr.* : fils d'un avocat roumain et d'une Française. *1913-25* en France. *1925-34* études à Bucarest. *1934-38* professeur de français à Bucarest. *1938* en France (thèse sur Baudelaire). *1940-45* à Marseille, rédacteur aux *Cahiers du Sud*. *1945* correcteur d'imprimerie à Paris.

1950 succès de *la Cantatrice. 1970* Académie française. Également peintre.

Isorni, Jacques [Av, H] (1911-95) : Histoire de la Grande Guerre (1968). Mémoires.

Isou, Isidore (Goldstein) [P, D] (Roumain, 1925) : Introduction à une nouvelle poésie, le Lettrisme.

Jabès, Edmond [P] (1912-91 ; origine juive égyptienne, en France depuis 1957) : le Livre des questions (1963-73), des ressemblances (1976-80), des limites (1976-87), de l'hospitalité (1991).

Jacob, François [Bio, N 1965 (médecine)] (Nancy 17-6-1920) : la Logique du vivant (1970), le Jeu des possibles (1981), la Statue intérieure (1987), la Souris, la mouche et l'homme.

Jacq, Christian [R] (1947) : Ramsès (5 vol.), le Pharaon noir, la Pierre de lumière (3 vol.).

Jacquemard, Simone [P, R] (1924) : le Veilleur de nuit (Ren 1962), l'Éruption du Krakatoa, le Mariage berbère, le Jardin d'Hérodote (1995).

Jambet, Christian [R] (1950) : l'Ange (avec G. Lardreau, 1976).

Jankélévitch, Vladimir [Ph] (1903-85) : la Mauvaise Conscience (1933), l'Ironie (1936), Traité des vertus (1949), le Je-ne-sais-quoi et le Presque-rien (1957), la Musique et l'Ineffable (1961), la Mort (1966).

Jardin, *Alexandre* [R] (1965, fils de Pascal) : Bille en tête, le Zèbre (F 1988), Fanfan (1990), le Petit Sauvage (1992), l'Ile des gauchers (1995), le Zubial (1997), Autobiographie d'un amour (1999). *Pascal* [R] (1934-80, fils de Jean, dir. du cabinet de Pierre Laval) : la Guerre à neuf ans (1971), Toupie la rage (1972), le Nain jaune (1978), la Bête à Bon Dieu (1980).

Jeambar, Denis [J, R] : Le jour où la girafe s'est assise, la Grande Lessive : anarchie et corruption.

Jean, Raymond [R, Es] (1925) : les Grilles (1963), la Vive (1968), la Lectrice (1986).

Jean-Charles [Hum] (1922) : la Foire aux cancres (1962), la Foire aux ronds-de-cuir.

Jeanneney, Jean-Noël [H] (1942) : François de Wendel, l'Argent caché, Georges Mandel.

Jeanson, Francis [E, Ph] (1922).

Joffo, Joseph [R] (1931) : Un sac de billes (1973), Baby-Foot (1977), la Vieille Dame de Djerba, la Jeune Fille au pair, Agates et calots (1997).

Joffrin, Laurent [J] (1952) : Mai 68, les Batailles de Napoléon (2000).

Josselin, Jean-François [R, J] (1939) : l'Enfer et compagnie (M 1982), la Mer au large, Encore un instant (1992), les Poupées du diable (1999).

Joubert, Jean [P, R] (1938) : l'Homme de sable (Ren 1975).

Jouffroy, Alain [E, P] (1928) : le Roman vécu (1978), l'Indiscrétion faite à Charlotte, la Vie réinventée.

Jouvenel des Ursins, Bertrand de [E] (1903-87) : Du pouvoir (1945-72), l'Art de la Conjecture (1964), Un voyageur dans le siècle (1980).

Jullian, Marcel [J, Dia, R] (1922) : la Bataille d'Angleterre, le Maître de Hongrie (1980), Charlemagne, Louis et Maximilien, Mémoire buissonnière (2000).

July, Serge [J, Es] (1942) : le Salon des artistes (1989).

Kahn, Jean-François [J, E] (1938) : Esquisse d'une philosophie du mensonge (1989), Pensée unique, le Retour de terre de Djid Andrew (1997), Tout était faux (1998), De la Révolution (2000).

Kern, Alfred [R] (1919) : le Clown (1957), le Bonheur fragile (Ren 1960), le Viol, le Point vif.

Klossowski, Pierre [R, Pe] (1905, frère du peintre Balthus) : Sade mon prochain (1947), Roberte ce soir (1953), la Révocation de l'édit de Nantes (1959), le Souffle (1960), le Baphomet (1965), les Lois de l'hospitalité (1965), la Monnaie vivante (1970).

Klotz, Claude [R] (1932) : les Classes (1968), les Innommables, Dracula père et fils (1977). *Écrit sous le nom de* Patrick **Cauvin** : l'Amour aveugle (1974), E = MC² mon amour (1978), Monsieur Papa (1979), Huit Jours en été, Laura Brams, Rue des Bons-Enfants, Belles Galères, Menteur, le Théâtre des chaises longues, le Théâtre dans la nuit (1997), Pythagore je t'adore (1999), la Reine du monde (2001).

Kojève, Alexandre (Aleksandr Kojevnikov) [Ph] (Origine russe, 1902-68).

Koltès, Bernard-Marie [R, Th] (1948-89) : Roberto Zucco, l'Héritage.

Labro, Philippe [R, J, C] (1936) : Un Américain peu tranquille (1960), Des feux mal éteints (1967), Tout peut arriver, Sans mobile apparent (1970), l'Héritier (1972), l'Étudiant étranger (I 1986), le Petit Garçon (1990), Quinze Ans, Un début à Paris (1994), la Traversée (1995), Rendez-vous au Colorado, Manuella (1999).

Lacamp, Ysabelle [R] (1954) : Mambo, mambo (1997).

Lacan, Jacques [Psy, Psychan] (1901/9-9-1981) : Écrits (1966). – 1953 brouille avec l'Assoc. internationale de psychanalyse, fonde avec des analystes (dont Françoise Dolto) la Sté française de psychanalyse. 1964 fonde l'École freudienne de Paris (qu'il dissout en 1980).

Lacarrière, Jacques [E] (1925) : Chemin faisant (1973), l'Été grec (1976), Sophocle (1978), Alexandre le Grand (1993), la Poussière du monde (1997), Un jardin pour mémoire (1999).

Lacouture, Jean [J, Es] (1921) : Hô Chi Minh (1967), Nasser (1971), André Malraux (1974), Un sang d'encre (1974), Léon Blum (1977), Survive le peuple cambodgien ! (1978), Mauriac, Pierre Mendès France, De Gaulle (3 volumes, 1984-88), Champollion, Jésuites (2 volumes), Jacques Rivière et la NRF (1994), Mes héros et nos monstres (1995), Montaigne à cheval, Mitterrand : une histoire de Français, Le témoignage est un combat (2000).

La Gorce, Paul-Marie de [E, H] (1928) : De Gaulle entre deux mondes, Clausewitz, la France pauvre, Naissance de la France moderne, la Prise du pouvoir par Hitler, la Guerre et l'Atome.

Lainé, Pascal [R, Es] (1942) : l'Irrévolution (M 1971), la Dentellière (G 1974), Si on partait, Tendres Cousines (1979), Élena, Dîner d'adieu (1991), Dialogues du désir, l'Incertaine, la Semaine anglaise, Collision fatale, Il ne s'est rien passé, Sacré Goncourt ! (2000).

Lambron, Marc [R] (1957) : l'Impromptu de Madrid (1988), la Nuit des masques (1991), Carnets de bal (1992), l'Œil du silence (1993), 1941 (1997).

Lamour, Philippe [Av, J] (1903-92).

Lanoux, Armand [R] (1913-83) : la Nef des fous (1947), le Commandant Watrin (I 1956), le Rendez-vous de Bruges (1958), Quand la mer se retire (G 1963).

Lanza del Vasto (L. di Trabia-Branciforte), Joseph [P, Ph] (Italie, 1901-81) : le Chiffre des choses (1942), le Pèlerinage aux sources (1944), Principes et préceptes du retour à l'évidence (1945), Commentaires sur l'Évangile (1951). *Théâtre :* Noé (1965). – *Biogr. :* père sicilien, gros propriétaire terrien, mère belge. Philosophie. Voyages (Inde 1936, rencontre Gandhi). *1939* à Paris. *1944* succès du *Pèlerinage. 1948* crée la communauté de l'Arche (Charente, *1954* Vaucluse, *1963* Hérault) prônant le retour à la vie naturelle.

Lanzmann, Jacques [R] (1927) : le Rat d'Amérique (1955), Cuir de Russie (1957), Viva Castro, Qui vive, le Têtard, les Transsibériennes, la Baleine blanche (1982), le Septième Ciel, le Jacquiot, Café crime, Hôtel Sahara, la Horde d'or (1994), le Raja (1995), le Fils de l'Himalaya (1996), la Mémoire des dieux (1998).

Lapierre, *Alexandra* [R] (1955, fille de Dominique) : Fanny Stevenson (1994), Artemisia (1998), le Salon des petites vertus (2000). *Dominique* [R] (1931) : Un dollar les 1 000 km (1949), Lune de miel autour de la Terre (1953), la Cité de la joie (1985), les Héros de la cité de la joie (1986), Plus grands que l'amour (1990), Mille Soleils (1997). *Avec Javier Moro :* Il était minuit cinq à Bhopal (2001). *Avec Larry Collins :* Paris brûle-t-il ? (1964), ... Ou tu porteras mon deuil (1967), Ô Jérusalem ! (1971), Cette nuit, la liberté (1975), le Cinquième Cavalier (1980).

Lapouge, Gilles [R] (1923) : Utopie et Civilisation, la Bataille de Wagram (1986), les Folies Kœnigsmark (1989), l'Incendie de Copenhague, Besoin de mirages (1999).

Lardreau, Guy [E] (1947) : le Singe d'or (1973), l'Ange (*avec* C. Jambet 1976).

Lartéguy, Jean (Osty) [J, R] (1920) : les Centurions (1959), les Mercenaires [Du sang sur les collines (1954, remanié 1960)], les Prétoriens (1961), le Mal jaune (1962), les Chimères noires, les Tambours de bronze, les Guérilleros, les Murailles d'Israël, Tout homme est une guerre civile, le Cheval de feu, Marco Polo, l'Or de Baal, le Roi noir (1991), Mourir pour Jérusalem (1996).

Las Vergnas, Raymond [Cr, R] (1902).

La Tour du Pin, Patrice, Cte de [P] (1911-75) : la Quête de joie (1933), Une somme de poésie (1946), le Second Jeu (1959), Psaumes de tous les temps (1967), Une lutte pour la vie (1970), Carnets de route (1995).

Latreille, André [H] (1910-83) : l'Église catholique et la Révolution française (1946-50), Histoire du catholicisme en France (1957-62).

Laurent, Jacques (Laurent-Cély) 🌿 [R] (5-1-1919/29-12-2000) : les Corps tranquilles (1949), le Petit Canard (1954), la Fin de Lamiel (1966), la Communarde (1970), les Bêtises (G 1971), les Sous-Ensembles flous (1981), le Dormeur debout (1986), le Miroir aux tiroirs (1990), l'Inconnu du temps qui passe (1994), Moments particuliers (1997), Ja et la fin de tout (2000). *Essais :* Mauriac sous de Gaulle (1964), Histoire égoïste (1976), le Roman du roman (1977), Stendhal comme Stendhal (1984), le Français en cage (1988), Du mensonge. *Sous le nom de* **Cécil Saint-Laurent :** Caroline chérie (1947), Une sacrée salade (1954), Prénom Clotilde (1957), les Agités d'Alger (1961), Hortense 1914-18 (1963-67), les Petites Filles et les Guerriers (1969), la Bourgeoise (1975), la Mutante (1978), l'Erreur (1986) ; *d'***Albéric Varenne** : ouvrages historiques.

Lebesque, Morvan [D, J, R] (1911-70) : Soldats sans espoir, l'Amour parmi nous.

Le Clézio, Jean-Marie Gustave [R, Es] (13-4-1940). *Romans :* le Procès-verbal (Ren 1963), le Déluge (1966), Désert (1980), le Chercheur d'or (1985), Onitsha (1991), Étoile errante (1992), Diego et Frida (1993), la Quarantaine (1995). Poisson d'or (1997), Cœur brûlé et autres romances (2000). *Nouvelles :* Mondo et autres histoires (1978), Trois Villes saintes (1980), Printemps et autres saisons (1989). *Essais :* l'Extase matérielle (1967), le Rêve mexicain (1988), Gens des nuages [avec sa femme *Jémia* (1997)], Hasard (1999).

Lecourt, Dominique [Ph] (1944).

Leduc, Violette [R] (1907-72) : l'Asphyxie (1946), Ravages (1955, 150 premières pages republiées 1966 : « Thérèse et Isabelle »), Trésors à prendre (1960), la Bâtarde (1964), la Femme au petit renard (1965), la Chasse à l'amour (1973).

Lefebvre, Henri [Ph, Soc] (1905-91) : la Conscience mystifiée (1936), le Matérialisme dialectique (1939), Critique de la vie quotidienne (1947-81), la Métaphilosophie (1965), la Révolution urbaine (1970), Introduction à la modernité (1982).

Lefort, Claude [Ph] (1924) : le Travail de l'œuvre : Machiavel (1972), l'Invention démocratique (1981).

Légaut, Marcel [Ph] (1900-90).

Léger, Jack-Alain [R] (1949) : Mon premier amour, Un ciel si fragile, Monsignore I, II, Capriccio, l'Heure du tigre, Océan boulevard, Pacific Palisade, Wanderweg (1986), le Roman, Jacob Jakobi.

Le Goff, Jacques [H] (1924) : la Civilisation de l'Occident médiéval (1964), la Naissance du purgatoire (1981), Saint Louis (1995), Un autre Moyen Âge (1998), l'Ogre historien.

Le Hardouin, Maria (Sabine Vialla) [R, Es] (Suissesse, 1912-71) : la Voile noire, la Dame de cœur (F 1949).

Leiris, Michel [P, Es] (1901-90) : *Poésie :* Simulacre (1925), Haut Mal (1943), Nuits sans nuit (1961). *Autobiogr. :* l'Age d'homme (1939) [la Règle du jeu (1946) ; Biffures (1948) ; Fourbis (1955) ; Fibrilles (1966)], Frêle Bruit (1976), A cor et à cri (1988), Journal (1922-89), Roussel & Co. *Roman :* Aurora (1946).

Lemarchand, Jacques [R, Cr] (1908-74) : RN 234, Parenthèse, Geneviève.

Lenteric, Bernard [R] (1944) : la Gagne (1980), la Nuit des enfants rois, les Maîtres du pain, la Fortune des Laufer, l'Empereur des rats.

Lentz, Serge [R] (1934) : les Années sandwiches (1981), Vladimir Roubaïev (I 1985), la Stratégie du bouffon (1990).

Le Porrier, Herbert [R] (1913-77) : la Rouille (1954), la Demoiselle de Chartres, le Médecin de Cordoue (1974).

Leprince-Ringuet, Louis 🌿 [Sav, Es] (1901-2000) : Des atomes et des hommes (1958), le Grand Merdier, Noces de diamant avec l'atome (1991).

Leroi-Gourhan, André [Ethno] (1911-86) : l'Homme et la Matière (1943), Milieu et Techniques (1945), le Geste et la Parole (1964), le Fil du temps, Mécanique vivante.

Le Roy Ladurie, Emmanuel [H] (1929) : Paysages du Languedoc (1966), Histoire du climat depuis l'an mil (1967), Territoire de l'historien (1973), Montaillou, village occitan de 1294 à 1324 (1975), le Carnaval de Romans (1979), l'Ancien Régime, le Siècle des Platter 1499-1628 (Tome I, 1995), Saint-Simon.

Lesort, Paul-André [R] (1915-97) : les Reins et les Cœurs (1947), le Fil de la vie, G.B.K. (1960), Vie de Guillaume Périer, Après le déluge (1977).

Lestienne, Voldemar [R] (1932-91) : l'Amant de poche (I 1975).

Lévinas, Emmanuel [Ph] (Lituanie, 1906-95) : De l'existence à l'existant (1947), le Temps et l'Autre (1947), Totalité et Infini (1961), Difficile Liberté (1963), l'Humanisme de l'autre homme (1972), Éthique et Infini (1982), Essais sur le penser à l'autre (1991).

Lévi-Strauss, Claude 🌿 [Ph, Ethn] (28-11-1908) : les Structures élémentaires de la parenté (1949), Tristes Tropiques (1955), l'Anthropologie structurale (1958, 2e vol. 1973), la Pensée sauvage (1962), le Totémisme aujourd'hui (1962), les Mythologiques [le Cru et le Cuit (1964), Du miel aux cendres (1967), De l'origine des manières de table (1968), l'Homme nu (1971)], le Regard éloigné (1983), la Potière jalouse (1985), De près et de loin (1988), Histoire de Lynx.

Lévy, Bernard-Henri [Es] (5-11-1948) : la Barbarie à visage humain (1977), le Testament de Dieu (1979), l'Idéologie française (1981), le Diable en tête (M 1984), Éloge des intellectuels (1987), les Derniers Jours de Charles Baudelaire (I 1988), les Aventures de la Liberté (1991), le Jugement dernier (1992), Parlez-moi d'amour (avec F. Giroud), la Pureté dangereuse (1994), le Lys et la Cendre (1996), Comédie (1997), Questions de principe, vol. 6 Salman Rushdie (1999), le Siècle de Sartre (2000).

Lhote, Henri [Ethn] (1903-91) : Tassili.

Ligneris, Françoise de [R] (1913) : Fort Frederick, Psyché 58, la Septième Rose.

Limbour, Georges [P, R] (1900-70). *Romans :* les Vanilliers (1938), la Pie voleuse (1939), le Bridge de M. Lyane (1948), la Chasse au mérou (1963).

Loesch, Anne [R] (1941) : la Valise et le Cercueil, le Tombeau de la chrétienne, Le vent est un méchant, les Couleurs d'Odessa (1979).

Lombard, Maurice [H] (1904-64).

Luca, Ghérasim [P] (Roumain, 1913-94 ; vit à Paris depuis 1952).

Lyotard, Jean-François [Ph] (1924-98) : Économie libidinale (1974), la Condition post-moderne (1979), le Différend (1983), Signé Malraux (1996).

Maine, René (Boyer) [H, J] (1907-92).

Makine, Andreï [R] (Sibérie 10-9-1957, à Paris 1987, naturalisé 1996) : *en russe :* la Fille d'un héros de l'Union soviétique (1990), Confession d'un porte-drapeau déchu (1992) ; *en français :* Au temps du fleuve amour, le Testament français (G et M 1995), le Crime d'Olga Arbelina (1997), Requiem pour l'Est (2000), la Musique d'une vie.

Malaquais, Jean (Wladimir Malacki) [R] (1908-98) : les Javanais (Ren 1939), Journal de guerre : 1939-43, Planète sans visa (1947), le Gaffeur (1953).

Malaurie, Jean [Ethn] (1922) : le Hoggar (1954), les Derniers Rois de Thulé (1955). Hummocks (2 vol. 1999), l'Appel du Nord (2001). Crée la collection Terre humaine (Plon) en 1954.

Malet, Léo [P, R] (1909-96) : 120, rue de la Gare (1943), Nestor Burma contre CQFD (1945), La vie est dégueulasse (1948), les Nouveaux Mystères de Paris (15 volumes 1954-59), Abattoir ensoleillé, les Rives incertaines (1993).

Malinvaud, Edmond [Ec] (1923) : Essai sur la théorie du chômage (1983), Équilibre général dans les économies de marché (1993).

Mallet, Robert [Es, P, R] (1915) : Ellynn (1985).

Malraux, André [R, E] (3-11-1901/23-11-1976) : *Essais :* la Tentation de l'Occident (1926), la Lutte avec l'Ange [tome I : les Noyers de l'Altenburg (1943)], les Voix du silence [1951, repris dans la Psychologie de l'art : I, le Musée imaginaire (1947) ; II, la Création artistique (1948) ; III, la Monnaie de l'absolu (1949)], Saturne, *essai sur Goya* (1950), le Musée imaginaire de la sculpture mondiale (I, 1952, II, III, 1954), la Métamorphose des dieux (1957), l'Homme précaire et la Littérature (1977). *Romans :* les Conquérants (1928), Royaume farfelu (1928), la Voie royale (I 1930), la Condition humaine (G 1933), le Temps du mépris (1935), l'Espoir (1937). *Mémoires :* Antimémoires (1967), le Triangle noir (1970), les Chênes qu'on abat (1971), Oraisons funèbres (1971), la Tête d'obsidienne (1974), Lazare (1974), Hôtes de passage

(1975), le Miroir des limbes (1976). Voir p. 351 b. – *Biogr. : 1905* parents séparés, élevé par sa mère (épicière). *1920* éditeur avec Dayon de livres d'art (1er article). *1921-21-10* épouse Clara Goldschmidt (1897-1982) qui restera « Clara Malraux » après leur divorce. Gagne en Bourse. *1923* service militaire, se fait réformer ; ruiné en Bourse ; *-13-10* part pour le Cambodge ; *-24-12* arrêté. *1924-21-7* condamné pour bris de monuments et vol de fragments du temple de Banteai-Srei (Angkor) à 3 ans de prison ; en appel à 1 an avec sursis. *1925* fonde le mouvement nationaliste indochinois (anti-français). Voyage à Canton et Hong Kong. *1927* rédacteur à la NRF. *1933* naissance de Florence avant liaison avec Louise de Vilmorin ; prix Goncourt. *1934* expédition aérienne. *1936-37* combattant républicain en Espagne (aviateur). *1939-40* combattant. *1943-44* résistant (colonel Berger). *1944-45* Brigade Alsace-Lorraine. *1945-46* ministre de l'Information. *1947* au RPF. *1959-69* ministre des Affaires culturelles. *1964-19-12* discours d'accueil des cendres de Jean Moulin au Panthéon. *1996-23-11* corps transféré au Panthéon.

Manceron, Claude [E] (1923-99) : les Hommes de la liberté (les Vingt Ans du Roi, le Vent d'Amérique, le Bon Plaisir, la Révolution qui lève, le Sang de la Bastille).

Mandrou, Robert [E] (1921-84).

Manet, Eduardo [R, D] (Cuba 1930, naturalisé Français 1979) : les Étrangers dans la ville, l'Ile du lézard vert (1992), la Mauresque, Habanera, Rhapsodie cubaine (I 1996), D'amour et d'exil (1998). *Théâtre :* les Nonnes, Un balcon sur les Andes, le Borgne.

Marceau, Félicien (Louis Carette) ⚔ [R, D] (1913, Belge naturalisé Français en 1959) : Capri petite île (1951), l'Homme du roi (1952), Bergère légère (1953), les Élans du cœur (I 1955), les Belles Natures (1957), Creezy (G 1969), les Passions partagées (1987), Un oiseau dans le ciel, la Terrasse de Lucrezia (1993), le Voyage de noces de Figaro (1994), la Grance Fille (1997). *Théâtre :* l'Œuf (1956), la Bonne Soupe (1959), la Preuve par quatre (1963), le Babour (1969), la Vie d'artiste (1984), la Grande Fille (1996), l'Affiche (2000).

Margerie, Diane de [Cr, R] (1927) : la Volière, le Ressouvenir, L'empereur Ming vous attend, Dans la spirale (1996), Édith Wharton (1999), Maintenant (2001).

Margerit, Robert [R] (1910-88) : l'Ile des perroquets (1942), Mont-Dragon (1944), le Dieu nu (Ren 1951), la Terre aux loups (1958), la Révolution (1963-67).

Marion, Jean-Luc [Ph] (1946) : l'Idole et la Distance, Sur la théologie blanche de Descartes (1981), la Croisée du visible (1996).

Marrou, Henri-Irénée, [H] (1904-77) : Histoire de l'éducation dans l'Antiquité (1948).

Martinet, André [Ling] (1908-99) : Éléments de linguistique générale (1960).

Massip, Renée [J, R] (1907) : la Régente, la Bête quaternaire (I 1963), le Rire de Sara (1966), Douce Lumière (1985).

Matzneff (Gabriel) [R, Ess, P] (1936) : l'Archimandrite (1966), Nous n'irons plus au Luxembourg (1972), Isaïe réjouis-toi (1974), Ivre du vin perdu (1981), Harrison Plaza (1988), les Lèvres menteuses. *Essais :* le Défi (1965), De la rupture, Maîtres et Complices (1994) ; Journaux intimes, le Dîner des mousquetaires, la Passion Francesca (1998), Boulevard Saint-Germain (1998).

Maulnier, Thierry (Jacques Talagrand) ⚔ [D, Es] (1909-88) : Introduction à la poésie française (1930), la Maison de la nuit (1953), les Vaches sacrées (1977), l'Étrangeté d'être, le Dieu masqué (1985).

Mauriac, Claude [Cr, R] (1914-96 ; fils de François Mauriac). *Romans :* le Dîner en ville (M 1959), La marquise sortit à 5 h (1961), l'Oubli (1966), Le Bouddha s'est mis à trembler (1979). *Journal :* le Temps immobile [10 tomes 1975-85 dont l'Oncle Marcel (1988)], le Temps accompli (3 tomes). *Théâtre :* la Conversation (1964).

Mazars, Pierre [Cr, E] (1921-85).

Mazeline, Guy [R] (1900-96) : les Loups (G 1932), le Capitaine Durban.

Mégret, Christian [R] (1904) : En ce temps-là (1944), le Carrefour des solitudes (F 1957), J'ai perdu mon ombre (1974), la Croix du Sud (1984).

Melchior-Bonnet, Christian [H] (1904-95).

Merle, Robert [R] (1908) : Week-end à Zuydcoote (G 1949), La mort est mon métier (1953), l'Ile, Derrière la vitre, Malevil (1972), Fortune de France (11 volumes), les Hommes protégés, Madrapour (1976), En nos vertes années (1979), le Prince que voilà, la Violente Amour (1983), l'Idole, le Propre de l'homme, l'Enfant-Roi (1993), les Roses de la vie (1995), le Lys et la pourpre, la Gloire et les périls (1999), Complots et cabales (2000).

Merleau-Ponty, Maurice [Ph] (1908-61) : Phénoménologie de la perception (1945), Humanisme et Terreur (1947), Éloge de la philosophie (1953), l'Œil et l'Esprit.

Meschonnic, Henri [P] (1932).

Messadié, Gérald [R] (1931) : l'Homme qui devint Dieu (1988).

Mettelus, Jean [E] (1937) : Jacmel au crépuscule, Une eau-forte.

Meyer, Philippe [H, Soc, J] (1947) : Dans mon pays lui-même, les Progrès du progrès, Eaux-Fortes, Paris la grande (1997), Portraits acides (1999).

Michelet, Claude [R] (1938) : Des grives aux loups (1979), Les palombes ne passeront plus, Pour un arpent de terre, le Grand Sillon (1988), l'Appel des engoulevents (1990), Histoire des paysans de France (1996), la Terre des Vialhe (1998), les Défricheurs d'éternité (2000).

Mille, Raoul [R] (1941) : Léa ou l'Opéra sauvage, les Amants du paradis (I 1987), Père et Mère.

Milza, Pierre [H] (1932).

Minc, Alain [Es, Pol] (15-4-1949) : Rapport sur l'informatisation de la société (1978), la Machine égalitaire (1987), la Grande Illusion, l'Argent fou, la Vengeance des nations (1991), Français, si vous osiez..., le Nouveau Moyen Age (1993), Louis-Napoléon revisité (1996), la Mondialisation heureuse (1997), Au nom de la loi (1998), Spinoza (1999), www.capitalisme.fr (2000).

Miquel, Pierre [H] (1930) : Histoire de France, les Guerres de Religion, la Grande Guerre, l'Antiquité, la Seconde Guerre mondiale (1986), la Troisième République, la Guerre d'Algérie (1993), Ce siècle avait mille ans, Les Aristos (2000).

Mithois, Marcel [R, D, Hum] (1922) : *Roman :* Passez muscade. *Théâtre :* Croque-Monsieur, les Folies du samedi soir.

Modiano, Patrick [R] (1945) : la Place de l'Étoile (1968), la Ronde de nuit, les Boulevards de ceinture (1972), Villa triste (1975), Livret de famille, Rue des boutiques obscures (G 1978), Vestiaire de l'enfance (1989), Voyage de noces (1990), Fleurs de ruine (1991), Un cirque passe, Chien de printemps (1993), Du plus loin de l'oubli (1996), Dora Bruder (1997), Des inconnues (1998), la Petite Bijou.

Mohrt, Michel ⚔ [R, Es] (1914). *Romans :* Mon royaume pour un cheval (1949), les Nomades, la Prison maritime (1961), la Campagne d'Italie, Deux Indiennes à Paris, les Moyens du bord, la Guerre civile, le Télésiège, Un soir à Londres (1991), On liquide et on s'en va (1992), l'Ile des fous (1999). *Essais :* l'Air du large (2 tomes).

Moinot, Pierre ⚔ [R] (1920) : Armes et Bagages (1951), la Chasse royale, le Sable vif, le Guetteur d'ombre (F 1979), la Descente du fleuve (1991), Le matin vient et aussi la nuit (1999).

Mongrédien, Georges [H] (1901-80).

Monnerot, Jules-Marcel [Soc] (1909-95) : Sociologie du communisme (1949), de la Révolution (1969).

Monod, Jacques [Bio] (1910-76) : le Hasard et la Nécessité (1970) [N de médecine 1965].

Montaldo, Jean [J] : les Finances du PCF (1977), Mitterrand et les 40 voleurs (1994), Rendez l'argent, le Gang du cancer (1996), Main basse sur l'or de la France (1998).

Montbrial, Thierry de [E] (1943) : Mémoires du temps présent (1996), Pour combattre les pensées uniques (2000).

Morin, Edgar (Nahoum) [Ph] (1921) : l'Homme et la Mort (1951), les Stars (1957), Autocritique (1959), l'Esprit du temps (1962-76), Introduction à une politique de l'homme (1965), le Paradigme perdu : la Nature humaine (1973), l'Unité de l'homme (1974-78), la Méthode (4 t., 1977-89), Pour sortir du XXe s. (1981-84), Vidal et les siens, Mes démons (1994), Une année Sisyphe (1995).

Moscovici, Serge [Soc] (1925).

Mossé, Robert [Ec] (1906) : l'Économie socialiste, Perspectives de l'an 2000.

Mounier, Emmanuel [Ph] (1905-50) : Manifeste au service du personnalisme (1936), Traité du caractère (1946), le Personnalisme (1950). Fonda la revue *Esprit* (publiée par le Seuil) en 1932 avec Paul Flamand.

Mourad, Kénizé [R] (1939) : De la part de la princesse morte (1987), le Jardin de Badalpour (1998).

Mourgue, Gérard [R, P, Es] (1925-95).

Mourre, Michel [H] (1928-77) : Charles Maurras (1953), Dictionnaire d'histoire universelle (1968).

Mousnier, Roland [H] (1907-93) : la Vénalité des Offices (1945), l'Assassinat d'Henri IV (1964), Institutions de la France sous la monarchie absolue.

Mousset, Paul [R] (1907-81) : Quand le temps travaillait pour nous (Ren 1941), Neige sur un amour nippon.

Moustiers, Pierre (Rossi) [R] (1924) : la Paroi (1969), l'Hiver d'un gentilhomme, Un crime de notre temps, l'Éclat (1990), Un si bel orage.

Murciaux, Christian (Muracciole) [R] (1915-72) : les Fruits de Canaan, Pedro de Luna.

Nadeau, Maurice [Es, Cr] (1911).

Navarre, Yves [R, D] (24-9-1940/24-1-1994, suicide) : Lady Black (1971), Évolène (1972), les Loukoums (1973), le Cœur qui cogne (1974), Niagarak (1976), le Jardin d'acclimatation [G 1980], Louise, Hôtel Styx (1989), Poudre d'or (1993). *Théâtre :* 13 pièces.

Navel, Georges [R] (1904-93) : Travaux (1945), Parcours (1950), Chacun son royaume (1960), Sable et Limon (1989), Passages (1992).

Naville, Pierre [Soc] (1904-93).

Nay, Catherine [J] (1944) : la Double Méprise (1980), le Noir et le Rouge, les Sept Mitterrand, le Dauphin et le Régent (1994).

Négroni, François de [E] (1943) : les Colonies de vacances.

Nels, Jacques [J, E] (1901-94) : Poussière du temps (1946), les Tiroirs de la commode (1984).

Nemirovsky, Irène [Nouv, R] (1903-Auschwitz 1942) : David Golder (1929), le Bal (1930), Jézabel (1936), l'Affaire Couriloff (1936), les Mouches d'automne.

Némo, Philippe [E] (1949) : l'Homme surnaturel.

Neuhoff, Éric [R] (1957) : Précautions d'usage, les Hanches de Laetitia, Comme hier (1993), la petite Française, la Séance du mercredi à 14 h (1998).

Neveux, Georges [D, P] (1900-82) : la Beauté du diable, Juliette ou la Clef des songes, le Voyage de Thésée (1943).

Niel, Jean-Baptiste [R] (1962-95).

Nimier, Roger [R, Polé, Sc.] (31-10-1925/28-9-1962, tué en Aston Martin avec la romancière Sunsiaré de Larcône [Durupt de l'Argonne]) : les Épées (1949), Perfide (1950), le Hussard bleu (1950), les Enfants tristes (1951), Histoire d'un amour (1953), l'Étrangère (posth. 1968). *Pamphlet :* le Grand d'Espagne.

Nizan, Paul [R, Polé] [7-2-1905/23-5-1940, abattu par les Allemands (certains prétendirent : exécuté par un militant communiste)]. *Romans :* Antoine Bloyé (1933), le Cheval de Troie (1935), la Conspiration (1938). *Pamphlets :* Aden Arabie (1931), les Chiens de garde (1932), Chronique de septembre (1939). – *Biogr. :* normalien, précepteur à Aden, professeur à Bourg-en-Bresse, rédacteur en chef de *Ce Soir*. 1939 quitte le PC après le pacte germano-soviétique.

Noël, Bernard [P, R] (1930) : Extraits du corps (1958), le Château de Cène (1969), la Chute d'Icare, les Premiers Mots, Treize Cases du je.

Noguez, Dominique [R, Es] (1942) : les Martagon (1995), Amour noir [F 1997], le Grantécrivain (2000).

Nourissier, François [R, Es] (18-5-1927). *Romans :* l'Eau grise (1951), les Orphelins d'Auteuil (1956), le Corps de Diane (1957), Une histoire française (1966), le Maître de maison (1968), la Crève (F 1970), Allemande (1973), l'Empire des nuages (1981), la Fête des pères (1986), En avant, calme et droit (1987), le Gardien des ruines (1992), Mauvais Genre (1994), Roman volé (1996), le Bar de l'escadrille (1997), Armistice dans la guerre aux femmes (1998). *Chroniques :* Un petit bourgeois (1964), Bratislava (1990), A défaut de génie (2000).

Novarina, Valère [R, D] (1947) : le Discours aux animaux (1987).

Nucera, Louis [R] (17-7-1928/9-8-2000, renversé par une voiture) : l'Ami (1974), Avenue des Diables-Bleus (1979), le Chemin de la lanterne [Interallié, 1981], le Ruban rouge (1991), les Niçois (1995), Ils s'aimaient (1998), Une bouffée d'air frais (2000).

Obaldia, René de ⚔ [P, R, D] (1918) : *Poésie :* les Richesses naturelles (1952), Innocentines (1969). *Romans :* Tamerlan des cœurs (1955), le Centenaire (1959), la Passion d'Émile (1979). *Théâtre :* Génousie (1960), le Satyre de la Villette, Du vent dans les branches de sassafras (1965), le Cosmonaute agricole (1965), Édouard et Agrippine (1967), la Baby-Sitter (1971), Monsieur Klebs et Rosalie (1975), les Bons Bourgeois (1980). *Mémoires :* Exobiographie (1993).

Oldenbourg, Zoé [R] (Russie, 1916) : Argile et Cendres (1946), la Pierre angulaire (F 1953), les Brûlés (1960), les Cités charnelles (1961), la Joie des pauvres (1970), Déguisements (1989).

Olivier-Lacamp, Max [J, R] (1914-83) : les Feux de la colère (Ren 1969).

Ollier, Claude [R] (1922) : la Mise en scène (M 1958), l'Été indien (1958), la Vie sur Epsilon et Fazzy Sets, l'Échec de Nolan (1967), Énigma (1972), Our ou Vingt Ans après (1974), Truquage en amont (1992), Missing.

Ollivier, Éric [R] (1927) : Une femme raisonnable, Panne sèche, Le temps me dure un peu (1980), l'Orphelin de mer (I 1982), l'Arrière-Saison (1985), le Faux Pas (1987), la Loi d'exil (1990), Lettre à mon genou, Ma langue aux chats (2000).

Oraison, Marc [Théo] (1914-79) : Une morale pour notre temps, le Couple en question.

Orieux, Jean [R, Es] (1907-90) : Fontagre (1946), Voltaire (1966), Talleyrand (1970), La Fontaine (1976), Catherine de Médicis (1986).

Orizet, Jean [P, Éditeur] (1937) : le Voyageur absent (1982), la Peau du monde, Poèmes 1974-89, Anthologie de la poésie amoureuse, la Vie autrement (1999), Cinquante ans de poésie française (2000).

Ormesson, Cte Jean d' ⚔ [E, R] (1925) : L'amour est un plaisir (1956), Au plaisir de Dieu (1968), les Illusions de la mer, la Gloire de l'Empire (1971), Dieu, sa vie, son œuvre (1981), Mon dernier rêve sera pour vous, Jean qui grogne et Jean qui rit (1984) ; trilogie (1985-87) : le Vent du soir, Tous les hommes en sont fous, le Bonheur à San Miniato (1987) ; Histoire du Juif errant (1990), la Douane de mer (1994), Presque rien sur presque tout (1996), Casimir mène la grande vie, Une autre histoire de la littérature française (1997-98), le Rapport Gabriel (1999).

Orsenna, Erik (Arnoult) ⚔ [R] (22-3-1947) : Loyola's blues (1974), la Vie comme à Lausanne (1977), Une comédie française, l'Exposition coloniale (G 1988), Grand Amour (1993), Histoire du monde en neuf guitares (1996), Deux étés (1997), Longtemps (1998), les Mots des femmes, André Lenôtre 1613-1700 (2000), Portrait d'un homme heureux.

Oster, Christian [R] (1949) : Volley-ball (1989), Mon grand appartement (M 1999), Une femme de ménage (2000).

Ozouf, Mona [H] (1931) : la Muse démocratique (1998).

Paillat, Claude [J, H] (1924-2001) : Dossiers secrets de la France contemporaine (8 vol.).

Parmelin, Hélène (Jungelson) [R, Cr. d'a.] (1915-98) : la Montée au mur (1951), la Manière noire, le Perroquet manchot, la Femme écarlate, la Désinvolture (1983).

Parturier, Françoise [R] (1919-95) : Les lions sont lâchés, l'Amant de cinq jours (1959), la Prudence de la chair (1963), Calamité, mon amour, les Hauts de Ramatuelle (1983), le Sexe des anges (1991).

Pauwels, Louis [E, J] (or. belge, Paris 2-8-1920/28-1-1997). *Romans :* Saint Quelqu'un (1946), l'Amour monstre (1955), les Orphelins (1995), l'Apprentissage de la sérénité (1977). *Poèmes :* Dix Ans de silence (1989). *Avec Jacques Bergier : essais :* le Matin des magiciens ; l'Homme éternel (1970). *En 1961,* crée la revue *Planète*.

Paysan, Catherine (Annie Roulette, Mme Hausen) [R] (1926) : Nous autres les Sanchez (1961), les Feux de la Chandeleur, l'Empire du taureau, la Route vers la fiancée (1992), le Passage du SS (1996).

Pennac, Daniel (Daniel Pennacchioni) [R] (1944) : la Fée Carabine (1987), la Petite Marchande de prose (1988), Au bonheur des ogres, Comme un roman (1992), Monsieur Malaussène (1995), Messieurs les enfants (1997), Aux fruits de la passion (1998).

Perec, Georges [R, D] (1936-82) : les Choses (Ren 1965), Un homme qui dort (1967), la Disparition (1969 ; 226 pages sans aucun *e*), la Boutique obscure (1973), la Vie mode d'emploi (M 1978). *Autobiogr. :* W (1975), Je me souviens (1978). *Théâtre :* l'Augmentation (1981), la Poche Parmentier (1981).

ROMAN POLICIER ET ROMAN D'ESPIONNAGE

■ **Grands ancêtres. France : Gaboriau,** Émile (1832-73) : le Crime d'Orcival (1867), le Dossier n° 113 (1867), l'Affaire Lerouge (1866), Monsieur Lecoq (1867). **Leblanc,** Maurice (1864-1941) : les Aventures extraordinaires d'Arsène Lupin [20 volumes, 1907-29, notamment : A.L. gentleman cambrioleur (1907), A.L. contre Herlock Sholmès, l'Aiguille creuse, 813, l'Ile aux 30 cercueils, Cagliostro se venge (1935)]. **Leroux,** Gaston (1868-1927) : cycle des Rouletabille [le Mystère de la chambre jaune (1907), le Parfum de la dame en noir (1908), Rouletabille chez le tsar, Chéri-Bibi (1913-25)]. **Souvestre,** Pierre (1874-1914) et **Allain,** Marcel (1885-1969) : *Fantômas* (32 volumes, plus 10 volumes par Allain seul). **G.-B. : Collins,** William dit Wilkie (1824-89) : la Dame en blanc (1860), Pierre de lune (1868). **Doyle,** sir Arthur Conan (1859-1930, médecin, Pt d'honneur de la Fédération spirite internationale, annobli 10-8-1902) : Une étude en rouge (1886), les Aventures de Sherlock Holmes, le Chien des Baskerville, le Signe des quatre. **USA : Poe,** Edgar(1809-49).

■ **Age classique. Belgique : Simenon,** Georges (1903-91) voir à l'Index. **Steeman,** Stanislas-André [R] (1908-70) : L'assassin habite au 21 (1939), Légitime Défense (1942, d'où fut tiré le film Quai des Orfèvres). **France : Boileau,** Pierre (1906-89) et **Narcejac,** Thomas (Pierre Ayraud, 1908-1998). 43 romans dont : Celle qui n'était plus là [1952, au cinéma : les Diaboliques (de Clouzot)], D'entre les morts [1954, au cinéma : Vertigo (Sueurs froides) d'Hitchcok], les Magiciennes (1957), les Louves. **Decrest,** Jacques (J.N. Faure-Biguet, 1893-1954). **Exbrayat,** Charles [Charles Durivaux (1906-89)] : Une ravissante idiote, Jules Matrat (1975). **Véry,** Pierre (1900-60) : l'Assassinat du père Noël (1934), les Disparus de St-Agil (1935), Goupi-Mains rouges (1937), le Testament de Basil Crookes. **G.-B. : Bagley,** Desmond (1924-83). **Chesterton,** Gilbert Keith (1874-1936). **Christie,** Agatha [Agatha Mary Clarissa Miller (1891-1976)] ; pharmacienne ; anoblie 1971) : le Crime de l'Orient-Express (1934), Dix Petits Nègres (1939). *Théâtre :* la Souricière. **Iles,** Francis [Anthony Berkeley (1893-1971)]. **Sayers,** Dorothy (1893-1957) : Lord Peter et l'inconnu. **Wallace,** Edgar (1875-1932) : le Cercle rouge. **USA : Biggers,** Earl Derr (1884-1933) : le Perroquet chinois (1926). **Carr,** John Dickson (1905-77). **Caspary,** Vera (1908-87). **Charteris,** Leslie (Leslie Charles Bowyer Yin, 1907-1993) : série du Saint. **Hart,** Frances Noyes (1890-1943) : le Procès Bellamy. **Queen,** Ellery [Frederic Dannay (1905-82) et Manfred Lee (1905-71)] : le Mystère des frères siamois. **Van Dine,** S.S. [Willard Huntington Wright (1889-1939)].

■ **Roman noir. France : A.D.G.** [Alain Camille (1947)]. **Amila,** Jean [Meckert (1910-95)]. **Gerrard,** Paul [Jean Sabran (1908-94)]. **Le Breton,** Auguste [Montfort (1913)] : Du rififi chez les hommes (1953), Razzia sur la chnouf, le Rouge est mis, le Clan des Siciliens (1967). **Malet,** Léo (1909-96). **Simonin,** Albert (1905-80) : Touchez pas au grisbi (1953), Le cave se rebiffe (1954). **Siniac,** Pierre (1928). **Topin,** Tito (1932). **G.-B. : Chase,** James Hadley [René Brabazon Raymond (1906-85)] : 89 romans dont Pas d'orchidées pour Miss Blandish (1939), Méfiez-vous fillettes ! (1941), Eva, le Requiem des blondes (1945), Elles attigent (1946), la Chair de l'orchidée, Traquenards (1948), la Main dans le sac, Garces de femmes (1949), Lâchez les chiens (1950), la Culbute (1952), Partie fine (1954), Pas de mentalité (1959), l'Héroïne de Hong-Kong (1962), Un beau matin d'été (1963), Chambre noire (1966), Meurtres au pinceau (1979). **Cheyney,** Peter [Reginald E. Peter Southhouse-Cheyney, dit (1896-1951)] : Cet homme est dangereux (1936), la Môme vert-de-gris (1937), Les femmes s'en balancent (1937), Monsieur Callaghan (1952). **Wainwright,** John (1921). **USA : Albert,** Marvin (1924-96). **Block,** Lawrence (1938). **Burnett,** William Riley (1899-1982) : le Petit César. **Cain,** James (1892-1977) : Le facteur sonne toujours deux fois (1936), la Belle de La Nouvelle-Orléans, Mildred Pierce (1950). **Chandler,** Raymond (1888-1959) : le Grand Sommeil (1939), la Dame du lac (1943), the Long Good-bye (1953 ; publié avec 100 pages de moins dans la Série Noire : Sur un air de navaja), la Grande Fenêtre, Fais pas ta rosière, Lettres (1888-1959). **Clarke,** D. Henderson (1887-1958). **Collins,** Max Allan (1948). **Hammett,** Samuel Dashiell (1894-1961) : la Moisson rouge (1927), Sang maudit (1928), le Faucon maltais (1930), la Clé de verre (1930). **Himes** Chester (1909-84) : la Reine des pommes (1958). **Mac Coy,** Horace (1897-1955) : On achève bien les chevaux (1935), Un linceul n'a pas de poches (1946), Adieu la vie, adieu l'amour (1949). **McDonald,** John D. (1916-86) : les Énergumènes (1950). **Spillane,** Mickey [Frank Morrison (1918)] : J'aurai ta peau, le Dogue, Mike Hammer. **Thompson,** Jim (1906-77) : Monsieur Zéro, le Lien conjugal (1959), 1 275 Ames (1964). **Williams,** Charles (1909-75) : la Mare aux diams (1956), Fantasia chez les ploucs (1956).

■ **Roman moderne. Canada : Morrell,** David (1943). **France : Arnaud,** Georges J. (1928) : Ne tirez pas sur l'inspecteur (1952), Tatouage, Enfantasme (1975), Mère carnage (1986). **Bastid,** Jean-Pierre (1937) : Parcours fléché (1995). **Bialot,** Joseph (1923) : Babel-Ville, le Salon du prêt à saigner (1978), la Vie de ma mère (1994). **Benacquista,** Tonino (1961). **Bocquet,** José-Louis (1962) : Point mort (1994). **Conil,** Philippe (1955). **Daeninckx,** Didier (1949) : Meurtre pour mémoire, Lumière noire (1987), Un château de Bohême. **Dantec,** Maurice. G (13-6-1959) : la Sirène rouge (1993), les Racines du mal, Babylon babies (1999). **Dard,** Frédéric (26-6-1921/6-6-2000) : *San Antonio* (série), Ces dames du palais Rizzi (1994) ; voir San Antonio p. 351 c. **David,** Eva (1954) : Cavale. **Delteil,** Gérard (1939) : Mort d'un satrape rouge (1995). **Demouzon,** Alain (1945) : Mouche (1976), le Premier-Né d'Égypte, Un coup pour rien, la Pêche au vif, Mes crimes imparfaits, Adieu La Jolla, Paquebot, la Perdriolle, Dernière Station avant Jérusalem (1994), Melchior et les Innocents (2000). **Demure,** Jean-Paul (1941). **Dessaint,** Pascal (1964) : La vie n'est pas une punition, Bouche d'ombre (1996). **Fétis,** Laurent (1970). **Fonteneau,** Pascale (1963) : États de lame (1993). **Grangié,** Jean-Christophe : les Rivières pourpres (1998), le Concile de pierre (2000). **Izzo,** Jean-Claude : Total Khéops (1995), Chourmo (1996), Solea (1998). **Japrisot,** Sébastien (J.-B. Rossi, 1931) : Compartiments tueurs, l'Été meurtrier, la Passion des femmes, Visages de l'amour et de la haine, Un long dimanche de fiançailles. **Jonquet,** Thierry (1952) : les Orpailleurs. **Lebrun,** Michel (1930-96). **Lecas,** Gérard (1951) : le Syndrome du volcan (1993). **Léon,** Pierre (1959) : le Pont de Moscou. **Manchette,** Jean-Patrick (1942-95) : l'Affaire N'Gustro, Nada, le Petit Bleu de la côte Ouest. **Margotin,** Philippe : Souricière pour une madone (1994). **Mondolini,** Jacques (1941) : le Jeu du Petit Poucet (1994). **Monfils,** Nadine (1953) : Une petite douceur meurtrière (1994). **Monteilhet,** Hubert (1928) : les Mantes religieuses (1960), le Retour des cendres, Retour à zéro, les Queues de Kallinaos, Neropolis, la Pucelle, Eudoxie ou la Clef des champs. **Mosconi,** Patrick (1950). **Oppel,** Jean-Hughes (1957). **Pelman,** Brice [Pierre Ponsart (1924)]. **Pennac,** Daniel [Pennachioni (1944)]. **Picouly,** Daniel (1948) : Nec (1992). **Pierquin,** Georges (1922). **Pouy,** Jean-Bernard (1946) : RN 86 de Belle de Fontenay. **Puiseux,** Alain (1965) : Cortez et Crisson (1994). **Quadruppani,** Serge (1952) : Tir à vue (1994). **Réouven,** René (1925) : Au centre du mystère (1994). **Ryck,** Francis (Yves Delville, 1920) : Voulez-vous mourir avec moi ? **St-Laurent,** Cécil [J. Laurent (1919)]. **Vargas,** Fred (Frédérique Audoin, 1957) : Debout les morts (1995), Un peu plus loin sur la droite (1996). **Vautrin,** Jean [Herman (1933)]. **Villard,** Marc (1947). **G.-B. : Brown,** Carter [Alan G. Yates (1923-85)]. **Cook,** Robin (1933-94) : On ne meurt que deux fois, J'étais Dora Suez, Quand se lève le brouillard rouge (1994) **Dexter,** Colin (1930) : Mort d'une garce, Bijoux de famille, Remords secrets. **Heyer,** Georgette (1902-74) : Qui a tué le père ? (1942). **James,** Phillis Dorothy (1920) : Péché originel, Une certaine justice. **Mac Donald,** Patricia (n. c.) : Personnes disparues (1997). **Peters,** Ellis [Edith Pargeter (1913-95)] : Pris au piège (1951), Une mort joyeuse, Trafic de reliques (1977). **Rendell,** Ruth : l'Été de Trapellune (1987), Une mort obsédante (1994), Regent's Park (1996), Jeux de mains (1998). **Symons,** Julian (1912-94) : Une bêtise de faite (1961), Dans la peau du rôle. **Mexique : Taibo II,** Paco Ignacio : Cosa facil, Jour de combat (1976). **Pays-Bas : Van de Wetering,** Jan Willem (1931) : le Massacre du Maine (1979), le Perroquet perfide (1997). **Russie : Akounine**, Boris (voir p. 322 c). **Marinina,** Alexandra (n.c.) : le Cauchemar. **USA : Charyn,** Jerome (1937) : Frog, Movieland, Isaac Sidel (série), Zyeux bleus, Mort du roi du Tango (1999). **Cornwell,** Patricia Daniels (1956) : Postmortem (1990), Mordoc, Combustion, Cadavre X. **Estleman,** Loren D. (1952). **George,** Elizabeth (1949) : Mal d'enfant, le Meurtre de la falaise (1999). **Harris,** Thomas (1940) : Dragon rouge (1982), le Silence des agneaux (1988), Hannibal (1999), Une patience d'ange (2000). **Goodis,** David (1917-67) : Cauchemar (1946), la Lune dans le caniveau. **Grisham,** John (1955) : la Firme, l'Affaire Pélican, le Client, le Couloir de la mort, le Manipulateur, l'Associé. **Hansen,** Joseph (1923). **Higgins Clark,** Mary [R] (1929) : la Maison du guet (1975), la Nuit du renard (1977), Ne pleure pas ma belle (1987), Dors ma jolie, Un jour, tu verras, Souviens-toi, Ce que vivent les roses (1995), Nous n'irons plus au bois, Douce Nuit, la Maison du clair de lune, Ni vue ni connue (1997), Tu m'appartiens, Et nous nous reverrons. **Highsmith,** Patricia (1921-95) : l'Inconnu du Nord-Express (1950), le Journal d'Edith, l'Empreinte du faux, Sur les pas de Ripley, les Gens qui frappent à la porte, Une créature de rêve, Ce mal étrange, Eaux profondes, Catastrophe, Cadavres exquis, Ripley entre deux eaux, Small G., Une idylle d'été (1995). **Irish,** William (Cornell George Hopley-Woolrish, 1903-68) : la Mariée était en noir (1940), la Sirène du Missisipi, J'ai épousé une ombre, Concerto pour l'étrangleur, Noir c'est noir. **Kaminski,** Stuart M. (1934). **Lieberman,** Herbert (1943). **Mc Bain,** Ed (1926) : Vêpres rouges, les Veuves, Kiss, Mary, Mary (1994), the Last Dance (1999). **Pronzini,** Bill (1943). **Turrow,** Scott (1949) : Présumé Innocent, Poids de la charge (1990), Je plaide coupable (1993). **Westlake,** Donald E. [pseudonyme de Richard Stark (1933)].

■ **Roman d'espionnage. France : Bommart,** Jean (1894-1979). **Bruce,** *Jean* [J. Brochet (1921-63)] : à partir de 1963, sa femme *Josette* (J. Przybyl) : série OSS (Office of Strategic Services) 117, Romance de la mort (1950). **Conty,** Jean-Pierre (1917). **Dominique,** Antoine [Dominique Ponchardier (1917-86)] : Le Gorille vous salue bien, Le Gorille fait la Révolution, la Mort du Condor. **Genève,** Pierre [Marc Schweizer (n. c.)] : KO à Macao, Maldonne à Lisbonne, Coups bas à Bakou, Suicide en Suisse, Tchin-tchin en Chine, la Main rouge (avec colonel Mercier, J. Latour). **Kenny,** Paul [Gaston Van den Panhuyse (1913) et Jean Libert (1913), Belges] : série des Coplan. **Nord,** Pierre [colonel André Brouillard (1900-85)] : Double Crime sur la ligne Maginot (1936), Mes camarades sont morts (1947), Terre d'angoisse, Chroniques de la guerre subversive, Pas de scandale à l'Onu (1962), Et Staline décapita l'Armée rouge (1975), le Treizième Suicidé. **Remy** (1904-85) : le Monocle noir (1960). **Véraldi,** Gabriel (1926). **Villiers,** Gérard Adam de (1929) : SAS (série). **Volkoff,** Vladimir (1932) : voir p. 314 b. **G.-B. : Ambler,** Eric (1909-98) : le Masque de Dimitrios (1939), Topkapi. **Buchan,** John (1875-1940) : les 39 Marches (1915), les Trois Otages (1924). **Chesney,** [sir George Tomkyns (n.c.)] : la Bataille de Dorking (1871). **Clancy,** Tom (1947). **Deighton,** Len (1929) : Ipcress danger immédiat (1962). **Fleming,** Ian (1908/12-8-1964) : James Bond 007, Casino Royal (1953), Vivre et laisser mourir (1954), Moonraker (1955), Les diamants sont éternels (1956), Bons Baisers de Russie (1957), James Bond contre Dr No (1958), Goldfinger (1958), Bons Baisers de Paris (1960), Motel 007 (1961), Opération Tonnerre (1961), Au service de Sa Majesté (1963), On ne vit que deux fois (1964), l'Homme au pistolet d'or (1965), Meilleurs Vœux de la Jamaïque (1966). **Forsyth,** Frederick (n.c.) : l'Alternative du diable. **Greene,** Graham (1904-91). **Kipling,** Rudyard (1865-1936) : Kim (1901). **Le Carré,** John [David Cornwell (1931, fut 16 ans agent secret)] : l'Appel du mort (1961), L'espion qui venait du froid (1963), la Taupe (1971), Comme un collégien, les Gens de Smiley (1979), la Petite Fille au tambour, Un pur espion, la Maison Russie, le Voyageur secret, Une paix insoutenable (1991), le Directeur de nuit (1994), Notre jeu (1995), le Tailleur de Panama (1997), The Constant Gardener (2001). **Le Queux,** William (1864-1927) : Great War in England in 1897 (1894). **Maugham,** Somerset (1874-1965) : Mr Ashenden or the British Agent (1928). **Oppenheim,** Philips (1866-1946) : Mysterious Mr Sabin (1898). **USA : Behn,** Noel (1928-98) : la Lettre du Kremlin (1966). **Littel,** Robert (1935) : la Boucle, l'Amateur, le Transfuge, les Sœurs, le Cercle Octobre, Mère Russie, Coup de barre, le Sphinx de Sibérie (1995).

■ **Quelques auteurs et leurs héros. Arno** M. : Kristian Fowney. **Bernède** A. : Judex, Belphégor. **Braun** M.-G. : Alex Glenne. **Bruce** J. : OSS 117 (Hubert Bonisseur de La Bath). **Carnal** M. : C^{dt} Ph. Larsant. **Caroll** A. : Paul Bonder. **Caron** R. : TTX-75 (Jasper Wood). **Carr** J. D. : Henri Bencolin, Dr Gideon Fell, sir Henry Merrivale. **Chabrey** F. : Frankie, Matthews, Marcus Waeber. **Chandler** R. : Philip Marlowe. **Charteris** L. : le Saint (Simon Templar, dit). **Charyn** J. : Isaac Sidel. **Cheyney** P. : Lemmy Caution, Callaghan. **Christie** A. : Hercule Poirot, Miss Marple, Parker Pyne. **Colombo** J. : Don. **Conty** J.-P. : Mr Suzuki. **Dard** F. : San Antonio. **Dastier** D. : Frank Warden. **Decrest** J. : commissaire Gilles. **Dexter :** inspecteur Morse. **Dominique** A. : le Gorille. **Doyle** C. : Sherlock Holmes. **Gould** C. : Dick Tracy. **Fleming** I. : James Bond. **Gardner** E. S. : l'avocat Perry Mason (pseudonyme de A.A. Fair) ; Bertha Cool, Donald Lam. **Hammett** D. : Sam Spade, Nick Charles. **Highsmith** P. : Mr Ripley. **Houssin** J. : le Doberman. **Jacquemard** S. : le flic de choc, le commissaire Jacques Beauclair. **Kaminsky** S. : Toby Peters. **Kane** H. : Pete Chambers, Peter Guma. **Kenny** P. : Coplan FX 18. **Laforest** S. : Paul Gaunce. **Leblanc** M. : Arsène Lupin [inspiré (?) d'un voleur Jeannoble de Valneuse de Jolli et d'Alexandre Jacob (1879-1954) anarchiste] voir encadré p. 294. **Leroux** G. : Rouletabille (Joseph Josephin, dit). **Le Carré** J. : Georges Smiley. **Mc Donald** J.D. : Travis Mc Gee. **Malet** L. : Nestor Burma. **Morris** G. : Johny Sanders. **Nemours** P. : C^{dt} Rivière. **Noro** F. : Vicomte, Vincent de Vrain, Vigo Curucci. **Page** A. : Nicolas Calone. **Parker** R. B. : Spenser. **Peters** E. (1913-95) : frère Cadfael. **Pouy,** Jean-Bernard : le Poulpe. **Pronzini** B. : le privé sans nom. **Queen** E. (Frederic Dannay et Manfred Lee) : Ellery Queen. **Rank** C. : Dex Marston, colonel Eric Prince. **Remy** : le Monocle. **Revest** M. : Jonathan Kern. **Ribes** F. H. : Gérard Lecomte KB-09. **Rice,** C. : John Malone. **Robeson** K. : Doc Savage. **Saint-Moore** A. : Gunther, alias Face d'Ange. **Sayers** D. : Peter Wimsey (lord Peter Bredon Wimsey). **Simenon** G. : commissaire Maigret. **Spillane** M. : Mike Hammer. **Stark** R. : Parker. **Steeman** S.-A. : inspecteur Wens. **Stout** R. : Nero Wolfe. **Taibo II :** Hector Belascorán Shayne. **Van Dine** S.S. : Philo Vance. **Van Gulik :** le Juge Ti (Chine, 630-700). **Véry :** Prospec Lepicq (avocat). **Villiers** G. de : SAS, le P^{ce} Malko. **Wetering** (J. van) : Commissaire Jan, adjudant Henk Grijpstra, sergent Rinus De Gier.

Pernoud, Régine [H] (1909-98) : Vie et Mort de Jeanne d'Arc (1953), Histoire de la bourgeoisie en France (1960-62), Pour en finir avec le Moyen Age (1976), la Femme au temps des cathédrales (1980), Richard Cœur de Lion (1988), Christine de Pisan (1995).

Perrault, Gilles (Jacques Peyroles) [R] (1931) : l'Orchestre rouge, le Secret du jour J (1964), la Longue Traque (1975), le Pull-Over rouge (1978), Un homme à part (1984), Notre ami le roi (1990), le Secret du roi (3 tomes), les Jardins de l'Observatoire (1995).

Perret, Jacques [R] (1901-92) : Roucou (1936), Ernest le Rebelle (1937), le Caporal épinglé (1947), Bande à part (I 1951). *Nouvelles :* la Bête Mahouse, l'Oiseau rare (1952), le Machin (1955).

Perros, Georges [P] (1923-78) : Papiers collés (1960-78).

Perroux, François [Ec, Soc] (1903-87) : l'Économie du XXe s. (1961-69).

Perruchot, Henri [Cr d'a, H] (1917-67).

Perry, Jacques (Touchard) [R, D] (1921) : l'Amour de rien (Ren 1952), Vie d'un païen (1966), la Beauté à genoux, la Peau dure, le Ravenala ou l'Arbre du voyageur, Alcool vert, les Taches du léopard (1993), Marin (1998).

Peuchmaurd, Jacques [R] (1923) : le Plein Été, le Soleil de Palicorna, la Nuit allemande.

Peyramaure, Michel [R] (1922) : le Bal des Ribauds (1955), la Passion cathare (3 volumes), la Lumière de la boue (3 volumes), l'Orange de Noël, le Printemps des pierres, les Dames de Marsanges (3 volumes), Napoléon (2 volumes), les Flammes du Paradis, les Tambours sauvages, le Beau Monde, les Demoiselles des écoles, Henri IV, la Trinité infernale (1998), Jeanne d'Arc (1999).

Peyrefitte, *Alain* ⚘ [Pol, Es] (1925-2000) : Rue d'Ulm (1946), Faut-il partager l'Algérie ? (1961), Quand la Chine s'éveillera... le monde tremblera (1973), le Mal français (1976), Quand la rose se fanera (1982), l'Empire immobile ou le Choc des mondes (1989), Un choc de cultures (2 t. 1991-98), C'était de Gaulle (3 t. 1994-2000). *Roger* [R, Es] (1907-2000) : les Amitiés particulières (Ren 1944), la Mort d'une mère (1950), les Ambassades (1951), la Fin des ambassades (1953), les Clés de Saint-Pierre (1955), Chevaliers de Malte, les Fils de la lumière (1961), les Juifs (1965), les Américains, Des Français, la Coloquinte, Manouche (1972), l'Oracle, Propos secrets (2 volumes), Tableaux de chasse (1976), Alexandre (3 vol.), Voltaire (2 vol.), l'Innominato (1989). – *Biogr. :* père propriétaire terrien de Castres ; interne à Toulouse, puis Foix ; licence ès lettres à Toulouse. *1928* Sciences-Po à Paris. *1931 :* 1er au concours du Quai d'Orsay. *1933-38* secrétaire d'ambassade à Athènes. *1938-40* rappelé au Quai. *1944 les Amitiés particulières* (sujet homosexuel) font scandale. *1945* révocation du Quai. *1960* annulée. *1978* réintégré et mis à la retraite.

Pfister, Thierry [R, J] (9-12-1949) : le Cadavre de Bercy, le Nègre au palais, Lettre ouverte à la génération Mitterrand.

Philipe, Anne [R] (1917-90) : le Temps d'un soupir, les Rendez-vous de la colline, Ici, là-bas, ailleurs, Un été près de la mer, les Résonances de l'amour.

Pichette, Henri [P, D] (24-1-1924/30-10-2000) : Apoèmes (1948), les Épiphanies (1948). *Théâtre :* les Revendications, Nucléa, les Ditelis du rouge-gorge.

Picon, Gaëtan [Es] (1915-76).

Picouly, Daniel [R] (1948) : le Champ de personne (1995), Fort de l'eau (1997), l'Enfant léopard [Ren 1999].

Pierrard, Pierre [H] (1920).

Piettre, André [Ec] (1906-94) : les Trois Ages de l'économie, Chrétiens et Libéralisme.

Pieyre de Mandiargues, André [P, R, D, E] (1909-91). *Récits, romans :* le Musée noir (1946), Soleil des loups (1951), Marbre (1953), le Lis de mer (1956), le Cadran lunaire (1958), Feu de braise (1959), la Motocyclette (1963), la Marge (G 1967), le Deuil des roses (1983), Tout disparaîtra (1987). *Critiques :* le Belvédère (1958).

Pilhes, René-Victor [R] (1934) : la Rhubarbe (M 1965), le Loum, l'Imprécateur (F 1974), la Bête, la Pompéi, l'Hitlérien, la Médiatrice, la Faux (1993), le Fakir (1995).

Pinchemel, Philippe [Géo] (1923) : la Force de la terre.

Pingaud, Bernard [R, Cr] (1923) : l'Amour triste (1950), Mme de La Fayette (1959), la Scène primitive, l'Étranger, l'Imparfait, la Voix de son maître (1973), l'Expérience romanesque (1983).

Pisar, Samuel [E] (Pologne, 1929) : les Armes de la paix (1970), le Sang de l'espoir (1979), la Ressource humaine (1983), le Chantier de l'avenir (1989).

Pivot, Bernard [R] (5-5-1935) : l'Amour en vogue, le Football en vert (1980), le Métier de lire (1990), Remontrance à la ménagère de moins de 50 ans (1998).

Plenel, Edwy [R] (1952) : les Mots volés (1997), l'Épreuve (1999).

Poirot-Delpech, Bertrand ⚘ [R, Cr] (1929) : le Grand Dadais (I 1958), l'Envers de l'eau (1963), Finie la comédie (1969), la Folle de Lituanie, les Grands de ce monde (1976), Saïd et Moi (1980), la Légende du siècle (1981), le Couloir du dancing (1982), l'Été 36 (1984), le Golfe de Gascogne (1988), Traversées (1989), l'Amour de l'Humanité, Théâtres d'ombres (1998), Monsieur le prince (1999), J'écris Paludes (2001). *Signé Hasard d'Estin :* Tout fout le camp (1976).

Poivre d'Arvor, Patrick [J] (20-9-1947) : Mai 68, mai 78 (1978), les Enfants de l'aube (1982), Deux Amants (1984), les Femmes de ma vie (1988), Lettres à l'absente (1993), les Loups et la Bergerie (1994), Un héros de passage (1996), Lettre ouverte aux violeurs de vie privée (1996), Une trahison amoureuse (1997), Petit Homme (1998), l'Irrésolu (2000). *Avec son frère Olivier :* la Fin du monde (1998). *Avec Éric Zemmour :* les Rats de garde.

Poliakov, Léon [H] (St Petersbourg 1910-97) : Bréviaire de la haine (1951), le Mythe aryen (1971).

Politzer, Georges [Ph] (origine hongroise 1903-42) : Critique des fondements de la psychologie (1928), le Bergsonisme, mystification politique (posth. 1945).

Pollès, Henri [E] (1909-94) : Sophie de Tréguier (1932), Toute guerre se fait la nuit (1945), Amour ma douce mort, Sur le fleuve de sang vient parfois un beau navire (1982).

Pons, *Anne* [Cr, R] (1934) : les Sentiments irréguliers (1988), Dark Rosaleen (1991). *Maurice* [R] (1925) : Métrobate (1951), Virginales, les Saisons, Rosa, Mademoiselle B, la Maison des brasseurs (1978), Douce - Amère (1985).

Pozner, Vladimir [R] (1905-92) : le Lieu du supplice, Deuil en 24 heures, Cuisine bourgeoise (1988).

Prassinos, Gisèle [P, R] (1920) : la Sauterelle arthritique (1935), le Rêve, Le temps n'est rien, le Grand Repas, la Vie, la Voix, Brelin le Frou, Mon cœur les écoute (1982).

Prévert, Jacques [P] (Neuilly-sur-Seine 4-2-1900/Omonville-la-Petite, Manche 12-4-1977) : Paroles (1946), Spectacle (1951), la Pluie et le Beau Temps (1955), Histoires (1963), Soleil de nuit (1980), la Cinquième Saison (1984). *Scénarios et dialogues :* le Crime de M. Lange (1935), Drôle de drame (1937), les Visiteurs du soir (1942), les Enfants du paradis (1944), les Portes de la nuit (1946). – *Biogr. :* père employé de mairie (Neuilly), famille nombreuse (enfance dans la gêne). *1920-26* avec son frère Pierre (1906-88, cinéaste), fréquente les surréalistes. *1926* écrit des scénarios pour son frère. *1932-37* troupe théâtrale Octobre (auteur de sketches politiques de gauche). *1946* ses amis publient ses poésies qui circulaient ronéotypées depuis 1931. *1948-55* à St-Paul-de-Vence. *1975* avec *Pierre,* grand prix national du cinéma.

Prévost, *Françoise* [R] (1929-98, fille de Jean) : Ma vie en plus, l'Amour nu (1981), les Nuages de septembre. *Jean* [R, Es] (1901-44) : Brûleurs de la prière, les Frères Bouquinquant (1930), Rachel (1932), le Sel sur la plaie, la Chasse du matin (1937).

Prost, Antoine [H] (1934).

Prou, Suzanne [R] (1920-95) : les Patapharis (1966), l'Été jaune (1968), la Ville sur la mer (1970), la Terrasse des Bernardini (Ren 73), les Femmes de la pluie (1978), la Petite Tonkinoise (1987), l'Album de famille (1995).

Puget, Claude-André [D] (1910-75) : Échec à Don Juan, la Peine capitale.

Queffélec, *Henri* [R] (1910-92) : Un recteur de l'île de Sein (1945), Tempête sur Douarnenez, Un homme d'Ouessant (1953), Un royaume sous la mer (R 1957), Frères de la brume, Solitudes (1963), le Phare (1975), Convoi pour Oslo (1991). *Yann* [J, R] (1949, fils de Henri) : le Charme noir (1983), les Noces barbares (G 1985), la Femme sous l'horizon (1988), le Maître des chimères, Prends garde au loup, Disparue dans la nuit, Mona (1996), Et la force d'aimer, Happy Birthday Sara, Osmose (2000).

Queneau, Raymond [P, R, Hum] (1903-76) : *Poésies :* les Ziaux (1943), l'Instant fatal (1948), Petite Cosmogonie portative (1950), Si tu t'imagines (1952), le Chien à la mandoline (1958), Cent Mille Milliards de poèmes (1961), Battre la campagne (1968), Morale élémentaire (posth. 1975). *Romans :* le Chiendent (1933), Odile (1937), Pierrot mon ami (1942), On est toujours trop bon avec les femmes (1947), Par Sally Mara (1947), Journal intime de Sally Mara (1951), le Dimanche de la vie (1952), Zazie dans le métro (1959), Sally plus intime (1962), les Fleurs bleues (1965), le Vol d'Icare (1968). *Essais :* Exercices de style (1947), De quelques langages animaux imaginaires (1971), Traité des vertus démocratiques. *Journaux (1914-65)* publiés 1997. – *Biogr. : 1924-29* surréaliste. *1931* employé de banque. *1938* lecteur. *1941* secrétaire d'édition chez Gallimard. *1951* académie Goncourt. *1954* dirige l'encyclopédie de la Pléiade. *1960* fondateur de l'Oulipo.

Quint, Michel [R] (n.c.) : Effroyables Jardins (2000).

Quignard, Pascal [R, Es] (1948) : le Lecteur (1976), Carus (1979), le Vœu du silence (1985), le Salon du Wurtemberg (1986), la Leçon de musique (1987), les Escaliers de Chambord (1989), Tous les matins du monde (1991), le Nom sur le bout de la langue (1993), l'Occupation américaine (1994), Rhétorique spéculative (1995), Vie secrète (1997), Terrasse à Rome (2000).

Rabiniaux, Roger (Bellion) [P, R] (1914-86) : l'Honneur de Pédonzigue (1950), les Enragées de Cornebourg (1957), le Soleil des dortoirs, la Grande Réception (1981).

Radiguet, Raymond [R] (18-6-1903/12-12-1923, typhoïde) : les Joues en feu (poésie 1920), le Diable au corps (mis en librairie le 10-3-1923) [titre d'un ouvrage d'Andrea de Nerciat 1803], le Bal du comte d'Orgel (1924).

Ragueneau, Philippe [R] (1917) : les Marloupins du roi.

Ragon, Michel [Es, R] (1924). *Essais :* Où vivrons-nous demain ? (1963), Histoire mondiale de l'architecture (1971-78). *Romans :* Trompe-l'œil, les Mouchoirs rouges de Cholet (1984), le Marin des sables, la Mémoire des vaincus, le Roman de Rabelais, le Cocher de Boiroux, les Coquelicots sont revenus, D'une berge à l'autre (1997), Un si bel espoir (1999), Georges et Louise, le Vendéen et l'Anarchiste (2000).

Rambaud, Patrick [R] (1946) : la Mort d'un ministre, le Journalisme sans peine (*avec M. A. Burnier*), Virginie Q (signé *Marguerite Duraille*), la Bataille (G et Ren 1997), Il neigeait (2000).

Rancé, Christiane [J] (1959) : On ne fait que passer.

Rank, Claude [R] (1925).

Raspail, Jean [R] (1925) : le Camp des saints (1973), le Jeu du roi (1976), Moi Antoine de Tounens roi de Patagonie (1981), les Yeux d'Irène, Qui se souvient des hommes ? (1986), Pêcheur de lunes (1992), Sire (1993), Sept Cavaliers..., l'Anneau du pêcheur (1994), Hurrah Zara (1998), le Roi au-delà de la mer (1999), Adios Tierra del Fuego (2001).

Réage, Pauline (Dominique Aury) [R] (1907-98) : Histoire d'O (1954 ; juillet 1995, confirme l'avoir écrit en lettre d'amour privée, pour conserver sa liaison avec Jean Paulhan, qui préfaça le livre, voulant qu'il soit publié), Retour à Roissy, Une fille amoureuse.

Rebatet, Lucien [Polé, R] (1903-72) : les Décombres (1942), les Deux Étendards (1952), les Épis mûrs (1954), Histoire de la musique (1969), Dialogue de vaincus (publié 1990, écrit 1950 avec Pierre-Antoine Cousteau).

Réda, Jacques [P] (1929) : le Lit de la reine (2001).

Rémond, René ⚘ [H] (1918) : le Christianisme en accusation.

Rémy (colonel) (Gilbert Renault) [Chr] (1904-84) : Mémoires d'un agent secret de la France libre (1946, 21 volumes), la Ligne de démarcation, Le Monocle rit jaune (roman d'espionnage).

Remy, Pierre-Jean (Jean-Pierre Angremy) ⚘ [P, R] (1937) : le Sac du palais d'été (Ren 1971), Une mort sale (1973), la Figure dans la pierre (1976), Orient-Express (1979), Cordélia ou l'Angleterre (1979), Pandora (1980), Des châteaux en Allemagne (1987), le Rose et le Blanc, Toscanes (1989), Chine, Qui trop embrasse (1993), Londres : un cimetière rouge en Nouvelle-Angleterre (1994), Désir d'Europe (1995), Retour d'Hélène (1997), Aria di Roma, La Nuit de Ferrare, Demi-Siècle (2000), État de grâce (2001).

Renard, Jean-Claude [P] (1922), Qui ou quoi ? (1988).

Revel, Jean-François (Ricard) [Ph, Es] ⚘ (1924) : Pourquoi des philosophes ? (1957), Pour l'Italie (1958), Ni Marx ni Jésus (1970), la Tentation totalitaire (1976), la Nouvelle Censure (1977), la Grâce de l'État (1981), Comment les démocraties finissent (1983), le Rejet de l'État (1984), la Connaissance inutile (1988), le Regain démocratique, l'Absolutisme inefficace (1992), Un festin en paroles, le Voleur dans la maison vide (1997), le Moine et le Philosophe (avec *Matthieu Ricard,* son fils), l'Œil et la Connaissance (1998), Fin du siècle des ombres (1999), la Grande Parade (2000), Plats de saison – journal de l'année 2000 (2001).

Reverzy, Jean [R] (1914-59) : le Passage (R 1954), Place des Angoisses (1956), le Corridor (1958).

Rey, *Alain* [Lex] (1928) : Dictionnaire historique de la langue française (1998). *Henri-François* [R] (1919-87) : les Pianos mécaniques (I 1962), le Rachdingue, le Barbare, le Sacre de la putain, la Jeune Fille nue (1986). *Pierre* [R] (1930) : le Grec, Sunset, Une saison chez Lacan, Bleu Ritz, Liouba, le Rocher, le Désir.

Reza, Yasmina [D, R] (1955) : Conversations après un enterrement (1987), la Traversée de l'hiver, Art (1994), l'Homme du hasard, Trois Versions de la vie (2000). *Récit :* Hammerklavier (1997). *Roman :* Une désolation (1999).

Rezvani, Serge [D, R] (1928) : *Théâtre :* le Rémora (1971). *Romans :* les Années-Lumière (1967), les Années Lula, la Table d'asphalte, le Huitième Fléau (1989), Phénix (1990), les Repentirs du peintre (1993), l'Énigme (1995), la Cité Potemkine (1998), l'Origine du monde (2000).

Rheims, Maurice ⚘ [Cr d'a, R] (1910) : la Vie étrange des objets, la Main (1960), le Saint-Office (1983), En tous mes états (avec *François Duret-Robert*), les Forêts d'argent, Une mémoire vagabonde, Grise mine (1998).

Richard, Jean-Pierre [Cr] (1922).

Richaud, André de [P, R, D] (1909-68) : la Création du monde (1930), la Douleur (1931), la Barette rouge (1938), le Droit d'asile (1954), l'Étrange Visiteur (1956).

Riche, Pierre [H] (1921).

Ricœur, Paul [Ph] (1913) : Philosophie de la volonté (1950-61), Histoire et Vérité (1955), Platon et Aristote, le Conflit des interprétations (1969), la Métaphore vive (1975), la Sémantique de l'action, Temps et Récit (1983), Du texte à l'action, Soi-même comme un autre (1990), Réflexion faite (1995), l'Idéologie et l'Utopie (1997), la Mémoire, l'histoire et l'oubli (2000).

Rihoit, Catherine [R] (1950) : Rougeâtre, le Bal des débutantes, la Favorite, le Triomphe de l'amour, Retour à Cythère, la Petite Princesse de Dieu, la Dame au loup.

Rinaldi, Angelo [Cr, R] (1940) : la Loge du gouverneur (1969), la Maison des Atlantes (F 1971), les Dames de France (1977), la Dernière Fête de l'Empire (1981), les Roses de Pline (1987), la Confession dans les collines, Dernières Nouvelles de la nuit (1997), Tout ce que je sais de Marie (2000).

Rioux, Jean-Pierre [H] (1939).

Rivoyre, Christine de [R] (1921) : la Mandarine (1957), les Sultans (1964), le Petit Matin (I 1968), Boy (1973), Belle Alliance, Reine-Mère (1985), Crépuscule, taille unique (1989), Racontez-moi les flamboyants (1995).

Robbe-Grillet, Alain [R] (1922) : les Gommes (1953), le Voyeur (1955), la Jalousie (1957), Dans le labyrinthe (1959), la Maison de rendez-vous (1965), Projet pour une révolution à New York (1970), Topologie d'une cité fantôme (1976), la Belle Captive, Un régicide (1949), Djinn (1981). *Essai :* Pour un nouveau roman (1963). *Mémoires :* le Miroir qui revient (1984), Angélique ou l'Enchantement (1987). *Films :* l'Année dernière à Marienbad (scénario 1961), l'Immortelle, l'Éden et après (1969), Glissements progressifs du plaisir (1974). *Autobiogr. :* les Derniers Jours de Corinthe (1994).

Robert, Paul [Ency] (1910-80) : Dictionnaire alphabétique et analogique (7 vol., 1950-70), Petit Robert (1967), Micro-Robert (1971), Dictionnaire universel des noms propres (4 volumes 1974), Petit Robert II des noms propres (1974).

Roberts, Jean-Marc [R] (1954) : Samedi dimanche et fêtes (1972), Mon père américain, Affaires étrangères (Ren 1979), l'Ami de Vincent, l'Angoisse du tigre, Monsieur Pinocchio, les Seins de Blanche-Neige, Une petite femme (1998), Un début d'explication (2000).

Robida, Michel [R, Es] (1909-91) : le Temple de la longue patience (F 1946), les Bourgeois de Paris.

Roblès, Emmanuel [R, D] (1914-95) : l'Action (1938), Travail d'homme, les Hauteurs de la ville (F 1948), Cela s'appelle l'aurore, le Vésuve (1961), Norma ou l'Exil infini (1987), l'Herbe des ruines (1992). *Théâtre :* Montserrat (1948), La vérité est morte (1952), l'Horloge, les Sirènes.

Roche, Denis [R] (1937) : Louve basse (1976), La poésie est inadmissible (1995).

Rochefort, Christiane [R] (1917-98) : le Repos du guerrier (1958), les Petits Enfants du siècle (1961), les Stances à Sophie (1963), Printemps au parking (1969), les Enfants d'abord (1976), Quand tu vas chez les femmes (1982), la Porte du fond (M 1988), Salut Andromède (1997).

Rodinson, Maxime [Soc] (1915) : l'Islam (1993), Entre Islam et Occident (1998).

Rolin, Dominique [R] (1917) : l'Accoudoir (1996), la Rénovation (1997).

Rolland, Jacques-Francis [R] (1922) : le Grand Pan est mort (1965), le Grand Capitaine (1976), Boris Savinkov.

Romilly, Jacqueline David, dite Worms de ⚘ [H, E] (26-3-1913) : les Problèmes de la démocratie grecque (1975), la Modernité d'Euripide, l'Enseignement en détresse (1984), Sur les chemins de Sainte-Victoire, la Grèce antique à la découverte de la liberté (1989), Ouverture à cœur (1990), Pourquoi la Grèce ? (1992), les Œufs de Pâques, Lettre aux parents (1993), Alcibiade (1995), Hector (1996), le Trésor des savoirs oubliés (1998), Laisse flotter les rubans (1999), Pour l'amour du grec.

Rondeau, Daniel [J, H] (1956) : Chronique du Liban rebelle (1991), Des hommes libres (1997), Alexandrie, Tanger, La Havane (1997).

Rosanvallen, Pierre [E] (1948).

Rosnay, Joël de [E] (1937) : les Origines de la vie (1965), le Macroscope (1975), le Cerveau planétaire (1985), l'Aventure du vivant (1988), les Rendez-vous du futur (1991), l'Homme symbiotique (1995).

Rouart, Jean-Marie [R] 🌿 (1943) : la Fuite en Pologne (1974), les Feux du pouvoir (I 1977), Avant-Guerre (Ren 1983), Ils ont choisi la nuit, le Cavalier blessé, la Femme de proie (1989), le Voleur de jeunesse, le Goût du malheur (1993), Morny (1995), l'Invention de l'amour (1996), la Noblesse des vaincus (1997), Bernis, le cardinal des plaisirs (1998), Une jeunesse à l'ombre de la lumière (2000).

Rouaud, Jean [R] (1953) : les Champs d'honneur (1990), Des hommes illustres (1993), le Monde à peu près (1996), Pour vos cadeaux, Sur la scène comme au ciel (1999).

Rousseau, Francis Olivier [R] (1947) : l'Enfant d'Édouard (M 1981), la Gare de Wannsee (Ac 1988), le Jour de l'éclipse (1991).

Roussel, Éric [E] (1951) : Pompidou, Jean Monnet.

Rousselot, Jean [Es, P, R] (1913). *Poésie :* Le Goût du pain (1937), Il n'y a pas d'exil (1954). *Romans :* la Proie et l'Ombre (1945), Pension de famille (1984), Désespérantes Hespérides (1993).

Rousset, David [J, Es] (1912-97) : l'Univers concentrationnaire (Ren 1946), les Jours de notre mort.

Roussin, André [D] 🌿 (1911-87) : Am Stram Gram (1944), Une grande fille toute simple, la Petite Hutte (1947), Nina, les Œufs de l'autruche, Bobosse, Lorsque l'enfant paraît (1951), Hélène ou la Joie de vivre, la Mamma (1957), les Glorieuses, la Voyante (1963), On ne sait jamais, la Claque (1972), La vie est trop courte (1981), le Rideau rouge, Rideau gris et Habit vert (1983).

Roux, Dominique, Cte de [Pol] (17-9-1935/29-3-1977) : Mademoiselle Anicet (1960), la Mort de L.-F. Céline, Maison jaune (1969), la France de Jean Yanne, le 5e Empire, la Jeune Fille au ballon rouge ; lance en 1961 : *les Cahiers de l'Herne*.

Roy, Claude (Orland) [P, R, Es] (28-8-1915/13-12-1997). *Poésie :* l'Enfance de l'art (1942), W (1956), le Noir de l'aube (1990). *Récit :* le Soleil sur la terre (1956). *Romans :* le Malheur d'aimer (1974), la Traversée du pont des Arts (1979), l'Ami lointain (1987), Chemins croisés (1997). *Autobiogr. :* Moi je (1969), Nous (1972), Somme toute (1976), le Rivage des jours (1990-91).

Roy, Jules [R, Es] (Algérie, 22-10-1907/15-6-2000). *Romans* et *récits :* la Vallée heureuse (Ren 1946), la Bataille de Diên Biên Phu (1963), les Chevaux du soleil (1968), la Mort de Mao (1969), Une femme au nom d'étoile, les Cerises d'Icherridène, le Maître de la Mitidja, les Armes interdites, le Tonnerre et les Anges (1975), la Saison des Za. *Essais :* le Métier des armes (1957), la Guerre d'Algérie (1960), l'Amour fauve, Mémoires barbares (1993), Journal.

Rudel, Yves-Marie (Rémi Menoret) [R, H] (1907) : le Roman d'Anne de Bretagne.

Rufin, Jean-Christophe [R] (28-6-1952) : l'Abyssin (1997), les Causes perdues (Interallié 1999).

Ruyer, Raymond [Ph] (1902-87) : la Conscience et le Corps (1937), Paradoxe de la conscience et limites de l'automatisme (1966).

Sabatier, Robert [P, Es, R] (17-8-1923) : *Poésies :* les Fêtes solaires (1961), Poisons délectables (1965), les Châteaux des millions d'années (1968), l'Oiseau de demain (1981). *Essais :* l'État princier (1961), Dictionnaire de la Mort (1967), Histoire de la poésie française (1975-76-88). *Romans :* Alain et le Nègre (1953), Canard au sang (1958), la Mort du figuier (1962), le Chinois d'Afrique (1966) ; les Allumettes suédoises (1969), Trois Sucettes à la menthe (1972), les Noisettes sauvages (1974) ; les Enfants de l'été (1977), les Fillettes chantantes (1980), la Souris verte (1990), Olivier et ses amis (1993), le Cygne noir (1995), le Lit de la merveille (1996), les Masques et le miroir (1998), Alain et le nègre (1999), le Sourire aux lèvres.

Sachs, Maurice (Jean-Maurice Ettinghausen) [Chr] (1906-14-4-1945 abattu par un SS) : le Sabbat (1946), la Chasse à courre, Abracadabra, les Folles Années (1979).

Sagan, Françoise (Quoirez) [R, D] (21-6-1935). *Romans :* Bonjour tristesse (1954), Un certain sourire (1956), Dans un mois dans un an, Aimez-vous Brahms ? (1959), les Merveilleux Nuages (1961), la Chamade (1965), le Garde du cœur (1968), la Femme fardée (1981), Un orage immobile (1983), De guerre lasse (1985), la Laisse, les Faux-Fuyants (1991), Un chagrin de passage (1994), le Miroir égaré (1996). *Théâtre :* Château en Suède (1960), la Robe mauve de Valentine, le Cheval évanoui, l'Excès contraire (1987). *Nouvelles :* Des yeux de soie (1976). *Autobiogr. :* Des bleus à l'âme (1972), Avec mon meilleur souvenir (1984), Et toute ma sympathie, Derrière l'épaule (1998). *Biogr. :* Sarah Bernhardt (1987).

Saint-André, Alix de [J, R] (1959) : Archives des Anges (1998).

Saint-Bris, Gonzague [Cr] (1948) : le Romantisme absolu, Qui est snob ? (1973), Athanase (1976), la Nostalgie camarades !, La Fayette, les Dynasties brisées, les Aiglons dispersés, les Septennats évanouis, Desaix, Alfred de Vigny, les Larmes de la gloire, Je vous aime inconnue (1999).

Saint-Exupéry, Antoine de [E] (29-6-1900/31-7-1944) : Courrier Sud (1929), Vol de nuit (F 1931), Terre des hommes (1939), Pilote de guerre [1942, Jean Israël (1913-95) fut le modèle du héros], Lettre à un otage (1943), le Petit Prince (1943), Citadelle (publié 1948), Écrits de guerre (publié 1982). – *Biogr. :* ancienne noblesse, sans fortune ; orphelin de père à 4 ans. *1919* échoue à l'École navale. *1920-21* service militaire dans l'aviation. *1926* pilote chez Latécoère, à Toulouse. *1927* chef d'escale à Cap Juby (Río de Oro, Maroc). *1930* directeur de l'Aeropostal Argentina à Buenos Aires. *1931* fiancé à Louise de Vilmorin. *-22-4* épouse (ce sera son 3e mari) Consuelo Suncin de Sandoval [(Salvadorienne, 1907/28-5-1979, veuve d'Enrique Gomez Carrillo, écrivain et consul guatémaltèque) ; écrira Oppède (roman 1947), Mémoires de la Rose (publié 2000)]. *1934* au service de la propagande. *1938* paralysé partiel après un accident aérien (Guatemala). *1940* combattant (aviation). *31-12* à New York. *1942* réfugié aux USA. *1943-20-4* part de New York pour Alger. *1944* pilote de guerre : *31-7* disparaît (sur un Lockeed Lightning P 38-J) au cours d'une mission photographique sur les Alpes de Savoie ; aurait été attaqué par un chasseur allemand (un Focke-Wulf 190 piloté par le lieutenant Heichelé) alors qu'il regagnait Borgo (à 20 km de Bastia d'où il avait décollé), et aurait percuté la mer près de la côte de Provence. *1998-7-9* Jean-Claude Bianco, pêcheur, trouve au large une gourmette en argent qui aurait appartenu à St-Ex. (?) ; des restes de l'avion auraient été repérés près de l'île Riou, découverts par Luc Vanrell.

Saint-Laurent, Cécil (voir **Laurent,** Jacques).

Saint-Paulien (Maurice Yvan Sicard) [R, Es] (1910-2000) : le Soleil des morts (1953), les Maudits (1958), Histoire de la collaboration (1964), Goya, le Lion Lilas (1974).

Saint-Phalle, Thérèse de (B^onne J. de Drouas) [R, Cr] (1930) : la Mendigote (1966), la Chandelle, le Tournesol, le Souverain, la Clairière, le Métronome, le Programme (1985), l'Odeur de la poudre.

Saint-Pierre, Michel, Mis de [R] (1916-87) : la Mer à boire, les Aristocrates (1954), les Écrivains, la Nouvelle Race, les Nouveaux Prêtres (1964), le Milliardaire, les Cavaliers du Veld (1986).

Saint-Robert, Philippe de [E] (1934) : le Jeu de la France, Montherlant le séparé, la Même Douleur démente, les Septennats interrompus, Discours aux chiens endormis, Midi en cendres, Montherlant ou la Relève du soir, le Secret de jours (1995), De Gaulle et ses Témoins (1999).

Sallenave, Danièle [R, D] (1940) : les Portes de Gubbio (Ren 1980), la Vie fantôme (1986), Conversations conjugales, Adrien (1988), le Don des morts (1991), Passages de l'Est, les Trois Minutes du diable, Viol (1997).

Salvayre, Lydie [E] (n. c.) : la Déclaration (1990), la Puissance des mouches, la Compagnie des spectres (1997), la Conférence de Cintegabelle (1999), les Belles Ames (2000).

Sarraute, *Claude* [J] (1927, fille de Nathalie) : Allô Lolotte c'est coco !, Maman Coq, Mademoiselle, s'il vous plaît, Ah ! l'amour, toujours l'amour (1993), « C'est pas bientôt fini ! » (1998). *Nathalie* (Tcherniak) [R, Es, D] (Russie, 18-7-1900/19-10-1999) : Tropismes (1939, récits), Portrait d'un inconnu (1948), Martereau (1953), le Planétarium (1959), les Fruits d'or (1963), Entre la vie et la mort (1968), Vous les entendez ? (1972), Disent les imbéciles (1976), Enfance (1983, autobiogr.), Tu ne t'aimes pas (1989), Ici (1995), Ouvrez (1997). *Théâtre :* le Silence (1966), le Mensonge (1966), Isma (1970), Elle est là (1978), Pour un oui, pour un non (1982).

Sarrazin, Albertine [R] (1937-67) : la Cavale (1965), l'Astragale (1966).

Sartin, Pierrette [P, R, Es] (1911).

Sartre, Jean-Paul [Ph, R, D, Pol] (Paris 21-6-1905/15-4-1980) : *Théâtre :* les Mouches (1943), Huis clos (1944), Morts sans sépulture (1946), la P... respectueuse (1947), les Mains sales (1948), le Diable et le Bon Dieu (1951), Kean (1954), Nekrassov (1955), les Séquestrés d'Altona (1959). *Romans :* la Nausée (1938, sa 1re ébauche, Melancholia, fut refusée par Gallimard en 1931), le Mur (1939, nouvelles), les Chemins de la liberté [l'Age de raison (1945), le Sursis (1945), la Mort dans l'âme (1949)]. *Philosophie :* l'Imagination (1936), Esquisse d'une théorie des émotions (1939), l'Imaginaire (1940), l'Être et le Néant (1943), L'existentialisme est un humanisme (1946), Critique de la raison dialectique (1960), Vérité et Existence (1989). *Critiques littéraires :* Situations (9 volumes, 1947-72), Saint Genet, comédien et martyr (1952), l'Idiot de la famille (1971-72). *Autobiogr. :* les Mots (1964), Écrits de jeunesse 1922-27 (1990), Carnets de la drôle de guerre (1983-1995). *Correspondance :* Lettres au Castor (1983). *Essai :* Réflexion sur la question juive (1946). – *Biogr. :* bourgeoisie alsacienne (attaches protestantes, cousin du Dr Schweitzer). Orphelin de père à 15 mois. *1916* remariage de sa mère. *1917* La Rochelle (son beau-père est directeur des chantiers navals). *1920* Paris (études à Henri-IV, puis Louis-le-Grand). *1924* École normale supérieure. *1928* échec à l'agrégation de philosophie. *1929* reçu 1er. Compagnon de S. de Beauvoir, reçue 2e. *1931-45* prof de philo (Le Havre 1931-33, Lyon 1936, Paris 1937). *1939* mobilisé. *Juin 1940 à mars 1941* prisonnier. *1942* prof à Condorcet. *1945* quitte l'enseignement ; fonde *les Temps modernes*. *1952* rompt avec A. Camus, *1954* avec Merleau-Ponty, *1957* avec PC. 1964 prix Nobel (refuse). *1966* membre du « tribunal » Russel. *1968* proche des gauchistes. *1970* directeur de *la Cause du Peuple*. *1971* fonde avec Maurice Clavel l'Agence de presse Libération. *1973* directeur de *Libération*, abandonne (vue mauvaise). *1975* perd la vue.

Schmitt, Éric-Emmanuel [D] (28-3-1960) : le Visiteur, Variations énigmatiques, le Libertin.

Schneider, Marcel [R, Nouv, Es] (1913) : *Nouvelles :* Opéra massacres (1961), Histoire à mourir debout (1985). *Romans :* la Première Ile (1951), le Guerrier de pierre (1969). *Mémoires :* plusieurs livres, Divinités du Styx : contes fantastiques (1998).

Schneidre (Schneider), Dominique [R] (1942) : Atteinte à la mémoire des morts, les Chagrins d'éternité (1988), la Capitane, le Corps principal (1997).

Schoendoerffer, Pierre [R] (1928) : la 317e Section (1964), l'Adieu au roi (I 1969), le Crabe-Tambour (1976), Là-haut (1981).

Schuhl, Jean-Jacques [R] (1943) : Rose poussière (1972), Ingrid Caven (G 2000).

Schwarz-Bart, *André* [E] (1928) : le Dernier des justes (G 1959). *Simone* [E] (1938, d'origine guadeloupéenne, épouse d'André) : Pluie et vent sur Télumée Miracle.

Seghers, Pierre [P, éditeur] (1906-87) fondateur, entre autres, de la revue *Poésie 40*.

Senghor, Léopold Sédar 🌿 [P] (Sénégalais, 9-10-1906) : Pt du Sénégal (1960-80). *Poésies :* Chants d'ombre (1945), les Hosties noires (1948), les Éthiopiques (1956), Nocturnes (1961), Langage et poésie négro-africaines (1954), Lettres d'hivernage (1973). *Essais :* Liberté [I (1964) ; II (1971) : III (1977)].

Serres, Michel 🌿 [Ph] (1930) : Hermès (1969-80, 5 vol.), Jouvences (1974), Feux et signaux de brume (1975), la Parasite (1980), Genèse (1982), les Cinq Sens (M essai 1985), l'Hermaphrodite sarrazine (1987), Statues (1987), le Contrat naturel (1990), le Tiers-Instruit (1991), Éclaircissement, la Légende des anges (1993), Nouvelles du monde (1997), Variations sur le corps (1999).

Servan-Schreiber, Jean-Jacques [Es, J] (1924) : Lieutenant en Algérie (1957), le Défi américain (1967), Ciel et Terre (1970), le Défi mondial (1980), le Choix des Juifs, Passions (1991), les Fossoyeurs (1993).

Sigaux, Gilbert [Cr, Es, J, R] (1918-82) : les Grands Intérêts (1946), Terre lointaine (1947), Chiens enragés (I 1949), Fin (1951).

Signol, Christian [R] (1947) : les Cailloux bleus, la Rivière Espérance (1990), le Royaume du fleuve (1992), les Vignes de Sainte Colombe (1996), la Lumière des collines (1997), la Promesse des sources (1998), Bleus sont les étés (1998), les Chênes d'or (1999), les Noëls blancs (2000).

Silvain, Pierre [R] (1927) : la Chair et l'Ombre (1963), la Dame d'Elche (1965), Zacharie Blue, la Promenade en barque.

Simiot, Bernard [R] (1906) : Rendez-vous à la Malouinière (1989), Paradis perdu.

Simon, *Claude* [R] (1913) : le Tricheur (1941), la Corde raide (1947), le Sacre du printemps (1954), le Vent (1957), l'Herbe (1958), la Route des Flandres (1960), le Palace (1962), Histoire (M 1967), la Bataille de Pharsale (1969), Triptyque (1973), la Leçon de choses (1976), les Géorgiques (1981), la Chevelure de Bérénice (1985), l'Acacia (1989), le Jardin des plantes (1997) [N 1985], le Tramway (2000). *Pierre-Henri* 🌿 [Mor] (1903-72) : les Raisins verts (1950), Elsinfor, l'Homme de Cordouan, la Sagesse du soir, l'Homme en procès (1950). *Yves* [R] (1944) : l'Homme arc-en-ciel (1971), le Voyageur magnifique (1987), la Dérive des sentiments (M 1991), Sorties de nuit, Un instant de bonheur, le Peuple des songes.

Sipriot, Pierre [J, Es] (1921-98) : Romain Rolland devant Dieu (1968), Montherlant sans masque (1982), Balzac sans masque (1992).

Sloves, Henri [Es] (1905-88).

Sollers, Philippe (Joyaux) [R, Es] (1936) : Une curieuse solitude (1958), le Parc (M 1961), Drame (1965), Nombres (1968), Lois (1972), H (1973), Paradis (1981), Femmes (1983), Portrait du joueur (1984), le Cœur absolu (1987), les Folies françaises (1988), le Lys d'or (1989), la Fête à Venise (1991), le Secret (1993), la Guerre du goût (1994), le Cavalier du Louvre (1995), Studio (1997), Casanova (1998), Passion fixe (2000), Éloge de l'infini (2001). *Revues : Tel quel* (1960-83), *l'Infini* (1983).

Sorman, Guy [E] (1944) : la Solution libérale (1984), l'État minimum (1985), Sortir du socialisme (1990), le Capital suite et fins (1994), le Bonheur français (Une belle journée en France), Le monde est ma tribu (1997), la Nouvelle solution libérale (1998).

Soubiran, André [R] (1910-99) : J'étais médecin avec les chars (Ren 1943), les Hommes en blanc (1947-75), Journal d'une femme en blanc (1964).

Spens, Willy de [R, Mém] (1911-89).

Stéphane, Roger (Worms) [E, J] (1919/4-12-1994, suicide) : les Fausses Passions (1956), Après la mort de Dieu (1957), Une singulière affinité (1957), Tout est bien (1989). – *Biogr. :* 1950, cofondateur de l'*Observateur.*

Stil, André [R, J] (1921) : le Premier Choc (1952), Paris avec nous (1953), André, Romansonge, Dieu est un enfant (1979), les Berlines fleuries, les Quartiers d'été (1984), Gazelle (1991), le Mouvement de la terre (1995), l'Homme fleur (1996), la Neige fumée, l'Enchanterie, Bélesta (1999).

Suffert, Georges [J] (1927) : Le cadavre de Dieu bouge encore (1975), Quand l'Occident se réveillera (1980), Un royaume pour une tombe (1982), le Tocsin, Mémoires d'un ours (1995), En cheminant avec Jésus (1997), Tu es Pierre (2000).

Sulitzer, Paul-Loup [R] (1946) : Money (1980), Cash, Fortune, le Roi vert, Hannah (1985), l'Impératrice, la Femme pressée, Kate, Cartel, Tantzor, les Riches, Berlin, le Mercenaire du Diable (1996), la Confession de Dina Winter (1997), la Femme d'affaires (1998).

Sulivan, Jean [R] (1913-80) : Mais il y a la mer (1964), Devance tout adieu (1966), Bonheur des rebelles.

Sullerot, Évelyne [Soc] (1924) : le Fait féminin, Pour le meilleur et sans le pire, l'Enveloppe.

Susini, Marie [R] (1916-93) : Plein Soleil (1953), la Fiera (1954), Un pas d'homme (1957), Yeux fermés (1964), C'était cela notre amour (1970), Je m'appelle Anna Livia (1979). *Théâtre :* l'Ile sans rivages (1989).

Tapié, Victor-Lucien [H] (1900-74).

Tardieu, Jean [P, Es, D] (1903-95) : l'Accent grave et l'accent aigu (1939), Monsieur Monsieur (1951), le Fleuve caché (1938-61). *Théâtre :* Théâtre de Chambre (1955), Poèmes à jouer (1960).

Tavernier, René [Cr, P] (1915-89).

Thibon, Gustave [Ph] (1903/19-1-2001) : l'Échelle de Jacob (1942), Notre regard qui manque à la lumière (1970).
Thirion, André [R] (1907-2000).
Thomas, Henri [P, R, Cr] (1912-93) : les Aventures de Paul Souvrault [le Seau à charbon (1940), la Vie ensemble (1943), le Porte-à-faux (1948)], la Cible (1955), la Nuit de Londres (1956), le Promontoire (F 1961), la Relique (1969), Une saison volée (1986), Ai-je une patrie ? (1991), l'Étudiant du village (1998).
Tillard, Paul [R] (1914-66) : le Montreur de marionnettes (1956), l'Outrage (1958).
Tillinac, Denis [R] (1947) : Maisons de famille, Un léger malentendu (1988), la Corrèze et le Zambèze (1990), l'Hôtel de Kaloack (1991), le Retour de D'Artagnan, Rugby Blues (1993), le Jeu et la Chandelle, Dernier Verre au Danton (1996), Don Juan (1998), les Masques de l'éphémère (1999), Boulevard des Maréchaux (2000).
Tillion, Germaine [Ethn] (30-5-1907).
Todd, *Emmanuel* [Es] (1951, fils d'Olivier) : la Chute finale (1976), le Fou et le Prolétaire (1979), la Nouvelle France. *Olivier* (Oblatt) [J, R] (1929) : l'Année du crabe (1972), les Canards de Ca Mao, la Marelle de Giscard (1977), Un fils rebelle (1981), Jacques Brel, la Ballade du chômeur (1986), la Négociation, la Sanglière (1992), Albert Camus (1996), l'Illusion économique, Corrigez-moi si je me trompe (1998), André Malraux, une vie.
Toesca, Maurice [R] (1904) : le Soleil noir (1946), le Singe bleu, Un héros de notre temps (1978).
Tortel, Jean [P] (1904-93).
Touchard, Pierre-Aimé [Cr, Es] (1903).
Touraine, Alain [Es, Soc] (1925) : la Conscience ouvrière (1966), Production de la société (1973), Critique de la modernité (1992), Comment sortir du libéralisme (1998).
Tournier, Michel [R] (19-12-1924) : Vendredi ou les Limbes du Pacifique (1967), le Roi des Aulnes (G 1970), les Météores (1975), Gaspard, Melchior et Balthazar (1980), Gilles et Jeanne (1983), la Goutte d'Or (1985), le Médianoche amoureux (1989), le Crépuscule des masques (1992), Eleazar ou la Source et le Buisson (1996). *Essais :* le Vent Paraclet (1977), le Vol du vampire (1981).
Tournoux, Jean-Raymond [Chr, J, Pol] (1914-84) : Pétain et de Gaulle, la Tragédie du général, Jamais dit, Journal secret, le Feu et la Cendre.
Tristan, Frédérick (Jean-Paul Baron) [E] (1931) : les Égarés (G 1983), le Fils de Babel (1986), l'Ange dans la machine, Un monde comme ça (1992), Pique-Nique chez Tiffany Warton (1998), les Obsèques prodigieuses d'Abraham Radjec (2000).
Troyat, Henri (Lev Tarassov) [R, D] (Moscou 1-11-1911) : *Romans :* Faux Jour (1935), le Vivier (1935), Grandeur nature (1936), l'Araigne (G 1938), Tant que la terre durera (3 tomes, 1947-50), les Semailles et les Moissons (5 tomes, 1953-58), la Lumière des Justes (5 vol., 1959-63), les Eygletière (3 vol., 1965-67), les Héritiers de l'avenir (3 vol., 1968-70), le Moscovite (3 vol., 1974-75), Grimbosq, Viou (1980), le Pain de l'étranger, Marie Karpovna (1984), A demain Sylvie (1986), le Troisième Bonheur (1987), Aliocha (1991), Youri, le Chant des insensés (1993), le Marchand de masques, le Défi d'Olga (1995), l'Affaire Crémonnière (1997). *Biogr. :* Dostoïevski (1940), Pouchkine, Catherine la Grande, Pierre le Grand (1979), Alexandre Ier, Ivan le Terrible, Tchekhov, Tourgueniev, Gorki, Flaubert, Maupassant, Alexandre II, Nicolas II, Zola, Verlaine, Baudelaire, Balzac, Raspoutine, Juliette Drouet, le Fils du satrape, Terribles tsarines, Nicolas Ier (2001), la Fille de l'écrivain (2001).
Tubiane, Maurice [Méd] (25-3-1920) : le Refus du réel (1977), l'Éducation et la Vie (1999)
Tulard, Jean [H] (1933) : le Mythe de Napoléon, Napoléon, Dictionnaire du cinéma, la Contre-Révolution, Joseph Fouché (1997), Murat (1999), les Vingt Jours.
Vailland, Roger [R, Es] (1907-65) : Drôle de jeu (I 1945), les Mauvais Coups (1948), Bon Pied bon œil (1950), Un jeune homme seul (1951), Beau Masque (1954), 325 000 Francs (1955), la Loi (G 1957), la Fête (1960), la Truite (1964).
Van Cauwelaert, Didier [R, D] (1960) : Vingt Ans et des poussières, Poisson d'amour, les Vacances du fantôme, l'Orange amère (1988), Cheyenne (1993), Un aller simple (G 1994), la Vie interdite, Corps étranger (1998), la Demi-Pensionnaire, l'Éducation d'une fée (2000), l'Apparition (2001). *Théâtre :* l'Astronome.
Van der Meersch, Maxence [R] (Roubaix, 1907-51) : Invasion 14 (1935), l'Empreinte du dieu (G 1936), Pêcheurs d'hommes (1938), Corps et Ames (1943), la Fille pauvre (3 volumes, 1948-53).
Vanoyeke, Violaine [P] (1956).
Vauthier, Jean [D] (1910-92) : Capitaine Bada (1952), le Personnage combattant, le Sang, les Prodiges.
Vautrin, Jean (J. Herman) [R] (1933) : A bulletins rouges (1973), Billy-Ze-Kick (1974), Baby Boom (1985), la Vie Ripolin (1986), Un grand pas vers le Bon Dieu (G 1989), Courage chacun, le Roi des ordures, le Cri du peuple, Histoires déglinguées (1999), Voyage au pied d'un arc-en-ciel.
Véraldi, Gabriel [R] (1926) : A la mémoire d'un ange, le Chasseur captif, les Espions de bonne volonté.
Vercors (Jean Bruller) [E] (1902-91) : le Silence de la mer (80 p., 1er livre des Éditions de Minuit, achevé d'imprimer 20-2-1942), Ce jour-là, la Marche à l'étoile (1943), les Armes de la nuit (1946), les Animaux dénaturés (1952), Sylva (1961), les Chevaux du temps (1977).
Vernant, Jean-Pierre [H] (1914).
Veyne, Paul [H] (1930) : le Quotidien et l'Intéressant, les Mystères du gynécée.
Vialatte, Alexandre [R, Chr] (1901-71) : Battling le Ténébreux (1928), le Fidèle Berger (1942), les Fruits du Congo (1951), Chroniques de *La Montagne* (1952-1971), Bananes de Koenigsberg (recueils d'articles, publié 1985), Camille et les Grands Hommes (inachevé, publié 1994), la Paix des jardins (poèmes, 2000).
Vian, Boris [R, Hum, D] (10-3-1920/23-6-1959) : Vercoquin et le plancton (1946), l'Écume des jours (1947), l'Automne à Pékin (1947), l'Herbe rouge (1950), l'Arrache-Cœur (1953). *Théâtre :* l'Équarrissage pour tous (1948), les Bâtisseurs d'empire (1959), le Goûter des généraux (1964). *Poésie :* Cantilènes en gelée (1950), Je voudrais pas crever (1962). *Romans :* (sous le pseudo de Vernon Sullivan) J'irai cracher sur vos tombes (1946), Et on tuera tous les affreux (1948). – *Biogr. :* père industriel. *1937 :* 1er orchestre de jazz. *1938* École centrale. *1941* épouse Michelle Léglise. *1942-46* ingénieur à l'Afnor. *1946* 1er roman ; collabore aux *Temps modernes*. *1947* trompettiste de jazz à St-Germain-des-Prés. *1948* traducteur. *1952* divorce. *1953* interprète ses chansons aux Trois Baudets. *1954* se remarie avec Ursula Kübler (danseuse suisse). *1955* scandale avec la chanson *le Déserteur*. *1957-59* directeur artistique des disques « Fontana », crée, avec Henri Salvador, le rock'n'roll français. *1959-23-6* entre à 10 h au « Petit Marbeuf » pour voir le film *J'irai cracher sur vos tombes* ; 10 h 10 meurt (arrêt du cœur).
Vidalie, Albert [R, D] (1915-71) : les Bijoutiers du clair de lune (1954), la Bonne Ferte (1955), les Verdures de l'Ouest (1964).
Vidal Naquet, Pierre [H] (1930) : le Monde d'Homère (2000).
Vigo, René [R, Cr] (1914) : les Hommes en noir, Tragédie à Clairveaux (1975).
Villalonga, José-Luis de [R] (1920) : Les Ramblas finissent à la mer (1952), les Gens de bien, Visa sans retour, Gold Gotha, A pleines dents, Furia, Femmes, Fiesta, le Prince, Ma vie est une fête. *Essai :* le Roi, le Sabre du Caudillo.
Vilmorin, Louise Lévêque de [R, P] (4-4-1902/26-12-1969) : Sainte Unefois (1934), la Fin des Villavide (1937), le Lit à colonnes (1941), Julietta (1951), Madame de... (1951), l'Heure maliciôse (1967). – *Biogr. : 1923* fiancée à Saint-Exupéry. *1925-7-3* épouse Henry Leigh-Hunt, amant épisodique de sa mère ; en aura 3 filles ; part pour Las Vegas. *1927* Paris ; se lie à Luigi de Chatillon. *1930* avec Sacha de Manziarly. *1933* avec Malraux, Jean Hugo. *1937* divorce ; *-déc.* épouse Cte Paul Palffy (Hongrois) dont elle est la 5e épouse. *1942* se lie à Tommy Esterhazy, divorce. *1944* revient en Fr. ; aménage Verrières ; liée à Ali Khan, Nimier, Orson Welles. *1964* envisage d'épouser Malraux.
Vincenot, Henri [Es, R] (1912-85) : les Chevaliers du Chaudron, le Pape des escargots, le Sang de l'Atlas (1974), la Billebaude (1978), les Étoiles de Compostelle (1982), Récit des friches et des bois (1997), Du côté des Bordes (1998).
Vincent, Raymonde [R] (1908-83) : Campagne (F 1937).
Visage, Bertrand [R] (1952) : Tous les soleils (F 1984), Angelica, Bambini (1993), Hôtel Atmosphère (1998).
Vitoux, Frédéric [R, Cr] (1944) : Charles et Camille, la Comédie de Terracina (Ren 1994), Deux Femmes, Esther et le Diplomate (1998), l'Ami de mon père (2000).
Vivet, Jean-Pierre [J, R] (1920-2000) : la Maison à travers la grille (1991).
Volkoff, Vladimir [R, Es, Th, Nouv.] (1932) : le Retournement (1979), les Humeurs de la mer, le Montage (1982), Lawrence le Magnifique (1984), le Professeur d'histoire, les Hommes du tsar, le Bouclage, la Trinité du mal, les Faux Tsars, le Berkeley à 5 heures, le Grand Tsar blanc (1995), Chroniques angéliques (1997), Il y a longtemps mon amour (1999), Petite Histoire de la désinformation (1999), l'Enlèvement, Opération barbarie (2001).
Vrigny, Roger [R] (1920-97) : la Nuit de Mougins (F 1963), Fin de journée (1968), la Vie brève, Un ange passe (1984), Accident de parcours (1985), le Bonhomme d'Ampère, le Voyage de noces (1990), le Garçon d'orage (1994).
Wagener, Françoise [G, H] (1943) : Mme Récamier, la Reine Hortense, la Ctesse de Boigne, l'Impératrice Joséphine.
Walter, Georges [J, R] (1921) : les Enfants d'Attila (1967), Des vols de Vanessa (I 1972), Edgar Allan Poe, les Pleurs de Babel.
Weil, Simone [E, Ph] (3-2-1909/Angleterre 24-8-1943) : la Condition ouvrière (1935), Attente de Dieu (1942), la Pesanteur et la Grâce (1948), l'Enracinement (publié 1950).
Weingarten, Romain [D] (1926) : Akar (1948), l'Été (1966), les Nourrices.
Werner, Karl-Ferdinand [H] (Sarre, 1924) : les Origines.
Wiazemsky, Anne [Comédienne, R] (1957, petite-fille de F. Mauriac) : Hymnes à l'amour (1996), Une poignée de gens (1998).
Wiesel, Élie [R] (Transylvanie, Roumanie 1928, aux USA depuis 1956, naturalisé Américain en 1963) : la Nuit (1960), l'Aube (1960), le Jour (1961), le Mendiant de Jérusalem (M 1968), Entre deux soleils, le Cinquième Fils (1983), le Crépuscule au loin (1987), l'Oublié (1989), Tous les fleuves vont à la mer (1994), Et la mer n'est pas remplie (1996), les Juges (1999), D'où viens-tu ? (2001). [N de la paix 1986].
Winock, Michel [H] (1937) : le Siècle des intellectuels, les Voix de la liberté (2001).
Wittig, Monique [R] (1935) : l'Opoponax (M 1964), le Corps lesbien.
Wolfromm, Jean-Didier [Cr, R] (1941-94) : Lueur de plomb (1963), Diane Lanster (I 1978), la Leçon inaugurale.
Xenakis, Françoise [R, J] (1930) : Zut, on a encore oublié Madame Freud, Mouche-toi Cléopâtre, la Vie exemplaire de Rita Capuchon (1988), Attends-moi, Désolée mais ça ne se fait pas, Maman, je ne veux pas être empereur (2001).
Yourcenar, Marguerite [Marguerite de Crayencour (dont Yourcenar est quasi l'anagramme)] [E] (Bruxelles, 8-6-1903/USA, 18-12-1987). *Romans :* Alexis ou le Traité du vain combat (1929), Denier du rêve (1934), le Coup de grâce (1939), Mémoires d'Hadrien (1951), l'Œuvre au noir (F 1968). *Nouvelles :* la Mort contre l'attelage, Nouvelles orientales. *Autobiogr. :* Souvenirs pieux (1974), Archives du Nord (1977), Quoi ? l'Éternité (1988). – *Biogr. :* famille française, fixée en Belgique ; études avec précepteurs au château de ses parents. *1929* écrit. *1940* en Amérique, achète le domaine de Petite Plaisance (Maine). *1947* naturalisée Américaine. *1970* membre étranger de l'Académie royale de Belgique. *1972* prix Pierre de Monaco. *1977* grand prix de littérature de l'Académie française. *1979* reprend la nationalité française pour entrer à l'Académie (1re femme, reçue 22-1-1981).
Zéraffa, Michel [R, Es] (1918-84) : le Temps des rencontres (1948), le Commerce des hommes (1951).

LITTÉRATURES FRANCOPHONES

■ **Algérie. Aba,** Noureddine [P, D] (1921-96) : la Toussaint des énigmes. **Amrouche,** Jean [P] (1906-62) : Cendres (1934), Étoile secrète (1937), Chants berbères de Kabylie (1939), Esprit et Parole (1963). **Belamri,** Rabah [P, R] (1946-95) : Mémoires en archipel. **Boudia,** Mohammed [D] (1932-73). **Boudjedra,** Rachid [R] (1941) : la Répudiation, Lettres algériennes (1995), la Vie à l'endroit (1997). **Bouzaher,** Hocine [D] (1935). **Dib,** Mohammed [P, R] (1920) : la Grande Maison (1952), l'Incendie (1954), le Métier à tisser (1957), Un été africain (1959), Qui se souvient de la mer ? (1959), Dieu en Barbarie (1970), Habel (1977), les Terrasses d'Orsol (1985), l'Infante maure (1994), Si Diable veut (1998). **Djaout,** Tahar [R] (1954-93) : l'Exproprié (1981), les Rets de l'oiseleur (1983), les Chercheurs d'os (1984), l'Invention du désert (1987), les Vigiles (1991). **Djebar,** Assia (Fatma Zohra Imalayenne, dite) [R] (1936) : l'Amour la fantasia (1985). **Farès,** Nabil [R, P] (1940). **Feraoun,** Mouloud [R] (1913-62). **Kateb,** Yacine [R, D, P] (1929-89) : *Poésie :* Soliloques (1946), Poèmes de l'Algérie opprimée (1948). *Roman :* Nedjma (1956). *Théâtre :* le Cadavre encerclé (1955), la Femme sauvage, Mohammed, prends ta valise, Saw Emnisa, la Voix des femmes ou la Guerre de deux mille ans (1970), le Bourgeois sans culotte, le Cercle des représailles (1976), l'Homme aux sandales de caoutchouc (1978), Palestine trahie. **Krea,** Henri [D, R, P] (1933). **Mammeri,** Mouloud [R] (1917-89) : la Colline oubliée (1952), le Sommeil du juste (1955), l'Opium et le Bâton (1965), la Traversée (1982). **Mimouni,** Rachid [R] (1945-95) : le Fleuve détourné (1982), Tombeza (1984), l'Honneur de la tribu (1989), De la barbarie en général et de l'intégrisme en particulier (1992), la Malédiction (1993). **Sénac,** Jean [E] (1926-73) : Avant-Corps.

■ **Bénin (ex-Dahomey). Adotevi,** Stanislas. **Bhely-Quénum,** Olympe (1928). **Dogbeh,** Richard. **Dramani Bazini,** Zakari (1940). **Glélé,** Maurice (1934). **Gnammankou,** Dieudonné (1963). **Hazoumé,** Paul (1890-1980). **Joachim,** Paulin (1931). **Ologoudou,** Émile (1935). **Pliya,** Jean (1931). **Prudencio,** Eustache [P] (1924). **Tevoedjre,** Albert (1929). **Tidsani-Serpos,** Noureini (1946).

■ **Burkina (ex-Haute-Volta). Baba,** Hama (1959). Balima, Albert Salfo (1930). **Bazie,** Jacques Prosper (1955). **Boni,** Nazi (1921-69). **Conombo,** Joseph Issoufou (1917). **Coulibaly,** Augustin Sondé (1933). **Dabire,** Pierre (1935). **Damiba,** Geoffroy (1953). **Hien,** Ansowin Ignace (1952). **Ilboudo,** Gomdaogo Patrick (1951-94) ; Pierre-Claver (1948). **Kabore,** Roger Bila (1952). **Ki Zerbo,** Joseph (1922). **Kompaore,** Prosper (1950). **Koulibaly,** Isaïe Biton (1949). **Nikiema,** Roger (1935). **Ouedraogo,** Ernest. **Pacéré,** Titinga Frédéric (1943). **Sanou,** Bernadette D. **Sondé,** Augustin (1933). **Zongo,** Daniel (1947). **Zongo,** Lezin Didier (1952).

■ **Burundi. Mworoha,** Émile (1934).

■ **Cameroun. Almeida,** Fernando d' (1955). **Bebey,** Francis (1929). **Beyala,** Calixthe (1962). **Biyidi** Alexandre (pseudos : Beti, Mongo ; Boto, Eza). **Dakeyo,** Paul (1948). **Dooh Bunya,** Lydie (1933). **Eno Belinga,** Samuel Martin (1933). **Essomba,** Jean-Roger (1962). **Evembé,** François Borgia. **Ewandé,** Daniel (1935). **Ikelle Matiba,** Jean (1936-84). **Karone,** Yodi (1954). **Kayo,** Patrice (1942). **Kayor,** Franz (pseudo **Tchakoute,** Paul) (1945). **Kumá,** Ndumbe III Alexandre. **Kuoh Mukuri,** Jacques (1909). **Kuoh Mukuri,** Thérèse. **M'Bia,** Guillaume (1939). **Mbock,** Charly-Gabriel (1950). **Médou Mvomo,** Rémy Albert (1938). **Mendo Ze,** Gervais (1944). **Mokto,** Joseph Jules (1945). **Mveng,** Engelbert (1930-95). **Ndachi-Tagne,** David (1958). **Ndedi Penda,** Patrice (1945). **Nkollo,** Jean-Jacques (1962). **Nyunaï,** Jean-Paul (1932). **Owono,** Joseph (1920). **Oyono,** Ferdinand (1929). **Pabe Mongo** [pseudo de Pascal Bekolo Bekolo] (1948). **Philombe,** René [pseudo de Philippe Louis Ombede] (1930). **Sengat Kuo,** François [pseudo de Francesco Nditsouna] (1931). **Towa,** Marcien (1931). **Werewere,** Liking (1950). **Yanou,** Étienne (1939).

■ **Centrafricaine (République). Bamboté,** Pierre (1932). **Goyemidé,** Étienne. **Ipeko Étomane,** Faustin Albert (1930-80). **Sammy,** Pierre [Sammy-Mackfoy] (1935). **Siango,** Benoît-Basile (1934). **Yavoucko Cyriaque,** R. (1953).

■ **Congo. Bemba,** Sylvain [pseudo Martial Malinda, Michel Belvain] (1934-95). **Biniakounou,** Ted. **Biyaoula,** Daniel (1953). **Boundzeki Dongala,** Emmanuel (1941). **Labou Tansi,** Sony (1947-95). **Letembet-Ambily,** Antoine (1929). **Lopès,** Henri (1937) : le Pleurer-rire, le Lys et le Flamboyant. **Mabanckou,** Alain (1966). **Makouta Mboukou,** Jean-Pierre (1929). **Malonga,** Jean (1907-85). **Mamonsono,** Léopold-Pindy. **Menga,** Guy (1935). **M'Fouilou,** Dominique (1942). **Mouangassa,** Ferdinand (1934-1974).

N'Debeka, Maxime (1944). **Ngoie Ngalla,** Dominique (1943). **Ngoma,** Eugène (1945). **Nzala-Backa,** Placide (1932-87). **Nziengue,** Bonard. **Obenga,** Théophile (1936). **Samba-Kifwani,** Lucien (1951). **Sianard,** Yves. **Sinda,** Martial (1935). **Tati Loutard,** J.-B. (1938). **U'Tamsi,** Tchicaya (1931-88). **Tchicaya Unti B'Kune,** Tchichelle Tchivela, François (1940). **Tsibinda,** Marie-Léontine. **Zounga-Bongolo.**

■ **Congo (République dém. du)** [ex-Zaïre]. **Bolamba Lokolé** [Antoine Roger] (1913). **Buabua Wa Kayembe,** Mubadiate (1950). **Elebe,** Lisembe [D] (1937-97). **Ilunga,** Kabulu (1940). **Kabongu Bujitu. Kadima-Nzuzi,** Mukalay [Dieudonné] (1947). **Kalanda,** Mabika (1932-97). **Kamanda,** Kama (1952). **Kanza,** Thomas (1934). **Lomami Tshibamba,** Paul (1914-88). **Lonoh Malangi Bokolenge,** Michel (1939). **Lufuluabo,** François Marie (1926). **Lumumba,** Patrice (1925-61). **Makonga,** Bonaventure. **Mosheje,** Luc. **Mudimbé,** Vumbi Yoka [Yves Valentin] (1941). **Mushiété Mahamwé,** Paul (1934-99). **Ngal Mbwil A Mpang,** Georges. **Ngandu Nkashama** (1946). **Ngoma,** Ferdinand. **Ngombo,** Mbala (1931). **Nzuzi,** Madiya (1944) : prix Senghor 1967. **Sabgu Sonsa,** Ferdinand (1946). **Tshimanga wa Tshibangu** (1941). **Withankenge Walukumbu Bene,** Edmond († 1978). **Yamaïna,** Mandala (1949). **Zamenga Batukezanga** (1933).

■ **Côte d'Ivoire. Adiaffi,** Jean-Marie (1941-99). **Amon d'Aby,** François Joseph (1913). **Anouma,** Joseph (1949). **Atta Koffi,** Raphaël (1947). **Bognini,** Joseph Miezan (1936). **Bolli,** Fatou (1956). **Dadié,** Bernard [Bernard Binlin Dadié] (1916). **Dem,** Tidiane (1909). **Diabaté,** Henriette (1935). **Dodo,** Jean (1919). **Fatho-Amoy** (1936). **Kanie,** Anoma (1920). **Kaya,** Simone (1937). **Keita,** Fatou (1955). **Koffi Teya,** Pascal (1946). **Koné,** Amadou (1953). **Koné,** Maurice (1932-1980). **Kourouma,** Ahmadou (1927) : Allah n'est pas obligé (Interallié 2000). **Loba Aké** (1926). **Nguessan,** Gbohourou Bertin (1935-1974). **Ouassenan,** Gaston (1939). **Oussou Essui,** Denis (1934). **Tadjo,** Véronique (1955). **Tiémélé,** Jean-Baptiste (1933). **Timité,** Bassori (1933). **Touré,** Kitia (1956). **Wondji,** Christophe. **Zadi,** Zaourou (1938). **Zégoua Nokan,** Charles (1936).

■ **Djibouti. Abdi,** Abdi Ismaël (1968). **Elmi,** Idriss Youssouf (1961). **Farah,** Daher Ahmed (1962). **Waberi,** Abdourahman A. d' (1965). **Watta,** Chehem [P] (1962).

■ **Gabon. Abessolo,** Jean-Baptiste (1932). **Békalé,** Éric Joël (1968). **Biffot,** Laurent (1919). **Bivegue Bi Azi,** Daniel (1962). **Bongo,** El Hadj Omar (1935). **Hubert,** Jacques (1938). **Kama,** Joséphine (1944). **Kombila,** Jean-Pierre (1954). **Leyimangoye,** Jean-Paul (1939). **Magang-Ma-Mbuju Wisi,** Pierre-Edgar (1943). **Manboungou,** Joseph Bill (1953). **Métégué N'nah,** Nicolas (1944). **Meye,** François (1920-70). **Moubouyi,** Richard (1944). **Moussirou-Mouyouma,** Auguste (1958). **Mve Gndo,** Bonaventure (1951). **Ndong-Mbeng,** Hubert-Freddy (1971). **Ndong Ndoutoume Tsira** (1928). **Ndouna Dépenaud,** Pascal (1937-76). **Nguema,** Janvier (1956). **Nkoghe-Mve,** Moïse (1934). **Nyonda,** Vincent de Paul (1918-95). **Nze Nguema,** Fidèle (1949). **Okoumba-Nkoghe** (1954). **Ondo Ndong,** Jean-François († 1972). **Otogo-Ngome,** Camille (1952). **Owondo,** Laurent (1948). **Pounah,** Paul-Vincent (1914). **Raponda-Walker,** André (1871-1968). **Ratanga-Atoz,** Anges-François (1943). **Rawiri,** Georges (1932). **Rawiri,** Georges (1954). **Revignet-Ngote,** Georges-Gauthier (1963). **Ropiviat,** Marc (1951). **Walker Deemin,** Henri (1930). **Zotoumbat,** Robert (1944).

■ **Guinée. Camara,** *Laye* (1928-79) : l'Enfant noir, *Nene Khaly* (1930-1972), *Sylvain-Soriba* (1938). **Cissé,** Émile (1930-74). **Diallo,** Oury Amadou. **Fantouré,** Alioum (1938). **Kake,** Ibrahima (1936-94). **Kamara,** Lamine (1940). **Kante,** Cheik Oumar (1946). **Monembo,** Thierno (1947). **Sacko,** Biram (1947-99). **Sangare,** Ali (1949). **Sassine,** Williams (1944-97).

■ **Haïti. Davertige,** Villard Denis [Pe, P] (1940). **Depestre,** René [E] (1926) : Hadriana dans tous mes rêves. **Dorsinville,** Roger [P, H, R] (1911). **Fouché,** Frank [P, D] (1924-78). **Frankétienne** [E, D] (1936) : Dézafi (1975), Fleur d'insomnie (1986), l'Oiseau schizophone (1993). **Laforest,** Jean-Richard [E]. **Ollivier,** Émile [E]. **Phelps,** Anthony [P, R] (1928). **Roumain,** Jacques [R] (1907-44) : Gouverneurs de la rosée (1944).

■ **Liban. Abirached,** Robert (1930) : le Théâtre et le Prince (1992). **Abizeid,** Fouad (1914-58) : Nouveaux Poèmes (1942). **Abou,** Sélim (1928), Culture et Droits de l'homme (1992). **Accad,** Evelyn (1943). **Awad,** Jocelyne [R] (1949) : Khamsin (1994). **Aziz,** Désirez [J] (1950), le Cèdre du Liban (1991). **Boulad,** Antoine (1951) : les Brindilles de la mémoire (1993). **Chamoun,** Tracy : Au nom du père (1992). **Chedid,** Andrée [P, R] (1920) : le Sommeil délivré (1952), le Sixième Jour (1956), Visage premier, Nefertiti (1974), Cérémonial de la violence, le Corps et le Temps, la Maison sans racines (1985), l'Enfant multiple (1989), A la mort, à la vie, les Saisons de passage. **Chiha,** Michel (1891-1954) : la Maison des champs, Politique intérieure. **Corm,** Charles (1894-1963) : la Montagne inspirée (1935). **Eddé,** Dominique : Lettre posthume (1989). **Gay-Para,** Praline [R] : la Montagne libanaise (1984), la Planteuse de cumin (1989). **Ghanem,** Chucri [P, D] (1861-1929) : Ronces et Fleurs (1890), Antar (1910). **Gebeyli,** Claire (P, R] (1935) : la Mise à jour (1982), Cantate pour l'oiseau mort (1996). **Gibrau,** Khalil (1883-1931) : le Prophète. **Haïk,** Farjallah (1909) : Barjoute (1942), Gofril le mage (1947), Abou Nassif (1948), Joumana (1957). **Harfouche,** François (1929) : le Monde des belles (1982). **Hélou,** Charles (1912) : Liban, cette part de Dieu (1992), Mélanges (1996). **Hoss,** Marwan (1946) : Capital amour (1969), le Tireur isolé (1971). **Khoury-Ghata,** Vénus (1937) : Au sud du silence (1975), les Ombres et leurs cris (1980), Vacarme pour une lune morte (1983), la Maîtresse du notable (1992), les Fiancées du Cap Ténès, Une maison au bord des larmes (1998). **Klat,** Hector [P] (1888-1976) : Du cèdre au lys (1964). **Labaky,** Mansour [prêtre] (1940) : l'Enfant du Liban (1987), Mon vagabond de la lune (1988), Deux Maisons pour rien (1991), Mon pays au passé simple (1992). **Maalouf,** Amin [R] (1949) : les Croisades vues par les Arabes (1983), Léon l'Africain (1986), Samarcande (1988), les Jardins de lumière (1991), le 1er Siècle après Béatrice (1992), le Rocher de Tanios (G 1993), les Échelles du Levant (1996), les Identités meurtrières (1998), le Périple de Baldassare (2000). **Massabki,** Jacqueline (vers 1939) : la Mémoire des cèdres. **Naaman,** Abdallah (1947) : le Français au Liban (1979), la Mort et Camus (1980), les Levantins (1984). **Naffah,** Fouad-Gabriel (1925) : la Description de l'homme, du cadre et de la lyre (1957), l'Esprit-Dieu (1966). **Najjar,** Alexandre (P, R] (1967) : la Honte du survivant, A quoi servent les statues ? (1989), Comme un aigle en dérive (1993), les Exilés du Caucase (1995), l'Astronome (1997). **Rizk,** Bahjat [P] (1957) : Passions (1988), Mères intérieures (1991). **Safa,** Monique [R] (1940) : le Violoniste au couvent de la lune (1991). **Salameh,** Nohad [P] (1947) : l'Autre écriture (1988), Chants de l'avant-songe (1993). **Schehadé,** Georges [P, D] (1910-89) : *Poèmes :* Étincelle (1928), Poésies I (1938), l'Écolier sultan (1950), Poésies II (1952), le Nageur d'un seul amour (1985). *Théâtre :* Monsieur Bob'le (1951), la Soirée des proverbes (1954), Histoire de Vasco (1954), les Violettes (1960), le Voyage (1961), l'Émigré de Brisbane (1965), L'habit fait le prince (1973). **Selim,** Nassib [J] (1946) : l'Homme assis (1991). **Stétié,** Salah (1928) : les Porteurs de feu (1972), l'Eau froide gardée (1973), Fragments (1978), l'Autre côté brûlé du très pur (1992). **Tayar,** Georges : le Liban en braise (1976), l'Éternelle Palestine (1977), Peu de flamme (1983), Sang et Cèdre. **Tuéni,** Nadia (1935-83) : l'Age d'écume (1966), Poèmes pour une histoire, Archives sentimentales d'une guerre au Liban (1992). **Yazigi,** Joseph : la Guerre libanaise (1991).

■ **Madagascar. Jaomanoro,** David (1953). **Rabéarivelo,** Jean-Joseph [E] (1903-37). **Rabemananjara,** Jacques (1913). **Rafenomanjato,** Charlotte (1936). **Raharimanana,** Jean-Luc (1967, à Paris depuis 1989). **Rakotoson,** Michèle (1948). **Ranaivo,** Flavien (1914).

■ **Mali. Bâ,** Amadou Hampaté (1901-91). **Badian,** Seydou (1928) : Sous l'orage (1957). **Cissoko,** Sekené Mody (1928). **Dembélé,** Sidiki (1921). **Diabaté,** Massa Makan (1938-88). **Kaba,** Alkaly (1936). **Keita,** Aoua (1912-80). **Konate,** Moussa (1951). **Ly,** Ibrahina (1936-1989). **Ly-Tall,** Madina (1940). **N'Diaye,** Bokar (1915). **Ouane Ibrahima,** Mamadou (1907). **Ouologuem,** Yambo (1940). **Sidibé,** Mamby (1891-1977). **Sissoko,** Fily Dabo (1897-1964). **Traoré Issa,** Baba (1928).

■ **Maroc. Ben Jelloun,** Tahar [P, R, Es] (1944) : Cicatrices du soleil (1972), Harrouda, la Révolution solitaire, Moha le fou Moha le sage, l'Enfant de sable, la Nuit sacrée (G 1987), Jour de silence à Tanger, les Yeux baissés, l'Ange aveugle (1991), l'Homme rompu, la Soudure fraternelle (1994), Le premier amour est toujours le dernier (1995), les Raisins de la galère (1996), la Nuit de l'erreur (1997), le Racisme expliqué à ma fille (1998), l'Auberge des pauvres (1999), Cette aveuglante absence de lumière. *Poésie :* Poésie complète (1966-95). **Berrada,** Mohamed : le Jeu de l'oubli. **Choukri,** Mohamed (1935) : le Pain nu, le Temps des erreurs. **Chraïbi,** Driss [R] (1926) : le Passé simple (1954), les Boucs, l'Ane, Une enquête au pays, la Mère du printemps, Naissance à l'aube (1986), l'Inspecteur, Vu, lu, entendu (1998). **El Maleh,** Edmond Amran [R] (1917) : Parcours immobile (1980), Aïlen ou la Nuit du récit, Mille Ans, un jour, le Retour d'Abou El Haki, le Café Zrirek. **Khaïr-Ed-Dine,** Mohamed [P, R] (1941-95) : Agadir (1967), le Déterreur, Légende et vie d'Agoun'chich. **Khatibi,** Abdelkebir [D, R, Soc] (1938) : la Mémoire tatouée, le Livre du sang (1979). **Laâbi** Abdelhatif (1942) [R, P]. **Sefrioui,** Ahmed (1915) : le Chapelet d'ambre (1949). **Serhane,** Abdelhak [R, Es] (1950) : Messouada (1983), le Deuil des chiens.

■ **Maurice. Cabon,** Marcel [R, Chr] (1912-72). **Chazal.** Malcolm de [E, P] (1902-81). **Devi,** Ananda [R] (1957). **Gordon-Gentil,** Alain (1952). **Hart,** Robert-Edward [P, R, Chr] (1891-1954). **Humbert,** Marie-Thérèse [R] (1940). **Masson,** André [R] (1921-88). **Masson,** Loys [P, R] (1915-69) : *Poésie :* les Vignes de septembre. *Romans :* les Tortues (1956), la Douve, le Notaire des Noirs (1961), les Noces de la vanille (1962), les Anges noirs du trône. **Maunick,** Edouard [P] (1931). **Souza,** Carl de [R] (1948).

■ **Mauritanie. Ba Amadou,** Mamadou (1893-1958). **Ba Oumar** (1917). **Guèye,** Youssouf (1928). **Miské,** Ahmed Baba (1933).

■ **Niger. Abdoulaye,** Mamani. **Abdouramane,** Soli (vers 1938). **Amadou,** Diado (vers 1940). **Bouraima,** Ada (vers 1945). **Halilou,** Mahamadou (vers 1937). **Hama,** Boubou (vers 1906-82). **Hamani,** Djibo. **Hassane,** Diallo Adamou (1927). **Ide,** Adamou (vers 1951). **Issa,** Ibrahim (vers 1930-86). **Kanta,** Abdoua (vers 1946). **Laya,** Diouldé. **Mariko,** Keletegui A. (1921). **Moumouni,** Abdou. **Oumarou,** Ide (vers 1937). **Ousmane,** Amadou (1949). **Salifou,** André (1942). **Say,** Bania Mahmadou (1935). **Zoumé,** Boubé (1951).

■ **Rwanda. Kagame,** Alexis (1912-81). **Kalibwami,** Justin (1924). **Naigiziki,** J. Saverio (1915-84).

■ **Sénégal. Bâ,** Mariama (1929-81). **Ba Thierno** (1926). **Bakary Diallo** (1892-1979). **Barry Boubakar. Boilat,** abbé David (1814-1901). **Bugul,** Ken (1952). **Camara,** Camille. **Dia,** Malik. **Dia,** Mamadou (1910). **Dia Amadou,** Cissé (1915). **Diagne,** Pathé (1934). **Diakhaté,** Lamine (1927). **Diallo,** Bakary (1892-1971). **Diallo,** Nafissatou (1941-82). **Diop,** Birago (1906-89). Boubacar Boris (1946). Cheikh Anta (1923-86). David (1927-60). **Fall,** Khadi (1948), Marouba (1950). **Fall Kiné,** Kirama (1934). **Guèye,** Lamine (1891-1968). **Ka,** Aminata Maïga (1940). **Kane,** Abdoulaye Elimane (1943). **Kane,** Cheikh Hamidou (1928). **Kane Mohammadou. Kebe Mbaye,** Gana (1936). **Ken Bugul** [Mariétou Mbaye (1948)]. **Ly,** Abdoulaye (1919). **Ly Sangaré,** Moussa (1940). **Mademba,** Abd el Kade. **Mbaye d'Erneville,** Annette (1926). **Mbengue,** Mamadou Seyni (1925). **M'Bow Amadou,** Mahtar (1921). **Modou,** Fatim (1960). **Ndao,** Cheikh (1933). **N'Diaye,** Amadou, Dugué Cledor. **N'Diaye,** Jean-Pierre (1936). **N'Diaye Massata,** Abdou. **Niane,** Djibril Tamsir (1932). **Niang,** Lamine (1923). **Sadji,** Abdoulaye (1910-61). **Sall,** Amadou Lamine Ibrahima (1951). **Samb,** Amar. **Sembene,** Ousmane (1923). **Senghor,** Léopold Sédar (1906), voir p. 312 c. **Socé,** Ousmane (1911-72). **Sow Fall,** Aminata (1945). **Thiam,** Doudou (1926). **Wade,** Abdoulaye (1926). **Wane,** Abdoul. **Willane,** Oumar (1918).

■ **Tchad. Babikir Arbab,** Djama. **Bangui,** Antoine (1933). **Bebnone,** Palou. **Khayar Issa,** H. **Moustapha,** Baba (1953-82). **Seid,** Joseph Brahim (1927-81). **Thiam,** Djibi (1934).

■ **Togo. Agbetiafa,** Komlan (1930). **Agbobli,** Edo (1943). **Agokla,** Kossi Mawuli (1955). **Ajavon,** Robert (1910). **Aladji,** Victor (1941). **Alemdjrodo,** Kangni (1966). **Alou,** Kpatcha A. M. (1949). **Amavi-Zano,** Kouévi (1961). **Amela,** Hilla-Laobé (1947). **Analla,** Gnoussira (1954). **Ananou,** David (1917). **Anissoh,** Théo (1962). **Ayité,** Manké (1939). **Badamba,** Tcha-koura (1960). **Barrigah-Benissan,** Nicodème (1963). **Bodelin,** Bodi Banch (1958). **Chaold Kouli,** Pyabelo (1944-93). **Couchoro,** Félix (1900-68). **Djagoe,** Kangni Djagoé (1955). **Dogbé,** Yves Emmanuel (1939). **Dogo,** Koudjolou (1938). **Efoui,** Kossi (1962). **Ekue,** Akua Tchotcho Christiane (1954). **Ewomsan,** Dieudonné (1954). **Fiadjoe-Agbodjan,** Jemina (1950). **Gad Ami** (Gadegbeku), Brigitte (1958). **Gomez,** Koffi (1941). **Guenou,** Cossy Toussaint (1948). **Guenou,** Julien Atsou (1950). **Inawissi,** Nahé Théophile (1953). **Locoh-Donou,** Affo Germain (1951). **Madjri,** John Dovi (1933). **Mamah,** Fousséni (1951). **Senah,** Kwassivi (1954-92). **Sydol,** Francis (1939-75). **Tcha-Koura,** Sadamba (1960). **Tokofaï,** Anatole (1963). **Typam,** Akakpo (1916). **Wiyao,** Evalo (1961). **Woédémé,** Komi (1951). **Zinsou,** Senouvo Agbota (1946).

■ **Tunisie. Bouraoui,** Hedi [E] (1932). **Meddeb,** Abdelwahab [R] (Tunisien, 1946) : Talismans (1979), Phantasia (1986). **Memmi,** Albert [R] (1920 naturalisé Français) : *Récits :* la Statue de sel (1953), Agar, le Scorpion, le Désert, le Pharaon (1988). *Essais :* Portrait du colonisé (1957), l'Homme dominé, la Dépendance, A contre-courants, le Buveur et l'Amoureux, le Nomade immobile (2000). **Suied,** Alain [P, R] (1951, à Paris depuis 1959) : le Silence (1970), le Premier Regard (1995). **Tlili,** Mustapha [R] (1937) : la Rage aux tripes (1975), Bruit qui dort, Gloire des sables (1982).

LITTÉRATURE GRECQUE

☞ *Abréviations :* v. : vers ; L. : Livre.

ANCIENNE

■ NÉS AVANT JÉSUS-CHRIST

Alcée [P] (v. 620-v. 580). **Anacréon** [P] († v. 570, étouffé par un pépin de raisin) : poésies légères, les *Odes anacréontiques* ne sont pas de lui. **Anaxagore de Clamozènes** [Ph] (v. 500-428). **Anaximandre de Milet** [Ph] (610-547). **Anaximène de Milet** [Ph] (v. 550-480). **Antisthène** [Ph] (v. 444-365). **Apollonios de Rhodes** [P] (295-v. 230) : les Argonautiques. **Arcésilas** [Ph] (316-v. 241). **Archiloque** [P] (712-v. 664) : Élégies, Hymnes (inventeur de l'ïambe qui a une mesure à 3 temps et de l'épigramme). **Aristarque de Samothrace** [Gram] (v. 217-v. 143). **Aristophane** [D] (v. 445-v. 386) : 15 comédies dont les Acharniens, les Chevaliers, les Nuées, les Guêpes, la Paix, les Oiseaux, Lysistrata, les Fêtes de Demeter, les Grenouilles, le Plutus. **Aristote** le Stagirite [Ph] (384-322, suicide : se jette dans le détroit de l'Euripe) : 400 ouvrages ; 47 restent dont : Éthique à Nicomaque, Logique, Physique, Métaphysique, Morale, Politique, Constitution d'Athènes, Poétique. **Asclépiade** [Méd, P] : IIe s. av. J.-C. **Callimaque** [P] (310-v. 235) : Épigrammes. **Carnéade** [Ph] (v. 215-v. 129). **Cléanthe** [Ph] (331-232) : stoïcien, Hymne à Zeus. **Chrysippe** [Ph] (v. 281-205). **Démocrite d'Abdère** [Ph] (v. 460-v. 370). **Démosthène** [Or] (384-322, condamné à mort par Antipatros, s'empoisonne) : 33 plaidoyers, plusieurs civils, 2 politiques dont la Couronne ; 25 harangues politiques, dont 4 Philippiques et 3 Olynthiennes. **Denys d'Halicarnasse** [Rhéteur, H] († vers 8 av. J.-C.). **Diodore de Sicile** [H] (v. 90-v. 10) : Bibliothèque historique. **Diogène** le Cynique [Ph] (413-327 vivait dans un tonneau).

Empédocle [Ph] (490-v. 435, suicide du haut de l'Etna). **Épicure** [Ph] (341-270) : 300 volumes dont seules 3 lettres nous sont parvenues (doctrine vulgarisée par Diogène Laërce et Lucrèce). **Ératosthène** [Ph] (v. 284-v. 192). **Eschine** [Or] (v. 390-314) : Contre Timarque, Sur l'ambassade, Sur la couronne. **Eschyle** [D] [525-456, assommé par une tortue qu'un aigle laissa tomber (pour la briser) sur son crâne qu'il avait pris pour une pierre] : 20 drames satiriques, 70 tragédies dont 7 sont restées : les Suppliantes, les Perses, les Sept contre Thèbes, l'Orestie (comprenant Agamemnon, les Choéphores, les Euménides), Prométhée enchaîné. **Ésope** [Fab] (VIIe-VIe s., condamné pour un vol qu'il n'avait pas commis, précipité de la roche Hyampée) : fables transmises par tradition orale, reprises en recueil. **Euclide** d'Alexandrie [Ph, Math] (IIIe s.) : les Éléments, les Données. **Euclide** de Mégare (dit le Socratique) [Ph] (v. 450-v. 380). **Euripide** [D, P] (480-406, dévoré par des chiens errants) : 92 pièces. Il reste 17 tragédies, 1 drame satirique (le Cyclope), Alceste, Médée, Hécube, les Suppliantes, Andromaque, Électre, Oreste, Hippolyte, les Troyennes, Iphigénie à Aulis, Iphigénie en Tauride, les Bacchantes.

Gorgias de Leontium [Ph] (v. 487-v. 380). **Hécatée de Millet** [H] (ve av. J.-C.) : Périégèse, Généalogies. **Héléagre de Gadara** [P] (v. 100). **Héraclite d'Ephèse** [Ph] [v. 540-v. 480, dévoré par des chiens qui l'avaient pris pour un animal (il s'était entouré de fumier pour soigner son hydrogésie)]. **Hérodote d'Halicarnasse** [H] (v. 486-v. 420) : Histoire. **Hésiode** (VIIIe s.) : les Travaux et les Jours, la Théogonie. **Hippocrate** [Sav, P] (460-377) : Traité des airs, des eaux et des lieux, Aphorismes, Traité du pronostic. **Homère** [P, aède (chanteur semblable à nos troubadours] (IXe s., selon la légende, il était un vieillard aveugle) : l'*Iliade* : 24 chants et 15 693 vers (épisode de la guerre de Troie), l'Odyssée : 24 chants (aventures d'Ulysse après la guerre de Troie) sans doute de divers auteurs. **Isée** [Or] (v. 400-v. 350). **Isocrate** [Or] (436-338) : 6 plaidoyers, 15 harangues : Panégyrique d'Athènes, A Philippe, Panathénaïque. **Leucippe** [Ph] (ve s.). **Lysias** [Or] (440-380) : 34 discours : Contre Ératosthène, Contre Diogiton, Pour l'invalide.

Ménandre [D] (v. 342-v. 292) : 108 comédies dont sont restées : le Dyscolos (la seule en entier), l'Arbitrage, la Samienne, la Femme aux cheveux coupés. **Ménippe** [P, Ph] (IIIe s.). **Nausiphane** [Ph] (IIIe s.). **Parménide** [Ph] (v. 540-v. 450) : De la nature. **Pausanias** [H, Géo] (IIIe s.) : Description de la grêle. **Philon d'Alexandrie** (le Juif) [Ph] (v. 13 av. J.-C.-v. 54 apr. J.-C.). **Pindare** [P] (v. 518-v. 438) : 6 000 vers restent sur 24 000 ; Épinicies (Odes triomphales). **Platon** [Ph] (v. 428-v. 348-347) : 42 dialogues (28 authentiques) : Gorgias, le Banquet, la République, les Lois, Criton, Phédon, Phèdre ; 1 discours : l'Apologie de Socrate ; fonde l'académie d'Athènes. [*Platonicien* : concerne sa philosophie, amour platonique (sans relation charnelle, théorique)]. **Polybe** [H] (v. 210/05-v. 125) : Histoire générale du monde de 221 à 146 : 50 L., dont il reste les 5 premiers et des fragments des autres. **Posidonios** [H, Ph] (v. 135-v. 50). **Prodicos de Ceos** [sophiste] (ve s.). **Protagoras d'Abdère** [Ph] (v. 485), sophiste. **Pyrrhon** [Ph] (v. 365-v. 275), connu pour la formule : « L'homme est la mesure de toute chose ». **Pythagore** [Ph, Math] (v. 580-v. 500/470) : n'a rien écrit ; doctrine exposée par ses disciples.

Sapho [P] (début VIe s.) : 9 L. d'épithalames, élégies, hymnes dont il ne reste que des fragments. **Sextus Empiricus** [Ph] (II, IIIe s.). **Socrate** [Ph] (470-399, condamné pour impiété à boire la ciguë) : n'a rien écrit ; doctrine exposée par Platon et Xénophon. **Solon** [P, législateur] (v. 640-v. 560). **Sophocle** [D] (v. 495-v. 405) : 100 pièces dont il reste 7 tragédies : Ajax, Antigone, Électre, Œdipe à Colone, Œdipe Roi, Philoctète, les Trachiniennes, un fragment des Limiers et un drame satirique. **Stésichore** [P] (VIe s.) : 26 L. de chants lyriques. **Strabon** [H, Géog] (v. 58-v. 21-25 apr. J.-C.) : Géographie universelle, 17 L. **Thalès de Milet** [Math, Ph] (vers 640-548, tombé dans un puits). **Théocrite** [P] (v. 315-v. 250) : 26 L. de chants lyriques. Créateur de l'idylle. **Théopompe** [H] (IVe s.) : Histoire hellénique. **Théophraste** [Ph] (372-287) : les Caractères, la Métaphysique. **Thucydide** [H] (v. 465-v.395) : Histoire de la guerre du Péloponnèse de 431 à 411 (8 L.), inachevée. **Tyrtée** [P] : Exhortations, Élégies. **Xénocrate** [Ph] (v. 400-314). **Xénophane** [Ph] (v. fin VIe s.), fondateur de « l'école d'Ellée » en Italie : poème : la Nature. **Xénophon** [H, Ph] (v. 430-v. 355) : 13 ouvrages : le Banquet, les Mémorables, la Cyropédie, l'Économique, Hiéron, l'Anabase, les Helléniques, Apologie de Socrate. **Zénodote d'Éphèse** [Gram., P] (320-240). **Zénon de Citium** [Ph] (v. 335-v. 264, suicidé) : fondateur du stoïcisme. **Zénon d'Élée** [Ph] (490/485-v. 440) : condamné à mort pour conspiration. Forcé de dénoncer ses complices, il se coupe la langue avec ses dents et la crache à la figure du tyran Néarque.

Nés après Jésus-Christ

Alexandre d'Aphrodise [Ph, péripatéticien] (IIe-IIIe s.). **Basile**, saint (329-379) : Homélies, Panégyriques, Sermons : Hexaméron, 365 lettres. **Celse** (IIe s.) : Discours vrai. **Clément d'Alexandrie** (v. 150-211/6). **Denys l'Aréopagite,** saint [Ph] (Ier s.). **Diogène Laerce** [H, Ph] (IIe s.). **Dion Cassius** [H] (v. 155-v. 235) : Histoire romaine. **Épictète** [Ph] (v. 50-v. 125) : sa doctrine est exposée par Arrien dans les Entretiens et le Manuel. **Flavius Josèphe** [H] (Juif) (37-100) : la Guerre juive, les Antiquités juives, Vie. **Grégoire de Nazianze le Théologien,** saint [P] (v. 330-v. 390) : 45 discours : Oraisons funèbres de St Athanase et de St Basile. Invectives contre Julien. 243 lettres. **Héliodore** [R] (IIIe s.) : Éthiopiques ou les Aventures amoureuses de Théogène et Chariclée.

Jamblique [Ph] (v. 250-v. 330). **Jean Chrysostome,** saint [E] (v. 340-407) : Éloquence, Homélies, Sermons, Traités : Sur le sacerdoce, 238 lettres. **Justin,** saint [Ph] (v. 100-v. 165). **Longus** [R] (IIIe s. ou IVe s.) : Daphnis et Chloé. **Lucien** (v. 125-v. 191) : 80 ouvrages (50 authentiques). Dialogues moraux ; Dialogues des morts ; l'Assemblée des dieux. Dissertations, Manières d'écrire l'histoire. *Roman* : l'Histoire vraie. **Marc Aurèle** [Ph, empereur] (121-80) : Pensées pour moi-même (166-80). **Origène** [Théo] (185-254) : 2 000 ouvrages : Hexaples (Bible en 6 colonnes), Commentaires et scolies sur les deux Testaments, Homélies, Lettres. **Pausanias** [H] (IIe s.) : Description de la Grèce (10 livres). **Plotin de Lycopolis** [Ph] (v. 205-v. 270) : Ennéades. **Plutarque de Chéronée** [H, M] (v. 50-v. 125) : 46 Vies parallèles comparées de deux hommes illustres, un Grec et un Latin, 80 traités de morale et de sujets divers. **Porphyre** [Ph] (234-v. 305). **Proclus** [Ph] (412-485) : Commentaire sur le Timée. **Pseudo-Denys** [Ph] (ve-VIe s.). **Valentin** [Ph] (né en 161, d'origine égyptienne).

Moderne

Abatzoglou, Pètros [R] (1931) : la Supernova (1972), les Choix de madame Freeman (1987). **Alexakis,** Vassiles [R] (1943). **Alexandrou,** Aris [R, P] (1922-78) : la Caisse (1975). **Anagnostakis,** Manolis [P] (1925) : Poèmes (1941-71). **Athanassiadis,** Nikos [R] (1904-1990) : Une jeune fille nue (1964). **Athanassiadis,** Tassos [R] (1913) : les Gardiens de l'Achaïe (1971). **Axioti,** Melpo [R] (1905-73) : XXe Siècle (1946). **Castanakis,** Thrassos [R] (1901-67) : la Race des hommes (1932), Sept Histoires (1946). **Cavafis,** Constantin [P] (1863-1933) : Poèmes (1920). **Cheimonas,** Georges [R] (1938) : les Bâtisseurs (1979), le Docteur Théotis (1971). **Chomenedis,** Christos [R] (1966) : le Jeune Sage (1997). **Christianopoulos,** Dinos [P] (1931) : le Temps des vaches maigres. **Dimitriadis,** Dimitris [R, P] (1944) : Je meurs comme pays. **Dimoula,** Kiki [P] (1931). **Douka,** Maro [R] (1947) : l'Or des fous (1993), le Miroir aux images (1990). **Dracodaïdis,** Philippe [R] (1940) : Sur la route d'Ophrynio (1980), le Message (1990). **Élytis,** Odysseus [P] (1911-96) : Soleil premier (1943), Chant héroïque et funèbre (1946), Axion Esti (1959), Six plus un remords pour le ciel (1960), Marie des brumes (1978). **Embiricos,** Andréas [P, R] (1901-75) : Haut-Fourneau (1935), Octana (1980), Argo (1980). **Engonopoulos,** Nikos [P] (1910-85) : Bolivar (1944). **Galanaki,** Réa [R] (1947) : la Vie d'Ismaïl Férik pacha (1989). **Gritsi-Milliex,** Tatiana [R] (1920) : A la première personne (1958), Rêveries (1991).

Hadzis, Dimitris [R] (1913-81) : la Fin de notre petite ville (1952), le Livre double (1976). **Homenidis,** Christos [R] (1966) : l'Enfant sage (1993). **Hortatsis,** Géorgios (fin XVIe s.) : Erofili (1637). **Houliaras,** Nikos [R] (1940) : Bakakok ou le Chemin d'Ali Baba (1981), Je m'appelle Loussias, moi (1979), La vie, ce sera pour une autre fois (1985). **Ioannou,** Yorgos [R] (1927-84) : Pour un point d'honneur (1964), Douleur de vendredi saint (1980). **Iordanidou,** Maria [R] (1897-1989) : Loxandra (1976), Vacances dans le Caucase (1965). **Kalvos,** Andréas [P] (1792-1869) : Odes (1824-26). **Kambanellis,** Iakovos [D] (1922) : Passage par le dedans (1990). **Karagatsis,** Michalis [R] (1908-1960) : le Colonel Liapkine (1933). **Karapanou,** Margarita [R] (1946) : Cassandre et le Loup (1976), le Somnambule (1988), Rien ne va plus (1991). **Karkavitsas,** Andréas [R] (1865-1922) : le Mendiant (1896), l'Archéologue (1904). **Karouzos,** Nikos [P] (1926-90) : la Biche aux étoiles, les Deuils de l'âme (1969). **Kavvadias,** Nikos [P] (1910-75) : le Quart (1954), Lit (1987). **Kazantzaki,** Nikos [R, D, Es] (1883-1957) : *Poésie* : Odyssée (1938). *Romans* : Alexis Zorba (1946), les Frères ennemis (1949-54), la Liberté ou la Mort (1953), le Christ recrucifié (1954), la Dernière Tentation (1955), Mémoires, Lettre au Gréco (1961). *Théâtre* : Mélissa (1939). **Kotzias,** Alexandre [R] (1926-92) : l'Usurpation de fonction (1979), Aventure imaginaire (1985). **Koumandaréas,** Ménis [R] (1931) : la Verrerie (1975), le Beau Capitaine (1982), le Maillot no 9, la Conspiration de la harpe (1998).

Liondakis, Christophoros [P] (1945) : Le Minotaure déménage (1982), la Roseraie aux gendarmes (1988). **Lymbéraki,** Marguerite [R, D] (1919) : Trois Étés (1946). **Maniatis,** Yorgos [D] (1951). **Mastorakis,** Jenny [P] (1949). **Matessis,** Pavlos [R] (1929) : l'Enfant de chienne (1990), l'Ancien des jours (1994). **Mourselas,** Kostas [R] (1930) : la Rousse aux cheveux teints. **Myrivilis,** Stratis [R] (1892-1969) : la Vie dans le tombeau (1922), N.-D. de la Sirène (1950). **Nollas,** Dimitris [R] : la Peau douce (1982). **Palamas,** Costis [P] (1859-1943) : la Vie immuable (1904), les Douze Chants du gitan (1907). **Papadiamantis,** Alexandre [R] (1851-1911) : la Fille de Bohême (1884), Christos Milionis (1885), l'Amour dans la neige (1896), les Petites Filles et la Mort (1903). **Papaditsas,** Dimitri [P] (1922-87) : A Patmos (1964), Comme Endymion (1970). **Papatsonis,** Takis [P] (1895-1976) : Choix de poèmes A, B (1962). **Pázmány,** Péter (1570-1637). **Pendzikis,** Nikos-Gabriel [R] (1908-93) : le Jeune Homme, la Mort et la Résurrection (1944), Architecture d'une vie dispersée (1963). **Petropoulos,** Ilias [R] (1928). **Politis,** Cosmas [R] (1888-1974) : le Bois de citronnier (1930), Eroïca (1938). **Prévélakis,** Pandélis [R] (1909-86) : Chronique d'une cité (1938), le Crétois (1948), le Soleil et la Mort (1959). **Ritsos,** Yannis [P] (1909-90) : la Marche sur l'océan (1940), Veillée (1954), Avant l'homme (1961). **Roïdis,** Emmanuel [R] (1836-1904) : la Papesse Jeanne (1866), Un mari de Syros (nouvelle, 1894), la Complainte du fossoyeur (1895).

Sachtouris, Miltos [P] (1919) : Poèmes (1945-1971). **Samarakis,** Antonis [R] (1919) : la Faille (1965). **Séféris,** Georges [P, Es] (1900-71) : Strophe (1930), Roman (1935), Six Nuits sur l'Acropole, Trois Poèmes secrets (1966), Pages de journal (1940-1966), [N 1963]. **Sikélianos,** Anghélos [P, D] (1884-1951) : le Visionnaire (1909), Mater Dei (1917). **Skaribas,** Yannis [R] (1893-1984) : l'Air de Figaro (1938). **Solomos,** Dionyssios [R] (1798-1857). **Sotiriou,** Dido [R] (1909) : Terres de sang (1962). **Sourounis,** Antonis [R] (1942) : Les premiers meurent toujours les derniers (1985). **Taktsis,** Kostas [R] (1927/27-8-1988, assassiné) : le Troisième Anneau (1962), la Petite Monnaie (1972). **Théodoropoulos,** Takis [R] (1954) : le Paysage absolu (1991), la Chute de Narcisse (1994). **Tsirkas,** Stratis [R] (1911-80) : Cités à la dérive (1961-65), les Journaux de la trilogie (1973), Printemps perdu (1976). **Valaoritis,** Aristotelis [P] (1824-79) : Commémorations (1857). **Valtinos,** Thanassis [R] (1932) : la Marche des neuf (1963), Bleu nuit presque noir (1985), Éléments pour les années 60 (1989), Plumes de Bécasse (1992). **Varnalis,** Kostas [P] (1884-1974) : la Lumière qui brûle (1922), la Véritable Apologie de Socrate (1931). **Vassilikos,** Vassilis [R] (1934) : le Récit de Jason (1951), Trilogie (1961), Z (1966), la Belle du Bosphore, K, le Prix des sentiments. **Vénézis,** Ilias [R] (1904-73) : Sérénité (1939), Terre éolienne (1943). **Vizyïnos,** Yiorgos [R] (1849-1896) : le Péché de ma mère (1883). **Voutyras,** Démosthène [R] (1871-1958) : Vingt Nouvelles (1910). **Xanthoulis,** Yannis [R] (1947) : la Liqueur morte (1987). **Xénopoulos,** Grégoire [R, D] (1867-1951) : Riches et Pauvres (1919), Honnêtes et Malhonnêtes (1921), Chanceux et Malchanceux. *Théâtre* : Photina Sandri, Stella Violanti. **Zei,** Alki [R] (1925) : le Tigre dans la vitrine (1966), Oncle Platon (1975), la Fiancée d'Achille (1987).

Littérature hongroise

Anonymes : Acte de fondation de l'abbaye de Tíhany (1052), Anonymus, Gesta Hungarorum (1284), Chronique de **Simon Kézai** (XIIIe s.), Chronique illustrée de **Márk Kálti** (1358), Oraison funèbre (en prose et en hongrois), Lamentations de Marie (1re poésie en hongrois), Chronica Hungarorum (1er livre imprimé en Hongrie, 1473).

Aczél, Tamás [P, R] (1921-94). **Ady,** Endre [P] (1877-1919). **Áprily,** Lajos [P] (1897-1973). **Arany,** János [P] (1817-82). **Babits,** Mihály [P, R] (1883-1941). **Balassi,** Bálint [P] (1554-94). **Bessenyei,** György [D] (1747-1811). **Csáth,** Géza [R] (1887-1919) : le Jardin du magicien. **Csokonai Vitéz,** Mihály [P, D] (1773-1805). **Dafos,** György [R] (1943) : la Circoncision. **Déry,** Tibor [R] (1894-1977) : la Phrase inachevée (1946), Niki, Amour, Monsieur G.A. à X, l'Excommunicateur. **Eötvös,** József [R] (1813-71). **Esterházy,** Péter [R] (1950) : Trois anges me surveillent (1979). **Faludy,** György [P] (1910 ?). **Fejtö,** Ferenc [J, H] (1909-99). **Füst,** Milán [R, P] (1888-1967). **Gárdonyi,** Géza [R, D] (1863-1922). **Gaspar,** Lorand [E] (1925). **Ianus,** Pannonius [P] (1434-72). **Illyés,** Gyula [P, R, Es] (1902-83) : Sentinelle de nuit. **Jókai,** Mór [R] (1825-1904). **József,** Attila [P] (1905-37). **Juhász,** Gyula [P] (1883-1937). **Kaffka,** Margit [R, P] (1880-1918). **Karinthy,** *Ferenc* [R] (1921-92) : Epépé. *Frigyes* (1887-1938). **Kassák,** Lajos [P] (1887-1967). **Katona,** József [D] (1791-1830) : le Palatin Bank (1819). **Kazinczy,** Ferenc [P, Pros, réformateur de la langue hongroise] (1759-1831). **Kemény,** Zsigmond [R] (1814-75). **Kisfaludy,** Károly, [D] (1788-1830). **Kertész,** Imre [R] (1929). **Kisfaludy,** Sándor [P] (1772-1844). **Kiss,** József [P, R] (1842-1921). **Kölcsey,** Ferenc [P] (1790-1838) : hymne national. **Konrád,** György [R] (1933) : le Visiteur. **Kosztolányi,** Dezsö [P, R, Nouv] (1885-1936) : Anna la douce (1926), Lac de montagne (1936), les Aventures de Kornel Esti. **Krúdy,** Gyula [R, Nouv] (1878-1933).

Lukács, György [Ph] (1885-1971). **Madách,** Imre [D] (1823-64). **Mándy,** Iván [Nouv] (1918-95). **Mannheim,** Karl [Soc] (1893-1947). **Márai,** Sándor [R] (1900-89) : les Révoltés (1929), les Confessions d'un bourgeois (1934), Conversation de Bolzano (1939). **Mészöly,** Miklós [R] (1921) : Saül ou la Porte des brebis. **Mikszáth,** Kálmán [R] (1847-1910) : Un étrange mariage. **Molnár,** Ferenc [D] (1878-1952). **Móricz,** Zsigmond [R] (1879-1942). **Nádas,** Péter [R, D] (1942) : Amour (1979), la Fin d'un roman de famille, le Livre des mémoires (1986). **Nagy,** *Lajos* [Nouv, R] (1883-1954). *László* [P] (1925-78). **Németh,** László [R, Es] (1903-75). **Ottlik,** Géza [R] (1912-90) : Une école à la frontière (1959). **Petöfi,** Sándor [P] (1823-49). **Pilinszky,** János [P] (1921-81). **Polanyi,** Karl [Ec] (1886-1964) : la Grande Transformation (1944). **Radnóti,** Miklós [P] (1909-44). **Somlyó,** György [P] (1920). **Szabó,** *Dezsö* [E, R] (1879-1945). *Lörinc* [P] (1901-57). *Magda* [Pros, D] (1917). **Szentkuthy,** Miklós [R] (1908-88) : En marge de Casanova (1939). **Szerb,** Antal [R, Es] (1901-45) : le Voyageur et le Clair de lune. **Szomory,** Dezsö [E, R, D] (1869-1944). **Tamási,** Áron [R] (1897-1966). **Tersánszky,** Józsi Jenö (1888-1969). **Tóth,** Árpád [P] (1886-1928). **Vas,** István [P] (1910-91). **Vörösmarty,** Mihály [P, D] (1800-55). **Weöres,** Sándor [P] (1913-89). **Zilahy,** Lajos [R, D] (1891-1976) : les Dukay, Deux prisonniers (1927), l'Ange de la colère (1953). **Zrínyi,** Miklós [P épique] (1620-64).

Littérature italienne

Nés avant 1500

Alberti, Leon Battista [E] (1404-72) : De la famille. **Angiolieri,** Cecco [P] (vers 1258-vers 1312). **Aretino,** Pietro (Bacci ; l'Arétin) [D, P] (1492-1556) : la Courtisane (1525), Ragionamenti (1534-36), Lettres volantes (1538-57), l'Hypocrite (1542), le Philosophe (1546). – *Biogr.* : père cordonnier d'Arezzo (*Aretinus* signifie « d'Arezzo »). *1508* peintre à Pérouse. *1512* secrétaire du banquier romain Agostino Chigi. *1514* fonctionnaire pontifical ; se fait des ennemis par ses épigrammes. *1524* rejoint le camp des Bandes noires, et se réfugie à Venise, protégé par le doge Andrea Gritti. Y vit dans la débauche, respecté des souverains d'Europe, notamment François Ier. **Ariosto,** Ludovico (l'Arioste) [P] (8-9-1474/5-7-1533) : Roland

Quelques mouvements

■ **XIIIe-XIVe s. École sicilienne :** poètes et intellectuels groupés autour des rois de Sicile Frédéric II et Manfred Ier. S'efforcent de créer une langue littéraire, pour imiter les troubadours provençaux, et d'adapter les œuvres des helléno-arabes. Giacomo da Lentinis, le roi Enzo (vers 1220-72).

Dolce stil novo (« doux style nouveau ») : école toscane : culte de la femme (analyse du sentiment amoureux). Guido Guinizelli (vers 1235-76).

Classicisme florentin : renoue avec les traditions, morale théologique, non plus mythologique chez Dante (1265-1321) ; païenne chez Pétrarque (1304-74), épicurienne réaliste chez Boccace (1313-75).

■ **XVe s. École pastorale :** amours fades, souvent déçues, entre des bergers vivant en Arcadie. Iacopo Sannazaro (1456-1530).

■ **XVIe s. Rinascimento :** siècle d'or de l'humanisme. Découverte de la culture classique. Synthèse philosophique et scientifique. Machiavel (1469-1527), L'Arioste (1474-1533), Michel-Ange (1475-1564), Le Tasse (1544-95).

■ **XVIIe-XVIIIe s. Commedia dell'arte :** pas de textes écrits : réalisme caricatural, création de personnages typiques (voir encadré p. 316 a). *Influence :* Goldoni [comédies (1707-93)], Alfieri [tragédies (1749-1803)].

■ **XIXe s. Risorgimento** (« renaissance nationale ») : forme politique du romantisme. Inspire les écrivains luttant pour l'unité italienne Manzoni (1785-1873), Silvio Pellico (1789-1854), Ippolito Nievo (1831-61).

Vérisme : réalisme antihumaniste et anticlassique. Souvent caricatural (*scapigliatura,* c'est-à-dire vie de bohème). Luigi Capuana (1839-1915), Giovanni Verga (1840-1922), Alberto Cantoni (1841-1904), Renato Fucini (1841-1921), Matilde Serao (1856-1927), Salvatore di Giacomo (1860-1934), Federico de Roberto (1861-1927), Grazia Deledda (1871-1936).

■ **XXe s. Antivérisme :** réaction antiréaliste appelée parfois novécentisme (« école du xxe s. »). Veut mêler les idéologies à la littérature : Gabriele D'Annunzio (1863-1938), Curzio Malaparte (1898-1957), Vasco Pratolini (1913-91).

Théâtre de l'absurde : créé par Pirandello (1867-1936). Centré sur l'identité : suis-je quelque chose ou rien ? Mélange d'humour et de lyrisme. Emprunte au symbolisme français. Ugo Betti (1892-1953).

furieux (1516-32). – *Biogr. :* père courtisan de Ferrare. *1494* échec au doctorat en droit, se tourne vers les « humanités ». *1503-17* gentilhomme de la chambre du duc de Ferrare, chargé de missions diplomatiques. *1518* le duc Alphonse Ier le pensionne sans lui imposer de fonctions à la Cour. *1524* achète une villa à Ferrare (il y mourra). **Bandello,** Matteo [E] (1485-1561) : Nouvelles. **Bembo,** Pietro [P] (1470-1547 cardinal) : Asolani (1506-12), Prose della volgar lingua (1525). **Bibbiena** (card. Bernardo Dovizi, dit le) [D] (1470-1520) : la Calandria (1513). **Boccacio,** Giovanni (Boccace) [P] (1313-75) : le Décaméron (1348-53). – *Biogr. :* bâtard d'un marchand toscan et d'une noble française. S'adonne au commerce (Naples 1330) puis au droit et à la littérature, à la cour du roi Robert. « Fiammetta », bâtarde du roi, fut son héroïne. **Boiardo,** Matteo Maria [P] (1441-94) : Roland amoureux (commencé 1476, poursuivi par l'Arioste). **Calepino,** Ambrogio (1435-1511) : le Dictionnaire de la langue latine (1502) ; donnera son nom au calepin. **Cammelli,** Antonio [P] (dit il Pistoia) (1436-1502). **Castiglione,** Baldassare [P, Es] (1478-1529) : le Courtisan (1528). **Catherine de Sienne** (sainte) [Théo] (1347-80) : De la Trinité (1378). **Cavalcanti,** Guido [P] (vers 1259-1300). **Cielo d'Alcamo** (XIIIe s.) [P sicilien]. **Colonna,** Vittoria [P] (1490-1547) : Sonnets. **Compagni,** Dino [Chr, Pol] (1255-1324).

Dante Alighieri [P] (1265/14-9-1321) : Vita nuova (1292-93, publié 1576), le Banquet (1304-7, publié 1490), la Divine Comédie (1307-21, publiée 1472) : en 3 parties (l'Enfer, le Purgatoire, le Paradis), chacune de 33 chants plus celui d'introduction de l'Enfer ; voyage imaginaire guidé par Virgile, symbole de la raison, puis Béatrice (la révélation et la théologie), saint Bernard (la contemplation). – *Biogr. :* petite noblesse florentine, rattachée à l'illustre famille des Élisés. *1287* étudiant à Bologne. *1288-90* amour pour Béatrice (fille de Folco Portinari, épouse de Simone de Bardi, morte 1290). *1289* combattant dans l'armée florentine (guelfe) contre les Gibelins de Toscane. *1289* épouse Gemma di Manetto Donati. *1295-1301* carrière politique à Florence (admis au Conseil des prieurs le 15-6-1300), parti des « Blancs ». *1301* coup d'État des « Noirs ». *1302* condamné à mort par contumace. *1304* les « Blancs » sont écrasés à La Lastra (refuse de participer à la bataille). *1305-18* vie errante (Vérone, Lucques, Padoue, etc.). *1310* théologie à Paris. *1318* à Ravenne près de Guido Novello da Polenta. **Ficino,** Marsilio (Marsile Ficin) [Ph, Théo de langue latine] (1433-99). **François d'Assise** (saint) (vers 1182/3-10-1226) : Cantique des créatures (1226), Fioretti (apocryphes, après 1350). **Guicciardini,** Francesco (Guichardin) [H] (1483-1540) : Histoire d'Italie de 1494 à 1534 (1561), Avertissements politiques (1576), Dialogues sur Florence (publiés 1850). **Guinizelli,** Guido (Guinicelli) [P] (vers 1230/40-76). **Machiavelli,** Niccolò (Machiavel) [Pol, D] (3-5-1469/22-6-1527) : le Prince (1513, publié 1532), la Mandragore (1518), Histoire de Florence (1520-25), l'Art de la guerre (1521). – *Biogr. :* noblesse florentine. *1498* secrétaire de la chancellerie de Florence. *1499-1512* missions diplomatiques (auprès de Louis XII et de Maximilien Ier). *1512* chassé de Florence par les Espagnols qui rétablissent les Médicis [vit dans sa terre de Sant'Andrea (Toscane)]. *1515* rentre en grâce auprès des Médicis : les républicains le déchoient de ses droits civiques ; meurt pauvre. **Masuccio Salernitano** (Thomaso Guardati) [Conteur] (vers 1410-75). **Médicis,** Lorenzo de [Pol] (1449-92). **Michel-Ange Buonarroti** [P, Pe, Sculpteur, Architecte] (1475-1564) : Sonnets.

Petrarca, Francesco (Pétrarque) [P] (1304-74) : l'Africa (1338), Sonnets (1342-47), Églogues (en latin, 1346-57). – *Biogr. :* père notaire florentin, exilé politique à Arezzo. *1312* sa famille se réfugie à Avignon. *1316* études à Montpellier. *1320* à Bologne. *1326* retenu à Avignon, à la mort de son père ; fonctionnaire à la cour des papes jusqu'en *1353*. *1327* rencontre Laure (amour platonique). *1337* mission en Italie ; achète le domaine de Vaucluse (Comtat Venaissin). *1353-61* à Milan, au service des Visconti. *1361-67* à Padoue ; à Venise. *1368* à Arquà, Vénétie. **Pic de la Mirandole,** Jean [Sav, Ph] (1463-94) : Neuf Cents, Conclusions (1486), Heptaplus (1490), De l'Être et de l'Unité (1496). **Politien,** Agnolo Ambrogini, dit le [P] (1454-94) : la Fable d'Orphée (1480), les Sylves (1553). **Pulci,** Luigi [E] (1432-84). **Savonarole,** Gerolamo [Or] (1452-98) : Sermons (1483-98). – *Biogr. :* père médecin de Ferrare. *1475* dominicain à Bologne. *1489* prédicateur dominicain célèbre. *1492* appelé au chevet de Laurent de Médicis mourant (à Florence), se fixe là. *1495* chasse les Médicis et proclame Jésus-Christ « roi du peuple florentin » (exerce une dictature théocratique). *1498* excommunié par le pape Alexandre VI, résiste par les armes ; puis il accepte, et enfin refuse l'ordalie par le feu ; arrêté, il est condamné à mort et pendu. **Straparola,** Giovanni Francesco (vers 1480-vers 1557). **Thomas d'Aquin,** saint [Ph, Théo] (1225-74) : l'Être et l'Essence (av. 1236), Somme théologique (1266-74). **Todi,** Iacopone Benedetti da [E] (1230-1306) : Laudi. **Villani,** Giovanni [Chr] (1280-1348). **Vinci,** Léonard de [Pe, Sav.] (1452-1519) : Cahiers (publié 1901 en 22 volumes). **Voragine,** le Bienheureux Jacques de (Iacopo da Varazze) [E] (vers 1228-98) : la Légende dorée (en latin, vers 1261-66).

Nés entre 1500 et 1700

Accetto, Torquato [P] (fin XVIe s.) : De l'honnête dissimulation. **Bruno,** Giordano [Ph] (1548-1600, condamné à mort par l'Inquisition, brûlé) : Sonnets, Dialogues. **Campanella,** Tommaso [Ph, P] (1568-1639) : la Cité du soleil (1602). **Cellini,** Benvenuto [P, Mém, Sculpteur] (1500-71) : Ma vie (1558-66, publié 1728), Canzoni. **Chiabrera,** Gabriello [P] (1552-1638). **Della Casa,** Giovanni [Jur, Évêque] (1503-56) : la Galatée (1558). **Galilée** [Sav, E] (1564-1642) : l'Expérimentateur (1623), Dialogue sur les deux grands systèmes du monde (1632) ; voir à l'Index. **Guidi,** Alexandre (dit le Pindare italien) [P] (1650-1712). **Maffei,** Scipione [Cr, D] (1675-1755) : Mérope (1713). **Marino,** Giambattista (Cavalier Marin) [P] (1569-1625) : Adonis (1623). **Métastase** (Pietro Trapassi) [P] (1698-1782) : Didon abandonnée (1724), l'Olympiade (1733), la Clémence de Titus (1734), Achille à Scyros (1736). **Muratori,** Ludovico Antonio [Éru] (1672-1750). **Scaliger** (Joseph Juste) [Sav] (1540-1609) : De la correction des dates (1583). **Stampa,** Gaspara [P] (1523-54). **Tasso,** Torquato (dit Le Tasse) [P] (1544-95) : Aminta (1573), la Jérusalem délivrée (1575-80 racontant l'amour du croisé Renaud et d'Armide, la magicienne), la Jérusalem conquise (1587-93, version expurgée). **Tassoni,** Alessandro [P] (1565-1635) : les Philippiques (1614-15), l'Océan (vers 1620), le Vol d'un seau d'eau (1622). **Vanini,** Guilio Cesare [Ph, prêtre] (1558-1619 brûlé vif) : Discours sur les secrets de la nature (1616). **Vasari,** Giorgio [H] (1511-74) : Vies des plus célèbres peintres, sculpteurs, architectes (1550). **Vico,** Giambattista [H, Ph] (1668-1744) : Principes d'une science nouvelle (1725), Autobiographie.

Nés entre 1700 et 1800

Alfieri, Cte Vittorio [P, D] (1749-1803) : *Tragédies :* Antigone (1776), Mérope (1782), Saül (1782), Philippe, Virginie (1783), Marie Stuart (1789). *Satires* (1786-97). – *Biogr. :* études au collège militaire de Turin. *1767-72* parcourt l'Europe. Belliqueux. Admirateur de Rousseau, Voltaire et Montesquieu. Vécut avec la Ctesse d'Albany, son inspiratrice (à Paris jusqu'en 1789). **Algarotti,** Francesco [P, Cr] (1712-64). **Azeglio,** Massimo, Mis d' [E] (1798-1866) : Ettore Fieramosca (1833), Niccolò dei Lapi (1841). **Baretti,** Giuseppe [Cr] (1719-89) : le Fouet littéraire (1763-65). **Beccaria,** Cesare, Mis de [Jur] (1738-94) : Des délits et des peines (1764), Recherches sur le style (1770). **Berchet,** Giovanni [P] (1783-1851) : Lettera semiseria di Grisostomo (1816). **Casanova,** Giovanni-Jacopo de Seingalt [E, Jur] (1725-98), comédien, joueur, intrigant, libertin : Histoire de ma vie (écrit en français, version intégrale en 1960-62). **Foscolo,** Ugo [P, R] (1778-1827) : Thyeste (1797), Ode à Bonaparte libérateur (1797), Lettres de Jacopo Ortis (1802), les Tombeaux (1807), Sepolcri, les Grâces. – *Biogr. :* père vénitien, mère grecque. *1792-97* à Venise. A 19 ans, publie une tragédie, *Tieste,* inspirée d'Alfieri. A Milan, rencontre Parini et Monti. Vie politique intense. Combat dans la Légion cisalpine et la Division italienne aux côtés de l'armée française. Retour à Milan puis Brescia. Meurt près de Londres. **Goldoni,** Carlo [D] (Venise 1707/Paris 6-2-1793) : le Café (1750), le Menteur (1750), les Curieuses (1751), la Locandiera (1753), la Villégiature (trilogie, 1754-55), les Rustres (1760), les Querelles de Chioggia (1762), l'Éventail (1765), le Bourru bienfaisant (en français, 1771), Mémoires (1787). – *Biogr. :* père médecin vénitien. *1720* étudiant en philosophie à Rimini, s'enfuit avec des comédiens. *1728* tonsuré, juge ecclésiastique à Pavie, puis Feltre. *1731* docteur en droit à Padoue, professeur à Venise. *1734* triomphe comme dramaturge. *1734-44* comédien ambulant. *1744-48* avocat à Florence. *1748-62* auteur du théâtre San Angelo à Venise. *1762* à Paris, auteur de la *Comédie italienne.* **Gozzi,** Carlo [D] (1720-1806) : l'Amour des trois oranges (1761), le Roi cerf (1762), l'Oiseau vert, Turandot (1762). **Gozzi,** Gasparo [J, P] (1713-86) : la Gazette vénitienne (1761-62), l'Observateur vénitien (1767-68), Sermons (1781), Lettres.

Leopardi, Giacomo, comte [P] (1798-1837) : Journal du premier amour, la Théorie du plaisir, Pensées, Petites Œuvres morales (1827), Chants (1831) (Amour et Mort, le Genêt, le Passereau solitaire, Consalvo), Ricordanze (Souvenirs), Zibaldone (publié 1898). – *Biogr. :* famille noble, études de philosophie, vie familiale austère, poète de la mélancolie et de la douleur. **Manzoni,** Alessandro [P, R, D] (1785-1873) : Hymnes sacrés, le Comte de Carmagnole (1820), le Cinq Mai (1821), Adelchi (1822), les Fiancés (1825-27), Histoire de la colonne infâme (1842). – *Biogr. :* famille noble ; sa mère, fille de Cesare Beccaria. *1805* à Paris se lie avec Fauriel. *1808* voltairien, se convertit. Sénateur à Milan : très estimé. **Monti,** Vincenzo [P, D] (1754-1828) : Prosopopée de Périclès (1789), la Bassvilliana (1793), la Féroniade, Prométhée (1797) Caius Gracchus (1800). **Parini,** Giuseppe [P] (1729-99) : Odes (19 de 1757 à 96), le Jour (1763-65), Ascanio en Albe (1771). **Pellico,** Silvio [E] (1789-1854) : Francesca da Rimini (1815), Mes prisons (1832). – *Biogr. :* patriote, *1821* condamné à mort et enfermé 8 ans au Spielberg à Brno. *1830* gracié.

Nés entre 1800 et 1900

Alvaro, Corrado [R, J] (1895-1956) : l'Homme dans le labyrinthe (1926), Âpremont (1930), Vingt ans (1930), L'homme est fort (1938), Terreur sur la ville, la Brève Enfance (1946), Mastrangélina (1960), Tout est arrivé (1961). *Journal* : Presque une vie (1927-47, publié 1950), Dernier Journal (1948-56). **Amicis,** Edmondo de [E] (1846-1908) : Grands Cœurs (1886), Nouvelles, Amour et Gymnastique (1892), Sur l'océan (1899). **Bacchelli,** Riccardo [R, P] (1891-1985) : le Diable à Pontelungo (1927), la Folie Bakounine (1927), le Moulin sur le Pô (1938-40), les Trois Esclaves de Jules César (1958). **Baldini,** Antonio [E] (1889-1962) : Michelaccio (1924), Rugantino (1942), Melafumo (1950), Il doppio Melafumo (1957). **Banti,** Lucia Longhi Lopresti, dite Anna [R] (1895-1985) : Artemisia (1947), la Cormicia bruciata (1973), Un grido lacerante (1981), Alarme sur le lac, Je vous écris d'un pays lointain (en français, 1971). **Betocchi,** Carlo [P] (1899-1986). **Betti,** Ugo [D, R] (1892-1953) : Pas d'amour, l'Ile aux chèvres (1950), Haute Pierre (1948), Un beau dimanche de septembre. **Boito,** Camillo [R] (1836-1914) : Senso (1883), Carnet secret de la Ctesse Livia. **Bontempelli,** Massimo [R] (1878-1960) : Fils de deux mères (1929), la Famille du forgeron (1931), Des gens dans le temps (1937), l'Amant fidèle (1953), la Vie intense (1978). **Borgese,** Guiseppe [R] (1882-1952) : Vie de Filippo Rube (1921). **Campana,** Dino [P] (1885-1932, interné depuis 1918) : Chants orphiques (1914). **Capuana,** Luigi [E] (1839-1915) : Hyacinthe (1879), le Sphynx (1897), le Marquis de Roccaverdina (1901). **Cardarelli,** Vincenzo (Nazareno Caldarelli) [P] (1887-1959). **Carducci,** Giosue [P, Cr] (1835-1907) : Rimes (1857), Odes barbares (1877-79), Iambes et Épodes (1882), Confessions et Batailles (1882-83) [N 1906]. **Cecchi,** Emilio [E] (1884-1966) : Poissons rouges (1920), l'Auberge du mauvais temps (1927), America amara (1940), Courses au trot vieilles et nouvelles (1947), Notes pour le périple de l'Afrique (1954). **Chiarelli,** Luigi [D] (1884-1947) : Masques et Visages (1916), Feux d'artifice (1923). **Collodi,** Carlo (Carlo Lorenzini) [Cr, J, R] (1826-90) : les Aventures de Pinocchio (1880-83). **Comisso,** Giovanni [E] (1895-1965) : Gens de mer (1929), Voyages heureux, Caprices italiens (1952). **Croce,** Benedetto [Ph, Cr] (1866-1952) : Bréviaire d'esthétique (1913), Aristote, Shakespeare et Corneille (1920), la Poésie antique et moderne (1941).

D'Annunzio, Gabriele (Gaetano Rapagnetto, dit) [P, R, D] (1863-1938) : *Poésies :* Élégies romaines, Poèmes paradisiaques, Odes navales. *Romans :* l'Enfant de volupté (1889), le Triomphe de la mort (1894), les Vierges aux rochers (1894), le Feu (1899), Peut-être bien que oui, peut-être bien que non (1910), la Léda sans cygne (1916). *Tragédies :* la Ville morte (1898), Francesca de Rimini (1901), le Martyre de saint Sébastien (en français, 1911). – *Biogr. :* famille bourgeoise des Abruzzes (Pescara). *1879* 1er livre poétique (16 ans). *1881* fixé à Rome. *1883-28-7* épouse la duchesse Maria de Gallese. *1895* rencontre avec l'actrice Eleonora Duse (1858/22-4-1924). *1897* député (extrême droite). *1909* rupture. *28-3-1910* poursuivi par des créanciers, se réfugie en France. *1915* revient en Italie, chef du parti interventionniste. *1916-18* aviateur (perd l'œil gauche ; nombreuses décorations). *1919* enlève la ville de Fiume aux Yougoslaves. *1922* brouille avec Mussolini. *1924-févr.* créé par le roi prince de Monte Nevoso, reçoit le domaine de Vittoriale, près du lac de Garde. *1925* réconcilié avec Mussolini. *1937* Pt de l'Académie. **De Filippo,** Eduardo [D] (1900-84). **Deledda,** Grazia [R] (1871-1936) : Elias Portolu (1903), Cendres (1904), l'Edera (1908), Roseaux sous le vent (1913), la Madre (1920), Cosima (1937) [N 1926]. **De Roberto,** Federico [R] (1861-1927) : les Princes de Francalanza, les Vice-Rois (1894). **De Sanctis,** Francesco [E] (1817-83) : Histoire de la littérature italienne (1870-71). **Ferrero,** Guglielmo [H, Soc] (1871-1943) : Grandeur et Décadence de Rome (1901-07), Aventure, Bonaparte en Italie, Reconstruction (Talleyrand à Vienne). **Fogazzaro,** Antonio [P, R] (1842-1911) : Malombra, Danièle Cortis (1885), Petit Monde

■ **Quelques personnages. Béatrice :** la Divine Comédie (1472), de Dante Alighieri (protectrice et inspiratrice des poètes). **Rodomonte :** roi d'Alger, fanfaron dans le Roland amoureux (poésie 1486), de Boiardo. **Sacripant :** dans poèmes de Boiardo [Roland amoureux (1486) : ardent guerrier sarrasin] et de l'Arioste [Roland furieux (1532)] ; vers 1600 synonyme de bandit et de vaurien. **Laure :** Pétrarque (beauté, esprit, vertu).

Commedia dell'arte (XVIe siècle) : **Arlequin** (bouffon cynique et poltron), **Scapin** (canaille astucieuse), **Polichinelle** (ivrogne querelleur et glouton), **Pierrot (Pedrolino)** (nigaud sentimental), **Colombine** (soubrette frétillante).

Casanova (voir p. 317 b). **Pinocchio** [les Aventures de] (1878), par Collodi (gamin insouciant et espiègle). **Giovanni Drogo :** le Désert des Tartares, de Buzzati (officier idéaliste). **Don Camillo :** romans (1948-68), de Guareschi (curé humoriste et violent). **Peppone :** mêmes ouvrages (communiste en principe antireligieux). **Don Abbondio :** Manzoni (curé poltron). **Marcovaldo** ou les Saisons en ville (1963), de Calvino (protecteur de la nature).

d'autrefois (1895), Petit Monde d'aujourd'hui (1901), le Saint (1905). **Fucini,** Renato [R] (1843-1921) : les Veillées de Néri (1884), All'aria aperta (1887). **Gadda,** Carlo Emilio [Hum] (1893-1973) : la Madone des philosophes (1931), le Château d'Udine (1934), la Connaissance de la douleur (1938-41), les Merveilles d'Italie (1939), l'Adalgisa (1944), l'Affreux Pastis de la rue des Merles (1957). **Gentile,** Giovanni [Ph, Pol] (1875-1944) : Théorie générale de l'esprit comme acte pur (1916). **Gioberti,** Vincenzo [Ph, Pol] (1801-52). **Gozzano,** Guido [P] (1883-1916) : le Chemin du refuge (1907), Dialogues (1911). **Gramsci,** Antonio [Ph, Pol] (23-1-1891/27-4-1937) : Lettres de la prison (1947), Écrits politiques (posthumes 1947-55). **Lampedusa,** Giuseppe Tomasi di, duc de Palma, Pce de [R] (1896-1957) : le Guépard (1958), le Professeur et la Sirène (1961).

Malaparte, Curzio (Kurt Suckert) [R, Nouv.] (1898-1957) : Don Caméléon (1926), Technique du coup d'État (en français, 1931), Une femme comme moi (1940), Kaputt (1944), la Peau (en français, 1949), Ces sacrés Toscans (1956), Il y a quelque chose de pourri (1959), Ces chers Italiens (1975). *Nouvelles :* Sodome et Gomorrhe (1931), Sang (1936). **Manzini,** Gianna [E] (1896-1974) : l'Épervière (1956), Temps d'amour (1928). **Marinetti,** Filippo Tommaso [P, D] (1876-1944) : le Roi Bombance (en français 1905), la Littérature futuriste (1910), Futurisme et fascisme (1924). **Mazzini,** Giuseppe [E, Pol] (1805-72). **Michels,** Robert [Soc] (d'origine allemande 1876-1936). **Montale,** Eugenio [P] (1895-1981) : Os de seiche (1925), la Maison aux deux palmiers [N 1975]. **Moretti,** Marino [P, R] (1885-1979) : Andreana (1935), Anne et les Éléphants (1937), la Veuve Fioravanti (1941), les Époux Allori (1946), la Chambre des époux (1958). **Mosca,** Gaetano [Soc] (1858-1941). **Negri,** Aldo [P] (1870-1945). **Niccodemi,** Dario [D] (1874-1934) : Scampolo. **Nievo,** Ippolito [R, D, P] (1831-61) : Ange de bonté (1856), le Comte berger (1857), Mémoires d'un Italien (1867). *Poèmes :* les Amours garibaldiennes (1859). **Oriani,** Alfredo [R] (1852-1909) : Au-delà (1877), Jalousie (1894), la Défaite (1896), Tourbillon (1899). **Palazzeschi,** Aldo (Giurlani) [P, R] (1885-1974) : les Sœurs Materassi (1934), les Frères Cuccoli (1948), Bêtes de notre temps (1951), le Doge (1967). **Panzini,** Alfredo, [R] (1863-1939) : la Lanterne de Diogène (1907), Xanthippe (1914). **Papini,** Giovanni [E] (1881-1956) : Un homme fini (1912), Histoire du Christ (1921), Gog (1931), Figures humaines (1940), Michel-Ange (1949), le Livre noir (1951), le Diable (1953). **Pareto,** Vilfredo [Soc, Éc] (1848-1923) : Cours d'économie politique (1896-97), les Systèmes socialistes (1902), Manuel d'économie politique (1906), l'Économie mathématique (1911), Traité de sociologie générale (1916), la Transformation de la démocratie (1921). **Pascoli,** Giovanni [P] (1855-1912) : Myricae (1891), le Petit Enfant (1897-1902), Odes (1906). **Pirandello,** Luigi [R, D] (28-6-1867/10-12-1936) : Nouvelles pour une année (1894-1919), Feu Mathias Pascal (1904), Chacun sa vérité (1916), la Volupté de l'honneur (1917), le Jeu des rôles (1918), Six Personnages en quête d'auteur (1921), Henri IV (1922), Vêtir ceux qui sont nus (1923), la Vie que je t'ai donnée (1923), Comme ci comme ça (1925), Ce soir on improvise (1930), Se trouver (1932). – *Biogr. :* père sicilien exploitant une soufrière près d'Agrigente. *1889-91* lecteur à Bonn (Allemagne). *1893* à Rome. *1894* épouse Antonietta Portulano (folle 1903, internée 1919). *1897-1922* professeur à l'Institut supérieur de Rome. *1903* famille ruinée (éboulement dans la soufrière). *1923* triomphe à Paris de *Six Personnages. 1924* au parti fasciste. *1929* membre de l'Académie des Lynx [N 1934]. A écrit 300 nouvelles, 43 pièces, 7 romans. **Pizzuto,** Antonio [R] (1893-1976) : Signorina Rosina (1956), On répare les poupées (1960). **Praz,** Mario [R] (1896-1982) : la Maison de la vie (1958), la Chair, la Mort, le Diable (1966), Une voix derrière la scène (1980).

Raimondi, Giuseppe [E] (1898-1985) : Giuseppe in Italia (1949), Journal. **Rosso di San Secondo,** Pier Maria [D] (1887-1956) : Un passionné de marionnettes (1918). **Saba,** Umberto [P] (1883-1957) : Oiseaux (1950), Ernesto (1953, publié 1975). **Savinio,** Alberto (Andrea de Chirico, frère du peintre) [G, Hum, P, E] (1891-1952) : Destin de l'Europe, Toute la vie (1945), Maupassant et l'Autre, Ville, j'écoute ton cœur, Vie de Henrik Ibsen. **Sbarbaro,** Camillo [P] (1888-1967) : Pianissimo. **Serao,** Matilde [R] (1856-1927) : Fantaisie (1883), le Ventre de Naples (1884), Au pays de Cocagne (1890), la Ballerine (1899), Petites Âmes. **Sraffa,** Piero [Ec] (1898-1983). **Svevo,** Italo (Ettore Schmitz) [R] (1861-1928) : Une vie (1892), Sénilité (1898), la Conscience de Zeno (1923), Court Voyage sentimental (1949), le Destin des souvenirs. **Tecchi,** Bonaventura [R] (1896-1968) : I Villateuri (1937), Valentina Velier (1950), les Égoïstes (1959). **Tozzi,** Federico [R] (1883-1920) : le Domaine (1920-21, écrit en 1918), les Trois Croix (1920). **Ungaretti,** Giuseppe [P] (1888-1970) : le Port enseveli (1916), A partir du désert (1961), Vie d'un homme (1969). **Verga,** Giovanni [R, D] (1840-1922) : Éva (1873), les Vaincus (1881) [I. les Malavoglia ; II. Maître Don Gesualdo], Nouvelles (1883). *Théâtre :* Cavalleria Rusticana (1884). **Vigolo,** Giorgio [P, Cr] (1894-1983). **Volpe,** Gioacchino [H] (1876-1971) : le Moyen Age.

Nés après 1900

Arbasino, Alberto [Cr, Es] (1930) : Paesaggi italiani con zombi, Fratelli d'Italia.

Arpino, Giovanni [R, J] (1927-87) : Un délit d'honneur (1961), l'Ombre des collines (1964), Passo d'addio (1986), la Trappola amorosa (1988).

Balestrini, Nanni [P, R] (1935) : Nous voulons tout (1971), Prenons tout (1972).

Baricco, Alessandro [R] (1958) : Soie, Océan mer (1993), Châteaux de la colère (M étranger 1995), City.

Bassani, Giorgio [R] (1916-2000) : Cinq Histoires de Ferrare (1956), les Lunettes d'or (1958), le Jardin des Finzi-Contini, le Héron, Derrière la porte (1973).

Bene, Carmelo [D] (1937) : Cristo 63, Notre-Dame des Turcs (1966), S.A.D.E.

Benni, Stefano [R] (1947) : le Bar sous la mer (1987).

Berto, Giuseppe [R] (1914-77) : Le ciel est rouge (1947), le Mal obscur (1964), la Chose comique (1966).

Bertolucci, Attilio [P] (1911-2000) : Sirio (1929).

Bevilacqua, Alberto [R] (1934) : la Califfa (1964), Cet amour qui fut le nôtre (1966), le Voyage mystérieux (1972), Aventure humaine (1974), Attention au bouffon (1975), Une ville amoureuse, les Grands Comiques.

Bianciardi, Luciano [R] (1922-72) : l'Intégration (1960), la Vie aigre (1962).

Bonaviri, Giuseppe [E, P] (1924) : le Fleuve de pierre, Nouvelles sarrasines (1980), Dolcissimo, le Dire céleste, la Dormeveille, Ô corps soupirant.

Brancati, Vitaliano [Hum] (1907-54) : Don Juan en Sicile (1941), le Bel Antonio (1949), les Ardeurs de Paolo (posth. 1954), Journal romain (1949-54).

Bufalino, Gesualdo [R] (1921-96) : le Semeur de peste (1981), Argos l'aveugle, les Mensonges de la nuit, Cires perdues, la Lumière et le Deuil, Qui pro quo.

Busi, Aldo [R, J] (1948) : Séminaire sur la jeunesse.

Buzzati, Dino [R] (1906-72) : Barnabo des montagnes (1933), le Désert des Tartares (1940), les Sept Messagers (1942), la Fameuse Invasion des ours en Sicile (1945), Panique à la Scala (1949), Un cas intéressant (1953), l'Écroulement de la Baliverna (1954), l'Image de pierre (1960), Nous sommes au regret de... (1960), Un amour (1963), A ce moment précis (1963), le K (1966), la Boutique du mystère (1968), les Nuits difficiles (1971), le Rêve de l'escalier (1973), Mystères à l'italienne (1978), Nouvelles (publiées 1990), Bestiaire magique.

Cacciari, Massimo [Ph] (1944) : Icônes de la loi, l'Ange nécessaire, Méridiens de la décision dans la pensée contemporaine (1992).

Calvino, Italo [R] (1923-85) : le Vicomte pourfendu (1952), le Baron perché (1957), le Chevalier inexistant (1959), Temps zéro (1967), les Villes invisibles (1972), le Château des destins croisés (1973), Si par une nuit d'hiver un voyageur (1979), Palomar (1983), la Route de San Giovanni (1991).

Camilleri, Andrea [R] (1925) : la Forme de l'eau (1994), la Concession de téléphone (1998).

Camon, Ferdinando [R] (1935) : Figure humaine (1970), Apothéose (1978), la Maladie humaine (1981), le Chant des baleines (1989).

Campanile, Achile [D] (1900-77) : l'Inventeur du cheval (1925), les Asperges et l'Immortalité de l'âme (1974).

Capriolo, Paola [R] (1962) : la Grande Eulalie (1988), le Nautonier (1994).

Caproni, Giorgio [P] (1912-90) : le Gel du matin.

Cassola, Carlo [R] (1917-87) : Fausto et Anna (1952), la Coupe de bois (1954), la Ragazza (1960), Un cœur aride (1961), Fiorella, le Chasseur (1964), Chemin de fer local (1968), l'Antagoniste (1975), Temps mémorables, Ultime frontière (1976).

Castellaneta, Carlo [R] (1930) : Voyage avec mon père, la Dolce Campagna, la Paloma, Tante Storie.

Ceronetti, Guido [P] (1927) : Silence du corps (1979), le Lorgnon mélancolique (1988), Un voyage en Italie.

Cespedes, Alba de [R] (1911-97) : Elles (1949), le Cahier interdit (1952), le Remords (1963), la Bambolona (1967), Sans autre lieu que la nuit (en français) (1973).

Chiara, Piero [R] (1913-86) : Il piatto piange (1962), la Spartizione (1964), l'Uovo al cianuro (1969), la Stanza del vescovo (1976), le Manteau d'Astrakhan (1978), Vie de D'Annunzio (1978), Ombrageuse Italie.

Citati, Piero [E, Biogr.] (1930) : Histoire qui fut heureuse, la Colombe poignardée.

Coccioli, Carlo [R] (1920) : la Mariée en ville (1939), la Difficile Espérance (en français), le Ciel et la Terre (1950), la Ville et le Sang, la Petite Vallée du Bon Dieu, le Bal des égarés, Ambroise, le Feu, le Caillou blanc, Manuel le Mexicain, Tutta la verità (1995).

Colli, Giorgio [Ph] (1917-79) : Philosophie de l'expression (1969), Après Nietzsche (1979).

Consolo, Vincenzo [R] (1933) : la Blessure d'avril (1963), le Retable (1976), le Sourire du marin inconnu (1976), Lunaria (1985), les Pierres de Pantalica (1988), D'une maison l'autre (1992), la Nuit durant (1994), le Palmier de Palerme.

Cordelli, Franco [P, R] (1943).

D'Arrigo, Stefano [P, R] (1919-92) : Codice siciliano (1957), Horcynus Orca (1975), Femme par magie.

De Carlo, Andrea [R] (1952) : Chantilly Express, Macno, Paese d'ombre, l'Apprenti séducteur, Uto.

Delfini, Antonio [R, Nouv] (1907-63) : le Dernier Jour de la jeunesse, Journal.

Del Giudice, Daniele [R] (1949) : le Stade de Wimbledon (1983), l'Atlas occidental.

De Luca, Erri [E] (1950) : Un nuage sur un tapis, Acide, Arc-en-ciel, Tu, mio, Alzaïa, Trois Chevaux.

Dessí, Giuseppe [R] (1909-77) : San Silvano (1939), la Danseuse de papier (1957), la Justice (1959), le Déserteur (1961), les Moineaux, le Choix (1978).

Doninelli, Luca [R] (1956) : les Deux Frères (1994).

Eco, Umberto [Es, R] (1932) : l'Œuvre ouverte (1962), la Structure absente (1968), Lector in fabula (1979), le Nom de la rose (1980), la Guerre du faux (1981), Sept Années de désir (1983), Sémiotique et Philosophie du langage (1984), Art et Beauté dans l'esthétique médiévale (1987), le Pendule de Foucault (1988), les Limites de l'interprétation (1992), De Superman au surhomme (1993), l'Île du jour d'avant (1994), Comment voyager avec un saumon (1998), Kant et l'Ornithorynque (1999), Baudolino (2000).

Erba, Luciano [P, Cr] (1922) : l'Hippopotame.

Fabbri, Diego [D] (1911-80) : Inquisition (1950), le Séducteur (1951), Procès de famille (1953), Procès à Jésus (1955), le Signe du feu (1961).

Fenoglio, Beppe [R] (1922-63) : les Vingt-Trois Jours de la ville d'Albe (1952), le Printemps du guerrier (1959), Une affaire personnelle (1963), la Guerre sur les collines (1968), le Mauvais Sort (1994).

Flaiano, Ennio [R, D, J] (1910-72) : Tempo di Uccidere (1947), Journal nocturne.

Fo, Dario [D] (1926) : le Gai Savoir de l'acteur [N 1997].

Fortini, Franco (Lattes) [P, Es] (1917-94).

Fruttero, Carlo (1926) et **Lucentini,** Franco (1920) [R] : la Femme du dimanche (1972), la Nuit du grand boss, l'Amant sans domicile fixe, Ce qu'a vu le vent d'Ouest.

Gatto, Alfonso [P] (1909-76).

Geymonat, Ludovico [Ph] (1908-91).

Ginzburg, Natalia [R] (1916-91) : *Romans :* C'est ainsi que cela (1947), les Mots de la tribu (1963), la Mère (1964), Je t'écris pour te dire (1973), la Ville et la Maison (1984). *Essais :* les Petites Vertus (1962), Serena cruz o la vera giustizia (1990).

Giovene, Andrea [R] (1904) : l'Autobiographie de Giuliano di Sansevero (5 vol.).

Grassi, Ernesto [Ph] (1902-91).

Guareschi, Giovanni [Hum] (1908-68) : le Mari au collège, Don Camillo (6 volumes, 1948-68).

Jovine, Francesco [R] (1902-50) : Signora Ava (1942), les Terres du Saint-Sacrement (1950).

Landolfi, Tommaso [R] (1908-79) : la Pierre de lune (1939), les Deux Vieilles Filles, la Bière du pêcheur (en français, 1953), Un amour de notre pays, Rien va.

Levi, *Carlo* [R] (1902-75) : Le Christ s'est arrêté à Eboli (1945), la Peur de la liberté (1946), la Montre (1950). *Primo* [R] (1919/11-4-1987, suicide) : Si c'est un homme (1947), la Trêve (1963), la Clef à molette (1978), Maintenant ou Jamais (1982), les Naufragés et les Rescapés (1986).

Lombardi, Franco [Ph] (1906-1989) : Idéalisme et Réalisme (1932), Naissance du monde moderne, Philosophie et Civilisation de l'Europe.

Luzi, Mario [P] (1914) : Cahier gothique (1947), Tout en question (1965).

Macchia, Giovanni [Es] (1912-94) : Baudelaire critique (1939), le Paradis de la raison (1960), Vie, aventures et mort de Don Juan (1966), le Prince de Palagonia (1978), Paris en ruines (1985).

Malerba, Luigi [R] (1927) : le Saut de la mort (M étranger 1970), Clopes (1975), les Poules pensives (1980), la Planète bleue (1986), C'est la faute à Proust (1988), la Découverte de l'alphabet (1994), les Pierres volantes (1994), la Vie d'château.

Manganelli, Giorgio [E] (1922-89) : Hilarotragoedia (1964), Sans conclusion (1976), Angoisse de style (1981), l'Enfer (1985).

Marmori, Giancarlo [R] (1925-82) : l'Enlèvement de Vénus, le Vergini funeste, la Parlerie (1962), Cérémonie d'un corps (1965).

Marotta, Giuseppe [Hum, D] (1902-63) : l'Or de Naples (1947), A Milan il ne fait pas froid (1949), les Élèves du soleil (1952).

Morante, Elsa [R] (1912-85) : Mensonge et Sortilège (1948), l'Île d'Arturo (1957), Alibi (1958), le Châle andalou (1963), la Storia (1974), Aracoeli (1982).

Moravia, Alberto (Pincherle) [R, D] (1907-90) : *Romans :* les Indifférents (1929), les Ambitions déçues (1935), Agostino (1944), la Belle Romaine (1947), la Désobéissance (1948), le Conformiste (1951), le Mépris (1954), Nouvelles romaines (1954), la Ciociara (1957), l'Ennui (1960), l'Automate (1961), l'Attention (1965), Une chose est une chose (1967), Lui et Moi (1972), Une autre vie (1973). *Nouvelles* (1976). *Théâtre :* Le Monde est ce qu'il est. *Essai :* A quelle tribu appartiens-tu ? (1972).

Morovitch, Enrico [E] (1906-94) : Miracles quotidiens (1938), les Portraits de la forêt (1939), Paysans dans les montagnes (1942), le Gouffre (1964), la Nostalgie de la mer (1981), Nuits sur la Lune (1986), Picoli amanti (1991).

Ortese, Anna-Maria [R, P] (1914-98) : La mer ne baigne pas Naples (1953), l'Iguane (1965), les Beaux Jours (1967), le Chapeau à plumes (1979), la Douleur du chardonneret (1994), Alonso et les Visionnaires (1996).

Pareyson, Luigi [Ph] (1918-91) : Conversation sur l'esthétique (1966).

Parise, Goffredo [R, D] (1929-86) : l'Enfant mort et les Comètes (1951), En odeur de sainteté (1954), les Fiançailles (1956), le Patron (1965). *Théâtre :* l'Absolu naturel (1967), Le diable se peigne, Abécédaire (1972).

Pasinetti, *Luigi* [Ec] (1930). *Pier Maria* [R] (1911) : Rouge vénitien (1959), le Sourire du lion, le Pont de l'Académie.

Pasolini, Pier Paolo [C, P, R] (5-3-1922/2-11-1975, assassiné) : les Ragazzi (1955), Une vie violente (1959), Amado mio (1982), Qui je suis (1994).

Pavese, Cesare [R, P] (9-9-1908/26-8-1950, suicide). *Romans :* Par chez toi (1941), la Plage (1942), Vacances d'août (1946), le Compagnon, Dialogues avec Leuco (1947), Avant que le coq chante (1949), le Bel Été (1950), la Lune et les Feux de joie (1950), Littérature et Société. *Poésie :* Travailler fatigue (1936), la Prison (1938-39), Viendra la mort et elle aura tes yeux (1950). *Journal :* le Métier de vivre (1952), Salut Masino (1974).

Penna, Sandro [P] (1906-77).

Petroni, Guglielmo [P] (1911-93) : Le monde est une prison (1948), la Couleur de la terre (1964), la Mort de la rivière (1974).

Piovene, Guido [R] (1907-74) : la Novice (1941), la Gazette noire (1943), Pitié contre pitié (1946), Voyage en Italie (1957), les Furies (1963).

Pomilio, Mario [R] (1921-90) : la Compromission (1965), le Cimetière chinois, le 5e Évangile.

Pontiggia, Giuseppe [R] (1934) : le Joueur invisible (1978), le Rayon d'ombre (1983).

Porta, Antonio (Leo Paolazzi) [P] (1935-89).

Pratolini, Vasco [R] (1913-91) : Un balcon à Florence (1942), le Quartier (1944), Chronique des pauvres amants (1947), Chronique familiale (1947), les Filles de Sanfrediano (1949), Un héros de notre temps (1949), Métello (1955), le Gâchis (1960), la Constance de la raison (1963).

Prisco, Michele [R] (1920) : Fils difficiles, les Héritiers du vent (1950), la Dame de Naples (1961), Jeux de brouillards (1966), les Ciels du soir (1970).

Quarantotti-Gambini, Pier Antonio [R] (1910-65) : la Rose rouge (1937), les Régates de San Francisco, la Lettera.

Quasimodo, Salvatore [P] (1901-68) : La vie n'est pas un songe (1949), la Terre incomparable (1958), [N 1959].

Rasy, Elisabetta [R] (1947) : la 1re Extase (1985), l'Autre Maîtresse (1990), Transports (1994), Pausilippe.

Rea, Domenico [R, Nouv] (1921-94) : Enfants de Naples, Spaccana poli (1947), Jésus, fais la lumière ! (1950), Cancer baroque, la Nymphe plébéienne (1994).

Rigoni Stern, Mario [R] (1921) : le Sergent dans la neige (1953), Retour sur le Don (1973), l'Année de la victoire (1985), les Saisons de Giacomo (1995).

Romano, Lalla [R] (1909) : l'Homme qui parlait seul (1961), la Pénombre (1964), Une jeunesse inventée (1979), Tout au bout de la mer.

Rosselli, Amelia [P] (1930-11-2-1996, suicide).

Rugarli, Giampaolo [R] (1936) : le Superlatif absolu (1987), le Nid de glace (1990).

Samonà, Carmelo [R] (1926-90) : Fratelli (1978), Il Custode (1983).

Sanguineti, Edoardo [E] (1930) : Caprice italien (1963), le Noble Jeu de l'Oye (1967).

Santucci, Luigi [R] (1918-99) : Orphée au Paradis.

Sanvitale, Francesca [E] (1928) : Mère et Fille (1993), l'Homme du parc (1994), il Figlio dell'essyero (1993).

Satta, Salvatore [R] (1902-75) : le Jour du jugement (1977), la Véranda.

Sciascia, Leonardo [R] (1921-89) : les Oncles de Sicile (1958), le Jour de la chouette (1961), A chacun son dû (1966), Todo Modo (1974), Candido (1977), l'Affaire Moro (1978), Du côté des infidèles (1979), le Chevalier et la Mort (1988), Une histoire simple (1989), Portraits d'écrivains (2000).

Sereni, Vittorio [P] (1913-83) : Diario d'Algeria (1947), Étoile variable (1979).

Severino, Emanuele [Ph] (1929) : Struttura originaria (1958), Essenza del nihilismo, Destino della necessità.

Silone, Ignazio (Secondo Tranquilli) [R] (1900-78 collabora avec la police de Mussolini, nom de code : Silvestri) : Fontamara (1933), le Pain et le Vin (1937), le Grain sous la neige (1940), Une poignée de mûres (1952), le Secret de Luc (1956), Sortie de secours (1955), le Renard et les Camélias (1960), l'Aventure d'un pauvre chrétien (1968), Severina (1981). *Essais :* Der Faschismus (1935), l'École des dictateurs (1938).

Sinisgalli, Leonardo [P] (1908-81).

Soldati, Mario [R, Nouv] (1906-99) : la Vérité sur l'affaire Motta (1937), le Festin du commandeur (1950), les Lettres de Capri (1954), le Vrai Silvestre (1957), les Deux villes (1965), Raconte, carabinier (1967), le Dernier Rôle (1970), l'Émeraude (1974), l'Épouse américaine (1977), la Fenêtre.

Tabucchi, Antonio [R] (1943) : Piazza d'Italie (1975), le Petit Navire (1978), Femme de Porto (1983), Nocturne indien (1984), Petits Malentendus sans importance (1985), Requiem (1993), Pereira prétend (1994).

Tadini, Emilio [R] (1927) : le Armi l'amore (1963), la Lunga Notte (1987), la Tempête (1993).

Tamaro, Susanna [R] (1957) : la Testa tra le nuvole, Pour une voix seule, Va où ton cœur te porte (1995), Anima mundi (1997), Au cœur des choses (2000).

Testori, Giovanni [R, D] (1923-93) : les Mystères de Milan [*récits :* le Pont de la Ghisolfa (1958), la Gilda del Mac Mahon (1959)]. *Théâtre :* la Maria Brasca (1960), l'Arialda (1961). *Roman :* il Fabbricone (1963).

Tobino, Mario [R, P] (1910-91) : le Libere Donne di Magliano (1953), Per le antiche scale (1971), Perduto Amore (1979), le Désert de Libye (1990).

Tomizza, Fulvio [R] (1935-99) : Materada (1960), Bosco di Acacie (1966), l'Allero dei sogni (1969).

Tondelli, Pier-Vittorio [R] (1955-91) : les Nouveaux Libertins (1980), Pao-Pao (1982), Rimini (1985), Chambres séparées (1989), Un week-end post-moderne (1990).

Vàttimo, Gianni [Ph] (1936).

Venturi, Franco [H] (1914-1994).

Vittorini, Elio [R] (1908-66) : les Petits Bourgeois (1931), Conversation en Sicile (1941), les Hommes et les Autres (1945), Le Simplon fait un clin d'œil au Fréjus (1947), l'Œillet rouge (complet, 1948), les Femmes de Messine (1949), Erica (1954), Journal en public (1957), les Deux Tensions (1967), les Villes du monde (publié 1969).

Volponi, Paolo [R] (1924-94) : Pauvre Albino (1962), le Système d'Anteo Croccioni.

Zanzotto, Andrea [R] (1921) : la Beauté (1968), le Galateo dans le bois (1978), Idiome (1986).

Zeri, Federico [H d'a] (1921-98).

LITTÉRATURE LATINE

☞ *Abréviations :* v. : vers ; L. : Livre.

Origine de l'alphabet latin. Emprunté par les Latins aux Étrusques qui l'ont introduit en Italie depuis l'Asie Mineure, où ils l'avaient emprunté aux Phéniciens, en le modifiant à leur manière qui n'était pas celle des Grecs : maintien du Q, du H, du *digamma* (F, prononcé autrement). Suppression des 3 aspirées (th, ph, kh). Vers le VIIe s. av. J.-C., les Latins ont remplacé le *zêta* par le *G*, qui est le *gamma* des Grecs, muni d'une barre de différenciation.

Nés avant Jésus-Christ

Apulée (IIe s.) : Métamorphoses (l'Ane d'or). **Caton l'Ancien** [Or] (234-149) : Préceptes, Traité « De agricultura ». **Catulle** [P] (87-54) : 116 pièces. Noces de Thétis et de Pélée. **César,** Jules [H, homme pol.] (101-44) : la Guerre des Gaules, 7 L. (52-51), la Guerre civile, 3 L. (49-48). **Cicéron,** Marcus Tullius [Or, homme pol.] (106-43, tué par le centurion Herennius sur ordre d'Antoine) : la République (6 L.), Des lois, les Académiques, De la nature des Dieux, les Tusculanes, Des devoirs, Traité du destin, la Vieillesse, l'Amitié, les Devoirs (3 L.), Pour Quinctius, Pour Roscius, Pour Murena, Pour Archias, Pour Milon, 7 Verrines (contre Verrès), 4 Catilinaires (contre Catilina), 14 Philippiques (contre Antoine). **Cornelius Nepos** [H] (99-24) : De viris illustribus. **Ennius,** Quintus [P, D] (239-169) : poésie épique, Annales (18 L., restent 600 vers), 20 tragédies (restent 300 vers). **Horace** [P] (65-8) : 17 épodes, 18 satires, Odes (4 L.), Chant séculaire, Épîtres (2 L.), Art poétique. **Lucilius,** Caïus [P] (180-102) : poésie satirique (30 L., restent 1 200 vers). **Lucrèce** [P, Ph] (v. 98-55) : De natura rerum, poème didactique. **Ovide** [P] (43 av. J.-C.-17 apr. J.-C.) : Amours (3 L.), 21 Héroïdes, l'Art d'aimer, les Métamorphoses, Tristes, Pontiques. **Phèdre** [P] (v. 15 av. J.-C.-v. 50 apr. J.-C.) : 123 fables en 5 L. **Plaute** [D] (v. 254-184) : *Comédies :* Amphitryon, l'Aulularia ou la Comédie à la marmite, les Captifs, les Ménechmes, le Soldat fanfaron, le Câble. **Properce** [P] (v. 47-v. 15) : 92 élégies (4 L.). **Salluste** [H] (86-35) : Conjuration de Catilina, Guerre de Jugurtha. **Sénèque le Philosophe** (4 av. J.-C.-65 apr. J.-C., suicide sur ordre de Néron) : la Colère, le Bonheur, la Clémence, les Bienfaits, Questions naturelles, Lettres à Lucilius. *Tragédies :* Médée, les Troyennes, Agamemnon, Phèdre. **Sénèque le Rhéteur** (v. 55 av. J.-C.-v. 39 apr. J.-C.) : Rhétorique et Critique, Controverses (10 L.). **Térence** [D] (v. 190-159) : *6 comédies :* l'Andrienne, l'Homme qui se punit lui-même, l'Hécyre, l'Eunuque, les Adelphes, le Phormion. **Tibulle** [P] (50-19 ou 18) : 18 Élégies (2 L.). **Tite-Live** [H] (64 ou 59 av. J.-C.-17 apr. J.-C.) : Histoire de Rome des origines à 9 apr. J.-C. 142 L. (35 restent). **Varron** [Éru] (116-27) : 74 ouvrages en 620 L., dont il reste 5 L. de la langue latine, 3 L. de l'Économie rurale. **Virgile** [P] (70-19) : 10 Bucoliques, les Géorgiques, l'Énéide (12 chants).

Nés après Jésus-Christ

Ambroise de Milan [Théo] (vers 340-397), père de l'Église. **Ammien Marcellin** [H] (v. 330-400). **Apulée** [R] (120-v. 180) : l'Ane d'or. **Augustin,** saint [Théo, Ph] (354-430) : les Soliloques (2 L.), les Confessions (13 L.), Sermons, la Cité de Dieu, Lettres, De la grâce. **Aulu-Gelle** [E] († 163) : Nuits attiques. **Ausone** [P] (Bordeaux v. 310-v. 395) 286 pièces : 20 idylles (les Roses, la Moselle), etc. **Boèce** [P, Ph, homme pol.] (v. 480-524) : Consolation de la philosophie (5 L.). **Bonaventure,** saint [Ph., Théo] (1221-74). **Cassien,** Jean [Théo] (v. 360-435). **Cassiodore** [E, homme pol] (v. 480-575) : Encyclopédie des connaissances, De orthographia (l'Art d'écrire), De origine actibusque Getarum (chronique). **Claudien** [P] (v. 370-v. 404) : Panégyriques, Invectives. **Cyprien,** saint, évêque [Théo] (v. 200-258) : autorité théologique en Occident jusqu'à saint Augustin. **Flavius,** Josèphe [H] (37-100) : la Guerre des Juifs. **Jérôme,** saint [Théo] (v. 347-420) : Commentaire sur l'Écriture, traduction de la Bible (la Vulgate), Lettres. **Juvénal** [P] (v. 60-v. 140) : 16 satires. **Lucain** [P] (39-65, suicide dans son bain sur ordre de Néron) : Œuvre considérable dont il ne reste que l'épopée la Pharsale (10 L.). **Martial** [P] (v. 40-v. 104) : 1 500 épigrammes. **Pétrone** [R] († 65, suicide dans son bain sur ordre de Néron) : le Satiricon. **Pline l'Ancien** [Éru, amiral] (23-79, asphyxié par l'éruption du Vésuve) : Histoire naturelle (37 L.). **Pline le Jeune** [E] (62-v. 114) : 247 lettres en 9 L., 122 lettres de correspondance officielle avec l'empereur Trajan, Panégyrique de Trajan. **Prudence** [P] (348-v. 415) : 20 000 vers, Apothéose, l'Origine du péché, 12 Hymnes pour les heures du jour, 14 Odes sur les martyrs. **Quinte-Curce** [H] (Ier s.) : Vie d'Alexandre. **Quintilien** [Rhéteur] (Ier s.) : l'Institution oratoire, 12 L. **Suétone** [H] (v. 69-v. 125) : Vie des 12 Césars (de César à Domitien). **Tacite** [H] (55-120) : Histoires, Annales, Dialogues des orateurs, Vie d'Agricola, la Germanie. **Tertullien** [Théo] (v. 155-220) : Aux nations, Sur les spectacles, l'Idolâtrie, la Couronne du soldat, Apologétique. **Trogue Pompée** [H, gaulois] (Ier s.) **Valère Maxime** [H] (Ier s.) : Faits et Dits mémorables. **Végèce** [H] (IVe s.) : auteur de la formule « Si tu veux la paix, prépare la guerre ».

☞ Du XVe au XVIIIe s., de nombreux auteurs écrivent en latin, notamment : *les Italiens* Pétrarque, Strozzi, Pontanus ; *les Hollandais* Jean Second, Érasme, Grotius, Heinsius, Spinoza ; *les Anglais* Buchanan, Bacon, Thomas More ; *le Danois* Tycho Brahe ; *les Français* Salmon de Garcin, Nicolas Bourbon le Jeune, Jean-Louis Guez de Balzac, Claude Quillet, Pierre de Boissat, Scève, Névelet, Macrin, de Thou, Ramus, Calvin, Descartes, Moisant de Brieux, Lhomond ; *les Allemands* Brandt, Leibniz ; *le Suédois* Swedenborg.

LITTÉRATURE PORTUGAISE

Nés avant 1600

Anonymes : Cancioneiros de Ajuda, de la Vaticane, Colocci-Brancuti (XIIIe s.) ; Cronica Geral (1344) ; Livros de Linhagens (XIVe s.) ; Chronique du connétable du Portugal (vers 1440) ; Cancioneiro de Baena (1445). **Alvares,** Afonso [D] (XVIe s.). **Anchieta,** José de [P, D] (1534-97). **Andrade,** Diogo Paiva de [P, H, D] (1576-1660). **Bandarra,** Gonçalo Anes [P] (vers 1500-50). **Barros,** João de [H] (1496-1570) : Décades. **Bernardes,** Diogo [P] (1530-1605) : Bucoliques. **Brito,** Bernardo de [H] (vers 1569-1617). **Caminha,** Pêro Vaz de (H) († 1501) : Lettre au roi du Portugal. **Caminha,** Pêro de Andrade [P] (1520-89) : Poésias. **Camões,** Luís Vaz de [P, D] (1525-80) : Lusiades (1572), Redondilhas, Os Anfitriões (1587), Sonetos. **Chiado,** António Ribeiro [D] († 1591) : Auto da Natural Invenção, Auto das Regateiras, Pratica dos Compadres, Pratica de 8 Figuras (1542-72). **Corte-Real,** Geronimo [P] (1533-88). **Costa,** Uriel da [Ph, Mor] (vers 1580-1640). **Couto,** Diogo do (1524-1616) : Décades asiatiques (1679), Soldado Prático (1790). **Dias,** André [P] (vers 1348-1440). **Dias,** Baltasar [P, D] (XVIe s.). **Estaço,** Baltasar [P] (né en 1570). **Falcao,** Cristóvão [P] (né au XVIe s.). **Ferreira,** António [D] (1528-69) : Inès de Castro (1587). **Goes,** Damião de [H] (1502-72) : Chronique du prince João (1567). **Hispano,** Pedro [Ph, Méd] (vers 1215-77). **Holanda,** Francisco de (1517-84) : Da Pintura Antiga (1548). **Lobo,** Francisco Rodrigues [P] (1573-1622). **Lopes,** Fernão [H] (vers 1385-1460) : Chronique de Don João Ier, Chronique de Don Pedro Ier. **Lopes de Castanheda,** Fernão [H] (1500-59) : Histoire de la découverte et de la conquête de l'Inde (1551-61). **Machado,** Simão [D] (n.c.-1634). **Mascarenhas,** Brás Garcia de [P] (1596-1656). **Mendes Pinto,** Fernão [Chr] (1510?-83) : Pérégrination (1614). **Nunes,** Pedro [Math] (1502-78) : Traité de la sphère. **Orta,** Garcia da [Méd, Ph] (vers 1500-68). **Pina,** Rui de [H] (1440-1522) : Chronique du roi Duarte. **Prestes,** António [D] (n.c.-XVIe s.). **Resende,** André Falcão de [P] (1527-99) : Microcosmographies. **Resende,** Garcia de [H] (1470-1536) : Cancioneiro Geral, Stances pour la mort d'Inès de Castro (1516), Chronique du roi João II (1545). **Ribeiro,** Bernardim [P, D] (vers 1482-1552) : Encore enfant et toute petite (1554). **Sá de Miranda,** Francisco de [P, D] (1485-1558) : les Étrangers (1528), Lettres, Sonnets. **Sousa,** frei Luís de [H] (1555-1632). **Teive,** Diogo de [Ph, D] (vers 1513-65). **Vasconcelos,** Jorge Ferreira de [D] (vers 1515-85) : Euphrosine (1555). **Vicente,** Gil [P, D] (vers 1465-1536) : *Théâtre :* Dom Duardos, Trilogie des barques (1517-18), De l'âme, Amadis de Gaule. **Zurara,** Gomes Eanes de [H] (1420-vers 1500) : Chronique de Guinée.

Nés entre 1600 et 1800

Almeida Garrett, João Baptista de [P, H, D] (1799-1854) : Frei Luís de Sousa (1843), Voyages dans mon pays (1846), Feuilles tombées (1853). **Alorna,** marquise de [P] (1750-1839) : Obras Poéticas de D. Leonor de Almeida, Conhecida entre os Poetas Portugueses pelo Nome de Alcipe (1844). **Baía,** Jerónimo [P, Or] (vers 1620-88). **Bernardes,** padre Manuel [Mor] (1644-1710) : Exercícios espirituais (1710). **Bocage,** Manuel Maria Barbosa du [P] (1765-1805) : Rimes (5 vol., 1806-14). **Chagas,** frei António das [P, Mor, Or] (1631-82). **Cruz e Silva,** António **Dinis da** [P] (1731-99) : Odes pindariques, le Goupillon (1802), le Lutrin. **Cunha,** José Anastacio da [P] (1744-87). **Do Céu,** Violante (Montésino) [P] (1602-93). **Figueiredo,** Manuel de [D] (1725-1801). **Garção,** Correia [P, D] (1724-77) : Assemblée ou partie de plaisir (1778). **Gonzaga,** Tomás António [P] (1744-1810) : Marilia de Dirceu (1792-1812). **Jazente,** Abade de [P] (1720-89) : Cartas Familiares (1741-42), Poésies de Paulino Cabral de Vasconcelos, Abade de Jazente (1786-87). **Macedo,** José Agostinho de [Polé,

D] (1761-1831) : Anes (1827). **Melo,** D. Francisco Manuel de [Mor, H, D] (1608-66) : Guide pour les gens mariés (1665), l'Apprenti gentilhomme (1665). **Nascimento,** Francisco Manuel do (ou Filinto Elisio) [P] (1734-1819). **Oliveira,** le chevalier d' [H] (1702-83) : Mémórias das Viagens (1741), Ultimos Fins do Homem (1728). **Quita,** Domingos dos Reis [P, D] (1728-1880). **Silva,** António José da (ou le Juif) [D] (1705-39, brûlé vif) : Vie de Don Quichotte, Amphitryon, les Guerres du romarin et de la marjolaine, les Changements de Protée, la Chute de Phaéton (1738). **Silva,** Nicolau Luis da [D] (1723-87). **Tolentino de Almeida** (Nicolau) [P] (1740-1811) : le Billard (1779). **Verney,** Luis António [E] (1713-92) : Véritable Méthode d'apprentissage (1746). **Vieira,** père António [Or] (1608-97) : Espoirs du Portugal, Lettres, Sermons (1686-97).

Nés entre 1800 et 1900

Almada Negreiros, José de [P, R, Es] (1893-1970) : la Repasseuse (1917), Nom de guerre (1938). **Almeida,** Fialho de [Chr, Cr, Polé, Nouv] (1857-1911) : O Pais das Uvas (1893), Os Gatos (1889-93). **Botto,** António [P, D] (1897-1959) : Canções (1920), Alfama (1933). **Braga,** Teófilo [P, E] (1843-1924) : A Visão dos Tempos e Tempestades Sonoras (1864). **Brandão,** Raúl [R, D] (1867-1930) : les Pauvres (1906), Humus (1917), les Pêcheurs (1923). **Bruno,** Sampaio [Ph] (1857-1915) : l'Idée de Dieu (1902). **Câmara,** D. João da [D] (1852-1908) : Os Velhos (1893). **Carvalhal,** Alvaro de [R] (1844-68) : les Cannibales (1888). **Castelo Branco,** Camilo [P, R, D] (1825-1890, suicide) : les Mystères de Lisbonne (1853), Amour de perdition (1862, écrit en 15 jours en prison). **Castilho,** António Feliciano de [P, D] (1800-75). **Castro,** *Eugénio de* [P] (1869-1944) : O Aristos (1890), Heures (1891), Interlune (1894), l'Ombre du cadran (1906) ; *José Maria Ferreira* [R] (1898-1974) : Émigrants (1928), Forêt vierge (1930), Terre froide (1934), la Brebis du Seigneur (1947), la Mission (1954), Mourir peut-être (1968). **Chagas,** Manuel Pinheiro [P, R, D, H] (1842-95). **Coimbra,** Leonardo [Ph] (1833-1936). **Cortesão,** Jaime [P, D, H] (1884-1960). **Dantas,** Júlio [P, D, H, Chr] (1876-1962). **Dinis,** Júlio [R] (1839-71) : Une famille anglaise (1860), le Recteur et ses pupilles (1866), l'Héritière de la Cannaie (1868). **Eça de Queirós,** José Maria [R, Consul] (1845-1900) : le Crime du P. Amaro (1875), le Cousin Bazilio (1878), les Maia (1880), le Mandarin (1880), la Relique (1887), l'Illustre Maison Ramires (1900), Son Excellence O Conde d'Abranhos, Contes. **Espanca,** Florbela da Conceição [P] (1894-1930) : le Livre des douleurs (1919), Sœur Saudade (1923). **Herculano,** Alexandre [P, H, R] (1810-77) : Enrico le prêtre (1844), Histoire du Portugal (1846-53), Histoire des origines de l'Inquisition (1854-59). **Junqueiro,** Abilio Guerra [Or, P] (1850-1923) : la Vieillesse du Père éternel (1885), Patrie (1896). **Laranjeira,** Manuel [P, D, Es] (1877-1912). **Lisboa,** Irene [P, Chr] (1892-1958). **Lobato,** Gervásio [D, R, Hum] (1850-95) : Lisbonne en chemise (1890). **Lopes de Mendonça,** Henrique [D, H] (1856-1931). **Martins,** Joaquim Oliveira [Pol] (1845-94) : l'Histoire du Portugal (1879). **Mesquita,** Marcelino [P, D] (1856-1919) : Dor suprema (1895). **Morais,** Wenceslau de [R] (1854-1929) : A vida japonesa. **Nobre,** António [P] (1867-1900) : Seul (1892), Adieux (1902), Premiers Vers (1921). **Ortigão,** Ramalho [Pol, E] (1836-1927) : As Farpas. **Patrício,** António [P, D] (1878-1930) : Serão Inquieto (1910), Pedro o Cru (1918), D. João e a Mascara (1924), Poesias (1940). **Pessanha,** Camilo [P] (1871-1926) : Clepsydre. **Pessoa,** Fernando [P] (plus de 70 hétéronymes dont 4 principaux : Ricardo Reis, Alberto Caeiro, Álvaro de Campos, Bernardo Soares) (1888-1935) : le Marin (1915), Ultimatum (1917), Bureau de tabac (1928), Message (1934), le Livre de l'intranquillité (1982), Poèmes ésotériques, Lettres à la fiancée, l'Heure du diable, le Gardeur de troupeau, le Violon enchanté, l'Ode maritime, Odes, Poèmes. **Quental,** Antero de [P, Ph] (1842-93) : Sonnets, Odes modernes (1865). **Ribeiro,** Aquilino [R] (1885-1963) : la Voie sinueuse (1918), Quand hurlent les loups (1958). **Sá-Carneiro,** Mário de [P, R] (1890-1916) : la Confession de Lúcio (1914), Poésies. **Selvagem,** Carlos [D, H] (1890-1973) : l'Héritier (1923), Dulcinée (1944). **Sergio,** Antonio [E] (1883-1969). **Silva,** L.A. Rebello da [H, R] (1821-71). **Teixeira de Pascoaes** [P] (1879-1952). **Teixeira-Gomes,** Manuel [R, Nouv, D] (1860-1940) : Sabina Freire (1905). **Trindade Coelho,** José Francisco [R] (1861-1908) : Os Meus Amores. **Verde,** Cesário [P] (1855-86).

Nés après 1900

Abelaira, Augusto [R] (1926) : Enseada Amena (1966). **Aguiar,** João [E] (1943) : Navegador solitário (1996). **Al Berto** (Alberto Raposo Pidwell) [P] (1948-97) : la Peur. **Alegre,** Manuel [P] (1937) : O Canto e as Armas. **Andrade,** Eugénio de [P] (1923) : Matière solaire, Écrits de la Terre (1974), le Poids de l'ombre (1982), Blanc sur blanc (1985), Versants du regard, le Sel de la langue (1996). **Baptista,** António Alçada [E] (1927) : Peregrinação interior (1972), O Tecido do Outono (1999), O Tempo nas palavias (2000). **Barreno,** Maria Isabel [E] (1939) : le Cercle vertueux (1998). **Bessa Luis,** Agustina [R] (1922) : la Sibylle (1954), Fanny Owen (1979), le Confortable Désespoir des femmes (1994), les Terres du risque (1996). **Botelho,** Fernanda [R] (1926) : O Ângulo Raso (1957), A Gata e a Fábula (1960), Cette nuit j'ai rêvé de Breughel. **Bragança,** Nuno [R] (1929-85) : A Noite e o Riso. **Brandão,** Fiama Hasse Pais [E] (1938) : Cenas vivas (1999). **Brito,** Casimiro de [P, R] (1938) : Labyrinthus. **Campos,** Fernando [R] (1922) : la Maison de poussière. **Cardoso Pires,** José [R] (1925-98) : l'Ange à l'ancre (1958), l'Invité de Job (1963), le Dauphin

Quelques mouvements

■ **Lyrisme gaïco-portugais du Moyen Age.** *Cancioneiros* (da Ajuda, da Vaticana, da Biblioteca nacional, XIIIe s.). *Quelques poètes :* Lourenço, Bernardo de Bonaval, Nuno Torneol, le roi D. Denis.

■ **Classicisme.** Mi-XVIe s. Camões (poésie lyrique et épique), António Ferreira (tragédie), Sá de Miranda (comédie), Diogo de Teive, Damião de Góes (humanistes), Lopes de Castanheda, João de Barros, Diogo do Couto (historiens).

■ **Baroque.** L'occupation espagnole (1580-1640) a laissé des traces du point de vue linguistique et esthétique. Poètes « gongoristes » de la « Fenix Renascida » (1716-28), « Postilhão de Apolo » (1761-62), notamment Jerónimo Baia, Francisco Manuel de Melo et António Vieira.

■ **Arcadisme.** L'« Arcádia Lusitana » fondé en 1756 ; néo-classicisme, libre imitation de l'Antiquité, d'après l'« Art poétique » de Boileau (traduit en 1697). Cândido Lusitano, Manuel de Figueiredo, Correia Garção, Cruz e Silva, Domingos dos Reis Quita.

■ **Romantisme (1820).** Alexandre Herculano puis Camilo Castelo Branco. *Précurseurs :* Filinto Elisio, Bocage, la Mise de Alorna.

■ **Réalisme.** Lié à la « génération de 1870 » (Eça de Queirós, Teófilo Braga, Antero de Quental, Oliveira Martins, Ramalho Ortigão), imbue de la pensée philosophique de Comte, Taine et Hegel, et esthétique de Flaubert, Heine, Zola et Baudelaire. **Réalisme fantastique.** A. Lobo Antunes, José Saramafo, Mirio de Carvalho, Maria Velho da Costa, Mario Cláudio.

■ **Poésie pamphlétaire.** Age d'or avec Guerra Junqueiro, Gomes Leal.

■ **Parnassiens.** Gonçalves Crespo, António Feijó.

■ **Naturalisme.** Abel Botelho.

■ **Symbolisme.** Eugénio de Castro (« O Aristos », poèmes de 1890), Raúl Brandão, António Patrício, Camilo Pessanha (« Clepsydra », 1920).

■ **Modernisme.** *1re génération :* Fernando Pessoa, Mário de Sá-Carneiro et Almada Negreiros. 1re publication d'« Orphée » (1915). **Renaissance portugaise.** Revue de Porto, *Águia.* **« Saudosismo ».** Teixeira de Pascoaes. **Nationalisme.** António Sardinha, C. Malheiro Dias. *2e :* autour de « Presença » (Coimbra, 1927-40) ; José Regio, Gaspar Simões, Casais Monteiro, Miguel Torga, Branquinho da Fonseca.

■ **Surréalisme.** António Pedro, Mário Cesariny, Alexandre O'Neill, António Maria Lisboa, Antunes da Silva.

■ **Néo-réalisme.** Alves Redol, Carlos de Oliveira, Manuel da Fonseca, Mário Dioniso, Fernando Namora.

■ **« Novo Cancioneiro »** (revue). João José Cochofel.

■ **Existentialisme.** Auteurs proches : Delfim Santos, existentialisme allemand, Vergílio Ferreira, Sartre.

■ **Revues.** **« Távola Redonda » :** David Mourão-Ferreira, Couto Viana ; **« O Tempo e o Modo » :** António Alçada Baptista ; **« Poesia 61 » :** Gastão Cruz.

■ **Après 1945.** Théâtre expérimental. Théâtre dit indépendant, 1985.

■ **Identité nationale** (essais, romans, poésie). Après 1970.

(1968), la Ballade de la plage aux chiens (1982), Alexandra Alpha (1987). **Carvalho,** Maria Judite de [R] (1921-98) : les Armoires vides, Tous ces gens Mariana (1959), Ces mots que l'on retient (1961), le Temps de grâce (1973), Anica au temps jadis (1988), Chérie. **Carvalho,** Mário de [R] (1944) : les Sous-Lieutenants, le Fond des choses. **Castilho,** Paulo [E] (1944) : Sinais exteriores (1998). **Cinatti,** Rui [P] (1915-86). **Cláudio,** Mário [R] (1941) : Amadeo. **Correia,** Clara Pinto [R] (1960) : Adeus, Princesa. **Correia,** Natália [P, R, Es, D] (1924-93) : A pécora, Sonetos românticos. **Costa,** Maria Velho da [R] (1938) : Casas Pardas, Maina Mendes (1969). **Cruz,** Gastão [P] (1941). **Da Silva,** Antunes [P, R] (1921-97) : Gaimirra (1946), Suao (1960), Alentejo et Sangue (1966). **Dionísio,** Mário [P, R, Es] (1916-93) : le Feu qui dort. **Echevarria,** Fernando [E] (1929) : Geórgicas (1998). **Faria,** Almeida [R] (1943) : la Passion (1965), Déchirures (1978), Chevalier errant (1983). **Ferreira,** David Mourão [P, R, Es] (1927) : Obra Poética, Um Amor Feliz. **Ferreira,** José Gomes [P] (1900-85). **Ferreira,** Vergílio [R] (1916-96) : le Long Chemin (1943), Changement (1949), Matin perdu (1953), Apparition (1959), Pour toujours (1965), Rêve d'ombre (1973), Jusqu'à la fin (1987), Au nom de la terre (1990), Journal. **Figueiredo,** Tomás de [R] (1904-70) : la Tanière du loup. **Fonseca,** Branquinho da [R, P, D] (1905-74) : le Baron (1943), Rio Turvo (1945). **Fonseca,** Manuel da [R, P] (1911-93) : Cerromaior (1943), le Feu et les cendres (1953), la Montagne de vent (1958), Temps de solitude, Chroniques d'Algarve (1986). **Gomes,** Luisa Costa [R] (1954) : la Vie de Ramón. **Gomes,** Sœiro Pereira [R] (1909-49) : Esteiros. **Gonçalves,** Olga [R] (1929) : Sara. **Guerra,** Alvaro [R] (1936) : Café central. **Gusmão,** Manuel [E] (1945) : Mapas, o assombro, a sombra (1996). **Helder,** Herberto [P] (1930) : Science ultime. **Horta,** Maria Teresa (1938) : Só de amor (1999). **Jorge,** João Miguel Fernandes [E] (1943) : Presque un bateau vide (1996), a Flor da Rosa (1999), No verão é melhor um conto triste (2000). **Jorge,** Lídia [R] (1946) : la Journée des prodiges (1980), la Forêt dans le fleuve (1984), le Rivage des murmures (1988), le Jardin sans limites, la Couverture du soldat. **Júdice,** Nuno [P, R] (1949) : les Degrés du regard, Un chant dans l'épaisseur du temps (1990), Méditations sur des ruines (1992), Traces d'ombres (1997).

Lacerda, Alberto (1928) : Poemas (1951), Palácio (1962), Exilio (1963). **Llansol,** Maria Gabriela [R] (1931) : les Errances du mal (1986), Un faucon au poing, Journal I (1994). **Lobo Antunes,** António [R, Médecin] (1942) : Mémoire d'éléphant, le Cul de Judas (1979), Connaissance de l'Enfer, l'Explication des oiseaux (1981), Fado Alexandrino (1983), la Farce des damnés, le Retour des caravelles (1988), Traité des passions de l'âme, l'Ordre naturel des choses (1994), la Mort de Carlos Gardel, le Manuel des inquisiteurs (1996), la Splendeur du Portugal, Livre de chroniques. **Losa,** Ilse [R] (1913) : Caminhos sem destino. **Lourenço,** Eduardo [E, Cr] (1923) : Mythologie de la saudade (1988), l'Europe introuvable (1991).

Macedo, Helder de [E] (1935) : Vicios e virtudes (2000). **Magalhães,** Joaquim Manuel [E] (1945) : a Poeira levada pelo vento (1993). **Mello Breyner Andresen,** Sophia de [P] (1919) : *Prose :* la Fille et la Mer (1957), Contes exemplaires (1962). **Melo,** João de [R] (1949) : Des gens heureux parmi les larmes. **Mendes,** Luís Filipe Castro [E] (1950) : Outras canções (1998). **Miguéis,** José Rodrigues [R] (1901-80) : Léa (1959), l'École du paradis (1960). **Monteiro,** Adolfo Casais [P, Es] (1908-72) : Versos (1944), Europa (1946). **Monteiro,** Luis Stau [R, D] (1926-93) : Felizmente Há Luar (1962). **Moura,** Vasco Graça [P] (1942) : Derniers Chants d'amour. **Namora,** Fernando [R] (1919-89) : les Journées d'un médecin (1949), le Bon Grain et l'Ivraie (1954), Fleuve triste (1982). **Nemésio,** Vitorino [R, P] (1901-78) : Bête harmonieuse (1938), Gros Temps sur l'archipel. **Oliveira,** Carlos de [P, R] (1921-81) : l'Apprenti sorcier (1971), Finisterra (1979), Petits Bourgeois, Une abeille dans la pluie. **O'Neill,** Alexandre [P] (1924-86) : Au royaume du Danemark. **Pachedo,** Fernando Assis [E] (1937-95) : a Musa irregular (1991). **Paço d'Arcos,** Joaquim [R, D] (1908-79) : Mémoire d'un billet de banque (1962), Cellule 27 (1965). **Pedro,** António (1909-66) : A peine un récit (1942). **Pires,** José Cardoso [E] (1925-98) : la République des corbeaux (1992), Livre de bord (1997).

Redol, Alves [R, D] (1911-69) : Gaibéus (1940), Barranco de Cegos (1962). **Rosa,** António Ramos [P] (1924) : le Cycle du cheval (1976), le Livre de l'ignorance (1988), le Dieu nu (t. 1) (1988), Clameurs (1990). **Ruben A.,** ou Ruben Alfredo Andresen Leitão [R] (1920-75) : Silêncio para 4. **Santareno,** Bernardo [D] (1920-80) : le Juif (1965). **Santos,** Ary dos [P] (1927-84). **Saramago,** José [P, R] (1922) : le Dieu manchot (1982), l'Année de la mort de Ricardo Reis (1984), le Radeau de pierre (1986), Histoire du siège de Lisbonne (1989), l'Évangile selon Jésus-Christ (1991), l'Aveuglement, la Caverne (2000). *Théâtre :* la Nuit (1979), In Nomine Dei (1993) (N 1998). **Sena,** Jorge de [P, Es] (1919-78) : Métamorphoses (1963), le Physicien amoureux (1966), les Grands Capitaines (1976), Signes de feu (1981). **Tamen,** Pedro [P] (1934) : Tábua des Maftérias. **Tavares Rodrigues,** Urbano [R, E] (1923) : Bâtards du soleil (1959), Estorias Alentejanas, Vague de chaleur et Oiseaux de l'aube. **Torga,** Miguel (Adolfo Correia da Rocha) [E, P, R] (1907-98) : Journal (1933-77), la Création du Monde (3 tomes 1937-39), Arche (1940), Contes de la montagne (1941), Rua (1942), Portugal, Diario (10 tomes), Senhor Ventura (1943), Vendange (1945), Lapidaires (1951). **Vasconcelos,** Mário Cesarinу de [H, P] (1923) : Corpo Visível (1950), Discurso sobre a Reabilitação da Real Quotidiano (1952).

☞ Les « Lettres portugaises » (1669), prétendument adressées par la religieuse Mariana Alcoforado (vers 1640-1723) au Cte de Chamilly (Fr.), ont été écrites en français par Gabriel de **Guilleragues** (1628-85).

Autres littératures

■ **Angola.** **Neto,** Agostinho [P] (1922-79) : Espérance sacrée (1974). Voir à l'Index. **Pepetela,** (Arthur Pestana) [R] (1941) : Mayombe. **Soromenho,** Castro [R] (1910-68) : Camaxilo (1949), Virage (1957). **Vieira,** José Luandino [R] (1935) : Luuanda, Nous autres du Makulusu, Joao Vencio, ses amours.

■ **Cap-Vert.** **Almeida,** Germano (1945). **Lopes,** Baltasar [R] (1907-89) : Chiquinho (1947).

■ **Mozambique.** **Cassamo,** Suleiman (1962). **Couto,** Mia (1955). **Craveirinha,** José (1922).

■ **Timor-Oriental.** **Cardoso,** Luis [R] (1959) : Une île au loin (1998). **Couto,** Mia [R] (1959) : Terre somnambule, la Véranda au frangipanier.

Littérature brésilienne

Abreu, Caio Fernandes [R] (1948-96) : Les dragons ne connaissent pas le paradis, le Sergent Garcia, Qu'est devenue Dulce Veiga ?, l'Autre Voix (1994). **Abreu,** Casimiro de [P] (1839-60) : les Printemps. **Alencar,** José de [R, P] (1829-77) : le Guarany (1857), les Mines d'argent, Iracema, Luciola (1862). **Almeida,** Manuel Antônio de [R] (1831-61). **Amado,** Jorge [R] (1912) : le Pays du Carnaval (1931), Cacao (1933), Bahia de tous les saints (1935), les Capitaines des sables (1937), Terre violente (1942), les Terres du bout du monde (1946), les Souterrains de la liberté (1951-54), Gabriela girofle et cannelle (1958), les Vieux Marins (1961), les Deux morts de Quinquin-la-Flotte (1962), Dona Flor et ses Deux Maris (1966), Tereza Batista, la Bataille du Petit Trianon (1980), Tocaïa Grande (1985), Yansan des orages (1988), Navigation de cabotage (1995). **Andrade,** José Oswald de Sousa [R, P] (1890-1954) : Serafim Ponte-Grande. **Andrade,** Mário de [P] (1893-1945) : la Ville hallucinée, Macounaima. **Anjos,** Cyro dos [R] (1906) : Belmiro. **Ataïde,** Tristao de [Soc] (1893-1983). **Azevedo,** Aluís [R] (1857-1913) : le Mulâtre (1881), l'Homme (1885), la Ruche (1890).

Bandeira, Manuel [P] (1886-1968) : Carnaval (1919), le Rythme rompu (1924), Libertinage (1930). **Barbosa,** Rui [Es] (1849-1923). **Barreto,** Afonso Lima [R, J] (1881-1922) : Histoires et Songes. **Braga,** Rubem [R] (1913-90) : Um pé de Milho. **Buarque,** Chico [R] (1944) : Embrouille (1990), Court-circuit (1995).

Cabral, João [P] (1920). **Caldas Barbosa** [P] (1740-1800). **Callado,** Antônio [R, D] (1917-97) : Mon pays en croix. **Caminha,** Adolfo [P, R] (1867-97) : la Normalienne (1893), le Bon Créole (1895). **Cardoso,** Lucio [R] (1913-68) : Chronique de la maison assassinée (1959). **Carvalho,** José Cândido de [R] (1914-89) : le Colonel et le Loup-Garou (1964). **Cascudo,** Luis [Conteur] (1898-1986). **Castro Alves,** Antônio de [P] (1847-71) : la Chanson de l'Africain (1863). **Coelho,** Paulo [R] (1947) : la Révolte de la cravache (1969), l'Alchimiste (1988), Maktub (1994), Sur les bords de la rivière Piedra, le Pèlerin de Compostelle (1996), la Cinquième Montagne, Veronika décide de mourir. **Coelho Neto,** Henrique [R] (1864-1934) : le Mirage. **Costa,** Manuel da [P] (1729-89). **Cunha,** Euclides da [Es] (1866-1909) : Hautes Terres (1902), En marge de l'Histoire (1909).

Dourado, Autran [R] (1926) : l'Opéra des morts. **Drummond de Andrade,** Carlos [P] (1902-87).

Escobar, Ruth (Brésilien et Portugais) [Pol, E] (1935) : les Cheveux du serpent.

Fonseca, José Rubem [R] (1925) : Du grand art, le Sauvage de l'Opéra. **França Jr,** Oswaldo [R] (1936-89) : Jorge le camionneur. **Freyre,** Gilberto [R] (1900-87) : Maîtres et Esclaves (1933), Terres du sucre (1937). **Furtado,** Celso [Es] (1920).

Gonçalves Dias, Antônio [P] (1823-64) : Cantos. **Guimarães,** Bernardo [R] (1825-84) : le Chercheur d'or (1872), l'Esclave Isaura (1875). **Guimarães Rosa,** João [R] (1908-67) : Sagarana (nouvelles, 1946), Buriti, Diadorim, Hautes Plaines, les Nuits du Sertão (1956), Premières Histoires, Mon oncle le jaguar (1985). **Gullar,** Ferreira [Cr, Es, P] (n.c.).

Lins, Osman [R] (1924-78) : Retable de sainte Joana Caroline, la Reine des prisons de Grèce. **Lins do Rego,** José [R] (1901-57) : l'Enfant de la plantation. **Lispector,** Clarice [R] (1920-77) : Près du cœur sauvage (1942), Liens de famille (nouvelles, 1960), la Passion selon G. H. (1964), Un souffle de vie. **Lobato,** José [R] (1882-1948).

Macedo, Joaquim Manuel de [R, D] (1820-82) : la Négrillonne (1844), le Jeune Homme blond (1845). **Machado de Assis,** Joaquim Maria [R, P, D] (1839-1908) : Mémoires posthumes de Braz Cubas (1880), Quincas Borba (1891), Esaü et Jacob (1904). **Marques Rebelo** [R] (1907) : Marafa. **Matos** Gregório de [P] (1633-96). **Meireles,** Cecília [P] (1901-64) : Mer absolue. **Mello Mourão,** Gerardo [P, R] (1917) : le Valet de pique. **Mendes,** Murilo [P] (1901-75) : les Métamorphoses, Offices humains. **Miranda,** Ana [R] (1951) : Bouche d'enfer (1989). **Montello,** Josué [R] (1917) : les Tambours de Saint-Louis (1975). **Morais,** Vinícius de [P] (1913-80) : Cinq Élégies (1943), Patria Minha (1949).

Nabuco de Araújo, Joaquim [Es] (1849-1910). **Nassar,** Raduan [R] (1935) : Un verre de colère (1975), la Maison de mémoire (1978). **Nava,** Pedro [R] (1906-84) : Baú de Ossos. **Nery,** Barão [Es, His] (1848-1901). **Noll,** João Gilberto [R] (1946) : Rastros do Verao.

Olinto, Antônio [R] (1919) : la Maison d'eau (1969).

Peixoto, Afrânio [R] (1876-1947). **Pera,** Cornelio [R] (1896-1958) : la Petite Morte (1958). **Piñon,** Nélida [R] (1935) : la Maison de la passion (1973), la Force du destin, la République des rêves, Fundador. **Pompeia,** Raul [R] (1863-95) : l'Athénée (1888).

Queiroz, Raquel de [R] (1910) : l'Année de la grande sécheresse (1930), Jean-Miguel (1932), Dora-Doralina (1975).

Ramos, Graciliano [R] (1892-1953) : Sécheresse (1938), Enfance (1945), Mémoires de prison (1953), Insomnie (nouv.). **Regio,** José (1901-1969) : Poemas de Deus e do Diabo (1925), Jojo da Cabracega (1934), Jacob et l'Ange (1941). **Ribeiro,** Darcy [Soc] (1922-97). **Ribeiro,** João Ubaldo [R] (1941) : Sergent Gétúlio (1971), Vila Real (1979), Vive le peuple brésilien (1984), l'Ensorcellement de l'île du paon. **Rodrigues,** Nelson [R] (1912-80) : l'Ange noir (1981).

Sabino, Fernando [R] (1923) : O Encontro Marcado. **Sales,** Herberto [R] (1917) : les Visages du temps (1984). **Santa Rita Durão,** José de [P] (1722-84). **Scliar,** Moacyr [R] (1937) : le Centaure dans le jardin (1980). **Silva Alvarenga,** Manuel Inacio da [P] (1749-1814) : le Déserteur, Glaura. **Souza,** Márcio [R] (1946) : Mad Maria (1980). **Suassuna,** Ariano [D] (1927) : le Testament du chien, le Jeu de la miséricordieuse (1957).

Taunay, Visconde de [R] (1843-99). **Telles,** Lydia Fagundes [R] (1923) : la Structure de la bulle de savon (1978). **Torres,** Antônio [R] (1940) : Cette terre (1976). **Trevisan,** Dalton [R] (1925) : le Vampire de Curitiba.

Vasconcelos, José [R] (1920-84). **Verissimo,** Érico [R] (1905-75) : Clarissa (1933), le Temps et le Vent (trilogie).

LITTÉRATURE RUSSE

NÉS AVANT 1700

Anonymes : les Guerriers célestes du pays yakoute-saxa (publié en 1994), Annales des temps passés (vers 1115), Dit de la campagne d'Igor (XIIe s.). **Avvakoum** (archiprêtre) [E] (vers 1620-81) : Autobiographie (1861). **Feofan Prokopovitch** [Préd] (1681-1736). **Iavoski**, Stéphane [Théo] (1658-1722) : la Pierre de la foi. **Ivan IV le Terrible** (tsar) [E] (1530-84) : Correspondance. **Kourbski,** prince André [E] (1528-83) : Histoire du grand-duché de Moscou. **Macaire** (métropolite) [E] (vers 1482-vers 1563) : Grande Vie des saints (Tchetii Minéï), Encyclopédie historique. **Monomaque,** Vladimir II [Mor] (1053-1126) : Instruction à mes fils (1096). **Polotski,** Siméon [P, Th, D] (1629-80).

NÉS ENTRE 1700 ET 1800

Ablessimov, Alexandre [D] (1742-83) : le Meunier sorcier (1782). **Aksakov,** Serge [E] (1791-1859) : Chronique de famille (1856), les Années d'enfance du petit-fils Bagrov. **Batiouchkov,** Constantin [P] (1787-1855). **Bestoujev,** Alexandre (dit Marlinski) [R] (1797-1837) : la Frégate Nadejda. **Bogdanovitch,** Hippolyte [P] (1744-1802) : Douchenka (1775), l'Amour et Psyché (1783). **Boulgarine,** Thaddée [J] (1789-1859) : l'Abeille du Nord. **Chakhovskoï,** Pce Alexandre [D] (1777-1846) : l'École des coquettes (1815). **Chichkov,** Alexandre [Gram, Cr] (1754-1843). **Delvig,** Antoine [P] (1798-1831). **Derjavine,** Gabriel [P] (1743-1816) : *Odes :* A Felitsa (1783), Dieu (1784). **Dmitriev,** Ivan [P] (1760-1837). **Fonvizine,** Denis [D] (1745-92) : le Brigadier (1766), le Mineur (1782). **Glinka,** Théodore [E, P] (1788-1880) : Lettres d'un officier russe (1808), la Carélie ou la Captivité de Martha Johannowna (1830). **Gneditch,** Nicolas [P] (1784-1833). **Griboïedov,** Alexandre [D] (1795/30-1-1829) : le Malheur d'avoir trop d'esprit (1821-23). – *Biogr. :* ministre résident à Téhéran (Iran), massacré avec le personnel de l'ambassade. **Joukovski,** Basile [P] (1783-1852) : le Cimetière de campagne (1802), Svetlana (1811), le Chanteur dans le camp des guerriers russes (traduit en 1812), Lala Roukh. **Kantemir,** Antioche [P] (1708-44) : Satires (1762), la Pétride (inachevée). **Kapnist,** Basile [D, P] (1757-1823) : la Chicane. **Karamzine,** Nicolas [E, H] (1766-1826) : Lettres d'un voyageur russe (1790-91), la Pauvre Lise (1792), Histoire de l'empire russe (1816-26). **Khemnitzer,** Ivan [Fab] (1745-84). **Kheraskov,** Michel [P] (1733-1807). **Kioukhelbeker,** Guillaume [P] (1797-1846) : Prophétie (1822), la Mort de Byron (1824). **Kniajnine,** Jacques [D] (1742-91) : Rosslav (1784), le Fanfaron (1786). **Kozlov,** Ivan [P] (1779-1840) : le Moine, la Princesse Nathalie Dolgorouki (1828), la Jeune Folle. **Krylov,** Ivan [Fab] (1768-1844) : Fables (1809).

Lomonossov, Michel [P, D, Sav, Gram] (1711-65) : Odes (1751-57). *Théâtre :* Tamiré et Selim (1750), Demophont (1757). **Loukine,** Vladimir [D] (1737-94). **Maïkov,** Basile [P] (1728-78). **Novikov,** Ivan [J] (1744-1818) : le Bourdon. **Petrov,** Basile [P] (1736-99). **Polevoï,** Nicolas [R, H, Cr] (1796-1846) : Histoire du peuple russe (1829-33). **Pouchkine,** Alexandre [P, R] (1799-1837) : *Poésie :* Ode à la Liberté (1817), Rouslan et Lioudmila (1820), le Prisonnier du Caucase (1821), Eugène Onéguine (roman en vers, 1823-31), Poltava (1828), Conte du tsar Saltane (1831), le Cavalier de bronze (1833). *Théâtre :* Boris Godounov (1825). *Prose :* le Nègre de Pierre le Grand (1827). *Récits :* de Belkine (1830), Doubrovski (1832), la Dame de pique (1833), la Fille du capitaine (1836). – *Biogr. :* fils d'un noble et d'une Éthiopienne descendante d'otages rachetés aux Turcs par Pierre le Grand (type mulâtre) ; élevé à la française. *1811* lycée noble de Tsarskoïe-Selo. *1820* exilé en Bessarabie (pour idées libérales). *1823-26* à Odessa. *1826* gracié, rentre à Moscou (en liberté surveillée jusqu'à sa mort). *1829* combattant volontaire au Caucase. *1831* épouse Natalie Gontcharova. *1834* « gentilhomme de la chambre », a 60 000 roubles de dettes. *1836* fonde *le Contemporain. 1837-27-1* blessé en duel par un Français, Georges d'Anthès, qui courtisait sa femme ; meurt 29-1. **Radichtchev,** Alexandre [E, P] (1749-1802, suicide) : A la liberté, Voyage de Pétersbourg à Moscou (1790). **Ryleïev,** Conrad [P] (1795-1826) : Voïnarovski. **Soumarokov,** Alexandre [D, P] (1718-77) : Khorev (1747), Trissotinius (1750), le Tuteur (1765), le Faux Dimitri (1771), le Cocu imaginaire (1772). **Tchaadaïev,** Pierre [Ph] (1794-1856). A écrit en français : Lettres philosophiques adressées à une dame (1828-30). **Tchoulkov,** Michel [R] (1743-92) : Dictionnaire des superstitions russes (1782). **Trediakovski,** Basile [P, D] (1703-69) : la Télémachide, traduction du Télémaque de Fénelon. **Viazemski,** Pce Pierre [P] (1792-1878).

NÉS ENTRE 1800 ET 1900

Akhmatova, Anna [P] (1889-1966) : Soir (1912), le Rosaire, Volée blanche (1917), le Plantain (1921), Anno Domini (1922), Requiem (1939), le Poème sans héros (1940-42), Premier Avertissement (1963). **Aksakov,** Ivan [P] (1823-86) : Ma jeunesse à Bagrovo. **Alexandrovski,** Basile [P] (1897-1934). **Andreïev,** Léonid [D, R, N] (1871-1919). *Nouvelles :* le Gouffre (1902), Dans le brouillard, Judas Iscariote. *Romans :* le Rire rouge (1904), le Gouverneur (1906), Sept Pendus (1908). *Théâtre :* la Pensée (1902), la Vie de l'homme (1906), Jours de notre vie (1908), Anathème (1910). **Annenski,** Innocent [P, D] (1856-1909) : Chants à voix basse, le Coffret de cyprès (1910). **Antokolski,** Paul [P] (1896-1978) : le Fils. **Apoukhtine,** Alexis [P] (1841-93). **Asseiev,** Nicolas [P] (1889-1963) : Poème antigénial. **Babel,** Isaac [R, D] (1894/27-1-1940, fusillé) : Cavalerie rouge (1926), le Crépuscule (1928), Contes d'Odessa (1931), Premier Amour, Journal de 1920. **Bagritski,** Édouard [P] (1896-1934) : la Mort de la pionnière (1932). **Bakounine,** Michel [Pol] (1814-76) : Dieu et l'État (1871), Fédéralisme, socialisme et antithéologisme (1871, en français), le Plan de fédération internationale (1884). **Balmont,** Constantin [P] (1867-1943) : Visions solaires (1903), la Liturgie de la beauté (1905). **Baratynski,** Eugène [P] (1800-44) : Eda, le Bal, la Tzigane, le Crépuscule. **Bedny,** Demiane (Euthyme Pridvorov) [P] (1883-1945) : Héros de l'Antiquité (1936). **Bielinski,** Vissarion [Ph, Cr] (1811-48) : Rêveries littéraires (1834). **Biely,** André (Boris Bougaiev) [P, R] (1880-1934, empoisonné ?) : Symphonies, Moscou, Pétersbourg (1912-13), Carnets d'un toqué (1918), Kotik, Letaiev, les Cendres, Or dans l'azur. **Blok,** Alexandre [P] (1880-1921) : Vers sur la belle dame (1901-02), les Douze (1918), les Scythes (1918). **Boulgakov,** Michel [E, D] (1891-1940) : *Romans :* Diablerie (1923), la Garde blanche (1924), Cœur de chien (1925), le Maître et Marguerite (1928-40), le Roman de Monsieur Molière (1933), le Roman théâtral (1936). *Théâtre :* les Journées des Tourbine (1926), la Fuite (1926-28), l'Ile pourpre (1928), la Cabale des dévots (1929-36), les Derniers Jours (1933-38). **Bounine,** Ivan [P, R] (1870-1953) : le Village (1909), le Monsieur de San Francisco (1915), la Nuit (1925), le Sacrement de l'amour (1925), A la source des jours (1930), Lika (1939), les Allées sombres (1946) [N 1933], la Vie d'Arseniev (1952). **Brioussov,** Valéry [P, Cr, R] (1873-1924) : *Romans :* l'Ange de feu (1906), l'Autel de la victoire (1913).

Chaginian, Marietta [P, R] (1888-1982) : Laurie Lane métallurgiste, la Station hydroélectrique. **Chestov,** Lev Chvartsman, dit Léon [Ph] (1866-1938) : Philosophie de la tragédie (1903), Sur les confins de la vie (1905), le Pouvoir des clés (1928). **Chklovski,** Victor [Es, R] (1893-1984) : Zoo (1923), Voyage sentimental (1929), Il était une fois (1964). **Dahl,** Vladimir [Gram] (1801-72) : Dictionnaire de la langue russe (1861-68). **Dobrolioubov,** *Alexandre* [Ph, P] (1876-1918) : Du livre invisible. *Nicolas* [Ph, Cr] (1836-61) : Chroniques du *Contemporain* (1855-61). **Dobytchine,** Léonid [R] (1896-1936) : la Ville de N. **Dostoïevski,** Fiodor Mikhaïlovitch [R] (1821/28-5-1881) : les Pauvres Gens (1845), Monsieur Prokhartchine (1846), le Rêve de l'oncle (1859), Humiliés et Offensés (1861), Souvenirs de la maison des morts (1860-61), Mémoires écrits dans un souterrain (1864), Crime et Châtiment (1865), le Joueur (1866), l'Idiot (1868), l'Éternel Mari (1869), les Possédés (1870), Journal d'un écrivain (3 vol., 1873-80), l'Adolescent (1875), les Frères Karamazov (1879-80). – *Biogr. :* père médecin moscovite. *1828 :* 1re crise d'épilepsie. *1830* son père achète un domaine à Darovoïe ; sa mère, phtisique, s'y retire. *1837* mort de sa mère ; interne à l'école des ingénieurs. *1839* père assassiné par des moujiks ; vit pauvre à St-Pétersbourg, fréquentant des libéraux. *1849* emprisonné ; condamné à mort, gracié sur le terrain d'exécution. *1850-53* travaux forcés en Sibérie. *1854-59* soldat en Sibérie (se marie, mais une crise d'épilepsie l'empêche de consommer le mariage). *1860* à St-Pétersbourg ; vit de sa plume. *1864* veuf, dettes. *1866* s'engage à écrire un roman tous les 4 mois ; épouse Anna Grigorievna. *1867* s'enfuit à l'étranger. *1871* à St-Pétersbourg, après le succès des *Possédés*. **Ehrenbourg,** Ilya [R, P] (1891-1967) : les Aventures extraordinaires de Julio Jurenito (1921), le Professeur (1925), la Chute de Paris (1941), la Tempête (1947), le Neuvième Flot (1951), le Dégel (1954), les Années et les Hommes (6 vol. 1961-65). **Essenine,** Serge [P] (1895-1925, suicide) : Inonia (1918), Transfiguration (1919), l'Accordéon, Pougatchev (1921), Confession d'un voyou (1921), l'Homme noir (1925). – *Biogr. :* marié 3 fois : Zinaï de Rajkh, Isadora Duncan, Sophia Tolstoï (petite-fille de Léon). **Fédine,** Constantin [R] (1892-1977) : le Terrain vague (1923), les Villes et les Années (1924), les Frères (1928), l'Enlèvement d'Europe (1933-35), les Premières Joies (1945), Un été extraordinaire (1947), le Bûcher (1961-67). **Fet,** Athanase [P] (1820-92) : Feux du soir (1883). **Forch,** Olga [H] (1873-1961). **Fourmanov,** Dimitri [E] (1891-1926) : Tchapiev.

Garchine, Vsevolod [R] (1855-88) : les Quatre Jours (1877), la Fleur rouge (1883), le Signal (1887). **Gladkov,** Théodore [R] (1883-1958) : le Ciment (1925), l'Énergie (1932-38), Récit de mon enfance (1949). **Gogol,** Nicolas [R, D] (1809/21-2-1852) : Veillées à la ferme de Dikanka (1831-32), Mirgorod [contenant Tarass Boulba] (1835), Arabesques [contenant le Portrait] (1835), la Perspective Nevski (1835), le Journal d'un fou (1835), le Nez (1835),

QUELQUES MOUVEMENTS

■ XIXe siècle. **Réalisme poétique :** « roman en vers », naturaliste, engagé politiquement, style poétique mi-romantique mi-classique. Pouchkine, Tioutchev, Lermontov. **Classicisme national :** tendresse pour le peuple russe, préoccupation pour son avenir, mélange de tristesse et de fantaisie truculente. Gogol, Tchekhov, Tourgueniev, etc. Admirent George Sand (romantisme social et réalisme populiste).

■ XXe siècle. **Proletkult** (de « culture prolétarienne ») : littérature cherchant à exalter le travail collectif. Alexis Tolstoï, Ilya Ehrenbourg. **Groupe des Frères Sérapion :** tire son nom d'un héros de l'écrivain romantique allemand Hoffmann. Affirme la liberté et l'indépendance de l'écrivain. Gorki, devenu écrivain officiel, les a protégés. Maïakovski, Pasternak (« imaginiste » car en réaction contre le réalisme du Proletkult).

le Manteau (1842), les Ames mortes (1842). *Théâtre :* le Revizor (1836). – *Biogr. :* noblesse ukrainienne (cosaques) ; élevé au lycée de Niéjine. *1830* fonctionnaire au ministère des Apanages à St-Pétersbourg. *1831* démissionne ; fréquente les milieux littéraires (notamment Pouchkine et Joukovsky). *1831-34* professeur d'histoire à l'Institut patriotique. *1834-36* à l'université de St-Pétersbourg. *1846* persécuté par l'administration après le *Revizor,* va vivre en Italie. *1848* pèlerinage de Jérusalem ; tombe dans le mysticisme et détruit une partie de ses manuscrits sur les conseils d'un illuminé, le père Matthieu Konstantinovski. Meurt quasi dément. **Gontcharov,** Ivan [R] (1812-91) : Simple Histoire (1847), Oblomov (1859), le Précipice (1869). **Gorki,** Maxime (Aleksei Pechkov) [R, D] (1868/16-6-1936, assassiné ?) : *Romans :* les Vagabonds (1892-97), Thomas Gordeïev (1899), la Mère (1906), la Maison Artamonov (1925), Vie de Klim Samguine (1927). *Théâtre :* les Petits Bourgeois (1902), les Bas-Fonds (1902). *Récits autobiographiques :* Enfance (1913-14), En gagnant mon pain (1916), Souvenirs sur Tolstoï (1919), Mes universités (1923), Lettres à Staline. – *Biogr. :* père tapissier de Nijni-Novgorod ; enfance pauvre à Astrakhan. *1875* garçon de courses (8 ans). *1887* tentative de suicide, revient à Nijni-Novgorod. *1892* écrit dans les journaux locaux. *1901* succès comme dramaturge ; se lie aux marxistes de St-Pétersbourg. *1902* académicien. *1905* arrêté pour participation aux émeutes. *1906* à Capri (Italie). *1913* amnistié, rentre en Russie. *1917* fonde le journal marxiste *Vie nouvelle* (interdit par Lénine en juillet 1918). *1919-22* rallié à Lénine ; directeur des éditions d'État. *1922-28* à l'étranger, prétexte de santé. *1928* revient en URSS. *1929* repart. *1932* revient (son nom est donné à Nijni-Novgorod). *1933* son fils Max meurt empoisonné (par Yagoda, chef de la police secrète, amoureux de la femme de Max). *1934,* Pt de l'Union des écrivains soviétiques. **Goumiliov,** Nicolas [P] (1886/août 1921, fusillé). **Grigoriev,** Apollon [Cr, P] (1822-64) : De la vérité dans l'art. **Grigorovitch,** Dimitri [R] (1822-99) : Antoine traîne misère (1847), le Village, les Quatre Saisons, les Émigrants. **Grine,** Alexandre [R] (1880-1932) : le Cœur du désert (1923), Celle qui court sur les vagues (1926). **Guerassimov,** Michel [P] (1889-1939). **Herzen,** Alexandre [Ph, Cr, R] (1812-70) : Qui est coupable ? (1847), Passé et Méditations (1852-68). – *Biogr. : 1857* fonde la revue *la Cloche* (Kolokol). **Hippius,** Zénaïde [P] (1869-1945). **Iazikov,** Nicolas [P] (1803-46) : Épître à Arina Rodionovna (1833). **Inber,** Véra [P] (1890-1972) : Une place au soleil (1928), le Siège de Leningrad (1945). **Ivanov,** *Viatcheslav* [P, Ph] (1866-1949). *Vsievolod* [R] (1895-1963) : les Partisans, Train blindé n° 14-69 (1922), Nous allons en Inde (1960).

Jakobson, Roman [Ling] (1896-1982). **Karavaïeva,** Anne [R] (1893-1979) : la Patrie (1943-50). **Kataïev,** Valentin [R, D] (1897-1986) : les Concussionnaires (1926), Temps en avant (1932), Au loin une voile (1936), le Fils du régiment (1945). *Théâtre :* la Quadrature du cercle (1928), le Puits sacré (1965), l'Herbe de l'oubli (1967). **Khlebnikov,** Victor [P] (1885-1922) : la Guerre dans la souricière (1915-17), Zangezi. **Khodasievitch,** Ladislas [P] (1886-1939) : Jeunesse (1908), la Lyre lourde (1922), Nécropole (1939). **Khomiakov,** Alexis [P, D, Th] (1804-60). **Kliouev,** Nicolas [P] (1885-1937). **Klytchkov,** Serge [R, P] (1889-1940) : En visite chez les grues. **Koltsov,** Alexis [P] (1809-42). **Kondratiev,** Nicolas [Ec] (1892-1938, fusillé au goulag) : les Grands Cycles de la conjoncture. **Korolenko,** Vladimir [E] (1853-1921) : le Songe de Makar (1885), En mauvaise société (1885), le Musicien aveugle (1886), Histoire de mon contemporain (1909). **Kouprine,** Alexandre [R] (1870-1938 ; émigré 1917-37) : Moloch (1896), le Duel (1904), la Sulamite (1908), la Fosse aux filles (1912). **Kourotchkine,** Basile [P, Polé] (1831-75). **Kouzmine,** Michel [P] (1875-1935). **Kropotkine,** prince Pierre [E, Pol] (1842-1921) : Paroles d'un révolté (1885), l'Entraide (1892), Autour d'une vie. **Krzyzanowski,** Sigismond [R] (1887-1950) : le Marque-page, le Club des tueurs de lettres. **Lavreniev,** Boris [P, R] (1891-1959) : le Graveur sur bois (1929). **Leonov,** Léonid [E] (1899/1994) : les Blaireaux (1924), le Voleur (1927), la Rivière, la Forêt russe (1953). **Leontiev,** Constantin [R, Ph, Cr] (1831-91). **Lermontov,** Michel [P, R, D] (3-10-1814/15-7-1841, tué en duel) : le Boyard Orcha, la Mort du poète, Chant de Kalachnikov (1837), le Démon (1828-41), le Novice (1838). *Roman :* Un héros de notre temps (1840). *Drames :* les Espagnols, l'Homme étrange, Un bal masqué. **Leskov,** Nicolas [E, R] (1831-95) : Lady Macbeth au village (1865), Gens d'Église (1872), l'Ange scellé (1873). **Levick,** Halpern [P, D] (1886-1962). **Lounacharsi,** Anatole [Gr] (1875-1933).

Maïakovski, Vladimir [P, D] (1893/14-4-1930, suicide) : l'Homme (1917), Mystère-Bouffe (1918), 150 Millions (1920-21), J'aime (1922), Sur ça (1923), Bien (1927). *Théâtre :* la Punaise (1929), les Bains (1930). **Maïkov,** Apollon [P] (1821-97). **Makarenko,** Antoine [E] (1888-1939) : le Poème pédagogique (1935), les Drapeaux sur les tours (1938). **Mamine le Sibérien,** Dimitri [R] (1852-1912) : les Frères Gordeïev (1891), le Pain (1895). **Mandelstam,** Joseph [P] (1891-1940, en déportation). **Mann,** Mandel [Pe, R] (1916-75, en Allemagne à partir de 1946, en Israël à partir de 1948). **Marchak,** Samuel [P] (1887-1964) : les Enfants en cage (1923), la Poste (1943), Livre multicolore (1947). **Melnikov-Petcherski,** Paul [R] (1819-83) : Dans les forêts, Sur les montagnes (1879). **Merejkovski,** Démétrius [D, R] (1865-Paris 1941) : le Christ et l'Antéchrist [Julien l'Apostat (1895), les Dieux ressuscités (1902), Pierre et Alexis (1904)], Paul Ier, le Mufle à venir (1905), le Messie (1924). **Mikhailovski,** Nicolas [Pol] (1842-1904). **Nekrassov,** Nicolas [P] (1821-77) : Sacha (1855), le Gel au nez rouge (1863), Femmes russes (1871), Qui peut vivre heureux en Russie ? (1865-1876). **Nikiforov,** Georges [E] (1884-1944). **Nikitine,** *Basile* [E] (1885-1960) : les Kurdes (1956). *Ivan* [P] (1824-61) : le Koulak (1857), la Ligne de feu, Contes d'Obojansk. *Nicolas* [R, D] (1897-1963). **Odoïevski,** prince Vladimir [R] (1803-69) : les Nuits russes (1844), l'Asile d'aliénés, la Princesse Zizi. **Olecha,** Jules [R, D] (1899-1960) : l'Envie (1927), Amour (1929), le Noyau de cerise (1930). **Ossorguine,** Michel (Mikhaïl Iline) [R] (1878-1942) : Une rue à Moscou, Saisons. **Ostrovski,** Alexandre [D] (1823-86) : Entre amis on s'arrange (1850), l'Orage (1859), le Faux Dimitri (1867), la Forêt, Fleur de neige. **Ouspenki,** Nicolas [Hum] (1837-89).

Panfiorov, Théodore [R] (1896-1960) : la Vie aux champs, les Fils de la terre, la Révolte de la terre. **Paoustovski,** Constantin [R] (1892-1968) : Kara-Bougaz (1932), la Colchide (1934), Conte du Nord (1938), Histoire d'une vie (6 volumes 1945-63), le Récit des forêts (1948), la Rose d'or (1952). **Pasternak,** Boris [P, R] (1890-1960) : le Trait d'Apelle (1918), Lettres de Toula (1922), Ma sœur la vie (1922), les Voies aériennes (1924), l'Enfance de Luvers (1925), l'An 1905 (1926), l'Enseigne de vaisseau Schmidt (1927), le Récit (1929), la Seconde Naissance (1930-31), Sauf-Conduit (1931), le Docteur Jivago (achevé 1957), Beauté aveugle (inachevé), Lettres à Evguenia 1921-60 (sa 1re femme), à Zina (sa 2e femme). – *Biogr. :* père peintre ; école des Beaux-Arts. *1909* étudiant en philo. *1912* université de Marburg (All.). *1913* fréquente les poètes « centrifuges ». *1923* attiré par Maïakovski, adhère au LEF (Front de gauche des écrivains) ; s'en sépare rapidement. *1934-36* à l'Union des écrivains. *1936-41* condamné au silence. *1941-46* poète de la résistance nationale. *1946-54* écrit dans la clandestinité *le Docteur Jivago* (publié en Italie, 1957). Olga Ivinskaia, sa compagne, lui inspira le personnage de Lara. *1958* prix Nobel de littérature ; obligé de le refuser ; exclu de l'Union des écrivains. **Pilniak,** Boris (Vogau) [R] (1894-1937, tué à la Loubianka) : l'Année nue (1922), le Conte de la lune non éteinte (1925), l'Acajou (1929), La Volga se jette dans la Caspienne (1930), le Grenier à sel (1936-37). **Pissarev,** Dimitri [E, Cr] (1840-68). **Pissemski,** Alexis [R] (1820-81) : la Mer agitée (1863), Dans le tourbillon (1871), les Petits-Bourgeois (1878). **Platonov,** Andreï (Klimentov) [R, P] (1899-1951) : Villegrad (1926), les Écluses d'Épiphane (1927), les Herbes folles de Tchevengour (1929, publié en Russie 1988), la Fouille (1930, publié 1969), Djann (1934), Moscou heureuse, la Mer de jouvence (publié 1979). **Plekhanov,** Georges [Es, Ph] (1875-1918). **Polonski,** Jacques [P] (1819-98) : les Gammes, le Grillon musicien (1859), Au déclin du jour (1881). **Pomialovski,** Nicolas [R] (1835-63) : Bonheur bourgeois (1861), Scènes de la vie du séminaire (1862). **Prichvine,** Michel [E] (1873-1954).

Remizov, Alexis [R] (1877-Paris 1957) : l'Étang (1908), les Sœurs en croix (1910), les Yeux tondus (1958). **Rojdestvenski,** Vsevolod [P] (1895-1977). **Romanov,** Panteleïmon [R, Nouv] (1884-1938) : le Camarade Kisliakov (1931). **Rozanov,** Basile [Cr, Es] (1856-1919) : Esseulement (1912), l'Apocalypse de notre temps (1918). **Saltykov,** Michel (dit Chtchedrine) [E] (1826-89) : Esquisses provinciales (1856), les Messieurs de Tachkent (1869-72), Histoire d'une ville (1870), la Famille Golovlev (1873-74, publié en 1880). **Selvinski,** Élie [P] (1899-1968). **Serafimovitch,** Alexandre (Popov) [R] (1863-1949) : le Torrent de fer (1924). **Serge,** Victor (Victor Lvovitch Kibaltchich) [E, P] (Bruxelles, 1890-1947) : les Révolutionnaires. – *Biogr. : 1919-27* membre du PC. *1933-35* déporté en Sibérie ; libéré (intervention d'André Gide), exilé (France et Mexique). **Sieverianine,** Igor [P] (1887-1943). **Sloutchevski,** Constantin [P] (1837-1904). **Sologoub,** Théodore (Teternikov) [P, R] (1863-1927) : Plus doux que le venin (1904), le Démon mesquin (1905), le Cercle enflammé (1908), les Otages de la vie (1911). **Sologoub,** Vladimir [E] (1813-82). **Soloviev,** Vladimir [Ph, P] (1853-1900) : la Sophia (1876), la Justification du bien (1898). **Soukhovo-Kobyline,** Alexandre [D] (1817-1903) : le Mariage de Krechinski (1855), l'Affaire (1862), la Mort de Tarelkine (1868). **Sourikov,** Ivan [P] (1841-80). **Sourkov,** Alexis [P] (1899-1983). **Stanislavski,** Constantin [Cr] (1863-1938).

Tchekhov, Anton [R, D] (1860-1904) : *Romans :* la Steppe (1888), la Salle 6 (1892), le Moine noir (1894), la Dame au petit chien (1899). *Théâtre :* Ivanov (1887), la Mouette (1897), Oncle Vania (1899), les Trois Sœurs (1900), la Cerisaie (1904), Platonov (1923). – *Biogr. :* père épicier pauvre (famille nombreuse). *1874* répétiteur dans famille bourgeoise. *1876* misère (père ruiné et en fuite). *1879* rejoint sa famille à Moscou ; commence sa médecine. *1881* journaliste. *1884* médecin d'hôpital. *1886* lancé par Grigorovitch. *1888* succès (prix Pouchkine). *1889* médecin volontaire à Sakhaline. *1892* achète la cerisaie de Mélikhovo. *1898* liaison avec Olga Knipper, interprète de *la Mouette* (mariage en 1901). *1904* tuberculeux, meurt à Badenweiler (Allemagne). **Tchernychevski,** Nicolaï [H, Cr] (1828-89) : Que faire ? (1863). **Tchoukovski,** Korneï [P] (1882-1969) : Journal. **Tikhonov,** Nicolas [P, R] (1896-1973) : Tête brûlée (1927), l'Ombre d'un ami (1936). **Tiouttchev,** Théodore [P] (1803-73). **Tolstoï,** Alexis [R] (1882-1945) : l'Enfance de Nikita (1920), le Chemin des tourments (1922-41), les Villes bleues (1925), Pierre le Grand (1929-45). **Tolstoï,** Alexis Konstantinovitch, Cte [P, D, R] (1817-75) : le Prince Serebriany (1862), la Mort d'Ivan le Terrible (1866), le Tsar Fedor (1868). **Tolstoï,** Léon, comte [R] (28-8-1828/6 ou 7-11-1910) : Enfance, Adolescence, Jeunesse (1855), Récits de Sébastopol (1855), Un musicien déchu (1858), les Cosaques (1863), Guerre et Paix (1864-69), Anna Karenine (1873-78), la Puissance des ténèbres (1886), la Sonate à Kreutzer (1889), Résurrection (1899). *Essai :* Qu'est-ce que l'art ? (1898). – *Biogr. :* vieille noblesse terrienne. *1830* sa mère meurt ; élevé par sa tante Tatiana au domaine de Yasnaïa Poliana, près de Toula. *1837* Moscou ; mort de son père ; élevé à Kazan avec ses frères et sœurs par d'autres tantes. *1844-47* étudie à Kazan. *1847* hérite de Yasnaïa et s'y installe. *1851-55* officier volontaire (Caucase, Crimée). *1856* succès des *Récits de Sébastopol ;* démissionne de l'armée. *1859* travaille à Yasnaïa à l'amélioration du sort des moujiks. *1862* épouse Sophie Bers. *1881* retour à Moscou pour l'éducation de ses enfants. *1891* action philanthropique (tolstoïsme). *1901* excommunié par l'Église russe. *1910-27-10* s'enfuit de Yasnaïa, pour se retirer du monde ; *6-11* meurt de pneumonie dans la gare d'Astapovo. **Tourgueniev,** Ivan [R] (28-10-1818/3-9-83) : Récits d'un chasseur (1852), Roudine (1855), Journal d'un homme de trop, Une nichée de gentilshommes (1859), Premier Amour (1860), Fumée (1867), Terres vierges (1876), Poèmes en prose (1882). – *Biogr. :* père officier souvent absent ; vit avec sa mère dans son domaine près d'Orel. *1833* interne à Moscou, puis étudiant en lettres à St-Pétersbourg. *1838-41* philosophie à Berlin. *1842* naissance de sa fille Pélagie [d'une serve russe ; sera, à partir de 7 ans, élevée en France par les Viardot (Louis, journaliste, 1800-83, marié à la cantatrice Pauline Garcia, dont un fils, le violoniste Paul Viardot) ; Tourgueniev les a connus en 1843 et aurait eu une liaison avec Pauline]. *1847* sa mère (scandalisée par sa passion pour une actrice) lui coupe les vivres ; vie de bohème à l'étranger, notamment en France, chez les Viardot. *1850* retour en Russie (mort de sa mère) ; exilé à Spaskoïé-Loutovinovo, pour un article élogieux sur Gogol. *1853-56* à St-Pétersbourg. *1856* voyages en Occident, entrecoupés de voyages en Russie (séjours fréquents chez Pauline Viardot à Bougival, où il meurt d'un cancer). **Trefolev,** Léonid [P] (1839-1905). **Treniev,** Constantin [D] (1876-1945) : Lioubov Yarovaya (1926). **Tsvetaïeva,** Marina [P, D] (1892-1941, pendaison) : la Jouvencelle-Tsar (1922), la Séparation, Psyché, Prose, Phèdre (1928). **Tynianov,** Jules [E] (1894-1943) : Kiouchlia (1925), la Mort de Vazir Moukhtar (1928), Pouchkine (inachevé, 1935-42).

Venevitinov, Démétrius [P] (1805-27) : la Vie. **Veressaiev,** Vincent [R] (1867-1945) : Récits de guerre (1906), Souvenirs (1936). **Vinogradov,** Anatole [Es] (1888-1946) : le Gant perdu, le Consul noir, Trois Couleurs du temps. **Volochine,** Maximilien [P] (1878-1932). **Voronski,** Alexandre [Cr] (1884-1943). **Zaïtsev,** Boris [R] (1881-1972) : Anna. **Zamiatine,** Eugène [R] (1884-Paris 1937) : la Caverne (1913-29), Nous autres (1921), l'Inondation (1929). *Théâtre :* les Bûchers de St-Dominique (1923), la Puce (1925). **Zlatovratski,** Nicolas [R] (1845-1911) : les Fondations. **Zochtchenko,** Michel [E] (1895-1958) : les Contes de Nazar Ilitch (1922), la Jeunesse retrouvée (1935), Avant le lever du Soleil (1943).

Nés après 1900

Abramov, Théodore [R] (1920-83) : les Priasline. **Aitmatov,** Tchinguiz [E] (1928) : Djamila (1958), le Premier Maître (1963), Il fut un blanc navire (1970), les Rêves de la louve (1983). **Ajaïev,** Basile [R] (1915-68) : Loin de Moscou. **Akhmadoulina,** Bella [E] (1937) : le Magnétophone, Ma généalogie. **Akounine,** Boris (Grigori Tchkhartichvili) [E, R, J] (1956) : le Couronnement, l'Écrivain et le Suicide, Azazel, le Gambitture. **Aliguère,** Marguerite [P] (1915) : Zoïa. **Amalrik,** André [H] (1938-80) : Voyage involontaire en Sibérie (1965), L'URSS survivra-t-elle en 1984 ?, le Journal d'un provocateur (1980). – *Biogr. : 1976* exilé. *1980-10-11* meurt en Espagne dans un accident de la route. **Antonov,** Serge [R] (1915) : Léna. **Arbouzov,** Alexis [D] (1908-86) : Une histoire d'Irkoutsk. **Astafiev,** Victor [R] (1924) : le Polar triste, le Joyeux Soldat. **Axionov,** Vassili [R] (1932) : les Collègues (1960), Billet pour les étoiles (1961), les Oranges du Maroc (1963), Une brûlure (1980), l'Ile de Crimée (1981).

Babaïevski, Siméon [R] (1909). **Baklanov,** Grégoire [R] (1923) : Tête de pont, Les canons tirent à l'aube, Juillet 41. **Banine,** Umm El [R] (1905-92) : Nami (1943), Jours caucasiens (1945), Jours parisiens. **Baranskaia,** Nathalie [R] (1909) : Une semaine comme une autre. **Bek,** Alexandre [R] (1903-72) : la Chaussée de Volokolamsk (1943-44), Quelques Jours (1950), la Réserve du général Panfilov (1960). **Berberova,** Nina [R, P, Nouv] (1901-93 ; émigre en Allemagne en novembre 1921, en France en 1925, aux USA en 1950) : Zoia Andreiema (1928), les Chroniques de Billancourt (1929-40), les Derniers et les Premiers (1930), les Souvenirs (1932), l'Accompagnatrice (1934), Roquenval (1936), Tchaïkovski (1936), Borodine (1938), Sans déclin (1938), la Résurrection de Mozart (1940), Alexandre Blok et son temps (1947, en français), le Cap des tempêtes (1950-51), le Roseau révolté (1958), le Mal noir (1959), C'est moi qui souligne (1969), Histoire de la baronne Boudberg (1981). **Bielov,** Vassili [R] (1932) : Affaire d'habitude. **Bondariev,** Jules [R] (1924) : le Calme, la Panique. **Borodine,** Léonid [Nouv] (1938, emprisonné 1968-74, 1982-87) : Récit d'une époque étrange, Gologor. **Boukovsky,** Vladimir [R] (1943) : Et le vent reprend ses tours, Cette lancinante douleur de la liberté. **Brodsky,** Joseph [P] (1940/28-1-96, aux USA depuis 1972) : la Halte dans le désert (1970), Collines, la Fin d'une belle époque (1977), la Partie du discours (1977), les Élégies romaines (1982), Nouvelles Stances à Augusta (1983), Urane (1987). *Critiques :* Loin de Byzance (1986), Acqua alta (1993) [N 1987]. **Bykov,** Vassil [E] (1924) : Dans le brouillard, Sotnikov.

Chalamov, Varlam [R, P, Es] (1907-82 ; emprisonné 1929-32, 1937-53) : Récits de Kolyma (1954-59, paru 1978), Lettre à Pasternak (1956), Vichéra. **Chentalinski,** Vitali [R] (1939) : Parole ressuscitée. **Cholokhov,** Michel [R] (1905-84) : *Nouvelles :* les Récits du Don, la Steppe azurée (1926), le Don paisible (1928-40) [serait tiré d'un manuscrit de Fiodor Krioukov (1870-1920), écrivain cosaque ; il aurait ajouté de 5 % (tomes I et II) à 30 % (III et IV)], les Terres défrichées (1931 ; 1939), Ils ont combattu pour la patrie (commencé 1959, inachevé), le Destin d'un homme (1956) [N 1965]. **Choukchine,** Basile [R] (1929-74) : l'Envie de vivre.

Daniel, Iouli [Hum] (1925-89) : Ici Moscou. **Dombrovski,** Iouri [R] (1909-78) : Un singe à la recherche de son crâne (1959), le Conservateur des antiquités (1964), la Faculté de l'inutile (1979). **Doroch,** Euthyme [E] (1908-72) : Pluie et Soleil, Méditation à Zagorsk. **Doudintsev,** Vladimir [R] (1918) : L'homme ne vit pas seulement de pain (1956), les Robes blanches (1987), Conte de nouvel an, le Soldat inconnu. **Drouina,** Ioulia [P] (1924-91, suicide).

Erofeiev, Venedict [R] (1940-90) : Moscou sur Vodka. **Evtouchenko,** Eugène [P, R] (1933) : l'Hydrocentrale électrique de Bratsk (1965), Maman et la Bombe à neutrons (1982), Citoyens écoutez-moi (1989).

Fadeïev, Alexandre [R] (1901-56) : la Débâcle (1927), le Dernier des Oudégués (1930-36, inachevé), la Jeune Garde (1945).

Galitch, Alexandre (Guinzbourg) [P] (1919-77). **Gladiline,** Anatole [Chr] (1935) : Chronique des temps de Victor Padgourski (1956). **Gorenstein,** Friedrich [R] (1932) : Psaume, la Place (1991), Tchok-Tchok (1992). **Granine,** Daniel [R] (1919) : les Chercheurs, Je vais au-devant de l'orage, Fuite en Russie. **Grossman,** Basile [E] (1905-64) : Gluckauf (1934), Stepan Koltchouguine (1937-40, inachevé), Pour une juste cause (1952-54), Tout passe (1956-63, publié 1970), Vie et Destin (écrit 1961, publié 1980).

Iourienen, Serge [R] (1948). **Issakovski,** Michel [P] (1900-73).

Kaverine, Benjamin (Zilber) [R] (1902-89) : la Fin de la Khaza (1923), le Faiseur de scandale (1928), Peintre inconnu (1931), Deux Capitaines (1945), la Pluie oblique (1962), l'Interlocuteur (1973). **Kazakievitch,** Emmanuel [E] (1913-62) : l'Étoile (1947), le Cahier bleu (1961). **Kazakov,** Iouri [E] (1928-82) : la Petite Gare (1959), la Belle Vie, Ce Nord maudit. Kharitonov, Mark [E] (1937) : Une journée en février. **Kirsanov,** Siméon [P] (1906-72) : le Plan quinquennal, la Parole de Foma Smyslov (1945). **Konetski,** Victor [R] (1929) : l'Inconnue d'Arkhangelsk, Du givre sur les fils. **Kopelev,** Lev [R] (1912-97) : A conserver pour l'éternité. **Kornilov,** Vladimir [P, R] (1928). **Kouchner,** Alexandre [P] (1936). **Kouraev,** Mikaël [R] (1947) : le Capitaine Dikstein (1987), le Chant du rossignol (1992). **Kouznetsov,** Anatole [R] (1929) : la Vérité des pionniers, Suite d'une légende, Baby Yar, Jeunes Filles. **Kozovoï,** Vadim [P] (1937-99). **Kross,** Jaan [R] (Estonie, 1920) : le Fou du tsar (1978), le Départ du Pr Martens (1990).

Latsis, Wilis [R, D] (1904-66) : la Bête libérée, la Tempête (1948), la Victoire, Après le grain. **Likhatchev,** Dimitri [R] (1906-98). **Limonov,** Edward [R] (1943) : Oscar et les Femmes. **Lougovskoï,** Vladimir [P] (1901-57). **Luria,** Alexandre [Med] (1902-77) : L'homme dont le monde volait en éclats (publié en 1995).

Makanine, Vladimir [R] (1937) : la Brèche, Underground. **Martinov,** Léonid [P] (1905-80). **Maximov,** Vladimir [R, D] (1932-95). **Mojaiev,** Boris [R] (1923-96) : De la vie de Fiodor Kouzkine (1966).

Nabokov, Vladimir (voir p. 274 c). **Naguibine,** Jules [R] (1920). **Nekrassov,** Victor [R] (1911-87 ; déchu de sa nationalité soviétique en 1979) : Dans les tranchées de Stalingrad (1946), Kira Gueorguievna (1961), la Ville natale (1961), Carnets d'un badaud (1976). **Nekritch,** Alexandre [H] (1920-93) : l'Utopie au pouvoir. **Némirovsky,** Irène [R] (1903-42) : David Golder (1929), le Bal (1930), l'Affaire Couriloff (1933). **Nikolaïeva,** Galina [R] (1914-63) : la Moisson, l'Ingénieur Bakhirev.

Okoudjava, Boulat [R] (1924) : Pauvre Abrossimov. **Oleskowski,** Iouz [R]. **Ostrovski,** Nicolas [R] (1904-36) : Et l'acier fut trempé (1932), Enfantés par la tempête (1936). **Ovietchkine,** Valentin [E] (1904) : Des visiteurs au hameau de Stoukatchi.

Panova, Vera [R] (1905-73) : Compagnons de voyage (1946), Clair Rivage (1948), les Saisons (1953), le Roman sentimental (1958), Valia (1960). **Pelevine,** Victor [R] (1962) : Omon Ra, la Flèche jaune, la Mitrailleuse d'argile. **Pliouchtch,** Leonid [Es] (1939) : Dans le carnaval de l'Histoire, Ukraine : à nous l'Europe. **Pogodine,** Michel [D] (1900-62) : le Temps, Mon ami, le Carillon du Kremlin. **Polevoï,** Boris [R] (1908-81) : Un homme véritable (1946), Nous autres Soviétiques (1948), l'Or (1949-50). **Pomerantsev,** Vladimir [Cr] (1907). **Pristavkine,** Anatole [R] (1931) : Un nuage d'or sur le Caucase, les Petits Coucous (1990). **Prokoviev,** Alexandre [P] (1900-71) : Russie.

Raspoutine, Valentin [R] (1937) : le Dernier Délai (1970), l'Adieu à l'île (1976), l'Incendie (1985). **Rojdestvenski,** Robert [P] (1932). **Rozov,** Victor [D] (1913) : A la recherche du bonheur, la Lutte inégale. **Rybakov,** Anatole [R] (1908) : les Enfants de l'Arbat.

Sakharov, André [Sav] (1921-89) : Mon pays et le Monde (1975), Mémoires (1990). **Salynski,** Athanase [D] (1920) : la Tambourine. **Samoïlov,** David [P] (1920-90). **Simonov,** Constantin [P, R, D] (1915-79) : Compagnons d'armes, Attends-moi, les Jours et les Nuits, Gens de Russie, les Vivants et les Morts, Personne ne naît soldat, Dernier Été, Vingt Jours sans guerre. **Siniavski,** André [E] (1925-97 ; emprisonné 8-9-1965/juillet 1972) : Nouvelles fantastiques (1955, sous le pseudo : Abraham Tertz), L'audience est ouverte (1959), Lioubimov ville aimée (1963), Une voix dans le chœur (1973), Promenades avec Pouchkine (1975), Bonne Nuit (1984). **Slapovski,** Alexeï [P] (1960). **Smirnov,** Serge [P] (1913-76) : De ce qui est le plus intime (1950), Conversation sincère (1951). **Sneguirev,** Élie [J, Chr] (1928-79) : Ma mère Maman. **Soljenitsyne,** Alexandre [R] (11-12-1918) : Une journée d'Ivan Denissovitch (1962), la Maison de Matriona (1963), l'Inconnu de Krétchétovka (1963), le Premier Cercle (1968), le Pavillon des cancéreux (1968), la Main droite (1968), la Procession pascale (1969), Août 14 (1971), l'Archipel du Goulag (1958-68, publié en 1973), Des voix sous les décombres, Lénine à Zurich (1975), Flamme au vent, l'Erreur de l'Occident (1981), le Premier Cercle [nouvelle version (1982)], Nos pluralistes (1983), la Roue rouge (1972) [nouvelle version d'« Août 14 », 1er tome (1983)], Octobre 16 [2e tome (1984)], Novembre 16 (1986), Mars 17 [3e tome (1993)], les Invisibles, Comment réaménager notre Russie (1990), le Problème russe à la fin du XXe s. (1994), la Russie sous l'avalanche. *Mémoires :* le Chêne et le Veau (1974), le Grain tombé entre les meules, Angoisses d'exil (1997). – *Biogr. :* fils d'un étudiant et d'une employée. Études à Rostov (math et physique). *1939* à l'école d'artillerie, se marie. *1941-45* capitaine. *1945* condamné pour avoir critiqué le régime dans une lettre (4 ans dans un camp spécial d'intellectuels ; 4 ans en régime « moyen », comme fondeur et maçon). *1953* cancer ; opéré, relégué au Kazakhstan. *1956* réhabilité, retrouve sa femme qui avait divorcé ; enseignant à Riazan (installé chez Matriona). *1962* (déc.) *Une journée d'Ivan Denissovitch* publié dans Novy Mir : renommée mondiale. *1965* suspect (découverte chez lui du manuscrit d'un drame, *le Festin des vainqueurs,* écrit en camp, 1950). *1968* édition pirate, à l'étranger, du *Premier Cercle* et du *Pavillon des cancéreux :* exclu de l'Union des écrivains. Vit avec Nathalie Svetlov (mathématicienne). *1970* prix Nobel ; invité à s'exiler, refuse, et ne reçoit pas son prix. *1971* interdit de séjour à Moscou. *1974-1-2* arrêté, déchu de la nationalité soviétique, expulsé ; vit dans le Vermont (USA). *1990 Comment réaménager notre Russie ?* publié en URSS. *1994-mai :* revient vivre en Russie. **Solooukhine,** Vladimir [P, R] (1924-96) : la Goutte de rosée (1960), Les arbres naissent droits (1964). **Sorokine,** Vladimir [R, D] (n. c.) : les Cœurs des Quatre. **Strougatski,** Arkadi [R] (1925-91) : Le lundi commence le samedi (1966). **Svetlov,** Michel [P] (1903-64) : les Roues (1922).

Tendriakov, Vladimir [R] (1923-84) : Fondrières. **Trifonov,** Iouri [R] (1925-81) : les Étudiants (1950), le Temps de l'impératrice (1973), la Maison du quai (1976), le Temps et le Lieu (1981), la Disparition (1987). **Tvardovski,** Alexandre [P] (1910-71) : Vassili Terkine (1942-45), Au-delà des lointains (1953).

Vampilov, Alexandre [D] (1937-72). **Vichnievski,** Vsevolod [D] (1900-51) : Inoubliable 1919 (1949). **Vladimov,** Georgi [R] (1931) : le Fidèle Rouslan. **Voïnovitch,** Vladimir [E] (1932) : les Aventures singulières du soldat Ivan Tchonkine. **Voznessenski,** André [R] (1933) : la Poire triangulaire (1962), Skrymtymnym (1973), Incontrôlable (1983).

Zabolotski, Nicolas [P] (1903-58). **Zalyguine,** Serge [R] (1913) : Au bord de l'Irtych. **Zinik,** Zinovi [R] (1945) : Une niche au Panthéon. **Zinoviev,** Alexandre [E] (1922) : les Hauteurs béantes (1976), l'Avenir radieux (1978), les Notes d'un veilleur de nuit (1979), le Communisme comme réalité (1981), le Héros de notre jeunesse (1983), les Confessions d'un homme en trop (1990). **Zlobine,** Anatole [R] (1923) : Déboulonnage (1992).

■ **Quelques personnages.** **Dostoïevski** *Raskolnikov* (Crime et Châtiment, 1866) : intellectuel marginal qui se place au-dessus de la morale. **Gogol** *Tarass Boulba* (1835) : féroce guerrier des luttes religieuses. **Gontcharov** *Oblomov* (1858) : paresseux. **Pasternak** *le Docteur Jivago* (1957) : idéaliste pris dans la Révolution. **Pouchkine** *Mazeppa* (Poltava, poème 1828) : héros épris de liberté. *Boris Godounov* (tragédie 1831) : usurpateur. *Eugène Onéguine* (poème 1833) : mondain sceptique et immoral. **Saltykov-Chtchedrine** *Porphyre Golovlev* (le « Petit Judas », 1873-74) : cupide et sans cœur. **Tolstoï** *Anna Karénine* (1875-77) : grande dame victime d'une passion amoureuse pour Alexis Vronski.

■ **Écrivains russes de langue française.** **Marie Bashkirtseff** (1860-84) : p. 296 c. **Alexandre Beloselski** (1752-1809) : Épîtres aux Français, Épîtres aux Anglais, Dialogue sur la mort et la vie. **Nikolas Berdiaev** (1874-1948) : p. 297 a. **Catherine II** (impératrice, 1729-96) : 27 pièces de théâtre (11 comédies, 7 opéras, 9 proverbes), dont Oleg, le Chevalier de malheur, le Charlatan de Sibérie, Ô Temps, Mémoires (publiés 1859), Lettres à Grimm. **Le prince Élim** (Élim Mestcherski, 1808-44) : poésies (les Boréales, les Roses noires, les Poètes russes). **Romain Gary** (Kacew, 1914-80) : p. 308 a. **Georges Gurvitch** (1894-1965) : philosophe. **Raïssa Maritain** (Oumansoff, 1883-1960) : p. 300 c. **Vsevolod Romanovsky** (1912). **Nathalie Sarraute** (Tcherniak, 1900-99) : p. 313 b. **Comtesse de Ségur** (Sophie Rostopchine, 1799-1874) : p. 296 a. **Madame Swetchine** (Anne Sophie Soymonof, 1787-1857). **Elsa Triolet** (E. Kagan, 1896-1970) : p. 303 b. **Henri Troyat** (Lev Tarassov, 1911) : p. 314 a.

LITTÉRATURE SUISSE

DE LANGUE ALLEMANDE

■ NÉS AVANT 1900

Barth, Karl [Théo] (1886-1968) : Dogmatique (1927-51). **Bonjour,** Edgar [His] (1898-1991). **Bräker,** Ulrich [R] (1735-98) : le Pauvre Homme du Toggenburg (1788-89). **Burckhardt,** *Carl Jacob* [H] (1891-1974) : Lettres (1956), Richelieu. *Jacob* [H] (1818-97) : la Civilisation de l'Italie au temps de la Renaissance (1860), Considérations sur l'histoire universelle (1905), le Cicerone (1955). **Glauser,** Friedrich [R] (1896-1938) : Gourrama, le Règne des toqués, l'Inspecteur Studer. **Gotthelf,** Jeremias (Albert Bitzius) [R, Théo] (1797-1854) : le Miroir des paysans (1837), l'Ame et l'Argent (1844), Ulrich le fermier (1849). **Inglin,** Meinrad [R] (1893-1971). **Jung,** Carl Gustav [Psy, Ph] (1875-1961) : les Types psychologiques (1921), Dialectique du moi et de l'inconscient (1928), Réalité de l'âme (1934), la Psychologie du transfert (1946), Psychologie et Éducation, Réponse à Job (1952), Ma vie (1962). **Keller,** Gottfried [P, R] (1819-90) : Henri le Vert (1854), les Gens de Seldwyla (1856), Sept Légendes (1872), Nouvelles zurichoises (1878). **Lavater,** Jean-Gaspard [E] (1741-1801) : Chants suisses (1767), Visions sur l'éternité (1768), Essai sur la physiognomonie (1775-78). **Meyer,** Conrad-Ferdinand [P, R] (1825-98) : Derniers Jours de Hutten (1871), Jürg Jenatsch (1876), le Coup de feu en chaire (1877), le Saint (1879). **Müller,** Johannes von [H] (1752-1809) : Histoire de la Confédération suisse (1780-86). **Pestalozzi,** Jean-Henri [Ph, Éducateur] (1746-1827) : Léonard et Gertrude (1787), Figures pour mon abédédaire (1797), le Chant du cygne (1826). **Spitteler,** Carl [P] (1845-1924) : Prométhée et Épiméthée (1881), Printemps olympien (1900-06), Imago (1906). [N 1919]. **Walser,** Robert [R, P] (15-4-1878/25-12-1956, en asile psychiatrique) : Poèmes (1909), Histoires (1914), Proses (1917). *Romans :* les Enfants Tanner (1907), le Commis (1908), l'Institut Benjamenta (1909). **Wyss,** Jean-David [R] (1743-1818) : le Robinson suisse (1813). **Zollinger,** Albin [P, R] (1895-1941) : Pfannenstiel.

■ NÉS APRÈS 1900

Balthasar, Hans Urs von [Ph, Théo] (1905-88) : la Dramatique divine (5 volumes), la Gloire et la Croix (7 volumes, 1961-87).

Bichsel, Peter [P, Pros] (1935) : le Laitier.

Bochenski, Joseph [Ph] (d'origine polonaise) (1902-95).

Burger, Hermann [R] (1942-89, suicide) : Diabelli (1980), la Mère artificielle, Blankenburg (1990).

Dürrenmatt, Friedrich [R, D, Es] (1921-90) : *Romans :* le Juge et son bourreau (1950), le Soupçon (1951), la Ville (1952), Grec cherche Grecque (1955), la Panne (1956), la Promesse (1958), Justice (1985). *Théâtre :* le Mariage de M. Mississippi (1952), Hercule et les écuries d'Augias (1954), la Visite de la vieille dame (1956), les Physiciens (1961), Romulus le Grand (1964), le Météore (1966), Play Strindberg (1969). *Essais :* Sur Israël (1976), la Mise en œuvre (1981).

Federspiel, Jürg [R] (1931) : Massacre dans la lune (1963), la Ballade Marie Typhus (1986), Géographie du plaisir (1989).

Frisch, Max [R, D] (1911-91) : Stiller (1954), Homo Faber (1957), Désert des miroirs (1964), Montauk (1975), L'homme apparaît au Quaternaire (1979), Barbe bleue (1982). *Théâtre :* la Grande Muraille (1947), le Cte Oederland (1951), Don Juan et la Géométrie (1953), Monsieur Bonhomme et les Incendiaires (1958), Andorra (1961). *Autobiographie :* Un jeu (1967), Triptyque (1979).

Hasler, Eveline [R] (1933) : Anna Göldin (1982), Ibicaba (1985), la Femme aux ailes de cire (1991).

Hohl, Ludwig [Es] (1904-80) : les Notices ou la Réconciliation sans précipitation (1944-54), Nuances et Détails, Tous les hommes presque toujours s'imaginent (1967-71), Une ascension, Chemin de nuit (publié 1995).

Hürlimann, Thomas [R] (1950) : Grand-père et le Demi-Frère (1990), le Pavillon du jardin (1992).

Küng, Hans [Théo] (1928) : l'Église (1967), Infaillible, Une interpellation (1970), Être chrétien, l'Église maintenue dans la vérité (1979), Dieu existe-t-il ? (1981).

Loetscher, Hugo [R] (1929) : les Égouts (1963), le Déserteur engagé, les Papiers du déserteur engagé (1986).

Meier, Herbert [R, D] (1928) : Fin septembre.

Muschg, Adolf [E] (1934) : l'Été du lièvre (1965), l'Impossible Enquête (1974).

Nizon, Paul [E] (1929) : Canto (1963), Immersion (1972), Stolz (1975), l'Année de l'amour, Dans le ventre de la baleine (1981), l'Œil du coursier (1989), l'Envers du manteau (1997), Chien (1998).

Späth, Gerold [R] (1939) : Unschlecht (1970).

Steiner, Jörg [R] (1930).

Walter, Otto F. [R] (1928-94) : le Muet (1958), la Dernière Nuit (1959), Monsieur Tourel (1962), l'Ensauvagement (1977), le Temps du faisan (1988).

Zorn, Fritz [Es] (1944-76) : Mars (1977).

DE LANGUE FRANÇAISE

■ NÉS AVANT 1900

Amiel, Henri-Frédéric [P, Mém] (1821-81) : Journal intime [1847-83, publié 1923, 12 vol. (1974-94)]. **Bonnet,** Charles [Ph] (1720-93) : Essai sur les facultés de l'âme (1760), Palingénésie philosophique (1769). **Bonstetten,** Charles-Victor de [Es] (1745-1832) : Recherches sur la Nature et les lois de l'imagination, Études de l'Homme (1821), l'Homme du Midi et l'Homme du Nord (en français, 1824) ; Mélanges (en allemand). **Bopp,** Léon [Cr, R] (1899-1977) : Ciel et Terre (1962), Psychologie des Fleurs du mal (1966). **Budry,** Paul [Cr. d'art] (1883-1949). **Buenzod,** Emmanuel [R] (1893-1971) : Sœur Anne, Gens de rencontre.

Cendrars, Frédéric Louis Sauser, dit Blaise (naturalisé Français) [P, R] (1887-1961) : *Poésie :* Du monde entier [1919 : Pâques à New York (1912), la Prose du transsibérien (1913), le Panama ou les Aventures de mes sept oncles (1914)]. *Prose :* l'Or (1925), Moravagine (1926), Trop c'est trop (1927), Rhum (1930), l'Homme foudroyé (1945), Bourlinguer (1948). **Charrière,** Isabelle de [R] (Hollandaise, 1740-1805) : Caliste (1787), Lettres (1784-85), Trois femmes (1796). **Chavannes,** Fernand [D] (1868-1936) : Guillaume le Fou. **Chenevière,** Jacques [R] (1886-1976) :

les Captives (1943), Retours et Images, Daphné (1969). **Cingria,** Charles-Albert [P, Es] (1883-1954) : *Poésie :* Stalactites, Enveloppes. *Critique :* Pétrarque. **Clerc,** Charly [P, D] (1882-1958) : les Chemins et les Demeures. *Théâtre :* la Bonne Aventure. **Cohen,** Albert [E] (1895-1981) : Paroles juives (1919), Solal (1929), Ezéchiel (joué 1933), Mangeclous (1938), le Livre de ma mère (1954), Belle du Seigneur [1968, modèle : Jane Fillion (?), † 4-9-1992 à 95 ans], les Valeureux (1969), Ô vous frères humains (1972), Carnets (1978). **Colomb,** Catherine [R] (1892-1965) : Châteaux en enfance (1945), les Esprits de la terre (1953), le Temps des anges (1962). **Constant de Rebecque,** Benjamin [R, Pol] (Lausanne 25-10-1767/Paris 8-12-1830) : Adolphe (1816), De la religion (1824-31), le Cahier rouge (publié 1907), Cécile (vers 1810, publié 1951). – *Biogr. :* noblesse vaudoise (protestante), d'origine picarde. Élevé par son père, officier suisse aux Pays-Bas. Études à Oxford puis Paris. *1785-87* aventures féminines. *1787-94* chambellan du duc de Brunswick. *1794-95* épouse Wilhelmine von Gramm, divorce presque immédiat. *1796-1810* liaison avec Mme de Staël qui réside surtout en Suisse. *1808* épouse Charlotte de Hardenberg. *1814* revendique la nationalité française. *1815* Cent-Jours : chargé par Napoléon de rédiger l'Acte additionnel. *1816* directeur du *Mercure de France,* libéral ; joueur, lourdes dettes. *1819* député de la Sarthe. *1830* rallié à Louis-Philippe qui paie ses dettes. Meurt d'une blessure à la jambe due à une chute. Funérailles nationales. **Crisinel,** Edmond-Henri [P] (1897-1948) : Alectone.

Dumont, Étienne [Ph] (1759-1829) : Théorie des peines et des récompenses. **Dumur,** Louis [R] (1863-1933) : Nach Paris (1919), le Boucher de Verdun (1921), les Défaitistes (1923). **Francillon,** Clarisse [R] (1899-1976) : les Fantômes, Festival, le Frère, le Carnet à lucarnes. **Gilliard,** Edmond [P, Es] (1875-1969) : Hymne terrestre, la Dramatique du moi. **Girard,** Pierre [P, R] (1892-1956) : la Flamme au soleil, Philippe et l'Amiral, Monsieur Stark, Othon et les Sirènes. **Godet,** Philippe [Cr] (1850-1922). **Jomini,** baron Henri [général] (1779-1869). **Matthey,** Pierre-Louis [P] (1893-1970) : Seize à vingt (1914), Triade (1953). **Morax,** René [D] (1873-1963) : le Roi David, Judith, la Belle de Moudon. **Olivier,** Juste [P, R, Es] (1807-70).

Perrochon, Henri [E] (1899-1990). **Piachaud,** René-Louis [P, D] (1896-1941) : Coriolan, Psaumes de David, le Poème paternel. **Piaget,** Jean [Ph] (1896-1980) : le Langage et la Pensée chez l'enfant (1923), la Naissance de l'intelligence chez l'enfant (1932), la Psychologie de l'intelligence (1947), Logique et Connaissance scientifique (1969). **Pourtalès,** Guy de [R, Es] (1884-1941) : Berlioz (1925-39), l'Europe romantique (1925-39), Montclar (1926), Louis II de Bavière (1928), Wagner (1932), la Pêche miraculeuse (1937). **Ramuz,** Charles-Ferdinand [R, Es] (1878-1947) : Aline (1905), Jean-Luc persécuté (1909), Histoire du soldat (1918), les Signes parmi nous (1919), Joie dans le ciel (1925), la Grande Peur dans la montagne (1926), Taille de l'homme (1933), Derborence (1934), le Garçon savoyard (1936), Si le soleil ne revenait pas (1937), Journal (1945). **Raymond,** Marcel [Cr] (1897-1981) : De Baudelaire au surréalisme (1933), le Sel et la Cendre. **Renfer,** Werner [P, Es] (1898-1936). **Reynold,** Gonzague de [H] (1880-1970) : la Formation de l'Europe (1944-56). **Rist,** Charles [Ec] (1874-1955). **Rod,** Édouard [R] (1857-1910) : la Course à la mort, le Sens de la vie (1889), la Vie privée de Michel Teissier. **Rossel,** Virgile [Cr] (1858-1933). **Roud,** Gustave [P] (1897-1976). **Rousseau,** Jean-Jacques [Ph, E, R] (1712-78) : Discours sur les sciences et les arts (1750), Sur l'origine de l'inégalité (1755), Lettre à d'Alembert sur les spectacles (1758), Julie ou la Nouvelle Héloïse (1761), l'Émile (1762), Du contrat social (1762), Rêveries du promeneur solitaire (1782, écrites 1776-78), Confessions (les 6 premiers livres écrits 1764-67, les 6 derniers 1769-70 ; publié 1782-89). – *Biogr. :* père horloger genevois (protestant) ; orphelin de mère dès sa naissance. Éducation négligée. *1728* laquais à Turin, dérobe un ruban ; le vol étant découvert, accuse une servante, Marion, qui est renvoyée ; se réfugie en Savoie, pris en main par les organismes de conversion au catholicisme, confié à Mme de Warens [Louise-Éléonore de Latour du Pil, B^onne^ de (1700-62), agent secret du gouvernement savoyard, chargée de la surveillance des Genevois] dont il devient l'amant. *1729-30* musicien à la cathédrale d'Annecy. *1730-42* en ménage aux Charmettes, avec Mme de Warens et ses amants, dont Claude Anet et Wintzenried ; en part souvent (notamment en 1738, précepteur à Lyon). *1741* présente à Paris, à l'Académie, un nouveau système de notation musicale (échec). *1742-43* secrétaire de l'ambassadeur de France à Venise, M. de Montaigu. *1743* à Paris ; liaison avec Thérèse Levasseur, blanchisseuse (les 5 enfants qu'elle prétendra avoir remis à l'Assistance publique ne sont pas de Rousseau). *1750* succès du *Devin du village* (opéra) ; refuse d'être présenté à Louis XV. *1751* redevient citoyen genevois et protestant. Vit chez Mme d'Épinay (1726-83), à l'Ermitage, près de Montmorency. *1757* rupture. S'installe à Montlouis, près de l'Ermitage. *1761* publie *la Nouvelle Héloïse* [inspirée par sa passion malheureuse pour la Ctesse d'Houdetot (1730-1813)]. *1762-juin* condamné par le Parlement de Paris pour *l'Émile,* s'enfuit (en Suisse puis en Angleterre). *1765-sept.-oct.* séjourne île de St-Pierre (lac de Bienne) ; *nuit 6 au 7-9,* des habitants de Môtiers lancent des pierres sur sa maison. *1767* en France, dans la clandestinité. *1768* épouse Thérèse. *1770* à Paris [rue Plâtrière (maintenant rue J.-J. Rousseau)], vivant de copie de musique. *1776-24-10* renversé par un chien à Ménilmontant où il herborisait, est recueilli à Ermenonville, chez le Mis de Girardin. *1778* meurt d'apoplexie ; enseveli dans une île du lac (puis au Panthéon, 1794).

Saint-Hélier (Berthe Briod, dite Monique) [R] (1895-1955) : la Cage aux rêves (1932), Bois-Mort (1934), le Cavalier de paille, le Martin-pêcheur, l'Arrosoir rouge. **Saussure,** Ferdinand de [Ling] (1857-1913) : Mémoire sur le système primitif des voyelles dans les langues indo-européennes (1879), Cours de linguistique générale (1915). **Savary,** Léon [R, Es] (1895-1968) : le Cordon d'argent, Lettres à Suzanne. **Secrétan,** Charles [Ph] (1815-95). **Sismondi,** Jean-Charles Simonde de [H, Ec] (1773-1842) : la Littérature du midi de l'Europe (1813), Nouveaux principes d'économie politique (1819), Études sur les constitutions des peuples libres (1836). **Staël,** Germaine Necker, B^onne^ de [R, Es] (1766-1817) : *Essais :* De la littérature (1800), De l'Allemagne (1810). *Romans :* Delphine (1802), Corinne (1807). – *Biogr. :* fille du banquier Necker, ministre de Louis XVI. Fréquente les salons parisiens. *1786* épouse le baron de Staël-Holstein (suédois), ambassadeur à Paris. *1792-94* réfugiée en Suède puis en Suisse (château des Necker à Coppet). *1794-1802* salon à Paris (libéral). Liaison avec Benjamin Constant dont elle a une fille, Albertine (née 1797). *1802* veuve. *1803* exilée par Bonaparte ; voyages en Europe. *1810* rentre clandestinement à Paris, publie *De l'Allemagne* (édition passée au pilon). *1810-12* résidence forcée à Coppet (Suisse). *1811* remariage avec un jeune officier suisse, M. de Rocca. *1813* réfugiée en Russie, puis à Londres. *1814-16* à Paris. Meurt d'un cancer à 50 ans. **Töpffer,** Rodolphe [Hum] (1799-1846) : Nouvelles genevoises (1838), Voyages en zigzag (1844). **Traz,** Robert de [R] (1884-1951) : l'Homme dans le rang, Vivre (1910), Fiançailles, l'Ombre et le Soleil, Complices (1924), l'Écorché (1927). **Vallotton,** Benjamin [R] (1877-1962) : série des Commissaire Potterat. **Vinet,** Alexandre [Théo, Cr] (1797-1847). **Ziegler,** Henri de [Es] (1885-1970) : Genève et l'Italie. **Zimmermann,** Jean-Paul [R, D] (1899-1952) : l'Étranger dans la ville, les Vieux-Prés.

■ Nés après 1900

Aubert, Claude [P] (1915-72).

Barbey, Bernard [R] (1900-70) : la Maladère, PC du général.

Barilier, Étienne [R, Es] (1947) : le Chien Tristan (1977), Pic de la Mirandole, Contre le nouvel obscurantisme.

Béguin, Albert [C] (1901-57) : l'Ame romantique et le Rêve (1937), Léon Bloy, Pascal, Bernanos.

Benoziglio, Jean-Luc [R, Es] (1941) : le Feu au lac.

Bille, Corinna [P, R] (1912-79) : la Fraise noire (1968), Théoda (1978).

Borgeaud, Georges [R] (1914-98) : le Préau (1952), le Voyage à l'étranger (1974), Mille Feuilles (1997).

Bouvier, Nicolas [Pros] (1929-98) : l'Usage du monde (1963), le Poisson-Scorpion (1981), l'Échappée belle (1996).

Chappaz, Maurice [Pros, P] (1916) : les Grandes Journées de printemps (1944), le Testament du Haut-Rhône (1953), la Haute Route (1974), le Livre de C. (1986).

Chappuis, Pierre [P] (1930) : Décalages (1982).

Chessex, Jacques [P, R, E] (1934) : Batailles dans l'air (1959), la Confession du pasteur Burg (1967), Portrait des Vaudois (1969), Carabas (1971), l'Ogre (G 1973), Judas le transparent (1982), Jonas (1987), Morgane madrigal (1990), le Rêve de Voltaire (1995), l'Imitation (1997), Incarnata (1999).

Cuttat, Jean [P] (1916-92) : Chansons du mal au cœur (1942), les Couplets de l'oiseleur (1967).

Eigeldinger, Marc [P] (1917-91) : Prémices de la parole.

Grobéty, Anne-Lise [R] (1949).

Godel, Vahé [P] (1931).

Haldas, Georges [P, Chr] (1917).

Jaccottet, Philippe [P, Cr] (1925) : l'Effraie (1953), la Semaison (1971), Pensées sous les nuages (1983).

Laederach, Monique [P, R, D] (1938).

Landry, Charles-François [R] (1909-73) : la Devinaize, les Étés courts.

Liègme, Bernard [D] (1927) : Tandem (1976).

Lossier, Jean-Georges [P] (1911).

Lovay, Jean-Marc [R] (1948).

Massard, Janine [R] (1939) : la Petite Monnaie des jours (1985), Trois Mariages (1992).

Mercanton, Jacques [R] (1910-96) : Thomas l'incrédule (1943), l'Été des Sept-Dormants (1974).

Métral, Maurice [R] (1929) : l'Avalanche (1966), les Hauts Cimetières (1970), l'Enfant refusé (1972), l'Appel du soir, les Loups parmi nous (1980).

Micheloud, Pierrette [P] (1920) : les Mots la pierre (1983), Elle, vêtue de rien (1990).

Monnier, Jean-Pierre [R] (1920-97) : la Clarté de la nuit (1956), l'Arbre du jour (1971).

Pache, Jean [P] (1933) : Baroques (1983).

Perrier, Anne [P] (1922) : la Voix nomade (1986).

Pinget, Robert [D, R] (1919-97) : *Théâtre :* Lettre morte (1959), la Manivelle (1960), l'Hypothèse (1961), Abel et Bela (1971). *Romans :* Mahu ou le Matériau (1952), le Fiston (1959), l'Inquisitoire (1962), Quelqu'un (F 1965), l'Apocryphe (1980), Monsieur Songe (1982), l'Ennemi (1987), Théo ou le Temps neuf (1991).

Piroué, Georges [P, R, Nouv] (1920) : Mémoires d'un lecteur heureux (1997).

Rivaz, Alice Golay [R, Es] (1901-98) : la Paix des ruches (1947), Comptez vos jours, l'Alphabet du matin (1968).

Rougemont, Denis de [Cr, Ph] (1906-85) : Penser avec les mains (1936), l'Amour et l'Occident (1939), L'avenir est notre affaire (1977).

Starobinski, Jean [Cr] (1920).

Tâche, Pierre-Alain [P] (1940).

Velan, Yves [R] (1925) : Je (1959), Soft Goulag (1977).

Viala, Michel [E] (1933) : Séance (1974).

Voisard, Alexandre [P] (1930).

Vuilleumier, Jean [R] (1934) : la Désaffection.

Walzer, Pierre-Olivier [E] (1915-2000).

Zermatten, Maurice [R, Es] (1910) : le Jardin des oliviers, la Montagne sans étoiles, la Fontaine d'Aréthuse.

Z'Graggen, Yvette [R] (1920) : Un temps de colère et d'amour (1980), les Années silencieuses, Changer l'oubli (1989), la Punta (1992), Ciel d'Allemagne.

Zumthor, Paul [R] (1915-95).

Autres langues

■ **Italienne. Berra,** Donata (1947). **Bianconi,** Piero (1899-1984). **Bianconi,** Giovanni (1891-1981). **Bonalumi,** Giovanni (1920). **Buletti,** Aurelio (1946). **Chiesa,** Francesco (1871-1973). **Ceresa,** Alice (1923). **Fasani,** Remo (1922). **Felder,** Anna (1937). **Filippini,** Felice (1917-88). **Grignola,** Fernando (1932). **Guidinetti,** Elda (1941). **Isella,** Gilberto (1943). **Jenni,** Adolfo (1911-97). **Lattmann,** Silvana (1918). **Livello,** Edvige (1901-99). **Mascioni,** Grytzko (1936). **Nessi,** Alberto (1940). **Orelli,** *Giorgio* (1921). *Giovanni* (1928). **Pusterla,** Fabio (1956). **Rossi,** Antonio (1952).

■ **Rétoromanche. Bezzola,** Clo Duri (1945). **Biert,** Cla (1920-81). **Depalzes,** Gion (1918). **Klainguti,** Gōri (1945). **Nolfi,** Tina (1946). **Peer,** *Andri* (1921-85). *Oscar* (1928). **Plouda-Stecher,** Rut (1949). **Rüthers-Seeli,** Tresa (1931). **Semadeni,** Jon (1910-81). **Spescha,** *Flurin* (1958-2000). *Hendri* (1928-82). **Tuor,** Leo (1958).

Autres littératures

Littérature albanaise

Agolli, Dritëro [R] (1931) : le Commissaire Mémo (1969), Splendeur et Décadence du camarade Zullo (1972), l'Homme au canon (1994). **Arapi,** Fatos [R, Nouv] (1930) : O Tempora, La mer entre nous. **Bardhi,** Frang (1606-43) : Skanderbeg (1636). **Bodgani,** Pietër (1625-89). **Budi,** Pietër (1566-1623). **Frashëri,** Naim (1846-1900). **Kadaré,** Ismaïl [R] (1936, réfugié politique en France depuis 25-10-1990) : le Général de l'armée morte (1963), le Monstre (1965), les Tambours de la pluie (1972), Chronique de la ville en pierre (1973), le Grand Hiver (1973), la Niche de la honte (1978), le Pont aux 3 arches (1980), Qui a ramené Doruntine ? (1980), le Crépuscule des dieux de la steppe (1981), Avril brisé (1981), le Palais des rêves (1981), la Grande Muraille (1984), Clair de lune (1985), l'Invitation à un concert officiel (1985), l'Année noire (1986), Eschyle ou l'Éternel Perdant (1988), le Concert (1989), le Dossier H (1989), Invitation à l'atelier de l'écrivain (1990), le Poids de la croix (1991), Printemps albanais (1991), la Pyramide (1992), l'Ombre (1994), l'Aigle, Spiritus (1996), Novembre d'une capitale (1998), le Temps des querelles, Il a fallu ce deuil pour se retrouver (2000). **Kongoli,** Fatos [R] (1944) : le Paumé (1991), Cadavre, les Prisons de la mémoire, l'Ombre de l'autre. **Koreshi,** Vath [R, Nouv] (1936) : le Mont sur le marais. **Migjeni** [R, Nouv] (1911-38) : La beauté qui tue, les Pommes défendues, la Légende du maïs. **Mustafaj,** Besnik [Es, R] (1958) : l'Albanie (1992), Un été sans retour (1992), les Cigales de la canicule (1993), Petite Saga carcérale (1994), le Tambour de papier (1996). **Noli,** Fan S. [E] (1882-1965, mort proscrit) : Israélites et Philistines. **Rama,** Luan [E] (1952). **Sako,** Zihni [E] (1912-81). **Shehu,** Bashkim [Nouv] (1955). **Siliqi,** Llazar [E] (1924) : Prishtina, Ringjallja. **Tozaj,** Neshat [R] (1935) : les Couteaux.

Littérature arabe

Livre sacré : le Coran (de l'arabe *Qur'ân* : livre sacré, voir p. 555 a) texte établi en 651.

Anonymes. Les Mille et Une Nuits (contes, XIVe s. ; *héros :* Ali Baba et les 40 voleurs ; Sindbad le Marin), les Fables de Bidpaï (Kalila et Dimna, VIIIe s.).

Anciens. Abou al-'Alà'al-Ma'arri (979-1058) : l'Épître du pardon. **Abu Nuwas,** Hasan [P] (747-85) : Poèmes bachiques. **Al-Būrūni** (Iran) [Math] (973-1050). **Al-Khalil** [Gram] († vers 791). **Al Kindi,** Youssouf [Ph] (vers 801- ? 873]. **Al-Tabari** [Théo, H, Cr] (838/9-921/3). **Averroès** [Ph, Med] (Cordoue 1126-Marrakech 1198). **Avicenne** (Ibn Sina) [Ph, Méd] (980-1037) : la Guérison de l'erreur. **Farazdaq,** Hammâm ben Ghâlib [P] (640-733). **Ghâzâlî** (Algazel, dit Al) [Ph, Théo] (1058-1111) : la Destruction des philosophes. **Ibn al Farid** [P] (1181/2-1235). **Ibn al Haytham** [Sav, Math] (965-1039). **Ibn Hazm** [E, Ph] (993-1064). **Ibn al Muqaffa'** [E] (720/24-756/59). **Ibn Arabi** (Soufi) (1165-1240). **Ibn Battuta** [E] (1304-1368/77 ?). **Ibn Khaldūn,** Abd al-Rahmān [R] (1332-1406) : Prolégomènes (vers 1375-79), Histoire universelle (vers 1378). **Jahiz,** Amr ben Bahr [Hum] (776-868) : Livre des avares, Livres des animaux. **Léon l'Africain** Al-Hassan Ibn Muhammed Al Fâzi [Éru] (vers 1483-vers 1554).

Modernes. Abd al-Sabour, Salah (Égypte) [P] (1931-81). **Abdelamir,** Chowki (Iraq) [P, Es] (1949). **Abdel Kouddous,** Ihsan (Égypte) [R] (1919-90). **Abdel-Meguid,** Ibrahim (Égypte) [E, R, Nouv] (1946). **Abu Chabaka** Elias (Liban) [P] (1903-47). **Abu Madi,** Eliya (Liban) [P] (1889/90-1957). **Adonis** Ali Ahmed Saïd Esber (Syrie) [P, Cr] (1930) : les Chants de Mihyar le Damascène (1961), le Livre de la migration. **Afghani,** Jamal ad-Din (Iran) [Pol] (1838-97) : Réfutation des matérialistes. **Akl,** Saïd (Liban) [P, Es, D] (1912). **Al Bayati,** Abdelwahab (Iraq) [P] (1926). **Al Sayyab,** Badr Chaker (Iraq) [P] (1926-64). **Amin,** Samir

(Égypte) [Ec] (1931) : l'Accumulation à l'échelle mondiale (1970). **Awad,** Louis (Égypte) [Ency] (1915-90). **Baalbaki,** Leila (Liban) [R] (1936) : Je vis. **Barakat,** Horda (Liban) [R] (1952). **Charqawi-al,** Abd al-Rahman (Égypte) [R, P] (1920-87). **Chidyaq,** Ahmad Faris (Liban) [E, J, Gram] (1804-87). **Choukri,** Mohamed (Maroc) [R] (1935) : le Pain nu. **Darwich,** Mahmoud (Palestine) [P] (1941). **Dongol,** Amal (Égypte) (1940-83). **El Cheikh,** Hanan (Liban) [R] (1945) : Histoire de Zahra. **Essid,** Hamadi (Tunisie) [E] (1939-91). **Faytoury,** Muhammad al- (Soudan) [P] (1930). **Foda,** Farag (Égypte) [R] (1945-92) : Avant la chute (1984). **Gharib-Ali,** Samir [R] (n. c.) : le Fauconnier. **Ghitani-al,** Gamal (Égypte) [Nouv R, Cr] (1945). **Habibi,** Émile (Palestine) [R, J] (1922-96). **Hakîm,** Tawfiq al (Égypte) [D, Es, R] (1898-1987) : Journal d'un substitut de campagne (1942), Théâtre multicolore (1950). **Hamdan,** Gamal (Égypte) [H, Soc] († 1993). **Hamed,** Alaa (Égypte) [R] (n.c. ; condamné à 8 ans de prison) : Voyage dans l'esprit d'un homme. **Haqqi,** Yahya (Égypte) [R, Nouv] (1905-92). **Hegazi,** Ahmed (Égypte) [P] (1935). **Hussein,** Taha [E, Es, J] (1889-1973). **Idriss,** Youssef (Égypte) [R, D, Nouv] (1927-91) : la Sirène (1969), la Maison de chair (1971). **Ismaïl,** Ismaïl Fahd (Koweït) [R, Nouv] (1940). **Jabra,** Jabra Ibrahim (Palestine) [R, Cr] (1920-94). **Kabbani,** Nizar (Syrie) [P] (1923-98). **Kanafani,** Ghassan (Palestine) [Nouv] (1936-72). **Kawakibi,** Abd al-Rahman al- (Syrie) [Soc, Pol] (1849-1902). **Khalifa,** Sahar (Palestine) [R] (1941). **Kharrat,** Édouard al- (Égypte) [R] (1927) : Alexandrie, terre de safran. **Khémir,** Nacer (Tunisie) [R] (1948) : l'Ogresse. **Khoury,** Elias (Liban) [R] (1948) : la Petite Montagne. **Khraïef,** Béchir (Tunisie) [R] (1917) : la Terre des passions brûlées.

Laâbi, Abdellatif [P, R] (1942). **Lahbabi,** Mohamed Aziz (Maroc) [Ph] (1922-93). **Mâghout,** Muhammad al- (Syrie) [P] (1930). **Mahfûz,** Naguib (Égypte) [R] (1911) : le Nouveau Caire (1945), Khan El Khalili (1946), le Passage des miracles (1947), Commencement et Fin (1949), Trilogie cairote [Impasse des deux palais (1956), le Palais du désir (1957), El-Suk-Kariyya (1947-52)], le Fils de la Médina (1959), le Voleur et les Chiens (1961), les Cailles et l'Automne (1962), la Voie (1964), le Mendiant, Miramar (1965), Bavardage sur le Nil (1966), les Enfants de notre quartier (interdit par la mosquée El Azhar), le Jardin du passé, la Chanson des gueux (1977), le Jour de l'assassinat du leader (1985), Matin de roses (1998) [N 1988]. **Maqâlih,** 'Abd al-'Aziz al- (Yémen) [E, P, Cr]. **Mazini al-,** Ibrahim (Égypte) [E, R, P] (1889-1949). **Messadi,** Mahmoud (Tunisie) [E, D, Es] (1911). **Mina,** Hanna (Syrie) [R, Nouv] (1924). **Mounif,** Abdul Rahman (Arabie saoudite) [R] (1933) : A l'est de la Méditerranée. **Muhammad,** Abdou (Égypte) [E, Théo, Ph] (1849-1905). **Naoum,** Nabil (Égypte) [R, Nouv] (1943). **Nuayma,** Mikhaïl (Liban) [P, Ph, Cr] (1889-1988). **Ouettar,** Tahar (Algérie) [R] (1936) : l'As, Noces de mulet. **Qassim,** Samih al- (Palestine) (1939). **Rubay'î al-,** Abd al-Rahmân Magîd (Iraq) [R] (1939). **Saadaoui,** Naoual el (Égypte) [R] (1931) : Ferdaous, une voix d'enfer. **Salih,** Tayeb (Soudan) [R] (1929) : Saison de la migration vers le Nord, Bandar Chah. **Shawqi,** Ahmad (Égypte) [P] (1868-1932) : Divan (4 volumes). **Shumayyil,** Shibli (Liban) [Sav] (1850-1911) : Force et Matière. **Sonallah,** Ibrahim (Égypte) [R, Nouv] (1938) : Cette odeur-là (1965), le Comité. **Takarli,** Fouad (Iraq) [R] (1927) : les Voix de l'aube. **Tamer,** Zakariya (Syrie) [Nouv] (1931). **Teymour,** Mahmoud (Égypte) [Nouv] (1894-1973). **Toubia,** Maguid (Égypte) [R] (1938) : Combat dans la lune. **Ujayli,** Abdel Salam (Syrie) [P, Nouv, Méd] (1918). **Urayyid,** Ibrahim (Bahreïn) [E, Cr, P] (1908). **Yusuf,** Saadi (Iraq) [P] (1934). **Zaydan,** Georges (Liban) [H] (1861-1914).

LITTÉRATURE BULGARE

IX-X

IX-Xe s. Cyrille (817-869) et **Méthode** (815-885), saints [Sav, Ph, Pol, Théo]. **Ioan,** Exarque [E] (IXe-Xe s.). **Kliment de Ohrid,** St [Théo] (840-916). **Konstantin de Preslav** [P] (IXe-Xe s.). **Kosma** [Pol, Théo] (Xe-XIe s.). **Tchernorizets Hrabâr** [E] (IXe-Xe s.). **XIe s. Anonyme.** Évangile de Reims [2 parties : 1°) : cyrillique (XIe s.), 2°) : glagolitique (XIVe s.)]. **XIV-XVe s. Euthyme de Târnovo,** saint [Théo] (vers 1325-30-vers 1401-12). **Grigoriū Tsamblak** [H] (1364-1420). **Kiprian** [Théo] (vers 1330-1406). **Théodose de Târnovo,** saint [Pol, Théo] (vers 1300-63).

Nés au XVIIIe s. Fotinov, Konstantin [Es] (1790-1858). **Neofite Bozveli** [P] (1785-1848). **Neofite de Rila** [Gram] (1793-1881). **Païssiĭ de Xilendar** [H] (1722-73). **Sofroniĭ de Vratsa** [Théo] (1739-1813).

Nés au XIXe s. Bagriana, Elizaveta [P] (1893-1991). **Beron,** Petăr (Berovitch) [Méd, Ph, Sav] (1800-1871) : Riben Boukvar (1824). **Botev,** Hristo [P] (1847-76). **Debelianov,** Dimtcho [P] (1887-1916). **Elin Pelin** [R, Hum] (1877-1949) : les Gerak (1911). **Gabe,** Dora [P] (1888-1983). **Georgiev,** Mixalaki [R] (1854-1916). **Iavorov,** Peïu [P] (1878-1914). **Iovkov,** Iordan [Nouv] (1880-1937). **Jinzifov,** Raïtcho [P] (1839-77). **Karavelov,** Luben [P, Mém, R] (1834-79) : Bulgares des temps anciens (1867). **Konstantinov,** Aleko [Mém, R] (1863-97) : Baï Ganïu (1895). **Kristeva,** Julia [Ling, R] (1941, en France depuis 1965) : le Génie féminin, les Samourais. **Liliev,** Nikolaï [P] (1885-1960). **Miladinovi,** Dimităr (1810-62), Konstantin (1830-62) : Chants populaires bulgares (1861). **Mixaïlovski,** Stoïan [D, Fab, P] (1856-1927). **Pârlitchev,** Grigor [P, Mém] (1830-93). **Popdimitrov,** Emanouil [R, D, P] (1885-1943) : Dans le pays des roses (1939). **Radev,** Simeon [Mém, H, Pol] (1879-1967). **Rakitin,** Nikolaï [P] (1885-1934). **Rakovski,** Georgi [Mém, P, Pol] (1821-67) : le Voyage dans la forêt (1857). **Slaveïkov,** Petko Ratchev [P, R, Pol] (1827-95). **Smirnenski,** Christo [P, E] (1898-1923) : Conte de l'escalier (1922). **Stoïanov,** Zaxari [Mém] (1850-89). **Talev,** Dimităr [R] (1898-1966) : le Candélabre de fer (1952), les Cloches de Prespa (1954). **Todorov,** Petko Iordanov [D, R] (1879-1916). **Vazov,** Ivan [P, R] (1850-1921) : Sous le joug (1889-90). **Vlaïkov,** Todor [Mém, R] (1865-1943). **Zagortchinov,** Stoïan [R] (1889-1969).

Nés après 1900. Daltchev, Atanas [P, Nouv] (1904-78) : Paris (1930), l'Ange de Chartres (1943). **Damianov,** Damian [E] (1935). **Dimitrova,** Blaga [P, R] (1922) ; vice-Pte de la République (1992-93) : Avalanche (1971). **Dimov,** Dimităr [R, D] (1909-66) : le Tabac (1951). **Djagarov,** Georgi [R] (1925). **Hajtov,** Nikolaj [P] (1919). **Iazova,** Iana [P, R, D] (1912-74). **Karalîitchev,** Anguel [R] (1902-72) : Contes populaires bulgares (1948). **Karaslavov,** Georgi [E] (1904-80). **Kristeva,** Julia [E, Ens] (1941 ; à Paris depuis 1966). **Levtchev,** Lubomir [E] (1935). **Popova-Moutafova,** Fani [R] (1902-77) : le Maître de Boïana, la Fille de Caloïan. **Raditchkov,** Iordan [R] (1929) : Nous les moineaux. **Stanev,** Emilian [R] (1907-79). **Vaptsarov,** Nikolaj [P] (1909-42). **Zmej Gorianin** [R, Nouv] (1905-58).

LITTÉRATURE CHINOISE

Ba-Jin (1904) : le Torrent. **Cao,** *Xueqin* [R] (1715-63) : le Rêve dans le pavillon rouge. *Yu* (n.c.) : l'Orage, le Lever du Soleil. **Dongpo,** Shu [P] (1037-1101). **FXin,** Bing [R, P] (1900-99). **Fu,** Shen [R] (1763-1809) : 6 récits au fil inconstant des jours. **Guo Moruo** [R] (1892-1978). **Hong-Dao,** Yuan [R] (1586-1610) : Nuages et Pierres. **Kin,** Pa [R] : Famille (1931). **Lao,** She [R, D] (1899-1966, « suicidé ») : le Pousse-Pousse (1936), Messieurs Mr, Père et fils, Quatre générations sous un même toit. **Lu Xun** [R] (1881-1936) : le Journal d'un fou, Histoire d'Ah Q (1921). **Mao Dun** [R] (1896-1981) : Minuit. **Mengchu,** Ling [R] (1580-1644) : l'Amour de la renarde. **Miam Miam** [R] (1970) : La, la, la (1997), Bonbons chinois (2000). **Mo-jo,** Kouo [R] (1892-1978) : Autobiographie. **MoYan** (Guan Moye) [R] (1955) : Clan du sorgho. **Nai-An,** Shi et **Guanzhong,** Luo [R] (XVe s.) : Au bord de l'eau. **Pingwa,** Jia [R] (1952) : la Capitale déchue (1993), le Village englouti (1996). **Qian,** Zhongshu [Cr, R] (1910-98) : la Forteresse assiégée, le Bambou et le Poinçon. **Ruoxi,** Chen [Nouv] (1938) : le Préfet Yin (1976). **Shan,** Han [P] (VIIIe s.) : le Clodo du Dharma. **Songling,** Pu [R] (1640-1715) : Contes étranges du cabinet Léao. **Weihui** [R] (1971) : Shanghai Baby (2000). **Wei-Wei** [R] (1957) : écrit en français : la Couleur du bonheur, Fleurs de Chine. **Xingjian,** Gao [D, R] (1940, naturalisé Français) : le Livre d'un homme seul, la Montagne de l'âme (1995) [N 2000].

LITTÉRATURE INDIENNE

Anonymes : Chants carya du Bengale occidental (Xe-XVIe s.). Kāmā Sūtra (IVe-Ve s.). Ramayana (Ve s.).

Akilandam (Akilon), P. V. (1922) : Erimalai (1970). **Banerjee,** Manik [E] (1908-56) : les Pêcheurs de la Padma (1936). **Banerji,** Bibhuti Bhusan [E] (1894-1950) : la Complainte du sentier (1929). **Banerji,** Tara Shankar [E] (1898-1971) : Radha au Lotus (1935), le Peuple-Dieu (1942), la Légende du méandre de l'Hamsuli (1947). **Bharati,** Subramania (1882-1921) : Kannanpattu (1917). **Bhattacharya,** Birendra Kumar (1924-2001) : Mrutunjaya (1979). **Chatterji,** *Bankim Chandra* [E] (1838-94) : le Testament de Krishnakanta (1878), le Monastère de Ananda (1882). *Sarat Chandra* [E] (1876-1938) : Srikanta. **Das,** Kamala (1934) : l'Histoire de ma vie. **Desai,** Anita [R] (1937) : Un héritage exorbitant, le Feu sur la montagne (1977), le Bombay de Baumgartner (1988), la Claire Lumière du jour (1993), Jeux au crépuscule (1995). **Devi,** Ashapurna [R] (1909) : Pratham Prashruti. **Devi,** Mahasweta [J, R] (1926) : The Queen of Jhansi (1956), Mother 1084. **Dutt,** Toru (1806-1877) : Ballades et Légendes de Hindoustan (1882). **Ezekiel,** Nissim (1924) : The Unfurnished Man (1960). **Ghosh,** Amitav [E] (1956) : les Feux du Bengale (1990), Un infidèle en Égypte. **Gupta,** Bhairava Prasād (1918) [R, Nouv] : Gange, ô ma mère. **Haider,** Qurratul-Ain (1927) : Aag ka Darya (1959). **Jethaal,** Joshi Umashankar (1911) : Vishava Shanti (1931). **Jhabvala,** Ruth Prawer (1927) : Chaleur et Poussière (1975). **Kalidasa,** [P, D] (IVe, Ve ou VIe s.) : le Nuage messager, la Naissance du dieu Kumara. **Manohar,** Malgonkar (1913) : Distant Drum (1960), The Princes (1963). **Metha,** Chandravadan Chimanlal (1901) : Aag-gadi (1937). **Moraes,** Dom (1938) : A Beginning (1957). **Mukherjee,** Bharati [E] (1950) : le Conquérant du monde. **Munshi,** K. M. (1887-1971) : Tapasvini (1964). **Murthy,** Anantha (1932) : Samskara (1965). **Nagarjun,** Misra Vaidyanath dit [R, P] (1911) : Une nouvelle génération. **Narayan,** Rasipuram Krishnaswami [E] (1906) : le Mangeur d'hommes, le Guide, le Licencié-ès-lettres. **Nasreen,** Taslima (Bangladesh) [E] (1962) : Femmes manifestez-vous (1989-90), Lajja (la Honte, 1993), Enfance au féminin. **Nehru,** Jawaharlal [Pol] (1889-1964) : la Promesse tenue. **Pantulu,** K. Veeresalingam (1848-1919) : Rajasekhara Chavitamu. **Prasad,** Mohanty Guru (1924) : Samudra Snana (1970). **Premchand** (1880-1936) : Godan (1936), le Suaire, récits d'une autre Inde. **Pritam,** Amrita (1919) : Teesri Aurat (1978). **Raghunath,** Karnad Girish (1938) : Yayati (1961). **Roy,** Arundhati [R] (n.c.) : le Dieu des petits riens (1996). **Rushdie,** Salman [R] (1947, naturalisé Britannique, voir à l'Index) : les Enfants de minuit (1980), la Honte (1984), le Sourire du jaguar (1987), Versets sataniques (1988, pour cet ouvrage l'ayatollah Khomeyni le condamne à mort le 15-2-1989), Haroun et la Mer des histoires (1991), Parties imaginaires (1993), le Dernier Soupir du Maure (1996), Est Ouest (1997), la Terre sous ses pieds. **Senapathi,** Fakir Mohan (1843-1918) : Chamana Athaguntha. **Seth,** Vikram (1952) : Un garçon convenable (1993), Quatuor (2000). **Singh,** Khushwant (1915) : A Bride for the Sahib (1967). **Singh,** Vijay [E, J]. **Sivasankara,** Pillai Thakazi (1914) : Chemmeen (1956). **Surdas,** [P] (1483-1563) : Pastorales. **Tagore,** Ravindranath Thakur (dit Rabindranath) [E] (1861-1941) : les Lettres d'un voyageur en Europe, le Vagabond et autres nouvelles, l'Offrande lyrique (1910), Amal et la Lettre du Roi (1912), la Maison et le Monde (1916) [N 1913]. **Tharoor,** Shashi (1956) : l'Histoire de ma vie, Show Business. **Vatsyayan,** Sachchidananda Hirananda (1911) : Shekhar Ek Jivani.

LITTÉRATURE IRANIENNE

Avicenne [Ph] (950-1080) : le Shifâ. **Baraheni,** Reza [R] (n.c.) : les Saisons en enfer du jeune Ayyâz. **Châmlou,** Ahmad [P] (1925-2000). **Dimna,** Kalila wa : fables traduites du persan en arabe par Ibn al-Muqaffa († vers 995). **Elessami,** Parvine [E] (1865-1900). **Farabi,** Abour Nassr [Ph] († 840). **Ferdowsi,** Abu al-Qasim Mansur [P] (vers 932-vers 1020) : le Livre des rois. **Golchiri,** Houchang [R, P] (1937-2000) : Chronique de la victoire des mages. **Hafiz,** Chamseddin [P] (vers 1303-vers 1389) : le Diwan (1368). **Khayyam,** Umar [P, Math] (vers 1047-vers 1122). **Mowlana** [P] (XIIIe s.) : le Livre de Chansons de Tabriz. **Nadéi-Ghazvini,** Firouz [R] (n.c.) : Neiges sur Téhéran. **Nezami,** Elias [P] (1141-1209) : le Trésor des mystères, Khosrow et Chirin, Leyla et Madjnum, les Sept Portraits, Livre d'Alexandre. **Rodaki,** Mohammad [P] († 910). **Saadi,** Mucharrif al-Din [P] (1186-vers 1275) : le Jardin des roses (1258). **Youchiz,** Nima [P] (1898-1960).

LITTÉRATURE ISRAÉLIENNE

Agnon, Samuel-Joseph [R] (1888-1970) [N 1966] : le Chien Balak (1971), Contes de Jérusalem. **Alterman,** Nathan [P] (1910-70). **Amichaï,** Yehuda [P] (1924-2000). **Araydi,** Naïm [R] (1950) : le 32e Rêve. **Ben-Ner,** Itzhac [R] (1937) : l'Homme de là-bas. **Ben Shaul,** Moshé [P] (1930) : A Polo. **Bouganim,** Ami [R] (1951) : le Cri de l'arbre. **Brenner,** Y.H. (1881-1921) : Nerfs (1911). **Castel-Bloom,** Orly [R] (1960) : Où suis-je ?, Dolly City. **Chouraqui,** André [H] (1917) : l'Amour fort comme la mort ; a traduit le Coran et la Bible. **Eliraz,** Israël [P] (1956). **Fink,** Ida [R] (1921) : le Jardin de la dérive, le Voyage. **Friedländer,** Saul [H] (1932). **Gnessin,** Uri Nissan [R] (1879-1913) : le Marginal (1913). **Gour,** Batya [R] (1947) : Meurtre à l'Université, Jérusalem, Une leçon d'humilité, Là où nous avons raisons. **Grinberg,** Uri-Zvi [P] (1894-1981). **Grossman,** David [R] (1954) : le Sourire de l'agneau (1982), le Vent jaune (1988), Amour (1991), le Livre de la grammaire intérieure (1994), l'Enfant zigzag. **Habibi,** Émile [R] (1922-96) : les Aventures extraordinaires de Saïd le peptimiste, Soraya, fille de l'ogre. **Kaniuk,** Yoram [R] (1930) : Tante Shlomzien la grande (1980), Adam ressuscité (1980), la Vie splendide de Clara Chiato (1982), Confessions d'un bon Arabe (1993), Comme chiens et chats, Encore une histoire d'amour. **Kenan,** Amos [R] (1927) : Holocauste II (1976), la Route d'Ein Harod (1984). **Kenaz,** Yeoshua (1937) : Vers les chats, moment musical. **Koren,** Yeshayaou [R] (1940) : Funérailles à midi. **Leibovitz,** Yeshayahou [Ph] (1903-94). **Levy,** Itamar [R] (1956) : La Terre des promesses. **Megged,** Aharon [R] (1920) : Derrière la tête. **Moked,** Gabriel [R] (1933). **Oren,** Itzhac [R] (1918) : le Destructeur. **Orpaz,** Itzhak [R] (1923) : la Rue Tomojenna, Une marche étroite (1993). **Oz,** Amos [R] (1939) : les Terres du chacal (1965), Ailleurs peut-être (1966), Mon Michael (1968), Jusqu'à la mort (1971), Un juste repos (1982), la Boîte noire (1983), Connaître une femme (1989), la Troisième Condition (1991). **Pinès,** Shlomo [Ph] (1908-90). **Reuveny,** Yotam [R] (1949) : Du sang sur les blés (1988). **Shabtaï,** Yaacov [R] (1934-81) : L'oncle Peretz s'envole (1989), Et en fin de compte (1992), Pour inventaire (1992). **Shahar,** David [R] (1926-97) : Lune de miel et d'or (1959), le Palais des vases brisés (7 vol. 1974-94), l'Agent de Sa Majesté (1979), Trois Contes de Jérusalem (M étranger 1981). **Shalev,** Meïr [R] (1948) : Que la terre se souvienne, le Baiser d'Esaü (1993), Pour l'amour de Judith. **Shammas,** Anton [R] (1950) : Arabesques (1991). **Shamosh,** Amnon [R] (1929) : Michel Ezra Safa et fils (1978). **Shnéour,** Zalman [P, R] (1887-1959). **Tammuz,** Benjamin [E] (1919-89) : le Minotaure, le Caméléon et le Rossignol (1993). **Tchernichovsky,** Saül [P] (1875-1943). **Vogel,** David [R] (1891-1944) : Avec vue sur la mer (1988), la Vie conjugale, Et ils partirent pour la guerre (1993). **Yehoshua,** Avraham Bouli [R] (1936) : l'Amant (1977), Au début de l'été 1970, Un divorce tardif, l'Année des cinq saisons (1987), M. Mani, Shosha (1995), Voyage vers l'an mil. **Zach,** Nathan [P] (1930).

LITTÉRATURE JAPONAISE

Abé, Kôbô [R, D] (1924-93) : les Murs (1951), la Femme des sables (1962), les Amis (1967), le Plan déchiqueté (1967), l'Homme-Boîte (1973), Rendez-Vous secret (1977), l'Arche en toc (1984), Cahier Kangourou (1991), Mort anonyme (1993). **Akutagawa,** Ryûnosuké [R] (1892-1927, suicide) : la Vie secrète du seigneur de Musashi, Rashômon. **Ariyoshi,** Sawako [R] (1931-84) : les Années du crépuscule (1972). **Chikamatsu,** Monzaemon [D] (1653-1724) : Double Suicide à Sonezaki (1703). **Dazai,** Osamu [R] (1909-48, suicide) : les Ailes, la Grenade, les Cheveux blancs et douze autres récits, les Dernières Années. **Deshimaru,** Taïsen [maître zen] (1914-82) : le Vrai Zen, la Pratique du Zen (1974), le Chant de l'immédiat satori (1978), le Bol et le Bâton (1983). **Dôgen** [Ph] (1200-

53) : Shôbôgen zô. **Endô,** Shûsaku [R] (1923-96) : l'Homme en blanc (1955), la Mer et le Poisson (1957), Un admirable idiot (1959), Scandale (1986), la Rivière profonde (1993), La fille que j'ai abandonnée. **Fukazawa,** Shichirô [Nouv] (1914-87) : Étude à propos des chansons de Narayama (1956). **Furui,** Yoshikichi [R] (1937) : Yôko (1970), le Passeur. **Haniya,** Yutaka [R] (1910-97) : l'Ame des morts (1948, inachevé). **Higuchi,** Ichiyô [R] (1872-96) : Qui est le plus grand. **Hikari,** Agata [R] (1943-92) : le Lent Marathon des femmes de Tokyo (1984). **Ibusé,** Masuji [R] (1898-1993) : Nuit noire et Prunier en fleur (1923-30), Usaburô le naufragé (1954-55), Pluie noire (1966). **Ihara,** Saïkaku [R] (1642-93) : Vie de cinq femmes libertines (1686). **Inoué,** Yasushi [R] (1907-91) : le Fusil de chasse (1949), Histoire de ma mère, la Chasse dans les collines, la Montagne de glace, les Dimanches de M. Ushioda (1970). **Ishikawa,** Jun [R] (1899-1987) : Vent fou (1971). **Kakinomoto-no-Hitomaro** [P] (VIIe-VIIIe s.). **Kawabata,** Yasunari [R] (1899-1972, asphyxié, suicide ?) : Pays de neige (1937), Nuée d'oiseaux blancs (1952), le Grondement de la montagne (1954), les Belles Endormies (1961), Tristesse et Beauté, Au fond de l'être, le Maître ou le Tournoi de go, Récits de la paume de la main [N 1968]. **Ki-no-Tsurayuki** [P, Pros] (vers 868-945) : Journal de Tosa (vers 935). **Kurahashi,** Yumiko [R] (1935) : le Parti (1960).

Maruyama, Masao [Prof] (1914-96) : la Pensée moderne (1946), Études sur l'histoire de la pensée politique du Japon (1952), la Pensée japonaise (1961), la Philosophie de Yukichi Fukuzawa (1964), Loyauté et Révolte (1992). **Masuda,** Mizuko [R] (1948) : Cellule simple (1986). **Matsumoto,** Seichô [R] (1909-92) : le Rapide de Tokyo (1958), le Vase de sable (1987). **Matsuo,** Bashô [P] (1644-94) : la Sente étroite du Bout-du-Monde (1689). **Mishima,** Yukio (pseudonyme de Hiraoka Kimitaké) [R] (14-1-1925/25-11-1970, hara-kiri) : Confession d'un masque (1949), Une soif d'amour (1950), les Amours interdites (1953), la Mort en été (1953), le Tumulte des flots (1954), le Pavillon d'or (1956), la Maison de Kyoko (1959), l'École de la chair, le Marin rejeté par la mer (1963), la Mer de la fertilité (1965-71) [Neige de printemps, Chevaux échappés, le Temple de l'aube, l'Ange en décomposition], Patriotisme, le Soleil et l'Acier. **Miyazawa,** Kenji [P] (1896-1933) : la Nuit du train sur la Voie lactée (1931), les Fruits du ginkgo, le Bureau des chats. **Mori,** Ôgaï [R] (1862-1922) : la Danseuse (1890), Vita sexualis (1909), l'Oie sauvage (1911-13). **Murakami,** Haruki [R] (1949) : Forêt de Norvège (1987), Danse, danse, danse (1988), L'éléphant s'évapore, Chroniques de l'oiseau à ressort. **Murakami,** Ryû [R] (1952) : Bleu presque transparent (1976), Kyôko (1995), Miso soup (1997), Lignes (1998). **Murasaki Shikibu** [R] (vers 973-vers 1019) : le Dit du Genji (54 livres, vers 1001). **Nagaï,** Kafû [R] (1879-1959) : la Sumida (1909), Une histoire singulière à l'est du fleuve (1937). Chronique d'une saison des pluies. **Nakagami,** Kenji [R] (1946-92) : le Cap (1975), la Mer aux arbres morts (1977), Mille Ans de plaisir (1982), le Moment suprême à l'extrémité du monde (1983), Hymne, Mépris (1991). **Natsumé,** Sôseki [R, Es] (1867-1916) : Je suis un chat (1905), Oreiller d'herbes (1906), la Porte (1911), le Pauvre Cœur des hommes (1914), A travers la vitre (1915), les Herbes du chemin (1915), Clair-Obscur (1916). **Noma,** Hiroshi [R] (1915-91) : Zone de vide (1952). **Nosaka,** Akiyuki [R] (1930) : les Pornographes (1963). **Ôé,** Kenzaburô [R] (1935) : Dites-nous comment survivre à notre folie (1958-77), Une affaire personnelle (1964), le Jeu du siècle (1967), les Femmes qui écoutent l'arbre de la pluie (1982), M/T et l'Histoire des merveilles de la forêt (1986), Lettres aux années de nostalgie (1987), Une existence tranquille [N 1994].

Sakaguchi, Ango [R] (1906-1955) : l'Idiot (1947). **Sei-Shônagon** [Es] (vers 995-vers 1012) : Notes de chevet (vers 1000). **Shiba,** Ryôtarô [R] (1923-96) : le Dernier Shôgun (1967). **Shiina,** Rinzô [R] (1911-73) : Thermomètre (1959). **Shikibu,** Muzasalei [R] (vers 978-vers 1015) : le Dit du Genj. **Shimada,** Masahiko [R] (1961) : Divertissement pour un gentil gauchiste (1983). **Shimazaki,** Tôson [R] (1872-1943) : Hakaï (le Serment rompu, 1906), Avant l'aube (1929-35). **Sôseki** [R] (1867-1916) : Botchan, Oreiller d'herbes, le Mineur. **Takizawa** (Kyokutei), Bakin [R] (1767-1848). **Tanizaki,** Junichirô [R] (1886-1965) : le Tatouage (1910), Svastika (1928), l'Histoire de Shunkin (1933), Éloge de l'ombre (1934), Quatre Sœurs (1943-48), Bruine de neige, Journal d'un vieux fou (1961). **Tayama,** Kataï [R] (1872-1930) : Futon (1908). **Tsushima,** Yûko [R] (1947) : l'Enfant de la fortune (1978), Territoire de la lune (1979), la Femme qui court dans la montagne (1980). **Ueda,** Akinari [Sav, P, R] (1734-1809) : Contes de pluies et de lune (1776). **Uno,** Chiyo [R] (1897-1996) : Ohan, Perversion (1981), Je continuerai à vivre (1983). **Yamada,** Eimi [R] (1959) : Amère Volupté (1986). **Yoshimito,** Banana [R] (1964) : Kitchen (1988). **Yoshiyuki,** Junnosuké [R] (1924-94) : Ville en couleurs (1951), l'Averse (1954). **Zéami** ou **Séami,** Motokiyo [D] (1363-1443) : la Tradition secrète du nô (vers 1418 ?).

LITTÉRATURE NÉERLANDAISE

☞ Voir également **Littérature belge** p. 283 c.

■ **En latin. Érasme,** Didier (Geert Geerts, « Gérard fils de Gérard ») [Ph, Eru] (1469-1536) : Manuel du chevalier chrétien (1504), Éloge de la folie (1511), Lamentation de la paix (1517), Essai sur le libre arbitre (1521), Colloques (1522), Du libre arbitre (1524). – *Biogr. :* fils naturel du médecin Gérard de Praet. Jamais légitimé, son père étant entré dans les ordres. Orphelin à 12 ans. *1480* séminaire de Bois-le-Duc. *1486* chanoine régulier à Gouda. *1496* études à Paris (collège Montaigu). *1497-99* pensionné par Henri VII à Londres et Oxford. *1502-04* séjour à Louvain. *1504* précepteur du prince Alexandre d'Écosse. *1506* professeur de théologie à Bologne. *1511-13* curé à Addington (Angl.). *1517-21* séjour à Louvain (n'y a pas enseigné). *1521* à Bâle. *1534* nommé prieur de Deventer, ne peut quitter Bâle où il meurt de la goutte. **Grotius,** Hugo (De Groot) [Pol] (1583-1645) : les Droits de la guerre et de la paix (1625). **Huyghens,** Christian [Math] (1629-95) : Traité de la lumière (1690), Horloge à balancier (1703). **Second,** Jean (Everaerts) [P] (1511-36) : les Baisers. **Spinoza,** Baruch [Ph] (24-11-1632/21-2-77) : Tractatus theologicus politicus (1670), Éthique (1661-77). – *Biogr. :* famille de Juifs portugais réfugiés à Amsterdam. *1656* considéré comme hérétique, est chassé de la communauté juive (blessé d'un coup de poignard, se réfugie à Rhinsburg, près de Leyde). *1663* accueilli par la secte des collégiants, vit à Voorburg. *1669* se fixe à La Haye, gagnant sa vie comme artisan opticien. *1673* refuse une pension de Louis XIV, proposée par Condé. *1676* refuse une chaire à Heidelberg, proposée par l'électeur palatin. Meurt tuberculeux. **Thomas a Kempis** [Théo] (1379/80-1471) : l'Imitation de J.-C. (1424).

■ **En néerlandais. Achterberg,** Gerrit [P] (1905-62). **Bernlef,** J. [E] (1937) : Chimères (1984), Secret public (1987). **Bordewijk,** Ferdinand [E] (1884-1965). **Bredero** (Gerbrant Adriaensz) [D] (1585-1618). **Brouwers,** Jeroen [R] (1940) : Rouge décanté (1981), l'Éden englouti (1979). **Couperus,** Louis Marie Anne [R] (1863-1923) : la Force des ténèbres (1900), Vieilles Gens, choses qui passent (1906). **De Moor,** Margriet [R] (1941) : Gris d'abord, puis blanc, puis bleu (1991), Portrait double (nouvelles, 1993), le Virtuose (1993), Duc d'Égypte (1997). **Enquist,** Anna [P, R] (1945) : le Chef-d'Œuvre (1994). **Faverey,** Hans [P] (1933-90) : Contre l'oubli (1990). **Frank,** Anne [Pros] (12-6-1929/Bergen-Belsen mars 45) : Journal (1947 ; écrit en 1942-44), Contes (1949). **Haasse,** Hella Serafia [E] (1918) : En la forêt de longue attente (1949), Un goût d'amandes amères (1966), les Jardins de Bomarzo (1968), Locataires et Sous-Locataires (1971), le Maître de la descente (1973), les Routes de l'imaginaire (1983), Des nouvelles de la maison bleue (1986), les Seigneurs du thé (1992), le Lac noir, Une liaison dangereuse (1976), la Source cachée (1998). **Hart,** Maarten't [R] (1944) : l'Échelle de Jacob (1986), la Colère du monde entier (1993). **Heinsius** (Daniel Heins) [H, P] (1580-1655) : Poèmes néerlandais (1616) ; a écrit aussi en latin. **Hermans,** Willem Frederik [R] (1921-95) : la Chambre noire de Damoclès (1958). **Hooft,** Pieter Corneliszoon [E] (1581-1647). **Huizinga,** Johan [H, Es] (1872-1945) : l'Automne du Moyen Age (1919), Homo ludens (1939). **Huygens,** Constantin [Eru] (1596-1687). **Japin,** Arthur [n.c.] (1956) : le Noir au cœur blanc (1997). **Kellendonk,** Frans [R] (1951-90) : Corps mystique. **Komrij,** Gerrit [E] (1944). **Kopland,** Rutger [P] (1934) : Songer à partir, Souvenirs de l'Inconnu (1966-93). **Kouwenaar,** Gerrit [P] (1923). **Lucebert** (Lubertus Jacobus Swaanswijk) [P] (1924-94). **Marsman,** Hendrik [P, R, Es] (1899-1940). **Mulisch,** Harry [R] (1927) : Noces de pierre (1959), le Cas 40161 (1962), Deux Femmes (1975), l'Attentat (1982), le Pupille (1987), la Découverte du ciel (1992), les Éléments (1988). **Multatuli,** Édouard (Douwes Dekker) [R, Es] (1820-87) : Max Havelaar (1860), Idées (1862-77). **Nooteboom,** Cees [R, P] (1933) : Philippe et les autres (1954), le Chevalier et la Mort (1963), Rituels (1980), le Chant de l'être et du paraître (1981), Mokusei ! une histoire d'amour (1982), Dans les montagnes des Pays-Bas (1984), l'Histoire suivante (1991), Désir d'Espagne (1992), Autoportrait d'un autre (1993), l'Enlèvement d'Europe (1994), Du printemps, la rosée (1995). **Palmen,** Connie [R] (1955) : les Lois (1991). **Perron,** Edgar du [P, Es, R] (1899-1940) : le Pays d'origine (1935). **Potgieter,** Everhardus Johannes [J] (1808-75). **Reve,** Gérard [R, P] (1923) : les Soirs (1947), le Quatrième Homme (1981), Parents soucieux (1988). **Slauerhoff,** Jan [R, P] (1898-1936) : Fleurs de marécage (1929). **Springer,** F. [R] (1932) : Quissama (1985). **Tinbergen,** Jan [Ec] (1903-1994) : [N 1969]. **Van den Vondel,** Joost [P, D] (1587-1679) : Adam exilé (1664). **Van der Meer de Walcheren,** Pieter [E, Bénédictin] (1880-1970) : Journal d'un converti (1921), Rencontres (1961). **Van Dis,** Adriaan [R] (1946) : Sur la route de la soie (1987), la Terre promise (1990), En Afrique (1991), les Dunes coloniales (1994), Vin de palme (1996). **Van Eeden,** Frederik [E, R, P, D] (1860-1932) : le Petit Jean (1885), Sirius et Sidérius (1912). **Van Schendel,** Arthur [R] (1874-1946) : l'Homme de l'eau (1933), Un drame hollandais (1935). **Vestdijk,** Simon [R, P] (1898-1971) : l'Ile au rhum (1940), les Voyageurs, le Jardin de cuivre (1950). **Winter,** Leon de [R] (1954) : Kaplan (1986), la Faim de Hoffmann (1990). **Wolkers,** Jan [E] (1925).

LITTÉRATURE POLONAISE

Andrzejewski, Jerzy [R] (1909-83) : Cendres et Diamant (1948), les Portes du paradis (1960), Sautant sur les montagnes (1963), la Pulpe (1981), Personne, Les ténèbres couvrent la terre. **Asch,** Schalom [R, Es, J, D] (1880-1957). **Bialoszewski,** Miron [P] (1922-83). **Borowski,** Tadeusz [R, P] (1922-51) : l'Adieu à Marie (1948), le Monde de pierre (1948). **Brandys,** Kazimierz [Es] (1916-2000) : le Cheval de bois (1946), la Ville insoumise (1946), Lettres à Madame Z (1958-62), En Pologne, c'est-à-dire nulle part (1977), Rondo (1984), le Troisième Henri. **Czapski,** Jozef [E, Pe] (1896-1993) : Terre inhumaine (1947/49), Souvenirs de Starobielsk, Tumulte et Spectres. **Dabrowska,** Maria [R] (1889-1965) : les Gens de là-bas (1926), les Nuits et les Jours (1932-34). **Dobraczynski,** Jan [R] (1910-94) : Dans une maison détruite, les Lettres de Nikodem (1952). **Gombrowicz,** Witold [R, D] (1904-69) : *Romans :* Ferdydurke (1937), le Transatlantique (1950), la Pornographie (1960), Cosmos (1965). *Théâtre :* Yvonne, princesse de Bourgogne (1935), le Mariage (1953), Opérette (1966). *Journal* (1953-68). **Guzy,** Piotr [R] (1922) : Vie courte d'un héros positif (1968). **Herbert,** Zbigniev [P, D, E] (1924-98) : Monsieur Cogito (1974), Rapport d'une ville assiégée (1983), Redresse-toi et va. **Herling-Grudzinski,** Gustaw [R, E] (1919-2000) : Un monde à part (1953), Journal écrit la nuit (1973), l'Ile, le Portrait vénitien, les Perles de Vermeer, Variation sur les Ténèbres. **Iwaszkiewicz,** Jaroslaw [R, D, P] (1896-1980) : Mesdemoiselles de Vilko (1933), le Bouclier rouge (1934), Un été à Nohant (1936), Mère Jeanne des Anges (1946), la Gloire et la Renommée (1962). **Kantor,** Tadeusz (1915-90) [D, Pe] : la Classe morte (1975), le Théâtre de la mort (1977), Wielopole, Wielopole (1980), Qu'ils crèvent les artistes (1985), Ô douce nuit ! (1994), **Kochanowski,** Jan [P, D] (1530-84). **Konwicki,** Tadeusz [R] (1926) : le Pouvoir (1953), le Trou dans le ciel (1959), la Clef des songes contemporains (1963), le Complexe polonais (1977), la Petite Apocalypse (1979), Bohini, un manoir en Lituanie (1987). *Journaux.* **Korczak,** Janusz [R] (1878-1942) : Colonie de vacances (1910), le Roi Mathias Ier (1923). **Krasicki,** Ignacy [R, P] (1725-1801) : Satires. **Krasinski,** Zygmunt [P, D] (1812-59) : la Comédie non divine (1833), Irydion (1836). **Kusniewicz,** Andrzej [P, R] (1904-93) : Eroïca (1963), le Chemin de Corinthe (1964), le Roi des Deux-Siciles (1970), l'État d'apesanteur (1973), la Leçon de langue morte (1977), Vitrail (1980).

Lem, Stanislaw [R] (1921) : Solaris (1961), la Voix du Maître, Fiasco, Provocation. **Lukasiewicz,** Jan [Math] (1878-1956). **Malewska,** Hanna [R] (1911-83). **Malinovski,** Bronislaw (1884-1942), anthropologiste. **Matkowski,** Tomas (écrit en français) [E] (1952). **Mickiewicz,** Adam [P] (1798-1855) : les Aïeux (1821-23), Messire Thaddée (Pan Tadeusz, 1834). **Milosz,** Czeslaw (naturalisé Américain) [P, R, Es] (1911) : *Romans :* la Prise du pouvoir (1952), Sur les bords de l'Issa (1955). *Poèmes :* Enfant d'Europe (1980). *Essais :* la Pensée captive (1953), la Terre d'Ulro (1977). *Autobiographie :* Une autre Europe (1959), Mon siècle, mémoires parlées [N 1980]. **Mrozek,** Slawomir [R, D] (1930) : la Police (1958), En pleine mer (1960), Strip-Tease (1961), Tango (1964), les Émigrés (1975), le Contrat (1986). *Nouvelles :* Moniza Clavier (1957), l'Éléphant, Nouvelles 2 (1994). **Nalkowska,** Zofia [P] (1884-1954). **Norwid,** Cyprian [P] (1821-83). **Pankowski,** Marian [P] (1919) : Tout près de l'œil, le Thé au citron, l'Or funèbre. **Parandowski,** Jan [R] (1895-1978) : le Ciel en flammes. **Parnicki,** Teodor [R] (1908-88) : les Aigles d'argent. **Potocki,** Jean [R] (1761-1815, suicide). **Prus,** Boleslaw [R] (1845-1912) : l'Avant-poste (1886), la Poupée (1890), le Pharaon (1897). **Rey,** Nikolaj [P] (1505-69). **Reymont,** Wladyslaw [R] (1867-1925) : la Comédienne (1896), la Terre promise (1899), les Paysans (1904-09) [N 1924]. **Rozewicz,** Tadeusz [P, D] (1921) : Inquiétude (1947). *Théâtre :* le Fichier (1960). **Rudnicki,** Adolf [R] (1912-90) : Têtes polonaises. **Rymkiewicz,** Jaroslaw Marek [R] (1935) : Entretiens polonais de l'été (1983), la Dernière Gare. **Schulz,** Bruno [R] (1892-1942) : les Boutiques de cannelle, le Sanatorium au croque-mort (1937). **Sienkiewicz,** Henryk [R] (1846-1916) : Par le fer et par le feu (1883-84), le Déluge (1886), Messire Wolodyjowski (1888), Quo vadis ? (1894), les Chevaliers teutoniques (1897-1900) [N 1905]. **Slowacki,** Juliusz [P, D] (1809-49) : Mugo (1829), Marie Stuart (1830), Kordian (1834), Anhelli (1835-38), Beatrice Cenci (1839), Balladyna (1839), Mazeppa (1840), Lilla Veneda (1840), Genèse de l'Esprit (1844), le Roi Esprit (1847). **Szczypiorski,** Andrzej [J, Es] (1924-2000) : la Jolie Mme Seidenman, Messe pour la ville d'Arras, Nuit, Jour et Nuit, Autoportrait avec femme, Jeu avec le feu. **Szymborska,** Wislawa [P] (1923) : [N 1996]. **Tuwim,** Julian [P] (1894-1953) : Pour tous les hommes de la terre. **Wierzynski,** Kazimierz [P, R] (1894-1969) : le Laurier olympique (1927), la Liberté tragique (1936). **Witkiewicz,** Stanislas Ignacy [D, R, Es, Ph] (1885-1939) : *Romans :* l'Adieu à l'automne (1927), l'Inassouvissement (1930), la Seule Issue (1933). *Théâtre :* la Métaphysique du veau bicéphale (1921), le Fou et la Nonne (1925), les Cordonniers (1931-34). **Wyspianski,** Stanislaw [P, D] (1869-1907) : Légion (1900), les Noces (1901), les Juges (1907). **Zagajewski,** Adam [R] (1945) : Coup de crayon, la Trahison. **Zeromski,** Stefan [P] (1864-1925) : Cendres (1904), l'Aube du printemps (1924). **Zulawski,** *Andrzej* [cinéaste, R] (1940) : Il était un verger (1987), la Forêt forteresse. *Miroslaw* (père d'Andrzej) [E, P] (1913-95) : la Dernière Europe (1947), la Fuite en Afrique.

LITTÉRATURE ROUMAINE

Anonymes : le Monastère d'Arges (XIXe s.).

Alecsandri, Vasile [P, D] (1821-90) : *Théâtre :* Boyards et Arrivistes, la Fontaine de Blandousie. **Arghezi,** Tudor [P] (1880-1967). **Bacovia,** Georges [P] (1881-1957). **Barbu,** Ion [P, Math] (1895-1964). **Banulescu,** Stephan [P, Nouv.] (1926-98). **Basarab,** Neagoe (vers 1481-1521). **Blaga,** Lucian [P, Ph] (1895-1961). **Bogza,** Geo [P, Pros, Es] (1908-93). **Breban,** Nicolae [R] (1934) : En l'absence des maîtres, l'Annonciation, Don Juan. **Buzura,** Augustin [R] (1938). **Călinescu,** George [Cr, R] (1899-1965). **Cantemir,** Dimitrie [H, Ph] (1673-1723). **Caragiale,** Ion Luca [D] (1852-1912) : Une nuit orageuse, Une lettre perdue, Moments et Récits. **Càrtàrescu,** Mircea [P, R] (1956) : Lulu, Orbitor. **Cioran,** E. M. [Es] (1911-95) : voir p. 306 a. **Costin,** Miron [Chr] (1633-91). **Creangă,** Ion [Pros] (1837-89) : Souvenirs d'enfance (1880), Contes et Récits. **Crohmalniceanu,** Ovid (Moïse Cahn) [Cr, H] (1921-2000). **Dinescu,** Mircea [P] (1950). **Doinaş,** Stefan-Augustin [P, Es] (1922) : le Livre des marées, Alter ego. **Dumitriu,** Petru [R] (1924) : voir p. 307 a. **Eminescu,** Mihai [P, Pros] (1850-89). **Goga,** Octavian [P] (1881-1938). **Goma,** Paul [R] (1935) : la Chambre d'à côté (1968), Dans le cercle, Garde inverse,

Gherla. **Horia**, Vintila [R] (1915-92) : Dieu est né en exil (G 1960 refusé), Journal d'un paysan du Danube, Une femme pour l'apocalypse. **Iorga**, Nicolae [H, D, E] (1871-1940, assassiné). **Istrati**, Panaït [R] (1884-1935) : voir p. 299 c. **Labis**, Nicolae [P] (1935-56) : les Premières Amours. **Maiorescu**, Titu [Ph, Cr] (1840-1917) : Critiques. **Manea**, Norman [Nouv] (1936). **Minulescu**, Ion [P, D] (1881-1944) : Romances pour plus tard. **Neculce**, Ion [Chr] (1672-1745). **Nedelcovici**, Bujor (E) (1936) : le Second Messager, Crime de sable, le Matin d'un miracle. **Novac** Ana [R] (1929) : les Accidents de l'âme, Un pays qui ne figure pas sur la carte (en français, 1992). **Paleologu**, Alexandru [Es] (1918). **Petrescu**, Camil [D, Es, Pros] (1894-1957) : Danton, le Jeu des sylphes. **Philippide**, Alexandru [P, Es] (1900-79) : Monologue à Babylone, Rocs foudroyés (1930). **Preda**, Marin [Pros] (1922-80) : Les Moromete (1955, 67). **Rebreanu**, Liviu [Pros] (1885-1944) : Ion (1920), la Forêt des pendus (1922), Ciuléandra (1927), la Révolte (1932), la Bête immonde (1938). **Sadoveanu**, Mihail [Pros] (1880-1961) : l'Auberge d'Ancoutza (1928), la Cognée (1930). **Sebastian**, Mihail (Iosif Hechter) [D, Es] (1907-45) : la Dernière Heure, Depuis deux mille ans, Journal 1935-44. **Slavici**, Ioan [Pros] (1848-1925) : Tanda le pope. **Sorescu**, Marin [P, D] (1936-96) : *Théâtre* : la Baleine. **Stancu**, Zaharia [Pros] (1902-74) : Pieds nus. **Stănescu**, Nichita [P] (1933-1983). **Tanase**, Virgil [E] (1945) : l'Apocalypse d'un adolescent de bonne famille (1980), l'Amour, l'amour, Roman sentimental (1982), Ils refleurissent, les pommiers sauvages (1991). **Topârceanu**, George [P] (1886-1937). **Vinea**, Ion [P, Pros] (1895-1964) : l'Heure des fontaines (publié 1964), les Lunatiques. **Voiculescu**, Vasile [P, Pros] (1864-1963) : *Roman* : Zahei l'aveugle (1970). **Voronca**, Ilarie [P] (1903-46, suicidé) : La joie est pour l'homme.

LITTÉRATURES SCANDINAVE ET FINLANDAISE

☞ *Abréviations* : Dan. : Danois(e) ; Finl. : Finlandais(e) ; Isl. : Islandais(e) ; Norv. : Norvégien(ne) ; Suéd. : Suédois(e).

NÉS AVANT 1900

Anonymes : *Islande* : les Eddas (VIIe-XIIIe s.) [poèmes mythologiques] ; sagas islandaises (XIe s.).

Aho, Juhani (Finl.) [R] (1861-1921) : Juha, Copeaux. **Almquist**, Carl Jonas Love (Suéd.) [R, P] (1793-1866). **Andersen**, Hans Christian (Dan.) [P, Pros] (1805-75) : l'Improvisateur (1835), Contes. **Andersen Nexø**, Martin (Dan.) [R] (1869-1954) : Pelle le conquérant (1906-10). **Baggesen**, Jens (Dan.) [P] (1764-1826) : le Labyrinthe (1792). **Bang**, Herman (Dan.) [R, N] (1857-1912) : Au bout de la route (1886), Tine (1889), Mikael (1904), Maison blanche, maison grise. **Bargum**, Johan (n.c.) : la Mallette noire. **Bellman**, Carl Michael (Suéd.) [P] (1740-95). **Bergman**, Hjalmar (Suéd.) [R, J] (1883-1931). **Björnson**, Björnstjerne (Norv.) [D, P, R] (1832-1910) [N 1903] : *Théâtre* : Léonarda (1879), Au-delà des forces humaines (1883). *Roman* : la Fille du pêcheur (1868). **Blicher**, Steen Steensen (Dan.) [P] (1782-1848). **Blixen**, Karen (Karen Dinesen, Dan.) [R, Nouv] (1885-1962) : Sept Contes gothiques (1935), les Rêveurs (1935), la Ferme africaine (1937), Contes d'hiver (1942), les Voies de la vengeance (1944), le Dîner de Babette (1952), Ombres sur la prairie (1958), Ehrengard (1963), Contes posthumes (1975), Lettres d'Afrique 1914-1931 (1978). **Brandes**, Georg (Dan.) [E] (1842-1927). **Claussen**, Sophus (Dan.) [P, R] (1865-1931). **Fröding**, Gustaf (Suéd.) [J, P] (1860-1911). **Gjellerup**, Karl (Dan.) [R] (1857-1919) [N 1917]. **Gunnarsson**, Gunnar (Isl.) [R] (1889-1975) : l'Église sur la colline (1923-28), Oiseaux noirs (1929).

Hamsun, Knut Pedersen, dit (Norv.) [R, D] (1859-1952) : Faim (1890), Mystères (1892), Pan (1894), Victoria (1898), le Chœur sauvage (1904), Sous l'étoile d'automne (1906), Benoni (1908), Un vagabond joue en sourdine (1909), la Dernière Joie (1912), Enfants de l'époque (1913), l'Éveil de la glèbe (1917), Femmes à la fontaine (1920), le Dernier Chapitre (1923) [N 1920]. **Heidenstam**, Verner von (Suéd.) [R, P, E] (1859-1940) : l'Arbre des Folbungar (1905-07) [N 1916]. **Holberg**, Ludvig (Dan., d'origine norvégienne) [D, R, P] (1684-1754) : Érasmus Montanus (1722), Jeppe de Bjerget (1722-23), le Potier d'étain (1722), le Voyage souterrain de Niels Klim (en latin, 1741).

Ibsen, Henrik (Norv.) [D] (1828-1906) : Peer Gynt (1867-76), la Maison de poupée (1879), les Revenants (1881), Un ennemi du peuple (1882), le Canard sauvage (1884), la Dame de la mer (1888), Hedda Gabler (1890), Solness le constructeur (1892). **Ingemann**, Bernhard Severin (Dan.) [R] (1789-1862). **Jacobsen**, *Jens Peter* (Dan.) [R, P] (1847-85) : Mogens (1872), Marie Grubbe (1876), Niels Lyhne (1880). *Jörgen-Frantz* (Dan.) [R] (1900-38). *Rolf* (Norv.) [P] (1907-94). **Jensen**, Johannes Vilhelm (Dan.) [R, P] (1873-1950) : Histoires du Himmerland (3 volumes, 1898-1910), la Chute du roi (1900-01), le Long Voyage (6 volumes, 1908-22) [N 1944]. **Karlfeldt**, Erik Axel (Suéd.) [P] (1864-1931) [N 1931]. **Kierkegaard**, Søren (Dan.) [Ph] (1813-55) : Crainte et Tremblement (1843), le Journal du séducteur (1843), le Concept de l'angoisse (1844), Traité du désespoir (1849), l'École du christianisme (1850). **Kielland**, Alexandre L. (Norv.) [E] (1849-1906). **Kivi**, Aleksis (Finl.) [R, D] (1834-72) : les Sept Frères. *Théâtre* : les Cordonniers de la lande (1864), Léa (1869).

Lagerkvist, Pär (Suéd.) [P, R] (1891-1974) : le Bourreau (1933), Victoire dans l'obscurité (1939), le Nain (1944), Barabbas (1950), la Sibylle (1956), la Mort d'Ahasverus (1960), Pèlerin sur la mer (1962), la Terre sainte (1964) [N 1951]. **Lagerlöf**, Selma (Suéd.) [R] (1858-1940) : Gösta Berling (1891), le Vieux Manoir (1899), Jérusalem (1901-02), le Merveilleux Voyage de Nils Holgersson (1906-07), la Maison de Liliecrona (1911), le Cocher (1912), l'Empereur du Portugal (1914), Anna Svärd (1928) [N 1909]. **Lönnrot**, Elias (Finl.) [P] (1802-84) : Kalevala (poème de 12 078 vers adapté des « runots », chants populaires ; 1835-36). **Moberg**, Vilhelm (Suéd.) [R] (1898-1973) : Mauvaise Note (1935), A cheval ce soir (1941), la Saga des émigrants (1949-59). **Myrdal**, *Gunnar* (Suéd.) [Ec] (1898-1987) : l'Équilibre monétaire (1931), Planifier pour développer : de l'État providence au monde providence (1963). *Jan* (Suéd.) [E] (1927) : Enfance en Suède (1982). **Obstfelder**, Sigbjörn (Norv.) [P, R] (1866-1900). **Oehlenschläger**, Adam (Dan.) [P, D] (1779-1850). **Pontoppidan**, Henrik (Dan.) [R] (1857-1943) : En Terre promise (1891-95), Pierre le chanceux (1898-1904), le Visiteur royal [N 1917].

Sandemose, Aksel (Dan.) [R] (1899-1965). **Saxo Grammaticus** (Dan) [H] (vers 1150-vers 1220) : Gesta Danorum (en latin). **Sillanpää**, Frans Emil (Finl.) [R] (1888-1964) : Sainte Misère (1919), Silja (1931), Hiltu et Regnar (1974) [N 1939]. **Skram**, Amalie (Dan.) [R, J, Cr] (1846-1905) : Agnete (1893), les Gens de Hellemyr (1887-98). **Söderberg**, Hjalmar (Suéd.) [R, D] (1869-1941). **Södergran**, Édith (Finl., écrivait en suédois) [P] (1892-1923), le Pays qui n'est pas (posthume). **Stagnelius**, Erik Johan (Suéd.) [E] (1793-1823). **Strindberg**, August (Suéd.) [D] (1849-1912) : *Théâtre* : Mäster Olof (1872), Père (1887), Créanciers (1888), Mademoiselle Julie (1888), Paria (1888), le Chemin de Damas (1898), la Danse de mort (1900), le Songe (1901), la Sonate des spectres (1906), le Pélican (1906). *Récits autobiographiques* : le Fils de la servante (1886-87), le Plaidoyer d'un fou (1887-88), Inferno (1897), l'Abbaye (1902), Seul (1903). *Roman* : le Sacristain romantique de Rano. **Sturluson**, Snorri (Isl.) [Chr] (1179-1241) : Edda prosaïque (vers 1220), Saga des rois de Norvège (1220-30). **Swedenborg**, Emmanuel (Suéd.) [Sav, Ph] (1688-1772) : les Arcanes célestes (en latin, 1749-56). **Undset**, Sigrid (Norv.) [R] (1882-1949) : Jenny (1911), Printemps (1914), Kristin Lavransdatter (1920-22), Olav Audunssoen (1925-27) [N 1928]. **Vesaas**, Tarjei (Norv.) [E] (1897-1970) : la Maison dans la nuit (1945), les Oiseaux (1957), l'Incendie (1961), le Palais de glace (1963).

NÉS APRÈS 1900

Anderson, Gidske (Norv.) [J, R, P] (1921-93) : Sigrid Undset, Une biographie (1991). **Anderson**, Lars (Suéd.) [R] (1954) : Lumière de neige.

Bergsson, Gudbergur (Isl.) [R] (1952). **Bjelke**, Henrik (Dan.) [R, N] (1937-93). **Bodelsen**, Anders (Dan.) [R] (1937) : le Point de congélation (1969). **Borgen**, Johan (Norv.) [R] (1902-79) : Lillelord (1955). **Branner**, Hans Christian (Dan.) [R, D] (1903-66) : le Rêve d'une femme (1941). **Bringsværd**, Tor Aage (Norv.) [R] (1939) : Gobi (1985).

Carpelan, Bo (Finl.) [P, R] (1926) : 73 Poèmes (1984), Axel (1986), Le jour cède (1989), le Vent des origines (1997). **Christensen**, Inger (Dan.) [Es, P, R] (1935) : Herbe (1963), Ça (1969), Alphabet (1981). **Dagerman**, Stig (Suéd.) [R, D, P] (1923-1954, suicide) : le Serpent (1945), l'Île des condamnés (1946), l'Enfant brûlé (1948). **Delblanc**, Sven (Suéd.) [R, E] (1931) : Récits du Sormland (1970-76), Speranza (1980). **Ditlevsen**, Tove (Dan.) [P, R, N] (1918-76) : Printemps précoce (1967), Visages (1970).

Ekelöf, Gunnar (Suéd.) [P] (1907-68). **Enquist**, Perolov (Suéd.) [R, D] (n.c.) Kristollögat (1963) : le Départ des musiciens (1978), le Médecin personnel du roi.

Fagerholm, Monika [R] (1961) : Patricia (1990), Femmes merveilleuses au bord de l'eau (1995). **Faldbakken**, Knut (Norv.) [R] (1941) : Années de disette (1974-76), la Séduction, le Monarque (1988). **Flægstad**, Kjartan (Norv.) [R, P] (1944) : Rasmus (1974), Tout jeu tout flamme (1980). **Forsström**, Tua (Finl., écrit en suédois) [P] (1947) : Mais le chagrin est dialectique (1989). **Fredriksson**, Marianne (Suéd.) [J, R] : Hanna et ses filles (1994).

Gaarder, Jostein (Norv.) [Ph, R] (1952) : le Monde de Sophie (1991), le Mystère de la patience (1994), Dans un miroir obscur (1996). **Gill**, Claes (Norv.) [P] (1910-73). **Gress**, Elsa [R, Es] (1919-88) : le Sexe non découvert (1964). **Grøndahl**, Jens Christian (Dan.) [R] (1959) Été indien (1994), Silence en octobre (1996). **Gustafsson**, Lars (Suéd.) [R, P] (1936) : Fête de famille (1975), Sigismond (1976), la Mort d'un apiculteur (1978), Musique funèbre (1983). **Gyllensten**, Lars (Suéd.) [R] (1921) : Infantilia (1952), Senilia (1956), Juvenilia (1965).

Haavikko, Paavo (Finl.) [R, P, D] (1931) : le Palais d'hiver (1976), Histoire de Kullervo. **Hansen**, Martin Alfred (Dan.) [R, Es, Nouv] (1909-55) : le Menteur (1950). **Heinesen**, William (Dan.) [R, Nouv, P] (1900-91) : *Romans* : Aube orageuse (1934), la Marmite noire (1949), les Musiciens perdus (1950), Mère Sept-Étoiles (1952). *Nouvelles* : la Lumière enchantée (1957). **Høeg**, Peter (Dan.) [R] (1957) : l'Histoire des rêves danois (1988), Smilla et l'Amour de la neige (1992), les Enfants de la dernière chance (1993), la Femme et le Singe (1996). **Jansson**, Tove (Finl., écrit en suédois) [R] (1914) : Moumine le Troll (1948), le Livre d'un été (1972), la Filigonde qui croyait aux catastrophes (1991), Qui va rassurer Tounet ? **Johnson**, Eyvind (Suéd.) [R] (1900-76) : le Roman d'Olof (1945), Heureux Ulysse (1946), De roses et de feu (1949) [N 1974].

Kjærstad, Jan (Norv.) [R, D] (1953) : Aléa. **Krusenstierna**, Agnes von (Suéd.) [E] (1894-1940) : les Demoiselles de Pahlen (1930-35).

Laine, Jarkko (Finl.) [P] (1947). **Larrson**, Björn (Suéd.) [R] (1953) : le Cercle celtique (1992), Long John Silver (1995). **Larsson**, Stig (Suéd.) [E] (1955). **Laxness**, Halldór (Isl.) [R] (1902-98) : Salka Valka (1932), les Hommes libres (1935), Lumière du monde (1937-40), la Cloche d'Islande (3 volumes, 1943-46), Station atomique (1948), le Paradis retrouvé (1960) [N 1955]. **Liksom**, Rosa (Finl.) [Nouv] (1958) : Noirs Paradis (1990), le Creux de l'oubli, Bamalama (1995). **Lindgren**, *Astrid* (Suéd.) [R] (1907) : Fifi Brindacier (1945), Ronya, fille de brigand (1981). *Torgny* (Suéd.) [R] (1938) : le Chemin du serpent, Bethsabée, la Lumière, Paula, Miel de bourdon, Divorce (1998). **Linna**, Väinö (Finl.) [R] (1920-92) : Soldats inconnus (1954). **Lo-Johansson**, Ivar (Suéd.) [R] (1901-90) : la Tombe du bœuf et autres récits (1936). **Lundkvist**, Artur (Suéd.) [P, R, Cr] (1906-91) : *Roman* : Esclaves pour le Serkland (1978). *Autobiogr.* : Voyage en rêve et en imagination (1984).

Madsen, Svend Aage (Dan.) [R] (1939) : Mettons que le monde existe (1971), Discipline et Débauche dans l'entretemps (1976), Raconter les hommes (1989). **Manner**, Eeva-Liisa (Finl.) [P] (1921-95). **Martinson**, Harry (Suéd.) [P] (1904-78) : Les orties fleurissent (1935), Aniara (1956) [N 1974]. **Meri**, Veijo (Finl.) [R] (1928) : Une histoire de corde (1957), l'Été du déserteur (1985), les Boîtes de clous (1989). **Michael**, Ib (Dan.) [R, P] (1945) : le Voyage de retour (1977), Kilroy-Kilroy (1989), le Troubadour et la Fille du vent (1981), la Fille Vanille (1991).

Nielsen, Laus Strandby (Dan.) [P] (1944). **Noica**, Constantin (Dan.) [R] (1909-87). **Nordbrandt**, Henrik (Dan.) [P] (1945).

Paasilinna, Arto (Finl.) [R] (1942) : le Lièvre de Vatanen (1989), le Meunier hurlant (1991), le Fils du dieu de l'orage, la Forêt des renards pendus (1994), Prisonniers du paradis, la Cavale du géomètre.

Reuter, Bjarne (Dan.) [R] (1950) : le Monde de Buster (1979), Embrasse les étoiles (1980). **Riel**, Jørgen (Dan.) [E] (1932) : la Maison de mes pères (I-III), la Vierge froide et autres racontars, le Jour avant le lendemain (1998). **Rifbjerg**, Klaus (Dan.) [R, P, Nouv] (1931).

Schade, Jens August (Dan.) [P] (1903-82). **Schoultz**, Solveig von (Finl., écrivait en suédois) [P] (1907-96). **Seeberg**, Peter (Dan.) [Nouv, R] (1925-99) : les Figurants (1956), l'Enquête (1962), la Fin du jour. **Smærup Sørensen**, Jens (Dan.) [R, Nouv] (1946) : le Destin d'un musicien, Lettre d'un corps étranger. **Sørensen**, Villy (Dan.) [Nouv, Es, Ph] (1929) : Récits étranges (1953), Récits du tuteur (1964). **Stangerup**, Henrik (Dan.) [R] (1937-98) : Vipère au cœur (1969), Frère Jacob (1991), Elle (1996). **Steinarr**, Steinn (Islandais) [P] (1908-58). **Sundman**, Per Olof (Suéd.) [R] (1922) : l'Enquête.

Tafdrup, Pia (Dan.) [P] (1952). **Thorup**, Kirsten (Dan.) [P, R] (1942) : Baby (1973), Bonsaï (2000). **Tikkanen**, Märta (Finl., écrit en suédois) [R] (1935) : l'Histoire d'amour du siècle (1991, date de publication en français). **Tranströmer**, Thomas (Suéd.) [P] (1931). **Trotzig**, Birgitta (Suéd.) [R] (1929) : le Destitué (1957). **Tunström**, Göran (Suéd.) [R] (1937) : l'Oratorio de Noël, le Livre d'or des gens de Sunne.

Vilhjalmsson, Thor (Isl.) [P, R] (1925). **Vold**, Jan Erik (Norv.) [P] (1939).

Waltari, Mika (Finl.) [R, D] (1908-79) : l'Âme et la Flamme (1933), Jeunesse ardente, Sinouhé l'Égyptien (1945), Jamais de lendemain (1995), Boucle d'or (1997), la Viorne. **Wassmo**, Herbjørg (Norv.) [R] (1942) : la Véranda aveugle (1981), la Chambre muette (1982), le Ciel écorché (1986), le Chemin (1998). **Wergeland**, Henrik (Norv.) [P, D] (1808-45). **Wijkmark**, Carl Henning (Suèd.) [R] (1958) : la Draisine. **Willumsen**, Dorrit (Dan.) [R] (1940) : Maria (1985), Bang (1996), Des vacances de chat (1997). **Wolf**, Øystein Wingaard (Norv.) [P, R] (1958) : la Mort de Dodi Asher. **Wright**, Georg Henrik von (Finl.) [Ph, E] (1916).

LITTÉRATURE SLOVAQUE

Hviezdoslav, Pavol Orszagh [P] (1849-1921) : Psaumes, Sonnets sanglants (1914). **Mnacko**, Ladislav [J, R] (1919-94) : la 7e Nuit (1968), le Goût du pouvoir (1968). **Tatarka**, Dominik [E, R] (1913-89) : la République des curés (1940), le 1er et le 2e Coup (1950), le Démon du consentement (écrit 1956, interdit de publication 1969).

LITTÉRATURE SUD-AFRICAINE

Abrahams, Peter [R, E] (1919) : Mine Boy (1946), Je ne suis pas un homme libre (1956), Rouge est le sang des Noirs (1960), Une nuit sans pareille (1966), Cette île entre autres (1966). **Bosman**, Herman Charles [R, P, E] (1905-51). **Breytenbach**, Breyten [R, P] (1939) : Mouroir, Lotus, Voetskrif, Eklips, Retour au paradis (1993). **Brink**, André [R] (1935, écrit en afrikaans et traduit en anglais) : Au plus noir de la nuit (1974), Rumeurs de pluie (1978), Une saison blanche et sèche (M 1980), le Mur de la peste, États de siège, Un acte de terreur, Adamastor, Tout au contraire (1994), Images de sable (1996). **Campbell**, Roy [P, E] (1901-57). **Coetzee**, John Michael [R, Cr] (1940) : Au cœur de ce pays (1977), En attendant les Barbares (1980), Michael K (1983), l'Age de fer (1990), le Maître de Pétersbourg (1995). **Dangor**, Achmat [R, P] (n.c.). **Essop**, Ahmed [R] (1931). **Eybers**, Elizabeth [P] (1915). **Fugard**, Athol [D] (1932). **Gordimer**, Nadine [R, Nouv] (1923) : Un monde d'étrangers (1958), Feu le monde bourgeois (1966), le Conservateur (1974), la Fille de Burger (1979), Ceux de July (1981), Quelque chose là-bas (1984), Un caprice de la nature (1987), Histoire de mon fils (1990), l'Étreinte d'un soldat (1994), l'Arme domestique [N 1991]. **Head**, Bessie [R] (1937-86) : les Amants (1991), le Prisonnier qui portait des lunettes (1991), la Femme qui collectionnait les trésors (1994). **Horn**, Peter [P] (1934 en Allemagne). **Hope**, Christopher [R] (1944) : Kruger's Alp

(1984), Serenity House (1992). **Joubert,** Elsa [R] (1922) : les Années d'errance de Poppie Nongena (1978). **Krige,** Uys [P, Cr, D] (1910). **Krog,** Antjie [R] (n. c.). **Kunene,** Makisi [E] (1930). **La Guma,** Alex [R] (1925) : Nuit d'errance (1962), les Résistants du Cap (1972), l'Oiseau meurtrier (1979). **Langa,** Mandla [R] (n. c.). **Leroux,** Étienne [R] (1922) : Sept Jours chez les Silberstein (1962), Azazel (1964). **Mattera,** Don [P, R] (1935). **Mda,** Zakes [D] (1948). **Mphahlele,** Eskia [R, Cr] (1919). **Mqtshoba,** Mtutuzeli [Nouv] (1950). **Mzamane,** Mbulelo [E] (1948). **Ndebele,** Njabulo S. [R, Cr] (1948) : Fools (1992), Mon oncle (1993). **Nicol,** Mike [R, P, Cr] (1951). **Nkosi,** Lewis [R, D, Cr] (1936) : le Sable des Blancs, Mating Birds (1987). **Opperman,** D.J. [P] (1914). **Paton,** Alan [R] (1903-88) : Pleure, ô mon pays bien-aimé (1948), Quand l'oiseau disparut (1953), le Bal des débutantes (1961). **Purkey,** Malcolm [D] (1951). **Rive,** Richard [E, R] (1931-89, assassiné) : Emergency (1964), Buckingham Palace, Sixième District. **Schreiner,** Olive [R] (1855-1920) : la Ferme africaine (1883). **Sepamla,** Sipho [P, R, D] (1932). **Serote,** Wally Mongane [E, P, R, Cr] (1944) : Alexandra, mon amour, ma colère (1981). **Small,** Adam [P, D] (1936). **Smith,** Hettie [R] (1908). **Tlali,** Miriam [R, E] (1933) : Entre deux mondes (1979), Amandla (1980). **Van Wyk Louw,** N.P. [P, E, D] (1906-70). **Vladistavic,** Ivan (n. c.). **Wicomb,** Zoe [Nouv] (1948).

Littérature tchèque

Březina, Otokar (Václav Jebavý) [P, E] (1868-1929) : Vents des pôles (1897). **Bridel,** Bedřich [P] (1619-80). **Capek,** Karel [R, D] (1890-1938) : *Romans :* R.U.R. (1920, introduit le mot « robot »), la Fabrique d'absolu (1922), Krakatit (1924), Hordubal (1933), le Météore (1934), Une vie ordinaire (1934), la Guerre des salamandres (1936). **Deml,** Jakub [P, Es, R] (1878-1961). **Durych,** Jaroslav [P, D, E] (1886-1962) : Errances (1929), l'Arc de Dieu (1969, roman). **Erben,** Karel Jaromir [P] (1811-70). **Fuks,** Ladislav [R] (1923-94) : Mort d'un cobaye (1969), la Duchesse et la Cuisinière (1983). **Gruša,** Jiří [P, R] (1938) : Prière pour une ville (1981). **Hájek,** Jiři [Pol, H] (1919-94). **Halas,** Frantisek [P] (1901-49). **Hašek,** Jaroslav [R] (1883-1923) : le Brave Soldat Chveik (1920-23). **Havel,** Václav [R, D, Pt de la république (voir à l'Index)] (1936). *Théâtre :* la Fête en plein air (1963), Notification (1965), Audience (1975), Vernissage (1975), Pétition (1978), Largo Desolato (1984), Tentation (1985), l'Assainissement (1987). *Essais :* le Pouvoir des sans-pouvoir (1978), Lettres à Olga (1983), Pour l'identité humaine (1984). **Havlicek-Borovsky,** Karel [R] (1821-56) : le Baptême de saint Vladimir (1848-54). **Hejdánek,** Ladislav [Ph, Es] (1927). **Holan,** Vladimir [P] (1905-80). **Hostovsky,** Egon [R] (1908-73) : la Maison sans maître (1949), le Vertige de minuit (1954). **Hrabal,** Bohumil [R] (28-3-1914/3-2-97, tombe du 5e étage de l'hôpital, accident ?) : Trains strictement surveillés (1965), Moi qui ai servi le roi d'Angleterre (1975), Une trop bruyante solitude (1975), les Noces dans la maison (1986-87), Tendre Barbare (1981). **Hrbek,** Ivan [H, Ling] (1923-93). **Hus,** Jan [Théo] (1371 ?-6-7-1415 brûlé vif) : De Ecclesia (1413).

Jamek, Vaclàv [P, R] (1949) : Traité de courtes merveilles (1989), Centaurée (2001). **Jirásek,** Alois [R] (1851-1930) : Entre les courants (1891), Contre tous (1894), la Confrérie (1900-05). **Klima,** *Ivan* [R] (1931) : Un été d'amour (1931). *Ladislav* [R, Ph] (1878-1928) : les Souffrances du Pce Sternenhoch (1928). **Kohout,** Pavel [R] (1928) : l'Exécutrice (1979). **Kolar,** Jiri [P, R] (1914). **Komenský** (Comenius), Jan Amos [Ph, Pédagogue, Pros] (1592-1670) : le Labyrinthe du monde (1623), la Grande Didactique (1638). **Kosmas** [Chr] (1045-1125) : Chronica Boëmorum. **Král,** Petr [E] (1941) : le Vide du monde Munich (1986), Du gris nous naissons (1991). **Kundera,** Milan (en France depuis 1975, naturalisé Français) [R, D] (1929) : en *tchèque :* Risibles Amours (1963), la Plaisanterie (1967), La vie est ailleurs (achevé 1970), la Valse aux adieux (achevé 1972), le Livre du rire et de l'oubli (1979), l'Insoutenable Légèreté de l'être (1984), l'Immortalité (1990) ; en *français :* l'Art du roman (1986), les Testaments trahis (1993), la Lenteur (1995), l'Identité (1997). *Théâtre :* Jacques et son maître (1971). **Lysohorský,** Ondra [P] (1905-89). **Macha,** Karel Hynek [P, Pros] (1810-36) : Mai (1836). **Monikova,** Libuse [R] (1945-98) à Berlin-Ouest en 1971 : la Façade (1987), la Nuit de Prague. **Neruda,** Jan [P, Pros] (1834-91) : Fleurs de cimetière (1858), Chants cosmiques (1878), Contes de Malá Strana (1878), Motifs simples (1883). **Nezval,** Vitězslav [P, R, D, Es] (1900-58) : Pantomime (1924), l'Acrobate (1927), Edison (1928), Prague aux doigts de pluie (1936), le Fossoyeur absolu (1937). **Patočka,** Jan [Ph] (1907-77) : Qu'est-ce que la phénoménologie ? (1965-85), Platon et l'Europe (1973), Essais hérétiques (1975). **Putík,** Jaroslav [R] (1923) : l'Homme au rasoir. **Reynek,** Bohuslav [P, R] (1892-1971) : Un serpent sur la neige (1924), Pieta (1940), Des visions douces, le Départ des hirondelles (1969-71). **Rezniček,** Pavel [R] (1942) : le Plafond. **Seifert,** Jaroslav [P] (1901-86) [N 1984]. **Škácel,** Jan [P] (1922-89). **Škvorecký,** Josef [R] (1924) : les Lâches (1958), la Légende Emöke (1963), Miracle en Bohême (1972), l'Histoire des ingénieurs des âmes humaines (1977). **Sotola,** Jiři [P, R] (1924-89) : la Nuit baroque. **Svitak,** Ivan [Ph] (1925-94). **Topol,** Jachym [P, R] (1962) : Ange exit, Sestra. **Vaculík,** Ludvík [R] (1926) : la Hache (1966), Deux Mille Mots (manifeste, 1968), les Cobayes (1970), la Clef des songes (1980). **Vancura,** Vladislav [R, D] (1891-1942) : Jan Marhoul (1924), Un été capricieux (1926), Markéta Lazarova (1931), la Famille Horvat (1938). **Weil,** Jiri [R] (1900-59) : Moscou-frontière (1937), Vivre avec une étoile (1949), Mendelssohn est sur le toit (1960).

Littérature turque

Abasiyanik, Sait Faik [R] (1906-54) : Un point sur la carte. **Adivar,** Halide Edip [R] (1844-1964). **Ali,** Sabahattin (1906-48). **Altan,** Cetin [E] (1937). **Ataç,** Nurullah [E] (1898-1957). **Atay,** Oguz [R, E] (1934-77). **Batur,** Enis [P, E] (1952) : le Sarcophage des pleureuses. **Berk,** Ilhan [P] (1918) : Histoire secrète de la poésie. **Beyatli,** Yahya Kemal [P] (1884-1958). **Bugra,** Tarik [R, D] (1918). **Celebi,** Evliya [R] (1611-82). **Cevdet Anday,** Melih [P, D] (1915). **Cumali,** Necati [P, N, D] (1921). **Daglarca,** Fazil [P] (1914). **Dranas,** Ahmet Muhip [P] (1909). **Edgu,** Ferit [R] (1935) : Une saison à Hakkâri. **Emre,** Yunus [P] (XIIIe s.). **Ersoy,** Mehmet Akif [P] (1873-1936). **Fuzuli** [R] (1495-1566). **Güntekin,** Resat Nuri [E] (1888-1956). **Gürpinar,** Hüseyin Rahmi [R] (1864-1944). **Gürsel,** Nedim [R] (1951) : Un long été à Istanbul, la Première Femme, les Lapins du commandant, le Roman du conquérant. **Hasim,** Ahmet [P] (1884-1933). **Hikmet,** Nâzim [P, D, R] (1902-63). **Hisar,** Abdülhak Şinasi [R] (1883-1963). **Ince,** Özdemir [P, E] (1936) : On meurt à moins. **Kanik,** Orhan Veli [E, P] (1914-50). **Karacaoğlan** [P] (XVIIe s.). **Karasu,** Bilge [E, R] (1930-96) : la Nuit. **Karaosmanoglu,** Yakup Kadri [E] (1889-1974). **Kemal,** Orhan [R] (1914-70). **Kemal,** Tahir [R] (1910-73). **Kemal,** Yasar [E] (1923) : le Dernier Combat de Mèmed le Mince, Salman le Solitaire, la Grotte, la Voix du sang, la Légende du mont Ararat. **Külebi,** Cahit [P] (1917). **Meric,** Nezihe [R] (1923). **Mungan,** Murathan [P, R] (1955). **Necatigil,** Behçet [P] (1916-79). **Nedim** [R] († 1670). **Nesin,** Aziz [E] (1915-96). **Pamuk,** Orhan [R] (1952) : le Château blanc, la Maison du silence (1983), le Livre noir (1995). **Rifat,** Oktay [P, E] (1914-88). **Safa,** Peyami [R, J] (1899-1961) : le Neuvième Pavillon (1930), le Fauteuil de Mlle Noralie (1949). **Sevket Esendal,** Memduh [E] (1883-1952). **Seyfeddin,** Omer [R] (1884-1920). **Taner,** Haldun [D] (1915-86). **Tanpinar,** Ahmet Hamdi [R, P] (1901-62). **Taranci,** Cahit Sitki [E] (1910-56). **Tekin,** Latife [R] (1957) : Contes d'ordures de la montagne. **Usakligil,** Halid Ziya [R] (1866-1945). **Veysel,** Asik [P] (1894-1973). **Yücel,** Tahsin [R, E] (1933).

Littérature ukrainienne

Chevtchenko, Taras [P] (1814-1861). **Franko,** Ivan [D, E, P] (1856-1916). **Kotlarevskyi,** Ivan [E] (1769-1838) : l'Enéide (1798). **Oukraïnka,** Lessia [D, P] (1871-1913). **Skovoroda,** Hryhoriy [Ph] (1722-1794). **Vovtchok,** Marko (Maria Vilinska) [E] (1834-1907) : Maroussia.

Littérature yiddish

Aleikhem, Sholem Rabinovitch, dit Chalom [E] (Ukraine, 1859-1916) : Tévié le laitier, Menahem-Mendl, le Rêveur, Histoire pour les enfants juifs, Contes ferroviaires, Retour de la foire, la Ville de Kassrilevké. **Anski,** Chloïne-Zaïnvl Rapoport [Es, P, D] (1863-1920) : le Dibbuk. **Bialik,** Haïm [P] (Ukraine, 1873-1934). **Katzenelson,** Izthak [P] (Biélorussie, 1886-1944) : Chant du peuple juif assassiné. **Mann,** Mandel [E] (1916-1975) : la Tour de Genghis Khan (1957). **Singer,** Isaac Bashevis (voir p. 277 a). **Sforim,** Mendele Moykher (Sholem Yaakoyv Abramovitch) [E] (Russie, 1836-1917) : le Petit Homme, l'Anneau magique, les Voyages de Benjamin III, la Dîme, la Conscription.

Littérature ex-yougoslave

■ **Croates. Aralica,** Ivan [E] (1930). **Boscovich,** Rudjer Josep [Ph, Math]. **Dragojevic,** Danijel [P] (1934). **Gundulic,** Ivan [P] (1589-1638). **Kovačić,** Ivan Goran [P] (1913-43). **Krleža,** Miroslav [E, P, Es] (1893-1981) : le Retour de Philippe Latinowicz (1932). **Marinković,** Ranko [E] (1913). **Marulić,** Marko [E] (1450-1524). **Matoš,** Antun Gustav [E] (1873-1914). **Mihalic,** Slavko [P] (1928). **Novak,** Slobodan [Nouv, R] (1924). **Pannonius,** Janus [P] (1434-72). **Soljan,** Antun [R] (1932). **Ujevic,** Tin [P] (1891-1955).

■ **Macédoniens. Čingo,** Zivko [R] (1934-89) : la Grande Eau (1971), l'Incendie (1975). **Dukovski,** Dejan (1968). **Georgievski,** Tasko (1941). **Gjuzel,** Bogomil [Cr, Es, P] (1937). **Janevski,** Slavko (1920-99). **Kletnikov,** Eftim (1946). **Koneski,** Blazë [P, Ling, Ph] (1920-96). **Matevski,** Mateja (1929). **Miladinov,** *Dimitar* (1812-61). *Konstantin* (1830-61). **Misirkov,** Krste (1872-1926). **Mitrev,** Dimitar (1919-74). **Pavlovski,** Radovan (1937). **Plevnes,** Jordan (1953). **Popovski,** Ante (1931). **Pricev,** Grigor (1830-96). **Racin,** Koco (1908-43). **Smirnensky,** Christo [P] (1898-1923). **Sopov,** Aco (1923-82). **Starova,** Luan (1941). **Urosevik,** Vlada (1934).

■ **Serbes. Andrić,** Ivo [R] (1892-1975) : le Pont sur la Drina (1945), la Chronique de Travnik (1945), la Cour maudite (1954) [N 1961]. **Bećković,** Matija [E] (1939). **Bulatović,** Miodrag [E] (1930-91). **Ćosić,** Dobrica [R] (1921). **Crnjanski,** Miloš [P, R, D] (1893-1977) : Migrations (1953). **Davico,** Oscar [P, R, E] (1909-89). **Dučić,** Jovan [E] (1871-1943). **Jakšić,** Dura [P] (1832-78). **Kis,** Danilo [R] (1935-89) : Jardin, cendre (1965), Sablier (1972), Un tombeau pour Boris Davidovitch (1976), l'Encyclopédie des morts (1983). **Lalić,** Ivan V. [E] (1931-98). **Matić,** Dušan [P, Ph, R] (1898-1980). **Mihailović,** Dragoslav [R] (1930). **Njegoš,** Petar II [E] (1813-51). **Pavić,** Milorad [E] (1929). **Pekić,** Borislav (1930-92). **Popa,** Vasko [P] (1922-91). **Popovic,** Danko [R] (1928). **Šćepanović,** Branimir [R] (1937). **Selimović,** Meša [R] (1910-82). **Stevanovic,** Vidosav [R] (1942) : la Neige et les Chiens, Prélude à la guerre, la Même Chose. **Tisma,** Aleksandar [Pros, R] (1924). **Vučo,** Aleksandar [P, R] (1897-1985).

■ **Slovènes. Kranjec,** Misko [E] (1908-83). **Levstik,** Fran [P] (1831-87). **Pahor,** Boris [E] (1913), Arrêt sur le Ponte Vecchio, la Villa sur le lac (1955), Printemps difficile (1995). **Prešeren,** Frantsé Préchern (France) [P] (1800-49).

☞ L'écriture glagolitique (IXe s. après J.-C.) ne sert plus que dans certaines paroisses catholiques de Dalmatie.

Philosophie

Écoles, doctrines

Académie. École philosophique de Platon et de ses disciples immédiats (Speusippe, Xénocrate). **(Nouvelle).** École d'Arcésilas et de Carnéade (probabilistes). **Agnosticisme.** Rejette toute métaphysique, dont les objets sont déclarés inconnaissables (Th. Huxley). **Animisme.** Nom donné à certaines religions dites primitives, qui attribuent une âme à certains êtres inanimés. **Associationnisme.** Fait de l'association des idées la base de notre vie mentale (Hume, J.S. Mill, Taine). **Athéisme.** Nie l'existence de toute divinité. **Atomisme.** Considère l'univers comme constitué d'atomes assemblés par hasard et d'une manière purement mécanique (Épicure, Leucippe, Lucrèce).

Béhaviorisme (de l'anglais *behaviour*). Réduit la psychologie à l'étude du comportement (Watson).

Cartésianisme. Repose sur 4 préceptes que Descartes s'était résolu à observer constamment et qu'il expose dans le *Discours de la méthode* (1637) : 1°) « Ne jamais recevoir aucune chose pour vraie qu'il ne la connût évidemment être telle ». 2°) « Diviser chacune des difficultés qu'il examinerait en autant de parcelles qu'il se pourrait et qu'il serait requis pour les mieux résoudre ». [Règle de l'*analyse*.] 3°) « Conduire par ordre ses pensées, en commençant par les objets les plus simples et les plus aisés à connaître, pour monter peu à peu comme par degrés jusques à la connaissance des plus composés, et supposant même de l'ordre entre ceux qui ne se précèdent point naturellement les uns les autres ». [Règle de l'*induction*.] 4°) « Faire partout des dénombrements si entiers et des revues si générales qu'il fût assuré de ne rien omettre ». [Règle de l'*énumération* et de la *déduction* : l'ignorance et l'erreur venant selon Descartes presque toujours de ce que l'on a négligé un ou plusieurs des éléments essentiels des questions que l'on étudie.] **Conceptualisme.** Affirme que les idées générales existent comme des conceptions de l'esprit mais ne font pas partie du monde réel (Abélard, Roscelin). **Criticisme.** Système de Kant, qui essaye de déterminer le champ d'application de notre entendement humain. **Cynisme.** Méprise convenances, opinions, richesses et honneurs, et affirme que seule la vertu permet de se libérer en s'affranchissant du désir (Antisthène, Diogène).

Déterminisme. Tous les événements de l'univers, et en particulier les actions humaines, sont liés d'une façon telle que, les choses étant ce qu'elles sont à un moment quelconque du temps, il n'y a pour chacun des moments antérieurs, ou ultérieurs, qu'un état et un seul qui soit compatible avec le premier. **Dogmatisme.** Admet que l'on peut établir des vérités définitives. **Dualisme.** Admet 2 principes irréductiblement opposés (exemples : corps et âme, matière et esprit, bien et mal). **Dynamisme.** Suppose que la matière et même la vie psychologique comportent des « forces » incontrôlables pour la raison.

Éclectisme. Doctrine groupant des thèses variées (école de Potamon d'Alexandrie, Victor Cousin). **Empirisme.** Admet seulement l'expérience comme source de nos connaissances (Locke, Hume, J.S. Mill). **Empiriocriticisme.** Repose sur l'étude des relations existant entre sciences physiques et psychologiques (Avenarius, Mach). **Épicurisme.** Fait du plaisir (conçu comme culture de l'esprit et pratique de la vertu) le souverain bien. **Épiphénoménisme.** Théorie selon laquelle la conscience serait un simple épiphénomène, c'est-à-dire un phénomène accessoire et sans efficacité, l'élément constitutif du fait psychique étant essentiellement le processus nerveux. **Épistémologie.** Étude de l'histoire, des méthodes et de l'évolution des sciences. **Éthique.** Étude des fondements de la morale. **Eudémonisme.** Système de morale recherchant le bonheur de l'homme (Aristote). **Évolutionnisme.** Doctrine philosophique et sociologique (Spencer, Teilhard de Chardin) fondée sur le transformisme des biologistes (Lamarck, Darwin). **Existentialisme.** Souligne la singularité de chaque existence humaine ; avant de se concevoir comme un être, l'individu a conscience d'exister : en agissant, il se crée et se choisit (Kierkegaard, Heidegger, Jaspers, G. Marcel, Sartre, Le Senne, Merleau-Ponty).

Fidéisme. Place dans une foi religieuse la connaissance des vérités premières. **Finalisme.** Explique l'univers par sa finalité (le but vers lequel il tend). **Formalisme.** Esthétique de la « vie des formes » (Élie Faure, Focillon, Malraux).

Gestalt-Théorie. L'esprit – par exemple dans la perception – saisit d'abord les ensembles et non leurs éléments (Koffka, Köhler, Wertheimer). **Gnosticisme.** Tentative d'atteindre Dieu par la connaissance intellectuelle.

Hédonisme. Doctrine faisant du plaisir immédiat le but de la vie (Aristippe, Gide). **Hégélianisme.** Être et penser sont un même principe (Hegel, Biedermann, Fischer, Zeller ; Strauss Bauer, Feuerbach). **Humanisme.** Confère à l'être humain une valeur essentielle (humanismes chrétien, marxiste, existentialiste). **Humanitarisme.** Morale réglant les relations humaines à l'échelon planétaire et fondée sur le respect de l'individu. **Hylozoïsme.** Doctrine selon laquelle la matière est douée de vie (Thalès).

Idéalisme. Tendance qui consiste à ramener toute réalité substantielle à la pensée, au sens le plus large du mot « pensée » (Berkeley, Hume, Fichte, Schelling, Hegel, Hamelin, Schopenhauer). **Immatérialisme.** Idéalisme absolu niant l'existence de la matière (Berkeley). **Immoralisme.** Propose de remplacer l'ordre des valeurs morales par celui des faits (Nietzsche). **Impératif catégorique.** L'épithète utilisée par Kant *(kategorisch)* aurait dû être traduite par « catégoriel ». La critique de la raison, entreprise par Kant, entraîne logiquement la remise en question de toutes les lois morales. Mais la morale forme une « catégorie » particulière, à laquelle Kant refuse d'appliquer sa méthode critique, et dont il admet les « impératifs ». **Instrumentalisme.** Intelligence et théories sont des instruments destinés à l'action (Dewey). **Intellectualisme.** Donne plus d'importance à l'entendement qu'à la raison dans les activités mentales (Kant, Hegel, Taine). **Intuitionnisme.** Il existe une connaissance intuitive, opposée à la démarche discursive (Bergson, Hamilton).

Logicisme. Prétend ramener toute science à la logique mathématisée (Russell).

Manichéisme. Admet 2 principes opposés, sources du devenir (le bien et le mal). **Matérialisme.** La matière seule est réelle (Démocrite, Épicure, Lucrèce, encyclopédistes, idéologues). **Matérialisme dialectique** (marxisme). La matière est indépendante de la pensée (elle-même, matière prenant conscience de soi) et se développe dans le temps par une succession d'oppositions ou de négations. Le *matérialisme historique* applique ces principes à l'Histoire considérée comme un fait matériel (le « vécu » humain) ; il conclut à la nécessité de la lutte des classes, née des contradictions existant entre les modes de production et les formes de propriété. **Mécanisme.** L'ensemble des phénomènes peut être ramené à un système de déterminations « mécaniques ». **Méliorisme.** Doctrine selon laquelle le monde peut être amélioré (Emerson, W. James). **Métaphysique.** Étude des objets extérieurs à la connaissance rationnelle. **Monisme.** Doctrine n'admettant qu'un seul principe là où d'autres en admettent 2 ou plusieurs (exemple : chez Spinoza, Dieu et la nature font un). **Mysticisme.** L'homme peut atteindre le monde surnaturel par l'extase.

Naturalisme. Les sciences naturelles sont le fondement de la morale. **Naturisme.** Le culte des phénomènes naturels est à l'origine des religions (Max Muller, Steinthal, Kuhn). **Néodarwinisme.** Nouvelle formulation du transformisme, expliquant la transformation des espèces (spéciation) par les mutations génétiques. **Néokantisme.** Mouvement dérivé du criticisme kantien, se consacrant à des recherches philosophiques et logiques (école logistique de Marburg) et morales (école axiologique de Bade). **Néoplatonisme.** Doctrine de Platon mêlée de mysticisme (Plotin, Porphyre, Jamblique, St Augustin). **Néopythagorisme.** Morale dérivée des enseignements de Pythagore tendant à l'ascétisme et la pureté (2 premiers siècles de notre ère. A Rome). **Nihilisme** (philosophique). Scepticisme absolu, niant toute réalité (Gorgias le sophiste). **Nominalisme.** Réduit tout concept, toute idée au signe qui l'exprime (Roscelin, Guillaume d'Ockham, Hobbes, H. Poincaré, nominalisme scientifique). **Nouveaux philosophes.** Réexaminent les conceptions marxistes de l'État, à la lumière d'autres philosophies : *trotskisme* (Nikos Poulantzas), *freudisme* [Foucault (1926-84)], *nietzschéisme* [Deleuze (1925-95), Jean-François Lyotard (1924)], *situationnisme* [Guy Debord (1931-94), Jean Baudrillard (1929)] et surtout *rousseauisme* [Jean-Marie Benoist (1942-90), Bernard-Henri Lévy (1948), André Glucksmann (1937), Jean-Paul Dollé (1939)].

Occasionnalisme. Matière et esprit ne peuvent agir l'un sans l'autre, une cause antécédente étant, en réalité, une cause occasionnelle, c.-à-d. une intervention déterminante de Dieu (Malebranche). **Ontologie.** Spéculation sur l'Être en soi. **Optimisme.** Le monde « actuel » réalise toujours de façon optimale le monde conçu par Dieu (Leibniz).

Panpsychisme. Tout ce qui existe est de nature psychique (Thalès, Plotin, Spinoza, Leibniz, Schopenhauer). **Panthéisme.** Dieu s'identifie au monde (stoïciens, Plotin, Spinoza, d'Holbach, Diderot). **Parallélisme.** Faits psychiques et physiologiques sont indépendants mais correspondants (Spinoza). **Péripatéticiens.** Élèves et disciples d'Aristote (de *peripatein,* se promener : Aristote enseignait en se promenant). Pour lui, la nature représente l'effort de la matière brute pour s'élever à la pensée et à l'intelligence. **Personnalisme.** Système reposant sur la notion de personne humaine, valeur morale et sociale opposée à l'individualité simple (Renouvier, Mounier). **Pessimisme.** Mal et douleur l'emportent, dans la matière, sur bien et plaisir (Schopenhauer). **Phénoménalisme.** L'homme ne peut rien atteindre au-delà du phénomène : l'absolu est inconnaissable (Kant, A. Comte, Spencer). **Phénoménisme.** Théorie selon laquelle seul ce qui est perçu par les sens ou par la conscience est réel. **Phénoménologie.** Méthode visant à saisir, par-delà les êtres empiriques et individuels, les essences absolues de tout ce qui est (Husserl). La phénoménologie contemporaine donne une primauté au senti, au perçu, voire à l'imaginé (Merleau-Ponty). **Physicalisme.** Doctrine de Carnap et de l'École de Vienne rejetant toute métaphysique et ramenant la philosophie à une syntaxe logique du langage. **Pluralisme.** Pose une pluralité de principes irréductibles (atomistes, Leibniz, Herbart, W. James). **Positivisme.** Repose sur l'observation et l'étude expérimentale des phénomènes, en sciences humaines comme en sciences naturelles (Comte). Néo-positivistes : Carnap, Reichenbach, Wittgenstein. **Pragmatisme.** Seul ce qui réussit est vrai, la vérité théorique étant sans intérêt, même sur le plan moral (W. James). **Probabilisme.** Système pour lequel toute opinion n'est jamais ni fausse ni vraie en totalité, et se contente de théories probables au lieu de certitudes (Arcésilas, Carnéade, A. Cournot, Reichenbach). **Psychanalyse.** Méthode consistant à pratiquer l'investigation des processus psychiques profonds d'un individu, principalement appliquée au traitement de troubles mentaux et psychosomatiques (Freud). **Psychologie analytique.** Étude de l'inconscient comme fonction psychique autonome, et notamment de l'inconscient collectif, créateur de mythes renaissant dans chaque structure individuelle (Jung).

Rationalisme. N'admet que la seule autorité de la raison (s'opposant à la fois à l'empirisme et à toute croyance religieuse) [encyclopédistes du XVIIIe s.]. **Réalisme.** L'être existe en dehors et indépendamment de l'esprit qui le perçoit (opposé à l'idéalisme). **Relativisme.** Théorie reposant sur la relativité de la connaissance (Montaigne).

Scepticisme. L'esprit humain ne peut rien connaître avec certitude, d'où suspension du jugement et doute permanent (Hume, Kant). **Scientisme.** Croyance en la possibilité d'atteindre des certitudes absolues par l'expérimentation et le raisonnement scientifique (Claude Bernard, Renan). **Scolastique.** Désigne les doctrines officielles enseignées au Moyen Age et jusqu'au XVIIe s. dans les universités (exemple : la philosophie d'Aristote adaptée aux dogmes chrétiens). **Sémiotique.** Étude systématique des signes, c.-à-d. analyse de toutes les productions humaines qui utilisent des signifiants (langues, littératures, arts, religions). Introduit la psychanalyse dans les sciences humaines (Perrie, Saussure, Barthes, Lévi-Strauss). **Sensualisme.** Toutes nos connaissances viennent des sensations (Condillac). **Solipsisme.** « Tout esprit est comme un monde à part se suffisant à lui-même » (Leibniz). **Sophisme.** Raisonnement faux paraissant logique, reposant sur une équivoque, un énoncé incomplet, une construction grammaticale ambiguë (Protagoras, Gorgias, Calliclès). **Sophistique.** Attitude éclectique et sceptique de certains penseurs grecs (Protagoras, Gorgias, Hippias, Prodicos, etc.). **Spiritualisme.** Doctrine donnant à l'esprit une existence autonome par rapport à la matière (Platon, Plotin, Descartes et les cartésiens, Leibniz, Hegel). **Stoïcisme.** Doctrine dont la morale commande de rester indifférent aux circonstances extérieures (plaisir, douleur, etc.) (Zénon de Citium, Cléanthe, Chrysippe, Sénèque, Épictète, Marc Aurèle). **Structuralisme.** Système professant la primauté des structures par rapport aux éléments, et plus particulièrement par rapport à l'homme. Toute doctrine qui considère que le sujet humain est second par rapport à des structures économiques (marxistes : Althusser), sociales ou ethnologiques (Lévi-Strauss), psychanalytiques (Lacan) ou linguistiques. Réaction contre les individualismes, et plus particulièrement contre l'existentialisme (M. Foucault). **Subjectivisme.** Système n'admettant qu'une réalité, celle du sujet pensant.

Tautologie. Sophisme qui consiste à paraître démontrer une thèse en la répétant avec d'autres mots. **Théisme.** Doctrine admettant l'existence d'un dieu personnel et créateur du monde. **Thomisme.** Ensemble des doctrines de saint Thomas qui constituaient l'essentiel de l'enseignement théologique et philosophique de l'Église catholique. **Transcendantal.** Contient des éléments a priori, capables d'être le fondement de principes universels. **Transcendantalisme.** Mouvement mystique et panthéiste (Emerson).

Utilitarisme. Système jugeant de la valeur morale de nos actions d'après l'intérêt particulier ou général. Exaltation du mérite personnel, du goût du risque, de l'esprit de compétition (Bentham, J.S. Mill, H. Sidgwicz). **Vitalisme.** Admet l'existence d'un principe vital distinct de l'âme et du corps et régissant les actions organiques. *Néovitalistes :* Reinke, Driesch. **Volontarisme.** Notre volonté prend part à tout jugement et peut le suspendre (Duns Scot) ; pour Schopenhauer, la volonté est l'essence même de l'univers. **Zététique.** Un des aspects du scepticisme considéré comme une recherche (Sextus Empiricus).

☞ **Philosophes** (voir **Principaux auteurs,** p. 271).

LA BANDE DESSINÉE

☞ Appelée le 9e Art. *Abréviations :* BD : bande dessinée ; ex. : exemplaire(s) ; hebdo : hebdomadaire.

QUELQUES DATES

■ **Origine à 1900 : 1796** création de l'*imagerie d'Épinal,* frères Pellerin. **1827** *l'Histoire de M. Vieux Bois,* Rodolphe Töpffer (pédagogue, Suisse, 31-1-1799/8-6-1846, édité 1837). **33** *Histoire de M. Jabot* (id.). **36** *Les Cent Robert Macaire,* Daumier. **37** *M. Crépin, les Amours de M. Vieux Bois,* Töpffer. **40** *Voyages et Aventures du Dr Festus, M. Pencil* (id.). *les Voyages de M. Trottman,* Cham (Fr. 1819-79). **45** *Histoire de M. Cryptogame*, Cham. d'après Töpffer. **48** *Herr Piepmeyer,* A. Schrödter (All., 1805-75). *Vie publique et privée de Môssieu Réac,* Nadar (photographe français). **65** *Max et Moritz les insupportables garnements,* Wilhelm Busch (All., 1832-1908). **89** *(31-8 au 24-6-93)* « le Petit Français illustré » Christophe publie *la Famille Fenouillard.* **90** *(4-1 au 12-9-95) le Sapeur Camember* (id.). **93** *(9-12 au 25-11-99) Vie et Mésaventures du savant Cosinus* et *les Malices de Plick et Plock (23-12-1893 au 9-1-1904)* (id.).

■ **De 1896 à 1943 : 1896** (1re apparition de la bulle) *Yellow Kid,* Richard Outcault (Amér., 1863-1928) avait créé *Hogan's Alley* le 5-5-1895 dans le « New York World ». **97** *(12-12)* Rudolph Dirks (1879-1968) publie dans le « New York Journal » les *Katzenjammer Kids.* **1903** *(mars)* Arthème Fayard publie *la Jeunesse illustrée.* **04** *(21-4)* Il publie *Belles Images. (28-4)* Jules Tallandier lance le *Jeudi de la jeunesse.* **05** *(2-2)* Gautier-Languereau publie *la Semaine de Suzette* (hebdo, où Bécassine commence à paraître). **06** *(11-2)* la Bonne Presse lance l'*Écho de Noël* (retitré *Bayard* en 1936). *(31-10) l'Illustré* devient *le Petit Illustré.* **07** l'hebdo parisien *Nos loisirs* publie pour la 1re fois en France une BD américaine *The Newlyweds.* **08** *(9-4)* parution de *l'Épatant* avec pour la 1re fois *(4-6) les Pieds nickelés* [Filochard (borgne), Ribouldingue (barbu), Croquignol (au long nez) ; la maison d'édition Offenstadt avait acheté 1 000 F l'expression due à Tristan Bernard signifiant « ceux qui ne sont pas portés sur le travail »] dessinés par Louis Forton ; après sa mort, Perré de 1934 à 38, Badert de 1938 à 40, puis Pellos de 1948 à 81 [avec l'auteur de scénarios Roland de Montaubert (pseudonyme de Pierre Colin, magistrat de Versailles)] poursuivront son œuvre ; 1res bulles françaises dans l'album *Sam et Sap* de Rose Candide (1re BD française à n'utiliser que des bulles, dans la revue *St-Nicolas*). **09** *(21-10)* parution de *Fillette. (Déc.)* Winsor McCay : 1re adaptation en dessins animés de sa BD : *Little Nemo in Slumberland.* **10** *(22-5)* parution de *l'Intrépide.* **11** la Bonne Presse lance *le Sanctuaire. (28-2)* parution de *Cri-Cri.* **12** *(31-3)* de *Romans de la jeunesse. (16-5)* de *l'Inédit. (4-7)* Albin Michel publie *le Bon Point amusant.* **13** *(février)* 1er album de *Bécassine : l'Enfance de Bécassine.* **14** la Bonne Presse lance *Bernadette.* **15-17** Offenstadt édite 6 albums des *Pieds nickelés.* **17** Émile Cohl réalise le 1er dessin animé français tiré des *Pieds nickelés.* **20** *(19-7)* le « Petit Écho de la mode » lance *Guignol.* **21** *(17-7)* lance *Lisette.* **22** 1re exposition de BD (Waldorf Astoria, New York). **23** *(4-3)* nouvelle série de *Bernadette. L'Excelsior Dimanche* (qui deviendra *Dimanche-Illustré* en 1924) publie *Winnie Winkle* (Bicot) dessinée par Martin M. Branner. **24** Albin Michel édite *le Petit Robinson.* **25** *(3-5) Dimanche-Illustré* publie *Zig et Puce* d'Alain Saint-Ogan. *(27-12)* le « Petit Écho de la mode » lance *Pierrot.* **29** 1re BD dans un quotidien français : *Félix le chat* dans *la Petite Gironde*. *(10-1)* dans *le Petit Vingtième* (Bruxelles) : « Tintin au pays des Soviets ». *(Juillet)* Albin Michel édite *le Journal de Bébé. (14-11)* Jean Nohain lance *Benjamin. (8-12) Cœurs vaillants.* 1er album des *Pieds nickelés* à la SPE. **34** *(21-10)* Paul Winkler (Fr., 1898-1982) fonde en France le *Journal de Mickey.* **35** *(5-6)* Cino del Duca fonde un des 1ers hebdos français de BD : *Hurrah !* qui durera jusqu'en avril 1942. **36** la Bonne Presse édite *Bayard.* Fondation de *l'Aventureux (8-3), Junior (2-4), Aventures (14-4)* et *Robinson (26-4).* **37** créations : *Journal de Toto (11-3), Hop-là ! (7-12), l'As (8-12).* Fleurus lance *Ames vaillantes.* **38** *(6-2) Spirou* (hebdo) fondé à Bruxelles. *(6-3)* création de *Bilboquet* (disparaît 8-2-39). *(16-6) le Bon Point amusant* devient *Francis.* « Action Comics » lance *Superman* (scénariste Jerry Siegel, dessinateur Joe Schuster ; inspirés par une nouvelle de Philip Wylie, « The Gladiator ») : Jor-El, de la planète Krypton, est recueilli aux USA par des fermiers qui l'élèvent sous le nom de Clark Kent ; habitant Métropolis, il y est à la fois : Superman (justicier invincible, vêtu d'un collant bleu et d'une cape rouge, il vole, voit à travers les murs, voyage dans le temps, émet des rayons faisant fondre des métaux) et Clark Kent (journaliste au « Daily Planet ») qui, en 1987, épouse Lois Lane, devenue Supergirl en 1959 ; en 1992 les ventes baissent et l'éditeur fait momentanément mourir Superman qui est tué par le monstre Doomsday (échappé d'un asile psychiatrique). **39** *(mai)* Bob Kane et Bill Finger créent *Batman* dans *Detective Comics ;* 1er film 1940. **40** disparitions : *Journal de Toto, Hop-là ! (16-6), l'As (23-6).* Créations : *Gavroche (31-10).* **41** *Aventures. (6-12)* Del Duca lance *l'Audacieux. Fanfan la Tulipe* (pétainiste, *22-5*). **42** interdiction de publier en France des BD américaines. *(20-7)* disparitions : *l'Aventureux, l'Audacieux.* Créations : *Journal de Tati. (28-12)* Del Duca lance les *Belles Aventures* à Nice. **43** *(15-1) le Téméraire* (collaborationniste). **44** *le Mérinos.*

■ **De 1944 à 1956 : 1944** *(17-8)* disparition : *Belles Aventures. (13-10)* Le PCF lance *le Jeune Patriote* (devenu *Vaillant* le 1-6-45). *(20-11)* fondation de *Coq hardi* avec comme dessinateur Marijac, *les Trois Mousquetaires du maquis, Poncho Libertas,* Liquois, *Guerre à la Terre.* **45** *(25-11)* Fleurus lance *Fripounet et Marisette,* lancement des éditions de Lyon (*Sprint*) et de Nice (*Publi-Vog*). **46** *(19-9)* Del Duca lance l'hebdo *Tarzan. (26-9) Tintin* (hebdo) fondé à Bruxelles. Parution de *Fantax* (1re publication des éditions Chott à Lyon, qui donna ensuite *Big Bill*). Parution de *Spirou* en France. Bernadette Ratier fonde *Mon journal.* **47** *(23-3)* Paul Winkler fonde *Donald.* **48** *(28-10) Tintin* paraît en France. **49** *(2-7)* loi considérant la BD comme un produit exclusivement destiné aux enfants (certains titres disparaissent). 1ers titres français en format de poche : *Camera 34* et *Super-Boy.* **52** *(3-5) Tarzan* remplace *Hurrah ! (1-6)* nouvelle série du *Journal de Mickey. (24-10) Benjamin* reparaît. *Mad* (États-Unis), 1er journal de BD d'humour pour adultes. **54** 1ers pockets (chez Impéria, Lyon). **56** *Perlin et Pinpin.*

■ **De 1960 à 1995 : 1959** *(29-10)* 1er no de *Pilote* (Goscinny, Charlier, Uderzo) hebdo, puis mensuel 1974, disparu oct. 1989. **60** *Hara-Kiri,* 1re BD pour adultes [*(4-12)* 1er no mensuel]. **62** *(29-3)* création du « Club des bandes dessinées » (CBD). Création du Centre d'études des littératures d'expression graphique (Celeg) qui fonde *Giff-Wiff* (disparaît en 1967). *(Avril)* apparition d'une héroïne érotique, *Barbarella*, dans *V Magazine.* **63** *(mars)* disparition de *Coq hardi. (Octobre) J2 Magazine* remplace *Âmes vaillantes, J2 Jeunes* remplace *Cœurs vaillants.* **64** *Barbarella,* de Jean-Claude Forest (Fr., 1930), publié par Éric Losfeld, 1er album de luxe de BD. Au sein du Celeg, naissance de la Socerlid. Création du journal *Chouchou.* **65** *(févr.)* 1er congrès international de la BD à Bordighera (Italie). **66** *(octobre) Phénix,* revue spécialisée (disparaît 1977). *(15-12)* Walt Disney meurt. **67** *(avril-mai)* 1re expo BD (et figuration narrative) au musée des Arts déco de Paris. **68** les *Shadoks* à la TV (52 épisodes) ; *Barbarella* adapté au cinéma par Roger Vadim, avec Jane Fonda. **69** *(1-2) Charlie mensuel* lancé par les éditions du Square ; la BD cherche un public adulte avec Wolinski, Cabu, Bretécher, Reiser, Pichard. *(3-3) Vaillant* devient *Pif Gadget.* 1re convention de la BD à Paris. **69-70** lancement (éditions Lug de Lyon) de revues réservées aux super-héros américains *(Fantask, Strange, Marvel, Nova, Les Fantastiques...).* **70** *(oct.-nov.)* parution de *Charlie hebdo. J2 Jeunes* devient *Formule 1.* **71** cours sur l'histoire et l'esthétique de la BD à la Sorbonne (Francis Lacassin). **72** 1er congrès de la BD à New York. *(Mai)* lancement de l'*Écho des savanes* par Mandryka, Gotlib et Bretécher. **74** *(janv.)* 1er festival de la BD à Angoulême ; *le Canard sauvage ; le Monde* publie sa 1re BD : *Astérix (octobre). J2 Magazine* devient *Djin. Pilote* devient mensuel. **75** nouveaux mensuels : *Métal hurlant* (Druillet, Gir et Dionnet), *Fluide glacial* par Gotlib, *Circus.* **76** *Record* (successeur de *Bayard*) disparaît. **77** *(mars)* lancement du *Collectionneur de BD.* **78** Casterman lance le mensuel *A suivre,* pour adultes. **79** *Goldorak.* 1er catalogue de cotes des collectionneurs de BD, 1res ventes aux enchères de BD de collection. **80** *(février)* 1er nº de *Captain Fulgur.* **81** *Gomme* par Glénat. *(Août) Djin* et *Formule 1* sont remplacés par *Triolo* (un seul titre). *L'Épatant* reparaît. **82** *Charlie mensuel.* **83** lancement de *Rigolo* (disparaît 1984) et *Métal Aventure.* Réédition des fac-similés des *Tintin* d'avant-guerre. Publication : *Épic ; (déc.) Gomme* disparaît. **85** *(mars)* apparition de *Vécu ; (25-4)* de *Corto* ; lancement de magazines par Marijac (dont *Jeunes Frimousses*). **86** *(avril)* 1er nº de *Crampons.* **87** *Métal hurlant* disparaît. **89** *(juillet) Tintin* devient *Hello Bédé* ; disparitions : *(oct.) Circus* ; *(nov.) Pilote*. **90** BD japonaises *les mangas d'Akira* (de Katsuhiro Otomo) : *Dragon Ball, Sailormoon, Dr Slump, Gunman, Ranma, Porco Rosso, Kaméha* (revue) : éditions Glénat. **93** *disparitions : (févr.) Vécu* et *(30-6) Hello Bédé. (Déc.) Pif* disparaît ; « les Années Reiser » (2 albums/an). **95** Planches francophones (Baru, Varenne) conçues pour les Japonais (Casterman). **96** centenaire de la BD à bulles. Nouvel album de *Blake et Mortimer (l'Affaire Francis Blake)* par Van Hamme et Ted Benoit. Lancement de *Kana* avec l'apparition de mangas coréens *(manhwas)*. **97** *(sept.)* lancement de *Bo Doï. (Déc.)* fin de *A suivre.* **98** *(oct.)* 1er nº de *Tchô !*

☞ *Années 1990 :* la BD devient un produit multimédia (exemple : Fred Beltran, épaulé par Fabrice Giger, qui a racheté en 1989 les Humanoïdes associés).

Auteurs célèbres

☞ *Légende :* en italique date de la 1re apparition en périodique et, entre parenthèses, date de la publication du 1er album ou recueil.

Ache [Jean Huet] (Fr., 1923-85) : *1950* (1964) Arabelle (dans *France-Soir* jusqu'en 1962), *1958* (1962) Nic et Mino (dans le *Journal de Mickey* jusqu'en 1966). **Albertarelli** Rino (It., 1908-74) : *1937* Kit Carson Cavaliere del West. **Alho** Asmo (Finl., 1903-75) : *1932* Kieku Ja Kaiku, scénario de Mika Waltari (Finl.). **Andriola** Alfred (Amér., 1912-83) : *1943* Kerry Drake. **Arleston** Scotch [Christophe Pelinq] (Fr., 1963) : *1994* Lanfeust de Troy. **Arnal** [José Cabrero] (Catalan, réfugié républicain, 1909-82) : *1948* Pif le chien dans *l'Humanité* (repris en 1952 dans *Vaillant*). **Arnoux** Érik (Fr., 1956) : *1985* Timon des Blés, *1993* Sophaletta. **Badert** A.G. (Fr., 1914-94) : les Pieds nickelés de 1938 à 1940 ; V. Forton. **Baker** George (Amér., 1915-75) : *1942* Sad Sack. **Benoit,** Ted : *1996* l'Affaire Francis Blake (avec Van Hamme). **Berck** [Arthur Berckmans] (Belge, 1929) : *1970* (1972) Sammy. **Bilal** Enki (Fr., né à Belgrade, 1951) : *1975* la Croisière des oubliés, *1983* Partie de chasse, *1992* Froid Équateur, *1998* le Sommeil du monstre. **Binet** Christian (Fr., 1947) : *1977* (1980) les Bidochon. **Bisi** Carlo (It.) : *1929* Sor Pampurio. **Blanc-Dumont** Michel (Fr., 1948) : *1974* (1975) Jonathan Cartland, (1991) Colby. **Boucq** François (Fr., 1955) : *1983* (1984) les Pionniers de l'aventure humaine. **Bourgeon** François (Fr., 1945) : (1978) Maître Guillaume, *1979* les Passagers du vent, *1993* la Source et la Sonde. **Branner** Martin Michael (Amér., 1888-1970) : *1920* Winnie Winkle, [devient Bicot Pt de club en 1923 dans *Excelsior Dimanche,* puis en 1924 dans *Dimanche-Illustré* (1926 à 1939)]. **Breccia** Alberto (Arg., 1919-93) : *1957* série Sherlock Time, *1962* Mort Cinden. **Bretécher** Claire (Fr., 1940) : *1969* Cellulite dans *Pilote* (1972), *1973* les Frustrés. **Brouyère** Jean-Marie (Belge, 1943) : *1971* (1973) Archie Cash. **Brunhoff** Jean (de) [Fr., 1899-1937] : *1931* Babar l'éléphant.

Cabanes Max (Fr., 1947) : *1975* (1978) Dans les villages. **Calkins** Dick (Amér., 1898-1962) : *1929* (1977) Buck Rogers (1er héros de SF). **Calvo** Edmond François (Fr., 1892-1958) : (1944) La bête est morte (2de Guerre mondiale transposée chez les animaux). **Caniff** Milton (Amér., 1907-88) : *1934* (1980) Terry and the Pirates, *1943* (1983) Male Call (pour les GI), *1947* (1980) Steve Canyon. **Capp** Al [Alfred Gerald Caplin] (Amér., 1909-79) : *1934* (1971) Li'l Abner. **Cauvin** Raoul (Belge, 1938) : *1968* (1972) les Tuniques bleues, *1970* (1972) Sammy. **Ceppi** Daniel (Suisse, 1951) : *1977* Stéphane. **Cézard** Jean [César] (Fr., 1925-77) : *1949* Brik et Yak, *1953* (1963) Arthur le fantôme. **Chaland** Yves (Fr., 1957-90) : *1984* le Cimetière des éléphants. **Charlier** Jean-Michel (Belge, 1924-89) : *1947* (1948) Buck Danny (réédité intégralement depuis 1983), *1954* (1955) la Patrouille des Castors, *1959* (1981) Barbe-Rouge, *1963* (1965) Blueberry. **Chéret** André (Fr., 1937) : *1969* (1973) Rahan. **Chott** [Pierre Mouchot] (Fr., 1911-66) : *1945* (1946) Fantax, (1947) *1954* Big Bill le casseur. **Christin** Pierre (Fr., 1938) : *1967* (1970) Valérian (avec Mézières), *1983* Partie de chasse (avec Bilal). **Christophe** [Georges Colomb] (Fr., 25-5-1856/1945), normalien, botaniste à la Sorbonne : *1889* (1893) la Famille Fenouillard (de St-Remy-sur-Deule, venue visiter l'Exposition), *1890* (1896) le Sapeur Camember (François-Baptiste-Éphraïm, né à Gleux-lès-Lure), *1893* (1899) l'Idée fixe du savant Cosinus. **Comès** Didier [Dieter Hermann Comes] (Belge, 1942) : *1979* Silence, (1981) la Belette, (1986) l'Arbre cœur. **Conrad** Didier (Fr., 1959) : (1983) Aventures en jaune, *1980* (1986) les Innommables. **Copi** [Taborda, Raul Damonte] (Arg., 1939-87) : *1965* la Femme assise, dans *le Nouvel Observateur*, (1981). **Cosey** [Bernard Cosendai] (Suisse, 1950) : *1975* (1977) Jonathan, (1984) A la recherche de Peter Pan. **Cossio** Carlo (It., 1907-64) : *1938* (1967) Dick Fulmine, scénario de A. Martini. **Cothias** Patrick (Fr., 1948) : *1982* (1983) les 7 vies de l'Épervier, (1985) le Vent des dieux. **Craenhals** François (Belge, 1926) : *1953* (1956) Pom et Teddy, *1966* (1970) Chevalier Ardent. **Crane** Roy [Royston Campbell] (Amér., 1901-77) : *1929* Captain Easy. **Crepax** Guido (It., 1933) : *1965* (1969) Valentina. **Crumb** Robert (Amér., 1943) : *1965* Fritz the Cat. **Cuvelier** Paul (Belge, 1923-78) : *1946* Corentin dans *Tintin*, (1950). **Cuvillier** Maurice (Fr., 1897-1957) : *1941* (1953) Sylvain et Sylvette.

Daix [André Delachenal] (Fr., 1905-76) : *1934* (1936) le Professeur Nimbus (il porte un nœud papillon à pois, des lunettes, et a un unique cheveu en point d'interrogation ; en 1945 dans *le Journal, le Matin* puis *le Figaro* [avec Jean Darthel (pseudo de dessinateurs anonymes dont Rob-Vel de 1970 à 74, pseudo de Robert Velter)]. **Davis** Jim (Amér., 1945) : *1978* Garfield. **Davis** Phil (Amér., 1906-64) : *1934* (1965) Mandrake the Magician, scénario de Lee Falk. **Dean** Allen (Amér.) : *1935* (1983) King of the Royal Mounted, scénario de Zane Grey. **De Groot** Bob (Belge, 1941) : voir Turk p. 331 b. **De Moor** Bob (Belge, 1925-92) : *1950* (1956) Barelli (collaborateur d'Hergé pour *Tintin*), *1951* (1976) Cori le moussaillon. **Dethorey** Jean-Paul (1935-99) : *1979* Louis la Guigne (avec Franck Giroud, scénariste). **Dineur** Fernand (Belge, 1904-56) : *1938* Tif et Tondu, repris en 1948 par Will. **Dirks** Rudolph (Amér., 1877-1968) : *1897* The Katzenjammer Kids, inspiré des héros de Busch, repris par Harold Knerr (en France : Pim, Pam, Poum). **Doisy** Jean [Georges Évrard] (Belge, 1899-1955) : *1941* (1945) Jean Valhardi. **Dowling** Stephen (G.-B., 1904-86) : *1943* (1958) Garth. **Drake** Stanley (Amér., 1921-97) : *1953* (1984) Juliet Jones, en France : Juliette de mon cœur dans *France-Soir*. **Druillet** Philippe (Fr., 1944) : *1966* (1972) Lone Sloane. **Duchâteau** André-Paul (Belge, 1925) : *1955* (1963) Ric Hochet. **Dupa** [Luc Dupanlou] (Belge, 1945-2001) : *1966* (1974) le chien Cubitus.

Eisner Will (Amér., 1917) : *1940* The Spirit.

Falk, Lee [Leon, dit] (Amér., 1905-99) Mandrake (1934), Le Fantôme (1936). **Ferrandez** Jacques (Fr., 1955) : *1986* (1987) Carnets d'Orient, l'Outremangeur (1998). **Fisher** Bud [Harry Conway] (Amér., 1885-1954) : *1907* M.A. Mutt, devenu Mutt and Jeff. **Fleischer** Max (Amér., 1883-1972) : *1934* (1930 en dessin animé) Betty Boop. **Floc'h** Jean-Claude (Fr., 1953) : *1977* Albany. **F'Murr** [Richard Peyzaret] (Fr., 1946) : *1973* (1976) le Génie des alpages. **Fogeli** (Finl., 1894-1952) : *1925* (1943) Pekaa Puupaa. **Font** Alfonso (Esp., 1946) : *1981* Clarke et Kubrick. **Forest** Jean-Claude (Fr., 1930-98) : *1962* (1964) Barbarella. **Forget** Pierre (Fr., 1923) : *1953* (1954) Thierry de Royaumont. **Forton** Louis (Fr., 1879-1934) : *1908* (1915 à 1917) les Pieds nickelés, *5-10-1924 le Petit Illustré* publie Bibi Fricotin (1928). **Foster** Harold R. (Can., 1892-1982) : *1928* Tarzan inspiré des romans d'Edgar Rice Burroughs, repris en 1937 par Burne Hogarth, *1937* Prince Vaillant. **Foxwell** H.S. (Brit., 1890-1943) : *1914* The Bruin Boys. **Franquin** André (Belge, 1924-97) : *1946* (1948) Spirou, *1955* (1958) Modeste et Pompon, *28-2-1957* Gaston Lagaffe dans *Spirou*, (1960). **Fred** [Othon Aristides] (Fr., 1931) : *1965* (1972) Philémon, (1993) le Corbac aux baskets. **Fujio** [Hiroshi Fujimoto] (Jap. 1934-96) créa le Doraemon (chat-robot) et Nobita (petit garçon).

Gal Jean-Claude (Fr., 1942-94) : *1980* (1981) Arn, (1981) l'Aigle de Rome, (1992) la Passion de Diosamante. **Galep** [Aurelio Galleppini] (It., 1917-94) : (1948) Tex Willer. **Geluck** Ph. (Belge, 1954) : *1983* (1986) le Chat. **Gervy** [Yves Desdemaines-Hugon] (Fr., 1908-98) : *1938* (1946) Pat'Apouf détective. **Giffey** René (Fr., 1884-1965) : *1946* (1979) Buffalo Bill. **Gillon** Paul (Fr., 1926) : *1964* (1974) les Naufragés du temps, (*1985*) la Survivante. **Gir** [Giraud Jean] (Fr., 1938) : *1963* Lieutenant Blueberry dans *Pilote*, scénario Jean-Michel Charlier, (1965). **Godwin** Frank (Amér., 1889-1959) : *1927* Connie. **Goldberg** Rube [Reuben Lucius Goldberg] (Amér., 1883-1970) : *1915* Boob McNutt. **Gos** [Roland Goossens] (Belge, 1937) : *1970* (1971) Natacha, *1972* (1973) Khéna et le Scrameustache. **Goscinny** René (Fr., 14-8-1926/5-11-77) : (*1955*) Lucky Luke (voir Morris col. c), (1954) le Petit Nicolas (garçon turbulent de 8 ou 9 ans, créé d'après les illustrations de Sempé) : *1958* (1961, 5 volumes) Oumpah-Pah, *1959* Astérix le Gaulois dans *Pilote,* (1961), *1962* (1966) le Grand Vizir Iznogoud. **Gotlib** [Marcel Gotlieb] (Fr., 1934) : *1968* (1970) la Rubrique-à-brac dans *Pilote*. **Gould** Chester (Amér., 1900-85) : *1931* (1978) Dick Tracy dans *Chicago Tribune*. **Graton** Jean (Fr., 1923) : *1957* (1959) Michel Vaillant. **Gray** Clarence (Amér., 1902-57) : *1933* (1958) Brick Bradford, scénario de William Ritt (en France, Luc Bradefer). **Gray** Harold (Amér., 1894-1968) : *1924* Little Orphan Annie dans *Illustrated Daily News.* **Greg** [Michel Regnier] (Belge, 1931-99) : *1963* (1965) les Nouvelles Aventures de Zig et Puce d'après Saint-Ogan, *1963* (1966) Achille Talon, *1966* (1969) Bernard Prince, (1991) Colby.

Hammett Dashiell (Amér., 1894-1961) : *1934* Agent secret X-9. **Harman** Fred (Amér., 1902-82) : *1933* Bronc Peeler, *1938* (1949) Red Ryder. **Hergé** [Georges Remi] (Belge, 22-5-1907/3-3-83) : *1929* (1930) Tintin, *1930* (1931) Quick et Flupke, *1936* (1951) Jo, Zette et Jocko. **Hermann** [Hermann Huppen] (Belge, 1938) : *1966* (1969) Bernard Prince, *1969* (1972) Comanche. **Herriman** George (Amér., 1880-1944) : *17-8-1910* Krazy Kat apparaît dans *The New York Journal*, (1981). **Hogarth** Burne, dit « le Michel-Ange de la bande dessinée » (Amér., 1911-96) : *1937* à *1945* puis *1947* à *1950* Tarzan, *1945* Drago. **Hubinon** Victor (Belge, 1924-79) : *1947* (1948) Buck Danny, *1949* (1951) Surcouf, *1959* (1981) Barbe-Rouge.

Iwerks Ub (Amér., 1901-71) : *1930* dessine Mickey.

Jacobs Edgar Pierre (Belge, 1904-87) : *1943* le Rayon U dans *Bravo, 26-9-1946* Blake et Mortimer dans *Tintin* (1950) repris par Van Hamme et Benoit (1996), *26-9-46* le Secret de l'Espadon (Blake et Mortimer). **Jacobsson** Oscar (Suédois, 1889-1945) : *1920* (1929) Adamson. **Jidehem** [Jean De Mesmaeker] (Belge, 1935) : *1957* Gaston Lagaffe. **Jijé** [Joseph Gillain] (Belge, 1914-80) : *1941* (1945) Jean Valhardi, *1954* Jerry Spring dans *Spirou*, (1955). **Johnson** Crockett (Amér., 1906-75) : *1942* Barnaby. **Juillard** André (Fr., 1948) : *1982* les Sept Vies de l'épervier dans *Circus,* (1983).

Kane Bob [Robert] (Amér., 1916-98) : *1939* (1982) Batman. **Kelly** Walt [Walter Crawford Kelly Jr] (Amér., 1913-73) : *1941* Pogo. **Kirby** Jack [Jacob Kurtzberg] (Amér., 1917-94) : *1941* Captain America scénario de Joe Simon, *1961* The Fantastic Four, *1963* The X-Men, *1966* The Silver Surfer (trois textes de Stan Lee). **Kurtzman** Harvey (Amér., 1924-93) : *1952* Mad (magazine), *1962* Little Annie Fanny.

Lambil [Willy Lambillotte] (Belge, 1936) : 1972 les Tuniques bleues, *1973* (1977) Pauvre Lambil. **Laudy** Jacques (Belge, 1907-93) : *1948* (1975) Hassan et Kadour, *1952* David Balfour. **Lauzier** Gérard (Fr. 1932) : *1974* Tranches de vie, *1978* la Course du rat. **Lax** (Christian Lacroix, 1949). **Lee** Stan [Stanley Lieber] (Amér., 1922). **Leloup** Roger (Belge, 1933) : *1970* (1972) Yoko Tsuno. **Le Rallic** Étienne (Fr., 1891-1968) : *1947* Leclerc. **Liberatore** Gaetano (It., 1953) : *1978* Rank Xerox. **Lips** Robert (Suisse) : *1932* Globi, d'après J.K. Schiele (Suisse). **Liquois** Auguste (Fr., 1902-69) : *1946* Guerre à la Terre, scénario de Marijac. **Lloyd** : *1982* (1989) V pour Vendetta. **Loisel** Régis (Fr., 1951) : *1975* (1983) la Quête de l'oiseau du temps, (1990) Peter Pan. **Loustal** Jacques (de) [Fr., 1956] : *1984* Barney et la note bleue.

McCay Winsor Zeric (Amér., 1867-1934) : *1905* (1969) Little Nemo. **Macherot** Raymond (Belge, 1924) : *1954* (1956) Chlorophylle, *1965* (1967) Sibylline. **McClure** Darrell (Amér., 1903-87) : *1927* (1957) Little Annie Rooney. **McManus** George (Amér., 1884-1954) : *1913* (1972) Bringing up Father (en France, en 1936 : la Famille Illico). **Malik** [William Taï] (Belge, 1948) : *1971* (1973) Archie Cash. **Manara** Milo (It., 1945) : *1983* (1986) l'Été indien, *1991* le Déclic. **Mandrika** Nikita (Fr., 1940) : *1965* (1971) le Concombre masqué. **Margerin** Frank (Fr., 1952) : *1979* Ricky Banlieue. **Marijac** [Jacques Dumas] (Fr., 1908-94) : *1944 Coq hardi* publie les Trois Mousquetaires du maquis, (1968). **Martin** Jacques (Fr., 1921) : *1948* (1956) Alix [l'Intrépide (jeune Gaulois), sept. 1948, nº 38 de *Tintin,* aura un jeune compagnon : Enak], *1952* (1954) Guy Lefranc, *1978* (1984) Xan (devenu Jhen), *1983* (1984) Arno. **Mas** Roger [Roger Masmontiell] (Fr., 1924) : *1955* reprend Pif le chien *(Vaillant).* **Mattotti** Lorenzo (It., 1954) : *1985* (1986) Feux. **Mayeu** Max : voir Sirius p. 331 b. **Messmer** Otto (Amér., 1892-1983) : *1919* en dessin animé, *1923* (1931) Felix the Cat. **Mézières** Jean-Claude (Fr., 1938) : *1967* (1970) Valérian, texte de Christin. **Micheluzzi** Attilio (It., 1930-90) : *1974* Johnny Focus. **Mitacq** [Michel Tacq] (Belge, 1927-94) : *1954* (1955) la Patrouille des Castors. **Mitteï** [Jean Mariette] (Belge, 1932-2001) : l'Indésirable Désiré. **Moebius** [Jean Giraud] (Fr., 1938) : *1980* l'Incal noir. **Molinari** Félix (Fr., 1930) : *1948* Garry. **Montellier** Chantal (Fr., 1947) : *1976* (1980) Andy Gang. **Moore** Ray (Amér., 1905-84) : *1936* (1965) The Phantom, scénario de Lee Falk (en France : le Fantôme du Bengale). **Morris** [Maurice De Bevere] (Belge, 1923) : *1946* Lucky Luke avec Goscinny dans *Spirou* jusqu'en 1968 (1949), puis *Pilote* [ennemis de Lucky Luke, les frères Dalton : Joe, Jack, Averell, William (inspirés de Grattan et Robert, abattus au cours d'une attaque de banque en 1892 ; Emmet emprisonné 14 ans ; William abattu en 1894)].

Nowlan Phil (Amér., 1888-1940) : *1929* (1977) Buck Rogers. **Opper** Frederick Burr (Amér., 1857-1937) : *1900* Happy Hooligan. **Otomo** Katsuhiro (Jap., 1954) : *1982* (1991) Akira. **Outcault** Richard Felton (Amér., 1863-1928) : *1895* The Yellow Kid, (1902) Buster Brown.

Paape Eddy (Belge, 1920) : *1946* reprend Valhardi de Jijé, *1967* (1969) Luc Orient. **Palacios** Antonio Hernandez (Esp., 1921-2000) : *1974* MacCoy (avec le scénariste Jean-Pierre Gourmelen). **Paringaux** Philippe (Fr., 1944) : *1984* Barney et la note bleue. **Payne** Austin Bowen (G.-B., 1876-1956) : *1919* Pip, Squeak and Wilfred. **Peellaert** Guy (Fr., 1966) : Jodelle, scénario Pierre Bartier. **Peeters** Benoît (Fr., 1956) : *1982* (1983) les Cités obscures. **Pellos** [René Pellarin] (Fr., 1900-98) : *1937* (1977) Futuropolis, *1948* à *1981* les Pieds nickelés. **Perré** Aristide (Fr., 1888-1958) : *de 1934 à 1938* les Pieds nickelés dans *l'Épatant.* **Pesch** [Jean-Louis Poisson] (Fr., 1928) : *1956* Sylvain et Sylvette, (1980) Bec en Fer. **Pétillon** René (Fr., 1945) : *1974* (1976) Jack Palmer. **Peyo** [Pierre Culliford] (Belge, 1928-92) : *1946* (1954) Johan, *1958* apparition des Schtroumpfs dans *Johan et Pirlouit* (la Flûte à 6 trous), *1960* (1962) Benoît Brisefer. **Pichard** Georges (Fr., 1920) : *1970* (1971) Paulette. **Pinchon** Joseph Porphyre (Fr., 1871-1953) : *1905* Bécassine apparaît dans le nº 1 de la *Semaine de Suzette* (2-2-1905), dessinée sur un texte de Jacqueline Rivière puis de Caumery (anagramme de Maurice, prénom Languereau, 1867-1941), 1er album 1913

Tintin

■ **Auteur.** Georges Remi, dit Hergé (initiales du nom) [Belge, 22-5-1907/3-3-1983]. Léon Degrelle a prétendu, à tort, avoir inspiré, à son retour d'Amérique, ce personnage (Tintin est né le 10-1-1929 et Degrelle est allé en Amérique de déc. 1929 à janvier 1930).

■ **Quelques dates.** *1929 (10-1/11-5)* Tintin apparaît dans *le Petit Vingtième* (supplément à l'hebdo pour la jeunesse du quotidien catholique belge *le Vingtième Siècle,* dirigé par l'abbé Norbert Wallez) puis en album les Aventures de Tintin reporter du Petit Vingtième au pays des Soviets, noir et blanc en 1930, épuisé en 1931, réédité 1969 à 500 ex., en 1973 en volume collectif vendu 175 000 ex., 1981 en fac-similé intégré au reste de la collection en 1999 (495 000 ex.), plusieurs éditions pirates. *1930-31* Tintin au Congo. *1931-32* Tintin en Amérique. *1932-34* les Cigares du pharaon, histoires en noir et blanc, éditées par les Éditions du *Petit Vingtième* reprises par *Casterman* en 1934. *1934-35* le Lotus bleu. *1935-37* l'Oreille cassée. *1937-38* l'Ile noire. *1938-39* le Sceptre d'Ottokar. *1940-41* la guerre ayant fait disparaître *le Petit Vingtième,* Hergé publie dans *le Soir,* sous forme de strips en noir et blanc, le Crabe aux pinces d'or. *1941-42* l'Étoile mystérieuse, 1er album en couleurs. *1942-43* le Secret de la Licorne. *1943* le Trésor de Rackham le Rouge. *1944* les Sept Boules de cristal, interrompu par la Libération. *(4-9)* Hergé, arrêté, passe une nuit en prison. *1945 (22-12)* son dossier (pour incivisme) est classé sans suite. **Années de publication** dans *Tintin* et, entre parenthèses, sous forme d'album : *1946-48* les Sept Boules de cristal (1948) [nouvelle publication dans *Cœurs vaillants* (antérieure à celle de *Tintin*)] et le Temple du Soleil (1949). *1948-50* Tintin au pays de l'or noir (1950). *1950-53* Objectif Lune (1953) et On a marché sur la Lune (1954). *1954-56* l'Affaire Tournesol (1956). *1956-58* Coke en stock (1958). *1958-59* Tintin au Tibet (1960). *1961-62* les Bijoux de la Castafiore (1963). *1966-67* Vol 714 pour Sydney (1968). *1975-76* Tintin et les Picaros (1976), Tintin et l'Alph-Art (1986).

■ **Bilan global. Ventes totales** (en millions d'ex.) : *1988 :* 130 dont 85 en français ; *89 :* 144 ; *97 :* 156 dont France 97,5, étranger 58,5. **Ventes cumulées dans les différentes langues** (en millions d'exemplaires) : Pays-Bas 12, G.-B. 12, Espagne 8, Allemagne 7, Suède 5, Danemark 4, Portugal 2, Finlande 1,5, Japon 1, Islande 0,7. **Albums les plus vendus** (en 1995-96) : Tintin au Congo, Tintin en Amérique, les Cigares du Pharaon, le Lotus bleu, le Trésor de Rackham le Rouge, On a marché sur la Lune et Tintin au Tibet. **Traductions :** en 51 langues au 31-12-1996.

■ **Personnages. Tintin et Milou** deviennent en *Afrikaans :* Kuifie, Spokie. *Allemand :* Tim, Struppi. *Anglais :* Tintin, Snowy. *Arabe :* Tin Tin, Milou. *Chinois :* Tinng, Tiung. *Danois :* Tintin, Terry. *Espagnol :* Tintin, Milú. *Finnois :* Tintti, Milou. *Grec :* Ten-Ten, Milou. *Hébreu :* Tantan. *Iranien :* Tainetaine, Milou. *Islandais :* Tinni, Tobbi. *Italien :* Tintin, Milu. *Japonais :* Tan Tan, Milo. *Néerlandais :* Kuifje, Bobbie. *Norvégien :* Tintin, Terry. *Portugais :* Tintim, Milu. *Suédois :* Tintin, Milou. **Capitaine Haddock** (fougueux, il rachètera le château de Moulinsart). **Professeur Tryphon Tournesol** [physicien, sourd et distrait ; il cultive des roses et crée une variété blanche baptisée « Bianca » en hommage à la Castafiore ; annoncé par l'égyptologue Philémon Siclone des *Cigares du Pharaon* (1934), il apparaît la 1re fois au 12e épisode du *Trésor de Rackham le Rouge* (1944), grâce à la vente du brevet de son sous-marin (qui rappelle Auguste Piccard et son bathyscaphe)]. **La Castafiore** (diva). **Dupond et Dupont** (policiers peu futés). **Nestor** (valet digne).

■ **Adaptations cinématographiques. Films à personnages** (par André Barret) : *1960* le Mystère de la Toison d'or ; *1964* les Oranges bleues. **Dessins animés** (Belvision, Bruxelles) : *1969* le Temple du soleil ; *1972* le Lac aux requins ; *1992* série télévisée adaptée des albums : coproduction Ellipse (F)-Nelvana (CND).

Astérix

■ **Origine.** *1959* dans *Pilote,* scénario René Goscinny, dessin Albert Uderzo. Dargaud reprend *Pilote* et édite les albums. *1961 :* 1er album : Astérix le Gaulois (1er tirage 6 000 exemplaires). *1965* tirage de plus de 300 000 ex. *1967* Astérix le Gaulois, 1er dessin animé ; 1er tirage initial album Astérix à 1 million d'ex. en France. *1977* mort de Goscinny. *1979* création des éditions Albert René sur l'initiative d'Uderzo. *1980* 1er album Astérix écrit et dessiné par Uderzo seul, *le Grand Fossé* (1 400 000 ex.). *1987 :* 1er tirage initial d'Astérix à 2 millions d'ex. en français, 5 millions d'ex. vendus en Europe. *1991 :* 5e album Astérix *la Rose et le Glaive :* 2,8 millions d'ex. en France, 7 en Europe. *1996 la Galère d'Obélix :* tiré à 2,8 millions d'ex. en France (8 pour l'Europe).

■ **Personnages. Obélix** (livreur de menhirs) et son chien **Idéfix**, **Bout-Filtre**, **Assurancetourix** (barde), **Bonnemine** (femme du chef), **Abraracourcix** (chef du village) et **Panoramix** (le druide).

■ **Bilan global** (début 1997). **Albums :** 30 titres BD vendus à plus de 280 millions d'ex. dans le monde et traduits en 77 langues et dialectes (plus un album texte inédit de Goscinny et illustré par Uderzo, 1989). **Ventes totales** (en millions d'ex., oct. 1992). *France* 87, Allemagne-Autriche-Suisse 79, G.-B. 17, Scandinavie et Finlande 15, Pays-Bas 14, Espagne 11.

■ **Éditions Albert René** (Uderzo 80 %, Anne Goscinny 20 %). CA : 145 millions de F. *1990* Gilberte Goscinny (veuve de René) et Uderzo contestent la gestion des droits étrangers des 25 albums parus chez Dargaud. *1993 (15-12)* jugement du tribunal de Paris : Dargaud perd Astérix. *1994 (1-6)* la cour d'appel déboute G. Goscinny et Uderzo. Astérix reste chez Dargaud. *1995 (15-10)* la Cour de cassation casse l'arrêt. *1998 (9-9)* la cour d'appel condamne Dargaud à payer 5,5 millions de F à Uderzo et lui retire les 25 albums. *(21-10)* Hachette les distribuera.

■ **Films.** *Dessins animés :* Astérix le Gaulois, les Douze Travaux d'Astérix, Astérix et Cléopâtre, Astérix et la surprise de César, Astérix chez les Bretons, le Coup du menhir (1989), la Grande Traversée (1994), Astérix et les Indiens (1995). *Long métrage* (avec personnages) : Astérix et Obélix contre César (1999).

[Anaïck Labornez, née à Clocher-les-Bécasses près de Quimper (grandit entourée de son oncle Corentin et de sa cousine Marie Quillouch), servante à Paris chez la Mise Hermine de Grand-Air, s'occupe de Loulotte (dont le modèle était Claude, fille de Caumery) ; Bécassine eut au musée Grévin une statue de cire, qui fut enlevée et brûlée à Quimper par des étudiants bretons en 1939. Un film : Bécassine (de René Pujol, 1939) avec Paulette Dubost]. **Plauen** E.O. [Erich Ohser] (All., 1909-44) : *1934* Vater und Sohn. **Pleyers** Jean (Belge, 1953) : *1978* (1984) Xan (devenu Jhen). **Poïvet** Raymond (Fr., 1910-99) : *1945* (1947) les Pionniers de l'Espérance dans *Vaillant,* scénario de Roger Lécureux. **Pratt** Hugo (It., 1927-95) : *1967* la Ballade de la mer salée [où apparaît Corto Maltese (marin solitaire et taciturne, né en 1887 d'un marin de Cornouailles et de la gitane Nina de Gibraltar]. *1983* l'Été indien.

Rabier Benjamin (Fr., 1864-1939) : *1923* Gédéon le Canard. **Raymond** Alex [Alexander Gillespie Raymond] (Amér., 1909-56) : *1934* Flash Gordon, scénario de Don Moore [en France : *1936* (1963) Guy l'Éclair], Jungle Jim [en France : *1934* (1982) Jim la Jungle], Agent Secret X-9, *1946* (1975) Rip Kirby, scénario de Ward Greene. **Reiser** Jean-Marc (Fr., 1941-83) : les Copines, *1976* Jeanine, *1986* Gros dégueulasse. **Remacle** Marcel (1926-99) : *1958* le Vieux Nick. **Ribera** Julio (Esp., 1927) : (1975) le Vagabond des limbes. **Roba** Jean (Belge, 1930) : *1959* (1962) Boule et Bill, *1962* (1965) la Ribambelle. **Robbins** Frank (Amér., 1917-94) : *1944* (1979) Johnny Hazard. **Rob-Vel** [Robert Velter] (Fr., 1909-91) : *1938 (21-4)* les Aventures de Spirou dans *Spirou* (écureuil et, par extension, un garçonnet déluré en wallon de Charleroi ; au début porte un uniforme de groom) [sera repris par Jijé en *1941,* Franquin en *1946,* Jean-Claude Fournier 1969-79, Raoul Cauvin et Nic Broca 1980-83, Tome et Janry depuis 1981]. **Rosinski** Grzegorz (Pol., 1941) : *1977* (1980) Thorgal dans *Tintin, 1986* (1988) le Grand Pouvoir du Chninkel. **Roussel** Jacques : les Shadoks (et les Gibis). **Rubino** Antonio (It., 1880-1964) : *1913* Lolo et Lalla. *1921* Pierino dans le *Corriere dei Piccoli.*

Saint-Ogan Alain (Fr., 1895-1974) : *1925* Zig et Puce dans *Dimanche-Illustré*, (1927). **Salvé** [Louis Salvérius] (Belge, 1930-72) : *1968* (1972) les Tuniques bleues (repris par Lambil). **Savard** Didier (Fr., 1950) : *1983* (1984) Dick Hérisson. **Schetter** Michel (Belge, 1948). **Schuiten** François (Belge, 1956) : *1982* (1983) les Cités obscures (avec Peeters). Brüsel. **Schulz** Charles Monroe (Amér., 1922-2000) : *1950* (1965) Peanuts. **Segar** Elzie Crisler (Amér., 1894-1938) : *1919* Thimble Theatre, *1929* (1963) Popeye (le mangeur d'épinards). **Sempé** Jean-Jacques (né 17-8-1932) : *1956* (1960) le Petit Nicolas. **Serre** Claude (Fr., 1938-98) : (1977) le Sport, (1982) le Savoir-vivre. **Shuster** Joseph (Amér., 1914-92) : *1938* Superman. **Siegel** Jerry (Amér., 1914-96) : *1938* Superman (scénario). **Sirius** [Max Mayeu] (Belge, 1911-97) : *1942* (1948) l'Épervier bleu, *1953* (1955) Timour. **Smythe,** Reg (Brit., 1917-98) : *1957* (1975) Andy Capp. **Soglow** Otto (Amér., 1900-75) : *1931* (1938) The Little King (en France : le Petit Roi). **Sokal** Benoît (Belge, 1954) : *1978* (1981) Canardo. **Spiegelman** Art (Amér., 1948) : *1986* Maus. **Sullivan** Pat (Austr., 1887-1933) : *1919* (dessin animé), *1923* (1931) Felix the Cat. **Swarte** Joost (Holl., 1947) : (1980) l'Art moderne. **Swinnerton** James Guilford (Amér., 1875-1974) : *1893* The Little Bears and Tykes.

Tabary Jean (Fr., 1930) : *1962* (1966) Iznogoud. **Tardi** Jacques (Fr., 1946) : *1972* (1974) Brindavoine dans *Pilote, (1976)* Adèle Blanc-Sec, *1992* Jeux pour mourir, *1982* à *1993* la Guerre des tranchées. **Tezuka** Osamu (Jap., 1926-89) : *1951* Astro Boy. **Tibet** [Gilbert Gascard] (Belge, 1931) : *1955* (1963) Ric Hochet. **Tillieux** Maurice (Belge, 1922-78) : *1956* (1959) Gil Jourdan dans *Spirou*. **Tofano** Sergio (It., 1886-1973) : *1917* Bonaventura. **Toriyama,** Akira (Jap., 1955) : *1984* (1993) Dragon Ball. **Torrès** Daniel (Esp., 1958) : *1983* Roco Vargas. **Turk** [Philippe Liégeois] (Belge, 1947) : [avec De Groot (voir p. 330 b)], *1969* (1974) Robin Dubois, *1975* (1977) Léonard.

Uderzo Albert (Fr., 1927) : avec Goscinny *1958* (1961) Oumpah-Pah, *1959* (1961) Astérix le Gaulois.

Vale Jo et **Vallet** André (tous deux Français) : *1909* (1925) l'Espiègle Lili. **Vance** William [William Van Cutsen] (Belge, 1935) : *1984* XIII. **Van Hamme** Jean (Belge, 1939) : *1977* (1980) Thorgal, *1984* XIII, *1986* (1988) le Grand Pouvoir du Chninkel, (1990) Largo Winch (l'Héritier), *1996* l'Affaire Francis Blake (avec Benoit). **Vernes** Henri [Charles Dewisme] (Belge, 1918) : *1959* (1960) Bob Morane, d'après des romans publiés à partir de 1953. **Veyron** Martin (Fr., 1950) : *1982* l'Amour propre. **Vincent** Gabrielle (Belge, 1928-2000) (1981) Ernest et Célestine. **Vink** [Khoa Vinh] (Vietnamien, en Belgique depuis 1969, 1950) : (1984) le Moine fou. **Vuillemin** Philippe (Fr., 1958) : *1984* (1987) les Sales Blagues.

Walthéry François (Belge, 1946) : *1970* (1971) Natacha, (1993) Rubine. **Watterson** Bill (Amér., 1958) : *1985* Calvin et Hobbes. **Weinberg** Albert (Belge, 1922) : *1954* (1957) Dan Cooper. **Will** [Willy Maltaite] (Belge, 1927-2000) : *1948* reprend Tif et Tondu, *1960* (1962) Benoît Brisefer. **Wolinski** Georges (Fr., 1934) : *1970* (1971) Paulette.

Yann [Yann Le Pennetier] (Fr., 1954) : *1980* les Innommables. **Young** Chic [Murat Bernard Young] (Amér., 1901-73) : *1930* (1982) Blondie (record mondial des adaptations et de la diffusion). **Young** Lyman (Amér., 1893-1984) : *1928* Tim Tyler's Luck (en France : Raoul et Gaston, puis Richard le Téméraire). **Yslaire** [Bernard Hislaire] (Belge, 1957) : *1985* (1986) Sambre. **Zep** [Philippe Chappuis] (Suisse 1967) : *1992* (1993) Titeuf.

Quelques chiffres

☞ La souris Mickey (appelée Mortimer) avait, en 1928, 10 doigts ; les studios Disney en retirèrent 1 à chaque main pour faciliter le travail des dessinateurs. Donald, Pif le chien, Bugs Bunny n'ont eux aussi que 8 doigts.

Édition

■ **France. Édition de BD (albums de libraires). Chiffre d'affaires** (en milliers de F) : *1988 :* 359,2 ; *90 :* 304 ; *93 :* 325 ; *96 :* 349 ; *98 :* 578 ; *2000 :* 1 450. **Exemplaires vendus** (en milliers) : *1987 :* 19 ; *90 :* 11 ; *96 :* 13,2 ; *98 :* 19 (France) ; *2000 :* 35. **Tirages moyens :** *1974 :* 21 266 ; *78 :* 34 275 ; *80 :* 23 173 ; *90 :* 13 678 ; *93 :* 19 462 ; *98 :* 14 446. **Part de la BD dans le chiffre d'affaires global de l'édition** (en %) : *1998 :* 4,2 ; *99 :* 6 ; *2000 :* 8. **Nouveaux titres :** *1975 :* 481 ; *76 :* 638 ; *97 :* 879 ; *98 :* 951 ; *99 :* 1 037 ; *2000 :* 1 286 dont (en 1999) 979 albums originaux et 41 titres de BD anciennes parues dans la presse et publiées pour la 1re fois en album [dont 393 traductions (200 mangas japonaises ou coréennes, 130 américaines, 20 italiennes, 9 argentines, 8 espagnoles et 8 néerlandaises)].

■ **Éditeurs francophones. Chiffre d'affaires** (net HT, en millions de F, en 2000), entre parenthèses production 2000 (nouveautés/nouvelles éditions) : Dupuis (à Marcinelle, Belgique) 420 (82), groupe Dargaud 490 (145), groupe Flammarion 187 (87) [dont Casterman (acquis en novembre 1999) 130 (75) et Fluide glacial 57 (12)], groupe Glénat 197 (275) [dont Glénat 153 (217) et Vents d'Ouest 44 (58)], Soleil Productions 60 (60), Albin Michel BD 45 (32), Delcourt 30 (80), les Humanoïdes associés 25 (25). **Albums francophones vendus** (en millions d'ex.) : Dupuis 12 ; Dargaud 9 ; Glénat 6,4 ; Casterman 3,2 ; Albert René 3 ; Le Lombard 2,1. **Meilleures ventes de BD** (2000, en milliers d'ex.) : *Gaston Lagaffe,* vol. 19 (André Franquin) 600, *Tintin au pays des Soviets* (Hergé) 520, *Largo Winch,* vol. 11 : *Blake et Mortimer : Machination Voronov* (Dargaud) 520, *Golden Gate* (P. Franca, J. Van Hamme) 450, *le Petit Spirou*, vol. 9 : *C'est pas de ton âge !* (Tome, Janry) 370, *Lucky Luke : le Prophète* (Dargaud) 310, *les Tuniques bleues*, vol. 43 : *Des bleus et des blues* (Lambil, Cauvin) 165, *Cédric*, vol. 14 : *Au pied j'ai dit !* (Laudec, Cauvin) 150. (Voir p. 350 a.)

■ **Millions d'albums et,** entre parenthèses, **nombre de titres vendus dans les pays francophones.** *Achille Talon* 12 millions (41 titres), *Astérix* 94 (29) [280 dans le monde en 77 langues], *Blueberry* 12 (39), *Boule et Bill* 28 (26), *Gaston Lagaffe* 34 (18), *Lucky Luke* 72 (78) [250 dans le monde en 30 langues], *Spirou et Fantasio* 22 (48), *Tintin* 96,5 (22) [172 dans le monde], *Tuniques bleues* 16 (43). *Sources :* éditeurs.

☞ Au Japon, le 1er hebdomadaire de BD, *Shukan Shonen Jump,* atteint 6 millions d'exemplaires.

Cote

(en italique et en milliers de F)

■ **Revues et ouvrages spécialisés.** *Le Collectionneur de BD :* 3, rue Castex, 75004 Paris, 1 500 lecteurs (catalogue encyclopédique BDM tous les 2 ans publié par les Éditions de l'Amateur). *Hop ! :* 56, bd Lintilhac, 15000 Aurillac. *La Lettre de Dargaud,* « l'officiel de la BD », créée 1991 : bimestrielle. **Magasins spécialisés.** *France :* 30 (dont Paris 6), fréquentés par 2 à 3 000 collectionneurs ; *Belgique :* 20 ; *Suisse :* 2.

■ **Prix.** Selon les titres et l'état des pièces : de 0,1 à 80. **Records. Planches originales : Le Sceptre d'Ottokar ;** 1938 : *570* (16-10-1999). **L'Ile noire** d'Hergé ; dessin signé et dédicacé ; 18 × 18 cm ; illustration de couverture 1938 *510* (4-6-1994). **Albums. The Rider** de Frank Frazetta ; huile sur carton 50 × 40 cm ; années 1960 ; pour le roman d'Edgar Rice Burroughs : *279* (19-10-1994). **Action Comics nº 1** de juin 1938 ; où apparaît Superman : *406* (17-6-1995). **Detective Comics nº 27** de mai 1939 ; où apparaît Batman ; moins de 100 exemplaires recensés : *370* (17-6-1995). **Marvel Comics nº 1** de nov. 1939 : *224* (17-6-1995). **Captain America nº 1 :** *196* (29-10-1994). **Detective Comics nº 1** mars 1937 : *186* (17-6-1995). **Batman Comics nº 1** 1940 : *181* (29-10-1994). **Tintin au pays des Soviets** 1930 : *141* (5-6-1999).

Manifestations

■ **Salons. Salon européen de la BD de Grenoble :** créé 1989, disparu 1991 ; **Blois ; Brignais ; Chambéry ; Colmar ; Hyères ; St-Malo. Convention internationale annuelle de la BD :** Paris, automne (la Mutualité, Espace Austerlitz depuis 1969).

☞ **Centre national de la BD et de l'image (CNBDI) :** 121, rue de Bordeaux, 16000 Angoulême, construit 1987, ouvert 23-1-1991, conçu par Roland Castro, coût : plus de 82 millions de F (50 % à la charge de l'État) ; musée : 4 000 planches originales ; archives 150 000 titres ; bibliothèque 10 000 ouvrages. *Visiteurs :* 50 000/an.

■ **Festival international de la BD d'Angoulême.** 2, place de l'Hôtel-de-Ville, 16000 Angoulême. *Créé* 1974, annuel. *En 2001 :* 4 500 professionnels de 30 pays (570 auteurs), 210 000 visiteurs. **Grand prix de la ville d'Angoulême :** *1974* Franquin, *75* Eisner, *76* Pellos, *77* Gillain (Jijé), *78* Reiser, *79* Marijac, *80* Fred, *81* Giraud (Moebius), *82* Gillon, *83* Forest, Bretécher, *84* Mézières, *85* Tardi, *86* Lob, *87* Bilal, *88* Druillet, Pratt, *89* Pétillon, *90* Cabanes, *91* Gotlib, *92* Margerin, Morris, *93* Lauzier, *94* Mandrika, *95* Vuillemin, *96* Juillard, *97* Goossens, *98* Boucq, *99* Crumb et Uderzo, *2000* Florence Cestac. *01 :* Martin Veyron.

■ **Prix.** **Prix Alph-Art** (meilleur album, scénario, humour...). **Prix René Goscinny.**

Académies en France

Institut

☞ *Légende :* * Académie appartenant à l'Institut. Dates de naissance entre parenthèses, d'élection en italique, et numéro du fauteuil. Classement par ordre alphabétique des noms. *Abréviations :* Ac. : Académie ; t. : tour.

■ **Histoire.** **1793**-*8-8* les académies royales sont supprimées par un décret de la Convention. **1795**-*22-8* (5 fructidor an III) Constitution de l'an III (art. 298) : « Il y a pour toute la République un Institut national chargé de recueillir les découvertes, de perfectionner les arts et les sciences. » *Le 25-10* (3 brumaire an IV) loi organisant un *Institut national des sciences et des arts* pour : « perfectionner les sciences et les arts par les recherches non interrompues, par la publication des découvertes, par la correspondance avec les sociétés savantes et étrangères, suivre les travaux scientifiques et littéraires qui auront pour objet l'utilité générale et la gloire de la République ». Il comprend 144 membres à Paris (et autant d'associés dans les départements), répartis en 3 classes : *Sciences physiques et mathématiques :* 60 membres ; *Sciences morales et politiques :* 36 ; *Littérature et Beaux-Arts :* 48. *Le 20-11* le 1er tiers est nommé par un arrêté ; les 2 autres sont cooptés lors de la 1re réunion. Chaque classe est divisée en sections de 6 membres chacune, 6 associés lui étant rattachés [*1re classe :* 10 sections (Math., Arts mécaniques, Astronomie, Physique expérimentale, Chimie, Histoire naturelle et Minéralogie, Botanique et Physique végétale, Anatomie et Zoologie, Médecine et Chirurgie, Économie rurale et Art vétérinaire) ; *2e classe :* 6 sections (Analyse des sensations et des idées, Morale, Science sociale, Économie politique, Histoire, Géographie) ; *3e classe :* 8 sections (Grammaire, Langues anciennes, Poésie, Antiquités et Monuments, Peinture, Sculpture, Architecture, Musique et Déclamation et recouvre les anciens domaines de l'Ac. française, de l'Ac. royale des inscriptions et belles-lettres et des 2 académies artistiques : celle de peinture et sculpture et celle d'architecture)]. **1803**-*23-1* (arrêté du 3 pluviôse an XI), Consulat, *la 2e classe* est supprimée et *la 3e* est divisée en 3 sections : *Langue et Littérature françaises,* rappelant l'ancienne Ac. française : 40 membres, sans associés ; *Histoire et Littérature ancienne,* correspondant à l'ancienne Ac. des inscriptions ; *Beaux-Arts.* **1816**-*21-3* ordonnance de Louis XVIII ; on revient au nom d'académie et aux appellations traditionnelles : Ac. française, Ac. des inscriptions et belles-lettres, Ac. des sciences, Ac. des beaux-arts. **1832**-*26-10* ordonnance de Louis-Philippe établit l'ancienne classe des Sciences morales et politiques comme 5e Ac.

■ **Palais de l'Institut, quai Conti.** Souvent appelé à tort, au XIXe s., palais Mazarin (au lieu de collège) car Mazarin demeurait rue de Richelieu, à l'emplacement de la Bibliothèque nationale. Mazarin avait légué à Louis XIV un capital afin d'édifier un collège pour 60 jeunes gens de la noblesse nés dans les 4 provinces (Artois, Alsace, Pignerol et Catalans du Roussillon et de Cerdagne) nouvellement conquises et rattachées à la France par les traités de Westphalie (1648) et des Pyrénées (1658). Ce fut le **Collège des Quatre-Nations** construit par Louis Le Vau (1612-70) et achevé par François d'Orbay en 1677. **1805**-*20-3* chapelle renommée « Palais de l'Institut » (après avoir été « Palais des beaux-arts »). **1806**-*oct.* les 4 classes se réunissent pour la 1re fois sous la Coupole. **1807** *siège :* quai Conti. Vaudoyer transforme la chapelle en salle de séances et crée des tribunes. **1839** adjonction d'un bâtiment parallèle à l'aile Le Vau. **1962** la chapelle retrouve son état d'origine. *Emblème :* Minerve [déesse de l'intelligence et de l'habileté technique, protégée par l'égide (son bouclier, sur lequel figure la tête de la Gorgone), elle paralyse ses adversaires et rend invincibles ses compagnons ; apprend aux hommes à dompter les forces sauvages, à apprivoiser la nature, à maîtriser les éléments].

■ **Statuts.** L'Institut de France et les 5 Académies sont des établissements publics nationaux à caractère administratif et à statut législatif et réglementaire particuliers (Conseil d'État, 25-3-1985, no 35-578).

■ **Séances.** **Institut de France :** séance publique solennelle des 5 Académies sous la Coupole, le 25-10, ou le mardi le plus proche ; **Ac. française :** ordinaires, jeudi 15 h ; **Ac. des inscriptions et belles-lettres :** publiques ordinaires, vendredi 15 h 30 ; **Ac. des sciences :** publiques ordinaires, lundi 15 h ; **Ac. des beaux-arts :** publiques ordinaires, mercredi 15 h 30 ; **Ac. des sciences morales et politiques :** publiques ordinaires, lundi 14 h 45.

■ **Chancelier.** Fonction créée par décret le 16-11-1953. Il existait auparavant un secrétaire de la commission administrative et centrale. *1953* Jacques Rueff (1896-1978 ; Ac. française). *1978* Édouard Bonnefous (né 24-8-1907 ; Ac. des sciences morales). *1994* (4-1) Marcel Landowski (né 1915 ; Ac. des beaux-arts). *1998* (6-10) Pierre Messmer (né 1916 ; Ac. des sciences morales).

■ **Présidents.** *Présidence annuelle* assurée tour à tour par les 2 directeurs semestriels de l'Ac. française et par les Pts des Académies. *Élection :* Pts et vice-Pts des Académies élus pour 1 an.

■ **Membres.** 320 ; tous égaux en droit ; élus au scrutin secret ; à la fois membres d'une Académie (ou de plusieurs) et membres de l'Institut de France ; les correspondants (de l'Institut ou de l'Académie) ne portent ni le titre de membre ni le costume de l'Institut. **Membres siégeant dans plusieurs académies :** Jean Bernard (1972 sciences, 1975 française), Marc Fumaroli (1990 française, 1998 inscriptions), François Jacob (1977 sciences, 1996 française), Pierre Messmer (1988 sciences morales, 1999 française), Jacqueline de Romilly (1975 inscriptions, 1988 française), Léopold Sédar Senghor (1969 sciences morales, 1983 française), Gabriel de Broglie (1997 sciences morales, 2001 française). **Membres (d'une même académie) ayant des liens familiaux.** Exemples : COUPLE : *Sciences :* Gustave Choquet (né 1915) élu 1976 section mathématiques et sa femme Yvonne (née Bruhat 29-12-1923) élue 1979 section sciences mécaniques (elle sera la 1re Pte d'une Ac.). *Sciences morales et politiques :* Paul Bastid (1892-1974) élu 1946 et Suzanne (15-8-1906/2-3-1995, fille de l'académicien Jules Basdevant) élue 1971 (1er couple élu). PÈRE ET FILS : *Beaux-arts :* Paul Landowski (sculpteur 1875-1961) élu 1926 et Marcel (compositeur né 1915) élu 1975. *Sciences :* Henri Normant (1907-97) élu 1966, section chimie et Jean Normant (né 1936) élu 1993, section chimie.

■ **Femmes.** **Académie française :** *1980* (6-3) Marguerite Yourcenar (1903-87) 1re élue. *1988* Jacqueline de Romilly (née 1913). *1990* Hélène Carrère d'Encausse (née 1929), *2000* Florence Delay (née 1941) [voir p. 306 c et 335 b]. **Académie royale de peinture et de sculpture :** *créée* 1648, admet d'emblée 15 femmes non titulaires de tous les droits attachés à leur titre. **Académie des beaux-arts :** *membres associés étrangers : 9-12-1964* la reine Élisabeth de Belgique ; *13-2-1974* Farah impératrice d'Iran ; *8-3-1978* Mrs Lila Acheson Wallace. *Correspondantes : 17-6-1970* Florence J. Gould ; *1-3-1989* Florence Van Der Kemp ; *9-6-1993* Maryvonne de Saint-Pulgent (née 1913). **Académie des inscriptions et belles-lettres :** *1975* Jacqueline de Romilly (1re élue). *1987* Colette Caillat (née 1921). **Académie des sciences :** *correspondantes : 12-3-1962* Marguerite Perey (1909-75, physique) [l'Académie avait préféré successivement : Édouard Branly (le 23-1-1911 par 30 voix contre 28) à Marie Curie et Eugène Darmois (1951), Francis Perrin (1953) et Georges Chaudron (1954) à Irène Joliot-Curie]. *6-10-1986* Marie-Anne Bouchiat (née 19-7-1934), physique. *2-2-1987* Madeleine Gans (née 5-6-1920), biologie. *11-5-1987* Arlette Nougarède (née 7-5-1930), biologie. *26-3-1990* Marie-Lise Chanin, sciences de l'Univers. *2-4-1990* Geneviève Comte-Bellot (née 29-7-1929), sciences mécaniques. *Membres : 14-5-1979* Yvonne Choquet-Bruhat, sciences mécaniques. *15-2-1982* Nicole Le Douarin (née 20-8-1930), biologie animale et végétale. *1-3-1982* Marianne Grunberg Manago (née 6-1-1921), biologie, et *20-6-1988* Marie-Anne Bouchiat, physique. **Académie des sciences morales et politiques :** *24-11-1969* Louise Weiss (1893-1983) est battue (17 voix contre 21 à Pierre-Olivier Lapie). *Mars 1971* Suzanne Bastid *1re élue* (section de législation, droit public et jurisprudence). *9-12-1991* Simone Rozès devancée par Jacques Boré (18 voix contre 4). *1995* Claude Dulong-Sainteny (née 1927). *1996* Alice Saunier-Séité battue le 3-5-1993 au 1er tour par Jacques de Larosière (20 voix contre 12).

■ **Costume.** Commun (avec l'épée) aux 5 Académies. Il date du Consulat [arrêté du 23 floréal an IX (15-5-1801)]. Art. II : habit, gilet ou veste, culotte ou pantalon noirs, brodé « en plein » d'une branche d'olivier en soie vert foncé. Il permet, lors des séances, d'identifier les membres de l'Institut (certains ayant été bousculés par la foule qui ne les avait pas reconnus). Les ecclésiastiques ne portent pas le costume (les pères Bruckberger et Carré portent la robe blanche des dominicains, les cardinaux Lustiger et Etchegaray la robe noire et rouge). Appelé « l'habit vert » il a donné son nom à la « fièvre verte », expression inventée par Armand-Marie de Pontmartin (1811-90). Il y a le *grand costume* (broderies « en plein », le seul encore porté) et le *petit* (broderies sur les parements de manches et le collet). Les 2 habits peuvent être ouverts sur un gilet ou fermés avec col montant. Victor Hugo (1841) adopta le 1er le *pantalon* (auparavant, culotte à la française avec bas de soie). Le peintre Édouard Detaille (1848-1912), membre de l'Institut en 1892, a créé la *cape* noire plus portée que le manteau. En 1980, 1er *costume féminin :* jupe droite noire, spencer brodé. **Prix :** sur mesure, à partir de 100 000 F, selon les broderies. On peut choisir l'habit d'un membre décédé (certains sont conservés au vestiaire de l'Institut).

■ **Épée.** **Origine :** *1635* les « académistes » roturiers reçoivent le privilège de l'exemption, qui les assimile à des nobles ayant droit au port d'armes (ils deviennent messires). *1805* Napoléon, créant une nouvelle noblesse, confirme leur droit à l'épée (les ecclésiastiques ne reçoivent pas d'épée académique). **Remise à l'élu :** quelques jours avant sa réception. **Coût :** 50 000 à 300 000 F ; dépend du montant de la souscription (souvent prise en charge par l'éditeur) ouverte pour offrir son épée au nouvel élu. L'épée du Cdt Cousteau était en cristal ; sur celle d'Alain Decaux : Clio (muse de l'histoire) et une antenne de télévision (1re sur une épée d'académicien français).

■ **Indemnités académiques.** Montant déterminé par le ministère de tutelle. Augmente, au 1er février chaque année, dans les mêmes proportions que les rémunérations des membres du Conseil constitutionnel. *Montant* (au 1-2-1994) : 28 907 F/an (2 408,91 F/mois).

■ **Médailles.** *Créée* 22-8-1798 (5 fructidor an VI) : en argent, avec d'un côté une tête de Minerve, de l'autre le nom du membre.

■ **Préséance.** **Couronnement de Napoléon Ier :** les bureaux des classes de l'Institut sont placés après ceux des membres de la Cour de cassation et de la Commission de la comptabilité nationale, et après ceux de l'État-Major de Paris. **Second Empire :** l'ordre prévoit : Cour de cassation, Conseil impérial de l'instruction publique, Institut, Cour impériale de Paris. **1907**-*16-6* décret : l'Institut est au 13e rang ; **1989**-*13-9* décret (*JO* du 15-9-1989) : au 24e rang.

■ **Réception.** *Ac. des sciences :* lundi ; *Ac. des beaux-arts :* mercredi ; *Ac. française :* jeudi. Individuelle (Ac. fr.) ou en groupe (Ac. des sciences). À l'Ac. des sciences morales et à l'Ac. des inscriptions et belles-lettres, le secrétaire perpétuel fait entrer le nouvel élu en le conduisant par le petit doigt. *Discours :* le nouveau venu prononce l'éloge de son prédécesseur [sauf, par exemple, Rostropovitch (Ac. des beaux-arts) qui a joué du violoncelle ; Montherlant (Ac. française) qui a fait l'éloge de la Nlle-Zélande plutôt que celui d'André Siegfried].

■ **Origine du nom.** Au Ve s., espace situé à 2 km au nord-ouest d'Athènes, devant son nom au héros local Akadêmos ; Hipparque le Pisistratide l'entoura d'un mur et en fit un gymnase. Vouée à la déesse Athéna, l'Académie renfermait son sanctuaire, entouré de 12 oliviers sacrés, et beaucoup d'autels dédiés à d'autres divinités. Le sanctuaire des Muses avait été élevé par Platon, qui aimait à se promener sous les ombrages de l'Académie. Son école, dirigée après sa mort par Speusippe, continua de se réunir à l'Académie, d'où lui vint son nom. Peu à peu le mot s'étendit aux compagnies de gens de lettres, de savants et d'artistes. L'Académie ptolémaïque d'Alexandrie, celles des Juifs, des khalifes arabes Abbâsides et Omeyyades d'Espagne, de Charlemagne, d'Alfred le Grand, sont autant des écoles que des académies au sens actuel du mot. Un groupe de philosophes platoniciens, dirigé par Marsilio Ficin (1433-99), réuni à Florence par le duc Cosme de Médicis (1439-64), prit le nom d'*Akademia.* D'autres sociétés savantes italiennes créées au XVe s. l'imitèrent et prirent le nom d'*Accademia,* même si leur spécialité n'était pas la philosophie.

■ **Académies les plus anciennes dans le monde.** **Ac. Han-lin-yuan** (Chine), 738. **Ac. des jeux Floraux,** Toulouse, 1323. **Ac. des beaux-arts,** Pérouse, 1546. **Ac. della Crusca,** Florence, 1583. **Ac. royale de pharmacie,** Madrid, 1589. **Ac. nationale des Lynx,** Rome, 1603. **Ac. française,** Paris, 1635. **Ac. léopoldine,** Halle-Saale, 1652. **Société royale,** Londres, 1660. **Ac. royale des beaux-arts de Ste-Isabelle de Hongrie,** Séville, 1660. **Ac. des inscriptions et belles-lettres,** Paris, 1663. **Ac. des sciences,** Paris, 1666. **Ac. prussienne des arts,** Berlin, 1696. **Ac. prussienne des sciences,** Berlin, 1700.

☞ **Ac. française de poésie et de musique :** *fondée* par Charles IX en 1570 ; dirigée par Jean-Antoine de Baïf. *Lieux de réunion :* Collège Boncourt (actuelle rue Descartes à Paris). **Ac. du Palais :** remplace l'Académie précédente à la mort de Charles IX (1574) ; s'installe à la cour de Henri III, au Louvre ; *directeur :* Guy de Pibrac (1529-84) ; comprend plusieurs membres féminins, notamment la maréchale de Retz et Mme de Lignerolles. Disparaît à la mort de Henri III (1589).

■ Il existe 2 sortes d'Académies en France. **Académies anciennes :** créées aux XVIIe et XVIIIe s., qui ont un statut *sui generis* adopté en Conseil d'État et qui sont sous la protection du chef de l'État (roi, empereur puis Pt de la République). Celui-ci promulgue par décret, publié au *Journal officiel,* les élections des nouveaux membres. Elles sont gérées par des secrétaires *perpétuels* inamovibles (sauf démission). Élisent chaque année un nouveau Pt représentant l'Académie et présidant les séances de la compagnie. En principe, les académiciens perçoivent des jetons de présence. **Nombre :** 7 dont 5, Académie française, *fondée 1635* (voir p. 333 b). Ac. des inscriptions et belles-lettres (voir p. 336 a Petite académie). Ac. des sciences, *fondée 1666* (voir p. 336 b). Ac. des beaux-arts, Ac. des sciences morales et politiques rassemblées dans l'Institut de France, 23 quai Conti, 75006 Paris, et 2 non intégrées dans l'Institut : Ac. nationale de médecine (16, rue Bonaparte, 75006 Paris), Ac. d'agriculture de France (18, rue de Bellechasse, 75007 Paris). **Académies plus récentes :** la plupart associations loi 1901 pouvant être reconnues d'utilité publique sont gérées par un Pt aidé par un secrétaire général, les 2 étant élus à date variable suivant les académies (1, 2 ou 3 ans). Les membres sont assujettis, comme dans toutes les associations, à régler une cotisation annuelle.

■ **Bibliothèques. De l'Institut** : plus de 1 500 000 volumes, 8 200 manuscrits, 11 000 titres de périodiques (dont 1 200 vivants). *1793* récupération de livres et manuscrits confisqués aux anciennes académies royales (notamment Ac. des sciences et Ac. des inscriptions et belles-lettres), puis de l'Ac. d'architecture. *1797* (mars) reçoit 24 000 ouvrages et 2 000 manuscrits de la 1re bibliothèque de la Ville de Paris [fondée 1759 (legs d'un parlementaire, Antoine Moriau)]. *1806* installée dans une galerie du collège des Quatre-Nations, garnie de boiseries venant de l'abbaye de St-Denis. *Collection Lovenjoul* : léguée 1905 par le Vte Charles de Spoelberch de Lovenjoul (Belge, 1836-1907) et transférée en 1987 de Chantilly au quai de Conti : plus de 40 000 volumes (essentiellement des éditions originales du XIXe s.), un ensemble de la presse française de 1800 à 1907 ; enrichie par d'autres dons (correspondance de Gustave Flaubert, archives de François Buloz, etc.). **Mazarine** : à partir de 1643, réunie par Mazarin aidé de Gabriel Mandé. *1689* adjointe au Collège des Quatre-Nations (Mazarin, pavillon Est), s'ouvre aux lecteurs ; *1945* (13-1) rattachée à l'Institut ; riche en manuscrits médiévaux, incunables et livres anciens (histoire générale et locale de la France, histoire de la Réforme, de la Contre-Réforme et du jansénisme, littérature française, auteurs peu connus des XVIe et XVIIe s., histoire des sciences et des techniques antérieures au XIXe s., histoire du livre français et étranger du Moyen Age au XIXe s.).

■ **Biens immobiliers appartenant à l'Institut. A Paris. Fondation Thiers** [construite 1873 place St-Georges, léguée 1905 par Félicie Dosne, sa belle-sœur, pour être affectée à la création d'une bibliothèque d'histoire moderne ; inaugurée 1913 : 130 000 volumes, 1 500 périodiques, 40 000 estampes, 440 dessins et plus de 2 000 manuscrits ; fonds général : collection d'Adolphe Thiers, enrichie par achats et legs des collections de Joseph Danais, René Famchon, Otto Karmin (fonds unique sur la guerre de 1870), Eugène d'Eichthal (mouvements philanthropiques et saint-simoniens), Henry Houssaye, Jules Claretie, Frédéric Masson (1926 : don de 70 000 volumes, 585 manuscrits, 440 dessins et 40 000 gravures sur Ier Empire, Restauration et révolution de 1830)]. **Musée napoléonien** (legs Frédéric Masson). **Musée Jacquemart-André**, bd Haussmann [legs Édouard André (1833-94), Nélie Jacquemart (1841-1912) sa femme] : ouvert 1913. **En province. Beaulieu-sur-Mer** (Alpes-M.) : *villa Kérylos* [legs Théodore Reinach (1860-1928)] construite en 1902-08 par Emmanuel Pontremoli (1865-1956) sur le modèle de maisons de Délos du IIe s. av. J.-C. **Castries** (Hérault) : *château* [légué en 1985 par le duc René de Castries (1908-86), membre de l'Ac. française] renfermant la salle des États du Languedoc longue de plus de 30 m. **Chantilly** (Oise) : *domaine* (7 800 ha dont 6 500 de forêts), légué en 1884-86 par le duc d'Aumale (1822-97), *château* contenant le musée Condé et une bibliothèque, parc et grandes écuries. **Fontaine-Chaalis** (Oise) : *domaine et abbaye de Chaalis* [legs 1912 de Mme Édouard André, née Nélie Jacquemart (avec désert d'Ermenonville, cabane de Jean-Jacques Rousseau, hôtel du bd Haussmann) ; château de Chaalis, inachevé, élevé au XVIIIe s. par Jean Aubert pour remplacer les bâtiments claustraux de l'abbaye fondée en 1136 par Louis VI ; ruines de l'abbatiale du début du XIIIe s. ; chapelle élevée (au temps de St Louis) par Pierre de Montreuil, ornée de fresques de Niccolo dell'Abbate (XVIe s.) ; le parc et le mur de l'ancien cimetière (aujourd'hui roseraie) sont dus à l'abbé commendataire, le cardinal de Ferrare, Hippolyte d'Este]. **Kérazan-en-Loctudy** (Finistère) : *domaine et manoir* [legs 1928 de Joseph Astor (1859-1928)] vieux château fin XVIe s., surélevé au XVIIIe s. (collection de peintures ; violoncelle en céramique d'Alfred Beau, le seul connu dans le monde). **Langeais** (I.-et-L.) : *château* [legs 1904 de Jacques Siegfried (1840-1909)]. **Nice** : *villa* Beau-Site style néo-pompéien, architecte Biasini, léguée à l'Institut par Gisèle Tissier (1896-1988), veuve de l'aquarelliste Paul Tissier (1886-1926). **St-Jean-Cap-Ferrat** (A.-M.) : *musée « Ile-de-France »* et ses jardins : 7 ha (légué 1934, Bonne Maurice Ephrussi, née Béatrice de Rothschild), ouvert au public 1937 [à la suite d'une croisière sur l'*Ile-de-France*, elle voulut donner à sa propriété l'allure d'un paquebot : le jardin fait figure de pont et le temple de l'Amour de proue ; 6 jardins à thème (espagnol, florentin, lapidaire, japonais, exotique, provençal)]. **En Angleterre. Londres** : *maison de l'Institut de France* : Queen's Gate Terrace, London, SW 7-5PF (donation Bon Edmond de Rothschild 1919), hôtel démoli (bombardé 1943) et reconstruit.

■ **Biens appartenant en propre à l'Académie des beaux-arts. Fondation Paul Marmottan** (musée Marmottan à Paris) : *1882* pavillon de chasse, acheté au duc de Valmy par Jules Marmottan (1829-83) et que Paul (son fils ; 1856-1932) transforme en hôtel particulier et fait aménager dans le goût Empire entre 1890 et 1920. *1932* Paul le lègue à l'Académie des beaux-arts avec ses collections et la bibliothèque (sise à Boulogne). *1957* legs de Victorine de Monchy (1863-1957) [fille unique du Dr Georges de Bellio (1828-94) et épouse (1893) d'Ernest Donop de Monchy, sans postérité]. *1966* legs de Michel Monet (1878-1966, fils cadet du peintre) avec la propriété de Giverny et les œuvres de son père (restant en sa possession). *1980* donation Daniel Wildenstein : 228 miniatures (détachées d'antiphonaires, missels ou livres d'heures) rassemblées par son père Georges Wildenstein. **Giverny** (Eure) : propriété où Claude Monet (1840-1926) vécut de 1883 à 1926 (léguée en 1966 par son fils Michel ; musée inauguré 1980).

■ **Biens appartenant à l'Académie des sciences. Château d'Abbadia** (près d'Hendaye, Pyr.-Atl.) : légué fin XIXe s. par Antoine d'Abbadie (1810-97, académicien des sciences en 1852) ; art néogothique du XIXe s. dû à Viollet-le-Duc. **Maison familiale de Louis Pasteur** (Arbois, Jura) : depuis 1992.

■ **Fortune mobilière. Jusqu'en 1965** : les Académies ne pouvaient placer leur argent qu'en valeurs d'État. Depuis, elles bénéficient d'une liberté de gestion. **Entre 1985 et 1990** : pour payer des frais de rénovation (coût : 50 millions de F), l'Institut a vendu pour 140 millions de F de biens immobiliers dont, *novembre 1985* : la fondation Noury (14 millions de F), l'immeuble avenue Bugeaud de la fondation Thiers (23 millions de F) ; *1987* : l'immeuble de la fondation Barbier, rue Monsieur-le-Prince à Paris ; *1989* : la fondation Hugot, rue du Temple à Paris.

Académie française *

Histoire

■ **Origine.** Boisrobert, l'abbé de Cérisy, Chapelain, Desmarets, Godeau, Gombauld, Giry, Habert, Malleville et Serizay se réunissent 1 ou 2 fois par semaine (rue St-Martin) chez Valentin Conrart (1603-75), érudit protestant et secrétaire du roi. Ils s'entretiennent d'affaires, de nouvelles, de belles-lettres. **1633** l'humaniste François Le Metel, seigneur de Boisrobert (1592-1662), secrétaire du cardinal de Richelieu, lui recommande ce groupe dont il fait partie. **1634** Richelieu leur fait demander s'ils ne voudraient pas faire « un corps » et s'assembler régulièrement sous « une autorité publique ». En janvier ils acceptent, certains avec réticence. Richelieu les invite à augmenter leur nombre (déjà porté de 9 à 12, il passe alors à 28) et à délibérer sur les statuts et la nature d'occupations qu'ils donneraient à leur compagnie. Ils hésiteront entre les noms d'*Académie éminente, Académie des Beaux-Esprits, Académie de l'Éloquence.* Finalement, *le 20-3,* Richelieu leur donne le nom d'Académie française et Conrart en devient secrétaire jusqu'à sa mort. **1635**-*29-1* les *lettres patentes* (scellées par Séguier le 4-12-1634 et enregistrées le 10-7-1637 par le Parlement), constituant définitivement l'*Académie française,* sont délivrées. Rédigées par Conrart, elles fixent à 40 le nombre des académiciens et donnent à l'Académie pour principal objet le perfectionnement de la langue française ; *-22-2* les *statuts* (50 articles), autorisés par le cardinal en qualité de protecteur, précisent les moyens employés dont : la composition d'un Dictionnaire, d'une Grammaire, d'une Rhétorique et d'une Poétique (articles 24, 25, 26) [*selon l'article 24* : « La principale fonction de l'Académie sera de travailler avec tout le soin et toute la diligence possibles à donner des règles certaines à notre langue et à la rendre pure, éloquente et capable de traiter les arts et les sciences... »]. **1636**-*12-2* le terme académiste est remplacé par académicien. **1637**-*9-7* le Parlement de Paris rend l'arrêt de vérification des lettres patentes. Il semble que le Parlement ait vu dans l'Académie une rivale éventuelle ; il introduit dans les statuts une clause restrictive : « L'Académie ne pourra connaître que de la langue française et des livres qu'elle aura faits ou qu'on exposera à son jugement. » **1642** mort de Richelieu ; Mazarin ne parlant pas assez bien français, les académiciens choisissent le chancelier Séguier comme protecteur. **1667** l'Académie, placée au rang des cours souveraines, est admise en corps à haranguer le roi dans les occasions solennelles. **1671** le *prix d'éloquence,* fondé par Balzac, est décerné pour la 1re fois : remporté par Madeleine de Scudéry. Les séances de réception sont rendues publiques. **1672** mort de Séguier. Louis XIV devient protecteur (titre qui passera à tous les rois ou chefs de l'État). **1702** les femmes sont admises aux réceptions. **1721**-*2-1* statuts modifiés par une délibération de l'Académie au sujet des élections. *-6-2* délibération confirmée. **1752**-*30-5* règlement donné par le Roi, à Marly. **1793**-*5-8* dernière réunion. Morellet, directeur, emporte chez lui l'acte authentique de la fondation et les registres de la compagnie. *8-8* l'Ac. française est supprimée par la Convention. Grégoire fait voter un décret (1er article : « Toutes les académies et Stés littéraires patentées par la Nation sont supprimées. »). Peu de jours après, la copie du *Dictionnaire* est déposée au comité d'instruction publique, chargé d'y corriger tout ce qui s'y trouverait contraire à l'esprit républicain. **1794**-*24-7* les biens de l'Académie sont confisqués. **1795**-*25-10* création de l'*Institut national* et de sa *3e classe* (littérature et beaux-arts). **1803**-*23-1* devient la *2e classe* (langage et littérature française) ; 14 des anciens membres seront repris [12 en 1803 (*Bissy, St-Lambert, Roquelaure, Delille, Suard, Boisgelin, Laharpe, Ducis, Target, Morellet, d'Aguesseau, Boufflers*), 1 en 1806 (*cardinal Maury*), 1 en 1816 (*Choiseul-Gouffier*)]. **1815** *Cent-Jours* 1 élection : Baour-Lormian (surnommé Balourd-Dormant). **1816**-*20-3* ordonnance qui l'autorise « à reprendre ses anciens règlements ». *-21-3* elle reprend son nom d'Ac. française. *-25-10* (anniversaire de la fondation de l'Institut en 1795) une séance annuelle d'ouverture groupe les 5 Académies formant l'Institut de France ; il y a des séances solennelles de réception à chaque remplacement.

■ **Lieu de réunion.** Sous le protectorat de Richelieu, l'Académie n'a pas de siège déterminé (elle devait avoir une aile du *palais Cardinal,* jamais construit). Sous le protectorat de Séguier, elle est installée à l'hôtel Séguier, rue de Bouloi ; de 1672 à 1805, elle occupe l'ancienne salle du Conseil du Roi, au Louvre. Depuis 1805, elle est, avec l'ensemble de l'Institut, installée dans l'ancien collège des Quatre-Nations (voir p. 332 b). Les séances de travail hebdomadaires se tiennent dans deux salles au 2e étage, les séances solennelles ont lieu dans l'ancienne chapelle du collège Mazarin (« sous la Coupole »).

■ **Rôle joué.** Richelieu, qui fonda l'Académie en 1635, souhaitait que celle-ci donne « des règles certaines à notre langue » et la rende « pure, éloquente et capable de traiter les arts et les sciences ». L'Académie publie en 1694 son *Dictionnaire* (9e édition actuellement en cours de publication). Un décret du 3-7-1996 soumet à l'approbation de la compagnie les listes de termes proposées par les commissions de terminologie et de néologie (instituées dans les différents ministères par le décret du 7-1-1972). L'Académie intervient dans la vie littéraire en décernant environ 80 prix et distinctions par an.

■ **Politique.** Depuis le XVIIIe s., les tendances conservatrices et progressistes s'affrontent souvent à l'Académie, notamment lors des élections. De 1750 à 1789, la gauche d'alors (philosophes et encyclopédistes) était parvenue à conquérir les 40 fauteuils. Au XIXe s., libéraux et catholiques s'opposèrent violemment. Il n'y a plus aujourd'hui à l'Académie de semblables affrontements.

■ **Séances** (périodicité). Les statuts de 1635 prévoyaient une réunion hebdomadaire (*1635* : lundi ; *1642* : samedi ; *vers 1650* : mardi ; *depuis 1816* : jeudi, sauf jours de fêtes).

■ **Visites exceptionnelles. Souverains, chefs d'État ou de gouvernement** : 15 depuis 1635. **1658** (11-3) Christine de Suède. **1717** (19-6) tsar Pierre Ier. **1719** (24-7) Louis XV. **1768** (3-12) Christian VII de Danemark. **1771** (7-3) Gustave III de Suède. **1777** (17-5) Joseph II d'Autriche. **1782** (27-5) tsarévitch Paul de Russie. **1789** (7-2) Pce Henri de Prusse, frère de Frédéric II. **1847** (21-2) Mohammed Chadli de Constantine. **1872** (23-1) Pierre II du Brésil. **1896** (7-10) tsar Nicolas II. **1964** (20-2) Mario Segni (Pt du Conseil Italie). **1965** (6-5) Charles Hélou (Pt Liban). **1986** (20-2) Brian Mulroney (PM Canada). **1993** (18-2) Mario Soares (Pt Portugal). **1998** (15-10) Carlos Menem (Pt Argentine).

■ **Dictionnaire.** Sa rédaction était prévue dans les statuts de 1635. Le 28-6-1674, des lettres de Louis XIV faisaient défense d'imprimer aucun dictionnaire nouveau de la langue française avant la publication de celui de l'Académie française et « pendant l'étendue de 20 ans dudit privilège, sous peine de 15 000 livres d'amende ». Malgré le privilège détenu par l'Académie, 2 dictionnaires français concurrents parurent avant 1694 : *1°) celui de Pierre Richelet* (1631-98) imprimé en 1680 à Genève et diffusé clandestinement en France ; environ 25 500 entrées ; termes choisis dans les textes des meilleurs auteurs, « termes ordinaires des arts »), rééditions : 1685, 88, 89, 90, 93, 94, 95 ; *2°) celui d'Antoine Furetière* (1619-88) membre de l'Académie ; elle avait contesté le privilège qu'il avait obtenu pour publier en France un dictionnaire des sciences et des arts et l'exclura (voir p. 335 b) [son dictionnaire sera imprimé à Amsterdam en 1690, 2 ans après sa mort (c'est le plus important des dictionnaires parus jusqu'alors : 40 000 mots, termes techniques des arts et sciences, mots archaïques notés comme tels, nombreux néologismes, étymologies systématiquement notées ; cite ses sources : Du Cange, Nicot et Ménage ; niveaux signalés : « terme populaire », « bas », « le peuple dit », « le bourgeois dit encore »), rééditions modifiées : 1701, 1702, 1718, 1727 ; édition remaniée par les Jésuites : « Dictionnaire de Trévoux » (5 volumes et 1 supplément ; grand succès de 1721 à 1771)].

Éditions : 1re : *1694* (présentée au roi Louis XIV le 24-8), 59 ans après la fondation de l'Académie, 2 volumes. [1650 conçu par Chapelain (1595-1674), rédigé surtout par Vaugelas († 1650), Mezeray (1610/10-7-1683), Régnier-Desmarais ; 18 000 mots classés par racine)]. **2e** : *1718* (présentée au roi Louis XV le 28-6) 2 volumes ; l'ordre alphabétique a été adopté. **3e** : *1740* (présentée le 8-9) 2 volumes, généralise l'emploi des accents. **4e** : *1762* (présentée le 10-2) : 2 volumes ; **5e** : *1798,* nouveau titre : *Dictionnaire de l'Académie française corrigé et augmenté par l'Académie elle-même,* édité par Morellet (faisant fonction de secrétaire perpétuel) qui avait sauvé les brouillons en août 1793. **6e** : *1835,* titre : *Institut de France, Dictionnaire de l'Académie française, environ 30 000 mots.* **7e** : *1878* (enrichi de 2 500 mots) ; Firmin-Didot éditeur. **8e** : *1932-35,* environ 35 000 mots. **9e** : *1992-2004* (50 000 mots environ dont 300 d'origine étrangère), volumes prévus : 1er volume (A-ENZYME : 17 500 mots) imprimé à l'Imprimerie nationale en nov. 1992, paru juin 1994 en poche chez Julliard, 2e volume (ÉOCÈNE-MAPPEMONDE : 11 500 mots dont 4 000 nouveaux) paru janvier 2001. Parmi les modifications orthographiques par rapport à la 8e édition : *asséner, afféterie, règlementaire, je cèderai.* Cas de double orthographe : *cèleri* ou *céleri, évènement* ou *événement, sècheresse* ou *sécheresse.* Introduction d'indications étymologiques. Publication, avant édition définitive, par les Documents du *Journal officiel,* au fur et à mesure de l'avancement des travaux. Tirage : 3 000 exemplaires. Les définitions sont adoptées lors des séances du jeudi, après un travail préparatoire de la commission du Dictionnaire.

☞ *Le Dictionnaire de l'Académie* est un dictionnaire de l'usage. Il indique le niveau classique, familier, populaire, vulgaire, trivial, argotique, les emplois déconseillés, les constructions fautives, le mot français qu'il convient de préférer au terme anglais abusivement employé. Il donne de brèves indications étymologiques (l'Académie avait entrepris en 1835 un *Dictionnaire historique* abandonné en 1894). Au cours de ses éditions successives, et plus spécialement à partir de la 4e (1762), il s'est ouvert au vocabulaire des techniques et des sciences entrant dans la langue commune. Certains mots ou certaines acceptions en usage dans la francophonie ont aussi été introduits.

■ **Grammaire.** La publication d'une grammaire était prévue par les statuts de 1635. En 1932 une *Grammaire de l'Académie* fut publiée (chez Firmin-Didot, 254 pages) sans nom d'auteur ; elle était l'œuvre de l'académicien Abel Hermant et d'un professeur honoraire au lycée Buffon, Camille Aymonnier (agrégé, non académicien). Très critiquée (notamment par Ferdinand Brunot), elle fut désavouée par l'Académie.

■ **Statuts des membres.** Les statuts de 1635 stipulent que tous les « académistes » sont égaux entre eux. Les ducs, les cardinaux n'ont jamais prétendu y avoir la préséance, à laquelle ils avaient droit ailleurs (les cardinaux devant s'asseoir sur des chaises, quoiqu'ils aient droit à un fauteuil et certains évêques académiciens, nommés cardinaux, ayant renoncé pour cela à siéger, le 4-11-1713, Louis XIV concéda le privilège du fauteuil à tous les académiciens). En 1754, pour la 1re fois le problème de la non-préséance d'un Pce du sang se pose. Le Cte de Clermont, membre de la maison de Bourbon (petit-fils du Grand Condé), acceptant de devenir académicien, l'Académie statua qu'il devrait siéger au même rang que ses confrères ; il y consentit. Aucun autre Pce du sang ne sera académicien avant le duc d'Aumale (1871).

■ **Indemnités.** En *1673*, Colbert, vice-protecteur, trouvant que l'assiduité aux séances du dictionnaire n'était pas suffisante, décida de distribuer à chaque séance 40 jetons, à répartir entre les seuls académiciens présents (système en vigueur dans les chapitres de chanoines). Chaque jeton valait à peu près 32 sols (il y avait 3 séances en semaine, et en général une dizaine seulement d'académiciens). Le secrétaire perpétuel touchait double part dès 1723 ; le libraire et l'huissier touchaient 1 jeton. En *1795*, le Gouvernement établit un traitement de 1 500 livres par an porté en *1928* à 5 000 F, *1942* (11-12) : 1 000, *1949* : 30 000, *1953* : 40 000, *1954* : 120 000, *1962* : 3 000 NF, *1964* : 3 600, *1976* : 6 060. Actuellement, les académiciens perçoivent un fixe mensuel de 750 F et des jetons variables selon leur assiduité aux séances. Les 4 doyens d'âge et les 4 doyens d'élection perçoivent le double du fixe.

ÉLECTIONS

■ **Mode.** Les premiers académiciens furent nommés par le roi sur proposition du « protecteur ». Il y avait un vote à main levée après une conversation entre le protecteur et les membres (fournée de 15 membres en 1634, 22 désignations individuelles entre 1634 et 1640). A partir de 1672, les membres élurent eux-mêmes les remplaçants des défunts. Les *élections* sont soumises à l'approbation du chef de l'État et se déroulent selon les « règlements ».

■ **Candidatures.** Les candidats envoient généralement une lettre de candidature. Mais on peut se porter candidat verbalement auprès du secrétaire, soit en personne, soit par l'intermédiaire d'un académicien. Les règlements de 1675, 1701, 1752 interdisent la « brigue » (donc les visites de candidature) ; celles-ci, pourtant traditionnelles, sont assimilées à des visites de courtoisie. Certains (qui n'étaient pas candidats) en furent dispensés : Prévost-Paradol, Foch, Clemenceau, ou Montherlant (qui présenta sa candidature oralement).

■ **Résidence.** Jusqu'en 1914, les membres devaient habiter Paris pour suivre les séances hebdomadaires du dictionnaire. Aujourd'hui, l'obligation est moins stricte.

■ **Votes.** Se font actuellement par bulletins secrets. Un académicien n'a pas le droit d'engager sa voix avant le vote. Le quorum est fixé à 20 pour la 1re séance, 18 pour les suivantes (qui ont lieu quand le quorum n'a pas été atteint la 1re fois). Si ce nombre n'est pas atteint, l'élection est remise [exceptions en raison de la guerre : *2-10-1944* : 17 présents, Louis de Broglie fut élu, cela ne s'était pas vu depuis 1803 ; *12-10* André Siegfried : 13 voix, 4 bulletins blancs ; Pasteur Vallery-Radot : 15 voix, 2 bulletins blancs ; *12-4-1945* : 16 présents : Bergson (élu au 2e tour, 12 voix), Émile Henriot (au 1er tour, 15 voix)]. Actuellement, on s'arrête au 4e tour (autrefois, certaines élections n'ont été acquises qu'au 14e tour). La majorité est de la moitié plus 1 voix ; dans le total ne comptent pas les bulletins blancs, sauf s'ils sont marqués d'une croix. Un nombre important de bulletins blancs à croix suffit donc à empêcher toute élection (vote blanc).

■ **Veto du chef de l'État.** Selon l'art. 11 des règlements de 1752, l'élection sera nulle si l'approbation et le consentement du roi ne confirment pas l'élection. Plusieurs académiciens furent ainsi écartés. Exemples : *Louis XIV* : La Fontaine [élu 1684, réception retardée (1693)], le duc du Maine (fils naturel de Louis XIV, que l'Académie voulait, par courtisanerie, élire en 1685 au fauteuil de Corneille) ; *Louis XV* : Piron (1752), il fit également annuler l'élection de Suard et Delille (élus en 1772, ils furent réélus sous Louis XVI en 1774) ; *de Gaulle* : Paul Morand [ancien ambassadeur de Vichy (en 1958, au 2e tour : il obtint 18 voix, Jacques Bardoux 4, il y eut 15 croix et l'on interrompit le scrutin ; Pierre Benoit, animateur de la candidature, déclara qu'il ne remettrait plus les pieds à l'Académie) ; Morand fut élu le 24-10-1968 (de Gaulle ayant levé l'exclusive)], Saint-John Perse (1959, pseudonyme du diplomate Alexis Léger, qui ne l'avait pas rejointe à Londres).

Nombre record d'élections : *dans l'année* : *1723* : 7 [dont le 29-12 : Paradis de Moncrif, auteur d'une *Histoire des chats* qui donna lieu à un incident (un plaisantin lâcha dans la salle un chat très combatif et le public imita les miaulements de la bête affolée)]. *1918* : 8. *1946* : 12 ; *le même jour* : 6 [4-4-1946 : Paul Claudel 25 voix sur 25, Maurice Garçon 16 sur 25, Charles de Chambrun 25 sur 25, Marcel Pagnol 15 contre 8 (au 2e tour), Jules Romains 13 (au 1er tour), le professeur Mondor 17 (au 1er tour)]. **Nombre record de candidats pour une élection :** le 30-5-1901, *14 candidats* pour le fauteuil d'Henri de Bornier [Edmond Rostand (33 ans), élu au 6e tour par 17 voix devant Frédéric Masson 15 voix]. Le même jour, il n'y avait qu'*1 candidat* au fauteuil du duc de Broglie (le Mis de Broglie fut élu au 1er tour par 23 voix et 10 bulletins blancs).

Élections unanimes : elles sont rares, sauf pour les maréchaux de France (accord tacite). Il arrive aussi que lorsqu'il y a juste le quorum (actuellement 20), les votants se mettent d'accord pour voter à l'unanimité, pour ne pas être obligés de renvoyer le vote (par exemple Camille Jullian, 1924). **Élections brillantes :** *1746* : *Voltaire* 29 voix sur 29. *1825* : *Casimir Delavigne* (32 ans) 27 voix sur 28. *1871* : *duc d'Aumale* (4e fils de Louis Philippe, doyen des généraux, historien) : 28 voix sur 29. *1912*-3-10 : *Lyautey* 27 voix sur 30. *1918*-21-11 : *Mal Foch* et *Georges Clemenceau* 23 voix sur 23 (ils n'étaient pas candidats et Clemenceau ne siégera jamais). *1924* : *Camille Jullian* 20 voix sur 20. *1929* : *Mal Pétain* (au fauteuil de Foch) 33 voix sur 33. *1931*-11-6 : *Gal Weygand*, unanimité, 34 voix sur 34 (au fauteuil de Joffre). *1944*-2-10 : *Pce Louis de Broglie* 17 voix sur 17. *1946*-4-4 : *Claudel* 24 voix sur 25. *Charles de Chambrun* : 25 voix sur 25. *1952* : *Mal Juin* 25 voix sur 26. *1959*-21-5 : *Henri Troyat* 23 voix sur 25. **Élections difficiles :** *Abel Hermant (1927)* 8 fois candidat, 1 échec, 6 élections blanches. *Hugo* : *1836*-13-2 battu par Dupaty au 5e tour ; -29-12 par Mignet au 5e tour. *1839* élections blanches. *1840*-20-2 battu par Flourens au 4e tour. *1841*-7-1 élu au 1er tour par 17 voix sur 32. *Fernand Gregh* (11 fois candidat) élu le 29-1-1953 à 82 ans par 25 voix contre 5 à l'éditeur Bernard Grasset. *Jean Aicard* élu au 8e tour. *Brieux, Barboux*, au 7e tour. **Toujours battus :** *Vte de Venel* (34 fois candidat du 3-3-1955 à 1978), *Zola* (23 fois candidat).

En 1863, Napoléon III, bien que protecteur-né de l'Académie, eut le désir d'en faire partie. Il travaillait à une « Vie de Jules César », aidé par son ministre de l'Instruction publique, Victor Duruy. Il fit sonder l'Académie en disant qu'il voulait une élection régulière ; il lui fut répondu que, si sa demande devenait officielle, on considérerait qu'il s'agissait du « fait du prince » et qu'elle l'admettrait sans vote selon son bon plaisir. Il renonça.

■ **Sièges vacants.** En principe, attribués rapidement (lors de guerres, sont restés vacants jusqu'à 5 ou 6 ans).

■ **Visite au protecteur (chef de l'État).** Cette présentation, signifiant que le protecteur a donné son agrément à l'élection, donnera à l'élu le droit d'être reçu et de siéger. Il est présenté par le bureau (le secrétaire perpétuel ou le directeur en exercice). Certains académiciens s'en sont dispensés : Chateaubriand (ne voulant pas se faire présenter à Napoléon Ier) et Berryer (à Napoléon III).

■ **Réception.** Tout nouveau membre est reçu solennellement en présence de ses confrères au cours d'une séance tenue « sous la Coupole » (en raison de travaux, René Huyghe fut reçu au Grand Amphithéâtre de la Sorbonne, René Clair au théâtre de Versailles). A chaque réception, il y a environ 500 invités. 2 *discours* sont lus ; très brefs aux XVIIe et XVIIIe s. [1er discours prononcé : Olivier Patru 3-9-1640 (170 lignes)], ils ont été allongés depuis 1816, et durent actuellement 1 h chacun : le récipiendaire prononce l'éloge de son prédécesseur, une réponse est lue par un confrère (le directeur en exercice à la mort de son prédécesseur). **Cas particuliers :** *1803-26-12* le discours de Parny, mourant, est lu par Regnault de Saint-Jean-d'Angély ; Garat qui le reçoit, présente son livre de poèmes érotiques, *la Guerre des dieux*, comme une œuvre philosophique. *1912* Lyautey (élu 31-10-1912) sera reçu après la guerre. *1925* Valéry, élu au fauteuil d'Anatole France, ne prononce pas le nom de celui-ci dans son discours, France ayant refusé de publier *l'Après-midi d'un faune* dans le 3e *Parnasse contemporain*. *1945* lors du remplacement des 2 académiciens exclus pour faits de collaboration (Abel Bonnard et Abel Hermant), les récipiendaires sont priés de faire une conférence d'une heure sur le sujet qui leur plairait. Le Pce Louis de Broglie est reçu par son frère Maurice duc de Broglie (fait sans précédent). *1961* Montherlant obtient l'autorisation de prononcer son discours en séance privée, à cause de l'insolation (et de ses suites) dont il avait été victime en traversant le jardin des Tuileries l'été 1959. *1977-13-10* réception d'Alain Peyrefitte (élu 9-2, devenu ministre de la Justice) en présence du Pt de la République, V. Giscard d'Estaing.

Incidents politiques : *1811* Chateaubriand (élu au 2e tour par 13 voix sur 23), chargé de l'éloge d'un « régicide » (Marie-Joseph Chénier) écrit un discours flétrissant le régicide ; il ne siégera pas et refusera le 29-4 les modifications demandées. *1874* Émile Ollivier (élu 1870, réception retardée par la guerre ; fut admis à siéger le 5-3 sans réception officielle, son discours lu en commission ayant soulevé des inquiétudes ; voir à l'Index). *1918* Clemenceau, élu, prépare un discours polémique contre Poincaré qui l'avait attaqué en recevant le Mal Foch ; il renonce à le lire et ne mettra jamais les pieds à l'Académie. *1991-31-1* réception de Michel Serres : les académiciens laissent leurs épées au vestiaire en raison de la guerre du Golfe (ils ont coutume de s'abstenir du port des armes dans une église ou tout autre lieu où la présence de la mort exige quelque décence).

Alexis Piron (1689-1773) a dit : « Ils sont là quarante qui ont de l'esprit comme quatre. » **Voltaire** : « L'Académie est un corps où l'on reçoit des gens titrés, des hommes en place, des prélats, des gens de robe, des médecins, des géomètres et même parfois des gens de lettres. » **Pagnol** raconta à Robert Kemp : « Lors d'une séance du dictionnaire, le Mal Joffre s'était endormi. Comme on arrivait au mot "mitrailleuse", un académicien l'interpella : "M. le Maréchal, qu'est-ce qu'une mitrailleuse ?" **Joffre** se réveilla, regarda ses confrères et dit : "Une mitrailleuse, euh ! c'est un fusil qui fait pan pan pan", et il se rendormit. »
En 1956, l'académicien **Daniel-Rops** déclarait : « Immortel, on ne l'est que pour la vie. » **Léon Bérard** calcula en 1955 que sur les 500 premiers académiciens (de 1635 à 1903), seuls 31 avaient échappé à l'oubli (dont du XVIIe s. : 9, XVIIIe : 7, XIXe : 15).

■ DONNÉES DIVERSES

■ **Age à l'élection. Les plus jeunes :** sous l'ANCIEN RÉGIME : *16 ans et demi* : Armand de Coislin, petit-fils de Séguier (reçu 1-6-1652) ; *23 ans* : Armand de Soubise, futur cardinal de Rohan (1740) ; *24 ans* : abbé Habert de Cerisy (1634) ; Salomon de Virelade (1644) ; Paul Tallemant (1666) ; Mgr de Colbert (1678) ; Mal de Richelieu (1720). AU XIXe s. : *30 ans* : Abel-François Villemain (1820) ; *32 ans* : Casimir Delavigne (1825) ; *35 ans* : Lucien Prévost-Paradol (1865) ; *36 ans* : Adolphe Thiers (1833) ; *41 ans* : Pierre Loti (1891). AU XXe s. : *33 ans* : Edmond Rostand (1901) ; *48 ans* : Henri Troyat (1959) ; Maurice Druon (1966) ; Jean d'Ormesson (1973). **Les plus âgés :** *87 ans* : Georges Vedel (1998) ; *83 ans* : Pierre Messmer (1999) ; *82 ans* : Fernand Gregh (1953) ; *81 ans* : Jean-Baptiste Biot (1855) ; pasteur Marc Boegner (1962) ; Henri Gouhier (1979) ; Fernand Braudel (1984) ; *80 ans* : Laujon (1807) ; Bon Joseph Dacier (1822) ; René de Obaldia (1999) ; Bon Seillière (1946) ; Paul Morand (1968) ; Georges Dumézil (1978) ; Jean Paulhan (1963). **Age moyen :** *1700* : 40 ans ; *1800* : 43 ans ; *1900* : 50 ans ; *70* : 66 ans ; *90* : 63 ans.

■ **Age en 2001. Les 4 plus âgés :** Léopold Sédar Senghor (9-10-1906) ; Jean Bernard (26-5-1907) ; R. P. Ambroise-Marie Carré (25-7-1908) ; Claude Lévi-Strauss (28-11-1908). **Les 8 plus jeunes :** Erik Orsenna (22-3-1947) ; Jean-Marie Rouart (8-4-1943) ; Florence Delay (19-3-1941) ; Pierre-Jean Remy (21-3-1937) ; Pierre Rosenberg (13-4-1936) ; Marc Fumaroli (10-6-1932) ; Michel Serres (1-9-1930) ; Hector Bianciotti (18-3-1930). **Tranches d'âge :** *de 60 ans* : 2, *de 60 à 70* : 4, *de 71 à 80* : 10, *de 81 à 90* : 13, *de 91 à 95* : 5, *+ de 95* : 1.

■ **Académiciens ayant vécu le plus longtemps.** *99 ans 10 mois et 15 jours* : Fontenelle ; *99 ans et plusieurs mois* : Mis de Saint-Aulaire, Louis Leprince-Ringuet ; *98 ans* : Gal Weygand, Julien Green ; *97 ans* : Mgr de Roquelaure, duc de Lévis-Mirepoix, Jacques de Lacretelle, Jean Guitton ; *96 ans* : Ernest Legouvé ; *95 ans* : Charles de Freycinet, amiral Lacaze, duc Pasquier, Mal Pétain, Louis de Broglie. **Académiciens morts les plus jeunes.** *32 ans* : Philippe Habert ; *33 ans* : duc de La Trémoille ; *35 ans* : Montigny ; *37 ans* : Montereul, Gilles Boileau ; *39 ans* : cardinal de Soubise, Florian.

■ **Académiciens qui se sont suicidés.** *1829*-2-1 : Auger, devenu secrétaire perpétuel, se jeta dans la Seine du haut du pont des Arts. *1870*-11-7 : Prévost-Paradol. *1972*-21-9 : Montherlant. *2000*-29-12 : Jacques Laurent.

■ **Académiciens ayant occupé leur siège le plus longtemps.** Mal de Richelieu (élu à 24 ans) *68 ans* (de 1720 à 88) ; Fontenelle (mort presque centenaire) *66 ans* (de 1691 à 1757). **Le moins longtemps.** Moléon de Granier (1635-36) *8 mois* (exclu pour vol, voir **Exclusions** p. 335 b) ; Colardeau (1776) *35 jours* (séjour le plus bref) ; Jean Devaines (1803) *2 mois*.

■ **Académiciens morts avant d'avoir été reçus.** Charles-Pierre Colardeau (1776) ; Jean Vatout (1848) ; Edmond About (1885) ; Georges de Porto-Riche (1923-1930) ; G. Lenotre (1-12-1932/1935) ; Paul Hazard (1940-44) ; Octave Aubry (1945-46) ; Robert Aron (1974, mort 1975 entre la commission de lecture et la réception) ; François Furet (1997). Les discours d'Edmond About et de Robert Aron avaient déjà été imprimés.

■ **Origine, profession. Hommes politiques devenus Pts de la République :** *1871* Adolphe Thiers (élu 20-6-1833 à l'Ac. à 36 ans), *1913* Raymond Poincaré (élu 18-3-1910) : malgré l'opposition des académiciens de droite. Leur chef, le Cte d'Haussonville, qui avait fait élire son cousin, le mathématicien Henri Poincaré, pensait à tort qu'on ne prendrait pas coup sur coup 2 membres de la même famille. Seul chef de l'État qui, malgré sa qualité de protecteur de l'Académie, ait agi en tant qu'académicien : le 5-2-1920, revêtu de son habit vert, il reçut le Mal Foch. *1920* Paul Deschanel (élu 18-5-1899) ; **Chef de l'État français :** *1940* Mal Pétain (élu 26-6-1929). **1ers ministres** ou **Pts du Conseil :** *XVIIIe s.* : cardinaux Fleury, Dubois, Loménie de Brienne. *XIXe s.* : Victor de Broglie, duc de Richelieu, Thiers, Guizot, Albert de Broglie, Dufaure, Jules Simon, Freycinet. *XXe s.* : Poincaré, Ribot, Barthou.

Étaient 1ers ministres (ou Pts du Conseil) avant d'être académiciens : Clemenceau (Pt du Conseil 1917-20) élu 1918, Herriot (Pt du Conseil 1924-32) élu 1946, Edgar Faure (Pt du Conseil 1952 et 1955-56) élu 1978, Michel Debré (1er ministre 1958-62) élu 1988, Pierre Messmer (1er ministre 1972-74) élu 1999.

Cardinaux : 20 ont été élus : *1er* César d'Estrées élu 1658, *20e* Mgr Lustiger élu 15-6-1995.

Cinéastes : *1er élu* : 1946, Marcel Pagnol. *2e* : 1962 (10-5), René Clair.

Ducs : Ancien Régime : 1 fut écrivain : le duc de Nivernais (1745-98) ; les autres (7) furent élus pour leur haute naissance : 3 Coislin (le marquis, académicien en 1652, créé duc 1669 ; ses 2 fils en 1702 et 1710) ; 2 Saint-Aignan (1663 et 1727) ; La Trémoille 1738 ; Harcourt 1789. **Consulat et Empire :** Maret, duc de Bassano (1803-16, radié 1816) ; Cambacérès, duc de Parme (1803-16, radié 1816). **Restauration :** abbé-duc de Montesquiou (1816-22, nommé) ; de Lévis (1816-30, nommé) ; de Richelieu (1816-22, nommé) ; Mathieu de Montmorency (1825-26, élu). **Sous Louis-Philippe :** Pasquier (1842-62). **IIe République :** de Noailles (1849-85). **Second Empire :** Victor de Broglie (1855-70) ; Albert de Broglie (1862-1901). **IIIe République :** d'Aumale (1871-97) ; d'Audiffret-Pasquier (1878-1905) ; de La Force (1925-61) ; Maurice de Broglie (1934-60). **IVe République :** Louis de Broglie (1944-87) ; de Lévis-Mirepoix (1953-81). **Ve République :** de Castries (1972-86).

■ **Fauteuil le plus disputé.** Celui de Jean Aicard (élu en 1909, mort en 1921) a été pourvu au bout de 23 tours de scrutins, en 5 fois ; il a finalement été attribué à l'unanimité à Camille Jullian (1924).

■ **Le « 41e fauteuil ».** Expression forgée en 1855 par Arsène Houssaye (Arsène Housset, 1815-96, dit) dans un essai humoristique, *le 41e fauteuil de l'Académie française*, présentant 53 auteurs célèbres qui, pour des raisons diverses, n'avaient pas fait partie de l'Académie. En 1894, Houssaye réédita son ouvrage sous le titre *Histoire du 41e fauteuil de l'Académie française*, donnant 51 noms. En 1971, Maurice Genevoix a publié une nouvelle série, *le 41e fauteuil*, présentant 13 noms supplémentaires (d'écrivains modernes).

1re liste Houssaye (1855). **Volontairement non candidats :** Descartes, La Rochefoucauld, Pascal, Malebranche, Regnard, d'Aguesseau, Lesage, Mably, Diderot, Désaugiers. **Candidatures rejetées :** Piron (écarté par Louis XV), Beaumarchais (interdiction de poser sa candidature), Benjamin Constant (2 échecs), Balzac (4), Alexandre Dumas (4). **Carrière interrompue par la mort :** Vauvenargues (32 ans), Nicolas Gilbert (29 ans), Camille Desmoulins (34 ans, guillotiné), André Chénier (32 ans, guillotiné), Millevoye (34 ans), Hégésippe Moreau (28 ans), Paul de Saint-Victor (54 ans), Stendhal (mort à 59 ans, quelques jours après avoir posé sa candidature). **Causes diverses :** Rotrou et Molière (comédiens), Scarron (cul-de-jatte), le cardinal de Retz (disgracié par Louis XIV), Saint-Évremond (libertin), Bayle (huguenot exilé), Bourdaloue (jésuite), Hamilton (étranger), Dufresny (dettes), Saint-Simon (œuvres posthumes), Jean-Baptiste Rousseau (condamné de droit commun), abbé Prévôt (bénédictin), Crébillon (auteur licencieux), Jean-Jacques Rousseau (étranger : Genevois), Helvétius (provincial), Mirabeau (dettes), Xavier et Joseph de Maistre (étrangers : Savoyards), Rivarol (en exil), Paul-Louis Courier (provincial), Lamennais (défroqué), Gérard de Nerval (malade mental), Eugène Sue (exilé politique), Léon Gozlan (juif), Théophile Gautier (en concubinage notoire), George Sand (femme), Frédéric Soulié (auteur scabreux). Houssaye cite également Louis XIV et Napoléon, ce qui, historiquement, est absurde (ils étaient protecteurs).

2e liste Houssaye (1894). Il a retiré 6 noms (Nicolas Gilbert, Camille Desmoulins, Eugène Sue, Léon Gozlan, Paul de Saint-Victor, et George Sand) et en a rajouté 4 [Arnaud et Nicole (jansénistes), Senancour (misanthrope, non candidat), Henri Murger (mort à 39 ans)].

Liste Genevoix (1971). **Volontairement non candidats :** Barbey d'Aurevilly, Flaubert, Mallarmé, Huysmans, Maupassant, Martin du Gard. **Candidatures rejetées :** Baudelaire (désisté avant le scrutin, sur les conseils de Sainte-Beuve), Émile Zola (24 échecs), Paul Verlaine (1 échec). **Carrière interrompue par la mort :** Marcel Proust (49 ans, sollicité par Maurice Barrès), Charles Péguy (41 ans, tué en 1914), Jean Giraudoux (62 ans, mort subitement). **Causes diverses :** André Gide (écrivain « immoraliste »).

■ **Autres écrivains français non académiciens.** Becque (1 échec), Bernanos, Léon Bloy, Albert Camus (mort à 47 ans), Auguste Comte, Alphonse Daudet (de l'Ac. Goncourt), Fromentin, Fustel de Coulanges, Jean Giono (Ac. Goncourt), Gobineau, les frères Goncourt, Choderlos de Laclos, Jean Moréas (étranger), Raymond Queneau (Ac. Goncourt), E. Quinet, Restif de la Bretonne, Rimbaud, Saint-Exupéry (tué à la guerre), Saint-John Perse (veto de De Gaulle), Jean-Paul Sartre, Supervielle (ne voulait pas), Augustin Thierry, Louis Veuillot, Villiers de L'Isle-Adam.

Maréchaux de France : XVIIe s. : 0. XVIIIe : de Villars (1714-34) ; d'Estrées (1715-37) ; de Richelieu (1720-8) ; de Belle-Isle (1749-61) ; de Beauvau (1771-93) ; de Duras (1775-89). XIXe : 0. XXe : Lyautey (1912-34, élu étant général, par 27 voix contre 2 à Boutroux et 1 bulletin blanc) ; Joffre (1918-31, élu par 22 voix sur 23) ; Foch (1918-29, 23 voix sur 23) ; Pétain (1929-51, 33 voix sur 33 ; exclu 1945) ; Franchet d'Esperey (1934-42, 29 voix et 1 bulletin blanc) ; Juin (1952-67, 25 voix et 1 bulletin blanc).

Pasteur : *1er élu :* 8-11-1962, Marc Boegner (par 17 voix contre 11 au Mis de Luppé, et 4 croix).

Peintres : Claude Henri Watelet (1718-86) élu 1761 ; Albert Besnard (1849-1934) élu 27-11-1924.

■ **Nationalité des candidats.** Les règlements ne précisant rien, c'est donc sur le critère d'une œuvre écrite en français que le choix peut se faire. *Julien Green* (élu en 1971) n'a jamais renoncé à la nationalité américaine (engagé en France en 1918, il a servi dans la Croix-Rouge), *Léopold Sédar Senghor* (élu en 1983) a la double nationalité franco-sénégalaise. *Jorge Semprun* [Espagnol, maquisard en France pendant la Guerre de 1939-45 et déporté ; ancien ministre espagnol de la Culture de 1988 à 1991 (parrainé par Hélène Carrère d'Encausse et Pierre Moinot, et soutenu par le secrétaire perpétuel, Maurice Druon) retira sa candidature le 6-7-1995 devant les « regrettables manœuvres et intrigues » entourant l'élection initialement prévue le 30-5 et reportée au 30-10].

Il y a eu 7 académiciens naturalisés Français : *Victor Cherbuliez*, Suisse (1881) ; *José Maria de Heredia*, d'origine cubaine (1895) ; *Henri Troyat* (Tarassov), Russe (1959) ; *Joseph Kessel*, Russe (1962) ; *Eugène Ionesco*, Roumain (1970) ; *Félicien Marceau*, Belge (1975) ; *Hector Bianciotti*, Argentin (1996). *Marguerite Yourcenar*, naturalisée Américaine en 1945, avait repris la nationalité française en janvier 1980, 1 mois avant son élection. *Maurice Maeterlinck*, Belge, a renoncé à l'Académie française en 1911 ainsi qu'*Édouard Rod*, Suisse (1857-1910), vers la même époque.

■ **Démission.** L'Académie ne connaît pas la *démission* de ses membres. Si l'un d'entre eux décide de ne plus assister aux séances, on lui en reconnaît le droit, mais il n'est pas remplacé et reste considéré comme académicien jusqu'à sa mort. 4 académiciens ont affirmé et publié dans la presse qu'ils étaient « démissionnaires » : *Mgr Dupanloup* (1871 ; pour protester contre l'élection de Littré, athée), *Pierre Benoit* (1959 ; pour protester contre le veto de De Gaulle à l'élection de Paul Morand), *Pierre Emmanuel* (1975 ; pour protester le 27-11 contre l'élection de Félicien Marceau, Belge naturalisé Français par de Gaulle qui avait reconnu « l'inanité d'une condamnation prononcée contre celui-ci par un tribunal d'occasion pour sanction d'une illusoire collaboration à la radio en Belgique occupée »), *Julien Green* (en nov. 1996 ; « Les honneurs n'ont aucune importance, surtout à mon âge. Depuis longtemps, je voulais m'en libérer. »)

■ **Exclusions.** Prévues par le règlement de 1635, elles ont été rares. **Ancien Régime :** 3 exclus : *Auger de Mauléon de Granier* (14-5-1636, il avait détourné l'argent d'un couvent) remplacé par Priezac ; *Furetière* (22-1-1685, il avait publié un dictionnaire en utilisant les notes de celui de l'Académie) remplacé par La Chapelle ; *l'abbé de Saint-Pierre* (1718, il avait attaqué le gouvernement de Louis XIV dans sa *Polysynodie* ; le Régent décida que l'exclu ne serait pas remplacé de son vivant). **Révolution :** en 1793, l'Académie fut supprimée. **Restauration :** 11 exclus en 1816 [*Sieyès, Merlin de Douai, Lucien Bonaparte, Cambacérès, le cardinal Maury, Maret* (duc de Bassano), *Regnault de St-Jean-d'Angély, Arnault* (réélu 1829), *Garat, Roederer, Étienne* (réélu 1829), personnalités en vue des régimes républicain et bonapartiste] : on les remplaça par 9 membres nommés par le roi : *Choiseul-Gouffier, Bausset, abbé de Montesquiou, Lainé, Lally-Tollendal, duc de Lévis, Bonald, Cte Ferrand, duc de Richelieu*, et par 2 élus : *Mis de Laplace* (au fauteuil de Regnault de St-Jean-d'Angély) et *Auger* (au fauteuil de Lucien Bonaparte). **IVe République :** 4 exclus : 2 dont les sièges seront pourvus de leur vivant, *Abel Bonnard* (ministre pro-allemand de l'Éducation nationale sous Vichy, condamné à mort par contumace 1945, † 1968) et *Abel Hermant* (compromis dans la presse collaborationniste, exclu 1944, condamné à la prison, † 1950) remplacé par Étienne Gilson le 24-10-1946. 2 dont les sièges ne seront pourvus qu'après leur mort, *Charles Maurras* (frappé d'indignité nationale, condamné à la réclusion perpétuelle, radié d'office, mais ses confrères refusèrent de se prononcer par un vote sur cette radiation, † 1952) remplacé par le duc de Lévis-Mirepois et le *Mal Pétain* (condamné à mort en 1945, radié 21-8-1945, † 1952) remplacé par André François-Poncet.

■ **Femmes à l'Académie.** **Vers 1760,** d'Alembert, voulant faire élire Julie de Lespinasse, propose de réserver 4 sièges sur 40 à des femmes, mais il échoue (les femmes, sous l'Ancien Régime, ne pouvaient entrer dans « les corps électifs » que si leur éligibilité était stipulée). On offre plus tard un fauteuil à Mme de Genlis si elle renonce à un manifeste contre les Encyclopédistes. Elle préfère renoncer à l'Académie. **1893**-*19-1,* Pauline Savari, féministe, auteur du roman *Sacré Cosaque*, pose sa candidature au fauteuil de Renan, l'Académie refuse de la prendre en considération : « Les femmes ne sont pas éligibles, déclare le duc d'Aumale, puisqu'on n'est citoyen français que lorsqu'on a satisfait à la conscription. » **1971**-*14-1,* Françoise Parturier (1919-95) se présente au fauteuil de Carcopino (elle a 1 voix, Roger Caillois est élu). **1975**-*20-2,* Louise Weiss (1893-1983) et Janine Charrat (née 1924, danseuse) se présentent au fauteuil de Marcel Pagnol (au 1er tour, elles ont 4 et 6 voix ; au 3e tour, elles ont encore 3 voix, provoquant une élection blanche ; Alain Decaux 13 voix, J. Carles 10 voix) ; le *26-6,* Louise Weiss a 1 voix pour le fauteuil du cardinal Daniélou. **1978**-*15-2,* Marie-Madeleine Martin a 1 voix pour le fauteuil d'Étienne Gilson. **1980**-*6-3, Marguerite Yourcenar* (1903-87) *1re élue* [au 1er tour par 20 voix sur 36 (contre 12 à Jean Dorst, directeur du Muséum) au fauteuil de Roger Caillois ; reçue 22-1-1981 (par Jean d'Ormesson) en robe longue noire sans épée ni bicorne ; elle vint 2 fois (pour sa réception le 22-1-1981 et pour le vote du grand prix du Roman)]. **1982**-*21-1,* Katia Granoff a 1 voix pour le fauteuil de René Clair. **1983**-*2-6,* la Desse de La Rochefoucauld (1895-1991) a 10 voix contre 20 à Léopold Sédar Senghor au fauteuil du duc de Lévis-Mirepoix. **1988**-*24-11, Jacqueline de Romilly* (née 1913) élue au 1er tour par 18 voix au fauteuil d'André Roussin. **1990**-*13-12, Hélène Carrère d'Encausse* (née 1929) élue au 1er tour par 23 voix au fauteuil de Jean Mistler. **2000 :** *Florence Delay* (née 1941) élue au 1er tour par 20 voix au fauteuil de Jean Guitton.

☞ *En 1689,* Mme Deshoulières avait été nommée membre d'honneur de l'Académie d'Arles (voir p. 338 b).

■ **Fortune.** Gérée par le secrétaire perpétuel et la commission administrative de l'Académie, elle comporte un portefeuille de valeurs mobilières et d'immeubles. En dehors de ses dépenses de fonctionnement inscrites au budget national, l'Académie française gère environ 300 fondations. Ces biens dont elle est dépositaire viennent de dons et legs (les plus anciens remontent au XVIIIe s.). Les revenus de ces biens servent à décerner des prix attribués sur proposition de commissions qui sont renouvelées chaque année.

■ **Prix littéraires.** Chaque année plus de 80 sont décernés. Leur montant, revalorisé dans les années 1980 à la faveur de donations récentes, n'est pas inférieur à 5 000 F. L'un des plus récents et l'un des plus considérables est le legs Paul Morand, permettant de décerner tous les 2 ans un prix de 300 000 F. Les grands prix de Littérature, de Poésie, de Critique, de l'Essai, de la Nouvelle, du Roman, du Rayonnement français, du Théâtre, d'Histoire [prix Gobert, créé 1834, conservant le nom de son fondateur (baron Gobert, enterré au Caire, qui passait pour être un fils naturel de Napoléon), bien que les dévaluations aient pratiquement réduit à zéro la valeur de la fondation initiale, qui rapportait à l'époque 6 800 F-or] varient de 10 000 à 100 000 F. **Prix de vertu :** il y en a environ 200 dont celui de la fondation du baron de *Montyon* (1733-1820) créé en 1782. Certains sont très spécifiques, exemples : **prix Louise-Boutigny :** ménage légitime « frappé par des revers de fortune ou un ménage d'ouvriers rangés ». **Dumas-Millier :** acte prolongé de dévouement, décerné à une personne habitant le Berry. **Huot-Conte :** jeune fille « née dans une position heureuse, que des revers de fortune auront obligée à travailler et qui aura su accepter courageusement cette vie de pauvreté ». **Pérau :** « domestiques qui l'auront mérité par leur dévouement à leurs maîtres ». **Rémond-Potin :** famille française d'Eure-et-Loir d'au moins 7 enfants ; le père ne devra pas avoir plus de 40 ans et devra habiter l'Eure-et-Loir depuis plus de 7 ans. **Savourat-Thénard :** « domestique non mariée ayant servi avec dévouement pendant et après leur adversité une famille, une dame, de préférence une demoiselle ».

Prix décerné collectivement par les 5 classes de l'Institut. **Prix Osiris :** triennal, le plus important, récompense l'œuvre la plus remarquable dans les sciences ou les lettres, dans les arts ou l'industrie, et généralement dans tout ce qui touche à l'intérêt public. *Montant :* l'équivalent de 100 000 F de germinal.

■ MEMBRES AU 1-6-2001

☞ Voir *légende* et *abréviations* p. 332 a.

■ **Secrétaire perpétuel.** Hélène CARRÈRE D'ENCAUSSE (1929) depuis 1-1-2000, élue 21-10-1999 (26 voix sur 31).

☞ DURÉES RECORD : *41 ans : Valentin Conrart* (1603-75) nommé secrétaire en 1634, le restera jusqu'à sa mort créant ainsi la fonction, *35 ans :* Abel François Villemain (1790-1870) de 1835 à sa mort. **Démissions :** sur 31 secrétaires perpétuels, 6 ont démissionné [*1755* Jean-Baptiste de Mirabaud (1675-1760) 80 ans ; *1826* François Raynouard (1761-1836) 65 ans ; reprend un intérim en 1829 (Auger, son successeur, s'étant suicidé) ; *1946* Georges Duhamel (1884-1966) 62 ans ; *1974* Maurice Genevoix (1890-1980) 83 ans ; *1985* Jean Mistler (1897-1988) 88 ans ; *1999* Maurice Druon (né 1918) 81 ans].

■ **Membres.** *1975* Jean BERNARD [Méd] (1907) 25. *96* Hector BIANCIOTTI [R] (1930) 2. *89* Jean-Denis BREDIN [H, Av] (1929) 3. *2001* Gabriel de Broglie [H] (1931) 11. *75* R. P. Ambroise-Marie CARRÉ [Théo dominicain] (1908) 37. *90* Hélène CARRÈRE D'ENCAUSSE [E] (1929) 14. *79* Alain DECAUX [H] (1925) 9. *2000 :* Florence DELAY (1941) 10. *92* Jean François DENIAU [R, Diplomate] (1928) 36. *78* Michel DÉON [R] (1919) 8. *66* Maurice DRUON [R] (1918) 30. *78* Jean DUTOURD [R] (1920) 31. *95* Marc FUMAROLI [H] (1932) 6. *96* François JACOB [Méd] (1920) 38. *73* Claude LÉVI-STRAUSS [Ph] (1908) 29. *95* Cardinal Jean-Marie LUSTIGER (1926) 4. *75* Félicien MARCEAU [R, D] (1913) 21. *99* Pierre MESSMER [ancien PM] (1916) 13. *85* Michel MOHRT [R] (1914) 33. *82* Pierre MOINOT [R] (1920) 19. *99* René de OBALDIA [R] (1918) 22. *73* Jean D'ORMESSON [R] (1925) 12. *98* Erik ORSENNA [R] (1947) 17. *86* Bertrand POIROT-DELPECH [Cr] (1929) 39. *98* René RÉMOND [H] (1918) 1. *88* Pierre-Jean RÉMY [R] (1937) 40. *97* Jean-François REVEL [Cr, Pol] (1924) 24. *76* Maurice RHEIMS [Es] (1910) 32. *88* Jacqueline DE ROMILLY [Es, H] (1913) 7. *95* Pierre ROSENBERG [H, Pt-dir. du Louvre] (1936) 23. *97* Jean-Marie ROUART [R, Cr] (1943) 26. *83* Léopold Sédar SENGHOR (1) [P] (1906) 16. *90* Michel SERRES [Ph] (1930) 18. *59* Henri TROYAT [R] (1911) 28. *98* Georges VEDEL [Juriste] (1910) 5.

Nota. – (1) Double nationalité : française et sénégalaise.

Élections récentes. **1990**-*29-3* **(fauteuil d'Edgar Faure)** *Michel Serres* 3e t. 16 voix contre 3 à Jean Ferniot. **(Thierry Maulnier)** [pour la 3e fois] *blanche* 3e t. : André Miquel 14 voix, Michel Ciry 3, Jean-Claude Renard (4 au 1er t.) 14 bulletins blancs marqués d'une croix. *-21-6* **(Thierry Maulnier)** *José Cabanis* 3e t. 17 voix contre 11 à Charles Dedeyan. *-12-12* **(Jacques Soustelle)** *blanche* 3 t. : Jean-Marie Rouart 11, 12 et 13 voix, Yves Coppens 7, 8, 10, Gabriel de Broglie 2, 5, 4, Charles Dedeyan 6, 4, 2, Bernard Pierre 7, 2, 1. *-13-12* **(Jean Mistler)** *Hélène Carrère d'Encausse* 1er t. 23 voix. **1992**-*9-4* **(Jacques Soustelle)** *Jean-François Deniau* 2e t. [1er t. : 18 voix, Henri Amouroux 8, Jean Favier 7, bulletins avec croix 3 ; 2e t. : 23, Amouroux 5, Favier 3, bulletins blancs 5]. **1993**-*25-2* **(Jean Hamburger)** *blanche* 3 t. : Marc Fumaroli 10, 12, 12, René Rémond 11, 11, 12, Charles Dedeyan 9, 6, 3, bulletins blancs 3, 4, 6 ; *-13-5 blanche* 4 t. : Jean-Marie Rouart 15, 14, 14, 14, Charles Dedeyan 8, 8, 6, 6 ; bulletins avec croix 9, 10, 12, 11 ; *-1-7 cardinal Decourtray* (1923-94) 1er t. : 14 voix, Jean Raspail 12, bulletins blancs 2, avec croix 5 ; 2e t. : 19 voix, Raspail 9. *-15-12* **(Eugène Ionesco)** *blanche* 3e t. : Jean Favier 9 voix, Pr Yves Pouliquen (ophtamologiste, membre de l'Ac. nationale de médecine) 7, 14 bulletins avec croix. **1995**-*2-3* **(Eugène Ionesco)** *Marc Fumaroli* au 4e t. 18 voix, Patrick Besson 4, André Sernin (se présentait pour la 2e fois) 3, bulletins blancs ou nuls 5. *-6-4* **(Henri Gouhier)** *blanche* 3 t. : Jean-Edern Hallier : 6, 4, 3 (s'était présenté au fauteuil d'André François-Poncet en 1978 et à celui de Maurice Genevoix en 1981), Jean-Marie Rouart : 12, 10, 12 (s'était présenté au fauteuil de Jean Delay en 1988, de Jacques Soustelle en 1991 et de Jean Hamburger en 1993), Gal Jean Compagnon : 4, 5, 4, Florent Gaudin, Michel Dupas. *-15-6* **(cardinal Decourtray)** *cardinal Lustiger. -19-10* **(Henri Gouhier)** *blanche* 1er t. : Charles Dedeyan, Michel Dupas, André Sernin 16 bulletins avec croix ; 2e t. : sur 27 voix, bulletins avec croix 17, blanc 1. *-7-12* **(Henri Gouhier)** *Pierre Rosenberg* 2e t. 15 voix (11 au 1er t.) sur 28 devant Charles Dedeyan 2 (4 au 1er t.), Jean Orizet 0 (3 au 1er t.), Gonzague Saint-Bris 2 (2 au 1er t.). **1996**-*18-1* **(André Frossard)** *Hector Bianciotti* 2e t. 15 voix sur 29, Vladimir Volkoff 8, Michel Ciry (peintre) 1, bulletins nuls 5. *-19-12* **(Jean-Louis Curtis)** *François Jacob* 1er t. **1997**-*26-3* **(Michel Debré)** *François Furet* († 12-7) 1er t. 18 voix (André Sernin 4, Arthur Conte 3, Gal Compagnon 2, bulletin blanc 1, avec croix 3). *-19-6* **(Etienne Wolff)** *Jean-François Revel* 1er t. 13 voix, Henri Coulonges 13, Jean Bodin 2, bulletins blancs 2 ; 2e t. 16, Henri Coulonges 14. *-18-12* **(Georges Duby)** *Jean-Marie Rouart* 1er t. 17 voix sur 27 (Ivan Gobry 3, Florent Gaudin 1, bulletin blancs 2, avec croix 4). **1998**-*26-3* **(René Huyghe)** *blanche* 3e t. : Pierre Nora 10, Jean-Claude Brisville 8, Me Lombard 5, bulletins blancs 5. *-28-5* **(Cdt Cousteau)** *Erik Orsenna* 3e t. 14 voix (Yves Coppens 4, bulletin blanc 1, avec croix 6) ; **(René Huyghe)** *Georges Vedel* 1er t. 19 voix (Jean Bodin Millancay 1, Jean Camion 0). *-18-6* **(François Furet)** *René Rémond* 2e t. 16 voix. **1999**-*25-3* **(Maurice Schumann)** *Pierre Messmer* 1er t. 16 voix sur 29 (Maurice Herzog 5, Georges Tayar 1, bulletins avec une croix 7). *-24-6* **(Julien Green)** *René de Obaldia* 3e t. 17 voix sur 32 (Renaud Camus 2, Maurice Herzog 3, bulletins avec croix 10). **2000**-*22-6* **(Jean Guitton)** *blanche* malgré 3 tours (29 suffrages exprimés, il fallait 15 voix). Jean Raspail 1er t. 13 voix, 2e t. 13, 3e t. 13 (élu). Max Gallo 6, 3, 3. Charles Dedeyan 4, 5, 5. Henri Amoroso 0, 0, 0. Georges Losfeld 0, 0, 0. Bulletins blancs avec croix 8, 11, 11. *-14-12* **(Jean Guitton)** *Florence Delay* 1er t. 20 voix sur 31 (Pierre Chavaud 2, Florent Gaudin 1, bulletins blancs avec croix 8). **2001**-*22-3* **(Alain Peyrefitte)** *Gabriel de Broglie* 1er t. 18 voix sur 30 (François Gibault 6, Henri Amoroso 1).

■ **Lieu de naissance.** **France :** *Bouches-du-Rhône :* Marc Fumaroli, Jean-François Revel. *Charente :* Pierre-Jean Rémy. *Eure-et-Loir :* Jacqueline de Romilly. *Finistère :* Michel Mohrt. *Hauts-de-Seine :* Jean-Marie Rouart. *Loiret :* R. P. Carré. *Lot-et-Garonne :* Michel Serres. *Meurthe-et-Moselle :* François Jacob. *Nord :* Alain Decaux. *Paris :* Jean Bernard, Jacques de Bourbon-Busset, Jean-Denis Bredin, Hélène Carrère d'Encausse, Florence Delay, Jean-François Deniau, Michel Déon, Maurice Druon, Jean Dutourd, Jean-Marie Lustiger, Jean d'Ormesson, Bertrand Poirot-Delpech, Pierre Rosenberg. *Deux-Sèvres :* Pierre Moinot. *Yvelines :* Gabriel de Broglie, Maurice Rheims. **Argentine :** Hector Bianciotti (naturalisé 1981). **Belgique :** Claude Lévi-Strauss ; Félicien Marceau (naturalisé 1959). **Hong Kong :** René de Obaldia. **Russie :** Henri Troyat (naturalisé 13-8-1933). **Sénégal :** Léopold Sédar Senghor.

☞ Selon *le Figaro Magazine* (du 9-12-2001), **rêvaient de l'Académie en 2000 :** Élisabeth et Robert Badinter, Édouard Balladur, Jean Daniel, Régine Deforges, Irène Frain, Valéry Giscard-d'Estaing, Philippe Labro, Jean-Marie Gustave Le Clézio, Gonzague Saint-Bris, Philippe Sollers.

Académie des inscriptions et belles-lettres *

Histoire et rôle

■ **Origine. 1663**-*1-2*, fondée sous le nom de *Petite Académie :* 4 membres (Chapelain, Charpentier, l'abbé de Bourzeis et l'abbé Cassagne, chargés de « travailler aux inscriptions, aux devises, aux médailles ; et de répandre sur tous ces monuments le bon goût ou la simplicité qui en font le véritable prix »), puis 6 en 1683 avec Racine et Boileau. Ils doivent composer les inscriptions et les devises destinées à figurer sur les monuments élevés et sur les médailles frappées en l'honneur du roi. **1683** appelée *Ac. des inscriptions et devises* (8 membres). **1701**-*16-7 Ac. royale des inscriptions et médailles* (40 membres : 10 honoraires dont 2 pouvaient être étrangers, 10 pensionnaires, 10 associés dont 4 pouvaient être étrangers, 10 élèves) devait faire des médailles « sur les principaux événements de l'histoire de France sous tous les règnes », travailler à l'explication des « médailles, médaillons, pierres et autres raretés antiques et modernes du cabinet de Sa Majesté » et s'occuper de la description des « antiquités et monuments de la France ». **1716**-*4-1* (édit), réformée, devient Ac. royale des inscriptions et belles-lettres et supprime la classe des élèves pour augmenter d'autant celle des associés. **1793**-*8-8* Ac. supprimée. **1795**-*25-10* (3 brumaire an IV) création d'un Institut national des sciences et des arts [divisé en 3 classes : *1°) sciences physiques et mathématiques ; 2°) sciences morales et politiques ; 3°) littérature et beaux-arts*] : 2 correspondent en partie à l'ancienne Ac. : 2e classe (5e section : histoire, 6e : géographie) et 3e classe (2e et 4e sections). **1803**-*21-1* Ac. rétablie [3e classe de l'Institut ou classe d'histoire et de littérature ancienne (40 membres, 8 associés étrangers, 60 correspondants)]. **1816**-*21-3* elle reprend son nom (ordonnance de Louis XVIII. **1997** nombre de sièges d'associés étrangers porté à 40 ; des correspondants à 100 (50 français et 50 étrangers). **1999**-*11-1* décret supprimant la distinction entre académiciens ordinaires et académiciens libres ; nombre total de 55 maintenu.

■ **Élections.** Candidatures interdites et élections en comité secret.

■ **Rôle. Conseil** du gouvernement pour les questions de sa compétence sur lesquelles son avis est demandé dans certains domaines. Ainsi, des lois du 11 floréal an X (1-5-1802) et de 1809 lui ont conféré un droit de présentation aux chaires de littérature du *Collège de France* et de *l'École des langues orientales.* Associée à la création de *l'École des chartes* (conçue pour fournir des collaborateurs aux travaux de publication documentaire de cette dernière, dont les anciens élèves continuent souvent à assurer les éditions dont elle a le patronage) ; elle joue un rôle important dans son fonctionnement. **Tutelle** sur les *Écoles françaises d'Athènes* (fondée 1846) et de *Rome* (fondée 1875). *L'École biblique et archéologique de Jérusalem* fournit des rapports détaillés de son directeur et de ses membres qui sont désignés par l'Académie. **Contrôle scientifique** sur *l'École française d'Extrême-Orient,* qui a pris la suite de la Mission archéologique de l'Indochine. **Animation** de nombreux chantiers de fouilles et des instituts de recherche.

« Résonance » de la recherche historique et archéologique : par *les communications* (présentées chaque vendredi en séances publiques ; publiées dans les compte-rendus de l'Académie des inscriptions et belles-lettres/CRAI) : archéologie, philosophie, philologie et histoire ; *le Journal des savants, créé* 1665, dont elle assume la charge depuis 1908 ; elle rend compte des ouvrages importants par *de nombreux prix* qu'elle attribue.

Publications : *Collection des chartes et diplômes, Collection des historiens de la France, Documents financiers, Pouillés* (états des bénéfices ecclésiastiques), *Collection des historiens des croisades, Histoire littéraire de la France, Recueil des bas-reliefs, statues et bustes de la Gaule romaine, Carte archéologique de la Gaule, Nouveau du Cange* (dictionnaire du latin médiéval), *Corpus d'inscriptions* (sémites, sudarabiques), *Corpus des vases antiques.* Soutient des ouvrages divers du même type.

Membres au 1-6-2001

☞ Voir *légende* p. 332 a.

■ **Secrétaire perpétuel.** Jean LECLANT (1920) élu 1983 (auparavant, André DUPONT-SOMMER).

■ **Académiciens : 55** dont *1972 :* Pierre AMANDRY (1912). *92 :* Jean-Pierre BABELON (1931). *74 :* Robert-Henri BAUTIER (1922). *93 :* Louis BAZIN (1920). *92 :* Paul BERNARD (1929). *87 :* Colette CAILLAT (1921). *95 :* Jean-Pierre CALLU (1929). *77 :* André CAQUOT (1923). *81 :* François CHAMOUX (1915). *90 :* Philippe CONTAMINE (1932). *94 :* Gilbert DAGRON (1932). *88 :* Jean DELUMEAU (1923). *99* Robert ÉTIENNE (1921). *95 :* Maurice EUZENNAT (1926). *85 :* Jean FAVIER (1932). *2000 :* Pierre Sylvain FILLIOZAT. *83 :* Jacques FONTAINE (1922). *98 :* Marc FUMAROLI (1932). *82 :* Paul GARELLI (1924). *79 :* Jacques GERNET (1921). *95 :* Daniel GIMARET (1933). *99 :* André GOURON (1931). *81 :* Bernard GUENÉE (1927). *81 :* Jean IRIGOIN (1920). *97 :* Jean-François JARRIGE (1940). *97 :* Jacques JOUANNA (1935). *2000 :* Juliette de LA GENIÈRE. *80 :* Gilbert LAZARD (1920). *74 :* Jean LECLANT (1920). *89 :* Georges LE RIDER (1928). *83 :* Jean MARCADÉ (1920). *88 :* Henri METZGER (1912). *97 :* Alain MICHEL (1929). *86 :* Claude NICOLET (1930). *99 :* Marc PHILONENKO (1930). *97 :* Bernard POTTIER (1924). *96 :* Emmanuel POULLE (1928). *93 :* Francis RAPP (1926). *87 :* Jean RICHARD (1921). *2000 :* Albert RIGAUDIÈRE. *75 :* Jacqueline DE ROMILLY (1913). *68 :* Jean SCHNEIDER (1903). *86 :* Pierre TOUBERT (1932). *90 :* Robert TURCAN (1929). *98 :* André VAUCHEZ (1938). *73 :* Philippe WOLFF (1913).

■ **Associés étrangers : 40** dont *1992 :* Ekrem AKURGAL (Turquie, 1911). *2000 :* Girolamo ARNALDI. *98 :* Jean-Charles BALTY (Belgique, 1936). *97 :* Azédine BESCHAOUCH (Tunisie, 1938). *2000 :* Jean BINGEN. *91 :* John BOARDMAN (G.-B., 1927). *98 :* Tristano BOLELLI (Italie, 1913). *99 :* Grégori BONGARD-LEVINE (Russie, 1933). *97 :* Charles-André BONNET (Suisse, 1933). *97 :* Dietrich VON BOTHMER (USA, 1918). *96 :* Glen Warren BOWERSOCK (USA, 1936). *94 :* Giles CONSTABLE (USA, 1929). *98 :* Silvio CURTO (Italie, 1919). *75 :* Eugen EWIG (All., 1913). *93 :* Herbert FRANKE (All., 1914). *99 :* Emilio GABBA (1927). *99 :* Antonio GARZYA (Italie, 1927). *99 :* Gherardo GNOLI (1937). *99 :* Miltiade HATZOPOULOS (1944). *84 :* Vassos KARAGEORGHIS (Chypre, 1929). *95 :* Peter LEWIS (G.-B., 1931). *98 :* Siegfried LIENHARD (Autriche, 1924). *99 :* Domenico MAFFEI (Italie, 1925). *91 :* SAI Pce Takahito MIKASA (Japon, 1915). *98 :* Birger MÜNK OLSEN (Dan., 1935). *98 :* Vassilis PETRACOS (Grèce, 1932). *90 :* Martín DE RIQUER (Esp., 1914). *98 :* Aurélio RONCAGLIA (1917). *98 :* Willibald SAUERLÄNDER (All., 1924). *92 :* Cinzio VIOLANTE (Italie, 1921). *2000 :* Calvert WATKINS. *91 :* Karl Ferdinand WERNER (All., 1924).

■ **Correspondants.** Français 50, étrangers 50.

Académie des sciences *

Histoire et rôle

■ **Origine. 1635** abbé Marin Marsenne (1588-1648), Pierre de Fermat, René Descartes, Gilles Personne de Roberval, Pierre Gassend, dit Gassendi, organisent l'Académie parisienne. **1666**-*22-12* Ac. royale des sciences fondée ; elle comprend 21 académiciens, 3 astronomes, 3 anatomistes, 1 botaniste, 2 chimistes, 7 géomètres, 1 mécanicien, 3 physiciens, 1 non classé. **1793**-*8-8* supprimée. **1795**-*22-8 :* 1re classe de l'Institut national. **1797**-*25-12* Bonaparte (28 ans) admis dans la section des arts mécaniques (classe des sciences physiques et math.). **1816**-*21-3* redevient Ac. royale des sciences. **1910** Marie Curie, prix Nobel de chimie, se présente, soutenue par Émile Faguet, Maurice Donnay, Jules Claretie. Mais l'assemblée générale de l'Institut se déclare hostile à toute candidature féminine au nom des « traditions immuables ». Branly sera élu. **1918** section des applications des sciences à l'industrie créée. **1962**-*12-3* Marguerite Perey (1909-75) admise comme correspondant. **1976**-*15-11* décret : 130 titulaires, 80 associés étrangers, 160 correspondants (au plus). **1979**-*14-5* Yvonne Choquet-Bruhat (née 1923), 1re femme admise comme membre (sciences mécaniques). *-3-9* décret : nouveau règlement intérieur. **1987**-*27-7* décret : nouveaux statuts.

■ **Composition.** *144 titulaires* (au maximum 120 de moins de 80 ans au 1-1 de chaque année ; au moins 30 de moins de 60 ans à partir du 1-1-1995) dont 5 femmes, *150 associés étrangers* au plus, *240 correspondants* (de moins de 70 ans).

■ **Budget** (2000). 46,4 millions de F [dont 56 % alloués par le min. de l'Éducation nationale, 40 % de ressources propres (générées par des biens venant de legs), 4 % venant d'autres ministères, organismes publics et collectivités territoriales].

■ **Comité des applications de l'Académie des sciences (Cadas).** *Créé* 1982. Composé de 162 personnalités, dont 84 membres actifs et émérites appartenant pour moitié à l'Académie, et 78 associés.

■ **Académie des technologies.** *Créée* 12-12-2000. *Membres :* 200 (de moins de 70 ans) soumis à réélection tous les 5 ans. Technologues, économistes, écologistes, spécialistes de la communication. S'appuie sur un réseau de 1 500 experts consultés en fonction des questions abordées. Un réseau extranet permet aux membres de participer sans se déplacer. [La plupart des pays industrialisés disposent d'académies des technologies (exemple : *G.-B. :* 1 229 membres ; *États-Unis :* National Academy of Engineering).]

Membres au 1-6-2001

☞ Voir *légende* p. 332 a.

■ **Président :** Hubert CURIEN (1924 ; sciences de l'univers). **Vice-Pt :** Étienne BAULIEU (1926 ; biologie humaine et sciences sociales). **Secrétaires perpétuels :** Jean DERCOURT (1935 ; sciences de l'univers), élu 1996. Nicole LE DOUARIN (1930 ; biologie animale et végétale), élue 2000.

■ **Division des sciences mathématiques et physiques et leurs applications. Section de Mathématique :** *1991 :* Jean-Michel BISMUT (1948). *2000 :* Jean-Michel BONY (1942). *88 :* Haïm BRÉZIS (1944). *74 :* Henri CARTAN (1904). *76 :* Gustave CHOQUET (1915). *82 :* Alain CONNES (1947). *97 :* Mikaël GROMOV (1943). *98 :* Jean-Pierre KAHANE (1926). *85 :* Pierre LELONG (1912). *94 :* Pierre-Louis LIONS (1956). *88 :* Bernard MALGRANGE (1928). *79 :* Paul MALLIAVIN (1925). *75 :* Laurent SCHWARTZ (1915). *76 :* Jean-Pierre SERRE (1926). *76 :* René THOM (1923). *79 :* Jacques TITS (1930). *97 :* Michèle VERGNE (1943). *94 :* Jean-Christophe YOCCOZ (1957).

Section de Physique : *1973 :* Anatole ABRAGAM (1914). *88 :* Pierre AIGRAIN (1924). *95 :* Jean BALIAN (1933). *79 :* Erwin BERTAUT (LEWY-BERTAUT) (1913). *70 :* André BLANC-LAPIERRE (1915). *88 :* Marie-Anne BOUCHIAT (1934). *91 :* Édouard BRÉZIN (1938). *77 :* Jean BROSSEL (1918). *85 :* Georges CHARPAK (1924). *81 :* Claude COHEN-TANNOUDJI (1933). *99* Thibault DAMOUR (1951). *97 :* Michel DAVIER (1942). *77 :* Jacques FRIEDEL (1921). *79 :* Pierre-Gilles DE GENNES (1932). *93 :* Serge HAROCHE (1944). *66 :* Pierre JACQUINOT (1910). *81 :* André MARÉCHAL (1916). *81 :* Philippe NOZIÈRES (1932). *91 :* Yves QUÉRÉ (1931). *85 :* David RUELLE (1935). *88 :* Ionel SOLOMON (1929). *2000 :* Jacques VILAIN (1934).

Section des Sciences mécaniques : *1995 :* Huy-Duong BUI (1937). *91 :* Henri CABANNES (1923). *79 :* Yvonne CHOQUET-BRUHAT (1923). *91 :* Philippe CIARLET (1938). *77 :* Robert DAUTRAY (1928). *2000 :* Paul DEHEUVELS (1948). *98 :* Olivier FAUGERAS (1949). *85 :* Pierre FAURRE (1942). *77 :* Alexandre FAVRE (1911). *70 :* Paul GERMAIN (1920). *97 :* Gilles KAHN (1946). *73 :* Jacques-Louis LIONS (1928). *93 :* Yves MEYER (1939). *93 :* René MOREAU (1938). *82 :* Maurice ROSEAU (1925). *88 :* Jean SALENÇON (1940).

Section des Sciences de l'univers : *1995 :* Claude ALLÈGRE (1937). *81 :* Jean AUBOUIN (1928). *81 :* Reynold BARBIER (1913). *79 :* Jacques BLAMONT (1926). *85 :* Yves COPPENS (1934). *82 :* Georges COURTÈS (1925). *93 :* Hubert CURIEN (1924). *67 :* Jean-François DENISSE (1915). *91 :* Jean DERCOURT (1935). *2000 :* Pierre ENCRENAZ (1945). *68 :* Charles FEHRENBACH (1914). *88 :* Jean KOVALEVSKY (1929). *94 :* Antoine LABEYRIE (1943). *88 :* Jean-Louis LE MOUËL (1938). *91 :* Pierre LÉNA (1937). *85 :* Xavier LE PICHON (1937). *94 :* Claude LORIUS (1932). *77 :* Jean-Claude PECKER (1923). *85 :* Évry SCHATZMAN (1920). *77 :* Gérard WLÉRICK (1921).

■ **Division des sciences chimiques, naturelles, biologiques et médicales et leurs applications. Section de Chimie :** *1991 :* Robert CORRIU (1935). *73 :* Fernand GALLAIS (1908). *77 :* Marc JULIA (1922). *91 :* Henri KAGAN (1930). *97 :* Jean-Yves LALLEMAND (1943). *85 :* Jean-Marie LEHN (1939). *98 :* Daniel MANSUY (1945), François MATHEY (1941). *99 :* Bernard MEUNIER (1947). *93 :* Jean NORMANT (1936). *81 :* Guy OURISSON (1926). *88 :* Pierre POTIER (1934). *92 :* Michel POUCHARD (1938). *97 :* Jean-Pierre SAUVAGE (1944). *2000 :* Jean-Michel SAVEAUT (1933).

Section de Biologie cellulaire et moléculaire : *1985 :* Pierre Chambon (1931). *88 :* Jean-Pierre Changeux (1936). *2000 :* François Cuzin (1938). *79 :* François Gros (1925). *82 :* Marianne Grunberg-Manago (1921). *88 :* Claude Hélène (1938). *76 :* François Jacob (1920). *97 :* Philippe Kourilsky (1942). *91 :* Michel Lazdunski (1938). *92 :* Roger Monier (1924). *99 :* Dino Moras (n.c.). *88 :* François Morel (1923). *94 :* Bernard Roques (1935). *85 :* Piotr Slonimski (1922). *95 :* Moshe Yaniv (1938).

Section de Biologie animale et végétale : *2000 :* Anche Adoutte (1947). *1982 :* Ivan Assenmacher (1927). *92 :* Jean-Louis Bonnemain (1936). *88 :* Pierre Buser (1921). *65 :* Roger Buvat (1914). *77 :* André Cauderon (1922). *91 :* Pierre Dejours (1922). *73 :* Jean Dorst (1924). *96 :* Roland Douce (1939). *79 :* Henri Duranton (1926). *57 :* Maurice Fontaine (1904). *92 :* Jules Hoffmann (1941). *91 :* Pierre Joliot (1932). *82 :* Nicole Le Douarin (1930). *96 :* Yvon Le Maho (1947). *82 :* Paul Ozenda (1920). *91 :* Michel Thellier (1933). *71 :* Constantin Vago (1921).

Section de Biologie humaine et sciences médicales : *1985 :* Jean-François Bach (1940). *82 :* Étienne Baulieu (1926). *72 :* Jean Bernard (1907). *88 :* André Capron (1930). *2000 :* Alain Carpentier (1933). *95 :* Pierre Corvol (1941). *77 :* Jean Dausset (1916). *92 :* Jacques Glowinski (1936). *77 :* Michel Jouvet (1925). *79 :* Pierre Karli (1926). *85 :* Yves Laporte (1920). *75 :* Guy Lazorthes (1910). *99 :* Jean-Louis Mandel (1946). *96 :* Luc Montagnier (1932). *94 :* Jean Rosa (1927). *91 :* Jacques Ruffié (1921). *91 :* Pierre Tiollais (1934). *88 :* Maurice Tubiana (1920). *98 :* Jean Weissenbach (1946).

■ **Associés étrangers.** *1984 :* Vladimir Arnold (ex-URSS, 1937). *78 :* sir Michael Atiyah (G.-B., 1929). *89 :* Georges Backus (USA, 1930). *2000 :* John Ball (G.-B., 1948). *2000 :* David Baltimore (USA, 1938). *2000 :* Seymour Benzer (USA, 1921). *89 :* Neil Bartlett (G.-B., 1932). *81 :* Paul Berg (USA, 1926). *2000 :* André Berger (Belgique, 1942). *84 :* Sune Bergström (Suède, 1916). *78 :* Brebis Bleaney (G.-B., 1915). *81 :* Nicolaas Bloembergen (USA, 1920). *92 :* David Blow (G.-B., 1931). *84 :* Enrico Bombieri (Italie, 1940). *81 :* Armand Borel (USA, 1923). *95 :* Raoul Bott (USA, 1923). *2000 :* Jean Bourgain (Belgique, 1954). *92 :* Sydney Brenner (G.-B., 1927). *89 :* Denis Burkitt (G.-B., 1911). *92 :* Lennardt Carleson (Suède, 1928). *95 :* Carlo Cercignani (Italie, 1939). *89 :* William Chaloner (G.-B., 1928). *89 :* Shiing Shen Chern (USA, 1911). *95 :* Franck A. Cotton (USA, 1930). *78 :* Francis Crick (USA, 1916). *95 :* Jack Dainty (Canada, 1919). *84 :* Gérard Debreu (USA, 1921). *78 :* Pierre Deligne (Belgique, 1944). *2000 :* Derek Denton (Australie, 1924). *2000 :* Peter Dervan (USA, 1945). *95 :* Pierre Deslongchamps (Canada, 1938). *75 :* Joseph Doob (USA, 1910). *78 :* Christian R. de Duve (Belgique, 1917). *89 :* Freeman Dyson (USA, 1923). *78 :* Gérald M. Edelman (USA, 1929). *98 :* Stuart Edelstein (USA, 1941). *72 :* Bengt Edlen (Suède, 1906). *89 :* sir Samuel Edwards (G.-B., 1928). *78 :* Manfred Eigen (All., 1927). *95 :* Antonio Garcia-Bellido (Espagne, 1936). *98 :* Walter Gehring (1939). *76 :* Israël Gelfand (ex-URSS, 1913). *98 :* Richard Genzel (All., 1952). *92 :* Martin Gibbs (USA, 1922). *89 :* Marcel Golay (Suisse, 1927). *92 :* John Goodenouch (USA, 1922). *95 :* Howard Green (USA, 1925). *92 :* Norman Greenwood (G.-B., né à Melbourne, 1925). *84 :* Roger Guillemin (USA, 1924). *84 :* Irving Clyde Gunsalus (USA, 1912). *89 :* John Gurdon (G.-B., 1933). *92 :* Erwin Hahn (USA, 1921). *81 :* Heisuke Hironaka (Japon, 1931). *89 :* Friedrich Hirzebruch (Allemagne, 1927). *95 :* Gérard 't Hooft (Pays-Bas, 1946). *89 :* Francis Howell (USA, 1925). *98 :* Masao Ito (Jap., 1928). *95 :* Eric Kandel (USA, 1929). *89 :* Kiyoshi Itō (Jap., 1916). *89 :* André Jaumotte (Belgique, 1919). *89 :* Rudolf Kalman (USA, 1930). *89 :* Ephraïm Katchalski-Katzir (Israël, 1916). *89 :* Aaron Klug (G.-B., 1926). *92 :* Donald E. Knuth (USA, 1938). *81 :* Peter D. Lax (USA, 1926). *89 :* Rita Levi-Montalcini (Italie, 1909). *2000 :* William J. Lucas (USA, 1945). *89 :* Anders Lundberg (Suède, 1920). *95 :* Bernard Mach (Suisse, 1933). *78 :* Heinz Maier-Leibnitz (Allemagne, 1911). *89 :* Goury Martchouk (ex-URSS, 1925). *76 :* Jean Mayer (USA, 1920). *89 :* Ernst Mayr (USA, 1904). *84 :* Matthew Meselson (USA, 1930). *84 :* Jan Michalski (Pologne, 1920). *98 :* Henry Keith Moffatt (G.-B., 1935). *92 :* William Jason Morgan (USA, 1935). *89 :* Vernon Mountcastle (USA, 1918). *89 :* Ternuki Mukaiyama (Japon, 1927). *2000 :* Jim Murray (USA, 1931). *89 :* Louis Nirenberg (USA, 1925). *92 :* Yasutomi Nishizuka (Japon, 1932). *89 :* Gustav Nossal (Australie, 1931). *62 :* Jan Hendrik Oort (Pays-Bas, 1900). *89 :* Ernst Otten (Allemagne, 1934). *89 :* Wolfgang Panofsky (USA, 1919). *92 :* Giorgio Parisi (Italie, 1939). *95 :* Lucio Paternò (Italie, 1939). *84 :* sir Rudolf Peierls (G.-B., 1907). *76 :* Max F. Perutz (G.-B., 1914). *95 :* Emilio Picasso (Italie, 1927). *98 :* Alexander Poliakov (Russie, n.c.). *78 :* Robert Pound (USA, 1919). *81 :* Frank Press (USA, 1924). *95 :* Michaël Rabin (USA, 1928). *89 :* Norman Ramsey (USA, 1915). *2000 :* CNR Rao (Inde, 1934). *92 :* Felix Rapaport (USA, 1929). *2000 :* James Rice (USA, 1940). *81 :* Alexander Rich (USA, 1924). *95 :* Rex Richards (G.-B., 1922). *92 :* David Sabatini (USA, 1931). *89 :* Bengt Samuelsson (Suède, 1934). *81 :* Frederick Sanger (G.-B., 1918). *78 :* Knut Schmidt-Nielsen (USA, 1915). *89 :* Eugen Seibold (Allemagne, 1918). *95 :* Michaël Sela (Israël, 1924). *98 :* Arndt Simon (1940). *95 :* Susan Solomon (USA, 1956). *89 :* Gilbert Stork (USA, 1921). *84 :* Andrzej Tarkowski (Pologne, 1933). *92 :* John Tate (USA, 1925). *2000 :* Valentine Telegdi (Hongrie, 1922). *84 :* Rudolf Trümpy (Suisse, 1921). *92 :* Zhen Yi Wang (Chine, 1924). *78 :* Victor Weisskopf (USA, 1908). *98 :* Andrew Wiles (G.-B., 1953). *2000 :* Edward Witten (USA, 1951). *92 :* Lodewijk Woltjer (Pays-Bas, 1930). *2000 :* Kurt Wüthrich (USA, 1931).

Académie des sciences morales et politiques *

Histoire et composition

■ **Origine.** **1720** *Club de l'Entresol :* réunion organisée par l'abbé de Longuerue, chez l'abbé Alari, place Vendôme. On y voit quelques grands seigneurs, Coigny, Matignon, Caraman, Plélo, d'Argenson, les abbés de Bragelonne, de Pomponne, de Saint-Pierre et bon nombre de gens de robe et d'économistes. **1731** Fleury le supprime. **1795**-*25-10 :* 2ᵉ classe de l'Institut national, divisé en 6 sections ayant chacune 6 membres à Paris et 6 membres associés dans les départements. **1803**-*23-1* supprimé par Bonaparte ; **1832**-*26-10* rétabli par ordonnance avec le rang d'Académie par Louis-Philippe (30 membres en 5 sections). **1855**-*12-4 :* 6ᵉ section (politique, administration et finances, de 10 membres) créée par décret impérial. **1866**-*9-5* supprimée par décret impérial. Ses membres sont répartis entre les 5 autres sections. La 4ᵉ section prend le titre « économie politique et finances, statistiques ». **1964**-*29-6 :* 6ᵉ section (10 membres) rétablie sous le nom de « Section générale », transformant la catégorie des membres libres.

■ **Composition.** **6 sections :** philosophie 8 membres, morale et sociologie 8, législation, droit public et jurisprudence 8, économie politique, statistiques et finances 8, histoire et géographie 8, section générale 10. **12 associés étrangers. 60 correspondants** (10 par section).

Membres au 1-6-2001

☞ Voir *légende* p. 332 a.

■ **Pt :** Roland Drago (1923 ; section III). **Vice-Pt :** Thierry de Montbrial (1943 ; section VI). **Secrétaire perpétuel :** Jean Cluzel (1923 ; section II), élu 1998.

■ **Section I : Philosophie.** *1986 :* Roger Arnaldez (1912). *96 :* Alain Besançon (1932). *96 :* Bernard d'Espagnat (1921). *96 :* Lucien Israël (1926). *77 :* Olivier Lacombe (1904). *97 :* Jean Mesnard (1921). *80 :* Raymond Polin (1910). *99 :* Jean-Marie Zemb (1928). **II : Morale et sociologie.** *1997 :* Gérald Antoine (1915). *99 :* Jean Baechler (1937). *90 :* Raymond Boudon (1934). *73 :* Jean Cazeneuve (1915). *91 :* Jean Cluzel (1923). *99 :* Michel Crozier (1922). **III : Législation, droit public et jurisprudence.** *1991 :* Jacques Boré (1927). *94 :* André Damien (1930). *90 :* Roland Drago (1923). *84 :* Jean Foyer (1921). *83 :* Alain Plantey (1924). *95 :* François Terré (1930). *95 :* Jean-Marc Varaut (1933). *99 :* Prosper Weil (1926). **IV : Économie politique, statistiques et finances.** *1994 :* Michel Albert (1930). *90 :* Maurice Allais (1911). *94 :* Pierre Bauchet (1924). *2001 :* Raymond Barre (1924). *92 :* Marcel Boiteux (1922). *96 :* Jean-Claude Casanova (1934). *88 :* Gaston Défossé (1908). *89 :* Yvon Gattaz (1925). *95 :* Pierre Tabatoni (1923). **V : Histoire et géographie.** *1978 :* Henri Amouroux (1920). *82 :* Pierre Chaunu (1923). *95 :* Claude Dulong-Sainteny (1927). *97 :* Jacques Dupâquier (1922). *80 :* Pierre George (1909). *93 :* Emmanuel Le Roy Ladurie (1929). *94 :* Jean Tulard (1933). **VI : Section générale.** *1958 :* Édouard Bonnefous (1907). *97 :* Gabriel de Broglie (1931). *95 :* Bernard Destremau (1917). *94 :* cardinal Roger Etchegaray (1922). *93 :* Jacques de Larosière (1929). *99 :* Jacques Leprette (1920). *88 :* Pierre Messmer (1916). *92 :* Thierry de Montbrial (1943). *79 :* Raymond Triboulet (1906). *95 :* Alice Saunier-Seïté (1925).

■ **Associés étrangers.** *1992 :* Pce Charles d'Angleterre (1948). *88 :* roi Juan Carlos d'Espagne (1938). *70 :* archiduc Otto de Habsbourg (Autr., naturalisé All., 1912). *92 :* Vaclav Havel (Rép. tchèque, 1936). *96 :* Ismaïl Kadaré (Albanais, 1936). *93 :* Roland Mortier (Belg., 1920). *89 :* Javier Pérez de Cuellar (Pérou, 1920). *92 :* Cardinal Ratzinger (All., 1927). *89 :* Ronald Reagan (USA, 1911). *69 :* Léopold Sédar Senghor (Sénégal, 1906). *87 :* Jean Starobinski (Suisse, 1920). *74 :* Bon Carl Friedrich von Weizsäcker (All., 1912).

Académie des beaux-arts *

Histoire

■ **Origine.** **1648** *Académie royale de peinture et sculpture :* fondée par Le Brun. *-7-6* lettres patentes approuvant les statuts enregistrées au Parlement. **1666** *Académie de France à Rome.* **1671**-*30-12* succédant au Conseil des monuments, l'Ac. royale d'architecture établie par Colbert. **1717**-*18-6* lettres patentes de l'Ac. d'architecture registrées au Parlement. **1793**-*8-8* supprimée. **1795**-*25-10* dans la 3ᵉ classe de l'Institut national : Littérature et Beaux-Arts. **1803**-*23-1* Bonaparte retire de la 3ᵉ classe les artistes. Ceux-ci composent la 4ᵉ classe des Beaux-Arts [5 sections : peinture 10 membres, sculpture 6, architecture 6, gravure 3, musique (la déclamation est supprimée) 3 ; secrétaire perpétuel 1, correspondants 36]. **1815**-*27-4* décret de Napoléon créant une section de théoriciens (annulé 2-8). **1816**-*21-3* ordonnance royale : devient l'Ac. des beaux-arts. **1863**-*25-4* 50 correspondants. **1998** 55 membres, 55 correspondants.

Membres au 1-6-2001

☞ Voir *légende* p. 332 a.

■ **Pt :** Marius Constant (1925 ; section composition musicale), élu 2000. **Secrétaire perpétuel :** Arnaud d'Hauterives (1933 ; section peinture), élu 1996.

■ **Section I : Peinture.** *90 :* Pierre Carron (1932). *97 :* Chu Teh-Chun (Chine, 1920). *84 :* Arnaud d'Hauterives (1933). *75 :* Georges Mathieu (1921). *97 :* Guy de Rougemont (1935). **II : Sculpture.** *1992 :* Claude Abeille (1930). *83 :* Jean Cardot (1930). *99 :* Eugène Dodeigne (1923). *89 :* Albert Féraud (1921). *90 :* Gérard Lanvin (1923). *93 :* Antoine Poncet (1928). *92 :* François Stahly (1911). **III : Architecture.** *1996 :* Paul Andreu (1938). *99 :* Jean Balladur (1924). *98 :* Michel Folliasson (1925). *77 :* Christian Langlois (1924). *79 :* Maurice Novarina (1907). *72 :* Marc Saltet (1906). *83 :* Roger Taillibert (1926). *98 :* André Wogenscky (1916). **IV : Gravure.** *1970 :* Raymond Corbin (1907). *91 :* Jean-Marie Granier (1922). *94 :* René Quillivic (1925). *78 :* Pierre-Yves Trémois (1921). **V : Composition musicale.** *1992 :* Marius Constant (1925). *95 :* Jean-Louis Florentz (1947). *82 :* Daniel-Lesur (1908). *89 :* Serge Nigg (1924). *2000 :* Laurent Petitgirard (1950). *90 :* Jean Prodromidès (1927). **VI : Membres libres.** *1994 :* Maurice Béjart (1927). *88 :* André Bettencourt (1919). *92 :* Pierre Cardin (1922). *82 :* Michel David-Weill (1932). *75 :* Pierre Dehaye (1921). *97 :* Henry Loyrette (1952). *91 :* Marcel Marceau (1923). *68 :* Gérald Van der Kemp (1912). *71 :* Daniel Wildenstein (1917). **VII : Créations artistiques dans le cinéma et l'audiovisuel** (créée 1985). *2000* Jeanne Moreau (1928). *1998 :* Gérard Oury (1919), Roman Polanski (1933). *88 :* Pierre Schoendoerffer (1928). *2000* Henri Verneuil (Achod Malakian, 1920).

■ **Associés étrangers.** *1990 :* Ilias Lalaounis (Grèce, 1920). *99 :* György Ligeti. *74 :* SMI Farah Pahlavi (Iran, 1938). *83 :* Ieoh Ming Pei (Chine, 1917). *86 :* Philippe Roberts-Jones (Belgique, 1924). *87 :* Mstislav Rostropovitch (Russie, 1927). *83 :* Kenzo Tange (Japon, 1913). *94 :* Antoni Tàpies (Espagne, 1923). *87 :* Peter Ustinov (G.-B., 1921). *94 :* Andrzeij Wajda (Pologne, 1926). *76 :* Andrew Wyeth (USA, 1917).

Académie nationale de médecine

Histoire et organisation

■ **Origine.** **1731** *Ac. royale de chirurgie* fondée. **1776** *Sté royale de médecine* fondée. **1793**-*8-8* les 2 sont supprimées. **1796**-*22-3 Sté de Santé* fondée (devient le 15-2-1797 *Sté de médecine*, non subventionnée par l'État). *24-6 Sté médicale d'éducation* fondée par des médecins plus jeunes. **1800**-*30-8 Sté de l'École de médecine.* **1820**-*20-12 Ac. royale de médecine* fondée par ordonnance de Louis XVIII. **1856** arrêté ministériel : 100 membres titulaires, 10 associés libres, 20 nationaux, 20 étrangers, 150 membres correspondants, 11 sections.

■ **Siège.** 16, rue Bonaparte, 75272 Paris. **Rôle.** Conseillère du gouvernement pour les problèmes d'hygiène et de santé publique.

■ **Composition.** 130 titulaires en 8 sections (médecine et spécialités médicales 26 ; chirurgie et spécialités chirurgicales 22 ; hygiène et épidémiologie 9 ; sciences biologiques 20, vétérinaires 5, pharmaceutiques 9 ; médecine sociale et membres libres 14 ; membres non résidents 25) ; 20 associés étrangers, 150 correspondants nationaux en 7 divisions, 100 correspondants étrangers en 6 divisions. Les membres qui ne peuvent plus prendre une part active aux travaux peuvent demander le titre de *membre émérite.* **Séances publiques :** les mardis à 14 h 30.

Membres au 1-6-2001

☞ Voir *légende* p. 332 a.

■ **Pt :** Gabriel Blancher (1923). **Secrétaire perpétuel :** Louis Auquier (1918 ; médecine), élu 29-6-1999 ; **adjoint :** Jacques-Louis Binet (1932 ; médecine), élu 9-11-1999. **Trésorier :** Jean Civatte (1922 ; médecine), élu 13-5-1997.

■ **Section I : Médecine et spécialités médicales.** *1990 :* Louis Auquier (1918). *80 :* Raymond Bastin (1914). *73 :* Jean Bernard (1907). *96 :* Jacques-Louis Binet (1932). *76 :* Yves Bouvrain (1910). *81 :* Henri Bricaire (1914). *92 :* Jean Cambier (1926). *92 :* Pierre Canlorbe (1918). *90 :* Jean Civatte (1922). *84 :* André Cornet (1911). *99 :* Georges Cremer (1927). *83 :* Jean Crosnier (1921). *93 :* François Darnis (1920). *85 :* Didier-Jacques Duché (1916). *93 :* Jean-Claude Gautier (1926). *88 :* Jean-Luc de Gennes (1932). *2000 :* Pierre Godeau (1930). *89 :* Maurice Goulon (1919). *89 :* Yves Grosgogeat (1927). *80 :* Claude Laroche (1917). *97 :* Géraud Lasfargues (1930). *84 :* Jacques Loeper (1913). *84 :* Pierre Maurice (1916). *2000* Jean-Baptiste Paolaggi (1928). *80 :* Gabriel Richet (1916). *96 :* Jacques Rochemaure (1933). *64 :* Stanislas de Sèze (1903). *90 :* André Vacheron (1933).

Section II : Chirurgie et spécialités chirurgicales. *1999 :* Michel Arsac (1923). *98 :* Pierre Banzet (1929). *84 :* Jean-Paul Binet (1924). *89 :* Maurice Cara (1917). *83 :* Jean Cauchoix (1912). *94 :* Georges Cerbonnet (1922). *2000 :* Christian Chatelain (1932). *99 :* Claude-Henri Chouard (1931). *82 :* Claude Dufourmentel (1915). *86 :* Roger Henrion (1927). *87 :* Raymond Houdart (1913). *79 :* René Küss (1913). *97 :* Henri Laccourreye (1926). *86 :* Maurice Mercadier (1917). *89 :* Philippe Monod-Broca (1918). *96 :* Jean Moreaux (1926). *93 :* Jean Natali (1921). *77 :* Guy Offret (1911). *75 :* Claude Olivier (1910). *92 :* Denys Pellerin (1924). *91 :* Yves Pouliquen (1931). *75 :* Marcel Roux (1909). *63 :* André Sicard (1904). *78 :* Claude Sureau (1927).

Section III : Hygiène et épidémiologie. *1994 :* Michel Arthuis (1921). *86 :* Gabriel Blancher (1923). *95 :* Guy

Blaudin de Thé (1930). *89 :* Jacques Chrétien (1922). *91 :* Étienne Fournier (1923). *98 :* Jacques Frottier (1935). *91 :* Marc Gentilini (1929). *87 :* Charles Laverdant (1927). *96 :* Marcel Legrain (1923).

Section IV : Sciences biologiques. *1996 :* Raymond Ardaillou (1930). *90 :* Jean-François Bach (1940). *97 :* Jean-Marie Bourre (1945). *99 :* Jacques Caen (1927). *77 :* Jean Dausset (1916). *94 :* Georges David (1923). *79 :* Pierre Desgrez (1909). *95 :* Jean-Paul Giroud (1936). *85 :* Lucien Hartmann (1915). *99 :* Jean-Jacques Hauw (1941). *80 :* Paul Lechat (1920). *83 :* Léon Le Minor (1920). *89 :* Luc Montagnier (1932). *93 :* Roger Nordmann (1926). *84 :* Jacques Polonovski (1920). *95 :* Marie-Odile Rethoré (1929). *87 :* Jean-Claude Roucayrol (1920). *82 :* Jacques Ruffié (1921). *96 :* Pierre Tiollais (1934). *88 :* Maurice Tubiana (1920). *78 :* Herbert Tuchmann-Duplessis (1911).

Section V : Sciences vétérinaires. *1997 :* Jeanne Brugère-Picoux (1943). *96 :* André-Laurent Parodi (1933). *84 :* Charles Pilet (1931). *87 :* Alain Rérat (1926). *2000 :* Roland Rosset (1925).

Section VI : Sciences pharmaceutiques. *1984 :* Claude Boudène (1924). *91 :* Pierre Delaveau (1921). *97 :* Claude Dreux (1929). *66 :* Maurice Fontaine (1904). *88 :* Albert German (1917). *94 :* Pierre Joly (1930). *95 :* François Percheron (1926). *75 :* Yves Raoul (1910).

Section VII : Médecine sociale et membres libres. *1980 :* Édouard Bonnefous (1907). *98 :* Christian Cabrol (1925). *91 :* Yves Coppens (1934). *84 :* Jean Flahaut (1922). *2000 :* Bernard Glorion (1928). *62 :* Hugues Gounelle de Pontanel (1903). *82 :* Maurice Guéniot (1918). *2000 :* Philippe Guran (1925). *87 :* Pierre Juillet (1921). *92 :* Pierre Lefebvre (1923). *84 :* Jean-Daniel Picard (1927). *87 :* Pierre Pichot (1918). *2000 :* Adolphe Steg (1925).

Section VIII : Membres non résidants. *1999 :* Pierre Ambroise-Thomas (1937). *79 :* Émile Aron (1907). *94 :* Hubert Bouissou (1920). *89 :* Michel Bourel (1920). *91 :* André Capron (1930). *84 :* Jacques Charpin (1921). *79 :* Jean-François Cier (1915). *73 :* Jean Cottet (1905). *89 :* Guy Dirheimer (1931). *90 :* Louis Douste-Blazy (1921). *89 :* Jacques Euzéby (1920). *85 :* Paul Guinet (1915). *92 :* Bernard Hillemand (1923). *93 :* Louis Hollender (1922). *2000 :* Claude Jaffiol (1933). *86 :* Alain Larcan (1931). *70 :* Guy Lazorthes (1910). *90 :* Pierre Magnin (1913). *90 :* Paul Maillet (1913). *2000 :* Jean-François Mattei (1943). *98 :* François-Bernard Michel (1936). *2000 :* René Mornex (1916). *88 :* Pierre Pène (1924). *92 :* Georges Serratrice (1927). *80 :* Jean Vague (1911). *85 :* Michel Verhaeghe (1914). *97 :* Cyr Voisin (1926).

Académie d'agriculture de France

Histoire et organisation

■ **Origine.** **1761** fondée comme *Sté royale d'agriculture de la généralité de Paris.* **1788** devient *Sté royale d'agriculture.* **1793**-*8-8* dissoute. **1798** *Sté d'agriculture du département de la Seine.* **1814** *Sté royale et centrale d'agriculture.* **1878** *Sté nationale et centale d'agriculture.* **1915** Académie d'agriculture de France. **1995**-*14-6* nouveaux statuts par décret en Conseil d'État. **Siège.** 18, rue de Bellechasse, 75007 Paris. **Composition.** 120 membres titulaires, 60 étrangers, 180 correspondants nationaux, 60 correspondants étrangers, répartis en 10 sections. Les membres âgés de plus de 80 ans sont remplacés ; ils prennent le titre de *membre émérite* et conservent tous leurs droits. **Protecteur de l'Académie :** Pt de la République ; *Pt d'honneur :* le ministre de l'Agriculture ; *Pt : 1979* Jacques Delage (1923) ; *vice-Pt : 1981* Jean-Claude Clavel (1928) ; *secr. perpétuel : 1986* Georges Pédro (1929) ; *trésorier perpétuel : 1987* René Groussard (1929). **Séances publiques :** mercredis à 15 h.

Autres académies en France

Paris

■ **Académie d'architecture.** 9, place des Vosges, 75004 Paris. **Origine :** *Sté des architectes* (1811-16), *Sté centrale des architectes* fondée en 1840 par J. Huyot (1780-1840), reconnue d'utilité publique en 1865 ; a pris le nom d'Ac. d'architecture en 1953. **Membres :** 100 titulaires, 80 correspondants nationaux et 60 étrangers, 20 associés non architectes.

■ **Académie Balzac.** 31, rue Raynouard, 75016 Paris. **Fondée** 1978 par Jean-Marie Bernicat (Pt). **Membres du Comité d'honneur :** Anouk Aimée, Jean des Cars, Jacqueline Cartier, André Castelot, Maurice Cazeneuve, Arthur Conte, Alain Decaux, Jean Delannoy, Maurice Druon, Ève Ruggieri, Henri Spade. **But :** mieux faire connaître la vie et l'œuvre de Balzac ; susciter des adaptations ; prix annuel à une personnalité littéraire ou artistique ayant contribué à mettre Balzac à l'honneur.

■ **Académie nationale de chirurgie.** 15, rue de l'École-de-Médecine, 75006 Paris. **Fondée** 1731. *Ac. royale de chirurgie* supprimée en 1793. *Sté nationale de chirurgie* en 1843. *Ac. de chirurgie* en 1935. Ac. nationale de chirurgie en 1997. **Pt :** Michel Gillet. **Vice-Pt :** Jacques Barbier. **Secrétaire général :** Yves Chapuis. **Membres :** 112 titulaires, 90 honoraires ; 108 associés français, 150 associés étrangers, 6 membres libres et 20 associés honoraires.

■ **Académie diplomatique internationale.** Organisation internationale intergouvernementale. **Fondée** 1926. **Membres :** 91 *États.*

■ **Académie Goncourt** (voir p. 342 a).

■ **Académie Mallarmé.** **Fondée** 1937. **Pt :** Jean Orizet (1937) depuis 1997.

■ **Académie de marine.** École militaire, 21, pl. Joffre, 75007 Paris. **Fondée** 1752 à Brest. Rattachée à l'Ac. royale des sciences en 1771. Disparue 1793. Rétablie 1921, statut d'établissement public 1926. **Pt :** Jean Chapon. **Vice-Pt :** contre-amiral François Bellec. **Secrétaire perpétuel :** vice-amiral Henri Cochet. **Membres :** 6 sections, 66 titulaires, 24 correspondants, 20 associés étrangers au maximum, 7 honoraires. **Ministre de tutelle :** ministre de la Défense.

■ **Académie nationale de chirurgie dentaire.** 22, rue Émile-Menier, 75116 Paris. **Fondée** 1956, reconnue d'utilité publique. **Pt :** Claude Séverin. **Secrétaire général :** Louis Verchère. **Membres :** 67 titulaires, 24 membres libres, 86 associés nationaux, 41 étrangers ; 19 membres d'honneur et 38 honoraires.

■ **Académie nationale de pharmacie.** 4, av. de l'Observatoire, 75270 Paris Cedex 06. *Sté de pharmacie* **fondée** 1803, reconnue d'utilité publique en 1877, devenue *Ac. de pharmacie* en 1946 et Ac. nat. de pharmacie en 1979. **Pt :** Jean Flahaut. **Vice-Pt :** Claude Bohuon. **Secrétaire général :** François Bourillet. **Membres :** 5 sections, 90 titulaires, des membres honoraires, 15 associés libres, 120 correspondants nationaux et 75 étrangers.

■ **Académie des sciences commerciales.** 220, bd Raspail, 75014 Paris. **Fondée** 1957. **Membres :** 5 classes et 14 sections, 71 titulaires, 70 correspondants français, 70 étrangers.

■ **Académie des sciences d'outre-mer.** 15, rue La Pérouse, 75116 Paris. **Fondée** 1922 *(Ac. des sciences coloniales),* nom actuel depuis 1957, placée sous tutelle du ministère de la France d'outre-mer puis rattachée au ministère de l'Éducation nationale en 1959. **Secrétaire perpétuel :** Gilbert Mangin. **Membres :** 5 sections de 20 titulaires et 100 correspondants. 25 membres libres et 50 associés. Distribue 6 prix par an. *Bibliothèque :* 60 000 volumes, 35 000 brochures, 3 000 périodiques.

■ **Académie vétérinaire de France.** 60, bd Latour-Maubourg, 75007 Paris. **Fondée** 1844. Reconnue d'utilité publique 1878. **Membres :** 44 titulaires, 6 associés nationaux, 60 correspondants nationaux ; étrangers : associés 6, correspondants 40.

■ **Société nationale des antiquaires de France.** Pavillon Mollien, Palais du Louvre, 75041 Paris Cedex 01. Académie celtique **fondée** 1804, a pris son nom actuel en 1814. **Membres :** 10 honoraires, 45 résidants, 10 correspondants étrangers honoraires, environ 380 correspondants nationaux, environ 50 correspondants étrangers. **But :** recherches en histoire, philologie, archéologie et histoire de l'art. **Publications :** Bulletin annuel. **Bibliothèque :** 15 000 volumes, 1 500 périodiques.

Province

■ **Académie des jeux Floraux** à Toulouse. **Origine :** *la plus ancienne société littéraire connue d'Europe. 1323,* concours poétique annuel institué par les 7 troubadours de Toulouse (Consistoire du gai savoir), les jeux Floraux. *Fin* XV*e* restaurés et financés selon la légende par Clémence Isaure. XVI*e s.* appelés *Collège de rhétorique,* admettent le français à côté de la langue d'oc, puis suppriment celle-ci. *1694* Louis XIV l'érige en académie de 40 « mainteneurs ». *1773* statuts donnés par Louis XV. *1895,* richement dotée par le banquier Théodore Ozenne qui la loge dans son hôtel d'Assézat (XVIe s.) ; sous l'influence de Frédéric Mistral, réadmet la langue d'oc à ses concours. Reconnue d'utilité publique. **Secrétaire perpétuel :** Jean Sermet. **Membres :** 40 « mainteneurs » élus. **Prix :** distribués le 3 mai depuis 1324 : 13 fleurs d'orfèvrerie réservées à la poésie (*or :* violette, églantine, amarante, jasmin ; *vermeil :* laurier ; *argent :* violette, souci, églantine, primevère, œillet, lys, immortelle, narcisse), prix résultant de plusieurs fondations (Fabien-Artigue, Capus, Fontana-Bonsirven, Fayolle, Sendrail, de Gorsse, etc.) et réservés à des ouvrages (imprimés) de prose et de poésie et pouvant atteindre de 5 000 à 10 000 F. Depuis 1988, liseron en or récompensant une personnalité (même défunte) ayant honoré les traditions françaises et la pureté de la langue française et ayant marqué notre temps. Création en 1990 du prix Grangé d'une valeur de 5 000 F pour la langue et la littérature gasconnes. L'Académie délivre également des lettres de *« maître ès jeux »* à des personnalités remarquables, françaises et étrangères (Voltaire, Chateaubriand, Hugo, etc.), qui apportent leur aide aux jugements des « mainteneurs ».

■ **Académie nationale de l'air et de l'espace.** 1, av. Camille-Flammarion, 31500 Toulouse. **Fondée** 1983. Reconnue d'utilité publique. **Pt :** Jacques Plenier. **Secrétaire général :** Jean Pinet. **Membres :** 58 titulaires, 30 associés étrangers, correspondants français et étrangers, des membres d'honneur et honoraires, 5 sections.

■ **Autres académies ou sociétés littéraires.** **Agen** (1776), **Aix** (1765), **Amiens** (1750), **Angers** (1685), **Angoumois** (1964, 21 membres), **Annecy** (Ac. florimontane, fondée 1606 par St François de Sales et le Pt Antoine Favre, réorganisée 1851 sous le nom d'Association florimontane, 1862 prit le nom de Sté Florimontane, puis 1911 d'Ac. florimontane. 60 membres effectifs, 60 associés et correspondants), **Arles** (1668 à 1710), **Arras** (1737), **Auch** (1891), **Auxerre** (1749), **Avignon** (1801, Ac. de Vaucluse), **Besançon** (1752), **Béziers** (1723, puis 1834), **Bordeaux** (1712), **Bourges** (Ac. berrichonne, fondée 1464 par Louis XI et le pape Paul II), **Caen** (1652), **Cambrai** (1804, Sté d'émulation), **Châlons-sur-Marne** (1756), **Chambéry** (1819-20, Ac. des sciences, belles-lettres et arts de Savoie), **Cholet** (1881, Sté des sciences, lettres et arts), **Clermont-Ferrand** (1747), **Dax** (1876, Sté de Borda), **Dijon** (1740), **Grenoble** (1772, Ac. delphinale), **La Rochelle** (1732), **Limoges** (1845, Sté historique et archéologique du Limousin), **Lyon** (1700), **Mâcon** (1805), **Maine** (1932), **Marseille** (1726), **Metz** (1760), **Montauban** (1730-44), **Montpellier** (1706), **Nancy** (1750, Ac. de Stanislas), **Nantes** (1948, Ac. de Bretagne et des Pays de la Loire), **Nîmes** (1682), **Orléans** (Ac. agriculture, sciences, belles-lettres et arts, Ac. royale de la Généralité d'Orléans XVIIIe s., 1809, Sté d'agriculture, sciences, belles-lettres et arts 1809-1996), **Pau** (1720 puis 1841), **Périgueux** (1820), **Reims** (1841), **Rodez** (1836, Sté des lettres, sciences et arts de l'Aveyron), **Rouen** (1744), **St-Brieuc** (1861), **Saintes** (1957), **Soissons** (1674), **Strasbourg** (1799), **Toulouse** (1749, Ac. des sciences, inscriptions et belles-lettres, 1851 et de législation), **Troyes** (1798, Sté académique de l'Aube), **Var** (1800), **Versailles** (1834), **Villefranche-en-Beaujolais** (1667), etc.

☞ **Comité des travaux historiques et scientifiques :** 1, rue Descartes, 75005 Paris. *Fondé* en 1834, réorganisé en 2000 au sein des ministères de l'Éducation nationale et de la Recherche, organise tous les ans, depuis 1861, le Congrès national des sociétés historiques et scientifiques, 9 sections. *Publications :* collections de documents inédits sur l'histoire de France (environ 40 volumes ont été publiés) et série in-8° de 39 volumes depuis 1965 ; dictionnaire topographique de la France par départements, collections de références et de recherches en histoire, géographie, préhistoire, archéologie, histoire des sciences... Environ 25 titres nouveaux par an.

Académies étrangères

☞ *Abréviations :* ac. : académie ; Ak. : Akademie ; ass. : associé ; cl. : classe ; corr. : correspondant ; eff. : effectif(s) ; étr. : étranger ; hon. : honoraire ; m. : membre ; nat. : national ; tit. : titulaire.

■ **Allemagne.** **Akademie der Künste** (Berlin 1696, Preussische A.d.K.) : 360 m. (max. 450). 6 sections. **Ak. der Wissenschaften zu Göttingen** (Göttingen 1751) : 2 cl. 132 m. et 188 corr. **Ak. der Wissenschaften und der Literatur** (Mayence 1949) : 3 cl. 105 m. 105 corr. et 2 hon. **Bayerische Ak. der Wissenschaften** (Munich 1759) : 2 cl. 90 m., 160 corr. **Berlin-Brandenburgische Ak. der Wissenschaften** (Preußische Ak. der Wissenschaften 1700) : 148 m (max. 200), 53 corr., 5 cl. **Deutsche Ak. der Darstellenden Künste** (Francfort 1956) : 220 m. **Deutsche Ak. für Sprache und Dichtung** (Darmstadt 1949) : 168 m. 71 corr. 2 hon. **Deutsche Ak. der Naturforscher Leopoldina** (Halle-Saale 1652) : 27 sections, environ 999 m. dont 33 français. **Heidelberger Ak. der Wissenschaften** (Heidelberg 1763, réorganisée 1909) : 2 sections. 158 m., 82 corr. **Nordrhein-Westfälische Ak. der Wissenschaften** (Düsseldorf 1970) : remplace l'Arbeitsgemeinschaft für Forschung des Landes Nordrhein-Westfalen (1950) : 2 cl. 163 m. et 105 corr. **Sächsische Ak. der Wissenschaften in Leipzig** (1846) : 3 cl., 111 m. et 69 corr.

■ **Belgique.** **Académie royale d'archéologie de Belgique** [Koninklijke Academie voor Oudheidkunde van België] (Bruxelles 1842) : Musées royaux d'Art et d'Histoire, 10, parc du Cinquantenaire, 1000 Bruxelles. 60 m. tit., 40 m. corr. et m. étr.

Académie royale de langue et de littérature françaises (Bruxelles 1920) : palais des Académies, 1 rue Ducale, 1000 Bruxelles : 40 m. *30 Belges* (20 écrivains, 10 philologues) : Mmes Claudine Gothot-Mersch (14-8-1932), Claire Lejeune (1926), Françoise Mallet-Joris (1930), Liliane Wouters (5-2-1930). Willy Bal (11-8-1916), Henry Bauchau (22-1-1913), Charles Bertin (5-10-1919), Roland Beyen (13-1-1936), Alain Bosquet de Thoran (1933), Jacques Crickillon (13-9-1940), Jacques De Decker (1945), Paul Delsemme (31-1-1913), Daniel Droixhe (26-4-1946), Georges-Henri Dumont (14-9-1920), Roger Foulon (3-8-1923), André Goosse (secr. perpétuel, 16-4-1926), Lucien Guissard (15-10-1919), Simon Leys (28-9-1935), Pierre Mertens (9-10-1939), Roland Mortier (21-12-1920), Thomas Owen (Gérald Bertot) (22-7-1910), Philippe Roberts-Jones (pseudonyme : Philippe Jones, 8-11-1924), Georges Sion (secr. perpétuel honoraire, 7-12-1913), Georges Thinès (10-2-1923), Jean Tordeur (secr. perpétuel honoraire, 5-9-1920), Raymond Trousson (11-6-1936), Guy Vaes (1927), André Vandegans (21-6-1921), Fernand Verhesen (2-5-1913), Marc Wilmet (28-8-1938).

10 étrangers (6 littéraires, 4 philologues) : Gérald Antoine (5-7-1915), Marie-Claire Blais (5-10-1939), Michel del Castillo (1933), Robert Darnton (1939), Assia Djebar (4-8-1936), David Gaatone (8-2-1932), Robert Mallet (15-3-1915), Hubert Nyssen (11-4-1925), Jean Rousset (20-2-1910), Dominique Rolin (22-5-1913).

Académie royale de médecine de Belgique (Bruxelles 1841) : palais des Académies, 1, rue Ducale, 1000 Bruxelles. *Fondée* 1841 par le roi Léopold Ier, 6 sections, 40 m. tit., 37 m. tit. hors cadre, 11 m. hon. nat., 40 corr. nat., 127 m. hon. étr. et 80 corr. étr. *Secrétaire perpétuel :* Albert de Scoville.

Académie royale des sciences, des lettres et des beaux-arts de Belgique (Bruxelles 1772) : palais des Académies, 1, rue Ducale, 1000 Bruxelles. *Fondée* par l'impératrice Marie-Thérèse d'Autriche. 3 cl. de 30 m., 20 corr. et 50 ass. étrangers. *Secr. perpétuel :* Léo Houziaux.

Académie royale des sciences d'outre-mer [Koninklijke Academie voor Overzeese Wetenschappen] (Bruxelles 1928) : 1, rue Defacqz, 1000 Bruxelles. 3 cl. 291 m. (2 m. hon. 65 tit. hon., 47 tit., 30 ass. hon., 52 ass., 43 corr. hon., 52 corr.).

Koninklijke Academie voor Geneeskunde van België : Ac. royale de médecine de Belgique (d'expression néerlandaise, Bruxelles 1938) : Paleis der Academiën, Hertogsstraat, 1, 1000, Brussel. 59 tit., 21 corr. et 80 corr. étr. ; 2 m. hon. belges, 17 m. hon. étr.

Koninklijke Academie voor Nederlandse Taal en Letterkunde : Ac. royale de langue et de littérature néerlandaises (Gand 1886). 30 m. ordinaires ; 5 m. extraordinaires ; un certain nombre de m. hon. ; 25 m. hon. étr.

Koninklijke Vlaamse Academie van België voor Wetenschappen en Kunsten : Ac. royale des sciences, lettres et beaux-arts de Belgique (d'expression néerlandaise, Bruxelles 1938) : palais des Académies, Hertogsstraat 1, 1000 Bruxelles. La loi du 1-7-1971 place les 2 Ac. des sciences sur un pied d'égalité. 3 cl. de 30 m., 10 corr., 50 m. ass. (étr.) par classe, 23 m. hon.

■ **Canada. Académie des lettres du Québec** (ex-Ac. canadienne française, *fondée* 7-12-1944) : Montréal (Québec) H2L 4A8 (4070, rue Saint-Hubert). 36 m (plus 7 honoraires). Décerne le prix Victor-Bardeau (essai), Alain-Grandbois (poésie), Ringuet (roman) ainsi que sa médaille (à une personnalité du monde culturel et littéraire). *Depuis 1982,* Colloque des écrivains tous les automnes. *Pt :* Jean Royer, *vice-Pte :* Denise Desautels, *secrétaire général :* André Ricard. Depuis 1995, revue « Les écrits ».

Société des écrivains canadiens (1936) : écrivains canadiens-français ayant publié un livre depuis 5 ans. 450 m. *Pt :* Dr Jacques G. Ruelland. *Secrétariat général :* 1195, rue Sherbrooke Ouest, Montréal (Québec) H3A 1H9.

■ **Espagne. Real (royale) Academia de Bellas Artes de San Fernando** (1752) : 4 sections : peinture, sculpture, architecture, musique. 55 m. madrilènes et un nombre illimité de corr. espagnols et étr. et d'académiciens honoraires. **De Ciencias Exactas, Físicas y Naturales** (1847) : 42 m., 60 corr., étr. en nombre illimité. 3 sections : mathématiques, physique-chimie, géologie-biologie. **De Ciencias Morales y Políticas** (1857) : 40 m., 40 corr., 4 départements : philosophie, sciences politiques et juridiques, sciences sociales, sciences économiques. **Española de la Lengua** (1713) : 46 m., m. hon. et m. corr. Espagnols, hispano-américains et étr. (nombre variable). Tous les membres des Académies hispano-américaines sont aussi corr. *Publications :* « Diccionario de Autoridades » (1726-39), « Gramatica de la lengua castellana » (1re éd. 1771, dernière 1973) ; 21 éd. du « Diccionario de la lengua española » (dernière éd. 1992), 2 éd. du « Diccionario escolar » (1996 et 1997) et nouvelle « Ortografía de la lengua española » (1999). **De Jurisprudencia y Legislación** (1730) : 40 m., 388 corr., 863 collaborateurs, 6 commissions, 15 sections. **De la Historia** (1738) : 36 m., 354 corr. espagnols, corr. étr. (nombre indéterminé). **Nacional de Medicina** (1732) : 50 m., 100 corr. et 76 corr. étr.

■ **États-Unis. American Academy of Arts and Sciences** (Boston) (1780) : 3 600 m. 600 m. hon. étr.

American Academy of Arts and Letters issue en 1976 du National Institute of Arts and Letters (1898) et de l'American Academy of Arts and Letters (1904) : 250 m. américains (de naissance ou naturalisés), renommés pour leur œuvre en art, littérature, musique ou architecture. 10 m. hon. américains. 75 m. hon. étr.

American Philosophical Society (1743 Philadelphie) : 681 m. américains, 141 m. étr. (au 6-1-2000) : sciences physiques et mathématiques, sciences biologiques, sciences sociales, humanités, beaux-arts, affaires.

National Academy of Sciences (Washington 1863) : organisation scientifique privée ; 1 903 m., 313 m. étr. **National Research Council** (1916). **National Academy of Engineering** (1964) : 1 985 m., 146 étr. **Institute of Medicine** (1970) : 711 m., 56 étr.

■ **Grande-Bretagne. British Academy** (Londres 1902) : 724 m., 322 m. corr., 17 m. hon. (au 1-1-2001), *18 sections :* antiquités classique, africaine et orientale ; études théologiques et religieuses ; linguistique et philologie ; littérature moderne (avant 1800) ; littératures médiévale, moderne, et autres médias ; archéologie ; études médiévales ; histoire moderne (avant 1800) ; histoire moderne (après 1800) ; histoire des arts et de la musique ; philosophie et droit ; économie et histoire économique ; anthropologie et géographie humaine ; psychologie ; sociologies ; démographie et statistiques sociales ; études politiques.

Royal Academy of Arts (Burlington House, Londres 1768) : 25 m. supérieurs, 80 m. tit. (peintres, graveurs, sculpteurs, architectes). 15 m. hon. étr.

Royal Academy of Engineering (1976 avait pour titre *Fellowship of Engineering.* 1983 devient Royal Charter. 1992 prend le titre actuel). *Membres* (en juillet 2000) : 1 148, 22 hon., 80 étr.

Royal Society (Londres 1660) : l'Ac. des sciences du Royaume-Uni. 1 186 m., 107 étr., décerne 17 médailles et prix, dont la Copley Medal.

Royal Cambrian Academy (pays de Galles 1881) : 400 m. **Royal Institution of Great-Britain** (Londres 1799). **Royal Scottish Academy of Painting, Sculpture, Architecture and Printmaking** (Édimbourg 1826) : 41 m., 51 ass. et 22 hon. **Royal Society of Edinburgh** (1783) : environ 1 172 m. et 67 m. hon., pour le développement de la science et de la littérature.

■ **Italie. Accademia degli Arcadi** (Ac. des Arcadiens, Rome 1690) appelée aussi Academia letteraria Italiana Arcadia : *fondée* par Christine de Suède et ouverte aux poètes des 2 sexes. Devenue plus philosophique et scientifique.

Accademia della Crusca (Florence 1583). Publie le 1er dictionnaire historique de la langue italienne en 1612 (autres éditions : 1623, 1691, 1729-38, 1863-1923). 15 m. et 30 ass. (15 italiens, 15 étr.).

Accademia delle Scienze di Torino (Turin 1783) : *fondée* par le roi Vittorio Amedeo III. *Pt :* professeur Gaetano di Modica. 250 m. 2 classes : *1°) sciences physiques, mathématiques et naturelles, 2°) sciences morales, historiques et philologiques* (fondée par Napoléon) ; pour chaque section 45 m. dont 35 nationaux, 10 étr. et 160 corr. Décerne plusieurs prix, dont les prix internationaux Panetti-Ferrari, Ferrari-Soave et Herlitzka.

Accademia Nazionale dei Lincei (Ac. nat. des Lynx, Rome 1603) : 2 classes : *1°) sciences physiques, mathématiques et naturelles :* 270 m. dont 90 nationaux, 90 étr., 90 corr. ; *2°) sciences morales, historiques et philologiques :* 270 m. dont 90 nat., 90 étr., 90 corr.

Accademia Nazionale di San Luca (Rome 1595) : 3 classes : *peinture, sculpture, architecture* ; 41 m., 53 corr. italiens, 27 étr.

Accademia Toscana di Scienze e Lettere « La Colombaria » (Florence 1735) : 4 classes : *1°) philologie et critique littéraire, 2°) sciences historiques et philosophiques, 3°) sciences juridiques, économiques et sociales, 4°) sciences physiques, mathématiques et naturelles* ; pour chaque section 15 m. effectifs et 15 corr.

Istituto Veneto di Scienze, Lettere ed Arti (Venise 1803) : nom d'origine : *Institut royal italien ;* organisme autonome à partir de 1838. Ac. nationale scientifique spécialisée sur la région Trieste-Venise : 80 m., 120 corr. et 30 étr.

Sociétés savantes : la plus importante est l'*Ateneo Veneto* fondée en 1810 à Venise par Eugène de Beauharnais, consacrée aux sciences, aux lettres et aux arts. *Sté Dante Alighieri* (dans les principales villes d'Italie et d'Europe) fondée en 1889 à Rome par R. Bonghi et soutenue par Foscolo, Carducci et Fogazzaro, pour diffuser la langue et la culture italiennes dans le monde. *Pt :* Bruno Bottai.

■ **Luxembourg. Institut grand-ducal :** *fondé* 24-10-1868. 6 sections : histoire, médecine, sciences, linguistique, arts et littérature, sciences morales et politiques.

■ **Portugal. Academia das Ciências de Lisboa** (1779) : 2 classes : *sciences :* mathématiques, physique, chimie, sciences naturelles, médecine, sciences appliquées et histoire des sciences. *Lettres :* littérature, études littéraires et linguistiques, philosophie et pédagogie, histoire et géographie, droit et sociologie, économie politique. *Pt :* Pr José V. de Pina Martins. *Vice-Pt :* Pr José Manuel Gião Toscano Rico. *Membres :* sciences 150 (30 m. eff., 60 m. corr., 60 corr. étr.) ; lettres 150 (30 m. eff., 60 m. corr., 60 m. étr.). Comprend aussi l'Institut des hautes études et l'Institut de lexicologie et de lexicographie de la langue portugaise. **Nacional de Belas Artes** (Lisbonne, 1836) : 20 m. eff. ; 2 m. émérites ; corr. nat., étr., hon., jubilés illimités. *Bibliothèque* 60 000 volumes. *Pt :* Pr Augusto Pereira Brandão. **Academia Portuguesa da História** (Lisbonne, 1720) : restaurée 1936. *Pt :* Pr Joaquim Verissimo Serrão. *Membres :* 230 dont 40 eff. (30 Portugais, 10 Brésiliens), 80 corr. portugais, 80 étr. *Bibliothèque* 110 000 titres, ouverte du 1-1 au 31-12.

■ **Suède. Académies royales des lettres, de l'histoire et des antiquités** (1753) : 6 m. hon. ; 59 m. suédois et 22 m. étr. (histoire-antiquités), 61 m. suédois et 24 m. étr. (philosophie-philologie). 25 corr. suédois et 9 étr. *Secr. général :* Ulf Erik Hagberg. **Des sciences de Suède** (1739) : 10 divisions : environ 350 m. suédois (dont 164 de moins de 65 ans) et 164 m. étr. Décerne le prix Nobel de physique et de chimie et le prix de sciences économiques de la Banque de Suède, en mémoire d'Alfred Nobel, et le prix Crafoord en mathématiques, astronomie, sciences de la Terre et de la vie. *Secr. général :* Erling Norrby. **Suédoise des sciences de l'ingénieur (IVA** en suédois, 1919) : 712 m. suédois en 12 sections et 231 m. étr. *Pt :* Enrico Deiaco. **Académie suédoise :** *fondée* 1786 ; 18 m. ; décerne prix Nobel de littérature. *Secr. perpétuel :* Horace Engdahl.

■ **Suisse. Académie rhodanienne des lettres** (1950 ; franco-suisse) : 40 m. *Pts :* tantôt suisses, tantôt français (sans qu'il y ait obligation). *Vice-Pts :* statutairement français et suisses. *Siège social :* Avignon. **Pro Helvetia (PH) :** fondation suisse pour la culture (1939) ; 21 m. plus 1 Pt nommés par le Conseil fédéral suisse. *Pte :* Yvette Jaggi ; *Dir. :* Bernard Cathomas.

■ **Russie. Académie des sciences de Russie** (Moscou, 1725) : 494 m. actifs, 713 m. corr., 207 m. étr. *18 sections :* mathématiques ; physique générale et astronomie ; physique nucléaire ; problèmes physico-techniques énergétiques ; problèmes de la construction des machines, de mécanique et procédés de commande ; informatique, techniques de calcul et automatisation ; chimie générale et technique ; physico-chimie et technologie des matières inorganiques ; biologie physiquo-chimique ; biologie générale ; physiologie ; géologie, géophysique, géochimie et sciences des mines ; océanologie, physique de l'atmosphère et géographie ; histoire ; philosophie, sociologie, psychologie et droit ; économie ; problèmes d'économie mondiale et relations internationales ; littérature et langage ; 3 sections régionales : sibérienne (Novossibirsk), de l'Oural (Ekaterinbourg), d'Extrême-Orient (Vladivostok). *12 centres scientifiques) :* daghestanien ; kabardino-balharien ; de Kazan ; karélien ; de Kola ; de Chernogolovka ; de Pouschino ; de St-Pétersbourg ; de Samara ; de Saratov ; de Troitsk ; d'Oufa. *Région de Moscou (centres spécialisés) :* Nogisk, Pouchino, Troitsk. L'Institut est responsable pour la recherche fondamentale. 433 autres Instituts.

Autres académies. Agriculture : 95 m., nombreux corr. et des m. étr. **Architecture** (1955) : 39 m. **Arts** (1947) : 60 corr. **Sciences médicales** (1944) : 109 m. et des m. étr. **Instituts de recherche. Académies locales.**

■ **Vatican. Académies pontificales des sciences** d'abord non distincte de l'Ac. nat. des Lynx (voir Italie col. b) : *1847* sous Pie IX, devient l'Ac. pontificale des Nouveaux Lynx. *1922* Pie XI l'installe dans le pavillon Pie-IV des jardins du Vatican. *1936*-28-10 réformée par Pie XI, avec son nom actuel. *But :* favoriser la recherche. *Membres :* 80, choisis sans considération de religion parmi les savants les plus célèbres du monde (mathématiques et sciences appliquées), parfois temporaires (pendant leurs travaux) et d'honneur (bienfaiteurs). Décerne la *médaille Pie-XI* à de jeunes savants. **Des sciences sociales** (1-1-1994). **Pour la vie** (1-3-1994) : 70 m.

PRIX LITTÉRAIRES

STATISTIQUES EN FRANCE

☞ **Bibliographie :** Guide Cartier des prix et concours littéraires (éd. du Cherche-Midi). Entre la 1re édition (1992) et la 3e édition (2000), plus de 400 créations répertoriées et près de 400 disparitions (dont le prix du Levant, doté de 300 000 F par le conseil général du Var).

■ **Nombre de prix.** Environ 1 150 décernés par l'Institut de France, par des académies provinciales ou des jurys divers. **Montant :** de 0 à 500 000 F.

■ **Montant** (en milliers de F) **des prix les mieux dotés et,** entre parenthèses, **date de création. 500** Cino-Del-Duca (1969), **400** grand prix de la Francophonie (1986), **300** de Littérature (1911, fondation Le Métais-Larivière), Académie française-Paul-Morand (1977), **200** Novembre (1989), Marcel-Proust (1972), **150** des Hémisphères (1991), bourse Jeune-Écrivain (1990), Henri-Ginet du Livre d'art et essai (1985), Pce-Louis-de-Polignac, Jacques-de-Fouchier-Cie bancaire, **100** du Roman (fondation Broquette-Gonin) (1918), du Souvenir napoléonien (1977,1990), des Arts, des Lettres et des Sciences (1981), de Poésie (1957), Alexis-de-Tocqueville (1979), Blaise-Pascal (1988), de la Fondation Napoléon (1978), d'Histoire de la Vallée-aux-Loups (1987), de la Langue de France (1986), du Romantisme (1993), littéraire Pce-Pierre-de-Monaco (1950), Michel-Dard (1983), Assemblée nationale (1990), Guizot (1993), Montblanc de la Bibliothèque nationale [(Grand prix). *A été attribué une seule fois* en 1989 à François Furet, pour son œuvre]. **90** Louise-Weiss (1986), **80** de la Biographie (1987), Maupassant (1990), Paul-Léautaud (1986).

■ **Tirages.** *Exemples :* Goncourt 120 000 à 500 000 (en 1908, le Goncourt tiré à 3 000 ex. ne fut épuisé qu'au bout de 12 ans), Femina 80 000 à 200 000, Renaudot 60 000 à 120 000, Interallié 100 000 à 200 000, Médicis 30 000 à 240 000, Prix des Maisons de la Presse 85 000, grand prix du Roman 20 000 à 50 000.

☞ Prix et récompenses étaient assimilés à des profits imposables. Selon un arrêt du Conseil d'État de 1985, un auteur ayant remporté un séjour à Madrid avec bourse a été imposé sur celle-ci. Seul, le prix Nobel est exonéré, depuis 1974. Les prix ne sont soumis pas à la TVA. Ceux, français ou étrangers datant d'au moins 3 ans, sont exonérés si décernés par un jury « indépendant », à raison d'un prix tous les 4 ans pour un même écrivain. On peut étaler l'imposition du montant d'un prix excédant la moyenne des revenus des 3 dernières années.

PRINCIPAUX PRIX EN FRANCE

■ **Académie française. Prix de l'Académie. Créé** 1970. Fondation Le Métais-Larivière. Tous genres. **Prix :** médailles de vermeil ou prix de montant variable. **Lauréats : 2000 :** Hilary BALLON, *Le Vau.* Philippe LAMARQUE, *L'Héraldique napoléonienne.* Bernard HŒFFNER et Catherine GOFFAUX, traduction *d'Anatomie de la mélancolie* de Robert Burton. **Prix d'Aumale. Montant :** 20 000 F. **Prix de la Biographie** (voir p. 340 c). **Cardinal-Grente. Créé** 1945. Tous genres. **Montant :** environ 30 000 F. Biennal, années impaires. **Critique. Créé** 1971. **Montant :** 10 000 F (1998). **Lauréat : 2000** Jean-Claude LEBRUN. **Essai** (voir p. 341 b). **Francophonie** (voir p. 342 a). **Gobert** (voir p. 342 a). **Jacques-de-Fouchiers** (voir p. 343 b). **Jeune théâtre Béatrix Dussane-André Roussin. Créé** 1983. **Montant :** 10 000 F. **Lauréat : 2000** Jean-Marie GOURIO, *Brèves de comptoir.* **Littérature** (voir p. 344 b). **Moron** (voir p. 345 b). **Nouvelle** (voir p. 345 b). **Paul-Morand** (voir p. 345 b). **Philosophie** (voir p. 345 c). **Rayonnement de la langue et de la littérature françaises. Créé** 1960. **Prix :** dizaine de médailles de vermeil. Éventuellement, somme d'argent (20 000 F environ). **Lauréat : 2000** Mate MARAS. **Roman** (voir p. 346 b). **Théâtre. Créé** 1980. **Montant :** 10 000 F. **Lauréat : 2000** Yasmina REZA. **De fondations.** 34 regroupant eux-mêmes plusieurs prix ou fondations.

■ **Académie Balzac (Prix de l'). Créé** 1980 par Jean-Marie Bernicat. Décerné au 1e trimestre à une personnalité artistique ou littéraire ayant contribué à mettre Balzac à l'honneur. **Montant :** honorifique, médaillon de David

Nota. – **Éditeurs :** (1) Actes Sud. (2) Albin Michel. (3) Alta. (4) Balland. (5) Le Bateau ivre. (6) Bertil Galland. (7) Belfond. (8) Bibl. des Arts. (9) Calmann-Lévy. (10) Charlot. (11) Colbert. (12) Corréa. (13) Crès. (14) Denoël. (15) Donnat. (16) Didier. (17) Éd. du Feu. (18) Éd. de Minuit. (19) Éd. du Myrte. (20) La Plume. (21) La Revue Fontaine. (22) Fasquelle. (23) Fayard. (24) Flammarion. (25) Flore. (26) Fontaine. (27) Grasset. (28) Hachette. (29) Henri Lefèvre. (30) Jean-Jacques Pauvert. (31) La Jeune Parque. (32) Julliard. (33) Lemerre. (34) Librairie universelle. (35) Mercure de France. (36) Nouvelle France. (37) NRF. (38) Ollendorf. (39) Oudin-Calmann-Lévy. (40) Pelletan. (41) Plon. (42) Plon-Perrin. (43) Presses de la Cité. (44) Ramsay. (45) Retz. (46) Rieder. (47) R. Laffont. (48) Le Seuil. (49) Stock. (50) La Table ronde. (51) La Vraie France. (52) Perrin. (53) Gallimard. (54) Clouzot. (55) José Corti. (56) Jean-Claude Lattès. (57) L'Age d'Homme. (58) Baudinière. (59) Milieu du Monde. (60) Vigneau. (61) Pavois. (62) Einaudi, Milan. (63) Luneau-Ascot. (64) Casterman. (65) Herscher. (66) Presses de la Renaissance. (67) Lachenal et Ritter. (68) La Colombe. (69) Phébus. (70) Skira. (71) Mazarine. (72) Éd. du Regard. (73) Solin. (74) Nadeau. (75) Olivier Orban. (76) Presses universitaires de Nancy. (77) POL. (78) Payot. (79) La Découverte. (80) PUF. (81) Rivages. (82) Christian Bourgois. (84) Le Chêne. (85) Arcane 17. (86) Odile Jacob. (87) Seghers. (88) Nathan. (89) Tallandier. (90) Mayer. (91) Quai Voltaire. (92) Sylvie Messinger. (93) Larousse. (94) Belin. (95) Arlea. (96) Uno Asco. (97) Le Sagittaire. (98) Maren Sell. (99) Buchet-Chastel. (100) L'Arpenteur. (101) Le Rocher. (102) Bordas. (103) Lieu commun. (104) Séguier. (105) La Différence. (106) L'Harmattan. (107) Messidor. (108) De Fallois. (109) Viviane Hamy. (110) Belles Lettres. (111) Pré aux Clercs. (112) J'ai lu. (113) L'Olivier. (114) Le Félin. (115) François Bourin. (116) L'Aire. (117) La Table rase/Écrits des Forges. (118) Le Dé Bleu/Écrits des Forges/L'Arbre à Paroles. (119) Laffont/Bouquins. (120) Aubier. (121) France Empire. (122) William Blake and Co. (123) Economica. (124) Le Cherche Midi. (125) Monographie SA. (126) Autrement. (127) Schirmer/Mosel. (128) La Pochothèque. (129) Pygmalion. (130) Citadelles-Morizet. (131) Obsidienne. (132) Le Serpent à plumes. (133) Voltaire Foundation. (134) Le Castor astral. (135) Dogana. (136) Le Dilettante. (137) Fixot. (138) Anne Carrière. (139) Arte. (140) Lagune. (141) Presses de Sciences-Po et l'Anact. (142) NIL. (143) Armand Colin. (144) Collins. (145) Verdier. (146) L'Estocade. (147) Présence africaine. (148) Patrimoines et Médias. (149) Le Masque. (150) Le Promeneur. (151) Le Temps des cerises. (152) L'Océan Indien. (153) L'Aube. (154) Éd. Zulma. (155) Fleuve noir. (156) Joelle Losfeld. (157) La Martinière. (158) Bartillat. (159) Au Diable Vauvert. (160) Noèris. (161) Nizet. (162) Desclée de Brouwer. (163) Michel Lafon. (164) Xo. (165) Éd. du Rouergue.

d'Angers 1842. **Lauréat : 1999** Éric-Emmanuel Schmitt, *Frédérick*. **N'est plus décerné.**

■ **Académie des sciences d'outre-mer.** *6 prix* décernés en fin d'année : *Mal-Lyautey* (1934, 1 000 F), *Auguste-Pavie* (1982, 1 000 F), *Louis-Marin* (1976, 1 000 F), *Robert-Delavignette* (1987, 1 000 F), *Robert-Cornevin* (1990, 3 500 F), *Bernard* (1993, 20 000 F).

■ **Adelf (Association des écrivains de langue française).** **Lauréats : 1999 : Afrique noire :** Boubacar Boris Diop pour l'ensemble de son œuvre. **Alpes et Jura :** Nadine Mabille, *le Tramway bleu* (éd. Monographie). **Asie :** Matthieu Ricard et Xuan Thuan Trinh, l'Infini dans la paume de la main [23, 142]. **Européen :** Milena Nokovitch, *Neiges de sang* [57]. **France-Liban :** Fabiola Azar, *Construction identitaire et appartenance confessionnelle au Liban* [106]. **France-Québec/Jean Hamelin** (voir p. 347 c). **France/Wallonie-Bruxelles** (voir p. 347 c). **De la mer :** Olivier Chapuis, *A la mer comme au ciel* (Presses Paris-Sorbonne).

■ **Alain-Fournier.** **Créé** 1986. **Attribué** en mai. **Montant :** 10 000 F. **Lauréats : 2000 :** Joel Egloff, *Édmond Ganglion et Fils* [101]. Adeline Yzac, *le Dernier de lune* [165].

■ **Albert-Camus.** **Créé** 1985 par les Rencontres méditerranéennes A. Camus de Lourmarin. **Décerné** à Paris courant mai, remis en juin à Lourmarin. **Montant :** 20 000 F. **Lauréats : 1987** Roger Grenier, *A. Camus soleil et ombre* [53]. **88** Bertrand Visage, *Angélica* [48]. **89** Christiane Singer, *Histoire d'âme* [2]. **90** Jacques Fieschi, *l'Homme à la mer* [110]. **91** Marcel Moussy, *Parfum d'absinthes* [2]. **92** Rachid Mimouni, pour son œuvre. **93** Vassilis Alexakis, *Avant* [48]. **94** Jean Daniel, *l'Ami anglais* [27]. **95** Jean-Noël Pancrazi, *Madame Arnoul* [53]. **96** Andrée Chedid, *les Saisons de passage* [24]. **97** Jean-Luc Barré, *Algérie, l'espoir fraternel* [49]. **98 suspendu.**

■ **Albert-Londres.** **Créé** en souvenir d'Albert Londres (né 1884, disparu en mer au cours du naufrage du *Georges-Philippar,* 16-3-1932) par sa fille Florise Martinet-Londres (1904-75) [interrompu de 1940 à 1946]. **Décerné** (vers le 16 mai) à un grand reporter de langue française de moins de 40 ans. *Géré* par la Scam (Sté civile des auteurs multimédias) : 5, av. Velasquez, 75008 Paris. **Montant :** 20 000 F pour chaque lauréat. **Pt :** Henri Amouroux. **Secrétaire général :** Henri de Turenne. **Jury :** Josette Alia, Lise Blanchet, Hervé Brusini, Yves Courrière, Michel Croce-Spinelli, Thierry Desjardins, François Hauter, Katia Kaupp, Jean Lartéguy, Alain Louyot, René Mauriès, Marcel Niedergang, Christophe de Ponfilly, Bernard Ullmann, (plus les 2 lauréats de l'année précédente). **Lauréats : Presse écrite : 1933** Émile Condroyer. **34** Stéphane Faugier. **35** Claude Blanchard. **36** Jean Botrot. **37** Max Massot. **38** Jean-Gérard Fleury. **39** Jacques Zimmermann. **46** Marcel Picard. **47** André Blanchet et Dominique Pado. **48** Pierre Voisin. **49** Serge Bromberger. **50** Alix d'Unienville. **51** Henri de Turenne. **52** Georges Menant. **53** Maurice Chanteloup. **54** Armand Gatti. **55** Jean Lartéguy. **56** René Mauriès. **57** René Puisseseau. **58** Max Olivier-Lacamp. **59** Jean-Marc Théoleyre. **60** J. Jacquet-Francillon. **61** Marcel Niedergang. **62** Max Clos. **63** Victor Franco. **64** José Hanu. **65** Michel Croce-Spinelli. **66** Yves Courrière. **67** Jean Bertolino. **68** Yves Cuau. **69** Yves-Guy Bergès. **70** Philippe Nourry. **71** Jean-François Delassus. **72** Pierre Bois et Jean-Claude Guillebaud. **73** Jean-Claude Pomonti. **74** François Missen. **75** Thierry Desjardins. **76** Pierre Veilletet. **77** François Debré. **78** Christian Hoche. **79** Hervé Chabalier. **80** Marc Kravetz. **81** Bernard Guetta. **82** Christine Clerc. **83** Patrick Meney. **84** Jean-Michel Caradec'h. **85** Alain Louyot. **86** François Hauter. **87** Jean-Paul Mari. **88** Prix spécial du cinquantenaire : Sorj Chalandon, Sammy Ketz. **89** Jean Rollin. **90** Yves Harte. **91** Patrick de Saint-Exupéry. **92** Olivier Weber. **93** Philippe Broussard. **94** Dominique Le Guilledoux. **95** AFP Moscou. **96** Annick Cojean. **97** Caroline Puel. **98** Luc Le Vaillant. **99** Michel Moutot. **2000** Anne Nivat. **2001** Serge Michel. **Audiovisuel** *(depuis 1985)* : **1985** Christophe de Ponfilly, Bertrand Gallet. **86** Philippe Rochot. **87** Frédéric Laffont. **88** Daniel Lecomte. **89** Denis Vincenti et Patrick Schmidt. **90** Gilles de Maistre. **91** Hervé Brusini, Dominique Tierce. **92** Lise Blanchet, Jean-Michel Destang. **93** Jean-Jacques Legarec. **94** Florence Dauchez. **95** Marie-Monique Robin [prix suspendu *25-9* puis maintenu, après enquête, *20-3-1996* avec réserves (émotion parfois forcée, commentaires parfois excessifs)]. **96** Patrick Boitet et Frédéric Tonolli. **97** Claude Sempère. **98** Catherine Jentil et Manuel Joachim. **99** Nicolas Glimois et Christophe Weber. **2000** Rivoherizo Andriakoto. **2001** Danielle Arbid.

■ **Alexandre-Vialatte.** **Créé** 1991. **Montant** 30 000 F. **Lauréats : 1997** Philippe Janaeda, le *Chameau sauvage* [32]. **1998 à 2000** *non décerné.* **2001** Alexandre Kauffman, *Mauvais Numéro* [95].

■ **Alexis-de-Tocqueville.** **Créé** 1979. **Décerné** tous les 2 ans à Valognes. **But :** couronne l'œuvre d'un penseur libéral, dans la lignée de Tocqueville, en sciences humaines. **Montant :** 100 000 F. **Jury :** Georges Balandier, Suzanne Berger, Jean-Claude Casanova, Olivier Chevrillon, Jean-Marie Domenach, Pierre Grémion, Stanley Hoffmann, Leszek Kolakowski, Pierre Manent, Henri Mendras, Jesse Pitts, Alain-Gérard Slama. **Lauréats : 1979** Raymond Aron. **81** David Riesman (Américain). **83** Alexandre Zinoviev (Russe). **85** Karl Popper (Anglais). **87** Louis Dumont. **89** Octavio Paz (Mexicain). **91** François Furet. **93** Leszek Kolakowski (Anglais d'origine polonaise). **95** *non décerné.* **97** Michel Crozier. **99** Daniel Bell (Américain).

■ **Ambassadeurs (Prix des).** **Créé** 1948 par Jean-Pierre Dorian. **Montant :** + de 10 000 F. **Décerné** en mai. **But :** faire connaître la culture et la pensée françaises dans le domaine de l'histoire ou de l'histoire politique. **Jury :** *avant 1960,* 24 diplomates fr. et étrangers en poste à Paris ; *depuis 1960,* 20 ambassadeurs en poste à Paris au maximum. *Pt du jury :* Marcos de Azambuja (né 1-4-1923) : ambassadeur du Brésil assisté par un comité consultatif présidé par Maurice Druon. **Lauréats. Premiers : 1948** Antoine de Saint-Exupéry, *Citadelle* [53]. **49** Henry Bosco, *Malicroix* [27]. **50** Simone Weil, *l'Attente de Dieu* et l'ensemble de son œuvre [68]. **Derniers : 87** Pierre Grimal, *Cicéron* [23]. **88** Édouard Bonnefous, *Avant l'oubli* T. I [47], T. II [88]. **89** François Furet, *la Révolution 1770-1880* [28]. **90** Jacques-Francis Rolland, *l'Homme qui défia Lénine* [27]. **91** Gabriel de Broglie, *Guizot* [42]. **92** Bernard Vincent, *1492, l'Année admirable* [120]. **93** Jacqueline de Romilly, *Pourquoi la Grèce ?* [109]. **94** Daniel Roche, *la France des Lumières* [23]. **95** Jacques Leprette, *les Clefs pour l'Europe* (éd. Bruylant, Bruxelles). **96** Thierry de Montbrial, *Mémoires du temps présent* [24]. **97** Hélène Carrère d'Encausse, *Nicolas II* [23]. **98** Alain Peyrefitte, *C'était de Gaulle* [23]. **99** Ghislain de Diesbach, *Ferdinand de Lesseps* [42]. **2000** François Fejtö, le Passager du siècle [28].

■ **Apollinaire.** **Créé** 1941 par Henri de Lescoët (1906). **Origine :** maintenir et développer le souvenir du poète disparu et encourager une œuvre poétique. **Décerné** en juin à un ouvrage édité depuis le 1er juin de l'année précédente, dans le salon Apollinaire, chez Drouant. **Montant :** 50 F jusqu'en 1973 ; 10 000 F actuellement [doté par Robert Zolade (PDG de la SA Drouant et du groupe Élitair)]. **Jury :** *Pt :* Georges-Emmanuel Clancier ; *membres* élus à vie : Marc Alyn, Jean Bancal, Marie-Claire Bancquart, Yvonne Caroutch, Charles Dobzynski, Jean L'Anselme, Henri de Lescoët, Robert Mallet, Bernard Mazo, Rouben Melik, Robert Sabatier. **Lauréats : 1995** Claude Roy (ensemble de son œuvre). **96** Patrice Delbourg, *l'Ampleur du désastre* [124] [condamné en appel 26-3-1999 pour contrefaçon de poèmes (inédits) de Thierry Mattei]. **97** Richard Rognet, *Lutteur sans triomphe* [146]. **98** Anise Koltz, *le Mur du son.* **99** Claude Mourthé, *Dit plus bas* [134]. **2000** Alain Jouffroy, *C'est aujourd'hui toujours* [53].

■ **Arts, des Lettres et des Sciences (Prix des).** **Créé** 1981. **Montant :** 100 000 F. **Décerné** en mai à Paris ; tous les 2 ans depuis 1987. **Jury :** Henri Atlan, Élisabeth Badinter, Daniel Barenboïm, Jean Blot, Élisabeth de Fontenay, Jean Halperin, David Kessler, Simon Nora, Jacques Revel, Pierre Rosenberg, David de Rothschild, Dominique Schnapper, Léon Schwarzenberg (en 1998). **Lauréats : 1981** Léon Poliakov. **82** Edmond Jabès. **83** Tim. **84** Beate et Serge Klarsfeld. **85** Claude Lanzmann. **86** Alain Finkielkraut. **87** Marthe Robert. **89** Avigdor Arikha. **91** Charles Mopsik. **93** Claude Vigée. **96** Josy Eisenberg. **98** révérend père Dupuy. **99** *non décerné.* **2000** Laurence Sigal et Ady Steg.

■ **Assemblée nationale.** **Créé** 1990, destiné depuis 1999 aux 11/14 ans. **Décerné** en septembre. **Montant :** 100 000 F en 1999 et 2000. **Jury :** *Pt* 2000 : Michèle Kahn ; 1 représentant par groupe politique et 6 personnalités hors de l'Assemblée. **2001** essai (30 000 F), fiction (30 000 F).

■ **Augustin-Thierry.** **Créé** 1991. **Décerné** par l'Académie française. **Montant :** 20 000 F (au minimum). **Suspendu** depuis 1996.

■ **Aujourd'hui.** **Créé** 1962 par un groupe de journalistes politiques. **Montant :** 5 000 F. **But :** couronner un ouvrage historique ou politique sur la période contemporaine [mémoires, étude, biographie, essai (roman exclus)...] publié en français et en France, dans l'année suivant l'attribution du prix précédent. **Décerné** mi-octobre. **Jury :** *Pt :* Jean Ferniot ; Jean Boissonnat, Raymond Castans, Christine Clerc, Alain Duhamel, Albert Du Roy, Jacques Fauvet, Franz-Olivier Giesbert, Claude Imbert, Jacques Julliard, Bernard Lefort, Catherine Nay, Pierre Rostini, Philippe Tesson, Pierre Veilletet. **Lauréats : 1962** Gilles Perrault, *les Parachutistes* [48]. **63** J. Delarue, *Histoire de la Gestapo* [23]. **64** Eugène Mannoni, *Moi, général de Gaulle* [48]. **65** Lucien Bodard, *l'Humiliation* [53]. **66** Pierre Rouanet, *Mendès France au pouvoir* [47]. **67** C. Lévy et P. Tillard, *la Grande Rafle du Vel'd'Hiv* [47]. **68** Claude Julien, *l'Empire américain* [27]. **69** Arthur London, *l'Aveu* [53]. **70** Jacques Derogy, *la Loi du retour* [23]. **71** P. Viansson-Ponté, *Histoire de la République gaullienne* [23]. **72** Jean Mauriac, *Mort du général de Gaulle* [27]. **73** Jean Lacouture, *Malraux* [48]. **74** Michel Jobert, *Mémoires d'avenir* [27]. **75** Per Jakez Helias, *le Cheval d'orgueil* [41]. **76** Marek Halter, *le Fou et les Rois* [2]. **77** Franz-Olivier Giesbert, *François Mitterrand ou la Tentation de l'histoire* [48]. **78** Hélène Carrère d'Encausse, *l'Empire éclaté* [24]. **79** Jean Daniel, *l'Ère des ruptures* [27]. **80** Maurice Schumann, *Un certain 18 juin* [41]. **81** Raymond Aron, *le Spectateur engagé* [32]. **82** Michel Albert, *le Pari français* [48]. **83** Jean-François Revel, *Comment les démocraties finissent* [27]. **84** Catherine Nay, *le Noir et le Rouge* [27]. **85** François de Closets, *Tous ensemble* [48]. **86** Robert Guillain, *Orient-Extrême, une vie en Asie* [48]. **87** Alain Minc, *la Machine égalitaire* [27]. **88** Philippe Alexandre, *Paysages de campagne* [27]. **89** Didier Éribon, *Michel Foucault* [24]. **90** Georges Valance, *France-Allemagne : le retour de Bismarck* [24]. **91** Jean-Claude Barreau, *De l'islam en général et du monde moderne en particulier* [111]. **92** Pierre Lellouche, *le Nouveau Monde : de l'ordre de Yalta au désordre des nations* [27]. **93** Milan Kundera, *les Testaments trahis* [53]. **94** Alain Peyrefitte, *C'était de Gaulle* [123/23]. **95** François Furet, *le Passé d'une illusion* [47/9]. **96** Régis Debray, *Loués soient nos seigneurs* [53]. **97** Henri Amouroux, *Pour en finir avec Vichy* [47]. **98** George Steiner, *Errata* [53]. **99** Alain Finkielkraut, *l'Ingratitude* [53]. **2000** René Rémond, *Christianisme en accusation* [162].

■ **Balzac.** **Créé** 1922 par la Société des amis d'Honoré de Balzac et de la Maison de Balzac. **Décerné** par le Jury des Treize, ainsi baptisé par référence à la société secrète imaginée par Balzac. Attribué à une personnalité ou à une œuvre remarquée pour son importance dans la Comédie humaine de notre temps, quel qu'en soit le domaine. **Montant :** honorifique, médaillon de David d'Angers. **Lauréats : 1990** José Artur. **91** Philippe Guerlain. **92** *non décerné.* **93** Alexandre Astruc. **94** J.-J. Sempé. **Non décerné depuis 1995.**

■ **Biographie (Prix de la).** **Créé** 1987. Fondation Broquette-Gonin. **Décerné** en juin par l'Ac. française. **Montant :** 10 000 F. **Lauréats : 1998** Roger Duchene, Jean-Paul Goujon et Béatrice Mousli. **99** Frank Lestringant, *Musset* [24], Christian Millau, *Au galop des hussards* [108]. **2000** Laurent Theis, *Robert le Pieux, le roi de l'an mil* [52]. Jacques Cellard, *Un génie dévergondé, Nicolas Edme Rétif, dit « de la Bretonne »* [4]. **01** André Combaz (litt.) et Guy Chaussinand-Nogaret (hist.).

■ **Blaise-Pascal.** **Créé** 1988. **Décerné** le 19-6 (anniversaire de la naissance de Pascal). **Montant :** 50 000 F. **Lauréats : 1988** Hubert Reeves, *l'Heure de s'enivrer, L'Univers a-t-il un sens ?* [48]. **89** Rémy Chauvin, *Dieu des fourmis, Dieu des étoiles* [111]. **90** Michel Serres, *le Contrat naturel* [24]. **91** Jean-Didier Vincent, *Casanova, ou la Contagion du plaisir* [48]. **92** Michel Jouvet, *le Château des songes* [86]. **93** Anne-Marie Moulin, *le Dernier Langage de la médecine,* et Claude Hagège, *le Souffle de la langue* [86]. **94** Boris Cyrulnik, *les Nourritures affectives* [86]. **95** Luc Montagnier, *Des virus et des hommes* [86]. **96** Pierre Karli, *le Cerveau et la Liberté* [86]. **97** Claude Allègre, *la Défaite de Platon* [23]. **98** René Frydman, *Dieu, la médecine et l'embryon.* **N'est plus décerné.**

■ **Catholique de littérature (Grand prix).** **Créé** 1945 (Prix du Renouveau français) sous l'impulsion d'écrivains catholiques dont Jacques Maritain et Jacques Madaule. **Décerné** au printemps. **Montant :** variable. **Jury :** *Pte :* Isabelle Moural, *secr. général :* Élisabeth Bourgeois ; Jean-Robert Armogathe, Jacques de Bourbon-Busset, André Clément, Louis Millet, Patrice de Plunkett, cardinal Paul Poupard, Daniel Raffard de Brienne, François Saint Pierre, Jacques Trémolet de Villers, Jean-Marc Varaut. **Lauréat : 2001 :** Anne Bernet.

■ **Cazes.** **Créé** 1935 par Marcellin Cazes. **Décerné** mi-mars à la brasserie Lipp. **Jury :** *Pte :* Solange Fasquelle, *secr.* : Joël Schmidt ; Dominique Bona, André Bourin, Georges-Emmanuel Clancier, Claude-Michel Cluny, Guy Dupré, Franz-Olivier Giesbert, Michel Grisolia, Claude Mourthé, Eric Roussel, Olivier Séchan. **But :** couronner roman, essai, biographie, mémoires ou recueil de nouvelles d'une excellente tenue littéraire. **Montant :** 25 000 F accompagné d'une table ouverte de 5 000 F. **Lauréats : 1935** la Cie théâtrale le Rideau de Paris de Marcel HERRAND et Jean MARCHAT pour ses créations du *Coup de Trafalgar* (Roger VITRAC) et de *l'Homme en blanc* (André RICHAUD). **36** Pierre-Albert BIROT, *Grabinoulor.* **37** Thyde MONNIER, *la Rue courte.* **38** Kléber HAEDENS, *l'École des parents.* **39** Marius RICHARD, *Jeanne qui s'en alla.* **40** André CAYATTE, *le Traquenard.* **42** Albert PARAZ, *le Roi tout nu.* **43** Jean PROAL, *Où souffle la lombarde.* **44** Pierre TISSEYRE, *Cinquante-Cinq Heures de guerre.* **46** (3 prix décernés pour 1941, 45 et 46) Jean-Louis CURTIS, *les Jeunes Hommes ;* Olivier SÉCHAN, *les Chemins de nulle part ;* Jean PRUGNOT, *Béton armé.* **47** Florian LE ROY, *l'Oiseau volage.* **48** André FAVIER, *Confession sans grandeur ;* Pierre HUMBOURG, *le Bar de minuit passé.* **49** François RAYNAL, *Marie des solitudes.* **50** Marcel SCHNEIDER, *le Chasseur vert.* **51** Bertrand DEFOS, *le Compagnon de route.* **52** Henry MULLER, *Six Pas en arrière* [50]. **53** Ladislas DORMANDI, *Pas si fou.* **54** Hélène BESSETTE, *Lily pleure.* **55** Albert VIDALIE, *les Bijoutiers du clair de lune* [14]. **56** Georges BAYLE, *le Pompiste et le Chauffeur.* **57** Yves GROSRICHARD, *la Compagne de l'homme.* **58** André GUILBERT, *Deux Doigts de terre.* **59** Jacques PEUCHMAURD, *le Plein Été.* **60** Monique LANGE, *les Platanes* [53]. **61** Solange FASQUELLE, *le Congrès d'Aix ;* Henry DORY, *la Nuit de la Passion.* **62** Ghislain DE DIESBACH, *Un joli train de vie.* **63** Francis HURE, *le Consulat du Pacifique.* **64** Luc BÉRIMONT, *le Bois Cattiau.* **65** René SUSSAN, *Histoire de Farezi* [14]. **66** Georges ELGOZY, *le Paradoxe des technocrates* [14]. **67** Marie-Claude SANDRIN, *la Forteresse de boue* [99]. **68** Walter LEWINO, *l'Éclat et la Blancheur* [2]. **69** Jacques BARON, *l'An I du surréalisme* [14]. **70** Michel DE GRÈCE, *Ma sœur l'Histoire ne vois-tu rien venir ?* **71** José-Luis DE VILLALONGA, *Fiesta.* **72** Suzanne PROU, *Méchamment les oiseaux* [9]. **73** Claude MENUET, *Une enfance ordinaire.* **74** François DE CLOSETS, *le Bonheur en plus* [14]. **75** Jean-Marie FONTENEAU, *Phénix* [27]. **76** Jean CHALON, *Portrait d'une séductrice* [49]. **77** Éric OLLIVIER, *Panne sèche* [14]. **78** Jacques D'ARRIBEHAUDE, *Adieu Néri.* **79** CAVANNA, *les Ritals* [7]. **80** Guy LAGORCE, *les Héroïques* [32]. **81** Olivier TODD, *le Fils rebelle* [27]. **82** Jean BLOT, *Gris du Ciel* [53]. **83** Edgar FAURE, *Avoir toujours raison... c'est un grand tort* [41]. **84** Dominique DESANTI, *les Clés d'Elsa* [44]. **85** Jean-Paul ARON, *les Modernes* [53]. **86** Xavier DE LA FOURNIÈRE, *Louise Michel* [52]. **87** Joël SCHMIDT, *Lutèce* [52]. **88** Ya DING, *le Sorgho rouge* [45]. **89** Jean HAMBURGER, *Monsieur Littré* [24]. **90** Jean-Jacques LAFAYE, *l'Avenir de la nostalgie, une vie de Stefan Zweig* [114]. **91** Pierre SIPRIOT, *Montherlant sans masque* [47]. **92** Élisabeth GILLE, *le Mirador* [66]. **93** Jean PRASTEAU, *les Grandes Heures du faubourg St-Germain* [52]. **94** Michel MELOT, *l'Écriture de Samos* [2]. **95** Jean MARIN, *Petit Bois pour un grand feu* [23]. **96** Gilles LAPOUGE, *l'Incendie de Copenhague* [2]. **97** Jean-Paul ENTHOVEN, *les Enfants de Saturne* [27]. **98** Clémence DE BIÉVILLE, *le Meilleur des mariages* [14]. **99** Michel CHAILLOU, *la France fugitive* [23]. **2000** SHAN SA, *les Quatre Vies du saule* [27]. **2001** Marcel JULLIAN, *Mémoire buissonnière* [2].

■ **Chateaubriand. Créé** 1975. **Montant :** 30 000 F (50 000 F avant 1998). **Décerné** en nov. par le Comité du rayonnement français à un auteur pour l'enseignement de son œuvre, à l'occasion de la publication d'un de ses livres. **Jury :** *Pt :* Pierre de Boisdeffre ; Henry Bonnier, Jeanne Bourin, André Brincourt, Jean Cazeneuve, Christine Clerc, Vénus Khoury Ghata, Jean Raspail, Maurice Rheims, Georges Suffert, Vladimir Volkoff. **Lauréats : 1975** Michel DEL CASTILLO, *le Silence des pierres* [32]. **76** révérend père BRUCKBERGER, *Traduction et Commentaire de l'Évangile* [2]. **77** Louis PAUWELS, *l'Apprentissage de la sérénité* [45]. **78** Pierre DEBRAY-RITZEN, *Lettre ouverte aux parents des petits écoliers* [2] et Jean ORIEUX, *Souvenirs de campagne* [24]. **79** Vladimir VOLKOFF, *le Retournement* [32]. **80** Philippe BOEGNER, *l'Enchaînement* [3]. **81** Camille BOURNIQUEL, *l'Empire Sarkis* [32]. **82** Marguerite CASTILLON DU PERRON, *Charles de Foucauld* [27]. **83** Henri AMOUROUX, *l'Impitoyable Guerre civile* [47]. **84** Paul GUTH, *Une enfance pour la vie* [41]. **85** Yves COURRIÈRE, *Joseph Kessel, ou la Piste du lion* [41]. **86** Jean RASPAIL, *Qui se souvient des hommes ?* [56]. **87** Alain BOSQUET, *Lettre ouverte à mon père qui aurait eu cent ans* [53]. **88** Jean-François REVEL, *la Connaissance inutile* [27]. **89** Henri COULONGES, *Lettre à Kirilenko* [49]. **90** Françoise CHANDERNAGOR, *l'Enfant aux loups* [108]. **91** Jean CHALON, *Chère George Sand* [24]. **92** Pierre HEBEY, *la NRF des années sombres 1940-1941* [53]. **93** Jean-Marie ROUART, *le Goût du malheur* [53]. **94** Jean D'ORMESSON, *la Douane de mer* [53]. **95** François FURET, *le Passé d'une illusion* [47/9]. **96** Michel ROUCHE, *Clovis* [23]. **97** Pierre MOUSTIERS, *A l'abri du monde* [2]. **98** Claude MOURTHÉ, *Soudain l'éternité* [101]. **N'est plus décerné.**

■ **Cino-Del-Duca (Prix mondial). Créé** 1969 par Simone Cino Del Duca. **But :** récompenser et faire connaître un auteur dont l'œuvre constitue sous une forme scientifique ou littéraire un message d'humanisme moderne. **Décerné** en juin, remis en octobre à la Fondation. **Montant :** 500 000 F. **Jury :** *Pt :* Simone Cino del Duca ; Pr Jean Bernard, père Carré, Jean Cazeneuve, Alain Decaux, Pr Jean-François Denisse, Pr Marc Fumaroli, François Jacob, Marcel Jullian, Louis Leprince-Ringuet, Michel Mohrt, Pierre Moinot, Pierre-Jean Rémy, Maurice Rheims, Jean-Marie Rouart. **Lauréats : 1969** Konrad LORENZ. **70** Jean ANOUILH. **71** Ignazio SILONE. **72** Victor WEISSKOPF. **73** Jean GUÉHENNO. **74** Andreï SAKHAROV. **75** Alejo CARPENTIER. **76** Lewis MUMFORD. **77** Germaine TILLION. **78** Léopold Sédar SENGHOR. **79** Pr Jean HAMBURGER. **80** Jorge Luis BORGES. **81** Ernst JÜNGER. **82** Yachar KEMAL. **83** Jacques RUFFIÉ. **84** Georges DUMÉZIL. **85** William STYRON. **86** Thierry MAULNIER. **87** Dr Denis BURKITT. **88** Henri GOUHIER. **89** Pr Carlos CHAGAS. **90** Jorge AMADO. **91** Michel JOUVET. **92** Ismaïl KADARÉ. **93** Robert MALLET. **94** Pr Yves POULIQUEN. **95** Yves BONNEFOY. **96** Alain CARPENTIER (chirurgien, né 1933). Éric FAYE (romancier, né 1963). **97** Pt Vaclav HAVEL. **98** Zhen-Yi Wang (professeur, né 1924). **99** Henri AMOUROUX (historien). **2000** Jean LECLANT (égyptologue).

Bourses littéraires : *créées* 1952 par Cino Del Duca. **1re :** pour un écrivain ayant déjà été édité. **Montant :** 50 000 F. **2e :** pour un écrivain n'ayant jamais été publié. **Montant :** 20 000 F. *Age limite :* 40 ans.

■ **Critique littéraire (Grand prix de la). Créé** nov. 1948, sur une idée de Robert Kemp (1879-1959) et d'Émile Henriot (1889-1961). **But :** encourager la création dans l'ordre de la critique et de l'histoire littéraire. **Décerné** fin mai. **Montant :** 10 000 F. **Lauréats : 1949** Antoine ADAM. **50** Pierre DE BOISDEFFRE. **51** Pierre-Georges CASTEX. **52** Georges POULET. **53** François-Régis BASTIDE. **54** John L. BROWN. **55** Robert MALLET. **56** Samuel S. DE SACY. **57** Jean DELAY. **58** Dominique AURY. **59** R.P. André BLANCHET. **60** Michel BUTOR. **61** Henri FLUCHÈRE. **62** Suzanne JEAN-BÉRARD. **63** Jean DE BEER. **64** Pierre FREDERIX. **65** Henri GUILLEMIN. **66** Jean ORIEUX. **67** Daniel GILLES. **68** Madeleine FARGEAUD. **69** Maurice NADEAU. **70** Michel MOHRT. **71** Maurice BARDÈCHE. **72** André WURMSER. **73** Pierre BARBERIS. **74** Jean-Pierre RICHARD. **75** José CABANIS. **76** Philippe LEJEUNE. **77** Roger KEMPF. **78** Auguste ANGLÈS. **79** Jacques CATTEAU. **80** Bertrand D'ASTORG. **81** Marthe ROBERT. **82** René ÉTIEMBLE. **83** Béatrice DIDIER. **84** Henri TROYAT. **85** Éric MARTY. **86** Jean BLOT. **87, 88** *non décerné.* **89** Gérald ANTOINE. **90** Michel DROUIN. **91** Henry GIDEL. **1992 à 99** *non décerné.* **2000** Marc PETIT, *Éloge de la fiction* [23]. **01** Laure MURAT.

■ **Décembre.** A succédé au prix Novembre interrompu. **Montant :** 200 000 F. **Jury :** *Pt :* Daniel Schneidermann ; *parrain :* Pierre Bergé ; Julian Barnes, Bernard Frank, Jean-Paul Kauffmann, Florence Malraux, Patricia Martin, Philippe Sollers, Mario Vargas Llosa, Arnaud Viviant. **Lauréat : 2000** Anthony PALOU, *Camille* [158].

■ **Deux-Magots (Prix des). Créé** 1933 par Martyne, Henri Philippon et Roger Vitrac (1899-1952). **But :** découvrir une œuvre originale et de qualité. **Montant :** *1933 :* 1 300 F, *59 :* 7 000 F, *80 :* 10 000 F, *90 :* 20 000 F, *92 :* 40 000 F, *95 :* 50 000 F. **Décerné** la dernière semaine de janvier, au café des Deux-Magots. **Jury :** *secr. général :* Jean-Paul Caracalla ; Charles Bersani, Jean Chalon, Éric Deschodt, Louis Doucet, Paul Guilbert, Jean Le Marchand, Catherine Nay, Éric Ollivier, Anne Pons, Jean-Marie Rouart. **Lauréats : 1933 :** Raymond QUENEAU. **80** Roger GARAUDY. **81** Raymond ABELLIO. **82** François WEYERGANS. **83** Michel HAAS. **84** Jean VAUTRIN. **85** Arthur SILENT. **86** Éric DESCHODT et Michel BRETMAN. **87** Gilles LAPOUGE. **88** Henri ANGER. **89** Marc LAMBRON. **90** Olivier FRÉBOURG. **91** Jean-Jacques PAUVERT. **92** Bruno RACINE. **93** Christian BOBIN. **94** Christophe BATAILLE (22 ans). **95** Pierre CHARRAS. **96** Éric NEUHOFF, *Barbe à papa* [7]. **97** Ève DE CASTRO, *Nous serons comme des dieux* [2]. **98** Éric FAYE, *Je suis le gardien du phare* [55] et Daniel RONDEAU, *Alexandrie* [142]. **99** Marc DUGAIN, *la Chambre des officiers* [56]. **2000** Philippe HERMANN, *la Vraie Joie* [4]. **2001** François BIZOT, *le Portail* [50].

■ **Élie-Faure. Créé** 1980 par l'Institut de picturologie, décerné tous les ans (mi-novembre) à la Closerie des Lilas. **Montant :** médaille à l'effigie d'Élie Faure pour ouvrages sur la peinture présentant « un exceptionnel intérêt méthodologique ». **N'est plus décerné depuis 1995.**

■ **Essai (Prix de l'). Créé** 1971. **Décerné** par l'Ac. fr. **Montant :** 10 000 F. **Lauréats : 1999** Philippe BERTHIER, *la Vie quotidienne dans la Comédie humaine de Balzac* [28]. **2000** Florence DELAY, *Dit Nerval* [53]. **01** Belinda CANNONE.

■ **Femina. Créé** 1904 par 22 collaboratrices de la revue « Vie heureuse » (à laquelle a succédé la revue « Femina »), pour encourager les lettres et rendre plus étroites les relations de confraternité entre les femmes de lettres. **Décerné** le 1er mercredi de novembre au Cercle interallié, depuis 1994 à l'hôtel Crillon. *Jusqu'en 1929 :* décerné le même jour que le Goncourt ; *de 1930 à 1958 :* 1 jour puis 1 semaine avant ; *de 1959 à 1992 :* 1 semaine après [en 1959, mécontents d'avoir vu le jury Femina couronner 2 de leurs lauréats éventuels (en 1957 Christian Mégret et en 1958 Françoise Mallet-Joris), les Goncourt attribuèrent leur prix à Schwarz-Bart, 15 j avant la date prévue] ; *en 1993 :* le 5-11 (3 jours avant). **Jury :** Madeleine Chapsal, Régine Deforges, Solange Fasquelle, Viviane Forrester, Claire Gallois, Françoise Giroud, Benoîte Groult, Paula Jacques (Pte 2001), Christine Jordis (Pte 2000), Diane de Margerie, Mona Ozouf, Danièle Sallenave (Pte 1999). *Secr. générale :* Anne de Caumont. **Lauréats : 1904** Myriam HARRY, *la Conquête de Jérusalem* [23]. **05** Romain ROLLAND, *Jean-Christophe* [2]. **06** André CORTHIS (Mlle HUSSON), *Gemmes et Moires* [24]. **07** Colette YVER, *Princesses de Science* [9]. **08** Édouard ESTAUNIÉ, *la Vie secrète* [42]. **09** Edmond JALOUX, *Le reste est silence* [41]. **10** Marguerite AUDOUX, *Marie-Claire* [22]. **11** Louis DE ROBERT, *le Roman du malade* [22]. **12** Jacques MOREL (Mme Edmond Pottier), *Feuilles mortes* [28]. **13** Camille MARBO (Mme Émile Borel), *la Statue voilée* [23]. **14-16** *pas de prix décerné.* **17** Maurice LARROUY, *l'Odyssée d'un transport torpillé* [23]. **18** Henri BACHELIN, *le Serviteur* [24]. **19** Roland DORGELÈS, *les Croix de bois* [2]. **20** Edmond GOJON, *le Jardin des dieux* [22]. **21** Raymond ESCHOLIER, *Cantegril* [2]. **22** Jacques DE LACRETELLE, *Silbermann* [37]. **23** Jeanne GALZY, *les Allongés* [46]. **24** Charles DERENNES, *le Bestiaire sentimental* [2]. **25** Joseph DELTEIL, *Jeanne d'Arc* [27]. **26** Charles SILVESTRE, *Prodige du cœur* [41]. **27** Marie LE FRANC, *Grand-Louis l'innocent* [46]. **28** Dominique DUNOIS (Marguerite Lemesle), *Georgette Garou* [9]. **29** Georges BERNANOS, *la Joie* [41]. **30** Marc CHADOURNE, *Cécile de la Folie* [41]. **31** Antoine DE SAINT-EXUPÉRY, *Vol de nuit* [37]. **32** Ramón FERNANDEZ, *le Pari* [37]. **33** Geneviève FAUCONNIER, *Claude* [49]. **34** Robert FRANCIS, *le Bateau-Refuge* [37]. **35** Claude SILVE (Ctesse Jules de Divonne), *Bénédiction* [27]. **36** Louise HERVIEU, *Sangs* [14]. **37** Raymonde VINCENT, *Campagne* [49]. **38** Félix DE CHAZOURNES, *Caroline ou le Départ pour les îles* [37]. **39** Paul VIALAR, *la Rose de la mer* [14]. **40-43** *pas de prix décerné.* **44** Éditions de Minuit (Collection « Sous l'oppression » inaugurée par *le Silence de la mer* de Vercors). **45** Anne-Marie MONNET, *le Chemin du soleil* [19]. **46** Michel ROBIDA, *le Temps de la longue patience* [32]. **47** Gabrielle ROY, *Bonheur d'occasion* [24]. **48** Emmanuel ROBLÈS, *les Hauteurs de la ville* [10]. **49** Maria LE HARDOUIN, *la Dame de cœur* [12]. **50** Serge GROUSSARD, *la Femme sans passé* [37]. **51** Anne DE TOURVILLE, *Jobadao* [49]. **52** Dominique ROLIN, *le Souffle* [48]. **53** Zoé OLDENBOURG, *la Pierre angulaire* [37]. **54** Gabriel VERALDI, *la Machine humaine* [53]. **55** André DHÔTEL, *Le pays où l'on n'arrive jamais* [25]. **56** François-Régis BASTIDE, *les Adieux* [53]. **57** Christian MÉGRET, *le Carrefour des solitudes* [32]. **58** Françoise MALLET-JORIS, *l'Empire céleste* [32]. **59** Bernard PRIVAT, *Au pied du mur* [53]. **60** Louise BELLOCQ, *la Porte retombée* [53]. **61** Henri THOMAS, *le Promontoire* [53]. **62** Yves BERGER, *le Sud* [27]. **63** Roger VRIGNY, *la Nuit de Mougins* [53]. **64** Jean BLANZAT, *le Faussaire* [53]. **65** Robert PINGET, *Quelqu'un* [18]. **66** Irène MONESI, *Nature morte devant la fenêtre* [35]. **67** Claire ETCHERELLI, *Élise ou la Vraie Vie* [14]. **68** Marguerite YOURCENAR, *l'Œuvre au noir* [53]. **69** Jorge SEMPRUN, *la 2e Mort de Ramón Mercader* [53]. **70** François NOURISSIER, *la Crève* [27]. **71** Angelo RINALDI, *la Maison des Atlantes* [14]. **72** Roger GRENIER, *Ciné-roman* [53]. **73** Michel DARD, *Juan Maldonne* [48]. **74** René-Victor PILHES, *l'Imprécateur* [48]. **75** Claude FARAGGI, *le Maître d'heure* [35]. **76** Marie-Louise HAUMONT, *le Trajet* [53]. **77** Régis DEBRAY, *La neige brûle* [27]. **78** François SONKIN, *Un amour de père* [53]. **79** Pierre MOINOT, *le Guetteur d'ombre* [53]. **80** Jocelyne FRANÇOIS, *Joue-nous España* [35]. **81** Catherine HERMARY-VIEILLE, *le Grand Vizir de la nuit* [53]. **82** Anne HÉBERT, *les Fous de Bassan* [48]. **83** Florence DELAY, *Riche et Légère* [52]. **84** Bertrand VISAGE, *Tous les soleils* [48]. **85** Hector BIANCIOTTI, *Sans la miséricorde du Christ* [53]. **86** René BELLETTO, *l'Enfer* [77]. **87** Alain ABSIRE, *l'Égal de Dieu* [9] (au 4e tour par 10 voix contre 4 à Chochana Boukhobza pour *le Cri*). **88** Alexandre JARDIN, *le Zèbre* [37]. **89** Sylvie GERMAIN, *Jours de colère* [53]. **90** Pierrette FLEUTIAUX, *Nous sommes éternels* [53]. **91** Paula JACQUES, *Deborah et les anges dissipés* [35]. **92** Anne-Marie GARAT, *Aden* [48]. **93** Marc LAMBRON, *l'Œil du silence* [24]. **94** Olivier ROLIN, *Port-Soudan* [48]. **95** Emmanuel CARRÈRE, *la Classe de neige* [77]. **96** Geneviève BRISAC, *Week-end de chasse à la mère* [113]. **97** Dominique NOGUEZ, *Amour noir* [53]. **98** François CHENG, *le Dit de Tianyi* [2]. **99** Maryline DESBIOLLES, *Anchise* [48]. **2000** Camille LAURENS, *Dans ces bras-là* [77].

Femina essai. 1999 Michel DEL CASTILLO, *Colette, une certaine France* [48]. **2000** Robert BADINTER, *l'Abolition* [23].

Femina étranger. Créé 1986. **Lauréats : 1986** Torgny LINDGREN (Suédois), *Bethsabée* [1]. **87** Susan MINOT, *Mouflets* [53]. **88** Amos OZ (Israélien), *la Boîte noire* [9]. **89** Alison LURIE (Américain), *la Vérité sur Lorin Jones* [81]. **90** Vergilio FERREIRA (Portugais), *Matin perdu* [105]. **91** David MALOUF (Australien), *Ce vaste monde* [2]. **92** Julian BARNES (Anglais), *Love, etc.* [14]. **93** Ian MAC EWAN, *l'Enfant volé* [53]. **94** Rose TREMAIN, *Royaume interdit* [108]. **95** Jeroen BROUWERS, *Rouge décanté* [53]. **96** Javier MARÍAS (Esp., 1951), *Demain dans la bataille, pense à moi* [81]. **97** Jia PINGWA (Chine, 1952), *la Capitale déchue* [49]. **98** Antonio MUÑOZ MOLINA, *Pleine Lune* [48]. **99** Hitonari TSUJI, *le Bouddha blanc* [35]. **2000** Jamaïca KINCAID, *Mon frère* [113].

Femina-Vacaresco. Créé avant la guerre par Hélène Vacaresco (née 1866), poétesse d'origine roumaine membre du jury Femina, **Décerné** fin mars à l'hôtel Crillon à un essai. **Lauréats : 1995** Jorge SEMPRUN, *l'Écriture ou la Vie* [53]. **96** Hélie de SAINT-MARC, *Mémoires* [42]. **97** Jean-Paul KAUFMANN, *la Chambre noire de Longwood* [50]. **98** Michel CRÉPU, *le Tombeau de Bossuet* [27]. **99 n'est plus décerné.**

Femina du 1er roman. Créé 1995. **Décerné** le même jour que le prix Femina-Vacaresco. **Lauréats : 1997** Philippe FOREST, *l'Enfant éternel* [53]. **98** Nadine LAPORTE, *Cent vues de Shanghaï* [53]. **99** Daniel ARSAND, *la Province des ténèbres* [69]. **2000 n'est plus décerné.**

■ **Fénéon. Créé** 1945. Roman, nouvelles, essai, biographie, récit, poèmes. **Montant :** 20 000 F. **Décerné** à des écrivains de moins de 35 ans de condition modeste. **Jury** (1998) : René Blanchet (Pt), Daniel Abadie, Pierre Alechinsky, Françoise Cachin, François Chapon, Edmonde Charles-Roux, René Laubiès, Francine de Martinoir, Bernard Noël, Claire Paulhan, Georges Raillard, Jacques Réda, Angelo Rinaldi, François Rouan, Jean Roudaut. **Lauréats : 1997** Linda LE, *les Trois Parques.* **98** Arnaud OSEREDCZUK, *59 Préludes à l'évidence* [53]. **99 n'est plus décerné.**

■ **Flore (Prix de). Créé** novembre 1994. **Montant :** 40 000 F et un verre de pouilly fumé offert pendant un an avec table réservée au café de Flore (à St-Germain-des-Prés) et verre gravé au nom du lauréat. **Lauréats : 1994** Vincent RAVALEC, *le Cantique de la racaille* [24]. **95** Jacques A. BERTRAND, *le Pas du loup* [32]. **96** Michel HOUELLEBECQ, *le Sens du combat* [24]. **97** Philippe JAENADA, *le Chameau sauvage* [32]. **98** Virginie DESPENTES, *Les Jolies Choses* [27]. **99** Guillaume DUSTAN, *Nicolas Pagès* [4]. **2000** Nicolas REY, *Mémoire courte* [159].

■ **Fondation Napoléon (Prix de la).** Ex-prix du Souvenir napoléonien. **1er Empire,** *créé* 1978 par le Dr Godlewski (1913-83) et Lapeyre (1904-84) et **2e Empire,** *créé* 1990. **Montant :** 100 000 F chacun. **Lauréats : 2000** André Palluel-Guillard, Éric Anceau.

■ **France-Culture. Créé** 1979. **Montant :** 5 000 F et une promotion sur l'antenne. **Lauréats : 2001** Jean Hatzfeld, *Dans le nu de la vie. Récits des marais rwandais* [48] ; **étranger :** Alberto Manguel, *Dans la forêt du miroir* [1].

■ **Francophonie (Grand prix de la). Créé** 1986 sur l'initiative du gouvernement canadien. **Décerné** par l'Académie française pour récompenser l'œuvre d'un auteur francophone qui contribue au maintien et à l'illustration de la langue française. **Montant :** 300 000 F. **Lauréats : 1986** Georges Schéhadé (1910, Liban). **87** Yoichi Maeda (Japon). **88** Jacques Rabemananjara (Madagascar). **89** Hubert Reeves (Canada). **90** Albert Cossery (Égypte). **91** cardinal L.-J. Suenens (Belgique). **92** Dr Nguyên Khac Viên (Viêt Nam). **93** Henri Lopes (Congo). **94** Mohammed Dib (Algérie). **95** Sahah Stétié (Liban). **96** Abdou Diouf (Pt du Sénégal). **97** Abdellatif Berbich (Maroc). **98** Jean Starobinski (Suisse). **99** Gunnar Von Proschwitz (Suède). **2000** Giovanni Macchia (Italie).

■ **Georges-Pompidou. Créé** 1980. **But :** récompenser un ouvrage illustrant la langue française. **Lauréats : 1999 :** Nicolas Baverez, *les Orphelins de la liberté* [41]. Dominique Wolton, *Internet et après ?* [24]. **2000 :** Serge Lemoine.

■ **Gobert (Grand prix). Créé** 1834 (histoire). **Décerné** en juin par l'Ac. française. **Montant :** 25 000 F. **Lauréats : 1995** François Furet, *le Passé d'une illusion* [47/9]. **96** Jacques Le Goff, *Saint Louis* [53] (et pour son œuvre). **97** Régine Pernoud (pour son œuvre). **98** Jacques Heers. **99** Michel Fleury. **2000** Alain Corbin. **01** Pierre Pierrard.

■ **Goncourt. Créé** le 21-12-1903 par testament par Edmond de Goncourt († 16-7-1896) en mémoire de son frère Jules († 20-6-1870). Il nommait Alphonse Daudet exécuteur testamentaire, « à la charge pour lui de constituer dans l'année de mon décès, à perpétuité, une société littéraire dont la fondation a été, tout le temps de notre vie d'hommes de lettres, la pensée de mon frère et la mienne, et qui a pour objet la création d'un prix annuel de 5 000 F (or) destiné à un ouvrage de littérature, d'une rente annuelle de 6 000 F au profit de chacun des membres de la société ». Au cas où ce projet ne se réaliserait pas, il destinait ses revenus posthumes à l'œuvre de la Pcesse Mathilde, « Notre-Dame-des-Sept-Douleurs ». Les héritiers naturels (cousine germaine et cousins éloignés) attaquèrent le testament et furent déboutés le 5-8-1897 puis en appel. *Premiers membres :* Edmond avait modifié la liste. L'académie qui existait depuis 1874 comprenait alors : Flaubert, Louis Vuillot, Banville, Barbey d'Aurevilly, Fromentin, Zola, Saint-Victor, Chennevières, Léon Cladel et Alphonse Daudet. Edmond (tenant compte des décès et de ses changements d'opinion sur les « élus ») désignait 8 membres : Alphonse Daudet (remplacé à sa mort, en 1897, par son fils Léon), Huysmans, Mirbeau, les deux frères Rosny, Léon Hennique, Paul Margueritte et Gustave Geffroy. Quand le procès fut gagné, Élémir Bourges et Lucien Descaves furent choisis. **Président** élu par l'assemblée générale annuelle (jusqu'en 1945, le doyen d'âge) ; il a une double voix à partir du 3e tour du scrutin. **Décerné** en novembre. **Montant :** 50 F. **But :** encourager les lettres, assurer la vie matérielle à un certain nombre de littérateurs et rendre plus étroites leurs relations de confraternité (art. 1 des statuts, *JO* 26-1-1902). Destiné à un ouvrage en prose publié dans l'année, il est en fait donné presque exclusivement à un roman. **Lieu d'attribution :** le déjeuner est offert par Drouant ; seuls les pourboires sont payés par les membres (Auguste Escoffier est aux fourneaux) ; sont présents Élémir Bourges, Léon Daudet, J.-K. Huysmans, Octave Mirbeau, les Rosny. **Membres. 1er lauréat élu membre :** René Benjamin lauréat 1915, élu en 1938, sera « épuré » en 1944. **Membres ayant démissionné :** Lucien Descaves [1932 ; motif : Guy Mazeline *(les Loups)* ayant été couronné plutôt que Céline *(Voyage au bout de la nuit)*]. Jean de La Varende (déc. 1944 ; motif : élection d'André Billy). Sacha Guitry (1948). Louis Aragon (1968, après que le prix fut donné à Clavel). Bernard Clavel (élu 1971, démissionne 1977, ne pouvant pas lire tous les livres envoyés, et détestant le parisianisme). **Membre ayant demandé l'honorariat :** Armand Salacrou (1983 ; motif : son âge. Il est resté membre d'honneur et a participé à l'élection de son successeur, Edmonde Charles-Roux). Jean Cayrol (1995 ; motif : son état de santé). **Membres féminins :** Judith Gautier (1910-17), Colette (1945-54), Françoise Mallet-Joris (depuis 1971), Edmonde Charles-Roux (depuis 1983), Françoise Chandernagor (depuis 1995). **Membres de l'Ac. Goncourt s'étant présenté à l'Ac. française :** Jean de La Varende (après sa démission) ne fut pas élu ; Léopold Sédar Senghor (déjà correspondant étranger) fut élu. **Correspondants étrangers :** Georges Sion (1974, Belgique), L. S. Senghor (1974, Sénégal), Valentin Kataiev (1976, ex-URSS), Octavio Paz (1976, Mexique), Jacques Chessex (1979, Suisse), Andrei Voznessenski (ex-URSS), Andrej Kusniewicz (Pologne). **Composition** (entre parenthèses : date de naissance, et en italique : date d'élection) : Daniel Boulanger (1928) *1983* ; Edmonde Charles-Roux (1920) *1983* ; André Stil (1921) *1977* ; Michel Tournier (1924) *1972* ; Françoise Mallet-Joris (1931) *1970* ; François Nourissier (1927) [Pt (succède le 5-3-1996 à Hervé Bazin († 18-2)] *1977* ; Robert Sabatier (1923) *1971* ; Françoise Chandernagor (1945) *1995* ; Didier Decoin (1945) [secr. gén.] *1996* ; Jorge Semprun (Espagnol, 1923) *1996*.

Incidents. 1906 1re bande de « Prix Goncourt » sur un livre couronné (Dingley). **1919** Albin Michel, éditeur de Dorgelès, met sur *les Croix de bois* une bande « Prix Goncourt, [et en petits caractères] 4 voix sur 10 » ; il devra verser 2 000 F de dommages et intérêts à Gallimard qui a obtenu le prix avec *A l'ombre des jeunes filles en fleurs* de Proust. **1922** Albin Michel a le prix (avec Remi Béraud). Gallimard fait imprimer une bande pour *Lucienne* de Jules Romains « Prix Goncourt, 4 voix sur 10 » (puis une autre bande « 5 voix sur 10 » quand il apprend qu'à l'avant-dernier tour Romains aurait eu 5 voix). **1933** le Pt Rosny, aîné de l'ac. Goncourt, et Roland Dorgelès assignent Galtier-Boissière et Maurice Yvon Sicard en correctionnelle (ce dernier devra payer 30 000 F de dommages et intérêts à Rosny aîné). **1947** Sacha Guitry, installé à une table du restaurant de la Fontaine Gaillon, en face de chez Drouant, attribue avec la voix de René Benjamin (bloqué à Monaco) le « Goncourt hors Goncourt » à *Salut au Kentucky* de Kléber Haedens ; Robert Laffont place une bande rouge sur la couverture du roman : procès plaidé aux torts partiels de Laffont et Guitry. **1952**-*1-12* attribution du prix à *Léon Morin, prêtre* de Béatrix Beck : une dizaine de jeunes pénètrent dans le salon et lancent des tracts. **1958** manifestation surréaliste. Alain Ayache (19 ans), futur directeur du « Meilleur », se faufile dans le salon de Drouant, place un micro dans le lustre puis se retire dans l'espace d'une double porte. Découvert, il promet de ne pas utiliser son enregistrement. **1975**-*25-10* 3 engins incendiaires sont placés sur le palier des appartements de Françoise Mallet-Joris, Georges Charensol (membre du jury Renaudot) et Mathieu Galley (critique littéraire) ; *30-10* incarcération de Jacques Thieuloy ; polémique avec Jean-Edern Hallier qui cherchait à imposer la candidature de Pierre Goldman pour *Souvenirs obscurs d'un Juif polonais né en France.* **1977** un protestataire écrase une pâtisserie sur le visage d'Armand Lanoux qui proclamait les résultats, un autre projette du ketchup sur Michel Tournier qui venait de recevoir la Légion d'honneur. **1983** découverte de micros cachés sous la table. **1995** prix attribué à A. Makine (qui venait d'avoir le Médicis). **1997** à P. Rambaud (qui venait d'avoir le Grand prix du Roman). **1999** pour éviter d'être devancé, le prix (prévu pour le lundi 8-11) est attribué le mardi 2-11.

Lauréats : 1903 (21-12) John-Antoine Nau (Eugène Torquet, San Francisco 1860-Tréboul, Finistère 1918), *Force ennemie* [20] [récit d'un aliéné ; au 2e tour par 6 voix contre 3 à Camille Mauclair *(la Ville lumière)*]. **04** Léon Frapié, *la Maternelle* [34] [devant Charles Louis-Philippe *(Marie Donadieu)*]. **05** Claude Farrère, *les Civilisés* [38]. **06** Jérôme et Jean Tharaud, *Dingley, l'illustre écrivain* [40] (paru en 1902 dans les « Cahiers de la Quinzaine »). **07** Émile Moselly (Chenin), *Jean des Brebis, Terres lorraines, le Rouet d'ivoire* [41]. **08** Francis de Miomandre (François Durand), *Écrit sur de l'eau* [17]. **09** Marius et Ary Leblond [pseudonymes : Georges Athenas (1877-1955), et Aimé Merlo (1880-1958) ; originaires de la Réunion], *En France* [22]. **10** Louis Pergaud, *De Goupil à Margot* [35] [au 3e tour par 6 voix contre 4 à *Nono* de Gaston Roupnel ; au 1er tour Apollinaire *(l'Hérésiarque)* eut 3 voix]. **11** Alphonse de Châteaubriant, *Monsieur des Lourdines* [27] (1re victoire de Grasset). **12** André Savignon, *les Filles de la pluie* [27] (au 7e tour devant *l'Ordination* de Benda). **13** Marc Elder (Tendron), *le Peuple de la mer* [39] [au 11e tour (battus : *A. O. Barnabooth* de Valery Larbaud, *le Vieux Garain* de Gaston Roupnel, *le Grand Meaulnes* d'Alain-Fournier)]. **14** Adrien Bertrand (décerné en 1916), *l'Appel du sol* [9]. **15** René Benjamin, *Gaspard* [23]. **16** Henri Barbusse, *le Feu* [24]. **17** Henry Malherbe, *la Flamme au poing* [2]. **18** Georges Duhamel, Denis Thévenin, *Civilisation* [35] (par 6 voix devant Pierre Benoit, *Kœnigsmark*). **19** Marcel Proust, *A l'ombre des jeunes filles en fleurs* [53] (par 6 voix devant Dorgelès, *les Croix de bois*). **20** Ernest Pérochon, *Nêne* [41]. **21** René Maran (Noir, né à la Martinique, fonctionnaire en A.-É.F., par 5 voix contre 5 à *l'Épithalame* de Jacques Chardonne, départagé par la voix prépondérante du Pt Geffroy), *Batouala* [2]. **22** Henri Béraud, *le Vitriol de lune* et *le Martyre de l'obèse* [2]. **23** Lucien Fabre, *Rabevel* [53]. **24** Thierry Sandre, 3 livres : *le Chèvrefeuille, le Purgatoire, le Chapitre XIII* (traduit d'Athénée) [53]. **25** Maurice Genevoix, *Raboliot* [27]. **26** Henri Deberly, *le Supplice de Phèdre* [53]. **27** Maurice Bedel, *Jérôme, 60o latitude Nord* [53]. **28** Maurice Constantin-Weyer, *Un homme se penche sur son passé* [46]. **29** Marcel Arland, *l'Ordre* [53]. **30** Henri Fauconnier, *Malaisie* [49]. **31** Jean Fayard, *Mal d'amour* [23]. **32** Guy Mazeline, *les Loups* [53] (au 1er tour par 6 voix contre 3 à Céline, *Voyage au bout de la nuit,* 1 à Raymond de Rienzi, *les Formiciens*). **33** André Malraux, *la Condition humaine* [53]. **34** Roger Vercel, *Capitaine Conan* [2]. **35** Joseph Peyré, *Sang et Lumières* [27]. **36** Maxence Van der Meersch, *l'Empreinte du dieu* [2]. **37** Charles Plisnier, *Faux Passeports* [12]. **38** Henri Troyat (Lev Tarassov), *l'Araigne* [41]. **39** Philippe Hériat, *les Enfants gâtés* [53]. **40** réservé à un prisonnier, décerné le 28-6-1946 à Francis Ambrière, *les Grandes Vacances* [36]. **41** Henri Pourrat, *Vent de mars* [53] (au 2e tour par 6 voix contre 3 à *Un officier sans nom* de Guy des Cars). **42** Marc Bernard, *Pareils à des enfants* [53]. **43** décerné 21-3-1944 à Marius Grout, *Passage de l'homme* [53]. **44** décerné 2-7-1945 à Elsa Triolet, *Le premier accroc coûte 200 francs* [14]. **45** Jean-Louis Bory, *Mon village à l'heure allemande* [24]. **46** décerné 28-6 à Jean-Jacques Gautier, *Histoire d'un fait divers* [32]. **47** Jean-Louis Curtis, *les Forêts de la nuit* [32]. **48** Maurice Druon, *les Grandes Familles* [32]. **49** Robert Merle, *Week-end à Zuydcoote* [53]. **50** Paul Colin, *les Jeux sauvages* [53]. **51** Julien Gracq (Louis Poirier), *le Rivage des Syrtes* (prix refusé ; cependant, en 2 mois, la vente atteindra 110 000 exemplaires) [55]. **52** Beatrix Beck, *Léon Morin, prêtre* [53]. **53** Pierre Gascar (Fournier), *les Bêtes, le Temps des morts* [53]. **54** Simone de Beauvoir, *les Mandarins* [53]. **55** Roger Ikor, *les Eaux mêlées* [2]. **56** Romain Gary, *les Racines du ciel* [53]. **57** Roger Vailland, *la Loi* [53]. **58** Francis Walder, *St-Germain ou la Négociation* [53]. **59** André Schwarz-Bart, *le Dernier des justes* [48]. **60** Vintila Horia, *Dieu est né en exil* [23] [au 4e tour contre 3 à *John Perkins* d'Henri Thomas et 1 à *Du mouron pour les petits oiseaux* d'Albert Simonin] ; le prix ne sera pas décerné, « l'Humanité » et « les Lettres françaises » ayant révélé qu'Horia avait appartenu à la Garde de fer roumaine, pronazie. **61** Jean Cau, *la Pitié de Dieu* [53]. **62** Anna Langfus, *les Bagages de sable* [53]. **63** Armand Lanoux, *Quand la mer se retire* [32]. **64** Georges Conchon, *l'État sauvage* [2]. **65** Jacques Borel, *l'Adoration* [53]. **66** Edmonde Charles-Roux, *Oublier Palerme* [27]. **67** André Pieyre de Mandiargues, *la Marge* [53]. **68** Bernard Clavel, *les Fruits de l'hiver* [47]. **69** Félicien Marceau, *Creezy* [53]. **70** Michel Tournier, *le Roi des aulnes* [53]. **71** Jacques Laurent, *les Bêtises* [27]. **72** Jean Carrière, *l'Épervier de Maheux* [30]. **73** Jacques Chessex, *l'Ogre* [27]. **74** Pascal Lainé, *la Dentellière* [53]. **75** Émile Ajar (21-11 dévoile son nom : Paul Pavlowitch et refuse le prix ; en fait Ajar était son oncle Romain Gary), *la Vie devant soi* [35]. **76** Patrick Grainville, *les Flamboyants* [48]. **77** Didier Decoin, *John l'Enfer* [48]. **78** Patrick Modiano, *Rue des boutiques obscures* [53]. **79** Antonine Maillet, *Pélagie la Charrette* [27]. **80** Yves Navarre, *le Jardin d'acclimatation* [24]. **81** Lucien Bodard, *Anne-Marie* [27]. **82** Dominique Fernandez, *Dans la main de l'ange* [27]. **83** Frédérick Tristan, *les Égarés* [4]. **84** Marguerite Duras, *l'Amant* [18]. **85** Yann Queffélec, *les Noces barbares* [53]. **86** Michel Host, *Valet de nuit* [27]. **87** Tahar Ben Jelloun (Marocain), *la Nuit sacrée* [48] [au 6e tour par 6 voix contre 2 à Guy Hocquenghem pour *Ève* [2] et 1 à Angelo Rinaldi pour *les Roses de Pline* [53] et Ya Ding pour *le Sorgho rouge* [49]]. **88** Erik Orsenna, *l'Exposition coloniale* [48]. **89** Jean Vautrin, *Un grand pas vers le Bon Dieu* [27]. **90** Jean Rouaud, *les Champs d'honneur* [18]. **91** Pierre Combescot, *les Filles du calvaire* [27]. **92** Patrick Chamoiseau, *Texaco* [53]. **93** Amin Maalouf, *le Rocher de Tanios* [27] [au 2e tour par 6 voix contre 2 à Michel Braudeau pour *Mon ami Pierrot* [48], 1 à Philippe Beaussant pour *Éloïse* [53] (déjà couronné par le Grand prix du roman de l'Académie française) et 1 à Angelo Rinaldi pour *Les jours ne s'en vont pas longtemps* [27]]. **94** Didier Van Cauwelaert, *Un aller simple* [2] [au 2e tour par 5 voix contre 5 à Paule Constant]. **95** Andreï Makine (né 10-9-1957 en Sibérie, arrivé à Paris en 1987, naturalisé Fr. en 1996), *le Testament français* [35] (déjà lauréat du Médicis) devant Franz-Olivier Giesbert (4 voix). **96** Pascale Roze (38 ans, comédienne), *le Chasseur zéro* [2] (son 1er roman) au 3e tour par 6 voix contre 5 à Eduardo Manet. **97** Patrick Rambaud *la Bataille* [28] (déjà lauréat du Grand prix du roman de l'Académie française) au 4e tour par 6 voix contre 4 à Lydie Salvayre. **98** Paule Constant, *Confidence pour confidence* [53] (au 4e tour par 7 voix contre 4 à François Sureau pour *Lambert Pachat* [27]). **99** Jean Echenoz, *Je m'en vais* [18]. **2000** Jean-Jacques Schuhl, *Ingrid Caven* [53].

Statistiques. Lauréats couronnés au 1er tour : 1914 (en 1913 il avait fallu 11 tours), 1915 (R. Benjamin à l'unanimité ; c'était le seul livre reçu par le jury), 1916, 1918, 1923, 1929, 1932, 1934, 1937, 1940 (Ambrière à l'unanimité ; décerné 1946), 1942, 1943, 1944, 1945, 1951, 1956, 1999 [Echenoz par 7 voix contre 3 à Christophe Bataille (*Vive l'enfer* [27])]. **1re femme couronnée :** 1944 (Elsa Triolet). **Lauréats les plus jeunes :** *26 ans :* J.-L. Bory (1945) ; *27 ans :* H. Troyat (1938) ; *28 ans :* F. de Miomandre (1908), L. Pergaud (1910) ; *29 ans :* C. Farrère (1905), M. Elder (1913), J. Fayard (1931), M. Van der Meersch (1936) ; **les plus âgés :** *70 ans :* M. Duras (1984) ; *67 ans :* L. Bodard (1981) ; *58 ans :* André Pieyre de Mandiargues (1967) ; *54 ans :* Félicien Marceau (1969) ; *52 ans :* Henri Pourrat (1941) ; *51 ans :* Jacques Laurent (1971) et Frédérick Tristan (1983). **Étrangers couronnés :** *Belges :* C. Plisnier (1937), B. Beck (1952), F. Walder (1958) ; *Canadienne :* Antonine Maillet (1979) ; *Marocain :* Tahar Ben Jelloun (1987) ; *Roumain :* Vintila Horia (1960) ; *Suisse :* J. Chessex (1973). **Lauréat dont le prix a couronné la 1re œuvre :** Paul Colin (1950, *les Jeux sauvages*), il ne publiera ensuite qu'un seul livre (en 1959) ; Pascale Roze (1996, *le Chasseur zéro*). **Prix refusés :** Julien Gracq (1951) ; Émile Ajar (1975, alias Romain Gary). **Prix annulé :** Vintilla Horia (1960) (voir ci-dessus). **Lauréat ayant reçu 2 fois le prix :** 1956 Romain Gary pour *les Racines du ciel ;* 1975 sous le nom d'Émile Ajar alias Paul Pavlowitch (on crut d'abord qu'il s'agissait de son petit-neveu) pour *la Vie devant soi.* **1er volume de nouvelles couronné :** *Faux Passeports* (1937, Charles Plisnier). **Titre couronné après avoir été refusé par un éditeur :** *Week-End à Zuydcoote* (Robert Merle) refusé par un lecteur de Julliard.

Meilleures ventes (nombre d'exemplaires imprimés) : *la Condition humaine* (A. Malraux) 3 072 000 ; *la Dentellière* (P. Lainé) 1 500 000 ; *les Noces barbares* (Y. Queffélec, 1985) 1 332 000 ; *la Vie devant soi* (É. Ajar) 1 190 000 ; *A l'ombre des jeunes filles en fleurs* (M. Proust) 956 000 ; *l'Amant* (M. Duras, 1984) 920 000 ; *le Testament français* (A. Makine) 900 000 ; *l'Épervier de Maheux* (J. Carrière) 805 000 ; *le Dernier des justes* (A. Schwarz-Bart) 620 000 ; *les Champs d'honneur* (J. Rouaud) 600 000.

Bourses Goncourt : biographie (créée 1980 ; 30 000 F) ; **nouvelle** (créée 1974 ; 50 000 F) : **1999 :** Elvire de Brissac, *les Anges d'en bas* [27] ; **poésie-Ville de Paris** (créée 1985 ; environ 40 000 F).

Goncourt du 1er roman. Créé 1990 au château de Blois. **Décerné** au printemps. **Montant :** 40 000 F (dont 15 000 donnés par l'Académie Goncourt, 25 000 par la mairie de Blois). **Lauréats : 1990** Hélène de Montferrand, *les Amies d'Héloïse* [108]. **91** Armande Gobry-Valle, *Iblis, ou la Défroque du serpent* [109]. **92** Nita Rousseau, *les Iris bleus* [24]. **93** Bernard Chambaz, *l'Arbre de vie* [5]. **94** Bernard Lamarche-Vadel, *Vétérinaires* [53]. **95** Florence Seyvos, *les Apparitions* [113]. **96** Yann Moix, *Jubilations vers le ciel* [27]. **97** Jean-Christophe Rufin, *l'Abyssin* [53]. **98** Shon Sa (Chine), *Porte de la paix céleste* [101]. **99** Nicolas Michel, *Un revenant* [53]. **2000** Benjamin Berton, *Sauvageons* [53].

Goncourt des lycéens. **Créé** 1988 sur l'initiative de la Fnac, avec une association de Rennes. **Décerné** le même jour que le Goncourt. **Principe :** choix des élèves de 13 classes (de la seconde à la terminale) de 13 lycées (environ 375 élèves) ; lisent les ouvrages sélectionnés en septembre par les académiciens. **Lauréats : 1991** Pierre Combescot, *les Filles du calvaire.* **92** Eduardo Manet, *l'Ile du lézard vert* [24]. **93** Anne Wiazemsky, *Canines* [53]. **94** Claude Pujade-Renaud, *Belle-Mère* [1]. **95** Andreï Makine, *le Testament français* [35]. **96** Nancy Huston, *Instruments des ténèbres* [1]. **97** Jean-Pierre Milovanoff, *le Maître des paons* [32]. **98** Luc Lang, *Mille Six Cents Ventres* [23]. **99** Jean-Marie Laclavetine, *Première Ligne* [53]. **2000** Ahmadou Kourouma, *Allah n'est pas obligé* [48].

■ **Grand Véfour de l'Histoire (ex-prix Historique et Gourmand).** **Créé** 1989. **Décerné** en nov./déc. **Montant :** 30 000 F et un encrier en baccarat. **Pt :** Monique Taittinger. **Lauréats : 1997** Dominique Lapierre, *Mille Soleils* [47]. **98** Hélène Carrère d'Encausse, *Lénine* [23]. **1999** Pierre Combescot, *les Petites Mazarines* [27]. **2000** Michel de Grèce, *la Nuit blanche de Saint-Pétersbourg* [164].

■ **Guizot.** **Créé** 1993. **Décerné** en septembre au Val Richer (Calvados). **Montant :** 100 000 F. Biennal, années paires. Récompense ouvrage d'histoire, étude des sociétés ou réflexion politique.

■ **Hassan-II des Quatre Jurys** (ex-prix Méridien des Quatre Jurys). **Créé** 1951 par Jean-Pierre Dorian. **Décerné** en janvier au Maroc pour donner une chance à un romancier ayant obtenu au moins 1 voix à l'un des 4 grands prix littéraires de fin d'année. **Montant :** 50 000 F et 1 semaine au Maroc. **Lauréats : 1995** Jean d'Ormesson, *la Douane de mer* [53]. **96** Michel del Castillo, *Mon frère l'idiot* [53]. **N'est plus décerné.**

■ **Hémisphères (Prix des).** **Créé** 1991 par Chantal Lapicque et Christian Seranot. **But :** rayonnement de la langue française. **Montant :** 30 000 F (avant 150 000 F puis 40 000 F). **Lauréats : 1991** Tahar Ben Jelloun. **92** Hector Bianciotti. **93** *suspendu.* **99** André Brincourt, *Langue française, terre d'accueil* [101].

■ **Histoire (Grand prix national d').** **Créé** 1977. **Décerné** en décembre par le min. de la Culture. **Montant :** 50 000 F. **Jury :** des historiens nommés par le min. de la Culture. **Lauréats : 1977** Jean Tulard. **78** Philippe Ariès. **79** Paul-Marie Duval. **80** Henri Michel. **81** Ernest Labrousse. **82** Pierre Goubert. **83** Vadim Elisseeff. **84** Charles-André Julien. **85** Michelle Perrot. **86** Jean Delumeau. **87** Jacques Le Goff. **88** René Rémond. **89** Jean Bottero. **90** Maurice Agulhon. **91** Mona Ozouf. **92** Daniel Roche. **93** Pierre Nora. **94** Jacques Thuillier. **95** Bernard Guenée. **96** Claude Nicolet. **N'est plus décerné.**

■ **Histoire Chateaubriand de la Vallée-aux-Loups [Grand prix d'** (créé 1987), **grand prix du Romantisme** (depuis1993)]. **Décerné** en novembre à Châtenay-Malabry (maison de Chateaubriand). **Montant :** 100 000 F chaque prix (attribués par le conseil général des Hauts-de-Seine). **But :** *histoire :* encourager les divers centres d'intérêt des lecteurs (sujet, période, pays) ; *romantisme :* récompenser un ouvrage en français, se rattachant à Chateaubriand ou à la période durant laquelle il a vécu. **Jury :** *Pt :* Marc Fumaroli ; Maurice Agulhon, Henri Amouroux, Alain Besançon, Françoise Chandernagor, Benedetta Craveri, Bernard Guenée, Jean Leclant, Emmanuel Le Roy Ladurie, Jean d'Ormesson, Claude Pichois, René Pomeau, Jean Tulard. **Lauréats : 1987** Francis Ambrière, *le Siècle des Valmore* [48]. **88** Paul Bénichou, *les Mages romantiques* [53]. **89** Jean-Claude Berchet, édition des *Mémoires d'outre-tombe* de Chateaubriand [102] et Michel Beurdeley, *l'Exode des objets d'art sous la Révolution* [89]. **90** Anne Martin-Fugier, *la Vie élégante ou la Formation du Tout-Paris 1815-1848.* **91** Robert Darnton, *Édition et Sédition, l'univers de la littérature clandestine au XVIIIe s.* [53] et Jean Chalon, *Chère George Sand* [24]. **92** Jacqueline de Romilly, *Pourquoi la Grèce ?* [108] et Françoise Wagener, *la Reine Hortense* [56]. **93** Nicolas Baverez, *Raymond Aron* [24] et Henri Suhami, *Sir Walter Scott* [108]. **94** René Pomeau, *On a voulu l'enterrer* et *Écraser l'infâme* [133], et Alain Besançon, *l'Image interdite* [23]. **95** Jean-Jacques Goblot, *la Jeune France libérale : le Globe et son groupe littéraire (1824-1830)* [41] et Jean-Marie Rouart, *Morny : un voluptueux au pouvoir* [53]. **96** Simone Bertière, *les Reines de France au temps des Bourbons* [108] et Gérard de Senneville, *Maxime Du Camp* [49]. **97** Robert Morrissey, *l'Empereur à la barbe fleurie* [53] et Rémy Tessonneau, *Joseph Joubert correspondance générale* [122]. **98** Jean-Claude Bonnet, *Naissance du Panthéon* [23] et Michel Butor, *Improvisations balzaciennes* [105]. **99** Alain Gérard, *la Terreur et la Vendée* [24] et Roger Pierrot, *Ève de Balzac* [49]. **2000** Olivier Chaline, *la Bataille blanche, un mystique chez les guerriers, 8 novembre 1620* [160] et Joël Kotek et Pierre Rigoulot, *le Siècle des camps ;* Jean-Claude Yon, *Eugène Scribe, la fortune et la liberté* [161].

■ **Hugues-Capet.** **Créé** 1994. **Décerné** fin novembre. **Montant** 35 000 F. **Jury :** *Pte :* Ctesse de Paris ; *secr. général :* Jacques-Henri Auclair. **Lauréats : 1994** François Bayrou, *Henri IV le roi libre.* **95** Jean-Christian Petitfils, *Louis XIV* [52]. **96** Jean-François Chiappe, *Louis XV* [52]. **97** Jean Sevillia, *Zita impératrice courage* [52]. **98** Simone Bertière, *les Femmes du Roi-Soleil* [108]. **99** Jean-Luc Gourdin, *la Duchesse du Maine* [129]. **2000** Aimé Richardt, *le Soleil du Grand Siècle* [89].

■ **Humour noir (Grands prix de l').** **Créés** 1954, à Dijon, par Tristan Maya (1926-2000). **Montant :** 10 000 F. **Jury :** *Pt :* Yak Rivais, *secr. général :* Bertrand Beyern ; Patrice Delbourg, Yves Frémion, Bernard Haller, Philippe Héraclès, Jean L'Anselme, Gabrielle Marquet, Dominique Noguez. **Lauréats (prix Forneret) : 2000** Jean-Marie Gourio, *l'Eau des fleurs* [32]. **2001** Franz Bartelt, *les Bottes rouges* [53].

■ **Interallié.** **Créé** 3-12-1930 par 30 journalistes (reporters, courriéristes, photographes, estafettes, cyclistes, téléphonistes, dessinateurs, etc.) qui attendaient en déjeunant dans un salon voisin, au cercle Interallié, les délibérations des dames du Femina. Ils décidèrent d'attribuer eux aussi un prix, l'Interallié (nom donné par le journaliste et romancier Pierre Humbourg), à André Malraux pour *la Voie royale* après 9 ou 10 tours (en lice : Jean d'Agraive, Maurice Dekobra, Pierre Frondaie). Le lendemain, Bernard Grasset fit imprimer le nom « Interallié » sur une bande de papier entourant le roman. **Décerné** en novembre, de préférence à un roman de journaliste. **Montant :** néant. **Jury :** Jean Couvreur, Jacques Duquesne, Jean Ferniot (secr. général), Paul Guimard, Serge Lentz, Éric Ollivier, Jean-Marie Rouart, Pierre Schoendoerffer, Philippe Tesson, et le lauréat de l'année précédente. En 1960, Roger Giron († 1990, secr. général) démissionna, le prix ayant été attribué à 2 auteurs (Jean Portel et Henri Muller avec un nombre égal de voix) ; il revint sur sa démission après que le jury lui eut promis que cela ne se reproduirait plus. **Lauréats : 1930** André Malraux, *la Voie royale* [27]. **31** Pierre Bost, *le Scandale* [53]. **32** Simone Ratel, *la Maison des Bories* [41]. **33** Robert Bourget-Pailleron, *l'Homme du Brésil* [53]. **34** Marc Bernard, *Annie* [53]. **35** Jacques Debû-Bridel, *Jeunes Ménages* [53]. **36** René Laporte, *Chasses de novembre* [14]. **37** Romain Roussel, *la Vallée sans printemps* [41]. **38** Paul Nizan, *la Conspiration* [53]. **39** Roger de Lafforest, *les Figurants de la mort* [27]. **40-44** *pas de prix décerné.* **45** Roger Vailland, *Drôle de jeu* [12]. **46** Jacques Nels, *Poussière du temps* [5]. **47** Pierre Daninos, *les Carnets du Bon Dieu* [31]. **48** Henry Castillou, *Cortiz s'est révolté* [23]. **49** Gilbert Sigaux, *les Chiens enragés* [32]. **50** Georges Auclair, *Un amour allemand* [53]. **51** Jacques Perret, *Bande à part* [53]. **52** Jean Dutourd, *Au bon beurre* [53]. **53** Louis Chauvet, *Air sur la quatrième corde* [24]. **54** Maurice Boissais, *le Goût du péché* [32]. **55** Félicien Marceau, *les Élans du cœur* [53]. **56** Armand Lanoux, *le Commandant Watrin* [32]. **57** Paul Guimard, *Rue du Havre* [14]. **58** Bertrand Poirot-Delpech, *le Grand Dadais* [14]. **59** Antoine Blondin, *Un singe en hiver* [50]. **60** Henry Muller, *Clem* [50] ; Jean Portelle, *Janitzia ou la Dernière qui aima d'amour* [14]. **61** Jean Ferniot, *l'Ombre portée* [53]. **62** Henri-François Rey, *les Pianos mécaniques* [47]. **63** Renée Massip, *la Bête quaternaire* [53]. **64** René Fallet, *Paris au mois d'août* [14]. **65** Alain Bosquet, *la Confession mexicaine* [27]. **66** Kléber Haedens, *L'été finit sous les tilleuls* [27]. **67** Yvonne Baby, *Oui l'espoir* [27]. **68** Christine de Rivoyre, *le Petit Matin* [27]. **69** Pierre Schoendoerffer, *l'Adieu au roi* [27]. **70** Michel Déon, *les Poneys sauvages* [53]. **71** Pierre Rouanet, *Castell* [27]. **72** Georges Walter, *Des vols de Vanessa* [27]. **73** Lucien Bodard, *Monsieur le Consul* [27]. **74** René Mauriès, *le Cap de la Gitane* [23]. **75** Voldemar Lestienne, *l'Amant de poche* [27]. **76** Raphaële Billetdoux, *Prends garde à la douceur des choses* [48]. **77** Jean-Marie Rouart, *les Feux du pouvoir* [27]. **78** Jean-Didier Wolfromm, *Diane Lanster* [27]. **79** François Cavanna, *les Russkoffs* [7]. **80** Christine Arnothy, *Toutes les chances plus une* [27]. **81** Louis Nucera, *le Chemin de la Lanterne* [27]. **82** Éric Ollivier, *l'Orphelin de mer... ou les Mémoires de monsieur Non* [14]. **83** Jacques Duquesne, *Maria Vandamme* [27]. **84** Michèle Perrein, *les Cotonniers de Bissalane* [27]. **85** Serge Lentz, *Vladimir Roubaïev* [47]. **86** Philippe Labro, *l'Étudiant étranger* [53]. **87** Raoul Mille, *les Amants du paradis* [27]. **88** Bernard-Henri Lévy, *les Derniers Jours de Charles Baudelaire* [27]. **89** Alain Gerber, *le Verger du diable* [27]. **90** Bruno Bayon, *les Animals* [27]. **91** Sébastien Japrisot, *Un long dimanche de fiançailles* [14]. **92** Dominique Bona, *Malika* [35]. **93** Jean-Pierre Dufreigne, *le Dernier Amour d'Aramis, ou les Vrais Mémoires du chevalier René d'Herblay* [27]. **94** Marc Trillard, *Eldorado 51* [69]. **95** Franz-Olivier Giesbert, *la Souille* [27]. **96** Eduardo Manet, *Rhapsodie cubaine* [27]. **97** Éric Neuhoff, *la Petite Française* [2]. **98** Gilles Martin-Chauffier (né 1954), *les Corrompus* [27] (au 12e tour par 6 voix contre 2 à Laurence Cossé pour *la Femme du Premier ministre* et 2 à François Sureau pour *Lambert Pacha*). **99** Jean-Christophe Rufin, *les Causes perdues* [53] par 6 voix contre 3 à Éric Zemmour (*le Dandy rouge* [41]) et 1 voix à Éric Fottorino (*Nordeste* [49]). **2000** Patrick Poivre d'Arvor, *L'Irrésolu* [2] (au 3e tour par 6 voix contre 5 à Frédéric Beigbeder pour *99 francs* [27]).

■ **Internet du Livre.** **Créé** 1999. Les lecteurs votent sur le site www.leprixinternet.com pour leur livre préféré parmi 20 romans sélectionnés par un jury. **Lauréat : 2001** Marc Levy, *Et si c'était vrai* [47].

■ **Jacques-Chardonne.** **Créé** 1986. **Pt du jury :** François Nourissier. **Décerné** mi-octobre. **Montant :** 50 000 F (versés par le Bureau interprofessionnel du cognac). **Suspendu** depuis 1997.

■ **Jacques-de-Fouchier-Paribas (Grand prix).** **Créé** 1988. **Décerné** à un ouvrage ou une œuvre remarquable par son sujet, sa composition, son style et dont l'auteur n'appartient pas aux professions littéraires. **Montant** 150 000 F. **Lauréats : 1999** Pr François-Bernard Michel. **2000** Yves Guéna, *le Baron Louis* [52]. **2001** Léon de Rosen.

■ **Jean Giono (Prix). Grand prix.** **Créé** 1990 à l'occasion du 20e anniversaire de la mort de Giono par Élise (sa femme), Sylvie Giono-Durbet (sa fille) et Michel Albert (Pt des AGF), repris par Pierre Bergé (Sté Saint Laurent) en 1992. **Décerné** 2e quinzaine de nov., à l'hôtel Lutetia, à l'ensemble de l'œuvre romanesque d'un auteur de langue française. **Lauréat : 2000** Ahmadou Kourouma, *Allah n'est pas obligé* [48]. **Prix du Jury Jean-Giono** **créé** 1992 par Pierre Bergé. **Décerné** avec le Grand prix à ouvrage faisant une large place à l'imagination, dans l'esprit de Jean Giono. **Montant :** 50 000 F chacun, offerts par la Sté Yves Saint Laurent. **Jury :** *Pt :* Pierre Bergé ; Paule Constant, Jean Dutourd, Sylvie Giono-Dubet, Marcel Jullian, Gilles Lapouge, Claude Mourthé, Erik Orsenna, Pierre Pain, Franco-Maria Ricci, Jean-Pierre Rudin, Yves Simon, Frédéric Vitoux. **Lauréats : 1990** Yves Beauchemin, *Juliette Pomerleau* [108]. **91** Michel Calonne, *les Enfances* [109]. **92** François Nourissier [27] ; Bruno Bontempelli, *l'Arbre du voyageur* [27]. **93** Marc Bressant ; Félicien Marceau, *la Terrasse de Lucrezia* [53]. **94** Georges-Olivier Châteaureynaud, *le Château de verre* [32]. Jacques Laurent, *L'inconnu du temps qui passe* [27]. **95** Amélie Nothomb, *les Catilinaires.* Vladimir Volkoff, *le Grand Tsar blanc* [2]. **96** Michel Déon pour son œuvre et Laurence Cossé, *le Coin du voile* [53]. **97** Jean-Marie Le Clézio, *Poisson d'or* [53] et pour son œuvre, Jean-Pierre Milovanoff, *le Maître des paons* [32]. **98** Sylvie Germain, *Tobies des marais.* **99** Jean d'Ormesson, *le Rapport Gabriel* [53]. **2000** Daniel Arsand, *En silence* [69].

■ **Jean-Rostand.** **Créé** 1978. **Montant :** 15 000 F. **Décerné** par le MURS-AESF (Mouvement universel de la responsabilité scientifique-Association des écrivains scientifiques de France) à des œuvres de vulgarisation scientifique. Remis, généralement, au palais de la Découverte. **Pt du jury :** Paul Caro. **Lauréat : 2000** Jean-Claude Ameisen, *la Sculpture du vivant* [48].

■ **Jeunes Talents pour les Lettres (Grand prix).** **Créé** 1998. **Lauréats : 1998** Michel Houellebecq. **99** Dominique Eddé, François Cochet.

■ **Langue française (Prix de la).** Depuis 1998. Ancien prix de la langue de France **créé** 1986 par la ville de Brive. **But :** récompense une œuvre qui illustre « la qualité et la beauté de la langue française ». **Décerné** à la foire du livre de Brive, le 2e week-end de novembre. **Montant :** 100 000 F. **Jury :** *Pt :* Jean Favier ; Yves Berger, Hector Bianciotti, Daniel Boulanger, Jean-Denis Bredin, Jean-Jacques Brochier, François Nourissier, Pierre-Jean Rémy, Jean-Marie Rouart, Robert Sabatier. **Lauréats : 1986** Jean Tardieu. **87** Jacqueline de Romilly. **88** André Lichnerowicz. **89** Michel Jobert. **90** Yves Berger. **91** Pascal Quignard. **92** Alain Bosquet. **93** Alain Rey. **94** Hector Bianciotti. **95** *suspendu.* **96** René de Obaldia. **97** François Weyergans. **98** Marcel Schneider. **99** Jacques Chessex. **2000** Bernard Pivot.

■ **Lectrices de Elle (Prix littéraire des).** **Créé** 1970. **But :** couronner, jusqu'en 1977, un roman ; depuis 1977, un roman (r.) et un document (d.). **Fonctionnement :** jury de 120 lectrices ; chaque mois 8 comités de 15 lectrices choisissent un roman et un document parmi 6 livres proposés par la rédaction. Les 120 lectrices notent les titres choisis, nommés « Livre du mois ». Parmi ceux-ci sont désignés les 2 lauréats. **Montant :** promotion nationale par voie d'affiches et la couverture de *Elle* lors de la semaine de proclamation (fin mai) **Lauréats : 1970** Arlette Grébel, *Ce soir Tania* [53] (r.). **71** Michèle Perrein, *la Chineuse* [32] (r.). **72** Elvire de Brissac, *Un long mois de septembre* [27] (r.). **73** Simone Schwarz-Bart, *Pluie et vent sur Télumée-Miracle* [48] (r.). **74** Max Gallo, *Un pas vers la mer* [47] (r.). **75** Françoise Lefèvre, *la Première Habitude* [30] (r.). **76** Roger Boussinot, *Vie et Mort de Jean Chalosse, moutonnier des Landes* [47] (r.). **77** Guyette Lyr, *la Fuite en douce* [35] (r.), Jean-Marie Pelt, *l'Homme re-naturé* [48] (d.). **78** Hortense Dufour, *la Marie-Marraine* [27] (r.), Pr Tubiana, *le Refus du réel* [47] (d.). **79** Jeanne Bourin, *la Chambre des dames* [50] (r.), Ania Francos, *Il était des femmes dans la Résistance* [49] (d.). **80** Marie-Thérèse Humbert, *A l'autre bout de moi* [49] (r.), Barbara W. Tuchman, *Un lointain miroir* [23] (d.). **81** José-André Lacour, *le Rire de Caïn* [50] (r.), Kai Hermann et Horst Rieck, *Moi, Christiane F., 13 ans, droguée, prostituée...* [35] (d.). **82** Clarisse Nicoidski, *Couvre-Feux* [44] (r.), Françoise Chandernagor, *l'Allée du Roi* [32] (d.). **83** Paul Savatier, *le Photographe* [53] (r.), Anne Delbée, *Une femme* [66] (d.). **84** Michel Ragon, *les Mouchoirs rouges de Cholet* [2] (r.), Ghislain de Diesbach, *Madame de Staël* [52] (d.). **85** Frédéric Rey, *la Haute Saison* [24] (r.), Marie Chaix, *Juliette, chemin des cerisiers* [48] (d.). **86** François-Marie Banier, *Balthazar fils de famille* [53] (r.), Claude Francis et Fernande Gontier, *Simone de Beauvoir* [42] (d.). **87** Jack-Alain Léger, *Wanderweg* [53] (r.), Françoise Wagener, *Madame Récamier* [56] (d.). **88** Kenizé Mourad, *De la part de la princesse morte* [47] (r.), Pierre Assouline, *l'Homme de l'art, D.H. Kahnweiler* [4] (d.). **89** Charles Juliet, *Année de l'éveil* [77] (r.), Jean-Louis Ferrier (sous la direction de) avec la collaboration de Yann Le Pichon, *l'Aventure de l'art au XXe s.* [84] (d.). **90** Yves Beauchemin, *Juliette Pomerleau* [108] (r.), H.C. Robbins Landon, *Mozart, âge d'or de la musique à Vienne (1781-1791)* [110] (d.). **91** Claire Bonnafé, *le Guetteur immobile* [4] (r.), Lila Lounguina, *les Saisons de Moscou (1933-90)* [41] (d.). **92** Nicolas Bréhal, *Sonate au clair de lune* [35] (r.), Anne Borrel, Alain Senderens et Jean-Bernard Naudin, *Proust : la cuisine retrouvée* [84] (d.). **93** Bernard Werber, *le Jour des fourmis* [2] (r.), collectif, *le Respect* [126] (d.). **94** Gisèle Pineau, *la Grande Drive des esprits* [132] (r.), Alexandra Lapierre, *Fanny Stevenson* [47] (d.). **95** Paulo Coelho, *l'Alchimiste* [138] (r.), Henriette Walter, *l'Aventure des langues en Occident* [47] (d.). **96** Daniel Picouly, *le Champ de personne* [24] (r.), Shusha Guppy, *Un jardin à Téhéran* [69] (d.). **97** Élisabeth Gille, *Un paysage de cendres* [48] (r.) ; Antoine de Baecque et Serge Toubiana, *François Truffaut* [53] (d.). **98** Tonino Benacquista, *Saga* [53] (r.) ; Évelyne Bloch-Dano, *Madame Zola* [27] (d.). **99** Nancy Huston, *l'Empreinte de l'ange* [1] (r.) ; Laurent Greilsamer, *le Prince foudroyé* [23] (d). **2000 :** Catherine Cusset, *le Problème avec Jane* [53] (r.) ; Sabine Melchior-Bonnet et Aude de Tocqueville, *Histoire de l'adultère* [157]. **2001 :** Eric-Emmanuel Schmitt, *l'Évangile selon Pilate* [2] (r.) ; François Bizot, *le Portail* [50] (d.).

■ **Lettres (Grand prix national des).** **Créé** 1950. **But :** couronner un écrivain d'expression française qui, par son œuvre, contribue à l'illustration des lettres françaises. **Décerné** en décembre par le ministère de la Culture. **Montant :** 50 000 F. **Jury :** Jean-Sébastien Dupuit (Pt) et 11 personnalités désignées par le ministère. **Lauréats :** **1951** ALAIN. **52** Valery LARBAUD. **53** Henri BOSCO. **54** André BILLY. **55** Jean SCHLUMBERGER. **56** Alexandre ARNOUX. **57** Louis MARTIN-CHAUFFIER. **58** Gabriel MARCEL. **59** SAINT-JOHN PERSE. **60** Marcel ARLAND. **61** Gaston BACHELARD. **62** Pierre-Jean JOUVE. **63** Jacques MARITAIN. **64** Jacques AUDIBERTI. **65** Henri MICHAUX (refusé). **66** Julien GREEN. **67** Louis GUILLOUX. **68** Jean GRENIER. **69** Jules ROY. **70** Maurice GENEVOIX. **71** Jean CASSOU. **72** Henri PETIT. **73** Jacques MADAULE. **74** Marguerite YOURCENAR. **75** André DHÔTEL. **76** Armand LUNEL. **77** Philippe SOUPAULT. **78** Roger CAILLOIS. **79** Marcel BRION. **80** Michel LEIRIS (refusé). **81** Pierre KLOSSOWSKI. **82** Nathalie SARRAUTE. **83** Jean GENET. **84** Jean CAYROL. **85** André PIEYRE DE MANDIARGUES. **86** Yacine KATEB. **87** Robert PINGET. **88** Maurice NADEAU. **89** Jean-Toussaint DESSANTI. **90** Louis-René DES FORÊTS. **91** Béatrix BECK. **92** Louis CALAFERTE. **93** Jean TARDIEU. **94** Dominique ROLIN. **95** Marthe ROBERT. **96** Patrick MODIANO. **97** *non décerné.* **98** [regroupe aussi l'ex-Grand prix national de la traduction (voir p. 347 a)], Michel HOUELLEBECQ et Jean STAROBINSKI. **99** Réjean DUCHARME et François COCHET. **2000** *non décerné.*

■ **Levant (Prix littéraire du).** **Créé** 1990 par le Conseil général du Var. **Montant :** 300 000 F. **Décerné** fin novembre, la veille des Rencontres littéraires de Toulon. **But :** récompenser un ouvrage se situant dans le cadre méditerranéen. **Jury :** Yvan Audouard, Tahar Ben Jelloun, André Brincourt, Charles Galfré (secr. général), Raymond Jean, Jacques Laurent, Paul Morelle, Pierre Moustiers, Louis Nucéra, Christine de Rivoyre, Marie Susini, Édouard Vellutini. **Lauréats :** **1990** Augustin GOMEZ ARCOS. **91** Michel DEL CASTILLO. **92** Suzanne PROU ; **2e prix** (50 000 F ; décerné à un jeune auteur) : René FREGNI. **93** Rachid MIMOUNI. **94** *annulé.* **95** **remplacé par le Prix de la nouvelle** (voir p. 345 b).

■ **Liberté (Prix de la).** **Créé** 1980. **Parrainé** par le Pen Club français. **Montant :** 5 000 F. **Attribué** à un écrivain opprimé ; œuvre inédite ou à diffusion restreinte dans son pays mais publiée en France. **Jury :** Georges-Emmanuel Clancier, Emmanuel Le Roy Ladurie, Jean-François Revel et Dimitri Stolypine (fondateur). **Lauréats :** **1980** Armando VALLADARES (Cuba), Lydia TCHOUKOVSKAIA (URSS), Abdellatif LAABI (Maroc). **81** Varlam CHALAMOV (URSS). **82** Adam MICHNIK (Pologne). **83** Léonide BORODINE (URSS), Marek NOWAKOWSKI (Pologne). **84** Jorge VALLS ARANGO (Cuba), Viatcheslav SYSSOIEV (URSS). **85** Youri TARNOPOLSKI (URSS). **86** Bujor NEDELCOVICI (Roumanie), Gustaw HERLING (Pologne). **87** Elena BONNER (URSS), Adam ZAGAJEWSKI (Pologne). **88** *non décerné.* **89** Vaclav HAVEL (Rép. tchèque) et Duyen ANH (Viêt Nam). **90-91-92-93** *non décerné.* **94** Abdullah SIDRAN (Bosnie). **N'est plus décerné.**

■ **Liberté littéraire (Prix de la).** **Origine : Prix Colette** créé oct. 1988 par Geneviève Armleder qui l'organise avec la fondation Armleder (famille propriétaire de l'hôtel Richemond où séjourna Colette plusieurs mois en 1946-47). **Montant :** 35 000 FS. **Lauréats :** **1989** François SUREAU. **90** Hervé GUIBERT. **91** Marc LAMBRON. **92** Yves BERGER. **93** Salman RUSHDIE (il ne pourra se rendre à Genève, les autorités locales refusant d'assurer sa protection). Fin mai 1993, les héritiers de Colette interdisent l'usage du nom Colette pour le prix. **1994** (20-1) fondation et jury rompent avec la succession Colette et renomment le prix « Liberté littéraire ». **Jury :** *Pt :* Jacques Chessex ; Edmonde Charles-Roux, Françoise Mallet-Joris, Bernard-Henri Lévy, Jean d'Ormesson, Erik Orsenna, Philippe Sollers. **Lauréats :** **1994** Rachid MIMOUNI, *la Malédiction* [49] et Daniel RONDEAU, *les Fêtes partagées* [142]. **95** Michel ONFRAY, *la Raison gourmande* [27] et pour l'ensemble de son œuvre. **N'est plus décerné.**

■ **Libraires (Prix des).** **Créé** 1955 par la Chambre syndicale des libraires de France (devenue la Fédération française des syndicats de libraires). **Jury :** un comité de lecture composé de 15 libraires. **Décerné** lors de l'assemblée générale de la Fédération (au printemps) après sélection et vote de 5 000 libraires francophones (Français, Belges, Suisses, Canadiens). **But :** distinguer un écrivain de langue française, le plus souvent un romancier, dont l'œuvre ne semble pas avoir reçu la consécration méritée. **Montant :** une médaille et la promotion du livre. **Lauréats :** **1955** Michel DE SAINT-PIERRE, *les Aristocrates* [50]. **56** Albert VIDALIE, *la Bonne Ferté* [14]. **57** Françoise MALLET-JORIS, *les Mensonges* [32]. **58** Jean BASSAN, *Nul ne s'évade* [41]. **59** Georges BORDENOVE, *Deux Cents Chevaux dorés* [32]. **60** Georges CONCHON, *la Corrida de la victoire* [2]. **61** Andrée MARTINERIE, *les Autres Jours* [53]. **62** Jean ANGLADE, *la Foi et la Montagne* [47]. **63** José CABANIS, *les Cartes du temps* [53]. **64** Pierre MOINOT, *le Sable vif* [53]. **65** Jacques PEUCHMAURD, *le Soleil de Palicorna* [47]. **66** Jacques PERRY, *la Vie d'un païen* [47]. **67** Catherine PAYSAN, *les Feux de la Chandeleur* [14]. **68** Paul GUIMARD, *les Choses de la vie* [14]. **69** René BARJAVEL, *la Nuit des temps* [43]. **70** Georges-Emmanuel CLANCIER, *l'Éternité plus un jour* [47]. **71** Anne HÉBERT, *Kamouraska* [48]. **72** Didier DECOIN, *Abraham de Brooklyn* [48]. **73** Michel DEL CASTILLO, *le Vent de la nuit* [32]. **74** Michèle PERREIN, *le Buveur de Garonne* [24]. **75** Herbert LE PORRIER, *le Médecin de Cordoue* [48]. **76** Patrick MODIANO, *Villa triste* [53]. **77** Pierre MOUSTIERS, *Un crime de notre temps* [48]. **78** Jean NOLI, *la Grâce de Dieu* [32]. **79** Christiane SINGER, *la Mort viennoise* [2]. **80** Claude MICHELET, *Des grives aux loups* [47]. **81** Claude BRAMI, *Un garçon sur la colline* [14]. **82** Serge LENTZ, *les Années sandwiches* [47]. **83** Serge BRAMLY, *la Danse du loup* [7]. **84** Guy LAGORCE, *le Train du soir* [27]. **85** Christian DEDET, *la Mémoire du fleuve* [69]. **86** Robert MALLET, *Ellynn* [53]. **87** Jacques ALMIRA, *la Fuite à Constantinople* [35]. **88** Yves SIMON, *le Voyageur magnifique* [27]. **89** Michel CHAILLOU, *la Croyance des voleurs* [48]. **90** Claude DUNETON, *Rires d'homme entre deux pluies* [27]. **91** Michelle SCHULLER, *Une femme qui ne disait rien* [66]. **92** Ève DE CASTRO, *Ayez pitié du cœur des hommes* [56]. **93** Françoise XENAKIS, *Attends-moi* [27]. **94** Isabelle HAUSER, *Nitchevo* [108]. **95** Anne CUNEO, *le Trajet d'une rivière* [14]. **96** Gilbert SINOUÉ, *le Livre de Saphir* [14]. **97** Philippe DELERM, *Sundborn ou les Jours de lumière* [101]. **98** Jean-Guy SOUMY, *la Belle Rochelaise* [47]. **99** Marc DUGAIN, *la Chambre des officiers* [56]. **2000** Jean-Pierre MILOVANOFF, *l'Offrande sauvage* [27]. **2001** Pierre ASSOULINE, *Double Vie* [53].

■ **Littérature (Grand prix de).** **Créé** 1911 par l'Académie française, remis pour la 1re fois en 1912. Biennal (années impaires) depuis 1979. **But :** récompense l'ensemble d'une œuvre littéraire. **Décerné** au printemps. **Montant :** 200 000 F (avant 300 000 F). **Lauréats :** **1911** *non décerné.* **12** André LAFON. **13** Romain ROLLAND. **14** *non décerné.* **15** Émile NOLLY. **16** Maurice MASSON. **17** Francis JAMMES. **18** Mme Gérard D'HOUVILLE. **19** Jérôme et Jean THARAUD. **20** Edmond JALOUX. **21** Anna DE NOAILLES. **22** Pierre LASSERRE. **23** François PORCHÉ. **24** Abel BONNARD. **25** général MANGIN. **26** Gilbert DE VOISINS. **27** Joseph DE PESQUIDOUX. **28** Jean-Louis VAUDOYER. **29** Henri MASSIS. **30** M.-Louise BOURGET-PAILLERON. **31** Raymond ESCHOLIER. **32** FRANC NOHAIN. **33** Henri DUVERNOIS. **34** Henry DE MONTHERLANT. **35** André SUARÈS. **36** Pierre CAMO. **37** Maurice MAGRE. **38** Tristan DERÈME. **39** Jacques BOULENGER. **40** Edmond PILON. **41** Gabriel FAURE. **42** Jean SCHLUMBERGER. **43** Jean PRÉVOST. **44** André BILLY. **45** Jean PAULHAN. **46** DANIEL-ROPS. **47** Mario MEUNIER. **48** Gabriel MARCEL. **49** Maurice LEVAILLANT. **50** Marc CHADOURNE. **51** Henri MARTINEAU. **52** Marcel ARLAND. **53** Marcel BRION. **54** Jean GUITTON. **55** Jules SUPERVIELLE. **56** Henri CLOUARD. **57** *non décerné.* **58** Jules ROY. **59** Thierry MAULNIER. **60** Mme SIMONE. **61** Jacques MARITAIN. **62** Luc ESTANG. **63** Charles VILDRAC. **64** Gustave THIBON. **65** Henri PETIT. **66** Henri GOUHIER. **67** Emmanuel BERL. **68** Henri BOSCO. **69** Pierre GASCAR. **70** Julien GREEN. **71** Georges-Emmanuel CLANCIER. **72** Jean-Louis CURTIS. **73** Louis GUILLOUX. **74** André DHÔTEL. **75** Henri QUEFFÉLEC. **76** José CABANIS. **77** Marguerite YOURCENAR. **78** Paul GUTH. **79** Antoine BLONDIN. **81** Jacques LAURENT. **83** Michel MOHRT. **85** Roger GRENIER. **87** Jacques BROSSE. **89** Roger VRIGNY. **91** Jacques LACARRIÈRE. **93** Louis NUCERA. **95** Jacques BRENNER. **97** Beatrix BECK. **99** André BRINCOURT. **2001** Milan KUNDERA.

■ **Littérature policière (Grand prix de).** **Créé** 1946 par Maurice-Bernard Endrèbe. **Décerné** 2 fois par an : en avril à un roman policier étranger, en octobre à un français. **Montant :** prix non doté. **Jury :** Jacques Baudou, Dominique Choquet, Gérard Delteil, Maurice-Bernard Endrèbe, Pierre Lebedel, Gérard Meudel, Michel Renaud, René Réouven, Georges Rieben, Jean-Jacques Schleret. **Lauréats :** **1999** Michael CONNELLY, *Créance de sang* [48]. Pascal DESSAINT, *Du bruit sous le silence* [81]. **2000 :** Rennie AIRTH, *Un fleuve de ténèbres* [108]. **2001** Michel CRESPY, *Chasseurs de têtes* [14].

■ **Livre Inter.** **Créé** 1975 par Paul-Louis Mignon. **Décerné** en mai ou juin. **Jury :** 24 auditeurs (12 hommes et 12 femmes) et 1 Pt (Jean-Marie Gustave Le Clézio en 1999). **Fonctionnement :** 10 romans de langue française sont sélectionnés par les critiques littéraires de la presse écrite, de la télévision et de Radio France (34 en 1992). **Montant :** promotion assurée : émissions spéciales et spots sur France-Inter, placards de publicité dans la presse, et les libraires reçoivent une affiche éditée par Radio France et distribuée par la FFSL (Fédération française des syndicats de libraires) et l'éditeur du livre. **Lauréats :** **2000** Antoine VOLODINE, *Des anges mineurs* [48]. **2001** Laurent MAUVIGNIE, *Apprendre à finir* [18].

■ **Louis Hachette.** Pour la presse écrite, ex-prix Mumm-Kléber Haedens (créé 1980, disparu 1888). **Décerné** pour la 1re fois 1-2-2001. **Jury :** *Pte :* Françoise Giroud ; 13 journalistes. **Lauréats :** **2001** Jean-Michel DUMAY, Jacques-Pierre AMETTE, Michel PEYRARD, Michel de PRACONTAL, Jean-Jacques CHIQUETTI.

■ **Louis-Pauwels.** **Créé** 1997. **Montant :** 30 000 F. **Jury :** *Pt :* Henri Amouroux ; Thierry Desjardins, Franz-Olivier Giesbert, Henri-Christian Giraud, Jean Miot, Jacques Mousseau, Jean Piat, Me Sylviane Plantelin, Guy Sorman, Henriette Walter. **Lauréats :** **1998** Henriette WALTER, *l'Aventure des mots venus d'ailleurs* [119]. **99** Xavier EMMANUELLI, *L'homme n'est pas la mesure de l'homme* [66]. **2000** Thierry DESJARDINS, *le Scandale de l'Éducation nationale* [119]. **2001** Bernard DEBRÉ, *la Grande Transgression* [163].

■ **Louise-Labé (poésie).** **Créé** 1964 par Édith Mora et Pierrette Micheloud [un prix disparu depuis avait été créé sous le même nom en 1951 par Henri Barbier de Lescoët (né 1906)]. **Décerné** en nov. à un poète ou une poétesse déjà publié. **Montant :** 5 000 F au minimum. **Jury :** féminin. *Pte :* Claudine Helft. **Lauréats :** **1997** Judith CHAVANNE. **98** Jean-Pierre VALLOTON. **99** NIMROD. **2000** Annie SALAGER et Béatrice de JURQUET.

■ **Louise-Weiss-Bibliothèque nationale de France.** **Créé** 1986 [legs de Louise Weiss (1893-1983) à la Bibliothèque nationale afin d'organiser un prix annuel pendant 10 ans] pour couronner une personne ayant contribué à la conservation ou au développement des arts du livre et des bibliothèques. **Montant :** 90 000 F. **Lauréats :** **1987** (1er prix décerné) Henri-Jean MARTIN. **88** Bernard PIVOT. **89** Jean GATTEGNO. **90** Bibliothèque humaniste de Sélestat. **91** Pierre NORA. **92** Georges LEROUX. **94** Association pour la recherche scientifique des arts graphiques (Arsag). **95** Jean-Marc DABADIE. **96** Claude DRAEGER (PDG des éd. Anthèse). **N'est plus décerné**.

■ **Louise-Weiss (prix de la Fondation).** **Créé** 1971. **Attribué** par le Conseil scientifique de la Fondation Louise-Weiss. **Lauréats :** **1995** André CHOURAQUI. **96** Mario SOARÈS. **97** Jacqueline BAUDRIER. **98** Adrien ZELLER. **99** Louise ARBOUR. **2000** Geneviève ANTHONIOZ-DE-GAULLE.

■ **Lutèce.** **Créé** 1989. **Suspendu** depuis 1994. **Montant :** 50 000 F (le Bon Marché Rive Gauche) et 1 semaine à l'hôtel Martinez de Cannes (Groupe Hôtels Concorde).

■ **Maisons de la Presse (Prix des).** **Créé** nov. 1970 par le Syndicat national des dépositaires de presse (SNDP) et Gabriel Cantin. 2 prix annuels (mi-mai) : romans (r) et documents (d) de grande diffusion. **Récompense :** campagne de promotion dans la presse. **Jury :** *Pt :* R. Damidot ; *secr. général :* C. Carisey ; un comité de lecture de journalistes et un grand jury de 45 membres dépositaires de presse-libraires. **Lauréats :** **1970** Jean LABORDE, *l'Héritage de violence* [24] (r), Jean POUGET, *Manifeste du camp n° 1* [23] (d). **71** Luc ESTANG, *la Fille à l'oursin* [48] (d), Brigitte FRIAND, *Regarde-toi qui meurs* [47] (r). **72** Pierre MOUSTIERS, *l'Hiver d'un gentilhomme* [53] (d), Robert AUBOYNEAU et Jean VERDIER, *la Gamelle dans le dos* [23] (r). **73** René BARJAVEL, *le Grand Secret* [43] (r), Georges BORTOLI, *Mort de Staline* [47] (d). **74** Marie CHAIX, *les Lauriers du lac de Constance* [48] (r), Michel BATAILLE, *les Jours meilleurs* [32, 35] (d). **75** Charles EXBRAYAT, *Jules Matrat* [2] (r), Jacques CHARON, *Moi, un comédien* [2] (d). **76** Guy LAGORCE, *Ne pleure pas* [27] (d), Jacques-Francis ROLLAND, *le Grand Capitaine* [27] (r). **77** Maurice DENUZIÈRE, *Louisiane* [56] (d), Patrick SEGAL, *l'Homme qui marchait dans sa tête* [24] (r). **78** André LACAZE, *le Tunnel* [32] (r), Marcel SCIPION, *le Clos du roi* [87] (d). **79** Florence TRYSTRAM, *le Procès des étoiles* (d), Jeanne BOURIN, *la Chambre des dames* [5] (r). **80** Nicole CIRAVEGNA, *les Trois Jours du cavalier* [48] (r), Philippe LAMOUR, *le Cadran solaire* [47] (d). **81** Jacques CHANCEL, *Tant qu'il y aura des îles* [28] (d), Marguerite GURGAND, *les Demoiselles de Beaumoreau* [71] (r). **82** Irène FRAIN, *le Nabab* [56] (r), Gisèle DE MONFREID, *Mes secrets de la mer Rouge* [121] (d). **83** Régine DEFORGES, *la Bicyclette bleue* [44] (r). **84** Michel DÉON, *Je vous écris d'Italie...* [53] (r), Jean-François CHAIGNEAU, *Dix Chiens pour un rêve* [2] (d). **85** Patrick MENEY, *Niet* [71] (r), Éric LIPMAN, *Paderewski, l'idole des années folles* [4] (d). **86** André LE GAL, *le Shangaïe* [56] (r). **87** Loup DURAND, *Daddy* [75] (r). **88** Amin MAALOUF, *Samarcande* [56] (r). **89** Christine ARNOTHY, *Vent africain* [27] (r). **90** Patrick CAUVIN, *Rue des bons enfants* [2] (r), Jacqueline MASSABKI et François POREL, *la Mémoire des cèdres* [47] (d). **91** Catherine HERMARY-VIEILLE, *Un amour fou* [75] (r), Noëlle LORIOT, *Irène Joliot-Curie* [66] (d). **92** Christian JACQ, *l'Affaire Toutankhamon* [27] (r), Gilbert BORDES, *le Porteur de destins* [87] (d). **93** Josette ALIA, *Quand le soleil était chaud* [27] (r), Jean-Paul KAUFFMANN, *l'Arche des Kerguelen* [24] (d). **94** Michel RAGON, *le Roman de Rabelais* [2] (r), Catherine DECOURS, *la Dernière Favorite* [52] (d). **95** Jean RASPAIL, *l'Anneau du pêcheur* [2] (r), Jean-François DENIAU, *Mémoires de 7 vies* [41] (d). **96** Jean-Claude LIBOUREL, *Antonin Maillefer* [47] (r), Jean LARTEGUY, *Mourir pour Jérusalem* [119] (d). **97** Christian SIGNOL, *la Lumière des collines* [2] (r), Frédéric MITTERRAND, *les Aigles foudroyés* [47] (d.). **98** Bernard CLAVEL, *Soleil des morts* [2] (r.), Maurice HERZOG, *l'Autre Annapurna* [47] (d.). **99** Daniel PENNAC, *Aux fruits de la passion* [53] (r.), Malika OUFKIR et Michèle FITOUSSI, *la Prisonnière* [27] (d.). **2000** Georges COULONGES, *l'Été du grand bonheur* [43] (r.), Georges SUFFERT, *Tu es Pierre* [108] (d.).

■ **Mallarmé (Académie).** **Créé** 1976. **Décerné** par l'Académie Mallarmé (fondée 1937) lors de la foire du livre de Brive. **Récompense** une œuvre de poésie contemporaine. **Montant :** 25 000 F dotés par la ville de Brive. **Lauréat :** **2000** André SCHMITZ.

■ **Marcel-Proust.** **Créé** 1972 par Bruno Coquatrix et M. Le Sidaner. **Montant :** 200 000 F. **Décerné** jusqu'en 1994 en juin au restaurant Maxim's, à Paris, à une œuvre qui, par le genre, l'esprit ou l'écriture, a un rapport avec Proust, son œuvre ou son époque. **Lauréats :** **1990** Jean GUITTON, *Un siècle, une vie* [47]. **91** Ghislain DE DIESBACH, *Proust* [52] (50 000 F). **93** René DE OBALDIA, *Exobiographie* [27]. **94** Jean CHALON, *Liane de Pougy* [24], Éric OLLIVIER, *Lettre à mon genou* [27]. **N'est plus décerné.**

■ **Marguerite-Yourcenar.** **Créé** 1992. **Montant :** 8 000 F. **But :** récompenser l'œuvre d'un auteur résidant en permanence aux USA. **Décerné** par l'ambassade de France aux USA. **Lauréate :** **1999** Maryse CONDÉ, *le Cœur à rire et à pleurer* [47].

■ **Maurice-Genevoix.** **Créé** 1985. **Montant :** 30 000 F. **Décerné** début juin à Garches. **Jury** (2000) : Jean Bernard, Yves Bodin, Didier Decoin, Roland Faure, Sylvie Genevoix, Félicien Marceau, François Nourissier, Bernard Olivier, Bertrand Poirot-Delpech, Georgette Sireyjol, Françoise Xenakis. **Lauréats :** **1998** Jean-Marc ROBERTS, *Une petite femme* [27]. **99** Geneviève DORMAN, *Adieu, phénomène* [2]. **2000** Pascale ROZE, *Lettre d'été* [2].

■ **Max-Jacob.** Donation de la banque Harwane. **Créé** 1951. **Décerné** fin mars à un poète peu connu, pour une œuvre poétique, en vers ou prose, publiée l'année précédente. **Montant :** 15 000 F. **Jury** (1999) : Jean Orizet (Pt), Georges-Emmanuel Clancier, Claude-Michel Cluny, Claude Esteban, Dominique Grandmont, Vénus Khoury Ghata, Yves Mabin, Pierre Oster-Soussouev, Jean-Baptiste Para, Jean-Claude Renard, Lionel Rey, Jean Rousselot. **Lauréats :** **1998** Pierre-Jean RÉMY, *Retour d'Hélène* [53]. **99** Xavier BORDES, *Comme un bruit de source* [53]. **2000** Philippe DELAVEAU, *Petites Gloires ordinaires* [53]. **2001** Gérard CARTIER, *Méridien de Greenwich* [131].

■ **Médicis.** **Créé** 1958 par Mme Gala Barbisan († 1982) et Jean-Pierre Giraudoux († 2000). **Remis** le même jour que le Femina. **Décerné** à un roman, un récit ou un recueil de nouvelles édité dans les 12 mois précédents et apportant un ton ou un style nouveau. **Montant :** 4 500 F. **Jury :** *Pt :* Marcel Schneider (depuis 1997, sa voix compte double) ; Mmes Francine Mallet, Jacqueline Piatier, Christine de Rivoyre, Anne Wiazemsky ; MM. Jacques Chessex, Dominique Fernandez, Patrick Grainville, Alain Robbe-Grillet, Denis Roche. **Lauréats : 1958** Claude OLLIER, *la Mise en scène* [18]. **59** Claude MAURIAC, *le Dîner en ville* [2]. **60** Henri THOMAS, *John Perkins* [53]. **61** Philippe SOLLERS, *le Parc* [48]. **62** Colette AUDRY, *Derrière la baignoire* [53]. **63** Gérard JARLOT, *Un chat qui aboie* [53]. **64** Monique WITTIG, *l'Opoponax* [18]. **65** René-Victor PILHES, *la Rhubarbe* [48]. **66** Marie-Claire BLAIS, *Une saison dans la vie d'Emmanuel* [27]. **67** Claude SIMON, *Histoire* [18]. **68** Élie WIESEL, *le Mendiant de Jérusalem* [48]. **69** Hélène CIXOUS, *Dedans* [27]. **70** Camille BOURNIQUEL, *Sélinonte ou la Chambre impériale* [48]. **71** Pascal LAÎNÉ, *l'Irrévolution* [53]. **72** Maurice CLAVEL, *le Tiers des étoiles* [27]. **73** Tony DUVERT, *Paysage de fantaisie* [18]. **74** Dominique FERNANDEZ, *Porporino ou les Mystères de Naples* [27]. **75** Jacques ALMIRA, *le Voyage à Naucratis* [53]. **76** Marc CHOLODENKO, *les États du désert* [24]. **77** Michel BUTEL, *l'Autre Amour* [35]. **78** Georges PEREC, *la Vie mode d'emploi* [28]. **79** Claude DURAND, *la Nuit zoologique* [27]. **80** Jean-Luc BENOZIGLIO, *Cabinet-Portrait* [48] ; Jean LAHOUGUE, *Comptine des Height* [53], l'auteur refuse son prix. **81** François-Olivier ROUSSEAU, *l'Enfant d'Édouard* [35]. **82** Jean-François JOSSELIN, *l'Enfer et Cie* [27]. **83** Jean ÉCHENOZ, *Cherokee* [18]. **84** Bernard-Henri LÉVY, *le Diable en tête* [27]. **85** Michel BRAUDEAU, *Naissance d'une passion* [48]. **86** Pierre COMBESCOT, *les Funérailles de la sardine* [27]. **87** Pierre MERTENS (Belge), *les Éblouissements* [48]. **88** Christiane ROCHEFORT, *la Porte du fond* [27]. **89** Serge DOUBROVSKY, *le Livre brisé* [27]. **90** Jean-Noël PANCRAZI, *les Quartiers d'hiver* [53]. **91** Yves SIMON, *la Dérive des sentiments* [27]. **92** Michel RIO, *Tlacuilo* [48]. **93** Emmanuelle BERNHEIM, *Sa femme* [53]. **94** Yves BERGER, *Immobile dans le courant du fleuve* [27] [au 1er t. par 7 voix contre 1 au *Pont d'Arcueil* de Christian Oster, 1 à *l'Archange perdu* d'Isabelle Jarry]. **95** Vassilis ALEXAKIS, *la Langue maternelle* [23] et Andreï MAKINE, *le Testament français* [35] (qui aura aussi le prix Goncourt). **96** Jacqueline HARPMAN, *Orlanda* [27]. Jean ROLIN, *l'Organisation* [53]. **97** Philippe LE GUILLOU, *les Sept Noms du peintre* [53]. **98** HOMERIC, *le Loup mongol* [27]. **99** Christian OSTER, *Mon grand appartement* [18]. **2000** Yann APPERY, *Diabolus in Musica* [27].

Médicis étranger. **Créé** 1970 par Mme Gala Barbisan et J.-P. Giraudoux. **Décerné** à un roman étranger paru en français dans le courant de l'année. **Lauréats : 1970** Luigi MALERBA, *Saut de la mort* [27]. **71** James DICKEY, *Délivrance* [24]. **72** Severo SARDUY, *Cobra* [48]. **73** Milan KUNDERA (Tchéc., 1929), *La vie est ailleurs* [53]. **74** Julio CORTÁZAR (Arg., 1914-84), *Livre de Manuel* [53]. **75** Steven MILLHAUSER, *la Vie trop brève d'Edwin Mulhouse* [2]. **76** Doris LESSING, *le Carnet d'or* [2]. **77** Hector BIANCIOTTI, *le Traité des saisons* [53]. **78** Alexandre ZINOVIEV, *l'Avenir radieux* [57]. **79** Alejo CARPENTIER, *la Harpe et l'Ombre* [53]. **80** André BRINK, *Une saison blanche et sèche* [49]. **81** David SHAHAR, *le Jour de la comtesse* [53]. **82** Umberto ECO, *le Nom de la rose* [27]. **83** Kenneth WHITE, *la Route bleue* [27]. **84** Elsa MORANTE, *Aracoeli* [53]. **85** Joseph HELLER, *Dieu sait* [27]. **86** John HAWKES, *Aventures dans le commerce des peaux en Alaska* [48]. **87** Antonio TABUCCHI, *Nocturne indien* [82]. **88** Thomas BERNHARD, *Maîtres anciens* [53]. **89** Alvaro MUTIS, *la Neige de l'amiral* [92]. **90** Amitav GOSH, *les Feux du Bengale* [48]. **91** Pietro CITATI, *Histoire qui fut heureuse, puis douloureuse et funeste* [53]. **92** Louis BEGLEY, *Une éducation polonaise* [27]. **93** Paul AUSTER, *Léviathan* [1]. **94** Robert SCHNEIDER, *Frère sommeil* [9] (au 4e tour par 5 voix contre 2 au *Dictionnaire Lemprière* de Lawrence Norfolk et 1 voix à *Veille de l'amiral* d'Augusto Roa Bastos). **95** Alessandro BARICCO, *Châteaux de la colère* [2]. **96** Michael KRÜGER, *Himmeljarb* [48]. Ludmila OULITSKAÏA, *Sonietchka* [53]. **97** T. C. BOYLE, *America* [27]. **98** Jonathan COE, *la Maison du sommeil* [53]. **99** Bjorn LARSSON, *le Capitaine et les Rêves* [27]. **2000** Michaël ONDAATJE, *le Fantôme d'Anil* [113].

Médicis essai. **Créé** 1985. **Décerné** à un ouvrage de recherche intellectuelle, français ou traduit en français. **Lauréats : 1985** Michel SERRES, *les Cinq Sens* [27]. **86** Julian BARNES, *le Perroquet de Flaubert* [49]. **87** Georges BORGEAUD, *le Soleil sur Aubiac* [27]. **88** Giovani MACCHIA, *Paris en ruines* [24]. **89** Vaclav JAMEK, *Traité des courtes merveilles* [27]. **90** René GIRARD, *Shakespeare, les feux de l'envie* [27]. **91** Alain ETCHEGOYEN, *la Valse des éthiques* [115]. **92** Luc FERRY, *le Nouvel Ordre écologique* [27]. **93** Michel ONFRAY, *la Sculpture de soi* [27]. **94** Jérôme GARCIN, *Pour Jean Prévost* [53]. **95** Pascal BRUCKNER, *la Tentation de l'innocence* [27]. **96** Viviane FORESTER, *l'Horreur économique* [23]. **97** Michel WINOCK, *le Siècle des intellectuels* [48]. **98** Alberto MANGUEL, *Une histoire de la lecture* [1]. **99** Christian JORDIS, *Gens de la Tamise* [48]. **2000** Armelle LE BRAS-CHOPARD, *le Zoo des philosophes, De la bestialisation à l'exclusion* [41].

■ **Méditerranée et Méditerranée étranger.** **Créés** 1985 et 1992. **Montant :** 50 000 F chacun. **Décernés** en mai à la Closerie des Lilas et remis en juin à Perpignan. **Pt du jury :** André Brincourt. **Lauréats : 1992** Robert SOLÉ, *le Tarbouche* [48] et Luis LANDERO (Espagnol), *les Jeux tardifs de l'âge mûr* [53]. **93** Ismaïl KADARÉ, *la Pyramide* [23]. **94** Tahar BEN JELLOUN, *l'Homme rompu* [48], *la Soudure fraternelle* [95]. **95** André CHOURAQUI, *Moïse* [101] et ADONIS (Libanais), *Soleils seconds* [35]. **96** Hector BIANCIOTTI, *le Pas si lent de l'amour* [27] et Yachar KEMAL (Turc), *la Voix du sang* [53]. **97** Jean-Christophe RUFIN, *l'Abyssin* [53] et Besnik MUSTAFAJ (Albanie), *Les Tambours de papier* [1]. **98** Alain NADAUD, *Auguste fulminant* [27] et Boutros BOUTROS-GHALI, *le Chemin de Jérusalem* [23]. **99** Jean DANIEL, *Avec le temps* [27] et Pietro CITATI, *la Lumière de la nuit* [100]. **2000** Albert COSSERY, *les Couleurs de l'infamie* et Yoram KANIUK, *Il commanda l'Exodus* [23]. **2001** Edmonde CHARLES-ROUX, *l'Homme de Marseille* [27] et Arturo PEREZ-REVERTE, *le Cimetière des bateaux sans nom* [48].

■ **Meilleur livre étranger.** **Créé** 1948. **Décerné** fin mars au Salon du Livre de Paris à un essai (a) et à un roman (b) traduits. **Jury :** André Bay, Albert Blanchard, Michel Crépu, Viviane Forrester, Anne Freyer, Christine Jordis, Yvan Nabokov, Robert Sabatier, Marcel Schneider. **Lauréats : 2001** Essai : Winfried George SEBALD, *les Anneaux de saturne* [1]. Roman : Per Olov ENQUIST, *le Médecin personnel du roi* [1].

■ **Michel-Dard.** **Créé** 1983. **Décerné** en janvier, bisannuel. **Montant :** 100 000 F. **Pt du jury :** Roger Grenier. **Lauréats : 1983** Louis CALAFERTE pour son œuvre. **85** Georges SINCLAIR, *le Voyageur*. **87** Georges NAVEL pour son œuvre. **89** Yves GIBEAU, *Mourir idiot* [9]. **91** Marcel COHEN, *le Grand Paon de nuit* [53]. **93** Jean-Pierre VIVET, *la Maison à travers la grille* [47]. **95** Constance DELAUNAY, *les Éventails de l'impératrice* [53]. **97** André BALLAND, *la Mer oubliée* [27]. **99** Christian LIGER, *le Roman de Rossel* [47] et Lakis PROGUIDIS, *Un écrivain malgré la critique* [53].

■ **Ministère de la Jeunesse et des Sports (Prix littéraires du).** **Prix du roman jeunesse :** 2 prix de 30 000 F, pour contes ou romans (50 à 200 pages) écrits pour la jeunesse. 2 jurys : jeunes de 10 à 12 ans et adultes. **Prix de poésie jeunesse :** 30 000 F, pour un recueil de poèmes écrits pour la jeunesse (40 pages au minimum). **Prix Arthur-Rimbaud :** 30 000 F, pour recueil de poèmes inédits français (30 à 100 pages), ouvert aux jeunes de 18 à 25 ans.

■ **Moron (Philosophie).** **Créé** 1987. **Décerné** par l'Académie française. **Montant :** 50 000 F. **Lauréats : 1998** Anne BAUDART. **99** Lucien JERPHAGNON, éd. des œuvres de St Augustin. **2000** *non décerné*. **01** Régis DEBRAY.

■ **Mystère de la Critique.** **Créé** 1972 par Luc Geslin (1931-91) et Georges Rieben (né 27-3-1934). **Montant :** néant. **Décerné** tous les ans, en principe en juin, ou septembre. **Jury :** de 20 à 32 critiques spécialisés. **Lauréats : 2001** Alain DEMOUSON, *la Promesse de Melchior* [9] ; Donald E. WESTLAKE, *le Contrat* [81].

■ **Nobel** (voir à l'Index).

■ **Nouveau Cercle de l'Union.** **Créé** 1983 (succède aux prix du Cercle de l'Union, créé 1962, du Nouveau Cercle créé 1967). **Lauréats : 1998** *histoire :* Jean-Marie ROUART, *Bernis* [53] ; *souvenirs :* Pierre MESSMER, *Les Blancs s'en vont* [2]. **99** *histoire :* Jean-Denis BREDIN, *Une singulière famille* [24] ; *souvenirs :* Pierre BARILLET, *les Seigneurs du rire* [24]. **2000** Hélène CARRÈRE D'ENCAUSSE, *la Russie inachevée* [23], Évelyne LEVER, *Madame de Pompadour* [52].

■ **Nouvelle (prix de la).** **Créé** 1971. **Décerné** par l'Académie française. **Montant :** environ 10 000 F. **Lauréats : 2001** Stéphane DENIS, *Elle a maigri pour le festival* [23].

■ **Novembre.** **Créé** nov. 1989 par Philippe Dennery (Pt de Cassegrain, graveur). **Montant :** 200 000 F. **Décerné** en novembre à l'hôtel Meurice (au Bristol en 1998). **Jury :** Julian Barnes, Philippe Dennery, Bernard Frank, Geneviève Guerlain, Jean-Paul Kauffmann, Florence Malraux, Angelo Rinaldi, Daniel Schneidermann (Pt 1996), Philippe Sollers, Mario Vargas Llosa, Arnaud Viviant. **Lauréats : 1989** Guy DUPRÉ, *les Manœuvres d'automne* [75]. **90** François MASPERO, *les Passagers du Roissy-Express* [48]. **91** Raphaël CONFIANT, *Eau de café* [27]. **92** Henri THOMAS, *la Chasse au trésor* [53] et Roger GRENIER, *Regardez la neige qui tombe* [53]. **93** René DE OBALDIA, *Exobiographie* [27]. **94** Jean HATZFELD, *l'Air de guerre* [113] et Éric HOLDER, *la Belle Jardinière* [136]. **95** Jean ÉCHENOZ, *les Grandes Blondes* [18]. **96** Régis DEBRAY, *Loués soient nos seigneurs* [53]. **97** Lydie SALVAYRE, *la Compagnie des spectres* [49]. **98** Michel HOUELLEBECQ, *les Particules élémentaires* [24]. **99** **n'est plus décerné.** [En 1999, Cassegrain (qui avait déposé le nom de « prix Novembre ») a retiré son concours. Prix Décembre (voir p. 341 b).

■ **Paul-Léautaud.** **Créé** 1986 par la Sté Primagaz. **Décerné** le 2e mardi d'oct. au Centre français du commerce extérieur à un ouvrage correspondant aux goûts de Paul Léautaud. **Montant :** 80 000 F (donnés par Primagaz). **Jury :** François Bott, Camille Cabana, Jean-Paul Caracalla (secr. gén.), François Ceresa, Michel Déon, Raymond Devos, Jean Gaulmier, Jacques Petitjean, Paul Roche. **Lauréats : 1986** François BOTT, *Lettres à Chandler et quelques autres* [27]. **87** Georges WALTER, *Chronique des trois pâles fainéants* [27]. **88** Claude ARNAUD, *Chamfort* [47]. **89** Éric DESCHODT, *Mirabeau, roman d'une terre de France* [56]. **90** François CERESA, *la Vénus aux fleurs* [47]. **91** Alain DUGRAND, *le 14e Zouave* [113]. **92** François BROCHE, *Léon Daudet, le dernier imprécateur* [47]. **93** Raoul MILLE, *Père et Mère* [24]. **94** Yvan AUDOUARD, *Antoine Blondin, Monsieur Jadis est de retour* [137]. **95** José GIOVANNI, *Il avait dans le cœur des jardins introuvables* [47]. **96** Brigitte BARDOT, *Initiales BB* [27]. **97** Francis THIBAUX, *Notre-Dame des ombres* [124]. **98** René FRÉGNI, *Elle danse dans le noir* [14]. **99** Denis TILLINAC, *les Masques de l'éphémère* [50]. **Suspendu depuis 2000.**

■ **Paul-Morand.** **Créé** 1977 [Paul Morand (1888-1976) avait légué sa fortune à l'Ac. pour créer ce prix]. Fondation Paul-Morand. **Décerné** par l'Ac. fr., au mois de juin des années paires, à l'ensemble de l'œuvre d'un auteur, « d'un écrivain français auteur d'ouvrages se recommandant par leurs qualités de pensée et de style et par leur esprit d'indépendance et de liberté ». **Montant :** 300 000 F. **Lauréats : 1990** Jean-François DENIAU. **92** Philippe SOLLERS. **94** Andrée CHEDID. **96** Marcel SCHNEIDER. **98** Daniel RONDEAU. **2000** Patrick MODIANO.

■ **Pen Club français (Prix du).** **Créé** 1986. **Montant :** néant. **Décerné** en novembre. **Jury :** membres du Comité du Pen Club français (voir encadré p. 348 b). **Lauréats : 1986** René ÉTIEMBLE. **87** Georges LUBIN. **88** Claude ROY. **89** *non attribué*. **90** Jean TARDIEU. **91** Andrée CHEDID. **92** René DE OBALDIA. **93** Jacqueline DE ROMILLY. **94** Jean-Louis CURTIS. **95** Ghislain DE DIESBACH. **96** Diane de MARGERIE. **97** Pierre MOINOT. **98** Vénus KHOURY-GHATA. **2000** Michel BUTOR. **01** Pierre MAGNARD.

■ **Philosophie (Grand prix de la).** **Créé** 1987. **Décerné** par l'Académie française. **Montant :** 50 000 F. **Lauréats : 1994** Gilles DELEUZE. **95** *non décerné*. **96** René GIRARD. **97** *non décerné*. **98** Adolphe GUESCHÉ. **99** Pierre HADOT. **2000** Gustave THIBON.

■ **Pierre-Lafuë (Prix de la Fondation).** **Créé** 1977 par Yolande Lafuë et l'abbé Albert Malmanche. **Décerné** à un ouvrage de langue française d'inspiration historique. **Montant :** 40 000 F. **Jury :** *Pt :* Maurice Druon ; Bernard Billaud, Didier Bonnet, Jean-Denis Bredin, Madeleine Fargeaud, Jean Favier, André Fontaine, Paul-Marie de la Gorce, Pierre Messmer. **Lauréats : 1977** Edmond POGNON. **78** Jean LACOUTURE. **79** Emmanuel LE ROY LADURIE. **80** Jean DELAY. **81** Jean FAVIER. **82** André FONTAINE. **83** Paul-Marie DE LA GORCE. **84** Jean-Denis BREDIN. **85** Edgar FAURE. **86** Henri AMOUROUX. **87** Guillaume DE BERTIER DE SAUVIGNY. **88** Jean CHARBONNEL. **89** Jean GUITTON. **90** François FEJTÖ. **91** Pierre-Louis BLANC. **92** Michel FLEURY. **93** Jean TULARD. **94** Pierre MESSMER. **95** Jacqueline DE ROMILLY. **96** Pierre GOUBERT. **97** Alain PEYREFITTE. **98** Pierre JOXE. **99** Bronisław GEREMEK. **2000** François BEDARIDA, *Churchill* [23].

■ **Pléiade (Prix de la).** **Créé** 16-7-1943 par les éd. Gallimard. **Montant :** 100 000 AF. **Jury :** Marcel Arland, Maurice Blanchot, Joë Bousquet, Albert Camus, Paul Éluard, Jean Grenier, André Malraux, Jean Paulhan, Raymond Queneau, Jean-Paul Sartre, Roland Tual. **Lauréats :** (tous aux éd. Gallimard) : **1944** Marcel MOULOUDJI, *Enrico*. **45** Roger BREUIL, *Brutus*. **46** Jean GROSJEAN, *Terre du temps*. **47** Jean GENET, *les Bonnes* [53] et *Haute Surveillance* [53]. **Suspendu depuis 1948.**

■ **Poésie (Grand prix de).** **Créé** 1957. **Attribué** en juin par l'Académie française. **Montant :** 50 000 F. **Lauréats : 1957** André BERRY. **58** Mme Gérard D'HOUVILLE. **59** Tristan KLINGSOR. **60** Philippe CHABANEIX. **61** Patrice de LA TOUR DU PIN. **62** Marie NOËL. **63** Pierre EMMANUEL. **64** André SALMON. **65** *non décerné*. **66** Pierre-Jean JOUVE. **67** Georges BRASSENS. **68** Alain BOSQUET et Jean LEBRAU. **69** Robert SABATIER. **70** Jean FOLLAIN. **71** Louis BRAQUIER. **72** Jean TARDIEU. **73** André FRÉNAUD. **74** Philippe SOUPAULT. **75** Gabriel AUDISIO. **76** Eugène GUILLEVIC. **77** Robert MALLET et Marie-Jeanne DURRY. **78** Charles LE QUINTREC. **79** André PIEYRE DE MANDIARGUES. **80** Maurice FOMBEURE. **81** Yves BONNEFOY. **82** Jean LOISY. **83** Jean GROSJEAN. **84** Francis PONGE. **85** Philippe ROBERTS-JONES. **86** Henri THOMAS. **87** René TAVERNIER. **88** Jean-Claude RENARD. **89** Claude-Michel CLUNY. **90** André DU BOUCHET. **91** Jean ORIZET. **92** Philippe JACCOTTET. **93** Georges SAINT-CLAIR. **94** Marc ALYN. **95** Pierre BÉARN. **96** Claude VIGÉE. **97** Jacques RÉDA. **98** René DEPESTRE. **99** Jean-Pierre LEMAIRE. **2000** Philippe DELAVEAU. **01** Guy GOFFETTE.

■ **Poésie (Grand prix national de la).** **Créé** 1981 par le ministère de la Culture. **Décerné** en décembre par le ministère. **Montant :** 50 000 F. **Jury :** Jean-Sébastien Dupuit (Pt) et des membres nommés par le ministère de la Culture. **Lauréats : 1981** Francis PONGE. **82** Aimé CÉSAIRE. **83** André DU BOUCHET. **84** Eugène GUILLEVIC. **85** André FRÉNAUD. **86** Jean TORTEL. **87** Edmond JABÈS. **88** Jacques DUPIN. **89** Michel DEGUY. **90** Jacques ROUBAUD. **91** Bernard HEIDSIECK. **92** Bernard NOËL. **93** Yves BONNEFOY. **94** Lorand GASPAR. **95** Philippe JACCOTTET. **96** Dominique FOURCADE. **97** *non décerné*. **98** **intégré dans le Grand prix national des lettres** (voir p. 344 a).

■ **Poètes français (Grand prix des).** **Créé** 1902 par Sully Prud'homme et José Maria de Heredia. **Décerné** par la SPF (Sté des poètes français). **Lauréats : 2000** André CHAUVIN et Pierre HAMEL.

■ **Populiste.** **Créé** 1929. **Décerné** de 1931 (Eugène Dabit : *Hôtel du Nord*) à 1977 (Claude Aubin : *le Marin de fortune*). **Restauré** en 1984 par Raymond La Villedieu : **Nouveau Prix populiste.** **Montant :** 25 000 F. **Décerné** mi-octobre. **Lauréats : 1984** Daniel ZIMMERMANN, *la Légende de Marc et de Jeanne* [23]. **85** Leila SEBBAR, *les Carnets de Shéhérazade* [49]. **86** ADDA, *Elle voulait voir la mer* [74]. **87** Gérard MORDILLAT, *A quoi pense Walter* [9]. **88** Éric RONDEAU, *l'Enthousiasme* [93]. **89** René FREGNI, *les Chemins noirs* [14]. **90** Didier DAENNINCKX, *le Facteur fatal* [14]. **91** Sylvie CASTER, *Bel Air* [27]. **92** Simon ROUVERAIN, *le Forçat du canal* [9]. **93** Denis TILLINAC, *Rugby Blues* [50]. **94** Jean VAUTRIN, *Symphonie grabuge* [27]. **95** Patrick BESSON, *les Braban* [2]. **96** Hervé JAOUEN, *l'Allumeuse d'étoiles* [14]. **97** Rachid BOUDJEDRA, *la Vie à l'endroit*. **98** Jean-Marie GOURIO, *Chut !* [32]. **99** Denis TILLINAC, *les Masques de l'éphémère* [50]. **2000** Philippe LACOCHE, *HLM* [134].

■ **Premier roman (Prix du).** **Créé** 1971. **Montant :** néant. **Décerné** début novembre. **Jury :** Jean Chalon, Françoise Ducout, Jérôme Garcin, Michèle Gazier, Annick Geille, Gérard Guillaud, Jean-François Josselin, Jean-Claude Lamy, Joël Schmidt, Jean-Pierre Tison, Françoise Xenakis. **Lauréats : 1981** Bruno RACINE. **82** Alexandre JARDIN. **83** Annick GEILLE. **84** Elvire MURAIL. **85** Jean-François MERLE. **86** Yves-Marie ERGAL. **87** Jean-Philippe ARROU-VIGNOD. **88** Nadine DIAMANT. **89** Pierre CARRÉ.

90 Caroline TINE. **91** Patrick SERY. **92** Isabelle JARRY, *l'Homme sur la passerelle* [48]. **93** Christophe BATAILLE (21 ans), *Annam* [95]. **94** Jean-François KERVÉAN, *la Folie du moment* [9]. **95** Sophie FONTANEL, *Sacré Paul* [142]. **96** Pascale ROZE, *le Chasseur zéro* [2]. **97** Raymond BOZIER, *Lieu-dit* [39]. **98** Christine CHAUFOUR-VERHEYEN, *Rive dangereuse* [23]. **99** Boualem SANSAL (Algérien), *le Serment des barbares* [53]. **2000** Bruno GIBERT, *Claude* [49].

Premier roman étranger. **Créé** 1999. **Lauréats : 1999** Abdelkader BENALL (Marocain), *Noces à la mer* [2]. **2000** Jim FERGUS, *Mille Femmes blanches* [124].

■ **Prince-Louis-de-Polignac.** **Créé** 1998. **Décerné** à tour de rôle par l'une des 5 académies, les 4 autres décernant des bourses chacune dans leur domaine. **Montant :** *prix :* 150 000 F, *bourses :* 50 000 F. **Lauréat : 1999** Sergio CORRÊA DA COSTA, *Mots sans frontières* [101].

■ **Prince-Pierre-de-Monaco (Prix littéraire de la Fondation).** **Créé** 1950 sous le nom « Prix littéraire Rainier-III » (jusqu'en 1965). **Décerné** en avril ou en mai au palais de Monaco, à un écrivain d'expression française, pour l'ensemble de son œuvre. **Montant :** 100 000 F depuis 1995 (avant 50 000 F). **Jury :** *Pte :* la Pcesse de Hanovre ; *membres :* Hector Bianciotti, Hélène Carrère d'Encausse, Edmonde Charles-Roux, Jacques Chessex, Antonine Maillet, François Nourissier, Bertrand Poirot-Delpech, Pierre-Jean Rémy, Maurice Rheims, Jean-Marie Rouart, Robert Sabatier, Georges Sion, Tahar Ben Jelloun, Michel Tournier. Décerne également un prix de composition musicale et le Prix international d'art contemporain (100 000 F). **Lauréats : 1951** Julien GREEN. **52** Henri TROYAT. **53** Jean GIONO. **54** Jules ROY. **55** Louise DE VILMORIN. **56** Marcel BRION. **57** Hervé BAZIN. **58** Jacques PERRET. **59** Joseph KESSEL. **60** Alexis CURVERS. **61** Jean DUTOURD. **62** Gilbert CESBRON. **63** Denis DE ROUGEMONT. **64** Christian MURCIAUX. **65** Françoise MALLET-JORIS. **66** Maurice DRUON. **67** Jean CASSOU. **68** Jean CAYROL. **69** Eugène IONESCO. **70** Jean-Jacques GAUTIER. **71** Antoine BLONDIN. **72** Marguerite YOURCENAR. **73** Paul GUTH. **74** Félicien MARCEAU. **75** François NOURISSIER. **76** Anne HÉBERT. **77** Léopold Sédar SENGHOR. **78** Pierre GASCAR. **79** Daniel BOULANGER. **80** Marcel SCHNEIDER. **81** Jean-Louis CURTIS. **82** Christine DE RIVOYRE. **83** Jacques LAURENT. **84** Patrick MODIANO. **85** Françoise SAGAN. **86** Dominique FERNANDEZ. **87** Yves BERGER. **88** Jean STAROBINSKI. **89** Béatrix BECK. **90** Gilles LAPOUGE. **91** Jean-Marie ROUART. **92** Hector BIANCIOTTI. **93** Paul GUIMARD. **94** Angelo RINALDI. **95** Jacques LACARRIÈRE. **96** Jean RASPAIL. **97** Franz-Olivier GIESBERT. **98** Jean-Marie G. LE CLÉZIO. **99** Pierre COMBESCOT. **2000** Pascal QUIGNARD. **2001** Diane DE MARGERIE.

■ **Printemps de la biographie (Prix).** **Créé** 1990 par Jean de Montauzan et Jean-Paul Caracalla. **Montant :** 80 000 F. **Suspendu depuis 1996.**

■ **Quai des Orfèvres (Prix du).** **Créé** 1946 par Jacques Catineau. **Décerné** sur manuscrit anonyme, publié ensuite chez Fayard. **Pt du jury :** Patrick Riou (directeur de la PJ à la préfecture de police). **Lauréat : 2000** André ARNAUD, *Pierres de sang* [23]. **2001** Guy LANGLOIS, *Le fond de l'âme effraie* [23].

■ **Renaissance. Des Lettres.** **Créé** 1976 par Michel de Rostolan. **Récompense :** une pierre (en référence à Saint-Exupéry). **Décerné** en janv.-févr. à un auteur « ayant contribué à une renaissance des valeurs de notre civilisation ». **Lauréats : 2000** Pascal BERNARDIN, *l'Empire écologique.* **01** Gal Jean DELAUNAY, *Lettres à mes petits-enfants sur des sujets qui fâchent.* **De la Poésie.** **Créé** 1987 par Alain du Peloux. **Récompense :** médaille. **Lauréate : 2000** Jacqueline DELPY. **De l'économie. Lauréat : 2001** Me Patrick SIMON.

■ **Renaudot** (voir **Théophraste-Renaudot**, col. c).

■ **Roger-Caillois.** **Créé** 1991. **Décerné** en octobre. **Montant :** variable, environ 10 000 F (avant 50 000 F puis 30 000 F). **Lauréats : 2000** François CHENG (pour son œuvre).

■ **Roger-Nimier.** **Créé** 1963 par Philippe Huisman (mécène Florence Gould). **Décerné** dans la 2e quinzaine de mai au Fouquet's à un romancier qui, dès ses débuts, affirme une liberté de style originale. **Montant :** 30 000 F donnés par Charles Casanova (Pt du Fouquet's). **Jury :** *Pte :* Dominique Rolin ; *Pts d'honneur :* Michel Déon, Jean Dutourd, Félicien Marceau, Michel Mohrt, François Nourissier ; *vice-Pts :* Erik Orsenna, Jean-Marie Rouart ; *secr. général :* Denis Huisman ; *membres :* Gwenn-Aël Bolloré, Marc Dambre, Bernard Frank, Claude Mourthé, Jean Namur, Éric Neuhoff, André Parinaud, Yvon Pierron, Philippe Tesson. **Lauréats : 1963** Jean FREUSTIÉ, *la Passerelle* [27]. **64** André DE RICHAUD, *Je ne suis pas mort* [121]. **66** Clément ROSSET, *Lettre sur les chimpanzés* [53]. **67** Éric OLLIVIER, *J'ai cru trop longtemps aux vacances* [14]. **68** Patrick MODIANO, *la Place de l'étoile* [53]. **69** Michel DOURY, *l'Indo* [32]. **70** Robert QUATREPOINT, *Mort d'un Grec* [14]. **71** François SONKIN, *les Gendres* [14]. **72** Claude BREUER, *Une journée un peu chaude* [121] et André THIRION, *Révolutionnaires sans révolution* [47]. **73** Inès CAGNATI, *le Jour de congé* [14]. **74** François WEYERGANS, *le Pitre* [53]. **75** Frédéric Musso, *la Déesse* [50]. **76** Alexandre ASTRUC, *Ciel de cendres* [97]. **77** Emil Michel CIORAN, pour son œuvre. **78** Erik ORSENNA, *la Vie comme à Lausanne* [48]. **79** Pascal SEVRAN, *le Passé supplémentaire* [75]. **80** Gérard PUSSEY, *l'Homme d'intérieur* [14]. **81** Bernard FRANK, *Solde* [24]. **82** Jean ROLIN, *Journal de Gand aux Aléoutiennes* [56]. **83** Denis TILLINAC, *l'Été anglais* [47]. **84** Didier VAN CAUWELAERT, *Poisson d'amour* [48]. **85** Antoine ROBLOT, *Un beau match* [50]. **86** Jacques-Pierre AMETTE, *Confessions d'un enfant gâté* [75]. **87** Alain DUGRAND, *Une certaine sympathie* [56]. **88** Jean-Claude GUILLEBAUD, *le Voyage à Kéren* [95]. **89** Frédéric BERTHET, *Daimler s'en va* [53]. **90** Eric NEUHOFF, *les Hanches de Laetitia* [2]. **91** Stéphane HOFFMANN, *Château-Bougon* [2]. **92** François TAILLANDIER, *les Nuits Racine* [108]. **93** Dominique MULLER, *C'était le paradis* [48]. **94** Stéphane DENIS, *les Événements de 67* [41]. **95** Dominique NOGUEZ, *les Martagons* [53]. **96** Éric HOLDER, *En compagnie des femmes* [136]. **97** Jean-Paul KAUFFMANN, *la Chambre noire de Longwood* [50]. **98** Jérôme GARCIN, *la Chute de cheval* [53]. **99** Marc DUGAIN, *la Chambre des officiers* [56]. **2000** Arnaud GUILLON, *Écume palace* [95]. **2001** Charles DANTZIG, *Nos vies hatives* [27].

■ **Roman (Grand prix du).** **Décerné** en octobre par l'Académie française à un jeune prosateur pour une œuvre d'imagination, d'inspiration élevée. **Montant :** 5 000 AF (en 1914), a été augmenté (*1965 :* 5 000 F, *1966 :* 10 000 F, *1971 :* 20 000 F, *1973 :* 25 000 F, *1977 :* 30 000 F, *1982 :* 50 000 F, *depuis 1990 :* 100 000 F). **Jury :** une commission du prix propose des noms à l'Académie qui, dans son ensemble, décerne le prix. **Lauréats : 1915** Paul ACKER, pour son œuvre [41]. **16** AVESNES, *la Vocation* [41]. **17** Charles GÉNIAUX, pour son œuvre. **18** Camille MAYRAN, *Gotton Connixloo* [41]. **19** Pierre BENOIT, *l'Atlantide* [2]. **20** André CORTHIS, *Pour moi seule* [2]. **21** Pierre VILLETARD, *Monsieur Bille dans la tourmente* [22]. **22** Francis CARCO, *l'Homme traqué* [2]. **23** Alphonse DE CHÂTEAUBRIANT, *la Brière* [27]. **24** Émile HENRIOT, *Aricie Brun ou les Vertus bourgeoises* [41]. **25** François DUHOURCAU, *l'Enfant de la victoire* [51]. **26** François MAURIAC, *le Désert de l'amour* [27]. **27** Joseph KESSEL, *les Captifs* [53]. **28** Jean BALDE (Mlle Jeanne Alleman), *Reine d'Arbieu* [41]. **29** André DEMAISON, *Le livre des bêtes qu'on appelle sauvages* [27]. **30** Jacques DE LACRETELLE, *Amour nuptial* [53]. **31** Henri POURRAT, *Gaspard des montagnes* [2]. **32** Jacques CHARDONNE, *Claire* [27]. **33** Roger CHAUVIRÉ, *Mademoiselle de Bois-Dauphin* [24]. **34** Paule RÉGNIER, *l'Abbaye d'Évolayne* [41]. **35** Albert TOUCHARD, *la Guêpe.* **36** Georges BERNANOS, *Journal d'un curé de campagne* [41]. **37** Guy DE POURTALÈS, *la Pêche miraculeuse* [53]. **38** Jean DE LA VARENDE, *le Centaure de Dieu* [27]. **39** Antoine DE SAINT-EXUPÉRY, *Terre des hommes* [53]. **40** Édouard PEISSON, *le Voyage d'Edgar* [27]. **41** Robert BOURGET-PAILLERON, *la Folie d'Hubert* [53]. **42** Jean BLANZAT, *l'Orage du matin* [27]. **43** J. H. LOUWYCK, *Danse pour ton ombre* [41]. **44** Pierre DE LAGARDE, *Valmaurie* [58]. **45** Marc BLANCPAIN, *le Solitaire* [24]. **46** Jean ORIEUX, *Fontagre* [21]. **47** Philippe HÉRIAT, *la Famille Boussardel* [53]. **48** Yves GANDON, *Ginèvre* [29]. **49** Yvonne PAGNIEZ, *Évasion* [24]. **50** Joseph JOLINON, *les Provinciaux* [59]. **51** Bernard BARBEY, *Chevaux abandonnés sur le champ de bataille* [32]. **52** Henri CASTILLOU, *le Feu de l'Etna* [2]. **53** Jean HOUGRON, *Mort en fraude* [15]. **54** Pierre MOINOT, *la Chasse royale* [27] ; Paul MOUSSET, *Neige sur un amour nippon* [53]. **55** Michel DE SAINT-PIERRE, *les Aristocrates* [50]. **56** Paul GUTH, *le Naïf locataire* [2]. **57** Jacques DE BOURBON-BUSSET, *le Silence et la Joie* [53]. **58** Henri QUEFFÉLEC, *Un royaume sous la mer* [43]. **59** Gabriel D'AUBARÈDE, *la Foi de notre enfance* [24]. **60** Christian MURCIAUX, *Notre-Dame des Désemparés* [41]. **61** PHAM VAN KY, *Perdre la demeure* [53]. **62** Michel MOHRT, *la Prison maritime* [53]. **63** Robert MARGERIT, *la Révolution* [53]. **64** Michel DROIT, *le Retour* [32]. **65** Jean HUSSON, *le Cheval d'Herbeleau* [48]. **66** François NOURISSIER, *Une histoire française* [27]. **67** Michel TOURNIER, *Vendredi ou les Limbes du Pacifique* [53]. **68** Albert COHEN, *Belle du Seigneur* [53]. **69** Pierre MOUSTIERS, *la Paroi* [53]. **70** Bertrand POIROT-DELPECH, *la Folle de Lituanie* [53]. **71** Jean D'ORMESSON, *la Gloire de l'Empire* [53]. **72** Patrick MODIANO *, *les Boulevards de ceinture* [53]. **73** Michel DÉON, *Un taxi mauve* [53]. **74** Kléber HAEDENS, *Adios* [27]. **75** *non décerné.* **76** Pierre SCHOENDOERFFER, *le Crabe-Tambour* [27]. **77** Camille BOURNIQUEL, *Tempo* [32]. **78** Pascal JARDIN, *le Nain jaune* [32] ; Alain BOSQUET, *Une mère russe* [27]. **79** Henri COULONGES, *l'Adieu à la femme sauvage* [49]. **80** Louis GARDEL, *Fort Saganne* [48]. **81** Jean RASPAIL, *Moi, Antoine de Tounens, roi de Patagonie* [2]. **82** Vladimir VOLKOFF, *le Montage* [32]. **83** Liliane GUIGNABODET, *Natalia* [2]. **84** Jacques-Francis ROLLAND, *Un dimanche inoubliable près des casernes* [27]. **85** Patrick BESSON, *Dara* [48]. **86** Pierre-Jean RÉMY, *Une ville immortelle* [2]. **87** Frédérique HÉBRARD, *le Harem* [24]. **88** François-Olivier ROUSSEAU, *la Gare de Wannsee* [27]. **89** Geneviève DORMANN, *le Bal du dodo* [2]. **90** Paule CONSTANT, *White Spirit* [53]. **91** François SUREAU, *l'Infortune* [53]. **92** Franz-Olivier GIESBERT, *l'Affreux* [27]. **93** Philippe BEAUSSANT, *Héloïse* [53]. **94** Frédéric VITOUX, *la Comédie de Terracina* [48]. **95** Alphonse BOUDARD, *Mourir d'enfance* [47]. **96** Calixthe BEYALA (née 1961, Cameroun), *les Honneurs perdus* [2]. **97** Patrick RAMBAUD, *la Bataille* [27]. **98** Anne WIAZEMSKY, *Une poignée de gens* [53]. **99** Amélie NOTHOMB, *Stupeur et Tremblements* [2] ; François TAILLANDIER, *Anielka* [49]. **2000** Pascal QUIGNARD, *Terrasse à Rome* [53].

Nota. – (*) Plus jeune lauréat (25 ans).

■ **Roman policier du festival de Cognac (Prix du).** Créé 1982. **Décerné** à l'occasion du festival. **Lauréat : 2001** Bertrand PUARD, *Musique de nuit* [149].

■ **RTL/Lire (Grand prix).** **Créé** 1992 (succède au prix RTL grand public créé 1975). **Décerné** au printemps à un roman de langue française. **Montant :** messages à la radio et publicité dans la presse. **Jury :** un 1er jury de 8 membres (*RTL :* Philippe Labro, Stéphane Duhamel, Olivier Mazerolle, Jean-Pierre Tison ; *Lire :* Pierre Assouline, Catherine Argand, Pascale Frey, Armelle Godeluk), puis un 2e jury de 100 lecteurs. **Lauréats : 1995** Serge BRUSSOLO, *la Moisson d'hiver* [14]. **96** Anne WIAZEMSKY, *Hymnes à l'amour* [53]. **97** Jean-Paul KAUFFMANN, *la Chambre noire de Longwood* [50]. **98** Jean-Christophe GRANGÉ, *les Rivières pourpres* [2]. **99** John LA GALITE, *Zacharie* [41]. **2000** Anna GAVALDA, *Je voudrais que quelqu'un m'attende quelque part* [136]. **2001** Andreï MAKINE, *la Musique d'une vie* [53].

■ **Saint-Simon.** **Créé** 1975 par la municipalité de La Ferté-Vidame (E.-et-L.) à l'occasion du tricentenaire de la naissance de Saint-Simon. **Montant :** 20 000 F. **Décerné** en août pour des mémoires. **Jury :** Jacques de Bourbon-Busset (Pt) ; Jeanne Bourin, Jacques Dussutour, François Formel (secr. gén.), Philippe Labro, Marc Lambron, Jean Laugier, Christine de Rivoyre. **Lauréate : 2000** Véronique VASSEUR, *Médecin-Chef à la prison de la Santé* [124].

■ **Sainte-Beuve.** **Créé** 1960. **Suspendu depuis 1989.**

■ **Société des gens de lettres de France (Grands prix de la).** **Créés** 1947. **Session de printemps (31-3) :** *Prix pour l'ensemble de l'œuvre :* littérature (grand prix) 50 000 F, poésie (grand prix) 50 000 F. *Pour un ouvrage :* grands prix SGDL (Sté des gens de lettres) roman, nouvelle, arts, livre d'histoire, essai, livre jeunesse, œuvre multimedia 20 000 F chacun. *Prix de poésie Charles-Vildrac :* 10 000 F. **Session d'automne (31-10) :** la SGDL a créé les prix de traduction auxquelles elle s'est associée. **Jury :** traducteurs et auteurs non nécessairement membres du comité de la SGDL. **Halpérine-Kaminky** (Assises de la traduction littéraire) en novembre : 50 000 F ; *découverte ensemble d'une œuvre :* travail d'un traducteur novice : 10 000 F. **Gérard de Nerval :** traduction d'un ouvrage allemand, 20 000 F, jumelé au prix Paul-Célan décerné par un jury allemand. **Baudelaire :** meilleure traduction d'un ouvrage en anglais dont l'auteur est britannique ou du Commonwealth : 15 000 F, décerné chaque printemps au British Council (Paris). **Pierre-François-Caillé :** prix de la Sté des Gens de Lettres (SGDL) et de la Sté française des traducteurs (SFT) : 10 000 F ; jeune traducteur ; couronne alternativement œuvre littéraire/scientifique, technique ou de vulgarisation. **Maurice-Edgar-Coindreau :** traduction littéraire de l'américain : 15 000 F. **Tristan-Tzara :** traduction franco-hongroise, couplé avec le prix Gyula-Illyes qui couronne en Hongrie la traduction d'une œuvre française : 10 000 F.

■ **Sola-Cabiati (Grand prix littéraire).** **Créé** 23-11-1972. **Montant :** 50 000 F. **Décerné** fin décembre par la Ville de Paris, pour l'ensemble de son œuvre, à un auteur français ou d'expression française de romans historiques ou d'études accessibles au grand public. **Jury** (voir **Ville de Paris** p. 347 b). **Lauréats : 1995** Françoise CHANDERNAGOR. **96** Jean LACOUTURE. **97** Robert MERLE. **98** Alain CORBIN. **99** Jean MALAURIE. **2000** Henri MITTERAND.

■ **Théophraste-Renaudot.** **Créé 1925** par Georges Charensol et Gaston Picard désireux d'occuper l'attente parfois longue du prix Goncourt et avec l'intention de corriger éventuellement ses choix. **Décerné** en novembre le même jour que le Goncourt (avant un déjeuner chez Drouant, place Gaillon) à l'auteur, jeune ou méconnu, d'un roman français paru depuis un an, selon l'unique critère du talent et éventuellement de l'originalité. **Montant :** un déjeuner offert au lauréat l'année suivant l'attribution du prix. *Fondateur et Pt d'honneur :* Georges Charensol. **Jury** (journalistes ou critiques) : André Bourin, André Brincourt, Georges-Olivier Châteaureynaud, Louis Gardel, Franz-Olivier Giesbert, Christian Giudicelli, Dominique Bona, Jean-Noël Pancrazi. **Lauréats : 1926** Armand LUNEL, *Niccolo Peccavi* [53]. **27** Bernard NABONNE, *Maïtena* [13]. **28** André OBEY, *le Joueur de triangle* [27]. **29** Marcel AYMÉ, *la Table aux crevés* [53]. **30** Germaine BEAUMONT, *Piège* [33]. **31** Philippe HÉRIAT, *l'Innocent* [14]. **32** Louis-Ferdinand CÉLINE, *Voyage au bout de la nuit* [14]. **33** Charles BRAIBANT, *Le roi dort* [14]. **34** Louis FRANCIS, *Blanc* [53]. **35** François DE ROUX, *Jours sans gloire* [53]. **36** Louis ARAGON, *les Beaux Quartiers* [14]. **37** Jean ROGISSART, *Mervale* [14]. **38** Pierre-Jean LAUNAY, *Léonie la bienheureuse* [14]. **39** Jean MALAQUAIS, *les Javanais* [14]. **40** *décerné en 1946.* **41** Paul MOUSSET, *Quand le temps travaillait pour nous* [27]. **42** Robert GAILLARD, *les Liens de chaîne* [11]. **43** Dr André SOUBIRAN, *J'étais médecin avec les chars* [16]. **44** Roger PEYREFITTE, *les Amitiés particulières* [50]. **45** Henri BOSCO, *le Mas Théotime* [10]. **46** [prix 1940] Jules ROY, *la Vallée heureuse* [10], David ROUSSET, *l'Univers concentrationnaire* (Pavois). **47** Jean CAYROL, *Je vivrai l'amour des autres* [48]. **48** Pierre FISSON, *Voyage aux horizons* [32]. **49** Louis GUILLOUX, *le Jeu de patience* [53]. **50** Pierre MOLAINE, *les Orgues de l'enfer* [12]. **51** Robert MARGERIT, *le Dieu nu* [53]. **52** Jacques PERRY, *l'Amour de rien* [32]. **53** Célia BERTIN, *la Dernière Innocence* [12]. **54** Jean REVERZY, *le Passage* [32]. **55** Georges GOVY, *le Moissonneur d'épines* [50]. **56** André PERRIN, *le Père* [32]. **57** Michel BUTOR, *la Modification* [18]. **58** Édouard GLISSANT, *la Lézarde* [48]. **59** Albert PALLE, *l'Expérience* [32]. **60** Alfred KERN, *le Bonheur fragile* [53]. **61** Roger BORDIER, *les Blés* [9]. **62** Simone JACQUEMARD, *le Veilleur de nuit* [48]. **63** Jean-Marie G. LE CLÉZIO, *le Procès-verbal* [53]. **64** Jean-Pierre FAYE, *l'Écluse* [48]. **65** Georges PEREC, *les Choses* [32]. **66** José CABANIS, *la Bataille de Toulouse* [53]. **67** Salvat ETCHART, *Le monde tel qu'il est* [35]. **68** Yambo OUOLOGUEM (né 1940, Mali), *le Devoir de violence* [48]. **69** Max OLIVIER-LACAMP, *les Feux de la colère* [27]. **70** Jean FREUSTIÉ, *Isabelle ou l'Arrière-saison* [50]. **71** Pierre-Jean RÉMY, *le Sac du palais d'été* [53]. **72** Christopher FRANK, *la Nuit américaine* [48]. **73** Suzanne PROU, *la Terrasse des Bernardini* [9]. **74** Georges BORGEAUD, *Voyage à l'étranger* [27]. **75** Jean JOUBERT, *l'Homme de sable* [27]. **76** Michel HENRY, *l'Amour les yeux fermés* [53]. **77** Alphonse BOUDARD, *les Combattants du petit bonheur* [50]. **78** Conrad DETREZ, *l'Herbe à brûler* [9]. **79** Jean-Marc ROBERTS, *Affaires étrangères* [48]. **80** Danièle SALLENAVE, *les Portes de Gubbio* [48]. **81** Michel DEL CASTILLO, *la Nuit du décret* [48]. **82** Georges-Olivier CHATEAURAYNAUD, *la Faculté des songes* [27]. **83** Jean-Marie ROUART, *Avant-Guerre* [27]. **84** Annie ERNAUX, *la Place* [53]. **85** Raphaële BILLETDOUX, *Mes nuits sont plus belles que vos jours* [27]. **86** Christian GIUDICELLI, *Station balnéaire* [53]. **87** René-Jean CLOT, *l'Enfant halluciné* [27]. **88** René DEPESTRE, *Hadriana dans tous mes rêves* [53]. **89** Philippe DOUMENC, *les Comptoirs du Sud* [48]. **90** Jean COLOMBIER, *les Frères Romance* [9]. **91** Dan FRANCK, *la Séparation* [48]. **92** François WEYERGANS, *la Démence du boxeur* [27]. **93** Nicolas BRÉHAL, *les Corps célestes* [53]. **94** Guillaume LE TOUZE, *Comme ton*

Comité du rayonnement français : 11 rue Nicolo, 75116 Paris ; **fondé** 1993 ; **Pt** : Serge Boidevaix. **Prix des sciences physiques et mathématiques : montant :** 50 000 F ; **lauréats : 1993** Claude LORIUS. **94** Jacques LIVAGE. **95** Pr Arnaud BEAUVILLE. **96** Ioannis GIOMATARIS. **97** Jean-Pierre BOURGUIGNON. **Prix des sciences biologiques et médicales : montant :** 80 000 F ; **lauréats : 1993** Chantal EHRESMANN et Mathias SPRINGER. **94** Alain FISCHER. **95** Pr André SENTENAC. **96** A.-L. BÉNABIB. **97** Antoine GESSAIN et Bruno PÉAULT. **98** J.-P. SOULILLOU et D. CHARRON. **Prix des sciences économiques et sociales : lauréats : 1993** port des Minimes de LA ROCHELLE. **94** réseau « Invest in France » (Pt Henri MARTRE). **95** *suspendu.* **Prix de l'illustration des arts : lauréats : 1991** Jean-Paul RAPPENEAU. **Suspendu depuis 1992. Prix Chateaubriand** (voir p. 341 a).

père [113]. **95** Patrick BESSON, *les Braban* [2]. **96** Boris SCHREIBER (né 1923 à Berlin de parents juifs russes émigrés), *Un silence d'environ une demi-heure* [124]. **97** Pascal BRUCKNER, *les Voleurs de beauté* [27]. **98** Dominique BONA, *le Manuscrit de Port-Ébène* [27]. **99** Daniel PICOULY, *l'Enfant-Léopard* [27]. **2000** Ahmadou KOUROUMA, *Allah n'est pas obligé* [48].

Renaudot de l'essai. **Créé** 1996. **Décerné** en mars. **Lauréats : 1996** Jacques GAILLARD, *Rome le temps des choses* [1]. **97** André CHOURAQUI : *Jérusalem* [101]. **98** Jean-Claude GUILLEBAUD, *la Tyrannie du plaisir* [48]. **99** Maurice MARTIN DU GARD, *les Mémorables* [53]. **2000** Max MILNER, l'Imaginaire des drogues [53].

Renaudot des lycéens (ex-junior). **Créé** 1992. **Lauréats : 1993** Jack-Alain LÉGER, *Jacob Jacobi* [32]. **94** Claude MOURTHE, *Une mort de théâtre* [32]. **95** Louise LAMBRICHS, *le Jeu du roman* [105]. **96** Jean-François KERVÉAN, *l'Ode à la reine* [9]. **97** Jean-Philippe ARROU-VIGNOD, *l'Homme du cinquième jour* [53]. **99** Paul FOURNEL, *Foraine* [48]. **2000** Camille LAURENS, *Dans ces bras-là* [77].

■ **Traduction (Grand Prix national de la).** **Créé** 1985 par le ministère de la Culture. **Intégré depuis 1998 au Grand prix national des lettres** (voir p. 344 a).

■ **Unesco/Françoise Gallimard.** **Créé** 1998. **Décerné** à un auteur de moins de 35 ans qui, par une œuvre de fiction, aborde les questions de société et les enjeux pour l'avenir du monde. **Lauréats : 1998** Marie N'DIAYE, *la Sorcière* [18]. **99** Éric FAYE, *Croisière en mer des pluies* [49], Robert MCLIAM WILSON, *Eureka Street* [82]. **2000** *non décerné.*

■ **Valery-Larbaud.** **Créé** 1987. **Décerné** en mai à Vichy. **Montant :** 50 000 F. **Pt du jury :** Roger Grenier. **Lauréats : 1987** Emmanuel CARRÈRE, *le Détroit de Behring* [77]. **88** Jean-Marie LACLAVETINE, *Donna fugata* [53]. **89** Jean ROLIN, *la Ligne de front* [91]. **90** Frédéric-Jacques TEMPLE, *Anthologie personnelle* [1]. **91** Frédéric VITOUX, *Sérénissime* [48]. **92** Nicolas BRÉHAL, *Sonate au clair de lune* [35]. **93** Olivier GERMAIN-THOMAS, *Au cœur de l'enfance*. **94** Jean-Noël PANCRAZI, *le Silence des passions* [53]. **95** Alain BLOTTIÈRE, *l'Enchantement* [9]. **96** François BOTT, *Radiguet* [24]. **97** J.-P. ENTHOVEN, *les Enfants de Saturne* [27] et les ÉD. DES CENDRES pour leurs publications de Larbaud. **98** Gérard MACÉ, *Colportage 1 et Colportage 2* [150]. **99** Gilles LE ROY, *Machine à sous* [35]. **2000** Guy GOFFETTE, *Partance* [53]. **2001** Pierre CHARRAS, *Comédien* [35].

■ **Ville d'Antibes–Jacques-Audiberti.** **Créé** 1988. **Décerné** le 1er vendredi d'octobre par la ville d'Antibes. **Montant** 50 000 F. **Pt du jury :** Michel Déon. **Lauréats : 1989** Lawrence DURRELL. **90** Jacques LACARRIÈRE. **91** Jacqueline DE ROMILLY. **92** Patrick LEIGH FERMOR. **93** Oriana FALLACI. **94** Félicien MARCEAU. **95** Albert COSSERY. **96** Fernando ARRABAL. **97** Antonio TABUCCHI. **98** Dominique FERNANDEZ. **99** Jean RASPAIL. **2000** Amin MAALOUF.

Bilan des éditeurs d'ouvrages couronnés de l'origine à 2000	Goncourt	Femina		Interallié	Médicis		Renaudot
		Fr.	Étr.		Fr.	Étr.	
L'Age d'Homme						1	
Albin Michel	8	5	1	2	1	3	1
Balland	1						
Christian Bourgois						1	
Calmann-Lévy	2	3	1			1	3
Le Cherche Midi						1	
Denoël	1	4	1	7			7
Éditions de Minuit	3	2			4		1
Éditions de l'Olivier			1			1	1
Fasquelle	1	3					
Fayard	2	3		2	1		
Flammarion	4	4		1	1	1	
Gallimard	32	17	3	13	10	9	15
Grasset	13	5		24	15	6	12
Hachette	1	1			1		
Julliard	3	3		3			7
Robert Laffont	1			2			
Mercure de France	4	4	1	1	3		1
Sylvie Messinger						1	
Payot	1						
Phébus				1			
Plon	3	5		2			
Pol		3					
Le Seuil	5	8	1	1	6	4	10
Stock	1	2	1			1	
La Table Ronde				2			3

Bilan de 1970 à 1999 : *Gallimard* : 7 Goncourt, 3 Interallié, 16 Médicis, 6 Renaudot, 11 Femina. *Grasset* : 9 G., 18 I., 18 M., 10 R., 2 F. *Le Seuil* : 4 G., 1 I., 8 M., 7 R., 7 F. *Autres* : 10 G., 9 I., 19 M., 8 R., 23 F. *On parle du trio « Galligrasseuil ».*

■ **Ville de Paris (Grands prix de la).** *Annuels :* roman (créé 1948), histoire (créé 1947), sciences humaines (créé 1994) ; *biennal :* poésie (créé 1952, *annuel* en 1997). **Montant :** 50 000 F chacun. Chaque prix est décerné à un auteur français ou d'expression française pour l'ensemble de son œuvre. **Jury :** maire adjoint chargé de la Culture, directeur des Affaires culturelles, 5 conseillers de Paris désignés par l'Assemblée, 9 personnalités choisies pour leur compétence. Le jury peut ne pas décerner le prix. **Lauréats : 1999** Florence DELAY et Jean DUTOURD (Messian). **2000** Daniel ROCHE (histoire). Claude ROYET-JOURNOUD (poésie). Germaine TILLION (sciences humaines). Klaus-Michael GRUBER (art de la scène). Pascal DUSAPIN (musique). Sylvie TESTUD (Gérard-Philippe).

■ **Wepler.** **Créé** 1998 et sponsorisé par la Poste. **Décerné** à un écrivain dont l'œuvre romanesque apporte quelque chose de vraiment nouveau. **Montant** 35 000 F remis à la brasserie Wepler (place Clichy, 75018 Paris). **Lauréats : 1998** Florence DELAPORTE, *Je n'ai pas de château* [53]. **99** Antoine VOLODINE, *les Anges mineurs* [48]. **2000** Laurent MAUVIGNIER, *Apprendre à finir* [18].

PRIX LITTÉRAIRES DANS LE MONDE

☞ *Abréviation :* Litt. : Prix littéraire.

■ **Allemagne.** **Prix de littérature de l'État de Rhénanie-Nord-Westphalie pour les jeunes auteurs** (Düsseldorf) annuel, 2 prix de 6 000 DM. **Fontane** (Berlin) annuel, 10 000 DM. **Alfred Döblin** (Berlin) bisannuel, 23 000 DM. **Gerhart Hauptmann** (Berlin) bisannuel, 10 000 DM. **Pour le livre de jeunes** (Bonn) 4 sections, annuel, 80 000 DM. **Litt. de la ville de Brême,** annuel, 30 000 DM (*2001 :* Alexander KLUGE). **Georg Büchner** créé 1951 (Dt. Akademie für Sprache und Dichtung, Darmstadt) annuel, 60 000 DM (*2000 :* Volker BRAUN). **Andreas Gryphius** (Esslingen) annuel, 16 000 DM (*2000 :* Stephan SCHWIN). **Rainer Maria Rilke** (Francfort) poésie, annuel, 5 000 DM. **Lessing** (Hambourg) tous les 4 ans, 20 000 DM (*1997 :* Jan Philipp REEMTSMA). **Hermann Hesse** (Karlsruhe) tous les 3 ans, 20 000 DM (*2000 :* Jean MALAPLATE). **Friedrich Hölderlin** (Bad Homburg v. d. Höhe) annuel, 25 000 DM (*2000 :* Jörg BERNIG). **Marie Luise Kaschnitz,** tous les 2 ans, 15 000 DM (*1996 :* Erika PEDRETTI). **Heinrich von Kleist,** tous les 2 ans, 40 000 DM (*1994 :* Herta MÜLLER). **Thomas Mann** (Lübeck) tous les 3 ans, 10 000 DM. **Litt. Kogge** (Minden) annuel, 10 000 DM. **Die Welt** créé 1999, décerné en nov. à un Allemand de renommée internationale, 13 000 € (*1999 :* Bernard SCHLINK). **Litt. des Éditions Bertelsmann,** bisannuel, 50 000 DM. **Litt. westphalienne** [Annette von DROSTE-HÜLSHOFF-PREIS] (Münster) bisannuel, 25 000 DM. **Luise Rinser,** annuel, 10 000 DM. **Litt. Heinrich Böll** (Cologne) annuel, bisannuel depuis 1993, 35 000 DM (*1993 :* Alexander KLUGE ; *97 :* Winfried Georg SEBALD). **Arno Schmidt,** tous les 2 à 3 ans, 50 000 DM. **Heinrich Heine** (Düsseldorf) créé 1972, bisannuel, 25 000 DM. **Schiller de l'État de Bade-Wurtemberg** [Schiller Gedächtnispreis] (Stuttgart) tous les 3 ans, 20 000 DM. **Helmut M. Braem** (Stuttgart) pour les traducteurs, bisannuel, 15 000 DM. **Gerrit-Engelke** (Hanovre) bisannuel, 15 000 DM. **Goethe** (Francfort) créé 1927, tous les 3 ans, 50 000 DM ; *1927 :* Stefan GEORGE. *28 :* Albert SCHWEITZER. *29 :* Leopold ZIEGLER. *30 :* Sigmund FREUD. *31 :* Ricarda HUCH. *32 :* Gerhart HAUPTMANN. *33 :* Hermann STEHT. *34 :* Hans PFITZNER. *35 :* Hermann STEGEMANN. *36 :* Georg KOLBE. *37 :* Guido KOLBENHEYER. *38 :* Hans CAROSSA. *39 :* Carl BOSCH. *40 :* Agnes MIEGEL. *41 :* Wilhelm SCHÄFER. *42 :* Richard KUHN. *45 :* Max PLANCK. *46 :* Hermann HESSE. *47 :* Karl JASPERS. *48 :* Fritz VON UNRUH. *49 :* Thomas MANN. *52 :* Carl ZUCKMAYER. *55 :* Annette KOLB. *58 :* Carl Friedrich VON WEIZSÄCKER. *60 :* Ernst BEUTLER. *61 :* Walter GROPIUS. *64 :* Benno REIFENBERG. *70 :* Georgy LUKACS. *73 :* Arno SCHMIDT. *76 :* Ingmar BERGMAN. *79 :* Raymond ARON. *85 :* Golo MANN. *88 :* Peter STEIN. *97 :* Hans ZENDER. **Prix de la Paix** des libraires et éditeurs allemands (décerné lors de la foire de Francfort), 25 000 DM, 2 Français l'ont eu : A. SCHWEITZER en 1951 et G. MARCEL en 1964 ; *1979 :* Yehudi MENUHIN. *80 :* Ernesto CARDENAL. *81 :* Lew KOPELEW. *82 :* George F. KENNAN. *83 :* Manès SPERBER. *84 :* Octavio PAZ. *85 :* Teddy KOLLEK. *86 :* Wladyslav BARTOSZEWSKI. *87 :* Hans JONAS. *88 :* Siegfried LENZ. *89 :* Vaclav HAVEL. *90 :* Karl DEDECIUS. *91 :* György KONRAD. *92 :* Amos OZ. *93 :* Friedrich SCHORLEMMER. *94 :* Jorge SEMPRUN. *95 :* Anne-Marie SCHIMMEL. *96 :* Vargas LLOSA. *97 :* Yachar KEMAL. *98 :* Martin WALZER. *99 :* Fritz STERN. *2000 :* Assia DJEBAR.

■ **Belgique.** **Prix Victor-Rossel** [1] (*fondé* 1938 par *Le Soir*) attribué en décembre à un roman ou un recueil de nouvelles, 200 000 FB ; considéré comme le « Goncourt » belge ; *1990 :* Philippe BLASBAND, *De cendres et de fumées ; 91 :* Anne FRANÇOIS, *Nu-Tête ; 92 :* Jean-Luc OUTERS, *Corps de métier ; 93 :* Nicole MALINCORRI, *Nous deux ; 94 :* BOSQUET DE THORAN, *la Petite Place à côté du théâtre ; 95 :* Patrick ROEGIERS ; *96 :* Caroline LAMARCHE, *le Jour du chien ; 97 :* Henri BAUCHAU, *Antigone* ; Philippe TOUSSAINT, *la Télévision ; 99 :* Daniel DE BRUYCKER, *Silex ; 2000 :* Laurent de GRUEDE, *le Mauvais Genre.* **Divers prix décernés par l'Association des écrivains belges** [H.-Krains [1] 20 000 FB (alternativement prose ou poésie), A.-Pasquier 25 000 FB (fondé 1952, quinquennal, roman historique, décerné en 1997), Constant-de-Horion 50 000 FB (essai d'histoire ou de critique littéraire, années paires), G.-Nélod 10 000 FB (récit ou conte), René-Lyr [1] 35 000 FB (poésie, triennal), Emma-Martin (alternativement prose ou poésie 40 000 FB, créé 1995), Philippe Delaby-Mourmaux (poésie, tous les 2 ans, 20 000 FB)] ; **par l'Association des écrivains de Wallonie :** plus de 20 prix ; **France/Wallonie-Bruxelles** Elisa BRUNE, *Petite Révision du ciel* [44] ; **par le ministère de la Culture française :** prix quinquennal de couronnement de carrière (500 000 FB), de la critique et des essais (300 000 FB), prix annuel de littérature française (successivement : poésie, roman et conte, essai dramatique ; 250 000 FB).

Nota. – (1) ouvert à des auteurs francophones étrangers.

■ **Canada.** **Prix du Gouverneur général,** *fondé* 1937, annuel, 10 000 $. **Athanase-David** *créé* 1968 par le gouvernement du Québec, annuel ; 30 000 $ [origine : concours créé 1922 par David (1882-1953)]. *2000 :* Pierre MORENCY. **France-Québec Jean-Hamelin** *créé* 1965 par l'Adelf (voir p. 340 a) ; *montant :* 8 000 F. *2000 :* Louis-Bernard ROBITAILLE, *le Zoo de Berlin.* **Des libraires du Québec** *créé* 1993, *montant :* 2 000 $.

■ **Espagne.** Annuels (montant en millions de pesetas) : **Planeta** 50 *fondé* 1952 ; *2000 :* Maruja TORRES, *Mientras vivimos.* **Cervantes** 15 ; *2000 :* Francisco UMBRAL. **Plaza y Janes** 10 ; *fondé* 1985. **Azorin** 10. **Tiflos** 7,5 (répartis en 5 prix : poésie 1,5 ; roman 3 ; presse écrite 1 ; radio 1 ; télévision 1). **Prix « A »** 1,8 (poésie, roman). **Andalucia** 5 ; *fondé* 1985. **Don Balón** 5 ; *fondé* 1984 (sujets sportifs). **Premio Biblioteca Breve** 5 *fondé* 1958, *interrompu* 1972, *repris* 1999. **Sant Jordi** (roman en catalan) 5. **El Papagayo** 5 ; *fondé* 1989. **Ateneo de Valladolid** (*fondé* 1950) 3 ; *1997 :* Luis DEL ROMERO SÁNCHEZ-CUTILLAS, *Ojos ; 98 :* Teresa LEZCANO, *Un mundo muy confidencial.* **Josep Pla** 1 ; *fondé* 1969 ; *2000 :* Empar MOLINER, *Feli esthéticienne.* **Jaen** 3 ; *2000 :* Germán SIERRA (nouvelle). **Nadal** 3 ; *fondé 1945 ; 2000 :* Silva LORENZO. **Angel Guerra** 2,5. **Torrente Ballester** 2,5. **National de littérature** 2,5. **Cafe Gijon** 2 ; *fondé* 1989. **Feria del Libro de Madrid** 2. **Villa de Madrid** 2. **Herralde** 2. **Espejo de España** 2. **Ala Delta** 2. **Loewe** (poésie) 2,5 ; *2000 :* Lorenzo OLIVAN. **Juãn Ramon Jimenez** 1,5. **Ateneo de Séville** 1. **Anagrama** 1. **Caja España Cuentos** 2 ; *2000 :* Luis DEL ROMERO SANCHEZ-CUTILLAS. **Caja España teatro breve :** 2 ; *2000 :* Antonio ALAMO. **Asturias** 1. **Juan Carlos Ier** 1. **Juan Gil de Biedma** 1. **Ciutat de Barcelona** 1. **Tabacalera** 1. **Hucha de Oro** 1. **La Sonrisa Vertical** 1. **Antonio Machado** 1. **National de journalisme** 1. **Gabriel Miró** 0,1.

■ **États-Unis.** **Prix Pulitzer** *fondés* 1918, décernés par le conseil d'administration de l'université de Columbia. 12 prix de 5 000 $ chacun : services rendus à la cause publique, reportage, correspondance à Washington ou à l'étranger, article de fond, dessin humoristique, photographie, roman, théâtre, histoire, biographie, poésie, musique. *2000 :* Thumpa LAHIRI, *Interpreter of Maladies. 2001 ;* Michael CHABON, *The Amazing Adventures of Kavalier & Clay.* **National Book Award** *créé* 1950 (10 000 $) ; *2000 :* (poésie) : Lucille CLIFTON ; (roman) : Susan SONTAG, *In America ;* (essai) : Nathaniel PHILBRICK, *In the Heart of the Sea-The Tradedy of the Waleship Essex ;* (littérature jeunesse) : Gloria WHELAN. **Prix interaméricain de littérature :** 1er *décerné* 23-8-1970 Jorge Luis BORGES (25 000 $).

■ **Europe.** **Prix européens de littérature et de traduction** *créés* 1992 ; *décernés* à Glasgow [20 000 écus (environ 140 000 F) chacun] ; *Pts des 2 jurys européens :* Antonia Byatt, Michael O'Loughlin. **Prix européen de l'essai** *décerné* par la Fondation Veillon (30 000 F) ; *1999 :* Amin MAALOUF, *les Identités meurtrières ; 2000 :* Peter BICHSEL, *Alles von mir gelernt, Kolumnen 1995-1999.* **Prix Aristeion** *créé* 1989 par l'Union européenne ; *1999 :* (littérature européenne) : Jose HIERRO. *N'existe plus depuis 2000.*

■ **Grande-Bretagne.** **David Cohen British Literature Prize** *fondé* 1993 (30 000 £, plus 10 000 £) ; *1999 :* William TREVOR. **Booker Prize** *fondé* 1969, administré par Book Trust (20 000 £) ; *2000 :* M. AOTWOOD, *The Blind Assassin.* **Booker of Booker** *fondé* 1993. **Orange Prize for Fiction** *créé* 1996, *décerné* à un roman écrit par une femme (30 000 £) ; *2000 :* Linda GRAUT, *When I Lived in Modern Times.* **Whitbread Book Awards** (22 500 £), *1999* roman : Rose TREMAIN, *Music and Silence.* **NCR Book Award for Non-fiction** *fondé* 1988 (25 000 £). **W.H. Smith Annual Literary Award** *fondé* 1959 (10 000 £) ; *2000 :* Melvyn BRAGG, *The Soldier's Return.* **Wellcome Trust Prize** (25 000 £). **Wolfson History Prizes** *décernés* à des travaux historiques (25 000 £). **The Guardian Prize** (10 000 £) ; *2000 :* Zadie SMITH, *White Teeth.* **James Tait Black Memorial Prize** *fondé* 1918 ; annuel, (roman et biographie) 1 500 £ chacun. **W. H. Heinemann Award,** annuel, tout sujet en anglais. **Betty Trask Prize** *fondé 1984, décerné* à un auteur de moins de 35 ans ; 7 000 £ (1er roman) ; *2000 :* Jonathan TULLOCH, *The Season Ticket.* **Hawthornden Prize** *fondé* 1919 (2 000 £). **Somerset Maugham Awards** *fondé* 1947 (3 000 £) ; *2000 :* Bella BATHURST, *The Lighthouse Stevensons,* Sarah WATERS, *Affinity.* **Duff Cooper Memorial Prize** *fondé* 1954 (500 £).

■ **Italie.** **Prix Bagutta** *fondé* 1927 (5 000 lires et 95 000 lires d'indemnités de voyage). **Bancarella** *fondé* 1953 ; *décerné* à une œuvre qui a eu un grand succès l'année précédente ; *montant :* achat de 2 000 exemplaires au minimum. **Bancarella Sport** *fondé* 1964. **Bologne**, *fondé* 1995, remis lors de la Foire du livre pour la jeunesse, 4 catégories. **Campiello** *fondé* 1963 ; 5 lauréats, chacun 5 000 000 de lires et le « supervainqueur » 10 000 000 de lires. **Chianciano** *fondé* 1949 ; non attribué depuis 1970. **Hans-Christian Andersen** secteur jeunesse ; remis à la Foire de Bologne. **Ibby-Asahi** *décerné* par l'International Board on Books For Young People (Ibby) ; *remis* à la Foire de Bologne. **International Antonio Feltrinelli**, 100 millions de lires décernés par l'Accademia Nazionale dei Lincei, à l'origine fondation d'Antonio Feltrinelli († 1942) dont les revenus sont attribués au prix. **Libro d'oro** *fondé* 1957. **Malaparte** *fondé* 1983 ; 5 millions de lires. **Napoli** *fondé* 1961 ; 3 prix de 5 000 000 de lires. **Penna d'oro** *fondé* 1957. **Strega** *fondé* 1947. **Sila** *fondé* 1964. **Viareggio** *fondé* 1929 ; 3 prix (roman, poésie, saggistica) de 12 000 000 de lires, 1 prix international pour un étranger de 25 000 000 de lires.

■ **Pays-Bas.** **Prix Erasme** (300 000 florins) ; récompense chaque année une personne ou une institution ayant apporté une contribution exceptionnelle pour l'Europe en matière culturelle, de sciences sociales ou exactes ; *1993* : Peter STEIN ; *94* : Sigmar POLKE ; *95* : Renzo PIANO ; *96* : William MCNEILL ; *97* : Jacques DELORS ; *98* : 2 prix : Mauricio KAGEL et Peter SELLARS. *99* : Mary ROBINSON. *2000* : Hans VAN MANEN. *01* : 2 prix : Claudio MAGRIS et Adam MICHNIK.

■ **Portugal.** **Prix Camões** (12 000 000 d'escudos) *créé 1988* avec le Brésil ; *2000* : Valdomino FREITA AUTRAN DOURADO.

■ **Russie.** **Booker Prize russe** (12 500 $) *créé* 1991 ; *1996* : Andre SERGUEIEV ; *97* : Anatoli AZOLSKI. [**Ex-URSS.** **Prix Lénine de littérature** *fondé* 1925 (jamais décerné, remplacé par le **prix Staline** de 1939 à 1956 puis le **prix d'État** de 1957 à 1988].

■ **Suisse.** **Prix de la Fondation Brandenberger** (150 000 FS). **Prix de la Fondation pour Genève** (25 000 FS) ; *2000* : Jean-Paul et Monique BARBIER-MUELLER. **Grand prix de la Fondation Schiller** *fondé* 1905 ; décerné 15 fois (30 000 FS) ; *2000* : Grytsko MASCIONI. **Prix de la Fondation vaudoise** (pour la promotion et la création artistiques, 1 grand prix de 100 000 FS et 6 prix de 15 000 FS). **Gottfried Keller** de la fondation Martin-Bodmer *fondé* 1921 (25 000 FS) ; *2000* : Bernard CAMPICHE. **Grand prix CF Ramuz** *fondé* 1951 ; décerné tous les 5 ans (15 000 FS) ; *1999* : Claire GENOUX. **Jean-Jacques-Rousseau** décerné à l'occasion du Salon international du livre et de la presse (mai), à des auteurs portant un regard original sur l'état du monde et le devenir de l'homme, 50 000 FS. **Grand prix du langage français** (25 000 FS) ; *1999* : Jacques CHESSEX. **Prix Liberté littéraire** (voir p. 344 a). **Européen de l'Essai** *créé* 1975 par la fondation Charles Veillon ; *2000* : Peter BICHSEL. **Prix Latsis** (100 000 FS) récompense des universitaires suisses de moins de 40 ans ; *2001* : Laurent KELLER. **Prix Oertli** (30 000 FS) ; *1999* : Marchel SCHWANDER. **BP Philip-Morris** (25 000 FS). **Robert Walser** (25 000 FS) ; décerné tous les 3 ans à une 1re œuvre.

■ **Pays nordiques** (Suède, Norvège, Danemark, Finlande et Islande). **Prix Finlandia** *fondé* 1984 ; décerné à l'auteur finlandais du meilleur livre de l'année, annuel, environ 150 000 F ; *1999* : Kristina CARLSON, *Maaniären* ; *2000* : Johanna SINISALO, *Ennen päivänlaskua ei voi*. **Grand prix de littérature du Conseil nordique** *fondé* 1962 ; chaque pays propose chaque année 2 candidats (plus parfois le représentant d'une minorité ethnique : Lapons, Féringiens, Groenlandais, etc.) ; *jury* 10 membres (2 par pays), 350 000 couronnes ; *2000* : Henrik NORDBRANDT (Dan.) ; *01* : Jan KJAERSTAD (Norv.). **Prix Nobel** *fondé* 1901, en Suède (voir à l'Index). **Prix Sonning** (Danemark, *créé* 19-4-1949) décerné à une personnalité ayant servi la culture européenne ; bisannuel, 500 000 couronnes ; *1989* : Ingmar BERGMAN ; *91* : Vaclav HAVEL ; *94* : Krzysztof. KIESLOWSKI ; *96* : Günter GRASS ; *98* : Jørn UTZON (Dan., architecte) ; *2000* : Eugenio BARBA (It., dir. de théâtre). *01* : Anne-Sophie MUTTER (All., violoniste).

AUTEURS

GÉNÉRALITÉS

■ **Age.** **Écrivains âgés :** Sarah Delany (Amér., 105 ans) et sa sœur Elizabeth (103 ans), *The Delany Sister's Book of Everyday Wisdom* (1994), Alice Pollock (Angl., 102 ans et 8 mois, 1868-1971), *Portrait de ma jeunesse victorienne* (1971). EN FRANCE (auteurs ayant écrit jusqu'à leur mort) : Paul Géraldy (98 ans), Maurice Genevoix [(1890-1980) a écrit à 89 ans *Trente Mille Jours*], Julien Greene. **Écrivains les plus jeunes :** Dorothy Straight (Amér., 5 ans) : *Comment le monde a commencé* (1962). EN FRANCE : Minou Drouet (8 ans) : *Poèmes* (1955) ; Marianne Paulot (14 ans ½) : *l'Envolée*.

■ **Écrivains les plus prolifiques.** L'Espagnol *Felix Lope de Vega* (1562-1635) : 1 800 comédies (470 ont survécu à l'oubli), 400 drames religieux, 2 romans, et de nombreux poèmes. L'Anglais *Charles Hamilton* (alias Frank Richards) auteur de feuilletons (1875-1961) : 75 millions de mots. L'Indien *Baboorao Arnalkar* (1907) : 1 092 nouvelles. Le Brésilien *José Carlos Ryoki de Alpoim Inoué* (São Paulo, 1946) : 1 046 romans (dont 665 westerns, 112 romans d'espionnage, 73 romans de de guerre, 70 policiers, 63 romans d'aventures, 21 de science-fiction) ; 39 pseudonymes dont James Monroe, George Fletcher, Bill Purse ; en 6 ans, 10 millions d'exemplaires en poche. Le Japonais *Soho Tokutomi* (1863-1957) : histoire du Japon en 100 volumes (42 468 p.). La romancière anglaise *Enid Mary Blyton* (1898-1968) : 600 à 700 histoires pour enfants. Le Polonais *Joseph Ignace Kraszewski* (1812-87) : 600 romans et œuvres historiques. Le Belge *Georges Simenon* (1903-89) : 212 romans sous son nom (dont plus de 80 Maigret) et environ 300 sous 17 pseudonymes. *Kathleen Lindsay* (Afr. du Sud, 1903-73) : 904 romans. Les Français : *Voltaire* et *G. Sand* : plus de 20 000 lettres chacun, *Victor Hugo* : 153 837 vers ; *Alexandre Hardy* : 600 pièces (dont 34 publiées) ; *Scribe* : 350 œuvres ; *Alexandre Dumas* : 260 volumes ; *Labiche* : 174 pièces ; *Balzac* : 150 œuvres, 2 000 personnages ; *Marcel Jouhandeau* : 129 œuvres ; *Sacha Guitry* : 125 pièces ; *Saint-Simon* : 8 500 personnages ; *Zola* : 1 200 personnages.

■ **Écrivains les plus rapides.** L'Américain *Erle Stanley Gardner* (1889-1970) a écrit jusqu'à 7 romans à la fois et dictait jusqu'à 10 000 mots par jour. L'Américaine *Barbara Cartland* (née 1901) a écrit 23 romans par an pendant 19 ans (602 titres traduits en 30 langues). L'Anglais *John Creasey* (1908-73) a produit jusqu'à 22 livres par an. Le Belge *Georges Simenon* a écrit ses romans populaires au rythme de 80 à 100 pages par jour.

■ **Nombre d'écrivains en France.** D'après le professeur E. Gaede, il y aurait eu en France, depuis l'invention de l'imprimerie, de 30 000 à 70 000 écrivains qui ont écrit en tout 500 000 livres. *Environ 1 000 auteurs nés avant 1900* (auteurs de 5 000 livres en tout) font encore parler d'eux. *Chaque année, 6 000 à 6 500 auteurs* (dont 1 500 à 2 000 de romans) publient un livre.

■ **Œuvres les plus longues.** **Biographies :** *Winston Churchill :* (par Randolph Churchill, son fils) 4 832 pages ; (Martin Gilbert) 19 100 pages, achevée en 1992. **Romans :** *les Hommes de bonne volonté* (Jules Romains) : 27 volumes écrits entre 1930 et 1944. *A la recherche du temps perdu* (Proust) : 8 tomes, environ 1 310 000 mots. *Clarisse Harlowe* (1748) (Samuel Richardson) : 984 870 mots. *La Compagnie des glaces* (George-Jean Arnaud) : 62 volumes, 11 000 pages, feuilleton publié entre 1980 et 1992 (5 ou 6 romans/an). *Tokuga-Wa Ieyasu* (du Japonais Sohachi Yamaoka) : feuilleton publié en 40 volumes. **Poèmes :** *Manas* (1958) : chants épiques kirghizes, 500 000 vers. *Prométhée, dialogue des vivants et des morts* (du Canadien Roger Brien) : 456 047 vers.

■ **Éditions à compte d'auteur.** 9 000 à 12 000 manuscrits de littérature environ sont refusés chaque année par les éditeurs. 2 000 écrivains financent eux-mêmes l'édition de leurs livres en s'entendant avec un éditeur ; 500 écrivains « s'auto-éditent » en passant par un imprimeur sans recourir aux services d'un éditeur (ils peuvent cependant confier leur distribution à un diffuseur). *Coût* : roman (250 pages, 2000 ex.) 70 000 F environ (y compris fabrication et publicité) ; poèmes (48 pages, 500 exemplaires) 9 000 F (disquette fournie par l'auteur). *Impression numérique* : 20 000 F (400 pages, 600 exemplaires). *Gains de l'auteur en auto-édition* : totalité du produit des ventes ; *en compte d'auteur* : prose 40 % des ventes, poésie 60 % (ventes très faibles).

Associations : *Association des auteurs auto-édités* (23, rue de La Sourdière, 75001 Paris) : Pt : Robert Hentsch ; fondée 1975 par Abel Clarté (1904-96) ; *auteurs membres :* 80 ; *titres au catalogue* : 800 ; *livres édités* (en 2000) : 96 ; *Comité des auteurs en lutte contre le racket de l'édition* (Calcre, BP 17, 94404 Vitry-sur-Seine Cedex) : *créé* 1979, défend les intérêts des auteurs débutants et des victimes du compte d'auteur. Depuis le 1-11-1989, s'intitule Association d'information et de défense des auteurs (Calcre) ; publie *Audace* : annuaire à l'usage des auteurs cherchant un éditeur (édition en 2000 : 1 015 éditeurs) ; *Arlit* : annuaire des revues littéraires (édition 1999 : 980 revues) ; *Safélivre* : guide des salons et fêtes du livre ; *Écrire et éditer* : bimestriel.

■ **PEN Club (Poets, Essayists, Novelists).** **Fondé** 1921 par Mrs C.A. Dawson Scott avec l'appui de John Galsworthy. **Buts :** rassembler les écrivains épris de paix et de liberté en vue de défendre les valeurs de l'esprit contre le racisme et le fanatisme. Échanges culturels, attachement à la libre circulation des idées et des personnes. Seule organisation mondiale d'écrivains reconnue par l'Unesco. **Présidents** de la Fédération internationale : John Galsworthy, H.G. Wells, Jules Romains, Maurice Maeterlinck, Benedetto Croce, Charles Morgan, André Chamson, Alberto Moravia, Arthur Miller, Heinrich Böll, sir Victor Prichett, Mario Vargas Llosa, Pär Wastberg, Francis King, René Tavernier, Gyorgy Konrad, Ronald Harwood, Homero Aridfis. **Membres :** 133 centres dans le monde réunissent plus de 12 000 écrivains. Fin 1996, il y avait, selon le PEN Club, plus de 250 cas d'assassinat, d'emprisonnement ou de disparition d'écrivains dans le monde.

■ **PEN Club français.** 6, rue François-Miron, 75004 Paris. **Membres :** environ 500. **Présidents :** *1921* Anatole France, *24* Paul Valéry, *34* Jules Romains, *44-46* Jean Schlumberger, *51* André Chamson, *59* Yves Gandon, *73* Pierre Emmanuel, *76* Georges-Emmanuel Clancier, *79* René Tavernier, *90* Solange Fasquelle, *93* Jean Orizet, *99* Jean Blot. **Financement :** cotisations et donations. **Parraine** le *prix de la Liberté* et décerne les prix du PEN Club (voir p. 345 c).

☞ **Beaucoup d'écrivains commencèrent à compte d'auteur :** Bergson, Billy *(Bénoni, homme d'Église)*, Céline [*la Vie de Semmelweiss* (thèse de doctorat en médecine, signée L.-F. Destouches)], Drieu La Rochelle, Géraldy *(Toi et Moi)*, Gide, Giraudoux *(les Provinciales)*, Gracq, Hemingway, Martin du Gard, Mauriac *(les Mains jointes)*, Montherlant *(la Relève du matin)*, Paulhan *(le Guerrier appliqué)*, Proust (1er tome de *A la recherche du temps perdu*) ; **s'auto-éditent :** Vauban *(la Disme royale)*, Montaigne *(les Essais)*, Louÿs, Pagnol, le Dr Soubiran, Georges Dumézil, Rimbaud *(Une saison en enfer)*.

■ **Amis d'auteurs (Stés).** Auteurs dotés d'une association : 183 recensés dont 165 de langue française, 5 de langue anglaise (Byron, Conrad, Dickens, More, Tolkien), 2 de langue germanique (Jünger et Zweig), 2 de langue roumaine (Fondane et Istrati), 3 Slaves (Milosz, Tolstoï, Tourgueniev), 1 Portugais (Pessoa) et 1 Grec (Kazantzaki). **Associations :** *- de 300 adhérents* : 124, *+ de 300* : 40, *+ de 500* : 17. *Nombre minimal* : Stefan Sweig, 10 membres. *Maximal* : Brassens (1 000), Hergé (800), Zola (750), Giono (700), More (650), Gide, Brasillach, Teilhard de Chardin (600). **Siège des associations :** Paris 67, province 102 (dont hébergés par une mairie 12 %, université 12, bibliothèque 10). **Auteurs vivants ayant leur association :** Pierre Béarn, Michel Houellebecq, Gabriel Matzneff et Kenneth White. **Associations les plus anciennes :** Rousseau (1904), Montaigne (1913), Zola (1921) ; **les plus récentes** (créées en 2000) : Lawrence Durrel, Jean Tardieu, Victor Hugo. **Auteurs ayant plusieurs associations :** 17 (Alain, Aragon, Balzac, Cendrars, Gide, Giraudoux, Martin du Gard, Proust, Racine, Ramuz, Rimbaud, Rousseau, Simenon, Verne, Voltaire, Yourcenar et Zola). **Associations ayant un site Internet :** 18.

PROPRIÉTÉ LITTÉRAIRE

■ **En France.** L'auteur d'une œuvre jouit d'un droit de propriété exclusif. Il peut céder par contrat, à un éditeur, l'exploitation de ses droits pour la publication d'un ouvrage pendant une durée limitée ou pour toute la durée de la protection littéraire. La 1re loi au monde protégeant le droit d'auteur a été adoptée les 13 et 19-1-1791 par l'Assemblée constituante. Depuis, la **durée de la propriété littéraire** a été déterminée par les lois des 14-7-1866, 3-2-1919, 21-9-1951 et les art. de la loi du 11-3-1957 modifiée par la loi du 3-7-1985 codifiée par la loi du 1-7-1992. **1°)** *Œuvres publiées avant le 24-10-1920* : application des lois de 1866, 1919, 51 et 57 ; protection : 64 ans et 274 j à partir de la fin de l'année civile durant laquelle l'auteur est décédé. **2°)** *Du 24-10-1920 au 1-1-1948* : 58 ans et 122 j après la fin de l'année civile durant laquelle l'auteur est décédé (lois de 1951 et 57). **3°)** *Après le 1-1-1948* : 50 ans après la fin de l'année civile durant laquelle l'auteur est décédé (loi de 1957). La loi du 21-9-1951 prévoit une protection supplémentaire de 30 ans pour les œuvres des auteurs morts pour la France. La **directive européenne** (no 93/8) de 1993 a porté à 70 ans post mortem la durée de protection de toutes les œuvres sans exception (durée qui ne s'appliquait alors en France qu'aux œuvres musicales). Sont soumises à cette loi toutes les œuvres qui au 1-7-1995 étaient protégées dans au moins un des États membres.

La France est liée à la plupart des pays du monde par 2 traités internationaux : la *Convention de Berne* (95 pays dont USA depuis 1989 et Chine depuis 15-10-1992) et la *Convention universelle* qui appliquent la loi locale de droit d'auteur aux œuvres et auteurs étrangers.

☞ **Sont tombées dans le domaine public les œuvres de : 1967** Émile Zola ; **70** Alphonse Allais, José Maria de Heredia, Jules Verne ; **76** Paul Arène, Edmond de Goncourt, Arsène Houssaye, Jules Simon, Paul Verlaine ; **77** Alphonse Daudet ; **78** Ferdinand Fabre, Stéphane Mallarmé ; **79** Henri de Lacretelle ; **80** Albert Samain, Frédéric Mistral ; **82** Paul d'Ivoi ; **83** Octave Mirbeau ; **84** Michel Zevaco ; **87** Marcel Proust.

■ **A l'étranger.** **Suisse, Canada et Italie** ont adhéré à la Convention de Berne et protègent les œuvres étrangères 50 ans après la mort de l'auteur. **États-Unis :** avant 1978, les droits d'auteur étaient régis par le *copyright*, la protection durait 28 ans après la 1re publication, renouvelable pour une même période si la demande était formulée par l'auteur ou ses ayants droit dans la 28e année. Depuis le 1-1-1978, les œuvres se trouvant dans la 2e période bénéficient d'une durée de 47 ans, d'où une protection totale de 75 ans. Les œuvres publiées après le 1-1-1978 sont protégées 50 ans après la mort de l'auteur.

■ **Quelques organisations. Association des écrivains catholiques :** 82, rue Bonaparte, 75006 Paris (fondée 1886) ; *Pt :* Isabelle Mourral ; *Vice-Pts :* François Saint-Pierre, Louis Millet ; *membres :* 360. **Association des écrivains de langue française (Adelf) :** 14, rue Broussais 75014 Paris ; *origine :* Sté des écrivains coloniaux (fondée 1926) animée par Marius et Ary Leblond ; présidée par Louis Bertrand (1926-28), Jean Ajalbert (1937-39) puis Marius Leblond jusqu'en 1948 ; relancée sous le nom d'**Anemom** (Association nationale des écrivains de la mer et de l'outre-mer) par Jean d'Esme (1948-63) ; Henri Queffélec (1964-68) en fit l'Adelf. *Pt :* Robert Cornevin (1971-88), Edmond Jouve (depuis 1988) ; *membres :* 1 500 ; *décerne* 11 prix littéraires. **Association internationale des critiques littéraires :** hôtel de Massa, 38, rue du Fg-St-Jacques, 75014 Paris. *Créée* 1969 par Yves Gandon (1898-1975) ; *Pt :* Robert André (né 1920) ; *membres :* 800 ; affiliée Unesco. **Association Plumes à connaître (Apac) :** 12, rue du Gal-Lanrezac, 75017 Paris. *Pt.* : Pierre Lespinasse ; *secr. général :* Frédéric Gehin. *Comité de lecture :* Paul de Maricourt ; *créé* 29-2-1992 ; *Pt :* Yves Tourneur ; *membres :* 350 ; *buts :* lecture critique de manuscrits, aide à l'édition ; *concours littéraires :* annuels. **Association des traducteurs littéraires de France (ATLF) :** 99, rue de Vaugirard, 75006 Paris ; *fondée* 1973 ; *Pt :* François Mathieu ; *membres :* 742.

Centre français d'exploitation de droit de copie (CFC) : 20, rue des Grands-Augustins, 75006 Paris. **Conseil permanent des écrivains (CPE) :** hôtel d'Avejan, 53, rue de Verneuil, 75007. *Créé* 1979 ; *Pt :* Maurice Cury ; *secr. général :* Alain Franck.

Fédération française du syndicat de la librairie : 49, rue de Châteaudun, 75009. *Créée* 1892 ; *Pt :* Jean Legué. *Prix des libraires* depuis 1955. *Membres :* 1 500 libraires. **Fédération internationale des écrivains de langue française (Fidelf) :** 7, square Dunois, 75013 Paris. *Créée* 1982. *Pte :* Simone Balazakd.

Maison de Poésie : 11 bis, rue Ballu, 75009 Paris. *Fondée* 1928 par Émile Blémont. Reconnue d'utilité publique 1929 ; *Pt :* Jacques Charpentreau ; *buts :* publie recueils, organise manifestations, bibliothèque, aide les jeunes poètes. Prix : 2 (Grand prix de la Maison de poésie, Prix Paul-Verlaine) décernés tous les 2 ans ; 3 sans périodicité fixe : Émile-Verhaeren (poète étranger de langue française) ; Edgar-Poe (poésie traduite en français), Philippe-Chabaneix (critique ou histoire de la poésie) ; Prix Arthur-Rimbaud (18 à 25 ans), Prix de la poésie pour la jeunesse. **Maison des écrivains :** 53, rue Verneuil, 75007 Paris. *Créée* 1986 ; *Pt :* Claude Estéban ; *dir. :* Alain Lance ; 630 adhérents.

Sté civile pour l'administration des droits des artistes et musiciens interprètes (Adami) : 14, rue Ballu, 75009 Paris. **Sté des auteurs et compositeurs dramatiques (SACD) :** 11 bis, rue Ballu, 75009 Paris. *Origine* 3-7-1777, repas donné par Beaumarchais à 17 auteurs joués au Théâtre français ; *fondée* 1829, légalement constituée 1837. *Répertoire* au total 600 000 œuvres dont (en 2000) : 11 627 œuvres nouvelles déposées (dont audiovisuel 8 143, spectacle vivant 3 484) ; 10 958 comptes d'auteurs ; 111 174 représentations dans le spectacle vivant (dont province 83 075, Paris 28 099) ont donné lieu à la perception de droits d'auteur. *Droits perçus par la SACD* (en millions de F, 2000) : 871 dont : audiovisuel 559 (soit en % : contrats généraux : 72,8, étranger : 11,8 copie privée : 9,2, contrats particuliers : 6,2) et théâtre, musique, danse 312 (soit en % : province 43,8, Paris 38,1, étranger 13,6). **Sté des auteurs dans les arts graphiques et plastiques (ADAGP) :** 11, rue Berryer, 75008 Paris. **Sté des auteurs, compositeurs et éditeurs de musique (Sacem) :** (voir **Musique** p. 424). **Sté civile des auteurs multimedias (Scam) :** 5, av. Velasquez, 75008 Paris. Consacrée aux droits d'auteur audiovisuels. **Sté de perception et de distribution des droits des auteurs interprètes (Spedidam) :** 16, rue Amélie, 75353 Paris Cedex 07. **Sté des poètes français :** hôtel de Massa, 38, rue du Fbg-Saint-Jacques, 75014 Paris. *Fondée* 1902 par José Maria de Heredia et Sully Prudhomme. *Pt :* Vital Heurtebize. *Membres :* 980 ; *but :* défense de la langue française et de la prosodie. Plusieurs prix annuels. **Sté française de intérêts des auteurs de l'écrit (Sofia) :** hôtel de Massa, 38, rue du Faubourg-Saint-Jacques, 75014 Paris. **Sté française des traducteurs (SFT) :** 22, rue des Martyrs, 75009. *Créée* 1947 ; *membres :* 750. *Revue : Traduire* (trim. 1 500 abonnés). **Sté des gens de lettres de France (SGDL) :** hôtel de Massa, 38, rue du Fbg-St-Jacques, 75014 ; décerne 32 prix littéraires. **Sté civile pour la perception et la répartition des droits de représentations publiques des films cinématographiques (Procirep) :** 11 bis, rue Jean-Goujon, 75008 Paris. **Sté pour la rénumération de la copie privée sonore (Sorecop) :** 16, place de la Fontaine-aux-Lions, 75019 Paris. **Sté pour l'administration du droit de reproduction mécanique (SDRM) :** Cité de la Musique, 16, place de la Fontaine-aux-Lions, 75019 Paris. **Syndicat national des auteurs compositeurs (Snac) :** 80, rue Taitbout, 75442, Paris Cedex 09. *Créé* 1946 ; *Pt :* Jacques Vigoureux ; *membres* (en 2000) : 800. **Syndicat professionnel des écrivains (Sep) :** 38, rue du Fg-St-Jacques, 75014. *Créé* 1936, réactivé 1946 ; *membres :* 500. **Union des écrivains.** *Fondée* 1968. 136, rue du Chevaleret, 75013 Paris.

RÉMUNÉRATION DES AUTEURS

■ **Droits d'auteur. Pourcentage :** de 6 à 15 % (très rarement 20 %), calculé sur le prix de vente (hors taxes) du livre. Les romanciers « arrivés » peuvent toucher 10 % sur les 6 premiers mille, 12 % de 6 000 à 20 000, 15 % au-delà. Les droits moyens sur les livres scolaires primaires sont de 5 %, secondaires 8 %. L'auteur peut obtenir une avance représentant ses droits sur la vente de 5 000 à 10 000 exemplaires (exceptionnellement 50 000). **Rémunération forfaitaire :** appliquée dans certains cas, expressément fixés par la loi sur la propriété littéraire et artistique. Autrefois, le système de forfait était fréquent ; ainsi la Ctesse de Ségur toucha 1 000 F pour *les Mémoires d'un âne* et 1 500 F pour *Pauvre Blaise*. **Traduction :** 0,5 à 4 % (en moyenne 2 %) sur le prix de vente (hors taxes) ; *rémunération forfaitaire :* au feuillet, en avance sur droits d'auteur. **Revenus d'un auteur :** suivant qu'il s'agit d'un tirage en édition brochée normale ou d'un tirage en livre de poche, le revenu d'un auteur peut varier de 1 à 15. Si un auteur a vendu 10 000 exemplaires d'un roman broché vendu à 50 F (hors taxes) dans le public, il touchera environ 50 000 F moins un pourcentage retenu par l'éditeur pour couvrir la « passe » (livres défectueux) soit net 47 200 F. [La « passe » qui ne s'applique pas aux 2 000 premiers exemplaires vendus du tirage initial est de 8 % jusqu'à 30 000 exemplaires, 7 % au-delà de 30 000, 6 % au-delà de 45 000, 5 % au-delà de 60 000 exemplaires vendus. Elle n'est plus appliquée dans les nouveaux contrats. Atteindre 10 000 exemplaires est déjà un succès (en 32 ans, de 1927 à 1959, *Thérèse Desqueyroux*, de Mauriac, avait atteint 85 000 exemplaires en édition normale, et, de 1928 à 1959, *les Conquérants*, de Malraux, avait atteint 55 000 exemplaires).] **Écrivains « professionnels » :** recensés par l'Agessa (Association pour la gestion de la Sécurité sociale des auteurs) en 2000 : 1 628 écrivains (représentant 338 071 680 F de droits d'auteur déclarés). *Revenu annuel :* moins du Smic : 43,98 % ; plus du Smic : 56,01 %, salariaux 13,8 %, libéraux 1,17 % (environ 45 touchaient plus de 728 000 F et 25 plus de 1 456 000 F). La plupart avaient un métier principal (notamment les auteurs d'ouvrages d'érudition) ou annexe (journalisme, radio, télévision, etc.).

☞ 50 % des ouvrages littéraires sont tirés à moins de 5 200 exemplaires, 24 % de 6 000 à 12 000, 8 % de 12 000 à 18 000, 6,5 % de 18 000 à 24 000, 5 % de 24 000 à 36 000, 7,5 % au-delà.

■ **Écrivains les mieux payés.** *Stephen King :* en 1989, à-valoir de 26 millions de £ sur ses 4 prochains livres. *Barbara Taylor Bradford :* en 1992, 17 millions de £ pour 3 romans. *Tom Clancy :* en août 1992, 14 millions de $ (70 millions de F) pour les droits nord-américains de *Sans pitié*. **En France :** *Alexandra Ripley :* 1 million de $ d'à-valoir de Belfond pour *Scarlett*.

■ **Droits annexes et dérivés.** *Traduction* (graphiques) : 10 % ; *audiovisuels :* obligation d'un contrat distinct, adhésion à des sociétés d'auteurs spécifiques ; *disquettes :* supplément de 5 à 10 F la page.

■ **Activités annexes. Traductions** (enquête de l'Association des traducteurs littéraires de France, de juin 2000) en F par feuillet de 25 lignes de 60 signes. *Édition :* anglais 90 à 225 (moyenne 120/130) ; allemand, italien, espagnol 90 à 295 (moyenne 125/135) ; autres langues 100 à 250 (moyenne 135/145) ; français vers autre langue 125 à 200 (moyenne 150/160). *Presse-audiovisuel :* toutes langues 120 à 300 (moyenne 190/200). *Sous-titrage :* (15/20 l'unité). **Bande dessinée :** 20 F le phylactère (bulle). **Rewriting :** 100 à 200 F le feuillet. **Article de journal :** jusqu'à 700 F la page dactylo (selon le journal, le sujet et la notoriété de l'auteur). **Pièce télévisée :** jusqu'à 113 000 F par heure. **Pièce radiophonique :** jusqu'à 19 500 F. Pour la 1re diffusion il est versé une prime d'inédit (au moins 4 000 F par heure pour une dramatique).

☞ 3 pays compensent la perte des droits d'auteur sur les ouvrages prêtés par les bibliothèques : **Finlande :** l'État verse 5 % de l'aide accordée aux bibliothèques à un fonds spécial « bourses-biblio » (réparties aux écrivains âgés 40 %, créateurs 35 %, auteurs malades ou dans une situation précaire 20 %, traducteurs 5 %). **G.-B. :** l'État verse à l'auteur environ 10 centimes à chaque emprunt de livre (*Public Lending Right*). **Suède :** une « Fondation des auteurs » gère les crédits versés par les bibliothèques.

■ **Droits perçus par les Sociétés de gestion collective** (en millions de F). *1990 :* 3 592 (dont droits d'auteur 3 102/droits voisins 490) ; *91 :* 3 995 (3 430/565) ; *92 :* 4 205 (3 529/676) ; *93 :* 4 547 (3 805/742) ; *94 :* 4 472 (3 935/537). **Répartition par société** (argent géré collectivement, en 1996) : 5 087 millions de F dont *droits d'auteur* 4 304 dont sociétés d'auteur [SACD 709 ; Sacem 3 278 ; Scam 219 ; ADAGP 80 (en 1999) ; SDI (Sté de l'Image) 6] et sociétés d'éditeurs [SCELF (Sté civile de l'édition littéraire française) 26, CFC (Centre français d'exploitation du droit de copie) 14, Saem (Sté des éditeurs de musique) 3] ; *droits voisins* 783 dont sociétés d'artistes interprètes [Adami 210, Spedidam (Sté de perception et de distribution des droits des artistes interprètes de la musique et de la danse) 104] ; sociétés de producteurs phonographiques [SCPP (Sté civile pour l'exercice des droits des producteurs phonographiques) 126, SPPF (Sté civile des producteurs de phono-grammes en France) 41, Procirep (Sté des producteurs de cinéma et de télévision) 183, Angoa (Association nationale de gestion des œuvres audiovisuelles) 118]. En 1996, il existait 21 sociétés de perception et de répartition des droits d'auteur et des droits voisins.

Les Misérables (1862) ont rapporté 250 000 à 300 000 F–or à V. Hugo ; *la Vie de Jésus* (1863) 195 000 F à Renan ; *l'Histoire du siècle des Médicis* (1853) 120 000 F à Lamartine ; *Tartarin* (1890) 100 000 F à Alphonse Daudet.

BEST-SELLERS

GÉNÉRALITÉS

☞ Il est difficile de dresser une liste complète des **ouvrages les plus vendus** parus dans le monde ou même simplement en France. Les chiffres de tirages communiqués ne sont guère vérifiables.

■ **Meilleure vente mondiale.** *La Bible* (traduite en 2 233 langues). De 1815 à 1992, elle aurait été vendue à 2,5 milliards d'exemplaires. En 1981, les United Bible Societies ont distribué 10 441 456 Bibles dans 150 pays.

■ **Auteurs les plus vendus** (tirage en millions d'exemplaires). *Mao Tsé-Toung*, de juin 1966 à sept. 1971 : plus de 2 000 (dont le Petit Livre rouge 800, les Poèmes du Pt Mao 96). *Lénine* (1870-1924) entre 1917 et 1967 : 350 (en 222 langues). *Staline* (1879-1953) : 672 (en 101 langues). *Erle Stanley Gardner* (USA 1889-1970) : 319 (en 37 langues au 1-1-1984). *Georges Simenon* (1903-89) : 600 (dont 100 en France) (en 47 langues). *Agatha Christie* (1891-1976) : plus de 2 200 (en 44 langues), 78 romans policiers. *Frédéric Dard* (dit San Antonio, né 1921) : environ 200. *Barbara Cartland* (née en 1901) : 650 (dont 25 en France) pour 583 romans (en 30 langues). *La Vérité qui mène à la vie éternelle* (Témoins de Jéhovah) : 107 (en 117 langues) en 1968 et 1994. *Le Journal d'Anne Frank* 25.

■ **Romans les plus vendus aux États-Unis** (tirage en millions d'exemplaires). *La Vallée des poupées* (publié 1966) de Jacqueline Susann (1921-74), 30 (dont 6,8 les 6 premiers mois). *What would Jesus Do ?* de Charles Monroe Sheldon : 28,5. *Autant en emporte le vent*, Margaret Mitchell (publié 1936) : 28 dans le monde. *Tom Sawyer*, Mark Twain 20. *Love Story*, Erich Segal : 15 (aux USA). *Jamais sans ma fille*, Betty Mahmoody : 15 (dont 3 en France). *Peyton Place*, Grace Metalious (publié 1956) : 10 (dont 6 vendus les 6 premières semaines). *Le Petit Arpent du Bon Dieu*, Erskine Caldwell (publié 1933) : 8.

VENTES EN FRANCE

Abréviations : éd. : édition ; rééd. : réédition ; t. : tome ; vol. : volume.

Nota. – **Éditeurs :** (1) Plon. (2) Julliard. (3) Gallimard. (4) Grasset. (5) Albin Michel. (6) Belin. (7) Laffont. (8) PUF. (9) Flammarion. (10) Fasquelle. (11) Denoël. (12) Arthaud. (13) Casterman. (14) Le Seuil. (15) Presses de la Cité. (16) Hachette. (17) Fayard. (18) Fleuve noir. (19) Éditions de Minuit. (20) Bonne Presse. (21) Stock. (22) Calmann-Lévy. (23) Alpha. (24) Time-Life. (25) France Empire. (26) Seghers. (27) Desclée de Brouwer. (28) Rouge et Or. (29) Gautier-Languereau. (30) Alsatia. (31) Marabout. (32) Guy Le Prat. (33) Payot. (34) Dargaud. (35) Nathan. (36) Édition collective. (37) Deux Coqs d'or. (38) Pierre Horay. (39) Mame. (40) Librairie académique Perrin. (41) Fleurus. (42) J.-J. Pauvert. (43) La Pensée moderne. (44) Pavois. (45) Garnier-Flammarion. (46) Champs-Élysées. (47) J'ai lu. (48) Le Livre de poche. (49) Pocket. (50) Éd. du Cerf. (51) 10/18. (52) Épi. (53) J.-C. Lattès. (54) Alta. (55) La Table ronde. (56) Mercure de France. (57) Larousse. (58) Bordas. (59) Éditions de Trévise. (60) Ramsay. (61) Buchet-Chastel. (62) Éd. Radio. (63) Olivier Orban. (64) Simoen. (65) Centurion. (66) Heinneman et Zsolnay. (67) Zodiaque. (68) Réunion des musées nationaux. (69) J.-P. Faure. (70) Belfond. (71) Éd. Mondiales. (72) Éd. N° 1. (73) Presses de la Renaissance. (74) Sagittaire. (75) Messein. (76) Le Rocher. (77) Fixot. (78) Casteilla. (79) XO. (80) POL. (81) Anne Carrière. (82) Le Dilettante. (83) Le Cherche Midi. (84) Autrement. (85) An Here. (86) Les Arènes. (87) Odile Jacob. (88) L'Aube. (89) Folio Gallimard. (90) Gallimard Jeunesse. (91) Bayard Éditions. (92) Milan. (93) Blake et Mortimer. (94) Glénat. (95) Dupuis. (96) Futuropolis. (97) Fluide glacial. (98) Lucky prod. (99) Soleil prod. (100) La Martinière. (101) Hors collection. (102) Tana. (103) Solar. (104) Minerva. (105) Michelin. (106) Hachette Tourisme. (107) Fivedit. (108) Rivages. (109) Philippe Picquier. (110) Verticales. (111) Phébus. (112) Bouquins Laffont. (113) Christian Bourgois.

☞ Les chiffres sont approximatifs : certains sont sans doute exagérés (de 10 à 20 %). Des titres manquent : certains éditeurs se refusent à donner toute précision à leur sujet. Le chiffre en nota indique le nom de l'éditeur de l'édition originale en français.

■ **Meilleures ventes de l'année 2000.** Classement de *Livre Hebdo* réalisé pour la 1re fois avec *Ipsos*, estimations sur ventes réelles en 2000 aux caisses du plus important panel de librairies toutes catégories en France, hors ventes directes, clubs et VPC (entre parenthèses, jour et mois de parution en 2000 et ventes en milliers d'exemplaires). **Romans :** *Et si c'était vrai...* [7], Marc Levy (13-1) 343. *Avant de te dire adieu* [5], Mary Higgins Clark (17-5) 340. *99 francs* [4], Frédéric Beigbeder (23-8) 288. *Hannibal* [5], Thomas Harris (5-1) 286. *Cadavre X* [22], Patricia Cornwell (8-3) 244. *Nefer le silencieux* [79], Christian Jacq (20-3) 241. *Métaphysique des tubes* [5], Amélie Nothomb (23-8) 238. *Trois Jours avant Noël* [5], Mary et Carol Higgins Clark (15-11) 207. *Ingrid Caven* [3], Jean-Jacques Schuhl (25-8) 202. *Le Concile de Pierre* [5], Jean-Christophe Grangé (1-9) 192. *Dans ces bras-là* [80], Camille Laurens (28-8) 190. *L'Empire des anges* [5], Bernard Werber (1-4). *Balzac et la Petite Tailleuse chinoise* [3], Dai Sijie (21-1) 188. *Véronika décide de mourir* [21], Paulo Coelho (7-3) 185. *Allah n'est pas obligé* [14], Ahmadou Kourouma (25-8) 174. *La Femme sage* [79], Christian Jacq (22-5) 167. *Je voudrais que quelqu'un m'attende...* [82], Anna Gavalda (25-8) 166. *1 000 Femmes blanches* [83], Jim Fergus (13-4) 155. *Inconnu à cette adresse* [84], Kathrine Kressmann Taylor (6-5) 154.

Autres ventes records : *Stupeur et Tremblements* [5], Amélie Nothomb (26-8-99) 134 (avec 1999 : 345). *Je m'en vais* [19], Jean Échenoz (17-9-99) 85 (avec 1999 : 355). *La Première Gorgée de bière* [3], Philippe Delerm (4-2-97) 60 (ventes 1997-2000 : 850). *Les Particules élémentaires* [9] (Michel Houellebecq (24-8-98) 32 (ventes 1998-2000 : 333).

Essais et documents : *Le Ruisseau des singes* [7], Jean-Claude Brialy (11-5) 228. *Toute vérité est bonne à dire* [7], Claude Allègre (31-8) 172. *Mémoires d'un paysan bas-breton* [85], Jean-Marie Deguignet (1-11-98) 140. *Médecin-Chef à la prison de la santé* [83], Véronique Vasseur (21-1) 131. *Notre affaire à tous* [86], Éva Joly (6-6) 101. *L'Euphorie perpétuelle* [4], Pascal Bruckner (15-3) 89. *Les Poilus* [1], Pierre Miquel (oct.) 83.

Autres ventes records : *l'Estime de soi* [87], Christophe André (8-4-99) 62 (avec 1999 : 148). *Pensées, répliques, textes et anecdotes* [83], Jean Yanne (12-10-99) 31 (avec 1999 : 105). *L'Art du bonheur* [7], Le Dalaï Lama (1-3-99) 33 (avec 1999 : 155). *Un merveilleux malheur* [87], Boris Cyrulnik (18-3-99) 26 (avec 1999 : 89). *L'Odyssée blanche* [7], Nicolas Vanier (4-11-99) 25 (avec 1999 : 87).

Poche : *Le Journal de Bridget Jones* [47], Helen Fielding 294. *Les hommes viennent de Mars...* [47], John Gray 223. *Le Harcèlement moral* [49], Marie-France Hirigoyen 203. *Une si longue nuit* [48], Mary Higgins Clark 200. *Tu m'appartiens* [48], Mary Higgins Clark 191. *Combustion* [48], Patricia Cornwell 180. *La Montagne de l'âme* [88], Gao Xingjian 163. *Geisha* [48], Arthur Golden 160. *Le Petit Prince* [89], Antoine de Saint-Exupéry 155. *Le Père de nos pères* [48], Bernard Werber 150.

Poche jeunesse : *Harry Potter à l'école des sorciers* [90], Joanne K. Rowling 646, *et la chambre des secrets* [90] 465, *et le prisonnier D'Azkaban* [90] 449. *Le Petit Prince* [90], Antoine de Saint-Exupéry 173. *Harry Potter* (coffret 3 vol.) [90], Joanne K. Rowling 162. *Tom Tom et Nana* (t. 25) : *Les mabouls déboulent* [91], J. Cohen, E. Reberg, B. Després 98.

Jeunesse : *Harry Potter et la coupe de feu* [90], Joanne K. Rowling 580. *L'Album officiel Pokémon* [90], collectif 194. *Le Guide officiel des Pokémon* [90], Maria Barbo 175. *Kirikou et la Sorcière* [92], Michel Ocelot 142. *Harry Potter à l'école des sorciers* [90], Joanne K. Rowling 93, *et la chambre des secrets* [90] 71.

Bande dessinée : *XIII* (t. 14) : *Secret défense* [34], Vance, Van Hamme (4-11) 470. *Blake et Mortimer* (t. 14) : *La Machination...* [93], Sente, Juillard (22-2) 520. *Largo Winch* (t. 11) : *Golden Gate* [95], Francq, Van Hamme (6-12) 450. *Titeuf* (t. 8) : *Lâchez-moi le slip !* [74], Zep (23-8) 370. *Le Petit Spirou :* (t. 9) : *C'est pas de ton âge* [95], Tome, Janry (7-6) 370. *Lucky Luke* (t. 39) : *le Prophète* [98], Morris, Nordmann (11-3) 310. *La Débauche* [36], Pennac, Tardi (22-1) 247. *Les Bidochon* (t. 17) : *Les Bidochons usent...* [97], Binet (15-9) 220. *Le Chat* (t. 10) : *Le Chat est content* [13], Geluck (18-10) 197. *Lanfeust de Troy* (t. 8) : *la Bête fabuleuse* [99], Arleston, Tarquin (15-11) 185.

Livres d'art, livres illustrés : *La Terre vue du ciel* [100], Yann Arthus-Bertrand (03-02) 449. *365 jours pour la Terre* [100], Yann Arthus-Bertrand (18-9) 255. *The Beatles Anthology* [14], collectif (4-9) 96. *L'Équipe un siècle de sport* [22], collectif (15-10) 95. *Un monde d'enfants* [101], Anne Geddes (19-10) 70. *Le Jardin des fées* [101], Anne Geddes (18-5) 55. *Agenda 2001 : Leçons de séduction* [100], Hervé Lewis (16-6) 45. *Sciences et Vie, témoin d'un siècle* [101], collectif (nov.) 44. *La France vue par Géo* [102], Dominique Lebrun (26-10) 43. *Les Cakes de Sophie* [103], Sophie Dudemaine (18-9) 42.

Tourisme : (GR : Guide du routard, GV : Guide vert). *Guide rouge France 2000* [104] (29-2) 395, *Corse* (GR) [105] (16-2) 86, *Maroc* (GR) [105] (9-2) 71. *Paris pas cher* [14] 71. *Guadeloupe* (GR) [105] 68. *Provence* (GV) [104] 63. *Paris* (GR) [105] 62. *Camping et Caravannig France* [104] (2-2) 59. *Bretagne* (GV) [104] 58. *Espagne du Sud* (GR) [105] (12-1) 57. *Aquitaine* (GV) [104] 56. *Chambres d'hôtes 2000* [106] (20-1) 55. *Martinique* (GR) [105] 52. *Portugal* (GR) [105] (2-2) 51. *Languedoc-Roussillon* (GV) [104] (12-4-99) 47. *Périgord-Quercy* (GV) [104] 47. *Guide des auberges et hôtels de charme en France* [107] (7-1) 47. *Nouveaux Gîtes ruraux 2000* [106] (28-11-99) 44. *Espagne* (GV) 43. *Corse* (GV) [104] 42.

Clubs (France Loisirs) : *Feu de glace* [9], Nicci French 487. *Jeux de dupes* [9], Nicci French 313. *La Nuit du verseau* [7], Laurent Botti 244. *La Couleur de l'espoir* [108], Susan Madison 167. *Un si long chemin* [70], Danielle Steel 150. *L'Enfance perdue* [70], Marie-Paul Armand 137. *Et si c'était vrai* [7], Marc Levy 113. *Double reflet* [70], Danielle Steel 109. *Petite Musique de nuit* [15], V. C. Andrews 108. *Créance de sang* [14], Michael Connely 91.

■ Vente cumulée

■ **Ventes cumulées** (entre parenthèses, année de la parution). Total des ventes en milliers d'exemplaires, tous éditeurs confondus dont entre parenthèses : C : tirage club et P : tirage poche. **Acremant** (G.) Ces dames aux chapeaux verts (1921) [1] 719. **Ajar** (E.) La Vie devant soi (1975) [56] 1 190 (C 570, P 500). **Alain** Propos sur le bonheur (1928) [3] 801 (C 108, P 579). **Alain-Fournier** Le Grand Meaulnes (1913) [12, 17, 48] 4 950 (P 4 590). **Amouroux** (H.) La Grande Histoire des Français sous l'Occupation (9 t. : 1976-91) [7] 2 259 (C 1 195). **Anouilh** Antigone (1946) [55] 2 000. Le Voyageur sans bagage (1958) [55] plus de 600 (P 800). **Apollinaire** (G.) Alcools (suivi de Bestiaire) (1921) [3] 1 498 (C 29, P 1 106). (1913) [3] 1 175 (P 160). **Arnaud** (G.) [2, 49] Le Salaire de la peur (1949) 1 900 (P 1 073). **Arnothy** (C.) J'ai 15 ans et je ne veux pas mourir (1954) [17,48] (C 80, P 1 700). **Arsan** (E.) [49] Emmanuelle 800. **Avril** (N.) La Disgrâce (1981) [5] 1 012 (C 636, P 195). Jeanne (1984) [9] 643 (C 390). **Aymé** (M.) Les Contes du chat perché (1939) [3] 3 058 (C 23, P 1 783). La Jument verte (1933) [3], 1 210 (C 88, P 860). Le Passe-muraille (1943) [3] 1 171 (C 23, P 985). La Vouivre (1943) [3] 654 (C 171, P 393). La Tête des autres [4] (P 532) [48].

Bach (R.) Jonathan Livingston le goéland (1973) [9] 629 (P 428) [47]. **Balzac** (H. de) [45, 48] Le Père Goriot (1835) (P 1 566). Eugénie Grandet (1833) (P 1 075). Les Chouans (1828) (P 679). Peau de chagrin (1831) (P 590). **Barbusse** (H.) Le Feu (1916) [9] 607 (P 157). **Barjavel** (R.) [11, 15, 49] Ravage (1943) 1 411 (C 145, P 1 216), La Nuit des temps [49] (P 800), Le Grand Secret [49] (P 566), Les Chemins de Katmandou [49] (P 403), Rose au paradis [49] (P 182). **Baudelaire** (Ch.) Les Fleurs du mal (1857) [45, 3] (P 1 885) [48]. **Bazin** (H.) [4, 48] Vipère au poing (1948) (P 3 800). La Mort du petit cheval (1950) 1 751 (P 1 628). Qui j'ose aimer (1956) 1 464 (P 1 380). Le Matrimoine (1967) [14] plus de 1 296 (P 516). Lève-toi et marche (1952) (P 1 023). La Tête contre les murs (1949) (P 942). L'Huile sur le feu (1954) (P 1 030). Au nom du fils (1960) [14] 963 (P 550). L'Église verte [14] 925 (C 814). Madame Ex (1975) [14] 615. Le Cri de la chouette (1974) (P 430). **Beauvoir** (S. de) [3] Mémoires d'une jeune fille rangée (1958) 1 202 (C 4, P 976). L'Invitée (1943) 720 (C 6, P 649). Le Deuxième Sexe (1949) 564 (C 45, P 373). Les Mandarins (1954) 536 (C 6, P 274). La Force de l'âge (1960) 543 (P 403). Une mort très douce (1964) 524 (C 6, P 428). **Beckett** (S.) [19] En attendant Godot (1952) 1 117. **Bellemare** (P.) et **Antoine** (J.) [47] Les Dossiers extraordinaires (1976) 707 (C 170, P 292), Crimes passionnels [49] (P 175). **Ben Jelloun** (T.) [14] La Nuit sacrée (1987) 1 126 (C 574, P 191). **Benoit** (P.) [5, 48] Kœnigsmark (1918) 990 (C 100, P 870). L'Atlantide (1919) 1 722 (C 131, P 1 053). La Châtelaine du Liban (1924) 675 (P 426). Mademoiselle de la Ferté (1953) [5] (P 430) [48]. **Bernadac** (Ch.) [25] Les Médecins maudits (1967) 700. Les Médecins de l'impossible (1976) 600. **Bernanos** (G.) [1, 48] Journal d'un curé de campagne (1936) 1 102 (P 815). **Blixen** (K.) [3] La Ferme africaine (1942) 767 (C 225, P 425). **Bohringer** (R.) [11] C'est beau une ville la nuit (1988) 774 (C 190, P 342). **Bordeaux** (H.) [1] La Neige sur les pas (1912) 727. **Borniche** (R.) [17] Flic Story (1973) 703 (C 320, P 212). **Bosco** (H.) L'Enfant et la rivière [3] (1953) 2 862 (P 1 104). L'Ane Culotte (1937) 712 (C 11, P 342). **Boulle** (P.) [2, 49] Le Pont de la rivière Kwaï (1952) 763 (P 540). La Planète des singes (1963) (P 617). **Bourin** (J.) [55] Le Jeu de la tentation (1981) 1 817 (C 1 385, P 140). La Chambre des dames (1979) 1 669 (C 999, P 200). **Brétecher** (C.) Les Frustrés [49] 1 000. **Breton** (A.) Nadja (1928) [3] 686 (P 656). **Bromfield** (L.) La Mousson (1937) [21] (P 511) [48]. **Brontë** (C.) Jane Eyre (1847) [45] (P 664) [48]. **Brontë** (E.) Les Hauts de Hurlevent (1847) [33, 48] (P 1 510). **Buck** (Pearl) [21, 48] Vent d'Est, vent d'Ouest (1923) (P 1 293). La Mère (1934) (P 1 376). Pavillon de femmes (1946) (P 704). Pivoine (1948) (P 882). Un cœur fier (1967) (P 553). L'Exilée (1964) (P 522). **Buron** (N. de) Chéri tu m'écoutes ? [49] (P 125). **Buten** (H.) [14] Quand j'avais cinq ans je m'ai tué (1981) 945 (C 566). **Butor** (M.) La Modification (1957) [19] 885 (C 173, P 581). **Buzzati** (D.) [48] Le Désert des Tartares (1949) [7] 1 662 (C 102, P 900). Le K [7] (P 1 005) [48].

Calvino (I.) Le Baron perché (1955) [5] 444 (P 427), Marcovaldo [51] (P 260). **Camus** (A.) [3] L'Étranger (1942) 7 342 (C 66, P 6 680). La Peste (1947) 5 698 (C 87, P 4 953). La Chute (1956) 1 924 (C 39, P 1 382). Caligula (suivi du Malentendu) (1944) 1 591 (C 7, P 1 222). L'Exil et le royaume (1957) 1 271 (C 5, P 881). Les Justes (1950) 1 118 (C 7, P 757). Le Mythe de Sisyphe (1942) 1 103 (C 78, P 776). Noces suivi de l'Été (1950) 918 (C 5, P 683). L'Homme révolté (1951) 741 (C 7, P 429). Le Premier Homme (1994) [3] 458 (C 130). **Cardinal** (M.) [4, 48] Les Mots pour le dire (1975) (P 970). La Clé sur la porte (1972) (P 970). **Carles** (E.) Une soupe aux herbes sauvages (1979) [7] (P 700) [48]. **Carnegie** (D.) Comment se faire des amis (1956) [16] (P 1 170) [48]. **Carrel** (A.) L'Homme, cet inconnu (1935) [1, 48] 882 (P 430). **Carrière** (J.) L'Épervier de Maheux (1972) [42] 805 (C 212, P 182). **Cars** (G. des) [9, 47] 18 titres à plus de 400 (P). Records : La Brute (1950) (P 1 875) [voir J'ai Lu, encadré p. 355 a], l'Impure 1 842, la Révoltée 990. **Cauvin** (P.) E = MC² mon amour (1983) [53] (P 620) [48]. **Cavanna** (F.) Les Ritals [70] (P 580) [48]. **Céline** (L.-F.) [3] Voyage au bout de la nuit (1932) 1 915 (C 38, P 1 547). Mort à crédit (1936) 767 (C 5, P 559). **Cendrars** (B.) L'Or (1925) (P 864)[3]. **Cesbron** (G.) [7] Notre prison est un royaume (1948) 1 299 (C 100, P 1 095). Les saints vont en enfer (1952) 1 648 (C 184, P 852). Il est minuit Dr Schweitzer (1952) 757 (C 110, P 587). Chiens perdus sans collier (1954) [47, 7] 3 982 (C 430, P 1 791). Vous verrez le ciel ouvert (1956) [7] 653 (C 50, P 518). Il est plus tard que tu ne penses (1958) [7] 1 098 (C 290, P 668). C'est Mozart qu'on assassine (1966) [7, 47] 1 183 (C 380, P 835). Mais moi je vous aimais (1977) [7] 1 034 (C 820, P 73).

■ **Quelques tirages types : Balzac :** avant 1850, ses romans étaient tirés de 1 500 à 2 000 exemplaires à la 1re édition et ne dépassaient pas 20 000 ex. au total. **Baudelaire** *les Fleurs du mal* 2 000 ex. en 1857. **Béranger** *Chansons* 16 000 ex. en 1830 et 80 000 ex. en 1846. **Diderot et d'Alembert** *L'Encyclopédie* 80 000 ex. entre 1751 et 1783. **Dorgelès** *les Croix de bois* 85 000 ex. en 1919. **Dumas** (A.) *les Trois Mousquetaires* 60 000 ex. en 5 ans. **Flaubert** *Mme Bovary* 30 000 ex. en 4 ans. **Gide** *les Nourritures terrestres* 300 ex. vendus les 16 premières années. **Hugo** *les Misérables* 130 000 ex. en 8 ans, *les Contemplations* 50 000 ex. en 2 ans (1856-58), *Notre-Dame de Paris* 14 000 ex. **Kock** (Paul de) *le Cocu* 14 000 ex. de 1831 à 1835. **Lamartine** *l'Histoire des Girondins* 35 000 ex. en 1 an. **Lamennais** *les Paroles d'un croyant* 70 000 ex. de 1834 à 1840. **Mérouvel** (C.) *Chaste et flétrie* 420 000 ex. de 1889 à 1914. **Ohnet** (G.) *Serge Panine* 300 000 ex. en 1880. **Proust** *Du côté de chez Swann* 1 750 ex. en 1913. *A l'ombre des jeunes filles en fleurs* 3 300 ex. en 1919. **Renan** *la Vie de Jésus* 140 000 ex. en 1863-64. **Stendhal** *le Rouge et le Noir :* les 2 premières éditions furent tirées à 750 ex., *la Chartreuse de Parme* à 1 200 ex. **Sue** (E.) *les Mystères de Paris* et *le Juif errant* 60 000 ex. en 5 ans. **Zola** *l'Assommoir* 150 000 ex. de 1877 à 1902, *Une page d'amour* 150 000 ex. dans l'année dont les 2/3 vendus le jour même.

Chamoiseau (P.) Texaco (1992) [3] 475 (C 117, P 60). **Chandernagor** (F.) L'Allée du Roi [49] (P 241). **Charrière** (H.) Papillon (1966) [7] 2 386 (C 84, P 722) (avec les ventes à l'étranger 11 000). **Châteaubriant** (A. de) La Brière (1923) [4] 609 (P 156). **Chevallier** (G.) Clochemerle (1934) [8, 48] 1 056 (P 610). **Chow-Ching-Lie** [7, 47] Le Palanquin des larmes (1975) 1 625 (C 441, P 523). **Christie** (A.) [46, 48] plus de 11 titres à plus de 500, dont Dix Petits Nègres (1940) 2 802 (P 2 010). Le Meurtre de Roger Ackroyd (1927) 2 323 (P 1 101). Le Crime de l'Orient-Express (1934) 1 589 (P 650). Cartes sur table (1938) 1 205. Le Crime du golf (1933) 1 078 (P 477). Le Vallon (1948) 1 077 (P 441). Le Noël d'Hercule Poirot (1946) 1 025 (P 382). **Claudel** [3] L'Annonce faite à Marie (1912) 1 052 (C 11, P 632). Le Soulier de satin (1924) 582 (C 30, P 302). Le Partage de midi (1949) 417 (P 283). **Clavel** (B.) plus de 11 titres à plus de 500 dont L'Espagnol (1959) [7] 886 (C 202, P 751). Malataverne[a]. (1960) [47, 7] 3 773 (C 136, P 2 129). La Maison des autres (1962) [47, 7] 1 370 (C 160, P 631). Harricana (1983) [5] 1 180 (C 647, P 141). **Closets** (F. de) Toujours plus [4] 1 150. **Clostermann** [9] Le Grand Cirque (1948) 845 (P 240). **Cocteau** (J.) [48] Les Enfants terribles (1929) [4] 1 079 (P 1 150). Les Parents terribles (1938) [3] 960 (C 21, P 884). La Machine infernale (1934) [4] (P 880). Thomas l'Imposteur (1923) [3] 462 (C 23, P 407). **Coelho** (P.) l'Alchimiste (1996). **Cohen** (A.) Belle du Seigneur (1968) [3] 538. **Colette** Chéri (1920) [16] 933 (P 528) [48]. Gigi (1943) [16] (P 895) [48]. Le Blé en herbe (1923) [9, 47] 825 (P 911). La Chatte (1933) [16] (P 810) [48]. La Maison de Claudine (1922) [16] (P 810) [48]. L'Ingénue libertine (1909) [5, 48] 789 (C 63, P 700). Sido (1929) [16, 48] (P 620). Claudine à l'école (1900) [16, 48] 600 (C 65, P 575). La Vagabonde [5] (P 603) [48]. Claudine à Paris [5] (P 539) [48]. **Collins** (L.) [7] Fortitude (1985) 541 (C 66, P 274). **Conrad** (J.) Typhon (1918) [3] 495 (C 86, P 324). **Cordelier** (J.) La Dérobade (1976) [16] (P 527) [48]. **Corman** (A.) [7] Kramer contre Kramer (1979) 1 482 (C 960, P 535). **Coulonges** (H.) L'Adieu à la femme sauvage 700. **Cronin** (A.-J.) [5, 48] 9 titres à plus de 500 dont La Citadelle (1938) 1 264 (C 40, P 631). Les Clés du royaume (1941) 1 157 (C 225, P 1 008). Le Destin de R. Shannon (1949) [48] 1 051 (C 25, P 858) [48]. Les Années d'illusion (1952) 1 258 (C 171, P 1 073). La Dame aux œillets (1960) 1 106 (C 105, P 887).

Daniel-Rops Histoire sainte (1943) [17] 760 (P 115). Jésus en son temps (1945) [17] 865 (P 145). **Daninos** (P.) [16, 48] Les Carnets du major Thompson (1954) 1 962 (P 1 022). Le Jacassin 710 (P 429). **Dard** (F.) voir San Antonio. **Daudet** (A.) [10, 48] Lettres de mon moulin (1866) (P 3 280). Le Petit Chose (1868) (P 1 355). Tartarin de Tarascon (1872) (P 496). Les Contes du lundi (1873) (P 474). **Deforges** (R.) La Bicyclette bleue [60, 48] (1982) 2 782 (C 1 498, P 1 496). 101, Avenue Henri-Martin (1983) [60, 48] 1 504 (C 909, P 624). Noir Tango (1991) [60] (C 940). Le diable en rit encore (1985) [60, 48] 883 (C 165, P 560). **Delbée** (A.) Une femme (1984) [73] (P 530) [48]. **Denuzière** (M.) [53] Louisiane (1977) 1 520 (C 780, P 180). Fausse Rivière (1979) 1 150 (C 560, P 180). Bagatelle (1981) 1 480 (C 930, P 180). **Déon** (M.) Un taxi mauve (1973) [3] 622 (C 320, P 152). **Deschamps** (F.) La Bougainvillée [5] t. 1 (1982) : 1 437 (C 970, P 221), t. 2 (1982) : 704 (C 299, P 197). **Desmaret** (M.-A.) Torrents (1953) [11] 2 429 (C 1 008, P 551). **Desproges** (P.) Chroniques de la haine ordinaire [14] 502. **Dhôtel** (A.) Le pays où l'on n'arrive jamais [38] (1955) 894 (C 70, P 1 058) [47] + jeunesse 165. **Diderot** La Religieuse (1796) [45] (P 631) [48]. **Djian** 37°C le matin (P 520) [47]. **Dolto** (F.) [7] Lorsque l'enfant paraît [14] 1 507 (C 233). La Cause des enfants (1985) 508 (C 111, P 234) ; des adolescents (1988) 517 (C 158, P 169). L'Échec scolaire [49] (P 142). **Dorgelès** (R.) Les Croix de bois (1919) [5, 48] 1 122 (P 600). **Dorin** (F.) [9] Les Lits à une place (1980) 1 241 (C 736, P 313) [47]. Les Jupes-Culottes (1984) 728 (C 475). **Dormann** (G.) [5] Le Roman de Sophie Trébuchet (1982) 1 064 (C 748, P 154). Le Bal du dodo (1989) 697 (C 453, P 157). **Dostoïevski** Le Joueur (1866) [45] (P 440) [48]. **Doyle** (C.) [7, 45, 48] Le Chien des Baskerville 2 861 (C 135, P 1 630) [48]. La Vallée de la peur 981 (C 47, P 450). La Résurrection de Sherlock Holmes 732 (C 20, P 608). Les Aventures de Sherlock Holmes 662 (C 60, P 586). **Druon** (M.) Les Grandes Familles (1948) [45, 48] (P 518). Les Rois maudits (1955-77) [45, 48] t. 1 (P 575), t. 2 (P 510), t. 3 (P 500), t. 4, t. 5, t. 6 (P 500). **Duchaussois** (C.) Flash ou le Grand Voyage [17] (P 580) [48]. **Duché** (J.) Histoire de France racontée à Juliette (1954) [9] 600. **Dumas** fils (A.) La Dame aux camélias (1848) [45] (P 570) [48]. **Du Maurier** (D.) [5, 48] Rebecca (1940) [5, 48] 1 681 (C 110, P 1 113). L'Auberge de la Jamaïque (1954) [5] (P 591). Ma cousine Rachel (P 567) [48]. **Duquesne** (J.) [9, 27] Jésus (1994). **Duras** (M.) L'Amant (1984) [19] 2 406 (C 1 036). Moderato cantabile (1958) [19] 909 (P 844). Hiroshima mon amour (1960) [3] 564 (P 536). Barrage contre le Pacifique (1950) [3] 464 (P 450). **Dutourd** (J.) Au bon beurre (1952) [3] 420 (C 15, P 297).

Eco (U.) Le Nom de la rose (1982) [4] (P 790) [48]. **Etcherelli** (C.) Élise ou la Vraie Vie (1967) [11] 1 893 (C 180, P 1 713). **Evans** (N.) [49] L'homme qui murmurait à l'oreille des chevaux (P 460). **Exbrayat** (Ch.) [46] plusieurs titres à plus de 600.

Fallet (R.) Paris au mois d'août (1964) [11] 465 (C 281, P 120). La Soupe aux choux (1980) [11] 591 (C 272, P 40). **Faulkner** (W.) Le Bruit et la Fureur (1938) [3] 505 (C 44, P 400). **Fitzgerald** (Francis Scott) Gatsby le magnifique (1925) [74] (P 520) [48]. **Flaubert** (G.) Madame Bovary (1857) [45] (P 1 590) [48]. L'Éducation sentimentale (1845) [45] (P 555) [48]. Trois Contes (1877) [45] (P 630) [48]. **Fontbrune** (J.-C. de) [76, 49] Nostradamus (1981) 700 (C 200, P 100). **Fontgallan** (Mme de) Une âme d'enfant (1927) 948. **Frain** (I.) Le Nabab (1982) [53] 1 277 (C 894, P 133). **Frank** (A.) Journal (1949) [22] (P 3 147) [48]. **Freud** (S.) Introduction à la psychanalyse (1916) [33] (P 760). Cinq Leçons sur la psychanalyse [33] (P 658). Le Rêve et son interprétation (1925) [3] 632 (P 611). Trois Essais sur la théorie de la sexualité (1923) [3] 623 (P 583). **Frison-Roche** (R.) Premier de cordée (1941) [12, 48] 900 (P 590). La Grande Crevasse (1948) [12] 708.

Gaarder (J.) [14] Le Monde de Sophie 1 304 (C 307). **Gallo** (M.) série « Napoléon », 4 t. [49] (P 500). **Garcia Marquez** (G.) [14] Cent Ans de solitude 982 (C 110, P 666). **Gaillard** (R.) série « Marie des Isles » (1948) [18] 800 chaque volume. **Gary** (R.) La Promesse de l'aube (1960) [3] 594 (C 150, P 320). Les Racines du ciel (1956) [3] 448 (P 260). La Vie devant soi [56] (n.c.). **Gaulle** (Gal de) [1, 48] Mémoires de guerre t. 1 (1954) 952, t. 2 (1956) 794, t. 3 (1959) 639 (P 1 258 pour les 3 t.). Mémoires d'espoir t. 1 (1970) 821 (P 129), t. 2 (1971) 638 (P 129). **Gaxotte** (P.) La Révolution française (1928) [17] 567 (P 167). **Genevoix** (M.) Trente Mille Jours (1980) [48] 920 (C 665, P30). Raboliot (1925) [4] (P 698) [48]. **Géraldy** (P.) Toi et Moi (1913) [21] 1 500 (P 372) [48]. **Gheorghiu** (C.V.) La 25e Heure (1949) [1, 48] 797 (P 672). **Gibran** (K.) Le Prophète (1956) [13] 735 (C 20). **Gide** (A.) [3] La Symphonie pastorale (1919) 3 410 (C 47, P 3 006). Les Faux-Monnayeurs (1925) 1 463 (C 20, P 1 182). Les Caves du Vatican (1914) 1 363 (C 48, P 1 055). Les Nourritures terrestres (1897) suivi de Nouvelles Nourritures 1 227 (C 67, P 756). Isabelle (1912) 697 (C 40, P 499). L'École des femmes (1930) 664 (C 60, P 393). Si le grain ne meurt (1919) 600 (C 40, P 371). **Gilbreth** (E. et F.) [38] Treize à la douzaine (1950) 1 130 (C 30, P 300) + jeunesse 425. **Giono** (J.) [48] Regain (1930) [4] (P 1 949). Le Hussard sur le toit (1951) [3] 1 246 (C 274, P 791). Le Chant du monde (1934) [3] 932 (C 59, P 720). Colline (1929) [4] (P 830). Que ma joie demeure (1935) [4, 18] (P 710). Un de Baumugnes (1920) [4] (P 784). Un roi sans divertissement (1931) [3] 571 (C 76, P 435). Le Moulin de Pologne (1953) [3] 541 (C 61, P 403). Le Grand Troupeau (1931) [3] 496 (P 351). Les Ames fortes (1950) [3] 462 (C 37, P 369). **Giraudoux** (J.) [4, 48] La guerre de Troie n'aura pas lieu (1935) (P 1 700). Électre (1938) (P 930). Intermezzo (1933) (P 520). **Giscard d'Estaing** (V.) Démocratie française (1976) [17] 1 185. **Golding** (W.) Sa Majesté des mouches (1956) [3] 870 (C 8, P 379). **Golon** (A. et S.) [59] série des Angélique, marquise des Anges : depuis 1954 (11 vol.) 5 millions d'ex. dont la moitié en C et P. **Gray** (M.) [7] Au nom de tous les miens (1971) 2 443 (C 593, P 700). Le Livre de la vie (1973) 727 (C 95, P 273). **Grèce** (Michel de) La Nuit du sérail (1982) [63] 3 450 (C 800, P 100). La Femme sacrée (1984) [63] 740 (C 440, P 150). **Green** (J.) Moïra (1950) [1] (P 416). **Greene** (G.) La Puissance et la Gloire (1940) [7, 48] 1 864 (C 270, P 681). Le Troisième Homme (1950) [7] 1 986 (C 135, P 1 030) [48]. Les Pays lointains 497 (C 351, P 33). **Groult** (B.) Ainsi soit-elle [4, 48] (1975) (P 530). **Guareschi** (G.) [14] Le Petit Monde de Don Camillo (1951) 544. Don Camillo et ses ouailles (1953) 550 (P 196). **Guimard** (P.) Les Choses de la vie (1967) [11] 414 (C 8, P 280). **Guth** (P.) [5, 45] Le Naïf aux 40 enfants (1955) 580 (C 55, P 405).

Haley (A.) Racines (1977) 1 085 (C et P 620) [4]. **Han Suyin** [Elizabeth Comber] Multiple Splendeur [21, 48] (P 695). **Harris** (T.) Le Silence des agneaux (1990) [5] 853 (C 269, P 540) [49]. **Hébert** (A.) [14] Les Fous de Bassan 672 (C 447, P 79). **Hébrard** (F.) Un mari c'est un mari (1976) [9] 1 055 (C 630, P 180). **Hélias** (P.-J.) Le Cheval d'orgueil (1975) [1] 1 200 (C 590). **Hemingway** (E.) Le Vieil Homme et la mer (1952) [3] 3 281 (C 66, P 2 388). L'Adieu aux armes (1929) [3] 1 210 (C 15, P 1 050). Pour qui sonne le glas (1940) [66] (P 1 212) [48]. Les Neiges du Kilimandjaro (1946) [3] 778 (C 59, P 630). Le soleil se lève aussi (1926) [3] 759 (C 63, P 589). **Hémon** (L.) Maria Chapdelaine (1916) [4] 1 873 (P 620) [48]. **Herbert** (F.) Dune t. 1 (1980) [49] (P 600). **Hériat** (Ph.) [3] Les Enfants gâtés (1939) 630 (P 447). La Famille Boussardel (1946) 485 (P 367). **Herzog** (M.) Annapurna premier huit-mille (1952) 800 [16] (P 688). **Higgins Clark** (M.) [5, 48] La Nuit du renard (1980) [5, 48] 1 470 (P 1 200). La Clinique du docteur H (1982) (P 891). Un cri dans la nuit (1985) 1 100 (P 793). La Maison du guet (1987) 1 037 (P 772). **Huxley** (A.) Le Meilleur des mondes (1932) [1] 820 (P 817) [49].

Ionesco (E.) Rhinocéros (1959) [3] 1 769 (C 10, P 1 643). La Cantatrice chauve (1954) [3] 1 761 (P 1 540). **Irving** (J.) [14] Le Monde selon Garp 637 (C 15, P 555).

■ **Meilleurs livres de l'année 2000** (selon la rédaction de *Lire*, au 28-11-2000). *Ebène* [1] Ryszard Kapuscinskil. *Ingrid Caven* [3] Jean-Jacques Schuhl. *Le Portail* [55] François Bizot. *Dans ces bras-là* [80] Camille Laurens. *Mes soldats de papier (1933-41), Je veux témoigner jusqu'au bout (1942-45)* [14] Victor Klemperer. *La Correspondante* [9] Éric Holder. *L'Abolition* [17] Robert Badinter. *Lignes* [109] Ryu Murakami. *La mémoire, l'histoire, l'oubli* [14] Paul Ricœur. *Bleu* [14] Michel Pastoureau. *Accidents* [84] Lauri Colwin. *Un petit Parisien* [9] Dominique Jamet. *En silence* [111] Daniel Arsand. *Dictionaire du rock* [112] Michka Assayas. *Un oiseau blanc dans le blizzard* [3] Laura Kaischke. *L'Ultime Trahison* [70] Joseph Kanon. *L'Enfant fou de l'arbre creux* [3] Boualem Sansa. *Fragments de la vie des gens* [110] Régis Jauffret. *Le Siècle de Sartre* [4] Bernard-Henri Lévy. *Les Vivants* [22] Pascale Kramer.

☞ *Nota :* voir encadré p. 349 c.

Japrisot (S.) L'Été meurtrier (1977) [11] 286 (C 48, P 159). Un long dimanche de fiançailles (1991) [11] 713 (C 350, P 176). **Jardin** (A.) [3] Le Zèbre (1988) 1 111 (C 303, P 410). Le Petit Sauvage (1992) 528 (C 189, P 100). **Jardin** (P.) [15] Le Nain jaune (800). **Jean-Charles** La Foire aux cancres (1962) [22] 1 224 (C 12, P 188). **Joffo** (J.) Un sac de billes (1973) [53, 48] (C 558, P 1 940). **Jones** (J.) Tant qu'il y aura des hommes (1951) [15] 850 (P 200).

Kafka (F.) [3] La Métamorphose (1938) 1 437 (C 4, P 1 371). Le Procès (1933) 1 168 (C 27, P 991). **Kessel** (J.) Le Lion (1958) [3] 4 273 (C 395, P 2 880). L'Équipage (1923) [3] 927 (C 52, P 701). Les Cavaliers (1967) [3] 702 (C 253, P 105). **Kipling** (R.) Le Livre de la jungle (1895) (P 526) [3]. **Knittel** (J.) [5, 48] Via Mala (1941) 854 (C 40, P 470). Thérèse Étienne (1927) 605 (P 436). **Koestler** (A.) Le Zéro et l'Infini (1940) [22, 48] (P 790). **Kundera** (M.) [3] L'Insoutenable Légèreté de l'être (1984) 898 (C 20, P 495).

Labro (Ph.) [3] L'Étudiant étranger (1986) 1 076 (C 375, P 439). Un été dans l'Ouest (1988) 726 (C 337, P 187). **Lacaze** (A.) [15] Le Tunnel (plus de 1 000). **Laclos** Les Liaisons dangereuses (1782) [45] (P 738) [48]. **Lacretelle** Silbermann (1922) [3] 945 (P 881). **La Fayette** (Mme de) La Princesse de Clèves (1678) [45] (P 1 060) [48]. **La Fontaine** (J. de) Fables (1668-94) [45] (P 550) [48]. **Lainé** (P.) La Dentellière (1974) [3] 1 064 (C 328, P 432). **Lampedusa** (G.T. di) Le Guépard (1959) [14] 1 035. **Lanoux** (A.) [2] Quand la mer se retire (1963) 553 (P 293). **Lanzmann** (J.) [7] Le Têtard (1976) 621 (C 318, P 201). **Lapierre** (D.) et **Collins** (L.) [7] Paris brûle-t-il ? (1964) 569 (C 105, P 203). O Jérusalem (1971) 666 (C 87, P 213). Cette nuit la liberté (1975) 956 (C 335, P 313). Le Cinquième Cavalier (1980) 1 039 (C 237, P 452). **Lapierre** (D.) [7] La Cité de la Joie (1985) 2 123 (C 1 077, P 500). Plus grands que l'amour (1990) 1 022 (C 428, P 377). **Lartéguy** (J.) [15, 49] Les Centurions (1959) 1 600 (C 380, P 270). Les Mercenaires (1960) 680 (P 350). Les Prétoriens (1961) 765 (P 260). Le Mal jaune (1962) 735 (P 200). **La Varende** (J. de) Nez de cuir (1937) [1, 48] 800 (P 553). **Lawrence** L'Amant de lady Chatterley (1931) [3] 1 558 (C 13, P 1 211). **Laye** (C.) L'Enfant noir [49] (P 2 230). **Leblanc** (M.) [44, 45, 48] Arsène Lupin gentleman cambrioleur (1908) (P 985). L'Aiguille creuse (1909) (P 960). Arsène Lupin contre Herlock Sholmès (1917) (P 800). Les Confidences d'Arsène Lupin (1914) (P 568). **Le Carré** (J.) [7] La Maison Russie (1989) 563 (C 148, P 235). **Lentéric** (G.) La Nuit des enfants rois (1982) [72] (P 609) [48]. **Leroux** (G.) [45, 48] Le Mystère de la chambre jaune (1907) (P 1 250). Le Parfum de la dame en noir (1907) (P 604). Le Fauteuil hanté (P 540). Le Fantôme de l'Opéra (1925) [45] (P 510) [48]. **Le Roy** (E.) Jacquou le croquant (1899) [45] (P 640) [48]. **Le Varlet** (B.) Fontbrune (1984) [5] 736 (C 490, P 145). **Levi** (P.) [49] Si c'est un homme (P 424). **Lewis** (R.) Pourquoi j'ai mangé mon père [49] (P 420). **London** (J.) L'Appel de la forêt (1903) (P 932) [3]. Croc-Blanc (1905) [16] (P 640) [48]. **Loti** (P.) Pêcheur d'Islande (1885) [45, 48] (P 360). **Lowery** (B.) La Cicatrice [47] (P 1 385).

McCullough (C.) [47] Les oiseaux se cachent pour mourir t. 1 (P 956). t. 2 (P 944). **Machiavel** Le Prince (1513) [45] (P 400) [48]. **Mahmoody** (B.) [49, 77] Jamais sans ma fille (C 890, P 1 500). **Mailer** (N.) [7] Le Chant du bourreau (1980) 891 (C 775, P 57). **Makine** (A.) Le Testament français (1995) [56] 800 (C 150, P 120). **Mallet-Joris** (F.) Le Rempart des béguines (1950) [2, 49] (P 477). La Maison de papier (1972) [4] (P 660) [48]. **Malraux** (A.) La Condition humaine (1933) [3] 3 424 (C 76, P 2 886). L'Espoir (1937) [3] 1 342 (C 21, P 1 018). La Voie royale (1930) [4, 48] 1 122 (P 880). Les Conquérants (1928) [4, 48] 1 051 (P 800). Les Anti-Mémoires (1967) [3] 540 (P 215). **Mann** (T.) Mort à Venise (1912) [17] (P 470) [48]. **Marchais** (G.) Le Défi démocratique [4] 700. **Margueritte** (V.) La Garçonne (1922) [47] 762 (P 62). **Martin du Gard** (R.). Les Thibault (1943) [3] 819 (C 13, P 577). **Marx** (K.) Le Manifeste du parti communiste (1848) [51] 580. **Maupassant** (G. de) [5, 48] Une vie (1883) [5, 48] 2 523 (C 49, P 1 562). Le Horla et autres contes (1887) 2 311 (C 49, P 1 537). Boule de suif (1880) 1 777 (C 49, P 1 343). Bel-Ami (1886) 1 479 (C 49, P 1 250). Les Contes de la bécasse (1883) (P 1 005). Pierre et Jean (P 493). La Maison Tellier (P 420). **Mauriac** (F.) [4, 48] Le sagouin (P 1 920) [49]. Thérèse Desqueyroux (1927) (P 3 280). Le Nœud de vipères (1933) (P 1 955). Le Désert de l'amour (1925) 1 058 (P 642). Le Mystère Frontenac (1933) 911 (P 927). La Fin de la nuit (1935) (P 750). Le Baiser au lépreux (1922) (P 615). Genitrix (1923) (P 544). **Maurois** (A.) [4, 48] Climats (1928) 1 264 (P 730). Les Silences du colonel Bramble (1917) 764 (P 338). **Mazière** (F.) Fantastique Ile de Pâques (1965) [7] 668 (C 31, P 344). **Mérimée** (P.) Colomba et autres nouvelles [45] (P 598) [48]. **Merle** (R.) Week-end à Zuydcoote (1949) [3] 676 (C 13, P 462). La mort est mon métier (1953) [3] 636 (C 5, P 598). Fortune de France (11 vol.) 400, chaque épisode. **Michelet** (C.) [7, 49] Des grives aux loups (1979) 2 248 (C 1 342, P 420). Les palombes ne passeront plus (1980) 1 810 (C 997, P 303). Pour un arpent de terre (1986) 724 (C 383, P 193). Les Promesses du ciel et de la terre (1986) 1 013 (C 576, P 208). Le Grand Sillon (1988) 623 (C 354, P 134). L'Appel des engoulevents (1990) 1 449 (C 773, P 300). **Mitchell** (M.) Autant en emporte le vent (1939) [3] 1 942 (C 20, P 943). **Modiano** (P.) Rue des boutiques obscures (1978) [3] 965 (C 518, P 170). **Montaldo** (J.) Mitterrand et les 40 Voleurs (1994) [5] 783 (C 47). **Montépin** (X. de) La Porteuse de pain (1884) [16] 1 500. **Montherlant** (H. de) [3] La Reine morte (1942) 1 159 (C 7, P 941). Les Jeunes Filles (1936) 781 (C 33, P 670). Pitié pour les femmes (1936) 617 (C 3, P 542). **Montupet** (J.) [7] La Dentellière d'Alençon (1984) 919 (C 820, P 50). **Moody** (R.) [7, 47] La Vie après la vie (1977) 1 170 (C 480, P 231). **Mourad** (K.) [7] De la part de la princesse morte (1987) 1 126 (C 477, P 250) [48]. **Munthe** (A.) [5] Le Livre de San Michele (1934) 538 (P 163).

Nabokov [3] Lolita (1958) 744 (C 12, P 615).

Orsenna (E.) [14] L'Exposition coloniale (1988) 785 (C 329, P 83). **Orwell** (G.) 1984 (1950) [3] 1 515 (C 42, P 1 419).

Pagnol (M.) [45, 48] Topaze (1928) 1 052 (P 990). Marius (1930) 1 206 (P 1 072). Fanny (1931) 1 132 (P 940). César (1936) 978 (P 834). La Femme du boulanger (P 561). La Gloire de mon père (1957) (C 560, P 1 715). Le Château de ma mère (1959) (P 1 080). Le Temps des secrets (1960) (P 912). **Pascal** Pensées (1669) [45] (P 602) [48]. **Pasternak** Le Dr Jivago (1958) [3] 1 354 (C 17, P 834). **Paton** [5, 48] Pleure ô pays bien-aimé (1948) 923 (C 612, P 818). **Pauwels et Bergier** [3] Le Matin des magiciens (1960) 867 (C 7, P 688). **Pennac** (D.) [3] Fée carabine (1986) 745 (P 745). Petite Marchande de prose (1990) 713 (P 555). Au bonheur des ogres (1986) 710 (P 710). **Perrault** (G.) Le Pull-over rouge (1978) [60, 48] 1 151 (C 450, P 460). **Peyrefitte** (A.) Quand la Chine s'éveillera (1973) [17] 670. **Peyrefitte** (R.) [9] Les Amitiés particulières (1944) (P 740) [47]. **Philippe** (A.) [45, 48] Le Temps d'un soupir (P 740). Un été près de la mer (1977) [3] 703 (C 487, P 56). **Pilhes** (R.V.) [14] L'Imprécateur (1974) 701. **Pierre l'Ermite** (Mgr E. Loutil) [20]. Comment j'ai tué mon enfant (1921) 700. **Poe** (E.) [45, 48] Histoires extraordinaires (1840) (P 730). **Poivre d'Arvor** (P.) Les Enfants de l'aube (1982) [53] 1 549 (C 1 039, P 260). **Pompidou** (G.) [16, 48] Anthologie de la poésie française (1968) [16] (P 700) [48]. **Prévert** (J.) [3] Paroles (1949) 3 267 (C 11, P 2 957). Spectacles (1951) 803 (C 11, P 659). La Pluie et le Beau Temps (1955) 742 (C 11, P 627). Histoires (1963) 679 (C 11, P 585). **Prévost** (abbé) Manon Lescaut (1731) [45] (P 737) [48]. **Proust** (M.) [3] Du côté de chez Swann (1913) 1 792 (C 39, P 1 263). Un amour de Swann (1930) 1 447 (C 97, P 1 069). A l'ombre des jeunes filles en fleurs (1919) 1 133 (C 29, P 619). Du côté de Guermantes (1920) 762 (C 29, P 366). Le Temps retrouvé (1927) 748 (C 44, P 364). La Prisonnière (1923) 708 (C 59, P 298). Sodome et Gomorrhe (1922) 688 (C 29, P 303). Albertine disparue (1925) 629 (C 29, P 274). **Puzo** (M.) Le Parrain (1970) [7] 784 (C 121, P 313).

Queffélec (Y.) [3] Les Noces barbares (1985) 1 922 (C 1 047, P 433). **Queneau** (R.) [3] Zazie dans le métro (1959) 1 294 (P 1 036). Exercices de style (1947) [3] 781 (C 7, P 632).

Radiguet (R.) Le Diable au corps (1923) [4, 48] 1 275 (P 1 265). Le Bal du comte d'Orgel (1924) [4] (P 505) [48]. **Réage** (P.) [42] Histoire d'O (1955) 849 (C 269, P 200). **Reeves** (H.) Patient dans l'azur [14] 507 (P 188). **Remarque** (E.M.) A l'Ouest rien de nouveau (1929) [21] (P 1 713) [48]. **Rémy** (colonel) [25] Mémoires d'un agent secret de la France libre (1946) 650. **Remy** (P.-J.) Orient-Express (1979) [5] 878 (C 612). **Renard** (J.) Poil de carotte (1894) [47] (P 1 437). **Rey** (P.) [7] Sunset (1988) 623 (C 336, P 182). **Rimbaud** (A.) Poèmes (1869-73) [45, 48] (P 892). **Ripley** (A.) Scarlett (1991) [70], plus de 1 000, (C 165). **Roblès** (E.) Montserrat (1969) [14] (P 480) [48]. **Rochefort** (C.) [4, 48] Les Petits Enfants du siècle (1961) (P 1 700). Le Repos du guerrier (1958) 987 (P 861). Les Stances à Sophie (1963) (P 561). **Rolland** (R.) Colas Breugnon (1918) [5] 634 (C 161, P 300). Jean-Christophe (1949) [5] (P 1 004). **Romains** (J.) Knock (1923) [3] 3 356 (C 15, P 3 165). Les Copains (1913) [3] 960 (C 50, P 794). **Rostand** (E.) Cyrano de Bergerac (1897) [10, 48] 1 482 (P 1 240). **Rouaud** (J.) Les Champs d'honneur (1990) [19] 789 (C 103, P 74). **Ryan** (C.) Le Jour le plus long (1960) [7] 1 207 (C 50, P 450).

Sabatier (R.) [5] Les Allumettes suédoises (1969) [48] 2 101 (C 593, P 600). Les Noisettes sauvages (1974) 875 (C 596, P 320). Les Fillettes chantantes (1980) 1 140 (C 683, P 190). Trois Sucettes à la menthe (1972) 864 (C 486, P 345). David et Olivier (1986) 797 (C 445, P 149). Les Enfants de l'été (1978) 687 (C 335, P 218). **Sade** (Mis de) Œuvres [52] 600. **Sagan** (F.) [2, 48] Bonjour tristesse (1954) 2 157 (P 1 592). Un certain sourire (1956) 1 366 (P 820). Dans un mois, dans un an (1957) 873 (P 523). Aimez-vous Brahms ? (1959) 835 (P 640). **Saint-Alban** (D.) Noëlle aux 4 vents (4 vol. 1967) [7] 2 879 (C 308, P 1 608). **Saint-Exupéry** (A. de) [3] Le Petit Prince (1943) 7 330 (C 22). Vol de nuit (1931) 4 167 (C 421, P 2 827). Terre des hommes (1939) 3 268 (C 58, P 2 389). Pilote de guerre (1942) 1 718 (C 8, P 1 151). Courrier Sud (1929) 1 614 (C 39, P 1 046). Citadelle (1948) 907 (C 34, P 351). **Saint-Laurent** (C.) [15] Caroline chérie (1947) 7 120. **Saint-Pierre** (M. de) Les Aristocrates [55] (1954) plus de 600 (P 514). **San Antonio** [18] L'Histoire de France 1 800. Le Standinge (1965) 1 050. Les Vacances de Bérurier 1 000. Béru-Béru 1 000. La Sexualité plus de 1 000. **Sand** (G.) La Mare au diable (1845) [45] (P 730) [48]. La Petite Fadette (1849) (P 540) [48].

Sarrazin (A.) [42,48] L'Astragale (1965) 1 278 (C 106, P 1 256). La Cavale (1965) 780 (P 649). **Sartre** (J.-P.) [3] Huis clos (1944) (théâtre I) 2 858 (C 6, P 2 649). Les Mains sales (1948) 2 501 (C 14, P 2 335). La Nausée (1938) 2 305 (C 34, P 2 082). Les Mouches (1943) 2 140 (C 28, P 1 923). Le Mur (1939) 2 091 (C 27, P 1 894). Les Mots (1964) 1 381 (C 3, P 1 060). La P... respectueuse (1946) 1 218 (C 10, P 1 002). L'Age de raison (1945) 1 074 (C 10, P 898). Le Diable et le Bon Dieu (1951) 1 050 (P 969). Le Sursis (1945) 862 (C 10, P 699). La Mort dans l'âme (1949) 732 (C 10, P 587). Morts sans sépulture (1946) 610 (P 418). Les Séquestrés d'Altona (1960) 472 (P 406). **Saubin** (B.) [7] L'Épreuve (1991) 822 (C 393, P 260). **Segal** (E.) [9,47] Love Story (1970) 1 748 (C 327, P 891). **Segal** (P.) [9] L'Homme qui marchait dans sa tête (1977) 663 (C 146, P 230). **Senghor** (L. S.) [14] Œuvre poétique 190. **Sepulveda** (C.) [14] Le Vieux qui lisait des romans d'amour 390. **Servan-Schreiber** (J.-J.) Le Défi américain (1967) [11] 857 (P 280). **Shaw** (I.) Le Bal des maudits (1948) [15] 900 (P 250). **Signoret** (S.) [14] La nostalgie n'est plus ce qu'elle était (1976) 1 115 (C 448, P 246). Adieu Volodia (1985) [17] 1 065 (C 715). **Simenon** (G.) [15,49] *9 titres dépassant 400 000 ex. dont :* Maigret chez le coroner 610. Maigret et la Vieille Dame 600. Mon Ami Maigret 600. **Slaughter** (F.-G.) Afin que nul ne meure (1941) [5,49] 1 575 (C 120, P 200). **Soljenitsyne** (A.) Le Pavillon des cancéreux (1968) [5] 2 984 (P 765) [48]. Le Premier Cercle (1968) [7] 682 (C 185, P 318). L'Archipel du Goulag (1974) [14] 900 (C 200). **Steel** (D.) La Ronde des souvenirs (1987) [48] 1 000. Cher Daddy (1991) [48] 1 000. **Steinbeck** (J.) Des souris et des hommes (1937) [3] 2 268 (C 40, P 2 467). Les Raisins de la colère (1939) [3] 1 783 (C 68, P 1 556). La Perle (1948) [3] 1 491 (C 83, P 1 315). A l'est d'Éden (1952) [71] (P 545) [48]. En un combat douteux (1940) [3] 412 (P 378). **Stendhal** [45,48] Le Rouge et le Noir (1830) (P 2 101). La Chartreuse de Parme (1839) (P 790). **Stevenson** (R. L.) L'Ile au trésor (1883) [45] (P 470) [48]. **Sulitzer** (P.-L.) Le Roi vert (1984) [72,48] (P 458). Hannah (1987) [72] (P 480) [48]. Money (1983) [11] (P 400) [48]. **Supervielle** (J.) L'Enfant de la haute mer (1931) [3] 421 (C 5, P 360). **Süskind** (P.) Le Parfum (1988) [17] (P 1 560) [48]. **Suyin** (H.) Multiple Splendeur (1958) [21] (P 695) [48].

Tolkien (J.R.R.) [49] la Communauté de l'anneau (P 1 500). **Tournier** (M.) [3] Vendredi ou les Limbes du Pacifique (1967) 1 294 (C 175, P 1 044). Le Roi des aulnes (1970) 640 (C 54, P 358). **Tristan et Yseult** (1964) [45,48] (P 946). **Troyat** (H.) [1,47] Tant que la Terre durera [55] (1947), Le Sac et la Cendre [55] (1948) et Étrangers sur la Terre [55] (1948) 3 530 (C 872, P 2 512). La Neige en deuil (1952) [47] (P 1 812). La Malandre (P 947). La Faim des lionceaux (P 914). Les Eygletière (P 908). Sophie ou la fin des combats (P 894). Les Compagnons du coquelicot (P 887). Les Dames de Sibérie (P 873). La Barynia (P 859). La Gloire des vaincus (P 848). L'Araigne (1938) 821 (P 468). Les Semailles et les Moissons t. 1 [49] (1953) 733 (P 468), t. 2 Amélie [49] (1955) 674 (P 450), t. 3 La Grive (1956) 666 (P 448).

Uhlman (F.) [3] L'Ami retrouvé (1978) 1 115 (P 1 005).

Vailland (R.) 325 000 Francs (1955) [61] (P 920) [48]. La Loi (1957) [3] 687 (C 10, P 388). **Vallès** (J.) L'Enfant [45] (P 795) [48]. **Van der Meersch** (M.) Corps et âmes (1943) [5] 1 010 (P 220). **Vautel** (C.) Mon curé chez les riches (1920) [5] 1 125. **Vercors** Le Silence de la mer (1942) [15] depuis 1950 [5] 4 029 (P 3 400) [48]. Les Animaux dénaturés [45] (P 620) [48]. **Verlaine** Poèmes saturniens (1866) [46] (P 650) [48]. **Verneuil** (H.) [7] Mayrig (1985) 644 (C 446, P 61). **Vian** (B.) [42,51] L'Arrache-Cœur (1953) 2 001 (C 95, P 1 540). L'Écume des jours (1947) (C 393, P 1 900). L'Herbe rouge (1950) (C 30, P 970). **Villiers** (G. de) romans policiers SAS (environ 7 millions d'ex. par an). **Vincenot** (H.) La Billebaude (1978) [11] 625 (C 14, P 155). **Voltaire** Candide (1759) [45] (P 750) [48]. Contes et mélanges, 2 t. (P 676) [45,48].

Webb (M.) Sarn (1924) [4] 616 (P 327). **Wells** (H.G.) [5,48] L'Homme invisible (1897) 1 458 (C 63, P 816). La Guerre des mondes (1897) [3] (P 524). **Wilde** (O.) Le Portrait de Dorian Gray (1891) [21] 995 (P 695) [48]. **Winsor** (K.) [44,48] Ambre (1946) (P 619). **Wright** (R.) Black Boy (1945) [3] 820 (P 785).

Yourcenar (M.) [3] Mémoires d'Hadrien (1951) 1 054 (C 38, P 799). L'Œuvre au noir (1968) 1 017 (C 16, P 700).

Zola (E.) [4,10,48] Germinal (1885) (P 3 771). L'Assommoir (1877) [10] (P 2 509) [48]. Thérèse Raquin (1867) 1 860 (P 1 344) [48]. Nana (1879) [10] 1 831 (P 1 265) [48]. La Bête humaine (1890) 1 739 (P 1 420). Au bonheur des dames (1883) (P 1 735). Le Rêve (1888) [10] 1 615 (P 1 045) [48]. La Curée (1871) (P 977). La Terre (1887) (P 918). La Faute de l'abbé Mouret [10] (1875) (P 823) [48]. Le Ventre de Paris (1873) (P 742). Pot-Bouille (1882) (P 742). La Fortune des Rougon (1871) (P 690). Une page d'amour (1878) (P 584). L'Œuvre (1886) (P 597). L'Argent (1891) (P 664). La Joie de vivre (1884) (P 562). La Débâcle (1892) 512. Le Docteur Pascal (1893) (P 430).

☞ Parmi les démarrages « foudroyants » : *le Défi américain* de J.-J. Servan-Schreiber en 1968, *Papillon* de Charrière en 1969, les *Mémoires* du Gal de Gaulle en 1970 (le 2e volume de la 2e série fut tiré d'emblée à 500 000 ex.) et *Démocratie française* de V. Giscard d'Estaing en 1976.

■ **Références. Albin Michel** : Le Petit Dictionnaire des trucs (Paule Vani) 1 251 (C 1 100, P 101).

Alpha : (1re éd. 11-10-1967, rééd. 1968, 69, 71) 1 433.

Bordas : Guide des voyages : La France (P. Cabanne) (1976) 950 (C 900).

Langue : *Dictionnaires :* français-anglais [57,48] P 3 560 ; français-espagnol [57,48] (P 1 350) ; français-allemand [57,48] (P 1 250) ; français-italien [57,48] (P 455). *Méthode 90 :* anglais (de Berman-Savio-Marcheteau) [45,49] 1 450 (P 652) ; allemand (de A. Jenny) [45,48] (P 610) ; espagnol (de J. Donvez) [45,48] (P 670) ; italien [45,48] (P 448).

Larousse : *de poche :* (P 6 090). *Petit Larousse (1997) :* 1 (50 depuis 1905). 59 000 noms communs, 28 000 noms propres ; refonte tous les 10 ans (dernière en 1998).

Michelin : Guide rouge France (créé 1900) tirage *2000 :* 880 (cumulé, plus de 28 000). Voir aussi le chapitre Tourisme.

Robert : *Petit Robert* (1967) tirage (1997) 215. *Robert Junior* 250. *Robert des noms propres* 100.

Sélection du Reader's Digest (à fin 1999) : Nouveau Guide de la route (1969) 7 984. France des routes tranquilles (1977) 1 865. L'Atlas du monde (1962) 1 499. Le Grand Livre du monde (août 1988) 754. 1 001 Trucs et astuces pour le jardin 697. Le Calendrier du jardinage (oct. 1977) 562. Le Dictionnaire Plus (déc. 1991) 500.

☞ **Oxford English Dictionary :** *1928 :* 1re édition (12 vol.). *1972-86 :* 4 nouveaux vol. *1989 :* 2e éd. (20 vol.) : 300 000 entrées définissant plus de 500 000 mots, 350 millions de caractères relus par 55 correcteurs, 137 000 prononciations, 249 000 étymologies, 577 000 renvois et 2 400 000 citations.

■ **Livres d'art. Bourgogne romane** *(Raymond Oursel),* (1954) [67] : 126. **Brueghel** (1968) [9] : 86. **Auvergne romane** *(chanoine B. Craplet),* (1955) [67] : 95. **Monde des symboles** [67] : 82. **Égypte** *(Claudio Barocas)* [35] : 75. **Manet** *(Fr. Cachin, Ch. S. Moffett, J. Wilson-Bareau),* (1983) [68] : 74. **Préhistoire de l'art occidental** *(Leroi-Gourhan),* (1965) [130] : 70. **Jérôme Bosch** (1967) [9] : 69. **Turner** *(J. Gage, E. Joll, A. Wilton),* (1983) [68] : 57,6. **Picasso** *(A. Fermigier),* (1969) [45] : 57. **Histoire de l'art** *(E. Faure),* (1965) [69] : antique 59, moderne t. 1 57, t. 2 59, médiéval 56.

■ **Ouvrages pour la jeunesse. Bruno** Le Tour de France par deux enfants (1877) [6] 9 100 (C 100). **Courtois** [41] (G.) La Plus Belle Histoire (1947) 634. **Cuvillier et Dubois** [41] Les Aventures de Sylvain et Sylvette 10 700. **Dalens** (Serge) [Yves de Verdilhac (1915-98), magistrat] [52] Le Bracelet de vermeil (1937) 1 075. Le Prince Éric (1940) 1 099. La Mort d'Éric (1944) 679. La Tache de vin (1946) 869. **Gripari** (P.) [3] La Sorcière de la rue Mouffetard (P 516). **Hergé** (voir encadré p. 331). **Malot** (H.) [11] Sans famille (1933) 1 225. **Marlier** (M.) Martine [13] 41 000 (en français). 26 000 (en langues étrangères). **Martin** (J.) [13] Alix, Lefranc, Jhen (3 collections) (1965) 7 800. **Morris** [34] Lucky Luke (tous les titres) 18 875 (C 584). **Pesch** (J.-L.) puis **Claude Dubois** [41] Les Aventures de Sylvain et Sylvette (1953, collection Fleurette) 11 034 (total des titres). **Philippe** (René) Les Aventures de Sylvie (depuis 1956) au total 5 000. **Pinchon** (J.-P.) et **Caumery** [9] Bécassine (depuis 1905) au total plusieurs millions d'ex. **Ségur** (Ctesse de) [16] ensemble de l'œuvre dans la Bibliothèque rose 27 500 [dont Les Malheurs de Sophie (1864) 1906]. **Sempé et Goscinny** [11] Le Petit Nicolas (1960) 2000. **Steinbeck** (J.) [3] Poney rouge (P 529). **Stine** (R.L.) collection Chair de poule (1995) 11 millions d'ex. (à fin févr. 2000). **Thomson,** Kay (Américaine 1903-98) Eloise (1955, dessin d'Hilary Knight) n.c. **Verne** (J.) [36,43,48] Voyage au centre de la Terre (1864) 1 258 (P 680). Le Tour du monde en 80 jours (1873) (P 855). Le Château des Carpathes (P 647). Vingt Mille Lieues sous les mers (P 601). De la Terre à la Lune (P 453). **Vernes** (H.) [31] Les Aventures de Bob Morane (depuis 1953) 16 000.

■ **Ouvrages pratiques. Carnegie** (Dale) : voir p. 350 b. **Daco** (P.) [31] Les Triomphes de la psychanalyse (1958) (P 582). Les Prodigieuses Victoires de la psychologie (1960) (P 1 159). **Dalet** (R.) [59] Supprimez vous-même vos douleurs par simple pression d'un doigt (1978) 650 (C 316, P 100). **Dolto** (F.) [14] Lorsque l'enfant paraît 471 (C 233). **Dumay** (R.) [21,48] Guide du vin (P 521). **Favré** (H.) [31] Guide de l'aquarium d'eau de mer (1968) 547. **Le Rouzic** (P.) [5] Un prénom pour la vie (1978) 1 453. **Lescot** (B.) [78] L'Aide-Mémoire de législation du travail (1953) 6 000 ; d'instruction civique (1955) 2 000. **Mathiot** (Ginette, 1907-98) [5,48] la Cuisine pour tous (1932) 4 739 (C 6 000, P 2 448). **Messegué** (M.) [7] Des hommes et des plantes (1970) 947 (C 157, P 289). C'est la nature qui a raison (1972) 940 (C 104, P 280). Mon herbier de santé (1975) 605 (C 105, P 182). **Pellaprat** (H.-P.) [2] Cuisine familiale et pratique (1955) 2 000. **Pradal** (Dr H.) [14] Le Guide des médicaments les plus courants (1974) 575. **Spock** (Dr B.) [31] Comment soigner et éduquer son enfant (1952) (P 573, paru aux USA, 24 000 dans le monde). **Téramond** (B. de) [43] Maigrir par la méthode des basses calories (1959) 720. 300 recettes culinaires pour maigrir (1962) 700.

☞ **Collection Marabout-Flash :** Dansons (1959) 531. Je parle anglais (1960) 861, allemand (1960) 628, espagnol (1961) 611, italien (1959) 527.

■ **Ouvrages scolaires.** Les tirages des livres dépassent souvent 400 000 exemplaires. Exemples (en milliers) : **Goodey, Gibbs, Newby** Imagine You're English, 6e à 3e (1974) [94] 3 804. **Lagarde** (André) **et Michard** (Laurent) le 1er tome parut en 1948 chez Bordas ; de 1959 à 1968 chacun des 7 volumes de la collection se vendait à plus de 100 000 ex. par an, actuellement à 50 000 par an. **Monge** Mathématiques (de la 6e à la terminale) 9 381 (à fin 1990).

■ **Ouvrages religieux. Beaumont** (P. de) [39] Les 4 Évangiles aux hommes d'aujourd'hui (1969) 1 000. Prière du temps présent, nouvel office divin (1969) 483. **Bible de Jérusalem** [27] (1955) 1 657 (P 2 000). **Catéchisme de l'Église catholique** [39] (1992) 550 (P 50, C 15). **Évangiles** (École biblique de Jérusalem) [50] (1950) (P 4 250). **La Splendeur de la Vérité,** Lettre encyclique de Jean-Paul II (1993) [1,40] 185. **Missel des dimanches** de Mgr Pierre Jounel [39] (1971) plus de 1 million d'ex. depuis 1971.

ÉDITION (TECHNIQUES)

QUELQUES DATES

■ **Impressions xylographiques.** Ier-IXe s. en Chine et au Japon. **704-751** *Dharani-sutra de la lumière pure,* imprimé coréen (découvert en 1966 à Kyongju). **868** *Sutra du diamant,* 1er exemplaire important connu : livre bouddhique avec gravures, imprimé en Chine (British Museum). **1340** cartes, Venise. **1360** *le Centurion du Calvaire* (dit *bois Protat,* nom de celui qui l'a trouvé), planche gravée à La Ferté-sur-Crosne (France). **1423** *St Christophe portant l'enfant Jésus,* imprimé aux Pays-Bas. Plus tard, on assemble des feuilles en *anapisthographes,* petites brochures imprimées d'un seul côté. Environ 3 000 connus (*speculums :* recueils de préceptes religieux ; *donats :* sortes de syntaxes latines ; chansons populaires) : **1430** bréviaire (8 pages de 9 lignes), imprimé par Lorenzo Coster à Haarlem où il est conservé. Donat par Lorenzo Coster. **1439** *Speculum humanae salvationis* (63 pages avec 38 planches de figures ; serait à la fois imprimé en xylographie et avec des caractères mobiles). *Bible des pauvres* par Lorenzo Coster.

■ **Impressions sur presse à caractères mobiles. Chine :** utilisés dès le XIe s. (Pi Ching aurait eu, le 1er, recours à des poinçons pour établir des caractères mobiles en 1041). Le *Jikji sim kyong* (1377), recueil de textes bouddhiques, serait le plus ancien livre connu imprimé en caractères mobiles métalliques. **Corée : vers 700** caractères en bois ; **vers 1234** livre, imprimé à l'aide de caractères métalliques, intitulé « Sangjong Yemun » ; il ne semble en subsister aucun exemplaire. *Sentences de Confucius* (1317 et 1324) : *Sun Tzu Shi Chia Chu* (1409).

Europe : vers 1439 1res expériences de Johannes Gensfleisch, dit Gutenberg (vers 1395-1468), à Mayence. Il mit au point un système de fabrication de caractères individuels fondus en un alliage de plomb, d'antimoine et d'étain. **1454** ou **1455** ou **1456** *Bible de Gutenberg,* en latin, non datée (peut-être imprimée par Füst et Schoeffer). Volumes in-folio de 317 à 324 pages (30 cm × 20 cm) imprimées sur 42 lignes et 2 colonnes, 210 exemplaires (30 sur parchemin avec lettres capitales peintes en or et couleurs, 180 sur papier avec capitales en rouge et bleu). Tirage : 200, dont 48 parvenus jusqu'à nous (21 complets dont 36 sur papier). 12 sur parchemin. 1 exemplaire est conservé à la bibliothèque Mazarine (Paris) en 2 volumes (total 643 feuilles) enluminés et reliés par Henry Cremer [vicaire de St-Étienne (Mayence)], voir Bible p. 361 a. Le *missel de Constance* (192 pages) découvert à Bâle pourrait être antérieur. **1455** *Donat.* **1456** *Bible de 40 lignes* de Füst et Schoeffer. **1457** *Psautier de Mayence* (livre daté et portant un nom d'imprimeur). **1458** *2e Bible de Gutenberg,* dite de 36 lignes. **1459** *Rationale divinorum officiorum* de Guillaume Durand (imprimé à Mayence par Füst et Schoeffer). **1462** *Bible de 48 lignes* de Schoeffer. **1463** *1re page de titre* donnant le titre de l'œuvre et le nom de l'auteur dans « Bul zy Deutsch » de Pie II, imprimé à Mayence. **1465** *1er texte littéraire :* « De officiis » de Cicéron. **1470** *1er livre imprimé à la Sorbonne* (Paris) : Lettres de Gaspard de Bergame, in-quarto de 118 feuillets. **1472** *1er livre avec des illustrations techniques :* Valturius, « De re militari » (Vérone). **1473** *1re impression de musique avec des caractères mobiles* dans « Collectorium super magnificat » imprimé par Conrad Fyner à Esslingen. *1re impression d'un livre en Belgique* (à Alost). **1476** *1er livre imprimé en français :* les Grandes Chroniques de France, 3 volumes (par Pasquier-Bonhomme à Paris). **1481** *1er livre illustré en France :* « Missale viridunense ». **1501** *1er caractère en italique,* utilisé dans un livre par Alde Manuce à Venise (voir p. 353 a). **1559** publication à Rome de « Index librorum prohibitorum », donnant la liste des livres que les catholiques ne pouvaient plus lire sans dispense. **1609** *1er journal portant une date régulière de parution :* « Avisa Relation oder Zeitung » imprimé probablement à Wolfenbüttel, Allemagne. **1784** *1er livre imprimé sur un papier sans toile coton* (mélange d'herbe, d'écorce d'arbre et d'autres fibres végétales). **1800** *presse d'imprimerie en fer* par lord Stanhope. **1808** *1re lithographie à plusieurs couleurs,* imprimée par Strixner et Piloty de Munich. **1833** *1re machine à composer des lignes-blocs,* inventée par Xavier Progin, Marseille. **1840** *1re machine à composer en pratique,* brevetée par J.H. Young et A. Delcambre (Lille, d'après les projets de Henry Bessemer). **1841** *1er livre broché* publié par Christian Bernhard Tauchnitz, à Leipzig (Allemagne). **1865** *1re presse rotative* pour l'impression des journaux, construite par William Bullock à Philadelphie.

■ **Typographie et autres procédés. 1851** Firmin Gillot grave industriellement les 1ers clichés typo. **1868** Ducos du Hauron découvre le principe de la reproduction des couleurs par superposition des clichés sélectionnés et tramés. **1878** *héliogravure* Klietsch (Hongrie). **1885** *impression simili* 3 couleurs (Frederick E. Ives, USA). **1887** *machine moderne pour imprimer* à 2 tours (Robert Miehle, USA). *Machine à composer* Monotype (Tolbert Lanston, USA) brevetée. **1904** *presse offset litho* (W. Rubel, New York). **1928** 1re démonstration à Rochester (New York) du *teletypesetter* de Walter Morey (breveté par C. Meray-Horvath de Budapest en 1897). **1947-1956** modification des machines à composer (en plomb) pour film *(Fotosetter, Monophoto).* **1948** 1re démonstration d'une *machine à photographier xérographique,* brevetée en 1938 par Chester Carlson (USA). **1949** 1re démonstration *Lumitype 200* inventée par les Français Higonet et Moyroud,

■ **Plus vieux textes recueillis.** *5000 à 4000 av. J.-C. :* 1ers idéogrammes déchiffrés sur une poterie chinoise découverte en 1962 près de Xian (province de Shanxi). *5000 av. J.-C. :* tablettes d'argile, texte cunéiforme sumérien. *4000 av. J.-C. :* papyrus, roseau égyptien. *3000 av. J.-C. à 704 apr. J.-C. :* manuscrits sur bois, Chine. *200 apr. J.-C. :* velum (De Felsa Legatione, de Démosthène). **Plus vieux livres conservés.** *225 à 220 av. J.-C. : Manuscrits de la mer Morte* (Bible la plus ancienne) découverts en 1947 à Qumrân (Palestine). *200 apr. J.-C. : papyrus* (hiératique : réservé aux livres sacrés, emphorétique : pour l'emballage) de 108 pages numérotées, cousues en 6 fascicules. *IIIe-IVe s. : Codex Sineaticus* (bible en grec, découverte en 1859 au monastère Ste-Catherine du Sinaï, achetée 9 000 roubles par la tsarine en 1869, vendue 100 000 £ en 1933 par l'URSS au British Museum). *Codex Vaticanus* au Vatican, avant 350 apr. J.-C. *Ve s. : Codex Alexandrinus* au British Museum. **Encyclopédies. La plus ancienne :** *Speusippe* (370 av. J.-C., Athènes). **La plus grosse :** *Yongle Dadiam* (le grand trésor du règne de Yung-lo) 22 937 chapitres en 11 095 volumes, écrite par 2 000 lettrés entre 1403 et 1408, publiée en Chine en 1728. Il en subsiste 370 exemplaires.

■ **Dimensions. Le plus grand livre :** édité à Denver (USA) en 1976, livre d'or : 300 pages, 2,75 m sur 3,07 m ; 250 kg. **Les plus petits livres :** *Old King Cole* publié en mars 1985, à 85 exemplaires à Renfrew (Écosse) : 1 × 1 mm. *Histoire de la fourmi Ari* publié à Tokyo en 1980 : 1,4 × 1,4 mm. *Lord's Prayer* en 7 langues, musée Gutenberg : 3,5 × 3,5 mm. *France :* livre de messe (2 × 1,2 cm) imprimé en 1880.

■ **Palimpseste.** Parchemin réutilisé. Après trempage dans l'eau, on effaçait les inscriptions avec une pierre ponce et de la craie. L'ancien texte subsistait, plus pâle.

■ **Incunable.** Ouvrage datant du berceau (*incunabulum* en latin) de l'imprimerie. On distingue les tabellaires xylographiques et typographiques. *Nombre sorti avant 1500 :* environ 40 000 éditions (en moyenne de 500 volumes) représentant 20 millions de livres (45 % sont des ouvrages religieux, 10 % scientifiques, 10 % juridiques, 30 % littéraires ; 77 % sont en latin, 4 à 5 % en français). *Avant 1600 :* 200 000 titres (200 millions d'exemplaires). **Principales collections :** Paris (Bibliothèque nationale), Munich, Londres (British Museum) [chacune comprend un ou plusieurs exemplaires de 9 000 éditions antérieures à 1500], Oxford (Bodleian Library, 5 000 éditions).

■ **Colophon.** Note finale donnant le nom de l'imprimeur, le lieu de l'impression et la date d'achèvement.

présentée au public en 1954. **1955-65** *photocomposeuses électromécaniques avec ordinateurs* (Photon 200 et 500, Linofilm). **1964** *1re photocomposeuse ultrarapide* (Photon ZIP). **1973** *photocomposeuse à laser.*

CARACTÈRES

■ **Histoire.** *1ers caractères fondus : gothiques* (Gutenberg travaillait à Mayence). Puis s'inspire des caractères *romains* (antiques). 1501 *Alde Manuce* [Vénitien, Tebaldo Manuzio (vers 1449-1515)] invente l'*italique* (1er caractère gravé par François Giusto Raibolini, dit François de Bologne). 1ers ouvrages imprimés complètement en italique : Virgile et Horace (1501), la Divine Comédie (1502). Pendant longtemps on se contentera de ces grandes familles de caractères avec 4 variantes. **1650** *Elzévir* [Isaac Elzevier (1596-1651), libraire-imprimeur hollandais de Leyde] donne son nom à un nouveau caractère. **1775** François-Ambroise *Didot* (1730-1804) revient au caractère romain avec des empattements rectilignes très fins.

■ **Points typographiques.** En France : point Didot [créé 1775] = 0,3759 mm (soit 1/6 de la ligne de pied de roi ou 1/72 du pouce français). Exemples : cicéro = 12 points (4,51 mm) ; philosophie = 11 points ; petit romain = 9 ; gaillarde = 8 ; petit texte = 7,5 ; mignonne = 7, etc. **1978** norme Afnor NF Q 60-010 définissant les mesures typo. **En G.-B. et aux USA,** le point mesure 0,351 mm. Dans le système international, le millimètre doit être utilisé.

■ **Caractère typographique.** La largeur ou *chasse* correspond à la dimension du caractère prise parallèlement à la ligne d'impression (dimension différente pour chaque lettre) ; le *corps* correspond à la dimension du caractère prise perpendiculairement à la ligne d'impression. L'*œil* reçoit l'encre, c'est l'élément imprimant ; les *talus* ou *espaces* laissés de part et d'autre de l'œil évitent le chevauchement des lettres (les *approches* désignent plus précisément les talus situés à gauche et à droite de l'œil).

■ **Familles de caractères.** Caractérisées par leur style, l'absence ou présence et la forme de leurs empattements (petits traits terminant les hampes ou jambages). Depuis leur apparition (vers 1460), il existe plusieurs milliers de caractères différents, notamment : baskerville, bodoni, caravelle, égyptienne, elzévir, garalde, garamond, univers, etc. Des spécialistes (dont Francis Thibaudeau et Maximilien Vox) les ont classés en familles : *didots* : empattements rectilignes très fins, filiformes ; *antiques* : sans empattement ; *égyptiennes* : empattements de la même force que le corps de la lettre, rectangulaires ; *elzévirs* : empattements triangulaires courbes (nom donné en 1858 en mémoire des Elzevier, voir ci-dessus). La classification Maximilien Vox comprend 10 familles : *humanes* (Nicolas Jenson, Alde Manuce Venise 1468), *garaldes* (Claude Garamont inspiré par Nicolas Jenson 1542), *réales* (époque encyclopédique XVIIIe s.), *didones* (Firmin Didot, Bodoni XIXe s.), *mécanes* (XIXe s., empattements rectangulaires), *linéales* (sans empattement), *incises* (hampes ou empattement incisés, lapidaires) *scriptes* (inspirées des écritures courantes liées), *manuaires* (non liées, aspect « manuel »), *fraktur* (les « gothiques »).

FORMAT DES LIVRES

■ **Feuille.** La feuille imprimée puis pliée à la dimension d'une *page* forme un *cahier* qui contient des *feuillets* (de 2 pages). Le nombre de feuillets contenus dans une feuille détermine le *format.*

Format	Feuillets	Pages
in-plano	1	2
in-folio (in-f°)	2	4
in-quarto (in-4°)	4	8
in-octavo (in-8°)	8	16
in-douze (in-12)	12	24
in-seize (in-16)	16	32
in-trente-deux (in-32)	32	64
in-quarante-huit (in-48)	48	96

■ **Dimensions du livre.** Dépendent de la grandeur de la feuille employée (raisin, jésus, etc.). On aura ainsi : un in-quarto raisin (250 × 325 non rogné) ; un in-octavo jésus (190 × 280) ; etc. Voir **Papier** à l'Index.

Si le papier est filigrané, on peut reconnaître le format réel d'un ouvrage ancien (d'après les pontuseaux et les filigranes) : *folio :* pontuseaux verticaux (filigrane au centre de la page) ; *in-4° :* horizontaux (vers le bord gauche de la page) ; *in-8° :* verticaux (dans le coin supérieur gauche) ; *in-12 :* horizontaux (vers le bord droit aux $^2/_3$ de la hauteur de la page) ; *in-16 :* horizontaux (dans le coin supérieur droit de la page). La direction des vergeures (papier vergé) permet de reconnaître les formats. *Vergeures horizontales :* in-f°, in-8°, 18, 24, 32 ; *verticales :* in-4°, 12, 16.

■ **E-book (electronic book).** *Lancé* automne 1998 aux USA, oct. 1999 à la foire du livre de Francfort. *Modèles :* Softbook, Rocket eBook, e-pocket, Cytale. *Écran* tactile plat rectangulaire de 0,8 à 2 kg. *Permet* de télécharger (par Internet *via* une simple prise téléphonique) jusqu'à 15 000 pages sous forme de fichiers numériques ; *interactif :* liens hypertextes, prise de notes, recherche de mots.

■ **Encre électronique.** *A l'étude :* encre faite de microcapsules qui, s'incrustant dans la trame d'un papier plastifié, fait apparaître ou disparaître un texte.

ÉDITION (STATISTIQUES)

DANS LE MONDE

■ **Titres publiés** (en 1999, *source :* International Publishers Association). Chine 110 283 [1], G.-B. 102 925 [2], Allemagne 78 042 [2], Japon 65 513 [2], USA 64 711 [6], Espagne 60 426 [2], Inde 57 386 [6], Brésil 51 460 [6], *France 50 937* [2], Russie 46 156 [2], Italie 45 844 [6], Corée du Sud 27 313 [6], Canada 18 573 [1], Pays-Bas 17 235 [6], Pologne 16 462 [2], Mexique 15 505 [6], Suisse 13 694, Danemark 13 450 [6], Argentine 13 156 [2], Suède 12 547 [2], Thaïlande 12 000 [2], Rép. tchèque 11 738 [2], Hongrie 10 626 [2], Belgique 9 835 [3], Portugal 9 196 [2], Irlande 7 375 [6], Autriche 7 291, Australie 6 933 [5], Finlande 6 826 [2], Colombie 6 351 [2], Grèce 5 914 [2], Malaisie 5 816 [2], Afrique du Sud 5 592 [6], Yougoslavie 5 485 [4], Philippines 5 093 [6], Norvège 5 032 [2], Indonésie 5 000 [6], Bulgarie 4 950 [2], Nouvelle-Zélande 4 800, Lituanie 3 827 [6], Slovénie 3 722 [2], Pérou 3 478 [6], Estonie 3 317 [6], Singapour 3 000 [3], Israël 2 725 [5], Lettonie 2 596 [2], Venezuela 2 504 [3], Chili 2 093 [6], Maroc 1 859 [2], Islande 1 695 [6], Uruguay 1 607 [4], Équateur 1 001 [1], Macédoine 1 000 [1], Luxembourg 218 [3], Zimbabwe 123 [5], Kenya 120 [1].

Nota. – (1) 1996. (2) 1998. (3) 1995. (4) 1991. (5) 1993. (6) 1997

☞ *De 1437 à 1900,* on aurait imprimé environ 10 millions de titres (*1437 :* 1 ; *de 1438 à 1500 :* 307 520 ; *de 1500 à 1600 :* 287 824 ; *de 1600 à 1700 :* 972 000 ; *de 1700 à 1800 :* 1 637 196). *1960 :* 332 000 titres publiés dans le monde (dont Europe 239 000) ; *1970 :* 521 000 (317 000) ; *1980 :* 715 500 (411 000) ; *1990 :* 842 000 (441 000).

■ **Nombre de titres publiés dans le monde par million d'habitants et,** entre parenthèses, **en France.** *En 1960 :* 144 (374) ; *1970 :* 187 (464) ; *1980 :* 161 (550) ; *1990 :* 159 (565).

■ **Traductions. Livre le plus traduit :** la Bible, en 2 092 langues (sur 3 000 à 6 000 parlées) dont 566 africaines au 1-1-1993 (voir p. 349 c). **Ouvrages les plus traduits** (en 1987, en % ; *source* Unesco 1993) : œuvres littéraires 50,08, sciences appliquées 11,73, sciences sociales 10,82. **Auteurs les plus traduits :** *1987 :* A. Christie [1] 366. Disney Productions [2] 309. Lénine [3] 251. J. Verne [4] 229. M. Gorbatchev [3] 186. E. Blyton [1] 175. B. Cartland [1] 167. I. Asimov [2] 128. A. MacLean [1] 114. R. Goscinny [4] 113. G. Simenon [5] 111. S. King [2] 106. H.C. Andersen [6] 106. A.C. Doyle [1] 106. V. Holt [1] 94. J. London [2] 89. M. Twain [2] 87. W. Vandersteen [5] 86. W. Shakespeare [1] 83. K. Marx [7] 81. F.M. Dostoïevski [3] 81. L.N. Tolstoï [3] 80. E. Hemingway [2] 76. Jean-Paul II [8] 76. F. Engels [7] 74. A.S. Pouchkine [3] 71. W. Grimm [7] 69. D. Steel [2] 69. J. Grimm [7] 68. H. Robbins [2] 68. C. Dickens [1] 68. E. Salgari [9] 64. H. de Balzac [4] 63. R. Dahl [1] 62. R. Ludlum [2] 61. R.L. Stevenson [1] 61.

Nota. – (1) G.-B. (2) USA. (3) URSS et Russie. (4) France. (5) Belgique. (6) Danemark. (7) Allemagne. (8) Saint-Siège. (9) Italie.

Langues les plus traduites (nombre de traductions en 1987) : en *anglais* 32 219. *Français* 6 732 (littérature 3 527, sciences appliquées 566, histoire-géo. 538, sc. sociales 536, philosophie 488, religions 482, beaux-arts 383, sc. pures 158, généralités 54). *Russe* 6 595. *Allemand* 5 077. *Italien* 1 725. *Suédois* 1 193. *Espagnol* 933. *Tchèque* 797. *Néerlandais* 775. *Latin* 709. *Hongrois* 615. *Danois* 560. *Polonais* 493. *Grec classique* 479. *Arabe* 401. *Serbo-croate* 390.

Traductions publiées en Europe (nombre de titres) : Allemagne [2] 8 321 (14 % des titres publiés). Danemark [2] 1 808 (32 %). Espagne [2] 10 977 (26 %). *France [3] 4 406 (17,6 %).* G.-B. [2] 1 625 (3,3 %). Italie [1] 8 602 (25 %). P.-Bas [3] 3 761 (24 %). Portugal n.c. (33 %). Suède n.c. (60 %).

Nota. – (1) 1989. (2) 1990. (3) 1991.

■ **Prix du livre. Allemagne :** depuis 1988, système de prix fixe auquel les éditeurs peuvent souscrire de façon facultative. **Belgique :** zone néerlandophone : prix unique pour les livres édités en Flandre depuis 1984 ; zone francophone : prix conseillé mais quasi-liberté. **Danemark :** prix unique depuis plus de 150 ans, pendant l'année de parution plus 1 an ; clubs : prix plus bas 6 mois après la parution d'un ouvrage. **Espagne :** prix unique depuis 1974. **France :** prix unique depuis 1981. **Grèce :** prix libre. **Irlande :** prix unique sur les livres édités en Irlande. **Italie :** les détaillants s'engagent, théoriquement, à respecter le prix fixé. **Luxembourg :** prix défini par l'éditeur sur les ouvrages édités au Luxembourg, libre sur ceux importés. **Pays-Bas :** prix unique depuis 1923 ; fixé pour 2 ans sauf exceptions. **Portugal :** prix unique depuis 1997.

■ **Taxes sur le livre** (au 1-1-2000, en %). Danemark, Suède 25 ; Bulgarie, Géorgie, Ukraine 20 ; Chili 18 ; Israël 17 ; Afrique du Sud, Islande 14 ; Nlle-Zélande 12,5 ; Hongrie 12 ; Autriche, Bosnie, Lesotho 10 ; Finlande, Turquie, Slovénie 8 ; Allemagne, Canada 7 ; Belgique, P.-Bas, Slovaquie 6 ; *France 5,5 ;* Estonie, Japon, Macédoine, Portugal, Rép. tchèque 5 ; USA de 1 à 5 ; Espagne, Grèce, Italie 4 ; Luxembourg, Singapour 3 ; Suisse 2,3 ; Argentine, Australie, Brésil, Colombie, Corée, Ghana, G.-B., Indonésie, Irlande, Kenya, Lettonie, Lituanie (livres d'enfants), Norvège, Ouganda, Pérou, Philippines, Pologne, Russie 0.

EN FRANCE

Source : Syndicat national de l'édition.

PRODUCTION DE LIVRES

■ **Nombre de titres publiés.** *1790 :* 2 000 ; *1828 :* 6 000 ; *89 :* 1 500 ; *1913 :* 25 000 ; *85 :* 29 068 ; *90 :* 39 054 ; *92 :* 38 616 ; *93 :* 40 916 ; *97 :* 47 214 ; *98 :* 50 891 ; *99 :* 49 808 (dont 24 485 nouveautés et nouvelles éditions, 25 323 réimpressions) ; *2000 :* 39 422 nouveautés.

■ **Nouveautés et nouvelles éditions** [Nomenclature du Syndicat national de l'édition]. *1991 :* 24 041 ; *95 :* 23 436 ; *96 :* 27 224 ; *97 :* 29 220 ; *98 :* 27 922 ; *99 :* 24 485 dont **littérature générale** (romans classiques, contemporains, policiers, sentimentaux, science-fiction, espionnage, humour, poésie, théâtre, critique, essais) 5 811 ; **livres scolaires** (prescrits, parascolaires) 2 539 ; **actualité** (documents, reportages, mémoires, biographies) 769 ; **sciences, techniques** (médecine, économie d'entreprise, techniques et sciences appliquées, sciences pures) et **sciences humaines et sociales** (générales, histoire, géographie, science politique, droit, sciences éco.) 6 073 ; **religion** 685 ; **ésotérisme** 174 ; **encyclopédies et dictionnaires** 237 ; **livres d'art** 881 ; **livres pour la jeunesse** 3 231 ; **bandes dessinées** 512 ; **ouvrages de documentation** 669 ; **livres pratiques** (tourisme, guides, monographies, conseils pratiques et loisirs, cartes géographiques et atlas) 2 904. **Romans publiés en 1999.** Total (nouveautés, nouvelles éditions et réimpressions incluses) 10 446, dont classiques 1 565, contemporains 6 045, policiers 1 357, sentimentaux 741, science-fiction 621, autres 117. **A la rentrée** (août/novembre) : *1985 :* 318 ; *90 :* 382 ; *95 :* 388 ; *96 :* 489 ; *97 :* 409 ; *98 :* 448 ; *99 :* 511 ; *2000 :* 557 [dont romans français 347 (dont 76 premiers romans), étrangers 210].

■ **Tirage moyen par titre.** *1971 :* 14 423 exemplaires ; *85 :* 12 417 ; *90 :* 10 053 ; *93 :* 8 573 ; *94 :* 9 069 ; *95 :* 8 991 ; *97 :* 8 797 ; *98 :* 8 395 ; *99 :* 8 262 (hors poche 7 340). **Par catégorie de livres. Scolaires :** préscolaire et primaire 8 993, secondaire 18 532, et **parascolaires :** 10 627. **Scientifiques :** sciences pures 2 299 et médecine 2 928. **Sciences humaines et sociales :** générales 2 837, histoire 4 140, géographie 2 092, science politique 1 753, droit 3 624, sciences éco 1 753. **Religion** 4 654. **Ésotérisme, occultisme** 5 007. **Dictionnaires** *de français* en 1 volume 30 993, en plusieurs 11 400 ; *de langues étrangères* 20 183. **Encyclopédies** *générales* en 1 volume 4 060, en plusieurs 5 493 ; *thématiques* en 1 volume 9 503, en plusieurs 7 500. **Romans :** classiques 10 135, contemporains 9 385, policiers, espionnage 12 307, sentimentaux 33 247, science fiction, terreur, épouvante 8 378, érotisme 5 065, humour 7 920. **Théâtre, poésie** 2 791. **Critique, analyses, essais** 4 429. **Actualité :** reportages et documents, politique 8 872, mémoires, témoignages, biographies 5 789. **Livres d'art :** livres d'études artistiques 2 671, beaux livres d'art 4 521. **Pour la jeunesse :** livres pour enfants 10 023, albums ou livres d'images 7 479. **Bandes dessinées** 15 088. **Vie pratique :** guides de tourisme 12 796, santé et vie de la famille 10 538, activités artistiques, décoration 7 512, manuelles, bricolage 5 712, cuisine, gastronomie, vins 9 146, sports 4 808, nature et animaux 4 925, jardinage 6 592. **Cartes géographiques** 11 155 et **atlas** 19 327.

■ **Volumes produits. Nombre total** [en millions d'exemplaires (y compris vente par correspondance)] : *1961 :* 179 ; *71 :* 309 ; *81 :* 365 ; *85 :* 365,7 ; *90 :* 386 ; *95 :* 409,4 ; *96 :* 413,5 ; *97 :* 415,3 ; *98 :* 418,7 (427,6 [1]) ; *99 :* 411,5. **Par genre** (1999, en millions d'exemplaires et, entre parenthèses, chiffre d'affaires en millions de F). *Romans* 120 (2,3) ; *scolaires* 71 (2,1) ; *pratiques* 59,6 (2) [dont cartes géographiques et atlas 24,8 (0,4), conseils pratiques et divers 21,9 (1), tourisme, guides, monographies 12,7 (0,5)] ; *jeunesse* 70 (1,2) [dont livres 50,8 (0,8), albums illustrés 19 (0,4)] ; *bandes dessinées* 24 (0,6) ; *scientifiques, techniques, sciences humaines* 25 (2,3) [dont scientifiques et techniques 5,9 (0,7), sciences humaines 15 (0,7)] ; *encyclopédies et dictionnaires* 9,7 (1,6) ; *livres d'art* 6,9 (0,6) ; *théâtre et poésie* 1,5 (0,03) ; *actualité* 8,6 (0,3).

Nota. – (1) En intégrant des éditeurs non pris en compte les années précédentes.

☞ Sur 10 titres publiés par un éditeur, 2 ou 3 se vendent passablement et 1 ou 2 seulement sont de bonne vente (les nouveaux auteurs, tirés à 2 000, 3 000 et 5 000 exemplaires, sont vendus fréquemment à 1 000 ; un roman ne commence à être « rentable » pour l'éditeur que lorsqu'il en a vendu 6 000 exemplaires). En édition classique, jusqu'à 30 % du tirage est envoyé en spécimens.

■ **Livres de poche. Nombre de titres :** *1980 :* 4 788 (dont policiers, espionnage 735) ; *90 :* 8 467 (474) ; *95 :* 11 500 (1 000) ; *96 :* 12 100 (1 100) ; *98 :* 11 720 (1 159) ; *99 :* 11 523 (1 104) ; **d'exemplaires** (en millions) : *1980 :* 129,1 (dont policiers, espionnage 22,7) ; *90 :* 110,8 (12,7) ; *96 :* 140 (16,4) ; *98 :* 138,7 (15) ; *99 :* 130 (14). **Vente** (en millions d'ex., 1991) : *Livre de poche* (plus biblio et biblio-essais) 18 (dont 2,1 policiers), *J'ai lu* 10, *Folio* 8, *Points* (toutes collections confondues) 2, *G.F. Flammarion* et *Champs* 2, *Presses Pocket* 7, *Marabout* 4. **Tirage moyen :** *1990 :* 13 086 ; *95 :* 12 531 ; *98 :* 11 833 ; *99 :* 11 324.

☞ *En 1991,* on recensait 220 collections (79 éditeurs) et 21 906 titres disponibles (10 503 auteurs).

■ **Traductions d'une langue étrangère en français** (en 1997). 1 321 dont de l'américain 738, l'anglais 246, l'italien 160, l'allemand 74, l'espagnol 34.

■ **Exportation des livres français** (en millions de F). *1980 :* 1 280 ; *90 :* 2 979 ; *92 :* 3 278 ; *93 :* 2 771 ; *96 :* 3 262 ; *97 :* 3 553 ; *99 :* 3 687 (vers Belgique 718 ; Suisse 469 ; Canada 439 ; Allemagne 232 ; USA 196 ; G.-B. 152 ; Espagne 120 ; Italie 97 ; Pays-Bas 85 ; Finlande 85 ; Maroc 69 ; Liban 53 ; Côte d'Ivoire 42 ; Algérie 40 ; Tunisie 39 ; Japon 37 ; Brésil 36 ; Grèce 33 ; Portugal 30 ; Suède 23).

■ **Importation de livres étrangers** (en millions de F). *1980 :* 1 383 ; *85 :* 2 038 ; *90 :* 3 262 ; *92 :* 3 369 ; *93 :* 2 938,4 ; *96 :* 3 239 ; *97 :* 3 248 (Italie 686 ; Belgique 658 ; G.-B. 364 ; Allemagne 318 ; Irlande 205 ; USA 198 ; Espagne 194 ; Pays-Bas 110 ; Suisse 67 ; Chine 56 ; Hong-Kong 54 ; Canada 53 ; Singapour 49 ; Japon 25 ; Finlande 24) ; *99 :* 3 303.

■ PRIX DES LIVRES

■ **Coût d'un livre** (pour un ouvrage classique de 250 pages, broché, tiré à 10 000 ex., sur papier standard de 80 g). 170 000 F à la fabrication. Sur les 100 F du prix de vente, **coût de commercialisation :** 52,50 F (52,5 % : distribution, diffusion), **fabrication :** 17 F (17 % : composition, papier, impression, brochage), **éditeur :** 12 F (12 % : salaires, frais généraux, frais financiers, investissements), **auteur :** 10 F (10 % : droits d'auteur moyens), **publicité :** 3 F (3 % : médias, affichage, etc.), **TVA :** 5,50 F (5,5 %).

■ **Évolution du prix des livres et,** entre parenthèses, **indice général des prix** (taux en %). *1990 :* + 4,05 (+ 3,4) ; *91 :* + 4,55 (+ 2,5) ; *92 :* + 5,2 (+ 2) ; *93 :* (+ 2,1) [livres scolaires et encyclopédies (+ 1,5), littérature générale (+ 4,9), jeunesse, pratique et nature (+ 2,4)].

☞ Depuis *la loi Lang* (entrée en vigueur le 1-1-1982), lorsqu'un livre est réédité en vue de sa diffusion par correspondance ou par un club, son prix doit être au moins égal à celui de la 1re édition pendant 9 mois.

■ ÉDITEURS

■ **Nombre d'éditeurs.** Environ 6 000 ont publié au moins 1 titre en 1998. **Manuscrits reçus chaque année par La Poste.** Gallimard 6 000, Le Seuil 4 000, Pol 3 000, Minuit 2 000, L'Olivier 150 (par semaine). **Publiés :** 1 sur 2 000. **Rémunération des lecteurs.** 200 à 400 F le manuscrit, note de lecture comprise.

■ **Statistiques des 331 maisons les plus importantes. Nouveaux titres produits en 1999 :** *200 et + :* 46 maisons d'édition ; *150 à 199 :* 13 m. ; *100 à 149 :* 10 m. ; *50 à 99 :* 37 m. ; *20 à 49 :* 79 m. ; *10 à 19 :* 46 m ; *1 à 9 :* 100 m. **Salariés en 1999 :** 10 708. **Répartition selon le chiffre d'affaires** (en millions de F, 1999) : *250 millions de F et + :* 11 ; *de 100 à – de 250 :* 15 ; *de 50 à – de 100 :* 20 ; *de 20 à – de 50 :* 41 ; *de 10 à – de 20 :* 31 ; *de 1 à – de 10 :* 142 ; *– de 1 :* 69.

Chiffre d'affaires (vente librairie prix public, en milliards de F, HT) : **marché intérieur et étranger :** *1990 :* 13,4 ; *91 :* 13,3 ; *92 :* 13,6 ; *93 :* 14,2 ; *94 :* 14,56 ; *95 :* 14,13 ; *96 :* 14,09 ; *97 :* 14,01 ; *98 :* 14,28 (en incluant des éditeurs non pris en compte les années précédentes) ; *99 :* 14,38 (dont cession de droits 0,64). **Chiffre d'affaires selon les secteurs** (en %, 1999) : encyclopédies et dictionnaires 11,7 ; littérature 18,6 ; sciences 16,8 ; scolaire 15,5 ; pratique 14,6 ; jeunesse 8,8 ; livres d'art 4,6 ; actualité 2,4 ; BD 4,1 ; divers 0,2. **Variation du chiffre d'affaires en F courants et,** entre parenthèses, **en F constants,** (en % par rapport à l'année précédente) : *1990 :* + 4,1 (+ 0,5) ; *91 :* – 0,6 (– 3,7) ; *92 :* + 2,6 (+ 0,5) ; *93 :* + 4,1 (+ 1) ; *94 :* + 2,6 (+ 0,3) ; *95 :* – 3 (– 4,7) ; *96 :* – 0,3 (– 1,3) ; *97 :* – 0,5 (– 1,8) ; *98 :* – 1,2 (– 2,9) ; *99 :* 0,7 (– 0,1).

Nota. – Ces chiffres ne comprennent pas les ventes des commissionnaires exportateurs, des diffuseurs ni des principaux clubs (France Loisirs et Grand Livre du mois).

Droits d'auteur versés par les éditeurs (en milliards de F) : *1990 :* 1,27 ; *91 :* 1,49 ; *92 :* 1,45 ; *93 :* 1,42 ; *94 :* 1,48 ; *95 :* 1,37 ; *96 :* 1,36 ; *97 :* 1,49 ; *98 :* 1,54.

Chiffre d'affaires des 200 premiers éditeurs (en 1999) : 31,6 milliards de F dont (en %) Havas 25,1, Hachette Livre 17,1, Bertelsmann 6, Albin Michel 4,4, Gallimard 3,9, Flammarion 3,5, Atlas 3,4, Le Seuil 2,9, Reed Elsevier 2,7, Sélection du Reader's Digest 2,6.

■ **Principaux éditeurs français. Maison mère, pays** (si autre que la France), **CA en 2000** (en millions de F). **Havas** (édition de livres) [1] [activités regroupées au sein d'Havas Éducation et Référence ainsi que secteur littérature et poche, y compris 50 % du club France Loisirs qui contrôle la SGED (courtage) ; activités de Dunod, Dalloz et Masson (intégrées à la branche information de Havas [1]), mais ni le multimédia, ni part du groupe dans Bol (50 %), ni activité presse et salons] : 7 937. **Hachette Livre** [2] [comprend les branches Éducation (dont Hatier et Edicef), Hachette Illustrated (livres illustré avec Le Chêne et Hazan ; tourisme avec Guides bleus, Marco Polo, Voir et du routard ; Hachette Pratique : jeunesse dont Deux coqs d'or et Gautier-Languereau et littérature (Fayard, Grasset, Lattès, Stock, Calmann-Lévy, Le Masque et Le Livre de poche, entre autres), Marabout, filiales courtage (Le Livre de Paris) et Hachette Fascicules et participation de Hachette dans Harlequin (50 %) et Disney Hachette Édition (49 %). Hachette Livre est aussi actionnaire minoritaire de J'ai lu, De Fallois et Anne Carrière] : 5 390. **Havas Éducation scolaire et Référence** [3] [produit principalement sous les marques Larousse, Nathan, Bordas, Le Robert, Harrap, Armand Colin, Retz, Dessain & Tolra et Clé International] 3 488. **France Loisirs** [4] (détenu par groupe allemand Bertelsmann) : 3 261. **Havas, Club et vente en ligne** [3] [comprend Robert Laffont (avec Fixot, Julliard, Nil et Seghers), Plon (avec Perrin et Orban), Les Presses-Solar-Belfond (avec Hors Collection, Acropole, Le Pré-aux-Clercs et Omnibus), Vivendi Poche (Pocket, Pocket Jeunesse, 10/18, Fleuve noir et les Nouvelles éditions Havas (La Découverte & Syros, Éditions de la Cité, Presses de la Renaissance), les participations de Havas dans France Loisirs et Bol] : 2 616. **Albin Michel** [comprend Albin Michel, Magnard (dont Vuibert, Dervy et Mila), Sedrap et la majorité du Grand Livre du mois] : 1 388,7. **Gallimard** [avec Gallimard (dont les marques Folio, La Pléiade, Série noire et L'Arpenteur) et différents départements et les filiales Gallimard Jeunesse (participant à 50 % au GIE Gallimard Bayard Jeunesse), Gallimard nouveaux loisirs, Denoël, Mercure de France et La Table ronde (dont Quai Voltaire)] : 1 245. **Flammarion** [inclue Flammarion, les marques et/ou filiales Arthaud, Aubier, Audie/Fluide glacial, Delagrave, Flammarion Médecine Sciences, GF, J'ai lu (dont Librio), La Maison rustique et Le Père Castor. Reprise fin 1999, la Sté belge Casterman n'est pas consolidée ici, comme la participation minoritaire d'environ 18 %, acquise en 2000 par Flammarion dans les Presses universitaires de France] : 1 109. **Éditions Atlas** [5] [produisent des livres (réalisation sous-traitée à Glénat), éditent surtout des fascicules distribués en kiosques]. P.-Bas : 1 078. **Éditions du Seuil** [avec collection « Points » et revues *L'Histoire et La Recherche,* les Éditions de L'Olivier, Baleine et Verticales. Participations minoritaires chez plusieurs de ses diffusés] : 927. **Sélection du Reader's Digest** [6] (un pourcentage important du CA est assuré par la revue). USA : 825,7. **Réunion des musées nationaux** (– de 10 % du CA est réalisé dans l'édition *stricto sensu*) : 725. **Le Grand Livre du mois** [7] (contrôlé par Albin Michel) : 685. **Lamy** [8] [branche juridique en France du groupe Wolters Kluwer ; détient aussi *Initiative Santé* au sein du groupe Liaison]. P.-Bas : 624,3. **Librairie générale française** [9] (exploite le Livre de poche) : 559,9. **La Martinière (groupe)** [réalise aux USA + de 50 % de son CA avec sa filiale Abrams] : 506,4. **Éditions du Juris-Classeur** [10] [un des trois pôles du groupe Reed Elsevier en France avec Éditions scientifiques et médicales Elsevier (ESME) et Elsevier Business Information] G.-B./P.-Bas : 392. **Hatier** [9] (filiale d'Hachette, comprend aussi Foucher et Didier) : 354. **SGED** 4 (vente par courtage, est filiale de Bertelsmann et de Vivendi). All./Fr. : 343. **Hachette Fascicules** [9] : 323. **Éditions législatives** [rapprochées de Francis Lefebvre (CA : 99 524 millions de F)] : 298,2. **Gallimard jeunesse** [11] (filiale jeunesse de Gallimard participe au GIE Gallimard Bayard Jeunesse) : 292. **Glénat** (éditeur des marques Glénat et Vents d'Ouest ; prestataire pour Atlas, réalise environ 30 % du CA dans la presse magazine) : 279,9. **Le Livre de Paris** [9] (secteur courtage d'Hachette Livre) : 262. **Bayard Éditions/Centurion** [12] : 247,8. **Éd. scientifiques et médicales Elsevier** [10] (regroupe Prat-ESF et *Stratégies).* G.-B./P.-Bas : 239,7. **Elsevier Business Information** [10] (G.-B./P.-Bas) : 207,2. **Groupe Revue fiduciaire** (avec Publications fiduciaires et La Villeguérin) : 200. **Éditions Génération l'Étudiant** [3] : 195,5. **Groupe Fleurus Mame** [13] [constitue branche d'édition religieuse et générale (jeunesse et pratique) du groupe catholique franco-belge Media Participations que contrôle aussi le groupe Dargaud (dont Le Lombard) et Rustica]. Belg. : 186,4 (en 1998). **Harlequin** [14] (exploite en France, dans un partenariat, le groupe canadien du même nom et Hachette). France/Canada : 178,4. **Étai :** 170. **Presses universitaires de France (PUF)** [15] [contrôlées par Libris (qui regroupe chercheurs, auteurs et salariés de la maison), Flammarion dispose d'une participation minoritaire] : 166,7. **Castermann France** [16] [le CA total de Castermann, Sté de droit belge, filiale de Flammarion depuis fin 1999, a réalisé 239 millions de F en 1999). Belg. : 163. **Groupe Eyrolles :** 161. **Charles Massin :** 150,3. **Librairie Arthème Fayard** [9] : 148,9. **Éditions J'ai lu** [17] (filiale de Flammarion ; Hachette en détient 34 % ; exploite aussi la marque Librio) : 148,3. **Éditions Belin** (éditeur scolaire, contrôle aussi les livres d'art Herscher) : 143,8. **Magnard** [7] (filiale scolaire d'Albin Michel, comprend aussi Vuibert, Dervy et Mila Editions) : 125,2. **Weka** All. : 119,3 (en 1998). **Charles Lavauzelle :** 118,5. **Gründ :** 117. **La Documentation française :** 106,5. **Éditions Foucher** [18] : 106. **Actes Sud :** 105,8. **Dargaud Éditeur** [13] (et non CA du groupe). Belg. : 98. **Berger-Levrault Communication** [19] : 96,4. **Grasset et Fasquelle** [9] [Jean-Claude Fasquelle conserve 13,5 % du capital (chiffres 1999 non communiqués)] : 96. **Groupe Mango/HSV** [comprend Mango, Joëlle Losfeld, Blanche, Mots et Cie, Ligne noire et PEMF (scolaire). Capital (en %) : Hugues de Saint Vincent et famille (57), Gallimard (35), salariés (8)] : 94,8. **Blay Foldex :** 90,6. **Éditions Didier** [18] : 89,6. **Édicef** [9] (ouvrages pour scolaires francophones hors de France) : 88,7. **Codes Rousseau** [4] (All.) : 88,5. **Éditions du Cerf :** 83,7 (en 1998). **Lito :** 83,4. **Litec** [10] (G.-B./P.-Bas) : 79,2. **Ouest-France Éditions** [20] : 79. **Jean-Claude Lattès** [9] : 78,2. **Éd. de La Martinière** [21] : 76. **Tec et Doc :** 71,9. **Marshall Cavendish** (ouvrages pour la jeunesse). USA : 70,6. **Payot et Rivages** [22] (Fr./Suisse) : 69,5. **Éd. du Rocher** [23] (Fr./Monaco) : 68. **Calmann-Lévy** [9] : 67,2. **Gallimard Nouveaux Loisirs** [11] (produit les guides Gallimard) : 64. **Brepols France** [24] (Belg.) : 60,6. **Le Petit Futé** [25] (marque exploitée par les Nouvelles Éditions de l'Université) : 58,6. **Audie/Fluide glacial** [17] (le CA du mensuel *Fluide glacial* et albums) : 56,9. **Éd. Martinsart :** 56,4. **Encyclopædia Universalis** [26] (G.-B.) : 55,9. **De Vecchi** [27] (Italie) : 54,5. **Eja (LGDJ/Montchrestien)** [28] : 54,3.

Nota. – (1) devenu Vivendi Universal Publishing depuis le 1-1-2001. (2) Lagardère. (3) devenu Vivendi Universal éducation et littérature depuis le 1-1-2001. (4) Bertelsmann/Havas. (5) Di Agostini. (6) Reader's Digest. (7) Albin Michel. (8) Wolters Kluwer. (9) Hachette Livre. (10) Reed Elsevier. (11) Gallimard. (12) Bayard Presse. (13) Media Participation. (14) Hachette/Harlequin. (15) Libris. (16) Castermann (Flammarion). (17) Flammarion. (18) Hatier. (19) Berger-Levrault. (20) Sofiouest. (21) La Martinière Groupe. (22) Famille Lamunière. (23) Jean-Paul Bertrand éditeur. (24) Brepols. (25) Nouvelles éditions de l'Université. (26) CFL/Encyclopædia Britannica. (27) DVE Italia. (28) Les Petites Affiches.

Principaux éditeurs en nombre de titres (en 2000) : Vivendi Universal Publishing 3 977 (Nathan 698), Hachette Livre 3 814, groupe Flammarion 1 649, groupe Gallimard 1 313, L'Harmattan 1 297, groupe Albin Michel 629, Le Seuil 705, Puf 632.

■ ORGANISMES DE DIFFUSION

■ **Parts du marché** (en %). Hachette 28, Messageries du livre (Presses de la Cité) 22, Sodis (Gallimard) 13, Larousse 11, Union-Distribution (Flammarion) 7, Nathan 6, Bordas 5, Le Seuil 2.

1°) Organismes de distribution communs. Hachette-Centre de distribution du livre : à Maurepas (44 000 m²) pouvant abriter plus de 90 millions de volumes), 3 centres régionaux (CRDL), 20 livres-services (LSH dont Vanves). 20 000 points de vente. *Volumes manipulés :* 170 000 000.

Sodis : *chiffre d'affaires* (en 2000) : 3,3 milliards de F (HT). *Livres vendus :* 55 000 000. *Distribue* Gallimard et des dizaines d'éditeurs dont Denoël, Eyrolles, Le Rocher, Bayard, Microsoft. 71 000 références en stock.

Vivendi Universal Publishing : *créé* 1-1-2001, regroupe : les activités auparavant contenues dans les stés Inter Forum, Livredis, Havas diffusion internationale ; Hemma diffusion, Comptoir du livre, Book Pole ; Presses de Belgique, Havas services Suisse et Havas services Canada. *Chiffre d'affaires* (en 2000) : 4,2 milliards de F. *Livres vendus* (en 2000) : 80,5 millions. *Éditeurs diffusés* (au 1-1-2001) : 114 dont : 10/18, Armand Colin, Belfond, Bordas, Bouquins, Dalloz, De Bartillat, De la Cité, Delmas, Delpire, Desclée, Dunod, L'Expansion, Fleurus, Fleuve noir, France Empire, Gault Millau, Guinness, Harrap's, Julliard, La Découverte, Larousse, Le Pré-aux-Clercs, L'Étudiant, Mame, Masson, Michel Lafon, Le Moniteur, Nathan, Nil, Omnibus, Orban, Perrin, Plon, Pocket, Pocket jeunesse, Presses de la Cité, Presses de la Renaissance, Quid, Le Robert, Robert Laffont, Seghers, Sélection du Reader's Digest, Sirey, Solar, Vidal, XO.

Le Seuil : *éditeurs diffusés :* Arléa, Autrement, Baleine, Christian Bourgois, Cahiers du Cinéma, José Corti, Hermann, Hoëbeke, Odile Jacob, L'Olivier, Anne-Marie Métaillié, Milan, Minuit, Payot, Phébus, Regard Rivages, RMN, Le Seuil, Skira, Textuel, Thames. *Chiffre d'affaires* (en 1997, prix public) : 1 045 millions de F. *Livres vendus :* 14 000 000 (en 1997).

Geodif : *fondé* 1994. *Éditeurs diffusés :* Eyrolles, les Éditions d'organisation, etc. *Chiffre d'affaires* (en 1999) : 94 millions de F. *Livres vendus :* 1 000 000.

Union-Distribution : *éditeurs diffusés :* environ 40 dont Actes Sud, Aubier, Centre Georges-Pompidou, Delagrave, Flammarion, Fluide glacial, J'ai lu, Pygmalion, Casterman, Le Dilettante, etc. *Livres vendus :* 42 000 000 (en 2000).

Quelques collections en France

☞ *Abréviation :* ex. : exemplaires.

1er « Paperback Book » : *1841* collection de British Author's publiée par Christian Bernhard Tauchnitz († 1895) à Leipzig. **1er titre :** *Pelham* d'Edward Bulwer-Lytton. *1935 :* 1er « Penguin Book » de sir Allen Lane (idée : vendre 1 livre pour le prix de 10 cigarettes). Penguin no 2 : *Ariel ou la Vie de Shelley.*

■ **Bibliothèque bleue.** Gervais Charpentier (1838, 18 × 11,5 cm, 3,50 F).

■ **Bibliothèque des Chemins de fer.** *Créée* 1852 par Louis Hachette. 7 séries dont **Bibliothèque rose :** 1 024 titres parus depuis 1855 : 253 millions d'ex. vendus depuis l'origine dont *Comtesse de Ségur :* ensemble de l'œuvre 29,5. *Enid Blyton* (institutrice) 500 livres traduits dans 130 langues dont : Club des 5 (1958) 20 ; Oui Oui (1962) 11 ; Clan des 7 (1959) 6. *Georges Chaulet :* Fantômette (1961) 7,5. *Walt Disney* (1960) 6. **Bibliothèque verte :** *créée* 1924 : 1 500 titres parus : 170 millions d'ex. vendus dont *Caroline Quine* (collectif d'auteurs ayant exploité les synopsis laissés à sa mort par l'Américain Edward Statemeyer) : Alice (1955) 18. *J. Verne :* ensemble de l'œuvre 11, le Tour du monde en 80 jours (1966) 0,5, Vingt Mille Lieues sous les mers (1966) 0,4. *P.-J. Bonzon :* les Six Compagnons (1961) 8. *Georges Bayard :* Michel (1958) 6. *Alfred Hitchcock :* (1967) 3,5. *Lieutenant X :* Langelot (1965) 3.

■ **Bouquins.** *Créée* 1980 par Guy Schoeller (né 1915) chez Robert Laffont. **Titres :** 1 929 (en 415 volumes). **Tirage annuel :** plus de 500 000 ex. **Meilleures ventes :** *Dictionnaire des symboles* (650 000 ex.), *Histoire des chiffres* (2 vol. : 356 000), *Tout l'opéra* (220 000).

■ **Découvertes Gallimard.** *Créée* 1986. **Titres parus :** 260. **Ventes en France** (1986-98) : 10,8 millions d'ex. **Meilleures ventes :** A la recherche de l'Égypte oubliée (200 000 ex.), l'Écriture, mémoire des hommes (170 000), Van Gogh (130 000), Picasso (120 000), la Planète cyber (100 000).

■ **10/18.** *Créée* 1962 par Paul Chantrelle (Plon). Éditeur de Havas Poche, filiale de Vivendi Universal Publishing. Dirigée jusqu'en 1968 par Michel-Claude Jalard puis Christian Bourgois, puis Jean-Claude Zylberstein et Jean-Claude Dubost. **Titres disponibles :** plus de 1 000 (120 nouveautés par an). **Tirage initial :** 6 000 à 50 000 ex. **Records** (en millions d'ex.) : *Ellis Peters :* 2,5. *Robert van Gulik :* 1,8. *Lilian Jackson Braun :* 1,2, *Patricia Wentworth :* 1,8.

■ **Fleuve noir.** *Créée* 1949 par Armand de Caro (né 24-8-1919). Éditeur de Havas Poche, filiale de Vivendi Universal Publishing. Dirigé par Jean-Claude Dubost et Béatrice Duval. **Titres :** 130 par an. **Genres :** policier, science-fiction, fantastique, terreur, novellisations télé/cinéma. **Records** (en millions d'ex.) : *San Antonio :* l'Histoire de France 1,8, le Standinge 1,1.

■ **Folio.** *Créée* 1-1-1972 par Gallimard. **Titres :** 150 par an (3 500 de 1972 à mai 1997). **Tirage annuel :** 11 millions d'ex., soit plus de 30 % du chiffre d'affaires de Gallimard. **1er titre paru :** la Condition humaine (Malraux). **Meilleures ventes** (au 15-5-1995, en millions d'ex.). *A. Camus :* l'Étranger (1942) 5, la Peste (1947) 2,8. *M. Tournier :* Vendredi ou la Vie sauvage (1977) 2,6. *J. Romains :* Knock (1924) 2,3. *J. Kessel :* le Lion (1958) 2,2. *J. Prévert :* Paroles (1949) 2. *Sempé/Goscinny :* le Petit Nicolas (1973) 1,9 ; les Vacances du petit Nicolas (1977) 1,3. *J.-P. Sartre :* Huis clos (Théâtre 1) (1947) et les Mouches (Théâtre 1) (1947) 1,9 ; les Mains sales (1948) 1,2. *M. Aymé :* les Contes du chat perché (1939) 1,8. *A. Gide :* la Symphonie pastorale (1919) 1,8. *J. Steinbeck :* Des souris et des hommes (1939) 1,8 ; la Perle 1,3. *C. Etcherelli :* Élise ou la Vraie Vie (1973) 1,7. *E. Hemingway :* le Vieil Homme et la mer (1952) 1,6. *L. Pergaud :* la Guerre des boutons (1972) 1,6. *A. Malraux :* la Condition humaine (1933) 1,5. *E. Ionesco :* le Rhinocéros (Théâtre 3) (1959) 1,5 et la Cantatrice chauve (1954) 1,5. *R. Barjavel :* Ravage (1972) 1,5. *A. de Saint-Exupéry :* Vol de nuit (1931) 1,4. *G. Orwell :* 1984 (1950) 1,2.

■ **GF Flammarion.** *Créée* 1964 par Jean Garnier et Henri Flammarion (1-4-1910/19-8-1985) (depuis 1976, les 2 éditeurs se sont séparés et Flammarion a pris le contrôle). **Nombre de titres :** 600 (1/3 philosophie).

■ **Harlequin France** (filiale à 50 % de Hachette et à 50 % du groupe canadien Torstar). *Créée* 1978 par Harlequin Entreprises (Canada, *créées* 1949). **Titres :** 5 000 (500/an). **Ventes annuelles :** environ 15 millions d'ex. **Meilleures ventes :** 80 000 ex. **Chiffre d'affaires** (en millions de F) : *1994 :* 210 (résultat net 8) ; *95 :* 210 ; *96 :* 211 ; *97 :* 215 ; *98 :* 220 (résultat net 12) ; *99 :* 230 (résultat net 12,5).

■ **J'ai lu.** *Créée* 1958 pour Henri Flammarion après un accord avec Monoprix et Prisunic par Frédéric Ditis (1920-95) [avait lancé en 1945 à Genève les Éditions Ditis (disparues 1962), en 1955 la collection La Chouette, diffusée par Prisunic. Rejoint Hachette en 1982]. **Titres parus** (depuis 1958) : 6 000. **Ventes globales** en millions d'ex. (depuis 1958) : 318. **Vente annuelle :** 15,8 dont 4,42 de la collection Librio (voir col. b). **Meilleures ventes** : *B. Clavel :* Malataverne 2,4. *H. Troyat :* la Neige en deuil 2. *G. des Cars :* la Brute 1,9 ; l'Impure 1,84 ; la Tricheuse 1,74 ; le Château de la Juive 1,64 ; les Filles de joie 1,63 ; la Corruptrice 1,57 ; Cette étrange tendresse 1,4 ; la Maudite 1,36 ; les Sept Femmes 1,19 ; l'Habitude d'amour 1,18 ; la Demoiselle d'Opéra 1,16 ; la Dame du cirque 1,1. *G. Cesbron :* Chiens perdus sans collier 1,85. *J. Renard :* Poil de carotte 1,55. *B. Lowery :* la Cicatrice 1,51. *P. Coelho :* l'Alchimiste 1,2. *A. Dhôtel :* Le pays où l'on n'arrive jamais 1,07. *C. McCullough :* Les oiseaux se cachent pour mourir t. 1 : 0,96 ; t. 2 : 0,95. *Colette :* le Blé en herbe 0,93. *H. Troyat :* la Faim des lionceaux 0,92 ; les Eygletières 0,91 ; Sophie ou la fin des combats 0,9. *E. Segal :* Love Story 0,89. *H. Troyat :* les Compagnons du coquelicot 0,89 ; les Dames de Sibérie 0,88 ; la Barynia 0,86 ; la Gloire des vaincus 0,85. *R. Peyrefitte :* les Amitiés particulières 0,74. **Auteurs les plus vendus** (en millions d'ex.) : Guy des Cars 30,67. Barbara Cartland 30,6. Henri Troyat 13,15. Bernard Clavel 13,15. Stephen King 10,42.

■ **J'ai lu Science-Fiction.** *Créée* 1970. **Titres :** 809. **Ventes globales :** 27 millions d'ex. **Auteurs les plus vendus** (en millions d'ex.) : *A.E. Van Vogt :* (27 titres) 3,92. *Isaac Asimov :* (21 titres) 2,35. *Arthur C. Clarke :* (17 titres) 1,27.

■ **Librio** (le livre à 10 F). *Créé* mars 1994. **Titres :** 325. **Ventes globales :** 23 millions d'ex. **Librio noir.** *Créé* mars 1998. **Titres :** 30. **Ventes :** 503 481 ex. **Librio Musique.** *Créé* mars 1999. **Titres :** 12. **Ventes :** 285 375 ex.

■ **Le Livre de poche.** *Créée* 1953 par Henri Filipacchi (1900-61) pour Hachette (le nom fut déposé mais il avait déjà été utilisé par Tallandier en 1905). A sa mort en 1961, Guy Schœller lui succède. *1ers titres sortis en 1953 :* Kœnigsmark (Pierre Benoit) le 9-2, les Clefs du royaume (Cronin), Vol de nuit (St-Exupéry), l'Ingénue libertine (Colette), Pour qui sonne le glas (Hemingway). Prix : 2 F le volume simple. *1971* rupture du contrat avec Gallimard et perte de 8 millions d'ex. par an sur 14. *Bilan de 1953 à fin 1993 :* 9 500 titres parus. **Nombre d'exemplaires vendus :** 760 millions (dont *en 1997 :* 18 soit 30 % du marché des livres de poche). **Meilleures ventes** (au 31-12-1997, en millions d'ex.) : *Alain-Fournier :* le Grand Meaulnes (1962) 4,59. *H. Bazin :* Vipère au poing (1954) 3,8. *É. Zola :* Germinal (1956) 3,74. *F. Mauriac :* Thérèse Desqueyroux (1955) 3,28. *A. Daudet :* Lettres de mon moulin (1962) 3,28. *A. Frank :* Journal (1958) 3,15. *Vercors :* le Silence de la mer (1953) 3,14. *É. Zola :* l'Assommoir (1955) 2,45. *G. Mathiot :* la Cuisine pour tous (1955) 2,41. *Stendhal :* le Rouge et le Noir (1958) 2,1. *A. Christie :* Dix Petits Nègres (1963) 2,01. *F. Mauriac :* le Nœud de vipères (1957) 1,95. *J. Joffo :* Un sac de billes (1982) 1,94. *J. Giono :* Regain (1958) 1,92. *C. Baudelaire :* les Fleurs du mal (1961) 1,89. *E. M. Remarque :* A l'Ouest rien de nouveau (1956), 1,71. *É. Zola :* Au bonheur des dames (1957) 1,71. *J. Giraudoux :* La guerre de Troie n'aura pas lieu (1963) 1,7. *C. Arnothy :* J'ai 15 ans et je ne veux pas mourir (1969) 1,7. *C. Rochefort :* les Petits Enfants du siècle (1969) 1,7. *A. Conan Doyle :* le Chien des Baskerville (1966) 1,63. *H. Bazin :* la Mort du petit cheval (1955) 1,63. *G. de Maupassant :* Une vie (1959) 1,62, le Horla (1962) 1,6. *G. Flaubert :* Madame Bovary (1961) 1,59. *H. de Balzac :* le Père Goriot (1961) 1,56. *P. Süskind :* le Parfum (1990) 1,57. *B. Vian :* l'Arrache-Cœur (1968) 1,54. *E. Brontë :* les Hauts de Hurlevent (1955) 1,51. *R. Deforges :* la Bicyclette bleue (1984) 1,48. *G. de Maupassant :* Boule de suif (1961) 1,43. *H. Bazin :* Qui j'ose aimer (1960) 1,4. *É. Zola :* la Bête humaine (1953) 1,39. *P. Buck :* la Mère (1959) 1,37. *A. Daudet :* le Petit Chose (1962) 1,35. *G. de Maupassant :* Bel Ami (1960) 1,32. *É Zola :* Thérèse Raquin (1953) 1,31. *P. Buck :* Vent d'Est, vent d'Ouest (1962) 1,29. *R. Radiguet :* le Diable au corps (1955) 1,26. *G. Leroux :* le Mystère de la chambre jaune (1960) 1,25. *E. Rostand :* Cyrano de Bergerac (1962) 1,24. *É. Zola :* Nana (1954) 1,24. *E. Hemingway :* Pour qui sonne le glas (1953) 1,21. *M. Higgins Clark :* la Nuit du renard (1980) 1,2. *A. Christie :* le Meurtre de Roger Ackroyd (1960) 1,13. *D. Du Maurier :* Rebecca (1960) 1,09. *A. J. Cronin :* les Années d'illusion (1956) 1,08. *H. de Balzac :* Eugénie Grandet (1965) 1,07. *Anonyme :* Tristan et Iseult (1964) 1,07. *De la Fayette :* la Princesse de Clèves (1958) 1,06. *G. de Maupassant :* les Contes de la bécasse (1965) 1,04. *G. Green :* le Troisième Homme (1954) 1,03. *É. Zola :* le Rêve (1954) 1,03. *H. Bazin :* l'Huile sur le feu (1959) 1,03, Lève-toi et marche (1958) 1,02.

■ **Marabout.** *Créée* 1949 par André Gérard et Jean-Jacques Schellens (Belges). Dans le groupe Hachette depuis 1979. **Titres :** 150 nouveautés par an ; 500 titres au catalogue début 2000. **Meilleures ventes** (en millions d'ex., au 31-12-1997) : *P. Daco :* les Prodigieuses Victoires de la psychologie moderne (1960) 1,8. *H. Favré :* l'Aquarium d'eau douce 0,8. *K. Petit :* Dictionnaire des citations (1960) 0,7. *É. Hamilton :* la Mythologie 0,8.

■ **Orphée (La Différence).** Collection de poésie *créée* 1989 par Claude-Michel Cluny.

■ **Mes premières découvertes.** *Créée* 1990 pour Gallimard. **Ventes :** 13 millions d'ex.

■ **Petite Bibliothèque Payot.** *Créée* 1960. **Record :** Einstein : *la Relativité.*

■ **Pléiade.** *Créée* 1931 par Jacques Schiffrin, rachetée 31-7-1933 par Gallimard. *Directeur : 1939-59* Jacques Schiffrin ; *1959 :* Raymond Gallimard (frère de Gaston) ; *1966 :* Robert Gallimard (fils de Jacques, frère de Gaston) assisté de Pierre Buge puis *1987-96* de Jacques Cotin ; *depuis 1996 :* Antoine Gallimard assisté de Hugues Pradier. *Format :* 11 × 17,5 cm. *Caractère :* Garamond classique. *Couleurs :* textes sacrés : gris, Antiquité : vert antique, Moyen Age : violet, XVIe s. : marron corinthe, XVIIe s. : rouge vénitien, XVIIIe s. : bleu, XIXe s. : vert émeraude, XXe s. : havane. **Tirage annuel** (pour l'ensemble de la collection : 450 volumes en nov. 1998) : 400 000 ex. 11 nouveautés/an. **Tirage moyen :** *1990 :* 1 000 ; *98 :* 8 395. **Prix moyen** (en 2000) : 354 F. **Meilleures ventes :** Saint-Exupéry 344 900 ex., Proust, *A l'ombre des jeunes filles en fleurs* 304 600, Camus 222 000, Malraux, *la Condition humaine* 171 900, Apollinaire 143 500, Gide, *la Symphonie pastorale* 107 800, Céline 105 000. **1ers auteurs publiés :** Baudelaire (sept. 1931), Poe (1932). **Auteurs publiés de leur vivant :** Gide (1939, *Journal*), Malraux (1947), Claudel, Montherlant, Saint-John Perse, Julien Green, Marguerite Yourcenar, René Char, Julien Gracq, Eugène Ionesco, Nathalie Sarraute (1995), Céline (1961, meurt alors que son 1er volume était en cours de fabrication). L'édition Aragon fut mise en chantier de son vivant en 1978 mais la publication ne débuta qu'en 1997. **Albums Pléiade :** publiés depuis 1960.

■ **Poètes d'aujourd'hui.** *Créée* 1944 par Pierre Seghers. **Titres :** 270 (2,5 millions d'ex. vendus). **1ers auteurs publiés :** Éluard, Aragon, Char, Cocteau, Saint-John Perse, Cendrars.

■ **Points.** *Créée* 1971 par Le Seuil. **Titres** (février 1998) : 2 603. **Nouveautés :** *1999 :* 170. **Ventes :** 3 millions d'ex. en 1999.

■ **Présence du Futur.** *Créée* 1954 pour Denoël. **Meilleures ventes :** *R. Bradbury :* Chroniques martiennes 760 000 ex. ; Farenheit 451 : 615 000. *I. Asimov :* Fondation (série) 985 000. *R. Zelazny :* le Cycle d'ambre 590 000.

■ **Pocket.** Presses Pocket *créées* 1962 par Claude Nielsen pour les Presses de la Cité. *1994* nom actuel. Éditeur de Havas Poche, filiale de Vivendi Universal Publishing, dirigé par Jean-Claude Dubost et François Laurent. **Titres :** 2 500. **Nouveautés :** 310 par an. **Ventes :** 9 millions d'ex. en 1996. **Collections :** Best, Roman, Noir, Thriller, Terreur, Science-Fiction, Pocket classiques, Agora, Terre humaine, Langues pour tous. **Records** (en millions d'ex.) : *B. Mahmoody :* Jamais sans ma fille 1,4. *C. Jacq* 4,5 (22 titres). *C. Laye :* l'Enfant noir 2,2. *F. Mauriax :* le Sagouin 1,9.

☞ **Pocket jeunesse :** *Créée* 1994 par Léonello Brandolini. **Titres :** 400 (130 nouveautés par an).

■ **Que sais-je ?** *Créée* 1941 par Paul Angoulvent (1899-1976) aux PUF. Volume de 128 pages. **Titres parus :** *de 1941 à janvier 1996 :* 3 200 [dont 1 000e *l'Information ;* 2 000e *Dictionnaires et encyclopédies ;* 3 000e *l'Esprit baroque* (de Anne-Laure Angoulvent)] ; *en 1998 :* 1 098 ; **par an :** 60 nouveautés, 120 réimpressions. *Tirage initial des 10 premiers titres :* 8 000 ex. ; *vers 1974 :* 10 000 à 12 000 ex. ; *1996 :* 5 000 ex. **Diffusion :** 160 millions d'ex. depuis 1941 (4 par an). **Meilleures ventes :** *le Marxisme* d'Henri Lefebvre (1948) 400 000 ex., *la Psychologie de l'enfant* de Jean Piaget 350 000 ex., *la Psychanalyse* de Daniel Lagache 300 000 ex.

■ **Série noire.** *Créée* 1945 par Gallimard. Lancée par Marcel Duhamel (1901-77, traducteur de Peter Cheyney et James Hadley Chase) ; le nom de la collection est de Jacques Prévert, la maquette de Germaine Duhamel [en *1979* le bord blanc de la couverture devient jaune avec le no 1 725 (*Je vais faire un malheur* de Russel)]. *Directeurs : 1945* Marcel Duhamel ; *78 :* Robert Soulat (1923-94) ; *94* Patrick Raynal (1-7-1946). **Titres parus :** 2 600 dont 400 ont été tournés (cinéma ou TV). **1ers titres :** *la Môme Vert-de-gris* (Poison Ivy) et *Cet homme est dangereux* de l'Anglais Peter Cheyney ; *Pas d'orchidées pour miss Blandish* de James Hadley Chase ; *Un linceul n'a pas de poches* de Horace MacCoy ; *Neiges d'antan* de Don Tracy ; *la Dame du lac* de Raymond Chandler, traduit par Michèle et Boris Vian. **No 1 000 :** *1 275 Ames* de Jim Thomson ; **No 2 000 :** *la Belle et la Bête* de Thierry Jonquet (1982). **Ventes record :** *Touchez pas au grisbi* de A. Simonin (no 148, en 1953), Jean-Claude Izzo 500 000. **Ventes moyennes :** *dans les années 60 :* 30 000 ; *1994 :* auteurs français 10 000 dont Alix de Saint-André 50 000, Jonquet 30 000/40 000, Pouy 25 000/30 000, Dantec 20 000 ; étrangers 17 000.

■ **Signe de piste.** *Créée* 1937 par Alsatia, projet de Pierre Joubert (illustrateur), Jean-Louis Foncine (pseudonyme de Pierre Lamoureux), Serge Dalens (pseudonyme de Yves de Verdilhac). **Meilleures ventes :** Serge Dalens : *le Bracelet de vermeil* (1937) plus de 5 millions d'ex. ; J.-L. Foncine : *la Bande des Ayacks* plus de 700 000 ex.

■ **Terre humaine (Plon).** *Créée* 1955 par Jean Malaurie. 80 volumes dont 35 % de traductions. **1ers titres :** *les Derniers Rois de Thulé* (Jean Malaurie), *Tristes Tropiques* (Claude Lévi-Strauss). **Ventes globales :** 11 000 000 d'ex. **Tirage annuel par titre :** *1970 :* 30 000 ; *96, 99 :* 6 000. **Ventes annuelles :** 110 000 ex. **Meilleures ventes :** *le Cheval d'orgueil* (1975, Pierre Jakez Hélias 1 500 000).

☞ **Roman Rose :** Collections *Harlequin* (2 romans/mois), *J'ai lu* (publie Barbara Cartland), *Aventures et Passions* (3 titres/mois), *Amours et Destins* (2 titres/mois, 20 à 35 000 ex.). UGF (2 collections, 8 titres/mois).

2°) Maisons assumant elles-mêmes leur diffusion. Éditions du Cerf [*fondées* 1929 par les dominicains ; *1956* éditent la Bible de Jérusalem ; *1974* traduction œcuménique de la Bible. *Titres en stock* : fonds Cerf : 4 000 ; *fonds diffusés* : 2 000. *Chiffre d'affaires* (en 1997, en millions de F) : 100. *Ouvrages vendus* : 1 380 000/an (sciences religieuses, philosophie, histoire) + 8 revues], **Citadelles et Mazenod** [*fondée* par Lucien Mazenod (1908-97) (pour 2/3)]. Les livres scientifiques et techniques édités par les **PUF**.

■ **Ventes de livres** (en 1999). 28 milliards de F dont (en %) ventes par diffuseur/distributeur 58, par correspondance et clubs 18, aux grossistes 7, aux collectivités 2, par courtage 3, autres 12.

■ **CD-Rom** (en 1999). **Revenus** : 188 millions de F dont (en %) encyclopédies et dictionnaires 19, pratiques 19, scolaire 4, STM et SHS 18, art 0,5, histoire/géographie 0,5, cartes et atlas 30, documentation 1, jeunesse et BD 1, littérature 1. **Ventes** : 2 992 000 ex. **Production** : en titres 382 (3 142 000 ex.).

■ **Investissements publicitaires de l'édition imprimée** (en millions de F). *1997* : 1 013,1 dont presse 459,8, radio 182,4, TV 347,4, affichage 22,5, cinéma 1.

■ Librairies en France

■ **Titres disponibles.** Environ 400 000 sur le marché. *Assortiment moyen d'une librairie générale* : 10 000 à 20 000 livres ; *assortiment important* : 20 000 à 50 000 titres (40 000 à 80 000 volumes). **Retours** (en %) : *1999* : 25 ; *2000* : 22.

■ **Nombre de librairies en France.** *Points de vente* : 18 000 à 20 000 commerces réalisant plus de 50 % de leur chiffre d'affaires en livres (y compris magasins multimédias et principaux rayons livres de grands magasins) dont petits points de vente de proximité 10 000 à 12 000, rayons livres des supermarchés 5 000, librairies 2 200, hypermarchés 850, magasins populaires 230.

30 librairies réalisent plus de 10 millions de F de chiffre d'affaires. La moitié sont à Paris : 50 % des ventes de nouveautés et d'ouvrages de grande portée intellectuelle sont réalisés dans 4 arrondissements de Paris : 5e, 6e, 7e, 16e. Beaucoup vendent, à côté des livres, papeterie (45 % du chiffre d'affaires), journaux (15 à 30 %), objets d'art et de piété (1,5 à 4 %), dessins (1,5 à 3,5 %). **Nombre d'habitants pour 1 grande librairie :** Paris (5e, 6e, 7e) 1 200 à 1 600 ; Lyon (2e) 1 500 ; Marseille (centre) 1 700 ; quartiers populaires : 90 000 à 100 000.

■ **Chaînes de librairies en France. Chiffre d'affaires du livre** (en millions de F, 1998, *source* : Livres Hebdo) : Fnac 2 200 [1], Centres Leclerc 1 200 [1], Relais H-HDS 322 [1], Maison de la Presse-Seddif 270, Le Furet du Nord 265, Gibert Jeune 250, Gibert Joseph 244, Flammarion 237, Librairies du Savoir 197, La Procure 195, Decitre 185, Réunion des Musées nationaux 163, Virgin Mégastore 123, Gallimard 111, Groupe Galeries Lafayette 110 [1], Altasia 95 [1], Extrapole 74, Printemps 74, Groupe Sorbonne 73, BHV 70, Fontaine 43.

Nota. – (1) Estimations.

■ **Principales librairies françaises. Chiffre d'affaires** (en millions de F, 1998) : Mollat (Bordeaux, *créée* 1896 par Albert Mollat ; *surface de vente* : 2 000 m², *titres* : 140 000 ; *livres en stock* : 260 000) 150 [2], La Procure (Paris) 109, Le Furet du Nord (Lille) 104 [1], Sauramps (Montpellier) 84, Virgin Mégastore (Paris) 75,5, Hall du livre (Nancy) 70,1, PUF (Paris, Presses universitaires de France, *créées* 1930, *surface de vente* : 490 m², *titres* : 180 000) 60, Musée du Louvre (Paris) 55,2, Arthaud Grenette (Grenoble) 54,3, Kléber (Strasbourg) 51, Les Volcans (Clermont-Ferrand) 50, Dialogues (Brest) 48, Forum du livre (Rennes) 44, Flammarion Bellecour (Lyon) 42,8, Galeries Lafayette (Paris) 38, W.H. Smith (Paris) 37, BHV Rivoli (Paris) 36, Castela (Toulouse) 34,5, Les Trois Épis (Brive-la-Gaillarde) 32,1, A la Sorbonne (Nice) 31,1, Printemps Haussmann (Paris) 30, Brunet (Arras) 29, Lib de l'U Liberté (Dijon) 28, Musée d'Orsay (Paris) 28, Espace culturel Leclerc (Pau) 27, l'Univers du livre (Saint-Germain) 26,5, Extrapole Belle Épine (Thiais) 25,5, Martelle (Amiens) 25,3, Flammarion Beaubourg (Paris) 25,2, Ombres blanches (Toulouse) 24,8, Grand Palais (Paris) 24,4, Le Failler (Rennes) 24, Eyrolles (Paris) 24, La Hune (Paris) 24, Camponovo (Besançon) 23,4, L'Entretemps (Paris) 22,6, De Provence (Aix-en-Provence) 22,3, La Galerne (Le Havre) 22,3, Privat (Toulouse) 22,2, Jean Legué (Chartres) 22, Virgin Mégastore (Marseille) 21,5, Extrapole-4 Temps (La Défense) 21,3, Berthet-Grande Rue (Nogent-sur-Marne) 21 [1], Espace culturel Leclerc (Nantes) 21, Brentano's (Paris) 20,6, Flammarion-Italie 2 (Paris) 20,2, Maupetit (Marseille) 20, L'Armitière (Rouen) 19,7, Tonnet Majuscule (Pau) 19, La Maison du livre (Rodez) 18,9.

Nota. – (1) 1997. (2) 1999.

☞ Pour la Fnac, qui n'a pu répondre à cette enquête par point de vente, voir encadré col. a.

Librairies les plus importantes

■ **Dans le monde. G.-B.** : *Foyle* (Londres) vend 5 000 000 de livres par an, stocke 4 millions d'ouvrages sur 27 km de rayons. *Haye-on-Wye* (Herefordshire) la plus grande librairie d'occasion (3 millions d'exemplaires/an, 250 000 visiteurs). **Canada** : *World's Biggest Bookstore* (Toronto) 6 500 m².

■ **Librairies à distance. Origine** : *1984 Télélibrairie* par téléphone. *1988* : 30 serveurs Minitel. *Depuis 1996-97* sites Internet : quelques dizaines dont Amazon (USA, 3,4 milliards de $ en 1998), 00 h 00 (zéro heure, éditeur en ligne depuis 1997).

En France

■ **La Fnac (Fédération nationale d'achats). Créée** 1954 par 2 anciens militants trotskistes, André Essel (4-9-1918) et Max Théret (6-1-1913), sous le nom de Fédération nationale des cadres (groupement d'achat de matériel photographique et cinématographique). *1957* 1er point de vente avec rayons photo, radio et magnétophones (Fnac Châtelet). *1961* rayon disques. *1964* rayon électroménager, création de Fnac Marine (fermée en 1987). *1966* 1er magasin Fnac Sport. *1970* Paribas et UAP participent au capital de la Fnac. *1972* création du laboratoire d'essais de la Fnac. *1974* ouverture de la Fnac Montparnasse et du rayon livres. *1975* création de Fnac Autoradio ; rayon vidéo. *1976* 1re boutique de proximité Fnac Service-Photo à Boulogne-Billancourt. *1977* contrôlée par le mouvement coopératif. *1978* création de Fnac Service. *1980* rayon micro-informatique, Fnac cotée à la Bourse de Paris. *1981* départ de Max Théret. Création de Fnac Voyages (*chiffre d'affaires annuel* : plus de 70 millions de F). *1983* Roger Kérinec remplace André Essel. *1985* la GMF participe au capital de Fnac SA ; Michel Baroin (29-11-1930/† accidentellement 1987), P-DG de la GMF, devient Pt de la Fnac. *1986-87* vente des magasins de sport (déficitaires). *1987* Jean-Louis Pétriat (23-2-1935) devient Pt de la GMF et de la Fnac. *1993* GMF vend 80 % de ses actions de la Fnac (2,4 milliards de F) à Altus Finances et à la Cie immobilière Phénix, *Pt* : Alain Bizot (29-11-1926). *1994* Pinault rachète la Fnac, *Pt* : Pierre Blayau. *1996* Pinault-Printemps-La Redoute unique actionnaire, *P-DG* : *1997* : François-Henri Pinault ; *2000* : Jean-Paul Giraud. **Chiffre d'affaires du groupe** [en milliards de F (HT)] : *1993-94* : 9,45 dont en % disques 33, livres 21, micro/bureautique 15, photo 11, son 10, TV vidéo 8, divers 2 ; *1996* : 10,62 ; *2000* : 19,1 ; **du livre** : *1998* : 2,4. **Surface** (au 31-12-1999) : 166 000 m² dont Fnac Paris SA 17 750, Fnac Lyon SA 5 045. **Nombre de clients** (au 31-12-1999) : 12 millions (**adhérents** 780 000). **Effectifs** (au 31-12-1999) : 12 719 personnes (CDI + CDD). **Part de marché des librairies Fnac** : 15 % de la vente au détail (1er de France). **Nombre de magasins** : *ouverts* : 79 (dont 6 en Espagne et 6 en Belgique ; 142 Fnac Service (31 en Belgique, 2 en Espagne) ; *prévus* : environ 20 ouvertures en l'an 2000. **France** : 57 magasins dont **Paris** : *Montparnasse* (rue de Rennes, ouverte 13-3-1974) 1 400 m², 120 000 titres disponibles et 500 000 volumes en stock, 10 000 visiteurs par jour, 3 000 000 de livres vendus par an ; *Forum des Halles* (ouverte 4-9-1979) 1 850 m², 150 000 titres disponibles et 700 000 volumes en stock, 18 000 visiteurs par jour, 4 500 000 livres vendus par an ; *Étoile* (ouverte 1969 ; avenue des Ternes, 1991) 14 000 m² dont 9 000 de surface de vente, coût 130 millions de F ; *St-Lazare* et *Champs-Élysées* (ouvertes 1997) ; *2 Fnac musique* (ouvertes 1990) : *Bastille* et *Italiens* ; *1 Fnac micro* (ouverte déc. 1992, bd St-Germain, remplace la Librairie internationale créée 1991, fermée 31-10-1992) ; *Fnac Télécom* et *Fnac Junior* (magasins de 300 m² pour enfants jusqu'à 12 ans) (ouvertes 1997) ; Italie 2 (ouverte 2000). **Banlieue** (entre parenthèses : date de création) : Cergy-Pontoise (1992), Créteil (1989), La Défense (1989), Noisy-le-Grand (1992), Parly 2 (1988), Vélizy 2 (1995), Ivry-sur-Seine (*Fnac Junior*, 1997), Parinor (1998), Val d'Europe (2000). **Province** : Angers (1992), Annecy (1981), Avignon (1993), Belfort (1976), Bordeaux (1985), Bourges (1999), Caen (1988), Cannes (2000), Clermont-Ferrand (1980), Colmar (1981), Dijon (1984), Grenoble (1975), Le Havre (1999), Le Mans (1992), Lille (1979, 900 m² de surface de vente, 200 000 volumes en stock), Lyon (1972, 1er magasin en province, 755 m², 80 000 titres), Lyon La Part-Dieu (1991), Marseille (1977), Metz (1976), Montpellier (1986), Mulhouse (1976), Nancy (1991), Nantes (1996), Nice (1982), Nîmes (1992), Orléans (1985), Pau (1991), Reims (1992), Rennes (1986), Rouen (1984), St-Étienne (1990), Strasbourg (1978), Toulon (1990), Toulouse (1980), Tours (1990), Troyes (1992), Valence (1994), Villeneuve d'Ascq (1997). **Étranger** : *Allemagne* : Berlin (1991-95) ; *Belgique* : Anvers (1987), Bruxelles (1981, 1er magasin ouvert à l'étranger), Gand (1986), Liège (1987), Louvain (2000), Wijnegem (1997) ; *Brésil* : São Paulo (1999). *Espagne* : Alicante (2000), Barcelone (1996 et 1998), Madrid (déc. 1993), Saragosse (1999), Valence (1997) ; *Italie* : Milan (2000) ; *Monaco* (1996) ; *Portugal* : Caiscais (2000), Lisbonne (1998), Lisbonne Chiado (1999), Porto (1998 et 2000) ; *Suisse* : Genève (2000) ; *Taïwan* : Taipei (1999).

■ **Le Furet du Nord. Créé** 1936 à Lille par M. Poulard, reprise 1950 par Paul Callens, installée Grand-Place 1959, reprise par Christian Le Blan 1983, le groupe Extrapole (*Pt* : Philippe Mondan) 1999. Livres environ 70 %. **Surfaces de vente** (en m² et, entre parenthèses, date de création) : 15 200 dont Lille 7 000 [(1959) 170 000 titres et 600 000 volumes en stock, 120 employés, environ 15 000 visiteurs par jour, 1 400 000 livres vendus par an], Valenciennes 1 100 (1982), Maubeuge 560 (1983), Lens 900 (1986), Douai 600 (1988), Arras 800 (1989), Boulogne-sur-Mer 600 (1990), St-Quentin 800 (1990), Cambrai 800 (1991), Villeneuve-d'Ascq 1 500 (1991), Béthune 600 (1992).

■ **Gibert Jeune.** Un des successeurs de la Librairie Gibert, *créée* oct. 1886 par le Pr Joseph Gibert à Paris. **Surface de vente** : 4 000 m². *Titres* : 372 000, *livres en stock* : 1 000 000, vend 3 500 000 par an (650 000 en septembre et 1 100 000 d'occasion par 180 000 clients), 12 000 par jour. **Chiffre d'affaires** : 275 millions de F (dont librairie 240). **Clients** : 1 800 000 par an, 6 000 par jour en moyenne (samedi de la rentrée scolaire : 58 000).

■ **Virgin Mégastore. Créé** 1988 par Richard Branson et Patrick Zelnik. *Pt* : Jean-Noël Reinhardt. **Chiffre d'affaires** : *1999* : 1 200 millions de F dont librairie 200. **Magasins** : Paris (Champs-Élysées ouvert 1989, Louvre 1993, gare Montparnasse 1997, Barbès prévu 2001), Bordeaux et Marseille (1990), Toulon (1993), Claye-Souilly (S.-et-M., 1997), Plan-de-Campagne (B.-du-Rh., 1998), Rennes et Lyon Part-Dieu (1998), Strasbourg (août 1999), Dunkerque (décembre 1999), Lyon centre (avril 2000), Metz et La Défense (2000), Bordeaux Mérignac et Montpellier (2001).

■ **Remise aux libraires. Avant le 1-1-1979 :** % touché par le libraire sur le prix de vente conseillé par l'éditeur. *Livres scolaires* : 20 à 30 % ; *de littérature* : 33,3 à 40 % ; *techniques et scientifiques* : 10 % ; *d'érudition* : 10 %. Le pourcentage était souvent plus substantiel pour les commandes importantes ou à partir d'un certain chiffre d'affaires annuel. **Du 1-7-1979** (entrée en vigueur de l'arrêté Monory du 23-2-1979) **au 1-1-1982 :** l'éditeur cédait le livre au libraire à un prix de base (celui-ci pouvait le majorer ou le minorer à son gré). **Depuis le 1-1-1982** (entrée en vigueur de la loi Lang du 10-8-1981 sur le prix du livre, suivie du décret du 3-12-1981 et de la circulaire du 30-12-1981) : l'éditeur doit fixer un prix de vente public. Il détermine à partir de ce prix la marge commerciale du libraire en calculant des remises qualitatives supérieures aux remises quantitatives. Le libraire ne peut vendre de livres qu'au prix public (avec un rabais de 5 % au maximum) sauf aux bibliothèques ou établissements d'enseignement, de recherche et de formation professionnelle. Il peut consentir des prix réduits sur les livres édités depuis plus de 2 ans et dont le dernier approvisionnement remonte au moins à 6 mois. L'arrêt du 10-1-1985 de la Cour de justice de la Communauté européenne reconnaît la compatibilité de cette loi avec les règles communautaires de la concurrence.

■ **Commissionnaires et grossistes en livres.** Remise de 40 % ou plus. **Nombre** : 2 très importants, 4 ou 5 importants, plus une trentaine moins importants. Certains éditeurs ont créé des agences et des dépôts régionaux pour hâter l'approvisionnement.

■ Vente par correspondance (VPC) et par courtage

■ **Nombre d'adhérents des clubs de livres** en millions **et**, entre parenthèses, **en % de la population du pays.** Allemagne 6 (10), *France 6 (10)*, G.-B. 2,4 (4), Italie 1,8 (3), Pays-Bas 1,5 (10), Suisse 1,5 (23), Espagne 1,2 (3), Autriche 1,1 (14), Belgique 0,8 (8), Portugal 0,4 (4).

Le groupe Bertelsmann occupe le 1er rang en Europe sauf en Italie où il est devancé par Mondadori, en Suisse par Migro et en Scandinavie.

Principales maisons en France

■ **France Loisirs.** *Fondé* en France en 1970. Distribution par correspondance, par points de vente, Minitel et Internet. Romans, récits, encyclopédies, guides pratiques, beaux livres, histoire, livres pour enfants, disques, jeux et vidéo ; catalogue trimestriel. Détenu à 100 % par Bertelsmann depuis mars 2001. **Adhérents** (en millions) : *1975* : 0,99 ; *80* : 2,39 ; *85* : 4,69 ; *91* : 4,74 ; *93* : 5 (dont France 4,3) ; *99* : 4,3 ; *2000* : 3,7. **Exemplaires vendus :** 30 000 000/an. **Chiffre d'affaires** (TTC, en millions de F) : *1980* : 780 ; *85* : 1 840 ; *90* : 2 480 ; *94* (HT) : 2 889 ; *95* (HT) : 2 808 ; *99* (HT) : 2 455. **Bénéfice net** (en millions de F) : *1994* : 364 ; *95* : 283. **Points de vente** (en 1999) : 197. **Effectifs** (en 2000) : 2 100.

■ **Le Grand Livre du mois (GLM).** *Fondé* par le Club français du livre, Albin Michel et Robert Laffont. **Capital** (en %) : Sablons participations (détenu 50/50 par Albin Michel et Club français du livre) 64, Alain Michel 22, CFL 8, public 5. **Adhérents** : *1977* : 220 000 ; *90* : 700 000 ; *95* : 875 000 ; *96 (31-12)* : 800 000 ; *2000* : 700 000. Livres reliés avec jaquette, paraissant en même temps que les éditions ordinaires et vendus au même prix (avec un système de primes de fidélité). **Chiffre d'affaires** (consolidé avec l'étranger, en millions de F hors taxes) : *1996* : 770,3 (résultat net : 24,5) ; *98* : 687 ; *99* : 685 dont livre 491 ; *2000* : 462 (5 000 000 de volumes expédiés). **Effectifs** (en 2000) : 85.

■ **Le Livre de Paris. Courtage :** notamment *Tout l'univers* (16 volumes, plus de 2 000 000 d'exemplaires vendus en 19 ans ; nouvelle édition : 1999), *Axis* (18 volumes avec CD-Rom, depuis mai 1993 ; nouvelle édition : 2000). **Chiffre d'affaires** (1999, en millions de F) : 262.

■ **Liriade.** Propose des collections à caractère encyclopédique et culturel. **Chiffre d'affaires** (1997, en millions de F) : 51.

■ **Sélection du Reader's Digest France. Chiffre d'affaires** (de juin 1996 à juin 1997, en millions de F) : 870.

■ Centre national du livre

■ **Nom.** Jusqu'en 1993 : Centre national des Lettres. **Siège.** 53, rue de Verneuil, 75007 Paris. **Statut.** Établissement public à caractère administratif, doté de la personnalité civile et de l'autonomie financière, placé sous la tutelle du ministère de la Culture. *Pt de droit :* le directeur du livre et de la lecture au ministère. *Organisation et missions définies* par la loi du 11-10-1946 modifiée et complétée par la loi du 25-2-1956 et le décret du 19-3-1993 modifié par le décret du 13-6-1996. Dispense des aides financières sur proposition de commissions composées d'experts. **Missions. Favoriser la création littéraire :** bourses (créateurs littéraires, chercheurs, essayistes) de 20 000 à 160 000 F ; crédits de préparation (frais de recherche) plafonnés à 40 000 F ; bourses de résidence de 11 000 F par mois. **Aider l'édition :** avances remboursables sans intérêt jusqu'à 50 % des frais de fabrication pour ouvrages (en français) d'art, d'histoire, de critique, d'érudition littéraire, pour la jeunesse, scientifiques et techniques, de philosophie, de sciences de l'homme, de bandes dessinées ; subventions pour des textes contemporains de théâtre ou de poésie, des ouvrages de bibliophilie, des actes de colloques, pour la mise en œuvre de grands projets éditoriaux ou la publication d'ouvrages épuisés de grand intérêt, pour la création et le fonctionnement de revues. Avances et subventions sont versées à la parution des ouvrages. **Faciliter la traduction d'œuvres étrangères :** bourses (de 20 000 à 160 000 F) accordées aux traducteurs ayant traduit au moins 3 ouvrages publiés ; subventions à la traduction (versées en 2 tranches : après acceptation du projet et à la publication de l'ouvrage) ou avances (remboursables à la publication) accordées aux éditeurs. **Encourager l'animation littéraire :** subventions aux manifestations et associations à vocation littéraire. **Favoriser la diffusion :** subventions aux bibliothèques ou librairies pour l'achat de livres présentant un intérêt culturel, scientifique, technique ou touchant à la francophonie. **Contribuer au développement économique du livre** et au maintien des réseaux de diffusion : avances (remboursables) aux éditeurs et aux libraires. **Favoriser les échanges littéraires :** subventions à des structures à vocation culturelle et organisation de manifestations.

■ **Budget** (en 1998, en millions de F). 146,16 (vient essentiellement du « Fonds national du livre » alimenté par 2 taxes parafiscales : 0,20 % sur les ouvrages vendus en librairie, dont sont dispensés les petits éditeurs (28,7 millions de F en 1997), 3 % sur la vente de tout matériel de reprographie (84,2 millions de F en 1997). **Actions menées en 1999** (en millions de F). 40,85 (aides à la diffusion), 27,81 (subventions à l'édition), 18,15 (bourses aux auteurs et traducteurs), 12,62 (animations et échanges littéraires), 7,96 (avances remboursables à l'édition) ; 1,78 (aux librairies) ; 11,87 (participation au Salon du livre) ; 2,68 (organisation de Lire en fête) ; 2,045 (manifestation Belles Étrangères) ; 4,05 (subventions aux grandes associations ; et 0,435 (observatoire de l'économie du livre).

■ Dépôt légal

■ **Historique. 1537**-*28-12* ordonnance de François Ier, dite de Montpellier : institution de la Librairie royale ; tout producteur d'œuvre doit remettre gratuitement aux autorités un certain nombre d'exemplaires. **1881**-*29-7* obligation de déposer un certain nombre d'exemplaires aux autorités administratives et judiciaires (art. 10). **1925**-*19-5* loi instituant le dépôt légal obligatoire pour tous les imprimés, œuvres photographiques, cinématographiques et phonographiques comprises. **1938** décret créant la Phonothèque nationale, gérante du dépôt légal. **1992**-*23-6* loi relative au dépôt légal. **1993**-*31-12* décret d'application. **1995** 2 arrêtés du 12-1, 1 du 6-12.

■ **Réglementation.** Le dépôt légal est obligatoire pour les livres, brochures et périodiques, quel que soit leur procédé technique de production, d'édition ou de diffusion, dès lors qu'ils sont mis à la disposition d'un public, à titre gratuit ou onéreux. Ne sont pas soumis à l'obligation du dépôt légal les travaux d'impression dits de ville, de commerce ou administratifs, les documents électoraux mentionnés aux articles R 26, R 29 et R 30 du Code électoral, les documents imprimés à moins de 100 ex. *Dépôt à faire par* l'éditeur : au plus tard le jour de la mise en circulation du document ; l'imprimeur : dès l'achèvement du tirage ou de la fabrication.

Mentions obligatoires devant figurer : **pour les livres :** nom (ou raison sociale) et adresse de l'éditeur, nom (ou raison sociale) et adresse de l'imprimeur, date de l'achèvement du tirage, mention de l'ISBN [*(International Standard Book Number)* numéro international normalisé d'identification des livres ; pour l'obtenir s'adresser à l'Afnil], et éventuellement de l'ISSN [*(International Standard Serial Number)* numéro international normalisé d'identification des publications en séries : périodiques et collections de monographies, attribué automatiquement, sans formalité, aux périodiques et collections qui font l'objet d'un dépôt légal] ; mention « dépôt légal » suivie du mois et de l'année. **Pour les périodiques :** nom (ou raison sociale) et adresse de l'éditeur, nom du directeur de la publication, nom (ou raison sociale) et adresse de l'imprimeur, date de parution et de dépôt légal, numéro ISSN.

■ **Modalités. Livres :** *éditeur :* 4 ex. (1 seul si tirage inférieur à 300) à la BNF-Dépôt légal livres, et 1 au ministère de l'Intérieur. *Importateur :* 2 ex. à la BNF-Dépôt légal L., et 1 au ministère de l'intérieur. *Imprimeur en Ile-de-France :* 2 ex. à la BNF-Dépôt légal L., *en région :* 2 ex. à la bibliothèque habilitée. Une déclaration de dépôt, en 3 exemplaires, accompagne chaque envoi de livre. **Périodiques :** *éditeur à Paris :* 4 ex. (1 seul si tirage inférieur à 300) à la BNF-Dépôt légal périodiques et 1 au ministère de l'Intérieur ; *en Ile-de-France ou en région :* 4 ex. (1 seul si tirage inférieur à 300) à la BNF-Dépôt légal Pér. et 1 à la Préfecture du département. *Importateur à Paris :* 2 ex. à la BNF-Dépôt légal Pér. et 1 au ministère de l'Intérieur ; *en Ile-de-France ou en région :* 2 ex. à la BNF-Dépôt légal Pér. et 1 à la Préfecture du département. *Imprimeur à Paris ou en Ile-de-France :* 2 ex. à la BNF-Dépôt légal Pér. ; *en région :* 2 ex. à la bibliothèque habilitée. Une déclaration de dépôt, en 3 exemplaires, est faite avec le premier numéro du périodique déposé, puis, une fois par an, pour l'ensemble des numéros parus et déposés durant l'année écoulée.

☞ Les dépôts peuvent se faire par courrier en franchise postale (ou par coursier pour la BNF). **BNF :** *Dépôt légal livres,* quai François-Ier, 75606 Paris Cedex 13 ; *périodiques,* idem. **Ministère de l'Intérieur :** *Dépôt légal,* 1 bis, place des Saussaies, 75008 Paris. **Afnil** (Agence francophone pour la numérotation du livre), 35, rue Grégoire-de-Tours, 75006 Paris.

■ **Statistiques en 1998.** Le **Dépôt légal éditeur** a reçu 1 400 000 fascicules périodiques, 54 661 livres, 14 251 phonogrammes, 7 079 vidéogrammes, 1 639 photographies, 509 affiches illustrées, 2 553 documents de musique imprimée, 2 448 atlas, cartes et plans, 2 932 estampes, 18 568 cartes postales, 2 571 multimédias multisupports, 2 033 documents électroniques et numériques. Le **Dépôt légal imprimeur** a reçu 19 673 livres, 70 000 périodiques, 245 cartes, 6 889 affiches, 288 cartes postales, 442 partitions musicales. La **Bibliographie nationale française** a publié 40 373 notices de livres imprimés, et dans ses suppléments 1 244 notices de publications en série (périodiques, annuaires, collections), 4 147 de publications officielles, 969 de musique imprimée. Les publications décrites dans ces notices sont uniquement des publications françaises reçues par dépôt légal.

La différence entre le nombre d'enregistrements au Dépôt légal et celui annoncé à la Bibliographie nationale française tient aux faits : 1°) que le Dépôt légal numérote chaque volume (unité matérielle) déposé, alors que la Bibliographie nationale française annonce des titres d'ouvrages ; 2°) que les publications officielles des administrations et organismes publics et privés (recueils de circulaires, rapports annuels, etc.) ne sont annoncées qu'à l'occasion du dépôt du 1er numéro.

■ Censure

1741 instituée par Louis XV pour remplacer la censure religieuse aux mains de la Sorbonne. Jusqu'en 1789, il y eut 79 censeurs chargés d'autoriser ou d'interdire la parution de livres, selon leur moralité (belles-lettres 35, théologie 10, jurisprudence 10, etc.). Montesquieu, Rousseau, Voltaire furent imprimés en Suisse, Hollande, Angleterre. **1789** l'Assemblée constituante abolit la censure. **1791** abolition inscrite dans la Constitution. **1797** rétablie par le coup d'État de fructidor. **1801** la Constitution n'en parle pas. **1810** un censeur impérial est nommé : Royer-Collard, qui prend le titre de directeur général de la librairie. **1814** rétablie par l'abbé de Montesquiou. **1815** supprimée aux Cent-Jours. **1817** rétablie. **1819** abolie. **1820** commission de censure de 12 membres, jusqu'en 1822. **1827** nomination de 6 censeurs ; impopulaires, ils gardent l'anonymat. **1830** abolie. **1835** rétablie pour les ouvrages dramatiques. **1848** abolie, puis rétablie par Cavaignac. **1852** rétablissement de la juridiction en correctionnelle pour les auteurs d'écrits immoraux. **1881** abolition sauf pour les œuvres dramatiques. **1914-18** rétablie pendant la guerre (surnommée *Anastasie*). **1939-45** rétablie pendant la guerre.

■ Lecteurs

■ **Sondage Sofres/Madame Figaro** (24-6-1995). **Nombre de livres lus au cours des 12 derniers mois** (en %, 1995) : **aucun livre** : *en 1986* : 35 ; *88* : 31 ; *92* : 27 ; *95* : 27 ; **de 1 à 5** : 37 ; **de 5 à 20** : 25 ; **de 20 à 50** : 7 ; **+ de 50** : 3 ; *sans réponse* : 1. **Cadeaux que l'on préfère recevoir** (en %) : fleurs 42 ; livre 38 ; disque 27 ; chocolats 22 ; bouteille de vin 21 ; foulard ou cravate 11 ; *sans réponse* 1. **Sort des livres lus** (en %) : bibliothèque 75 ; prêt 34 ; échange 14 ; don 13 ; jeté 4 ; *sans réponse* 9. **Romanciers considérés comme les plus grands par l'ensemble des Français** (en %) : Hervé Bazin 36 ; Henri Troyat 34 ; Françoise Sagan 26 ; Marguerite Duras 26 ; Jean d'Ormesson 20 ; Robert Sabatier 17 ; Michel Tournier 10 ; Julien Green 9 ; Alexandre Jardin 7 ; Jean-Marie Gustave Le Clézio 6 ; Patrick Modiano 4 ; Philippe Djian 4 ; autres noms 4 ; *sans réponse* 22. **Plaisir recherché dans la lecture** (en %) : se détendre 50 ; s'instruire ou se cultiver 41 ; *sans opinion* 9. **Genres de livres préférés** (en %, 1995 et, entre parenthèses, 1979) : roman 55 (48) ; récit historique 42 (45) ; policier 27 (31) ; santé, médecine 24 (26) ; bande dessinée 21 (18) ; politique 19 (19). **Rôle de la télévision** (en %, 1995) : obstacle à la lecture 47 ; incite à la lecture 38 ; *sans opinion* 15. **Envie d'écrire un livre** (en %) : jamais 75 ; oui 24 ; *sans réponse* 1. **Moments ou lieux choisis pour lire** (en %) : soirée 58 ; au lit avant de dormir 43 ; vacances 32 ; week-end 17 ; transports en commun 7 ; jardins publics 3 ; bibliothèque 3 ; *sans réponse* 11.

■ **Enquête sur la lecture des 15-25 ans** (faite par le Credoc à la demande du ministère de la Culture et du magazine *Phosphore* du 3 au 10-7-1999 auprès de 500 jeunes). *Aiment-ils lire ?* : moyennement 63 %, passionnément 31, pas du tout 6. *Pour choisir un livre :* ils font confiance à un(e) ami(e) 46 %, un parent 19, un enseignant 10, un libraire/bibliothécaire 10, autre 14. *Leurs auteurs préférés :* Stephen King, Mary Higgins Clark, Agatha Christie, Maupassant, Marcel Pagnol, Zola, Daniel Pennac, Balzac, Régine Deforges, Boris Vian.

Vitesse de lecture : *enfant jeune :* 75 mots/minute, *lecteur moyen :* 250 à 300, *doué et entraîné :* 600, *exceptionnel :* 1 000.
La **lecture rapide** se fonde sur la saisie de groupes de mots pour reconstruire les parties logiques du raisonnement de l'auteur. Permet de lire 6 000 lettres/minute (au Japon, certains champions peuvent lire jusqu'à 100 000 lettres/min).

■ Principales foires et salons

■ **Étranger. Barcelone** Union internationale des éditeurs *fondée* 1983 ; *en 1999* : 800 éditeurs (89 pays) ; *en 2000 (du 11 au 14-10).* **Bologne, livre pour la jeunesse** *fondée* 1964 ; *en 2000* : 19 000 visiteurs, 22 644 m² d'exposition, 1 445 exposants de 81 pays ; *en 2001 (du 4 au 7-10).* Prix BolognaRagazzi (livre au meilleur graphisme, fiction et non-fiction), Bologna New Media Prize (au meilleur software pour l'enfance). **Bruxelles** *fondée* 1969 ; *en 2001 :* 4 327 m², 70 000 visiteurs, 1 015 éditeurs (20 pays). Palais des Congrès *en 2002 (du 27-2 au 3-3)* 9e Salon de l'édition multimédia (3 500 m²). **Buenos Aires** *fondée* 1976 ; *mai 2000 :* 1 320 exposants ; 1,2 millions de visiteurs. **Calcutta Bai Mela** *fondée* 1975 ; *en 2000 (du 26-1 au 6-2) :* 500 exposants, 2 millions de visiteurs. **Francfort, foire du livre** *fondée* 1949 ; *en 2000 (du 18 au 23-10) :* 198 558 m², 377 683 ouvrages présentés (91 407 nouveautés), 6 887 exposants de 107 pays (Allemagne 2 606, G.-B. 900, USA 842, Italie 305, France 303) ; 302 897 visiteurs ; thème : la Pologne ; *en 2001 (du 10 au 15-10)* : thème : la Grèce. Un prix littéraire y est décerné : voir prix de la Paix p. 347 b. **Genève, salon du livre et de la presse** *fondé* 1987 ; *en 1995* : plus de 1 000 exposants ; *1996 :* 120 000 visiteurs, 4 foires simultanées, 30 000 m², 120 000 visiteurs, 1 000 exposants ; *2001 (du 3 au 7-5).* **Jérusalem biennale** *fondée* 1961 ; *en 2000 :* 9 000 m², 1 200 éditeurs de 58 pays, 37 000 visiteurs ; *en 2001 (du 7 au 11-5).* **Montréal, salon** *fondé* nov. 1978 ; *en 2000 :* 20 000 m², 120 000 visiteurs, 1 000 éditeurs. **Tôkyô, foire internationale (TIBF)** *en 2000 :* 500 exposants de 25 pays ; *2001 (du 12 au 22-4)* : 550 exposants de 25 pays. **Turin, foire** *fondée* 1988 ; *en 1999 :* 825 exposants de 150 pays, 191 000 visiteurs.

■ **France. Paris, salon** *fondé* 1981 (annuel, mi-mars). Visiteurs : *Grand Palais : en 1981 :* 120 000 ; *85 :* 170 000 ; *86 :* 180 000 ; *87 :* 209 787. *Porte de Versailles* (28 000 m²) *1988 :* 200 000 ; *89 :* 137 000. *Grand Palais* (15 000 m²) *1990 :* 146 000 ; *91 :* 145 558 ; *92 :* 153 613 ; *93 :* 150 374. *Porte de Versailles : 1994 :* (19 000 m²) 134 000 ; *95 :* (25 000 m²) 176 954 ; *96 :* (35 000 m²) 200 000 ; *97 :* (35 000 m²) 200 000 ; *98 :* (40 000 m²) 220 000, 1 500 éditeurs dont 450 étrangers de 26 pays, 750 exposants, salon du multimédia, de la revue et des métiers du livre ; *99 :* 221 000, thème : Québec ; *2000 :* 234 000, thème : Portugal ; *2001 :* 240 000, thème : Allemagne. **Bordeaux, foire** *fondée* 1968 ; *en 2000 :* 150 exposants, 32 000 visiteurs ; *2001 (du 11 au 14-10).* **Brive, foire** *fondée* 1982 ; *en 2000 :* 4 500 m², 100 000 visiteurs, 119 éditeurs, 410 auteurs ; *2001 (du 2 au 4-11).* **Cannes,** *Milia* (marché international des programmes interactifs) *fondé* oct. 1994 ; *février 2001 :* 8 193 m², 7 717 participants, 791 exposants de 37 pays (sur 339 stands). **Le Mans, fête** *créée* 1978 ; 24 heures du livre (octobre) ; *en 2000 :* 15 000 m², 28 000 visiteurs, 200 exposants, 80 éditeurs, 200 auteurs. **Limoges** fête du livre ; *avril 2001 :* 18e fête, 2 600 m², 250 auteurs, 60 000 visiteurs. **Montreuil,** salon du livre de jeunesse *fondé* 1985 ; *en 2000 (du 29-11 au 4-12) :* 160 exposants, 120 éditeurs, 150 000 visiteurs dont 27 000 enfants. **St-Étienne** *fondé* 1985 ; *en 2000 :* 120 000 visiteurs, 130 éditeurs, 451 auteurs ; *2001 (du 19 au 21-10).*

☞ **Lire en fête :** depuis 1998, *remplace la Fureur de lire* (*créée* 1989 par Jack Lang, durée : 1 week-end) devenu *le Temps des livres* (du 15 au 30-10) en 1994 ; *en 2000 :* en France : 4 000 manifestations ; à l'étranger : dans 92 pays. *En 2001 : 19 au 21-10.*

Bibliothèques

■ Organisation en France

☞ *Abréviations :* b. : bibliothèque(s) ; BN : Bibliothèque nationale.

■ **Bibliothèques municipales. Nombre** (en 1999) : 2 795 (dont 1 479 discothèques de prêt, 841 vidéothèques de prêt). **Personnel** (en 1999) : 22 748 salariés et 9 662 bénévoles ; 19 315 emplois (dont 11 714 spécifiques), 1 783 conservateurs et bibliothécaires. **Dépenses de personnel :** *1999* (en F par hab.) : 94,52. **Locaux** (en 1999) : 1 852 537 m² (y compris 1 076 annexes) ; **bibliobus** : 165. **Collections** (en millions, 1999) : *imprimés* 96,1 (dont 33,4 % pour enfants) ; *phonogrammes* 6,1 ; *cassettes vidéo* 878 195). **Lecteurs inscrits** (en 1999) : 6,5 millions (dont 38,8 % d'enfants). **Emprunteurs inscrits** (en % de la population desservie) : *en 1985 :* 13,8 ; *99 :* 18,2. **Prêts** (en millions) : imprimés *en 1984 :* 74,8 ; *98 :* 154,4 ; *99 :* 155,1 ; phonogrammes 22,5 ; cassettes vidéo 6,2. **Acquisitions** (en milliers) : imprimés *en 1999 :* 5,3 ; phonogrammes *en 1993 :* 407,9 ; *99 :* 521 ; cassettes vidéo *en 1993 :* 51,6 ; *99 :* 131. **Dépenses documentaires :** *1999 :* 532,5 millions de F.

■ **Bibliothèques départementales de prêt (BDP). Instituées** en 1945 pour desservir les zones rurales à l'échelle du département (communes de moins de 10 000 habitants). Services décentralisés gérés par départements depuis le 1-1-1986, parfois subventionnés par régions ou communes. B. centrales de prêt (BCP) jusqu'en 1992. **Nombre** *en 1999 :* 97. **Lieux de dépôts** (dans mairies, 6 709 écoles, 535 collèges, 1 908 b. municipales, 5 450 b.-relais et 8 794 autres organismes culturels, souvent sous la responsabilité de bénévoles) : 24 586. **Réseau tous publics** *en 1999 :* 18 347 points de desserte (dont 16 116 fixes) desservant 19,8 millions d'habitants (14,4 millions de livres déposés). **Collections** (en millions) : *imprimés en 1985 :* 14,4 ; *90 :* 17 ; *97 :* 29,8 (dont 32,4 pour enfants) ; *99 :* 21,9 ; *phonogrammes en 1985 :* 0,36 ; *90 :* 0,79 ; *94 :* 1,02 ; *97 :* 1,5 ; *99 :* 1,7 ; cassettes vidéo *en 1997 :* 0,205 ; *99 :* 0,283. **Personnel** *en 1999 :* 2 389 agents (2 214 équivalent temps plein) ; dépenses : 402 millions de F. **Véhicules** *en 1990 :* 541 (dont 341 bibliobus) ; *97 :* 629 (dont 325 bibliobus desservant 2 354 communes) ; *99 :* 679 (dont 317 bibliobus). **Crédits de fonctionnement** (en millions de F) **et**, entre parenthèses, **d'équipement :** *en 1981 :* 37,9 (17,8) ; *85 :* 139,9 (52,3) ; *90 :* (99,53) ; *99 :* 530 (118). **Acquisitions** (en milliers) : *en 1996 :* livres : 1,3 ; abonnements : 9,3.

■ **Bibliothèques universitaires et interuniversitaires.** Organisées à la fin du XIXe s. **Nombre** *en 2000 :* 96 SCD et SICD, b. nationale et universitaire de Strasbourg, 6 b. de grands établissements. **Lecteurs inscrits** *en 1999 :* 1 193 705. **Livres prêtés** (incluant le prêt entre b.) : 13,5 millions. **Personnel** *en 1999 :* 4 364. **Locaux** *en 1999 :* 867 286 m^2. **Collections** (en millions, en 1999) : livres 25, revues 0,44. **Dépenses de fonctionnement** (en millions de F, en 1999) : 1 747 dont personnel 959. **Subventions de l'État** (en millions de F) : *fonctionnement en 1987 :* 85,6 ; *90 :* 229 ; *95 :* 376 ; *98 :* 502 ; *équipement en 1987 :* 10 ; *90 :* 15 ; *97 :* 16 ; *99 :* 585.

■ **Centres d'acquisition et de diffusion de l'information scientifique et technique (Cadist).** *Créés* à partir de 1980 dans des b. d'universités et établissements de recherche. Mission nationale de collecte et de fourniture de documents dans 21 champs disciplinaires. Plus de 10 millions de livres et 200 000 périodiques.

■ **Bibliothèque nationale de France (BNF).** Voir ci-dessous.

■ **Bibliothèques pour enfants.** Bibliothèques municipales et bibliothèques dans les établissements des 1er et 2e degrés. **Centre national du livre pour enfants :** *La Joie par les livres,* 8, rue St-Bon, 75004 Paris. *Créé* 1965 ; 107 000 livres.

■ **Bibliothèques privées.** Comités d'entreprise, Culture et Bibliothèque pour tous, œuvres laïques, instituts, centres de recherche, laboratoires, sociétés...

PARIS

☞ *Abréviations :* b. : bibliothèque(s) ; inst. : institut ; m. : monographie(s) ; pl. : place(s) ; t. de p. : titres de périodiques.

■ **Bibliothèque nationale de France (BNF). Pt de l'établissement public :** *18-1-1994 :* Jean Favier (né 2-5-1932), *janvier 97 :* Jean-Pierre Angremy, dit Pierre-Jean Remy (né 21-3-1937) ; *dir. général :* Agnès Faal. Comprend les départements restés rue de Richelieu et la **Bibliothèque François Mitterrand (BFM),** nom donné en 1996], et les annexes de Bussy-St-Georges [près de Marne-la-Vallée, 60 000 m^2 : ateliers (désacidification, désinfection, renforcement des papiers, restauration, microfilmage, transfert des supports de documents audiovisuels) et stockage (y sera déposé un des 4 exemplaires du dépôt légal)], Provins, Sablé. **Site François-Mitterrand. Historique : 1988** rapport d'Emmanuel Le Roy Ladurie (administrateur général de la BN) à François Léotard (ministre de la Culture) sur l'asphyxie de la BN ; *-13-3* Léotard fait adopter le projet d'un nouveau bâtiment pour les nouvelles acquisitions ; *-14-7* le Pt Mitterrand décide la création d'une « très grande bibliothèque d'un type entièrement nouveau » ; *-déc.* Dominique Jamet nommé Pt. **1989**-*janv.* D. Jamet annonce que la BDF (Bibliothèque de France) accueillera les ouvrages parus après 1945 et que la BN gardera les autres ; *-avril* le site de Tolbiac est choisi ; *-juillet* Mitterrand retient le projet de Dominique Perrault (né 1953), choisi par un jury international présidé le 16-8 par l'architecte I.M. Pei ; *-21-8* Jack Lang, ministre de la Culture, annonce que la BNF recueillera tous les livres imprimés de la BN (10 millions) ; *-sept.* Élisabeth Badinter, Pierre Nora, Jacques Julliard soulignent la difficulté de faire coexister livre et audiovisuel : la BDF sera consacrée en priorité au livre ; *-13-10* création de l'établissement public de la BDF (*directeur :* Jamet). **1991**-*juin* Philip Leighton (directeur des bâtiments à l'université de Stanford, USA) dénonce le stockage des livres en hauteur ; *-sept.* lettre ouverte au Pt Mitterrand : plus d'une centaine d'académiciens, savants et universitaires s'élèvent contre le projet ; *-27-9* signature du permis de construire, début du chantier ; Jacques Chirac demande l'arrêt des travaux ; *-oct.* Mitterrand demande un rapport au Conseil supérieur des bibliothèques. **1992**-*févr.* il accepte des modifications : tours avec 2 étages en moins et de 80 m au lieu de 100, salles de conférence réduites de 7 000 m^2 pour loger des magasins de stockage supplémentaires ; *-mars* début de la construction. **1993**-*nov.* gros œuvre achevé. **1994**-*janv.* Jamet démissionne ; *-1-1* décret (paru au *JO* du 3-1) créant la BNF (fusion de la BN et de la BDF). **1995**-*30-3* inauguration du bâtiment vide. **1996**-*17-12* le Pt Chirac inaugure le haut-de-jardin ; *-20-12* ouverture au public. **1998**-*9-10* ouverture du rez-de-jardin aux chercheurs ; grève jusqu'au 24-11 ; puis dysfonctionnement du système informatique. **2000**-*6-10* incendie proche de l'établissement, endommageant son système électrique ; *-2-11* réouverture ; malaises des salariés ; *-3/8-11* fermeture.

Coût : 8 milliards de F valeur 1999 (prévu 7,4 valeur 1989, dont construction 5,2, aménagement 2,2). **Coût de fonctionnement :** 1,2 à 1,5 milliard de F par an (0,4 à l'ancienne BN). **Employés :** 1 850. **Prix d'entrée du haut-de-jardin :** *plein tarif :* carte annuelle 200 F (étudiant 100 F) ; *journée :* 20 F. **Ouverture :** 10-19 h (dimanche 12 h – 18 h). Fermée lundi. Bibliothèque de recherche fermée dimanche. **Contenu :** 11 millions d'ouvrages au début, puis 30 millions si 120 000 ouvrages entrent chaque année (saturation prévue pour 2045). *Imprimés :* 400 000 volumes en libre accès (850 000 à terme) ; *périodiques :* 560 000 titres dont 32 000 vivants français ; *microformes :* 75 800 microfilms et 1 million de microfiches ; *textes numérisés :* 80 000 livres soit 15 millions de pages ; *images animées :* 80 000 heures ; *images fixes documentaires :* 300 000 numérisées et 630 000 de banques d'images éditées ; *documents sonores :* 600 000 heures. La BN gardera ses départements spécialisés (manuscrits, estampes et photographies, cartes et plans, musique, arts du spectacle, monnaies et médailles). **Organisation : places :** 3 700 dont 2 000 au rez-de-jardin pour la recherche (660 à l'ancienne BN) et 1 700 en haut-de-jardin pour le grand public. **Fréquentation** 3 500 lecteurs/j. **Surface** (en m^2) : *au sol* 180 000 donnés par la Ville de Paris [*esplanade* 60 000 recouverte en bois d'ipé, *jardin* 12 000 planté de 200 arbres dont 120 pins)], *rues-jardins* 5 000, *surfaces construites hors œuvre* 2 900 000 : accueil et services 60 700, magasins et circulations techniques (sous le socle et dans les tours) 81 000, administration, ateliers, services du personnel 42 300, locaux techniques 68 000. **Surface utile** (en m^2) : 159 855 [dont magasins 57 560, espaces publics 55 000, bureaux 16 000, salles de lecture 40 000 (les 2 plus grandes : longueur 120 m, largeur 30 m, hauteur 12 m)]. **Niveaux** (en m^2) : *quai/accueil :* 46 000 dont accueil/animation 26 000, services techniques/ateliers 6 000 ; locaux techniques/livraisons/réserves 12 000 ; *mezzanines* (actualité ; son/image) : 24 000 ; *jardin* (étude, recherche) : 30 000. *Tours :* 80 000 [4 tours de 80 m de haut et de 18 étages (7 de bureaux en bas, 11 de magasins). Pour protéger les ouvrages du soleil, 24 000 volets en bois d'okoumé, mobiles dans les bureaux et fixes sur les 11 étages de magasins]. **Étagères :** 420 km (contre 110 à la BN) dont tours 200 km, socle 220 km.

Haut-de-jardin : *bibliothèque d'étude* 1 700 places de lecture et de consultation, collection en libre accès (à terme) de 420 000 volumes et 2 450 périodiques ; *salle d'orientation bibliographique* 367 m^2 ; *salle de lecture de la presse et de documentation sur la presse* 707 m^2 de plain-pied et en mezzanine, environ 180 places ; *4 salles de lecture* (départements thématiques) : sciences et techniques 1 500 m^2 (190 places, 50 000 m. et 300 t. de p.), littérature 3 500 m^2 (556 pl., 140 000 m. et 600 t. de p.), sciences politiques, juridiques et économiques plus de 1 800 m^2 (environ 275 pl., 65 000 m. et 850 t. de p.), philosophie, histoire, sciences de l'homme et de la société 1 825 m^2 (275 pl., 75 000 m. et 350 t. de p.).

Rez-de-jardin (bibliothèque de recherche) : *service de recherche bibliographique :* 1 543 m^2 à l'ouest ; *collections en libre accès :* 500 000 volumes. *4 départements thématiques :* sciences et techniques 2 000 m^2 (environ 179 pl., 120 000 m. et 2 000 t. de p.), littérature et art 3 400 m^2 (355 pl., 120 000 m. et 610 t. de p.), sciences politiques, juridiques et économiques 2 500 m^2 (284 pl., 100 000 m. et 1 500 t. de p.), philosophie, histoire, sciences de l'homme et de la société 3 750 m^2 (467 pl., 99 000 m. et 750 t. de p.) ; *salle de documentation sur le livre et la lecture* 584 m^2 (46 pl.) ; *département de l'image et du son* 2 325 m^2 (408 pl., copies de documents audiovisuels sur des postes spécialisés, 30 000 documents imprimés).

■ **Site Richelieu : ex-Bibliothèque nationale (BN). Origines : XIVe s.** collections réunies par les rois de France. **1537** ordonnance de François Ier créant le Dépôt légal. **1570** installation définitive de la Bibliothèque à Paris. **1692** expérience d'ouverture au public. **1720** occupation du *« quadrilatère Richelieu ».* **1789** nationalisée, enrichie de confiscations. **1868** ouverture de la salle de travail des Imprimés, construite par Henri Labrouste. **1897** 1er volume du Catalogue général des livres imprimés, achevé en 1981 avec le 232e volume. Passe de la tutelle du ministère de l'Éducation nationale à celle du ministère de la Culture. **1985** inauguration de l'« annexe Vivienne ». **Organisation** (décret no 83-226 du 22-3-1983 modifié) : établissement public national à caractère administratif avec conseil d'administration et conseil scientifique ; dirigé jusqu'en janvier 1994 (date de la nomination de Jean Favier à la présidence de la BNF) par un administrateur général, Emmanuel Le Roy Ladurie (né 1929), nommé en octobre 1987, qui reste Pt du conseil scientifique. **Missions :** collecte, conservation et communication du patrimoine documentaire national ; édition de la Bibliographie nationale française ; constitution de collections de documents étrangers ; recherche ; diffusion des produits dérivés des œuvres conservées. **Équipements immobiliers :** 125 000 m^2 de plancher ; 7 sites principaux dont 3 à Paris (« quadrilatère Richelieu-Vivienne », 600 places, 200 km de rayonnages, palais Garnier et Arsenal) et 4 en banlieue et province (Versailles, Provins, Sablé-sur-Sarthe et Avignon). **Budget** (en millions de F) : *crédits d'investissements en 1985 :* 54 ; *90 :* 41 ; *91 :* 37 ; *de fonctionnement en 1985 :* 77,7 ; *90 :* 138,7 ; *91 :* 145,8 ; dont *acquisitions en 1990 :* 19,3 ; *91 :* 19,7 + 83 dans le cadre de la préparation de la future Bibliothèque de France. **Effectifs :** *1990 :* 1 219 ; *91 :* 1 216.

Fonds : nombre de volumes *sous Charles V :* 910 ; *François Ier :* 1 890 ; *Louis XIII :* 16 746 ; *1684 :* 50 542 ; *1790 :* 200 000 ; *1983 :* 10 000 000 ; *1992 :* répartis en 10 départements. **Accroissement des fonds** grâce au *dépôt légal* (voir p. 357 a) ; *achat, don, legs et dation)* ou *échange* ; au total, chaque année entrent 80 000 livres environ (en 1990 : français 43 100 et étrangers 31 086), 40 000 périodiques (français ou étrangers en cours) et 120 000 autres documents. **Consultation des fonds :** 10 départements de conservation et de communication : *livres imprimés :* 10 millions de volumes (dont 200 000 rares ou précieux) ; *périodiques :* 350 000 titres anciens ou en cours ; *manuscrits :* 350 000 (dont 10 000 à peintures) ; *estampes et photographies :* 11 millions d'images ; *cartes et plans :* 890 000 documents ; *monnaies, médailles antiques :* 580 000 pièces et objets ; *musique* (incluant la bibliothèque du musée de l'Opéra au palais Garnier) : 1 700 000 pièces ; *phonothèque et audiovisuel :* 1 100 000 phonogrammes [dont environ 1 000 rouleaux de piano mécanique, 6 300 cylindres, 440 000 disques 78 tours, 370 000 microsillons, 42 000 compacts en 2 exemplaires, un musée du phonographe de 600 pièces (« collection Charles Cros ») et 16 000 vidéogrammes, 12 000 films cinématographiques] ; *Arsenal* (voir Autres bibliothèques p. 359 a) ; *Arts du spectacle :* 1 500 000 affiches, photos, manuscrits, maquettes, ouvrages de références répartis entre les différentes collections, 3 500 000 livres, périodiques et microformes. **Préservation des fonds :** *« Plan de sauvegarde »* depuis 1980 pour les documents menacés d'autodestruction (acidité du papier) : traitement des originaux (neutralisation, doublage), reproduction sur microformes à Sablé pour les livres. *Restauration* à Paris des documents précieux par des ateliers fonctionnant aussi pour des établissements extérieurs. **Fréquentation :** admission des lecteurs sur critères. Information du public du lundi au samedi de 9 h à 16 h 30 (fermeture annuelle du 1er au 3e dimanche de septembre). **Places :** 945 ; personnes reçues au service de l'accueil : *en 1993 :* 19 646 ; *94 :* 17 486. Entrées dans la salle de lecture : *1993 :* 16 946 ; *94 :* 16 159. Communications d'ouvrages : *1993 :* 51 539 ; *94 :* 55 302. **Entrées de documents et,** entre parenthèses, **nombre de communications** (en 1997) : 358 812 (1 155 172) dont imprimés 214 424 (731 772), périodiques 58 553 (123 203), manuscrits 32 058 (82 981), cartes et plans 3 069 (15 267), estampes 13 279 (37 474), musique 18 971 (75 425), monnaies et médailles 3 449 (28 498) ; b. de l'Arsenal (voir p. 359 a) 17 009 (60 552).

Catalogue : BN-Opale : base de données lancée en 1988 ; notices 1,3 million fin 1991, informatisation progressive de l'ensemble des catalogues sur fiches ou imprimés depuis l'origine ; édition de la Bibliographie nationale française, diffusée sur CD-Rom ; **BN-Opale plus :** catalogue des collections imprimées et audiovisuelles ; **BN-Opaline** pour cartes, plans, estampes, photographies, phonogrammes, vidéogrammes et multimédias. CD-Rom bibliographiques divers.

Projet INHA (Institut national d'histoire de l'art)/BNF : confié à l'Établissement public de maîtrise d'ouvrage des travaux culturels (EPMOTC), a débuté en 1999. *Bâtiment Vivienne :* destiné à l'administration, l'enseignement et la recherche ; maîtres d'œuvre : architectes Dominique Pinon et Pascale Kaparis ; fin des travaux prévue 2002. *Bâtiments du 58, rue de Richelieu :* bibliothèque, iconothèque, École des chartes et redéploiement de la BNF. En attendant la réalisation du projet, une partie des

■ **Direction du livre et de la lecture. Statuts :** au sein du ministère de la Culture, assure le contrôle technique de l'État sur les b. municipales et départementales (*décret D 88-1037 du 9-11-1988*) et a sous sa tutelle la Bibliothèque publique d'information et la BNF (Bibliothèque nationale de France). Les b. de prêt dépendent des conseils généraux depuis 1986. Les b. universitaires et celles des grands établissements (Institut, b. Mazarine, Muséum national d'histoire naturelle, musée de l'Homme, Académie de médecine) dépendent de la sous-direction des b. et de la documentation (Direction de l'Enseignement supérieur, ministère de l'Éducation nationale). **Budget** (en millions de F) : *1985 :* 946,5 ; *89 :* 647 ; *94 :* 2 246 ; *95 :* 3 144 ; *96 :* 1 106 ; *2001 :* 1 131,6.

■ **Catalogue collectif de France.** *Ouverture* 2000. Notices disponibles (manuscrits, parchemins, livres, journaux, périodiques, vidéos, films, images, disques, bandes magnétiques, cylindres de cire) : 5 à 6 millions (plus tard 10). *Coût* (en millions de F) *de la saisie informatique des catalogues des bibliothèques :* 120 pour la BN, 65 consacrés par la Bibliothèque de France, *conception et développement du logiciel :* 21. *Site Internet* www.bnf.fr

■ **Agence bibliographique de l'Enseignement supérieur (ABES). Créée** par décret (24-10-1994). **Administre :** le *CCN* (catalogue collectif national des publications en série) *en 1997 :* 680 000 périodiques dont 280 000 localisés dans 2 920 bibliothèques, Renater/Internet, Minitel 3617 code CCN, CD-Rom Myriade ; le *Pancatalogue* (catalogue collectif des ouvrages des bibliothèques de l'enseignement supérieur) *en 1997 :* 2 200 000 ouvrages, Minitel 3617 code PANCA ; *Téléthèses* (base de données des thèses de doctorat soutenues en France) *en 1997 :* 308 000 thèses, Minitel 3615 code SUNK*THE, CD-Rom Doc-thèses ; le *PEB* (prêt entre bibliothèques) ; *Rameau* (répertoire d'autorité matière). **Met en œuvre le schéma** directeur informatique du réseau des bibliothèques de l'enseignement supérieur qui prévoit un nouveau système de production unifiée des catalogues collectifs et de gestion de la fourniture de documents à distance, y compris sous forme électronique (déploiement terminé en 2001).

espaces libérés en 1998, par le départ des imprimés et périodiques vers le site François-Mitterrand, a été réinvestie, de manière transitoire, pour permettre le desserrement des collections et services de la BNF et de la Bibliothèque d'art et d'archéologie qui continuent à fonctionner sur le site, ainsi que l'accueil du Catalogue collectif de France venant du site François-Mitterrand.

Activités diverses : musée des Monnaies, Médailles et Antiques ; expositions (dont expositions tournantes galerie Colbert) où sont présentées les acquisitions les plus prestigieuses ; conférences et concerts (auditorium de la galerie Colbert, 200 places) ; auditoriums du site François-Mitterrand (350 et 200 places) ; vente de publications et reproductions.

■ **Bibliothèque publique d'information.** 11, rue Brantôme, 75003 Paris, Centre national d'art et de culture Georges Pompidou. *Créée* 1975, ouverte 1977 à tous. **Horaires :** (sauf mardi) de 12 h à 22 h, samedis, dimanches, jours fériés de 11 h à 22 h. Fermeture annuelle le 1er mai. Consultation sur place, sans prêt à l'extérieur. **Fréquentation :** 7 000 pers./jour. **Espace de lecture :** 10 000 m², 2 000 places, 370 postes de consultation multimédias, 5 cabines pour non-voyants. **Fonds :** 350 000 livres, 2 500 périodiques, annuaires, dictionnaires, encyclopédies, 10 000 CD musique, 2 300 films documentaires. Apprentissage de 135 langues et dialectes. Internet. *Service de réponses à distance* par courrier (BPI, 75197 Paris Cedex 04). **Site internet :** http://www.bpi.fr. **Budget de fonctionnement :** 30 millions de F (en 2000). **Personnel :** 241 personnes.

■ **Autres bibliothèques** (date de création entre parenthèses, et nombre de volumes). **Abbaye Ste-Marie** (1893) 100. **Académie nat. de médecine** 98 666. **Archives nationales** (1789) 1 500 000. **Arsenal** (dépend de la BNF, rue Sully, surface utile 7 000 m²) ; en *1998 :* imprimés 1 000 000, estampes 100 000, manuscrits 14 000, périodiques 11 466 titres, cartes et plans 3 000, œuvres musicales 1 000 ; *effectifs* (au 1-1-1998) : 22 titulaires ; *lecteurs* (en (en 1997) : 17 009 (Arsenal et Arts du spectacle) ; *documents communiqués* (en 1997) : 27 358 ; *rythme annuel d'accroissement :* 1 500 volumes. *Origine : 1713* édifice de Boffrand ; *1756* formée par le Mis de Paulmy d'Argenson ; *1785* vendue au Cte d'Artois ; *1787* ajout d'une partie de la bibliothèque du duc de La Vallière ; *1790* devient propriété nationale ; *1797-28-4* rendue publique ; enrichie des archives de la Bastille et de 50 000 volumes imprimés ou manuscrits venant d'églises, d'abbayes et de couvents ; *XIXe s.* reçoit divers legs (bibliothèque de l'abbé Grégoire, archives des saint-simoniens, collection du bibliophile Victor Luzarche, archives de Georges Perec) ; *1815* rendue au Cte d'Artois, devient la b. de Monsieur ; *1822-44* Charles Nodier est le bibliothécaire ; *1830* retour à l'État, reprend le nom de b. de l'Arsenal ; *1887* devient l'une des bibliothèques publiques de Paris ; *1934* rattachée à la BN ; *1977* en constitue un département; *1998* transfert des fonds prévu à Richelieu. **Art et Archéologie** (1918) 555 457. **Assemblée nationale** (1875) 600 000. **Affaires étrangères** (1815) 500 000. **Byzantine** 23 311. **Chambre de commerce** (1821) 300 000 et 13 000 collections permanentes ; 1 500 annuaires professionnels. **Conservatoire national des arts et métiers (Cnam)** 140 000. **Documentation internationale contemporaine** (1914) 665 000. **École nationale supérieure des mines** 500 000. **Études** (jésuites, 1856) 100 000 (300 périodiques en cours). **Historique de la Ville de Paris** (1871) 650 000. **Institut catholique** (1875) 699 712. **Institut de France** (1795) 1 500 000. **Institut pédagogique** (1879) 1 000 000. **Mazarine** (1643, dépend de l'Institut) 478 500. **Musée Guimet** 100 000. **Muséum d'histoire naturelle** (1635) 307 067 et **musée de l'Homme** 132 000. **Sciences politiques** (1945) 250 000. **Sénat** 600 000. **Société de géographie** (1821) 400 000. **Sorbonne** (1253-1762) 1 270 487.

■ **Bibliothèques universitaires Paris et Ile-de-France** (nombre de volumes en milliers). **Paris** *1* 91,3 ; *2* 27,8 ; *3* 284,5 ; *4* 261,3 ; *5* 181,6 ; *6* 98,3 ; *7* 93,1 ; *8* 279,4 ; *9* 150,6 ; *10* 419,9 ; *11* 275,5 ; *12* 181,3 ; *13* 243,2. **Marne-la-Vallée** 51,8. **Évry-Val d'Essonne** 45,7. **Cergy-Pontoise** 90,4. **Versailles St-Quentin** 58,9 *[total BU Ile-de-France 2 835,4].* **Sorbonne** 1 270,4 ; **Cujas** 547,2 ; **Sainte-Geneviève** (1624) 1 243,4 ; **Langues orientales** 582,4 ; **BAA** 555,4 ; **BIU Médecine** (1733) 1 262,2 ; **BIU Pharmacie** 76,6 ; **BIU Jussieu** 282 ; **BDIC** 699,7 *[total BIU Ile-de-France 6 520,5].* ***Total Ile-de-France 9 356.***

Province

■ **Années de création,** entre parenthèses, **et nombre de volumes,** en milliers. **Municipales. Aix** (1810) 284. **Bordeaux** (1736) 1 200. **Chantilly** centre culturel Les Fontaines (jésuites, 1971) 600. **Grenoble** (1772) 761. **Lille** (1726) 595. **Lyon** (1693) 1 000, comprend depuis 1972 b. de La Part-Dieu (centrale : 27 203 m² de plancher, 90 km de rayonnages, capacité : 2 000) 1 000. **Marseille** 400. **Montpellier** de la ville et du musée Fabre (1825) 500. **Nancy** (1750) 500. **Nantes** (1753) 350. **Nice** (1802) 455. **Orléans** (1714) 400. **Rennes** (1790) 466. **Rouen** (1791) 350. **Toulouse** (1782) 500. **Tours** (1791) 460. **Versailles** (1803) 450.

Universitaires (au 31-12-1998). **Aix-Marseille** *1* 274,3 ; *2* 138,8 ; *3* 179,6. **Amiens** 284. **Angers** 324,6. **Antilles, Guyane** 164,9. **Artois** 94,2. **Avignon** 89,1. **Besançon** 423,4. **Bordeaux** *1* 70 ; *2* 106 ; *3* 494,1 ; *4* 142,7 ; *Sicod* 19,3. **Brest** 239,8. **Bretagne Sud** 35,2. **Caen** 505,4. **Chambéry** 216. **Clermont-Ferrand** 392. **Compiègne** 61,2. **Corte** 46,2. **Dijon** 388. **Grenoble** *1* 176,7 ; *2-3* 516,4. **La Réunion** 126,1. **La Rochelle** 29,9. **Le Havre** 73,7. **Le Mans** 106,4. **Lille** *1* 142,1 ; *2* 125,6 ; *3* 434,8 ; *des facultés cath.* 510. **Limoges** 140,1. **Littoral** 68,3. **Lyon** *1* 234 ; *2* 456,1 ; *3* 138,3 ; *2-3* 330. **Metz** 231,2. **Montpellier** 979,1. **Mulhouse** 129,2. **Nancy** *1* 134,6 ; *2* 366,9 ; *INPL* 44,8. **Nantes** 326,5. **Nice** 282. **Orléans** 178,9. **Pacifique** 42,1. **Pau** 153,3. **Perpignan** 138,4. **Poitiers** 369,4. **Reims** 323. **Rennes** *1* 236,8 ; *2* 306,3. **Rouen** 260,7. **Saint-Étienne** 184,6. **Sevenans** 12,7. **Strasbourg** *1* 495,6 ; *2* 360,9 ; *3* 219,5 ; *BNU* 1 207,9. **Toulon** 78,3. **Toulouse** *1* 411 ; *2* 166 ; *3* 146 ; *INP* 21,5 ; *SICD* 18,1. **Tours** 254,6. **Troyes** 10,3. **Valenciennes** 85,3. ***Total province 15 955,2.* Total BU + BIU 25 311,2 ; total BGE 2 599,5. Total France entière 27 910,7.**

■ **Pouvoirs d'achats documentaires. Les plus élevés** (+ de 6 millions de F) : BIU Pharmacie 14,3. Lyon *1* 10,1. Nantes BIU Médecine 8,8. Strasbourg *1*, Grenoble *1*, Montpellier 8,4. Clermont-Ferrand 7,2. Caen, Dijon 6,7. Angers 6,2. Rouen 6. **Les moins élevés** (– de 2 millions de F) : Troyes 1,9. La Rochelle, Nancy *INPL* 1,8. Corte 1,5. Sevenans 0,9. Lyon *2-3*, Pacifique (Polynésie Fr.) 0,8. Bordeaux *Sicod* 0,4. Toulouse *INP* 0,09, *SICD* 0,6.

☞ **Gallica :** site Internet réalisé en 7 ans (ouvert 20-1-2000). Accès gratuit aux textes intégraux de 35 000 ouvrages (soit 12 millions de pages) et à 35 000 images fixes. 15 000 œuvres sont numérisées en mode texte, permettant des recherches en hypertexte. Le reste est en mode image. *Visites/jour :* 1 000. *Coût* (en millions de F) : 70. *Budget annuel :* 3 millions de F.

Principales bibliothèques

Dans le monde

☞ *Abréviations :* b. : bibliothèque ; coll. : collection ; univ. : universitaire.

Lieu, nom et, entre parenthèses, **date de fondation, nombre de volumes** en millions (tous les pays n'ont pas la même définition : la BN, par exemple, classe un volume à partir de 51 pages, la b. Lénine de Moscou à partir de 3 pages).

■ **Allemagne. Berlin :** d'État de Prusse (1661) 8,6. **Cologne :** de médecine (1908) 0,9. **Francfort :** (1994) 11 ; allemande (1947) 5,6. **Fribourg :** univ. (1457) 2,8. **Hanovre :** d'information sur les techniques (1831) 4,1. **Heidelberg :** univ. (1386) 2,69. **Kiel :** centrale des sciences éco. (1914) 2,3. **Leipzig :** allemande-librairie allemande (1912) 7,54. **Munich :** d'État de Bavière (1558) 6,4. **Tübingen :** univ. (1477) 2,8. [Die Deutsche Bibliothek (1990) : *Leipzig* (1912 ; pour œuvres parues depuis 1913) 9 ; *Francfort* (1947 ; pour œuvres depuis 1945) 7 ; *Berlin :* Deutsche Musikarchiv (1970).]

■ **Argentine. Buenos Aires :** nationale (1810) [*1992 :* nouvelle bibliothèque] 3.

■ **Arménie. Erevan :** d'État (1921) 6,7.

■ **Australie.** (Melbourne 1901.) **Canberra :** nationale (1968) 6 ; 220 km de rayonnages.

■ **Belgique. Anvers :** univ. St-Ignace (1852) 0,8. **Bruxelles :** de l'Université libre (1846) 2 ; Universiteitsbibliotheek VUB néerlandophone (1972) 0,5 ; du Parlement (1831) 0,5 ; royale (1837) 4,5 ; des sciences nat. (1846) 0,16. **Gand :** de l'université (1797) 3. **Liège :** de l'université (1817) 2,6. **Louvain-la-Neuve :** de l'université francophone (1425) 1,76. **Louvain :** de l'université néerlandophone (1634) 4,1.

■ **Biélorussie. Minsk :** de la Rép. (1922) plus de 7.

■ **Brésil. Rio de Janeiro :** nationale (1810) 0,4.

■ **Bulgarie. Sofia :** nationale (1878) 6,8.

■ **Canada. Montréal** (Québec) : nationale (1967) 0,4 ; **Ottawa :** nationale (1953) livres 2, publications officielles 3, périodiques 4.

■ **Chine. Pékin :** nationale (1909) 21,6 (volumes/items). Académie des sciences (1950) 5,6. **Shanghai :** (1952) 8,2.

■ **Danemark. Copenhague :** royale (1906) 4,6.

■ **Égypte. Alexandrie :** *fondée* sous Ptolémée Ier Sôter en 304 av. J.-C. par Demétrios de Phalère, contenait environ 550 000 rouleaux de papyrus représentant 30 000 œuvres. *Destruction* selon Abulfaradje (évêque d'Alep en 1286) : le calife (Omar ou Othman, selon la date retenue) incendia la bibliothèque. Interrogé sur le sort qui devait être réservé aux livres, il aurait répondu : « S'ils sont conformes au Coran, ils sont inutiles, s'ils sont contraires au Coran, ils sont pernicieux. » [Tradition contestée : *47 av. J.-C.* prise d'Alexandrie par César (des entrepôts contenant du blé et des livres destinés à l'exportation brûlent) ; *vers 390* attaque des chrétiens, *VIe s.* reconstituée en partie, puis redétruite, 642 puis 645.] NOUVELLE BIBLIOTHÈQUE (Bibliotheca Alexandrina) : *1988-26-6 :* 1re pierre posée. *Architecte :* cabinet norvégien, Snøhetta Arkitektur Landskap et associés, désigné le 24-9-1989). *Coût prévu :* 172 millions de $. *Coût annuel de fonctionnement :* 100 MF. *Surface :* 52 000 m² sur terrain de 45 000 m² (bâtiment circulaire, diamètre : 160 m, hauteur : 35 m, 9 niveaux descendant jusqu'à 11 m au-dessous du niveau de la mer). *Places :* 3 500. *Volumes : prévus à l'ouverture :* 200 000 (+ 10 000 images fixes numérisées et 1 500 titres de périodiques), *capacité finale :* 8 millions.

■ **Espagne. Madrid :** nationale (1712) 4.

■ **Estonie. Tallinn :** nationale (1993) 3,12.

■ **États-Unis. Berkeley** (Californie) : de l'université (1868) 8. **Cambridge** (Massachusetts) : de l'université de Harvard (1638) 12,88. **Chicago** (1991) : 150 millions de $, 67 000 m², 131 km de rayonnages. **New Haven** (Connecticut) : de l'université de Yale (1701) 9,5. **New York :** publique (1848) 11,3. **Urbana** (Illinois) : de l'université (1867) 8,5. **Washington** [*Congrès,* (1800), origine de Thomas Jefferson, 6 500 volumes en 1814, 360 000 m² comprenant le Thomas Jefferson Building (1897) ; salle de lecture (hauteur intérieure 49 m) et ses 2 annexes, le John Adams (1939) et le James Madison (1980). *Budget de fonctionnement annuel :* 1 440 millions de F] : 104 millions de publications diverses dont 29 de volumes imprimés, rayonnages 850 km.

■ **France. Paris** (voir p. 358 a), **Province** (voir col. a).

■ **Géorgie. Tbilissi :** publique de l'État (1946) 8.

■ **Grande-Bretagne. Londres :** *British Library* (1753), *1973* indépendante du British Museum, *Nouvelle bibliothèque* (1997), architecte Colin St John Wilson [*1977 :* 1ers travaux, 76 000 m², rayonnages 340 km, places 1 277 (au lieu de 3 440 prévues), coût 4,8 milliards de F] 12,6 ; budget de fonctionnement : environ 900 millions de F par an. **Oxford :** *bodléienne* (1602) 6. **Édimbourg :** *d'Écosse* (1682) 6. **Cambridge :** *univ.* (1400) 5,2. **Aberystwyth :** *du pays de Galles* (1907) 5.

■ **Hongrie. Budapest :** Szechenyi du Musée national (1802) 6 ; de l'Université (1872) 3 ; du Parlement (1896) 2,5 ; de Pécs (1774) 3 ; abbatiale de Pannonhalma (1002) 4 ; de Tihany (1055) 2 ; de Zirc (1182) 3 ; de l'Académie de musique (1875) 4 ; de l'Académie des sciences hongroises (1826) 5 ; Szabó Ervin, auparavant de la capitale (1904) 6 ; nationale de sciences médicales (1943) 3.

■ **Italie. Rome :** nationale (1876) 5, 40 000 m². **Florence :** nationale (1855) 53,88 km de rayonnages.

■ **Japon.** [*En projet :* **Osaka** (1996) : 165 000 m², 9,4.] **Tōkyō :** de la Diète (1948) 7,31 (455 000 disques, 419 000 cartes, 278 000 microfilms, 165 000 périodiques, 6 412 923 microfiches).

■ **Luxembourg.** Nationale (1899, origine 1798) 0,8.

■ **Pays-Bas. La Haye :** (1798), royale (1806), puis nationale (1982) 2,2.

■ **Pologne. Varsovie :** (1747) 1,9.

■ **Portugal. Lisbonne :** nationale (1796) 2,5.

■ **Roumanie. Bucarest :** Académie roumaine (1867) 10.

■ **Russie. St-Pétersbourg :** B. nationale de Russie (1795) 31,8 (dont 0,4 détruits, 3,6 endommagés par l'eau et 3,4 par des moisissures). Académie des sciences (1714) 19. 1er livre russe daté : *l'Évangile d'Ostromir* (1056-57). 7 000 ex. de la bibliothèque personnelle de Voltaire. **Moscou :** B. nationale de Russie (1862) 41,7 ; 19 salles de lecture (2 000 pl.), 4 500 lecteurs/jour. Fonds (en millions) : livres et séries 17,6 ; revues 13 ; journaux 0,6 ; manuscrits 0,6, autres inédits 0,5 ; publications cartographiques 0,2, éditions de musique et d'enregistrements sonores 0,4, matériaux d'art graphique 1,5, textes en feuilles 1,3, documentation technique 2,2, matériaux audiovisuels 0,02, microfilms 3,6. Partie étrangère : 12 (29 % de la collection). D'État des sciences et techniques (1958) 8. Des sciences sociales (1969) 13,5. De l'Université (1755) 6,63. **Novossibirsk :** Académie des sciences (1918) 13.

■ **Suède. Stockholm :** nationale (origine XVIe s., *1654* la reine Christine abdique et emporte une grande partie de la collection, *1697* incendie, *1878* locaux actuels, *1977* rénovation) 3,5.

■ **Suisse. Bâle :** de l'Université (vers 1470) 3,6. **Berne :** nationale suisse (1895) 3,4 ; municipale et univ. (vers 1528) 1,77. **Fribourg :** cantonale et univ. (1848) 1,95. **Genève :** publique et univ. (1562) 2,02. **Lausanne :** cantonale et univ. (1537) 1,8. **Neuchâtel :** publique et univ. (1788) 0,56. **Zurich :** centrale (1914) 4,22 ; de l'École polytechnique fédérale (1855) 5,51.

■ **Tchéquie. Prague :** nationale (1777) 6.

■ **Ukraine. Kiev :** Académie des sciences (1919) 12.

■ **Vatican.** Apostolique ; *en 1295 :* 442 volumes ; *1369 :* 2 000 ; *1997 :* 150 000 manuscrits, 1 000 000 de volumes dont 80 000 en accès direct, 8 000 incunables et ouvrages de la Renaissance (dont certains de l'imprimeur Alde Manuce), périodiques, estampes, cartes, médailles anciennes et médiévales (400 000), collection d'art sacré et *indrizzi* (correspondance des fidèles aux papes).

Bibliophilie

Cours atteints (en milliers de F)

■ Éléments du prix du livre

■ **Édition du livre** (originale, en partie originale, illustrée ou non). **Cote** de l'écrivain, importance des illustrations (gravures originales ou reproductions). **Présence de « suites »** (ensemble des planches illustrées présentées séparément) de dessins et aquarelles ayant servi à l'illustration. **État du livre** (blancheur du papier ; absence de taches, de déchirures). **Tirage** (très limité ou important). Les exemplaires « de tête », 1ers numéros sur japon ou sur chine, sont plus recherchés que les suivants sur Rives ou sur Arches. **Impression** des illustrations (noir profond, demi-teintes bien venues), état des gravures (présence ou non des gravures avant la lettre : tirées avant qu'on ait placé au bas l'inscription qui en indique le sujet et par conséquent avant que la planche ne soit usée par le tirage). **Typographie. Reliure :** matériau (exemple : plein maroquin du XVe s.), signature, ornementation, armoiries, chiffres. **Provenance :** dédicaces, lettres « truffés » (documents joints : portraits, lettres, etc.). **Intégrité :** le livre doit contenir tous ses volumes, toutes ses pages et figures. **Papier :** une édition originale sur papier hollande (30 à 50 exemplaires) atteint environ 8 fois le prix de l'édition ordinaire (plus l'auteur est connu, plus elle a de valeur).

ÉDITIONS ORIGINALES ET 1ers TIRAGES

☞ *Abréviations :* ex. : exemplaire(s) ; vol. : volume(s).

Atlas (109 cartes, 1741) 150 (2001). **Atlas Major** (Amsterdam, 1667) de Johan Blaeu 12 vol. : 670 (1980) ; de Waghenaer (1592) : 1 800 (1987). **Bible de Gutenberg** (1455-56) : 48 ex. sont connus [dont aux USA 13 dont 6 complets ; France (1954 en privé) 4 ex. dont 2 complets] ; 200 000 $ ex. incomplet ; 1 080 000 $ (mars 1978) ; ex. complet, acheté par le gouvernement de Bade-Wurtemberg (2 vol. in-folio 643 ff., 2 col. 42 et 40 lignes, gothique, 1re édition de la Bible, reliure anglaise de 1813 environ, maroquin brun) : 2 000 000 $ (7-4-1978) chez Christie's (New York), c'était la 1re fois en 50 ans qu'une Bible de Gutenberg passait dans une vente publique ; 32,4 millions de F (22-10-1987) chez Christie's (New York). **Bible latine** (1459-60) : 1 100 000 £ (1991). **Roman de la Rose** (Guillaume de Lorris et Jean de Meung, vers 1487) : 92 (1974). **Le Songe de Poliphile** (de Francesco Colonna, éd. Venise 1499) plus de 160 figures attribuées à Mantegna ou à Bellini : 580 (6-6-1972). **Livre d'heures** (1425-30) : 9 150 (2000). **Bréviaire** (Money Penny) 34,455 (2000).

Alain-Fournier : *le Grand Meaulnes* (1913) : 30 (1994). **Apollinaire :** *Alcools* (1913) : 30 (1994) ; ex. sur hollande : 200 (1997). *Calligrammes* (1918) : 15 (1991) ; ex. sur Arches : 100 (1993) ; 250 (1990) ; lithos de Chirico, reliure P. Bonet : 110 (1996) ; ex. unique (lithos de Chirico, reliure P. Bonet, envoi autographe à R. Gaffé) : 3 500 (1989) ; reliure Huser, sur japon ancien : 425 (1992). *Le Bestiaire ou Cortège d'Orphée* : éd. originale avec gravures sur bois Dufy : 265 (1996). *Si je mourais là-bas* (1962) reliure P. L. Martin, 18 bois de G. Braque : 346,2 (1992).

Balzac : *le Père Goriot* (1835) : 150 (1989) ; 1re édition complète (20 vol. parus de 1842 à 1855, Furne, Houssiaux éditeurs) : 25 à 200 ; 1re réimpression 1855 : 10 à 25. *Le Lys dans la vallée* (1835) : 40 ; avec dédicace : 480 (1997). *La Philosophie du mariage* (1830) : 160 (1989). *La Pucelle de Tilhouze* (1910) ex. unique : 72 (1992). *Le Chef-d'Œuvre inconnu* (éd. originale illustrée par Picasso, reliure P.-L. Martin) : 240 (1996). **Barbey d'Aurevilly :** *les Diaboliques* (1874) : 30 (1991) ; 6 (1997). **Bataille :** *Madame Edwarda* (1942) : 30 ; avec gravures de Fautrier : 33 (1996). *Histoire de rats...* (1947), eaux-fortes de Giacometti : 26 (1996). **Baudelaire :** *les Fleurs du mal* (1857) : 30 à 1 300 (dédicacé à Delacroix, 1985) ; 2e édition (1861 avec les poèmes censurés) : 2 000 (1998). **Benoit (P.) :** *Kœnigsmark* (1918) : 28 (1983). **Bernard (Cl.) :** *Introduction à l'étude de la médecine expérimentale* : 5,5 (1996). **Bernanos :** *le Journal d'un curé de campagne,* sur hollande : 40 (1991). **Breton (A.) :** *Manifeste du surréalisme* (1924) : 88 (1981). *Nadja* (1928) : réimposé (vol. in-4o) 22 (1997). **Buffon :** *Histoire naturelle des oiseaux* : 400 (1995).

Camus (A.) : *l'Envers et l'Endroit* dédicacé : 105 (1999). *L'Étranger* (1942) : 18 (1993). *La Peste* : 332 (1995). **Céline (L.-F.) :** *Voyage au bout de la nuit* (1932) : 6 sur Arches, 150 et 110 sur alfa : 50 (1997). Thèse de médecine : 33 (1998). **Cendrars (B.) :** *la Prose du transsibérien et de la petite Jehanne de France* (édition originale) : 350 (1996) ; ex. sur japon : 660 (1996). **Char (R.) :** *Poèmes,* reliure Adler, 14 gravures de Nicolas de Staël : 880 (1989). **Chateaubriand :** *Mémoires d'outre-tombe* : 20 à 50 ; avec lettre : 300 (1985). *Essai historique, politique et moral sur les révolutions* (1797) : 80,1 (1986). **Chaucer (G.) :** *Contes de Canterbury* (1476-77) : 46 (1998). **Cocteau (J.) :** *Opium* (avec envoi) : 3 (1991). **Corbière (T.) :** *les Amours jaunes* (1873) : 25 ; ex. de l'auteur avec nombreux ajouts autographes : 456,5 (1992) ; sur hollande : 16,5 (1997).

Dante : *la Divine comédie* (1472) : 5 100 (1999, record en France pour un livre imprimé). **Descartes :** *Discours de la méthode* (1637) : 120 (1981), reliure XIXe s. : 137,4 (1992). **Diderot et d'Alembert :** *Encyclopédie ou Dictionnaire raisonné des sciences, des arts et des métiers* (1751-80), 35 vol. in-folio : 281 (2001). **Dostoïevski :** *les Frères Karamazov* (1881) : 21 (1991). **Du Camp (M.) :** *Égypte* : 600 (1991). **Dumas (A.) :** *les Trois Mousquetaires* (1844) : 100 à 150 (1994).

Éluard (P.) : *Au rendez-vous allemand,* avec eau-forte de Picasso : 260 (1989). *Les Mains libres*, dessins de Man Ray (1937), sur japon : 52 (1996).

Flaubert (G.) : *Madame Bovary* (1857) : 12 à 150 (1991), grand papier ; ex. de Victor Hugo avec lettre autographe : 1 200 (1989) ; éd. ordinaire avec envoi : 100 (1997). *L'Éducation sentimentale* (1870), envoi : 140 (1991). *Salammbô* (1863) : 8 (1992).

Ganzo : *Orénoque* avec 11 eaux-fortes et 1 gouache de Fautrier : 480 (1989). **Gracq (J.) :** *le Rivage des Syrtes* : vergé de Rives 80 (1997). **Jacob (M.) :** *Saint Matorel* (1911) : 300 (1994). *Le Cabinet noir* (1922) : 7,5 (1994).

Laclos (C.) : *les Liaisons dangereuses* : 210 (1988). **La Fayette (Mme de) :** *la Princesse de Clèves* (678, reliure exceptionnelle) : 300 (1984). **La Fontaine :** *Contes et Nouvelles* (1762), édition des Fermiers généraux : 35 à 149 (suivant reliure) ; en maroquin : 60. *Fables* (1668) illustré par François Chauveau : 257 (1993). **Lautréamont (Cte de) :** *les Chants de Maldoror* : 480 (1998). **La Varende :** *Heureux les humbles* : 12 (1991). **Longus :** *Daphnis et Chloé* (lithographie de Marc Chagall) : 850 (1996). **Loti (P.) :** *Aziyadé* (1879), demi-reliure : 6 (1995).

Mallarmé : *l'Après-Midi d'un faune,* illustré par Manet : 65 (1996). *Poésies* (1932) illustré par Matisse, reliure Paul Bonet : 645,4 (1992), P.-L. Martin : 190 (1996). **Malraux (A.) :** *l'Espoir,* sur japon (reliure P.-L. Martin) : 61 (1997). *La Condition humaine* (1933) : 40 (1991). **Mandiargues (A.-P.) :** *Dans les années sordides* : 7 (1994). **Marx et Engels :** *Manifeste du parti communiste* (1848) : 280 (1979). *Le Capital*, édition française (1872-75) : 14,8 (1986) ; 8 (1993). **Mérimée (P.) :** *Carmen* (1846) : 48 (1997). **Molière :** *Amphitryon* (1668) : 48 (1983). *Œuvres* en 8 vol. (1673) : 1 900 (1988), (1782) : 80 (1993). **Musset (A. de) :** *la Confession d'un enfant du siècle* : 40 (1991) ; 12,5 (1996).

Nerval (G. de) : *les Filles du feu* (1854) : 50 (1993).

Paré (A.) : *Méthodes curatives des playes* (1561) : 310 (1995). **Pascal (B.) :** *Pensées* (1670) : 300 (1984). *Lettres provinciales* (1657) : 110 (1988). **Pasteur (L.) :** 21 cahiers de cours : 176 (1995). **Ponge (F.) :** *la Crevette dans tous ses états* (1948) : 36 (1994). **Proust (M.) :** *A la recherche du temps perdu* (1914-27), 13 vol. : sur vergé Lafuma : 245 (1996) ; reliure P. Bonet avec 8 lettres autographes : 1 300 (1998). *Du côté de chez Swann* (1914) : 30 (grand papier : 50 à 150) ; dédicacé à Anatole France : 400 (1989) ; reliure Paul Bonet, sur hollande avec envoi : 298,8 (1992). *Le Côté de Guermantes,* ex. de Léon Daudet : 85 (1984).

Racine : aux armes de Louis XIV : 350 (1988). **Radiguet (R.) :** *le Diable au corps* (1923), sur japon : 70 (1991). *Le Bal du comte d'Orgel* (relié) 125 (1999). **Regiomontanus (Jean Müller) :** *Épitomé* de l'*Almageste* de Ptolémée (1496) : 280 (2000). **Rimbaud (A.) :** *Une saison en enfer* (1873, vendue 1 franc) : 38 à 130 (1991). *Les Illuminations* (1886) : 90 sur hollande (1991), 250 sur japon. **Ronsard :** Discours au Roy (éd. originale) : 66 (1996). **Rousseau (J.-J.) :** *Discours sur l'origine et les fondements de l'inégalité parmi les hommes* (1755) : 700 (1988). *Du contrat social* : 900 (1988). **Rostand (E.) :** *Cyrano de Bergerac* (1898), 5 ex. sur japon : 60 (1992).

Sand (G.) : *Lélia* (1833), dédicacée à Musset : 830 (1985) ; 680 (1998). **Schedel :** *Chronique de Nuremberg* (1re édition, 1943) : 1 800 (1989). **Stendhal :** *Armance* (1827) : 90 (1982). *Le Rouge et le Noir* (1831), avec envoi 102 (1990), relié par Simier : 540 (1997). *La Chartreuse de Parme* (1837) : 200 (1989) ; dédicacée à Custine : 410 (1985). *Le Rouge et le Noir* et *la Chartreuse* dans une même reliure : 745 (1995) ; les 2 en 4 vol. demi-veau : 1 806,7 (1995).

Valéry (P.) : *le Cimetière marin,* ex. sur chine : 100 (1991). **Verlaine :** *Fêtes galantes* (1869) : 350 (1998). *Parallèlement* (éd. 1900 sur vélin de Hollande) : 145 (1996) ; illustré par Bonnard : 550 (1995) ; reliure P.-L. Martin : 165 (1996) ; sur chine, reliure Legrain : 270 (1996). **Verne (J.) :** *Sans dessus dessous* : 72 (1993) ; 60 (1996). *L'École des Robinsons* : 37 (1996). *Les Tribulations d'un Chinois en Chine* : 18,2 (1996). **Vesale (A.) :** Grand Livre (1543) : 10 080 (1998). **Vigny (A. de) :** *Servitude et grandeur militaires,* envoi à Marie Dorval : 320 (1989).

Zola (É.) : *l'Assommoir*, sur hollande : 75 (1991). *Nana* : 700 (1998).

LIVRES MODERNES DE PEINTRES

Chirico : *Calligrammes* de G. Apollinaire (1930) : 70 (1999). **Delacroix :** *Faust* de Goethe (1828), le 1er « livre de peintre », in-folio, environ 43 cm × 29, vignette de la couverture par Devéria : 230 (1989). **Delaunay (S.) :** *la Prose du transsibérien* de Cendrars (1913), ex. sur japon : 948 (2000). **Derain :** *l'Enchanteur pourrissant* d'Apollinaire (1909) : 142 à 365 (1996). **Dufy :** *le Bestiaire* d'Apollinaire (1911) : 150 (1995). **Dunoyer de Segonzac :** *Bubu de Montparnasse* de Charles-Louis Philippe : 230 (1992). **Goya :** *la Tauromachie* (1815) : 280 (1985). *Les Caprices* : 350 (1985). **Hugo (Jean) :** *Joues en feu* (Radiguet) : 400 (1991). **Manet :** *le Fleuve* (1874) : 165 (1998) ; *le Corbeau* d'E. Poe (1875) : 135 (1996). **Masson :** *le Con d'Irène* (Aragon) : 220 (1993). **Matisse :** *Jazz* (1947) : 740 (1998). **Picasso :** *Buffon* (1942) relié par Paul Bonet : 298 (1992) ; relié par P.-L. Martin : 120 (1996) ; *les Métamorphoses d'Ovide* (1931) relié par P. Bonet : 300 (1993) ; *Saint-Mathorel* de Max Jacob (1911) : 971 (1999). **Rouault :** *le Cirque de l'étoile filante* (1933) : 230 (1993) ; *la Passion* de A. Suarès (1939) : 140 (1993). **Toulouse-Lautrec :** *Histoires naturelles* de Jules Renard (1899, paru à 100 F et soldé à 40 F faute d'acheteurs) ; sur Rives : 100 (1995) ; reliure de P.-L. Martin : 112 (1996).

☞ **L'Apocalypse :** éditée à 1 seul exemplaire par Joseph Foret de 1958 à 1961 (210 kg, 300 000 peaux de mouton examinées pour sélectionner 150 parchemins), illustrée par 54 peintres (Buffet, Dalí, Léonor Fini, Mathieu, Zadkine...) était estimée 5 millions de F (vers 1970).

RELIURES

Origine. Jusqu'au XVIIIe s., les libraires vendaient des livres tout reliés. La couverture était muette. Pendant la Révolution, le prix du cuir ayant monté, on vendit des livres brochés sans couverture ou recouverts d'une feuille de papier gris ou mâché. Puis on colla au dos des étiquettes indiquant l'auteur et le titre. La couverture imprimée apparut à la fin de l'Empire et se généralisa au XIXe s.

Principaux cuirs. Basane (de l'espagnol et portugais *badana,* mouton) : en général fauve ou colorée. **Veau :** du brun au blond, parfois marbré, jaspé, en écaille, raciné ou coloré. **Chagrin** (de l'italien *zigrino,* chèvre d'Europe, employé depuis un siècle et demi). **Maroquin** (chèvre d'Afr. du Sud) : le plus prisé, souvent rouge, vert, bleu nuit, jaune citron et crème (plus rare). **Peau de truie :** très employée au Moyen Age ; en faveur en Allemagne au XVIIIe s. **Cuir de Russie :** se remarque par son odeur due à la bétuline, principe actif de l'écorce de bouleau ; il trempe 20 j dans une décoction. **Parchemin** (de Pergame en Turquie, célèbre autrefois pour sa bibliothèque) : vient de la peau non tannée d'agneaux, moutons, chèvres, veaux.

Forme. Reliure pleine : dos et deux plats recouverts de peau. **Demi-reliure :** dos seul en peau, plats garnis de papier ou de toile. *Demi-reliure à coins :* coins aussi garnis de peau. **Janséniste :** se dit d'une reliure pleine et sans ornement. **A tête dorée :** tête dorée, tranches ébarbées. **Décorée :** ornée à petits fers (filets, fleurons, etc.), ou avec un seul fer de la grandeur de l'ornement, appelée dans ce cas, *plein-or.* Si cette impression est faite sans dorure, avec des fers simplement chauffés, le livre est *gaufré* ou *estampé* à froid ; la reliure peut aussi être ornée de mosaïques de peaux. Si les plats intérieurs sont recouverts de peau, on parle de reliure *doublée.* **Originale :** ornée d'un décor à petits fers ou (et) mosaïquée, exécutée à un seul exemplaire avec nerfs (environ 5) ou sans nerfs sur le dos. **Reliure ou cartonnage à la Bradel** (nom d'un relieur français du XIXe s.) : l'ouvrage est emboîté dans une couverture cartonnée, puis fixé sur une mousseline collée, une rainure longitudinale sépare le dos des plats. **Reliures brodées :** *au Moyen Age :* ouvrages religieux ; *Renaissance :* exemplaires dits de présentation ou de dédicace ; *1760 :* début des almanachs ; *Directoire :* ouvrages à caractère commémoratif ; *fin XIXe s. :* textes littéraires.

Statistiques. Nombre d'entreprises : environ 140 de 10 salariés et plus, spécialisées dans la reliure-brochure. **Chiffre d'affaires :** plus de 2,5 milliards de F. **Entreprises les plus importantes :** NRI (Nouvelle reliure industrielle), la Reliure Brun et la Sirc (la plus importante avec 230 000 ouvrages par jour). **Nombre de volumes à relier :** environ 120 millions chaque année pour des éditeurs (1,5 million pour des bibliothèques).

Relieurs célèbres. XVIe s. : Claude de Picques, E. Roffet. **XVIIe s. :** Florimond Badier, Boyer, Clovis Ève, Le Gascon, Rocolet, Ruette. **XVIIIe s. :** Bradel-Derôme, Derôme, Douceur, Dubuisson, Du Seuil, Fournier, Le Gascon, Le Monnier, Padeloup. **XIXe s. :** Allô († 1875), Bauzonnet (1795-1886), Boutigny, Bozérian, Cambolle-Duru, Canape [Georges] (1864-1940), Capé (1806-67), Carayon (1843-1909), Cuzin, Doll, Duplanil († 1840), Duru († 1884), Ginain, Gruel, Hardy, Hering, Lefebvre, Lortic (1852-1928), Mairet (de Dijon), Ruban Petrus (1851-1929), Purgold († 1829), Rosa (1851-1929), Simier († 1837) [relieur de Louis-Philippe], Souze, Joseph Thouvenin (1790-1834), Trautz (1808-1879), Vogel. **XXe s. :** Adler (Rose) [1890-1959], Alix, Ameline (Paule) [née 1934], Auffret (Nadine) [née 1926], Aussourd (R.), Bonet (Paul) [1889-1971], Brindeau (François) [né 1953], Coster (Germaine de) [1895-1993] et Dumas (Hélène) [1896-1995], Cretté (Georges) [1893-1969], Creuzevault (Henri) [1905-71], Devauchelle (Alain) [né 1944], Devauchelle (Roger) [1915-93], Évrard (Sun) [né 1946], Gonet (Jean de) [né 1950], Gras (Madeleine) [1891-1958], Honnelaître (Claude) [né 1929], Kieffer (René) [1875-1963], Knoderer (Daniel) [né 1948], Legrain (Pierre) [1888-1929], Leroux (Georges) [né 1922], Lobstein (Alain) [né 1927], Loutrel [né 1957], Marius (Michel) [1846-1925], Martin (P.-L.) [1913-85], Mathieu (Monique) [née 1927], Mercher (Daniel) [né 1944], Mercher (Henri) [1912-76], Mercier [1885-1939], Meunier (Ch.) [1866-1948], Miguet (Colette et Jean-Paul), Noulhac [1866-1931], Richard (Michel) [né 1936], Semet et Plumelle [† 1980], Septier [† 1958], Vernier (Renaud) [né 1950].

PRIX DES RELIURES (en F)

Reliures neuves. Prix (en 2000) pour un format de base in-8o carré 220 × 140 : toile ou demi-toile 190, demi-basane 250, demi-chagrin 200, demi-chagrin à coins 1 000, demi-maroquin ou demi-veau à coins 2 500, plein maroquin avec tranches dorées sur témoins et gardes soie 7 000. **Reliures anciennes.** La beauté des décors de reliures signés et la provenance déterminée par les armes frappées sur les plats sont des éléments importants du prix. **Basane simple :** textes religieux, auteurs vendus comme garniture : 15 à 40 le volume. **Reliure à décors :** *à filets* (2 ou 3) sur les bords : 100 à 2 000 ; *à la roulette,* veau et maroquin : 500 à 5 000 ; *à dentelles,* surtout sur maroquin : 1 000 à 4 000 ; *à la plaque,* procédé semi-industriel (almanachs royaux) : 1 500 à 6 000 ; *aux petits fers :* 4 000 à 12 000 ; *mosaïqués* (ou « à compartiments »), peaux découpées de différentes couleurs, dentelles aux petits fers : 1 500 à 12 000. Pièces exceptionnelles : 20 000 à 50 000. **Reliures contemporaines.** *Paul Bonet :* « Recueil unique de documents manuscrits ou imprimés » (surréalistes, 1931) : 630 000 (1981). « Calligrammes » d'Apollinaire, reliure métallique 800 000 (1986). Voir col. a. *Pierre-Lucien Martin :* « la Peste » de Camus 520 000, texte d'Eluard 330 000, d'Aragon 160 000, de Sartre 133 000. *Jean-Paul Miguet :* « Bonjour tristesse » de Françoise Sagan 77 000 (1999).

MANUSCRITS (en milliers de F)

Éléments du prix. Le prix dépend de *l'auteur,* de la *longueur du texte,* de *l'intérêt du sujet traité* (le prix d'une lettre de simple soldat décrivant la bataille d'Austerlitz serait supérieur au prix d'une lettre sans intérêt de Napoléon), de la *conservation* et du fait qu'elle soit *entièrement autographe et signée* ou simplement *signée.* L'usage du papier s'est développé au XVe s. Avant, on utilisait du parchemin et l'écriture se limitait aux textes religieux et aux chartes officielles (la plus ancienne connue date de 628 et porte le monogramme du roi Dagobert).

Au XVe s., on commença à écrire des lettres. Au XVIIe, l'autographe devient commun. En France, Philippe de

Béthune, frère de Sully, et son fils Hippolyte formèrent la 1re collection d'autographes. Roger de Gaignières fut le plus grand collectionneur du XVIIe s. Au XIXe s., l'abbé Villenave (avocat) rédigea le *1er catalogue* d'une collection d'autographes (dont la vente eut lieu à Paris le 24-5-1822). De cette époque date le commerce des autographes. En 1828, Bérard publia une isographie des hommes célèbres (4 volumes de fac-similés).

■ **Manuscrits des rois de France.** Les Mérovingiens signaient les diplômes puis, dès le VIIIe s., les rois firent écrire par un scribe la formule de souscription ou leur monogramme. Puis les rois signent, mais seulement les lettres missives ou les actes importants (le roi Jean II fut le premier à le faire). *Le plus ancien spécimen* restant d'une lettre autographe d'un roi de France est une lettre écrite et signée par Charles V en 1367.

■ Manuscrits du Moyen Age ornés de miniatures

Bible (1312, 768 pages) : 7 800 (1984). **Bible hébraïque** (vers 1313, 768 pages avec enluminures) : 7 800 (1985). **Bréviaire** de l'archevêque de Sens (1300, reliure en velours rouge du XVIIe s.) : 1 807 (1995). **Codex Leicester** de Léonard de Vinci : 24 000 (12-12-1980, Christie's, acheté par Armand Hammer, seul manuscrit de Vinci appartenant encore à un particulier) et 160 000 (27-11-1994, Christie's, acheté par Bill Gates). **Commentaire de la Mishna** par Maïmonide : 2 275 (1976). **Coran** (IXe s., 53 pages) 930 (1997). **Des cas des nobles hommes et femmes** de Boccace (1403) : 3 800 (1980). **Évangéliaire** *carolingien* (vers 860/880) : 15 782 (26-11-1985, Sotheby's). *De l'abbaye de St-Hubert* (vers 870), 186 feuillets : 16 259 (26-11-1985) ; (vers 1515), 464 pages : 8 000 (Drouot, 20-11-1985) ; (XIIIe s.) sur peau de vélin : 2 212 (16-6-1995, Drouot). Évangiles 97 680 (6-12-1983, Sotheby's). **Fâl-Nâme** (vers 1550, Iran, Tabriz ou Qazvin), 1 page : 1 000 (1992, Paris). **Graduel et sacramentaire de l'abbaye d'Ottobeuren** (vers 1164, All. du Sud) : 7 000 (1981). **Grandes Chroniques de France :** 2 414 (1981). **Heures** de Jacques et Jeanne Cauchon à l'usage de Reims (vers 1430) : 4 000 (1998). **Heures de la Vierge** à Rome : 3 145 (1976). **Histoire du monde** de Paulus Orosius : 2 596 (1982). **Histoire ancienne** (vers 1380) : 2 028 (1983). **Manuscrit de l'Apocalypse** (vers 1280) : 6 670 (25-4-1983, Sotheby's). **Manuscrit espagnol** (1583) sur la navigation dans les Caraïbes : 1 579,6 (1992, Drouot). **Manuscrit persan** du XIVe s. sur la 1re histoire du monde par Rashid al-Din : 8 330 (juillet 1980). **Pisan (C. de),** *Le Livre des trois vertus* (1406, reliure du XVIe s.) : 778 (1995). **Psautier** *biblique* à division fériale, peintures, 176 feuilles : 8 582 (18-5-1986) ; (*1420,* orné par le maître Hannibal de Harvard) : 592 (1995) ; *et heures d'Elizabeth de Hongrie* (1340-45) : 11 200 (21-6-1988, Sotheby's) ; *de St Blasien* (XIIIe s.) : 35 000 (1997) ; *de Burdett* (XIIIe s.), aurait appartenu à Jean de Villiers : 27 636 (23-6-1998) ; *heures à l'usage de Reims* (197 × 137 mm) [vers 1430], sur velin – 18 miniatures : 4 380 (30-11-1998). **Roman de la Rose** (XVe s.) : 4 000 (16-9-1988, hôtel George-V). **Sacramentaire d'Augsbourg** (XIe s.) : 3 634 (1982).

■ Autographes

☞ *Abréviations :* a. : autographe ; b. : billet ; l. : lettre ; m.s. : manuscrit ; p. : page ; s. : signé.
Légende : année de vente (entre parenthèses).

Acteur. **Le Luron (Th.) :** l. à son banquier pour le rassurer (1974) 4,5 (1996). **Actrice.** **Rachel :** 11,9 (1987). **Cinéaste.** **Gance (Abel) :** *la Roue* 213,8 (1993) ; 19 carnets intimes 320 (1993). **Criminel.** **Landru :** dessin annoté de sa cuisinière 42 (1985). **Danseur.** **Nijinsky :** Journal 430 (1979).

Écrivains et philosophes. **Apollinaire :** *Chanson du mal-aimé* 120 (1988) ; épreuves d'*Alcools* corrigées par l'auteur 230 (1988) ; *Pont Mirabeau* 70 (1988) poème 29 l. à sa marraine de guerre, Jeanne Burgues 400 (1999) ; l. à Lou 215 (1999). **Aragon** *les Beaux Quartiers* (522 p.) 54 (1979). *Les Aventures de Télémaque* (42 p.) 41 (1991) ; *Aurélien* (1975) 300 (1994). **Artaud :** l. à Pierre Laval 17 (1986). **Balzac :** 1 l. (4 p.) à Stendhal 150 (1985) ; l.s. (de candidature à l'Ac. fr.) 130 (2001). **Barbey d'Aurevilly :** *les Diaboliques* 183 (1977) ; *le Bonheur dans le crime* 315 (1989). **Baudelaire :** l. à sa maîtresse 330 (1996) ; sa mère 3 à 285 (1996) ; 2 l. à Vigny 246 (1994) ; *Paradis artificiels* (annotés) 220 (1989) ; *Mon cœur mis à nu* (87 et 6 p.) 2 200 (1988) ; portrait de Jeanne Duval 620 (1988) ; *Une femme pour Asselineau* 650 (1988) ; photo par Nadar 400 (1988) ; notes pour sa biographie (1 ½ p.) 29 (1989) ; préface des *Fleurs du Mal* (11 p.) 1 369,6 (1992) ; dessins (1 p.) 71,2 (1993). **Becque :** textes critiques et dramatiques (66 p.) 3 (1994). **Bernanos :** *l'Imposture* (376 p.) 91 (1994), 1er jet des *Enfants humiliés* 75 (1999). **Bertrand (A.) :** *Gaspard de la nuit* (1836) 290 p. 844,8 (1992). **Bloy :** *Sueur de sang* 180 (1990) ; 1 l. 3 500 (1983) ; m.s. *Le Pal* 83,5 (2000). **Borges :** m.s.a. *Historia del Tango* 200 (2000). **Breton :** 15 l. 51 (1986) ; Notes pour *Nadja* (26 p.) 65 (1991) ; *Jeux surréalistes* (3,5 p.) 23 (1991) ; l. d'amour à Nelly Kaplan (du 6-1-1957) 64 (1999). **Breton** et **Soupault :** *les Champs magnétiques* 127 (1982) voir Éluard. **Byron :** poème 150 (1984) ; 1 l. (3 p.) à Stendhal 380 (1985). **Camus :** *l'État de siège* 85 (1979) ; *la Peste* 200 (1983) ; *l'Étranger* 104 p., relié P.-L. Martin 1 000 (1991) ; *l'Étranger* 100 (1991) ; *Caligula* relié Paul Bonet 162 (1992). **Céline :** *Mort à crédit* 510 (1983), 1 200 (1999) ; *l'École des cadavres* 185 (1984) ; *D'un château l'autre* 210 (1983) ; *Féerie pour une autre fois* 344 (1998) ; *Voyage au bout de la nuit* 11 000 (2001) ; l. à Descaves 10 (1994). **Cendrars :** fragments de *Moravagine* 120 (1983) ; *la Fin du monde filmée par l'ange N.D. ; roman cinéma* (32 p.) 383,2 (1993). **Char :** minute d'1 l. à Péret (3 p.) 42 (1991) ; *Seuls demeurent* (81 p.) 500 (1998). **Chateaubriand :** 1 l. à Hugo 36 (1985) ; à Chênedollé (8-11-1803) 18 (1991) ; *Mémoires de ma vie* (114 p.) 1 495 (1995). **Claudel :** *l'Annonce faite à Marie* 210 (1994). **Cocteau :** notes 3 (1989) ; brouillon d'1 l. à Pétain 3,5 (1982) ; *Opium* 422 (1983) ; inédit avec 8 dessins (43 p.) (1929-30) 643 (1991) ; 1 l. à Proust 75 (1985) ; son testament 30 (1986) ; *le Mystère de Jean l'Oiseleur* (37 p. avec 31 dessins) 111,5 (1986) ; correspondance à Apollinaire (1916-18), 46 l., billets, cartes 350,4 (1993) ; *Thomas l'Imposteur* 300 (1999). **Colette :** 5 dont *le Blé en herbe, la Seconde, Journal à rebours, Gigi, Pour un herbier* 170 (1977) ; 337 l. 210 (1983) ; 1 l. 89,6 (1994), *la Vagabonde* 42 (1996) ; *Dialogues de bêtes* 300 (1999). **Commynes :** l. à L. Sforza 19 (1994). **Condorcet :** l. à Voltaire 13 (1989). **Corneille :** signature sur document concernant l'Académie française 116,1 (1992). **Custine :** l. à Stendhal 91 (1985). **Daudet (A.) :** *Contes du lundi* 185 (1989) ; *Jack* 190 (1990). **Descartes :** l. 53 (1979). **Diderot :** l. 18 (1989). **Éluard :** 1 poème 94 (1990) ; (8 p. 1/2) sur Picasso 24,5 (1991) ; *Une longue réflexion amoureuse* (recueil) 130 (1998). **Éluard et Breton :** 407 fiches du *Dictionnaire abrégé du surréalisme* 1 300 (1991). **Engels :** l. 16 (1981). **Fénelon :** l. à Bossuet 7 (1980). **Flaubert :** *Voyage en Orient* 495 (1989) ; brouillon de *l'Éducation sentimentale* 450 (1975) ; l. à Baudelaire 216 (1984) ; Maupassant 190 (1985) ; Collet 12 (1994) ; *Par les champs et par les grèves* 1 760 (1999). **France (A.) :** *Histoire comique* 43 (1991). **Franck (Anne) :** l. à Betty Wagner 1 000 (1989). **Freud :** l. 65 (1987). **Gautier (Th.) :** poème 7 (1986). **Genet :** *Journal du voleur* (1951) 1 700 (1986), 953 (1999) ; *le Bagne* 520 (1990) ; *Querelle de Brest* (370 p.) 520 (1992). **Géraldy :** *Toi et Moi* 20,1 (1982). **Gide :** *Ménalque* 38 (1983). **Giono :** 16 l. 7,5 (1991). **Giraudoux :** *Jacques l'Égoïste* 60 (1983). *Suzanne et le Pacifique* 60 (1983). **Goethe :** l. 75 (1999). **Gogol :** l. 86 (1990). **Goncourt :** 25 p. 7,5 (1994). **Greene (Graham) :** *la Fin d'une liaison* annotée par lui et Evelyn Waugh 165,5 (1996). **Guitry :** *Mon père avait raison* (67 p.) 12,8 (1983). **Heine :** brouillon poème 17 (1984) ; brouillon 13 p. 215,4 (1991). **Hugo (Adèle) :** 798 p. sur V. Hugo 107 (1977) ; **(Victor) :** épreuves corrigées des *Misérables* 710 (1989) ; l. 1,5 à 20 ; carnet de notes et dessins 236 (1984) ; son journal de 1875 : 305 (1985) ; 250 (1988) ; l. à J. Drouet 26 (1988) ; 1 carnet (1863) 150 (1996) ; *Discours sur l'esclavage* (1879) 103 (1999). **Huysmans :** *Là-bas* 59 (1977). **Jacob (Max) :** *Cornet à dés* 480 (1990) ; *le Laboratoire central* (260 p.) 180 (1992). **Jarry :** *Messaline* (219 p.) 160 (1983) ; *le Surmâle* 190 (1991) ; *Ubu roi* (envoi à Catulle Mendès) 220 (1993). **Kafka :** *Le Procès* (1914) 11 000 (1988). **La Fontaine** bail signé (1652) 70 (2000), l. au père Bonhours (1687) 62 (1999). **Lamartine :** l. sur l'Europe (4 p.) 7 (1994) ; dans un album (1 p.) 8,3 (1994). **Lamennais :** 95 p. 13 (1981). **Léautaud :** *le Petit Ami* (150 p.) 200 (1992). **Leduc (Violette)** *Thérèse et Isabelle* (208 p.) 410 (1992). **Louÿs (Pierre) :** *la Femme et le Pantin* 173 (1990). **Mallarmé :** poèmes 17 à 110 (1988) ; 1 p. sur le tombeau d'Edgar Poe 58 (1996). **Maritain :** 18 p. (1924) 6,2 (1991). **Maurois (A.) :** *le Cercle de famille* 22 (1983). **Maupassant :** *Une vie* 1 060 (1989) ; l. sur sa vérole avec dessins et poème 90 (1984) ; l. de renonciation à la candidature à l'Académie française 50 (1993). **Mauriac :** *le Désert de l'amour* 65 (1983) ; *la Fin de la nuit* 155 (1999). **Maurras :** 250 p. 95 (1991). **Mérimée :** *la Vénus d'Ille* 330 (1989) ; l. à sa mère 8 à 41 (1985) ; à Stendhal 70 (1997). **Molière :** signature sur quittance 165 (1978) ; on ne connaît que 5 exemplaires de son paraphe en dehors des archives notariales. **Montesquieu :** l. 15 (1981). **Montherlant :** *le Songe* 88 (1979) ; 283 l. 100 (1985) ; *les Célibataires* 120 (1996) ; *les Bestiaires* 105 (1997). **Musset :** l. à Mme Jaubert 12 (1988). **Nerval :** poème 43 (1983). **Nietzsche :** 26 (1981). **Nizan :** *le Cheval de Troie* 29,5 (1983). **Nouveau (G.) :** 6 sonnets 68 (1991). **Pascal :** pièce signée 73,5 (1983). **Pergaud :** *le Roman de Miraut* 40 (1983). **Philippe (Ch.-L.) :** *Marie Donnadieu* 75 (1991). **Pouchkine :** poème 280 (1989). **Prévert :** 11 p. 36 (1981). **Proust :** l. (16 p.) à sa mère 155 (1985) ; 9 p. 390 (1985) ; l. à 8 ans à son grand-père de 12,5 à 75 (1992) ; fragment a. d'*A la recherche du temps perdu* (4 p.) 32 (1992) ; 1 p. 1/2 a. sur Tante Léonie 45 (1992) ; envoi à A. France 266,9 (1993) ; *A l'ombre des jeunes filles en fleurs,* pages d'épreuves corrigées *32 à 48 :* 230 ; *59 à 71 :* 270 (1999) ; *A propos du style de Flaubert* 64 p. : 950 (1999). **Radiguet :** *le Diable au corps* (1re ébauche) 520 (1986). **Remarque (E.M.) :** *A l'Ouest rien de nouveau* 2 204 (1995). **Reverdy (P.) :** 40 l. 50 (1991). **Renard (J.) :** *Monsieur Vernet* 100 (1996). **Rimbaud :** *les Illuminations* 9 millions d'AF (1957) ; *« les Voyelles »* 330 (1982) ; dessin 132 (1986) ; reçu de la douane du Harrar 75 (1990) ; passeport signé 235 (1990) ; poème de 20 vers 182 (1993) ; *Lettre du voyant* (11 p., écrite à 17 ans, le 15-5-1871 à Paul Demeny) 3 000 (1998) ; *Une saison en enfer* (6 p.) 2 900 (1998) ; l. à ses parents 196 (1999). **Romains (J.) :** *la Vie unanime* 33 (1983). **J.-J. Rousseau :** 1 a. 36 (1984). **Sade :** 2 l. de jalousie à sa femme 16,5 (1987) ; *Sur les prédications du père Massillon* (3 p.) 11,5 (1994). **Saint-Exupéry :** l. (9 p.) 10 (1979). **Sand :** *Consuelo* 505 (1989) ; l. à Delacroix sur Chopin 72 (1982) ; *Horace* (304 p.) 150 (1990). **Sartre :** *la Mort dans l'âme* 85 (1984) ; *le Diable et le Bon Dieu* 100 (1991) ; *Qu'est-ce que la littérature ?* 42 p. 40 (1991) ; Chopin et Delacroix, dessin (1 p.) 128,9 (1993) ; *Barina* (pièce écrite 1940, 40 p.) : 53 (1995). **Schiller :** l. 60 (1999). **Spinoza :** *Opera posthuma* (original) 6 000 (1986). **Stendhal :** testament a. 90 (1985) ; de 1817 (1,5 p.) 60 (1991) ; sa dernière lettre (21-3-1842) 28 (1985) ; l. 17 à 210 (1988). **Tourgueniev :** l. 15 (1982). **Valéry :** 133 poèmes inédits 650 (1982) ; 11 l. 47 (1983) ; brouillons de poèmes 9 p. 19 (1991). **Verlaine :** 12 poésies des *Fêtes galantes* 740 (1991) ; poèmes de Mallarmé retranscrits 398 (1991) ; 2 poèmes sur un mouchoir brodé au nom de Rachilde 12 (1991) ; *Liturgies intimes* 80 (1994) ; l. 104 (1998). **Verne (J.) :** *le Docteur Ox* 180 (1985). **Vigny :** 5 poèmes 305 (1989). **Voltaire :** l. à Lebrun sur l'adoption de la petite-nièce de Corneille 14,5 (1996). **Wilde (O.) :** a. 7,3 (1988). **Yourcenar :** l. 10,5 (1991). **Zola :** à partir de 0,05 ; l. à son avocat Labori 48 (1983) ; préface, 18 p. en 1 volume in-8° 58 (1986) ; sa candidature à l'Académie française (1 p.) 3,5 (1994). **Zweig (S.) :** Carnet 73 (1987).

Musiciens. **Album romantique** avec dessins et ors (**Chopin, Berlioz, Liszt,** etc.) : 700 (1986). **Bach :** cantate 4 175 (1989). **Beethoven :** p. Sonate *Clair de lune* 208 (1980) ; 4 p. concerto no 1, 3 300 (1983) ; p. *Symphonie pastorale* 470 (2001) ; l. et contrat 200 (1984) ; l. à Georg August von Griesinger (20-11-1823) 157,8 (1991). **Bellini :** mélodie 15 (1981). **Berlioz :** l. (16-12-1832) 3 p. 26 (1991) ; m. musical d'un chœur 310 (1985). **Boulez :** Psalmodie 16 (1983). **Brahms :** Sonates Opus 120 nos 1 et 2 : 432 (1997). **Chabrier :** *Bourrée fantasque* 255 (1986). **Chopin :** musique 2 p. 180 (1984) ; 8 p. 766,5 (1993) ; 1 l. à George Sand (25-11-1846) 155 (1999). **Debussy :** l. 31 (1982) ; 5 poèmes de Baudelaire 100 (1988). **Dutilleux :** *Métaboles* 51 (1984). **Fauré :** mélodie 16 (1983). **Franck (C.) :** *Ruth* 45 (1982). **Haydn :** 4 700 (1995). **Liszt :** *Marche militaire hongroise* 100 (1984) ; l. (8 p. de 1857) 22,1 (1994). **Mendelssohn :** 104 p. (1829) 1 159,7 (1992). **Mozart :** 1 feuillet recto-verso, fragment de sérénade composée à 17 ans 427,3 (1991) ; manuscrit (1784-85) 8 000 (1990) ; *symphonies 29* et *30*, 21 900 (record absolu 1987) ; 2 chants religieux 580 (1999). **Offenbach :** *Phénice* 32 (1984). **Poulenc :** mélodie 90 (1986). **Ravel :** *Boléro* 1 894,5 (1992) ; *la Valse* (24 p.) 477,4 (1992). **Rossini :** (10 p. de musique) 100 (1984). **Rouget de Lisle :** *la Marseillaise* (réécrite en 1833) 130 (1981, achetée par Serge Gainsbourg). **Satie :** 12 l. à Cocteau 490 (1986) ; *Parade* 395 (1992). **Schubert :** manuscrit (5/13-9-1814) 3 000 (1992). **Schumann :** 1 a.s. 13 (1981) ; partition 8 565 ; 8 p. 400 (1995). **Tchaïkovski :** 1 a.s. 25 (1982). **Wagner (C.) :** 6 l. signées et 2 l. (35 p.) 17 (1994). **Wagner (R.) :** l. 185 (1982) ; l. de 1855 (3 p.) 11,5 (1994).

Peintres, dessinateurs, sculpteurs. **Cézanne :** l. de 1904 à Émile Bernard (1 p.) 22 (1994). **Chagall :** l. à Mme Coquiot (6-4-1926) 10 (1992). **Daumier :** 1 a.s. 18 (1989). **David :** l. 6 (1980). **Delacroix :** l. 10 (1996). **Delaunay :** l. de 1930 avec 2 croquis (4 p.) 13 (1994). **Detaille :** l. avec dessin de 1868 (2 p.) 7 (1994). **Gauguin :** Noa Noa 250 (1979), l. 190 (1984). **Géricault :** l. 75 (1996) ; l. d'amour à Mme Trouillard (20-6-1822) 50 (1999). **Ingres** l. 7 (1986). **Le Corbusier :** l. de 1937 (2 p.) 4 (1994). **Magritte :** 1 p. avec dessin à la sanguine 56,7 (1996). **Manet :** l. à Baudelaire 70 (1986). **Modigliani :** l. (1 p.) 58 (1992). **Monet :** l. de 1891 à G. Geffroy (3/4 p.) 3,8 (1994). **Pierre Puget :** 1 a.s. 6 (1981). **Poussin :** l. 28 (1994). **Renoir :** l.a.s. à Paul Bérard (22-6-1882) 4 p. avec dessin à la plume 88 (1992). **Rigaud :** l. 6 (1981). **Steinlen** (861 p.) 20 (1982). **Toulouse-Lautrec :** l. 7 (1981). **Van Gogh :** l. 240 (1983), l. 350,4 (1994), l. de 4 p. 950 (2001).

Politiques. **Babeuf :** l. (de 1795) 30 (1981). **Barras :** brouillon de sa démission 6 (1982). **Beauharnais (E. de) :** m.s. de 1799 à Berthier (1 p.) 10,5 (1994). **Cadoudal :** l. 26 (1987). **Clemenceau :** 4 p. 4 (1991). **Danton :** l. 30 (1988). **Desmoulins (C.) :** l. 30 (1991). **Dreyfus (capitaine) :** 330 (1996). **Foucquet** l. 20 (1999). **Fryer** (capitaine du *Bounty*) : l. relative à un des insurgés 9 (1981, Londres). **Jaurès :** m.s. 10 (1986). **Malherbe :** l. 21 (1981). **Marat :** 3 a. 0,35 (1988). **Mazarin :** 131 l. 90 (1979). **Michel (Louise) :** 4 l. et 1 poème à V. Hugo (9 p.) 16,5 (1994). **Mirabeau :** l. 3,2 (1987). **Montespan (Mise de) :** l. 7,8 (1983). **Mussolini :** l. de 1913 (1 p.) 5,2 (1994). **Raspoutine :** 1 p. 18 (1990). **Richelieu :** l. de 1641 (½ p.) 2,5 (1994). **Robespierre :** l. 33,5 (1988) ; 20 (1992). **Roland (Mme) :** m.s. de Sainte-Pélagie (11-9-1793) 20 (1992). **Schoelcher :** 190 l. à Ernest Legouvé 12,5 (1994). **Surcouf :** 1 a.s. réclamant la Légion d'honneur 30 (1982).

☞ **Empereurs, rois et reines :** **Anne d'Autriche :** 20 l. 68 (1986). **Charles IX :** l. 28 (1987). **Élisabeth Ire :** l. 165 (1980) ; l. à Catherine de Médicis (3-7-1567) 99 (1993). **François Ier :** 33 l. à Sébastien de L'Aubespine (16-4-1546/20-3-1547) 54 p., 140 (1992). **François II :** l. de 1560 12 (1988). **Frédéric II :** l. à Voltaire 10 (1981). **George III :** l. de 1773 (3/4 p.) 4 (1994). **Henri II :** brouillon de poème (1 p.) 32 (1982). **Henri IV :** l. à Sully 69 (1991) ; poème à Gabrielle d'Estrées (1598) 157,8 (1991). **Henri VIII :** l. patente avec sceau (28-4-1524) 1 150 (1983). **Joséphine (de Beauharnais) :** l. de 1812 à son fils Eugène (1 p. ¼) 13 (1994). **Louis XIII :** l. au Mis de Brézé (9-9-1635) (3 p.) 21,5 (1991). **Louis XIV :** l. 18 (1981). **Louis XV :** l. 1744 à sa fille Adélaïde (½ p.) 4 (1994). **Louis XVI :** l. 14 (1981) ; Jugement de L. Capet (4 p.) 9 (1994) ; Bulletin de santé de Louis XVI et Marie-Antoinette au Temple 13 (1981). **Louis XVIII :** m.a. 125 (1992) ; l. (7-9-1800) à Louis XVIII pour le dissuader de revenir 420 (1996). **Marie-Antoinette :** l. 20 (1979). **Médicis (Catherine de) :** l. de 1566 (½ p.) 4,5 (1994) ; **(Marie de) :** 14,5 (1984). **Napoléon :** l. à Mme Tallien 83 (1980) ; l. à Emma 78 (1988) ; Berthier (1803) 5,8 (1992) ; d'amour à Joséphine (1796) 650 (1997) ; plan de campagne (1803) 125 (1988) ; m.s. de la campagne d'Égypte dicté et très corrigé par Napoléon à Ste-Hélène (plus de 300 p.) 150 (1978) ; l. de Moscou de 1812 (1 p.) 41 (1994). **Pierre le Grand :** 1 p. 6 (1981). **Chefs d'État :** **De Gaulle :** *Appel à tous les Français,* rédigé juillet 1940 pour une affiche, vendu en privé 300 (1970), brouillon 101 (1973) ; *Discours du 19-1-1944* 200 (1998) ; l. (8-5-1938) 57 (2000). **Lincoln :** Discours (1865) 7 000 (1992) ; note au Congrès (8-12-1863) 2 499 (1992). **Hitler :** signature 6 (1980) ; 1 p.s. (1937) 5,6 (1994). **Pétain :** *Ordre du jour du 12-11-1918* 80 (1973) ; 3 l. au Gal Mordacq 4,7 (2000). **Poincaré :** 3 l. à George V (3 p.) 3,2 (1994). **Washington (G.) :** l. (3-8-1796) 103 (1993) ; l. (27-5-1778) 4 730 (1983) ; l. à Benjamin Franklin (juill. 1776) 744 (1992).

Saints, bienheureux. Foucauld (P. Charles de) : 5 l. 14 (1980). **Jeanne d'Arc :** 17 (1961). **St Vincent de Paul :** 28 l. 361 (1989) ; l. (1658) 20 (1992).

Savants. Buffon : m.s. *Époques de la nature* 63 (2000). **Curie (Marie) :** carnet de laboratoire légèrement radioactif (130 p.) 360 (1984). **(Pierre) :** carnet (78 p.) 55 (1984). **Einstein :** l. 19 (1986) ; 72 p. introduction à la relativité (1912) 7,5 (1987) ; invendues à 16,5 aux enchères à New York le 16-3-1996 ; achetées ensuite 17 par le musée de Jérusalem. **Linné :** l. 25 (1984). **Pasteur :** 1 a.s. sur la rage 9 (1981) ; sur la vaccination 12,5 (1986).

Pilâtre de Rozier : l. 1,9 (1981). **Schweitzer :** 151 l. (355 p.) 150 (1994).

Voyageurs. La Pérouse : m.s. de journaux de bord 195 et 260 (1985). **Livingstone :** l. 5 jours avant de rencontrer Stanley 35 (1981).

☞ Le journal de bord du capitaine Robert Lewis (copilote de l'avion qui a largué la bombe atomique sur Hiroshima, le 6-8-1945), rédigé à la demande de William Lawrence (rédacteur scientifique du *New York Times*) qui, en retard, n'avait pu prendre place à bord, a été vendu 37 000 $ (203 500 F) le 23-11-1971 à New York.

■ **Prix record. Pour une seule lettre :** lettre du Pt américain Abraham Lincoln, du 8-1-1863, interdisant de critiquer la proclamation d'émancipation de l'esclavage (Christie's, 5-12-1991) : *4 200 000 F.* De Rimbaud, du 15-5-1871 à Paul Demeny, lettre du voyant (11 pages contenant 3 poèmes) : *3 000 000 F.* De Thomas Jefferson (1818) [Sotheby's 29-10-1986] : *1 947 600 F.* De Baudelaire à Mme Sabatier, datée 31-8-1857 (Drouot, 20-4-1989) : *450 000 F.* **Vendue du vivant de l'auteur :** de Ronald Reagan à Frank Sinatra le 22-1-1981 : *59 190 F.*

CINÉMA

☞ Pour découvrir la sélection **Quid** des meilleurs sites Internet sur le cinéma, rendez-vous sur **www.quid.fr**

Principaux réalisateurs

Légende : les films muets sont en italique. La date est celle de 1re projection publique dans le pays d'origine. Voir aussi le chapitre **Personnalités** et l'Index.

Allemagne

Adlon (Percy, 1935) : M. Kischott (1979), Céleste (1981), Zuckerbaby (1984), Bagdad Café (1987), Rosalie fait ses courses (1989), Salmonberries (1992).

Baky (Josef von, né en Hongrie, 1902-66) : les Aventures fantastiques du baron de Münchhausen (1943), le Maître de poste (4e version, 1958), Un petit coin de paradis, Avouez Dr Corda (1958), Stefanie (1958).

Dudow (Slatan, né en Bulgarie, 1903-63) : Ventres glacés (1932), Notre pain quotidien (1934), Plus fort que la nuit (1954), Capitaine de Cologne (1956).

Fassbinder (Rainer Werner, 1946-82) : le Marchand des quatre saisons (1971), les Larmes amères de Petra von Kant, Tous les autres s'appellent Ali, Effi Briest (1974), le Droit du plus fort, Roulette chinoise, le Rôti de Satan, Despair (1977), la Troisième Génération, le Mariage de Maria Braun, Lili Marleen, Lola, une femme allemande, le Secret de Veronika Voss (1982), Querelle (posthume).

Harlan (Veit, 1899-1964) : Crépuscule, le Juif Süss (1940), le Grand Roi (1942), la Ville dorée (1942), Immensee (1943), Kolberg (1945), le Tigre de Colombo (1954), le Troisième Sexe (1957), Impudeur (1958).

Herzog [(Werner) Stipetic, 5-9-1942] : Signes de vie, Fata Morgana, Les nains aussi ont commencé petits, Aguirre, la colère de Dieu (1972), l'Énigme de Kaspar Hauser (1975), Cœur de verre, la Ballade de Bruno, Woyzeck, Nosferatu, fantôme de la nuit (1978), Fitzcarraldo, Le pays où rêvent les fourmis vertes, Cobra verde (1987), Échos d'un sombre empire (1990), Cerro Torre (1992).

Käutner (Helmut, 1908-80) : Lumière dans la nuit (1942), le Dernier Pont, Louis II (1954), le Général du diable (1955), Une jeune fille des Flandres, le Capitaine de Köpenick, Monpti (1957), Sans tambour ni trompette, le Verre d'eau (1960), la Femme rousse (1962).

Lang (Fritz, Vienne, 1890-1976) : *les 3 Lumières* (1921), *les Nibelungen* (1924), *Metropolis* (1927), M le Maudit (1931), le Testament du Dr Mabuse (1933), Furie (1936), J'ai le droit de vivre (1937), Les bourreaux meurent aussi (1943), la Femme au portrait (1944), le Secret derrière la porte (1948), l'Ange des maudits (1952), les Contrebandiers de Moonfleet (1955), l'Invraisemblable Vérité (1956), le Tigre du Bengale (1959), le Tombeau hindou (1959), le Diabolique Dr Mabuse (1961).

Murnau [(Friedrich Wilhelm) Plumpe, 1888-1931] : *Château Vogelod* (1921), *Nosferatu le vampire* (1922), *le Dernier des hommes, Tartuffe* (1926), *Faust* (1926), *l'Aurore* (1927), *l'Intruse* (1930), *Tabou* (1931).

Riefenstahl (Leni, 28-8-1902) : la Lumière bleue (1932), le Triomphe de la volonté (1935), les Dieux du stade (1938), Tiefland (1954).

Schlöndorff (Volker, 31-3-1939) : les Désarrois de l'élève Törless (1966), Vivre à tout prix (1967), Michael Kolhaas le rebelle (1969), la Soudaine Richesse des pauvres gens de Kombach (1970), Feu de paille (1972), l'Honneur perdu de Katharina Blum (1975), le Coup de grâce (1976), le Tambour (1979), le Faussaire (1981), Un amour de Swann (1984), Mort d'un commis voyageur (1985), Colère en Louisiane (1987), la Servante écarlate (1990), le Roi des Aulnes (1996), Trois Vies de Rita Vogt (2000).

Staudte (Wolfgang, 1906-84) : Les assassins sont parmi nous (1946), Rotation (1949), Pour le roi de Prusse, Rose Berndt (1957), Madeleine et le Légionnaire (1958), Je ne voulais pas être un nazi (1960), l'Opéra de quat'sous (2e version, 1963).

Thiele (Rolf, Autriche, 1918-96) : Friederike von Barring, El Hakim (1957), la Fille Rosemarie (1958), A bout de nerfs (1959), Liebe Augustin, Loulou (2e version, 1962), Tonio Kröger (1964), Ondine (1976).

Ucicky (Gustav, Vienne, 1900-61) : l'Immortel Vagabond, la Cruche cassée (1937), Une mère, Toute une vie (1940), le Maître de poste (3e version, 1940), la Jeune Fille de Moorhof.

Weidenmann (Alfred, 1916) : Amiral Canaris (1954), Kitty (1956), Mademoiselle Scampolo, les Buddenbrook (1959), Opération coffre-fort, Adorable Julia.

Wenders (Wim, 14-8-1945) : l'Angoisse du gardien de but au moment du penalty, Alice dans les villes, Faux Mouvement, Au fil du temps, l'Ami américain, Hammett (1982), l'État des choses, Paris, Texas, Tokyo-Ga, les Ailes du désir, Carnets de notes sur vêtements et villes, Jusqu'au bout du monde, Si loin, si proche ! (1993), Par-delà les nuages (1996, avec M. Antonioni), The End of Violence (1997), Buena Vista Social Club (1999), The Million Dollar Hotel (2000).

Wysbar (Frank, Tilsit, URSS, 1899-1967) : Anna et Élisabeth (1932), Nasser Asphalt, Chiens, à vous de crever (1959), UB 55 corsaire de l'Océan, Fabrique d'officiers SS, Héros sans retour.

Chine

Cai Chusheng (1906-68) : l'Aube dans la cité (1933), le Chant des pêcheurs, Femmes nouvelles, les Larmes du Yang-Tsé, les Larmes de la rivière des Perles (1948).

Chen Kaige (12-8-1952) : la Terre jaune (1984), la Grande Parade (1985), le Roi des enfants (1986), la Vie sur un fil (1990), Adieu ma concubine (1993), la Jeune Maîtresse (1996), l'Empereur et l'Assassin (1999).

Hou Hsiao Hsien (Taiwan, 8-4-1947) : Un été chez grand-père, Poussières dans le vent, la Cité des douleurs (1989), le Maître de marionnettes (1993), Adieu le Sud, adieu (1996), les Fleurs de Shanghai (1998).

Sang-Ku et **Huang-Sha** (1916) : les Amours de Liang Shan Po et Tchou Ying Tai (1953).

Sun Yu (1900) : Du sang sur le volcan (1933), la Route, la Reine du sport, la Légende de Ban.

Wang-Pin (1916) et **Shui-Hua** (1916) : la Fille aux cheveux blancs (1950).

Woo John (Wu Yu-sen, 1946) : le Syndicat du crime (1986), The Killer (1989), Une balle dans la tête (1990), A tout épreuve (1992), Chasse à l'homme (1993), Broken Arrow (1995), Volte/Face (1997), Mission : Impossible 2 (2000).

Xie Jin (1923) : Printemps au pays des eaux (1955), la Basketteuse no 5, le Détachement féminin rouge, Sœurs de scène (1964), la Jeunesse (1977), le Gardien de chevaux.

Xie Tian (1914) : la Maison de thé (1982).

Zhang Yimou (1951) : le Sorgho rouge (1987), Ju Dou (1989), Épouses et Concubines (1991), Qiu Ju, une femme chinoise (1992), Vivre (1994), Shangaï Triad (1995), Keep Cool (1997), Not One Less (1999).

Espagne

Almodovar (Pedro, 25-9-1951) : Labyrinthe des passions (1982), Matador (1986), Femmes au bord de la crise de nerfs (1987), Attache-moi ! (1990), Talons aiguilles (1991), Kika, la Fleur de mon secret (1995), En chair et en os (1997), Tout sur ma mère (1999).

Bardem (Juan Antonio, 2-6-1922) : Cómicos, Mort d'un cycliste (1955), Grand-Rue (1956), la Vengeance, les Pianos mécaniques, Sept Jours de janvier (1979).

Berlanga (Luis García, 12-6-1921) : Bienvenue M. Marshall, Calabuig, Placido (1961), le Bourreau (1963), la Carabine nationale (1980), Patrimoine national (1981).

Bigas Luna (José Juan, 1946) : Caniche (1978), Angoisse (1986), les Vies de Loulou (1990), Jambon, jambon (1992), Macho (1993), la Lune et le Téton (1995), la Femme de chambre du Titanic (1997), Volaverunt (2000).

Buñuel (Luis, 1900-83) : *Un chien andalou* (1928), *l'Age d'or* (1930), Terre sans pain (1932), los Olvidados (1950), Robinson Crusoé (1952), El (1952), Nazarin (1959), la Jeune Fille (1960), Viridiana (1961), l'Ange exterminateur (1962), le Journal d'une femme de chambre (1964), Belle de jour (1966), la Voie lactée (1968), Tristana (1970), le Charme discret de la bourgeoisie (1972), le Fantôme de la liberté (1974), Cet obscur objet du désir (1977).

Saura (Carlos, 4-1-1932) : Peppermint frappé (1967), le Jardin des délices, Anna et les loups (1972), la Cousine Angélique, Cria Cuervos (1976), Elisa vida mia, les Yeux bandés, Maman a 100 ans (1979), Vivre vite, Noces de sang (1981), Antonieta, Carmen (1983), l'Amour sorcier, la Nuit obscure (1989), ¡ Ay, Carmela ! (1991), Tango (1998), Goya à Bordeaux (1999).

États-Unis

Aldrich (Robert, 1918-83) : Bronco Apache (1954), Vera Cruz (1954), En 4e vitesse, le Grand Couteau (1955), Attaque, Tout près de Satan, Trahison à Athènes, Sodome et Gomorrhe (1962), le Vol du Phénix, Douze Salopards (1967), le Démon des femmes, Trop tard pour les héros (1970), Pas d'orchidées pour miss Blandish (1971), Fureur apache, Plein la gueule, la Cité des dangers (1975).

Allen (Woody, Allen Stewart Konigsberg, 1-12-1935) : Prends l'oseille et tire-toi (1969), Bananas (1971), Tout ce que vous avez toujours voulu savoir sur le sexe... (1972), Woody et les robots (1973), Guerre et Amour (1975), Annie Hall (1977), Intérieurs (1978), Manhattan (1979), Stardust Memories (1980), Comédie érotique d'une nuit d'été (1982), Zelig (1983), Broadway Danny Rose (1984), la Rose pourpre du Caire (1985), Hannah et ses sœurs (1986), Radio Days, September (1987), Une autre femme (1988), Crimes et Délits (1989), Alice (1990), Ombres et Brouillard (1992), Maris et Femmes (1992), Meurtre mystérieux à Manhattan (1993), Coups de feu sur Broadway (1994), Maudite Aphrodite (1995), Tout le monde dit I love you (1996), Harry dans tous ses états (1997), Celebrity (1998), Accords et Désaccords (1999), Escrocs mais pas trop (2000).

Altman (Robert, 20-2-1925) : MASH (1970), Brewster McCloud (1970), John McCabe, California Split (1971), Images (1972), le Privé (1973), Nashville (1975), Buffalo Bill et les Indiens (1976), 3 Femmes, Secret Honor (1977), Quintet, Un mariage (1978), Un couple parfait (1979), Popeye (1980), Streamers (1981), Reviens, Jimmy Dean, reviens (1982), Secret Honor (1984), Fool for Love (1986), Beyond Therapy (1986), Short Cuts (1993), Prêt-à-porter (1994), Kansas City (1996), The Gingerbread Man (1998), Cookie's Fortune (1998), Docteur T et les Femmes (2000).

Borzage (Frank, 1893-1962) : *l'Heure suprême, la Femme au corbeau,* l'Adieu aux armes (1932), Ceux de la zone (1933), Comme les grands, Désir, la Grande Ville, l'Ensorceleuse (1938), Trois Camarades (1938), le Fils du pendu (1948), Simon le pêcheur (1959).

Brooks (Richard, 1912-92) : Bas les masques (1952), le Cirque infernal (1953), Sergent la Terreur, Graine de violence (1955), la Dernière Chasse, les Frères Karamazov (1958), la Chatte sur un toit brûlant (1958), Elmer Gantry (1960), Doux Oiseau de jeunesse, Lord Jim (1965), les Professionnels, De sang-froid, Dollars (1971), la Chevauchée sauvage (1975), A la recherche de Mr Goodbar (1978), Meurtres en direct (1982).

Brown (Clarence, 1890-1987) : *la Chair et le Diable,* Anna Christie (1930), Vol de nuit (1933), Anna Karénine (1935), Ah ! Wilderness, Marie Walewska (1937), la Mousson (1939), l'Intrus (1949).

Burton (Tim, 1958) : Pee Wee Big Adventure (1985), Beetlejuice (1988), Batman (1989), Edward aux mains d'argent (1990), Batman le défi (1992), Ed Wood (1994), Mars attacks ! (1996), Sleepy Hollow, la légende du cavalier sans tête (1999).

Cameron (James, 16-8-1954, d'origine can.) : Terminator (1984), Aliens (1986), les Abysses (1989), Terminator 2 (1991), True Lies (1994), Titanic (1997).

Capra (Frank, Palerme, 1897-1991) : New York-Miami (1934), l'Extravagant Mr Deeds (1936), Horizons perdus, Vous ne l'emporterez pas avec vous (1938), Mr Smith au Sénat, l'Homme de la rue (1941), Arsenic et vieilles dentelles (1944), Pourquoi nous combattons (1944), La vie est belle (1947), l'Enjeu (1948), Un trou dans la tête (1959), Negro Soldier (1987).

Cassavetes (John, 9-12-1929/3-2-1989) : Shadows (1960), Husbands (1970), Une femme sous influence (1974), le Bal des vauriens (1976), Opening Night (1978), Gloria (1980), Torrents d'amour (1983).

Coppola (Francis Ford, 16-4-1939) : Big Boy, les Gens de la pluie, le Parrain (1971), Conversation secrète (1974),

Quelques dates

☞ **Septième Art :** expression proposée en 1912 par Ricciotto Canudo. **Écraniste :** mot proposé en 1921 par Ricciotto Canudo pour metteur en scène. **Cinéaste :** proposé le 27-5-1921 par Louis Delluc dans le nº 4 de sa revue *Cinéa.* **1res stars :** *Henny Porten* (Allemand, 1888-1960), débuta dans « la Danse apache » en 1906. *Florence Lawrence* (1886-1938, suicide) aux USA en 1908.

Antiquité la *lanterne magique* aurait été connue en Égypte à l'époque des pharaons, et en Italie à l'époque romaine (vestiges à Herculanum) **1487-1513** Léonard de Vinci (1452-1519) trace les dessins d'une lanterne de projection. **1588** Della Porta, 1er spectacle lumineux pour chambre noire. **1646** Athanase Kircher (jésuite allemand, 1602-80) construit une *lanterne magique pratique* (pouvant projeter des textes à plus de 150 m). **1792** Paul Philidor : rétroprojection mobile et 1ers spectacles de fantasmagorie. **1816** *kaléidoscope* (du grec « belle forme ») : 1er jouet optique, inventé par David Brewster (pasteur écossais, 1781-1868). **1823** le Dr John Ayrton Paris (Anglais) met en vente le *thaumatrope* (du grec « donner à voir des mirages ») inventé par le Dr William Henry Fitten : 1er jouet optique exploitant la persistance de l'image sur la rétine, composé d'un disque et de fils attachés aux extrémités de son diamètre. Sur chaque face il y a un dessin ; en faisant pivoter très vite le disque, on voit simultanément les 2 dessins. **1829** Joseph Plateau (Belge, 1801-83) établit qu'une impression lumineuse reçue sur la rétine persiste 1/10 de seconde après la disparition de l'image ; il en conclut que des images se succédant à plus de 10 par seconde donnent l'illusion du mouvement (la découverte du principe de *persistance des impressions rétiniennes* remonterait au IIe s.). Différents appareils sont construits sur cette base : *phénakistiscope* (du grec « trompeur », J. Plateau, 1829), *stroboscope* [Simon von Stampfer (Autrichien, 1792-1864), 1829], *phantascope* (Dr Lake, 1832), *zootrope* ou *tambour magique* [William George Hörner (Anglais, 1786-1837), 1833], *stroboscope projecteur* (Simon von Stampfer, 1845), *kinétoscope* (Dr von Uchatius, 1853). **1866** L. S. Beale invente le *choreutoscope* qui permet à la lanterne magique de projeter des dessins animés. **1870** Henry Renno Heyl invente le *phasmatrope* qui projette des images photographiques en mouvement. **1873** Edward James Muybridge [photographe, 1830-1904 (accusé 17-10-1874 du meurtre de l'amant de sa femme, acquitté 6-2-1875)] invente un procédé pour décomposer les mouvements d'un cheval (Occident) au galop avec 12 appareils à enclenchements successifs. **1874** Jules Janssen (astronome français, 1824-1907) invente le *revolver photographique* pour photographier le passage de Vénus devant le Soleil, enregistre 48 images sur un disque de 25 cm de diamètre. **1877** Émile Reynaud (Fr., 1844/8-1-1918 à l'hospice, ruiné) invente le *praxinoscope,* cylindre à miroir qui donne l'illusion du mouvement. **1878** met au point le *praxinoscope-théâtre* en perfectionnant l'invention précédente. **1880** *nouveau praxinoscope* projète des images en mouvement. **1881** Muybridge présente en Europe le *zoopraxiscope* qui projette des images en mouvement d'après des photographies (le 26-10 à Paris, dans l'appartement de Marey, 11, bd Delessert). **1882** Étienne-Jules Marey (physiologiste français, 1830-1904) : *fusil photographique* enregistrant 12 images par seconde sur une même plaque. Reynaud met au point son *théâtre optique.* **1887** Marey : *chronophotographe* à pellicule mobile (il en avait déjà construit un à plaque fixe) ; fixera en 1890 le trot d'un cheval. **1888**-oct. Augustin Le Prince (Fr., 1842-90) : film à 10/12 images/seconde tourné sur bandes de papier sensibilisé de 5,5 cm de largeur, à Leeds (G.-B.). **1889** William Friese-Greene (Anglais, 1855-1921) : *1re caméra photoramique.* Thomas Edison (Amér., 1847-1931) : film de 35 mm. **1891** Georges Demeny (Fr., 1850-1917) : *phonoscope* qui reproduit les mouvements de la parole et les jeux de physionomie. Edison dépose le brevet du *kinétoscope,* appareil à vision individuelle avec un film de 35 mm perforé. **1892**-12-2 : Léon Bouly (1862-1932) dépose un brevet (nº 219 350) pour un *« cinématographe ».* -28-10 : musée Grévin (Paris), ouverture du *Théâtre optique* (praxinoscope amélioré de Reynaud, brevet du 14-1-1889) : 12 000 séances, 500 000 spectateurs en 8 ans [pantomimes lumineuses du 28-10-1892 (1er programme : *Un bon bock,* 1888-89, 700 images, 15 minutes ; *Clown et ses chiens*, 1890, 300 images, 10 minutes ; *Pauvre Pierrot*, 1891, 500 images, 12 minutes) au 28-2-1900]. **1894**-14-4 : *1re projection payante* au Kinetoscope Parlor, Holland Bros., 1155 Broadway, à New York ; mises au point faites par William Kennedy Laurie Dickson (1860-1935), assistant d'Edison. 1re salle au monde réservée à l'exploitation commerciale des photographies animées. Pour 25 cents, on peut examiner une rangée de 5 kinétoscopes passant des films de plus de 750 photographies, tirées sur ruban de celluloïd de 15 m, large de 35 mm, perforé. *Kinetograph* (caméra, 1891-93) inspiré du chronophotographe de Marey et d'autres caméras européennes résolvant le problème de l'équidistance des images sur la pellicule, grâce aux perforations. -17-7 : le sénateur Bradley interdit un film du Kinetoscope d'Edison, *la Danse serpentine*, la danseuse Carmencita y montrant ses dessous : 1er cas de censure des « vues animées ». **Vers 1895** « kinétophone » (kinétoscope accouplé au phonographe) en couleurs (peinture au pinceau sur la pellicule). *1er gros plan :* Fred Ott en train d'éternuer dans « Edison's Kinestoscopic Record of a Sneeze ». **1895**-13-2 : Auguste (10-4-1862/10-4-1954) et Louis (5-10-1864/6-6-1948) Lumière déposent le brevet (nº 245-032) du cinématographe. Ils présentent « la Sortie des ouvriers de l'Usine Lumière » (tournée en hiver 1894, 1 minute, 17 mètres) avec un appareil permettant de passer plus de 18 images/seconde ; -22-3 : *1re représentation privée*, 44, rue de Rennes, à Paris, au siège de la Sté d'encouragement à l'industrie nationale du cinéma ; -17-4 : présentation à la Sorbonne ; -10-6 : projection de 8 films Lumière à Lyon (congrès des Stés françaises de photo) ; -28-12 : *1re représentation publique et payante du cinématographe* des frères Lumière à Paris, dans le salon indien au sous-sol du Grand Café, 14, bd des Capucines. Un tract annonçait *la Sortie des usines Lumière à Lyon, la Voltige, la Pêche aux poissons rouges, le Débarquement du Congrès de photographie à Lyon, l'Arrivée des congressistes à Neuville-sur-Saône, les Forgerons, le Jardinier et le petit espiègle* (l'Arroseur arrosé, joué par M. Clerc, jardinier des Lumière, et un apprenti de 14 ans, Duval), *le Repas* (le Déjeuner de Bébé), *le Saut à la couverte, la Place des Cordeliers à Lyon, la Mer* (Baignade en mer) [en italique, noms donnés sur le tract]. L'Arrivée d'un train à La Ciotat sera ajouté au programme en janv. 1896. Georges Méliès assiste à la projection organisée par Antoine Lumière (père des frères) et assurée par Clément Maurice Gratioulet. Chaque film (16 à 17 m) dure 1 minute : 35 personnes ont payé 1 F l'entrée. 3 semaines après : 2 000 à 2 500 entrées par jour ; la salle contient 100 à 120 personnes. *1ers films publicitaires* en France : chapeaux Delion, corsets Mystère, chocolat Menier, bière Moritz. G.-B./USA : cigarettes Admiral, whisky Haig... Henri Joly (1866-1945) réalise pour Pathé le 1er appareil français à débiteur ; il sera ruiné en 1897 par l'incendie du Bazar de la Charité (129 †) déclenché par un appareil Joly-Normandin. **1896**-25-1 : salle de cinéma à Lyon : 1, rue de la République. -17-2 : à Londres. -18-2 : à Bordeaux. -29-2 : à Bruxelles. -23-4 : *Annabel the Dancer* (1re projection aux USA par le Vitascope de Armat et Edison au Koster and Bial's Music Hall, Herald Square à New York). *1er film sonore* d'Oska Messter. Albert Promio (Fr., 1870-1927) invente *panoramique* et *travelling ;* Georges Méliès (Fr., 1861-1938) la *surimpression* (1re, en 1898, dans la Caverne maudite). *1er film à scénario :* la Fée aux choux, d'Alice Guy (1873-1968). -30-4 : 1re représentation à Berlin. Charles Pathé (Fr., 1863-1957) fonde avec ses frères *Pathé frères.* Crée les *1res actualités filmées : Pathé-Journal.* **1897** 1ers films à scénario de Méliès qui invente *le fondu*. -Oct. : Paris, *1re salle de cinéma* du monde : cinéma Lumière. -25-11 : Raoul Grimoin-Sanson (1860-1941) brevète son *cinéorama* (Cinécosmorama ; voir ci-après), peut-être inspiré par le cinématorama d'Auguste Baron (1855-1938), reconstituant des scènes sur un écran continu circulaire entourant le spectateur. Il avait groupé en étoile 10 appareils de prise de vues dont les objectifs synchronisés étaient braqués sur l'horizon. **1899** *1er fondu enchaîné* dans Cendrillon.

1900 Exposition universelle de Paris : *cinéorama* [écran circulaire de Raoul Grimoin-Sanson de 100 m de tour, 10 projecteurs de 70 mm (ne fonctionne pas ; la Sté dépose son bilan 18-8)]. George Albert Smith (Anglais, 1864-1959) utilise le *gros plan.* **1903** *1er travelling :* film d'Alfred Collins (Anglais). *1er film à intrigue :* The Great Train Robbery [12 min ; d'Edwin Porter (Amér.)]. **1905**-19-6 : *1er nickelodeon* (salle exclusivement destinée au cinéma) à Pittsburgh (Pennsylvanie, USA). *Entrée :* 1 nickel (5 cents). **1906** chronophone de Georges Laudet permettant de diffuser des phonoscènes. -11-8 : *1er son sur pellicule,* brevet d'Eugène Lauste (Fr., 1856-1935). *1er long métrage de fiction :* The Story of the Kelly Gang (Australie). Passion, d'Alice Guy (600 m). **1907** *1er long métrage commercial réalisé en Europe :* l'Enfant prodigue, de Michel Carré (1865-1945). *1er opéra porté intégralement à l'écran :* Faust de Gounod, d'Arthur Gilbert. **1908**-17-8 : *1er dessin animé sur pellicule :* Fantasmagorie, d'Émile Cohl (Émile Courtet, Fr., 1857-1938) [réalisé à partir de 2 000 dessins ; durée : – de 2 min ; coût pour Gaumont : 600 F]. -17-11 : Charles Le Bargy (Fr., 1858-1936) et André Calmettes (Fr., 1861-1942) : *1er film d'art :* l'Assassinat du duc de Guise, d'Henri Lavedan, musique de Camille Saint-Saëns, 18 min. *Film en couleurs* de George Albert Smith et Charles Urban (Amér., 1871-1942) : *kinémacolor* (2 images : une rouge, une verte, se superposent sur l'écran). *1er flash-back* de Sigmund Lubin (Amér. d'origine all., 1851-1923), dans A Yiddisher Boy. *1er film pornographique :* A l'Écu d'or ou la Bonne Auberge (France). **1909** format 35 mm, rapport 1,33 × 1 adopté.

Couleur : *2 couleurs* Kineme Color. 1906 [George Albert Smith (G.-B.) pour la Cie Charles Urban Trading (21 courts métrages présentés 26-2-1909)]. *3 couleurs* chronochrome (1re 15-11-1912). *Technicolor 2 couleurs* « The Gulf Between » (1917), « les Dix Commandements » (1923) de Cecil B. DeMille, « Ben Hur » (1925), MGM, « le Fantôme de l'opéra » (1925), Universal, « les 3 Petits Cochons » (1933), dessin animé de Walt Disney, « The Trail of the Lonesome Pine » (1936), « Blanche-Neige et les 7 Nains » (1937), « Autant en emporte le vent » (1939). *3 couleurs* « Flowers and Trees » (1932), dessin animé de Walt Disney. *1er long-métrage* « Becky Sharp » (1935) de Rouben Mamoulian.

1910 Léon Gaumont (Fr., 1864-1946) réalise un *chronophone* permettant la sonorisation synchrone des films. Invention du *Technicolor* par Herbert Kalmus (Amér., 1881-1963). *1er film fait à Hollywood :* In Old California, de David Griffith (Amér., 1875-1948). Eugène Lauste : enregistrement électroacoustique des sons. **1911** *1er film en couleurs parlant :* Vals ur Solstrålen (Suède). **1912** *1er concours :* Exposition internationale de Turin. Grand Prix de 25 000 F pour « Après 50 ans », de la Cie Ambrosio film. **1913** *1re coproduction (Autriche-France) :* Das Geheimnis der Lufte. Naissance d'une nation, de David Griffith : *le langage cinématographique (découpage, montage, plans variés) prend naissance.* « Fantômas », *1er cinéroman* de Louis Feuillade (Fr., 1873-1924), scénariste chez Gaumont. *1er western de long métrage :* Arizona de Lawrence B. McGill (Amér.). *1re tarte à la crème :* un charpentier ayant fait tomber la tarte de son déjeuner, Mabel Norman la lui relance mais elle vise mal et la tarte atteint en pleine figure Ben Turpin (Amér., 1869-1940), alors en train d'être filmé. **1914** *1er long métrage en couleurs :* The World, the Flesh and the Devil. **1915** *1ers courts métrages* en 3 dimensions [procédé par anaglyphe d'Edwin Porter et W. E. Waddell]. *1re scène de nu* par l'actrice australienne Annette Kellerman (nageuse professionnelle ; 5 ans avant, a porté le 1er maillot de bain une pièce) dans « la Fille des dieux » (production Fox). **1917** *1er long métrage en Technicolor :* « The Gulf Between ». **1919** *1er long métrage de science-fiction :* A Trip to Mars (Danemark).

1921 *1er film de long métrage en couleurs naturelles* (procédé bichrome) : le Vagabond du désert, d'Irwing C. Willat (Amér.). *1er long-métrage sonore* (en partie) : Dream Street, de D. W. Griffith. **1922** *1er film long-métrage en 3 dimensions :* The Power of Love, de Nat Deverich. -17-9 : Berlin, 1ers films avec son sur pellicule (dont Der Brandstifler). **1926** *1er film sonore :* Don Juan, d'Alan Crosland (Amér., 1894-1936) [produit par la Warner Bros suivant les procédés des ingénieurs de l'American Telephone and Telegraph et de la Western Electric, avec John Barrymore (1882-1942) accompagné par l'orchestre philharmonique de New York]. -23-8 : Rudolph Valentino, *1re idole masculine,* meurt à 31 ans. **1927** *1er film avec passages parlants* (2 soit 354 mots) ou *chantants :* le Chanteur de jazz, d'Alan Crosland (Amér., 1894-1936) [produit par la Warner Bros avec le disque synchronisé Vitaphone] présenté à Paris en janvier 1929. Napoléon, d'Abel Gance (Fr., 1889-1981), sur *triple écran* (magirama) et *1er film avec son stéréo.* **1928** *1er film 100 % parlant :* Lights of New York, de Bryan Foy (Warner Bros). **1929** Claude Autant-Lara (Fr., 1901-2000), Construire un feu [1er essai réalisé avec l'objectif *Hypergonar* du Pr Henri Chrétien (Fr., 1879-1956) présenté le 30-5-1927 à l'Académie des sciences]. **1930** *dernier film muet :* The Poor Millionaire, de George Melford. -17-2 : Eisenstein, auteur du Cuirassé Potemkine, déclare à la Sorbonne que le cinéma parlant est « une bêtise à 100 % ». **1932** *1er zoom :* Love Me Tonight, de Victor Milner. **1936** *1er film parlant en 3 dimensions :* Nozze Vagabonde, de Guido Brignone (It., 1887-1959). -9-5 : l'Ami de Monsieur, film de 950 m ; Sur la Riviera, documentaire de 800 m.

1941 *1er système sonore multipiste :* Fantasia (Walt Disney). **1946** *1er grand film français en couleurs :* le Mariage de Ramuntcho (de Max de Vaucorbeil, avec André Dassary et Gaby Sylvia, en *Agfacolor*). **1948** la Belle Meunière, de Pagnol [en *Rouxcolor,* inventé par Lucien Roux (1894-1956) ; le procédé demandant à la projection un appareil spécial sera utilisé pour 4 films seulement]. **1952** *1er spectacle en Cinérama* sur écran circulaire (il faut plusieurs projecteurs, USA). **1953**-16-9 : *1er film en Cinémascope* et son stéréophonique [4 pistes ; procédé Henri Chrétien : la Tunique (the Robe), d'Henry Koster (Amér. d'origine all., 1905-88). **1955** *1er film en Todd AO (Todd and American Optical Co) :* Oklahoma, de Fred Zinnemann (Amér., 1907-97), mis au point par Mike Todd (Amér., 1907-58) ; film de 70 mm, format 2,20 × 1, une caméra et un projecteur. **1960** *Vidiréal :* cinéma en relief, inventé par Jean Bourguignon, avec un objectif spécial adapté à la caméra de prise de vues et un autre à la projection. **1962** *1er film à scénario en Cinérama :* la Conquête de l'Ouest, voir p. 380 a. **1971** *1er film avec son Dolby :* Orange mécanique, de Stanley Kubrick. **1977** *1re démonstration réussie d'un film holographique* (durée 30 s, visible simultanément par 4 spectateurs au max.). **1978** *1er film en Dolby Stéréo :* la Guerre des étoiles de George Lucas.

1983 *colorisation* électronique des films noir et blanc. **1985** inauguration de la *Géode,* Cité des sciences et de l'industrie (Paris). La plus grande salle *Omnimax* du monde (écran de 1 000 m^2, 12 haut-parleurs d'une puissance totale de 12 000 W). Le projecteur doit utiliser une lampe de 15 kW, et doit être constamment refroidi par eau. Il diffuse l'image à travers un angle optique de 180° [supérieur à celui de la vision binoculaire humaine (120° environ)]. L'écran enveloppe donc le spectateur. La pellicule fait défiler horizontalement 24 images de 6,9 × 4,8 cm par seconde à raison de 102 m par minute. Il faut plus de 6 km de film pour 1 h de projection. *1er film de fiction en Omnimax :* J'écris dans l'espace, de Pierre Étaix (histoire de Claude Chappe, inventeur du télégraphe, durée 40 min, coût 35 millions de F). **1990** *1re colorisation d'un film en France :* la Vache et le Prisonnier, d'Henri Verneuil. **1995** *1er film de fiction en Imax 30 :* Wings of Courage, de Jean-Jacques Annaud. **1999** 2e épisode de la Guerre des étoiles, de George Lucas, en *images de synthèse.*

le Parrain (2e partie, 1975), Apocalypse Now (1979), Coup de cœur, Rusty James (1983), Cotton Club (1984), Peggy Sue s'est mariée (1987), Tucker (1988), le Parrain (3e partie, 1990), Dracula (1992), Jack (1996), l'Idéaliste (1997).

Cukor (George, 1899-1983) : les Quatre Filles du docteur March (1933), David Copperfield (1934), le Roman de Marguerite Gautier (1936), Vacances, Femmes, Hantise (1944), Je retourne chez maman (1951), Une femme qui s'affiche, Une étoile est née, les Girls (1957), la Diablesse en collant rose (1959), le Milliardaire, My Fair Lady (1964), Justine, Voyages avec ma tante (1973), l'Oiseau bleu (1976), Riches et célèbres (1981).

Curtiz [(Michael) Mihaly Kertesz, né en Hongrie, 1888-1962] : *l'Arche de Noé* (1928), 20 000 Ans sous les verrous, Capitaine Blood, la Charge de la brigade légère (1936), les Aventures de Robin des Bois (1938), les Anges aux figures sales, les Conquérants (1939), la Caravane héroïque (1940), le Vaisseau fantôme, Casablanca (1943), la Femme aux chimères, les Comancheros (1961).

Dassin (Jules, 18-12-1911) : les Démons de la liberté (1947), la Cité sans voiles (1948), les Bas-Fonds de Frisco (1949), les Forbans de la nuit (1950), Du rififi chez les hommes (1954), Celui qui doit mourir (1956), la Loi (1958), Jamais le dimanche (1960), Phaedra (1962), Topkapi (1964), Point noir (1968), la Promesse de l'aube (1970), Cri de femmes (1978).

Daves (Delmer, 1904-77) : les Passagers de la nuit (1947), Destination Tokyo, la Flèche brisée (1950), l'Aigle solitaire, l'Homme de nulle part (1956), la Dernière Caravane, Trois heures dix pour Yuma (1957), Cow-Boy (1958), la Colline des potences (1959).

DeMille (Cecil Blount, 1881-1959) : *Forfaiture* (1915), *les Dix Commandements* (1re version, 1923), *le Roi des rois* (1927), le Signe de la Croix (1932), les Tuniques écarlates (1940), l'Odyssée du Dr Wassel (1944), Samson et Dalila (1951), Sous le plus grand chapiteau du monde (1953), les Dix Commandements (2e version, 1956).

DePalma (Brian, 11-9-1940) : Phantom of the Paradise (1974), Carrie (1976), Obsession (1976), les Incorruptibles (1987), Outrages (1989), le Bûcher des vanités, l'Esprit de Caïn (1992), l'Impasse, Mission : Impossible (1996), Snake Eyes (1998), Mission to Mars (2000).

Disney (Walt Elias, 1901-66) [dessins animés] : Blanche-Neige et les sept nains (1937), Pinocchio (1940), Fantasia (1940), Dumbo (1941), Bambi (1942), les Trois Caballeros (1945), Cendrillon (1950), Peter Pan (1953), les 101 Dalmatiens (1961), Merlin l'Enchanteur (1963), le Livre de la jungle (1967), Basil, détective privé (1986), Oliver et compagnie (1989), la Petite Sirène (1989), la Belle et la Bête (1991), Aladdin (1993), le Roi lion (1994), Pocahontas (1995), le Bossu de Notre-Dame (1996), Hercule (1997), Mulan (1998), Tarzan (1999), Dinosaure (2000), Kuzco, l'empereur mégalo (2001).

Dmytryk (Edward, 4-9-1908/1-7-1999) : Adieu ma belle (1994), Feux croisés (1947), Donnez-nous aujourd'hui, Un homme à l'affût (1952), Ouragan sur le Caine (1954), la Lance brisée (1954), le Bal des maudits (1958), l'Homme aux colts d'or (1959), les Ambitieux (1964), Mirage, Alvarez Kelly, la Bataille pour Anzio (1967), Barbe-Bleue, la Guerre des otages (1980).

Donen (Stanley, 13-4-1924) : Chantons sous la pluie (1952), les Sept Femmes de Barberousse (1954), Drôle de frimousse (1957), Beau fixe sur New York, Embrasse-les pour moi, Pique-Nique en pyjama (1957), Indiscret (1958), Chérie recommençons (1960), Charade (1964), Arabesque, Voyage à deux, l'Escalier, le Petit Prince (1974), Lucky Lady (1975), Folie Folie (1978), Saturn 3 (1979), C'est la faute à Rio (1984).

Dwan (Allan, 1885-1981) : *Robin des Bois* (1922), Suez, Iwo-Jima (1949), la Belle du Montana, Quatre Étranges Cavaliers, la Reine de la prairie, Le mariage est pour demain, Deux Rouquines dans la bagarre (1956).

Ferrara (Abel, 1951) : l'Ange de la vengeance (1982), China Girl (1987), le Roi de New York (1990), Bad Lieutenant (1992), Body Snatchers, Snake Eyes (1993), The Addiction (1995), Nos funérailles (1996), The Blackout (1997), New Rose Hotel (1998).

Flaherty (Robert, 1884-1951) : *Nanouk l'Esquimau* (1920-21), *Moana* (1926), *Tabou* (avec F. Murnau), l'Homme d'Aran (1932-34), Louisiana Story (1948).

Fleischer (Richard, 8-12-1916) : l'Énigme du Chicago-Express, 20 000 Lieues sous les mers, les Inconnus dans la ville, la Fille sur la balançoire, Bandido Caballero, le Temps de la colère, les Vikings, Drame dans un miroir, l'Étrangleur de Boston, Tora-Tora-Tora, Terreur aveugle, Les flics ne dorment pas la nuit, Soleil vert, Mandingo, Kalidor la légende du talisman (1985).

Fleming (Victor, 1883-1949) : *le Virginien* (1929), l'Ile au trésor (1934), Imprudente Jeunesse (1935), Capitaine courageux (1937), Pilote d'essai, Autant en emporte le vent (1939), Tortilla Flat (1942), Jeanne d'Arc (1948).

Ford [(John) Sean O'Fearna, 1895-1973] : *le Cheval de fer* (1924), la Patrouille perdue (1934), Toute la ville en parle (1935), le Mouchard (1935), la Chevauchée fantastique (1939), Vers sa destinée (1939), les Raisins de la colère (1940), Qu'elle était verte ma vallée (1941), la Poursuite infernale (1946), Dieu est mort (1947), le Massacre de Fort-Apache (1948), la Charge héroïque (1949), l'Homme tranquille (1952), la Prisonnière du désert (1956), les Deux Cavaliers (1959), le Sergent noir (1960), l'Homme qui tua Liberty Valance (1961), les Cheyennes (1964), Frontière chinoise (1966).

Frankenheimer (John, 19-2-1930) : le Prisonnier d'Alcatraz (1962), Sept Jours en mai, le Train (1964), Grand Prix (1966), les Cavaliers (1970), French Connection 2 (1975), A armes égales (1982), l'Ile du Dr Moreau (1996), Ronin (1998), Piège fatal (2000).

Fuller (Samuel, 1911-97) : J'ai vécu l'enfer de Corée (1950), Baïonnette au canon, le Port de la drogue (1953), le Démon des eaux troubles, Maison de bambou, le Jugement des flèches, Verboten (1959), les Bas-Fonds newyorkais, Les maraudeurs attaquent (1962), Shock Corridor, Un pigeon mort dans Beethoven Street, The Big Red One, Dressé pour tuer (1982), les Voleurs de la nuit (1983), Sans espoir de retour (1989).

Garnett (Tay, 1893-1977) : Voyage sans retour (1932), l'Amour en première page (1937), le Dernier Négrier (1937), Quelle joie de vivre (1938), Bataan (1943), Le facteur sonne toujours deux fois (1946), les Combattants de la nuit (1960).

Griffith (David Wark, 1875-1948) : *Naissance d'une nation* (1915), *Intolérance* (1916), *le Lys brisé, le Pauvre Amour, A travers l'orage, les Deux Orphelines* (1922), *la Nuit mystérieuse*, Abraham Lincoln (1930).

Hathaway [(Henry), marquis H.-Leopold de Fiennes, 1898-1985] : les Trois Lanciers du Bengale (1934), Peter Ibbetson (1935), les Gars du large, Johnny Apollo, le Carrefour de la mort (1947), Niagara (1953), la Cité disparue (1957), le Grand Sam (1960), le Dernier Safari (1967), Cinq Cartes à abattre (1968).

Hawks (Howard, 1896-1977) : Scarface (1932), l'Impossible M. Bébé (1938), Seuls les anges ont des ailes (1939), Sergent York (1941), Air Force (1943), le Port de l'angoisse (1944), le Grand Sommeil (1946), la Rivière rouge (1948), la Captive aux yeux clairs, Les hommes préfèrent les blondes (1953), Rio Bravo (1959), Hatari (1962), El Dorado (1966), Rio Lobo (1970).

Hill (George Roy, 20-12-1921) : Deux Copines... un séducteur (1964), Millie, Butch Cassidy et le Kid (1970), Abattoir 5, l'Arnaque (1973), la Kermesse des aigles, I Love You, je t'aime, le Monde selon Garp (1982), la Petite Fille au tambour (1984), Funny Farm (1988).

Hitchcock (Alfred, 13-8-1899 à Londres/29-4-1980) : L'homme qui en savait trop (1934 ; 2e version, 1956), les 39 Marches (1935), Une femme disparaît (1938), Rebecca (1940), l'Ombre d'un doute (1943), les Enchaînés (1946), la Corde (1948), les Amants du Capricorne (1949), l'Inconnu du Nord-Express (1951), la Loi du silence (1953), Fenêtre sur cour (1954), la Main au collet (1955), le Faux Coupable (1957), Vertigo (Sueurs froides, 1958), la Mort aux trousses (1959), Psychose (1960), les Oiseaux (1963), Mais qui a tué Harry ? (1966), le Rideau déchiré, l'Étau (1969), Frenzy (1972), Complot de famille (1976).

Hollywood (Bois de houx), nom du ranch des Wilcox ; dit « La Mecque du cinéma ». *1877* fondé. *1903* municipalité. *1910* annexée par Los Angeles. *1911* 4 000 habitants ; *1er studio :* Nestor (environ 30 000 films y ont été tournés). *1920 :* 36 000 hab. *1945-50 :* 850 films en moyenne par an. *1948-63* crise, 87 films par an. *1980 :* 200 000 hab. *Plus fameux boulevard :* Sunset Boulevard ; *quartier des grandes vedettes :* Beverly Hills (lancé par Douglas Fairbanks en 1919).

Huston (John, 1906-87) : le Faucon maltais (1941), le Trésor de la Sierra Madre (1947), Key Largo (1948), Quand la ville dort (1950), African Queen (1951), Moulin-Rouge (1952), Plus fort que le diable (1954), Moby Dick (1956), le Vent de la plaine (1960), les Désaxés (The Misfits, 1961), la Bible, Reflets dans un œil d'or, la Lettre du Kremlin (1970), Promenade avec l'amour et la mort, Fat City (1972), Juge et hors-la-loi (1972), le Piège (1973), l'Homme qui voulut être roi (1975), le Malin, A nous la victoire (1981), Annie, Au-dessous du volcan (1984), l'Honneur des Prizzi (1985), Gens de Dublin (1987).

Ivory (James, 7-6-1928) : Shakespeare Wallah (1965), Savages (1972), Wild Party (1975), les Européens (1979), Chaleur et poussière (1983), Chambre avec vue (1986), Maurice (1987), Retour à Howards End (1991), les Vestiges du jour (1993), Jefferson à Paris, Surviving Picasso (1996), La fille d'un soldat ne pleure jamais (1999), la Coupe d'or (2000).

Jarmusch (Jim, 1953) : Down by Law, Mystery Train, Une nuit sur terre, Dead Man, Ghost Dog, la voie du samouraï (1999).

Kazan [(Elia) Kazanjoglou, 7-9-1909 à Istanbul] : Boomerang (1947), Panique dans la rue (1950), Un tramway nommé Désir (1951), Viva Zapata (1952), Sur les quais (1954), A l'est d'Eden (1955), Baby Doll (1956), Un homme dans la foule (1957), le Fleuve sauvage (1960), la Fièvre dans le sang (1961), America America (1964), l'Arrangement (1969), les Visiteurs (1972), le Dernier Nabab (1976).

Keaton [(Buster) Joseph Francis dit, 1895-1966] : *les Lois de l'hospitalité, la Croisière du Navigator, Sherlock junior, les Fiancées en folie, le Mécano de la « General »* (1926), *Cadet d'eau douce, l'Opérateur, le Figurant,* le Roi de la bière (1933).

King (Henry, 1896-1982) : *Tol'able David* (1921), *Dans les laves du Vésuve, Romola* (1925), la Foire aux illusions (1933), Ramona (1936), l'Incendie de Chicago, Stanley et Livingstone, le Brigand bien-aimé (1939), le Chant de Bernadette (1943), David et Bethsabée (1951), Le Soleil se lève aussi (1957), Tendre est la nuit (1961).

Kubrick (Stanley, 26-7-1928/7-3-1999) : Ultime Razzia (1956), les Sentiers de la gloire (1957), Spartacus (1960), Lolita (1962), Docteur Folamour (1964), 2001 : l'Odyssée de l'espace (1968), Orange mécanique (1971), Barry Lyndon (1975), Shining (1979), Full Metal Jacket (1987), Eyes Wide Shut (1999).

Lee (Spike, 20-3-1957) : Nola Darling n'en fait qu'à sa tête (1986), Do the Right Thing (1989), Mo'better Blues (1990), Jungle Fever (1991), Malcolm X (1992), Crooklyn (1994), Clockers (1995), Get On the Bus (1996), Summer of Sam (1999).

Lewin (Albert, 1894-1968) : le Portrait de Dorian Gray (1944), The Private Affairs of Bel Ami (1947), Pandora (1951), Saadia, The Living Idol (1957).

Lewis [(Jerry) Joseph Levitch, 16-3-1926] : le Dingue du palace (1960), le Tombeur de ces dames (1961), Docteur Jerry et Mister Love (1963), Jerry souffre-douleur (1964), les Tontons farceurs (1965), Trois sur un sofa (1966), Ya Ya mon général (1970), Au boulot Jerry (1980), T'es fou Jerry (1983).

Logan (Joshua, 1908-88) : Picnic (1956), Bus Stop (1956), Sayonara (1957), South Pacific (1958), Fanny (1961), la Kermesse de l'Ouest (1969).

Losey [(Joseph) Walton Losey, 1909-84] : Haines (1949), le Rôdeur (1951), M le Maudit (2e version, 1951), La bête s'éveille (1954), Temps sans pitié (1956), l'Enquête de l'inspecteur Morgan (1959), les Criminels (1960), Eva (1962), The Servant (1963), Pour l'exemple (1964), Accident (1967), Boom, Cérémonie secrète (1968), Deux Hommes en fuite (1970), le Messager, l'Assassinat de Trotski (1972), Maison de poupée (1973), Une Anglaise romantique (1975), M. Klein (1975), les Routes du Sud, Don Giovanni (1978), la Truite (1982).

Lubitsch (Ernst, All., 1892-1947) : *Madame du Barry* (1919), *l'Éventail de lady Windermere* (1925), *le Patriote* (1928), Parade d'amour (1929), Haute Pègre (1932), Si j'avais un million (1932), Sérénade à trois (1933), la Veuve joyeuse (1934), la Huitième Femme de Barbe-Bleue (1938), Ninotchka (1939), To Be or Not to Be (1942), Le ciel peut attendre (1943), la Folle Ingénue (1946).

Lucas (George, 14-5-1944) : THX 1138 (1971), American Graffiti (1973), la Guerre des étoiles (1977), Star Wars : la Menace fantôme (1999).

Lumet (Sidney, 25-6-1924) : Douze Hommes en colère (1957), Point limite, la Colline des hommes perdus (1965), le Groupe, la Mouette, Serpico, le Crime de l'Orient-Express (1974), Un après-midi de chien, Network, The Wiz, le Prince de New York, Piège mortel, The Verdict (1982), Daniel, A la recherche de Garbo, les Coulisses du pouvoir (1986), le Lendemain du crime, Une étrangère parmi nous (1992), l'Avocat du diable, l'Affaire Pélican (1993), Dans l'ombre de Manhattan, Gloria (1997).

Lynch (David, 20-1-1946) : Eraserhead (1976), Elephant Man (1980), Dune (1984), Blue Velvet (1986), Sailor et Lula (1990), Twin Peaks (1992), Lost Highway (1997), Une histoire vraie (1999).

McCarey (Leo, 1898-1969) : la Soupe au canard (1933), Cette sacrée vérité (1937), Elle et Lui (1939), la Route semée d'étoiles (1943), les Cloches de Ste-Marie (1945), Elle et Lui (2e version, 1957), la Brune brûlante (1958).

Mankiewicz (Joseph Leo, 1909-93) : l'Aventure de Mme Muir (1947), Chaînes conjugales (1949), Ève (1950), l'Affaire Cicéron (1952), Jules César (1953), la Comtesse aux pieds nus (1954), Un Américain bien tranquille (1958), Soudain l'été dernier (1959), Cléopâtre (1963), le Reptile (1970), le Limier (1972).

Mann [(Anthony) Emil Bundsmann, 1906-67] : Winchester 73, les Affameurs, l'Appât, Je suis un aventurier (1955), l'Homme de la plaine (1955), Cote 465, l'Homme de l'Ouest (1958), la Charge des tuniques bleues (1959), la Ruée vers l'Ouest (1960), le Cid (1961).

Minnelli (Vincente, 1910-86) : Ziegfeld Follies (1946), le Père de la mariée (1950), Un Américain à Paris (1951), les Ensorcelés (1952), Tous en scène (1953), Brigadoon (1954), la Toile d'araignée (1955), Gigi (1958), Comme un torrent (1958), Un numéro du tonnerre, Quinze Jours ailleurs (1962), le Chevalier des sables (1965), Mélinda (1970), Nina (1976).

Mulligan (Robert, 23-8-1923) : Prisonnier de la peur (1957), Du silence et des ombres (1962), le Sillage de la violence (1965), Daisy Clover (1966), Escalier interdit (1967), l'Homme sauvage (1969), Un été 42 (1971), l'Autre (1972), Même heure l'année prochaine (1978), Kiss Me Goodbye (1982), Un été en Louisiane (1991).

Pakula (Alan J., 7-4-1928/19-11-1998, accident de voiture) : Klute (1971), A cause d'un assassinat (1974), les Hommes du président (1976), le Choix de Sophie (1982), Dream Lover (1986), Présumé innocent (1990).

Peckinpah (Sam, 1925-84) : Coups de feu dans la sierra (1962), Major Dundee (1965), la Horde sauvage (1969), les Chiens de paille (1971), le Dernier Bagarreur, Pat Garrett et Billy the Kid (1973), Apportez-moi la tête d'Alfredo Garcia, le Convoi (1978), Osterman Week-End (1984).

Penn (Arthur, 27-9-1922) : le Gaucher (1958), Miracle en Alabama (1962), Mickey One (1964), Bonnie and Clyde (1967), Little Big Man (1970), Missouri Breaks (1976), Target (1986), Froid comme la mort (1987), Inside (1996).

Pollack (Sydney, 1-7-1934) : Propriété interdite (1966), les Chasseurs de scalps (1968), Un château en enfer (1969), On achève bien les chevaux (1969), Jeremiah Johnson (1972), Nos plus belles années (1973), Yakuza (1975), les Trois Jours du Condor (1975), Bobby Deerfield (1977), le Cavalier électrique (1979), Absence de malice (1981), Tootsie (1982), Souvenirs d'Afrique (Out of Africa, 1986), Havana (1990), la Firme (1992), Sabrina (1995), l'Ombre d'un soupçon (1999).

Preminger (Otto, Vienne, 1906-86) : Laura (1944), Crime passionnel, Ambre (1947), le Mystérieux Dr Korvo, Un si doux visage, Rivière sans retour (1954), l'Homme au bras d'or (1955), Bonjour tristesse (1958), Autopsie d'un meurtre (1959), Exodus (1961), Tempête à Washington (1962), le Cardinal (1963), Bunny Lake a disparu, Skidoo (1968), Rosebud (1974).

Ray [(Nicholas) Raymond N. Kienzle, 1911-79] : les Amants de la nuit (1948), le Traquenard (1949), le Violent (1950), les Diables de Guadalcanal (1951), la Maison dans l'ombre (1951), Johnny Guitare (1954), la Fureur de vivre (1955), Amère Victoire (1958), Derrière le miroir (1956), le Roi des rois (1958), les Cinquante-Cinq Jours de Pékin (1963).

Scorsese (Martin, 17-11-1942) : Bertha Boxcar (1972), Mean Streets, Alice n'est plus ici, Taxi Driver (1976), New York New York (1977), The Last Walz (1978), Raging Bull, la Valse des pantins (1983), After Hours (1985), la Couleur de l'argent (1987), la Dernière Tentation du Christ

■ **Personnages les plus souvent filmés. Sherlock Holmes** (211 films depuis 1900). Détective créé par sir Arthur Conan Doyle (1859-1930). Joué par 75 acteurs dont 1 Noir (Sam Robinson). Ellie Norwood (47 films), Basil Rathbone (1892-1967) (14). Reginald Aven fut le seul à avoir joué Sherlock Holmes et le Dr Watson. La réplique « Élémentaire, mon cher Watson » vient de *The Return of Sherlock Holmes*, de Basil Dean (1929), 1er Sherlock Holmes parlant dont les dernières phrases sont : « Amazing, Holmes ! – Elementary, my dear Watson, elementary. »

Napoléon Bonaparte (177 films depuis 1897). **Dracula** (161 films). **Jésus-Christ** (plus de 135 films). **Frankenstein** (117).

Tarzan (plus de 100 films et parodies) : le 1er avec Elmo Lincoln (2 films en 1918) ; parmi les 35 suivants, Perce Dempsey, Johnny Weissmuller (1904-84) [1932 à 48 : 12 films], Lex Barker (1919-73) [1949 à 53 : 5], Gordon Scott (3-8-1927) [1955 à 60 : 6], Azad (Inde, 1964 à 70 : 13), Denny Miller (1959), Jock Mahoney (1962-63 : 2), Mike Henry (1966-68 : 3), Ron Ely (1970 : 2), Miles O'Keefe (1981 : 1), Christophe Lambert (29-3-1957) [dans *Greystoke*, 1983], Joe Lara (TV, 1996 : 1), Casper van Diem (1998 : 1).

Autres : Lénine (72). **Cendrillon** (69 depuis 1898). **Zorro** (68). **Hopalong Cassidy** (66). **Hitler** (60). **Robin des Bois** (55). **Charlie Chan** (49). **Cléopâtre** (37). **Reine Victoria** (36). **Henri VIII** (34). **Élisabeth Ire** (32). **Staline** (26). **Churchill** (16).

■ **Sujets les plus souvent filmés. Anna Karénine** (L. Tolstoï) : 13 films dont : Goulding 1927 ; Brown 1935 ; Duvivier 1948 ; Zarkhi 1967 ; Rose 1997. **Arlésienne (L')** (A. Daudet) : Capellani 1910 ; Antoine 1921 ; Baroncelli 1930 ; Allégret 1941. **Assommoir (L')** (É. Zola) : Capellani 1909 ; Maudru 1921 ; Roudès 1933 ; Clément 1956. **Atlantide (L')** (P. Benoit) : Feyder 1921 ; Pabst 1932 ; Tallas 1948 ; Ulmer 1961 ; Swaim 1992.

Bossu (Le) (P. Féval) : Heuzé 1914 ; Kemm 1925 ; Sti 1934 ; Delannoy 1944 ; Hunebelle 1959 ; de Broca 1997. **Brave Soldat Chveik (Le)** (J. Hasek) : Lamac 1925 ; Frie 1931 ; Youtkevitch 1943 ; Trnka 1955 ; Stekly 1956 ; Ambesser 1959 ; Liebeneiner 1963. **Buffalo Bill :** 45 films (+ 2 parodies) dont : Ford 1924 ; Taylor 1926 ; Stevens 1935 ; DeMille 1936 ; Wellman 1944 ; B. Ray 1947 ; Sidney 1951 ; Hopper 1953 ; Altman 1975.

Carmen (P. Mérimée) : 52 films (+ 2 parodies) dont : Calmettes 1909 ; Walsh 1915 ; DeMille 1915 ; Lubitsch 1918 ; Feyder 1926 ; Walsh 1928 ; Christian-Jaque 1942 ; Ch. Vidor 1952 ; Scotese 1953 ; Preminger 1954 ; Gallone 1963 ; Saura 1982 ; Brook 1983 ; Godard 1983 ; Rosi 1984. **Casanova :** Volkoff 1926 ; Barberis 1933 ; Boyer 1947 ; Freda 1948 ; Steno 1954 ; Comencini 1969 ; Fellini 1975 ; Niermans 1992. **Catherine II :** Czerepy 1920 ; Lubitsch 1925 ; Waschneck 1929 ; R. Bernard 1929 ; Czinner 1934 ; Sternberg 1934 ; Ozep 1938 ; Preminger 1945 ; Curtiz 1960 ; Lenzi 1963 ; G. Flemyng 1968. **Chasseur de chez Maxim's (Le)** (Mirande et Quinson) : Rimsky 1927 ; Anton 1932 ; Cammage 1939 ; Diamant-Berger 1953 ; Vital 1976. **Châtelaine du Liban (La)** (P. Benoit) : de Gastyne 1924 ; Epstein 1933 ; Pottier 1956. **Cléopâtre :** Guazzoni 1913 ; G. Edwards 1917 ; DeMille 1934 ; G. Pascal 1945 ; Mattoli 1955 ; Cottafavi 1959 ; Mankiewicz 1963 ; Tourjansky-Pierotti 1963. **Comte de Monte-Cristo (Le)** (A. Dumas) : 34 films dont : Poutal 1917 ; Flynn 1921 ; Fescourt 1929 ; Lee 1934 ; Vernay 1943 et 1954 ; Autant-Lara 1962. **Crime et Châtiment** (F. Dostoïevski) : 15 films dont : Wiene 1921 ; Chenal 1934 ; Sternberg 1936 ; Lampin 1956 ; Koulidjanov 1966.

Dame aux camélias (La) (A. Dumas fils) : 36 films dont : Poutal 1909 ; Capellani 1915 ; Serena 1915 ; Edwards 1919 ; Smallwood 1921 ; Molander 1925 ; Niblo 1927 ; Gance 1934 ; Cukor 1936 ; R. Bernard 1951 ; M. Bolognini 1981. **Dernier des Mohicans (Le)** (F. Cooper) : Tourneur 1921 ; Eason-Beebe 1932 ; Seitz 1936 ; Sherman 1947 ; Reinl 1966 ; Mann 1992. **Derniers Jours de Pompéi (Les)** (B. Lytton) : Maggi 1908 ; Caserini 1913 ; Vidali 1913 ; Gallone 1925 ; Schoedsack 1935 ; L'Herbier 1948 ; Bonnard 1960. **Deux Orphelines (Les)** (A. d'Ennery) : Capellani 1910 ; Griffith 1921 ; Tourneur 1932 ; Gallone 1943 ; Gentilomo 1954 ; Freda 1965. **Docteur Jekyll et Mr Hyde** (R.L. Stevenson) : Murnau 1919 ; Robertson 1920 ; Mamoulian 1932 ; Fleming 1941 ; Fisher 1960 ; J. Lewis 1963. **Duchesse de Langeais (La)** (H. de Balzac) : Calmettes 1910 ; Lloyd 1922 ; Czinner 1927 ; Baroncelli 1942.

Fabiola (Carl Wiseman) : Perrego 1913 ; Guazzoni 1917 ; Blasetti 1947 ; Malassoma 1960. **Fanny** (M. Pagnol) : Allégret 1932 ; Almirante 1933 ; Wendhausen 1934 ; Whale 1938 ; Logan 1961. **Fantômas :** Feuillade 1912 ; Féjos 1932 ; Sacha 1947 ; Vernay 1948 ; Hunebelle 1964-66. **Frères Karamazov (Les)** (F. Dostoïevski) : Buchowietzky 1920 ; Ozep 1931 ; Brooks 1958 ; Pyriev 1968.

Hamlet (W. Shakespeare) : 45 films (+ 9 parodies) dont : Blom 1911 ; Gade 1920 ; Olivier 1948 ; Kozintsev 1964 ; Richardson 1969 ; Zeffirelli 1991 ; Branagh 1997 ; Almereyda 2000. **Huckleberry Finn** (M. Twain) : Taylor 1919 ; Taurog 1931 ; Thorpe 1938 ; Curtiz 1960.

Jeanne d'Arc (nom de l'actrice, entre parenthèses) : 30 films dont : Méliès 1900 ; Caserini 1908 ; Capellani 1908 ; Oxilia 1913 ; DeMille (Géraldine Farrar) 1917 ; de Gastyne 1928 ; Dreyer (Renée Falconetti) 1928 ; Ucicky (Angela Salloker) 1935 ; Stevenson (Michèle Morgan) 1942 ; Fleming (Ingrid Bergman) 1948 ; Delannoy 1952 ; Rossellini (Ingrid Bergman) 1954 ; Preminger (Jean Seberg) 1957 ; Bresson (Florence Carrez Delay) 1963 ; Rivette (Sandrine Bonnaire) 1993 ; Besson [Milla Jovovich (née à Kiev 17-12-1975)] 1999. **Jésus-Christ :** Zecca et Nonguet 1902 ; Antamoro 1914 ; Wiene 1925 ; DeMille 1927 ; Duvivier 1934 ; N. Ray 1961 ; Pasolini 1964 ; Stevens 1965 ; Jewison 1972 ; Rossellini 1976 ; Zeffirelli 1977.

Kœnigsmark (P. Benoit) : Perret 1918 ; Tourneur 1935 ; S. Terac 1953.

Lady Hamilton : Oswald 1921 ; Lloyd 1929 ; Korda 1946 ; Christian-Jaque 1968. **Louis II de Bavière :** Dieterle 1930 ; Käutner 1955 ; Visconti 1972 ; Syberberg 1972. **Lucrèce Borgia :** Capellani 1909 ; Caserini 1910 ; Oswald 1921 ; Gance 1935 ; Christian-Jaque 1953 ; Grieco 1959.

Macbeth (W. Shakespeare) : 28 films + 1 parodie. **Madame Sans-Gêne** (V. Sardou) : Calmettes 1911 ; A. Negroni 1921 ; Perret 1924 ; Richebé 1941 ; Christian-Jaque 1962. **Madame X** (A. Bisson) : Savage 1916 ; Lloyd 1920 ; Barrymore 1929 ; Wood 1937 ; Rich 1966. **Maître de poste (Le)** (A. Pouchkine) : Jeliabousky 1925 ; Tourjansky 1937 ; Ucicky 1940 ; von Baky 1955. **Manon Lescaut** (abbé Prévost) : Capellani 1911 ; Winslow 1914 ; Crosland 1927 ; Robison 1928 ; Gallone 1940 ; Clouzot 1948 ; Costa 1954 ; Aurel 1967. **Marraine de Charley (La)** (B. Thomas) : Sidney 1925 ; Christie 1930 ; Colombier 1935 ; Mayo 1941 ; Butler 1952 ; Quest 1956 ; Chevalier 1959 ; Cziffra 1963. **Mayerling :** Litvak 1936 ; Delannoy 1948 ; Jugert 1958 ; Dagover 1958 ; Young 1968 ; Jancsö 1975. **Michel Strogoff** (J. Verne) : Tourjansky 1926 ; Baroncelli-Eichberg 1936 ; Gallone 1956 ; Tourjansky 1961 ; E. Visconti 1970. **Misérables (Les)** (V. Hugo) : 36 films dont : Capellani 1913 ; Frank Lloyd 1918 ; Fescourt 1925 ; R. Bernard 1934 ; Boleslavsky 1935 ; Freda 1947 ; Milestone 1953 ; Le Chanois 1958 ; Hossein (1982) ; Lelouch 1995 ; August 1998. **Mystères de Paris (Les)** (E. Sue) : Capellani 1912 ; Burguet 1922 ; Gandera 1935 ; Baroncelli 1944 ; Cerchio 1957 ; Hunebelle 1962.

Nana (É. Zola) : Renoir 1926 ; D. Arzner 1933 ; Corostiza 1943 ; Christian-Jaque 1955. **Napoléon** plus de 172 films dont : Gance 1927 ; Grüne 1928 ; Lupu-Pick 1929 ; Wenzler 1935 ; Brown 1937 ; Guitry 1954 ; Koster 1954 ; Gance 1960 ; Bondartchouk 1969. **Notre-Dame de Paris** (V. Hugo) : Capellani 1911 ; Worsley 1924 ; Dieterle 1938 ; Delannoy 1956, Prod. W. Disney 1996.

Oliver Twist (Ch. Dickens) : 21 films dont : de Morlhon 1910 ; Lloyd 1920 ; Brennon 1932 ; Lean 1946 ; Reed 1969.

Pêcheur d'Islande (P. Loti) : Poutal 1914 ; Baroncelli 1924 ; Guerlais 1933 ; Schoendoerffer 1959. **Porteuse de pain (La)** (X. de Montépin) : Denola 1912 ; Le Somptier 1923 ; Sti 1934 ; Cloche 1950 et 1963.

Quatre Plumes blanches (Les) (A.E.W. Mason) : Plaissetty 1922 ; Schoedsack-Cooper 1930 ; Z. Korda 1939 ; Young-Korda 1955 ; Sharp 1977. **Quo Vadis ?** (H. Sienkiewicz) : Calmettes 1910 ; Guazzoni 1912 ; Jacoby-D'Annunzio 1924 ; Le Roy 1951.

Raspoutine : 27 films dont : Malikoff 1929 ; Trotz 1932 ; Boleslavsky 1933 ; L'Herbier 1938 ; Combret 1954 ; Chenal 1960 ; Sharp 1966 ; Hossein 1967. **Résurrection** (L. Tolstoï) : 23 films dont : Griffith 1909 ; Tchardynine 1915 ; E. José 1918 ; Carewe 1927 ; Blasetti 1931 ; Carewe 1932 ; Mamoulian 1934 ; Hansen 1958. **Robinson Crusoé** (D. Defoe) : 36 films. **Rocambole** (P. Ponson du Terrail) : Denola 1914 ; Maudru 1924 ; Rosca 1932 ; Baroncelli 1946 ; Borderie 1963. **Roger la Honte** (J. Mary) : Baroncelli 1923 ; Roudès 1933 ; Cayatte 1946 ; Freda 1966. **Roméo et Juliette** (W. Shakespeare) : 34 films (+ 8 parodies) dont : Caserini 1908 ; Blackton 1916 ; Cukor 1936 ; Castellani 1953 ; Zeffirelli 1968 ; Baz Luhrmann 1996.

St François d'Assise : Antamoro 1926 ; Rossellini 1950 ; Curtiz 1961 ; Zeffirelli 1973 ; Cavani 1988. **Sonate à Kreützer (La)** (L. Tolstoï) : Tchardynine 1911 ; Brenon 1915 ; Machaty 1926 ; Harlan 1937 ; Dréville 1938.

Topaze (M. Pagnol) : Gasnier 1933 ; d'Abbadie d'Arrast 1933 ; Pagnol 1936 et 1951 ; P. Sellers 1962. **Tour de Nesle (La)** (A. Dumas) : Capellani 1911 ; Roudès 1937 ; Gance 1953 ; Legrand 1969. **Trois Mousquetaires (Les)** (A. Dumas) : 30 films (+ 10 variantes) dont : Caserini 1909 ; Poutal 1913 ; Niblo 1921 ; Diamant-Berger 1922 et 1932 ; Dwan 1929 ; Lee 1935 ; Sidney 1948 ; Hunebelle 1953 et 1974 ; Borderie 1961 ; Lester 1973 et 1989 ; Herek 1993.

Zaza (Berton-Simon) : Porter 1915 ; Dwan 1923 ; Cukor 1939 ; Castellani 1943 ; Gaveau 1955.

(1988), New York Stories (1989), les Affranchis (1990), les Nerfs à vif (1991), le Temps de l'innocence (1993), Casino (1996), Kundum (1998), A tombeau ouvert (2000).

Sirk [(Douglas) Detlef Sierck, Danemark, 1897-1987] : l'Aveu (1944), Des filles disparaissent (1947), Jenny, femme marquée, Tempête sur la colline, Écrit sur du vent (1956), la Ronde de l'aube, le Temps d'aimer et le Temps de mourir (1959), le Mirage de la vie (1959).

Spielberg (Steven, 18-12-1947) : Duel (1971), The Sugarland Express, les Dents de la mer (1975), Rencontres du troisième type (1977), 1941 (1979), les Aventuriers de l'Arche perdue (1981), ET l'extraterrestre (1982), Indiana Jones et le temple maudit (1984), la Couleur pourpre (1986), Histoires fantastiques (1987), Indiana Jones et la dernière croisade (1989), Always (1989), Hook (1991), Jurassic Park (1993), la Liste de Schindler (1993), le Monde perdu : Jurassic Park (1997), Amistad (1997), Il faut sauver le soldat Ryan (1998).

Sternberg (Josef von, Vienne, 1894-1969) : *les Nuits de Chicago* (1927), *les Damnés de l'Océan*, l'Ange bleu (1930), Cœurs brûlés (1930), Shanghai Express (1932), l'Impératrice rouge (1934), la Femme et le Pantin (1935), Shanghai (1941), Fièvre sur Anatahan (1953).

Stevens (George, 1904-75) : Gunga Din (1939), Une place au soleil (1951), l'Homme des vallées perdues (1953), Géant (1956), le Journal d'Anne Frank (1959).

Stone (Oliver, 15-9-1946) : Salvador (1985), Platoon (1986), Wall Street (1988), Né un 4 juillet (1990), les Doors (1991), JFK (1991), Entre ciel et terre (1993), Tueurs-Nés (1993), Nixon (1995), Evita (1996), U-Turn, ici commence l'enfer (1997).

Stroheim [(Erich von), E. Oswald Hans Stroheim von Nordenwall, Autriche, 1885-1957] : *la Loi des montagnes* (1918), *Folies de femmes, les Rapaces* (1923), *la Veuve joyeuse, Symphonie nuptiale, Queen Kelly* (1928).

Sturges (John, 1911-92) : les Voyages de Sullivan (1941), Fort Bravo (1953), Un homme est passé (1954), Coup de fouet en retour (1955), Règlement de comptes à OK Corral (1956), le Trésor du pendu (1958), le Dernier Train de Gun Hill (1959), les Sept Mercenaires (1960), la Grande Évasion (1963).

Tarantino (Quentin, 1963) : Reservoir Dogs (1992), Pulp Fiction (1994), Jackie Brown (1997).

Tashlin (Frank, 1913-72) : Artistes et Modèles (1955), la Blonde et Moi (1956), Un vrai cinglé du cinéma (1956), la Blonde explosive, le Kid en kimono (1958), l'Increvable Jerry, Jerry chez les cinoques (1964).

Tourneur (Jacques, 1904-77, nat. Amér. 1919) : la Féline (1942), l'Homme-Léopard, Vaudou, Angoisse (1944), le Passage du canyon, la Griffe du passé (1947), la Flibustière des Antilles, le Gaucho, l'Or et l'Amour, Frontière sauvage (1959), la Nuit du démon, Tombouctou, la Bataille de Marathon (1959).

Ulmer (Edgar G., Vienne, 1900-72) : le Chat noir, le Démon de la chair, Carnegie Hall, l'Implacable, le Bandit, l'Atlantide (1960), Sept contre la mort (1965).

Vidor (King, 1894-1982, carrière de 66 ans) : *la Grande Parade* (1925), *la Foule* (1928), Hallelujah ! (1929), Notre pain quotidien (1934), Stella Dallas (1937), la Citadelle (1938), le Grand Passage (1940), Duel au soleil (1946), le Rebelle (1949), la Furie du désir (1952), l'Homme qui n'a pas d'étoile, Guerre et Paix (1956), Salomon et la Reine de Saba (1959).

Walsh (Raoul, 1887-1980) : *le Voleur de Bagdad* (1re version, 1924), la Charge fantastique (1941), Gentleman Jim (1942), Aventures en Birmanie (1945), la Vallée de la peur, la Fille du désert (1949), Un roi et quatre reines, l'Esclave libre, les Nus et les Morts (1958), Esther et le Roi (1960), la Charge de la 8e brigade (1964).

Welles (Orson, 1915-85) : Citizen Kane (1940), la Splendeur des Amberson (1942), la Dame de Shanghai (1948), Macbeth (1948), Othello (1952), Mr Arkadine (1955), la Soif du mal (1958), le Procès (1962), Falstaff (1966), Histoire immortelle (1967), Vérités et Mensonges (1974), Filming Othello (1979).

Wellman (William, 1894-1975) : *les Mendiants de la vie* (1928), l'Ennemi public (1931), la Joyeuse Suicidée, Une étoile est née (1937), Beau Geste (1939), la Lumière qui s'éteint (1939), Buffalo Bill (1944), l'Étrange Incident, les Forçats de la gloire (1945), la Ville abandonnée, le Rideau de fer, l'Allée sanglante (1955).

Wilder (Billy Samuel, Vienne, 22-6-1906) : le Poison, Assurance sur la mort (1944), Boulevard du Crépuscule (1950), le Gouffre aux chimères, Stalag 17, Sabrina (1954), Sept Ans de réflexion, Ariane, Certains l'aiment chaud (1959), la Garçonnière, Irma la Douce (1963), Embrasse-moi, idiot (1964), la Vie privée de Sherlock Holmes (1970), Avanti, Spéciale Première, Fedora (1977).

Wise (Robert, 10-9-1914) : Nous avons gagné ce soir (1949), les Rats du désert (1953), la Tour des ambitieux (1954), Marqué par la haine, le Coup de l'escalier (1959), West Side Story (1961), la Mélodie du bonheur (1964), le Mystère Andromède (1971), l'Odyssée du « Hindenburg » (1975), Star Trek (1979).

Wyler (William, Mulhouse, 1902-81) : Rue sans issue (1937), l'Insoumise (1938), les Hauts de Hurlevent (1939), le Cavalier du désert (1940), la Vipère (1941), Mrs Minniver (1942), les Plus Belles Années de notre vie (1946), l'Héritière, Vacances romaines (1953), la Loi du Seigneur (1956), Ben Hur (2e version, 1959), la Rumeur (1962), l'Obsédé (1964), Funny Girl (1968).

Zinnemann (Fred, Vienne, 1907-97) : Le train sifflera trois fois (1952), Tant qu'il y aura des hommes (1953), Au risque de se perdre (1959), Un homme pour l'éternité (1967), Chacal (1973), Julia (1977), Cinq Jours ce printemps-là (1983).

FRANCE

Allégret (Marc, Bâle, 1900-73) : Voyage au Congo, Lac aux Dames (1934), Gribouille (1937), Entrée des artistes (1938), Félicie Nanteuil (1942-45), Julietta (1953), l'Amant de lady Chatterley (1955), En effeuillant la marguerite (1956), le Bal du comte d'Orgel (1970).

Allégret (Yves, 1907-87) : Dédée d'Anvers (1948), Une si jolie petite plage (1948), Manèges (1950), Les miracles n'ont lieu qu'une fois, Nez de cuir, les Orgueilleux (1953), Germinal (1963), Mords pas on t'aime (1976).

Annaud (Jean-Jacques, 1-10-1943) : Coup de tête (1978), la Guerre du feu (1981), le Nom de la rose (1986), l'Ours (1988), l'Amant (1992), Wings of Courage (1995), Sept Ans au Tibet (1997), Stalingrad (2001).

Astruc (Alexandre, 13-7-1923) : le Rideau cramoisi (1952), les Mauvaises Rencontres, Une vie (1957), la Proie pour l'ombre, l'Éducation sentimentale (1962), la Longue Marche, Flammes sur l'Adriatique (1968).

Autant-Lara (Claude, 5-8-1901/5-2-2000) : le Mariage de Chiffon (1942), Douce (1943), le Diable au corps (1946), le Blé en herbe (1954), le Rouge et le Noir (1954), la Traversée de Paris (1956), En cas de malheur (1968), la Jument verte (1959), Tu ne tueras point (1963), le Franciscain de Bourges (1968), Gloria (1977).

Becker (Jacques, 1906-60) : Dernier Atout, Goupi Mains-Rouges (1943), Falbalas (1945), Antoine et Antoinette (1947), Rendez-Vous de juillet (1949), Casque d'or (1952), Rue de l'Estrapade, Touchez pas au grisbi (1954), Montparnasse (1958), le Trou (1960).

Beineix (Jean-Jacques, 8-10-1946) : Diva (1981), la Lune dans le caniveau (1983), 37,2° le matin (1986), Roselyne et les lions (1989), IP5 (1992), Mortel Transfert (2001).

Berri [(Claude) Langmann, 1-7-1934] : le Vieil Homme et l'Enfant (1967), le Pistonné, Un moment d'égarement, Je vous aime, le Maître d'école, Tchao Pantin (1983), Jean de Florette et Manon des Sources (1986), Uranus (1991), Germinal (1993), Lucie Aubrac (1997), la Débandade (1999).

Besson (Luc, 13-3-1959) : le Dernier Combat (1983), Subway (1985), le Grand Bleu (1988), Nikita (1990), Atlantis (1991), Léon (1994), le Cinquième Élément (1997), Jeanne d'Arc (1999).

Blier (Bertrand, 14-3-1939) : les Valseuses (1974), Calmos (1976), Préparez vos mouchoirs (1978), Buffet froid (1979), Beau-Père (1981), la Femme de mon pote (1983), Notre histoire (1984), Tenue de soirée (1986), Trop belle pour toi (1989), Merci la vie (1991), Un deux trois soleil (1992), Mon homme (1996), les Acteurs (2000).

Boisset (Yves, 14-3-1939) : Cran d'arrêt (1969), Un condé (1971), l'Attentat (1972), RAS (1973), Dupont-la-Joie (1974), le Juge Fayard dit le Shérif (1977), Un taxi mauve (1976), la Clé sous la porte, la Femme flic (1980), Allons z'enfants (1981), Bleu comme l'enfer (1986), Radio-Corbeau (1989), la Tribu (1991).

Bresson (Robert, 25-9-1901/18-12-1999) : les Anges du péché (1943), les Dames du bois de Boulogne (1944-45), le Journal d'un curé de campagne (1951), Un condamné à mort s'est échappé (1956), Pickpocket (1959), le Procès de Jeanne d'Arc (1962), Au hasard Balthazar (1966), Mouchette (1967), Une femme douce (1969), Quatre Nuits d'un rêveur (1971), Lancelot du Lac (1974), le Diable probablement (1977), l'Argent (1983).

Broca (Philippe de, 15-3-1933) : les Jeux de l'amour, le Farceur, l'Amant de cinq jours, Cartouche, l'Homme de Rio (1963), les Tribulations d'un Chinois en Chine, le Roi de cœur, le Diable par la queue (1969), la Poudre d'escampette, le Magnifique, l'Incorrigible, Julie pot de colle, Tendre Poulet, le Cavaleur, On a volé la cuisse de Jupiter, l'Africain, Louisiane, la Gitane (1986), Chouans ! (1988), les 1001 Nuits (1990), les Clés du paradis (1991), le Bossu (1997), Amazone (2000).

Camus (Marcel, 1912-82) : Orfeu Negro (1959), Os Bandeirantes (1959), le Chant du monde (1965), le Mur de l'Atlantique, Othalia de Bahia (1975).

Carax (Leos, 21-11-1960) : Boy Meets Girl (1984), Mauvais Sang, les Amants du Pont-Neuf (1991), Pola X (1999).

Carné (Marcel, 1906-96) : Jenny (1936), Drôle de drame (1937), le Quai des Brumes, Hôtel du Nord (1938), Le jour se lève (1939), les Visiteurs du soir (1942), les Enfants du paradis (1945), les Portes de la nuit (1946), les Tricheurs (1958), les Jeunes Loups (1967), la Merveilleuse Visite (1973), les Assassins de l'ordre (1976), la Bible (1976).

Cavalier [(Alain) Léon Fraissé, 14-9-1931] : le Combat dans l'île, l'Insoumis (1964), la Chamade (1968), Un étrange voyage (1981), Thérèse (1986), Libera me (1993), Vies (2000).

Cayatte [(André) Marcel Truc, 1909-89] : Pierre et Jean (1943), les Amants de Vérone (1949), Justice est faite (1950), Nous sommes tous des assassins (1952), Avant le déluge (1953), le Passage du Rhin, le Glaive et la Balance (1963), la Vie conjugale, les Risques du métier (1967), les Chemins de Katmandou (1969), Mourir d'aimer (1971), Il n'y a pas de fumée sans feu, A chacun son enfer (1971), la Raison d'État, l'Amour en question (1978).

Chabrol (Claude, 24-6-1930) : le Beau Serge (1958), les Cousins (1959), A double tour, les Bonnes Femmes (1960), Landru, la Ligne de démarcation, la Femme infidèle, le Boucher (1970), la Rupture, la Décade prodigieuse, les Noces rouges (1973), Nada, Folies bourgeoises, Liens de sang, Violette Nozières, le Cheval d'orgueil, le Sang des autres, Poulet au vinaigre (1985), l'Inspecteur Lavardin (1986), le Cri du hibou, Une affaire de femmes (1988), Jours tranquilles à Clichy (1990), Madame Bovary (1991), Betty (1992), l'Enfer (1994), la Cérémonie (1995), Rien ne va plus (1997), Au cœur du mensonge (1999), Merci pour le chocolat (2000).

Christian-Jaque (Charles Maudet, 1904-94) : les Disparus de St-Agil (1938), la Symphonie fantastique (1941), Boule de suif (1945), Sortilèges (1945), la Chartreuse de Parme (1948), Fanfan la Tulipe (1952), Lucrèce Borgia (1952), Madame du Barry, Nana (1954), les Bonnes Causes, les Pétroleuses (1971), la Vie parisienne (1977), Carné, l'homme à la caméra (1985).

Clair [(René) Chomette, 1898-1981] : *Entracte* (1924), *Un chapeau de paille d'Italie* (1928), Sous les toits de Paris (1930), le Million (1931), A nous la liberté (1932), Quatorze Juillet (1933), Fantôme à vendre (1935), la Belle Ensorceleuse (1941), Ma femme est une sorcière (1942), C'est arrivé demain (1943), Dix Petits Indiens (1945), Le silence est d'or (1947), les Belles de nuit (1952), les Grandes Manœuvres (1955), Porte des Lilas (1957), Tout l'or du monde (1961), les Fêtes galantes (1965).

Clément (René, 1913-96) : la Bataille du rail (1946), les Maudits (1946), Au-delà des grilles (1948), Jeux interdits (1951), Monsieur Ripois (1953), Gervaise (1955), Barrage contre le Pacifique (1958), Plein Soleil (1959), les Félins (1964), Paris brûle-t-il ? (1967), le Passager de la pluie (1970), la Course du lièvre à travers champs (1973), la Baby-Sitter (1975).

Clouzot (Henri-Georges, 1907-77) : L'assassin habite au 21 (1942), le Corbeau (1943), Quai des Orfèvres (1947), Manon (1949), le Salaire de la peur (1953), les Diaboliques (1954), le Mystère Picasso (1956), la Vérité (1960), la Prisonnière (1968).

Cocteau (Jean, 1889-1963) : le Sang d'un poète (1930), la Belle et la Bête (1946), l'Aigle à deux têtes (1948), les Parents terribles (1948), Orphée (1950), le Testament d'Orphée (1960).

Corneau (Alain, 7-8-1943) : France société anonyme (1975), Police Python 357 (1976), la Menace (1977), Série noire, le Choix des armes (1981), Fort Saganne (1984), le Môme (1986), Nocturne indien (1989), Tous les matins du monde, le Nouveau Monde (1995), le Cousin (1997), le Prince du Pacifique (2000).

Costa-Gavras (Constantin, Grèce, 13-2-1933) : Compartiment tueurs (1965), Un homme de trop (1966), Z (1968), l'Aveu (1970), État de siège (1973), Section spéciale (1975), Clair de femme (1977), Missing (1982), Hanna K (1983), Conseil de famille (1986), la Main droite du Diable (1988), Music Box (1990), la Petite Apocalypse (1993), Mad City (1997).

Daquin (Louis, 1908-80) : Nous les gosses (1941), Premier de cordée (1943), les Frères Bouquinquant (1947), le Point du jour (1948), Bel-Ami (1957).

Decoin (Henri, 1896-1969) : Battement de cœur, Premier Rendez-Vous (1941), les Inconnus dans la maison (1942), la Fille du diable, la Vérité sur Bébé Donge (1952), la Chatte (1958), les Parias de la gloire (1964).

Delannoy (Jean, 12-1-1908) : Pontcarral (1942), l'Éternel Retour (1943), la Symphonie pastorale (1946), Dieu a besoin des hommes (1950), la Princesse de Clèves (1961), les Amitiés particulières (1964), Bernadette (1988), Marie de Nazareth (1995).

Delluc (Louis, 1890-1924) : *la Fête espagnole* (coréalisatrice : Germaine Dulac), *le Silence, Fièvre, la Femme de nulle part* (1922), *l'Inondation* (1924).

Demy (Jacques, 1931-90) : Lola (1961), la Baie des anges (1963), les Parapluies de Cherbourg (1964), les Demoiselles de Rochefort (1967), The Model Shop, Peau d'âne (1971), le Joueur de flûte, Lady Oscar, Une chambre en ville (1982), Parking (1985), Trois Places pour le 26 (1988).

Deray [(Jacques) Desrayaud, 12-2-1929] : le Gigolo (1960), la Piscine (1968), Borsalino (1969), Borsalino and Co (1974), Flic Story (1975), le Gang (1976), Trois Hommes à abattre (1980), le Marginal, On ne meurt que deux fois (1985), le Solitaire (1987), les Bois noirs (1989), Netchaiev est de retour (1991), Un crime (1993), l'Ours en peluche (1994).

Deville (Michel, 13-4-1931) : Ce soir ou jamais, Adorable Menteuse, A cause, à cause d'une femme, On a volé la Joconde, Benjamin (1967), Bye bye Barbara, Raphaël ou le Débauché, la Femme en bleu, le Mouton enragé, l'Apprenti salaud, le Dossier 51, le Voyage en douce, Eaux profondes, la Petite Bande, Péril en la demeure, le Paltoquet, la Lectrice (1988), Nuit d'été en ville (1990), Toutes peines confondues (1992), Aux petits bonheurs (1993), la Maladie de Sachs (1999).

Doillon (Jacques, 15-3-1944) : l'An 01, les Doigts dans la tête, Un sac de billes, la Femme qui pleure, la Drôlesse, l'Homme de ma vie, la Tentation d'Isabelle (1985), la Puritaine (1986), Comédie ! (1987), la Fille de quinze ans (1989), la Vengeance d'une femme (1990), le Petit Criminel (1991), Amoureuse (1991), le Jeune Werther (1993), Du fond du cœur (1994), Ponette (1996), Trop (peu) d'amour (1998), Petits Frères (1999).

Doniol-Valcroze (Jacques, 1920-89) : l'Eau à la bouche (1959), le Cœur battant (1960), la Dénonciation (1961), le Viol (1967), la Maison des Bories (1969), Une femme fatale (1977).

Dréville (Jean, 1906-97) : le Joueur d'échecs (2e version, 1938), la Cage aux rossignols (1944), Copie conforme (1947), la Bataille de l'eau lourde (1947), les Casse-Pieds (1948), la Reine Margot (1954), Normandie-Niémen (1959), La Fayette (1961).

Duvivier (Julien, 1896-1967) : la Bandera (1935), la Belle Équipe (1936), Pépé le Moko (1937), Un carnet de bal (1937), Sous le ciel de Paris (1950), le Petit Monde de don Camillo (1952), la Fête à Henriette (1952), Marianne de ma jeunesse (1955), Pot-Bouille (1957), Marie-Octobre (1959), la Chambre ardente (1962).

Enrico (Robert, 13-4-1931/23-2-2001) : la Rivière du hibou (1961), la Belle Vie (1964), les Grandes Gueules (1965), les Aventuriers (1967), Boulevard du rhum (1971), le Vieux Fusil (1975), Pile ou Face (1980), Au nom de tous les miens (1983), De guerre lasse (1987), la Révolution française : les Années lumière (1989), Vent d'est (1992), Fait d'hiver (1999).

Étaix (Pierre, 23-11-1928) : le Soupirant (1962), Yoyo, le Grand Amour, L'âge de Monsieur est avancé.

Feuillade (Louis, 1873-1925) : *La vie telle qu'elle est* (série), *Fantômas* (série), *Héliogabale* (1911), *les Vampires* (série, 1915-16), *Judex* (série, 1916-17), *Vendémiaire, les Deux Gamines, l'Orpheline, Parisette, Vindicta, le Stigmate* (1925).

Feyder [(Jacques) Frédérix, 1885-1948] : *l'Atlantide* (1921), *l'Image, Carmen* (1926), *Thérèse Raquin* (1928), le Spectre vert (USA), le Grand Jeu (1934), Pension Mimosas (1935), la Kermesse héroïque (1936), les Gens du voyage, la Loi du Nord (1939-42).

Franju (Georges, 1912-87) : la Tête contre les murs, les Yeux sans visage, Thérèse Desqueyroux (1962), Judex (1963), Thomas l'imposteur (1964), la Faute de l'abbé Mouret (1970), Nuits rouges (1973).

Gance (Abel, 1889-1981) : *le Droit à la vie* (1917), *Mater Dolorosa, la Dixième Symphonie* (1918), *J'accuse* (1re version, 1919), *la Roue* (1922), *Napoléon* (1927), la Fin du monde (1930), Lucrèce Borgia (1935), Un grand amour de Beethoven (1936), J'accuse (2e version, 1937), Louise, Paradis perdu, Vénus aveugle, le Capitaine Fracasse (1942), la Tour de Nesle (1954), Austerlitz (1960), Cyrano et d'Artagnan (1963).

Godard (Jean-Luc, 3-12-1930) : A bout de souffle (1960), le Petit Soldat (1963), Une femme est une femme, Vivre sa vie (1962), les Carabiniers, le Mépris, Bande à part, Une femme mariée (1964), Alphaville (1965), Pierrot le fou, Masculin féminin, Made in USA, Deux ou trois choses que je sais d'elle (1967), la Chinoise (1967), Week-End (1968), Vent d'Est, Tout va bien, Numéro deux, Sauve qui peut (la vie) (1980), Passion, Prénom Carmen (1983), Je vous salue Marie (1984), Détective (1985), Soigne ta droite (1987), Nouvelle Vague (1990), Hélas pour moi (1993), JLG JLG (1995), For ever Mozart (1996), Éloge de l'amour (2001).

Granier-Deferre (Pierre, 22-7-1927) : la Veuve Couderc (1972), le Train, Adieu poulet, l'Étoile du Nord, Cours privé, la Couleur du vent, Archipel, le Petit Garçon (1995).

Grémillon (Jean, 1901-59) : Gueule d'amour (1937), l'Étrange Monsieur Victor, Remorques (1939-41), Lumière d'été (1942), Le ciel est à vous (1943), Pattes blanches (1948), l'Amour d'une femme (1953).

Guitry (Sacha, St-Pétersbourg, 1885-1957) : le Roman d'un tricheur (1936), Faisons un rêve (1936), Quadrille (1937), Désiré (1937), Ils étaient neuf célibataires (1939), le Diable boiteux (1948), la Poison (1951), la Vie d'un honnête homme (1952), Si Versailles m'était conté (1953), Napoléon (1954), Assassins et Voleurs (1956).

Hunebelle (André, 1896-1985) : Métier de fous (1948), Mission à Tanger, Méfiez-vous des blondes, les Trois Mousquetaires (1953), Cadet-Rousselle, le Bossu (1959), le Miracle des loups (1960), les Mystères de Paris (1962), Fantômas (1964).

Kast (Pierre, 1920-84) : le Bel Age (1960), la Morte-Saison des amours (1960), Vacances portugaises, le Grain de sable, Drôle de jeu (1968), Un animal doué de déraison, le Soleil en face, la Guerillera (1982).

Kurys (Diane, 1948) : Diabolo menthe (1977), Un homme amoureux (1987), La Baule-les-Pins (1990), Après l'amour (1992), A la folie (1994), les Enfants du siècle (1999).

Lautner (Georges, 24-1-1926) : le Monocle noir (1961), les Tontons flingueurs (1963), les Barbouzes, Laisse aller c'est une valse (1970), Il était une fois un flic, la Valise, les Seins de glace (1974), Mort d'un pourri, Flic ou voyou (1978), le Guignolo, le Professionnel, Joyeuses Pâques, le Cow-Boy (1985), la Vie dissolue de Gérard Floque (1987), la Maison assassinée (1988), l'Invité surprise (1989), l'Inconnu dans la maison (1992).

Leconte (Patrice, 12-11-1947) : les Bronzés (1978), Les bronzés font du ski (1979), Viens chez moi, j'habite chez une copine (1981), les Spécialistes (1985), Monsieur Hire (1989), le Mari de la coiffeuse (1990), Tango (1993), le Parfum d'Yvonne (1993), les Grands Ducs (1996), Ridicule (1996), Une chance sur deux (1998), la Fille sur le pont (1999), la Veuve de Saint-Pierre (2000), Félix et Lola (2001).

Leenhardt (Roger, 1903-85) : les Dernières Vacances (1947), le Rendez-Vous de minuit (1961).

Lelouch (Claude, 30-10-1937) : le Propre de l'homme (1960), Une fille et des fusils, Un homme et une femme (1966), Vivre pour vivre, le Voyou, Smic Smac Smoc (1971), L'aventure, c'est l'aventure (1972), la Bonne Année (1973), Toute une vie, Mariage (1974), le Chat et la Souris, le Bon et les Méchants, Si c'était à refaire, Robert et Robert, A nous deux, les Uns et les Autres (1981), Édith et Marcel, Viva la vie, Partir revenir, Vingt Ans déjà, Attention bandits (1987), Itinéraire d'un enfant gâté (1988), Il y a des jours... et des lunes (1990), la Belle Histoire (1992), Tout ça... pour ça (1993), les Misérables (1995), Hommes, femmes, mode d'emploi (1996), Hasards ou coïncidences (1998), Une pour toutes, toutes pour une (1999).

L'Herbier (Marcel, 1888-1979) : *El Dorado, Don Juan et Faust, l'Inhumaine, Feu Mathias Pascal* (1925), *l'Argent*, le Mystère de la chambre jaune (1930), le Parfum de la dame en noir (1931), les Hommes nouveaux, la Citadelle du silence, Adrienne Lecouvreur (1938), la Comédie du bonheur (1940-42), la Nuit fantastique (1942), l'Honorable Catherine (1943), la Vie de bohème (1943), les Derniers Jours de Pompéi (1949).

Malle (Louis, 1932-95) : le Monde du silence (1955), Ascenseur pour l'échafaud (1957), les Amants (1958), Zazie dans le métro (1959), Vie privée (1961), le Feu follet (1963), Viva Maria (1965), le Voleur (1967), Histoires extraordinaires, Calcutta (1969), le Souffle au cœur (1971), Lacombe Lucien (1974), Black Moon, la Petite (1978), Atlantic City, Crackers, Alamo Bay (1985), God's Country (1986), Au revoir les enfants (1987), Milou en mai (1990), Fatale (1992), Vanya, 42e rue (1995).

Marker [(Chris) Bouche-Villeneuve, 29-7-1921] : Lettre de Sibérie, Cuba si ! (1961), le Joli Mai (1963), la Spirale (collectif), Le fond de l'air est rouge, Sans soleil, AK.

Melville [(Jean-Pierre) Grumbach, 1917-73] : le Silence de la mer (1948), les Enfants terribles (1950), Bob le flambeur, Deux Hommes dans Manhattan (1959), Léon

Morin, prêtre (1961), le Doulos (1962), l'Aîné des Ferchaux (1963), le Deuxième Souffle, le Samouraï, l'Armée des ombres (1969), le Cercle rouge (1970), Un flic (1972).

Miller (Claude, 20-2-1942) : la Meilleure Façon de marcher, Dites-lui que je l'aime (1977), Garde à vue (1981), Mortelle Randonnée, l'Effrontée, la Petite Voleuse, l'Accompagnatrice (1992), le Sourire (1994), la Classe de neige (1998), la Chambre des magiciennes (2001).

Mocky [(Jean-Pierre) Mokiejewski, 6-7-1929] : les Dragueurs (1959), Un drôle de paroissien (1963), les Compagnons de la Marguerite, Solo (1969), A mort l'arbitre ! (1984), le Miraculé, Agent trouble (1987), Une nuit à l'Assemblée nationale, Divine Enfant (1988), Il gèle en enfer (1990), Ville à vendre (1992), le Mari de Léon, Bonsoir (1993), Noir comme le souvenir (1995), Alliance cherche doigt (1997), Robin des mers, Vidange (1998), Tout est calme (2000), la Candide Madame Duff (2000), le Glandeur (2000), la Bête de miséricorde (2001).

Molinaro (Édouard, 13-5-1928) : le Dos au mur (1957), Des femmes disparaissent, Une fille pour l'été, la Mort de Belle (1960), les Sept Péchés capitaux, Arsène Lupin contre Arsène Lupin, Une ravissante idiote (1963), Oscar, Mon oncle Benjamin, le Gang des otages, l'Emmerdeur (1973), Dracula père et fils (1976), l'Homme pressé (1977), la Cage aux folles (1978) [II (1980), III de Lautner (1985)], Pour cent briques t'as plus rien (1982), l'Amour en douce (1985), A gauche en sortant de l'ascenseur (1988), le Souper (1992), Beaumarchais, l'insolent (1996).

Ophuls [(Max) Oppenheimer, Sarrebruck, 1902-57] : Liebelei (1932), Divine (1935), la Tendre Ennemie, De Mayerling à Sarajevo (1940), Lettre d'une inconnue (1948), la Ronde (1950), le Plaisir (1952), Madame de... (1953), Lola Montès (1955).

Oury [(Gérard) Houry Tennenbaum, 29-4-1919] : le Corniaud (1964), la Grande Vadrouille (1966), le Cerveau (1968), la Folie des grandeurs (1971), les Aventures de Rabbi Jacob (1973), la Carapate (1978), le Coup du parapluie (1980), l'As des as (1982), la Vengeance du serpent à plumes (1984), Lévy et Goliath (1986), Vanille-Fraise (1989), la Soif de l'or (1993), Fantôme avec chauffeur (1996), le Schpountz (1999).

Pagnol (Marcel, 1895-1974) : Angèle (1934), César (1936), Regain (1937), la Femme du boulanger (1938), le Schpountz (1938), la Fille du puisatier (1940), Manon des Sources (1952), les Lettres de mon moulin (1954).

Pialat (Maurice, 21-8-1925) : l'Enfance nue (1969), Nous ne vieillirons pas ensemble (1972), la Gueule ouverte (1973), Passe ton bac d'abord (1979), Loulou (1980), A nos amours (1983), Police (1985), Sous le soleil de Satan (1987), Van Gogh (1991), le Garçu (1995).

Poiré (Jean-Marie, 10-7-1945) : Les hommes préfèrent les grosses (1981), Le Père Noël est une ordure (1982), Papy fait de la Résistance (1983), Twist Again à Moscou (1986), Mes meilleurs copains (1989), Opération Corned-Beef (1992), les Visiteurs (1993), les Anges gardiens (1995), les Couloirs du temps : les visiteurs II (1998), les Visiteurs en Amérique (2001).

Prévert (Pierre, 1906-88) : L'affaire est dans le sac, Adieu Léonard, Voyage surprise (1947).

Rappeneau (Jean-Paul, 8-4-1932) : la Vie de château (1966), les Mariés de l'an II (1971), le Sauvage (1975), Tout feu tout flamme (1982), Cyrano de Bergerac (1990), le Hussard sur le toit (1995).

Renoir (Jean, 1894-1979) : *Nana* (1926), la Chienne (1931), Boudu sauvé des eaux (1932), Toni (1934), le Crime de M. Lange (1935), la Marseillaise (1937), Une partie de campagne, la Grande Illusion (1937), la Bête humaine (1938), la Règle du jeu (1939), Journal d'une femme de chambre (1946), la Femme sur la plage (1946), le Fleuve (1950), le Carrosse d'or (1952), French Cancan (1954), le Déjeuner sur l'herbe (1959), le Caporal épinglé (1962).

Resnais (Alain, 3-6-1922) : Nuit et Brouillard (1956), Hiroshima mon amour (1958), l'Année dernière à Marienbad (1961), Muriel, La guerre est finie (1966), Je t'aime je t'aime (1968), Stavisky, Providence (1977), Mon oncle d'Amérique, La vie est un roman (1983), l'Amour à mort (1984), Mélo (1986), I Want to Go Home (1989), Smoking/No smoking (1993), On connaît la chanson (1997).

Rivette (Jacques, 1-3-1928) : Paris nous appartient, la Religieuse (1965), l'Amour fou, Céline et Julie vont en bateau, Duelle, Noroît, Merry Go Round, le Pont du Nord, l'Amour par terre, Hurlevent (1986), la Bande des Quatre (1989), la Belle Noiseuse (1991), Jeanne la Pucelle (1993), Haut bas fragile (1995), Secret défense (1998).

Robert (Yves, 19-6-1920) : la Guerre des boutons (1961), Bébert et l'Omnibus (1963), les Copains (1964), Un éléphant ça trompe énormément, Nous irons tous au paradis (1977), Courage fuyons (1979), le Jumeau (1984), la Gloire de mon père, le Château de ma mère (1990), le Bal des casse-pieds (1992), Montparnasse-Pondichéry (1993).

Rohmer [(Éric) Maurice Scherer, 21-3-1920] : le Signe du Lion, Paris vu par..., la Collectionneuse (1967), Ma nuit chez Maud (1969), le Genou de Claire (1970), l'Amour l'après-midi, la Marquise d'O, Perceval le Gallois, la Femme de l'aviateur, le Beau Mariage, Pauline à la plage, les Nuits de la pleine lune, le Rayon vert (1986), les Trois Aventures de Reinette et Mirabelle, l'Ami de mon amie (1987), Conte de printemps (1990), Conte d'hiver (1992), l'Arbre, le Maire et la Médiathèque (1993), les Rendez-Vous de Paris (1995), Conte d'été (1996), Conte d'automne (1998), l'Anglaise et le Duc (2001).

Rouch (Jean, 31-5-1917) : Moi, un Noir (1958), la Pyramide humaine (1961), Chronique d'un été (1961), la Punition (1962), Jaguar (1967), Cocorico M. Poulet (1974), Dionysos (1984), Bac ou mariage (1988).

Sautet (Claude, 23-2-1924/22-7-2000) : Classe tous risques, les Choses de la vie (1969), Max et les ferrailleurs (1970), César et Rosalie (1972), Vincent, François, Paul et les autres (1974), Mado, Une histoire simple, Un mauvais fils, Garçon (1984), Quelques jours avec moi (1988), Un cœur en hiver (1992), Nelly et Monsieur Arnaud (1995).

Schoendoerffer (Pierre, 5-5-1928) : la Passe du Diable (1958 ; coréalisateur : Jacques Dupont), Pêcheurs d'Islande (1959), la 317e Section (1964), Objectif 500 millions (1966), le Crabe-Tambour (1977), l'Honneur d'un capitaine (1982), Diên Biên Phu (1992).

Serreau (Coline, 1947) : Pourquoi pas ! (1977), Qu'est-ce qu'on attend pour être heureux ! (1982), Trois Hommes et un couffin (1985), Romuald et Juliette (1989), la Crise (1992), la Belle Verte (1996), Chaos (2001).

Tacchella (Jean-Charles, 23-9-1925) : Voyage en grande Tartarie, Cousin cousine (1974), le Pays bleu, Il y a longtemps que je t'aime (1979), Croque la vie, Escalier C, Travelling avant, Dames galantes (1990), l'Homme de ma vie (1992), Tous les jours dimanche (1995), les Gens qui s'aiment (2000).

Tati [(Jacques) Tatischeff, 1908-82] : Jour de fête [1947, tourné à Ste-Sévère (I.-et-L.), couleur sortie 1994], les Vacances de M. Hulot (1953), Mon oncle (1958), Playtime (1967), Trafic, Parade (1974).

Tavernier (Bertrand, 25-4-1941) : l'Horloger de Saint-Paul (1973), Que la fête commence, le Juge et l'Assassin (1975), Des enfants gâtés, la Mort en direct (1979), Une semaine de vacances, Coup de torchon (1981), Un dimanche à la campagne (1984), Autour de minuit, la Passion Béatrice (1987), la Vie et rien d'autre (1989), Daddy nostalgie (1990), L.627 (1992), la Fille de d'Artagnan (1994), l'Appât (1995), Capitaine Conan (1996), Ça commence aujourd'hui (1999).

Téchiné (André, 13-3-1943) : Souvenirs d'en France, Barocco, les Sœurs Brontë, Hôtel des Amériques (1981), Rendez-Vous (1985), le Lieu du crime, les Innocents (1987), J'embrasse pas (1991), Ma saison préférée (1993), les Roseaux sauvages (1994), les Voleurs (1996), Alice et Martin (1998).

Thomas (Pascal, 1945) : les Zozos (1972), Pleure pas la bouche pleine (1973), le Chaud Lapin (1974), la Surprise du chef (1976), Confidences pour confidences (1979), Celles qu'on n'a pas eues (1980), les Maris les Femmes les Amants (1989), la Pagaille (1991), la Dilettante (1999), Mercredi (2001).

Truffaut [(François) Lévy, 1932-84] : les 400 Coups (1959), Tirez sur le pianiste, Jules et Jim (1961), Fahrenheit 451 (1966), La mariée était en noir (1967), Baisers volés (1968), la Sirène du Mississippi, l'Enfant sauvage (1970), Domicile conjugal (1970), Deux Anglaises et le continent (1971), la Nuit américaine (1973), l'Histoire d'Adèle H. (1975), l'Argent de poche (1976), L'homme qui aimait les femmes (1977), la Chambre verte (1978), l'Amour en fuite, le Dernier Métro (1980), la Femme d'à côté (1981), Vivement dimanche (1983).

Vadim [(Roger) Plemiannikov, 26-1-1928/11-2-2000] : Et Dieu créa la femme (1956 ; remake en anglais : 1987), Sait-on jamais ? (1956), les Liaisons dangereuses (1959), Et mourir de plaisir (1960), le Repos du guerrier (1962), le Vice et la Vertu (1963), Château en Suède (1963), la Curée (1965), Barbarella (1968), la Jeune Fille assassinée (1974), Une femme fidèle (1976), Surprise-Partie (1983).

Varda (Agnès, Bruxelles, 30-5-1928) : la Pointe courte, Cléo de 5 à 7 (1962), le Bonheur (1965), les Créatures (1966), Lions Love (1970), L'une chante l'autre pas (1976), Mur, murs (1980), Sans toit ni loi (1985), Jane B. par Agnès V., Kung-Fu Master (1988), Jacquot de Nantes (1991), les Cent et Une Nuits (1995), les Glaneurs et la Glaneuse (2000).

Veber (Francis, 28-7-1937) : le Jouet, la Chèvre, les Compères, les Fugitifs (1986), le Jaguar (1996), le Dîner de cons (1998), le Placard (2001).

Verneuil [(Henri) Achod Malakian, 15-10-1920, Turquie] : la Table aux crevés (1951), le Fruit défendu (1952), Des gens sans importance (1956), le Président (1956), la Vache et le Prisonnier (1959), Un singe en hiver (1962), Week-End à Zuydcoote (1964), le Clan des Siciliens (1969), Peur sur la ville (1974), I comme Icare (1979), Mille Milliards de dollars (1982), les Morfalous (1984), Mayrig (1991), 588, rue Paradis (1992).

Vigo [(Jean) Bonaventure de, 1905-34, fils d'Eugène de Vigo dit Almeyreda] : *A propos de Nice,* Zéro de conduite (1933), l'Atalante (1934).

Wargnier (Régis, 1948) : la Femme de ma vie, Je suis le seigneur du château, Indochine, Une femme française, Est-Ouest (1999).

Zidi (Claude, 25-7-1934) : l'Aile ou la Cuisse (1976), Inspecteur la Bavure (1981), les Ripoux (1984), Association de malfaiteurs, Ripoux contre Ripoux (1990), la Totale (1991), Profil bas (1993), Arlette (1997), Astérix et Obélix contre César (1999).

Grande-Bretagne

Asquith (Anthony, 1902-68) : Pygmalion (1938), l'Écurie Watson (1939), le Chemin des étoiles, l'Ombre d'un homme (1951), Il importe d'être constant (1951), Évasion (1954), Ordre de tuer (1958), les Dessous de la millionnaire, Sept heures avant la frontière (1962).

Boorman (John, 18-1-1933) : le Point de non-retour (1967), Duel dans le Pacifique (1968), Leo the Last (1970), Délivrance, Zardoz (1973), l'Hérétique, Excalibur (1981), la Forêt d'émeraude (1985), Hope and Glory (1987), Tout pour réussir (1990), Rangoon (1994), le Général (1998).

Chaplin [(Charlie) sir Charles Spencer, Londres, 1889-1977] : *Charlot soldat* (1918), *le Kid* (1921), *le Pèlerin* (1923), *l'Opinion publique* (1923), *la Ruée vers l'or* (1925), *le Cirque* (1928), les Lumières de la ville (1930), les Temps modernes (1936), le Dictateur (1940), M. Verdoux (1947), Limelight (les Feux de la rampe, 1952), Un roi à New York (1957), la Comtesse de Hong Kong (1966).

Cornelius (Henry, Afr. du Sud, 1913-58) : Passeport pour Pimlico (1949), le Major galopant (1951), Geneviève (1953), Une fille comme ça (1955).

Crichton (Charles, 6-8-1910/14-9-1999) : A cor et à cri (1947), De l'or en barres (1951), Tortillard pour Titfield (1953), la Loterie de l'amour (1954), L'habit fait le moine (1958), la Bataille des sexes, Un poisson nommé Wanda (1988).

Dearden (Basil, 1911-71) : Frieda (1947), la Lampe bleue, Opération Scotland Yard (1959), Hold-Up à Londres (1960), Scotland Yard contre X (1960), la Victime (1961), la Femme de paille (1964), Khartoum (1966), Assassinats en tous genres (1968).

Fisher (Terence, 1904-80) : Frankenstein s'est échappé (1957), Dracula (1958), la Revanche de Frankenstein (1958), la Malédiction des Pharaons (1959), les Maîtresses de Dracula (1960), la Nuit du loup-garou (1961), le Fantôme de l'opéra (1962), la Gorgone (1964), Dracula Prince des ténèbres (1965), Frankenstein créa la femme (1966), le Retour de Frankenstein (1969), Frankenstein et le Monstre de l'enfer (1973).

Frears (Stephen, 20-6-1941) : My Beautiful Laundrette (1985), Sammy et Rosie s'envoient en l'air (1987), les Liaisons dangereuses (1988), les Arnaqueurs (1990), Héros malgré lui, The Snapper (1993), Mary Reilly (1996), The Hi-Lo Country (1998).

Greenaway (Peter, 5-4-1942) : Meurtre dans un jardin anglais (1982), Zoo (1986), le Ventre de l'architecte, Drowning by Numbers (1987), le Cuisinier, le voleur, sa femme et son amant (1989), Prospero's Books (1991), The Baby of Mâcon (1993), The Pillow Book (1996), 8 femmes 1/2 (1999).

Hamer (Robert, 1911-63) : Il pleut toujours le dimanche (1947), Noblesse oblige (1949), Détective du Bon Dieu, Deux Anglais à Paris (1954), le Bouc émissaire (1959), l'Académie des coquins (1960).

Joffé (Roland, 17-11-1945) : la Déchirure (1984), Mission, les Maîtres de l'ombre, la Cité de la joie, les Amants du nouveau monde, Goodbye Lover, Vatel (2000).

Lean (David, 1908-91) : Ceux qui servent sur mer (1942), Heureux Mortels (1944), L'esprit s'amuse (1945) [les 3 avec Noel Coward], Brève Rencontre (1945), les Grandes Espérances (1946), Oliver Twist (1948), les Amants passionnés, Vacances à Venise, le Pont de la rivière Kwai (1957), Lawrence d'Arabie (1963), Docteur Jivago (1966), la Fille de Ryan (1970), la Route des Indes (1985).

Leigh (Mike, 20-2-1943) : Bleak Moments (1971), High Hopes (1988), Naked (1993), Secrets et Mensonges, Deux Filles d'aujourd'hui (1996), Topsy-Turry (1999).

Lester (Richard, 19-1-1932) : Quatre Garçons dans le vent, le Knack (1964), Au secours !, Pétulia, les Trois Mousquetaires (1974), Terreur sur le « Britannic » (1974), Royal Flash, la Rose et la Flèche, les Joyeux Débuts de Butch Cassidy et le Kid (1979), Superman II (1981), Cash-Cash (1986), le Retour des mousquetaires (1988).

Loach (Kenneth, 17-6-1936) : Kes (1969), Family Life (1972), Regards et Sourires (1981), Hidden Agenda (1990), Raining Stones (1993), Ladybird (1994), Land and Freedom (1995), Carla's Song (1996), My Name is Joe (1998), Bread and Roses (2000).

MacKendrick (Alexander, USA, 1912-93) : Whisky à gogo (1948), l'Homme au complet blanc (1951), Maggie (1954), Tueurs de dames (1955), le Grand Chantage, Un cyclone à la Jamaïque (1965).

Madden (John, 1949) : Golden Gate (1993), la Dame de Windsor (1997), Shakespeare in Love (1998).

Olivier (sir Laurence, 1907-89) : Henri V (1944), Hamlet (1948), Richard III, le Prince et la Danseuse.

Powell (Michael, 1905-90) : Un de nos avions n'est pas rentré (1942), Colonel Blimp (1943), Je sais où je vais (1945), Une question de vie ou de mort (1946), les Chaussons rouges (1948), les Contes d'Hoffmann (1951), le Voyeur (1960).

Reed (sir Carol, 1906-76) : Sous le regard des étoiles (1939), Huit Heures de sursis (1947), Première Désillusion (1948), le Troisième Homme (1949), l'Homme de Berlin (1953), Trapèze (1955), Notre agent à La Havane (1959), l'Extase et l'Agonie (1965), Oliver (1968), l'Indien (1970).

Reisz (Karel, Tchécoslovaquie, 21-7-1926) : Samedi soir et dimanche matin (1961), Morgan (1965), Isadora (1968), le Flambeur (1974), la Maîtresse du lieutenant français (1981), Sweet Dreams (1986).

Richardson (Tony, 1928-91) : les Corps sauvages (1959), le Cabotin, Sanctuaire, Un goût de miel (1961), la Solitude du coureur de fond (1962), Tom Jones (1963), le Cher Disparu, Mademoiselle, le Marin de Gibraltar, la Charge de la brigade légère (nouvelle version 1968), Chambre obscure (1969), Hamlet (1970), Joseph Andrews, Police frontière (1982), Hotel New Hampshire (1984).

Russell (Kenneth, 3-7-1927) : Love (1970), Music Lovers, les Diables, le Messie sauvage, Mahler (1974), Tommy, Lisztomania, Valentino, Au-delà du réel, les Jours et les Nuits de China Blue (1985), Gothic, le Repaire du ver blanc (1988), la Putain (1991), Uri (1994).

Schlesinger (John, 16-2-1926) : Billy Liar, Darling, Macadam Cow-Boy, Un dimanche comme les autres, le Jour du fléau, Marathon Man, Yanks, le Jeu du faucon (1985), les Envoûtés (1987), Madame Souzatzka (1988), Fenêtre sur Pacifique (1990), Un couple presque parfait (2000).

Scott (Ridley, 30-11-1937) : les Duellistes (1977), Alien – le 8e passager (1979), Blade Runner (1982), Legend (1985), Thelma et Louise (1991), 1492 – Christophe Colomb (1992), Lame de fond (1996), Hannibal (2001).

Quelques scandales célèbres

1921 : mort de l'actrice Virginia Rappe, après une « partie » organisée par le comique Fatty (Roscoe Arbuckle) ; accusé de meurtre, puis acquitté, il ne reparut plus à l'écran. **1922 :** assassinat du metteur en scène W.D. Taylor. Le mystère, à base de chantage et de drogue, où fut compromise Mabel Normand, vedette de Chaplin, ne fut jamais éclairci. **1924 :** au cours d'un dîner chez Edna Purviance (autre vedette de Chaplin), le chauffeur de Mabel Normand tue un convive d'un coup de revolver. Le scandale mit fin à la carrière de Mabel Normand qui mourut de tuberculose en 1930 à 32 ans. Mort mystérieuse du metteur en scène Thomas Ince (tué par un jaloux), sur le yacht de W. Hearst, magnat de la presse américaine. **1926 :** mort à 26 ans de Barbara La Marr, victime de la drogue. Elle avait eu 6 maris. **1932 :** suicide de Paul Bern, mari de Jean Harlow, après 2 mois de mariage (6e mari de Barbara La Marr). **1935 :** suicide ou assassinat (?) de la jeune Thelma Todd, chez un ami metteur en scène. **1943 :** procès d'Errol Flynn, accusé du viol de 2 jeunes filles de moins de 16 ans ; procès en paternité intenté par miss Barry à Chaplin (condamné). **1948 :** Robert Mitchum condamné à 60 jours de prison pour usage de stupéfiants. **1949 :** internement en maison de santé du jeune premier Robert Walker (« l'Inconnu du Nord-Express »), ex-mari de Jennifer Jones. **1958 :** Cheryl Crane (14 ans) assassine d'un coup de couteau l'amant de sa mère Lana Turner, le gangster Johnny Stompanato. **1959 :** procès du journal à scandales *Confidential.* Mise en cause de nombreuses vedettes dont Dorothy Dandridge, Maureen O'Hara...

Quelques records de mariage

Anouk Aimée : D.V. Zimmermann, Niko Papadakis, Pierre Barouh, Albert Finney (7-8-1970). **Brigitte Bardot :** Roger Vadim (20-12-1952), Jacques Charrier (18-6-1959), Gunther Sachs (14-7-1966), Bernard d'Ormale. **Ingrid Bergman :** Peter Lindstrom, Roberto Rossellini, Lars Schmidt. **Humphrey Bogart :** Helen Mencken, Mary Phillips, Mayo Methot, Lauren Bacall. **Martine Carol :** Steve Crane, Christian-Jaque, Dr Rouveix, Mike Eland. **Charlie Chaplin :** Mildred Harris, Lita Grey, Paulette Goddard, Oona O'Neil. **Joan Crawford :** Douglas Fairbanks Jr, Franchot Tone, Philips Terry. **Christian-Jaque :** Germaine Spy, Simone Renant, Renée Faure, Martine Carol, Laurence Cristol. **Danielle Darrieux :** Henri Decoin, Porfirio Rubirosa, Georges Mitsinkidès. **Bette Davis :** Harmon Nelson, Andrew Farnsworth, William Grant Sherry, Gary Merrill. **Errol Flynn :** Lili Damita, Nora Eddington, Patricia Wymore. **Clark Gable :** Josephine Dillon, Rhea Langham, Carole Lombard, lady Sylvia Ashley, Kay Streckell. **Zsa Zsa Gabor :** Burham Belge, Conrad Hilton, George Sanders, Herbert L. Huntner, Joshua Cosden Jr. **Ava Gardner :** Mickey Rooney, Artie Shaw, Frank Sinatra. **Judy Garland :** David Rose, Vincente Minnelli, Sid Luft, Mark Herron, Mickey Deans (12-1-1969). **Paulette Goddard :** E.D. James, Charlie Chaplin, Burgess Meredith, Erich Maria Remarque. **Cary Grant :** Virginia Merrill, Barbara Hutton, Betsy Drake, Dyan Cannon (22-7-1965, divorce 28-5-1967). **Sacha Guitry** (voir à l'Index). **Rex Harrison :** Lilli Palmer, Kay Kendall, Rachel Roberts. **Rita Hayworth :** Edward Judson, Orson Welles, Ali Khan, Dick Haymes, James Hill. **Mary Marquet :** Maurice Escande, Victor Francen, Marcel Journet. **Marilyn Monroe :** James Dougherty (1942), Joe Di Maggio (1954), Arthur Miller (1956, divorce 1962). **François Périer :** Jacqueline Porel, Marie Daems, Colette Boutoulaud. **Tyrone Power :** Janet Gaynor, Annabella, Linda Christian. **Ginger Rogers :** Jack Culpepper, Lew Ayres, Jack Briggs, Jacques Bergerac, William Marshall. **Mickey Rooney :** Ava Gardner, Betty Jane Rase, Martha Vickers, Elaine Mahnken, Barbara Thomason, Margaret Lane, Carolyn Hackett, Jan Chamberlain. **Jean Seberg :** François Moreuil, Romain Gary, Dennis Berry. **Frank Sinatra :** Nancy Barbato, Barbara Max, Ava Gardner, Mia Farrow (31-7-1966). **Gloria Swanson :** Wallace Beery, Herbert K. Somborn, Henri de La Falaise, Michael Farmes, William Davey, William Dufty. **Elizabeth Taylor :** Nick Hilton (durée 205 j : 6-5-1950, divorce 30-1-1951, † 1969), Michael Wilding (21-2-1952 au 31-1-1957, † 1979, 2 fils), Mike Todd (2-2-1957/mars 1958, † d'un accident d'avion ; 1 fille), Eddie Fisher (12-5-1959, séparés 1962, divorce 6-3-1964), Richard Burton (15-3-1964/6-6-1974, 1 fille adoptive ; remariés 13-10-1975 à 1-8-1976, † 5-8-1984), John Warner (5-12-1976/7-11-1982), Larry Fortensky (qui a 20 ans de moins, 7-10-1991). **Lana Turner :** 8 mariages entre 1940 et 1969 : Artie Shaw, Steve Crane (2 fois), Bob Topping, Lex Barker, Fred May, Robert Eaton, Ronald Dante. **Roger Vadim :** Brigitte Bardot (1952), Annette Stroyberg (1958), Jane Fonda (1967), Catherine Schneider (1975), Marie-Christine Barrault (1990). Son fils Christian est né d'une liaison avec Catherine Deneuve. **Marina Vlady :** Robert Hossein, Jean-Claude Brouillet, Vladimir Vissotsky. **Johnny Weissmuller :** Beryl Scott, Bobby Arnst, Arleen Gaetz. **Shelley Winters :** M.P. Meyer, Vittorio Gassman, Anthony Franciosa.

☞ **Ils se sont mariés** *8 fois :* Eddy Barclay, Mickey Rooney, Elizabeth Taylor, Lana Turner. *6 fois :* Gloria Swanson. *5 fois :* Christian-Jaque, Clark Gable, Zsa-Zsa Gabor, Judy Garland, Sacha Guitry, Rita Hayworth, Roger Vadim, Ginger Rogers.

En 1966, Carlo Ponti, déjà marié en Italie, épousa à Sèvres l'actrice Sophia Loren qu'il avait déjà épousée au Mexique en 1957.

Quelques destins hors série

Suicidés : Roland Alexandre (1956). Pier Angeli (1971). Pedro Armendariz (1963). Pierre Batcheff (1932). Charles Boyer (28-8-1978, jour de ses 81 ans). Martine Carol (1967). Dorothy Dandrige (1965). Bella Darvi (1971). Patrick Dewaere (1982). John Garfield (1953). Alan Ladd (29-1-1964). Nicole Ladmiral (1958). Carole Landis (1948). Raoul Lévy (1966). Max Linder (1925, avec sa femme). Simone Mareuil (1954). Marilyn Monroe († 4/5-8-1962, on a parlé d'assassinat). Ivan Mosjoukine (1939). Marie Prevost (1935). Lya de Putti (1931). George Sanders (1972). Jean Seberg (9-9-1979, épouse de Romain Gary qui se suicidera le 20-12-1980). Françoise Spira (1965). Lupe Velez (1944). Robert Walker (1951).

Assassinés : Luisa Ferida (1945) abattue par des partisans italiens. Ramón Novarro (1968) par 2 jeunes vagabonds. Pier Paolo Pasolini (30-11-1975) par un jeune de 17 ans (affaire de mœurs). Sharon Tate (1969, assassinat organisé par le luciférien Charles Manson).

Morts accidentellement. Auto : James Dean (30-9-1955 au volant). Nicole Berger (1967). Françoise Dorléac (26-6-1967). Fernand Raynaud (28-11-1973). Grace Kelly (14-9-1982). Alan Pakula (19-11-1998). **Avion :** Will Rogers (1935, tué au Canada avec l'aviateur Wiley Post). Carole Lombard (16-1-1942). Leslie Howard (1-6-1943, avion abattu par les Allemands dans le golfe de Gascogne). Grace Moore (1947). Audie Murphy (28-5-1971, c'était le soldat le plus décoré de la 2de Guerre mondiale). **Bateau :** Steve Cochran (15-6-1965, mort d'épuisement sur son yacht, dans la mer des Caraïbes). **Chute :** Pauline Lafont (11-8-1988). **Incendie :** Linda Darnell (11-4-1965). **Moto :** Coluche (19-6-1986). **Noyade :** Maria Montez (sept. 1951, dans sa baignoire). Natalie Wood (29-11-1981, en nageant en pleine nuit). **Train :** Lucien Coëdel (28-9-1947, tombé du train, tunnel de Blaisy, Côte-d'Or). **Du sida :** Rock Hudson : 1er mort célèbre du sida (2-10-1985). Antony Perkins (12-9-1992).

Morts en déportation : Robert Hugues-Lambert (joue Mermoz en 1942), Robert Lynen (1944).

Divers. Ambassadrices des USA : Irene Dunne ; à l'Onu : Shirley Temple. **Curé :** Georges Galli : ex-jeune premier (l'Homme à l'Hispano). **Ministre de la Culture** (Grèce) : Mélina Mercouri (1981). **Président des USA :** Ronald Reagan. **Princesse :** Grace Kelly (ép. 1956 Pce Rainier de Monaco).

Italie

Antonioni (Michelangelo, 29-9-1912) : Chronique d'un amour (1950), Femmes entre elles (1955), le Cri (1957), la Dame sans camélias (1960), l'Avventura (1960), la Nuit (1961), l'Éclipse (1962), le Désert rouge (1964), Blow Up (1967), Zabriskie Point (1970), Profession reporter (1975), Identification d'une femme (1982), Par-delà les nuages (1995, avec Wim Wenders).

Benigni (Roberto, 27-10-1952) : Tu me troubles (1982), le Petit Diable (1988), Johnny Stecchino (1991), le Monstre (1994), La vie est belle (1997).

Bertolucci (Bernardo, 13-3-1940) : Prima della Rivoluzione (1964), la Stratégie de l'araignée (1970), le Conformiste (1970), le Dernier Tango à Paris (1972), 1900 (1976), la Luna (1978), la Tragédie d'un homme ridicule (1981), le Dernier Empereur (1987), Un thé au Sahara (1990), Little Buddha (1993), Beauté volée (1996), Shanduraï.

Blasetti (Alessandro, 1900-87) : *Terra madre,* Mille Huit Cent Soixante (1932), Vieille Garde (1935), la Couronne de fer (1941), Quatre Pas dans les nuages (1942), Un jour dans la vie, Fabiola (1949), Heureuse Époque (1952), Dommage que tu sois une canaille (1955).

Bolognini (Mauro, 28-6-1922/14-5-2001) : les Amoureux, Jeunes Mariés, les Garçons, Ça s'est passé à Rome, le Bel Antonio (1960), la Viaccia (1961), Agostino (1962), les Sorcières, Metello (1970), la Grande Bourgeoise, Vertiges, la Dame aux camélias (1980), la Vénitienne (1986).

Camerini (Mario, 1895-1981) : Les hommes, quels mufles (1932), le Tricorne, Une romantique aventure, les Fiancés (1941), Deux Lettres anonymes, Ulysse (1953), Chacun son alibi, les Guérilleros (1961).

Castellani (Renato, 1913-85) : Sous le soleil de Rome, Primavera (1949), Deux Sous d'espoir (1950), Roméo et Juliette (1954), l'Enfer dans la ville (1958).

Comencini (Luigi, 8-6-1916) : Pain, amour et fantaisie (1953), Pain, amour et jalousie, la Grande Pagaille, la Ragazza, l'Incompris (1967), Casanova, un adolescent à Venise, l'Argent de la vieille, Un vrai crime d'amour, Mon Dieu comment suis-je tombée si bas ?..., la Femme du dimanche, Qui a tué le chat ?, le Grand Embouteillage, Eugenio, l'Imposteur, Cuore, la Storia (1987), Un enfant de Calabre (1987), Joyeux Noël, Bonne Année (1989).

De Santis (Giuseppe, 1917-97) : Chasse tragique, Riz amer (1948), Pâques sanglantes, Onze heures sonnaient, Jours d'amour, Hommes et Loups (1957).

De Seta (Vittorio, 15-10-1923) : Bandits à Orgosolo (1961), Un homme à moitié (1966), l'Invitée (1970).

De Sica (Vittorio, 7-7-1901/13-11-1974, naturalisé Français 1967) : Sciuscia (1946), le Voleur de bicyclette (1948), Miracle à Milan (1951), Umberto D (1952), l'Or de Naples (1954), le Toit (1956), la Ciociara, les Séquestrés d'Altona, Mariage à l'italienne (1964), Un monde nouveau, le Jardin des Finzi-Contini (1970), le Voyage (1974).

Fellini (Federico, 20-1-1920/31-10-1993) : I Vitelloni (1953), la Strada (1954), Il Bidone (1955), les Nuits de Cabiria (1957), la Dolce Vita (1960), Boccace 70 (1962), Huit et demi (1963), Juliette des Esprits (1965), Histoires extraordinaires (1968), Satyricon (1969), les Clowns (1970), Roma (1971), Amarcord (1973), Casanova (1976), Répétition d'orchestre (1978), la Cité des femmes (1980), Et vogue le navire (1983), Ginger et Fred (1986), Intervista (1987), la Voce della Luna (1989).

Ferreri (Marco, 11-5-1928/9-5-1997) : le Mari de la femme à barbe (1964), Break Up, Liza, la Grande Bouffe (1973), la Dernière Femme, Rêve de singe, Pipicacadodo (1979), Contes de la folie ordinaire, Histoire de Piera, Le futur est femme, I Love You, Y'a bon les blancs (1987), la Maison du sourire (1991), la Chair (1991).

Genina (Augusto, 1892-1957) : Prix de beauté (1930), les Amants de minuit (1931), l'Escadron blanc (1936), le Siège de l'Alcazar (1940), Benghazi (1942), la Fille des marais, Frou-Frou (1955).

Germi (Pietro, 1914-74) : Au nom de la loi, le Chemin de l'espérance, le Disque rouge, l'Homme de paille (1958), Divorce à l'italienne (1962), Séduite et Abandonnée (1964), Signore e Signori (1966), Serafino (1968), Alfredo, Alfredo (1973).

Lattuada (Alberto, 11-3-1914) : le Bandit (1946), Sans pitié, le Moulin du Pô (1949), le Manteau, la Louve, Guendalina (1957), la Tempête, les Adolescentes, l'Imprévu, la Steppe, Mafioso (1962), la Mandragore, Fräulein Doktor (1969), la Bambina (1969), Cœur de chien, la Cigale (1980), Une épine dans le cœur (1987).

Leone (Sergio, 1929-89) : Pour une poignée de dollars (1964), le Bon, la Brute et le Truand (1966), Il était une fois dans l'Ouest (1969), Il était une fois la Révolution (1971), Il était une fois en Amérique (1984).

Lizzani (Carlo, 3-4-1917) : Achtung Banditi ! (1951), Chronique des pauvres amants, le Bossu de Rome (1960), Procès à Vérone (1963), Bandits à Milan, Mussolini (1974), Fontamara, la Maison du tapis jaune (1983).

Monicelli (Mario, 16-5-1915) : Gendarmes et Voleurs (avec Stefano Steno), le Pigeon (1958), la Grande Guerre (1959), Larmes de joie, les Camarades, Nous voulons les colonels, Mes chers amis, Caro Michele, Voyage avec Anita, Rosy la Bourrasque, Chambre d'hôtel, Le marquis s'amuse, Mes chers amis II (1984), la Double Vie de Mathias Pascal (1985), Pourvu que ce soit une fille (1986), I Picari (1987), Une famille formidable (1992).

Moretti (Nanni, 19-8-1953) : Ecce bombo (1978), Bianca (1984), La messe est finie (1986), Palombella rossa (1989), Journal intime (1993), La Secunda Volta (1996), La Cosa (1999).

Olmi (Ermanno, 24-7-1931) : Le temps s'est arrêté (1960), l'Emploi, (1961), les Fiancés (1963), la Circonstance (1973), l'Arbre aux sabots (1978), À la poursuite de l'étoile (1983), Longue Vie à la Signora (1987), la Légende du saint buveur (1988).

Pasolini (Pier Paolo, 5-3-1922/assassiné 2-11-1975) : Accattone (1961), l'Évangile selon saint Matthieu (1964), Œdipe roi, Théorème (1968), Porcherie, Médée (1970), le Décaméron (1971), les Contes de Canterbury (1972), les Mille et Une Nuits (1974), Salò ou les 120 Journées de Sodome (1975).

Risi (Dino, 23-12-1916) : Une vie difficile (1961), le Fanfaron (1962), les Monstres (1963), Fais-moi très mal mais couvre-moi de baisers, Une poule, un train et quelques monstres (1969), Au nom du peuple italien (1971), Sexe fou (1973), Rapt à l'italienne (1973), Parfum de femme (1974), la Carrière d'une femme de chambre (1976), Âmes perdues (1976), Dernier Amour (1978), Cher Papa, Fantôme d'amour (1981), Dagobert (1984), le Fou de guerre (1985), Teresa (1987), Valse d'amour (1991).

Rosi (Francesco, 15-11-1922) : le Défi (1957), Profession magliari (1959), Salvatore Giuliano (1962), Main basse sur la ville (1963), les Hommes contre (1970), l'Affaire Mattei (1971), Lucky Luciano (1973), Cadavres exquis (1975), Le Christ s'est arrêté à Eboli (1978), Trois Frères (1981), Carmen (1984), Chronique d'une mort annoncée (1987), Oublier Palerme (1990).

Rossellini (Roberto, 1906-77) : le Navire blanc (1941), Rome, ville ouverte (1945), Paisa (1946), Allemagne année zéro (1948), Amore (1948), Stromboli (1951), Europe 51 (1952), Voyage en Italie (1953), la Peur (1954), India (1959-60), le Général della Rovere (1959), Vanina Vanini (1961), la Prise du pouvoir par Louis XIV (1966), Socrate (1970), Blaise Pascal (1972), le Messie (1976).

Scola (Ettore, 10-5-1931) : Cent millions ont disparu (1964), Belfagor le Magnifique (1966), Drame de la jalousie (1970), la Plus Belle Soirée de ma vie (1972), Nous nous sommes tant aimés (1974), Affreux, sales et méchants (1975), Une journée particulière (1977), la Terrasse (1979), Passion d'amour (1981), la Nuit de Varennes, le Bal (1983), Macaroni (1986), la Famille (1987), Quelle heure est-il ? (1989), le Voyage du capitaine Fracasse (1990), le Roman d'un jeune homme pauvre (1995), le Dîner (1998).

Visconti [(Luchino) Visconti de Modrone, 2-11-1906/17-3-1976] : Ossessione (1942), La terre tremble (1948), Bellissima (1951), Senso (1954), Nuits blanches (1957), Rocco et ses frères (1960), Boccace 70 (1962), le Guépard (1962), Sandra (1965), l'Étranger (1967), les Damnés (1969), le Crépuscule des dieux (1969), Mort à Venise (1971), Violence et Passion (1975), l'Innocent (1976).

Zampa (Luigi, 1905-91) : Vivre en paix (1946), les Années difficiles (1948), la Belle Romaine (1954), la Blonde enjôleuse (1957), Question d'honneur (1966), les Monstresses (1980).

Zeffirelli [(Franco) F. Zeffirelli Corsi, 12-2-1923] : Camping (1958), la Mégère apprivoisée (1967), Roméo et Juliette (1968), Jésus de Nazareth (1978), la Traviata (1983), Otello (1986), Toscanini (1988), Hamlet (1991), Sparrow (1994), Jane Eyre (1996), Un thé avec Mussolini (1999).

Zurlini (Valerio, 1926-82) : Été violent, la Fille à la valise (1961), Journal intime, Des filles pour l'armée (1965), le Professeur (1972), le Désert des Tartares (1976).

JAPON

Ichikawa (Kon, 20-11-1915) : la Harpe birmane (1956), Feux dans la plaine (1959), Tokyo Olympiades (1964-65), la Vengeance d'un acteur, les Quatre Sœurs (1983).

Imamura (Shôhei, 15-9-1926) : La vengeance est à moi (1982), la Ballade de Narayama (1983), Zegen (1987), Histoire du Japon (1987), Pluie noire (1989), l'Anguille (1997), Dr. Akagi (1998).

Kinugasa (Teinosuke, 1896-1982) : *Jujiro* (1928), la Porte de l'enfer (1954), le Héron blanc (1958).

Kitano (Takeshi, 1948) : Jugatsu (1990), Sonatine (1994), Hana-Bi (1997), l'Été de Kikujiro (1999), Aniki, mon frère (2000).

Kurosawa (Akira, 23-3-1910/6-9-1998) : le Chien enragé (1949), Rashomon (1950), l'Idiot (1951), Vivre (1952), les Sept Samouraïs (1954), la Forteresse cachée (1958), le Château de l'araignée, Sanjuro (1962), Barberousse (1965), Dersou Ouzala (1974), Kagemusha (1980), Ran (1984), Rêves (1990), Rapsodie en août (1991), Madadayo (1993).

Kurosawa (Kiyoshi, 1945) : Cure (1997), License to Live, Charisma (1999), Chambre interdite (2001).

Mizoguchi (Kenji, 1898-1956) : le Destin de Mme Yuki (1950), la Dame de Musashino (1951), la Vie d'O'Haru, femme galante (1952), Contes de la lune vague après la pluie (1952), l'Intendant Sansho (1954), l'Impératrice Yang Kouei-Fei (1955), le Héros sacrilège (1956), la Rue de la honte (1957).

Naruse (Mikio, 1905-69) : Ma femme, sois comme une rose (1935), Okasan (1952), Nuages flottants (1955).

Oshima (Nagisa, 31-3-1932) : Contes cruels de la jeunesse, la Pendaison (1968), le Petit Garçon (1969), la Cérémonie (1971), l'Empire des sens (1976), l'Empire de la passion (1978), Furyo (1983), Max mon amour (1986), Kyoto (1991).

Ozu (Yasujiro, 1903-1963) : Rêves de jeunesse (1928), les Frères Toda, le Goût du riz avec le thé vert, Printemps tardif (1949), Voyage à Tokyo, Fleurs d'équinoxe (1958), Herbes ondoyantes (1959), Fin d'automne (1960), Dernier Caprice (1961), le Goût du saké (1962).

Shindo (Kaneto, 28-4-1912) : les Enfants d'Hiroshima (1952), l'Ile nue (1961), la Femme diabolique (1964), les Salauds (1965), Chikuzan (1977).

POLOGNE

Ford (Aleksander, 1908-80) : La vérité n'a pas de frontière (1948), la Jeunesse de Chopin, les Cinq de la rue Barska (1954), les Chevaliers teutoniques (1960), le Premier Cercle (1972).

Has (Wosciech, 1925) : le Manuscrit trouvé à Saragosse (1965), Diables de London (1969), la Clepsydre (1972), les Tribulations de Balthasar Kober (1988).

Kawalerowicz (Jerzy, 15-1-1922) : l'Ombre (1956), Tout n'est pas fini (1957), Train de nuit (1959), Mère Jeanne des Anges (1961), Pharaon (1966), Maddalena (1971), la Grande Meute (1992).

Kieslowski (Krzysztof, 1941-96) : le Hasard (1982), le Décalogue (1987-89), 5e épisode : Tu ne tueras point (1987), 6e : Brève Histoire d'amour (1988), la Double Vie de Véronique (1991), Trois Couleurs Bleu (1993), Blanc (1993), Rouge (1994).

Munk (Andrzej, 1921-61) : Eroïca (1957), De la veine à revendre (1961), la Passagère (1964).

Polanski (Roman, Paris, 18-8-1933, naturalisé Français) : le Couteau dans l'eau (1962), Répulsion (1965), Cul-de-sac (1965), le Bal des vampires (1967), Rosemary's Baby (1968), Macbeth (1972), Quoi ? (1973), Chinatown (1974), le Locataire (1976), Tess (1979), Pirates (1986), Frantic (1988), Lunes de fiel (1992), la Jeune Fille et la Mort (1995), la Neuvième Porte (1999).

Wajda (Andrzej, 6-3-1926) : Génération, Kanal (1957), Cendres et Diamant (1958), Lotna, les Innocents charmeurs, Samson, Tout est à vendre, Paysage après la bataille, les Noces (1972), le Bois de bouleaux, la Terre de la grande promesse, l'Homme de marbre (1977), les Demoiselles de Wilko, Sans anesthésie, le Chef d'orchestre, l'Homme de fer (1981), Danton (1982), Un amour en Allemagne (1983), Chronique des événements amoureux, Korczak (1990), la Semaine sainte (1996), Miss Nobody (1997), Pan Tadeusz (2000).

Zanussi (Krzystof, 17-6-1939) : la Structure de cristal (1969), Illumination (1973), Spirale (1978), la Constante (1980), l'Impératif (1982), le Pouvoir du mal (1984), Cîval (1996).

Zulawski (Andrzej, 1942) : le Diable (1972), L'important c'est d'aimer (1974), Possession (1981), la Femme publique (1984), l'Amour braque (1985), Chamanka (1996), la Fidélité (2000).

RUSSIE

Alexandrov (Grigori Mormonenko, 1903-83) : Joyeux Garçons (1934), Volga-Volga (1938), Glinka (1952).

Barnet (Boris, 1902-65) : Okraïna (1933), Un été prodigieux (1951), le Lutteur et le Clown (1958).

Bondartchouk (Sergueï, 1922-94) : le Destin d'un homme (1959), Guerre et Paix (1966), Waterloo (1970), Ils ont combattu pour la patrie (1975), J'ai vu naître le nouveau monde (1982), Boris Godounov (1986).

Donskoï (Mark Semionovitch, 1897-1981) : l'Enfance de Gorki (1938, 1re partie), En gagnant mon pain (1938), Mes universités, l'Arc-en-Ciel (1943), la Mère (2e version, 1954), Le cheval qui pleure (1956).

Dovjenko (Aleksandr, 1894-1956) : *Zvenigora* (1927), *Arsenal, la Terre* (1930), *Ivan, Aerograd,* Mitchourine (1948), le Poème de la mer (1955-58).

Eisenstein (Sergueï, 1898-1948) : *la Grève* (1924), *le Cuirassé Potemkine* (1925), *Octobre* (1927), *la Ligne générale* (1929), *Que viva Mexico !* (1931), Alexandre Nevski (1938), Ivan le Terrible (1945).

Ermler (Fridrik, 1898-1967) : *Un débris de l'empire, Contre-Plan,* les Paysans (1935), Camarade P (1943), le Tournant décisif (1946), le Roman inachevé (1955), la Lettre inachevée.

Guerassimov (Sergueï, 1906-1985) : le Don paisible (1957), Filles et Mères (1974).

Kalatozov (Mikhaïl, 1903-73) : Quand passent les cigognes (1959), la Tente rouge (1971).

Kozintsev (Grigori, 1905-73) et **Trauberg** (Leonid, 1902-90) : *le Manteau, la Nouvelle Babylone,* la Jeunesse de Maxime, le Retour de Maxime, Maxime à Viborg, Don Quichotte, Hamlet (1964), le Roi Lear (1971).

Lounguine (Pavel, 1949) : Taxi Blues (1990), Luna Park (1992), Ligne de vie (1996).

Mikhalkov-Kontchalovski (Andreï, 20-8-1937) : le Premier Maître (1966), le Nid de gentilshommes (1969), Oncle Vania (1971), la Romance des amoureux, Sibériade, Maria's Lovers (1984), Runaway Train (1986), le Bayou (1987), Duo pour une soliste (1987), Voyageurs sans permis (1989), Tango et Cash (1989), le Cercle des intimes (1992), Riaba ma poule (1994).

Mikhalkov (Nikita, frère d'Andreï, 1945) : Partition inachevée pour piano mécanique (1977), Cinq Soirées (1979), Quelques jours dans la vie d'Oblamov (1979), la Parentèle, les Yeux noirs, Urga (1991), Soleil trompeur (1994), le Barbier de Sibérie (1999).

Poudovkine (Vsevolod, 1893-1953) : *la Mère, la Fin de St-Pétersbourg, Tempête sur l'Asie* (1928), le Déserteur (1933), Amiral Nakhimov (1947), la Moisson (1953).

Pyriev (Ivan, 1901-68) : l'Idiot (1957), les Nuits blanches (1961), les Frères Karamazov (1968).

Raïzman (Yourl, 15-2-1903) : la Dernière Nuit (1937), le Communiste, Vie privée, le Temps des désirs (1984).

Romm (Mikhaïl, 1901-71) : *Boule de suif* (1933), les Treize (1937), Lénine en 1918 (1937), Neuf Jours d'une année (1962).

Tarkovski (Andreï, 1932-86) : l'Enfance d'Ivan (1962), Andreï Roublev (1969), Solaris (1972), le Miroir (1974), Stalker (1979), Nostalghia (1983), le Sacrifice (1986).

Tchiaourelli (Mikhaïl, 1894-1974) : le Serment, la Chute de Berlin (1949), l'Inoubliable Année 1919 (1952).

Tchoukraï (Grigori, 1921) : le Quarante et Unième (1956), la Ballade du soldat (1960), Ciel pur (1961).

Trauberg (Ilia, 1905-48) : *le Train mongol* (1929).

Trauberg (Leonid, 1902-90) : voir **Kozintsev.**

Vassiliev (Sergueï, 1895-1943) : Tchapaiev (1934), la Défense de Tsaritsyne, les Héros de Chipka (1955).

Vertov [(Dziga) Denis Kaufman, 1896-1954] : *l'Homme à la caméra,* la Symphonie du Donbass (1930), Trois Chants sur Lénine (1934).

Youtkevitch (Sergueï, 1904-85) : Ceux de la mine (1937), Salut Moscou ! (1946), Skander Beg (1953), Othello (1956), Un amour de Tchekhov (1969).

SUÈDE

Bergman (Ingmar, 14-7-1918) : la Prison (1948), Jeux d'été (1950), Monika (1952), la Nuit des forains (1953), Sourires d'une nuit d'été (1955), le Septième Sceau (1956), les Fraises sauvages (1957), le Visage (1958), la Source (1959), A travers le miroir (1961), les Communiants (1962), le Silence (1963), Persona (1966), l'Heure du loup, la Honte (1967), Une passion (1970), le Lien (1970), Cris et Chuchotements (1972), Scènes de la vie conjugale (1973), la Flûte enchantée (1974), Face à face (1976), l'Œuf du serpent, Sonate d'automne (1977), Mon île Fårö (1969), De la vie des marionnettes (1980), Fanny et Alexandre (1983), Après la répétition (1984).

Lindblom (Gunnel, 18-12-1931) : Paradis d'été (1977).

Mattson (Arne, 2-12-1919) : Elle n'a dansé qu'un seul été (1951), le Pain de l'amour (1953), Salka Valka, la Charrette fantôme (3e version, 1958), Mannequin de cire (1962), le Meurtre d'Yngsjö, Soleil noir (1978).

Sjöberg (Alf, 1903-80) : le Chemin du ciel, Tourments, Mademoiselle Julie (1951), Barabbas (1953).

Sjöman (Vilgot, 1924-80) : la Maîtresse (1962), Ma sœur, mon amour (1966), Je suis curieuse (1967), Elle veut tout savoir (1968), Joyeuses Pâques (1970).

Sjöström (Victor, 1879-1960) : *les Proscrits* (1917), *la Montre brisée, la Charrette fantôme* (1re version, 1920), *l'Épreuve du feu, la Lettre écarlate* (1926), *le Vent* (1928).

Stiller (Mauritz, d'origine finlandaise 1883-1928) : *le Trésor d'Arne* (1919), *le Vieux Manoir* (1922), *la Légende de Gösta Berling* (1924), *Hôtel impérial* (1927).

Troell (Jan, 1931) : les Émigrants (1973), le Nouveau Monde, Hurricane (1979), le Vol de l'aigle (1982).

Widerberg (Bo, 8-3-1930/1-5-1997) : Elvira Madigan (1967), Adalen 31 (1969), Un flic sur le toit (1977), Victoria (1979), le Chemin du serpent (1987).

SUISSE

Goretta (Claude, 23-6-1929) : Jean-Luc persécuté, le Fou, l'Invitation, Pas si méchant que ça, la Dentellière (1977), les Chemins de l'exil, la Provinciale, la Mort de Mario Ricci, Si le soleil ne revenait pas.

Lindtberg (Léopold, Vienne, 1902-84) : Lettre d'amour perdue (1940), Marie-Louise (1944), la Dernière Chance, Swiss Tour (1949), Quatre dans une jeep (1951).

Lyssy (Rolf, 1936) : Eugen, Vita-Parcœur, Konfrontation, les Faiseurs de Suisses, l'Amour en vidéo, Teddy Bear.

Schmid (Daniel, 1941) : Faites tout dans les ténèbres (1970), Cette nuit ou jamais (1972), la Paloma (1974), l'Ombre des anges, Violanta, Hécate, le Baiser de Tosca, Jenatsch, Hors saison (1993), Visage écrit (1995).

Soutter (Michel, 1932-91) : James ou pas (1970), les Arpenteurs, l'Escapade (1973), Repérages, l'Amour des femmes (1981), Signé Renard (1986).

Tanner (Alain, 6-12-1929) : Charles mort ou vif (1969), la Salamandre (1971), le Retour d'Afrique, le Milieu du monde, Jonas, Messidor, les Années lumière, Dans la ville blanche (1983), No Man's Land (1985), Une flamme dans mon cœur (1986), la Vallée fantôme (1987), la Femme de Rose Hill (1989), L'homme qui a perdu son ombre (1992), le Journal de lady M. (1993), Fourbi (1996), Requiem (1998), Jonas et Lila, à demain (1999).

TCHÈQUE (Rép.)

Forman (Milos, 18-2-1932) : l'As de pique (1963), les Amours d'une blonde (1965), Au feu les pompiers (1967). *Aux USA :* Taking off (1971), Vol au-dessus d'un nid de coucou (1975), Hair (1979), Ragtime (1981), Amadeus (1984), Valmont (1989), Larry Flynt (1996).

Passer (Ivan, 19-7-1933) : Éclairage intime (1965), Né pour convaincre (1971), la Loi et la Pagaille (1974), Cutter's Way (1981).

Trnka (Jiri, 1910-69) : *films d'animation :* le Rossignol de l'empereur de Chine (1949), Prince Bayaya (1950), Vieilles Légendes tchèques (1952), le Brave Soldat Chveik (1954), Songe d'une nuit d'été (1960).

Zeman (Karel, 1910-89) : M. Prokouk (série, 1947-48), les Aventures fantastiques (1958), le Baron de Crac (1962), l'Arche de M. Hector Servadac (1969).

TURQUIE

Akad (Lütfi, 1916) : Au nom de la loi (1952), Zümrüt (1958), Au Feu, la Mère, le Prix (1975).

Güney (Yilmaz, 1937-84) : Seyyit Khan (1968), l'Espoir (1970), l'Ami (1974), le Troupeau (1978, réalisateur Zeki Okten), Yol (1982, réalisateur Serif Gören), le Mur (1983).

YOUGOSLAVIE (EX-)

Kusturica (Emir, Bosnie, 24-11-1954) : Te souviens-tu de Dolly Bell ? (1981), Papa est en voyage d'affaires (1985), le Temps des Gitans (1989), Arizona Dream (1992), Underground (1995), Chat noir, chat blanc (1998).

Makavejev (Dusan, Serbie, 1932) : W.R. les Mystères de l'orgasme (1971), Sweet Movie (1974), les Fantasmes de Mme Jordan (1981), Coca-Cola Kid (1985), Pour une nuit d'amour (1987).

Petrovic (Aleksandar, Serbie, 1929-94) : J'ai même rencontré des Tziganes heureux (1967), Il pleut sur mon village (1968), le Maître et Marguerite (1972), Portrait de groupe avec dame (1977), Migrations (1989).

AUTRES PAYS

■ **Algérie. Ghalem** (Ali, 1943) : Mektoub (1970), l'Autre France (1975), Une femme pour mon fils (1986). **Lakhdar Hamina** (Mohamed, 26-2-1934) : le Vent des Aurès (1965), Décembre (1973), Chronique des années de braise (1975), Vent de sable (1982), la Dernière Image (1986).

■ **Argentine. Puenzo** (Luis, 24-2-1949) : l'Histoire officielle (1984), Old Gringo (1989), la Peste (1992). **Solanas** (Fernando, 1936) : l'Heure des brasiers (1969), les Fils de Fierro (1978), Tangos, l'exil de Gardel (1985), le Sud (1988), le Voyage (1992). **Torre Nilsson** (Leopoldo, 1924-78) : la Maison de l'ange (1957), Fin de fiesta (1960), la Main dans le piège (1961), Martin Fierro (1968), Piedra libre (1976).

■ **Australie. Beresford** (Bruce, 16-8-1940) : Breaker Morant (1980), Tendre Bonheur (1983), Son alibi (1988), Miss Daisy et son chauffeur (1989), Mister Johnson (1991), l'Amour en trop (1992), Un Anglais sous les tropiques (1994). **Faiman** (Peter) : Crocodile Dundee (1986). **Miller** (George, 3-3-1945) : Mad Max (1977), Mad Max 2 (1982), Mad Max au-delà du dôme du tonnerre (1985), les Sorcières d'Eastwick (1987), Lorenzo (1992), Babe, le cochon dans la ville (1998). **Weir** (Peter, 21-4-1944) : Picnic at

Hanging Rock (1975), la Dernière Vague (1977), l'Année de tous les dangers (1982), Witness (1984), Mosquito Coast (1986), le Cercle des poètes disparus (1989), Green Card (1990), État second (1993), The Truman Show (1998).

■ **Autriche.** **Corti** (Axel, 1933-93) : Welcome in Vienna (1986), la Putain du roi (1990). **Haneke** (Michael, 1942) : le Septième Continent (1988), Benny's Video (1992), 71 Fragments d'une chronologie du hasard (1994), Funny Games (1997), Code inconnu (2000). **Marischka** (Ernst, 1893-1963) : Sissi (1955-57). **Pabst** (Georg Wilhelm, 1885-1967) : *la Rue sans joie* (1925), *Loulou* (1929), *Crise, Trois Pages d'un journal* (1930), Quatre de l'infanterie (1930), l'Opéra de quat'sous (1931), l'Atlantide (1932), Don Quichotte, Mademoiselle Docteur (1936), Paracelse, le Procès, C'est arrivé le 20 juillet (1956), Des roses pour Bettina (1956).

■ **Belgique.** **Akerman** (Chantal, 6-6-1950) : Jeanne Dielman, 23, quai du Commerce, 1080 Bruxelles (1975), les Rendez-Vous d'Anna (1978), Golden Eighties (1986), Histoires d'Amérique (1989), Nuit et Jour (1991), Un divan à New York (1996), Sud (1999), la Captive (2000). **Corbiau** (Gérard, 1941) : le Maître de musique (1988), l'Année de l'éveil (1990), Farinelli (1994), Le Roi danse (2000). **Dardenne** (Jean-Pierre et Luc, 1951 et 1954) : la Promesse (1996), Rosetta (1999). **Delvaux** [(André) Delvigne, 21-3-1926] : l'Homme au crâne rasé (1966), Un soir un train (1968), Rendez-Vous à Bray (1971), Femme entre chien et loup (1979), Benvenuta (1983), Babel Opéra (1985). **Kümel** (Harry, 1940) : Monsieur Hawarden (1968), les Lèvres rouges (1971), Malpertuis (1972), Eline Vere (1992). **Picha** (J.-P. Walravens, 1942) : Tarzoon, la honte de la jungle (1975), le Chaînon manquant (1979), Big Bang (1987). **Robbe De Hert** (1942) : De Witte (1980), les Costauds (1984).

■ **Brésil.** **Babenco** (Hector, 7-2-1946) : Pixote (1981), le Baiser de la femme araignée (1984), Ironweed (la Force d'un destin, 1988), En liberté dans les champs du Seigneur (1991), Cœur allumé (1999). **Barreto** (Lima, 1906-82) : O Cangaceiro (1953). **Cavalcanti** (Alberto de Almeida, 1897-1982) : *En rade* (1927), Au cœur de la nuit (1945, en collaboration), le Chant de la mer, Simon le borgne, Maître Puntila et son valet Matti (1955). **Diegues** (Carlos, 1940) : Xica da Silva (1976), Bye bye Brasil (1980), Quilombo (1984), Rio zone (1987). **Guerra** (Ruy, 1931) : Os Fuzis, Tendres Chasseurs, les Dieux et les Morts (1970), Erendira (1983), la Plage du désir, Mueda, Mémoire et Massacre (1985), Opera do malendro, Fable de la belle Colombine (1988). **Rocha** (Glauber, 1938-81) : Barravento, le Dieu noir et le Diable blond, Terre en transe, Antonio das Mortes (1969), Têtes coupées, le Lion à sept têtes, Kuacup (1989).

■ **Bulgarie.** **Hristov** (Hristo, 1926) : l'Iconostase (1969), le Dernier Été (1973), le Certificat (1985). **Radev** (Valo, 1923) : le Voleur de pêches (1964), les Anges noirs, Ames condamnées (1975).

■ **Canada.** **Arcand** (Denys, 1941) : le Crime d'Ovide Plouffe (1984), le Déclin de l'empire américain (1986), Jésus de Montréal (1989), Montréal vu par... (1991), Love and Human Remains (1993). **Brault** (Michel, 25-6-1928) : l'Acadie, l'Acadie (1971, avec P. Perrault), les Ordres, les Noces de papier (1990). **Carle** (Gilles, 31-7-1929) : les Mâles, la Vraie Nature de Bernadette, la Mort d'un bûcheron, les Corps célestes, l'Ange et la Femme, Fantastica, les Plouffe (1981), Maria Chapdelaine (1983), la Guêpe (1986), la Postière. **Cronenberg** (David, 15-3-1943) : Frissons (1975), Rage (1977), Chromosome 3 (1979), Scanners (1980), Vidéodrome (1982), Dead Zone (1983), la Mouche (1986), Faux-Semblants (1988), le Festin nu (1991), M. Butterfly (1993), Crash (1996), Resurrection, eXistenZ (1999). **Jutra** (Claude, 1930-87) : A tout prendre, Mon oncle Antoine (1971), Kamouraska (1973), Pour le meilleur et pour le pire. **Mankiewicz** (Francis, 1944-92) : les Bons Débarras (1985), les Portes tournantes (1988). **Perrault** (Pierre, 1927) : Pour la suite du monde (1963 ; coréalisation : Michel Brault), le Règne du jour (1967), les Voitures d'eau (1969), Un pays sans bon sens (1970), l'Acadie, l'Acadie (avec Michel Brault, 1971), le Goût de la farine (1977), la Bête lumineuse (1983).

■ **Danemark.** **August** (Bille, 9-11-1948) : Zappa (1983), Twist and Shout (1984), Pelle le Conquérant (1987), les Meilleures Intentions, la Maison aux esprits (1994), Smilla (1997), les Misérables (1998). **Axel** (Gabriel, 1918) : la Mante rouge (1966), le Marquis sadique, le Festin de Babette, Christian (1989), le Prince de Jutland (1994). **Carlsen** (Henning, 4-6-1927) : Sophie de 6 à 9 (1967), Comment faire partie de l'orchestre (1972), Un divorce heureux, Gauguin, le Loup dans le soleil (1986). **Christensen** (Benjamin, 1879-1959) : *la Sorcellerie à travers les âges* (1920). **Dreyer** (Carl Theodor, 1889-1968) : *le Président, le Maître du logis, la Passion de Jeanne d'Arc* (1928), Vampyr, Dies Irae (1940), Ordet (1955), Gertrud (1964). **Trier** (Lars von, 1956) : Element of Crime (1984), Epidemic, Europa (1991), The Kingdom (1994), Breaking the Waves (1996), les Idiots (1998), Dancer in The Dark (2000). **Winterberg** (Thomas, 1969) : Festen (1998).

■ **Égypte.** **Abou-Sayf** (Salah, 1915-96) : Ton jour viendra (1951), Marie-toi et vis heureux (1990). **Chahine** (Youssef, 25-1-1926) : Gare centrale (1958), la Terre (1969), le Moineau (1972), Alexandrie, pourquoi ?, Adieu Bonaparte, le Sixième Jour, Alexandrie encore et toujours (1990), l'Émigré (1994), le Destin (1997), l'Autre (1999).

■ **Finlande.** **Blomberg** (Erik, 18-9-1913) : le Renne blanc (1952). **Donner** (Jörn Johan, 5-2-1933) : Un dimanche de septembre (1963), Anna (1970). **Kaurismäki** (Aki, 4-4-1957) : Calamori union (1985), la Fille aux allumettes (1989), J'ai engagé un tueur (1990), la Vie de bohème (1992), Tiens ton foulard, Tatiana (1993), Au loin s'en vont les nuages (1996), Juha (1998). **Mollberg** (Rauni, 1929) : la Terre de nos ancêtres (1973), Milka (1980), Soldats inconnus (1983).

■ **Grèce.** **Angelopoulos** (Theo, 27-4-1936) : Jours de 36 (1972), le Voyage des comédiens, les Chasseurs, Alexandre le Grand, Voyage à Cythère (1984), l'Apiculteur (1987), Paysage dans le brouillard (1988), le Pas suspendu de la cigogne (1991), le Regard d'Ulysse (1995), l'Éternité et un jour (1998). **Cacoyannis** [(Michael) Michaelis Cacoghiannis, 11-6-1922] : Stella (1955), la Fille en noir (1956), Fin de crédit (1958), Électre (1962), Zorba le Grec (1964), les Troyennes (1971), Iphigénie (1976), Sweet Country (1987), la Cerisaie (1999). **Kondouros** (Nicos, 1926) : la Cité magique (1955), les Petites Aphrodites (1963), Cantique des cantiques (1978), Bordello (1985). **Vergitsis** (Nicholas, 1947) : Revanche (1984). **Voulgaris** (Pantelis, 1940) : Happy Day (1975), les Années de pierre (1985).

■ **Hongrie.** **Fabri** (Zoltán, 1917-94) : Un petit carrousel de fête (1956), le Professeur Hannibal (1956), Match en enfer, 20 Heures (1964). **Feher** (Imre, Vienne, 1926) : Un amour du dimanche. **Gothar** (Peter, 1947) : Une journée spéciale (1981), le Temps suspendu (1982). **Jancsó** (Miklós, 27-9-1921) : les Sans-Espoir (1965), Rouges et Blancs (1967), Silence et Cri (1968), Agnus Dei (1970), Psaume rouge (1971), Rhapsodie hongroise (1979), l'Aube (1987). **Makk** (Károly, 22-12-1925) : Liliomfi (1954), Une maison sous les rocs (1958), l'Amour (1970). **Mészáros** (Márta, 19-9-1931) : l'Adoption (1977), les Héritières (1980), Journal intime, le Fœtus (1993). **Radványi** (Géza von, 1907-86) : Quelque part en Europe (1947), l'Étrange Désir de M. Bard (1954), Jeunes Filles en uniforme (1958), Le congrès s'amuse (1980). **Sandor** (Pal, 1939) : Daniel prend le train (1982). **Sara** (Sándor, 1933) : le Père (1963), Vents lumineux (1970), Szinbad (1971), Pergotuz (1982). **Szabó** (István, 18-2-1938) : Méphisto (1983), Colonel Redl (1984), la Tentation de Vénus (1991), Chère Emma (1992).

■ **Inde.** **Dutt** (Guru, 1925-64) : Assoiffé (1957), Fleurs de papiers, le Maître, la maîtresse et l'esclave (1962). **Ghose** (Goutam, 1951) : Dakhal (1982), la Traversée (1984). **Kaul** (Mani, 1942) : le Pain d'un jour (1970), Indécision (1973), l'Homme au-delà de la surface (1980). **Ray** (Satyajit, 1921-92) : Pather Panchali (1955), l'Invaincu (Aparajito, 1956), la Pierre philosophale (1958), le Monde d'Apu (1958), le Salon de musique (1958), la Déesse (1960), Charulata (1964), Terre lointaine (1973), les Joueurs d'échecs (1977), Tonnerres lointains (1973), la Maison et le Monde (1984), les Branches de l'arbre (1990), Agantuk (1991). **Sen** (Mrinal, 14-5-1923) : Un jour comme les autres (1980), Affaire classée (1983), les Ruines (1984), Genesis (1986), Century of Cinema (1996).

■ **Irlande.** **Branagh** (Kenneth, 10-12-1960) : Henry V (1990), Dead Again (1991), Peter's Friends (1992), Beaucoup de bruit pour rien (1993), Frankenstein (1994), Hamlet (1997), Peines d'amour perdues (2000). **Jordan** (Neil, 25-2-1950) : la Compagnie des loups (1984), Mona Lisa (1986), High Spirits (1988), Nous ne sommes pas des anges (1990), l'Étrangère (1991), The Crying Game (1992), Entretien avec un vampire (1994), Michael Collins (1996), Butcher Boy (1997), Prémonitions (1999), la Fin d'une liaison (2000). **Sheridan** (Jim, 1949) : My Left Foot (1989), The Field (1991), Au nom du père (1993), The Boxer (1997).

■ **Mexique.** **Alazraki** (Benito, 1923) : Racines (1956). **Alcoriza** (Luis, 1920) : Tarahumara (1965), los Jovenes (1960). **Fernández** (Emilio, Honduras, 1904-86) : Maria Candelaria (1946), Enamorada (1946), la Perle (1946), Río Escondido (1947), la Malquerida (1949), la Red (1953). **Leduc** (Paul, 1942) : Reed Mexico insurgente (1973), Ethnocide (1977), Barroco (1989), Latino Bar (1991).

■ **Nouvelle-Zélande.** **Campion** (Jane, 1955) : Sweetie (1988), Un ange à ma table (1990), la Leçon de piano (1993), Portrait de femme (1996), Holy Smoke (1999). **Tamahori** (Lee, 1950) : l'Ame des guerriers (1994), les Hommes de l'ombre (1996), A couteaux tirés (1997).

■ **Pays-Bas.** **Ivens** (Joris, 1898-1989) : *documentaires :* Pluie, Zuyderzee, Borinage, Terre d'Espagne (1937), Indonesia Calling (1946), les Premières Années (1947), le Chant des fleuves (1954), La Seine a rencontré Paris (1957), le 17e Parallèle (1968), Comment Yukong déplaça les montagnes (1976), Une histoire de vent (1989). **Rademakers** (Lili, 1930) : Menuet (1983), Journal d'un vieux fou (1987), The Rose Garden (1989). **Van der Keuken** (1938) : le Temps (1985). **Van Warmerdam** (Alex, 14-8-1952) : Abel (1986), les Habitants (1992), la Robe (1996), le P'tit Tony (1998). **Verhoeven** (Paul, 1938) : Turkish Delight (1974), la Chair et le Sang (1985), Robocop (1988), Total Recall (1990), Basic Instinct (1992), Showgirls (1995), Starship Troopers (1997), l'Homme sans ombre (2000).

■ **Portugal.** **Galvoteles** (Luis, 1945) : la Confédération (1976). **Macedo** (Antonio de, 1931) : les Heures de Maria (1979). **Monteiro** (Joao César, 2-2-1939) : Souvenirs de la Maison jaune (1989), la Comédie de Dieu (1995), les Noces de Dieu (1999). **Oliveira** (Manoel de, 12-12-1908) : Aniki Bobó (1942), l'Acte du printemps (1962), le Passé et le Présent (1971), Benilde (1974), Un amour de perdition (1978), Francisca (1981), le Soulier de satin (1986), les Cannibales (1988), la Divine Comédie (1991), le Jour du désespoir (1992), le Val Abraham (1993), la Cassette (1994), le Couvent (1995), Party (1996), Voyage au début du monde (1997), la Lettre (1999), Parole et Utopie (2001). **Rocha** (Paulo, 22-12-1935) : les Vertes Années (1963), l'Ile des amours (1982), l'Ile de Moraes (1984), les Montagnes de la lune (1987), le Fleuve d'or (1998).

■ **Roumanie.** **Blaier** (Andrei, 15-5-1933) : les Matins d'un garçon sage (1967), Des pas vers le ciel, la Forêt perdue, Tout pour le football (1978), Faits divers (1984). **Ciulei** (Liviu, 7-7-1923) : Éruption (1957), les Flots du Danube, la Forêt des pendus (1965). **Popescu-Gopo** (Ion, 1923-89) : Pour l'amour d'une princesse (1959), On a volé une bombe (1961), Des pas vers la Lune (1963), Pilule no1 (1966), Trois Pommes (1979), Maria Mirabela (1981).

PRINCIPAUX ACTEURS ET ACTRICES

Légende : principaux films (en italique : films muets). Voir aussi le chapitre **Personnalités** et à l'Index.
Abréviation : réal. : réalisation.

ALLEMAGNE

Buchholz (Horst, 4-12-1933) : les Demi-Sels, Résurrection, Monpti, les Sept Mercenaires, Fanny, Cervantès, l'Astragale, le Sauveur, Raid sur Entebbe, Avalanche Express, Crossing.

Dagover [Lil (Marta Seubert, 1897-1980)] : *le Cabinet du Dr Caligari, les Trois Lumières, Tartuffe, Orient-Express, le Diable blanc,* Le congrès s'amuse, la Danseuse de Sans-Souci, Accord final, la Sonate à Kreützer, Destin de femme, Bismarck, Friedrich Schiller, Mayerling, Karl May.

Ganz (Bruno, 22-3-1941) : la Marquise d'O (1975), Lumière, l'Ami américain, la Femme gauchère, le Couteau dans la tête, Nosferatu, fantôme de la nuit, Retour à la bien-aimée, le Faussaire, Dans la ville blanche, la Main dans l'ombre, les Ailes du désir, Si loin, si proche !, l'Éternité et un jour, Pain, tulipes et comédie.

Hasse (Otto, 1903-78) : Amiral Canaris, Sait-on jamais ?, les Espions, Arsène Lupin, le Médecin de Stalingrad, Frau Warrens Gewerbe.

Helm [Brigitte (Gisèle Ève Schittenhelm, 1906-96)] : *Metropolis* (1927), *Crise, Mandragore, l'Argent* (France 1928), *l'Amour de Jeanne Ney, Manolescu roi des voleurs,* Gloria, l'Atlantide, Adieu les beaux jours, le Secret des Woronzeff, l'Etoile de Valencia, l'Or, Un mari idéal.

Jannings (Emil, Theodor Emil Janenz, 1884-1950) : *Madame du Barry* (1918), *Anne de Boleyn, la Femme du pharaon, Danton, Othello, les Frères Karamazov, Quo vadis ?, Variétés, le Dernier des hommes, Tartuffe, Faust, Quand la chair succombe* (USA), *Crépuscule de gloire, le Patriote* (USA), l'Ange bleu (1930), les Deux Rois, Crépuscule, la Lutte héroïque, le Président Krüger, Jeune Fille sans famille.

Jurgens (Curd, 1912-82) : les Rats, Général du diable, Les héros sont fatigués, Et Dieu créa la femme, Michel Strogoff, Œil pour œil, Amère Victoire, Katia, Château en Suède, la Bataille d'Angleterre, l'Espion qui m'aimait.

Kinski [Nastassja (Nastassja Nakszynski, 24-1-1961)] : Tess, Coup de cœur, la Féline, la Lune dans le caniveau, Paris Texas, Maria's Lovers, Harem, Révolution, Maladie d'amour, les Eaux printanières, Terminal Velocity, The Lost Son (1999).

Knef (Hildegarde Neff, 28-12-1925) : Les assassins sont parmi nous, le Traître, Courrier diplomatique, l'Homme de Berlin, la Fille de Hambourg, Landru, Ballade pour un voyou, Loulou (2e version), Fedora, l'Avenir de Milie.

Kruger (Hardy Eberhard, 12-4-1928) : Liane la sauvageonne, Sans tambour ni trompette, l'Enquête de l'inspecteur Morgan, Hatari, les Dimanches de Ville-d'Avray, l'Espion, le Franciscain de Bourges, les Oies sauvages, Barry Lyndon, l'Agent double, Meurtres en direct.

Leander (Zarah Hedberg ; Suède, 1900-81) : Première, la Habanera, Paramatta bagne de femmes, Magda, la Belle Hongroise, Pages immortelles, Marie Stuart, le Chemin de la liberté, Un grand amour, Foyer perdu, Ave Maria, Comment j'ai appris à aimer les femmes.

Messemer (Hannes, 1924) : Rose, le Médecin de Stalingrad, Les SS frappent la nuit, Babette s'en va-t-en guerre, le Général Della Rovere, les Évadés de la nuit, la Grande Vie, l'Espion.

Pulver (Liselotte ; Suisse, 11-10-1929) : Hanussen, Piroschka, Confession de Félix Krüll, Arsène Lupin, le Temps d'aimer et le Temps de mourir, le Joueur, les Buddenbrook, le Verre d'eau, Maléfices, Death Wish 3, Act of Vengeance.

Schell (Maria, Margareth, 15-1-1926) : le Dernier Pont, les Rats, Rose, Gervaise, Nuits blanches, Une vie, les Frères Karamazov, la Colline des potences, la Ruée vers l'Ouest, le Diable par la queue, Paulina 1880, Superman.

Schneider [(Romy) Rosemarie Albach-Retty ; Autriche, 1938-82, fille de l'actrice Magda Schneider (1908-96)] : Sissi (1955), Jeunes Filles en uniforme (2e version), Boccace 70, le Combat dans l'île, le Procès, le Cardinal, la Piscine, les Choses de la vie, Max et les ferrailleurs, César et Rosalie, le Crépuscule des dieux, le Train, le Mouton enragé, L'important c'est d'aimer, le Vieux Fusil, Une femme à sa fenêtre, Une histoire simple, Clair de femme, la Mort en direct, la Banquière, Fantôme d'amour, Garde à vue, la Passante du Sans-Souci.

Schygulla (Hanna ; Pologne, 25-12-1943) : le Marchand des quatre-saisons, les Larmes amères de Petra von Kant, Effi Briest, le Mariage de Maria Braun, Lili Marleen, Passion, la Nuit de Varennes, Antonietta, Histoire de Piera, Un amour en Allemagne, Le futur est femme, Aventure de Catherine C.

Tiller (Nadia, 1929) : El Hakim, la Fille Rosemarie, le Désordre et la Nuit, Du rififi chez les femmes, les Buddenbrook, l'Affaire Nina B, la Chambre ardente, Loulou, Lady Hamilton.

Van Eyck (Peter, 1913-69) : le Salaire de la peur, la Fille Rosemarie, l'Ange sale, A bout de nerfs, la Rage de vivre, l'Espion du Caire, le Diabolique Dr Mabuse, la Fête espagnole.

Veidt [(Conrad) C. Weidt, 1893-1943] : *le Cabinet du Dr Caligari, le Tombeau hindou, les Mains d'Orlac, le Cabinet des figures de cire, l'Etudiant de Prague, l'Homme qui rit* (USA), la Dernière Compagnie, Le Congrès s'amuse, L'homme qui assassina, le Juif Süss (2e version), Sous la robe rouge, le Joueur d'échecs, le Voleur de Bagdad, Casablanca.

ÉTATS-UNIS

Andrews [(Julie) Julia Wells ; G.-B. 1-10-1935] : Mary Poppins, la Mélodie du bonheur, le Rideau déchiré, Thoroughly Modern Millie, Star, That's Life.

Astaire [(Fred) Frederick Austerlitz, 1899-1987] : Carioca, la Joyeuse Divorcée, Roberta, Top Hat, Swing Time, Demoiselle en détresse, Amanda, la Grande Farandole, Broadway Melody, O toi ma charmante, Ziegfeld Follies, Yolanda et le voleur, Parade du printemps, Entrons dans la danse, la Belle de New York, Tous en scène, Drôle de frimousse, la Belle de Moscou, la Vallée du bonheur, Un taxi mauve.

Bacall [(Lauren) Betty Joan Perske, 16-9-1924] : le Port de l'angoisse, le Grand Sommeil, les Passagers de la nuit, Key Largo, la Femme aux chimères, Ecrit sur du vent, la Femme modèle, le Crime de l'Orient-Express, Rendez-Vous avec la mort, Misery (1988), Prêt-à-porter (1992), Leçons de séduction (1996), le Jour et la Nuit (1997).

Basinger (Kim, 8-12-1953) : Jamais plus jamais, l'Homme à femmes, 9 Semaines 1/2, Nadine, Boire et Déboires, J'ai épousé une extraterrestre, Batman, L. A. Confidential (1997), Je rêvais de l'Afrique (2000).

Beatty (Warren, 30-3-1937) : Mickey One, Bonnie and Clyde, McCabe and Mrs Miller, Dollars, Le ciel peut attendre, Reds, Dick Tracy, Bugsy (1991).

Bergman (Ingrid ; Suède, 1915-82, naturalisée Américaine) : Casablanca, Pour qui sonne le glas, les Enchaînés, la Maison du Dr Edwards, Jeanne d'Arc, les Amants du Capricorne, Stromboli, Voyage en Italie, Éléna et les hommes, Anastasia, la Rancune, le Crime de l'Orient-Express, Sonate d'automne.

Bogart (Humphrey, 1899-1957) : les Anges aux figures sales (1938), le Faucon maltais, le Port de l'angoisse, le Grand Sommeil, Casablanca, les Passagers de la nuit, le Trésor de la sierra Madre, The African Queen, Ouragan sur le Caine, la Comtesse aux pieds nus, Plus dure sera la chute (1956).

Brando (Marlon, 3-4-1924) : Un tramway nommé Désir (1950), Viva Zapata, Jules César, l'Équipée sauvage, Sur les quais, le Bal des maudits, la Vengeance aux deux visages, la Comtesse de Hong Kong, Reflets dans un œil d'or, le Parrain, le Dernier Tango à Paris, Apocalypse Now, Superman, la Formule, Premiers Pas dans la Mafia, Don Juan Demarco, l'Ile du Dr Moreau (1996).

Bronson [(Charles) Buchinsky, 3-11-1920] : Vera Cruz, Mitraillette Kelly, les Sept Mercenaires, la Grande Evasion, les Douze Salopards, Il était une fois dans l'Ouest, le Passager de la pluie, Soleil rouge, les Collines de la terreur, Cosa Nostra, le Cercle noir, Un justicier dans la ville, l'Évadé, le Bagarreur, Un espion de trop, Chasse à mort, le Justicier de minuit, le Justicier de New York, la Loi de Murphy, Le justicier braque les dealers, Kinjite – sujets tabous.

Brooks (Louise, 1906-85) : *Au suivant de ces messieurs, les Mendiants de la vie, Un homme en habit, Une fille dans chaque port, The Canary Murder Case, Loulou, le Journal d'une fille perdue,* Prix de beauté, Hollywood Boulevard.

Brynner [(Yul) Taidje Khan Jr ; Sibérie, 1915-85] : les Dix Commandements, le Roi et Moi, Anastasia, les Frères Karamazov, Salomon et la reine de Saba, Chérie recommençons, les Sept Mercenaires, Tarass Boulba, le Mercenaire de minuit, les Turbans rouges, Pancho Villa, le Phare du bout du monde, le Serpent.

Cagney (James, 1899-1986) : l'Ennemi public, Prologues, les Hors-la-loi, les Anges aux figures sales, A chaque aube je meurs, Du sang dans le soleil, le Bar aux illusions, A l'ombre des potences, Ragtime.

Carrey (Jim, 17-1-1962) : Ace Ventura, détective chiens et chats (1993), The Mask, Dumb & Dumber (1994), Batman Forever, Ace Ventura en Afrique (1995), Disjoncté, Menteur, menteur (1996), The Truman Show (1997), Man on the Moon (1999), Fous d'Irène, le Grinch.

Charisse [(Cyd) Tula Ellice Finklea, 8-3-1922] : Ziegfeld Follies, la Danse inachevée, le Brigand amoureux, Au pays de la peur, Chantons sous la pluie, Sombrero, Tous en scène, Brigadoon, Beau fixe sur New York, la Belle de Moscou, Traquenard, Quinze Jours ailleurs, Maroc dossier no 7.

Clift (Montgomery, 1920-66) : la Rivière rouge, l'Héritière, Une place au soleil, la Loi du silence, Tant qu'il y aura des hommes, le Bal des maudits, Soudain l'été dernier, les Désaxés (The Misfits), le Fleuve sauvage, Freud, l'Espion.

Cooper [(Gary) Franck, 1901-61] : Sérénade à trois, les Trois Lanciers du Bengale, Peter Ibbetson, l'Extravagant Mr Deeds, les Tuniques écarlates, Sergent York, Pour qui sonne le glas, l'Odyssée du Dr Wassell, Le train sifflera trois fois, Vera Cruz, la Loi du Seigneur, l'Homme de l'Ouest.

Costner (Kevin, 18-1-1955) : Silverado (1985), les Incorruptibles, Sens unique, Jusqu'au bout du rêve, Danse avec les loups (+ réal.), Robin des Bois, JFK, Un monde parfait, Wyatt Earp, Waterworld, Tin Cup, Postman (+ réal.), Une bouteille à la mer, Pour l'amour du jeu.

Cotten (Joseph, 1905-94) : Citizen Kane, la Splendeur des Amberson, l'Ombre d'un doute, le Troisième Homme, les Amants du Capricorne, Niagara, El Perdido, l'Argent de la vieille, la Porte du paradis.

Crawford [(Joan) Lucille Le Sueur, 1904-77] : Pluie, l'Ensorceleuse, Femmes, Suzanne et ses idées, le Roman de Mildred Pierce, Johnny Guitare, la Maison sur la plage, Feuilles d'automne.

Cruise [(Tom) Thomas Cruise Mapother IV, 3-7-1962] : Un amour infini, Outsiders, Legend, Top Gun, la Couleur de l'argent, Rain Man, Né un 4 juillet, Des hommes d'honneur (1992), la Firme, Entretien avec un vampire, Mission Impossible, Jerry Maguire, Eyes Wide Shut, Magnolia, Mission Impossible 2 (2000).

Curtis [(Tony) Bernard Schwartz, 3-6-1925] : le Grand Chantage, Spartacus (1959), Certains l'aiment chaud, le Roi des imposteurs, Lepke, le Dernier Nabab, Une nuit de réflexion (1985), Naked in New York (1993).

Davis [(Bette) Ruth Elizabeth, 1908-89] : l'Emprise, Femmes marquées, l'Insoumise, Victoire sur la nuit, la Vie privée d'Élisabeth d'Angleterre, la Lettre, la Vipère, Eve, l'Argent de la vieille, les Visiteurs d'un autre monde, Mort sur le Nil, les Yeux de la forêt, les Baleines du mois d'août (1987).

Day (Doris Kappelhoff, 3-4-1924) : la Femme aux chimères (1950), Escale à Broadway (1951), April in Paris (1952), Calamity Jane (1955), L'homme qui en savait trop (1956), Confidences sur l'oreiller (1959), Un soupçon de vison (1962), Caprice (1967).

Dean [(James) Byron, 1931-55] : A l'est d'Eden (1954), la Fureur de vivre (1955), Géant (1955).

De Carlo [(Yvonne) Peggy Yvonne Middleton, 1-9-1922] : Salomé, les Démons de la liberté, Casbah, Pour toi j'ai tué, la Belle Espionne, Sombrero, Capitaine Paradis, la Castiglione, Tornade, les Dix Commandements, l'Esclave libre.

De Havilland (Olivia, 1-7-1916) : Capitaine Blood, Anthony Adverse, la Charge de la brigade légère, l'Aventure de minuit, les Aventures de Robin des Bois, la Bataille de l'or, les Conquérants, la Vie privée d'Élisabeth d'Angleterre, Autant en emporte le vent (1939), Strawberry Blonde, la Charge fantastique, la Vie passionnée des sœurs Brontë, la Fosse aux serpents (1948), l'Héritière, Ma cousine Rachel, Chut chut, chère Charlotte, les Naufragés du 747, l'Inévitable Catastrophe.

De Niro (Robert, 17-8-1943) : Bloody Mama, Mean Streets, le Parrain (2e partie), Taxi Driver, 1900, le Dernier Nabab, New York, New York, Voyage au bout de l'enfer, Raging Bull, la Valse des pantins, Il était une fois en Amérique, Brazil, Falling in Love, les Incorruptibles, Midnight Run, Angel Hearth, Jacknife, Stanley and Iris, les Affranchis, l'Éveil, les Nerfs à vif, Il était une fois le Bronx (+ réal.), Frankenstein, Casino, Heat, Copland, Jackie Brown, Des hommes d'influence, Ronin, Maglia Blues, Personne n'est parfait(e), Mon beau-père et moi, 15 minutes.

Depp (Johnny, 9-6-1963) : les Griffes de la nuit, Platoon, Edward aux mains d'argent, Arizona Dream, Ed Wood, Dead Man, Donnie Brasco, Las Vegas Parano, la Neuvième Porte (1999), Sleepy Hollow, le Chocolat.

Diaz (Cameron, 30-8-1972) : The Mask, l'Ultime Souper, le Mariage de mon meilleur ami, Very Bad Things, Mary à tout prix, Ce que je sais d'elle... d'un simple regard, Charlie et ses drôles de dames.

DiCaprio (Leonardo, 11-11-1974) : Gilbert Grape, Mort ou vif, Romeo et Juliette, Titanic, l'Homme au masque de fer, Celebrity, la Plage (2000).

Dietrich [(Marlene) Maria Magdalena von Losch ; Allemagne (naturalisée 1937), 1901-92] : l'Ange bleu (1930), Cœurs brûlés, Shanghai Express, Blonde Vénus, l'Impératrice rouge, la Femme et le Pantin, la Belle Ensorceleuse, l'Ange des maudits, Témoin à charge, la Soif du mal, Jugement à Nuremberg, Just a Gigolo (1978).

Douglas [(Kirk) Issur Danielovich Demsky, 2-12-1916] : Champion, le Gouffre aux chimères, Histoire de détective, les Ensorcelés, la Vie passionnée de Vincent Van Gogh, Règlement de comptes à OK Corral, les Sentiers de la gloire, les Vikings, le Dernier Train de Gun Hill, Spartacus, Sept Jours en mai, la Caravane de feu, les Frères siciliens, l'Arrangement, le Reptile, la Brigade du Texas, Furie, l'Homme de la rivière d'argent, Un flic aux trousses, Coup double (1987), Veraz (1991).

Douglas [(Michael) Demsky, 25-9-1944] : le Syndrome chinois, A la poursuite du diamant vert, le Bijou du Nil, Wall Street, Liaison fatale, la Guerre des Rose, Basic Instinct, Chute libre, Harcèlement, l'Ombre et la proie, The Game, Meurtre parfait, Wonder Boys.

Dunaway (Faye, 14-1-1941) : Bonnie and Clyde, Que vienne la nuit, l'Affaire Thomas Crown, l'Arrangement, Little Big Man, Portrait d'une enfant déchue, Chinatown, la Tour infernale, les Trois Jours du Condor, Network, les Yeux de Laura Mars, le Champion, Maman très chère, Supergirl, Barfly, Arizona Dream, Don Juan Demarco, Jeanne d'Arc (1999).

Dunne (Irene, 1898-1990) : la Ruée vers l'Ouest, Back Street, Ann Vickers, Roberta, Show Boat, le Secret magnifique, Théodora devient folle, la Furie de l'or noir, Cette sacrée vérité, Quelle joie de vivre, Elle et Lui, Veillée d'amour, l'Invitation au bonheur, Mon épouse favorite, la Chanson du passé, Anna et le roi de Siam, Tendresse, le Moineau de la Tamise.

Eastwood (Clint, 31-5-1930) : Pour une poignée de dollars, le Bon, la Brute et le Truand, Un shérif à New York, les Proies, l'Homme des hautes plaines, l'Inspecteur Harry, Magnum Force, le Canardeur, l'Évadé d'Alcatraz, Firefox, Honkytonk Man, la Corde raide, le Retour de l'inspecteur Harry, Pale Rider, le Maître de guerre, la Dernière Cible, Chasseur blanc cœur noir, Impitoyable (+ réal.), Dans la ligne de mire, Un monde parfait, Sur la route de Madison (+ réal.), Minuit dans le jardin du bien et du mal (+ réal.), True Crime (+ réal.), Space Cowboys (+ réal.).

Fairbanks senior [(Douglas) Elton Ullman, 1883-1939] : *le Métis* (1915), *l'Américain, le Signe de Zorro, les Trois Mousquetaires, Robin des Bois, le Voleur de Bagdad, le Pirate noir, le Gaucho, le Masque de fer,* la Mégère apprivoisée (+ réalisation), la Vie privée de don Juan.

Fields [(William Claude) Dukinfield, 1879-1946] : *Sally, fille de cirque* (1925), Si j'avais un million, Alice au pays des merveilles, International House, Mississippi, David Copperfield, Une riche affaire, le Cirque en folie, Mine de rien, Passez muscade, Hollywood Parade, Swing Circus.

Flynn (Errol, 1909-59) : Capitaine Blood (1935), la Charge de la brigade légère, les Aventures de Robin des Bois, les Conquérants, la Caravane héroïque, l'Aigle des mers, la Piste de Santa Fe, la Charge fantastique, Gentleman Jim (1942), Aventures en Birmanie, la Rivière d'argent, Montana, Kim, le Vagabond des mers, Le soleil se lève aussi, les Racines du ciel.

Fonda (Henry, 1905-82) : J'ai le droit de vivre, l'Insoumise, Je n'ai pas tué Lincoln, les Raisins de la colère, l'Étrange Incident, la Poursuite infernale, Guerre et Paix, le Faux Coupable, Douze Hommes en colère, Tempête à Washington, Il était une fois dans l'Ouest, le Reptile, le Serpent, les Noces de cendre, Fedora, la Maison du lac.

Fonda (Jane, 21-12-1937) : Liaisons coupables, l'École des jeunes mariés, les Félins, Cat Ballou, la Curée, Que vienne la nuit, Histoires extraordinaires, On achève bien les chevaux, Klute, Maison de poupée, l'Oiseau bleu, Julia, le Syndrome chinois, le Cavalier électrique, la Maison du lac, Agnès de Dieu, le Lendemain du crime, Old Gringo, Stanley and Iris.

Fontaine [(Joan) de Beauvoir De Havilland, 22-10-1917] : Une demoiselle en détresse, Gunga Din, Femmes, Rebecca, Soupçons, Tessa la nymphe au cœur fidèle, Jane Eyre, L'aventure vient de la mer, la Valse de l'empereur, Lettre d'une inconnue, Ivanhoé, The Bigamist, Sérénade, l'Invraisemblable Vérité, Une île au soleil, Un certain sourire, Tendre est la nuit.

Ford (Harrison, 13-7-1942) : American Graffiti, la Guerre des étoiles, Apocalypse Now, L'empire contre-attaque, les Aventuriers de l'arche perdue, Blade Runner, le Retour du Jedi, Indiana Jones et le temple maudit, Witness, Mosquito Coast, Frantic, Working Girl, Indiana Jones et la dernière croisade, Présumé innocent, Jeux de guerre, le Fugitif, Danger immédiat, Sabrina, Ennemis rapprochés, Air Force One, 6 Jours, 7 nuits, l'Ombre d'un soupçon.

Foster [(Jodie) Alicia Christian, 19-11-1962] : Alice n'est plus ici, Taxi Driver, Bugsy Malone, l'Hôtel New Hampshire, les Accusés, le Silence des agneaux, Maverick, Contact, Anna et le Roi (1999).

Gable (Clark, 1901-60) : New York-Miami, les Révoltés du Bounty, Pilotes d'essai, San Francisco, Autant en emporte le vent, Au-delà du Missouri, Mogambo, les Implacables, Un roi et quatre reines, l'Esclave libre, les Désaxés (The Misfits).

Garbo [(Greta) Gustafsson ; Suède, 1905-90, naturalisée Américaine] : *la Légende de Gösta Berling, Rue sans joie, la Chair et le Diable,* Anna Christie, Grand Hôtel, la Reine Christine, Anna Karenine, Marie Walewska, le Roman de Marguerite Gautier, Ninotchka, la Femme aux deux visages.

Gardner [(Ava) Lucy Johnson, 1922-90] : les Tueurs, Un cadeau de Vénus, Pandora, les Neiges du Kilimandjaro, Vaquero, Mogambo, la Comtesse aux pieds nus, la Croisée des destins, Le soleil se lève aussi, l'Ange pourpre, la Nuit de l'iguane, l'Oiseau bleu, la Sentinelle des maudits, le Pont de Cassandra, Cité en feu.

Garland [(Judy) Frances Gumm, 1922-69] : le Magicien d'Oz (1939), Place au rythme, Débuts à Broadway, For Me and My Gal, Parade aux étoiles, The Clock, Ziegfeld Follies, le Pirate, Parade de printemps, la Jolie Fermière, Une étoile est née, Jugement à Nuremberg, Un enfant attend, l'Ombre du passé.

Gere (Richard, 29-8-1949) : A la recherche de Mr. Goodbar, American Gigolo, Officier et gentleman, A bout de souffle, Made in USA, Cotton Club, le Roi David, Pretty Woman, Sommersby, Intersection, Red Corner, le Chacal, Just married (ou presque), Un automne à New York, Docteur T et les femmes.

Gibson (Mel, 3-1-1956) : Mad Max, Mad Max 2, l'Année de tous les dangers, Mad Max au-delà du Dôme du tonnerre, l'Arme fatale (I, II, III, IV), Hamlet (1991), l'Homme sans visage (+ réal.), Braveheart (+ réal.), la Rançon, Payback, The Patriot, The Million Dollar Hotel, Ce que veulent les femmes.

Gish (Lillian de Guiche, 1896-1993) : *Judith de Béthulie* (1914), *Naissance d'une nation, Intolérance, Cœurs du monde, Une fleur dans les ruines, le Lys brisé* (1919), *le Pauvre Amour, A travers l'orage, les Deux Orphelines, Romola, Au temps de la bohème, la Lettre rouge, le Vent,* Duel au soleil, la Nuit du chasseur, le Vent de la plaine, les Comédiens, Un mariage, les Baleines du mois d'août.

Goddard [Paulette (Marion Levy, ép. Charlie Chaplin, 1911-90)] : les Temps modernes, Femmes, le Dictateur, Journal d'une femme de chambre.

Grant [(Cary) Archibald Leach ; G.-B., 1904-86] : Cette sacrée vérité, le Couple invisible, l'Impossible M. Bébé, Vacances, Seuls les anges ont des ailes, Arsenic et vieilles dentelles, les Enchaînés, la Main au collet, la Mort aux trousses, Indiscrétions, Charade.

Hanks (Tom, 9-7-1956) : Splash (1984), Big, Turner et Hooch, Nuits blanches à Seattle, Philadelphia, Forrest Gump (1994), Apollo 13, That Thing You Do ! (+ réal.), Il faut sauver le soldat Ryan, Vous avez un message, la Ligne verte, Seul au monde.

Harlow [(Jean) Harlean Carpentier, 1911-37] : Parade d'amour (1929), les Anges de l'enfer, l'Homme de fer, l'Ennemi public, Blonde platine, Red-Headed Woman, la Belle de Saigon, les Invités de huit heures, Imprudente Jeunesse, la Malle de Singapour, Mademoiselle Volcan, Une fine mouche, Saratoga, Valet de cœur (1937).
Hart (William S., 1870-1946) : *le Serment de Rio Jim, la Capture de Rio Jim, les Loups, Pour sauver sa race, l'Homme aux yeux clairs, la Caravane, le Vengeur, le Fils de la prairie.*
Hayworth [(Rita) Margarita Carmen Cansino, 1918-87] : Arènes sanglantes (1941), la Reine de Broadway, Gilda, la Dame de Shanghai, la Belle du Pacifique, l'Enfer des Tropiques, la Blonde ou la Rousse, Ceux de Cordura, Du sang en première page, Opération opium, la Route de Salina, la Colère de Dieu (1972).
Hepburn [(Audrey) Edda Van Heemstra Hepburn-Ruston ; Bruxelles, 1929-93] : Vacances romaines, Sabrina, Guerre et Paix, Ariane, Drôle de frimousse, Vertes Demeures, Au risque de se perdre, le Vent de la plaine, Diamants sur canapé, la Rumeur, Charade, My Fair Lady, Voyage à deux, Seule dans la nuit, la Rose et la Flèche, Liés par le sang, Et tout le monde riait, Always.
Hepburn (Katharine, 8-11-1906 ou 07) : Little Women, Marie Stuart, l'Impossible M. Bébé, Vacances, Indiscrétion, les Fils du dragon, African Queen, Vacances à Venise, Soudain l'été dernier, Devine qui vient dîner, le Lion en hiver, la Folle de Chaillot, Une bible et un fusil, la Maison du lac, Grace Quigley.
Heston (Charlton Carter, 4-10-1924) : Sous le plus grand chapiteau du monde, la Furie du désir, Quand la Marabunta gronde, les Dix Commandements, les Grands Espaces, la Soif du mal, les Boucaniers, Ben Hur, le Cid, les 55 Jours de Pékin, le Seigneur de la guerre, Major Dundee, Khartoum, la Planète des singes, Soleil vert, Tremblement de terre, la Bataille de Midway, la Fureur sauvage, la Fièvre de l'or, la Malédiction de la vallée des Rois.
Hoffman (Dustin, 8-8-1937) : le Lauréat, Macadam cow-boy, John et Mary, Little Big Man, les Chiens de paille, Papillon, les Hommes du président, Marathon Man, Kramer contre Kramer, Tootsie, Ishtar, Rain Man, Family Business, Dick Tracy, Billy Bathgate, Hook, Héros malgré lui, Alerte !, Mad City, Sphère, Des hommes d'influence, Jeanne d'Arc (1999).
Holden [(William) W. Franklin Beedle, 1918-81] : l'Esclave aux mains d'or, Boulevard du Crépuscule (Sunset Boulevard), Comment l'esprit vient aux femmes, Boots Malone, le Cran d'arrêt, Stalag 17, La lune était bleue, Fort Bravo, la Tour des ambitieux, Sabrina, Picnic, le Pont de la rivière Kwai, les Cavaliers, la Horde sauvage, Network, Fedora.
Hudson [(Rock) Roy Scherer Fitzgerald, 1925-85] : Winchester 73, le Secret magnifique, Tout ce que le ciel permet, Géant, Écrit sur du vent, la Ronde de l'aube, Confidences sur l'oreiller.
Jones [(Jennifer) Phyllis Isley, 2-3-1919] : le Chant de Bernadette, Duel au soleil, les Insurgés, Madame Bovary, la Furie du désir, Plus fort que le diable, la Colline de l'adieu, l'Adieu aux armes, Tendre est la nuit, la Tour infernale.
Karloff [(Boris) William Henry Pratt, 1887-1969] : Frankenstein (1931), Scarface, la Momie, Une étrange soirée, le Masque d'or, le Chat noir, le Corbeau, la Fiancée de Frankenstein, le Rayon invisible, Le mort qui marche, le Fils de Frankenstein, la Tour de Londres, Des filles disparaissent, les Conquérants d'un nouveau monde, le Château de la Terreur, la Cible (1969).
Kaye [(Danny) David Daniel Kaminsky, 1913-87] : le Joyeux Phénomène (1945), la Vie secrète de Walter Mitty, Vive monsieur le maire !, Hans Christian Andersen et la danseuse, le Fou du cirque, la Doublure du général.
Kelly [(Gene) Eugene Curran, 23-8-1912/2-2-1996] : Parade aux étoiles (1944), Cover-Girl, Ziegfeld Follies, le Pirate, les Trois Mousquetaires, Un jour à New York, Un Américain à Paris, Chantons sous la pluie, Brigadoon, Beau fixe sur New York, Invitation à la danse, les Girls, les Demoiselles de Rochefort, Hello Dolly, le Casse-Cou, Xanadu, That's Dancing.
Lamour [(Dorothy) Kaumeyer, 1914-96] : Hula fille de la brousse (1937), le Dernier Train de Madrid, la Furie de l'or noir, Hurricane, Toura déesse de la jungle, les Gars du large, Chirurgiens, Johnny Apollo, En route vers Singapour, Aloma princesse des îles, Loona la sauvageonne, la Brune de mes rêves, Sous le plus grand chapiteau du monde, la Taverne de l'Irlandais.
Lancaster (Burt, 1913-94) : les Tueurs, les Démons de la liberté, Tant qu'il y aura des hommes, Reviens petite Sheba, Bronco Apache, Règlement de comptes à OK Corral, Vera Cruz, le Vent de la plaine, Elmer Gantry, le Guépard, le Train, les Professionnels, Fureur apache, Violence et passion, 1900, Buffalo Bill et les Indiens, Atlantic City, la Peau, Local Hero, Osterman Week-End, Coup double.
Laurel [(Stan) Arthur Stanley Jefferson ; G.-B., 1890-1965], le maigre et **Hardy** [(Oliver, 1892-1957), le gros (1,85 m, 110 kg), paralysé après hémorragie cérébrale] : Fra Diavolo (1933), les Sans-Souci, la Bohémienne, Laurel et Hardy au Far West, Les montagnards sont là, Têtes de pioche, Laurel et Hardy conscrits, les As d'Oxford, Atoll K.
Lemmon (Jack, 8-2-1925) : Certains l'aiment chaud, la Plus Grande Cause, Sauver le tigre, le Jour du vin et des roses, Irma la douce, Missing, Macaroni, That's Life, Glengarry, Short Cuts, les Grincheux, Hamlet.
Lewis [(Jerry) Joseph Levitch, 16-3-1926] : voir p. 364 c.
Lloyd (Harold, 1893-1971) : *Marin malgré lui, Monte là-dessus, Une riche famille, Vive le sport !* Quel phénomène, A la hauteur, Silence on tourne, Patte de chat, Soupe au lait, Oh ! quel mercredi !
Lombard [(Carole) Jane Alice Peters, 1908-42] : Boléro, Train de luxe, la Joyeuse Suicidée, My Man Godfrey, la Folle Confession, la Peur du scandale, le Lien sacré, l'Autre, Mr and Mrs Smith, To Be or Not to Be.
Lorre [(Peter) Laszlo Loewenstein ; origine hongroise, puis Allemand, puis Américain, 1904-64] : M le Maudit (1931), L'homme qui en savait trop, Mad Love, l'Agent secret (1936), M. Moto (série de films), le Faucon maltais (1941), Casablanca (1943), le Masque de Dimitrios (1944).
Loy [(Myrna) Katerina Myrna Williams, 1905-93] : Transatlantic, Arrowsmith, Aimez-moi ce soir, le Masque d'or, Vol de nuit, l'Introuvable, le Grand Ziegfeld, Une fine mouche, Pilote d'essai, Un envoyé très spécial, la Mousson, les Plus Belles Années de notre vie, le Poney rouge, Du haut de la terrasse, 747 en péril.
Lugosi [(Bela) Blasko, 1882-1956] : Dracula (1931), le Chat noir (1934), la Marque du vampire (1935), le Corbeau (1935), Ninotchka (1939), le Loup-Garou (1941), Frankenstein rencontre le loup-garou (1943), Glen or Glenda ?, Bride of the Monster, Plan 9 from Outer Space.
MacDonald (Jeanette, 1901-65) : Parade d'amour, le Vagabond roi, Monte-Carlo, Aimez-moi ce soir, Une heure près de vous, la Veuve joyeuse, Rose-Marie, San Francisco, le Chant du printemps, l'Espionne de Castille, la Belle Cabaretière, Emporte mon cœur, l'Ile des amours.
MacLaine [(Shirley) Beatty, 24-4-1934] : Mais qui a tué Harry ?, Artistes et modèles, le Tour du monde en 80 jours, la Vallée de la poudre, Comme un torrent, la Garçonnière, Irma la douce, Sierra torride, l'Amour à quatre mains, le Tournant de la vie, Bienvenue Mister Chance, Changement de saisons, Tendres Passions, Madame Sousatzka, Potins de femmes, Bons Baisers d'Hollywood.
Malkovich (John, 9-12-1953) : les Saisons du cœur, les Liaisons dangereuses, Un thé au Sahara, Par delà les nuages, l'Homme au masque de fer, Jeanne d'Arc, Dans la peau de John Malkovich, l'Ombre du vampire.
McQueen (Steve, 1930-80) : les Sept Mercenaires, la Grande Évasion, Une certaine rencontre, le Sillage de la violence, Nevada Smith, l'Affaire Thomas Crown, Bullitt, Le Mans, Guet-Apens, Papillon, la Tour infernale, Tom Horn, le Chasseur.
March [(Fredric) Mc Intyre Bickel, 1897-1975] : Docteur Jekyll et Mr Hyde, le Signe de la croix, Trois Jours chez les vivants, la Joyeuse Suicidée, Ma femme est une sorcière (1942), les Plus Belles Années de notre vie, Mort d'un commis voyageur, les Ponts de Toko-Ri, Sept Jours en mai.
Marvin (Lee, 1924-87) : Cat Ballou, Duel dans le Pacifique, A bout portant, L'homme qui tua Liberty Valance, l'Équipée sauvage, Canicule, Gorky Park, Delta Force.
Marx Brothers (les) [Chico (Leonard, pianiste) 1886-1961, Harpo (Adolph puis Arthur, harpiste) 1888-1964, Groucho (Julius, grosses lunettes et moustache) 1890-1977, Gummo Milton (qui devient imprésario en 1925) 1893-1977, Zeppo (Herbert) 1901-79, qui part en 1935] nés à New York (père tailleur, juif d'origine alsacienne) : *Noix de coco* (1929), Animal Crackers (1930), Monnaie de singe, Plumes de cheval, la Soupe au canard, Une nuit à l'opéra, Un jour aux courses, Un jour au cirque, Panique à l'hôtel, Chercheurs d'or, les Marx au grand magasin, Une nuit à Casablanca, la Pêche au trésor.
Menjou (Adolphe, 1890-1963) : *les Trois Mousquetaires* (1921), *l'Opinion publique, Comédiennes, Paradis défendu, Mon homme, la Grande-Duchesse et le Garçon d'étage, Un homme en habit, Monsieur Albert, Sérénade, le Figurant de la gaieté,* Mon gosse de père (France, 1930), Cœurs brûlés, The Front Page, l'Adieu aux armes, la Folle Semaine, Soupe au lait, Une étoile est née (1937), Pension d'artistes, Monsieur Tout-le-Monde, l'Enjeu, Au-delà du Missouri, l'Homme à l'affût, les Sentiers de la gloire.
Mitchum (Robert, 6-8-1917/1-7-1997) : Lame de fond, Macao, Crossfire, les Indomptables, Rivière sans retour, Bandido caballero, la Nuit du chasseur, l'Aventurier du Rio Grande, Celui par qui le scandale arrive, Eldorado, la Route de l'Ouest, Pancho Villa, Cinq Cartes à abattre, Cérémonie secrète, la Colère de Dieu, Yakuza, le Dernier Nabab, Maria's Lovers, les Ambassadeurs, Mr North, Présumé dangereux.
Monroe [(Marilyn) Norma Jean Baker Mortenson, 1-6-1926-4/5-8-1962 suicide ?] : Quand la ville dort, Niagara, Les hommes préfèrent les blondes, Rivière sans retour, Sept Ans de réflexion, Bus Stop, Certains l'aiment chaud, le Milliardaire, les Désaxés (The Misfits).
Murphy (Eddie, 3-4-1961) : 48 Heures (1982), Un fauteuil pour deux (1983), le Flic de Beverly Hills (1984), [2 (1987), 3 (1994)], les Nuits de Harlem, 48 Heures de plus, Un vampire à Brooklyn, le Professeur Foldingue, Docteur Dolittle (1998) [2 (2001)], la Famille Foldingue.
Nazimova (Alla Nazimoff, 1879-1945) : *Révélation, l'Occident, Hors de la brume, la Lanterne rouge, la Fin d'un roman, la Danseuse étoile, Maison de poupée, Salomé, la Dame aux camélias, l'Heure du danger,* Arènes sanglantes, Depuis ton départ.
Negri [(Pola) Barbara Apolonia Chalupiec, origine polonaise, 1894-87] : *Carmen* (1919), *Madame du Barry, Sumurun, le Paradis défendu, Mon homme, A l'ombre des pagodes, Hôtel Impérial, Confession, la Méprise,* Fanatisme, Mazurka, Moscou-Shanghai, Madame Bovary, la Nuit décisive.
Newman (Paul, 26-1-1925) : le Gaucher, la Chatte sur un toit brûlant, la Brune brûlante, Exodus, l'Arnaqueur, le Rideau déchiré, Butch Cassidy et le Kid, Juge et hors-la-loi, l'Arnaque, la Tour infernale, Buffalo Bill et les Indiens, Quintet, le Policeman, Absence de malice, l'Affrontement (+ réal.), la Couleur de l'argent, Blaze, Mr and Mrs Bridges, Un homme presque parfait, l'Heure magique, En toute complicité (2000).
Nicholson (Jack, 22-4-1937) : l'Ouragan de la vengeance, The Shooting, Easy Rider, Melinda, 5 Pièces faciles, Vas-y, fonce (+ réal.), la Dernière Corvée, Chinatown, Profession reporter, Vol au-dessus d'un nid de coucou, le Dernier Nabab, The Shining, Le facteur sonne toujours deux fois, Police frontière, Reds, l'Honneur des Prizzi, la Brûlure, les Sorcières d'Eastwick, Ironweed, Batman, The Two Jakes, Des hommes d'honneur, Wolf, Mars Attacks !, Pour le pire et pour le meilleur (1997).
Novak [(Kim) Marilyn, 13-2-1933] : Du plomb pour l'inspecteur, Picnic, l'Homme au bras d'or, Un seul amour, la Blonde ou la Rousse, Sueurs froides, l'Adorable Voisine, Liaisons secrètes, le Démon des femmes, Embrasse-moi idiot, le Triangle du diable, Le miroir se brisa.
Pacino (Al, 25-4-1940) : Panique à Needle Park, le Parrain (I, II, III), l'Épouvantail, Serpico, Un après-midi de chien, Bobby Deerfield, Scarface (2e version), Révolution, Mélodie pour un meurtre, Dick Tracy, Frankie et Johnny, Glengarry, le Temps d'un week-end, l'Impasse, Instant de bonheur, Heat (1995), City Hall, Looking for Richard, Donnie Brasco, l'Associé du Diable (1997), Révélations (1999).
Palance [(Jack) Vladimir Palahnuik, 18-2-1919] : Panique dans la rue, l'Homme des vallées perdues, le Grand Couteau, la Peur au ventre, Attaque, Austerlitz, les Mongols, le Mépris, les Professionnels, Monte Walsh, les Cavaliers, Bagdad Café, Batman, la Vie, l'amour, les vaches, l'Or de Curly.
Peck (Gregory, 15-4-1916) : les Clés du royaume, Duel au soleil, Le monde lui appartient, les Neiges du Kilimandjaro, Vacances romaines, Moby Dick, Bravados, la Femme modèle, les Canons de Navarone, l'Homme sauvage, la Malédiction, MacArthur le général rebelle, Ces garçons qui venaient du Brésil, Old Gringo.
Perkins (Anthony, 1932-92) : Prisonnier de la peur, Barrage contre le Pacifique, Du sang dans le désert, Psychose, Aimez-vous Brahms ?, Phædra, le Procès, le Glaive et la Balance, le Scandale, la Décade prodigieuse, le Crime de l'Orient-Express, Psychose II, les Jours et les Nuits de China Blue, Psychose III (+ réal.), Dr Jekyll et Mr Hyde.
Pfeiffer (Michelle, 29-4-1957) : Scarface, Lady Hawke, la Femme de la nuit, les Sorcières d'Eastwick, Veuve mais pas trop, les Liaisons dangereuses, Susie et les Baker Boys, Frankie et Johnny, Batman, le défi, Wolf, le Temps de l'innocence, Un beau jour, le Songe d'une nuit d'été (1999), Une vie à deux (2000).
Pickford [(Mary) Gladys Smith, 8-4-1893/29-5-1979, dite « la Petite Fiancée de l'Amérique »] : *la Villa solitaire* (1909), *le Luthier de Crémone, Un bon petit diable, Molly, Cendrillon, Petite Princesse, Fille d'Écosse, Une pauvre petite fille riche, Papa longues jambes, Pollyanna, le Petit Lord Fauntleroy, Tess au pays des haines, Rosita, Dorothy Vernon,* la Mégère apprivoisée, Kiki, Secrets.
Pitt (William Bradley, dit Brad, 18-12-1963) : Thelma et Louise, Et au milieu coule une rivière, True Romance, Entretien avec un vampire, Seven, Sept Ans au Tibet, Rencontre avec Joe Black, Fight Club (1999), The Mexican (2001).
Poitier (Sidney, 20-2-1924) : le Carnaval des dieux, l'Esclave libre, L'homme qui tue la peur, la Chaîne, Porgy and Bess, Paris Blues, Pressure Point, Aux postes de combat, Dans la chaleur de la nuit, Buck et son complice (+ réal.), Randonnée pour un tueur, les Experts, le Chacal.
Power (Tyrone, 5-5-1914/15-11-1958) : Dortoir de jeunes filles, l'Amour en première page, l'Incendie de Chicago, Marie-Antoinette, Suez, la Folle Parade, le Brigand bien-aimé, la Mousson, Johnny Apollo, le Signe de Zorro, Arènes sanglantes, le Cygne noir, le Fil du rasoir, Capitaine de Castille, Tant que soufflera la tempête, Le soleil se lève aussi, Témoin à charge.
Quinn (Anthony, 21-4-1915/3-6-2001) : Viva Zapata, la Strada, N.-D. de Paris, la Vie passionnée de Vincent Van Gogh, les Boucaniers, Barabbas, les Canons de Navarone, Lawrence d'Arabie, Zorba le Grec, la Bataille de St-Sébastien, Marseille Contrat, le Message, l'Empire du Grec, Revenge, Ta mère ou moi !, Jungle Fever, Last Action Hero, les Vendanges de feu.
Redford (Robert, 18-8-1937) : Propriété interdite, Willie Boy, Butch Cassidy et le Kid, Jeremiah Johnson, Votez MacKay, Nos plus belles années, l'Arnaque, Gatsby le Magnifique, les Trois Jours du Condor, les Hommes du président, Brubaker, Des gens comme les autres (réalisation seulement), le Meilleur, Out of Africa, l'Affaire Chelsea Deardon, Milagro (réalisation seulement), Havana, Et au milieu coule une rivière (réalisation seulement), les Experts, Proposition indécente, Quiz Show (réalisation seulement), Personnel et confidentiel, L'homme qui murmurait à l'oreille des chevaux (+ réal.), la Légende de Bagger Vance.
Roberts (Julia, 28-10-1967) : Potins de femmes, Pretty Woman, Hook, Prêt-à-porter, Tout le monde dit « I love you », le Mariage de mon meilleur ami, Ma meilleure ennemie, Coup de foudre à Notting Hills, Just married (ou presque), Erin Brockovich, The Mexican.
Robinson [(Edward G.) Emmanuel Goldenberg ; Bucarest, 1893-1973] : le Petit César, Toute la ville en parle, le Mystérieux Dr Clitterhouse, Assurance sur la mort, la Femme au portrait, le Criminel, Key Largo, les Dix Commandements, Un trou dans la tête, Soleil vert.
Rogers [(Ginger) Virginia McMath, 16-7-1911/25-4-1995] : Chercheuses d'or (1933), 42e Rue, la Joyeuse Divorcée, Roberta, le Danseur du dessus, Swing Time, Top Hat, l'Entreprenant M. Petrov, Pension d'artistes, Mariage incognito, Amanda, la Grande Farandole, Kitty Foyle, Uniformes et jupon court, Lune de miel mouvementée, Entrons dans la danse, Chérie, je me sens rajeunir, la Veuve noire (1954).
Schwarzenegger (Arnold, 30-7-1947) : Arnold le Magnifique, Conan le Barbare, Terminator, Running Man, Prédator, Double détente, Total Recall, Terminator 2 : le

Acteurs

■ **Les plus petits.** *81 cm* Verne Troyer. *1,45 m* Linda Hunt, le nain Pierral. *1,47 m* Florence Turner et Marguerite Clark. *1,50 m* May McAvoy. *1,55 m* Janet Gaynor, Mary Pickford et Edith Roberts. *1,57 m* Max Linder. *1,60 m* Mickey Rooney, Dudley Moore. *1,62 m* Liz Taylor. *1,68 m* Alan Ladd, Al Pacino.

■ **Les plus grands.** *2,59 m* Clifford Thompson. *2,39 m* Jack Tarver. *2,24 m* John Bloom. *2,18 m* Johan Aasen, Peter Mayhew et Richard Kiel. *2,13 m* Tex Erikson. *2,01 m* James Arness et Bruce Spence. *1,96 m* Christopher Lee.

■ **Ayant commencé jeune.** *3 ans* Shirley Temple (née 1928 ; dernier film : A Kiss for Corliss, 1949, à 21 ans ; devient ambassadrice au Ghana, puis chef du protocole à la Maison-Blanche) ; *4 ans* Josette Day ; *5 ans* Brigitte Fossey (Jeux interdits), Natalie Wood ; *6 ans* Jackie Coogan (The Kid), Jackie Cooper, Mickey Rooney, Mark Lester, Freddie Bartholomew ; *7 ans* Jane Whiters, Mandy Miller, Peter Lawford ; *8 ans* Roddy McDowall, Geraldine Chaplin, Curt Bois (dernier rôle à 87 ans) ; *10 ans* Elizabeth Taylor ; *13 ans* Betty Grable ; *14 ans* Judy Garland, Romy Schneider, Jean Simmons.

■ **Ayant eu le plus de spectateurs.** **Vers 1930 :** Clark Gable, Shirley Temple, Will Rogers, Janet Gaynor, Joan Crawford, Marie Dressler, Wallace Beery, Fred Astaire et Ginger Rogers, Mickey Rooney, Spencer Tracy. **Vers 1940 :** Bing Crosby, Bob Hope, Gary Cooper, Betty Grable, Abbott et Costello, Clark Gable, Humphrey Bogart, Spencer Tracy, Mickey Rooney, Greer Garson. **Vers 1950 :** John Wayne, James Stewart, Dean Martin et Jerry Lewis, Gary Cooper, Bing Crosby, William Holden, Rock Hudson, Bob Hope, Glenn Ford, Betty Grable. **Vers 1960 :** John Wayne, Doris Day, Cary Grant, Rock Hudson, Elizabeth Taylor, Jack Lemmon, Julie Andrews, Paul Newman, Sean Connery, Elvis Presley. **Vers 1970 :** Clint Eastwood, Burt Reynolds, Barbra Streisand, Robert Redford, Paul Newman, Steve McQueen, John Wayne, Woody Allen, Dustin Hoffman, Al Pacino.

■ **Champions français du box-office** (chiffres d'entrées connus dans leur totalité, depuis 1956, en millions). *Source :* le Film français. **1956-59 :** J. Gabin 44,7 ; Fernandel 41,8 ; Bourvil 38,5 ; D. Cowl 22,2 ; B. Blier 21,4 ; F. Raynaud 14,8 ; J. Marais 13,9 ; F. Blanche 13,2 ; L. de Funès 12,5 ; L. Ventura 12,5. (Gabin grâce à « la Traversée de Paris », « les Misérables » ou « les Grandes Familles », Fernandel au sommet depuis 1935.) **1960-64 :** Bourvil 33,3 ; J. Marais 27,3 ; L. de Funès 23,8 ; J.-P. Belmondo 23,4 ; J. Gabin 23 ; Fernandel 18,4 ; A. Delon 16,8 ; L. Ventura 16,2 ; F. Blanche 14,8 ; J. Richard 14,7. (Bourvil, L. de Funès avec « le Corniaud », J. Marais avec ses films de cape et d'épée, J.-P. Belmondo avec « Cartouche » et « l'Homme de Rio », A. Delon avec « le Guépard » ou « Mélodie en sous-sol ».) **1965-1969 :** L. de Funès 77,9 ; Bourvil 45,2 ; A. Delon 22,1 ; J. Gabin 16,3 ; J.-P. Belmondo 13,1 ; J.-L. Trintignant 13,1 ; Y. Montand 11,8 ; L. Ventura 11,5 ; B. Blier 8,5 ; J. Marais 7,7. (L. de Funès avec « le Gendarme de St-Tropez », Bourvil, son complice de « la Grande Vadrouille », Delon avec « Adieu l'ami », « les Aventuriers », « le Samouraï », « la Piscine ».) **1970-1974 :** les Charlots 27,6 ; L. de Funès 22,3 ; J.-P. Belmondo 18,8 ; Y. Montand 17,4 ; B. Blier 16,8 ; A. Delon 16,8 ; L. Ventura 12,7 ; P. Richard 9,3 ; Bourvil 9 ; G. Depardieu 8,5. (L. de Funès et Y. Montand avec « la Folie des grandeurs », J.-P. Belmondo et A. Delon avec « Borsalino », P. Richard avec « le Grand Blond », G. Depardieu avec « les Valseuses ».) **1975-1979 :** J.-P Belmondo 15,9 ; L. de Funès 14,8 ; M. Galabru 11,5 ; P. Richard 8,3 ; V. Lanoux 7,9 ; Coluche 5,8 ; M. Serrault 5,3 ; C. Brasseur 5,2 ; J. Rochefort 4,9 ; M. Bouquet 3,5. (Belmondo avec « Peur sur la ville » ou « Flic ou voyou », Coluche avec « l'Aile ou la Cuisse ».) **1980-1984 :** J.-P. Belmondo 25,3 ; Coluche 21,6 ; G. Depardieu 21 ; M. Galabru 18,6 ; P. Richard 16,4 ; B. Giraudeau 14,7 ; J. Villeret 14 ; Ph. Noiret 10,2 ; M. Serrault 9,6 ; L. de Funès 9,6. (Belmondo avec « l'As des as », « le Professionnel », Coluche avec « Banzaï », « Tchao Pantin », G. Depardieu et P. Richard avec « la Chèvre », « les Compères ». Fin de L. de Funès.) **1985-1989 :** G. Depardieu 19,5 ; D. Auteuil 13,7 ; Y. Montand 13,7 ; M. Boujenah 12,2 ; R. Giraud 10,1 ; G. Lanvin 7,4 ; Ch. Lambert 7 ; R. Bohringer 6 ; J.-P. Belmondo 5,6 ; R. Anconina 5,3. (Montand, Auteuil avec les 2 « Jean de Florette », Boujenah, Giraud, Dussollier avec « Trois Hommes et un couffin ».)

Top 10, 1956-90. De Funès 161,3 ; Bourvil 126,3 ; Belmondo 102,4 ; Gabin 84,1 ; Fernandel 60,3 ; Delon 55,8 ; Ventura 52,9 ; Depardieu 49,1 ; Marais 49 ; Blier 46,9.

■ **Ayant tenu le plus grand nombre de premiers rôles.** John Wayne a joué dans 153 films de 1927 à 1976, dont 142 premiers rôles.

■ **Ayant touché les plus gros cachets** (en millions de F). Marlon Brando pour *Superman* 24 + 95 % sur bénéfices. Kevin Costner 300 en 1991 pour *Danse avec les loups*, 40 pour *Robin des Bois*. Gérard Depardieu 10 pour *1492 Christophe Colomb*. Richard Gere 35 pour *Cotton Club*. Demi Moore 75 en 1995 pour *Strip-Tease*. Jack Nicholson 327,6 (% sur bénéfices) pour *Batman*. Burt Reynolds 2 par j de tournage dans *l'Équipée du Cannonball*. Arnold Schwarzenegger 75 pour *Last Action Hero*. Sylvester Stallone 80 dans *Over the Top* et *Cobra*.

■ **Salaires annuels en $. Vers 1930 :** Humphrey Bogart 39 000, James Cagney 20 800, Bette Davis 15 600. **1939 :** Cary Grant 93 750. **Vers 1941-42 :** Spencer Tracy 233 460, Bob Hope 204 166, Judy Garland 89 666. **1943 :** Joan Crawford 194 615. **Vers 1955 :** Kim Novak 4 200. **Salaires actuels** (voir à l'Index).

■ **Baiser. 1er baiser du cinéma :** 1896 entre May Irwin et John Rice. **Baiser le plus long :** *You're in the Army Now* (USA, 1940), 3 min 5 s entre Regis Toomey et Jane Wyman (future Mme Reagan). **Nombre record de baisers :** *Don Juan* (USA, 1926), 127 baisers entre John Barrymore, Mary Astor et Estelle Taylor.

Jugement dernier, Last Action Hero, True Lies, Junior, l'Effaceur, la Course au jouet, Batman et Robin, la Fin des temps, A l'aube du sixième jour.

Sinatra (Frank, 12-12-1915/15-5-1998) : Un jour à New York, Tant qu'il y aura des hommes, l'Homme au bras d'or, Johnny Concho, la Blonde ou la Rousse, Comme un torrent, Un trou dans la tête, Un crime dans la tête, Tony Rome est dangereux, le Détective.

Stallone [(Sylvester) S. Gardenzio, 6-7-1946] : Rocky, l'Œil du tigre, Rambo, Tango et Cash, Haute Sécurité, Cliffhanger, Demolition Man, Judge Dredd, Assassins (1995), Daylight, Copland (1997), Get Carter, Driver.

Stanwyck [(Barbara) Ruby Stevens, 16-7-1907/21-1-1990] : Liliane, la Femme en rouge, la Gloire du cirque, Saint Louis Blues, Révolte à Dublin, Stella Dallas, Miss Manson est folle, Pacific Express, Lady Eve, l'Homme de la rue, Boule de feu, l'Étrangleur, Obsessions, Assurance sur la mort, l'Emprise du crime, Raccrochez, c'est une erreur, les Furies, Le démon s'éveille la nuit, la Tour des ambitieux, la Reine de la prairie, Quarante Fusils.

Stewart [(James) J. Maitland, 20-5-1908/2-7-1997] : Vous ne l'emporterez pas avec vous, Mr Smith au Sénat, La vie est belle, la Corde, l'Appât, L'homme de la plaine, Fenêtre sur cour, Sueurs froides, Autopsie d'un meurtre, les Deux Cavaliers, L'homme qui tua Liberty Valance, Bandolero, le Dernier des géants.

Stone (Sharon, 1958) : Stardust Memories, la Ferme de la terreur, Total Recall, Basic Instinct, Sliver, Intersection, Mort ou Vif, Casino, Diabolique, Dernière Danse, les Puissants, Gloria, la Muse, Une blonde en cavale.

Streep (Meryl, 22-6-1949) : Julia, Voyage au bout de l'enfer, Manhattan, Kramer contre Kramer, la Maîtresse du lieutenant français, le Choix de Sophie, Silkwood, Plenty, Out of Africa, Heartburn, Falling in Love, Ironweed, Un cri dans la nuit, Bons Baisers d'Hollywood, La mort vous va si bien, la Maison aux esprits, Sur la route de Madison, Before and After, Contre-Jour, Musique au cœur (2000).

Streisand (Barbra, 24-4-1942) : Funny Girl, Hello Dolly, Melinda, la Chouette et le Pussycat, Nos plus belles années, Funny Lady, Une étoile est née (3e version), Main Event, Yentl (+ réal.), le Prince des marées, Leçons de séduction (+ réal., 1996).

Swanson [(Gloria) G. Svensson, 27-3-1899/4-4-1983] : *Après la pluie, le beau temps* (1919), *l'Admirable Chrichton, l'Échange, Le cœur nous trompe, Zaza, Madame Sans-Gêne, Faiblesse humaine, l'Intruse, Queen Kelly*, Boulevard du Crépuscule (1950), 747 en péril.

Taylor (Elizabeth ; Londres, 27-2-1932) : le Père de la mariée, Une place au soleil, Ivanhoé, la Chatte sur un toit brûlant, Soudain l'été dernier, Vénus au vison, Cléopâtre, la Mégère apprivoisée, Qui a peur de Virginia Woolf ?, Reflets dans un œil d'or, Boom, Cérémonie secrète, les Noces de cendre, l'Oiseau bleu, Le miroir se brisa, Toscanini.

Taylor [(Robert) Spangler Arlington Brough, 1911-69] : le Secret magnifique (1935), la Petite Provinciale, le Roman de Marguerite Gautier, Valet de cœur, Vivent les étudiants !, Trois Camarades, la Valse dans l'ombre, Bataan, Lame de fond, Embuscade, Quo vadis ?, Convoi de femmes, Ivanhoé, Quentin Durward, la Dernière Chasse, le Trésor du pendu, Libre comme le vent, Traquenard, les Ranchers du Wyoming (1963), le Téléphone rouge.

Tierney (Gene, 1920-91) : la Route au tabac, Shanghai, Le ciel peut attendre, Laura, l'Aventure de Mme Muir, les Forbans de la nuit, Tempête à Washington.

Tracy (Spencer, 1900-67) : Ceux de la zone, Furie, Capitaines courageux, Des hommes sont nés, le Grand Passage, Dr Jekyll and Mr Hyde, Tortilla Flat, Trente Secondes sur Tokyo, l'Enjeu, le Père de la mariée, Un homme est passé, Jugement à Nuremberg, Devine qui vient dîner.

Travolta (John, 18-2-1954) : Carrie au bal du diable (1976), la Fièvre du samedi soir, Grease, Blow Out, Staying Alive, Allo maman, ici bébé, Allo maman, c'est encore moi, Pulp Fiction, Stars et Truands, Broken Arrow, Michael, Volte/face, Mad City, Primary Colors, Civil Action, le Déshonneur d'Élisabeth Campbell (1999).

Turner [(Lana) Julia, 1920-95] : Docteur Jekyll et Mr Hyde, Franc Jeu, Le facteur sonne toujours deux fois (1946), les Trois Mousquetaires, les Ensorcelés, Peyton Place, Mirage de la vie, Madame X.

Valentino [(Rudolph) Rodolfo Guglielmi di ; né à Castellane, Italie, 6-5-1895/23-8-1926 : opéré le 15-8 d'une péritonite au Polyclinic Hospital (New York), meurt d'une pleurésie. Craignant une émeute, on fit sortir son corps dans un panier d'osier. 250 000 personnes défilèrent devant son cercueil (vitrines brisées, voitures renversées, chapelle funéraire mise à sac pour emporter des souvenirs). Il y eut dans le monde une centaine de tentatives de suicides (dont 13 †). Son frère Alberto (sans le sou), sa fiancée Pola Negri, ses 2 ex-femmes (ne figurant pas sur le testament) refusèrent de payer l'enterrement. Il fut inhumé le 14-9 au Memorial Park Cemetery (Hollywood) aux frais du cameraman italien Balboni] : *les Quatre Cavaliers de l'Apocalypse* (1920), *la Dame aux camélias, Eugénie Grandet, le Cheik, Arènes sanglantes* (1922), *le Droit d'aimer, Cobra, l'Hacienda rouge, Monsieur Beaucaire* (1924), *l'Aigle noir, le Fils du Cheik* (1926).

Wayne [(John) Marion Michael Morrisson, 1907-79] : la Chevauchée fantastique, le Massacre de Fort Apache, l'Homme tranquille, la Prisonnière du désert, la Cité disparue, Rio Bravo, les Cavaliers, Alamo (+ réal.), le Grand Sam, Hatari, L'homme qui tua Liberty Valance, Eldorado, Rio Lobo, les Cow-Boys, Une bible et un fusil, le Dernier des géants.

Weaver (Sigourney, 8-10-1949) : Alien, le 8e passager, l'Année de tous les dangers, S.O.S. fantômes, Une femme ou deux, Alien, le retour, Working Girl, Gorilles dans la brume, Alien 3, 1492 Christophe Colomb, La Jeune Fille et la Mort, Copycat, Alien, la résurrection, la Carte du monde, Galaxy Quest.

West (Mae, 1892-1980) : Lady Lou (1933), Je ne suis pas un ange, Ce n'est pas un péché, Klondyke Annie, Je veux être une lady, Fifi peau-de-pêche, Mon petit poussin chéri, Myra Breckinridge, Sextette.

White (Pearl, 1889-1938) : *le Foulard rouge* (1911), *les Exploits d'Élaine, les Mystères de New York, le Masque aux dents blanches, la Fille du fauve, Rédemptrice, Amour de sauvage, Pillage, Terreur.*

Widmark (Richard, 26-12-1914) : le Carrefour de la mort, Panique dans la rue, Coup de fouet en retour, Sainte Jeanne, l'Homme aux colts d'or, Alamo, les Deux Cavaliers, le Dernier Passage, les Cheyennes, Alvarez Kelly, la Route de l'Ouest, la Guerre des bootleggers, le Crime de l'Orient-Express, Contre toute attente, Blackout, Colère en Louisiane.

Williams (Robin, 21-7-1951) : Popeye, le Monde selon Garp, Good Morning Vietnam, le Cercle des poètes disparus, l'Éveil, Hook, Toys, Madame Doubtfire, Jumanji, Hamlet, Harry dans tous ses états, Will Hunting, Au-delà de nos rêves, Docteur Patch, l'Homme bicentenaire.

Willis (Bruce, 19-3-1955) : Piège de cristal, 58 Minutes pour vivre, le Bûcher des vanités, Billy Bathgate, La mort vous va si bien, Pulp Fiction, Une journée en enfer, l'Armée des douze singes, Dernier Recours, le Cinquième Élément, le Chacal, Armageddon, Breakfast of Champions, Sixième Sens, Mon voisin le tueur, Une vie à deux, Incassable.

France

Adjani (Isabelle, 27-6-1955) : la Gifle, l'Histoire d'Adèle H., Barocco, les Sœurs Brontë, Nosferatu fantôme de la nuit, Possession, Tout feu tout flamme, Quartet, Mortelle Randonnée, Antonieta, l'Été meurtrier, Subway, Ishtar, Camille Claudel, Toxic Affair, la Reine Margot, Diabolique (1996).

Aimée [(Anouk) Nicole, Françoise Dreyfus, 27-4-1932] : les Amants de Vérone, le Rideau cramoisi, les Mauvaises Rencontres, Montparnasse 19, la Dolce Vita, Lola, Sodome et Gomorrhe, Huit et demi, Un homme et une femme, Justine, Si c'était à refaire, Mon premier amour, la Tragédie d'un homme ridicule, le Succès à tout prix, Partir revenir (1985), Un homme et une femme : vingt ans déjà, les Marmottes, Hommes, femmes, mode d'emploi, Madeleine (1999).

Anconina (Richard, 28-1-1953) : le Bar du téléphone, Inspecteur la Bavure, le Choix des armes, le Battant, le Jeune Marié, Tchao Pantin, Paroles et musique, Partir, revenir, Police, Lévy et Goliath, Itinéraire d'un enfant gâté, le Petit Criminel, Hercule et Sherlock, la Vérité si je mens ! (1996) [2 (2001)], Six-Pack (2000).

Anglade (Jean-Hugues, 29-7-1955) : l'Homme blessé, Subway, 37° 2 le matin, Nocturne indien, Nikita, les Marmottes, la Reine Margot, Killing Zoé, Nelly et M. Arnaud, les Affinités électives, Tonka (+ réal.), le Prof, Princesse, Mortel Transfert.

Annabella (Suzanne Charpentier, 1909-96) : *Napoléon, Maldonne,* Deux Fois vingt ans, Un soir de rafle, le Million, Paris-Méditerranée, Marie, légende hongroise, Quatorze Juillet, la Bataille, l'Équipage, la Bandera, Anne-Marie, Hôtel du Nord, la Baronne et son valet (USA), Suez, 13, rue Madeleine (USA), L'homme qui revient de loin.

Ardant (Fanny, 22-3-1949) : la Femme d'à côté, La vie est un roman, Vivement dimanche, Conseil de famille, Mélo, le Paltoquet, Australia, Aventure de Catherine C., Rien que des mensonges, le Colonel Chabert, Pédale douce, Ridicule, Désiré, la Débandade, le Fils du Français, le Dîner, la Débandade (1999), le Libertin (2000).

Arditi (Pierre, 1-12-1944) : La vie est un roman, l'Amour à mort, Mélo, Vanille Fraise, Plaisir d'amour, Smoking/No smoking, Hommes, femmes, mode d'emploi, Messieurs les enfants, On connaît la chanson, Hasards ou Coïncidences, les Acteurs (2000).

Arletty (Léonie Bathiat, 1898-1992) : Désiré, Hôtel du Nord, Le jour se lève, Fric-frac, Mme Sans-Gêne, les Visiteurs du soir, les Enfants du paradis, l'Air de Paris, Maxime, Voyage à Biarritz, Tempo di Roma (1963).

Auteuil (Daniel, 24-1-1950) : les Sous-Doués, la Banquière, Les hommes préfèrent les grosses, Pour 100 briques t'as plus rien, Jean de Florette, Manon des Sources, le Paltoquet, Lacenaire, Ma vie est un enfer, Un cœur en hiver, Ma saison préférée, la Reine Margot, Une femme française, le Huitième Jour, les Voleurs (1996), Lucie Aubrac, le Bossu, la Fille sur le pont, Mauvaise Passe, la Veuve de Saint-Pierre, Sade, le Placard.

Azéma (Sabine, 20-9-1952) : On aura tout vu, La vie est un roman, Un dimanche à la campagne, l'Amour à mort, Mélo, la Vie et rien d'autre, Vanille Fraise, Smoking/No smoking, Le bonheur est dans le pré, Mon homme, On connaît la chanson, le Schpountz, la Bûche.

Bacri (Jean-Pierre, 24-5-1951) : le Grand Pardon, Subway, l'Été en pente douce, les Saisons du plaisir (1987), La Baule-les-Pins, la Cité de la peur, Un air de famille, Didier, On connaît la chanson, Place Vendôme, Kennedy et moi (1999), le Goût des autres (2000).

Balasko [(Josiane) Balaskovic, 15-4-1950] : les Bronzés (1978), Les bronzés font du ski, Clara et les chics types, Les hommes préfèrent les grosses, Le Père Noël est une ordure, Papy fait de la Résistance, Sac de nœuds (+ réal.), Nuit d'ivresse, les Keufs (+ réal.), Trop belle pour toi, Ma vie est un enfer (+ réal.), Tout le monde n'a pas eu la chance d'avoir des parents communistes, Gazon maudit (+ réal.), Arlette, Un grand cri d'amour (+ réal., 1997), le Fils du Français, le Libertin, les Acteurs, Un crime au Paradis.

Bardot [Brigitte, 28-9-1934, entrée dans le Petit Larousse en 1959 (millésime 1960)] : Futures Vedettes, Cette sacrée gamine, En effeuillant la marguerite, Et Dieu créa la femme, En cas de malheur, Babette s'en va-t-en guerre, la Vérité, Vie privée, le Repos du guerrier, le Mépris, Viva Maria, Shalako, l'Ours et la Poupée, Boulevard du Rhum, les Pétroleuses, Don Juan 73.

Barrault (Jean-Louis, 1910-94) : Sous les yeux d'Occident (1936), Jenny, Mademoiselle Docteur, Un grand amour de Beethoven, Drôle de drame, la Symphonie fantastique, le Destin fabuleux de Désirée Clary, les Enfants du paradis, D'homme à homme, la Ronde, le Dialogue des carmélites, le Testament du Dr Cordelier, la Nuit de Varennes (1981).

Baur (Harry, 12-4-1880/8-4-1943) : *Shylock* (1912), *l'Ame du bronze*, David Golder, les Cinq Gentlemen maudits, Poil de Carotte, les Misérables, Golgotha, Crime et Châtiment, Tarass Boulba, Un grand amour de Beethoven, les Hommes nouveaux, Un carnet de bal, l'Homme du Niger, Volpone (1940), l'Assassinat du père Noël, Symphonie d'une vie (1942).

Baye (Nathalie, 6-7-1951) : la Nuit américaine, L'homme qui aimait les femmes, la Chambre verte, Une semaine de vacances, la Provinciale, Beau-Père, le Retour de Martin Guerre, la Balance, Rive droite, rive gauche, Détective, Lune de miel, De guerre lasse, En toute innocence, La Baule-les-Pins, Un week-end sur deux, la Voix, la Machine, Enfants de salaud, Vénus Beauté (Institut), Une liaison pornographique (1999), Ça ira mieux demain, Selon Matthieu, Barnie et ses petites contrariétés.

Béart (Emmanuelle, 14-8-1965) : Manon des sources, la Belle Noiseuse, Un cœur en hiver, l'Enfer, Une femme française, Nelly et M. Arnaud, Voleur de vie, le Temps retrouvé, la Bûche (1999), les Destinées sentimentales, la Répétition, le Voyant lumineux.

Belmondo (Jean-Paul, 9-4-1933) : A double tour, A bout de souffle, Classe tous risques, la Ciociara, la Viaccia, Léon Morin, prêtre, Cartouche, le Doulos, l'Homme de Rio, Week-End à Zuydcoote, Pierrot le fou, le Voleur, la Sirène du Mississippi, le Cerveau, Un homme qui me plaît, Borsalino, les Mariés de l'an II, le Casse, l'Héritier, la Scoumoune, le Magnifique, Stavisky, Peur sur la ville, l'Incorrigible, l'Alpagueur, l'Animal, Flic ou voyou, le Guignolo, l'As des as, le Marginal, Hold-Up, le Solitaire, Itinéraire d'un enfant gâté, l'Inconnu dans la maison, les Misérables, Désiré, Une chance sur deux (1998), Peut-être (1999).

Berry [(Jules) Paufichet, 1883-1951] : *l'Argent* (1928), le Crime de M. Lange, Baccara, le Mort en fuite, Aventure à Paris, Café de Paris, Derrière la façade, Le jour se lève, les Visiteurs du soir, le Voyageur de la Toussaint, Marie-Martine, l'Homme de Londres, Portrait d'un assassin.

Berry (Richard, 31-7-1950) : la Gifle, l'Homme fragile, le Grand Pardon, Une chambre en ville, le Grand Carnaval, la Trace, l'Addition, l'Union sacrée, La Baule-les-Pins, Ma vie est un enfer, Mayrig/588, rue Paradis, le Grand Pardon 2, Le petit prince a dit, l'Appât, Pédale douce, Un grand cri d'amour, Quasimodo d'el Paris, Les gens qui s'aiment, 15 Août, Un ange.

Binoche (Juliette, 9-3-1964) : Rendez-Vous, l'Insoutenable Légèreté de l'être, Trois Couleurs : Bleu, le Hussard sur le toit (1995), le Patient anglais (1996), Alice et Martin (1998), les Enfants du siècle (1999), la Veuve de Saint-Pierre, Code inconnu, le Chocolat (2001).

Blanc (Michel, 16-6-1952) : les Bronzés, Les bronzés font du ski, Viens chez moi, j'habite chez une copine, Marche à l'ombre, Tenue de soirée, Monsieur Hire, Uranus, Merci la vie, Grosse Fatigue (+ réal.), le Monstre, les Grands Ducs, Mauvaise Passe (réal. seulement).

Blanchar (Pierre, 1892-1963) : *Jocelyn* (1921), *Geneviève, le Tombeau sous l'Arc de triomphe, le Joueur d'échecs, le Capitaine Fracasse*, En 1812, l'Atlantide, les Croix de bois, Au bout du monde, Turandot, Crime et Châtiment, l'Homme de nulle part, la Dame de pique, Un carnet de bal, le Joueur, l'Étrange M. Victor, Pontcarral, Un seul amour (+ réalisation), le Bossu, la Symphonie pastorale, Docteur Laennec, le Monocle noir (1961).

Blier (Bernard, 1916-89) : Hôtel du Nord (1938), Quai des Orfèvres, Dédée d'Anvers, l'Ecole buissonnière, Manèges, les Misérables, Arrêtez les tambours, les Barbouzes, l'Etranger, le Distrait, les Chinois à Paris, Ce cher Victor, Calmos, Nuit d'or, Série noire, Buffet froid, Eugenio, Twist again à Moscou, Je hais les acteurs, Mangeclous.

Bohringer (Richard, 16-1-1942) : l'Italien des roses, Diva, l'Addition, Péril en la demeure, le Grand Chemin (1987), la Reine blanche, l'Accompagnatrice, le Sourire, La vérité si je mens !, Comme une bête, l'Ami du jardin.

Bonnaire (Sandrine, 31-5-1967) : A nos amours, Tir à vue, Blanche et Marie, Police, Sans toit ni loi, Sous le soleil de Satan, les Innocents, la Puritaine, Quelques jours avec moi, la Captive du désert, le Ciel de Paris, Jeanne d'Arc, la Cérémonie, Voleur de vie, Au cœur du mensonge, Est-Ouest, Mademoiselle (2001).

Bouquet (Carole, 18-8-1957) : Cet obscur objet du désir, Buffet froid, Rien que pour vos yeux, Rive droite, rive gauche, Trop belle pour toi, Grosse Fatigue, Lucie Aubrac, En plein cœur, Un pont entre deux rives (1999), le Pique-Nique de Lulu Kreutz (2000).

Bouquet (Michel, 6-11-1925) : les Amitiés particulières (1964), La mariée était en noir, la Femme infidèle, Un condé, la Rupture, l'Attentat, la Main à couper, le Jouet, les Misérables, Poulet au vinaigre, Toto le héros.

Bourvil [(André) Raimbourg, 27-11-1917/23-9-1970] : les Trois Mousquetaires, Cadet-Rousselle, les Hussards, la Traversée de Paris, les Misérables, la Jument verte, le Capitan, Fortunat, le Corniaud, la Grande Vadrouille, les Cracks, le Cerveau, le Cercle rouge.

Boyer (Charles, 1899-1978, nat. Amér.) : *l'Homme du large* (1920), *le Capitaine Fracasse*, le Procès de Mary Dugan, Big House, Tumultes, l'Épervier, le Bonheur, la Bataille, Liliom, Mayerling, Marie Walewska, Elle et Lui, Veillée d'amour, l'Étrangère, Back Street (2e version), Obsession, Hantise, Arc de triomphe, la Première Légion, Madame de..., Nana, Une Parisienne, Maxime, les Quatre Cavaliers de l'Apocalypse, Stavisky (1974).

Brasseur [(Claude) Pierre-Albert Espinasse, 15-6-1936] : Rue des Prairies, le Caporal épinglé, Germinal, Peau de banane, Bande à part, les Seins de glace, Nous irons tous au paradis, l'État sauvage, l'Argent des autres, Une histoire simple, la Banquière, la Boum, l'Ombre rouge, Guy de Maupassant, Légitime Violence, la Crime, Palace, Détective, Taxi Boy, l'Orchestre rouge, Descente aux enfers, Dandin, Dancing Machine, le Bal des casse-pieds, le Souper, les Ténors, Fait d'hiver, la Taule, la Débandade, les Acteurs.

Brasseur [(Pierre) P. Espinasse, 22-12-1905/14-8-1972] : le Quai des Brumes, Lumière d'été, les Enfants du paradis, les Amants de Vérone, la Tour de Nesle, Porte des Lilas, la Loi, les Yeux sans visage, les Bonnes Causes, la Vie de château.

Brialy (Jean-Claude ; Algérie, 30-3-1933) : le Beau Serge, les Cousins, Une femme est une femme, Les lions sont lâchés, Éducation sentimentale, le Glaive et la Balance, Château en Suède, La mariée était en noir, le Bal du comte d'Orgel, le Genou de Claire, le Juge et l'Assassin, les Œufs brouillés, Barocco, l'Imprécateur, l'Œil du maître, la Nuit de Varennes, le Quatrième Pouvoir, l'Effrontée, Sarah, Inspecteur Lavardin, le Débutant, les Innocents, S'en fout la mort, la Reine Margot, le Monstre, les Caprices d'un fleuve, Beaumarchais l'insolent, les Acteurs (2000).

Carmet (Jean, 1920-94) : La victoire en chantant, Le beaujolais nouveau est arrivé, Violette Nozière, Buffet froid, le Faussaire, la Soupe aux choux, Papy fait de la Résistance, Miss Mona, Mangeclous, la Vouivre, Merci la vie, Germinal.

Carol [(Martine) Marie-Louise Mourer, 1922-67] : Voyage surprise, les Amants de Vérone, Caroline chérie, Belles de nuit, Lucrèce Borgia, Madame du Barry, Lola Montès, Nathalie, Le cave se rebiffe.

Casarès [(Maria) Casarès Quiroga ; Espagne, 1922-96] : les Enfants du paradis, les Dames du bois de Boulogne, la Chartreuse de Parme, Orphée, le Testament d'Orphée, la Lectrice (1988).

Cassel [(Jean-Pierre) Crochon, 27-10-1932] : les Jeux de l'amour, le Farceur, Candide, le Caporal épinglé, Cyrano et d'Artagnan, Jeu de massacre, l'Armée des ombres, la Rupture, les Trois Mousquetaires, le Mouton enragé, Dr Françoise Gailland, le Soleil en face, la Truite, Mangeclous, la Cérémonie, la Patinoire.

Chabat (Alain, 24-11-1958) : la Cité de la peur, Gazon maudit, Delphine : 1-Yann : 0, Didier (+ réal.), le Cousin, la Débandade (1999), le Goût des autres, Astérix et Obélix, Mission Cléopâtre (+ réal.).

Clavier (Christian, 6-5-1952) : les Bronzés (1978), Les bronzés font du ski, Je vais craquer, Le Père Noël est une ordure, Papy fait de la Résistance, Twist again à Moscou, Mes meilleurs copains, Opération Corned Beef, les Visiteurs, la Soif de l'or, la Vengeance d'une blonde, les Anges gardiens, les Couloirs du temps : les visiteurs II, Astérix et Obélix contre César, les Visiteurs en Amérique.

Coluche [(Michel) Colucci, 28-10-1948/19-6-1986] : l'Aile ou la cuisse (1976), Inspecteur la Bavure, la Femme de mon pote, Tchao Pantin (1983), la Vengeance du serpent à plumes.

Constantine [(Eddie) Edward Constantinowsky, 1917-93] : la Môme vert-de-gris, Les femmes s'en balancent, les Truands, Me faire ça à moi, Lucky Jo, Alphaville, A tout casser, Malatesta, Flight to Berlin.

Cremer (Bruno, 6-10-1929) : Quand la femme s'en mêle, la 317e Section, Paris brûle-t-il ?, l'Étranger, la Bande à Bonnot, la Chair de l'orchidée, le Bon et les méchants, Section spéciale, l'Alpagueur, Une histoire simple, Josepha, le Prix du danger, Tenue de soirée, l'Union sacrée, Noce blanche, Taxi de nuit, Sous le sable, Mon père.

Dalle (Béatrice, 1963 ou 64) : 37°2 le matin, les Bois noirs, la Vengeance d'une femme, la Belle Histoire, la Fille de l'air, A la folie, Désiré, Clubbed to Death, The Blackout, Volpone, Toni.

Darc [(Mireille) M. Aigroz, 15-5-1938] : les Barbouzes, Galia, Week-End, Fantasia chez les ploucs, Il était une fois un flic, le Grand Blond avec une chaussure noire, la Valise, les Seins de glace, le Retour du grand blond, le Téléphone rose, Mort d'un pourri, la Barbare (réalisation seulement).

Darrieux (Danielle, 1-5-1917) : Mayerling (1936), Premier Rendez-Vous, la Ronde, Madame de..., le Rouge et le Noir, l'Amant de lady Chatterley, Pot-Bouille, les Yeux de l'amour, Landru, les Demoiselles de Rochefort, Divine, l'Année sainte, le Cavaleur, Une chambre en ville, En haut des marches, le Lieu du crime, le Jour des Rois, Ça ira mieux demain.

Delon (Alain, 8-11-1935) : Christine (1958), Faibles Femmes, Plein Soleil, Rocco et ses frères, l'Éclipse, le Guépard, l'Insoumis, les Centurions, le Samouraï, Adieu l'ami, la Piscine, le Clan des Siciliens, Borsalino, le Cercle rouge, la Veuve Couderc, l'Assassinat de Trotski, les Seins de glace, Borsalino and Co, Zorro, Flic Story, le Gitan, Monsieur Klein, le Gang, Armaguedon, Mort d'un pourri, Airport 80, Concorde, le Toubib, Trois Hommes à abattre, Pour la peau d'un flic (+ réal.), le Choc, le Battant (+ réal.), Un amour de Swann, Notre histoire, Parole de flic, le Passage, Ne réveillez pas un flic qui dort, Nouvelle Vague, Dancing Machine, le Retour de Casanova, Un crime, l'Ours en peluche, le Jour et la Nuit, Une chance sur deux.

Delorme [(Danièle) D. Girard (Mme Yves Robert), 9-10-1926] : Gigi (1948), l'Ingénue libertine, la Jeune Folle, le Guérisseur, Dossier noir, le Temps des assassins, Mitsou, les Misérables, le 7e Juré, Marie Soleil, le Voyou, Un éléphant ça trompe énormément, Nous irons tous au paradis, la Cote d'amour, les Eaux dormantes.

Demazis [(Orane) Marie-Louise Burgeat, 1894-1991] : Marius, Fanny, César, Regain, le Schpountz, Rude Journée pour la reine, le Fantôme de la liberté.

Deneuve [(Catherine) C. Dorléac, 22-10-1943] : les Parapluies de Cherbourg (voix : Danièle Licari), Répulsion, la Vie de château, les Demoiselles de Rochefort (voix : Anne Germain), Benjamin, Belle de jour, la Chamade, la Sirène du Mississippi, Tristana, Peau d'âne, Liza, l'Agression, le Sauvage, Si c'était à refaire, Ames perdues, Il était une fois la Légion, l'Argent des autres, Ecoute voir, A nous deux, Courage fuyons, le Dernier Métro, le Choix des armes, Hôtel des Amériques, le Choc, l'Africain, les Prédateurs, le Bon Plaisir, Fort Saganne, Paroles et musique, le Lieu du crime, Agent trouble, Fréquence meurtre, la Reine blanche, Indochine, Ma saison préférée, la Partie d'échecs, les Voleurs, Généalogies d'un crime, Place Vendôme, Belle-Maman, Pola X, le Temps retrouvé, Est-Ouest (1999), Dancer in The Dark (2000).

Depardieu (Gérard, 27-12-1948) : l'Affaire Dominici, Deux Hommes dans la ville, les Valseuses, Stavisky, Vincent, François, Paul et les autres, 1900, Sept Morts sur ordonnance, Barocco, Dites-lui que je l'aime, Rêve de singe, le Sucre, les Chiens, Buffet froid, Mon oncle d'Amérique, Loulou, le Dernier Métro, le Choix des armes, la Chèvre, le Retour de Martin Guerre, Danton, la Lune dans le caniveau, les Compères, Fort Saganne, Police, Jean de Florette, Tenue de soirée, les Fugitifs, Sous le soleil de Satan, Camille Claudel, Deux, Trop belle pour toi, Cyrano de Bergerac, Green Card, Merci la vie, Mon père ce héros (1991), 1492 Christophe Colomb, Germinal (1993), le Colonel Chabert, la Machine (1994), Élisa, les Anges gardiens, le Plus Beau Métier du monde (1996), XXL (1997), Astérix et Obélix contre César, Un pont entre deux rives (1999), Vatel, les Acteurs (2000), le Placard, Astérix et Obélix, Mission Cléopâtre, les 102 Dalmatiens (2001).

Dewaere [(Patrick) P. Maurin, 26-1-1947/16-9-1982, suicidé] : les Mariés de l'an II, les Valseuses, Lily aime-moi, Adieu poulet, la Meilleure Façon de marcher, F comme Fairbanks, le Juge Fayard dit le Shérif, Préparez vos mouchoirs, la Clé sur la porte, Série noire, Coup de tête, Un mauvais fils, Plein Sud, Beau-Père, Hôtel des Amériques, Mille Milliards de dollars, Paradis pour tous.

Dussollier (André, 17-2-1946) : Une belle fille comme moi, Toute une vie, Alice ou la Dernière Fugue, Perceval le Gallois, le Beau Mariage, La vie est un roman, Trois Hommes et un couffin, Mélo, Fréquence meurtre, Un cœur en hiver, les Marmottes, le Colonel Chabert, Quadrille, On connaît la chanson, les Enfants du marais, Aïe, les Acteurs, Vidocq, Un crime au Paradis.

Fabian [(Françoise) Michèle Cortes de Leóne y Fabianera, 10-7-1933] : les Fanatiques, Belle de jour, le Voleur, Ma nuit chez Maud, Un condé, Raphaël ou le Débauché, la Bonne Année, Projection privée, les Fougères bleues, Par les escaliers anciens, Madame Claude, Benvenuta, Partir, revenir, Faubourg Saint-Martin, Trois Places pour le 26, l'Ami retrouvé, Plaisir d'amour, la Bûche.

■ **Jeunes premiers et jeunes premières. Années 1930 :** Jean-Pierre Aumont, Paul Bernard, Pierre Blanchar, Claude Dauphin, Roger Duchesne, Pierre Fresnay, Henri Garat, Fernand Gravey, Georges Grey, Bernard Lancret, Jean Murat, Albert Préjean, Pierre Richard-Willm, Raymond Rouleau, Jean Servais, Annabella, Sylvia Bataille, Jeanine Crispin, Danielle Darrieux, Orane Demazis, Jacqueline François, Lisette Lanvin, Meg Lemonnier, Corinne Luchaire, Michèle Morgan, Madeleine Ozeray, Danièle Parola, Monique Rolland, Simone Simon, Annie Vernay. **Années 1940 :** Michel Auclair, Jacques Berthier, Jean Chevrier, Alain Cuny, Jacques Dacqmine, René Dary, Jean Desailly, Gilbert Gil, Louis Jourdan, André Le Gall, Jean Marais, Georges Marchal, Jean Paqui, François Périer, Gérard Philipe, Roger Pigaut, Serge Reggiani, Henri Vidal, Frank Villard, Michèle Alfa, Blanchette Brunoy, Louise Carletti, Suzy Carrier, Irène Corday, Jeanine Darcey, Josette Day, Marie Déa, Renée Faure, Jacqueline Gautier, Claude Génia, Odette Joyeux, Gisèle Pascal, Micheline Presle, Dany Robin, Madeleine Sologne, Gaby Sylvia, Lise Topart, Simone Valère. **Années 1950,** les emplois ne sont plus des spécialités cataloguées. (Exceptions : Brigitte Bardot, Jacques Charrier, Alain Delon, Daniel Gélin, Jean-Claude Pascal, Maurice Ronet, Marina Vlady à leurs débuts.)

Fernandel (Fernand Contandin, 1903-71) : Angèle (1934), Regain, François Ier, la Fille du puisatier, l'Auberge rouge, le Petit Monde de don Camillo, Ali Baba et les 40 voleurs, Don Juan, la Vache et le Prisonnier, Crésus, l'Age ingrat, la Bourse et la Vie, Heureux qui comme Ulysse... (1970).

Feuillère [(Edwige) Caroline Cunati, 29-10-1907/13-11-1998] : Lucrèce Borgia, De Mayerling à Sarajevo, Sans lendemain, Mam'zelle Bonaparte, la Duchesse de Langeais, l'Honorable Catherine, l'Aigle à deux têtes, le Blé en herbe, En cas de malheur, la Chair de l'orchidée.

Fossey (Brigitte, 15-6-1946) : Jeux interdits (1951), le Grand Meaulnes, Raphaël ou le Débauché, les Valseuses, le Bon et le Méchant (1976), L'homme qui aimait les femmes (1977), la Boum, la Boum 2, le Jeune Marié, Un vampire au paradis, les Enfants du naufrageur.

Fresnay [(Pierre) Laudenbach, 1897-1975] : Marius, Fanny, César, la Grande Illusion, les Trois Valses, L'assassin habite au 21, la Main du diable, le Corbeau, Monsieur Vincent, Dieu a besoin des hommes, le Défroqué, les Évadés, les Aristocrates, les Fanatiques.

Funès [(Louis de) de Galarza de F., 1914-83] : les Hussards, Courte-Tête, la Traversée de Paris, la Belle Américaine, le Gendarme de St-Tropez, le Corniaud, la Grande Vadrouille, les Grandes Vacances, Oscar, Hibernatus, la Folie des grandeurs, les Aventures de Rabbi Jacob, l'Aile ou la cuisse, la Zizanie, l'Avare (+ réalisation), la Soupe aux choux.

Gabin [(Jean) J. Moncorgé, 1904-76] : la Bandera, les Bas-Fonds, Pépé le Moko, la Grande Illusion, Gueule d'amour, Quai des Brumes, la Bête humaine, Le jour se lève, Remorques, la Marie du port, La nuit est mon royaume, Touchez pas au grisbi, French Cancan, la Traversée de Paris, les Misérables, le Tonnerre de Dieu, le Clan des Siciliens, le Chat, l'Affaire Dominici, Deux Hommes dans la ville, l'Année sainte.

Galabru (Michel, 27-10-1922) : l'Eau à la bouche, Tartarin de Tarascon, les Pieds Nickelés, le Gendarme de Saint-Tropez, le Petit Baigneur, le Viager, Section spéciale, le Juge et l'Assassin, la Cage aux folles, les Fourberies de Scapin, Y a-t-il un Français dans la salle ?, l'Été meurtrier, Papy fait de la Résistance, Subway, Soigne ta droite, Uranus, Hors jeu, Astérix et Obélix contre César.

Garcia (Nicole, 22-4-1946) : Que la fête commence (1975), la Question, le Cavaleur, Mon oncle d'Amérique, Beau-Père, l'Honneur d'un capitaine, Péril en la demeure, 4e Pouvoir, Ça n'arrive jamais, l'État de grâce, la Lumière du lac, Un week-end sur deux (réalisation seulement), Outre-Mer (1990), Aux petits bonheurs, le Fils préféré (réal. seulement, 1994), Place Vendôme (réal. seulement).

Gélin (Daniel, 19-5-1921) : Rendez-Vous de juillet, la Ronde, Édouard et Caroline, les Dents longues, Rue de l'Estrapade, Napoléon, Mort en fraude, la Proie pour l'ombre, le Souffle au cœur, Guy de Maupassant, les Enfants, La vie est un long fleuve tranquille, les Marmottes, Fugueuses, Fantôme avec chauffeur, Hommes, femmes : mode d'emploi (1996).

Girardot (Annie, 25-10-1931) : le Désert de Pigalle, Rocco et ses frères, la Proie pour l'ombre, les Camarades, Vivre pour vivre, Érotissimo, Mourir d'aimer, la Vieille Fille, Traitement de choc, la Gifle, le Gitan, Dr Françoise Gailland, D'amour et d'eau fraîche, Tendre Poulet, la Zizanie, la Clé sur la porte, le Cavaleur, Fais-moi rêver, Une robe noire pour un tueur, la Revanche, Partir, revenir, Prisonnières, Cinq Jours en juin, Comédie d'amour, Merci la vie, les Misérables, T'aime (2000).

Giraudeau (Bernard, 18-6-1947) : Deux Hommes dans la ville, le Toubib, la Boum, Passion d'amour, Croque la vie, Rue barbare, les Spécialistes, Bras de fer, les Longs Manteaux, l'Homme voilé, Vent de panique, l'Autre (réal. seulement), Après l'amour, le Fils préféré, les Caprices d'un fleuve (+ réal.), Ridicule, Une affaire de goût, Gouttes d'eau sur pierres brûlantes.

Guitry (Sacha) : voir **Réalisateurs,** p. 366 c.

Hanin [(Roger) R. Lévy, 20-10-1925] : le Sucre, le Coup de sirocco, le Grand Pardon, le Grand Carnaval, l'Étincelle, le Dernier Été à Tanger, la Rumba, l'Orchestre rouge, Soleil.

Huppert (Isabelle, 16-3-1953) : Aloïse, Rosebud, la Dentellière, Les Indiens sont encore loin, Violette Nozière, les Sœurs Brontë, Sauve qui peut (la vie), Loulou, la Porte du paradis, la Dame aux camélias, les Ailes de la colombe, Coup de torchon, Eaux profondes, Passion, la Truite, Coup de foudre, Histoire de Piera, la Garce, Signé Charlotte, Sac de nœuds, Faux Témoin, Une affaire de femmes, la Vengeance d'une femme, Madame Bovary, Après l'amour, Amateur, la Séparation, la Cérémonie, les Affinités électives, les Palmes de M. Schutz, Rien ne va plus, l'École de la chair, la Vie moderne, la Fausse Suivante, Saint-Cyr, Merci pour le chocolat.

Jobert (Marlène, 4-11-1943) : Masculin-Féminin, Alexandre le bienheureux, l'Astragale, le Passager de la pluie, Dernier Domicile connu, les Mariés de l'an II, la Décade prodigieuse, Nous ne vieillirons pas ensemble, le Bon et les Méchants, Julie pot-de-colle, l'Imprécateur, Va voir maman..., la Guerre des polices, Une sale affaire, l'Amour nu, Effraction, les Cavaliers de l'orage, Souvenirs souvenirs, Les cigognes n'en font qu'à leur tête.

Jouvet (Louis, 24-12-1887/14-8-1951) : la Kermesse héroïque, les Bas-Fonds, Drôle de drame, la Marseillaise, Hôtel du Nord, Volpone, Un revenant, Copie conforme, Quai des Orfèvres, Miquette et sa mère, Lady Paname, Knock, Une histoire d'amour.

Joyeux (Odette, 5-12-1914/26-8-2000) : Lac aux dames (1934), Entrée des artistes, Altitude 3 200, le Mariage de Chiffon (1941), le Lit à colonnes, le Baron fantôme, Lettres d'amour, Douce, les Petites du quai aux fleurs, Sylvie et le Fantôme, Pour une nuit d'amour, Orage d'été, la Ronde, Si Paris nous était conté.

Jugnot (Gérard, 4-5-1951) : les Valseuses, les Bronzés, Les bronzés font du ski, Le Père Noël est une ordure, Papy fait de la Résistance, Une époque formidable (+ réalisation), le Voyage à Rome, Casque bleu (+ réal.), Fantôme avec chauffeur, Fallait pas (+ réal.), Marthe, Trafic d'influence, Meilleur Espoir féminin (+ réal.), Oui, mais...

Karina [(Anna) Ann Karin Bayer ; Danemark, 22-9-1940] : Une femme est une femme, Vivre sa vie, Alphaville, Pierrot le Fou, la Religieuse, Made in USA, l'Étranger, Lamiel, Justine, l'Alliance, Rendez-Vous à Bray, Vivre ensemble, les Œufs brouillés, Pain et Chocolat, Roulette chinoise, Cayenne Palace.

Lambert (Christophe, 29-3-1957) : Asphalte, Légitime Violence, Greystoke la légende de Tarzan, Subway, Highlander, I Love You, le Sicilien, Un plan d'enfer, Highlander le retour, Face à face, Highlander III (1995), Mortal Kombat (1996), Arlette (1997), Beowulf (1998), Resurrection (2000), Vercingétorix (2001).

Lanvin (Gérard, 21-6-1950) : Extérieur nuit (1980), le Choix des armes, Tir groupé, Marche à l'ombre, les Spécialistes, Moi vouloir toi, Saxo, Mes meilleurs copains, Il y a des jours... et des lunes, la Belle Histoire, le Fils préféré, Mon homme, En plein cœur, le Goût des autres, Passionnément, les Morsures de l'aube.

Léaud (Jean-Pierre, 5-5-1944) : a joué Antoine Doinel dans la série : les 400 Coups, l'Amour à 20 ans, Baisers volés, Domicile conjugal, l'Amour en fuite, de Truffaut.

Leclerc [(Ginette) Geneviève Menut, 1912-92] : Prison sans barreaux, la Femme du boulanger, Fièvres, le Val d'enfer, le Corbeau, le Plaisir.

Léotard (Philippe, 28-8-1940) : Max et les ferrailleurs, Une belle fille comme moi, la Traque, l'Ombre des châteaux, la Balance, le Choc, Tchao Pantin, Rouge-Gorge, le Paltoquet, Adieu blaireau, l'Aube, la Couleur du vent, les Misérables (1995), Élisa (1995).

Le Vigan [(Robert) R. Coquillaud, 1900-condamné pour collaboration (1946), exilé, † en Argentine 1972] : les Cinq Gentlemen maudits, Madame Bovary, la Bandera, Golgotha, les Bas-Fonds, l'Homme de nulle part, Quai des Brumes, les Disparus de St-Agil, le Dernier Tournant, Paradis perdu, l'Assassinat du père Noël, le Mariage de Chiffon, Goupi Mains-Rouges (1942).

Lhermitte (Thierry, 24-11-1952) : les Bronzés, Les bronzés font du ski, Les hommes préfèrent les grosses, Le Père Noël est une ordure (1982), la Femme de mon pote, Papy fait de la résistance, les Ripoux, les Rois du gag, le Mariage du siècle, Ripoux contre ripoux, la Totale, la Vengeance d'une blonde, Un Indien dans la ville, Fallait pas !, Marquise, Trafic d'influence, le Plus Beau Pays du monde, Deuxième Vie, le Prince du Pacifique, le Placard, le Roman de Lulu.

Lindon (Vincent, 15-7-1959) : le Faucon, Notre histoire, 37o 2 le matin, Quelques jours avec moi, La Baule-les-Pins, la Belle Histoire (1991), la Crise, Tout ça... pour ça !, la Belle Verte, Fred, Paparazzi, l'École de la chair, Belle-Maman, Ma petite entreprise, Mercredi.

Luchini (Fabrice, 1951) : le Genou de Claire (1972), Perceval le Gallois, les Nuits de la pleine lune, les Aventures de Reinette et Mirabelle, la Discrète, Uranus, le Retour de Casanova, Tout ça... pour ça !, le Colonel Chabert, l'Année Juliette, Beaumarchais l'insolent, le Bossu, Rien sur Robert, Pas de scandale, Barnie et ses petites contrariétés.

Malavoy (Christophe, 21-3-1952) : Dossier 51, le Voyage en douce, Family Rock, la Balance, Souvenirs souvenirs, Péril en la demeure, Bras de fer, la Femme de ma vie, le Cri du hibou, De guerre lasse, Jean Galmot, Madame Bovary, Des feux mal éteints.

Marais [(Jean) J.-Alfred Villain-Marais, 11-12-1913/8-11-1998] : l'Éternel Retour (1943), la Belle et la Bête, l'Aigle à deux têtes, les Parents terribles, Orphée, Nez de Cuir, le Comte de Monte-Cristo, Éléna et les hommes, le Bossu, la Princesse de Clèves, les Mystères de Paris, Fantômas (série), Peau d'âne, Parking, le Lien de parenté (1985).

Marceau [(Sophie) S. Maupu, 17-11-1966] : la Boum, la Boum 2, Fort Saganne, Joyeuses Pâques, l'Amour braque, Police, Descente aux Enfers, Chouans !, l'Étudiante, Mes nuits sont plus belles que vos jours, Pacific Palisades, Pour Sacha, la Note bleue, Fanfan, la Fille de d'Artagnan, Brave Heart, Par-delà les nuages, Anna Karénine, Marquise, Firelight, Le monde ne suffit pas, la Fidélité, Belphégor, le fantôme du Louvre.

Marielle (Jean-Pierre, 12-4-1932) : le Diable par la queue, Sans mobile apparent, la Valise, Charlie et ses deux nénettes, Dupont-Lajoie, Coup de torchon, Les mois d'avril sont meurtriers, Quelques jours avec moi, Uranus, Tous les matins du monde, les Milles, les Grands Ducs, les Acteurs (2000).

Miou-Miou (Sylvette Hery, 22-2-1950) : les Valseuses, Pas de problèmes, Lily aime-moi, F comme Fairbanks, On aura tout vu, Jonas, Dites-lui que je l'aime, les Routes du Sud, la Dérobade, la Femme flic, la Gueule du loup, Guy de Maupassant, Josepha, Coup de foudre, Canicule, le Vol du sphinx, Blanche et Marie, Tenue de soirée, la Lectrice, Milou en mai, Netchaiev est de retour, la Totale, le Bal des casse-pieds, Germinal, Montparnasse-Pondichéry, le Huitième Jour, Nettoyage à sec, Hors jeu, Tout va bien on s'en va.

Montand [(Yves) Ivo Livi ; Monsummano, Italie, 13-10-1921/9-11-1991] : les Portes de la nuit (1946), le Salaire de la peur, Marguerite de la nuit, les Sorcières de Salem, le Milliardaire, Z, l'Aveu, le Cercle rouge, la Folie des grandeurs, Tout va bien, César et Rosalie, État de siège, le Fils, Vincent, François, Paul et les autres, le Sauvage, Police Python 357, le Grand Escogriffe, la Menace, les Routes du Sud, Clair de femme, I comme Icare, le Choix des armes, Tout feu, tout flamme, Garçon, Jean de Florette, Manon des Sources, Trois Places pour le 26, Netchaiev est de retour (1991), IP 5.

Montero (Germaine Heygel, 22-10-1909/29-6-2000) : Mélodie en sous-sol, M. Ripois, Treize à table, le Masque de fer, Robert et Robert.

Moreau (Jeanne, 23-1-1928) : Touchez pas au grisbi, la Reine Margot, Julietta, Ascenseur pour l'échafaud, le Dos au mur, les Amants, les Liaisons dangereuses, le Dialogue des carmélites, la Nuit, Jules et Jim, Éva, le Procès, la Baie des Anges, Peau de banane, Mata Hari, Viva Maria, La mariée était en noir, Lumière (+ réalisation), Monsieur Klein, le Dernier Nabab, l'Adolescente (réalisation), la Truite, Querelle, Sauve-toi Lola, le Miraculé, la Femme fardée, La vieille qui marchait dans la mer, A demain, la Propriétaire, Un amour de sorcière, A tout jamais : une histoire de Cendrillon, Lisa.

Morgan [(Michèle) Simone Roussel, 29-2-1920] : Quai des Brumes, Remorques, la Symphonie pastorale, Fabiola, les Orgueilleux, les Grandes Manœuvres, Marie-Antoinette, Fortunat, Landru, les Centurions, Benjamin, le Chat et la Souris, Robert et Robert, Ils vont tous bien.

Morlay [(Gaby) Blanche Fumoleau, 1893-1964] : *les Épaves de l'amour, l'Agonie des aigles, les Nouveaux Messieurs* (1928), Accusée levez-vous, le Bonheur, Ariane jeune fille russe, le Roi, Quadrille, Entente cordiale, Derrière la façade, le Destin fabuleux de Désirée Clary, le Voile bleu, Un revenant, Gigi, le Plaisir, Mitsou, Fortunat.

Mosjoukine (Ivan, 1889-1939) : *la Vie pour le tsar, la Puissance des ténèbres, Résurrection, la Dame de pique, le Père Serge, l'Enfant du carnaval, le Brasier ardent, Kean, le Lion des Mogols, Feu Mathias Pascal, Michel Strogoff, Casanova,* Sergent X, les Amours de Casanova, Nitchevo.

Musidora (Jeanne Roques, dite ; 1889-1957) : *Severo Torelli, les Vampires, Judex, la Vagabonde, Vicenta* (+ réal.), *Pour don Carlos* (+ réal., 1920), *Soleil et Ombre* (+ réal., 1922).

Noël-Noël (Lucien Noël, 1897-1989) : Adémaï aviateur, Adémaï bandit d'honneur, la Cage aux rossignols, le Père tranquille, les Casse-Pieds, le Fil à la patte, Messieurs les ronds-de-cuir, les Vieux de la vieille.

Noiret (Philippe, 1-10-1930) : la Pointe courte, Zazie dans le métro, Thérèse Desqueyroux, la Vie de château, la Vieille Fille, l'Attentat, l'Horloger de St-Paul, le Vieux Fusil, le Juge et l'Assassin, le Désert des Tartares, Un taxi mauve, Tendre Poulet, Coup de torchon, l'Africain, le Grand Carnaval, Fort Saganne, les Ripoux, le Quatrième Pouvoir, Twist again à Moscou, Masques, Noyade interdite, Chouans !, la Vie et rien d'autre, Cinéma Paradiso, J'embrasse pas, Max et Jérémie, le Roi de Paris, la Fille de d'Artagnan, les Grands Ducs, Fantôme avec chauffeur, le Facteur, les Palmes de M. Schutz, le Pique-Nique de Lulu Kreutz.

Périer [(François) F. Pilu, 10-11-1919] : Lettres d'amour, Sylvie et le Fantôme, la Vie en rose, Le silence est d'or, Cadet-Rousselle, Gervaise, les Nuits de Cabiria, Bobosse, l'Amant de cinq jours, Orphée, le Testament d'Orphée, le Samouraï, le Cercle rouge, l'Attentat, Dr Françoise Gailland, Police Python 357, le Battant, Lacenaire, le Voyage à Rome.

Philipe (Gérard, 4-12-1922/25-11-1959) : l'Idiot (1946), le Diable au corps (1946), Une si jolie petite plage, la Beauté du Diable, la Chartreuse de Parme, Fanfan la Tulipe, Belles de nuit, les Orgueilleux, Monsieur Ripois, le Rouge et le Noir, les Grandes Manœuvres, Montparnasse 19, les Liaisons dangereuses.

Piccoli (Michel, 27-12-1925) : le Doulos, le Mépris, la Curée, les Demoiselles de Rochefort, Belle de jour, Benjamin, l'Étau, les Choses de la vie, Max et les ferrailleurs, la Poudre d'escampette, l'Attentat, les Noces rouges, la Grande Bouffe, le Trio infernal, Vincent, François, Paul et les autres, Sept Morts sur ordonnance, Mado, l'Imprécateur, l'État sauvage, le Sucre, Une étrange affaire, Espion lève-toi, la Passante du Sans-Souci, Passion, le Prix du danger, Viva la vie !, Péril en la demeure, Adieu Bonaparte, le Succès à tout prix, Partir, revenir, la Puritaine, l'Homme voilé, Maladie d'amour, Milou en mai, la Belle Noiseuse, Beaumarchais l'insolent, Généalogie d'un crime, Rien sur Robert, Alors voilà (réal. seulement), Tout va bien on s'en va.

Presle [(Micheline) M. Chassagne, 22-8-1922] : Paradis perdu, la Nuit fantastique, Falbalas, le Diable au corps, Guérillas, l'Amour d'une femme, Une fille pour l'été, les Grandes Personnes, l'Amant de cinq jours, le Roi de cœur, la Religieuse, le Bal du comte d'Orgel, Peau d'âne, En haut des marches, le Chien, I Want to Go Home, Après, après-demain, le Jour des Rois, les Misérables, Fallait pas, Grève party, Vénus Beauté (Institut).

Prévost (Daniel, 20-10-1939) : Erotissimo, Laisse aller c'est une valse, Tout le monde il est beau, tout le monde il est gentil, Moi y'en a vouloir des sous, les Chinois à Paris, La situation est grave mais pas désespérée, Je te tiens, tu me tiens par la barbichette, Liberté, égalité, choucroute, Uranus, Ville à vendre, le Colonel Chabert, le Plus Beau Métier du monde, Un grand cri d'amour, le Dîner de cons, Astérix et Obélix contre César, les Insaisissables.

Raimu (Jules Muraire, dit ; 17-12-1883/20-9-1946) : Marius (1931), Fanny, César, Gribouille, Carnet de bal, la Femme du boulanger, la Fille du puisatier, les Inconnus dans la maison, le Colonel Chabert, l'Homme au chapeau rond.

Reggiani [(Serge) Emilio Reggio Nell ; Italie, 2-5-1922] : Carrefour des enfants perdus (1943), les Portes de la nuit, Manon, les Amants de Vérone (1948), la Ronde, Casque d'or, les Misérables, le Doulos, les Aventuriers, Vincent, François, Paul et les autres, le Chat et la Souris, Une fille cousue de fil blanc, la Terrasse, Plein Fer.

Reno (Jean, 30-7-1948) : le Dernier Combat (1983), Notre histoire, Subway (1985), I Love You, le Grand Bleu, Nikita (1990), les Visiteurs, les Truffes, Mission Impossible, le Jaguar, Pour l'amour de Roseanna, les Couloirs du temps : les visiteurs II, Godzilla, les Rivières pourpres, les Visiteurs en Amérique.

Rich (Claude, 8-2-1929) : les Grandes Manœuvres, Ni vu, ni connu, Ce soir ou jamais, le Caporal épinglé, les Tontons flingueurs, les Copains, Paris brûle-t-il ?, les Compagnons de la Marguerite, La mariée était en noir, Je t'aime, je t'aime, Stavisky, le Crabe-Tambour, la Guerre des polices, Escalier C, le Souper, le Colonel Chabert, Capitaine Conan, Lautrec, le Derrière, la Bûche, les Acteurs (2000).

Richard [(Pierre) P. Defays, 16-8-1934] : le Distrait (+ réal.), les Malheurs d'Alfred (+ réal.), le Grand Blond avec une chaussure noire, Je sais rien mais je dirai tout (+ réal.), La moutarde me monte au nez, le Retour du grand blond, la Course à l'échalote, Je suis timide mais je me soigne (+ réal.), la Carapate, C'est pas moi, c'est lui (+ réal.), le Coup du parapluie, la Chèvre, les Compères, le Jumeau, les Fugitifs, Mangeclous, On peut toujours rêver (+ réal.), Vieille Canaille, la Cavale des fous, les Mille et Une Recettes du cuisinier amoureux, Droit dans le mur.

Riva (Emmanuelle, 24-2-1927) : Hiroshima mon amour (1958), Léon Morin, prêtre, Climats, Thérèse Desqueyroux, Thomas l'imposteur, les Risques du métier, les Portes de feu, le Diable au cœur, les Yeux la bouche, Funny Boy, Loin du Brésil, Trois Couleurs : Bleu, l'Ombre du doute.

Robinson [(Madeleine) M. Svoboda, 5-11-1917] : le Mioche, Lumière d'été, Douce, Sortilèges, les Chouans, Une si jolie petite plage, Dieu a besoin des hommes, le Garçon sauvage, l'Affaire Mauritzius, les Louves, la Bonne Tisane, le Procès, le Petit Matin, Une histoire simple, Corps à cœur, J'ai épousé une ombre, Camille Claudel, l'Ours en peluche (1994).

Rochefort (Jean, 29-4-1930) : Cartouche, l'Héritier, Salut l'artiste, Que la fête commence, l'Horloger de Saint-Paul, Calmos, Nous irons tous au paradis, le Crabe-Tambour, le Cavaleur, Courage fuyons, Chère Inconnue, Il faut tuer Birgitt Haas, l'Ami de Vincent, Frankenstein 90, David, Thomas et les autres, le Moustachu, Tandem, le Mari de la coiffeuse, le Bal des casse-pieds, Tombés du ciel, les Grands Ducs, Ridicule, Rembrandt, le Placard.

Romance [(Viviane) Pauline Ortmans, 1912-91] : la Bandera, la Belle Équipe, l'Étrange M. Victor, la Maison du Maltais, Prisons de femmes, le Puritain, Vénus aveugle, Carmen, l'Affaire du collier de la Reine, Panique, Mélodie en sous-sol, Nada.

Ronet [(Maurice) M. Robinet, 1927-83] : Rendez-Vous de juillet, Ascenseur pour l'échafaud, Plein Soleil, le Feu follet, la Longue Marche, la Ligne de démarcation, le Scandale, la Piscine, Raphaël ou le Débauché, les Galets d'Étretat, Don Juan, Nuit d'or, Bartleby (réalisation), Beau-Père (1981).

Rosay [(Françoise) F. Bandy de Nalèche, Mme Jacques Feyder, 1891-1974] : *Crainquebille* (1922), *les Deux Timides, Madame Récamier,* le Procès de Mary Dugan, le Rosier de Mme Husson, le Grand Jeu, Pension Mimosas, la Kermesse héroïque, Jenny, Drôle de drame, Un carnet de bal, la Symphonie des brigands, Macadam, l'Auberge rouge, la Reine Margot, le Joueur (1958).

Sanda [(Dominique) D. Varaigne, 11-3-1951] : Une femme douce, le Conformiste, le Jardin des Finzi-Contini, Violence et Passion, l'Héritage, 1900, les Ailes de la colombe, Une chambre en ville, Poussière d'empire, le Matelot 512, les Mendiants, le Voyage.

Serrault (Michel, 23-1-1928) : les Diaboliques, Assassins et voleurs, le Roi de cœur, le Viager, la Cage aux folles, l'Argent des autres, Buffet froid, Malevil, Garde à vue, les Fantômes du chapelier, Mortelle Randonnée, le Bon Plaisir, A mort l'arbitre, les Rois du gag, On ne meurt que deux fois, le Miraculé, Ennemis intimes, En toute innocence, Ne réveillez pas un flic qui dort, Comédie d'amour, Docteur Petiot, La vieille qui marchait dans la mer, Ville à vendre, Vieille Canaille, Bonsoir, Nelly et M. Arnaud, Le bonheur est dans le pré, Beaumarchais l'insolent, Assassin(s), le Comédien, Rien ne va plus, les Enfants du marais, le Monde de Marty, le Libertin, Belphégor, le fantôme du Louvre (2001).

Signoret [(Simone) S. Kaminker ; Allemagne, 21-3-1921/29-9-1985] : Dédée d'Anvers (1947), Manèges, Casque d'or, Thérèse Raquin, les Diaboliques, la Mort en ce jardin, les Sorcières de Salem, les Chemins de la haute ville, le Diable à trois, l'Aveu, le Chat, la Veuve Couderc, la Chair de l'orchidée, Police Python 357, la Vie devant soi, l'Adolescente, Chère Inconnue, l'Étoile du Nord, Guy de Maupassant (1981).

Simon [(Michel) François Simon ; Suisse, 1895-1975] : *Casanova* (1927), *Tire-au-flanc* (1928), Jean de la Lune, la Chienne, Boudu sauvé des eaux, l'Atalante, Drôle de drame, le Quai des Brumes, Panique, la Beauté du Diable, la Poison, Les trois font la paire, le Vieil Homme et l'Enfant, Blanche, la Plus Belle Soirée de ma vie, le Boucher, la Star et l'Orpheline, l'Ibis rouge.

Simon (Simone, 23-4-1911) : Mam'zelle Nitouche, Prenez garde à la peinture, Lac aux dames, les Beaux Jours, Dortoir de jeunes filles (USA), la Bête humaine, Cavalcade d'amour, Tous les biens de la Terre, la Féline (USA), Mademoiselle Fifi (USA), Petrus, la Ronde, Olivia, le Plaisir, la Femme en bleu.

Trintignant (Jean-Louis, 11-12-1930) : Et Dieu créa la femme (1956), les Liaisons dangereuses, Il Sorpasso, Un homme et une femme, Z, Ma nuit chez Maud, le Voyou, le Conformiste, Sans mobile apparent, l'Attentat, le Mouton enragé, l'Agression, Flic Story, le Désert des Tartares, les Passagers, Repérages, l'Argent des autres, le Maître nageur (+ réalisation), la Banquière, Malevil, Passion d'amour, Vivement dimanche !, la Crime, le Bon Plaisir, Viva la vie !, Under Fire, Partir, revenir, la Femme de ma vie, Bunker Palace Hôtel, Merci la vie, l'Instinct de l'ange, Regarde les hommes tomber, Trois Couleurs : Rouge, Fiesta, Un héros très discret (1996), Ceux qui m'aiment prendront le train (1998).

Vanel (Charles, 1892-1989) : *Jim Crow* (1912), *l'Atre, Pêcheur d'Islande,* les Croix de bois, les Misérables, le Grand Jeu, la Belle Equipe, Jenny, Courrier Sud, SOS Sahara, Bar du Sud, la Loi du Nord, Le ciel est à vous, le Salaire de la peur, la Mort en ce jardin, l'Aîné des Ferchaux, Sept Morts sur ordonnance, Cadavres exquis, le Chemin perdu, Trois Frères, les Saisons du plaisir.

Ventura [(Lino) L. Borrini, 1919-87] : Touchez pas au grisbi (1953), le Chemin des écoliers, Classe tous risques, les Tontons flingueurs, les Barbouzes, le Rapace, l'Armée des ombres, Fantasia chez les ploucs, Cosa Nostra, le Silencieux, la Bonne Année, la Gifle, la Cage, Adieu poulet, Cadavres exquis, l'Homme en colère, Garde à vue, les Misérables, le Ruffian, la 7e Cible, Cent Jours à Palerme.

Villeret (Jacques, 6-2-1951) : Toute une vie, le Bon et les Méchants, Robert et Robert, A nous deux, les Uns et les autres, la Soupe aux choux, Papy fait de la résistance, Garçon !, les Frères pétard, Black Micmac, l'Été en pente douce, le Bal des casse-pieds, le Dîner de cons, les Enfants du marais, Un crime au Paradis.

Vlady [(Marina) M. Poliakoff-Boïdarov, 10-5-1938] : Avant le déluge, Les salauds vont en enfer, Crime et Châtiment, Adorable Menteuse, Sept Morts sur ordonnance, le Malade imaginaire, Twist again à Moscou.

Wilson (Lambert, 5-8-1958) : Cinq Jours ce printemps-là, la Femme publique, Rendez-Vous, Bleu comme l'enfer, le Ventre de l'architecte, les Possédés, Chouans !, la Vouivre, Hiver 54, l'abbé Pierre, l'Instinct de l'ange, Marquise, On connaît la chanson.

Yanne [(Jean) J. Gouyé, 18-7-1933] : Érotissimo, Week-End, le Boucher, Que la bête meure, Nous ne vieillirons pas ensemble, l'Imprécateur, Armaguedon, la Raison d'État, Cayenne Palace, Fucking Fernand, Madame Bovary. [*Acteur et réalisateur de :* Tout le monde il est beau, tout le monde il est gentil, Moi y'en a vouloir des sous, les Chinois à Paris, Chobizenesse, Deux Heures moins le quart avant Jésus-Christ, Liberté, égalité, choucroute.] Indochine, Fausto, Profil bas, Chacun pour toi, le Hussard sur le toit, Beaumarchais, l'insolent, Enfants de salaud, Fallait pas, Tenue correcte exigée, Hygiène de l'assassin, Balade en ville, Je règle mon pas sur le pas de mon père.

GRANDE-BRETAGNE

Birkin (Jane, 14-12-1946) : Blow Up, la Piscine, le Mouton enragé, La moutarde me monte au nez, Sept Morts sur ordonnance, Je t'aime moi non plus, Mort sur le Nil, la Fille prodigue, Nestor Burma, l'Amour par terre, la Pirate, le Neveu de Beethoven, Dust, la Femme de ma vie, Comédie !, Jane B. par Agnès V., Kung-Fu Master, Daddy Nostalgie, la Belle Noiseuse, Noir comme le souvenir, On connaît la chanson.

Bisset [(Jacqueline) Frazer, 13-9-1944] : Cul-de-Sac, le Détective, Bullitt, Airport, Juge et Hors-la-loi, la Nuit américaine, le Magnifique, le Crime de l'Orient-Express, les Grands Fonds, l'Empire du Grec, Riches et Célèbres, Au-dessous du volcan, la Maison de jade, les Marmottes, la Cérémonie.

Bogarde [(Dirk) Derek Van Den Bogaerde, 28-3-1921/8-5-1999] : le Bal des adieux, The Servant, Pour l'exemple, Accident, Justine, les Damnés, Mort à Venise, le Serpent, Providence, Despair, Daddy Nostalgie.

Burton [(Richard) Jenkins, 1925-84] : Ma cousine Rachel, Amère Victoire, Cléopâtre, la Nuit de l'iguane, Beckett, L'espion qui venait du froid, la Mégère apprivoisée, Boom, l'Assassinat de Trotski, Barbe-Bleue, le Voyage, l'Homme du clan, l'Hérétique, Equus, les Oies sauvages (1984).

Chaplin (Charlie) : voir p. 367 b.

Christie (Julie, 14-4-1940) : Darling, Docteur Jivago, Fahrenheit 451, Loin de la foule déchaînée, Petulia, le Messager, Mc Cabe and Mrs Miller, Ne vous retournez pas, Le ciel peut attendre, le Retour du soldat, Cœur de dragon, Hamlet.

Connery [(Sean) Thomas, 25-8-1930] : le Jour le plus long, James Bond contre Dr No, Bons Baisers de Russie, Goldfinger, Les diamants sont éternels, Zardoz, le Crime de l'Orient-Express, Outland, Jamais plus jamais, Highlander, le Nom de la rose, les Incorruptibles, Indiana Jones et la dernière croisade, Family Business, la Maison Russie, A la poursuite d'octobre rouge, Medicine Man, Soleil levant, Juste Cause, Rock (1996), Chapeau melon et bottes de cuir.

Cushing (Peter, 1913-94) : Frankenstein s'est échappé, la Revanche de Frankenstein, le Cauchemar de Dracula, l'Impasse aux violences, le Chien des Baskerville, la Malédiction des Pharaons (1959), les Maîtresses de Dracula, l'Empreinte de Frankenstein, la Gorgone, Frankenstein créa la femme, le Retour de Frankenstein, les Sévices de Dracula, Dracula 73, Frankenstein et le monstre de l'enfer, la Guerre des étoiles.

Grant (Hugh, 9-9-1960) : Maurice, Lunes de fiel, Quatre Mariages et un enterrement, L'Anglais qui escalada une colline, Raisons et Sentiments, Coup de foudre à Notting Hill, Escrocs mais pas trop.

Greenwood (Joan, 1921-87) : Noblesse oblige, Whisky à gogo, l'Homme au complet blanc, Il importe d'être constant, Monsieur Ripois, les Contrebandiers de Moonfleet, Tom Jones, Garou Garou, le Passe-Muraille, Barbarella.

Guinness (sir Alec, 2-4-1914/5-8-2000) : Noblesse oblige, De l'or en barres, l'Homme au complet blanc, Tueurs de dames, le Pont de la rivière Kwaï, Notre agent à La Havane, les Fanfares de la gloire, Lawrence d'Arabie, Docteur Jivago, Cromwell, Un cadavre au dessert, le Petit Lord Fauntleroy, Krull, la Route des Indes, Kafka (1991).

Harrison [(Rex) Reginald Carey, 1908-90] : la Citadelle, l'Honorable M. Sans-Gêne, Infidèlement vôtre, Qu'est-ce que maman comprend à l'amour ?, My Fair Lady, la Puce à l'oreille, l'Escalier.

Hitchcock (Alfred) : voir p. 364 b.

Hopkins (sir Anthony, 31-12-1937) : Hamlet, Un pont trop loin, Elephant Man, le Silence des agneaux, Dracula, les Vestiges du jour, Nixon, le Masque de Zorro, Rencontre avec Joe Black, Instinct, Titus, Hannibal.

Howard (Trevor, 1916-88) : Brève Rencontre, le Troisième Homme, le Banni des îles, la Clé, les Racines du ciel, les Révoltés du Bounty (2e version), les Turbans rouges, la Bataille d'Angleterre, Superman, Gandhi.

Kerr [(Deborah) Kerr-Trimmer, 30-9-1921] : Colonel Blimp, l'Étrange Aventurière, Tant qu'il y aura des hommes, Vivre un grand amour, Thé et Sympathie, Bonjour tristesse, les Innocents, la Nuit de l'iguane, l'Arrangement, The Anam Garden.

Laughton (Charles, 1899-1962) : l'Ile du docteur Moreau, la Vie privée d'Henri VIII, l'Extravagant Mr Ruggles, les Révoltés du Bounty, Quasimodo, le Procès Paradine, la Nuit du chasseur (réalisation seulement), Témoin à charge, Spartacus, Tempête à Washington.

Lee [(Christopher) Christopher Franck Carandini Lee, 27-5-1922] : Frankenstein s'est échappé (1957), le Cauchemar de Dracula, le Chien des Baskerville, la Malédiction des Pharaons, le Masque de Fu-Manchu, Dracula prince des Ténèbres, les Vierges de Satan, Dracula et les femmes, la Vie privée de Sherlock Holmes, Dracula 73, les Trois Mousquetaires, l'Homme au pistolet d'or, Dracula vit toujours à Londres, le Retour des mousquetaires (1988), Gremlins 2 – la Nouvelle Génération, le Voleur d'arc-en-ciel, Sleepy Hollow, la Légende du cavalier sans tête.

Leigh [(Vivien) Hartley ; Inde, 1913-67] : Autant en emporte le vent, la Valse dans l'ombre, Lady Hamilton, César et Cléopâtre, Anna Karénine, Un tramway nommé Désir, le Visage du plaisir, la Nef des fous.

Mason (James, 1909-84) : Huit Heures de sursis, Madame Bovary, Pandora, l'Affaire Cicéron, l'Homme de Berlin, Vingt Mille Lieues sous les mers, Une étoile est née, Derrière le miroir, la Mort aux trousses, Lolita, Georgy Girl, la Mouette, Mandingo, Jésus de Nazareth, la Partie de chasse.

Moore (Roger, 14-10-1927) : Ivanhoe (TV 1957), le Saint (TV 1963-68), The Persuaders (TV 1971-72), L'espion qui m'aimait (1977), Rien que pour vos yeux (1981), Octopussy (1983), Dangereusement vôtre (1985), le Grand Tournoi, Mesures d'urgences (1996).

Niven (David, 1909-83) : La lune était bleue, le Tour du monde en 80 jours, la Petite Hutte, Bonjour tristesse, Tables séparées, Une fille très avertie, les 55 Jours de Pékin, Lady L., Prudence et la pilule, Un cadavre au dessert, Mort sur le Nil, Ménage à trois.

Olivier (sir Laurence, 1907-89) : les Hauts de Hurlevent, Rebecca, Henry V, Hamlet, Richard III, le Prince et la Danseuse, Spartacus, le Cabotin, Bunny Lake a disparu, Khartoum, les Souliers de St Pierre, les Trois Sœurs, le Limier, Marathon Man, Jésus de Nazareth, I Love You, je t'aime, le Bounty.

Rampling (Charlotte, 5-2-1946) : les Damnés, Zardoz, Portier de nuit, la Chair de l'orchidée, Adieu ma jolie, Un taxi mauve, Orca, Stardust Memories, Viva la vie !, On ne meurt que deux fois, Max, mon amour, Mort à l'arrivée, Asphalt Tango, les Ailes de la colombe, la Cerisaie, Signs & Wonders, Sous le sable.

Redgrave (sir Michael, 1908-85) : Une femme disparaît, Au cœur de la nuit, Le deuil sied à Électre, l'Ombre d'un homme, Il importe d'être constant, M. Arkadin, Temps sans pitié, Un Américain bien tranquille, la Solitude du coureur de fond.

Sellers (Peter, 1925-80) : Tueurs de dames, Lolita, la Panthère rose, Docteur Folamour, Quoi de neuf Pussycat ? Un cadavre au dessert, Bienvenue Mr Chance, A la recherche de la panthère rose.

Simmons (Jean, 31-1-1929) : les Grandes Espérances, Hamlet, Un si doux visage, les Grands Espaces, Spartacus, Elmer Gantry, Ailleurs l'herbe est plus verte, Violence à Jéricho.

Thompson (Emma, 15-4-1959) : Henry V (1989), Dead Again, Retour à Howards End, Peter's Friends, Beaucoup de bruit pour rien, les Vestiges du jour, Carrington, Raison et Sentiments, Primary Colors, Judas Kiss.

Ustinov (Peter, 16-4-1921) : l'Héroïque Parade, Quo vadis ?, l'Égyptien, Lola Montès, l'Espion, Spartacus, Billy Bud (+ réalisation), les Comédiens, Un taxi mauve, Jésus de Nazareth, Mort sur le Nil, le Voleur de Bagdad, Rendez-Vous avec la mort.

IRLANDE

O'Hara (Maureen Fitzsimmons, 17-8-1920) : Quasimodo, Qu'elle était verte ma vallée, le Cygne noir, le Miracle de la 34e rue, l'Homme tranquille.

O'Toole (Peter Seamus, 2-8-1932) : Lawrence d'Arabie, Becket, Lord Jim, Quoi de neuf Pussycat ?, la Bible, Comment voler un million de dollars, la Nuit des généraux, la Grande Catherine, Rosebud, Caligula, Creator, le Dernier Empereur, High Spirits, Ralph Super King, Isabelle Eberhardt, le Mystère des fées, Une histoire vraie (1997).

ITALIE

Benigni (Roberto, 27-10-1952) : Pipicacadodo, Down by Law, le Petit Diable (+ réal.), la Voce Della Luna, Johnny Stecchino (+ réal.), le Monstre (+ réal.), La vie est belle (+ réal.), Astérix et Obélix contre César.

Bose (Lucia, 28-1-1931) : Chronique d'un amour, Pâques sanglantes, Onze heures sonnaient, les Fiancés de Rome, la Dame sans camélias, Mort d'un cycliste, Cela s'appelle l'aurore, Satyricon, Lumière, Metello, Vertige.

Cardinale (Claudia ; Tunisie, 15-4-1939) : le Bel Antonio, la Fille à la valise, la Viaccia, Cartouche, le Guépard, Huit et demi, les Indifférents, la Ragazza, Sandra, les Centurions, les Professionnels, Il était une fois dans l'Ouest, les Pétroleuses, l'Audience, la Peau, le Ruffian, l'Été prochain, Fitzcarraldo, Claretta, la Storia, Mayrig, 588 rue Paradis, Sous les pieds des femmes.

Cervi (Gino, 1901-74) : Quatre Pas dans les nuages, Fabiola, le Petit Monde de don Camillo, le Christ interdit, Une fille nommée Madeleine, la Dame sans camélias, Sans famille, Quelle joie de vivre, Becket.

De Sica (Vittorio, 1901-74) : Demain il sera trop tard, Madame de..., Pain, Amour et Fantaisie, Pain Amour et Jalousie, Heureuse Époque, le Bigame, l'Adieu aux armes, Noces vénitiennes, le Général Della Rovere, les Souliers de St Pierre, Nous nous sommes tant aimés.

Gassman (Vittorio, 1-9-1922/29-6-2000) : Riz amer, Anna, Mambo, le Pigeon, la Grande Guerre, le Fanfaron, Au nom du peuple italien, Parfum de femme, Nous nous sommes tant aimés, le Désert des Tartares, Âmes perdues, Un mariage, Quintette, Cher Papa, le Petit Juge, la Terrasse, La vie est un roman, De père en fils, Benvenuta, le Pouvoir du mal, la Famille, Oublier Palerme, Sleepers, le Dîner.

Koscina (Sylva, 1933-94, origine croate) : Juliette des esprits, Cyrano et d'Artagnan, l'Arme à gauche, le Masque de fer, Hercule et la reine de Lydie.

Lollobrigida (Gina, 4-7-1927) : Fanfan la Tulipe, la Provinciale, les Belles de nuit, la Belle Romaine, Plus fort que le diable, Notre-Dame de Paris, Trapèze, la Loi, Salomon et la reine de Saba, la Femme de paille, Cervantès, le Cascadeur, les Cents et Une Nuits.

Loren (Sophia Scicolone, 20-9-1934) : l'Or de Naples, la Fille du fleuve, la Cité disparue, la Clé, la Diablesse en collant rose, la Ciociara, Boccace 70, Lady L, la Comtesse de Hong Kong, l'Homme de la Manche, Verdict, le Voyage, Une journée particulière, D'amour et de sang, l'Arme au poing, Soleil.

Lualdi (Antonella [Antonietta De Pascale ; Liban, 6-7-1931]) : Chronique des pauvres amants, le Rouge et le Noir, les Jeunes Maris, Une vie, À double tour, les Garçons, Vincent, François, Paul et les autres.

Magnani (Anna ; Égypte, 1908-73) : Rome ville ouverte, le Bandit, Vulcano, le Carrosse d'or, Bellissima, Car sauvage est le vent, Larmes de joie.

Mangano (Silvana, 1930-89) : Riz amer, Anna, Hommes et Loups, Barrage contre le Pacifique, la Tempête, Cinq Femmes marquées, Chacun son alibi, Procès de Vérone, Œdipe roi, les Sorcières, Théorème, Mort à Venise, Médée, le Décaméron, Violence et Passion, les Yeux noirs.

Masina (Giulietta, 1921-94) : la Strada, Il Bidone, les Nuits de Cabiria, Fortunella, l'Enfer dans la ville, la Grande Vie, Juliette des esprits, Frau Holle, Ginger et Fred, Aujourd'hui peut-être.

Mastroianni (Marcello, 1924-96) : Jours d'amour, le Bigame, Nuits blanches, la Loi, le Pigeon, la Dolce Vita, la Nuit, le Bel Antonio, Vie privée, Divorce à l'italienne, Huit et demi, l'Étranger, Leo le dernier, Drame de la jalousie, Liza, Salut l'artiste, Allonsanfan, la Femme du dimanche, Todo modo, Une journée particulière, la Cité des femmes, la Terrasse, la Peau, la Nuit de Varennes, l'Histoire de Pierra, Ginger et Fred, Macaroni, l'Apiculteur, les Yeux noirs, Miss Arizona, Splendor, le Voleur d'enfants, les Cent et Une Nuits, Trois Vies et une seule mort.

Podesta (Rossana ; Libye, 20-8-1934) : la Red, Ulysse, Hélène de Troie, Santiago, Sodome et Gomorrhe, Un prêtre à marier, les Séducteurs.

Sordi (Alberto, 16-6-1920) : I Vitelloni, la Belle de Rome, Fortunella, la Grande Guerre, la Grande Pagaille, Une vie difficile, l'Argent de la vieille, Le marquis s'amuse.

Valli (Alida Altenburger ; Yougoslavie, 13-5-1921) : Les miracles n'ont lieu qu'une fois, le Troisième Homme, Senso, le Cri, Barrage contre le Pacifique, les Bijoutiers du clair de lune, les Yeux sans visage, le Dialogue des carmélites, la Chair de l'orchidée, Mort à Venise, 1900, Un bourgeois tout petit petit.

Vallone (Raf, 17-2-1917) : Riz amer, le Christ interdit, Thérèse Raquin, la Pensionnaire, le Secret de sœur Angèle, Rose, la Vengeance, la Ciociara, Vu du pont, Retour à Marseille.

Vitti [Monica (Maria Luisa Ceciarelli, 3-11-1931)] : l'Avventura, la Nuit, l'Éclipse, le Désert rouge, Modesty Blaise, Drame de la jalousie, Moi la femme, le Fantôme de la liberté, Chambre d'hôtel.

Volonte (Gian Maria, 1933-94) : Pour une poignée de dollars, le Cercle rouge, Enquête sur un citoyen au-dessus de tout soupçon, l'Affaire Mattei, l'Attentat, Lucky Luciano, le Soupçon, Todo modo, Le Christ s'est arrêté à Eboli, la Dame aux camélias, la Mort de Mario Ricci, Chronique d'une mort annoncée, Un enfant de Calabre, l'Œuvre au noir, Time is Money (1994).

SCANDINAVIE

Anderson (Harriet ; Suède, 14-1-1932) : Monika, la Nuit des forains, Rêves de femmes, les Amoureux, Sophie de 6 à 9, Cris et Chuchotements, Fanny et Alexandre.

Andersson (Bibi, Birgitta ; Suède, 11-11-1935) : le Septième Sceau, les Fraises sauvages, Au seuil de la vie, le Visage, Sourires d'une nuit d'été, Ma sœur mon amour, Persona, le Viol, la Lettre du Kremlin, Une passion, le Lien, Quintette, le Dernier Été.

Bergman (Ingrid ; Suède, 1915-82) : voir p. 371 a.

Björnstrand (Gunnar ; Suède, 1909-86) : l'Attente des femmes, Une leçon d'amour, Rêves de femmes, Sourires d'une nuit d'été, le Septième Sceau, les Fraises sauvages, le Visage, les Communiants, les Amoureux, le Rite, Persona, Sonate d'automne, Fanny et Alexandre.

Dahlbeck (Eva ; Suède, 8-3-1920) : Une leçon d'amour, Rêves de femmes, Sourires d'une nuit d'été, Au seuil de la vie, Toutes ses femmes, les Créatures.

Garbo (Greta Louisa Gustafsson ; Suède, naturalisée Amér., 1905-90) : voir p. 371 c.

Jacobsson (Ulla ; née à Vienne, Autriche, 1929-82) : Elle n'a dansé qu'un seul été, Sourires d'une nuit d'été, Crime et Châtiment, Zoulou, le Droit du plus fort.

Sydow (Max von ; Suède, 10-4-1929) : le Septième Sceau, Au seuil de la vie, le Visage, la Source, les Communiants, l'Heure du loup, la Honte, Une passion, le Lien, les Émigrants, le Nouveau Monde, le Loup des steppes, l'Exorciste, Cadavres exquis, le Désert des Tartares, Cœur de chien, l'Hérétique, Hurricane, la Mort en direct, Flash Gordon, Dune, Dreamscape, Pelle le conquérant, l'Éveil, Time is Money, Judge Dredd, Hamsun, Au-delà de nos rêves, Vercingétorix.

Thulin (Ingrid ; Suède, 27-1-1929) : l'Énigmatique Monsieur D., les Fraises sauvages, Au seuil de la vie, le Visage, les Quatre Cavaliers de l'Apocalypse, le Silence, les Communiants, La guerre est finie, l'Heure du loup, Adélaïde, les Damnés, le Rite, Cris et Chuchotements, la Cage, le Pont de Cassandra, Un et Un, Après la répétition, la Maison du sourire.

Ullman (Liv ; Norvège, 16-12-1938, Tokyo) : Persona, l'Heure du loup, la Honte, Une passion, Cris et Chuchotements, les Émigrants, Face-à-Face, l'Œuf du serpent, la Diagonale du fou, Pourvu que ce soit une fille, Un printemps sous la neige, Adieu Moscou, Sofie (réal. seulement), Infidèle (réal. seulement, 2000).

PRINCIPAUX FILMS

Légende : entre parenthèses : principaux acteurs. CM : comédie musicale. F : fantastique et science-fiction. G : guerre. W : western.
(1) France. (2) Italie. (3) USA. (4) Suède. (5) Allemagne. (6) Russie. (7) Autriche. (8) Tchécoslovaquie. (9) Royaume-Uni. (10) Danemark. (11) Japon. (12) Pologne. (13) Espagne. (14) Inde. (15) Belgique. (16) Yougoslavie. (17) Australie. (18) Chine. (19) Sénégal. (20) Suisse. (21) Hongrie. (22) Grèce. (23) Mexique. (24) Algérie. (25) Égypte.

1894 W : Sioux Indian Ghost Dance, Indian War Council et **Buffalo Dance** réalisés par la Edison Company de West Orange, New Jersey. *16-10* : **Bucking Bronco** 1re apparition d'un cow-boy.

1895 l'Arroseur arrosé Louis Lumière[1].

1902 F : le Voyage dans la lune Georges Méliès[1].

1903 W : le Vol du rapide Edwin S. Porter[3].

1904 F : Voyage à travers l'impossible G. Méliès[1].

1908 l'Assassinat du duc de Guise André Calmettes (Charles Le Bargy, Albert Lambert, Gabrielle Robinne)[1].

1912 les Misérables Albert Capellani (Henry Kraus, Gabriel de Gravone, Marie Ventura, Mistinguett)[1], **Quo vadis ?** Enrico Guazzoni[2]. **F : la Conquête du pôle** Georges Méliès[1].

1913 Protéa Victorin Jasset (Josette Andriot, Camille Bardou)[1], **Cabiria** Giovanni Pastrone (Italia Almirante Manzini, Letizia Quaranta, Bartolomeo Pagano, Umberto Mozzato)[2], **Fantômas** Louis Feuillade (René Navarre, Édouard Bréon, Georges Melchior)[1].

1914 le Mari de l'Indienne Cecil B. De Mille[3], **Fantômas** Louis Feuillade (René Navarre, Renée Carl, Bréon, Georges Melchior, Yvette Andreyor)[1]. **W : le Shérif** Reginald Barker (William S. Hart)[3].

1915 les Vampires Louis Feuillade (Musidora, Jean Ayme, Édouard Mathé, Marcel Levesque)[1], **Forfaiture** Cecil B. DeMille (Fanny Ward, Sessue Hayakawa)[3], **les Mystères de New York** Louis Gasnier et Donald MacKenzie (Pearl White, Arnold Daly, Creighton Hale, Warner Oland)[3], **Naissance d'une nation** David Griffith (Lillian Gish, Mae Marsh, Robert Harrow, Miriam Cooper, Wallace Reid, Sam De Grasse, Henry Walthall)[3]. **F : la Folie du Dr Tube** Abel Gance[1].

1916 Intolérance David W. Griffith (Lillian Gish, Constance Talmadge, Elmer Clifton, Seena Owen, Bessie Love, Mae Marsh, Robert Harron, Sam De Grasse, Erich von Stroheim, Monte Blue)[3]. **W : Pour sauver sa race** Thomas H. Ince et Reginald Barker (William Hart, Bessie Love)[3], **Carmen du Klondyke** Thomas Ince et Reginald Barker (William Hart, Dorothy Dalton)[3].

1917 Judex Louis Feuillade (Musidora, René Cresté, Marcel Levesque, Yvette Andreyor, Édouard Mathé, Georges Flateau)[1], **Mater Dolorosa** Abel Gance (Firmin Gémier, Emmy Lynn, Armand Tallier, Gaston Modot)[1], **le Père Serge** Jacob Protazanov (Ivan Mosjoukine)[6], **les Proscrits** Victor Sjöström (V. Sjöström, Edith Erastoff)[4].

1918 Charlot soldat Charlie Chaplin (Charlie Chaplin, Sydney Chaplin, Henry Bergman)[3], **l'Homme aux yeux clairs** Lambert Hillyer (William Hart, Maud George)[3], **les Misérables** Frank Lloyd (William Farnum)[3].

1919 la Fête espagnole Germaine Dulac (Ève Francis, Jean Toulout, Gaston Modot)[1], **J'accuse** Abel Gance (Séverin Mars, Romuald Joubé, Marise Dauvray)[1], **Travail** Henri Pouctal (Léon Mathot, Huguette Duflos, Raphaël Duflos, Camille Bert, Andrée Brabant)[1], **le Trésor d'Arne** Mauritz Stiller (Mary Johnson, Richard Lund)[4], **le Lys brisé** David Griffith (Lillian Gish, Donald Crisp, Richard Barthelmess)[3]. **F : le Cabinet du Dr Caligari** Robert Wiene (Werner Krauss, Lil Dagover, Conrad Veidt)[5].

1920 le Kid Charlie Chaplin (C. Chaplin, Jackie Coogan)[3], **A travers l'orage** David W. Griffith (Lillian Gish)[3]. **F : le Golem** Paul Wegener[5], **le Signe de Zorro** Fred Niblo (Douglas Fairbanks)[3], **Dr Jekyll et Mr Hyde** John Robertson (John Barrymore)[3].

1921 l'Atlantide Jacques Feyder (Stacia Napierkowska, Georges Melchior, Jean Angelo, Marie-Louise Iribe)[1], **El Dorado** Marcel L'Herbier (Ève Francis, Jaque-Catelain, Philippe Hériat, Marcelle Pradot)[1], **Fièvre** Louis Delluc (Ève Francis, Edmond Van Daele, Gaston Modot, Elena Sagrary, Footit)[1], **la Terre** André Antoine (René Alexandre, Jean Hervé, Berthe Bovy, Germaine Rouer)[1], **la Femme du pharaon** Ernst Lubitsch (Emil Jannings, Paul Wegener, Lydia Salmonowa)[5], **les Trois Lumières** Fritz Lang (Bernhard Goetzke, Lil Dagover, Rudolf Klein-Rogge)[5], **le Dernier des Mohicans** Maurice Tourneur (Wallace Beery, Lillian Hall, Barbara Bedford)[3], **les Quatre Cavaliers de l'Apocalypse** Rex Ingram (Rudolph Valentino, Alice Terry, Wallace Beery)[3], **Sept Ans de malheur** Max Linder (M. Linder)[1]. **F : la Charrette fantôme** Victor Sjöström (V. Sjöström, Hilda Borgström)[4].

1922 la Femme de nulle part Louis Delluc (Ève Francis, Roger Karl, Gine Avril)[1], **la Roue** Abel Gance (Séverin Mars, Ivy Close, Gabriel de Gravone)[1], **le Docteur Mabuse** Fritz Lang (Rudolf Klein-Rogge, Alfred Abel)[5], **les Deux Orphelines** David Griffith (Lillian et Dorothy Gish, Joseph Schildkraut, Monte Blue)[3], **Folies de femmes** Erich von Stroheim (E. von Stroheim, Mae Busch, Maud George)[3], **Nanouk l'Esquimau** Robert Flaherty[3], **Robin des Bois** Allan Dwan (Douglas Fairbanks, Wallace Beery, Enid Bennett, Sam De Grasse)[3].

1923 la Légende de Gösta Berling Mauritz Stiller (Lars Hanson, Greta Garbo)[4], **l'Opinion publique** Charlie Chaplin (Edna Purviance, Adolphe Menjou)[3], **Salomé** Charles Bryant (Alla Nazimova)[3], **la Nuit de la Saint-Sylvestre** Lupu-Pick (E. Klöpfer)[5], **le Brasier ardent** Ivan Mosjoukine (I. Mosjoukine)[6], **Monte là-dessus** Fred Newmeyer, Sam Taylor (Harold Lloyd)[3]. **F : Nosferatu le vampire** Friedrich Murnau (Max Schreck, Alexander Granach, Greta Schroeder)[5]. **W : la Caravane vers l'Ouest** James Cruze (J. Warren Kerrigan)[3].

1924 Entr'acte René Clair (Jean Borlin, Picabia, Man Ray, Marcel Duchamp, Marcel Achard, Touchagues)[1], **le Dernier des hommes** Friedrich Murnau (Emil Jannings, Maly Delschaft)[5], **la Croisière du Navigator** Buster Keaton et Donald Crisp (B. Keaton, Kathryn McGuire)[3], **le Lion des Mogols** Jean Epstein (Ivan Mosjoukine, Nathalie Lissenko) [1], **le Prince charmant** V. Tourjansky[1], **les Rapaces** Erich von Stroheim (Zasu Pitts, Gibson Gowland, Jean Hersholt)[3], **le Voleur de Bagdad** Raoul Walsh (Douglas Fairbanks, Anna May Wong)[3], **le Miracle des loups** Raymond Bernard (Charles Dullin)[1], **l'Inhumaine** Marcel l'Herbier (Georgette Leblanc, Jacques Catelain, Marcelle Pradot, Philippe Hériat) [1]. **F : les Nibelungen** (I. la Mort de Siegfried ; II. la Vengeance de Kriemhilde) Fritz Lang (Paul Richter, Margarethe Schön, Theodor Loos, Bernhard Goetzke, Rudolf Klein-Rogge)[5], **la Cité foudroyée** Luitz-Morat[1]. **W : le Cheval de fer** John Ford (George O'Brien)[3].

1925 Feu Mathias Pascal Marcel L'Herbier (Ivan Mosjoukine, Marcelle Pradot, Pierre Batcheff, Philippe Hériat, Michel Simon, Jean Hervé, Loïs Moran, Pauline Carton)[1], **la Rue sans joie** Georg Pabst (Werner Krauss, Asta Nielsen, Greta Garbo, Valeska Gert, Ivan Petrovitch)[5], **Tartuffe** Friedrich Murnau (Emil Jannings, Lil Dagover, Werner Krauss)[5], **Variétés** Ewald-André Dupont (Emil Jannings, Lya de Putti, Warwick Ward, les Codonas)[5], **le Cuirassé Potemkine** Serge Eisenstein (Alexandre Antonov, Gregori Alexandrov, Vladimir Barsky)[6], **la Ruée vers l'or** Charlie Chaplin (Ch. Chaplin, Georgia Hale, Mack Swain)[3], **le Fantôme de l'opéra** Rupert Julian (Lou Chaney)[3], **le Monde perdu** Harry O. Hoyt (Wallace Beery)[3].

1926 Michel Strogoff Viatcheslav Tourjansky (Ivan Mosjoukine)[1], **Nana** Jean Renoir (Catherine Hessling, Werner Krauss, Jean Angelo, Valeska Gert)[1], **la Mère** Vsevolod Poudovkine (Vera Baranowskaïa)[6], **le Mécano de la « General »** Buster Keaton et Clyde Bruckman (Buster Keaton, Jim Farley)[3], **Ben-Hur** Fred Niblo (Ramon Novarro, May MacAvoy, Betty Bronson)[3]. **F : l'Étudiant de Prague** Heinrik Galeen (Conrad Veidt)[5].

1927 Casanova Alexandre Volkoff (Ivan Mosjoukine, Diana Karenne, Rudolf Klein-Rogge, Suzanne Bianchetti)[1], **Un chapeau de paille d'Italie** René Clair (Albert Préjean, Olga Tchekowa, Alice Tissot, Jim Gérald)[1], **Napoléon** Abel Gance (Albert Dieudonné, Antonin Artaud, Edmond Van Daele, Philippe Hériat, Abel Gance, Gina Manès, Annabella, Damia, Eugénie Buffet, Suzanne Bianchetti)[1], **Octobre** Serge P. Eisenstein (Nikandrov, Nikolai Popov, Boris Livanov)[6], **l'Aurore** Friedrich Murnau (Janet Gaynor, George O'Brien, Margaret Livingstone)[3], **Symphonie nuptiale** Erich von Stroheim (E. von Stroheim, Fay Wray, Zasu Pitts, Maud George)[3], **Une fille dans chaque port** Howard Hawks (Louise Brooks, Victor MacLaglen, Robert Armstrong)[3], **les Nuits de Chicago** Josef von Sternberg (George Bancroft)[7], **le Chanteur de jazz** Alan Crosland (Al Jolson)[3]. **F : Faust** Friedrich Murnau (Emil Jannings, Camilla Horn, Gösta Ekman, Yvette Guilbert)[5], **Metropolis** Fritz Lang (Brigitte Helm, Alfred Abel, Rudolf Klein-Rogge, Gustav Froelich, Heinrich George)[5].

1928 la Bataille du siècle (Laurel et Hardy, utilise 4 000 tartes à la crème)[3], **la Passion de Jeanne d'Arc** Carl Theodor Dreyer (Renée Falconetti, Eugène Sylvain, Antonin Artaud, Maurice Schutz, Michel Simon, Louis Ravet, André Berley, Jean d'Yd)[1], **Tempête sur l'Asie** Vsevolod Poudoukine (Valeri Inkijinoff, Anna Soudakevitch)[6], **la**

Foule King Vidor (Eleanor Boardman, James Murray)[3], **Solitude** Paul Féjos (Glen Tryon, Barbara Kent)[3], **le Vent** Victor Sjöström (Lillian Gish, Lars Hanson, Dorothy Cummings)[3], **la Femme au corbeau** Frank Borzage (M. Duncan)[3], **Un chien andalou** Luis Buñuel[1], **le Cameraman** Buster Keaton (B. Keaton, Marceline Day, Harold Goodwin)[3].

1929 **Finis Terrae** Jean Epstein[1], **l'Homme à la caméra** Dziga Vertov (Mikhaïl Kaufman)[6], **l'Argent** Marcel L'Herbier (Brigitte Helm, Alcover, Alfred Abel, Marie Glory, Antonin Artaud, Yvette Guilbert)[1], **le Train mongol** Ilya Trauberg[6], **Hallelujah** King Vidor (Daniel Haynes, Bessie Smith, Nina Mae McKinney)[3], **la Ligne générale** Serge Eisenstein (Marfa Lapkina)[6], **Loulou** Georg Pabst (Louise Brooks, Fritz Kortner, Franz Lederer)[5]. **CM : Broadway Melody** Harry Beaumont (Bessie Love, Anita Page, Charles King)[3], **Parade d'amour** Ernst Lubitsch (Maurice Chevalier, Jeanette MacDonald, Lupino Lane)[3], **Tarakanova** Raymond Bernard[1].

1930 **Sous les toits de Paris** René Clair (Albert Préjean, Pola Illery, Gaston Modot, Aimos)[1], **la Terre** Alexandre Dovjenko (Julia Solntseva, Semion Svachenko)[6], **l'Ange bleu** Josef von Sternberg (Marlene Dietrich, Emil Jannings, Hans Albers)[5], **Cœurs brûlés (Morocco)** Josef von Sternberg (Marlene Dietrich, Gary Cooper, Adolphe Menjou)[3], **les Lumières de la ville** Charlie Chaplin (Virginia Cherrill)[3], **l'Age d'or** Luis Buñuel (Gaston Modot)[1]. **G : A l'Ouest, rien de nouveau** Lewis Milestone (Lew Ayres)[3], **Quatre de l'infanterie** Georg Wilhelm Pabst[5]. **W : la Piste des géants** Raoul Walsh (John Wayne)[3].

1931 **Marius**, Marcel Pagnol (Raimu, Pierre Fresnay, Orane Demazis, Fernand Charpin, Robert Vattier, Alida Rouffe, Paul Dullac) [1], **la Chienne** Jean Renoir (Michel Simon, Janie Marèze, Georges Flamant)[1], **le Million** René Clair (Annabella, René Lefèvre, Vanda Gréville, Paul Olivier, Louis Allibert, Constantin Stroesco)[1], **Jeunes Filles en uniforme** Léontine Sagan (Hertha Thiele, Dorothea Wieck)[5], **M le Maudit** Fritz Lang (Peter Lorre, Gustaf Gründgens, Theo Lingen)[5], **l'Opéra de quat'sous** Georg Pabst (Rudolf Forster, Carola Neher, Fritz Rasp, Valeska Gert)[5], **Tabou** Friedrich Murnau et Robert Flaherty (Anna Chevalier, Bill Bambridge)[3], **A nous la liberté** René Clair (Henri Marchand, Rolla France, Raymond Cordy)[1]. **F : Dracula** Tod Browning (Bela Lugosi)[3], **Frankenstein** James Whale (Boris Karloff, Colin Clive)[3], **Dr Jekyll and Mr Hyde** Rouben Mamoulian (Fredric March)[3], **la Fin du monde** Abel Gance[1].

1932 **Haute Pègre** Ernst Lubitsch (Miriam Hopkins, Kay Francis, Herbert Marshall)[3], **Boudu sauvé des eaux** Jean Renoir (Michel Simon, Charles Granval, Marcelle Hainia)[1], **la Croisière jaune** André Sauvage[1], **Liebelei** Max Ophuls (Magda Schneider, Luise Ullrich, Wolfgang Liebeneiner, Gustaf Gründgens, Olga Tchekowa)[7], **Scarface** Howard Hawks (Paul Muni, George Raft, Ann Dvorak, Karen Morley, Boris Karloff)[3], **Voyage sans retour** Tay Garnett (Kay Francis, William Powell)[3], **Terre sans pain** Luis Buñuel (documentaire moyen métrage)[13], **Je suis un évadé** Mervyn Le Roy (P. Muni)[3], **Fanny** Marcel Pagnol (Raimu, Orane Demazis, Pierre Fresnay, Bernard Charpin, Alida Rouffe, Robert Vattier, Auguste Mouriés)[1], **Poil de carotte** Julien Duvivier (Harry Baur, Robert Lynen, Catherine Fonteney)[1], **la Maternelle** Jean-Benoît Lévy et Marie Epstein (Madeleine Renaud, Paulette Elambat, Mady Berry)[1], **les Misérables** Raymond Bernard (Harry Baur, Charles Vanel, Henry Krauz, Charles Dullin, Marguerite Moreno, Odette Florelle)[1], **Tarzan l'homme singe** Woody S. Van Dyke (Johnny Weissmuller, Maureen O'Sullivan)[3]. **CM : 42e Rue** Lloyd Bacon (Bebe Daniels, Georges Brent, Ruby Keeler)[3], **Prologues** Lloyd Bacon (James Cagney, Joan Blondell, Ruby Keeler)[3]. **F : Freaks** Tod Browning (Olga Baclanova)[3], **Vampyr** Carl Th. Dreyer (Julian West)[10], **les Chasses du comte Zaroff** Ernest Schoedsack, Irving Pichel (Leslie Banks)[3], **la Momie** Karl Freund[3], **le Masque d'or** Charles Brabin [9], **l'Ile du Dr Moreau** Erle Kenton[3]. **G : les Croix de bois** Raymond Bernard (Pierre Blanchar, Charles Vanel, Aimos)[1].

1933 **Zéro de conduite** Jean Vigo (Louis Lefèvre, Gilbert Pruchon, Gérard de Bédarieux, Constantin Goldstein-Kehler, Jean Dasté)[1], **Okraïna** Boris Barnet (Serguei Komarov, Elena Kouzmina, Robert Erdman)[6], **le Jeune Hitlérien Quex** Hans Steinhoff (Heinrich George, Claus Clausen, Hans Deppe)[5], **Extase** Gustav Machaty (Heddy Kiesler : Hedy Lamarr)[8], **Sérénade à trois** Ernst Lubitsch (Gary Cooper, Fredric March, Miriam Hopkins)[3], **la Soupe au canard** Leo MacCarey (Marx Brothers, Margaret Dumont)[3], **la Vie privée d'Henry VIII** Alexander Korda (Charles Laughton)[9], **Quatorze Juillet** René Clair (Annabella, Georges Rigaud, Pola Illery)[1]. **CM : Chercheuses d'or** Mervyn Le Roy (Dick Powell, Joan Blondell, Ruby Keeler, Ginger Rogers)[3]. **F : l'Homme invisible** James Whale (Claude Rains, Gloria Stuart, Una O'Connor)[3], **King Kong** Ernest Shoedsack, Merian Cooper (Fay Wray)[3].

1934 **Angèle** Marcel Pagnol (Orane Demazis, Fernandel, Andrex, Jean Servais)[1], **l'Atalante** Jean Vigo (Michel Simon, Dita Parlo, Jean Dasté, Gilles Margaritis)[1], **l'Impératrice rouge** Joseph von Sternberg (Marlene Dietrich, John Lodge, Sam Jaffe)[3], **New York-Miami** Frank Capra (Clark Gable, Claudette Colbert)[3]. **CM : la Veuve joyeuse** Ernst Lubitsch (Maurice Chevalier, Jeanette MacDonald)[3]. **F : le Chat noir** Edgar Ulmer (Boris Karloff, Bela Lugosi, Jacqueline Wells)[3].

1935 **Crime et Châtiment** Pierre Chenal (Harry Baur, Pierre Blanchar, Madeleine Ozeray)[1], **le Crime de M. Lange** Jean Renoir (Jules Berry, Florelle, René Lefèvre, Nadia Sibirskaïa)[1], **la Kermesse héroïque** Jacques Feyder (Françoise Rosay, André Alerme, Jean Murat, Louis Jouvet)[1], **la Bandera** Julien Duvivier (Jean Gabin, Annabella, Aimos, Robert Le Vigan, Pierre Renoir)[1], **les Trente-Neuf Marches** Alfred Hitchcock (Madeleine Carroll, Robert Donat)[9], **Anna Karénine** Clarence Brown (Greta Garbo, Fredric March, Basil Rathbone)[3], **Peter Ibbetson** Henry Hathaway (Gary Cooper, Ann Harding)[3], **les Révoltés du Bounty** Frank Lloyd (Charles Laughton, Clark Gable, Franchot Tone)[3], **les Temps modernes** Charlie Chaplin (Ch. Chaplin, Paulette Goddard)[3], **Toute la ville en parle** John Ford (Edward Robinson, Jean Arthur, Donald Meek)[3], **le Triomphe de la volonté** Leni Riefenstahl (documentaire)[5], **Une nuit à l'Opéra** Sam Wood (Marx Brothers)[5]. **CM : Top Hat** Mark Sandrich (Fred Astaire, Ginger Rogers)[3], **Swing Time** George Stevens (Fred Astaire, Ginger Rogers)[3]. **F : la Fiancée de Frankenstein** James Whale (Boris Karloff, Elsa Lanchester)[3], **les Mains d'Orlac** Karl Freund (Peter Lorre, Frances Drake)[5], **la Marque du vampire** Tod Browning[3]. **G : les Trois Lanciers du Bengale** Henry Hathaway (Gary Cooper, Franchot Tone, Richard Cromwell)[3].

1936 **Une partie de campagne** Jean Renoir [Sylvia Bataille, Georges Saint-Saëns (alias Georges Darnoux), Jacques Borel (Jacques Brunius), Jane Marken][1], **la Belle Équipe** Julien Duvivier (Jean Gabin, Charles Vanel, Raymond Aimos, Viviane Romance)[1], **le Roman d'un tricheur** Sacha Guitry (S. Guitry, Serge Grave, Jacqueline Delubac, Marguerite Moreno, Rosine Deréan, Pauline Carton, Fréhel)[1], **Fantôme à vendre** René Clair (Robert Donat, Jean Parker, Eugène Pallette)[1], **le Roman de Marguerite Gautier** George Cukor (Greta Garbo, Robert Taylor, Lionel Barrymore)[3], **Verts Pâturages** William Keighley, Marc Connelly (R. Ingram)[3], **Mayerling** Anatole Litvak (Charles Boyer, Danielle Darrieux)[1]. **CM : le Grand Ziegfeld** Robert Leonard (William Powell, Mirna Loy, Luise Rainer)[3]. **F : Le mort qui marche** Michael Curtiz[3], **le Rayon invisible** Lambert Hillyer[3]. **G : la Charge de la brigade légère** Michael Curtiz (Errol Flynn, Olivia De Havilland, David Niven)[3]. **W : Une aventure de Buffalo Bill** Cecil B. De Mille (Gary Cooper)[3].

1937 **Pépé le Moko** Julien Duvivier (Jean Gabin, Mireille Balin, Marcel Dalio, Fernand Charpin)[1], **Blanche-Neige et les sept nains** Walt Disney (dessin animé)[3], **Cette sacrée vérité** Leo McCarey (Irene Dunne, Cary Grant)[3], **Un grand amour de Beethoven** Abel Gance (Harry Baur, Anne Ducaux, Jany Holt)[1], **Un carnet de bal** Julien Duvivier (Marie Bell, Françoise Rosay, Louis Jouvet, Harry Baur, Raimu)[1], **Vogues of 38** Irving Cummings (Joan Bennett, Warner Baxter)[3]. **F : les Horizons perdus** Frank Capra (Ronald Colman, Thomas Mitchell)[3]. **G : la Grande Illusion** Jean Renoir (Pierre Fresnay, Jean Gabin, Dita Parlo, Erich von Stroheim, Dalio, Carette)[1].

1938 **les Aventures de Robin des Bois** Michael Curtis et William Keighley (Errol Flynn, Olivia de Havilland)[3], **l'Impossible Monsieur Bébé** Howard Hawks (Cary Grant, Katharine Hepburn)[3], **la Femme du boulanger** Marcel Pagnol (Raimu, Ginette Leclerc, Charles Moulin, Fernand Charpin, Robert Vattier)[1], **Trois Camarades** Frank Borzage (Robert Taylor, Margaret Sullavan, Franchot Tone)[3], **la Bête humaine** Jean Renoir (Jean Gabin, Simone Simon, Julien Carette, Fernand Ledoux)[1], **les Dieux du stade** Leni Riefenstahl[5], **Alexandre Nevski** Serge Eisenstein (Nicolas Tcherkassoff)[6], **les Anges aux figures sales** Michael Curtiz (James Cagney, Pat O'Brien, Humphrey Bogart)[3], **l'Insoumise** William Wyler (Bette Davis, Henry Fonda, George Brent)[3], **le Quai des Brumes** Marcel Carné (Jean Gabin, Michèle Morgan, Michel Simon, Pierre Brasseur, Robert Le Vigan)[1], **Hôtel du Nord** Marcel Carné (Louis Jouvet, Arletty)[1], **l'Enfance de Gorki** Donskoï (Alesa Liarski)[6]. **CM : Amanda** Mark Sandrich (Fred Astaire, Ginger Rogers)[3].

1939 **Gunga-Din** George Stevers (Cary Grant, Douglas Fairbanks Jr)[3], **Le jour se lève** Marcel Carné (Jean Gabin, Jules Berry, Arletty, Jacqueline Laurent)[1], **Paradis perdu** Abel Gance (Fernand Gravey, Micheline Presle, Elvire Popesco, Robert Le Vigan)[1], **la Règle du jeu** Jean Renoir (Nora Grégor, Paulette Dubost, Mila Parély, Dalio, Carette, Roland Toutain, Gaston Modot, Jean Renoir)[1], **Autant en emporte le vent** Victor Fleming, Sam Wood et George Cukor (Vivien Leigh, Clark Gable, Leslie Howard, Olivia De Havilland)[3], **les Hauts de Hurlevent** William Wyler (Laurence Olivier, Merle Oberon, David Niven)[3], **Ninotchka** Ernst Lubitsch (Greta Garbo, Melvyn Douglas, Bela Lugosi)[3], **Seuls les anges ont des ailes** Howard Hawks (Cary Grant, Jean Arthur, Richard Barthelmess, Rita Hayworth)[3]. **CM et F : le Magicien d'Oz** Victor Fleming (Judy Garland)[3]. **G : l'Espoir** André Malraux (Andrés Mejuto, Nicolas Rodriguez, Julio Pena)[1], **les Quatre Plumes blanches** (3e version) Zoltan Korda (John Clements, Ralph Richardson, J. Duprez)[9]. **W : la Chevauchée fantastique** John Ford (John Wayne, Claire Trevor, John Carradine, Thomas Mitchell)[3], **les Conquérants** Michael Curtiz (Errol Flynn, Olivia De Havilland, Bruce Cabot)[3].

1940 **la Fille du puisatier** Marcel Pagnol (Raimu, Fernandel, Josette Day)[1], **le Juif Süss** Veit Harlan (Ferdinand Marian, Kristina Söderbaum, Werner Krauss, Heinrich George)[5], **le Dictateur** Charlie Chaplin (Ch. Chaplin, Paulette Goddard, Jack Oakie)[3], **les Raisins de la colère** John Ford (Henry Fonda, John Carradine, Jane Darwell)[3], **Fantasia** Walt Disney (dessin animé)[3]. **CM : Broadway Melody of 1940** Norman Taurog (Fred Astaire, Eleanor Powell)[3]. **F : le Voleur de Bagdad** Ludwig Berger, Mike Powell (Conrad Veidt, Sabu, June Duprez)[9]. **G : le Siège de l'Alcazar** Augusto Genina[2], **SOS 103** Francesco De Robertis[2], **Victoire à l'Ouest** Walter Ruttmann[5]. **W : le Cavalier du désert** William Wyler (Gary Cooper)[3], **le Retour de Frank James** Fritz Lang (Henry Fonda)[3].

1941 **Citizen Kane** Orson Welles (O. Welles, Joseph Cotten, Agnes Moorehead, Dorothy Comingore)[3] [nom du palais : Xanadu ; dernier mot prononcé par Kane : « Rosebud » (bouton de rose figurant sur sa luge d'enfance) ; Welles se serait inspiré du magnat de la presse William Hearst], **le Faucon maltais** John Huston (Humphrey Bogart, Mary Astor, Peter Lorre)[3], **Qu'elle était verte ma vallée** John Ford (Walter Pidgeon, Maureen O'Hara, Donald Crisp)[3], **la Vipère** William Wyler (Bette Davis, Herbert Marshall, Teresa Wright)[3], **Hellzapoppin** Hank Potter (Ole Olsen, Chuck Johnson, Martha Raye)[3]. **F : la Nuit fantastique** Marcel L'Herbier[1]. **G : Guerre à l'Est** Walter Ruttmann[5], **Stukas** Karl Ritter[5], **le Navire blanc** Roberto Rossellini (acteurs non professionnels)[2], **Sergent York** Howard Hawks (Gary Cooper, Walter Brennan, Joan Leslie)[3]. **W : la Charge fantastique** Raoul Walsh (Errol Flynn, Olivia De Havilland)[3].

1942 **Gentleman Jim** Raoul Walsh (Errol Flynn, Alexis Smith, Jack Carson, Alan Hale, Ward Bond)[3], **Lumière d'été** Jean Grémillon (Madeleine Renaud, Pierre Brasseur, Paul Bernard, Madeleine Robinson)[1], **Ossessione** Luchino Visconti (Clara Calamai, Massimo Girotti)[2], **Pourquoi nous combattons** Frank Capra, Anatole Litvak, John Huston [documentaires (série)][3], **la Splendeur des Amberson** Orson Welles (Joseph Cotten, Anne Baxter, Dolores Costello)[3], **To Be or Not to Be** Ernst Lubitsch (Carole Lombard, Jack Benny, Robert Stack)[3], **la Ville dorée** Veit Harian (Kristina Söderbaum)[5]. **CM : O toi, ma charmante** William Seiter (Fred Astaire, Rita Hayworth)[3]. **F : le Baron fantôme** Serge de Poligny (Alain Cuny, Jany Holt, Odette Joyeux)[1], **les Visiteurs du soir** Marcel Carné (Arletty, Jules Berry, Marie Déa, Alain Cuny, Marcel Herrand)[1], **la Féline** Jacques Tourneur[3]. **G : Ceux qui servent en mer** Noel Coward, David Lean[9], **Un de nos avions n'est pas rentré** Michael Powell[9], **la Bataille de Midway** John Ford[3], **la Sentinelle du Pacifique** John Farrow[3].

1943 **l'Éternel Retour** Jean Delannoy (Jean Marais, Madeleine Sologne, Jean Murat, Pierre Piéral, Yvonne de Bray)[1], **les Anges du péché** Robert Bresson (Renée Faure, Jany Holt, Sylvie, Mila Parély, Louis Seigner)[1], **le Corbeau** Henri-Georges Clouzot (Pierre Fresnay, Ginette Leclerc, Pierre Larquey, Micheline Francey)[1], **Douce** Claude Autant-Lara (Odette Joyeux, Madeleine Robinson, Marguerite Moreno, Jean Debucourt)[1], **Goupi Mains-Rouges** Jacques Becker (Fernand Ledoux, Blanchette Brunoy, Robert Le Vigan, Georges Rollin)[1], **Dies irae** Carl Dreyer (Lisbeth Movin, Thorkild Rosse)[10], **Casablanca** Michael Curtiz (Ingrid Bergman, Humphrey Bogart, Paul Henreid, Peter Lorre, Conrad Veidt)[3], **l'Ombre d'un doute** Alfred Hitchcock (Joseph Cotten, Teresa Wright)[3], **Stormy Weather** Andrew Stone (Lena Horne)[3]. **F : Gung ho !** Ray Enright[3], **la Main du diable** Maurice Tourneur (Pierre Fresnay, Pierre Palau, Josseline Gaël)[1], **les Aventures fantastiques du baron de Münchhausen** Josef von Baky (Hans Albert, Brigitte Horney)[5], **Le ciel peut attendre** Ernst Lubitsch (Gene Tierney, Don Ameche)[3], **les Cinq Secrets du désert** Billy Wilder (Franchot Tone, Anne Baxter)[4]. **G : Plongée à l'aube** Anthony Asquith[9], **Victoire du désert** Roy Boulting[9], **Vivre libre** Jean Renoir (Charles Laughton, Maureen O'Hara)[3], **Convoi vers la Russie** Lloyd Bacon[3], **Air Force** Howard Hawks (John Garfield, Hary Carey)[3], **Bataan** Tay Garnett (Robert Taylor, George Murphy)[3], **les Anges de miséricorde** Mark Sandrich (Claudette Colbert, Paulette Goddard)[3], **Les bourreaux meurent aussi** Fritz Lang (Brian Donlevy, Walter Brennan, Anna Lee)[3], **Destination Tokyo** Delmer Daves[3], **l'Arc-en-Ciel** Marc Donskoï (Natalia Oujvy, Nima Alissova)[6].

1944 **Le ciel est à vous** Jean Grémillon (Madeleine Renaud, Charles Vanel, Jean Debucourt)[1], **les Dames du bois de Boulogne** Robert Bresson (Maria Casarès, Élina Labourdette, Paul Bernard, Lucienne Bogaert)[1], **Henry V** Laurence Olivier (L. Olivier, Renée Asherson)[9], **Ivan le Terrible** Serge Eisenstein (Nikolaï Tcherkassov, Loudmila Tchelikovskaïa, Serafina Birman, Piotr Kadotchnikov, 1re partie 1942-44, 2e 1945-46)[6], **Assurance sur la mort** Billy Wilder (Barbara Stanwyck, Edward Robinson, Fred MacMurray)[3], **Laura** Otto Preminger (Gene Tierney, Dana Andrews, Clifton Webb)[3]. **CM : le Bal des sirènes** George Sidney (Esther Williams, Red Skelton)[3], **le Chant du Missouri** Vincente Minnelli (Judy Garland)[3]. **G : l'Odyssée du Dr Wassell** Cecil B. De Mille[3], **Memphis Belle** William Wyler[3], **les Fils du dragon** Jack Conway[3], **Prisonniers de Satan** Lewis Milestone[3], **l'Héroïque Parade** Carol Reed[9].

1945 **Brève Rencontre** David Lean (Trevor Howard, Celia Johnson, Stanley Holloway)[9], **les Enfants du paradis** Marcel Carné (Arletty, Jean-Louis Barrault, Pierre Brasseur, Maria Casarès, Marcel Herrand, Louis Salou, Pierre

■ **Western.** Genre spécifiquement américain. Tentatives de Joë Hamman (1885-1974) en France, au temps du muet (série *Arizona Bill*). Adaptations en Allemagne d'après K. May (série *Winetou*). **Westerns-spaghettis** en Italie (*El Chuncho* (1967) de Damiano Damiani avec Gian Maria Volonte, ou *Colorado* (1967) de Sergio Sollima avec Lee Van Cleef ; les films de Sergio Leone : *le Bon, la Brute et le Truand* (1966), avec Clint Eastwood, *Il était une fois dans l'Ouest* (1968), avec Henry Fonda et Charles Bronson...) et des séries commerciales *(Sabata, Trinita...)*. Il s'agit plutôt de parodies. **Westerns-soja** films de kung-fu ou de karaté apparus vers 1970. *1972* Bruce Lee (1940-73) dans *Big Boss* et la *Fureur de vaincre ; 1973 : Karatéka et Co* (feuilleton à la TV française) ; *années 80 :* Jackie Chang, acteur et metteur en scène, crée une forme comique.

☞ **Héros de l'Ouest le plus souvent incarnés à l'écran :** William Frederick Cody (Buffalo Bill, 1846-1917) : *47 films.* William Bonney (Billy the Kid, 1860-81) : *44.* Wild Bill Hickock (1837-76) : *35.* Jesse James (1847-82) : *35.* Général George Armstrong Custer (1839-76) : *30.* Wyatt Earp (1848-1929) : *21.*

Renoir, Jane Marken)[1], **le Poison** Billy Wilder (Ray Milland)[3]. **F : Au cœur de la nuit** Alberto Cavalcanti, Charles Crichton, Basil Dearden et Robert Hamer (Mervyn Johns, Sally Ann Owes, Googie Withers)[9], **le Portrait de Dorian Gray** Albert Lewin (Hurd Hatfield, George Sanders, Donna Reed)[3]. **G : Commando de la mort** Lewis Milestone[3], **Retour aux Philippines** Edward Dmytryk[3], **Aventures en Birmanie** Raoul Walsh (Errol Flynn, Henry Hull, William Prince)[3], **les Forçats de la gloire** William Welman (Burgess Meredith, Robert Mitchum)[3], **Rome ville ouverte** Roberto Rossellini (Marcello Pagliero, Anna Magnani, Aldo Fabrizi)[2], **la Bataille du rail** René Clément (Jean Clarieux, Jean Daurand)[1], **Trente Secondes sur Tokyo** Mervyn Le Roy (Spencer Tracy)[3].

1946 la Symphonie pastorale Jean Delannoy (Michèle Morgan, Pierre Blanchar, Line Noro, Jean Desailly) [1], **l'Idiot** Georges Lampin (Edwige Feuillère, Gérard Philipe, Marguerite Moreno, Lucien Goëdel) [1], **Gilda** Charles Vidor (Rita Hayworth, Glenn Ford, Georges Macready, Joseph Calleia)[3], **les Portes de la nuit** Marcel Carné (Yves Montand, Nathalie Nattier, Pierre Brasseur)[1], **Paisa** Roberto Rossellini (interprètes non professionnels)[2], **les Grandes Espérances** David Lean (Valerie Hobson, Jean Simmons, John Mills, Martita Hunt)[9], **les Plus Belles Années de notre vie** William Wyler (Fredric March, Myrna Loy, Teresa Wright, Dana Andrews)[3], **l'Homme au chapeau rond** Pierre Billon (Raimu, Aimé Clariond, Lucie Valnor)[1], **le Grand Sommeil** Howard Hawks (Humphrey Bogart, Lauren Bacall, Dorothy Malone)[3], **les Enchaînés** Alfred Hitchcock (Cary Grant, Ingrid Bergman)[3], **la Dame de Shanghai** Orson Welles (Rita Hayworth, O. Welles)[3]. **F : la Belle et la Bête** Jean Cocteau (Jean Marais, Josette Day, Mila Parély, Michel Auclair)[1], **la Bête aux cinq doigts** Robert Florey[1]. **G : le Tournant décisif** Friedrich Ermler (Mikhaïl Derjavine, Andrei Abrikosov)[6]. **W: la Poursuite infernale** John Ford (Henry Fonda, Linda Darnell)[3], **Duel au Soleil** King Vidor (Gregory Peck, Joseph Cotten et Jennifer Jones)[3].

■ **Auteurs adaptés le plus souvent. William Shakespeare :** 301 adaptations (273 fidèles, 31 modernes) dont 41 Hamlet. **Edgar Wallace :** livres et récits 132, pièces 19.

1947 le Diable au corps Claude Autant-Lara (Micheline Presle, Gérard Philipe, Jean Debucourt)[1], **Monsieur Verdoux** Charlie Chaplin (Ch. Chaplin, Martha Raye)[3], **Quai des Orfèvres** Henri-Georges Clouzot (Louis Jouvet, Suzy Delair, Bernard Blier, Simone Renant, Charles Dullin)[1], **l'Œuf et Moi** Chester Erskine (Claudette Colbert, Fred Mac Murray)[3], **Panique** Julien Duvivier (Viviane Romance, Michel Simon, Paul Bernard, Charles Dorat)[1], **Monsieur Vincent** Maurice Cloche (Pierre Fresnay, Aimé Clariond, Germaine Dermoz, Jean Dubucourt)[1]. **G : les Maudits** René Clément (Henri Vidal, Michel Auclair, Florence Marly)[1], **la Bataille de l'eau lourde** Jean Dréville (parachutistes norvégiens)[1].

1948 Louisiana Story Robert Flaherty (Joseph Boudreaux, Lionel Le Blanc, E. Bienvenu)[3], **Riz amer** Giuseppe De Santis (Silvana Mangano, Raf Vallone, Vittorio Gassman)[2], **La terre tremble** Luchino Visconti (interprètes non professionnels)[2], **les Parents terribles** Jean Cocteau (Jean Marais, Gabrielle Dorziat, Yvonne de Bray, Marcel André, Josette Day)[1], **le Voleur de bicyclette** Vittorio De Sica (Lamberto Maggiorani, Enzo Staiola)[2], **Hamlet** Laurence Olivier (L. Olivier, Jean Simmons)[9], **Macbeth** Orson Welles (O. Welles, Jeanette Nolan)[3]. **CM: Parade de printemps** Charles Walters (Judy Garland, Fred Astaire)[3]. **W : la Rivière rouge** Howard Hawks (John Wayne, Montgomery Clift)[3], **la Ville abandonnée** William A. Wellman (Gregory Peck, Richard Widmark)[3], **le Massacre de Fort-Apache** John Ford (John Wayne, Henry Fonda, Shirley Temple)[3].

1949 L'enfer est à lui Raoul Walsh (James Cagney, Virginia Mayo, Edmond O'Brien)[3], **Manon** Henri-Georges Clouzot (Cécile Aubry, Michel Auclair, Serge Reggiani, Gabrielle Dorziat)[1], **Au-delà des grilles** René Clément (Jean Gabin, Isa Miranda, Véra Talchi, Andrea Cecchi, Robert Dalban) [1], **Jour de fête** Jacques Tati (J. Tati, Guy Decomble, Paul Frankeur)[1], **Noblesse oblige** Robert Hamer (Dennis Price, Valerie Hobson, Joan Greenwood, Alec Guinness)[9], **le Troisième Homme** Carol Reed (Joseph Cotten, Alida Valli, Trevor Howard, Orson Welles)[9]. **CM : Un jour à New York** Gene Kelly et Stanley Donen (G. Kelly, Frank Sinatra)[3]. **G : Bastogne** William Wellman (Van Johnson, John Hodiak)[3], **la Bataille de Stalingrad** Vladimir Petrov[6], **la Chute de Berlin** Michael Tchiaourelli (Boris Andreiev, M. Kovaleva)[6]. **W : la Flèche brisée** Delmer Daves (James Stewart)[3], **la Charge héroïque** John Ford (John Wayne)[3].

1950 les Branquignols Robert Dhéry (Colette Brosset, Julien Carette, Annette Poivre, Raymond Bussières, Raymond Souplex)[1], **les Enfants terribles** Jean-Pierre Melville (Nicole Stéphane, Édouard Dermit, Jacques Bernard, Renée Casima)[1], **les Forbans de la nuit** Jules Dassin (Richard Widmark, Gene Tierney, Googie Withers)[9], **Chronique d'un amour** Michelangelo Antonioni (Lucia Bose, Massimo Girotti)[2], **Ève** Joseph Mankiewicz (Bette Davis, Anne Baxter, George Sanders, Marilyn Monroe)[3], **Sunset Boulevard** (Boulevard du Crépuscule) Billy Wilder (Gloria Swanson, William Holden, Erich von Stroheim)[3], **Rashomon** Akira Kurosawa (Toshiro Mifune, Machiko Kyo)[11], **la Ronde** Max Ophuls (Anton Walbrook, Simone Signoret, Serge Reggiani)[1], **Quand la ville dort** John Huston (Sterling Hayden)[3], **los Olvidados** Luis Buñuel (Alfonso Mejia)[13]. **F : Orphée** Jean Cocteau (Jean Marais, Maria Casarès, François Périer, Marie Déa)[1]. **G : Guérillas** Fritz Lang[3], **Iwo Jima** Allan Dwan[3]. **W : la Cible humaine** Henry King (Gregory Peck)[3].

1951 Mademoiselle Julie Alf Sjöberg (Anita Björk, Ulf Palme, Anders Henrikson, Märta Dorff, Max von Sydow)[4], **le Journal d'un curé de campagne** Robert Bresson (Claude Laydu, Nicole Ladmiral, Nicole Maurey, André Guibert, Jean Riveyre)[1], **le Fleuve** Jean Renoir (Nora Swinburne, Esmond Knight, Adrienne Corri)[3], **l'Inconnu du Nord-Express** Alfred Hitchcock (Farley Granger, Robert Walker, Ruth Roman)[3], **Un tramway nommé Désir** Elia Kazan (Vivien Leigh, Marlon Brando, Kim Hunter)[3], **Une place au soleil** George Stevens (Elizabeth Taylor, Montgomery Clift, Shelley Winters)[3], **l'Auberge rouge** Claude Autant-Lara (Fernandel, Françoise Rosay, Julien Carette)[1]. **CM : Show-Boat** George Sidney (Kathryn Grayson, Howard Keel, Ava Gardner)[3], **Un Américain à Paris** Vincente Minnelli (Gene Kelly, Leslie Caron, Georges Guétary, Oscar Levant)[3]. **F : Le jour où la Terre s'arrêta** Robert Wise (Michael Rennie, Patricia Neal)[3], **la Chose d'un autre monde** Christian Nyby (Margaret Sheridan, Kenneth Tobzey)[3]. **G : Baïonnette au canon** Samuel Fuller (Richard Basehast, Gene Evans)[3], **J'ai vécu l'enfer de Corée** Samuel Fuller (Robert Hutton, Steve Bredie)[3], **Okinawa** Lewis Milestone (Richard Widmark, Jack Palance)[3], **les Diables de Guadalcanal** Nicholas Ray (John Wayne, Robert Ryan)[3], **le Renard du désert** Henry Hathaway (James Mason, Jessica Tandy)[3]. **W : Convoi de femmes** William Wellman (Robert Taylor)[3].

1952 la Vie d'O'Haru, femme galante Kenji Mizoguchi (Kinuyo Tanaka, Ishino Sugai, Masao Schimizu)[11], **les Belles de nuit** René Clair (Gérard Philipe, Martine Carol, Gina Lollobrigida)[1], **Casque d'or** Jacques Becker (Simone Signoret, Serge Reggiani, Claude Dauphin)[1], **le Carrosse d'or** Jean Renoir (Anna Magnani, Duncan Lamont, Jean Debucourt)[1], **Othello** Orson Welles (O. Welles, Suzanne Cloutier, Michael MacLiammoir)[3], **Deux Sous d'espoir** Renato Castellani (Vincenzo Musolino)[2], **l'Homme tranquille** John Ford (John Wayne, Maureen O'Hara)[3], **Fanfan la Tulipe** Christian-Jaque (Gérard Philipe, Gina Lollobrigida, Noël Roquevert)[1], **Nous sommes tous des assassins** André Cayatte (Marcel Mouloudji, Georges Poujouly, Raymond Pellegrin, Jacqueline Pierreux)[1], **la Fête à Henriette** Julien Duvivier (Dany Robin, Hildegarde Neff, Michel Auclair, Louis Seignier, Henri Crémieux)[1], **Jeux interdits** René Clément (Brigitte Fossey, Georges Poujouly, Lucien Hubert)[1]. **CM : Chantons sous la pluie** Gene Kelly et Stanley Donen (Gene Kelly, Debbie Reynolds, Donald O'Connor, Cyd Charisse)[3], **Un Américain à Paris** Vincente Minelli (Gene Kelly, Leslie Caron, Oscar Levant)[3]. **F : la Guerre des mondes** Byron Haskin (Gene Barry, Ann Robinson)[3]. **G : Commando sur St-Nazaire** C. Bescett[4], **Crève-Cœur** Jacques Dupont (bataillon français de Corée)[1]. **W : l'Ange des maudits** Fritz Lang (Marlene Dietrich, Arthur Kennedy)[3], **Le train sifflera trois fois** Fred Zinnemann (Gary Cooper, Grace Kelly)[3], **la Captive aux yeux clairs** Howard Hawks (Kirk Douglas, Dewey Martin)[3].

1953 la Tunique Henry Koster (Richard Burton, Jean Simmons)[3], en CinémaScope, **Voyage à Tokyo** Yasujiro Ozu (Chishu Ryu, Chiyeko Higashiyama, Setsuko Hara)[11], **les Vacances de Monsieur Hulot** Jacques Tati (J. Tati, Nathalie Pascaud, Louis Perrault, Michèle Roll)[1], **I Vitelloni** Federico Fellini (Alberto Sordi, Franco Fabrizi, Franco Interlenghi, Leonora Ruffo)[2], **Voyage en Italie** Roberto Rossellini (Ingrid Bergman, George Sanders, Maria Mauban)[2], **Jules César** Mankiewicz (Marlon Brando, James Mason, John Gielgud, Louis Calhern, Deborah Kerr)[3], **les Contes de la lune vague après la pluie** Kenji Mizoguchi (Machiko Kyo)[11], **le Salaire de la peur** Henri-Georges Clouzot (Yves Montand, Charles Vanel, Véra Clouzot)[1], **Madame de...** Max Ophuls (Danielle Darrieux, Charles Boyer, Vittorio De Sica)[1], **Vacances romaines** William Wyler (Gregory Peck, Audrey Hepburn, Eddie Albert). **CM : Tous en scène** Vincente Minnelli (Fred Astaire, Cyd Charisse)[3]. **G : Tant qu'il y aura des hommes** Fred Zinnemann (Burt Lancaster, Montgomery Clift, Deborah Kerr)[3], **Sergent la Terreur** Richard Brooks (Richard Widmark, Karl Malden)[3], **les Bérets rouges** Terence Young (Alan Ladd, Leo Genn, Susan Stephen)[9], **les Rats du désert** Robert Wise (Richard Burton, James Mason)[3], **le Cirque infernal** Richard Brooks[3]. **W : l'Homme des vallées perdues** George Stevens (Alan Ladd, Jean Arthur, Jack Palance)[3].

1954 le Blé en herbe Claude Autant-Lara (Edwige Feuillère, Nicole Berger, Pierre-Michel Beck, Charles Deschamps)[1], **Carmen Jones** Otto Preminger (Dorothy Dandridge, Harry Belafonte)[3], **les 7 Samouraïs** Akira Kurosawa (Takashi Shimura, Toshirō Mifune, Yoschio Inaba)[11], **Une étoile est née** George Cukor (Judy Garland, James Mason, Jack Carson, Charles Bickford)[3], **Monsieur Ripois** René Clément (Gérard Philipe, Joan Greenwood, Valerie Hobson)[1], **Touchez pas au grisbi** Jacques Becker (Jean Gabin, René Dary, Jeanne Moreau, Dora Doll)[1], **la Strada** Fellini (Giulietta Masina, Anthony Quinn, Richard Basehart)[2], **Senso** Luchino Visconti (Alida Valli, Farley Granger, Massimo Girotti)[2], **la Comtesse aux pieds nus** Joseph Mankiewicz (Ava Gardner, Humphrey Bogart, Rossano Brazzi, Bessie Love)[3], **Mort d'un cycliste** Juan Antonio Bardem (Lucia Bosè, Alberto Closas, Carlos Casaravilla)[13]. **CM : les 7 Femmes de Barberousse** Stanley Donen (Jane Powell et Howard Keel)[3]. **G : la Patrouille infernale** Stwart Heisler (Tony Curtis, Frank Lovejoy)[3], **le Dernier Pont** Helmut Kaütner (Maria Schell, Bernhard Nicki)[5], **Opération Tirpitz** Ralph Thomas[9]. **W : Bronco Apache** Robert Aldrich (Burt Lancaster)[3], **Vera Cruz** Robert Aldrich (Gary Cooper, Burt Lancaster)[3], **Quatre Étranges Cavaliers** Allan Dwan (John Payne)[3], **Johnny Guitare** Nicholas Ray (Joan Crawford, Sterling Hayden, Ernest Borgnine, Mercedes McCambridge)[3], **Rivière sans retour** Otto Preminger (Marilyn Monroe, Robert Mitchum, Rory Calhoun)[3] en CinémaScope.

1955 les Diaboliques Henri-Georges Clouzot (Simone Signoret, Véra Clouzot, Paul Meurisse, Charles Vanel)[1], **Du rififi chez les hommes** Jules Dassin (Jean Servais, Carl Mohner, Robert Manuel, Perlo Vita, J. Dassin)[1], **Blackboard Jungle** (Graine de violence) Richard Brooks (Glenn Ford, Anne Francis)[3], **les Contrebandiers de Moonfleet** Fritz Lang (Stewart Granger, Jon Whiteley, George Sanders, Joan Greenwood)[3], **En quatrième vitesse** Robert Aldrich (Ralph Meeker, Albert Dekker, Paul Stewart)[3], **French Cancan** Jean Renoir (Jean Gabin, Maria Félix, Françoise Arnoul, Gianni Esposito, Valentine Tessier, Édith Piaf)[1], **Lola Montes** Max Ophuls (Martine Carol, Anton Walbrook, Peter Ustinov, Oskar Werner, Ivan Desny)[1], **Sourires d'une nuit d'été** Ingmar Bergman (Ulla Jacobson, Harriet Andersson, Eva Dahlbeck, Gunnar Björnstrand, Bibi Andersson)[4], **Ordet** Carl Th. Dreyer (Henrik Malberg, Birgit Federspiel)[3], **A l'est d'Eden** Élia Kazan (James Dean, Julie Harris, Raymond Massey, Jo Van Fleet)[3], **la Fureur de vivre** Nicholas Ray (James Dean, Natalie Wood, Sal Mineo)[3], **l'Impératrice Yang-Kwei-Fei** Kenji Mizoguchi (Machiko Kyo)[11], **Nuit et Brouillard** Alain Resnais[1], **Pather Panchali** Satyajit Ray (S. Bannerjee)[14]. **F : la Nuit du chasseur** Charles Laughton (Robert Mitchum)[3], **les Survivants de l'infini** Joseph Newman (Jeff Morrow, Faith Domergue)[3]. **G : le Général du diable** Helmut Kaütner (Curd Jürgens, Victor de Kowa)[5], **la Fin d'Hitler** Georg Pabst[5], **le Cri de la victoire** Raoul Walsh (Van Heflin, Aldo Ray)[3], **la Flamme pourpre** Robert Parrish (Gregory Peck, Win Min Than)[3], **les Briseurs de barrage** Michael Anderson (Richard Todd, Michael Redgrave)[9], **l'Enfer des hommes** Jesse Hibbs (Audie Murphy, Marshall Thompson)[3]. **W : les Implacables** Raoul Walsh (Clark Gable)[3], **Je suis un aventurier** Anthony Mann (James Steward)[3], **l'Homme de la plaine** Anthony Mann (James Stewart, Arthur Kennedy)[3], **la Dernière Chasse** Richard Brooks (Robert Taylor)[3].

1956 Et Dieu créa la femme Roger Vadim (Brigitte Bardot, Curt Jürgens, Jean-Louis Trintignant, Christian Marquand)[1], **la Traversée de Paris** Claude Autant-Lara (Jean Gabin, Bourvil, Jeannette Batti, Louis de Funès)[1], **Baby Doll** Elia Kazan (Carroll Baker, Karl Malden, Eli Wallach, Mildred Dunnock)[3] , **les Dix Commandements** Cecil B. De Mille (Charlton Heston, Yul Brynner, Anne Baxter, Yvonne De Carlo, Edward Robinson, Debra Paget, John Derek)[3], **Guerre et Paix** King Vidor (Audrey Hepburn, Henry Fonda, Mel Ferrer, Vittorio Gassman, John Mills, Anna Maria Ferrero)[3], **Un condamné à mort s'est échappé** Robert Bresson (F. Leterrier, Charles Leclainche, Roland Monod)[1]. **F : la Marque** Val Guest[9], **Planète interdite** Fred M. Wilcox[3], **le Septième Sceau** Ingmar Bergman (Max von Sydow, Gunnar Björnstrand, Nils Poppe, Bibi Andersson)[4]. **G : la Bataille du Rio de la Plata** Michael Powell, E. Pressburger[9], **le Temps de la colère** Richard Fleischer (Robert Wagner, Terry Moore)[3], **Cote 465** Anthony Mann (Robert Ryan, Aldo Ray)[3], **Attaque** Robert Aldrich (Jack Palance, Eddie Albert)[3], **Commando dans la Gironde** José Ferrer[3]. **W : la Prisonnière du désert** John Ford (John Wayne, Jeffrey Hunter, Vera Miles, Natalie Wood)[3], **Sept Hommes à abattre** Budd Boetticher (Randolph Scott, Lee Marvin)[3].

1957 les Fraises sauvages Ingmar Bergman (Victor Sjöström, Bibi Andersson, Gunnar Björnstrand, Ingrid Thulin, Max von Sydow)[4], **Quand passent les cigognes** Mikhaïl Kalatozov (Tatiana Samoilova)[6], **les Sentiers de la gloire** Stanley Kubrick (Kirk Douglas, Adolphe Menjou, George Macready)[3]. **CM : les Girls** George Cukor (Gene Kelly, Mitzi Gaynor, Kay Kendall, Taïna Elg)[3], **Drôle de frimousse** Stanley Donen (Fred Astaire, Audrey Hepburn)[3], **la Belle de Moscou** Rouben Mamoulian (Fred Astaire. Cyd Charisse)[3]. **F : L'homme qui rétrécit** Jack Arnold (Grant Williams, Randy Stuart, April Kent)[3]. **G : Patrouille de choc** Claude Bernard-Aubert (Jean Pontoizeau, Jean-Claude Michel)[1], **Commando sur le Yang-Tsé** Michael Anderson[6], **le Pont de la rivière Kwai** David Lean (William Holden, Jack Hawkins, Alec Guinness, Sessue Hayakawa)[9], **Kanal** Andrzej Wajda (Teresa Izewska, Tadeusz Janczar)[13]. **W : 3 Heures 10 pour Yuma** Delmer Daves (Glenn Ford)[3], **Règlement de comptes à OK Corral** John Sturges (Burt Lancaster, Kirk Douglas)[3].

1958 Mon oncle Jacques Tati (J. Tati, Jean-Pierre Zola, Adrienne Servantie)[1], **le Pigeon** Mario Monicelli (Vittorio Gassman, Marcello Mastroianni, Renato Salvatori, Toto)[2], **les Amants** Louis Malle (Jeanne Moreau, Alain Cuny, Jean-Marc Bory, Judith Magre)[1], **la Soif du mal** Orson Welles (O. Welles, Janet Leigh, Charlton Heston, Marlene Dietrich)[3], **Vertigo** Alfred Hitchcock (James Stewart, Kim Novak, Barbara Bel Geddes)[3], **Nazarin** Luis Buñuel (Francisco Rabal)[23], **le Salon de musique** Satyakit Ray (Chhabi Biswas)[14]. **CM : Gigi** Vincente Minnelli (Leslie Caron, Louis Jourdan, Maurice Chevalier, Hermione Gingold, Eva Gabor)[3]. **F : le Cauchemar de Dracula** Terence Fisher (Christopher Lee, Peter Cushing)[9]. **G : les Nus et les Morts** Raoul Walsh (Aldo Ray, Cliff Robertson, Raymond Massey)[3], **le Temps d'aimer et le Temps de mourir** Douglas Sirk (John Gavin, Liselotte Pulver)[3], **Les commandos passent à l'attaque** William Wellman (James Garner, Etchika Choureau)[3], **Cendres et Diamant** Andrzej Wajda (Zbigniew Cybulski, Ewa Krzyzewska)[13], **Dunkerque** Leslie Norman[9], **le Bal des maudits** Edward Dmytryk (Marlon Brando, Dean Martin)[3], **Tarawa, tête de pont** Paul Wendkos[3]. **W : Cow-Boy** Delmer Daves (Glenn Ford)[3], **Bravados** Henry King (Gregory Peck)[3], **les Grands Espaces** William Wyler (Gregory Peck)[3], **l'Homme de l'Ouest** Anthony Mann (Gary Cooper)[3], **le Gaucher** Arthur Penn (Paul Newman, Lita Milan, John Dehner)[3].

1959 Hiroshima, mon amour Alain Resnais (Emmanuelle Riva, Eiji Okada, Bernard Fresson)[1], **Ben Hur** William Wyler (Charlton Heston, Stephen Boyd, Jack Hawkins)[3], **les 400 Coups** François Truffaut (Jean-Pierre

Léaud, Claire Maurier, Albert Rémy)[1], **le Testament d'Orphée** Jean Cocteau (J. Cocteau, Édouard Dermithe, Maria Casarès, François Périer, Jean Marais, Yul Brynner, Serge Lifar)[1], **l'Avventura** Michelangelo Antonioni (Monica Vitti, Lea Massari, Gabriele Ferzetti)[2], **la Vache et le Prisonnier** Henri Verneuil (Fernandel, René Avard, Albert Rémy)[1], **Certains l'aiment chaud** Billy Wilder (Marilyn Monroe, Tony Curtis, Jack Lemmon)[3], **la Mort aux trousses** Alfred Hitchcock (Cary Grant, Eva Marie Saint, James Mason)[3], **Orfeu Negro** Marcel Camus (Breno Mells, Marpessa Dawn, Lourdes de Oliveira)[1], **Pickpocket** Robert Bresson (Martin Lassalle, Marika Green, Pierre Leymarie)[1]. **F : le Testament du docteur Cordelier** Jean Renoir (Jean-Louis Barrault, Michel Vitold)[1], **Voyage au centre de la Terre** Henry Levin (James Mason, Pat Boone)[3]. **G : la Bataille de la mer de Corail** Paul Wendkos[3], **le Pont** Bernhardt Wicki (Volker Bohnet, Fritz Wepper)[5], **la Ballade du soldat** Gregori Tchoukhraï (Vladimir Ivachev, Janna Prokhorenko)[6]. **W : Rio Bravo** Howard Hawks (John Wayne, Dean Martin)[3], **l'Aventurier du Rio Grande** Robert Parrish (Robert Mitchum)[3], **les Cavaliers** John Ford (John Wayne, William Holden)[3], **le Dernier Train de Gun Hill** John Sturges (Kirk Douglas, Anthony Quinn)[3], **l'Homme aux colts d'or** Edward Dmytryk (Henry Fonda, Richard Widmark, Anthony Quinn)[3].

1960 Spartacus Stanley Kubrick (Kirk Douglas, Jean Simmons)[3], **Elmer Gantry, le charlatan** Richard Brooks (Burt Lancaster, Jean Simmons, Arthur Kennedy, Shirley Jones)[3], **Samedi soir et dimanche matin** Karel Reisz (Albert Finney, Shirley Ann Field, Rachel Roberts)[9], **Zazie dans le métro** Louis Malle (Catherine Demongeot, Philippe Noiret, Vittorio Caprioli, Jacques Dufilho)[1], **la Dolce Vita** Federico Fellini (Marcello Mastroianni, Anouk Aimée, Anita Ekberg, Yvonne Furneaux, Alain Cuny)[2], **le Fleuve sauvage** Elia Kazan (Montgomery Clift, Lee Remick, Jo Van Fleet, Barbara Loden)[3], **Psychose** Alfred Hitchcock (Anthony Perkins, Janet Leigh, Vera Miles, John Gavin)[3], **A bout de souffle** Jean-Luc Godard (Jean Seberg, Jean-Paul Belmondo, Daniel Boulanger, Jean-Pierre Melville, Henri-Jacques Huet, Claude Mansard)[1]. **F : le Masque du démon** Mario Bava (Barbara Steele, John Richardson)[2], **la Chute de la maison Usher** Roger Corman (Vincent Price, Myrna Fahey)[3], **la Machine à explorer le temps** George Pal (Rod Taylor, Yvette Mimieux)[3], **le Voyeur** Michael Powell (Karl Boehm, Moira Shearer)[9], **les Yeux sans visage** Georges Franju (Pierre Brasseur, Alida Valli)[1]. **G : Coulez le *Bismarck*** Lewis Gilbert[9], **les Feux dans la plaine** Kon Ichikawa (Eiji Funakoshi)[11], **Saïpan** Phil Karlson (Jeffrey Hunter, Vic Damone)[3]. **W : Alamo** John Wayne (J. Wayne, Richard Widmark)[3], **les Sept Mercenaires** John Sturges (Yul Brynner, Steeve McQueen)[3], **le Vent de la plaine** John Huston (Burt Lancaster, Audrey Hepburn)[3].

1961 Une aussi longue absence Henri Colpi (Alida Valli, Georges Wilson)[1], **Lola** Jacques Demy (Anouk Aimée, Jacques Harden, Marc Michel, Annie Dupeyroux, Elina Labourdette)[1], **Salvatore Giuliano** Francesco Rosi (Frank Wolff, Salvo Randone, Federico Zardi, Pietro Cammarata)[2], **la Nuit** Michelangelo Antonioni (Monica Vitti, Marcello Mastroianni, Jeanne Moreau)[2], **l'Année dernière à Marienbad** Alain Resnais (Delphine Seyrig, Sacha Pitoëff, Giorgio Albertazzi)[1], **les Désaxés** (The Misfits) John Huston (Marilyn Monroe, Clark Gable, Montgomery Clift, Eli Wallach, Thelma Ritter)[3], **Viridiana** Luis Buñuel (Silvia Pinal, Francisco Rabal)[13]. **CM : West Side Story** Robert Wise et Jerome Robbins (Natalie Wood, George Chakiris, Rita Moreno, Russ Tamblyn)[3]. **F : les Innocents** Jack Clayton[9], **les Damnés** Joseph Losey (Mac Donald Carey, Shirley Ann Field)[9]. **G : les Canons de Navarone** Jack Lee Thompson (Gregory Peck, David Niven, Anthony Quinn, Irene Papas)[9]. **W : L'homme qui tua Liberty Valance** John Ford (John Wayne, James Stewart, Lee Marvin)[3], **Coups de feu dans la Sierra** Sam Peckinpah (Joel McCrea, Randolph Scott)[3].

1962 Jules et Jim François Truffaut (Jeanne Moreau, Oskar Werner, Henri Serre, Marie Dubois)[1], **David et Lisa** Frank Perry (Keir Dullea, Janet Margolin)[3], **Cléo de 5 à 7** Agnès Varda (Corinne Marchand, Loye Payen, Dominique Davray, Jean Champion)[1], **le Fanfaron** Dino Risi (Vittorio Gassman, Jean-Louis Trintignant, Catherine Spaak, Claudio Gora)[2], **les Amants de Teruel**, Raymond Rouleau (Ludmila Tchérina, Milenko Barrovitch, René-Louis Lafforgue)[1], **Thérèse Desqueyroux** Georges Franju (Emmanuelle Riva, Philippe Noiret, Édith Scob, Sami Frey)[1], **la Solitude du coureur de fond** Tony Richardson (Tom Courtenay, Michael Redgrave, James Bolam)[9], **le Procès de Jeanne d'Arc** Robert Bresson (Florence Delay, Jean-Claude Fourneau, Jean Gilibert)[1], **Eva** Joseph Losey (Jeanne Moreau, Virna Lisi, Stanley Baker)[9], **les Dimanches de Ville-d'Avray** Serge Bourguignon (Hardy Kruger, Patricia Gozzi, Nicole Courcel)[1], **Les maraudeurs attaquent** Samuel Fuller (Jeff Chandler, Ty Hardin)[3], **Tempête à Washington** Otto Preminger (Henry Fonda, Charles Laughton, Walter Pidgeon, Gene Tierney, Franchot Tone, Peter Lawford)[3], **l'Ange exterminateur** Luis Buñuel (Silvia Pinal, Jacqueline Andere, José Baviera)[23], **Hatari !** Howard Hawks (Gérard Blain, John Waine, Elsa Martinelli)[3]. **F : la Jetée** Chris Marker (Davos Hanich, Hélène Chatelain, Jean Negroni)[1], **l'Effroyable Secret du Dr Hichcock** Robert Hampton (Barbara Steele, Robert Flemyng)[2]. **G : L'enfer est pour les héros** Don Siegel (Steeve McQueen, Bobby Darin)[3]. **W : la Conquête de l'Ouest** John Ford, Henry Hathaway et George Marshall (John Wayne, Henry Fonda, Richard Widmark)[3].

1963 Cléopâtre Joseph Mankiewicz (Elizabeth Taylor, Richard Burton, Rex Harrison)[3], **Docteur Jerry et Mister Love** Jerry Lewis (J. Lewis, Stella Stevens, Del Moore, Kathleen Freeman)[3], **le Mépris** Jean-Luc Godard (Brigitte Bardot, Jack Palance, Fritz Lang, Michel Piccoli, Georgia Moll, J.-L. Godard)[1], **Huit et demi** Federico Fellini (Marcello Mastroianni, Anouk Aimée)[2], **le Guépard** Luchino Visconti (Burt Lancaster, Alain Delon, Claudia Cardinale)[2], **America America** Elia Kazan (Stathis Giallelis, Frank Wolff, John Marley, Linda Marsh)[3], **The Servant** Joseph Losey (Dirk Bogarde, Sarah Miles, James Fox, Wendy Craig)[9]. **F : les Oiseaux** Alfred Hitchcock (Rod Taylor, Tippi Hedren, Suzanne Pleshette)[3], **la Maison du diable** Robert Wise (Richard Johnson, Claire Bloom)[3]. **G : le Jour le plus long** Darryl Zanuck (John Wayne, Robert Mitchum, Henry Fonda)[3].

■ **James Bond** [nom du film, réalisateur, acteur principal, actrice principale (en italique : nom de son personnage et son âge lors du tournage)]. **James Bond 007 contre Dr No (1962)** Terence Young [Sean Connery, Ursula Andress : *Honeychile Rider*, 26 a.]. **Bons Baisers de Russie (1963)** Terence Young [Sean Connery, Daniella Bianchi : *Tatiana Romanova*, 21 a.]. **Goldfinger (1964)** Guy Hamilton [Sean Connery, Honor Blackman : *Pussy Galore*, 38 a.]. **Opération Tonnerre (1965)** Terence Young [Sean Connery, Claudine Auger : *Domino Vitali*, 23 a.]. **On ne vit que deux fois (1967)** Lewis Gilbert [Sean Connery, Mie Hama : *Kissy Suzuki*]. **Au service secret de Sa Majesté (1969)** Peter Hunt [George Lazenby, Diana Rigg : *Teresa Tracy, the Countess di Vicenzo*, 31 a.]. **Les diamants sont éternels (1971)** Guy Hamilton [Sean Connery, Jill St. John : *Tiffany Case*, 31 a.]. **Vivre et laisser mourir (1973)** Guy Hamilton [Roger Moore, Jane Seymour : *Solitaire*, 22 a.]. **L'Homme au pistolet d'or (1974)** Guy Hamilton [Roger Moore, Britt Ekland : *Mary Goodnight*, 32 a.]. **L'espion qui m'aimait (1977)** Lewis Gilbert [Roger Moore, Barbara Bach : *major Anya Amasova*, 27 a.]. **Moonraker (1979)** Lewis Gilbert [Roger Moore, Lois Chiles : *Holly Goodhead*, 29 a.]. **Rien que pour vos yeux (1981)** John Glen [Roger Moore, Carole Bouquet : *Melina Havelock*, 24 a.]. **Octopussy (1983)** John Glen [Roger Moore, Maud Adams : *Octopussy*, 38 a.]. **Dangereusement vôtre (1985)** John Glen [Roger Moore, Tanya Roberts : *Stacey Sutton*, 40 a.]. **Jamais plus jamais (1983)** Irvin Kershner [Sean Connery, Kim Basinger : *Domino*, 30 a.]. **Tuer n'est pas jouer (1987)** John Glen [Timothy Dalton, Maryam d'Abo : *Kara Milovy*]. **Permis de tuer (1989)** John Glen [Timothy Dalton, Carey Lowell : *Pam Bouvier*]. **Goldeneye (1995)** Martin Campbell [Pierce Brosnan, Famke Janssen : *Xenia Onatopp*, 30 a., Izabella Scorupco : *Natalya Simonova*, 25 a.]. **Demain ne meurt jamais (1997)** Roger Spottiswoode [Pierce Brosnan, Michelle Yeoh : *Wai Lin*, 35 a.]. **Le monde ne suffit pas** (1999) Michael Apted [Pierce Brosnan, Sophie Marceau : *Elektra King*, 33 a.].

■ **Le commissaire Maigret.** Pierre Renoir, Abel Tarride, Harry Baur, Albert Préjean, Charles Laughton, Michel Simon, Maurice Manson, Jean Gabin, Gino Cervi, Rupert Davies, Heinz Ruhmann. *Téléfilms* : Jean Richard, Bruno Cremer.

1964 Sept Jours en mai John Frankenheimer (Kirk Douglas, Burt Lancaster, Ava Gardner)[3], **l'Évangile selon saint Matthieu** Pier Paolo Pasolini (Enrique Irazoqui, Susana Pasolini)[2], **Mary Poppins** Robert Stevenson (Julie Andrews)[3]. **CM : les Parapluies de Cherbourg** Jacques Demy (Catherine Deneuve, Anne Vernon, Nino Castelnuovo)[1], **My Fair Lady** George Cukor (Audrey Hepburn, Rex Harrison, Stanley Holloway)[3, 9]. **F : le Masque de la mort rouge** Roger Corman (Vincent Prize, Hazel Court)[3], **le Manuscrit trouvé à Saragosse** Wojciech J. Has (Zbigniew Cybulski, Iga Cembrzynska)[12]. **G : la Bataille de France** Jean Aurel[1], **Première Victoire** Otto Preminger (John Wayne, Kirk Douglas)[3], **la 317e Section** Pierre Schoendoerffer (Jacques Perrin, Bruno Crémer)[1]. **W : les Cheyennes** John Ford (Richard Widmark)[3], **la Charge de la 8e brigade** Raoul Walsh (Troy Donahue, Suzanne Pleshette)[3].

1965 Pierrot le fou Jean-Luc Godard (Jean-Paul Belmondo, Anna Karina, Dirk Sanders, Graziella Gavalni, Raymond Devos)[1], **les Amours d'une blonde** Milos Forman (Hana Brejchova, Vladimir Pucholt)[8], **Kwaidan** Masaki Kobayashi (K. Kishi)[11], **le Corniaud** Gérard Oury (Bourvil, Louis de Funès)[1]. **CM : la Mélodie du bonheur** Robert Wise (Julie Andrews)[3]. **F : Alphaville** Jean-Luc Godard (Eddie Constantine, Anna Karina)[1]. **G : la Bataille des Ardennes** Ken Annakin (Henry Fonda, Robert Ryan)[3]. **W : les Quatres Fils de Katie Elder** Henry Hathaway (John Wayne, Dean Martin)[3].

1966 l'Homme au crâne rasé André Delvaux (Senne Rouffaer, Beata Tyszkiewicz, Hector Camerlynck)[15], **Persona** Ingmar Bergman (Bibi Andersson, Liv Ulmann, Margharetta Krook)[4], **les Sans-Espoir** Miklós Jancsó (János Görbe, Tibor Molnár, Andras Kosák)[21], **la Grande Vadrouille** Gérard Oury (Bourvil, Louis de Funès)[1], **Un homme et une femme** Claude Lelouch (Anouk Aimée, Jean-Louis Trintignant)[1], **Au hasard Balthazar** Robert Bresson (Anne Wiazemsky, François Lafargue, Philippe Asselin, Nathalie Joyaut)[1], **le Roi de cœur** Philippe de Broca (Alan Bates, Pierre Brasseur, Jean-Claude Brialy, Geneviève Bujold)[1], **Paris brûle-t-il ?** René Clément (Jean-Paul Belmondo, Alain Delon, Orson Welles, Yves Montand)[1], **Docteur Jivago** David Lean (Omar Sharif, Julie Christie, Alec Guiness)[9]. **F : Fahrenheit 451** François Truffaut (Oskar Werner, Julie Christie)[1]. **G : la Longue Marche** Alexandre Astruc (Robert Hossein, Maurice Ronet)[1], **les Centurions** Mark Robson[3]. **W : les Professionnels** Richard Brooks (Burt Lancaster, Lee Marvin, Robert Ryan, Claudia Cardinale)[3].

1967 Belle de jour Luis Buñuel (Catherine Deneuve, Jean Sorel, Michel Piccoli, Geneviève Page, Pierre Clémenti)[1], **le Lauréat** Mike Nichols (Dustin Hoffman, Katharine Ross)[3], **Devine qui vient dîner** Stanley Kramer (Spencer Tracy, Katharine Hepburn, Sidney Poitier)[3], **Dans la chaleur de la nuit** Norman Jewison (Sidney Poitier, Rod Steiger)[3], **l'Incompris** Luigi Comencini (Anthony Quayle, Stefano Colagrande, Simone Giannozzi)[2], **le Samouraï** Jean-Pierre Melville (Alain Delon, Nathalie Delon, François Périer)[1], **la Chinoise** Jean-Luc Godard (Anne Wiazemsky, Jean-Pierre Léaud, Juliet Berto, Francis Jeanson)[1], **Accident** Joseph Losey (Dirk Bogarde, Stanley Baker, Jacqueline Sassard, Michael York, Delphine Seyrig)[9], **Reflets dans un œil d'or** John Huston (Elizabeth Taylor, Marlon Brando, Julie Harris, Brian Keith)[3], **le Vieil Homme et l'Enfant** Claude Berri (Michel Simon, Alain Cohen, Luce Fabiole, Charles Denner, Roger Carel)[1], **Week-End** Jean-Luc Godard (Mireille Darc, Jean Yanne, Jean-Pierre Kalfon) [1]. **CM : les Demoiselles de Rochefort** Jacques Demy (Catherine Deneuve, Françoise Dorléac, Danielle Darrieux)[1]. **F : les Monstres de l'espace** Roy Ward Baker (James Donald, Andrew Keir)[9], **la Planète des singes** Franklin Schaffner (Charlton Heston, John Chambers)[3], **les Chevaux de feu** Sergueï Paradjanov (Ivan Mikolaïtchouk, Larissa Kadotchnikova, Tatiana Besteva, Spartak Bagachvili)[6]. **G : la Bataille pour Anzio** Edward Dmytryk (Robert Mitchum, Peter Falk)[3]. **W : El Dorado** Howard Hawks (John Wayne, Robert Mitchum)[3].

1968 le Mandat Ousmane Sembène (Mamadou Gueye, Ynousse N'Diaye, Serigne N'Diaye)[19], **Théorème** Pier Paolo Pasolini (Terence Stamp)[2]. **CM : Star** Robert Wise (Julie Andrews, Richard Crenna)[3]. **F : Histoires extraordinaires** Federico Fellini, Louis Malle, Roger Vadim[1, 2], **2001 : l'Odyssée de l'espace** Stanley Kubrick (Keir Dullea, Gary Lockwood, William Sylvester, Daniel Richter)[9], **Rosemary's Baby** Roman Polanski (Mia Farrow, John Cassavetes)[3], **la Nuit des morts vivants** G.A. Romero (Judith O'Dea, Russell Streiner)[3], **Un soir, un train** André Delvaux (Anouk Aimée, Yves Montand)[15]. **G : Duel dans le Pacifique** John Boorman (Lee Marvin, Toshiro Mifuse)[3], **les Bérets verts** John Wayne et Ray Kellog (J. Wayne, David Janssen)[3]. **W : Butch Cassidy et le Kid** George Roy Hill (Paul Newman, Robert Redford)[3], **Il était une fois dans l'Ouest** Sergio Leone (Henry Fonda, Charles Bronson, Jason Robards, Claudia Cardinale)[2].

1969 la Femme infidèle, Claude Chabrol (Stéphane Audran, Michel Bouquet, Maurice Ronet, Stéphane di Napoli, Michel Duchaussoy)[1], **Easy Rider** Dennis Hopper (Peter Fonda, D. Hopper, Jack Nicholson)[3], **les Damnés** Luchino Visconti (Dirk Bogarde, Ingrid Thulin, Helmut Berger, Helmut Griem, Charlotte Rampling)[2], **Ma nuit chez Maud** Eric Rohmer (Jean-Louis Trintignant, Françoise Fabian, Marie-Christine Barrault, Antoine Vitez)[1], **Satyricon** Federico Fellini (Martin Potter, Hiram Keller, Salvo Randone, Magali Noël, Lucia Bose, Alain Cuny)[2], **Love** Ken Russell (Glenda Jackson, Oliver Reed, Alan Bates)[9], **Andreï Roublev** Andreï Tarkowski (Anatoli Solonitsyne, Nikolaï Sergueiev)[6], **On achève bien les chevaux** Sydney Pollack (Jane Fonda, Michael Sarrazin, Susannah York, Red Buttons)[3], **Z** Costa-Gavras (Yves Montand, Irène Papas, Jean-Louis Trintignant, Jacques Perrin, Charles Denner)[1, 24], **Une femme douce**, Robert Bresson (Dominique Sanda, Guy Frangin, Jane Lobre)[1]. **CM : Hello Dolly** Gene Kelly (Barbra Streisand)[3], **Sweet Charity** Bob Fosse (Shirley McLaine)[3]. **G : la Bataille d'Angleterre** Guy Hamilton (Michael Caine, Trevor Howard)[9], **l'Armée des ombres** Jean-Pierre Melville (Lino Ventura, Paul Meurisse, Simone Signoret, Jean-Pierre Cassel)[1]. **W : Willie Boy** Abraham Polonsky (Robert Redfort, Robert Blake, Katharine Ross)[3].

1970 Love Story Arthur Hiller (Ali MacGraw, Ryan O'Neal)[3], **les Choses de la vie** Claude Sautet (Michel Piccoli, Romy Schneider)[1], **l'Enfant sauvage** François Truffaut (F. Truffaut)[1], **l'Aveu** Costa-Gavras (Yves Montand, Simone Signoret)[1]. **F : Brewster McCloud** Robert Altman (Bud Cort, Sally Kellerman)[3]. **G : Hoah Binh** Raoul Coutard (Phi Lan, Huynh Cazenas)[1], **MASH** Robert Altman (Donald Sutherland, Elliott Gould, Sally Kellerman)[3], **Patton** Franklin J. Schaffner (George C. Scott)[3]. **W : Chisum** Andrew Mc Laglen (John Wayne)[3], **Rio Lobo** Howard Hawks (John Wayne, Jorge Rivero, Jennifer O'Neill)[3].

1971 Bananas Woody Allen (W. Allen, Louise Lasser)[3], **Klute** Alan Pakula (Jane Fonda, Donald Sutherland)[3], **French Connection** William Friedkin (Gene Hackman, Fernando Rey, Marcel Bozzufi)[3], **la Salamandre** Alain Tanner (Bulle Ogier, Jean-Luc Bideau, Jacques Denis)[20], **le Décaméron** Pier Paolo Pasolini (Franco Citti, Ninetto Davoli, Angela Luce, Pasolini)[2], **Mort à Venise** Luchino Visconti (Dirk Bogarde, Silvana Mangano, Björn Andresen)[2], **le Messager** Joseph Losey (Julie Christie, Alan Bates, Michael Redgrave, Margaret Leighton)[9], **Orange mécanique** Stanley Kubrick (Malcolm McDowell, Patrick Magee, Adrienne Corri, Michael Bates, Warren Clarke)[9], **Un dimanche comme les autres** John Schlesinger (Glenda Jackson, Peter Finch, Murray Head)[9], **Duel** Steven Spielberg (Dennis Weaver, Jacqueline Scott, Lou Frizzell)[3], **Mourir d'aimer** André Cayatte (Annie Girardot, Bruno Pradal, François Simon)[1]. **CM : Darling Lili** Blake Edwards (Julie Andrews)[3] **F : l'Abominable Dr Phibes** Robert Fuest (Vincent Price, Joseph Cotten)[3]. **W : le Convoi sauvage** Richard Sarafian (John Huston)[3].

1972 le Charme discret de la bourgeoisie Luis Buñuel (Fernando Rey, Delphine Seyrig, Stéphane Audran, Jean-Pierre Cassel) [1], **l'Aventure du Poséidon** Ronald Neame (Gene Hackman, Ernest Borgnine)[3], **Chung Kuo-Cina/la Chine** Michelangelo Antonioni [2], **le Dernier Tango à Paris** Bernardo Bertolucci (Marlon Brando, Maria Schneider, Jean-Pierre Léaud, Massimo Girotti)[2, 1], **Cris et Chuchotements** Ingmar Bergman (Harriet Andersson, Kari Sywan, Ingrid Thulin, Liv Ullmann, Erland Josephson)[4], **les Zozos** Pascal Thomas (Frédéric Duru, Edmond Paillard, Daniel

Ceccaldi)[1], **l'Affaire Mattei** Francesco Rosi (Gian Maria Volonte, Peter Baldwin, Franco Graziosi)[2], **Délivrance** John Boorman (Burt Reynolds, Jon Voight, Ned Beatty, Ronny Cox)[3], **le Parrain** Francis Ford Coppola (Marlon Brando, Al Pacino, James Caan, Robert Duvall, Sterling Hayden, Diane Keaton)[3], **la Vraie Nature de Bernadette** Gilles Carle (Micheline Lanctôt, Donald Pilon) [Québec], **Aguirre, la colère de Dieu** Werner Herzog (Klaus Kinski, Cecilia Rivera, Ruy Guerra, Helena Rojo, Del Negro, Peter Berling)[5]. **CM : Cabaret** Bob Fosse (Liza Minnelli, Michael York, Helmut Griem, Marisa Berenson, Joel Grey)[3]. **F : l'Autre** Robert Mulligan (Uta Hagen, Diana Muldam)[3], **le Maître et Marguerite** Alexander Petrovic (Ugo Tognazzi, Mimsy Farmer, Alain Cuny)[2,16]. **W : Fureur apache** Robert Aldrich (Burt Lancaster)[3], **Juge et hors-la-loi** John Huston (Paul Newman)[3], **les Cow-Boys** Mark Rydell (John Wayne)[3], **Jeremiah Johnson** Sydney Pollack (Robert Redford)[3].

1973 Mean Streets Martin Scorsese (Robert De Niro, Harvey Keitel)[3], **la Grande Bouffe** Marco Ferreri (Marcello Mastroianni, Ugo Tognazzi, Michel Piccoli, Philippe Noiret, Andréa Ferréol)[1], **la Maman et la Putain** Jean Eustache (Bernadette Lafont, Jean-Pierre Léaud, Françoise Lebrun, Isabelle Weingarten, Jean Douchet)[1], **la Nuit américaine** François Truffaut (Jacqueline Bisset, Jean-Pierre Aumont, Valentina Cortese, F. Truffaut, Jean-Pierre Léaud, Nathalie Baye, Alexandra Stewart)[1], **Amarcord** Federico Fellini (Magali Noël, Bruno Zanin, Puppella Maggio)[2], **l'Arnaque** George Roy Hill (Paul Newman, Robert Redford, Robert Shaw, Eilleen Brennan)[3]. **F : Zardoz** John Boorman (Sean Connery, Charlotte Rampling)[9], **le Voyage fantastique de Sindbad** Gordon Hessler (John Philipp Law, Caroline Munro)[9], **l'Exorciste** William Friedkin (Ellen Burstyn, Max von Sydow, Linda Blair)[3]. **G : le Train** Pierre Granier-Deferre (Romy Schneider, Jean-Louis Trintignant)[1]. **W : l'Homme des hautes plaines** Clint Eastwood (C. Eastwood)[3], **Pat Garrett et Billy le Kid** Sam Peckinpah (James Coburn, Bob Dylan)[3].

1974 Emmanuelle Just Jaekin (Alain Cuny, Sylvia Cristel)[1], **la Tour infernale** John Guillermin (Steve Mac Queen, Paul Newman, William Holden, Faye Dunaway, Fred Astaire)[3], **l'Horloger de Saint-Paul** Bertrand Tavernier (Philippe Noiret, Jean Rochefort, Jacques Denis)[1], **Chinatown** Roman Polanski (Jack Nicholson, Faye Dunaway, John Huston)[3], **India Song** Marguerite Duras (Delphine Seyrig, Michael Lonsdale)[1], **Nous nous sommes tant aimés** Ettore Scola (Vittorio Gassman, Nino Manfredi, Stefania Sandrelli, Stefano Satta Flores)[2], **les Valseuses** Bertrand Blier (Gérard Depardieu, Miou-Miou, Patrick Dewaere)[1], **Lancelot du Lac** Robert Bresson (Luc Simon, Laura Duke Condominas, Humbert Balsan)[1]. **CM : Il était une fois Hollywood** Jack Haley Jr (film de montage des classiques MGM)[3]. **F : Massacre à la tronçonneuse** Tobe Hooper (Marilyn Burns, Allen Danziger)[3], **Phantom of the Paradise** Brian De Palma (Paul Williams, William Finley, Jessica Harper)[3], **Céline et Julie vont en bateau** Jacques Rivette (Juliet Berto, Dominique Labourier, Bulle Ogier, Marie-France Pisier)[1]. **G : Lacombe Lucien** Louis Malle (Pierre Blaise, Aurore Clément, Teresa Giehse, Stéphane Bouy)[1].

1975 Cousin, cousine Jean-Charles Tacchella (Marie-Christine Barrault, Victor Lanoux, Marie-France Pisier, Guy Marchand)[1], **le Voyage des comédiens** Theo Angelopoulos (Eva Kotamanodou, Aliki Georgouli, Stratos Pachi)[22], **Vol au-dessus d'un nid de coucou** Milos Forman (Jack Nicholson, Louise Fletcher, William Redfiel, Dean Brooks)[3], **Profession, reporter** Michelangelo Antonioni (Jack Nicholson, Maria Schneider, Jenny Runacre, Ian Hendry)[1,2,13], **Une femme sous influence** John Cassavetes (Gena Rowlands, Peter Falk, Matthew Cassel)[3], **l'Histoire d'Adèle H.** François Truffaut (Isabelle Adjani, Bruce Robinson, Sylvia Marriott, Ivry Gitlis)[1], **Barry Lyndon** Stanley Kubrick (Ryan O'Neal, Marisa Berenson, Patrick Magee, Hardy Kruger)[9], **Nashville** Robert Altman (Geraldine Chaplin, Keith Carradine)[3]. **F : les Dents de la mer** Steven Spielberg (Roy Scheider, Robert Shaw, Richard Dreyfuss)[3]. **G : le Vieux Fusil** Robert Enrico (Philippe Noiret, Romy Schneider)[1], **la Bataille de Midway** Jack Smight (Charlton Heston, Henry Fonda, Toshiro Mifuse)[3]. **W : la Chevauchée sauvage** Richard Brooks (Gene Hackman, James Coburn)[3].

1976 Dr Françoise Gailland Jean-Louis Bertucelli (Annie Girardot, François Périer, Jean-Pierre Cassel, Isabelle Huppert)[1], **La victoire en chantant** Jean-Jacques Annaud (Jean Carmet, Jacques Dufilho, Catherine Rouvel)[1], **Network** Sidney Lumet (Faye Dunaway, William Holden, Peter Finch)[3], **Cria Cuervos** Carlos Saura (Geraldine Chaplin, Ana Torent)[13], **Taxi Driver** Martin Scorsese (Robert De Niro, Jodie Foster, Harvey Keitel, Cybill Shepherd)[3], **Casanova** Federico Fellini (Donald Sutherland, Tina Aumont)[2], **Monsieur Klein** Joseph Losey (Alain Delon)[1], **l'Empire des sens** Nagisa Oshima (Eiko Matsuda, Tatsuya Fuji, Aoi Nakajima)[11], **l'Homme de marbre** Andrzej Wajda (Jersy Radziwilowiez, Krystyna Janda, Tadeusz Lomnicki)[12], **A nous les petites Anglaises** Michel Lang (Rémi Laurent, Stéphane Hillel, Véronique Delbourg)[1]. **F : Carrie** Brian de Palma (Sissy Spacek, Piper Laurie, Anny Irving)[3]. **W : Josey Wales, hors-la-loi** Clint Eastwood (C. Eastwood)[3], **The Missouri Breaks** Arthur Penn (Jack Nicholson, Marlon Brando)[3].

1977 la Fièvre du samedi soir John Badham (John Travolta, Karen Gorney)[3], **les Marginaux** Mrisal Sen (Vasudeva Rao, Mamata Shankar, Narayana Rao)[14], **Padre, Padrone** Paolo et Vittorio Taviani (Saverio Marconi, Omero Antonutti, Marcella Michelangeli, Stanko Molnar)[2], **Providence** Alain Resnais (Dirk Bogarde, John Gielgud, Ellen Burstyn, David Warner)[1,9], **le Crabe-Tambour** Pierre Schoendoerffer (Jean Rochefort, Jacques Perrin, Claude Rich, Odile Versois)[1], **le Diable probablement** Robert Bresson (Antoine Monnier, Tina Irissari, Laetitia Carcano)[1], **Annie Hall** Woody Allen (W. Allen, Diane Keaton)[3]. **F : la Guerre des étoiles** George Lucas (Harrison Ford, Mark Hamill, Carrie Fisher)[3], **Rencontres du troisième type** Steven Spielberg (Richard Dreyfuss, François Truffaut)[3]. **G : Un pont trop loin** Richard Attenborough (Dick Bogarde, Michael Caine)[9].

1978 Préparez vos mouchoirs Bertrand Blier (Gérard Depardieu, Patrick Dewaere, Carole Laure, Michel Serrault)[1], **la Cage aux folles** Édouard Molinaro (Michel Serrault, Ugo Tognazzi, Michel Galabru, Claire Maurier)[1], **Perceval le Gallois** Éric Rohmer (Fabrice Luchini, André Dussolier, Clémentine Amouroux, Anne-Laure Meury, Marie-Christine Barrault)[1], **Don Giovanni** Joseph Losey (Ruggero Raimondi, Edda Moser, Kiri Te Kanawa)[1], **l'Arbre aux sabots** Ermanno Olmi (interprètes non professionnels)[2], **Un mariage** Robert Altman (Geraldine Chaplin, Lauren Hutton, Vittorio Gassman, Carol Burnett, Mia Farrow, Lillian Gish)[3], **Opening Night** John Casavetes (Gena Rowlands, Ben Gazzara, J. Casavetes)[3], **Midnight Express** Alan Parker (Brad Davis, Randy Quaid, Bo Hopkins)[9]. **CM : Folie folie** Stanley Donen (George C. Scott, Trish van Devere)[3]. **Grease** Randal Kleiser (John Travolta, Olivia Newton-John)[3]. **F : la Nuit des masques** John Carpenter (Jamie Lee Curtis)[3]. **G : Voyage au bout de l'enfer** Michael Cimino (Robert De Niro, Christopher Walken, John Savage, Meryl Streep)[3], **Coming Home** Hal Ashby (Jane Fonda, Jon Voight, Bruce Dern, Robert Carradine)[3].

1979 le Syndrome chinois James Bridges (Jack Lemmon, Jane Fonda, Michael Douglas)[3], **le Mariage de Maria Braun** Rainer Werner Fassbinder (Hannah Schygulla, Klaus Löwitsch, Ivan Desny)[5], **Tess** Roman Polanski (Nastassja Kinski, Peter Firth, Leigh Lawson)[1], **Le Christ s'est arrêté à Eboli** Francesco Rosi (Gian Maria Volonte, Lea Massari, Alain Cuny, François Simon)[12], **Manhattan** Woody Allen (Woody Allen, Diane Keaton, Michael Murphy, Mariel Hemingway, Meryl Streep)[3], **The Rose** Mark Rydell (Bette Midler, Alan Bates, Frederic Forrest)[3], **le Roi et l'Oiseau** Paul Grimault (*animation*)[1], **Kramer contre Kramer** Robert Benton (Dustin Hoffman, Meryl Streep)[3]. **CM : All That Jazz** Bob Fosse (Roy Scheider)[3]. **F : Alien** Ridley Scott (Tom Skerrit, Sigourney Weaver)[9], **Mad Max** George Miller (Mel Gibson, Joanne Samuel)[17], **Stalker** Andreï Tarkowski (Alexandre Kaidanovski, Anatoli Solonitsine)[6]. **Vendredi 13** Sean Cunningham (Adrienne King, Harry Crosby)[3]. **G : La légion saute sur Kolwezi** Raoul Coutard[1], **Apocalypse Now** Francis Ford Coppola (Marlon Brando, Martin Sheen, Robert Duvall)[3].

1980 le Dernier Métro François Truffaut (Catherine Deneuve, Gérard Depardieu, Jean Poiret, Sabine Haudepin, Paulette Dubost)[1], **Trois Frères** Francesco Rosi (Charles Vanel, Philippe Noiret, Michele Placido)[2], **Mon oncle d'Amérique** Alain Resnais (Gérard Depardieu, Nicole Garcia, Roger Pierre, Marie Dubois, Nelly Borgeaud)[1], **Kagemusha** Akira Kurosawa (Tatsuya Nakadaï, Tsutomu Yamazaki)[11], **Elephant Man** David Lynch (Anthony Hopkins, John Hurt, John Gielgud, Anne Bancroft)[3], **la Boum** Claude Pinoteau (Sophie Marceau, Claude Brasseur, Brigitte Fossey)[1]. **F : L'empire contre-attaque** Irvin Kershner (Mark Hamill, Harrison Ford, Carrie Fisher)[3], **The Shining** Stanley Kubrick (Jack Nicholson, Shelley Duvall, Danny Loyd)[9], **le Trou noir** Cary Nelson (Maximilian Schell, Anthony Perkins)[3], **New York 1997** John Carpenter (Kurt Russell, Lee Van Cleef)[3]. **W : la Porte du Paradis** Michael Cimino (Kris Kristofferson, Christopher Walker, Isabelle Huppert)[3], **Bronco Billy** Clint Eastwood (C. Eastwood, Sondra Locke)[3].

1981 Reds Warren Beatty (W. Beatty, Diane Keaton)[3], **Raging Bull** Martin Scorsese (Robert De Niro, Cathy Moriarty)[3], **les Aventuriers de l'arche perdue** Steven Spielberg (Harrison Ford, Karen Allen, Paul Freeman)[3], **la Femme de l'aviateur** Éric Rohmer (Philippe Marlaud, Marie Rivière, Anne-Laure Meury)[1], **Coup de torchon** Bertrand Tavernier (Philippe Noiret, Isabelle Huppert)[1], **Diva** Jean-Jacques Beineix (Frédéric Andreï, Wilhelminia Wiggins-Fernandez)[1], **Garde à vue** Claude Miller (Lino Ventura, Michel Serrault)[1]. **F : la Guerre du feu** Jean-Jacques Annaud (Everett McGill, Rae Dawn Chong, Ron Perlman)[1]. **G : la Peau** Liliana Cavani (Marcello Mastroianni, Burt Lancaster, Claudia Cardinale)[2].

1982 Passion Jean-Luc Godard (Isabelle Huppert, Hannah Schygulla, Michel Piccoli)[1], **la Maîtresse du lieutenant français** Karel Reisz (Meryl Streep, Jeremy Irons)[9], **Missing** Costa-Gavras (Jack Lemmon, Sissy Spacek)[3], **Victor, Victoria** Blake Edwards (Julie Andrews, James Garner)[3], **la Balance** Bob Swaim (Richard Berry, Nathalie Baye, Philippe Léotard)[1], **Fitzcarraldo** Werner Herzog (Klaus Kinski, Claudia Cardinale)[5], **Tootsie** Sydney Pollack (Dustin Hoffman, Jessica Lange)[3], **Meurtre dans un jardin anglais** Peter Greenaway (Anthony Higgins, Janet Suzman, Anne-Louise Lambert)[9], **le Père Noël est une ordure** Jean-Marie Poiré (Anémone, Thierry Lhermitte, Marie-Anne Chazel)[1]. **CM : Coup de cœur** Francis F. Coppola (Frederic Forrest, Terri Garr, Nastassja Kinski)[3]. **F : ET l'extra-terrestre** Steven Spielberg (Dee Wallace)[3], **Evil Dead** Samuel Raimi (Bruce Campbell, Ellen Sandweiss)[3], **Blade Runner** Ridley Scot (Harrison Ford, Rutger Hauer, Sean Young)[3]. **G : l'Honneur d'un capitaine** Pierre Schoendoerffer (Nicole Garcia, Jacques Perrin)[1], **Rambo** Ted Kotcheff (Sylvester Stallone)[3].

1983 la Ballade de Narayama Shohei Imamura (Ken Ogata)[11], **l'Argent** Robert Bresson (Christian Patay, Caroline Lang)[1], **l'Été meurtrier** Jean Becker (Isabelle Adjani)[1], **Fanny et Alexandre** Ingmar Bergman (Pernilla Allwin, Bertil Guve)[4], **la Traviata** Franco Zeffirelli (Teresa Stratas, Placido Domingo)[2]. **CM : Flashdance** Adrian Lyne (Jennifer Beals, Michael Nouri)[3]. **F : Lady Hawke** Richard Donner (Michelle Pfeiffer, Rutger Haver)[3], **le Retour du Jedi** George Lucas (Mark Hamill, Harrison Ford, Carrie Fisher)[3], **La vie est un roman** Alain Resnais (Vittorio Gassman, Ruggero Raimondi, Fanny Ardant)[1]. **Mortelle Randonnée** Claude Miller (Michel Serrault, Isabelle Adjani)[1].

1984 Paris, Texas Wim Wenders (Harry Dean Stanton, Nastassja Kinski)[5], **Au-dessous du volcan** John Huston (Albert Finney, Jacqueline Bisset)[3], **Amadeus** Milos Forman (Tom Hulee, F. Murray Abraham, Elisabeth Berridge)[3], **les Nuits de la pleine lune** Éric Rohmer (Pascale Ogier, Fabrice Luchini)[1], **le Flic de Beverly Hills** Martin Brest (Eddie Murphy, Lisa Eichhorn)[3], **Indiana Jones et le temple maudit** Steven Spielberg (Harrison Ford, Kate Capshaw)[3], **Marche à l'ombre** Michel Blanc (Gérard Lanvin, M. Blanc, Sophie Duez)[1]. **CM : Cotton Club** Francis Ford Coppola (Richard Gere, Gregory Hines, Diane Lane)[3]. **F : Gremlins** Joe Dante (Hort Axton, Zach Galligan)[3], **Dune** David Lynch (Francesca Annis, Kyle Mac Lachlan)[3], **les Griffes de la nuit** Wes Graven (Ronee Blackey, Heather Langenkamp)[3], **Terminator** James Cameron[3]. **G : la Déchirure** Roland Joffé (Sam Waterston, Haing S. Ngor)[9].

1985 la Rose pourpre du Caire Woody Allen (Mia Farrow, Jeff Daniels)[3], **Ran** Akira Kurosawa (Tatsuya Nakadai, Akira Terao, Mieko Harada)[11], **l'Année du dragon** Michael Cimino (Mickey Rourke, John Lone)[3], **Trois Hommes et un couffin** Coline Serreau (Roland Giraud, Michel Boujenah, André Dussolier)[1], **Sans toit ni loi** Agnès Varda (Sandrine Bonnaire)[1], **Subway** Luc Besson (Isabelle Adjani, Christophe Lambert)[1]. **F : Retour vers le futur** Robert Zemeckis[3]. **G : Révolution** Hugh Hudson (Al Pacino, Donald Sutherland, Nastassja Kinski)[3], **Shoah** Claude Lanzman (*documentaire*)[1]. **W : Silverado** Lawrence Kasdan (Scott Glenn)[3], **Pale Rider** Clint Eastwood (C. Eastwood)[3].

1986 Blue Velvet David Lynch (Kyle MacLachlan, Isabella Rossellini, Dennis Hopper)[3], **Crocodile Dundee** Peter Faiman (Paul Hogan, Linda Kozlowski)[17], **Top Gun** Tony Scott (Tom Cruise, Kelly MacGillis)[3], **le Sacrifice** Andreï Tarkovski (Erland Josephson, Susan Fleetwood, Valérie Mairesse)[4,1], **Jean de Florette, Manon des Sources** Claude Berri (Daniel Auteuil, Gérard Depardieu, Emmanuelle Béart, Yves Montand)[1], **le Nom de la rose** Jean-Jacques Annaud (Sean Connery, Michael Lonsdale, Christian Slatter)[1,2,5], **la Couleur pourpre** Steven Spielberg (Whoopi Goldberg, Danny Glover, Adolphe Caesar, Margaret Avery)[3], **Out of Africa** (Souvenirs d'Afrique) Sydney Pollack (Robert Redford, Meryl Streep, Klaus Maria Brandauer)[3], **Ginger et Fred** Federico Fellini (Marcello Mastroianni, Giulietta Masina)[2], **Pirates** Roman Polanski (Walter Matthau)[1], **After Hours** Martin Scorsese (Griffin Dunne)[3], **9 semaines 1/2** Adrian Lyne (Mickey Rourke, Kim Bassinger)[9]. **CM : la Bamba** Luis Valdez (Lou Diamond Phillips, Esai Morales)[3]. **F : Highlander** Russel Mulcahy (Christophe Lambert, Sean Connery, Roxanne Hart)[9], **la Mouche** David Cronenberg (Jeff Goldblum, Geena Davis)[3]. **G : Platoon** Oliver Stone (Tom Berenger, Willem Dafoe, Charlie Sheen)[3].

1987 Sous le soleil de Satan Maurice Pialat (Gérard Depardieu, Sandrine Bonnaire)[1], **Au revoir les enfants** Louis Malle (Raphaël Fejtö, Gaspard Manesse, Francine Racette)[1], **Angel Heart** Alan Parker (Mickey Rourke, Robert De Niro)[3], **le Flic de Beverly Hills 2** Tony Scott (Eddie Murphy)[3], **l'Arme fatale** Richard Donner (Mel Gibson, Dany Glover)[3], **le Dernier Empereur** Bernardo Bertolucci (Peter O'Toole, John Lone, Joan Chen)[2,9]. **F : les Sorcières d'Eastwick** George Miller (Cher, Susan Sarandon, Michelle Pfeiffer, Jack Nicholson)[3], **Robocop** Paul Verhoeven (Peter Weller, Nancy Allen)[3]. **G : Full Metal Jacket** Stanley Kubrick (Lee Ermey, Vincent D'Onofrio, Matthew Modine)[3], **Good Morning Vietnam** Barry Levinson (Robin Williams)[3], **Hamburger Hill** John Irvin (Anthong Barrile, Michael Boatman)[3].

1988 Rain Man Barry Levinson (Dustin Hoffmann, Tom Cruise, Valeria Golino)[3], **le Grand Bleu** Luc Besson (Jean Reno, Jean-Marc Barr, Rosanna Arquette)[1], **l'Ours** Jean-Jacques Annaud (Tcheky Karyo, Jack Wallace, André Lacombe)[1], **Qui veut la peau de Roger Rabbit ?** Robert Zemeckis (Bob Hoskins, Christopher Lloyd)[3], **La vie est un long fleuve tranquille** Étienne Chatiliez (Hélène Vincent, Daniel Gélin, Emmanuel Gendrier, Benoît Magimel, Valérie Lalande, Tara Romer, Jérôme Floch)[1], **Camille Claudel** Bruno Nuytten (Isabelle Adjani, Gérard Depardieu)[1], **le Cri de la liberté** Richard Attenborough (Kevin Kline, Penelope Wilton, Denzel Washington)[9], **la Petite Véra** Vassili Pitchoul (Natalia Negoda)[6]. **CM : Moonwalker** Colin Chilvers et Jerry Kramer (Michael Jackson)[3], **Tap Dance** Nick Castle (Gregory Hines)[3], **Trois Places pour le 26** Jacques Demy (Yves Montand, Mathilda May)[1]. **F : Willow** Ron Howard (Val Kilmer, Joanne Whalley)[3], **Hidden** Jack Sholder (Kyle McLachan, Michael Nouri, Claudia Christian)[3]. **G : la Bête de guerre** Kevin Reynolds (Georges Dzundza, Jason Patric)[9], **Dear America, lettres du Vietnam** Bill Couturié[3]. **W : Young Guns** Christopher Cain (Emilio Estevez, Kiefer Sutherland)[3].

1989 Indiana Jones et la dernière croisade Steven Spielberg (Harrison Ford, Alison Doody, Sean Connery, Denholm Elliott)[3], **Un poisson nommé Wanda** Charles Crichton (Jamie Lee Curtis, John Cleese, Michael Palin)[3], **les Liaisons dangereuses** Stephen Frears (John Malkovich, Glenn Close, Michelle Pfeiffer)[3], **Trop belle pour toi** Bertrand Blier (Josiane Balasko, Carole Bouquet, Gérard Depardieu)[1], **Quand Harry rencontre Sally** Rob Reiner (Billy Crystal, Meg Ryan)[3], **la Vie et rien d'autre** Bertrand Tavernier (Philippe Noiret, Sabine Azéma)[1], **le Cercle des poètes disparus** Peter Weir (Robin Williams)[3], **Cinema Paradiso** Giuseppe Tornatore (Philippe Noiret, Jacques Perrin, Salvatore Cascio)[2], **Un monde sans pitié** Éric Rochant (Hippolyte Girardot, Mireille Perrier, Yvan

Attal)[1]. **F : Batman** Tim Burton (Jack Nicholson, Kim Basinger)[3], **Abyss** James Cameron (Ed Harris, Mary Elisabeth Mastrantonio)[3], **les Aventures du baron de Münchausen** Terry Gilliam (John Neville, Eric Idle)[9], **Baxter** Jérôme Boivin (Lise Delamare, Jean Mercure)[1]. **G : Outrages** Brian De Palma (Michael J. Fox, Sean Penn, Don Harvey)[3], **Né un 4 juillet** Oliver Stone (Tom Cruise)[3], **Glory** Edward Zwick (Matthew Broderick, Denzel Washington)[3], **Cher Frangin** Gérard Mordillat (Luc Thuillier, Marius Colucci, Julie Jézequel)[1].

1990 **Cyrano de Bergerac** Jean-Paul Rappeneau (Gérard Depardieu, Anne Brochet)[1], **Nikita** Luc Besson (Anne Parillaud, Tchéky Karyo)[1], **Uranus** Claude Berri (Gérard Depardieu, Philippe Noiret, Jean-Pierre Marielle)[1], **la Gloire de mon père/le Château de ma mère** Yves Robert (Philippe Caubère, Nathalie Roussel)[1], **Pretty Woman** Garry Marshall (Julia Roberts, Richard Gere)[3], **les Affranchis** Martin Scorsese (Ray Liotta, Robert De Niro)[3], **Alice** Woody Allen (Mia Farrow, Joe Mantegna)[3], **le Silence des agneaux** Jonathan Demme (Jodie Foster, Anthony Hopkins)[3]. **CM : Cry Baby** John Waters (Johnny Deep)[3]. **F : Chérie, j'ai rétréci les gosses** Joe Johnston (Rick Moranis, Matt Frewer, Marcia Strassman)[3], **Ghost** Jerry Zucker (Patrick Swayze)[3], **Total Recall** Paul Verhoeven[3], **les Mille et Une Nuits** Philippe de Broca (Catherine Zeta Jones, Stéphane Freiss)[1], **Baby Blood** Alain Robak (Emmanuelle Escourrou, Jean-François Gallotte)[1]. **G : Europa, Europa** Agnieszka Holland[5,1], **Memphis Belle** Michael Caton-Jones (Matthew Modine, Eric Stoltz, Tate Donovan)[9], **Air America** Roger Spottiswoode[3]. **W : Danse avec les loups** Kevin Costner (K. Costner, Mary MacDonnell, Graham Greene)[3].

1991 **Croc-Blanc** Randal Keiser (Klaus Maria Brandauer, Ethan Hawk, Seymour Cassel)[3], **Jamais sans ma fille** Brian Gilbert (Sally Field, Alfred Molina)[3], **Thelma et Louise** Ridley Scott (Susan Sarandon, Geena Davis)[3], **Van Gogh** Maurice Pialat (Jacques Dutronc, Bernard Le Coq, Gérard Séty, Alexandra London)[1], **la Belle Noiseuse** Jacques Rivette (Emmanuelle Béart, Michel Piccoli, Jane Birkin)[1], **Merci la vie** Bertrand Blier (Anouk Grimberg, Charlotte Gainsbourg, Gérard Depardieu, Jean Carmet)[1], **Tous les matins du monde** Alain Corneau (Jean-Pierre Marielle, Gérard Depardieu, Anne Brochet)[1], **les Amants du Pont-Neuf** Leos Carax (Juliette Binoche, Denis Lavant)[1], **Une époque formidable** Gérard Jugnot (G. Jugnot, Richard Bohringer, Victoria Abril)[1], **Delicatessen** Jean-Pierre Jeunet et Marc Caro (Dominique Pinon, Jean-Claude Dreyfus)[1]. **CM : Stepping Out** Lewis Gilbert (Liza Minnelli, Robyn Stevan, Shelley Winters)[9]. **F : Highlander, le retour** Russell Mulcahy (Christophe Lambert, Sean Connery, Virginia Madsen)[9], **Terminator 2, le jugement dernier** James Cameron (Arnold Schwarzenegger, Linda Hamilton, Edward Furlong, Robert Patrick)[3], **Rocketeer** Joe Johnston (Bill Campbell, Jennifer Connelly, Timothy Dalton)[3]. **G : la Neige et le Feu** Claude Pinoteau (Vincent Pérez, Géraldine Pailhas)[1].

1992 **Basic Instinct** Paul Verhoeven (Michael Douglas, Sharon Stone)[3], **l'Amant** Jean-Jacques Annaud (Jane March, Tony Leung)[1], **JFK** Oliver Stone (Kevin Costner, Sissi Spacek, Joe Pesci)[3], **Un cœur en hiver** Claude Sautet (Daniel Auteuil, Emmanuelle Béart, André Dussollier)[1], **Hook** Steven Spielberg (Dustin Hoffman, Robin Williams, Julia Roberts)[3], **Indochine** Régis Wargnier (Catherine Deneuve, Vincent Perez)[1], **L. 627** Bertrand Tavernier (Didier Bezace, Jean-Paul Comart, Charlotte Kady)[1], **Talons aiguilles** Pedro Almodovar (Victoria Abril, Miguel Bose)[13], **IP5** Jean-Jacques Beineix (Yves Montand, Olivier Martinez, Géraldine Pailhas)[1], **l'Accompagnatrice** Claude Miller (Richard Bohringer, Elena Safonova, Romane Bohringer)[1], **les Nuits fauves** Cyril Collard (C. Collard, Romane Bohringer)[1], **1492 Christophe Colomb** Ridley Scott (Gérard Depardieu, Sigourney Weaver)[1,13,9]. **CM : Wayne's World** Penelope Spheeris (Mike Myers, Dana Carvey, Rob Lowe)[3], **les Mambos Kings** Arne Glimcher (Arnaud Assante, Antonio Banderas)[3]. **F : Alien 3** David Fincher (Sigourney Weaver, Charles S. Dutton)[3], **Batman le défi** Tim Burton (Michael Keaton, Michelle Pfeiffer, Dany De Vito)[3], **la Famille Addams** Barry Sonnenfeld (Anjelica Huston, Raul Julia, Christopher Lloyd)[3], **Dracula** Francis Ford Coppola (Gary Oldman, Anthony Hopkins, Wynona Ryder)[3]. **G : Diên Biên Phu** Pierre Schoendoerffer (Donald Pleasence, Ludmila Mickaël)[1]. **W : Impitoyable** Clint Eastwood (C. Eastwood, Gene Hackman, Morgan Freeman)[3].

1993 **Germinal** Claude Berri (Renaud, Gérard Depardieu, Miou-Miou)[1], **Trois Couleurs : Bleu** Krzysztof Kieslowski (Juliette Binoche)[1], **Smoking/No smoking** Alain Resnais (Sabine Azéma, Pierre Arditi)[1], **Ma saison préférée** André Téchiné (Catherine Deneuve, Daniel Auteuil)[1], **Meurtres mystérieux à Manhattan** Woody Allen (W. Allen, Diane Keaton)[3], **Little Buddha** Bernardo Bertolucci (Keanu Reeves, Bridget Fonda)[9, 11], **Aladdin** John Musker et Ron Clements[3], **le Fugitif** Andrew Davis (Harrison Ford, Tommy Lee Jones)[3], **Cliffhanger** Renny Harlin (Sylvester Stallone)[3], **Adieu ma concubine** Chen Kaige (Gong Li, Leslie Cheung)[18], **la Leçon de piano** Jane Campion (Holly Hunter, Harvey Keitel, Sam Neill)[17, 1], **Raining Stones** Ken Loach (Bruce Jones, Julie Brown)[9], **Dans la ligne de mire** Wolfgang Petersen (Clint Eastwood, John Malkovich)[3], **Tout ça... pour ça** Claude Lelouch (Vincent Lindon, Marie-Sophie L., Fabrice Luchini, Gérard Darmon)[1]. **F : les Visiteurs** Jean-Marie Poiré (Christian Clavier, Jean Reno, Valérie Lemercier)[1], **Jurassic Park** Steven Spielberg (Sam Neill, Laura Dern)[3].

1994 **la Reine Margot** Patrice Chéreau (Isabelle Adjani, Daniel Auteuil, Jean-Hughes Anglade)[1], **Quatre Mariages et un enterrement** Mike Newell (Hugh Grant, Andie MacDowell, Kristin Scott-Thomas)[9], **Forrest Gump** Robert Zemeckis (Tom Hanks, Robin Wright)[3], **la Liste de Schindler** Steven Spielberg (Liam Neeson, Ben Kingsley, Ralph Fiennes)[3], **Farinelli** Gérard Corbiau (Stefano Dionisi, Enrico Lo Verso)[1], **Madame Doubtfire** Chris Columbus (Robin Williams, Sally Field)[3], **le Colonel Chabert** Yves Angelo (Gérard Depardieu, Fanny Ardant, Fabrice Luchini)[1], **Pulp Fiction** Quentin Tarantino (John Travolta, Uma Thurman)[3], **les Roseaux sauvages** André Téchiné (Élodie Bouchez, Gaël Morel, Stéphane Rideau)[1], **Léon** Luc Besson (Jean Reno, Gary Oldman, Natalie Portman)[1], **Kika** Pedro Almodovar (Veronica Forque, Victoria Abril)[13], **Un Indien dans la ville** Hervé Palud (Thierry Lhermitte, Patrick Timsit, Ludwig Briand)[1], **la Cité de la peur** Alain Berbérian (Chantal Lauby, Alain Chabat, Dominique Farrugia)[1], **True Lies** James Cameron (Arnold Schwarzenegger, Jamie Lee Curtis)[3], **Grosse Fatigue** Michel Blanc (Michel Blanc, Carole Bouquet)[1]. **F : The Mask** Charles Russell (Jim Carrey)[3].

1995 **Nelly et M. Arnaud** Claude Sautet (Michel Serrault, Emmanuelle Béart)[1], **Land and Freedom** Ken Loach (Ian Hart, Rosana Pastor)[9], **Gazon maudit** Josiane Balasko (J. Balasko, Victoria Abril, Alain Chabat)[1], **le Hussard sur le toit** Jean-Paul Rappeneau (Olivier Martinez, Juliette Binoche)[1], **la Haine** Mathieu Kassovitz (Vincent Cassel, Hubert Kounde, Said Taghmaoui)[1], **Sur la route de Madison** Clint Eastwood (C. Eastwood, Meryl Streep)[3], **la Cérémonie** Claude Chabrol (Isabelle Huppert, Sandrine Bonnaire)[1], **Une journée en enfer** John McTiernan (Bruce Willis, Jeremy Irons)[3], **les Trois Frères** Didier Bourdon, Bernard Campan (Bernard Campan, D. Bourdon, Pascal Légitimus)[1], **Élisa** Jean Becker (Vanessa Paradis, Gérard Depardieu)[1], **les Misérables** Claude Lelouch (J.-Paul Belmondo, Michel Boujenah)[1], **Usual Suspects** Bryan Singer (Stephen Baldiven, Gabriel Byrne)[3], **Le bonheur est dans le pré** Étienne Chatiliez (Michel Serrault, Sabine Azéma, Eddy Mitchell)[1], **les Apprentis** Pierre Salvadori (François Cluzet, Guillaume Depardieu)[1], **Coups de feu sur Broadway** Woody Allen (John Cusack, Jennifer Tilly)[3]. **F : Waterworld** Kevin Reynolds (Kevin Costner, Jeanne Tripplehorn, Tina Majorino)[3], **les Anges gardiens** Jean-Marie Poiré (Gérard Depardieu, Christian Clavier)[1], **Batman Forever** Joel Schumacher (Val Kilmer, Tommy Lee Jones, Jim Carrey)[3].

1996 **le Facteur** Michael Radford (Philippe Noiret, Massimo Troisi, Maria Grazia Cucinotta)[1,2], **Ridicule** Patrice Leconte (Bernard Giraudeau, Charles Berling, Fanny Ardant)[1], **Beaumarchais l'insolent** Édouard Molinaro (Fabrice Luchini, Jacques Weber, Michel Piccoli, Michel Serrault)[1], **Independance Day, le Jour de la riposte** Roland Emmerich (Will Smith, Bill Pullman)[3]. **G : Pédale douce** Gabriel Aghion (Patrick Timsit, Richard Berry, Fanny Ardant)[1], **Un air de famille** Cédric Klapisch (Jean-Pierre Bacri, Catherine Frot)[1], **Microcosmos** Marie Perennou et Claude Nuridsany[1], **Breaking the Waves** Lars von Trier (Emily Watson, Stellan Skarsgard)[10], **Seven** David Fincher (Brad Pitt, Mogan Freeman)[3], **Mission : Impossible** Brian De Palma (Tom Cruise, Emmanuelle Béart)[3], **Toy Story** John Lasseter (images de synthèse)[3], **le Huitième Jour** Jaco Van Dormael (Daniel Auteuil, Pascal Duquenne)[1, 15], **Babe, le cochon devenu berger** Chris Noonan (Christine Cavanaugh, Miriam Margolyes, Danny Mann)[17], **Maudite Aphrodite** Woody Allen (W. Allen, Mira Sorvino)[3], **Casino** Martin Scorses e (Robert De Niro, Sharon Stone)[3], **le Patient anglais** Anthony Minghella (Ralf Fiennes, Kristin Scott Thomas, Juliette Binoche)[3]. **CM : Tout le monde dit I love you** Woody Allen (W. Allen, Goldie Hawn, Julia Roberts)[3]. **F : Mars Attacks !** Tim Burton (Jack Nicholson, Pierre Brosnan)[3], **Capitaine Conan** Bertrand Tavernier (Philippe Torreton)[1].

1997 **On connaît la chanson** Alain Resnais (Sabine Azéma, Pierre Arditi)[1, 20, 9], **Marius et Jeannette** Robert Guédiguian (Ariane Ascaride, Gérard Meylan)[1], **le Bossu** Philippe de Broca (Daniel Auteuil, Fabrice Lucchini, Marie Gillain)[1], **Didier** Alain Chabat (Alain Chabat, Jean-Pierre Bacri)[1], **Men in Black** Barry Sonnenfield (Tommy Lee Jones, Will Smith)[3], **La vérité si je mens** Thomas Gilou (Richard Anconina, Amira Casar)[1], **Western** Manuel Poirier (Sergi Lopez, Sacha Bourdo)[1], **The Full Monty** Peter Cattaneo (Robert Carlyte, Tom Wilkinson)[9], **les Virtuoses** Mark Herman (Pete Postlethwaite, Tara Fitzgerald)[9], **Assassin(s)** Mathieu Kassovitz (Michel Serrault, M. Kassovitz)[1], **Demain ne meurt jamais** Roger Spottiswoode (Pierce Brosnan, Michelle Yeoh)[3], **Larry Flynt** Milos Forman (Woody Harrelson)[8], **Sept Ans au Tibet** Jean-Jacques Annaud (Brad Pitt)[1], **le Destin** Youssef Chahine (Nour El Cherif)[25], **Hana-Bi** Takeshi Kitano (T. Kitano, Kayoko Kishimoto)[11], **le Temps d'aimer** Richard Attenborough (Sandra Bullock, Chris O'Donnell)[3], **Copland** James Mangold (Sylvester Stallone, Robert De Niro)[3], **le Cousin** Alain Corneau (Alain Chabat, Patrick Timsit)[1], **Titanic** James Cameron (Leonardo DiCaprio, Kate Winslet)[3]. **F : Alien : la résurrection** Jean-Pierre Jeunet (Sigourney Weaver, Winona Ryder)[3], **le Monde perdu : Jurassic Park** Steven Spielberg (Jeff Goldblum, Julianne Moore)[3], **le Cinquième Élément** Luc Besson (Bruce Willis, Milla Jovovich)[1, 3, 9].

1998 **le Dîner de cons** Francis Veber (Jacques Villeret, Thierry Lhermitte)[1], **Taxi** Gérard Pirès (Sami Naceri, Frederic Dienfenthal)[1], **La vie est belle** Roberto Benigni (R. Benigni, Giorgio Cantarini, Nicoletta Braschi)[2], **Place Vendôme** Nicole Garcia (Catherine Deneuve, Jean-Pierre Bacri, Jacques Dutronc)[1], **la Vie rêvée des anges** Erick Zonca (Élodie Bouchez, Natacha Régnier)[1], **L'homme qui murmurait à l'oreille des chevaux** Robert Redford (R. Redford, Kristin Scott-Thomas)[3], **Ceux qui m'aiment prendront le train** Patrice Chéreau (Pascal Geggory, Vincent Perez, Jean-Louis Trintignant, Charles Berling)[1], **The Truman Show** Peter Weir (Jim Carrey, Laura Linney)[3], **Mulan** Tony Bancroft, Barry Cook *(animation)*[3], **l'Ennui** Cédric Kahn (Charles Berling, Sophie Guillemin, Arielle Dombasle)[1], **Mary à tout prix** Bobby et Peter Farrelly (Cameron Diaz, Matt Dillon, Ben Stiller)[3], **les Idiots** Lars Von Triers (Bodil Jorgensen, Jens Albinus)[10]. **F : Armageddon** Michael Bay (Bruce Willis) [3]. **G : Il faut sauver le soldat Ryan** Steven Spielberg (Tom Hanks, Matt Damon)[3].

1999 **Astérix et Obélix contre César** Claude Zidi (Gérard Depardieu, Christian Clavier)[1], **Jeanne d'Arc** Luc Besson (Milla Jovovich)[1], **la Fille sur le pont** Patrice Leconte (Daniel Auteuil, Vanessa Paradis)[1], **les Enfants du marais** Jean Becker (Jacques Villeret, André Dussolier, Jacques Gamblin, Michel Serrault)[1], **la Bûche** Danièle Thompson (Sabine Azéma, Emmanuelle Béart, Charlotte Gainsbourg, Claude Rich)[1], **Vénus Beauté (Institut)**[1] Tonie Marshall (Nathalie Baye, Bulle Ogier), **Est-Ouest** Régis Wargnier (Sandrine Bonnaire, Oleg Menchikov)[1], **la Maladie de Sachs** Michel Deville (Albert Dupontel)[1], **la Dilettante** Pascal Thomas (Catherine Frot)[1], **Tout sur ma mère** Pedro Almodovar (Cecilia Roth, Marisa Paredes)[13], **Star Wars : la Menace fantôme** George Lucas (Liam Neeson, Ewan McGregor)[3], **Matrix** Andy et Larry Wachovski (Keanu Reeves, Laurence Fishburne)[3], **Le monde ne suffit pas** Michael Apted (Pierce Brosnan, Sophie Marceau)[3], **Eyes Wide Shut** Stanley Kubrick (Tom Cruise, Nicole Kidman)[3], **Coup de foudre à Notting Hill** Roger Michell (Julia Roberts, Hugh Grant)[3], **Dans la peau de John Malkovich** Spike Jonze (John Cusak, Cameron Diaz, John Malkovich)[3], **Himalaya** Éric Valli (Thilen Lhondup, Lhapka Tsamchoe)[1], **American Beauty** Sam Mendes (Kevin Spacey, Annette Boning, Thora Birch)[3], **la Veuve de Saint-Pierre** Patrice Leconte (Juliette Binoche, Daniel Auteuil, Emir Kusturica)[1], **Une affaire de goût** Bernard Rapp (Bernard Giraudeau, Jean-Pierre Lorit)[1], **Saint-Cyr** Patricia Mazuy (Isabelle Huppert, Jean-Pierre Kalfon)[1], **Ressources humaines** Laurent Cantet (Jalil Lespert, Chantal Barré)[1].

2000 **Taxi 2** Gérard Krawczyk (Samy Naceri, Frédéric Diefenthal, Marion Cotillard)[1], **Sixième Sens** N. Night Shyamalan (Bruce Willis, Haley Joel Osment)[3], **Gladiator** Ridley Scott (Russel Crowe, Connie Nielsen, Joaquin Phoenix)[3], **le Goût des autres** Agnès Jaoui (Jean-Pierre Bacri, Gérard Lanvin, Alain Chabat)[1], **Erin Brockovich, seule contre tous** Steven Soderbergh (Julia Roberts, Albert Finney)[3], **Chicken Run** Peter Lord et Nick Park (*animation*)[3], **Harry, un ami qui vous veut du bien** Dominik Moll (Sergi Lopez, Laurent Lucas, Mathilde Seigner)[1], **X-Men** Bryan Singer (Hugh Jackman, Patrick Stewart)[3], **les Rivières pourpres** Mathieu Kassovitz (Jean Reno, Vincent Cassel, Nadia Farès)[1], **Space Cowboys** C. Eastwood (Clint Eastwood, Donald Sutherland, Tommy Lee Jones)[3], **Meilleur Espoir féminin** Gérard Jugnot (G. Jugnot, Bérénice Béjo)[1], **Dancer in The Dark** Lars von Trier (Björk, Catherine Deneuve)[10], **Escrocs mais pas trop** Woody Allen (W. Allen, Hugh Grant, Tracey Ulhman)[3], **Tigre et dragon** Ang Lee (Chow Yun-Fat, Michelle Yeoh)[3], **Merci pour le chocolat** Claude Chabrol (Isabelle Huppert, Jacques Dutronc, Anna Mouglalis)[1], **la Plage** Danny Boyle (Leonardo DiCaprio, Virginie Ledoyen, Guillaume Canet)[3], **Stuard Little** Rob Minkoff (Geena Davis, Hugh Laurie)[3].

MEILLEURS FILMS DE L'HISTOIRE DU CINÉMA

■ **Résultat des enquêtes « Sight and Sound ».** **1952** *le Voleur de bicyclette* (De Sica), *les Lumières de la ville* (Chaplin), *la Ruée vers l'or* (Chaplin), *le Cuirassé Potemkine* (Eisenstein), *Louisiana Story* (Flaherty), *Intolérance* (Griffith), *Le jour se lève* (Carné), *la Passion de Jeanne d'Arc* (Dreyer), *Brève Rencontre* (Lean), *le Million* (Clair), *la Règle du jeu* (Renoir). **1962** *Citizen Kane* (Welles), *l'Avventura* (Antonioni), *la Règle du jeu* (Renoir), *les Rapaces* (von Stroheim), *le Cuirassé Potemkine* (Eisenstein), *Ivan le Terrible* (Eisenstein), *le Voleur de bicyclette* (De Sica), *La terre tremble* (Visconti), *l'Atalante* (Vigo). **1972** *Citizen Kane* (Welles), *la Règle du jeu* (Renoir), *le Cuirassé Potemkine* (Eisenstein), *Huit et demi* (Fellini), *l'Avventura* (Antonioni), *Persona* (Bergman), *la Passion de Jeanne d'Arc* (Dreyer), *le Mécano de la « General »* (Keaton), *la Splendeur des Amberson* (Welles), *les Contes de la lune vague après la pluie* (Mizoguchi), *les Fraises sauvages* (Bergman). **1982** *Citizen Kane* (Welles), *la Règle du jeu* (Renoir), *les Sept Samouraïs* (Kurosawa), *Chantons sous la pluie* (Donen et Kelly), *Huit et demi* (Fellini), *le Cuirassé Potemkine* (Eisenstein), *l'Avventura* (Antonioni), *la Splendeur des Amberson* (Welles), *Sueurs froides* (Hitchcock), *le Mécano de la « General »* (Keaton), *2001 : l'Odyssée de l'espace* (Kubrick), *la Prisonnière du désert* (Ford).

■ **Selon la revue *Positif*.** **Meilleurs films de 1952 à 1982 :** *2001 : l'Odyssée de l'espace* (Kubrick), *la Soif du mal* (Welles), *Sueurs froides* (Hitchcock), *Huit et demi* (Fellini), *Salvatore Giuliano* (Rosi), *Apocalypse Now* (Coppola), *Pierrot le Fou* (Godard), *Chantons sous la pluie* (Donen et Kelly), *la Comtesse aux pieds nus* (Mankiewicz), *les Contes de la lune vague après la pluie* (Mizoguchi), *Hiroshima mon amour* (Resnais), *Rio Bravo* (Hawks). **Films les plus importants** (référendum 1992) : *la Règle du jeu* (Renoir), *Citizen Kane* (Welles), *2001 : l'Odyssée de l'espace* (Kubrick), *Sueurs froides* (Hitchcock), *l'Atalante* (Vigo), *Huit et demi* (Fellini), *l'Aurore* (Murnau), *Barry Lyndon* (Kubrick), *le Mécano de la « General »* (Keaton), *l'Intendant Sansho* (Mizoguchi), *Nosferatu le vampire* (Murnau), *le Plaisir* (Ophuls), *les Contes de la lune vague après la pluie* (Mizoguchi), *les Enfants du paradis* (Carné), *les Fraises sauvages* (Bergman), *To Be or Not to Be* (Lubitsch), *M le Maudit* (Lang), *Persona* (Bergman), *Rio Bravo* (Hawks), *Senso* (Visconti).

Films d'animation

■ **Technique.** Chaque 1/24 de s (vitesse de défilement des projecteurs) représente une phase du mouvement et nécessite un dessin distinct. On peut animer le dessin par d'autres techniques : éléments découpés et articulés (*le Cirque* de Jiri Trnka), découpés animés par substitution (*la Planète sauvage* de René Laloux d'après Topor), silhouettes articulées (films de Lotte Reiniger, Bruno Bottge), dessins ou peintures modifiés directement sous la caméra (films de McLaren, Robert Lapoujade), ordinateurs (*la Faim* de Peter Foldès).

■ **Quelques grandes dates. 1892-1900** exploitation du *Théâtre optique* au musée Grévin par É. Reynaud. Les images sont peintes, une à une, directement sur la pellicule. Voir encadré p. 363 a. **1906** USA, James Stuart Blackton perfectionne la prise de vues « image par image » : *Humorous Phases of Funny Faces.* **1908**-17-8 1re projection (Théâtre du Gymnase à Paris) de dessins animés (*Fantasmagorie*) d'Émile Cohl (voir p. 363 b). Principales œuvres : *Un drame chez les Fantoches, les Joyeux Microbes, le Retapeur de cervelles, les Aventures des Pieds-Nickelés.* **1908-1923** Cohl réalise plus de 200 films d'animation en imaginant la plupart des techniques encore utilisées aujourd'hui : *les Allumettes animées* et *Le petit soldat qui devint Dieu* (1908), *La lampe qui file* (1909), *le Petit Chantecler* (1910, ombres animées), *le Tout Petit Faust* (1910). **1914** invention des « cel » (cellulo ou feuilles transparentes) par les Américains Earl Hurd et J. Randolph Bray (1879-1978). **1917** *El Apostol* de Frederico Valle (Argentin d'origine italienne, 1880-1960). 1er long métrage (60 min), satire du Pt Irigoyen. **1924** création des Studios Disney à Hollywood. Le style en « O » régnera 20 ans. Chaque animal est étudié d'après un modèle vivant. **1926** *les Aventures du prince Achmed* de Lotte Reiniger (All., 1899-1981) et Berthold Bartosch (Français d'origine hongroise, 1893-1968), réalisé avec des silhouettes découpées (imitées du « théâtre d'ombres »). **1929-30** *les Études* d'Oskar Fishinger, 1ers films abstraits. Ladislas Starewitch (d'origine polonaise, 1882-1965) : 1er film de marionnettes de long métrage en France : *le Roman de Renard.* **1930** 1er film colorié photomécaniquement : séquence d'introduction pour *King of the Jazz* (Walter Lantz, Amér., 1900-94). **1931** 1er parlant : *Peludopolis* de Quirino Cristiani (Argentine), satire du Pt Irigoyen. **1932** 1er pour adultes : *l'Idée* de Bartosch et Franz Masereel (musique d'Arthur Honegger). 1er oscar du dessin animé : *Flowers and Trees* (Walt Disney). **1933** *Une nuit sur le mont Chauve* d'Alex Alexeieff (Français d'origine russe, 1901-82) et Claire Parker, en ombres portées obtenues en éclairant un écran de 500 000 épingles. **1934-37** *Blanche-Neige et les sept nains* (Walt Disney, environ 400 000 dessins) en Technicolor (1re 21-12-1937). **1935** 1er film abstrait sans caméra, par dessin direct sur la pellicule : *Colour Box* (Len Lye, Néo-Zélandais, 1901-80). 1er film de Norman McLaren (Écosse, 1914-87) : *Camera Makes Woopee.* **1936** Paul Grimault (Français, 1905-94) crée les « Gémeaux ». **1938** *Barbe-Bleue* de Jean Painlevé (Français, 1902-89) et René Bertrand (marionnettes souples en plastiline colorée). **1945** United Productions of America (UPA), fondée par les Américains Stephen Bosustow (1911-81) et, dissidents de Disney, Robert Cannon (1901-64) et John Hubley (1914-77), qui intègre les influences du graphisme et de la peinture modernes. **1947** 1er long métrage en marionnettes de Jiri Trnka (Tchèque, 1912-89) : *l'Année tchèque.* **1947-50** 1er long métrage français : *la Bergère et le Ramoneur* de Paul Grimault, adaptation de Jacques Prévert (1re présentation publique en 1952 dans une version désavouée par les auteurs). Version définitive : *le Roi et l'Oiseau,* achevée 1979. **1948** *le Rossignol de l'empereur de Chine* de Jiri Trnka. **1950** 1ers films de McLaren, dessinés ou gravés directement sur la pellicule. **1952** films en *pixel* (totalisation d'images instantanées) de McLaren : *Two Bagatelles* et *Aimez votre prochain.* **1957** USA, 1ers films expérimentaux de John Whitney (Amér., 1917) avec dispositifs électroniques. **1982** *Fritz the Cat* de Ralph Bakshi, « pour adultes ». *Tron* de Steven Lisberger : long métrage avec animation informatique[1]. **1987** *Fievel et le Nouveau Monde* de Don Bluth. **1988** *Qui veut la peau de Roger Rabbit ?* de Robert Zemeckis (Amér., né 1952), long métrage avec personnages réels et dessins animés. **1989** *la Petite Sirène*[1]. **1990** *Bernard et Bianca au pays des kangourous.* **1991** *Fievel au Far West* (Phil Nibbelink et Simon Wells). **1992** *la Belle et la Bête*[1]. **1993** *Aladdin*[1]. **1994** *le Roi lion*[1]. *Astérix et les Indiens.* **1995** *Pocahontas*[1]. *Toy Story*[1]. **1996** *le Bossu de Notre-Dame*[1]. **1997** *Hercule*[1]. *Anastasia*[1]. *Fourmiz*[1]. *Mulan*[1]. *Small Soldiers. Princesse Mononoké.* **1998** *Kirikou et la Sorcière.* **1999** *South Park, le film. le Prince d'Égypte*[1]. *1001 pattes*[1] *Fantasia 2000*[1]. *Toy Story 2*[1]. *Pokemon, le film.* **2000** *Dinosaure*[1]. *Le Journal d'Anne Franck. Pokemon 2 : le pouvoir est en toi.*

Nota. – (1) Production Walt Disney.

■ **Quelques héros.** *Fantoche* (Émile Cohl, 1908). *Old Doc Yak* (chèvre de Sydney Smith, 1915, USA). *Felix the Cat* (Otto Messmer, 1919). *Mickey Mouse* [s'appelle d'abord *Mortimer Mouse. 1928 (18-11)* : apparaît dans *Steamboat Willie* avec la voix de Walt Disney, puis celle d'Ub Werks. *1929* : création du journal. *1935* : 1re apparition en couleurs dans *The Band Concert. 1928 à 53* : 121 films dont 2 longs métrages. Dans le monde, image exploitée par 2 400 Stés (rapport 60 millions de $ par an). En France, jusqu'en 1973, diffusé en version sous-titrée, puis voix de Roger Carel, François et Vincent Violette, et Jean-Paul Audrin]. *Betty Boop* (Max Fleischer, 1930). *Pluto* (1930). *Goofy-Dingo* (1932). *Popeye* (Fleischer, 1933). *Donald Duck* (Walt Disney et voix de Clarence Nash, 1934). *Blanche-Neige et les sept nains*[1] [Atchoum, Dormeur, Grincheux, Joyeux, Prof, Simplet, Timide (1934)]. *Daffy Duck* (Tex Avery, 1937). *Tom et Jerry* (Bill Hannah et Joe Barbera, 1939). *Bugs Bunny* (Tex Avery, Chuck Jones, 1940). *Woody Woodpecker* (Walter Lantz, 1940). *Droopy* (Tex Avery, 1943). *Road Runner-Bip-Bip* (Chuck Jones, Michael Maltese, 1948). *Mr Maggoo* (Pete Burness, 1949). *Speedy Gonzales* (1955).

Festivals et prix

Festival de Venise (la Mostra)

■ **Créé** en 1932. A l'Hôtel Excelsior lors de l'Exposition d'art international (nations représentées : Allemagne, France, G.-B., URSS, USA), pas de prix mais un vote populaire. *Décerné* fin août-début septembre. Lion d'or, Coupes Volpi, Pasinetti ; Prix de l'OCIC, Prix de la Fipresci (critique), Prix San Giorgio, Prix Marcello-Mastroianni (créé par les ministères de la Culture italien et français ; 1er en 1998).

■ **Coupes Mussolini** pour le meilleur film étranger et le meilleur film italien. **1934** *l'Homme d'Aran* (Robert Flaherty), *Teresa Confalonieri* (G. Brignone). **35** *Anna Karenine* (Clarence Brown), *Casta Diva* (Carmine Gallone). **36** *l'Empereur de Californie* (Luis Trenker), *l'Escadron blanc* (A. Genina). **37** *Un carnet de bal* (Julien Duvivier), *Scipion l'Africain* (Carmine Gallone). **38** *les Dieux du stade* (Leni Riefenstahl), *Luciano Serra pilote* (G. Alessandrini). **39** *Abuna Messias* (G. Alessandrini). **40** *le Maître de poste* (G. Ucicky), *le Siège de l'Alcazar* (A. Genina). **41** *le Président Kruger* (H. Steinhoff), *la Couronne de fer* (A. Blasetti). **42** *le Grand Roi* (Veit Harlan), *Bengasi* (A. Genina). **43** non décerné. **46** non décerné. **Grand Prix international de Venise. 47** *Sirena* (Karel Stekly). **Lion d'Or de Saint-Marc. 48** *Hamlet* (Laurence Olivier). **49** *Manon* (H.-G. Clouzot). **50** *Justice est faite* (André Cayatte). **51** *Rashomon* (Akira Kurosawa). **52** *Jeux interdits* (René Clément). **53** non décerné. Lion d'argent : *Thérèse Raquin* (Marcel Carné). **54** *Roméo et Juliette* (R. Castellani). **55** *Ordet* (Carl Dreyer). **56** non décerné. **57** *Aparajito* (Satyajit Ray). **58** *l'Homme au pousse-pousse* (Hiroshi Inagaki). **59** *le Général Della Rovere* (R. Rossellini), *la Grande Guerre* (M. Monicelli). **60** *le Passage du Rhin* (A. Cayatte). **61** *l'Année dernière à Marienbad* (Alain Resnais). **62** *Journal intime* (V. Zurlini), *l'Enfance d'Ivan* (A. Tarkovski). **63** *Main basse sur la ville* (F. Rosi). **64** *le Désert rouge* (M. Antonioni). **65** *Sandra* (Luchino Visconti). **66** *la Bataille d'Alger* (G. Pontecorvo). **67** *Belle de jour* (Luis Buñuel). **68** *les Artistes sous le chapiteau : perplexes* (Alexander Kluge). **69 à 79** pas de jury, pas de prix. **80** *Gloria* (J. Cassavetes), *Atlantic City* (Louis Malle). **81** *les Années de plomb* (M. von Trotta). **82** *l'État des choses* (Wim Wenders). **83** *Prénom Carmen* (J.-L. Godard). **84** *l'Année du soleil tranquille* (K. Zanussi). **85** *Sans toit ni loi* (A. Varda). **86** *le Rayon vert* (É. Rohmer). **87** *Au revoir les enfants* (L. Malle). **88** *la Légende du saint buveur* (E. Olmi). **89** *la Ville du chagrin* (H. Hsiao Hsien). **90** *Rosencrantz et Guildenstern sont morts* (T. Stoppard). **91** *Urga* (N. Mikhalkov). **92** *Qiu Ju, une femme chinoise* (Z. Jimou). **93** (ex aequo) *Short Cuts* (R. Altman) et *Trois Couleurs : Bleu* (K. Kieslovski). **94** (ex aequo) *Before the Rain* (M. Manchevski) et *Vive l'amour* (Tsai-Ming-Liang). **95** *Cyclo* (T. Anh Hung). **96** *Michael Collins* (N. Jordon). **97** *Hana-Bi* (T. Kitano). **98** *Cosi ridevano* (G. Amelio). **99** *Pas un de moins* (Z. Yimou). **2000** *le Cercle* (J. Panahi).

Festival de Cannes

■ **Créé** en 1939 pour concurrencer la Mostra de Venise. Plusieurs villes étaient candidates : Biarritz, Vichy, Alger, Lucerne et Ostende. **Relancé** en 1946 (1re le 20-9). A lieu en mai. **Prix principaux :** Palme d'or (longs et courts métrages), Grand Prix du jury, Prix d'interprétation masculine, féminine, de la mise en scène, du Jury, de la CST, de la Fipresci, Caméra d'or.

■ **Palmes d'or** (appelées Grands Prix de 1946 à 54 et de 1964 à 74). **1946** 11 décernées à 11 pays différents ; France : *la Symphonie pastorale* (Jean Delannoy). **47** 6 lauréats par genre : France : *Antoine et Antoinette* (Jacques Becker), *les Maudits* (René Clément). **48** pas de festival. **49** *le Troisième Homme* (Carol Reed). **50** pas de festival. **51**[1] *Miracle à Milan* (Vittorio De Sica), *Mademoiselle Julie* (Alf Sjöberg). **52**[1] *Deux Sous d'espoir* (Renato Castellani), *Othello* (Orson Welles). **53** *le Salaire de la peur* (Henri-Georges Clouzot). **54** *la Porte de l'Enfer* (Teinosuké Kinugasa). **55** *Marty* (Delbert Mann). **56** *le Monde du silence* (Jacques-Yves Cousteau - Louis Malle). **57** *la Loi du Seigneur* (William Wyler). **58** *Quand passent les cigognes* (Mikhaïl Kalatozov). **59** *Orfeu Negro* (Marcel Camus). **60** *la Dolce Vita* (Federico Fellini). **61**[1] *Une aussi longue absence* (Henri Colpi), *Viridiana* (Luis Buñuel). **62** *la Parole donnée* (Anselmo Duarte). **63** *le Guépard* (Luchino Visconti). **64** *les Parapluies de Cherbourg* (Jacques Demy). **65** *le Knack...* (Richard Lester). **66**[1] *Un homme et une femme* (Claude Lelouch), *Ces messieurs dames* (Pietro Germi). **67** *Blow Up* (Michelangelo Antonioni). **68** pas de prix (festival interrompu 20 mai). **69** *If* (Lindsay Anderson). **70** *MASH* (Robert Altman). **71** *le Messager* (Joseph Losey). **72**[1] *l'Affaire Mattei* (Francesco Rosi), *La classe ouvrière va au paradis* (Elio Petri). **73**[1] *l'Épouvantail* (Jerry Schatzberg), *la Méprise* (Alan Bridges). **74** *la Conversation secrète* (Francis Ford Coppola). **75** *Chronique des années de braise* (Mohammed Lakhdar Hamina). **76** *Taxi Driver* (Martin Scorsese). **77** *Padre padrone* (Paolo et Vittorio Taviani). **78** *l'Arbre aux sabots* (Ermanno Olmi). **79**[1] *Apocalypse Now* (Francis Ford Coppola), *le Tambour* (Volker Schlöndorff). **80**[1] *Kagemusha* (Akira Kurosawa), *Que le spectacle commence* (Bob Fosse). **81** *l'Homme de fer* (Andrzej Wajda). **82**[1] *Yol* (Yilmaz Güney), *Missing* (Costa-Gavras). **83** *la Ballade de Narayama* (Shohei Imamura). **84** *Paris, Texas* (Wim Wenders). **85** *Papa est en voyage d'affaires* (Emir Kusturica). **86** *Mission* (Roland Joffé). **87** *Sous le soleil de Satan* (Maurice Pialat). **88** *Pelle le conquérant* (Bille August). **89** *Sexe, mensonges et vidéo* (Steven Soderbergh). **90** *Sailor et Lula* (David Lynch). **91** *Barton Fink* (Joel et Ethan Coen). Grand prix de Cannes : *la Belle Noiseuse* (Jacques Rivette). **92** *les Meilleures Intentions* (Bille August). **93**[1] *la Leçon de piano* (Jane Campion), *Adieu ma concubine* (Chen Kaige). **94** *Pulp Fiction* (Quentin Tarantino). Prix spécial du jury [1] : *Vivre !* (Zhang Ymou), *Soleil trompeur* (Nikita Mikhalkov). **95** *Underground* (Emir Kusturica). Prix spécial du jury : *le Regard d'Ulysse* (Theo Angelopoulos). **96** *Secrets et Mensonges* (Mike Leigh). Prix spécial du jury : *Breaking the Waves* (Lars von Trier). **97**[1] *l'Anguille* (Shohei Imamura), *le Goût de la cerise* (Abbas Kiarostami). Prix spécial du jury : *De beaux lendemains* (Atom Egoyan). **98** *L'Éternité et un jour* (Theo Angelopoulos). Prix spécial du jury : *La vie est belle* (Roberto Benigni). **99** *Rosetta* (Luc et Jean-Pierre Dardenne). Grand prix du jury : *l'Humanité* (Bruno Dumont). **2000** *Dancer in The Dark* (Lars von Trier). **2001** *La chambre du fils* (Nanni Moretti). Grand prix du jury : *la Pianiste* (Michael Hancke).

Nota. – (1) Lauréats ex aequo.

☞ **Nombre de palmes d'or et,** entre parenthèses, **de prix spécial du jury par pays (1960-2001) :** USA 11 (2), Italie 9 (8), *France 7 (9),* G.-B. 6 (7), Japon 3 (5), autres pays 13 (20).

Festival de Moscou

■ **Créé** en 1959. **Longs métrages :** a alterné jusqu'en 1993 avec le festival de Karlovy Vary (1 an sur 2). **Récompenses :** Grand Prix, Prix spécial et autres prix.

■ **Grands Prix. 1959** *Destin d'un homme* (Sergueï Bondartchouk). **61** *l'Île nue* (Kaneto Shindo), *Ciel pur* (Gregoris Tchoukrai). **63** *Huit et demi* (Federico Fellini). **65** *Guerre et Paix* (Sergueï Bondartchouk), *Vingt Heures* (Zoltan Fabri). **67** *Un journaliste* (S. Gerasimov), *le Père* (I. Szabo). **Prix d'or. 1969** *Lucia* (Humberto Solas), *Serafino* (Pietro Germi), *Jusqu'à lundi* (Stanislav Rostotski). **71** *les Aveux d'un commissaire de police au procureur de la République* (Damiano Damiani), *Vivre aujourd'hui, mourir demain* (Kaneto Shindo), *Oiseau blanc à la tache noire* (Youri Ilienko). Andrzej Wajda (Polonais) pour son œuvre. **73** *le Mot doux liberté* (Vitautas Jalakjavitchus), *Oklahoma Crude* (Stanley Kramer), *l'Amour* (L. Staïkov). **75** *Dersou Ouzala* (Akira Kurosawa), *la Terre promise* (Andrzej Wajda), *Nous nous sommes tant aimés* (Ettore Scola), *Parade* (Jacques Tati). **77** *le Cinquième Sceau* (Zoltan Fabri), *Fin de semaine* (Juan Antonio Bardem), *Mimino* (Gueorgui Danelia). **79** *Que viva Mexico* (Sergueï Mikhaïlovitch Eisenstein, Édouard Tissé, Gregory Alexandrov) [honorifique], *Le Christ s'est arrêté à Eboli* (Francesco Rosi), *Sept Jours en janvier* (Juan Antonio Bardem), *le Cinéphile* (Krzysztof Kieslowsky), *Le chien se baladant sur le piano à queue* (V. Grammatikov). **81** *l'Homme pressuré* (J.-B. de Andrade), *le Champ dévasté* (Nguyen Hong Chan), *Téhéran 43* (Naoumov et Alov). **83** *Amok* (Souhayl Ben Barka), *Alcino et le Condor* (Miguel Littin), *Vassa* (Gleb Panfilov). **85** *Va voir* (Elem Klimov), *l'Histoire du soldat* (Norman Jewison), *la Fin des neuf* (C. Shiapachas). **Grands Prix. 1987** *Intervista* (Federico Fellini). **Prix spécial :** *le Messager* (K. Shakhnazarov), *le Héros de l'année* (Feliks Falk). **89** *le Voleur de savonnettes* (Maurizio Nichetti). **Prix spécial :** *le Visiteur de musée* (K. Kopoushanski), *Come, Come, Come Upward* (Im Kwon-Taek), *Ariel* (Akiro Kaurismäki). **91** *la Course du chien pie sur la plage* (K. Gevorkyan). **Prix spécial :** *The Adjuster* (Atom Egoyan), *les Fiancés* (Wang Jin). **93** *Moi Ivan, toi Abraham* (Yolande Zauberman). **Georges d'or. 1999** *Kitai (Will to Live)* (Kaneto Shindo). **2000** *la Vie comme maladie mortelle sexuellement transmissible* (Krzysztof Zanussi).

Festival de Berlin

■ **Créé** en 1951 par Alfred Bauer, international de catégorie A, décerné mi-février. **Récompenses :** Ours d'or, d'argent (Prix spécial du jury, mise en scène, interprétations, autre mérite individuel remarquable, courts métrages), prix de l'« Ange bleu » (hommage à Marlene Dietrich ; film européen au sujet « contemporain brûlant »), Prix Alfred Bauer (1er film).

■ **Ours d'or. 1956** *Invitation à la danse* (Gene Kelly). **57** *Douze Hommes en colère* (Sidney Lumet). **58** *les Fraises sauvages* (Ingmar Bergman). **59** *les Cousins* (Claude Chabrol). **60** *El Lazarillo de Tormes* (Cesar Ardavin). **61** *la Nuit* (Michelangelo Antonioni). **62** *A Kind of Loving* (John Schlesinger). **63** *Bushido* (Tadashi Imaï), *le Diable* (Gian Luigi Polidoro). **64** *l'Été sans eau* (Ismaïl Metin). **65** *Alphaville* (Jean-Luc Godard). **66** *Cul-de-Sac* (Roman Polanski). **67** *le Départ* (Jerzy Skolimowski). **68** *Ole Dole Doff* (Jan Troell). **69** *Rani Radovi* (Zelimir Zilnik). **70** Ours d'or non décerné. **71** *le Jardin des Finzi-Contini* (Vittorio De

Sica). **72** *les Contes de Canterbury* (Pier Paolo Pasolini). **73** *Ashani Sanket* (Satyajit Ray). **74** *l'Apprentissage de Duddy Kravitz* (Ted Kotcheff). **75** *Adoption* (Marta Meszaros). **76** *Buffalo Bill et les Indiens* (Robert Altman). **77** *Ascension* (Larissa Chepitko). **78** (ex aequo) *las Palabras de Max* (Emilio Martinez Lazaro), *las Truchas* (José-Luis Garcia-Sanchez). **79** *David* (Peter Lilienthal). **80** (ex aequo) *Heartland* (Richard Pearce), *Palermo ou Wolfsburg* (Werner Schroeter). **81** *Vivre vite* (Carlos Saura). **82** *le Secret de Veronika Voss* (Rainer-Werner Fassbinder). **83** *Ascendancy* (E. Bennett), *la Colmena* (la Ruche, Mario Camus). **84** *Love Streams* (John Cassavetes). **85** (ex aequo) *Wetherby* (David Hare), *la Femme et l'Étranger* (Rainer Simon). **86** *Stammheim* (Reinhard Hauff). **87** *le Thème* (Gleb Panfilov). **88** *le Sorgho rouge* (Zhang Yimou). **89** *Rain Man* (Barry Levinson). **90** (ex aequo) *Music Box* (Costa-Gavras), *Alouettes sur un fil* (Jiri Menzel). **91** *la Maison du sourire* (Marco Ferreri). **92** *Grand Canyon* (Lawrence Kasdan). **93** (ex aequo) *la Femme du lac des âmes parfumées* (Xie Fei), *la Noce* (Ang Lee). **94** *Au nom du père* (Jim Sheridan). **95** *l'Appât* (Bertrand Tavernier). **96** *Sense and Sensibility* (Ang Lee). **97** *Larry Flint* (Milos Forman). **98** *Central do Brasil* (Walter Salles). **99** *la Ligne rouge* (Terence Malik). **2000** *Magnolia* (Thomas Anderson). **01** *Intimacy* (Patrice Chéreau).

Festivals divers

■ **Annecy** (Festival international du film d'animation). *Créé* en 1956 à Cannes. Depuis 1960 à Annecy. Annuel fin mai-début juin [jusqu'en 1997, tous les 2 ans, les années impaires, en alternance avec Zagreb (Croatie) et Ottawa (Canada)]. Parallèlement a lieu un marché international du film d'animation (Mifa). **Grands Prix. 2000** court métrage : *le Vieil Homme et la mer* (Alexander Petrov) ; long métrage : non attribué ; film de TV et commande : *Angela Anaconda : les brise-glace* (Sue Rose, Joanna Ferrone.

■ **Avoriaz** (Festival international du film fantastique). *Créé* 1973. **Grands Prix. 1973** *Duel* (Steven Spielberg). **74** *Soleil vert* (Richard Fleischer). **75** *Phantom of the Paradise* (Brian De Palma). **76** non décerné. **77** *Carrie* (Brian De Palma). **78** *Full Circle* (Richard Loncraine). **79** *Patrick* (Richard Franklin). **80** *C'était demain* (Nicholas Meyer). **81** *Elephant Man* (David Lynch). **82** *Mad Max 2* (George Miller). **83** *Dark Crystal* (Jim Henson et Frank Oz). **84** *l'Ascenseur* (Dick Maas). **85** *Terminator* (James Cameron). **86** *Dream Lover* (Alan Pakula). **87** *Blue Velvet* (David Lynch). **88** *Hidden* (Jack Sholder). **89** *Faux-semblants* (David Cronenberg). **90** *Lectures diaboliques* (Tibor Takacs). **91** *Tales from the Dark Side* (John Harrison). **92** *l'Évasion du cinéma liberté* (Wojciech Marczewski). **93** *Braindead* (Peter Jackson) ; **arrêt du Festival** : voir Gérardmer ci-après.

■ **Gérardmer** (Fantastic'Arts). Remplace le festival d'Avoriaz depuis 1997. **Grands prix. Longs métrages : 1997** *Scream* (Ken Russell). **98** *An American Werewolf in Paris* (Anthony Waller). **99** *Cube* (Vincenzo Natali). **2000** *Stir of Echoes* [Hypnose] (David Koepp). **01** *Thomas est amoureux* (Pierre-Paul Renders).

■ **Karlovy Vary (Rép. tchèque).** *Créé* 1946 (en 1946 et 47, à Marienbad). A lieu en juillet (a alterné jusqu'en 1993 avec le Festival de Moscou). Depuis 1994, organisé par une fondation indépendante. **Globe de cristal. 1995** *Jízda* (Jan Svěrák). **96** *Kavkazskij plennik* (Sergueï Bodrov). **97** *Ma vie en rose* (Alain Berliner). **98** *le Cœur au poing* (Charles Biname). **99** *les Amis de Yana* (Arik Kaplun). **2000** *Eu tu eles* (Andrucha Waddington, Brésil).

■ **Locarno (Suisse).** *Créé* 1946. A lieu en août. **Léopards d'or. 1991** *Johnny Suède* (T. Di Cillo). **92** *Lune d'automne* (Clara Law). **93** *Ma vie sur le bicorne* (Ermek Shinarbaev). **94** *la Jarre* (Ebrahim Foruzesh). **95** *Raï* (Thomas Gilon). **96** *Nénette et Boni* (Claire Denis). **97** *Ayneh* [le Miroir] (Jafar Panahi). **98** *M. Zhao* (Lü Yue). **99** *Peau d'homme, cœur de bête* (Hélène Angel). **2000** *Baba* (Wang Shuo).

■ **Montréal (Canada).** *Créé* 1977, remis fin août-début sept. **Grands prix des Amériques. 1995** *Georgia* (Ulu Grosbard). **96** *Different for Girls* (Richard Spence). **97** *les Enfants du ciel* (Majid Majidi). **98** (ex aequo) *The Quarry* (Marion Hänsel) ; *Vollmond [Pleine Lune]* (Fredi M. Murer). **99** *la Couleur du paradis* (Majid Majidi). **2000** (ex aequo) *le Goût des autres* (Agnès Jaoui) ; *Innocence* (Paul Cox).

■ **Rotterdam (Pays-Bas).** *Créé* 1971. **Tigres. 2001** *Bad Company [Mabudachi]* (Furumaya Tomoyuki), *In Den Tag Hinein [The Days Between]* (Maria Speth), *25 Watts* (Juan Pablo Rebella, Pablo Stoll).

■ **Saint-Sébastien (Espagne).** *Créé* 1953. A lieu en septembre. **Coquilles d'or. 1998** *El viento se llevo lo que* (Alejandro Agresti). **99** *C'est quoi la vie ?* (Françoise Dupeyron). **2000** *La perdición de los hombres* (Arturo Ripstein).

■ **Tachkent (Ouzbékistan).** *Créé* 1968. Alterne tous les 2 ans avec le Festival de Moscou (voir p. 383 c).

■ **Principaux autres festivals.** *Acapulco* (cinéma français), *Angers* (film d'animation), *Amiens, Arcachon, Bastia* (cultures méditerranéennes), *Beauvais* [Cinémalia (animaux et cinéma)], *Bergame, Biarritz* (film d'Amérique latine), *Blois, Bruxelles* (fantastique ; archéologique), *Budapest, Cabourg, Caracas, Carthage, Chalon-sur-Saône* (image de film), *Cherbourg, Clermont-Ferrand* (court métrage ; créé 1979), *Cognac* (policier), *Cork, Créteil* (film de femme), *Deauville* (cinéma américain), *Dinard* (film britannique), *Douarnenez, Düsseldorf* (film français), *Florence* (rencontres France-cinéma), *Genève, Grenoble* (court métrage), *Honfleur* (cinéma russe), *Hong Kong, Hyères* (cinéma d'aujourd'hui et cinéma différent), *Istanbul, Knokke-le-Zoute, Kargju* (Corée), *L'Alpe-d'Huez* (comédie, humour), *La Ciotat* (1re œuvre), *La Plagne* (film d'aventure vécue), *La Rochelle, Lille* (court métrage), *Mannheim, Mar del Plata, Melbourne, Metz* (court métrage européen), *Mexico, Montpellier* (cinéma méditerranéen), *Montréal, Namur* (film francophone), *Nantes* (Festival des 3 continents), *Nyon* (documentaire), *Orléans, Ouagadougou* (panafricain), *Paris, Pessac* (film d'histoire), *Poitiers* (court métrage), *Rouen* (film nordique), *Rueil-Malmaison* (film d'histoire), *St-Jean-de-Luz* (jeune réalisateur), *San Francisco* (cinéma indépendant), *Sarasota, Sarlat, Sitges* (fantastique), *Sundance* (Utah, USA, créé 1985), *Taipei, Taormina, Téhéran, Tokyo, Toronto, Valenciennes* (action/aventure), *Vendôme* (créé 1990, film ferroviaire), *Vevey* (comédie), *Yokohama*.

Oscars

■ **Origine.** 1927 Louis Mayer (patron de la MGM) suscite la création de l'Academy of Motion Picture Arts and Sciences (organisme corporatif de producteurs pour faire face aux revendications des techniciens et acteurs, et améliorer l'image de l'industrie du cinéma), puis a l'idée de donner des récompenses [Cedric Gibbons dessine un homme nu plongeant une épée dans une bobine de film ; une maquette de George Stanley en fait une statuette en alliage de cuivre et d'étain, dorée à l'or fin, surnommée Oscar depuis 1931 (3 personnes revendiquent la paternité du nom : Margaret Herrick, bibliothécaire de l'Académie, à cause de son oncle ressemblant à la statue ; Sidney Skolsky, échotier de Hollywood, s'inspirant d'une plaisanterie : « Auriez-vous un cigare, Oscar ? » ; Bette Davis dont le mari, Harmon Oscar Nelson Jr., ressemblait à la statue)]. *Actuellement* 27 oscars sont décernés. Pour chaque prix, les membres concernés (acteurs pour les acteurs, scénaristes pour les scénarios, etc.) proposent 5 noms. Vote à bulletin secret.

■ **Ont obtenu plusieurs oscars. Acteurs :** Marlon Brando (1954, 72), Walter Brennan (1936, 38, 40 ; 2d rôle), Gary Cooper (1941, 52), Melvyn Douglas (1963, 79), Gene Hackman (1971, 97), Tom Hanks (1993, 94), Dustin Hoffman (1979, 88), Jack Lemmon (1955, 73), Fredric March (1931, 32, 46), Jack Nicholson (1975, 97), Robert De Niro (1974, 80), Anthony Quinn (1952, 56), Jason Robards (1976, 77), Spencer Tracy (1937, 38), Peter Ustinov (1960, 64)... **Actrices :** Ingrid Bergman (1944, 56, 74), Bette Davis (1935, 38), Sally Field (1979, 84), Jane Fonda (1971, 78), Jodie Foster (1988, 91), Olivia De Havilland (1946,49), Helen Hayes (1931-32, 70), Katharine Hepburn (1932-33, 67, 68, 81), Glenda Jackson (1970, 73), Jessica Lange (1982, 94), Vivien Leigh (1939, 51), Luise Rainer (1936, 37), Maggie Smith (1969, 78), Meryl Streep (1979, 82), Elizabeth Taylor (1960, 66), Dianne Wiest (1986, 94 ; 2d rôle), Shelley Winters (1959, 65 ; 2d rôle)... **Metteurs en scène :** Frank Borzage (1927-28, 31-32), Frank Capra (1934, 36, 38), John Ford (1935, 40, 41, 52), Elia Kazan (1947, 54), David Lean (1957, 62), Frank Lloyd (1928-29, 32-33), Leo McCarey (1937, 44), Joseph L. Mankiewicz (1949, 50), Lewis Milestone (1927-28, 29-30), George Stevens (1951, 56), Billy Wilder (1945, 60), Robert Wise (1961, 65), William Wyler (1942, 46, 59), Fred Zinnemann (1953, 66). **Films :** *Ben Hur* (1959), *Titanic* (1997) : 11 ; *West Side Story* (1961) : 10 ; *le Dernier Empereur* (1987), *Gigi* (1958), *le Patient anglais* (1996) : 9 ; *Autant en emporte le vent* (1939), *Gandhi* (1982), *Amadeus* (1984), *From Here to Eternity* (1953), *My Fair Lady* (1964), *Cabaret* (1972), *On the Waterfront* (1954) : 8 ; *Out of Africa* (1985), *la Liste de Schindler* (1993), *Danse avec les loups* (1990), *Shakespeare in Love* (1998) : 7 ; *All About Eve* (1950), *Forrest Gump* (1994), *Mrs Miniver* (1942) : 6 ; *Tendres Passions* (1983), *Qui a peur de Virginia Woolf ?* (1966), *Mary Poppins* (1964), *Vol au-dessus d'un nid de coucou* (1975), *Il faut sauver le soldat Ryan* (1998) : 5. Pour l'ensemble de son œuvre, Walt Disney a obtenu 26 oscars (certains posthumes). **Costumes :** Edith Head (1907-81) : 8.

Parmi les Français ayant obtenu un oscar. Acteur : *1958* Maurice Chevalier (Special Award). **Actrices :** *1934* Claudette Colbert ; *59* Simone Signoret ; *96* Juliette Binoche. **Réalisateurs :** MEILLEURS FILMS ÉTRANGERS : *1958* Jacques Tati *(Mon oncle)*. *1966* Claude Lelouch *(Un homme et une femme)*. *1973* François Truffaut *(la Nuit américaine)*. *1992* Régis Wargnier *(Indochine)*. **Musiciens :** *1962, 65 et 84* Maurice Jarre ; *1968, 71 et 83* Michel Legrand ; *1970* Francis Lai ; *1979* Georges Delerue ; *1996* Gabriel Yared.

■ **Plus jeunes acteurs ayant reçu un oscar.** *1934* Shirley Temple (6 ans), *1973* Tatum O'Neal (9 ans). **Les plus âgés.** *1976* George Burns (80 ans), *1990* Jessica Tandy (80 ans).

☞ *Charlie Chaplin* reçut un oscar en 1972 pour *Limelight*, sorti en 1952. *Marlon Brando* le refusa pour *le Parrain* et chargea une jeune Apache de lire à la cérémonie un message dénonçant le mauvais traitement réservé aux Indiens dans les films. En 1986, *Marlee Martlin*, 21 ans, sourde-muette, reçut son 1er oscar des mains de William Hurt, son partenaire à l'écran.

■ **Membres d'une même famille ayant reçu un oscar la même année. Frères :** *1943* pour *Casablanca :* Julius et Philip Epstein (scénario) ; *1964 Mary Poppins :* Richard et Robert Sherman (chanson : « Chim-chim, Cheer-ee ») ; *1989 Balance :* Christoph et Wolfgang Lauenstein (court-métrage-animation) ; *1996 Fargo :* Ethan et Joel Coen (scénario). **Frère et sœur :** *1930* Douglas (meilleur son pour *The Big House*) et Norma Shearer (meilleure interprète pour *The Divorcee*). **Père et fils :** *1947 le Trésor de la sierra Madre :* Walter (père, meilleur acteur de composition) et John Huston (fils, meilleur réalisateur). *1974 le Parrain* (2e épisode) : Carmine (père, meilleure musique) et Francis Coppola (fils, meilleur réalisateur).

■ **Acteurs ayant partagé un oscar.** *1931-32* Fredric March *(Dr Jekyll et Mr Hyde)* et Wallace Beery *(The Champ)*, *1968* Barbra Streisand *(Funny Girl)* et Katharine Hepburn *(Un lion en hiver)*.

■ **Films dont plusieurs acteurs remportèrent un oscar.** *New York-Miami* (1934) : Clark Gable et Claudette Colbert ; *Vol au-dessus d'un nid de coucou* (1975) : Jack Nicholson et Louise Fletcher ; *Network* (1976) : Peter Finch et Faye Dunaway ; *Retour* (1978) : Jon Voight et Jane Fonda ; *la Maison du lac* (1981) : Henry Fonda et Katharine Hepburn ; *le Silence des agneaux* (1991) : Anthony Hopkins et Jodie Foster ; *Pour le pire et le meilleur* (1997) : Jack Nicholson et Helen Hunt ; *Shakespeare in Love* (1998) : Gwyneth Paltrow et Judi Dench.

■ **Oscars du meilleur film. 1927-28** (1re remise : 16-5-1929) *les Ailes* (William Wellman), *l'Aurore* (Friedrich Wilhelm Murnau). **28-29** *The Broadway Melody* (Harry Beaumont). **29-30** *A l'Ouest rien de nouveau* (Lewis Milestone). **30-31** *Cimarron* (Wesley Ruggles). **31-32** *Grand Hôtel* (Edmund Goulding). **32-33** *Cavalcade* (Frank Lloyd). **34** *New York-Miami* (Frank Capra). **35** *les Révoltés du Bounty* (Frank Lloyd). **36** *The Great Ziegfeld* (Robert Zigler Leonard). **37** *la Vie d'Émile Zola* (William Dieterle). **38** *Vous ne l'emporterez pas avec vous* (Frank Capra). **39** *Autant en emporte le vent* (Victor Fleming). **40** *Rebecca* (Alfred Hitchcock). **41** *Qu'elle était verte ma vallée* (John Ford). **42** *Mrs Miniver* (William Wyler). **43** *Casablanca* (Michael Curtiz). **44** *la Route semée d'étoiles* (Leo McCarey). **45** *le Poison* (Billy Wilder). **46** *les Plus Belles Années de notre vie* (William Wyler). **47** *le Mur invisible* (Elia Kazan). **48** *Hamlet* (Laurence Olivier). **49** *les Fous du roi* (Robert Rossen). **50** *Eve* (Joseph Mankiewicz). **51** *Un Américain à Paris* (Vincente Minnelli). **52** *Sous le plus grand chapiteau du monde* (Cecil B. DeMille). **53** *Tant qu'il y aura des hommes* (Fred Zinnemann). **54** *Sur les quais* (Elia Kazan). **55** *Marty* (Daniel Mann). **56** *le Tour du monde en 80 jours* (Michael Anderson). **57** *le Pont de la rivière Kwaï* (David Lean). **58** *Gigi* (Vincente Minnelli). **59** *Ben Hur* (William Wyler). **60** *la Garçonnière* (Billy Wilder). **61** *West Side Story* (Robert Wise-Jerome Robbins). **62** *Lawrence d'Arabie* (David Lean). **63** *Tom Jones* (Tony Richardson). **64** *My Fair Lady* (George Cukor). **65** *la Mélodie du bonheur* (Robert Wise). **66** *Un homme pour l'éternité* (Fred Zinnemann). **67** *Dans la chaleur de la nuit* (Norman Jewison). **68** *Oliver* (Carol Reed). **69** *Macadam Cow-Boy* (John Schlesinger). **70** *Patton* (Franklin Schaffner). **71** *French Connection* (William Friedkin). **72** *le Parrain* (Francis Ford Coppola). **73** *l'Arnaque* (George Roy Hill). **74** *le Parrain II* (Francis Ford Coppola). **75** *Vol au-dessus d'un nid de coucou* (Milos Forman). **76** *Rocky* (John Avildsen). **77** *Annie Hall* (Woody Allen). **78** *Voyage au bout de l'enfer* (Michael Cimino). **79** *Kramer contre Kramer* (Robert Benton). **80** *Des gens comme les autres* (Robert Redford). **81** *les Chariots de feu* (Hugh Hudson). **82** *Gandhi* (Richard Attenborough). **83** *Tendres Passions* (James Brooks). **84** *Amadeus* (Milos Forman). **85** *Out of Africa* (Sydney Pollack). **86** *Platoon* (Oliver Stone). **87** *le Dernier Empereur* (Bernardo Bertolucci). **88** *Rain Man* (Barry Levinson). **89** *Miss Daisy et son chauffeur* (Bruce Beresford). **90** *Danse avec les loups* (Kevin Costner). **91** *le Silence des agneaux* (Jonathan Demme). **92** *Impitoyable* (Clint Eastwood). **93** *la Liste de Schindler* (Steven Spielberg). **94** *Forrest Gump* (Robert Zemeckis). **95** *Braveheart* (Mel Gibson). **96** *le Patient anglais* (Anthony Minghella). **97** *Titanic* (James Cameron). **98** *Shakespeare in Love* (John Madden). **99** *American Beauty* (Sam Mendes). **2000** *Gladiator* (Ridley Scot).

■ **Palmarès 2000** (proclamé le 24-3-2001). **Meilleur réalisateur :** Steven Soderbergh (*Traffic*) ; **acteur :** Russel Crowe (*Gladiator*) ; **actrice :** Julia Roberts (*Erin Brokovich*) ; **film en langue étrangère :** *Tigre et Dragon* (Ang Lee, Chine/USA).

Prix Louis-Delluc

■ **Fondé** en 1937 par Maurice Bessy, Marcel Idzkowski et Georges Cravenne [Louis Delluc (1890-1924), 1er journaliste français spécialisé dans le cinéma, avait fondé les ciné-clubs ; son meilleur film fut *la Femme de nulle part* (1922)]. *Décerné* mi-décembre en France. *Attribué* par un jury de critiques à un film français de l'année et, depuis 1999, au meilleur 1er film. **Jury.** C. Beylie, M. Boujut, P. Bouteiller, M. Ciment, P. Collin, G. Cravenne, G. Jacob (Pt), D. Heymann, S. Kaganski, G. Lefort, Lo Duca, P. Mérigeau, P. Murat, P. Tchernia, S. Toubiana, M.-N. Tranchant. *Membres d'honneur :* D. Marion, C. Mauriac, J. Vidal.

■ **Palmarès. 1937** *les Bas-Fonds* (Jean Renoir). **38** *le Puritain* (Jeff Musso). **39** *Quai des brumes* (Marcel Carné). **45** *l'Espoir* (André Malraux). **46** *la Belle et la Bête* (Jean Cocteau). **47** *Paris 1900* (Nicole Védrès). **48** *les Casse-Pieds* (Jean Dréville). **49** *Rendez-Vous de juillet* (Jacques Becker). **50** *le Journal d'un curé de campagne* (Robert Bresson). **51** non attribué. **52** *le Rideau cramoisi* (Alexandre Astruc). **53** *les Vacances de M. Hulot* (Jacques Tati). **54** *les Diaboliques* (Henri-Georges Clouzot). **55** *les Grandes Manœuvres* (René Clair). **56** *le Ballon rouge* (Albert Lamorisse). **57** *Ascenseur pour l'échafaud* (Louis Malle). **58** *Moi, un Noir* (Jean Rouch). **59** *On n'enterre pas le dimanche* (Michel Drach). **60** *Une aussi longue absence* (Henri Colpi). **61** *Un cœur gros comme ça* (François Reichenbach). **62** *l'Immortelle* (Alain Robbe-Grillet), *le Soupirant* (Pierre Étaix).

63 *les Parapluies de Cherbourg* (Jacques Demy). **64** *le Bonheur* (Agnès Varda). **65** *la Vie de château* (Jean-Paul Rappeneau). **66** *La guerre est finie* (Alain Resnais). **67** *Benjamin* (Michel Deville). **68** *Baisers volés* (François Truffaut). **69** *les Choses de la vie* (Claude Sautet). **70** *le Genou de Claire* (Éric Rohmer). **71** *Rendez-Vous à Bray* (André Delvaux). **72** *État de siège* (Costa-Gavras). **73** *l'Horloger de Saint-Paul* (Bertrand Tavernier). **74** *la Gifle* (Claude Pinoteau). **75** *Cousin, cousine* (Jean-Charles Tacchella). **76** *le Juge Fayard dit le Shérif* (Yves Boisset). **77** *Diabolo menthe* (Diane Kurys). **78** *l'Argent des autres* (Christian de Chalonge). **79** *le Roi et l'Oiseau* (Paul Grimault). **80** *Un étrange voyage* (Alain Cavalier). **81** *Une étrange affaire* (Pierre Granier-Deferre). **82** *Danton* (Andrzej Wajda). **83** *A nos amours* (Maurice Pialat). **84** *la Diagonale du fou* (Richard Dembo). **85** *l'Effrontée* (Claude Miller). **86** *Mauvais Sang* (Leos Carax). **87** *Au revoir les enfants* (Louis Malle), *Soigne ta droite* (Jean-Luc Godard). **88** *la Lectrice* (Michel Deville). **89** *Un monde sans pitié* (Éric Rochant). **90** (ex aequo) *le Mari de la coiffeuse* (Patrice Leconte), *le Petit Criminel* (Jacques Doillon). Delluc des Delluc (1937-89) : *les Vacances de M. Hulot* (Jacques Tati). **91** *Tous les matins du monde* (Alain Corneau). **92** *Le petit prince a dit* (Christine Pascal). **93** *Smoking/No smoking* (Alain Resnais). **94** *les Roseaux sauvages* (André Téchiné). **95** *Nelly et M. Arnaud* (Claude Sautet). **96** *Y aura-t-il de la neige à Noël ?* (Sandrine Veysset). **97** (ex aequo) *On connaît la chanson* (Alain Resnais), *Marius et Jeannette* (Robert Guédiguian). **98** *l'Ennui* (Cédric Kahn). **99** *Adieu plancher des vaches* (Otar Iosseliani). **2000** *Merci pour le chocolat* (Claude Chabrol) ; 1er film : *Ressources humaines* (Laurent Cantet).

☞ **Cinéastes primés plusieurs fois :** *1953* et *89* Jacques Tati (dont un Delluc des Delluc). *1957* et *87* Louis Malle. *1966, 93* et *97* Alain Resnais. *1967* et *88* Michel Deville. *1969* et *95* Claude Sautet.

CÉSARS

■ **Créés** en 1976 par Georges Cravenne (né 1914) à l'imitation des oscars. *Nom* donné en hommage à Raimu (qui joua le rôle écrit par Pagnol) et parce que le sculpteur César réalisa les statuettes du prix. **Nominations** : des professionnels [acteurs, réalisateurs, scénaristes, techniciens, producteurs, distributeurs, membres de l'AATC (Académie des arts et techniques du cinéma) : 2 500 adhérents] désignent, sur une liste, 4 ou 5 noms dans diverses catégories d'activités françaises et 4 noms pour les films étrangers. *Vote final* : la profession détermine le choix définitif. *Remise des récompenses* : en mars de l'année suivante. Le 17-12-1992, sous la pression de Robert Enrico, Pt de l'AATC, et de Denys Granier-Deferre, dirigeant du Syndicat des réalisateurs, le conseil d'administration de l'AATC décidait d'exclure des césars, hormis celui du meilleur film étranger, les films tournés en langue étrangère, décision rendue publique le 8-1-1993. Le 14-1-1993, le conseil de l'AATC décidait de n'appliquer la restriction qu'au seul césar du meilleur film.

■ **Records.** **1981** *le Dernier Métro* : 10 césars sur 12 (film, réalisateur, acteur, actrice, scénario, musique, photo, son, montage, décor). **91** *Cyrano de Bergerac* : 10 césars sur 13 (film, réalisateur, acteur, second rôle masculin, musique, photo, son, montage, costumes, décor).

■ **Meilleur film.** **1976** *le Vieux Fusil* (Robert Enrico). **77** *Monsieur Klein* (Joseph Losey). **78** *Providence* (Alain Resnais). **79** *l'Argent des autres* (Christian de Chalonge). **80** *Tess* (Roman Polanski). **81** *le Dernier Métro* (François Truffaut). **82** *la Guerre du feu* (Jean-Jacques Annaud). **83** *la Balance* (Bob Swaim). **84** *A nos amours* (Maurice Pialat), *le Bal* (Ettore Scola). **85** *les Ripoux* (Claude Zidi). **86** *Trois Hommes et un couffin* (Coline Serreau). **87** *Thérèse* (Alain Cavalier). **88** *Au revoir les enfants* (Louis Malle). **89** *Camille Claudel* (Bruno Nuytten). **90** *Trop belle pour toi* (Bertrand Blier). **91** *Cyrano de Bergerac* (Jean-Paul Rappeneau). **92** *Tous les matins du monde* (Alain Corneau). **93** *les Nuits fauves* (Cyril Collard). **94** *Smoking/No smoking* (Alain Resnais). **95** *les Roseaux sauvages* (André Téchiné). **96** *la Haine* (Mathieu Kassovitz). **97** *Ridicule* (Patrice Leconte). **98** *On connaît la chanson* (Alain Resnais). **99** *la Vie rêvée des anges* (Erick Zonca). **2000** *Vénus Beauté (Institut)* (Tonie Marshall). **01** *le Goût des autres* (Agnès Jaoui).

■ **Meilleur film étranger.** **1976** *Parfum de femme* (Dino Risi). **77** *Nous nous sommes tant aimés* (Ettore Scola). **78** *Une journée particulière* (Ettore Scola). **79** *l'Arbre aux sabots* (Ermanno Olmi). **80** *Manhattan* (Woody Allen). **81** *Kagemusha* (Akira Kurosawa). **82** *Elephant Man* (David Lynch). **83** *Victor Victoria* (Blake Edwards). **84** *Fanny et Alexandre* (Ingmar Bergman). **85** *Amadeus* (Milos Forman). **86** *la Rose pourpre du Caire* (Woody Allen). **87** *le Nom de la rose* (Jean-Jacques Annaud). **88** *le Dernier Empereur* (Bernardo Bertolucci). **89** *Bagdad Café* (Percy Adlon). **90** *les Liaisons dangereuses* (Stephen Frears). **91** *le Cercle des poètes disparus* (Peter Weir). **92** *Toto le héros* (Jaco Van Dormael). **93** *Talons aiguilles* (Pedro Almodovar). **94** *la Leçon de piano* (Jane Campion). **95** *Quatre Mariages et un enterrement* (Mike Newell). **96** *Land and Freedom* (Ken Loach). **97** *Breaking the Waves* (Lars Von Trier). **98** *les Virtuoses* (Mark Herman). **99** *La vie est belle* (Roberto Benigni). **2000** *Tout sur ma mère* (Pedro Almodovar). **01** *In The Mood for Love* (Wong Kar-Wai).

■ **Meilleur réalisateur.** **1976** Bertrand Tavernier (*le Juge et l'Assassin*). **77** Joseph Losey (*Monsieur Klein*). **78** Alain Resnais (*Providence*). **79** Christian de Chalonge (*l'Argent des autres*). **80** Roman Polanski (*Tess*). **81** François Truffaut (*le Dernier Métro*). **82** Jean-Jacques Annaud (*la Guerre du feu*). **83** Andrzej Wajda (*Danton*). **84** Ettore Scola (*le Bal*). **85** Claude Zidi (*les Ripoux*). **86** Michel Deville (*Péril en la demeure*). **87** Alain Cavalier (*Thérèse*). **88** Louis Malle (*Au revoir les enfants*). **89** Jean-Jacques Annaud (*l'Ours*). **90** Bertrand Blier (*Trop belle pour toi*). **91** Jean-Paul Rappeneau (*Cyrano de Bergerac*). **92** Alain Corneau (*Tous les matins du monde*). **93** Claude Sautet (*Un cœur en hiver*). **94** Alain Resnais (*Smoking/No Smoking*). **95** André Téchiné (*les Roseaux sauvages*). **96** Claude Sautet (*Nelly et M. Arnaud*). **97** Patrice Leconte (*Ridicule*) et Bertrand Tavernier (*Capitaine Conan*). **98** Luc Besson (*le Cinquième Élément*). **99** Patrice Chéreau (*Ceux qui m'aiment prendront le train*). **2000** Tonie Marshall [*Vénus Beauté (Institut)*]. **01** Dominik Moll (*Harry, un ami qui vous veut du bien*).

■ **Meilleur acteur.** **1976** Philippe Noiret (*le Vieux Fusil*). **77** Michel Galabru (*le Juge et l'Assassin*). **78** Jean Rochefort (*le Crabe-Tambour*). **79** Michel Serrault (*la Cage aux folles*). **80** Claude Brasseur (*la Guerre des polices*). **81** Gérard Depardieu (*le Dernier Métro*). **82** Michel Serrault (*Garde à vue*). **83** Philippe Léotard (*la Balance*). **84** Coluche (*Tchao Pantin*). **85** Alain Delon (*Notre histoire*). **86** Christophe Lambert (*Subway*). **87** Daniel Auteuil (*Jean de Florette, Manon des Sources*). **88** Richard Bohringer (*le Grand Chemin*). **89** Jean-Paul Belmondo (*Itinéraire d'un enfant gâté*). **90** Philippe Noiret (*la Vie et rien d'autre*). **91** Gérard Depardieu (*Cyrano de Bergerac*). **92** Jacques Dutronc (*Van Gogh*). **93** Claude Rich (*le Souper*). **94** Pierre Arditi (*Smoking/No Smoking*). **95** Gérard Lanvin (*le Fils préféré*). **96** Michel Serrault (*Nelly et M. Arnaud*). **97** Philippe Torreton (*Capitaine Conan*). **98** André Dussolier (*On connaît la chanson*). **99** Jacques Villeret (*le Dîner de cons*). **2000** Daniel Auteuil (*la Fille sur le pont*). **Dans un second rôle.** **1976** Jean Rochefort (*Que la fête commence*). **77** Claude Brasseur (*Un éléphant ça trompe énormément*). **78** Jacques Dufilho (*le Crabe-Tambour*). **79** Jacques Villeret (*Robert et Robert*). **80** Jean Bouise (*Coup de tête*). **81** Jacques Dufilho (*Un mauvais fils*). **82** Guy Marchand (*Garde à vue*). **83** Jean Carmet (*les Misérables*). **84** Richard Anconina (*Tchao Pantin*). **85** Richard Bohringer (*l'Addition*). **86** Michel Boujenah (*Trois Hommes et un couffin*). **87** Pierre Arditi (*Mélo*). **88** Jean-Claude Brialy (*les Innocents*). **89** Patrick Chesnais (*la Lectrice*). **90** Robert Hirsch (*Hiver 54 – l'abbé Pierre*). **91** Jacques Weber (*Cyrano de Bergerac*). **92** Jean Carmet (*Merci la vie*). **93** André Dussolier (*Un cœur en hiver*). **94** Fabrice Luchini (*Tout ça... pour ça*). **95** Jean-Hughes Anglade (*la Reine Margot*). **96** Eddie Mitchell (*Le bonheur est dans le pré*). **97** Jean-Pierre Darroussin (*Un air de famille*). **98** Jean-Pierre Bacri (*On connaît la chanson*). **99** Daniel Prévost (*le Dîner de cons*). **2000** François Berléand (*Ma petite entreprise*). **01** Sergi Lopez (*Harry, un ami qui vous veut du bien*).

■ **Meilleure actrice.** **1976** Romy Schneider (*L'important c'est d'aimer*). **77** Annie Girardot (*Dr Françoise Gailland*). **78** Simone Signoret (*la Vie devant soi*). **79** Romy Schneider (*Une histoire simple*). **80** Miou-Miou (*la Dérobade*). **81** Catherine Deneuve (*le Dernier Métro*). **82** Isabelle Adjani (*Possession*). **83** Nathalie Baye (*la Balance*). **84** Isabelle Adjani (*l'Été meurtrier*). **85** Sabine Azéma (*Un dimanche à la campagne*). **86** Sandrine Bonnaire (*Sans toit ni loi*). **87** Sabine Azéma (*Mélo*). **88** Anémone (*le Grand Chemin*). **89** Isabelle Adjani (*Camille Claudel*). **90** Carole Bouquet (*Trop belle pour toi*). **91** Anne Parillaud (*Nikita*). **92** Jeanne Moreau (*La vieille qui marchait dans la mer*). **93** Catherine Deneuve (*Indochine*). **94** Juliette Binoche (*Bleu*). **95** Isabelle Adjani (*la Reine Margot*). **96** Isabelle Huppert (*la Cérémonie*). **97** Fanny Ardant (*Pédale douce*). **98** Ariane Ascaride (*Marius et Jeannette*). **99** Élodie Bouchez (*la Vie rêvée des anges*). **2000** Karin Viard (*Haut les cœurs*). **Dans un second rôle.** **1976** Marie-France Pisier (*Cousin cousine, Souvenirs d'en France*). **77** Marie-France Pisier (*Barocco*). **78** Marie Dubois (*la Menace*). **79** Stéphane Audran (*Violette Nozière*). **80** Nicole Garcia (*le Cavaleur*). **81** Nathalie Baye (*Sauve qui peut, la vie*). **82** Nathalie Baye (*Une étrange affaire*). **83** Fanny Cottençon (*l'Étoile du Nord*). **84** Suzanne Flon (*l'Été meurtrier*). **85** Caroline Cellier (*l'Année des méduses*). **86** Bernadette Lafont (*l'Effrontée*). **87** Emmanuelle Béart (*Jean de Florette*). **88** Dominique Lavanant (*Agent trouble*). **89** Hélène Vincent (*La vie est un long fleuve tranquille*). **90** Suzanne Flon (*la Vouivre*). **91** Dominique Blanc (*Milou en mai*). **92** Anne Brochet (*Tous les matins du monde*). **93** Dominique Blanc (*Indochine*). **94** Valérie Lemercier (*les Visiteurs*). **95** Virna Lisi (*la Reine Margot*). **96** Annie Girardot (*les Misérables*). **97** Catherine Frot (*Un air de famille*). **98** Agnès Jaoui (*On connaît la chanson*). **99** Dominique Blanc (*Ceux qui m'aiment prendront le train*). **2000** Charlotte Gainsbourg (*la Bûche*). **01** Dominique Blanc (*Stand-By*).

☞ **En 2001 : scénario** : Agnès Jaoui, Jean-Pierre Bacri (*le Goût des autres*) ; **espoir masculin** : Jalil Lespert (*Ressources humaines*) ; **féminin** : Sylvie Testud (*les Blessures assassines*) ; **1re œuvre de fiction** : *Ressources humaines* (Laurent Cantet) ; **musique** : Tomatito, Sheikh Ahmad al-Juni, La Caita, Tony Gatlif (*Vengo*) ; **court métrage** : *Salam* (Souad el-Bouhati) et *Un petit air de fête* (Eric Guirado) ; **costumes** : Édith Vesperini, Jean-Daniel Vuillermoz (*Saint-Cyr*) ; **photo** : Agnès Godard (*Beau Travail*) ; **décor** : Jean Rabasse (*Vatel*) ; **montage** : Yannick Kergoat (*Harry, un ami qui vous veut du bien*) ; **son** : François Morel et Gérard Lamps (*Harry, un ami qui vous veut du bien*).

AUTRES PRIX

■ **Académie nationale du cinéma.** *Créée* 21-4-1982 sur l'initiative de Charles Ford, Max Douy et Jean Dréville. **Dissoute** en 1993. **Prix** : *décerné* en décembre. **Membres** : 40 fondateurs nommés à vie. **Palmarès** : **1982** *l'Honneur d'un capitaine* (Pierre Schoendoerffer). **83** *Coup de foudre* (Diane Kurys). **84** *la Diagonale du fou* (Richard Dembo). **85** *Trois Hommes et un couffin* (Coline Serreau). **86** *Jean de Florette* (Claude Berri). **87** *le Grand Chemin* (Jean-Loup Hubert). **88** *l'Ours* (Jean-Jacques Annaud). **89** *le Grand Bleu* (Luc Besson). **90** *Cyrano de Bergerac* (Jean-Paul Rappeneau). **91** *Mayrig* (Henri Verneuil). **92** *Un cœur en hiver* (Claude Sautet). **N'est plus décerné.**

■ **Prix du syndicat de la critique.** **Prix Méliès** (meilleur film français) : **2000** *les Glaneurs et la Glaneuse* (Agnès Varda) ; **meilleur 1er film français : 2000** *Ressources humaines* (Laurent Cantet) ; **prix Léon Moussinac** (étranger) : **2000** *Yi Yi* (Edward Yang) ; **prix Novaïs-Texeira** (court métrage) : **2000** *Souffle* (Delphine et Muriel Coulin). **Prix européen du cinéma** (Londres). **Meilleur film : 2000** *Dancer in The Dark* (L. von Trier). **Goyas (césars espagnols).** *Créés* 1986. **Meilleur film : 2001** *Leo* (José Luis Borau). **Georges et Ruta Sadoul.** **1998** film français : *l'Arrière-Pays* (Jacques Nolat) ; étranger : *Innocence* (Z. Demirkubuz). **Jean-Vigo.** *Créé* 1951. **2000** (ex aequo) *Saint-Cyr* (Patricia Mazuy) ; *De l'histoire ancienne* (Orso Miret). **Prix Très Spécial.** **2000** *Songs from The Second Floor* (Roy Andersson). **Grand prix du cinéma français Louis-Lumière.** *Créé* 1934 par la Sté d'encouragement pour le cinéma, *n'est plus attribué depuis 1986.* **Prix du film français.** **1999** *1er* : *Astérix et Obélix contre César* (Claude Zidi) ; *2e* : *Jeanne d'Arc* (Luc Besson) ; *3e* : *les Enfants du marais* (Jean Becker). **Grand prix national du cinéma.** *Créé* 1974. **1990** Jacques Doillon. **91** Maurice Pialat. **92** Bertrand Tavernier. **93** Alain Corneau. **94** Jean-Paul Rappeneau. **95** Louis Malle. **96** Fanny Ardant. **97** *non décerné.* **98** *intégré au Grand Prix national films et images.* **Grand prix national : films et images : 1999** : Bernard Rapp et Karin Viard. **Jean-Gabin.** *Créé* 1981. **2000** Guillaume Canet. **Romy-Schneider.** *Créé* 1984. **2000** Clothilde Courau.

■ **Prix divers.** Association amicale des cadres de l'industrie cinématographique (Acic) ; de la presse étrangère : décerné à un film français ; grand prix de la création glaces Gervais pour le cinéma ; Georges de Beauregard ; Michel d'Ornano.

STATISTIQUES

Sources : Unesco, CNC.

LE CINÉMA DANS LE MONDE

COMPAGNIES DE CINÉMA

☞ Parmi les 350 compagnies américaines répertoriées dans le *Motion Picture Almanac*, on distingue **7 majors :** Columbia, Disney, Fox, MGM, Paramount, Universal, Warner. Les autres sont dites **minors.**

■ **Catalogue.** **Nombre de longs métrages** (en 1999) : Kirch 15 000, Warner Bros (propriétaire : Time Warner) 5 993, MGM (K. Kerkorian) 5 177, Universal (Seagram) 3 574, Columbia/Tristar (Sony) 2 431, 20th Century Fox (News Corp.) 2 135, Paramount (Viacom) 947, Buena Vista (Disney) 525).

■ **Columbia Pictures.** **Fondée** 1924 par les frères Harry (1891-1958), Jack Cohn et Joe Brandt à partir de CBC créée 1920. *1982* acquise par Coca-Cola. *1987* crée le studio TriStar Picture. *1989* rachetée 5 milliards de $ par Sony. **Logos** : statue de la Liberté habillée du drapeau américain ; TriStar-cheval ailé. **Catalogue** : 2 700 films, 23 000 programmes de télévision.

■ **Disney.** **Créée** 1925 par Walt Disney. Produit dessins animés et films grand public. Regroupe les productions Walt Disney Pictures, Hollywood Pictures Touchtones et Miramax Pictures. *1995* rachète Capital Cities-ABC. Autres activités : parcs d'attractions, publications, production musicale, vidéo, télévision, chaîne de boutiques, produits dérivés. **Pt** : Michael Eisner. **Studios** : 22 ha à Los Angeles. **Chiffre d'affaires** (en milliards de F) : *1997* : 138 (*résultat net* : 11) ; *98* : bénéfices 146.

■ **Gaumont.** **Fondée** 1895 par Léon Gaumont (1863-1946). La plus ancienne Sté de cinéma. *1906* installe aux Buttes-Chaumont les studios qu'il dirige avec sa secrétaire Alice Guy. *1911* création du Gaumont-Palace (voir à l'Index). *1927* de Gaumont-Actualités. *1975* sous contrôle de Nicolas Seydoux (né 16-7-1939). *1980* lance activité TV. *2000*-déc. annonce fusion avec Pathé (avant juillet 2001, sous réserve de l'avis de la Direction de la concurrence) en EuroPalaces. **Logo** : Gaumont cerclé d'une marguerite (hommage à Marguerite Dupanloup, mère de Léon Gaumont). **Chiffre d'affaires** (en milliards de F) : *1990* : 1,24 ; *91* : 1,23 ; *92* : 1,32 (*résultat net* : 0,033) ; *93* : 1,273 (0,114) ; *94* : 1,13 (0,08) ; *96* : 1,29 (0,056) ; *97* : 1,9 (0,072) ; *98* : 1,82 (0,101) ; *99* : 1,84 (0,058). **Gère** : 244 salles dont 84 à Paris. GRANDS SUCCÈS : *1913* Fantômas. *1963* les Tontons flingueurs. *1979* la Boum (4,3 millions d'entrées). *1980* la Chèvre (6,9). *1989* le Grand Bleu (9). *1993* les Visiteurs (14). *1995* Léon, le Roi Lion.

■ **MGM (Metro-Goldwyn-Mayer).** **Issue** de la fusion de la Metro Pictures de Marcus Loew (1870-1927), fondée 1915, de la Goldwyn Pictures Corporation, fondée 1917 par Samuel Goldfish (1882-1974) et les frères Selwyn, et de la Louis B. Mayer Pictures, fondée 1918. *1922* Goldfish (qui a pris le nom de Goldwyn) se retire, le studio prend le nom de MGM. *1969* repris par Kirk Kerkorian qui en 1967 a acquis United Artists. *1986* Ted Turner (CNN) rachète l'essentiel du catalogue (3 650 films). *1989*-mars, rachetée 1 milliard de $ par Quintex. *1990* rachetée par Giancarlo Parretti et Pathé Communication. *1992*-7-5 faillite de Parretti ; contrôlée à 98,5 % par le Crédit lyonnais. *1993* Crédit lyonnais investit 400 millions de $ pour relancer le studio. *1994* prêt de 350 millions de $, syndiqué par la Chemical Bank. *1995* vente du réseau européen (526 salles). Le groupe Chargeurs acquiert le réseau MGM aux Pays-Bas (21 salles, chiffre d'affaires 1994 : 220 millions de F), et Virgin celui du réseau du Royaume-Uni (116 salles dont 18 multiplex). *1996*-11-10 racheté 1,3 milliard de $ par Kerkorian, associé à Seven Network (Australie) et Frank Mancuso (patron des studios). **Logo :** lion rugissant. **Devise :** « Ars gratia artis » (l'art pour l'art). **Catalogue :** United Artists (1 000 titres) distribue le catalogue Turner-MGM (2 950 titres). **Recettes en salles des films** (en millions de $) : *1995 :* Golden Eye 103,5 ; Get Shorts 71,9 ; Species 60 ; Rob Roy 31,6 ; Leaving Las Vegas 25,3 ; *1996 :* The Birdcage 124. **Chiffre d'affaires :** *1995 :* 327 millions de $ (1,7 milliard de F environ).

■ **Paramount.** **Fondée** 1914, issue de la fusion de la compagnie de Jesse L. Lasky (1880-1958) et de la Famous Players Film Company fondée par Adolphe Zukor (1873-1976). S'appelle alors Paramount Lasky Corporation. *1930* devient Paramount-Publix Corporation, et Paramount Pictures. *1966* absorbée par le conglomérat Gulf and Western. *1994* rachetée 9,8 milliards de $ par Viacom. **Logo :** pic montagneux auréolé d'étoiles. **Catalogue :** 900 films, 6 séries télévisées. **Chiffre d'affaires** (en milliards de F) : *1992 :* 25 (dont cinéma 43 %, édition 35 %).

■ **Pathé-Communication.** **Origine :** *1896*-30-9 Sté générale de phonographes, cinématographes et appareils de précision Pathé Frères, créée par Émile (1860-1937) et Charles (1863-1957), ex-bouchers. *1901* 1er film « l'Histoire d'un crime ». *1906*-15-12 1re salle (Paris). *1908* 1er long métrage français *l'Assommoir* (Albert Capelloni). Crée « Pathé Journal ». *Après 1918,* Charles crée la Sté Pathé Consortium Cinéma, rachetée à Bernard Natan. *1922* lance le Pathé Baby (projecteur de salon). *1927* devient Kodak-Pathé. *1929* Eastman rachète l'usine de Vincennes. *1934* banqueroute (Natan mourra en prison). *1941* Pathé-Natan redevient Pathé Cinéma. *1990*-1-8 achetée par le groupe Chargeurs (Pt : Jérôme Seydoux) 1,1 milliard de F. *1994*-11-5 absorbé par les Chargeurs. *1997*-15-12 Vincent Bolloré annonce qu'il détient 10,5 %. *1999*-13-1 Patrick Le Lay (TF1, TPS) : 8,98 %. *1999*-23-1 Vivendi-Canal + rachètent les 19,6 % de V. Bolloré pour 3,6 milliards de F (549 millions d'euros). *2000*-déc. annonce fusion d'ici juillet 2001 avec Gaumont (voir p. 385 c) en EuroPalaces. **Capital** (en %, au 1-2-1999) : J. Seydoux et sa famille 34,6, public 29,82, Vivendi-Canal + 26,6, TF1 8,98. **Catalogue :** 500 films, 2 000 actualités filmées. **Possède :** 26 cinémas en France et 15 aux Pays-Bas ; 450 films ou leurs droits ; Renn Productions, Pathé Picture (G.-B.), AMLF, Pathé Distribution (G.-B.). **Chiffre d'affaires** (en millions de F) : *1993 :* 53 (*résultat net :* 158) ; *94 :* 65 (113) ; *95 :* 1 090 (– 509) ; *96 :* 1 840 [dont production et distribution de films 807, exploitation du catalogue 123, salles en France et aux Pays-Bas 736] (186) ; *97 :* 2 275 (210) ; *98 :* 2 183 dont cinéma 1 600 (206) ; *99 :* 2 538,6. **Endettement** (en millions de F) : *1995 :* 2 454 ; *96 :* 1 943.

■ **PolyGram.** **Créée** 1962. **P-DG** (depuis 1991) : Alain Lévy (né 1946). **Chiffre d'affaires :** *1995 :* 30 milliards de F dont (en %) : Europe 52, USA et Canada 24, Asie 18, reste du monde 6.

■ **RKO (Radio Keith Orpheum Corporation).** **Fondée** 1928. *1948* contrôlée par Howard Hughes. C'est la 1re compagnie à promouvoir le Technicolor. **Logo :** émetteur sur un globe terrestre. **Devise :** « La voix d'or de l'écran d'argent. »

■ **20th Century Fox.** Filiale de News Corp (dirigée par Robert Murdoch) regroupant production, distribution cinéma (Fox Filmed Entertainement), vidéo (PFC) et télévision (Fox TV détenue par Broadcasting Company, Fox Kids Network). Dirigée par Bill Mechanic. **Issue** de la fusion en 1935 de Fox (fondée par un teinturier, William Fox) et de Twentieth Century (créée 1933), dirigée par Darryl Zanuck. *1995* alliance avec UGC dans un GIE nommé UFD. **Logo :** nom monté en forme de pyramide, éclairé par un faisceau de projecteurs. **Studios :** 27 ha, à l'ouest de Beverly Hills. **Parc d'attractions :** en Allemagne, Australie, Espagne.

■ **UGC.** **Créée** 8-2-1971. Regroupement d'exploitants indépendants. *1992* fusion avec Robur. *1993* rachète United Communication. *1994* **UGC Ciné Cité** [multiplexes France et étranger (ouverture 21-6-1995 du 1er Ciné Cité au Forum des Halles, Paris Ier, 2 819 places numérotées, 15 salles)]. *1995* **UFD,** GIE créée pour distribution commune avec la 20th Century Fox. **P-DG** (depuis 1974) : Guy Verrecchia. **Chiffre d'affaires** (en millions de F) : *1999 :* 1 300. 767 salles en Europe (15,6 % de part de marché et 24,5 millions d'entrée en France). **UGC-DA** (droits audiovisuels) : plus de 3 000 films en stock. **UGC Images** production. **Régie publicitaire :** Circuit A.

■ **United Artists (Artistes associés).** **Fondée** 1919 par Charlie Chaplin, Douglas Fairbanks, David W. Griffith et Mary Pickford pour contrôler la commercialisation de leurs films.

■ **Universal.** **Fondée** 8-6-1912 par Carl Laemmle (1867-1939). *1946* fusionne avec International Pictures. *1962* rachetée par Decca MCA (Musical Corporation of American, fondée 1925 par Julius Stein) 6,6 millards de $. *1990* par Matsuhita (Japonais) 6,6. *1995* rachetée à 80 % par Seagram 5,7 milliards de $. *2000*-20-6 fusionne avec Vivendi. **Logo :** nom tournant autour du globe terrestre. **Catalogue :** 3 000 films, 12 000 épisodes de séries TV. **Chiffre d'affaires** (estimé) : 4,6 milliards de $ (*bénéfice d'exploitation :* 0,4). **Parc d'attractions :** aux USA (thème : l'ère jurassique).

■ **Warner Bros.** **Fondée** 1923 par Harry Warner (1881-1958) et ses frères, Sam, Albert et Jack (1892-1978). Fait connaître le procédé Vitaphone, *1927* lance le parlant (*le Chanteur de jazz*). *1989*–juillet rachetée 14 milliards de $ par le groupe Time. **Logo :** écusson avec initiales WB. **Studios :** 55 ha, à Burbank ; ranch hors de Los Angeles.

■ Films

■ **Nombre de longs métrages produits** (en 1999). Inde 764, USA 628, Japon 270, Philippines 220, *France 181,* Hong Kong (Chine) 146, Italie 108, Espagne 97, G.-B. 92, Chine 85.

■ **Coûts les plus élevés** (en millions de $). **Films muets :** *Ben Hur* de Fred Niblo (USA, 1925) 3,9 ; *le Voleur de Bagdad* (USA, 1924) 2 ; *les Dix Commandements* (USA, 1923) 1,8. **Parlants : entre 1944 et 1981 :** *Guerre et Paix* de Bondartchouk (URSS, 1963-67) 100 ; *la Porte du Paradis* (USA, 1980) 57 ; *Superman I* (USA, 1978) 55 ; *Voyage au bout de l'enfer* (USA, 1979) 50 ; *Cléopâtre* (USA, 1963) 44 (260 en $ 1998) ; *Ben Hur* (USA, 1959) 15 ; *les Dix Commandements* (USA, 1956) 13,5 ; *Quo vadis ?* (USA, 1951) 8,25 ; *Duel au soleil* (USA, 1946) 6 ; *Wilson* (USA, 1944) 5,2. **Depuis 1981 :** *Titanic* de James Cameron (USA, 1997) 283[1] ; *Waterworld* de Kevin Costner (USA, 1995) 170 ; *Armageddon* (1998) 150 ; *la Menace fantôme* de George Lucas (1999) 115 ; *True Lies* (1994) 110 ; *l'Ile aux pirates* (1995) 105[2] ; *Inchon* (1981) 102 ; *Terminator 2* (USA, 1991) 95 ; *le Cinquième Élément* (1997) 90 ; *Total Recall* (1990) 85 ; *The Last Action Hero* (1993) 82,5 ; *Batman : le défi* (1992) 80 ; *Superman II* de Richard Lester (USA, 1980) 80 ; *Alien 3* (1992) 75 ; *The Lost World* (1997) 74 ; *Die Hard 2* (1990), *Hook* (1991), *Wyatt Earp* (1994) 70 ; *Rambo III* (USA, 1988) 69.

Nota. – (1) Dont maquette du bateau : 25 ; coût initialement prévu : 125. (2) Promotion et distribution comprises.

☞ **En France :** *le Cinquième Élément* (1996) : 493,3 millions de F. *En 1999 :* voir p. 388 a.

■ **Recettes les plus élevées** (en millions de $ à fin 1999). *Titanic* (1997) 1 835,3 ; *Star Wars : Épisode I – La Menace fantôme* (1999) 923 ; *Jurassic Park* (1993) 919,7 ; *Independence Day* (1996) 810,4 ; *la Guerre des étoiles* (1977) 780 ; *le Roi Lion* (1994) 766,7 ; *ET l'extraterrestre* (1982) 704,8 ; *Forrest Gump* (1994) 679,4 ; *le Sixième Sens* (1999) 660,7 ; *le Monde perdu : Jurassic Park* (1997) 614,3 ; *Men in Black* (1997) 586,2 ; *Armageddon* (1998) 554,4 ; *l'Empire contre-attaque* (1980) 533,8 ; *Home Alone* (1990) 533,7 ; *Ghost* (1990) 517,6 ; *Terminator 2 : Judgment Day* (1991) 516,8 ; *Indiana Jones et la dernière croisade* (1989) 494,7 ; *Twister* (1996) 493,2 ; *Toy Story 2* (1999) 482,3 ; *Il faut sauver le soldat Ryan* (1998) 479,3.

☞ Les 100 films les plus rentables de 1997 ont accumulé à travers le monde des recettes de 10,7 milliards de dollars (65 milliards de francs). En 1993, sur les 100 1ers films (total : 8,05 milliards de $ de recettes mondiales), 88 étaient américains, 3 des productions françaises : *les Visiteurs* (Gaumont), *la Leçon de piano* (Ciby 2000), *Germinal* (au 27e rang avec 89,8 millions de $).

■ **Films ayant rapporté le plus aux USA** (en millions de $). **Films d'avant 1940 :** *Autant en emporte le vent* (1939) 191,9 [1] ; *Blanche-Neige et les sept nains* (1937) 175,3 [1] ; *Bambi* (1942) 47,5 ; *Naissance d'une nation* (1915) 10 ; *la Grande Parade* (1925) 5,5 ; *King Kong* (1933) 5 ; *Ben Hur* (1926) 4,5 ; *le Magicien d'Oz* (1939) 4,5 ; *San Francisco* (1936) 4 ; *The Singing Fool* (1928) 4 ; *Cavalcade* (1933) 3,5 ; *le Chanteur de jazz* (1927) 3,5. **Films d'après 1940 :** **Comédies :** *le Flic de Beverly Hills* (1984) 108 ; *Tootsie* (1982) 94,9 ; *Three Men and a Baby* (1987) 81,3 ; *le Flic de Beverly Hills 2* (1987) 80,8 ; *The Stings* (1973) 78,2. **Films d'animation :** *le Roi lion* (1994) 312,9 [1] (total monde : 771,9) ; *Aladdin* (1992) 217,4 [1] ; *Toy Story* (1995) 191,8 [1]. **Science-fiction :** *la Guerre des étoiles* (1977, ressorti 1997) 461 [1] (total monde : 740,1) ; *le Retour du Jedi* (1983) 309,2 [1] ; *L'empire contre-attaque* (1980) 290,3 [1] (total monde : 495,6) ; *ET l'extraterrestre* (1982) 400 (total monde : 701,4) ; *Jurassic Park* (1993) 357 (total monde : 912,8) ; *Independence Day* (1996) 306,2 [1] (total monde : 798) ; *la Menace fantôme* (1999) 102,7 (la 1re semaine). **Films de guerre :** *Platoon* (1986) 69,7 ; *Good Morning Vietnam* (1987) 58 ; *Apocalypse Now* (1979) 38 ; *M.A.S.H.* (1970) 36,5 ; *Patton* (1970) 28. **Westerns :** *Butch Cassidy et le Kid* (1969) 46 ; *Jeremiah Johnson* (1972) 22 ; *How the West Was Won* (1962) 21 ; *Young Guns* (1988) 19,5 ; *Little Big Man* (1970) 15 ; *Bronco Billy* (1980) 15 ; *True Grit* (1969) 14,5 ; *The Outlaw Josey Wales* (1976) 13,5 ; *Duel au soleil* (1946) 11,5 ; *Cat Ballou* (1965) 9,5. **Divers :** *Titanic* (1997) 600 [1] (du 19-12-1997 au 27-9-1998) ; *Forrest Gump* (1994) 330 [1] (total monde : 673,8). **James Bond :** 18 dans le monde dont : *Moonraker* (1979) 203 ; *Rien que pour vos yeux* (1981) 195 ; *Tuer n'est pas jouer* (1987) 191 ; *L'espion qui m'aimait* (1977) 185 ; *Octopussy* (1983) 184 ; *Permis de tuer* (1989) 156 ; *Dangereusement vôtre* (1985) 152 ; *Opération Tonnerre* (1965) 141 ; *Vivre et laisser mourir* (1973) 126 ; *Goldfinger* (1964) 125 ; *Les diamants sont éternels* (1971) 116 ; *On ne vit que deux fois* (1967) 112. **Films de cinéma les plus regardés à la TV dans le monde en 2000.** *Titanic* (James Cameron), *The Mask, les 101 Dalmatiens, Men in Black.*

Nota. – (1) USA et Canada, au 31-12-1997, *source :* revue *Variety.*

■ **Recettes guichet aux USA.** **Films produits par les studios américains en 1997** (recettes en milliards de $) : 6,2 (1,3 milliards d'entrées). **Recettes des « majors » en 1997** (en millions de $) : Sony Pictures (studios Columbia et Tristar) 1 300 (38 films) ; Buena Vista 858,5 (33) ; Paramount 671,4 (27) ; Warner Bros 670,1 (27) ; Twentieth Century Fox 637,2 (20) ; Universal 605,8 (13). *Source : Daily Variety.* **Recettes records en 1998 aux USA** (en millions de $) : *Titanic* 443,3, *Armageddon* 201,5, *Il faut sauver le soldat Ryan* 190,8, *Mary à tout prix* 174,4, *The Waterboy* 147,8, *Dr Dolittle* 144,1, *Deep Impact* 140,4, *Godzilla* 136,3, *Rush Hour* 136, *Will Hunting* 134. **Record absolu de recettes :** *Jurassic Park :* 868 132 005 $ du 12-6-1993 au 1-5-1995 (voir aussi succès les plus rapides, ci-après).

■ **Succès les plus rapides** (en millions de F). *Goldfinger :* les 14 premières semaines, rapporta 51,5. *L'empire contre-attaque* (1980) : 1 300 en 10 semaines. *ET l'extraterrestre* (du 11-6-1982 au 1-1-1983) : 2 250 (par les salles). *Star Trek II* (1982) : 100 le 1er week-end, dans 1 621 salles américaines. *Le Retour du Jedi* (1983) : 64 en 1 jour. *le Flic de Beverly Hills* (1985) : 2 000 en 3 semaines. *Dangereusement vôtre* (1985) : 360 en 5 jours. *Indiana Jones et la dernière croisade* (1989) : 77 millions de $ les 12 premiers jours. *Jurassic Park* (1993) : 200 en 23 semaines (108 le 1er jour). *Independence Day* (1996) : 100 en 6 jours. *Le Monde perdu* (1997 ; suite de *Jurassic Park*) : 132 le 1er jour, 600 en 5 jours 1/2. *Titanic* (1997) : 5 500 en 10 semaines. *La Menace fantôme* (1999 ; suite de *Star Wars*) : 171 le 1er jour, 616,2 la 1re semaine.

Meilleures entrées France en 1re semaine d'exploitation en 1997 (*source :* Unifrance) : *les Couloirs du temps* 2 655 916 ; *le Monde perdu* 1 992 899 ; *Titanic* 1 743 419 ; *Bean* 1 342 183 ; *Armageddon* 1 217 814 ; *Demain ne meurt jamais* 1 202 360 ; *le Dîner de cons* 1 157 996.

Meilleures recettes aux USA le 1er week-end (en millions de $) : *Batman Forever* (sorti 16-6-1995) 52,8 ; *Independence Day* (3-7-1996) 50,2 ; *Jurassic Park* (12-6-1993) 50,1 ; *Batman : le défi* (19-6-1992) 47,7 ; *Batman* (23-6-1989) 42,7 ; *Twister* (10-5-1996) 41 ; *le Roi lion* (15-6-1994) 40,9 ; *Ace Ventura : When Nature Calls* (10-11-1995) 37,8 ; *Interview with the Vampire* (11-11-1994) 36,4 ; *la Guerre des étoiles : Special Edition* (31-1-1997) 35,9.

■ **Échecs.** **Pertes record** (en millions de $) : *l'Ile aux pirates* (1995) 94 ; *les Aventures du baron de Münchausen* (1988) 48,1 ; *Ishtar* (1987) 47,3 ; *Hudson Hawk* (1991) 47 ; *Inchon* (1981) 44,1 ; *Cotton Club* (1984) 38,1 ; *Santa Claus* (1985) 37 ; *la Porte du Paradis* (1980) 34,2 ; *Billy Bathgate* (1991) 33 ; *Pirates* (1986) 30,3 ; *Rambo III* (1988) 30 ; *le Titanic* (1986) 29 ; *Il était une fois l'Amérique* (1984) 27,5 ; *l'Empire du Soleil* (1987) 27,5 ; *Superman IV* (1987) 22.

☞ *Hudson Hawk* (USA, 1991) a coûté 65 millions de $ et n'en a rapporté que 8.

■ **Prix de revient et,** entre parenthèses, **recettes** (en millions de $ aux USA). **1971** *The French Connection* [1] 2,4 (26,3). **72** *le Parrain* [2] (Francis Ford Coppola) 6 (86), *American Graffiti* [3] 0,7 (56). **73** *l'Exorciste* [4] 10 (88). **75** *les Dents de la mer* [3] 12 (133). **77** *Rencontres du troisième type* [5] 18 (77), *la Guerre des étoiles* [1] 10,5 (18,5). **78** *Grease* [2] 6 (96). **81** *les Aventuriers de l'arche perdue* [2] 22 (115 [6]). **82** *ET l'extraterrestre* [3] 10,6 (228), *le Retour du Jedi* [1] 32 (168). **84** *Ghostbusters* [5] 32 (128). **86** *Top Gun* 82, *Crocodile Dundee* 51. **97** *Titanic* 283 (1 815). **98** *Armageddon* 150 (201,5). **99** *le Projet Blair Witch* 0,05 (139). *La Menace fantôme* 115 (426 du 20-5 au 15-10).

Nota. – (1) Fox. (2) Paramount. (3) Universal. (4) Warner ; frais couverts en 2 semaines. (5) Columbia. (6) Dans le monde, y compris cassettes vidéo : 700.

☞ **Films les plus rentables** (en millions de $: coût/recettes) **: 1980 :** *Mad Max :* 0,35/100 (en 2 ans). **94 :** *Quatre Mariages et un enterrement :* 4/200. **95 :** *Friday :* 2/24 ; film remboursé en 3 jours. **97 :** *le Monde perdu* (voir ci-dessus) : en 3 jours. **97-98 :** *Titanic :* 283/600. **99 :** *la Menace fantôme :* en 1 jour (voir ci-dessus). *Love Story* (1971) aurait couvert ses frais en 2 jours.

■ **Films les plus longs.** *The Cure for Insomnia* (de John Timmis IV, 1987) : 85 h. *The Longest and Most Meaningless Movie in the World* (1970, de Vincent Patouillard, G.-B.) : 48 h ; version réduite à 90 min ; film non commercialisé. *The Loves of Ondine* (de l'Américain Andy Warhol) : 24 h ; version commerciale 90 min. **Le plus long exploité commercialement :** *The Burning of the Red Lotus Temple* (Chine, 1928-31) produit par la Star Film Company : 18 épisodes (27 h) sur une période de 3 ans. **Les plus longs exploités commercialement dans leur version intégrale :** *Berlin Alexanderplatz* (All., 1980) de Rainer Werner Fassbinder : 15 h 21. *Heimat* (All., 1984) : 15 h 40, en général projeté en 2 fois ou par épisodes. **En France :** *Comment Yukong déplaça les montagnes* (de Joris Ivens, 1976) : 12 h 43 min ; *Shoah* (de Claude Lanzmann, 1984) : 9 h 30 ; *l'Amour fou* (de Jacques Rivette, 1969) : 4 h 32 ; *Out 1* (J. Rivette, 1972) : 12 h 40, durée commerciale 4 h 15.

■ **Films ayant employé le plus de figurants.** *Gandhi* (Richard Attenborough, 1982) 300 000 ; *Kolberg* (All., 1945) 187 000 ; *le Monstre Wang-magwi* (Corée du Sud, 1967) 157 000 ; *Guerre et Paix* (URSS, 1967) 120 000 ; *Ilya Muromets* (URSS, 1956) 106 000 ; *Tonko* (Japon, 1988) 100 000 ; *la Guerre de l'Indépendance* (Roumanie, 1912) 80 000 ; *le Tour du monde en 80 jours* (USA, 1956) 68 894 ; *Intolérance* (D.W. Griffith, 1916) 60 000 ; *Dny Zrady* (Tchécoslovaquie, 1972) 60 000 ; *Ben Hur* (USA, 1959) 50 000 ; *Exodus* (USA, 1960) ; *Inchon* (Corée-USA, 1981) ; *Khan Asparouch* (Bulgarie, 1982) ; *Metropolis* (Allemagne, 1926) 36 000 dont 1 100 chauves pour la scène de la tour de Babel ; *Michaël le Brave* (Roumanie, 1970) 30 000.

■ **Part du cinéma national et,** entre parenthèses, **américain dans les recettes en 1998 :** *France 25,8 (68,4),* Italie 23,5 (66,3), G.-B. 14,8 (83,9), Espagne 11,8 (78,7), Allemagne 9,1 (84,7), Belgique 0,3 (86,9).

☞ **Part du film étranger** (en % des recettes) **aux USA :** *1993 :* 2,9 ; *94 :* 2,3 ; *95 :* 1,1 ; *96 :* 1,2 ; *97 :* 3 ; **du film américain en Europe :** *1987 :* 55 ; *90 :* 70 ; *93 :* 76 ; *97 :* 64 ; *98 :* 75 ; *99* (est.) : 65.

■ **Film le plus longtemps à l'affiche. Dans le monde :** *Mother India* (Mehbood Khan, 1957) : depuis sa sortie. *Autant en emporte le vent* (Victor Fleming, 1939) : 120 millions de spectateurs. **En France :** *Emmanuelle* (Just Jaeckin) : du 26-6-1974 au 26-2-1985 au Paramount City Triomphe à Paris.

Salles et spectateurs

■ **Salles. Nombre d'écrans de cinéma et,** entre parenthèses, **nombre d'entrées par salle : dans le monde** (en 1997) : USA 32 000 (40 930) ; UE 20 297 (36 690) [dont Italie 4 206 (24 440) ; Allemagne 4 128 (34 660) ; Espagne 2 530 (40 100) ; G.-B. 2 383 (58 280)] ; Japon 1 884 (74 680) [7 500 en 1960] ; **en France** (en 1998) : 4 762 (35 722).

Salles les plus grandes. Allemagne : *Berlin :* Stade olympique en plein air, 22 000 places. **Belgique :** *Bruxelles :* Kinépolis (voir salles multiples). **France :** *Paris :* Gaumont Palace (place Clichy, ouvert 1911, rénové 1930, fermé 31-3-1972), démoli 1973 (5 985 places, puis 3 800), salle 60 × 40 m, haut. 25 m ; 2 écrans : 8 × 10 m et 12 × 16 m, scène de 15 × 25 m de large ; salle française la plus fréquentée (1 300 000 spectateurs en 1998) : Grand Rex (bd Poissonnière) 2 800 places (Rex ouvert 1932, 5 000 pl.) ; Gaumont Grand Écran Italie (ouvert 12-6-1992, 652 places, écran de 243,6 m^2). **USA :** *New York :* Radio City Music Hall *1932 :* 5 945 pl., *1992 :* 5 874 ; Roxy *1927 :* 6 214, *1957 :* 5 869. *Detroit :* Fox Theater *1928 :* 5 041.

☞ **Drive in :** *Loew's Open Air* à Lynn (Massachusetts), 5 000 voitures.

Salles les plus anciennes. USA : *Atlanta* (Géorgie) oct. 1895. *Los Angeles :* Electric Theatre, chapiteau de cirque (2-4-1902). **Europe :** *Londres :* Biografic Cinema, en dur, 500 places (1905).

Salles multiples. Kinépolis (Bruxelles, Belgique) créé 1988, 24 salles (7 000 places) dont 1 salle avec écran géant Imax (voir ci-dessous). En un an, 1 million d'entrées, sur un total de 4 millions à Bruxelles (70 cinémas). **Gaumont** (Anvers, Belgique) : 17 salles (4 700 pl.) ouvert fin 1997 ; *coût :* plus de 140 millions de F. **En France :** voir p. 388 b.

Imax Corporation. Origine : *1967* 1re technologique. *1970* expo d'Osaka (Japon), pavillon Fuji. *1971* 1er système de projection permanent Imax (pour « image maximale » ; projection maximale 600 m^2) à la Cinesphère, place Ontario, Toronto (Canada). *1973* Imax Dome, centre spatial Reuben Fleet, San Diego (USA), écran hémisphérique, 27 m de diamètre. *1985* Omnimax 3D, expo 1985, pavillon Fujitsu (Japon). *1986* Imax 3D, expo 1986, pavillon canadien, Vancouver, relief sur écran plat. *1990* Imax Solido, relief sur écran hémisphérique et Imax Tapis volant, expo 1990, Osaka (Japon). *1992* Imax HD (film projeté à 48 images/seconde, 2 fois plus vite que la vitesse normale ; profondeur de champ et précision dans les détails plus grandes que celle de Imax), pavillon canadien, Séville (Espagne). *1993* Imax, Simulator Ride, Universal Studios, Hollywood. **Écrans** : géants rectangulaires jusqu'à 30 m. Image 10 fois plus grande que celle du film 35 mm et 3 fois plus grande que celle du film 70 mm. **Système sonore** : haute fidélité à 6 canaux, très basses fréquences et piste numérique (technologie originale Sample Lock). Imax Digital Sound ou Personal Sound Environment (son stéréoscopique individualisé diffusé par les lunettes nécessaires pour percevoir la 3e dimension). Enceintes acoustiques Sonics à diffusion proportionnelle (PPS). **Caméras et projecteurs spéciaux** : par « boucle déroulante » [inventée par Ron Jones (Australien), adaptée et perfectionnée par William Shaw (Sté Imax)] à déroulement horizontal. Chaque image, durant la projection, est placée sur des griffes de fixité ; le film est tenu en place, contre la 1re lentille, par un vacuum. Amphithéâtres à forte déclivité. **Nombre de salles Imax** : 220 dont 98 « *3D* ». **En France :** Paris : *Géode,* Cité des Sciences, 1 000 m^2 (salle 357 places) ; *Imax,* La Défense (1992-2000) 1 000 m^2. *Futuroscope* (Poitiers) 6 (Imax 420 places ; Imax Dôme 330 ; Imax solido 295 ; Imax Tapis magique 254 ; Imax 3D 587). Montpellier (1998, 3D).

■ **Spectateurs. Nombre moyen d'entrées par habitant et par an :** *dans le monde* (en 1998) : USA 5,2 ; *France 2,9 ;* G.-B. 2,3 ; Italie 2,1 ; Espagne 2. **Nombre de spectateurs des films de production française** (en millions) : *1996 :* 42,6 ; *97 :* 55,9 ; *98 :* 17,8 ; *99 :* 41,6 dont (en %) Espagne, Allemagne, G.-B., Italie 50, pays francophones 14, USA 11, Amérique latine 2, Asie-Pacifique 1. **Fréquentation des salles** (en millions, en 1998) : USA 1 390,1 ; UE 748 (en 1997) dont *France 170,6 ;* Allemagne 148,9 ; G.-B. 135,2 ; Italie 118,5 ; Espagne 112,1 ; Japon 153,1.

Le cinéma en France

■ **Centre national de la cinématographie (CNC).** 12, rue de Lubeck, 75016 Paris. Établissement public administratif (loi du 25-10-1946), sous l'autorité du ministre de la Culture et de la Communication. *Directeur général :* David Kessler. *Institué* 25-10-1946, *placé* sous l'autorité du ministre chargé de la Culture. **Contrôle** l'agrément et la qualification des œuvres, l'application de la chronologie des médias, la délivrance des autorisations d'exercice, le contrôle de la recette, l'enregistrement des contrats au registre public, etc. **Gère** le *compte de soutien* financier de l'État (en millions de F, 2001) : *1°) au cinéma vidéo* (1 489,6) : alimenté par la taxe (11 %) sur le prix des billets de cinéma, le remboursement des avances sur recette, la taxe spéciale sur les films classés « X », la taxe (2 %) sur la commercialisation des vidéogrammes et 36 % de la taxe (5,5 %) sur les recettes des sociétés de télévision ; *2°) aux programmes audiovisuels* (1 388) : alimentés par les 64 % venant de la taxe sur les recettes des Stés de TV, une contribution du budget général et la taxe vidéo. Les sommes sont réparties en *aides automatiques* et *sélectives* [*cinéma :* aides à la production et à la distribution de films, à la création et à la modernisation des salles, aux industries techniques, à la promotion du cinéma (en France et à l'étranger) ; *audiovisuel :* aides à la production de programmes].

Les dotations directes du ministère de la Culture au CNC (219,8 en 2001) : *soutiennent les nouvelles technologies* de l'image : images de synthèse, disque optique numérique, etc. *Permettent la protection et la diffusion* du patrimoine cinématographique grâce aux archives du film (voir p. 389 a) et en subventionnant la Cinémathèque française, la Bibliothèque de l'image filmothèque, la Cinémathèque de Toulouse et l'Institut Lumière à Lyon. *Participent à la formation* des professionnels (exemple : financement de la Femis) et au développement de la culture cinématographique chez les jeunes des lycées et collèges, voire dans le primaire ou hors du contexte scolaire (exemple : opération « Un été au ciné »). *Soutiennent le développement* du secteur art et essai. *Participent aux négociations* multilatérales concernant le secteur cinématographique et audiovisuel, en particulier au niveau européen. *Développent l'exportation et la promotion* du film français à l'étranger, avec les autres ministères concernés et un soutien financier à Unifrance.

☞ **Statistiques en 1999 :** salles actives 4 979 (classées art et essai 877). Spectateurs 153 600 000.

Aides de l'État (en millions de F). **Automatiques. A la production :** *de longs métrages :* **1990 :** 224,2 ; **91 :** 228,8 ; **92 :** 218,5 ; **93 :** 249,6 ; **94 :** 180,1 ; **95 :** 223,5 ; **96 :** 274,8 ; **97 :** 271 ; **98 :** 332 ; **99 :** 256,6 ; **2000** [1] : 411,8. **Distribution** [2] : **1994 :** 39,7 ; **96 :** 64 ; **97 :** 52 ; **98 :** 64,4 ; **99** [1] : 60 ; **2000** [2] : 100. **Exploitation** (entre parenthèses, nombre de dossiers) : **1990 :** 223,7 (736) ; **91 :** 216,5 ; **92 :** 146,9 (747) ; **93 :** 347,5 (653) ; **94 :** 318,4 (515) ; **95 :** 251,1 (466) ; **96 :** 276,5 (447) ; **97 :** 293 (553) ; **98 :** 332 (530) ; **99 :** 297,8 ; **2000** [1] : 308,2 ; **01** [1] : 310,7. **Sélectives. A la production :** *de longs-métrages* (« avances sur recettes ») : **1990 :** 98,1 ; **91 :** 90,6 ; **92 :** 94,5 ; **93 :** 107,4 ; **94 :** 132,8 ; **95 :** 96 ; **96 :** 99,5 ; **97 :** 147,07 ; **98 :** 131,65 ; **99 :** 128,4 ; *courts métrages* (entre parenthèses, « Prix de qualité ») : **1990, 91 :** 8 (3) ; **92, 93 :** 9,5 (3,5) ; **94 :** 8,4 (3,5) ; **95 :** 9,2 ; **96 :** 10,1 ; **97 :** 10,5 ; **98 :** 10,5 ; **99 :** 10,5 (pour 60 films). **Exploitation** (création/modernisation de salles) : **1990 :** 23,88 ; **91 :** 24,79 ; **92 :** 41,43 ; **93 :** 32,5 ; **94 :** 52,7 ; **95 :** 40,3 ; **96 :** 45,4 ; **97 :** 48,3 ; **98 :** 61,9 ; **99 :** 71,9 (pour 108 projets).

Nota. – (1) LFI. (2) Voir détails ci-après.

■ Production

■ **Producteur.** Personne morale, société commerciale qui prend la responsabilité de la réalisation de l'œuvre, du financement du film et du choix des vedettes, du scénario et du réalisateur. Désigne aussi le responsable ou le fondé de pouvoirs d'entreprise (producteur exécutif, associé, etc.). Il doit apporter en principe « un capital en espèces au moins égal à 15 % du devis du film, obligatoirement investi à titre personnel » (apport moyen : environ 30 % du coût total du film). Il reçoit une aide de l'État automatique (120 % du produit de la taxe additionnelle perçue lors de l'exploitation du film précédent) et éventuellement sélective (avance sur recettes), remboursable, accordée par le ministère de la Culture après avis d'une commission spécialisée « en fonction des caractéristiques propres à chaque film et, notamment, de ses qualités ». **Plus grandes compagnies** (voir p. 385 c).

■ **Principaux producteurs de films en 2000. Les plus actifs en nombre de films et en volume financier :** Renn Productions (groupe Pathé) et Les Films Alain Sarde (groupe Canal +). **Nombre de films produits et agréés par sté :** Gémini Films 6, Agat Films & Cie 5, Les Films Alain Sarde, LFP, 6 stés (dont Les Productions Lazennes 4, Euripide, Flach Films, MACT, Renn Productions, Studio Canal France) 3, 24 stés 2, 97 stés 1. **Stés de production déléguée :** 132 pour les 171 films agréés (15 productions codéléguées), 113 pour les 145 d'initiative française. **Nombre de films français selon le devis en 2000 :** *plus de 100 millions de F :* 7 ; *70 à 100 :* 6 ; *70 à 100 :* 6 ; *40 à 70 :* 16 ; *25 à 40 :* 34 ; *15 à 25 :* 32 ; *10 à 15 :* 15 ; *moins de 10 :* 35.

Coût médian des films d'initiative française (en millions de F) : *1990 :* 15,5 ; *95 :* 20,7 ; *96 :* 17,3 ; *97 :* 18,6 ; *98 :* 17,5 ; *99 :* 17,8 ; *2000 :* 20,9 (coût moyen 30,7).

Budgets les plus élevés en 2000 (en millions de F) : *Astérix et Obélix : mission Cléopâtre* 327, *le Pacte des loups* 152, *Vidocq* 152, *le Roi danse* 127, *le Prince du Pacifique* 113, *Belphégor, le fantôme du Louvre* 105, *Laisser Passer* 104.

Postes du devis (en %, 1991). Droits 5,7 ; réalisateurs 2 ; techniciens 20 ; interprètes 10,8 ; studio 0,9 ; pellicule-labo 6,4 ; décors, costumes 7,4 ; transports, défraiements et régie 9,3 ; moyens techniques 7,2 ; assurances 1,7 ; charges sociales 12,4 ; divers 16,2.

■ **Studios** (nombre et, en italique, coefficient d'occupation). **1958 :** 46 (22 430 m^2) *86,30 % ;* **70 :** 29 (16 074 m^2) *56,4 ;* **80 :** 12 (9 696 m^2) *70,02 ;* **90 :** 11 (28 708 m^2) ; **91 :** 19 (31 317 m^2) ; **99 :** 15. **Effectif :** laboratoires, auditoriums, studios, pellicule : **1986 :** 1 935 ; **87 :** 1 875 ; **91 :** 2 200. **Prix de location** (en 1999) : de 4 000 à 30 000 F/jour (pour 400 à 4 000 m^2). **Nombre de films tournés** (en 1997) : 22.

■ **Tournages en France et à l'étranger. Durée des tournages** des films d'initiative française (en semaines) : *1995 :* 894 ; *98 :* 1 244 ; *99 :* 1 143 ; *2000 :* 1 136 dont en France en extérieur 734, en studio 89, à l'étranger 313 ; **durée moyenne de tournage pour un film** (en semaines) : *1995 :* 9,2 ; *96 :* 8,2 ; *97 :* 8,5 ; *98 :* 8,4 ; *99 :* 7,7 ; *2000 :* 7,8.

■ **Films produits ayant reçu l'agrément du CNC** (conditionnant l'octroi des aides). **Total :** *1998 :* 180 ; *99 :* 181 ; *2000 :* 171. **Longs métrages :** *1970 :* 138 (66) ; *71 :* 127 (67) ; *72 :* 169 (71) ; *73 :* 181 (85) ; *74 :* 191 (101) ; *75 :* 162 (101) ; *76 :* 156 (112) ; *77 :* 144 (112) ; *78 :* 161 (116) ; *79 :* 174 (126) ; *80 :* 189 (144) ; *81 :* 231 (186) ; *82 :* 164 (134) ; *83 :* 132 (101) ; *84 :* 161 (120) ; *85 :* 151 (106) ; *86 :* 134 (112) ; *87 :* 133 (96) ; *88 :* 137 (93) ; *89 :* 136 (66) ; *90 :* 146 (81) ; *91 :* 156 (73) ; *92 :* 155 (72) ; *93 :* 152 (67) ; *94 :* 111 (61) ; *95 :* 141 (63) ; *96 :* 131 (74) ; *97 :* 163 (86) ; *98 :* 148 dont 1ers films 53, 2es films 21 ; *99 :* 150 dont 1ers films 62, 2es films 18 ; *2000 :* 145. **Courts métrages :** *1978 :* 509 ; *80 :* 429 ; *86 :* 540 ; *87 :* 484 ; *88 :* 443 ; *89 :* 346 ; *90 :* 366 ; *94 :* autorisés 450, tournés 281 ; *99 :* autorisés 434.

■ **Réalisateur.** En général, prend l'initiative de la réalisation d'un film, collabore à l'adaptation et au scénario, choisit tout ou partie des techniciens et artistes. En accord avec le producteur, dirige ou coordonne la préparation artistique du tournage, le tournage lui-même, les travaux de finition du film et collabore au lancement du film. Rémunéré par salaire pour une partie de son travail ;

Censure

■ **Dans le monde. USA** bureau de censure formé en mars 1909. **G.-B.** en 1913. Accorde des certificats : U universel, A adultes, X adultes seulement (décerné pour la 1re fois le 9-1-1951 à « La vie commence demain », film français présentant une séquence d'insémination artificielle).

Nu à l'écran : *oct. 1916 :* 1res femmes apparaissant nues : Annette Kellerman *(Daughter of the Gods),* June Caprice *(The Ragged Princess). 1933 :* Hedy Lamarr (*Extase* de Gustav Machaty).

Le *Code Hays de 1934* interdisait aux USA la nudité à l'écran. Sidney Lumet fut le 1er à passer outre dans *le Prêteur sur gages* (USA, 1964).

■ **En France. Commission de classification des œuvres cinématographiques** (créée par décret du 19-7-1919). *Comprend :* un président et un président suppléant nommés par décret du Premier ministre ; 25 membres titulaires (et 50 suppléants) répartis en 4 collèges et nommés par arrêté du ministre de la Culture. *1°) 1er collège :* 5 tit. (10 suppl.) représentant les ministres chargés de la Justice, de l'Éducation nationale, de l'Intérieur, des Affaires sociales et de la Jeunesse ; *2°) des professionnels :* 8 tit. (16 suppl.) ; *3°) des experts :* 5 tit. (10 suppl.) désignés sur proposition des ministres chargés de la Justice, de l'Éducation nationale, des Affaires sociales et de la Jeunesse ; 1 tit. (2 suppl.) sur proposition du Conseil supérieur de l'audiovisuel ; 2 tit. (4 suppl.) après consultation de l'Union nationale des associations familiales et l'Association des maires de France ; *4°) des jeunes* (18-25 ans) : 3 tit. (6 suppl.) choisis après consultation du Conseil national de l'éducation populaire et de la jeunesse ; 1 tit. (2 suppl.) choisis sur une liste de candidatures dressée par le directeur général du CNC. *Propose :* autorisation pour tout public, interdiction aux moins de 12 ans, aux moins de 16 ans [1], aux mineurs (films X ou d'incitation à la violence) ou interdiction totale. Le ministre de tutelle (Information puis Culture) reste maître de la décision à prendre. Agrée en outre le matériel publicitaire du film. **Visas délivrés** (en 1999) : 1 405 dont *longs métrages :* 195 français, 337 étrangers ; *courts métrages :* 413 et 10, pré-films annonces 27, films annonces 210, œuvres publicitaires 213. **Restriction de programmation** longs et courts métrages français et étrangers (en 1999) : interdiction aux moins de 12 ans : 83 ; de 16 ans : 20 ; de 18 ans : 0 ; avertissement : 16.

Nota. – (1) En projet : rétablissement de l'interdiction au moins de 18 ans pour des films « à caractère violent, pornographique ou portant atteinte à la dignité humaine ».

Cinéma pornographique. 1re distribution mondiale : *Moi, une femme* (Suède, 1967). **Aide :** depuis le décret du 31-10-1975, les producteurs de films porno ne bénéficient plus de l'aide automatique ni d'aide sélective. Leurs films ne peuvent être projetés que dans un circuit de salles spécialisées. **Taxes :** *TVA* (depuis le 1-1-1976) : 33,33 % sur recettes et ventes de droits de films porno ou d'incitation à la violence (amendement Marette) ; *superfiscalité* (20 %) sur la fraction des bénéfices industriels et commerciaux réalisés en produisant de tels films (amendement Royer, modifié par le Sénat) ; *taxe additionnelle* sur les places des salles projetant ces films : multipliée par 2,25. **Nombre de salles autorisées à projeter des films X :** *1976 :* 151 (53 à Paris) ; *80 :* 147 ; *81 :* 104 ; *87 :* 76. **Part des films classés X dans la production française** (en %) : *1980 :* 32 ; *81 :* 41 ; *83 :* 33,58 ; *84 :* 50 ; *95 :* 2,2 [1]. **Spectateurs de films X :** *1975 :* 25 % de l'ensemble du public de cinéma ; *76 :* 5,87 ; *77 :* 5,7 ; *78 :* 5 ; *79 :* 4,4 ; *80 :* 2,6 ; *85 :* 0,10 ; *86* à *90 :* proche de 0.

Nota. – (1) % des films ayant bénéficié de visas d'exploitation.

reconnu comme auteur depuis 1985, son apport artistique est rémunéré en % sur recettes.

☞ En 1990, sur 816 titulaires de la carte professionnelle, 97 ont réalisé 1 ou plusieurs films. 29 réalisateurs ont mis en scène leur premier long-métrage. Par ailleurs, on comptait 1 427 titulaires de la carte de réalisateur de courts métrages.

Financement de la production

■ **Films d'initiative française.** Produits et financés intégralement ou majoritairement par des partenaires français : *1999 :* 145 ; *2000 :* 150. **Structure du financement** (en 1999, en %) : chaînes de TV 40,2 (dont préachats 34,2, coproductions 6), apports des producteurs français 27,9, apports étrangers 7,5, soutien automatique 6,8, à valoir des distributeurs français 8,8, soutien sélectif 4,4, Sofica (voir ci-dessous) 4,4.

Principaux pays partenaires des coproductions françaises. Nombre de films (en 2000) : Italie 11, Belgique 10, Canada 8, Allemagne 8, Espagne 7, Suisse 6, G.-B. 6, Portugal 4.

Investissements dans les films agréés (en millions de F). *1991 :* 3 767,17 (dont étrangers 1 113, 68) ; *95 :* 3 596,20 (931,45) ; *96 :* 3 286,80 (753,21) ; *97 :* 4 626,69 (902,36) ; *98 :* 4 941,51 (955,87) ; *99 :* 4 538,89 (808,15) ; *2000 :* 5 269,05 (905,15) dont d'initiative française 4 449,22, de coproduction à majorité étrangère 819,83. **Investissement total dans la production** (en millions de F, 2000) : 5 269 dont films d'initiative française 4 449, minoritaires 730.

Répartition d'un ticket de cinéma en France en 1998 (en %) : distributeur/producteur 41,3 ; exploitants 41,2 ; taxe spéciale 10,9 ; TVA 5,3 ; Sacem 1,26.

■ **Sofica (Stés de financement des industries cinématographiques et audiovisuelles).** *Créées* 1985. **Nombre :** environ 20. Un particulier peut déduire de son revenu ses investissements dans une des 5 Soficas ouvertes au public, dans la limite de 25 % de ses revenus imposables. Une entreprise soumise à l'impôt sur les Stés peut amortir dès la 1re année 50 % du montant versé. Les œuvres doivent être réalisées dans la langue du pays coproducteur majoritaire. En sont exclus : œuvres à caractère pornographique ou d'incitation à la violence, œuvres utilisables à des fins publicitaires, programmes d'information, débats d'actualité, émissions sportives ou de variétés, documents et programmes audiovisuels ne comportant qu'accessoirement des éléments de création originale. Le producteur reste responsable de la production. Sa participation financière doit rester égale à 15 % du budget du film. Les sommes investies au titre de l'« abri fiscal » ne peuvent excéder 50 % du devis. **Sofica actives** (en 2000) : 8 dont Studio Images 10 interventions (apports 100,5 millions de F), Cofimages 19 (49), Sofinergie 14 (37). **Nombre d'interventions :** *1995 :* 38 ; *96 :* 39 ; *97 :* 48 ; *98 :* 59 ; *99 :* 67 ; *2000 :* 59 (de 8 Sofica). **Investissements** (en millions de F) : *1990 :* 159,1 ; *92 :* 179,25 ; *95 :* 153,65 ; *96 :* 128,55 ; *97 :* 181,55 ; *98 :* 181,85 ; *99 :* 171,15 ; *2000 :* 256,1. **Part dans les budgets des films** (en %) : *1995 :* 10,5 ; *96 :* 11,3 ; *97 :* 10 ; *98 :* 10,1 ; *99 :* 9,8 ; *2000 :* 13,1.

■ **Avances sur recettes. Nombre de longs métrages (d'initiative française) bénéficiaires :** *1986 :* 52 ; *90 :* 43 ; *95 : 44 ; 96 :* 36 ; *97 :* 52 ; *98 :* 55 ; *99 :* 62 ; *2000 :* 55.

■ **Compte de soutien audiovisuel (Cosip). Œuvres ayant obtenu le soutien financier du CNC** (en nombre d'heures) : *1995 :* 1 060 ; *96 :* 1 384 ; *97 :* 2 144 ; *98 :* 2 776 ; *99 :* 3 406. **Montant** (en millions de F) : *1995 :* 782,2 ; *96 :* 999,6 ; *97 :* 728,04 ; *98 :* 868,71 ; *99 :* 1 002,5 dont fiction 499,9 ; animation 145,7 ; documentaire 310,7 ; magazine 11,9 ; spectacle 34,3.

■ **Préachats. De Canal +. Montant** (en millions de F) : *1996 :* 678,5 ; *97 :* 844,85 ; *98 :* 917,8 ; *99 :* 929,9 pour 140 films dont d'initiative française 121. **De Studio Canal +. Apport en coproduction** (en millions de F) : *1995 :* 33,2 (à 9 films) ; *96 :* 27,9 (10) ; *97 :* 63,9 (22) ; *98 :* 58,9 (26) ; *99 :* 37,9 (18). **De TPS. Montant** (en millions de F) : *1997 :* 57,3 ; *98 :* 121,1 ; *99 :* 104,3 pour 19 films.

■ **Coproductions des chaînes en clair. Montant des investissements** (en millions de F) **en 1999,** hors compléments de prix sur des films 1998 et engagements sur des films agréés en 2000 : 556,9 dont TF1 (19 films) 245,55, France 2 (25 films) 128, France 3 (17 films) 84,1, M6 (17 films) 70,05, la Sept (19 films) 44,9.

■ **Coproductions internationales. Nombre** (en 1999) : 35 coproductions à majorité française, 31 à minorité française.

■ **IFCIC (Institut pour le financement du cinéma et des industries culturelles).** *Créé* 1983. 46, avenue Victor-Hugo, 75116 Paris. Apporte sa garantie aux établissements financiers et aux banques pour les entreprises des secteurs de la culture. Pour le cinéma et l'audiovisuel, ses fonds de garantie sont prélevés sur le compte de soutien à l'industrie cinématographique et aux industries de programme. Pour les autres industries culturelles, fonds de garantie versés principalement par le ministère de la Culture. *2000 :* 2 grands fonds de garantie. Total : 210 millions de F.

☞ **Alpa (Association de lutte contre la piraterie audiovisuelle)** : *créée* 1985. 6, rue de Madrid, 75008 Paris. *Pt :* Émile Arrighi de Casanova. *1999 :* 147 dossiers transmis aux juridictions pénales, dont pour reproduction illicite 107, représentation illicite 25, concernant les produits dérivés 10, réseaux câblés 3, Internet 2.

■ **Exportations de films français** (en millions de F). *1985 :* 330,3 ; *86 :* 373,7 ; *87 :* 326,3 ; *88 :* 352,7 ; *89 :* 435,7 ; *90 :* 395,5 ; *91 :* 359,3 ; *92 :* 422,8 ; *93 :* 367 ; *94 :* 368 ; *96 :* 404 ; *97 :* 820 dont USA 174, Japon 108, Allemagne 106, Italie 69.

Distribution

■ **Distributeur.** Le producteur passe avec le distributeur un contrat de cession de droits ou un contrat de mandat prévoyant un pourcentage sur les recettes des salles. Le contrat peut être assorti d'un minimum garanti pour le financement de la production, remboursable sur la seule part producteur des recettes du film. Le distributeur fait généralement l'avance des frais d'édition [copies (de quelques unités à plus de 800) et publicité], autorise les exploitants à diffuser le film, moyennant un % sur la recette. Le distributeur répartit la recette entre les ayants droit. Le CNC contrôle les recettes.

■ **Nombre de distributeurs.** *1990 :* 162 ; *95 :* 164 ; *97 :* 156 (actifs sur 428 autorisés) ; *98 :* 435. **Recette brute** (en millions de F) : *1990 :* 1 547 ; *95 :* 1 810 ; *97 :* 2 108 ; *98 :* 2 392. **Taux de location moyen** (en 1993) : 46,9 %. **Taux de TVA :** 5,5 % des recettes nettes (5,3 % des brutes), 20,6 % pour films pornographiques ou pouvant engendrer la violence. **Droits musicaux :** 1,5 % des recettes nettes dont 1,21 % des recettes payé par le distributeur. **Taxes nationales :** TSA (taxe spéciale additionnelle) environ 11 % des recettes brutes ; **locales :** aucune. **Délai de sortie** *pour la vidéo :* 1 an (dérogation possible), *la télévision :* 2 ans pour films coproduits avec la TV sinon 3 ans, *Canal + :* 1 an, *autres TV payantes* « Pay-TV » : 1 ou 2 ans.

Principaux distributeurs. Parts de marché (en % de la recette brute, en 2000 ; *source :* CNC) : GBVI (Gaumont Buena Vista International) 20,3 ; UIP 13,1, Bac Films 10,2, UFD 9,6, Pathé Distribution 8,9 ; Columbia Tristar 7,6 ; ARP 7,2, Warner Bros 7,1, Metropolitan Filmexport 2,7 ; Pyramide 2.

■ **Films projetés** (total). **1971 :** 4 265 ; **75 :** 4 470 ; **76 :** 4 866 (français 1 510) ; **77 :** 5 064 (fr. 1 637) ; **78 :** 5 084 (fr. 1 701) ; **79 :** 5 189 (fr. 1 753) ; **80 :** 5 256 (fr. 1 763) ; **84 :** 5 028 (fr. 1 748) ; **89 :** 4 218 (fr. 1 570) ; **90 :** 4 086 (fr. 1 074) ; **94 :** 4 514 (dont fr. 1 666, amér. 1 269) ; **97 :** 4 181.

Films de long métrage sortis pour la 1re exclusivité sur les écrans français : *1990 :* 370 ; *91 :* 438 ; *95 :* 397 ; *96 :* 386 ; *97 :* 394 ; *98 :* 448 ; *99 :* 525 ; *2000 :* 544 dont USA 194, France 100 % 144, G.-B. 37, France majoritaire 33, minoritaire 31, Japon 17, Canada 11, Italie 9, Allemagne 9, Suède 6, Espagne 5, autres 48.

Nombre de films en salle en 1re semaine (en 1997) : *dans 100 à 150 établissements :* 30 ; *150 à 200 :* 18 ; *200 à 250 :* 13 ; *250 à 300 :* 13 ; *300 à 400 :* 23 ; *plus de 400 :* 29.

■ **Aides sélectives à la distribution. Pour soutenir les entreprises indépendantes** dont la politique de distribution « art et essai » est un élément important de la diversification de l'offre des films en France. Aide au fonctionnement : *1999 :* 9,95 millions de F à 31 Stés ; à un programme de sorties de films : *1999 :* 17,85 millions de F d'avances remboursés à 28 Stés pour 178 films. **Pour des films « fragiles »** dont la sortie sur le marché comporte des risques financiers : *1999 :* 7,9 millions de F à 57 films dont 1ers films ayant obtenu l'avance sur recettes 21, autres 36 (dont français 7, coproductions françaises 8, étrangers 21). **Pour soutenir la distribution d'œuvres de pays** dont le cinéma est peu diffusé en France : *1999 :* 16 films aidés (2,06 millions de F) dont de pays arabes 9, des pays de l'Est 3, d'Afrique 2, d'Amérique latine 1, d'Asie 1. **Pour la distribution de rétrospectives** et leur circulation en province : *1999 :* 420 000 F pour 4 rétrospectives. **Pour la distribution de films pour le jeune public :** aide conditionnée par le travail d'accompagnement (matériel pédagogique, etc.) : *1999 :* 1,15 million de F pour 8 films.

Aides automatiques. Tout distributeur qui investit au moins 800 000 F dans un film français, sous forme de minimum garanti soit en production soit en frais d'édition, est bénéficiaire du soutien automatique produit par ce film, et peut ensuite réinvestir ce soutien dans un autre film français en minimum garanti en production ou en frais d'édition. *Volume annuel de ces aides :* voir p. 387 c.

Exploitation

■ **Nombre de salles,** entre parenthèses, **de fauteuils et,** en italique, **de sites en 2000. Total :** 4 971 (1 022 384) *2 163* [dont Paris 373 (74 972) *95,* multiplexes 822 (169 126) *65*]. **Écrans créés :** 262 dont au sein de multiplexes 175 ; **fermés :** 138. **Nombre de lieux d'exploitation : 2 163 dont** *à 1 écran :* 1 306 (1 306 écrans) ; *2 écrans :* 284 (568) ; *3 écrans :* 186 (558) ; *4 écrans :* 124 (496) ; *5 écrans :* 82 (410) ; *6 écrans :* 55 (330) ; *7 écrans :* 33 (231) ; *8 écrans :* 23 (184) ; *9 écrans :* 8 (72) ; *10 écrans et plus :* 62 (816). **Nombre d'écrans : d'art et d'essai :** 877 ; **à installation Dolby :** 3 536 ; **avec son digital :** 41 (en 1998) ; **70 mm :** 70 (en 1998).

Multiplexes. Origine : *vers 1960* mégaplexes à Houston (USA). *1987* 1er multiplexe européen à Bruxelles. *1993* 1er en France : Pathé Grand Ciel à Toulon. **Coût** (par site) : 50 à 150 millions de F. **Nombre de multiplexes ouverts** (au 1-1-2001) **et,** entre parenthèses, **nombre d'écrans :** Gaumont 17 (220), CGR 15 (178), UGC 13 (189), Pathé 13 (160), indépendants 10 (93), Bert-Kinépolis 5 (69), Lemoine 3 (44), Davoine 2 (24), Soredic 2 (20), AMC 1 (20), Village Roadshow 1 (10), Adira 1 (9). **Sites** (au 1-1-2001) : 83 (1 036 écrans, 215 297 fauteuils). **Écrans ayant le plus grand nombre de fauteuils :** Kinépolis de Lomme (agglomération de Lille, sept. 1996) 7 408 (23 salles), UGC Ciné Cité de Strasbourg (nov. 2000) 5 400 (22 salles), Kinépolis de Mulhouse (déc. 1999) 4 500 (14 salles) ; *à Paris :* UGC Ciné Cité Bercy 4 500, Les Halles 3 203 ; le Grand Rex 2 800 ; Gaumont Aquaboulevard 2 558 ; UGC Georges V 1 710, Montparnasse 1 582, Lyon Bastille 1 273 ; Gobelins 1 148 ; Pathé Wepler 1 060. **Part des multiplexes** (en 2000, en %) : entrées 34,5, écrans 19,5, fauteuils 19,5, établissements 3,7.

Pourboire : n'est pas obligatoire. **Séance annulée :** en l'absence de motif légitime (exemple : petit nombre de spectateurs) l'exploitant peut encourir une amende de 10 000 F. **Remboursement :** possible si par suite de panne ou de modification du programme, on ne peut assister à tout le programme. La loi du 11-3-1957 (art. 47) précise : « L'entrepreneur de spectacle doit assurer la représentation ou l'exécution publique dans des conditions techniques propres à garantir le respect des droits intellectuels et moraux de l'auteur. »

Mauvaises conditions de projection ou état défectueux d'une copie : écrire à la *Commission supérieure technique de l'image et du son (CST),* 11, rue Galilée, 75116 Paris (joindre ticket d'entrée et détailler les imperfections constatées).

☞ Selon l'enquête CNC de novembre 1999, 40 % du public des multiplexes ne fréquentent pas d'autres salles.

■ **Groupements nationaux de programmation. Nombre de salles et,** entre parenthèses, **% du parc national** (en 2000) : Gaumont 397 (7,8), Pathé 340 (6,7), UGC 446 (8,7), autres (Glozel, GPCI, Sagec, Soredic) 654 (12,8).

■ **Programmation des multiplexes. Nombre de films distribués :** *1996 :* 387 ; *97 :* 414 ; *98 :* 449 dont américains 171, français 160, européens (hors français) 88, autres 30.

■ **Recettes guichet** (en milliards de F). *1990 :* 3,83 ; *95 :* 4,53 ; *96 :* 4,76 ; *97 :* 5,18 ; *98 :* 6,01 ; *99 :* 5,4 ; *2000 :* 5,86. **Part du film français** dans la recette globale (en %) : *1990 :* 37,4 ; *91 :* 30,1 ; *92 :* 35,1 ; *93 :* 34,8 ; *94 :* 28,3 ; *95 :* 35,2 ; *96 :* 37,5 ; *97 :* 34,5 ; *98 :* 27,6 ; *99 :* 32,4 ; *2000 :* 28,5.

■ **Aides sélectives à l'exploitation en salles.** Depuis 1983 dans des zones insuffisamment équipées. *1999 :* 71,9 millions de F pour 108 projets (246 écrans).

■ **Ciné-clubs. Origine :** *1920* création du mot « ciné-club » par Louis Delluc, le 14-1. 1res séances en juin. **Organisation :** associations juridiques, sans but lucratif, constituées selon la loi de 1901, visant à initier leurs adhérents à la culture cinématographique, régies par la réglementation du cinéma non commercial. Affiliation obligatoire à 1 des 4 fédérations « habilitées à diffuser la culture par le film » : CRCC (Coopérative régionale du cinéma culturel, Strasbourg, fondée 1949) ; Flec (Fédération loisirs et culture, Paris) ; Ufoléis (Union des fédérations des œuvres laïques de l'enseignement par l'image et le son, Caluire, fondée 1933) ; Unicc (Union nationale inter ciné-clubs, regroupant Inter Film à Paris et le Gacso à Bordeaux). Depuis 1981, la Cofécic (Coordination des fédérations de ciné-clubs) les regroupe essentiellement pour l'acquisition de films (droits non commerciaux et édition de copies 16 et 35 mm pour diffusion dans le réseau des ciné-clubs français). Adresse : *Inter Film,* 12, rue des Lyonnais, 75005 Paris.

■ **Cinémas d'art et d'essai. Origine :** Association française des cinémas d'art et d'essai (Afcae) *créée* 1956 par Jeander et Armand Tallier. **Subventions :** les salles classées bénéficient d'une subvention du ministre de la Culture au titre du compte de soutien à l'industrie cinématographique. *Montant : 1999 :* 49,7 millions de F. **Nombre de salles classées** (au 1-1-2000) : 877 dont 175 en catégorie « recherche ».

☞ **La Pagode :** *1895* commandée par M. Morin (dir. du Bon Marché) à l'architecte Alexandre Marcel pour des réceptions mondaines. *1896* inaugurée. *1928* fermée. *1930* rachetée par M. Sucre. *1931*-mars transformée en cinéma. *1973* jardin et 2de salle créés. *1997* fermée. *2001* réouverte.

■ **Fédération française cinéma et vidéo (FFCV).** *Créée* 1933. Regroupe 200 clubs de cinéastes et vidéastes réalisateurs non professionnels dans 8 unions régionales. *Siège :* 54, rue de Rome, 75008 Paris.

■ **ADRC (Agence pour le développement régional du cinéma).** Association *créée* 1983. *Pt :* Patrice Leconte, *délégué général :* Jean-Michel Gévaudan. **Adhérents :** *2000 :* 658. **Missions : 1°)** *aide au tirage de copies : 2000 :* 2 300 ; **2°)** *études et expertises, assistance à l'aménagement de salles, conseil aux collectivités territoriales.*

Spectateurs

■ **Spectateurs. Dans les salles standard** (en millions). **1947 :** 423,7 ; **50 :** 370,7 ; **52 :** 359,6 ; **57 :** 411,6 ; **60 :** 328,3 ; **65 :** 259,1 ; **70 :** 184,4 ; **75 :** 180,7 ; **77 :** 169 ; **80 :** 174 ; **81 :** 187,6 ; **82 :** 200,5 ; **83 :** 197,1 ; **84 :** 190,9 ; **85 :** 175,1 ; **86 :** 168,1 ; **87 :** 136,9 ; **88 :** 124,7 ; **89 :** 120,9 ; **90 :** 121,9 ; **91 :** 117,5 ; **92 :** 116 ; **93 :** 132,7 ; **94 :** 124,4 ; **95 :** 130,2 ; **96 :** 136,7 ; **97 :** 149 ; **98 :** 170,6 ; **99 :** 153,6 ; *2000 :* 165 dont (en %) films américains 62,9, *français* 28,5.

■ **Fréquentation moyenne en 2000. Nombre moyen d'entrées :** 5,2 (*20-24 ans :* 8,8) ; **allant au cinéma et,** entre parenthèses, **part du public** (*Source :* CNC-Médiamétrie, enquête 75 000 Cinéma) : ensemble : 58,4. **Par tranche d'âge :** *6-10 ans :* 79,4 (9,0 % du public) ; *11-14 :* 81,3 (7,9) ; *15-19 :* 91,3 (10,9) ; *20-24 :* 88,7 (10,3) ; *25-34 :* 64,5 (16,6) ; *35-49 :* 57,6 (23,2) ; *50-59 :* 46,5 (10,6) ; *60 et plus :* 30,5 (11,5). **Par niveau d'instruction :** *primaire :* 39,9 (14,3), *supérieur :* 78,7 (31,9). **Par profession :** *chefs d'affaires, cadres, professions libérales :* 74,5 (8,3), *professions intermédiaires :* 73,6 (12,1), *agriculteurs :* 47,6 (1), *employés :* 57,2

(13,9), *ouvriers* : 45,8 (10,4). **Par habitat :** rural 49,7 (22,4), agglomération parisienne 72,4 (20,3).

☞ En 2000, 31 700 000 personnes sont allées au moins 1 fois au cinéma.

■ **Montant des places achetées** (en millions de F). *1996* : 4,76 ; *97* : 5,18 ; *98* : 6,01 ; *99* : 5,4. **Recette moyenne par entrée :** *1989* : 30,43 F ; *97* : 34,73 F ; *98* : 35,26 F ; *99* : 35,16 F ; *2000* : 35,30 F.

Cinéma à la télévision

■ **Obligations des chaînes relatives à la diffusion de films de cinéma. Maximum :** 192 [plus 52 d'art et d'essai (décret du 27-9-1994)] dont 104 entre 20 h 30 et 22 h 30. Quota UE : 60 %. **Quota d'œuvres d'expression originale française :** 40 %.

■ **Films de cinéma diffusés à la TV française** (hors Canal +). *1985* : 500 ; *86* : 618 ; *87* : 892 ; *88* : 914 ; *89* : 901 ; *90* : 933 ; *91* : 933 ; *92* : 841 ; *93* : 918 ; *94* : 983 ; *95* : 1 048 ; *96* : 1 066 ; *97* : 1 077 ; *98* : 1 108 ; *99* : 1 111 films (plus 452 films sur Canal +). **Répartition par chaîne en 1999 : TF1** : 192, **France 3** : 215, **France 2** : 197, **La Sept/Arte** : 270, **La Cinquième** : 52, **M6** : 185.

☞ Fin 1998, 902 films agréés entre 1983 et 1995 n'avaient jamais été diffusés sur les chaînes de télévision hertziennes en clair, soit 49 % de la production française de ces 12 années (56 % si l'on exclut Arte).

■ **Parts de marché du cinéma français en salles et,** entre parenthèses, **à la télévision** [1] (en 1997). Belgique 8,4 (21,5), Suisse 8,3 (9,6), Québec 5,4 (15,4), Rép. tchèque 2,9 (11,7), Australie 2,5 (6,8), Japon 2 (11).

Nota. – (1) Part de la programmation cinéma des chaînes détenue par le cinéma français (en nombre de diffusions). *Source* : Unifrance.

■ **Délai minimal pour diffusion à l'antenne après l'obtention du visa d'exploitation du film.** Fixé par contrat ou, le cas échéant, accords coelectifs. **Par vidéocassettes et vidéodisques :** 1 an au minimum après l'obtention du visa d'exploitation (dérogations 6 mois possibles).

■ **Magnétoscopes. Foyers équipés** (en 1998, source Médiamétrie) : 72,6 %.

Protection du patrimoine

■ **Archives du film et du dépôt légal du CNC** (voir p. 387 a), 78395 Bois-d'Arcy Cedex. *Créées* par décret du 19-6-1969, sur l'initiative d'André Malraux, alors ministre de la Culture. *Mission* : rassembler, documenter, conserver et dans certains cas restaurer les films reçus en donation ou en dépôt, notamment la production française (des origines à aujourd'hui). Conservent également les collections de films « flamme » en nitrate de cellulose condamnés à l'autodestruction, pour son compte et celui d'autres institutions et organismes tels que la Cinémathèque française et celle de Toulouse, et certaines cinémathèques régionales (exemples : cinémathèque corse, Nice, St-Étienne). En 1992, ont acquis la responsabilité du dépôt légal des films (jusqu'alors confié à la Bibliothèque nationale) : *1999* : 1 900 films déposés. Gèrent 70 000 titres (soit environ 1 million de bobines dont 1/4 sur support nitrate). En janvier 1991, instauration d'un « plan nitrate » pluriannuel de transfert de films nitrates sur un support de sécurité (10 000 titres restaurés à fin 2000). *Budget* (2001) : 39 millions de F.

■ **Bifi (Bibliothèque de l'image filmothèque).** 100, rue du Fbg-St-Antoine, 75012 Paris. *Créée* 1992, ouverte au public décembre 1996. *Pt* : Bernard Latarjet. Financée à 100 % par le CNC. *Fonds* en partie issu de la Cinémathèque française et de la Fémis : 800 000 photos, 13 000 affiches, 15 000 dessins de décors et de costumes, 14 500 revues de presse numérisées, 14 500 ouvrages, 2 500 vidéos, 550 fonds d'archives, 340 titres de revues. *Médiathèque* ouverte au public, *centre d'information et de documentation* pour renseignement à distance. *Édition* d'ouvrages de référence (10 à fin 2000). *Production audiovisuelle. Budget* (2001) : 30 millions de F.

■ **Cinémathèque française.** 7, avenue Albert-de-Mun, 75116 Paris. *Créée* 1936 par Henri Langlois (13-11-1914/1977), Georges Franju (1912-87) et Jean Mitry (1907-88). *Pt* : Jean-Charles Tacchella. 145 000 boîtes de films dont environ 30 000 sur support nitrate au service des archives du film représentant 23 000 titres (en août 1980, 17 000 titres ont été incendiés au dépôt du Pontel). Restaure 80 longs-métrages/an ; 2 salles de projection (100 000 spectateurs en 1996). *Bibliothèque* : 25 000 ouvrages et revues, 1 000 000 de photos recensées, aujourd'hui gérés par la Bifi. *Enseigne* l'histoire du cinéma avec le Collège du cinéma. *Revue* semestrielle sur l'histoire et l'esthétique du cinéma. *Programmes* : 1 200 séances annuelles dans ses 2 salles (palais de Chaillot, salle République) jusqu'en août 1997 (nuit 22/23 : incendie du palais de Chaillot) ; *6-11-1997* : inauguration de la salle Grands Boulevards (cinéma le Brooklyn) ; *14-10-1998* : réouverture de la salle du palais de Chaillot. *Contribue* à de nombreux festivals et manifestations. Accueille la Cinémathèque de la danse. *Le musée du Cinéma Henri-Langlois*, ouvert 1972, 1, place du Trocadéro, 75016 Paris, rénové 1994, fermé juillet 1997, réouverture prévue 2001 à la maison du Cinéma. *Budget annuel* : 36 millions de F.

> ■ **Cinéma odorant. 1959-***2-12* 1er film odorant, documentaire *la Muraille de Chine* (Carlo Lizzani) : durant les 97 minutes de la projection, les spectateurs respiraient 72 odeurs (fumées, épices, orange, jasmin etc.) diffusées par le circuit d'air conditionné. **1960-***2-12 Une odeur de mystère* (Jack Cardiff) au Cinestage de Chicago. **1981** *Polyester* (John Waters) : en entrant dans la salle, les spectateurs recevaient un carton numéroté de 1 à 10. Chaque fois qu'un numéro apparaissait à l'écran, ils frottaient avec le doigt l'emplacement indiqué et libéraient ainsi une odeur : ail, essence, gaz, vieille chaussure de tennis.

☞ **Maison du Cinéma :** à Paris (quartier de Bercy) ; devait réunir notamment Bifi, Cinémathèque française et une partie du Service des archives du film, dans le bâtiment construit en 1994, par l'architecte Frank Gehry, pour l'American Center. *Ouverture prévue* en 2001. *Coût prévu* : 160 millions de F (dont autorisation de programme en 2000 : 102). *Projet abandonné* à l'automne 2000 ; les 3 organismes cohabiteront à Bercy au sein d'un GIP (groupement d'intérêt public).

■ **Institut Lumière-musée vivant du Cinéma.** 25, rue du Premier-Film, 69008 Lyon (dans la maison familiale des Lumière). *Créé* 1982. *Pt* : Bertrand Tavernier. *Bibliothèque-médiathèque* : 40 000 dossiers de films, 3 000 d'acteurs et de réalisateurs, 5 700 livres (500 titres), 9 500 dossiers photos, 6 200 affiches.

> ■ **Filmothèque. Définition :** portefeuille de droits. **Principales filmothèques de longs métrages** (en 1994) : *Turner* : MGM d'avant 1986, RKO d'avant 1948, Warner d'avant 1948, Castle Rock, New Line, Brut, Turner Pictures. *Matshushita* : Universal, Paramount d'avant 1948, divers. *Viacom* : Paramount d'après 1948, Republic et films acquis par Viacom avant la fusion. *Sony* : Columbia, TriStar, Tiffany Pictures, Pathé-Exchange *News Corp.* : Twentieth Century Fox. *Time-Warner* : Warner d'après 1948, Lorimar, Allied Artists, Sol Lesser, First Artists, Ladd Company. *MGM* : MGM d'après 1986, United Artists, Monogram d'avant 1947. *Metromedia* : Always, AIP, MCEG, Orion. *Disney* : Disney, Touchstone, Hollywood Pictures, Miramax.
>
> **Films perdus tournés entre 1895 et 1918 :** (en % ; *source* : Raymond Borde) environ 85 ; **1919-29 :** Italie 85, USA 75, *France 70*, Allemagne 40, URSS 10 ; **1930-39 :** *France 50 à 55*, USA 25 ; **1940-49 :** *France 36* (1940-44), USA 10.
>
> *Nota.* – Sur environ 10 000 films nitrates produits en France, la période 1912-55 en compte 4 136 dont 1 198 perdus (surtout de la période du muet).

Quelques records

> *Légende* : (1) France. (2) Afrique du Sud. (3) Allemagne. (4) Australie. (5) Autriche. (6) G.-B. (7) origine grecque. (8) Italie. (9) Ex-Tchécoslovaquie. (10) USA. (11) Yougoslavie. (12) Espagne.

Films

■ **Films ayant eu le plus de succès en France en salle** de 1956 à 2000 [année de sortie, nationalité (voir légende ci-dessus), réalisateur (en italique) et nombre de spectateurs (en millions)]. **Films sortis avant 1975 : la Grande Vadrouille** (1966) [1,6] *G. Oury* 17,27. **Autant en emporte le vent** (1950) [10] *V. Fleming* 16,72. **Le Livre de la jungle** (1968) [10] *W. Reitherman* 15,29. **Il était une fois dans l'Ouest** (1969) [8] *S. Leone* 14,86. **Les 101 Dalmatiens** (1961) [10] *W. Disney* 14,66. **Les Dix Commandements** (1958) [10] *Cecil B. De Mille* 14,23. **Ben Hur** (1960) [10] *W. Wyler* 13,83. **Le Pont de la rivière Kwaï** (1957) [6] *D. Lean* 13,48. **Cendrillon** (1950) [10] *W. Disney* 12,87. **Le Petit Monde de don Camillo** (1952) [1,8] 12,79. **Les Aristochats** (1971) [10] *W. Reitherman* 12,48. **Le Jour le plus long** (1962) [10] *K. Annakin* 11,91. **Le Corniaud** (1965) [1,8] *G. Oury* 11,74. **La Belle et le Clochard** (1955) [10] *W. Disney* 11,17. **Bambi** (1948) [10] *W. Disney* 10,68. **Les Canons de Navarone** (1961) [10] *J. Lee Thompson* 10,2. **Les Misérables** (2 époques) (1958) [1,8] *J.-P. Le Chanois* 9,94. **La Guerre des boutons** (1962) [1] *Y. Robert* 9,89. **Docteur Jivago** (1966) [10] *D. Lean* 9,82. **20 000 Lieues sous les mers** (1955) [10] *R. Fleischer* 9,62. **Sous le plus grand chapiteau du monde** (1953) [10] *C. B. DeMille* 9,49. **Emmanuelle** (1974) *J. Jaeckin* [1] 8,89. **La Vache et le Prisonnier** (1959) [1,8] *H. Verneuil* 8,84. **La Grande Évasion** (1963) [10] *J. Sturges* 8,76. **West Side Story** (1962) [10] *R. Wise, J. Robbins* 8,72. **Bataillon du ciel** (1947) [1] *A. Esway* 8,65. **Pour qui sonne le glas ?** (1947) [10] *S. Wood* 8,27. **Violettes impériales** (1952) [1,12] *R. Pottier* 8,13. **Le Dictateur** (1945) [10] *C. Chaplin* 8,03. **Pinocchio** (1946) [10] *W. Disney* 7,84. **Le Gendarme de St-Tropez** (1964) [1,8] *J. Girault* 7,81. **Le Comte de Monte Cristo** (1955) [1,8] *R. Vernay* 7,78. **Orange mécanique** (1972) *S. Kubrick* [10] 7,6. **Les Bidasses en folie** (1971) [1] *C. Zidi* 7,46. **Le Retour de don Camillo** (1953) [1,8] *J. Duvivier* 7,43. **Les Aventures de Rabbi Jacob** (1973) *G. Oury* [1] 7,3. **Les Aventures de Peter Pan** (1953) [10] *W. Disney* 7,26. **Samson et Dalila** (1951) [10] *C. B. DeMille* 7,12. **Jeanne d'Arc** (1948) [10] *V. Fleming* 7,09. **Monsieur Vincent** (1947) [1] *M. Cloche* 7,06. **Les Sept Mercenaires** (1961) [10] *J. Sturges* 7,04. **Les Grandes Vacances** (1967) [1,8] *J. Girault* 6,99. **Si Versailles m'était conté** (1954) [1] *S. Guitry* 6,99. **Le Salaire de la peur** (1953) [1,8] *H. G. Clouzot* 6,94. **Michel Strogoff** (1956) [1,8,11] *C. Gallone* 6,87. **Le gendarme se marie** (1968) [1,8] *J. Girault* 6,83. **Mission spéciale** (1946) [1] 6,78. **Fanfan la tulipe** (1952) [1,8] *Christian-Jaque* 6,71. **Jour de fête** (1949) [1] *J. Tati* 6,71. **Goldfinger** (1965) [6] *G. Hamilton* 6,68. **Nous irons à Paris** (1950) [1] *J. Boyer* 6,66. **Sissi** (1956) [5] 6,59. **La Belle au bois dormant** (1959) 6,58. **Robin des bois** (1974) *W. Reitherman* [10] 6,47. **Tant qu'il y aura des hommes** (1954) [10] *F. Zinnemann* 6,4. **La Cuisine au beurre** (1963) [1,8] *G. Grangier* 6,4. **Sissi impératrice** (1957) [5] *F. Marischka* 6,39. **La Symphonie pastorale** (1946) [1] *J. Delannoy* 6,37. **Ivanhoé** (1952) [10] *R. Thorpe* 6,35. **Quo vadis ?** (1953) [10] *M. Le Roy* 6,31. **Le Bon, la Brute et le Truand** (1968) [8] *S. Leone* 6,31. **Pas si bête** (1946) [1] 6,2. **La Chartreuse de Parme** (1948) [1] *Christian-Jaque* 6,15. **Le Père tranquille** (1946) [1] *R. Clément* 6,14. **Merlin l'enchanteur** (1964) *W. Reitherman* [10] 6,13. **Les Feux de la rampe** (1952) [10] *C. Chaplin* 6,13. **Oscar** (1967) [1] *É. Molinaro* 6,12.

Films sortis entre 1975 et 2000 [année de sortie, réalisateur (en italique), nationalité (voir légende col. b) et nombre de spectateurs (en millions) au 31-12-2000]. **Titanic** (1998) *J. Cameron* [10] 20,58. **Les Visiteurs** (1993) *J.-M. Poiré* [1] 13,78. **Trois Hommes et un couffin** (1985) *C. Serreau* [1] 10,25. **Taxi 2** (2000) *G. Krawezyk* [1] 10,24. **Le Roi lion** (1994) *R. Allers* [10] 10,12. **Le Dîner de cons** (1998) *F. Veber* [1] 9,22. **Le Grand Bleu** (1988) *L. Besson* [1] 9,19. **L'Ours** (1988) *J.-J. Annaud* [1] 9,14. **Astérix et Obélix contre César** (1999) *C. Zidi* [1,3,8] 9,09. **ET l'extraterrestre** (1982) *S. Spielberg* [10] 8,94. **Les Visiteurs 2** (1998) *J.-M. Poiré* [1] 8,03. **Un Indien dans la ville** (1994) *Hervé Palud* [1] 7,88. **Sixième sens** (2000) *M.N. Shyamalan* [10] 7,73. **Le Cinquième Élément** (1997) *L. Besson* [1] 7,7. **Aladdin** (1993) *J. Muskers, R. Clements* [10] 7,31. **Tarzan** (1999) *K. Lima* [10] 7,3. **Danse avec les loups** (1991) *K. Kostner* [10] 7,28. **Star Wars I** (1999) *G. Lucas* [10] 7,25. **Les Aventures de Bernard et Bianca** (1977) *L. Clemmens* [10] 7,22. **Jean de Florette** (1986) *C. Berri* [1] 7,2. **La Chèvre** (1981) *F. Veber* [1] 7,08. **Le Bossu de Notre-Dame** (1996) *G. Tronsdale, K. Wise* [10] 6,8. **Rox et Rouky** (1981) *A. Stevens/T. Berman* [10] 6,69. **Les Trois Frères** (1995) *B. Campan* et *D. Bourdon* [1] 6,67. **Manon des sources** (1986) *C. Berri* [1] 6,65. **Le Cercle des poètes disparus** (1989) *P. Weir* [4] 6,6. **Jurassic Park** (1993) *S. Spielberg* [10] 6,55. **Rain Man** (1989) *B. Levinson* [10] 6,47. **Taxi** (1998) *G. Pirès* [1] 6,46. **La Guerre des étoiles** (1997) *G. Lucas* [10] 6,45. **Les Aventuriers de l'arche perdue** (1981) *S. Spielberg* [10] 6,4. **La Gloire de mon père** (1990) *Y. Robert* [1] 6,29. **Le Gendarme et les Extraterrestres** (1979) *J. Girault* [1] 6,28. **Les Dents de la mer** (1976) *S. Spielberg* [10] 6,26. **Indiana Jones et la dernière croisade** (1989) *S. Spielberg* [10] 6,25. **Marche à l'ombre** (1984) *M. Blanc* [1] 6,17. **Germinal** (1993) *C. Berri* [1] 6,16. **Terminator II-Le jugement dernier** (1991) *J. Cameron* [10] 5,99. **Midnight Express** (1978) *A. Parker* [10] 5,97. **Les Dieux sont tombés sur la tête** (1983) *J. Uys* [2] 5,95. **Crocodile Dundee** (1987) *P. Falman* [4] 5,89. **Les Ripoux** (1984) *C. Zidi* [1] 5,88. **Qui veut la peau de Roger Rabbit ?** (1988) *R. Zemeckis* [10] 5,88. **Rambo II la mission** (1985) *G. Pan Cosmatos* [10,7] 5,85. **L'Aile ou la Cuisse** (1976) *C. Zidi* [1] 5,84. **Quatre Mariages et un enterrement** (1994) *N. Newel* [6] 5,79. **Mulan** (1998) *B. Cook T. Brancroft* [10] 5,76. **Les Anges gardiens** (1995) *A. Terzian* [1] 5,74. **Les Valseuses** (1974) *B. Blier* [1] 5,73. **Men in Black** (1997) *B. Sonnenfeld* [10] 5,72. **Grease** (1978) *R. Keiser* [10] 5,71. **A nous les petites Anglaises** (1975) *M. Lang* [1] 5,7. **Indiana Jones et le temple maudit** (1984) *S. Spielberg* [10] 5,68. **Pocahontas, une légende indienne** (1995) *W. Disney* [10] 5,63. **Independence Day** (1996) *R. Emmerich* [10] 5,61. **Le Livre de la jungle** (1979) *W. Reitherman* [10] 5,5. **L'As des as** (1982) *G. Oury* [1] 5,45. **La Cage aux folles** (1978) *É. Molinaro* [1] 5,41. **L'Exorciste** (1974) *W. Friedkin* [10] 5,4. **Les Spécialistes** (1985) *P. Leconte* [1] 5,32. **Le Professionnel** (1981) *G. Lautner* [1] 5,24. **L'Été meurtrier** (1983) *J. Becker* [1] 5,14. **Rocky IV** (1986) *S. Stallone* [10] 4,99. **Madame Doubtfire** (1994) *C. Colombus* [10] 4,99. **Le Nom de la rose** (1986) *J.-J. Annaud* [1, 3, 8] 4,96. **Le Marginal** (1983) *J. Deray* [1] 4,96. **La Guerre du feu** (1981) *J.-J. Annaud* [1] 4,95. **Robin des bois prince des voleurs** (1991) *K. Reynolds* [10] 4,94. **Seven** (1996) *D. Fincher* [10] 4,94. **Le bonheur est dans le pré** (1995) *É. Chatilliez* [1] 4,93. **La vérité si je mens** *T. Gilou* [1] 4,88. **Les Compères** (1983) *F. Veber* [1] 4,85. **Out of Africa** (1986) *S. Pollack* [10] 4,85. **Le Monde perdu – Jurassic Park** (1997) *S. Spielberg* [10] 4,82. **Vol au-dessus d'un nid de coucou** (1975) *M. Forman* [9] 4,77. **Gladiator** (2000) *R. Scott* [10] 4,75. **Cyrano de Bergerac** (1990) *J.-P. Rappeneau* [1] 4,73. **Mon nom est personne** (1973) *T. Valéri* [8] 4,73. **Le Dernier Empereur** (1987) *B. Bertolucci* [8] 4,73. **Matrix** (1999) *A. Wachowski* [10] 4,68. **Basic Instinct** (1992) *P. Verhoeven* [10] 4,62. **Deux Heures moins le quart av. J.-C.** (1982) *J. Yanne* [1] 4,6. **Amadeus** (1984) *M. Forman* [9] 4,59. **Armageddon** (1998) *M. Bay* [10] 4,59. **Apocalypse Now** (1979) *F. Ford Coppola* [10] 4,53. **Coup de foudre à Notting Hill** (1999) *R. Michell* [4] 4,5.

Films ayant réalisé le plus d'entrées en 2000 (en millions). **Taxi 2** [1] 10,24, **Sixième sens** [2] 7,73 ; **Gladiator** [2] 4,75 ; **Toy Story** [2] 4,49, **Dinosaure** [2] 4,21, **Le Goût des autres** [1] 3,71, **Scary Movie** [2] 3,62, **les Rivières pourpres** [1] 3,18, **American Beauty** [2] 2,96, **Scream 3** [1] 2,66, **Erin Brockovich, seule contre tous** [1] 2,51. **Films français sortis entre le 24-4-2000 et le 24-4-2001 :** *La Vérité si je mens* 7,79, *le Placard* 5,14, *le Pacte des loups* 5,00, *les Rivières pourpres* 3,24, *Harry, un ami qui vous veut du bien* 1,94, *Jet set* 1,91.

■ **Films en France. Record :** *entrées 1er jour* (*Source* : site web Cinefil et le Film français). Taxi 2 (2000) : 113 101 ; Rambo 2 : la Mission (1985) : 85 007 ; La vérité si je mens ! 2 (2000) : 80 748 ; Rocky 4 (1986) : 79 103. *1re semaine* (2001, en millions) : la Vérité si je mens 2 830, le Pacte des loups 1 925, Incassable 1 358, le Placard 1 303, Hannibal 1 197, le Fabuleux destin d'Amélie Poulain 1 166.

■ **Nombre d'entrées en salles des « Palme d'or » du festival de Cannes** (entre 1987-99, en France, en milliers). **Pulp Fiction** (1994) 2 763 ; **la Leçon de piano** (1993) 2 588 ; **Sexe, mensonge et vidéo** (1989) 1 412 ; **Secrets et Mensonges** (1996) 1 400 ; **Sailor et Lula** (1990) 923 ; **Sous le soleil de Satan** (1987) 815 ; **Adieu ma concubine** (ex-aequo 1993) 652 ; **Rosetta** (1999) 647 ; **Pelle le conquérant** (1988) 621 ; **Barton Fink** (1991) 467 ; **Underground** (1995) 346 ;

l'Éternité et un jour (1998) 167 ; **les Meilleures Intentions** (1992) 89 ; **l'Anguille** (1997) 80 ; **le Goût de la cerise** (ex aequo 1997) 70.

■ **Meilleures productions françaises à l'étranger en 1999.** **Recettes** (en euros ; *source :* site web Cinefil) : *Jeanne d'Arc :* 1 169 353 (Allemagne), 943 403 (Danemark) et 853 686 (Espagne). *La Veuve de Saint-Pierre* 65 649 (Suède). *Himalaya, l'enfance d'un chef* 601 337 (Pays-Bas). *Taxi 2 :* 1 703 675 (Allemagne), 1 219 544 (Suisse), 269 708 (Danemark) et 75 254 (Norvège). *Train de vie* 1 233 847 (Allemagne). *Le Goût des autres* 1 128 605 (Espagne) et 887 717 (Suisse). *Harry, un ami qui vous veut du bien* 476 825 (Suisse) et 404 193 (G.-B.).

☞ **Recettes record d'un film français aux USA en 1999** (*source :* Le Film français) : *Jeanne d'Arc* 14,27 millions de $.

■ **Films ayant eu la meilleure audience à la télévision en 1998** (*source :* CNC). **Madame Doubtfire** 24,9 (1993/1998). **Les Trois Frères** 24,3 (1995/1998). **Bodyguard** 22,5 (1992/1998). **Pédale douce** 21,5 (1995/1998). **Drop Zone** 21,1 (1994/1998).

■ **Films ayant eu la meilleure audience à la télévision en 1999** (*source :* CNC). **Pretty Woman** 21,8 (1990/1999). **Le Fugitif** 21,5 (1993/1999). **Les Visiteurs** 20,3 (1992/1999). **Didier** 19,9 (1996/1999). **Inspecteur la bavure** 19,8 (1980/1999).

RÉALISATEURS

■ **Nombre total d'entrées** (en millions) **et**, entre parenthèses, **nombre de films. FRANÇAIS. Claude Zidi** 10,9 (17) [dont l'Aile ou la Cuisse *(1976)* 1, les Ripoux *(1984)* 1,7], **Georges Lautner** 7,9 (21) [dont Flic ou Voyou *(1978)* 1, le Guignolo *(1979)* 0,7, le Professionnel *(1981)* 1,2], **Claude Lelouch** 6,9 (19) [dont la Bonne Année *(1973)* 0,6, les Uns et les Autres *(1981)* 0,9, Itinéraire d'un enfant gâté *(1988)* 0,8], **Claude Berri** 5,7 (10) [dont Tchao Pantin *(1983)* 0,7, Jean de Florette *(1985)* 1,1, Manon des Sources *(1986)* 1], **Gérard Oury** 5,6 (8) [dont les Aventures de Rabbi Jacob *(1973)* 1,5, la Carapate *(1978)* 0,7, l'As des as *(1982)* 1,2], **Jean-Jacques Annaud** 5,4 (6) [dont la Guerre du feu *(1981)* 1,2, le Nom de la rose *(1986)* 1,4, l'Ours *(1988)* 1,7], **Jean-Marie Poiré** 5,4 (9) [dont Le Père Noël est une ordure *(1982)* 0,4, Papy fait de la Résistance *(1983)* 0,9, les Visiteurs *(1993)* 2,4], **Yves Robert** 5 (9) [dont Un éléphant ça trompe énormément *(1976)* 0,9, Nous irons tous au paradis *(1977)* 0,7, la Gloire de mon père *(1990)* 0,8], **Bertrand Blier** 4,7 (11) [dont les Valseuses *(1973)* 1,1, Tenue de soirée *(1986)* 0,8, Trop belle pour toi *(1989)* 0,6], **Bertrand Tavernier** 4,3 (15) [dont Que la fête commence *(1974)* 0,5, Coup de torchon *(1981)* 0,7, Un dimanche à la campagne *(1984)* 0,4], **Jacques Deray** 4,2 (11) [dont Flic Story *(1975)* 0,5, Trois Hommes à abattre *(1980)* 0,6, le Marginal *(1983)* 1,1], **Patrice Leconte** 4,1 (11) [dont les Bronzés *(1978)* 0,5, Viens chez moi... *(1980)* 0,7, les Spécialistes *(1984)* 1,1], **Luc Besson** 4,1 (5) [dont Subway *(1984)* 0,8, le Grand Bleu *(1987)* 1,9, Nikita *(1990)* 1], **Claude Pinoteau** 4 (9) [dont la Gifle *(1974)* 0,9, la Boum 1 *(1980)* 0,7, la Boum 2 *(1982)* 0,7], **Francis Veber** 3,8 (4) [dont le Jouet *(1976)* 0,3, la Chèvre *(1981)* 1,4, les Compères *(1983)* 1, les Fugitifs *(1986)* 1]. **ÉTRANGERS. Steven Spielberg** 11,1 (14), **Woody Allen** 7,2 (19), **Robert Zemeckis** 4,6 (6), **Milos Forman** 3,9 (5), **Sidney Pollack** 3,8 (9), **Francis Ford Coppola** 3,8 (13), **Peter Weir** 3,1 (9).

■ **Nombre moyen d'entrées par film** (en milliers) **et**, entre parenthèses, **nombre de films. FRANÇAIS. Francis Veber** 960 (4), **Étienne Chatiliez** 918 (2), **Jean-Jacques Annaud** 897 (6), **Jean-Paul Rappeneau** 846 (3), **Luc Besson** 826 (5), **Gérard Oury** 706 (8), **Coline Serreau** 687 (5), **Claude Zidi** 639 (17), **Jean-Marie Poiré** 608 (9), **Claude Berri** 575 (10), **Yves Robert** 558 (9), **Jean Yanne** 491 (6), **Claude Sautet** 483 (7), **Henri Verneuil** 463 (7), **Claude Pinoteau** 449 (9). **ÉTRANGERS. Steven Spielberg** 793 (14), **Milos Forman** 789 (5), **Georges Lucas** 762 (2), **Robert Zemeckis** 761 (6), **James Cameron** 572 (5), **Stanley Kubrick** 496 (4), **Bernardo Bertolucci** 484 (5), **Sidney Pollack** 425 (9).

ACTEURS ET ACTRICES

■ **Records d'entrées Paris-périphérie (1973-93). Nombre total des entrées** (en millions) **et**, entre parenthèses, **nombre de films. FRANÇAIS : Gérard Depardieu** 24,9 (59) [dont la Chèvre *(1981)* 1,4, Jean de Florette *(1985)* 1,2, Cyrano de Bergerac *(1990)* 1,2], **Philippe Noiret** 16,6 (53), **Jean-Paul Belmondo** 12,8 (18), **Claude Brasseur** 12,5 (43), **Michel Serrault** 12,1 (47), **Jean-Louis Trintignant** 10,7 (42), **Pierre Richard** 10 (21), **Michel Piccoli** 9,7 (53), **Alain Delon** 9,6 (32), **Yves Montand** 8,7 (18), **Jean Rochefort** 8,6 (33), **Victor Lanoux** 8,1 (32), **Thierry Lhermitte** 8 (28), **Lino Ventura** 7,5 (18), **Daniel Auteuil** 7,4 (20). **FRANÇAISES : Catherine Deneuve** 9,7 (32) [dont le Dernier Métro *(1980)* 1,1, Indochine *(1992)* 0,71, le Sauvage *(1975)* 0,7], **Miou-Miou** 9,3 (31), **Annie Girardot** 9,1 (39), **Isabelle Huppert** 7,9 (36), **Isabelle Adjani** 7 (20), **Romy Schneider** 6,6 (18), **Nathalie Baye** 6,6 (30), **Josiane Balasko** 6 (16), **Jane Birkin** 5,5 (32), **Nicole Garcia** 5,4 (24), **Anémone** 5,2 (24), **Sophie Marceau** 4,8 (13), **Jeanne Moreau** 4,2 (19), **Marlène Jobert** 3,7 (16), **Fanny Ardant** 2,6 (17). **ÉTRANGERS : Harrison Ford** 10,5 (15), **Sean Connery** 9,1 (24), **Robert De Niro** 7,5 (26), **Dustin Hoffman** 7,3 (16), **Roger Moore** 6,3 (16), **Jack Nicholson** 6,3 (19), **Robert Redford** 5,8 (15), **Kevin Costner** 5,6 (10), **Sylvester Stallone** 5,6 (17), **Arnold Schwarzenegger** 5,4 (15), **Michael Douglas** 5,2 (13), **Marcello Mastroianni** 4,7 (31), **Woody Allen** 4,6 (14), **Mel Gibson** 4,5 (15), **Paul Newman** 4,3 (15). **ÉTRANGÈRES : Mia Farrow** 6,1 (18), **Meryl Streep** 6,1 (17), **Sigourney Weaver** 4,2 (12), **Diane Keaton** 4 (17), **Faye Dunaway** 3,6 (17), **Jessica Lange** 3,5 (9), **Nastassja Kinski** 3,1 (16), **Jodie Foster** 3 (14), **Michelle Pfeiffer** 3 (13), **Kathleen Turner** 2,8 (10), **Kim Basinger** 2,6 (11), **Julia Roberts** 2,6 (7), **Whoopie Goldberg** 2,6 (9), **Andie MacDowell** 2,5 (6), **Victoria Abril** 2,4 (11).

DANSE

☞ Pour découvrir la sélection **Quid** des meilleurs sites Internet sur la danse, rendez-vous sur **www.quid.fr**

LA DANSE EN FRANCE

Sources : Centre international de documentation pour la danse, ministère de la Culture et de la Communication.

QUELQUES DATES

XVIe s. règne du ballet de cour. **1581** le *« ballet comique de la reine »* : synthèse des apports italien et français. **XVIIe s.** Louis XIV, lui-même danseur, demande à son maître à danser, Beauchamp, de codifier les pas. **1661** fondation de l'Académie royale de danse. **1669** création de l'Académie d'opéra. **XVIIIe s.** Dupré et Vestris rivalisent de virtuosité. **1713** fondation de l'École de danse. Le costume de ballet se différencie du costume de cour (Marie Sallé, la 1re, paraît en costume plus léger). **1760** Noverre s'élève contre ces « pas compliqués et cabrioles » : naissance du ballet-action ; l'usage du masque disparaît. Les frères Gardel règnent à l'Opéra jusqu'à la Restauration. **1772** le public ne s'installe plus sur la scène. **1796** Charles Didelot introduit les pointes dans *Zéphyr et Flore.* **XIXe s.** ballet romantique. Marie Taglioni monte la 1re sur les pointes, la Grisi inspire à Théophile Gautier *Giselle* ; effacement des danseurs et suprématie des ballerines. **1832**-12-3 tutu (dessiné par A.E. Chalon ou le peintre Eugène Lami) pour *la Sylphide.* **1860** triomphe du ballet académique avec Marius Petipa, émigré à St-Pétersbourg. Bournonville conserve à Copenhague le style français. **1885** 1er tutu en forme de roue : Virginie Zuchi dans *la Fille du pharaon* à St-Pétersbourg. **1909** ballets russes de Diaghilev à Paris. Chorégraphes : Fokine, Massine, Nijinski. Isadora Duncan prône la libération du corps : rejette tutu et chaussons (1re à danser pieds nus). Loïe Fuller joue avec la lumière dans ses draperies. **Vers 1920** aux USA, Martha Graham invente un nouveau vocabulaire. Mary Wigman pose en Allemagne les bases de l'expressionnisme. **1930-60** Serge Lifar à l'Opéra. **1942** *Totem Ancestor :* 1re œuvre commune John Cage/Merce Cunningham : ce dernier abolit la hiérarchie entre les danseurs et dans l'utilisation de l'espace scénique. **Après 1945** Janine Charrat et Roland Petit : lignée néoclassique comme à New York Balanchine. **1950** tournées des ballets du marquis de Cuevas. **1955** 1er ballet de Maurice Béjart.

TROUPES

■ **Paris.** Opéra de Paris, Ballet de l'Opéra, spectacles au Palais Garnier, à l'Opéra-Bastille. Tournées en province et à l'étranger. Réunion des théâtres lyriques de France (RTLF). **Province.** 10 ballets. *Financements spécifiques* attribués par la dir. de la Musique, de la Danse, du Théâtre et des Spectacles (DMDTS) et s'ajoutant à l'aide apportée aux opéras (en millions de F) : *1996 :* 4,265 dont Bordeaux 1,5, Lyon 1,2, Toulouse 0,9, Nice 0,45, Avignon 0,215.

■ **Aides aux centres chorégraphiques nationaux** (en millions de F). **Montant en 1998 :** 61,39 ; **1999 :** 64,54 dont Ballet de Biarritz (T. Malandin) 1,5, de Lorraine (P. Lacotte) 7,5, de Marseille (M.-Cl. Pietragalla) 8,5, du Nord (M. Delente) 4,9, du Rhin (B. d'At) 5, CCN d'Aix (A. Preljocaj) 4,8, CNDC d'Angers (Bouvier-Obadia) 3,33, CCN de Belfort (O. Duboc) 2,45, Caen (K. Saporta) 2,25, Créteil (Montalvo-Hervieu) 2,1, Grenoble (J.-C. Gallotta) 2,9, Le Havre (H. Robbes) 1,86, Ballet Atlantique La Rochelle (R. Chopinot) 4,4, CCN de Montpellier (M. Monnier) 2,9, Nantes (C. Brumachon-B. Lamarche) 1,8, Orléans (J. Nadj) 1,5, Rennes (C. Diverrès) 2,3, Rillieux-la-Pape (M. Marin) 2,55, Tours (D. Larrieu 2 ; **2000 :** 66,7.

■ **Aides aux compagnies chorégraphiques** (en millions de F). **1998 :** 15,965 ; **1999 :** 21,05 pour 153 Cies dont *au titre des « compagnies conventionnées »* 5,77 dont La Folia (C. Bastin) 0,5, Cré-Ange (C. Cré-Ange) 0,55, D.C.A. (P. Decouflé) 0,95, la Liseuse (G. Appeix) 0,75, Castafiore (M. Barcello-K. Biscuit) 0,5, Red Notes (A. Degroat) 0,6, Beaugeste (D. Boivin) 0,65, Plaisir d'offrir (M. Kelemenis) 0,55, Alentours (B. Glandier) 0,32, Taffanel (J. Taffanel) 0,45 ; *de l'« aide à la compagnie »* 9,73 (54 Cies) ; *de l'« aide au projet »* 5,55 (89 Cies).

STATISTIQUES

■ **Budget de la danse.** *En 1993 :* 323 millions de F (63 en 1980).

■ **Élèves des classes de danse** (en 1997-98). Danse classique 7 102, contemporaine 2 986, initiation 1 934, jazz 823, autres 6 344.

■ **Établissements publics. 1°) Nationaux. École de danse de l'Opéra national de Paris :** *créée* 1713. *Dir. :* Claude Bessy (21-10-1932) depuis 1972. Gratuite (sauf internat), cycle de 6 ans, de débutant à artiste professionnel (120 élèves). *Concours d'entrée :* annuel. Enseignement pluridisciplinaire. *Admission :* 8 à 11 ans et demi (13 ans pour les garçons). *Budget* (1999) : 21 112 000 F dont subvention de l'État 17 110 000 F. *Professeurs :* 30.

Conservatoire national supérieur de musique et de danse de Paris : département des études chorégraphiques *créé* 1990. *Dir. :* Quentin Rouillier. Enseignement pluridisciplinaire. Danse classique, contemporaine : formation supérieure : 5 ans, perfectionnement : 1 ou 2 ans. 28 professeurs, 17 accompagnateurs. *Élèves :* 134. Écriture et analyse du mouvement (systèmes Benesh et Laban) : formation supérieure : 2 ou 3 ans, perfectionnement : 1 ou 2 ans. *Élèves :* 27. *Subventions* (en 1999) : 74 000 000 de F.

Conservatoire national supérieur de musique et de danse de Lyon : département danse *créé* 1984. *Dir. :* Philippe Cohen. *Concours d'entrée :* annuel. *Cycle :* 3 ans. *Sections :* classique, contemporaine. *Élèves :* 60. *Subventions* (en 2001) : 58 644 249 F.

■ **Concours internationaux. CHORÉGRAPHIE : Bagnolet** (Fr.), **Cologne** (All.), **Nyon** (Suisse). **DANSE CLASSIQUE : Helsinki :** créé 1984. **Jackson** (USA) : créé 1979 ; 2 sections : juniors et seniors. **Lausanne :** créé 1973 ; 16-19 ans ; prix : bourses d'études (à effectuer dans une grande école). Prix professionnel depuis 1980. **Moscou :** créé 1969 ; tous les 4 ans ; des pas de deux doivent être présentés, les prix peuvent également être donnés à des solistes. **Paris :** tous les 2 ans ; concours contemporain depuis 1986. **Tokyo :** créé 1976. **Varna** (Bulgarie) : créé 1964 ; tous les 2 ans : 15-19 et 20-28 ans.

■ **Principales manifestations en France. Biennales :** *internationale de la danse de Lyon, nationale du Val-de-Marne.* **Festivals :** *Paris, Montpellier, Châteauvallon, Avignon, Arles.* **Saisons de danse :** *Paris :* Palais Garnier et Opéra-Bastille, Théâtre de la Ville, Théâtre contemporain. *Lyon :* Maison de la danse. **Grand prix national de la danse.** *Créé* 1979. **Lauréats : 1990** Rosella Hightower. **91** Régine Chopinot. **92** Angelin Preljocaj. **93** Monique Loudières. **94** Daniel Larrieu. **96** Jean Babilée. **97** *non décerné.* **98** intégré aux Arts du spectacle vivant (voir p. 397 b).

■ **Troupes à l'étranger.** (*Abréviation :* B. : ballet). **Allemagne :** ballets de l'Opéra de Stuttgart ; de l'Opéra de Hambourg ; de Wuppertal. **Australie :** Borovansky B. (fondé 1942), The Australian B. (fondé 1962), Australian Dance Theater (fondé 1965). **Belgique :** B. des Flandres. **Canada :** Royal Winnipeg B. (fondé 1938), National B. of Canada (fondé 1951). **Danemark :** Royal B. **États-Unis :** New York City B. (fondé 1948), American B. (fondé 1934, New York), Martha Graham Dance Co., Alvin Ailey Co., Joffrey B., Merce Cunningham Co. (fondée 1953), The San Francisco B. (fondé 1933). **Grande-Bretagne :** Rambert Dance Co. (fondée 1926), Royal B. (fondé 1931, Covent Garden), B. Joos (fondé 1933), Birmingham Royal B. (fondé 1946 comme le Sadler's Wells Royal B.), English National B. (fondé 1950 comme le London Festival B.), Scottish B. (fondé 1956), Western Theatre (fondé 1957), London Contemporary Dance Theatre (fondé 1967), Northern B. (fondé 1969). **Monaco :** B. russe de Monte-Carlo (fondé 1938). **P.-Bas :** Nederlands Dans Theater (J. Kylian), Het National B. **Suède :** Royal Swedish B. (fondé 1638), Ballets suédois (fondés 1920). **Suisse :** B. de Lausanne, Béjart B. Lausanne. **Russie :** Bolchoï (fondé 1783), Kirov (fondé 1935, ex-B. du théâtre Maryinsky, ouvert 1860), Stanislavsky B. (fondé 1929), Ballets Moïsseiev (créés 1937). L'impératrice Anna Ivanovna fonda en 1738 l'École impériale de danse Vaganova à St-Pétersbourg, et appella le maître de ballet français Jean-Baptiste Landé. D'autres Français lui succéderont : Didelot (élève de Noverre et Vestris), Perrot, Saint-Léon et Marius Petipa (danseur arrivé en Russie en 1847, chef du B. impérial de 1870 à 1903).

École nationale supérieure de danse de Marseille : *ouverture :* 1992. *Créée* par Roland Petit (dir. jusqu'en nov. 1997). *Dir. :* Marie-Claude Pietragalla depuis juin 1998. *Capacité :* 150 élèves en 3 cycles (d'initiation à préprofessionnel). *Concours d'entrée :* annuel. *Admission :* 8 à 16 ans (garçons : 18 ans). *Professeurs :* 15. *Coût de fonctionnement annuel :* 7,8 millions de F (État 49,51 %, Ville de Marseille 42,12 %, région 8,37 %). *Élèves* (1999-2000) : 113 dont 26 garçons.

École supérieure de danse de Cannes (ancien Centre de danse international, *fondé* 1960 par Rosella Hightower) : reconnue 1990. *Subvention :* 800 000 F.

Centre national de danse contemporaine d'Angers (CNDC) : l'Esquisse : *créé* 1978. *Dir. :* Joëlle Bouvier et Régis Obadia. *Cycle :* 2 ans. *Admission :* 18 à 22 ans (danseurs de haut niveau). *Élèves :* 1re année : 20 ; 2e : 10.

2°) Établissements municipaux contrôlés par l'État. Dans 33 conservatoires nationaux de région (CNR) et 103 écoles nationales de musique (ENM) : classes de danse classique, contemporaine d'initiation, jazz et autres. *Nombre d'inscriptions* [un élève est compté autant de fois que de disciplines suivies] (1997-98) : **CNR** 4 187 ; **ENM** 9 002. *Enseignants* (1997-98) : en CNR 210, ENM 265.

3°) Bac de technicien option danse (classique et contemporaine). Préparation depuis la rentrée 1977. En 1996 (section F11 : musique et danse) : 300 admis sur 315 candidats présentés.

4°) Études supérieures. Universités René-Descartes Paris V ; des sciences sociales Grenoble II : licences et maîtrises de danse. **Centre de danse études** à Lyon, réunissant **Université Claude-Bernard Lyon I, Cie de danse Hallet-Egayan, Commission du sport de haut niveau et ministère de la Culture. Institut national des sciences appliquées de Toulouse :** section art-science danse études (avec J.-M. Matos).

☞ *En projet :* **Centre national de la danse (CND)** à Pantin (S.-St-D.) : 11 studios de répétition, médiathèque, salle d'exposition. *Coût prévu* (en millions de F) : 77 (fonctionnement : 32/an). *Ouverture :* prévue janvier 2002.

■ **Professeurs de danse.** *Diplômés d'État* (en 1997) : 263 dont classique 82, contemporain 78, jazz 103.

■ **Spectacles.** *1984 :* 2 000 présentés (dont 900 dans le cadre de festivals). **Fréquentation des spectacles** (en %) **vus par les plus de 15 ans au cours des 12 derniers mois et,** entre parenthèses, **au moins une fois dans leur vie** (*source :* enquêtes du ministère de la Culture) : *danses folkloriques : 1989 :* 12 (45) ; *97 :* 13 (46) ; *classique, moderne ou contemporaine : 1989 :* 6 (24) ; *97 :* 8 (32).

PRINCIPAUX STYLES

On distingue la danse comme expression d'un groupe ethnique (animalière, astrale, funéraire, guerrière, etc.), folklorique, de la danse théâtrale qui comprend :

Danse classique ou **académique.** Repose sur le principe de l'en-dehors et sur les *5 positions* traditionnelles des membres. *Principes* codifiés par Beauchamp (1636-1719). *Mouvements :* arabesque, assemblé, attitude, développé, coupé, jeté, jeté battu, etc. ; *pirouettes :* on peut en faire 6 à la suite sur la pointe et 4 sur la demi-pointe ; *fouettés :* 32 dans *le Lac des cygnes ; entrechats* (croisé et décroisé en un seul saut) : un très bon danseur en réalise de 6 à 8. Nijinski en aurait réussi 10, Jean Babilée 12.

Danse moderne. Ne repose sur aucun des principes précédents, mais chaque partie du corps doit exprimer la pensée du danseur et participer à l'action aussi naturellement que possible. *Précurseurs :* François Delsarte, Émile Jaque-Dalcroze, Isadora Duncan, Martha Graham. *Représentée aux USA* avec Ruth Saint Denis (qui fonde une école avec Ted Shawn), Doris Humphrey, Merce Cunningham, Paul Taylor, Erick Hawkins ; *en Allemagne* avec Mary Wigman, Glenn Tetley ; *en G.-B.* avec Robert Cohan (élève de Graham, a fondé le London Contemporary Dance Theatre and School en 1967).

Danse de variétés : née aux USA vers 1880 (jazz, music-hall, claquettes).

Danse d'avant-garde : privilégie les mouvements de tous les jours (marche, etc.). Représentations souvent dans des espaces informels (musées, toits, voire murs d'escalade). Née avec Merce Cunningham et le musicien Robert Dunn qui créèrent le Judson Dance Theater. *Représentée en G.-B.* par Michael Clark et Rosemary Butcher ; *en Allemagne* par Pina Bausch (fondatrice du Wuppertal Tanztheater en 1974). **Quelques titres :** *Moving Earth* (Kei Takei, 1969), *Walking on the Wall* (Trisha Brown, 1970), *Education of the Girlchild* (Meredith Monk, 1971), *Cafe Müller* (Pina Bausch, 1978), *The Watteau Duet* (Karole Armitage, 1986), *I am Curious Orange* (Michael Clark, 1988).

■ **Records. Figures les plus rapidement exécutées :** l'« entrechat douze », qui consiste à croiser et à décroiser 5 fois les pieds au cours du même saut, a été réussi en 0 s 71 par Wayne Sleep, le 7-1-1973. Le 28-11-1988, Wayne Sleep a exécuté 158 grands jetés en 2 min à Gateshead, G.-B. Dans *le Lac des cygnes,* de Piotr Ilitch Tchaïkovski (1840-1893), il faut exécuter 32 fouettés ronds de jambe en tournant. La danseuse néo-zélandaise Rowena Jackson (née en 1925) a exécuté sur scène à Melbourne (Australie) en 1940, 121 de ces pirouettes.

QUELQUES DANSES

Allemande : danse de bal (XVIe s.) et théâtre (XVIIe s.). **Ballet :** issu du *balleto* italien du quattrocento ; France : à partir du XVIe s., **ballet de cour :** interprété par des membres de la famille royale. **Ballet-pantomime :** début XVIIIe s. : *ballet d'action* ou *en action.* **Bamboula :** du bantou *m'bula,* tambour. Fin XVIIIe s. Antilles : danses exécutées par les esclaves. **Basse danse :** danse de bal exécutée par un couple ; XVe s.-milieu XVIe s. **Bebop :** swing des années 1945-60. **Big apple :** danse afro-américaine du sud des USA au XIXe s. ; danse de société en 1930-40. Chaque couple s'avance au milieu du cercle à l'invitation d'un « aboyeur ». **Biguine :** danse en couple, au rythme binaire, fin du XIXe s. en Martinique, peut-être issue de la *chica* (danse érotique exécutée par les Noirs) ou du *quadrille.* **Black Bottom :** quartier d'Atlanta (Géorgie) ; danse de société et scène fin XIXe s., à la mode vers 1925-30. **Boléro :** danse espagnole. 3 couplets ; pas codifiés en 1780 à la cour de Charles III. **Boogie-woogie :** lancé par le jazzman Cab Calloway en 1938. **Boston :** valse lente en couple sur une ballade sentimentale ; début XXe s. à 1930, USA, Europe. **Bourrée :** danse populaire en couple, centre de la France, XVIe s. **Brando :** danse de bal et spectacle italienne, début XVIe s. **Branle :** danse collective issue des rondes du Moyen Âge ; XVIe s.-début XVIIIe s. **Breakdance :** style de danse *hip-hop* né 1970 et propagé avec le rap. **Butô :** danse créée début des années 1960 par la Ankoku Butô Ha (École du butô noir) de Hijikata et Ona (Japon). **Cachucha :** danse espagnole du XIXe s. ; en solo sur musique chantée accompagnée de guitare et castagnettes. **Cake-walk :** danse de compétition puis scène et société, fin XIXe s. aux USA. **Calypso :** danse de carnaval et société, née au XIXe s. à Trinidad, à la mode vers 1950 puis supplantée par le *soca* (*soul calypso*) créé par lord Shorty. **Canarie :** danse de bal et théâtre, dans les mascarades en France, Espagne et Italie XVIe-XVIIIe s. **Cancan :** issu du *chahut* (improvisation solo désordonnée au cours de bals publics) et du *quadrille,* vers 1820 ; chorégraphié pour le music-hall parisien fin XIXe s. **Carmagnole :** du nom d'une veste portée par les travailleurs de la région de Carmagnola (Italie du Nord), pièce du costume révolutionnaire. Chanson apparue 1792 ; danse populaire, en rond ou en chaîne sur une chanson traditionnelle provençale ; interdite en 1799 par Bonaparte. **Cha cha cha :** créé à La Havane vers 1950 par le violoniste Enrique Jorrin à partir du *mambo* dont il ralentit le tempo. Rythme à 4 temps avec une sorte de « hoquet » sur le 3e. **Chaconne :** danse de théâtre à 3 temps importée d'Amérique latine en Espagne au XVIe s., apogée en France XVIIe et XVIIIe s. **Charleston :** USA fin XIXe s., très populaire dans les années 1920. **Conga :** danse de carnaval cubaine d'origine bantoue ; vers 1930 dans les salons, Europe et USA. **Contredanse :** danse de bal et théâtre (en final des spectacles) issue de la *country dance,* XVIIIe s. et début XIXe s. *Française :* couples disposés en 2 colonnes ; *anglaise :* en carré. **Cotillon :** danse à 4 ou 8 apparue 1705 : forme de contredanse française. Nouvelle forme apparue 1823 : un nombre illimité de couples disposés en cercle suit un meneur sur une musique de valse ; s'imposera comme danse de clôture de bal vers 1850. **Country dance :** danse anglaise du XVIIe s., en 2 colonnes. **Courante :** danse en couple, de bal puis de théâtre, XVIe-XVIIIe s. **Cracovienne :** danse populaire polonaise en couple, caractérisée par des frappes de talons l'un contre l'autre. A la mode à Paris comme danse de bal vers 1850. **Czardas** ou **csardas :** danse populaire hongroise, début XIXe s. puis adaptée pour bal et ballet. **Dance :** variante commerciale de la techno. Individuelle et peu codifiée. **Danzon :** issue de la *danza* (apparue XVIIe s. à Cuba) ; fin XIXe s.-fin des années 1930 (subsiste à Cuba et au Mexique). **Disco :** *rock'n'roll* dansé en discothèque dans les années 1970. Individuelle et très statique, mouvements caractéristiques des bras. **Fandango :** danse espagnole en couple (les danseurs ne doivent pas se toucher) de ville et théâtre, au son des castagnettes et de la guitare ; XVIIIe s. Variantes selon provinces : *granadina, murciana, malaguena, rondena.* **Farandole :** danse populaire en chaîne ouverte, fin XVIIIe s., midi de la France ; savante : entièrement chorégraphiée, apparue en 1878. **Flamenco :** origine gitane ; apparu à Séville 1re moitié du XIXe s., à la mode en Espagne de 1860 à 1910, théâtralisé ensuite. **Forlana** ou **furlana :** danse populaire italienne (d'origine slave ?) fin XVIe s. ; danse de bal et théâtre à la cour de France jusqu'au milieu XVIIIe s. **Fox trot :** danse de société 1913-30. **Gaillarde :** danse vive à 2, apparue vers 1480 en Lombardie, pratiquée dans les bals puis au théâtre (au XVIIe s.), disparue vers 1720. **Galop :** danse de bal issue d'une ancienne danse allemande début XIXe s., à Vienne vers 1820, en France et en G.-B. 1829. **Gavotte :** danse à pas sautés, au rythme binaire, née au XVIe s. Populaire puis danse de cour. **Guaracha :** danse en couple née à La Havane 1836, accompagnée de chansons grivoises ou satiriques ; intégrée au *teatro bufo* au XIXe s., puis danse de salon. **Habanera :** danse populaire cubaine, 2de moitié du XIXe s. Répandue en Amérique latine, a influencé le tango et certains compositeurs classiques (dont Albéniz, Ravel, Debussy). **Hip-hop :** danse de rue comprenant le *breakdance,* le *smurf* et la *hype.* **Java :** danse à 3 temps, accentuée sur le 1er, sur une musique d'accordéon ; début XXe s. **Jerk :** de l'anglais « secousse » ; proche de la transe. **Jitterburg :** swing rapide, 1929. **Jota :** danse à 3 temps, à un ou plusieurs couples avec castagnettes, guitariste, chansons. **Juba :** danse originaire d'Afrique de l'Ouest en usage depuis les Caraïbes jusqu'au sud des USA. **Lindy hop** (ou **jitterbug** ou **jive**) : littéralement « saut de Lindy » (en l'honneur de Lindberg qui venait de traverser l'Atlantique) : version élaborée du *Texas tommy* des Afro-Américains des années 1910 ; danse de compétition en couple apparue 1927. **Loure :** danse de théâtre, France fin XVIIe-début XVIIIe s. : danse en couple, rapide à 3 temps ; origine polonaise, se répandit en Allemagne au XVIIIe s., dans toute l'Europe et aux USA au XIXe s. **Madison :** fin des années 1950, USA. **Mambo :** du bantou « prière » ; danse cubaine en couple vers 1950. Variantes : *kaen, batiri,* double mambo, palladium mambo, boléro-mambo, mambo-guaracha et mambo-woogie. **Maxixe :** danse en couple apparue à Rio de Janeiro (Brésil) vers 1870. **Merengue :** danse en couple, République dominicaine, fin XIXe s. ; intégrée à la salsa fin des années 1970. **Milonga :** du bantou « paroles » ; danse argentine reprenant les pas du tango. **One-step :** USA vers 1910. **Opéra-ballet :** inventé 1695 par l'abbé Pic dans *les Saisons* (musique de Lully), repris par Campra (*l'Europe galante*) et Rameau (*les Indes galantes*) ; à la mode jusque vers 1770. **Paso doble :** créé fin XIXe s. par le compositeur et chef d'orchestre espagnol Eduardo Lopez Juarranz sur des mélodies de style andalou ; se développa en Amérique latine et en France où elle resta très populaire jusque vers 1960. **Passacaille :** issue de la marche instrumentale espagnole *passacale* du XVIe s. ; *1re dansée* dans l'opéra *Persée* (1682) de Lully ; à 3 temps, proche de la chaconne, dansée au théâtre jusqu'au milieu du XVIIIe s. où elle redevient simple pièce instrumentale. **Pavane :** Italie : de la ville de Padoue (*padone*) ; Espagne : du mot paon (*pava*) ; danse de bal et de mascarade en vogue dans les cours au XVIe s. **Quadrille :** au XVIIIe s., groupe de danseurs intervenant dans un intermède au milieu d'un bal et figures difficiles qu'ils exécutent. A partir de 1820, figures simplifiées ; vers 1840 on se contente de marcher : le quadrille sert de temps de repos ; disparu avec l'avènement du jazz. **Redowa :** mot d'origine tchèque ; inventée par des maîtres de danse à partir de pas de valse et de polka, vers 1840. **Rigaudon** ou **rigodon :** danse de bal en couple, originaire de Provence et apparue mi-XVIIe s. Mis à la mode à l'opéra par Lully, Campra et Rameau. **Rock'n'roll :** milieu des années 1950. Héritier du *boogie-woogie* et du *swing,* éclipsé entre 1960 et 1970 par le twist. **Rumba : brava :** danse cubaine issue de danses bantoues ; variantes : *guaguanco, yambu et columbia ;* **de salon :** sur une mesure à 4 temps. **Salsa :** fin des années 1960, musique cubaine interprétée par les Latinos ; vers 1970 aux USA, improvisée puis codifiée notamment par le danseur portoricain Eddie Torres. **Samba :** d'abord appelée *umbigada* (coup du nombril), dérivée du bantou *semba* (nombril) ; danse de carnaval (introduite à Rio de Janeiro, Brésil, par des familles de Bahia) et de salon à partir des années 1930 ; se danse en cercle autour d'un soliste. **Sarabande :** danse de séduction à la mode au bal à la cour et au théâtre du XVIIe s. jusqu'au milieu du XVIIIe s. **Sardana** (sardane) : danse populaire catalane, pratiquée en rond. **Scottish :** danse de couples ; *german polka* introduite 1848 en G.-B. **Séguédille :** Espagne XVe-XXe s. Danse en couple, de ville et théâtre. **Sevillana :** Séville. A plusieurs couples. **Shimmy :** USA, XIXe s.-vers 1920. Avec tremblement des épaules. **Smurf :** variante de *hip-hop* influencée par le mime ; USA vers 1970, France 1982. **Square dance :** danse populaire dérivée du *quadrille* (importé aux USA au XIXe s.). **Swing :** nom générique des danses de société sur des musiques jazz des années 1930-45. **Tamborito :** Panamá ; comporte *paseo* (promenade), *tres golpes* (3 pas faits par les danseurs vers le tambour) et *seguidilla.* **Tango :** mot d'origine bantoue. Né dans les faubourgs de Buenos Aires fin XIXe s., introduit en Europe vers 1910. En couples enlacés sur 3 vitesses de pas différentes. **Tap dance :** technique de percussion rythmique sonore des pieds au sol ; englobe les *claquettes.* **Tarentelle :** danse populaire d'Italie méridionale d'abord exécutée par un couple au milieu d'un cercle, au son des castagnettes et des tambours. **Twist :** danse jazz avec mouvement de rotation des hanches, 1960-65. **Two-step :** fin XIXe s., USA, sur une marche rapide à 2/4. **Valse :** terme apparu en 1754 : mouvement à 3/8 avec le 1er temps accentué ; à la mode au XIXe s. **Zouk :** du créole *mazouk* (mazurka : nom donné aux bals ruraux) ; danse de société antillaise, dérivée de la *biguine* et née vers 1980.

BALLETS CÉLÈBRES

☞ **Ballets les plus joués en France :** *le Lac des cygnes, la Belle au bois dormant* et *Casse-Noisette.*

■ **Principaux ballets.** Titres, auteurs ou compositeurs et, entre parenthèses, les chorégraphes.

1581 *Ballet comique de la Royne* Beaujoyeux. **1661** *les Fâcheux* Molière. 1er spectacle interprété par des danseurs professionnels (Beauchamp). **1670** *les Amants magnifiques* Lully (Beauchamp). *Le Bourgeois Gentilhomme* Lully (Beauchamp). **1681** *Le Triomphe de l'amour* Lully. Créé le 21 janvier avec, pour la 1re fois sur une scène française, une danseuse professionnelle, Mlle de La Fontaine.

1735 *les Indes galantes* Rameau. **1739** *les Fêtes d'Hébé* Rameau. **1749** *Platée et Zoroastre* Rameau (Lany). **1761** *Don Juan* Gluck (Angiolini). **1762** *Orphée et Eurydice* Gluck (Angiolini). **1778** *les Petits Riens* Mozart (Noverre). **1786** *les Caprices de Cupidon* Lolle (Galeotti). **1789** *la Fille mal gardée* Dauberval (pot-pourri).

1800 *la Dansomanie* Méhul (Gardel). **1801** *les Créatures de Prométhée* Beethoven (Vigano). **1832** *la Sylphide* Schneitzhoeffer (F. Taglioni) : 1er ballet romantique [Marie Taglioni est la 1re à monter sur des pointes et à porter le tutu de mousseline (inventé pour elle par le dessinateur Eugène Lami, ou par A. E. Chalon)]. **1841** *Giselle* Adam (Coralli et Perrot). **1842** *Napoli* Helsted (Bournonville). *La Jolie Fille de Gand* Adam (F. Albert). **1844** *la Esméralda* Pugni (Mazilier). **1845** *Pas de quatre* Pugni (Perrot). **1856** *le Corsaire* Adam (Mazillier). **1860** *le Papillon* Offenbach (Taglioni). **1864** *Don Quichotte* Minkus (M. Petipa). **1866** *la Source* Delibes et Minkus (Saint-Léon). **1870** *Coppélia* Delibes (Saint-Léon). **1876** *Sylvia* Delibes (Ménaute).

1877 *la Bayadère* Minkus (M. Petipa). *Le Lac des cygnes* Tchaïkovski (Reisinger). **1880** *la Korrigane* Widor (Mérante). **1882** *Namouna* Lalo (Lucien Petipa). **1886** *les Deux Pigeons* Messager (Mérante). **1890** *la Belle au bois dormant* Tchaïkovski (Petipa). **1892** *Casse-Noisette* Tchaïkovski (Ivanov) [en 2 actes et 3 tableaux ; 1re au théâtre Maryinski de St-Pétersbourg ; *principaux interprètes :* Antonietta Dell'Era (la fée Dragée), Pavel Gerdt (le Pce Coqueluche), Nikolaï Legal (Casse-Noisette) ; *livret* de Marius Petipa inspiré par la version française, d'Alexandre Dumas, d'un conte de E.T.A. Hoffmann « le Casse-Noisette et le Roi des souris », emprunté au cycle des « Frères Sérapion » ; *histoire :* la veille de Noël, Clara reçoit une poupée représentant Casse-Noisette ; à minuit, les poupées s'animent ; Casse-Noisette attaqué par le roi des souris est sauvé par Clara et l'emmène au pays des friandises ; *chorégraphies :* V. Vainonen (1934), F. Ashton (1952), G. Balanchine (1954), M. Rayne (1965), J. Cranko (1966), I. Grigorovitch (1966), R. Noureiev (1967), M. Barychnikov (1976)]. **1893** *La Maladetta* P. Vidal (J. Hansen). **1894** *le Lac des cygnes* Tchaïkovski (Petipa et Ivanov), créé 27-1-1895 (15-1 selon l'ancien calendrier russe), au théâtre Maryinski de St-Pétersbourg. *Distribution :* Odette-Odile : Pierina Legnani ; la princesse mère : Giuseppina Cechetti ; Siegfried, son fils : Pavel Guerdt ; Rothbart : Alexei Bulgakov. **1898** *Raymonda* Glazounov (M. Petipa).

1905 *le Cygne* St-Saëns (Fokine). **1909** *les Sylphides* Chopin (Fokine). *Danses polovtsiennes* Borodine (Fokine). **1910** *Shéhérazade* Rimski-Korsakov (Fokine). *L'Oiseau de feu* Stravinski (Fokine). *Carnaval* Schumann (Fokine). **1911** *Petrouchka* Stravinski (Fokine). *Le Spectre de la rose* Weber (Fokine), ballet créé par Nijinski. **1912** *l'Après-midi d'un faune* Debussy (Nijinski ; critiqué pour obscénité). *Daphnis et Chloé* Ravel (Fokine). *La Péri* Dukas (Clustine). **1913** *Suite de danses* Chopin (Clustine). *Le Festin de l'araignée* Roussel (Léo Staats). *Jeux* Debussy (Nijinski). *Le Sacre du printemps* Stravinski (Nijinski), le 29-5 déchaîne des pugilats au théâtre des Champs-Élysées, cesse après 8 représentations. **1915** *l'Amour sorcier* de Falla (Imperio). **1917** *Parade* Satie (Massine), texte de Cocteau ; le 18-5 cause de chahut au théâtre du Châtelet. *Les Femmes de bonne humeur* Scarlatti (Massine). **1919** *la Tragédie de Salomé* Schmitt (N. Guerra). *La Boutique fantasque* Rossini-Respighi (Massine). *Le Tricorne* de Falla (Massine).

1921 *l'Homme et son désir* D. Milhaud (Borlin), ballets suédois de Rolf de Maré, auxquels collabore Cocteau. **1922** *Renard* Stravinski (Nijinska). **1923** *Cydalise et le chèvrepied* Pierné (Staats). *Padmâvati* Roussel (Staats). *La Création du monde* Milhaud (Borlin). *Les Noces* Stravinski (Nijinska). **1924** *les Biches* Poulenc (Nijinska). *Beau Danube* Strauss (Massine). **1925** *Soir de fête* Delibes (Staats). *Les Matelots* Georges Auric (Massine). *L'Enfant et les sortilèges* Ravel (Balanchine). *L'Amour sorcier* de Falla (Argentina). **1927** *la Chatte* Sauguet (Balanchine). **1928** *Apollon musagète* Stravinski (Balanchine), ballets russes de Serge Diaghilev. *Le Baiser de la fée* Tchaïkovski (Nijinska). *Boléro* Ravel (Nijinska). **1929** *le Fils prodigue* Prokofiev (Balanchine). *La Valse* Ravel (Nijinska). *Les Créatures de Prométhée* Beethoven (Lifar). **1931** *Bacchus et Ariane* Roussel (Lifar). *Façade* Walton (Ashton). *Job* Vaughan Williams (de Valois). **1932** *la Table verte* F. Cohen (Jooss). **1933** *Jeux d'enfants* Bizet (Massine). **1934** *Sérénade* Tchaïkovski (Balanchine). **1935** *la Grisi* Metra-Tomasi (Aveline). *Icare* Szyfer (Lifar). *Prélude à l'après-midi d'un faune* Debussy (Lifar). **1936** *Symphonie fantastique* Berlioz (Massine). **1937** *Alexandre le Grand* Gaubert (Lifar). **1938** *le Cantique des cantiques* Honegger (Lifar). *La Gaieté parisienne* Offenbach (Massine).

1940 *Roméo et Juliette* Prokofiev (Lavrovski). **1941** *le Chevalier et la Damoiselle* Gaubert (Lifar). *Sylvia* Delibes (Lifar). *Istar* d'Indy (Lifar). **1942** *Gayaneh* Khatchatourian (Anisimova). *Les Animaux modèles* Poulenc (Lifar). *Joan de Zarissa* Egk (Lifar). *Le Mandarin merveilleux* Bartok (Milloss). *Rodeo* Copland (de Mille). **1943** *l'Amour sorcier* (Lifar). *Suite en blanc* Lalo-de Falla (Lifar). **1944** *Guignol et Pandore* Jolivet (Lifar). *Appalachian Spring* Copland (Graham). *Fancy Free* Bernstein (Robbins). Jean Babilée dans *le Jeune Homme et la Mort* de Cocteau et Roland Petit. **1945** *les Forains* Sauguet (Petit). *Cendrillon* Prokofiev (Zakharov). **1946** *Quatre Tempéraments* Hindemith (Balanchine). *La Somnambule* Bellini-Rieti (Balanchine). **1947** *Errand into the Maze* Menotti (Graham). *Le Palais de cristal* Bizet (Balanchine). *Les Mirages* Sauguet (Lifar). **1948** *Orphée* Stravinski (Balanchine). **1949** *Carmen* Bizet (Petit).

1950 *Phèdre* Auric (Lifar). *La Croqueuse de diamants* Damase (Petit). **1951** *Pied Piper* Copland (Robbins). *La Cage* Stravinski (Robbins). *La Valse* Ravel (Balanchine). **1953** *Le Loup* Dutilleux (Petit). *Les Algues* Bernard (Charrat). *Afternoon of a Faun* Debussy (Robbins). **1954** *l'Oiseau de feu* Stravinski (Lifar). **1955** *Symphonie pour un homme seul* Schaeffer et Pierre Henry (Béjart). *Roméo et Juliette* Prokofiev (Lifar). **1956** *Spartacus* Khatchatourian (Jacobson). **1957** *Agon* Stravinski (Balanchine). *Symphonie inachevée* Schubert (Van Dyk). *Épithalame,* 1er ballet sans musique avec Françoise et Dominique Dupuy. **1958** *Orphée* P. Henry (Béjart). *Concerto* Jolivet (Skibine). **1959** *le Sacre du printemps* Stravinski (Béjart). *Daphnis et Chloé* Ravel (Skibine). *Épisodes* Webern (Balanchine).

1960 *le Lac des cygnes* Tchaïkovski (Bourmeister). **1961** *Boléro* Ravel (Béjart). **1962** *Maldoror* M. Jarre (Petit). *Noces* Stravinski (Béjart). *Symphonie concertante* Martinů (Descombey). *Le Songe d'une nuit d'été* Mendelssohn (Balanchine). *Pierrot lunaire* Schöenberg (Tetley). **1963** *Bugaku* Toshiro Mayuzumi (Balanchine). **1964** *la 9e Symphonie* Beethoven (Béjart). *La Damnation de Faust* Berlioz (Béjart). *Le Rêve* Mendelssohn-Lanchberry (Ashton). **1965** *Notre-Dame de Paris* M. Jarre (Petit). *Le Chant de la terre* Mahler (MacMillan). **1966** *Webern-Opus 5* Webern (Béjart). *Roméo et Juliette* Berlioz (Béjart). **1967** *Jewels* Stravinski (Balanchine). *Messe pour le temps présent* P. Henry (Béjart). *Anastasia* Martinů (MacMillan). **1968** *Spartacus* Khatchatourian (Grigorovitch). *Turangalila* Messiaen (Petit). *Enigma Variations* Elgar (Ashton). **1969** *Dances at a Gathering* Chopin (Robbins).

1970 *Comme la princesse Salomé est belle ce soir !* R. Strauss et *Chants d'oiseaux* (Béjart). *Ils disent participer* Masson (Garnier). *L'Oiseau de feu* Stravinski (Béjart). **1971** *Nijinski, clown de Dieu* P. Henry-Tchaïkovski (Béjart). *The Sleepers* (Falco). *Duo concertant* Stravinski (Balanchine). **1973** *Golestan* musique traditionnelle iranienne (Béjart). *Un jour ou deux* John Cage (Merce Cunningham). **1974** *I trionfi* Berio (Béjart). *Icare* Slonimsky (Vassiliev). *Cérémonie* Henry et Gary Wright (Fernand Nault). *L'Or des fous* (Carlson). *Tristan* Henze (Tetley). **1975** *la 3e Symphonie* Mahler (Neumeier). *Les Fous d'or* Igor Wakhevitch (Carolyn Carlson). *La Symphonie fantastique* Berlioz (Petit). *Ivan le Terrible* Prokofiev (Grigorovitch). *Orphée et Euridice* Gluck (Bausch). *Le Sacre du Printemps* Stravinski (Bausch). **1976** *Un mois à la campagne* Chopin-Lanchberry (Ashton). *Nana* Constant (Petit). *Push Comes to Shove* Haydn (Twyla Tharp). *Molière imaginaire* Rota (Béjart). **1977** *Héliogabale* divers (Béjart). *Barbe-bleue* Bartók (Bausch). **1978** *Symphonie de psaumes* Stravinski (J. Kylian). **1979** *Quatre Saisons* Vivaldi (Robbins). **1980** *Gloria* Poulenc (MacMillan). *Rhapsodie* Rachmaninov (Ashton). **1982** *la Passion selon saint Matthieu* Bach (Neumeier). *L'âge d'or* Chostakovitch (Grigorovitch). **1983** *Messe pour le temps futur* divers (Béjart). **1987** *In the Middle, Somewhat Elevated* Willems (Forsythe). **1988** *L'allegro, il penseroso e il moderato* Haendel (Morris). *Boromabile* Le Bars (Pietragalla). **1989** *Falling Angels* Reich (Kylian). **1991** *Carmen* (Saporta). *Les Rêves d'hiver* Tchaïkovski (MacMillan). **1994** *Ocean* (Cunningham). **1996** *Corsica* Guelfucci (Pietragalla). **1997** *Casse-Noisette* Tchaïkovski (Malandain). **1999** *Carillon* et *Le Cid* Massenet (Malandain).

Chorégraphes, danseurs et danseuses célèbres

■ **Carrière.** En général de 16/20 ans à 42 ans à l'Opéra. Des carrières plus longues sont rares (Yvette Chauviré, née en 1917, a dansé jusqu'en 1972). Pas de limites pour les chorégraphes (M. Petipa travaillait encore à 85 ans ; Balanchine, à 79 ans).

Légende : (1) Administrateur. (2) Chorégraphe. (3) Danseur, danseuse. (4) Imprésario. (5) Maître de ballet. (6) Professeur. *Nationalités :* voir abréviations.

Abbagnato, Éléonora (1978, Fr.) [3]. **Aguilar**, Raphaël (1929-95, Esp.) [2, 3]. **Ailey**, Alvin (1931-89, Amér.) [2, 3]. **Albert**, F. (1789-1865, Fr.) [2, 3]. **Algaroff**, Y. (1918-95, Russe) [3, 1]. **Alonso**, Alicia (née Alicia Ernestina de la Caridad del Cobre Martinez, 1921, Cubaine) [3, 1]. **Amaya**, Carmen (1913-63, Esp.) [3]. **Amboise**, Jacques d' (1934, Amér.) [3]. **Amiel**, Josette (1930, Fr.) [3, 6]. **Andréani**, Jean-Paul (1930, Fr.) [3]. **Angiolini**, Gaspero (1731-1803, It.) [3, 2, 5]. **Antonio** (1922, Esp.) [3]. **Araiz**, Oscar (1940, Arg.) [3, 2]. **Araujo**, Loïpa (1943, Cubaine) [3]. **Arbo**, Carole (1961, Fr.) [3]. **Argentina (La)** (Antonia Mercé y Luque, 1888-1936, Esp.) [3]. **Ari**, Carina (1897-1970, Suéd.) [3, 2, 5]. **Arova**, Sonia (1927, Angl.) [3, 5]. **Ashley**, Merrill (Linda Michelle Merrill, 1950, Amér.) [3]. **Ashton**, sir Frederick (1904-88, Angl.) [3, 2]. **Assylmouratova**, Altinai (1961, Russe) [3]. **Astaire**, Fred (1899-1987, Amér.) [3, 2]. **Atanassoff**, Cyril (1941, Fr.) [3]. **Aukhtomsky**, Wladimir (1929, Fr.) [3]. **Aumer**, Jean-Pierre (1774-1833, Fr.) [2, 5]. **Aveline**, Albert (1883-1968, Fr.) [3, 2, 6].

Babilée, Jean (Gutman, 1923, Fr.) [3, 2]. **Bagouet**, Dominique (1951-92, Fr.) [2]. **Baker**, Joséphine (1906-75, Amér.) [3]. **Balachova**, Alexandra (1887-1978, Russe) [3]. **Balanchine**, George (1904-83, Russe) [3, 2, 5]. **Balon**, Jean (1676-1739, Fr.) [3]. **Bardin**, Micheline (1920, Fr.) [3]. **Bari**, Tania (1936, Holl.) [3]. **Baronova**, Irina (1919, Russe) [3]. **Bart**, Jean Guillaume (n.c., Fr.) [3] ; Patrice (1945, Fr.) [3]. **Barychnikoff**, Mikhaïl (1948, Russe, a demandé l'asile politique au Canada le 30-6-1974) [3, 2, 5]. **Basil**, C. de (1881-1951, Russe) [1]. **Bausch**, Pina (1940, All.) [3, 2]. **Beauchamp**, Charles de (1636-1705, Fr.) [3, 5]. **Beaugrand**, Léontine (1842-1925, Fr.) [3]. **Beaujoyeulx**, Balthazar de (15 ?-1587, Fr. d'or. it.) [5]. **Beck**, Hans (1861-1952, Dan.) [3, 2, 5]. **Béjart**, Maurice (Maurice-Jean Berger, 1927, Fr.) [3, 2, 5] ; élu à l'Académie des beaux-arts, en 1994. **Belarbi**, Kader (1962, Fr.) [3, 2]. **Bessmertnova**, Natalia (1941, Russe) [3]. **Bessy**, Claude (1932, Fr.) [3]. **Biagi**, Vittorio (1941, It.) [2, 3, 5]. **Bigottini**, Émilie (1784-1858, Fr.) [3]. **Blasis**, Carlo (1795-1878, It.) [3, 2]. **Blaska**, Félix (1941, Fr.) [2, 3]. **Blondy**, Michel (vers 1675-1739, Fr.) [5]. **Blum**, René (1878-1942, Fr.) [1]. **Bocca**, Julio (6-3-1967, Arg.) [3]. **Bolm**, Adolph (1884-1951, Russe) [3, 5, 2]. **Boni**, Aïda (1880-1974, It.) [3]. **Bonnefous**, Jean-Pierre (1943, Fr.) [3, 2]. **Borlin**, Jean (1893-1930, Suéd.) [3, 2]. **Bortoluzzi**, Paolo (1938-93, It.) [3]. **Bos**, Camille (n.c., Fr.) [3]. **Bourgat**, Marcelle (1910-80, Fr.) [3, 6]. **Bourmeister**, Vladimir (1904-71, Russe) [5, 2]. **Bournonville**, Auguste (1805-79, Dan.) [3, 2, 5]. **Bozzacchi**, Giuseppina (1853-70, It.) [3]. **Brenaa**, Hans (1910, Dan.) [3, 2, 5, 6]. **Briansky**, Oleg (1929, Belg.) [3]. **Brianza**, Carlotta (1867-1930, It.) [3]. **Brown**, Trisha (1936, Amér.) [2]. **Bruel**, Michel (1944, Fr.) [3]. **Bruhn**, Erik (1928-86, Dan.) [3, 5]. **Brumachon**, Claude (1959, Fr.) [2]. **Bryans**, Rudy (1945, Fr.) [3, 6]. **Bujones**, Fernando (1955, Amér.) [3]. **Burrows**, Jonathan (n.c., Angl.) [2, 3]. **Bussel**, Darcey (27-4-1969, Angl.) [3]. **Bustamante**, Ricardo (n.c.). **Butler**, John (1920, Amér.) [2].

Caciuleanu, « Gigi » (1947, Roumaine) [3, 2, 5]. **Cage**, John (1913-92, Amér.) [3]. **Camargo**, Marie-Anne (de Cupis, 1710-70, Fr.) [3]. **Carlson**, Carolyn (1943, Amér.) [2, 3, 5]. **Caron**, Leslie (1931, Fr.) [3]. **Casado**, Germinal (1935, Fr.) [3, 2, 5]. **Castel**, Marine (n.c., Fr.) [3]. **Cecchetti**, Enrico (1850-1928, It.) [3]. **Cerrito**, Fanny (1817-1909, It.) [3]. **Charrat**, Janine (1924, Fr.) [3, 2]. **Chase**, Lucia (1907-86, Amér.) [3, 1]. **Chauviré**, Yvette (1917, Fr.) [3, 6]. **Chazot**, Jacques (1928, Fr.) [3, 2]. **Childs**, Lucinda (1940, Amér.) [2]. **Chopinot**, Régine (1952, Fr.) [2]. **Clerc**, Florence (1951, Fr.) [3]. **Clustine**, Ivan (1862-1941, Russe) [5, 3]. **Coralli**, Jean (1779-1854, It.) [3, 5]. **Coulon**, Jean-François (1764-1836, Fr.) [3]. **Cranko**, John (1927-73, Sud-Afr.) [2, 3]. **Créange**, Charles (1954, Fr.) [2]. **Cuevas**, George de (1885-1961, Chilien) [1]. **Cullberg**, Birgit (1908-99, Suéd.) [3, 2]. **Cunningham**, Merce (Mercier Philip C., 1919, Amér.) [3, 2].

Dandre, Victor (1870-1944, Russe) [1]. **Danilova**, Alexandra (1904, Amér. d'origine russe) [3]. **Dantzig**, Rudi Van (1933, Holl.) [3, 2]. **Darsonval**, Lycette (1912-96, Fr.) [3]. **Dauberval**, Jean (Bercher, 1742-1806, Fr.) [5]. **Daydé**, Liane (1932, Fr.) [3, 6]. **Decina**, Paco (1956, It.) [2]. **Decouflé**, Philippe (1962, Fr.) [2]. **Delsarte**, François (1811-71, Fr.) [6]. **Denard**, Michaël (1944, Fr.) [3]. **Denham**, Serge (1897-1970, Russe) [4]. **Derevianko**, Vladimir (1959, Russe) [3]. **Descombey**, Michel (1930, Fr.) [3, 2, 5]. **Diaghilev**, Serge de (1872-1929, Russe) [1]. **Didelot**, Charles-Louis (1767-1837, Fr.) [3, 2, 6]. **Dijk**, Peter Van (1929, All.) [3, 2, 1]. **Diverrès**, Catherine (1959, Fr.) [2, 3]. **Dolin**, sir Anton (Patrick, 1904-83, Angl.) [3, 6]. **Donn**, Jorge (1946-92, Arg.) [3]. **Doudinskaia**, Nathalie (1912, Russe) [3, 6, 5]. **Dowell**, Anthony (1943, Angl.) [3]. **Duncan**, Isadora (Irma Dorette Henrietta Ehrich Grimme, 1878/14-9-1927, étranglée par son châle qui s'enroula autour de la roue arrière de sa voiture décapotable, Amér.) [3]. **Dunham**, Katherine (1909, Amér.) [3, 2, 6]. **Dunn**, Douglas (1942, Amér.) [2]. **Dupond**, Patrick (1959, Fr.) [3]. **Duport**, Louis (1783-1853, Fr.) [3, 2, 5]. **Dupré**, Louis (1697-1774, Fr.) [3, 6]. **Durante**, Viviana (1967, Angl.) [3]. **Duroure**, Jean-François (1964, Fr.) [2].

Eglevsky, André (1917-77, Russe) [3, 6]. **Egorova**, Lubov (1880-1972, Russe) [3]. **Eifman**, Boris (1946, Russe) [2]. **Ek**, Mats (1945, Suéd.) [2]. **Elssler**, Fanny (1810-84, Autr.) [3]. **Escudero**, Vicente (1892-1982, Esp.) [3]. **Esquerre**, Jean-Yves (n.c., Fr.) [2]. **Esralow**, Daniel [3]. **Evdokimova**, Eva (1948, Amér.) [3].

Fabre, Jan (n.c., Belge) [2]. **Fadeetchev**, Nikolaï (1933, Russe) [3]. **Falco**, Louis (1942-93, Amér.) [2]. **Farber,** Viola (1931-98, Amér. d'or. all.) [3, 2, 6]. **Farrell**, Suzanne (Roberta Sue Ficher, 1945, Amér.) [3]. **Feld**, Elliot (1943, Amér.) [3, 2, 1]. **Fenonjois**, Roger (1920, Fr.) [3]. **Ferri,** Alessandra (1965, It.) [3]. **Feuillet**, Raoul (1675-1730, Fr.) [3, 2]. **Flindt**, Flemming (1936, Dan.) [5, 3, 2, 1]. **Fokine**, Michel (1880-1942, Russe) [3, 2, 6]. **Fonteyn**, Margot (Margaret Hookham, 1919-91, Angl.) [3]. **Forsythe**, William (1949, Amér.) [3, 2]. **Fracci**, Carla (1936, It.) [3]. **Franchetti**, Jean-Pierre (1944, Fr.) [3]. **Franchetti**, Raymond (1921, Fr.) [3, 5, 6]. **Fuller**, Loïe (1862-1928, Amér.) [3].

Gades, Antonio (1936, Esp.) [2]. **Gaïda,** Fanny (1961, Fr.) [3]. **Gailhard**, Pedro (1848-1918, Fr.) [1]. **Galante**, Maria-Grazia (n.c., It.) [3]. **Galeotti**, Vincenzo (1733-1816, It.) [2]. **Gallotta**, Jean-Claude (1950, Fr.) [2]. **Ganio**, Denys (1950, Fr.) [3]. **Gardel**, Maximilien (1741-87, Fr.) [5]. **Gardel**, Pierre (1758-1840, Fr.) [5]. **Garnier**, Jacques (1944, Fr.) [3, 2, 5]. **Genee**, Adeline (1878-1970, Dan.-Angl.) [3]. **Gerdt**, Paul (1844-1917, Russe) [3]. **Gilpin**, John (1930-83, Angl.) [3]. **Godounov**, Alexandre (1949-95, Russe, aux USA à partir de 1979) [3]. **Goleizovski**, Kazyan (1892-1970, Russe) [3, 2, 6]. **Golovine**, Serge (1924-98, Fr. d'or. russe) [3, 6]. **Gopal,** Ram (1920, Indien) [3]. **Gordeev**, Viatcheslav (1948, Russe) [3]. **Gore**, Walter (1910-79, Angl.) [3, 2]. **Gorsky,** Alexander (1871-1924, Russe) [3]. **Graham**, Martha (1893-1991, Amér.) [3, 2, 5]. **Grahn**, Lucile (1819-1907, Dan.) [3]. **Grantzow**, Adèle (1845-77, All.) [3]. **Gregory**, Cynthia (1947, Amér.) [3]. **Grey**, Beryl (1927, Angl.) [3, 1]. **Grigoriev**, Serge (1883-1968, Russe) [3, 5]. **Grigorovitch**, Youri (1927, Russe) [2, 3, 5]. **Grisi**, Carlotta (1819-99, It.) [3]. **Gsovsky**, Tatiana (1901-93, Russe) [2, 6] ; Victor (1902-74, Russe) [3, 2, 6]. **Guélis,** Jean (1923-91, Fr.) [3, 2]. **Guérin**, Isabelle (1964, Fr.) [3]. **Guerra**, Nicola (1865-1942, It.) [3, 2]. **Guillem**, Sylvie (1966, Fr.) [3, 2]. **Guimard**, Madeleine (1743-1816, Fr.) [3]. **Guizerix**, Jean (1945, Fr.) [3, 2].

Hamilton, Gordon (1918-59, Austr.) [3]. **Hansen**, Joseph (1842-1907, Fr.) [3, 2, 6]. **Hawkins**, Erick (1909-94, Amér.) [3, 2, 6]. **Haydee**, Marcia (1939, Brés.) [3, 5]. **Hayden**, Melissa (1928, Can.) [3, 6]. **Helpmann,** Robert (1909-86, Austr.) [3]. **Hervé-Gil**, Myriam (1957, Fr.) [2]. **Hightower**, Rosella (1920, Amér.) [3, 2, 6]. **Hijikata Tatsumi** (1928-86, Jap.) [2]. **Hilaire**, Laurent (1962, Fr.) [3]. **Hilverding**, Franz (1710-68, Autr.) [3, 2, 5, 6]. **Hirsch**, Georges-François (1944, Fr.) [1]. **Hoffmann**, Reinhild (1943, All.). **Holm**, Hanya (1898-1992, Amér. d'origine all.) [2]. **Horton**, Lester (1906-53) [2]. **Hoyos,** Cristina (n.c., Esp.) [2, 3]. **Humphrey**, Doris (1895-1958, Amér.) [3, 2, 5]. **Hurok**, Sol (1888-1974, Russo-Amér.) [4].

Istomina, Avdotia (1799-1848, Russe) [3]. **Ivanov**, Lev (1834-1901, Russe) [3, 2, 5, 6].

Jamison, Judith (1943, Amér.) [3]. **Jasinski,** Roman (Roman Czeslaw, 1912, Amér., d'origine pol.) [3]. **Jeanmaire**, Zizi (Renée, 1924, Fr.) [3]. **Joffrey**, Robert (1930, Amér.) [3, 2, 6]. **Johanson**, Anna (1860-1917, Suéd.) [3]. **Johansson**, Christian (1817-1903, Suéd.) [3, 6]. **Joos**, Kurt (1901-79, All.) [3, 2, 5]. **Jude**, Charles (1953, Fr.) [3].

Kain, Karen (1951, Can.) [3]. **Kalioujny**, Alexandre (1924, Russe) [3]. **Karsavina**, Tamara (1885-1978, Angl. d'origine russe) [3]. **Kaye**, Nora (1920, Amér.) [3]. **Keersmaeker**, Anne-Teresa de (1960, Belge) [2, 3]. **Kelemenis**, Michel (1961, Fr.) [2]. **Kelly**, Gene (1912-96, Amér.) [3, 2]. **Kent,** Allegra (1938, Amér.) [3]. **Khalfouni**, Dominique (1951, Fr.) [3]. **Kirkland**, Gelsey (1953, Amér.) [3]. **Kirstein**, Lincoln (1907-96, Amér.) [1]. **Kniassef**, Boris (1900-75, Russe) [3, 2]. **Kochno**, Boris (1904-90, Russe) [1]. **Kreutzberg**, Harald (1902-68, All.) [3]. **Kschessinskaya**, Mathilde (Krassinska-Romanovska, 1872-1971, Russe) [3, 6]. **Kylian**, Jiri (1947, Tchèque) [2].

Laban, Rudolf von (R. Laban von Váraljas, 1879-1958, Hongrois) [3, 2, 6]. **Labis**, Attilio (1936, Fr.) [3, 6]. **Lacotte**, Pierre (1932, Fr.) [3, 5, 2, 6]. **La Fontaine**, Mlle de (1655-1738, Fr.) [3]. **Lander**, Harald (1905-71, Dan.) [3, 2, 5, 6]. **Lany**, Jean Barthélemy (1718-86, Fr.) [5, 3, 2]. **Larrieu**, Daniel (1957, Fr.) [2]. **Lavrovsky**, Leonid (1905-67, Russe) [3, 2, 5, 6]. **Lazzini**, Joseph (1926, Fr.) [3, 2, 5]. **Leclercq,** Tanquil (1929, Amér.) [3]. **Lefèvre**, Brigitte (1944, Fr.) [1, 2, 3]. **Legnani**, Pierina (1863-1923, It.) [3]. **Legrée**, Françoise (n.c., Fr.) [3]. **Legris**, Manuel (1964, Fr.) [3]. **Lehmann**, Maurice (1895-1974, Fr.) [1]. **Lepechinskaia**, Olga (1916, Russe) [3]. **Le Riche**, Nicolas (1972, Fr.) [3]. **Letestu**, Agnès (1971, Fr.) [3]. **Li,** Blanca (n.c., Esp.) [2]. **Lichine**, David (Liechtenstein, 1910-72, Russe) [3, 2]. **Liepa**, Maris (1936, Russe) [3, 5]. **Lifar**, Serge (1905-86, Fr. d'origine russe) [3, 2, 5]. **Limon**, José (1908-72, Mex.) [3, 2, 5]. **Linke**, Suzanne (1944, All.) [2]. **Livry**, Emma (1842-63, Fr.) [3]. **López**, Pilar (1912, Esp.) [3, 2]. **Lorcia**, Suzanne (1902, Fr.) [3]. **Loring**, Eugène (1914-82, Amér.) [2]. **Lormeau**, Jean-Yves (1952, Fr.). **Loudières**, Monique (1956, Fr.) [3]. **Louis**, Murray (1926, Amér.) [3, 2]. **Luisillo** (1927, Mex. d'origine esp.) [3].

MacBride, Patricia (1942, Amér.) [3]. **MacMillan**, Kenneth (1929-92, Angl.) [3, 2, 1]. **Maillot**, Jean-Christophe (1961, Fr.) [2]. **Makarova**, Natalia (1940, Russe) [3]. **Manzotti**, Luigi (1835-1905, It.) [2]. **Maré**, Rolf de (1898-1964, Suéd.) [1]. **Marin**, Maguy (1951, Fr.) [2, 3]. **Markova**, Alicia (Lilian Alicia Marks, 1910, Angl.) [3]. **Marks-Pleva**, Anni (1911-97, All.) [3, 6]. **Mars,** Lucien (1925-2000, Fr.) [3, 2, 5, 6]. **Martinez**, José (1959, Fr.) [3]. **Martins**, Peter (1946, Dan.) [3, 5, 2]. **Massine**, Leonid (L. Fedorovich Massine, 1895-1979, Russe) [3, 2]. **Mauri,** Rosita (1849-1923, Esp.) [3]. **Maurin**, Élisabeth (1963, Fr.). **Maximova**, Ekaterina (1939, Russe) [3]. **Mazilier**, Joseph (1801-68, Fr.) [5, 3, 2]. **Merante**, Louis (1828-87, Fr.) [5, 3, 2]. **Messerer**, Asaf (1903, Russe) [3, 6]. **Mille**, Agnes De (1909-93, Amér.) [3, 2]. **Miller**, Marie (Mme Gardel, 1770-1833, Fr.) [3]. **Milloss**, Aurel von (1906-88, Hongro-It.) [3, 2, 5]. **Milon**, Louis (1766-1845, Fr.) [3, 5, 2, 6]. **Miskovitch**, Milorad (1928, Youg.) [3, 2]. **Moisseiev**, Igor (1906, Russe) [3, 2]. **Monnier**, Mathilde (1959, Fr.) [2]. **Montalvo**, José (1954, Fr.) [2]. **Montessu**, Pauline (1805-77, Fr.) [3]. **Montet**, Bernardo (1957, Fr.) [2, 3]. **Motte**, Claire (1937-86, Fr.) [3, 6]. **Muller**, Jennifer (1944, Amér.) [2].

Nadj, Josef (1958, Hongrois) [2]. **Neary**, Patricia (1942, Amér.) [3]. **Nemchinova**, Vera (1899-1984, Russe) [3]. **Neumeier**, John (1942, Amér.) [5, 3, 2]. **Nijinska**, Bronislava (1891-1972, Russe) [2, 3]. **Nijinski**, Vaslav (28-2-1888 ou 89 ou 90/8-4-1950, Russe) ; fou, quitte la scène à 28 ans, en 1919 [3, 2]. **Nikolais**, Alwin (1912-93, Amér.) [2, 1, 6]. **Noblet**, Lise (1801-52, Fr.) [3]. **North**, Norbert (1945, Amér.) [2]. **Noureev**, Rudolf (né 17-3-1938 en Russie, naturalisé Autr., † 6-1-1993 à Levallois-Perret) [3, 2, 5]. **Noverre**, Jean-Georges (1727-1810, Fr.) [3, 2, 5].

Osborne, Gregory (1954-94, Amér.) [3]. **Oulanova**, Galina (1910, Russe) [3, 5, 6].

Page, Ruth (1905-91, Amér.) [3, 2, 1]. **Panov**, Valeri (1938, Russe) [3]. **Panova**, Galina (1949, Russe) [3]. **Pavlova**, Anna (1881-1931, Russe) [3]. **Pavlova**, Nadejda (1956, Russe) [3]. **Pécour**, Louis (1655-1729, Fr.) [3, 2]. **Peretti**, Serge (1910-97, Fr.) [3, 6]. **Perrot**, Jules (1810-92, Fr.) [3, 2, 5]. **Petipa**, Lucien (1815-98, Fr.) [5, 3, 2] ; Marie (1857-1930, Russe) [3] ; Marius (1818-1910, Fr.) [3,2]. **Petit**, Roland (1924, Fr.) [3, 2, 1]. **Pietragalla**, Marie-Claude (1963, Fr.). **Piletta**, Georges (1945, Fr.) [3]. **Piollet**, Wilfride (1943, Fr.) [3]. **Platel** Élisabeth (1959, Fr.) [3] ; Alain (1973, Belge) [3]. **Plissetskaia**, Maïa (1925, Russe) [3]. **Polyakov**, Eugène (1943-96, Russe) [2, 5]. **Pontois**, Noëlla (1943, Fr.) [3, 6]. **Preljocaj**, Angelin (1957, Hongrois) [2]. **Preobrajenska**, Olga (1870-1962, Russe) [3, 6]. **Prévost**, Françoise (1680-1741, Fr.) [3].

Raffinot, François (Fr.) [2]. **Rambert**, Marie (1888-1982, Pol.) [3, 6, 1]. **Rayet**, Jacqueline (1933, Fr.) [3, 6]. **Renault**, Michel (1927-93, Fr.) [3, 5]. **Rhodes**, Lawrence (1939, Amér.) [3]. **Riabouchinska**, Tatiana (1917, Russe) [3, 6]. **Ricaux**, Gustave (1884-1961, Fr.) [3, 5, 6]. **Robbins**, Jerome (J. Rabinowitz, 1918-98, Amér.) [3, 2, 5]. **Rochon**, Sidonie (1951, Fr.) [2]. **Rosario** (Florencia Pérez Podilla, 1918, Esp.) [3]. **Rosen**, Elsa Marianne Von (1927, Suéd.) [3, 2, 6, 1]. **Rouche**, Jacques (1862-1957, Fr.) [1]. **Roux**, Aline (1935, Fr.) [3, 2, 6, 1]. **Rouzimatov**, Fasouk (1963, Russe) [3]. **Rubinstein**, Ida (1885-1960, Russe) [3, 6]. **Russillo**, Joseph (1938, Amér.) [2, 3, 6, 1].

St Denis, Ruth (1877, 78 ou 80-1968, Amér.) [3, 2, 6, 1]. **St-Léon**, Arthur (1821-70, Fr.) [3, 2, 5, 6]. **Salle**, Marie (1707-56, Fr.) [3]. **Sangalli**, Rita (1850-1909, It.) [3]. **Saporta**, Karine (1950, Fr.) [3]. **Savignano**, Luciana (1943, It.) [3]. **Schanne**, Margrethe (1921, Dan.) [3]. **Schaufuss**, Peter (1949, Dan.) [3]. **Schlemmer**, Oskar (1888-1943, All.) [2]. **Schmucki**, Norbert (1940, Suisse) [5, 3, 2]. **Schwarz**, Solange (1910-2000, Fr.) [3, 6]. **Scouarnec**, Claudette (1942, Fr.) [3, 6]. **Sedova**, Julie (1880-1970, Russe) [3]. **Semeniaka**, Ludmilla (1952, Russe) [3]. **Sergueev**, Nicolas (1876-1951, Russe) [3, 5, 6]. **Seymour**, Lynn (1939, Can.) [3]. **Shawn**, Ted (1891-1972, Amér.) [2, 3]. **Shearer**, Moira (1926, Angl.) [3] ; Sybil (1918, Amér.) [3]. **Sibley**, Antoinette (1939, Angl.) [3]. **Skibine**, Georges (1920-81, Amér. d'origine russe) [3, 2, 5]. **Skorik**, Irène (1928, Fr.) [3]. **Skouratoff**, Wladimir (1925, Fr.) [3, 2, 5]. **Sombert**, Claire (1935, Fr.) [3, 6]. **Somes**, Michael (1917, Angl.) [3, 5]. **Sparemblek**, Milko (1928, Youg.) [3]. **Spessivtseva**, Olga (1895-1991, Russe) [3]. **Spoerli**, Heinz (1941, Suisse) [3, 2, 5]. **Staats**, Léo (1877-1952, Fr.) [3, 2, 5, 6]. **Subligny**, Marie-Thérèse (1666-1736, Fr.) [3].

Taglioni, Filippo (1777-1871, It.) [3, 2] ; Marie (1804-84, It.) [3]. **Tallchief**, Maria (1925, Amér.) [3] ; Marjorie (1927, Amér.) [3]. **Taras**, John (1919, Amér.) [3, 2, 5]. **Taylor**, Paul (1930, Amér.) [3, 2, 5, 1]. **Tcherina**, Ludmilla (1924, Fr.) [3]. **Tetley**, Glen (1926, All.) [3, 2]. **Tharp**, Twyla (1942, Amér.) [3, 2]. **Thesmar**, Ghislaine (1943, Fr.) [3, 5]. **Thibon**, Nanon (1944, Fr.) [3, 6]. **Thomas**, Robert (1944, Fr.) [3, 2]. **Tikanova**, Nina (1910-95, Russe) [3]. **Tomasson**, Helgi (1942, Isl.) [3]. **Toumanova**, Tamara (1919-96, Russe) [3]. **Trefilova**, Vera (1875-1943, Russe) [3]. **Tudor**, Antony (1908-87, Angl.) [3, 2, 6, 5].

Vaganova, Agrippina (1879-1951, Russe) [3]. **Valois**, Ninette de (6-6-1898/11-3-2001, Irl.) [3, 2, 1]. **Vandekeybus**, Wim (1965, Belge) [2]. **Van Dijk**, Peter (1929-97, All.) [2]. **Vassiliev**, Vladimir (1940, Russe) [3, 2]. **Vaussard**, Christiane (1923, Fr.) [3, 6]. **Verdy**, Violette (1933, Fr.) [3, 5, 6]. **Véron** (1798-1867, Fr.) [1]. **Vestris**, Auguste (1760-1842, Fr.) [3, 6] ; Gaétan (1729-1808, It.) [3, 2]. **Vigano**, Salvatore (1769-1821, It.) [3, 2]. **Villella**, Edward (1936, Amér.) [3]. **Vlassi**, Christiane (1938, Fr.) [3, 6]. **Volinine**, Alexandre (1882-1955, Russe) [3]. **Volkova,** Vera (1904-75, Russe) [3]. **Vu An**, Éric (1964, Fr.) [3]. **Vulpian**, Claude de (1954, Fr.) [3]. **Vyroubova**, Nina (1921, Russe) [3, 6].

Waehner, Karin (1927-99, All) [2, 3]. **Weaver**, John (1673-1760, Angl.) [2]. **Weidmann**, Charles (1901-75, Amér.) [3, 2, 6]. **Wigman**, Mary (1886-1973, All.) [3, 2, 6]. **Woizikowsky**, Léon (1899-1975, Pol.) [3]. **Wright**, Belinda (1929, Angl.) [3].

Youskevitch, Igor (1912-94, Amér. d'origine russe) [3]. **Yuriko**, (1920, Amér.) [3, 2, 6].

Zakharov, Rostislav (1907-84, Russe) [2]. **Zambelli**, Carlotta (1877-1968, It.) [3, 6]. **Zucchi**, Virginia (1847-1930, It.) [3, 6]. **Zvereff**, Nicolas (1888-1965, Russe) [3, 5, 6].

THÉÂTRE

☞ Pour découvrir la sélection **Quid** des meilleurs sites Internet sur le théâtre, rendez-vous sur **www.quid.fr**

LE THÉÂTRE DANS LE MONDE

☞ *Abréviations :* dir. : directeur(s), directrice(s) ; pl. : places ; représ. : représentations ; spect. : spectateurs ; Th. ou th. : théâtre(s).

REPRÉSENTATIONS (RECORDS)

■ **G.-B. Londres : Pièces :** *The Mousetrap* (la Souricière) d'Agatha Christie : 20 016 au 28-12-2000 dont 8 862 à l'Ambassador (453 pl.) du 25-11-1952 au 23-3-1974, puis au St Martin's Theatre (où la pièce est encore jouée) : pièce au monde jouée le plus longtemps. *No Sex, Please, We're British* d'Antony Marriot et Alistair Foot (du 3-6-1971 au 5-9-1987, au Strand puis au Duchess, le 2-8-1985) : 6 761. *Oh ! Calcutta ! :* 3 918. *Me and My Girl :* 3 368 (au 31-3-1989). **Comédies musicales :** *Cats* (du 12-5-1981 au 31-12-1996, encore jouée) au New London Theatre : 6 527 ; *Jesus Christ, Superstar* de Tim Rice (musique d'Andrew Lloyd Webber) : 3 357 (du 9-8-1972 au 23-8-1980).

■ **USA. Disneyland** (Californie) : **Revue :** *The Golden Horseshoe :* 47 250 (du 16-7-1955 au 12-10-1986 ; 16 millions de spect.).

Los Angeles : *The Drunkard* (l'Ivrogne) de W. H. Smith, créée 1843, reprise au th. Mart tous les soirs du 6-7-1933 au 6-9-1953 et, en alternance avec une nouvelle adaptation musicale, du 7-9-1953 au 17-10-1959 : 9 477 représ., 3 millions de spect.

New York : Broadway [dite **Grande Artère blanche,** *origine : 1626* Grande Rue (sentier iroquois de la Nlle Amsterdam) ; *1664* Great George Street ; *1783* devient Broadway] : 2 définitions : **1°)** *géographique :* environs de Times Square, de part et d'autre de la 7e Avenue, débordant pour certains à l'ouest de la 8e (limites : 42e Rue au sud, et 50e Rue au nord). **2°)** *Selon la capacité de la salle :* au-delà de 499 pl., on est « On Broadway » où que l'on soit dans Manhattan ; en deçà, on est « Off Broadway ». « On Broadway », les oscars du théâtre s'appellent les *Tonys*, « off », les *Obies*. *Recettes* (en millions de $) : *1998-99 :* 588 ; *99-2000 :* 603. *Spectateurs* (en millions) : *1998-99 :* 11,7 millions. **Pièces :** *A Chorus Line* de Michael Bennett (1943-87) : 6 137 représ. (du 25-7-1975 au 28-4-1990). *One-Man Show :* comédie en musique de Victor Borge (né 3-1-1909, Danois) au Golden Theater (du 2-10-1953 au 21-1-1956). **Comédies musicales :** *The Fantasticks* de Tom Jones et Harvey Schmidt : 13 680 (du 3-5-1960 au 5-5-1993) à Greenwich Village. *Cats :* 6 949 (de 1982 au 30-5-1999). *Les Misérables* (1862) : 4 615 (de 1987 au 31-5-1998). *The Phantom of the Opera :* 4 734 (de 1988 au 30-5-1999). *42nd Street :* 3 485 (de 1980 au 8-1-1989). *Grease :* 3 388 (de 1972 à 1980). *Fiddler on the Roof :* 3 242 (de 1964 au 2-7-1972). *Life with Father* (à l'Empire) : 3 224 (de 1939 à 1947). *Tobacco Road :* 3 182 (de 1933 à 1941). *Hello Dolly :* 2 844 (de 1964 à 1971). *My Fair Lady :* 2 717 (de 1956 à 1962). **Revues :** *Oh ! Calcutta ! :* 5 959 (de 1976 à 1989). *Hellzapoppin* (1938) : 1 404.

☞ 221 000 spectateurs ont fréquenté Broadway toutes les semaines de la saison 1997-98.

■ **France. Paris :** *la Cantatrice chauve* (créée 11-5-1950, au th. des Noctambules, par la Cie Nicolas Bataille) et *la Leçon* de Ionesco (créée 20-2-1951, au th. de Poche, par la Cie Marcel Cuvelier) sont jouées à la Huchette (90 pl.), 13 933 représ. et 1 150 000 spect. (du 16-2-1957 au 9-12-2000) ; *Boeing-Boeing* de Marc Camoletti (1960-80 à la Comédie-Caumartin) ; *Lorsque l'enfant paraît* d'André Roussin (1 650 représ.) et *Patate* de Marcel Achard (2 255 représ.) au th. St-Georges ont battu le record de *M. de Falindor ; Coluche* s'est produit 418 fois de déc. 1977 à juin 1979 (recettes : 20 millions de F) ; *Thierry Le Luron* 187 fois au th. Marigny d'oct. 1979 à mai 1980 (187 000 spect., recettes : 10 millions de F). *La Cage aux folles* de Jean Poiret (de 1973 à 1980) : 1 000 000 de spect. *Un homme nommé Jésus* de Robert Hossein (en 1983) : 720 000 spect. *Les Palmes de M. Schultz* de Jean-Noël Fenwick (de 1989 à 1993) : 600 000 spect.

Représentations les plus longues : *le Soulier de satin* de Paul Claudel, monté par Antoine Vitez à Avignon (1987) et au th. de Chaillot (1988) : 9 h 40 min.

☞ **En Allemagne :** *la Passion* est jouée à Oberammergau, depuis 1634, tous les 10 ans, par les habitants du village (125 rôles parlants, plus des figurants). *En 1990 :* 103 représ., durée 5 h 30 min. avec les entractes, 500 000 visiteurs. *Faust* de Goethe, mis en scène par Peter Stein à Hanovre (2000) : 21 h réparties sur 2 jours.

SALLES DE THÉÂTRE (RECORDS)

■ **Théâtres les plus anciens. Public :** Málaga (Espagne, 1520). **Couverts :** DISPARUS : *Hôtel de Bourgogne* (Paris ; hall adapté en 1548 par la confrérie de la Passion qui jouait des mystères depuis 1402, mais fut obligée de présenter des pièces différentes dans un lieu clos, et y jouera jusqu'en 1676). *The Theatre* (Middlesex, St Leonard's Shoreditch, G.-B., 1576). CONSERVÉ : *Teatro Olimpico* [Vicence, Italie, ouvert 3-3-1585, dessiné par Palladio (1508-80), achevé 1583 par Vincenzo Scamozzi].

■ **Théâtres les plus grands. Couverts :** *Palais des Congrès du Peuple* (Pékin, Chine, 1958-59) : 10 000 pl., 5,23 ha. *Perth Entertainment Centre* (Australie, 1974) : 8 500 pl., scène principale : 1 148 m^2. Th. Chaplin (anciennement nommé *Blanquita,* La Havane, Cuba, 1949) : 6 500 pl. *Radio City Music Hall* (Rockefeller Center, New York) : 6 200 pl., environ 8 000 000 de spect. par an, scène de 43,89 m de large et 20,27 m de profondeur. *Palais des Congrès* (Paris, 1974) : 3 700 pl. *Hammersmith Odeon* (G.-B.) : 3 483 pl., non utilisé comme théâtre. **Plein air :** *Mendoza* (Argentine) : 40 000 pl. *Megalopolis* (Grèce, en ruines) : 17 000 pl. **Le plus petit.** *Piccolo* (Hambourg, All.) inauguré 1970 : 30 pl.

■ **Scène la plus grande.** *Hilton Theatre* (Reno, Nevada, USA) : 53,60 m de large, 3 ascenseurs pouvant hisser chacun 65,3 t ou 1 200 figurants.

■ **Éclairage** (scène). *1er au gaz :* Lyceum (Londres, 6-8-1817) ; *à l'électricité :* California (San Francisco, 1879). **Rideau.** *1er rideau de fer de sécurité :* Drury Lane (Londres, 1800).

LE THÉÂTRE EN FRANCE

STATISTIQUES

■ **Acteurs.** En moyenne 500 à 1 000 jouent à Paris.

■ **Budget. Subventions du ministère de la Culture** (en millions de F, votées pour 2000) **: crédits de fonctionnement :** th. nationaux 368,35 (Comédie-Française 148,05 ; Chaillot 66,15 ; Odéon-Th. de l'Europe 57,19 ; Strasbourg 51,58 ; Colline 45,37) ; centres dramatiques nationaux (CDN) 331,9 ; activités théâtrales 292,1 ; scènes nationales 277,6 ; enseignement 60,8 ; th. privés et cirques 49,6 ; divers 1,9 ; crédits d'investissements 153,86 ; crédits d'équipements des th. nationaux 38,8.

■ **Taxes que paie un spectacle dramatique,** outre les impôts sur les sociétés et les charges sociales. **1°) TVA :** 5,5 % (2,1 % pour créations et spectacles classiques jusqu'à 140 repré. ; 19,6 % en cas de vente forfaitaire d'un spectacle monté). Sont exemptés : les 30 premières d'une pièce n'ayant jamais été interprétée en France, ou dont la représentation n'a pas eu lieu depuis plus de 50 ans ; les 50 premières d'une pièce n'ayant jamais été interprétée dans sa langue originale, ni dans une adaptation dans une autre langue, en France ou à l'étranger ; les spectacles classiques – liste fixée par des arrêtés des ministères de l'Économie et du Budget, de la Culture et de l'Intérieur ; les œuvres françaises et étrangères dans leur langue originale dont les auteurs sont morts depuis plus de 50 ans, et les traductions et les adaptations dont la 1re représentation date de plus de 5 ans ; certains auteurs désignés par une commission spéciale (exemples : Brecht, Garcia Lorca). **2°) Taxe additionnelle au prix des places :** 0,20 F (places 5 F à 10 F), 0,60 F (10 F à 20 F), 1 F (plus de 20 F), utilisée par l'Association pour le soutien au th. privé. Sont exonérés les th. nationaux et municipaux et les compagnies subventionnées. **3°) Taxe d'apprentissage :** 0,5 % des salaires, **taxe de formation continue :** 1,5 %, **aide à la construction :** 0,45 %.

■ **Coût de la création d'un spectacle.** De 0,5 à 2 millions de F environ (maintenance d'un th. parisien de 400 places : 8 000 F par jour).

■ **Crédits d'investissement pour l'aménagement et la création de salles de spectacles** (en millions de F). *1980 :* 9,78 ; *85 :* 105,4 ; *86 :* 70 ; *87 :* 68,5 ; *88 :* 63,9 ; *89 :* 84,2 ; *90 :* 104 ; *99 :* 109,1 dont th. nationaux 10 ; salles municipales, scènes nationales, CDN et CDR, théâtres privés, cirques et arts de la rue 53,1 ; établissements d'action culturelle 40.

■ **Représentations** (nombre). **Théâtres nationaux :** *1985-86 :* 1 578 ; *95-96 :* 1 618 ; *98-99 :* 1 965. **CDN :** *1985-86 :* 5 477 ; *89-90 :* 5 407 ; *94-95 :* 8 544 ; *95-96 :* 7 878 ; *96-97 :* 7 140. **Scènes nationales :** *1989-90 :* 22 445 ; *95-96 :* 28 740 ; *96-97 :* 24 789. **Théâtres privés parisiens :** *1980 :* 9 433 ; *90 :* 11 285 ; *95 :* 11 773 ; *96-97 :* 11 033.

■ **Spectateurs** (nombre en milliers). **Théâtres nationaux :** *1985-86 :* 576 ; *90-91 :* 777 ; *95-96 :* 683 ; *96-97 :* 736 ; *97-98 :* 791 ; *98-99 :* 766. **Répertoire :** classiques français 94, étrangers 77, spectacles classiques divers 43, créations d'auteurs français 177, reprises de contemporains français 104, auteurs étrangers contemporains 77, spectacles divers contemporains 68. **Auteurs les plus joués** (nombre, en 1993-94) : Molière 20 (dont 5 *Dom Juan*), Beckett 17 (en 8 spectacles), Marivaux 13, Feydeau 13, Sacha Guitry 12 (5 spectacles), Labiche 12, Tchekhov 11, Brecht 10, Shakespeare 10 (dont 3 *Roméo et Juliette* et 2 *Hamlet* en concurrence simultanément à Paris), Musset 8, classiques gréco-latins 8, Ionesco 6 (5 spectacles), Horovitz 6 (4 spectacles), Edward Bond 5 (3 spectacles), Strindberg 5, Bernard-Marie Koltès 5, Corneille 4, Goldoni 4, Ibsen 4, Claudel 4, Montherlant 4, Obaldia 4 (3 spectacles), Pierre Laville 3. **Théâtres privés parisiens :** *1986 :* 3 387 ; *90 :* 3 475 ; *95 :* 2 434 ; *96 :* 2 337 ; *97 :* 2 222 ; *98 :* 2 385. **Fréquentation** (enquête 1997). Français de 15 ans et plus qui sont allés au moins une fois dans leur vie (entre parenthèses, au cours des 12 derniers mois) en % : au théâtre (professionnel) 57 (16), à un spectacle amateur 45 (20), au cirque 77 (13).

■ **Salariés. Techniciens intermittents** déclarés en 1999 (*source :* Groupement des institutions sociales des spectacles) : 123 919 dont 34 863 cadres. **Artistes** déclarés en 1999 (*source :* idem) : 178 585 en majorité intermittents.

■ **Théâtres** (nombre). **A Paris :** *sous Louis XIV :* 5 ; *Louis XV :* 3 ; *Révolution :* 22. *Théâtres en activité : 1991 :* 58 offrant plus de 26 000 pl. 47 théâtres sont privés, 6 municipaux (Th. de la Plaine, Th. de la Ville, Th. du Châtelet, Th. Paris Villette, Th. 13, Th. 14-Jean-Marie Serreau), 4 nationaux [Comédie-Française, Odéon-Th. de l'Europe (2 salles), Th. national de Chaillot, Th. national de la Colline]. La Ville de Paris ne gère elle-même aucun de ses 4 th., mais elle subventionne le Th. de la Ville et participe à sa gestion par son conseil d'administration. *Cafés-théâtres :* environ 125 (le 1er en 1963 : la Vieille Grille où jouèrent Rufus, Higelin, Bouteille, Zouc). *Salles à usage de spectacle :* environ 25. *Théâtres érotiques* (permanents) : Th. Saint-Denis, Th. des 2 Boules (fondé 1974). **En province :** *vers 1868-70 :* 366 th. dont Bordeaux, Lyon 6 ; Marseille, Le Havre, Nîmes 5 ; Nantes, Elbeuf, Rochefort, Rouen 4 ; Amiens, Brest, Toulouse, Versailles 3. *1987 :* environ 25 th. municipaux concédés ou exploités en régie directe consacrés en priorité à l'art lyrique. *Théâtres privés permanents :* Th. Molière à Bordeaux (appelé d'abord Th. de Poche) et Petit Th. de Rouen. *Cafés-théâtres :* 80.

☞ **Les 3 coups :** on a dit qu'à l'origine on donnait : 1 coup pour le roi, 1 pour la reine et 1 pour le public. *Aujourd'hui,* avant de lever le rideau de la Comédie-Française, on frappe 6 coups : 3 pour chacune des 2 compagnies qui furent à son origine (celle de l'Hôtel de Bourgogne et celle de l'Hôtel Guénégaud qui fusionnèrent en 1680 : voir p. 395 b).

■ PRINCIPALES SALLES PARISIENNES

■ **Liste. Antoine** *inauguré 1866*-15-12 (th. des Menus-Plaisirs, 900 pl.). *1880* démoli, reconstruit. *1881*-4-1 Comédie-Parisienne. *1888*-19-10 Th.-Libre (fondé par André Antoine). *1897* restauré, rouvre 1-10 : Th. Antoine ; *dir. :* Simone Berriau 1943, Hélèna Bossis et Daniel Darès (depuis 1984). 875 pl. **Atelier** *1822* Th. de Montmartre (en bois) ouvert par Pierre-Jacques Seveste, danseur. *1848* Th. du Peuple. *1922* Th. de l'Atelier avec Charles Dullin. *1940* André Barsacq († 3-2-1973). *1975* Pierre Franck. *1999* Laura Pels. 565 pl. **Athénée-Louis-Jouvet** *inauguré 1893*-30-12 (Comédie-Parisienne). *1896* Athénée-Comique. *1899* Athénée (L. Jouvet : dir. de 1934 à 1951). *1982* th. subventionné par le ministère de la Culture ; *1995-98* rénové, *dir. :* Patrice Martinet (depuis 1993). *Salles Louis-Jouvet* 565 pl., *Christian-Bérard* 89 pl.

Bastille *ouvert 1982 ; dir. :* Jean-Marie Hordé, subventionné (ville et État). *2 salles :* 250 pl., 130 pl. **Bobino** *1812 fondé* par Bobino dans l'actuelle rue du Maine. *1816* nouveau théâtre construit angle rue de Fleurus/rue Madame. *1888* Démoli. Rouvre rue de la Gaîté ; music-hall et opérettes ; *dir. :* Philippe Bouvard. 614 pl. **Bouffes-Parisiens** *ouvert 1827*-23-1 (Th. des Jeunes Acteurs). *1855* repris par Offenbach : Th. des Bouffes-Parisiens (salle d'hiver). *1863* démoli et reconstruit. *1918, 1958* rénové ; *dir. :* J.-C. Brialy (depuis sept. 1986). 668 pl.

Casino de Paris *construit* sur l'emplacement de la Folie-Richelieu. *1929-69 dir. :* Henri Varna (1897-1969) [variétés, music-hall]. *1933* revue « Vive Paris ! » [Cécile Sorel (1873-1966) apparaît au sommet d'un escalier de 15 m et, arrivée au bas des marches, lance au public « L'ai-je bien descendu ? »]. *1979* fermé. *1982* rouvert. *2000*-sept. façade rénovée ; *dir. :* Daniel Saint-Jean (depuis mai 1992). 1 500 pl. **Chaillot** (voir **Th. nationaux** p. 396 b). **Champs-Élysées (Th. des)** *inauguré 1913*-2-4 (maîtres d'ouvrage Gabriel Astruc et Gabriel Thomas ; architectes Auguste et Gustave Perret) : frises, sculptures, fresques d'Antoine Bourdelle et Maurice Denis ; *1957* classé monument historique ; *dir. :* Dominique Meyer. *Grand th.* 1 901 pl. **(Comédie des)** 621 pl. et **(Studio des)** 249 pl. : *dir. :* Michel Fagadau (depuis 1994). **Châtelet-Th. musical de Paris** *construit 1861-62* par Davioud. *1862*-19-8 le Cirque olympique s'y installe et devient le th. du Châtelet (3 600 pl.). *Grands succès :* « le Tour du monde en 80 jours », 3 007 représ. (du 3-4-1876 à 1940) ; « Michel Strogoff », 2 443 (du 17-11-1880 à 1939). *1962* rénové (2 400 pl.). *1979* transformé devient th. Musical, (2 289 pl. 3 524 m², scène 35 m × 24 m). *1980*-nov. réouverture. Subventionné par la Ville. *1988* rénovation, reprend son nom d'origine ; *dir. :* Jean-Pierre Brossmann (depuis avril 1996). *Budget* (1997, en millions de F) : *recettes :* 149 dont subvention de la Ville de Paris 100 (hors TVA), billetterie 43, mécénat permanent (Sté générale) 3,5, ponctuel (Fondation France Télécom, Sacem, etc.) 1,3, divers 5,4, autres 2,7. *Dépenses :* 149 dont production 93, fonctionnement 56, salariés 134 dont administration et accueil 79, technique 56 ; pris en charge par la Ville de Paris 3,5 au titre de l'entretien du bâtiment, 0,76 de l'équipement technique. **Cirque d'Hiver** *construit* par Hittorff sous Napoléon III ; *dir. et propriétaires :* frères Bouglione depuis 1934. 1 650 pl. **Cité internationale (Th. de la)** *1936 Grand Th. rénovation, réouverture 2002.* 500 pl. *La Galerie* 300 pl. *La Resserre* 170 pl. *Le Jardin* 48 pl. Th., danse et musique. *Créé 1968* par André-Louis Périnetti et dirigé par Nicole Gautier. **Colline** (voir p. 396 b). **Comédie-Caumartin** *créé 1901* (Th. de la Comédie-Royale). *1923* René Rocher lui donne son nom (th. de boulevard). *1952* réouverture après transformation par René Sancelme ; *dir. :* Denise Petitdidier. **Comédie-Française** (voir p. 395 b). **Comédie italienne.** *Créée* 1980 ; *dir. :* Attilio Maggiuli. 100 pl. **Coquille** 250 pl.

Daunou *ouvert 1921*-30-12. *1939* racheté par René Sancelme ; *dir. :* Denise Petitdidier. 448 pl. **Dejazet.** *1851* « Folies Mayer » (du « Chanteur comique » Mayer) créées bd du Temple surnommé « le boulevard du crime ». *1854* « Folies concertantes », dirigées par Hervé, puis « Folies nouvelles », puis « Folies Dejazet » (rachetées par Virginie Dejazet, comédienne, pour y faire jouer des pièces de Victorien Sardou). *1859*-2-8 son fils, Joseph Eugène, dir. -27-9 nom actuel. *1862*-15-7 échappe à la destruction des th. du bd du Temple car situé côté impair. *1939* fermé. *1976* réouvert. *Dir. :* Jean Bouquin. 724 pl.

Édouard-VII-Sacha-Guitry *créé 1916* par Alphonse Franck ; *dir. :* Julien Vartet (depuis août 1989). 720 pl. **Espace Paris-Plaine** *construit 1973* par la Ville de Paris (théâtre, danse, concerts, spectacles pour enfants) ; *dir. administratif :* Alain Mathmann. 284 pl. **Espace Pierre-Cardin** (ex-Th. des Ambassadeurs) *ouvert 1861. 1929* reconstruit. *1939-53* Henry Bernstein directeur. *1962-69* Marcel Karsenty. *1970* Pierre Cardin (nommé par la Ville ; transforme la salle). 720 pl. **Essaïon.** *dir. :* Alida Latessa. Salle 1 : 100 pl. ; salle 2 : 60 à 80 pl. **Est-Parisien** (voir p. 395 a).

Folies-Bergère (voir **Cabarets** p. 395 a). **Fontaine** *créé 1951* par André Puglia dans un ancien dancing, « le Chantilly » ; *dir. :* Dominique Deschamps (depuis mai 1998). Scène 8 × 6 m, avec cintre. 627 pl.

Gaîté-Lyrique *construit* par Hittorff. On y joua des opérettes (Offenbach). *1963* fermé. *1973-74* rouvert (accueillit repré. du Th. de Chaillot alors fermé, puis confié à Silvia Monfort qui y installa son école de cirque). *1986* centre de jeux pour enfants, ouvert déc. 1989. *1990*-févr. dépose son bilan. *2005* réouverture prévue. **Gaîté-Montparnasse** *1868* café-concert ouvert. *1939* théâtre ; *dir. :* Colette et Louis-Michel Colla. 399 pl. **Gaveau** (voir **Salles de concerts** p. 408 c). **Gymnase Marie-Bell** *1820* Gymnase-Dramatique. *1824* Th. de Madame. *1830* Gymnase-Dramatique. *1958* nom actuel ; *dir. :* Jacques Bertin. 783 pl.

Hébertot *1831* Th. des Batignolles-Monceau, en bois. *1906* th. des Arts. *1940* Th. Hébertot (Jacques Hébertot, 1886-1970, dir.). *1972* Th. des Arts Hébertot ; *dir. :* Félix Ascot. Scène 7 m (profondeur 9 m). 637 pl. **Huchette** *construit 1948* par Marcel Pinard († 1975), géré depuis 1980 par une SARL de 22 comédiens actionnaires ; *dir. :* Jacques Legré. *Surface* 100 m². 90 pl.

La Bruyère *créé 1943* par Georges Herbert et Paquita Claude ; *dir. : 1948* Robert Dhéry ; *1954* Georges Vitaly ; *1982* Stephan Meldegg. 335 pl. **Lucernaire** Centre national d'art et essai. *Créé 1968,* impasse d'Odessa. *1977* transféré rue N.-D.-des-Champs. 2 th. de 140 pl., 3 cinémas de 50, 60, 70 pl., 1 salle de danse, 1 galerie de peinture. Plus de 600 pièces créées. *Dir. :* Christian Le Guillochet et Luce Berthommé.

Madeleine *inauguré 1924*-24-9. *Dir. :* Simone Valère, Jean Desailly (depuis septembre 1980). 765 pl. **Marigny** *1850* Th. des Champs-Élysées remplace le « Château d'Enfer » où se produisait un prestidigitateur. *1855 Bouffes-Parisiens* avec Offenbach. *1859 Bouffes-d'Été* (avec Charles Debureau puis Céleste Mogador). *1865 Folies-Marigny* (démolies 1881). *1883* panorama construit par Charles Garnier. *1885* diorama. *1896* music-hall. *1901* Marigny-Th. *1913* Comédie-Marigny. *1925* Th. Marigny (avec Léon Volterra). *1946-60 : dir. :* Simone Volterra. (17-10-1946 à 1956 : Cie Madeleine Renaud-J.-L. Barrault. Oct. 1956 : Cie Grenier-Hussenot). *1964* Elvire Popesco, Hubert de Malet, Robert Manuel. *1978* Jean Bodson († 1980). *1980* Christiane Porquerel et Jean-Jacques Bricaire. Grande salle, 1 042 pl., salle Popesco (ex-Petit Marigny), 310 pl. **Mathurins** *1898 dir. :* Marguerite Deval. *1906* Sacha Guitry (y crée « Nono »), plusieurs dir. dont Jules Berry *1934-39,* Georges Pitoëff (43 spectacles montés). *1939* Marcel Herrand et Jean Marchat. *1952* Mme Harry Baur. *1984* Gérard Caillaud et Danielle Rossi. *1997* Julien Vartet. Grande salle : 392 pl., petite : 84. **Michel** *créé 1908* par Michel Mortier ; *dir. :* Marc Camoletti (depuis 1994). 350 pl. **Michodière** *inauguré 1925,* dirigé par Victor Boucher, Yvonne Printemps et, depuis le 1-9-1981, Jacques Crépineau. 700 pl. **Mogador** *construit 1919* par Bertie Crewe (Anglais), music-hall. *1924* cinéma. *1925* opérettes. *1936-39* music-hall. *1939*-28-12 *dir. :* Henri Varna. *1971-76 dir. :* Hélène Martini. *1982* restauré. *1983* rouvert, *PDG :* Denise Petitdidier, *dir. :* Odette Lumbroso. *2000 dir. :* Jack-Henri Soumère. Scène 10,74 m, profondeur 12,70 m. 1 805 pl. **Montparnasse** *1772* th. sur le bd d'Enfer. *1817* Pierre-Jacques Sevestre le transporte dans la future rue de la Gaîté. *1851* Henri La Rochelle (Boulanger) fait construire une salle de 700 pl. *1886*-29-10 nouvelle salle (1 200 pl.). *1966* rénové. *1979*-déc. 2e salle ouverte : voir **Petit Montparnasse** ci-dessous 715 pl. *1985* création d'un foyer-restaurant ; *dir. : 1930* Gaston Baty (1885-1952), *1943* Marguerite Jamois, *1966* Lars Schmidt et Jérôme Hullot, *1985* Myriam de Colombi (avec Hullot jusqu'en 1996). 715 pl. **Musée Grévin (Th. du)** au 1er étage du musée, Théâtre Joli. *1900* « Théâtre Grévin ». *Dir. :* Véronique Berecz. 305 pl.

Nouveautés *créé 1827* place de la Bourse. *1890* Feydeau en devint l'auteur attitré. *1921* salle actuelle ; *dir. :* Denise Moreau-Chantegris (depuis septembre 1973). 585 pl.

Odéon-Th. de l'Europe (voir **Th. nationaux** p. 396 a). **Œuvre** *1892* La Maison de l'Œuvre *fondée* par Lugné-Poë. *1995* rénové ; *dir. :* Gérard Maro (depuis juin 1995). 325 pl. **Olympia-Bruno-Coquatrix** *inauguré 1893*-12-4 par Joseph Oller à l'emplacement des « Montagnes russes » créées 1889. *1895* « le Coucher de la mariée » avec Louise Willy (ancêtre du strip-tease). *1929* cinéma Jacques Haick. *1954* Bruno Coquatrix († 1-4-1979). *1997*-15-4 au 15-11 fermeture pour reconstruction à l'identique ; *dir. music-hall :* Paulette et Patricia Coquatrix. 2 033 pl. **Opéra** (voir p. 421 c).

Palais-Royal *conçu de 1781 à 1784* par Victor Louis (1731-1800). *1784* ouvert. Th. des Beaujolais. *1790* Th. Montansier. *1793* Th. du Péristyle du Jardin-Égalité. *1793* Th. de la Montagne. *1798* Th. Montansier-Variétés. *1810* Les Jeux Forains. *1812* Le Café de la Paix. *1815 à 1831* fermé. *1830* reconstruit par Guerchy. *1831*-6-6 ouvre sous le nom de Th. du Palais-Royal (980 pl.). *1880* restauré (700 pl.). Mlle Montansier resta propriétaire et directrice de 1790 à 1820. *Depuis 1784 :* plus de 1 500 comédies dont de Labiche (*la Cagnotte* créée 1864), Victorien Sardou, Meilhac et Halévy, Feydeau, Tristan Bernard (*le Petit Café* 1911), Offenbach (*la Vie parisienne* 1866), Jean de Letraz, Jean Poiret (*la Cage aux folles* 1973, 1 800 repres.), Françoise Dorin ; *dir. :* Francis Nani (depuis 1989). 746 pl. **Paris** *ouvert 1891* (Nouveau Th.). *1906* Th. Réjane (*dir. :* Mme Réjane). *1919*-12-8 nom actuel (*dir. :* Léon Volterra). *1958*-11-2 petite salle créée par Elvire Popesco et Hubert de Malet. Grande salle : 1 168 pl., petite : 300 pl. ; *dir. :* Christelle Durand. **Paris-Villette** ancienne Bourse à la criée (1867). *Créé 1972* par Arlette Thomas et Pierre Peyrou (Th. Présent). Th. d'arrondissement du XIXe depuis 1979 ; *dir. :* Patrick Gufflet. 2 salles, 211 et 70 pl. **Pépinière-Opéra (La)** *1919* Th. de la Potinière *créé* par Saint-Granier et Gaston Gabaroche. *1961* Th. des 2 Masques. *1988* Th. de la Potinière. *1998* nom actuel ; *dir. :* Édy Saiovici. 327 pl. **Petit Montparnasse** *créé 1979* dans des ateliers de décors. 150 pl. *1997*-31-12 *fermé.* **Pleyel** (voir **Salles de concerts** p. 408 c). **Poche-Montparnasse** *créé 1943 ; dir. :* Renée Delmas et Étienne Bierry. 2 salles, 130 et 100 pl. **Porte-Saint-Martin** *1781* 1re salle, abrite la troupe de l'Opéra royal jusqu'en 1794. Depuis 1814, drames à grand spectacle (notamment *la Tour de Nesles,* 1832). *1871* incendié par la Commune. *1873* reconstruit. *1874* succès des *Deux Orphelines. 1897*-27-12 création de *Cyrano de Bergerac. 1969*-30-5 *Hair. Dir. :* Hélène et Bernard Régnier. 1 100 pl.

Renaissance *ouvert 1872.* Parmi les directeurs : Sarah Bernhardt, Lucien Guitry, Henri Varna (1942 ; rachète le th. qui allait devenir une banque), Jean Darcante (1946), Véra Korène (1956), Francis Lopez (1978-82), Niels Arestrup (1990-93), Christian Spillemaecker (depuis le 1-4-1993 ; avec Bruno Moynot). 707 pl. **Richelieu** (voir **Comédie-Française** p. 395 b). **Robert-Cordier** *créé sept. 1985* (auparavant : Marie-Stuart, créé par Sala, dir. de la Potinière). 95 pl. **Rond (Théâtre en)** *ouvert 1954, fermé 1967.* **Rond-Point/Cie Marcel-Maréchal** dans l'ancien Palais de glace (Cie Renaud-Barrault, créée 1946) ; *dir.* : Marcel Maréchal (depuis le 1-1-1995). Salle Renaud-Barrault : 760 pl., salle Jean Vauthier : 170 pl.

Saint-Georges *créé 1929 ; dir.* : France Delahalle et Marie-France Mignal. 492 pl. **Silvia-Monfort.** Nouveau th. 456 pl. Construit sur l'emplacement du Carré Silvia-Monfort, conçu par Claude Parent. Th. municipal. *Inauguré 1992 ; dir.* : Régis Santon.

TEP (Théâtre de l'Est Parisien). *Ouvert 1963* dans le cinéma-music-hall Le Zénith mis à disposition de La Guilde (troupe fondée 1950 par Guy Rétoré). *1983* démoli (on construit sur le site le th. de la Colline) ; s'installe av. Gambetta. Subventionné par l'État. 398 pl. *Dir.* : Guy Rétoré (*2001-1-2* Catherine Anne nommée pour le remplacer le 30-6). **Th. des Enfants** *1931 créé* par Roland Pilain sur une proposition de Lucie Delarue-Mardrus, pour donner aux enfants le goût du théâtre. *1954* rachète le Th. du Petit Monde (créé 1919). *2001* rénové. Cours d'art dramatique. **Tourtour.** *Créé* 27-9-1982. *Dir.* : Jean Favre (depuis 1984). 123 pl. **Tristan-Bernard** *construit 1911. 1919* Th. Albert-Ier-de-Belgique. *1930-35* Tristan Bernard dir. *1936* Th. Charles-de-Rochefort. *1975* nom actuel ; *dir.* : Edy Saiovici (depuis 1986). 400 pl.

Variétés *inauguré 1807*-24-6 (construit en 5 mois) par Mlle Montansier (Marguerite Brunet). *1852, 1975* restauré. Façade classée monument historique. Parmi les créations : Offenbach (*la Belle Hélène* 1864, *la Périchole* 1868), Hervé (*Mam'zelle Nitouche* 1883), Hahn (*Ciboulette* 1923), Scribe (37 pièces), Meilhac et Halévy, Flers et Caillavet (*le Roi* 1908, *l'Habit vert* 1912), Pagnol (*Topaze* 1928), Sacha Guitry, Louis Verneuil, Jacques Deval, Robert Dhéry, Françoise Dorin, Jean Poiret ; *dir.* : J.-P. Belmondo (depuis 1991). 924 pl. **Vieux-Colombier** *créé 1913* (*ouvert* 22-10) par Jacques Copeau (1879-1949). *1977 fermé. 1986 racheté* par l'État qui le confie en 1989 à la Comédie-Française. *1993*-7-4 réouverture ; *dir.* artistique : J.-P. Miquel. 300 pl. **Ville (Théâtre de la)** [th. municipal populaire] *construit 1860-62* par Davioud. *1862* Th. Lyrique [du nom du th. fondé par Adolphe Adam (1803-56) en 1847 (1 500 pl.)]. *1871* incendié pendant la Commune. *1875* restauré (700 pl.). Th. Historique. *1879* Th. des Nations. *1883* Th. Italien. *1885* Th. de Paris. *1887-98* héberge l'Opéra-Comique après l'incendie de la salle Favart le 25-5-1887. *1898* Th. Sarah-Bernhardt (loué par elle pour 25 ans). *1936* Th. du Peuple. *1941-42* rénové par Charles Dullin : Th. de la Cité. *1949* Th. Sarah-Bernhardt. *1957* Th. des Nations. *1968*-10-12 Th. de la Ville. *1982*-31-1 incendie des installations techniques. *1983*-11-1 réouverture ; *dir.* : *1898-1923* Sarah Bernhardt. *1925* Vincent et Émile Isola. *1936* Rognoni. *1941* Charles Dullin. *1949-65* A.-M. Jullien. *1968* Jean Mercure. *1985* Gérard Violette. *Grande salle* : origine « à l'italienne » ; 1 284 pl., après rénovation 1967-68, en amphithéâtre, 995 à 1 033 pl ; *petite salle* : ouverte novembre 1996, 400 pl. *Budget* : 66 millions de F.

☞ **Grandes salles. Nombre de places et**, entre parenthèses, **prix de location par soirée** : *Zénith* 1 500 à 6 400 pl. (104 000 à 165 000 F). *Palais des Congrès de Paris* 3 723 pl. (version 1 813 pl. : 66 800 à 135 800 F). *Palais omnisports de Paris-Bercy* 7 000 à 17 000 pl. (150 000 à 400 000 F HT). *Palais des Sports* 5 000 pl. (80 000 à 135 000 F).

■ **Cabarets et cafés-théâtres. Moulin Rouge.** Bal *inauguré 1889*-6-10 par Zidler et Joseph Oller. Lance le quadrille réaliste (appelé plus tard French Cancan). On y voit la Goulue, Mélinite (Jane Avril), la môme Fromage, Demi-Siphon, Étoile filante, Nini ou Lili-Patte en l'Air et leurs danseurs : Valentin-le-Désossé, l'Écrevisse, Passe-Partout. *1903* salle de music-hall construite par P.-L. Flers. *1907* Mistinguett crée les revues à grand spectacle (plumes, strass, paillettes, etc.) ; leur nom commence toujours par « F ». *1914*-août incendie. *1926* reconstruit. *1959* formule « dîner-spectacle ». Parmi les stars ayant débuté au Moulin-Rouge : Colette, J. Gabin, Y. Montand, Ch. Trénet, Bourvil, L. Renaud. *Dir.* : Jacki Clerico (depuis 1962). **Crazy Horse Saloon** *ouvert 1951*-19-5 par Alain Bernardin († 15-9-1994). Ballets nus. *1962* projections de lumières colorées sur les femmes nues. *Femmes « idéales » : année 1950* : 1,69 m (59 kg) ; *70* : 1,70 (57) ; *98* : 1,71 (56). *Surnoms* : Diamant Baby, Lilly-la-Pudeur, Lova Moor (Marie-Claude Jourdain épouse Bernardin), Sofia Palladium, Rita Cadillac, Capsula Popo. *Danseuses* : plus de 300 depuis la création. **Café de la Gare** *ouvert 1969*-12-6 sous une ancienne fabrique de ventilateurs, rue d'Odessa (quartier Montparnasse) par Coluche, Romain Bouteille, Miou-Miou, Henri Guybet, Sotha, Catherine Mitry, Gérard Lefevre, Jean-Michel Haas et Patrick Dewaere. *1972* transféré rue du Temple (quartier du Marais). *Dir.* : Sotha, Philippe Manesse. 350 pl. **L'Éléphant bleu. Folies-Bergère.** *Folies* désignait, depuis la fin du XVIIIe s., les « maisons de plaisance », créées sous la Régence par la haute noblesse, pour des fêtes nocturnes avec concerts, spectacles et ballets (étymologies proposées : 1°) caprice entraînant de folles dépenses ; 2°) *foglia* [du latin *folia*, feuilles], car la noblesse napolitaine construisait ses retraites à la campagne. A Paris, les plus connues, en 1789, étaient les Folies Méricourt, St-James, Genlis, Richelieu, Beaujon, Regnault (la Roquette), qui donnèrent leur nom à leur quartier. A partir de 1830, les th. parisiens adoptent souvent ce nom, au pluriel (à cause des *Folies amoureuses*, pièce de Regnard, 1704) : Folies Dramatiques (1830), Marigny (1848), Nouvelles (1852), Saint-Antoine (1865), et enfin Bergère (1869), spécialisées dans les variétés à grand spectacle, sur le modèle de l'Alhambra de Londres. *1869* le magasin de literie « Aux colonnes d'Hercule » (édifié 1860) s'adjoint un théâtre et l'appelle du nom de la rue : « Bergère » et non de la rue « Trévise » comme prévu (le duc de Trévise s'y opposant). -2-5 ouverture (dir. Albert Boislève) surnommé « Salle des sommiers élastiques ». *1870-1-3* ferme ; *-21-12* rouvre, dir. M. Durécu. *1871-3-3* ferme ; *16-11* dir. Napoléon Sari la transforme et ajoute un promenoir. *1881*-19-5 au 1-6 « Concert de Paris » ; Gounod, Delibes, Saint-Saëns, Massenet... Échec. *1886*-31-8 vendu à M. et Mme Allemand ; -30-11 « Revue » des frères Isola ; « Place au jeûne » : 1re apparition d'une troupe de girls (d'Europe centrale). *1892* Loïe Fuller lance la « Danse serpentine » et la « Danse du feu ». *1894 dir.* : Édouard Marchand. *1908 dir.* : Claude Bannel. Colette fait partie de la revue avec Maurice Chevalier. *1911* Yvonne Printemps. Mistinguett et Maurice Chevalier : la « Valse renversante ». *1917* Gaby Deslys présente « Jazz Band » ; 1re à descendre le célèbre escalier, partenaire : Harry Pilcer. *1919-66* Paul Derval, *dir.* ; 33 revues avec titre en 13 lettres comprenant le mot « folie ». *1922* « Folies sur folies », avec Bach, Constant Rémy et Jenny Golder. *1924* « Cœurs en folie », Bach et Laverne. *1926* création d'un 2e balcon ; « la Folie du jour », Joséphine Baker. *1927* « Un vent de folie », J. Baker. *1928* « la Grande Folie », Agnès Souret (Miss France). *1933* « Folies en folie », Mistinguett apparaît sur son escalier. *1934* « Femme en folie », Jean Sablon. *1937* « En super-folies », J. Baker. *1938* « Folie en fleurs » Damia. *1939* « Madame la Folie », Jeanne Aubert et Dandy. *1942-44* revue des « Trois millions », Charpini, puis Brancato, Charles Trenet, Maurice Teynac. *1944* « La Folie du rythme », Ch. Trenet et Dandy. *1946* « C'est de la folie », Suzy Prim et Nita Raya. *1949* « Féeries et Folies », J. Baker et les Peter Sisters. *1966* Mme Derval succède à son mari. *1974* Hélène Martini, directrice. *1980* cinquante millionième spectateur fêté. *1982* « Folies de Paris ». *1987* « Folies en folie ». *1993*-7-9 « Fous des Folies ». *1994* « les Années twist », Cie Roger Louret. *1996* « les Années zazous », Cie Roger Louret. *1997* « Nine » comédie musicale sur la vie de Fellini ; « Fame » (en VO). *1998* « la Fièvre des années 80 », Cie Roger Louret. 1 750 pl. **Lido** *1928 créé* par Bernard Chaux et surnommé La Plage de Paris puis Lido (sa décoration rappelait cette plage de Venise). *1946* racheté et transformé en salle de spectacles par les frères Clerico, invente les revues avec dîners-spectacles. *1977* déménage dans l'immeuble du Grand cinéma-Normandy, *dir.* : Christian Clerico ; *2000* : Jean-Luc Dolléans. 1 100 pl. **La Nouvelle Ève.** *1897*-24-12 « Fantaisies parisiennes » : théâtre de vaudeville. *1929* « Gaîté parisienne » : spectacle de revue nue. *1949* nom actuel (*dir.* : René Bardi). *1966* revues parisiennes : french cancan et attractions visuelles. *Dir.* : Bernard et Adrien Pierini. 280 pl. **Paradis latin.** *1803* Th. latin : th. et salon littéraire réputé (« l'Abreuvoir littéraire », en sous-sol, est fréquenté par Dumas, père et fils, Balzac, Mérimée). *1870* détruit (incendie). *1887-88* reconstruit par Gustave Eiffel. *1889*-2-1 rouvert, nom actuel. *1930-72* fermé. *1973-76* racheté et restauré par l'homme d'affaires Jean Kriegel. *1977*-12-11 rouvert ; *dir. artistique* : Jean-Marie Rivière ; revue « Paris Paradis ». *1989* « Viva Paradis, la revue du Centenaire ». *Dir.* : Sidney Israël (depuis 1995). 720 pl. **Pau Brasil.** Dans l'ancienne piscine de l'Étoile. *Ouvert* 1988 ; *dir.* : Serge Harrosch. 300 pl. **Pau Caraïbes.** *Ouvert* 1996 ; *dir.* : Serge Harrosch. 350 pl. **Le Splendid.** *Ouvert 1976*-avril rue des Lombards par Michel Blanc, Josiane Balasko, Marie-Anne Chazel, Christian Clavier, Gérard Jugnot, Thierry Lhermitte. *1981* Fbg-St-Martin. 350 pl.

■ **Chansonniers. Caveau de la République** *créé* 1901 ; *dir.* : Hugues Leforestier. 460 pl. **Chat noir** (nom d'un conte d'Edgar Poe) cabaret *ouvert 1881*-8-11 par Rodolphe Salis (artiste peintre, 1852/19-3-1897) au 84, bd Rochechouart (Aristide Bruant lui succéda), puis 10-11-1885/1898 au 12, rue Laval (devenue rue Victor-Massé en 1887) ; y montera le théâtre d'ombres d'Henri-Rivière en 1886. *1897*-janvier fermé. **Th. des Deux Anes** *créé 1921* à l'emplacement du Th. des Marionnettes par Roger Ferréol et André Dahl. S'est appelé *Les Truands, L'Araignée, La Truie qui file*. Seul th. de chansonniers jouant des revues satiriques ; *dir.* : Jacques Mailhot. *Devise* : « Bien braire et laisser rire ». 300 pl. **Th. de Dix-heures** *créé* 1925 à l'emplacement du Cabaret des arts par Roger Ferréol. *Dir.* : Jean-Michel Joyeaux et Michel Miletti. 140 pl.

Région parisienne

■ **Quelques théâtres. Antony** : Th. Firmin Gémier. **Aubervilliers** : Th. de la Commune-Pandora (CDN). **Bobigny** : MC 93. **Chelles** : Centre d'art et d'animation régionale. **Créteil** : Maison des arts. **Gennevilliers** : Centre dramatique national (CDN). **Ivry-sur-Seine** : Manufacture des œillets. **Montreuil** : CDN. **Nanterre** : Th. des Amandiers [*créé 1982* après dissolution de la MCN, création d'un CDN ; *dir.* : Jean-Louis Martinelli ; scène de 22 m de large, polyvalente (24 m × 30 m), « planétarium » (130 pl.). Environ 70 000 spect. par an]. **Neuilly** : L'Athlétic, le Village (ouvert 1994, 340 pl.). **Sceaux** : Th. des Gémeaux. **St-Denis** : Th. Gérard-Philipe (*dir.* : Stanislas Nordey jusqu'à fin 2001). **Versailles** : Th. Montansier (*dir.* : Francis Perrin). **Vincennes** : Th. de la Tempête ; Th. de l'Aquarium ; Th. de l'Épée-de-bois.

■ Théâtres nationaux

■ **Comédie-Française. Créée** par Louis XIV *1680*-21-10 par la jonction des troupes de l'Hôtel de Bourgogne et de l'Hôtel Guénégaud (issue de la fusion de la troupe de Molière et du Marais en 1673, à la mort de Molière). **Salles occupées** : *1680* hôtel Guénégaud ; *1689*-17-4 rue des Fossés-St-Germain-des-Prés (actuelle rue de l'Ancienne-Comédie), 87 pièces ; *1770*-23-4 salle des machines du Palais des Tuileries ; *1782-93* salle construite spécialement, devenue le th. de l'Odéon. *1784*-27-4 création du *Mariage de Figaro* de Beaumarchais. *1789* après le 14 juillet, passe sous tutelle municipale et devient le th. de la Nation. *1791*-janv. liberté des th. proclamée. Les comédiens dissidents, conduits par Talma, rejoignent le th. de la rue de Richelieu (alors rue de la Loi), construit par Victor Louis pour l'Opéra et inauguré en 1790. *1792* th. de la République (salle actuelle de la Comédie-Française). *1793 l'Ami des lois*, de Laya, interdit car jugé réactionnaire ; incidents lors des représentations de *Paméla* de François de Neufchâteau ; -3-9 comédiens de la troupe royale arrêtés, th. fermé. *1794*-juillet sauvés de la guillotine par Labusière (du comité de Salut public), libérés : se dispersent et jouent sur différents th. (dont Feydeau, Odéon, Louvois, th. de la République). *1799* la troupe est réunie. -Mars Odéon incendié ; -30-5 reprise au Th.-Français de la République, rue de Richelieu. *1830*-25-2 bataille d'*Hernani* (Victor Hugo). *1864* foyer rénové par Prosper Chabrol (architecte). *1865* incidents à la création de *Henriette Maréchal* (pièce naturaliste des Goncourt). *1892 Thermidor*, pièce de Victorien Sardou, interdite pour « outrage à la République dans un théâtre subventionné ». *1900*-8-3 incendie [Jane Henriot (pensionnaire) †] ; le plafond de Guillaume Dubufe (représente la Vérité, un miroir à la main, au milieu des figures de la Tragédie, de la Comédie et du Drame) est préservé ; -26-12 réouverture. *1911 Après moi* de Henry Bernstein, doit être retirée [agitation fomentée par l'Action française et les Camelots du roi contre Bernstein, « juif déserteur » (en mai 1897 pendant son service militaire, condamné par contumace ; a été amnistié)]. *1933*-4-2 *Coriolan* de Shakespeare, dont certaines répliques sont jugées provocatrices, entraîne le renvoi de l'administrateur Émile Fabre (remplacé par le directeur de la Sûreté nationale, Thomé). *1946* : 2e salle ; l'Odéon devient « Salle Luxembourg ». *1958* André Malraux l'attribue à la Compagnie Renaud-Barrault. *1974-76* salle Richelieu fermée (rénovation, 68,4 millions de F) ; joue au théâtre Marigny. *1993*-avril joue pour la réouverture du th. du Vieux-Colombier. *1994*-mai/déc. rénovation, 55 millions de F. *1996*-3-1 salle accessible aux handicapés sensoriels. **Statut** : *1799* l'État impose un commissaire du gouvernement (*1833* directeur, *1849* administrateur). *1804*-9-7 nouvel acte de société, prennent le titre de « *Comédiens ordinaires de l'Empereur* ». *1812* Napoléon organise ses *statuts* (décret en 87 articles, signé à Moscou le 15-10). *1946* dispose de 2 salles : Richelieu et Luxembourg (Odéon, inaugurée 20-11) ; administrateur nommé pour 6 ans avec devoir d'organiser des tournées ; -9-6 partie de la troupe démissionne, à la suite de Jean-Louis Barrault et Madeleine Renaud. *1959* André Malraux, ministre de la Culture, retire la salle Luxembourg à la Comédie-Française et la confie à Jean-Louis Barrault (Odéon-Th. de France). *1975* réforme des statuts. *1978* administrateur de la Comédie-Française nommé directeur de l'Odéon. *1983* l'Odéon reprend son autonomie et devient le Th. de l'Europe. *1986* de nouveau rattaché à la Comédie-Française. *1988* redevient Th. de l'Europe ; des difficultés sociales obligent les comédiens à jouer sur d'autres scènes. *1995*-1-4 établissement public industriel et commercial. **Exploitée** par la Sté des comédiens français, composée de sociétaires en activité et dirigée par un *administrateur général*, nommé par décret en Conseil des ministres (depuis 1995 : Jean-Pierre Miquel, reconduit 5-8-1998 pour 3 ans), assisté d'un Comité d'administration de 6 sociétaires, plus 2 suppléants, et dont est membre de droit le doyen, sociétaire le plus ancien dans la société (depuis 1988 Catherine Samie). *Bénéfices* partagés en 32 parts (1 mise en réserve) : 30 réparties entre les sociétaires, de 3/12 de part (pour le sociétaire nouvellement nommé) à 1 part entière (le maximum) ; la part restante peut être attribuée chaque année à titre exceptionnel, en totalité ou partie, à 1 ou 2 sociétaires à part entière, dont l'activité au cours de l'année écoulée aura été particulièrement remarquée. Les accroissements successifs de la part se font par 1/12 ou 1/6. **Troupe** : constituée de *sociétaires* (40 au 31-12-2000), liés au théâtre pour 10, 15, 20, 25 ou 30 ans, et de *pensionnaires* (23 au 31-12-2000), recrutés par contrat de 1 an renouvelable et pouvant être *sociétaires* après 1 an de présence au moins et au plus 10 ans de services ininterrompus. Les *sociétaires honoraires* (19 au 31-12-2000) peuvent éventuellement être appelés à jouer. **Pièces jouées** : *1687* : 97. *1930* : 130. *1950* : 40. *1990-95* : 20. *1996-97* : 21. *1997-98* : 26. *1998-99* : 25. **Pièces enregistrées intégralement** : pour la radio 17, la TV 3. **Représentations** : *1999-2000* : 827 dont salle Richelieu 391, Vieux-Colombier 189, Studio-Théâtre 194, à l'extérieur 83. **État au 22-1-2001. Administrateur général** : (*1979* Jacques Toja, *83* Jean-Pierre Vincent, *85* Jean Le Poulain, *88* Antoine Vitez, *90* Jacques Lassalle), *93* Jean-Pierre Miquel, *2001*-août Marcel Bozzonet (1944). **Sociétaires** (par ordre d'ancienneté) : *sociétaires honoraires* : Jean Meyer, Renée Faure, Gisèle Casadesus, Lise Delamare, André Falcon, Micheline Boudet, Paul-Émile Deiber, Jean Piat, Robert Hirsch, Jean-Paul Roussillon, Michel Duchaussoy, Denise Gence, Ludmila Mikaël, Claude Winter, Michel Aumont, Geneviève Casile, Jacques Sereys, Yves Gasc, Françoise Seigner. *Sociétaires* : Catherine Samie (9-2-1933), Simon Eine (8-8-1936), Alain Pralon (12-11-1939), François Beaulieu (30-5-1943), Claire Vernet (12-8-1945), Christine Fersen (5-3-1944), Catherine Hiegel (10-12-1946), Nicolas Silberg (2-1-1944), Catherine Salviat (21-1-1947), Dominique Constanza (20-4-1948), Catherine Ferran (13-6-1945), Gérard Giroudon (18-8-1949), Roland Bertin (6-10-1930), Claude Mathieu (8-2-1952), Muriel Mayette, Martine Chevallier, Véronique Vella, Alberte Aveline, Jean-Yves Dubois, Catherine Sauval, Michel Favory, Thierry Hancisse, Jean Dautremay, Anne Kessler, Jean-Pierre Michael, Isabelle Gardien, Igor Tyczka, Andrzej Seweryn, Cécile Brune, Michel Robin, Sylvia Bergé, J.-Baptiste Malartre, Éric Ruf, Éric Genovese, Bruno Raffaelli, Christian Blanc, Alain Lenglet, Florence Viala, Coraly Zahonero, Denis

Podalydès. **Pensionnaires :** Natalie Nerval, Pierre Vial, Christian Blanc, Céline Samie, Olivier Dautrey, Alain Lenglet, Malik Faraoun, Bruno Putzulu, Florence Viala, Coraly Zahonero, Laurent d'Olce, Laurent Rey, Nicolas Lormeau, Claude Guillot, Denis Podalydès, Clotilde de Bayser, Alexandre Pavloff, Roger Mollien, Laurent Montel, Françoise Gillard, Laurent Natrella, Christian Gonon, Jérôme Pouly, Jean-Paul Bordes, Guillaume Gallienne, Jean-Claude Drouot, Jacques Poix-Terrier, Christian Cloarec, Émilie Lafarge.

Auteurs dont le nom a paru plus de 1 000 fois à l'affiche (du 25-8-1680 au 31-12-1999). Nombre total de représentations au 31-12-1999 : Molière (1622-73) 32 232. Racine (1639-99) 9 338. Pierre Corneille (1606-84) 7 120. Musset (1810-57) 6 665. Marivaux (1688-1763) 6 023. Dancourt (1661-1725) 5 639. Regnard (1665-1709) 5 372. Voltaire (1694-1778) 3 945. Augier (1820-89) 3 304. Scribe (1791-1861) 3 081. Hugo (1802-85) 3 052. Beaumarchais (1732-99) 3 023. Le Grand (1673-1728) 2 522. Hauteroche (1617-1707) 2 474. Pailleron (1834-99) 2 284. Destouches (1680-1754) 2 130. Dumas fils (1824-95) 2 121. Brueys (1640-1723) et Palaprat (1650-1721) 2 097. Thomas Corneille (1625-1709) 2 039. Dufresny (1648-1724) 2 022. Labiche (1815-88) 1 983. Shakespeare 1 900. Feuillet (1821-90) 1 621. Feydeau (1821-73) 1 599. Alexandre Dumas (1803-70) 1 575. Champmeslé (1642-1701) 1 574. Alexandre Duval (1767-1842) 1 400. Courteline (1858-1929) 1 320. Lesage (1668-1747) 1 290. Delavigne (1793-1843) 1 229. Flers & Caillavet 1 161. Banville 1 125. Meilhac & Halévy 1 052. Montherlant 1 036. E. Rostand 1 035. Boursault 1 027.

Pièces ayant été affichées plus de 700 fois (du 25-8-1680 au 31-12-1999). *Tartuffe* (Molière) 3 032. *L'Avare* (Molière) 2 448. *Le Médecin malgré lui* (Molière) 2 252. *Le Misanthrope* (Molière) 2 254. *Les Femmes savantes* (Molière) 2 023. *Le Malade imaginaire* (Molière) 2 073. *Le Cid* (P. Corneille) 1 625. *Le Jeu de l'amour et du hasard* (Marivaux) 1 612. *L'École des femmes* (Molière) 1 622. *L'École des maris* (Molière) 1 612. *Andromaque* (Racine) 1 509. *Phèdre* (Racine) 1 460. *Les Fourberies de Scapin* (Molière) 1 494. *Le Bourgeois gentilhomme* (Molière) 1 429. *Le Mariage de Figaro* (Beaumarchais) 1 377. *Les Précieuses ridicules* (Molière) 1 349. *Les Plaideurs* (Racine) 1 362. *Le Barbier de Séville* (Beaumarchais) 1 267. *Britannicus* (Racine) 1 258. *Le Dépit amoureux* (Molière) 1 246. *George Dandin* (Molière) 1 263. *Le Mariage forcé* (Molière) 1 276. *Un caprice* (Musset) 1 154. *Le Légataire universel* (Regnard) 1 149. *Les Folies amoureuses* (Regnard) 1 148. *Amphitryon* (Molière) 1 095. *Il faut qu'une porte soit ouverte ou fermée* (Musset) 1 092. *Ruy Blas* (Hugo) 1 020. *Le monde où l'on s'ennuie* (Pailleron) 1 000. *Hernani* (Hugo) 979. *Horace* (P. Corneille) 917. *Iphigénie en Aulide* (Racine) 913. *Monsieur de Pourceaugnac* (Molière) 890. *Le Menteur* (P. Corneille) 889. *L'Avocat Patelin* (Brueys) 888. *Le Joueur* (Regnard) 885. *Crispin médecin* (Hauteroche) 854. *Cyrano de Bergerac* (Rostand) 854. *Cinna* (P. Corneille) 835. *Le Legs* (Marivaux) 829. *Le Gendre de M. Poirier* (Augier et Sandeau) 803. *L'Épreuve* (Marivaux) 772. *Polyeucte* (P. Corneille) 769. *L'Esprit de contradiction* (Dufresny) 762. *Sganarelle* (Molière) 760. *Crispin rival de son maître* (Lesage) 745. *Les Fausses Confidences* (Marivaux) 787. *Le Florentin* (Champmeslé) 715. *Il ne faut jurer de rien* (Musset) 709. *Mithridate* (Racine) 701.

☞ *Le 15-1* (jour anniversaire de sa naissance en 1622), la troupe rend hommage à Molière.

Budget (en millions de F). **Subventions** : *1980* : 59,2 ; *85* : 91,6 ; *90* : 108 ; *91* : 106,5 ; *92* : 110 ; *93* : 115,8 ; *94* : 118,4 ; *95* : 121 ; *96* : 122,7 ; *97* : 124,2 ; *98* : 126,1 ; *99* : 142,6 ; *2000* : 148,1 ; *01* : 136,8 (en % du budget : *1910* : 17, *1950* : 60, *1993* : 75). **Exploitation** (en millions de F) : ressources propres : *1990* : 35,5 ; *98* : 39,3 ; *2001* : 59. Dépenses : de personnel : *1990* : 97 ; *98* : 65,4 ; *2001* : 122,4. Artistiques : *1990* : 36 ; *91* : 37 ; *92* : 37,5 ; *98* : 36,6. Budget total : *1990* : 151 ; *98* : 168,9 ; *2001* : 185,4. **Places :** nombre : *1799* : 2 000 ; *avant 1976* : 1 400 ; *87* : 892 ; *95* : 896 (29,43 % vendues à tarif préférentiel ; en 1999-2000 : 30 à 190 F) ; Prix réel des places : *1994-95* : 25 à 170 F. Coefficient de remplissage (en %) : *1990-91* : 87,2 ; *1994-95* : 74,05 ; *1997-98* : 81 ; *1998-99* : 80.

■ **Odéon-Théâtre de l'Europe.** *1780-82 construit* sur des plans de Peyre et de Wailly, et destiné à l'origine à la troupe de la Comédie-Française. *1782*-9-4 ouverture du Th.-Français. *1789* devient Th. de la Nation puis de l'Égalité, du Peuple (1794), de l'Odéon (1796). *1799*-8-3 incendie. *1808*-15-8 rouvre sous le nom de Th. de l'Impératrice. *1814* Th. Royal. *1818* incendie. *1819* reconstruit par Baraguey et Prévost, prend le nom d'Odéon. *1941* Th. national de l'Odéon. *1946*-1-9 salle Luxembourg (2e salle de la Comédie-Française). *1959*-1-9 Th. de France, *dir. :* Jean-Louis Barrault (1910-94). *1968*-mai occupé par les manifestants. *1971*-sept.-*1990* Th. national de l'Odéon, redevient 2e salle de la Comédie-Française. *1983-90* mis à la disposition du Th. de l'Europe (*dir. :* Giorgio Strehler) de mars à juillet. *1990*-1-6 devient Odéon-Th. de l'Europe. Établissement public à caractère industriel et commercial. *Petit-Odéon :* laboratoire de textes contemporains. **Directeurs :** *1971* Pierre Dux, *79* Jacques Toja, *83* François Barachin, *86* Jean Le Poulain, *89* Antoine Vitez, *90* Lluis Pasqual, *96*-1-3 Georges Lavaudant. **Places :** grande salle 1 040, Petit-Odéon 82. **Budget** (en millions de F) : **subventions :** *1991* : 46,4 ; *92* : 51,4 ; *93* : 49,2 ; *94* : 49,3 ; *95* : 51,1 ; *96* : 51,6 ; *97* : 56,8 ; *98* : 54,3 ; *99* : 54,6 ; *2000* : 57,2. **Exploitation :** ressources propres : *1991* : 16,8 ; *92* : 13,6 ; *93* : 27,4 ; *94* : 24,9 ; *95* : 28,4 ; *96* : 17,9 ; *97* : 13,3 ; *98* : 17,5 ; *99* : 14,2. Dépenses de personnel : *1992* : 25,8 ; *94* : 25 ; *97* : 25,7 ; *98* : 19,2 ; *99* (dont intendance) : 35,3. Artistiques : *1992* : 29 ; *94* : 30 ; *97* : 38,4 ; *98* : 33,9 ; *99* : 32,4. Budget total : *1992* : 65,5 ; *93* : 77,5 ; *94* : 74,2 ; *96* : 72,1 ; *97* : 74 ; *98* : 70,8 ; *99* : 67,7. **Saison (1999-2000)** : *spectacles* 18 ; *représentations* 271 ; *spectateurs* 104 852. *Coefficient de remplissage* : 74 %.

■ **Théâtre national de Chaillot.** *1920* fondation. *1930-72* **TNP** (voir ci-dessous). *1968* établissement public subventionné par l'État. *Mission :* favoriser le renouvellement de la création théâtrale contemporaine (décret du 9-5-1975) ; *dir. : 1981* Antoine Vitez, *88* Jérôme Savary, *2000* Ariel Goldenberg. **Salles :** *salle du Grand Théâtre* (qui avait 2 700 pl.), transformée par les architectes Fabre et Perrottet et le scénographe Raffaëlli (réouverture oct. 1975) ; *th. Gémier* inauguré janv. 1967 (430 pl.). **Budget** (en millions de F) : **subventions :** *1995* : 57,5 ; *96* : 60,2 ; *97* : 60,1 ; *98* : 59,9 ; *99* : 63,2 ; *2000* : 66,2 ; *01* : 74,4. **Exploitation :** ressources propres : *1995* : 32 ; *96* : 28,5 ; *97* : 35,8 ; *98* : 24,2 ; *99* : 28,7. Dépenses de personnel : *1995* : 37,6 ; *97* : 31,3 ; *98* : 29,1 ; *99* : 43,35. Artistiques : *1995* : 37,5 ; *96* : 31,2 ; *97* : 39,1 ; *98* : 27,6. Budget total : *1995* : 92,6 ; *96* : 90,4 ; *97* : 100,2 ; *98* : 86,9 ; *99* : 96,7. **Saison (1999-2000)** : *spectacles* 12 (plus 3 en tournées) ; *représentations* 389 ; *spectateurs* : 211 864 (plus 89 866 en tournées).

☞ **Théâtre national populaire (TNP).** *Fondé 1920* à Paris (palais de Chaillot, voir ci-dessus). **Du 1-11-1951 au 1-7-1963 :** *dir. :* Jean Vilar, 3 382 représ., 5 186 957 spect. 29 œuvres françaises et 22 étrangères interprétées. *Records :* Molière 904 106 spect. (580 représ.), Shakespeare 383 366 (201), Brecht 368 152 (309), Corneille 341 241 (230). **Du 5-12-1963 au 25-3-1972 :** *dir. :* Georges Wilson, 1 141 représ. (grande salle), 2 359 236 spect. 11 œuvres françaises et 19 étrangères. *Record :* Brecht 488 125 spect. (5 pièces : 227 représ.). *Transféré avril 1972* à Villeurbanne (Rhône) au Th. de la Cité (créé 1957, CDN 1963). *Dir. :* Roger Planchon (Christian Schiaretti en 2002).

■ **Théâtre national de la Colline.** *Inauguré 1987*-1-6 ; *dir. :* Alain Françon (depuis sept. 1996). 2 salles (757 et 214 pl.). **Budget** (en millions de F) : **subventions :** *1996* : 37,3 ; *97* : 39,5 ; *98* : 39,7 ; *99* : 42 ; *2000* : 45,4. **Exploitation :** ressources propres : *1996* : 9,6 ; *97* : 8,1 ; *98* : 10,2. Dépenses de personnel : *1996* : 13,2 ; *97* : 13,7 ; *98* : 14,9. Artistiques : *1996* : 20,9 ; *97* : 17,8 ; *98* : 20,5. Budget total : *1996* : 50 ; *97* : 49,5 ; *98* : 50,5. **Saison (1997-98)** : *spectacles* : 10 (plus 1 en tournée) ; *représ.* : 309 (38) ; *spectateurs* : 93 179 (7 623).

■ **Théâtre national de Marseille (La Criée).** *Dir. :* Gildas Bourdet jusqu'à fin 2001 ; succède à Marcel Maréchal.

■ **Théâtre national de Strasbourg (TNS).** *1946* Centre dramatique de l'Est, *1968* Th. national. *1972*-1-7 établissement public. *Dir. depuis 1993 :* Jean-Louis Martinelli. *Grande salle,* place de la République (depuis 1957) 600 pl. *Salle Hubert-Gignoux,* avenue de la Marseillaise (depuis 1985) 200 pl. *Studio Jacques-Kablé,* rue Jacques-Kablé : 90 pl. **Budget** (en millions de F) : **subventions :** *1996* : 46,2 ; *97* : 46,6 ; *98* : 49,9 ; *99* : 50,4 ; *2000* : 51,6. **Exploitation :** ressources propres : *1996* : 10,3 ; *97* : 4,6 ; *98* : 9,7 ; *99* : 13,7 ; *2000* : 10,7. Dépenses de personnel : *1994* : 27,3 ; *97* : 15,6 ; *98* : 14,4 ; *99* : 26,2 ; *2000* : 27. Artistiques : *1996* : 22,3 ; *97* : 20,6 ; *98* : 24,4 ; *99* : 26,3 ; *2000* : 23,2. Budget total : *1996* : 59,4 ; *97* : 56,9 ; *98* : 62,3 ; *99* : 66,7 ; *2000* : 62,4. *Spectacles* présentés de 15 à 20 fois à Strasbourg, plus tournées en France et à l'étranger. **Saison (1999-2000) :** *spectacles :* 28. **École supérieure d'art dramatique du TNS :** *dir. :* Stéphane Braunschweig, *dir. des études :* Dominique Lecoyer.

■ **Théâtre national de Toulouse (TNT) [La Cité].** CDN *ouvert 1998*-13-10. *Dir. :* Jacques Nichet. **Salles :** *grande salle :* 900 pl. ; *salle modulable :* 236 pl. ; *petite salle* (« Le Studio ») : 80 pl. **Subventions** (en millions de F, 2000) : d'État 13,5, de la ville 12.

■ Centres dramatiques

Troupes privées fondées par un accord entre l'État et des municipalités intéressées. 5 centres furent créés entre 1947 et 1950 (le 1er, le Centre dramatique de l'Est, est devenu Th. national de Strasbourg).

Depuis 1972, contrat triennal de l'État : une subvention de base est versée contre l'engagement de produire et présenter un certain nombre de spectacles nouveaux avec un nombre minimal de représentations.

■ **Statistiques (1998-99). Nombre d'établissements :** 45 (dont CDN 27, CDR 12, CDN enfance et jeunesse 6). **Représentations :** 8 188 (CDN 5 237, CDNEJ 1 738, CDR 1 213). **Entrées payantes :** 1 850 983 (CDN 1 298 108, CDNEJ 303 568, CDR 249 307). **Subventions du ministère de la Culture** (en millions de F) : *1990* : 259,9 ; *97* : 308,9 ; *98* : 316,6 (CDN 265,2 ; CDR 31,8 ; CDNEJ 19,6) ; *99* : 326 ; *2000* (prév.) : 331,9.

■ **Liste des centres dramatiques nationaux (CDN)** (au 1-1-1997). **Angers :** *Nouveau Théâtre d'Angers* (Nantes créé 1960, depuis 1968 à Angers ; dir. : Claude Yersin). **Annecy :** *CDN de Savoie* (créé 1967 à Lyon, transféré à Annecy et Chambéry en 1992 ; dir. : André Engel). **Aubervilliers :** *Théâtre de la Commune* (CDN 1972 ; dir. : Brigitte Jaques). **Besançon :** *Nouveau Th.* (CDN Franche-Comté 1972 ; dir. : Michel Dubois). **Béthune :** *Comédie de Béthune* (CDN Nord-Pas-de-Calais créé à Lille 1963, transféré à Béthune 1982 ; dir. : Agathe Alexis et Alain-Alexis Barsacq). **Bordeaux :** *Th. du Port de la Lune* (CDN Bordeaux-Aquitaine créé 1990 ; dir. : Jean-Louis Thamin). **Caen :** *Comédie de Caen* (créée 1963 ; dir. : Éric Lacascade). **Dijon :** *Nouveau Th. de Bourgogne* (créé 1960, CDN depuis 1972 ; dir. : Dominique Pitoiset). **Gennevilliers :** *Th. de Gennevilliers* (CDN 1983 ; dir. : Bernard Sobel). **Grenoble :** *CDN des Alpes* (créé 1960, CDN 1972 ; dir. : Roger Caracache). **Lille-Tourcoing :** *Th. national de Région, La Métaphore* (créé 1960 ; dir. : Daniel Mesguisch). **Limoges :** *Th. de l'Union* (créé 1966 ; CDN 1972 ; dir. : Silviu Purcarete). **Marseille :** *Th. national de Marseille, La Criée* (ex-Comédie de Provence, créée 1952 à Aix ; dir. : Gildas Bourdet). **Montluçon :** *Les Fédérés* (créé 1984, CDN 1990 ; dir. : Olivier Perrier et Jean-Paul Wenzel). **Montpellier :** *Th. des Treize-Vents* (CDN Languedoc-Roussillon 1968 ; dir. : Jacques Nichet et Jean Lebeau). **Nancy :** *Th. de la Manufacture* (CDN Nancy-Lorraine 1988 ; dir. : Charles Tordjman). **Nanterre** (voir p. 395 b). **Nice :** *Th. de Nice,* CDN Nice-Côte d'Azur (créé 1969 ; dir. : Jacques Weber). **Orléans :** *CDN d'Orléans* (créé 1993 ; dir. : Stéphane Braunschweig). **Paris :** *Les Tréteaux de France* (créé 1959, CDN 1972 ; dir. : Jean Danet). *Th. du Campagnol* (CDN 1983 ; dir. : Jean-Claude Penchenat). **Reims :** *Comédie de Reims* (CDN 1980 ; dir. : Christian Schiaretti). **Rennes :** *Th. national de Bretagne* (créé 1949 ; dir. : François Le Pillouer). **St-Denis :** *Th. Gérard-Philipe* (CDN 1983 ; dir. : Jean-Claude Fall). **St-Étienne :** *Comédie de St-Étienne* (créée 1947 ; dir. : Daniel Benoin). **Toulouse :** *Le Sorano-Th. national de Toulouse-Midi Pyrénées* (créé 1949 ; dir. : Jacques Rosner). **Villeurbanne :** *TNP, Cie du Th. de la Cité* (créé 1957 ; dir. : Roger Planchon).

Centres dramatiques nationaux pour l'enfance et la jeunesse (CDNEJ). *Créés 1979.* **Caen :** *Th. du Préau* (dir. : Éric de Dadelsen). **Lille :** *Le Grand-Bleu* (dir. Bernard Allombert). **Lyon :** *Th. des Jeunes-Années* (dir. : Maurice Yendt). **Montreuil :** *Th. des Jeunes-Spectateurs* (dir. : Daniel Bazilier). **Sartrouville :** *Heyoka* (dir. : Claude Sévenier). **Strasbourg :** *Th. Jeune-Public* (CDN 1991 ; dir. : Grégoire Callies).

Centres dramatiques régionaux (CDR). Angers : *Th. régional des Pays de la Loire, dir. :* Patrick Pelloquet. **Colmar :** *Atelier du Rhin,* CDR d'Alsace, *dir. :* Pierre Barrat. **Fort-de-France :** *Th. de la Soif nouvelle,* CDR de la Martinique, *dir. :* Élie Pennont. **Lorient :** *Th. de Lorient,* CDR de Bretagne, *dir. :* Éric Vigner. **Orléans :** *Centre national de création d'Orléans, Loiret, région Centre* (Cado), *dir. :* Jean-Claude Houdinière et Loïc Volard. **Paris :** *Centre national de création-Th. ouvert, dir. :* Micheline et Lucien Attoun. **Poitiers :** *Centre dramatique Poitou-Charentes, dir. :* Stuart Seide. **Rouen :** *Th. des Deux-Rives,* Centre de création dramatique de Haute-Normandie, *dir. :* Alain Bezu. **Thionville :** *Th. populaire de Lorraine, dir. :* Stéphanie Loik. **Tours :** *Cie Gilles Bouillon* au *Th. Louis-Jouvet,* CDR de Tours, *dir. :* Gilles Bouillon.

■ Scènes nationales

■ **Nombre** (en 1999). 62 établissements d'action culturelle remplacent l'ancien réseau formé par les maisons de la culture, les centres d'action culturelle et les centres de développement culturel. **Statut :** majoritairement associations loi 1901. **Subventions** (en millions de F) : *1998* : 736,4 dont (en %) communes 48,4, État 33,7, départements 11,8, régions 4,8 ; *1999* : 264. **Effectifs** (en 1996) : 1 224 permanents.

■ **Représentations en 1997-98 et,** entre parenthèses, **nombre d'entrées. Total :** 28 924 (2 759 976) dans 63 établissements dont : *cinéma, audiovisuel* 22 434 (845 232) ; *spectacle vivant tout public* 4 575 (1 531 251 dont gratuites 187 251) dont théâtre 2 422 (640 919), jazz 208 (76 032), rock, variétés 236 (122 677), danse 617 (249 846), musique classique 188 (89 861), théâtre lyrique 151 (77 893), mime, marionnettes, cirque 165 (77 717), musique traditionnelle 238 (83 448), cabaret, café-théâtre, humour 105 (46 741), musique contemporaine 69 (17 595), autres 176 (48 522)] ; *jeune public* 1 915 (383 493) dont théâtre 1 083 (202 446), mime, marionnettes, cirque 339 (76 411), musique 205 (48 522), danse 158 (39 522), autres 130 (16 131).

■ Autres structures subventionnées

■ **Compagnies indépendantes. Montant global** (en millions de F) : *1997* : 175,9 (à 609 compagnies) ; *98* : 160 ; *99* : 173,9 ; *2000* (est.) : 186. **Nombre d'aides** (en 1999) : 624 dont *contractualisation* (sur 2 ou 3 ans ; définie par un cahier des charges : minimum de 2 créations et 120 représentations) : 215 ; *aide annuelle au fonctionnement* : 107 ; *aides au projet* : 261.

■ **Théâtres privés. Fonds de soutien au théâtre privé :** *géré* par une association de professionnels ; *montant* (en millions de F) : *1998* : 90,86 dont taxe parafiscale (prélevée sur les recettes d'exploitation des adhérents) 24,8, cotisation volontaire des théâtres souhaitant bénéficier de l'aide à l'équipement 20,5, subvention de l'État 24,8, de la Ville de Paris 19, de l'Adami 1, aide de la SACD 0,75 ; *1999* : 80,1. **Théâtres missionnés** (depuis 1994). *1996* : 12,6 millions de F pour 19 th. **Lieux clés** (nombre de scènes). Environ 50 dont, à Paris 42 (dans 37 th. dont l'Athénée, le Th. de la Cité internationale, le Th. de la Bastille), à Toulouse le Th. Garonne.

☞ La fréquentation des théâtres privés a baissé de 30 % entre 1988 et 1998.

■ Tournées théâtrales

■ **Nombre** (en 1985). 130 directeurs de tournées théâtrales membres du syndicat national, plus un certain nombre d'organisateurs indépendants.

■ Troupes amateurs

■ **Nombre.** Environ 5 000 associations, dont 1 250 (au 1-1-2000) appartiennent à la Féd. nationale des compagnies de th. et d'animation, 12, rue de la Chaussée-d'Antin, 75009 Paris. **Troupes :** indépendantes 34 %, en milieu socio-éducatif 26 %, en milieu scolaire et universitaire 25 %, issues des activités de comités d'entreprises 15 %.

■ **Festivals. Subventionnés** (en 1999) : 79 ; *montant :* 31 millions de F dont par la Drac (Dir. régionale des affaires culturelles) 10,5, la DMDTS (Dir. de la musique, de la danse, du théâtre et des spectacles) 20,5. **Principaux :** *mondial :* tous les 4 ans à Monaco. *Le Masque d'or :* manifestation biennale. *Festival national :* Narbonne. *L'Humour en poche :* Villers-lès-Nancy. *Festival de théâtre contemporain :* Châtillon-sur-Chalaronne.

☞ **Théâtre démontable :** *VIe s. av. J.-C. :* Thespis crée le genre avec son chariot ambulant. *Vers 1870-80 :* grande période. *Jusqu'en 1940 :* plus de 200 établissements (les plus petits : 15 × 6 m, les plus grands : 40 × 13 m avec balcon). 200 à 1 000 places. *1960 :* disparition des derniers. Le genre existe encore sous chapiteau : Jean Danet, les Baladins du miroir (Belgique). *Actuellement :* Théâtre mobile à Dreux puis à Blois : se déplace dans la région. **Quelques grandes baraques :** Camp, Créteur, Cavalier, Delemarre, Ferranti, Lamarche, Montanari. **Association :** *les Amis du théâtre démontable,* 37 bis, rue Boudet, 51100 Reims. **Publications :** *la Brochure* (annuelle), *les Cahiers du théâtre démontable* (semestr.). **Musée** du théâtre forain, 45410 Artenay.

■ Prix de théâtre

■ **Arletty. Créé** 1989. *Pte-fondatrice :* Fanny Vallon. Récompense femmes de théâtre. **Dotation :** une peinture ou une sculpture. *Suspendu depuis 1994.*

■ **Arts de la scène (Grand Prix des). Créé** 1994, **décerné** par la Ville de Paris. **Montant :** 50 000 F. **Lauréats : 1995** Peter Brook. **96** Jorge Lavelli. **97** Philippe Adrien. **98** Caroline Carlson. **2000** Klaus-Michael Grüber.

■ **Société des auteurs et compositeurs dramatiques (SACD). Créée** 1777 par Beaumarchais à la suite d'une révolte des auteurs. **Organisation :** Sté civile formée par une commission composée d'auteurs élus lors de l'assemblée générale annuelle. *Pt* (élu par la commission) : Laurence Heynemann. *Dir. général :* Olivier Carmet. **Membres :** 28 000 auteurs et compositeurs dramatiques français et francophones. **Répertoire :** œuvres théâtrales, audiovisuelles, musicales, radiophoniques, chorégraphiques. *Nombre :* environ 550 000, dont 11 347 déposées en 1999 (dont audiovisuelles 7 855). **Mission :** perçoit et répartit les droits d'auteurs en prélevant une « retenue statutaire », intervient directement dans les pays francophones et dans de nombreux pays étrangers. Assure protection sociale et défense morale des auteurs (permet le « dépôt du manuscrit »). Participe à des actions culturelles (festival d'Avignon, festival de Cannes, aide à l'édition théâtrale...). Décerne des prix (voir ci-dessus). Met à la disposition des auteurs une « maison des auteurs » et une bibliothèque sur le spectacle (60 000 documents). A créé et finance les associations : « Beaumarchais » (tous répertoires), Pro Lyrica (art lyrique) et Entr'Actes (théâtre contemporain). **Droits** (1999, en millions de F) : *perçus* 813 dont théâtre, lyrique, danse 35,4 % [dont, en %, province, Dom-Tom 48, Paris 39,1, étranger 13,2 (dont pays francophones 6,2)], audiovisuel 64,6 % (dont, en %, radio et TV 72,2, copie privée 9,1, cinéma 4,5, étranger 14,2) ; *répartis* 695 sur 14 118 comptes d'auteurs.

■ **Enseignement professionnel. Écoles nationales : Conservatoire national supérieur d'art dramatique (CNSAD) :** *origine : 1808* Conservatoire impérial de musique et de déclamation. *1812* établissement public d'enseignement supérieur de l'art dramatique. *Admission :* sur concours annuel, en 3 parties (2 tours pour admissibilité, puis stage d'admission). *1998 :* candidats 687, admis 31. *Épreuves :* 4 scènes dont 2 classiques préparées (dont 1 en alexandrins) par le candidat. *Élèves* (1998-99) : 94 en 6 classes d'interprétation et 4 stagiaires étrangers. *Professeurs :* 20 ; *dir. :* Marcel Bozonnet. *Subventions* (en millions de F) : *2000 :* 13,96. Autres écoles publiques : **école du théâtre national de Strasbourg** (37 élèves en 1997-98) : forme les comédiens et techniciens du spectacle. **Conservatoires** de région de Bordeaux et de Montpellier, **écoles** des centres dramatiques nationaux, du théâtre national de Bretagne et de la Comédie de Saint-Étienne, **École régionale** d'acteurs de Cannes. Cours privés : **le cours Florent** (à Paris) est le plus réputé : cursus de 4 ans, 1 000 à 2 000 F/mois selon le nombre d'heures de cours suivies.

■ **Enseignement aux amateurs.** Cours d'art dramatique donnés dans 84 conservatoires nationaux de région (CNR) et écoles nationales de musique (ENM), essentiellement financés par les collectivités locales. **Élèves des cours d'art dramatique dont : des CNR,** entre parenthèses, **des ENM et,** en italique, **des écoles municipales agréées** (1996-97) : *total :* 2 754 [758 (1 008) *988*] dont : *jeu dramatique :* 1 670 [664 (96) *910*], *diction :* 1 573 [488 (646) *439*], *expression corporelle :* 1 154 [383 (494) *277*], *histoire du théâtre :* 681 [333 (237) *111*], *autres :* 865 [353 (342) *170*].

☞ *Crédits du ministère de la Culture à l'enseignement* (en millions de F) : *1997 :* 63,14 ; *98 :* 68,1.

■ **Arts du spectacle vivant (Grand prix national des). Issu** 1998 de la fusion des Grands prix nationaux de théâtre (voir col. c) et de danse (voir encadré p. 390 c). **Lauréats : 1998** Jacques Lassalle et Boris Charmatz. **99** Mathilde Monnier et Catherine Marnas.

■ **Brigadier. Créé** 1960 par l'Association de la régie théâtrale qui regroupe les régisseurs depuis 1911.

■ **CIC du Théâtre. Créé** 1992. Décerné depuis 1996 avec le th. du Vieux Colombier. **Dotations :** 1er prix : montage de la pièce, 2e et 3e prix : encouragement à l'écriture.

■ **Dominique. Créé** 1953 par Léon Aronson († 1984).

■ **Europe pour le théâtre. Créé** par le comité Taormina Arte, **parrainé** par l'UE, le Conseil de l'Europe et l'Unesco. **2001 :** Michel Piccoli.

■ **Fauteuil d'or. Créé** 1991, programmation d'un théâtre.

■ **Gérard-Philipe. Créé** 13-4-1962, **décerné** par la Ville de Paris à un acteur français de moins de 35 ans (50 000 F). **Lauréats : 1995** Valérie Dréville. **96** Philippe Torreton. **97** Isabelle Carré. **98** Michel Fau. **99** Éric Ruf. **2000** Sylvie Testud.

■ **Jeune Théâtre. Créé** 1983.

■ **Molières. Créés** 1987 par Georges Cravenne à la demande de Jean-Michel Rouzière et Jérôme Hullot du syndicat des directeurs de théâtre. **Décernés** à des spectacles d'au moins 30 représentations par l'Association professionnelle et artistique du théâtre. Réunissant acteurs, accessoirement techniciens, administrateurs, journalistes, « agents artistiques », attachés de presse (soit 2 400 professionnels dans 17 catégories). *1er tour de scrutin :* par correspondance, détermine les 5 « nominés » par catégorie ; *2e tour :* « Nuit des Molières » (en 2001 : au théâtre Marigny). *Trophée :* reproduction en bronze doré du buste sculpté par Houdon. **Pt :** 2000-2001 Jean-Claude Carrière. **Lauréats** (entre parenthèses, théâtre et/ou metteur en scène) **: comédien : 1990** Pierr Dux, *Quelque part dans cette vie.* **91** Guy Tréjan, *Heldenplatz.* **92** Henri Virlojeux, *l'Antichambre.* **93** Michel Aumont, *Macbeth.* **94** Jean-Pierre Marielle, *le Retour.* **95** Pierre Meyrand, *Les affaires sont les affaires.* **96** Didier Sandre, *Un mari idéal.* **97** Pierre Cassignard, *les Jumeaux vénitiens.* **98** Michel Bouquet, *les Côtelettes.* **99** Robert Hirsch, *le Bel Air de Londres.* **2000** Michel Aumont, *Un sujet de roman.* **01** Simon Abakarian, *Une bête sur la lune.* **Comédienne : 1990** Denise Gence, *Avant la retraite.* **91** Dominique Valadié, *la Dame de chez Maxim's* (Amandiers). **92** Ludmila Mikael, *Célimène et le Cardinal.* **93** Edwige Feuillère, *Edwige Feuillère en scène.* **94** Tsilla Chelton, *les Chaises.* **95** Suzanne Flon, *la Chambre d'amis.* **96** Christiane Cohendy, *Décadence.* **97** Myriam Boyer, *Qui a peur de Virginia Woolf ?* **98** Dominique Blanc, *Maison de poupée.* **99** Isabelle Carré, *Mademoiselle Else.* **2000** Judith Magre, *Shirley.* **01** Corinne Jaber, *Une bête sur la lune.* **Second rôle masculin : 1990** Michel Robin, *la Traversée de l'hiver.* **91** Jean-Paul Roussillon, *Zone libre.* **92** Robert Hirsch, *le Misanthrope.* **93** Jean-Pierre Sentier, *l'Église.* **94** Roland Blanche, *la Résistible Ascension d'Arturo Ui.* **95** Darry Cowl, *On purge bébé* et *Feu la mère de Madame.* **96** Jean-Paul Roussillon, *Colombe.* **97** Robert Hirsch, *En attendant Godot.* **98** Maurice Barrier, *Douze Hommes en colère.* **99** Michel Aumont, *Rêver peut-être.* **2000** Marcel Cuvelier, *Mon père avait raison.* **01** Georges Wilson, *Une chatte sur un toit brûlant.* **Second rôle féminin : 1990** Judith Magre, *Greek.* **91** Catherine Arditi, *A croquer... ou l'ivre de cuisine.* **92** Danièle Lebrun, *le Misanthrope.* **93** Françoise Bertin, *Temps contre temps.* **94** Annick Alane, *Tailleur pour dames.* **95** Catherine Frot, *Un air de famille.* **96** Sonia Vollereaux, *Lapin Lapin.* **97** Dominique Blanchar, *Tout comme il faut.* **98** Geneviève Casile, *Bel Ami.* **99** Geneviève Fontanel, *Délicate Balance.* **2000** Dominique Blanchar, *les Femmes savantes.* **01** Annik Alane, *Une chatte sur un toit brûlant.* **Spectacle comique : 1990** *Lapin chasseur* (Th. national de Chaillot). **91** *les Inconnus* (Th. de Paris). **92** *Cuisine et Dépendances* (Th. La Bruyère). **93** *les Pieds dans l'eau.* **94** *Quisaitout et Grobêta.* **95** *Un air de famille.* **96** *C'est magnifique.* **97** *Accalmies passagères.* **98** *André le Magnifique.* **99** *Après la pluie* (Sergi Belbel). **2000** *Mort accidentelle d'un anarchiste* (Dario Fo). **01** Ladies Night (Th. Rive Gauche). **One-man show** ou **spectacle de sketches : 1990** Guy Bedos (Zénith). **91** Valérie Lemercier (Splendid Saint-Martin). **92** Smaïn (Olympia). **93** Rufus. **94, 95** *non décerné.* **96** Valérie Lemercier (Th. de Paris). **97** Laurent Gerra et Virginie Lemoine. **98** Buffo. **99** Philippe Avron, *Je suis un saumon.* **2000** Arturo Brachetti (Mogador). **01** Valérie Lemercier (Folies Bergère). **Spectacle musical : 1990** *Tempo* (Philippe Ogouz). **91** *Christophe Colomb* (Jean-Marie Lecoq). **92** *les Misérables* (Mogador). **93** *Mortadela.* **94** *le Quatuor.* **95** *les Années twist.* **96** *Chimère* (Th. Zingaro). **97** *le Passe-Muraille* (th. de la Michodière). **98** le Quatuor *Il pleut des cordes.* **99** *Ultima récital* (Marianne James et Véronique Vola). **2000** *Peines de cœur d'une chatte française* (René de Ceccaty et Alfredo Arias). **01** *Chantons sous la pluie* (Th. de la Porte St-Martin). **Metteur en scène : 1990** Gérard Caillaud, *les Palmes de M. Schultz.* **91** Peter Brook, *la Tempête.* **92** Stephan Meldegg, *Cuisine et dépendances.* **93** Laurent Terzieff, *Temps contre temps.* **94** Benno Besson, *Quisaitout et Grobêta.* **95** Alain Françon, *Pièces de guerre.* **96** Patrice Chéreau, *Dans la solitude des champs de coton.* **97** Alain Sachs, *le Passe-Muraille.* **98** Jean-Louis Benoît, *les Fourberies de Scapin.* **99** Gildas Bourdet, *l'Atelier.* **2000** Ariane Mnouchkine, *Tambours sur la digue.* **01** Irina Brook, *Une bête sur la lune.* **Auteur : 1990** Jean-Noël Fenwick, *les Palmes de M. Schultz.* **91** Jean-Claude Grumberg, *Zone libre.* **92** Agnès Jaoui, Jean-Pierre Bacri, *Cuisine et Dépendances.* **93** René de Obaldia, *Monsieur Klebs et Rozalie.* **94** Éric-Emmanuel Schmitt, *le Visiteur.* **95** Yasmina Reza, *Art.* **96** Gilles Segal, *Monsieur Schpill et Monsieur Tippeton.* **97** Arnaud Bédouet, *Kinkali.* **98** *André le Magnifique* (collectif). **99** Jean-Claude Grumberg, *l'Atelier.* **2000** Dario Fo, *Mort accidentelle d'un anarchiste.* **01** Daniel Besse, *les Directeurs.* **Spectacle subventionné : 1990** *Greek* (Jorge Lavelli, Th. de la Colline). **91** *la Tempête* (Peter Brook, Th. des Bouffes-du-Nord). **92** *le Temps et la Chambre* (Patrice Chéreau, Th. de l'Europe). **93** *La Serva amorosa.* **94** *Comment va le monde, Mossieu ? Il tourne, Mossieu.* **95** *Les affaires sont les affaires.* **96** Gilles Segal *Monsieur Schpill et Monsieur Tippeton* (Georges Werler). **97** *remplacé par* **Pièce de création : 1997** *Kin Kali.* **98** *André le Magnifique.* **99** *Copenhague* (Michael Frayn). **2000** *Tambours sur la digue* (Hélène Cixous). **01** *les Directeurs.* **Spectacle privé : 1990** *les Palmes de M. Schultz* (Gérard Caillaud, Th. des Mathurins). **91** *le Souper* (Jean-Pierre Miquel, Th. Montparnasse). **92** *Cuisine et Dépendances* (Stephan Meldegg, Th. La Bruyère). **93** *Temps contre temps.* **94** *le Visiteur.* **95** *Art* (Yasmina Reza, Comédie des Champs-Élysées). **96** *Un mari idéal* (Adrian Brine, Th. Antoine). **97** *remplacé par* **Pièce de répertoire : 1997** *Les Jumeaux vénitiens* (G. Bourdet, Th. de l'Eldorado). **98** *les Fourberies de Scapin* (Comédie-Française). **99** *l'Atelier* (Jean-Claude Grumberg). **2000** *le Revizor* (Comédie-Française). **01** *Une bête sur la lune* (Th. de l'Œuvre). **Adaptateur de pièce étrangère : 2001** Daniel Loayza, *Une bête sur la lune.* **Révélation féminine : 2001** Barbara Schulz, *Joyeuses Pâques.* **Révélation masculine : 2001** Edouard Baer, *Cravate Club.* **Décorateur : 2001** Ezio Toffolutti, *le Cercle de craie caucasien.* **Créateur de costumes : 2001** Ezio Toffolutti, *le Cercle de craie caucasien.* **Lumières : 2001** André Diot, *le Cercle de craie caucasien.* **Molières d'honneur : 2001** Gabriel Monnet.

Judith Magre (*Photo* Roberto Frankenberg)

Improvisation théâtrale : inventée au Canada. « Matchs d'improvisation » : parties de 90 min (3 × 30 min) entre 2 équipes mixtes (2 × 3) de 6 joueurs-improvisateurs et 1 entraîneur ; 1 arbitre avec 2 assistants. *Improvisation : comparée :* chaque équipe, à tour de rôle, doit improviser sur le même thème ; *mixte :* 1 ou plusieurs joueurs des 2 équipes doivent improviser ensemble sur le même thème.

■ **Plaisir du Théâtre** (et prix **J.-Jacques-Gautier**). **Créés** 1971 par Marcel Nahmias, encouragement d'ordre général à une personne ayant rendu service au théâtre (auteur, compagnie, etc.).

■ **SACD** (Grands prix et prix Nouveaux Talents théâtre). **Créés** 1945. **Grand Prix : 2000** Ariane Mnouchkine. **Prix Suzanne-Bianchetti** (créé 1950, décerné à une jeune comédienne) : **1998 :** Virginie Ledoyen. **99 :** Karin Viard. **2000 :** Audrey Tautou.

■ **Syndicat de la critique dramatique et musicale** (Grand Prix du meilleur spectacle). **Décerné** en juin.

■ **Théâtre (Prix du). Créé** 1980. *Attribué* par l'Académie française. **Montant :** 10 000 F. **Lauréats : 1980** Jean Anouilh. **81** Gabriel Arout. **82** Georges Neveux. **83** Marguerite Duras. **84** Jean Vauthier. **85** René de Obaldia. **86** Raymond Devos. **87** Remo Forlani. **88** Loleh Bellon. **89** François Billetdoux. **90** Jean-Claude Brisville. **91** Jean-Claude Grumberg. **92** *non décerné.* **93** Fernando Arrabal. **94** *non décerné.* **95** Roland Dubillard. **96** *non décerné.* **97** Didier Van Cauwelaert. **98** Romain Weingarten. **99** *non décerné.* **2000** Yasmina Reza.

■ **Théâtre (Grand Prix national du). Créé** 1969. **Montant :** 20 000 F. **Décerné** par la direction du Théâtre et des Spectacles. **Lauréats : 1969** Eugène Ionesco. **70** Jean Dasté. **71** Jacques Lemarchand. **72** Madeleine Renaud. **73** Jean-Denis Malclès. **74** Jean-Louis Barrault. **75** Samuel Beckett. **76** Roger Blin. **77** François Périer. **78** Jacques Noël. **79** Roland Dubillard. **80** Jean Anouilh. **81** Andrée Tainsy. **82** André Acquart. **83** Denise Gence. **84** Laurent Terzieff. **85** Ariane Mnouchkine. **86** *non décerné.* **87** Antoine Vitez. **88** Armand Gatti. **89** Pierre Dux. **90** Maria Casarès. **91** Claude Régy. **92** Jérôme Deschamps. **93** Jacques Mauclair. **94** Michel Bouquet. **95** Patrice Chéreau. **96** Jean-Luc Courcoult. **97** *non décerné.* **98** *intégré aux* **Arts du spectacle vivant** (voir col. b).

■ **U. Créé** 1954 pour l'auteur d'une pièce qui n'a pas déclenché le succès mérité.

CIRQUE

☞ *Abréviation* : C. ou c. : cirque(s).

■ **Origine. Cirque moderne** (piste circulaire, chevaux, ménagerie, clowns...) créé en G.-B. en 1769/70 par Philip Astley (8-1-1742/1814). Au début, clowns à cheval puis clowns acrobates, jongleurs, etc.

1ers cirques fixes. Allemagne : *C. de Berlin* (1839) *et Renz* (1843). 1re direction : Dejean. **États-Unis :** *Bill Ricketts* (vers 1790). *Adam Ringling Brothers. Forepaugh.* Puis *Ringling Bros and Barnum Bailey.* [Phineas Taylor Barnum (5-7-1810/7-4-1891), vendeur en épicerie et représentant en chapeaux, se spécialisa dans l'exhibition de phénomènes vrais ou truqués, exemples : Joice Heth (vieille Noire dont il fit la nourrice de George Washington) ; femme à barbe ; sœurs siamoises et nains (New York, en 1851) ; le nain Charles Stratton (1819-79) ou Gal Tom Pouce. En 1871, s'associe avec Bailey.] **France** (Paris) : *Amphithéâtre Astley* (1780-1822), bd du Temple, vendu 1795 à Antonio Franconi. *C. Olympique* (1807-62). *C. des Champs-Élysées* (C. d'été, 1841-1900). *C. Napoléon* [C. d'hiver, 1852 ; 1er numéro de trapèze volant 12-11-1859 par Jules Léotard (Toulouse 1838-70) qui donna son nom au maillot recouvrant buste, bassin, bras]. *C. Fernando* (1873 Médrano puis Montmartre, 1963-1973). *Nouveau C.* (Arènes nautiques, 1875-1927). *C. Métropole* (C. de Paris, 1906-30). *Hippodrome de la place Clichy* (1900 ; plus tard Gaumont-Palace). **G.-B. :** *C. Philip Astley* [Astley's Riding School 1770 (1er c. puis Royal Amphitheatre of Arts 1780)]. *C. Royal* (Royal Circus) de Hughes.

■ **Principaux cirques. Étrangers. Afrique du Sud :** Boswell-Wilkie. **Allemagne :** Corty Althoff, Barum, Busch-Roland, Krone, Sarrasani (disparus : Renz, Carola Williams, Hagenbeck). **Angleterre :** Mary Chipperfield, Tower Circus (Blackpool, c. fixe), Austen Bros, Robert Bros, Jerry Cottle, Billy Russel (Great Yarmouth, c. fixe), Hoffmann, Robert Fossett (disparus : Mills, Chipperfield, Billy Smart, David Smart). **Australie :** Ashton. **Belgique :** C. Royal de Bruxelles (disparus : Dejonghe, Semay Piste). **Canada :** C. du Soleil. **Chine :** C. d'État. **Danemark :** Arena, Arli, Benneweiss, Bunger, Carneval, Vivi Roncelli (disparus : Miehe, Schuman). **Espagne :** Americano, Atlas, Christo, Monumental, Price, Tonetti. **États-Unis :** Clyde Beatty-Cole Bros, Hamid-Morton, Mills Bros, Polack Bros, Ringling Bros and Barnum [fondé 1871 par Phineas Taylor Barnum (voir ci-dessus)], Bailey (le plus grand c. du monde : 2 éditions simultanées, 300 artistes par spectacle), Vargas (le plus grand c. itinérant : chapiteau de 5 000 places), King Bros. **Irlande :** Fossett. **Italie :** Americano (Togni), Embell-Riva, Florilegio, Liana et Rinaldo Orfei, Medrano Casartelli, Nando et Moira Orfei, Nyuman, Palmiri, Cesare Togni, Darix Togni, Tribertis (disparus : Biasini, Travaglia). **Norvège :** Arne Arnardo. **Pays-Bas :** Boltini (disparus : C. Carré, Strasburger). **Russie :** Moscou. **Suède :** Benzo, Ray Miller, Scala, Scott. **Suisse :** Knie, Nock, Olympia, Stey. **Français. Disparus récemment :** *C. d'hiver Bouglione* (Joseph B. 1904-87, Émilien B., Alexandre B.), *Bureau, Loyal, Pauwells, Radio-Circus* (1949-55), *Reno, Grand C. de France* (1959-65), *C. Jean Richard* (1974-76), *Lamy* (1836-1952), *Francki, Pourtier, Sabine Rancy Carrington.* **Itinérants :** *Alexis Gruss* (neveu de l'illustre Alexis), Arlette Gruss (fille). *Pinder-Jean Richard* (chapiteau de 4 500 places, 150 salariés, 100 animaux, 720 représentations par an, chiffre d'affaires : 40 millions de F, bénéfice : 3 ; dir. Eldestein). *Diana Moreno-Bormann* (depuis 6 générations). *Achille Zavatta* (frères Micheletty). *Zavatta fils* (Lydia et William Z.). *Kino's* (Rech). *Médrano* (fondé par Jérôme Médrano 1907-98 ; dir. Gibault). *Métropole* (dir. Roquier). *C. Bouglione. La Piste des Jeunes. Maximum. Le Grand C. céleste.* **Fixes :** C. d'Amiens (fondé par les Rancy, 2 700 pl.), Châlons-en-Champagne, Douai, Paris [*C. d'Hiver-Romanès-C. tzigane* (Alexandre Bouglione)], Reims, Troyes. **Nouveau Cirque :** *Archaos, les Acrostiches, C. Plume* (créé par Bernard Kudlak), *C. Baroque, C. du Dr Paradi, Compagnie Anomalie C., Le Grand C. Céleste, Les Nouveaux Nez, Cirque-Ici, Que-cir-que, Zingaro* (c. équestre ; créé par Bartabas), *les Clowns cosmiques, les Nomades rageurs, C. du Soleil, C. de Barbarie, Déclic-Circus, Rasposo, les Cousins, Mécanique vivante, les Arts-Sauts.*

☞ Certains cirques pratiquent la *location d'enseigne* comme les cirques Zavatta.

■ **Écoles de cirque. France :** *École nationale des arts du cirque* (Enacr) : rue Jules-Guesde, stade Pierre-Letessier, 93110 Rosny-sous-Bois. Secteurs : loisirs : à partir de 4 ans ; professionnel : 2 ans d'études à partir de 16 ans amenant à un diplôme d'État de niveau IV (baccalauréat). Dir. : Anny Goyer. *École supérieure des arts du cirque* (Esac) : au sein du *Centre national des arts du cirque* (CNAC) 1, rue du Cirque, 51000 Châlons-en-Champagne. École professionnelle : après concours, 2 ans d'études à partir de 18 ans ; diplôme d'État de niveau III (bac. + 2) ; 44 élèves en 2000-2001. Dir. général : Bernard Turin. *Autres :* Chambéry (*Arc-en-cirque*), Châtellerault (*La Manufacture*), Lomme (*Et vous trouvez ça drôle*), Montpellier (*Balthazar*), Mougins (*Tous en piste*), Paris (*École nationale de cirque Annie Fratellini*), Rennes (*Big-Bang-Circus*), Toulouse (*Le Lido*). **Étranger :** *Moscou* (depuis 1929), *Berlin, Bruxelles, Budapest, Bucarest, Kiev, Le Caire, Lisbonne, Londres, Madrid, New York, Prague ; Allemagne, Australie, Brésil, Canada, Chine, Corée, Guinée.*

■ **Clowns. Du passé :** *Alex* Bugny de Brailly 1897-1983. *Antonet* Umberto 1872-1935. *Auriol* Jean-Baptiste 1806-81. *Bagessen* Carl 1858-1931, « casseur d'assiettes ». *Bario* [Meschi : Alfredo, dit Freddy, 1922-88, Bario (Manrico) 1888-1974 son père, Nello né 1918, son frère, et son épouse Henny]. *Beby* Aristodemo Frediani 1885-1958. *Belling* Tom, comique du XIXe s., le 1er auguste de la tradition. *Bocky* Roger Meslard 1927. *Boswell* James Clemens 1820-59. *Boulicot* Alphonse 1878-1957. *Boum-Boum* Geronimo Medrano 1849-1912. *Cairoli* Charlie 1910-80, Jean-Marie 1879-1956 son père. *Carl* George 1914. *Ceratto* Leonardo 1870-1926, auguste « bégayeur ». *Chadwick* 1838-99, maître de manège parodique. *Charly* Jacques Brice 1920. *Chocolat* Raphaël Padilla 1868-1917, son fils Eugène Grimaldi 1891-1934. *Culbuto* Maurice Dupont 1921. *Dario* Dario Meschi 1880-1962, Willy 1920 son fils. *Dimitri* D. Müller 1935. *Enguibarov* Leonid 1935-72. *Étaix* Pierre 1928. *Foottit* Tudor Hall 1864-1921. *Francesco* Enrico 1912-83, Ernesto 1917, Francesco 1922. *Fratellini* Louis 1868-1909, Paul 1877-1940 (dont Victor et Annie), François 1879-1951 (dont Henri 1906-68, Popol 1912-64, Baba 1914-81), Albert 1886-1961. *Frégoli* 1867-1936. *Griebling* Otto 1897-1972. *Grimaldi* Giuseppe 1713-88, 1er clown de scène, Joe 1778-1837, son fils. *Grock* Adrien Wettach 1880-1959, Suisse. *Grüss* André, dit Dédé, 1919, Alexis 1944, son fils. *Houcke* Sacha senior 1923-89, dresseur. *Iles* Charley William 1876-1945. *Jacobs* Lou 1903. *Karandach* Mikhaïl Roumiantsev 1901-83. *Léonard* Eugène 1905-83. *Little Walter* Ulrich Alexandre 1879-1937, son fils dit Joe 1904-86. *Loriot* Georges Bazot 1884-1973. *Loyal* Blondin 1796-1867, régisseur et maître de manège ; auguste : Léopold Joseph 1835-89 ; Georges 1900-69. *Maïss* Louis Maïsse 1894-1974. *Manetti* Charles 1901-69. *Mimile* Emilius Coryn 1914-84. *Nino Fabri* Jean-Antoine Arnault 1904-83. *Pipo* Gustave Joseph Sosman 1901-70, Philippe 1949 son fils. *Popof* Oleg 1930. *Porto* Arturo Mendez d'Abreu 1888-1941. *Rhum* Enrico Sprocani 1904-53. *Rivels* Charlie 1896-1983, Polo 1899-1977, René 1904-76. *Rudi-Llata* trio espagnol. *Saunders* Billy XVIIIe s., 1er clown de cirque. *Zavatta* Achille 1915/suicidé d'un coup de fusil 16-11-1993, Rodolphe 1906-98. **Contemporains :** les Alexis, Babusio, Buffo, les Carioli, les Chabri, les Chicky, Annie Fratellini 1935-97, les Folcos, Tino Fratellini, Petit Gougou et Eddy Sosman, les Martini, Popov 1930, les Rastelli, les Ricos, les Rivellino, Davis Shiner, Nikolaus, les Kino's, Mandoline et Godillot.

■ **Grand prix national du cirque. Créé** 1979. En **1998** *intégré aux* **Arts du spectacle vivant** (voir p. 397 b).

■ **Statut** (en France). **Avant 1978** non reconnu officiellement comme un art du spectacle. **1979** création de l'*APMC (Association pour la modernisation du cirque)* : fonds composés aux 2/3 de subventions du ministère de la Culture, au 1/3 de cotisations des c. bénéficiaires. **1980** création de l'*Apeac (Association pour l'enseignement des arts du cirque)* ; **1982** l'APMC et l'Apeac fusionnent en Aspec *(Association pour le soutien, la promotion et l'enseignement des arts du cirque)* ; **1988** remplacé par l'*Andac (Association nationale pour le développement des arts du cirque).* **1995** création de commissions d'aide à la création/à l'innovation scénique (gestion : direction du Théâtre et des Spectacles), suspension de l'Andac. **1996** création d'un *Conseil national des arts de la piste (CNAP)*, et d'une mission cirque au sein de l'association *Hors les murs* (créée 1993 pour les arts de la rue).

■ **Revues spécialisées :** *le Cirque dans l'univers, Bretagne Circus, les Arts de la piste.*

■ **Statistiques. Frais quotidiens :** petits cirques 25 000 à 50 000 F, grands cirques 50 000 à 80 000 F. **Coût** *d'un orchestre* (5 musiciens) par soirée : 1 500 F ; *d'un bon numéro :* 800 à plus de 3 000 F par spectacle ; *de 1 t de foin :* 200 F (un éléphant en consomme plus de 200 kg par jour) ; *d'un lion :* quelques dizaines de milliers de F (prix d'achat et dressage), de 5 à 10 kg de viande par jour ; *d'une toile de chapiteau :* 150 000 à 300 000 F (à renouveler tous les 3/4 ans). *Places :* 60 à 150 F (prix moyen : 86 F en 1997). **Subventions de l'État** (hors crédits déconcentrés, en millions de F) : *1995 :* 13,2 ; *96 :* 12,1 ; *97 :* 10,2 ; *99 :* 12 ; *2001 :* 50. **Artistes :** environ 200. **Employés :** environ 1 500. **Cirques :** 20 [dont 900 employés, 4 grandes entreprises]. **Fréquentation** (enquête de 1997) : 13 % des Français (soit environ 10 millions de personnes) sont allés au cirque au moins 1 fois au cours des 12 dernier mois, dont *moins de 15 ans :* 15 %.

■ **Records. A cheval : sauts périlleux consécutifs :** 23 par James Robinson (Amér.) en 1856 ; **pyramide :** Willy, Beby et René Fredianis (It.) au Nouveau Cirque à Paris en 1908. **Boulet de canon humain : le 1er :** « Lulu » (Eddie Rivers, Amér.) d'un canon Farini au Royal Cremorne Music Hall de Londres en 1871 ; **le plus long « tir » :** Emanuel Zacchini (It.) aux USA en 1940 : 53,4 m. **Pyramide humaine : la plus lourde :** 12 membres de la troupe Hassani (3 étages, 771 kg) le 17-12-1979 ; **la plus haute :** 12 m, portée par Martinez Lozano des Colla Vella dels Xiquetz, le 25-10-1981. **Funambulisme :** 358 demi-tours en sautant. **Échasses les plus hautes :** 12,36 m (distance sol-chevilles). **Chapiteau le plus grand :** cirque Phénix (fin 2000 à Paris) : 4 950 m² au sol, 85 tonnes de poutrelles, 40 t de toile, 15 m de haut, 5 600 places sur gradins ou 9 000 debout ; *coût :* 6 millions de F.

MARIONNETTES

■ **Nom.** Diminutif altéré de Mariette, Marion, petite Marie, qui désignait au Moyen Age des figurines représentant la Vierge.

■ **Origine. XIXe s. av. J.-C. :** animation des statues sacrées dans les temples d'Égypte. **IVe s. av. J.-C. :** Neurospaston en Grèce antique. **XIe s. av. J.-C. :** marionnettes à tige et silhouettes animées improvisent sur le thème des grandes épopées mythologiques en Inde et en Indonésie. **Moyen Age :** en Europe, représentations religieuses dans les églises. **Aujourd'hui :** le terme de théâtre de marionnettes englobe aussi le théâtre d'objets, de figures et d'images.

■ **Type selon l'animation. Manipulée d'en bas :** marotte, tiges, ombres, muppets, gaine ; **d'en haut :** fils, tringle.

■ **Coût. Marionnette du théâtre de Guignol :** fabriquée à l'ancienne 2 500 F. **Chapiteau** (80 places) : 40 000 F.

■ **Dans le monde. Quelques noms. Allemagne :** Kasper. **Angleterre :** Punch. **Autriche :** Kasperl (Vienne). Marionnettes de Salzbourg créées par Anton Eicher, sculpteur sur bois ; *1re représentation :* 27-2-1913 ; reprises par son fils Hermann (fait bâtir un th. de 350 pl.), maintenant par Gretl, fille de ce dernier. **Belgique :** Tchantchès (Liège). **Espagne :** Don Cristobal Polichinela (XVIIe). **France :** Polichinelle, Guignol [créé fin XVIIIe par Laurent Mourguet († 1844, à Lyon)] ; origine du mot : « c'est guignolant », expression favorite d'un canut ami (quand il s'amusait) que Mourguet récupéra], Lafleur (Amiens). **Grèce :** Karaghiosis. **Hongrie :** Vitez László. **Inde :** Vidouchaka. **Italie :** Pulcinella (Naples, XVIe), Girolama (fin XVIIIe, Milan), Cassandre (Rome), Pantalone (Venise). **Japon :** Kurakuza (XVIe). **Indonésie** (Bali) : les Wayangs (ombres avec silhouettes en cuir de buffle découpé). **Pays-Bas :** Jean Klaasen, Jean Pickelhoering. **Roumanie :** Vasilache. **Russie :** Petrouchka. **Tchéquie :** Kasparek. **Turquie :** Karagöz.

Musées (nombre). Environ 400 dont **Allemagne :** Dresde, Munich. **Belgique :** Anvers, Liège. **France :** Musée des arts et traditions populaires (Paris), Musée historique (Lyon). **G.-B. :** Londres. **Pays-Bas :** La Haye. **Russie :** Moscou. **Suède :** Stockholm. **Tchéquie :** Chrudim.

Compagnies professionnelles (nombre). Allemagne 394, *France 369,* Italie 150, Espagne 140, ex-URSS 100 (théâtre d'État), Belgique 89, G.-B. 85, Suisse 79, Autriche 70, Pays-Bas 46, Danemark 35, Norvège 32, Pologne 25 (théâtre d'État), Rép. tchèque 22 (d'État), Roumanie 19 (d'État), ex-Yougoslavie 19 (d'État), Hongrie 16 (d'État, mais de nombreux théâtres amateurs), Grèce 10, Suède 2, Islande 1.

Enseignement. Nombre d'écoles d'enseignement supérieur en Europe (en 1999) : 18.

■ **En France. Associations :** *Themaa (Association nationale des théâtres de marionnettes et des arts associés),* 23 bis, rue du Cloître-St-Étienne, 10000 Troyes. *Marionnette et thérapie,* 28, rue Godefroy-Cavaignac, 75011 Paris. *Théâtre de la marionnette à Paris,* 38, rue Basfroi, 75011 Paris. *Institut international de la marionnette,* créé 1981 et *École nationale supérieure des arts de la marionnette* (*Esnam :* 17 élèves en 2000-2001), créée 1987, 7, place Winston-Churchill, 08000 Charleville-Mézières. *Association nationale des amis de la marionnette,* 16, rue Théophraste-Renaudot, 75015 Paris. *Sté des amis de Lyon et de Guignol. Association pour le renouveau de la marionnette à tringle,* 26, rue du Château, 59100 Roubaix. **Bibliothèques :** *département des Arts du spectacle (Bibliothèque nationale de France)* à la bibliothèque de l'Arsenal, 1, rue de Sully, 75004 Paris. *Musée des arts et traditions populaires,* 6, rue Mahatma-Gandhi, 75016 Paris. *Médiathèque de l'Institut international de la marionnette,* 7, place Winston-Churchill, 08000 Charleville-Mézières. *Centre de documentation de la bibliothèque municipale de Roubaix,* 13, rue du Château, 59100 Roubaix. **Théâtres fixes :** Angoulême, Beaune (Théâtre de Bambou), Belfort, Charleville-Mézières (institut créé 1981, École supérieure créée 1987, festival international créé 1961), Lille, Lyon (Nouveau Guignol), Marseille (théâtre Massilia), Orléans (la Tortue magique), Paris [Théâtre de la marionnette, théâtre des Déchargeurs, Champs-Élysées, les « Guignol » des squares parisiens (ceux du jardin du Luxembourg, du Champ-de-Mars et du parc Montsouris jouent toute l'année ; parc Georges Brassens)], Ronchin (Nord), Roubaix (théâtre Louis Richard), Senas (théâtre de l'Eden), Vincennes. **Revues :** *Lettre d'information* publiée par Themaa. *Puck* (annuelle), Institut international de la marionnette. *Le Courrier de la marionnette* (4 nos/an) et *Bateleurs* (annuelle). *Au vrai polichinelle roubaisien. Marionnettes et Thérapie.* **Festival :** *créé* 1961 à Charleville-Mézières. Triennal.

Budget consacré par le ministère de la Culture à l'ensemble de la profession spécialisée dans la marionnette (en millions de F) : *1981 :* 1,6 ; *82 :* 6,3 ; *83 :* 7,6 ; *91 :* 14,9 (dont 8,9 pour 45 compagnies).

■ **« Arts de la rue »** (enquête publiée mi-2000). **Compagnies en France :** 800 dont *existant depuis moins de 10 ans :* 61 %, *plus de 15 ans :* 17 % ; *théâtre et danse :* 48 % (dont théâtre de rue 26 %), *arts du cirque :* 27 %, *musique :* 18 %, *arts plastiques :* 7. **Nombre de permanents :** 3 500 à 4 000. **Chiffre d'affaires** (est.) : 350 millions de F.

PRINCIPAUX FESTIVALS

Nota. – Festival de : (1) musique, (2) théâtre, (3) danse, (4) folklore, (5) cirque, (6) arts de la rue.

Allemagne. *Ansbach* (Bach, juillet-août). *Bad Ersfeld* (idem). *Bad Kissingen* (juin-juillet) [1, 2]. *Berlin* (févr.-mars-mai-août-nov.) [1, 2, 3]. *Bayreuth* (Wagner, juillet-août). *Bleckede* (mai-juin) [1]. *Bonn* (Beethoven, mai-sept.). *Donaueschingen* (oct.) [1]. *Dresde* (mai-juin) [1, 3]. *Düsseldorf* (nov.) [2]. *Essen*[2]. *Francfort* (août-sept.) [1]. *Halle* (Haendel, juin). *Ingolstadt* (juin-juillet) [1]. *Kassel* (nov.) [1]. *Leipzig* (Bach, sept.) [1]. *Ludwigsburg* (juin-sept.) [1, 2, 3]. *Munich* (opéras, juillet) [1, 2]. *Passau* (juillet). F. du Schleswig-Holstein (juillet-août) [1]. *Schwäbisch Hall* [2]. *Schwetzingen* (avril-juin) [1, 2, 3]. **Autriche.** *Bregenz* (juillet-août) [1, 2]. *Graz* (oct.)[1, 2, 3]. *Innsbruck* (août)[1]. *Linz* (sept.-oct) [1]. *Melk* [2]. *Ossiach-Villach* (juillet-août) [1]. *Salzbourg* (juillet-août) [1, 2]. *Vienne* (mai-juin) [1, 2, 3]. **Belgique.** F. des Flandres (avril-oct.) [1]. F. de Wallonie (juin-oct.) [1]. *F. du jeune théâtre de Liège* (les Nuits de septembre) [1]. *Chatelet* (sept.-oct.) [1]. *Chimay* (juin-juillet). *Louvain* (oct) [3]. *St-Hubert* (juillet). *Spa* (août) [1, 2,3], Francofolies (juillet) [1]. *Stavelot* (août) [1]. **Bosnie.** *Sarajevo* (févr.-mars) [1]. **Bulgarie.** *Sofia* (mai-juin) [1]. *Varna* (juin-août) [1, 2]. **Canada.** *Montréal* jazz (juillet) [1]. **Croatie.** *Dubrovnik* (juillet-août) [1, 2, 4]. *Split* (juillet-août). *Zagreb* (biennale de musique contemporaine, avril) [1]. **Danemark.** *Copenhague* (juillet) [3]. **Espagne.** *Albacete. Barcelone* (juin-juillet) [1, 2, 3]. *Cadix* [2]. *Cordoue* (juin-juillet) [1]. *La Corogne* (juillet-août). *Cuenca* (semaine de musique religieuse, mars-avril). *Grenade* (juin-juillet) [1, 2, 3, 4]. *Jaca* (juillet-août) [4]. *Madrid* (sept.-oct.) [1]. *Málaga* [2]. *Niebla* (juillet-août) [3]. *Peralada* (juillet-août) [1, 3, 4]. *Pollença* (août-sept). *Saint-Sébastien* (août-sept.) [1]. *Santander* (août) [1]. *Ségovie. Séville* (juin-juillet) [3]. *Torroella de Montgri* (juillet-août) [1]. **Finlande.** *Helsinki* (août-sept.) [1, 3]. *Savonlinna* (opéra, juillet-août). *Tampere* [2].

France. Janvier : *St-Paul-de-Vence, Fondation Maeght* [1]. **Mars :** *Seine-St-Denis* [1] (banlieues bleues : jazz ; -avril). *Valenciennes* (-juin) [1, 2, 3]. **Avril :** *Agen* [1] (chorales). *Évian* [1]. *Lourdes* [1]. *Paris* [1] (depuis 1974). *Strasbourg* (chant choral). **Mai :** *Angoulême* (musiques du monde) [1]. *Bourges* (Printemps de Bourges) [1]. *Dijon* [2]. *Évian* [1]. *Le Mans* (f. de l'Épau). *Mulhouse* [3]. *Nancy* [2] (créé par Jack Lang, repris par Lew Bodgen). *Versailles* [1, 2, 3]. **Juin :** *Albi* (-juillet) [2]. *Angers* (f. d'Anjou) [2]. *Annecy* (-août) [2]. *Arras* [2]. *Bellac* (-juillet) [2]. *Carcassonne* (-juillet) [2]. *Châlons-en-Champagne* [2]. *Côte méditerranéenne* [f. méditerranéen [1]. 16 villes côtières différentes (-août) : classique, lyrique, folklorique, jazz (créé 1976)]. *Dijon* [1]. *Divonne-les-Bains* [1]. *Lille-Tourcoing* [2]. *Lyon* [1, 2]. *Martigues. Montpellier* (-juillet) [1, 2, 3]. *Mulhouse* [1] (f. Bach). *Nantes* [2]. *Paris* [f. de la Butte-Montmartre [2], f. du Marais (-juillet) [1, 2, 3, 4] (depuis 1962)]. *Pau* [2]. *Perpignan* (-juillet) [2]. *Petersbach* [1, 4]. *Rennes* (-juillet) [1, 2, 3]. *Strasbourg* [2]. *St-Herblain* [2]. *Tours* [1]. **Juillet :** *Aix-en-Provence* [1, 2]. *Albi* [1]. *Alès* (f. jeune théâtre [2]). *Anjou* [2]. *Antibes-Juan-les-Pins* [1]. *Arles* [3]. *Avignon* (-août) [1, 2, 3] [créé 1947 par Jean Vilar (ouvert 4-9 ; Vilar joue « Richard II » de Shakespeare) ; en 2000, 135 000 spectateurs pour 26 lieux et 450 000 au festival « off ». Budget (1999, en millions de F) : 52 dont recettes billeterie 12]. *Les Baux* [3]. *Beaune* [1]. *Bonaguil* [2]. *Carcassonne* [2]. *Carpentras* (-août) [1]. *Castres* [1, 2, 3]. *Chalon-sur-Saône* [6]. *Châteauvallon* [1]. *Gannat* [4]. *Gavarnie* [2, 3]. *Gourdon* [1]. *Grenoble* (f. théâtre européen) [2]. *Juan-les-Pins* (jazz) [1]. *Montguyon* [4]. *Montignac* [1, 3, 4]. *Le Mont-Saint-Michel* (-août) [1]. *Nice* [1]. *Nîmes* [1, 3]. *Nuits de la Mayenne* (-août) [2]. *Orange* Chorégies (-août) [1]. *Paris* f. estival (-août) [1], jazz f. (-sept.) [1], La Villette jazz f. [1], quartiers d'été [2]. *Prades* (-août) [1]. *Pontarlier* (-août) [2]. *La Rochelle* Francofolies [1]. *La Roque d'Anthéron* (piano ; -août) [1]. *St-Donat* (-août) [1]. *St-Pierre-la-Chartreuse* [1]. *Saintes* [1, 4]. *Sarlat* (-août) [2]. *Sceaux* (f. de l'Orangerie) [1]. *Sète* [1, 2]. *Sisteron* (-août) [2]. *Vaison-la-Romaine* [1, 2, 3]. *Vallauris* (f. Jean-Marais). *Vienne* [1]. *Villeneuve-lès-Avignon* [2]. **Août :** *Annecy* [2]. *Aurillac* [2, 5, 6] (théâtre de rue). *Blaye* (-sept.) [2]. *La Chaise-Dieu* (-sept.) [1]. *Confolens* [4]. *Croisière en Méditerranée* [1]. *Évian* [2] (plein air). *Lorient* (f. interceltique) [1]. *Semaines musicales du Luberon* [1]. *Menton* [1]. *Montoire* [1, 3, 4]. *Noirmoutier* [2]. *Paris* musique au Carrousel du Louvre [1]. *Périgueux* [2] Mimos (f. de mime actuel). *Ramatuelle* jazz [1], f. Gérard-Philippe [2]. *Sablé-sur-Sarthe* (baroque) [1, 2, 3]. *Salon-de-Provence* [1]. *Toulouse* [1]. *Trouville* (f. du nouveau rire). *Uzeste* [1]. *Vichy* [1]. **Sept. :** *Ambronay* (-oct.) [1]. *Auxerre* [1]. *Besançon* [1]. *Biarritz* le Temps d'aimer [3]. *Carcassonne* [1, 2, 3]. *Chartres* [1] (samedis musicaux). *Cluny* jazz [1]. *Cognac* Coup de chauffe [2, 6]. *La Côte-St-André* f. Berlioz [2]. *Parc du Haut-Languedoc* [1] (f. Bach). *Limoges* (f. international des francophonies). *Lyon* f. Berlioz [1], fêtes d'été [2]. *Orthez* [1]. *Paris* (f. d'automne, -déc.) [3] [entrées 1997 : 127 220 ; subventions (1997, en millions de F) : État 9, Ville de Paris 3,8]. *Ribeauvillé* [1]. *Strasbourg* [1] (créé 1932, -oct.). **Oct./nov. :** *Lille* [1, 2, 3, 4]. **Novembre :** *Bordeaux* [1, 2] (Sigma, fondé 1963 par Roger Lafosse). *Cannes* [3]. *Metz* [1, 2]. *Neuilly-s/Seine* (comédie à la française). **Décembre :** *Paris. Rennes* [1].

Grande-Bretagne. *Aberdeen* (août) [1, 3]. *Aldeburgh* (juin) [1]. *Arundel* (août-sept.) [1, 3]. *Bath* (mai-juin) [1, 2]. *Billingham* (août) [4]. *Brighton* (mai). *Cheltenham* (juillet) [1]. *Chichester* [2]. *Édimbourg* (août) [1, 2, 3]. *Glyndebourne* (mai-juillet). *Harrogate* (juillet-août). *Hereford* [1]. *Gloucester* [1]. *Three Choirs* (août-sept.) [1], formé par roulement des chœurs de Hereford. *Gloucester* et *Worcester*. *Huddersfield* (nov.) [1]. *Liverpool* [2]. *Londres* (BBC Proms, juillet-sept.) [1]. *Salisbury* (sept.) [1]. *Sheffield* (mai) [1]. *Sidmouth* (août) [1, 3, 4]. **Grèce.** *Athènes* (juin-sept.) [1, 2, 3]. *Epidaure* (juillet-août) [2]. *Thessalonique* (sept.-nov.). **Hongrie.** *Budapest* (f. de printemps ; mars, juin-août, sept.-oct.) [1, 2, 3]. **Irlande.** *Wexford* (oct.-nov.). **Islande.** *Reykjavik* (juin). **Israël.** *Césarée. Jérusalem* (mai-juin) [1, 2, 3]. *Tel-Aviv* (août-sept.) [1, 3, 4]. **Italie.** *Arezzo* (juin) [1]. *Boya* (juillet-août). *Brescia-Bergame* (piano ; mai-juin) [1]. *Cervo* (juillet-août) [1]. *Florence* (mai musical florentin ; avril-juin) [1, 3]. *Gênes* (juillet) [3]. *Martina-Franca* (juillet-août) [1, 3]. *Merano* (août-sept.) [1]. *Monreale. Pesaro* (opéras de Rossini, août) [1, 2]. *Pérouse* (sept.-oct., musique sacrée). *Ravenne* (juin-juillet) [1]. *Rome* (juillet-août). *Spolète* (juin-juillet) [1, 2, 3]. *Stresa* (août-sept.) [1]. *Taormine* (août). *Turin* (sept.) [1]. *Venise* (biennale sept.) [1]. *Vérone* (févr.-mars, avril-mai, juillet-août) [1, 3]. **Japon.** *Osaka* (avril) [1, 2, 3]. **Liban.** *Beyrouth* (f. Al Bustan ; février-mars) [1, 2, 3]. **Lituanie.** *Vilnius* (juin) [1]. **Luxembourg.** *Echternach* (mai-juillet) [1]. *Wiltz* (juillet) [1, 2]. **Macédoine.** *Ohrid* (juillet-août) [1, 2, 3, 4]. **Mexique.** *Guanajuato* (oct.). **Monaco.** *Monte-Carlo* (janv.) [5], (avril-mai) [1, 2, 3]. **Norvège.** *Bergen* (mai-juin) [1, 2, 3]. *Molde* (juillet) [1]. *Oslo* [2], (août) [1]. *Stavanger* (musique de chambre, août) [1]. **Pays-Bas.** F. de Hollande (juin) [1, 2, 3] (Amsterdam, La Haye, Rotterdam). *Utrecht* (août-sept.) [1]. **Pologne.** *Varsovie* (Automne de Varsovie, musique contemporaine, sept.) [1, 4]. *Wroclaw* (juin-déc.) [1]. **Portugal.** *Alamada* [2]. *Estoril* (juillet-août) [1, 2, 3, 4]. **Roumanie.** *Bucarest* (reprise prévue en 2001). **Russie.** *Nijni-Novgorod* (juin). *St-Petersbourg* (juin). **Serbie.** *Belgrade* (oct.-nov.) [1]. **Slovaquie.** *Bratislava* (sept.-oct.) [1]. **Slovénie.** *Ljubljana* (juin-août) [1, 2, 3, 4]. **Suède.** *Drottningholm* (juin-sept.) [1]. **Suisse.** *Engadine* (juillet-août). *Fribourg* (août) [1]. *Gstaad* (juillet-sept.) [1]. *Interlaken* (fin juillet). *Lausanne* (mai-juillet) [1, 2, 3]. *Lucerne* (avril, août-sept., nov.) [1]. *Montreux-Vevey* (août-sept.), jazz f. (juillet) [1]. *Nyons* (juillet) [1]. *Verbier* (juillet) [1]. *Sion* (août) [1]. *Zurich* (juin-juillet) [1]. **Tchéquie.** *Brno* (mars-avril, sept.-oct.) [1]. *Ostrava* (f. Janăcek de mai ; mai-juin). *Prague* (mai-juin) [1]. **Turquie.** *Ankara* (mai) [1]. *Istanbul* (juin-juillet) [1, 3, 4].

Sorties culturelles des Français (hors spectacles amateurs sauf spécifié). **Pourcentage de 15 ans et plus étant allés au moins 1 fois dans les 12 derniers mois et,** entre parenthèses, **pourcentage n'ayant jamais fréquenté de** cinéma 49 (9), brocante (foire, magasin) 36 (25), fête foraine 34 (8), monument historique 30 (21), musée 28 (19), bal public 27 (21), boîte de nuit, discothèque 24 (39), zoo, parc zoologique 24 (12), expo temporaire, peinture-sculpture 23 (43), spectacle sportif 17 (46), spectacle d'amateurs 16 (47), galerie d'art 15 (58), parc d'attractions 14 (60), cirque [1] 13 (23), concert rock [1] 9 (74), théâtre [1] 16 (43), danse folklorique 13 (54), music-hall, variétés [1] 10 (57), concert classique [1] 9 (72), concert jazz 7 (81), danse 5 (75), opéra 3 (81), opérette 2 (77).

Nota. – Enquêtes du ministère de la Culture : 1992. (1) 1997.

MUSIQUE

☞ Pour découvrir la sélection **Quid** des meilleurs sites Internet sur la musique, rendez-vous sur **www.quid.fr**

Liste des abréviations : *acc.* accordéon ; *aléat.* aléatoire ; *av.-g.* avant-garde ; *ba.* ballet ; *ca.* cantate ; *cb.* contrebasse ; *ch.* chanson ; *cho.* choral ; *cl.* clavecin ; *clar.* clarinette ; *com. m.* comédie musicale ; *ct.* concerto ; *ctino* concertino ; *ctp.* contemporaine ; *dr.* drame/dramatique ; *élec.* électronique ; *ens.* ensemble ; *ét.* étude ; *fa.* fantaisie ; *fl.* flûte ; *folkl.* folklorique ; *fu.* fugue ; *graph.* graphique ; *guit.* guitare ; *h.* harpe ; *hb.* haut-bois ; *in.* instrumental(e) ; *li.* lied(er) ; *lr.* lyrique ; *m.* musique (*m. ch.* de chambre, *m. films* de films, *m. sér.* sérielle, *m. concr.* concrète) ; *ma.* madrigaux ; *me.* messe ; *mél.* mélodie ; *mo.* motet ; *O.* opéra (*O.b.* bouffe, *O. c.* comique) ; *o.* opérette ; *œ.* œuvre ; *or.* oratorio ; *orc.* orchestre ; *org.* orgue ; *ouv.* ouverture ; *Pa.* Passion ; *perc.* percussions ; *pi.* piano ; *ps.* psaume ; *q.* quatuor ; *Q.* quintette ; *re.* religieuse ; *req.* requiem ; *rm.* romantique ; *sax.* saxophone ; *sér.* sérénade ; *so.* sonate ; *su.* suite ; *sy.* symphonie (*sy. conc.* concertante) ; *th.* de théâtre ; *tr.* trio ; *trp.* trompette ; *val.* valse ; *var.* variation ; *vi.* violon ; *vlc.* violoncelle ; *voc.* vocale.

☞ *Autres abréviations :* v. : vers ; f. : fondé.

PRINCIPAUX COMPOSITEURS

ALLEMAGNE

■ **Nés avant 1600. Eccard,** Johann (1553-1611) : me., mo., près de 250 compositions polyphoniques. **Finck,** Heinrich (1445-1527) : Deutschelieder, hymnes, mo., me. **Hassler,** Hans Leo (1564-1612) : mo., me., ps. (Sacri concentus vocum). **Isaac,** Heinrich (vers 1450-1517 ; origine flamande) : m. re. (40 me., 50 mo.), li., ch., œ. in. **Luther,** Martin (1483-1546) : cho. (Ein feste Burg). **Les Meistersinger** (maîtres chanteurs) : Heinrich von **Meissen** (1250-1318), Hanz **Folz** (1450-1515), Hans **Sachs** (1494-1576). **Nicolaï,** Philipp (1556-1608) : 2 cho. **Praetorius,** *Hieronymus* (1560-1627) : chants sacrés, 5 Magnificat, 6 me. ; *Michael* (1571-1621) : m. re. (plus de 1 200 mo.). **Scheidt,** Samuel (1587-1654) : œ. org., in. **Schein,** Johann Hermann (1586-1630) : 200 cho., mo., ma., 20 su. **Schütz,** Heinrich (1585-1672) : 4 Pa., or., ps., mo., symphonies sacrées. O. [Dafne, 1er O. allemand, (1627)]. **Senfl,** Ludwig (vers 1490-1542 ou 43) : me., mo., li. **Walter,** Johann (1496-1570) : 1er livre de chants protestants : « Geystliche Gesangbüchlein ».

■ **Nés entre 1600 et 1700. Albert,** Heinrich (1604-51) : li. re. et profanes. **Bach,** *Johann Christoph* (1642-1703) : ca., mo., 44 cho. org. ; *Johann Michael* (1648-94) : mo., cho. org. ; *Johann Sebastian* [21 (ou 31)-3-1685/28-7-1750] : œ. org. (Livre d'orgue, cho., préludes, fu., toccatas, passacaille, 6 so.), œ. cl. (le Clavier bien tempéré, inventions, préludes et fu., fa. chromatique, 6 su. fr., 6 su. angl., 6 partitas, toccatas, so.), m. re. (Magnificat, Pa., me., 200 ca., 6 mo.), m. in. (6 ct. brandebourgeois, ct. divers, (Art de la fugue, Offrande musicale), 6 so. vi., 6 su. vlc., so. flûte), m. orc. (4 ouv. ou su.). **Boehm,** Georg (1661-1733) : œ. cl., org., Pa., ca., li. **Buxtehude,** Dietrich (Dan., 1637-1707) : 120 œ. voc. (or., ca., cho.), 1 O., 10 œ. org., m. ch. in. **Erlebach,** Philipp Heinrich (1657-1714) : ca., su., œ. in., O. (Singspiel), li. **Froberger,** Johann Jakob (1616-67) : œ. org., cl. **Haendel,** Georg Friedrich (1685-1759, naturalisé Anglais) : 40 O. (Acis et Galathée, Agrippine, Ariodante, Xerxès, Jules César, Rinaldo, Tamerlano), ca., ps., mo., 5 Te Deum, 28 or. (le Messie, Judas Macchabée, Israël en Égypte, Sémélé, Saül), 2 Pa., 16 ct. org., m. orc. (Water Music, Royal Fireworks Music), œ. in., œ. cl. (17 su., fu., var.). **Hasse,** Johann Adolph (1699-1783) : 60 O., or., mo., me., œ. in. **Heinichen,** Johann David (1683-1729) : ct., m. in. **Keiser,** Reinhard (1674-1739) : Pa., or., mo., ps., 120 O. (Basilius), m. ch. **Kindermann,** Erasmus (1616-55) : m. re. **Kuhnau,** Johann (1660-1722) : so. bibliques cl., ca. **Kusser,** Johann Sigismund (1660-1727) : 14 O. (Scipion l'Africain), su. in. **Lübeck,** Vincent (1656-1740) : 3 ca., œ. org. **Mattheson,** Johann (1681-1764) : 8 O., 24 or., Pa., me., œ. in. **Muffat,** Georg (1653-1704) : ct., su. orc., œ. cl. **Pachelbel,** Johann (1653-1706) : m. ch. (Canon), œ. org., cl., ca., mo. **Pepusch,** Johann Christoph (1667-1752). O. (The Beggar's Opera), œ. voc. ; œ. in. **Quantz,** Johann Joachim (1697-1773) : ct. et so. fl. **Reinken,** Jan Adam (1623-1722) : or., so. org. **Richter,** Ferdinand (1649-1711) : sér., or., œ. dr. **Rosenmüller,** Johann (vers 1619-84) : œ. voc., in., me., mo. **Telemann,** Georg Philipp (1681-1767) : plus de 1 400 ca., 44 Pa., 600 ouv., m. orc. (Tafelmusik), ct., 40 O., œ. in.

■ **Nés entre 1700 et 1800. Bach,** fils de Jean Sébastien : *Wilhelm Friedemann* (1710-84, dit le Bach de Halle) : œ. cl. (polonaises, fa., so.), 21 ca. ; *Carl Philipp Emanuel* (1714-88, dit le Bach de Berlin ou de Hambourg) : or., 13 sy., so., fa., ct. ; *Johann Christoph Friedrich* (1732-95, dit le Bach de Bückebourg) : 6 or., 14 sy., ct. grossos ; *Johann Christian* (1735-82, dit le Bach de Milan ou de Londres) : req., ct., so., sy. **Beethoven,** Ludwig van (1770-1827) : 600 œ. : 9 sy. : *n° 1* en ut majeur op. 21 (1799-1800), *n° 2* en ré majeur op. 36 (1801-02), *n° 3* en mi bémol majeur op. 55 « Héroïque » (1803-04), *n° 4* en si bémol majeur op. 60 (1806), *n° 5* en ut mineur op. 67 « du Destin » (1804-08), *n° 6* en fa majeur op. 68 « Pastorale » (1807-08), *n° 7* en la majeur op. 92 « Apothéose de la danse » (1811-12), *n° 8* en fa majeur op. 93 (1811-12), *n° 9* en ré mineur op. 125 « Hymne à la joie » (1822-24), ouv., 5 ct. pi. [*n° 5* « l'Empereur », surnom dû à un éditeur (1810)], 1 ct. vi. (1806), 1 triple ct., 32 so. pi. (baptisées par les éditeurs « Appassionata », « Pathétique », « Pastorale » ; vrai nom de la « Clair de lune » : sonate « Quasi una fantasia » ; « les Adieux », « Waldstein ou Aurore » dédiée au comte Ferdinand von Waldstein), 10 so. vi. pi. (*n° 5* « le Printemps », *n° 9* « à Kreutzer » dédiée au violoniste français Rodolphe Kreutzer), 5 so. pi. vlc., trios [« l'Archiduc » (1811)], 16 q., Q., Missa Solemnis (1822), li. (A la bien-aimée lointaine), 1 O. [Fidelio : composé 1814 (repris de Léonore composé 1805)]. **Cramer,** Johann Baptist (1771-1858) : 105 so., var. et ét. pi. **Danzi,** Franz (1763-1826) : 16 O., ba., ca., or., œ. in., m. re., li. **Eichner,** Ernst (1740-77) : m. ch., 31 sy. **Filtz,** Anton (1730 ou 33-60) : 41 sy., œ. vlc. **Gluck,** Christoph Willibald von (1714-87) : 107 O. (Orphée et Eurydice, Armide, Iphigénie en Aulide, Iphigénie en Tauride, Alceste), ba. (Sémiramis). **Goldberg,** Johann Gottlieb (1717-56) : 2 ca., 2 ct. cl., œ. cl. et so. **Graun,** *Heinrich* (1704-59) : 35 O. (César et Cléopâtre, Montezuma), œ. re. (la Mort de Jésus), œ. in. ; *Johann* (1703-71) : 100 sy., 1 Pa., ca. **Hoffmann,** Ernst Theodor Amadeus (1776-1822) : Contes, O. (Ondine). **Hummel,** Johann Nepomuk (1778-1837) : œ. pi., m. ch., ct., tr., ct.

pi. **Kalkbrenner**, Friedrich Wilhelm (1785-1849). **Kittel**, Johann Christian (1732-1809) : œ. org., pi. **Löwe**, Karl (1796-1869) : ballades, 10 or. **Marschner**, Heinrich (1795-1861) : 4 œ. dr., li., œ. pi. et orc., m. ch. **Meyerbeer**, Giacomo (1791-1864) : ca., or., mél., m. orc., O. (les Huguenots, Robert le Diable, le Prophète, l'Africaine). **Richter**, Franz Xavier (1709-89) : me., mo., sy. **Riegel**, Henri Joseph (1741-99) : or. (la Prise de Jéricho, Jephté), O. c., œ. pi. **Riepel**, Joseph (1709-82) : m. re., sy. **Spohr**, Louis (1784-1859) : m. ch., m. orc., 10 sy., ct. vi., œ. vi. h., m. in., or., O. (Jessonda). **Stamitz**, *Johann* (1717-57) : so., ct., m. ch., 74 sy. ; *Karl* (1745-1801) : 70 sy., ct., m. ch. **Weber**, Carl Maria von (1786-1826) : O. (Freischütz, Obéron, Euryanthe), m. ch., œ. pi. (so., var., Invitation à la valse), ct., 2 sy., m. re.

■ **Nés entre 1800 et 1900.** **Brahms**, Johannes (1833-97) : œ. pi. (so., var., Danses hongroises, intermezzi), m. ch., 4 sy., 2 ouv., 2 ct. pi., 1 ct. vi., 1 ct. vi. et vlc., li., req. allemand. **Bruch**, Max (1838-1920) : 3 ct. vi., 3 sy., 3 or., Kol Nidrei. **Cornelius**, Peter (1824-74) : O. (le Barbier de Bagdad), li. **Dessau**, Paul (1894-1979) : œ. in., O. (l'Expérience de Lucullus, Puntila, Lancelot). **Eisler**, Hanns (1898-1962) : 2 sy., ch., ca., m. ch., m. orc. **Flotow**, Friedrich von (1812-83) : O. (Alessandro Stradella, Martha). **Hindemith**, Paul (1895-1963) : O. (Mathis le peintre), œ. in. (so. pour divers instrum., nombreux ct.), œ. orc. (Métamorphoses), li. (Ludus tonalis pour pi). **Humperdinck**, Engelbert (1854-1921) : O. (Hänsel et Gretel), m. sy., O. c. **Jarnach**, Philipp (1892-1982) : Musique en mémoire du solitaire (q. à cordes). **Kaminski**, Heinrich (1886-1946) : polyphonies. **Lortzing**, Albert (1801-51) : 5 O. (Undine). **Mendelssohn-Bartholdy**, Felix (1809-47) : m. th. (le Songe d'une nuit d'été), 17 sy. (dont « l'Écossaise », « l'Italienne », « la Réformation »), or. (Élias), m. ch., 2 ct. pi., 2 ct. vi., œ. pi. (Romances sans paroles), œ. voc. **Nicolaï**, Karl Otto (1810-49) : O. (les Joyeuses Commères de Windsor), li. **Orff**, Carl (1895-1982) : œ. voc. et dr. (Carmina burana, Catulli Carmina). **Pfitzner**, Hans (1869-1949) : m. th., œ. voc., m. ch., O., 2 ct. **Reger**, Max (1873-1916) : m. ch., li., m. orc., œ. org., œ. pi. (pièces var.). **Schumann**, Robert (1810- † aliéné 1856) : œ. pi. (Papillons, Carnaval, Kreisleriana, Scènes d'enfants, Ét. symphoniques, fa., 3 so., etc.), 4 sy., O. (Genoveva, Faust), m. ch. (so. pi. vi., tr., q., Q.), 240 li. (les Amours du poète, l'Amour et la Vie d'une femme). **Strauss**, Richard (1864-1949) : poèmes sy. (Till l'Espiègle, Don Juan, Mort et Transfiguration, Ainsi parlait Zarathoustra), O. (le Chevalier à la rose, Elektra, Salomé, Arabella, Ariane à Naxos, la Femme sans ombre, Capriccio), ct., li. **Toch**, Ernst (1887-1964) : O., o., q. **Wagner**, Richard (1813-83) : O. [le Vaisseau fantôme, Tannhäuser, 1845, Lohengrin 1850, Tristan et Isolde, les Maîtres chanteurs de Nuremberg, l'Anneau du Nibelung : l'Or du Rhin (1864), la Walkyrie, Siegfried, le Crépuscule des dieux (1876) ; Parsifal] ; œ. voc., œ. pi.

■ **Nés après 1900.** **Baur**, Jürg (1918) : ct., sy., m. orc., m. ch. **Beyer**, Frank Michael (1927) : m. orc. (Griechenland), ct., 3 q., m. ch. **Bialas**, Günter (1907-95) : ct., œ. voc., O. **Blacher**, Boris (1903-75) : O., or., var. orc., sy., ct. **Borris**, Siegfried (1906-87) : O., sy., ca. **Bose**, Hans Jürgen von (1953) : O. (Das Diplom, Blutbund), m. orc. (Morphogenesis), m. ch., sy., 3 q. **Distler**, Hugo (1908-42) : mo., or., œ. org. **Dittrich**, Paul-Heinz (1930) : œ. in., ct., m. élec. (la Métamorphose, d'après Kafka). **Egk**, Werner (1901-83) : O. (Irische Legende, Die Verlobung in San Domingo ; Der Revisor), ba., or., m. orc. **Fortner**, Wolfgang (1907-87) : O. (Bluthochzeit, In seinem Garten liebt Don Perlimplin Belisza, Elisabeth Tudor), m. ch., ba., m. orc. **Goldschmidt**, Berthold (1903-96, nat. Anglais) : 2 O. (Beatrice Cenci, le Cocu magnifique), ba., m. orc., sy., ct. vi., vlc., h., cl., 3 q. **Hamel**, Peter Michael (1947) : m. orc., m. ch. **Hartmann**, Karl A. (1905-63) : 8 sy., 2 q., O., 3 ct. **Henze**, Hans Werner (1926) : O. (Boulevard Solitude, Élégie pour de jeunes amants, le Jeune Lord, le Prince de Hombourg), ba. (Ondine), 9 sy., ct., œ. voc., m. orc. **Höller**, York (1944) : O. (Der Meister und Margarita), ct. pi., m. orc., m. élec. **Hölsky**, Adriana (or. roumaine, 1953) : O., m. orc., m. voc., m. ch. **Huber**, Nicolaus A. (1939) : m. ch. **Kagel**, Mauricio (1931, or. argentine) : m. av.-g., m. th., m. élec. (Ludwig Van, Passion selon saint Bach, Mare nostrum). **Killmayer**, Wilhelm (1927) : O., ba., m. orc., m. ch., œ. voc., 3 sy. **Kirchner**, Volker David (1942) : O. (Belshazar, Erinys), m. orc., ct. vi., m. ch., m. voc. **Klebe**, Giselher (1925) : m. orc. (Machine à pépiements), O., sy., ct. **Lachenmann**, Helmut (1935) : m. élec., orc., ch. **Matthus**, Siegfried (1934) : O. (Judith, Graf Mirabeau), m. orc. (la Forêt, 2 sy.), m. élec., m. ch. **Müller-Siemens**, Detlev (1957) : O., m. orc., m. ch. **Mundry**, Isabel (1963) : m. ch., m. voc., m. élec. **Obst**, Michael (1955) : m. orc., m. voc., m. ch. **Reimann**, Aribert (1936) : m. ch., ca., O. (Troades, Lear, Das Schloss), ct., req. **Riedl**, Joseph Anton (1929) : m. élec. multimédia. **Rihm**, Wolfgang (1952) : m. ch., 89 m. élec., m. orc., O. (Harlekin), 3 sy. **Ruzicka**, Peter (1948) : m. orc. (Torso, Versuch), m. in. **Schnebel**, Dieter (1930) : m. sér. et en partie aléat., collages, m. ch. (Bearbeitungen), m. voc. (Missa). **Schönbach**, Dieter (1931) : m. av.-g. (O. et shows multimédia). **Stockhausen**, Karlheinz (1928) : m. sér. et élec., œ. pi. (Klavierstücke), œ. orc. (Gruppen für 3 Orchester, Kontrapunkte), collages musicaux [Momente II, Licht (cycle en 7 parties)]. **Trojahn**, Manfred (1949) : sy., m. ch., org. **Wagner-Régeny**, Rudolf (1903-69) : m. orc., m. ch., O. (les Bourgeois de Calais, Jeanne Balk). **Weill**, Kurt (1900-50, nat. Américain) : 16 O. (l'Opéra de quat'sous, Mahagonny), m. th. **Zender**, Hans (1936) : m. orc., m. voc., m. ch. **Zimmermann**, *Bernd Alois* (1918-70) : O. (les Soldats), ct., sy., œ. pi., m. ch., ca. ; *Udo* (1943) : O. (Die weisse Rose), m. orc., m. voc.

AUTRICHE

■ **Nés avant 1800.** **Biber**, Heinrich von (1644-1704) : œ. vi. **Dittersdorf**, Karl Ditters von (1739-99) : sy., m. ch., m. re., ct., 50 O., environ 150 œ. pi. **Fux**, Johann Joseph (1660-1741) : 50 me., m. re., O., or., 36 so. **Haydn**, *Franz Joseph* (1732-1809) : 104 sy. (« Oxford », « Militaire », « Ours », « Miracle », « Reine », « Surprise », « Adieux », « Horloge », etc.), 83 q., tr., 62 so. pi., nombreux ct. et œ. in., m. re., or. (les Saisons, la Création), O. (le Monde de la Lune, Orlando Paladino, Orfeo e Euridice) ; *Johann Michael* (1737-1806), frère de Joseph : m. re. (28 me.), or., ca., 30 sy. **Hofhaimer**, Paul (1459-1537) : li. et mo. **Holzbauer**, Ignaz (1711-83) : 12 O., 60 sy., me., mo., or., m. ch. **Mozart**, Wolfgang Amadeus (1756/5-12-1791) : 41 sy. (« Haffner », « Linz », « Prague », « Jupiter », etc.), 24 O. (l'Enlèvement au sérail, les Noces de Figaro, Don Juan, Così fan tutte, la Flûte enchantée), req., me. (« du Couronnement », « des Moineaux », en ut mineur), œ. voc., divertissements, sérénades, 23 ct. pi., divers ct., q., Q., tr., 19 so. pi., etc. **Ries**, Ferdinand (1784-1838) : sy., so., ct. **Schubert**, Franz (1797-1828) : plus de 500 li. (Marguerite au rouet, composé à 17 ans, la Belle Meunière, le Voyage d'hiver, la Truite, le Roi des Aulnes), 10 sy. (dont « l'Inachevée »), œ. pi. (21 so., impromptus, moments musicaux), Q., q., trios, m. re., m. de scène (Rosamonde), 15 O. (Alfonso et Estrella, Fierabras).

■ **Nés entre 1800 et 1900.** **Berg**, Alban (1885-1935) : O. (Wozzeck, Lulu), mél., so., q., (Concerto à la mémoire d'un ange, Suite lyrique), œ. orc., œ. pi. **Benatzky**, Ralph (1884-1957) : plus de 40 o. (dont l'Auberge du cheval blanc). **Bruckner**, Anton (1824-96) : 10 sy., me., ps., ca., q. et Q. **David**, Johann Nepomuk (1895-1977) : m. ch., org., m. orc. **Kálman**, Emmerich (1882-1953, origine hongroise) : o. (Princesse Czardas). **Korngold**, Erich Wolfgang (1897-1957) : 2 so. pi., ouv., m. ch., 3 O. (la Ville morte). **Lehár**, Franz (1870-1948) : O. (la Veuve joyeuse, le Pays du sourire). **Mahler**, Gustav (1860-1911) : 10 sy., li., œ. voc. (le Chant de la Terre, Das klagende Lied, Kindertotenlieder). **Marx**, Josef (1882-1964) : poèmes sy., œ. chor., m. ch., 1 ct. pi. **Schmidt**, Franz (1874-1939) : 4 sy., var., O., or. **Schoenberg**, Arnold (13-9-1874/13-7-1951) : m. ch., O. (Moïse et Aaron, Erwartung), œ. voc. (li., Pierrot lunaire, Gurrelieder), œ. in. (Une nuit transfigurée), œ. pi., m. orc. **Schreker**, Franz (1878-1934) : O. (Der ferne Klang), m. ch., li. (Kammersymphonie). **Straus**, Oscar (1870-1954) : o. (Rêve de valse, Trois Valses). **Strauss**, *Johann I* (1804-49) : 250 œ., val., marches (Marche de Radetzky) ; *Johann II* (1825-99) : 169 val. (le Beau Danube bleu), o. (la Chauve-Souris, le Baron tzigane, Une nuit à Venise). **Suppé**, Franz von (1819-95) : ouv. (Poète et paysan), o. (la Dame de pique, Cavalerie légère), m. re., sy., li. **Ullmann**, Viktor (1898-1944) : 3 O. (Der Kaiser von Atlantis), m. orc., m. ch., 7 so. pi. **Webern**, Anton von (1883-1945) : 70 œ., 5 li., 2 ca., m. orc., œ. pi., m. ch. **Wellesz**, Egon (1885-1974) : 4 ba., 3 sy., 7 q., ca., 6 O., mo., li., su. **Wolf**, Hugo (1860-1903) : li., O. (le Corregidor), œ. orc. (Penthésilée). **Zemlinsky**, Alexander von (1871-1942) : O., ba., m. orc., sy. lr., m. ch.

■ **Nés après 1900.** **Apostel**, Hans-Erich (1901-72) : m. dodécaphonique. **Berger**, Theodor (1905-92) : m. orc. (Sinfonia parabolica), m. ch., m. films, m. th. **Bresgen**, Cesar (1913-88) : O., m. orc. **Cerha**, Friedrich (1926) : m. orc. (Spiegel), m. ch. **Eder**, Helmut (1916) : O., ct., m. orc., m. ch. **Einem**, Gottfried von (1918-96) : O. (la Mort de Danton, le Procès), m. orc., m. ch. **Haubenstock-Ramati**, Roman (1919-94, or. polonaise) : O., m. orc., m. élec., m. in., œ. voc. **Heiller**, Anton (1923-79) : m. org., m. re. **Krenek**, Ernst (1900-91, nat. Américain) : m. sér., O. (Johny spielt auf), ba., m. orc., 8 sy., 10 ct., 7 q., 7 so. pi., m. org., œ. cho. et voc. **Ligeti**, György (1923, origine hongroise) : m. orc. (Atmosphères, Ramifications), m. re. (req.), m. ch., O. (le Grand Macabre), œ. org. (Volumina), so. alto, œ. pi. **Rubin**, Marcel (1905-95) : O., ba., 10 sy., mél., œ. pi. **Schollum**, Robert (1913-87) : m. sér., 5 sy., ct. vi., m. ch. **Uhl**, Alfred (1909-92) : O., o., or., m. films, tr. **Urbanner**, Erich (1936) : m. orc., ct., 3 q., m. ch. **Wimberger**, Gerhard (1923) : O. (Dame Kobold, Lebensregeln), m. orc., m. ch.

BELGIQUE

☞ Voir **France** (École franco-flamande p. 401 b).

Absil, Jean (1893-1974) : m. th. ; a abordé tous les genres. **Baervoets**, Raymond (1930-89) : m. orc., ct., m. ch., œ. in., m. voc., ba. **Bartholomée**, Pierre (1937) : m. orc., m. voc., m. élec. **Benoit**, Peter (1834-1901) : or. (l'Escaut, le Rhin). **Boesmans**, Philippe (1936) : m. élec., m. aléat., ct. vi., O. (la Passion de Gilles, Reigen), m. orc., pièce pour pi., org., œ. voc. **Brewaeys**, Luc (1959) : m. ctp., 5 sy., O. c. (Antigone). **Chevreuille**, Raymond (1901-76) : 10 q., so., ca., 3 ba., 8 sy., 10 ct., O. **Defossez**, René (1905-88) : m. orc., m. ch., œ. voc., O., o., ba. **De Jong**, Marinus (1891-1984) : 4 sy., m. orc., ct., m. ch., voc., ba., O., me. **De Meester**, Louis (1904-87) : m. orc., m. ch., m. élec., m. th. **D'Haene**, Rafaël (1943) : m. orc., m. ch. **Fiocco**, Joseph Hector (1703-41, origine italienne) : m. re., œ. cl. **Fontyn**, Jacqueline (1930) : m. orc., m. ch., œ. voc. **Froidebise**, Pierre (1914-62) : m. ch., org. **Gevaert**, François-Auguste (1828-1908) : O., m. re. et profane. **Geysen**, Frans (1936) : m. minimaliste, m. répétitive. **Gilson**, Paul (1865-1942) : sy. (la Mer), ba., O. **Goethals**, Lucien (1931) : m. sér., m. élec. **Goeyvaerts**, Karel (1923-93) : m. orc., m. ch., O. (Aquarius), œ. in., m. élec., m. aléat. **Grétry**, André-Modeste (1741-1813) : O. c. (Richard Cœur de Lion, le Tableau parlant). **Huybrechts**, Albert (1899-1938) : orc., m. ch., ct., œ. voc. **Jongen**, Joseph (1873-1953) : m. ch., œ. voc., in., sy., org., œ. pi. **Kersters**, Willem (1929) : 5 sy., m. orc., m. ch., œ. in., voc., ba., O. (Gansendonk). **Laporte**, André (1931) : m. orc., m. ch., œ. in., voc., O. (Das Schloss). **Leduc**, Jacques (1932) : m. orc., ct., m. ch., œ. voc. **Legley**, Victor (1915-94) : 8 sy., m. orc., m. ch. **Lekeu**, Guillaume (1870-94) : m. ch. (1 so. pi. vi., tr., 2 q.), œ. pi., œ. orc. **Louël**, Jean (1914) : 4 sy., m. orc., m. ch., pi. **Maes**, Jef (1905-96) : 3 sy., m. orc., ct., m. ch., œ. voc., ba., O. **Michel**, Paul-Baudouin (1930) : m. orc., m. ch., pi., O. (Jeanne la Folle), œ. in., voc., cho., m. aléat. **Ockeghem**, Johannes (vers 1430-97) : me., mo., ch. **Peeters**, Flor (1903-86) : 200 ch., 5 me., 30 mo., ca., 200 œ. org. œ. pi., mél. **Poot**, Marcel (1901-88) : 7 sy., ct., m. orc., m. ch., ba., œ. pi. **Pousseur**, Henri (1929) : m. sér., m. élec., m. aléat., orc., O. (Votre Faust, Leçons d'Enfer). **Quinet**, Marcel (1915-86) : sy., ct., m. orc., m. ch., m. pi. **Rosseau**, Norbert (1907-75) : m. orc., m. ch., pi., vi., m. élec., m. re. (me., or.). **Ryelandt**, Joseph (1870-1965) : 5 sy., m. orc., pi., m. ch., mél., cho., m. re., mo., or., me. **Simonis**, J.-Marie (1931) : m. orc., m. ch., m. ctp. **Souris**, André (1899-1970) : m. orc., m. ch., œ. voc. **Stehman**, Jacques (1912-75) : m. orc., m. ch., ch., m. pi. **Swerts**, Piet (1960) : sy., m. orc., ct., m. ch., or., O. (Ajas). **Tinel**, Edgar (1854-1912) : or. (Franciscus). **Van der Velden**, Renier (1910-93) : m. orc., ct., m. ch., œ. voc., ba. **Van de Woestijne**, David (1915-79) : m. orc., m. ch., œ. voc. **Van Hove**, Luc (1957) : m. orc., 1 sy., m. ch., œ. voc. **Van Rossum**, Frédéric (1939) : m. orc., m. ch., œ. voc. **Westerlinck**, Wilfried (1945) : m. orc., m. ch. **Ysaÿe**, Eugène (1858-1931) : 1 O., 6 ct., 6 so. vi.

CANADA

Archer, Violet (1913) : tous les genres. **Beckwith**, John (1927) : tous les genres. **Boudreau**, Walter (1947) : tous les genres sauf O. **Bouliane**, Denys (1955) : tous les genres sauf O. **Brott**, Alexander (1915) : tous genres sauf O. **Champagne**, Claude (1891-1965) : m. orc., q., œ. in., folkl., m. ch., œ. voc. **Cherney**, Brian (1942) : tous les genres sauf O. **Contant**, Alexis (1858-1918) : me., or., mo., mél., pi., m. ch., m. in., m. org., m. voc. **Coulthard**, Jean (1908) : tous les genres. **Daveluy**, Raymond (1926) : m. org. **Freedman**, Harry (1922) : ba., m. de scène, m. orc., m. cho., m. voc., m. ch., q., Q., pi. **Garant**, Serge (1929-86) : œ. in., m. rel., pi. **Hambraeus**, Bengt (1928) : tous les genres. **Hétu**, Jacques (1938) : m. ctp., m. ch., œ. ch., m. orc., m. pi., O. **Houdy**, Pierick (1929) : œ. ch., me., ca., or., m. films, m. ch. **Kenins**, Talivaldis (1919) : tous les genres. **Mather**, Bruce (1939) : m. films, m. orc., œ. ch., œ. voc., m. ch., pi., ct. **Mathieu**, Rodolphe (1890-1962) : m. orc., m. solistes et orc., m. cho. et orc., œ. ch., m. voc., m. pi. **Matton**, Roger (1929) : m. orc., œ. ch. **Mercure**, Pierre (1927-66) : m. ctp., m. orc., m. ch. in., m. voc., m. so. et O. ch., m. électroacoustique, m. élec., m. films, ba. **Morawetz**, Oskar (1917) : tous les genres. **Morel**, François (1926) : m. orc., œ. voc., m. ch., perc., pi., fl., org., q., Q. **Papineau-Couture**, Jean (1916-2000) : œ. in., pi., ct. **Pentland**, Barbara (1912) : tous les genres. **Pépin**, Clermont (1926) : 3 ba., m. orc., 5 sy., œ. in. voc., 2 ct. pi., 5 q., pi. **Prévost**, André (1934-2001) : œ. in., m. orc. **Rea**, John (1944) : tous les genres et multimédia. **Saint-Marcoux**, Micheline Coulombe (1938-85) : m. films, m. orc., œ. ch. et in., m. voc., m. ch., pi., m. élec., q., Q. **Schafer**, R. Murray (1933) : O., m. orc., œ. ch., voc., m. ch., q., m. élec. **Somers**, Harry (1925) : O., m. films et télévision, m. orc., m. ch., œ. voc., m. ch., q., Q., pi., guit., vi. **Tremblay**, Gilles (1932) : œ. in., pi., m. orc. **Vivier**, Claude (1948-83) : m. orc., ch. O., pi., m. ch., voix et in., q. **Weinzweig**, John (1913) : m. orc., œ. in. **Willan**, Healey (1880-1968) : tous les genres.

ESPAGNE

■ **Nés avant 1800.** **Cabanilles**, Juan (1644-1712) : œ. org. **Cabezón**, Antonio de (v. 1500-66) : œ. cl., org. **Casanovas**, Narciso (1747-99) : m. re., œ. cl. **Cererols**, Juan (1618-76) : œ. ch., villancicos. **Correa de Araujo**, Francisco (1583-1663) : org. **Flecha**, Mateo (1481-1553) : œ. voc., ca., ma. **Guerrero**, Francisco (1527-99) : m. voc., re., ma. **Juan del Encina** (1469-v. 1529) : Eglogas, chansons polyphoniques. **Morales**, Cristóbal (v. 1500-53). **Ortiz**, Diego (v. 1525-v. 1575) : œ. in., var. **Victoria**, Tomás Luis de (v. 1549-1611) : m. re., voc.

La « vihuela » (à cordes pincées de la même famille que la guitare). *XVIe s.* : **Milán**, Luis ; **Mudarra**, Alonso ; **Narvaez**, Luis ; **Pisador**, Diego.

Théoriciens. *XVIe s.* : **Bermudo**, Juan ; **Montanos**, Francisco ; **Ramos Pareja**, Bartolomé ; **Salinas**, Francisco. *XVIIe s.* : **Lorente**, Andrés ; **Ruiz de Ribayaz**, Lucas ; **Sanz**, Gaspar. *XVIIIe s.* : **Eximeno**, Antonio ; **Nassare**, Pablo ; **Rodriguez de Hita**, Antonio ; **Soler**, Antonio (1729-83) : ct., so., œ. voc ; **Sor**, Fernando (1778-1839) : œ. guit.

Musique scénique (opéra, tonadilla). **Carnicer**, Ramón (1789-1855) ; **Durón**, Sebastián (1645-1716) ; **García**, Manuel (1775-1832) ; **Martín y Soler**, Vicente (1756-1806) ; **Misón**, Luis (1720-66) ; **Terradellas**, Domingo (1713-51).

■ **Nés entre 1800 et 1900.** **Albéniz**, Isaac (1860-1909) : O. c. (Pepita Jiménez), œ. pi. (Chants d'Espagne, Iberia, la Vega), ct., m. ch. **Arbos**, Enrique Fernandez (1863-1939) : O. c. (le Centre de la Terre), 3 tr. avec pi., œ. orc. (Nuits d'Arabie). **Arriaga**, Juan Crisóstomo de (1806-26) : sy., O., œ. ch. **Barbieri**, Francisco A. (1823-94) : zarzuela. **Bretón**, Tomás (1850-1923) : o., zarzuela, m. ch., m. orc.

(la Verbena de la Paloma). **Campo**, Conrado del (1876-1953) : m. ch. et de scène considérable. **Casas**, Pérez (1873-1956) : O. (Lorenzo). **Espla**, Oscar (1886-1976) : 1 O., poèmes sy., ca., ba., m. ch. **Falla**, Manuel de (1876-1946) : O. (la Vie brève, l'Atlantide), ba. (l'Amour sorcier, le Tricorne), 1 ct. cl. (Nuits dans les jardins d'Espagne, pi. et orc.), œ. pi. **Gerhard**, Roberto (1896-1970, nat. Anglais) : O., 2 ba., O. (La Dueña), 4 sy., ct., m. ch. **Granados**, Enrique (1867-1916) : O. (Goyescas, Maria del Carmen), œ. pi. (Goyescas, Danses espagnoles). **Mompou**, Federico (1893-1987) : œ. pi. (Charmes, Scènes d'enfants, Suburbis), mél. **Moreno-Torroba**, Federico (1891-1982) : zarzuelas, m. guit. **Morera**, Enrique (1865-1942) : 40 O., sardanas. **Pedrell**, Felipe (1841-1922) : 5 O., œ. orc. **Sarasate**, Pablo de (1844-1908) : œ. vi. **Tarrega**, Francisco (1852-1909) : m. guit. **Turina**, Joaquín (1882-1949) : œ. orc. (la Procesión del Rocio), m. de scène, O., nombreuses œ. pi. (Jardin d'enfants, Recuerdos de viaje).

■ **Nés après 1900. Bautista**, Julián (1901-61, Argentin) : m. ch., œ. pi., O., ba. (Juerga), m. films. **Benguerel**, Javier (1931) : œ. voc., ct. guit., ct. org. **Encinar**, José Ramón (1954) : O. (Figaro), m. or., m. in., m. voc. **Guinjoan**, Joan (1931) : m. orc., m. ch., m. in. **Halffter**, *Cristóbal* (1930) : m. orc., ct. vlc., m. ch., œ. in. ; *Ernesto* (1905-89) : œ. pi., 1 q., ba., œ. orc. ; *Rodolfo* (1900-87, Mexicain) : ba., ct. vi., q., pi., 1 O. **Hidalgo**, Manuel (1956) : O., m. orc., m. ch. **Llach**, Luis (1949). **Marco**, Tomás (1942) : 5 sy., m. orc., m. ch., q. **Montsalvatge**, Xavier (1911) : m. pi., m. ch., m. orc., œ. voc., O. **Pablo**, Luis de (1930) : m. orc. (Éléphants ivres, Imaginario), sy., 3 ct. pi., ct. cl., m. voc. (Viatges i Flors), m. ch. (Modulos), O. (Protoccolo, Kiu, El Viajero indiscreto). **Pittaluga**, Gustavo (1906) : ba., 1 ct. vi., m.in. **Rodrigo**, Joaquín (1902-99) : O., œ. in., œ. pi., mél., ct. guit. (ct. de Aranjuez).

ÉTATS-UNIS

■ **Nés entre 1800 et 1900. Cadman**, Charles (1881-1946) : O., m. orc., m. voc. **Carpenter**, J. Alden (1876-1951) ; ct., œ. sy., œ. in. **Cowell**, Henry D. (1897-1965) : sy., m. ch., œ. pi. **Gershwin**, George (1898-1937) : ct. pi., m. orc. (Rhapsody in Blue, Un Américain à Paris), O. (Porgy and Bess), œ. pi. (préludes), ch. **Gottschalk**, Louis Moreau (1829-69) : 2 O., œ. sy., œ. pi. **Hanson**, Howard (1896-1981) : O. (Merry Mount), m. orc. **Harris**, Roy (1898-1979) : m. orc., 7 sy., ba., m. ch., œ. pi. **Ives**, Charles (1874-1954) : 4 sy., m. orc., œ. pi. (Concord Sonata), mél. **MacDowell**, Edward (1861-1908) : œ. in., ct., 3 poèmes sy., so., œ. pi. **Moore**, Douglas Stuart (1893-1969) : m. orc., sy., O. **Piston**, Walter (1894-1976) : ba. (le Flûtiste incroyable), 8 sy., 5 q., ct. **Porter**, Quincy (1897-1966) : m. orc., 2 sy., ct. (alto, 2 pi., cl.), 10 q., so. **Riegger**, Wallingford (1885-1961) : m. orc., œ. in. **Rogers**, Bernard (1893-1968) : 1 q., 4 sy., 2 so. pi., ca., ct. vi. **Ruggles**, Carl (1876-1971) : m. orc., m. in. **Sessions**, Roger (1896-1985) : O. (le Procès de Lucullus), 8 sy., ct., œ. in. **Tcherepnine**, Alexandre (1898-1977, origine russe) : O., ba., m. sy., ct., m. pi. **Thomson**, Virgil (1896-1989) : O. (4 Saints en 3 actes, Notre mère à tous), m. sy., mél., m. ch. **Tiomkin**, Dimitri (1899-1979, origine russe) : m. films. **Varèse**, Edgar (1883-1965, voir p. 402 b).

■ **Nés après 1900. Adams**, John (1947) : 3 O. (Nixon en Chine, The Death of Klinghoffer), o. (El Niño), m. orc. (Harmonielehre, sy. de ch.), m. pi., m. voc. **Albert**, Stephen (1942-92) : m. orc. (River Run), ct. vi., ct. vlc., m. ch., m. voc. **Albright**, William (1944-98) : m. élec., m. orc., org. **Antheil**, George (1900-59) : ba. mécanique, 7 sy., 3 O. (Volpone). **Argento**, Dominick (1927) : 10 O. (Aspern Papers), ba., m. voc., m. ch. **Babbitt**, Milton Byron (1916) : œ. in., m. pi., synthétiseur, m. sér. **Barber**, Samuel (1910-81) : 2 O. (Vanessa, Antony and Cleopatra), ba. (Medea), m. orc., œ. in. et voc., Prayer for Kierkegaard, Adagio pour cordes. **Bernstein**, Leonard (1918-90) : œ., lr. (West Side Story, Candide), 3 sy., m. re. (Messe), ba. (Fancy Free, Dybbuk), com. m. (1600 Pennsylvania Avenue). **Blitzstein**, Marc (1905-64) : O. (Regina, version américaine de l'Opéra de quat'sous). **Bolcom**, William (1938) : m. ch., œ. pi. **Brown**, Earle (1926) : m. graph. et élec., m. orc. **Cage**, John (5-9-1912/12-8-1992) : m. films, m. scène (Bacchanale), œ. pour pi. préparé (so., interludes), Imaginary Landscape (1re œuvre électroacoustique). **Carter**, Elliott (1908) : O., or., sy., ct. pi., ct. orc., ct. cl. et pi., 4 q., m. ch., m. voc. **Copland**, Aaron (1900-90) : ba. (Appalachian Spring, Billy the Kid, Rodeo), ct. clar., ct. pi., 3 sy., m. orc. (El Salon Mexico, Connotations), m. pi., m. voc., m. films. **Corigliano**, John (1938) : O. (The Ghost of Versailles), m. orc., m. voc., ct. hb., ct. pi., ct. cl. **Creston**, Paul (1906-85) : 6 sy., ct., m. org., m. sér. **Crumb**, George (1929) : m. voc. (Star Child), m. ch., m. orc., m. pi. (Makrokosmos). **Danielpour**, Richard (1956) : m. orc., ct. vlc. **Dello Joio**, Norman (1913) : m. orc., pi. **Del Tredici**, David (1937) : m. voc., m. ch. (Alice in Wonderland), m. orc. **Diamond**, David (1915) : m. orc., m. in., ct. q. et orc. **Druckman**, Jacob (1928-96) : m. orc., ct. alto, m. élec., m. ch. **Epstein**, David (1930) : m. orc., sy., m. ch., m. films. **Feldman**, Morton (1926-87) : O. (Neither), m. graph., m. orc., ch., œ. voc. **Finney**, Ross Lee (1906-97) : 4 sy., 2 ct. vi., 2 ct. pi., 8 q., m. voc. **Foss**, Lukas (1922) : O., m. orc. (Baroque Variations, sy.), ct. (vlc., perc., hb.), m. ch. (The Cave of the Winds), 3 q. **Glass**, Philip (1937) : m. minimaliste et voc., O. (Akhnaten, Einstein on the Beach, Satyagraha), 2 sy. **Gould**, Morton (1913-96) : com. m., m. orc., ét., m. films. **Harbison**, John (1938) : O., sy., ct. vi., 2 q. **Harrison**, Lou (1917) : O., m. sy., cho., ct., m. ch. **Hovhaness**, Alan (1911-2000) : O., 56 sy., 23 ct., m. ch., m. orc., m. pi., m. voc. **Imbrie**, Andrew Welsh (1921) : 1 sy., 1 O., œ. in. **Kernis**, Aaron Jay (1960) : m. orc., m. voc., m. ch. **Kirchner**, Leon (1919) : O., 2 ct. pi., m. orc., m. ch., 3 q., m. voc. **Kolb**, Barbara (1939) : m. orc. (Soundings), m. ch., m. élec. **Kurtz**, Eugene (1923) : m. orc., m. ch. **Laderman**, Ezra (1924) : O., 7 sy., ct. fl., 6 q. **Machover**, Tod (1953) : m. orc., m. élec. **Mennin**, Peter (1923-83) : 7 sy., m. orc., pi. **Menotti**, Gian Carlo (1911, origine italienne) : O. (le Consul, le Médium, Amélie va au bal, Maria Golovin, le Téléphone), 2 ct. pi., m. orc., ba., m. ch. **Nabokov**, Nicolas (1903-78, origine russe) : O., ba., m. orc. **Perle**, George (1915) : m. orc., ct. vlc., ct. pi., 2 sinfoniettas, 8 q., m. ch., m. pi., mél. **Reich**, Steve (1936) : m. orc., m. ch. (Tehillim), m. perc. (Drumming), m. répétitive. **Rodgers**, Richard (1902-79) : com. m., m. films. **Rorem**, Ned (1923) : O., 3 sy., 4 ct. pi., ct. vi., m. ch. (3 q.), m. pi. **Schuller**, Gunther (1925) : 2 O., m. orc. (sept études sur des thèmes de Paul Klee), ct. (cor, pi., trp., sax., cb., contrebasson). **Schuman**, William (1910-92) : O., ba., m. orc. (le Chant d'Orphée), 10 sy., œ. voc., q. **Schwantner**, Joseph (1943) : m. orc., m. voc., m. ch. **Torke**, Michael (1961) : O. ba., m. orc., ct. pi. **Weill**, Kurt (1900-50, voir p. 400 a). **Wuorinen**, Charles (1938) : O., m. orc. (Chamber Concertos), 2 ct. pi., ct. vi., or., m. ch. (Tashi), m. élec. **Zwillich**, Ellen (1939) : m. orc., 2 sy., ct., m. ch.

FINLANDE

Aho, Kalevi (1949) : 2 O., 9 sy., ct. vlc., ct. vi., m. ch., ct., pi. **Bergman**, Erik (1911) : ct. pi., fl., vlc., vi., m. ch. et orc., œ. voc., m. orc., ens. ins., O. **Crusell**, Bernhard (1775-1838) : 3 ct. clar., ct. clar. et basson, O. **Englund**, Einar (1916) : 2 ba., 7 sy., ct. fl., ct. clar., 2 ct. pi., ct. vi., vlc., m. ch., m. films. **Hämeenniemi**, Eero (1951) : m. orc., ct. guit. élec., ct. vi., m. ch., ba., cl., 2 sy., m. voc. **Hauta-Aho**, Teppo (1941) : m. orc., m. ch., ct. trp., ct. **Heininen**, Paavo (1938) : 2 O., 4 sy., 3 ct. pi., 2 ct. vi., ct. sax., m. ch., m. élec. **Heiniö**, Mikko (1948) : m. orc., 5 ct. pi., ct. basson, ct. bugle, m. ch., m. cho., m. voc., sy. **Johansson**, Bengt (1914-89) : cho., ct. pi., m. ch., m. orc., m. élec. **Jokinen**, Erkki (1941) : ct. vlc., ct. acc., ct. vi., m. ch., m. voc., œ. ch. **Kaipainen**, Jouni (1956) : m. orc., m. ch., o. ch., 2 sy., ct. clar., m. voc. **Kilpinen**, Yrjö (1892-1959) : 750 li. **Klami**, Uuno (1900-61) : ba., m. orc., m. ch., 2 sy., ct. vi., 2 ct. pi. **Kokkonen**, Joonas (1921-96) : O., 4 sy., m. orc., m. ch., œ. voc., m. re., ct. vlc. **Kortekangas**, Olli (1955) : 2 O. de ch., m. orc., m. ch., m. cho. et voc. **Kostiainen**, Pekka (1944) : ba., sy., ct. vi., ct. vlc., ct. pi., œ. ch., m. ch. **Kuula**, Toivo (1883-1918) : œ. cho. et orc., m. ch. **Lindberg**, Magnus (1958) : ct. pi., m. dr., m. orc., m. ch. **Linjama**, Jouko (1934) : m. orc., œ. ch., m. ch., org. **Madetoja**, Leevi (1887-1947) : 2 O., ba., 3 sy., ca., m. orc., m. ch., œ. voc., m. re. **Marttinen**, Tauno (1912) : 16 O., 6 ba., 9 sy., m. orc., m. ch., œ. voc., 10 ct. **Merikanto**, Aarre (1893-1958) : O., 4 ct. pi., 4 ct. vi., 2 ct. vlc., 3 sy., m. orc., m. ch., 2 ca., m. th. **Meriläinen**, Usko (1930) : 4 ba., ct. guit., ct. fl., 3 ct. pi., ct. vlc., ct. guit., 5 sy., m. orc., m. ch. **Nordgren**, Pehr Henrik (1944) : m. orc., 4 ct. vi., 3 ct. viole, 2 ct. pi., 4 ct. vlc., ct. clar., 2 o. ch., m. ch., 3 sy., ct. viole et contrebasse. **Nummi**, Seppo (1932-81) : li., m. ch. **Palmgren**, Selim (1878-1951) : O., 5 ct. pi., 6 ca., m. th., m. orc., œ. pi. **Pesonen**, Olavi (1909-93) : m. orc., œ. ch. **Pylkkänen**, Tauno (1918-80) : 9 O., ca., m. orc., m. ch., m. voc. **Raitio**, Pentti (1930) : m. orc., m. ch., œ. voc., ct. vlc. **Rautavaara**, Einojuhani (1928) : 6 O., ba., 8 sy., ct. fl., 2 ct. pi., ct. vlc., ct. vi. et soprano, ct. contrebasse, m. orc., m. ch., œ. voc. **Rechberger**, Herman (1947) : O., m. ctp., dr., m. ch., m. élec. **Saariaho**, Kaija (1952) : ba., m. ch., m. élec., m. voc., m. orc. **Sallinen**, Aulis (1935) : 6 O., 6 sy., ct. fl., ct. vi., ct. vlc., m. orc. (Shadows), m. ch. (5 q.), m. voc. **Salmenhaara**, Erkki (1941) : O., 5 sy., m. orc., m. ch., œ. voc., ct. 2 vi., ct. vlc., ct. cor d'harmonie. **Salonen**, Esa-Pekka (1958) : ct. sax., m. orc., m. ch., m. élec. **Sarmanto**, Heikki (1939) : m. films, sy. jazz, m. voc. **Segerstam**, Leif (1944) : m. orc., œ. ch., œ. voc., 20 sy., 2 ct. trp., 8 ct. vi., 4 ct. pi., 7 ct. vlc., 3 ct. viole, ct. clar., ct. fl. **Sermilä**, Jarmo (1939) : m. orc., m. ch., m. voc., m. élec., jazz. **Sibelius**, Jean (1865-1957) : O., 7 sy., ct. vi., m. orc., m. ch., m. voc., m. pi. **Sonninen**, Ahti (1914-84) : 2 O., m. ch., ba., ct. pi., dr., œ. ch. **Tiensuu**, Jukka (1948) : ct. clar., ct. acc., sy., m. orc., m. ch., m. élec. **Wessman**, Harri (1949) : ct. trp., m. orc., m. ch., œ. ch.

FRANCE

■ **Écoles du Moyen Age. Musique monodique, chansons populaires, troubadours. Guillaume IX d'Aquitaine** (1076-1127), **Bertrand de Born** (1140-1214), **Marcabru** (1120-40), **Jaufré Rudel, Bernard de Ventadour** (1125-95). **Trouvères. Brulé** (1159-1214 ?), **Guy de Coucy** († 1202), **Blondel de Nesles** (1155-v. 1200), **Colin Muset** (XIIIe s.). **Musique polyphonique** jusqu'à la mort de **Dufay** (voir ci-dessous).

École de N.-D. de Paris (1105-1330). **Adam de La Halle** (v. 1240-87) : Jeu de Robin et Marion, **Léonin** (XIIe s.), **Pérotin** († 1197 ou 1238).

Ars Nova. Philippe de Vitry (1290-1361), **Guillaume de Machaut** (v. 1300-77) : lais, rondeaux, ballades, mo. (2, 3 ou 4 voix), Messe de Notre-Dame.

École franco-flamande. Gilles Binchois (v. 1400-60), **Antoine Busnois** (v. 1430-92), **Guillaume Dufay** (v. 1400-74), **Nicolas Grenon, Jacob Obrecht** (1450-1505, Flamand), **Johannes Ockeghem** (v. 1430-97, Flamand), **Pierre de La Rue** (v. 1460-1518).

■ **Nés avant 1600. Bertrand**, Anthoine de (v. 1530-80) : ch., airs spirituels. **Bouzignac**, Guillaume (v. 1592-v. 1641) : m. re. (motets). **Certon**, Pierre (?-1572) : me., mo., ps., ch. **Compère**, Loyset (v. 1450-1518) : me., mo., Magnificat. **Costeley**, Guillaume (v. 1531-1606) : ch., mo. **Des Prés**, Josquin (v. 1440-v. 1521) : 129 mo., ps., 19 me., ch. **Du Caurroy**, Eustache (1549-1609) : me., mo., fa. in. **Estocart**, Paschal de (v. 1540-v. 90) : œ. ch., ps. **Févin**, Antoine de (v. 1470-1511?) : me., mo. **Gombert**, Nicolas (v. 1500-v. 1556) : me., mo., ch. **Goudimel**, Claude (v. 1505-72) : me., ch. re., profanes, ps. **Guédron**, Pierre (v. 1565-v. 1620) : airs. **Jambe-de-Fer**, Philibert (1520-25/65). **Janequin**, Clément (v. 1480-1558) : ch. re., profanes, descriptives (le Chant des oiseaux, la Bataille, les Cris de Paris). **Lassus**, Roland de (v. 1531-94) : 500 mo., 53 me., 4 pa., ch. polyphoniques, Stabat Mater. **Le Jeune**, Claude (v. 1530-1600) [le Printemps, Dodécacorde, Psautier de Th. de Bèze] : ch. polyphoniques (plus de 600 œuvres). **Mauduit**, Jacques (1557-1627) [Requiem pour Ronsard] : me., mo. **Mouton**, J. de Hollingue, dit (v. 1470-v. 1522) : me., Magnificat, mo., ch. **Sermisy**, Claudin de (v. 1490-1562) : me., mo., ch. **Titelouze**, Jehan (1563-1633) : mo., m. org.

■ **Nés entre 1600 et 1700. Anglebert**, Jean-Henri d' (1628-91) : œ. cl. **Bernier**, Nicolas (1664-1734) : 3 volumes de mo., 8 livres de ca. profanes (Nuits de Sceaux). **Blanchard**, Esprit (1696-1770) : 30 mo., 1 Te Deum. **Boismortier**, Joseph Bodin de (1689-1755) : 102 œ., œ. fl., so., ct., m. voc. **Campra**, André (1660-1744) : plus de 200 œ., 24 O. (Iphigénie en Tauride). **Champion de Chambonnières**, Jacques (après 1601-72) : œ. cl., œ. in. **Charpentier**, Marc Antoine (v. 1636-1704) : 500 œ. re. (dont Te Deum, David et Jonathas), m. lr. (Médée). **Clérambault**, Louis-Nicolas (1676-1749) : m. org., m. cl., pastorale (le Triomphe d'Iris), m. re., ca. profanes, so., or. **Couperin**, *François,* dit le Grand (1668-1733) : 4 livres cl., préludes, so. in. (l'Astrée), ct. (Concerts des goûts réunis), œ. org. (2 me.), œ. voc. (Leçons de ténèbres). *Louis* (v. 1626-v. 61) : œ. cl., org. **Dandrieu**, Jean-François (1682-1738) : m. cl., m. org. (noëls). **Daquin**, Louis (1694-1772) : noëls pour org., œ. cl. **Delalande**, Michel (1657-1726) : mo., ba., me. **Desmarets**, Henry (v. 1660-1741) : mo., ba., O. (Didon). **Destouches**, André (1669-1749) : ba. (Omphale, les Éléments, Issé). **Dornel**, Antoine (1685-1765) : œ. org. et cl. **Francœur**, François (1698-1787) : so., sy. **Gaultier Le Jeune**, Denys dit (v. 1603-72) : la Rhétorique des dieux, pour luth seul. **Gilles**, Jean (1669-1705) : m. re., req. (Requiem), m. in. **Grigny**, Nicolas de (1672-1703) : livre d'org. **Lebègue**, Nicolas (1631-1702) : 2 livres de cl., 3 d'org. **Leclair**, Jean-Marie (1697-1764) : 100 œ. vi., 12 ct. vi. et cordes. **Lully**, Jean-Baptiste (1632-87, de gangrène après s'être frappé le pied en marquant la mesure avec son bâton de chef d'orchestre) : O. (Cadmus et Hermione, Alceste, Thésée, Amadis, Armide, Isis, Atys), com. ba. en collaboration avec Molière, m. re. **Mage**, Pierre du (1676-1751) : œ. org. **Marais**, Marin (1656-1728) : O. (Alcyone), su. viole. **Marchand**, Louis (1669-1732) : 5 livres d'org. **Pignolet de Montéclair**, Michel (1667-1737) : ca., 1 O. biblique (Jephté), ch., mo. **Mouliné**, Étienne (1600-69) : airs de cour, œ. re. **Mouret**, Jean-Joseph (1682-1738) : 6 recueils de divertissements, O., ba., mo. **Rameau**, Jean-Philippe (1683-1764) : O. (Hippolyte et Aricie, les Indes galantes, Castor et Pollux, les Boréades, Dardanus, Zoroastre), œ. cl., œ. in. (concerts en sextuor), œ. voc., écrits théoriques. **Roberday**, François (1624-80) : œ. org.

■ **Nés entre 1700 et 1800. Alayrac**, Nicolas d' (1753-1809) : environ 100 œ. **Auber**, Daniel (1782-1871) : O. c. (les Diamants de la couronne, le Domino noir), O. (la Muette de Portici, Fra Diavolo). **Balbastre**, Claude (1727-99) : m. org. (noëls), m. cl. **Boëly**, Alexandre (1785-1858) : œ. org., pi. **Boieldieu**, François-Adrien (1775-1834) : O. c. (la Dame blanche), œ. pi., m. ch., ct. **Cassanéa de Mondonville**, Jean-Joseph (1711-72) : so., 12 mo., œ. cl., vi. **Corrette**, Michel (1709-95) : 21 ct., m. ch. **Duni**, Egidio (1709-75, né en Italie) : O. c. (le Peintre amoureux de son modèle). **Duphly**, Jacques (1715-89) : œ. cl. **Giroust**, François (1738-99) : O. (Télèphe), 14 or., 90 mo., 11 magnificats, messe du sacre de Louis XVI, hymne des Versaillais. **Gossec**, Fr.-Joseph Gossé dit (1734-1829) : me., q., 20 O. c., 30 sy., hymnes révolutionnaires. **Halévy**, Jacques Fromental Lévy, dit (1799-1862) : O. (la Juive, la Reine de Chypre, la Dame de pique, Manon), O. c. (l'Éclair, les Mousquetaires de la Reine, le Val d'Andorre, Noé ou le Déluge), ba. (Manon l'Escaut), ca., th., m. ch., œ. pi. **Hérold**, Louis-Ferdinand (1791-1833) : œ. lr. (Zampa, le Pré-aux-Clercs), 3 q. **Le Duc**, Simon (1742-77) : 3 sy., sy. conc., ct. **Lesueur**, Jean-François (1760-1837) : 33 me., œ. lr. (le Triomphe de Trajan). **Méhul**, Étienne [Henri Nicolas] (1763-1817) : Chant du départ, ba. (la Chasse du jeune Henri), O., 4 sy., m. voc. **Monsigny**, Pierre-Alexandre (1729-1817) : 11 O. c. (Rose et Colas, le Déserteur), ba. (Aline, reine de Golconde). **Montan-Berton**, Henri (1767-1844) : 48 O. **Onslow**, Georges (1784-1853) : O., 4 sy., m. ch., œ. pi. **Philidor**, François-André (1726-95) : 20 O. c. (Blaise le Savetier, la Belle Esclave, Tom Jones). **Pleyel**, Ignace (1757-1831) : m. pi., m. h., m. ch., ct., 6 sy. conc., œ. voc. **Rouget de Lisle**, Claude (1760-1836) : ch., la Marseillaise. **Rousseau**, Jean-Jacques (1712-78) : 1 O. (le Devin du village), œ. lr. **Saint-Georges**, Joseph Boulogne, chevalier de (1739-99) : m. pi., m. ch., sy., 10 sy. conc.

■ **Nés entre 1800 et 1900. Adam**, Adolphe (1803-56) : O. c. (le Postillon de Longjumeau, le Chalet), ba. (Giselle). **Alkan**, Charles Valentin (1813-88) : œ. pi., m. ch. **Aubert**, Louis (1877-1969) : O. (la Forêt bleue) ba., m. pi., m. orc., m. ch., œ. voc. (la Mauvaise Prière). **Audran**, Edmond (1842-1901) : O. c. (le Grand Mogol, la Mascotte). **Auric**, Georges (1899-1983)[1] : œ. pi., m. ch., mél., m. sy., O., ba., m. films (la Belle et la Bête, Moulin Rouge, etc.). **Berlioz**, Hector (11-12-1803/8-3-1869) : m. orc. (Symphonie fantastique, Harold en Italie, la Damnation de Faust, Roméo et Juliette, Symphonie funèbre et triomphale), O. (Benvenuto Cellini, Béatrice et Bénédict, les Troyens),

m. re. (Requiem, Te Deum, Messe solennelle), or. (l'Enfance du Christ), ouv. (Carnaval romain, le Corsaire), mél. (les Nuits d'été). **Beydts**, Louis (1895-1953) : m. de la Kermesse héroïque, O., mél. **Bizet**, Georges (25-10-1838/1875) : sy., O. (Carmen, les Pêcheurs de perles), m. pi. (Jeux d'enfants), sy., m. th. (l'Arlésienne). **Bondeville**, Emmanuel (1898-1987) : O. (Madame Bovary, Antoine et Cléopâtre). **Boulanger**, Lili (1893-1918) : ps., Faust et Hélène, mél. **Bruneau**, Alfred (1857-1934) : O. (le Rêve, l'Ouragan, l'Attaque du moulin, Messidor). **Büsser**, Henri (1872-1973) : O. (Daphnis et Chloé, le Carrosse du Saint-Sacrement). **Canteloube**, Marie-Joseph (1879-1957) : Chants d'Auvergne et autres. **Caplet**, André (1878-1925) : mél., m. re. (me., Miroir de Jésus), m. orc. (Épiphanie), m. ch. (Conte fantastique). **Castillon**, Alexis de (1838-73) : m. ch., œ. pi. (Pensées fugitives), mél., ct. pi., so. pi. vi. **Chabrier**, Emmanuel (1841-94) : œ. pi. (Pièces pittoresques, Bourrée fantasque), œ. orc. (España, Joyeuse Marche), O. (Gwendoline), O. c. (le Roi malgré lui), mél. **Charpentier**, Gustave (1860-1956) : O. c. (Louise), su., sy. (Impressions d'Italie). **Chausson**, Ernest (1855-99) : sy., Poème pour vi. et orc., drame lr. (le Roi Arthus). **Chopin**, Polonais de père français (voir p. 404 a). **Christiné**, Henri (1867-1941) : ch., o. (Phi-Phi, Dédé). **Cliquet-Pleyel**, Henri (1894-1963) [2] : 2 q., 2 so. vi., mél. **Cras**, Jean (1879-1932) : O. (Polyphème), m. orc. (Journal de bord), m. ch. **Debussy**, Claude (1862-1918) : œ. pi. (24 préludes, 12 études, Images, Children's Corner, Suite bergamasque, etc.), œ. orc. (Prélude à l'après-midi d'un faune, Nocturnes, Ibéria, Jeux, la Mer), œ. lr. (Pelléas et Mélisande, le Martyre de saint Sébastien), mél., m. ch. (q., 3 so.). **Delannoy**, Marcel (1898-1962) : O. c. (le Poirier de misère), ba. (la Pantoufle de vair), m. sy. **Delibes**, Léo (1836-91) : O. c. (Lakmé), ba. (Coppélia, Sylvia). **Delvincourt**, Claude (1888-1954) : œ. pi. (Croquembouches), mél. (Chants de la ville et des champs), œ. orc. (Radio sérénade), œ. lr. **Désormière**, Roger (1898-1963) [2] : m. films. **Dukas**, Paul (1865-1935) : œ. orc. (l'Apprenti sorcier, poème dansé : la Péri), œ. lr. (Ariane et Barbe-Bleue), œ. pi. (1 so., var. sur un thème de Rameau). **Duparc**, Henri (1848-1933) : mél. (la Vie antérieure, l'Invitation au voyage, Chanson triste). **Dupont**, Gabriel (1878-1914) : 4 O. (Antar, la Farce du cuvier), m. pi. (les Heures dolentes), mél., m. ch. **Dupré**, Marcel (1886-1971) : œ. org. **Durey**, Louis (1888-1979)[1] : mél., q., œ. pi. **Emmanuel**, Maurice (1862-1938) : œ. in., orc., voc., O. (Prométhée enchaîné, Salamine). **Erlanger**, Camille (1863-1919) : 57 mél., 12 dr. lr. (le Juif polonais).

Fauré, Gabriel (1845-1924) : req., m. ch. (2 so. pi. vi., 2 so. pi. vlc., tr., q., Q.), mél. (la Bonne Chanson, l'Horizon chimérique), œ. pi. (13 nocturnes, 13 barcarolles, 9 préludes, Impromptus, Thème et variations), O. (Prométhée, Pénélope). **Ferroud**, Pierre Octave (1900-36) : ba., m. sy., m. ch., mél. **Franck**, César (1822-90, origine belge) : or. (les Béatitudes), 1 sy., m. orc. (le Chasseur maudit), œ. org. (3 chorals), œ. pi. (Prélude, ch. et fu.), var. sy. (pour pi. et orc.), q., Q., 1 so. pi. vi., mél., O. **Ganne**, Louis (1862-1923) : o. (les Saltimbanques, la Marche lorraine). **Gédalge**, André (1856-1926) : 4 sy., ct. pi., q., 2 so. pi. et vi., mél. **Godard**, Benjamin (1849-95) : O. (Jocelyn), m. orc. **Gounod**, Charles (1818-93) : O. (Faust), O. c. (Mireille, Roméo et Juliette), 3 sy., mél. (dont Ave Maria), 13 me. **Gouvy**, Théodore (1819-98) : m. org., req., sy. **Guiraud**, Ernest (1837-92) : O. (Frédégonde, achevé par Saint-Saëns). **Hahn**, Reynaldo (1874-1947) : mél., 3 ct., œ. pi., m. ch., o. (Ciboulette). **Hervé**, Florimond Ronger dit (1825-92) : o. (Mam'zelle Nitouche). **Honegger**, Arthur (1892-1955, origine suisse)[1] : œ. lr. (les Aventures du roi Pausole, le Roi David, Jeanne au bûcher, Antigone), 5 sy., œ. orc. (Pacific 231, Rugby), ct., m. ch., or. (Danse des morts, Cantate de Noël), mél., œ. pi. **Ibert**, Jacques (1890-1962) : œ. pi. (Histoires), m. ch., ct., œ. lr., O. c. (le Roi d'Yvetot, Angélique), m. orc. (Divertissement, suites), m. films. **Indy**, Vincent d' (1851-1931) : O. (Fervaal), 3 sy. (Symphonie sur un chant montagnard français), œ. orc. (Wallenstein, Jour d'été à la montagne), mél., q., so., œ. pi. **Inghelbrecht**, Désiré (1880-1965) : mél., œ. orc. (Marines), ba. (le Diable dans le beffroi). **Koechlin**, Charles (1867-1950) : œ. sy. (le Livre de la jungle), œ. théoriques (tous les genres). **Ladmirault**, Paul (1877-1944) : m. ch., m. orc. (Suite bretonne). **Lalo**, Édouard (1823-92) : O. (le Roi d'Ys), ba. (Namouna), Symphonie espagnole, Rhapsodie norvégienne, 2 ct. vi., ct. vlc., m. ch. **Lazzari**, Sylvio (1857-1944) : O. (la Lépreuse), m. orc., m. ch., œ. voc. **Lecocq**, Charles (1832-1918) : o. (la Fille de Mme Angot), mél. **Le Flem**, Paul (1881-1984) : 4 sy., œ. pi., voc., O. (la Magicienne de la mer). **Loucheur**, Raymond (1899-1979) : 2 sy., ba., m. ch. **Magnard**, Albéric (1865-1914) : 3 O. (Guercœur, Bérénice), 4 sy., 1 q., mél., œ. pi. (Promenades). **Martelli**, Henri (1895-1980) : près de 150 œ. dans tous les genres. **Massé**, Victor (1822-84) : mél., œ. lr. (les Noces de Jeannette). **Massenet**, Jules (1842-1912) : O. (Manon, Werther, Thaïs, le Jongleur de Notre-Dame, Hérodiade), or. (Ève, le Sommeil de la Vierge), 1 ct. pi., 7 su. orc. **Messager**, André (1853-1929) : o. (Véronique, la Basoche, Monsieur Beaucaire), ba. (les Deux Pigeons). **Migot**, Georges (1891-1976) : 13 sy., m. orc., m. ch., œ. in., m. pi., œ. voc., ch. org. **Mihalovici**, Marcel (1898-1985, origine roumaine). : sy., ba., m. ch., li. **Milhaud**, Darius (1892-1974)[1] : plus de 800 œ. dans tous les genres, O. (Bolivar, les Choéphores), m. ch. (18 q., 5 Q., so. diverses), m. orc. (sy. et su.), œ. pi. (Printemps, Saudades do Brazil, Scaramouche), ct. pour presque tous les instruments, ba. (le Bœuf sur le toit, la Création du monde, l'Homme et son désir), ca. (le Château de feu), mél. (Catalogue de fleurs, Machines agricoles), etc. **Moretti**, Paul (1893-1954) : m. légère, o., m. films (Sous les toits de Paris). **Niedermeyer**, Louis (1802-61, origine suisse) : O. (Stradella), m. re. **Offenbach**, Jacques (1819-80, né à Cologne) : O. c. (les Contes d'Hoffmann), 102 o. et O. b. (la Belle Hélène, Orphée aux Enfers, la Vie parisienne, la Périchole, la Grande-Duchesse de Gerolstein, les Brigands). **Ollone**, Max d' (1875-1959) : O. (la Samaritaine, Georges Dandin), m. orc., m. ch., mél. **Pierné**, Gabriel (1863-1937) : ba. (Cydalise et le Chèvrepied, Ramuntcho), m. ch., œ. pi., mél. **Planquette**, Robert (1848-1903) : o. (les Cloches de Corneville). **Poulenc**, Francis (1899-1963)[1] : O. (les Mamelles de Tirésias, Dialogues des carmélites), m. re. (Stabat Mater, Gloria, Litanies à la Vierge noire), m. orc. (Sinfonietta), ba. (les Biches, les Animaux modèles), m. ch. (so., tr., 1 sextuor), ct. (pour pi., pour 2 pi., pour org.), œ. pi. (Mouvements perpétuels), nombreuses mél.

Rabaud, Henri (1873-1949) : m. orc. (la Procession nocturne), or. (Job), m. films (le Miracle des loups), œ. lr. (Mârouf). **Ravel**, Maurice (1875-1937) : œ. pi. (Jeux d'eau, Gaspard de la nuit, Valses nobles et sentimentales, Ma mère l'Oye, le Tombeau de Couperin), œ. orc. (la Valse, Boléro, Rapsodie espagnole), œ. lr. (l'Heure espagnole, l'Enfant et les sortilèges), ba. (Daphnis et Chloé), 2 ct. pi. (dont Concerto pour la main gauche), m. ch. (1 q., 1 tr., 2 so. pi. vi., so. vi. vlc.), mél. (Histoires naturelles). **Reyer**, Ernest (1823-1909) : O. (Sigurd, la Statue). **Rivier**, Jean (1896-1987) : œ. voc., 7 sy., quelques ct., m. re. (requiem). **Roger-Ducasse**, Jean (1873-1954) : œ. pi., mél., m. re., 2 q. **Roland-Manuel**, Roland Alexis Manuel Lévy, dit (1891-1966) : m. films (les Inconnus dans la maison), O. c. (le Diable amoureux), mél., œ. orc., ba. **Ropartz**, Guy (1864-1955) : O. (le Pays), 5 sy., m. ch. **Roussel**, Albert (1869-1937) : O. (Padmâvatî), ba. (le Festin de l'araignée, Bacchus et Ariane), 4 sy., œ. pi., m. ch. **Saint-Saëns**, Camille (1835-1921) : 3 sy. (dont *n° 3* avec orgue), 5 ct. pi., 3 ct. vi., 2 ct. vlc., œ. orc. (Danse macabre, Carnaval des animaux, Suite algérienne), O. (Samson et Dalila), m. ch., œ. pi. (ét.). **Samazeuilh**, Gustave (1877-1967) : m. orc. (le Chant de la mer), q. à cordes, so. **Samuel-Rousseau**, Marcel (1882-1955) : ca. (Maïa), O. c. (Tarass Boulba). **Satie**, Erik (1866-1925)[2] : œ. pi. (Gymnopédies, Trois Pièces en forme de poire, Gnossiennes), ba. (Parade, Relâche), œ. lr. (Socrate). **Schmitt**, Florent (1870-1958) : ba. (la Tragédie de Salomé), œ. sy., m. ch., œ. pi. (le Petit Elfe Ferme-l'Œil). **Scotto**, Vincent (1876-1952) : m. légère (la Petite Tonkinoise, Sous les ponts de Paris), o. (Violettes impériales). **Séverac**, Déodat de (1872-1921) : mél., œ. pi. (En Languedoc, Cerdaña), œ. org. **Tailleferre**, Germaine (1892-1983)[1] : œ. voc. (Cantate du Narcisse), œ. sy. (Concerto des vaines paroles), œ. lr., ba., m. ch., œ. pi. **Tansman**, Alexandre (1897-1986, origine polonaise) : O., 8 sy., œ sy., pi., œ. voc., ba., m. ch. **Terrasse**, Claude (1867-1923) : o. (le Sire de Vergy, Monsieur de La Palisse). **Thomas**, Ambroise (1811-96) : O. c. (Mignon, Hamlet), ba. **Tournemire**, Charles (1870-1939) : 8 sy., ps., m. ch., l'Orgue mystique, O. **Varèse**, Edgar (1883-1965, nat. Amér. en 1926) : œ. orc. (Amériques, Intégrales, Déserts, Ionisation pour 40 instruments), m. concr. (Poème électronique). **Vellones**, Pierre (1889-1939) : mél., m. orc., m. pi. **Vierne**, Louis (1870-1937) : 5 sy. org., 24 mél., 1 Q. pi. **Waldteufel**, Émile (1837-1915) : valses. **Widor**, Charles-Marie (1844-1937) : ba. (la Korrigane), 10 sy. pour org. (n° 5 avec la Toccata). **Wiener**, Jean (1896-1982) : œ. pi., œ. org., m. films. **Yvain**, Maurice (1891-1965) : m. légère, o. (Tabouche), m. films (Blanche-Neige).

Nota. – (1) En 1918-20, Auric, Durey, Honegger, Milhaud, Poulenc, G. Tailleferre constituaient le *groupe des Six* [nom donné en 1920 par le critique Henri Collet (1895-1951) dans la revue *Comœdia*] autour de Satie et Cocteau. (2) Satie patronna l'*école d'Arcueil* avec Cliquet-Pleyel, Désormière, Jacob, Sauguet.

■ **Nés après 1900.** **Alain**, Jehan (1911-40) : œ. org. (Litanies), su. monodique pour pi. (Prière pour nous autres charnels). **Amy**, Gilbert (1936) : m. sér. (Antiphonies, Triade, Écrits sur toile), chants. **Aperghis**, Georges (1945) : m. orc., m. ch., m. voc., O. (Atem, la Tour de Babel, Jacques le Fataliste, Pandémonium). **Arrieu**, Claude (1903-90) : m. pi., m. ch., 5 ct., m. th. **Aubin**, Tony (1907-81) : 3 sy., (Suite danoise, la Chasse infernale), O. (Goya). **Bacri**, Nicolas (1961) : 5 sy., ct., 5 q., m. re., m. ch. **Ballif**, Claude (1924) : œ. pi., m. ch. (5 q.), m. sy., m. re., req. (Antiennes). **Bancquart**, Alain (1934) : 5 sy., m. orc., m. ch., m. voc. **Barraine**, Elsa (1910) : œ. sy., Musique rituelle pour org., œ. voc., 1 ba. **Barraqué**, Jean (1928-73) : œ. voc., so. pi. **Barraud**, Henry (1900-97) : O. (Numance), O. c. (la Farce de Maître Pathelin), ba. (l'Astrologue dans le puits), œ. sy. **Baudrier**, Yves (1906-88) [1] : sy., or., m. films (la Bataille du rail, le Monde du silence). **Bayle**, François (1932) : m. électro-acoustique (Espaces inhabitables). **Bondon**, Jacques (1927) : m. sy., ct., m. ch., O. (la Nuit foudroyée). **Boucourechliev**, André (1925-97, or. bulgare) : m. élec., m. th., Archipels (diverses formations), ct. pi., O. **Boulez**, Pierre (1925) : Structures pour 2 pi., m. sér., 3 so. pi., le Marteau sans maître, Pli selon pli, Éclats, Rituel, Domaines, Notations, ca. (le Soleil des eaux). **Canat de Chizy**, Edith (1950) : O. (Tombeau de Gilles de Rais), m. orc., ct. vlc., m. ch., m. voc. **Capdevielle**, Pierre (1906-69) : mél., so., œ. sy. **Casanova**, André (1919) : sy., ct., m. ch., pi., li., m. lr. **Casterède**, Jacques (1926) : m. ch., m. sy., œ. voc. (la Chanson du mal aimé). **Chailley**, Jacques (1910-99) : 1 q., 2 sy., la Tentation de saint Antoine, mél., 1 ba. (la Dame à la licorne), œ. pi. **Charpentier**, Jacques (1933) : O., Études karnatiques pour pi., m. orc., m. org., divers ct., 5 sy., 2 or. **Chaynes**, Charles (1925) : divers ct., sy., O. (Erzsebet, Noces de sang). **Connesson**, Guillaume (1970) : m. orc., m. ch. **Constant**, Marius (1925) : O. (Candide), ba. (Paradis perdu, Éloge de la folie), m. orc. (Nana-Symphonie), m. ch. (14 Stations), œ. voc. **Damase**, Jean-Michel (1928) : O. (Colombe), ba. (la Croqueuse de diamants), ct., m. ch., m. orc. (Silk Rhapsody), œ. pi. **Daniel-Lesur** (1908) [1] : œ. pi. et org., mél., m. ch., su. orc., 2 O. (Andrea del Sarto). **Darasse**, Xavier (1934-92) : m. ch., m. org. (Organum). **Delerue**, Georges (1925-92) : m. films, sy., O., ct., q. **Desenclos**, Alfred (1912-71) : m. sy., m. films, req. **Dufourt**, Hugues (1943) : m. orc., m. in. **Duhamel**, Antoine (1925) : m. th., m. films. **Duruflé**, Maurice (1902-86) : œ. org., requiem. **Dusapin**, Pascal (1955) : O. (la Rivière, Roméo et Juliette), m. orc. (Tre Scalini), m. ch. (q.). **Dutilleux**, Henri (1916) : so. pi., 2 sy., q., ct. vlc. (Tout un monde lointain), ct. vi., ba. (le Loup), m. orc. [Métaboles, Timbres, espace, mouvement, Mystère de l'instant (The Shadows of Time)]. **Eloy**, Jean-Claude (1938) : m. élec., m. orc. **Emer**, Michel (1906-84) : ch. (La fête continue). **Escaich**, Thierry (1965) : m. orc., m. org., m. re.

Fénelon, Philippe (1952) : O. (Salammbô, le Chevalier imaginaire), m. orc., m. ch. **Ferrari**, Luc (1929) : m. élec. **Florentz**, Jean-Louis (1947) : m. re. (Requiem de la Vierge, Magnificat), 1 ct., œ. in., 1 or. **Frize**, Nicolas (1950) : m. ctp. **Françaix**, Jean (1912-97) : O. (le Diable boiteux), ba. (les Malheurs de Sophie), œ. in., m. ch., ct., œ. pi. (so., Danses exotiques), œ. cl. (l'Insectarium), œ. voc. **Gagneux**, Renaud (1947) : O. (Orphée), Messe, ct. vlc., m. élec., m. films. **Gallois-Montbrun**, Raymond (1918-94) : Tableaux indochinois pour q. cordes, ba., ca., ct. vi. **Geoffray**, César (1901-72) : œ. cho. **Globokar**, Vinko (1934, origine yougoslave) : O., m. orc., m. ch., œ. ch. **Grisey**, Gérard (1946-98) : m. orc. (Dérives, Transitoires), m. in., m. élec. **Guézec**, Jean-Pierre (1934-71) : m. sér. **Guillou**, Jean (1930) : œ. org., pi., m. ch., or. **Hasquenoph**, Pierre (1922-82) : 3 sy., ct., q., O., ba. **Henry**, Pierre (1927) : m. concr. **Hersant**, Philippe (1948) : O. (le Château des Carpathes), m. ch., or., ct. vlc., 2 q. **Hodeir**, André (1921) : m. dr., m. films. **Hugon**, Georges (1904-80) : m. pi., m. ch., 3 sy., œ. voc. **Jacob**, Maxime, dom Clément (1906-77) : ps., m. re. **Jarre**, *Jean-Michel* (1948) : m. élec. (Oxygène, Équinoxe, Rendez-vous) ; *Maurice* (1924) : Passacaille à la mémoire d'Honegger, O., ba., m. films (Docteur Jivago, Lawrence d'Arabie). **Jaubert**, Maurice (1900-40) : m. films (Drôle de drame), mél., œ. pi., œ. orc. **Jolas**, Betsy (1926) : o., ca., O. (le Pavillon au bord de la rivière), m. ch. **Jolivet**, André (1905-74) [1] : 2 so. pi., 3 sy., 12 ct. (ondes Martenot, pi., h.), m. ch., œ. pi. (Cinq Danses rituelles, Mana). **Kieffer**, Détlef (1944) : O., œ. re., m. orc. **Koering**, René (1940) : O. (Elseneur, la Marche de Radetzky, Marie de Montpellier), ct. pi., m. orc., m. ch., 2 q. **Kosma**, Joseph (1905-69, né en Hongrie) : m. légère, de films (les Enfants du paradis, les Portes de la nuit), ba. (l'Écuyère). **Lafarge**, Guy (1904-90) : m. légère, o., ba. **Landowski**, Marcel (18-2-1915/23-12-1999) : O. (le Fou, le Rire de Nils Halérius, Montségur, Galina), O. pour enfants (la Sorcière du placard aux balais), or. (Rythmes du monde), 4 sy., ct., m. ch., m. pi., m. rel. (me. de l'Aurore). **Langlais**, Jean (1907-91) : œ. org., 24 œ. sy., me., mo. **Legrand**, Michel (1932) : m. films (les Parapluies de Cherbourg, les Demoiselles de Rochefort), œ. pi., œ. ch. **Lemeland**, Aubert (1932) : O., 9 sy., m. ch. (2 q.), m. in., 3 ct. vi. **Lenot**, Jacques (1945) : m. ch., m. org., m. orc. (Allégories d'exil), 3 so. pi., O. **Le Roux**, Maurice (1923-92) : O., sy., m. films (Crin-Blanc, Ballon rouge), ba. (le Petit Prince), œ. pi. orc. **Levinas**, Michael (1949) : O. (la Conférence des oiseaux, Go-Gol), m. orc. (Appels), 2 ct. pi., m. pi. **Litaize**, Gaston (1909-91) : m. org., œ. voc. **Lopez**, Francis (1916-95) : m. légère, o. (la Belle de Cadix, Andalousie). **Louiguy** (1916-91) : m. légère (la Vie en rose, Mademoiselle Hortensia). **Mâche**, François-Bernard (1935) : m. élec., m. orc. (la Peau du silence, Rituel d'oubli), th. musical (les Mangeurs d'ombre), m. in. (Solstice). **Magne**, Michel (1930-84) : m. concr., m. films. **Malec**, Ivo (1925, origine croate) : m. élec., m. orc., œ. voc. **Manoury**, Philippe (1952) : O. (60e Parallèle, K...), m. orc., m. in., m. élec., q. **Martinet**, Jean-Louis (1912) : m. sér., œ. voc., m. in., 3 mouvements symphoniques **Martinon**, Jean (1910-76) : 4 sy., œ. pi., ct., q., m. orc., O. (Hécube). **Méfano**, Paul (1937) : O. (Micromégas), m. orc. (Signes-oubli, Incidences), m. voc. (la Cérémonie), m. ch. **Messiaen**, Olivier (1908-92) [1] : œ. pi. (20 Regards sur l'Enfant-Jésus, Catalogue d'oiseaux), œ. org. (Ascension, Livre d'org.), m. orc. (Offrandes oubliées, Turangalîla-Symphonie, Chronochromie, Éclairs sur l'au-delà), m. ch. (Quatuor pour la fin du temps), O. (St François d'Assise), m. voc. (Trois Petites Liturgies de la présence divine), mél. **Miroglio**, Francis (1924) : m. sér. **Misraki**, Paul (1908-98) : m. légère, m. films, o. **Monnot**, Marguerite (1903-61) : m. légère, m. films, o. (Irma la Douce). **Murail**, Tristan (1947) : m. orc., m. ch. (les 7 Dernières Paroles du Christ), m. élec. **Nigg**, Serge (1924) : œ. sy., ct. vi., m. ch. **Ohana**, Maurice (1914-92, origine espagnole) : O., œ. voc. (Cris, Autodafé, Syllabaire pour Phèdre), œ. in. (Signes, Pentacle, Silenciaire).

Parès, Philippe (1901-79) : m. légère et de films souvent en collaboration avec Georges Van Parys. **Pascal**, Claude (1921) : ct., so., m. ch. **Pécou**, Thierry (1965) : m. orc. **Philippot**, Michel (1925-96) : m. sér. et concr., m. pi., 2 q. **Pierre-Petit** (1922-2000) : o. (la Maréchale Sans-Gêne), ct. pi., org., œ. in., ba. **Prey**, Claude (1925-98) : O. (Jonas, le Cœur révélateur, la Noirceur du lait, les Liaisons dangereuses). **Prodromidès**, Jean (1927) : O. (Passion selon nos doutes, H.H. Ulysse), les Perses, m. films (Danton). **Rosenthal**, Manuel (1904) : O. (Rayon des soieries, la Poule noire), ba. (Gaieté parisienne), sy. **Saguer**, Louis (All., 1907-91) : O. (Mariana Pineda, Lili Merveille), m. orc., m. ch. **Sauguet**, Henri (1901-89) : O. c. (la Voyante, les Caprices de Marianne), ba. (les Forains), m. ch., m. orc., œ. pi., mél., divers ct. **Schaeffer**, Pierre (1910-95) : m. concr. **Scherchen-Hsiao**, Tona (1938) : m. orc., in., ch. **Schœller**, Philippe (1957) : m. orc., m. ch., m. voc. **Thiriet**, Maurice (1906-72) : O. c. (les Bourgeois de Falaise), O. ba. (la Locandiera), or. (Œdipe-Roi), ct., m. ch., sy., mél., m. films (les Visiteurs du soir). **Tomasi**, Henri (1901-71) : ba. (les Santons, Noces de cendre), O., O. c., m. re., m. ch., ct. **Van Parys**, Georges (1902-71) : m. légère et de films. **Xenakis**, Yannis (1921-2001, origine grecque) : m. élec., électroacoustique et informatique, œ. sy. (Metastasis, Pithopratka), voc. (Nuits), m. ch. **Zygel**, Jean-François (1960) : m. orc., m. ch., m. org., m. voc.

Nota. - (1) Baudrier, Jolivet, Messiaen et Daniel-Lesur constituèrent le groupe *Jeune-France.*

GRANDE-BRETAGNE

■ **Nés entre 1350 et 1600. Bull**, John (v. 1562 ou 63-1628) : 150 œ. org. ou virginal, 50 pour cordes. **Byrd**, William (v. 1543-1623) : m. re., ayres, 130 œ. virginal. **Dowland**, John (1563-1626) : œ. cl., luth, viole. **Dunstable**, John (1390-1453) : m. re. **Farnaby**, Giles (v. 1563-1640) : œ. cl., ch. **Fayrfax**, Robert (1464-1521) : m. re., ch. **Gibbons**, Orlando (1583-1625) : m. re., œ. in., œ. org., cl., viole. **Lawes**, Henry (1596-1662) : m. re. **Merbecke**, John (v. 1505 ou 10-1585) : m. re. **Morley**, Thomas (v. 1557-1602) : ca., œ. voc., in., re. **Morton**, Robert (v. 1430-76) : rondeaux, ballades œ. voc., in. **Power**, Leonel († 1445) : m. re. **Tallis**, Thomas (1505-85) : m. re. **Taverner**, John (v. 1490-1545) : m. re. **Tomkins**, Thomas (1572-1656) : ma., ba., ch., m. re., m. viole, cl. **Tye**, Christopher (v. 1505-v. 1572) : m. re. **Weelkes**, Thomas (v. 1576-1623) : ma., m. re. **Wilbye**, John (1574-1638) : ma.

■ **Nés entre 1600 et 1800. Arne**, Thomas (1710-78) : 50 O., or., me., so. pi., 8 sy. **Blow**, John (1649-1708) : m. re., org. **Boyce**, William (1711-79) : m. re., Cathedral Music, sy. **Clarke**, Jeremiah (v. 1674-1707) : m. re., m. ch., œ. pi. **Cooke**, Henry (v. 1615-72) : m. re. et ch. **Croft**, William (1678-1727) : m. re., m. ch. **Field**, John (1782-1837, Irl.) : 12 nocturnes et œ. pi. **Haendel**, voir p. 399 b. **Humfrey**, Pelham (1647-74) : m. re. **Lawes**, William (1602-45) : œ. voc. **Locke**, Matthew (v. 1621 ou 1622-77) : m. pour le siège de Rhodes, la Tempête. **Purcell**, Henry (1659-95) : O. (le Roi Arthur, The Fairy Queen, Didon et Énée), Odes, so., tr, œ. in., m. re. **Simpson**, Christopher (v. 1610-69) : m. viole, fa.

■ **Nés entre 1800 et 1900. Bantock**, sir Granville (1868-1946) : O., or., sy., m. ch. **Bax**, sir Arnold (1883-1953) : 7 sy., ct. vi., ct. vlc. **Benedict**, Julius (1804-85) : 2 sy., 2 ct. pi., O. (le Lys de Killarney). **Bennett**, sir William Sterndale (1816-75) : ouv., sy., m. pi., 4 ct. **Bliss**, sir Arthur (1891-1975) : ba., O. (les Olympiens), 3 œ. voc. et in., ct. vlc., Symphonie des couleurs. **Brian**, Havergal (1876-1972) : O., 32 sy. (Symphonie gothique, 700 exécutants). **Bridge**, Frank (1879-1941) : m. orc., m. ch. **Cowen**, sir Frederick (1852-1935) : O., o., ca., or., 300 mél., 6 sy., m. ch. **Delius**, Frederick (1862-1934) : 6 O., req., ct., œ. ch., m. orc. (In a Summer Garden, The First Cuckoo in Spring). **Elgar**, sir Edward (1857-1934) : or. (le Rêve de Gerontius, les Apôtres), ca., m. ch. et in., m. orc. (Enigma Variations, Falstaff), ct. vi., ct. vlc., 2 sy., O. **Goossens**, Eugene (1893-1962) : 2 O. (Don Juan de Mañara, Judith), 2 sy. **Holst**, Gustav (1874-1934) : cho., orc., 7 O. (The Perfect Fool), 1 sy. avec chœurs, su. sy. (les Planètes). **Howells**, Herbert (1892-1983) : cho., 2 ct., m. ch. **Ireland**, John (1879-1962) : ch., ct., m. ch., m. sy. **Ketelbey**, Albert W. (1875-1959) : m. films, m. orc. (Sur un marché persan). **MacFarren**, sir George Alexander (1813-87) : O., 8 sy., or., ca. **Mackenzie**, sir Alexander (1847-1935) : 7 O., or., ca., ct., œ. sy. **Parry**, sir Charles Hubert (1848-1918) : or., m. ch., 5 sy., 1 ct. pi. **Scott**, Cyril (1879-1971) : œ. pi., mél., 3 O., œ. in., 3 sy., ct., m. ch. **Stanford**, sir Charles Villiers (1852-1924) : œ. in., 10 O., sy., 6 œ. vi. et orc., œ. org., œ. re., ct. **Sullivan**, sir Arthur (1842-1900) : ba., 1 sy., œ. pi., mél., O. (le Mikado). **Vaughan Williams**, Ralph (1872-1958) : 6 O., 9 sy., ba., m. films, m. ch., ct. **Warlock**, Peter (1894-1930) : ch. **Wesley**, Samuel Sebastian (1810-79) : m. re.

■ **Nés après 1900. Arnold**, Malcolm (1921) : m. orc., cho., ch., dr., sy., m. films (le Pont de la rivière Kwaï). **Barrett**, Richard (1959) : m. ensemble voc., solo. **Bedford**, David (1937) : O. pour enfants, m. orc., m. ch. **Benjamin**, George (1960) : m. orc. (At First Light), m. ch., pi., voc., m. élec. (Antara). **Bennett**, Richard Rodney (1936) : O. (The Mines of Sulphur, Victory), m. orc., cho., ch., dr. **Berkeley**, *sir Lennox* (1903-89) : ch., m. orc., cho., m. ch., dr. ; *Michael* (1948) : ct. hb., ct. vlc., ct. org., m. orc. (Gregorian Variations), m. ch., or. **Birtwistle**, sir Harrison (1934) : O. (le Masque d'Orphée, Punch and Judy, Gawain), m. orc. (The Triumph of Time), m. ch., m. voc., ca. **Blake**, Howard (1938) : ba., m. orc., ct. clar., m. voc. **Britten**, lord Benjamin of Aldeburgh (1913-76, annobli juin 1976) : mél., œ. orc. (Variations sur un thème de Purcell), m. dr., œ. in., War Requiem, O. (Peter Grimes, le Viol de Lucrèce, Albert Herring, le Songe d'une nuit d'été, Mort à Venise). **Bryars**, Gavin (1943) : O. (Medea), m. ch., orc., voc. **Burgon**, Geoffrey (1941) : or., m. voc. **Bush**, Alan (1900-95) : O., cho., m. orc., m. ch. **Crosse**, Gordon (1937) : 2 sy., ct. (vi., vlc.), m. ch., m. voc. **Davies**, sir Peter Maxwell (1934) : O. (Taverner), th. musical, ba. (Salomé), 5 sy., 10 t., 8 ct. (Strathclyde Concertos), m. ch., m. voc. (Missa super « l'Homme armé », Hymnes). **Dodgson**, Stephen (1924) : m. ch. **Ferneyhough**, Brian (1943) : m. ch. (Time and Motion Study, Sonates pour q.). **Finnissy**, Michael (1946) : O. (The Undivine Comedy), 5 ct. pi., ca. **Finzi**, Gerald (1901-56) : œ. voc., ct. clar. **Fricker**, Peter Racine (1920-90) : m. orc., m. ch., 7 ct., 5 sy., œ. voc., m. pi., org. **Gardner**, John (1917) : m. orc., cho., m. ch., dr. **Goehr**, Alexander (1932) : O., m. orc., cho., m. ch., dr. **Harvey**, Jonathan (1939) : m. sy., œ. ch. (7 ca.), m. ch., m. élec. **Hoddinott**, Alun (1929) : m. orc., cho., m. ch., dr. **Holloway**, Robin (1943) : O. (Clarissa), m. orc., m. ch., œ. voc. **Knussen**, Oliver (1952) : O. (Where the Wild Things Are), 3 sy., ct. sax., m. ch., m. voc. **Lambert**, Constant (1905-51) : m. films, ba. **Lloyd Webber**, Andrew (1948) : m. orc., req., com. m. (Jésus-Christ Superstar, Starlight Express, Cats). **Lutyens**, Elizabeth (1906-83) : m. orc., cho., m. ch. **McCabe**, John (1939) : m. orc. (The Chagall Windows), sy., m. pi. **MacMillan**, James (1959) : m. orc., cho., m. th., pi. **Maconchy**, dame Elizabeth (1907-94) : ct., O. **Martland**, Steve (1958) : m. orc., pi. élec., m. ch. **Mathias**, William (1934-92) : O., 3 sy., ct. clar., ct. cl., 3 ct. pi., m. ch., œ. voc. (Te Deum). **Matthews**, *Colin* (1946) : m. orc. (Suns Dance, Night Music), ct. vlc., m. ch., 2 q., œ. voc ; *David* (1943) : 3 sy., m. orc. (In the Dark Time), ct. vi., 5 q., m. ch. **Maw**, Nicholas (1935) : m. orc., cho., ch., dr., 2 O. (The Rising of the Moon). **Muldowney**, Dominic (1952) : m. orc., ct. pi., m. ch., m. voc. **Musgrave**, Thea (1928) : O. (Mary, reine d'Écosse), m. ch., ct., or. **Nyman**, Michael (1944) : m. ch., ensemble, O. (The Man who Mistook his Wife for a Hat). **Osborne**, Nigel (1948) : O. (The Electrification of the Soviet Union), m. ch., orc., voc., pi. **Patterson**, Paul (1947) : m. orc., ct. (trp., clar., cor, org.), m. voc. (req., Time Piece, Stabat Mater). **Rainier**, Priaulx (1903-86) : or., cho., m. ch., ct. vlc. **Rands**, Bernard (1935) : m. orc., m. in., m. ch., m. élec. **Rawsthorne**, Alan (1905-71) : ba. (Madame Chrysanthème), 3 sy., ct. **Rubbra**, Edmund (1901-86) : or., 10 sy., m. ch., cho. **Searle**, Humphrey (1915-82) : m. orc., cho., m. ch., dr., ct. **Seiber**, Matyas (1905-60, né en Hongrie) : m. orc., cho., m. ch., dr. **Swayne**, Giles (1946) : m. orc. (Orlando's Music), 1 sy., m. ch., 2 Q. **Tavener**, John (1944) : O. (Thérèse), œ. ch. (A Celtic Requiem), m. sy., ct. pi., m. ch., ca. dr., m. re. **Tippett**, sir Michael (1905-98) : 5 O. (The Midsummer Marriage, The Knot Garden, King Priam, The Ice-Break, New Year), m. orc., 4 sy., ct. pi., so., q. **Turnage**, Mark Anthony (1960) : O. (Greek), m. orc., m. ch. **Walton**, William (1902-83) : 2 O. (Troilus and Cressida, The Bear), ba. (Façade), 2 sy., ct. vi., ct. alto, ct. vlc., œ. sy., m. ch. (Belshazzar's Feast), m. films. **Weir**, Judith (1954) : 2 O. (A Night at the Chinese Opera, The Vanishing Bridegroom), m. orc., m. ch., voc., pi. **Williamson**, Malcolm (1931) : O., m. orc., m. ch. **Wood**, Hugh (1932) : m. orc., cho., ch., dr. **Woolrich**, John (1954) : o. ch.

HONGRIE

Bakfark, Bálint (1507-76) : mo., ch., ma. **Balassa**, Sándor (1935) : O., or. (Calls and Cries), œ. ch., req. **Bárdos**, Lajos (1899-1986) : œ. voc., œ. ch., m. folkl., m. re. **Bartók**, Béla (1881-1945) : O. (le Château de Barbe-Bleue), ba. (le Mandarin merveilleux), 3 ct. pi., 2 ct. vi., ct. alto, 1 ct. orc., m. ch. (6 q.), m. orc. (Musique pour cordes, percussions, célesta), œ. pi. (Mikrokosmos, so., su., danses). **Bozay**, Attila (1939-99) : O. (Csongor et Tünde), or., 2 q., œ. voc. **Csermák**, Antal (1774-1822) : danses, romances hongroises. **Dohnányi**, Ernő (1877-1960) : Concertino, O., m. orc., m. ch., m. pi. **Durkó**, Zsolt (1934-97) : Altamira, O. (Moses), m. orc., œ. voc. (Colloides), m. ch., sy. à la mémoire de 1956. **Dubrovay**, László (1943) : m. élec., m. sér., m. ch. **Eötvös**, Peter (1944) [ex-chef de l'Ens. intercontemporain] : m. élec., O. (Trois Sœurs), ct., ca. **Erkel**, Ferenc (1810-93) : Hymne national, O. (Bánk bán, Hunyadi László). **Farkas**, Ferenc (1905-2000) : O., ba., œ. sy., œ. in.,voc. **Goldmark**, Károly (1830-1915) : m. ch., O. (la Reine de Saba, Zrinyi), ct. pi. vi. **Harsányi**, Tibor (1897-1954) : ba., m. sy., m. ch., œ. pi. **Hollós**, Máté (1954) : m. ch., m. voc. **Hubay**, Jenő (1858-1937) : m. ch., o., sy., 4 ct. vi. **Járdányi**, Pál (1920-66) : m. orc., ct. **Jeney**, Zoltán (1943) : m. dodécaphonique. **Kadosa**, Pál (1903-83) : ct., su., so., m. ch. **Kodály**, Zoltán (1882-1967) : O. (Háry János), m. re. (Psalmus Hungaricus), ct., œ. ch., m. ch., m. orc. (Danses de Galantha, de Marosszek), mél., œ. pi. **Kurtág**, György (1926) : œ. in., ct., œ. ch., œ. vlc., req. **Lajtha**, László (1892-1963) : ba., œ. voc., sy., m. ch. **Láng**, István (1933) : O. (Pathelin mester), q., var. et allegro (orc.). **Lehár**, Ferenc (1870-1948) : o. (la Veuve joyeuse, le Pays du sourire). **Ligeti**, György (1923, voir p. 400 b). **Liszt**, Franz (Ferenc, en hongrois) [1811-86] : poèmes sy. (Hungaria, les Préludes, Mazeppa, Faust-Symphonie), 2 ct. pi., innombrables œ. pi. (Études transcendantes, Années de pèlerinage, Rhapsodies hongroises, so., Harmonies poétiques et re.), m. re. (Messe de Gran, Christus, Légende de sainte Élisabeth), mél., écrits littéraires. **Orbán**, György (1947) : m. dodécaphonique. **Pálóczi Horváth**, Ádám (1760-1820) : m. folkl. **Petrovics**, Emil (1930) : O., or., œ. in., m. ch. **Rózsavölgyi**, Márk (1787-1848) : Verbunkos, Csárdás, danses hongroises. **Sáry**, László (1940) : m. dodécaphonique. **Soproni**, József (1930) : o. ch. **Szabó**, Ferenc (1902-69) : sy., œ. lr., or. (poèmes de Petoefi), œ. in., cho. **Szervánszky**, Endre (1911-77) : m. ch. **Szokolay**, Sándor (1931) : O. (Hamlet), or., ch., cho. **Szöllősy**, András (1921) : ct. orc., orc. et chœurs (Transfiguration). **Tinódi**, Sebestyén (1505-56) : 23 mél. **Vidovszki**, László (1944) : m. ctp., m. sér. **Vigh**, Kristóf (1950) : m. ctp. (Refulgence). **Weiner**, Leo (1885-1960) : or., sy., m. ch.

ITALIE

■ **Nés entre 1300 et 1500. Cara**, Marchetto (?-v. 1530) : frottole (improvisation sur des poèmes). **Cascia**, Giovanni da (ou Jean de Florence) [XIVe s.] : ma. (2 voix). **Donatus de Florentia** (XIVe s.). **Festa**, Costanzo (v. 1485-1545) : mo., ma. **Fogliano**, Giacomo (1468-1548) : ps., ma., canzoni, frottole, tablatures d'orgue. **Francesco da Milano** (1497-v. 1543) : œ. luth. **Gherardello da Firenze** (?-1362/64) : ma. (2 voix), chants religieux. **Jacopo da Bologna** (1300-65) : ma. (2 voix). **Landini**, Francesco (1335-97) : ma., ballades (2 et 3 voix). **Lurano**, Filippo de (fin du XVe s.) : frottole. **Pesenti**, Michele (v. 1475-1521) : frottole. **Petrucci**, Ottaviano (1466-1539) : fonda à Venise la 1re imprimerie musicale en 1501.

■ **Nés entre 1500 et 1600. Allegri**, Gregorio (1582-1652) : m. voc. (Miserere). **Anerio**, Felice (v. 1560-1614) : m. re., ma. **Caccini**, Giulio (v. 1550-1618) : ma., pastorale (Euridice). **Cavalieri**, Emilio de (1550-1602) : m. re., m. th. (la Rappresentazione di Anima e di Corpo), or. **Corteccia**, Francesco (1504-71) : ma., mo. **Ferrabosco**, *Alfonso I* (1543-88) : m. re., ma ; *Alfonso II* (1587-1628) : m. re., ma. ; *Domenico Maria* (1513-74) : mo., ma. **Frescobaldi**, Girolamo (1583-1643) : mo., ma., toccatas, fu. **Gabrieli**, *Andrea* (v. 1510-86) : m. re., œ. ch., in. ; *Giovanni* (1557-1612) : œ. org. **Gagliano**, Marco da (1582-1643) : ma., m. re. **Galilei**, Vincenzo (1520-91) : Un chant de la Divine Comédie. **Gero**, Jhan (Belg., 1518-83) : 3 livres de ma. **Gesualdo di Venosa**, Don Carlo (v. 1560-1613) : œ. voc., in. **Ingegneri**, Marc Antonio (1547-92) : ma. (4, 5, 6 voix). **Marenzio**, Luca (v. 1553-99) : ma. profanes et villanelles. **Merulo**, Claudio (1533-1604) : œ. voc. et in. **Monteverdi**, Claudio (1567-1643) : O. (Orphée, le Couronnement de Poppée), m. re. (Vêpres de la Vierge), œ. voc., ma. **Palestrina**, Giovanni Pierluigi da (1525-94) : me. (Ecce sacerdos, Veni Creator), mo., ma. **Peri**, Jacopo (1561-1633) : O. (Euridice : 1er O. de l'histoire). **Rinuccini**, Ottavio (1563-1621). **Rossi**, Luigi (1598-1653) : O. (Orfeo), or., œ. voc. **Soriano**, Francesco (1549-1620) : m. re. **Trabaci**, Giovanni Maria (v. 1575-1647) : œ. org. **Vecchi**, Orazio (v. 1550-1605) : divertissements. **Vicentino**, Nicola (v. 1511-75) : musicologue. **Viola**, *Alfonso della* (1508-70) : intermèdes ; *Francesco della* (?-1568) : ma., mo.

■ **Nés entre 1600 et 1700. Albinoni**, Tomaso (1671-1751) : plus de 50 œ., concerti grossi. **Benevoli**, Orazio (1605-72) : m. re. **Bernabei**, Ercole (v. 1622-87) : 5 O. **Bononcini**, Giovanni (1670-1747) : O., m. re. **Bontempi**, Giovanni (1628-1705) : O. **Caldara**, Antonio (v. 1670-1736) : 90 O., m. re., œ. in. **Carissimi**, Giacomo (1605-74) : 16 or. (Jefte), m. re. **Cavalli**, Pietro Francesco (1602-76) : plus de 40 œ. **Cesti**, Marc Antonio (1623-69) : O., ca. **Colonna**, Giovanni (1637-95) : or, O. **Corbetta**, Francesco (v. 1615-v. 81) : œ. guit. **Corelli**, Arcangelo (1653-1713) : œ. in., 5 recueils de so., concerti grossi. **Gabrielli**, Domenico (v. 1659-90) : 12 O., mo. **Geminiani**, Francesco (1687-1762) : tr., so., ct. **Locatelli**, Pietro (1695-1764) : so., ét. vi. **Marcello**, Benedetto (1686-1739) : or., ca., ps., œ. in. **Pallavicini**, Carlo (v. 1630-88) : 21 O. **Pasquini**, Bernardo (1673-1710) : œ. cl., œ. ch. **Rossi**, *dom Francesco* (1627-1700) : mélodrames, O., ct., m. re. ; *Emilio de* (1610-51) ; *Michele Angelo* (v. 1600-56) : œ. vi., org., so. **Scarlatti**, *Alessandro* (1660-1725) : 115 O., 600 ca., 200 me., œ. in. ; *Domenico* (1685-1757) : Stabat Mater, ca., 555 so. cl. **Steffani**, Agostino (1654-1728) : O., so. cordes. **Stradella**, Alessandro (1644-82) : or., O., ca., mo., œ. in. **Tartini**, Giuseppe (1692-1770) : ct., so. vi. (le Trille du Diable). **Torelli**, Giuseppe (1658-1709) : ct. **Veracini**, Francesco Maria (1690-1750) : so. vi., ca. **Vitali**, Tommaso Antonio (1663-1745) : so., chaconne vi. **Vivaldi**, Antonio (dit « le Prêtre roux », ordonné 1703) [1678-1741] : ct. (plus de 400 œ., dont les 4 Saisons), or. (Juditha Triumphans), m. re. (Gloria).

■ **Nés entre 1700 et 1800. Boccherini**, Luigi (1743-1805) : ct. vlc., 20 sy., m. ch., O. **Cherubini**, Luigi (1760-1842) : O. (Médée), m. ch., m. re., me. du Sacre. **Cimarosa**, Domenico (1749-1801) : O. (le Mariage secret), ct., m. ch., so. cl. **Clementi**, Muzio (1752-1832) : 60 so., ét. pi. (Gradus ad Parnassum), sy., m. ch. **Donizetti**, Gaetano (1797-1848) : O. (la Fille du régiment, Don Pasquale, Lucie de Lammermoor). **Fiocco**, Joseph-Hector (1703-41) : œ. ch., or., œ. cl. **Galuppi**, Baldassare (1706-85) : O., ca., so., ct. **Mercadante**, Saverio (1795-1870) : O., ct. fl., ct. clar. **Paer**, Ferdinando (1771-1839) : O. (Leonora), m. orc., mél., m. re. **Paganini**, Niccolo (1782-1840) : œ. vi. (12 ct. dont 6 retrouvés, 24 caprices, 3 q., 3 q. guit., so., var.), œ. guit. **Paisiello**, Giovanni (1740-1816) : O. (le Barbier de Séville), Messe du sacre de Napoléon, 12 sy., 6 ct. pi., ca., 12 q. **Pergolèse**, Giovanni Battista (1710-36) : m. re. (Stabat Mater, Salve Regina), O. (la Servante maîtresse), ct. vi., vlc. **Piccinni**, Nicola (1728-1800) : O. (Armide, Iphigénie en Tauride). **Rossini**, Gioacchino (1792-1868) : O. (le Barbier de Séville, l'Italienne à Alger, Tancrède, Othello, Guillaume Tell), m. re. (Stabat Mater), m. ch. (so. pour cordes). **Salieri**, Antonio (1750-1825) : O. (Prima la musica, Poi le parole), m. orc., m. re., m. in. **Sammartini**, Giovanni Battista (1701-74) : sy., so. **Spontini**, Gaspare (1774-1851) : O. (la Vestale). **Viotti**, Giovanni Battista (1755-1824) : 29 ct. vi., 21 q., 21 tr., so., ct.

■ **Nés entre 1800 et 1900. Alfano**, Franco (1876-1954) : O. (Cyrano de Bergerac), sy., mél. **Bellini**, Vincenzo (3-11-1801/23-9-1835) : O. (la Norma, la Somnambule, Capulets et Montaigus). **Boito**, Arrigo (1842-1918) : O. (Mefistofele). **Busoni**, Ferruccio (1866-1924) : O. (Arlecchino, Turandot, Doktor Faust), œ. org., œ. pi., m. sy., ct., m. ch., transcriptions d'œ. de Bach. **Casella**, Alfredo (1883-1947) : O., ba. (la Giara), or., sy., m. ch., œ. pi. (so., ét., toccata). **Castelnuovo-Tedesco**, Mario (1895-1968) : or. (la Lune de Jonas), vi., ct. guit., œ. voc. **Catalani**, Alfredo (1854-93) : O. (la Wally). **Cilea**, Francesco (1866-1950) : O. (Gina, Adrienne Lecouvreur). **Ghedini**, Giorgio Federico (1892-1965) : ct., O. **Giordano**, Umberto (1867-1948) : O. (André Chénier, Fedora). **Leoncavallo**, Ruggero (1858-1919) : O. (Paillasse, la Bohème, Zazà). **Lualdi**, Adriano (1887-1971) : O. **Malipiero**, Gian-Francesco (1882-1973) : O. (Jules César), 11 sy., m. ch. (8 q.), ct. **Mancinelli**, Luigi (1848-1921) : O. (Ero e Leandro). **Martucci**, Giuseppe (1856-1909) : ct. pi., sy. **Mascagni**, Pietro (1863-1945) : O. (Cavalleria Rusticana, l'Ami Fritz, Iris). **Montemezzi**, Italo (1875-1952) : O. (l'Amour des trois rois). **Pizzetti**, Ildebrando (1880-1968) : O. (Deborah et Jael, Meurtre dans la cathédrale). **Ponchielli**, Amilcare (1834-86) : O. (la Gioconda). **Puccini**, Giacomo (1858-1924) : O. (Manon Lescaut, la Bohème, Tosca, Madame Butterfly, Turandot). **Respighi**, Ottorino (1879-1936) : poèmes symphoniques (les Oiseaux, les Pins de Rome, les Fontaines de Rome, Danses anciennes), 9 O., ct. pi. **Rieti**, Vittorio (1898-1994) : O., ba. (Barabou), 5 sy., œ. pi., 2 q., ct. **Sivori**, Camillo (1815-94) : œ. vi. (3 ct., var. sur des airs d'O., 3 romances). **Verdi**, Giuseppe (1813-1901 ; 300 000 personnes suivirent son cercueil) : 26 O. (Rigoletto, le Trouvère, la Traviata, Don Carlos, Simon Boccanegra, la Force du destin, les Vêpres siciliennes, Un bal masqué, Aïda, Otello, Falstaff), req., q., m. re. (4 Pièces sacrées). **Wolf-Ferrari**, Ermanno (1876-1948) : O. (l'École des pères, le Secret de Suzanne, les Bijoux de la Madone). **Zandonai**, Riccardo (1883-1944) : O. (Roméo et Juliette, Francesca da Rimini).

■ **Nés après 1900.** **Arrigo**, Girolamo (1930) : O. (Orden, Garibaldi), 2 Épigrammes, la Cantata Hurbinek. **Berio**, Luciano (1925) : O. (Passaggio, Opera), m. orc. (Nones, Chemins), m. in. (Sequenzas), ct. 2 pi., œ. voc. (Sinfonia, Circles), m. élec. (Momenti), Omaggio a Joyce. **Bussotti**, Sylvano (1931) : m. dodécaphonique, Rara Requiem, O. (la Passion selon Sade, le Racine, Lorenzaccio), ba. (Bergkristall). **Cambissa**, Giorgio (1921) : ba., ca., ctp., ensemble ins., m. ctp., m. orc., m. ch., q. **Castiglioni**, Niccolo (1932-96) : m. orc., m. in. **Clementi**, Aldo (1925) : m. orc. (Triplum, Informel), ct. pi., ct. cb., ct. vi., m. ch., O. (Es). **Corghi**, Azio (1937) : O. (Tactus, Blimunda), m. orc., m. ch. **Dallapiccola**, Luigi (1904-75) : O. (le Prisonnier, Job), ba. (Marsyas), ct. pi., œ. pi. (Quaderno musicale di Anna Libera), mél. **Donatoni**, Franco (1927-2000) : O. (Atem), m. orc. (In Cauda), m. ch., m. in., m. élec. **Ferrero**, Lorenzo (1951) : 8 O. (Rimbaud, Mare nostro, Night, Charlotte Corday), m. orc. (Ombres), m. in. **Gentilucci**, Armando (1939-89) : O. (Moby Dick), m. orc., œ. voc., m. ch. **Gorli**, Sandro (1948) : m. orc., req., m. in. **Maderna**, Bruno (1920-73) : m. th., m. orc. (Aura), ct. 2 pi., ct. hb., ct. vi., m. élec. (Musique en 2 dimensions), q., m. ch. (Aulodia), m. in. (Widmung). **Manzoni**, Giacomo (1932) : O. (Atomtod, Per Massimiliano Robespierre, Doktor Faustus), m. orc. (Hölderlin, Messe), m. ch. (Parole da Beckett). **Menotti**, Gian Carlo (1911), voir p. 401 b. **Morricone**, Ennio (1928) : m. films. **Nielsen**, Riccardo (1908) : O. (l'Incube), m. ch. **Nono**, Luigi (1924-90) : m. sér. et élec. : O. (Intolleranza Prometeo), m. in. (Incontri), ca. **Petrassi**, Goffredo (1904) : O. (la Morte dell'Aria), 8 ct. orc., œ. ch., m. in. **Rota**, Nino (1911-79) : m. films. **Scelsi**, Giacinto (1905-88) : m. orc., m. ch., 3 q., m. atonale. **Sciarrino**, Salvadore (1947) : O. (Lohengrin, Perseo e Andromeda), m. orc. (Clair de lune), m. ch., m. pi. **Sinopoli**, Giuseppe (1947) : O. (Lou Salomè), m. voc. (Tombeau d'Armor). **Stroppa**, Marco (1959) : m. orc., m. in., m. élec. (la Liberté, Decamerone). **Turchi**, Guido (1916) : m. orc. (Concerto breve), m. ch., m. voc. **Tutino**, Marco (1954) : O. (Federico II, Pinocchio), m. orc., ct. vi., m. voc. (Black Beauty), m. instr. **Vlad**, Roman (1919, origine roumaine) : O., ba., m. orc., œ. voc., m. dodécaphonique.

POLOGNE

Bacewicz, Grażyna (1909-69) : 4 sy., 7 ct. vi., m. orc., œ. ch., 7 q. vi., pi., ba. **Baird**, Tadeusz (1928-81) : O., 3 sy., m. ch., m. orc. (Variations sans thème), œ. voc. **Chopin**, Frédéric (1810-49) : œ. pi. (préludes, 20 nocturnes, valses, polonaises, plus de 50 mazurkas, ballades, ét., scherzos, impromptus, etc.), 2 ct. pi. **Elsner**, Józef (1769-1854) : œ. sy., m. re., O. **Fitelberg**, *Grzegorz* (1879-1953) : 2 sy., m. orc. ; *Jerzy* (1903-51) : m. ch., m. orc. **Gomółka**, Mikołaj (v. 1535-91) : mél. (na Psałterz Polski). **Gorczycki**, Grzegorz Gerwazy (v. 1667-1734) : m. re., œ. voc. **Górecki**, Henryk Mikołaj (1933) : 3 sy., œ. orc. (Choros I), ct. cl., œ. voc. (Miserere), m. in., m. ch. **Jarzębski**, Adam (1590-1649) : œ. in., œ. voc. **Kamieński**, Maciej (1734-1821) : 1er opéra polonais (la Misère changée en bonheur). **Karłowicz**, Mieczysław (1876-1909) : m. sy., m. ch., ct. vi., li. **Kilar**, Wojciech (1932) : m. orc., m. ch., œ. in., m. films. **Krauze**, Zygmunt (1938) : m. sy., œ. pi., m. ch., ct. vi. **Kurpiński**, Karol (1785-1857) : 30 O., œ. voc., œ. in. **Lutosławski**, Witold (1913-94) : 3 sy., m. orc. (Livre, Mi-parti, Chain I, II, III), ct. vlc., m. ch., œ. voc., œ. pi., ct. pi. **Malawski**, Artur (1904-57) : m. orc., m. ch., œ. vi. et pi., œ. voc. et in. **Meyer**, Krzysztof (1943) : m. ch., in., orc., 6 sy. **Mielczewski**, Marcin († 1651) : 50 œ. voc., in. **Moniuszko**, Stanisław (1819-72) : 14 O. (Halka), 300 mél., sy., œ. voc., in., m. orc., m. re. **Moss**, Piotr (1949, vit en France) : O., o., m. orc., m. ch., m. films. **Moszkowski**, Maurycy (1854-1925) : 1 O., 1 ba., ct. vi., m. ch., œ. pi. **Paderewski**, Ignacy (1860-1941) : 1 sy., 1 O., œ. pi. **Palester**, Roman (1907-89) : ba., m. re., m. sy., in. **Panufnik**, Andrzej (1914-91, naturalisé Britannique) : 10 sy., m. orc., ca., m. ch. **Pękiel**, Bartłomiej († v. 1670) : œ. voc., in., m. re. **Penderecki**, Krzysztof (1933) : O. (les Diables de Loudun, le Paradis perdu, le Masque noir, Ubu Rex), m. orc. (Thrène, De Natura sonoris, 5 sy.), m. re. (Passion selon St Luc), m. in., m. ch., ct. vi., ct. vlc., ct. fl. **Radom**, Mikołaj de (XVe s.) : m. re., voc. **Schaeffer**, Bogusław (1929) : m. orc., m. ch., œ. in., m. élec., m. th. **Serocki**, Kazimierz (1922-81) : m. orc., m. ch., œ. voc. **Sikorski**, Kazimierz (1895-1986) : 6 sy., œ. in., m. ch. **Szabelski**, Bolesław (1896-1979) : m. orc., m. ch., œ. voc., in. **Szalowski**, Antoni (1907-73) : ouv., q. à cordes, so. hb., ba., var. sy., m. ch. **Szymanowski**, Karol (1882-1937) : 4 sy., 2 O. (le Roi Roger), 2 ct. vi., m. re. (Stabat Mater), œ. vi., œ. in., 2 q., li., mél., ba. **Tansman**, Alexandre (1897-1986, naturalisé Français). **Wacław**, Szamotuły de (v. 1526-60) : œ. voc., m. re. **Wieniawski**, Henryk (1835-80) : œ. vi., 2 ct. vi.

Nota. – Groupe *Jeune Pologne* : G. Fitelberg, M. Karłowicz, L. Różycki, A. Szeluto, K. Szymanowski.

ROUMANIE

Alessandrescu, Alfred (1893-1959) : m. orc. (Acteon), m. ch., œ. voc. **Alexandra**, Liana (1947) : 2 O., ba., 5 sy., m. ch., m. in. **Andricu**, Mihail (1894-1974) : O., 11 sy., 13 simfonietas, m. ch., ct. **Beloiu**, Nicolae (1927) : 2 sy., m. ch. **Bentoiu**, Pascal (1927) : 3 O. (Hamlet), 8 sy., m. sy., m. ch., œ. voc., ct. (pi., vi., vcl.). **Berger**, Wilhelm (1929-93) : m. sy., 21 sy., ct., m. ch. **Brinduş**, Nicolae (1935) : O. (Arşiţa), m. sy., m. ch., œ. voc. **Capoianu**, Dumitru (1929) : O., m. sy., m. ch., ct. (vi., guit.), m. films. **Ciortea**, Tudor (1903-82) : sy., m. ch., m. in. **Constantinescu**, Paul (1909-63) : 2 O., 5 ba., 2 or. (Oratorio de Noël, de Pâques), sy., ct., pi. **Cuclin**, Dimitri (1885-1978) : 20 sy., 5 O., ct. **Dima**, Gheorghe (1847-1925) : or. (la Mère d'Étienne le Grand), m. ch., m. orc. **Dinicu**, Grigoraş (1889-1949) : œ. vi. (Hora staccato). **Dumitrescu**, Ion (1913-96) : m. or., ct., m. ch. Gheorge (1914) : 15 O., or., ca., 9 sy., m. ch., œ. ch., œ. voc. **Enesco**, Georges (1881-1955) : O. (Œdipe), 3 sy., sy. conc., 2 Rhapsodies roumaines pour orc., m. ch., m. pi., vi. **Feldman**, Ludovic (1893-1986) : m. sy., ct., ch. **Georgescu**, Corneliu-Dan (1938) : m. sy., m. ch. **Glodeanu**, Liviu (1938-78) : O., m. sy., m. ch., m. in., ct. (pi., vi., fl., org.), œ. ch., m. voc. **Golestan**, Stan (1875-1956) : m. orc. (Rhapsodie roumaine), m. ch., ct. vi., ct. vlc. **Grigoriu**, Theodor (1926) : œ. voc., m. sy., m. ch., m. films. **Ioachimescu**, Călin (1949) : sy., m. orc., m. ch., ct. **Jora**, Mihail (1891-1971) : 5 ba. (la Piata, Demoazela Mariuta), m. sy., m. ch., m. voc. **Lipatti**, Dinu (1917-50) : m. sy., sy. conc., ct. pi., m. ch., œ. voc., œ. pi. **Marbe**, Myriam (1931-97) : m. sy., m. voc., m. ch. **Miereanu**, Costin (1943, naturalisé Français) : m. orc., O., m. élec. **Moldovan**, Mihai (1937-81) : ca., m. ch., ct. **Negrea**, Marţian (1893-1973) : m. sy. (Dans les montagnes de l'Ouest, Symphonie du printemps), ct., m. ch., œ. ch. (req.). **Nemescu**, Octavian (1940) : m. ch., m. orc., m. élec. **Nichifor**, Serban (1954) : O., 5 sy., or., m. orc., m. ch., m. re., m. élec. **Niculescu**, Stefan (1927) : O., m. orc. (Ison, 3 sy.), m. ch. (Triplum, Aphorismes d'Héraclite), m. th., œ. ch. **Olah**, Tiberiu (1928) : dr., ca., or., 3 sy., œ. ch., œ. voc., m. films. **Popovici**, Doru (1932) : 5 O., ca., 4 sy., m. orc., m. ch., œ. ch., œ. voc., m. re. **Rotaru**, Doina (1951) : sy., ct., m. orc., m. ch. **Stroe**, Aurel (1932) : O. (la Paix, l'Orestie), ca., m. orc., œ. voc. **Tăranu**, Cornel (1934) : O. (Oreste et Œdipe), m. th., ca., m. orc. (Guirlandes), 4 sy., œ. voc., m. ch., œ. voc. **Toduţă**, Sigismund (1908-91) : ca., or., 5 sy., m. ch., œ. voc. **Vancea**, Zeno (1900-88) : dr., sy., m. ch., œ. ch., œ. voc., ct. **Vieru**, Anatol (1926-98) : 5 O. (Iona), ca., or., 5 sy., ct., m. ch., m. films.

RUSSIE

Arenski, Anton, Stepanovitch (1861-1906) : ct. pi., O., ba., sy. **Artiomov**, Viatcheslav (1940) : m. orc. (Symphonie du chemin), m. ch. (Litanie), req., m. perc. **Balakirev**, Mili (1837-1910)[1] : 2 sy., poème sy. (Tamara), œ. pi. (Islamey). **Borodine**, Aleksandr (1833-87) [1] : O. (le Prince Igor, composé 1869-86, achevé par Glazounov puis Rimski-Korsakov), m. orc. (Dans les steppes de l'Asie centrale, 3 sy.), mél., m. ch., œ. pi. (Petite Suite). **Bortnianski**, Dmitri (1751-1825) : O. (Alcide, le Faucon, le Fils rival), ct. cl., ct. chœur. **Chaporine**, Yuri (1887-1966) : O. (les Décembristes), m. scène, ca., sy. **Chebaline**, Vissarion (1902-63) : O., 5 sy., ct., 9 Q., m. ch., m. voc. **Chostakovitch**, Dimitri (1906-75) : O. (Katerina Ismaïlova, le Nez), ba., divers ct., m. ch. (15 Q.), sy. (nos 1, 5, 7, 11, 12, 15), œ. pi. (préludes et fu., so.). **Chtchedrine**, Rodion (1932) : 3 O. (les Âmes mortes), ba. (Carmen, Anna Karenine, le Petit Cheval bossu), 3 sy., 4 ct. pi., m. orc., m. ch., m. voc. **Cui**, César (1835-1918) [1] : O. (le Prisonnier du Caucase, William Ratcliff). **Dargomyjski**, Aleksandr (1813-69) : O. (Esmeralda, le Convive de pierre, Roussalka), mél., m. orc. **Denisov**, Edison (1929-96) : O. (Ivan le soldat, l'Écume des jours), sy., ct. (pi., vi., vlc., cl., hb., fl., guit.), m. ch., req., œ. voc. (Chant d'automne). **Echpaï**, Andreï (1925) : 2 ct. vi., 2 ct. pi, 5 sy. **Falik**, Youri (1936) : 2 ct. orc., 2 ct. vi., m. voc. (Triptychon), 6 q. **Firsova**, Elena (1950) : 2 ct. vi., ct. fl., ct. vlc., m. ch., m. voc. **Fomine**, Evstigueny (1751-1800) : O. (les Cochers au relais), dr. (Orphée). **Glazounov**, Aleksandr (1865-1936) : ba., 9 sy., ct., m. ch. **Gliere**, Reinhold (1875-1956) : O., 3 sy., 7 ba., ct. h., ct. pour colorature. **Glinka**, Mikhaïl (1804-57) : O. (Rouslan et Ludmilla, Ivan Soussanine), m. sy. (Kamarinskaïa), mél. **Goubaidoulina**, Sophia (1931) : m. sy., ct. pi., vi., vlc. (Offertorium), m. voc. (l'Heure de l'âme), perc., m. ch., 4 q. **Gretchaninov**, Aleksandr (1864-1956) : 4 sy., m. re., 2 O., pi., m. ch. **Kabalevski**, Dimitri (1904-87) : O. (Colas Breugnon, la Famille de Tarass), sy., ct., œ. pi. (toccata, so.). **Kalinnikov**, Vasili (1866-1901) : 2 sy., m. orc., m. th. (Tsar Boris), mél. **Karetnikov**, Nicolaï (1930-94) : O. (Till Eulenspiegel, le Mystère de l'apôtre Paul), ba. (Vanina Vanini, le Petit Zachée), m. orc., 6 sy., m. voc., m. films. **Khatchaturian**, Aram (1903-78) : ct. pi., vi., vlc., sy., ba. (Gayaneh, Spartacus). **Khrennikov**, Tikhon (1913) : O. (la Mère, Dans la tempête), ct. vi. et pi. **Liadov**, Anatole (1855-1914) : m. orc. (Kikimora, le Lac enchanté), œ. pi. **Liapounov**, Serge (1859-1924) : 2 sy., 2 ct. pi., m. orc., ét. pi., mél. **Lourié**, Arthur (1893-1966) : O. (le Maure de Pierre-le-Grand), 2 sy., ct. da Camera, ba. (le Festin durant la peste), m. pi., m. voc. **Medtner**, Nicolas (1880-1951) : mél., so., 3 ct. **Miaskovski**, Nicolaï (1881-1950) : sy. (no 5, 21, 27), m. ch. **Mossolov**, Aleksandr (1900-73) : ba. (l'Usine), 6 sy., 2 ct. pi., m. orc. (Fonderie d'acier), 4 so. pi. **Moussorgski**, Modest (1839-81) [1] : O. (Boris Godounov, la Khovanchtchina), poème sy. (Une nuit sur le mont Chauve), œ. pi. (Tableaux d'une exposition, orchestrés par Ravel), mél. (Enfantines, Sans soleil, Chants et Danses de la mort). **Ouvstvolskaïa**, Galina (1919) : 5 sy., ct. pi., so. vi. pi., 6 so. pi., m. ch. **Prokofiev**, Sergueï (1891-1953) : 7 sy. (dont *no 1* « Classique »), ba. (Chout, le Pas d'acier, Roméo et Juliette), m. orc. (Pierre et le Loup), m. ch., œ. pi. (9 so., Visions fugitives), m. films, ca. (Alexandre Nevski), O. (Guerre et Paix, l'Ange de feu, l'Amour des trois oranges). **Rachmaninov**, Sergueï (1873-1943) : 4 ct. pi., Var. sur un thème de Paganini, 3 sy., 3 O. (Aleko, Francesca da Rimini, l'Avare), œ. pi. (préludes, études-tableaux), 79 mél. **Rimski-Korsakov**, Nicolaï (1844-1908)[1] : O. (Snegourotchka, Kitège, le Coq d'or, Tsar Saltan), m. sy. (Shéhérazade, Capriccio espagnol, la Grande Pâque russe). **Roslavets**, Nikolaï (1881-1944) : sy., m. orc. (l'Homme et la Mer, la Fin du monde), ct. vi., 5 q., m. ch. **Rubinstein**, Anton (1829-94) : O. (le Démon), sy., so., 7 ct. pi, 10 Q. **Schnittke**, Alfred (1934-98) : O. (la Vie avec l'idiot), 4 ct. vi., ct. vlc., m. orc., 9 sy., 4 ct. grossos, q., m. ch., œ. re. (req.). **Scriabine**, Aleksandr (1872-1915) : m. orc. (Prométhée, Poème de l'extase, 3 sy.), œ. pi. (préludes, ét., morceaux, 10 so.). **Silvestrov**, Valentin (1931) : 6 sy., ct. vi., m. voc., m. ch. **Slonimski**, Sergueï (1932) : O. (le Maître et Marguerite, Marie Stuart), 9 sy., m. orc., m. voc. **Stravinski**, Igor (1882-1971, naturalisé Américain) : ba. (l'Oiseau de feu, Petrouchka, le Sacre du printemps, Noces, Renard), œ. in., ct., m. re. (Symphonie de psaumes, Messe), œ. pi. (so., Piano Rag Music), œ. lr. (Œdipus Rex, The Rake's Progress). **Sviridov**, Georgi (1915-98) : 2 ct. pi., m. orc. (Petit Triptyque), or. (Oratorio pathétique), ca., m. ch. **Tchaïkovski**, *Boris* (1925) : 3 sy., ct. pi., ct. vlc., ct. vi., m. ch. (5 q.), O. (l'Étoile) ; *Piotr Ilitch* (1840-93) : ba. (le Lac des cygnes, la Belle au bois dormant, Casse-Noisette), O. (Eugène Onéguine, la Dame de pique), m. ch., 3 ct. pi., ct. vi., 6 sy., ouv. (Roméo et Juliette), œ. pi. (1 so., les Saisons), mél. **Tcherepnine**, Nikolaï (1873-1945) : ct. pi., poèmes sy., ba. (Pavillon d'Armide). **Titchenko**, Boris (1939) : O., ba., 2 ct. vi., ct. pi., 2 ct. vlc., 6 sy., m. ch. (5 q.). **Vainberg**, Moïse (1919-96) : 19 sy., m. ch. (15 q.), 7 O., m. voc. **Vychnegradsky**, Ivan (1893-1979, vécut en France) : m. ctp., pi., œ. in., voc., ba.

Nota. – (1) Balakirev, Borodine, Cui, Moussorgski, Rimski-Korsakov ont constitué le *groupe des Cinq*.

■ **Plus grande lignée de musiciens.** 76 musiciens ont été dénombrés dans la famille Bach (voir les plus connus p. 399 b et c).

■ **Musiciens les plus féconds.** *Georg Philip Telemann* (All., 1681-1767) composa 12 cycles annuels de 52 cantates, 78 pièces religieuses pour occasions particulières, 44 passions, 40 opéras et d'innombrables œuvres de musique instrumentale dont 600 suites, des concertos et de la musique de chambre. *Johan Melchior Molter* (All., 1695-1765) composa 169 symphonies. *Joseph Haydn* (Autr., 1732-1809) 104 symphonies, 68 quatuors à cordes, environ 60 sonates pour pianoforte, 14 messes, 47 lieder, 13 opéras italiens, 5 ou 6 opéras allemands pour marionnettes. *Darius Milhaud* (Fr., 1892-1974) composa plus de 800 œuvres. *Heitor Villa-Lobos* (Brésilien, 1887-1959), plus de 1 000. *Jean-Sébastien Bach* (All., 1685-1750) laissa plus de 1 000 œuvres numérotées. Il composa 295 cantates d'église et plus de 300 cantates profanes. Il eut 20 enfants (avec 2 femmes). *Mozart* (Autr., 1756-91) a composé 1 000 œuvres dont 70 furent éditées avant sa mort, à 35 ans. Il écrivit son 1er menuet à 4 ans.

■ **Œuvres les plus longues.** **Symphonies :** *Victoire en mer,* Richard Rodgers (Anglais, 1952) : 13 h. *No 3 en ré mineur,* Gustav Mahler (Autrichien, 1860-1911) : 1 h 40 min (dont 30 à 36 min pour le 1er mouvement). *No 2,* dite *Gothique*, de William Havergal Brian (1876-1972) : 1 h 45 min. *Vexations* d'Erik Satie (Fr., 1866-1925) : 18 h 40 min pour 180 notes répétées 840 fois. *The Well-Tuned Piano* de La Monte Young à New York (1980) : 4 h 12 min. *Symphonic Variations,* Kaikhosru Shapurji Sorabji (Anglais, 1892-1988) : 6 h.

■ **Silence le plus long.** 4 min 33 s, *Totally Silent Opus* de John Cage (1912, Amér.).

■ **Cadence.** Le ténor Crevilia a chanté pendant 25 min les 2 mêmes mots, *« felice ognora »,* en 1815 à l'opéra de Milan.

SUÈDE

Alfvén, Hugo (1872-1960) : 3 Rhapsodies suédoises, 5 sy., mél. **Atterberg**, Kurt (1887-1974) : 9 sy., ct. pi. vi. et vlc., su. pour orc. **Bäck**, Sven-Erik (1919-94) : m. ch., m. re., O., ct. **Bellman**, Carl-Michael (1740-95) : le Temple de Bacchus, ch. **Berwald**, Franz (1796-1868) : O. (Estrella de Soria, la Reine de Golconde), 4 sy. (Symphonie sérieuse), ct. pi., vi., 3 q. **Blomdahl**, Karl-Birger (1916-68) : 3 sy., O. (Aniara, Herr von Hancken), m. de ba. **Bodin**, Lars Gunnar (1935) : O., m. ch., m. élec. **Börtz**, Daniel (1943) : O. 10 sy., m. in., ct. **Eliasson**, Anders (1947) : ct., m. orc., m. ch., 3 sy. **Frumerie**, Gunnar de (1908-87) : O. (Singoalla), mél., 2 ct. pi. **Grippe**, Ragnar (1951) : ba., m. films, m. élec., O. **Hemberg**, Eskil (1938) : œ. ch., O. (Love, love). **Hermanson**, Åke (1923) : 4 sy., œ. in. **Hillborg**, Anders (1954) : m. ch., œ. ch., m. élec., m. orc. **Holewa**, Hans (1905-91) : 6 sy., œ. in., O. (Apollos Förvandling), m. dodécaphonique. **Johanson**, Sven-Eric (1919-97) : O., œ. pi., 8 q., 12 sy., m. ch. **Kraus**, Joseph Martin (1756-92) : O., m. pi., m. orc., m. ch. **Larsson**, Lars-Erik (1908-86) : 3 sy., O. (la Princesse de Chypre), ca. (le Dieu déguisé). **Lidholm**, Ingvar (1921) : m. orc. (Ritornello, Riter, Poesis), m. ch., chœurs, O. (Ett drömspel). **Lindgren**, Pär (1952) : m. orc., m. ch., œ. voc. **Mellnäs**, Arne (1933) :

m. ch., m. orc., sy., O. (Doktor Glas). **Morthenson**, Jan W. (1940) : œ. in., ct. org., q. **Nilsson**, Bo (1937) : m. orc., m. ch. **Nystroem**, Gösta (1890-1966) : 5 sy., œ. voc., ct. alto. **Peterson-Berger**, Wilhelm (1867-1942) : O. (Arnljot), mél., pi., 5 sy. **Pettersson**, Allan (1911-80) : 16 sy., 3 ct. orc. à cordes, ct. vi., et alto. **Rangström**, Ture (1884-1947) : 4 sy., mél. **Rosenberg**, Hilding (1892-1985) : or. (Joseph et ses frères), 9 sy., 12 q., O. (Marionnettes), ct. pi., vi., vlc. **Sandström**, Sven-David (1942) : œ. in., O. (Slottet det vita, Kejsar Jones, Hasta o älskade brud. Staden), ct. h., guit., fl., vlc., œ. ch., m. orc., q., req., ba., me. **Stenhammar**, Wilhelm (1871-1927) : 2 sy., 2 ct. pi., Sérénade orc., 6 q., mél. **Werle**, Lars Johan (1926) : 9 O., œ. in., œ. ch. **Wirén**, Dag (1905-86) : sér., 5 sy., ct. pi. et vi., 5 q., ba.

Suisse

Balissat, Jean (1936) : m. orc. (2 sy.), ct. perc., ct. vi., or. (Fête des vignerons, 1977). **Beck**, Conrad (1901-89) : or., ca., 7 sy., m. ch. **Binet**, Jean (1893-1960). **Bloch**, Ernest (1880-1959, naturalisé Américain) : O. (Macbeth), sy. (Israël), ct., 5 q., m. orc. (Schelomo). **Burkhard**, Willy (1900-55). **D'Alessandro**, Raffaelle (1911-59) : m. orc., m. ch., œ. pi. **Fritz**, Gaspard (1716-83). **Gagnebin**, Henri (1886-1977). **Gaudibert**, Éric (1936) : m. orc., m. ch. (q.), œ. voc., m. dr. **Holliger**, Heinz (1939) : O., m. orc. (Atembogen, Scardanelli-Zyklus), m. ch., q. **Honegger**, Arthur (1892-1955, voir p. 402 a). **Huber**, *Hans* (1852-1921) : 8 sy., 4 ct. pi., m. ch., œ. pi., mél., m. re., 4 O. ; *Klaus* (1924) : O., m. orc., ct. vi., m. ch., œ. voc. **Jaques-Dalcroze**, Émile (1865-1950) : O., 3 q., 2 ct. vi. **Kelterborn**, Rudolf (1931) : 2 O., m. voc., œ. in., m. orc. **Lehmann**, Hans Ulrich (1937) : m. orc., m. ch,, œ. voc. **Liebermann**, Rolf (1910-99) : O. (Pénélope, l'École des femmes, la Forêt), m. orc. (Furioso), œ. voc. **Marescotti**, André-François (1902-95) : m. orc. (Concerts carougeois), œ. voc., mél. **Martin**, Frank (1890-1974) : O., or. (le Vin herbé, Golgotha), œ. sy., 2 ct. pi., ct. vi., ct. cl., m. ch. **Mieg**, Peter (1906-90) : ct., m. ch. **Moeschinger**, Albert (1897-1985) : 3 sy., ct., m. ch. **Moret**, Norbert (1921-99) : or. (Mendiant du ciel bleu), ca., mél., ct. vlc., ct. vi. (En rêve). **Muller**, Paul (1898-1993) : ct., m. orc. **Oboussier**, Robert (1900-57) : O., m. voc., ct. **Perrin**, Jean (1920-89) : m. orc., m. ch., œ. voc. **Regamey**, Constantin (1907-82) : O., m. ch., m. orc. **Reichel**, Bernard (1901-92) : m. orc., m. ch. **Schibler**, Armin (1920-86) : O., m. orc. (Passacaille), ct., m. ch. **Schnyder von Wartensee**, Xavier (1786-1868). **Schoeck**, Othmar (1886-1957) : 5 O. (Penthésilée), mél., ct., m. ch. **Suter**, Hermann (1870-1926) et Robert (1919) : m. ch, m. orc, œ. voc, m. dr. **Sutermeister**, Heinrich (1910-95) : 11 O., ba., m. orc., 6 ct., m. ch., œ. ch. **Tabachnik**, Michel (1942) : m. orc., m. ch. **Veress**, Sándor (1907-92, origine hongroise) : m. re., ct., m. ch., mél., œ. pi. **Vogel**, Vladimir (1896-1984, All., origine russe, vécut en Suisse) : œ. voc. **Vuataz**, Roger (1898-1988) : œ. ly., or., m. re., instrumentation de l'Art de la fugue de J.-S. Bach. **Wildberger**, Jacques (1922) : m. orc., m. ch. **Wyttenbach**, Jurg (1935) : m. orc., ct. pi., m. ch. **Zbinden**, Julien-François (1917) : m. orc., m. ch.

Tchèque (République)

Bárta, Lubor (1928-72) : 2 ct. vi., 3 sy., m. orc., m. voc., m. ch. **Brixi**, František X. (1732-71) : m. re., 5 ct. org. **Dobiáš**, Václav (1909-78) : ch., cho., ca., m. in., nonetto « le Pays natal ». **Dussek**, Jan Ladislav (1760-1812) : 15 ct., so. pi. **Dvořák**, Antonín (1841-1904) : 9 sy. (dont *n° 9* « du Nouveau Monde »), 10 O. (le Jacobin, la Naïade), m. orc. (Danses slaves), ct., m. ch., œ. pi. **Eben**, Petr (1929) : œ. voc., in., org. (Laudes, Faust, Job), 2 ct. **Feld**, Jindřich (1925) : m. orc., m. ch. **Fibich**, Zdeněk (1850-1900) : 9 O. (la Fiancée de Messine, Blanik, Sárka), 3 sy., m. ch. **Flosman**, Oldřich (1925) : m. orc., ch., œ. ch., ct. **Foerster**, Josef Bohuslav (1859-1951) : 6 O. (Debora, Eva), sy., m. ch. **Hába**, Alois (1893-1973) : O. (la Mère), 16 q., m. en micro-intervalles. **Husa**, Karel (1921, vit aux USA) : 2 sy., m. orc. (Music for Prague 1968), ct., m. ch., ca. **Janáček**, Leoš (1854-1928) : O. (Jenůfa, Káťa Kabanová, la Maison de la Mort, la Petite Renarde rusée), poèmes sy., ch. populaires, m. ch. **Jirásek**, Jan (1955) : m. ch., m. re. **Kabeláč**, Miroslav (1908-79) : 8 sy., m. voc., m. ch., m. in. **Kalabis**, Viktor (1923) : 5 sy. (dont *n° 2* « Pacis »), ct., 6 q., m. ch. **Kohoutek,** Ctirad (1929) : m. orc., œ. voc., m. ch. **Kopelent,** Marek (1932) : m. orc., œ. voc., m. ch., m. aléat. **Koželuh**, Leopold Antonin (1747-1818) : O., 45 me., 300 œ. sacrées, 5 sy., 400 œ. voc. et in., œ. pi. **Krommer-Kramář**, František (1759-1831) : 5 sy., 10 ct., m. ch. **Kubík**, Ladislav (1946) : or., ca., m. orc., 2 ct., m. ch. **Kučera**, Václav (1929) : m. ch., élec. (Spartakus), œ. voc. **Kurz**, Ivan (1947) : 3 sy., so. pi. **Martinů**, Bohuslav (1890-1959) : 15 O. (Juliette ou la Clé des songes, le Mariage, Mirandolina, la Passion grecque), ba., 6 sy., 5 ct. pi., m. ch., 7 q., m. voc., m. pi. **Matěj**, Josef (1922-92) : O., 5 sy., ct. vi., ct. tr., ct. vlc., 2 Q. **Mysliveček**, Josef (1737-81) : 24 O., 10 or., 6 sy., m. ch. **Novák**, *Jan* (1921-84) : m. orc., ct., m. ch., œ. pi., fl., voc., 5 ca., O., ba. ; *Vitězslav* (1870-1949) : 4 O., 4 ct., sy., m. ch. **Ostrčil**, Otakar (1879-1935) : 7 O. (le Royaume de Jeannot), poème sy. (Chemin de croix). **Pauer**, Jiří (1919) : 8 O., ct. basson, ct. tr., sy., 4 q. **Reicha**, Antonin (1770-1836) : 24 Q. à vent, m. re., org., œ. pi. **Schulhoff**, Erwin (1894-1942) : O.-ba., 8 sy. ct., m. ch., œ. voc. **Smetana**, Bedřich (1824-84) : poèmes sy. (Ma patrie), 2 q., 8 O. (Dalibor, la Fiancée vendue, Libuše). **Suk**, Josef (1874-1935) : œ. sy., m. ch., œ. pi. **Tausinger**, Jan (1921-80) : O., sy., ct. vi., m. voc. **Voříšek**, Jan Václav (1791-1825) : sy., 12 rhapsodies, pi. **Zelenka**, Jan Dismas (1679-1745) : m. re., or., ps.

Autres pays

■ **Afrique du Sud.** **Volans**, Kevin (1949) : O., m. ch., q., m. voc.

■ **Argentine.** **Aguirre**, Julián (1868-1924). **Alberdi**, Juan Bautista (1810-84) : m. rm. **Alcorta**, Amancio (1805-62) : Esnabla. **Bautista**, Julián (voir p. 401 a). **Castro**, Juan José (1895-1968). **Falu**, Eduardo (1923). **Garcia Morillo**, Roberto (1911). **Giaccobbe**, Juan Francisco (1907-90). **Gianneo**, Luis (1897-1968). **Gilardi**, Gilardo (1889-1963). **Ginastera**, Alberto (1916-83, vécut en Suisse) : O. (Don Rodrigo), m. orc. (Variations concertantes), 2 ct. vlc., 2 ct. pi., ct. h., ct. vi., œ. voc. **Krieger**, Armando (1940) : m. ch., 2 q., m. orc. (Metamorfosis). **López Buchardo**, Carlos (1881-1948). **Panizza**, Hector (1875-1967). **Paz**, Juan Carlos (1897-1972) : m. in. **Piazzolla**, Astor (1921-92) : tangos. **Roque-Alsina**, Carlos (1941, vit en France) : 2 sy., m. in., m. ch., m. orc. **Saenz**, Pedro (1915). **Williams**, Alberto (1862-1952) : 9 sy., m. ch., pi.

■ **Arménie.** **Aroutounian**, Alexandre (1920) : ct. trp., m. orc., m. ch. **Mansourian**, Tigran (1939) : ba. (la Reine des neiges), m. orc., ct. vlc., ct. org., 2 ct. vi., 2 q.

■ **Australie.** **Antill**, John (1904-86) : ba., ch., m. ch., m. orc., œ. ch. **Banks**, Don (1923-80) : m. orc., m. in., ct. vi, m. voc. **Brophy**, Gérard (1953) : ch., cl., ct., m. ctp., m. ch., m. orc., m. th., œ. in., o. ch., pi., q., tr. **Conyngham**, Barry (1944) : O., m. orc., m. élec., m. in. **Cowie**, Edward (1943, G.-B.) : O., m. ch., m. th. **Formosa**, Riccardo (1954, Italie) : m. orc., m. in., m. ch. **Glanville-Hicks**, Peggy (1912-90) : O., ba., m. orc., m. ch., cho., voc., in. **Grainger**, Percy (1882-1961) : m. ch., m. orc., œ. ch., œ. voc., pi., folkl. **Humble**, Keith (1927-95) : in., voc., cho., m. ch., élec., orc., O., m. re. **Kos**, Bozidar (1934, Youg.) : m. orc., m. ch., élec., in. **Lumsdaine**, David (1931) : m. voc., cho., computer, élec., orc., m. ch., in., brass band. **Meale**, Richard Graham (1932) : O, m. orc., m. ch. **Mills**, Richard (1949) : ba., ct., m. ctp., m. ch., m. orc., œ. ch. **Plush**, Vincent (1950) : m. ch. fl., m. ctp., m. th., m. orc., œ. in. **Sculthorpe**, Peter (1929) : O., m. orc. (Sun Music), m. voc., m. ch. **Smalley**, Roger (1943, G.-B.) : m. th., m. ch., cho., voc., orc., élec., in. **Vine**, Carl (1954) : m. orc. **Werder**, Felix (1922, All.) : O., m. th., in., m. ch., orc. élec. **Williamson**, Malcolm (1931, G.-B.) : m. orc., m. ch., in., cho., m. re., m. films, m. enfants, m. th. **Yu**, Julian (1957, Chine) : m. orc., cho., m. ch.

■ **Azerbaïdjan.** **Karaev**, Kara (1918) : ba. (Par le sentier du tonnerre).

■ **Brésil.** **Antunes**, Jorge (1942) : m. orc., m. ch. **Braga**, Francisco (1868-1945) : m. orc., m. ch., m. pi. **Cardoso**, Lindemberg (1939-89) : m. orc., m. ch. **Correia**, Sérgio Oliveira de Vasconcelos (1934) : m. sy., m. ch. **Fernandez**, Oscar Lorenzo (1897-1948) : O. (Malazarte), m. sy., m. ch. **Garcia**, José Mauricio Numès (1767-1803) : m. re. **Gismonti**, Egberto (1947). **Gnatalli**, Radames (1906-88). **Gomes**, Carlos (1836-96) : 6 O., ca., m. sy. **Guarnieri**, Camargo (1907-93) : 7 sy., 2 ct., Chôro, 3 q., 2 O. **Krieger**, Edino (1928) : m. ch., m. sy. **Lacerda**, Osvaldo Costa de (1927) : m. sy., m. ch. **Levy**, Alexandre (1864-92) : m. sy., œ. pi. **Mendes**, Gilberto (1922) : m. aléat., m. orc., m. ch. **Mignone**, Francisco (1897-1986) : 2 O., 6 ba., œ. sy. **Moraes**, Vinicius de (1914-80) : m. sy., m. films. **Nepomuceno**, Alberto (1864-1920) : Série brasilia, œ. lr., sy., mél. **Nobre**, Marlos (1939) : m. orc., ct. pi., m. guit. **Peixe**, César Guerra (1914) : m. sy., m. ch. **Santoro**, Claudio (1919-89) : m. orc., ba., m. ch., 14 sy. **Siqueira**, José (1907-85) : O., or., m. orc., œ. ch. **Villa-Lobos**, Heitor (1887-1959) : environ 1 000 œ., 12 sy., m. sy., 7 O., 5 ct., 5 ba., m. ch., œ. pi.

■ **Bulgarie.** **Abrachev**, Bojidar (1936) : 4 sy., o. ch. **Athanassov**, Guéorgui (1882-1931) : O. (Guergana, Tzvéta, Kossara, Altzek), o., O., ch. **Christov**, *Dimitar* (1933) : m. orc., m. ch., pi., O. (le Jeu) ; *Dobri* (1875-1941) : œ. ch., ch., ouv., su. **Dragostinov**, Stefan (1948) : sy., ca., ct., œ. in. **Goleminov**, Marin (1908) : O. (Ivaïlo, Zachari le Zographe), œ. sy., ba. (Nestinarka), m. orc., m. ch., q., ct., œ. in. **Hadsiev**, Parachkev (1912-92) : O. (Loude Guidya, Albèna, les Maîtres, Maria Dessislav), o., ba., m. ch., œ. voc., œ. in. **Iliev**, Konstantin (1924-88) : sy., m. orc., m. ch., œ. in., O. (le Maître de Boïana, le Royaume des cerfs). **Kazandjiev**, Vassil (1934) : sy., m. orc., m. ch., œ. ch. **Kostov**, Gueorgui (1941) : œ. ch., ouv., ct. clar., cordes, O. c. ba. (les Mystères de Totoban), ch. **Kyourktchiiski**, Krassimir (1936) : œ. sy., m. ch., ct., œ. ch., O. (Youla), ba. (la Corne de la chèvre). **Marinov**, Ivan (1928) : m. orc., m. ch., œ. voc. **Mintchev**, Gueorgui (1939) : m. orc., m. ch., œ. ch. **Naoumov**, Émile (1962, vit en France) : m. pi. **Pipkov**, Lyoubomir (1904-74) : O. (les Neuf Frères de Yana, Momtchil, Anthigona'43), or. (Oratorio de notre temps), 4 sy., m. ch., q., ct., œ. voc., ch. **Pironkov**, Siméon (1927) : m. orc., sy., m. ch., O. (le Bonhomme de Sechuan, l'Oiseau bariolé). **Raitchev**, Alexandar (1922) : sy., m. orc., m. ch., œ. voc., O. (le Pont, l'Alarme, Chan Asparouh), ba. (la Chanson des Haidouks). **Stoianov**, *Pentcho* (1931) : 5 sy., 3 so. vi. et pi., Q. pi, 2 q., or., ct. fl., clar., ch., cho. ; *Vesséline* (1902-69) : O. (Pierre le Malin, Salammbô, le Royaume des femmes), ba. (la Papesse Jeanne), œ. sy. **Tapkov**, Dimitar (1929) : sy., m. orc., ca. (Cantate de la paix), ct., m. ch., œ. voc. **Tzvetanov**, Tzvetan (1931-82) : sy., m. orc., m. ch., ba. (Orpheus et Rodopa). **Vladigerov**, Pantcho (1899-1978) : O. (Tsar Kaloïan), ba. (la Légende du lac), œ. sy., ct., m. ch., œ. in.

■ **Chine.** **Chen,** *Gang* (n.c.) : m. sy. (conc. des Papillons amoureux), m. instr. œ. voc. *Qigang* (1953 ; vit en France) : m. sy., ct. vlc., m. ch., œ. voc. **Dun,** Tan (1957 ; vit aux USA) : m. sy., m. ch., œ. voc., m. films. **Jiping,** Zhao (1945) : m. films (Adieu ma concubine), m. sy., O. **Sheng,** Bright (1955 ; vit aux USA) : m. sy., m. ch., ch. **Xinghai,** Xian (1905-45) : Cantate, le Fleuve jaune.

■ **Corée.** **Yun**, Isang (1917-95, naturalisé Allemand) : O., m. orc. (Fluktuationen, Colloïdes sonores), m. ch., 2 ct. vi., fl., cl., hb., m. org. (Tuyaux sonores), 4 sy.

■ **Croatie.** **Baranović**, Krešimir (1894-1975) : ba., O., œ. voc., ch. **Devćić**, Natko (1914) : pi., m. ch., m. orc. (Suite istrienne), O., ba., ca., m. ctp., m. concr., m. élec., m. th., m. films. **Gotovac**, Jakov (1895-1982) : O. (Morana, Mila Gojsalica), O. c. (Ero), œ. orc. ch., cho., ch., m. orc. **Horvat**, Stanko (1930) : 3 ct. pi., m. orc. 2 ca., O. (Trois Légendes, Transformation), q., ba. **Kelemen**, Milko (1924) : O. (l'État de siège), ba. (Apocalyptica), m. sér., 3 ct., m. orc., m. ch., œ. pi. et orc. (Transfigurations), ca., œ. voc. **Lukaćić**, Ivan (environ 1584-1648) : mo. (Sacrae Cantiones). **Malec**, Ivo (1925, voir p. 351 a). **Skjavetić** (**Schiavetti**, **Schiavetto**), Juliye (XVIe-XVIIe s.) : ma., mo.

■ **Cuba.** **Ardévol**, José (1911-81) : ba., œ. ch., m. orc., 3 sy., m. ch. **Brouwer**, Leo (1939) : m. guit. (m. sér., m. aléat., graph.). **Garcia Caturla** (1906-40) : m. orc., m. in., pi. **Gramatges**, Harold (1917). **Nin**, Joaquin (1879-1949) : m. pi., m. ch. **Nin-Culmell**, Joaquin (1908, vit aux USA) : O., ct. vlc., m. pi. **Roldan**, Amadeo (1900-39) : ba., m. orc., m. in., m. voc.

■ **Danemark.** **Bentzon**, Niels Viggo (1919) : 2 O., 6 ba., 22 sy., 20 ct., m. orc., m. ch., œ. in., pi., m. ctp. **Bruhns**, Nicolaus (1665-97) : 12 ca., org. **Buxtehude**, *Dietrich* (1637-1707, voir p. 399 b). **Gade**, Niels Wilhelm (1817-90) : chœurs, œ. in., 8 sy., œ. ch. et orc., m. ch., mél. **Gudmundsen-Holmgreen**, Pelle (1932) : sy., œ. in., m. orc., m. ch., m. ctp. **Hartmann**, Johan Peter Emilius (1805-1900) : O. (Liden Kirsten), m. orc., m. org., m. ch. **Heise**, Peter (1830-79) : chants, O., m. ch. **Holmboe**, Vagn (1909-96) : 3 O., ct., ctinos, 13 sy. conc., 14 q., mél., m. orc., m. ch., m. ctp., œ. in., œ. voc. **Koppel**, Herman David (1908) : 7 sy., ct., or., m. ch., mél. **Kuhlau**, Friedrich (1786-1832) : O., œ. pi., fl. **Nielsen**, Carl (1865-1931) : 6 sy., 2 O. (Mascarade, Saül et David), ct., œ. pi., m. ch., mél., m. org. **Nørgaard**, Per (1932) : 5 O., 3 ba., 4 sy., or., m. orc., m. ch., 6 o., m. pi., œ. in., m. films, m. ctp. **Riisager**, Knudäge (1897-1974) : 5 ba. (Études, Quartsiluni), sy., m. ch. **Ruders**, Paul (1949) : m. orc., m. ch., œ. in., œ. voc., m. ctp. **Weyse**, C.E.F. (1774-1842) : O., singspiels (Sovedrikken), 6 sy., mél.

■ **Estonie.** **Aav**, Evald (1900-39) : O. (les Vikings, 1er opéra estonien), m. voc. **Eller**, Heino (1887-1970) : 5 sy., 2 so. vi., 4 so. pi. **Lemba**, Artur (1885-1963) : ct. pi., m. ch. (Poème d'amour). **Pärt**, Arvo (1935, vit en Allemagne) : 3 sy., ct. vlc., m. orc. (Fratres, Tabula rasa), m. voc., m. ch., m. re. (Credo, Passion selon St Jean, Magnificat). **Tamberg**, Eino (1930) : O. (Cyrano de Bergerac), ba., 3 sy., ct., m. voc. **Tobias**, Rudolf (1873-1918) : O. or. (la Mission de Jonas), m. orc., m. ch. **Tubin**, Eduard (1905-82, vécut en Suède) : ba. (Kratt), 10 sy., m. ch. **Tüür**, Erkki-Sven (1959) : sy., m. voc. (Requiem, messe), m. ch.

■ **Géorgie.** **Kantcheli**, Giya (1935, vit à Berlin) : O. (Musique pour les vivants), 7 sy., m. ch. **Muradeli**, Vano (1908-71) : O. (Octobre), m. orc. **Taktakichvili**, Otar (1924-89) : 4 O., 2 sy., ct. vlc., ct. tr., m. voc.

■ **Grèce.** **Antoniou**, Theodoros (1935) : m. orc., o. ch., œ. cho., élec. **Hatzidakis**, Manos (1925-94) : sy., pi., m. th., m. films. **Kalomiris**, Manolis (1883-1962) : 4 O., 2 sy., m. ch., pi., œ. voc. **Kouroupos**, Georges (1942) : O., 3 ba., m. orc., m. ch., œ. voc., m. in., ct. **Papaioannou**, Jean A. (1910-89) : 5 sy., m. orc., voc., m. ch., 4 ct., ba. **Petridis**, Petro (1892-1986) : 5 sy., 3 ct., or. (St Paul), O. (Zefyra), m. re., ba. **Sicilianos**, Georges (1920) : 2 O., sy., m. ch. **Skalkottas**, Nikos (1904-49) : m. sér., 6 ct., m. orc., m. ch., 4 q., m. pi. **Terzakis**, Dimitris (1938) : O., m. sy., m. voc., m. ch. **Theodorakis**, Mikis (1925) : m. orc., ba., or., m. films (Zorba le Grec). **Xenakis**, Yannis (voir p. 403 a).

■ **Islande.** **Eiriksdóttir**, Karolina (1951) : O., m. orc., m. ch., m. voc., sy., pi., œ. ch., vi. **Halldórsson**, Skéli (1914) : ba., m. orc., m. voc. **Hallgrímsson**, Haflidi (1941) : vlc., m. ch., **Ingolfsson**, Atli (1962) : m. élec., orc. ctp. ch., m. voc. **Jónsson**, Thorarinn (1900-74) : fu., œ. ch., org., vi. **Leifs**, Jon (1899-1968) : m. ch., œ. ch., sy., œ. voc., or., m. orc., folkl., org., ouv. **Nordal**, Jon (1926) : m. orc., m. ch. **Sigurbjörnsson**, Thorkell (1938) : O., ba., ct., m. ch., m. voc. **Sveinbjörnsson**, Sveinbjörn (1847-1927) : compositeur de l'hymne national, folkl., pi. **Sveinsson**, Atli Heimir (1938) : O., m. orc., ct. fl., m. ch.

■ **Israël.** **Ben-Haim**, Paul (1897-1984) : 2 sy., ct., m. ch., m. re.

■ **Japon.** **Akutagawara**, Yasushi (1925) : O., ba., m. orc., m. ch. **Hosokawa,** Toschio (1955) : O. (Vision of Lear), m. orc., m. ch., m. voc. **Ishii**, Maki (1936, vit en Allemagne) : m. orc. (Monoprisme), m. ch., m. traditionnelle japonaise et m. élec. **Matsudaira**, *Yoriaki* (1931) : m. av.-g. ; *Yoritsuné* (1907) : m. orc. (Theme and Variations, Bugaku), m. ch., 2 q., m. voc. (Koromogae). **Mayuzumi**, Toshiro (1929-97) : O. (le Temple du pavillon d'or, Minoko), ba. (Bugaku), ca., m. orc., m. élec., m. films. **Miki**, Minoru (1930) : 3 sy., O. (Shunkin-Sho/Ada). **Miyoshi**, Akira (1933) : m. orc., ét. (pi., vi.), m. ch., m. voc. **Shinohara**, Makoto (1931, vit aux Pays-Bas) : m. ch., m. orc. (Visione, Égalisation), m. élec. **Taira**, Yoshihisa (1938, vit en France) : m. orc. (Hiérophonie, Chromophonie), m. ch. **Takahashi**, Yuji (1938) : m. orc., m. ch. (Chromamorphe), m. pi. **Takemitsu**, Tōru (1930-96) : m. orc. (Requiem, November Steps), m. ch. (Stanza), m. in., m. élec. (Relief statique), m. films. **Tamba**, Akira (1932).

■ **Lettonie.** **Kalninš,** Alfred (1879-1951) : O. (Banuta : 1er O. letton), ba. m. sy., ca. **Plakidis**, Peteris (1947) : m. orc., ct. (Concert pour 2 hautbois et orchestre d'instruments à cordes), œ. in., œ. voc., œ. ch. **Vasks**, Peteris (1946) : m. voc., m. orc. (Musica dolorosa, Lauda), m. pi.

■ **Lituanie.** **Čiurlionis**, Mikalojus (1875-1911) : m. orc. (Dans la forêt, la Mer), m. ch., ét., fu., so., mél. **Petrauskas**, Mikas (1873-1937) : O. (Birute), mél., m. voc. **Račiunas**, Antanas (1905-84) : O., 9 sy., pièces sy., m. ch.

■ **Mexique.** **Ayala**, Daniel (1906-75) [1] : ba., œ. sy., m. ch. **Carrillo**, Julian (1875-1965) : m. orc., œ. in. **Castro**, Ricardo (1864-1907) : 4 O. (la Légende de Rudel), œ. pi. orc., 2 sy. **Chávez**, Carlos (1899-1978) : Toccata pour percussion, 5 sy., ba., œ. pi. (Préludes). **Contreras**, Salvador (1912) [1]. **Galindo**, Blas (1910) [1] : 7 ba., 3 sy., 2 ct. pi. **Halffter**, Rodolfo, voir p. 401 a. **Herrera de la Fuente**, L. (1916) : ba., m. re. **Moncayo**, José Pablo (1912-58) [1] : O., œ. sy. (Hommage à Cervantès), m. in. **Morales**, Melesio (1838-1908) : 5 O., me., œ. sy. (la Locomotive). **Nancarrow**, Colón (1912-97) : m. pi. (37 ét.). **Paniagua**, Cenobio (1821-82) : m. re., voc. **Ponce**, Manuel (1882-1948) : ct. vi., pi., guit. **Revueltas**, Silvestre (1899-1940) : 7 poèmes sy., m. films. **Rolón**, José (1883-1945) : ct. **Sánchez de Fuentes**, Eduardo (1874-1944) : m. orc. **Tello**, Rafael (1872-1946) : 4 O., œ. sy.

Nota. – (1) Ayala, Contreras, Galindo, Moncayo ont constitué le *groupe des Quatre* en 1934.

■ **Norvège.** **Bibalo**, Antonio (1922) : O. (Macbeth, The Smile at the Foot of the Ladder), ba., m. ch., m. orc. **Bull**, Edvard Hagerup (1922) : O., ba., sy., m. orc., m. ch. **Egge**, Klaus (1906-79) : 5 sy., ct., m. ch. **Grieg**, Edvard (1843-1907) : ct. pi., m. orc. (Danses norvégiennes), m. ch., œ. pi. (Pièces lyriques), m. th. (Peer Gynt). **Lindeman**, Ludvig Mathias (1812-87) : m. org., œ. voc. **Mortensen**, Finn (1922-83) : m. sér., m. aléat., 1 sy., m. orc., m. ch., œ. pi. **Nordheim**, Arne (1931) : m. élec., ba. (The Tempest), m. orc., m. ch., œ. voc. **Sæverud**, Harald (1897-1992) : sy., œ. pi., ct., m. th. (Peer Gynt). **Sinding**, Christian (1856-1941) : œ. in., 1 O., 3 sy., ct., m. ch., œ. pi. (Frühlingsrauschen), 250 li. **Svendsen**, Johan (1840-1911) : 2 sy., 4 Rhapsodies norvégiennes, ct., Carnaval à Paris. **Tveitt**, Geir (1908-81) : ba., O. ba. (Jeppe), m. orc., 3 sy., 6 ct. pi., m. ch., 36 so. pi., li., ch. **Valen**, Fartein (1887-1952) : 4 sy., m. orc., m. ch., œ. voc., œ. pi.

■ **Paraguay.** **Barrios**, Agustin P. (1885-1944) : m. guit. **Florès**, José Asunción (1904-72) : m. guit. **Godoy**, Sila (1919) : guit., m. ctp.

■ **Pays-Bas.** **Andriessen**, Louis (1939) : De Staat, Anachronie II. **Badings**, Henk (1907-87) : 6 O., 15 sy., 28 ct., m. ch. et in. **De Leeuw**, Ton (1926-96) : Spatial Music. **Diepenbrock**, Alphons (1862-1921) : Te Deum. **Escher**, Rudolf (1912-80) : 2 sy., le Tombeau de Ravel, Musique pour l'esprit en deuil. **Heppener**, Robert (1925) : Haec Dies. **Huyghens**, Constantijn (1596-1687) : m. voc. **Ketting**, Piet (1905-84) : m. ch, ps., Jazon en Medea. **Keuris**, Tristan (1946-96) : sy., ct. **Loevendie**, Theo (1930) : m. pi. et fl., 6 Turkish Folkpoems. **Pijper**, Willem (1894-1947) : m. sy., 2 O., mél. **Ruyneman**, Daniel (1886-1963) : Hiéroglyphes. **Schat**, Peter (1935) : O. (Labyrint, To You), 2 sy. **Sweelinck**, Jan Pieterszoon (1562-1621) : 250 œ. re., voc., org. **Van Baaren**, Kees (1906-70) : ct. pi. **Vermeulen**, Matthijs (1888-1967) : 7 sy., m. ch., mél.

■ **Portugal.** **Almeida**, Francisco Antonio (XVIIIe s.) : 2 or., m. re. **Bontempo**, João Domingos (1771-1842) : O., 7 sy., 6 ct., pi., œ. ch., m. ch. **Braga-Santos**, Joly (1924) : 3 O., 5 sy. **Cardoso**, Manuel Frei (XVIe s.) : m. re. **Carneyro**, Claudio (1895-1963) : m. orc., m. ch., 3 q. **Coelho**, *Manuel Rodrigues* (1583-1635) : m. ch. ; *Ruy* (1891-1986) : 14 O., 7 ba., 2 ct. pi., m. ch., 6 sy. **Cruz**, Ivo (1901-85) : m. orc., m. ch. **Freitas**, Frederico de (1902-80) : O. ba, m. orc., Q. **Freitas-Branco**, Luis de (1890-1955) : poème sy. (Paraísos artificiais). **Lopes Graça**, Fernando (1906-94) : œ. pi. (Dansas breves, Preludios), ch. (Canções heroicas). **Martins**, Maria de Lourdes (1926). **Nunes**, Emanuel (1941) : m. orc. (Nachtmusik), m. in. (Einspielung), m. voc., m. élec. **Peixinho**, Jorge (1940) : m. orc., m. ch., m. voc., m. films. **Pires**, Filipe (1934). **Seixas**, Carlos de (1704-42) : m. org., m. cl. **Vasconcellos**, Jorge Croner de (1910-74).

■ **Slovaquie.** **Berger**, Roman (1930) : m. orc., m. ch., œ. cho. **Cikker**, Ján (1911-89) : 8 O., œ. sy., m. ch. **Ferenczy**, Oto (1921) : O., m. orc., or. voc., m. ch. **Kardoš**, Dezider (1914) : 7 sy., m. orc., ch., voc., 4 Q. **Moyzes**, Alexander (1906-84) : 12 sy., m. orc., ch., voc., 4 Q. **Parik**, Ivan (1936) : m. orc., m. ch., m. in. **Suchoň**, Eugen (1908-93) : O. (Krútňava, Svätopluk), sy., m. orc., œ. ch.

■ **Turquie.** **Akses**, Necil Kâzim (1908) : O. (Bayönder, Timur Mete), 4 sy., m. orc., m. ch., m. folkl. **Aksüt**, Yusuf Sadun (1932). **Erkin**, Ulvi Cemal (1906-72) : 2 sy., ct. pi., ct. vi., m. orc., m. folkl. **Hri**, Mustafa (?-1712). **Sardag**, Hehmed Rüstü (1917). **Saygun**, Ahmet Adnan (1907-91) : O. (Ozsoy, Kerem, Köroglu), 4 sy., ct. pi., ct. vi., or. de Ynus, Emre. **Selcuk**, Timur (1946). **Tüzün**, Ferit (1929-77) : O., 1 sy., m. orc., ba. (Cayda Cira). **Usmanbas**, Ilhan (1921) : 6 préludes pi. (1945), Keloglan (1949), 3 Tableaux de Salvador Dali, ct. vi., so. vi., trp., hb., sy. à cordes.

■ **Ukraine.** **Beresovski**, Maxim (1745-1775) : œ. ch., œ. voc., œ. in. **Liatochinki**, Boris (1895-1968) : O. (Cercle d'or, Chtchors), 5 sy., ct. pi., 4 q., Q. ukrainien, mél. **Lissenko**, Nikolaï (1842-1912) : O. (Tarass Boulba), œ. voc., œ. in., œ. ch., folkl.

■ **Venezuela.** **Lauro**, Antonio (1917-86) : m. guit., m. orc.

■ **Viêt Nam.** **Dao**, Nguyen Thien (1940, vit en France) : O. (My chau Trong), m. orc. (Koskom, Giai Phong), ct. perc., m. voc. **Than Quang Hai** (1944) : m. traditionnelle, m. élec. **Ton-That-Tiêt** (1933, vit en France) : m. orc., m. ch. (Chu-Ky), m. films.

■ **Yougoslavie.** **Gallus**, Iacobus Carniolus (1550-91) : Selectiores quaedam missae, Opus musicum, Harmoniae Morales, Moralia. **Kulenovic**, Vuk (1946) : ba. (Kamasutra, Icarus), m. orc. (Word of Light, Quasar OH 471), org., or. ch. **Trajkovic**, Vlastimir (1947) : m. orc., org., so. vi., pi.

FORMATIONS

☞ *Abréviations : ens.* : ensemble ; *f.* : fondé ; *O.* : orchestre ; *O. ch.* : orchestre de chambre ; *O. nat.* : orchestre national ; *O. ph.* : orchestre philharmonique ; *O. sy.* : orchestre symphonique et voir p. 399 a.

ORCHESTRES

DISPOSITIONS

Plusieurs possibles. Sur les partitions : *bois :* flûtes, hautbois, clarinettes (saxophones), bassons ; *cuivres :* cors, trompettes, cornets, trombones, tubas ; *harpes ; instruments à clavier ; instruments à percussion ; cordes :* quatuor, comprend en fait 5 parties : 1ers violons, 2es violons, altos, violoncelles, contrebasses.

Disposition moderne habituelle en France

Percussion		Timbales	Percussion
Cuivres			Cuivres
Bois			Bois
Harpes	2es violons	Altos	Contrebasses
1ers violons		Chef d'orchestre	Violoncelles

NOMBRE D'EXÉCUTANTS

■ **Orchestre classique.** 2 flûtes, 2 hautbois, 2 clarinettes, 2 bassons, 2 cors, 2 timbales, nombre variable de 1ers et 2es violons, altos, violoncelles, contrebasses (clavecin dans maints récitatifs ; trompette, trombone et contrebasson exceptionnellement).

■ **Orchestre romantique.** 1 piccolo, 2 flûtes, 2 hautbois, 2 clarinettes, 2 bassons et quelquefois 1 contrebasson, 4 cors, 2 trompettes, 3 trombones, 1 tuba, 2 ou 3 timbales, cordes.

■ **Orchestre symphonique moyen.** a) *Cordes* (environ 40) : 10 à 12 1ers violons ; 8 à 10 2es violons ; 6 à 8 altos ; 6 à 8 violoncelles ; 4 ou 5 contrebasses ; b) *harmonie* (par groupes de 2) : bois (flûtes, hautbois, clarinettes, bassons, etc.), cuivres (environ 10) ; c) *timbales.*

■ **Grandes formations symphoniques.** Environ une centaine d'exécutants : 16 à 18 1ers violons, 14 à 16 2es violons, 12 à 14 altos, 10 à 12 violoncelles, 8 à 10 contrebasses, 4 flûtes (dont 1 piccolo), 3 hautbois, 1 cor anglais, 4 clarinettes (dont 1 petite clarinette, 1 clarinette basse), 3 bassons, 1 contrebasson, 4 à 8 cors, 4 trompettes, 3 ou 4 trombones, 1 tuba, timbales, percussions en nombre variable, 2 harpes, 1 clavier.

■ **Orchestre idéal.** Selon Berlioz *(Traité d'instrumentation)* : 467 instrumentistes (dont 120 violons, 40 altos, 45 violoncelles, 33 contrebasses à 3 et 4 cordes, 30 pianos, 30 harpes, etc.) et 360 choristes ; le Requiem demandait en outre 800 chanteurs.

■ **Harmonie.** Ensemble d'instruments à vent, batterie et contrebasse, harpe (de 50 à 85 exécutants).

■ **Fanfare.** Ensemble de cuivres et batterie (de 20 à 60 exécutants).

■ **Trio.** *A cordes :* violon, alto, violoncelle. *Autres :* piano, violon, violoncelle ; violon, flûte, hautbois ; piano, clarinette, violon, etc. *Trio d'anches :* hautbois, clarinette, basson.

■ **Quintette** (5 instruments). *A vent :* trompette, trombone, clarinette, saxo alto, cor *ou* flûte, hautbois, clarinette, basson, cor. *A cordes :* 2 violons, 2 altos, violoncelle (parfois 1 alto, 2 violoncelles).

■ **Octuor** (8 instruments). *Classique :* 2 violons, 1 alto, 1 violoncelle, 1 contrebasse, 1 clarinette, 1 cor, 1 basson.

■ **Orphéon.** Nom donné vers 1767 à une Sté pratiquant musique vocale et chant en mémoire d'Orphée, musicien et poète de la mythologie grecque. [Fils d'Œagre, roi de Thrace et de la muse Calliope, il descendit aux Enfers, charma les divinités et obtint de ramener son épouse Eurydice (morte d'une morsure de serpent) à condition de ne la regarder qu'au sortir du Tartare. Il désobéit et elle mourut une 2e fois.] Nom repris en 1842 par Guillaume-Louis Bocquillon-Wilhelm (créateur des chœurs vocaux scolaires en 1833).

☞ **La direction d'orchestre** s'affirma discipline à part entière début du XIXe s., quand l'effectif de l'orchestre devint trop important pour en confier la direction au violon solo ou au claveciniste assurant le continuo. Les compositeurs ont d'abord dirigé leurs propres œuvres avant de voir s'affirmer des personnalités comme Mendelssohn (1809-47), Spohr (1784-1859), en Allemagne, ou Habeneck (1781-1849), en France.

Baguette : l'Allemand L. Spohr fut le 1er à l'utiliser (à l'opéra de Francfort entre 1815 et 1817). Aux XVIIe et XVIIIe s., on se servait d'une canne pour marquer les temps. Lully se blessa ainsi le pied et mourut de la gangrène quelques semaines plus tard.

Premier orchestre symphonique moderne : fondé 1743 à la cour du duc Karl Theodor de Wurtemberg à Mannheim (All.).

Quelques records mondiaux : le 17-6-1872, Johann Strauss a dirigé à Boston (USA) 2 000 musiciens (dont 400 premiers violons) et 20 000 choristes. Le 28-6-1964 à Oslo (Norvège), un orchestre réunit 20 100 exécutants. Entre 1958 et 1965, il y eut parfois 13 500 exécutants aux Journées de l'orchestre de l'université du Michigan (USA). Au festival de Tallin, la scène peut contenir 30 000 chanteurs et 20 000 danseurs.

ORCHESTRES SYMPHONIQUES

☞ Entre parenthèses : la ville, la date de fondation et le nom du chef d'orchestre.

■ **Allemagne.** *O. ph. de Berlin* (f. 1882, Claudio Abbado, sir Simon Rattle à partir de 2002), *Deutsches Symphonie Orch. Berlin* (Kent Nagano), *O. de la Staatskapelle de Berlin* (Daniel Barenboïm), *O. sy. de la Radio bavaroise* (Lorin Maazel, Mariss Jansons en 2002), *O. ph. de Munich* (James Levine), *O. ph. du Gürzenich de Cologne* (James Conlon), *O. sy. du WDR* (Radio de Cologne, Semyon Bychkov), *O. sy. du NDR* (Radio de Hambourg, Christoph Eschenbach), *O. radio-sy. de Francfort* (Hugh Wolff), *O. sy. de Bamberg* (Jonathan Nott), *O. radio-sy. du SDR* (Radio de Stuttgart, sir Roger Norrington), *O. ph. de Hambourg* (Ingo Metzmacher), *O. sy. de la Radio de Sarrebrück* (Günther Herbig), *O. de la Beethovenhalle de Bonn* (Marc Soustrot), *O. du Gewandhaus de Leipzig* (Herbert Bloomstedt), *O. de la Staatskapelle de Dresde* (Giuseppe Sinopoli), *O. ph. de Dresde* (Marek Janowski), *O. sy. de Berlin* (Eliahu Inbal). *O. sy. du SWR de Baden-Baden et Fribourg* (Sylvain Cambreling). **Australie.** *O. sy. : Adelaïde* (David Porcelijn), *Queensland* (Muhai Tang), *Melbourne* (f. 1906, Markus Stenz), *Sydney* (f. 1934, Edo de Waart), *Western Australia* (Vernon Handley). **Autriche.** *O. ph. de Vienne* (f. 1842, fonctionne en autogestion sans chef permanent), *O. sy. de Vienne* (f. 1900, Vladimir Fedosseiev), *O. sy. ORF* (Radio de Vienne, Dennis Russell Davies, Bertrand de Billy en 2002), *O. Mozarteum de Salzbourg* (Hubert Soudant).

■ **Belgique.** *O. ph. de Flandre* (Anvers, Philippe Herreweghe), *O. ph. de Liège*, *Philharmonisch Orkest BRT* (Yoel Levi), *O. nat. de Belg.* (ONB) [Youri Simonov], *O. sy. de la Monnaie* (Antonio Pappano, Kazushi Ono en 2002).

■ **Canada.** *O. ph. de Calgary* (Hans Graf), *O. sy. de Montréal* (f. 1934, Charles Dutoit), *O. sy. de Toronto* (f. 1906, Jukka-Pekka Saraste), *O. sy. de Québec* (f. 1902, Yoav Talmi), *O. du Centre national des arts d'Ottawa* (Pinchas Zukerman), *O. sy. d'Edmonton* (f. 1945, Grzegorz Nowak), *O. sy. de Vancouver* (f. 1964, Sergiu Comissiona). **Chine.** *O. ph. de Hong Kong* (David Atherton), *O. ph. central de Chine* (Pékin, Long Yü), *O. nat. radio de Shangaï* (Pei-Yu Chang). **Corée.** *O. sy. de la Radio coréenne* (Séoul, Othmar Maga).

■ **Danemark.** *O. sy. de la Radio danoise* (Gerd Albrecht).

■ **Espagne.** *O. nat. d'Espagne* (Rafael Frühbeck de Burgos), *O. sy. de la Radio espagnole*, *O. sy. Barcelone et national Catalogne* (Lawrence Foster), *O. sy. d'Euskadi* (San Sebastian, Gilbert Varga et Mario Venzago). **États-Unis.** *O. ph. de New York* (f. 1842, Kurt Masur, Lorin Maazel en 2002), *O. sy. de New York* (f. 1878, fusionné 1928 avec l'O. ph. New York), *O. sy. de Boston* (f. 1881, Seiji Ozawa), *O. de Cleveland* (f. 1918, Christoph von Dohnányi, Franz Welser-Möst en 2002), *O. sy. de Chicago* (f. 1891, Daniel Barenboïm), *O. de Philadelphie* (f. 1900, Wolfgang Sawallisch, Christoph Eschenbach en 2003), *O. sy. de Pittsburgh* (f. 1926, Mariss Jansons), *O. sy. de Dallas* (Claus Peter Flor), *O. sy. de Detroit* (f. 1914, Neeme Järvi), *O. du Minnesota*, *O. ph. de Los Angeles* (f. 1904, Esa Pekka Salonen), *O. sy. de San Francisco* (f. 1911, Michael Tilson Thomas), *National Symphony Orchestra* (Washington, f. 1931, Leonard Slatkin), *O. sy. de Cincinnati* (Paavo Järvi), *O. sy. de Houston* (Hans Graf), *O. sy. de St Louis* (Hans Vonk), *O. ph. de Rochester* (Mark Elder), *O. sy. de Seattle* (f. 1903, Gerard Schwarz), *O. sy. d'Atlanta* (Yoel Levi), *O. ph. de Louisiane* (f. 1936, Klauspeter Seibel), *O. de Louisville* (Mac Bragado-Darman), *NBC Symphony Orchestra* (New York, f. 1937 pour Toscanini, dissous 1954).

■ **Finlande.** *O. ph. Helsinki* (Leif Segerstam). **France.** *O. de Paris* [f. oct. 1967 à partir de la Sté des Concerts du Conservatoire. Installé salle Pleyel depuis 1981 ; chœur : 170 amateurs (Arthur Oldham) ; dir. artistiques : Charles Münch (fondateur) 1967-68, Herbert von Karajan (conseiller musical) 1969-72, sir Georg Solti 1972-75, Daniel Barenboïm 1975-89, Semyon Bychkov 1989-98 ; Christoph Eschenbach, depuis 2000 ; 70 concerts/an (en France et à l'étranger) ; près de 130 disques]. *O. nat. de France* (1934, 119 musiciens, dir. musical : Charles Dutoit, Kurt Masur en 2001 ; délégué artistique : Patrick d'Ollone) ; *O. ph. de Radio France* [138 musiciens, dir. musical : Myung-Whun Chung, délégué général : Eric Montalbetti ; ex-*Nouvel O. ph.*, f. 1976 par fusion de l'*O. ph. de l'ORTF*, f. 1937 *(O. Radio-sy.)*, de l'*O. lyrique* et de l'*O. de chambre de l'ORTF* ; 70 concerts/an], *O. du Théâtre nat. de l'Opéra de Paris*, *O. des Concerts Lamoureux* (f. 1881, Yutaka Sado ; voir p. 408 c), *O. Colonne* (f. 1873, Didier Benetti 1er chef invité ; voir p. 408 c), *O. Pasdeloup* (Concert populaire 1861-82, Concerts Pasdeloup 1918, Jean-Pierre Wallez 1er chef invité ; voir p. 408 c), *O. nat. du Capitole de Toulouse* (Michel Plasson, 104 musiciens), *O. nat. d'Ile-de-Fr.* (Jacques Mercier, 70 musiciens), *O. ph. de Strasbourg* (Jan Latham Koenig, 112 musiciens), *O. nat. de Lyon* (David Robertson, 102 musiciens), *O. nat. de Lille* (Jean-Claude Casadesus, 99 musiciens), *O. nat. des Pays de la Loire* (Hubert Soudant, 102 musiciens), *O. nat. de Montpellier* (Friedemann Layer, 91 musiciens), *O. sy. et* *lyrique de Nancy* (Sebastian Lang-Lessing, 66 musiciens), *O. sy. de la Garde républicaine* (François Boulanger), *Ph. de Lorraine* (70 musiciens), *O. nat. de Bordeaux-Aquitaine* (Hans Graf, 120 musiciens), *O. ph. de Nice* (Marcello Panni, 118 musiciens), *O. sy. de Mulhouse* (Cyril Diederich, 56 musiciens), *O. ph. de Marseille*.

■ **Grande-Bretagne.** *O. sy. de Londres* (f. 1906, sir Colin Davis), *O. ph. de Londres* (Kurt Masur), *Royal Philharmonic Orchestra* (f. 1946, Daniele Gatti), *BBC Symphony O.* (Londres, f. 1930, Leonard Slatkin), *BBC Philharmonic O.* (Manchester, Yan Pascal Tortelier), *BBC Scottish Sy. O.* (Glasgow, f. 1935, Osmo Vänskä), *BBC National O. of Wales* (Cardiff, f. 1935, Richard Hickox), *The Philharmonia O.* (Christoph von Dohnányi), *City of London Sinfonia* (Richard Hickox), *Hallé Orchestra* (Manchester, f. 1858, Mark Elder), *City of Birmingham Sy. O.* (Sakari Oramo), *Royal Scottish National O.* (Glasgow, Alexandre Lazarev), *Bournemouth Sy. O.* (Yakov Kreizberg), *Royal Liverpool Philharmonic Orchestra* (Gerard Schwarz), *Ulster O.* (f. 1966, Dmitry Sitkovetsky).

■ **Hongrie.** *O. ph. nat. hongrois* (Zoltán Kocsis), *O. sy. de Budapest* (Tamás Vásáry), *O. ph. de Budapest* (Rico Saccani), *O. du festival de Budapest* (Iván Fischer), *O. sy. Matav* (András Ligeti).

■ **Israël.** *O. ph. d'Israël* (Tel-Aviv, f. 1936, Zubin Mehta), *O. sy. de Jérusalem* (Frédéric Chaslin), *O. sy. d'Israël Rishon Letsion* (Noam Sheriff), *O. sy. de Haïfa* (Stanley Sperber). **Italie.** *O. de l'Académie Sainte-Cécile de Rome* (f. 1895, Myung-Whun Chung), *O. sy nat. de la RAI* (Turin, Frank Shipway), *O. du Mai musical florentin* (Zubin Mehta), *O. ph. de la Scala de Milan* (f. 1982, dir. mus. : Riccardo Muti), *O. sy. d'Émilie-Romagne* (Parme, Patrick Fournillier), *O. sy. Giuseppe Verdi de Milan* (Riccardo Chailly).

■ **Japon.** *O. ph. de Tokyo* (Kazushi Ohno), *O. de la préfecture d'Osaka* (Uri Segal), *Tokyo Metropolitan Sy. O.* (Kazuhiro Koizumi), *O. sy. de la NHK* (Charles Dutoit), *O. sy. de Tokyo* (Gary Bertini), *New Japan Ph. O.*, *Yomiuri Nippon Sy. O.* (Tadaaki Otaka), *O. sy. de Kyōto* (Michiyoshi Inoue), *Century Orchestra Osaka* (Ken Takaseki).

■ **Luxembourg.** *O. ph. de Luxembourg*.

■ **Mexique.** *O. ph. de Mexico* (Fernando Lozano). **Monaco.** *O. ph. de Monte-Carlo* (f. 1856, Marek Janowski).

■ **Norvège.** *O. ph. d'Oslo* (f. 1919, Mariss Jansons), *O. ph. de Bergen* (Simone Young).

■ **Pays-Bas.** *O. royal du Concertgebouw d'Amsterdam* (f. 1888, Riccardo Chailly), *O. de la Résidence de La Haye* (f. 1904, Evgeni Svetlanov), *O. ph. de Rotterdam* (f. 1920, Valery Gergiev), *O. ph. de la Radio néerlandaise* (Hilversum, f. 1945, Edo De Waart), *O. ph. néerlandais* (f. 1985, Hartmut Haenchen). **Pologne.** *O. ph. national de Varsovie* (Kazimierz Kord), *O. sy. de la Radio-TV polonaise* (Katowice, Antoni Wit), *O. ph. de Cracovie* (Jerzy Maksymiuk), *O. ph. de Katowice* (Jerzy Swoboda). **Portugal.** *O. nat. de Porto* (Marc Tardue), *O. de la Fondation Gulbenkian* (Lisbonne, Muhai Tang).

■ **Roumanie.** *O. ph. de Bucarest « Georges-Enesco »* (Cristian Mandeal), *O. nat. de la Radio-TV roumaine* (Horia Andreescu), *O. ph. de Cluj-Napoca* (Emil Simon), *O. ph. moldave de Iaşi* (ou Jassy) [Camil Marinescu], *O. ph. Banatul de Timişoara* (Remus Georgescu). **Russie.** *O. ph. de Moscou*, *O. sy. de Russie* (Vassili Sinaïvski), *O. sy. « Tchaïkovski » de la Radio de Moscou* (Vladimir Fedosseiev), *O. nat. de Russie* (Moscou, f. 1990, Vladimir Spivakov), *O. sy. de la Cappella d'État russe* (Moscou, Valeri Polianski), *O. ph. de Novossibirsk* (Arnold Katz), *O. ph. de St-Pétersbourg* (f. 1921, Yuri Temirkanov), *O. Capella de St-Pétersbourg* (Vladislav Tchernouchenko).

■ **Singapour.** *O. sy. Singapour* (Lan Shui). **Slovaquie.** *Philharmonie slovaque* (Ondrej Lenárd), *O. sy. de la Radio slovaque* (Bratislava, Robert Stankovský). **Slovénie.** *Philharmonie Slovène* (Ljubljana, Marko Letonja). **Suède.** *O. sy. Helsingborg* (Okko Kamu), *O. ph. royal de Stockholm* (Alan Gilbert), *O. sy. de la Radio suédoise* (Manfred Honeck), *O. sy. de Göteborg* (Neeme Järvi), *O. sy. de Norrköping* (Jun'Ichi Hirokami), *O. sy. de Malmö* (Paavo Järvi). **Suisse.** *O. de la Suisse romande* (f. 1918, Pinchas Steinberg), *O. de la Tonhalle de Zurich* (f. 1868, David Zinman), *O. sy. de la ville de Bâle* (fusion de l'*O. sy. de Bâle* et de l'*O. sy. de la Radio de Bâle* ; Mario Venzago), *O. de la Suisse italienne* (f. 1935 ; Lugano, Alain Lombard 1er chef invité) ; *O. sy. de Berne* (f. 1877, Dmitri Kitajenko).

■ **Tchèque (Rép.).** *O. ph. tchèque* (Vladimír Ashkenazy), *O. sy. de Prague FOK* (1934), *O. sy. de la Radio de Prague* (Vladimír Válek), *O. ph. de Brno* (Aldo Ceccato).

■ **Ukraine.** *O. sy. nat. d'Ukraine* (Kiev, Theodor Kuchar).

☞ **Chefs d'orchestre restés le plus longtemps à la tête du même orchestre :** *Aloys Fleischmann*, 53 ans (Cork, O. sy. d'Irlande, 1935-88). *Willem Mengelberg*, 50 ans (Concertgebouw d'Amsterdam, 1895-1945). *Evgeni Mravinski*, 50 ans (Leningrad, 1938-88). *Ernest Ansermet*, 49 ans (O. Suisse romande, 1918-67). *Eugene Ormandy*, 44 ans (Philadelphie, 1936-80). *Volkmar Andreae*, 43 ans (Tonhalle de Zurich, 1906-49). *Bernhard Baumgartner*, 40 ans (Mozarteum de Salzbourg, 1922-38 puis 1944-69).

ORCHESTRES DE CHAMBRE

■ **Allemagne.** *De Stuttgart* (Dennis Russell Davies), *de Munich* (Christoph Poppen), *Bach Collegium de Stuttgart* (Helmuth Rilling), *de Cologne* (Helmut Müller-Brühl), *Südwestdeutsches Kammerorchester* (Vladislav Czarnecki), *Die Deutschen Bachsolisten* (Helmut Winschermann), *Cappella Coloniensis, de Berlin* (sans chef), *Bach du Gewandhaus de Leipzig* (Christian Funke), *Neue Berliner Kammerorchester, Neue Bach Collegium Musicum Leipzig* (Burkhard Glaetzner), *d'Europe* (Berlin et Londres, Claudio Abbado). **Autriche.** *Camerata Academica du Mozarteum de Salzbourg* (sir Roger Norrington), *Concentus Musicus Vienne* (Nikolaus Harnoncourt), *Wiener Kammerorchester*.

■ **Belgique.** *De Wallonie* (Georges Octors), *« I Fiamminghi »* (Rudolf Werthen). **Bulgarie.** *De Sofia* (Emil Tabakov).

■ **Canada.** *I Musici de Montréal* (Yuli Turovsky), *Musica Camerata* (Luis Grinhauz), *Mc Gill* (Alexander Brott). **Croatie.** *Solistes de Zagreb*.

■ **Espagne.** *Du Teatre Lliure* (Barcelone, Josep Pons). **États-Unis.** *De Los Angeles* (Christof Perick), *Orpheus Chamber O.* (sans chef). *De St Paul* (Andreas Delfs).

■ **Finlande.** *O. ch. de Bothnie* (Kokkola, Juha Kangas), *Tapiola Sinfonietta* (Espoo, Jean-Jacques Kantorow). **France.** *L'Ensemble* (Caen, Dominique Debart, 19 musiciens), *nat. de Toulouse* (dir. musical : Alain Moglia, 12 m.), *Ens. orchestral de Paris* (John Nelson, 38 m.), *O. de Bretagne* (Stefan Sanderling, 45 m.), *O. régional de Cannes-Prov.-Alpes-Côte d'Azur* (Philippe Bender, 39 m.), *de Picardie* (Edmon Colomer, 34 m.), *de Grenoble-Les Musiciens du Louvre* (Marc Minkowski, 12 m.), *d'Auvergne* (Arie Van Beek, 22 m.), *de Bayonne-Côte basque* (Xavier Delette, 22 m.), *O. des pays de Savoie* (Annecy-Chambéry, Mark Foster, 16 m.).

■ **Grande-Bretagne.** *English Chamber Orchestra* (Londres, f. 1948, Jeffrey Tate), *Academy of Saint-Martin-in-the-Fields* (f. 1959, Iona Brown et sir Neville Marriner), *Orchestra of the Age of the Enlightenment* (Londres), *Scottish Chamber Orchestra* (Édimbourg, f. 1974, Joseph Swensen), *London Mozart Players* (Matthias Bamert), *d'Europe* (Londres, Berlin), *English String Orchestra* (William Boughton), *Northern Sinfonia* (Newcastle, Jean-Bernard Pommier).

■ **Hongrie.** *Hongrois* (Vilmos Tátrai), *Franz Liszt de Budapest* (János Rolla), *Corelli* (Istvan Ella), *Camerata Hungarica* (László Czidra), *Budapesti Vonósok* (Károly Botvay), *Magyar Virtuosok* (Miklós Szenthelyi).

■ **Israël.** *D'Israël* (Philippe Entremont), *O. ch. de Beersheba*. **Italie.** *I Musici, I Solisti Veneti* (Claudio Scimone), *I Virtuosi di Milano, Nuovi Virtuosi di Roma, O. ch. de Padoue-Vénétie* (Padoue, Peter Maag).

■ **Japon.** *Ensemble orchestral de Kanazawa* (Hiroyuki Iwaki).

■ **Lituanie.** *Lituanie* (Saulius Sondeckis fondateur et directeur).

■ **Norvège.** *De Norvège* (Iona Brown).

■ **Pays-Bas.** *De la Radio néerlandaise* (f. 1945, Ton Koopman et Peter Eötvös), *Asko-Ens.* (f. 1966, Willem Hering). **Pologne.** *Philharmonie de chambre polonaise* (Wojciech Rajski), *Sinfonia Varsovia*.

■ **Roumanie.** *De la Radio roumaine* (Ludovic Bács, Cristian Brâncusi), *I virtuosi di Bucarest* (H. Andreescu). **Russie.** *Camerata de St-Pétersbourg* (Saulius Sondeckis), *O. ch. du Kremlin* (Misha Rachlevski), *O. ch. de Moscou* (Constantin Orbelian), *Solistes de l'O. du Bolchoï* (Alexandre Lazarev), *de St-Pétersbourg* (Eduard Serov), *Solistes de Moscou* (résident à Montpellier), *Virtuoses de Moscou* (Vladimir Spivakov, résident en Espagne).

■ **Slovaquie.** *Slovaque* (Bohdan Warchal), *Capella Istropolitana*. **Suède.** *De Stockholm* (Esa-Pekka Salonen). **Suisse.** *De Lausanne* (f. 1943, Christian Zacharias), *O. ch. de Zurich* (f. 1945, Howard Griffiths). *Ens. voc. et in. de Lausanne* (Michel Corboz), *O. Camerata de Zurich* (f. 1957, Räto Tschupp), *Camerata de Berne* (f. 1962, Ana Chumachenko, Thomas Zehetmair, Ulf Wallin).

■ **Tchèque (Rép.).** *De Prague* (sans chef), *Suk* (Josef Suk), *B. Martinů, Brno* (sans chef), *L. Janáček* (sans chef), *Virtuosi di Praga* (sans chef).

ENSEMBLES DE MUSIQUE ANCIENNE

■ **Allemagne.** *Collegium Aureum* (Franzjosef Maier), *Akademie für Alte Musik* (Berlin), *Odhecaton-Ensemble für Alte Musik* (Cologne), *Sequentia* (Cologne, Benjamin Bagby et Barbara Thornton), *Musica Reservata, Collegium vocale, Musica Antiqua Köln* (Reinhard Goebel), *Camerata Köln, Concerto Köln, Capella Fidicinia Leipzig*. **Autriche.** *Concentus Musicus* (Nikolaus Harnoncourt), *Clemencic Consort, Ens. Musica Instrumentalis, Capella Academica de Vienne* (Eduard Melkus), *Wiener Akademie* (Martin Haselböck).

■ **Belgique.** *Ens. instrumental du Brabant* (Jean Hervé), *Ens. Huelgas* (Paul Van Nevel), *Polyphonies, Barokensemble A. Bauwens, Ens. Musica Polyphonica* (Louis Devos), *Collegium Vocale de Gand* (Philippe Herreweghe), *la Petite Bande* (Sigiswald Kuijken), *Ens. Anima Eterna* (Jos Van Immerseel).

■ **Canada.** *Studio de Musique ancienne de Montréal* (Christopher Jackson), *Ens. Claude-Gervaise* (Gilles Plante), *Tafelmusik* (Jeanne Lamon), *Ens. Anonymus* (Claude Bernatchez).

■ **Espagne.** *Atrium Musicae* (Gregorio Paniagua), *Pro Musica Antiqua* (Miguel Angel Tallante), *Hesperion XXI* (Barcelone, Jordi Savall), *le Concert des nations* (Barcelone, Jordi Savall). **Estonie.** *Hortus Musicus* (Andres Mustonen). **États-Unis.** *Camerata de Boston* (Joel Cohen), *Philharmonia Baroque Orchestra* (San Francisco, Nicholas McGegan).

■ **Finlande.** *Tapiola Sinfonietta* (Espoo, Jean-Jacques Kantorow). **France.** *Ens. Guillaume Dufay, les Arts florissants* (William Christie), *Florilegium Musicum de Paris, la Grande Écurie et la Chambre du Roy* (Tourcoing, J.-Claude Malgoire), *O. des Champs-Élysées et la Chapelle royale* (Philippe Herreweghe), *les Musiciens du Louvre* (Grenoble, Marc Minkowski), *Ens. Per Cantar e sonar* (Stéphane Caillat), *les Saqueboutiers de Toulouse, Ens. baroque de Limoges* (Christophe Coin), *le Concert spirituel* (Hervé Niquet), *Il Seminario musicale* (Royaumont, Gérard Lesne), *les Talens lyriques* (Christophe Rousset), *Capriccio stravagante* (Skip Sempé), *Ens. Stradivaria* (Nantes, Daniel Cuiller), *le Parlement de musique* (Strasbourg, Martin Gester).

■ **Grande-Bretagne.** *Deller Consort* (Mark Deller), *Musica Reservata* (John Beckett), *The English Concert* (Trevor Pinnock), *The Academy of Ancient Music* (Londres, f. 1973, Christopher Hogwood), *The Consort of Musicke* (Anthony Rooley), *The Tallis Scholars* (Peter Phillips), *The Sixteen* (Harry Christophers), *Gothic Voices* (Christopher Page), *London Classical Players* (Roger Norrington), *Taverner Choir, Consort and Players* (Londres, Andrew Parrott), *The King's Consort* (Londres, Robert King), *The Hanover Band, The Dufay Collective, Gabrieli Consort and Players* (Manchester, Paul Mc Creesh).

■ **Hongrie.** *Capella Savaria* (Pál Németh), *Ens. Albinoni, Schola Hungaria* (Lázló Dobszay, Janka Szendrei).

■ **Israël.** *Camerata de Rehovot* (Avner Biron). **Italie.** *Europa galante* (Fabio Bondi), *Accademia bizantina* (Ravène, Carlo Chiarappa), *Concerto italiano* (Rinaldo Alessandrini), *Il Giardino Armonico* (Milan, Luca Pianca).

■ **Japon.** *Bach Collegium Japan* (Tokyo/Kōbe, Masaaki Suzuki), *Tokyo Solisten* (Yasushi Akamatsu).

■ **Pays-Bas.** *Amsterdam Baroque Orchestra* (Ton Koopman), *Amsterdam Loeki Stardust Quartet, the Locke Consort, O. du XVIIIe s.* (Frans Brüggen). **Pologne.** *Cappella Cracoviensis* (Stanislaw Gatonski). **Portugal.** *Ens. Segreis de Lisboa* (Manuel Morais).

■ **Russie.** *Académie de musique ancienne* (Moscou, Tatiana Grindenko), *Ens. Concertino* (Moscou, Andreï Korsakov).

■ **Slovaquie.** *Musica aeterna* (Peter Zajíček). **Suède.** *Accantus* (Leif Henriksson), *Drottningholms Barockensemble* (Lars Brolin). **Suisse.** *Schola Cantorum Basiliensis* (Peter Reidemeister), *Linde Consort* (Hans Martin Linde), *Ens. 415*, Genève (f. 1981, Chiara Bianchini).

■ **Tchèque (Rép.).** *Madrigalistes de Prague* (Binetti Damiano), *Ars rediviva* (Karel Špolina), *Musica antiqua Praha* (Pavel Klikar).

ENSEMBLES DE MUSIQUE CONTEMPORAINE

■ **Allemagne.** *Buccina-Ensemble, Ens. 13* (Karlsruhe, Manfred Reichert), *Percussion Ens. Siegfried Fink, Ens. Kontraste, Ars Nova Ens.* (Nuremberg), *Ens. Modern* (Francfort). **Autriche.** *Klangforum Wien* (Beat Furrer), *Kontrapunkte* (Peter Keuschnig), *die Reihe* (H K Gruber).

■ **Belgique.** *Ens. Musique nouvelle* (Patrick Davin), *Champ d'action* (Celto Antunes, Serge Verstockt).

■ **Canada.** *Sté de musique contemporaine du Québec* (SMCQ, Walter Boudreau), *Codes d'Accès, Nouvel Ensemble moderne* (Nem, Lorraine Vaillancourt), *Ass. pour la création et la recherche électroacoustiques du Québec* (Acreq), *Esprit Orchestra* (Alex Pauk), *Arraymusic* (Michael J. Baker), *Numus Concerts* (dir. artistique : Peter Hatch), *Open Score Concert Series* (dir. artistique : Paula Quick).

■ **Espagne.** *Grupo Koan* (Madrid, José Ramón Encinar), *Diabolus in musica* (Barcelone, Joan Guinjoan).

■ **France.** *2e2m* (Paul Méfano), *l'Itinéraire* (Tristan Murail), *Ars Nova* (La Rochelle, Philippe Nahon), *Musique vivante* (Diego Masson), *ens. Erwartung* (Bernard Desgraupes), *Percussions de Strasbourg* (Jean-Paul Bernard), *trio Deslogères* (Françoise Deslogères), *Quatuor de flûtes Arcadie* (P.-Y. Artaud), *Atelier musique de Ville-d'Avray* (J.-L. Petit), *Intervalles* (J.-Y. Bosseur), *Ensemble Intercontemporain* [f. 1976, collabore avec l'Ircam (Centre Georges-Pompidou), résidence permanente à la Cité de la Musique, Pt. : Pierre Boulez, dir. musical : Jonathan Nott, 31 musiciens], *ensemble Alternance, ens. Musicatreize* (Marseille, Richard Hayrabedian).

■ **Grande-Bretagne.** *London Sinfonietta* (Oliver Knussen), *Lontano* (Odaline de la Martinez), *Endymion Ens.*, *Music-Projects/London* (Richard Bernas, Roger Williams).

■ **Israël.** *Musica Nova*.

■ **Pays-Bas.** *Percussions d'Amsterdam, Nieuw Ensemble Amsterdam* (1980), *ens. Asko, ens. Schönberg* (Reinbert De Leeuw). **Portugal.** *Grupo de Música Contemporânea de Lisboa* (Jorge Peixinho, † 1995).

■ **Roumanie.** *Archeus* (Liviu Dănceanu), *Ars Nova de Cluj* (Cornel Ţăranu), *Hyperion* (Iancu Dumitrescu).

■ **Suède.** *Kroumata Ens.* (Anders Loguin), *Sonanza* (Jan Risberg), *Kammarensemblen*. **Suisse.** *Ens. Contrechamps* (Genève).

■ **Tchèque (Rép.).** *Agon* (f. Martin Smolka), *Duo Boemi di Praga* (Josef Horák).

■ **Yougoslavie.** *Zagreb Percussionists* (Igor Lešnik).

ENSEMBLES DE MUSIQUE DE CHAMBRE

■ **Trios.** Ars Antiqua, Bartholdy, Beaux-Arts Trio, Borodine, Couperin, à cordes de Paris, à cordes de Vienne, Debussy, Delta, Européen, Fiori Musicali, Fontenay (Hambourg), Guarneri, Haydn de Vienne, de Moscou, Nordmann, Ozi, Pasquier, de Prague, Ravel, Rouvier-Kantorow-Müller, Schubert de Vienne, Suk, de Trieste, Wanderer, Yuval.

■ **Quatuors.** Auryn, Bartholdy, Brahms, Brandis, Cherubini, du Gewandhaus de Leipzig, Koeckert, Kreuzberger, Mandelring, Melos, Petersen, Philharmonia Quartett Berlin, Sonare, Vogler, Westphal (All.) ; Alban Berg, Arriaga, Artis, Franz Schubert, Hagen, Musikverein de Vienne (Autr.) ; Danel, Kuijken (Belg.) ; Nouveau q. Dimov de la Radio bulgare ; Saint Lawrence (Canada) ; Carl Nielsen, Kontra (Dan.) ; Arpeggione, Athenæum-Enesco, Castagneri, Debussy, Gabriel, Kandinsky, Ludwig, Manfred, Margand, Parisii, Rosamonde, Via Nova, Ysaÿe (Fr.) ; Allegri, Arditti, Balanescu, Brindisi, Brodsky, Chilingirian, Gabrieli, Lindsay, Medici, Salomon (G.-B.) ; Auer, Bartók, Eder, Keller, Kodály, Takacs, Tatraï, Nouveau q. de Budapest (Hongr.) ; de Tel-Aviv (Israël) ; Giovane Quartetto Italiano (It.) ; de Tokyo (Japon) ; Orlando (P.-Bas) ; de Varsovie, Wilánow (Pol.) ; Doležal, Janáček, Kocian, de Prague, Pražák, Stamic, Suk, Talich (Tchéquie) ; Voces (Roumanie) ; Anton, Beethoven, Borodine ; de Moscou, Taneiev (Russie) ; de Berne, Carmina, Sine Nomine (Suisse) ; American String q., Borromeo, Emerson, Fine Arts q., Guarneri, Juilliard, Kronos, Lenox, de Manhattan, Muir, New World String Quartet, Smithson, Vermeer, Tashi (USA).

■ **Quintettes.** *De cuivres* Ars Nova (Camille Verdier), de Prague. *A vent* de Paris, de Prague, Taffanel, Q. Moraguès. Pro Arte (f. 1967, Monaco), de Stuttgart, Ensemble Wien-Berlin, Zagreb Wind Quintet.

■ **Ensembles divers.** Octuor de Vienne, de Berlin, de France. Solistes de l'O. ph. de Berlin. Ens. à vent Maurice Bourgue, de Budapest (Kálmán Berkes). Melos Ensemble. Nash Ensemble (G.-B.). Nonet tchèque.

CHORALES ET ENSEMBLES VOCAUX

☞ Entre parenthèses : ville et chef de chorale. *Abréviations :* C. : chœur(s) et voir p. 399 a et 406 b.

■ **Allemagne.** *C. du festival de Bayreuth, RIAS Kammerchor* (Berlin, Marcus Creed), *C. Ph. de Berlin* (Uwe Gronostay), *Berliner Singakademie* (Hans Hilsdorf), *C. de la Radio de Berlin* (Simon Hasley), *C. de la Radio bavaroise* (Munich, Michael Gläser), *C. Bach de Munich* (Hanns-Martin Schneidt), *C. du Musikverein de Düsseldorf* (Raimund Wipperman), *Gächinger Kantorei* (H. Rilling), *C. Monteverdi de Hambourg, Tölzer Knabenchor* (Gerhard Schmidt-Gaden), *Regensburger Domspatzen* (Georg Ratzinger), *Kammerchor Stuttgart* (Frieder Bernius), *C. de la cathédrale Ste-Hedwige* (Berlin, Alois Koch), *Kölner Kammerchor* (Peter Neumann), *Frankfurter Singakademie* (Karl Rarichs), *Frankfurter Kantorei* (Winfried Toll), *C. de la Ste-Croix* (Dresde, Roderich Kreile), *C. de St-Thomas* (Leipzig, Georg Christoph Biller), *C. de la Radio de Leipzig* (Howard Arman). **Autriche.** *C. des Amis de la musique à Vienne* (ou *Wiener Singverein*, Johannes Prinz), *Wiener Singakademie* (Herbert Böck), *Wiener Sängerknaben* (Agnes Grossmann), *Arnold Schönberg-Chor* (Erwin Ortner), *Wiener Konzertchor* (ex-ORF-Chor ; Gottfried Rabl).

■ **Belgique.** *Omrœpkoor Van de BRT* (Vic Nees), *Chorale Cantores* (Aimé De Haene), *Collegium Vocale de Gand* (Philippe Herreweghe), *Concinite de Louvain* (Florian Heyerick), *Audite Nova* (Kamiel Cooremans). *C. de ch. de Namur* (Pierre Cao). **Bulgarie.** *C. Svetoslav Obretenov* (Gueorgi Robev).

■ **Canada.** *Petits Chanteurs du Mont-Royal* (Gilbert Patenaude), *C. de l'O. sy. de Montréal* (Iwan Edwards), *Société philarmonique de Montréal* (Miklos Takacs), *Elmer Iseler Singers* (E. Iseler).

■ **Danemark.** *C. de la Radio danoise* (Stefan Parkman), *Ens. vocal Ars Nova* (Bo Holten).

■ **Espagne.** *Orfeó Donostiarra* (San Sebastián, José Antonio Sainz), *Agrupación Coral de Pamplona* (Máximo Oloriz). **Estonie.** *Ch. ph. ch. estonien* (Toñu Kaljuste). **États-Unis.** *Mormon Tabernacle Choir* (Jerold D. Ottley), *C. Robert Shaw, C. Westminster* (New York), *New England Conservatory Chorus* (Lorna Cooke De Varon), *Oratorio Society of New York* (Lynden Woodside), *Handel & Haydn Oratorio Society of Boston, Chanticleer* (Joseph Jennins), *Theatre of Voices* (Paul Hillier), *Pomerium* (New York, Alexandre Blachly).

■ **France. Paris et région parisienne :** *C. Élisabeth Brasseur* (Michel Aunay), *Vittoria d'Ile-de-France* (Michel Piquemal), *C. de Radio France* (f. 1946, professionnels, 112 personnes, chef : François Polgár), *C. national* (J. Grimbert), *Ens. choral Contrepoint* (O. Schneebeli), *Maîtrise de Notre-Dame* (Michel-Marc Gervais, 40 chanteurs), *C. de l'Oratoire du Louvre* (F. Hollard), *Maîtrise de Radio France* (créée 29-4-1946 par Henry Barraud, 80 élèves recrutés par concours à 10 ou 11 ans, dir. : Toni Ramon), *Maîtrise de Paris* (f. 1981 sous le nom de Petits Chanteurs de Paris ; dir. : Patrick Marco), *Maîtrise nationale de Versailles* (24 garçons et 16 hommes, dir. : Olivier Schneebeli), *Petits Chanteurs de St-Bernard* (80 chanteurs), *des Hauts-de-Seine* (créée 1970 à Asnières, devient le C. d'enfants de l'O. de Paris et de celui de l'Opéra), *C. de l'O. de Paris* (Arthur Oldham), *Petits Chanteurs à la Croix de Bois* [f. 1906 par Paul Berthier et Pierre Martin, ont eu pour dir. l'abbé Rebufat et Mgr Maillet (1896-1963), 1er concert 15-3-1908 à l'église St-Gervais à Paris], *C. Audite Nova* (Jean Sourisse), *C. de l'Université Paris-Sorbonne* (Jacques Grimbert), *Petits Chanteurs du Marais, de Versailles* (f. 1946 par Pierre Béguigné, dir. : Jean-François Frémont), *de St-François de Versailles* (f. 1951 par Jacques Duval, 40 chanteurs), *de Paris* (f. 1981), *de Ste-Croix de Neuilly* (François Polgar), *Chanteurs de St-Eustache* (André Duchesne), *C. de la Chapelle royale* (Philippe Herreweghe), *C. parisienne Paul Kuentz, A Sei Voci* (Sablé-sur-Sarthe, Bernard Fabre-Garrus), *Ens. vocal Stéphane Caillat, Ens. vocal Michel Piquemal, Ens. Organum* (Marcel Perès), *Accentus* (Laurence Equilbey). **Province :** *C. Paul Kuentz* (Brest), *Groupe vocal « Arpèges »* (Bordeaux), *Maîtrises cathédrales Dijon* (J.-M. Rolland), *Bourges* (existait en 1543), *Chartres* (existait 485 ; dirigée par St-Fulbert de 960 à 1028 ; dir. : Francis Bardot depuis 1980), *Monaco* (f. 1887, dir. : Philippe Debat depuis 1973), *des Petits Chanteurs de Lyon* (f. 1974, dir. : Jean-François Duchamp), *à la Croix potencée de Toulouse* (f. 1936 par l'Abbé Rey), *Ens. vocal de Bourgogne* (Dijon), *C. de Lyon* (Bernard Têtu), *La Cigale* (C. d'enfants, Lyon, Anne-Marie Cabut), *Maîtrise Gabriel Fauré de Marseille* (Marie-Thérèse Fizio), *C. de la cathédrale de Strasbourg* (Dominique Debès), *C. de St-Guillaume de Strasbourg* (Erwin List), *C. universitaire de Montpellier, Psalette d'Orléans, Ens. vocal de Toulouse* (Alix Bourbon), *Ens. Jean de Ockeghem* (Tours).

■ **Grande-Bretagne. Londres :** *BBC Symphony Chorus* (Stephen Jackson), *BBC Singers* (Stephen Cleobury), *Monteverdi Choir* (John Eliot Gardiner), *Ambrosian Singers* (John McCarthy), *Pro Musica Chorus of London* (John McCarthy), *Hilliard Ensemble, The King Singers, Philharmonia Chorus* (Robert Dean), *Royal Choral Society* (Richard Cooke), *Bach Choir* (David Hill), *Taverner Choir* (Andrew Parrott). **Cambridge :** *King's College* (Stephen Cleobury), *St John's College* (Christopher Robinson), *The Cambridge Singers* (John Rutter). **Oxford :** *New College* (Edward Higginbottom), *Christ Church Cathedral* (Stephen Darlington), *Magdalen College* (Bill Ives).

■ **Hongrie.** *C. de la Radio hongroise* (Kálmán Strausz), *C. de l'État hongrois* (Mátyás Antal), *C. madrigal de Budapest* (Ferenc Szekeres).

■ **Lettonie.** *C. Ave Sol* (Riga, Imants Kokars), *C. académique « Latvitja »* (Riga, Maris Sirmais), *C. de la Radio de Lettonie* (Riga, Sigvards Klava et Kaspars Putmins). **Lituanie.** *C. État de Kaunas* (Petre Bingelis).

■ **Pays-Bas.** *C. de ch. néerlandais* (Toñu Kaljuste), *Toonkunstkoor, C. de la Radio néerlandaise* (Hilversum, Martin Wright). **Portugal.** *C. de la fondation Gulbenkian* (Michel Corboz), *C. Gregoriano de Lisboa* (Helena Pires de Matos).

■ **Roumanie.** *C. madrigal de Bucarest* (Marin Constantin). **Russie.** *C. académique d'État de Russie* (Stanislas Gousev), *C. académique de Moscou* (Viktor Popov), *C. académique de ch. de Moscou* (Vladimir Minin), *Capella de St-Pétersbourg* (Vladislav Tchernouchenko), *C. de ch. de St-Pétersbourg* (Nikolaï Korniev), *C. de ch. de la Capella russe de Moscou* (Valeri Polianski).

■ **Slovaquie.** *C. philarmonique slovaque* (Ján Rozehnal et Blanka Juhanaková). **Suède.** *C. Orphei Drängar d'Uppsala* (Robert Sund), *C. de la Radio* (Toñu Kaljuste), *C. de ch. Mikaeli Kammarkör* (Anders Eby), *C. de ch. Eric Ericson* (Eric Ericson), *C. de ch. Göteborg* (Gunnar Ericsson), *Gösta Ohlins Vokalensemble* (Gösta Ohlins). **Suisse.** *Ens. vocal de Lausanne* (Michel Corboz).

■ **Tchèque (Rép.).** *C. des instituteurs moraves* (Lubomir Mátl), *C. mixte Kühn* (Pavel Kühn), *C. ph. de Prague* (Jaroslav Brych), *C. de la Radio de Prague* (Stanislav Bogunia).

☞ **Fédération internationale des Pueri Cantores :** *fondée* mai 1949, reconnue 6-4-1951. 300 000 chanteurs dans plus de 100 pays. **Pueri Cantores-Fédération française des Petits Chanteurs :** *fondée* 6-3-1947 par Mgr Fernand Maillet (1896-1963). *Pt :* Jean-François Duchamp. 7 000 chanteurs. *Origine :* les Petits Chanteurs à la Croix de Bois (f. 1906).

MUSIQUES MILITAIRES

☞ *Abréviation :* m. : musiciens.

■ **Composition.** Les principales comportent un orchestre d'harmonie (5 flûtes, 4 hautbois, 3 bassons, 3 petites clarinettes, 22 clarinettes, 3 clarinettes-basses, 3 saxophones-altos, 3 saxophones-ténors, 2 saxophones-basses, 6 cors, 6 trompettes, 3 cornets, 6 trombones, 3 bugles, 6 saxhorns-basses, 3 saxhorns-contrebasses en *si* b, 2 contrebasses à cordes, 6 percussions) de 75 à 130 m., dirigé par un chef de musique, et une batterie-fanfare (12 trompettes en *mi* b, 7 clairons en *si* b, 7 cors en *mi* b, 3 trompettes-basses en *mi* b, 3 clairons-basses en *si* b, 1 soubassophone en *si* b, 1 contrebasse en *mi* b, 1 contre-tuba, 5 percussions) de 40 m. ne regroupant que des instruments d'ordonnance (sans pistons), dirigée par un tambour-major.

■ **Principales musiques militaires françaises. Musique de l'air :** créée *1936*. Orchestre d'harmonie : 80 m. ; batterie fanfare : 36 m. Chef : Thierry Rose ; adjoint : Jean-Pierre Revoil. Tambour-major : Christian Gondot. **Musique des équipages de la flotte :** *avant 1789*, les vaisseaux amiraux possédaient une musique composée de musiciens commissionnés pour la durée de leur embarquement et, à terre, les régiments de marine possédaient une musique qui participait aux cérémonies officielles. *1827* (13-7) création de 2 musiques pour assurer les cérémonies militaires et former (comme un conservatoire) des musiciens pour les vaisseaux amiraux. **Musique de Brest :** créée *1827*. 75 m. Chef : Claude Kesmaecker. **Musique de Toulon :** créée *1827*. 85 m. Chef : G. Besse. **Orchestre de la Garde républicaine** (*1848* fanfare de la Garde de Paris, *1856* musique d'harmonie, *1871* musique de la Garde républicaine, *1993* nom actuel) : 123 m. avec personnel administratif dont orchestre d'harmonie + à cordes : 77 + 38 ; orchestre symphonique (chef : François Boulanger, né 1961) + la musique de la Garde républicaine (créée *1802* : tambours, *1823* clairons, *1841* instruments d'harmonie, *1945* devenue batterie-fanfare, *1993* nom actuel) de 90 m. (direction : capitaine Gable) et une *fanfare de cavalerie* créée *1862* de 40 m. (direction : adjudant-chef Faccioli). **Musique des gardiens de la paix :** créée *1920* (nom actuel depuis 1929). Orchestre d'harmonie 84 m., batterie-fanfare 39 m. Chef : Philippe Ferro ; adjoint : François Carry. Tambour-major : Jean-Jacques Charles. **Chœur de l'Armée française :** créé *1982*, 80 m. dont 20 professionnels (direction : capitaine de Plinval). **Musique de la Légion étrangère :** créée *1831*. Conservatoire de la Légion créé en 1979. Chef : Marc Sury, adjoint : Patrice Auneau, sous-chef : J.-P. Gouson. 55 m. **Musique de la Police nationale :** réorganisée *1956*. Orchestre d'harmonie 88 m., batterie-fanfare 40 m. Chef : Benoît Girault ; adjoint : Alain Decourcelle. Tambour-major : Guy Coutanson. **Musique principale de l'Armée de terre** (1997) [*1945* fanfare, *1947* musique, *1952* musique principale des troupes coloniales, *1958* des troupes de marine] : harmonie, batterie-fanfare 110 m. Chef : Jean-Michel Sorlin depuis 1992, adjoint : Stéphane Fougeroux, sous-chef : Philippe Hénot. Tambour-major : Jean-Michel Rossignol.

ASSOCIATIONS SYMPHONIQUES PARISIENNES

■ **Sté des Concerts du Conservatoire.** *Fondée* 1828, « transformée » en Orchestre de Paris en 1967. *Siège :* salle de l'ancien Conservatoire de musique et de déclamation, ancienne salle des Menus Plaisirs du roi, reconstruite par Delannoy en 1807.

■ **Orchestre Colonne.** Théâtre du Châtelet : 2, rue Édouard-Colonne, 1er. *1873* Concert national *fondé* grâce au soutien financier de l'éditeur Georges Hartmann la 1re année, dirigé par Édouard Colonne (1838-1910). *1873 (nov.) à 1874 (mars)* 9 concerts à l'Odéon puis au théâtre du Châtelet. *1874 (nov.)* création et 1er concert au théâtre du Châtelet de l'Assoc. artistique. *1910* création Assoc. artistique des Concerts Colonne. *Chefs successifs :* Édouard Colonne, Gabriel Pierné, Paul Paray, Charles Münch, Pierre Dervaux, Philippe Entremont, Antonello Allemandi et Didier Benetti (1er chef invité). *Musiciens :* 80 titulaires + supplémentaires selon les œuvres jouées. *Concerts par saison* (oct.-mai) : 10 + 5 réservés aux scolaires, généralement à Paris.

■ **Orchestre des concerts Lamoureux.** 190, av. Jean-Jaurès, 19e (Cité de la musique). *Fondé* 1881 par Charles Lamoureux (1834-1899), se constitue en association à la mort de son fondateur. *Chefs successifs :* Camille Chevillard, Paul Paray, Albert Wolff, Eugène Bigot, Jean Martinon, Igor Markevitch, Jean-Baptiste Mari, Jean-Claude Bernède, Valentin Kojin, Yutaka Sado (depuis oct. 1993). Millième concert en mars 1991. *Musiciens :* 90. *Saison :* octobre à juin, Théâtre des Champs-Élysées, 15 concerts environ. Concerts pour les JMF au Théâtre des Champs-Élysées.

■ **Orchestre Pasdeloup.** 252, rue du Fbg-St-Honoré, 8e. *Fondé* 1861 par Jules-Étienne Pasdeloup (1819-87). *Pt :* Jean Gagnon. *Chefs successifs :* Rhené Baton, Albert Wolff, Gérard Devos. 1989-1996 : pas de chef permanent ; depuis 1996 : Jean-Pierre Wallez 1er chef invité. *Saison :* octobre à mars, salle Pleyel et salle Favart. *Musiciens sociétaires :* 95. *Nombre de concerts :* 15 + 30 scolaires avec Théâtre, Musique et Culture en Ile-de-France, direction : Roland Chagnon ; 2 000e concert en févr. 1993.

PRINCIPALES SALLES DE CONCERTS

☞ *Abréviations :* pl. : places ; s. : salle.

■ **Paris. S. Pleyel** (*1927*, rénovée *1981*), grande s. 2 300 pl. (plateau 350 à 400 m^2) ; s. Chopin 470 pl. et s. Debussy 100 pl. [en projet : unification en 1 seule s. de 650 pl. (musique de chambre) ; travaux prévu juillet 2002] ; **s. Gaveau** [*1907*, rénovée *1982-83*, *87* (scène mobile), *98* (s. Rostropovitch), *juin-déc. 2000* restauration complète, 1 020 pl.] ; **Théâtre des Champs-Élysées** (*1913*, 1 901 pl. ; saison *1998-99* : 170 représentations) ; **théâtre de Chaillot** (grande s., fondée *1937*, transformée *1975*, 1 176 pl.) ; **Châtelet**-Théâtre musical de Paris : s. du Châtelet 2 010 pl., foyer du Châtelet 250 pl. ; **Maison**

de Radio France (s. Olivier Messiaen : 918 pl., studio Charles-Trénet : 257 pl., studio Sacha Guitry : 150 pl.) ; **Théâtre de la Ville** (*1862*, rénové *1968*, 995 à 1 033 pl.) ; **palais des Congrès** de Paris (*1974*, rénové *1991*, grand amphithéâtre : 3 723 pl. modulable 1 813 pl., amphithéâtre Bordeaux : 650 pl.) ; **palais des Sports** (1 500 à 5 000 pl., spectacles, concerts) ; **auditorium des Halles** (Porte St-Eustache 594 pl.) ; **Opéra de Paris : palais Garnier** (*1875,* 1 971 pl.) et **Opéra Bastille** (*1989*, 3 salles, 3 389 pl.). Voir p. 421 c. ; **Salle Favart ; palais omnisports Paris-Bercy** (POPB) [*1984*, différentes configurations, de 7 000 à 17 000 pl., 5 s.] ; **auditorium du Louvre** (*1989,* dessiné par l'architecte I.m. Pei : 420 pl.) ; **Cité de la Musique** (*1995*, s. 800 à 1 200 pl. selon configuration, amphithéâtre 230 pl.), *saison 2000-2001 :* plus de 200 concerts, *budget 2001 :* 178 millions de F.

Nota. – En projet : nouvelle salle (lieu à déterminer).

☞ **1**[er] **concert** organisé dans une église (St-Eustache) à Paris : le 18-1-1900, *le Messie* de Haendel.

■ **Autres salles. Aalborg :** *Aalborg Hallen* (*1953,* 2 472 pl.). **Aarhus :** *Musikhuset Aarhus* (*1982,* 1 500 pl.). **Amsterdam :** *Concertgebouw* (*1888*, grande s. 2 037 pl., petite s. 478, s, des Miroirs 280). **Anvers :** *De Singel* (2 s.), s. *Reine Élisabeth* (*1960*, 2 070 pl.). **Barcelone :** *Palau de la Música Catalana* (*1908*, 2 068 pl.), *Gran Teatre del Liceu* (opéra, ballets et concerts) (*1847*, 2 700 pl. Voir p. 421 c). **Bergen :** *Grieg Hall* (1 504 pl.). **Berlin :** *Konzerthaus Berlin* (*1821,* transformée 1984, 1 700 pl.), *Philharmonie* (*1963*, 2 200 pl.), *s. de Musique de chambre* (*1988,* 1 188 pl.). **Bonn :** *Beethovenhalle* (*1956-59*, grande s. 1 800 pl.). **Bochum :** *Starlight Express Theater* (*1988,* 1 750 pl.). **Boston :** *Symphony Hall* (*1900*, 2 625 pl.). **Bratislava :** *s. de la Philharmonie* (1 000 pl.). **Bregenz :** *Festspiel-Kongresshaus* (*1980*, 1 755 pl.). **Bruges :** ouverture prévue en 2002. **Bruxelles :** *palais des Beaux-Arts* (*1972*, 2 050 pl.), *s. du Conservatoire* (850 pl., musique de chambre). **Bucarest :** *Athénée roumain* (*1889*, 880 pl.), *s. de concert de la radiotélévision* (*1964*, 1 200 pl.), *grande s. du Palais* (*1964*, 3 000 pl.). **Budapest :** *ancien Parlement* (*1876*, 450 pl.), *ancien Conservatoire de musique* (*1875*, 400 pl.), *conservatoire Ferenc Liszt* (*1905*, grande s. 1 800 pl., petite s. 200 pl.), *Orchestre sy. B.M. Duna* (*1950*, 300 pl.), *palais des Congrès* (*1980*, 2 000 pl.), *la Redoute* (*1872,* 800). **Caen :** *le Zénith.* **Charleroi :** *palais des Beaux-Arts* (*1954-57*, 1 800 pl.). **Cologne :** *Gürzenich* (*1441,* transformée *1857*, rénovée *1955* et *1995,* grande s. 1 287 pl.), *Kölner Philharmonie* (*1986*, grande s. 2 000 pl.), *Kölnarena* (*1998,* 18 000 pl., concerts, sport...), *E.-Werk* (*1991,* 2 000 pl.), *Sartory-Säle* (*1948,* 4 500 pl.). **Copenhague :** *Tivolis Koncertsal* (*1956,* 1 850 pl.), *Radiohusets Koncertsal* (*1945,* 1 058 pl.). **Dijon :** *auditorium* (*1998,* 1 611 pl.). **Dortmund :** *Westfalenhalle* (*1952*, 12 000 pl., concerts pop). **Dresde :** *Kulturpalast* (*1969*, Festsaal 2 433 pl. et Studiotheater 192 pl.). **Düsseldorf :** *Tonhalle* (*1978*, grande s. 1 930 pl., petite s. 300 pl.), *Philipshalle* (*1971*, 3 s., 6 200 pl.). **Francfort/Main :** *Jahrhunderthalle Hoechst* (*1963*, 2 000 pl.). **Genève :** *Victoria Hall* (*1894*, 2 000 pl.), *Conservatoire de Genève* (grande s. 450 pl.). **Graz :** *Musikverein für Steiermark* (1 052 pl.). **Hambourg :** *Musikhalle* (*1908*, 2 s., grande s. 2 014 pl.), *Neue Flora* (*1990,* 2 000 pl. **La Haye :** *centre des Congrès* (*1969*, 7 400 pl). **Lausanne :** *théâtre de Beaulieu* (*1954*, 1 852 pl.), siège de la « Compagnie Béjart Ballet Lausanne », *Théâtre municipal* (*1871,* 900 pl.). **Leipzig :** *Gewandhaus* (*1981*, grande s. 1 903 pl., s. Mendelssohn 493). **Lille :** *palais de la Musique* (auditorium, 2 000 pl.), *Opéra* (900 pl.), *Zénith* (5 000 pl.). **Linz :** *Brucknerhaus* (*1974,* 1 420 pl. et 350). **Londres :** *Royal Albert Hall* (*1871*, 5 606 pl.), *Queen Elizabeth Hall* (1 100 pl.), *Wigmore Hall* (542 pl.), *Royal Festival Hall* (*1965*, 2 909 pl., *Recital Room* 200 pl.), *Barbican Center.* **Los Angeles :** *Performing Arts Center* (*1964, Dorothy Chandler Pavilion* 3 197 pl., *Ahmanson Theatre* 2 071 pl., *Mark Taper Forum* 760 pl.). **Lucerne :** *Kunst-und-Kongresshaus* (*1933*, 1 500 pl.). **Lyon :** *auditorium Maurice-Ravel* (*1975*, 2 114 pl.). **Madrid :** *Teatro Real* (*1850,* 2 153 pl.), *Teatro de la Zarzuela, Auditorium del Real Conservatorio Superior de Música.* **Manchester :** *Bridgewater Hall* (*1996,* 2 400 pl.). **Metz :** *Arsenal* (Ricardo Bofill, *1989,* grande s. 1 350 pl., petite s. 350 pl.). **Mexico :** *Sala Nezahual-cóyotl* (*1976*, 2 300 pl.), *Teatro de Bellas Artes* (*1934*, 2 000 pl.). **Munich :** *Olympiahalle* (*1972*, 13 500 pl., concerts pop). **Nantes :** *Cité des congrès.* **New York :** *Carnegie Hall* (*1891*, 2 800 pl.), *Avery Fisher Hall* (Lincoln Center, *1962,* 2 742 pl.). **Nice :** *Acropolis* (*1985,* grande s., 2 400 pl.). **Odense :** *Odense Congress Center* (s. Carl Nielsew Salen, *1982,* 1 200 pl.). **Oslo :** *s. de concert d'Oslo* (1 400 pl.), *Den Gamle Logen* (467 pl.), *Lindemansalen* (450 pl.). **Ostende :** *Kursaal* (*1952*, 1 600 pl.). **Prague :** *Rudolfinum,* s. Dvořák (*1884*, 1 100 pl.), s. *Smetana* (*1911*, 1 600 pl.), *s. des Congrès* (*1981*, 3 000 pl.). **Rome :** *Auditorio Pio* (*1969*, 1 950 pl.), *auditorium de la RAI* (*1938,* 1 750 pl.). **Rotterdam :** *De Doelen* (grande s. 2 260 pl.). **Saint-Pétersbourg :** *Philharmonie* (grande s. et s. Mikhaïl-Glinka), *Capella*. **Salzbourg :** *Großes Festspielhaus* (*1960,* 2 170 pl.), *Kleines Festspielhaus* (*1925-37/38,* 1 384 pl.), *Felsenreitschule* (*1925-37/38,* 1 549 pl.). **Stavanger :** *Concert Hall* (1 107 pl.). **Stockholm :** *Berwaldhallen* (*1979,* 1 306 pl.), *Konserthuset* (*1926,* 1 800 pl.), *Nybrokajen 11* (*1878,* rénovée 1998, 600 pl.). **Strasbourg :** *Palais de la Musique et des Congrès* : auditorium *Érasme* (*1975,* 2 000 pl.), *Schweitzer* (*1989,* 900-1 100 pl.), *Rhenus* (*1994*, 8 000 pl.). **Stuttgart :** *Liederhalle* (*1955-56*, 3 s., 3 200 pl.), *Musical Hall* (*1994,* 1 800 pl.). **Toulouse :** *Halle aux grains* (*1989,* 2 700 pl.). **Trondheim :** *Olavshallen* (*1989,* 1 265 pl.). **Vienne :** *Musikvereinsaal* (*1870*, grande s. 2 042 pl. dont 300 debout), *Konzerthaus* (*1913*, 1 840 pl.). **Zurich :** *Tonhalle* (*1893-95*, 2 s., grande s. 1 547 pl., petite s. 636 pl.).

INTERPRÈTES

■ **Age moyen. Grands solistes internationaux** (y compris chefs d'orchestre) : *25-40 ans :* 30 %, *40-55 ans :* 25 %, *55-70 ans :* 45 %. **Solistes de 2**[e] **plan :** *25-40 ans :* 55 %, *40-50 ans :* 15 %, *50-75 ans :* 30 %. **Musiciens d'orchestre :** 40 ans (*1960 :* 50 ans).

■ **Quelques musiciens morts de mort violente.** Alessandro Stradella (It. 1644-82) poignardé par un soldat pour une femme ; Jean-Marie Leclair (Fr. 1697-1764), assassiné sur le seuil de sa porte (par son neveu ?) ; Ernest Chausson (Fr. 1855-99) ; Albéric Magnard (Fr. 1865-1914) ; Enrique Granados (Esp. 1867-1916), noyé après torpillage de son bateau ; Jacques Thibaud, *violoniste* (Fr. 1880-1953) ; Anton Webern, *compositeur* (Autr. 1883-1945), coup de feu accidentel d'un soldat américain d'occupation ; Maurice Jaubert (Fr. 1900-40) à la guerre ; Jehan Alain (Fr. 1911-40) à la guerre ; Guido Cantelli, *chef d'orchestre* (It. 1920-56) ; Ginette Neveu (Fr. 1919-49), accident d'avion aux Açores.

■ **Morts la baguette à la main.** Joseph Keiberth (1911) et Felix Mottl à Munich, 2e acte de *Tristan et Isolde ;* Giuseppe Sinopoli (20-4-2001, crise cardiaque) à Berlin, fin du 3e acte d'*Aïda*.

☞ *Abréviations* : nat. : naturalisé(e). NATIONALITÉS : Arm. : Arménien(ne) ; Bosn. : Bosniaque ; Bulg. : Bulgare ; Hongr. : Hongrois(e) ; Iran. : Iranien(ne) ; Iraq. : Iraqien(ne) ; Isl. : Islandais(e) ; Jap. : Japonais(e) ; Liban. : Libanais(e) ; Mex. : Mexicain(e) ; Néerl. : Néerlandais(e) ; Néo-Zél. : Néo-Zélandais(e) ; Pol. : Polonais(e) ; Roum. : Roumain(e) ; Suéd. : Suédois(e) ; Urug. : Uruguayen(ne) ; Vénéz. : Vénézuelien(ne) ; et voir la liste des abréviations les plus courantes, voir p. 263 a et b.

CHEFS D'ORCHESTRE

Abbado, Claudio (1933), It. ; Roberto (1954), It. **Abendroth,** Hermann (1883-1956), All. **Abravanel,** Maurice (1903-93, nat. Amér. 1943). **Ahronovitch,** Yuri (1932), Isr. **Allemandi,** Antonello (1957), It. **Almeida,** Antonio de (1928-97), Fr. **Amy,** Gilbert (1936), Fr. **Ančerl,** Karel (1908-73), Tchèque. **André,** Franz (1893-1975), Belge. **Andreescu,** Horia (1946), Roum. **Ansermet,** Ernest (1883-1969), Sui. **Argenta,** Ataulfo (1913-58), Esp. **Ashkenazy,** Vladimir (1936), R. (nat. Isl.). **Atherton,** David (1944), Angl. **Barbirolli,** sir John (1899-1970), Angl. **Barenboïm,** Daniel (1942), Isr. **Barshai,** Rudolf (1924), R. (nat. Isr.). **Bartholomée,** Pierre (1937), Belge. **Bátiz**, Enrique (1942), Mex. **Baudo,** Serge (1927), Fr. **Baumgartner,** Rudolf (1917), Sui. **Beecham,** sir Thomas (1879-1961), Angl. **Beinum,** Eduard Van (1901-59), Néerl. **Bellugi,** Piero (1924), It. **Bělohlávek**, Jiří (1946), Tchèque. **Bender,** Philippe (1942), Fr. **Benzi,** Roberto (1937), Fr. **Bergel**, Erich (1930-98), Roum. (nat. All.). **Berglund,** Paavo (1929), Finl. **Bernstein,** Leonard (1918-90), Amér. **Bertini,** Gary (1927), Isr. **Bigot,** Eugène (1888-1965), Fr. **Billy,** Bertrand de (1965), Fr. **Blomstedt,** Herbert (1927), Suéd. **Böhm,** Karl (1894-1981), Autr. **Bolton,** Yvor (1958), Angl. **Bonynge,** Richard (1930), Austr. **Boskowski**, Willi (1909-91), Autr. **Boulanger,** Nadia (1887-1979), Fr. **Boulez,** Pierre (1925), Fr. **Boult,** sir Adrian (1889-1983), Angl. **Bour,** Ernest (1913), Fr. **Bruck**, Charles (1911-95), Fr. (origine roum.). **Busch,** Fritz (1890-1951), All. **Bychkov**, Semyon (1952), R. (nat. Amér.). **Cambreling,** Sylvain (1948), Fr. **Cantelli,** Guido (1920-56), It. **Capolongo,** Paul (1940), Fr. **Carvalho,** Eléazar de (1912-96), Brés. **Casadesus,** Jean-Claude (1935), Fr. **Ceccato,** Aldo (1934), It. **Celibidache,** Sergiù (1912-96), Roum. **Chailly,** Riccardo (1953), It. **Chaslin,** Frédéric (1963), Fr. **Chmura,** Gabriel (1946), Isr. (origine all.). **Chorafas,** Dimitri (1918), Gr. **Chostakovitch,** Maxime (1938), R. (vit aux USA). **Christie**, William (1944), Amér. **Chung,** Myung-Whun (1953), Coréen (nat. Amér.). **Cluytens,** André (1905-67), Belge (nat. Fr.). **Coin,** Christophe (1958), Fr. **Colomer,** Edmon (n.c.) Esp. **Colonne,** Édouard (1838-1910), Fr. **Comissiona,** Sergiu (1928), Amér. (origine roum.). **Conlon,** James (1950), Amér. **Coppola,** Piero (1888-1971), It. **Corboz,** Michel (1934), Sui. **Daniel,** Paul (1958), Angl. **Danon,** Oskar (1913), Bosn. **Davis,** *Andrew* (1944), Angl. ; *sir Colin* (1927), Angl. **DePreist,** James (1936), Amér. **Dervaux,** Pierre (1917-92), Fr. **Désormière,** Roger (1898-1963), Fr. **Devos,** Gérard (1927), Fr. **Diederich,** Cyril (1945), Fr. **Dobrowen,** Issaï (1894-1953), R. (nat. Norv.). **Dohnanyi,** Christoph von (1929), All. **Doráti,** Antal (1906-88), Amér. (origine hongr.). **Douatte,** Roland (1922-92), Fr. **Dutoit,** Charles (1936), Sui. **Ehrling,** Sixten (1918), Suéd. **Eötvös,** Peter (1944), Hongr. (vit à Paris). **Erdélyi,** Miklós (1928), Hongr. **Faccio,** Franco (1800-91), It. [dirigea la Scala de Milan (1871-89) ; devint fou en pleine représentation des *Maîtres chanteurs* à Vienne, † à l'asile]. **Fedosseiev,** Vladimir (1932), R. **Ferencsik,** János (1907-84), Hongr. **Fischer,** Iván (1951), Hongr. **Flor,** Claus Peter (1953), All. **Foster,** Lawrence (1941), Amér. ; Mark (1957), Austr. **Fourestier,** Louis (1892-1976), Fr. **Fournet,** Jean (1913), Fr. **Fournillier,** Patrick (1954), Fr. **Freitas-Branco,** Pedro de (1896-1963), Port. **Frémaux,** Louis (1921), Fr. **Fricsay,** Ferenc (1914-63), Hongr. **Froment,** Louis de (1921-94), Fr. **Frühbeck de Burgos,** Rafael (1933), Esp. **Furtwängler,** Wilhelm (1886-1954), All. **Galliera,** Alceo (1910-96), It. **Gardelli,** Lamberto (1915-98), It. (nat. Suéd.). **Gardiner,** sir John Eliot (1943), Angl. **Gatti,** Daniele (1961), It. **Gaubert,** Philippe (1879-1941), Fr. **Gavazzeni,** Gianandrea (1909-96), It. **Gelmetti,** Gianluigi (1945), It. **Georgescu,** Georges (1887-1964), Roum. **Gibault,** Claire (1945), Fr. **Gielen,** Michael (1927), Arg. (nat. Autr.). **Giovaninetti,** Reynald (1932), Fr. **Giulini,** Carlo Maria (1914), It. **Golschmann,** Vladimir (1893-1972), Fr. (nat. Amér.). **Goodman,** Roy (1951), Angl. **Graf,** Hans (1949), Autr. **Groves,** sir Charles (1915-92), Angl. **Gui,** Vittorio (1885-1975), It. **Guschlbauer,** Theodor (1939), Autr. **Hager,** Leopold (1935), Autr. **Haitink,** Bernard (1929), Néerl. **Harnoncourt,** Nikolaus (1929), Autr. **Hartemann,** J.-Claude (1929-93), Fr. **Herbig,** Günther (1931), All. **Hickox,** Richard (1948), Angl. **Hogwood,** Christopher (1941), Angl. **Horenstein,** Jascha (1898-1973), R. (nat. Amér.). **Houtmann,** Jacques (1935), Fr. **Inbal,** Eliahu (1936), Isr. et Angl. **Inghelbrecht,** Désiré-Émile (1880-1965), Fr. **Iwaki,** Hiroyuki (1932), Jap. **Jacquillat,** J.-Pierre (1935-86), Fr. **Janowski,** Marek (1939), All. **Jansons,** Mariss (1943), Letton. **Järvi,** Neeme (1937), Est. (vit aux USA). **Jochum,** Eugen (1902-87), All. **Jordan,** Armin (1932), Sui. **Jurowski,** Michail (1945), R. **Kakhidze,** Djansug (1936), Géorgien. **Kaltenbach,** Jérôme (1946), Fr. **Kamu,** Okko (1946), Finl. **Karabtchewsky,** Isaac (1934), Brés. **Karajan,** Herbert von (1908-89), Autr. **Kazandjiev,** Vassil (1934), Bulg. **Keilberth,** Joseph (1908-68), All. **Kempe,** Rudolf (1910-76), All. **Kempen,** Paul Van (1893-1955), Néerl. **Kertész,** István (1929-73), Hongr. (nat. All.). **Kitajenko,** Dmitri (1940), R. **Klass,** Eri (1939), Est. **Klecki,** Paul (1900-73), Pol. (nat. Sui.). **Kleiber,** *Carlos* (1930), Arg. (nat. All.) ; *Erich* (1890-1956), Autr. (nat. Arg.). **Klemperer,** Otto (1885-1973), All. **Knappertsbusch,** Hans (1888-1965), All. **Kobayashi,** Ken-Ishiro (1940), Jap. **Kojoukhar,** Vladimir (1941), Ukrainien. **Kondrachine,** Kiril (1914-81), R. **Konwitschny,** Franz (1901-62), All. **Kord,** Kazimierz (1930), Pol. **Korody,** András (1922-86), Hongr. **Košler,** Zdenek (1928-95), Tchèque. **Koussevitzky,** Serge (1874-1951), R. (nat. Amér.). **Krauss,** Clemens (1893-1954), Autr. **Krenz,** Jan (1926), Pol. **Krips,** Josef (1902-74), Autr. **Krivine,** Emmanuel (1947), Fr. **Kubelík,** Rafael (1914-96), Tchèque (nat. Hongr.). **Kuentz,** Paul (1930), Fr. **Kuhn,** Gustav (1947), Autr. **Kuijken,** Sigiswald (1944), Belge. **Lamoureux,** Charles (1834-99), Fr. **Langrée,** Louis (1961), Fr. **Latham-Koenig,** Jan (1953), Angl. **Layer,** Friedemann (1941), Autr. **Lazarev,** Alexandre (1945), R. **Lehel,** György (1926-89), Hongr. **Lehmann,** Fritz (1904-56), All. **Leinsdorf,** Erich (1912-93), Autr. (nat. Amér.). **Leitner,** Ferdinand (1912-96), All. **Leppard,** Raymond (1927), Angl. **Le Roux,** Maurice (1923-92), Fr. **Levine,** James (1943), Amér. **Ligeti,** András (1953), Hongr. **Lindenberg,** Édouard, (1908-73), Roum. (nat. Fr.). **Lombard,** Alain (1940), Fr. **López-Cobos,** Jesus (1940), Esp. **Luisi,** Fabio (1959), It. **Lukacs,** Ervin (1928), Hongr. **Maag,** Peter (1919-2001), Suisse. **Maazel,** Lorin (1930), Amér. **Maćal,** Zdeněk (1936), Tchèque. **Mackerras,** sir Charles (1925), Austr. **Maderna,** Bruno (1920-73), It. (nat. All.). **Maksymiuk,** Jerzy (1936), Pol. **Malgoire,** Jean-Claude (1940), Fr. **Mandeal,** Cristian (1946), Roum. **Markevitch,** Igor (1912-83), R. (nat. It., puis Fr.). **Marriner,** sir Neville (1924), Angl. **Martinon,** Jean (1910-76), Fr. **Marty,** Jean-Pierre (1932), Fr. **Masson,** Diego (1935), Fr. **Masur,** Kurt (1927), All. **Mata,** Eduardo (1942-95), Mex. **Matačić,** Lovro von (1899-1985), Youg. **Mehta,** Zubin (1936), Indien. **Mengelberg,** Willem (1871-1951), Néerl. **Mercier,** Jacques (1945), Fr. **Metzmacher,** Ingo (1957), All. **Minkowski,** Marc (1962), Fr. **Mitropoulos,** Dimitri (1896-1960), Gr. (nat. Amér.). **Molinari-Pradelli,** Francesco (1911-96), It. **Monteux,** Pierre (1875-1964), Fr. (nat. Amér.). **Montgomery,** Kenneth (1943), Angl. **Moralt,** Rudolf (1902-58), All. **Mottl,** Felix (1856-1911), Autr. **Mravinski,** Evgeni (1906-88), R. **Muck,** Carl (1859-1940), All. **Münch,** Charles (1891-1968), Fr. **Münchinger,** Karl (1915-90), All. **Muti,** Riccardo (1941), It. **My,** Dominique (n.c.), Fr. **Nagano,** Kent (1951), Amér. **Nelson,** John (1941), Amér. **Neumann,** Václav (1920-95), Tchèque. **Nikisch,** Arthur (1855-1922), Hongr. **Norrington,** sir Roger (1943), Angl. **Nott,** Jonathan (1962), Angl. **Oramo,** Sakari (1965), Finl. **Oren,** Daniel, Isr. **Ormándy,** Eugene (1899-1985), Hongr. (nat. Amér.). **Östman,** Arnold (1939), Suéd. **Otterloo,** Willem Van (1901-78), Néerl. **Ötvös,** Gábor (1936), Hongr. (vit en All.). **Ozawa,** Seiji (1935), Jap. **Paillard,** Jean-François (1928), Fr. **Paita,** Carlos (1932), Arg. **Pappano,** Antonio (1959), Amér. **Paray,** Paul (1886-1979), Fr. **Pâris,** Alain (1947), Fr. **Pasdeloup,** Jules-Étienne (1819-87), Fr. **Patanè,** Giuseppe (1932-89), It. **Périsson,** Jean (1924), Fr. **Perlea,** Ionel (1900-70), Roum. **Pešek,** Libor (1933), Tchèque. **Petitgirard,** Laurent (1950), Fr. **Pfaff**, Lucien (1945), Fr. (origine suisse).

QUELQUES RECORDS

Roberto Benzi (chef d'orchestre) commença à diriger à 11 ans. **Harumi Hanafusa** (pianiste japonaise) a joué (à l'opéra), à 2 ans 1/2, le rôle d'un petit lapin, écrit pour elle, a commencé à 3 ans le piano, et joué à 13 ans devant 2 000 personnes un récital de Liszt. **Jascha Heifetz** (violoniste) sujet au « trac » devait être poussé sur scène pour y entrer. **Mieczyslaw Horszowski** (pianiste) a donné son dernier récital à 99 ans, le 31-10-1991, à Philadelphie. **Yehudi Menuhin** (violoniste) jouait avec les plus grands orchestres américains, à 7 ans, les concertos de Mendelssohn, Beethoven, etc. A 80 ans, on refusait du monde à chacun de ses concerts. **Stravinski** composa jusqu'à 89 ans. **Verdi** écrivit *Otello* à 74 ans et *Falstaff* à 80 ans. **Helmut Walcha** (organiste), aveugle depuis l'enfance, connaissait par cœur toute l'œuvre d'orgue de J.-S. Bach. Il n'avait pas appris avec la méthode Braille, mais son épouse lui avait joué chaque voix séparée de chaque œuvre et il en faisait mentalement la synthèse avant de se mettre au clavier. **Vaughan Williams** composa jusqu'à 86 ans.

Pierné, Gabriel (1863-1937), Fr. **Plasson**, Michel (1933), Fr. **Pletnev**, Mikhaïl (1957), R. **Pons**, Josep (1957), Esp. **Poulet**, Gaston (1892-1974), Fr. **Prêtre**, Georges (1924), Fr. **Previn**, André (1929), Amér. (origine all.). **Pritchard**, sir John (1921-89), Angl. **Rattle**, sir Simon (1955), Angl. **Redel**, Kurt (1918), All. **Reiner**, Fritz (1888-1963), Hongr. (nat. Amér.). **Renzetti**, Donato (1950), It. **Richter**, Hans (1843-1916), Hongr. **Ristenpart**, Karl (1900-67), All. **Rizzi**, Carlo (1960), It. **Robertson**, David (1958), Amér. **Rodzinski**, Artur (1892-1958), Pol. (nat. Amér.). **Rojdestvenski**, Gennadi (1931), R. **Rosbaud**, Hans (1895-1962), Autr. **Rosenthal**, Manuel (1904), Fr. **Rostropovitch**, Mstislav (1927), R. (nat. Sui.). **Roussel**, Jacques (1911), Fr. **Rowicki**, Witold (1914-89), Pol. **Rudel**, Julius (1921), Amér. **Russell Davies**, Dennis (1944), Amér. **Sabata**, Victor de (1892-1967), It. **Sacher**, Paul (1906-99), Sui. **Sado**, Yutaka (1961), Jap. **Salonen**, Esa-Pekka (1958), Finl. **Sanderling**, Kurt (1912), All. **Santi**, Nello (1931), It. **Sanzogno**, Nino (1911-83), It. **Saraste**, Jukka Pekka (1956), Finl. **Sargent**, sir Malcolm (1895-1967), Angl. **Sawallisch**, Wolfgang (1923), All. **Scherchen**, Hermann (1891-1966), All. **Schippers**, Thomas (1930-77), Amér. **Schmidt-Isserstedt**, Hans (1900-73), All. **Schønwandt**, Michael (1953), Dan. **Schuricht**, Carl (1880-1967), All. **Schwarz**, Gerard (1947), Amér. **Scimone**, Claudio (1934), It. **Sebastian**, George (1903-89), Fr. (origine hongr.). **Segal**, Uri (1944), Isr. **Segestam**, Leif (1944), Finl. **Semkow**, Jerzy (1928), Pol. **Serafin**, Tullio (1878-1968), It. **Shallon**, David (1950-2000), Isr. **Silvestri**, Constantin (1913-69), Roum. (nat. Brit.). **Simonov**, Yuri (1941), R. **Sinaïski**, Vasili (1947), R. **Sinopoli**, Giuseppe (1946-2001), It. **Skrowaczewski**, Stanislaw (1923), Pol. (nat. Amér.). **Smetáček**, Václav (1906-86), Tchèque. **Solti**, sir Georg (1912-97), Hongr. (nat. Brit.). **Somogyi**, Laszló (1907-88), Hongr. **Soudant**, Hubert (1946), Néerl. **Soustrot**, Marc (1949), Fr. **Stein**, Horst (1928), All. **Steinberg**, *Pinchas* (1945), Amér. ; *William* (1899-1978), All. (nat. Amér.). **Stokowski**, Leopold (1882-1977), Angl. (nat. Amér.). **Stolz**, Robert (1880-1975), Autr. **Stoutz**, Edmond de (1920), Sui. **Straram**, Walther (1876-1933), Fr. **Svetlanov**, Evgueni (1928), R. **Swierczewski**, Michel (1960), Fr. **Szell**, George (1897-1970), Hongr. (nat. Amér.). **Tabachnik**, Michel (1942), Sui. **Tabakov**, Emil (1947), Bulg. **Talich**, Vaclav (1883-1961), Tchèque. **Talmi**, Yoav (1943), Isr. **Tang**, Muhai (1949), Chinois. **Tate**, Jeffrey (1943), Angl. **Tchakarov**, Émile (1948-91), Bulg. **Temirkanov**, Yuri (1938), R. **Tennstedt**, Klaus (1926-98), All. **Thielemann**, Christian (1959), All. **Tilson Thomas**, Michael (1944), Amér. **Tortelier**, Yan-Pascal (1947), Fr. **Toscanini**, Arturo (1867-1957), It. **Vajnar**, František (1930), Tchèque. **Vandernoot**, André (1927-91), Belge. **Varviso**, Silvio (1924), Sui. **Venzago**, Mario (1948), Sui. **Verrot**, Pascal (1959), Fr. **Viotti**, Marcello (1954), It. **Waart**, Edo de (1941), Néerl. **Wallez**, Jean-Pierre (1939), Fr. **Walter**, Bruno (1876-1962), All. (nat. Amér.). **Wand**, Günter (1912), All. **Weikert**, Ralf (1940), Autr. **Weil**, Bruno (1949), All. **Weingartner**, Felix (1863-1942), Autr. (nat. Sui.). **Weise**, Klaus (1936), All. **Welser**, Walter (1939), Autr. **Welser-Möst**, Franz (1960), Autr. **Wenzinger**, August (1905), Sui. **Wolff**, Albert (1884-1970), Fr. ; Hugh (1953), Amér. **Zagrosek**, Lothar (1942), Autr. **Zecchi**, Carlo (1903-84), It. **Zender**, Hans (1936), All. **Zollman**, Ronald (1950), Belge.

CHEFS DE CHŒUR

Alix, René (1907-66), Fr. **Alldis**, John (1929), Angl. **Antal**, Matyas (1945), Hongr. **Aunay**, Michel (1942), Fr. **Bader**, Roland (1938), All. **Balatsch**, Norbert (1928), Autr. **Caillard**, Philippe (1924), Fr. **Caillat**, Stéphane (1928), Fr. **Christophers**, Harry (1953), Angl. **Corboz**, Michel (1934), Sui. **Couraud**, Marcel (1912-86), Fr. **Creed**, Marcus (n.c.), Angl. **Ericson**, Eric (1918), Suéd. **Flämig**, Martin (1913), All. **Forrai**, Miklós (1913), Hongr. **Gottwald**, Clytus (1925), All. **Gronostay**, Uwe (1939), All. **Grossmann**, Ferdinand (1887-1970), Autr. **Guest**, George (1924), Angl. **Hagen-Groll**, Walter (1927), Autr. **Herreweghe**, Philippe (1947), Belge. **Hillier**, Paul (1949), Angl. **Iseler**, Elmer (1927), Can. **Jaroff**, Serge (1896-1985), Amér. (origine russe). **Jouineau**, Jacques (1924), Fr. **Jürgens**, Jurgen (1925-94), All. **Kaljuste**, Toñu (1953), Est. **Kühn**, Pavel (1938), Tchèque. **Laforge**, Jean (1925), Fr. **Ledger**, Philip (1937), Angl. **Marin**, Constantin (1925), Roum. **Mátl**, Lubomir (1941), Tchèque. **Mauersberger**, *Erhard* (1903-82), All. ; *Rudolf* (1889-1971), All. **Neumann**, Peter (1940), All. **Oldham**, Arthur (1926), Angl. **Ortner**, Erwin (1947), Autr. **Parkai**, Istvan (1928), Hongr. **Piquemal**, Michel (1947), Fr. **Pitz**, Wilhelm (1887-1973), All. **Poole**, John (1934), Angl. **Ramin**, Günther (1898-1956), All. **Richter**, Karl (1926-81), All. **Rilling**, Helmuth (1933), All. **Rotzsch**, Hans Joachim (1929), All. **Sapszon**, Ferenc (1929), Hongr. **Shaw**, Robert (1916-99), Amér. **Schmidt-Gaden**, Gerhard (1937), All. **Spering**, Christoph (1959), All. **Tchernouchenko**, Vladislav (n.c.), R. **Thomas**, Kurt (1904-73), All. **Tranchant**, Michel, Fr. **Van Nevel**, Paul (n.c.), Néerl. **Wagner**, Roger (1914-92), Amér. (origine fr.). **Werner**, Fritz (1898-1977), All. **Yourlov**, Alexandre (1927-73), R.

CHANTEURS

☞ Voir aussi **Jazz** p. 415 b et **Personnalité** à l'Index.

■ **Barytons. Bacquier**, Gabriel (1924), Fr. **Baer**, Olaf (1957), All. **Bailey**, Norman (1933), Angl. **Bastianini**, Ettore (1922-67), It. **Battistini**, Mattia (1856-1928), It. **Baugé**, André (1892-1966), Fr. **Benoit**, Jean-Christophe (1925), Fr. **Bernac**, Pierre (Pierre Bertin, dit ; 1899-1979), Fr. **Berry**, Walter (1929-2000), Autr. **Bianco**, René (1908), Fr. **Blanc**, Ernest (1923), Fr. **Bourdin**, Roger (1900-73), Fr. **Bruscantini**, Sesto (1919), It. **Bruson**, Renato (1936), It. **Capecchi**, Renato (1923-98), It. **Cappucilli**, Piero (1930), It. **D'Andrade**, Francisco (1859-1921), Port. **Dens**, Michel (1914-2000), Fr. **Edelmann**, Otto (1917), Autr. **Evans**, Geraint (1922-92), Gallois. **Faure**, Jean-Baptiste (1830-1914), Fr. **Félix**, Thierry (n.c.), Fr. **Fischer-Dieskau**, Dietrich (1925), All. **Fondary**, Alain (1932), Fr. **Gardeil**, Jean-François (1955), Fr. **Glossop**, Peter (1928), Angl. **Gobbi**, Tito (1913-84), It. **Goerne**, Matthias (1967), All. **Gottlieb**, Peter (1930), Tchèque (nat. Fr). **Hagegård**, Håkon (1945), Suéd. **Hampson**, Thomas (1955), Amér. **Holzmair**, Wolfgang (1952), Autr. **Hüsch**, Gerhard (1901-84), All. **Huttenlocher**, Philippe (1942), Sui. **Hvorostovski**, Dmitri (1962), R. **Hynninen**, Jorma (1941), Finl. **Jansen**, Jacques (1913), Fr. **Krause**, Tom (1934), Finl. **Kruysen**, Bernard (1933-2000), Néerl. **Kunz**, Erich (1909-95), Autr. **Lafont**, Jean-Philippe (1951), Fr. **Laplante**, Bruno (1938), Can. **Lassalle**, Jean (1845-1909), Fr. **Leiferkus**, Serguei (1946), R. **Le Roux**, François (1955), Fr. **London**, George (1919-85), Can. **Luxon**, Benjamin (1937), Angl. **Manuguerra**, Matteo (1924-98), Fr. **Massard**, Robert (1925), Fr. **Mauranne**, Camille (1911), Fr. **Maurel**, Victor (1848-1923), Fr. **Mazourok**, Youri (1931), R. **Mazura**, Franz (1924), Autr. **McIntyre**, Donald (1934), Néo-Zél. **Merrill**, Robert (1917), Amér. **Milnes**, Sherrill (1935), Amér. **Morris**, James (1947), Amér. **Nienstedt**, Gerd (1932), All. **Nimsgern**, Siegmund (1940), All. **Ohanessian**, David (1927), Roum. **Panerai**, Rolando (1924), It. **Panzéra**, Charles (1896-1976), Fr. **Pederson**, Monte (1958), Amér. **Périer**, Jean (1869-1954), Fr. **Prey**, Hermann (1929-98), All. **Quilico**, Louis (1929-2000), Can. **Raimondi**, Ruggero (1941), It. **Rehfuss**, Heinz (1917-89), Sui. **Reinemann**, Udo (1942), All. **Renaud**, Maurice (1861-1933), Fr. **Ruffo**, Titta (1877-1953), It. **Sammarco**, Mario (1867-1930), It. **Schlusnus**, Heinrich (1888-1952), All. **Schmidt**, Andreas (1960), All. **Schoeffler**, Paul (1897-1977), Autr. **Shirley Quirk**, John (1931), Angl. **Singher**, Martial (1904-90), Fr. **Skohvus**, Bo (1962), Dan. **Souzay**, Gérard (1918), Fr. **Stabile**, Mariano (1888-1968), It. **Stewart**, Thomas (1928), Amér. **Stilwell**, Richard (1942), Amér. **Stracciari**, Riccardo (1875-1955), It. **Taddei**, Giuseppe (1916), It. **Tamburini**, Antonio (1800-76), It. **Terfel**, Bryn (1965), Gallois. **Tibbett**, Lawrence (1896-1960), Amér. **Van Dam**, José (1940), Belge. **Vinay**, Ramon (1914-96), Chilien. **Waechter**, Eberhard (1929-92), Autr. **Warren**, Leonard (1911-60), Amér. **Weikl**, Bernd (1942), All. **Wixell**, Ingvar (1931), Suéd.

■ **Basses. Adam**, Theo (1926), All. **Bastin**, Jules (1933-96), Belge. **Björling**, Sigurd (1907-83), Suéd. **Böhme**, Kurt (1908-89), All. **Borg**, Kim (1919-2000), Finl. **Burchuladze**, Paata (1951), Géorgien. **Cabanel**, Paul (1891-1958), Fr. **Cachemaille**, Gilles (1951), Sui. **Cangalovic**, Miroslav (1921), Bosn. **Chaliapine**, Feodor Ivanovitch (1873-1938), R. **Christoff**, Boris (1914-93), Bulg. **Conrad**, Doda (1905-97), Pol. (nat. Amér.). **Corena**, Fernando (1916-84), Sui. **Crass**, Franz (1928), All. **Dean**, Stafford (1937), Angl. **Delmas**, Francisque (1861-1933), Fr. **Depraz**, Xavier (X. Delaruelle ; 1926-94), Fr. **De Reszké**, Édouard (1853-1917), Pol. **Engen**, Kieth (1925), Amér. **Frick**, Gottlob (1906-94), All. **Furlanetto**, Ferruccio (1949), It. **Ghiaourov**, Nicolaï (1929), Bulg. **Ghiuzelev**, Nicolaï (1936), Bulg. **Greindl**, Joseph (1912-93), All. **Haughland**, Aage (1944), Dan. **Hines**, Jerome (1921), Amér. **Hotter**, Hans (1909), All. (nat. Autr.). **Journet**, Marcel (1868-1933), Fr. **Kipnis**, Alexandre (1891-1978), Russe (nat. Amér.). **Kotcherga**, Anatoli (1947), Ukrainien. **Lablache**, Luigi (1794-1858), It. **List**, Emanuel (1890-1967), Autr. (nat. Amér.). **Lloyd**, Robert (1940), Angl. **Marcoux**, Vanni (1877-1962), Fr. **Meven**, Peter (1929), All. **Moll**, Kurt (1938), All. **Montarsolo**, Paolo (1923), It. **Neidlinger**, Gustav (1910-91), All. **Nesterenko**, Evgeni (1938), R. **Pasero**, Tancredi (1893-1983), It. **Pernet**, André (1894-1966), Fr. **Petrov**, Ivan (1920), R. **Pinza**, Ezio (1892-1957), It. **Plançon**, Pol (1851-1914), Fr. **Quasthoff**, Thomas (1959), All. **Ramey**, Samuel (1942), Amér. **Reinhart**, Gregory (1951), Amér. **Ridderbusch**, Karl (1932-97), All. **Robeson**, Paul (1898-1976), Amér. **Rossi-Lemeni**, Nicola (1920-91), It. **Rouleau**, Joseph (1929), Can. **Roux**, Michel (1924-98), Fr. **Salminen**, Matti (1944), Finl. **Schorr**, Friedrich (1888-1953), Hongr. (nat. Amér.). **Siepi**, Cesare (1923), It. **Sotin**, Hans (1939), All. **Soyer**, Roger (1939), Fr. **Székely**, Mihály (1901-63), Hongr. **Tajo**, Italo (1916-93), It. **Talvela**, Martti (1935-89), Finl. **Tomlinson**, John (1943), Angl. **Van Mill**, Arnold (1921-96), Néerl. **Vedernikov**, Aleksandr (1927), R. **Vessières**, André (1918), Fr. **Voutsinos**, Frangiskos (n.c.), Gr. **Weber**, Ludwig (1899-1974), Autr. **Wiener**, Otto (1913-2000), Autr.

■ **Ténors. Ahnsjö**, Claes-Håkam (1942), Suéd. **Alagna**, Roberto (1963), Fr. **Aler**, John (1949), Amér. **Alva**, Luigi (1927), Péruvien. **Aragall**, Giacomo (1939), Esp. **Araiza**, Francisco (1950), Mex. **Beirer**, Hans (1911-93), Autr. **Bergonzi**, Carlo (1924), It. **Björling**, Jussi (1911-60), Suéd. **Blake**, Rockwell (1951), Amér. **Blochwitz**, Hans Peter (1949), All. **Bocelli**, Andrea (1958), It. **Bonisolli**, Franco (1938), It. **Brilioth**, Helge (1935), Suéd. **Burrows**, Stuart (1939), Gallois. **Caley**, Ian (n.c.), Angl. **Carreras**, José (1946), Esp. **Caruso**, Enrico (1873-1921), It. **Cassinelli**, Ricardo (n.c.), Arg. **Chauvet**, Guy (1933), Fr. **Cole**, Vinson (1950), Amér. **Corelli**, Franco (1921), It. **Cossuta**, Carlo (1932-2000), It. **Cuenod**, Hugues (1902), Sui. **Cupido**, Alberto (1948), It. **Cura**, José (1962), Arg. **Dale**, Laurence (1957), Angl. **David**, Léon (1867-1962), Fr. **Del Monaco**, Mario (1915-82), It. **De Marchi**, Emilio (1861-1917), It. **De Reszké**, Jean (1850-1925), Fr. **Dermota**, Anton (1910-89), Autr. (origine youg.). **Devos**, Louis (1926), Belge. **Di Stefano**, Giuseppe (1921), It. **Domingo**, Placido (1941), Esp. **Duprez**, Gilbert (1806-96), Fr. **Dvorsky**, Peter (1951), Slovaque. **Equiluz**, Kurt (1929), All. **Erb**, Karl (1877-1958), All. **Escalais**, Léonce (1859-1940), Fr. **Fouchécourt**, Jean-Paul (1958), Fr. **Francell**, Fernand (1880-1966), Fr. **Frey**, Paul (1941), Can. **Gedda**, Nicolaï (1925), Suéd. **Gigli**, Beniamino (1890-1957), It. **Gimenez**, Raúl (1950), Arg. **Giraudeau**, Jean (1916-95), Fr. **Goldberg**, Reiner (1939), All. **Gonzalez**, Dalmacio (1946), Esp. **Hofmann**, Peter (1944), All. **Holm**, Richard (1912-88), All. **Hopf**, Hans (1916-93), All. **Jadlowker**, Hermann (1877-1953), Letton. **Jerusalem**, Siegfried (1940), All. **Jobin**, Raoul (1906-74), Can. **Jouatte**, Georges (1892-1969), Fr. **Jung**, Manfred (1948), All. **Kiepura**, Jan (1902-66), Pol. (nat. Amér.). **King**, James (1925), Amér. **Kmentt**, Waldemar (1929), Autr. **Kollo**, René (1937), All. **Konya**, Sandor (1923), Hongr. **Kraus**, Alfredo (1927-99), Esp. **Krenn**, Werner (1943), All. **Kuen**, Paul (1910), All. **Lakes**, Gary (1950), Amér. **Lance**, Albert (1925), Austr. (nat. Fr.). **Langridge**, Philip (1939), Angl. **Lanza**, Mario (1921-59), Amér. **Larine**, Sergueï (1956), R. **Lauri-Volpi**, G. (1892-1979), It. **Leech**, Richard (1957), Amér. **Lewis**, Richard (1914-90), Angl. **Lima**, Luis (1950), Arg. **Lorenz**, Max (1901-75), All. **Luca**, Libero de (1913-50), Suisse. **Luccioni**, José (1903-78), Fr. **Mario**, Giovanni (Di Candio ; 1810-83), It. **Martinelli**, Giovanni (1885-1969), It. **Mason**, René (1895-1962), Belge. **McCormack**, John (1884-1945), Amér. (origine irl.). **Melchior**, Lauritz (1890-1973), Dan. (nat. Amér.). **Merritt**, Chris (1952), Amér. **Moldoveanu**, Vasile (1935), Roum. **Muratore**, Lucien (1876-1954), Fr. **Nourrit**, *Adolphe* (1802-39), Fr. ; *Louis* (1780-vers 1826), Fr. **Ochman**, Wieslaw (1937), Pol. **Pampuch**, Helmut (1940), All. **Pataky**, Kálmán (1896-1964), Hongr. **Patzak**, Julius (1898-1974), Autr. **Pavarotti**, Luciano (1935), It. **Pears**, sir Peter (1910-86), Angl. **Peerce**, Jan (1904-84), Amér. **Pertile**, Aureliano (1885-1952), It. **Pezzino**, Leonard (n.c.), It. **Podesta**, Mario (Henri Lemoine, dit) (1892-1977), Fr. **Poncet**, Tony (Antoine Poncé, dit ; 1918-79), Fr. **Prégardien**, Christoph (1956), All. **Réti**, Jozsef (1925-73), Hongr. **Rubini**, Giovanni (1794-1854), It. **Schipa**, Tito (1889-1965), It. **Schock**, Rudolf (1915-86), All. **Schreier**, Peter (1935), All. **Sénéchal**, Michel (1927), Fr. **Shicoff**, Neil (1949), Amér. **Simandy**, Jozsef (1916), Hongr. **Simoneau**, Léopold (1916), Can. **Slezak**, Leo (1873-1946), Autr. **Stolze**, Gerhard (1926-79), All. **Svanholm**, Set (1904-64), Suéd. **Tamagno**, Franc (1850-1905), It. **Tappy**, Éric (1931), Sui. **Tauber**, Richard (1891-1948), Autr. **Tear**, Robert (1939), Gallois. **Thill**, Georges (1897-1984), Fr. **Thomas**, Jess Floyd (1927-93), Amér. **Tucker**, Richard (1913-75), Amér. **Uhl**, Fritz (1928), Autr. **Unger**, Gerhard (1916), All. **Valletti**, Cesare (1921-2000), It. **Van Dyck**, Ernest (1861-1923), Belge. **Vanzo**, Alain (1928), Fr. **Verdière**, René (1899-1981), Fr. **Vezzani**, César (1886-1951), Fr. **Viala**, Jean-Luc (1957), Fr. **Vickers**, Jon (1926), Can. **Villabella**, Miguel (1892-1954), Esp. **Vinay**, Ramon (1914-96), Chilien. **Volker**, Franz (1899-1965), All. **Winbergh**, Gösta (1946), Suéd. **Windgassen**, Wolfgang (1914-74), All. **Winkelmann**, Hermann (1849-1912), All. **Wunderlich**, Fritz (1930-66), All. **Zanelli**, Renato (1892-1935), It. **Zednik**, Heinz (1940), Autr. **Zenatello**, Giovanni (1876-1949), It. **Zimmermann**, Erich (1892-1968), All.

■ **Hautes-contre et contre-ténors. Belliard**, Jean (1935), Fr. **Bowman**, James Th. (1941), Angl. **Chance**, Michael (1955), Angl. **Deller**, *Alfred* (1912-79), Angl. ; *Mark* (1938), Angl. **Esswood**, Paul (1942), Angl. **Jacobs**, René (1946), Belge. **Kowalski**, Jochen (1954), All. **Ledroit**, Henri (1946-88), Fr. **Lesne**, Gérard (1956), Fr. **Sage**, Joseph (1935), Fr. **Scholl**, Andreas (1967), All. **Smith**, Kevin (n.c.), Angl. **Visse**, Dominique (1955), Fr.

■ **Sopraniste. Christofellis**, Aris (1960), Gr.

Chanteurs les plus âgés : Lucien Fugère (1848-1935), Fr., créateur, à l'Opéra-Comique en 1890, du rôle du duc de Longueville dans *la Basoche* (Messager), n'abandonna ce rôle qu'à 83 ans. Mark Reizen (né 3-7-1895, Ukraine), basse, interpréta le prince Gremin dans *Eugène Onéguine* (Tchaïkovski) à 90 ans.

La plus jeune chanteuse d'opéra : Jeanette Gloria La Bianca (née 12-5-1934) interpréta Rosine dans *le Barbier de Séville* à 16 ans.

CHANTEUSES

■ **Sopranos. Ackté**, Aino (1876-1944), Finl. **Alarie**, Pierrette (1921), Can. **Albanese**, Licia (1913), It. (nat. Amér.). **Albani**, dame Emma (1847-1930), Can. **Alliot-Lugaz**, Colette (1947), Fr. **Altmeyer**, Jeannine (1948), Amér. et Sui. **Ameling**, Elly (1934), Néerl. **Anderson**, June (1952), Amér. **Anfuso**, Nella (1942), It. **Angelici**, Marta (1907-73), Fr. **Armstrong**, *Karan* (1941), Amér. ; *Sheila* (1942), Angl. **Arnoldson**, Sigrid (1861-1943), Suéd. **Arroyo**, Martina (1935), Amér. **Aruhn**, Britt-Marie (1943), Suéd. **Auger**, Arleen (1939-93), Amér. **Austral**, Florence (1894-1968). **Bahr-Mildenburg**, Anna (1872-1947), Autr. **Balslev**, Lisbeth (1945), Dan. **Barbaux**, Christine (1955), Fr. **Barrientos**, Maria (1883-1946), Esp. **Battle**, Kathleen (1948), Amér. (Noire). **Bayo**, Maria (1964), Esp. **Behrens**, Hildegard (1937), All. **Benačková-Čapova**, Gabriela (1947), Slovaque. **Berganza**, Teresa (1935), Esp. **Berger**, Erna (1900-90), All. **Bjoner**, Indrid (1927), Norv. **Blanzat**, Anne-Marie (1944), Fr. **Blegen**, Judith (1941), Amér. **Bonney**, Barbara (1956), Amér. **Borkh**, Inge (1917), Sui. **Boué**, Géori (1918), Fr. **Boulin**, Sophie (1951), Fr. **Bovy**, Vina (1900-83), Belge. **Bradley**, Gwendolyn (1952), Amér. **Branchu**, Caroline (1780-1850), Fr. **Bréval**, Lucienne (1869-1935), Fr. **Brothier**, Yvonne (1889-1967), Fr. **Brouwenstyn**, Gré (1915-99), Néerl. **Brumaire**, Jacqueline (1921-2000), Fr. **Brunner**, Evelyn (1943), Sui. **Bunlet**,

Marcelle (1900-91), Fr. **Caballé,** Montserrat (1933), Esp. **Callas,** Maria (Maria Anna Sophia Kalogeropoulos ; 1923–77), Gr. **Calvé,** Emma (1858-1942), Fr. **Caniglia,** Maria (1906-79), It. **Caron,** Rose (1857-1930), Fr. **Cebotari,** Maria (1910-49), Autr. **Chamonin,** Jocelyne (1938), Fr. **Chenal,** Marthe (1881-1947), Fr. **Chlostawa,** Danièle (1949), Fr. **Command,** Michèle (1946), Fr. **Connell,** Elizabeth (1946), Sud-Afr. **Cotrubas,** Ileana (1939), Roum. **Crespin,** Régine (1927), Fr. **Cuberli,** Lella (1945), Amér. **Dal Monte,** Toti (1893-1975), It. **Damoreau,** Laure-Cinthie (1801-63), Fr. **Danco,** Suzanne (1911-2000), Belge. **Darclée,** Hariclea (1860-1960), Roum. **Della Casa,** Lisa (1919), Suisse. **De Reszké,** Joséphine (1855-91), Pol. **Dernesch,** Helga (1939), Autr. **Dessay,** Natalie (1965), Fr. **Destinn,** Emmy (1878-1930), Tchèque. **Deutekom,** Christina (1932), Néerl. **Dimitrova,** Ghena (1944), Bulg. **Donat,** Zdzistawa (1939), Pol. **Donath,** Helen (1940), Amér. **Dorus-Gras,** Julie (1805-96), Fr. **Duval,** Denise (1923), Fr. **Eda-Pierre,** Christiane (1932), Fr. **Evstatieva,** Stefka (1947), Bulg. **Falcon,** Cornélie (1812-97), Fr. **Farman,** Raphaëlle (n.c.), Fr. **Farrar,** Geraldine (1882-1967), Amér. **Farrell,** Eileen (1920), Amér. **Fernandez,** Wilhelmenia (Wilhelminia Wiggins ; 1948), Amér. **Flagstad,** Kirsten (1895-1962), Norv. **Fleming,** Renée (1959), Amér. **Florescu,** Arta (1921), Roum. **Fremstad,** Olive (1871-1951), Suéd. (nat. Amér.) [également contralto]. **Freni,** Mirella (1935), It. **Galli-Curci,** Amelita (1882-1963), It. **Garcisanz,** Isabel (1934), Fr. (origine esp.). **Garden,** Mary (1874-1967), Éc. **Gasdia,** Cecilia (1960), It. **Gatineau,** Jeanne (1893-1993), Fr. **Gencer,** Leyla (1928), Turque. **Gheorghiu,** Angela (1965), Roum. **Giebel,** Agnès (1921), All. **Gortchakova,** Galina (1962), R. **Grisi,** Giula (1811-69), It. **Grist,** Reri (1932), Amér. **Gruberova,** Edita (1946), Slovaque. **Grümmer,** Elisabeth (1911-86), All. **Güden,** Hilde (1917-88), Autr. **Guiot,** Andréa (1928), Fr. **Harper,** Heather (1930), Angl. **Harwood,** Elizabeth (1938-90), Angl. **Heldy,** Fanny (1888-1973), Fr. **Hendricks,** Barbara (1948), Amér. (Noire). **Hollweg,** Ilse (1922-90), All. **Huffstodt,** Karen (1954), Amér. **Hunter,** Rita (1933), Angl. **Ivogün,** Maria (1891-1987), All. **Janowitz,** Gundula (1937), All. **Jeritza,** Maria (1887-1982), Tchèque (nat. Autr.). **Jo,** Sumi (1962), Sud-Coréenne. **Joachim,** Irène (1913-2001), Fr. **Jones,** Gwyneth (1936), Galloise. **Jurinac,** Sena (1921), Autr. (origine youg.). **Kabaïvanska,** Raïna (1934), Bulg. **Kenny,** Yvonne (1950), Austr. **Kirkby,** Emma (1949), Angl. **Knie,** Roberta (1938), Amér. **Köth,** Erika (1927-89), All. **Krauss,** Gabrielle (1842-1906), Autr. **Kurz,** Selma (1874-1933), Autr. **Lagrange,** Michèle (1947), Fr. **Laki,** Krisztina (1944), Hongr. **Larsen-Todsen,** Nanny (1884-1982), Suéd. **Lawrence,** Marjorie (1907-79), Austr. **Lear,** Evelyn (1928), Amér. **Leblanc,** Georgette (1875-1941), Fr. **Lehmann,** *Lilli* (1848-1929), All. ; *Lotte* (1888-1976), All. (nat. Amér.). **Leider,** Frida (1888-1975), All. **Lemnitz,** Tiana (1897-1994), All. **Ligabue,** Ilva (1932-98), It. **Lindholm,** Berit (1934), Suéd. **Lipp,** Wilma (1925), Autr. **Litvinne,** Felia (1860-1936), R. (nat. Fr.). **Loose,** Emmy (1914-87), Autr. **Lorengar,** Pilar (1928-96), Esp. **Los Angeles,** Victoria de (Victoria Lopez Garcia) (1923), Esp. **Lott,** Felicity (1947), Angl. **Loukianetz,** Viktoria (n.c.), R. **Lubin,** Germaine (1887-1979), Fr. **Malibran (la),** Maria Felicita García (1808-36, fille de Manuel García, voir p. 400 c), Esp. **Maliponte,** Adriana (1938), It. **Marc,** Alessandra (1959), All. **Marshall,** Margaret (1949), Angl. **Martinelli,** Germaine (1887-1965), Fr. **Marton,** Eva (1943), Hongr. **Masterson,** Valerie (1937), Angl. **Mathis,** Edith (1936), Sui. **Mattila,** Karita (1960), Finl. **McNair,** Sylvia (1956), Amér. **Mei,** Eva (1969), It. **Melba,** Nellie (1861-1931), Austr. **Mellon,** Agnès (1958), Fr. **Mesplé,** Mady (1931), Fr. **Micheau,** Janine (1914-76), Fr. **Migenes,** Julia (1943), Amér. **Miolan-Carvalho,** Caroline (1827-95), Fr. **Miranda,** Ana-Maria (1937), Fr. et Arg. **Mödl,** Martha (1912), All. **Moffo,** Anna (1932), Amér. **Moldoveanu,** Eugenia (1944), Roum. **Moore,** Grace (1901-47), Amér. **Moser,** Edda (1941), All. **Müller,** Maria (1898-1958), Autr. **Muzio,** Claudia (1889-1936), It. **Neblett,** Carol (1946), Amér. **Nelson,** Judith (1939), Amér. **Nespoulos,** Marthe (1894-1962), Fr. **Nilsson,** Birgit (1918), Suéd. **Norman,** Jessye (1945), Amér. (Noire). **Ott,** Karin (1948), Sui. **Otto,** Lisa (1919), All. **Paliughi,** Lina (1911-80), It. **Palmer,** Felicity (1944), Angl. **Pape,** Germaine (1900-94), Fr. **Pasta,** Giuditta (1797-1865), It. **Patti,** Adelina (1843-1919), It. **Peignot,** Suzanne (1895-1993), Fr. **Peters,** Roberta (1930), Amér. **Piau,** Sandrine (1969), Fr. **Pilarczyk,** Helga (1925), All. **Plowright,** Rosalind (1949), Angl. **Polaski,** Deborah (1949), Amér. **Pollet,** Françoise (1949), Fr. **Pons,** Lily (1898-1976), Fr. (nat. Amér.). **Ponselle,** Rosa (1897-1981), Amér. **Popp,** Lucia (1939-93), Slovaque (nat. Autr.). **Poulenard,** Isabelle (1961), Fr. **Price,** *Leontyne* (1927), Amér. (Noire) ; *Margaret* (1941), Galloise. **Raphanel,** Ghyslaine (1952), Fr. **Reining,** Maria (1903-91), Autr. **Rethberg,** Elisabeth (1894-1976), All. (nat.Amér.). **Réthy,** Eszter (1912), Hongr. **Revoil,** Fanely (1910-99), Fr. **Rhodes,** Jane (1929), Fr. **Ricciarelli,** Katia (1946), It. **Ritter-Ciampi,** Gabrielle (1886-1974), Fr. **Robin,** Mado (1918-60), Fr. **Rodde,** Anne-Marie (1943), Fr. **Ross,** Elise (1947), Amér. **Rost,** Andrea (1962), Hongr. **Rothenberger,** Anneliese (1924), All. **Rysanek,** Leonie (1926-98), Autr. **Sack,** Erna (1898-1972), All. **Sarroca,** Suzanne (1927), Fr. **Sass,** Sylvia (1951), Hongr. **Sayão,** Bidù (1906-99), Brés. **Schäfer,** Christine (1964), All. **Schnaut,** Gabriele (1951), All. **Schöne,** Lotte (1891-1978), Autr. (nat. Fr.). **Schröder-Feinen,** Ursula (1936), All. **Schumann,** Elisabeth (1885-1952), All. (nat. Amér.). **Schwarzkopf,** Elisabeth (1915), All. **Sciutti,** Graziella (1932), It. **Scotto,** Renata (1933), It. **Seefried,** Irmgard (1919-88), Autr. (origine all.). **Silja,** Anja (1935), All. **Sills,** Beverly (1929), Amér. **Slatinaru,** Maria (1938), Roum. **Smith,** Jennifer (1945), Angl. **Söderström,** Elisabeth (1927), Suéd. **Sontag,** Henriette (1806-54), All. **Spoorenberg,** Erna (1920), Néerl. **Stader,** Maria (1911-99), Sui. **Stapp,** Olivia (1940), Amér. **Steber,** Eleanor (1914-90), Amér. **Stich-Randall,** Teresa (1927), Amér. **Stoltz,** Rosine [Rose-Noël, (1815-1903), épousa Godoy, P^ce^ de la Paix (1767-1851, Esp.)], Fr. **Stratas,** Teresa (Anastasia Strataki ; 1938), Can. **Streich,** Rita (1920-87), All. **Studer,** Cheryl (1955), Amér. **Suliotis,** Elena (1943), Grecque. **Sutherland,** Joan (1926), Austr. **Tacchinardi-Persiani,** Fanny (1812-67), It. **Tebaldi,** Renata (1922), It. **Te Kanawa,** Kiri (1943), Néo-Zél. **Tetrazzini,** Luisa (1871-1940), It. **Teyte,** Maggie (1888-1976), Angl. **Thorborg,** Kerstin (1896-1970), Suéd. **Tomowa-Sintow,** Anna (1943), Bulg. **Traubel,** Helen (1899-1972), Amér. **Upshaw,** Dawn (1960), Amér. **Ursuleac,** Viorica (1894-1985), Roum. **Vaduva,** Leontina (1964), Roum. **Välkki,** Anita (1926), Finl. **Vallin,** Ninon (1886-1961), Fr. **Vaness,** Carol (1952), Amér. **Varady,** Julia (1941), Roum. (nat. All.). **Varnay,** Astrid (1918), Suéd. (nat. Amér.). **Vejzovic,** Dunja (1943), Croate. **Vichnievskaia,** Galina (1926), R. (nat. Sui.). **Vinzing,** Ute (1936), All. **Watson,** Claire (1927-86), Amér. **Welitsch,** Ljuba (1913-96), Bulg. **Wiens,** Édith (1950), Can. **Yakar,** Rachel (1936), Fr. **Ziesak,** Ruth (1963), All. **Zylis-Gara,** Teresa (1935), Pol.

■ **Mezzos. Arkhipova,** Irina (1925), R. **Baker,** dame Janet (1933), Angl. **Baltsa,** Agnes (1944), Grecque. **Barbieri,** Fedora (1920), It. **Bartoli,** Cecilia (1966), It. **Bathori,** Jane (1877-1970), Fr. **Berberian,** Cathy (1925-83), Amér. **Berbié,** Jane (1931), Fr. **Bouvier,** Hélène (1905-78), Fr. **Branzell-Reinshagen,** Karin (1891-1974), Suéd. **Bumbry,** Grace (1937), Amér. (Noire). **Ciesinski,** Katherine (1950), Amér. **Cortez,** Viorica (1935), Roum. (nat. Fr.). **Cossoto,** Fiorenza (1935), It. **Croiza,** Claire [Conelly] (1882-1946), Fr. **De Gaetani,** Jan (1933-89), Amér. **Denize,** Nadine (1943), Fr. **Dupuy,** Martine (1952), Fr. **Ewing,** Maria (1950), Amér. **Fassbaender,** Brigitte (1939), All. **Finnie,** Linda (1952), Angl. **Galli-Marié,** Célestine (1840-1905), Fr. **Gorr,** Rita (1926), Belge. **Graham,** Susan (1960), Amér. **Grey,** Madeleine (1896), Fr. **Hesse,** Ruth (1936), All. **Höngen,** Elisabeth (1906-97), All. **Horne,** Marilyn (1934), Amér. **Howells,** Anne (1941), Angl. **Hunt,** Lorraine (1954), Amér. **Kasarova,** Vesselina (1963), Bulg. **Killebrew,** Gwendolyn (1939), Amér. **Klose,** Margarete (1902-68), All. **Kolassi,** Irma (1918), Grecque (nat. Fr.). **Larmore,** Jennifer (1958), Amér. **Lenya,** Lotte (1898-1981), Autr. (nat. Amér.). **Lindenstrand,** Sylvia (1941), Suéd. **Lipovšek,** Marjana (1957), Youg. **Ludwig,** Christa (1928), All. **Meier,** Waltraud (1956), All. **Mentzer,** Susanne (1957), Amér. **Merriman,** Nan (1920), Amér. **Meyer,** Kerstin (1928), Suéd. **Miltcheva,** Alexandrina (1934), Bulg. **Minton,** Yvonne (1938), Austr. **Murray,** Ann (1949), Angl. **Nafe,** Alicia (1947), Arg. **Nigoghossian,** Sonia (1944), Fr. **Obraztsova,** Elena (1937), R. **Pierotti,** Raquel (1952), Urug. **Randova,** Eva (1936), Tchèque. **Schmidt,** Trudeliese (1941), All. **Shirai,** Mitsuko (1952), Jap. **Simionato,** Giulietta (1910), It. **Soukupová,** Věra (1932), Tchèque. **Stade,** Frederica von (1945), Amér. **Stevens,** Risë (1913), Amér. **Stignani,** Ebe (1904-74), It. **Supervia,** Conchita (1895-1936), Esp. **Troyanos,** Tatiana (1939-93), Amér. **Uria-Monzon,** Béatrice (1963), Fr. **Valentini-Terrani,** Lucia (1946-98), It. **Veasey,** Josephine (1930), Angl. **Verrett,** Shirley (1931), Amér. (Noire). **Viardot,** Pauline (1821-1910, sœur de la Malibran), Fr. **Watkinson,** Carolyn (1949), Angl. **Ziegler,** Delores (1951), Amér. **Zimmermann,** Margarita (1942), Arg.

■ **Altos. Borodina,** Olga (1963), R. **Bugarinovic,** Melania (1905), Serbe. **Burmeister,** Annelies (1930-88), All. **Dominguez,** Oralia (1927), Mex. **Finnilä,** Birgit (1931), Suéd. **Hamari,** Julia (1942), Hongr. (nat. All.). **Höffgen,** Marga (1921-95), All. **Otter,** Anne Sofie von (1955), Suéd. **Resnik,** Regina (1922), Amér. **Rössel-Majdan,** Hildegard (1921), Autr. **Taillon,** Jocelyne (1941), Fr. **Töpper,** Herta (1924), Autr.

■ **Contraltos. Alboni,** Marietta (1823-94), It. **Anderson,** Marian (1897-1993), Amér. (Noire). **Collard,** Jeanine (1923), Fr. **Delna,** Marie (1875-1932), Fr. **Ferrier,** Kathleen (1912-53), Angl. **Forrester,** Maureen (1930), Can. **Fremstad,** Olive (1871-1951), Suéd. (nat. Amér.) [également soprano]. **Heynis,** Aafje (1924), Néerl. **Matzenauer,** Margarete (1881-1963), Autr. (nat. Amér.). **Onegin,** Sigrid (1889-1943), Suéd. **Procter,** Norma (1928), Angl. **Reynolds,** Anna (1936), Angl. **Shirai,** Mitsuko (1952), Jap. **Stutzmann,** Nathalie (1965), Fr. **Watts,** Helen (1927), Angl. **Wenkel,** Ortrun (1942), All.

Alto

Aronowitz, Cecil (1916-78), Angl. **Bashmet,** Yuri (1953), R. **Bianchi,** Luigi (1945), It. **Caussé,** Gérard (1948), Fr. **Chaves,** Ana Bela (1952), Port. **Christ,** Wolfram (1955), All. **Collot,** Serge (1923), Fr. **Fukai,** Hirofumi (1942) Jap. **Giuranna,** Bruno (1933), It. **Golan,** Ron (1924), Sui. **Golani,** Rivka (1946), Isr. (vit au Canada). **Imai,** Nobuko (1943), Jap. **Kashkashian,** Kim (1952), Amér. **Katims,** Milton (1909), Amér. **Naveau,** Claude (1935-93), Fr. **Pasquier,** Bruno (1943), Fr. **Primrose,** William (1903-82), Angl. **Tertis,** Lionel (1876-1975), Angl. **Vieux,** Maurice (1884-1951), Fr. **Zimmermann,** Tabea (1966), All.

Basson

Allard, Maurice (1923), Fr. **Hongne,** Paul (n.c.), Fr. **Oubradous,** Fernand (1903-86), Fr. **Sennedat,** André (1929), Fr. **Thunemann,** Klaus (1937), All. **Turkovic,** Milan (1939), Autr.

Clarinette

Arrignon, Michel (n.c.), Fr. **Berkes,** Kálmán (1952), Hongr. **Boeykens,** Walter (1938), Belge. **Brunner,** Eduard (1939), Suisse. **Brymer,** Jack (1915), Angl. **Cuper,** Philippe (1957), Fr. **Dangain,** Guy (1935), Fr. **Delécluse,** Ulysse (1907-95), Fr. **De Peyer,** Gervase (1926), Angl. **Deplus,** Guy (1924), Fr. **Drucker,** Stanley (1929), Amér. **Friedli,** Thomas (1946), Sui. **Glazer,** David (1913), Amér. **Goodman,** Benny (1906-86), Amér. **Guyot,** Romain (1969), Fr. **Hilton,** Janet (1945), Angl. **Hacker,** Alan (1938), Angl. **Kam,** Sharon, Isr. **Kell,** Richard (1906-81), Angl. **King,** Thea (1925), Angl. **Klöcker,** Dieter, All. **Klosé,** Hyacinthe (1808-80), Fr. **Kovács,** Béla (1937), Hongr. **Lancelot,** Jacques (1920), Fr. **Leister,** Karl (1937), All. **Lethiec,** Michel (1946), Fr. **Meyer,** *Paul* (1965), Fr. ; *Sabine* (1959), All. **Moraguès,** Pascal (1963), Fr. **Popa,** Aurelian Octav (1937), Roum. **Portal,** Michel (1935), Fr. **Prinz,** Alfred (1920), Autr. **Stolzman,** Richard (1942), Amér.

Clavecin

Ahlgrimm, Isolde (1914-95), Autr. **Baumont,** Olivier (1960), Fr. **Boulay,** Laurence (1925), Fr. **Brosse,** Jean-Patrice (1950), Fr. **Caumont,** Catherine (1947), Fr. **Chojnacka,** Elisabeth (1939), Pol. (nat. Fr.). **Christie,** William (1944), Amér. **Curtis,** Alan (1934), Amér. **Dart,** Thurston (1921-71), Angl. **Delfosse,** Michèle (1939), Fr. **Dreyfus,** Huguette (1928), Fr. **Gerlin,** Ruggero (1899-1983), It. **Gilbert,** Kenneth (1932), Can. **Grémy-Chauliac,** Huguette (1928), Fr. **Hantaï,** Pierre (1964), Fr. **Haudebourg,** Brigitte (1942), Fr. **Hogwood,** Christopher (1941), Angl. **Jaccottet,** Christiane (1937), Sui. **Ketil,** Haugsand (1947), Norv. **Kipnis,** Igor (1930), Amér. **Kirkpatrick,** Ralph (1911-84), Amér. **Koopman,** Ton (1944), Néerl. **Landowska,** Wanda (1879-1959), Fr. (origine pol.). **Leonhardt,** Gustav (1928), Néerl. **Leppard,** Raymond (1927), Angl. **Malcolm,** George (1917), Angl. **Moroney,** Davitt (1950), Angl. **Nef,** Isabelle (1895-1976), Sui. **Parrott,** Andrew (1947), Angl. **Picht-Axenfeld,** Edith (1914), All. **Pinnock,** Trevor (1946), Angl. **Pischner,** Hans (1914), All. **Puyana,** Rafael (1931), Colombien. **Ross,** Scott (1951-89), Amér. **Rousset,** Christophe (1961), Fr. **Růžičková,** Zuzana (1927), Tchèque. **Sempé,** Skip (n.c.), Amér. **Sgrizzi,** Luciano (1910-94), It. **Staier,** Andreas (1955), All. **Tilney,** Colin (1933), Angl. **Van Asperen,** Bob (1947), Néerl. **Van de Wiele,** Aimée (1907-91), Belge. **Van Immerseel,** Jos (1945), Belge. **Verlet,** Blandine (1942), Fr. **Veyron-Lacroix,** Robert (1922-91), Fr.

Contrebasse

Bottesini, Giovanni (1821-89), It. **Güttler,** Wolfgang (1945), Roum. (nat. All.). **Hoelscher,** Ludwig (1907), Autr. **Karr,** Gary (1941), Amér. **Koussevitzky,** Serge (1874-1951), R. (nat. Amér.). **Petracchi,** Francesco (1937), It. **Rollez,** Jean-Marc (1931), Fr.

Cor

Barboteu, Georges (1924), Fr. **Baumann,** Hermann (1934), All. **Bourgue,** Daniel (1937), Fr. **Brain,** Dennis (1921-57), Angl. **Cazalet,** André (1955), Fr. **Civil,** Alan (1929-89), Angl. **Damm,** Peter (1937), All. **Del Vescovo,** Pierre (1929), Fr. **Joulain,** Hervé (1966), Fr. **Neunecker,** Marie Luise (1955), All. **Seifert,** Gerd (1931), All. **Tuckwell,** Barry (1931), Austr. **Vlatković,** Radovan (1962), Croate.

Cymbalum

Fábián, Márta (1946), Hongr. **Gerencsér,** Ferenc (1923-89), Hongr. **Rácz,** Aladár (1886-1958), Hongr. **Szakály,** Agnès (1951), Hongr.

Flûte et flûte à bec

Adorjan, Andras (1944), Hongr. (nat. Danois). **Artaud,** Pierre-Yves (1946), Fr. **Baker,** Julius (1915-76), Amér. **Barrère,** Georges (1876-1944), Fr. **Bernold,** Philippe (1960), Fr. **Bourdin,** Roger (1923-76), Fr. **Brüggen,** Frans (1934), Néerl. **Clemencic,** René (1928), Autr. **Debost,** Michel (1934), Fr. **Fumet,** Gabriel (1937), Fr. **Gallois,** Patrick (1956), Fr. **Galway,** James (1938), Irl. **Gaubert,** Philippe (1879-1941), Fr. **Gazzelloni,** Severino (1919-92), It. **Graf,** Peter-Lukas (1929), Sui. **Kuijken,** Barthold (1949), Belge. **Lardé,** Christian (1930), Fr. **Larrieu,** Maxence (1934), Fr. **Le Roy,** René (1898-1985), Fr. **Linde,** Hans Martin (1930), Sui. **Marion,** Alain (1938-98), Fr. **Matuz,** Istvan (1947), Hongr. **Moyse,** Marcel (1889-1984), Fr. **Munrow,** David (1942-76), Angl. **Nicolet,** Aurèle (1926), Sui. **Otten,** Kees (1924), Néerl. **Pahud,** Emmanuel (1970), Fr. **Petri,** Michala (1958), Danois. **Pierlot,** Philippe (1954), Fr. **Rampal,** Jean-Pierre (1922-2000), Fr. **Schulz,** Wolfgang (1946), Autr. **Shaffer,** Elaine (1930-73), Amér. **Stilz,** Manfred (1946), All. **Taffanel,** Paul (1844-1908), Fr. **Veilhan,** Jean-Claude (1940), Fr. **Verbruggen,** Marion (1950), Néerl. **Zamfir,** Gheorghe (1941), Roum. (flûte de pan). **Zöller,** Karlheinz (1928), All.

Guitare

Andia, Rafaël (1942), Fr. **Anido,** Maria-Luisa (1907-96), Arg. **Artzt,** Alice (1943), Amér. **Aussel,** Roberto (1955), Arg. **Barbosa Lima,** Carlos (1944), Brés. (nat. Amér.). **Barrueco,** Manuel (1952), Cubain (nat. Amér.). **Benitez,** Baltazar (1944), Urug. (nat. Néerl.). **Bitetti,** Ernesto (1943), Arg. (nat. Esp.) **Bonell,** Carlos (1949), Angl. **Bream,** Julian (1933), Angl. **Brouwer,** Léo (1939), Cubain. **Cardoso,** Jorge (1949), Arg. (nat. Esp.). **Carlevaro,** Abel (1918), Urug. **Chagnot,** Tania (1963), Fr. **Cotsiolis,** Costas (1958), Grec. **Desiderio,** Aniello (1971), It. **Díaz,** Alirio (1923), Vénéz. **Dukic,** Zoran (1969), Croate. **Dumond,** Arnaud (1952), Fr. **Dyens,** Roland (1955), Fr. **Estarellas,** Gabriel (1952), Esp. **Falu,** Eduardo (1923), Arg. **Fernández,** Eduardo (1952), Urug. **Fisk,** Eliott (1954), Amér. **Gallardo,** José Maria (1957), Esp. **Ghiglia,** Oscar (1936), It. **Girollet,** Miguel-Angel (1941), Arg. **González,** José Luis (1932), Esp. **Hall,** Nicola (1969), Angl. **Isaac,** Eduardo (1959), Arg. **Isbin,** Sharon (1956), Amér. **Iznaola,** Ricardo (1949), Vénéz. (nat. Amér.). **Kayath,** Marcello (1964), Brés. **Kotzia,** Eleftheria (1960), Grecque. **Kraft,** Norbert (1950), Autr. (nat. Can.). **Lagoya,** Alexandre (29-6-1929/24-8-1999), Ég. (nat. Fr.). **Lendle,** Wolfgang (1948), All. **Mikulka,** Vladimir (1952), Tchèque (nat. Fr.). **Mills,** John (1947), Angl. **Morel,** Jorge (1931), Arg. (nat. Amér.) **Myslivecek,** Martin (1950), Tchèque. **Papandreou,** Elena (1966), Grecque. **Parkening,** Christopher (1947), Amér. **Pierri,** Alvaro (1953), Urug. (nat. Can.). **Polašek,** Barbara (1941), Tchèque. (nat. All.). **Ponce,** Alberto (1935), Esp. (nat. Fr.). **Presti,** Ida (1924-67, ép. d'Alexandre Lagoya), Fr. **Prunnbauer,** Sonja (1948), All. **Ragossnig,** Konrad (1933), Autr. **Rak,** Stepan (1954), Tchèque. **Romero,** Pepe (1948), Esp. (nat. Amér.). **Russel,** David (1957), Éc. **Santos,** Turibio (1943), Brés. **São-Marcos,** Maria-Livia (1942), Brés. (vit en Suisse). **Segovia,** Andrés (1893-1987), Esp. **Siewers,** Maria Isabel (1950), Arg. **Söllscher,** Göran (1955), Suéd. **Williams,** John (1941), Austr. **Walker,** Luisa (1910), Autr. **Yamashita,** Kazuhito (1960), Jap. **Yepes,** Narciso (1927-97), Esp. **Zelenka,** Milan (1942), Tchèque.

Harpe

Cambreling, Frédérique (1956), Fr. **Challan,** Annie (1940), Fr. **Flour,** Mireille (1906-84), Fr. (nat. Belge). **Gallais,** Bernard (1930), Fr. **Géliot,** Martine (1948-88), Fr. **Grandjany,** Marcel (1891-1975), Fr. **Holliger,** Ursula (1937), Sui. **Ivan-Roncea,** Ion (1947), Roum. **Jamet,** *Marie-Claire* (1933), Fr. ; *Pierre* (1893-1991), Fr. **Langlamet,** Marie-Pierre (1967), Fr. **Laskine,** Lily (1893-1988), Fr. **Le Dentu,** Odette († 1983), Fr. **Michel,** Catherine (1948), Fr. **Mildonian,** Susanna (1941), Arm. (nat. It. puis Belge). **Moretti,** Isabelle (1964), Fr. **Nordmann,** Marielle (1941), Fr. **Pierre,** Francis (1931), Fr. **Renié,** Henriette (1875-1956), Fr. **Robles,** Marisa (1937), Esp. (nat. Brit.). **Zabaleta,** Nicanor (1907-93), Esp.

Hautbois

Black, Neil (1932), Angl. **Bourgue,** Maurice (1939), Fr. **Craxton,** Janet (1929-81), Angl. **Chambon,** Jacques (1932-84), Fr. **Debray,** Lucien (1935-87), Fr. **Goossens,** Leon (1897-1988), Angl. **Holliger,** Heinz (1939), Sui. **Koch,** Lothar (1935), All. **Lardrot,** André (1932), Fr. **Leleux,** François (1971), Fr. **Malgoire,** Jean-Claude (1940), Fr. **Maugras,** Gaston (1934-91), Fr. **Pierlot,** Pierre (1921), Fr. **Piguet,** Michel (1932), Sui. **Vandeville,** Jacques (1930), Fr. **Winschermann,** Helmut (1920), All.

Luth et luth oriental

Bachir, *Djamil* (1925-77) et *Mounir* (1930-97), Iraq. **Besson,** Kléber (n.c.), Fr. **Bream,** Julian (1933), Angl. **Dupré,** Desmond (1916-74), Angl. **Gerwig,** Walter (1899-1967), All. **Huelle,** Philippe (1952), Fr. **Junghänel,** Konrad (1953), All. **Kirchhof,** Lutz (1953), All. **Lindberg,** Jacob (1952), Suéd. **O'Dette,** Paul (1956), Amér. **Robert,** Guy (1943), Fr. **Rooley,** Anthony (1944), Angl. **Rubin,** Jonathan (1952), Austr. **Smith,** Hopkinson (1954), Amér. **Spencer,** Robert (1932), Angl. **Verle,** Fabienne (1954), Fr.

Ondes Martenot

Allart, Sylvestre (1923-97), Fr. **Bloch,** Thomas (1962), Fr. **Cochet,** Françoise (n.c.), Fr. **Dartois,** J.-Philippe (n.c.), Fr. **Deslogères,** Françoise (1929), Fr. **Harada,** Takashi (n.c.), Jap. **Hartmann-Claverie,** Valérie (1953), Fr. **Laurendeau,** Jean-François (1938), Can. **Loriod,** Jeanne (1928), Fr. **Martenot,** Ginette (1902-96), Fr. **Murail,** Tristan (1947), Fr. **Rousse-Lacordaire,** Pascale (1950), Fr. **Simonovich-Sibon,** Arlette (1938), Fr. **Tchamkerten,** Jacques (1960), Sui. **Tremblay,** Gilles (1932), Can.

Orgue

Alain, Marie-Claire (1926), Fr. **Bailleux,** Odile (1939), Fr. **Baker,** George C. (1951), Amér. **Bate,** Jennifer (1944), Angl. **Benbow,** Charles (1947), Amér. **Bonnet,** Joseph (1886-1944), Fr. **Bouvard,** Michel (1958), Fr. **Bovet,** Guy (1942), Sui. **Boyer,** Jean (1948), Fr. **Brosse,** Jean-Patrice (1950), Fr. **Castagnet,** Yves (1964), Fr. **Chaisemartin,** Suzanne (1923), Fr. **Chapelet,** Francis (1934), Fr. **Chapuis,** Michel (1930), Fr. **Chorzempa,** Daniel (1944), Amér. **Cochereau,** Pierre (1924-84), Fr. **Commette,** Édouard (1883-1967), Fr. **Costa,** Jean (1924), Fr. **Darasse,** Xavier (1934-92), Fr. **Delvallée,** Georges (1937), Fr. **Demessieux,** Jeanne (1921-68), Fr. **Devernay,** Yves (1937-90), Fr. **Dupré,** Marcel (1886-1971), Fr. **Duruflé,** Maurice (1902-86), Fr. **Ericsson,** Hans-Ola (1958), Suéd. **Escaich,** Thierry (1965), Fr. **Falcinelli,** Rolande (1920), Fr. **Fleury,** André (1903-95), Fr. **Foccroulle,** Bernard (1953), Belge. **Franck,** César (1822-90), Belge. (nat. Fr.). **Galard,** Jean (1949), Fr. **Gavoty,** Bernard (1908-81), Fr. **Gigout,** Eugène (1844-1925), Fr. **Gil,** Jean-Louis (1951-91), Fr. **Girod,** Marie-Louise (1915), Fr. **Grunenwald,** J.-J. (1911-82), Fr. **Guillou,** Jean (1930), Fr. **Guilmant,** Alexandre (1837-1911), Fr. **Hakim,** Naji (1955), Liban. (nat. Fr.). **Häselbock,** Martin (1954), Autr. **Heiller,** Anton (1923-79), Autr. **Houbart,** François-Henri (1952), Fr. **Isoir,** André (1935), Fr. **Koito,** Kei (1950), Jap. **Koopman,** Ton (1944), Néerl. **Lagacé,** *Bernard* (1930), Can. ; *Mireille* (1935), Can. **Langlais,** Jean (1907-91), Fr. **Latry,** Olivier (1962), Fr. **Lefebvre,** Philippe (1949), Fr. **Leguay,** J.-Pierre (1939), Fr. **Lehotka,** Gabor (1934), Hongr. **Litaize,** Gaston (1909-91), Fr. **Marchal,** André (1894-1980), Fr. **Messiaen,** Olivier (1908-92), Fr. **Peeters,** Flor (1903-86), Belge. **Pierre,** Odile (1932), Fr. **Pincemaille,** Pierre (1956), Fr. **Preston,** Simon (1938), Angl. **Puig-Roget,** Henriette (1910-92), Fr. **Richter,** Karl (1926-81), All. **Robert,** Georges (1928), Fr. **Robillard,** Louis (1939), Fr. **Rogg,** Lionel (1936), Sui. **Ropek,** Jiří (1922), Tchèque. **Rössler,** Almut (1932), All. **Roth,** Daniel (1942), Fr. **Saint-Martin,** Léonce de (1886-1954), Fr. **Saint-Saëns,** Camille (1835-1921), Fr. **Saorgin,** René (1928), Fr. **Sebestyén,** János (1931), Hongr. **Straube,** Karl (1873-1950), All. **Tagliavini,** Luigi-Ferdinando (1929), It. **Thiry,** Louis (1935), Fr. **Tournemire,** Charles (1870-1939), Fr. **Trillat,** Ennemond (1890-1980), Fr. **Vernet,** Olivier (1964), Fr. **Vidal,** Pierre (1927), Fr. **Viderö,** Finn (1906-87), Dan. **Vierne,** Louis (1870-1937), Fr. **Walcha,** Helmut (1907-91), All. **Weir,** Gillian (1941), Néo-Zél. **Welin,** Karl-Erik (1934), Suéd. **Widor,** Charles-Marie (1844-1937), Fr. **Zacher,** Gerd (1929), All. **Ziegler,** Klaus Martin (1929), All.

Orgue électronique, synthétiseur

A Paz Castillo, José (1967), Esp. **Bataille,** Philippe (1949), Fr. **Bennett,** Lou (n.c.), Fr. **Charraire,** Michel (1945), Fr. **De La Mata,** Luis (1965), Esp. **Dennerlein,** Barbara (n.c.), All. **Ditmar,** Ivan (n.c.). **Doggett,** Bill (n.c.), Amér. **Don Bliss** (n.c.), Amér. **Fouque,** Charles (n.c.), Fr. **Gazit,** Raviv (n.c.), Isr. **Greger,** Max (n.c.), All. **Groove Holmes,** Richard (n.c.). **Heuser,** Paul (1929), All. **James,** Bob (n.c.), Amér. **Jarre,** Jean-Michel (1948), Fr. **Koch,** Hubert (1946), All. **Lambert,** Franz (n.c.), All. **Lasker,** Alex (n.c.). **Le Roy,** Gilbert (1930), Fr. (dernier titulaire de l'orgue du cinéma Gaumont). **Louiss,** Eddy (1941), Fr. **Machado,** José (1950), Port. **Padros y Torra,** Marta (1962), Esp. **Price,** Alan (n.c.), Angl. **Prina,** Curt (n.c.), Sui. **Scott,** Rhoda (1947), Amér (nat. Fr.). **Shakespeare,** Mark (n.c.), Angl. **Smith,** Jimmy (n.c.), Amér. **Tan Duc Huynh,** Gabriel (Gaby Mac Coy) (1963), Fr. (origine vietnamienne). **Tortora,** Louis (1952), Fr. **Vivier,** Guy (Van Steenlandt) (1942), Fr. (origine belge). **Wolff,** Hady (n.c.), All. **Wunderlich,** Klaus (1937), All. **Zehnpfennig,** Ady (1950), All.

Percussion

Caskel, Christoph (1932), All. **Chemirami** (n.c.), Iran. **Drouet,** Jean-Pierre (1935), Fr. **Glennie,** Evelyn (1965), Amér. **Gualda,** Sylvio (1939), Fr. **Jacquet,** Alain (n.c.), Fr. **Métral,** Pierre (1936), Sui.

Piano

Achot, Tania (1937), Iran. (nat. Port.). **Afanassiev,** Valery (1947), R. (nat. Belge, vit en France). **Aimard,** Pierre-Laurent (1947), Fr. **Akl,** Walid (1945-97), Liban. **Alexeiev,** Dmitri (1947), R. **Anda,** Géza (1921-76), Hongr. (nat. Sui.). **Anderszewski,** Piotr (1969), Pol. **Andsnes,** Leif Ove (1970), Norv. **Angelich,** Nicolas (1971), Amér. (vit en France). **Argerich,** Martha (1941), Arg. **Arrau,** Claudio (1903-91), Chilien. **Ashkenazy,** Vladimir (1936), R. (nat. Isl.). **Askenase,** Stefan (1896-1985), Belge. **Backhaus,** Wilhelm (1884-1969), All. **Badura-Skoda,** Paul (1927), Autr. **Barbier,** Jean-Noël (1920-94), Fr. **Barbizet,** Pierre (1922-90), Fr. **Barenboïm,** Daniel (Arg., 1942), Isr. **Barto,** Tzimon (1963), Amér. **Bavouzet,** Jean-Efflam (1962), Fr. **Benedetti Michelangeli,** Arturo (1920-95), It. **Berezovski,** Boris (1969), R. **Berman,** Lazar (1930), R. **Béroff,** Michel (1950), Fr. **Biret,** Idil (1941), Turc. **Bœgner,** Michèle (1939), Fr. **Bolet,** Jorge (1914-90), Cubain (nat. Amér.). **Boschi,** Hélène (1917-90), Fr. **Boukoff,** Yuri (1923), Bulg. (nat. Fr.). **Bounine,** Stanislav (1966), R. (vit en Suisse). **Brailowsky,** Alexandre (Russie, 1896-1976), Amér. **Brendel,** Alfred (1931), Autr. **Bronfman,** Yefim (1958), Isr. **Brunhoff,** Thierry de (1934), Fr. **Buchbinder,** Rudolf (1946), Autr. **Cabasso,** Laurent (1961), Fr. **Casadesus,** Robert (1899-1972), Fr. **Cascioli,** Gianluca (1979), It. **Cassard,** Philippe (1962), Fr. **Cherkassky,** Shura (1909-95), R. (nat. Amér.). **Chiu,** Frederic (1964), Amér. (vit en France). **Ciccolini,** Aldo (1925), It. (nat. Fr.). **Clidat,** France (1932), Fr. **Collard,** *Catherine* (1947-93), Fr. ; *Jean-Philippe* (1948), Fr. **Cortot,** Alfred (1877-1962), Fr. **Costa,** Sequeira José (1929), Port. **Crossley,** Paul (1944), Angl. **Curzon,** sir Clifford (1907-82), Angl. **Cziffra,** Georges (1921-94), Hongr. (nat. Fr.). **Dalberto,** Michel (1955), Fr. **Darré,** Jeanne-Marie (1905-99), Fr. **Davidovich,** Bella (1928), R. (nat. Amér.). **Demus,** Jörg (1928), Autr. **Descaves,** Lucette (1906-93), Fr. **Désert,** Claire (1967), Fr. **Devetzi,** Vasso (1928-87), Grec. **Dikov,** Anton (1938), Bulg. **Donohoe,** Peter (1953), Angl. **Doyen,** Jean (1907-82), Fr. **Drenikov,** Ivan (1945), Bulg. **Duchable,** François-René (1952), Fr. **Ebi,** Akiko (1953), Jap. **Eidi,** Billy (1955), Liban. (nat. Fr.). **Egorov,** Youri (1954-88), R. **El-Bacha,** Abdel Rahman (1957), Liban. **Engerer,** Brigitte (1952), Fr. **Entremont,** Philippe (1934), Fr. **Eschenbach,** Christoph (1940), All. **Estrella,** Miguel Angel (1936), Arg. **Feinberg,** Samuel (1890-1962), R. **Fellner,** Till (1972), Autr. **Février,** Jacques (1900-79), Fr. **Firkušný,** Rudolf (1912-94), Tchèque (nat. Amér.). **Fischer,** *Annie* (1914-95), Hongr. ; *Edwin* (1886-1960) et *Edith* (Sui.). **Foldes,** Andor (Hongr., 1913-92), Amér. **François,** Samson (1924-70), Fr. **Frankl,** Peter (1935), Hongr. (vit en Angl.). **Freire,** Nelson (1944), Brés. **Frémy,** Gérard (1935), Fr. **Gage,** Irwin (1939), Amér. **Gelber,** Bruno-Leonardo (1941), Arg. **Gheorghiu,** Valentin (1928), Roum. **Gianoli,** Reine (1915-79), Fr. **Gieseking,** Walter (1895-1956), All. **Goerner,** Nelson (1969), Arg. **Goode,** Richard (1943), Amér. **Gothoni,** Ralf (1946), Finl. **Gould,** Glenn (1932-82), Can. **Grimaud,** Hélène (1969), Fr. **Groot,** Cor de (1914), Néerl. **Guilels,** Emil (1916-85), R. **Gulda,** Friedrich (1930-2000), Autr. **Guy,** François-Frédéric (1969), Fr. **Haas,** *Monique* (1909-87), Fr. ; *Werner* (1931-76), All. **Haebler,** Ingrid (1926), Autr. **Hamelin,** Marc-André (1961), Can. **Hanafusa,** Harumi (1952), Jap. **Haskil,** Clara (1895-1960), Roum. (nat. Sui.). **Heidsieck,** Éric (1936), Fr. **Heisser,** Jean-François (1950), Fr. **Helffer,** Claude (1922), Fr. **Henriot,** Nicole (1925-2001), Fr. **Hofmann,** Josef (1876-1957), Pol. (nat. Amér.). **Horowitz,** Vladimir (1904-89), R. (nat. Amér.). **Horszowski,** Mieczyslaw (1892-1993), Pol. (nat. Amér.). **Hough,** Stephen (1961), Angl. **Hubeau,** Jean (1917-92), Fr. **Indjic,** Eugène (1947), Amér. **Istomin,** Eugene (1925), Amér. **Iturbi,** José (1895-1980), Esp. **Ivaldi,** Christian (1938), Fr. **Jandó,** Jenö (1952), Hongr. **Janis,** Byron (1928), Amér. **Kahn,** Claude (1939), Fr. **Kalichstein,** Joseph (1946), Isr. **Katchen,** Julius (1926-69), Amér. **Katsaris,** Cyprien (1951), Fr. **Kempff,** Wilhelm (1895-91), All. **Kentner,** Louis (1905-87), Hongr. (nat. Brit.). **Kissin,** Evgeni (1971), R. **Kocsis,** Zoltan (1952), Hongr. **Kontarsky,** *Alfons* (1932), All. ; *Aloys* (1931), All. **Kraus,** Lili (1908-86), Hongr. (nat. Amér.). **Labèque,** *Katia* (1953) et *Marielle* (1956), Fr. **La Bruchollerie,** Monique de (1915-72), Fr. **Laforet,** Marc (1965), Fr. **Larrocha,** Alicia de (1923), Esp. **Laval,** Danièle (1939), Fr. **Lee,** Noel (1924), Amér. **Lefébure,** Yvonne (1898-1986), Fr. **Lhévinne,** Josef (1874-1944), Amér. (origine russe). **Lipatti,** Dinu (1917-50), Roum. **Long,** Marguerite (1874-1966), Fr. **Lonquich,** Alexander (1960), All. **Loriod,** Yvonne (1924), Fr. **Lortie,** Louis (1959), Can. **Lubimov,** Alexei (1944), R. **Lugansky,** Nicolai (1972), R. **Luisada,** Jean-Marc (1958), Fr. **Lupu,** Radu (1945), Roum. **Magaloff,** Nikita (1912-92), Sui. (origine russe). **Maisenberg,** Oleg (1945), R. (vit en Autriche). **Malcuzynski,** Witold (1914-77), Pol. **Malinin,** Evgeni (1930-2001), R. **Menuhin,** *Hephzibah* (1920-81), Amér. ; *Jeremy* (1951), Amér. **Merlet,** Dominique (1938), Fr. **Moore,** Gerald (1899-1987), Angl. **Moravec,** Ivan (1930), Tchèque. **Muraro,** Roger (1959), Fr. **Mustonen,** Olli (1967), Finl. **Nat,** Yves (1890-1956), Fr. **Neuhaus,** Henrich (1888-1964), R. **Nikolaieva,** Tatiana (1924-93), R. **Ogdon,** John (1937-89), Angl. **Oppitz,** Gerhard (1953), All. **Osinska,** Eva (1941), Pol. **Ousset,** Cécile (1936), Fr. **Paderewski,** Ignacy (1860-1941), Pol. **Paik,** Kun-Woo (1946), Coréen. **Palenicek,** Josef (1914-91), Tchèque. **Pekinel,** *Güher* et *Süher* [1953 (sœurs jumelles)], Turques. **Pennetier,** Jean-Claude (1942), Fr. **Perahia,** Murray (1947), Amér. **Perlemuter,** Vlado (1904), Fr. (origine pol.). **Pires,** Maria-João (1944), Port. **Planès,** Alain (1948), Fr. **Planté,** Francis (1839-1934), Fr. **Pletnev,** Mikhail (1957), R. **Pludermacher,** Georges (1944), Fr. **Pogorelich,** Ivo (1958), Youg. **Pollini,** Maurizio (1942), It. **Pommier,** Jean-Bernard (1944), Fr. **Ponti,** Michael (1937), Amér. **Pugno,** Raoul (1852-1914), Fr. **Queffélec,** Anne (1948), Fr. **Rachmaninov,** Sergueï (1873-1943), R. **Ránki,** Dezsö (1951), Hongr. **Reach,** Pierre (1948), Fr. **Richter,** Sviatoslav (1915-97), R. **Richter-Haaser,** Hans (1912-80), All. **Rigutto,** Bruno (1945), Fr. **Ringeissen,** Bernard (1934), Fr. **Risler,** Édouard (1873-1929), Fr. **Rogé,** Pascal (1951), Fr. **Rösel,** Peter (1945), All. **Rosen,** Charles (1927), Amér. **Rubinstein,** Artur (1886-1982), Pol. (nat. Amér.). **Rudy,** Mikhail (1953), R. (nat. Fr.). **Sabran,** Gersende de (1942 ; duchesse d'Orléans), Fr. **Sancan,** Pierre (1916), Fr. **Sándor,** György (1912), Hongr. (nat. Amér.). **Say,** Fazil (1970), Turc. **Schiff,** András (1953), Hongr. **Schnabel,** Artur (Pol. 1881-1951), Autr. (nat. Amér.). **Sebök,** György (1922-99), Hongr. (nat. Amér.). **Serkin,** Rudolf (1903-91), Autr. (nat. Amér.). **Sermet,** Huseyin (1955), Turc. **Sgouros,** Dimitri (1969), Grec. **Son,** Dang Thái, (1958), Vietnamien. **Solomon,** (1902-88), Angl. **Szidon,** Roberto (1941), Brés. **Tacchino,** Gabriel (1934), Fr. **Tagliaferro,** Magda (1894-1986), Fr. **Tan,** Melvyn (1956), Chinois. **Thibaudet,** Jean-Yves (1961), Fr. **Thiollier,** François-Joël (1943), Fr. **Tipo,** Maria (1931), It. **Toradze,** Alexander (1952), Géorgien. **Uchida,** Mitsuko (1948), Jap. **Ugorski,** Anatoli (1942), R. (vit en All.). **Van Cliburn** (1934), Amér. **Vásáry,** Tamás (1933), Hongr. **Vianna da Motta,** José (1868-1948), Port. **Viñes,** Ricardo (1875-1943), Esp. **Virssaladze,** Elisso (1942), Géorgienne. **Volodos,** Arkadi (1972), R. **Weissenberg,** Alexis (Sofia, 1929), Fr. **Wittgenstein,** Paul (1887-1961), Autr. (nat. Amér.). **Woodward,** Roger (1942), Austr. **Yankoff,** Ventsislav (1926), Bulg. (nat. Fr.). **Yudina,** Maria (1899-1970), R. **Zak,** Yakov (1913-76), R. **Zelter,** Mark (1947), R. (vit aux USA). **Zilberstein,** Lilya (1965), R. **Zimerman,** Krystian (1956), Pol.

SAXOPHONE

Coller, Philippe (1955), Sui. **Deffayet,** Daniel (1922), Fr. **Gordon,** Dexter (1923-90), Amér. **Kientzy,** Daniel (1951), Fr. **Lock-Jaw Davies,** Eddie (1921-86), Amér. **Londeix,** Jean-Marie (1932), Fr. **Mule,** Marcel (1901), Fr. **Pepper,** Adams (1930-85), Amér. **Rascher,** Sigurd (1907), All. (nat. Amér.).

TROMPETTE

André, Maurice (1933), Fr. **Aubier,** Éric (n.c.), Fr. **Bernard,** André (1946), Fr. **Calvayrac,** Albert (1934), Fr. **Delmotte,** Roger (1925), Fr. **Dorkchitser,** Timofeï (1921), R. **Güttler,** Ludwig (1943), All. **Hardenberger,** Håkon (1961), Suéd. **Hardy,** Francis (n.c.), Fr. **Nakariakov,** Sergeï (1977), R. **Sabarich,** Raymond (1909-66), Fr. **Scherbaum,** Adolf (1909-2000), All. **Soustrot,** Bernard (1954), Fr. **Tarr,** Edward (1936), Amér. **Thibaud,** Pierre (1929), Fr. **Touvron,** Guy (1950), Fr.

VIOLE DE GAMBE

Casademunt, Sergi (1946), Esp. **Charbonnier,** Jean-Louis (1951), Fr. **Coin,** Christophe (1958), Fr. **Harnoncourt,** Nikolaus (1929), Autr. **Kuijken,** Wieland (1938), Belge. **Ros,** Pere (1954), Esp. **Savall,** Jordi (1941), Esp. **Wenzinger,** August (1905-96), Sui.

VIOLON

Accardo, Salvatore (1941), It. **Altenburger,** Christian (1957), Autr. **Amoyal,** Pierre (1949), Fr. **Auer,** Leopold (1885-1930), Hongr. **Banchini,** Chiara (1946), Sui. **Belkin,** Boris (1948), R. (nat. Isr.). **Bell,** Joshua (1967), Amér. **Biondi,** Fabio (1961), It. **Brown,** Iona (1941), Angl. **Bull,** Ole (1810-80), Norv. **Busch,** Adolf (1891-1952), All. (nat. Sui.). **Campoli,** Alfredo (1906-91), It. **Capuçon,** Renaud (n.c.), Fr. **Chang,** Sarah (1980), Coréenne. **Charlier,** Olivier (1961), Fr. **Chiarappa,** Carlo (1946), It. **Chung,** Kyung-Wha (1948), Coréenne. **Csaba,** Peter (1952), Hongr. (nat. Fr.). **Dumay,** Augustin (1949), Fr. **Elman,** Mischa (1891-1967), R. (nat. Amér.). **Enesco,** Georges (1881-1955), Roum. **Erlih,** Devy (1928), Fr. **Ferras,** Christian (1933-82), Fr. **Flesch,** Carl (1873-1944), Hongr. **Fontanarosa,** Patrice (1942), Fr. **Francescatti,** Zino (1902-91), Fr. **Gertler,** André (1907-98), Hongr. (nat. Belge). **Gitlis,** Ivry (1927), Isr. (vit en France). **Goldberg,** Szymon (1909-93), Pol. **Grimal,** David (1973), Fr. **Grumiaux,** Arthur (1921-86), Belge. **Hahn,** Hilary (1980), Amér. **Heifetz,** Jascha (1899-1987), Lituanien (nat. Amér.). **Hoelscher,** Ulf (1942), All. **Huberman,** Bronislaw (1882-1947), Pol. **Jarry,** Gérard (1936), Fr. **Joachim,** Joseph (1831-1907), Hongr. **Josefowicz,** Leila (1977), Amér. **Juillet,** Chantal (n.c.), Can. **Kagan,** Oleg (1946-90), R. **Kang,** Dong Suk (1954), Coréen. **Kantorow,** Jean-Jacques (1945), Fr. **Kavakos,** Leonidas (1967), Grec. **Kennedy,** Nigel (1956), Angl. **Kogan,** Leonid (1924-82), R. **Korcia,** Laurent (1964), Fr. **Kovács,** Dénes (1930), Hongr. **Krebbers,** Herman (1923), Néerl. **Kreisler,** Fritz (1875-1962), Autr. (nat. Amér.). **Kremer,** Gidon (1947), R. (vit en Allemagne). **Kubelík,** Jan (1880-1940), Tchèque (nat. Hongr.). **Kuijken,** Sigiswald (1944), Belge. **Kulenkampff,** Georg (1898-1948), All. **Kulka,** Konstanty Andrzej (1947), Pol. **Lin,** Cho-Liang (1960), Chinois (nat. Amér.). **Loewenguth,** Alfred (1911-83), Fr. **Melkus,** Eduard (1928), Autr. **Menuhin,** sir Yehudi (1916-99), Amér., Angl. et Sui. **Midori** (1971), Jap. **Milanova,** Stoïka (1945), Bulg. **Milstein,** Nathan (1904-92), Amér. (origine russe). **Mintchev,** Mintcho (1948), Bulg. **Mintz,** Shlomo (1957), Isr. **Mullova,** Viktoria (1959), R. (vit aux USA). **Mutter,** Anne-Sophie (1963), All. **Neveu,** Ginette (1919-49), Fr. **Nicolas,** Marie-Annick (1956), Fr. **Oïstrakh,** *David* (1908-74), R. ; *Igor* (1931), R. **Oleg,** Raphaël (1959), Fr. **Olof,** Theo (1924), Néerl. **Papavrami,** Tedi (1969), Albanais (vit en France). **Pasquier,** *Jean* (1904-92), Fr. ; *Régis* (1945), Fr. **Peinemann,** Édith (1937), All. **Perlman,** Itzhak (1945), Isr. **Pikaisen,** Viktor (1933), R. **Rachlin,** Julian (1974), Lituanien. **Repin,** Vadim (1971), R. **Ricci,** Ruggiero (1920), Amér. (origine it.). **Rosand,** Aaron (1927), Amér. **Sarasate,** Pablo de (1844-1908), Esp. **Schneider,** Alexandre (1908-93), Amér. **Schneiderhan,** Wolfgang (1915), Autr. **Schröder,** Jaap (1925), Néerl. **Shaham,** Gil (1971) Isr. et Amér. **Sitkovetsky,** Dmitry (1954), R. (vit aux USA). **Spivakov,** Vladimir (1944), R. **Stadler,** Serguei (1962), R. **Stern,** Isaac (1920), Amér. (origine russe). **Suk,** Josef (1929), Tchèque. **Suzuki,** Shin'ichi (1898-1998), Jap. **Székely,** Zoltán (1903), Hongr. (nat. Amér.). **Szeryng,** Henryk (1918-88), Pol. (nat. Mex.). **Szigeti,** Joseph (1892-1973), Hongr. (nat. Amér.). **Tetzlaff,** Christian (1966), All. **Thibaud,** Jacques (1880-1953), Fr. **Tretiakov,** Viktor (1946), R. **Turban,** Ingolf (1964), All. **Ughi,** Uto (1944), It. **Van Keulen,** Isabelle (1966), Néerl. **Varga,** Tibor (1921), Hongr. (nat. Angl.). **Vengerov,** Maxim (1974), R. **Voicu,** Ion (1925-97), Roum. **Wallez,** Jean-Pierre (1939), Fr. **Werthen,** Rudolf (1946), Belge. **Wieniawski,** Henryk (1835-80), Pol. **Wilkomirska,** Wanda (1929), Pol. **Yordanoff,** Luben (1926), Bulg. (nat. Monégasque). **Ysaÿe,** Eugène (1858-1931), Belge. **Zehetmair,** Thomas (1961), Autr. **Zimansky,** Robert (1948), Amér. **Zimmermann,** Frank-Peter (1965), All. **Zukerman,** Pinchas (1948), Isr.

VIOLONCELLE

Baillie, Alexander (1956), Angl. **Bazelaire,** Paul (1886-1958), Fr. **Becker,** Hugo (1863-1954), All. **Berger,** Julius (1954), All. **Bylsma,** Anner (1934), Néerl. **Cassadó,** Gaspar (1897-1966), Esp. **Casals,** Pablo (1876-1973), Esp. **Chiffoleau,** Yvan (1956), Fr. **Chuchro,** Josef (1931), Tchèque. **Claret,** Lluis (1951), Andorran. **Coin,** Christophe (1958), Fr. **Coppey,** Marc (1969), Fr. **Du Pré,** Jacqueline (1945-1987), Angl. **Feuermann,** Emanuel (1902-42), Pol. (nat. Amér.). **Flachot,** Reine (1922-98), Fr. **Fontanarosa,** Renaud (1946), Fr. **Fournier,** Pierre (1906-86), Fr. **Gastinel,** Anne (1971), Fr. **Gendron,** Maurice (1920-90), Fr. **Geringas,** David (1946), R. (vit en Allemagne). **Gueorgian,** Karine (1944), R. **Gutman,** Natalia (1942), R. **Haimovitz,** Matt (1970), Amér.-Isr. **Harnoy,** Ofra (1965), Amér. (origine isr.). **Harrell,** Lynn (1944), Amér. **Helmerson,** Frans (1945), Suéd. **Hoffmann,** Gary (1956), Amér. **Isserlis,** Steven (1958), Angl. **Jablonski,** Roman (1945), Pol. **Janigro,** Antonio (1918-89), It. **Karttunen,** Anssi (1960), Finl. **Khomitzer,** Mikhaïl (1935), R. **Lloyd Webber,** Julian (1951), Angl. **Lodéon,** Frédéric (1952), Fr. **Ma,** Yo-yo (1955), Amér. (origine chinoise). **Mainardi,** Enrico (1897-1976), It. **Maisky,** Mischa (1948), R. (vit en France). **Maréchal,** Maurice (1892-1964), Fr. **Markevitch,** Dimitry (1923), Amér. (origine russe, vit en Suisse). **Meneses,** Antonio (1957), Brés. **Meunier,** Alain (1942), Fr. **Monighetti,** Ivan (1948), Letton. **Mørk,** Truls (1961), Norv. **Muller,** Philippe (1946), Fr. **Navarra,** André (1911-88), Fr. **Noras,** Arto (1942), Finl. **Palm,** Siegfried (1927), All. **Parisot,** Aldo (1920), Brés. **Perényi,** Miklós (1948), Hongr. **Pergamenschikov,** Boris (1948), R. (vit en Allemagne). **Piatigorski,** Gregor (1903-76), R. (nat. Amér.). **Pidoux,** Roland (1946), Fr. **Rose,** Leonard (1918-84), Amér. **Rostropovitch,** Mstislav (1927), R. (nat. Sui.). **Sádlo,** Miloš (1912), Tchèque. **Shafran,** Daniil (1923-97) R. **Schiff,** Heinrich (1947), Autr. **Starker,** János (1924), Hongr. (nat. Amér.). **Tortelier,** Paul (1914-90), Fr. **Walevska,** Christine (1948), Amér. **Wang,** Jian (1969), Chinois. **Wieder-Atherton,** Sonia (1961), Fr. **Williencourt,** Dominique de (1959), Fr. **Wispelwey,** Peter (n.c.), Néerl.

JAZZ

Abréviations : Accor. : Accordéon ; Al. : Alto ; Arr. : Arrangeur ; As. : Saxo alto ; Ban. : Banjo ; Bat. : Batterie ; Bl. : Blanc ; Bs. : Saxo baryton ; C. : Contrebasse ; Ch. : Chanteur(se) ; Chef d'or. : Chef d'orchestre ; Cl. : Clarinette ; Co : Cornet ; Cp. : Compositeur ; Fl. : Flûte ; Gui. : Guitare ; H. : Harmonica ; Man. : Mandoline ; N. : Noir ; O. : Orgue ; P. : Piano ; S. : Saxophone ; Sopr. : Soprano ; Tb. : Trombone ; Tp. : Trompette ; Ts. : Saxophone ténor ; Vi. : Vibraphone ; Viol. : Violon ; Wb. : Washboard.

☞ Tous ces interprètes sont américains, sauf indication. Voir aussi le chapitre **Personnalités**.

☞ *Première formation de jazz :* fondée vers 1880 à La Nlle-Orléans par le trompettiste noir Bunny Bolden.

Adderley, Julian « Cannonball » (1928-75), S. **Allen,** Lee (1926-94), S. **Armstrong,** Louis Daniel, dit « Satchmo » (4-7-1900/6-7-1971), Tp. Ch. Cp. Chef d'or., N. **Ayler,** Albert (1936-70), S., N. **Badini,** Gérard (Français, 1931), Cl., Bl. **Bailey,** Derek (29-1-1932), Gui. **Baker,** Chet (1929-88), Tp. Ch. Cp., Bl. **Baquet,** George (1883-1949), Cl., N. **Barbieri,** Gato (Leandro dit) (Argentin, 1933), Ts., Bl. **Barelli,** Aimé (Français, 1917-95). **Barron,** Kenny (1943), P. **Basie,** Count (William, dit ; 1904-84), P. O. Chef d'or., N. **Bechet,** Sidney (1897-1959), Cl. S. Sopr. Cp. Chef d'or., N. **Beiderbecke,** Bix (Leon ; 1903-31), Tp. Co. P., Bl. **Bellson,** Louie (6-7-1924), Bat., Bl. **Benkó,** Sándor (Hongrois, 1940), Cl. Cp. **Berry,** Chuck (Leon ; 1910-41), S., N. **Bigard,** Barney (1906-80), Cl. Ts., N. **Blackwell,** Ed (1929-92), Bat. **Blake,** Eubie (1883-1983), Cp. P., N. **Blake,** Marie (1919-93), Ch. P., N. **Blakey,** Art (1919-90), Bat., N. **Bley,** Carla (11-5-1938), Chef d'or. Cp. P., Bl. **Bluiett,** Hamieth (16-9-1940), Bs. Cl. Fl. **Bolden,** Buddy (1877-1931), Tp., N. **Bolling,** Claude (Français, 10-4-1930), P., Bl. **Braxton,** Anthony (1945), S., N. **Bridgewater,** Dee Dee (1959), Ch., N. (vit en France). **Brown,** Charles (1920-99), Gui., N. **Brubeck,** Dave (David ; 1920), P., Bl. **Buckner,** Milt (Milton ; 1915-77), P. Vi. O. Chef d'or., N. **Bunn,** Teddy (1909-78), Gui., N. **Burton,** Gary (1943), Vi., Bl. **Byas,** Carlos Don (1912-72), S., N. **Byrd,** Charlie (1925-99), Gui., Bl. **Caldwell,** Toy (1948-93), Gui. Ch. **Callender,** Red (1918-92), C. **Calloway,** Cab (Cabell ; 25-12-1907/18-11-1994), Ch. Bat. Chef d'or., N. **Carter,** *Benny* (Lester Bennett ; 8-8-1907), As. Tp. Cl. Cp. Chef d'or., N. ; *Betty* (Lillie Mae Jones ; 1930-98) Ch. **Catlett,** Sidney (1910-51), Bat., N. **Celestin,** Papa (1884-1954), Tp., N. **Charles,** Ray (23-9-1932), Ch. P. As. O. Cp. Chef d'or., N. (aveugle à 6 ans). **Cherry,** Don (Donald, dit ; 1936-95), Tp. P. Fl. **Christian,** Charlie (1916-42), Gui., N. **Clarke,** Kenny (Kennett Spearman, dit ; 1914-85), Bat., N. **Clayton,** Buck (Wibur, dit ; 1911-92), Tp., N. **Cobb,** Arnett (1918-89), Ts. **Cohn,** Al (1925-88), Ts., Bl. **Cole,** Cozy (1909-81), Bat., N. **Cole,** Nat King (Nathaniel, dit ; 17-3-1917/15-2-1965), P. Ch., N. **Coleman,** *Bill* (William ; 1904-81), Tp. ; *Ornette* (1930), As. Cp. Tp. Viol., N. **Collins,** Lee (1901-60), Tp., N. **Coltrane,** John (1926-67), S. Sopr. Ts. Cp. Chef d'or., N. **Combelle,** Alix (Français, 1912-78), Ts. Cl. Chef d'or., Bl. **Condon,** Eddie (1905-73), Ban. Gui., Bl. **Corea,** Chick (12-6-1941), P., Bl. **Davis,** *Eddie* « Lockjaw » (1922-86), Ts., N. ; *Miles* (1926-91), Tp. Cp., N. **Desmond,** Paul (1924-77), Al., Bl. **Dodds,** Baby (1898-1959), Bat., N. **Dodds,** Johnny (1892-1940), Cl., N. **Dolphy,** Eric (1928-64), Al. Cl., N. **Domino,** Fats (Antoine, dit ; 1928), P. Ch. Cp. Chef d'or., N. **Dorham,** Kenny (1924-72). **Dorsey,** *Jimmy* (James ; 1904-57), As. Cl. Chef d'or., Bl. ; *Tommy* (Thomas ; 1905-56), Tb. Tp. Chef d'or., Bl. **Eckstine,** Billy (William Clarence Eckstein ; 8-7-1913/8-3-1993), Chef d'or. Ch., N. **Edison,** Sweets (Harry ; 1915-99), Tp., N. **Eldridge,** Roy (1911-89), Tp., N. **Ellington,** *Duke* (Edward Kennedy, dit ; 29-4-1899/24-5-1974), P. Chef d'or. Cp., N. ; *Mercer* (fils de Duke, 1919-96), Tp. Cp., N. **Evans,** *Bill* (William ; 1929-80), P. ; *Gil* (Canadien, 1912-88), P. Chef d'or., Bl. **Farmer,** Art (1928-99), Tp. **Fitzgerald,** Ella (25-4-1918/16-6-1996), Ch., N. **Foster,** Pops (George-Murphy ; 1892-1969), C., N. **Garbarek,** Jan (1947), S., Bl. **Garner,** Erroll (1923-77), P., N. **Garret,** Kenny (1960), S., N. **Garros,** Christian (1920-88), Bat., Bl. **Getz,** Stan (Stanley ; 1927-91), Ts., Bl. **Gillespie,** Dizzy (John Birks, dit ; 21-10-1917/6-1-1993), Tp. Ch. Cp. Arr. Chef d'or., N. **Gonda,** János (Hongr., 1932). **Goodman,** Benny (Benjamin ; 1909-86), Cl. Chef d'or., Bl. **Gordon,** Dexter (1923-90), Ts. **Grappelli,** Stéphane (Français, 26-1-1908/1-12-1997), Viol. P., Bl. **Green,** Freddie (1911-87), Gui., N. **Griffin,** Johnny (24-4-1928), Cp. S. **Guerrini,** Alain (Français, 1940-95), S. **Gullin,** Lars (Suédois, 1928-76), S., Bl. **Haggart,** Bob (Robert Sherwood ; 1914-98) C. Cp. Chef d'or. arr. **Hamilton,** Jimmy (1917-94), Cl. S. **Hampton,** Lionel (12-4-1909), Bat. P. Vi. Ch., N. **Hancock,** Herbie (1940), P. **Harrison,** Jimmy (James Henry ; 1900-31), Tb. Ch., N. **Hawkins,** Coleman (21-11-1901/19-5-1969), Ts., N. **Henderson,** James (Fletcher ; 18-12-1897/28-12-1952), P. Cp. Chef d'or., N. **Herman,** Woody (Woodrow Charles, dit ; 1913-1987), Cl. S. Chef d'or., Bl. **Higgins,** Billy (1936-2001) Bat. **Hines,** Earl (28-12-1903/22-4-1983), P. Cp. Chef d'or., N. **Hinton,** Milt (1910-2000), C. **Hodes,** Art (Arthur, dit ; 1904-93), P. **Hodges,** Johnny (Cornelius ; 25-7-1907/11-5-1970), As. Chef d'or., N. **Holiday,** Billie (1915-59), Ch., N. **Husby,** Per (1949), P., Bl. **Jackson,** *Chubby* (Greig Stewart ; 25-10-1918), C., Bl. ; *Mahalia* (1911-73), Ch., N. ; *Milt* (1923-99), Vi., N. ; *Tony* (1876-1921), P. Ch., N. **Jacquet,** Illinois (Jean Baptiste, dit ; 31-10-1922), Ts., N. **Jarrett,** Keith (1945), P. S., N. **Jarvis,** Clifford (1941-99), Bat. **Johnson,** *Bunk* (William ; 1889-1949), Tp., N. ; *James* P. (1894-1955), P., N. ; *Jay Jay* (James Louis ; 1924-2001, suicidé), Tb. Cp., N. ; *Jimmy* (James Price, dit ; 1894-1955), P. Cp., N. **Jones,** *Hank* (1918), P., N. ; *Jo* (1911-85), Bat., N. ; *Philly Joe* (1923-85), Bat., N. ; *Quincy* (Quincy Delight ; 1933), Tp. Chef d'or. ; *Thad* (1923-86), Tb., N. **Joplin,** Scott (1868-1917), P. Cp., N. **Jordan,** *Duke* (Sydney, dit ; 1922), P. ; *Louis* (1908-75), S. Ch. **Kaminski,** Max (1908-94), Tp. Chef d'or. **Kay,** Connie (1927-94), Bat., N. **Keppard,** Freddy (1890-1933), Tp., N. **Kirk,** Roland (1936-77), Ts., N. **Konitz,** Lee (1927), As. Fl., Bl. **Krog,** Karin (1937), Ch., Bl. **Krupa,** Gene (1909-73), Bat. Chef d'or., Bl. **Lacy,** Steve (1934), S. **Ladnier,** Tommy (1900-39), Tp. **Lafitte,** Guy (Français, 1927-98), Ts. Cl., Bl. **La Rocca,** Nick (1899-1961), Co. Cp., Bl. **Levitt,** Al (Alan, dit ; 1932-94). **Levy,** Lou (1928), P., N. **Lewis,** *Al* (1905-92), Ban. ; *John* (1920-2001), P. Chef d'or., N. **Linkola,** Jukka (Finlandais, 1955), Cp. P. **Liston,** Melba (1926-99), Tb. Cp. Arr. **Lockwood,** Didier (Français, 1956), Viol. **Lunceford,** Jimmie (James Melvin ; 1902-47), Chef d'or. S., N. **Luter,** Claude (Français, 23-7-1923), Cl. Chef d'or., Bl. **Lyons,** Jimmy (1932-86), S. **McRae,** Carmen (1920-94), Ch., N. **Makowicz,** Adam (Polonais, 1940), P. **Marsalis,** Wynton (18-10-1961), Tp., N. **McGhee** (1918-87), Tp., N. **McLean,** Jackie (John Lenwood ; 1932), S. **Mezzrow,** Mezz (Milton Mesirow ; 1899-1972), Cl. S. Chef d'or. C., Bl. **Miley,** Bubber (James ; 1903-32), Tp., N. **Miller,** Glenn (1904-44 dans un avion abattu par erreur par les Alliés), Cp. Tb. Arr. Chef d'or., Bl. **Mingus,** Charlie (Charles ; 1922-79), C., N. **Mitchell,** Red (1927-92), C. **Monk,** Thelonious (1917-82), P. Chef d'or. Cp., N. **Morton,** Jelly Roll (Ferdinand Joseph La Mothe, dit ; 20-10-1890/10-7-1941), P. Cp. Ch. Chef d'or., N. **Mulligan,** Gerry (Gerald Joseph ; 1927-96), Bs., Bl. **Murray,** *David* (1955), S. Cp., N. ; *Sunny* (James Arthur, dit ; 1937) Bat. **Nelson,** Big Eye Louis (Louis Delisle ; 1885-1949), Cl., N. **Newborn,** Phineas (1931-89), P., N. **Nicholas,** Albert (Nick ; 1900-73), Cl., N. **Noone,** Jimmy (1895-1944), Cl., N. **Oliver,** King (Joe, dit ; 1885-1938), Tp. Chef d'or. Cp., N. **Ory,** Kid (Edward, dit ; 1886-1973), Tb. Chef d'or., N. **Palmer,** Roy (1892-1964), Tb., N. **Parker,** Charlie dit « Bird » (1920-55), As. Cp., N. **Pass,** Joe (1929-94), Gui., Bl. **Pastorius,** John Francis, dit Jaco (1951-87), Gui. basse. **Pepper,** Art (1925-82), As. Cl., Bl. **Perkins,** Carl (1928-58), P. **Peterson,** Oscar (Canadien, 15-8-1925), P., N. **Petrucciani,** Michel (Français, 28-12-1962/6-1-1999), P. **Pettiford,** Opie (Oscar, dit ; 1922-60), C. **Ponty,** Jean-Luc (Français, 1942), Viol., Bl. **Porret,** Julien (Français, 1896-1979) Cp. Tp. **Powell,** Bud (Earl, dit ; 1924-66), P., N. **Presser,** Gábor (Hongrois, 1948). **Price,** Sammy (Samuel ; 1908-92), P., N. **Pullen,** Don (1944-95), P. O. Cp. **Ramirez,** Paul (1959), Bat. **Rava,** Enrico (Italien, 1939), Tp. **Reinhardt,** Django (Jean-Baptiste, dit ; Tzigane, né en Belgique, 23-1-1910/16-5-1953), Gui. Cp. Chef d'or., Bl. **Rich,** Buddy (Bernard ; 1917-87), Bat., Bl. **Roach,** Max (Maxwell ; 1925), Bat., N. **Robeson,** Paul (1898-1976), Ch., N. **Rogers,** Shorty (Milton Michael Rajonsky, dit ; 1924-94), Tp. Cp., Bl. **Rollins,** Sonny (Théodore Walter, dit ; 7-9-1930), Ts. Cp., N. **Romano,** Aldo (Italien, 16-1-1941), Bat. Ch. **Rouse,** Charlie (1924-88), S., N. **Rudd,** Roswell (17-11-1935), Tb. P. Cp. **Rushing,** Jimmy (1903-72), Ch., N. **Russel,** George (23-6-1923), Cp. P. **Rypdal,** Terje (Norvégien, 1947-89), Gui., Bl. **Sarmanto,** Heikki (1939), P. Cp. **Seifert,** Zbigniew (Polonais, 1945-79), Viol. **Sharrock,** Sonny (1940-94), Gui. **Shaw,** Artie (Arthus Arshawsky ; 23-5-1910), Cl. Chef d'or., Bl. **Shepp,** Archie (24-5-1937), S., N. **Silva,** Alan (22-1-1939), C. Chef d'or. **Silver,** Horace (H. Ward Martin Tavares ; 2-9-1928), P. S. Chef d'or., N. **Simone,** Nina (1933), Ch. P. Cp., N.

Sims, Zoot (John Haley, dit ; 1925-85), Ts., Bl. **Singleton,** Zutty (Arthur ; 1898-1975), Bat., N. **Slovacek,** Felix (1944), Cl. S. Chef d'or., Bl. **Smith,** *Bessie* (1894-1937), Ch., N. ; *Carson* (1931-97), C. ; *Jimmy* (James Oscar ; 8-12-1925), O. P. Ch., N. ; *Stuff* (Gordon, dit ; 1909-67), Viol. ; *Willie* (William Bertholoff) dit « The Lion » (1897-1973), P. Cp. Chef d'or., N. **Solal,** Martial (Français, 23-8-1927), P., Bl. **St Cyr,** John Alexander (1890-1966), Gui. Ban. **Stivin,** Jiří (1942), S. Fl. Cp., Bl. **Sun Ra** (Sonny Blount ; 1914 ou 15-93), P., N. **Sutherland,** Margaret (1897-1984), P. **Szabados,** György (Hongrois, 1939) **Tatum,** Art (Arthur ; 1910-56), P., N. **Taylor,** Cecil (15-3-1933), P., N. **Teagarden,** *Jack* (Weldon Leo, dit ; 29-8-1905/15-1-1964), T. Ch., Bl. ; *Norma* (1911-96), P., sa sœur. **Thornton,** Clifford (1936-83), Tp., N. **Tissendier,** Claude (Franmçais), Ts., Bl. **Toneff,** Radka (1952-82), Ch., Bl. **Tristano,** Lennie (1919-79), P., Bl. **Tyner,** McCoy (11-12-1938), P., N. **Vaughan,** Sarah (1924-90), Ch., N. **Vesala,** Edward (1945-99), Bat. Cp. **Waits,** Tom (Thomas, dit ; 1949) Ch., N. **Waller,** Fats (Thomas, dit ; 1904-43), P. O. Ch. Cp. Chef d'or. **Wallington,** George (1924-93), P. **Warlop,** Michel (Français, 1911-47), Viol. **Washington,** Ernie F. (1926-79), P. Ch. **Waters,** Benny (Benjamin ; 1902-98), Ts. As. Cl. Ch. Arr. **Webb,** Chick (William ; 1909-39), Bat. Chef d'or., N. **Webster,** Ben (Benjamin ; 1909-73), Ts., N. **Wilen,** Barney (Franco-Américain, 1937-96), S., Bl. **Willkins,** Ernie (Ernest Brooks ; 1919-99), Cp. Chef d'or. Arr. **Williams,** *Cootie* (Charles Melvin ; 1908-85), Tp. Ch. Chef d'or., N. ; *Joe* (1918-99) Ch. ; *Mary Lou* (1910-81), P. Cp., N. **Wilson,** *Orlandus* (1917-98) Ch. Arr. ; *Teddy* (Théodore ; 1912-86), P. Chef d'or., N. **Woods,** Phil (2-11-1931), As. **Woodyard,** Sam (1925-88), Bat. **Young,** Lester dit Pres (le Président ; surnom donné par Billie Holiday ; 27-8-1909/15-3-1959), Ts. Cl., N. ; *Trummy* (Young, dit ; 1912-84), Tb.

Blues

☞ Tous ces interprètes sont américains, sauf indication.

Alexander, Texas (1890-1955), Ch. Gui. **Allison,** Luther (1939-97), Ch. Gui. **Arnold,** Kokomo (1913-69), Ch. Gui. **Berry,** Chuck (Charles Edward ; 18-10-1926), Gui. Ch., N. **Big Bill Broonzy** (1893-1958), Ch. Gui. **Big Maceo** (1905-53), Ch. P. **Bland,** Bobby « Blue » (11-10-1919), Ch. **Blind,** Blake (1885-1930), Gui. Ch. **Boyd,** Eddie (25-11-1914), P. Ch. **Brown,** *Ada* (1891-1950), Ch. ; *Roy* (James ; 1925-81), Ch. **Buckner,** Milt (voir **Jazz** p. 413 b). **Carr,** Leroy (1905-35), Ch. P. **Chenier,** Clifton (1925-87), Ch. Accor. **Clapton,** Eric (1945), Ch. Gui. **Collins,** Albert (1932-94), Ch. Gui. **Cox,** Ida (1889-1967), Ch. **Crayton,** Peewee (1914-85), Ch. Guit. **Crudup** (Arthur) dit Big Boy (1905-74), Ch. Gui. **Davenport,** Cow Cow (1894-1955), Ch. P. **Davis,** *Blind Gary* (1896-1972), Ch. Gui. Ban. ; *Walter* (1912-64), Ch. P. **Dawkins,** Jimmy, dit Fast Fingers (1938), Ch. Gui. **Diddley,** Bo (Ellas McDaniel ; 1928). **Dixon,** Willie (1915-92), C. Ch. **Dupree,** Champion Jack (William Thomas ; 1910), Ch. P. **Estes,** John, dit Sleepy John (1900-77), Ch. Gui. **Fuller,** Jesse (1896-1976), Ch. Gui. H. **Fulson,** Lowell (31-3-1921), Ch. Gui. **Gillum,** William, dit Jazz Gillum (11-9-1904), Ch. H. **Guy,** Buddy (30-7-1936), Ch. Gui. **Harris,** Wynonie (1915-69), Ch. **Harrison,** Wilbert (1929-94), Ch. **Hogg,** Smokey (1914-60), Ch. Gui. **Hooker,** *Earl* (1930-70), Gui. Ch. ; *John Lee* (22-8-1917), Ch. Gui. **Hopkins,** dit Lightnin' (1912-82), Ch. Gui. **Howlin' Wolf** (Chester Burnett ; 1910-76), Ch. Gui. H. **James,** *Elmore* (1928-63), Ch. Gui. ; dit *Homesick* (30-4-1910), Gui. Ch. ; *Skip* (1902-69), Ch. Gui. P. **Jefferson,** dit Blind Lemon (1880-1929), Ch. Gui. **Johnson,** *Lonnie* (1894-1970), Gui. Ch. ; *Luther* (1934-76), Ch. Gui. ; *Jr., Luther* (1939), Ch. Gui. ; *Robert* (1910-38), Ch. Gui. **Jones,** *Curtis* (1906-71), Ch. P. ; *Johnnie,* dit *Little Johnnie* (1924-64), P. Ch. **Joseph,** Pleasant (1907-89), Ch. Gui. **King,** *Albert* (25-4-1924), Gui. Ch. ; *Riley* dit *B.B.* (Blues Boy ; 16-9-1925), Ch. Gui. ; *Freddie* (1934-76), Ch. Gui. **Korner,** Alexis (Anglais, 1928-84), Gui. **Leadbelly** (1889-1949), Ch. Gui. **Lightnin' Slim** (1913-74), Ch. Gui. **Lipscomb,** Mance (1895-1976), Ch. Gui. **Little Milton** (7-9-1934), Ch. Gui. **Little Walter** (1930-68), H. Ch. **Lockwood,** Robert Jr. (1916), Ch. Gui. **Louisiana Red** (1936), Ch. Gui. H. **Lucas,** Lazy Bill (1918-82), H. P. Gui. O. Ch. **Magic Sam** (Samuel Maghett ; 1937-69), Ch. Gui. **Martin,** Carl (1906-79), Ch. Gui. Man. **McClennan,** Tommy (1908-59), Ch. Gui. **McCoy,** Joe (1900-51), Gui. Ch. **McGhee,** Brownie (1915-96), Ch. Gui. **Memphis Minnie** (1900-73), Ch. Gui. **Memphis Slim** (Peter Chatman, dit ; 1915-88), Ch. P. **Muddy Waters** (1915-83), Ch. Gui. **Myers,** Louis (1929), Gui. H. Ch. **Nighthawk,** Robert (1919-67), Ch. Gui. **Patton,** Charley (1887-1934), Ch. Gui. **Peg Leg,** Sam (1911-77), Ch. H. **Professor Longhair** (1918-80), Ch. P. **Rainey,** Ma (Gertrude, dite ; 1886-1939), Ch. **Reed,** Jimmy (1925-76), Ch. H. Gui. **Robinson,** L.C., dit Good Robin (1915-76), Ch. Gui. Viol. **Rodgers,** Jimmie (1897-1933), Ch. **Rush,** Otis (29-4-1934), Ch. Gui. **Shines,** Johnny (1915-92), Ch. Gui. **Smith,** George (1924-83), Ch. H. **Spann,** Otis (1930-70), P. Ch. **Stackhouse,** Houston (1910), Gui. Ch. **Sunnyland,** Slim (5-9-1907), Ch. P. O. **Sykes,** Roosevelt (1906-83), Ch. P. **Tampa Red** (1903-81), Ch. Gui. **Taylor,** Eddie (1923-85), Ch. Gui. **Temple,** Johnny (1908-68), Ch. Gui. **Terry,** Sonny (Saunders Tedell, dit ; 1911-86), H. Ch. **Thornton,** Big Mama (1926-85), Ch. H. **Tucker,** Tom (1933-82), Ch. P. O. **Turner,** Ike (5-11-1931), Gui. P. Ch. **Walker,** Aaron, dit T-Bone (1909-75), Ch. Gui. **Washboard,** Sam (Robert Brown ; 1910-66), Ch. Wb. **Wells,** Junior (9-12-1939), Ch. H. **Wilkins,** Joe Willie (1924), Gui. Ch. **Williams,** Big Joe (1903-82), Ch. Gui. **Williamson,** dit *Sonny Boy* (1914-48), Ch. H. ; dit *Sonny Boy (IIe)* (1901-65), Ch. H. **Young,** Johnny (1917-74), Ch. Man. Gui.

Formes et styles

Musique profane

Air de cour (XVIe-XVIIe s.), air à chanter galant et pastoral. **Aria** ou **air** (XVIIe-XIXe s.), mélodie vocale ou instrumentale. **Arioso** (XVIIe-XVIIIe s.), récitatif vocal accompagné.

Ballade (XIVe-XVe s.), chanson vocale ou instrumentale de forme fixe, dont l'élément caractéristique est le vers-refrain à la fin de chaque strophe ; (fin XVIIIe s.), mélodie vocale inspirée par un texte littéraire ; devient au XIXe s. une pièce instrumentale.

Cantate (début XVIIe s. ; puis XXe s.), composition profane ou religieuse à une ou plusieurs voix avec accompagnement. **Canzone** (XVIe-XVIIe s. surtout), œuvre vocale adaptée aux instruments. **Cassation** (XVIIIe s. surtout), divertissement de plein air à jouer le soir. **Chaconne**, danse instrumentale à 3 temps. **Chanson polyphonique** (XVIe s.), avec un nombre de voix variable. **Concerto**, à l'origine, dialogue des voix et des instruments. *Concerto vocal de chambre* (XVIIe s.). *Concerto grosso* (1674), dialogue entre le groupe des instruments solistes (concertino) et la masse orchestrale (ripieno ou grosso) ; il s'effacera devant la symphonie concertante (voir col. c). *Concerto pour soliste* (XVIIe-XXe s.), dialogue d'un seul instrument avec l'orchestre. **Contrepoint**, combinaison de différentes parties harmoniques. *Contrepoint simple :* les différentes parties s'accompagnent, soit note contre note, soit 2, soit 4 notes contre une. *Fleuri :* les parties (sauf le chant principal) procèdent par des valeurs plus brèves et des rythmes différents. *Double* ou *renversable :* combinaison où les parties peuvent se renverser du grave à l'aigu, c.-à-d. passer du dessus à la basse et inversement. *Triple* ou *quadruple :* 3 ou 4 parties différentes qui peuvent se placer à l'aigu, à la basse et aux parties intermédiaires, chacune à son tour. *Fugué :* combinaison avec les formes de la fugue. *Libre :* autorisation de certaines libertés. *Rigoureux* ou *classique :* suivant les règles tracées par les maîtres. *Rétrograde. Par mouvement contraire* ou *par augmentation et diminution. A double-chœur* (8 voix).

Divertissement ou **divertimento** (XVIIIe s., puis XXe s.), suite libre de différents morceaux pour groupe d'instruments solistes. **Étude** (fin XVIIIe-XXe s.), pièce de structure variable dictée par la difficulté technique. **Fantaisie** (XVIe-XXe s.), au début, composition polyphonique instrumentale, puis forme librement improvisée. **Frottole** (fin XVe s., début XVIe s.), chant populaire italien à 3 ou 4 voix. **Fugue** (fin XVIIe-XXe s.), écrite à plusieurs voix ; à un sujet s'oppose une réponse. **Ground** ou **basse contrainte** (basso ostinato) [XVIe-XVIIe s.], sur une même basse qui se répète sans cesse se développent des dessins différents. **Impromptu** (surtout XIXe s.), pièce instrumentale à demi improvisée ou dans un style évoquant l'improvisation. **Intermezzo** (XVIe-XVIIIe s.), évolue du divertissement à l'opéra bouffe et au ballet-divertissement ; (XIXe s.), pièce instrumentale. **Invention** (XVIIIe s.), petite étude de style à imitations.

Lied (Allemagne), au XVIe s., chanson polyphonique ; à partir du XVIIIe s., pièce vocale avec piano ou orchestre. **Madrigal** (XVIe s.), pièce vocale de style libre. **Masque** (XVIe-XVIIIe s.), divertissement dramatique (chant, danse et texte parlé). **Mélodie** (XIXe-XXe s., France), pièce vocale accompagnée au piano ou à l'orchestre.

Opéra, opéra-comique, opérette (voir p. 421 b). **Oratorio** (XVIIe-XXe s.), composition pour soli, chœur et orchestre ; œuvre dramatique non représentée. **Ouverture** (début du XVIIe s.), pour l'orchestre, vient en tête d'un opéra ; sa structure a varié depuis le XVIIe s. *Ouverture à la française :* forme instrumentale dans le genre de la suite. **Poème symphonique** (XIXe-XXe s.), décrit ou raconte en musique ; pas de structure précise. **Prélude** (XVIe s.), introduit une fugue ou une suite de danses ou encore se suffit à lui-même. **Quatuor,** vocal dès le XVIe s., puis devient aussi instrumental à partir du XVIIIe s. jusqu'à nos jours ; le plus souvent : 2 violons, 1 alto, 1 violoncelle (quatuor à cordes).

Récitatif, au XVIIe s., suit de près le rythme du langage ; au XIXe s., il le suit de plus loin. **Rhapsodie** (XIXe-XXe s.), fantaisie sur des chants populaires ou des thèmes très simples, souvent folkloriques (hongrois, norvégiens). **Ricercare** (XVIe-XVIIe s.), évoluera vers la fugue. **Romance**, chant d'amour ; chanson vocale ou instrumentale. **Rondeau** (XIIe-XVe s.), chanson vocale ou instrumentale de forme fixe (a b/a a a b/a b). **Rondo** (XVIIe-XXe s.), caractérisé par le retour d'un refrain ; souvent final d'une sonate, d'un concerto, d'une symphonie.

Scherzo (XIXe-XXe s.), pièce à 3 temps, brillante, 3e mouvement de symphonie ou sonate en remplacement du menuet. **Sérénade** (surtout au XVIIIe s.), pièce vocale, puis instrumentale. **Sinfonia** (XVIIe s.), forme mal définie, confondue (au XVIIIe s.) avec l'ouverture à l'italienne. Terme encore employé pour les ouvertures des opéras de Rossini, Donizetti, Bellini, Cherubini. **Sonate** (début XVIIe s.), œuvre instrumentale monothématique : thème unique développé sur le ton principal, puis sur sa dominante (Bach, Haendel) ; (XVIIIe s.), sonate bithématique : 2 thèmes développés tour à tour sur 2 tons ; (fin XVIIIe s.), sonate en 3 ou 4 mouvements (allegro bithématique, mouvement lent, éventuellement menuet, final bithématique ou rondo) [CPE Bach, puis Haydn, Mozart et Beethoven]. **Suite** (XVIe-XVIIIe s., XXe s.), succession de mouvements de danse (exemple : ouverture – allegro – allemande – courante – sarabande – gigue). **Symphonie** (XVIIIe-XXe s.), en général vaste composition pour orchestre, réplique de la sonate ; la plupart du temps à 4 mouvements : allegro, andante (adagio), menuet, allegro final. **Symphonie concertante** (XVIIIe s.), sorte de concerto à plusieurs solistes.

Tiento (XVIe s., espagnol), équivalent du prélude ou du ricercare. **Toccata** (de *toccare,* toucher) [XVIe-XXe s.], pas de structure précise ; pour instruments à clavier (orgue, clavecin, piano), en général. Aux XIXe et XXe s., devient une pièce de virtuosité. **Trio** (XVIIe-XXe s.), à trois voix ; il peut être à cordes (piano, violon, violoncelle) ; d'anches (hautbois, clarinette, basson) ; d'orgue ou vocal.

Variation (XVe-XXe s.), expose un même thème sous divers aspects. **Virelai** (XIIe-XVe s.), chanson vocale ou instrumentale de forme fixe (a b b a a).

Musique religieuse

Anthem (surtout XVIe s.), texte en anglais tiré de la Bible ou la paraphrasant. **Cantate** d'église (dans les pays germaniques luthériens), prédication en musique où choral et chœur ont une place privilégiée (ne contient pas d'éléments épiques ou dramatiques comme l'oratorio). **Choral** (début XVIe-XVIIIe s., puis renouveau au XIXe-XXe s., apogée avec Bach), revêt diverses formes : contrapuntique, fugué, figuré, en canon, etc. **Concerto da chiesa** (XVIe s.), vocal accompagné d'instruments.

Messe, 5 chants principaux constituant le *commun* ou l'*ordinaire* de la messe : Kyrie, Gloria, Credo, Sanctus, Agnus Dei. On distingue la messe : *grégorienne,* ou en plain-chant à une voix ; *polyphonique*, à plusieurs voix ; *concertante,* avec des chœurs, airs, duos, faisant souvent de chaque verset un morceau séparé. **Motet** (XVe s.), vocal polyphonique illustrant le propre d'un office ; répons, hymnes, lamentations, litanies, magnificat, etc.

Oratorio (XVIe s.), sorte de grande cantate à personnages multiples ; il comprend : aria, arioso, récitatif, duo, trio, chœurs. **Passion**, chant de la Passion du Christ, sur un récitatif plus ou moins orné, réparti entre plusieurs récitants et parfois accompagné de chorals. **Plain-chant**, forme de musique vocale monodique en usage dans les églises, allant du grégorien aux messes de Dumont. **Psaume**, chant s'appuyant sur le texte de l'un des 150 psaumes de David ; respecte le plus souvent le découpage des versets. **Requiem**, messe funèbre comprenant Introït (Requiem), Kyrie, Graduel (Requiem), Trait (Absolve), Séquence (Dies irae), Offertoire (Domine Iesu Christe), Sanctus, Agnus Dei, Communion (Lux aeterna).

Styles et époques

■ **Musique monodique.** A une seule voix, n'admettant que l'unisson ou l'octave. Semble avoir été la seule connue dans l'Antiquité et la seule utilisée du Moyen Age à 1150 (chant grégorien). Conservée en Orient.

■ **Musique polyphonique.** A plusieurs voix. L'orgue byzantin, la jota, la chifonie pouvaient émettre simultanément 2 ou 3 sons ; les 1ers essais importants datent du XIe s. On appelle *organum* les 1ers essais polyphoniques où domine une voix chantant en *plain-chant* ; dans le *déchant* (plus tard, au XIe s.), la voix principale ne dominera plus. Dans le *gymel* (Angleterre), les voix progressent par tierces ; dans le *faux-bourdon* (1re moitié du XVe s.), la voix sera accompagnée par une tierce grave émise à l'octave supérieure. Au XIIe s., Léonin et Pérotin définiront la polyphonie *(ars antiqua) ;* au XIVe s., Philippe de Vitry donnera de nouvelles règles *(ars nova).*

■ **Musique baroque** (XVIIe-milieu XVIIIe s.). Monodique, avec accompagnement de basse continue. *Formes :* opéra, oratorio, cantate, concerto, sonate. *Compositeurs :* Allemagne (Schütz, Buxtehude, J.-S. Bach), Angleterre (Haendel, Purcell), Italie (Monteverdi, Vivaldi, Scarlatti), France (Lully, M.-A. Charpentier, Couperin, Rameau).

■ **Musique classique** (milieu XVIIIe-début XIXe s.). Superposition polyphonique. S'épanouit dans sonate, symphonie et concerto. *Formes :* plus élaborées, évoluent autour de la forme sonate (allégros initiaux et la plupart des finales). Le menuet, survivant de la suite de danses baroque, s'intercale en 3e place avant de céder la place au scherzo. *Opéra :* des ensembles s'intercalent entre airs et duos. *Compositeurs :* Gluck, Haydn, Mozart, Beethoven.

■ **Musique romantique** (XIXe s. jusqu'à Wagner). Sommet : 1830-50. *Préromantiques :* Beethoven, Weber et Schubert. *Romantiques :* Berlioz, Chopin, Schumann et Liszt : la musique traduit des états d'âme et devient descriptive, puis Wagner pousse l'écriture tonale à l'extrême du chromatisme *(Tristan et Isolde)* ; Schoenberg (atonalité). *Postromantiques :* Brahms, Bruckner, Mahler, R. Strauss et Sibelius.

■ **Musique impressionniste.** Écrite par petites touches pour saisir des couleurs : Debussy qui a influencé Dukas, Ravel (à ses débuts), F. Schmitt, Roussel ; à l'étranger, de Falla, Respighi, Szymanowski, Enesco, Scriabine et Stravinski.

■ **Musique aléatoire** (1951, née des expériences de John Cage, Karlheinz Stockhausen, Pierre Boulez). Éléments de hasard dans la composition ou l'interprétation.

■ **Musique concrète.** Emploie des objets sonores divers, enregistrés et transformés par des procédés électroacoustiques. *1ers essais :* Études de bruits de Pierre Schaeffer (1948). *1res réalisations :* 1950 : Symphonie pour un homme seul (dont Béjart tirera un ballet en 1955) et Bidule en ut de Pierre Schaeffer et Pierre Henry (au studio d'essai de la RTF à Paris). *Compositeurs :* Ivo Malec, Luc Ferrari, Iannis Xenakis, François Bayle, Bernard Parmegiani.

Musique arabe

■ **Généralités.** Ignore la notation et la polyphonie. Fondée à l'origine sur la gamme pythagoricienne. Échelles modales à base de 2 tétracordes conjoints ou disjoints. Il y a intervalles de gammes fondamentales de 3/4 de ton formés par des 1/2 dièses ou des 1/2 bémols. La combinaison des 12 genres originaux permet d'obtenir 120 modes *(maqam)* et, dans la musique médiévale classique, environ 300 maqamat (moins dans la musique « andalouse » se rattachant à un système de 24 modes d'où sortirent 24 *nûba*, suites vocales et instrumentales pouvant durer plusieurs heures).

■ **Principaux instruments.** *Ud* : luth à 5 ou 6 cordes. *Darbouka* : tambour en gobelet à une peau. *Duff* : grand tambour sur cadre à peau de chèvre. *Gasba* : flûte de roseau plus longue que le naï. *Kamandja* : vièle à 2, 3 ou 4 cordes. *Kanoun* : cithare en forme de trapèze à cordes pincées. *Nay* ou *naï* : flûte de roseau. *Rabâb* : rebec. *Santur* : cymbalum à cordes martelées. *Tar* : tambour à une peau (de poisson).

■ **Orchestre.** *Classique oriental* : plusieurs *luths*, un *santur*, un *kanoun*, une *kamandja*, un *nay*, une *darbouka*. *Maghrébin* : comprend en plus un *rabâb*, une *gasba*. *Instruments de musique populaire* : *ghaïta* (musette), *qarâbeb* (crotales) chez les danseurs nègres, *bendir* (grand tambourin) chez les Berbères, *zokra* (sorte de pipeau avec bec en roseau, élargi au bout).

■ **Chanson arabophone. Interprètes célèbres :** Oum Kalsoum (1904-75, Égypte), Fayrouz (1935, Liban), Mayada Hanaoui (1958, Syrie), Ouarda (1940, Algérie, née à Puteaux).

Musique chinoise

■ **Gamme.** *5 degrés constitutifs* : gong, shang, jiao, chi et yu (correspondent par commodité à do, ré, mi, sol, la, échelle pentatonique) et *2 degrés auxiliaires* : biangong et bianchi (si et fa ou fa dièse). Parmi les 5 gammes principales (diao), les plus utilisées ; *do, ré, mi, sol, la* et *sol, la, do, ré, mi* et *la, do, ré, mi, sol*.

■ **Instruments traditionnels.** Classés en 8 catégories : métal, pierre, soie, bambou, bois, peau, calebasse et terre. Sont encore utilisés : *qin* : cithare sur table à 7 cordes en soie. *Zheng* : cithare à 16 ou à 21 cordes ou plus en acier, tendues sur des chevalets mobiles. *Sheng* : « orgue à bouche » à 17 tuyaux (ou plus) de bambou. *Pipa* : luth piriforme à 4 cordes. *Sanxian* : luth à 3 cordes. *Nanhu* : vièle à 2 cordes. *Yangqin* : cithare (en forme de trapèze) à 36 cordes au minimum quadruplées et frappées à l'aide de 2 baguettes flexibles en bambou. *Xiao* : flûte droite. *Dizi* : flûte traversière. *Gu* : tambour. *Daluo* : grand gong. *Xiaoluo* : petit gong. *Po* : cymbales, etc. (cithare, luth et vièle sont des *termes génériques*).

Musique indienne

■ **Échelle musicale.** Au sein de l'intervalle d'octave divisé en 22 intervalles audibles *(sruti)* existent 7 degrés *(svara)* séparés par 2, 3 ou 4 sruti et désignés ainsi : sa-ri-ga-ma-pa-dha-ni.

■ **Structure.** Au Xe s. on créa 6 *râga* principaux (mâles), modes mélodiques adaptés aux saisons, aux heures et aux sentiments : *bhairava* : celui du matin, émane du souffle de Shiva, le créateur ; *shri* : le brillant, le beau ; *malkoons* : le profond, chanté après minuit ; *dipaka* : la lumière, l'union et l'amour et 6 sous-râga : les *râgani* (femelles) et leurs 6 fils (les *putra*). Au total : 216 râga dérivés. Des cycles rythmiques *(tâla)* servent de cadre à l'improvisation des musiciens.

■ **Instruments.** 4 familles. **Idiophones :** *cymbales.* **Membranophones :** *pakhavaj* du nord ou *mridangam* du sud (grand tambour à 2 peaux frappé à main nue) ; *tablâ* (couple d'instruments consistant en un tambour vertical à son sec et une timbale à son sourd). **Aérophones :** *conques, longues trompes métalliques, flûtes* de bambou droites ou traversières, *shâhnâi* du nord ou *nagasvaram* du sud (hautbois). **Cordophones** [a) nudra veena, b) santur] : *vinâ* (luth à 7 cordes dont le manche est muni de 2 résonateurs en calebasse) ; *sitar* (6 ou 7 cordes principales et nombre variable de cordes sympathiques) ; *sarod* (luth à 5 cordes principales et plusieurs cordes sympathiques, à table en peau) ; *surbahar* (sitar grave) ; *luth tampura* (4 cordes accordées sur « sa » tonique, la quinte du sa et l'octave du sa) ; *sarangi* et *sarinda* (sorte de vielle servant surtout à accompagner le chant).

■ **Musique électronique.** Utilise des sons obtenus à partir de générateurs électroniques ; divers traitements modifient leur hauteur, volume, timbre. *1res réalisations* : 1953 Allemagne. *Principaux représentants* : Karlheinz Stockhausen (Elektronische Studie, Gesang der Jünglinge), Bruno Maderna (Notturno, Continuo), Luciano Berio (Omaggio a Joyce), Henri Pousseur (Scambi), Pierre Boulez (Poésie pour pouvoir), Mauricio Kagel.

■ **Musique atonale.** Créée par Arnold Schoenberg (1874-1951) en 1908. Les 12 demi-tons de la gamme chromatique tempérée jouent un rôle égal et aucun n'exerce d'attraction sur un autre. *Œuvres* : Pierrot lunaire, Pièces pour orchestre opus 16, Erwartung, de Schoenberg (1912) ; Wozzeck, de Berg (1925) ; 1res œuvres de Webern.

■ **Musique sérielle et musique dodécaphonique.** Découverte 1911 par Josef-Matthias Hauer. Schoenberg, vers 1923, inventa la série dodécaphonique de 12 sons non apparentés. Aucune note ne doit être réentendue avant le déroulement des 11 autres afin de ne pas polariser la mélodie. *France* : Pierre Boulez (le Marteau sans maître, 1955) ; *Allemagne* : K. Stockhausen ; *Autriche* : Berg et Webern ; *Belgique* : Henri Pousseur ; *Italie* : Berio, Maderna et Nono.

Jazz et blues

☞ Mot utilisé la 1re fois dans le *San Francisco Bulletin* le 6 mars 1913. Dans une chanson traditionnelle du Sud (années 1880), sa signification est plus proche de celle d'aujourd'hui (musique, danse).

Quelques termes

Bamboula. Danse d'origine africaine des Africains déportés à La Nouvelle-Orléans avant l'apparition du jazz. **Batterie.** Comprend essentiellement une grosse caisse, une caisse claire, 2 caisses *(toms)* médium, une tom basse, une cymbale high-hat, une cymbale libre, et divers accessoires de percussion. **Beat.** Battement, pulsation rythmique des temps d'une mesure. **Two-beats.** Rythme à 4 temps (avec accentuation 1er et 3e ou 2e et 4e). **Four-beat.** Les 4 temps sont marqués. **After-beat.** Accentuation des temps faibles. **Be-bop** ou **bop.** Né à Harlem, en grande partie au club Milton's. Période du jazz liée aux années 1940 ; Charlie Parker, Dizzy Gillespie, Thelonious Monk, Bud Powel, Kenny Clarke, Max Roach. Évolution technique et rythmique par rapport au jazz « classique ». **Big band.** Grand orchestre d'une quinzaine de musiciens surtout en vogue dans les années 1930 et 1940 (D. Ellington, C. Basie, J. Lunceford, B. Goodman, D. Gillespie). **Block chords.** Bloc d'accords, accords groupés. Les deux mains unies martèlent le clavier en une succession d'accords. **Blue Note** (la note bleue). Intervalle caractéristique du blues. Tierce, quinte ou septième diminuée. **Blues.** A l'origine, chant rythmant la vie quotidienne sur une base harmonique immuable de 12 à 16 mesures où se superposent mode majeur et mode mineur. Actuellement, courte chanson de 12 mesures (3 phrases de 4 mesures). Style perpétué sous forme folklorique ; Big Bill Broonzy, Lightnin' Hopkins, John Lee Hooker, B.B. King, Memphis Slim. **Boogie-woogie.** Souvent abrégé en boogie ; de l'argot signifiant nègre ou bougnoule. Façon primitive de jouer le blues au piano en utilisant un tempo rapide. Accords d'accompagnement décomposés note par note sur un rythme « croche pointée – double croche » et des basses « ambulantes » ; Pine Top Smith [1er à l'utiliser à Chicago, en 1920, et à employer le terme dans « Pine Top's Boogie-Woogie » (1928)], Cow Cow Davenport, Cripple Clarence Lofton, Big Maceo Merryweather, Joshua Altheimer, Memphis Slim, Jimmy Yancey, Sammy Price, Pete Johnson et Albert Ammons. **Break.** Courte phrase rythmique ou mélodique pendant une pause de l'accompagnement. Exemple : 4 premières mesures de Bugle Call Rag et chorus de trompette d'Armstrong dans Potato Head Blues.

Cajun. Style particulier à la Louisiane. **Cat.** Argot américain, non péjoratif. Musicien jouant dans une formation. **Chant.** Noirs : *timbre* de la voix moins métallique et claire, *technique* plus gutturale, *attaque* plus soudaine et forte, *vibrato* plus rapide et plus marqué, *inflexions nombreuses. Chanteurs : religieux* (Mahalia Jackson, Sister Rosetta Tharpe) ; *de « blues rural »* (Blind Lemon Jefferson, Sleepy John Estes, Sonny Boy Williamson) ; *de jazz* (Jimmy Rushing, Louis Armstrong, Billie Holiday) ou *soul* (James Brown, Ray Charles, Stevie Wonder). **Chicagoans.** Musiciens blancs de Chicago, influencés dès 1918 par le jazz de La Nouvelle-Orléans (Eddie Condon, Muggsy Spanier, Mezz Mezzrow, Bix Beiderbecke). **Chorus (prendre un).** Jouer en soliste pendant le nombre de mesures du thème de départ, ou, par extension, faire une variation en solo sur la structure harmonique du thème et plus particulièrement de son refrain. **Cinquante-Deuxième Rue.** New York (entre 5e et 7e Avenue), où nombre de grands musiciens jouèrent dans de petits cabarets (Famous Door, Onyx Club, Jimmy Ryan's, Three Deuces). **Coda.** Fragment musical qu'un orchestre ou un soliste exécute en conclusion d'un chorus final. **Combo.** Petite formation (5 à 8 musiciens). **Contrepoint.** Juxtaposition de plusieurs lignes mélodiques indépendantes. Résulte de l'entrecroisement des 2, 3, 4 ou 5 parties mélodiques d'une improvisation collective. **Cool** « Frais » ou **West-Coast.** Vers 1950, s'oppose à l'expressionnisme be-bop (Miles Davis) et au jazz hot. Nombreux musiciens blancs (Stan Getz, Gerry Mulligan, Lee Konitz). Le *hipster*, fan de *cool*, précurseur des beatniks et des hippies, affecte une élégance décontractée et porte des lunettes noires (barrage contre le monde extérieur). Exemple : Lenny Bruce.

Dirty (jouer). Jouer avec âpreté, dureté, d'une façon arrachée, « méchante », par opposition à « jouer joli ». La sonorité « growl » est l'effet « dirty » le plus employé. **Dixieland.** États du sud des USA. Style des orchestres de jazz blancs qui ont assimilé à leur façon le style « New Orleans » des Noirs. L'un d'eux, l'« Original Dixieland Jazz Band », effectua le 1er enregistrement de musique de jazz (26-2-1917). **Drive** (en français : poussée, impulsion). Puissance rythmique d'un soliste (dit alors *performer* ; Louis Armstrong, Fats Waller, Charlie Parker, Oscar Peterson, Cannonball Adderly) ou d'un ensemble.

East-Coast ou **hard bop.** Réaction des musiciens noirs de New York contre le West-Coast trop mou et artificiel. **Fox-trot.** Danse populaire de jazz. Avec tempo lent, c'est un *slow fox* ou *unslow.* **Free jazz.** Jazz « libre » dégagé de toute règle harmonique et métrique pour retrouver une expression spontanée. John Coltrane fut un précurseur, créa l'expression avec l'album *Free Jazz* (1960) [(Ornette Coleman et Archie Shepp, Cecil Taylor, Albert Ayler, Don Cherry, Sun Ra]. **Funky.** Forme du style East-Coast en plus violent. Apparaît vers 1957 (Jazz Messengers). **Gospel song.** Nom donné au negro spiritual à partir des années 1930. **Groove.** Exprime la perfection d'un climat musical, l'inspiration dans une interprétation donnée. **Growl.** Effet de grondement ou raclement (cuivres et clarinette).

Hard bop. Retour au jazz noir dans les années 1960 après la période cool (Art Blakey, Donald Byrd, John Coltrane, Jazz Messengers, Lee Morgan, Max Roach, Sonny Rollins, Horace Silver). **Harlem.** Actuel quartier noir de New York, capitale du jazz après Storyville, La Nouvelle-Orléans (1900-17) et Chicago (1917-28). **High hat.** Double cymbale de la batterie, actionnée par une pédale (« cymbale charleston »). **Honky Tonk.** Nom des cabarets de La Nouvelle-Orléans fréquentés par les Noirs pauvres. Comprenaient piano, salle où l'on dansait et arrière-salle ou tripot. **Hot** « Chaud ». Musique, improvisation passionnée par opposition à *straight* (droit). Louis Armstrong et ses ensembles « hot » (Hot Five puis Hot Seven) dans les années 1920 laisseront la place au swing à partir de 1930.

Jam Session. Réunion de musiciens improvisant. **Jazz at The Philharmonic (JatP).** Organisation créée par Norman Granz en 1942. Donna ses concerts au Philharmonic Auditorium de Los Angeles. **Jazz hot.** Jazz des années 1925-35. **Jazz rock** ou **jazz fusion.** Rencontre vers 1970 d'une instrumentation électrique héritée du rock avec le raffinement harmonique ou la subtilité d'expression héritée du jazz : John McLaughlin, Jean-Luc Ponty, Weather Report, ou les disciples de Miles Davis : Herbie Hancock, Chick Corea. Voir aussi p. 416 b. **Jive.** Argot des musiciens Noirs américains. **Jug blowing.** Cruchon dans lequel on souffle (blues). **Jungle.** Style aux rythmes africains, inventé en 1927 par Duke Ellington pour évoquer la ville de New York.

Lazy. Jouer de façon « paresseuse », détendue, sans effort apparent (*Sweet Chariot* de Duke Ellington). **Low Down.** Façon de jouer « méchante » et « accablée », s'appliquant au blues lent.

Mahogany Hall. Ancienne maison close de Lulu White à La Nouvelle-Orléans. **Mesure.** La plupart des morceaux de jazz comptent 32, 16 ou 12 mesures et se découpent en phrases de 8 ou 4 mesures. **Middle jazz** ou **mainstream** (courant principal). Courant fidèle au swing : rythme à 4 temps, accompagnements soignés. **Minstrels.** Blancs qui, au XIXe s., parcouraient le sud des USA travestis en Noirs et interprétaient des chansons folkloriques.

Negro spiritual. Psaume religieux afro-américain ayant subi l'influence du choral luthérien et du chant grégorien. Alternent en général un verset chanté en solo et un verset, toujours le même, repris en chœur. Né au cours de « prayer meetings » (prière en commun) dès le XVIIIe s. ; codifié au XIXe s. Mahalia Jackson, Sister Rosetta Tharpe, Thomas A. Dersey. **New Orleans.** Style lié aux débuts du jazz vers 1915 à La Nouvelle-Orléans. King Oliver, Jelly Roll Morton, Sidney Bechet, Louis Armstrong (à ses débuts).

Oua-oua (wa-wa). Genre de sourdine placée devant le pavillon d'une trompette ou d'un trombone et agitée de façon à modifier le son. Son similaire obtenu à partir d'une pédale d'effets sur la guitare électrique. **Perdido.** Quartier noir de La Nouvelle-Orléans. Composition de Juan Tizol pour l'orchestre de Duke Ellington.

Ragtime. Temps « déchiqueté ». Style de piano antérieur à la naissance du jazz, héritier des rythmes afro-américains comme des œuvres pour piano du XIXe s. (Chopin, Liszt). Né à Sedalia (Missouri), gagne les villes, puis l'Europe (vers 1900). Très syncopé, 2, 3 ou 4 thèmes distincts de 16 mesures. *Thèmes les plus connus* : « Maple Leaf Rag » [créé 1899 par Scott Joplin (1868-1917), « The Entertainer », « Treemonisha »], « King Porter Stomp » et « Carolina Shout » de James P. Johnson. **Rap.** Musique populaire afro-américaine apparue à la fin des années 1970 dans les ghettos du Bronx, de Brooklyn et de Harlem (New York). Voir p. 416 c. **Revival** « Renaissance ». Retour au style Nouvelle-Orléans après 1939-45. **Rhythm and blues.** Forme populaire de jazz à partir des années 1950, fondée sur les harmonies du blues et l'importance du rythme. Louis Jordan, Erskine Hawkins, Ray Charles, James Brown, Bill Doggett, Ike et Tina Turner. **Riff.** Courte phrase mélodique, répétée en général au long du chorus et jouée en section pour accentuer l'intensité rythmique. **Riverboat.** Bateau fluvial du Mississippi sur lequel jouaient des orchestres noirs. **Rock and roll.** Voir p. 416 a.

Salsa « Sauce ». Du nom d'une chanson composée par le Cubain Ignacio Pineiro, « Echale salsita », en 1928. A partir des années 60, le mot a commencé à désigner des rythmes divers, guajira, bamba, cha-cha-cha, merengué, boléro, guaguanco. Ruben Blades, dans les années 80, a introduit l'emploi des synthétiseurs. **Scat.** Improvisation vocale faite d'onomatopées se substituant aux paroles originales. **Shout** (cri, interjection). Chants improvisés des Noirs au cours de cérémonies religieuses. **Slap.** Claquement de la corde contre le bois de la contrebasse jouée pizzicato (jazz ancien). **Soul music.** Voir p. 417 a. **Stomp.** Musique bien cadencée dans le jazz ancien. **Stop-chorus.** La section rythmique ne scandant plus que les mesures, le soliste continue à jouer le chorus. **Straight.** Joué d'après une partition. Style « droit », opposé au « hot ». **Stride** (marche à grandes enjambées). Forme de ragtime née à Harlem vers 1920. James P. Johnson, Willie « The Lion » Smith, Thomas « Fats » Waller. **Swing** (balancement). Signifie la présence d'une véritable vie rythmique dans une interprétation. Naît d'une accentuation sur les temps faibles et d'une souplesse dans le jeu, d'un naturel qui font la différence entre un exécutant au jeu mécanique et un véritable jazzman. *Ère swing (middle jazz) :* période des années 30 ; avènement des grands orchestres (Duke Ellington, Cab Calloway, Count Basie), du saxophone ténor (Coleman Hawkins, Lester Young), évolution du jazz vocal (Ella Fitzgerald, Billie Holiday). Terme générique qui désigne aussi le style de jazz qui prévalait à la fin des années 1930 à Kansas City.

Washboard. Planche à lessiver en tôle ondulée sur laquelle on racle les doigts garnis de dés à coudre pour produire une assise rythmique dans le vieux jazz. **West-Coast.** Style pratiqué en Californie (San Francisco, Los Angeles, etc.), surtout par des Blancs, vers 1952-58. Gerry Mulligan, Stan Getz, Lee Konitz, Shelly Manne, Jimmy Giuffre, Shorty Rogers ; voir **Cool** p. 415 b. **Work song.** Chant de travail des esclaves noirs pour accompagner les travaux les plus durs. Le *holler* ou *field holler,* plus court, permettait de communiquer d'une plantation à l'autre.

Revues de jazz : *Jazz Hot, Jazz Magazine, Jazzman :* voir à l'Index. **Clubs de jazz parisiens :** *d'après 1945 :* Vieux Colombier, Club St-Germain, Lorientais, Tabou ; *actuels :* Caveau de la Huchette, New Morning, Petit Journal Montparnasse, Duc des Lombards, Sunset, Jazz-Club du Méridien-Montparnasse.

POP MUSIC ET ROCK

ORIGINE

Le **rock** est né d'une rencontre entre la **country music** blanche [notamment le *bluegrass* (country music acoustique, mélange de folk et de blues) : du nom des *Blue Grass Boys,* 1er groupe de Bill Monroe (1911-96) en référence à l'herbe de son Kentucky natal] et le **rhythm and blues** noir.

■ **Vers 1940.** *Rhythm and blues,* forme populaire de jazz représentée par Louis Jordan ou Jay McShann. Arthur « Big Boy » Crudup : 1er compositeur de rock ; Elvis Presley reprendra ses succès.

■ **Vers 1950. États-Unis :** vulgarisé sous le nom de *rock and roll* (littéralement, balance et roule ; titre d'une chanson interprétée en 1934 par les Boswell Sisters dans le film *Transatlantic Merry-Go-Round*). Expression reprise dans l'émission « Moondog's Rock'n'roll Party » du journaliste américain Alan Freed, en 1951. Bill Haley (1925-81), puis Fats Domino, Little Richard (1935), Elvis Presley (8-1-1935/16-8-1977), Gene Vincent (1935-71), Chuck Berry (1926), Buddy Holly (1938-59), Eddie Cochran (1938-60), Jerry Lee Lewis (1926), Carl Perkins, Roy Orbisson. *1952-21-3* Alan Freed (DJ à Cleveland ; surnommé le père du rock'n roll) organise au Brooklyn Paramount de New York le 1er « Rock and Roll Show » avec Paul Williams, Tiny Grimes, The Dominoes et Danny Cobb. 1er grand succès : « Rock around the Clock » de Bill Haley [1955 : 3 millions de singles vendus en 2 ans ; 1956 : le film provoque des émeutes] qui sera qualifié de « King of Rock and Roll ».

■ **1956. Angleterre :** Lonnie Donnegan (musicien de Chris Barber) introduit le *skiffle.* La révolte des Teddy Boys s'accompagne bientôt d'un *rock and roll* encore plus explosif [chanteurs : Tommy Steel (1936), puis Marty Wilde, Vince Taylor (1939-71), Billy Fury, Cliff Richard (1940) et les Shadows]. **États-Unis :** The Bluecaps (Dickie Harrell, Jack Neal, Willie Williams, Cliff Gallup, Gene Vincent) de Nashville (Tennessee, USA) sont les auteurs de « Be Bop A Lula » (1956) ; dissous 1959. Elvis Presley devient « King of Rock and Roll » avec « Love Me Tender » (1re : 16-11 à New York dans le western *The Reno Brothers* qui en prendra le nom).

■ **1958. France :** 1er disque de rock (Danyel Gérard : « D'où reviens-tu Billie Boy ? » – texte de Boris Vian). Le rock se développe à Paris au Golf-Drouot. Formations « twist » (les Chaussettes Noires, les Chats Sauvages, les Pirates, les Champions, etc.) ; *vedettes yéyé* (terme employé par le sociologue Edgar Morin dans *l'Express* après la nuit de la Nation, juin 1962) : Johnny Hallyday, Eddy Mitchell, Dick Rivers, Richard Anthony, Sylvie Vartan, Françoise Hardy, Claude François.

■ **Les Sixties (1960-70). Angleterre :** ère des *Beatles* [John Lennon, Paul McCartney, George Harrison, Ringo Starr (formés 1962 à Liverpool, dissous 1970) ; plus grand succès : « Yesterday » (août 1965 sur l'album *Help*], aux mélodies raffinées et aux recherches sonores, face aux *Rolling Stones* [fondés 1962 ; Mick Jagger, Keith Richards, Bill Wyman, Charlie Watts, Brian Jones ; 1er succès : « Satisfaction » (août 1965)], restés proches du blues tout comme le guitariste Eric Clapton. **États-Unis :** Bob Dylan (voir **Country rock** col. b) et les chanteurs noirs, Otis Redding (voir **Soul music** p. 417 a) et James Brown ; Jimi Hendrix [guitariste ; 1er succès : « Hey Joe » (1966)].

Festivals célèbres ayant marqué le mouvement pop : l'île de *Wight* (août 1969 et 1970 : environ 400 000 personnes), *Woodstock* (15/17-8-1969 : 800 000 personnes ; gratuit : déficit 1,6 million de $), *Hyde Park* (juillet 1969, concert gratuit des Rolling Stones), *Amougies* (oct. 1969, Belgique). **Plus grand festival rock :** Steve Wozniak à Devore (Californie), 28/30-5-1983 : rassemblait The Clash, Van Halen, David Bowie et Willie Nelson. **25e anniversaire de Woodstock :** 12/14-8-1994 : 250 000 personnes, entrée 135 $.

☞ **Films :** Five Plus One, Monterey Pop, Mad Dogs and Englishmen, Woodstock, Gimme Shelter, 200 Motels.

QUELQUES COURANTS

Depuis sa naissance, le rock s'est divisé en de multiples tendances. Blues et rock and roll étant tous deux construits sur 3 accords (mi, la, si) et 12 mesures (4/4/4), on les différenciait parfois mal.

■ **Cyberock.** Rock fabriqué sur ordinateur vers 1990. Throbbing Gristle, The Human League, The Normal, Cabaret Voltaire.

■ **Country rock.** Bob Dylan (né 24-5-1941) est à l'origine du renouveau, dans les années 1960, des chansons style ballade d'inspiration folk (textes poétiques ou engagés) ; « Blowin' In The Wind » le rendit célèbre en 1966. Par la suite, il deviendra plus rock. *Ses héritiers :* David Crosby, Stephen Stills, Graham Nash, Neil Young, Van Morrison, Leonard Cohen, Joni Mitchell, James Taylor, Emmylou Harris, Linda Ronstadt, Dire Straits, J.J. Cale, Jackson Browne, Ry Cooder, John Hiatt ou les groupes disparus : The Byrds, The Allman Brothers Band, The Eagles, etc.

■ **Disco. Origine :** 1974-75, le « Munich sound » exploité par Giorgio Moroder (Italo-Suisse). Fondé sur la mise en avant de la batterie. Adopté d'abord dans les discothèques et lancé par le film *la Fièvre du samedi soir* (1977, de John Badham, avec John Travolta). En 1978, succès du film *Grease* (comédie musicale avec John Travolta, Olivia Newton-John). A évolué vers le funk, plutôt illustré par des groupes noirs américains de la forme Tamla-Motown, axés sur la musique de danse (Earth, Wind & Fire). **Mode :** habits de couleurs vives fluorescentes, parfois pailletés, en matières synthétiques rappelant la fin des années 1960 psychédéliques. Pour les filles mini-jupes, pour les garçons vestes longues et cintrées sur pantalons « pattes d'éléphant ». Réapparaît en 1989-90 dans le mouvement de l'*acid-house* et la mode des *raves* (voir p. 417 b).

■ **Funk.** A l'origine, désigne une interprétation sensuelle de la musique populaire noire, notamment la **soul** de la fin des années 1960, début des années 1970 (voir p. 417 a). *Interprète :* James Brown [« Sex Machine » (1970)].

■ **Grunge.** Apparu milieu des années 1980 à Seattle (en argot, désigne les moisissures entre les doigts de pieds), se réfère aux beatniks des années 50 et aux punks. Groupe Nirvana, sons durs, sorte de croisement de punk et de hard rock. Label Sub Pop créé par Bruce Pavitt. *Mode :* chemises de bûcheron, jeans informes et chaussures de sport déglinguées, cheveux longs mal peignés, barbes (parfois). *Film : Singles* de Cameron Stone.

■ **Hard rock. Vers 1968** apparaît à Los Angeles (USA). « Look » : cuirs, chaînes, clous, musique et paroles généralement violentes, voire « sataniques ». Marqué par l'utilisation des effets les plus violents : forte amplification des paroles provocantes, chanteur paroxystique. **Groupes ou interprètes :** *anglais :* Led Zeppelin (leader Jimmy Page), Deep Purple, The Who (Pete Townshend), Status Quo, Bad Company, Black Sabbath, ou plus récemment Def Leppard, Iron Maiden ; *américains :* Alice Cooper, Kiss, Ted Nugent, Blue Oyster Cult, Iggy Pop, Cheap Trick, ZZ Top, Van Halen, Bon Jovi, Guns'n'Roses ; *australiens :* AC/DC ; *allemands :* Scorpions. *Évolution :* **1970** se développe avec le *Heavy Metal* (1er dérivé du hard), plus violent, avec parties instrumentales des guitares poussées à l'extrême. *Groupes :* Metallica, Black Sabbath, Judas Priest, Van Halen, Ozzy Osbourne (ex-Sabbath), etc. **1977** *Speed Metal :* plus puissant et rapide (le chant y compris). *Groupes :* Motörhead, Running Wild. **1980** *Thrash Metal* aux USA : riffs saccadés, 2 grosses caisses. *Groupes :* Exodus, Slayer, Coroner, Megadeth. **1985** *Death Metal* [originaire de Tampa (Floride)] : très violent, parle de guerre, de pauvreté, de terrorisme, etc. *Groupes :* Brésil : Sepultura ; France : Loudblast, Massacra ; G.-B. : Bolt Thrower ; USA : Morbid Angel. **1990** *Hardcore* (Body Count), *Black Metal* (satanique), *Indus Metal* (électronique : voir aussi **Techno** p. 417 a).

■ **Jazz rock.** Proche du rock progressif, désigna un courant voulant amalgamer violence et instrumentation du rock avec la subtilité harmonique et sonore du jazz. John McLaughlin (guitariste), groupe Weather Report, Jean-Luc Ponty (violoniste), Miles Davis (trompettiste).

■ **New Wave.** Courant de pop, surtout anglaise, issu du punk vers 1978. **Groupes :** Depeche Mode, The Cure, XTC, U2, Adam & The Ants, Simple Minds. **Interprètes :** Elvis Costello, Sting.

■ **Boys/Girls bands.** *« Castings groupes » :* âgés d'une vingtaine d'années, les membres sont généralement recrutés individuellement (à l'exception des 2 B 3) par les maisons de disques pour un public essentiellement adolescent ; les garçons sont musclés, ils exécutent des chorégraphies athlétiques et répétitives, sont bien coiffés et rasés, ne boivent ni ne fument. **Boys bands :** New Kids on the Block (USA) ; Take That, East 17, MN8, 3T, Worlds Apart, Boyzone (G.-B.) ; Alliage, G-Squad, *2B3* (en anglais : *To Be Three,* être 3 ; composé de Filip, Adel et Frank et apparu été 1996) [France]. **Girls bands :** *Spice Girls* (voir le chapitre **Personnalités**), So What !, ADM, Baby Norton, les Foxies, Pretty Girls.

■ **Post-Rock.** Apparu dans les années 1994-95 à Chicago. A l'ensemble guitare/basse/batterie, ajoute des instruments acoustiques ou électroniques en empruntant des éléments à l'ambient music, la cold wave, le rock planant, le punk. **Groupes :** *américains :* Tortoise, Reservoir, Salaryman, Trans Am, Earthling ?, *allemand :* Schneider TM, *français :* Ulan Bator, Bastärd, Sister Iodine. **Labels :** City Slang, Domino.

■ **Punk.** D'origine américaine, apparu fin des années 1970 en G.-B. où il culmina en 1976-77. Précurseurs : The Stooges (« No Fun », 1969). Credo : « Anarchy », slogan : « No Future. » Sons bruts, amplifiés au maximum, et refus d'une technologie coûteuse. **Groupes :** les Ramones (1974). Sex Pistols (leur 1er 45 tours, « Anarchy In The UK », est censuré), The Clash. Reste une mode vestimentaire : cheveux teints, vêtements de cuir ou de plastique, tee-shirts déchirés avec slogans provocateurs, épingles de nourrice. *New wave* aux ambitions musicales plus affirmées (voir col. b).

■ **Raggamuffin** ou **ragga.** De l'anglais : vaurien. Né en Jamaïque et arrivé en France via la communauté antillaise de Londres. Mélange de rap et de reggae utilisant les instruments électriques et la voix parlée ; rythme *sleng teng* (1985) proche du style hip-hop ; influence fortement house music et techno. **Interprètes :** Tonton David, Raggasonic, Daddy Yod, Shabba Ranks, Chaka Demus & Pliers, Shaggy.

■ **Raï.** Rock du Maghreb. **Raï traditionnel :** musique d'improvisation née au début du XXe s. dans la région d'Oran, s'inspirerait de la poésie bédouine préislamique. Années 1930 : chanté dans les cafés en arabe dialectal par des chanteurs *(cheikh)* ou chanteuses *(cheikha* ou *cheikhate)* accompagnés à la flûte et au tambour. **Pop raï :** instruments modernes introduits vers 1950, et synthétiseurs, cuivres et accordéon à partir de 1980 (génération des jeunes : *chebs* ou *chaba* au féminin). Influence de funk, rap, rock, reggae. *Interprètes :* Rimitti, Cheb Khaled, Cheba Sahraoui, Cheba Fadela, Cheb Mami, Chaba Zahouania, Rachid Taha, Faudel, Cheikha Djenia. **Raï « love »** ou **« sentimental » :** succède au raï *hard* des années 1975-85. *Interprètes :* Cheb Hasni, Cheb Nasro.

■ **Rap.** Composante du mouvement hip-hop [de *hep,* être dans le vent et *to hop,* sautiller ; en 1975, le DJ Afrika Bambaata dit Bam [du nom d'un chef zoulou du XIXe s. : « Leader affectueux »] du gang des Black Spades (dans le Bronx) ayant perdu un ami dans une rixe avec la police, décide de rompre avec la violence et crée la *Zulu Nation ;* en 1979, *Zulu* sera remplacé par *Hip-Hop,* culture englobant break-dance, danse free-style, graff (art du graffiti et des tags), style vestimentaire, langage argotique de la rue, look B-Boy (de *breaker boy,* casseur ou *bad boy,* qui fait partie du mouvement ou *mouve*)]. Style vocal à mi-chemin entre scandé et chanté et s'appuyant sur des rythmiques fortement syncopées. [*To rap* (frapper) ; *to rap out an oath* (lâcher un juron).] Mêle cris et jurons à la musique rock, funk, reggae, à la fin des années 1970 (avant Jamaïque). Les *DJ* (Disc-Jockey) *samplent* (échantillonnent) des passages musicaux, des boucles et des rythmes pour faire une musique sur laquelle le *MC (Master of Ceremony :* maître de cérémonie) scandera le texte ; seules contraintes : rimes rapides et improvisées. Clive Campbell (Jamaïcain) devenu DJ Kool Herc utilise *break-beat* (1973 ; 2 platines permettent de jouer en discontinu le passage du morceau où le rythme est le plus puissant) et *dubbing* (la version instrumentale permet au chanteur de plaquer son propre texte) pour réciter des rimes (1er rappeur). Le *scratching* (avancer ou reculer le disque vinyle à la main) est créé dans les années 1980 par DJ Theodore. **1er tube** (1979) : « Rapper's Delight » par Sugarhill Gang (avec les mots hip hop scandés). Issu de la Côte Est (principalement New York). **Principaux groupes :** Public Enemy, LL Cool J, Beastie Boys (1er trio blanc), Fugees, Nas, Notorious Big, Wu-Tang Clan, De la Soul, Cypress Hill, A Tribe Called Quest, Mobb Deep, Dr Dre (Andre Young ex-membre de NWA : voir ci-dessous *gangsta rap*). *En France :* MC Solaar (1er single : « Bouge de là ! », 1991), Fabulous Troubadors, Jimmy Jay, IAM, NTM (Nique Ta Mère, condamné en 1996 et interdit de concert), Massilia Sound System, Soon E. MC, EJM, Assassins, Secteur Â, la Mafia Underground, Ministère Amer, Ménélik, Alliance Ethnik. **Labels :** Def Jam, Bad Boys Entertainment, Puff Daddy (Sean Combs).

Black Poetry : vers 1994, émergence de poètes rappeurs noirs, principalement à New York, issus du hip-hop et héritiers des Last Poets (formés 1968 à Harlem par Aladia Pudim et Omar Ben Hassam). S'oppose au **gangsta rap** (rap des gansters) : rap violent de la Côte Ouest né à Compton (Los Angeles) fin des années 1980. **Groupes ou interprètes :** NWA (Niggers With Attitude : Ice Cube, Eaggy-E mort du sida en 1995, Dr Dre parti depuis sur la côte Est), Ice T (Tracy Marrow, fonda le groupe de hardcore Body Count), Hammer, Naughty by Nature, Coolio, Snoop Doggy Dogg, Tupac Shakur (dit 2 Pac, † 7-9-1996) et le label Death Row (« le couloir de la mort » ; logo : un homme sur la chaise électrique) : dirigé par Suge (Marion Knight ; diminutif de Sugar Bear, « ourson sucré », né 1967), 15 millions d'albums, chiffre d'affaires 120 millions de $.

■ **Reggae.** Musique jamaïquaine dérivée du calypso, avec un rythme plus marqué et des accents plus rudes. Mot tiré de « Do The Reggay » (Toots & The Maytals, 1967) ou de la contraction de « regular » et de « guy » (regguy). Bob Marley [1re superstar issue des pays pauvres : quartier de Trench Town, Saint Ann, Jamaïque 6-2-1945/Miami 11-5-1981, cancer au cerveau), adepte de la secte religieuse des rastafari (d'où le terme *rasta*) prônant le retour à l'Afrique et une nourriture végétarienne], Peter Tosh († 1987), Toots & The Maytals, Jimmy Cliff, Burning Spear, Horace Andy. Découvert en Occident par la reprise en 1974 de « I Shot The Sheriff » (Bob Marley, 1973) par Eric Clapton et le film jamaïcain *The Harder They Come* qui lance Jimmy Cliff. Apparu en Angleterre vers 1965 sous le nom de *blue beat* ou de *ska* (rythme plus haché ; en 1968, *streggae :* tempo plus rapide, en 1970-71, rythme *one drop :* tempo lent, s'imposera comme le style reggae) : redevenu un moment à la mode en 1980 (The Selecter, Bad Manners, Madness) ; style revendiqué par les skinheads et à l'origine d'une vague de reggae blanc (The Specials, UB 40, Level 42, mais influence aussi la musique pop internationale : The Police, The Clash, The Rolling Stones). *Mode :* couleurs jaune, rouge, vert, vêtements amples, dreadlocks (nattes de cheveux). *En France :* popularisé par Serge Gainsbourg (version reggae de « la Marseillaise », 1980) ; Holly Gang, Tonton David, Princesse Erika, Dady. **Dub :** version instrumentale et expérimentale (exemple : effets sonores de distorsion et d'écho) créée par des Jamaïquains comme King Tubby et Lee « Scratch » Perry ; **novo dub :** version utilisant les nouvelles technologies. **Ragga :** voir p. 416 c ; parallèlement, développement du reggae en Afrique (Alpha Blondy).

■ **Rock alternatif** ou **Indie** (abréviation de l'anglais *indépendant*). Produit par les petits labels, par opposition aux *major companies* (The Breeders). Années 1980 : la Mano Negra, Satellites, les Garçons-Bouchers, les Négresses Vertes. A perdu sa signification dans les années 1990 avec le rachat des petits labels par les majors.

■ **Rock music. Origine :** au début des années 1960, The Rolling Stones (1963, Mick Jagger, Keith Richards, Brian Jones) ont ranimé *blues* et *rock and roll* en mélangeant : le *blues revival* (ou *blues blanc*, illustré par The Animals d'Eric Burdon et John Mayall, qui s'est métamorphosé en *hard rock* par l'intermédiaire de Cream et de Jimi Hendrix), et le *rock revival* (souvenir des « pionniers » comme Chuck Berry). Le terme « rock music », qui peut désigner divers courants anglo-américains, s'applique à la « pop music » des années 1970 débarrassée de son caractère mièvre et commercial ; le « hard rock » en est dérivé (voir p. 416 b). **Groupes anciens :** *anglais :* John Mayall, The Kinks, Jethro Tull, King Crimson, Procol Harum ; *américains :* Creedence Clearwater Revival, The Velvet Underground, The Doors (Jim Morrison), The Beach Boys, Chicago, Transit Authority, Santana, The Mothers of Invention de Frank Zappa (1940-93), Jefferson Airplane, The Grateful Dead (liés à la période hippie de San Francisco 68), J. Geils Band : guitaristes Eric Clapton, Jeff Beck et Rory Gallagher (Anglais) ou Johnny Winter (Américain), proches du blues ; *chanteurs :* David Bowie, Lou Reed, Rod Stewart, Joe Cocker, Bruce Springsteen, Tom Waits, Randy Newman, Mink DeVille, Boy George, Phil Collins, Sting, Bryan Ferry, Peter Gabriel, Prince, *chanteuses :* Patti Smith, Pat Benatar, Marianne Faithfull ou Kim Wilde. *Héritiers des Beatles : Wings* (de Paul McCartney). **Groupes plus récents :** The Pretenders, Dire Straits, Talking Heads, The Police, The Cure, Simple Minds, Frankie Goes to Hollywood, Depeche Mode, U2, Eurythmics, Oasis, Radiohead, Blur, The Verve, Téléphone (groupe français, maintenant séparé). Retour à la musique *fun*, pour le plaisir et aux succès éphémères, faite pour les boîtes et complétée par les vidéo-clips (Madonna, George Michael, Michael Jackson). **Chanteurs disparus :** Jimi Hendrix (27-11-1942/18-9-1970), d'une overdose de somnifères ; Janis Joplin (11-1-1943/4-10-1970), d'une overdose ; Jim Morrison (8-12-1943/3-7-1971), d'une défaillance cardiaque ; John Lennon (9-10-1940/8-12-1980), assassiné.

■ **Rock planant** ou **Space music.** Apparu fin années 1960 en Angleterre et Allemagne. Influencé par musique concrète (Pierre Henry, Pierre Schaeffer), Stockhausen, et free jazz. Disparu vers 1975, puis réhabilité par le courant *New Age :* Kitaro, Deuter, Vangelis, Jean-Michel Jarre. **Groupes :** *allemands :* Kraut Rock, Cosmiche Musik, Tangerine Dream, Klaus Schultz ; *anglais :* Space Music, Space Rock, Pink Floyd [succès : « Dark Side of The Moon » (1973), « The Wall » (1979)], Ash Ra Tempel..

■ **Rock progressif.** Apparu fin des années 1960. Recherches sonores illustrées par des groupes : *anglais* (Soft Machine, Pink Floyd de Roger Waters et David Gilmour, Yes, King Crimson et Genesis), *allemands* adeptes du rock « planant » (voir ci-dessus), *français* (Magma, Ange), *américains* [Frank Zappa (ex-leader des Mothers of Invention), Styx, Kansas], *italiens* (PFM, Banco, Le Orme) et des *personnalités* (Eno, John McLaughlin, Robert Wyatt, Peter Gabriel, Mike Oldfield, Pat Metheny, Jean-Michel Jarre). Textes ésotériques, littéraires, très recherchés ; longs solos et arrangements riches. **Néo-progressif :** à partir de 1983 ; influencé par le hard rock. *Groupes :* Marillion, Pendragon, IQ, Pallas, Twelfth Night. **Métal progressif :** à partir de 1989 ; influencé par le Heavy Metal. *Groupes :* Dream Theater, Fates Warning.

■ **Soul music.** Musique noire populaire américaine dérivée du rhythm and blues. **Origine :** années 1960-70. **Interprètes :** Stevie Wonder, Ray Charles, Otis Redding [1941-67 ; mêle soul, pop et folk ; succès : « The Dock of The Bay » (1966)], Mary Wells (1943-92), The Temptations, Aretha Franklin (surnommée Lady Soul dans les années 1960), Eddie Kendricks († 1992), Wilson Pickett, Al Green, James Brown (appelé « le parrain de la soul »), Ike et Tina Turner, Sly Stone, Curtis Mayfield (1942-99), Marvin Gaye (1939-84, assassiné par son père, pasteur), Chic. **Années 1980 :** influencée par le disco : Michael Jackson, ancien des Jackson Brothers (*Thriller,* 1984 et *Bad,* 1987 : plus de 30 millions d'exemplaires), et Prince (30 albums dont *Purple Rain,* 1984). **1990 :** Terence Trent d'Arby, Macy Gray. **2000 :** les Nubians.

■ **Techno.** Apparue 1988 dans les friches des usines automobiles de Chicago et de Detroit (USA). Au sens strict : utilise diverses technologies du son : synthétiseur, boîte à rythme, « sampler » (échantillonneur : extrait tout élément sonore d'un disque), séquenceur (retravaille les sons). Terme devenu générique (musiques électroniques), regroupe : *house* (du nom du « Warehouse », club gay du ghetto noir de Chicago ; issue du funk, de la soul et du disco mais plus rapide que ce dernier ; rythmes binaires et répétitifs) d'où naît la *dance* [voix disco avec un « beat » techno ; née dans les clubs disco new-yorkais notamment avec le DJ Larry Levan, titre fondateur « Acid Trax » de DJ Pierre ; depuis 1990, tendance « teen acts » (voir encadré **Boys/Girls bands,** p. 416 b)], *garage* (né dans les clubs noirs de Chicago), *acid house* [issue de la boîte à rythme TB 303, moins martelante que la house music dont elle accentue les sonorités acides des basses ; née en Belgique (où elle donne naissance au *new beat :* rythmes plus lourds et plus martelés) et aux Pays-Bas en 1988, disparue début des années 1990], *ambient* [aucun « beat », expérimentée dans les années 1970 par Brian Eno et réinventée en 1990 par Alex Paterson, 60 à 80 BPM (beats per minute : battements par minute), propre à la méditation], *trance, gabber* (version accélérée de la France), *hardcore* (métallique et agressive, 240 battements par minute), *jungle* ou *drum 'n' bass* (voix aux accents raggamuffin sur battements par minute frénétiques et basses du rap ; née à Londres dans des clubs « underground »), *electronica* (appelée d'abord *intelligent techno :* compositions très travaillées, son moins soul et plus froid que la techno des Noirs de Detroit qui l'influence). La techno se réinvente constamment, souvent par piratage, détournement des machines ou récupération des codes d'autres musiques. **Interprètes et groupes français :** Laurent Garnier, Saint-Germain ou Emmanuel Top, Funk Mob, Air, Daft Punk, DJ Cam, Mighty Bop, Dimitri from Paris, Ollano, Zend avesta, Extra-Lucid, Étienne de Crécy, Motorbass. Devenu phénomène de société (peinture, roman, cinéma, stylisme, mode intellectuelle). **Ethno techno :** musique traditionnelle et rythmes techno.

Rave (du verbe *to rave :* délirer, hurler, s'extasier) : importée en Angleterre après le « Summer of Love » de 1988 à Ibiza, apparaît en Europe du Nord, 1990 en France ; rassemblement géant (jusqu'à 25 000 personnes au « May Day », 1995 à Dortmund) qui se veut une fête totale et dont les limites sont chaque fois repoussées ; *free party :* rave clandestine, organisée sans autorisation des autorités [crainte d'interdiction pour incitation à la consommation de drogues (en particulier l'ecstasy)] ; lieux (annoncés à la dernière minute) : entrepôt, usine désaffectée, hangar, carrière, champ, champignonnière, clairière de forêt, plateau de montagne. *Salon :* Mix-Move (Salon international de la génération mix) : 25 000 visiteurs les 19/21-10-1997 ; *Love Parade :* à Berlin depuis 1989 ; 13-7-1997 : plus de 1 million de jeunes ; budget estimé à 8 millions de F, recettes à 84 millions de $.

☞ **En France :** *1995* interdiction des manifestations rave et techno. *1998-janvier* à l'initiative de Jack Lang, Jean-Pierre Chevènement reçoit une délégation ; *-19-9* Techno Parade à Paris : 34 chars, 200 DJ, budget 1,8 million de F ; incidents lors de la fête finale (plus de 100 blessés) ; *-29-12* circulaire recommandant aux préfets « une attitude dépourvue d'a priori », des mesures « pour éviter la circulation de stupéfiants » et la répression de toute *free party. 1999-18-9* Techno Parade : 250 000 personnes, budget 5 millions de F. *2000-16-9* Techno Parade : 100 000 personnes, 25 chars, budget 1,2 million de F, parcours réduit d'1 km, fête finale supprimée. **Nombre** (en 1997) : 600.

■ **Trip hop.** Contraction de *trip* (voyage) et *hip-hop,* inventé par un journaliste anglais au début des années 1990. Apparu à Bristol (G.-B.). Lent, sensuel et organique à l'opposé de la techno ; voix influencées par la soul music. **Groupes :** Massive Attack, Tricky, Portishead, DJ Shadow, Morcheeba. **Labels :** Pork, Cup of Tea, Mo'Wax.

■ **Variété rock.** Héritière de toutes les tendances. **Artistes** d'horizons divers : Elton John [1er succès : « Your Song » (1970)], Daryl Hall et John Oates, Murray Head, Alan Parsons, Kate Bush, Kim Carnes, The Bee Gees, Donna Summer, Paul McCartney, Billy Joel, Simon et Garfunkel (folk), Kim Wilde, Diana Ross, Lionel Ritchies, Whitney Houston, The Stranglers, etc. La musique populaire américaine se rattache à l'heure actuelle au rock (Madonna).

■ **World music** (musique du monde). Terme de 1906 réapparu vers 1986. Le principe, anticipé par Brian Eno, repose sur la fusion de musiques de divers folklores avec des sonorités modernes dues aux technologies électroniques et aux samples. *1973* Manu Dibango avec « Soul Makossa » réalise le 1er *tube* mondial africain.

NOTATION MUSICALE

SONS

■ **Origine.** Produits par la pression qu'exerce un objet oscillant sur les molécules de l'air.

■ **Qualités du son. Hauteur :** fonction du nombre de vibrations par seconde ou *fréquence* de l'émetteur. Plus la fréquence est élevée, plus le son est aigu. L'oreille n'entend que les sons entre 20 et 20 000 hertz (vibrations par s). Les instruments de musique donnent des sons de 40 à 5 000 Hz. **Intensité :** fonction de la fréquence, de l'amplitude de l'objet vibrant, de la densité de l'air. L'intensité perçue par l'oreille est évaluée en *décibels.* **Timbre :** caractérise chaque instrument, car à la note fondamentale jouée se superposent des notes parasites, les *harmoniques.* Le *diapason* (inventé en 1711, par J. Shore, Angl.) donne un « *la* » pur sans harmoniques : fixé en 1859 à 435 Hz, relevé en 1953 à 440 Hz pour donner plus de « brillant ».

■ **Records. Note la plus haute du répertoire classique :** contre-*sol* dans *Alceste* de Mozart. **La plus basse :** contre-*ré* dans l'air d'Osmin de *l'Enlèvement au sérail* de Mozart.

GAMMES

■ **Définition.** Série de sons ascendants (du plus grave au plus aigu) ou descendants, séparés par des intervalles déterminés. L'*octave* est l'intervalle acoustique séparant une note donnée de la note de fréquence double (exemple : la_3 = 440 Hz, la_4 = 880 Hz). Le *1/2 ton* est l'intervalle obtenu en divisant l'octave en 12 parties égales (le *ton* vaut deux 1/2 tons).

■ **Gamme diatonique.** Intervalles composés de tons et 1/2 tons. 2 sortes : a) *gamme majeure : do-ré :* 1 ton ; *ré-mi :* 1 ton ; *mi-fa :* 1/2 ton ; *fa-sol :* 1 ; *sol-la :* 1 ; *la-si :* 1 ; *si-do :* 1/2 (total : 12 1/2 tons).

b) *Gamme mineure :* 1, 1/2, 1, 1, 1/2, 1 1/2, 1/2.

■ **Gamme chromatique.** 12 notes séparées de 1/2 ton.

■ **Notes.** Nom choisi par Gui d'Arezzo (XIe s.). 1res syllabes des hémistiches des 1ers vers de l'hymne des Vêpres de l'office de St Jean Baptiste : « UT queant laxis, REsonare fibris, MIra gestorum, FAmuli tuorum, SOLve polluti, LAbii reatum, Sancte Iohannes (initiales SI). » « Afin que tes serviteurs puissent chanter, avec des voix libérées, le caractère admirable de tes actions, ôte, saint Jean, le péché de leur lèvre souillée. » Le *si* fut ajouté fin XVIe s., probablement par Anselme de Flandres. Le *do* apparut en 1673 avec l'Italien Bononcini et devint synonyme d'*ut.*

Lettres représentant les notes

	A	B	C	D	E	F	G	H
Anglais :	*la*	*si*	*do*	*ré*	*mi*	*fa*	*sol*	
Allemand :	*la*	*si* b	*do*	*ré*	*mi*	*fa*	*sol*	*si*

■ **Forme.** Indique la durée des sons : la ronde = 2 blanches, 4 noires, 8 croches, 16 doubles croches, 32 triples croches, 64 quadruples croches.

■ **Altérations.** Placées devant la note à altérer (altération accidentelle) ou près de la clef (altération permanente). *Dièse :* élève la note de 1/2 ton (on multiplie par 25/24 le nombre des vibrations de la note). *Bémol :* abaisse la note de 1/2 ton (on multiplie par 24/25 le nombre des vibrations de la note). *Double dièse :* élève la note de 1 ton. *Double bémol :* abaisse la note de 1 ton. *Bécarre :* rétablit la note altérée.

■ **Portée.** Ensemble des 5 lignes sur lesquelles on écrit les notes et des lignes supplémentaires ajoutées au-dessus ou au-dessous.

■ **Clef.** Signe placé au début de la portée, indiquant la position de la note à laquelle elle correspond (sol, fa, ut ou do) et conditionnant celle des autres notes.

■ **Silences.** Marquent l'arrêt des sons et correspondent aux valeurs des notes. *Pause :* ronde ; *demi-pause :* blanche ; *soupir :* noire ; *demi-soupir :* croche ; *quart de soupir :* double croche ; *8e de soupir :* triple croche ; *16e de soupir :* quadruple croche.

■ **Tonalité.** Un morceau est écrit à l'aide d'une gamme donnée : c'est la tonalité, appelée improprement ton. Cette tonalité est définie par la *tonique* (note de base de la gamme utilisée) et l'*armature* (altération permanente).

■ **Mesure.** Divise un morceau en parties égales. Inscrite après la clef, elle comprend 2 chiffres : inférieur, indique l'unité de temps suivant les conventions (2 = blanche, etc.) ; supérieur, le nombre de blanches, noires, croches par mesure ; la lettre C, une mesure à 4 temps avec la noire pour unité, soit 4/4, et la lettre ₵, une mesure à 2/2. *Métronome :* Étienne Loulié (1640-1701) en utilisa un de 2 cm de hauteur. Johann Nepomuk Maelzel (1772-1838), physicien autrichien ami de Beethoven, le breveta en 1816.

INSTRUMENTS

CLASSEMENT

☞ *Légende :* * : surtout utilisés dans les ensembles de musique ancienne ; b : bémol ; c. : cordes.

■ **Instruments à vent. 1°) A bec sifflet. Flûte douce** * (bois) : 5 types : sopranino en *fa,* soprano en *ut,* alto en *fa,* ténor en *ut,* basse en *fa.*

2°) A anche. a) Anche simple (lame de roseau, de plastique ou de métal vibrant sous l'action de l'air ; on appelle « anches membraneuses » les lèvres du souffleur). **b) A bec et anche : clarinette :** inventée par Johann Christoph Denner (Allemand) vers 1690 ; *ancêtres :* arghoul (Égypte), aulos (Grèce), chalumeaux du XVIIe s. (*la* b aigu, *mi* b, *ré, ut, si* b, *la*). **Cor de basset** en *fa :* les plus anciens datent de 1770 et sont signés Schofflmeyer et Mayrhofer. **Clarinette alto** en *mi* b : inventée par Iwan Müller (1786-1854) ; **clarinette basse** en *si* b ; **clarinette contrebasse** en *mi* b, en *si* b. **Saxophone :** inventé vers 1840 par Adolphe Sax (7 variétés : sopranino, *mi* b ; soprano, *si* b ; alto, *mi* b ; ténor, *si* b ; baryton, *mi* b ; basse, *si* b ; contrebasse, *mi* b). **c) A anche double : cromorne*** (de forme recourbée). **Cor anglais** (English horn). **Hautbois :** connu en Égypte en 2000 av. J.-C. Perfectionné par Jean Hotteterre (Fr., † 1678) et Frédéric Triebert (XIXe s.). **Basson. Contrebasson** (le plus ancien : construit en 1714 par Andreas Eichentopf). **Biniou*. Cornemuse*. Bombarde*. Reita*. d) A anche libre : harmonica** [1]. **Harmonium*** (nom breveté 1840 par Alexandre-François Debain). **Accordéon. Bandonéon** : petit accordéon hexagonal inventé par Heinrich Band, fabriqué par Alfred Arnold, passé en Argentine vers 1890.

3°) A embouchure. a) Flûte traversière (bois, métal) : s'impose à partir du XVIIe s. ; **grande flûte** en *ut*, **petite (piccolo)** en *ré* b (harmonies) ou en *ut* (orchestres). **Flûte basse** en *ut*, **flûte alto** en *sol*. **Flûte de Boehm** : en 1832, Theobald Boehm (Allemand, flûtiste à la cour de Bavière) modifie la perce et conçoit un système rationnel et perfectionné des clefs ; le bois est remplacé par du métal. **Flûte à bec** : instrument très populaire. **b) Cuivres** : **clairon** (*si* b). **Ophicléide** (du grec : *serpent-clef*) : vers 1890. **Trompette de cavalerie** (*mi* b). **Trompes** *de chasse** (*ré* pour la chasse ou trompes de piqueur, *mi* b pour les fanfares). **Trompette** (surtout *ut* ou *si* b) à pistons : inventée par Friedrich Blühmel (Allemand) en 1818, perfectionnée (pistons pivotants) par Joseph Riedl (Viennois) en 1832. **Trompette d'harmonie** sans pistons. **Trombone** (5 sortes subsistent, dont le trombone à coulisse) et **saqueboute*** (Moyen Age). **Cor** (*fa*). **Olifant** (Moyen Age) : cor taillé dans des défenses d'éléphant ; introduit dans l'orchestre au XVIIe s. **Cor chromatique** *à pistons* inventé 1815 par Stoelzel (Allemand), ou, de nos jours, *à palettes*. **Cornet à pistons** (*si* b, *ut*). **Posthorn*. Saxhorns** en laiton poli, verni, laqué or ou argenté, à embouchure et à 3 pistons : petit bugle (*mi* b), bugle (*si* b), alto (*mi* b), baryton (*mi* b), basse (*si* b, un 4e piston derrière le pavillon) ; contrebasse (*mi* b et *si* b ou « bombardon »). **Tuba** : sorte de basse saxhorn en *si* b, orchestre symphonique. **Soubassophones** : *mi* b et *si* b (à pavillon en avant et orientable).

Nota. – (1) Tient son nom de l'**harmonica de verre** : environ 40 bols de cristal emboîtés, que l'on frotte avec les doigts mouillés : « verres musicaux » perfectionnés 1761 par le physicien américain Benjamin Franklin (1706-90) : fixés sur un axe mis en rotation par une pédale.

☞ Une flûte chinoise en os de grue cendrée, vieille de 9 000 ans [découverte en 1989 à Jiahu (province du Henan, Chine)], serait le plus ancien instrument de musique dont on peut encore jouer.

■ **Instruments à cordes. 1°) Frottées. a) Par un archet** : modifié par les Italiens Arcangelo Corelli (1653-1713) et Giuseppe Tartini (1692-1770), l'archet actuel fut établi par le Français François le Jeune Tourte (1747-1835) vers 1775 ; en bois de Pernambouc (Brésil), mèche de 200 crins de cheval attachée à une housse d'ébène. **Trompette marine** : longueur maximale 2,2 m, 1 corde. **Rebec** (IXe s.) : 3 cordes. **Violes*** dont **viole de gambe*** (apparue XVe s.). **Violon** (4 cordes : mi_4, la_3, $ré_3$, sol_2) : archet : en arc puis droit à partir de 1770 environ, mesure 0,75 m et pèse de 55 à 85 g (violoncelle). La sonorité du violon et des instruments dérivés dépend des bois utilisés (épicéa pour la table, érable pour le fond, éclisses et manche), de la consistance du vernis, de la hauteur des voûtes, des épaisseurs, du modèle, etc. Silhouette géométrique en huit : les 2 anses de panier, appelées C.C., raccordées par des arcs de cercle, sont conçues pour résister au maximum aux déformations [le jeu des cordes sur les planchettes (1 à 4 mm d'épaisseur) provoque une tension de 20 kg (30 en tension normale, appelée aussi « ton de l'opéra »)] ; une caisse plus épaisse devient trop rigide et susceptible de déformations interdisant toute amplitude vibratoire. Les échancrures latérales permettent le passage de l'archet et la virtuosité du jeu. Un violon sans coins ni C.C. fut réalisé par Georges Chanot (Fr., 1801-83). Le son exceptionnel des violons fabriqués par Stradivarius et Guarnerius serait dû à des moisissures qui auraient modifié les formes des cellules du bois et se seraient développées au cours du transport fluvial des troncs. Ces champignons auraient eu un double effet sur le bois ; en digérant sélectivement l'hémicellulose qui retient l'humidité, ils l'auraient rendu plus léger et plus sec et auraient facilité le décollement des parois cellulaires des fibres, augmentant la perméabilité. Des violons en fibre de carbone sont à l'étude. **Alto** (4 c. : la_3, $ré_3$, sol_2, ut_2). **Violoncelle** (4 c. : la_2, $ré_2$, sol_1, ut_1). **Contrebasse** (4 ou 5 c. : sol_1, $ré_1$, la_{-1}, mi_{-1}, do_{-1}, pincées parfois). **Vielles médiévales***, Crwth (Irlande). **b) Par une roue** : **chifonie***. **Vielle*** (6 c. et touches).

2°) Pincées. a) Instruments avec manche : **guitare** [A. de Torres Jurado (Espagnol, 1817-92) fabriqua l'archétype de la guitare moderne (1854)]. Guitare classique (6 cordes : *mi, la, ré, sol, si, mi*). Guitare sèche (non électrique) ou folk (6 et 12 c. de métal) ; guitare électrique (caisse pleine, amplification électronique) ; steel guitare ou pédale steel (américaine, d'origine hawaïenne) : guitare numérique (20 sonorités d'instruments) ; guitare basse (4 c.) ; guitare expérimentale de 7, 8, 10 et 11 c. A double manche : 6 + 10 c. (Japon) ; guitare-théorbe de 17 c. (Canada). **Tercerola** (Italie, petite guitare à 5 c. simples). Au XIXe s. apparurent des lyres-guitares, des guitares doubles (accolées), des harpi-guitares, traits d'union entre instruments à c. avec manche et sans manche. **Luth** Renaissance (1 c. simple, 4 doubles), luth baroque [11 à 13 « chœurs » (cordes doubles)] ; luth Viola Amarantina (Portugal, 2 rosaces) ; luth Cavaquinho (Portugal, 4 c., petite guitare, adopté par le Brésil) ; dérivés du luth (archiluth, théorbe). **Guitar moon** (Japon). **Sitar** (Inde). **Balalaïka** (Russie, 3 c. : *mi, mi, la*). **Bouzouki** (Grèce). **Bandurria** (Espagne, 5 ou 6 c. doubles jouées avec plectre). **Viola braguese** (Portugal). **Timple** (îles Canaries, guitare exiguë de 5 c. simples). **Tres** (Cuba, 3 c. doubles). **Laúd** (Cuba, 7 c. doubles). **Cuatro** (Venezuela, Porto Rico, 4 c. simples). **Requinto** (Colombie, 5 c. doubles). **Triple** (Colombie, 4 c. triples). **Charango** (Bolivie, corps de tatou, 5 c. doubles). **Jarana** (Panama et Mexique, 5 c. simples). **Bordonua** (Porto Rico, 5 c. doubles). **Guitare hawaïenne** (manche lisse sans barrettes). **Violao de Caipira** (Brésil, 5 c. doubles). **Mandoline** (5 ou 6 c. doubles). **Guitarron** (Mexique, grosse guitare au dos bombé, 6 c. simples). **Bandola** (Colombie, 6 c. doubles). **Bocona** (Panama, 5 c. simples). **Târ** (Iran, de 3 à 6 c. simples), origine étymologique du mot guitare. **Banjo** (États-Unis, 5 c.). **Cavaquinho** (Brésil, Portugal, 4 c.). **Kora** (Sénégal, Guinée, 6, 11 ou 24 c.). **Ukulele** (Hawaii, 4 c.). **Instruments disparus** : **Vihuela** (6 c. doubles, en usage en Espagne jusqu'au XVIe s.). **Guiterne** (4 chœurs, 1 c. simple, 3 doubles. Disparu milieu XVIe s. en France). **Guitare baroque** (5 c. doubles. Remplacée par la guitare classique de 6 c. simples à la fin du XVIIIe s.). **Turlurette** (guitare du Moyen Age). **Zither** (Allemagne, Russie, 31 à 42 c.). **Cistre** (analogue à la mandoline, XVIe-XVIIe s.). **b) Instruments sans manche** : **lyre *. Cithare *. Harpe** l'un des plus anciens instruments, connu dès 3000 av. J.-C. Dérive de l'arc musical primitif. En vogue au Moyen Age, puis désaffection jusqu'au XVIIe s., quand Hochbrücker (luthier allemand, 1662-1763) reprendra vers 1720 l'idée d'un artisan tyrolien de commander par pédales des *fourchettes* (« simple mouvement ») permettant de porter chaque corde au 1/2 ton supérieur en la raccourcissant. En 1786, Sébastien Érard (Fr., 1752-1831) modifie ce système et, en 1801, fabrique les harpes à « double mouvement » : 47 c. couvrant 6 1/2 octaves (*ut* b_1 à *sol* b_6) et 7 pédales à 3 crans permettant par un mécanisme à fourchettes de hausser ou baisser de 1/2 ton chacune des notes de la gamme à toutes les octaves. **Harpe celtique** (chaque corde peut être élevée d'1/2 ton par un crochet). **Psaltérion *. Épinette des Vosges *. Dulcimer *. Valiha** : harpe cylindrique sur bambou de 16 à 18 c., Madagascar. **c) Instruments à clavier** : **épinette *. Virginal *. Clavecin** : mot apparu en 1631 ; issu du psaltérion auquel on adjoignit un clavier ; appelé clavi-cymbalum au XVe s. (1re description connue 1440) ; très prisé jusqu'au XVIIIe s.

3°) Frappées. a) Instruments à clavier (avec des touches) : **clavicorde *. Piano** (voir p. 420 b). **b) Instruments sans clavier** : **dulcimer *. Cymbalum** *hongrois* *.

☞ **Harpe éolienne** : cithare à cordes en boyau, accordées à l'unisson, mises en vibration par le vent.

■ **Instruments à percussion. 1°) Idiophones. a) Sans clavier** : **cloches** (tubes de métal). **Xylophone*** (lames en bois). **Métallophone** (lames en acier). **Vibraphone** (USA 1921 ; métallophone à amplificateur). **Marimba. Glockenspiel. Triangle** (tige coudée 2 fois). **Cymbales. Crotales** ou *cymbales antiques* (petites cymbales). **Gong. Tam-tam. Woodblock. Castagnettes. Fouet. Claves. b) Avec clavier** : **célesta** [inventé par Charles Victor Mustel (1815-90) en 1886]. **Glockenspiel** (à clavier). **c) Bruits divers** : **maracas** (calebasses séchées ou noix de coco évidées). **Crécelles. Raclettes** (guitcharo) ou *guido* (Amérique centrale). **Grelots**, etc.

2°) Membranophones. Percussion sur peau : **caisse claire**, *roulante*. **Grosse caisse. Tambourin. Tambour de basque. Bongos** (tambour double africain). **Tom alto. Tom basse. Darbouka** (tambour arabe).

■ **Instruments mécaniques. Carillons** : personnages de clocher (XIVe s.), pendules, horloges astronomiques (St-Jean, Lyon), androïdes musiciens (XVIIIe s. par Vaucanson). **Serinettes** : petites pièces à musique. **Orgue** (y compris de manège). **Orgue de Barbarie** : réalisé par Giacomo Barberi à Modène (XVIIIe s.) avec un cylindre dont les pointes ouvraient et fermaient les tuyaux, ne produisant chacun qu'un son unique. **Orgue mécanique** : cylindre remplacé par une bande perforée ; **limonaire** des frères Camille et Eugène Limonaire (usine fondée en 1840, fermée en 1936) : soupape commandée par la lecture d'un rouleau de carton perforé entraîné par une manivelle. **Piano** (1887, USA ; brevet France 1863) dit *bastringue*. Le plus célèbre : le *pianola* (1902). **Violon.**

■ **Instruments électriques. Guitare électrique** : précurseur : *poêle à frire* : 1931, atelier d'Adolph Rickenbacker (Suisse) à Los Angeles ; *1res* : par Leo Fender et Fullerton : *Broadcaster* (1948) et *Telecaster* (1950, toujours utilisée). **Harpe électrique** : généralement celtique (folk). **Orgue Hammond** : électromagnétique, inventé par Laurens Hammond (horloger de Chicago qui, ruiné par la crise, utilisa vers 1935 son stock de roues dentées). **Piano électrique** : *1er* par la Sté Wurlitzer (1958). *1960* : *cembalet* inventé par Zacharias (All., Sté Hohner). **Trautonium** du Dr Trautwein : produit des oscillations à l'aide de tubes au néon. **Violon électrique** : violon électroacoustique avec préampli. **Vielle à roue** électro-acoustique.

■ **Instruments électroniques. 1°) Instruments monodiques** (ne produisant qu'un seul son à la fois). **Theremin, ondioline, clavioline, à ondes Martenot** [le seul encore utilisé : créé par Maurice Martenot (Français, 1898-1980), présenté à l'Opéra de Paris en 1928 ; oscillations électroniques, par système à transistors, modulées par clavier expressif ou jeu à la bague sur 7 octaves, diffusées par haut-parleur principal et 3 diffuseurs de coloration se combinant avec de nombreux jeux de timbres]. Ces ondes permettent d'obtenir un vibrato reflétant les moindres gestes de l'interprète par sa fréquence et son amplitude. Une *touche de nuance* remplace l'action de l'archet ou du souffle et une *bague* permet une progression infinitésimale des sons qui l'apparente à l'expression vocale. Le modèle 1990 est à pilotage numérique.

2°) Instruments harmoniques (pouvant jouer les accords). Connus sous le nom d'« **orgues électroniques** » (inventés par les Français Armand Givelet et Coupleux vres 1930). Produisent des sonorités variées grâce à des microcircuits. *Ancêtre* : orgue électromécanique créé 1895 par Thaddeus Cahill (Américain).

3°) Synthétiseurs. Électronique, modulaire (monophonique, duophonique ou polyphonique), permettant de procéder à la synthèse du son. *1955-59* : 1res réalisations aux USA par RCA ; *1964* : conception musicale par Robert Moog ; *1968* : l'Américain Walter Carlos réalise « Switched on Bach » chez Columbia.

4°) Échantillonneur ou **sampler.** Traduit un son naturel en données numériques, permettant de le transformer. Apparu 1980.

5°) Instruments électrostatiques. Orgue Dereux [2 claviers et 1 pédalier complet reproduisant les sons enregistrés sur des orgues Féels à tuyaux (31 jeux + accouplements habituels)]. N'est plus fabriqué.

■ **Instruments numériques.** Le son réel est enregistré et reproduit par un procédé numérique (reflet exact des sonorités). Piano, guitare numérique [steel guitare ou pédale stee (américaine, d'origine hawaïenne) : 20 sons], saxo digital (6 sons).

☞ **Instruments muets** : inventés par Yamaha en 1999 : un casque permet au musicien d'être le seul à s'entendre jouer, dans les conditions acoustiques d'une salle de concert.

Statistiques en France

☞ Il y avait 4 500 facteurs d'instruments en 1994.

■ **Importations et**, entre parenthèses, **exportations** (en millions de F, 1999). Pianos, clavecins et autres instruments à cordes, à clavier 182,4 (29). Autres cordes 72,1 (30,1). Orgues, harmoniums et instruments similaires 2,1 (5,1). Accordéons et harmonicas à bouche 29,3 (1,6). Cuivres 38,6 (25,2). Autres vents 66,8 (322,5). Percussions 72,1 (13,2). Instruments électromagnétiques, électrostatiques, électroniques et similaires 292,2 (25,5). Boîtes à musique et similaires 23,6 (6,1). Parties, accessoires, pièces détachées, mécanismes d'instruments 143,3 (165,6).

■ **Exportations et**, entre parenthèses, **importations** (en millions de F). *1993* : 492,5 (1 033,4) dont Japon 128 (343,9), USA 73,5 (81,6), Italie 50,5 (123), Allemagne 48,6 (100,2) Suisse 23 (2,7), Espagne 15,2 (8,2), P.-Bas 14,7 (18,6), R.-U. 14,7 (18,6), Belgique-Luxembourg 3,9, Canada 2,7 (6) ; *1996* : 545 (999) dont UE 197 (298).

■ **Chiffre d'affaires** (en millions de F, 1996). 3 374 dont pianos 650 (dont numériques 220), guitares 450 (dont électriques 250), orgues 448 (dont claviers mini-touches 70, portables grandes touches 330, meubles 4, liturgiques 44), instruments à vent, cuivres, bois, accessoires 380, synthétiseurs 130, batteries et percussions 176, accordéons 100, cordes 90, amplificateurs 70, divers et accessoires (dont sono, enceintes, ampli) 880. **Nombre d'instruments vendus** (en 1996). Guitares 372 790 dont électriques 130 030 ; orgues 147 600 dont claviers mini-touches 60 000 [1], portables grandes touches 86 000, liturgiques 1 200, meubles 400 ; vents, cuivres, bois, accessoires 42 000 ; pianos 33 530 dont numériques et rythmiques 16 400 ; synthétiseurs 24 480 ; batteries 12 300 ; accordéons 8 900 ; amplificateurs 70 000.

Nota. – La France est le meilleur producteur mondial de roseaux (entre Hyères et Fréjus, Var) pour la fabrication des anches de clarinettes, hautbois, saxophones, etc., achetées par les fabricants d'anches Rico (USA) et Vandoren (France). (1) Grande distribution.

Prix d'instruments de qualité (en milliers de F)

■ Anciens (XVIIe-XIXe s.)

Violon : école italienne (XVIIe-XVIIIe s.) : *Stradivarius* [Antonius Stradivari, dit Stradivarius (Crémone 1644/17-12-1737), élève d'Amati, produisit en 71 ans environ 800 violons ; il en resterait 450 dont les plus célèbres sont le « Viotti » de 1709, le « Vieuxtemps » de 1710, le « Dauphin » de 1714, l'« Alard » de 1715 et le « Messie » de 1716, 12 altos, 50 violoncelles, 3 guitares] 2 000 à 15 000 [9 000 pour le « Mendelssohn » de 1720 (Christie's, 1990), 6 208 pour le « Marien » de 1714 et 4 767 pour un autre de 1698 (Drouot, 1998) ; plusieurs dizaines de milliers d'instruments de fabrique portent cette fausse étiquette] ; *Guarnerius* [Pietro Guarneri (1683-1745)] 2 000 à 15 000 ; *Niccolò Amati* [de la dynastie fondée par Andrea (1500-80)] 500 (1992) ; *Rogerius* [(1650-1730), élève d'Amati] 650 (1994) à 1 000 ; *Jacobus Stainer* (1621-83, maître de la lutherie austro-hongroise) 700 (1993) ; école française (XIXe) : *Nicolas Lupot* 700 à 1 000 ; *Jean-Baptiste Vuillaume* 270 à 500 ; *Gagliano* (Naples) 390 (1994) ; *Grancino* (Milan) 310 (1994). **Archet** : de *François-Xavier Tourte* (XVIIIe s.) 250 à 400 ; *Dominique Peccatte* (1810-74) 150 à 300 ; *François Nicolas Voirin* 45 ; *Eugène Sartory* (1871-1940) 50 à 60, 180 le 7-12-1999 (un bon archet actuel 6 à 27). **Vielle à roue** : fin XVIIIe 10 à 24, à caisse plate 73. **Violoncelle** : 22 ; *Stradivarius* 5 000 à 20 000 ; *Guadagnini* (1711-86) 2 000 à 3 000 ; *Hannibal Fagnola Torini* dans le goût de Guadagnini 285 (1994). **Viole d'amour** : 12. **Guitare** : XVIIe (1624) : Chittara, par *Jacob Stadler* 1 149 ; XVIIIe 7 à 15 ; XIXe, signée *Torres* ou *Ramirez*, de 24 à 61. **Harpe** : 19 à 76 (1998). **Épinette** : de *Thomas Hancock* (1725) 22. **Pendule à musique** : *Janvier* 58. **Orgue** : *Cavaillé* 42, mécanique de salon *Davrainville* 69,3. **Clavecin** : 5 octaves, 1 clavier 75 (1994), 2 claviers XVIIe et XVIIIe s. 73 à 387, de *Hellen* à Berne (1759) 1 120 record mondial (1994). **Piano** : droit 6 à 25, 1/2 queue

12 à 61, queue (*Steinway,* 1884 décoré) 7 000 (1997). **Pianoforte :** 11 à 328 (1987, *Érard* 1806). **Mandoline :** de Marie-Antoinette 93. **Cécilium** (ancêtre de l'accordéon) : 9 et plus. **Flûte :** à bec (paire alto) de *Bressan* (1663-1731) 253 (Londres, 1992).

Modernes

A vent. Accordéon : d'étude 9 à 13, semi-professionnel 20 à 30, professionnel 40 à 50, de concert jusqu'à 80. **Bugle** : 4 à 8. **Clarinette** : 2,3 à 12. **Cor :** *d'harmonie* 4 à 28. **Cornet** : 3 à 7. **Flûte** : *douce* 41 à 1 210, *traversière* 3 à 40. **Saxophone** : alto 7 à 12 [en plastique, ayant appartenu à Charlie Parker dit « Bird » 800 (Christie's, 8-9-1994)], ténor 7 à 13, baryton 17 à 20. **Trombone** : 3 à 13. **Trompette** : 2 à 11 (avec étui et accessoires). **A percussion. Vibraphone** : 8 à 22. **Jeu de cloches** : 18. **Xylophone** : 18. **Marimba** : 20. **A cordes. Alto** : 3 à 10. **Guitare** : classique 0,8 à 46, « western » ou « folk » 1,1 à 16, électrique plate 1,3 à 8. **Harpe** : 4 à 133, celtique 6,6 à 12. **Violon** : d'étude 1,8 à 3,5, de maître à partir de 30. **Violoncelle** : 4,2 à 12, de maître à partir de 20. **Claviers. Clavecin** : 26,7 à 201. **Épinette** : 16 à 49. **Orgue classique** : étude 7,5, avec pédaliers de 25 notes 157. **Piano** : étude 10 à 30, droit 15 à 100, à queue 36 à 400 (de concert D-274 Steinway & Sons). **Claviers électroniques** : *mini* moins de 1 ; *simples* de 0,8 à 3 ; *synthétiseurs* à partir de 5 ; *piano* à partir de 8 ; *orgues* à partir de 20. **Mécanique. Violina** 800 (1998).

Principales collections

☞ *Abréviations* : instr. : instruments ; m. : musée.

Anvers : *m. Vleeshuis.* **Berlin :** *Staatlisches Institut für Musikforschung Preussischer Kulturbesitz.* **Bruxelles :** *m. instrumental du Conservatoire royal de musique.* **Crémone :** *m. d'Organologia A. Stradivarius.* **Édimbourg :** *Royal Scottish Museum ; collection Russell* (clavecins et clavicordes). **Florence :** *m. des Instr. de musique du Conservatoire.* **Genève :** *m. des Instr. anciens de musique.* **La Haye :** *Gemeente Museum.* **Leipzig :** *Musikinstrumenten-Museum ; Karl-Marx-Universität.* **Londres :** *Victoria and Albert Museum ; Royal College of Music ; Horniman Museum ; Museum of Historic Instruments.* **Milan :** *musée des Instr. anciens ; Castello Sforzesco.* **Munich :** *Städtische Musikinstrumentensammlung.* **New York :** *Metropolitan Museum of Art ; Julliard School of Music.* **Nuremberg :** *Germanisches Nationalmuseum.* **Oxford :** *Ashmolean Museum* (collection Bate d'instruments à vent historiques). **Paris :** *m. de la Musique* (Cité de la Musique ; ouvert le 18-1-1997) : 4 500 instr. occidentaux des XVIe-XXe s., 900 présentés ; *m. de l'Homme* (instr. ethniques du monde entier, France exceptée) ; *m. des Arts et Traditions populaires* (instr. des provinces françaises). **Roche** (Suisse) : *m. suisse de l'Orgue.* **Rome :** *m. de l'Instr.* (Académie de Ste-Cécile). **Stockholm :** *Musikmuseet.* **Trondheim :** *Musik Historisk Museum.* **Vienne :** *Kunsthistorisches Museum.* **Washington :** *Smithsonian Institution.*

Quelques records

■ **Instruments à cordes. Pantaléon** utilisé 1767 par George Noël : 270 cordes sur 4,60 m². **Octobasse** construite 1849 par Jean-Baptiste Vuillaume (1798-1875) : 3,6 m (musée du Conservatoire de Paris), 3 cordes, ut, do, ut, atteint la tierce majeure inférieure de la contrebasse moderne. **Guitare** construite par les élèves du lycée de Jasonville (Indiana, USA, 1991) : haut. 12 m, larg. 5 m, 446 kg, nécessite 6 joueurs et 6 amplis. **Contrebasse** d'Arthur Ferris (USA, 1924) : 4,26 m de haut., 590 kg, caisse de résonance de 2,43 m de large, nécessite 31,7 m de cordes en cuir. **Violoncelle :** *le plus petit* : 27,8 mm de haut ; *le plus grand* : haut. 8,50 m, larg. 2,64 m, environ 1 t ; fabriqués par Christian Urbita. **Piano :** *le plus grand* : construit 1935 par Charles H. Challen and Son, Londres (G.-B.), long. 3,55 m, 1,25 t. **A vent. Tuba** construit vers 1896-98 : haut. 2,28 m, tuyauterie 11,80 m, pavillon diam. 1 m. **Cor des Alpes** construit par Peter Wutherich (Idaho, USA, nat. Suisse) : haut. 47 m, 103 kg. **Divers. Tambour** construit à Londres (entendu au Royal Festival Hall à Londres le 31-5-1987) : diam. 3,96 m ; de Disneyland 1961 (USA) : diam. 3,20 m, 204 kg ; construit 1872 à Boston (USA) : diam. 3,65 m, 272 kg. **Componium** construit 1821 à Amsterdam par Dietrich Nicolaus Winkel (musée du Conservatoire de Bruxelles) : mécanique à cylindres, triangle et tambour pouvant produire un thème et ses variations (il faudrait 138 trillions d'années pour les épuiser toutes, en comptant 5 minutes par variation).

Accordéon

■ **Origine.** Principe de l'anche libre déjà utilisé pour le *cheng* en Chine vers 2 700 av. J.-C. **1810** *orgue expressif* de G.J. Grenié. **1822** sous le nom d'*handaoline* de Friedrich Buschmann à Berlin. **1829** sous le nom d'accordéon à Vienne par Cyrill Demian (1772-1847). *-19-6* à Londres par Charles Wheatstone *(concertina)* : boîte en bois de 21 × 9 cm et 6 cm de haut, avec soufflet à 2 plis et clavier, améliorée par Marie-Candide Buffet (1796-1859) et Isoard entre 1831 et 1835. **XIXe s.** populaire à Vienne et à Paris dans la bourgeoisie. **A partir de 1900** délaissé par la bourgeoisie, adopté par les orchestres musette. **1910** 1ers accordéons à système chromatique par les Établissements Hohner (All.). **Avant 1939** apparu au music-hall et dans des studios d'enregistrement. **Après 1945** le système de « basses chromatiques » permet de jouer intégralement des œuvres classiques. **1985** diplôme d'État et certificat d'aptitude permettant l'enseignement en France dans les conservatoires et écoles nationales de région (pas de classe dans les conservatoires nationaux supérieurs).

■ **Airs les plus célèbres.** Le Dénicheur, le Retour des hirondelles, les Triolets, la Valse des as, Ça gaze, la Marche des accordéonistes lyonnais, Indifférence, Swing Valse, Aubade d'oiseau, Brise napolitaine, Perle de cristal, Reine de musette, Balajo, Adios Sevilla, España cani, Coplas, le Petit Bal du samedi soir, Géraldine, Dolby Valse, Fantaisie en mi mineur, Système « A ».

■ **Associations. Unaf (Union nationale des accordéonistes de France)** 33, rue du Fbg-St-Martin, 75010 Paris ; créée 1948, 4 000 adhérents. **ACF (Accordéon Club de France)** créé 1936, 3 000 adhérents. **APH (Association des professeurs Hohner)** créée 1954, 2 000 adhérents. **Uffa (Union fédérale française de l'accordéon). CFPOAF (Centre fédéral et pédagogique de l'orgue et de l'accordéon de France)** 8, esplanade Salvador-Allende, 95100 Argenteuil. **Union des professeurs d'accordéon de concert**, créée 1975, 250 écoles.

■ **Fabricants d'accordéons. Allemagne :** Hohner. **Brésil :** Sapore. **Chine :** Parrot, Baile. **France :** Cavagnolo (Zac des Baterses, 01704 Beynost Cedex). Maugein [Zac de Mulatet, 19000 Tulle (*1930* : 6 000 accordéons fabriqués ; *81* : 300 ; *93-2000* : 800)]. **Italie :** Piermaria, Exelsior, Dallapé, Fratelli Crosio, Zero Sette, Pigini, Bugari, Ballore et Burini, Beltuna, Castagnari, Mengascini. **Japon :** Tombo. **Russie :** Jupiter. **USA :** Colombo, Sano.

■ **Interprètes. Abbot** Alain (1937). **Aigeldinger** Jean-Pierre (n.c.). **Aimable** (1922-97). **Alexander** Maurice (1900-80). **Astier** André (1923-94). **Attard** Lucien (1933). **Azzola** Marcel (1927). **Baldi** Augusto (1912-85). **Balta** Freddy (1920). **Baselli** Joss (1926-82). **Bazin** Charley (1912). **Blanchard** Gérard (n.c.). **Blot** André (1934). **Boisserie** Raymond (1927). **Bonnay** *Christiane* (1959) ; *Max* (1957) *1979. **Bonnin** Myriam (1954). **Bouvelle** Éric (n.c.) *1988. **Carrara** Émile (1915-73). **Chappelet** J.-Robert (1961). **Colombo** Joseph (1897-1973). **Corchia** Louis (1935). **Courtin** Jo (1925-95). **Damin** Roger (1934-84). **Decotty** Émile (1922). **Deprince** Adolphe (1901-95). **Duleu** Édouard (1908). **Émorine** Dominique (n.c.) *1990. **Ferrari** Louis (1910-87). **Ferrero** Médard (1906-72). **Galliano** Richard (1950). **Garcia** Samuel (n.c.) *1992. **Gardoni** Fredo (1898-1975). **Guérouet** Frédéric (1959) *1977. **Hadji-Lazaro** François (n.c.). **Horner** Yvette (n.c.) *1948. **Labat** Jérôme (1973) *1994. **Lai** Francis (1934). **Larcange** Maurice (1929). **Lassagne** Armand (1934). **Ledrich** Louis (1924). **Legrand** Loulou (1926). **Léorie** Guylaine (n.c.) *1989. **Lesueur** James (1958). **Lorenzoni** Bruno (1931). **Lorin** Étienne (1913-75). **Manca** J.-Luc (1961) *1983. **Marceau** (Marceau Verschuren, 1902). **Marroni** J.-Marc (1964) *1985. **Mirando** Jean (1928). **Monedière** Robert (1918). **Murena** Tony (1917-71). **Musichini** Alain (1962) *1981. **Nicoli** Jules (1928). **Noguez** Jacky (1929). **Peguri** Louis (1972). **Perrone** Marc (1953). **Privat** Jo (1919-96). **Prudhomme** Émile (1913-74). **Rodriguez** Casilda (n.c.). **Romanelli** Roland (1946). **Rossi** *Christine* (n.c.) *1987 ; *Joe* (1922-94). **Roussel** Gilbert (n.c.) *1949. **Rousselet** Corinne (1963). **Segurel** Jean (1908-78). **Siozade** Raymond (1930-86). **Vacher** Émile. **Verchuren** André (1921). **Verstraete** *Charles* (1924) ; *Fernand* (1924). **Viseur** Gus (1916-74). **Vittenet** Maurice (n.c.) *1951. **Vivier** Guy (1942). **Williams** Harry (1943).

Nota. – (*) Année d'obtention de la coupe mondiale.

☞ On dénombre 200 000 accordéonistes amateurs et 10 000 accordéons vendus par an.

Cloches et carillons

■ **Origine. En Chine :** premières cloches en bronze vers 2000 ans av. J.-C. remplacent des « pierres sonores ». Un carillon de 65 cloches existait dès le Ve s. av. J.-C. (2 500 kg). **A Rome :** on sonnait les cloches pour accueillir les réponses des oracles, avertir de l'heure des bains, des repas et des marchés. *Ve s.* pour appeler les fidèles aux assemblées religieuses (auparavant, planches sur lesquelles on frappait les simandres). Saint Paulin, évêque de Nola, en Campanie, fit fondre de grosses cloches, d'où le nom de *campanae* et de *nolae.* Dans les couvents, on distinguait 5 espèces de cloches : celle du réfectoire : *squilla,* du cloître : *cymbalum,* du chœur : *nola,* du clocher : *campana,* des tours : *signum.* Au Moyen Age, les cloches banales des beffrois avertissaient les habitants. Lorsqu'une ville était occupée militairement, les habitants devaient racheter les cloches (usage rétabli, en 1807, par Napoléon, lors de la prise de Dantzig). **Bénédiction et baptême des cloches :** coutume établie sous Jean XIII. Un évêque exorcise, bénit le sel et l'eau, lave par aspersion le dedans et le dehors puis fait 7 onctions en forme de croix au-dehors avec l'huile des infirmes et 4 autres en dedans avec le saint chrême.

■ **Composition.** Bronze [cuivre (78 %)/étain (22 %)].

■ **Carillons.** *1ers monastères,* une cloche sonne les heures ; puis une cloche plus petite est ajoutée pour les demi-heures, enfin le système se perfectionne. Le système d'avertissement ou prélude, précédant l'heure, se composait de quelques clochettes, « appeelkens » (néerlandais) ou « appeaux » (français). L'ensemble de 4 clochettes s'appelait « quadrillon », d'où le mot « carillon ». **Composition actuelle des grands carillons :** nombreuses cloches harmonisées (2 à 3 octaves), maniées à l'aide d'un clavier composé de bâtons en guise de touches, et de pédales. Carillon idéal : 4 octaves (49 cloches). L'importance d'un carillon varie selon le poids de ses cloches. Sa qualité dépend du fondeur et de l'installateur.

■ **Quelques carillons célèbres. Allemagne :** *Halle* (Roter Turm, 76 cloches). **Australie :** *Melbourne, Sydney.* **Belgique :** *Bruges, Lokeren, Mol, Meise, Malines* (cathédrale St-Rombaut, 49 cloches, bourdon 8 884 kg, total 38 000 kg ; N.-D. au-delà de la Dyle, 50 cloches, bourdon 2 217 kg, total 9 123 kg ; Busleyden, 49 cloches, bourdon 420 kg, total 2 541 kg). **Canada :** *Montréal* (oratoire St-Joseph), *Niagara Falls, Ottawa, Toronto.* **Danemark :** *Copenhague.* **États-Unis :** *Broomefield Hills* (Michigan, 77 cloches), *Chicago* (Laura Spelman Rockfeller, 72 cloches), *New York* [Riverside Drive Church (74 cloches, 103,6 t) ; Kirk-in-the-Hills]. **France :** *Avesnes-sur-Helpe, Bergues, Béthune, Blois, Buglose, Cappelle-la-Grande, Carcassonne, Castres, Châlons-en-Champagne, Chambéry* (70 cloches, 3e en Europe), *Châtellerault, Dijon* (63 cloches), *Douai, Dunkerque, Le Quesnoy, Lisieux, Lyon* (64 cloches), *Paris* (église Ste-Odile, mairie du 1er arr.), *Perpignan, Rouen, St-Amand-les-Eaux, Seclin, Selongey, Tourcoing.* **G.-B. :** *Aberdeen* (église St-Nicholas : 48 cloches, 25,8 t). **Nouvelle-Zélande :** *Wellington.* **Pays-Bas :** *Amersfoort, Amsterdam, Delft, Rotterdam, Utrecht.* **Portugal :** *Mafra, Vila Real* (72 cloches).

■ **Nombre de carillons à clavier. Monde :** 578 carillons de plus de 23 cloches. **France :** 87 grands carillons (manuels ou électrifiés) dont 14 classés monuments historiques ; nombreux petits carillons (60 en région Rhône-Alpes, 122 en pays d'Oc) ; **de carillons ambulants. France :** Douai (50 cloches, 3 432 kg), Béthune (48 cloches, 4 500 kg). **Belgique, Norvège, Pays-Bas.**

■ **Carillonneurs.** Aux XVIIIe et XIXe s., on se désintéressa des carillons. *1922,* Jef Denyn (Belge, 1862-1941) fonde l'école de carillon de Malines (depuis 1959 École royale de carillon Jef-Denyn – Institut international supérieur de l'art campanaire : 10 à 20 élèves). Anciens élèves fondateurs d'autres écoles : Leen't Hart (Amersfoort, Pays-Bas, 1964) ; Jacques Lannoy (Tourcoing, France, 1971). En 1978, une autre classe a été créée au CNR de Douai. **Guilde des carillonneurs de France :** *créée* 1972, 69 carillonneurs (membre de la Fédération mondiale du carillon). **Sté française de campanologie :** 41, avenue de Charlebourg, 92250 La Garenne.

■ **Cloches les plus anciennes. Chine.** 4 000 ans. **Iran.** *Palais babylonien de Nemrod « Tintinabulum »* : 1100 av. J.-C. (découverte 1849). **Italie. Pise :** 1106. **France. La Villedieu** (Dordogne) : XIe s., **Degagnarès** (Lot) : XIIe s., **Fontenailles :** 1202 (musée de Bayeux), **Sidiailles** (Cher) 1239, **Rouen :** 1254 (tour du Gros Horloge), **Landas** (Nord) : 1285, **Compiègne :** 1303 (hôtel de ville), **Paris :** 1331 (église St-Merri).

■ **Cloches les plus lourdes du monde** (cloches de volée). **Allemagne : Cologne** *« Petersglocke »* (1923, cathédrale, 25,4 t, diamètre 3,40 m). **Autriche : St-Étienne** *« Pummerin »* (1957, 23,9 t). **Canada :** Markham (19 t). **Chine : Pékin :** *« grande cloche »* (1420, 46,5 t, haut. 6,75 m). **Espagne : Tolède** *« Campana Gorda »* (1753, 17,3 t). **France : Amiens :** 11 t. **Auch :** cathédrale (10 t). **Bordeaux :** cathédrale St-André (1869, 11 t, diam. 2,33 m). **Lyon :** Fourvières (1894, 7,2 t, diam. 2,50 m). **Marseille :** N.-D.-de-la-Garde (1845, 8,2 t, diam. 2,40 m). **Metz :** cathédrale (cloche *« Mutte »* 11 t, haut. 2,30 m, diamètre 2,32 m, note *fa#*). **Paris :** *« Françoise-Marguerite »,* dite *« la Savoyarde »,* fondue 1891, offerte par les 4 diocèses de Savoie, arrivée d'Annecy 16-10-1895 [au Sacré-Cœur de Montmartre (18,835 t + battant 0,85 ; accessoires 6,53, diam. 3,03 m, haut. 3,06 m, note do dièse$_2$)] ; *« Emmanuelle »* [à N.-D. de Paris (1685, 12,8 t, diam. 2,56 m, note *fa*$_2$, nommée par Louis XIV et Marie-Thérèse, refonte de *« Jacqueline »* (7,5 t) donnée 1400 par Jean de Montaigu, refondue 1430 puis 1681] ; St-Germain-l'Auxerrois (*« la Marie »* 1527). **Reims :** *« Charlotte »* [cathédrale (1570, 10,435 t, diam. 2,46 m ; 2e bourdon, 7,4 t, diam. 2,32 m)]. **Rouen :** *« Jeanne d'Arc »* [cathédrale (*1920* : 20 t ; *1944* détruite par les bombes ; *1954* : 9,5 t)]. **Sens :** *« la Savinienne »* [cathédrale (1560, 15,6 t, diam. 2,69 m, note *mi* bémol$_2$)] ; *« la Potentienne »* (1560, 13,8 t, diam. 2,34 m, note *fa*$_2$). **Strasbourg :** *gros bourdon,* 20 t, fêlé le jour de Noël 1521, sans battant ; cathédrale (grande cloche, 1427, 8,9 t). **G.-B. : Londres :** Westminster *« Big Ben »* (1858, 14,5 t) ; St-Paul *« Great Paul »* (1881, 17 t). **Suisse : Gossau** (1926, 19,6 t). **USA : Newport** (Kentucky) : Millenium Monument (33,2 t, diam. 3,78 m, note *la*$_1$) fondue le 11-12-1998 (par la fonderie française Paccard) pour célébrer l'an 2000, la plus lourde du monde à se balancer.

■ **Cloches fixes. Chine : Pékin** (53,9 t). **Corée : Kyongju** *« Divine du roi Sŏngdŏk le Grand »* dite *« Emille »* ou *« Pongdŏsa »* (771, 18,9 t, diam. 2,2 m, haut. 3,36 m). **Japon : Osaka** (164 t) détruite 1942. **Kyōto** au temple Shi-Tenno-Ji (154 t). **Chonan** (75 t). **Myanmar : Mandalay** *« Mingun »* (90,5 t, diam. 5,09 m, fondue sous le règne de Bodawpaya (1782-1819) ; un heurtoir en teck la frappe de l'extérieur.

Portugal : **Lisbonne** (24,4 t). **Russie :** **Moscou :** *« Tsar Kolokol »* (reine des cloches) [au Kremlin, fondue 25-11-1735, fêlée (un morceau de 11 t s'est détaché), 202 t, diam. 6,10 m, haut. 6,10 m, épaisseur max. 60 cm (nécessitait 24 hommes pour tirer le battant et la faire sonner) ; 40 personnes pourraient tenir à l'intérieur] ; *« Trotskoi »* [tour Ivan Veliki (168 t, fondue 1746), la plus grosse actuellement en place].

■ **Nombre de cloches.** **France :** 250 000 (églises et horloges) dont 9 000 d'avant la Révolution (décret du 23-7-1793 : chaque commune ne pouvait en garder qu'une ; 100 000 furent alors transformées en monnaie ou canons), 6 000 classées monuments historiques ; à Paris 879 dans 261 édifices (37 églises n'en possèdent pas).

■ **Fondeurs de cloches.** Allemagne 7, Espagne 6, *France 3* [dont Paccard à Annecy (100 en 1900) ; Cornille-Havard à Villedieu-les-Poêles (50) ; Bollée à Orléans (45)], Italie 3, Grande-Bretagne 2, Grèce 2, Pays-Bas 2, Autriche 1, Norvège 1, Portugal 1, Suisse 1. **Production française** (en 1988) : 627 cloches (115 t), poids moyen 180 kg. *Prix :* 70 à 90 F/kg. *Exportation :* 65 t (environ 50 % de la production).

☞ En France, au milieu du XIXe s., il y avait 86 fondeurs de cloches (35 au début du XXe s.).

ORGUE

☞ Orgue est masculin au singulier, féminin au pluriel.

■ **Origine.** 246 ans av. J.-C. à Alexandrie, inventeur : Ctésibios. *Le 1er vu en France* fut offert à Pépin le Bref par un empereur byzantin (757). Disposant de plusieurs claviers, c'est le plus complet des instruments de musique. Il donne tous les sons grâce à une série de tuyaux de 2 types (*à bouche* et *à anche*, languette élastique vibrant à l'embouchure du tuyau, qui produit plus de timbre et d'éclat), contenus dans un *buffet*. Le vent est amené dans les tuyaux par une soufflerie.

■ **Jeu.** Série de tuyaux accordés chromatiquement et donnant des sons de même caractère : indication de la longueur en pieds (33 cm) du tuyau le plus long correspondant à la note la plus basse : un tuyau ouvert de 32 pieds (10,56 m) donne la fréquence de 16 périodes, la plus basse que l'oreille puisse percevoir ; la plus aiguë, 6e *do* du piccolo 1 seconde, fréquence de 16 000 périodes). **Jeux de fond :** tuyaux ouverts *(flûtes)*, fermés *(bourdons)* ou de taille étroite *(gambe)*. Le son vient du choc de l'air passant par la lumière (entre le biseau et la lèvre inférieure) butant sur la lèvre supérieure et formant ainsi une languette invisible qui met en vibration la colonne ou corps du tuyau. **Jeux de principaux :** développent une sonorité riche en harmoniques à cause de la faiblesse de la taille (rapport de la largeur à la longueur des tuyaux). **Jeux de mutation :** donnent quintes, tierces, septièmes ou neuvièmes en rangs séparés ou collectifs.

■ **Records.** **Orgues les plus grandes du monde : Atlantic City** (New Jersey, USA) : *auditorium* terminé en 1930, 33 112 tuyaux de 4,70 mm à 19,50 m de long, 1 477 registres, 2 consoles (7 et 5 claviers), 7 octaves ; ne fonctionne plus entièrement. **Liverpool** (G.-B.) : *cathédrale anglicane*, installé 18-10-1926, 9 704 tuyaux (1,9 cm à 9,75 m). **Philadelphie** (USA) : installé 1911 (Wanamaker Store), agrandi jusqu'en 1930, 30 067 tuyaux, 6 claviers, 451 jeux. Actuellement le plus grand orgue jouable. **Passau** (All.) achevé 1928, 16 000 tuyaux, 118 registres, 5 claviers. **Salt Lake City** (Utah, USA) : *temple des Mormons,* 1863, 5 claviers, 10 814 tuyaux et 160 registres. **Sydney** (Australie) : *Town Hall,* 128 registres. **Monreale** (Sicile) : *Santa Maria Nuova,* 10 140 tuyaux, 130 registres, 6 claviers. **Riga** (Lettonie) : 124 registres. **Londres :** *Albert Hall,* 114 registres. **Paris :** *Notre-Dame* et *St-Sulpice* (voir ci-dessous). **Leipzig** (All.) : *St-Thomas* [Ulrich Boehme].

Nota. – L'orgue du cinéma parisien le Gaumont-Palace, le plus grand d'Europe continentale, installé en 1930 pour accompagner les films muets, a été reconstruit au pavillon Baltard à Nogent-sur-Marne en 1997.

■ **Orgues en France.** **Nombre :** plus de 8 000 (1 000 protégés). **Principales orgues et leurs titulaires** (cath. : cathédrale). **Aix-en-Provence :** *cath.* (Chantal de Zeeuw). **Albi :** *cath.,* 5 claviers (Mary Prat-Molinier, Pierre-Jean Schoen). **Amiens :** *cath.*[1] (Gérard Loisemant). **Angers :** *cath.*[1] (Henri-Franck Beauperin). **Arras :** *cath.* (François Bocquelet). **Autun :** *cath.* (Michel Robert). **Auxerre. Avignon :** *cath. N.-D.-des-Doms* (Luc Antonini). **Beauvais :** *cath.* (Jean Galard). **Belfort :** *basilique St-Christophe* (Jean-Charles Ablitzer). **Blois :** *cath.* (Raymond Guillot). **Bordeaux :** *cath.* (Christian Robert), *Ste-Croix* (Michel Reverdy). **Bourges :** *cath.* (André Pagenel). **Caen :** *St-Étienne*[1] (Alain Mabit, Alain Bouvet). **Cambrai :** *cath.* (Dominique Artielle, Dominique Crepin). **Chartres :** *cath.* (Patrick Delabre). **Clermont-Ferrand :** *cath.* (François Clément). **Dijon :** *cath.* (Yves Cuenot), *cath. St-Bénigne* (Y. Cuenot). **Dole :** *collégiale* (Étienne Baillot). **Évreux :** *cath.* (Bruno Beaufils). **Grenoble :** *St-Louis* (Pierre Perdigon). **Le Mans :** *cath.* (Marie-José Chasseguet). **Le Puy :** *cath.* (Jean-Pierre Rolland, François Clément, Peter Vizard). **Lille :** *St-Étienne-St-Maurice* (Antoine Drizenko). **Luçon :** *cath.* (Guillaume Marionnaud). **Lyon :** *primatiale St-Jean* (Thierry Mechler), *St-François-de-Sales* (Louis Robillard), *St-Bonaventure* (Gabriel Marghieri). **Marseille :** *cath.* (Philippe Gueit). **Montpellier :** *cath. St-Pierre* (Jacques Betoulière). **Nancy :** *cath.* (Pierre Cortellezzi). **Nantes :** *cath.* (abbé Moreau). **Nice :** *cath.* (Jean Wallet), *St-Jean-Baptiste.* **Orléans :** *cath.* (Olivier Périn). **Paris :** *la Madeleine* (François-Henry Houbart), *les Carmes* (Eugène Pelletier), *N.-D. de Lorette* (Xavier Dufresse), *N.-D. de Paris* [112 registres, plus de 7 000 tuyaux, 5 claviers (orgue de chœur : 23 jeux, 2 200 tuyaux)] (Olivier Latry, Philippe Lefebvre, Jean-Pierre Leguay), *N.-D.-des-Blancs-Manteaux* (Étienne Baillot), *N.-D.-des-Victoires* (Guy Morançon, Frédéric Desenclos, Henri de Rohan-Csermak), *Sacré-Cœur* (Claudine Barthel, Philippe Brandeis, Gabriel Marghieri), *St-Antoine-des-Quinze-Vingts* (Éric Lebrun), *St-Augustin* (Didier Matry, Christophe Martin-Maëder), *Ste-Clotilde* (Jacques Taddei, P. Cogen, Marie-Louise Langlais), *Ste-Élizabeth-du-Temple* (Christophe d'Allessandro), *St-Étienne-du-Mont* (Bruno Morin, Thierry Escaisch, Vincent Warnier), *St-Eustache* (Jean Guillou), *St-François-Xavier* (Denis Comtet), *St-Germain-des-Prés* (André Isoir, Odile Bailleux, Jean-Paul Serra), *St-Gervais-St-Protais* (Jean-Baptiste Courtois, Olivier Trachier, Aude Heurtematte), *St-Ignace* (abbé Philippe Charru), *St-Jacques du Haut-Pas* (Nicolas Gorenstein), *St-Médard* (Jean Galard), *St-Louis-des-Invalides* (Suzan Landal, Jean Boyer, Vincent Rigot), *St-Merry* (Pierre Astor), *St-Nicolas-des-Champs* (Vincent Genvrin, Jean Boyer), *St-Philippe-du-Roule* (Valérie Aujard-Catot), *St-Pierre-de-Montmartre* (Juan R. Biava), *St-Roch* (Françoise Gangloff-Levechin), *St-Séverin* (Christophe Mantoux, Michel Alabau, Michel Bouvard, François Espinasse), *St-Sulpice*[1] [(Cliquot, 1776, reconstruit 1862 par Aristide Cavaillé-Coll), 118 registres, 5 claviers, 7 000 tuyaux] (Daniel Roth, Sophie-Véronique Choplin), *St-Thomas d'Aquin* (Arsène Bedois), *St-Vincent-de-Paul* (Véronique Engrand), *temple de l'Étoile* (Lisbeth Schlumberger), *temple de l'Oratoire* (Marie-Louise Girod), *Trinité* (Naji Hakim). **Pithiviers :** *collégiale St-Salomon-St-Grégoire* (M. Aucher). **Poitiers :** *cath.* (Olivier Honette, Jean-Baptiste Robin). **Quimper :** *cath.* (Christiane Le Penven). **Reims :** *cath.* (Benjamin Steens). **Rennes :** *cath.,* 4 claviers (Geoffrey Marshall). **Rodez :** *cath.* (Jérôme Rouzaud). **Rouen :** *St-Ouen*[1] (Marie-Andrée Morisset-Balier), *cath.* (Lionel Coulon). **St-Bertrand-de-Comminges :** *cath.* (Jean-Patrice Brosse). **St-Denis :** *cath.-basilique*[1] (Pierre Pincemaille). **St-Germain-en-Laye :** *St-Louis* (Marie-Claire Alain), *St-Maximin* (Pierre Bardon). **Sens :** *cath.* (Michelle Leclerc). **Soissons :** *cath.* (Vincent Genvrin, Stéphane Bechy). **Souvigny :** Henri Delorme. **Strasbourg :** *cath.* (Maurice Moerlen, Marc Baumann), *St-Guillaume* (Guy Feuerbach), *St-Pierre-le-Jeune* (Marc Schaeffer), *St-Thomas* (Daniel Leininger, François Ménissier). **Thionville :** *St-Maximin* (Raphaëlle Garreau de Labarre). **Toulouse :** *cath.* (Mme Darasse), *St-Sernin*[1] (Michel Bouvard, Mickaël Gaboriau). **Tours :** *cath. St-Gatien* (Gérard Proust). **Versailles :** *cath.*[1] (J.-P. Millioud), *N.-D.* (Georges Robert), *château* (Michel Chapuis, Étienne Baillot). **Vichy :** *Saint-Louis* (Olivier Vernet).

Nota. – (1) Orgue Cavaillé-Coll [Aristide (1811-99, Fr.)].

■ **Facteurs d'orgues.** 110 inscrits au registre des métiers. Regroupent environ 400 professionnels. École à Eschau (B.-Rhin) depuis 1985.

PIANO

■ **Origine.** [en italien *Pianoforte* : « doucement-fortement » construit à Florence par Bartolomeo Cristofori (1653-1731) en 1720 (au Metropolitan Museum of Art à New York, long. 2,26 m, larg. 0,94 m) ; il avait créé en 1698 son 1er **cembalo** à *martelletti* (clavier à petits marteaux) avec échappement (étouffoir).] Présente actuellement un clavier de 7 1/3 octaves chromatiques : 49 touches blanches, 35 noires. Forme carrée (jusqu'à fin XIXe s.), à pieds droits ou supportée par des X, puis à queue (issu du clavecin) et enfin droit [« piano-buffet », créé 1758 par Christian Ernst Friederici (1709-80)]. Pédales ajoutées par Johann Andreas Stein (1728-92) en 1789. En 1822, Sébastien Érard (1752-1831) inventa l'échappement double pour une meilleure répétition des notes.

■ **Grandes marques de piano.** **Érard** (*fondé* 1780), **Klein** (1791), **Pleyel** (1807), **Gaveau** (1847) : Fr., fusion 1960-61 (et rachat par La Paternelle) ; concédées au facteur all. Schimmel en 1971, revendues sauf Klein et rachetées en 1996 par Rameau. *Production : 1939 :* 30 000 ; *71 :* 7 200 ; *79 :* 10 500 ; *80 :* 11 200 ; *88 :* 8 000 droits et 1 300 à queue. En janv. 2000, Pleyel racheté par Hubert Martigny (avait acheté la salle Pleyel aux enchères mi-1998). **Rameau :** 3 900 droits (1980), repris par *Piano de France* en 1986. *Production : 1987 :* 1 800 ; *89 :* 2 500 ; *98 :* 2 000 (dont 1 200 sous la marque Pleyel). *Ventes : 1992 :* 30 000 ; *98 :* 15 000. **Schimmel** (1885). **Yamaha** (Japon, 1887) : *1987 :* 120 000 droits et à queue. **Kawai** (Japon) : 120 000 droits et 11 000 à queue. **Young Chang** et **Samick** (Corée du S.) : 100 000 droits et 10 000 à queue. **Kimball** (USA) : 60 000. **Steinway** (USA, *fondé* 1853 à New York par l'Allemand Heinrich Engelhard Steinweg) : New York 3 200, Hambourg (*fondé* 1880) 1 800. **Bösendorfer** (Vienne, Autr. ; racheté 1966 par Kimball) : 600. **Bechstein** (All., *fondé* 1853) : *1987 :* 1 100. **Ibach** (All., *fondé* 1794) : *1987 :* 1 000.

■ **Pianos produits dans le monde** (en 1992). Corée 240 000, Japon 190 000, Chine 70 000, Amér. du Nord 55 000, Europe (Ouest + Est) 50 000, URSS (ex-) 15 000, zone Pacifique 10 000, Amér. latine 3 000, Afr. du Nord 2 000. Source : estimations réalisées d'après Schimmel, Hamm, *Music Pro, La Lettre du musicien.*

VOIX HUMAINE

CARACTÉRISTIQUES

■ **Étendue vocale.** Ensemble des notes que peut émettre une voix de l'infra-grave au suraigu. **Tessiture :** partie de l'*étendue vocale* qu'un chanteur peut émettre avec le maximum de facilité (2-3 octaves). Terme également utilisé dans le sens d'*ambitus* d'un rôle ou d'un air. **Ambitus :** étendue totale d'une composition de la note la plus grave à la note la plus aiguë.

■ **Hauteur moyenne de la voix parlée.** **Hommes :** 125-150 Hz (si_1-$ré_2$). **Femmes :** 220-300 Hz (la_2-$ré_3$). **Enfants :** 300-350 Hz ($ré_3$-fa_3).

■ **Étendue totale de la voix humaine.** **Voix parlée :** environ 3 octaves ; **chantée :** 5 octaves : de la_0 (55 Hz) à la_5 (1 760 Hz). **Exceptions :** Mado Robin : $ré_6$ à 2 349 Hz (pour lequel ses cordes vocales vibraient 2 349 fois par seconde). Erna Sack, Yma Sumac. **Repères dans l'échelle sonore.** Les acousticiens numérotent les octaves : l'octave dans laquelle se situe le *la du diapason* (440 Hz) est l'octave 3 : on parle de la_3. **Étendue sonore de l'orgue :** correspond pratiquement aux limites de la perception auditive chez l'homme : de do_{-1} (16 Hz) à si_8 (15 804 Hz) ; **de la voix chantée :** de la_0 (55 Hz) à la_5 (1 760 Hz). **Contre-*ut* des ténors :** do_4 (523 Hz) ; **des sopranos :** do_5 (1 046 Hz).

■ **Caractéristiques acoustiques de la voix parlée et chantée.** **Fréquence** ou **hauteur :** mesurée en *hertz* (Hz). Exemple : quand un diapason émet le la_3 à 440 Hz, ses branches vibrent 440 fois par seconde. **Intensité** ou **amplitude** en *décibels* (dB). Exemple : un chanteur wagnérien émet des intensités sonores d'environ 120 dB à 1 mètre (bruit d'un réacteur d'avion au décollage ou de l'explosion d'une bombe). **Timbre :** constitué par le renforcement de certains *harmoniques.* Exemple : le timbre particulier de la clarinette vient du renforcement des harmoniques impairs (les 1o, 3o, 5o, 7o, 9o, etc...). Un son est constitué d'un fondamental déterminant sa hauteur et de plusieurs harmoniques (des multiples entiers du fondamental) renforcés par les différentes caisses de résonnance qu'ils traversent et qui sont responsables de son timbre.

■ **Particularités acoustiques de la voix chantée.** **Vibrato :** caractérisé par des variations périodiques de fréquence, d'intensité et de timbre. Pour le vibrato de fréquence (modulations de hauteur autour de la note-cible), les facteurs principalement atteints sont l'*amplitude* (intervalle musical compris entre les valeurs extrêmes du son vibré) et la *périodicité* (nombre de modulations de fréquence par unité de temps) : *amplitude :* norme entre 1/4 et 3/4 de ton. Au-dessous d'1/4 de ton, son mat, dur, désagréable ; au-dessus d'un ton, son instable (on dit que la voix bouge). *Périodicité :* norme entre 5 et 7 périodes/seconde. Au-dessous de 5 : la voix chevrote. Au-dessus de 7 : trémolo. Le vibrato résulte d'un parfait équilibre entre les différentes coordinations musculaires nécessaires à l'exécution du geste vocal, ce qui explique qu'on ne le trouve que dans les voix travaillées et que toute manœuvre vocale défectueuse ait un retentissement sur sa qualité.

« Singing Formant » : caractérisé par le renforcement des *harmoniques* entre 2 000 et 4 000 Hz, région du spectre sonore où l'acuité auditive est optimale, il détermine la **portée de la voix :** le renforcement des harmoniques dans la région des 3 000 Hz résulte, sur le plan acoustique, de la façon dont les artistes lyriques apprennent à « placer » leur voix. Cela leur permet de dominer sans effort un orchestre de 80 musiciens ou plus et d'émettre des sons *pianissimi* qui parviendront jusqu'à la dernière rangée des spectateurs d'une salle dont le volume peut dépasser 30 000 m³. La portée de la voix ne doit pas être confondue avec son *intensité.* Exemple : les pianissimi de Monserrat Caballé audibles dans toute la salle sans dépasser 60 dB à 1 m, soit l'intensité d'une conversation courante.

☞ On retrouve ce renforcement des harmoniques entre 3 000 et 5 000 Hz dans le spectre acoustique des instruments à longue portée sonore (clairon, trompette dominant facilement le fracas des combats) ou dans le chant du coq.

Puissance de la voix ou **intensité vocale :** dépend de la résistance des cordes vocales à la pression subglottique (pression pulmonaire au-dessous des cordes vocales). Se mesure en dB. *Voix chuchotée :* 30 à 50 dB ; *conversationnelle :* 60 à 70 dB ; *d'appel :* 80 à 90 dB ; *chantée :* de 90 dB (voix d'opérette) à 120 dB (chanteurs wagnériens).

☞ **Références intensités sonores :** voir p. 149 c.

■ **Tenues des sons.** **Durée d'un son après inspiration forcée :** 15-20 secondes. **Chanteurs d'opéra :** 25-30 sec. **Les castrats** pouvaient tenir une note de 1 à 2 min sans reprise de souffle (capacité pulmonaire d'adulte sur larynx d'enfant).

CLASSIFICATION DES VOIX

■ **Évolution.** **Avant le milieu du XVIIIe s.** on distinguait les voix féminines et masculines (pour l'étendue tonale) et les voix graves et aiguës à l'intérieur de ces 2 catégories.

Puis on distingua, pour les hommes, *basses, barytons* et *ténors ;* pour les femmes, *altos, mezzos* et *sopranos.* **Début XIXe s.** on introduisit des nuances de couleur de voix et de timbre [*ténors barytons,* graves, aigus, légers ; *basses* profondes, chantantes ; *sopranos* dramatiques, lyriques, légers (abusivement dits coloratures)]. **Milieu XIXe s.**, distinctions de puissance (*baryton* d'opérette, d'opéra, d'opéra-comique...) et d'emploi (*baryton* Verdi, *ténor* wagnérien, *basse* bouffe...). **En 1953,** on proposa de mesurer par la chronaxie l'excitabilité du nerf de la phonation (déterminant la limite supérieure d'un registre).

Classification traditionnelle

■ **Femmes. Soprano léger** ou **sfogato :** voix la plus aiguë et très étendue (2 octaves et demie, Mozart écrivit jusqu'au sol_5). Rôles : *la Reine de la nuit* (la Flûte enchantée), *Lakmé, Lucie de Lammermoor, Gilda* (Rigoletto). **Soprano lyrique léger** ou **spinto :** intermédiaire entre le soprano léger et le soprano lyrique, volume plus important que celui du soprano léger. *Sophie* (le Chevalier à la rose), *Manon.* **Soprano lyrique, grand lyrique, dramatique :** étendue : 2 octaves (ut_3, ut_5 = contre-*ut*) ; d'un type à l'autre, la tessiture s'abaisse, la puissance croît et la couleur s'assombrit. Lyrique : *Juliette, Marguerite* (Faust), *Agathe* (Freischütz). Grand lyrique : *Mimi* (la Bohème), *Aïda, Élisabeth* (Tannhäuser). Dramatique : *Gioconda, Brünnhilde* (la Tétralogie), *Isolde.* **Mezzo-soprano :** intermédiaire entre soprano et contralto, aigu moins étendu, grave plus riche. Rôles (chantés par mezzo-sopranos et contraltos) : *Léonore* (Fidelio), *Marguerite* (Damnation de Faust). **Contralto :** voix longue (2 octaves et demie, du *mi* grave au *si*) : *Charlotte* (Werther), *Amnéris* (Aïda), *Ortrude* (Lohengrin), *Carmen, Dalila* (Samson et Dalila), *Ulrica* (Un bal masqué), *Erda* (Tétralogie).

Colorature : voix capable d'exécuter brillamment les fioritures ; soprano, basse, contralto, mezzo apte à cette agilité. **Soprano-colorature :** *la Reine de la nuit* (la Flûte enchantée), *Lakmé, Lucie de Lammermoor, Gilda* (Rigoletto). **Colorature dramatique** (ou soprano dramatique d'agilité) : voix très étendue (du *la* grave au contre-*ut* dièse). Œuvres de Haendel, Mozart *(Donna Anna, Fiordiligi),* Rossini *(Sémiramis, Armide, Otello),* Weber *(Obéron),* Verdi *(Ernani, la Traviata, le Trouvère).* [Dugazon, voix légère, au timbre épais : *Siebel* (Faust), *Stefano* (Roméo et Juliette), *Chérubin* (Noces de Figaro), *Mignon* (en général, nombreux travestis du répertoire léger). Desclauzas : emplois de duègne, religieuse, dame de compagnie (Mme Desclauzas, 1840-1922, créa le rôle de *Lange* dans la Fille de Madame Angot).] **Contralto-colorature :** voix spécialisée dans les rôles à vocalises de Rossini *(Rosine, Arsace, Cendrillon...),* Bellini, Donizetti, Meyerbeer (*Fidès* doit vocaliser du *la* bémol au contre-*ut*).

■ **Hommes.** Sous la réserve – en principe – des tessitures, les spécificités vocales sont souvent négligées. *Trois émissions :* poitrine, mixte, tête (ou fausset). *Souffle :* le contre-*ut* (do_4) d'une voix légère, par exemple celui du ténor lyrique (Pavarotti-Rodolfo), consomme moins de souffle que le contre-*ut* du ténor dramatique (Del Monaco, Bonisolli-Manrico). **Ténors.** Étendue normale : 2 octaves jusqu'au contre-*ut*, certaines voix atteignent le contre-*ré*, parfois même le contre-*mi* b_4 ; nombreuses subdivisions. **Ténor trial :** voix aiguë, à caractère comique (Carmen, Turandot). **Ténor buffo :** mime. **Ténor lyrique léger :** voix souple, claire. Diverses nuances : pratique aisée du fausset : *G. Brown* (la Dame blanche) ; ténor « de grâce » : agilité *Almaviva* (le Barbier de Séville) ; médium étoffé, limité dans l'aigu : *Gérald* (Lakmé), *Ottavio* (Don Juan) ; qualité en style, en timbre : *Nemorino* (l'Élixir d'amour). **Ténor lyrique :** voix plus large, plus étendue (do_4, éventuellement *ré* bémol, $ré_4$). La tradition do_4 : *Faust, Rodolfo, Alfredo ;* **demi-caractère, léger :** *Cavaradossi ;* élargi, appuyé : *Des Grieux, Werther, Don José, Canio* (selon les capacités vocales : *Don José :* do_4 Georges Thill ; *Duc de Mantoue :* $ré_4$ Pavarotti). **Ténor dramatique :** timbre incisif. Aigu éclatant : *Manrico* (Trouvère), *Radamès* (Aïda), *Énée* (les Troyens). A la manière wagnérienne, selon un registre différent, le **ténor héroïque** (Helden Tenor) : *Siegfried, Tristan.* **Fort-ténor** volume important ou voix très percutante : **fort-ténor central** à tessiture limitée : *Otello, Samson ;* **fort-ténor de vaillance** tessiture élevée : *Arnold* (Guillaume Tell, dit « le tombeau des ténors »), *Robert le Diable,* les Puritains. **Voix graves.** Barytons (la_1 à la_3) et basses (fa_1 à fa_3). **Baryton-Martin** [du nom du baryton Martin, Jean Blaise (1768-1887) évoluant du grave des barytons à l'aigu des ténors] : claire, souple, l'aigu s'étend jusqu'au *la.* Rôles : *Marouf, Pelléas, Ange Pitou* (la Fille de Madame Angot), *Danilo* (la Veuve joyeuse). **Baryton d'opéra-comique :** emploi avec texte parlé. Volume 100, 110 dB. Rôles : *Zuniga, Lescaut, Albert.* Souvent plus puissant en raison des rôles et des capacités des interprètes : *Escamillo, Figaro.* **Baryton Verdi :** voix souple, sombre et sonore, 2 octaves (*la* grave, *la* bémol aigu). Rôles : *Renato, Comte di Luna, Valentin* (Faust), *Rigoletto.* **Baryton basse :** pas de limites précises entre les barytons basses ou barytons d'opéra et les basses. Rôles : *Wolfram* (Tannhäuser), *Grand-prêtre* (Samson et Dalila), *Scarpia* (la Tosca), *Wotan* (la Walkyrie). **Basse chantante :** plus lyrique que le baryton basse, *fa* grave (fa_3). *Boris Godounov, Méphisto* (Faust), *Philippe II* (Don Carlos), *Gurnemanz* (Parsifal), *Don Juan, Bertram.* **Basse noble** (profonde ou Nivette) : très étendue (*ut* grave = ut_1, *fa* aigu = fa_3), fréquente dans les pays nordiques et orientaux. *Ramfis* (Aïda), *Hunding* (Walkyrie), *Zarastro* (la Flûte enchantée).

■ **Quelques définitions. Aria :** morceau écrit pour une seule voix. **Ariette :** petit air léger. **Barcarolle :** pièce vocale ou instrumentale construite sur le rythme régulier et tranquille de la *barcarola* des gondoliers vénitiens. **Brindisi :** chanson à boire. **Cabaletta :** aria rapide, rythmée, avec reprise. **Cantabile :** passage mélodique d'une expression intense. **Cavatine :** morceau d'opéra plus court que l'aria et sans reprise. **Coda :** partie terminale d'un morceau. **Fioriture :** broderie ajoutée à la note écrite. **Gruppetto :** ornementation formée de plusieurs notes autour d'une seule. **Interlude :** petite pièce instrumentale insérée entre deux scènes d'opéra. **Legato :** exécution dans laquelle les différents sons se succèdent sans interruption. **Pizzicato :** son pincé. **Récitatif :** déclamation vocale qui fait avancer l'action, par opposition aux morceaux chantés plus statiques ou plus méditatifs ; remplace le parler des opéras-comiques. **Rubato :** art d'accélérer ou de ralentir le tempo afin d'obtenir des effets expressifs. **Stretto :** passage d'une partie finale dans lequel les tempos sont accélérés en vue du point culminant. **Vocalise :** formule mélodique ornementale appliquée à une voyelle.

Castrats : la castration, pratiquée vers 8 ans chez les garçons, arrête le développement du larynx ; il ne descend pas et les cordes vocales, musclées par le travail, restent plus proches des cavités de résonance, ce qui produit une puissance et une « brillance » du son (vélocité et tenue de souffle remarquables, étendue atteignant parfois 3 octaves, voire 3 ½ pour Farinelli). Comme la castration n'arrête pas, par ailleurs, le développement physique, le castrat adulte bénéficie d'une capacité thoracique importante, d'où meilleure économie de souffle et amplification de la voix (caisse de résonance). Connue dès l'Antiquité, elle fut pratiquée en Chine, dans les chœurs byzantins et en Europe (sauf en France). La plupart des castrats étaient uniquement des chanteurs d'église. Avant le XIXe s., aucune femme ne pouvait, en Italie, chanter dans les chœurs d'église. Les chœurs de la chapelle Sixtine utilisèrent les castrats de 1588 à 1903 ; le premier fut le père espagnol Soto [l'Église, néanmoins, désapprouvait la castration euphonique et ne tolérait que les castrats accidentels (la castration pour hernie était une pratique courante à l'époque)]. 3 000 à 5 000 enfants de 6 à 10 ans (surtout les enfants de paysans pauvres) étaient opérés chaque année en Italie. **Castrats célèbres :** Baltasare Ferri (1610-80) ; Carlo Broschi (1705-82), dit Farinelli ou « le chanteur des rois » (il passa 22 ans en Espagne à la cour de Philippe V et de Ferdinand VI qu'il tira de leur neurasthénie) ; Guadagni Caffarelli ; Girolamo Crescentini (enseigna le chant à Bellini) ; Alessandro Moreschi (1858-1922, enregistré en 1902 et 1903), soprano romain ; Giambattista Velluti (1780-1861), dernier à paraître sur scène. Monteverdi, Haendel, Gluck, Mozart (*Lucio Silla, Idoménée, la Clémence de Titus,* et des cantates) ont écrit pour des castrats. Un castrat contralto, Paolo Abel do Nascimento, a chanté à Ste-Marie de Limoges le 9-2-1983. On cite un castrat français à St-Marc de Venise au XVIIe siècle (Guielmo Francese) ; le seul connu est Blaise Berthod, Lyonnais, actif entre 1630 et 1675 ; Antonio Bagniera, Suisse, fut opéré en France.

Ténor léger ou **haute-contre :** voix très aiguë émettant des sons naturels au moyen de la « résonance de tête » ; registre couvrant partiellement celui du contralto féminin, timbre essentiellement masculin, pur, pénétrant et souple, de qualité presque instrumentale, apprécié du Moyen Age aux XVIIIe et XXe s. (*le Songe d'une nuit d'été* de Britten). **Falsetto :** chant en fausset dans une tessiture féminine [qui est aussi celle des **sopranistes** dont la voix est naturelle (cordes vocales plus courtes) et a le même timbre que les voix féminines : Patrick Husson (Fr., 1960), Fabrice Di Falco (Fr., 1974)]. Rôles : dans les œuvres de Lully, Campra, Rameau ; *l'Astrologue* (le Coq d'or).

Opéras

Définitions

■ **Opéra (opera seria).** Tragédie ou drame mis en musique, aux rôles chantés et rarement parlés. Le 1er serait *Dafne,* livret de Rinuccini, musique de Jacopo Peri, joué en 1594. *Euridice* (de Peri et Giulio Caccini, joué en 1600) est le 1er opéra conservé (le 1er théâtre d'opéra s'ouvrit en 1637 à Venise). Le type ancien *(Don Juan)* est à numéros (introduction, récitatif, trio, aria, duo, aria, etc.), le type moderne est à scènes et, avec Debussy, à interludes.

■ **Opéra-ballet.** Créé en 1695 par Pascal Collasse (1649-1709) : *les Saisons ; les Indes galantes* de Rameau (1735). Consiste en des entrées de danse et de chant, chaque acte formant une unité complète.

■ **Tragédie en musique.** Transposition de la tragédie littéraire dans le mode lyrique mais dont la forme diffère de celle de l'opéra-ballet : *Alceste* de Lully.

■ **Opéra-comique (opéra bouffe).** Apparaît au XVIIe s. comme une parodie utilisant beaucoup le parler. Le 1er serait *Chi soffre speri,* de Rospigliosi [musique : Marazzoli (1619-62) et Mazzochi]. Se constitue comme genre fin XVIIe-début XVIIIe s. Le terme apparaît pour la 1re fois sur les affiches de la foire St-Germain en 1715. Depuis le XIXe s., sa forme le rapproche de l'opéra.

■ **Opérette.** Genre théâtral léger, dans lequel les couplets chantés alternent avec le parler, avec parfois des fins parodiques ou satiriques. Se développa au XIXe s. avec Hervé et Offenbach en France, J. Strauss II en Autriche, Gilbert et Sullivan en Angleterre.

Principales salles d'opéras

☞ *Abréviations :* adm. : administrateur ; ch. : chef ; d. : directeur : d. a. : artistique, d. m. : musical ; i. : intendant ; m. : musicien(s) ; O. : Opéra ; pl. : places ; s. : surintendant ; Th. : Théâtre.

■ **Allemagne. Bayreuth :** *Festspielhaus* (d. : Wolfgang Wagner), 1 925 pl. **Berlin :** *Deutsche Staatsoper* (« Unter den Linden » ou « Lindenoper ») 1742, 1 450 pl. (d. a. : Georg Quander, d. m. : Daniel Barenboïm) ; *Deutsche Oper Berlin* 1961, 1 885 pl. (d. : Udo Zimmermann, d. m. : Christian Thielemann) ; *O.-comique* 1 270 pl. (d. : Albert Kost, d. m. : Yakov Kreizberg, Kirill Petrenko en 2002). **Bonn** (i. : Manfred Beilharz, d. m. : Marc Soustrot). **Brême** (d.m. : Günter Neuhold). **Cologne** (i. : Günter Krämer, d. m. : James Conlon). **Dresde** (i. : Christoph Albrecht, d. m. : Semyon Bychkov). **Düsseldorf-Duisbourg :** *O. du Rhin allemand* (i. : Tobias Richter, d. m. : John Fiore). **Francfort** (i. : Martin Steinhoff, d. m. : Paolo Carignani). **Hambourg :** *O. d'État de H.* 1 675 pl. (i. : Louwrens Langevoort, d. m. : Ingo Metzmacher). **Hanovre** (i. : Hans Peter Lehmann, d. m. : Christof Prick). **Kassel** (i. : Christoph Nix, d. m. : Roberto Paternostro). **Leipzig :** 1 552 pl (i. : Henri Maier). **Mannheim** (d. m. : Jun Märkl). **Munich :** *O. bavarois* 1818, 2 100 pl. (i. : Peter Jonas, d. m. : Zubin Mehta) ; *Residenztheater* 1750, 500 pl. **Stuttgart** (i. : Hans Tränkle, d. m. : Lothar Zagrosek).

■ **Argentine. Buenos Aires :** *Teatro Colón* 3 500 pl., inauguré le 25-5-1908 (d. : Sergio Renan, d. m. : Reinaldo Censabella).

■ **Australie. Adélaïde :** 2 000 pl. **Brisbane :** 2 000 pl. **Melbourne :** *plus grande salle* 1982, 2 600 pl. **Perth :** 1 000 pl. **Sydney :** 1972, 1 500 pl. (salle de concert : 2 700 pl., d. : Donald McDonald).

■ **Autriche. Bregenz :** *Bregenzer Festspiele* (d. : Alfred Wopmann). **Graz :** *Vereinigte Bühnen Graz* (i. : Gerhard Brunner, d.m. : Philippe Jordan). **Linz :** *Landestheater Linz* (i. : Roman Zeilinger, d. m. : Martin Sieghart). **Salzbourg :** *Salzburger Festspiele* (Gérard Mortier) ; *Landestheater Salzburg* (i. : Lutz Hochstraate, d. m. : Hubert Soudant). **Vienne :** *Wiener Staatsoper* 1869, rénové 1955, 2 270 pl. (i. : Ioan Holender, d.m. : Seiji Ozawa en 2002) ; *Volksoper* 1898, 1 419 pl. (i. : Dominique Mentha).

■ **Belgique. Anvers :** *O. de Flandre* (KVO, i. : Marc Clémeur). **Bruxelles :** *O. national (la Monnaie)* 1856, 1 150 pl. (d. général : Bernard Foccroulle, d. m. : Kazushi Ono). **Charleroi :** *Palais des Beaux-Arts.* **Liège :** *O. de Wallonie* (*Th. royal de Liège,* i. : Jean-Louis Grinda, d. m. : Friedrich Pleger).

■ **Brésil. Manaus :** 654 pl., rouvert mars 1991 après 70 ans d'abandon. **Rio de Janeiro :** *Teatro Municipal.* **São Paulo :** *Teatro Municipal.*

■ **Bulgarie. Sofia** (d. : Plamen Kartalov).

■ **Canada. Montréal :** *O. de Montréal* (1980, d. a. : Bernard Uzan) 2 874 pl. **Québec :** *O. de Québec* 1984 (d. a. : Bernard Labadie). **Toronto :** *Canadian O. Company* 3 167 pl. (O'Keefe Centre, 1946, d. a. : Richard Bradshaw). **Vancouver :** *Vancouver O.* 1959 (adm. : Beverley Trifonidis).

■ **Chine. Pékin :** *O. de Pékin* (ouverture prévue printemps 2003).

■ **Croatie. Zagreb** (d. : Zelijko Cagalj).

■ **Danemark. Copenhague :** *Th. royal* (d. a. : Kasper Holten) 1 383 pl. (Ballet royal danois).

■ **Espagne. Barcelone :** *Liceu* (d. général : Josep Caminal, d. m. : Bertrand de Billy). Ouvert 4-4-1846 ; incendie avril 1861 ; explosion d'une bombe 7-9-1893 (20 †) ; incendie 31-1-1994. Réouverture prévue 1998, repoussée 1999, 2 318 pl. **Madrid :** *Teatro Real* (i. : Juan Cambeclin, d. m. : Enrique García Navarro).

■ **États-Unis. Chicago** (d. : William Mason, d. a. : Andrew Davis) 3 563 pl. **Dallas** 1957 (d. a. : Plato S. Karayanis, d. m. : Graeme Jenkins) 3 420 pl. **Houston :** *Wortham Center* 1987 (d. a. : R. David Gockley, d. m. : Vjekoslav Šutej). **Los Angeles :** *Music Center O.* 1986 (d. a. : Placido Domingo), 3 098 pl. **New York :** *Metropolitan O.* 1888, 3 800 pl., reconstruit 1960-66 (d. : Josep Volpe, d. a. : James Levine) ; *New York City O. (NYCO)* (d. a. : George Manahan, d. m. : Sergiu Comissiona). **Philadelphie :** *Pennsylvania Grand O.* (d. général : Margaret Anne Everitt). **San Francisco** (d. : Pamela Rosenberg, d. m. : Donald C. Runnicles) 3 176 pl. + 300 pl. debout. **Washington** (d. : Placido Domingo, d. m. : Heinz Fricke).

■ **Finlande. Helsinki :** *O. nat. de Finlande* (d. m. : Leif Segerstam).

■ **France. Paris :** *Châtelet,* transformé depuis 19-12-1978, modernisé 1988 (d. général : Jean-Pierre Brossmann). *Salle Favart. Th. des Champs-Élysées :* 1913, modernisé 1987 (d. : Dominique Meyer). *Opéra national de Paris* (voir p. 422 a.

■ **Opéras. Les plus grands. Superficie :** *Palais Garnier (Paris) :* 11 237 m² ; **hauteur :** *O. de Chicago :* 42 étages ; **nombre de places :** *Metropolitan O. de New York :* 3 788 (construit 1966, scène : largeur 70 m, profondeur 137 m), *Scala de Milan :* 3 600 ; **nombre de balcons :** *Scala de Milan* et *Bolchoï de Moscou* : 6 étages. **Budget de fonctionnement** (en millions de F, 1992). Paris 750, Vienne 463, Milan 330, Venise 280, Bruxelles 190, Bordeaux 150, Genève 150, Lyon 125 (1994 : 175). **Coût d'une place par contribuable.** Pour un spectacle à : Rouen 2 423 F, Nice 2 298, Bordeaux 1 750, Marseille 1 687, Toulouse 1 123, Lyon 1 077, Nancy 971, Montpellier 925, Tours 910, Nantes 891, Metz 883, O. du Rhin 822, Paris 645 (1 500 avant la construction de l'O.-Bastille), Avignon 330. **Prix des meilleures places** (en 2000). 1 700 F à Covent Garden (Londres), 700 à l'O. de Paris, 650 au Metropolitan O. de New York, 400 à Sydney (Australie) et moins de 400 à Berlin.

Angers : *Th. musical* (d. a. : Yvan Rialland, adm. : Daniel Durand). **Avignon :** *O. d'Avignon et des Pays du Vaucluse.* 1850 (d. a. : Raymond Duffaut, d. m. : François-Xavier Bilger). **Bordeaux :** *Grand Th.* 1773-80, 1 100 pl. (d. a. : Thierry Fouquet). **Lille :** *O.* (d. général : Michel Defaut, d. a. : Riccardo Szwarcer, adm. : M. Catteau) ; fermé juin 1998-2000. **Lyon :** *O. nat.* (d. a. : Alain Durel ; d. m. : Ivan Fischer). **Marseille :** *O.* (d. a. : Jean-Louis Pujol). **Metz :** *Th. municipal* (d. a. : Danielle Ory, adm. : Daniel Lucas). **Montpellier :** *O.* (d. général : Henri Maier, adm. : Renée Panabière). **Nancy :** *O.* (d. général : n.c., adm. : Christophe Bezzone). **Nantes :** *O.* (d. a. : Philippe Godefroid, adm. : Serge Cochelin). **Nice :** *O.* (1885) ; rénové juin 1992 à avril 1994, restauration à l'identique en 1998 (d. a. : Gian Carlo del Monaco, adm. : François Vienne, d. m. : Marcello Panni). **Rouen :** *Th. des Arts/O. de Normandie* (d. : Laurent Langlois, d. m. : Oswald Sallaberger). **Strasbourg :** *O. du Rhin* (d. général : Rodolfo Berger, d. m. : Jan Latham Koenig, adm. : Lucien Collinet). **Toulouse :** *Th. du Capitole* (d. a. : Nicolas Joël, adm. : Robert Gouazé). **Tourcoing :** *Atelier lyrique* (d. : J.-C. Malgoire). **Tours :** *Grand Th.* (d. : Jean-Yves Ossonce, adm. : M. Berthon).

■ **Grande-Bretagne. Belfast :** *Northern Ireland O.* (d. a. : Steven Barlow). **Cardiff :** *Welsh National O.* 1946 (d. a. : Anthony Freud, d. m. : Carlo Rizzi). **Glasgow :** *Scottish O.* 1962 (d. : Ruth MacKenzie, d. m. : Richard Armstrong). **Glyndebourne :** manoir du Sussex où John Christie (1882-1962) fonda en 1934 un festival d'O., de mai à août ; salle 825 pl. ; nouvelle salle 1994 : 1 200 pl. (d. m. : Vladimir Jurowski). **Leeds :** *North O.* 1978 (d. général : Richard Mantle). **Londres :** *Royal Opera House, Covent Garden* [1ers en 1728 et 1809 (18-9) : détruits par incendie en 1808 et 1856 (5-3)] 1858, rénové 1996-99, 2 156 pl. (d. général : Tony Hall, d. m. : Bernard Haitink, Antonio Pappano en 2002). *English National O.* 1931 (d. général : Nicholas Payne, d. m. : Paul Daniel). *Opera Factory* 1982 (d. a. : David Freeman).

■ **Hongrie. Budapest :** *O. d'État hongrois* 1884 (d. : Miklós Szinetár, d. m. : János Kovács). *Erkel Színház O.* **Debrecen, Pécs, Szeged :** *sections d'O. d'État.*

■ **Italie. Bari :** *Petruzzelli,* détruit (incendie) 27-10-1991. **Bologne :** *Comunale* (s. : Felicia Bottino, d. a. : Gianni Tangucci, d. m. : Daniele Gatti). **Florence :** *Comunale* (d. a. : Cesare Mazzonis, s. : Stefano Merlini). **Gênes :** *Carlo Felice* (s. : Nicolas Costa, d. a. : Niccolò Parente). **Milan :** *Teatro alla Scala* 1778, bombardé 1944-45, reconstruit (s. : Carlo Fontana, d. a. : Paolo Arcà, d. m. : Riccardo Muti). **Naples :** *San Carlo* (s. : Francesco Canessa, d. a. : Carlo Majer, d. m. : Andrea Giorgi). **Palerme :** *Massimo* (s. : Attilio Orlando, d. a. : Marco Betta). **Rome :** *Teatro dell'Opera* (s. : Francesco Ernani, Giuseppe Sinopoli). **Trieste :** *Teatro Verdi* (s. : Dott Lorenzo Jorio, secrétaire artistique : Giovanni Pacor). **Turin :** *Regio* (commissaire-s. : Giorgio Balmas, d. m. John Mauceri). **Venise :** *Teatro La Fenice,* inauguré 16-5-1792, incendié 1837 puis le 29-1-1996 (origine criminelle : 2 électriciens, pour ne pas payer les pénalités de retard ; reconstruction estimée à 1,5 milliard de F, inauguration prévue fin 2002), 1 014 pl. (s. : Mario Messinis, chef permanent : Isaac Karabtchevsky). **Vérone :** *Arènes de Vérone* (d. a. : Gabriele Gandini).

■ **Monaco. Monte-Carlo** (d. : John Mordler).

■ **Pays-Bas. Amsterdam :** *O. néerlandais (Muziektheater)* 1986 (d. a. : Pierre Audi, d. m. : Edo de Waart).

■ **Pologne. Varsovie :** *Grand Th.* (d. : Janus Pietkewicz, d. m. : Jacek Kaspsyk ; *Op. de chambre* (d. Stefan Sutkowski). **Łódź :** *Grand Th.* (Kazimierz Kowalski). **Wrocław :** *O.* (d. a. : Ewa Michnik). **Poznań :** *Grand Th. Stanislas Moniuszko* (d. m. : Stawomir Pietras).

■ **Roumanie. Bucarest :** *O. Romana* 1885, reconstruit en 1953 (d. : Razvan Cernat). **Cluj-Napoca :** *O. Romana* 1919 (d. : Petre Sbârcea) ; *O. Maghiara* 1948 (d. : Simon Gabor). **Iaşi :** *O. de Stat* 1896. **Timişoara :** *O. de Stat* 1947 (d. : Ion Iancu).

■ **Russie. Moscou :** *Bolchoï,* construit 1824, incendié puis reconstruit en 1856, 2 000 pl. (d. a. : Anatoli Iksanov, d. m. : Guennadi Rojdestvenski) ; *Palais des Congrès* (6 000 pl.). **St-Pétersbourg :** *Th. Mariinski* (i. : Anatoli Malkov, d. m. : Valery Gergiev) ; *Th. Maly, O. national Moussorgski,* construit 1833 pour le th. dramatique, reconstruit 1859, affecté à l'opéra en 1918 (d. a. : Stanislas Gaoudasinski).

■ **Slovaquie. Bratislava :** *Slovenské národné divadlo* (d. a. : Branislav Kriska).

■ **Suède. Drottningholm :** *Th. du château* (d. a. : Per-Erik Öhrn). **Göteborg :** *Göteborgsoperan* (d. a. : Kjell Ingebretsen). **Karlstad :** *Th. musical du Värmland.* **Malmö :** *Malmö musikteater* (d. : Stefan Sköld). **Stockholm :** *Th. royal* (d. : Claes H. Ahnsjö), *Folkoperan* (d. : Claes Fellbom), *Vadstena-Akademien* (d. : Anders Wiklund).

■ **Suisse. Bâle :** *Th.,* 1 000 pl. (d. op. : Albrecht Puhlmann). **Berne :** *Stadttheater,* 700 pl. (d. : Eike Grammss). **Genève :** *Grand Th.,* 1 488 pl. (d. : Jean-Marie Blanchard). **Zurich :** *Opernhaus* (d. : Alexander Pereira, d. m. : Franz Welser-Möst). **Lucerne :** *Stadttheater,* 558 pl. (d. : Horst Statkus). **St-Gall :** *Stadttheater,* 771 à 855 pl. (d. : Werner Signer). **Lausanne :** *Th. municipal,* 960 pl.

■ **Tchéque (Rép.). Brno :** *Th. national* (Jan Zbavitel). **Prague :** *Th. national* (d. a. : Joseph Průdek, d. m. : Olivier Dohnányi). *O. d'État* (d. a. : Daniel Dvořák, d. m. : Johannes Wildner).

■ **Ukraine. Kiev :** *Th. académique national,* construit en 1867, 1 600 pl. (d. : Anatoli Mokrenko, d. m. : Vladimir Kojoukhar).

■ **Yougoslavie. Belgrade** (d. : Dejan Miladinovic).

Théâtres lyriques en France

☞ *Abréviations :* chor. : chorégraphiques ; lyr. : lyriques ; pl. : places.

Opéra national de Paris

■ **Organisation.** *Remplace* depuis 1989 *le Th. National de l'Opéra de Paris.* Comprend : Opéra Bastille, Palais Garnier, École de danse, Centre de formation lyrique. **Directeur :** Hugues Gall (né 18-3-1940) jusqu'en août 2004. **Chef permanent :** James Conlon (Amér., né 18-3-1950). **Budget** (en millions de F). **Total :** *1998 :* 871,6. *Subvention d'État : 1999 :* 559,6. *Mécénat* (dont Arop) : 11,3. *Recettes* (prév.) : (visites, vente de billets, location d'espaces, boutiques) 242. *Dépenses* (en %) : salaires 46,3 (y compris École de danse). **Effectifs** (en 1998, y compris École de danse) : *permanents :* 1 450 dont administratif 199, technique 687, artistique 564 ; *intermittents :* n.c. (environ 600 en 1994). **Spectacles donnés par l'Opéra de Paris.** *1990-91 :* 25 ; *91-92 :* 28 ; *92-93 :* 35 ; *93-94 :* 32 ; *94-95 :* 19 ; *95-96 :* 27 ; *97-98 :* 35 ; *99-2000 :* 37 dont lyriques 21, chorégraphiques 16. **Nombre de représentations. Palais Garnier :** *1990-91 :* 179 ; *91-92 :* 167 ; *92-93 :* 148 ; *93-94 :* 136 ; *95-96 :* 79 ; *96-97 :* 160 ; *97-98 :* 161 ; *99-2000 :* 168 dont lyr. 45, chor. 123. **Bastille :** *1990-91 :* 143 ; *91-92* et *92-93 :* 226 ; *93-94 :* 225 ; *94-95 :* 249 ; *95-96 :* 210 ; *96-97 :* 220 ; *97-98 :* 189 ; *99-2000 :* 188 [dont lyr. 143, chor. 45)]. **Entrées** (en milliers). **Palais Garnier :** *1990-91 :* 270 ; *91-92 :* 252 ; *92-93 :* 238,5 ; *93-94 :* 273 ; *95-96 :* 136 ; *96-97 :* 257 ; *97-98 :* 275,7 ; *98-99 :* 294,6. **Bastille :** *1990-91 :* 263 ; *91-92 :* 377 ; *92-93 :* 410,5 ; *93-94 :* 425 ; *94-95 :* 453 ; *95-96 :* 455 ; *96-97 :* 478 ; *97-98 :* 485,8 ; *98-99 :* 509,8.

☞ 18 % des spectateurs font plus de 100 km pour venir ; âge moyen (en 1999) : 49 ans.

■ **Palais Garnier. Histoire :** construit par Charles Garnier (1825-98). *1862 (21-7) :* 1re pierre. *1875 (5-1) :* inauguré (accueille l'Opéra de Paris, créé 1671). *1936 :* restauré, en particulier la cage de scène détruite par un incendie. *1963 :* parquets et décorations restaurés. *1964 :* plafond de Chagall (commandé en 1962 par A. Malraux) recouvrant l'ancien plafond de Lenepveu, remplacement de *la Danse* (sculptée par Carpeaux, transportée au Louvre) par une copie de Paul Belmondo. *1982 :* tentures, moquettes, rideaux. *1984-85 :* parties ouvertes au public. *1994 (sept.) :* fermeture pour 1re tranche de travaux (coût : 145 millions de F, total 350). *1996 (1-3) :* réouverture. **Caractéristiques :** 1 971 pl. ; surface 11 237 m² ; volume 428 666 m³ ; bâtiment long. 172,7 m, larg. 124,85 m, haut. 55,97 m ; façade long. 70 m, haut. 32 m ; foyer long. 54 m, larg. 13 m, haut. 18 m ; salle long. 20 m, prof. 30 m, haut. 20 m ; fauteuils balcon et orchestre 844 ; scène : ouverture haut. 16 m, larg. 20 m, inclinaison (pour perspective) 5 % ; plateau larg. 45,50 m, prof. 27 m, surface 1 200 m², haut. 60 m, sous clef 95 m, surface (plateau) 1 200 m² ; éclairage : 144 globes, grand lustre : 7 t, 700 ampoules.

Saison 1999-2000 : *opéras :* les Indes galantes, Dialogue des carmélites, Cosi fan tutte, l'Italienne à Alger, Pelléas et Mélisande ; *ballets :* Roland Petit-Clavigo, Maurice Béjart-le Concours, Ballets George Balanchine/Michel Kelemenis/José Montalvo, Paul Taylor Dance Company, Angelin Preljocaj-Casanova, Ballets Roland Petit, Cendrillon, Spectacle École de Danse, Ballets Mats Ek/Ohad Naharin, Nederlands Dans Theater Jiri Kylian, Giselle ; *musique symphonique :* 4 concerts, *de chambre :* 7.

■ **Opéra Bastille. Construction :** 1984/13-7-1989 par Carlos Ott (Canadien, né 1946), inauguré 13-7-1989, ouvert 17-3-1990 avec *les Troyens* de Berlioz. *Coût* 2 796 millions de F. **Caractéristiques :** grande salle 2 703 pl., amphithéâtre 450 pl., studio 230 pl. ; surface 65 880 m² ; bâtiment longueur 800 m ; salle et espaces scéniques 7 250 m² ; scène : ouverture hauteur 12/19,7 m ; largeur 8/12 m ; plateau largeur 24,2 m, profondeur 50 m, hauteur 38 m.

Saison 1999-2000 : *opéras :* Turandot, la Dame de pique, les Noces de Figaro, Lulu, la Bohème, Falstaff, Don Giovanni, Katia Kabanova, Guerre et Paix, Carmen, les Contes d'Hoffmann, la Traviata, Salammbô, Rigoletto, Norma, le Vaisseau fantôme ; *ballets :* le Lac des cygnes, la Belle au bois dormant, Carlson/Debré-Signes, Raymonda ; *musique symphonique :* 1 concert, *de chambre :* 8 (amphithéâtre).

■ **Centre de formation lyrique** (depuis septembre 1995 ; ancien Opéra-Studio puis École d'art lyrique, un des services de l'Opéra de Paris depuis le 8-2-1978). **Recrutement :** par concours (18 à 30 ans). **Effectifs** (1998-99) : chanteurs 15 ; chefs de chant 4. **Enseignement :** à temps complet, rémunéré ; répertoire, style, interprétation, mise en scène, étude de rôle (études : 1 à 3 ans).

■ **Ballet de l'Opéra de Paris. Directrice de la danse :** Brigitte Lefèvre. **Administrateur :** Bruno Hamard. **Maître de ballet :** Patrice Bart. **Régisseur général du ballet :** Henri-Louis Peraro. **Directrice de l'école de danse :** Claude Bessy (née 18-10-1932). **Ordre hiérarchique** (depuis le 1-1-1964) : 1er : 44 quadrilles ; 2e : 34 coryphées ; 3e : 39 sujets ; 4e : 12 premiers danseurs et danseuses ; 5e : 19 danseurs et danseuses étoiles. **Effectifs :** 141 danseurs. *Danseuses étoiles :* Carole Arbo, Aurélie Dupont, Fanny Gaida, Isabelle Guérin, Agnès Letestu, Élisabeth Maurin, Élisabeth Platel ; *danseurs étoiles :* Kader Belarbi, Laurent Hilaire, Manuel Legris, Nicolas Le Riche, José Martinez.

■ **Orchestre de l'Opéra de Paris. Chef d'orchestre permanent :** James Conlon (Américain, né 18-3-1950). **Directeur musical :** Daniel Barenboïm (né 1942) [*1989*-mai Myung Whun Chung (Sud-Coréen, né 22-1-1953, naturalisé Américain). Rémunération 952 824 F/an + 30, puis 40 cachets de 79 900 à 177 000 F (total + de 8 millions de F/an) ; destitué le 12-8-1994, il a reçu 9 millions de F le 22-9 (à la suite de la transaction signée le 19 avec l'Opéra de Paris « pour solde définitif » à l'application de l'art. 11 du contrat signé le 22-9-1992) ; Hugues Gall avait proposé à Chung de revoir son contrat sur 3 ans à partir de 1995, de plafonner ses cachets à 100 000 F et de limiter à 30 les représentations qu'il dirigerait ; l'ambassade de Corée avait prévenu Jacques Toubon qu'on ne saurait rabaisser Chung sans nuire aux relations entre les 2 gouvernements (en négociation pour l'implantation du TGV à Séoul)]. **Effectif :** 155 musiciens.

■ **Chœurs de l'Opéra de Paris. Chef des chœurs :** David Levi. **Effectifs :** 98 choristes.

Opéra-Comique

Appelé **salle Favart** en hommage à Charles Favart ; des forains s'y fixent, milieu XVIIIe s. Salle incendiée 1838, 1887. 3e théâtre sur le même emplacement. **Ouvert** 7-12-1898. Fusion O.-Comique/Comédie-Italienne jusqu'en 1990. **Directeur :** Jérôme Savary (depuis le 1-10-2000). **Budget** (1994-95, en millions de F) : 46 dont subventions 23. **Effectifs :** 77. **Nombre de places :** 1 300. **Scène :** 13 × 16 m. **Saison 1997-98 :** Une nuit à Venise, la Didone, l'Empereur d'Atlantis, le Dernier Jour de Socrate, Dédé, la Finta semplice, Pelléas et Mélisande, la Sonnambula, les Quatre Rustres, la Bohème. *Avec la Péniche Opéra :* Comédies madrigalesques et Salon Rossini. Rendez-vous musicaux (Jeune Théâtre lyrique de France). Orchestre Pasdeloup, Orchestre national de France, Ensemble orchestral de Paris.

Théâtres lyriques de province

■ **Nombre.** Environ 30 théâtres (régie municipale, syndicats intercommunaux, associations, concessions) regroupés dans une Chambre syndicale. Ces théâtres sont subventionnés par l'État et/ou financés par les villes et autres collectivités territoriales.

■ **Théâtres de la « Réunion des théâtres lyriques de France » (RTLF,** créée 1964). **Nombre de théâtres :** 19. **Nombre de représentations et,** entre parenthèses, **d'entrées (1997-98) :** total 946 (801 400) dont : Avignon 40 (26 852), Bordeaux 107 (79 757), Caen 27 (24 006), Limoges 22 (16 731), Opéra national de Lyon (1) 112 (100 392), Marseille 38 (50 240), Metz 39 (22 181), Montpellier 70 (54 936), Nancy 35 (29 142), Nantes 25 (21 323), Nice 53 (54 518) ; *Opéra national de Paris :* 1°) Bastille 249 (509 796), 2°) Palais Garnier 179 (294 576) ; Opéra-Comique 56 (64 895) ; Opéra national du Rhin – Strasbourg 88 (61 662), Colmar 7 (2 457), Mulhouse 36 (21 111), Saint-Étienne 31 (21 076), Toulouse 99 (108 566), Tours 31 (25 138). **Personnel permanent** (en 1995) : total 2 748 (dont artistique 1 235) : Avignon 146 (49), Bordeaux 248 (92), Lyon 298 (143), Marseille 330 (166), Metz 94 (38), Montpellier 110 (37), Nancy 97 (43), Nantes 134 (47), Nice 350 (197), Opéra du Rhin 263 (101), Rouen 179 (107), Toulouse 289 (89), Tours 160 (126). Lyon, Marseille, Nice, Rouen et Tours ont un orchestre intégré, compris dans le personnel artistique. L'Opéra du Rhin a 11 musiciens à sa charge et bénéficie de l'Orchestre philharmonique de Strasbourg (110 musiciens) et de l'Orchestre philharmonique du Rhin-Mulhouse (56 musiciens). Les autres bénéficient des prestations des orchestres régionaux : Avignon (53 musiciens), Bordeaux (132), Metz (65), Montpellier (70), Nancy (66), Nantes (116), Toulouse (104).

Nota. – (1) Opéra national depuis mars 1996.

Recettes (en millions de F) : *1995 :* 1 033 millions de F dont (en %) subventions : ville 70, État 8, région 3, département 5 ; recettes propres 14. **Subventions du ministère de la Culture** (pour le lyrique uniquement, en millions de F) : *1995 :* 72,5 ; *96 :* 79,7 ; *97 :* 81,85.

■ **Subventions et recettes des opéras** (en millions de F). *Avignon :* ville 25, État 2,6, région 0, département 1,7. *Bordeaux :* ville 60,5, État 16,2.

■ **Autres scènes lyriques.** Aix-en-Provence, Angers, Besançon, Boulogne, Caen, Calais, Clermont-Ferrand, Dijon, Nîmes, Perpignan, Reims, Rennes, St-Étienne, Toulon, Troyes.

■ **Quelques records. Assistance la plus nombreuse :** 500 000 le 26-6-1992 à New York pour le ténor Luciano Pavarotti. 400 000 le 4-7-1977 pour l'Orchestre Pops de Boston dirigé par Arthur Fiedler au Hatch Memorial Stell, Boston (USA). **Opérettes ou comédies musicales les plus représentées** sur les 30 plus grandes scènes de province : **saison 1993-94 :** *Barnum* 52 représentations, *la Veuve joyeuse* 26, *la Vie parisienne* 18, *Princesse Czardas* 18, *la Chauve-Souris* 14. **Œuvres les plus jouées à Covent Garden (Londres) 1833-1994 :** *la Bohème* (2-10-1897) : 526. *Carmen* (27-6-1882) : 495 représentations. *Aïda* (22-6-1876) : 471. *Faust* (18-7-1863) : 428. *Rigoletto* (14-5-1853) : 423. *Don Giovanni* (17-4-1834) : 386. *Tosca* (12-7-1900) : 383. *La Traviata* (25-5-1858) : 369. *Norma* (12-7-1833) : 353. *Madame Butterfly* (10-7-1905) : 342. **Opéras les plus longs :** *les Maîtres chanteurs de Nuremberg* (Wagner), 5 h 15 min. *Les Hérétiques* de Gabriel von Wayditch (Hongro-Américain, 1888-1969), orchestré pour 110 instruments, 8 h 30 min. Le *Guillaume Tell* de Rossini durerait 7 h s'il était donné intégralement. **Les plus courts :** *The Sands of Time* de Simon Rees et Peter Reynolds : 4 min 9 s. *La Délivrance de Thésée* (1928) de Milhaud dure 7 min et 27 s. **Plus long solo d'opéra :** immolation de Brünnhilde dans *le Crépuscule des dieux* (R. Wagner), 15 min. **Plus grand nombre de rappels :** Luciano Pavarotti : 165 (1 h 7 min d'applaudissements) à Berlin, le 24-2-1988 ; Placido Domingo : 101 (1 h 20) à Vienne, le 30-7-1991.

OPÉRAS ET OPÉRAS-COMIQUES CÉLÈBRES

☞ **Auteur de la musique et**, entre parenthèses, **auteur du livret** (idem : lorsque l'auteur de la musique est aussi celui du livret). *Abréviations* : all. : allemand ; angl. : anglais ; fr. : français ; it. : italien ; l. : livret.

Adrienne Lecouvreur (1902) Cilea (l. it., Arturo Colautti) d'après Scribe et Legouvé. **Affaire Makropoulos [L']** (1925) Janáček (l. tchèque) d'après Karel Čapek. **Africaine [L']** (1865) Meyerbeer (l. fr., Scribe). **Aïda** (1871) Verdi (l. it., A. Ghislanzoni) d'après du Locle. **Alceste** (1674) Lully (l. fr., Quinault). **Alceste** (1776) Gluck (l. fr., Leblanc du Rollet) tiré d'une tragédie d'Euripide. **Aleko** (1892) Rachmaninov (l. russe, Nemirovitch-Dantchenko d'après Pouchkine). **Amahl et les Visiteurs nocturnes** (1952) Menotti (idem, inspiré par *l'Adoration des mages* de J. Bosch). **Amélie va au bal** (1937) Menotti (l. it.). **Amour de Danaé [L']** (1940) Richard Strauss (l. all., Josef Gregor). **Amour des trois oranges [L']** (1921) Prokofiev (l. russe, idem) tiré d'une comédie italienne du XVIIIe s. de Carlo Gozzi. **Amour des trois rois [L']** (1913) Montemezzi (l. it., Sem Benelli). **André Chénier** (1896) Giordano (l. it., Luigi Illica). **Ange de feu [L']** (1919-27) Prokofiev. **Angélique** (1927) Ibert (l. fr., Nino). **Aniara** (1959) Blomdahl (l. suédois, Eric Lindegren). **Anna Bolena** (1830) Donizetti. **Anneau des Nibelungen [L']** : *l'Or du Rhin* (1869), *la Walkyrie* (1870), *Siegfried* (1876), *le Crépuscule des dieux* (1876) Wagner (l. all., idem). **Apothicaire [L']** (1768) Haydn (l. it., Carlo Goldoni). **Arabella** (1933) R. Strauss (l. all., Hugo von Hofmannsthal). **Ariane à Naxos** (1916) R. Strauss (l. all., Hugo von Hofmannsthal). **Ariane et Barbe-Bleue** (1907) Dukas (l. fr., Maeterlinck). **Ariodante** (1735) Haendel (l. it., Salvi). **Armide** (1686) Lully ; (1777) Gluck (l. fr., Quinault). **Ascanio in Alba** (1771) Mozart (l. it., Giuseppe Parini). **Ascension et la chute de la ville de Mahagonny [L']** (1930) K. Weill (l. all., Bertolt Brecht). **Atys** (1676) Lully.

Barbier de Séville [Le] (1782) Paisiello (l. it., Petroselli) d'après Beaumarchais ; (1816) Rossini (l. it., Cesare Sterbini) tiré de la comédie de Beaumarchais. **Bastien et Bastienne** (1768) Mozart (l. all., F. Weisskern) tiré de la parodie du *Devin du village* (voir ci-après). **Béatrice et Bénédict** (1862) Berlioz (l. fr., idem) d'après Shakespeare. **Beatrice Cenci** (1950), B. Goldschmidt (l. anglais, Martin Esslin) d'après Shelley. **Beggar's Opera [The]** (1728) Pepusch et (1948) Britten (l. angl., John Gay). **Benvenuto Cellini** (1838) Berlioz (l. fr., L. de Wailly et A. Barbier). **Bijoux de la Madone [Les]** (1911) Wolf-Ferrari (l. it., Golisciani et Zangarini). **Bohème [La]** (1896) Puccini (l. it., Giuseppe Giacosa et Luigi Illica) tiré des *Scènes de la vie de bohème* de H. Murger. **Bolívar** (1950) Milhaud. **Boréades [Les]** (1764) Rameau (l. fr., attribué à Cahusac). **Boris Godounov** (1874) Moussorgski (l. russe, idem) tiré de Pouchkine. **Boulevard Solitude** (1951) Henze (l. all., G. Weil) d'après W. Jöckisch.

Calife de Bagdad [Le] (1800) Boieldieu (l. fr., Saint-Just) d'après *Les Mille et Une Nuits*. **Capriccio** (1942) R. Strauss (l. all., Clemens Krauss et le compositeur). **Capulets et Montaigus** (1830) Bellini (l. it., Romani) d'après *Roméo et Juliette* de Shakespeare. **Cardillac** (1926-52) Hindemith (l. all., F. Lion) d'après E.T.A. Hoffmann. **Carmen** (1875) Bizet (l. fr., Meilhac et Halévy) tiré de Mérimée. **Castor et Pollux** (1737) Rameau (l. fr., Gentil Bernard). **Cavalleria rusticana** (1890) Mascagni (l. it., G. Menasci et G. Targioni-Tozzetti) tiré de la pièce de G. Verga. **Cenerentola [La]** (Cendrillon, 1817) Rossini (l. it., Jacopo Ferretti) d'après Étienne pour l'opéra de Steibelt. **Château de Barbe-Bleue [Le]** (1918) Bartók (l. hongrois, Béla Balázs) tiré des *Contes de ma mère l'Oye*. **Chevalier à la rose [Le]** (1911) R. Strauss (l. all., Hugo von Hofmannsthal). **Christophe Colomb** (1930) Milhaud sur un texte de Claudel. **Cid [Le]** (1885) Massenet. **Clémence de Titus [La]** (1791) Mozart (l. it., Métastase). **Cocu magnifique [Le]** (1932) B. Goldschmidt. **Combat de Tancrède et de Clorinde [Le]** (1624) Monteverdi (l. it.) d'après le Tasse. **Comte Ory [Le]** (1828) Rossini. **Consul [Le]** (1950) Menotti (l. angl., idem). **Contes d'Hoffmann [Les]** (1881) Offenbach (l. fr., Jules Barbier) tiré de 3 histoires de Hoffmann. **Convive de pierre [Le]** (1872) Dargomijski sur *Dom Juan* de Pouchkine ; achevé par Cui et Rimski-Korsakov. **Coq d'or [Le]** (1909) Rimski-Korsakov (l. russe, V.L. Bielski) tiré de Pouchkine. **Così fan tutte** (1790) Mozart (l. it., Lorenzo Da Ponte). **Couronnement de Poppée [Le]** (1642) Monteverdi (l. it., Busenello) tiré des *Annales* de Tacite. **Crépuscule des dieux [Le]** (1876) Wagner (l. all., Wagner).

Dame blanche [La] (1825) Boieldieu (l. fr., Scribe). **Dame de pique [La]** (1890) Tchaïkovski (l. russe, Modest Tchaïkovski) tiré d'une nouvelle de Pouchkine. **Damnation de Faust [La]** (1846) Berlioz (l. fr., Berlioz) tiré de la version française de Gérard de Nerval du *Faust* de Goethe. **Daphné** (1938) R. Strauss (l. all., Josef Gregor). **Dardanus** (1739) Rameau (l. fr., La Bruëre). **De la maison des morts** (1930) Janáček (l. tchèque, d'après Dostoïevski). **Déserteur [Le]** (1769) Monsigny (l. fr., Sedaine). **Destin [Osud]** (1934) Janáček (l. tchèque, Janáček et Fedora Bartosova). **Devin du village [Le]** (1753) J.-J. Rousseau (idem). **Diables de Loudun [Les]** (1969) Penderecki (l. angl., Huxley). **Dialogue des carmélites [Le]** (1957) Poulenc (l. fr., idem) d'après Bernanos, adapté d'une nouvelle de G. von Le Fort, d'un scénario de P. Agostini et du R.P. Bruckberger. **Didon et Énée** (1689) Purcell (l. angl., Nahum Tate) tiré du livre IV de l'*Énéide* de Virgile. **Doktor Faust** (1925) Busoni (l. all., idem). **Domino noir [Le]** (1837) Auber. **Don Carlos** (1867) Verdi (l. fr., Mery et Du Locle) tiré de la pièce de Schiller. **Don Giovanni** (1787) Mozart (l. it., Lorenzo Da Ponte) tiré de Molina, Molière, Goldoni. **Don Pasquale** (1843) Donizetti (l. it., G. Donizetti et Cammanaro) tiré de *Ser Marc'Antonio* d'Anelli. **Don Quichotte** (1910) Massenet (l. fr., Henri Caïn) d'après Cervantes. **Drei Pintos [Die]** (1821-88) Weber, terminé par Mahler (l. all., Theodor Hell) d'après la nouvelle de Seidel *Der Brautkampf*.

Élégie pour de jeunes amants (1961) Henze (l. angl., W.A. Auden et Chester Kallman). **Elektra** (1909) R. Strauss (l. all., Hugo von Hofmannsthal) tiré de l'*Électre* de Sophocle. **Élixir d'amour [L']** (1832) Donizetti (l. it., Felice Romani). **Enfant et les sortilèges [L']** (1925) Ravel (l. fr., Colette). **Enlèvement au sérail [L']** (1782) Mozart (l. all., Gottlieb Stephanie) tiré d'une pièce de Bretzner. **Erwartung** (écrit 1909, créé 1924) Schönberg (l. all., Marie Pappenheim). **Esclarmonde** (1889) Massenet. **Eugène Onéguine** (1879) Tchaïkovski (l. russe, Tchaïkovski et Shilovski) tiré de Pouchkine. **Euridice** (1600, 1er opéra de l'histoire) Jacopo Peri (l. it., Rinuccini). **Europe galante [L']** (1697) Campra (l. fr., de La Mothe). **Euryan [The]** (1824) Weber (l. all., H. von Chezy).

Fairy Queen [The] (1692) Purcell (l. angl.) d'après Shakespeare. **Falstaff** (1893) Verdi (l. it., Arrigo Boito) tiré des *Joyeuses Commères de Windsor* et de *Henri IV* de Shakespeare. **Faust** (1859) Gounod (l. fr., Jules Barbier et Michel Carré) tiré de Goethe. **Favorite [La]** (1840) Donizetti (l. fr., Royer et Vaez). **Fedeltà premiata [La]** (1781) Haydn (l. it.). **Femme sans ombre [La]** (1919) R. Strauss (l. all., Hugo von Hofmannsthal). **Femme silencieuse [La]** (1932-34) R. Strauss (livret all., Stefan Zweig) d'après Ben Jonson. **Fiançailles au couvent [Les]** (1946) Prokofiev (l. russe, Prokofiev et Mira Mendelson) d'après *La Duègne* de Sheridan. **Fiancée vendue [La]** (1866) Smetana (l. tchèque, Karel Sabina). **Fidelio** (1805-14) Beethoven (l. all., Joseph Sonnleithner) tiré de J. N. Bouilly. **Fille du Far West [La]** (1910) Puccini (l. it., Zangarini et Civinini). **Fille du régiment [La]** (1840) Donizetti (l. fr., J. de St-Georges et J. Bayard). **Finta Giardiniera [La]** (1774) Mozart (l. it., Petrosellini ou Calzabigi). **Finta semplice [La]** (1769) Mozart (l. it., Goldoni). **Flûte enchantée [La]** (1791) Mozart (l. all., Emmanuel Schikaneder). **Force du destin [La]** (1862) Verdi (l. it., Francesco Piave). **Fou [Le]** Landowski (l. fr.). **Fra Diavolo** (1830) Auber (l. fr., Scribe). **Freischütz [Der]** (1821) Weber (l. all., J. Fr. Kind).

Galina (1996) M. Landowski (idem) d'après les mémoires de Galina Vichnevskaïa (épouse du violoncelliste M. Rostropovitch). **Gianni Schicchi** (1918) Puccini (l. it., Gioacchino Forzano). **Gioconda [La]** (1876) Ponchielli (l. it., A. Boito) d'après V. Hugo. **Goyescas** (1916) Granados. **Grand Macabre [Le]** (1978) Ligeti (l. all., M. Meschke et G. Ligeti). **Guercœur** (1900) Albéric Magnard (l. fr., Magnard). **Guerre et Paix** (1944) Prokofiev (l. russe, Prokofiev et Mira Mendelson) d'après Tolstoï. **Guillaume Tell** (1829) Rossini (l. fr., H. Bis et Jouy). **Gwendoline** (1893) Chabrier (l. fr., Catulle Mendès).

Hamlet (1868) A. Thomas. **Hänsel und Gretel** (1894) Engelbert Humperdinck (l. all., Adelheid Wette) tiré du conte de Grimm. **Háry János** (1926) Kodály (l. hongrois, Béla Paulini et Zsolt Harsányi). **Hélène d'Égypte** (1928) R. Strauss (l. all., Hugo von Hofmannsthal). **Henry VIII** (1883) C. Saint-Saëns. **Hernani** (1844) G. Verdi (l. it., Francesco Maria Piave) tiré de V. Hugo. **Hérodiade** (1884) Massenet (l. fr., Millet et Grémont). **Heure espagnole [L']** (1911) Ravel (l. fr., Franc-Nohain). **Hippolyte et Aricie** (1733) Rameau (l. fr., Pellegrin d'après Euripide). **Huguenots [Les]** (1836) Meyerbeer (l. fr., Scribe) d'après Deschamps.

Ice Break (The) (1977) Tippett (l. angl.). **Idoménée** (1781) Mozart (l. it., G. B. Varesco). **Impresario [L']** (1786) Mozart (l. all., G. Stephanie). **Indes galantes [Les]** (1735) Rameau (l. fr., Fuzelier). **Intermezzo** (1924) R. Strauss (l. all., idem). **Iphigénie en Aulide** (1774) Gluck (l. fr., du Rollet) ; (1788) Cherubini (l. it., Moretti). **Iphigénie en Tauride** (1779) Gluck (l. fr., Guillard) ; (1781) Piccinni (l. fr., A. du C. Dubreuil) tiré d'Euripide. **Italienne à Alger [L']** (1913) Rossini (l. it., A. Anelli). **Ivan Soussanine** voir **la Vie pour le tsar** (p. 424 a).

Jakob Lenz (1979), Rihm (l. all., Michael Fröhling) d'après G. Büchner. **Jenufå** (1904) Janáček (l. tchèque) inspiré de G. Preisova. **Jeune Lord [Le]** (1964) Henze (l. all., I. Bachmann) d'après W. Hauff. **Joconde [La]** (1876) Ponchielli (l. it., Arrigo Boito) tiré de *Angelo, tyran de Padoue* de V. Hugo. **Jolie Fille de Perth [La]** (1867) Bizet (l. fr., St-Georges et Adenis) d'après Walter Scott. **Jour de paix** (1938) R. Strauss (l. all., Hugo von Hofmannsthal). **Joyeuses Commères de Windsor [Les]** (1849) Nicolaï (l. all., Mosenthal) d'après Shakespeare. **Juive [La]** (1835) Halévy (l. fr., Scribe). **Jules César** (1724) Haendel (l. it., Nicola Haym).

Katia Kabanova (1921) Janáček (l. tchèque, Cervinka) d'après *l'Orage* d'Ostrovski. **Khovanchtchina [La]** (1886) Moussorgski, achevé par Rimski-Korsakov (l. russe, Moussorgski et Vl. Stassov). **King Priam** (1962) Tippett (l. angl., idem). **Kitège** (1907) Rimski-Korsakov (l. russe, V. Bielski).

Lady Macbeth du district de Mtsensk (1934) Chostakovitch (l. russe, A. Preis et Dimitri Chostakovitch) d'après la nouvelle de Nikolaï Leskov (1865). **Lakmé** (1883) Delibes (l. fr., Gondinet et Gilles) tiré du *Mariage de Loti* de P. Loti. **Lear** (1964) A. Reimann (l. all., Claus H. Henneberg) d'après Shakespeare. **Lohengrin** (1850) Wagner (l. all., idem) tiré du *Chevalier au cygne* de C. von Würzburg. **Louise** (1900) Gustave Charpentier (l. fr., idem). **Lucie de Lammermoor** (1835) Donizetti (l. it., Salvatore Cammarano) tiré de *la Fiancée de Lammermoor* de Walter Scott. **Lucrèce Borgia** (1833) Donizetti. **Luisa Miller** (1849) Verdi (l. it., Cammarano). **Lulu** (1937) Berg (l. all., idem) d'après *l'Esprit de la terre* et *la Boîte de Pandore* de Wedekind.

Macbeth (1847) Verdi (l. it., Francesco Piave) tiré de *Macbeth* de Shakespeare. **Madame Butterfly** (1904) Puccini (l. it., Giuseppe Giacosa et Luigi Illica) tiré de Belasco. **Maître de Chapelle [Le]** Paër (1821) (l. Sophie Gay) tiré de la comédie d'Alex Duval, *le Souper imprévu*. **Maîtres chanteurs de Nuremberg [Les]** (1868) Wagner (l. all., idem). **Mamelles de Tirésias [Les]** (1944) Poulenc (l. fr., Apollinaire). **Manon** (1884) Massenet (l. fr., Henri Meilhac et Philippe Gille) tiré du roman de l'abbé Prévost. **Manon Lescaut** (1893) Puccini (l. Leoncavallo, Praga, Oliva, Illica, Giacosa). **Mariage secret [Le]** (1792) Cimarosa (l. it., Giovanni Bertati) tiré d'une comédie de George Colman (Angl.). **Mârouf** (1914) Rabaud (l. fr., Lucien Népoty) d'après *les Mille et Une Nuits*. **Martha** (1847) Flotow (l. all., W. Friedrich) tiré du ballet *Lady Henriette ou la Servante* de Greenwich de St-George. **Mathis le peintre** (1934) Hindemith (l. all., idem). **Mavra** (1922) Stravinski (l. Kochno) d'après Pouchkine. **Maximilien** (1932) Milhaud. **Médée** (1793) Cherubini (l. fr., Hoffmann). **Médée** (1963) M.-A. Charpentier. **Médium [Le]** (1946) Menotti (l. angl., idem). **Mefistofele** (1868) Boito (l. fr., idem). **Midsummer Marriage [The]** (1955) Tippett (l. angl., idem). **Mignon** (1866) Thomas. (l. fr., M. Carré et J. Barbier) d'après Goethe. **Mireille** (1864) Gounod (l. fr.) inspiré de Mistral. **Mithridate, roi du Pont** (1770) Mozart (l. it., Cigna-Santi) inspiré de Racine. **Moïse et Aaron** (1957) Schönberg. **Moïse en Égypte** (1818) Rossini. **Monde de la Lune [Le]** (1787) Haydn (l. it., Carlo Goldoni). **Montségur** (1987) Landowski d'après le duc de Lévis-Mirepoix. **Mort de Klinghoffer [La]** (1991), Adams (l. angl., Alice Goodman). **Mort à Venise** (1973) Britten (l. angl., Myfanwy Piper) d'après Thomas Mann. **Muette de Portici [La]** (1828) Auber (l. fr., Scribe et Delavigne).

Nabucco (1842) Verdi (l. it., T. Solera). **Nez [Le]** (1930) Chostakovitch (l. russe) d'après Gogol. **Nixon en Chine** (1987), Adams (l. angl., Alice Goodman). **Noces de Figaro [Les]** (1786) Mozart (l. it., Lorenzo Da Ponte) tiré du *Mariage de Figaro* de Beaumarchais. **Norma** (1831) Bellini (l. it., Felice Romani) tiré de la pièce *Norma* de Louis Soumet. **Nuit de mai [La]** (1880) Rimski-Korsakov (l. russe) d'après Gogol.

Obéron (1826) Weber (l. angl., Planché) d'après le poème de Wieland. **Œdipe** (1936) Enesco (l. fr., Edmond Fleg) d'après Sophocle. **Œdipe Roi** (1927) Stravinski (l. fr., Cocteau) d'après Sophocle traduit par J. Daniélou. **Or du Rhin [L']** (1869) Wagner (l. all., idem). **Orfeo** (1607) Monteverdi (l. it., A. Striggio). **Orlando** (1733) Haendel (l. it., Capeci). **Orphée** (1690) Lully fils. **Orphée et Eurydice** (1762) Gluck (l. it., Calzabigi) tiré de la mythologie grecque. **Otello** (1816) Rossini ; (1887) Verdi (l. it., Arrigo Boito) tiré d'*Othello* de Shakespeare.

Padmâvatî (1923) Roussel. **Paillasse** (1892) Leoncavallo (l. it., idem). **Palestrina** (1917) Pfitzner (l. all.). **Paradis perdu [Le]** (1978) Penderecki (l. angl., Christopher Fry). **Parsifal** (1882) Wagner (l. all., idem) tiré de 2 légendes : *les Contes du Graal* de Chrétien de Troyes, *Parsifal* de W. von Eschenbach. **Passion grecque [La]** (1959) Martinů d'après *le Christ recrucifié* de Kazantzakis. **Pêcheurs de perles [Les]** (1862-63) Bizet (l. fr., Cormon et Carré). **Pelléas et Mélisande** (1902) Debussy (l. fr., M. Maeterlinck). **Pénélope** (1913) Fauré (l. fr., René Fauchois). **Peter Grimes** (1945) Britten (l. angl., Montagu Slater) tiré du poème *The Borough* de G. Crabbe. **Petite Renarde rusée [La]** (1924) Janáček (l. tchèque, idem) d'après des nouvelles de Tesnohlidek. **Pie voleuse [La]** (1817) Rossini (l. it., Gherardini) d'après la comédie de d'Aubigny et Caigniez. **Pirate [Le]** (1827) Bellini. **Platée** (1749) Rameau (l. fr., J. Autreau et A. J. Le Vallois d'Orville). **Porgy and Bess** (1935) Gershwin (l. angl., Du Bose, Heyward et Ira Gershwin) tiré de la pièce *Porgy* de Du Bose et D. Heyward (1er opéra de jazz). **Prince Igor [Le]** (1890) Borodine (l. russe, idem) tiré de Stassov. **Prisonnier [Le]** (1948) Dallapiccola (l. it.) d'après Villiers de L'Isle-Adam et Ch. Coster. **Prophète [Le]** (1849) Meyerbeer (l. fr., Scribe). **Puritains [Les]** (1835) Bellini (l. it., Carlo Popoli).

Rake's Progress [The] (1951) Stravinski (l. angl., Auden et Chester Kallman) tiré de William Hogarth. **Richard Cœur de Lion** (1784) Grétry (l. fr., Sedaine). **Rienzi** (1842) Wagner (l. all., idem). **Rigoletto** (1851) Verdi (l. it., Francesco Maria Piave) tiré du *Roi s'amuse* de V. Hugo. **Rinaldo** (1711) Haendel (l. it., G. Rossi). **Robert le Diable** (1831) Meyerbeer (l. fr., Scribe et Delavigne). **Roi d'Ys [Le]** (1888) Lalo (l. fr., Éd. Blau). **Roi malgré lui [Le]** (1887) Chabrier (l. fr., Najac et Burani). **Roi Roger [Le]** (1924) Szymanowski (idem et Iwaszkiewicz. **Roméo et Juliette** (1867) Gounod (l. fr., Barbier et Carré) d'après Shakespeare. **Ronde [La]** (1994) Ph. Boesmans d'après A. Schnitzler (adaptation Luc Bondy). **Rondine [La]** (1917) Puccini (l. it., Adami). **Rossignol [Le]** (1914) Stravinski d'après Andersen. **Roussalka** (1856) Dargomijski ; (1901) Dvořák (J. Kvapil). **Rousslan et Ludmila** (1842) Glinka. **Roy et le fermier [Le]** (1762) Monsigny.

Sadko (1898) Rimski-Korsakov (l. russe, idem et Bielski). **Saint François d'Assise** (1983) Olivier Messiaen (l. fr., idem) d'après saint François. **Sainte de Bleecker Street [La]** (1954) Menotti (l. angl., idem). **Salamine** (1929) Emmanuel (l. fr., Reinach). **Salomé** (1905) R. Strauss (l. all., H. Lachmann) traduit d'Oscar Wilde. **Samson et Dalila** (1877) Saint-Saëns (l. fr., Ferdinand Lemaire). **Satyagrapa** (1980), Glass (l. sanscrit, idem et C. DeJong). **Schwanda le joueur de cornemuse** (1927) Weinberger (l. tchèque, M. Kareš). **Sémiramis** (1823) Rossini (l. it., G. Rossi) d'après Voltaire. **Servante maîtresse [La]** (1733) Pergolèse (l. it., Federico) ; (1781) Paisiello (l. it., G.A. Federico). **Siegfried** (1876) Wagner (l. all., idem). **Sigurd** (1884) Reyer (l. fr.) d'après des *Eddas* scandinaves. **Simon Boccanegra** (1857) Verdi (l. it., Piave) tiré d'une pièce de A.-G. Gutiérrez. **Soldats [Les]** (1965) B. A. Zimmermann (l. all.) d'après la pièce de J.M. Lenz. **Somnambule [La]** (1831) Bellini (l. it., Felice Romani). **Songe d'une nuit d'été [Le]** Britten (idem et Peter Pears) d'après Shakespeare.

Tabarro [Il] (La Houppelande, 1918) Puccini (l. it., Adami) d'après Didier Gold. **Tancrède** (1813) Rossini (l. it., Rossi) d'après le Tasse et Voltaire. **Tannhäuser** (1845) Wagner (l. all., idem). **Téléphone [Le]** (1947) G.C. Menotti. **Thaïs** (1894) Massenet (l. fr., Gallet) d'après Anatole France. **Till Eulenspiegel** (1985) Nikolaï Karetnikov (l. russe, idem et Pavel Lounguine) d'après un roman de Charles De Coster. **Tosca** (1900) Puccini (l. it., L. Illica et G. Giacosa) tiré de V. Sardou. **Tour d'écrou [Le]** (1954) Britten (l. angl., Myfanwy Piper) d'après Henry James. **Traviata [La]** (1853) Verdi (l. it., Piave) tiré de *la Dame aux camélias* de A. Dumas fils. **Tristan et Isolde** (1865) Wagner (l. all., idem). **Trouvère [Le]** (1853) Verdi (l. it., Salvatore Cammarano). **Troyens [Les]** (1863-90) Berlioz (l. fr., idem) tiré de *l'Énéide* de Virgile. **Tsar Saltan [Le]** (1900) Rimski-Korsakov (l. russe, Bielski). **Turandot** (1926) Puccini (l. it., Adami et Simoni) tiré d'une fable de Carlo Gozzi. **Turc en Italie [Le]** (1814) Rossini (l. it., Romani).

Ulysse (1968) Dallapiccola (l. it.) d'après Homère. **Un bal masqué** (1859) Verdi (l. it., Antonio Somma) tiré de Scribe. **Un re in ascolto** (1983) Berio (l. it.). **Vaisseau fantôme [Le]** (1843) Wagner (l. all., idem) tiré des *Mémoires de Herr von Schnabelewopski* de Heine. **Vanessa** (1958) S. Barber (l. angl., Menotti). **Vêpres siciliennes [Les]** (1855) Verdi (l. fr., Scribe et Duveyrier). **Vestale [La]** (1807) Spontini (l. fr., Jouy). **Vie brève [La]** (1905) M. de Falla (l. esp., Carlos Fernandez Shaw). **Vie pour le tsar (La) [Ivan Soussanine]** (1836) Glinka (l. russe, Rosen). **Ville morte [La]** (1920) Korngold (l. all., Paul Schott) tiré de la nouvelle de G. Rodenbach *Bruges la morte*. **Viol de Lucrèce [Le]** (1946) Britten (l. angl., Ronald Duncan). **Voix humaine [La]** (1958) Poulenc (l. fr., Cocteau). **Vol de nuit** (1939) Dallapiccola (l. it.) d'après St-Exupéry. **Voyages de Monsieur Broucek [Les]** (1917) Leoš Janáček (l. tchèque idem et Procházka).

Walkyrie [La] (1870) Wagner (l. all., idem). **Werther** (1893) Massenet (l. fr., Blau, Millet et Hartmann) tiré de Goethe. **Wozzeck** (1925) Alban Berg (l. all., idem) tiré d'une tragédie de Georg Büchner. **Yolanta** (1892) Tchaïkovski (l. russe, Modest Tchaïkovski) d'après *la Fille du roi René* de Henrik Hertz.

Opérettes et comédies musicales célèbres

A la Jamaïque (1955) F. Lopez. **Amants de Venise [Les]** (1953) Scotto. **Amour masqué [L']** (1923) Messager. **Amours de Don Juan [Les]** (1955) J. Morata. **Andalousie** (1947) F. Lopez. **Annie du Far West** (1946) I. Berlin. **Auberge du Cheval-Blanc [L']** (1930) Benatzky. **Au pays du soleil** (1932) Scotto. **Aventures du roi Pausole [Les]** (1930) Honegger. **Balalaïka** (1936) G. Postford, B. Grün. **Barbe-Bleue** (1864) Offenbach. **Baron tzigane [Le]** (1885) J. Strauss. **Barnum** (Broadway, 1980 ; Cirque d'Hiver, Paris, 1981) C. Coleman. **Basoche [La]** (1890) Messager. **Belle Arabelle [La]** (1956) G. Lafarge, P. Philippe. **Belle de Cadix [La]** (1945) F. Lopez. **Belle Hélène [La]** (1864) Offenbach. **Boccace** (1879) F. von Suppé. **Brigands [Les]** (1869) Offenbach. **Brummel** (1931) Hahn. **Cabaret** (1966) J. Kander (Lyon, 1986 ; Paris, Th. Mogador, 1987). **Cancan** (1953) C. Porter. **Candide** (Boston, 1956 ; version fr. St-Étienne, 1995) L. Bernstein. **Cats** [Londres, 1981 ; Paris (15-1-1989)] Andrew Lloyd Webber. **Cent Vierges [Les]** (1872) Lecocq. **Chanson d'amour** (1916) Schubert, H. Berté. **Chansons de Bilitis [Les]** (1954) Kosma. **Chanson gitane** (1946) Yvain. **Chanteur de Mexico [Le]** (1951) F. Lopez. **Chantons sous la pluie** (en anglais : film 1952, théâtre Londres 1983 ; en français : Liège 1999, Avignon 2000) N. Herb Brown. **Chaste Suzanne [La]** (1910) J. Gilbert. **Chauve-Souris [La]** (1874) J. Strauss Jr (livret allemand Carl Haffner et Richard Genée) tiré d'une comédie française, *le Réveillon*. **Chilpéric** (1868) Hervé. **Ciboulette** (1923) Hahn. **Cloches de Corneville [Les]** (1877) Planquette. **Comte de Luxembourg [Le]** (1909) Lehár. **Coups de roulis** (1928) Messager.

Danseuse aux étoiles [La] (1950) Scotto. **Dédé** (1921) H. Christiné. **Divorcée [La]** (1908) L. Fall. **Dragons de l'Impératrice [Les]** (1905) Messager. **Étoile [L']** (1877) Chabrier. **Evita** (Londres, 1978 ; Paris, 1989) Lloyd Webber. **Fanfan la Tulipe** (1882) Varney. **Fantôme de l'Opéra [Le]** (Londres, 1986) Lloyd Webber. **Fatinitza** (1875) F. von Suppé. **Fille de Madame Angot [La]** (1872) Lecocq. **Fille du tambour-major [La]** (1879) Offenbach. **Fortunio** (1907) Messager. **Fragonard** (1933) Pierné. **Frédérique** (1928) Lehár. **Geisha [La]** (1896) S. Jones. **Gipsy** (1971) F. Lopez. **Giroflé-Girofla** (1874) Lecocq. **Gondolier [Le]** (1889) A. Sullivan. **Grand Mogol [Le]** (1877) Audran. **Grande-Duchesse de Gerolstein [La]** (1867) Offenbach. **Hair** (1967) G. Mac Dermot. **Hans,**

Sacem

■ **Société des auteurs, compositeurs et éditeurs de musique**, 225, avenue Charles-de-Gaulle, 92521 Neuilly-sur-Seine Cedex. **Fondée** 1851 par Ernest Bourget, auteur du « Sire de Framboisy » (musique de Laurent de Rillé). Défend les intérêts juridiques et économiques des auteurs, compositeurs et éditeurs de musique, autorise et contrôle l'utilisation de leurs œuvres en France, perçoit et répartit les droits d'auteur. A conclu des accords de réciprocité avec plus de 80 Stés d'auteurs étrangères. **Dir. gén. :** Bernard Miget (né 1946) depuis oct. 2000.

☞ Une œuvre tombe dans le domaine public 70 ans après le décès de l'auteur et du compositeur.

Nota. – Son dictionnaire musical (730 000 thèmes musicaux sur fiches, 10 000 nouveaux thèmes y entrent chaque année) permet de vérifier l'originalité des œuvres déposées et de retrouver des antériorités (en cas de réclamations). On compte, pour la France, 355 chansons françaises et adaptations ayant pour titre « Je t'aime » et 2 951 avec le mot « Vivre » dans le texte.

■ **Formalités.** Le Code de la propriété intellectuelle (art. L. 122-4) stipule que « toute représentation ou reproduction intégrale ou partielle faite sans le consentement de l'auteur ou de ses ayants droit ou ayants cause est illicite » et (art. L. 132-21) prévoit que l'organisateur de spectacles doit déclarer à l'auteur, ou à ses représentants, le programme exact des œuvres utilisées et lui fournir un état justifié de ses recettes.

Autorisation préalable à la diffusion à demander 15 jours avant la manifestation. **Gratuite :** parfois accordée pour manifestations au profit d'une cause humanitaire, philanthropique ou sociale et pour certaines manifestations sans recette ou faible budget (Fête de la musique, bals du 14 Juillet et fêtes à caractère social). **Payante :** *droits proportionnels* aux recettes (entrées, restauration, consommations...) ; redevance minimale d'après les dépenses ; *forfaitaires :* pour une manifestation gratuite ou lorsque la musique n'est pas indispensable (exemple : sonorisation d'une kermesse ou d'un banquet) et pour les petites séances musicales organisées dans une salle de moins de 300 m² avec un budget d'organisation inférieur à 5 000 F ; *réductions :* pour communes, fêtes nationales et locales, associations d'éducation populaire, associations d'intérêt général organisant des manifestations sans entrée payante. Enfin, dans le cadre des protocoles d'accord conclu avec les sociétés musicales et les sapeurs-pompiers, un don sur les droits d'auteur payés est accordé pour l'achat d'instruments de musique ou de matériel.

■ **Statistiques globales 1999. Sociétaires :** plus de 87 000 (dont 3 370 nouveaux). **Œuvres déposées :** 121 000 françaises (dont 24 940 éditées) et 182 000 d'origine étrangère. **Titres gérés :** plus de 5 000 000. **Œuvres ayant fait l'objet d'un paiement de droits :** pour leur diffusion publique 550 687, pour leur reproduction 372 748. *Effectifs :* 1 533.

■ **Sommes collectées en 1999** (en millions de F). **Total : 4 380** dont : Sacem (perception directe) : 2 316. SDRM (droit de reproduction mécanique) : 1 510. Sorecop (copie privée audiovisuelle) : 93,5. Copie France (copie privée vidéographique) : 457. Sesam (supports multimédias, Internet) : 3,5. *Sommes reçues des sociétés d'auteurs étrangères* (Allemagne, Belgique, Espagne, Grande-Bretagne, Italie, Japon, Suisse, USA...) : 572,6. *Sommes versées à ces sociétés :* 450,9.

■ **Droits perçus en 1999** (en millions de F). **Total : 3 688,7** dont : **médias audiovisuels : 1 166,1** dont *télévisions 953,3* [secteur public (France 2, France 3, RFO, Arte, La Cinquième...) : 332,3 ; secteur privé : 621 dont télévisions nationales (TF1, Canal+, M6) et satellites 546,6, chaînes thématiques, câble 74,4], *radios 212,8* (secteur public 92,9, secteur privé 119,9] ; **supports sonores, audiovisuels et multimédias : 765,3** (droits phonographiques, vidéographiques et multimédias 643,6, copie privée 121,7) ; **spectacles avec musique vivante ou enregistrée : 589,9** (galas, fêtes et spectacles divers 174,8, discothèques, dancings 182,8, bals et repas dansants 139,8, tournées professionnelles de variétés 51,1, cabarets et grands établissements 18,3, concerts symphoniques 15,3, spectacles itinérants 5,5, spectacles sportifs 2,3) ; **lieux publics sonorisés : 441,2** dont *musique d'ambiance 44,2* (bar d'ambiance 17,2, parcs d'attractions et autres 17,4, banquets, kermesses 9,6), *musique de sonorisation 397* (cafés, restaurants, hôtels, collectivités 216,8, magasins 117, autres lieux et manifestations 62,3) ; **cinémas : 71,3 ; étranger : 654,9** dont *perceptions directes* (Luxembourg, Liban) *76,2* [droits d'exécution publique, cinémas, phono et vidéo 7, télés, radios (RTL, Europe 1) : 69,2], *Stés d'auteurs étrangères 578,7* (droits d'exécution publique 275,5, droits de reproduction mécanique 303,2). **Prélèvement pour la gestion : 574,4.**

☞ **Montant de la redevance moyenne en 1999** (en F) : *à l'année :* café, hôtel, restaurant 1 844, magasin 794, coiffeur 519 ; *à la soirée :* bal avec orchestre 782, avec disques 694.

Répartition aux ayants droit en 1999 (en millions de F). **Total : 3 024,2** dont au titre : **des droits d'auteur : 2 828,6** (sociétaires Sacem 2 416,4, Stés d'auteurs françaises 16,4, Stés d'auteurs étrangères 395,8) ; **de l'action sociale : 181,6** [*fonds de prévoyance 123,3, fonds de solidarité 6,9* aidant 1 858 sociétaires âgés de plus de 55 ans et auteurs malades (accidents ou en difficulté), *fonds affectés en garantie des œuvres sociales 51,4*] ; **de l'action culturelle : 14** (aide à la création *fonds de valorisation des œuvres 11,3* venant en aide à 1 200 compositeurs et éditeurs de musique symphonique, auteurs, compositeurs de variétés, de jazz et poètes, *dotation des Prix Sacem 2,7*). **Répartition pour l'action culturelle : 33,4** (fonds alimentés par des retenues statutaires sur les droits à répartir et la rémunération pour copie privée) aide à la formation d'artistes (Studio des Variétés, JMF, etc.), à la production (Collection MFA, coproduction de documentaires et films musicaux), à la diffusion du spectacle vivant (festivals, tournées, salles de concerts), financement du Fonds pour la création musicale et du Fonds d'action Sacem.

☞ *En 1999 :* 40 071 sociétaires ont reçu des droits dont 31 289 auteurs et compositeurs vivants, et 3 905 comptes de Stés d'édition ont également été crédités. L'article 1855 permet aux associés « d'obtenir, au moins une fois par an, communication des livres et des documents sociaux et de poser par écrit des questions sur la gestion sociale, auxquelles il devra être répondu par écrit dans le délai d'un mois ».

■ **Système de contrôle antiplagiat. Fichier numérique :** près de 737 000 thèmes musicaux correspondant à environ 300 000 œuvres différentes. Chaque thème est identifié par des chiffres correspondant à la succession des intervalles entre 2 notes, ce qui permet de repérer par comparaison un thème déjà existant. Sur 100 000 partitions reçues par an, 100 peuvent faire l'objet d'une étude approfondie pour similitudes avec des œuvres préexistantes.

■ **Œuvres ayant généré le plus de droits en France en 1999** (diffusion ou reproduction en 1998). **I will survive** de D. Fekaris, F. Perren (par Gloria Gaynor) ; **My Heart Will Go on** J. Horner, W. Jennings (Céline Dion) ; **Savoir aimer** P. Obispo, L. Florence (Florent Pagny) ; **Samba de Janeiro** G. Engels, R. Zenker, A. Moreira (Bellini) ; **Maria (Un dos tres)** E. Gomez, K. Porter, R. Rosa (Ricky Martin) ; **la Tribu de Dana** H. Lardic, C. Soubiron, M. Tricoche (Manau) ; **Torn** S. Cutler, A. Preven, P. Thornalley (Nathalie Imbruglia) ; **Yakalelo** L. Bouillet, P. Jacquot (Nomads) ; **Sunlights des tropiques** D. Farina, G. Montagné, D. Barbelivien (Gilbert Montagné) ; **Together Again** J. Harris, T. Lewis, J. Jackson, R. Elizondo (Janet Jackson).

■ **Œuvres de la Sacem les plus exportées en 1999** (diffusion en 1997-1998, répartition des droits en 1999). **Comme d'habitude** C. François, J. Revaux, G. Thibault ; **le Cinquième Élément** E. Serra ; **Boléro** M. Ravel ; **la Vie en rose** Louiguy, E. Piaf ; **Tableaux d'une exposition** M. Ravel ; **Roméo et Juliette opus 64** S. Prokofiev ; **Concerto nº 1 en *sol* majeur** M. Ravel ; **Fascination** F. Marchetti, M. de Feraudy ; **Pierre et le loup** S. Prokofiev ; **les Feuilles mortes** J. Kosma, J. Prévert.

Artistes, vedettes, virtuoses

■ **Chanteurs d'opéra. Vers 1880** la Patti gardait 50 % de la recette du spectacle, soit 560 000 F. **1914** Alvarez 96 000 F/an pour 40 représentations, Lucienne Bréval 90 000 F/an pour 30 représentations, Louise Granlieu 60 000 F, Noté 70 000, Hatto 2 000/représentation, Caruso 12 000, Farra Destuin et Mary Garden 5 250 à 7 000. **1984-1986** Gundula Janowitz, Shirley Verrett 92 000 F par soirée, Luciano Pavarotti 80 000 à 93 000 F, José Carreras 85 000 F, Samuel Ramey 82 000 F. **1988** Ruggiero Raimondi 95 000 F. **1991** Pavarotti et Domingo 250 000 F dans certains théâtres latino-américains.

Autres chanteurs : *Bob Dylan* (2 700 000 F pour un concert près de Londres au festival de Blackbushe en 1978 ; environ 4 500 F/minute sur scène) ; *Elvis Presley* (300 millions de disques, 30 films) ; les *Beatles* jusqu'à leur séparation ; *Michael Jackson* [tournée mondiale 1988 : 124 millions de F (recette brute)] ; *Oum Kalsoum*, Égyptienne, aurait obtenu pour une seule soirée le plus gros cachet jamais versé par l'Olympia ; *David Bowie :* 1,5 million de $ pour un concert en Californie le 26-5-1983.

■ **En France. Disques :** les redevances d'artistes sont comprises entre 2 et 10 % du prix de vente en gros (HT) du disque. **Télévision :** cachet de 503 F (minimum répétition), 1 140 F (minimum enregistrement) à 1 500 F pour 2 ou 3 chansons, 10 000 F pour un show (seuls les « grands » en font, à peu près 1 tous les 2 ans). **Radio :** cachets très faibles. **Galas :** peu réussissent à en faire. Mais un « grand » chanteur peut en faire 100 dans l'année. Pour un gala (où il passe de 45 min à 1 h), il peut toucher entre 70 000 et 350 000 F de fixe, ou être rémunéré en % de la recette, mais il doit verser environ 40 % de sa part à son orchestre (dont les musiciens ont de toute manière un cachet minimal garanti).

Chanteurs passant dans les cabarets parisiens (en particulier rive gauche) : de 60 à 500 F (pour les connus) à chaque passage. Aussi ces chanteurs se produisent-ils dans plusieurs lieux chaque nuit (parfois plus de 5). Certains reçoivent davantage (1 200 à 1 500 F).

Les numéros deux sur l'affiche et les bénéficiaires provisoires du succès d'une chanson touchent 3 000 à 9 000 F par gala et de 1 000 à 3 000 F par soirée.

■ **Contrats du show-business** (en millions de F). Michael Jackson 5 000 (Sony), Prince 550 pour 7 disques (avec Warner Bros), REM 400 pour 5 disques (Warner), Madonna 330 pour 7 ans (avec Time Warner), Rolling Stones 250 (Virgin Music), Janet Jackson (sœur de Michael) 400 (Virgin Records), Mötley Crüe 190 (Elektra), Aerosmith 135 (Sony/Columbia). **Rock stars les mieux payées :** revenu brut estimé (1998, en millions de F) : Rolling Stones 570, Céline Dion 335, les Spice Girls 294.

■ **Chefs d'orchestre. Cachets** (1994-95, en milliers de F) : Claudio Abbado et Riccardo Muti (Vienne) 106, Giuseppe Sinopoli (Hambourg) 102, Zubin Mehta (Vienne), Christoph von Dohnanyi et Seiji Ozawa (Vienne) 96,8, Colin Davis (Vienne) 86,7, Marek Janowski (Munich) 57,8, Eliahu Inbal (Munich) 47,6.

■ **Cachets des musiciens de concert** (en milliers de F). Vedette internationale 100 à 500, pianiste ou violoniste de grand talent 40 et plus, soliste connu 20 à 40, débutant 8 à 10. En 1958, Maria Callas avait obtenu au Metropolitan Theatre de New York 1 500 $ par représentation (aucun autre chanteur avant elle n'avait obtenu plus de 1 000 $).

Concert « des 3 ténors » (José Carreras, Placido Domingo et Luciano Pavarotti) : *1990* à Rome : 11 millions d'albums et 1,5 million de cassettes vidéo vendus. *1998-juillet* à Paris, pour la coupe du monde de football : cachet 1 million de $ chacun. Plus de 50 millions de disques de Pavarotti ont été vendus pendant sa carrière jusqu'en 1994.

■ **Plus grands succès de variétés. Premier 33 t :** *Oklahoma !* (comédie musicale enregistrée en 1949) 1 750 000 ex. en 1956. **Premier Top 10 :** publié le 4-1-1936 dans *The Billboard* (New York).

■ **Meilleures recettes de tournées de concerts de variétés aux USA** (en millions de $). Rolling Stones 121,2 (1994), 98 (1989) et 89,3 (1997) ; Pink Floyd 103,5 (1994) ; U2 79,9 (1997) et 67 (1992) ; Eagles 79,4 (1994) et 63,3 (1995) ; New Kids On The Block 74,1 (1990) ; Barbra Streisand 58,9 (1994).

☞ Voir également les chapitres **Fortune, salaires** et **Secteurs économiques** (disques).

le joueur de flûte (1906) L. Ganne. **Hello Dolly** (1964) J. Herman. **Homme de la Mancha [L']** (1968) F. Leigh. **Il faut marier maman** (1950) G. Lafarge. **Irma la douce** (1956) M. Monnot. **Jésus-Christ Super Star** (Londres, 1971 ; Paris, 1972) Lloyd Webber. **Kiss Me, Kate** (1948) C. Porter. **Là-haut** (1923) Yvain.

Malvina (1935) Hahn. **Mam'zelle Nitouche** (1883) Hervé. **Mascotte [La]** (1880) Audran. **Mayflower** (1975) E. Charden. **Méditerranée** (1955) F. Lopez. **Mélodie du bonheur [La]** (1959) R. Rodgers. **Michel Strogoff** (1964) J. Ledru. **Mikado [Le]** (1885) A. Sullivan. **Misérables [Les]** (1re version, Paris, 1980 ; 2e version Londres 1985, Paris 1991) Schönberg, Boublil. **Miss Helyett** (1890) Audran. **Mississippi** voir Show Boat, ci-dessous. **Miss Saigon** (Londres, 1989) Schönberg, Boublil. **Moineau** (1931) L. Beydts. **Monsieur Beaucaire** (1918) Messager. **Monsieur Carnaval** (1965) Aznavour. **Monsieur de La Palisse** (1904) Terrasse. **Mousquetaires au couvent [Les]** (1880) Varney. **Mozart** (1925) Hahn. **My Fair Lady** (1956) F. Loewe. **Naples au baiser de feu** (1957) R. Rascel. **Napoléon** (1984) Y. Gilbert. **Nina-Rosa** (1930) S. Romberg. **Nini la chance** (1976) G. Liferman. **No, no, Nanette** (1924) V. Youmans. **Notre-Dame de Paris** (1998) R. Cocciante. **Œil crevé [L']** (1867) Hervé. **Oiseleur [L']** (1891) C. Zeller. **Oklahoma** (1943) R. Rodgers. **Opéra de quat'sous [L']** (1928) K. Weill, B. Brecht inspirés de *l'Opéra des gueux* (1728) de John Gay. **Orphée aux Enfers** (1858) Offenbach. **Paganini** (1925) Lehár. **Pas sur la bouche** (1925) Yvain. **Passe-muraille [Le]** (1996) M. Legrand. **Pays du sourire [Le]** (1929) Lehár. **Périchole [La]** (1868) Offenbach. **Petit Duc [Le]** (1878) Lecocq. **Petit Faust [Le]** (1869) Hervé. **Petites Cardinal [Les]** (1938) Honegger, Ibert. **Phi-Phi** (1918) Christiné. **Polka des lampions [La]** (1961) G. Calvi. **Poupée [La]** (1896) Audran. **Pour Don Carlos** (1950) F. Lopez. **Prince de Madrid [Le]** (1967) F. Lopez. **Princesse Csardas** (1915) E. Kalmann. **Princesse Dollar** (1907) Leo Fall. **P'tites Michu [Les]** (1897) Messager.

Rêve de valse (1907) O. Straus. **Révolution française [La]** (1973) Schönberg. **Rip** (1884) Planquette. **Rose-Marie** (1924) R. Friml et H. Stothart. **Route fleurie [La]** (1952) F. Lopez. **Saltimbanques [Les]** (1899) L. Ganne. **Sang viennois** (1899) J. Strauss Jr. **Show Boat** (1927) J. Kern, inspiré du roman d'Edna Ferber. **Sidonie Panache** (1930) J. Szulc. **Sire de Vergy [Le]** (1903) Terrasse. **South Pacific** (1949) R. Rodgers. **Starmania** (Paris, 1979, 2e version 1988, 3e : 1993) M. Berger. **Ta bouche** (1922) Yvain. **Timbale d'argent [La]** (1872) L. Vasseur. **Travaux d'Hercule [Les]** (1901) Terrasse. **Trois Jeunes Filles nues** (1925) R. Moretti. **Trois Valses** (1935) O. Straus. **Troublez-moi** (1924) R. Moretti. **Tzarevitch [Le]** (1927) Lehár. **Un chapeau de paille d'Italie** (1966) G. Lafarge et A. Grassi. **Un de la Canebière** (1935) V. Scotto. **Une éducation manquée** (1879) Chabrier. **Une nuit à Venise** (1883) J. Strauss Jr. **Un violon sur le toit** (1969) J. Bock. **Valses de Vienne** (1933) J. Strauss père et fils. **Véronique** (1898) Messager. **Veuve joyeuse [La]** (1905) Lehár (all. de Viktor Léon et Léo Stein) tirée d'une comédie française de Meilhac, *l'Attaché d'ambassade* (1861). **Vienne chante et danse** (1967) J. Ledru et J. Strauss. **Vie parisienne [La]** (1866) Offenbach. **Violettes impériales** (1948) Scotto. **Voyage dans la Lune [Le]** (1875) Offenbach. **West Side Story** (1957) L. Bernstein. **42nd Street** (1980) Harry Warren.

Enseignement

■ **Conservatoire national supérieur de musique et de danse de Paris.** 209, avenue Jean-Jaurès, 75019 Paris. **Directeur :** Alain Poirier. **Origine :** *1792* Bernard Sarrette (1765-1858) fonde l'École de musique de la Garde nationale parisienne à partir du noyau de musiciens et élèves du dépôt des Gardes françaises qu'il avait réunis et armés aux Invalides le 14-7-1789. *1795* Institut national de musique puis, par décret de la Convention du 16 thermidor an III (3-8-1795), Conservatoire de musique avec intégration dans le corps professoral des professeurs de l'École royale de chant créée par le roi en 1784. *1814* B. Sarrette est destitué. *1816* École royale de musique. *1831* Conservatoire national de musique et de déclamation. *1909-11* l'école quitte l'hôtel des Menus-Plaisirs du Roi, rue du Faubourg-Poissonnière (entrée actuelle : 2, rue du Conservatoire) pour des locaux plus grands, mis sous séquestre, de l'École de jésuites St-Ignace, rue de Madrid. *1946* les classes d'art dramatique sont séparées et forment le *Conservatoire national d'art dramatique* (2, rue du Conservatoire). *1957* Conservatoire national supérieur de musique et de danse de Paris. *1990-sept.* installation à La Villette (cité de la Musique). **Études :** 4 ans, en général. **Admission :** par concours avec limites d'âge variables selon disciplines. **Diplôme de formation supérieure (DFS) :** somme d'un ou plusieurs prix ; attestation. **Admissions sur concours :** 488 sur 2 250 candidats en 1997-98. **Effectifs** (1997-98) : 1 414 dont 161 danseurs. **Frais** (1998-99) : inscription au concours 300 F, scolarité 1 420 F. **Subventions** (en 1999) : 74 100 000 F.

■ **Conservatoire national supérieur de musique de Lyon.** 3, quai Chauveau, CP 120, 69266 Lyon Cedex 09. **Créé** 1980 par Pierre Cochereau. **Directeur :** Henry Fourès. **Effectifs** (2000-2001) : 550 étudiants (admission sur concours ; limite d'âge variable selon la discipline). **Études :** 3 à 4 ans. **Diplômes :** DNESM (Diplôme national d'études supérieures musicales). DNESC (d'études supérieures chorégraphiques). **Frais :** inscription 300 F, scolarité 1 729 F. **Subventions** (en 2001) : 58 644 249 F.

■ **Conservatoires nationaux de région (CNR).** Établissements municipaux financés par les collectivités locales et l'État. **Nombre :** *1997-98 :* 33. **Disciplines :** 26 au minimum. **Élèves :** *1992-93 :* 45 842 ; *95-96 :* 47 443 ; *96-97 :* 43 250 ; *97-98 :* 44 355.

■ **Écoles nationales de musique (ENM). Nombre :** *1997-98 :* 103. **Disciplines :** 16 au minimum. **Élèves :** *1992-93 :* 88 377 ; *95-96 :* 82 944 ; *96-97 :* 85 636 ; *97-98 :* 82 188.

■ **Orchestre français des jeunes (OFJ).** Ouvert aux musiciens de 16 à 26 ans des CNR ou d'ENM. **Directeur :** Marek Janowski, directeur musical de l'Orchestre philharmonique de Radio-France.

■ **Écoles municipales** (en 1997). **Agréées :** 262 (127 374 élèves) ; 2 disciplines obligatoirement enseignées : formation musicale et chant choral. **Non agréées :** 1 000 (200 000 élèves).

■ **Écoles publiques ou privées. Nombre :** 4 300 dont *privées* 3 000. *Forment* environ 700 000 personnes.

■ **Classes à horaires aménagés.** *Fonctionnent* depuis 1966 dans certains lycées ou conservatoires de région. *Associent* l'enseignement général et musical (primaire au 1er cycle secondaire, 6 h 30 de musique par semaine ; 2e cycle secondaire au bac, 10 à 11 h). **Diplômes :** bac F 11 (technicien musical) ou bac A 6 (physique du son en option). **Débouchés :** UFR de musique des universités, conservatoires supérieurs. **Élèves** (CNR/ENM en 1997-98) : 12 547 dont CNR 8 447, ENM 4 100. **Candidats au bac F 11** (musique/danse, juin 1998) : 328 (admis 300).

■ **Répartition des élèves (CNR/ENM)** (1997-98). Piano 19 973, violon 11 264, flûte traversière 6 512, guitare 5 918, clarinette 4 745, violoncelle 4 482, saxophone 4 290, trompette, cornet 3 916, percussions 3 868, alto 2 929, hautbois 2 380, flûte à bec 2 076, harpe 1 775, trombone 1 674, cor 1 533, orgue 1 437, contrebasse 1 417, clavecin 1 071, basson, contrebasson 1 042, accordéon 807, tuba, saxhorn 613, électroacoustique 507, ondes Martenot, claviers 218.

■ **Enseignants** (1997-98). **Titulaires :** 3 736 (CNR 1 568/ENM 2 168). **Non titulaires :** 3 288 (1 152/2 136).

■ **Financement des CNR et,** entre parenthèses, **ENM** (1997, en millions de F). 826,4 (1 023,8) dont communes 662,3 (757,4), ministère de la Culture 71,6 (99,3), région 8,9 (7,3), département 23,7 (26,3), autres subventions 0,5 (2,5), droits de scolarité 49,1 (96,2), autres 10,3 (34,8).

Prix

Concours internationaux

■ **Palmarès 2000 : Alto :** Munich, Rome [1]. **Chant :** Bruxelles (Reine Elisabeth), Zwickau (Schumann), Busseto (Voci Verdiane), 's-Hertogenbosch, Munich, Toulouse, Pampelune (Gayarre), Vercelli [2], Barcelone (Viñas), Rome [1], Bilbao. **Clarinette :** Rome [1], Dos Hermanas (Séville). **Clavecin :** Leipzig (Bach). **Composition :** Belgrade, Genève (Reine Marie José), Parme (Petrassi : œuvre symphonique), Alessandria (Pittaluga : guitare classique), Rome [1], Besançon (œuvre symphonique), Tarragona (orchestre symphonique). **Contrebasse :** Rome [1]. **Cor :** Markneukirchen. **Direction d'orchestre :** Parme (Toscanini). **Duo : pour 2 pianos et piano à 4 mains :** Rome [1], Munich ; *voix et piano (Lied), violon et piano, alto et piano :* Graz (Schubert). **Flûte :** Rome [1], Munich. *Guitare :* Alessandria (Pittaluga), Benicasim (Tárrega), Walcourt. **Harpe :** Jérusalem. **Musique de chambre :** Florence (Gui), Vercelli [2], Paris (Musique de chambre), Trapani, Caltanissetta. **Orgue :** Nuremberg (Pachelbel), Leipzig (Bach), Odense, Chartres. **Petite flûte :** Rome [1]. **Piano :** Pretoria, Orléans (xxe s.), Athènes (Callas), Rome [1], Dublin, Terni (Casagrande), Zwickau (Schumann), Zurich (Anda), Sydney, College Park (Kapell), Bolzano (Busoni), Leeds, Valencia (Iturbi), Cologne (Tomassoni), Porto, Varsovie (Chopin), Vercelli [2]. **Quatuor à cordes :** Graz (Schubert), Londres, Reggio Emilia (Borciani), Munich, Rome [1]. **Trombone :** Porcia. **Trompette :** Toulon. **Tuba :** Markneukirchen. **Violon :** Odense (Nielsen), Sion (Varga), Freiburg (Spohr), Gorizia (Lipizer), Vienne (Kreisler), Rome [1], Gênes (Paganini), Hanovre (Joachin), Helsinki (Sibelius). **Violoncelle :** Belgrade, Rome [1].

Nota. – (1) Bucchi. (2) Viotti.

Prix de musique Mme-Léonie-Sonning

■ **Décerné** au Danemark, **Montant :** 300 000 DKK, soit environ 265 000 F. **Lauréats :** *1959 :* Igor Stravinsky. *79 :* dame Janet Baker. *80 :* Marie-Claire Alain. *81 :* Mstislav Rostropovitch. *82 :* Isaac Stern. *83 :* Rafael Kubelik. *84 :* Miles Dewey Davis. *85 :* Pierre Boulez. *86 :* Svjatoslav Richter. *87 :* Hans Heens Holleger. *88 :* Peter Schreier. *89 :* Tidonn Kaimia. *90 :* György Ligeti. *91 :* Eric Ericson. *92 :* Georg Solti. *93 :* Nikolaus Harnoncourt. *94 :* Krystian Zimerman. *95 :* Yuri Bashmet. *96 :* Per Norgard. *97 :* András Schiff. *98 :* Hildegarde Behrens. *99 :* Sofia Gubaidulina. *2000 :* Michala Petri.

☞ **Affiliés à la Fédération mondiale des concours internationaux de musique** 104, rue de Carouge, 1205, Genève (Suisse).

■ **Grand prix national de la musique.** *1991 :* François Jeanneau. *92 :* Ivo Malec. *93 :* Martial Solal. *95 :* Nicolas Frize. *96 :* Louis Sclavis. *97 : non décerné.* *98* (prix modifié) : Georges Aperghis ; groupe I Am. *99 :* Claude Ballif, Allain Leprest ; Dominique A.

CONCOURS EUROVISION DE LA CHANSON

■ **Créé** en janvier 1955 sous le nom de « Grand Prix Eurovision de la chanson européenne ». *Jurys nationaux :* composés de professionnels et d'un échantillon de téléspectateurs. Le vote se fait parfois par téléphone.

■ **Titres gagnants, entre parenthèses chanteurs et pays : 1956** *Refrain* (Lys Assia), Suisse. **57** *Net als toen* (Carry Brokken), P.-Bas. **58** *Dors mon amour* (André Claveau), France. **59** *Een Beetje* (Teddy Scholten), P.-Bas. **60** *Tom Pillibi* (Jacqueline Boyer), France. **61** *Nous les amoureux* (Jean-Claude Pascal), Luxembourg. **62** *Un premier amour* (Isabelle Aubret), France. **63** *Dansevise* (Grethe et Jørgen Ingmann), Danemark. **64** *Non ho l'età* (Gigliola Cinquetti), Italie. **65** *Poupée de cire, poupée de son* (France Gall), Luxembourg. **66** *Merci chérie* (Udo Jurgens), Autriche. **67** *Puppet on a String* (Sandy Shaw), G.-B. **68** *La la la* (Massiel), Espagne. **69** *Un jour un enfant* (Frida Boccara), France ; *Boom-Bang-A-Bang* (Lulu), G.-B. ; *Vivo cantando* (Salomé), Espagne ; *De troubadour* (Lennie Kuhr), P.-Bas. **70** *All Kinds of Everything* (Dana), Irlande. **71** *Un banc, un arbre, une rue* (Séverine), Monaco. **72** *Après toi* (Vicky Leandros), Luxembourg. **73** *Tu te reconnaîtras* (Anne-Marie David), Luxembourg. **74** *Waterloo* (Abba), Suède. **75** *Ding Dinge Dong* (Teach-In Group), P.-Bas. **76** *Save Your Kisses for Me* (Brotherhood of Man), G.-B. **77** *L'Oiseau et l'Enfant* (Marie Myriam), France. **78** *A-Ba-Ni-Bi* (Izhar Cohen & The Alphabeta), Israël. **79** *Hallelujah* (Gali Atari & Milk and Honey), Israël. **80** *What's Another Year* (Johnny Logan), Irlande. **81** *Making Your Mind Up* (Bucks Fizz), G.-B. **82** *Ein bisschen Frieden* (Nicole), All. féd. **83** *Si la vie est cadeau* (Corinne Hermes), Luxembourg. **84** *Diggi-Loo-Diggi-Ley* (Herrey's), Suède. **85** *La det swinge* (Bobbysocks), Norvège. **86** *J'aime la vie* (Sandra Kim), Belgique. **87** *Hold Me Now* (Johnny Logan), Irlande. **88** *Ne partez pas sans moi* (Céline Dion), Suisse. **89** *Rock Me* (Riva), Yougoslavie. **90** *Insieme : 1992* (Toto Cutugno), Italie. **91** *Fångad av en stormvind* (Carola), Suède. **92** *Why Me ?* (Linda Martin), Irlande. **93** *In Your Eyes* (Niamh Kavanagh), Irlande. **94** *Rock'n Roll Kids* (Saul Harrington, Charlie Mc Gettigan), Irlande. **95** *Nocturne* (Secret Garden), Norvège. **96** *The Voice* (Eimcar Quinn), Irlande. **97** *Love Shine or Light* (Katarina and the Waves), G.-B. **98** *Diva* (Dana International), Israël. **99** *Take Me to Your Heaven* (Charlotte Nilsson), Suède. **2000** *Fly on the Wings of Love* (Olsen Brothers), Danemark. **2001** *Everybody* (Tanel Padar, Dave Benton et 2XL), Estonie.

■ **Ville de Paris. Grand Prix de la musique :** *créé* 1952. *Doté* de 50 000 F, *décerné* à un compositeur français (ou ayant réalisé la majeure partie de son œuvre en France) pour l'ensemble de son œuvre ou de sa carrière. **Lauréats :** *1992 :* Manuel Rosenthal. *93 :* Edison Denisov. *94 :* Marcel Landowski. *95 :* Pierre Henry. *96 :* François Bayle. *97 :* Rolf Liebermann. *99 :* Noël Lee. *2000 :* Pascal Dusapin.

Grand Prix de la chanson française : *créé* 1994. *Dotation :* 50 000 F, 1re partie à l'Olympia, concerts au Printemps de Bourges, aux Francopholies de la Rochelle et au Midem. **Lauréat :** *1999 :* Dikès. *2000 :* Keren Ann.

■ **Grand Prix de Rome.** Académie de France à Rome : fondée en 1666 par Louis XIV pour accueillir de grands artistes. En 1971, André Malraux a supprimé le Prix de Rome (décerné de 1803 à 1969 et comprenant un séjour de 40 mois avec traitement à la villa Médicis) et confié 2 missions complémentaires à l'Académie de France à Rome : stimuler les relations et les échanges culturels entre la France et l'Italie et offrir à des jeunes artistes la possibilité de se perfectionner dans leur discipline. Ceux-ci sont choisis chaque année, à l'issue d'une sélection, pour 6, 12, 18 ou 24 mois dans : architecture, arts plastiques, composition musicale, design, écriture d'un scénario pour le cinéma ou la télévision, histoire de l'art, littérature, photographie, restauration des œuvres d'art, scénographie.

■ **Victoires de la musique.** *Créées* 1986. *Décernées* par une association (créée 1985, 24 membres, loi 1901) qui produit les 2 émissions de remise des Victoires : sur France 2 (variétés) et France 3 (classique et jazz) ; *Pt* (1999) : Laurence Le Ny ; *délégué général :* Enrico Della Rosa. **Jury 2000 :** *« académie de votants » :* personnalités directement impliquées dans la création et la diffusion de la musique : artistes interprètes, solistes, auteurs, compositeurs, musiciens, chefs d'orchestre, chorégraphes, disquaires, arrangeurs, réalisateurs, ingénieurs et techniciens du son, producteurs de disques et salariés des maisons de disques, éditeurs, agents, directeurs de salle de spectacle, producteurs de spectacles, personnalités de la radio, de la TV et de la presse ; *3 collèges :* variétés (2 700 voix), classique (1 150 voix) et jazz (700 voix). *Vote :* à 2 tours, par catégories définies par le conseil d'administration selon des critères précis (exemple : dates de sortie des albums, de présentation des concerts ou des créations). Les Victoires d'honneur ne sont pas soumises au vote.

Musique de variétés. Palmarès 2000 : *artiste interprète masculin :* Henri Salvador ; *féminine :* Hélène Ségara. *Découverte : artiste ou groupe :* Isabelle Boulay ; *scène :* Saint-Germain ; *album :* « Mieux qu'ici bas » (I. Boulay). *Spectacle musical, tournée, concert :* Johnny Hallyday à la tour Eiffel, à l'Olympia et en tournée. *Album : variétés, pop : Chambre avec vue* (Henri Salvador) ; *rock : Comme a dit* (Louise Attaque) ; *rap, reggae, groove : J'fais c'que j'veux* (Pierpoljak) ; *nouvelles tendances : Tourist* (Saint-Germain) ; *musiques traditionnelles, du monde : Made in Medina* (Rachid Taha). *Chansons pour enfants :* « Du soleil » (Henri Dès). *Musique de film :* « Virgin Suicides » (Air). *Vidéo-clip :* « Am I Wrong » (Étienne de Crécy). *Chanson originale* (vote des téléspectateurs) : « L'Envie d'aimer » (Daniel Lévi). *Site Internet* (vote des internautes) : Patrick Bruel. **Victoire d'honneur :** Renaud.

Musique classique et jazz. Palmarès 2000 : classique : *musique de chambre, instrumentale et vocale :* les Talens Lyriques, direction Christophe Rousset. *Orchestre :* les Musiciens du Louvre, dir. : Marc Minkowski. *Soliste instrumental :* Roger Muraro (piano). *Artiste lyrique :* Patricia Petibon. *Nouveau talent* (vote des téléspectateurs) : Gautier Capuçon (violoncelle). *Création musicale contemporaine :* « Kientzy Loops » de Tom Johnson. *Enregistrement classique de l'année : français :* récital d'airs de Mozart par Natalie Dessay, orchestre de l'Age des Lumières, dir. : Louis Langrée (Virgin Classics). *Production lyrique :* « la Belle Hélène » d'Offenbach, au Châtelet à Paris, mise en scène : Laurent Pelly, dir. : Marc Minkowski. **Jazz :** *album : Front Page* par Bireli Lagrene, Dominique Di Piazza ; *découverte :* Saint-Germain. **Victoires d'honneur :** Jacques Chancel ; Orchestre national des Pays de la Loire et son directeur musical Hubert Soudant.

Grands Prix de la Sacem. Palmarès 2000 : *Chanson française : créateur-interprète :* Françoise Hardy ; *compositeur :* Jean-Loup Dabadie. *Poète :* Serge Rezvani. *Humour :* Marc Jolivet. *Musique symphonique :* Pierre Jansen. *Édition musicale :* Nicolas Galibert (Sony Music Publishing). *Jazz :* Christian Escoudé. *Musique traditionnelle :* Malavoi.

Fête de la musique (21 juin). *Créée* en 1982 par Jack Lang, ministre de la Culture. En France : *le 21-6-2000 :* environ 800 000 personnes ont chanté ou joué d'un instrument et plus de 10 000 000 de personnes ont écouté de la musique (en concert ou dans la rue).

■ **Dans le monde :** dans environ 100 pays.

DIFFUSION

■ **Implantation.** 21 délégués régionaux à la musique, 31 conservatoires nationaux de région, 16 orchestres de région, 13 théâtres lyriques municipaux, 5 cellules de création et de recherche (Bourges, Marseille, Metz, Issy-les-Moulineaux, Grenoble).

■ **Orchestres permanents subventionnés. Nombre :** 33 orchestres symphoniques et lyriques dont 9 à Paris. **Types :** *orchestres A,* 65 à 120 musiciens, métropoles régionales, mission symphonique, lyrique et d'animation ; *B,* 45 à 60 musiciens, villes de 150 000 à 250 000 habitants, même mission, répertoire ne nécessitant pas un effectif important ; *C,* 12 à 40 musiciens, villes de moins de 150 000 habitants, plus particulièrement musique de chambre.

■ **Musiciens des orchestres permanents** (en 1992). 24 formations subventionnées, 6 orchestres de théâtres lyriques et 2 de Radio France. **Effectifs :** 2 128 dont violons 686, altos 248, violoncelles 224, contrebasses 158, cors 126, hautbois 92, bassons 92, flûtes 91, trompettes 89, percussions 85, trombones 84, harpes 25, tubas 19, claviers 12 (70 % sont des hommes, 55 % seulement de moins de 30 ans ; moyenne d'âge : 39 ans). **Musiciens professionnels** travaillant dans des orchestres civils : 2 600 à 2 800, des orchestres militaires : environ 3 000.

■ **Festivals subventionnés. Nombre et,** entre parenthèses, **subventions du ministère de la Culture** (en millions de F, 1991) : total 290 (37,2) dont de musique classique 146 (9), de jazz 46 (3,9), de chanson, rock, etc. 40 (6,2), de danse 23 (3,9), de musique contemporaine 13 (5,7), de musique baroque 8 (0,6), d'art lyrique 5 (7,4), autres 9 (0,4). **Nombre de représentations et,** entre parenthèses, **de spectateurs** (en 1991) : 4 623 (2 699) dont pluridisciplinaires 1 228 (656), danse 205 (120), lyrique 95 (83), musique 3 095 (1 840) [dont classique 1 287 (565), jazz 783 (349)]. **Fréquentation de festivals de musique classique et contemporaine** (en 1995) : Aix-en-Provence 36 400, Ambronay 13 787, Angoulême 4 500, Auch (musique et danse contemporaine) 1 622, Beaune (musique baroque) 14 300, festival Berlioz 9 466, Besançon 11 000, festival des cathédrales 10 000, Comminges 10 463, Grenoble (38e rugissants) 11 000, Ile-de-France 10 500, La Chaise-Dieu 16 000, La Roque d'Anthéron 30 175, La Vézère 5 500, Lille 20 202, Loches 2 953, Lourdes 4 200, Montpellier (Radio France) 50 800, Musica 17 524, Orange (Chorégies) 38 539, Orléans (semaines musicales 1 587), Paris [Quartiers d'été 102 977, Automne (programme musique) 24 695], Saint-Céré 6 023, Saintes (académies musicales) 16 000, Saint-Florent-le-Vieil 6 198, Strasbourg 27 738, Sons d'hiver (Val-de-Marne) 7 525.

■ **Direction de la musique et de la danse. Budget** (en millions de F) : *1981 :* 530 ; *86 :* 2 463 ; *91 :* 1 760 ; *96 :* 2 359 dont *enseignement :* CNSM Paris et Lyon 130, autres actions pédagogiques 243, Cité de la musique de la Villette 149 ; *diffusion symphonique :* orchestres permanents 230, festivals et autres actions 30 ; *art lyrique :* Opéra national de Paris 631, autres actions 246 ; création contemporaine hors Ircam 45, danse 153, amateurs, patrimoine, divers 72, orchestres Radio France rattachés : 353, investissements 129. *1998 :* **fusion avec la Direction du théâtre et des spectacles.** *Budget (DMDTS)* (en 2000) : 2 184 millions de F.

■ **Fédérations subventionnées et/ou conventionnées par le ministère de la Culture. Musique populaire :** 48 fédérations et 6 000 sociétés musicales (harmonies, fanfares, orchestres divers, groupes folkloriques, chorales, chorégraphies, etc.). *Confédération musicale de France (CMF)* 103, bd Magenta, 75010 Paris. *Confédération française des batteries et fanfares (CFBF)* 41, avenue Le Nôtre, 92420 Vaucresson. *Union des fanfares de France (UFF)* BP 164, 75634 Paris Cedex 13. **Fédérations de chorales :** *mouvement A cœur joie* 24, avenue Joannès Masset, 69009 Lyon. *Fédération de musique et chant du protestantisme français* 58, rue Madame, 75006 Paris. **En milieu scolaire :** *Fédération nationale des centres musicaux ruraux* 2, place du Gal-Leclerc, 94130 Nogent-sur-Marne. *Fondée* 1948 par Jacques Serres et Émile Damais. *Pt :* Michel Bidegain. Musique à l'école : 120 000 usagers. 700 villes et villages adhérents. Pratique musicale amateur et de loisirs dans les CAEM (carrefours d'animation et d'expression musicale). Accueil de classes de découverte musicale (4 centres). Séjours de vacances musicales. *Fédération nationale des associations culturelles d'expansion musicale (Fnacem)* 2, rue Rossini, 75009 Paris. *Musicoliers* 58, rue de Saussure, 75017 Paris. *Fondés* 1966 par Philippe Gondamin et Léon Barzin. *Pt :* Denis Papee, *directrices :* Denise Blanc, Catherine Santin. Animation musicale (à plus de 50 000 enfants en crèche, école, hôpital) et formation pour adultes. **Diffusion musicale :** *Jeunesses musicales de France (JMF)* 20, rue Geoffroy-l'Asnier, 75004 Paris. *Fondées* 1941 par René Nicoly (1907-71). *Pt :* Jean-Loup Tournier, *directeur :* Robert Berthier. *Saison 1999-2000 :* 5 000 bénévoles, 2 380 spectacles et animations, 2 500 communes concernées. **Pratique amateur chorale et instrumentale :** *Fédération nationale des foyers ruraux (FNFR)* 1, rue Ste-Lucie, 75015 Paris. *Fédération sportive et culturelle de France (FSCF)* 22, rue Oberkampf, 75011 Paris. *Ligue française de l'enseignement et de l'éducation permanente* 3, rue Récamier, 75007 Paris.

Pratique de la musique en France (enquête DMDTS, 1996) : 5 millions de Français pratiquent la musique, en chœur ou en solo (dont 50 % des 15-19 ans). Il y a environ 8 000 chorales, 6 000 harmonies et fanfares et 25 000 groupes de rock.

Fréquentation des concerts de musiques classique : pourcentage par CSP en 1997 : cadres supérieurs et professions libérales 27, cadres moyens 11, patrons de l'industrie et du commerce 7, employés 6, ouvriers 4, agriculteurs 3.

GROUPES FOLKLORIQUES

■ **Confédération nationale des groupes folkloriques français.** *Siège social :* musée des Arts et Traditions populaires. *Secrétaire nationale :* Mme Bidault, 01190 Pont-de-Vaux. *Créée* 1951, reconnue d'utilité publique 1987. *Regroupe* 11 fédérations régionales folkloriques, 280 groupes folkloriques et 30 000 chanteurs et danseurs. *Publication :* « Folklore de France » (5 nos/an). *Minitel :* 3615 Folklortel.

■ **Fédération nationale du folklore français.** 8, rue Voltaire, 75011 Paris. *Fondée* 1932. *Pt :* Michel Leclere. Groupe 100 formations. Élit chaque année sa *Payse de France* et organise la *Ronde des provinces françaises,* le plus important festival folklorique national.

■ **Quelques groupes.** Allobroge de Savoie, Alsace musicale (fondé 1932), les Gens de la Mauldre au Rhin, Aire de Festa (catalans), 3 groupes basques, Blaudes et Coeffes (1931 ; Normandie), Bourrée morvandelle, Cabrettaire, Cabrissou, Cardils du Périgord, Coupo Santo (Provence), Échassiers landais, Ensoulelhada (Languedoc, Gascogne), Gaichons et Diaichottes de Franche-Comté, 15 groupes d'Auvergne et du Massif central, 15 groupes de haute et basse Bretagne, 6 groupes des provinces d'outre-mer (Martinique, Guadeloupe, Guyane, Réunion), 2 groupes d'Ile-de-France, 6 groupes limousins, Mélusine du Poitou, Nivernais-Morvan, Pastouriaux du Berry, Saboteux de Bourgogne, etc.

ARCHITECTURE

☞ Pour découvrir la sélection **Quid** des meilleurs sites Internet sur l'architecture, rendez-vous sur **www.quid.fr**

DONNÉES TECHNIQUES

■ **Abaque.** Tablette carrée couronnant le chapiteau d'une colonne ou d'un pilier. **Acrotère.** Motif de sculpture posé sur le faîte ou sur les angles d'un fronton. Support de cette sculpture. Dans les toitures-terrasses : muret protégeant le relevé d'étanchéité. **Appareil.** Façon de tailler et de disposer les matériaux. *Petit appareil* (blocs inférieurs à 0,20 m ou 0,15 m) : cubique, allongé ou en épi, selon la forme des blocs et leur disposition (dit *en dépouille* quand la partie visible est amincie pour être mieux saisie par le mortier). Le mortier est indispensable. *Grand et moyen :* souvent à joints vifs. **Architrave.** Poutre de pierre entre 2 appuis (doivent être assez larges pour supporter la pression verticale exercée par la poutre). On l'appelle *linteau* quand elle couvre une baie pratiquée dans une maçonnerie pleine. **Astragale.** Moulure saillante profilée entre fût d'une colonne et chapiteau.

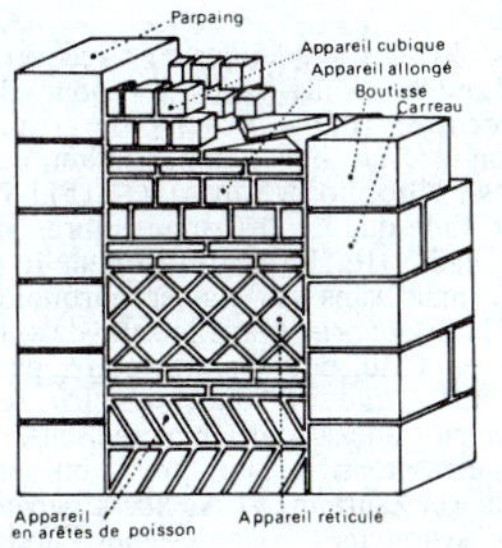

■ **Béton armé. Précurseurs :** *Louis-Joseph Vicat* (1820 ; création de l'industrie moderne des ciments), *Apsdin* (1824, Écosse ; brevet d'un ciment artificiel, dénommé Portland). *Joseph-Louis Lambot* (réalise en 1848 un « bateau-ciment » en ciment armé, brevet du bateau en 1855). *Joseph Monier* (horticulteur) 1849 ; 1ers caissons à fleurs en ciment armé, brevets 1867, brevets pour des ponts 1873, escaliers 1875, poutres 1878, gîtages en voussettes armées 1880. *François Coignet* (1841-88) 1852 : 1er immeuble béton coulé avec fers profilés enrobés, terrasse à St-Denis. *François Hennebique* (1842-1921) substitue le béton armé au ciment armé (1879) ; conçoit la 1re dalle en béton de ciment armé de fers ronds ; brevet (1880) pour des poutres creuses en béton armé moulées d'avance (1892) ; introduit l'emploi des armatures transversales ; invente la barre relevée ; crée (1896) le pilot en béton armé (ligatures assez rapprochées). **1er règlement officiel** de calcul du béton armé en France : 1906. **1res applications :** *1900* immeuble au 1, rue Danton (Paris) ; *1904* villa de Hennebique à Bourg-la-Reine (Hts-de-Seine) tour octogonale portée par des ressauts de 4 m ; *1910* pilier-champignon créé à Zurich par le Suisse Robert Maillart ; *1913* théâtre des Champs-Élysées d'Auguste Perret (Fr., 1874 à Bruxelles-1954) à Paris ; *pont :* voir encadré p. 432 c. **Béton à poudres réactives (BPR) :** 20 fois plus résistant, 2 à 3 fois plus léger, peut s'allonger sans rompre.

■ **Bois.** *Lamellé-collé* (inventé en 1906 par Otto Hetzer) : planches de 15 à 22 mm d'épaisseur, pressées à plat et collées. Portées de plus de 100 m.

■ **Câbles à filets** (ou structures suspendues ou voiles prétendus). Exemples : ponts, toits suspendus à simple courbure ou résilles de câbles à courbures inverses.

■ **Constructions plissées.** Les plis donnent de la rigidité à des voiles de béton (salle des Congrès à l'Unesco, Paris ; Notre-Dame de Royan, de Gillet).

■ **Coques.** Segments de coques incurvés dans le sens de la portée (le Cnit à Paris, record du monde de portée). Coques cylindriques (stade de Hanovre) ; de révolution, les plus répandues (Palais des sports par Nervi, à Rome) ; hyperboloïde de révolution ou en selle de cheval (salle des Congrès de Berlin-Ouest) ; formes libres (marché de Royan).

■ **Corbeau.** Pierre en saillie destinée à recevoir une retombée. Consoles, modillons et culs-de-lampe sont différents types de corbeaux. **Coupoles.** Quand elles sont sur un édifice carré, elles sont montées sur trompes (le carré se transforme en octogone) ou sur pendentifs (triangle concave). *La plus ancienne :* le Panthéon de Rome (27 av. J.-C., puis 118-125 apr. J.-C.). **Cul-de-four.** Voûte en forme de demi-coupole. **Cul-de-lampe.** Corbeau en forme de cône ou de pyramide renversée.

■ **Dômes.** Coupoles surmontées d'une enveloppe extérieure en maçonnerie ou charpente. **Doubleau.** Arc transversal saillant sous le berceau d'une voûte.

■ **Enfeu.** Évidement dans un mur, destiné à abriter un monument funéraire. **Extrados.** Surface externe d'un arc ou d'une voûte.

■ **Fer. 1res réalisations importantes : France :** combles du Salon carré du Louvre (1778), de la Comédie-Française (1786) ; charpente du dôme de la Halle au blé (1809). Bibliothèque Ste-Geneviève par Labrouste, piliers en fonte, voûte en fer (1843). Halles de Baltard à Paris, brique et fer utilisés pour le remplissage (1854-56). Ponts de Clichy (1851), Asnières (1852), Bordeaux (1860). Galerie des machines (de Dutert) à Paris (1889), espace (420 × 15 m, haut. 45 m) franchi sans point intermédiaire. **USA :** George W. Snow (Chicago), charpentes en fer légères formant ossature et revêtues de bois (1833). **G.-B. :** Crystal Palace (1851) à Londres, 9 ha, par Joseph Paxton, allie métal et verre. **Fonte. 1res réalisations : ponts :** voir encadré p. 432 c. **USA et G.-B. :** façades à la mode vers 1840.

■ **Gratte-ciel.** *1882* Leroy S. Buffington (de Minneapolis, USA) établit les plans d'un bâtiment de 16 étages (charpente en acier). *1885 :* 1er gratte-ciel à Chicago par William Le Baron Jenney, le Home Insurance (10 étages puis 2 ajoutés), les piliers verticaux en maçonnerie enrobent des colonnes de fer associées à des poutrelles horizontales en fer formant l'ossature portante (remplaçant le système traditionnel de maçonnerie reposant sur un mur porteur continu). *1857 :* 1er ascenseur offrant toutes garanties de sécurité présenté à New York par Elisha G. Otis (1er usage public : 1857, New York, magasin Haughwout). Dimensions (voir p. 436 a États-Unis).

■ **Lambris.** Revêtement très mince en bois ou en pierre ; menuiserie formant fausse voûte ou plafond au-dessus d'un vaisseau. **Larmier.** Moulure en saillie destinée à faire s'écouler les eaux de pluie en avant du parement. **Litre.** Bande armoriée peinte, parfois sculptée, ornant les murs d'une église ou d'une chapelle pour affirmer les droits d'un patron.

■ **Mascaron.** Ornement représentant une tête humaine, souvent dans un médaillon et placé à la clef des arcs. **Meneau.** Montant de pierre divisant une fenêtre gothique ou Renaissance. **Modénature.** Ensemble des moulures ; style de celles-ci. **Mur gouttereau.** Mur extérieur sous gouttières ou cheneaux d'un versant de toit. Se distingue du mur pignon par son faîte horizontal. **Mur porteur.** Mur de façade, ou mur pignon, mur gouttereau ; épaisseur de 20 cm à 7,50 m (château de Coucy). **Non porteur.** Toute paroi qui ne subit pas de charges verticales autres que son poids propre (cloisons, murs-rideaux ; tout mur non compris dans un noyau central ou dans l'ossature extérieure).

■ **Narthex.** Vestibule intérieur, à l'entrée d'une église ; se distingue du porche qui, lui, s'ouvre sur l'extérieur (voir schéma p. 428 a).

■ **Outrepassé (arc).** En forme de fer à cheval.

■ **Piédroits** (ou **pieds-droits**). Piliers supportant les retombées d'un arc ; murs supportant la naissance d'une voûte en berceau. **Pilastre.** Pilier engagé dans l'épaisseur d'un mur. **Poutre de gloire.** Traverse l'*arc triomphal* qui marque à l'est l'entrée de la nef. Portait au milieu un crucifix, une Vierge, des reliquaires. A l'époque gothique, on construisit à sa place des *jubés* ornés de crucifix : murs transversaux portant une galerie servant aux lectures et aux chants.

■ **Réticule.** Appareil dont les joints en diagonale rappellent le dessin d'un filet.

■ **Scotie.** Moulure concave, semi-circulaire, formée de 2 arcs raccordés. **Soffite.** Dessous suspendu, tel plafond ou larmier, et plus particulièrement plafond à caissons.

■ **Structures autostables.** France par *Ferratex*, ossature métallique tubulaire (largeur 22 m ; hauteur 7,6 m ; travées 6,1 m), recouverte par une toile en textile synthétique (1 300 m² d'un seul tenant). **Structures gonflables.** Un film plastique de 0,1 à 0,2 mm permet des portées de 1 à 2 m ; un film de 0,6 à 1 mm, de 5 à 10 m ; un tissu à trame de Nylon ou de Tergal, enduit de plastique assurant l'étanchéité, jusqu'à 25 m de portée. Au-delà, il faut des trames plus résistantes. **La plus grande du monde** (base carrée couvrant 1 ha) réalisée à Buc par la SEEEE (Sté européenne d'études et d'essais d'environnement) associe une enveloppe souple (polyester à haute ténacité pesant 700 g/m²), assurant l'étanchéité, et une résille (filet de câbles en acier). Pression : 3 millibars. Le toit, fixé au sol par ancrages de béton, est maintenu gonflé par une soufflerie. Technique appliquée pour la couverture temporaire, durant l'hiver, de courts de tennis (2 000 m² couvrant le plus souvent 4 courts). **Dômes aéroportés les plus grands :** *Chicago* (Michigan, USA) : Pontiac Silverdome Stadium : 159 × 220 m (3,4 ha), pression de l'air 34,4 kPa, couverture transparente en fibre de verre (4 ha) ; *Lima* (Ohio, USA) : 262 × 42,6 m et 19,8 m de hauteur.

■ **Treillis spéciaux.** Béton et acier (Gd Marché de Francfort-sur-le-Main, Allemagne, 1927) ; coupole en tôle d'aluminium (pavillon des USA, Expo. de Montréal, 1967).

■ **Voûte.** En berceau (au XIIe s., elle devient pointue : en arc brisé, dite en *ogive*), d'arête, nervurée, croisée d'ogives. *Sexpartite* (6 branches d'ogive) ; en *étoile* (ne subsistent que les liernes et les tiercerons). Les *liernes*, nervures secondaires situées entre la clef d'ogives et la clef des doubleaux, renforcent la voûte. Les *tiercerons* sont des nervures secondaires de la naissance des ogives à l'extrémité des liernes. La multiplication des normes a abouti, dans le style anglais, aux voûtes *en éventail*.

EARTH ART OU LAND ART

Christo (Christo Javacheff, Amér. d'or. bulg., né 1935) : *Sydney :* a emballé 35 km de côtes (1969) ; *USA :* empaqueté le Museum of Modern Art de Chicago (1969) ; entouré 11 îles de 603 850 m² de polypropylène rose au large de Miami (1980-83) ; tendu un rideau de 18 500 m² de Nylon orange au Colorado (1970-72) ; *Rome :* empaqueté le mur de Marc Aurèle (1974) ; *Paris :* emballé pendant 15 j le Pont-Neuf, avec plus de 40 000 m² de polyamide beige ; coût : 18 millions de F (1985) ; *USA et Japon :* le 8-10-1991, a exposé 1 760 parasols jaunes au col du Tejon (Californie) et 1 340 parasols bleus dans la vallée de Sato (Japon), 6 m de haut, 8,66 m de large, 200 kg ; coût : 26 millions de $. 2 tués (Californie, un parasol s'envola et retomba sur une femme de 32 ans ; Japon : ouvrier électrocuté). *Berlin :* du 22-6 au 6-7 1995 avec sa femme Jeanne-Claude, fait emballer le Reichstag (en 4 j par 100 à 150 personnes, 200 alpinistes et 600 auxiliaires) dans une toile argentée en polypropylène (de 100 000 m², épaisseur 2,5 mm) [le 25-2-1994, le Bundestag avait accepté le projet par 292 oui (223 non, 9 abstentions et 137 absents)] ; coût : 34 millions de F. Ces projets sont financés par la vente des dessins et droits associés. **Michael Heizer** (né 1944) a creusé des trous gigantesques (« sculptures négatives ») dans le désert du Nevada ou dans la neige. **Walter De Maria** (né 1935) a tracé 2 tranchées parallèles d'1/2 mile dans le désert du Nevada ; a planté 400 paratonnerres à 67 m les uns des autres dans un champ de 1 × 1,7 km. **Huchkinson** a creusé à la pioche sur les flancs de volcans en activité des rigoles pour orienter les coulées de lave. **Dennis Oppenheim** (né 1938) a tracé un sillon de 1 mile en 2 segments de 0,5 mile pour concrétiser le tracé du méridien de Greenwich. **Keith Arnatt** a ensablé 120 personnes jusqu'au cou sur la plage de Liverpool, face à la mer. **Robert Smithson** (1938-73) a construit dans le Grand Lac Salé une digue en spirale de 450 m avec des rochers, des cristaux de sel et de la terre. **Uriburu** (né 1937) a coloré les eaux de New York, Paris, Venise et Buenos Aires.

FRANCE

☞ *Abréviations :* ét. : étages ; pl. : places.

■ **ÉPOQUE CELTIQUE (900-52 av. J.-C.). Enceintes fortifiées** (ou **oppidums**). **Gergovie :** au sud de Clermont-Ferrand. **Guillon :** mur de 6 km [5 m de hauteur (150 000 m³ de pierres sèches), style protohistorique] découvert en 1975-80 [à 16 km d'Avallon (Yonne)]. **Bibracte :** 5 km, 136 ha, voir à l'Index.

■ **ART GALLO-ROMAIN (Ier s. av. J.-C.-Ve s./apr. J.-C.). Amphithéâtres ou arènes. Arles :** arènes (80 à 90 ; 136 × 107 m, 21 000 places). **Bordeaux :** palais Gallien (IIIe s. ; 132,3 × 110,6 m). **Fréjus** (fin Ier s. ; 113 × 85 m, 10 000 pl.). **Nîmes** (68-70 ; 131 × 104 m, 365 m de tour extérieur, haut. 21 m, 25 000 pl.). **Orange** (vers 120 ; long. 19,48 m ; prof. 8,50 m ; haut. 18,80 m). **Paris** (arènes de Lutèce : 260 av. J.-C. à 120 apr. J.-C., 15 000 pl.).

Aqueducs. Gier, alimentant Lyon, vers 50-60, 75 km. **Nîmes,** long. 49,7 km comprenant le *pont du Gard* [entre 40 et 60 ; long. 273 m ; haut. totale 48,77 m (1er ét. 21,87 m, 2e ét. 19,5 m, 3e ét. 7,40 m) ; diam. de la plus grande arche 24,52 m d'ouverture], sur le Gardon, commune de Vers. En service jusqu'au début du VIe s.

Arcs. Carpentras (Ier s. ; haut. 10 m ; larg. 5,90 m ; prof. 4,54 m). **Cavaillon** (Ier s.). **Orange :** arc de Tibère (haut. 22,73 m ; larg. 21,45 m ; prof. 8,50 m). **St-Rémy** (Ier s. av. J.-C. ; long. 12,40 m ; prof. 5,60 m ; haut. sous voûte 7,50 m).

Capitoles. Autun, Narbonne (Ier s. apr. J.-C. ?) : 48 × 36 m.

Ponts. De l'Argens (Var). **Pont-Ambroix** (Hérault). **St-Chamas** (B.-du-Rh.) : pont Flavien (Ier s. ; long. 21,40 m ; larg. 6,20 m). **Sommières** (Gard). **Vaison-la-Romaine** (Vaucluse, Ier s. ; arche unique de 17,20 m d'ouverture).

Portes. Autun : St-André (Ier s. ; haut. 14,50 m ; larg. 20 m), d'Arroux (haut. 17 m ; larg. 19 m). **Besançon :** Noire (haut. 10 m ; larg. 5,60 m). **Reims :** de Mars (haut. 13,50 m ; long. 33 m).

Temples. Nîmes : Maison carrée (4 apr. J.-C. ; hexastyle, pseudopériptère ; long. 26,3 m ; larg. 13,55 m ; haut. 17 m). **Vienne :** temple d'Auguste et de Livie (27 av. J.-C. à 11 apr. J.-C.).

Théâtres. Arles (Ier s. av. J.-C. ; diam. 103,8 m ; 1 600 pl.). **Autun** (70-80 ; diam. 147,80 m ; 16 000 pl.). **Fréjus** (Ier s. ; diam. 72 m). **Grand** (Vosges, Ier s. ; diam. 149,50 m, le plus grand de l'Antiquité). **Lyon** (Ier s. av. J.-C. ; diam. 103 m ; le plus ancien de Gaule). **Orange** (début Ier s. apr. J.-C. ; diam. 103 m ; haut. 36 m ; 40 000 pl. ; le mieux conservé). **Vaison-la-Romaine** (Ier s. ; diam. 96 m). **Vienne** (Ier s. av. J.-C.-début Ier s. apr. J.-C. ; diam. 103,40 m).

Thermes. Arles : palais Constantin (IVe s.), 98 × 45 m. **Lambesc** (B.-du-Rh.). **Nîmes :** temple de Diane (117 × 138 m), en ruine. **Paris :** thermes de Lutèce, près de l'hôtel de Cluny (fin IIe s.).

Tombeaux. St-Rémy (B.-du-Rh.) : mausolée des Jules (Ve s. ; haut. 19,30 m).

Trophées. La Turbie (A.-M.) : trophée d'Auguste (6 av. J.-C. ; haut. 50 m, aujourd'hui 35 m ; larg. 34 m). **St-Bertrand-de-Comminges** (Hte-G., IIe s.).

■ **ÉPOQUE MÉROVINGIENNE (Ve-VIIIe s.). Caractères.** Imitation de la basilique romaine : nef séparée des bas-côtés par des colonnes, abside ornée de mosaïques, revêtements de marbre, plafond en bois sculpté relevé d'or. Influence orientale sensible : 2 absides opposées, abside flanquée de 2 salles carrées, tour lanterne entre abside et nef, baptistère octogonal, avec colonnade sur laquelle repose une coupole.

Principaux monuments. Peu de vestiges : beaucoup étaient en matériaux légers. **Plan basilical : Néris** (Allier) ; **Grenoble,** cryptes de St-Laurent ; **Jouarre** (S.-et-M.) St-Paul ; fragments de St-Pierre de **Vienne** (Isère). **Plan central :** baptistères **Aix, Fréjus, Riez** (A.-Hte-Pr.), **Poitiers** St-Jean ; cathédrale de **Nevers.**

■ **ÉPOQUE CAROLINGIENNE (IXe s.). Caractères.** Influence orientale : plan central surmonté d'une coupole, décor de feuillages, tresses, cercles. Annonce l'art roman : porche voûté surmonté d'une église antérieure (**St-Riquier**, Somme, détruite, reconstruite XIIIe-XVIe s.) qui se retrouve dans la tribune sur passage voûté à l'entrée des églises auvergnates et dans les clochers-porches de **St-Benoît-sur-Loire** (Loiret), **Ébreuil** (Allier). Coupoles et absides décorées de mosaïques. **Principaux monuments.** Abbaye de **Beauvais** (basse-œuvre) ; **Germigny-des-Prés** [Loiret, sur le plan d'Etchmiadzine (Arménie)] ; **St-Germain** (C.-d'Or) ; **St-Philbert-de-Grand-Lieu** (L.-A.) ; **St-Pierre-de-Jumièges** (S.-M.).

■ **ÉPOQUE PRÉROMANE (Xe s.). Caractères.** Bas-côtés séparés de la nef par des piliers. Pas de transept. Nef et bas-côtés terminés chacun par une abside. Extérieur : niches continues au sommet de l'abside et décoration en « bandes lombardes » (reliées en séries de festons). **Principaux monuments. St-Guilhem-le-Désert** (Hérault) [cloître transporté au Metropolitan Museum de New York] ; **St-Martin-d'Aime** (Savoie) ; **St-Philibert** (à Tournus, S.-et-L.).

■ **ÉPOQUE ROMANE (fin Xe, XIe, milieu XIIe s.). Origine du mot « roman ».** Utilisé pour la 1re fois par l'archéologue Charles Duhérissier de Gerville (1769-1853) dans une lettre de 1818 à Auguste Leprévost (archéologue, 1787-1859, député de Bernay). En 1823, il divise le Moyen Âge en 2 périodes : le « plein cintre », qu'il appelle *roman* (car héritier de la voûte romaine), et le style « ogival » (*gothique*).

Nota. – La situation géographique ne correspond pas toujours à la classification architecturale.

Architecture religieuse. Auvergne. Déambulatoire à chapelles rayonnantes. Nef sans fenêtres. Voûte en berceau contre-butée par l'arc en quart de cercle des tribunes. Coupole sur trompes à la croisée du transept. Appareil polychrome (pierres volcaniques). – **Clermont-Ferrand** Notre-Dame-du-Port et **Le Puy** cathédrale (influence de l'art hispano-mauresque), **Issoire, Orcival, Riom** St-Amable, **St-Nectaire**.

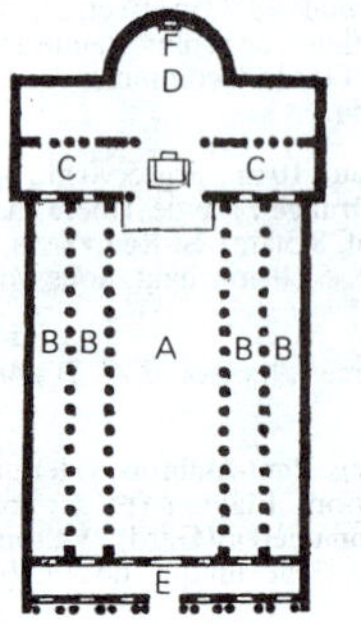

Basilique chrétienne :
A nef centrale. B latérale.
C chœur. D abside. E narthex.
F siège de l'évêque.

1 **Flèche romane polygone sur tour carrée.** *2* **Flèche gothique aiguë et ajourée.** *3* **Dôme classique avec lanterne.**

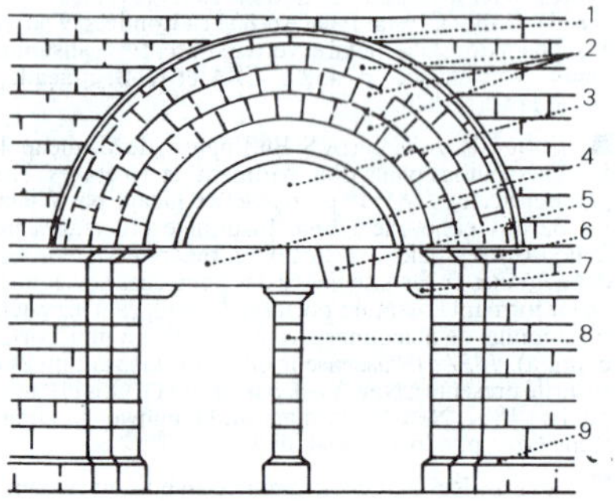

Éléments d'une porte d'église romane :
1 archivolte. *2* voussures. *3* tympan. *4* linteau.
5 linteau appareillé. *6* imposte. *7* corbeau. *8* trumeau.
9 moulure de soubassement.

Bourgogne. Type clunisien : 5 nefs et 2 transepts, déambulatoire ; élévation intérieure : arcades, triforium, fenêtres ouvertes dans la nef, voûte en berceau brisé ; 2 tours encadrant la façade. – **Autun** (S.-et-L.) : Saint-Lazare ; **Beaune** (C.-d'Or) ; **Cluny** (S.-et-L.), abbatiale détruite de 1809 à 1823 ; **La Charité-sur-Loire** (Nièvre) ; **Langres** (Hte-Marne) ; **Paray-le-Monial** et **Semur-en-Brionnais** (S.-et-L.). **Type de Vézelay** (Yonne) : basilique de la Madeleine, élévation à 2 étages (sans triforium) ; voûte d'arête séparée par des arcs doubleaux ; **Anzy-le-Duc** (S.-et-L.). **Type cistercien :** nef à bas-côtés, transept, chœur carré, flanqué de deux chapelles carrées ; élévation à 2 étages. – **Fontenay** (C.-d'Or).

Languedoc. Nef unique. Chœur et chapelles rayonnantes. Portail sans tympan, polylobé. – **Brantôme** (Dordogne) ; **Le Dorat** (Hte-Vienne).

Nord. Petits édifices. Voûtes rares. – **Beauvais :** St-Étienne ; **Morienval** (Oise) ; **Paris :** St-Germain-des-Prés ; **Reims :** St-Remi.

Normandie. Plan bénédictin sans déambulatoire avec des absides décroissantes des deux côtés de l'abside principale. Piliers alternativement forts et faibles. Collatéraux avec tribunes. Fenêtres hautes avec galerie de circulation. Nef non voûtée. Tour lanterne (tradition mérovingienne). 2 tours encadrant la façade. Clocher de pierre. – Abbayes : **Caen** abbaye aux Hommes (St-Étienne, voûte gothique), abbaye aux Dames (Trinité) ; **Jumièges** et **St-Martin-de-Boscherville** (S.-M.) ; **Cerisy-la-Forêt** (Manche) ; **Lessay** (Manche, voûte gothique).

Périgord. Coupoles sur pendentifs (provenant de l'Orient ?) s'alignant sur une nef unique. – **Angoulême** (Charente) : St-Pierre ; **Cahors** (Lot) ; **Fontevraud-l'Abbaye** ou **Fontevrault** ; (M.-et-L.) ; **Périgueux** (Dordogne) : St-Étienne, St-Front (5 coupoles sur pendentifs, disposées dans une croix grecque ; exception inspirée des Sts-Apôtres de Constantinople, comme St-Marc de Venise) ; **St-Émilion** (Gironde) ; **Solignac** (Hte-Vienne) ; **Souillac** (Lot).

Poitou. Pas de tribunes. Pas de fenêtres dans la nef. Bas-côtés presque aussi hauts que la nef et percés de fenêtres. Voûte en berceau brisé. Façade très ornée en Poitou, Saintonge. Piliers se réduisant à quatre colonnes soudées ensemble et formant un trèfle à quatre feuilles. – **Airvault** (Deux-Sèvres) ; **Aulnay** (Ch.-M.) ; **Bordeaux** Ste-Croix ; **Chauvigny** St-Pierre et **Civray** (Vienne) ; **Melle** et **Parthenay** (Deux-Sèvres) ; **Poitiers** (Vienne) Notre-Dame-la-Grande ; **Ruffec** (Charente) ; **St-Jouin-de-Marnes** (Deux-Sèvres).

Provence. Nef unique ; pas de déambulatoire. Fenêtres très étroites ouvertes dans la nef. Voûte en berceau brisé. Bas-côtés en arc de cercle. – **Arles** (B.-du-Rh.) : St-Trophime ; **Avignon** (Vaucluse) Notre-Dame-des-Doms : ancienne cathédrale ; **Carpentras** (Vaucluse) : ancienne cathédrale ; **Cavaillon** (Vaucluse) ; **Digne** (A.-M.) : ancienne cathédrale ; **St-Gilles** (Gard) ; **St-Paul-Trois-Châteaux** et **St-Restitut** (Drôme) ; **Vaison** (Vaucluse).

Route de St-Jacques-de-Compostelle (grandes églises de pèlerinage). Nef en berceau sans fenêtres. Hautes tribunes et vaste transept. Bas-côtés doubles. Déambulatoire à chapelles rayonnantes. – **Conques** (Aveyron) Ste-Foy ; **Limoges :** St-Martial (détruite) ; **Toulouse :** St-Sernin ; **Tours :** St-Martin (détruite).

Architecture monastique. Cloîtres. Arcades reposant sur des colonnes jumelées. – **Arles** (B.-du-Rh.) : St-Trophime ; **Elne** (Pyr.-Or.) ; **Moissac** (T.-et-G.) ; **Montmajour** (B.-du-Rh.) ; **St-Bertrand-de-Comminges** (Hte-G.) ; **St-Martin-du-Canigou** (Pyr.-Or.) ; **St-Michel-de-Cuxa** (Pyr.-Or., transporté en partie à New York) ; **Vaison** (Vaucluse). **Cuisines. Fontevraud-l'Abbaye** (M.-et-L.). **Salles capitulaires. Frontfroide** (Aude, partie gothique) ; **Noirlac** (Cher) ; **Vézelay** (Yonne, partie XIIe s.).

Architecture militaire. Ne subsistent que les constructions en pierre. **Donjons** (voir encadré p. 429). **Enceintes. Carcassonne** (Aude) : XIIe-XIIIe-XIVe s.

Architecture civile. Maisons. Cluny (S.-et-L.) ; **St-Antonin-Noble-Val** (T.-et-G.) : hôtel de ville. **Ponts. Airvault** (Deux-Sèvres, XIIe s.) ; **Avignon** (Vaucluse) : pont St-Bénezet (1177-1185).

ÉPOQUE GOTHIQUE (MILIEU XIIe S.-DÉBUT XVIe S.)

☞ *Légende :* les cathédrales sont signalées par un astérisque.

■ **Origine du mot « gothique ».** Créé vers 1440 par l'Italien Lorenzo Valla (1407-57) pour désigner un style d'écriture (dans le sens de « médiéval », l'expression *Moyen Âge* n'apparaissant qu'en 1604). Au XVIe s., Giorgio Vasari (It., 1511-74) appelle *tedesco,* « tudesque », les architectures médiévales ; Andrea Palladio (It., 1508-80) distingue le plein cintre et l'ogive, mais sans les classer chronologiquement. L'adjectif latin *gothicus* (dans le sens de « médiéval ») a été créé en 1610, pour l'architecture, par un jésuite français voulant traduire l'italien *tedesco ;* le 1er emploi de *gothique* en français, dans le même sens, est de 1619. Aux XVIIe et XVIIIe s., le mot prend un sens péjoratif (« médiéval » et « suranné »). Au XIXe s. *ogival* et *gothique* deviennent synonymes pour désigner l'architecture du XIIIe s. à la Renaissance ; *gothique* s'emploie en outre pour les autres arts.

■ **Architecture religieuse. Gothique primitif (1130-1230).** Grande rose de façade comprise dans un arc en plein cintre. Voûtes sur plan carré et sexpartites. Tribunes au-dessus des bas-côtés. Alternance de piles fortes et faibles (sauf Notre-Dame de Paris). Chapiteaux à crochets. Fenêtres moins grandes. – **Châlons-sur-M.** (Marne) : Notre-Dame-en-Vaux ; **Laon** * (Aisne, 1150-1233) ; **Noyon** * (Oise, 1140-86), plan roman ; **Paris** * : N.-D. (1160-1245) ; **Reims :** St-Remi (chœur 1162) ; **St-Denis** (S.-St-D., 1132-44), façade, avant-nef et déambulatoire avec chapelles rayonnantes (nef du XIIIe s.) ; **Senlis** * (Oise, 1167-91) ; **Sens** * (Yonne, 1130-70).

Apogée (1230-1300 environ). Grande rose de façade dans un arc brisé. Voûtes sur plan *barlong* (plus long d'un côté que de l'autre). Tribunes remplacées par des arcs-boutants. Au triforium succède la claire-voie. Piliers cantonnés de colonnes engagées. Fenêtres plus vastes. Bas-côtés très hauts. – **Amiens** * (1220-36) : nef terminée (1238-69), chœur (1288). **Angers :** St-Maurice, St-Serge. **Beauvais** * (1225) : incendie chœur (1280), voûtes écroulées (1284), terminée (1324). **Bourges** * : conçue dès 1172-1235, voûtes sexpartites sur plan carré, contreforts bas, plus légers qu'à Chartres. **Chartres** * : porche (1re moitié XIIe s.), incendie (1194), nef terminée (1220), haut du transept (1240), dédicace et suppression des tribunes (1260). **Coutances** * (Manche). **Le Mans** * (1254). **Paris :** nef Ste-Chapelle (1245-48). **Reims** * : chœur (1212-41), façade occidentale (1285), 1er étage des tours (1311-fin XIVe s.), étage supérieur (XVe s.). **Rouen** *, très modifiée. **St-Denis** (S.-St-D., 1231-81) : nef. **St-Pol-de-Léon** (Finistère) : Kreisker. **Sées** (Orne). **Soissons** * (1235). **Strasbourg** * (1240-75) : nef romane modifiée (1277), début façade occidentale. **Troyes** (début XIVe s.) : St-Urbain (1262-90).

Gothique rayonnant (XIVe s.). Piliers à faisceaux de colonnettes. Murs plus ajourés. Chapiteaux à bouquets de feuillages. Moulures en saillie (façade). Statues dégagées dans des niches. – **Albi :** Ste-Cécile (ni arcs-boutants ni bas-côtés, contreforts pénétrant à l'intérieur). **Auxerre :** St-Vincent. **Bayonne** *. **Bordeaux** * : St-André. **Carcassonne. Clermont-Ferrand** * : nef. **Évreux** * : chœur. **Limoges** *. **Lyon :** St-Jean. **Nevers** * : chœur. **Perpignan :** St-Jean. **Rouen :** St-Ouen (chœur) ; cathédrale (portails de la Calende, 1310, et des Libraires). **Strasbourg** * : façade. **St-Nazaire. Tours** *.

Gothique flamboyant (XVe s.). Piliers monocylindriques. Arcs pénétrant dans le fût. Chapiteaux disparus remplacés parfois par une bague. Voûtes à petits panneaux, à multiples nervures. Arcs en accolade et en anse de panier. Éclairage plus intense, fenêtres hautes descendant jusqu'au sommet des grandes arcades. Décor très chargé (choux, frises, etc.) ou presque absent. – **Abbeville** (Somme) : St-Vulfran. **Dieppe :** St-Jacques. **Lisieux :** St-Jacques. **Metz** * : chœur. **Paris :** St-Séverin et St-Germain-l'Auxerrois. **Rouen :** St-Maclou et St-Ouen (nef). **St-Nicolas-de-Port** (M.-et-M.). **Vendôme** (L.-et-Ch.) : la Trinité.

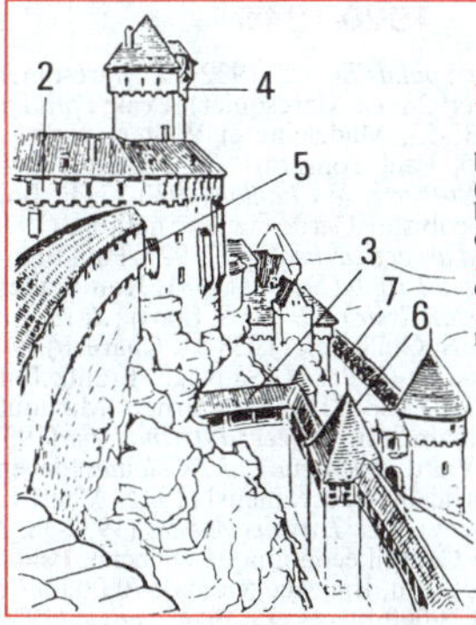

Enceinte fortifiée :

1 Hourd (galerie en bois). *2* Mâchicoulis (créneaux en encorbellement). *3* Bretèche. *4* Donjon. *5* Chemin de ronde couvert. *6* Courtine. *7* Enceinte extérieure. *8* Poterne.

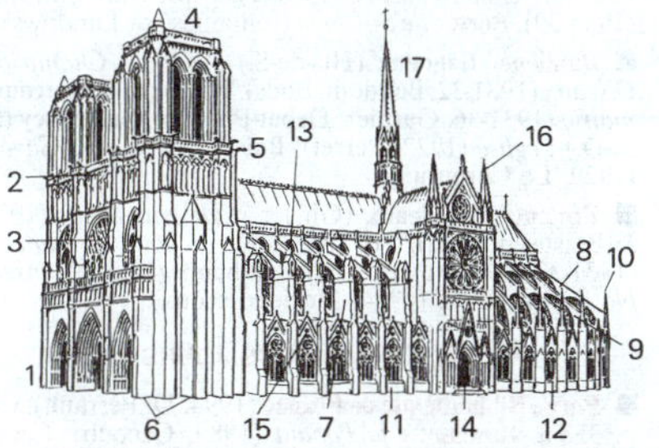

Cathédrale gothique : *1* Porche. *2* Galerie. *3* Grande rose. *4* Tour clocher parfois terminée par une flèche. *5* Gargouille servant à l'écoulement des eaux de pluie. *6* Contrefort. *7* Culée d'arc-boutant. *8* Volée d'arc-boutant. *9* Arc-boutant à double volée. *10* Pinacle. *11* Chapelle latérale. *12* Chapelle rayonnante. *13* Fenêtre haute. *14* Portail latéral. *15* Gâble. *16* Clocheton. *17* Flèche (ici, placée sur la croisée du transept).

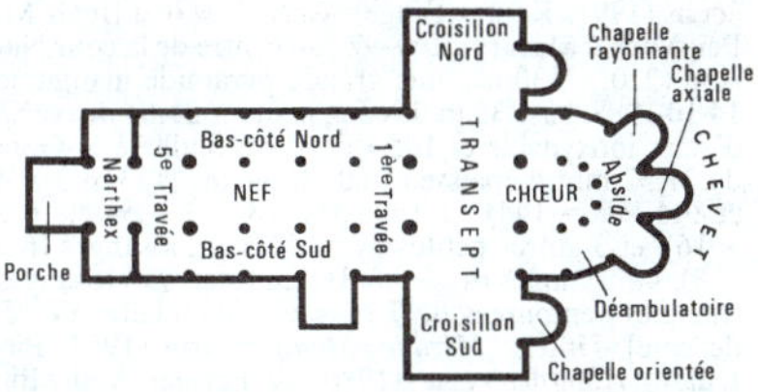

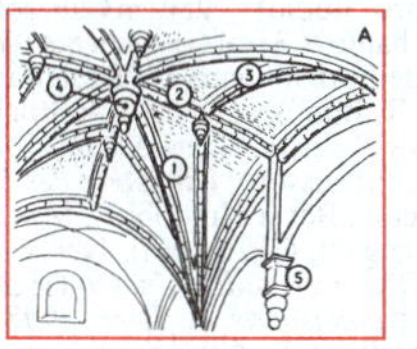

Voûtes : A à clef pendante : *1* Croisée d'ogives. *2* Lierne. *3* Tierceron. *4* Clef pendante. *5* Cul-de-lampe.
B à pénétration : *1* Voûte à pénétration. *2* Fenêtre à pénétration ou « lunette ». *3* Voûte en berceau.

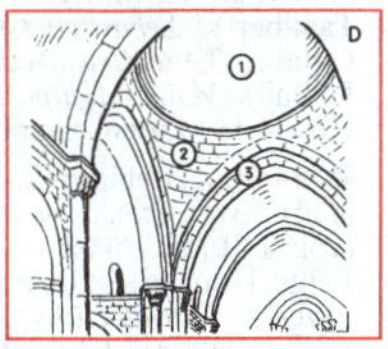

Coupoles : C sur trompes : *1* Coupole octogonale. *2* Trompe. *3* Arcade du carré du transept. **D sur pendentifs :** *1* Coupole circulaire. *2* Pendentif. *3* Arcade du carré du transept.

XVIe siècle. Arcs en accolade à contre-courbes brisées. Piliers formés de colonnes soudées et raccordées entre elles (dits piliers à ondulations). Surabondance de décorations (par exemple dans les lucarnes). **Églises : Albi** * (chœur). **Beauvais** *. **Brou** (Bourg-en-Bresse, Ain), **Compiègne** (Oise) : St-Antoine (chœur). **Limoges** * (façade latérale). **Montfort-l'Amaury** (Yvelines). **Paris :** St-Eustache (nef, transept et chœur). **Provins** (S.-et-M.) : Ste-Croix (portail, déambulatoire). **Rue** (Somme). **St-Riquier** (Somme). **Senlis** * (transept sud). **Sens.**

■ **Architecture monastique. Cloîtres : Mont-Saint-Michel** (Manche, XIIIe s.). **Villefranche-de-Rouergue** (Aveyron, XVe s.). **Réfectoires : Royaumont** (Val-d'Oise, XIIIe s.). **Paris :** St-Martin-des-Champs (XIIIe s., aujourd'hui bibliothèque des Arts et Métiers). **Salle synodale : Sens** (XIIIe s.).

■ **Architecture militaire. Aigues-Mortes** (Gard) : remparts (XIIIe s.). **Avignon** (Vaucluse) : palais des Papes (XIVe s.). **Carcassonne** (Aude) : enceinte (XIIe, XIIIe et XIVe s.). **Coucy** (Aisne) : donjon (XIIIe s.). **Lassay** (Mayenne, XVe s.). **Pierrefonds** (Oise, XIVe s.).

■ **Architecture urbaine. Beffroi :** désigna d'abord les tours mobiles utilisées dans les sièges, puis la charpente soutenant les clochers à l'intérieur d'une tour, et enfin le donjon communal renfermant la cloche. **Arras** (P.-de-C., XVe-XVIe s., reconstruit au XXe s.). **Maisons : Beaune :** hospice (XVe s.). **Bourges :** hôtel Jacques-Cœur (XVe s.). **Cordes** (Tarn) : maison du Grand Fauconnier (XIVe s.). **Paris :** hôtel de Cluny (XVe s.). **Poitiers :** palais des Comtes (XIVe s.). **Marché couvert : Provins** (S.-et-M.) : grange aux Dîmes (ancien ouvrage militaire, milieu XIIe s.). **Palais de justice : Rouen** (commencé 1499). **Pont : Cahors** (Lot) : Valentré (XIVe s.).

Renaissance (XVIe s.)

■ **Charles VIII (1483-98). Château :** Amboise (1495-98).

■ **Louis XII (1498-1515). Bureau des Finances : Rouen** (Roulland Le Roux 1509). **Châteaux : Blois :** aile Louis XII (1498-1503). **Châteaudun** (E.-et-L., aile nord, 1470-1520). **Chaumont-sur-Loire** (L.-et-C., 1465-1510, gothique). **Gaillon** (Eure, 1509, démoli, restes à l'École des beaux-arts à Paris). **Nancy :** palais des ducs de Lorraine (1502-44). **Ussé** (I.-et-L., gothique, chapelle 1520-38). **Églises : Albi :** porche et jubé. **Rouen :** St-Maclou. **Hôtels : Les Andelys** (du Grand-Cerf). **Blois** (d'Alluye, 1508). **Bourges** (Cujas et Lallemant). **Hôtel de ville : Dreux** (1512-37).

■ **François Ier (1515-47). 1515-25 (avant Pavie). Châteaux : Azay-le-Rideau** (I.-et-L., 1524-27). **Blois** (L.-et-C.), aile François Ier (1515), façade des Loges (1525) ; château : 128 × 88 m, 56 m de hauteur au clocheton central, 28 m au niveau des terrasses, 440 pièces, 365 cheminées, 74 escaliers. **Bury** (L.-et-C., 1514-24). **Chambord** (L.-et-C., 1519-24, puis 1526-44), plans italiens dont un de Léonard de Vinci ; maître d'œuvre Pierre Trinqueau (1 800 ouvriers pendant 15 ans) ; le plus grand château de la Renaissance, haut. 58 m (33 m pour la lanterne), 365 cheminées, 50 escaliers. **Chenonceaux** (I.-et-L., 1515-81), galerie de Philibert Delorme. **Le Lude** (Sarthe, 1520). **Montal** (Lot, 1523).

1525-47 (après Pavie). Châteaux : Ancy-le-Franc (Yonne, 1546-90, Serlio). **Assier** (Lot, 1525-35). **Bournazel** (Aveyron, 1545). **Fontaine-Henry** (Calvados, 1537). **Fontainebleau** (cour ovale, 1528-31, G. Le Breton). **Paris :** château de Madrid (1528, détruit, Androuet Du Cerceau). **St-Germain** (Yv., 1539, P. Chambige ; 1556-1610, Ph. Delorme, le Primatice, Androuet Du Cerceau, Métezeau). **Villers-Cotterêts** (Aisne, 1533, Le Breton). **Églises : Caen :** St-Pierre (chevet). **Champigny-sur-Veude** (I.-et-L.) : chapelle. **Dijon :** St-Michel, St-Pantaléon et Ste-Madeleine. **Évreux** (Eure) : cathédrale. **Gisors** (Eure) : St-Protais (grande partie). **Paris :** St-Eustache (1532-1632), St-Étienne-du-Mont (façade et jubé Henri IV). **Hôtels : Angers :** hôtel Pincé (1532). **Besançon :** palais Granvelle (1534-40, Hugues Sambin). **Caen :** hôtel d'Escoville (ou de Valois, 1531-42). **Rouen :** maison de Diane de Poitiers (1510-23). **Toulouse :** hôtel de Buet (N. Bachelier), de Bagis, du Vieux-Raisin, Bernuy (1530, L. Privat). **Hôtels de ville : Beaugency** (Loiret, 1525, P. Biart). **Loches** (I.-et-L., 1540). **Niort** (Deux-Sèvres, 1535). **Pau** (1531, reconstruit 1871). **Pavillon de chasse : Moret-sur-Loing** (S.-et-M., 1527), pavillon de François Ier.

■ **Henri II (1547-59), François II (1559-60), Charles IX (1560-74), Henri III (1574-89). Châteaux : Anet** (E.-et-L., 1548, Philibert Delorme) : restent aile gauche, chapelle et portique de la cour. **Chantilly :** Petit Château (1563, J. Bullant). **Écouen** (V.-d'O., 1532-67, Ch. Billard puis J. Bullant). **Mesnières** (S.-M., 1545). **Pailly** (Hte-M., 1564-73). **Paris :** Louvre (aile de P. Lescot, 1546-59, Petite Galerie sous Charles IX), Tuileries (1564, Philibert Delorme, pour Catherine de Médicis). **Églises : Argentan** (Orne) : St-Germain. **Gisors** (Eure) : St-Gervais, façade. **Grand Andelys** (Eure) : Ste-Clotilde. **Guimiliau** (Finistère). **Paris :** St-Germain-l'Auxerrois, jubé (P. Lescot ; détruit). **St-Thégonnec** et **Sizun** (Fin.). **Hôtels : Paris :** Carnavalet (1544, P. Lescot). **Rouen :** Bourgtheroulde (1501-37). **Toulouse :** d'Assézat (1555-60) et Felzins (1556). **Hôtel de ville : Orléans** (1549-55, agrandi 1850-54).

Fin XVIe-début XVIIe siècle

■ **Paris. Églises :** *St-Gervais-St-Protais* (façade, 1616-25, de Brosse, Métezeau). *St-Paul-St-Louis* (1630-40, E. Martellange). *N.-D.-des-Victoires* (1629-1740). *Val-de-Grâce* (1645-65, Mansart, Lemercier, Le Muet, Le Duc). *Chapelle de la Sorbonne* (1635-53, Lemercier). **Hôpital :** *St-Louis* (Châtillon, 1607-11 ; ouvert 1616). **Hôtels :** *de Sully* (1624-30, Jean Ier Du Cerceau). *Lambert* (vers 1640, Le Vau). *De Lauzun* (1642-50). *De Beauvais* (1655, Lepautre). **Palais :** *Louvre,* achèvement Petite Galerie (Métezeau et Jacques Du Cerceau), Grande Galerie du Bord-de-l'Eau (1609), pavillon de l'Horloge (1624, Lemercier). *Luxembourg* (1613-20, de Brosse). **Places :** *Dauphine* (François Petit, 1607, partie démolie). *Des Vosges* (1604-12, ex-place Royale 140 × 140 m). **Pont-Neuf** (1604).

■ **Province. Calvaire : Guimiliau** (Finistère, 1581-88) : représentant la Passion et l'Enfance de Jésus. 200 personnages. **Église : Nevers :** Visitation. **Châteaux : Balleroy**

Archère : meurtrière pour tir à l'arc, fente verticale étroite et longue [7 m à Najac (Aveyron)]. **Barbacane :** châtelet disposé devant une porte principale au-delà du fossé. **Basse-cour** ou **bayle :** cour au pied du château, protégée par des remparts. **Bastille :** ouvrage temporaire placé par l'attaquant lors d'un siège. **Bélier :** grosse poutre munie d'une tête de fer, suspendue à une charpente ou fixée sur un affût mobile pour disloquer une maçonnerie. **Bretèche :** construite en saillie percée de mâchicoulis pour le tir plongeant, et parfois de meurtrières pour le tir horizontal. Assurait la défense d'une porte. **Canonnière :** meurtrière pour arme à feu, trou rond ou ovale.

Château-cours : XIIIe s. : PLAN CARRÉ OU RECTANGULAIRE pouvant atteindre plus de 70 m de côté au Louvre (disparu). Les mieux conservés : à *Coudray-Salbart* (Deux-Sèvres), *Dourdan* (Essonne), *Druyes-les-Belles-Fontaines* (Yonne) le plus ancien (1170), *Mauzun* (P.-de-D.), *Mez-le-Maréchal* (Loiret), *Montaiguillon* (S.-et-M.), *Montreuil-Bonnin* (Vienne), *Nesles-en-Tardenois* (Aisne), *Semur-en-Auxois* (Côte-d'Or), *Thiers-sur-Thève* (Oise). TRIANGULAIRE : *Gençay* (Vienne), *Trévoux* (Ain). POLYGONAL : *Angers* (M.-et-L.), le plus vaste : enceinte de 17 tours, *Boulogne* (P.-de-C.), *Coucy* (Aisne) détruit 1917, *Farcheville* (Essonne) enceinte crénelée, *Fère-en-Tardenois* (Aisne).

Châtelet : petit château fort destiné à la défense d'un pont, d'une route ou d'une voie d'accès. **Contrescarpe :** face du fossé opposée à la place. **Courtine :** mur généralement compris entre les tours. **Créneau :** échancrure rectangulaire du parapet permettant le tir.

Donjon : tour principale d'une place, la plus forte et la plus haute à l'époque romane ; y logeaient le seigneur, sa famille et ses défenseurs. QUADRANGULAIRE (XIe et XIIe s., plutôt barlong que carré) : *les plus hauts :* 35 à 37 m à *Loches* (I.-et-L.), *Beaugency* (Loiret, fin XIe s.) et *Nogent-le-Rotrou* (E.-et-L.) ; *les plus vastes :* 20 à 30 m de long sur 15 à 25 m de large. Murs : 1,50 à 2 m parfois. Portes : au moins à 6 m du sol, accès par échelle, passerelle escamotable ou perron en bois. CYLINDRIQUE, OVALE, POLYGONAL OU POLYLOBÉ (XIIe s.) : économie de matériaux, meilleure vision, résistance renforcée mais salles circulaires moins logeables, moins stables sur leurs bases. *1er donjon cylindrique : Fréteval* (L.-et-C.) vers 1100 ; diam. : 11 à 15 m (peut atteindre 18 m), haut. : 20 à 30 m. *Plan :* ovale : *St-Sauveur-en-Puisaye* (Yonne), *Montlandon* (E.-et-L.) ; polygonal : *Châtillon-Coligny* (Loiret), *Gisors* (Eure), *Vievy-le-Rayé* (L.-et-C.), après 1150 à *Provins* ; polylobé : *Lucheux* (S.-et-M.), vers 1120 à *Houdan* (Yv.), vers 1140 à *Étampes* (Essonne), vers 1190 à *Ambleny* (Aisne), éperon à *La Roche-Guyon* (V.-d'O.), *Château-Gaillard* (*Les Andelys,* Eure ; XIIe s.), *Issoudun* (Indre). Au XIIe s., les plans deviennent géométriques : tours cylindriques, angles en saillie ou à distance (en moyenne 15 à 25 m), tours surmontant les courtines. Fossé de 12 ou 20 m de large. **Donjon royal :** *cylindrique :* Philippe Auguste en a édifié une quinzaine. Murs : de 3,80 à 4,95 m, diamètre 11,50 à 16 m, hauteur 25 à 32 m. Vestiges : *Chinon* (I.-et-L.), *Dourdan, Falaise* (Calvados), *Gisors, Lillebonne* (S.-M.), *Montlhéry* (Essonne), *Rouen, Verneuil et Vernon* (Eure), *Villeneuve-sur-Yonne* (Yonne). **Seigneurial :** *Coucy* [Aisne ; vers 1225 (hauteur 54 m avant d'être détruit en 1917)], *Nesles-en-Tardenois* (Aisne).

Échauguette : tourelle en encorbellement sur un angle pour le guet et le tir. **Enceinte castrale :** diamètre : de 10 à 100 m. Circulaire en terre : fin du IXe s. au XIIe s. Fossé de plus de 3 m de profondeur. Talus de quelques m de haut avec palissade de pieux et fascines. **Escarpe :** face de fossé du côté de la place.

Glacis : terrain en pente douce vers l'extérieur, obligeant l'assaillant à se présenter à découvert. **Guette :** tourelle surmontant l'escalier d'accès au sommet d'une tour. Cylindrique ou carrée.

Herse : grille (bois ou fer) fermant l'entrée (elle glissait de l'étage supérieur). **Hourd :** galerie de bois en encorbellement à l'extérieur des murs (remplacé par les *mâchicoulis* en pierre).

Larmier : membre horizontal en saillie sur le nu du mur pour écarter les eaux pluviales. **Lice :** espace entre les enceintes (7 à 10 m de large).

Mâchicoulis : galerie de pierre en surplomb au sommet des murs et permettant de laisser tomber des projectiles (tir fichant) sur les assaillants arrivés au pied du mur. On distingue les mâchicoulis sur arc et les mâchicoulis sur corbeaux ou consoles apparus en France vers 1300. Le faux mâchicoulis ou mâchicoulis décoratif n'a pas d'ouverture pour le tir fichant. **Mantelet** (XVIIe s.) : sorte de bouclier à roulettes pour la défense et l'attaque des places fortes. **Merlon :** partie pleine d'un parapet comprise entre 2 créneaux ; l'archer tire par les créneaux ou à travers des archères pratiquées dans les merlons. **Meurtrière :** petite ouverture pour le tir. **Motte :** *XIe et XIIIe s. :* tertre circulaire (10 à 30 m au sommet), parfois ovale, ou quadrangulaire (de 6 à 10 m de haut), entouré d'un fossé, le plus souvent flanqué d'une enceinte semi-circulaire formant une basse-cour (protégée de même).

Parpaing : pierre traversant la maçonnerie et laissant voir ses extrémités sur les 2 parements. **Poliorcétique :** art de conduire les sièges.

(Calvados, 1626-39, Mansart). **Blois** (1635, Mansart) aile Gaston-d'Orléans. **Brissac** (M.-et-L., 1606-21, Corbineau d'Angluze). **Cadillac** (Gir., 1588-1600). **Cany-Barville** (S.-M., 1640-46). **Cheverny** (L.-et-C., 1634). **Effiat** (P.-de-D., 1627). **Fontainebleau** : porte Dauphine ou du Baptistère, portail de la cour des Offices (1609), escalier en fer-à-cheval (1632, Jean Androuet Du Cerceau). **Maisons-Laffitte** (Yvelines, 1642-50, Mansart). **Miromesnil** (S.-M.). **Tanlay** (Yonne, 1610-42, Le Muet). **Vaux-le-Vicomte** (S.-et-M., 1656-60, Le Vau). **Versailles** (1624, façade cour de Marbre, centre). **Vizille** (Isère, 1611-19). **Hôtels publics : La Rochelle** (1544-1607) Hôtel de ville. **Lille** (1652, Julien Destré) palais de la Bourse. **Rennes** (1618-19, S. de Brosse) palais de justice. **Place : Charleville** (Ardennes, 1612-24, Cl. Métezeau) place Ducale.

XVIIe-XVIIIe SIÈCLE

Louis XIV (de 1660 à 1715)

■ **Paris. Arcs :** *porte St-Denis* (1672, Blondel, haut. 24 m, larg. 23,97 m, épaisseur 4,87 m, sculptures de François et Michel Anguier, commémore les victoires de Louis XIV en Allemagne). *Porte St-Martin* (1674, Bullet, haut. 18 m, larg. 18 m, commémore la conquête de la Franche-Comté). **Églises :** *Invalides* [dôme, 1699-1706, Mansart]. *St-Jacques-du-Haut-Pas* (1675, Gittard). *St-Roch* (1736, R. et J. de Cotte). *St-Sulpice* (1670-75 Le Vau, puis Gittard : chœur, transept, partie de la nef et rez-de-chaussée du portail sud). **Hôtels :** *de Chevreuse. De Pimodan. De Soissons. D'Aumont.* **Palais :** *Collège des Quatre-Nations* (Institut de France, 1633-88, Le Vau). *Invalides :* façade sur l'Esplanade (1671-76, Bruant puis J. Hardouin-Mansart). *Louvre :* cour Carrée (1664, Le Vau), fin de l'aile sud ; aile nord, double aile sud, colonnade (vers 1675, Perrault). *Observatoire* (1667-72, Perrault). **Places :** *des Victoires* (1686) [diamètre : 77,5 m]. *Vendôme* (1699-1706) de J. Hardouin-Mansart (213 × 124 m).

■ **Province. Châteaux : Marly** (Yv., 1679, J. Hardouin-Mansart). **Versailles** (1661-68, Le Vau ; 1668-1708, J. Hardouin-Mansart ; voir encadré p. 431), galerie des Glaces, aile sud (1678-84), aile nord (1684-89), Orangerie (1684). **Lunéville** (M.-et-M., 1702-06). **Églises : Bordeaux** : les Jacobins. **Caen** : la Gloriette. **Jardins de Le Nôtre : Versailles. Vaux-le-Vicomte. Fontainebleau. St-Germain-en-Laye** : terrasse 2 400 m (1669-73). **St-Cloud. Portes : Lille** : de Paris. **Montpellier** : du Peyrou (d'Orbay).

Louis XV (1715-74)

■ **Paris. École militaire :** (1750-88, Gabriel). **Églises :** *N.-D.-des-Victoires* (façade). *St-Roch* (façade de R. et J. de Cotte). *St-Sulpice* (nef d'Oppenordt, façade de Servandoni, 1733-54, tour nord reprise par Chalgrin). **Hôtels :** *de Beauharnais* (1714, Boffrand, devenu l'ambassade d'Allemagne). *D'Évreux* (1717, Mollet et Lassurance, devenu l'Élysée). *De Rohan-Soubise* (1704-12, décoration intérieure de Boffrand). *De Toulouse* (Banque de France) (1656-1735, de Cotte, galerie Dorée). *Matignon* (1715-20, Courtonne). *De la Monnaie* (1768-75, Antoine, néoclassique). *Peyrenc de Moras* (1729-30, J. Gabriel et Aubert, actuellement musée Rodin). **Place :** *de la Concorde* (1754-63, Gabriel, néoclassique).

■ **Province. Châteaux : Champlâtreux** (Yv., 1757, Chevotet). **Champs** (S.-et-M., vers 1715-20, Bullet de Chambain). **Chantilly** (1719-35, Aubert) Grandes Écuries. **Compiègne** (1750-70, Gabriel, néoclassique). **Haroué** (M.-et-M., 1720, Boffrand). **Lunéville** (M.-et-M., 1705-15, Boffrand). **Strasbourg** (1736-42, R. de Cotte) palais des Rohan. **Versailles** : pavillon Français, opéra (1753-70), aile droite sur la cour Royale (Gabriel), Petit Trianon (1762-64, Gabriel, néoclassique). **Églises : Amiens** (1752) St-Acheul. **Avignon** (1739) chapelle des Pénitents noirs. **Nancy** (1738-41, Héré) Notre-Dame-de-Bon-Secours. **Versailles** : cathédrale St-Louis (1743, Mansart de Sagonne, néoclassique). **Places : Lyon** : Bellecour (1714, 310 × 200 m). **Nancy** : Stanislas (1752-60, Boffrand et Héré, 124,50 × 106 m), anciennes places Royale et de l'Hémicycle (Héré).

ÉPOQUE NÉOCLASSIQUE (1770-1830)

Retour à l'antique, après les découvertes d'Herculanum (1711) et de Pompéi (1748) et sous l'influence des archéologues : Cte de Caylus (1692-1765), Jean Winckelmann (All., 1717-68), Antoine Quatremère de Quincy (1755-1849).

■ **Paris. Églises :** *Ste-Geneviève* (devenue *Panthéon,* 1764-80, Soufflot). *La Madeleine* (1806-42, Vignon). *St-Philippe-du-Roule* (1774-84, Chalgrin). *Chapelle expiatoire* à la mémoire de Louis XVI, de Marie-Antoinette et des 500 morts de la garde suisse (1815-26, plans de Fontaine). *Notre-Dame-de-Lorette* (1823-26, Le Bas, pastiche de Ste-Marie-Majeure). *St-Vincent-de-Paul* (1824-44, Lepère et Hittorff). **Monuments civils :** *arc de triomphe du Carrousel* (1806-08, Percier et Fontaine) et *arc de triomphe de l'Étoile* (voir à l'Index). *Bourse* (1808-26, Brongniart ; modifiée 1855). *Collège de France* (1778, Chalgrin). *Colonne Vendôme* (1806-10, Lepère et Gondoin). *École de médecine* (1775, Gondoin). *Folie de Bagatelle* (1779, Bélanger). *Fontaines* [place du Châtelet, place St-Sulpice, hôpital Laennec, bd St-Martin (transportée au parc de la Villette)]. *Galeries du Palais-Royal* (1781, Louis). *Hôtel de Salm* (place de la Légion-d'Honneur, 1787, Pierre Rousseau, reconstruit après son incendie sous la Commune). *Marché St-Germain.* **Palais :** *Palais-Bourbon* (façade 1804-07, Poyet) voir à l'Index. *Louvre* (raccord avec les Tuileries, pavillon de Marsan, dernier étage sur la cour Carrée). **Pavillons d'octroi** (1786-1806) : *rotonde de la Porte-de-la-Villette* (1789), *pavillon du parc Monceau* (1784-86). **Ponts :** *d'Austerlitz, d'Iéna.* **Rues :** *des Colonnes, de Castiglione, de Rivoli.* **Théâtres :** *Odéon* (1779-82, Peyre et De Wailly ; reconstruit après incendie, 1802-06, Chalgrin). *Théâtre-Français* (1786, Louis).

■ **Province. Églises : St-Germain** (Yv.), *église* (Potain). **Versailles :** *chapelle du couvent des Carmes-de-la-Reine* (lycée Hoche, Mique). **Monuments civils : Amiens :** *théâtre* (1778-80, Rousseau). **Bordeaux :** *Grand-Théâtre* (à partir de 1773, Louis), *hôtel de ville* et *préfecture, pont de Pierre* (1813-21, long. 490 m). **Dijon :** *théâtre.* **Marseille :** *serre du jardin botanique.* **Metz :** *hôtel de ville, place d'Armes* (1764, Blondel). **Nevers :** *ancien collège des Jésuites.* **Rambouillet :** *laiterie* (Mique). **Reims :** *place Royale* (1758, Legendre). **Strasbourg :** *orangerie.* **Versailles :** *Petit Trianon* (hameau, Mique et Robert ; belvédère, jardin anglais, 1781 ; théâtre, 1788, Mique).

ÉPOQUE ÉCLECTIQUE (1830-1880)

■ **Paris. Beffroi :** place du Louvre (1860, Ballu). **Bibliothèques :** *Ste-Geneviève* (façade, 1843-50, Labrouste) ; *nationale* (salle des imprimés, 1868, Labrouste, 9 coupoles de fer, faïence et verre, portées par 16 colonnes de fonte). **Colonne :** *Bastille* (1831-40, Duc). **École :** *des beaux-arts* (façade rue Bonaparte, 1833-61, Duban, Renaissance florentine). **Églises :** *Ste-Clotilde* (1846, Gau et Ballu, gothique). *St-Eugène* (1854-55, Boileau, ossature en fer). *St-Augustin* (nef 1860-71, Baltard, romano-gothique, voûtes en fer). *La Trinité* (façade, 1861-67, Ballu, essai d'un style Napoléon III). *St-Ambroise* (1863-69, Ballu, néoroman). *Notre-Dame-des-Champs* (1867-76, Ginain). *St-Joseph* (romane, 1867-77, Ballu). *St-Pierre de Montrouge* (romano-byzantine, Vaudremer, 1870). *Sacré-Cœur de Montmartre* (1876-1919, Abadie, romano-byzantin, voir à l'Index). **Gares :** *de l'Est* (1852, Duquesnoy) ; *du Nord* (1863, Hittorff). **Halles :** en fer à toiture vitrée ; 10 pavillons construits de 1854 à 1866 (dont 6 par Baltard), 2 en 1936 ; superficie : plus de 10 ha ; démolies en 1972 ; un pavillon reconstruit à Nogent-sur-Marne (V.-de-M.), un autre à Yokohama (Japon). **Hôpital :** *Hôtel-Dieu* (1868-78, Gilbert et Diet). **Hôtel de Ville** (1874-82, Ballu et Deperthes), pastiche de l'Hôtel de Ville du Boccador brûlé en 1871. **Grand Hôtel** (1867). **Magasins :** *Printemps* (1865, J. et P. Sédille) ; *Belle Jardinière* (1866, Blondel) ; *Magasins Réunis* (1867, Davioud) ; *Bon Marché* (1869, Laplanche, Ch. Boileau). **Palais :** *Louvre* [aile Visconti et Lefuel (1853-1857)] ; *de Justice* [façade place Dauphine (1857-68, Duc)] ; *Trocadéro* (1878, Davioud) ; *Galliera* (1878-98, Ginain, pastiche Renaissance italienne). **Place :** *de l'Étoile* (1854). En 1860, bordée par Hittorff de 12 hôtels identiques, dits des Maréchaux. **Prisons :** *Mazas* (1830, Gilbert) ; *La Santé* (1867, Vaudremer). **Théâtres :** *Opéra* (1862-75, Charles Garnier) ; les 2 théâtres de la place du *Châtelet* (1862, Davioud). **Tombeau :** *Napoléon Ier* (1843-61, Visconti). **Tribunal de Commerce** (1865, Ballu).

■ **Province. Guise** (Aisne) : *Familistère* (1859-63). **Lourdes** (Htes-Pyr.) : *basilique* (1876). **Lyon** (Rhône) : *basilique de Fourvière* (1872-94). *Prison St-Paul* (1860, Louvier). **Rothéneuf** (I.-et-V.) : Adolphe-Julien Fouéré (1839-1910), recteur, sculpte dans des rochers du littoral (723 m²), des légendes sur les habitants (1870-95).

De 1880 à nos jours

Les matériaux changent : fonte, fer et acier, béton armé et verre. A l'éclectisme et au rationalisme succèdent le *modern style,* puis le style *cubiste.*

1880-1920

■ **Paris. Églises :** *St-Jean de Montmartre* (1894-1904, Baudot et Cottancin). *St-Honoré d'Eylau,* chapelle annexe (1894). *Notre-Dame-du-Travail* (1899-1901, Astruc, en fer). *St-Dominique,* rue St-Dominique (1913-21, Gaudibert, 1er édifice religieux réalisé en béton). **Galerie :** *des machines* (1889, Contamin, 420 × 115 m de longueur sans tirant, détruite 1910). **Gares :** *d'Orsay* (1898-1900, Laloux) ; *de Lyon* (1899, remaniée en 1927). **Hôtel :** *Céramic* 34, av. de Wagram (1904, Lavirotte). **Immeubles :** 25 bis, *rue Franklin* (1903, A. et G. Perret) ; *Castel Béranger* 14, rue La Fontaine (1898, Guimard) ; *26, rue Vavin* (1912, Sauvage) ; *29, av. Rapp* (1901, Lavirotte). **Magasin :** *Galeries Lafayette* (grand hall, 1898, Chanut). **Palais :** *Grand* (1897-1900, Deglane, Louvet, Thomas, 40 000 m²) ; *Petit* (1900, Girault, 7 000 m²). **Ponts :** *Alexandre III* (1895-1900, Rescal et Alby), arche de 107,50 m ; *Mirabeau* (1895, Resal). **Théâtre :** *Champs-Élysées* (1910-13, A. Perret, H. van de Velde). **Tour Eiffel** (1889, voir à l'Index). **Université :** *Sorbonne* (1901, Nénot).

■ **Banlieue. Orly** (V.-de-M.) : *hangars pour dirigeables* (1916-24, béton, E. Freyssinet). **Suresnes** (Hts-de-S.) : *école de plein air* (Beaudoin et Lods).

■ **Province. Hauterives** (Drôme) : *Palais idéal* (1879-1912) du facteur Ferdinand Cheval (1836-1924). **Lyon :** *stade, abattoirs, hôpital E.-Herriot* (1913, 1914, 1933, Tony Garnier). **Nice :** *coupole du Grand Observatoire* ; diamètre 84 m, le plus grand d'Europe (1885, Eiffel).

1920-1945

■ **Paris. Bureaux :** *palais Berlitz* (1932, Le Maresquier). **Cercle :** *militaire* (1928, Le Maresquier). **École :** *pratique de médecine* (1937-53, Madeleine et Walter). **Églises :** *St-Esprit* (1930-35, Paul Tournon), *Ste-Odile* (1935-42, Jacques Barge), *St-Pierre de Chaillot* (1933-37, E. Bois, romano-byzantin-cubiste). **Garde-meuble :** national (1935, Perret). **Institut :** *d'art et d'archéologie* (1927, Paul Bigot). **Logements de luxe :** *2-10, bd Suchet* (1931, Jean Walter). **Maisons :** *de Tristan Tzara* (1926, A. Loos) ; *de verre du Dr Dalsace,* 31, rue St-Guillaume (1928-31, Chareau). **Magasin :** *la Samaritaine* (1928, H. Sauvage, Frantz Jourdain). **Mosquée** (1922-26, Henbès, Fairnez, Mantout), pastiche hispano-marocain. **Musées :** *d'Art moderne* (1937, Dondel, Aubert, Viard, Dastugue) ; *des Colonies* [devenu musée des Arts africains et océaniens] (1931, Albert Laprade, Léon Jaussey) ; *des Travaux publics* (1937-38, A. Perret) devenu le Conseil économique et social. **Palais :** *de Chaillot* (1937, Carlu, Boileau, Azéma), 70 000 m² de musée, théâtre de 3 000 places. **Pavillon :** *suisse* (1932 ; Cité universitaire, Le Corbusier). **Pont :** *du Carrousel* (1935-39). **Porte :** *de St-Cloud* (fontaines par Landowski).

■ **Banlieue. Bagneux** (Hts-de-S.) : *cité du Champ des Oiseaux* (1931-32, Baudoin, Lods). **Boulogne-Billancourt :** *mairie* (1931-36, Garnier, Debat-Ponsan). **Le Raincy** (S.-St-D.) : *église* (1922, Perret). **Poissy** (Yv.) : *villa Savoye* (1929, Le Corbusier).

■ **Province. Bordeaux** (Gir.) : *stade municipal* (1939, J. Boistel d'Wells). **St-Tropez** (Var) : *hôtel Latitude 43* (1931-33, H.G. Pingusson). **Villeurbanne** (Rhône) : *ensemble des gratte-ciel* (1934, Morice Leroux).

De 1945 à nos jours

■ **Paris. Bibliothèque de France** (1994, D. Perrault), voir p. 358 a. **Bureaux :** *le Ponant* (1989, Cacoub). **Centre national d'art et de culture G.-Pompidou** [CNAC (plateau Beaubourg) 1977, Renzo Piano, Richard Rogers, Franchini]. **Cité des Sciences et de l'Industrie,** la Villette (1982-86, Adrien Fainsilber, grande halle : Reichen et Robert, Cité de la musique : C. de Portzamparc, parc : B. Tschumi). **Faculté des Sciences :** *place Jussieu* (1965, E. Albert, Urbain Cassan, R. Coulon, R. Seussal). **Front de Seine** (R. Lopez, H. Pottier, M. Proux) voir à l'Index. **Grand écran** (1991, Kenzo Tange). **Grand Louvre** [Ieoh Ming Pei, Michel Macary, 1988-92 ; au centre de la cour Napoléon (220 × 130 m), une grande pyramide inaugurée le 14-10-1988, base 35 m de côté, hauteur 21,64 m avec 85 t d'acier inoxydable et 105 t de verre feuilleté St-Gobain de 21,52 mm d'épaisseur, 603 losanges (153 × 3 = 459 et 144 × 1 = 144), 70 triangles (18 × 3 = 54 et 16 × 1 = 16), et 3 autres petites pyramides, 72 losanges (6 × 4 × 3), 48 triangles (4 × 4 × 3) ; au total, 793 losanges et triangles ; entourées de 7 bassins triangulaires de 25 m de côté]. **Hôtel :** *Méridien-Montparnasse* (1974, Pierre Dufau). **Hôtel des Ventes** (1980, J.-J. Fernier, André Biro). **Institut du monde arabe** (1987, J. Nouvel, P. Soria, G. Lezènes et Architecture Studio) 7 250 m² au sol ; surface totale 26 900 m² ; hauteur 31 m. **Logements :** *les Hautes Formes* (1979, C. de Portzamparc, G. Benamo) ; *place de Catalogne* (1985, R. Bofill). **Maison de la Radio** (1962, H. Bernard). **Mémorial** *des martyrs de la déportation,* mont Valérien (1962, Pingusson). **Ministère** *des Finances* (1987, Paul Chemetov, Borja Huidobro). **Musée** *d'Orsay* (reconversion de la gare, G. Aulenti). **Opéra** *de la Bastille* (1989, Carlos Ott). **Palais** *de l'Unesco* (1958, Zehrfuss, Breuer, Nervi) ; *omnisports de Bercy* (1983, Pierre Parat, Michel Andrault, Aydin Guvan) ; *des sports* (1960, Dufau, Parjadis de la Rivière) ; **Restaurant** *universitaire Censier* (1965, Pottier, Tessier). **Sièges** *du Parti communiste,* place du Colonel-Fabien, Paris (1969-71, O. Niemeyer, Deroche, P. Chemetov) ; *St-Gobain* (1960, Aubert, Bouin, Marican). **Stades** *du Parc des Princes* (1972, Taillibert) ; *Sébastien Charléty* (1994, Henri et Bruno Gaudin). **Tours** *Cristal* (1990, Julien Penven, Jean-Claude Le Bail) ; *Maine-Montparnasse* (1972, Beaudouin, Cassan, Hoym de Marien, Saubot, Prouvé, voir à l'Index).

■ **Banlieue. Bobigny** (S.-St-D.) : *cité de l'Abreuvoir* (E. Aillaud). **Évry** : *cathédrale* (1995, Mario Botta). **La Défense** (voir à l'Index). **Marly** : *les Grandes Terres* (1960, Lods, Beufe, Honnegger ; logements). **Montreuil :** *Atelier d'urbanisme et d'architecture :* AUA (1960, Deroche, Perrotet, Kalisz, Allegret, Chemetov). **Montrouge :** *atelier* (1958, Riboulet, Thurnauer, Véret, Renaudie). **Nanterre :** *préfecture des Hts-de-S.* (1967, Wogenscky). **Pantin :** *cité des Courtillières* (1959, E. Aillaud). **Roissy :** *aérogare* (1973, P. Andreu). **St-Denis :** Stade de France (voir à l'Index). **Versailles** (Yvelines) : *maison particulière,* 1re maison oblique (1968, C. Parent). **Vigneux** (Essonne) : *tours* (1966, R. Lopez ; logements).

■ **Province. Aix-en-Provence :** *quartier* en projet « Sextius Mirabeau » 30 ha (Oriol, Bohigas). **Assy** (Hte-Savoie) : *église* (1950, Novarina). **Caen :** *université* (H. Bernard). **Chambéry :** *centre André-Malraux* (1987, M. Botta). **Chamonix** (Hte-Savoie) : *complexe sportif* (1974, Taillibert). **Firminy** (Loire) : *maison de la Culture* (1967, Le Corbusier). **La Grande-Motte** (Hérault, 1972, J. Balladur). **Grenoble :** *maison de la Culture* (1967, André Wogenscky). **Hem** (Nord) : *chapelle Ste-Thérèse* (1958, Herman Baur). **Hérouville** (Calvados) : *cité de l'Europe* (commencée 1989, William Alsop). **Le Havre :** *reconstruction* (1946, Perret) ; *musée* (1961, Lagneau, Audigier, Jankovic) ; *pont de la Bourse* (1970, G. Gillet). **Lille :** *quartier d'affaires Euralille* (1994) ; 45 000 m² de bureaux, palais des Congrès « Lille-Grand Palais » 7 000 places ; *centre commercial* (Rem Koolhaas). **Lourdes :** *basilique souterraine* (1958, Vago, Le Donne, Pinsard). **Marseille :** *Cité radieuse* [1947-52, Le Corbusier, haut. 50 m (16 étages), longueur 137 m, largeur 24 m, 337 appartements]. **Montpellier :** *quartier Antigone* (Ricardo Bofill, Hôtel de la région Languedoc-Roussillon). **Nantes :** *palais des Congrès,* 2 800 places, coût : 800 millions de F (Yves Lion). **Neufchâtel-en-Bray** (S.-M.) : *théâtre* (1962, R. Auzelle). **Nîmes :** *Carré d'art* (centre d'art contemporain) achevé 1993, 1,5 ha, le plus grand après Beaubourg (Norman Foster) ; *musée de la Provence antique,* coût 200 millions de F (1993, Henri Ciriani). **Péronne** (Somme) : *Historial de la Grande Guerre* (1992). **Rezé** (L.-A.) : *médiathèque* (Maximiliano Fuksas). **Ronchamp** (Hte-Saône) : *église* (1955, Le Corbusier). **Royan :** *église* (1958, G. Gillet) ; *marché couvert* (Simon et Morisseau). **St-Dié** (Vosges) : *tour de la Liberté.* **Tours :** *palais des Congrès* (1 300 places, coût 475 millions de F, Jean Nouvel). **Valence** (Drôme) : *château d'eau* (1971, Gomis-Philolaos).

DIMENSIONS DE QUELQUES MONUMENTS

■ CHÂTEAUX FORTS ET PALAIS

■ **Châteaux forts. Écosse :** *Fort George* (1748-69) à Ardersier (comté d'Inverness), 640 × 190 m, 17 ha. **France :** hauteur de donjons : *Bonaguil* (L.-et-G.), 35 m ; *Châteaudun* (E.-et-L.), 31 m, avec toiture 46 ; *Coucy* (Aisne), 54 m, détruit pendant la guerre 1914-18, circonférence 97 m, diamètre 31,25 m, murs épais de 7 m ; *Crest* (Drôme), 49 m ; *Fougères,* 30 et 27 m ; *Largoët-en-Elven* (Morbihan), 44 m (57 m au-dessus des fossés) ; *Loches,* 37 m ; *Provins,* 45 m ; *Tarascon,* 45 m ; *Vincennes,* 52 m. **Syrie :** *Alep,* 375 × 236 m. **Tchèque (Rép.) :** *Hradčany* à Prague, IXᵉ s., polygone, 570 × 128 m, 7,29 ha.

■ **Palais et châteaux. Allemagne :** *Potsdam, nouveau palais de Sans-Souci :* longueur 213 m, 322 fenêtres, 230 pilastres, 428 statues, 400 pièces (1763, par Büring-Manger-von Gontard). *Ratisbonne, château St-Emmeram* 21 460 m², 517 pièces.

Autriche : *Vienne, Schönbrunn* (1722) : 1 400 pièces (300 au château) ; bâtiments : 6,7 ha. *Château du Belvédère :* supérieur (1721-23), inférieur (1714-16), Orangerie, parc (1700-25).

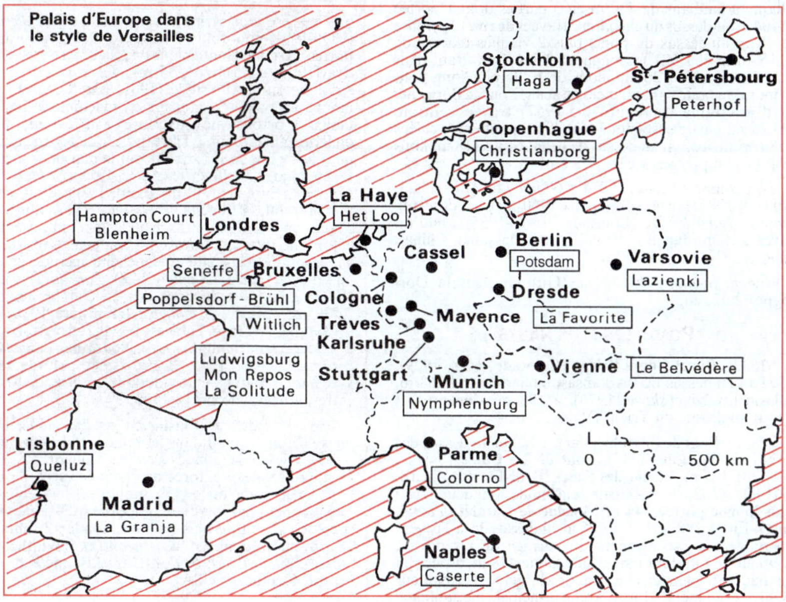

VERSAILLES

■ **Quelques dates. 1623** Louis XIII installe sur la butte de Versailles, au Val-de-Galie, un rendez-vous de chasse. **1631-43** Philibert Le Roy reconstruit le château en brique et pierre (dimensions actuelles de la cour de Marbre). **1660-62** Louis XIV commence à renouveler jardins et intérieurs : André Le Nôtre (1623-1700) est chargé de créer et aménager les jardins ; Jean-Baptiste Colbert (1619-83) dirige le chantier, Charles Lebrun (1619-90) dessine la plupart des statues et fontaines. **1665** 1res statues des parterres. **1666** inauguration des jeux d'eau. **1667** on commence à creuser le Grand Canal. **1670** création du Trianon de Porcelaine, détruit 1687. **1671** début de la décoration des Grands Appartements (Charles Lebrun). Le roi décide de créer une ville. **1678** nouveau plan ; 2 ailes supplémentaires de Jules Hardouin-Mansart (1646-1708). Galerie des Glaces. Escalier des Ambassadeurs achevé. **1682** la cour et le gouvernement se fixent à Versailles. **1686** adduction des eaux de la Seine par la machine de Marly. **1687-88** construction du Trianon de Marbre. **1710** chapelle royale achevée. **1715**-*1-9* Louis XIV meurt. Louis XV et la cour quittent Versailles pour Paris. **1722** retour de Louis XV et de la cour à Versailles. **1743** 1re pierre de la cathédrale de Versailles. **1762-68** construction du Petit Trianon par Jacques-Ange Gabriel (1698-1782), pour le roi et Mme de Pompadour. **1770** inauguration de l'Opéra de Gabriel lors du mariage du dauphin et de Marie-Antoinette. **1771** Gabriel commence, côté cour, l'aile Louis XV. **1783**-*20-1 traité de Versailles* donnant naissance aux États-Unis. Richard Mique (1728-94) commence le hameau de Trianon. **1789**-*6-10* la famille royale quitte Versailles pour les Tuileries. **1793-94** vente aux enchères d'une partie du mobilier ; tableaux et antiquités sont envoyés à Paris. **1814** pavillon Dufour (commencé sous l'Empire) achevé. **1837**-*10-6* inauguration du musée de l'Histoire de France. **1871**-*18-1 proclamation de l'Empire allemand* (galerie des Glaces) ; *-12-3* l'Assemblée nationale siège à Versailles. **1919**-*28-6* signature du traité de Versailles (galerie des Glaces). **1953-58** vote de la loi de sauvegarde de Versailles. **1978**-*26-6* attentat du FLB (dégâts : 5 millions de F). **1990**-*3-2* tempête abat 1 500 arbres ; *-nov.* réception de 35 chefs d'État à l'occasion de la Conférence pour la sécurité et la coopération en Europe (CSCE). **1999**-*26-12* tempête (voir col. b). **Restaurations récentes : 1957-80** chambre du roi. **1966** Grand Trianon. **1973-80** galerie des Glaces. **1975** chambre de la reine, grands salons du Petit Trianon. **1986** appartements du dauphin et de la dauphine. **1991** jardins. **1993** cabinet de billard de Marie-Antoinette et moulin du hameau à Trianon. **1994**-*avril* grille du Potager du roi ; *-oct.* groupes sculptés de la place d'Armes. **1996**-*mai* bosquet de la Colonnade. **1997**-*sept.* bosquet de l'Encelade. **1998-99** 3 000 arbres remplacés : bosquets, Quinconces du Nord et du Midi, bosquet de la reine et bosquet des bassins d'Apollon.

Nota. – Jusqu'à la fin de l'Ancien Régime, les bosquets des espaces boisés du Petit Parc, aussi appelés *cabinets de verdure,* servaient de salons de plein air.

☞ **Tempête du 26-12-1999** (en millions de F) : remise en état du parc et replantation 140 (10 000 arbres perdus dont 7 492 arrachés), du château et ses bâtiments 105 ; réfection partielle des routes, allées et pavages 4, remplacement des grilles endommagées 1, travaux sur portes et ferronneries voilées par le vent et sur murs de clôture 5,4 (2 500 à 5 000 F le mètre linéaire), réparations des serres, charmilles et treillages, canalisations et fontaines (non chiffrées).

■ **Palais. Façade sur le parc :** long. 670 m (415 m sans les retours d'angle de l'avant-corps). **Contenance :** sous l'Ancien Régime : 1 300 pièces, 1 252 cheminées, 188 logements (outre ceux de la famille royale) ; actuellement 500 pièces, 67 escaliers, 352 cheminées, 2 143 fenêtres. **Galerie des Glaces :** 73 × 10 m, hauteur 13 m, 17 fenêtres et 17 arcades en trompe-l'œil revêtues de glaces. **Grande Galerie, salon de la Guerre, salon de la Paix** sont décorés de 483 glaces (chacune représentait le salaire de 5 000 h de travail d'un manœuvre). Plus de 60 variétés de marbres furent utilisées pour la décoration. **Musée de peinture :** 140 salles (plus de 6 000 œuvres) dont 26, refaites en 1986, consacrées à la Révolution et à l'Empire. Décor conçu sous Louis-Philippe qui a aménagé cette partie du château en musée des *« Gloires de la France »,* au prix de la destruction de nombreux appartements. 5 salles des croisades (galerie des Batailles). **Toits :** 11 ha (surface de Versailles et des Petit et Grand Trianons). **Place d'Armes.** 8,48 ha (comme la place de la Concorde). **Cour d'Honneur.** 2,86 ha, 3 avenues convergent : de Paris (122,48 m de large), de Saint-Cloud (94,86 m), de Sceaux (83,75 m) [les Champs-Élysées à Paris font 66 m de large].

■ **Orangerie.** Abritait sous Louis XIV 3 000 orangers et grenadiers (actuellement 1 000 palmiers, orangers et grenadiers). *Galeries* voûtées 381 m (principale : 156 × 12 m, haut. 13 m) ; côté long de 114 m.

■ **Écuries royales.** Face au château. Achevées 1680 par Jules Hardouin-Mansart. *Grande Écurie :* au nord : entretenait chevaux de guerre et de manège. Abrite aujourd'hui le musée des Carrosses. *Petite Écurie :* montures d'usage ordinaire, quelques voitures. **Grand Trianon.** Créé 1687 par Jules Hardouin-Mansart, palais de marbre et porphyre ; lieu de délassement. **Petit Trianon.** Achevé 1768 par Ange Jacques Gabriel pour Louis XV et la Pompadour. Sous Louis XVI, destiné à Marie-Antoinette, complété du Hameau de la reine.

■ **Salle du Jeu de paume.** Construite 1686. Propriété privée où le roi et la reine se rendaient. Le 20 juin 1789, les députés du tiers état y prêtèrent serment.

■ **Ancien Régime. Domaine royal.** Surface totale 1 120 ha dont **jardins :** 95 ha dont le Tapis vert (335 × 64 m). Il fallait 150 000 plantes pour décorer les parterres. 6 000 m³ d'eau sont nécessaires pour faire marcher les fontaines (jours de grandes eaux : 607 jets ; sous Louis XIV : 1 400). **Petit Parc :** limité par le château, l'allée des Matelots, l'allée de Trianon et la route de St-Cyr-l'École. 1 138 ha dont la pièce d'eau des Suisses (13 ha, 682 × 234 m, profondeur 3 m) creusée par les gardes suisses de 1679 à 1683. **Grand Canal** (24 ha, longueur 1 650 m, largeur 62 m ; le Petit Bras : 1 070 × 80 m). **Trianon** (le Grand, 120 m de façade). **Grand Parc** (6 614 ha) utilisé pour la chasse, 43 km d'enceintes (22 portes). *Surface totale :* 8 447 ha.

Depuis la Révolution. Démembré : parcelles loties par des promoteurs privés (exemple : quartier de l'Ermitage), attribuées à des administrations dont l'armée. Depuis le 27-4-1995 (création de l'Établissement public du musée et du domaine national de Versailles), le domaine comprend : 812 ha clos d'un mur de 42 km : le Petit Parc (74 ha de parterres et bosquets) ; le Grand Parc [738 ha comprenant : le parc du Trianon (91 ha) et, hors murs, la pièce d'eau des Suisses (33 ha)]. Les camps des Mortemets (56 ha ; parties occupées par le min. de la Défense et le min. de l'Agriculture et de la Pêche) et des Matelots (70 ha), la caserne de gendarmerie de Chevreloup (transférée au min. de la Culture), l'hôpital militaire Dominique-Larrey (environ 12 000 m², installé depuis 1834 à l'emplacement des Grands Communs de Jules Hardouin-Mansart, abandonné par l'armée fin 1995), la maréchalerie (partie occupée par le min. de l'Équipement, des Transports et du Tourisme), l'hôtel du Grand Contrôle, l'ancienne ferme des haras et ses dépendances, le pavillon de la Porte de Bailly, l'hôtel de Pompadour, le pavillon de l'Étape. **Petite Écurie :** ateliers de restauration des musées de France et du château, dépôts des moulages de l'École des beaux-arts et école d'architecture ; **Grande Écurie :** quartier général de la 2ᵉ DB, dépôt des archives départementales, bibliothèque centrale de prêt et service des travaux du min. de la Culture. *Agriculture :* 80 ha de l'Inra (Institut national de la recherche agronomique), le Potager du roi (13 ha) et le parc Balbi (5 ha) gérés par l'École du paysage de Versailles. *Enseignement supérieur :* l'arboretum de Chevreloup (205 ha) au Muséum d'histoire naturelle. *Parlement :* aile nord : l'hémicycle du Congrès et annexes. Aile sud : logements de fonction (questeurs et présidents), bureaux d'archives, dépôts de meubles. *Concessionnaires privés :* la ferme de Gally au bout du Grand Canal : *1°)* à l'intérieur de l'enceinte une Sté civile, *2°)* à l'extérieur une Sté vendant fleurs et produits biologiques ; à l'intérieur, entre Trianons et porte de la Reine : plaine aux Crapeaux (48 ha, concédée à la Sopexa ; promeut les produits de l'agriculture).

■ **Coût de Versailles.** *Étalement :* dépenses les plus considérables lors des paix : d'Aix-la-Chapelle 1668, de Nimègue 1678, trêve de Ratisbonne 1684 (qui paraît avoir rapporté 4 millions de livres à Louis XIV). Entre 1664 et 1680, Louis XIV y consacre près d'un million de livres par an. *Coût total :* bâtiments, jardins et domaines, sans compter les fêtes : 80 millions de livres, dont 9 pour l'adduction des eaux de l'Eure, qui devaient alimenter les fontaines des jardins. Cette somme correspondait, d'après J. Fourastié, à 1 500 millions d'heures de travail d'un manœuvre, payé à l'époque 1 sou par h. La tour Eiffel a coûté, en 1889, 7,5 millions de F (30 millions d'heures payées 0,25 F l'heure), soit 50 fois moins que Versailles.

■ **Principaux donateurs.** Environ 400. Depuis 1837 : roi Louis-Philippe, famille Rockefeller, Pierre David-Weill, Barbara Hutton, Bon de Redé, sir Alfred et lady Beit, M. et Mme Arturo Lopez-Willshaw, Rushmore Kress, Cdt Paul-Louis Weiller, famille de Rothschild, Cte et Ctesse Niel, Mis et Mise de La Ferronays, Antenor Patiño, Cte et Ctesse du Boisrouvray, Ctesse Georges de Pimodan, M. et Mme Pierre Schlumberger, George Parker, Dr Roudinesco, M.P. Kraemer, Desse de Windsor, Mme Paul Derval, lady Michelham, Mme Charles Wrighstman, Pierre Fabre, Champagne Vve Clicquot, Sté Ciba-Ceigy, LVMH, Automobiles Peugeot SA, Hitachi Data System, Friends of Vieilles Maisons Françaises, World Monuments Fund, Matif SA, Sté des Amis de Versailles, Versailles Foundation, Hubert de Givenchy, BNP, PFG, MM. Dragesco et Cramoisan.

■ **Entrées** (château et Trianons ; en millions). *1953 :* 0,96 ; *58 :* 0,86 ; *60 :* 1,01 ; *67 :* 2,05 ; *77 :* 2,83 ; *82 :* 3,34 ; *85 :* 3,75 ; *87 :* 3,23 ; *88 :* 3,48 ; *89 :* 4,04 ; *90 :* 4,3 ; *91 :* 4,21 (gratuité : 69 %) ; *92 :* 3,73 ; *94 :* 3,28 (gratuité : 40 %) ; *96 :* 2,92 ; *97 :* 2,7 ; *98 :* 2,68 ; *99 :* 2,9 ; *2000 :* 2,9 (jardins 4).

Brunéi : *Bandar Seri Begawan, palais Istana Nurul Iman* (1984), 1 788 pièces, 257 toilettes, coût 3 milliards de F, habité.

Chine : *Pékin, palais impérial* (1402, souvent remanié) : 72 ha, 960 × 750 m ; 5 cours, 17 palais ; entouré par un fossé [long. 3 290 m, larg. 49 m, haut. muraille 10 m (1307-20 ; 200 000 ouvriers)].

Espagne : *Escurial* (1563-84) : à 48 km de Madrid ; 207 × 161 m ; 9 tours, 16 cours intérieures, 15 cloîtres, 300 pièces, 1 200 portes, 2 673 fenêtres. Fondé par Philippe II (tombeau de son père l'empereur Charles V et de ses descendants) en souvenir de la prise de St-Quentin et pour l'accomplissement d'un vœu fait à saint Laurent. L'édifice a la forme du gril, a-t-on dit depuis le XIXe s., sur lequel le saint avait souffert le martyre.

France : *Paris, Louvre :* 19 ha (4,8 bâtis au sol), long. 680 m (Grande Galerie 300 m). La cour Carrée a 112,50 m de côté ; voir aussi p. 481 b. *Versailles* (voir encadré p. 431).

G.-B. : *Londres, Hampton Court :* 13,6 ha (le dernier monarque y résidant fut Georges II). *Buckingham Palace* (XVIIIe s., restauré 1825, façade 1913). *Windsor, château royal* (XIIe s., 576 × 164 m, 9,45 ha), habité. *Knole* (Kent, XVe-XVIIe s.) aurait eu 365 pièces.

Italie : *Caserte, la Reggia :* 253 × 202 m ; 1 790 fenêtres, 1 200 pièces, 34 escaliers, cascade de 78 m (1752-74 par Jantivelli). *Mantoue, palais ducal :* 450 pièces, 15 cours (XVIe-XVIIIe s.). *Milan, palais Sforza :* 240 m de côté, place d'Armes 90 × 170 m (1450, loggia attribuée à Bramante). *Rome, le Vatican :* 5,5 ha, 1 400 pièces (325-1667).

Russie : *Moscou, Kremlin* (voir à l'Index).

Turquie : *Dolmabahce* (1856).

PONTS

☞ *Les plus anciens ponts subsistant* avec des voûtes d'environ 50 m de portée sont ceux de *Tournon* (Ardèche, XIVe s.) et du château de *Vérone* (Italie, reconstruit après la guerre de 1939-45 sur le modèle du XIVe s.). Jusqu'à la fin du XVIIIe s., la portée moyenne des grandes voûtes était de 30 m. A la fin du XIXe s., les ponts atteignent 60 m.

PONTS LES PLUS LONGS

■ **Routiers. Monde. USA :** *ponts du lac Pontchartrain*, de Mandeville à Métairie, Louisiane (1er terminé 1956, 38 352 m, 2 242 tabliers de béton ; 2e parallèle, terminé 1969, 38 422 m, 1 505 tabliers, coût : 150 millions de F). **Japon :** *pont ferroviaire et routier à 2 niveaux Seto-Ohashi* (1988) 13 000 m ; coût : 49 milliards de F (17 tués), péage 240 F. **Canada :** *pont de l'île du P^ce Édouard* (1993-97), 13 000 m dont 10 750 au-dessus de l'eau (43 travées de 250 m), hauteur 40 m ; coût : 3,2 milliards de F. **Brésil :** *pont Rio de Janeiro-Niterói* (1974), 12 103 m dont 8 900 au-dessus de l'eau ; arche centrale en acier de 300 m ; hauteur 60 m ; coût : 150 millions de $. EN PROJET : *Rio de la Plata* entre Buenos Aires (Argentine) et Colonia (Uruguay) 50 000 m. **Maçonnerie :** *Svinesund* (Suède-Norvège, 1946) : 155 m. **Couvert :** *Hartland Bridge* (Nouveau-Brunswick, Canada, 1899) : 390,80 m.

Europe. Lien fixe du Storebaelt (Danemark, 1988-98) : coût total (estimation 1998) 37,7 milliards de F, 18 km de côte à côte, *liaisons ferroviaires :* 2 voies (traversée 7 min, inaugurées 18-6-1997), *autoroutières :* 4 voies (traversée 10 min, ouvertes 14-6-1998). *Pont Ouest* (entre îles de Fyn et Sprogø) : autoroutier et ferroviaire 6 611 m, hauteur libre navigation 18 m ; travée ferroviaire : largeur 12 m, hauteur centrale 5 m et 9 m au-dessus des piles, poids 4 000 t ; travée routière : largeur 24 m, hauteur centrale 3 m et 7 m au-dessus des piles, poids 5 500 t, poids max. des caissons 7 000 t, acier d'armement 65 000 t, béton 500 000 m³. *Tunnel Est* (entre îles de Sjælland et Sprogø) : ferroviaire 2 couloirs, 8 km dont 7,4 forés, diamètre intérieur 7,7 m, extérieur 8,5 m. *Pont Est* (entre îles de Sjælland et Sprogø) : viaduc suspendu, 6 790 m, portée 1 624 m, entre pylône et culée d'ancrage 535 m ; hauteur libre navigation 65 m, 2 694 m entre 2 culées d'ancrage, 23 travées de connexion longueur environ 4 100 m, hauteur des pylônes 260 m, acier de la superstructure 100 000 t, béton 250 000 m³. **Pont de l'île d'Öland** (côte de Suède) : 6 070 m, 13 km avec routes d'accès, largeur 13 m, 153 arches, béton précontraint, partie la plus haute 36 m, chaussée large de 7 m, coût : 135 millions de F, terminé 1972. **Oosterscheldebrug** (sur l'Escaut oriental, P.-Bas), terminé 1965, 5 022 m, repose sur 54 piles. **Ponte della Libertà** (P. Littoria, Italie, 1933) de Venise à la terre ferme, 4 000 m (222 arches).

France. Pont de l'île de Ré (1986-88, ouvert 19-5-1988 à la circulation) 3 840 m dont 2 920 m d'ouvrages d'art avec des travées de 110 m de portée. La plus grande surface d'étanchéité d'un pont (44 000 m²) réalisée en 10 j, coût : 385 millions de F, y compris l'amélioration des accès à Rivedoux. Un tunnel aurait été plus court (2,4 km) mais aurait coûté 620 millions de F. **Pont de l'île d'Oléron** (ouvert 1966) 2 862 m entre culées, en 46 travées, largeur 10,92 m, tirant d'air 15 à 18 m. **Pont de Normandie** (*Honfleur/Le Havre* 1988-95, inauguré 20-1-1995) 2 141 m, travée centrale 856 m, record mondial (jusqu'en 1999) de portée centrale pour un pont à haubans [acier 624 m (9 t par m), béton 232 m (50 t par m)], 60 m à la clé au-dessus de l'eau ; largeur 23,6 m, pylônes 214,8 m, tête mixte béton/métal (en béton précontraint, 20 000 t), 184 haubans en câbles d'acier de diamètre extérieur max. de 16,8 cm (31 à 53 « torons » d'acier ; poids 63 kg par mètre linéaire) et longs de 95 à 450 m ; fondation : 28 pieux de 2,10 m de diamètre sous chaque pylône enfoncé jusqu'à 55 m ; matériaux utilisés : béton 200 000 t, acier 5 600 t (seulement pour le tablier) ; amplitude du balancement au milieu lors de vents soufflant à plus de 150 km/h : 140 cm ; « gonflement longitudinal » 35 cm à chacun des joints de dilatation ; coût : 2,75 milliards de F ; trafic (en millions de véhicules) : *1997 :* 2,7 ; *98 :* 2,9 ; *99 :* 3,2 ; *2000 :* 4. **Pont de Tancarville** (inauguré 14-7-1958 par le Gal de Gaulle, ouvert 2-7-1959) 1 410 m (2 parties : 1 pont suspendu à 3 travées : 176 m, 608 m, 176 m, et 1 viaduc d'accès sur la rive gauche de la Seine, 400 m de long, 8 travées indépendantes de 50 m de portée, pente de 6,3 % pour rattraper le niveau du terrain du marais Vernier), hauteur du tablier au-dessus de la Seine 54 m, tours au-dessus des quais 121,9 m et 123,4 m, largeur chaussée 12,50 m, trottoirs 1,25 m, coût : 94 millions de F ; rénovation des câbles porteurs (1998-99) : 250 millions de F ; trafic (en 2000) : 5,14 millions de véhicules. **Pont de Mindin** (*St-Nazaire/St-Brévin* sur la Loire, ouvert 18-10-1975) métallique à haubans de 720 m en 3 parties dont 1 portée de 404 m au-dessus du chenal et 2 travées de rive (2 pylônes de 75 m au-dessus du pont) plus 2 viaducs d'accès de 1 115,40 m et 1 521 m, longueur 3 356,4 m, tirant d'air max. 61 m, coût : 261 millions de F ; le plus long pont du monde à poutres haubanées en acier. **Pont de Bordeaux** ou **d'Aquitaine** (inauguré 6-5-1967) travée centrale 393,75 m, partie suspendue 679,75 m, pont entre culées 1 589,95 m, à 53 m au-dessus de l'eau, coût : 118 millions de F (y compris les accès : 7,5 km).

■ **Ferroviaires. Monde. USA :** *Grand Lac Salé* (Utah, 1904) 19 108 m [en bois ; remplacé 1960 par levée de terre]. *Huey P. Long Bridge* (Louisiane, 16-12-1935) 7 000 m, travée 241 m. **Japon** (voir col. a et ci-dessous). **Chine :** *Yang-Tsé* (Nankin, 1968) 6 772 m.

France. *St-André-de-Cubzac* (Gironde ; sur la Dordogne) 2 020 m.

PONTS LES PLUS HAUTS

■ **Monde. Royal Gorge Bridge** (Colorado, *USA,* 1929), à 321 m au-dessus de l'Arkansas, tablier central 268 m. **Kolasin** (*ex-Yougoslavie,* 1976), à 198 m. **Gueunroz,** à 186 m au-dessus du Trient (Valais, *Suisse*).

■ **France. Pont de l'Artuby** (Var), à 180 m au-dessus des gorges du Verdon (1947). **Pont de La Caille** (Savoie, 1924-28), 147 m. **Viaduc des Fades** (P.-de-D., par Vidard, 1901-09), à 132,5 m au-dessus de la Sioule, longueur 376 m (plus longue portée 144 m). **Viaduc de Garabit** (Cantal, par G. Eiffel, 1882-84), à 122,5 m au-dessus de la Truyère (96 m depuis l'achèvement du barrage de Grandval), longueur 564 m dont partie métallique 448 m, 5 piles [la plus haute 89,64 m (en maçonnerie), largeur 25 m, hauteur 28,90 m et en métal 61 m)]. Arche principale parabolique, système Eiffel : corde 165 m, flèche 56,86 m, épaisseur à la clef 10 m (écartement des têtes 6,28 m à la partie supérieure, 20 m à la base) ; poids total du métal 3 254 t. Coût (avec maçonnerie) : 3 137 000 F. **Viaduc du Viaur** (Tarn, par Bodin, 1895-1902), longueur 460,20 m, poids 3 800 t, arc central 220 m, hauteur 115 m. EN PROJET : **Millau** (Aveyron), à 240 m au-dessus du Tarn, longueur 2 300 m (coût : 1 milliard de F).

PONT LE PLUS LARGE DU MONDE

Australie. Harbour Sydney Bridge (Sydney), 1925-32 (ouvert 19-3), 80 m, plus grande portée 502,90 m. Supporte 2 voies ferrées électrifiées, 8 voies routières, 1 voie cycliste et 1 voie piétonnière.

GRANDS PONTS PAR CATÉGORIES

■ **Ponts suspendus. 1res passerelles** suspendues à des lianes (Amérique, Indes orientales), à des chaînes de fer (G.-B., 1808). **France :** passerelles de 18 m sur la Cance (près de St-Marc, Annonay, 1822) et de 30 m sur la Galaure (St-Vallier, 1823), construites par Marc Seguin. **Pont de Tain-Tournon** [passerelle avec câbles de fils de fer achevée 22-4-1825, inaugurée 25-8, par Marc Seguin (1786-1875), détruite en 1965 ; 2e pont (1849) identique]. **Pont d'Andance** (près de Serrières, Ardèche, 1827, Seguin). **Pont de Basse-Chaîne** (près d'Angers, 1838) : le 16-4-1850 le 3e bataillon du 2e léger se rendait à Angers pour une revue (il y avait une tempête et marchant tête baissée, une partie avait atteint la rive gauche quand le pont se rompit). 222 soldats et 2 employés d'octroi qui accompagnaient le bataillon se noyèrent. **USA :** *1855 pont de chemin de fer en aval des chutes du Niagara* (250,51 m). **Niagara Falls** (386,84 m). **Cincinnati** (Ohio, 1867) 322,38 m. **Brooklyn** (New York, 1869, inauguré 24-5-1883) 1 186 m dont 486,30 m de portée centrale, porté par 4 câbles de 0,393 m de diamètre, poids métal 17 754 t dont chaque câble 866 t. **Williamsburg** (inauguré 19-12-1903) travée centrale 486,40 m, tablier large de 36 m. **Manhattan** (New York, inauguré 31-12-1909) 2 090,77 m, ouverture centrale 446,90 m, tablier large de 37,51 m, 4 voies ferrées et 1 chaussée centrale de 10,67 m à l'intérieur. **Bear Mountain** (Hudson, 1924) 497 m.

Par câbles (longueur de la plus grande travée et longueur totale). **Akashi Kaikyo** (*Japon,* ouvert avril 1998, relie les îles Honshu et Shikoku) 1 990 m (longueur totale des travées suspendues et latérales 3 910 m) 2 étages (1 pour voitures, 1 pour trains), pylônes flexibles 333 m dont 283 m au-dessus du niveau de l'eau, câbles de diamètre 110 cm ; supportant une tension de 120 000 t, coût : 25 milliards de F. **Storebaelt** (Pont Est, Danemark, 1998) 1 624 m (voir col. a). **Humber Estuary** (*Angleterre,* 1973-81) 1 410 m (total 2 220 m), hauteur des pylônes 162,5 m : ils s'écartent de 36 mm de la parallèle pour tenir compte de la courbure de la surface terrestre ; tablier (trottoirs et pistes cyclables compris) 28,5 m de large, à 30 m au-dessus de l'eau, câble de 2,3 km, chacun pesant 5 500 kg, coût : 96 millions de £. **Yang-Tsé** (*Chine,* 1999) 1 385 m. **Tsing Ma** (*Chine,* 1997 relie les îles de Ma Wam et de Tsing Yi), 1 377 m, (totale 2 132 m), tablier métallique 41 m de large, à 62 m au-dessus de l'eau, autoroute 2 fois 3 voies, 1 ligne RER. **Hardanger Fjord** (*Norvège,* n.c.) 1 324 m. **Verrazano** (New York, *USA,* 1959-64) 1 298 m (totale 4 176 m), relie Richmond (Staten Island) à Brooklyn (Long Island) ; 2 niveaux, 6 voies de circulation, hauteur 210 m ; coût : 305 millions de $. **Golden Gate** (San Francisco, *USA,* 1937) 1 280 m, tour de 227 m, tablier à 69 m au-dessus de l'eau, largeur 27 m, 389 000 m³ de ciment, 83 000 t d'acier, 32 km de câbles suspendus. Lors de l'inauguration, 200 000 piétons avaient payé 5 cents pour le franchir. Depuis 1937 : 712 suicides ; la chute dure 3 s, le corps entre dans l'eau à 120 km/h. **Hoga Kusten** et **High Coast Bridge** (*Suède,* 1997) 1 210 m. **Mackinac Straits** (Michigan, *USA,* 1957) 1 158 m (avec approches 5 853,79 m, entre les supports 2 543 m), hauteur des tours au-dessus de l'eau 168 m, coût : 500 millions de $. **Minami Bisan Seto** (*Japon,* 1988) 1 118 m (totale 1 723). **Bosphore** (Istanbul, *Turquie*) **I** (1973) 1 074 m (1 560 de rive à rive), tirant d'air max. 64 m, coût 700 millions de F ; **II** (1988) 1 090 m. **George Washington** (New York, *USA,* 1927-31) 1 067 m. **Kurushima** (*Japon,* 1999, relie les îles Honshu et Shikoku) 3 ponts suspendus (plus grande travée 600, 1 020 et 1 030 m). **Ponte 25 de Abril** (Lisbonne, *Portugal,* 1966) 1 013 m (totale 3 223), fondation de 79,3 m, hauteur 190,5 m, coût 75 millions de $. **Tage** ou **Vasco de Gama** (*Portugal,* 1998) 1 013 m (totale 11 500 m), tablier de 4 000 t, hauteur des pylônes 145 m, 6 voies, poutre centrale 400 m, travées 80 m, coût 6,4 milliards de F dont 2 financés par l'UE. **Forth Road** (Queensferry, *Écosse,* 1958-64) 1 006 m. **Kita Bisan Seto** (*Japon,* 1988) 990 m (totale 1 611). **Severn** (Beachley, *Angleterre,* 1961-66) 988 m. **Shimotsui Seto** (*Japon,* 1988) 940 m (totale 1 400). **Xiling Yang-Tsé** (*Chine,* 1996) 900 m. **Pont du Tigre** (rivière des Perles, *Chine,* 1997) 888 m. **Ohnaruto** (*Japon,* 1988) 876 m. **Tacoma** [Washington, *USA* (inauguré le 1-7-1940, il s'était tordu puis brisé et était tombé sous l'effet d'un vent de 67 km/h le 7-11), reconstruit 1950] 853 m. **Innoshima** (*Japon,* 1982) 770 m. **Angostura** (Ciudad Bolívar, *Venezuela,* 1967) 712 m. **Kammon** (Shimonoseki, *Japon,* 1973) 712 m. **Transbay** (de San Francisco à l'île Yerba Buena, *USA,* 1936) 2 × 704 m (pylône 227 m, à 60 m au-dessus du Pacifique, 2 étages ; 1er : largeur 20,12 m, 3 voies routières, 2 ferroviaires ; 2e : largeur 17,68 m, 6 voies routières, coût : plus de 77 millions de $). **Bronx-Whitestone** (New York, *USA,* 1939) 701 m. **Pierre-Laporte** (Québec, *Canada,* 1970) 668 m. **Delaware** (Wilmington, *USA*) **I** (1951) et **II** (1968) 655 m. **Walt Whitman** (Philadelphie, *USA,* 1957) 610 m. **Tancarville** (*France,* 1959) 608 m (voir col. b). **Lillebaelt** (Middelfart, *Danemark,* 1970) 600 m.

PONTS EN PROJET : Messine (reliera la Sicile à l'*Italie,* 2006) 3 300 m, pylônes 304,8 m, coût : 100 milliards de F. **Baie d'Izmit** (*Turquie*) 1 668 m. **Yicang Bridge** (fleuve Yang-Tsé-Kiang, *Chine*) 960 m.

Ponts les plus anciens. *Nil* (2650 av. J.-C.) construit par les Sumériens. *Smyrne* (Turquie, 850 av. J.-C.) en pierre, enjambe la rivière Meles. *Salario* (Italie, 600 av. J.-C.) ; 3 arches en plein cintre : arche centrale 21 m, les 2 autres 16,9 m.

Ponts métalliques. 1er EN FONTE : *pont de Coalbrookdale* sur la Severn (G.-B. 1775-79), fabriqué par Abraham Darby sur les dessins de T.F. Pritchard, portée 30 m). En France : *ponts d'Austerlitz* (1801-06), *des Arts* (1804) à Paris. Entre 1870 et 1880, Eiffel construisit des arcs de 160 m. A partir de 1880, le procédé d'affinage de l'acier par Thomas et Gilchrist permit des travées plus longues [*pont de Forth* (Queensferry, 1882-90), Angleterre-Écosse, 2 travées de 521, 25 m]. *Le viaduc de San Francisco* à Oakland (1936) a eu 2 travées de 704 m.

Ponts en béton. Armé : LES PREMIERS : *Châtellerault* [1899-1901, pont-route 3 travées (40, 50 et 40 m de portée, système Hennebique)] ; *Liège :* passerelle Mativa [1905 (exposition), 55 m] ; *Luxembourg :* pont Adolphe sur la Pétrusse [1904, par Séjourné, qui innove en reliant 2 anneaux en maçonnerie par un tablier de béton armé (ouverture 85 m)] ; *Rome :* pont du Risorgimento sur le Tibre (portée de 100 m atteinte pour la 1re fois ; 1911, réalisé par la maison française Hennebique). *Le Veurdre* (Allier, 1911), *St-Pierre-du-Vauvray* (Eure, 131,80 m, 1920), 1er pont en béton précontraint, d'Eugène Freyssinet : l'armature est soumise à une tension (fixée à l'avance) imposant au béton une forte compression (avantages : résistance aux tractions, élasticité et étanchéité accrues, économie d'acier), *de La Caille* (1928), *Paris-la Tournelle* (1928, à la place du pont de 1654, arche centrale 73,30 m d'ouverture), *Plougastel* (Finistère, 1930) 880 m (3 arches de 186 m, 2 étages : 1er, voie ferrée normale, 2e, route et voie d'intérêt local). **Non armé :** *Villeneuve-sur-Lot* (L.-et-G.) 1915, E. Freyssinet, pont de 98 m avec 2 arcs séparés par un vide de 4,9 m, largeur de 10,8 m entre parapets, flèche 14,45 m.

Ponts en plastique. Plastique consolidant du béton : *fin 1997,* environ 30 dans le monde. **Plastique seul :** *fin 1997,* 4 dans le monde : *Kolding* (Danemark, 1997) 40 m (10 tonnes, renforcé de fibres de verre, 3 m de large, piétonnier mais peut supporter des véhicules < 5 t ; conçu par Fiberline Composite A/S) ; *Aberfeldy* (Écosse) 120 m (le plus long du monde ; 2 tours de 18 m de haut, 40 câbles) ; *Storchenbrücke* (Winthertur, Suisse) ; *Clear Creek Bridge* (Daniel Boone National Forest, Kentucky, USA).

Par chaînes (acier) : Hercilio Luz (Florianópolis, *Brésil,* 1926) 339 m. **Elizabeth** (Budapest, *Hongrie,* 1903) 290 m. **Point** (Pittsburgh, *USA,* 1877) 244 m. **Reichsbrücke** (Vienne, *Autriche,* 1937) 241 m.

■ **Ponts à haubans.** La technique remonte au XVIIIe s., mais, plusieurs ouvrages s'étant rompus, on n'y revint que vers les années 1960. Le pont est directement soutenu à l'aide d'une multitude de fils qui s'équilibrent en symétrie les uns par rapport aux autres, de part et d'autre de piles centrales. Il permet de se passer des énormes massifs d'ancrage des ponts suspendus. La mise en place et l'entretien du câblage sont réduits. Les haubans, par leur finesse propre et la minceur du tablier, ont une bonne souplesse face aux dilatations et vibrations. **A tablier en acier métallique : Tatara** (*Japon,* 1999) 890 m. **Normandie** (*France,* 1995) 856 m dont acier 624 m (voir p. 432 a). **St-Nazaire** (*France,* 1975) 720 m (voir **pont de Mindin**, p. 432 b). **Quingzhou Minjang** (*Chine,* 1996) 605 m. **Yangpu** (*Chine,* 1993) 602 m. **Xupu** (*Chine,* 1997) 590 m. **Meiko Chuo** (*Japon,* 1998) 590 m. **Skarnsundet** (*Norvège,* 1991) 530 m. **Queshi** (*Chine,* 1999) 518 m. **Tsurumi Tsubasa** (*Japon,* 1995) 510 m. **Oresund** (*Danemark/Suède,* 2000) 492 m. **Ikuchi** (*Japon,* 1991) 490 m. **Higashi Kobe** (*Japon,* 1994) 485 m. **Zhanjiang** (*Chine,* 1998) 480 m. **Ting Kau** (*Chine,* 1997) 475 m. **Annacis** (*Canada,* 1988) 465 m. **Dao Kanong** (Bangkok, *Thaïlande,* 1987) 450 m. **Hitsuishijima** (*Japon,* 1988) 420 m. **Iwakurojima** (*Japon,* 1988) 420 m. **Rande** (*Espagne,* 1978) 400 m. **Luling** (Louisiane, *USA,* 1981-83) 372 m. **Düsseldorf-Flehe** (*Allemagne*) 367 m. **Köhlbrand** (Hambourg, *Allemagne*) 325 m. **En béton à nappe axiale :** *sur* **l'Elorn** (Finistère, *France,* 1993) 400 m.

PONT EN PROJET : Rion-Antirion (*Grèce,* reliera le Péloponnèse au continent) 2 252 m.

A tablier en béton : Barrios de Launa (*Espagne,* 1983) 440 m. **Sunshine Skyway** (Tampa, Floride, *USA,* 1987) 367 m. **Posadas-Encarnación** (*Argentine-Paraguay*) sur le Paraná 330 m. **Brotonne** (*France,* 1974-77) sur la Seine 320 m. **Pasco-Kennewick** (État de Washington, *USA,* 1978) 299 m. **Wadiel-Kuf** (*Libye,* 1971) 282 m. **Tiel** (*Pays-Bas,* 1974) 267 m.

■ **Ponts en treillis métallique. Cantilever : Québec** (*Canada,* 1899-1917) 549 m (rail-route) ; coût : 46 230 000 F. Une partie s'effondra lors de sa construction en 1907 : 87 ouvriers tués ; en 1916, accident sur la travée centrale : 13 tués. **Ravenswood** (Virginie, *USA*) 525 m. **Forth** (Queensferry, *Écosse,* 1883-90) 2 482 m dont 1 600 pour le pont proprement dit, 2 travées de 513 m, 2 de 222 m. **Firth of Forth** (Queensferry, *Écosse,* 1882-90) 2 × 521 m (rail). **Minato Ohashi** (Osaka, *Japon,* 1974) 510 m. **Commodore Barry** (Pennsylvanie, *USA,* 1974) 501 m. **Howrah** (Calcutta, *Inde,* 1943) 457 m. **Tolbiac** (Paris, *France,* 1892-95) 162 m.

■ **Poutres continues triangulées. Astoria** (Oregon, *USA,* 1966) 376 m. **Francis Scott Key** (Maryland, *USA,* 1977) 366 m. **Oshima** (*Japon,* 1976) 325 m. **Kuronoseto** (*Japon,* 1974) 300 m.

■ **Ponts en arc. En acier : New River Gorge Bridge** (Virginie, *USA,* 1977) 518 m. **Bayonne** (New York, *USA,* 1931) 510 m. **Sydney** (*Australie,* 1923-32) 509 m. **Fremont** (Portland, Oregon, *USA,* 1973) 383 m. **En béton : Krk I** (*Croatie,* 1979) 390 m. **Gladesville** (Sydney, *Australie,* 1964), (totale 580 m) 305 m. **Paraná** (*Brésil-Paraguay,* 1964) 290 m. **Arrábida** (Porto, *Portugal,* 1963) 270 m. **Sandö** (*Suède,* 1943) 264 m. **La Rance** (*France,* 1990) 260 m.

■ **Ponts à poutres continues sous chaussée. Tabliers métalliques à platelage orthotrope. Rio-Niterói** (Guanabara, *Brésil,* 1974) 300 m. **Sava** (Belgrade, *ex-Yougoslavie*) **I** (1956) 261 m ; **II** (1970) 200 m. **Zoobrücke** (Cologne, *Allemagne* 1966) 259 m. **Bénodet** (*France,* 1976) 200 m.

Tabliers en béton précontraint (construction par encorbellement). **Brisbane** (*Australie,* 1987) 265 m. **Koror-Babelthuap** (Pacific Trust Territory, *USA,* 1977) 241 m. **Hamana** (*Japon,* 1976) 240 m. **Hiroshima** (*Japon,* 1975) 236 m. **Urado** (*Japon,* 1972) 230 m. **Gennevilliers** (*France*) 172 m. **Ottmarsheim** (Ht-Rhin, *France*) 172 m (record du monde en voussoirs préfabriqués).

■ **Ponts flottants. Lake Washington** (Washington, *USA*) **I** (1940) 2 000 m ; **II** (1963) 3 839 m (dont 2 291 m flottants ; coût 53 570 000 F). **Hood Canal** (Washington, *USA,* 1961) 1 972 m.

■ **Ponts transbordeurs.** *1er système de l'architecte Le-Royer :* relia en 1871 **St-Servan** à St-Malo (90 m) ; plateforme supportée par 4 montants verticaux en fer reposant sur un bâti muni de 4 roues ; roulant sur 2 rails ; pouvait transporter 100 passagers en 90 secondes. *1er véritable pont transbordeur* (à câbles paraboliques) construit par le Français Ferdinand Arnodin (1845-1924) en 1893 à **Portugalete** près de Bilbao (Espagne) : nacelle suspendue à un chariot de roulement ; 2 pylônes métalliques reposant sur les fondations par des rotules d'acier supportaient par l'intermédiaire de rouleaux un tablier métallique (suspendu à des câbles paraboliques et obliques fixés aux pylônes). Système appliqué à **Rouen** (1898), à **Martrou** (en aval de Rochefort, Ch.-M., 1900, longueur 176 m dont tablier 139 m à 50 m de hauteur ; pylônes 68 m, nacelle 15 × 11,5 m, 46 t, classé 1976 monument historique), à **Bizerte** (1898, Tunisie) transféré à **Brest** 1909, à **Bordeaux** (1910, inachevé), à **Newport-Man** (G.-B., pays de Galles, 1906) tablier 236 m (débouché 196,5 m), haut. 54 m au-dessus des plus hautes mers, pylônes 73,60 m, nacelle 10 m × 12 m (poids en surcharge 117,5 t). Arnodin inventa aussi le système à contrepoids et à articulation (utilisé à **Nantes** en 1903, **Marseille** en 1905, **Brest** en 1909). L'arrimage des pylônes par contrepoids prenait moins de place. **Fonctionnant en 1995 : Allemagne** *Osten* (1909) et *Rendsburg* (1913) ; **G.-B.** *Newport* (1906), *Middlesbrough* (1911), *Warrington* (1916) ; **Espagne** *Portugalete* (1893).

Grands ponts disparus : Stalingrad (Russie, 1955) 874 m. **Sky Ride Bridge,** Chicago (USA, 1933) 564 m. **Marseille** (1905, détruit 1944-45) réunissait quai de la Tourette et bd du Pharo, tablier 235 m (débouché 165 m), haut. 50 m, pylônes 84,60 m, nacelle 10 m × 12 m (poids en surcharge 144 t). **Nantes** (1903, détruit 1957) tablier 191 m (débouché 140 m), pylônes 75,65 m, nacelle 10 m × 12 m. **Rouen** (1899, détruit 1940) tablier 146 m (débouché 143 m), hauteur au-dessus des plus hautes mers 51 m, pylônes 66,35 m, nacelle 10,14 m × 13 m (poids en surcharge 101 t).

■ **Ponts basculants. Le Havre** (*France,* 1971, écluse François-Ier) portée record 74 m, largeur totale 16,80 m, poids de la partie basculante 1 800 t.

■ **Ponts-canaux** (voir à l'Index).

■ **Pont levant. Le plus long d'Europe :** *pont de Recouvrance* (1950-54, Brest, Finistère, *France*) à 22 m au-dessus de l'eau, travée métallique mobile de 87 m et 530 t, peut s'élever en 150 s à 26 m.

☞ *En projet :* **pont de Rouen** (prévu 2005), architecte Aymeric Zublena, long de 670 m, pourra se lever à 50 m au-dessus de l'eau, coût : 650 millions de F.

■ STATUES COLOSSALES

(hauteur en m)

■ **Antiquité. Égypte :** *Sphinx* (long. 57 m, pierre) 20. *Abou Simbel* (pierre) 20. *Colosses* (4) de Ramsès II 20 ; de Memnon (pierre) 18. **France :** *Puy-de-Dôme* Mercure (bronze) 35 ou 39 (détruite vers 264). **Grèce :** *Rhodes* colosse (bronze) 32 (voir encadré col. c). *Olympie,* Zeus (or, ivoire) 18. **Italie :** *Rome* Néron (bronze doré) 33. *Athènes* Athéna (or, ivoire) 12.

■ **Époque moderne. Afghanistan : Bâmiân** Bouddha (debout) IIIe ou IVe s. 53 ; (assis) taillé dans le roc 35. **Allemagne : Kassel** Hercule (1665-1745), cuivre 71 (avec l'octogone). **Detmold** Arminius (1838-75), 54, cuivre 16 m, plus socle. **Rüdesheim** Germania (1883) 36 (socle pierre 25 m, statue bronze 10,59). **Munich** Bavaria (1850) bronze avec socle 36. **Angleterre : Wilmington** (époque préromane) en brique peinte, à flanc de coteau 71. **Argentine : col de la Cumbre ou d'Uspallata** Christ des Andes (1904) à 4 200 m, poids 7 t ; 14 (statue bronze 8, piédestal 6). **Autriche : Vienne** impératrice Marie-Thérèse (1888), bronze, superficie du monument 632 m^2, poids total 44 t. **Brésil : Rio de Janeiro** Christ-Roi (1931 conçu par Landowski) béton 38 m dont statue 30 (tête 2,75 m, envergure des bras 28 m, poids 1 145 t [dont tête 30 t]). **Canada : Montréal** stabile (réalisé par Calder 1967) nickel 20. **Chili : île de Pâques** statues, jusqu'à 10. **Chine : Kiantag** Bouddha 45. **Pékin** Maitreya 26 (bois). *Projet :* Bouddha 155,14 m de haut, recouvert de cuivre.

États-Unis : South Dakota Crazy Horse (chef oglala sculpté, 1948-82, Korczak Ziolkowski, long. 195 m) 171. **New York** la *Liberté* de Frédéric-Auguste Bartholdi (1834-1904), île Bedloe [*1875 :* création du comité de soutien au projet de construction d'une statue à la gloire de l'indépendance américaine. *1881 :* début de l'assemblage. *1884 (4-7) :* remise officielle au gouvernement amér. *1885 (15-5) :* embarquement à Rouen (210 caisses à bord du navire de guerre l'*Isère*). *1886 (28-10) :* inauguration], socle 71 m, statue 46 m, 300 t (cuivre 80 t, fer 120 t), main 5,50 m, index 2,45 m (circonférence à la 2e phalange : 1,44 m), ongle 33 × 26 cm, 40 personnes peuvent tenir dans la tête (Mme Bartholdi, mère du sculpteur, avait servi de modèle) et 12 dans le flambeau : coût 2 250 000 F-or. COPIES A PARIS : offertes à la France par la colonie américaine de Paris (pont de Grenelle, 1885). A la chapelle du musée des Arts et Métiers. Dans le jardin du Luxembourg. **Stone Mountain** (Géorgie, 1958-70, têtes de Jefferson Davis, Robert Lee, Jonathan Jackson) 27,4. **Mont Rushmore** (Dakota du Sud, 1927-41, têtes de Washington, Jefferson, Theodore Roosevelt et Abraham Lincoln sculptées dans le roc) 19.

France : Mas-Rillier, près de *Lyon* (Rhône), Notre-Dame-du-Sacré-Cœur (1938-41, Serraz) 38 m, tête 4,5 m, main 2 m. **Paris** [la République, 1883, sculptures de Léopold Morice, statue (bronze, 9,50 m) sur piédestal entouré par 3 figures assises : la Liberté, l'Égalité, la Fraternité ; socle avec 12 hauts-reliefs de Dalou relatant les grands événements de la République, devant, un lion en bronze (haut. 3 m)] 24 m. **Vienne** (Isère) pyramide (V-IVe s.) 23 m. **Les Houches** (Hte-Savoie) Christ-Roi (1934, Serraz) 26 m. **Le Puy** (Hte-Loire) Notre-Dame (1860) 16 m [poids 110 t (Enfant Jésus 30 t, chevelure de la Vierge 7 m, pieds 1,92 m) faite avec 213 canons pris à Sébastopol, placée sur socle de 7 m de hauteur, domine la ville de 132 m]. **Espaly** St Charles, face à la Vierge du Puy, 22,10 m, 80 t, intérieur aménagé en chapelle. **Belfort** Lion (1880, symbolise la défense de Belfort en 1870) ; sculpteur : Bartholdi ; grès rouge (haut. 11 m, long. 22 m), copie placée (en 1880) place Denfert-Rochereau à Paris (haut. 4 m, long. 7 m)]. **Marseille** (B.-du-Rh.) Notre-Dame-de-la-Garde (1864) 10 m. **Baillet-en-France** (V.-d'O.) Notre-Dame de France de Roger de Villiers (1988) couronnait le pavillon pontifical de l'Exposition de 1937 : haut. 32 m (dont piédestal 25 m).

Inde : Sravanabelgola ermite Gomateshwara (985) 19 m. **Bodh-Gaya** bouddha (prévu 2005) en bronze coût 1,4 milliard de F 152,4 m. **Italie : Rome** Monument Victor-Emmanuel II (1911) 81 m. **Arona** St-Charles Borromée (1697) 37 m. **Pratolino** Jupiter Pluvius (1594) 21 m.

Japon : Tōkyō bouddha (1986-93), 120 m, 1 000 t. **Nara** Bouddha (749, 1180 incendié, 1195 reconstruit, 1567 incendié partiellement, 1691 réparé, 1709 réparations complétées) : haut. 26 m (42 m avec piédestal), bronze, 45 t. Daibutsu (745-49, bronze, mercure, or fin, 551 t, haut. actuelle 16,2 m) 25 m. **Ofuna** déesse Kwannon (1961, ciment) 1 915 t, haut. 25 m, larg. 18,57 m. **Kamakoura** Daibutsu (1252, bronze), 124 t ; larg. 24 m ; haut. 11,4 m. **Myanmar : Pégu** bouddha (XVIe s., couché, long. 44 m) 14 m.

Norvège : Sognefjord Fridthjof (1913, 14 t), 12 m. **Portugal : Lisbonne** Christ-Roi (1959, statue 28 m avec socle béton) 110 m. **Russie : Volgograd** la Mère-Patrie (1967, béton) 52 m (82,3 m avec socle). **Suède : Jönköping** Indian Rope Trick 103 m. **Suisse : Lucerne** (lion, 1821) 6 m.

Thaïlande : Bangkok bouddha de : Wat Benchamaborpitr (1809-27, couché, long. 45 m) 15 m ; Wat Po (vers 1850, couché, long. 49 m) 12 m ; Wat Trimitr (1238-78) 2 m.

☞ **Le plus haut totem :** 53 m (6-6-1973), à *Albert Bay,* Colombie Britannique (Canada). **Le plus grand mobile :** *White Cascade,* 30 m, 8 t, réalisé par Calder, à la Federal reserve Bank de Philadelphie (USA).

■ **Les Sept Merveilles du monde.** En 240, Antipater (poète de Sidon, Phénicie), inspiré par un livre de Callimaque de Cyrène (notable d'Alexandrie) baptisa 7 des plus beaux monuments « thaumata » : choses à admirer, merveilles. La liste ci-dessous fixée sous la Renaissance a figuré avec des variantes chez des auteurs grecs (dont Philon d'Alexandrie et Grégoire de Byzance vers 25 av. J.-C.) et latins. Au Moyen Age, on y avait mis l'arche de Noé.

1. Pyramides d'Égypte, vers 2580 av. J.-C. : *Chéops* (haut. 137,2 m, autrefois 148,5 m ; base 5,05 ha, 230 m de côté, volume 2,5 millions de m^3), *Chéphren* (haut. 136,5 m) et *Mykérinos* (haut. 66 m, comporte un bloc de calcaire de 290 t). **2. Jardins suspendus de Sémiramis et murs de Babylone** (Iraq), 604-562 av. J.-C., construits par Nabuchodonosor II, de 23 à 92 m. Détruits. **3. Temple d'Artémis (Diane) à Éphèse** (Turquie) dit Artémision, 450 av. J.-C. ; sa construction dura 120 ans. Incendié par Érostrate en 356 av. J.-C., reconstruit puis détruit au IIIe s. av. J.-C. Long. 138 m ; larg. 71,5 m ; colonnes de 19,5 m de haut. Éléments réutilisés pour l'église St-Jean à Éphèse et Ste-Sophie à Istanbul. Restes au British Museum (Londres). **4. Statue de Zeus Olympien,** Olympie (Grèce), entre 456 et 447 av. J.-C., par Phidias, chryséléphantine (en or et ivoire), haut. 12 à 18 m. Détruite 475 à Constantinople (incendie). **5. Mausolée d'Halicarnasse,** Bodrum (Turquie), 377-353 av. J.-C. Élevé par Artémise, reine de Carie, pour son frère et époux le roi Mausole, 42 m de haut., 133,5 m de tour. Détruit par séisme. Fragments au British Museum (Londres) et à Bodrum. **6. Colosse de Rhodes** (Grèce), 292-280 av. J.-C., par Charès, 32 m de hauteur. Représentant Hélios, dieu du Soleil. N'aurait pas enjambé l'entrée du port comme il a été dit. Détruit par séisme en 224 ou 226 av. J.-C. Projets gréco-américains de reconstruire un colosse de 150 m ou 75 m, en alliage d'acier inoxydable. **7. Phare d'Alexandrie** (Égypte), 280 av. J.-C. Élevé par Sostrate de Cnide sous Ptolémée II Philadelphe. Détruit 1302 par séisme. Hauteur 134 m.

■ **Autres listes. Liste du Moyen Age** (merveilles considérées à l'époque) : **Colisée de Rome** (Italie, 80 apr. J.-C.) 50 000 places ; **catacombes d'Alexandrie** (Égypte) ; **Grande Muraille de Chine** (246-210 av. J.-C.) voir p. 434 b ; **Stonehenge** (G.-B., 3000-1000 av. J.-C.) monument rituel, 4 rangées concentriques de pierres ; **Tour penchée de Pise** (Italie, 1174-achevée XIVe s.) voir p. 436 c ; **tour de Porcelaine de Nankin** (Chine), voir p. 436 a ; **mosquée Ste-Sophie** (Istanbul, Turquie, VIe s.) église transformée en mosquée au XVe s.

Liste de Grégoire de Tours : 1. Arche de Noé. 2. Babylone. 3. Temple de Salomon. 4. Mausolée d'Halicarnasse. 5. Colosse de Rhodes. 6. Temple d'Héraclée. 7. Phare d'Alexandrie.

■ AUTRES MONUMENTS

■ **Aqueducs. Romains** (en France : voir p. 427 c). **XVIIIe s.** *Aguas Livres* (Lisbonne, Portugal, 1784), 14 arches (la plus haute 65 m). **Modernes.** *Water Project* (Californie, USA, 1974), 1 329 km dont 619 canalisés.

■ **Arches. États-Unis :** *St Louis* Gateway to the West (1965, conçue par Cero Saarinen), parabole renversée en acier, haut. 192 m, larg. base 192 m, coût : 29 millions de $. **France :** *Grande Arche, arc de triomphe de l'Étoile* (voir à l'Index).

■ **Bureaux. Dans le monde. États-Unis :** *Pentagone* (Virginie), achevé 15-1-1943, abrite le département de la Défense (périmètre 1 370 m, chaque côté 281 m, superficie des 5 étages, 60,4 ha ; 29 000 personnes y travaillent) ; coût : 415 millions de F. *World Trade Center* (New York, 1974), tour de 40,6 ha, (tour II, anciennement B) 419 m, tour I avec antenne de télévision 475,1 m ; 50 000 personnes y travaillent, 90 000 visiteurs/j (voir aussi p. 436 a). *Sears Tower* (Chicago, 1970-74) 442 m, 520 avec antennes TV [104 ascenseurs, 110 étages, 418 000 m^2, 16 700 personnes]. *Tour de la Paix* (Los Angeles) 610 m, 15 000 t d'acier, restaurant panoramique de 1 000 places, hôtel de luxe (100 appartements), 1 hôtel de 500 chambres, 1 centre commercial, 1 musée

■ **Cathédrales. Longueur intérieure** (en m). *Nef :* St-Pierre (Vatican) 186,36 ; St-John the Divine (New York) 183 ; St-Paul (Londres) 158 ; Milan 148 ; Reims 138,70 ; Amiens 133,50 ; St-Paul-hors-les-murs (Rome) 131 ; Chartres 130 ; Paris 127,50 ; Metz 123,20 ; Bourges 117,90 ; Strasbourg 110. *Transept :* St-Pierre (Vatican) 138 ; Milan 88 ; Amiens 70 ; Chartres 64,50 ; Beauvais 58,60 ; Reims 49,45 ; Paris 48 ; Metz 46,80 ; Strasbourg 41. **Largeur** (en m). *Grande nef :* St-Pierre (Vatican) 27,50 ; Milan 20 ; Majorque 19,4 ; Chartres 16,40 ; Strasbourg 16 ; Metz 15,60 ; Bourges 14,93 ; Reims 14,65 ; Amiens 14,60 ; Cologne 13,80 ; Paris 12,50. *Transept :* Metz 16,80. **Hauteur** (en m) *intérieure.* St-Pierre (Vatican) : coupole 119, nef 44 ; Milan : coupole 64,60, nef 46,80 ; Beauvais : chœur 48,20 ; Majorque : nef principale 43,95, latérale 29,49 ; Cologne 43,5 ; Metz : transept 43, haute nef 42, nefs latérales 14,30 ; Amiens 42,30 ; Narbonne 41 ; Reims 37,95 ; Bourges 37 ; Chartres 36,55 ; Paris 32,50 ; Strasbourg 32. *Des tours :* Ulm 161 ; Cologne 156 ; Strasbourg 142 ; St-Pierre (Vatican) coupole : 132,50 ; Chartres 115 ; Amiens flèche : 112,70, tour nord : 66 ; Salisbury (G.-B.) flèche 123 ; Londres (St-Paul) 111 ; Milan 108,50 ; Liverpool (cath. anglicane) ; Norwich (G.-B.) 96 ; Metz (tour de Mutte) 90 ; Reims 81,50 ; Paris 69 ; Bourges 66. **Superficie** *intérieure* (en m²). N.-D.-de-la-Paix (Yamoussoukro, Côte d'Ivoire) 30 000 ; St-Pierre (Vatican) 15 160 ; Milan 11 300 ; St-John the Divine (New York) 11 240 ; Amiens 7 700 ; Reims (surface bâtie) 6 650 ; Cologne 6 166 ; Paris 5 955 ; Strasbourg 4 087 ; Metz 3 500.

de l'Espace. *Trump World Tower* (New York, prévue 2001) 72 étages, 560 m. **Hong Kong :** *Central Plaza* (voir p. 436 a). *Bank of China Tower* (1989) 369 m (voir Chine p. 436 a). **Japon :** *Sunshine 60* (Ikebukuro, Tōkyō), 60 étages, 240 m. Voir aussi **gratte-ciel** col. b. **Malaisie :** *Plaza Rakyat, tours jumelles Petronas* (voir p. 436 c).

France : *tour Maine-Montparnasse* 10,5 ha (2 011 m² par étage), haut. 210 m (58 étages), voir à l'Index. *Ministère des Finances* 139, rue de Bercy (1985-88) site de 5 ha, superficie 225 000 m², bâtiment principal long de 375 m. Courrier distribué par 400 wagonnets (6 km de rails).

■ **Canaux d'irrigation. Turkménistan :** *Karakumski,* longueur 1 200 km dont 800 navigables.

■ **Cheminées d'usine** (hauteur). **Allemagne :** *Leverkusen* (1964) 200 m, diam. : base 15,68 m, sommet 5,38 m. **Canada :** *Sudbury* (Ontario, 1970) 379,60 m, diam. : base 35,40 m, sommet 15,8 m, 39 000 t, construite 1970 en 60 j par Canadian Kellog, 27,5 millions de F. **Espagne :** *Puentes* 350 m, béton 15 570 m³, acier 1 315 t, volume intérieur 189 700 m³. **États-Unis :** *Homer City* (Pennsylvanie) 369. *Cresap* (Virginie-Occidentale) 368. *Magna* (Utah) 366. **France :** *Aramon* (1975), centrale EDF diam. extérieur 250 m, base 32 m, sommet 14 m. *Le Havre* (1968) centrale EDF 240 m. *Meyreuil* 300 m, diam. (sommet) 11 m. *Porcheville* centrale EDF (2 cheminées : 1967 et 72) 220 m, diam. extérieur : base 19,93 m, sommet 11,08 m. *Vitry-sur-Seine* (1968) 160. **G.-B. :** *Drax* (North Yorkshire) 259 m. *Isle of Grain* (Kent) 244 m. **Kazakhstan :** *Ekibastouz* (1987) 420 m, diam. : base 44 m, sommet 14,20 m, 60 000 t. **Russie :** *Kashira* 250. **Ex-Yougoslavie :** *Trboulje* (1976) 360.

■ **Colonnes** (hauteur). **Allemagne :** *Berlin,* de la Victoire (1873) 67 m. *Darmstadt,* de Louis-Ier (1844) 43 m. *Kassel,* d'Hercule (1745) 72 m. *Stuttgart,* du Jubilé (1841) 30 m. **Belgique :** *Bruxelles,* du Congrès (1859) 51 m (fût 47 m avec statue de Léopold Ier 51 m). **Égypte :** *Alexandrie,* de Pompée (IIIe s.) 30 m. *Karnak,* de soutènement du temple d'Amon (1270 av. J.-C.) 21 m. **Espagne :** *Collserola* (1992) 268 m. **États-Unis :** *Albany* (État de New York), de l'Education Building 27,43 m. *San Jacinto* (Houston, Texas), Monument (1936-39), 174 m, béton 31 888 t, coût 1,5 million de $. **G.-B. :** *Blenheim Palace* (1705-22) 40 m. *Londres,* the Monument (1674) 67 m. **France :** *Ajaccio* (Corse) : *Napoléonienne* (1837) 33 m. *Boulogne* (P.-de-C.) : *de la Grande-Armée* (1841) 53 m. **Italie :** *Rome,* Trajane (114) 42 m ; de Marc Aurèle (193) 42 m. **Russie :** *St-Pétersbourg,* d'Alexandre (1829) haut. totale 46,5 m.

■ **Dômes, coupoles et voûtes** (diamètre et autres dimensions). **En pierre. Ctésiphon** (Iraq, vers 600) : *la plus haute voûte de brique connue* 33 m (larg. 27 m). **Florence :** *Ste-Marie-des-Fleurs* (1296-1461) 42 m, haut. extérieure 108 m. **Istanbul :** *Ste-Sophie* (532-57) 31 m, haut. 55 m ; *mosquée Bleue* (1609-16) 22 m. **Londres :** *British Museum* (1857) 42 m ; *St-Paul* (1710) 31 m, diam. extérieur 36 m (haut. extérieure 110 m, intérieure 65,5 m ; nef : long. 155 m, larg. 36 m ; façade occidentale 54 m). **Paris :** *Invalides* (1679-1706) 28 m ; *Panthéon* (1764) 20,5 m (haut. 83 m, bâti en croix grecque ; long. 113 m péristyle compris, larg. 84,50 m ; sommet de la Lanterne à 117,60 m au-dessus du niveau de la Seine, 143,36 m au-dessus de celui de la mer) ; *Val-de-Grâce* (1645-65) 17 m ; *Sacré-Cœur* (1876-1919) 16 m ; *Sorbonne* (1635-53) 12 m. **Rome :** *Panthéon* (Ier s.) 43,3 m, haut. 43,3 m (portique : larg. 33 m, prof. 15,45 m ; colonnes : haut. 12,50 m ; murs : épaisseur 6,70 m ; oculus central : diam. 9 m) ; *St-Pierre* (XVIe) 42 m, haut. extérieure 132,5 m, intérieure 119 m. **Washington :** *Capitole* (1792) 30 m, haut. 87 m. **En acier. Baton Rouge** (USA, 1958) 113 m ; **Oklahoma** (USA, 1956) 111 m. **Paris :** *Palais des sports* (1962) 63 m. **En verre. Lyon :** *Coupole* (1893-94, détruite 1895) 110 m. **Paris :** *Grand Palais* (1897/1900) 43 m. **Vienne** (Autriche) : *Rotonde* (1873, détruite 1939) 102 m. **En béton. Greenwich** (G.-B., 1999) *Millenium Dome* 320 m. **La Nouvelle-Orléans** (USA, 1974) 207 m. **Leipzig** (Allemagne, 1929) 76 m. **Paris :** *Cnit* (1960, voir à l'Index).

■ **Gratte-ciel. Pusan** (Corée du Sud) : *Suyong Bay Tower* (prévue 2002) 462 m, 88 étages. **Shangai** (Chine) : *Shangai World Financial Center* (prévu 2001) 460 m, 95 ét. ; *Jin Mao* (1998) 382 m (avec flèche 420 m), 88 ét. **Kuala Lumpur** (Malaisie) : *tours jumelles de Petronas* (1996 ; reliées par une passerelle entre les 41e et 42e étages) 452 m, 88 ét. ; *Plaza Rakyat* (1998) 382 m, 77 ét. **Chicago** (USA) : *Sears Tower* (1974) voir p. 433 c et 436 a ; *Amoco Building* (1973) 346 m, 80 ét. ; *John Hancock Center* (1969) 343 m, 100 ét. (dont 49 uniquement d'appartements). **Djarkata** (Indonésie) : *Sudirman Office & Carlton Hotel* (2000) 427 m, 81 ét. **New York** (USA) : *World Trade Center* voir p. 433 c et 436 a ; *Empire State Building* (1931) 381 m (avec flèche 449 m), 102 ét. (voir p. 436 b). **Hong Kong** (Chine) : *Central Plaza* (1992) 374 m, 78 ét. ; *Bank of China Tower* (1989) 369 m, 70 ét. **Kaoshiung** (Taïwan) : *T & C Tower* (1997) 348 m, 85 ét.

■ **Hangars. Allemagne :** *Francfort,* aéroport, long. 275 m, toit 130 m d'envergure. **Arabie saoudite :** terminal *Hajj* (aéroport King Abdul Aziz) 150 ha. **États-Unis :** *Everett* (Massachusetts), ateliers Boeing (1968) : 5,6 millions de m³. *Akron* (Ohio), hangar Goodyear : long. 358 m, larg. 99 m, haut. 61 m, 3,54 ha, volume 1 600 000 m³. *Cap Canaveral* (Floride), atelier de montage : long. 218 m, larg. 158 m, haut. 160 m, 3,18 ha, 3 666 500 m³. *San Antonio* (Texas, 1956), US Air Force : 5,6 ha, long. 610 m, larg. 92 m, haut. 28 m ; 4 portes, larg. 76,2 m, haut. 18,3 m, 608 t, entouré d'un tablier de béton de 17,8 ha. *Atlanta,* Hartsfield (Géorgie), Delta Air Lines : 56,6 ha dont 14,5 couverts. **France. Bordeaux :** *Parc des expositions,* hall ; long. 861 m, larg. 60 m, haut. 12 m (1973 ; architecte : Xavier Arsène-Henry). **Le Havre :** *hangar à coton* (1953, partiellement incendié 1982) : 8,4 ha, long. 546 m (charpente métallique) et 196 m (béton), larg. 113 m, haut. 5,5 m. *Hangar à fruits* 2,8 ha. **Roissy :** *hangar n° 1 :* 3,6 ha, long. 276 m, larg. 132 m.

■ **Immeubles les plus longs. France :** *Nancy,* édifiés par Bernard Zehrfuss : le Cèdre bleu, 17 niveaux, et le Tilleul argenté, 15 niveaux, 300 m, 716 logements. **Italie :** la « barre » du *Corviale* (1972), 1 246 logements pour 6 000 habitants, 7 353 pièces, 1 000 m. EN PROJET : université de Calabre, 1 480 m.

■ **Jets d'eau. Allemagne :** *Hanovre* (1956 ; 1re construction 1720 ; haut. max. 81 m ; débit d'eau 140 l/s, 500 m³/h ; de Pâques au 30-9, 2 h 30/jour) 77 m. **États-Unis :** *Fountain Hills* (Arizona, soulève 8 t d'eau ; débit 441,7 l/s ; pression 26,3 kg/cm² ; coût 7,5 millions de F) 170 m à 190 m. **Finlande :** *Lappeenranta* (1957) 35 m. **France :** *Marly-le-Roi* (Yvelines) [1952, débit 187 m³/h, de mai à sept., de 16 h 30 à 17 h, en général le 4e dimanche du mois] 37 m. *Paris* (fontaine de Varsovie, Trocadéro, 1937) 55 m (jets horizontaux). **Suisse :** *Genève* (1891 ; fontaine de 7 t ; débit 500 l/s : vitesse de l'eau à sa sortie 200 km/h ; de l'Ascension au 30-9) 130 m.

■ **Mâts de télévision. Allemagne :** *Berlin* (1969) 360 m. **Angleterre :** *Belmont* (1965) 387 m. *Emley Moor* (1971) 329,18 m (dont 274 m en béton). **Australie :** *N.W. Cape* (1967) 387 m. **Belgique :** *Vlessart-Léglise* (1993) 185 m, 184 t (pylône traditionnel 300 t), construit à l'horizontale, érigé par traction (740 t × 4 vérins). **Canada :** *Toronto* (1975) 553,33 m ; la plus haute sans haubans. **Chine :** *Pékin* 400 m. **États-Unis :** *Fargo* (Nord Dakota, 1963) 628 m. *Shreveport* (Louisiane, 1959) 579 m. *Columbus* (Géorgie, 1962) 533 m. *Knoxville* (Tennessee, 1963) 533 m. *Cap Girardeau* (Mississippi, 1960) 510 m. *Portland* (Maine, 1959) 493 m. *Roswell* (Nouveau-Mexique, 1956) 490 m. *Oklahoma* (Texas, 1954) 479 m. **Finlande :** 33 mâts TV (1955-77) 323 m. **France :** *Paris,* tour Eiffel (1889) 320,75 m. **Groenland :** *Thulé* 369 m. **Japon :** *Tōkyō* (1958) 333 m. **Pays-Bas :** *Lopik* (1959-60) 383 m. **Pologne :** *Konstantinov* (1970-74) 646 m. Pieds 550 t acier, 15 haubans, s'affaissa le 15-8-1991. **Russie :** *Moscou* (1967) 547 m. *St-Pétersbourg* (1962) 325 m. **Suisse :** *Beromünster* (1931) 215 m. *Sottens* (1948) 180 m.

■ **Minaret. Maroc :** *Casablanca :* mosquée Hassan II, (1991) 175 m ; le plus haut. (Voir également p. 552 c.)

■ **Murailles. Chine :** *Grande Muraille* (246-210 av. J.-C.) long. 3 460 km plus 2 860 km de ramifications (9 980 km à un moment de son histoire), larg. base 8 à 9,80 m, haut. 4,5 à 12 m et 16,5 m par endroits, tour de garde tous les 60 m. **G.-B. :** *mur d'Hadrien* (entre Écosse et Angleterre, 122 à 126) : long. 120 km, haut. 4,5 à 6 m, épaisseur 2,3 à 3 m. *Mur d'Antonin le Pieux* (Écosse) : long. 59 km. **Iraq :** *Ur* (2006 av. J.-C.) : 27 m d'épaisseur.

■ **Obélisques** (du grec *obeliskos,* broche à rôtir). **Égypte :** *Héliopolis* (1970-1936 av. J.-C.) : 21 m. *Karnak* (vers 1500 av. J.-C., 320 t) 24 m. **États-Unis :** *New York : Central Park* (érigé 1880) 21 m. *Washington* [1848-84, le plus haut monument du monde avant la tour Eiffel (1889) ; construit en souvenir du 1er Président des USA, 73 000 t, s'enfonce de 1,43 mm par an] 169 m. **France :** *Arles* (Ier s. ?) 15 m ; *Paris* (voir à l'Index). **G.-B. :** *Londres : Cleopatra's Needle* (vers 1500 av. J.-C.) [Hte-Égypte ; amenée à Alexandrie (14 av. J.-C.) par Auguste ; à Londres en 1877 (érigée 1878)] 21 m. **Italie :** *Rome : place St-Jean-de-Latran,* obélisque d'Héliopolis (vers 1450 av. J.-C., érigé 1588, 457 t) 33,5 m ; obélisque de Karnak (érigé 390) 29 m ; *place St-Pierre,* obélisque d'Héliopolis (érigé 1586, 3,26 t) 24 m ; *obélisque du Champ-de-Mars :* 22 m. **Turquie :** *Istanbul : obélisque d'Assouân* (1490 av. J.-C.), venu d'Égypte en 390, 58 m, 1 168 t, long. 41,75.

■ **Places. Chine :** *Pékin : Tiananmen* 39,6 ha. **France :** *Bordeaux : des Quinconces* 12 ha. *Paris : Concorde* 6,7 ha (voir p. 430 a), *Vendôme* 3,61 ha. *Cour Napoléon* (Louvre), 2,8 ha. *Trocadéro* 1,8 ha. *Centre G.-Pompidou* 1 ha. *Versailles* (voir encadré p. 428). **Italie :** *Venise : St-Marc* 1,5 ha.

■ **Pyramides. Égypte** (voir à l'Index). **Mexique :** *Cholula : de Quetzalcoatl* (« serpent à plumes ») haut. 54 m, base 180 000 m³, volume 3,3 millions de m³.

■ **Salles. États-Unis :** *San Francisco :* hall de réception de *l'hôtel Hyatt Regency* long. 107 m, larg. 49 m, superficie 5 243 m², haut. 52 m. **France :** *Paris : gare St-Lazare* 210 × 18 m (superficie 3 780 m²). *Palais de Justice,* salle des Pas-Perdus (1872-75, Duc et Daumet) 68 × 26,5 m (superficie 1 082 m²).

■ **Tours.** Voir **Gratte-ciel** col. b.

DIMENSIONS (PAR PAYS)

☞ *Légende :* **pays, villes,** *monuments* (année de construction), hauteur en m et nombre d'étages (ét.).

■ **Afrique du Sud. Bloemfontein** *mémorial national aux Femmes* (1913) 36,6. **Grahamstown** *monument aux Immigrants* de 1820 (1974) 26,25. **Johannesburg** *J.G. Strijdom Post Office Tower* (1971) 269. *SABC Tower* (1969) 229. *Carlton Centre* (1972) 208 (50 ét.). *Tour de télécommunications Lucasrand,* 177. **Pretoria** *Union Buildings* (1913) 49,4. *Monuments aux Voortrekkers* (1949) 42,3.

■ **Algérie. Alger** *monuments des Martyrs,* 92. **Constantine** *mosquée,* 120 [2 minarets carrés de 120 m surmontés de croissants de cuivre de 8 m, coupole de 60 m de haut. et 19 m de diamètre, salle de prière et esplanade (chacune pour 12 000 fidèles)]. **Oran** *immeuble,* 66.

■ **Allemagne. Augsbourg** *Holiday Inn* (1972) 117. **Berlin** *tour TV* (1969) 365. *Tour radio* (1924) 150. *Tour Debis* (1997) 100. *Hôtel de ville* (1865-70, reconstruit après 1945) 97. *Hôtel de ville de Charlottenburg* (1900) 88. *Europa Center* (1965) 86. *Porte de Brandebourg* (1888-91) 26. **Bonn** *building des Députés* (1970) 112. **Cologne** *cathédrale* (1880) 156 (nef 43,60 m, largeur 12,60). **Dresde** *cathédrale* (1754) 85. **Düsseldorf** *Rheinturm,* 225. *Caisse d'assurance* (1976) 120. *Maison Thyssen* (1957) 95. **Francfort** *tour de télécommunication* (1977) 331. *Commerzbank* (1997) 299 (63 ét.). *Messeturm* (1990) 257 (64 ét.). *DG Bank* 208 (53 ét.). *Main Tower* 198 (56 ét.). *Hôtel Francfort Plaza* (1976) 161. *Tour Henninger* (1960, silo de stockage de grains avec restaurant rotatif) 120. **Fribourg-en-Brisgau** *cathédrale* (XIVe) [intérieur : long. 125, larg. 30, haut. 27] 116. **Hambourg** *tour TV* (1968) 271. *St-Nicolas* (1846-47) 144. *St-Michel* (1906) 134. *St-Petri* (reconstruction 1842) 133. *St-Jacques* (XIVe s.) 124. *Plaza* (1973) 118. *Ste-Catherine* (1350) 115. *Hôtel de ville* (1897) 112. **Hanovre** *tour de télécommunication* (1960) 141. *Hôtel de ville* (1913) 100. *Église du Marché* (1359) 95. **Kiel** *hôtel de ville* (1911) 106. **Leipzig** *tour de l'Université* (1973) 142. *Monument de la Bataille des Nations* (1898-1913) 91. **Leverkusen** *usine Bayer* (1962) 122. **Lübeck** *Notre-Dame* (1310) 125. **Ludwigshafen** *immeuble Badische Anilin* (1957) 100. **Munich** *tour Olympique* (1968) 290. *Notre-Dame* (1525) 100. *Hôtel de ville* (1908) 85. **Nördlingen** *St-Georges* (1508) 90. **Ottobeuren** *église* (1766) 87. **Ratisbonne** *St-Pierre* (achevée 1869) 105. **Rostock** *St-Pierre* (XIVe s.) 127. *Kröpeliner Tor* (XIIIe s.) 54. **Stuttgart** *tour TV* (béton, 1956) 217. **Ulm,** *cathédrale* (achevée 1890), la plus haute église du monde ; intérieur : long. 124, larg. 49, haut. 42 (longueur de la *cathédrale de Worms* : 158 ; *de Spire* : 133 ; *de Mayence* : 112) 173. **Ventrop** *tour de réfrigération* (1976) 180.

■ **Australie. Melbourne** *Bourke Place* (1991) 48 ét. *BHP House* (1972) 41 ét. ; aire d'atterrissage pour hélicoptères au sommet, 153. *Centre culturel, tour métallique* (1978) 132. *Rialto Center* (1985) 242 (60 ét.). **Sydney** *tour Centrepoint* (1979) 274 (283,4 m avec antenne, 2 restaurants tournants). *MLC Centre* (1977-79) 244 (60 ét.). *Governor Philip Tower* (1993) 54 ét. *Australia Square* (1968) 185 (restaurant tournant au 47e étage, 43 m de diam., révolution en 105 min.) *Opéra* (1958-73) 67 [coût : 650 millions de F, salles de 2 700 pl. (concerts), 1500 (opéra), 550, 420, 150 (studio, salles d'expositions et de conférences), 3 restaurants tournants].

■ **Autriche. Linz** *Nouvelle Cathédrale* (1862-1924) 135. **Melk** *abbaye* (1702-38) 63. **Salzbourg** *cathédrale* (1614-28) 72. **Stockerau** *St-Étienne* (1725) 88. **Vienne** *Donauturm* (1) (1963-64), 252. *St-Étienne* (1147) 137. *Centre de l'Onu* (2) (1973-79) 120. *Hôtel de ville* (1872-83) 100. *Grande Roue* (1896-97) 64 (15 nacelles, 30 à l'origine). **Zwettl** *abbaye* (1137-39, restaurée XVIIe-XVIIIe s.) 90.

Nota. – (1) Restaurant tournant au dernier étage. (2) 24 000 fenêtres, 6 000 portes.

■ **Belgique. Anvers** *cathédrale* (1530) 123. *Antwerp Tower* (1974) 87. **Bruges** *Notre-Dame* (1297) 122. *Beffroi* (1321) 83. **Bruxelles** *Palais de Justice* (1883) 118. *Tour Martini* (1959) 117. *Tour du Midi* (1968) 110. *Tour Louise* (1968) 107. *Tour place Madou* (1965) 105. *World Trade Center* (1973) 102. *Atomium* (1958) 102. *Manhattan Center* (1973) 100. *Tour AG* (place de Namur, 1961) 100. *Tour ITT* (1973) 100. *Tour Saïfi* (1975) 95. *Hôtel Hilton* (1967) 85. *Hôtel Westbury* (1964) 78, *St-Michel-Ste Gudule* 68. *Tour PS* (place de Shaerbeek, 1961) 65. *Tour Philips* (1969) 65. *Hôtel de Ville* (1454) 63 (dont statue de St-Michel 8,02). *Centre administratif* (1970) 63. *Arcade du palais du Cinquantenaire* 60. *Église Ste-Marie* (dôme) 60. **Gand** *beffroi* (1661) 91. **Liège** *tour cybernétique Schöffer* (1959) 52. **Malines** *tour cathédrale St-Rombaut* (1520) 97 (achevée, aurait atteint 167 m ?). **Marche-en-Famenne** *tour* (1970) 75. **Mons** *beffroi* (1661) 87. **Ronquières** *tour du Plan-Incliné* (1965) 150. **Strépy-Thieu** *tour* 102 (en construction). **Waterloo** *Butte* (1823-27 avec lion anglais) 45.

Architectes et urbanistes

Français

■ **Nés avant 1700.** **Androuet du Cerceau,** Jacques Ier (vers 1510-85). Jacques II (vers 1550-1614). Jean Ier (1585-1649). **Aubert,** Jean (†1741). **Bachelier,** Nicolas (vers 1487-1556). **Biart,** Colin (1460-après 1515). **Blondel,** Nicolas-François (1617-86). **Boffrand,** Germain (1667-1754). **Brosse,** Salomon de (vers 1565/70-1626). **Bruant,** Libéral (vers 1635-97). **Bullant,** Jean (vers 1515-78). **Bullet,** Pierre (vers 1639-1716). **Chambiges,** Pierre Ier († 1544). **Châtillon,** Claude de (1547-1615). **Contant d'Ivry,** Pierre (1698-1777). **Coqueau,** Jacques († 1569). **Cotte,** Robert de (1656-1735). **Courtonne,** Jean (1671-1739). **Cuvilliés,** François de (1695-1768). **Delamair,** Pierre Alexis (1676-1745). **Delorme,** Philibert (vers 1510-70). **Fain,** Pierre (travaille vers 1501-08). **Foix,** Louis de (1535-1604). **Gabriel,** Jacques-Ange (1698-1782), Jacques-Jules (1667-1742). **Hardouin-Mansart,** Jules (1646-1708). **Lassurance,** [Pierre Cailleteau, dit] (1655-1724). **Leblond,** J.-B. (1679-1719). **Lemercier,** Jacques (vers 1585-1654). **Le Muet,** Pierre (1591-1669). **Le Nôtre,** André (1613-1700). **Lepautre,** Antoine (1621-94). **Lescot,** Pierre (1510-78). **Le Vau,** Louis (1612-70). **Mansart,** François (1598-1666). **Martellange,** (Ange-Martel, dit), père Étienne (1569-1661). **Métezeau,** Clément I (XVIe s.). Louis (vers 1560-1615). Clément II (1581-1652). **Mollet,** Armand-Claude (1670-1742). **Orbay,** François d' (1634-97). **Perrault,** Claude (1613-88). **Sambin,** Hugues (1518-1601). **Servandoni,** Jean-Jérôme (1695-1776). **Sourdeau,** Jacques († 1524). **Villard de Honnecourt** (1190-1260).

■ **Nés entre 1700 et 1800.** **Alavoine,** Jean-Antoine (1776-1834). **Antoine,** Jacques-Denis (1733-1801). **Bélanger,** François-Joseph (1744-1818). **Boullée,** Étienne-Louis (1728-99). **Brongniart,** Alexandre-Théodore (1739-1813). **Chalgrin,** Jean-François (1739-1811). **Cherpitel,** Mathurin (1736-1809). **Clérisseau,** Charles-Louis (1722-1820). **Duban,** Félix (1797-1870). **Fontaine,** Pierre-François (1762-1853). **Froelicher,** Joseph-Antoine (1790-1866). **Gau,** François-Chrétien (1790-1853, d'origine allemande). **Gondoin,** Jacques (1737-1818). **Grisart,** Victor (1797-1877). **Héré de Corny,** Emmanuel (1705-63). **Hittorff,** Jacques (1792-1867). **Jardin,** Nicolas (1720-99). **Le Bas,** Hippolyte (1782-1867). **Ledoux,** Claude-Nicolas (1736-1806). **Lelong,** Paul (1799-1846). **L'Enfant,** Pierre Charles (1754-1825). **Lepère,** Charles (1761-1844). **Louis,** Victor (1731-vers 1811). **Mansart de Jouy,** Jean (1706-59), **de Sagonne,** Jacques (1709-79). **Mique,** Richard (1728-94). **Patte,** Pierre (1723-1812). **Percier,** Charles (1764-1838). **Peyre,** Marie-Joseph (1730-85). **Potain,** Nicolas Marie (1719-93). **Rondelet,** Jean-Baptiste (1743-1829). **Rousseau,** Pierre (1750-1810). **Soufflot,** Germain (1713-80). **Tavernier,** Antoine (1796-1870). **Vallin de la Mothe,** Jean-Baptiste (1728-1800). **Vignon,** Pierre Alexandre (1763-1828). **Visconti,** Louis (1791-1853). **Wailly,** Charles de (1730-98).

■ **Nés entre 1800 et 1900.** **Abadie,** Paul (1812-84). **André,** Émile (1871-1933). **Arfvidson,** André (n.c.). **Armand,** Alfred (1805-88). **Auscher,** Paul (1866-1932). **Ballu,** Théodore (1817-85). **Baltard,** Victor (1805-74). **Baudot,** Anatole de (1834-1915). **Beaudoin,** Eugène (1898-1983). **Binet,** René (1866-1911). **Bissuel,** Édouard (1840). **Blondel,** Henri (1821-97). **Bodiansky,** Vladimir (1894-1966). **Boileau,** Louis-Auguste (1812-96), Louis-Charles (1837-1910). **Carlu,** Jacques (1890-1976). **Cayotte,** Léon (1875-1946). **Chanut,** Ferdinand (1872-1948). **Charbonnier,** Paul (1865-1953). **Chareau,** Pierre (1883-1950). **Chedanne,** Georges (1861-1940). **Cheval,** Ferdinand (1836-1924). **Coignet,** Edmond (1856-1915). **Davioud,** Gabriel (1823-81). **Debrie,** Georges (1856-1909). **Deglane,** Henri (1855-1931). **Dubois,** Henry (1882-1900). **Duc,** Joseph-Louis (1802-79). **Dutert,** Ferdinand (1845-1906). **Eiffel,** Gustave (1832-1923). **Espérandieu,** Henri-Jacques (1829-74). **Faure-Dujarric,** Louis (1875-1943). **Freyssinet,** Eugène (1879-1962). **Garnier,** Charles (1825-99), Tony (1869-1948). **Girault,** Charles (1851-1932). **Guadet,** Jules (1834-1908). **Guimard,** Hector (1867-1942). **Gutton,** Henri (1874-1963). **Haussmann,** Eugène, baron (1809-91). **Hennebique,** François (1842-1921). **Hermant,** Jacques (1855-1930). **Horeau,** Hector (1801-72). **Hornecker,** Joseph (1873-1942). **Jeanneret,** Pierre (1895-1967). **Jourdain,** Frantz (1847-1935). **Labrouste,** Henri (1801-75). **Laloux,** Victor (1850-1937). **Lanternier,** Louis (1859-1916). **Laplanche,** Alexandre (1839-1910). **Laprade,** Albert (1883-1978). **Lavirotte,** Jules (1864-1924). **Le Corbusier,** [Charles-Édouard Jeanneret, dit] (1887-1965, origine suisse). **Lefuel,** Hector (1810-81). **Le Même** Henry-Jacques (1897-1997). **Le Maresquier,** Charles (1870-1972). **Lenoir,** Victor (1805-63). **Le Ricolais,** Robert (1894-1977). **Lods,** Marcel (1891-1978). **Lurçat,** André (1894-1970). **Mallet-Stevens,** Robert (1886-1945). **Nelson,** Paul (1895-1979). **Nénot,** Paul (1853-1934). **Pain,** César (1872-1946). **Patout,** Pierre (1879-1965). **Perret,** Auguste (1874-1954), Claude (1880-1960), Gustave (1876-1952). **Pingusson,** Henri-Georges (1897-1978). **Rives,** Gustave (1858). **Roux-Spitz,** Michel (1888-1957). **Roy,** Auguste Léon (1873). **Sauvage,** Henri (1873-1932). **Sedille,** Paul (1836-1900). **Süe,** Louis (1875-1968). **Thiac,** Joseph-Adolphe (1800-65). **Vaudoyer,** Léon (1803-72). **Vaudremer,** Joseph (1829-1914). **Viollet-le-Duc,** Eugène (1814-79). **Walter,** Jean (1883-1957). **Weissenburger,** Lucien (1860-1929).

■ **Nés après 1900.** **Albert,** Édouard (1910-68). **Aillaud,** Émile (1902-88). **Andrault,** Michel (1926). **Andreu,** Paul (1938). **Arretche,** Louis-Gérard (1905-91). **Auzelle,** Robert (1913-83). **Badani,** Daniel (1914). **Balladur,** Jean (1924). **Belmont,** Joseph (1928). **Bernard,** Henry (1912-94). **Borel,** Frédéric (1958). **Bossard,** Paul (1928-98). **Brénac,** Olivier (1947). **Buffi,** Jean-Pierre (1937). **Butler,** Rémi (1948). **Calsat,** Henri (1905). **Candilis,** Georges (Bakou, 1913-95). **Castro,** Roland (1941). **Charpentier,** Jean-Marie (1939). **Chemetov,** Paul (1928). **Ciriani,** Henri (1936). **Connehaye,** Jean (1924). **Constantin,** Albert (1947). **Cornette,** Benoît (1953-98). **Couëlle,** Jacques (1902-96). **Coulon,** René (1908-97). **Decq,** Odile (1955). **Dubuisson,** Jean (1914). **Dufau,** Pierre (1908-85). **Dufetel,** Pierre-André (1922). **Dusapin,** Fabrice (1954). **Fainsilber,** Adrien (1932). **Faugeron,** Jean (1915-83). **Fiszer,** Stanislas (1935). **Gaudin,** Henri (1933). **Gillet,** Guillaume (1912-87). **Girard,** Édith (1949). **Gonzalez,** Xavier-José (1955). **Grandval,** Gérard (1930). **Grumbach,** Antoine (1942). **Hammoutène,** Franck (1954). **Hauvette,** Christian (1944). **Hoÿm de Marien,** Louis (1920). **Jourda,** Françoise (1955). **Labro,** Jacques (1935). **Lagneau,** Guy (1915-96). **Langlois,** Christian (1924). **Large,** Pierre (1929). **Leclercq,** François (1953). **Levitt,** Alan (1951). **Lion,** Yves (1945). **Lopez,** Raymond (1904-66) ; Rémi (1939). **Mailly,** Jean de (1911-75). **Mathé,** Henri (1905-79). **Maymont,** Paul (1926). **Michelin,** Nicolas (1955). **Monge,** Jean (1916-91). **Mortreux,** Jacques (1923). **Nouvel,** Jean (1945). **Novarina,** Maurice (1907). **Parat,** Pierre (1928). **Parent,** Claude (1923). **Perraudin,** Gilles (1949). **Perrault,** Dominique (1953). **Pistre,** Jean (1951). **Portzamparc,** Christian de (1944). **Pottier,** Henry (1912-2000). **Pouillon,** Fernand (1912-86). **Prouvé,** Jean (1901-84). **Reichen,** Bernard (1943). **Riboulet,** Pierre (1941). **Robert,** Philippe (1941). **Saubot,** Roger (1931-99). **Saunier,** Éric (1952). **Simounet,** Roland (1927-96). **Soler,** Francis (1949). **Soria,** Pierre (1947-98). **Spoerry,** François (1912-99). **Starck,** Philippe (1949). **Starkier,** Jacques (1927). **Sue,** Olivier (1915). **Stern,** André (1938). **Taillibert,** Roger (1926). **Thurnauer,** Gérard (1926). **Utudjian,** Martin (1911). **Vago,** Pierre (1910, d'origine hongroise). **Valade,** Denis (1946). **Vasconi,** Claude (1940). **Vicariot,** Henry (1910-86). **Vigneron,** Pierre (1932). **Viguier,** Jean-Paul (1946). **Willerval,** Jean (1924-96). **Wilmotte,** Jean-Michel (1948). **Wogenscky,** André (1916). **Zehrfuss,** Bernard (1911-96). **Zublena,** Aymeric (1936).

Étrangers

Nota. – (1) Italien. (2) Espagnol. (3) Britannique. (4) Allemand. (5) Autrichien. (6) Finlandais. (7) Néerlandais. (8) Belge. (9) Hongrois. (10) Suédois. (11) Russe. (12) Brésilien. (13) Américain. (14) Égyptien. (15) Danois. (16) Australien. (17) Norvégien. (18) Suisse. (19) Japonais. (20) Grec. (21) Argentin. (22) Sud-Africain. (23) Iraqien. (24) Luxembourgeois. (25) Polonais. (26) Zambien. (27) Turc. (28) Libanais. (29) Tunisien. (30) Canadien. (31) Mexicain. (32) Chilien.

■ **Nés avant 1800.** **Adam,** Robert (1728-92) [3] ; William (1689-1748) [3]. **Alberti,** Leon Battista (1404-72) [1]. **Aleijadinho,** Antonio-F. Lisboa dit (1730-1814) [12]. **Barry,** Charles (1795-1860) [3]. **Bernin,** Gian Lorenzo Bernini, dit le (1598-1680) [1]. **Bofill,** Guillem († vers 1427) [2]. **Borromini,** Francesco Castelli, dit (1599-1667) [1]. **Bramante,** Donato d'Angelo Lazarri, dit (1444-1514) [1]. **Brunelleschi,** Filippo (1377-1446) [1]. **Burlington,** Richard B. duc de (1694-1753) [3]. **Chambers,** sir William (1726-96) [3]. **Churriguera,** Alberto de (1676-vers 1740/50) [2] ; Don José (1657-1725) [2]. **Cortona,** Domenico da, dit le Boccador († 1549) [1] [travailla en France]. **Cortona,** Pietro Berretini da (1596-1669) [1]. **Fischer von Erlach,** Johann Bernhard (1656-1723) [5]. **Gibbs,** James (1682-1754) [3]. **Giotto de Bondone** (1266-1337) [1]. **Gómez de Mora,** Juan (1586-vers 1648) [2]. **Guarini,** Guarino (1624-83) [1]. **Herrera,** Juan Bautista (1530-97) [2]. **Hildebrandt,** Johann Lukas von (1668-1745) [4]. **Jones,** Inigo (1573-1652) [3]. **Klenz,** Leo von (1784-1864) [4]. **Longhena,** Baldassare (1598-1682) [1]. **Maderna,** Carlo (1556-1629) [1]. **Michel-Ange,** Michelangelo Buonarroti (1475-1564) [1]. **Michelozzo** di Bartolmeo (1396-1472) [1]. **Nash,** John (1752-1835) [3]. **Neumann,** Johann Balthazar (1687-1753) [4]. **Palladio,** Andrea (1508-80) [1]. **Peruzzi,** Baldassare (1481-1536) [1]. **Piranesi,** Giambattista (1720-78) [1]. **Pisano,** Nicola (1225-1284) [1]. **Prandtauer,** Jakob (1658-1726) [5]. **Rastrelli,** Bartolomeo (1700-71) [1]. **Sangallo,** Antonio da (vers 1455-vers 1534) [1]. **Sansovino,** Jacopo Tatti, dit (1486-1570) [1]. **Santini-Aichel,** Giovanni (1667-1723) [1]. **Scamozzi,** Vincenzo (1552-1616) [1]. **Schinkel,** Karl-Friedrich (1781-1841) [4]. **Serlio,** Sebastiano (1475-1554) [1]. **Sinan,** Mimar (1489-1588) [27]. **Soane,** John (1753-1837) [3]. **Vanbrugh,** sir John (1664-1726) [3]. **Vignole,** Iacopo Barozzi dit (1507-73) [1]. **Vriendt,** Corneille [Floris de Vriendt, Cornelis] (1514-75) Flamand. **Vitruve** [Marcus Vitruvius Pollio] (Ier s. av. J.-C., Celte). **Wren,** sir Christopher (1632-1723) [3]. **Zakharov,** Adrian (1761-1811) [11].

■ **Nés depuis 1800.** **Aalto,** Alvar (1898-1976) [6]. **Affleck,** Raymond (1922-89) [30]. **Albini,** Franco (1905-77) [1]. **Ambasz,** Emilio (1943) [21]. **Ando,** Tadao (1941) [19]. **Andrews,** John Hamilton (1933) [16]. **Arata,** Isozaki (1931) [19]. **Arneberg,** Arnstein (1882-1961) [17]. **Ashihara,** Yoshinobu (1918) [19]. **Asplund,** Erik-Gunnar (1885-1940) [10]. **Bakema,** Jacob Berend (1914-81) [7]. **Baker,** Herbert (1862-1946, Afrique du Sud) [3]. **Barragan,** Luis (1902-88) [31]. **Bartning,** Otto (1883-1959) [4]. **BBPR** [**Banfi,** Gian Luigi (1910-45) ; **Barbiano di Belgiojoso,** Lodovico (1909) ; **Peressutti,** Enrico (1908-73) ; **Rogers,** Ernesto (1909-70)] [1]. **Behnisch,** Günter (1922) [4]. **Behrens,** Peter (1868-1940) [4]. **Belluschi,** Pietro (1899-1994) [13]. **Berg,** Max (1870-1947) [4]. **Berlage,** Hendrick Petrus (1856-1934) [7]. **Blomstedt,** Aulis (1906-79) [6]. **Boehm,** Dominikus (1880-1955) [4], Gottfried (1920) [4]. **Bofill,** Ricardo (1939) [2]. **Bohigas Guardiola Oriol** (1925) [2]. **Botta,** Mario (1943) [18]. **Bourgeois,** Victor (1897-1962) [8]. **Boyd,** Robin (1919-71) [16]. **Breuer,** Marcel (1902-81) [9]. **Bryggman,** Erik (1891-1955) [6]. **Burton,** Decimus (1800-81) [3]. **Cacoub,** Olivier-Clément (1920) [29]. **Calatrava,** Santiago (1951) [2]. **Candela,** Félix (1910) [2]. **Celsing,** Peter (1920-74) [10]. **Chtchoussev,** Alexeï (1873-1949) [11]. **Coates,** Nigel (1949) [3]. **Coderch de Sentmenat,** José A. (1913-84) [2]. **Costa,** Lúcio (1902-98) [12]. **Cox,** Philip Sutton (1933) [16]. **Cuypers,** P.J.H. (1827-1921) [7]. **De Carlo,** Giancarlo (1919) [1]. **Dixon,** Jeremy (1939) [3]. **Domenech i Montaner,** Luis (1850-1923) [2]. **Dudok,** Willem Marinus (1884-1974) [7]. **Eames,** Charles (1907-78) [13]. **Eiermann,** Egon (1904-70) [4]. **Eisenman,** Peter (1932) [13]. **Ekelund,** Hilding (1893-1984) [6]. **Erickson,** Arthur (1924) [30]. **Erskine,** Ralph (1914) [3]. **Ervi,** Aarne (1910-77) [6]. **Fakhouri,** Pierre (1943) [28]. **Farrel,** Terry (1938) [3]. **Fathy,** Hassan (1900-89) [14]. **Fehn,** Sverre (1924) [17]. **Fiszer,** Stanislaw (1935) [25]. **Foster,** Norman (1935) [3]. **Friedman,** Yona (1923) [9]. **Friis,** Knud (1926) [15]. **Fuller,** Richard Buckminster (1895-1983) [13]. **Fuksas** Massimiliano (1944) [1]. **Gaudí i Cornet,** Antoni (1852-1926) [2]. **Gehry,** Frank O. (1929) [13]. **Gerber,** Adolphos (1866) [20]. **Gilbert,** Cass (1859-1934) [13]. **Giurgola,** Romaldo (1920) [13]. **Goff,** Bruce (1904-82) [13]. **Gowan,** James (1924) [3]. **Graves,** Michael (1934) [13]. **Greenberg,** Allan (1938) [22]. **Gropius,** Walter (1883-1969) [4]. **Grounds,** Roy Burman (1905) [16]. **Gullichsen,** Kristian (1932) [6]. **Gutbrod,** Rudolf (1910-99) [4]. **Hadid,** Zaha (1950) [23]. **Hankar,** Paul (1859-1901) [8]. **Häring,** Hugo (1882-1952) [4]. **Harrison,** Wallace K. (1895-1981) [13]. **Hasegawa,** Itsuko (1941) [19]. **Herzog,** Thomas (1941) [4]. **Hoffmann,** Josef (1870-1956) [8]. **Hollein,** Hans (1934) [5]. **Holscher,** Knud (1930) [15]. **Hopkins,** Michael (1935) [3]. **Horta,** Victor, baron (1861-1947) [8]. **Huidobro,** Francisco de Borja Garcia (1936) [32]. **Hunt,** Richard Morris (1828-95) [13]. **Isozaki,** Arata (1931) [19]. **Ito,** Toyo (1941) [19]. **Jacobsen,** Arne (1902-71) [15]. **Jacqmain,** André (1921) [8]. **Jahn,** Helmut (1940) [4]. **Johnson,** Philip (1906) [13]. **Kahn,** Albert (1869-1942) [4], Louis (1901-74, Estonie) [13]. **Kairamo,** Erkki (1936) [6]. **Kawamata,** Tadashi (1953) [19]. **Koninck,** Louis-Herman De (1896-1984) [8]. **Koolhaas,** Rem (1944) [7]. **Krier,** Léon (1946) [24]. **Kroll,** Lucien (1927) [8]. **Kurokawa,** Kisho (1934) [19]. **Larsen,** Henning (1925) [15]. **Lasdun,** Denys (1914-2001) [3]. **Leiviskä,** Juha (1936) [6]. **Libeskind,** Daniel (1946) [25]. **Liwerentz,** Sigurd (1885-1975) [10]. **Loos,** Adolf (1870-1933) [5]. **Lund,** Kjell (1927) [17]. **Lutyens,** sir Edwin Landseer (1869-1944) [3]. **Macari,** Michel (1940) [28]. **Mackintosh,** Charles (1868-1928) [3]. **Maillart,** Robert (1872-1940) [18]. **Maki,** Fumihiko (1928) [19]. **Markelius,** Sven (1889-1972) [10]. **May,** Ernst (1886-1970) [3]. **Maybeck,** Bernard (1862-1957) [13]. **Mayne,** Tom (1944) [13]. **Meier,** Richard (1934) [13]. **Mendelsohn,** Erich (1887-1953) [4]. **Meyer,** Hannes (1889-1954) [18]. **Michelucci,** Giovanni (1891-1990) [1]. **Mies van der Rohe,** Ludwig (1886-1969) [13] d'origine allemande. **Miralles,** Enric (1955-2000) [2]. **Moller,** C.F. (1857-1933) [15]. **Moltke Nielsen,** Elmer (1924) [15]. **Moneo** José Rafael (1937) [2]. **Moore,** Charles (1925-93) [13]. **Morandi,** Riccardo (1902-89) [1]. **Moretti,** Luigi (1907-73) [1]. **Murano,** Togo (1891-1984) [19]. **Murcutt,** Glenn Marcus (1936) [16]. **Muthesius,** Hermann (1861-1927) [4]. **Nervi,** Pier Luigi (1891-1979) [1]. **Neutra,** Richard Joseph (1892-1970) [13] d'origine autrichienne. **Niemeyer,** Oscar (1907) [12]. **Norberg-Schulz,** Christian (1926) [17]. **Nowicki,** Maciej (1910-50) [25]. **Olbrich,** Joseph (1867-1908) [5]. **Ostberg,** Ragnar (1866-1945) [10]. **Ott,** Carlos (1946) [30]. **Otto,** Frei (1925) [4]. **Oud,** Jacobus Johannes Pieter (1890-1963) [7]. **Palatio,** Alberto de (1856-1939) [2]. **Paxton,** sir Joseph (1803-65) [3]. **Pei,** Ieoh Ming (1917, d'origine chinoise) [13]. **Peichl,** Gustav (1928) [5]. **Pelli,** Cesar (1926) [21]. **Piano,** Renzo (1937) [1]. **Pietilä,** Reima (1928) [6]. **Pompe,** Antoine (1873) [8]. **Ponti,** Gio (1891-1979) [1]. **Porphyrios,** Demetri (1949) [20]. **Poulsson,** Magnus (1881-1958) [17]. **Prix,** Wolf (1942) [5]. **Pugin,** Augustus (1812-52) [3]. **Ramirez Vasquez,** Pedro (1919) [31]. **Rauch,** John (1930) [13]. **Revell,** Viljo (1910-64) [6]. **Rietveld,** Gerrit-Thomas (1888-1964) [7]. **Rogers,** Richard (1933) [3]. **Root,** John Wellborn (1887-1963) [13]. **Rossi,** Aldo (1931-97) [1]. **Rotondi,** Michael (1949) [13]. **Rudolph,** Paul (1918-97) [13]. **Ruusuvuori,** Aarno (1925-92) [6]. **Saarinen,** Eero (1910-61) [6], Eliel (1873-1950) [6]. **Safdie,** Moshe (1938) [30]. **Samyn,** Philippe (1948) [8]. **Sant'Elia,** Antonio (1888-1916) [1]. **Sartoris,** Alberto (1901-98) [1]. **Scarpa,** Carlo (1906-78) [1]. **Scharoun,** Hans (1893-1972) [4]. **Schattner,** Karl Josef (1924) [4]. **Schindler,** Rudolf (1887-1953) [5]. **Schwanzer,** Karl (1918-75) [5]. **Scott,** George (1811-78) [3]. **Scott-Brown,** Denise (1930) [26]. **Seidler,** Harry (1923) [16] d'origine autrichienne. **Sert,** José Luis (1902-83) [2]. **Shinohara,** Kazuo (1925) [13]. **Siren,** Heikki (1918) [6]. **Skidmore,** Louis (1897-1962) [13]. **Slaatto,** Nils (1923) [17]. **Speer,** Albert (1905-81) [4]. **Spreckelsen,** Otto (1929-87) [15]. **Stein,** Clarence S. (1882-1975) [13]. **Stern,** Robert (1939) [13]. **Stirling,** James (1926-92) [3]. **Sullivan,** Louis Henry (1856-1924) [13]. **Suomalainen,** Timo (1928) [6], Tuomo (1931-88) [6]. **Swiczinsky,** Helmut (1944) [5]. **Takamatsu,** Shin (1948) [19]. **Tange,** Kenzo (1913) [19]. **Taniguchi,** Yoshio (1947) [19]. **Tatline,** Vladimir (1885-1953) [11]. **Taut,** Bruno (1880-1938) [4]. **Terragni,** Giuseppe (1904-42) [1]. **Terry,** Quinlan (1937) [3]. **Tschumi,** Bernard (1944) [18] ; Jean (1904-62) [12]. **Ungers,** Oswald Matthias (1926) [4]. **Utzon,** Jorn (1918) [15]. **Vandenhove,** Charles (1927) [8]. **Van den Broek,** Johannes Hendrik (1898-1978) [7]. **Van der Vlugt,** Leendert Cornelis (1894-1936) [7]. **Van de Velde,** Henry (1863-1957) [8]. **Van Eesteren,** Cornelis (1897-1988) [7]. **Van Eyck,** Aldo Ernest (1918-99) [7]. **Van Neck,** Joseph (1880-1959) [8]. **Venturi,** Robert (1925) [13]. **Vesnine,** Alexandre (1883-1959) [11], Leonid (1880-1933) [11], Victor (1882-1950) [11]. **Vigano,** Vittoriano (1919-1996) [1]. **Wagner,** Otto (1841-1918) [5]. **Waterhouse,** Alfred (1830-1905) [3]. **Webb,** sir Astor (1849-1930) [3]. **Wines,** James (1932) [13]. **Wright,** Frank Lloyd (1867-1959) [13]. **Wurster,** William W. (1895-1973) [13]. **Yamasaki,** Minoru (1912-86) [13]. **Zevi,** Bruno (1918) [1].

■ **Brésil.** **São Paulo** *Banque d'État* (1947) 161.

■ **Canada.** **Calgary** *Petro-Canada Centre* (1979-84) 215 (55 ét.). *Bankers Hall* (1985-90) 50 ét. *Calgary (Husky) Tower* (1967-68) 191. **Hamilton** *Century 21* : 137 (42 ét.). **Montréal** *1000 rue de la Gauchetière* (1989-91) 205 (51 ét.). *1100 rue de la Gauchetière* 204 (45 ét.). *IBM-Marathon* (1990-92) 198 (45 ét.). *Tour de la Bourse* (1963-64) 192 (47 ét.). *Place Victoria* (1962-64) 190 (47 ét.). *Château Champlain* (Hôtel, 1967) 128 (38 ét.). **Niagara Falls** *Skylon* (1965) 236. **Ottawa** *tour de la Paix* (1919-27) 89, 5. **Québec** *Complexe G* (1972) 126 (33 ét.). **Toronto** *CN Tower* (1973-75, ouverte au public 26-6-1976) 553,33 (sommet du mât d'antenne 102), frappée par la foudre 200 fois par an en moyenne, base à 72 m au-dessus de la mer, nacelle [7 niveaux : 1°) installation hertzienne 338 m ; 2°) terrasse d'observation extérieure 342 m ; 3°) terrasse intérieure, cabaret 346 m ; 4°) restaurant tournant 351 m, 416 places, tour complet en 70 à 90 min ; 5°) installation hyperfréquence et TV 355 m ; 6°) radio MF 360 m ; 7°) machinerie 363 m, belvédère 447 m (poste d'observation public le plus haut du monde), 4 ascenseurs jusqu'à la nacelle (capacité 1 200 personnes/heure dans une direction, vitesse 6 m/s) : 1 de la nacelle au belvédère (le plus haut du monde) escalier 2 570 marches (montée 40 min et descente 20 min) poids 132 080 t (ciment 106 000, acier 5 690) surface au sol 6 500 m^2, coût 57 millions de $; visibilité jusqu'à 120 km]. *First Canadian Place* (1972-75) 293 (72 ét.). **Vancouver** (9 buildings de plus de 120 m) *One Wall Centre* (2001) 146 (46 ét.). *Royal Bank Tower* (1973) 143 (37 ét.). *200 Granville Square* (1973) 142 (32 ét.). *Harbour Centre* (1974-77) 130 (sommet du mât 191).

■ **Chine.** **Guangzhou** *Sky Central Plaza* (1996) 322 (80 ét.). **Hong Kong** *Central Plaza* (1992) 374 (78 ét.). *Bank of China Tower* (1989) 369 (70 ét.). *Jubilee Street/Queens's Road* (1997) 292 (69 ét.). **Nankin** *tour de Porcelaine* (xve s., détruite en 1853) 100. **Shangai** *Oriental Pearl TV Tower* (1995) 468. *Tour Jin Mao* (1998) 382 (93 ét.). **Shenghen** *tour Avic Plaza* (1997) 312 (63 ét.). *Place Shun Hing* 330 (80 ét.).

■ **Corée du Nord.** **Pyongyang** *hôtel Ryugyong* (1995) 300 (105 ét.).

■ **Corée du Sud.** **Séoul** *Korea Life Insurance* (1985) 249 (60 ét.). *Seoul Tower* (1988) 233 (63 ét.).

■ **Danemark.** **Aarhus** *cathédrale* (1927) 96. **Copenhague** *hôtel de ville* (1905) 106. *Tour de Christiansborg* (1907-28) 106. *Tour Ronde* (1637) 36. **Frejlev** *tour TV* (1956) 231.

■ **Égypte.** **Le Caire** *tour* (1955) 187. *Minaret mosquée du sultan Hassan* (xive) 84. *2 minarets mosquée Muhammad Ali (*dite *d'Albâtre)* (1830-48) 82.

■ **Espagne.** **Barcelone** *tour de communications de Collserola* (1992) 268. *Sagrada Familia* (1884) 110. **Burgos** *cathédrale* (milieu xve) 50 (106 × 59, 84). **Cordoue** *cath.* (1593-1664) 93. **Escurial (monastère de l')** [province de Madrid]. Élevé (sur l'initiative de Philippe II pour commémorer la victoire de St-Quentin sur les Français le 10-8-1557) par Juan Bautista de Toledo. *1584* (sept.) travaux terminés par Juan de Herrera. Portes 1200, fenêtres 2600. Musée de peinture. *1617* Panthéon royal commencé, sur proposition de Philippe II, sous la direction de Juan Gómez de Mora puis de Juan Bautista Crescendi et Diego Velázquez. **Madrid** *tour* (1960) 150 (37 ét.). *Phare de la Moncloa* (1942) 92, *« La Telefonica »* (1929) 90. *Tour de Valence* (1971) 82,7. **Majorque** *cath.* (1230-1587) (109,4 × 39,45, haut. nefs *principale* 43,95, larg. 19,4, *collatérales* haut. 29,49). **Murcie** *cath.* (1521-1792) 95. **St-Jacques-de-Compostelle** *cath.* (1675-80) 76 (intérieur 97 × 67, haut. 32). **Salamanque** *cath.* (1769) 110 (intérieur 104 × 49, haut. 60). **Ségovie** *cath.* (xvie) 110 (intérieur 105 × 48, haut. 67). **Séville** *Giralda* (fin xiie) 97 (intérieur 130 × 76, haut. 40). **Tolède** *cath.* (1380-1440) 90 (intérieur 113 × 57, haut. 30). **Valle de los Caidos** *Croix* (1940) 150 (basilique souterraine de Guadarrama : 260 × 20, haut. 42).

■ **États-Unis.** **Atlanta** (8 buildings de plus de 200 m) *Bank of America Plaza* (1992) 312 (55 ét.). *Sun Trust Bank Tower* (1992) 265,5 (60 ét.). *One Atlantic Center* (1987) 250 (50 ét.). *191 Peachtree Tower* (1991) 235 (50 ét.). *Westin Peachtree Plaza* (1973) 220 (73 ét.). **Boston** *John Hancock Tower* (1967) 241 (60 ét.). *Prudential Tower* (1964) 229 (52 ét.). **Chicago** (18 de plus de 200 m) *Sears Tower* (1974) 442 (avec ses antennes 520 m ; 110 ét. ; 222 500 t ; 418 000 m^2 ; 16 700 personnes utilisent 104 ascenseurs et 18 escaliers roulants ; 16 100 fenêtres). *Aon Center* (1973) 346 (83 ét.). *John Hancock Center* (1969) 343 (450 avec l'antenne ; 100 ét.). **Cleveland** *Key Tower* (1991) 290 (57 ét.). *Terminal Tower* (1930) 216 (52 ét.). *BP America* (1985) 201 (46 ét.). *100 Erieview* (1964) 161 (40 ét.). **Dallas** *Bank of America Plaza* 281 (72 ét.). *Renaissance Tower* (1974) 270 (56 ét.). *Bank One Center* (1987) 240 (60 ét.). *Chase Texas Plaza* (1987) 225 (55 ét.). **Detroit** *Marriott Hotel* 221 (73 ét.). **Houston** *Chase Tower* (1982) 305 (75 ét.). *Wells Fargo Plaza* (1983) 296 (71 ét.). *Williams Tower* (1983) 275 (64 ét.). *Bank of America Center* (1983) 238 (56 ét.). **Las Vegas** *Stratosphere Tower* (1996) 350 (n.c.). **Los Angeles** *Library Tower* (1990) 310 (73 ét.). *First Interstate Tower* 261 (62 ét.). *Two California Plaza* (1992) 229 (52 ét.). *South California Gas Center* (1991) 228 (52 ét.). **Miami** *Four Season's Tower* (prévue 2002) 240 (64 ét.). *First Union Financial Center* (1983) 233 (55 ét.). **Minneapolis** *IDS Center* (1973) 236 (57 ét.). **New York** (46 de plus de 200 m) *World Trade Center I* (1972) ; *II* (1973) 419 [2 tours jumelles (dont 1 avec antenne : 475,1) architectes : Minuro Yamasaki, Emery Roth et associés ; acier lesté de béton ; 110 ét. ; 406 000 m^2 chacune ; 21 800 fenêtres ; chaînette inversée à section triangulaire de 16,5 m de côté à la base et 5,2 m au sommet, empattement 192 m ; doubles parois de 91 cm à 19,7 cm d'épaisseur ; poids 290 000 t (dont 12 127 de béton) ; coût : 36 500 000 $; accès au sommet par trains de 8 capsules de 5 passagers chacune (système unique au monde) ; 104 ascenseurs dans chaque tour ; musée souterrain]. *Empire State Building* phare (1929-30, ouvert 1-5-1931) 381, avec antenne 449 [102 ét. ; armature : 60 000 t d'acier ; fondations : 17 m ; vendu en octobre 1993 : 42 millions de $; 260 000 m^2 de bureaux ; 6 400 fenêtres, 73 ascenseurs, 1 860 marches (course annuelle depuis 1973 sur 1 567 marches : record 10′47″) ; entretien : 750 personnes ; 2 500 000 visites par an ; en 1945 un bombardier, perdu dans le brouillard, heurta le 79e ét. : 14 †]. *Chrysler* (1930) 319 (77 ét.). *American International* (1932) 289,6 (66 ét.). *The Trump Building* (1930) 283 (71 ét.). *Citicorp Center* (1977) 279 (59 ét.). *Condé Nast Building* (1999) 264 (48 ét.). *Trump World Tower* (prévue 2001) 262,4 (72 ét.). *RCA, Rockefeller Center* (1933) 259 (70 ét.). *Chase Manhattan* (1960) 248 (60 ét.). *Metlife Building* (1960-63) 246 (59 ét.). *Cityspire* (1989) 244 (72 ét.). *Eichner* (1984) 243 (70 ét.). *Woolworth* (1913) 241 (57 ét.). *One Worldwide Plaza* 237 (47 ét.). *One Penn Plaza* (1972) 233 (54 ét.). *Bear Stearns* (prévu 2001) 231. *Carnegie Tower* 230 (60 ét.). *Exxon* (1971) 228,6 (54 ét.). *Equitable Center Tower West* (1985) 227 (51 ét.). *J. P. Morgan* (1989) 227 (50 ét.). *One Liberty Plaza* (1972) 226 (50 ét.). *Citibank* (1907) 226 (57 ét.). *Waldorf Astoria* 190 (47 ét.). *Ritz,* 164 (41 ét.). *Hôtel Pierre* 160 (44 ét.). *Nations unies* (1957) 154 (39 ét.). *Cath. St-Jean* (1re pierre 27-12-1892, inachevée ; nef 38, long 183, 11 240 m^2, 476 350 m^3) 152. **Philadelphie** (5 de plus de 200 m) *One Liberty Place* (1987) 288 (61 ét.). *Two Liberty Place* (1989) 247 (58 ét.). *Mellon Bank Center* (1990) 241 (54 ét.). **Pittsburgh** *USX Towers* (1970) 256 (64 ét.). **San Francisco** *Transamerica Pyramid* (1972) 260 (48 ét.). *Bank of America* (1969) 237 (52 ét.). **Seattle** *Bank of America Center* 291 (76 ét.). *Two Union Square* (1989) 270 (56 ét.). *Washington Mutual Tower* (1988) 259 (55 ét.). **Washington** *Obélisque* (1848-84) 169, *Capitole,* sommet 93.

■ **Finlande.** **Helsinki** *église Mikael Agricola* (1935) 103. *Cath.* (1830-52) 72. *Stade olympique* (1934-40) 72. **Itäkeskuksen** *tour Maamerkki* 82. **Kuopio** *belvédère de Puijo* (1964) 75. **Tampere** *belvédère de Näsinneula* (1971) 134. **Turku** *cath.* (1229) 95.

■ **France.** **Paris** *tour Eiffel* (1889) 318,7 (avec antenne) ; *tour Maine-Montparnasse* 210 (56 ét.) ; *Grande Arche* (1989) 110 (36 ét.) ; *arc de triomphe de l'Étoile* 49,25 ; *Montmartre (Sacré-Cœur)* 91 ; *tour sans fin* (La Défense, non réalisée) 420, diam. 42 (record de finesse), conçue par Jean Nouvel. Voir aussi **Paris** à l'Index. **Province : Lyon** *tour Crédit lyonnais* (1977) 165. **Beauvais** *St-Pierre* 153. **Rouen** *cathédrale* (xiiie s.) 151. **Strasbourg** *cath.* (1420-39) 141. **Amiens** *cath.* (1204-60) 134. **Chartres** *Notre-Dame* (xiie-xiiie s.) 130. **Bordeaux** *tour St-Michel* (1492) 114. **Mulhouse** *tour de l'Europe* (1972) 106. **Lille** *beffroi* (1925-33) 103,39. **Tulle** *tour PLM* (1973) 101. **Metz** *Temple Neuf* (1880) 96,20. **Moulins** *cath.* (xve-xvie et xixe s.) 95. **Dijon** *cath.* St-Bénigne (xiiie s.) 92,6. **Rodez** *cath.* (xvie s.) 87. **Boulogne** *N.-D.* (1866) 86. **Reims** *cath.* (xiiie-xve s.) 83. **Arras** *beffroi* (xve-xvie et xxe s.) 75.

■ **Grande-Bretagne.** **Londres** *One Canada Square* (1991) 244 (53 ét.). *National Westminster Tower* (1981) 183 (50 ét.). *London Telecom Tower* (1965) 189 (dont mât 12 m). *Blackpool Tower* (1894) 160. *St-Paul* (1315-1561) 149. *Tours : Shakespeare* (1971), *Cromwell* (1973), *Lauderdale* (1974), *Barbican* (1974) 128. *Vickers House* (1963) 119. *Shell Center* (1962) 108. *Houses of Parliament : Victoria Tower* (1850-55) 104 ; chaque année, le portail d'honneur est ouvert pour l'entrée du souverain qui ouvre la session du Parlement ; l'Union Jack flotte sur cette tour pendant les sessions parlementaires de jour (une lanterne s'allume sur le sommet de Clock Tower pendant les sessions de nuit). *Clock Tower* (1860) 104 ; contient Big Ben (13,5 t), l'horloge du nom de sir Benjamin Hall, responsable des travaux de Westminster. Big Ben a donné son indicatif à la BBC. *Central Tower* (1850-55) 93. *Tower Bridge* (1894) 87 ; long. 270 m (2 tabliers mobiles de 1 200 t) ; passerelle pour piétons reliant les sommets des 2 tours à 43 m au-dessus de la Tamise ; architectes : sir Horace Jones et sir John Wolfe Barry. *Canary Wharf Tower* (1991) 244. *Monument* (1674) 62 (d'après les plans de Christopher Wren et de Robert Hooke, commémore l'incendie de Londres en 1666). *Albert Memorial* (1876) 51. *Nelson Monument* (1840-43) 44. **Lincoln** *cath.* (1307-1548) 160.

☞ La cath. de Winchester est la plus longue cath. gothique d'Europe (170 m). La cath. Church of Christ à Liverpool (1904-78) est la plus longue de G.-B. (203 m).

■ **Guatemala.** **Tikal** *temple* (iiie-ixe) 70.

■ **Hongrie.** **Budapest** *Parlement* (1885-1906) 105. *Église Mathias* (xiiie et 1851-1905) 103.

■ **Inde.** **Agra** *Taj Mahal* (1629-53) 74. **Bhubaneshwar** *Chand Minar* (1435) 64. *Temple Lingaraja* (xie) 50. **Bijapur** *Gol Gumbaz* (xviie) 65. **Calcutta** *minaret Shaheed* (1828) 50. **Delhi** *Qutub Minar* (minaret, 1194) 72. **Hampi** *temple de Shiva* 60. **Haïdarâbad** *Char Minar* (1591) 56. **Kanchipuram** *temple d'Ekambareshwara* (1509) 60. **Madurai** *temple de Minakshî* (xviie) 60. **Tanjore** *temple de Brihadishwara* (xie) 66.

■ **Indonésie.** **Jakarta** *BNI City* (1995) 250 (46 ét.). **Borobudur** *temple bouddhique* (viiie s.) 31,50.

■ **Iran.** **Tchogha-Zanbil** *ziggourat* (1250 av. J.-C.) 50.

■ **Iraq.** **Babylone** *ziggourat* (peut-être tour de Babel ; détruite, 90 m de côté, 7 terrasses superposées, 600 av. J.-C.) 90. **Ur** *ziggourat* (2113-2096 av. J.-C.) [61 × 45,70 m à la base, en partie détruite] 18.

■ **Israël.** **Tel-Aviv** *tour Shalom* (1963) 140.

■ **Italie.** **Bologne** *tour des Asinelli* (1119, inclinaison 1,20 m) 97,60 ; *tour Garisenda* (1109, inachevée, inclinaison 3,20 m) 48. **Crémone** *campanile* (xive) 111. **Florence** *Ste-Marie-des-Fleurs* (1296-1461) 113. *Tour d'Arnolfo* (1298-1314) 94. *Campanile* (1334-59) 85. **Milan** *immeuble Pirelli* (1956-60) 127. *Cathédrale* (Duomo 1386-1805) 108 (nef 44, largeur 16,40). **Modène** *tour Ghirlandina* (1099-1323) 88. **Novare** *St-Gaudenzio* (1878) 121. **Pavie** *beffroi* (xie-xve s., effondré 17-3-1989 : 2 †, 15 blessés) 78. **Pise** *tour.* Projet attribué à Bonanno Pisano et Guiglielmo (artisan allemand) ou à Deotisalvi. *1173*-9-8 : 1re pierre posée. *1174* après construction du 3e étage, le terrain s'affaisse. Bonanno arrête les travaux. *1272-80* : 3 autres étages construits ; la tour s'incline vers le sud. *1370* : 6e étage et clocheton s'inclinent vers le nord. Giovanni da Simone décide d'augmenter la longueur des colonnes et des murs du côté où elle penche (rupture d'angle, forme en « banane »). Travaux interrompus à hauteur du 7e ét. Tommaso Pisano redresse le 8e et dernier ét. *1993-94* dépôt sur les marches nord d'un contrepoids en plomb de 750 t [la tour se redresse de 2,5 mm (52″ d'arc)]. *1994* ancrage par 10 câbles d'acier à 45 m de profondeur. *1995* injection d'azote pour geler les infiltrations d'eau. -8-9 la tour penche (7″ d'arc en 48 h) ; on rajoute 150 t de contrepoids. *1998-2000* : 2 câbles d'acier de 100 m relient la tour (ceinturée à 22 m de haut entre le 2e et 3e étage) à 2 pylônes de 15 m supportant chacun un contrepoids de 150 t. Il y eut 18 commissions d'experts [dont 1298, 1840, 1907, 5 de 1924 à 1932, 1949, 1965 (41 experts), 1983...]. *Écarts au sommet par rapport à la verticale : 1298 :* 1,57 m ; *1817 :* 3,77 m ; *1838 :* 3,8 m ; *1911 :* 4,09 m. *1992 :* 5,20 m (soit 9° 80). Augmentation annuelle depuis 1934 : environ 1,19 mm (1986 : 1,26). A ce rythme, s'écroulerait dans 250 ans. *État actuel* (en m) : haut. max. 56,70, diam. intérieur à la base 7,37 m, extérieur 15,48, fondations 3 m de profondeur, escalier intérieur 294 marches, épaisseur murs 3 m, poids 14 500 t, 7 cloches accordées aux 7 notes de la gamme (remplacées par dispositif électronique pour éviter vibrations). Fermée depuis le 7-1-1990 pour restauration (il y avait 800 000 visiteurs par an). **Pistoia** *tour du Podestat* (1367) 66. **Ravenne** *Torre del Publico* penchée. **Rome** *St-Pierre* (1626) 132 (intérieur 119) [superficie : 15 160 m^2 (Duomo de Milan : 11 300, N.-D. de Paris : 5 955), long. : 186,36 m (211,5 avec portique), long. du transept : 137,5] ; *Colisée* (72-80) 57. *Arc de Constantin* 21 (larg. 25,7 m, épaisseur 7,4 m, le plus grand des arcs antiques). **Sienne** *tour del Mangia* (1338-48) 102. **Turin** *Mole Antonelliana* (1863) 167, prévu pour être une synagogue, puis musée du Risorgimento, puis du cinéma (1996). *Campanile* (1470-1720) 59. **Venise** *campanile de St-Marc* (xiiie-xive, écroulé 14-7-1902 à 9 h, reconstruit 1912) 99. **Vicence,** *tour de l'Horloge* (xiie) 82.

■ **Japon.** **Nagoya** *JR Central* (1999) 240 (53 ét.). **Osaka** *Osaka World Trade Center* (1995) 252 (55 ét.). *Gate Tower* (1996) 254 (56 ét.). Tokyo, *tour TV métallique* (1958) 333. *Hôtel de ville* (1992) 243 (48 ét.). *Metropolitan Tower* (1991) 248 (48 ét.). *Ikebukuro Office Tower* (1978) 226 (60 ét.). *Shinjuku Center* (1979) 216 (52 ét.). *Shinjuku Park* (1994) 233 (52 ét.). *Tour du Millénaire* (projet dans la baie de Tokyo) 800 (pouvant abriter 50 000 habitants, diamètre base 130, au centre d'un lagon artificiel de 400 m de diamètre ; cabines d'ascenseurs contenant 160 personnes, s'arrêtant tous les 30 ét.). **Yokohama** *grande roue* 105 m (diam. 100 m, 60 wagonnets de 8 places). *Landmark* (1993) 296 (70 ét.).

■ **Koweït.** *Tours* de 147 à 210 m.

■ **Luxembourg.** **Berg** *château* (restauré 1850) 65. **Kirchberg** *immeuble* (1966) 82. **Luxembourg** *cathédrale* (1621) 76. *RTL, villa Louvigny* (1932) 43.

■ **Malaisie.** **Kuala Lumpur** *tours jumelles Petronas* (1996) 452 (88 ét., record du monde). *Plaza Rakyat* (1998) 382 (77 ét.). *Malayan Bank* (1988) 244 (50 ét.). **Penang** complexe *Tun Abdul Razak* (1985) 245 (65 ét.).

■ **Malte.** **Mosta** *dôme* 51.

■ **Maroc.** **Casablanca** *le Liberté* (vers 1950) 55 (21 ét.). *Tour Atlas* (33 ét.). *Préfecture* 50. *Mosquée Hassan-II* (1988) 175. **Marrâkech** *la Koutoubia* (xiie s.) 68. **Rabat** *tour Hassan* (xiie s.) 44.

■ **Mexique.** **Chichén Itzá** *pyramide du Castillo* (xie-xiie) 24. **Mexico** *hôtel* (1972) 219 (structure en béton la plus élevée du monde sur terrain sismique). *Tour de l'Amérique latine* (1956) 139 (193,50 avec mât TV). **Teotihuacán** *pyramide du Soleil* (ive, base 225 × 225 m) 63. *Pyramide de la Lune* (ive, 140 × 150) 46.

■ **Myanmar.** **Rangoun** *pagode Schwedagon* (xiie-xvie s.) 99.

■ **Népal.** **Katmandou** *tour de Bhimsen* (1830) 60.

■ **Norvège.** **Oslo** *hôtel Plaza* (1990) 110 (37 ét.). **Trondheim** *cathédrale* (xiie-xive) 103. **Tryvann** *tour* (1962) 118.

■ **Pays-Bas.** **Amsterdam** *Vieille-Église* (1566) 68. *Rembrandt Tower* (1995) 135. **Delft** *Nouvelle-Église* (1496) 108. **Groningue** *tour* (xve) 97. **Haarlem** *Grande Église St-Bavon* (1519) 80. **La Haye** *Église St-Jacques* (1424) 92. *Palais de la Paix* (1907-13) 80. **Lopik** *Gerbrandytoren, tour TV* (1959-60) 383. **Middelbourg** *beffroi* (xvie) 55. **Rotterdam** *Euromast* (1960 : 104 m, surélevée en 1970) 185. *Hôtel de Ville* (1914-20) 71. *Église St-Laurent* (xve) 64,5. *Delftse Poort* (1991) 2 tours 150 et 93 (41 et 25 ét.). **Utrecht** *cathédrale* (xive) 112.

■ **Pologne.** **Czestochowa** *abbaye des Paulins* (1430-68/1690-93) 104. **Cracovie** *Ste-Marie* (1478) 81. **Gdańsk** *hôtel de ville* (1454-89) 82. *Ste-Marie* (xve s.) 78. *Hôtel Hevelius* (1979) 68. *Tour de bureaux* (1960-69) 76. **Poznan** *hôtel de ville* (1508-60) 71,83 m. **Varsovie** *palais de la Culture et de la Science* (1955) 231 (avec mât TV) (42 ét.). *Trade Tower* (1999) 208. *Financial Tower* (1998) 157. *Intraco I* (1975) 107 ; *II* (1978) 140. *Hôtel Marriott* (1989) 140. *TIM Office Tower* (1995) 97. *St-Adalbert-Wojciech* (1896-1904) 93. *Hôtel Forum* (1973) 95,5. *Tour de la place Bankowy* (1991) 100. **Wroclaw** *Ste-Élisabeth* (1458) 90.

■ **Russie. Moscou** *tour d'Ostankino* (1971) 536,75. *Université* (1953) 240 (26 ét.). *Hôtel Ukrainia* (1953) 170 (60 ét.). *Kotelnitchenkaïa* (1952) 170. **St-Pétersbourg** *St-Isaac* (1818-58) 102.

■ **Sénégal. Dakar** *minaret* (1964) 67. **Touba** *minaret* (1963) 87.

■ **Singapour. Raffles City** *hôtel Westin Stramford* (1986) 226 (73 ét.). *Treasury Building* (1986) 235 (52 ét.). *Overseas-Chinese Banking Corp.* 201 (52 ét.). *Overseas Union Bank* (1986) 280 (66 ét.). *United Overseas Bank Plaza* (1992) 280 (66 ét.).

■ **Suède. Lund** *cathédrale* (1145) 56. **Stockholm** *tour TV de Kaknäs* (1967) 155. *Église Ste-Klara* (1590, tour 1886) 108. *Hôtel de ville, tour* (1923) 106. **Uppsala** *cathédrale* (1435) 118.

■ **Suisse. Bâle** *immeuble Lonza* (1960) 68. *Cathédrale* (1428) 64. **Berne** *collégiale* (1517-1893) 100. *Palais fédéral* (XIXe) 63. **Beromünster** *tour TV* (1931) 215. **Däniken** *centrale nucléaire* (1979) 150. **Fribourg** *cathédrale* (1490) 76. **Genève** *St-Pierre* (1160-1262) 64. **Lausanne** *cathédrale* (1150-1275) 79. **St-Gall** *cath.* (1767) 68. **Schwarzenburg** *tour radio* (1919) 120. **Soleure** *cathédrale* (XVIIIe) 66. **Sottens** *tour TV* (1948) 180. **Spreitenbach** *immeuble* (1974) 73. **Winterthur** *immeuble Sulzer* (1964) 92.

■ **Syrie. Alep** *minaret Grande Mosquée* (XIe) 50.

■ **Taïwan. Kaoshiung** *tour T & C* (1997) 347 (85 ét.). **Taïpei** *Centre* financier (2003) 508 (101 ét.).

■ **Thaïlande. Bangkok** *Baiyoke II* (1997) 320 (90 ét.). *Metropolis International* (1997) 359 (104 ét.). *Temple de l'Aurore* (1767-82) 74. **Chiang Mai** *chédi de Wat Phra That Doi Suthep* 32. **Nakhon Si Thammarat** *chédi de Wat Mahathat* (Xe) 78 (flèche or massif 400 kg). **Nakhon Pathom** *chédi* (1854) 115.

■ **Tunisie. Carthage** *aqueduc* (162 apr. J.-C.), longueur 141 km (capacité 31,8 millions de litres par jour) 344 arches en 1895. **Tunis** *immeuble Africa* (1970) 90.

■ **Turquie. Ankara** *mausolée d'Atatürk* (1953) 21. **Istanbul** *tour de Galata* (relevée en 1349) 68. *Tour de Beyazit* (1623) 50. **Nemrut Dag** *sanctuaire* (69-34 av. J.-C.) 60.

■ **Venezuela. Caracas** *Parque Central Torres de Oficinas* (1978) 260 (62 ét.).

■ **Prix. Pritzker :** *créé* 1979 par la fondation américaine Hyatt. *Montant :* 100 000 $. *1994* Christian de Portzamparc (France), *1995* Tadao Ando (Jap.), *1996* José Rafael Moneo (Esp.), *1997* Sverre Fehn (Norv.), *1998* Renzo Piano (It.), *1999* sir Norman Foster (G.-B.), *2000* Rem Koolhass (P.-Bas), *2001* Jacques Herzog et Pierre de Meuron (Sui.). **Carlsberg :** *créé* 1992. *Montant :* 200 000 écus. *1998* Peter Zumthor (Sui.). **Wolf :** *créé* 1984 en Israël. Tous les 4 ans. **Praemium impérial :** *créé* 1989 au Japon. **Équerre d'argent :** créée 1983, remise par le groupe Moniteur. *2000 :* Philippe Gazeau (France). pour le centre sportif Léon-Biancotto (Paris XVIIe).

DESSIN, PEINTURE, SCULPTURE

☞ Pour découvrir la sélection **Quid** des meilleurs sites Internet, rendez-vous sur **www.quid.fr**

DESSIN

TECHNIQUE : MATÉRIAUX

■ **Solides. Craie :** utilisation courante au XVIe s. Généralisée au XVIIe s. Servait de rehaut aux dessins à la pierre noire ou à la sanguine. **Crayons :** XVIIIe s., *2 crayons* sur papiers teintés (noir et blanc), puis *3 crayons,* noir, blanc et sanguine (ocre rouge, oxyde de fer, cinabre) ou bistre (terre ocre, ocre jaune, suie). XIXe et XXe s., *2 et 3 crayons :* Prud'hon, Chaplin, Chéret ; *de toutes couleurs :* Sisley, Mucha, Rouveyre, Ibels, Picasso. **Crayon Conté :** argile mêlée de graphite pulvérisé et cuit. Créé en 1794 après arrêt de l'importation de graphite du Cumberland (G.-B.).

Fusain (baguette de charbon de bois) : difficile à fixer. Peu d'avant le XVIIe s. sont bien conservés.

Mine de plomb : en réalité crayon de graphite (gisements découverts en 1654 dans le Cumberland). Fin XVIIIe s., remplacée par le crayon de plombagine artificiel [mélange d'argile et de graphite pulvérisé, créé par le Français Nicolas-Jacques Conté (1755-1805)]. En vogue au XIXe s.

Pastel : poudre de pigments de couleurs broyés et agglutinés dans eau gommée *(pastels secs),* argile, huile, et diluables *(pastels gras). 1499* Jean Perréal, venu à Milan avec Louis XII, révèle cette technique à Léonard de Vinci. *1665* Nicolas Dumonstier donne le 1er un pastel comme morceau de réception à l'Académie. *XVIIIe s.* procédé de fixation mis au point par Maurice Quentin de La Tour et Loriot. Rosalba Carriera est à l'origine de sa grande vogue. *XIXe s.* Boudin, Pissarro, Guillaumin, Mary Cassatt, Degas l'utilisent.

Pierres : *pierre noire* ou *pierre d'Italie* (schiste argileux à grain serré) : apparaît fin XVe s. Une pierre noire « artificielle » (mélange d'argile et de noir de fumée) la remplace peu à peu au XVIIe s. *Sanguine* (argile ferrugineuse, du rouge clair au violacé : « sanguine brûlée ») : employée comme couleur, puis, fin XVe s., utilisée pour le tracé du trait. A la mode au XVIIIe s., délaissée début XIXe s., reprise au XXe s.

Pointes de métal : or, argent, cuivre ou surtout plomb, les autres métaux nécessitant une préparation spéciale du support. L'école de la Loire, au XVe s., utilisa la pointe d'argent. Remplacées au XVIe s. par la pierre d'Italie.

■ **Liquides. Bistre :** suie de cheminée broyée et dissoute dans du vinaigre, après ébullition additionnée de gomme arabique. Du brun noir au blond clair. Employé XIVe-XIXe s., remplacé par la sépia.

Encres : de Chine : composée de noir de fumée, gélatine et camphre. Au Moyen Age, noir de fumée de chandelles dissoute dans de l'eau gommée. Depuis le XVIe s., utilisée pour lavis ; **de noix de galle :** décoction de noix de galle, sulfate de fer, gomme arabique ou huile de térébenthine. En vieillissant, tourne au brun ou au jaune et brûle le papier.

Lavis : dilution d'encre, étalée avec un pinceau. Appelé *lavis d'encre* s'il va du noir à la sépia (couleur brune, voir ci-après), *en camaïeu* s'il réalise toutes les tonalités et les intensités d'une autre couleur. Très utilisé au XVIIe s. : Adam Pynacker, Puget (sur vélin ou parchemin) ; au XIXe s. : Harpignies (petits paysages). Trait en général tracé à la plume ou au crayon et colorant étalé au pinceau. Au XIXe s., des plumes de métal (dont la plume-baïonnette) remplacent plumes animales et tiges végétales (roseau, bambou).

Sépia : depuis le XVIe s. ; provient de la sécrétion de la seiche. Brun.

■ **Supports.** Les plus anciens dessins sont sur *parchemin* ou *tablettes de buis.* Le *papier* apparut au XIe s., en Espagne et en Italie. Les papiers fabriqués mécaniquement (à partir de 1798 environ) se reconnaissent par la netteté et l'absence de *vergeures* et de *pontuseaux* (lignes claires laissées dans le papier par la trame de fils de métal destinés à retenir la pâte). Certains dessins sont sur des fonds teintés, préparés spécialement (exemple : pour le tracé à la pointe d'argent) ou passés au lavis *(l'aquarelle).* Dès la fin du XVe s., on fabrica à Venise du papier teinté dans la pâte (bleu, gris ou chamois).

☞ **Inscriptions latines :** *delineavit :* a dessiné ; *pinxit :* a peint ; *fec. (fecit) :* a fait ; *inv. (invenit) :* a créé ; *sculpsit :* a gravé.

PRIX

☞ **Éléments :** en premier lieu, *qualité* du dessin et *état* de conservation (un dessin estompé ou passé perd de son intérêt) ; puis *notoriété* de l'artiste, *signature,* degré de *finition, sujet* (par ordre : scène d'extérieur à plusieurs personnages, portrait de femme, scène d'intérieur, paysages animés, portrait d'homme, dessin d'architecture, dessin préparatoire à une œuvre peinte ou gravée), *couleurs.* Certains faussaires « corrigent » les dessins : des vieilles femmes deviennent de jeunes femmes.

■ DESSINS LES PLUS CHERS DU MONDE

Vente de gré à gré. *La Vierge, l'Enfant avec St Jean-Baptiste et Ste Anne* (139 × 101 cm), de Léonard de Vinci, vendu par la Burlington Academy, acheté par la National Gallery, après souscription, 10 000 000 de F (1962).

Ventes publiques. Picasso (gouache et encre de Chine) 80 080 000 F (1989). **Raphaël,** *Tête d'apôtre* 44 370 000 F, Christie's, Londres, 13-12-1996 : 5,3 millions de £ (en juillet 1984, Sotheby's : 3,5). **Van Gogh,** *Jardin de fleurs* (encre noire) 41 800 000 F (14-11-1990, Christie's, New York). **Léger,** 49 500 000 F (1990). **Michel-Ange,** *le Christ et la Samaritaine* 40 400 000 F (28-1-1998, Sotheby's, New York), *la Sainte Famille,* 36 500 000 F (juillet 1995, Christie's, Londres), *le Repos pendant la fuite en Égypte* (27,9 × 39,1 cm) pierre noire, sanguine, plume et encre, 34 200 000 F (6-7-1993, Christie's, Londres).

Au centimètre carré. *Griffonnage* (2,5 cm²), de Léonard de Vinci : 24 000 000 de F (nov. 1986, New York).

■ COTE (EN MILLIERS DE F)

☞ *Abréviation :* aq. : aquarelle.

■ **Prix élevés en vente publique.** *Alt (R. von)* aq. 514 (2000). *Arpin (cavalier d')* 357,5 (1991). *Bakst (L.)* 749 (1989). *Baldung Grien* 800 (1981). *Balthus* 1 660 (2000). *Barbieri (G.F.)* 947,1 (1991). *Barlach (E.)* 304 (1991). *Barocci (F.F.)* 13 809 (1999). *Bartolomeo (fra)* 342 (1992). *Basquiat (J.-M.)* 947 (2000). *Bastien-Lepage (J.)* pierre noire 148,2 (1985). *Bazaine* aq. 76 (1990). *Beckmann (M.)* plume 218 (2000). *Bellmer (H.)* 225 (1999). *Bernard (E.)* 60 (2000). *Bloemaert (A.)* 660 (1999). *Boilly (L.L.)* 1 900 (2000). *Bonheur (R.)* aq. 1 201,2 (1990). *Bonnard (P.)* 2 003 (1999), aq. 3 424 (1989). *Bonvin (F.)* 220 (2000). *Boucher (F.)* 2 104 (2000). *Boudin (E.)* pastel 310 (2000). *Braque (G.)* 4 228,6 (1988), 9 000 [fusain, papier, faux bois, journal (1990)]. *Bronzino* 10 600 (2000). *Brueghel le Vieux* 667,2 (1978). *Brusasorzi (F.R.)* 850 (2000). *Buffet (B.)* 381 (2000). *Buonaccorsi* 1 935 (1988). *Burne-Jones (E.C.)* 1 065,4 (1990). *Caillebotte (G.)* 548,7 (1991). *Callot (J.)* 435,8 (1990). *Canaletto* 1 096 (2000). *Caravage (le)* 332 (1984). *Carmontelle* 865 (1989). *Carpaccio* 1 937 (1990), 1 659 (2000). *Carracci (Agostino)* 823,2 (1990). *Carracci (Annibale)* 1 496 (1999). *Cassatt (Mary)* pastel 5 071 (2000). *Castiglione (dit il Grechetto)* 1 980 (1991). *Cézanne* aq. 24 610 (1989). *Chagall* 3 358 (1999), aq. 3 170 (1990). *Champaigne (Ph. de)* 340 (1992). *Chardin* 179 (1999), pastel 6 000 (1986). *Chase (W.M.)* 19 800 (1993). *Chassériau (T.)* 3 300 (1989), aq. 700 (1989). *Chirico (G. De)* 2 711 (1990), 1 258 (2000). *Christo* 1 132 (1991). *Cochin* 660 (1986). *Cocteau* 838 (1991). *Constable (J.)* pastel 1 242 (2000). *Corot* 1 350 (2000). *Corrège (le)* 907,5 (1991). *Cortona (P. de)* 2 640 (1991). *Courbet* 268,3 (1987). *Coypel* pierre noire 920 (1987). *Cranach* aq. 1 714 (1984). *Credi (L. di)* 13 500 (2001). *Cuyp (Aelbert)* 20 090 (2001). *Daumier* 3 400 (1991). *David (Jacques Louis)* 1 956 (1999). *Decamps (A.G.)* 132 (2000). *Degas* 34 737 (2000), pastel 45 965 (1988). *Delacroix* aq. 1 892 (1994), encre de Chine 1 300 (2000). *Delaroche (P.)* 27 (2000). *Denis (M.)* 240 (2000). *Derain* 290 (1992), aq. 800 (1992). *Disney (W.)* 214 (1999). *Dix* 1 216 (1999). *Doré (G.)* 340 (2000). *Doyen (G.)* 400 (1989). *Dubuffet* collage 4 719 (1989), gouache 2 210 (2000). *Duchamp* 4 988 (1999). *Dufy (R.)* gouache 1 656 (2000), aq. 1 443 (1990). *Dunoyer de Segonzac* 372 (1999), aq. 330,4 (1990). *Dürer* dessin rehaussé d'aquarelle 5 337,6 (1978), faux du XVIe 630 (1997), plume 2 452 (1999). *Eakins (T.)* aq. 18 304 (1990). *Ernst* 3 575 (1993). *Fantin-Latour* 303 (1990). *Feininger (L.)* aq. 1 383 (2000). *Ferri (C.)* 352 (1991). *Feure (G. de)* 406,8 (1989). *Fini (L.)* 284 (2000). *Flinck* 91 (1999). *Flint* aq. 595 (1999). *Forain* 321 (1988). *Foujita* 2 000 (1990), aq. 3 486,6 (1989). *Fragonard* (2 200 dessins connus dont 50 importants) 1 950 (1985), pierre noire 3 200 (1990). *Frank-Will* aq. 175 (1990). *Gainsborough* 2 150 (2000), pastel (sauvé du « Titanic ») 6 100 (1991). *Gauguin* 8 500 (2000). *Gaulli (G.B.)* 1 100 (1991). *Gen Paul* aq. 180 (1991). *Gérard (baron)* pierre noire 116 (2000). *Géricault* aq. 7 400 (2000), 2 500 (2000). *Gervex (H.)* 3 100 (étude de « Rolla », 2001). *Giacometti (A.)* 1 173 (1999). *Giacometti (G.)* aq. 159,9 (1990). *Gillot (Cl.)* 305 (2000). *Girodet-Trioson* 430 (1997). *Goltzius (H.)* 3 104 (1999). *Goya* 5 563 (2000). *Graf (Urs)* 1 017,5 (1978). *Greuze* 2 850 (1999). *Gris (J.)* 3 469 (1999). *Grosz (G.)* aq. 1 662 (1990). *Guardi (F.)* 4 217 (1987). *Guirand de Scevola (L.V.)* aq. 43 (1994), pastels 51 (1989). *Guys (C.)* 130 (2000). *Harpignies* aq. 160 (1989). *Hartung* 260 (1999). *Helleu* pastel 800,8 (1990). *Hergé* 570 (1999), aq. 3 100 (1990). *Hockney (D.)* 2 611 (2000). *Hodler (F.)* 629,5 (1990). *Homer (W.)* aq. 31 521 (1999). *Hopper (E.)* aq. 2 886 (2000). *Huber (W.)* 957,6 (1978). *Huet (J.-B.)* aq. 252 (2000). *Huet (P.)* 74 (2000). *Hugo (Valentine)* 1 990 (2001). *Hugo (Victor)* 720 (1988), 230 (2000). *Icart (L.)* 300 (1990). *Ingres* 7 000 (1989). *Isabey (J.-B.)* pierre noire 610 (2000). *Jacob (M.)* aq. 58 (1991). *John (A.)* 302,5 (1990). *Johns (Jasper)* 10 155 (1999). *Jones (O.)* 213,8 (1990). *Jongkind* aq. 128 (2000). *Jordaens* 1 131 (1999). *Kandinsky* aq. 7 509 (1999). *Khnopff (F.)* 1 971 (1988), aq. 1 598 (1989), pastel 1 368 (2000). *Kirchner (E. L.)* pastel 775 (2000). *Kisling* fusain 100 (2000), aq. 118,8 (1994). *Klee* 8 522 (1990). *Kokoschka (O.)* 950,6 (1989). *Kollwitz (K.)* 565,5 (1990). *Kooning (W.C. De)* 18 266 (2000). *Kubin (A.)* 686 (2000). *Kupka* aq. 388 (2000). *Lami* 650 (1990). *Lancret* 655,8 (1990). *Lanfranco* 360 (1991). *Larsson (C.-O.)* 3 145 (2000). *La Tour (Maurice Quentin de)* pastel 4 000 (1984). *Laurencin (Marie)* aq. 972,4. *Laurens (H.)* 1 104 (2000). *Lear (E.)* 670 (1999). *Lebasque* 145 (1999). *Lebourg (A.)* 32 (2000). *Le Brun (Ch.)* 332 (2000). *Le Corbusier* 369 (1988). *Léger (F.)*

■ **Mentions (lors d'une vente).** *A la manière de* ou *genre de X :* pastiche. *Atelier de :* exécuté sous la direction de l'artiste. *Attribué à X :* vraisemblable, mais doute sur l'identité. *D'après X :* peut être une copie ancienne. *École de X :* influence de l'artiste jusqu'à 50 ans après sa mort. *Entourage de :* contemporain ayant subi l'influence du maître. *Par* ou *signé de :* l'œuvre est authentique. *Réplique :* répétition d'une œuvre exécutée par l'auteur ou sous sa surveillance. *Style de :* aucune garantie d'époque. *Une signature X :* douteuse.

49 500 (1990), aq. 2 500 (1989). *Leprince (J.-B.)* 30 (2000). *Le Vau* 355,2 (1987). *Lewis (J.F.)* 401 (1999). *Lewitt (Sol)* 457,6 (1990). *Leyde (Lucas van)* 280 (1980). *Liotard (J.-E.)* 7 228 (4-7-1995). *Longhi (P.)* 126 (2000). *Lorrain (Le)* 994 (1992). *Macke (A.)* 3 040 (1999). *Maes (N.)* 59 (2000). *Magritte* 21 026 (1999). *Maillol* 1 197 (1999). *Manet* 10 817,4 (1988). *Man Ray* 450 (1995), 416 (2000). *Mantegna* 1 200 (1984). *Marquet* 210 (1989). *Matisse* 17 637 (2000). *Menzel (A. von)* 1 054 (1993). *Michaux (H.)* 290 (1990). *Michel-Ange* 77 860 (*Le Christ ressuscité*, 2000). *Millet (J.-F.)* 5 160 (1991). *Miró* 13 678 (2000), aq. 3 013 (1999), pastel 14 100 (1989). *Modigliani* 4 186 (2000). *Mola (P.F.)* 990 (1991). *Mondrian* 3 639 (1998), aq. 4 019 (1999). *Monet* pastels 3 400 (1989). *Montezin* 56 (1999). *Moore (H.)* 1 598 (2000). *Morandi (G.)* 1 373,1 (1989). *Moreau (G.)* aq. 1 110 (1995). *Moreau le Jeune* 2 850 (1991). *Morisot* 2 880 (1989). *Mucha (A.)* 1 245 (2000). *Munch (E.)* 400 (1999). *Natoire* 681 (1986). *Nicholson (B.)* 371,5 (1999). *Oldenburg (C.)* 264 (2000). *Oudry (J.-B.)* 690 (1999). *Parmigianino (il)* 2 612 (1999). *Pascin* 715 (1989). *Pechstein (H.M.)* aq. 432,7 (1987). *Percier et Fontaine* 182 (1991). *Picabia* 4 200 (1993). *Picasso* 25 168 (1989), 80 080 (voir p. 437 b). *Pillement* 316 (2000). *Pinturicchio* 592,8 (1978). *Piranèsi (G.B.)* 465 (2000). *Pissarro (C.)* pastel, gouache 13 319 (2000). *Poussin* 1 540 (1991). *Prendergast (M.-B.)* 11 701 (2000). *Primatice (le)* 2 374 (1990). *Prud'hon* 2 550 (1999). *Puvis de Chavannes* 148 (1999). *Raphaël* 44 370 (1996). *Redon* 6 469 (2000), pastel 12 012 (New York, 1989). *Redouté (P.J.)* aq. 2 104 (2000). *Reiser* 45 (1995). *Rembrandt* 24 300 (2000). *Reni* 1 430 (1991). *Renoir* pastel 16 484 (1989). *Ribera* 825 (1991). *Rivera (D.)* 1 596 (1991), aq. 1 046,1 (1989). *Robert (Hubert)* craie noire 929 (2000). *Rodchenko (A.)* aq. 1 791,7 (1990). *Rodin* encre, plume 580 (2000). *Romains (Jules)* 372 (1972). *Rops (F.)* 232 (1996). *Rosa (S.)* 877 (1991). *Rossetti* pastel 25 252 (2000). *Rouault (G.)* 379 (2000). *Rousseau (T.)* 380 (1994). *Roux (A.)* 125 (1990). *Rubens* 29 055 (Londres, 1989). *Ruisdael (J. van)* peinre noire et lavis 1 106,7 (1996). *Saint-Aubin (G. de)* 290 (2000). *Salviati* 8 300 (2001). *Sand (G.)* 40 (2000). *Sandys (A.F.)* 252 (1992). *Scheffer (A.)* 8 à 40 (2000). *Schiele* 11 198 (1998). *Schmidt-Rottluff (K.)* 218 (1999), aq. 774,8 (1989). *Sebastiano del Piombo* 1 000 (1980). *Segantini (G.)* 300 (1981). *Seurat* 5 500 (1989). *Signac* gouache 828 (2000), aq. 268 (1999). *Sisley* pastel 1 420 (1989). *Sonrel (E.)* aq. 65 (2000). *Steinlen* 152 (2000). *Tiepolo (G.B.)* 690 (1999). *Tiepolo (G.D.)* 425 (2000). *Tintoret (le)* 207 (1999). *Tobey (M.)* 99 (2000). *Toulouse-Lautrec* 5 745 (1987). *Turner (J.M.W.)* aq. 4 688 (1988). *Utrillo* 1 046,1 (1989). *Van Dongen* 465,7 (1999). *Van Gogh* 49 879 (1999). *Van Goyen (J.)* 506 (2000). *Van Heemskerck (Maerten)* 1 452 (1999). *Van Huysm* 5,5 (1991). *Van Loo (C.)* 770 (2000). *Vanni (F.)* 780 (1988). *Véronèse* 3 000 (1986). *Vincent (F.-A.)* 710 (2000). *Vinci (L. de)* 35 000 (1989). *Vlaminck (M. de)* gouache 280 (2000). *Vuillard* pastels 2 315 (2000). *Warhol (A.)* 3 222 (2000). *Watteau* 5 644 (1986). *Wölfli (A.)* 460 (1994). *Ziem (F.)* aq. 250 (1998). *Zille (H.)* 285 (2000). *Zuñiga (F.)* 209 (1990).

ENLUMINURES

■ **Définition.** Lettres ornées ou peintures de petites dimensions qui illustrent les feuillets d'un manuscrit. On en trouve sur papyrus (dès le IIIe millénaire av. J.-C.), vélin ou papier. Religieuses jusqu'au XIIIe s., puis profanes. Les couleurs fines sont délayées à l'eau gommée. Au XIVe s., les fonds d'or cèdent la place à des fonds de couleur puis progressivement à des paysages. La grisaille apparaît.

■ **Enluminures célèbres. IIIe-Ve s.** *Iliade* (Bibliothèque ambrosienne, Milan). **Ve s.** *Genèse* (Vienne). **Ve ou VIe s.** *Dioscoride* (Vienne), *Codex Vaticanus, Œuvres de St Augustin* (Cambridge, Corpus Christi). **VIe s.** *Évangile de St Matthieu*[1], *Virgile*[2]. **IXe s.** *Bible de Charles le Chauve*[1]. **875** *Codex Aureus*[3]. **XIe s.** *Apocalypse de St-Sever*. **XIIIe s.** *Psautier de Blanche de Castille* (bibliothèque de l'Arsenal), *Psautier de St Louis*[1]. **Vers 1200** *Psautier d'Ingeburge de Danemark*[4]. **XIVe s.** *Décret de Gratien* par Maître Honoré (Tours), *Heures de Jeanne d'Évreux* par Jean Pucelle. **XVe s.** *Grandes Heures de Rohan*[1], œuvres de Jean Fouquet *(Heures d'Etienne Chevalier*[4], *Antiquités judaïques*[1], *Boccace*[3]). **Vers 1415** *Très Riches Heures du duc de Berry* par les frères de Limbourg[4]. **XVIe s.** *Grandes Heures d'Anne de Bretagne* par Jean Bourdichon[1], *Bréviaire Grimani* (Venise). *Enluminures persanes.* **Vers 1515** *Heures de Maximilien Ier* par Dürer (Munich, Besançon).

Nota. – (1) Bibliothèque nationale, Paris. (2) Vatican. (3) Munich. (4) Chantilly (musée Condé).

☞ **Autres principales collections :** Vienne, Londres (British Museum), Istanbul (Topkapi).

ESTAMPES/GRAVURES

DÉFINITIONS

■ **Originaux. Chalcographie.** Art de graver sur cuivre. Utilisée à partir de 1430-1435.

Estampe. Image imprimée, théoriquement multipliable à l'identique, à partir d'un élément d'impression (gravure, lithographie, sérigraphie) obtenu manuellement ou avec le concours d'un procédé photomécanique et qui, encré, transfère lors de son passage sous une presse (ou son équivalent) sa charge d'encre sur une feuille de papier ou tout autre support offrant la même souplesse. Apparaît fin XIVe s. en Occident (gravure sur bois). On admet généralement que, pour être originale, elle doit être conçue et réalisée entièrement à la main, par l'artiste.

Fumé. Épreuve d'essai d'une gravure sur bois.

Gravures. Sur bois : *en relief* ou *en taille d'épargne :* jusqu'au XVIIIe s. dans le sens des fibres [*bois de fil* (poirier, cormier, cerisier, pommier)] ; au XIXe s. perpendiculairement aux fibres [*bois de bout* (le plus souvent de buis)] ; au XXe s. en bois de fil ou de bout.

Sur métal : au *burin ;* à la *pointe-sèche* (aiguille) ; à l'*eau-forte* (plaque généralement en cuivre recouverte de vernis sur lequel on dessine à la pointe, le métal mis à nu est attaqué par l'acide et creusé) ; à la *manière noire* [*mezzo-tinto :* plaque « bercée » (c'est-à-dire hérissée de petites « barbes » en pointe avec un berceau) puis passée au brunissoir] ; au *grain de résine* [*aquatinte :* travaillée comme l'eau-forte, mais la plaque est saupoudrée de résine (le sucre fond...) avant d'être trempée dans l'acide] ; au *vernis mou* (ou *en manière de crayon*) : vernis à base de bitume et de saindoux.

Graveurs les plus célèbres : *impression en couleurs :* Janinet et Debucourt. *Sanguine :* Demarteau et Bonnet. *Noir :* Cochin, Beauvarlet et Delaunay.

Impression en taille-douce. Le papier est pressé sur la plaque dont les tailles, réservées à la pointe sèche, à l'eau-forte ou au burin (trait plus épais), sont garnies d'encre. Depuis la fin du XIXe s., les tirages sont généralement signés et numérotés (numéro d'ordre de l'épreuve suivi du chiffre du tirage ; par exemple : 21/75).

Autrefois les tirages n'étaient pas limités, les 1res épreuves ou les 1ers états étant les plus recherchés (épreuves avant la lettre ou non terminées).

Lithographie. Impression sur papier d'un dessin tracé au crayon gras sur une pierre calcaire, une plaque de zinc, ou du papier lithographique dit « papier report ». Découverte et mise au point en 1798 ou 1799 par Aloys Senefelder (Allemand, 1771-1834) ; 1802 : brevet déposé à Paris. Une lithographie originale est conçue et réalisée à la main par l'artiste. Le tirage d'une estampe peut comporter plusieurs « états » : l'artiste, assistant au tirage, modifie l'œuvre en cours, corrige un trait, accentue une teinte. Le tirage peut être limité (20 à 200 exemplaires en général) et chaque exemplaire est signé et numéroté par l'artiste. La pierre est grainée (effacée) après la dernière épreuve ; on supprime ainsi toute possibilité d'impression postérieure. En fait, certains artistes contemporains autorisent un artisan à exécuter le dessin sur pierre d'après une de leurs œuvres, et apposent leur signature sur ces estampes d'interprétation. Aujourd'hui on voit des lithographies tirées mécaniquement et d'après des plaques de métal.

Sérigraphie. Impression à travers des écrans de soie interposés entre le papier et l'encre.

Zincographie. Lithographie sur plaque de zinc. A été utilisée pour les affiches de grand format (exemple : Lautrec) ou par Gauguin et Émile Bernard.

■ **Reproduction. Anaglyphe.** Fondée sur le principe de la stéréoscopie. 2 images identiques sont imprimées successivement avec un léger décalage, l'une en bleu-vert, l'autre en rouge, par exemple. Avec un binocle portant un filtre bleu-vert d'un côté et rouge de l'autre, l'impression se présente en relief et les couleurs décalées disparaissent.

Anastatique (impression). Par décalque sur pierre lithographique, puis tirage.

Galvanoplastie. Par électrolyse, un métal préalablement dissous (à l'état de sel) dans un bain est déposé sur un autre métal, ou sur toute surface préalablement métallisée. En 1849, Coblence, compositeur parisien, applique un procédé qu'il appelle *électrotypie :* il obtient galvanos, gravures et des pages de texte du *Magasin pittoresque*.

Héliogravure. Plaque gravée chimiquement à travers une réserve obtenue photographiquement. Mise au point en 1875 par Karl Klic (Autr., 1841-1926).

Photogravure. Gravure d'après photo. *1826* 1re exécutée par Niepce. *1845* Loire, Michelet et Quinet inventent la gravure chimique. *1868* brevets pour l'utilisation d'une trame quadrillée sur bristol. *1878* Frédéric-Eugène Ives obtient des clichés par gonflement de la gélatine. *1880* Charles-G. Petit invente la *similigravure ; 1882* Meisenbach, à Munich, la similigravure avec trame lignée.

Simili (gravure en). Gravure photomécanique qui permet de reproduire les teintes du lavis.

PRIX

☞ **Éléments :** *rareté, qualité du tirage, netteté, papier, nombre d'exemplaires* connus ou restant en circulation, *sujet, épreuves* hors commerce, *couleurs, état.* Les estampes aux marges coupées ou pliées perdent de 50 à 60 % de leur valeur.

Gravure la plus chère. *Le Christ présenté au peuple* de Rembrandt (1655) 5,6 millions de F (Christie's, Londres, 5-12-1985).

ESTAMPES

■ **Exemples de prix en vente publique** (en milliers de F). *Abréviations :* aq. : aquatinte ; col. : coloriée ; e.-f. : eau-forte ; gr. : gravure ; li. : lithographie ; poch. : pochoirs ; p.-s. : pointe-sèche.

Anciennes. Audubon li. 669 (1999). **Bellange** e.-f. 477. **Bonnet** e.-f., gr. 36,4 (2000). **Callot** e.-f. 67 (2000). **Cranach** bois 277,3. **Debucourt** e.-f. aq. gr. 58,7 (2000). **Delacroix** li. 32 (1999). **Dürer** gr. 3 056 (1987). **Fragonard** e.-f. 27,1. **Gellée Cl.** e.-f. 161. **Géricault** li. 428 (1992). **Goya** e.-f. et aq. 41,3, e.-f. 201 (1992), li. 1 720 (1992). **Rembrandt** e.-f. 6 300 (1984), p.-s. 2 215. **Schongauer** gr. 2 106 (1999). **Tiepolo** gr. 37,2 (1998).

Modernes. Barlach li. 77,1 (1999). **Beckmann** e.-f. 939 (1999), li. 814,6 (2000), p.-s. 1 023,5 (2000). **Benton** li. 243,1 (2000). **Bonnard** li. 3 780 (1985). **Braque** bois 280,4 (1999), p.-s. 574,8, li. col. 342,6 (2000). **Brayer** li. 53 (1990). **Buffet** li. col. 240 (1999), 700 (1989). **Cassat** p.-s. aq. col. 1 500 (2000), li. 1 150,4 (1987). **Cézanne** li. col. 386 (1999). **Chagall** li. col. (*Daphnis et Chloé*, 1961) 5 347 (2000), paravent 5 462 (1988). **Chirico** li. 336 (2000). **Corot** 70 (2000). **Dalí** e.-f. 410 (1999). **Daumier** li. 95 (1999), 380,4 (1988). **Degas** p.-s. 735,3. **Delvaux** li. 62,3 (1999). **Denis** li. col. 176 (2000), est. col. 185 (1999). **Derain** gr. sur bois 258 (2000). **Dubuffet** li. col. 405 (1999). **Dürer** gr. 1 052 (2000). **Ensor** e.-f. 117,4 (2000). **Ernst** e.-f. aq. col. 308 (2000). **Escher** gr. bois 446,5 (2000). **Folon** aq. 5,9 (1999). **Foujita** aq. col. 623,6, e.-f. 850 (1990). **Gauguin** monotype 3 200 (1991), li. sur zinc 935 (1999), gr. bois 1 900 (1986), gr. 481 (1984). **Giacometti A.** li. 99,7 (1999), suite de 10 li. 161, gr. (3 d'un livre) 76,4 (1999), e.-f. 136,8 (2000). **Hartung** li. 17 (1999). **Heckel** gr. bois 1 195,7 (2000), li. 287,5, gr. 1 150 (1991). **Helleu** p.-s. 74,3 (2000). **Hockney** li. col. 511,5 (2000), 743,6 (1989), e.-f. et aq. col. 157,8 (2000), e.-f. 572 (1990). **Hopper** gr. 295 (1999). **Icart** e.-f. aq. col. 38,6 (2000), p.-s. 179,3 (1991). **Jawlensky** li. col. 101,3 (1990). **Johns** monotype 4 186 (2000), série 10 li. col. 1 052 (1999), 4 aq. col. (4 saisons) 1 005 (1999). **Jongkind** e.-f. 23. **Kandinsky** li. col. 411,2, gr. bois 679,5, p.-s. 65,5 (2000). **Kirchner** gr. bois col. 3 530, li. col. 1 979 (1999). **Klee** e.-f. 431 (1999). **Kokoschka** li. col. 137,5 (1999), 387 (1992). **Kollwitz** li. et aq. 187,8 (1999). **Laboureur** e.-f. 39 (2000), gr. bois 85 (1999). **Laurencin** li. col. 57,8 (2000). **Malevitch** li. 34,7 (2000). **Manet** li. 1 072 (1988), e.-f. et aq. 34,5. **Marcoussis** e.-f. 230,7 (2000), e.-f. et p.-s. 138 (2000). **Matisse** li. 3 470,5 (2000), 22 poch. (apr. collages) 2 922,6 (2000), e.-f. aq. col. 1 387,7 (2000). **Méryon** e.-f. 62,7 (2000), 300 (1989). **Miro** e.-f. et aq. 346,1 (2000), li. 231,3 (2000), gr. aq. col. 231,5 (1999). **Morandi** gr. 204,6 (1999). **Mucha** 4 li. 299 (1999). **Munch** li. 3 335 (1991), li. col. 2 484 (1999), gr. bois 2 669,3 (2000). **Nolde** e.-f. 167,7 (2000), *la Danseuse* 2 400 (1995), li. 1 216 (1999). **Picasso** aq. 3 500 (1991), li. col. 621 (1999), p.-s. 292,4 (2000), *suite des Saltimbanques* (15 e.-f. et p.-s.) 2 438,7 (5 326,8 en 1989), *suite Vollard* (1930-37) (aq. et p.-s.) 4 066 (1999), gr. sur cuivre 8 385 (1990). **Pissaro** gr. col. 210 (2000), e.-f. 155,4 (1999). **Prud'hon** e.-f. 12,7. **Redon** li. 350 (2000), col. 155 (1999), e.-f. 101. **Renoir** li. col. 578,7 (2000), li. 909,5 (1989), e.-f. 92,5 (2000). **Rivière** li. col. 56,3 (2000), bois col. 52 (1999). **Robbe** aq. col. 23,7 (1999). **Rops** li. col. 19,2. **Rouault** aq. col. 14,6 (2000), aq. 436,6 (2000). **Signac** li. col. 81 (1999). **Stella** e.-f. aq. 1 388,2 (2000). **Toulouse-Lautrec** li. col. 2 006 (1999), li. *Elles* (suite de 10) 4 967 (1999), p.-s. 28,8. **Utrillo** li. col. 112 (2000). **Valloton** 10 gr. bois 458 (1999). **Van Gogh** li. 823,2 (1990), gr. Dr Gachet 590 (1999). **Vasarely** 21 (2000), sérigraphie 18 (2000). **Villon** p.-s. 321 (1999), aq. col. 1 149 (1999). **Vlaminck** gr. bois 33 (1999). **Vuillard** li. col. 154,2 (2000). **Warhol** sérigraphie 440 (1999), monotype 5 183,1 (2000).

■ **Gravures japonaises** (voir **Art japonais**, p. 455 c).

AFFICHES

■ **Origine.** En 1477, William Coxton réalisa la 1re affiche (1,3 × 0,7 m) pour faire connaître les cures thermales de Salisbury. Pendant les guerres de Religion, les affiches étaient manuscrites. L'affiche illustrée, apparue en 1715, se développa après l'invention de la lithographie.

■ **Affichistes célèbres.** Pour certains, exemples de prix atteints en ventes publiques en milliers de F. **Hugo d'Alési** (1849-1906) 93,8 (2000). **Edmond Aman-Jean** (Amand-Edmond Jean *dit*, 1860-1936). **George Auriol** (Jean-Georges Huyot *dit*, 1863-1938). **Bac** (Ferdinand de Sigismond Bach *dit*, 1859-1952) 27,5 (2000). **Léon Bakst** (1866-1924) 42 (2000). **Georges Barbier** (1882-1932) 42 (2000). **Otto Baumberger** (1899-1961) 35,1 (2000). **Hippolyte Bellangé** (1800-66). **Jacques et Pierre Bellenger** (1909) 19,8 (2000). **Francis Bernard** (1900-79)

■ **Affiches de cinéma.** 1°) Dessinées et plus recherchées, 2°) à base de montage photographique. **Formats :** *jusqu'en 1934 :* divers ; apparition des 120 × 160 et 60 × 60. *Depuis 1940 :* 120 × 160, 60 × 80, 40 × 60, 40 × 80 (formats « pantalons »). Affiches américaines : « three sheets », environ 60 × 160. **Illustrateurs célèbres :** Dubout, Hergé, Cocteau, Maurice Toussaint, Savignac, B. Bilinsky, Frank Frazetta, Philippe Druillet, B. Grinsson, Ferracci, J. Mascii, R. Soubie, R. Lefebvre, G. Allard, C. Belinsky, J. Bonneaud, Landi, J. Koutachy, Cerrutti, Bernard Lancy, Vanni Tealdi (1924-98). **Collectionneurs :** plus de 1 000 en France.

Prix (en milliers de F) : *Goldfinger* (1964) : 130 (en 4 panneaux, 1997). *Metropolis* (2 panneaux, par Boris Bilinsky, 1927 : 122 (1989). *L'Atlantide* (Manuel Orazi, 1921) 57 (1995). *Frankenstein, Les Enfants du paradis :* 50. *Pépé le Moko :* 41. *L'Arroseur arrosé :* 40. *La Grande Illusion* (par Bernard Lancy, 1936) : 39 (1991). *L'Atalante, le Silence de la mer, la Belle et la Bête, la Belle Équipe* (1993) : 25. *La Route enchantée* (1993) : 15,5. *Lumières de Paris* (1993) : 15. La trilogie *Marius, Fanny* et *César* (illustrée par Dubout) : 14. Affaires courantes (120 × 160) : 0,3 à 1,5.

21,9 (2000). **Bertall** (Albert d'Arnoux *dit,* 1820-82). **Henri I. Biais. Maurice Biais** (1875-1926). **Boris Bilinsky** (1900-48). **Pierre Bonnard** (1867-1947) 84,2 (2000). **Firmin Bouisset** (1859-1925) 95,1 (2000). **Louis-Maurice Boutet de Monvel** (1851-1913). **Willy Bradley** (1868-1962) 16 (1999). **Roger Broders** (1883-1953) 50,9 (2000). **Umberto Brunelleschi** (1879-1948). **Leonetto Cappiello** (1875-1942) 72 (2000). **Caran d'Ache** [Emmanuel Poiré *dit* (du russe *karandach,* crayon), 1859-1909]. **Jean Carlu** (1900-97) 72,7 (2000). **Eugène Carrière** (1849-1906). **Cassandre** (Adolphe Mouron *dit,* 1901-68) 190 (1994). **Cham** (Amédée de Noé *dit,* 1819-79). **Jules Chéret** (1836-1932) 174 (1999). **Paul Colin** (1892-1985) 200 (2000). **Pierre Commarmond** (1897-1983) 14,2 (2000). **Roland Coudon** (n.c.) 92 (1999). **Eric de Coulon** (1888-1956) 13,8 (2000). **Edouard Louis Cousyn** (1881-1926). **Crafty** (Victor Geruzez *dit,* 1840-1906). **Alfred Crowquill** (Alfred H. Forrester *dit,* 1804-72). **George Cruikshank** (1792-1878). **Robert Cuzin** (1941). **Sonia Delaunay** (1885-1979). **Maurice Denis** (1870-1943). **André Dignimont** (1891-1965). **Jean-Gabriel Domergue** (1889-1962) 30,7 (2000). **Jean Don** (1900-85). **Drian** (Adrien Désiré Etienne *dit,* 1885-1961). **Raymond Ducatez. Henri Dumont** (1856-1921). **Jean Dupas** (1882-1964) 65,6 (2000). **Léon Dupin** (1900-?) 30 (2000). **Georges d'Espagnat** (1870-1950). **Pierre Fabre. Abel Faivre** (1867-1945) 45,7 (1999). **Robert Falcucci** (1900-89) 55,8 (1999). **Georges de Feure** (Van Sluijters *dit,* 1868-1943) 109,8 (2000). **Pierre Fix-Masseau** (1905-94) 117,1 (2000). **Paul Fromentier** (1914-81). **Paolo Federico Garretto** (1903-91) 5,7 (2000). **Gavarni** (Sulpice Hippolyte Guillaume Chevalier *dit,* 1804-66). **Gérale** (Gérard Alexandre *dit,* 1914) 11,4 (2000). **Charles Gesmar** (1900-28) 51,2 (2000). **Raymond Gid** (1905-2000) 20,4 (1999). **André Gill** (André Gosset de Guines *dit,* 1840-85). **James Gillray** (1756/57-1815). **Léon Gischia** (1903-91). **Grand'Aigle** (Henri Genevrier *dit*). **Gérard Grandval** (1803-47). **Grandville** (Jean Ignace Isidore Gérard *dit,* 1803-47). **Eugène Grasset** (1841-1917) 36 (2000). **Alfred Grévin** (1827-92). **Juan Gris** (José V. González *dit,* 1887-1927). **Édouard Halouze. Hansi** (Jean-Jacques Waltz *dit,* 1873-1951). **Hemjic** (Marcel Jacques *dit*). **Henri-Gabriel Ibels** (1867-1936) 10,5 (2000). **Louis Icart** (1888-1950) 32 (2001). **Joseph Paul Iribe** (1883-1935). **Tony Johannot** (1803-52). **Julien Lacaze** (1886-1971) 6,1 (2000). **Charles Léandre** (1862-1930) 13,2 (2000). **Lucien Lefèvre** (n.c.) 19,9 (2000). **René Lelong** (1871-1933) 9,2 (2000). **Georges Léonnec** (1881-1940) 5,9 (2000). **Georges Lepape** (1887-1971). **Charles Loupot** (1892-1960) 234,2 (2000). **Jean Luc** 7,1 (2000). **Jan & Joël Martel** (1896-1966). **Lajos Marton** (1891-1952) 16,8 (2000). **André-Édouard Marty** (1882-1974) 13,7 (2000). **Georges Mathieu** (1921). **Edmond Maurus** 35,1 (2000). **Lucien-Achille Mauzan** (1883-1952) 48 (2000). **Adolf von Menzel** (1815-1905). **Jean-Adrien Mercier** (1899-1995) 92 (1999). **Lucien Métivet** (1863-1937) 47,6 (2000). **Henri Meunier** (1873-1922) 21,4 (2000). **Victor Mignot** (1872-1944). **Victor Moscoso. Koloman Moser** (1868-1918) 620 (1985). **Alphonse Mucha** (1860-1939) 365 (2000). **Nathan** (Jacques Garamond *dit,* 1910). **Bernard Naudin** (1876-1946) 84 (2000). **O'Galop** (Marius Rossillon *dit*, auteur de l'affiche Bibendum, 1867-1946) 32,3 (2000). **Manuel Orazi** (1860-1934) 153 (2000). **Pal** (Jean de Paléotologu *dit,* 1855-1942) 190,3 (2000). **Maurice Pecnard. Roger Pérot** (1908-76). **Pierre Peyrolle** jusqu'à 26 ans. **Francisque Poulbot** (1879-1946). **Henri Privat-Livemon** (1861-1936) 62,2 (2000). **Benjamin Rabier** (1869-1939) 20 (2000). **Albert Robida** (1848-1926). **Georges Rochegrosse** (1859-1938). **Maggie Salzedo. Munetsugu Satomi** (1900-95) 25,9 (2000). **Joseph Sattler** (1867-1931). **Raymond Savignac** (1907) jusqu'à 48 ans 26,5 (2000). **Sem** (Georges Goursat *dit,* 1863-1934) 21,3 (2000). **Sepo** (Severo Pozzati *dit,* 1895-1983) 11,5 (2000). **Albert Solon** (1897-1973) 13 (2000). **Théophile Alexandre Steinlen** (1859-1923) 263,5 (2000). **Bradbury Thompson. James Tissot** (1836-1902). **Henri de Toulouse-Lautrec** (1864-1901) 1 325 (*Moulin rouge,* 1999). **Roger de Valerio** (1886-1951) 16,1 (2000). **Félix Vallotton** (1865-1925). **Kees Van Dongen** (1877-1968) 11,3 (1999). **Émile Vavasseur** (1863-1949) « *Ripolin* » 8,7 (1999). **Marcel Vertès** (1895-1961) 18,1 (2000). **René Vincent** (René Maël *dit,* 1879-1936) 53,6 (2000). **Adolphe Willette** (1857-1926) 12,4 (1999). **Jean d'Ylen** (1886-1936) 26 (2000). **Pierre Zénobel** (1905) 15 (1999). **José Zinoviev**.

PEINTURE

DÉFINITIONS

■ **Aquarelle.** Détrempe à base d'eau, de gommes d'arbres et de miel. Les couleurs diluées à l'eau sont étalées sur un support sec ou humide (meilleur fondu). Les *lumières* sont les blancs du papier laissés en réserve. S'y illustrèrent : Delacroix, Turner, Bonington, Jongkind, Boudin, Lami, Bottini, Signac, Cézanne, Vlaminck, Marquet, Dufy, Dunoyer de Segonzac, etc. Utilisée par les illustrateurs (le report sur pierre ou zinc étant proche de l'original).

■ **Anamorphose.** Peinture distendant les formes jusqu'à leur donner une apparence inintelligible : le peintre suscite la curiosité. Les motifs distendus se reforment à partir d'un miroir cylindrique ou si on les regarde sous un certain angle. Exemple : le tableau *les Ambassadeurs* de Holbein (1533, National Gallery, Londres) représente 2 jeunes hommes ; à leurs pieds une masse informe qui, si l'on se place sur le côté droit, révèle une tête de mort.

■ **Collage.** Découpage de papiers collés sur toile ou carton. Max Ernst : 1re exposition de collages 1922, 1er roman-collage *(la Femme 100 têtes)* 1929. Utilisé par Matisse (à partir de 1947), Braque et Picasso.

■ **Décalcomanie.** Introduite chez les surréalistes par Oscar Dominguez en 1936 et adoptée par Max Ernst en 1938. Fait surgir des formes par la superposition et la séparation de feuilles de papier ou de toiles déjà enduites de couleurs.

■ **Détrempe.** Désigne l'amalgame subi par toute préparation de peinture (gouache, aquarelle, huile). Par extension, procédé de peinture à l'eau dont l'agglutinant est une colle végétale (exemple : gomme arabique pour l'aquarelle), ou animale (exemple : colle de peaux). Utilisée au XVIIIe s. et au XIXe s. pour les papiers peints originaux (très recherchés). G. Desvallières l'utilisa pour ses cartons de vitraux, Vuillard, Bonnard, Ker-Xavier Roussel (1867-1944) l'utilisèrent pour leurs maquettes.

■ **Dripping.** Imaginé par Jackson Pollock (1947). Jet de gouttes de peinture à partir d'une boîte percée.

■ **Fixé sous verre.** Peinture exécutée au revers d'une plaque de verre. L'œuvre est regardée sur la surface non peinte du verre. Le peintre compose à l'envers : commence par les détails, finit par les fonds. France, Angleterre, XVIIIe-XIXe s. (paysages, portraits, boîtes). Europe centrale (scènes religieuses et populaires).

■ **Fresque.** Peinture murale exécutée avec des couleurs détrempées dans de l'eau sur une surface de mortier frais à laquelle elles s'incorporent.

■ **Frottage.** Pratiqué par Oscar Dominguez, mis au point en 1925 par Max Ernst. Il correspondait à l'écriture automatique des poètes surréalistes. L'artiste applique une feuille de papier sur un objet, puis la frotte à la mine de plomb pour faire ressortir les irrégularités qui deviennent les éléments de la composition graphique.

■ **Gesso.** Enduit à base de poudre de marbre et de plâtre.

■ **Gouache.** Se dilue à l'eau comme l'aquarelle (mais se présente sous forme de pâte ; l'épaisseur de la pâte est obtenue au moment de la détrempe, par adjonction de gommes venant en majorité de l'acacia). Chagall, Dufy, Gleizes, Metzinger, Rouault ont très souvent utilisé gouache et aquarelle conjointement (fonds à l'aquarelle). Elle est couramment employée pour les maquettes de décors et de costumes.

■ **Grattage.** Inventé par Max Ernst en 1927. Sur une toile de surface inégale enduite de couleurs claires, on fait apparaître des lignes en transparence en la grattant avec une spatule enduite de couleurs plus foncées.

■ **Icônes** (du grec, image, ressemblance). **Origine :** Ve s., en mosaïque, puis peintes sur panneaux de bois, détruites au VIIIe s. à Byzance sous Constantin, 843 réhabilitées. XIIe s. : écoles de Novgorod, Moscou, Pskov, Tver, Rostov, Stroganov (Russie). **Prix :** les plus cotées : scènes multiples et animées sur fond d'or, couleurs fraîches et claires, modèles XIXe s. ornés d'un riza.

■ **Miniatures occidentales.** Scènes et surtout portraits, exécutés principalement aux XVIIIe et XIXe s., pour médaillons, tabatières ou couvercles de boîtes. Sur *ivoire :* peinture à l'huile. *Porcelaine :* peinture émaillée. *Plaque d'or* ou *de cuivre :* émail cuit, puis peint au pinceau, à l'aide de poudres sèches délayées dans de l'essence grasse ou demi-grasse. Séchage et cuisson entre chaque couche (jusqu'à 6).

Miniaturistes célèbres (prix en milliers de F) : **Jean-Baptiste Augustin** (1759-1832) 541,6 (2000). **François Dumont** (1751-1831) 197,8 (2000). **Francisco de Goya** (1746-1828). **Jean-Urbain Guérin** (1761-1836) 87 (1999). **Peter-Adolphe Hall** (1739-93, Suédois établi à Paris) 113,8 (1999). **Nicholas Hilliard** (1547-v. 1619) 730 (1980). **Jean-Baptiste Isabey** (1767-1855) 288,6 (1999). **Jean-Antoine Laurent** (1763-1832) 1 250 (1981). **Isaac Oliver** (1560-1617) 781,2 (1971). **Jean Petitot** (1607-91) *Duc de Buckingham* 2 112 (30-4-1996, Christie's). **John Ramage** (1748-1802) *George Washington* (5,4 cm) 1 740 (1988, Christie's, New York). **Alexandr Serebriakov** (1907-94) 130 (1999).

■ **Peinture à la cire.** *Origine :* Antiquité grecque et égyptienne ; pigment incorporé dans la cire : l'ensemble fondu est entretenu dans la cendre chaude pendant le travail de l'artiste. Procédé réinventé par Henri Gros (fin XIXe s.).

Nettoyage des tableaux. *Superficiel :* eau tiède mélangée à du savon sur coton à peine humide (à utiliser avec précaution). Pomme de terre, oignon ou demi-citron ne nettoient pas et peuvent causer des dégâts supplémentaires.

Nombre d'or. Nom donné par les artistes de la Renaissance au rapport $\frac{1+\sqrt{5}}{2}$, soit 1,618.
Deux dimensions sont alors entre elles dans la même proportion que la plus grande avec leur somme. Formule utilisée en architecture (pyramide de Chéops, Parthénon), sculpture, peinture.

■ **Peinture à l'huile.** *Origine :* Italie, améliorée par les Flamands au XVe s. Van Eyck a, le premier, dilué les couleurs à l'huile dans des essences. Utilise huile végétale (lin, colza, œillette), acide gras (essence de térébenthine), médium composé de gommes (qualité et quantité variables) en suspension dans l'alcool, vernis à retouches, siccatifs (accélèrent le séchage). Certains tableaux (surtout impressionnistes) peints avec des huiles trop grasses se conservent mal.

■ **Peinture à l'œuf.** Utilisée jusqu'au XVe s. (le Pérugin, Raphaël). Emploi de l'œuf comme liant (blanc ou jaune ou les deux mélangés aux pigments).

■ **Peinture en trompe-l'œil.** Donne l'illusion de la réalité (illusion de relief).

■ **Peinture polymère.** *Acrylique :* acide obtenu par l'oxydation de l'acroléine (CH_2-CHCHO) dont les esters se polymérisent en verres organiques. Une émulsion polymère est obtenue par la suspension dans l'eau de minuscules particules dites *monomères.* L'évaporation de l'eau provoque la polymérisation (les molécules identiques se soudent). Cette structure polymère se présente en un verre organique cohérent, solide et indélébile. Résiste au vieillissement, ne jaunit pas, ne craquelle pas, conserve son éclat, (lavable à l'eau pure). *Copolymère :* s'obtient par l'addition d'une résine vinylique (obtenue à partir de l'acétylène) à une émulsion acrylique.

■ **Peinture sur bois.** Les primitifs peignaient sur bois (peuplier, tilleul, saule, cèdre, pin, chêne). Les Hollandais, Flamands, Napolitains utilisaient les bois flottés (ayant séjourné dans l'eau) qui ne subissaient plus de gauchissements. Le panneau était encollé (avec 6 couches de colle faite avec des rognures de parchemin), puis enrobé d'une toile très fine pour recouvrir les joints et limiter les effets de la dilatation du bois, ensuite il était encollé de nouveau (8 couches). Des lames croisées au revers du panneau empêchaient les planches de se disjoindre (parquetage).

■ **Toiles tendues sur châssis.** Utilisées à partir du XVIe s. en Italie (Raphaël), au XVIIe s. en Flandre (Rubens). D'abord tissées de fils de chanvre ou de lin vers le milieu du XVIIIe s., puis de coton (très tirées). Parallèlement, le châssis à clef supplantait le châssis à clous. *Autres supports :* toiles tissées avec la ramie (ortie orientale) utilisées par l'école de Barbizon ; soie, ivoire, cuivre, plaque de verre, carton entoilé (peinture de fleurs, d'Odilon Redon), fibrociment.

Nota. – Depuis le XIXe s., beaucoup de peintres n'ont pas su maîtriser leur technique ; ils ont utilisé, méconnaissant la manière dont ils vieilliraient, de nombreux pigments, notamment du *bitume* qui a viré au noir fumeux en se craquelant, ce matériau ne séchant pas (Prud'hon). Watteau utilisait des huiles trop grasses qui séchaient mal. Manet utilisait, dit-on, trop d'huile (ses œuvres ont perdu de leur éclat) ; en réalité, il utilisait aussi la soude et l'ammoniac en suspension dans l'huile. Beaucoup n'ont pas su préparer leur support, ont abusé des épaisseurs (les toiles sont des pièges à poussière).

■ **Photomontage.** Regroupe des éléments figuratifs disparates. Exemples : l'*Éléphant Célèbes, Œdipus Rex* de Max Ernst en 1921-1922.

■ **Vernis.** Mot apparu au XIIe siècle, issu, par l'italien *vernia*, du latin médiéval *veronikê*, de *Berenikê*, Bérénice : ville de Cyrénaïque (l'actuelle Benghazi) d'où viennent les premiers vernis.

FORMAT DES TABLEAUX

LES PLUS GRANDS TABLEAUX DU MONDE

■ **Tableaux. Exécutés avant 1860 :** *le Paradis* exécuté de 1587 à 1590 par le Tintoret et son fils (Venise, palais des Doges) : 22 m × 7 m. *Les Noces de Cana* de Véronèse (1528-88), pris au couvent San Giorgio de Venise en mai 1797 par Bonaparte (Louvre) : 6,70 m × 9,75 m. **Exécutés après 1860 :** *la Bataille de Gettysburg* (Caroline du Nord, USA) : 125 m × 21,3 m, 5,5 t, terminé en 1883 après 2 ans 1/2 de travail par Paul Philippoteaux (Français) et 16 assistants. *La Bataille d'Atlanta* (Grant Park, Atlanta, Géorgie, USA) : 121,9 m × 15,24 m, 8 t, exécuté en 1885-86 par 2 Allemands. Le *Panorama du Mississippi* (City Art Museum, St Louis, Mississippi, USA) : 106,7 m ; un autre *Panorama du Mississippi,* achevé 1846 par John Banvard, détruit en 1891, mesurait 152,5 m × 3,65 m. *La Fée Électricité* (Paris, musée d'Art moderne) commandée à Raoul Dufy par la CGE pour l'Exposition de 1937 : 60 m × 10 m. *La Tentation de St Antoine* (à Vézelay par Claude Manesse) : 20 m × 2 m.

■ **Fresques.** **Les plus grandes :** John Glitsos (1973) *le Toit du mémorial des Vétérans à Phoenix* (Arizona, USA), 10 000 m². Jean-Marie Pierret (1991) *le Verseau*, sur tour de refroidissement, centrale nucléaire de Cruas (Ardèche), 12 500 m², coût : 3 500 000 F, 16 t de peinture ; *Colosse* (1989) barrage de Tignes, 9 000 m², hauteur 100 m.

Mesures du format

Points	Figure	Paysage	Marine
0	14 × 18	12 × 18	10 × 18
1	16 × 22	14 × 22	12 × 22
2	19 × 24	16 × 24	14 × 24
3	22 × 27	19 × 27	16 × 27
4	24 × 33	22 × 33	19 × 33
5	27 × 35	24 × 35	22 × 35
6	33 × 41	27 × 41	24 × 41
8	38 × 46	33 × 46	27 × 46
10	46 × 55	38 × 55	33 × 55
12	50 × 61	46 × 61	38 × 61
15	54 × 65	50 × 65	46 × 65
20	60 × 73	54 × 73	50 × 73
25	65 × 81	60 × 81	54 × 81
30	73 × 92	65 × 92	60 × 92
40	81 × 100	73 × 100	65 × 100
50	89 × 116	81 × 116	73 × 116
60	97 × 130	89 × 130	81 × 130
80	114 × 146	97 × 146	89 × 146
100	130 × 162	114 × 162	97 × 162
120	130 × 195	114 × 195	97 × 195

Lecture : un tableau de 33 cm de hauteur (1er nombre) sur 55 cm de longueur est appelé un « 10 marine ».

Authenticité

■ **Grands faussaires.** **Pietro della Vecchia** (XVIIe s.) faux Giorgione. **Hans Hofmann** faux Dürer. **Franchard et Terenzio da Urbino** (XVIIIe s.) faux Raphaël. **Elmyr de Hory** (1905-1976) faux Dufy, Derain, Matisse, Marquet, Modigliani, Van Dongen. **Marcel Mariën** (1920), surréaliste belge, ami de *René Magritte*, vendit de 1942 à 1946 un grand nombre de faux (Picasso, Braque et De Chirico). Dessins et tableaux exécutés par Magritte. **Hans Van Meegeren** (1889/30-12-1947), Hollandais morphinomane. Répandit la rumeur que Vermeer aurait peint des sujets religieux et mystifia les experts ; il vendit *les Pèlerins d'Emmaüs* 520 000 florins au musée Boymans (Rotterdam) et *le Christ et la femme adultère* à Goering ; à Paris, *la Cène* (peinte en 1939) 1 600 000 florins au collectionneur Van Beuningen (revendue 350 000 F le 12-12-1995, au musée Boymans). Accusé de collaboration avec les Allemands, il dut avouer pour se disculper et, pour prouver ses capacités, il exécuta en 8 semaines, sous surveillance, *Jésus parmi les docteurs.* Condamné à 1 an de prison le 12-11-1947. Gracié, il mourut en clinique le 30-12-1947. **Otto Wacker**, vers 1930, faux Van Gogh. **Jean-Pierre Schecroun**, 1960 à 1962, faux Picasso, Nicolas de Staël, Hartung, Pollock, Miró, Léger, Kupka, Braque. **David Stein**, 1961 à 1966, environ 400 faux Chagall, Matisse, Picasso. **Fernand Legros** (26-1-1931/1983) a vendu au musée de Tokyo et à l'Américain Meadows environ 40 faux, la plupart peints par Real Lessard.

☞ **Faux Corot** : environ 11 000. Les **Center Art Galleries** ont vendu en 13 ans pour 2 600 millions de $ de fausses lithographies achetées 50 à 100 $ aux faussaires, revendues 2 000 à 30 000 $ (Dali : fausses lithographies à Honolulu, 1990 : **Dalí** avait présigné des feuilles stockées dans un garde-meuble de Genève). Un copiste peut apposer sur une copie fidèle la signature imitée du peintre tombé dans le domaine public, mort depuis plus de 70 ans (arrêt du 12-4-1996, confirmé par la Cour de cassation le 11-6-1997 en faveur de Daniel Delamare).

■ **Erreurs d'attribution.** **J.R. Boronali :** *Coucher de soleil sur l'Adriatique*, exposé en 1910, remporta un vif succès. Son auteur : un âne (Boronali : Aliboron) à la queue duquel des humoristes (dont Roland Dorgelès) avaient attaché un pinceau. **Caravage (le) :** *l'Arrestation du Christ* du couvent jésuite de Leeson Street à Dublin (Irlande) attribué à Gerrit Van Honthorst. **Giorgione :** *le Concert champêtre* considéré comme une œuvre de jeunesse de Titien (Louvre). **Frans Hals :** *Descartes* (Louvre) et **Georges de La Tour :** *St Jérôme lisant* sont contestés. **Antoine Le Nain :** *la Messe pontificale* avait été attribuée à Pourbus, Champaigne, Van den Berg, Chalette et Bergaigne. **Poussin :** *Olympos et Marsyas*, acheté par le Louvre en 1968, était attribué alors à l'école des Carrache (20 ans de procédure pour jugement et restitution). **Rembrandt :** *Diane au bain* qui lui fut attribuée de 1910 à 1926 ; *prix en 1892 :* 1 300 F, *1926 :* 340 000 F, *1983 :* 95 000 F. Vers 1900, on comptait 966 Rembrandt (dont 250 seraient de lui). Un *Portrait de jeune homme barbu* de la collection Thyssen, vendu 9,8 millions de F chez Christie's en 1971, fut revendu 4,8 millions de F chez Sotheby's en 1988 après sa désattribution. **Rimbaud :** ses dessins avaient été décalqués sur divers livres et journaux. **Van Gogh :** plusieurs sont contestés dont *les Tournesols* acheté 268 millions de F en 1987, *le Jardin à Auvers* (voir p. 441 a) et *le Jardin de Daubigny* conservé à Bâle (Suisse) seraient du faussaire Claude Émile Schuffenecker, selon l'expert Jan Husker. Le 13-5-1989, 20 faux de Michel Barcelo ont été vendus à Versailles. **Véronèse :** *Christ guérissant un aveugle* adjugé 37 800 £ chez Christie's à Londres, en 1958 : attribué au Greco en 1960 et revendu 100 000 £. **Watteau :** 2 tableaux achetés par le Louvre 1 500 000 F en 1927, attribués plus tard à Quillard, perdirent 90 % de leur valeur. En 1972, on attribuait 200 à 300 peintures à Watteau ; depuis, 39 à 42.

Expositions

■ **Salons.** Expositions périodiques d'œuvres d'artistes vivants. 1er Salon à Paris en 1667, à l'instigation de Colbert. *Sous Louis XV :* 25 expositions de 1725 à 1773 [s'ouvraient généralement le 25 août (jour de la St-Louis) et duraient un mois dans le *salon carré* du Louvre (d'où leur nom)]. De 1751 à 1795, le Salon fut bisannuel. Seuls exposaient des membres de l'Académie royale de peinture et de sculpture (supprimée sous la Révolution) et des professeurs de l'école.

La création de l'Académie des beaux-arts de France, en 1795, entraîna le retour du favoritisme et l'exclusion des artistes indépendants. De 1795 à la fin du XIXe s., la plupart des grands peintres français luttèrent contre cet arbitraire. Ainsi Delacroix (1798-1863), chef des romantiques, fut maltraité par Ingres (de l'Académie, défenseur du classicisme). En 1863, le refus de 3 000 candidatures sur 5 000 entraîna la création du *Salon des refusés* qui exposa des œuvres de Courbet, Fantin-Latour, Manet, Harpignies, Whistler et Jongkind.

■ **Foire internationale d'art contemporain (Fiac).** *Créée* 1974 par l'OIP (Organisation Idées Promotion, 11, rue du Cel Pierre Avia, 75015 Paris) ; *Pts de Cofiac : 1975 :* Daniel Gervis ; *1991 :* Denise René ; *2000 :* Yvon Lambert. *Galeries présentes : 1993 :* 186 ; *95 :* 121 ; *98 :* 138 ; *99 :* 182 ; *2000 :* 197 (23 pays). **Visiteurs :** *1992 :* 150 000 ; *93 :* 140 000 ; *95 :* 70 000 ; *98 :* 90 000 ; *99 :* 100 000.

■ **Autres foires importantes.** Bâle (1970), Cassel (All.) : *Documenta* créée 1955 par Arnold Bolde. Chicago (1979), Cologne (1967), Düsseldorf (1973), Los Angeles (1984), Madrid (Esp.) : *Arco*, Maastricht, Palm Beach.

Prix

■ **Éléments du prix.** **Notoriété de l'auteur. Authenticité du tableau. Provenance. Rareté. Qualité. Période de l'artiste. État de conservation. Dimensions. Forme :** (toiles ovales dévaluées (question de mode et cadre difficile à trouver). **Portraits :** on préfère fonds clairs (fonds d'or pour primitifs italiens), une femme ou un enfant à un homme (abbés ou gens de justice dépréciés), une princesse à une bourgeoise, une célébrité à un inconnu. **Nus :** féminin plus apprécié que masculin, jugé académique (à qualité égale, 1 nu féminin de Boucher se vend 5 fois plus cher qu'un masculin). **Scènes :** on préfère des scènes civiles (fêtes, intérieurs, etc.) aux religieuses et, pour celles-ci, les souriantes (Nativité ou Annonciation) aux douloureuses (Crucifixion ou Déposition). **Natures mortes :** on préfère fonds clairs, compositions aérées et harmonieuses : fleurs, coquillages ou instruments de musique (rarissimes) ; gibiers morts ou poissons peuvent déplaire. **Pastel :** fragile (craint trépidation et humidité), difficile à restaurer, vaut 3 à 5 fois moins cher qu'une toile (exceptions : *Perronneau* qui a peint peu de toiles et *Maurice Quentin de La Tour* aucune). **Signature :** se répand au XVIIe s., courante au XVIIIe s. Les tableaux non signés sont dépréciés par rapport aux tableaux signés. Un changement d'identité peut multiplier ou diviser par 100 le prix d'un même tableau. Les appellations d'écoles nationales deviennent plus rares, car on s'efforce de rattacher les tableaux à des maîtres.

■ **Cote.** Il est difficile d'établir la cote des peintres célèbres, certains très rarement ou jamais cotés (exemples : Van Eyck, Van der Weyden, Giotto, Raphaël, Léonard de Vinci, etc.). Elle varie suivant le sujet (exemple : Corot), la période de la vie du peintre à laquelle l'œuvre se rattache (exemple : la période fauve de Vlaminck ; pour Picasso ses périodes bleue et rose, puis ses toiles cubistes et ses toiles classiques, et enfin ses toiles récentes). Les contemporains bénéficient souvent à leur époque d'un engouement qui peut se retourner à l'époque suivante.

■ **Évolution.** **1900-30** forte progression ; baisse après la crise de 1929-30, puis progression jusqu'en 1950 (nabis, fauves, cubistes, surréalistes, expressionnistes). **1950-73** hausse générale. **1974-77** baisse de la cote de la peinture contemporaine. **1977-81** selon l'offre et la demande ; hausses sur les tableaux de qualité (impressionnistes, pompiers, orientalistes, petits-maîtres, symbolistes, préraphaélites, néoclassiques). **1982-88** remontée de la peinture contemporaine. **1990-95** moins 30 à 80 %. **1995-2000** hausse. **Prévisions.** A long terme, la cote des œuvres de qualité augmentera, car elles sont rares sur le marché. Le nombre des musées s'accroît et beaucoup désirent constituer des collections représentatives des diverses époques.

■ **Meilleurs chiffres d'affaires** (en millions de $, 2000) **et**, entre parenthèses, **nombre de lots vendus.** Pablo Picasso 139,2 (34). Claude Monet 118,6 (25). Auguste Renoir 46,7 (78). Amedeo Modigliani 37,3 (8). Paul Cézanne 37,1 (8). Henri Matisse 37,3 (8). Andy Warhol 29,7 (79). Mark Rothko 27 (4). Rembrandt 26,1 (1). Antonio Canaletto 21,7 (6).

☞ **Sources :** **Bénézit** (Dictionnaire des peintres, sculpteurs, dessinateurs et graveurs) : *créé* en 1911 par Emmanuel Bénézit (1854-1920) ; *1re édition* 1911-1923 : 3 vol. ; *2e éd.* 1948-1955 : 8 vol. ; *3e éd.* 1976 : 10 vol. ; *4e éd.* 1999 : 14 vol. (13 440 pages, 170 000 entrées et 22 000 renvois) ; *tirage :* 10 000 ex. ; *parution :* sept. **L'Annuel des arts** (Éditions **Van Wilder**) : a donné 80 000 enchères pour 45 000 artistes ; *parution :* janvier ; *tirage* (en 2001) : 5 000 ex. **Annuaire des cotes/Art Price :** ADEC Productions : *créé* 1988 ; *en 2000 :* a donné 170 000 enchères pour 59 000 artistes lors de 5 000 ventes dans 40 pays ; *parution :* déc. ; *tirage :* 20 000 ex. **Artprice.com.** Banque de données en ligne : 2 403 556 résultats de vente pour 231 389 artistes, 308 335 tableaux récapitulatifs.

Tableaux les plus chers

■ **Exemples de prix** (en millions de F). *Abréviation :* NG : National Gallery.

Tableaux achetés de gré à gré. Anciens : 1967 Vinci *Ginevra dei Benci* portrait (présumé), peint sur bois laqué, 30 (acheté au Pce de Liechtenstein par la NG de Washington). **1972 G. de La Tour** *le Tricheur à l'as de carreau*, 10 [acheté par le Louvre (aidé par le gouvernement pour 5)]. **1974 Fragonard** *le Verrou*, 5 (acheté par le Louvre ; attribué à un de ses élèves, il avait été adjugé 55 000 F en 1969). **G. de La Tour** *la Madeleine au miroir*, 12 (acheté par la NG de Washington). **1979 Vinci** *le Mariage de Poséidon et d'Amphitrite*, 50 (acheté par un musée hollandais). **1980 Albrecht Altdorfer** *le Christ faisant ses adieux à sa mère* (1er Européen ayant osé peindre des paysages naturels), 60 (acheté par la NG de Londres aux héritiers de lady Zia Wernher, belle-fille du collectionneur sir Julius). **1993 Gainsborough** *Paysans se rendant au marché tôt le matin* 30,5 (acheté par un particulier au Royal Holloway College de l'université de Londres). **Modernes : 1964 Cézanne** *les Grandes Baigneuses* (130 × 195 cm), 7,5 (acheté par la NG de Londres aux héritiers d'Auguste Pellerin). **1973 Jackson Pollock** (1912-1956) *Blue Poles* (les Mâts bleus, 1953, 2,10 × 5,90 m), 8,4 (acheté par la NG d'Australie à Canberra). **Collection Thyssen-Bornemisza** du palais Villahermosa à Madrid (775 tableaux de la Renaissance à Picasso, plus grande collection privée après celle de la reine d'Angleterre), 2 000 (achetée par l'État espagnol).

Records absolus en ventes publiques. 1957 Gauguin *Nature morte aux pommes* 1,04[1]. **1958 Cézanne** *le Garçon au gilet rouge* 2,306[4]. **1959 Rubens** *l'Adoration des Mages* 3,8, acheté par le King's College (Cambridge, G.-B.). **1961 Fragonard** *la Liseuse* 4,375, acheté par la NG de Washington, vente Erickson[7]. **Rembrandt** *Aristote contemplant le buste d'Homère* 11,5, acheté par le Metropolitan Museum de New York, vente Erickson[7]. **1965** (15-3) **Rembrandt** *Titus* 11,72, acheté par Norton Simon (USA), vente Francis Cook[4]. **1970** (27-10) **Vélasquez** *l'Esclave* (1649) 30,6, vente Radnor[2], acheté par la galerie Wildenstein, le Louvre en avait offert 13,2. Le tableau avait été vendu en 1801 : 40 £, 1810 : 151 £. **1983** (6-12) **H. le Lion** *les Évangiles* 81,4[3]. **1984** (5-7) **Turner** *Folkestone* 85. **1985** (18-4) **Mantegna** *l'Adoration des Mages* (vers 1500) 87,48[2]. **1987** (30-3) **Van Gogh** *les Tournesols* (huile sur toile, 1889, 92 × 73) 267,3[2] ; (11-11) *les Iris* (huile sur toile, 71 × 93) 323,4[6], l'acheteur Alan Bond n'ayant pu régler 75 % du montant avancé par Sotheby's, le tableau a été revendu début 1990 au musée Getty à Malibu (Californie). **1990** (15-5) **Van Gogh** *Portrait du Dr Gachet* (1890) 458[5], acheté par le Japonais Ryoei Saïto.

Autres enchères élevées. 1987 (20-11) **Modigliani** *la Belle Romaine* (100 × 65) 41 [1]. **1988** (11-6) **Picasso** *Maternité* 148,5 [5]. (28-6) **Monet** *Dans la prairie* (1876) 132,5. (28-11) **Picasso** *Acrobate* 227 [acheté par Mitsukoshi (grand magasin japonais)]. (Déc.) **Modigliani** *Portrait de Jeanne Hébuterne* 89,1 [6]. **1989** (9-5) **Gauguin** *Mata Mua* (1892) 140,4. (31-5) **Pontormo** *le Duc Cosme Ier de Médicis* [acheté par le musée Getty (Malibu, Californie)] 204,2. (8-11) **De Kooning** (né 1904) *Interchange* (1955) 132[6] (tableau le plus cher vendu du vivant de son auteur). (10-11) **Jasper Johns** *Faux Départ* 92,4[6]. (14-11) **Manet** *la Rue Mosnier* (1878) 153,2. (15-11) **Picasso** *Au lapin agile* (1905 à 25 ans) 211,6[6] et *le Miroir* (1932) 153,2. (30-11) *les Noces de Pierrette* 315[1] (le tableau le plus cher du XXe s.) acheté pour Tomonori Tsurumaki (P-DG de Nippon Auto Pokis) ; le Suédois Fredrick Roos avait obtenu, pour ce ta-

La Joconde (77 × 53 cm) sur panneau de peuplier. Peinte par Léonard de Vinci, vers 1499-1512, représenterait Mona (diminutif de Madonna) Lisa Gherardini, épouse de Francesco del Giocondo, de Florence (n'aimant pas le tableau, il aurait refusé de le payer à Vinci) ou Constanza d'Avalos, maîtresse de Jules de Médicis, surnommée la Joconde. Il y eut 2 commandes : François Ier acheta celle du Louvre, en 1517, 4 000 florins d'or (15 kg), soit 874 500 F au cours du lingot en mars 1998 ; l'autre serait peut-être à Lausanne dans le coffre d'une banque, attendant toujours un certificat d'authenticité. Selon 2 médecins lyonnais assistés d'un sculpteur, la Joconde souffrait d'une paralysie faciale et son « sourire » résulterait d'une asymétrie musculaire. Elle aurait eu aussi le bras et l'épaule paralysés. Vinci aurait mis au moins 10 000 h pour la peindre, à la loupe (précision du 1/20 au 1/40 de mm).

bleau, une autorisation de sortie en donnant à l'État *la Célestine* (1904, période bleue) qu'il avait achetée 100 chez Didier Imbert qui, lui-même, l'avait achetée 25 en 1987. (1-12) **Guardi** *Vue de la Giudecca et du Zattere à Venise* 85[8]. **1990** (15-5) **Renoir** *Autoportrait* (1888) 123,1. (17-5) **Renoir** *le Moulin de la Galette* (1876) 450[5] record pour un artiste français (acheté par le Japonais Kobayashi). (25-6) **Picasso** *les Tuileries* (1901) 110,8. **1991** (7-11) **Gauguin** *Té Faré* 52[1]. (13-12) **Titien** *Vénus et Adonis* 75[2]. **1992** (15-4) **Canaletto** *la Place des Horse Guards* 100[2]. (6-12) **Van Gogh** *le Jardin à Auvers* (juillet 1890) 55[1] [acheté par Jean-Marc Vernes le 6-12-1992 (prix en deça de sa valeur, car œuvre classée et interdite de sortie du territoire), remis en vente par les héritiers Vernes le 10-12-1996, ne dépasse pas 32 millions de F et est repris par les vendeurs ; 10-11-1998 contesté dans *le Figaro* (certains l'attribuaient à Claude Émile Schuffenecker) ; 25-6-1999 reconnu comme authentique par le laboratoire des musées de France (sans avoir analysé les pigments) ; 3-5-2000 le tribunal de grande instance de Paris refuse l'annulation de la vente du 10-12-1996 demandée par les héritiers. Voir aussi encadré p. 483]. **1993** (15-12) **Canaletto** *le Retour du Bucentaure le jour de l'Ascension* 72,2[1]. **1994** (11-5) **Cézanne** *les Grosses Pommes* (vers 1890) 147,1 [6] ; **J.-F. de Troy** *la Lecture de Molière* 33,4. **1995** (8-5) **Picasso** *Portrait d'Angel Fernandez de Soto* (1905) 144[6]. (10-5) **Modigliani** *Nu assis au collier* 62,2[6]. (Mai) **Van Gogh** *Jeune Homme à la casquette* 64,4[6] ; **Picasso** *Mère et enfant* 58[6] ; **Renoir** *Portrait de Mademoiselle Demarsy* 27,3[6]. (8-6) **George Stubbs** *Portrait of the Royal Tiger* 25,5 [3]. (16-6) **Monet** *la Cathédrale de Rouen* 60,7[3]. (7-11) **Picasso** *Garçon à la collerette* 60,5[6]. **1996** (10-11) **Monet** *Nymphéas* 67,3 ; **Liechtenstein** *Tex* 19,9. (20-11) **De Kooning** *Woman* (1949) 89,8 [5]. **1997** (9-10) **Klimt** *Paysage* (record) 141 [2] ; **Picasso** *le Rêve* (1932) 281 (48,4 millions de $; acheté 7 000 $ en 1941) ; *Femme assise dans un fauteuil* (1913) 143 ; *le Chat à l'oiseau* 47,5 ; *Femmes d'Alger* (1955) 173,6 ; **Jasper Johns** 48 et 45,5. **1998** (30-6) **Monet** *Bassin aux nymphéas* 177. **1999** (mai) **Cézanne** *Rideau, cruchon et compotier* (1893-94) 360[6] ; **Seurat** *L'Ile de la Grande Jatte* (1885-89) 195[6]. (30-6) **Monet** *Nymphéas* 200[3]. (8-11) **Monet** *Nymphéas* 135,8 m^2. (9-11) **Picasso** *Nu au fauteuil noir* (1932) 41 millions de $[5]. (10-11) **Picasso** *Femme assise dans un jardin* (1938) 45 millions de $[6]. **2000** (mars) **Le Nain (frères)** *le Reniement de St-Pierre* 8,3 (retenu en France par l'État en oct.). (8-11) **Picasso** *La Femme aux bras croisés* (1901-02) 380,6. **Rembrandt** *Portrait d'une femme de 62 ans* 194,3. **2001** (7-5) Cézanne la Montagne Ste Victoire 283,1.

Nota. – (1) Drouot-Paris. (2) Christie's Londres. (3) Sotheby's Londres. (4) Londres. (5) Christie's New York. (6) Sotheby's New York. (7) New York. (8) Sotheby's Monaco.

■ **Pablo Picasso.** Né le 25-10-1881 à Malaga (Esp.), mort le 8-4-1973 à Mougins. Père peintre. *1895-99* à Barcelone. *1900* Paris, période bleue ; *1904-06* rose. *1907 les Demoiselles d'Avignon. 1908-14* cubiste : *Nature morte à la chaise cannée* (avril-mai, 1er collage) ; *guitare-assemblage* (oct. 1912, carton, ficelles, fil de fer). *1917-24* retour au classicisme. *1926-30* surréaliste. *1937 Guernica. 1948* céramiques à Vallauris. **Épouse : 1°)** *22-7-1918 Olga Khokhlova* (17-6-1891/11-2-1955) [danseuse russe en 1912] ; s'en sépare en 1935 dont *Paulo* (1921-75) [qui épouse 1°) *Emmanuelle Lotte* dont *Marina* (1951) et *Pablito* (1954-73, se suicide en buvant de l'eau de Javel le jour de l'enterrement de son grand-père) ; 2°) *Christine Ruiz* (1928) dont *Bernard* (1959)] ; **2°)** *2-3-1961* (liaison depuis 1953) *Jacqueline Roque* [24-2-1927/15-10-1986 suicide (revolver)]. *1904* liaison avec Madeleine (fille de Frédé du Lapin agile). *1904-12* avec Fernande Olivier (1881-1966). *1911* avec Eva Gouel (Marcelle Humbert), décédée en 1915. *1927-58* avec Marie-Thérèse Walter (1909-77) dont *Maria de la Concepcion* dite *Maya Widmayer* (1935-77, suicide). *1936-44* avec Dora Maar (Theodora Henriette Markovitch, *dite,* 1907-97). *1944-54* avec Françoise Gillot (1921) dont *Claude* (1947) et *Paloma* (15-4-1949), nommée ainsi car née pendant le congrès de la Paix (salle Pleyel, placé sous le signe de la colombe de Picasso).

Œuvre : 13 500 peintures et dessins, 100 000 lithographies ou gravures, 34 000 illustrations de livres et 300 sculptures et céramiques. A sa mort, après 6 ans d'inventaire par Maurice Rheims, son œuvre était estimée à 6 milliards de F. L'héritage (60 000 œuvres dont environ 1 876 tableaux, 7 089 dessins séparés et 5 000 en 200 carnets, 20 000 épreuves de gravures, 880 céramiques, 1 335 sculptures) a été évalué (une fois réglés les 20 % de droits de succession pour les enfants et 40 % pour les petits-enfants) à 1 251 673 200 F partagés entre *6 héritiers :* sa *veuve* Jacqueline ; ses *enfants naturels* Maya, Claude et Paloma ; ses *petits-enfants.* En mars 1990, l'État français accepta en dation 49 peintures, 2 sculptures, 38 dessins, 24 carnets de dessins, 19 céramiques, 247 gravures, 7 lithos.

Cours records (en millions de F) : *La Femme aux bras croisés* 381 (8-11-2000) ; *les Noces de Pierrette* 315 (30-11-1989) ; *Femme assise dans un jardin* 303 (45 millions de $, 10-11-1999) ; *le Rêve* (1932) 281 (48,4 millions de $, 10-11-1997 ; acheté 7 000 $ en 1941) ; *Yo Picasso* 277,6 (9-5-1989, autoportrait) vendu à New York 1,5 en 1970 et 35 en 1983. **Cotes de son vivant :** 9,8 (*les 2 Frères et l'Arlequin,* 1967) ; 0,67 (*Femmes dormant,* 1963). **Musées :** *Paris :* hôtel Aubert de Fontenoy [receveur de la gabelle (impôt sur le sel) ; surnommé pour cette raison hôtel Salé], inauguré 1985. *Barcelone :* dans 3 palais seigneuriaux inaugurés 1963, 1970, 1981. **Faux :** innombrables. Picasso ne voulait pas porter plainte car « on voyait toujours arriver chez le juge un copain ».

☞ **Avant 1914,** plusieurs tableaux ont été payés plus de 20 millions de F de 1990. EXEMPLES : **1885** *Madone Ansidei* (Raphaël) 37,5 ; **1900** *Portrait d'Elena Grimaldi-Cattaneo* (Van Dyck) 51,1 ; **1901** tableau d'autel Colonna (Raphaël) 65,1 ; **1911** *le Moulin* (Rembrandt) 34,5 ; *Petite Madone* (Raphaël) 48,5 ; **1914** *Madone Benois* (L. de Vinci) 12,8.

VIE DES PEINTRES

Certains peintres consacrés eurent une existence dorée. Au XVIIIe s., pour un portrait, *Mme Vigée-Lebrun* demandait de 4 000 à 12 000 livres (environ 80 000 à 200 000 F), *Chardin* 2 000 livres (environ 40 000 F). En 1810, ces portraits se vendaient 12 à 50 F. En 1754, *Tocqué* gagnait environ 20 000 livres par an (400 000 F). En 1805, *Gros* reçut 16 000 F pour « les Pestiférés de Jaffa » (450 000 F actuels). Au XIXe s., *Hippolyte Flandrin* demandait 80 000 F (500 000 F actuels) pour un portrait (vers 1980-90 : 5 000/10 000 F). *Meissonier* atteignit de 1884 à 1890 : 100 000 à 190 000 F (vers 1980-90 : 4 700 à 36 000 F).

Beaucoup de peintres vécurent dans la misère. *Rembrandt,* déclaré insolvable en 1656, mourut pauvre. *Daumier* dut être enterré aux frais de l'État. *Van Gogh,* entretenu par son frère Théo, ne put vendre un tableau plus de 100 F. *Gauguin* en vendit plusieurs à 160 F. *Modigliani* obtenait parfois 100 F en espèces et une bouteille d'alcool.

Maladies particulières : Renoir, Rubens, Dufy souffraient de polyarthrite rhumatoïde parce qu'ils utilisaient des peintures vives contenant des sulfures toxiques de métaux lourds.

☞ Le 24-12-1888, Van Gogh tenta de tuer Gauguin. Pour lui montrer son repentir, il se coupa une oreille et la lui envoya. Son *Autoportrait à l'oreille coupée* a été peint en souvenir.

Plusieurs peintres ont laissé peu d'œuvres certaines. *L. de Vinci* 15, *Georges de La Tour* 20, *Vermeer* 35 (22 ont été exposées à La Haye en 1995), *Dürer* 70, *Titien* 140, *Raphaël* 200. **D'autres furent plus prolifiques.** *Rembrandt* 650 peintures à l'huile, 300 eaux-fortes, 2 000 dessins (plusieurs sont discutés), *Toulouse-Lautrec* 737 peintures, 275 aquarelles, 4 790 dessins, lithos ou croquis, *Van Gogh* 817 peintures, *Rubens* 2 500 (500 peut-être non authentiques), *Corot* 4 000, *Renoir* 6 000, *Picasso* (voir encadré col. a).

Cote de peintres actuels. Un peintre est payé au point. La cote augmente en fonction de la critique, de la demande, de la mode, du nombre des expositions, de la participation à des salons internationaux (Documenta de Cassel, Fiac de Paris, exposition Carnegie de São Paulo et Tokyo, triennales de Milan et de Turin), de la présence d'œuvres dans les grandes collections et des récompenses reçues (prix de Venise et São Paulo, Carnegie, Guggenheim, Marzotto et Lissone).

Prix Lila-Acheson Wallace de la jeune peinture française. 150 000 F. *Créé* en 1986 par la Fondation du Reader's Digest France, en mémoire de Lila-Acheson Wallace (1889-1984), cofondatrice avec son mari.

QUELQUES ÉCOLES ET MOUVEMENTS

■ **Baroque.** Du portugais *barroco*, perle irrégulière (synonyme de « bizarre », début du XVIIIe s.). Utilisé depuis 1860. Né à Rome en 1630, se développe jusqu'en 1710-20 dans l'Europe catholique. Peinture décorative (fresques), ornementale ; illusion d'optique, trompe-l'œil. *Angleterre :* Thornhill. *Autriche :* Rottmayr. *Bohême :* Skreta. *Espagne :* Murillo. *France :* Vouet. *Italie :* Lanfranco, Pietro da Cortona, Baciccia, Pozzo, Giordano, Gregorio De Ferrari, Tiepolo. *Pays-Bas espagnols :* Rubens.

■ **Rocaille.** Nom donné dans la 1re moitié du XVIIIe s., d'après les décors des grottes et nymphées construits depuis la Renaissance, à un aspect du style Louis XV. Compositions dissymétriques (coquillages déchiquetés, concrétions minérales, sinuosités végétales, oiseaux ou crustacés aux lignes contournées). Fleurit dans orfèvrerie, mobilier, bronzes, lambris. *Allemagne* (peinture noble et religieuse, fresques) : Holzer. *Angleterre :* Hogarth. *Autriche :* Maulbertsch, Trogert. *France* (pastorale, fête galante) : Watteau, Nattier, Fragonard, Lajoue, Boucher. A Paris, hôtel Soubise, décoré sous la direction de Boffrand de 1735 à 1740 par des sculpteurs (frères Adam et J.-B. Lemoyne) et peintres (Boucher, Natoire, C. Van Loo). *Italie :* Del Po, Carloni, Crosato, Tiepolo.

■ FRANCE

■ **XVe s. École de Tours :** Fouquet ; **du Centre :** Maître de Moulins ; **d'Avignon :** Maître de la Pietà de Villeneuve-lès-Avignon, Simone Martini, Enguerrand Charonton (ou Quarton), Maître de l'Annonciation d'Aix, Nicolas Froment. **XVIe s. Écoles de Fontainebleau : 1re** *1530-89 :* le Rosso, le Primatice, Nicolò Dell' Abate (Italiens), François Clouet, Jean Cousin, Antoine Caron. **2e** *1589-1610 :* Toussaint Dubreuil, Martin Fréminet, Ambroise Dubois (Flamand). **XVIIe s. École française. 1re moitié :** le Valentin, Jacques Callot, Georges de La Tour, Antoine, Mathieu et Louis Le Nain, Philippe de Champaigne (Flamand), Vouet, Le Sueur. **2e moitié :** Poussin, Claude Gellée *dit* le Lorrain, Lebrun, Mignard, Dumonstier, Nanteuil, Rigaud, Largillierre. **Atticisme :** *1647-60* sujets historiques, religieux, mythologiques. Formes souples : Le Sueur, Bourdon, Le Brun, Chaperon, Loir. **XVIIIe s. École française. 1re moitié :** Gillot, Watteau, Boucher, Quentin de La Tour, Perronneau, Chardin. **2e moitié :** Jean-Honoré Fragonard, Gabriel de Saint-Aubin, Jean-Baptiste Greuze, Pierre-Paul Prud'hon. **Courant ruiniste :** Hubert Robert, Jean-Baptiste Lallemand, Charles-Louis Clérisseau, Louis-Francis Cassas, Pierre-Antoine de Machy.

■ **XIXe s. 1re moitié. Néoclassicisme :** J.-M. Vien, J.-L. David, J.-F. Peyron, J.-B. Regnault, F.-A. Vincent, J.-B. Suvée, A.-L. Girodet-Trioson, A.-J. Gros, F. Gérard, N. Guérin, J. A. D. Ingres, Th. Chassériau. **Romantisme :** P.-P. Prud'hon, P. Huet, Th. Géricault, E. Delacroix, A.-E. Fragonard, A. Scheffer, Th. Gudin, E. Isabey. **Orientalisme :** scènes exotiques et colorées. Delacroix, Decamps, Marilhat, Chassériau, E. Fromentin, Gérôme, Belly. **Éclectisme** ou **juste milieu :** 1830-48 H. Vernet, P. Delaroche, T. Couture. **Troubadours :** personnages médiévaux et scènes de la vie privée de grands personnages jusqu'au XVIIe s. Couleurs chaudes et éclatantes. Ducis, Revoil, Fleury Richard, Ingres, Bergeret, Leys, Frémy, Bouton, Laurent. **École de Lyon** (1840) : courant mystique porté par le renouveau catholique, combinant l'idéalisme d'Ingres et l'inspiration du Quattrocento (école quattrocentriste, entre nazaréens et préraphaélites) : V. Orsel, P. Chenavard, L. Janmot. **2e moitié. Réalisme :** scènes de la vie sociale contemporaine, scènes anecdotiques et pittoresques. Honoré Daumier, Gustave Courbet, Jean-François Millet, Meissonier, R. Bonheur. **Art pompier** ou **académisme :** allusion aux personnages casqués de certaines compositions ; peinture officielle, conventionnelle et solennelle. Bouguereau, Gérôme, Cabanel, Delaroche, Meissonier, Picot, Winterhalter, Amaury-Duval, Flandrin, Papety, Baudry. **École de Barbizon** (du village de Barbizon, S.-et-M.) : J.-F. Millet, Th. Rousseau, Dupré, Daubigny, Troyon, Corot, Diaz ; a influencé Sisley, Monet, Renoir, Bazille. **École de Grez-sur-Loing :** 1860-70 peintres anglais, écossais, irlandais, américains, puis, années 1880, nordiques : Carl Larsson, Julia Beck, Georg Pauli, Karl Nordström, Christian Krogh, P.S. Kroyer. **École de Honfleur :** prélude à l'impressionnisme : Isabey, Huet, Daubigny, Jongkind, Boudin, Monet. **Orientalisme :** Guillaumet, H. Regnault, Benjamin-Constant, Deutsch, Dinet, Ziem. **Pleinarisme :** scènes d'extérieur peintes en utilisant plus ou moins les jeux de la lumière naturelle. Précurseurs paysagistes de Barbizon ; Daubigny. Mouvements comparables en Allemagne, Europe centrale, Italie, Scandinavie, Russie, USA. **École provençale :** Émile Loubon (1809-63), Vincent Courdouan (1810-93), Prosper Grésy (1804-74), Paul Guigou (1834-91), Adolphe Monticelli (1824-86), Raphaël Ponson (1835-1904), François Granet (1775-1849).

Fin XIXe s. Groupe des Batignolles : nom donné aux impressionnistes de 1869 à 1875 environ, à l'époque où ils fréquentaient le café Guerbois, 2, grande-rue des Batignolles. **Impressionnisme :** le nom venant du tableau de Monet, *Impression, soleil levant* (musée Marmottan), exposé chez Nadar en 1874. Le 28-4, Louis Leroy écrivait dans un article, « L'exposition des impressionnistes » : « Impression, j'en étais sûr. Je me disais aussi, puisque je suis impressionné, il doit y avoir de l'impression là-dedans. » Donne à la lumière une importance nouvelle, en juxtaposant des touches colorées pures qui traduisent les effets lumineux observés dans la nature. *Précurseurs :* Boudin, Jongkind, Lépine, sous l'impulsion de Corot ; Guigou, Bazille, sous celle de Courbet. *Groupe des impressionnistes :* Degas, Monet, Guillaumin, Sisley, Pissarro, Renoir, Cézanne, Manet, Morisot, Caillebotte, Cassatt, Zandomeneghi. Gauguin expose avec les impressionnistes de 1880 à 1882. **Postimpressionnistes. École de Pont-Aven :** à partir de 1886 Gauguin, De Haan, É. Bernard, Anquetin, Seguin, Filiger, Verkade, Sérusier, Maufra, Schuffeneker, Laval. **Les nabis** (en hébreu : prophètes) : groupe créé en 1888 ; révèlent leurs créations en juin 1889 au café Volpini (1re exposition, 1891). Sérusier, Maurice Denis, Bonnard, Ibels, Rippl-Rónai, Cazalis, K.-X. Roussel, Ranson, Vuillard, Verkade, Vallotton, Maillol, Lacombe. **Symbolisme :** mot officialisé en 1886 par Moréas. *Français :* G. Moreau, Puvis de Chavannes ; *Suisse :* Böcklin ; *Anglais :* Burne-Jones. De 1892 à 1897, 6 salons de la Rose-Croix, organisés par Joséphin Peladan, leur furent consacrés : G. Moreau, O. Redon, Khnopff, Louis Chalon, Aman-Jean, Schwabe, Delville, Hodler, Toorop, Osbert, Georges de Feure, Point. Tendances symbolistes chez E. Carrière, Fantin-Latour, Hébert, Lévy-Dhurmer, Le Sidaner. **Néo-impressionnisme (divisionnisme, pointillisme) :** le mot apparaît en 1886 dans une critique d'Arsène Alexandre. Utilise les couleurs pures sans les mélanger. Seurat (*Un dimanche d'été à la Grande Jatte,* 1886), Pissarro, Signac, Angrand, Dubois-Pillet, Cross, H. Van de Velde, Van Rysselberghe, Luce, Pelizza da Volpedo (Italien). **Naturalisme :** 1880-1920 vie sociale ouvrière et paysanne, travaux pénibles. Cazin, Lhermitte, Roll, Bastien-Lepage, Raffaelli, Bashkirtseff, Liebermann (All.), Meunier (Belge). **Japonisme :** inspiré des kakémonos rapportés du Japon. Samuel Bing fonda la revue *le Japon artistique.* Van Gogh, Toulouse-Lautrec, Bonnard (surnommé « le nabi très japonard »). **École provençale :** Jean-Baptiste Olive (1848-1936), Alfred Casile (1848-1909), Frédéric Monténard (1849-1926), René Seyssaud (1867-1952), Mathieu Verdilhan (1875-1928), Auguste Chabaud (1882-1955), Alfred Lombard (1884-1973).

Bande noire : nom donné à des peintres donnant de la Bretagne une image rude dans un réalisme stylisé.

Charles Cottet, André Dauchez, René Ménard, Lucien Simon. **Naïfs :** détails minutieux, couleurs gaies, ingénuité. Douanier Rousseau, Vivin, Séraphine de Senlis, Bauchant, Bombois.

Art nouveau (Modern Style, Jugendstil) : enseigne de la boutique de Samuel Bing, ouverte à Paris en 1895. Sujets symbolistes, poétiques ou extrêmes (courbes féminines, monde végétal, répétition de motifs), parfois extravagants. Eckmann, Klimt, Van de Velde, Beardsley, Toorop, Rippl-Rónai, Mucha, Preisler.

■ **Début XXe s. Postimpressionnisme :** André, d'Espagnat, Loiseau, Maufra, Moret, Toulouse-Lautrec, Van Gogh. **Fauvisme** (1905-07) : le critique Louis Vauxcelles compara à une « cage aux fauves » la salle du Salon d'automne (1905) où exposaient Camoin, Derain, Manguin, Marquet, Matisse, Puy, Valtat, Rouault, Van Dongen, Vlaminck, Braque, Dufy, Friesz. Ceux-ci, rejetant perspective et valeurs de l'art classique, exaltaient la couleur. **Expressionnisme :** mouvement né en 1900, qui s'attache à l'intensité de l'expression. *Allemagne* : groupe Die Brücke ; *Belgique* : Ensor ; *Brésil* : Segall, Portinari. *France* : Soutine, Pascin, Chagall, Rouault, Gromaire, La Patellière ; *Hollande* : Sluyters, Charley, Toorop ; *Norvège* : Munch ; *Suisse* : Auberjonois, Hodler. **Art abstrait (non-figuration) :** origine : 1909, *Caoutchouc*, aquarelle abstraite de Picabia ; 1910, aquarelle abstraite de Kandinsky, puis tableaux de Delaunay, Kupka, Larionov, Malevitch, Mondrian. **Cubisme :** dans *Gil Blas* du 14-11-1908, le critique Louis Vauxcelles écrit : « M. Braque méprise la forme, (...) réduit tout (...) à des cubes » ; 5 œuvres sur 7 furent refusées au Salon d'automne. *Adeptes* : Picasso, Csaky, Delaunay, les frères Duchamp, Gris, Marcoussis, Kupka, La Fresnaye, Le Fauconnier, Léger, Lhote, Reth, Villon. *Postcubistes* : Gleizes, Metzinger. *Sculpteurs* : Archipenko, Lipchitz et Brâncusi. *Étapes* : cubisme cézannien (1907-09), analytique ou hermétique (1909-12), synthétique (1912-14). **Section d'or :** le « groupe de Puteaux » (1911) qui réunit des cubistes, Duchamp, Villon, Gleizes, Kupka, Metzinger, Picabia, Léger, organise son propre salon (1912) où figure la « Section d'or » ; abandon de la perspective classique cubiste, réduction de l'espace à 2 dimensions selon la section d'or ou « divine proportion ». M. Laurencin, Marcoussis, Lhote. **Bateau-Lavoir :** nom donné par Max Jacob au baraquement d'ateliers d'artistes édifié vers 1860 à Paris, 13, rue Ravignan (devenue Émile-Goudeau), incendié 1970, reconstruit 1978. Habité, après 1872, par des peintres dont : Picasso (1904-09) qui y peint *les Demoiselles d'Avignon* (1906-07), K. Van Dongen, Gargallo, Gris, Modigliani, Herbin ; des écrivains dont Mac Orlan, André Salmon, Max Jacob, Reverdy. Fréquenté par Marie Laurencin, Braque, le Douanier Rousseau, Matisse, Vlaminck, Derain, Dufy, Utrillo, Lipchitz, Marcoussis, Metzinger, G. Stein, Picabia, Gleizes, Villon, Delaunay, le poète Apollinaire, Fort, Cocteau, Jarry, Radiguet, les comédiens Harry Baur et Charles Dullin. **Orphisme :** nom donné par Apollinaire en 1912 à la peinture de Delaunay, puis étendu à la peinture d'avant-garde ne découlant pas du cubisme orthodoxe de Picasso. Repose sur les possibilités constructives des contrastes de couleurs. Appelé aussi « cubisme écartelé ». Delaunay, Duchamp, Kandinsky, Kupka, Macke, Marc, Bruce, Russell, Wright. **Dada :** mouvement intellectuel lancé par Tristan Tzara : révolte contre la société bourgeoise. Libération totale de l'individu. Terme trouvé au hasard dans le Petit Larousse le 8-2-1916, à Zurich, le jour de l'inauguration du cabaret Voltaire où se réunissaient, autour de Tzara, Hugo Ball, Arp, Jenco. Adeptes à New York : Duchamp, Picabia, Man Ray, en Allemagne : Ernst, Grosz, Huelsenbeck, Haussmann, Schwitters. Disparaît en 1924. **Purisme :** mouvement cubiste rigoriste lancé par Ozenfant et Jeanneret (Le Corbusier) en 1918 dans *l'Esprit nouveau*. Objets de la vie quotidienne. Inspiré du cubisme synthétique.

1920-80. Surréalisme : mouvement littéraire et artistique lancé par *le Manifeste du surréalisme* d'André Breton (1924). 1re exposition (1924) : De Chirico, Arp, Man Ray, Ernst, Masson, Miró, Roy. Adeptes : Tanguy, Dalí, Magritte, Brauner, Delvaux, Sima, Hoffmeister, Dado. **École de Paris :** nom donné en 1925 par André Warnod, critique d'art, à l'avant-garde parisienne (allant du cubisme à l'expressionnisme). Depuis 1945, a souvent désigné l'ensemble des artistes étrangers travaillant à Paris : Kupka (1896) ; González, Van Dongen (1897) ; Per Lasson Krohg (1900) ; Crotti, Muter (1901) ; Bugatti, Férat (1902) ; Gargallo, Marcoussis (1903) ; Bailly, Brâncusi, Bruce, Gottlieb, Nadelman, Picasso, Zak (1904) ; Brooks, Delaunay, Pascin, Reth (1905) ; Gris, Modigliani, Ortiz de Zárate, Severini, de Souza-Cardoso (1906) ; Hayden, Miestchaninoff, Vassilieff (1907) ; Archipenko, Blanchard, Csáky, Exter, Grünewald, Kars, Storrs, Survage (1908) ; Fougstedt, Freundlich, Lipchitz, Russel, Zadkine (1909) ; Baranoff-Rossiné, Chagall, Dardel, Feder, Kisling, Lembruck, Orloff, Szobotka, Szwarc (1910) ; Balgley, De Chirico, Indenbaum, Lambert-Rucki, Mondrian, do Rego Monteiro (1911) ; Charchoune, Epstein, Halicka, Kikoïne, Krémègne, Masereel, Mondzain, Rivera (1912) ; Foujita, Mané-Katz, Soutine (1913) ; Dunikowski (1914) ; Abbott, Hoyningen-Huene, Man Ray (1921) ; Brassaï, Henri (1924) ; Kertész, Outerbridge (1925) ; Krull, Lotar (1926) ; Binq (1930). **Arts déco :** terme utilisé à Paris en 1925 après l'Exposition internationale des arts décoratifs. Retour au conformisme. Dupas, Delorme, Boutet de Monvel, Lhote, Lempicka, Sheeler (USA), Frampton, Philpot et Meere (G.-B.), Sironi (Italie), Guttuso (Italie), Deneïka (Russie). **Art concret. Cercle et Carré :** groupe d'artistes abstraits, qui exposa pour la 1re fois en 1930. Mondrian, Arp, Kandinsky, Pevsner, Schwitters, Léger. **Abstraction-création :** créée 1931 par Vantongerloo. Perpétue l'esprit du groupe Cercle et Carré, avec Herbin, Arp, Hélion, Paalon, Gorky, Seligmann, Vulliamy, Beothy, Valmier, Kupka, Gleizes.

Depuis 1945. Abstraction géométrique : expression employée après 1945. Vasarely, Schöffer. **Art brut :** appelé Lumpen Art à New York en 1947 et Outsider Art par Roger Cardinal en 1972 ; expression de Dubuffet désignant les productions artistiques, peintures, sculptures, broderies, etc., nées spontanément sans référence aux écoles, courants, critiques, circuits traditionnels de l'art (dessins d'analphabètes ou d'internés). Fonds réuni par Dubuffet (1945) puis Foyer de l'art brut (1947). Compagnie de l'art brut créée 1948 : André Breton et Jean Paulhan, fondateurs, organisent des expositions notamment consacrées à Joseph Crépin, Aloïse Corbaz (dite Aloïse), Adolf Wölfli, Gaston Chaissac, Robert Tatin, Chomo, Augustin Lesage ; dissoute 1951 après transfert des collections aux USA ; reconstituée 1962, installée à Lausanne début des années 1970. **Art informel :** refus de peindre le reflet d'une réalité. 1951 le critique Michel Tapié organise à Paris les expositions « Véhémences confrontées » (Fautrier, Dubuffet, Riopelle, etc.) et « Tendances extrêmes de la peinture non figurative », et qualifie d'« informelle » l'improvisation psychique. Peinture épaisse. Taches, traces et matières enchevêtrées. *Informels* : Wols, Jean Fautrier, Jean Dubuffet, Camille Bryen, Frédéric Benrath, René Duvillier, Pierre Graziani, René Laubiès, Marcelle Loubchansky, Nasser Assar. *Abstraits* : Henri Michaux, Hans Hartung, Jean Atlan, Pierre Soulages, Gérard Schneider, Olivier Debré, Antoni Tàpies, Rafael Canogar et Manolo Millares (Esp.), Sam Francis (USA), Jean-Paul Riopelle (Canada). *Calligraphes* : Mark Tobey (USA), Julius Bissier (All.), Jean Degottex (Fr.). **Abstraction lyrique :** apparue en 1947, à l'exposition « L'Imaginaire ». Expression pure et libre qui s'oppose à l'abstraction géométrique ; se développe dans l'art informel, la peinture gestuelle et le tachisme. Sam Francis, Hartung, Schneider, Soulages, Atlan, Poliakoff, de Staël, Mathieu, Bryen, Riopelle, Bazaine, Le Moal, Manessier, Wols. **Réalité :** mouvement lancé par Henri Cadiou (1906-89). P. Ducordeau, R. Franchi, H. Gaillard, Gilou, P. Intini, N. Le Prince, J. Malice, Ch. Perron, J. Poirier, D. Solnon, C. Yvel. **Grav (Groupe de recherche de l'art visuel) :** créé 1960 par Garcia Rossi, Le Parc, Morellet, Sobrino, Stein et Yvaral. **Nouveaux réalistes :** *1960-14-4 1er Manifeste du nouveau réalisme* de Pierre Restany. Préface à une exposition à la galerie Apollinaire de Milan. *-27-10* groupe constitué chez Yves Klein (1928-62), formé de 8 artistes (s'adjoignent plus tard le sculpteur César et le peintre Rotella) : 2 sculpteurs (Arman, Tinguely), 6 peintres [Dufrêne, Hains, Klein (suicidé 1962), Raysse, Spoerri et Villeglé]. *1970* le groupe se sépare. **Support-surface :** terme proposé par Vincent Bioulès. Mouvement issu en 1970 des orientations de Buren et du groupe BMPT (initiales de Buren, Mosset, Parmentier, Toroni) constitué 24-12-1966, dissous 5-12-1967. V. Bioulès, M. Devade, F. Rouan, D. Dezeuze, P. Saytour, A. Valensi, C. Viallat, L. Cane, J.-P. Pincemin, P. Buraglio. **Figuration narrative :** 1964-65 expositions organisées par le critique Gérard Gassiot-Talabot. Critique de la société de consommation. Dessins à partir de photographies, peinture en touches grossières, cadrages « cinématographiques ». Gilles Aillaud, Henri Cuéco, Bernard Rancillac, Jacques Monory, Valerio Adami, Hervé Télémaque, Eduardo Arroyo, Gérard Fromanger, Alain Jacquet, Leonardo Cremonini, Vladimir Velickovic, Erró (Gudmundur Gudmunsson). **Coopérative des Malassis :** créée 1970 à Bagnolet. Peinture politique : Gérard Tisserand, Henri Cuéco, Lucien Fleury, Jean-Claude Latil, Michel Parré, Christian Zeimert. **Art sociologique** (1974-80) : Jean-François Bory, Thierry Agullo, Jocelyne Hervé, Michel Journiac, Bertrand Lavier, Serge Oldenbourg, Gina Pane, Joan Rabascall. **Nouvelle subjectivité :** titre donné en 1976 par le critique Jean Clair à l'Exposition internationale au musée d'Art moderne de la Ville de Paris. Retour à la figuration, proche de la nouvelle objectivité allemande des années 1920. David Hockney, Ronald B. Kitaj, Samuel Buri, Alberto Gironella, Olivier O. Ollivier, Michel Parré, Sam Szafran, Christian Zeimert. **Nouvelle figuration :** début juin 1981 à Paris chez le critique Bernard Lamarche-Vadel. Supports de fortune, inspirés par les mass media. **Figuration libre :** Garouste, Boisrond. Robert Combas, Hervé et Richard Di Rosa, Rémy Blanchard. **Figuration savante :** grand format, personnages mythiques, perspectives historiques. Jean-Michel Alberola, Jean-Charles Blais, Gérard Garouste.

■ ÉTRANGERS

■ **Allemagne. Fin XVIe s. École de Frankenthal** (Palatinat) : Gillis III Van Coninxloo, Joos Van Liere, Jan de Witte, Antoine Mirou, Pieter Schoubroek, Hendrick Van Den Borcht le Vieux, Jakob Marrel, Jean Vaillant. Influence sur Karel Van Mander, Kerstian de Keuninck, Peter Stevens II, David Vonckboons, Mattheus Molanus. **XIXe s. Nazaréens :** groupe qui remit l'art religieux en honneur : Wackenroder, Tieck, Overbeck, Pforr, Vogel, Hottinger, Wintergerst, Sutter, Cornelius. Rejoints par Schnorr von Carolsfeld, Führich, Ramboux. **Biedermeier :** contraction du nom de 2 bourgeois (Biedermann et Bummelmeier) due au poète Eichenrodt (1850). Conception sensible de la nature, exécution précise, petits formats. *Paysagistes* : Kobell, Gensler, Waldmüller, Blechen, Gärtner. *Portraitistes* : Krüger, Begas, Hess, Stieler, Amerling, Oldach, Wasmann. *Scènes de genre* : Schwind, Ludwig Richter, Spitzweg, Schrödter. *Meubles. Histoire* : Bendemann, Rethel, Lessing. **Jugendstil** (vers 1880-1900) : en liaison avec l'Art nouveau français. **École de Düsseldorf** (1828-50) : réaction contre l'art italien : Andreas Achenbach (1815-1910), Albert Bierstadt (1830-1902), Peter Hasenclever (1810-53), Wilhelm-J. Heine (1813-39) Ferdinand-Th. Hildebrandt (1804-74), Karl Wilhelm Hübner (1814-79), Friedrich Lessing (1808-80), Karl Sohn (1805-67). **XXe s. Sécessions :** *1re* fondée juin 1892 à Munich par 48 artistes ; 1893 exposition rassemble *naturalisme* (Fritz von Uhde, Wilhelm Trübner, Max Liebermann, Leopold von Kalckreuth) et *symbolisme* (Franz von Stuck, Richard Riemenschmied). *2e* à Berlin 1898 ; leaders : Max Liebermann (de 1899 à 1910), Lovis Corinth. *Nouvelle Sécession* : 1910. **Die Brücke (le Pont) :** école expressionniste (Dresde puis Berlin, 1906-13) : Bleyl, Heckel, Kirchner, Schmidt-Rottluff, Nolde, Pechstein, Mueller, Amiet (Suisse). **Der Blaue Reiter (le Cavalier bleu) :** créé à Munich, en 1911, par Kandinsky et Marc. Recherches pour l'émancipation de l'art. Rassemble jusqu'en 1913 de nombreux représentants de l'art moderne : Macke, Campendonk, Klee, Münter. **Neue Sachlichkeit (Nouvelle Objectivité) :** courant né vers 1920 en art et littérature. Retour aux faits et documents. Otto Dix, George Grosz, Karl Hubbuch, Christian Schad, Max Beckmann, Rudolf Schlichter, Albert Carel Willink. **Bauhaus :** école qui se réunit à Weimar (1919-25), puis Dessau (jusqu'en 1932), Berlin (1932-33). *Architectes* : Gropius (fondateur), Mies Van der Rohe, Breuer ; *peintres* : Itten, Klee, Kandinsky, Moholy-Nagy (Hongrois), Feininger (Amér.), Schlemmer ; *sculpteur* : Marcks. **Zero** (Düsseldorf, 1957-67) : mouvement en liaison avec la Nouvelle Objectivité : Heinz Mack, Otto Piene, Günther Uecker. **Nouveaux fauves (néo-expressionnistes) :** 1re exposition du groupe à Berlin (1978). Peinture agressive : Georg Baselitz, Penck, Rainer Fetting, Salomé, Markus Lüpertz, Jörg Immendorf, Anselm Kiefer, Polke, Richter.

■ **Argentine.** MADI : Buenos Aires, 1946.

■ **Autriche. Sécession** (1897) : voir à l'Index. **Neukunstgruppe** (début xxe s.) : expressionnisme illustré notamment par Herbert Boeckl, Richard Gerstl, Kokoschka, Egon Schiele.

■ **Belgique. VIIIe au XVe s. École mosane :** orfèvrerie, sculpture. **XVe s. Écoles de Bruxelles, d'Anvers, de Malines :** retables. **XIXe s. École de Tervuren** (1866) : groupe de paysagistes réalistes : Boulenger, Dubois, Coosemans. **Groupe des XX :** association, créée en 1884 par Octave Maus et Verheyden, qui organisa chaque année une exposition où figuraient les peintres d'avant-garde. Dissoute en 1894, elle fut remplacée par la *Libre Esthétique*. Namur [Essonne (France), 1833-98], Félicien Rops. **XXe s. École symboliste** (vers 1900) : Khnopff, Delville, Degouve de Nuncques, Henri de Groux, Frédéric, Rops, Ensor. **Écoles de Laethem-Saint-Martin** (Gand, dès 1900) : peintres symbolistes, puis expressionnistes : Saedeleer, Van de Woestijne, puis Permeke, Van den Berghe, De Smet, Servaes. **Fauvisme brabançon :** Fernand Schirren, Willem Paerels, Charles Dehoy, Jean Van den Eeckhoudt, Marcel Jefferys, Médard Maertens, Auguste Oleffe, Marthe Guillain. **Groupe surréaliste de Bruxelles** (dès 1924) : Mesens, Magritte, Colinet, Souris, Nougé et Lecomte. Participation wallonne à partir de 1934 (groupe *Rupture* : Chavée, Simon et Lefranc). En 1947, le *Groupe surréaliste révolutionnaire* regroupe Wallons et Bruxellois. **Jeune peinture belge :** groupe créé 1945. Van Lint, Anne Bonnet, Bertrand, Mendelson. **Art abstrait :** groupe fondé 1952 par Delahaut qui a créé en 1956 le groupe *Formes* avec Pol Bury et Guy Vandenbranden. **Groupe Cobra** (1948-1951) : Alechinsky, Dotremont.

■ **Danemark. Art abstrait surréaliste** (1937) : Ejler Bille, Vilhelm Bjerke-Petersen, Sonja Mancoba Ferlov, Asger Jorn, Egill Jacobsen, Richard Mortensen, Carl-Henning Pedersen, W. Freddie.

■ **Espagne. XIXe s. Costumbrismo** (1830-1900) : peinture ayant trait aux coutumes, surtout à Séville : J.D. et V. Becquer. **XXe s. Dau al Set :** groupe fondé à Barcelone (1948) : Tharrats, Cuixart, Ponç. **El Paso** (art informel avec expression d'essence métaphysique et spirituelle) : groupe fondé à Madrid (1957-60) : Canogar, Saura, Nieva, Millares, Feito, Francès, Rivera, Suarez, Condé, Ayllon. **Equipo 57** (1957-62) : normatif et analytique, inspiré de la tradition de Velázquez, Zurbarán, Murillo, Goya. Pablo Serrano. **Equipo cronica** (1963-81) : 6 peintres de Valence dont Manolo Valdes et Rafael Solbes. Figuratif aux accents Pop Art.

■ **États-Unis. XIXe s. Hudson River School** (vers 1825-70) : école de paysagistes romantiques : Thomas Cole, Asher Brown Durand, John Frederick Kensett, Thomas Doughty. **XXe s. Luminisme** (1840-60) : effets de lumière dans le paysage : Frederic Church, Fitz Hugh Lane, Sanford Gifford, Japer Francis Cropsey. **Précisionnisme** (1913-30) : paysages urbains et industriels, figuratifs influencés par le cubisme : Georgia O'Keeffe, Joseph Stella, Charles Demuth, Stuart Davis, Charles Sheeler. **Armory Show :** nom de l'Exposition internationale d'art moderne de 1913 (17-2) dans l'armurerie du 69e régiment, 25e rue à New York, qui introduit aux USA des grands mouvements européens : cubisme et expressionnisme. **Ashcan School (école de la Poubelle) :** fondée 1908 par les 8 (The Eight) à New York : Robert Henri, Arthur B. Davies, Maurice Prendergast, Everett Shinn, William Glackens, Ernest Lawson, John Sloan, George Luks. **Expressionnisme abstrait (ou « New York School »)** [1947-52] : Willem De Kooning, Robert Motherwell, Jackson Pollock, Mark Rothko, Barnett Newman, Ad Reinhardt. **American Abstract Art (AAA)** [1936] : Gallatin, Bolotowsky, Holtzman puis Glarner. **Color Field :** peintures abstraites (vers 1960-70). **Fluxus :** mouvement et revue fondés en 1961 par George Maciunas pour « refléter l'état de flux dans lequel tous les arts se fondent ». John Cage ; George Brecht, Nam June Paik, Yoko Ono, Ben Vautier. **Funk Art : Ben Vautier** San Francisco, 1951. Manifestation organisée par Bruce Conner, « Common Art Accumulation » : « froussard, malodorant, scandaleux, glauque ». Entassement d'objets disparates, jusqu'à des résidus de poubelles : Wallace Berman, George Hernn, Robert Arneson, Roy De Forest, Robert Hudson, John Mason, Ken Price, Paul Theck, Peter Voulkos, William T. Wiley. Vers 1960, évolue vers « Shocker Pop » ou « Acid Pop » : enchevêtrements de matériaux bruts aux couleurs crues (Edward Kienholz). **Hard Edge** (limite nette) : peinture géométrique colorée, aux contours nets (fin des années 1950) : Newman, Reinhardt, Motherwell. **Hyperréalisme** (1965-80) : Richard Estes, Duane Hanson, Philippe Pearlstein, George Segal. **Pattern painting** (1975) : motif répété, patron. Inspiré de l'art des fauves : Tony Robbin, Valérie Jaudon, Miriam Shapiro (voir **Art féministe** col. c). **Appropriation, simulation, critique de la représentation** : exposition de 1977 à New York. Images isolées. *Critiques de la représentation* : détournent les articles de grands magasins : Heim Steinbach, Ken Lum, Jeff Koons. *Appropriationnistes* : recyclent des œuvres déjà connues (photos de photos, copies de copies) : Jack Goldstein, Robert Longo, Sherrie Levine, Peter Nagy, Alan Belcher, John Knight.

■ **Grande-Bretagne. XIXe s. École préraphaélite :** mouvement formé 1848 par 7 jeunes de la Royal Academy dont Rossetti, Millais, Holman Hunt. **Paysagistes romantiques :** Constable, Bonnington, Turner. **New English Art Club (NEAC) :** fondé 1886 par un groupe jugeant la Royal Academy trop conventionnelle : Sargent, Sickert, Steer. Influencés par l'impressionnisme français. **Arts and Crafts :** fondé 1888 par C. R. Ashbee (architecte) contre la médiocrité de la production industrielle. **XXe s. Camden Town Group :** groupe postimpressionniste (1911-13) fondé par des peintres associés à la NEAC. Sickert, Gilman, Gore, Ginner, Lucien Pissarro. **London Group :** créé 1913 par H. Gilman et les membres du Camden Town Group. Veut réunir toutes les tendances de l'art anglais moderne. 1re exposition : 1914. **Vorticisme** (de *vortex*, tourbillon, lieu où naissent les émotions, terme utilisé par le poète Ezra Pound) : mouvement d'avant-garde lancé 1914 par Wyndham Lewis (revue *Blast*). 1re exposition : 1915. Lignes rayonnantes courbées ou cassées évoquant un mouvement giratoire. Etchells, Gaudier-Brzeska, Roberts, Wadsworth, E. Pound, Nevison, Epstein, Hulme Grant, Nicholson, Nash, Bomberg. **Euston Road Group :** fondé et dirigé de 1937 à 1939 par G. Bell, W. Coldstream, V. Pasmore, et Cl. Rogers. Peinture objective, d'après nature. **Unit One :** association de peintres, sculpteurs, et architectes, fondée 1933 par P. Nash, B. Nicholson, H. Moore, B. Hepworth. **Independent Group :** groupe londonien des années 1950, amorce le Pop Art ; formé à l'intérieur de l'Institute of Contemporary Art. Exposition « This is Tomorrow » (1956) : Richard Hamilton, Eduardo Paolozzi. **Art and Language :** groupe fondé 1968 : Terry Atkinson (1941), Michael Baldwin (1945), David Baimbridge (1941), Harold Hurrell (1940), Mel Ramsden (1944) et Ian Burn (1939). 1977 Baldwin, Ramsden et Harrison restent seuls actifs. Rejette les notions d'individualisme et d'art pour l'art. Tout art visuel dépend conceptuellement du langage. **Glasgow Boys :** inspirés du naturalisme français et rejet du goût officiel victorien : MacGregor, Lavery, Henry, Guthrie.

■ **Hongrie. École de Nagybànya** (1896) : Hollosy, Ferenczy. **École de la plaine :** 1re moitié du XXe s. Fényes, Koszta, Tornyai, Istvan Nàgy, Aba Novak, Rudnay. **École de Gödöllö :** nouveau style, Jugendstil, préraphaélisme. **Fészek** (1901) : association d'artistes. **Groupe des Huit** (1909) implante cubisme et expressionnisme en Hongrie. Czóbel, Kernstock, Márffy, Tihanyi, Bérény, Czigány, Orban, Pór. **Ume/Association des jeunes artistes :** fondé par Vaszary. **Cercle Gresham :** Bernáth, Szőnyi, Egry. **École de Rome :** néoclassicisme. Aba Novák. **École européenne :** Bálint. **Kut (Nlle Sté des artistes) :** Márffy, Kernstok, Egry, Rippl-Rónai, Czóbel, Kmetty, Vaszary. **Mühely** (1928-38) fondé par Sándor Bortnyik.

■ **Italie. XVIIe s. Bamboccianti :** peintres de bambochades (vie populaire, scènes truculentes). Du surnom « Bambоche » (enfant) donné à Pieter Boddingh Van Laer (1599-1642) à cause de sa petite taille. En général de petit format. Jan Miel, Lingelbach, Helmbrecker, Cerquozzi, Karel Dujardin, Bourdon, Tassel, Sweerts, Andries et Jean Both, Thomas Wijck, Antom Goubau, Wielehn Reuter. **XVIIIe s. Védutisme** (de *veduta*, vue) : Canaletto, Pannini, Piranese, Bellotto, Francesco Guardi, Marieschi. **XIXe s. Macchiaioli** (vers 1850-60) : peinture par touches colorées (*macchia* : tache). Fattori, Lega, Signorini, 3 Toscans (Banti, De Tivoli, Sernesi), un Romain (G. Costa) ; puis d'Ancona, Borrani, Cabianca, Cecioni, Abbati. **XXe s. Futurisme :** né du *Manifeste littéraire* de 1909 de F.T. Marinetti, suivi du *Manifeste technique de la peinture et de la sculpture futuriste* des peintres Balla, Boccioni, Carra, Russolo et Severini. Exalte les mythes de la société moderne : machine, vitesse, dynamisme. En 1912, Sant'Elia publie le *Manifeste de l'architecture futuriste* ; adhésion de Soffici, Prampolini et Depero, puis de Bragaglia. **Metafisica :** peinture fondée sur la métaphore et le rêve. Née à Ferrare (peintres mobilisés se retrouvant à l'hôpital militaire), Giorgio De Chirico, son frère Andrea (connu sous le nom d'Alberto Savinio), Carrà et De Pisis. Morandi et Sironi adhèrent au groupe quelque temps. **Novecento :** mouvement intellectuel né à Milan 1922. 1res expositions : 1923, 1924 (Biennale de Venise). Théoricien : la critique Margherita Sarfatti. Aux expositions nationales de 1926 et 1929, participent Sironi, Carrà, Tosi, Morandi, Funi, Soffici, Pisis, Campigli, De Chirico ; 2 sculpteurs : A. Martini et M. Marini. **Corrente :** mouvement à Milan (1938-43). *Peintres :* Ernesto Treccani, Renato Guttuso (1912-87), Peverelli, Italo Valenti ; *sculpteur :* Giovanni Paganin ; *critique :* Raffaele de Grada. Se retrouve dans le *Fronte Nuovo delle Arti* (1947). **Spatialisme :** créé par Lucio Fontana en 1946, apogée en 1952. Fondé sur l'unité du temps et de l'espace. Influence les mouvements Origine (1951) et Nucléaire (1952). Cesare Peverelli. **Internationale situationniste :** fondée en 1957, critique le capitalisme à partir de 1962. Giuseppe Pipo. Gallizio (peintures industrielles), Asger Jorn (peintures détournées). **Gruppo N :** Padoue, 1960 à 1964. Recherches graphiques sur réflexion de la lumière, transparence et effet de miroir. **Gruppo T (Arte Programma) :** Milan, 1959-66. Cinétisme industriel. **Fronte Nuovo delle Arti :** manifeste de 1946, signé par Birolli, animé par le critique Marchiori ; à partir de 1947, comprend le sculpteur Leonardi, des peintres abstraits (Vedova, Turcato), réalistes, fortement influencés par la peinture cubiste, et surtout par Picasso : Guttuso, Pizzinato, Birolli, Corpora, Santomaso, Cassinari, Morlotti, C. Levi, Fazzini, Franchina. **Groupe des Huit de la Biennale de Venise :** a regroupé en 1952 les abstraits. Santomaso, Corpora, Morlotti, Vedova, Moreni, Afro, Turcato, Birolli. **Trans-avant-garde** (1979). **Anachronistes ou citationnistes, hypermaniéristes, peintres cultivés** (1980) : retour à la peinture classique. Abate, Bartolini, Calvezi, Salvo, Di Stasio, Galiani, Mariani, Piruca (*France :* Anne et Patrick Poirier).

■ **Mexique. Muralisme :** créé par Diego Rivera, José Clemente Orozco, David Alfaro Siqueiros, Rufino Tamayo, vers 1930. Fresques et décorations sur les murs des villes. Hans Hammers (P.-Bas), Warren Johnson (USA), Fabio Reti, Ernest Pignon (Fr.).

■ **Pays-Bas. XIXe s. École de La Haye** (1870-90) : fondée par Johannes Bosboom proche de l'école de Barbizon. J. Israels, J. Maris. **XXe s. Néoplasticisme :** fondé 1917 à Leyde par Mondrian et Van Doesburg. Organe : la revue *De Stijl.* N'admet que des lignes horizontales et verticales, puis préconise l'aplat et limite les couleurs au bleu, jaune, rouge. 1924, dissidence de Van Doesburg qui lance l'**élémentarisme** (introduction de l'angle aigu). **Cobra** (de Copenhague, Bruxelles, Amsterdam) : groupe néo-expressionniste, fondé à Paris le 8-11-1948 au café N.-D. de Paris (1948-fin 1951). Alechinsky et Dotremont (Belges) ; Jacobsen, Jorn et Pedersen (Danois) ; Cornelius Guillaume Beverloo (dit Corneille), Constant et Karel Appel, Eugene Brands, Anton Rooskens, Lucebert (Néerl.) ; Atlan et Jacques Doucet (Français). **Nul Groep** (1961) : l'artiste accepte la réalité telle qu'elle est, œuvres dépouillées. Armando, Henk Peeters, Jan Schoonhoven.

■ **Pologne. XXe s. Formisme** ou **expressionnisme polonais :** fondé 1917 en réaction contre l'art officiel. **Kapisme** ou **colorisme polonais :** fondé 1923 par des élèves de Józef Pankiewicz, professeur à l'Académie des beaux-arts de Cracovie, devant continuer leurs études à Paris (1924-32). Jan Cybis, Józef Czapski, Jósef Jarema, Arthur Nacht-Samborski, Piotr Potworowski, Hanna Rudzka-Cybisowa, Janusz Strzalecki, Zygmunt Waliszewski. **Unisme :** créé 1928 par le peintre Władysław Strzemiński. Couleurs et lignes visibles doivent créer une unité organique et homogène. Katarzyna Kobro (sculptures), J. Lewin, S. Wegner.

■ **Russie. XIXe s. Peredvijniki (les Ambulants) :** organisent en 1870 en Russie des expositions itinérantes. Ilia Iefimovitch Répine. **Goloubaia Roza (la Rose bleue) :** regroupe les symbolistes russes dès 1907. Sarian. **Sot's Art :** vers 1970, utilise ironiquement thèmes et images de la propagande communiste. **XXe s. Rayonnisme :** lancé 1910 par Larionov et Gontcharova. 1re manifestation de la peinture abstraite non figurative. Faisceaux de lignes identiques à des rayons de lumière. **Suprématisme :** lancé 1913 à Moscou par Malevitch *(Carré noir sur fond blanc).* Lissitsky, Klioune, Van Doesburg. **Non-objectivisme :** lancé 1913 par Rodchenko. **Constructivisme :** lancé en 1920. Pevsner et Gabo. **Réalisme socialiste :** de 1932 à 1988, imagerie sociale et révolutionnaire ; style allégorique. Koustodiev, Brodski, Guerassimov, Riajski, Deïneka.

■ **Suède. Groupe de Halmstad** (1929) : proche du surréalisme. Erik et Axel Olsson, Stellan Mörner, Waldemar Lorentzson. **Minotaure :** 1943. Max Walter Svanberg, Endre Nemès et Carl Otto Hultén.

■ **Tchécoslovaquie. Groupe des Osma (Huit) :** vers 1908. Expressionnistes puis, après 1911, s'orientent vers le cubisme. Filla, Kubišta, Procházka, Kubin.

■ Mouvements internationaux récents

■ **Action Painting** (ou **abstract expressionism**, 1952). *USA :* lancé par Harold Rosenberg. Le geste du peintre est le plus important. Projections ou coulées de couleur liquide (Pollock, De Kooning, Kline, Skill, Rothko, Tomlin, Motherwell, Baziotes).

■ **Happening** (de l'anglais *to happen,* arriver). Forme de spectacle pratiqué par des musiciens, sculpteurs, peintres, plasticiens. Crée une situation qui ne peut se reproduire (Salvador Dalí). Serait né en 1952 lors d'une soirée animée par le musicien John Cage au Black Mountain College ou au Japon. Implanté à *New York* (Claes Oldenburg, Jim Dine, Rauschenberg, Bob Whitman, Red Grooms, Robert Watts), *en France* (Ben Vautier, Jean-Jacques Lebel).

■ **Art cinétique** (1965). Artistes intégrant dans leurs œuvres un mouvement produit par un moteur ou des variations de lumière, de pesanteur, etc. Schöffer, Vasarely, Agam, Le Parc.

■ **Art cybernétique** (1920). Forme d'art faisant appel à l'utilisation d'ordinateurs (Computer art). Exemples : sculptures mobiles de Schöffer, commandées par un cerveau électronique, Gabo (*Motor,* 1920), Calder (*Wind,* 1932). Sonia Landy Sheridan, Bruno Murani, Lieve Prins, O. Olbrich, Philippe Jeantet, Jean-Pierre Garault, Daniel Cabanis, Jean Mathiaut, Miquel Egarra, John Cage, Joseph Kosuth, Nam June Paik, Joseph Beuys.

■ **Art féministe.** Fin des années 1960. *France* (1973) : collectif Arts Femmes autour d'Aline Dallier et Françoise Éliet. Artistes sensualistes anglo-saxonnes représentant les formes symboliques inhérentes aux femmes : Lynda Benglis, Nancy Spero.

■ **Arte povera** (Gênes, 1967). *Italie.* Matériaux bruts, terre, cordes, bois. Confrontation de formes et matières. Anselmo, Boetti, Calzolari, Fabro, Kounellis, Merz, Prini, Paolini, Pascali, Penone, Zorio, Marisa et Mario, Pistoletto. Exposition à l'ARC (musée d'Art moderne de la Ville de Paris).

■ **Art technologique** (1960). Art utilisant des moyens technologiques modernes (exemples : ondes magnétiques de Takis, lumineuses d'Agam et circuits vidéo de télévision de Martial Raysse).

■ **Art Vidéo.** *Mars 1963,* galerie Parnasse de Wuppertal, Nam June Paik installe 13 moniteurs « préparés » générant 13 images « abstraites » par fréquences électroacoustiques ; *mai,* Wolf Vostell enregistre sur pellicule des décollages électroniques, images de télévision déréglées. Mise au point par Paik, avec Shuya Abe, du 1er synthétiseur d'images. *1965,* il enregistre d'un taxi *Café Gog, 152 Bleecker Street. 1969,* galerie Howard Wise, New York, 1re exposition : « TV as a creative medium ». *1971,* ouverture, par Steina et Woody Vasulka, d'un centre d'Art Vidéo, *The Kitchen* ; à Montréal, du Vidéographe (centre de production et de diffusion d'Art Vidéo).

On distingue : *vidéo enregistrement d'une performance ; vidéo expérimentale* ou *formelle :* traitement électronique des images (déformations, trucages, feedback), puis entièrement produites par ordinateurs ; *installations en circuit fermé* (moniteurs associés parfois à des objets) : spectateur lui-même intégré, ou *multi-canaux* (à vision frontale ou dispersée).

■ **Bad Painting** (peinture bâclée). Apparue à New York en 1978 en réaction contre le bon goût et l'intellectualisme des années 1970. Jonathan Borofsky, Frederik Brown, Stephen Buckley, Neil Jenney, Malcolm Morley, David Salle, Julian Schnabel, Donald Sultan. « Nouveaux Fauves » pour les Allemands : P. Angerman, J. Immendorf, W. Dahn.

■ **Body Art** (Art corporel). L'artiste se met en scène lui-même dans des actions éphémères le plus souvent filmées en vidéo. Précurseurs : M. Duchamp, Y. Klein, P. Manzoni. 1969-70 *Américains :* V. Acconci, D. Oppenheim, Terry Fox, Lucas Samaras, Bruce Nauman, Christ Burden, Dan Graham, L. Smith, Chris Burden, D. Lynch. ; *Autrichiens :* Rudolf Schwarzkogler, Hermann Nitsch, Otto Muehl, Günter Brus, Arnulf Rainer ; *Allemand :* Klaus Rinke ; *Anglais :* Gilbert & George, Damien Hirst. ; *Français :* Gina Pane (1939-90), Michel Journiac, Tania Mouraud, Orlan. *Italie :* Maurizio Catellan ; *Suisses :* Urs Lüthi et Luciano Castelli. *Yougoslavie :* Marina Abramovic.

■ **Computer Art** (1956). Utilisation d'ordinateurs (sculpture interactive, utilisation des liaisons par satellites). 1er dessin d'Herbert Franke. 1re exposition Londres 1968 (Cybernetic Serendipity), 1969 (Event One).

■ **Conceptual Art** (1967). *USA.* Activité accompagnée d'une réflexion sur l'art. Le matériau en est le concept. Carl Andre, John Baldessari, Robert Barry, Barthelme, Mel Bochner, Hanne Darboven, Walter De Maria, On Kawara, Joseph Kosuth, Kozlov, Sol LeWitt, Lozano, Robert Morris, Dorothea Rockburne, Ed Ruscha, Robert Ryman, Robert Smithson, Lawrence Weiner.

■ **Copy Art.** USA né (1962-65). Électrographie, utilisation des copieurs. *France :* Miguel Egaña, Daniel Cabanis, Christian d'Aiwee, James Durand, Wilfrid Rouff, Jean Mathiaut, Mariette Seeberger, Sonia Landy Sheridan.

■ **Figuration libre.** Lancée 1982, s'inspire des graffitis, des bandes dessinées, du rock et de l'esprit punk. Exécution rapide. Couleurs vives. *Français :* R. Blanchard, F. Boisrond, R. Combas, H. Di Rosa.

■ **Graffitisme.** Issu des graffitis du métro de New York (mouvement hip-hop créé 1974 par Afrika Bambaataa, chef de gang du Bronx) : J.-M. Basquiat, K. Haring, Toxic, A-One, Futura 2000 (Leonard Mc Curr), K. Scharf, Crash.

■ **Hyperréalisme** (vers 1970). Reproduction de la réalité d'après photos *(photorealism),* sans émotion. Évolution vers davantage de distance avec les sources photographiques ; se rattache ainsi au Pop Art. *USA :* Jack Beal, Robert Bechtle, T. Blackwell, John Clem Clarke, Chuck Close, Robert Cottingham, D. Eddy, R. Estes, R. Goings, D. Hanson, J. Kacere, H. Kanovitz, N. Mahaffey, Malcolm Morley, David Parrish, Joe Raffacle, B. Schonzeit.

■ **Jeune peinture (salon de la).** Fondé 1949 à *Paris,* en réaction contre les avant-gardes et conformément à une doctrine inspirée du « réalisme socialiste » ; à partir de 1964, influencé par Eduardo Arroyo (né 1937). Fait divers emprunts au Pop Art.

■ **Land Art.** Né aux USA vers 1967 : accompagne ou modifie la nature. (Voir encadré p. 427 b.)

■ **Mec'Art (Mechanical Art).** Report photographique par sérigraphie, employé par Andy Warhol (boîtes de soupe Campbell, portraits de Marilyn Monroe) et Rauschenberg. *En Europe :* Pierre Restany, Béguier, Bertini, Pol Bury, Alain Jacquet, Nikos et Rotella.

■ **Minimal Art** (1960-65). Intervention minimale des artistes, privilégie les procédés appliqués à la fabrication industrielle. Expression utilisée la 1re fois par le critique américain Richard Wollheim. Courant (peinture et sculpture) voulant réduire les formes à leurs éléments les plus simples : cubes, rectangles, parallélépipèdes. Mot d'ordre : *Less is more* (« Moins, c'est davantage »). F. Stella, C. André, Morris, Tony Smith, Ad Reinhardt, Sol Lewitt, D. Judd, R. Serra, E. Kelly, K. Noland, R. Ryman, M. Louis, H. Frankenthaler, A. Martin, John McCracken, Dan Flavin, Robert Ryman. **Postminimalisme** (1971) : terme du critique Robert Pincus-Written pour qualifier l'œuvre d'Eva Hesse. Aspect périssable et éphémère des créations faites de matériaux instables et volatiles. Mel Bochner, W. De Maria, R. Mangold, B. Marden, R. Morris, Eva Hesse, Richard Serra.

■ **Nouveau réalisme.** Courant européen (1960-63) ; fondé par Pierre Restany, parallèle au Pop Art. Utilise l'objet (affiches découpées, accumulation de tubes de couleurs, petit déjeuner collé sur une table). Arman, César, Dufrêne, Hains, Klein, Raysse, Rotella, Spoerri, Tinguely, Villeglé, et en 1961 Niki de Saint-Phalle, Christo, Gérard Deschamps en 1962. Sont des assemblagistes (sauf Klein).

■ **Nouvel expressionnisme.** *Berlin,* fin des années 1960. Expression grandiloquente de l'angoisse et de la douleur. H. Middendorf, R. Fetting, M. Lüpertz, A. Kiefer, D. Hacker, G. Baselitz, P. Kirkeby, Salomé.

■ **Nouvelle figuration** (voir aussi **Figuration narrative** p. 442 b). Soutenue depuis 1968 par le critique Gérald Gassiot-Talabot. Mode figuratif : sujets politiques, publicité, bande dessinée, actualité (utilisés à des fins critiques). Adami, Arroyo (Esp.), Erró (Islande), Fromanger, Buri, Monory, Rancillac (Fr.), Recalcati, Télémaque, Klasen (All.), F. Bacon (G.-B.), Giacometti (Italie).

■ **Op'Art** (**Optical Art,** 1960). Création d'illusions optiques par le jeu de formes géométriques (applications : peinture, décoration et ameublement, bijoux). Noland, Bridget Riley, Henryk Berlewi, Vasarely ; « Cinétisme-Op'Art » : groupe de recherche d'art visuel de *Paris* (J.-R. Soto, Gyula Kosice, Agam, Bury, Calder, Duchamp, Jacobsen, Tinguely, Vasarely) ; « groupe Zero » (Allemagne : G. Uecker, Otto Piene, Heinz Mack) ; Josef Albers (USA) ; Schöffer, Julio Le Parc, Lassus, Müller...

■ **Peinture cultivée.** Triomphe à la Biennale de Venise 1984. Académiste. *Italiens :* C.M. Mariani, A. Abate, V. Bartoloni, G. Dicroba, S. Di Stasio ; *Français :* G. Garouste, J.M. Alberola.

■ **Peinture « fantastique »** (ex-Yougoslavie). Djuric Dado, Ljuba, Yvan Towar.

■ **Pop Art.** Baptisé initialement par le critique anglais Lawrence Alloway puis par Rayner Banham et Leslie Fiedler en 1955, il regroupe l'ensemble des formes prises par la culture populaire diffusée par les mass media. **Pop Art I** ou proto-Pop Art, ou Pop Art assemblagiste (l'objet est intégré à l'œuvre d'art, seul ou réuni avec d'autres objets). Précurseurs : Picasso : *Nature morte à la chaise cannée* (1912) ; Duchamp : *Ready-Mades* (objets manufacturés promus objets d'art par l'artiste) ; Joseph Cornell : *Objets surréalistes, Boîtes* et certaines œuvres de Picabia ainsi que *Combine Paintings* de Rauschenberg (1954-55). **Quelques noms :** Woody Van Amen (P.-Bas), Arman (Fr.), Enrico Baj (It.), Derek Boshier (G.-B.), Gérard Deschamps (Fr.), Jim Dine (USA), Richard Hamilton (G.-B.), Jasper Johns (USA), Allen Jones (G.-B.), Edward Kienholz (USA), Yves Klein (Fr.), Tetsumi-Kudo (Japon), Claes Oldenburg (USA), Eduardo Paolozzi (G.-B.), Robert Rauschenberg (USA), Mimmo Rotella (Italie), George Segal (USA), Jean Tinguely (Suisse), Tom Wesselmann (USA), Jean Follet, Esther Gentle, Gloria Graves, Robert Mallary, Salvatore Meo, Robert Moskowitz, Samaras (Grèce), Edith Schloss. **Pop Art II :** apparu en 1961 à *New York.* Pictural et sculptural. S'appuie sur des supports de mass media (affiches, bandes dessinées, photographies de magazine, dessins animés, cinéma, TV) et se manifeste par une agressivité délibérée contre les traditions artistiques et le bon goût. Rauschenberg fixa sur ses toiles des animaux empaillés ; Jasper Johns, des lampes électriques coulées dans du bronze ; Warhol proposait des boîtes de soupe Campbell ; Lichtenstein, des agrandissements sophistiqués de *comics* ; Klaes Oldenburg fabriquait des w.-c. mous. **Quelques noms :** Valerio Adami (Italie), Allan D'Arcangelo (1930, USA), Evelyne Axell (1935-72, Belg.), Peter Blake, Patrick Caufield, Erró (Gudmundur Gundmunsson Ferrö, dit, 1932, Isl.), Öyvind Fahlström (Suédois né 1928 au Brésil), Richard Hamilton (G.-B.), David Hockney (G.-B.), Allen Jones (G.-B.), Ronald B. Kitaj (USA), Konrad Klapeck (All.), Roy Lichtenstein (USA), Marisol (Marisol Escobar, dite, 1930, Fr.), Jacques Monory (Fr.), Mel Ramos (1935, USA), Bernard Rancillac (1931, Fr.), James Rosenquist (USA), Peter Saul (1934, USA), Peter Stämpfli (Suisse), Marjorie Strider (USA), Hervé Télémaque (1937, Haïti), Andy Warhol (1928-87, USA). **Post-Pop Art :** Michael Campton désigne ainsi les formes bâtardes ou tardives du Pop Art : art conceptuel, Body Art, Land Art, art pauvre...

■ **Précisionnisme** (Immaculates, Cubo-Realism, réalistes-cubistes). Né 1913 aux *USA.* Demuth, O'Keefe, Niles Spencer, Georges Ault, Ralston Crowford, Sheeler (voir aussi p. 442 c).

■ **Serrafisme.** Œuvres figuratives donnant l'impression de relief grâce à un procédé créé en 1980 par Luc-Elysée Serraf, nécessitant le passage par 4 étapes successives avant l'achèvement de la toile.

■ **Street Art.** Peinture murale née vers 1970 aux *USA,* utilisant les techniques et les formats de la publicité. Exemples : *Montpellier :* façades de la faculté de médecine ; *Grenoble :* patinoire ; *Paris :* laboratoire de l'Hélium à la Halle aux vins, immeuble RTL (Vasarely).

■ **Support-Surface.** Groupe constitué autour de *Nice* en 1969, exposition en 1970, par des peintres qui développaient depuis 1966 des expériences sur la matérialité de la peinture : le tableau recouvre son caractère essentiel de « support » et de « surface ». Bioulès, Cane, Devade, Dezeuze, Dolla, Jaccard, Valensi, Viallat.

■ **Trans-avant-garde (TAG)** ou **New Image** (1979). TAG (étiquette) né 1971 aux USA, d'abord signature stylisée apposée au marqueur par des jeunes. Créé par le critique italien A. Bonito Oleva. *Italie :* M. Paladino (1948), F. Clemente, E. Cucchi, S. Chia, N. De Maria, Ciarli, Ventrome, Eiorite, Giordano, Mazzochi. *Espagne :* Esteban Villalta. *Allemagne* (à partir du nouvel expressionnisme).

■ **World Painting.** Fondé par Erick Monjour. Assemblages d'œuvres diverses. Signés d'un code-barre.

■ **Zebra.** Fondé 1964 à *Hambourg.* « Le zèbre est notre animal parce qu'il ne s'apprivoise pas », a dit Dietmar Ullrich (1940). Images froides, simples, cyniques, proches de la photo de presse. Dieter Asmus, Peter Nagel, Nikolaus Störtenbecker.

PEINTRES

☞ Pour certains, exemples de prix élevés atteints en ventes publiques (en milliers de F) et M$ (millions de $).

Abréviations : except. : exceptionnellement ; v. : vers.

ALGÉRIE

Baya, Fatima (1931-98). Benanteur, *Abdallah* (1931) ; *Fatima.* Bouzid (1929). Dinet, Étienne (origine française, 1861-1929) 1 500 (1999). Issiakhem, M'hamed (1928-85). Khadda, Mohamed (1930-91). Racim, Mohamed (1896-1975).

ALLEMAGNE

■ **Nés avant 1700.** Altdorfer, Albrecht (av. 1480-1538). Amberger, Christoph (v. 1500-61/62). Asam, Cosmas Damien (1686-1739). Baldung, Hans *dit* Grien (v. 1484/85-1545). Bertram, Maître (1345-v. 1415). Bruyn, Bartholomäus (1493-1555) 221 (1993). Burgkmair, Hans (1473-1531) : gravures. Cranach l'Ancien, Lucas (1472-1553) except. 42 614 (1990, prix non réglé), 17 200 (2000) ; le Jeune, Lucas (1515-86) 1 190 (1999). Dürer, Albrecht (1471-1528) 5 338 (1978). Elsheimer, Adam (1578-1610) 1 782 (1994). Grünewald, Mathias (1460/70-1528). Heintz, Joseph (1600-Venise 1678) 1 981 (2000). Holbein l'Ancien, Hans (v. 1465-1524) ; le Jeune, Hans (1497-1543) 2 322 (1994). Konrad von Soest (v. 1370-v. 1422). Kulmbach, Hans Süss von (1476-1522). Lochner, Stephan (v. 1410-51). Maître, de la Passion de Karlsruhe [milieu XVe s. 27 000 (1998)] ; de Ste Véronique (v. 1420) ; de Trébon (Prague, 1380) ; de Vissy Brod (Prague, 1350) ; de Francke (1405-apr. 1424) ; de Théodoric (Prague, actif 1348-68). Moser, Lukas (actif 1431). Sandrart, Joachim von (1606-88). Schäufelein, Hans Leonhard (1480-1540). Schönfeld, Johann Heinrich (1609-84). Schongauer, Martin (1430-91).

■ **Nés entre 1700 et 1800.** Blechen, Karl (1798-1840). Carstens, Jacob Asmus (1754-98). Cornelius, Peter von (1783-1867). Fohr, Carl-Philipp (1795-1818). Friedrich, Caspar David (1774-1840) 18 900 (1993). Füger, Heinrich (1751-1818, Autr.). Graff Anton (1736-1813) 152 (1994). Hess, *Heinrich Maria von* (1798-1863) ; *Peter von* (1792-1871). Kersting, Georg-Friedrich (1785-1847). Kobell, Wilhelm von (1766-1853) 667 (1999). Mengs, Anton Raphael (1728-79) 279 (1999). Olivier, Ferdinand von (1785-1841). Overbeck, Johann Friedrich (1789-1869). Runge, Philipp-Otto (1777-1810). Schadow, Wilhelm von (1788-1862). Schick, Gottlieb (1776-1812). Schnorr von Carolsfeld, Julius (1794-1872). Tischbein, Johann Friedrich-August (1750-1812) 160 (1994). Veit, Philipp (1793-1877).

■ **Nés entre 1800 et 1900.** Ackermann, Max (1887-1975) 308 (1999). Barlach, Ernst (1870-1938) 220 (1997). Baumeister, Willi (1889-1955) 2 027 (1999). Beckmann, Max (1884-1950) 13 280 (2000). Bissier, Julius (1893-1965) 319 (1999). Braun, Nikolaus. Buchheister, Carl (1890-1964). Busch, Wilhelm (1832-1908, caricaturiste). Campendonk, Heinrich (1889-1957) except. 2 322 (1994). Corinth, Lovis (1858-1925) 2 877 (2000). Dix, Otto (1891-1969) 33 442 (1999). Ernst, Max (voir p. 447 a). Erslöh, Adolf (1882-1947). Felixmüller, Conrad (1897-1977) 1 166 (1999). Feuerbach, Anselm von (1829-80) 201 (1999). Gilles, Werner (1894-1961) 117 (1999). Grosz, George (voir p. 446 a). Heckel, Erich (1883-1970) 13 550 (2000). Höch, Hannah (1889-1978). Hoerle, Heinrich (1895-1936). Hofer, Carl (1878-1955) 2 229 (1999). Hölzel, Adolf (1853-1934). Hubbuch, Karl (1891-1979). Jawlensky, Alexej von (1864-1941) 5 035 (2000). Kanoldt, Alexander (1881-1939). Kirchner, Ernst-Ludwig (1880-1938) 17 154 (2000). Kollwitz, Käthe (1867-1945). Leibl, Wilhelm (1844-1900) 127 (1999). Lenbach, Franz von (1836-1904) 123 (2000). Liebermann, Max (1847-1935) 4 070 (2000). Macke, August (1887-1914) 3 548 (1999). Marc, Franz (1880-1916) 46 616 (1999). Marées, Hans von (1837-87). Meidner, Ludwig (1884-1966) 357 (1994). Menzel, Adolf von (1815-1905). Modersohn, Otto (1865-1943). Modersohn-Becker, Paula (1876-1907) 771 (1999). Morgner, Wilhelm (1891-1917). Mueller, Otto (1874-1930) 3 852 (1989). Münter, Gabriele (1877-1962) 1 622 (1999). Nauen, Heinrich (1880-1940) 215 (1999). Nesch, Rolf (1893-1975). Nolde, Emil Hansen *dit* (1867-1956) 12 726 (1999). Pechstein, Max (1881-1955) 8 000 (1998). Purrmann, Hans (1880-1966) 604 (1999). Räderscheidt, Anton (1892-1970) 134 (1999). Radziwill, Franz (1895-1983) 309 (1999). Richter, Hans (1888-1976). Rohlfs, Christian (1849-1938) 805 (1999). Schad, Christian (1894-1982). Schlemmer, Oskar (1888-1943) 2 534 (1999). Schlichter, Rudolf (1890-1955). Schmidt-Rottluff, Karl (1884-1976) 7 482 (1994). Schwitters, Kurt (signe Merz) (1887-1948) : collages, 1 188 (1994). Slevogt, Max (1868-1932) 1 328 (2000). Spies, Walter (1895-1942, origine russe) 3 903 (1997). Stuck, Franz von (1863-1928) 885 (1999). Thoma, Hans (1839-1924) 272 (1994). Uhde, Fritz von (1848-1911). Vogeler, Heinrich (1872-1942). Vordemberge-Gildewart, Friedrich (1899-1962). Weisgerber, Albert (1878-1915). Werner, Theodor (1886-1969) 99 (1994). Winterhalter, Franz-Xaver (1805-73) 9 000 (1989).

■ **Nés après 1900.** Ackermann, Peter (1939). Altenbourg, Gerhard (1926-89). Antes, Horst (1936) 608 (1999). Baselitz, Georg (Hans-Georg Kern, 1938) 2 331 (2000). Becher, *Bernhard* (1931) ; *Hilla* (1934). Bellmer, Hans (1902-75) 145 (1997). Beuys, Joseph (1921-86) 2 322 (1994). Buthe, Michael (1944-94). Dahmen, Karl Fred (1917-81) 170 (1994). Dahn, Walter (1954). Darboven, Hanne (1941). Droese, Felix (1952). Fassbender, Joseph (1903-74). Fetting, Rainer (1949) 284 (1999). Fritsch, Katharina (1956). Frühtrunk, Gunter (1923-83) 285 (2000). Geiger, Rupprecht (1908) 278 (1999). Girke, Raimund (1930) 111 (1999). Götz, Karl Otto (1914) 238 (1994). Graubner, Gotthard (1930) 241 (1994). Grützke, Johannes (1937). Gursky, Andreas (1955). Hartung, Hans (voir p. 448 a). Heisig, Bernhard (1925). Heldt, Werner (1904-54). Hödicke, Karl Horst (1938). Hoehme, Gerhard (1920-89) 255 (2000). Immendorff, Jörg (1945) 282 (1999). Janssen, Horst (1929-95). Jochims, Reimer (1935). Kalinowski, Horst Egon (1924). Kiefer, Anselm (1945) 2 041 (1998). Kippenberger, Martin (1953-97). Klapheck, Konrad (1935) 204 (1994). Klasen, Peter (1935) 460 (1990). Lüpertz, Markus (1941) 460,7 (1999). Mattheuer, Wolfgang (1927). Meistermann, Georg (1911-90). Nay, Ernst Wilhelm (1902-68) 2 230 (1999). Oelze, Richard (1900-80). Penck, A.R. (1939) 352 (1999). Polke, Sigmar (1941) 10 930 (2000). Richter, Gerhard (1932) 5,3 M$ (2001). Schultze, Bernard (1915) 195 (1999). Schumacher, Emil (1912-99) 903 (1994). Smith, Kiki (1954). Sonderborg, Kurt (1923-77) 205 (2000). Struth, Thomas (1954). Thieler, Fred (1916-99) 101 (1999). Trökes, Heinz (1913-99) 67 (1999). Trockel, Rosemarie (1952). Tübke, Werner (1929). Vostell, Wolf (1932-98). Winter, Fritz (1905-76) 540 (1994). Wols, Wolfgang Schultze (1913-51) 5 133 (1989).

ARGENTINE

■ **Nés avant 1900.** Alice, Antonio (1886-1943). Badi, Aquiles (1894-1976). Basaldúa, Hector (1895-1976). Brughetti, Faustino (1887-1956). Butler, *fray Guillermo* (1880-1961) 114 (1999) ; *Horacio* (1897-1983). Caraffa, Emilio (1862-1939). Centurion, Emilio (1894-1970). Collivadino, Pio Alberto Francisco (1869-1945). De La Carcova, Ernesto (1867-1927). Del Prete, Juan (1897-1987). Della Valle, Angel (1855-1903). Fader, Fernando (1882-1935). Guido, Alfredo (1892-1967). Guttero, Alfredo (1882-1932). Lacamera, Fortunato (1887-1951). López, Candido (1840-1902). Malharro, Martin (1865-1911). Molina Campos, Florencio (1891-1959). Morel, Carlos (1813-94). Pettoruti, Emilio (1892-1971) 1 264 (1999). Policastro, Enrique (1898-1971). Pueyrredon, Prilidiano (1823-70) 3 132 (1999). Quinquela Martín, Benito (1890-1977) 255 (1999). Quiros, Cesareo Bernaldo de (1881-1968) 846 (1998). Schiaffino, Eduardo (1858-1935). Sívori, Eduardo (1847-1918). Spilimbergo, Lino Eneas (1896-1964). Victorica, Miguel Carlos (1884-1955). Vitullo, S. César (1899-1953). Xul Solar, Alejandro (Oscar Agustín Alejandro Schulz Solari *dit,* 1887-1963) 228 (2000).

■ **Nés après 1900.** Aizenberg, Roberto (1928-96) 86 (1998). Alonso, *Carlos* (1929) ; *Raúl* (1918). Badii, Libero (1916). Battle Planas, Juan (1911-66). Benedit, Luis (1937). Berni, Antonio (1905-81) 2 527 (1999). Bonevardi, Marcelo (1929-99). Carpani, Ricardo (1930-97). Castagnino, Juan Carlos (1908-72). Deira, Ernesto (1928-86). Demarco, Hugo (1932-95). Di Stefano, Juan Carlos (1933). Fernández, Ricardo (1947). Forner, Raquel (1902-88). Forte, Vicente (1912-80). García Uriburu, Nicolas (1937). Girola, Claudio (1923). Greco, Alberto (1931-65). Grippo, Victor (1936). Heredia, Alberto (1924). Hlito, Alfredo (1923-93) 103 (1994). Iommi, Ennio (1926). Kemble, Kenneth (1923). Kosice, Gyula (1924). Kuitca, Guillermo (1961) 1 337 (1999). Le Parc, Julio (1928). Lozza, Raúl (1911). Mac Entyre, Eduardo (1929). Maccio, Romulo (1931) 166 (1999). Maldonado, Tomás (1922). Mele, Juan (1923). Paternosto, César (1931). Pierri, Orlando (1913-90). Porter, Liliana (1941). Presas, Leopoldo (1915). Puente, Alejandro (1933). Russo, Raúl (1912-84). Santantonín, Rubén (1929-80). Segui, Antonio (1934) 297 (2000). Sessa, Aldo (1939). Soldi, Raúl (1903-94). Suarez, Pablo (1937). Testa, Clorindo (1923). Torrallardona, Carlos (1912). Torres Agüero, Leopoldo (1924-96). Vega, Jorge de la (1930-71). Venier, Bruno (1914). Vidal, Miguel Angel (1928). Wells, Luis (1939).

Autriche

Altomonte, Martino (1657-1745). Boeckl, Herbert (1894-1966) 688 (1994). Brand, Johann Christian (1722-95). Dahl, Johan Christian (1788-1857) 2476 (1995). Egger-Lienz, Albin (1868-1926) 768 (1994). Ernst Rudolf (1854-1932) 1 517 (1999). Frueauf, Rueland (*dit* le Jeune, 1470/75-1553) ; (*dit* le Vieux, 1440/45-1507). Füger, Friedrich Heinrich (1751-1818). Gerstl, Richard (1883-1908 suicide). Gran, Daniel (1694-1757). Hausner, Rudolf (1914-95) 154 (1994). Hundertwasser, Friedrich Stovasser (1928-2000) 394 (1999). Klimt, Gustav (1862-1918) 142 000 (1997). Kokoschka, Oskar (1886-1980) 17 118 (1989). Laib, Conrad (actif 1440-60). Maître de l'autel d'Albrecht (actif 1430-40) ; des Écossais à Vienne (actif v. 1470) ; de Heiligenkreuz (actif 1395-1420). Makart, Hans (1840-84). Maulbertsch, Franz Anton (1724-96). Moll, Carl (1861-1945) 715 (1999). Moser, Koloman (1868-1918). Pacher, Michael (v. 1435-98). Rainer, Arnulf (1929) 258 (1994). Reichlich, Marx (v. 1460-v. 1520). Romako, Anton (1832-89) 384 (1994). Rottmayr, Johann Michael (1654-1730). Schiele, Egon (1890-1918 grippe espagnole) 71 935 (2000). Schmidt, Johann Martin (1718-1801). Schuch, Carl (1846-1903). Troger, Paul (1698-1762) 119 (2000). Waldmüller, Ferdinand Georg (1793-1865) except. 3 078 (1994).

Belgique

■ **Nés avant 1800.** Bles, Herri Met De (v. 1510-?) 1 310 (1999). Bosch, Jérôme (voir **Pays-Bas**). Bouts, Thierry (1415-75) *Résurrection* 16 320 (1980). Brouwer, Adrien (v. 1606-38). Bruegel (ou Breughel) le Vieux ou l'Ancien, Pieter (v. 1525-69) ; ses fils Pieter II le Jeune dit Bruegel d'Enfer (1564-1638) 19 676 (1999) ; Jan (1568-1625) dit Bruegel de Velours 10 582 (1990). Champaigne, Philippe de (voir **France**). Christus, Petrus (1420-73). David, Gérard (v. 1460-1523) 7 932 (1988). Gossaert, Jean *dit* Mabuse (v. 1478-1533) 5 670 (1994). Jordaens, Jacob (1593-1678) 4 280 (1990). Kempener, Peter de (Pedro Campaña, 1503-1580). Lejeune Pierre (1721-1790) 1130 (1995). Limbourg, Pol, Hennequin et Hermann de (voir **France**). Madou, Jean-Baptiste (1796-1877) 125 (1999). Memling, Hans (v. 1435-94) 432 (1994). Metsys, Quentin (1465/66-1530) 127 (1976). Momper, Joost de (1564-1635) 797 (1999). Moro, Antonio, *ou* Mor van Dashort, Antonis (1517-76) 645 (1994). Navez, François-Joseph (1787-1869) 980 (1994). Patenier, Joachim (1475/80-1524). Redouté, Pierre (1759-1840) : aquarelles 2 104 (2000). Rubens, Peter-Paul (1577-1640) 49 769 (2000). Snyders, Frans (1579-1657) 778 (1999). Sweerts, Michel (1618-64) 2 100 (1997). Teniers le Jeune, David (1610-90) 27 096 (1999) ; le Vieux, David (1582-1649). Van Dael, Jan Frans (1764-1840) 4 100 (2000). Van der Goes, Hugo (v. 1440-82). Van der Weyden, Rogier (Roger de La Pasture, v. 1400-64). Van Dyck, Anthonius (1599-1641) 7 556 (2000). Van Eyck, Jan (v. 1390-1441). Van Hulsdonck, Jacob (1582-1647) 5 090 (2000). Van Orley, Barent (1492-1542) 140 (1994). Verhaegen, Pierre-Joseph (1728-1811).

■ **Nés entre 1800 et 1900.** Asselberg, Alphonse (1839-1916). Boulenger, Hippolyte (1837-74). Braekeleer, Henri de (1840-88). Brusselmans, Jean (1884-1953) 252 (2000). Carte, Anto (1886-1954) 260 (2000). Claus, Émile (1849-1924) 1 786 (2000). Daeye, Hippolyte (1873-1952). Degouve de Nuncques, William (1867-1935). Delvaux, Paul (1897-1994) 30 136 (1999). Delville, Jean (1867-1953). Ensor, James (1860-1949) 2 250 (1993). Evenepoel, Henri (1872-99). Finch, Alfred-William (1854-1930). Frédéric, Léon (1856-1940). Gallait, Louis (1810-87). Goerg, Édouard (1893-1969) 234 (2000). Jespers, Floris (1889-1965) 360 (2000). Khnopff, Fernand (1858-1921) 3 984 (1991). Laermans, Eugène (1864-1940) 260 (1998). Leys, baron Henri (1815-69). Magritte, René (1898-1967) 39 800 (1998). Meunier, Constantin (1831-1905). Paulus du Châtelet, baron Pierre (1881-1959) 122 (1994). Permeke, Constant (1886-1952) 268 (1998). Portaels, Jean (1818-95) 310 (1998). Rops, Félicien (voir p. 447 c). Saedeleer, Valerius de (1867-1942) 714 (1999). Servaes, Albert (1883-1966) 130 (2000). Servranckx, Victor (1897-1965). Smet, Gustave de (1877-1943) 1 750 (1999). Smits, Jakob (1856-1928) 163 (1999). Spilliaert, Léon (1881-1946). Stevens, Alfred (1823-1906) 1 584 (2000). Tuymans, Luc (1958). Tytgat, Edgard (1879-1957). Van den Berghe, Frits (1883-1939). Van de Velde, Henry (1863-1957). Van de Woestijne, Gustave (1881-1947) 1 845 (2000). Van Rysselberghe, Théo (1862-1926) 4 205 (1999). Vantongerloo, Georges (1886-1965). Verwee, Alfred (1838-95). Wiertz, Antoine (1806-65). Wouters, Rik (1882-1916) 1 131 (2000).

■ **Nés après 1900.** Alechinsky, Pierre (voir p. 447 c). Bertrand, Gaston (1910-94). Bonnet, Anne (1908-60). Burssens, Jan (1925). Camus, Gustave (1914-84). Cox, Jan (1919-80). Delahaut, Jo (1911-92). Delmotte, Marcel (1901-84). Dotremont, Christian (1922-79). Dudant, Roger (1929-91). Folon, Jean-Michel (1934). Landuyt, Octave (1922). Mara, Pol (1920-98). Mendelson, Marc (1915). Mesens, Edouard-Léon-Théodore (1903-71). Mortier, Antoine (1908-99) 82 (1994). Peire, Luc (1916-94). Raveel, Roger (1921) 211 (2000). Seuphor, Michel (1901-99). Somville, Roger (1923) 96 (1999). Strebelle, Jean-Marie (1916-89). Swennen, Walter (1946). Ubac, Raoul (1910-85). Vandercam, Serge (1924). Van Lint, Louis (1909-86).

Brésil

Almeida, José Ferraz de (1850-99). Amaral, Tarsila do (1886-1973). Ataide, Manuel da Costa (1762-1830). Bandeira, Antonio (1922-67) 255 (1999). Burle Marx, Roberto (1910-94). Camargo, Iberê (1914-94). Carvalho, Flavio de (1899-1973). Da Costa, Milton (1915-88) 162 (1994). Di Cavalcanti, Emiliano (1897-1976) 6 089 (2000). Figueiredo e Melo, Pedro Americo (1843-1905). Goeldi, Osvaldo (1895-1961). Gonzalez, Juan Francisco (1853-1933). Guignard, Alberto da Veiga (1896-1962) 4 360 (1999). Lerner, Jac (1961). Mabe, Manabu (1924-97) 239 (1999). Malfatti, Anita (1896-1964). Meireles, Victor (1832-1903). Mota e Silva, Djanina (1914-79). Oiticica, Helio (1937-80). Oliveira, Raimundo Falcão de (1930-66). Portinari, Candido (1903-62). Scliar, Carlos (1920). Segall, Lasar (1891-1957). Silva, Presciliano Isidoro da (1883-1965). Visconti, Eliseo d'Angelo (1867-1944) 183 (1999).

Canada

Borduas, Paul-Émile (1905-60) 520 (1999). Bush, Jack (1909-77) 87 (1999). Carr, Emily (1871-1945). Chambers, Jack (1931-78). Clark, Paraskeva (1898-1986). Colville, Alexander (1920). Cosgrove, Stanley (1911). Curnoe, Greg (1936-92). Ferron, Marcelle (1924). Fitzgerald, Lionel Lemoine (1890-1956). Fortin, Marc-Aurèle (1888-1970) 216 (1999). Gagnon, Clarence A. (1881-1942). Graham, Rodney (1949). Harris, *Lawren Stewart* (1885-1970) 1 300 (1999) ; *Robert* (1849-1919). Hebert, Adrien (1890-1967). Hurtubise, Jacques (1939). Jackson, Alexander Young (1882-1974) 640 (1999). Janvier, Alex (1935). Kane, Paul (1810-71) 2 028 (1999). Knowles, Dorothy (1927). Krieghoff, Cornelius (1815-72) 520 (1999). Kurelek, William (1927-77) 109 (1999). Leduc, Fernand (1916). Lemieux, Jean-Paul (1904-90) 1 239 (2000). Lismer, Arthur (1885-1969) 320 (1999). Lukacs, Attila-Richard (1962). MacDonald, J.E.H. (1873-1932) 103 (1999). Maltais, Marcella (1933). Martin, Agnès (1912) 9 535 (2000). McEwen, Jean (1923-99). Milne, David (1882-1953) 475 (1998). Molinari, Guido (1933) 123 (1998). Morrice, James Wilson (1865-1924) 160 (1999). Niverville, Louis de (1933). Pellan, Alfred (1906-88) 95 (1999). Pratt, *Christopher* (1935) ; *Mary* (1935). Riopelle, Jean-Paul (1923) 8 876 (1989). Roberts, Goodridge (1904-74). Shadbolt, Jack (1909-98). Snow, Michaël (1929). Suzor-coté, Marc-Aurèle de Foy (1869-1937) 318 (1999). Thomson, Tom (1877-1917) 469 (1999). Tod, Joanne (1953). Tonnarcour, Jacques Godefroy de (1917). Town, Harold (1924-90). Varley, Frederick (1881-1969) 450 (1999). Watson, Homer (1855-1936). Wieland, Joyce (1931-98).

Chili

Abarca, Agustín (1882-1953). Aldunate, Cármen (1940). Altamirano, Carlos (1954). Antúnez, Nemesio (1918-93). Balmes, José (1927). Barrios, Gracia (1927). Benmayor, Samy (1956). Bravo, Claudio (1936, vit en Algérie) 5 903 (1999). Bru, Roser (1923). Burchard, Pablo (1875-1964). Carreño, Mario (1913-99) 1 512 (1994). Cienfuegos, Gonzalo (1949) 145 (1999). Couve, Adolfo (1940-98). Cristi, Ximera (1920). Davila, Juan (1946). Diaz, Gonzalo (1947). Errazuriz, José Tomás (1856-1927). Gil de Castro, José (v. 1785-1841). Gonzalez, Juan Francisco (1854-1933). Helsby, Alfredo (1862-1933). Israel, Patricia (1939). Jarpa, Onofre (1849-1940). Lira, *Benjamin* (1950) ; *Pedro* (1845-1912). Marcos, Fernando (1919). Matta, Roberto (1911, vit en France) 15 317 (1999). Montecino, Sergio (1916-97). Mori, Camilo (1896-1973). Opazo, Rodolfo (1935). Orrego-Luco, Alberto (1854-1931). Pérez, Matilde (1920). Subercaseaux, Ramón (1854-1937). Sutil, Francisca (1953). Toral, Mario (1934). Valenzuela Llanos, Alberto (1869-1925). Valenzuela Puelma, Alfredo (1856-1909). Vergara, Grez (1923).

Cuba

Cabrera Moreno, Servando (1923-81) 172 (1999). Gonzales-Torres, Felix (1957-1996) 157 (1999). Lam, Wifredo (1902-82) except. 5 744 (1999). Martinez Pedro, Luis (1910-89). Portocarrero, René (1912-85) 243 (1994). Rodríguez, Mariano (1912-90) 574 (1999).

Danemark

Abildgaard, Nicolai (1743-1809). Ancher, Anna (1859-1935) 431 (2000). Andersen, Mogens (1916). Bendz, Wilhelm (1804-32) 440 (1999). Birkemose, Jens (1943). Bjerke-Petersen, Wilhelm (1909-57). Carlsson, Harry (1891-1968). Clausen, Franciska (1899-1986). Eckersberg, C.W. (1783-1853) 2 908 (2000). Freddie, Wilhelm (1909-95) 229 (2000). Hammershøi, Vilhelm (1864-1916) 492 (2000). Haugen-Sørensen, Arne (1932). Heerup, Henry (1907-93). Høyer, Cornelius (1741-1804). Jorn, Asger (1914-73) 2 712 (1989). Juel, Jens (1745-1802) except. 3 080 (1994). Kirkeby, Per (1938) 467 (2000). Købke, Christen (1810-48) 776 (1999). Krøyer, Peder Severin (1851-1909) 1 347 (1999). Lundbye, J. Th. (1818-48). Lundstrøm, Vilhelm (1893-1950) 326 (1994). Mortensen, Richard (1910-93) 440 (2000). Nørgaard, Bjørn (1947). Paulsen, Erik (1749-90). Pedersen, Carl-Henning (1913) 264 (2000). Skovgaard, P.C. (1817-75) 108 (1997). Willumsen, Jens Ferdinand (1863-1958).

Espagne

■ **Nés avant 1500.** Bassa, Ferrer (v. 1285-1348). Bermejo, Bartolomé (v. 1440-apr. 1498). Berruguete, *Alonso* (v. 1490-1561) ; *Pedro* (v. 1450-1504). Borrassá, Luis (v. 1360-apr. 1425). Fernández, Alejo (1470-1563). Gallego, Fernando (v. 1440-apr. 1507). Huguet, Jaime (v. 1415-1492). Llanos, Fernando (?-apr. 1525). Macip, Juan Vicente (v. 1475-1550). Martorell, Bernardo (à Barcelone 1427-52) *Retable de la légende de Ste Ursule* 22 047 (1989). Vasco-Fernandes (v. 1480-v. 1545). Yáñez, Fernando (v. 1459-v. 1536).

■ **Nés entre 1500 et 1600.** Carducho, Vicente (1570-1638). Céspedes, Pablo de (1538-1608). Greco, Dhomínikos Theotokópoulos (*dit* El) (1541-1614) 19 960 (1997). Herrera el Viejo, Francisco de (1576-1656). Juanes, Juan de (Vicente Juan Masip, v. 1510-79). Maino, Juan Bautista (1578-1649). Morales, Luis de (*dit* el Divino, v. 1519-86) 688 (1994). Orrente, Pedro (1580-1645). Pacheco, Francisco (1564-1654). Pantoja de la Cruz, *Juan* (1553-1608). Ribalta, *Francisco* (1565-1628) ; *Juan* (1596-1628). Ribera, Jusepe de (1591-1652) 24 212 (1990). Rodríguez de Silva y Velázquez, Diego (1599-1660) 48 000 (1999). Sánchez Coello, Alonso (v. 1531-88) 451 (1999). Sánchez-Cotán, Fray Juan (1560-1627). Zurbarán, *Francisco* (1598-1664) ; *Juan*, son fils 12 000 (1998).

■ **Nés entre 1600 et 1700.** Arellano, Juan de (1614-76) 5 940 (1992). Cano, Alonso (1601-67) 197 (2000). Carreño de Miranda, Juan (1614-85). Cerezo, Mateo (1637-66) 224 (1994). Coello, Claudio (1642-93). Espinosa, Jeronimo Jacinto (1600-67). Herrera el Joven, Francisco (1627-85). Mazo, Juan Bautista Martínez del (1612-67). Murillo, Bartolomé Esteban (1618-82) 23 740 (1990). Pereda, Antonio de (1611-78). Rizi, Francisco (1614-85). Valdés Leal, Juan de (1622-90) 504 (1991).

■ **Nés entre 1700 et 1800.** Bayeu, *Francisco* (1734-95) ; *Manuel* (1740-1809) ; *Ramón* (1746-93). Goya y Lucientes, Francisco José de (1746-1828) 4 960 (1997), environ 150 attributions à réviser. López, Vicente (1772-1850). Madrazo, José de (1781-1859). Maella, Mariano Salvador (1739-1819) 216 (1999). Meléndez, Luis Eugenio (1716-80) 1 574 (1999). Paret, Luis (1746-99) 808 (1999). Vergara, José (1726-99).

■ **Nés entre 1800 et 1900.** Blanchard, Maria (1881-1932) 340 (2000). Casas i Carbo, Ramon (1866-1932) 1 789 (2000). Echevarriá, Juan de (1875-1931) 237 (1998). Esquivel, Antonio Maria (1806-57) 1 581 (1999). Fortuny y Carbo, Mariano (1838-74) 3 367 (2000). Gisbert, Antonio (1835-1901). Gris, Juan (José Victoriano González, 1887-1927, à Paris en 1900) 28 086 (1999). Gutiérrez Solana, José (1885-1945). Hermoso, Eugenio (1883-1963) 128 (1999). Lucas y Padilla, Eugenio (1817-70) 105 (1999). Madrazo y Kunz, Federico de (1815-94). Miró, Joan (1893-1983) 56 000 (1989) ; 25 317 (1999). Moreno, Carbonero José (1860-1942). Nonell, Isidro (1873-1911) 1 473 (2000). Picasso (voir encadré p. 441 a). Regoyos, Dario de (1857-1913). Rosales, Eduardo (1836-73). Rusiñol, Santiago (1861-1931) 512 (1999). Sert y Badia, José Maria (1876-1945). Sorolla y Bastida, Joaquin (1863-1923) 15 980 (1990). Vázquez Díaz, Daniel (1882-1969). Zuloaga, Ignacio (1870-1945) 1 182 (1999).

■ **Nés après 1900.** Aguayo, Fermín (1926-77). Arroyo, Eduardo (1937) 433 (1999). Barceló, Miquel (1957) 1 660 (2000). Caballero, José (1916-91). Clavé, Antoni (1913) 552 (1999). Cuixart, Modesto (1925). Dalí, Salvador (1904-89)[1] 30 639 (2000). Dominguez, Oscar (1906-58) 2 500 (2000). Feito Lopez, Luis (1929-91) 110 (2000). Gordillo, Luis (1934). Grau-Sala, Émile (1911-75) 310 (2000). Hernández, Mariano (1938). López-García, Antonio (1936). Nieva, Francisco (1924). Pelayo, Orlando (1920-90). Quesada, Marieta (1963). Saura, Antonio (1930-98) 4 989 (1999). Sicilia, José-Maria (1954). Tàpies, Antonio (1923) 3 745 (2000).

Nota. – (1) L'État espagnol est son héritier universel (héritage estimé en 1989 à environ 853 millions de F dont 700 œuvres d'art dont 250 signées).

États-Unis

Albers, Josef (All., 1888-1976) except. 1 026 (1994). Albright, Ivan (1897-1983). Allston, Washington (1799-1843). Andre, Carl (1935). Audubon, John James (1785-1851) 668 (1999). Avery, Milton (1885-1965) 4 298 (1999). Baldessari, John (1931) 380 (1999). Basquiat, Jean-Michel (1960-88, surdose) autoportrait 18 600 (1998). Baziotes, William (1912-1963). Bellows, George Wesley (1882-1925) 162 815 (1999). Benton, Thomas Hart (1889-1975) 3 256 (1999). Berman, Eugene (1899-1972). Bierstadt, Albert (origine allemande, 1830-1902) 6 349 (1999). Bingham, George C. (1811-79) 4 418 (1978). Bishop, Isabel (1902-88) 296 (2000). Blakelock, Ralph Albert (1847-1919). Boggs, Frank (1855-1926) 331 (2000). Borofsky, Jonathan (1942) 104 (1994). Burchfield, Charles (1893-1967) 1 235 (1999). Burden, Chris (1946). Cage, John (1912-92). Cassatt, Mary (1844-1926) 24 000 (1996). Catlin, George (1796-1872) 2 803 (1989).

Chambers, Thomas (1806-66) 495 (1998). Chase, William Merritt (1849-1916) 11 880 (1994). Church, Frederic Edwin (1826-1900) 27 347 (2000). Close, Chuck (1940) 6 982 (1999). Cole, Thomas (1801-48) 2 106 (1994). Colescott, Robert (1925). Conroy, Stephen (1964). Copley, John Singleton (1738-1815, se fixe à Londres en 1775) 2 028 (2000). Crawford, Ralston (1906-78). Cropsey, Jasper Francis (1823-1900) 14 715 (1999). Curry, John Stewart (1897-1946). Davies, Arthur B. (1862-1928) 343 (1999). Davis, *Gene* (1920-85) ; *Stuart* (1894-1964) 324 (1994). De Kooning, Willem (origine néerlandaise, 1904-97) 124 000 (1989, prix le plus élevé pour un artiste vivant) 13 364 (2000). Demuth, Charles (1883-1935) 715 (1999). Dewing, Thomas W. (1851-1938) 883 (1999). Diebenkorn, Richard (1922-93) 23 400 (1998). Dine, Jim (1935) 980 (1999). Dona, Lydia (1955, origine roumaine). Dove, Arthur (1880-1946) 3 251 (1999). Durand, Asher Brown (1796-1886) 975 (1999). Duveneck, Frank (1848-1919) 139 (2000). Eakins, Thomas (1844-1916) 1 195 (1978). Earl, Ralph (1751-1801) 230 (1999). Edmonds, Francis William (1806-63). Estes, Richard (1936) 13 390 (2000). Evergood, Philip (1901-73) 297 (1994). Feininger, Lyonel (1871-1956) 8 130 (2000). Field, Erastus-Salisbury (1805-1900) 554 (1999). Fischl, Eric (1948) 7 110 (2000). Flavin, Dan (1933-96) 1 470 (1999). Francis, Sam (1923-94) 19 675 (1999). Frankenthaler, Helen (1928) 918 (1994). French, Daniel Chester (1850-1931). Gilliam, Sam (1933). Glackens, William (1870-1938) 3 196 (2000). Gober, Robert (1954) 6 440 (2000). Goldin, Nan (1953). Gorky, Arshile (1904-48) 21 000 (1995). Gottlieb, Adolph (1903-74) 1 522 (2000). Grosz, George (origine allemande, 1893-1959) 6 082 (1999). Guston, Philip (1913-60) 3 700 (2000). Halley, Peter (1953) 952 (1999). Haring, Keith (1958-90, sida) 1 598 (2000). Harnett, William M. (1848-92) 1 780 (1998). Hartley, Marsden (1877-1943) 9 752 (1999). Haseltine, William Stanley (1835-1900) 808 (2000). Hassam, Childe (1859-1935) 12 960 (1994). Heade, Martin-Johnson (1819-1904) 10 500 (1987). Henri, Robert (1865-1929) 1 410 (1999). Hesse, Eva (1936-70) 1 223 (2000). Hicks, Edward (1780-1849) 24 334 (1999). Hofmann, Hans (1880-1966) 1 104 (1999). Homer, Winslow (1836-1910) 31 520 (1999). Hopper, Edward (1882-1967) 12 790 (1987). Indiana, Robert (1928) 951 (2000). Inness, George (1825-94) 5 389 (1989). Irwin, Robert (1928) 735 (1999). Johns, Jasper (1930) 102 300 (1988, 5 580 (sur papier, 1998). Johnson, *Eastman* (1824-1906) 3 519 (1999) ; *Joshua* (actif 1790-1825). Judd, Donald (1928-94) except. 1 404 (1994). Kaprow, Allan (1927). Katz, Alex (1927) 472 (1999). Kelley, Mike (1954) 253 (1999). Kelly, Ellsworth (1923) 8 130 (2000). Kienholz, Edward (1927-94). Kitaj, Ronald Brooks (1932) 1 892 (1994). Kline, Franz (1910-62) 17 505 (2000). Koons, Jeff (1955) 5 000 M$ (2001). Krasner, Lee (1908-84) 536 (1999). Kuhn, Walt (1880-1949) 499 (1999). Kuniyoshi, Yasuo (origine japonaise, 1893-1953) 144 (1999). La Farge, John (1835-1910) 1 273 (1999). Lane, Fitz Hugh (1804-65) 3 923 (1998). Lawrence, Jacob (1917-2000) 1 567 (1999). Lempicka, Tamara de (origine polonaise, 1898-1980) 9 623 (1994). Leslie, Alfred (1927) 163 (1999). Leutze, Emmanuel (origine allemande, 1816-68) 147 (1998). Levine, Jack (1915) 251 (1999). Lewitt, Sol (1928) 346 (1999). Lichtenstein, Roy (1923-97) 31 460 (1990), *Kiss II* 12 900 (1995). Lindner, Richard (origine allemande, 1901-78) 2 409 (1988). Longo, Robert (1953) 370 (1999). Lopez, Antonio (1943-87). Louis, Morris (1912-62) 3 076 (2000). McCarthy, Paul (1945). MacCollum, Allan (1944) 245 (1999). Mangold, Robert (1937) 520 (1999). Man Ray (Emmanuel Radnitzky *dit*, 1890-1976) 3 000 (1979). Marden, Brice (1938) 12 939 (2000). Marin, John (1870-1953). Marsh, Reginald (1898-1954) 1 223 (2000). Martin, Agnes (origine canadienne, 1912) 1 292 (1999). Matta-Clark, Gordon (1943-78). Mitchell, Joan (1926-92) 16 440 (2000). Moran, Thomas (1837-1926). Morley, Malcolm (origine anglaise, 1931) 4 232 (1999). Moses, Grandma (1860-1961) 344 (1999). Motherwell, Robert (1915-91) 5 720 (1989). Nauman, Bruce (1941). Newman, Barnett (1905-70) 15 000 (1995). Noland, Kenneth (1924) 10 582 (1989). O'Keeffe, Georgia (1887-1986) 9 510 (1987), 5 460 (2000). Oldenburg, Claes (origine suédoise, 1929) 3 118 (1989). Olitski, Jules (origine russe, 1922) 270 (1994). Pascin, Jules (J. Pinkas, origine bulgare, 1885-1930) 2 600 (1991). Peale, *Charles Willson* (1741-1827) 190 (1999) ; *James* (1749-1831) 534 (1998) ; *Rembrandt* (1778-1860) 6 176 (1999). Pearlstein, Philip (1924) 189 (1994). Peto, John Frederick (1854-1907) 2 275 (1999). Phillips, Ammi (1788-1865). Pippin, Horace (1888-1946). Pollock, Jackson (1912-56) 7,9 M$ (2001). Prendergast, Maurice (1859-1924) 10 461 (1989). Prince, Richard (1949). Quidor, John (1801-81) 1 944 (1994). Rauschenberg, Robert Milton Ernest (1925) 45 000 (1991). Ray, Charles (1953). Raysse, Martial (1936). Reinhardt, Ad (1913-67) 3 806 (2000). Remington, Frederic (1861-1909) 29 339 (1999). Rivers, Larry (1923) 168 (1999). Robinson, Theodore (1852-96) 5 400 (1994). Rockwell, Norman (1894-1978) 3 620 (1999). Rosenquist, James (1933) 14 000 [1986, la plus grande œuvre vendue aux enchères (3 × 26 m)]. Rothenberg, Susan (1945) 2 052 (1994). Rothko, Mark (Marcus Rothkowitz *dit*, 1903-70, suicide) 101 000 (2000). Ruscha, Edward (1937) 2 665 (1999). Russell, Charles M. (1864-1926) 8 115 (1999). Ryder, Albert Pinkham (1847-1917). Ryman, Robert (1930) 2 563 (2000). Sage, Kay (1898-1963). Salle, David (1952) 339 (1998). Salmon, Robert (1775-1842) 375 (1999). Sargent, John Singer (1856-1925) 56 610 (1996). Schnabel, Julian (1951) 2 048 (1999). Segal, George (1924-2000) 1 181 (1999). Serra, Richard (1939). Serrano, Andres (1950). Shahn, Ben (origine lituanienne, 1898-1969) 583,4 (1997). Shapiro, Joel (1941). Sheeler, Charles (1883-1965) 504 (1999). Sherman, Cindy (1954). Shinn, Everett (1876-1953) 1 810 (1999). Sloan, John (1871-1951) 390 (1999). Smith, Leon Polk (1906-97). Stella, *Frank* (1936) 3 935 (1999) ; *Joseph* (1877-1946). Still, Clyfford (1904-80) 11 351 (2000). Stuart, Gilbert (1755-1828). Sully, Thomas (1783-1872) 268 (2000). Tanguy, Yves (origine française, 1900-55) 14 548 (1999). Tanner, Henry O. (1859-1937). Tanning, Dorothea (1910) 126 (1999). Tarbell, Edmund Charles (1862-1938). Thiebaud, Wayne (1920) 2 567 (2000). Thompson, Bob (1937-66) 177 (1998). Tobey, Mark (1890-1976) 796 (1999). Toledo, *Francisco* (1940) 1 519 (1997) ; *Jose Rey* (1916-94). Trumbull, John (1756-1843). Turrel, James (1943). Twachtman, John H. (1853-1902) 2 925 (1999). Twombly, Cy (1928) 28 600 (1990). Tworkov, Jack (1900-82) 252 (1999). Vanderlyn, John (1775-1852). Warhol, Andy (1928-87), *Grange Marilyn* 17,33 M$ (1998), *Large Flowers* 8,47 M$ (2001). Weber, Max (origine russe, 1881-1961) 399 (1999). Weir, Julian Alden (1852-1919) 292 (2000). Wesselmann, Tom (1931) 3 200 (1990). West, Benjamin (1738-1820) 489 (1999). Whistler, James McNeill (1834-1903) 18 712 (2000). Willard, Archibald (1836-1918). Wood, Grant (1892-1942) 915 (2000). Wool, Christopher (1955). Wyeth, Andrew (1917) 4 447 (2000). Zittel, Andrea (1965).

France

■ **Nés avant 1500.** Beauneveu, André (v. 1330-v. 1410, Franco-Flamand). Bourdichon, Jehan (v. 1457-1521). Brea, Ludovic (v. 1450-1523 ?). Broederlam, Melchior (v. 1328-apr. 1410, Franco-Flamand). Clouet, Jean (v. 1486-1541). Cousin, Jean (*dit* le Père, v. 1490-v. 1561). Fiorentino, Rosso (Giovanni-Battista di Jacopo di Gasparro *dit*, 1495-1540). Fouquet, Jean (v. 1420-70 ou 80). Froment, Nicolas (v. 1435-84). Girard d'Orléans († 1361). Hesdin, Jacquemart de († v. 1410, Franco-Flamand). Limbourg, les frères de (début XVe s., Franco-Flamands). Maître de l'Annonciation d'Aix (XVe s.) ; de Moulins (1480-v. 1500) ; des Heures de Rohan (actif v. 1420-40, Franco-Flamand) ; du Jugement de Pâris (v. 1430) 3 870 (1994). Malouel, Jean (Mael Wael, v. 1370-1419, Flamand). Pucelle, Jean (début XIVe s.). Quarton, Enguerrand (1410-apr. 1469).

■ **Nés entre 1500 et 1600.** Abate, Nicolo dell' (origine it., 1509-71). Bellange, Jacques (1575-apr. 1616). Bray, Salomon de (1597-1664) 3 200 (1990). Brebiette, Pierre (1598-1650). Callot, Jacques (1592-1635). Caron, Antoine (1527-99). Caullery, Louis de (1555-1622) paire de panneaux 1 700 (2000). Clouet, François (1522-72) 2 322 (1994). Corneille de Lyon (origine néerl. 1505-1574) 1 457 (2000). Cousin, Jean (*dit* le Fils, 1522-1594). Deruet, Claude (1588-v. 1660). Dubois, Ambroise (1542/43-1614). Dubreuil, Toussaint (1561-1602). Dumonstier, *Daniel* (1574-1646) ; *Geoffroy* (actif 1535-73) ; *Pierre Ier* (1524-1604). Fréminet, Martin (1567-1619). Lallemand, Georges (1575-1635). La Tour, Georges de (v. 1593-1652). Le Nain, *Antoine* (v. 1588-1648) ; *Louis* (1593-1648) 8 300 (2000). Linard, Jacques (1600-45) 1 080 (1994). Maître de Saint-Gilles (v. 1500). Mellan, Claude (1598-1688). Mellin, Charles (1597-1649). Perrier, François (*dit* le Bourguignon, 1590-1650) 173 (1999). Poussin, Nicolas (1594-1665) 1 600 (1983), 16 500 (1981), 35 098 (1999). Quesnel, *François* (1543-1617) ; *Jacques* († 1629). Régnier, Nicolas (1590-1667). Saint-Igny, Jean de (1598/1600-47). Stella, Jacques de (1596-1657) 287 (1999). Stoskopff, Sébastien (1597-1657). Tournier, Nicolas (av. 1600-apr. 1660). Valentin de Boulogne (1594-1632) *les Tricheurs* 22 500 (1989). Varin, Quentin (v. 1570-1634). Vignon, Claude (v. 1593-1670) 920 (1999). Vouet, Simon (1590-1649) 3 800 (1989), 2 525 (2000). Wael, Cornelis de (1592-1667) 260 (2000).

■ **Nés entre 1600 et 1700.** Baugin, *A.* (v. 1630) ; *Lubin* (1610-63). Blanchard, Jacques (1600-38) 258 (1994). Blanchet, Thomas (1614-89). Bosse, Abraham (1602-76). Bourdon, Sébastien (1616-71). Bourguignon, Jacques (*dit* le Courtois, 1621-76). Bouys, André (1656-1740) 125 (1999). Champaigne, Philippe de (Bruxelles, 1602-74) 1 300 (1985). Chardin, Jean-Baptiste (1699-1779) 14 582 (1989). Coypel, *Antoine* (1661-1722) 1 160 (1990) ; *Charles-Antoine* (1694-1752) 2 743 (2000) ; *Noël-Nicolas* (1690-1734) 2 565 (1994). Desportes, François (1661-1743) 2 880 (2000). Drouais, Hubert (1699-1767). Dughet, Gaspard (*dit* le Guaspre Poussin, 1615-75) 619,2 (1994). Dupuis, Pierre (1610-82) 6 000 (1999). Elle, *Louis-Ferdinand I* (1612-89) ; *Louis-Ferdinand II* (1648-1717). Garnier, François (actif v. 1627-58) 640 (1998). Gellée, Claude (*dit* le Lorrain, 1600-82) 12 042 (1999). Gillot, Claude (1673-1722) 424 (1998). Gravelot, Hubert (1699-1773). Jeaurat de Bertry, *Étienne* (1699-1789) 135 (1994) ; *Nicolas* (1728-v. 1800) 300 (1999). Jouvenet, Jean-Baptiste (1644-1717) 286 (2000). La Fosse, Charles de (1636-1716). La Hyre, Laurent de (1606-56) 2 700 (1991). Lancret, Nicolas (v. 1690-1743) 4 196 (2000). Largillière, Nicolas de (1656-1746) 4 320 (1993). La Rose, Jean-Baptiste de (1612-1687). Le Brun, Charles (1619-90) 3 600 (1998). Lemoyne, François (1688-1737) 1 385 (1999). Le Nain, Mathieu (1607-77) 2 101 (1984). Le Sueur, Eustache (1617-55) 3 096 (1994). Manglard, Adrien (1695-Rome 1760) 2 042 (2000). Michau, Théobald (1676-1765) 400 (2000). Mignard, *Pierre* (1612-95) 1 150 (1989) ; *Nicolas* (1606-68). Moillon, Louise (1610-96) 2 354 (1989). Monnoyer, *Antoine* (1670-1747) 107 (1994) ; *Jean-Baptiste* (1634-99) 2 691 (1999). Nanteuil, Robert (v. 1623-78). Nattier, Jean-Marc (1685-1766) 4 471 (2000). Oudry, Jean-Baptiste (1686-1755) 6 200 (1999). Parrocel, *Charles* (1688-1752) ; *Étienne* (1696-1776) ; *Joseph dit* (des Batailles, 1646-1704). Pater, Jean-Baptiste (1695-1736) 3 238 (2000). Pesne, Antoine (1683-1757) 720 (1995). Restout, Jean (1692-1768) 2 000 (1990). Revel, Gabriel (1642-1712). Rigaud, Hyacinthe (1659-1743) 2 700 (1992). Robert, Nicolas (1614-85). Subleyras, Pierre-Hubert (1699-1749) 3 752 (1999). Tassel, Jean (1608-67) 1 390 (1987). Tocqué, Jean-Louis (1696-1772) 430 (1998). Troy, *François de* (1645-1730) 115 (1999) ; *Jean-François de* (1679-1752) 30 600 (2000). Van Loo, Jean-Baptiste (1684-1745). Watteau, Antoine (1684-1721) 26 322 (2000).

■ **Nés entre 1700 et 1800.** Auguste, Jules-Robert (1789-1850). Aved, Jacques-André (1702-66). Baccuet, Prosper (1798-1854) 93 (2000). Bachelier, Jean-Jacques (1724-1806) 2 148 (1998). Biard, François-Auguste (1798-1882). Boilly, *Jules* (1796-1874) ; *Louis-Léopold* (1761-1845) 4 590 (1994), 3 933 (2000). Boucher, François (1703-70) 13 000 (1988). Carmontelle (Louis Carrogis, *dit*, 1717-1806) voir p. 437 c. Champmartin, Charles (1797-1883) 39 (1999). Chantereau, Jérôme-François (v. 1710-57). Charlet, Nicolas (1792-1845). Cochin, Charles-Nicolas (1715-90). Corot, Jean-Baptiste (1796-1875) 36 385 (New York 1984), environ 2 500 tableaux authentiques, 11 000 faux ou douteux. Crepin, Louis-Philippe (1772-1851). David, Jacques-Louis (1748-1825) 36 000 (1997). Delacroix, Eugène (1798-1863) 51 550 (1998). Delaroche, Hippolyte (*dit* Paul, 1797-1856) 2 106 (1994). Demarne, Jean-Louis Demarnette (1744-1829). Denon, Dominique-Vivant (1747-1825). Desprez, Louis-Jean (1743-1804). Drolling, Martin (1752-1817) 235 (1999). Drouais, François-Hubert (1727-75) 6 670 (1997). Ducreux, Joseph (1735-1802). Dunouy, Alexandre-Hyacinthe (1757-1849) 461 (1999). Duplessis, Joseph-Siffred (1725-1802). Fabre, François-Xavier (1766-1837) 2 408 (1994). Falconet, Pierre-Étienne (1741-91) 170 (1996). Favray, Antoine de (1706-98) 2 toiles 4 250 (1997). Fontaine, Pierre-François-Léonard (1762-1853). Fragonard, Jean-Honoré (1732-1806) 50 187 (1999). Frémy, Jacques-Noël (1782-1867). Gagnereaux, Bénigne (1756-95) 1 083 (2000). Garneray, Louis (1783-1857). Gérard, *baron François* (1770-1837) 5 800 (2001) ; *Marguerite* (1761-1837) 6 938 (2000). Géricault, Théodore (1791-1824) 35 520 (1989). Girodet-Trioson (Anne-Louis Girodet de Roucy, *dit*, 1767-1824) 789 (2000). Granet, François-Marius (1775-1849) 140 (2000). Greuze, Jean-Baptiste (1725-1805) 5 558 (1998). Gros, baron Antoine (1771-1835) 4 000 (1988). Grobon, Jean-Michel (1770-1853). Guérin, Pierre (1774-1833). Hersent, Louis (1777-1860) 220 (2000). Hesse, Henri-Joseph (1781-1849). Huet, Jean-Baptiste (1743-1811) 309 (2000). Ingres, Jean-Auguste Dominique (1780-1867, à 14 ans il était 2e violon à l'orchestre du Capitole de Toulouse) 14 430 (1989). Isabey, Jean-Baptiste (1767-1855) 288 (1999). Labille-Guiard, Adélaïde (1749-1803) 420 (1996). Laurent, Jean-Antoine (1763-1832) 685 (1999). Lemoyne, Jean-Baptiste (1704-78). Lépicié, Nicolas (1735-84) 500 (1997). Leprince, Jean-Baptiste (1733-81) 5 100 (1991). Mallet, Jean-Baptiste (1759-1835). Michel, Georges (1763-1843) 198 (1999). Moreau, *Louis-Gabriel* (*dit* l'Aîné, 1740-1806) 355 (1999) ; *Jean-Michel* (*dit* le Jeune, 1741-1814). Natoire, Charles (1700-77) 235 (1994). Nonnotte, Donat (1708-85). Ozanne, Nicolas (1728-1811). Percier, Charles (1764-1838). Perronneau, J.-Baptiste (1715-83) 1 000 (1976). Pillement, Jean (1728-1808) 368 (1999). Prud'hon, Pierre-Paul (1758-1823) 2 550 (dessin, 1999). Quentin de La Tour, Maurice (1704-88). Regnault, baron Jean-Baptiste (1754-1829). Richard, François-Fleury (1777-1852). Riesener, Henri-François (1767-1828). Robert, Hubert (1733-1808) 6 000 (1989). Romain (Jean Dumont *dit* le, 1701-81). Roques, Guillaume-Joseph (1754-1847). Roslin, Alexandre (1718-93) 313 (1999). Rouget, Georges (1783-1869). Roux, *Antoine* (1765-1835) ; *Antoine fils* (1799-1872). Saint-Aubin, *Augustin de* (1737-1807) ; *Gabriel de* (1724-80) 3 100 (1986). Scheffer, Ary (1795-1858) 307 (1999). Taurel, Jean-François (1757-1832) 240 (1989). Turpin de Crissé, Lancelot Théodore (1782-1859) 345 (1994). Valade, Jean (1709-87). Valenciennes, Pierre-Henri de (1750-1819). Vallayer-Coster, Anne (1744-1818) 3 530 (1997). Van Loo, Carle (Charles-André, *dit*, 1705-65). Vernet, *Carle* (1758-1835) ; *Horace* (1789-1863) 1 731 (1999) ; *Joseph* (1714-89) 12 546 (1999). Vestier, Antoine (1740-1824) 1 300 (1996). Vien, Joseph-Marie (1716-1809). Vigée-Lebrun, Marie-Louise Élisabeth (1755-1842) 1 295 (2000).

■ **Nés entre 1800 et 1900.** Abbéma, Louise (1858-1927) 525 (1995). Adler, Jules (1865-1952). Aman-Jean, Edmond (1858-1936) 1 037 (1991). André, Albert (1869-1954) 850 (1990). Angrand, Charles (1854-1926) 2 212 (1985). Arp, Jean ou Hans (1887-1966) 1 683 (2000). Asselin, Maurice (1882-1947). Atalaya, José (*dit* Enrique, 1851-1913). Aublet, Albert (1851-1938) 1 925 (1993). Bail, Joseph (1862-1921) 125 (1999). Balande, Gaston (1880-1971) 100 (1999). Barnoin, Henri (1882-1925) 75 (1999). Bashkirtseff, Marie (Russie 1860-France 1884). Bastien-Lepage, Jules (1848-84) 1 843 (1999). Bauchant, André (1873-1958) 1 050 (1992). Baudry, Paul (1828-86). Bazille, Frédéric (1841-70). Beaudin, André (1895-1979) 120 (1994). Beaufrère, Alfred (1876-1960). Bellangé, Hippolyte (1800-66). Belly, Léon (1827-77) 488 (1990). Benjamin-Constant, Jean (1845-1902). Béraud, Jean (1849-1936) 16 484 (1989). Berchère, Narcisse (1819-91) 1 350. Bernard, Émile (1868-1941) 1 450 (1999). Bertram, Abel (1871-1954) 130 (1990). Besnard, Albert (1849-1934) 4 125 (2000). Bissière, Roger (1886-1964) 303 (1999). Blanche, Jacques-Émile (1861-1942) 360 (1999). Bombois, Camille (1883-1970) 745 (1999). Bompard, Maurice (1857-1936) 88 (1999). Bonheur, Rosa (1822-99) 1190 (1998). Boniroте, Pierre (1811-91) 113 (1999). Bonnard, Pierre (1867-1947) 41 000 (1988), 28 223 (2000). Bonnat, Léon (1833-1922) 605 (1993). Bonvin, *François* (1817-87) 185 (2000) ;

Léon (1834-66) 134 (1995). Bordes, Léonard (1898-1969). Bottini, G.-Alfred (1874-1907). Boudin, Eugène (1824-98) 345 (2001). Bouguereau, William (1825-1905) 5 630 (1999). Boulanger, Louis (1806-67). Boussingault, J.-Louis (1883-1943). Boutet de Monvel, *Bernard* (1884-1949) 200 (1989) ; *Louis Maurice* (1851-1913). Boyer, Émile (1877-1947). Bradberry, Georges (1878-1955). Braquaval, Louis (1854-1919). Braque, Georges (1882-1963) 21 310 (2000). Brest, Fabius Germain (1823-1900) 325 (2001). Brianchon, Maurice (1899-1979) 350 (2000). Brown, John Lewis (origine irlandaise, 1829-90) 113 (1994). Buhot, Félix (1847-98). Butler, Théodore Earl (1876-1937) 375 (2000). Cabanel, Alexandre (1823-89) 2 500 (1993). Caillebotte, Gustave (1848-94) 101 630 (2000). Cami, Pierre (1884-1958). Camoin, Charles (1879-1965) 904 (1999). Cappiello, Leonetto (It. naturalisé, 1875-1942). Carolus-Duran, Émile (Charles Durand *dit*, 1837-1917) 2 116 (1989). Carrier-Belleuse, *Louis* (1848-1913) ; *Pierre* (1851-1933) 168 (1999). Carrière, Eugène (1849-1906) 399 (1991). Céria, Edmond (1884-1955). Cézanne, Paul (1839-1906) *Bouilloire et fruits* (171 461, New York, 1999), *Rideau, cruchon et compotier* (341 552, 1999). Chabas, Maurice (1862-1947) 250 (1991). Chabaud, Auguste (1882-1955). Chagall, Marc (Russe naturalisé, 1887-1985) 80,6 (1990). Charlemagne, Paul (1892-1972). Charreton, Victor (1864-1936) 580 (1990). Chassériau, Théodore (1819-56) except. 4 600 (1994). Chastel, Roger (1897-1981). Chataud, Alfred (1833-1908). Chenavard, Paul-Joseph (1807-95). Chéret, Jules (1836-1932) 315 (1999). Chintreuil, Antoine (1816-73). Ciceri, Eugène (1813-90) 110 (1994). Clairin, *Georges* (1843-1919) ; *Pierre-Eugène* (1897-1980). Cocteau, Jean (1889-1963) 810 (1994). Colin, Paul (1892-1985). Comerre, Léon-François (1850-1916) 871 (1999). Cormon, Fernand (1845-1924) 242 (1999). Cortes, Édouard (1882-1969) 374 (1999). Cottet, Charles (1863-1925) 526 (2000). Couchaux, Marcel (1877-1939). Courbet, Gustave (1819-77) 14 553 (2000). Courmes, Alfred (1898-1993) 340 (1999). Cournault, Étienne (1891-1948) 160 (1994). Cousturier, Lucie (1870-1925). Couture, Thomas (1815-79) 175 (1994). Creixams, Pico Pere (1893-1965). Cross, Henri-Edmond (Henri-Edmond Delacroix *dit*, 1856-1910) 4 186 (2000). Crotti, Jean (Suisse, 1878-1958). Cyr, Georges (1880-1964). Dagnan-Bouveret, Pascal (1852-1929). Damoye, Pierre-Emmanuel (1847-1916). Darjou, Alfred (1832-74). Daubigny, *Charles-François* (1817-78) 1 772 (1995) ; *Karl-Pierre* (1846-86) 103 (1999). Dauchez, André (1870-1948). Daumier, Honoré (1808-79) 5 720 (1990). Dauzats, Adrien (1804-68) 320 (1999). David, Hermine (1886-1971). Debat-Ponsan, Édouard (1847-1913) 66 (1999). Decamps, Alexandre-Gabriel (1803-60) 427 (1999). Degas, Edgar (1834-1917) 160 187 (*Danseuse au repos,* 1999). Dehodencq, Alfred (1822-82) 580 (1989). Delattre, Joseph (1858-1912) 150 (1994). Delaunay, *Robert* (1885-1941) 30 394 (2000) ; *Sonia* (origine russe, 1885-1979) 1 965 (1988). Delavallée, Henri (1862-1943) 820 (1999). Delpy, Camille-Hippolyte (1842-1910) 117 (1999). Denis, Maurice (1870-1943) 3 821 (2000). Derain, André (1880-1954) 59 920 (1989). Desnoyer, François (1894-1972). Desvallières, Georges (1861-1950). Detaille, Édouard (1848-1912) 275 (1990). Deutsch, Ludwig (Autr., 1855-1930) 18 046 (1999). Devambez, André (1867-1943) 87 (1999). Devéria, *Achille* (1800-57) ; *Eugène* (1808-65) 186 (1992). Dezaunay, Émile (1854-1938) 105 (1991). Diaz de la Peña, Narcisse-Virgile (1807-76) except. 1 051 (2000). Dignimont, André (1891-1965). Dinet, Étienne (1861-1929) 1 500 (1999). Domergue, Jean-Gabriel (1889-1962) 500 (1989). Doré, Gustave (1832-83) 3 328 (1989), 1 500 (2000). Dreux, Alfred de (1810-60) 4 147 (1999). Dubois-Pillet, Albert (1845-90) 1 200 (2000). Dubourg, Louis-Alexandre (1825-91). Dubreuil, Pierre (1891-1970). Dubufe, Édouard Guillaume (1853-1909) 205 (1999). Duchamp, Marcel (1887-1968) 10 155 (1999). Dufresne, Charles (1876-1938) 118 (2000). Dufy, *Jean* (1888-1964) 379 (1999) ; *Raoul* (1877-1953) 14 000 (1990). Dulac, Edmond (1882-1953) 173 (1999). Dumont, Pierre (1884-1936) 70 (1999). Dunoyer de Segonzac, André (1884-1974) 386 (1989). Dupré, *Jules* (1811-89) 1 122 (1999) ; *Julien* (1851-1910) 1 123 (1998) ; *Victor* (1816-79) 135 (2000). Ernst, *Max* (All. naturalisé américain, puis français, 1891-1976) 9 894 (2000) ; *Rudolph* (Autr., 1854-1924) 1 516 (1999). Erté (Romain de Tirtoff) (1892-1990, Français d'origine russe) 147 (1997). Espagnat, Georges d' (1870-1950) 1 030 (1989). Esparbès, Jean d' (1898-1968). Faivre, Abel (1867-1945). Fantin-Latour, Henri (1836-1904) 24 355 (2000). Fautrier, Jean (1898-1964) 16 200 (1990). Feure, Georges de (1868-1943) 600 (1994). Feyen, Eugène (1815-1908). Filiger, Charles (1863-1928) 403 (1999). Flandin, Eugène (1803-76). Flandrin, Hippolyte (1809-64) 1 090 (1997). Flers, Camille (1802-68). Forain, Jean-Louis (1852-1931) 3 079 (1998). Foujita, Léonard Tsugouharu (origine japonaise, 1886-1968) 31 460 (1990). Français, François-Louis (1814-97). Frechon, Charles (1856-1929) 100 (2000). Frère, Théodore (1814-88) 445 (1999). Friesz, Othon (1879-1949) 5 600 (1989), 1999 (2000). Fromentin, Eugène (1820-76).

Galien Laloue, Eugène (1854-1941) 550 (1999). Gallien, Pierre-Antoine (1896-1963). Gauguin, Paul (1848-1903) 145 200 (*Mata Mua,* 1990), 348 844 (2001). Gavarni, *Paul* (Sulpice Guillaume Chevalier, *dit,* 1804-66) 1 750 (1994) ; *Pierre* (1846-1932) 550 (1994). Gen Paul (Eugène Paul, *dit*, 1895-1975) 190 (2000). Génin, Lucien (1894-1953) 300 (1990). Geoffroy, Henri (1853-1924) 445 (1999). Gernez, Paul-Élie (1888-1948). Gérôme, Jean-Léon (1824-1904) 12 782 (1999), 9 000 (1997). Gervais, Paul (1859-1936). Gervex, Henri (1852-1929) 3 434 (2001). Gigoux, Jean-François (1806-94). Girard, Albert (1839-1920). Girardet, *Eugène* (1853-1907) 399 (1999) ; *Karl* (1813-71) 118 (1999). Glaize, Léon-P. (1842-1932). Gleizes, Albert (1881-1953) 4 664 (1999). Gobaut, Gaspard (1814-82). Goerg, Édouard (1893-1969) 246. Gondouin, Emmanuel (1883-1934). Gonzalès, Eva (1849-83) 3 150 (1999). Grandville (Jean Ignace Isidore Gérard *dit*, 1803-47). Gromaire, Marcel (1892-1971) 1 850 (1990). Gudin, Jean (1802-80). Guérin, Charles (1875-1939). Guigou, Paul-Camille (1834-71) 503 (2000). Guilbert, Narcisse (1878-1942). Guillaume, Albert (1873-1942) 162 (1994). Guillaumet, Gustave-Achille (1840-87). Guillaumin, Armand (1841-1927) 951 (2000). Guirand de Scevola, Victor (1871-1950) 90. Guy, Louis (1824-88). Guys, Constantin (1802-92). Harpignies, Henri (1819-1916) 700 (1999). Hayden, Henri (1883-1970) 1 550 (1990). Hayet, Louis (1864-1940). Hébert, Ernest (1817-1908). Helleu, Paul (1859-1927) 2 840 (2000). Henner, Jean-Jacques (1829-1905) 296 (1999). Henocque, Narcisse (1879-1952) 23 (1999). Herbin, Auguste (1882-1960) 2 400 (1990). Hermann-Paul, René Georges (1874-1940). Hervé, Jules-René (1887-1981). Hervieu, Louise (1878-1954). Heuzé, Edmond (1884-1967). Hodé, Pierre (1889-1942) 132 (2000). Hosiasson, Philippe (1898-1978). Huet, Paul (1803-69). Hugo, *Jean* (1894-1984) 2 000 (1999) ; *Valentine* (1887-1968) 1 800 (2000) ; *Victor* (1802-85) 83 (1997). Huguet, Victor (1835-1902) 132 (1993). Icart, Louis (1888-1950) 310 (1991). Isabey, *Eugène* (1803-86) 109 (2000) ; *Jean-Baptiste* (1765-1855) 184 (2000). Isenbart, Émile (1846-1921) 115 (1999). Janssaud, Mathurin (1857-1940). Joinville, Antoine (1801-49). Jonas, Lucien (1880-1947). Jourdan, Émile (1860-1931) 384 (1999). Jouve, Paul (1880-1973) 556 (2000). Kandinsky, Vassili (origine russe, 1866-1944) 108 680 (1990). Kikoïne, Michel (origine russe, 1892-1968) 128 (1999). Kisling, Moïse (Pol., 1891-1953 ; naturalisé français 1924) 3 500 (1989), 1 223 (2000). Kremegne, Pinchus (Russie, 1890-1981). Kuwasseg, Charles (1838-1904) 200 (1999). Kvapil, Charles (1884-1957). Laboureur, Jean-Émile (1877-1943) 225 (1994). La Fresnaye, Roger de (1885-1925) 2 078 (1999). Lambert-Rucki, Jean (1888-1967) 140 (2000). Lambinet, Émile (1815-77). Lami, Eugène (1800-90) 312 (1999). La Patellière, Amédée de (1890-1932). Lapicque, Charles (1898-1988) 650 (1990). Laprade, Pierre (1875-1931) 480 (1989). Latapie, Louis (1891-1972). Laugé, Achille (1861-1944). Laurencin, Marie (1885-1956) 8 242 (1988), 1 630 (2000). Laurens, Jean-Paul (1838-1921). Lauvray, Abel (1870-1950) 120 (1989). La Villéon, Emmanuel de (1858-1944). Léandre, Charles (1862-1930). Lebas, Hippolyte (1812-80). Lebasque, Henri (1865-1937) 2 380 (2000). Lebourg, Albert (1849-1928) 387 (2000). Le Breton, Constant (1895-1985). Lecomte du Noüy, Jean-Jules-Antoine (1842-1923). Le Corbusier, Charles-Édouard Jeanneret (origine suisse, 1887-1965) 1 255 (2000). Le Fauconnier, Henri (1881-1946) 167 (1999). Léger, Fernand (1881-1955) 86 500 (1989). Legout-Gérard, Fernand (1856-1924) 164 (2000). Legros, Alphonse (1837-1911). Legueult, Raymond (1898-1971) 165 (1994). Lemaire, Madeleine 132 (2000). Lemaître, Léon-Jules (1851-1905). Lenoir, Marcel (1872-1931) 198 (1990). Lepape, Georges (1887-1971). Lépine, Stanislas (1835-92). Leprin, Marcel (1891-1933) 900 (1990). Le Scouezec, Maurice (1881-1940). Le Sidaner, Henri (1862-1939) 6 586 (1990). Lessore, Émile (1805-76). Lévy-Dhurmer, Lucien (1865-1953) 1 373 (1989). Lhote, André (1885-1962) 1 018 (2000). Limouse, Roger (1894-1990). Loir, Luigi (1845-1916) 405 (1994). Loiseau, Gustave (1865-1935) 1 079 (2000). Loutreuil, Maurice (1885-1925). Louvier, Maurice (1878-1954). Luce, Maximilien (1858-1941) 5 907 (1999). Lurçat, Jean (1892-1966) 470 (2000).

Maclet, Élisée (1881-1962) 705 (1990). Madelaine, Hippolythe (1871-1966). Madeline, Paul (1863-1920) 180 (2000). Madrassi, Lucien (1881-1956). Mahn, Berthold (1882-1975). Maire, André (1898-1984). Mané-Katz (origine russe, 1894-1962) 983 (1987). Manet, Édouard (1832-83) 137 280 (*Rue Mosnier,* 1989), 160 144 (*Jeune fille dans un jardin,* 2000). Manguin, Henri (1874-1949) 2 300 (1997). Marilhat, Prosper (1811-47) 1 001 (1999). Marquet, Pierre-Albert (1875-1947) 8 000 (1989), 3 050 (2000). Martin, *Charles* (1888-1934) ; *Henri* (1860-1943) 4 710 (1991). Mascart, Paul (1874-1958). Masson, André (1896-1987) 2 407 (1999). Matisse, Henri (1869-1954) 130 000 (2000). Maufra, Maxime (1861-1918) 571 (2000). Maxence, Edgar (1871-1954) 1 190. Méheut, Mathurin (1882-1958) 212 (1999). Meissonier, Ernest (1815-91) 174 (1987). Méryon, Charles (1821-68). Métivet, Lucien (1863-1932). Metzinger, Jean (1883-1957) 4 740 (2000). Meuret, François (1800-87). Michaux, Henri (origine belge, 1899-1984) 176 (1999). Millet, Jean-François (1814-75) 11 110 (1991). Monet, Claude (1840-1926) *Nymphéas* 135 800 (New York, 1999), 200 000 (Londres, 1999), *Le Portail* 152 980 (New York, 2000). Monnier, Henri (1805-77). Montézin, Pierre (1874-1946) 1 200 (1990). Monticelli, Adolphe (1824-86) 2 833 (1992). Moreau, Gustave (1826-98) 14 300 (1989). Moret, Henry (1856-1913) 1 498 (1989). Morisot, Berthe (1841-95) 30 444 (2000). Mossa, Gustave-A. (1883-1971) 480 (1994). Mozin, Charles (1806-62). Muraton, Euphémie (1836-1914) 130 (2000). Musin, François-Étienne (1820-88) 173 (1994). Nanteuil, Célestin (1813-73). Naudin, Bernard (1876-1946). Neuville, Alphonse de (1835-85). Noël, Jules (1815-81) 120 (1999). Obin, Philome (1892-1986) 124 (1994). Olive, Jean-Baptiste (1848-1936) 580 (1991). Osbert, Alphonse (1857-1939). Oudot, Roland (1897-1981). Ozenfant, Amédée (1886-1966) 172 (1994). Pascin (Jules Pincas) (1885-1930) 130 (1998). Pécrus, Charles Fr. (1826-1907). Péguirier, Michel-A. (1856-1936) 150 (1994). Peske, Jean (1870-1940) 92 (1999). Petitjean, *Edmond-Marie* (1844-1925) 487 (1999) ; *Hippolyte* (1854-1929) 198 (1994). Picabia, Francis (1879-1953) 24 000 (1990). Pichon, Auguste (1805-1900) 155 (1999). Picou, Henri Pierre (1824-95) 158 (1999). Pinchon, *Émile* (1871-1953) ; *Robert* (1886-1943) 2 020 (1989). Pissarro, Camille (1830-1903) 22 833 (2000). Point, Armand (1860-1932) 1 278 (1988). Pointelin, Auguste (1839-1933). Ponson, Luc Raphaël (1835-1904). Pougny, Jean (origine russe, 1894-1956) 697 (1990). Poulbot, Francisque (1879-1946). Pourtau, Léon (1868-97). Prax, Valentine (1899-1981) 700 (1999). Princeteau, René (1844-1914) 550 (1988). Prins, Pierre (1838-1913). Prouvé, Victor (1858-1943). Puigaudeau, Fernand du (1864-1930) 800 (1990). Puvis de Chavannes, Pierre (1824-98) 5 625 (1998). Puy, Jean (1876-1960) 310 (1988).

Quizet, Alphonse (1885-1955). Raffaelli, Jean-François (1850-1924) 720 (1999). Raffet, Denis-Auguste (1804-60). Redon, Odilon (1840-1916) 9 510 (1989), 5 065 (2000). Regnault, Henri (1843-71). Reichel, Hans (origine allemande, 1892-1958) 132 (1999). Renaudin, Alfred (1866-1944) 245 (1989). Renoir, Pierre-Auguste (1841-1919) *le Moulin de la Galette* 406 120 (1990), *Baigneuse* 122 000 (1997). Reth, Alfred (1884-1966). Ribot, Théodule (1823-91) 146 (1999). Richet, Léon (1847-1907) 115 (2000). Rochegrosse, Georges (1859-1938) 470 (2000). Rocqueplan, Camille (1803-55). Rops, Félicien (origine belge, 1833-98) 108 (1999). Rouault, Georges (1871-1958) 7 960 (1991). Rousseau (Henri, employé à l'Octroi de Paris, surnommé *le Douanier* par Alfred Jarry, 1844-1910) *Vue de la Bièvre sur Gentilly* 7 748 (1990) ; *Théodore* (1812-67) 2 304 (2000). Roussel, Ker-Xavier (1867-1944) 951 (1991). Roux, François (1811-82) 204 (1999). Roux-Champion, Joseph-Victor (Roux *dit* Victor-Joseph, 1871-1953). Roy, Pierre (1880-1950) 262 (2000). Roybet, Ferdinand (1840-1920) 283 (1999). Rozier, Jules (1821-82).

Saint-Delis, Henri de (1878-1949). Scalbert, Jules (1851-n.c.). Schneider, Gérard (1896-1986) 280 (1994). Schuffenecker, Claude-Émile (1851-1934) 686 (1989). Schwabe, Carlos (1866-1926) 201 (1999). Scott, Georges (1873-1942) 111 (1999). Sébille, Albert (1874-1953). Sem (Georges Goursat, *dit*, 1863-1934). Sénéquier, Jules (1821-46) 122 (2000). Séraphine de Senlis (Séraphine Louis, *dite*, 1864-1942) 594 (1991). Sérusier, Paul (1864-1927) 4 354 (1984). Seurat, Georges-Pierre (1859-91) 216 000 (1999). Seyssaud, René (1867-1952) 110 (1994). Signac, Paul (1863-1935) 11 177 (1999). Sisley, Alfred (origine anglaise, 1839-99) 29 285 (2000). Sonrel, Élizabeth (1874-1953). Soutine, Chaïm (origine lituanienne, 1893-1943) 15 792 (2000). Souverbie, Jean (1891-1981). Steinlen, Théophile-Alexandre (origine suisse, 1859-1923) 825 (1989). Styka, Adam (1890-1959) 212 (1996). Survage, Léopold (origine russe, 1879-1968) 650 (2000). Suzanne, Léon (1870-1923).

Tassaert, Octave (1800-74). Tattegrain, Francis (1852-1916). Thieulin, Jean (1894-1960). Tirvert, Eugène (1881-1948). Tissot, James (1836-1902) 25 500 (1994). Touchagues, Louis (1893-1974). Toulouse-Lautrec, Henri de (1864-1901) 61 514 (2000). Tournemine, Charles-Émile de (1812-72). Traviès, Édouard (1809-v. 1870). Trouille, Clovis (1899-1970). Trouillebert, Paul-Désiré (1829-1900) 178 (2000). Troyon, Constant (1810-65) 3 600 (1990). Urbain Alexandre (Alexandre-Urbain Koenig, *dit*, 1872-1952). Utrillo, Maurice (1885-1955, fils de Suzanne Valadon) 7 300 (1990). Utter, André (1886-1948). Valadon, Suzanne (1867-1938, modèle de Puvis de Chavanne, Renoir, Henner ; mère d'Utrillo) 420 (2000). Vallotton, Félix (Suisse naturalisé, 1865-1925) 10 833 (2000). Valmier, Georges (1885-1937) 1 650 (1990). Valtat, Louis (1869-1952) 2 110 (2000). Vaumousse, Maurice (1876-1961). Verdilhan, Mathieu (1875-1928) 285 (1999). Véron, Alexandre (1826-97) 273 (1999). Vignon, Victor (1847-1909). Villeneuve, Cécile (1824-1901). Villon, Jacques (1875-1963). Vivin, Louis (1861-1936). Vlaminck, Maurice de (1876-1958) 62 000 (1990). Vollon, Antoine (1833-1900) 281 (1999). Vuillard, Édouard (1868-1940) 20 550 (2000).

Walch, Charles (1898-1948). Waroquier, Henry de (1881-1970). Wild, Roger (1894-1987). Wilder, André (1871-1965). Willette, Adolphe (1857-1926). Wolff, Jacques (1896-1956). Yon, Edmond (1836-97). Yvon, Adolphe (1817-93). Ziem, Félix (1821-1911) 700 (1999).

■ **Nés après 1900.** Agam, Yaacov (origine israélienne, 1928) 235 (2000). Aillaud, Gilles (1928). Aïzpiri, Paul-Augustin (1919) 121 (1999). Alberola, Jean-Michel (1953). Alechinsky, Pierre (1927) 1 454 (1999). Ambrogiani, Pierre (1907-85). Anty, Henri d' (1910-98). Arman (Armand Fernandez *dit*, 1928) 2 092 (1989). Arnal, François (1924). Arnal (Joseph Cabrero, *dit*, 1907-82). Asse, Geneviève (1923). Atlan, Jean-Michel (1913-60) 4 600 (1989). Aujame, Jean (1905-65). Baboulène, Eugène (1905-94). Balthus (comte Balthazar Klossowski de Rola, *dit*, 1908-2001) 20 263 (2000). Bardone, Guy (1927). Bayle, Luc-Marie (1914). Bayram (Bayram Küçük, *dit*, origine turque, 1937). Bazaine, Jean (1904-2001) 1 210 (1990). Bellegarde, Claude (1927). Bellmer, Hans (origine allemande, 1902-75) 225 (1999). Bérard, Christian (1902-49) 95 (1999). Bertin, Roger (1915). Bettencourt, Pierre (1917). Bezombes, Roger (1913-94). Blais, Jean-Charles (1956) 745 (1990). Boltanski, Christian (1944) 144 (1999). Botero, Fernando (1932, Colombien, travaille en France) 7 280 (1992). Boudet, Pierre (1925). Bouyssou, Jacques (1926-97). Brasilier, André (1929) 1 173 (1990). Brauner, Victor (origine roumaine, 1903-66) 2 350 (1990). Brayer, Yves (1907-90) 310 (1990). Brenet, Albert (1903-n.c.). Bryen, Camille (1907-77) 780 (1990). Buffet, Bernard (1928/suicide 4-10-1999) 5 500 (1990), 3 000 (1997). Buraglio, Pierre (1939). Buren, Daniel (1938). Cadiou, *Henri* (1906-89) ; *Pierre* (1928). Cane, Louis (1943). Carlu, Jean (1900-97). Carzou, Jean (Garnik Zouloumian) (1907-2000) 200 (1990). Cassandre (Adolphe, J.-M. Mouron, *dit*, 1901-68) 99 (1999). Cassigneul, Jean-Pierre (1935) 440 (1994). Cavaillès,

Jules (1901-77). Chaissac, Gaston (1910-64) 420 (2000). Chapelain-Midy, Roger (Roger Chapelain, *dit*, 1904-92). Chapoval, Youla (1919-51). Chu Teh Chun (origine chinoise, 1920) 270 (1999). Combas, Robert (1957) 450 (1990). Couty, Jean (1907-91). Dado (Miodrag Djuric, *dit*, origine yougoslave, 1933). Debré, Olivier (1920-99) 270 (2000). Decaris, Albert (1901-88). Degottex, Jean (1918-88) 1 100 (1989). Delplanque, Georges (1903-99). Delprat, Hélène (1957). Despierre, Jacques (1912-95). Dewasne, Jean (1921-99). Deyrolle, Jean (1911-67) 127 (1999). Di Rosa, Hervé (1959). Dolla, Noël (1945). Dominguez, Oscar (origine espagnole, 1906-57) 2 500 (2000). Doucet, Jacques (1924-94). Dubuffet, Jean (1901-85) 26 884 (1990) 18 000 (1997). Dupont, Jacques (1909-78). Duvillier, René (1919). Effel, Jean (1908-82). Estève, Maurice (1904) 2 615 (1990). Ève, Jean (1900-68). Fichet, Pierre (1927). Fini, Leonor (1908-96 ; Italienne, née à Buenos Aires, fixée en France) 3 390 (1990). Fontanarosa, Lucien (1912-75). Fougeron, André (1913-98). Frank-Will (1900-51) 190 (1991). Fromanger, Gérard (1939). Fromeaux, Alain (1957).

Gall, François (1912-87) 129 (1999). Garouste, Gérard (1946) 210 (1999). Gasiorowski, Gérard (1930-86). Gasquet, Vasco (1931). Gauthier, Oscar (1921). Giess, Jules (1901-73). Gischia, Léon (1903-91). Goetz, Henri (origine américaine, 1909-89) 510 (1989). Gonzales, Roberta (1909-76). Gouvrant, Gérard (1946). Gozlan, Claude (1930). Grataloup, Guy-Rachel (1935). Gruber, Francis (1912-48) 1 450 (1990). Gus, Gustave (Erlich, Pologne, 1911-97). Hains, Raymond (1926) 180 (1999). Hambourg, André (1909-99) 290 (1997). Hantaï, Simon (1922) 950 (1989). Hartung, Hans (All. naturalisé 1946, 1904-89) 8 020 (1990). Hastaire (1946). Hélion, Jean (1904-87) 420 (1999). Helman, Robert (Roumain, 1910-90). Henry, Pierre (1924). Herbo, Fernand (1905-95). Hilaire, Camille (1916-88) 88 (1999). Hobi (Horst Billstein, *dit*, All., 1939). Hucleux, Jean-Olivier (1923). Humblot, Robert (1907-62). Istrati, Alexandre (origine roumaine, 1915-91). Jacquemin, André (1904-92). Jacquet, Alain (1939). Jacus, Jean-Théobald (1924). James, Louis (1920-96). Klein, *Paul* (1909-95) ; *Yves* (1928-1962) 7 487 (2001). Klossowski, Pierre (1905) 340 (1999). Koller, Ben-Ami (1948). Labisse, Félix (1905-82) 180 (1991). Lacaze, Germaine (1908). Lagage, Pierre-César (1911-77). Lagoutte, Claude (1935). Lanskoy, André (1902-76) 12 000 (1990). Lap (Jacques Laplaine, *dit*, 1921). Laubies, René (1924). La Villeglé, Jacques de (1926) 145 (2000). Leclerc-Gayrau, Guy. Lefranc, Roland (1931). Lelong, Pierre (1908-84). Lemaître, Maurice (1929). Le Moal, Jean (1909). Leppien, Jean (All., 1910-91). Lorjou, Bernard (1908-86) 920 (1990).

Mac Avoy, Édouard (1905-91) 110 (1990). Malet, Albert (1905-86). Manessier, Alfred (1911-93) 1 600 (1990). Marchand, André (1907-98). Marin-Marie, Durand Coupel de Saint-Front (1901-87) 200 (1999). Martinxy, Rolland (1951). Mathieu, Georges (1921) 955 (1989). Mazars, Claude (1935). Messagier, Jean (1920-99) 400 (1990). Meurice, Jean-Michel (1938). Michonze, Grégoire (1902-82). Miotte, Jean (1926). Molinier, Pierre (1900-76). Molnar, Véra (1925). Moninot, Bernard (1949). Monory, Jacques (1924). Moreau-Serfaty, Annick. Morellet, François (1926). Moretti, *Lucien-Philippe* (1922) 180 (1990) ; *Raymond* (1931). Mulhem, Dominique (1952). Neuquelman, Lucien (1909-88). Noyer, Philippe (1917-85). Oguiss, Takanori (Japon, 1901-86) 3 800 (1990). Pamboujian, Gérard (1941) 21 (1999). Pandel, Michel (1929). Peynet, Raymond (1908-99). Piaubert, Jean (1900) 200 (1990). Picart-Le Doux, Jean (1902-82). Pichette, James (1920-96). Pignon, *Édouard* (1905-93) 220 (1999) ; *Ernest* (1942). Plagnol, Serge (1952). Plantu (Jean Plantureux, 1951). Poindrelle, Patrice (1955). Poliakoff, Serge (Russe, 1900-69) 4 842 (1990). Prassinos, Mario (origine grecque, 1916-85). Priking, Franz (1927-79). Pruna (Pedro Pruna O'Cerans, *dit*, 1904-77) 236 (1999). Raffy Le Persan (1912). Rancillac, Bernard (1931) 120 (1989). Raynaud, Jean-Pierre (1939) 155 (1994). Raysse, Martial (1936) 1 071 (1991). Rebeyrolles, Paul (1926) 660 (1990). René, Jean-Jacques (1943). Riopelle, Jean-Paul (1923) 1 974 (1999). Rouart, Augustin († 1997). Rougemont, Guy de (1935). Savy, Max (1918). Schlosser, Gérard (1931). Schurr, Claude (1921). Sébire, Gaston (1920). Séradour, Guy (1922). Seuphor, Michel (origine belge, 1901-99). Soulages, Pierre (1919) 2 324 (1989). Staël, Nicolas de (origine russe, 1914-55, suicide) 10 274 (2000). Tal Coat, Pierre (1905-85) 340 (1990). Tanguy, Yves (voir p. 446 b). Tatah, Djamel. Télémaque, Hervé (1937). Thiéry, Gaston (1922). Titus-Carmel, Gérard (1942). Tobiasse, Théo (1927) 150 (1994). Toffoli, Louis (1907-99) 128 (1999). Trémois, Pierre-Yves (1921). Tyszblat, Michel (1936). Van Hecke, Arthur (1924). Vasarely, Victor (origine hongroise, 1908-97) 1 373 (1990). Venard, Claude (1913). Venet, Bernar (1941) 330 (1999). Viallat, Claude (1936). Vidal-Quadras, Alejo (origine espagnole, 1919-94). Vieillard, Roger (1907-89). Vigroux, Paul (1921-85). Vimenet, Jean (1914-99). Weisbuch, Claude (1927) 97 (1999). Yvaral, Jean-Pierre (1934). Zack, Léon (origine russe, 1892-1980). Zao Wou-Ki (1921, Chinois naturalisé) 1 202 (1999). Zeller, Frédéric (1912). Zendel, Gabriel (1906-92).

Grande-Bretagne

■ **Nés avant 1700.** Cooper, Samuel (1608-72). Des Granges, David (1611-75). Dobson, William (1611-46). Ferguson, William Gowe (1632-95). Highmore, Joseph (1692-1780). Hilliard, Nicholas (v. 1547-1619). Hogarth, William (1697-1764) 3 640 (1991). Jamesone, George (v. 1587-1644). Johnson, Cornelius (1593-1661) 519 (1999). Knapton, George (1698-1778) 126 (1999). Kneller, sir Godfrey (origine allemande, v. 1646 ou 49-1723) 524 (1999). Lely, sir Peter (origine hollandaise, 1618-80) 206 (1994). Monamy, Peter (1681-1749) 321 (1999). Oliver, Isaac (1551/56/65-1617). Richardson, Jonathan (1665-1745). Riley, John (1646-91). Thornhill, sir James (1675-1734) 259 (1999). Walker, Robert (1607-58 ou 60). Wootton, John (1682-1764) 651 (1999). Wright, John Michael (1617-94) 232 (1994).

■ **Nés entre 1700 et 1800.** Abbott, Lemuel Francis (1760-1803). Alken, Henry (1785-1851, senior) 1 054 (1992). Allan, David (1744-96). Barry, James (1741-1806). Beechey, sir William (1753-1839) 387 (2000). Bewick, Thomas (1753-1828). Blake, William (1757-1827) 232 (1999). Calvert, Edward (1799-1883). Constable, John (1776-1837) 105 850 (1990). Cosway, Richard (1742-1821) 157 (1999). Cotes, Francis (1726-70). Cotman, John Sell (1782-1842) 263 (2000). Cox, David (1783-1859) 363 (1999). Cozens, *Alexander* (1717-86) ; *John Robert* (1752-97). Crome, John (1768-1821). Dayes, Edward (1763-1804). Devis, Arthur (1711-87) 197 (1999). De Wint, Peter (1784-1849). Downman, John (v. 1750-1824) 145 (1999). Etty, William (1787-1849) 127 (1999). Fuseli, Henry (1741-1825). Gainsborough, Thomas (1727-88) 10 969 (1999). Gillray, James (1757-1815). Girtin, Thomas (1775-1802). Haydon, Benjamin Robert (1786-1846). Hayman, Francis (1708-76) 430 (1994). Hoppner, John (1758-1810) 1 650 (1982). Lawrence, sir Thomas (1769-1830) 6 420 (1988). Linnell, John (1792-1882) 447 (1994). Martin, John (1789-1854) 252 (1999). Morland, George (1763-1804) 138 (1994). Mulready, William (1786-1863). Northcote, James (1746-1831) 93 (1999). Opie, John (1761-1807) 335 (1994). Raeburn, sir Henry (1756-1823). Ramsay, Allan (1713-84). Reynolds, sir Joshua (1723-92) 15 762 (2000). Roberts, David (1796-1864) 1 440 (1993). Romney, George (1734-1802) 885 (1999). Rowlandson, Thomas (1756 ou 57-1827). Sandby, Paul (1729-1809) 801 (1999). Scott, Samuel (v. 1702-72) 860 (1994). Serres, Thomas (1759-1825) 332 (2000). Seymour, James (1702-52) 4 070 (2000). Stubbs, George (1724-1806) 21 256 (1999). Towne, Francis (v. 1739 ou 40-1816) 796,5 (1999). Turner, Joseph Mallord William (1775-1851) *Juliette et sa nurse* 26 700 (1980). Varley, *Cornelius* (1781-1873) ; *John* (1778-1842). Ward, James (1769-1859) 381 (1999). Wheatley, Francis (1747-1801) 250 (1999). Wilkie, sir David (1785-1841) 287 (1999). Wilson, Richard (1713 ?-82) 1 302 (1999). Wright of Derby, Joseph (1734-97). Zoffany, Johann (All., 1733-1810) 27 118 (1989).

■ **Nés entre 1800 et 1900.** Alken, Henry (1810-94, junior) 234 (1991). Alma-Tadema, sir Lawrence (1836-1912) 12 650 (1993). Beardsley, Aubrey (1872-98). Bell, Vanessa (1879-1961) 240 (1999). Bevan, Robert Polhill (1865-1925) 133 (1999). Bomberg, David (1890-1957) 178 (1998). Bonington, Richard Parkes (1802-28). Brangwyn, sir Frank (1867-1956) 146 (1994). Brest, Fabius (1823-1900) 320 (1994). Bridgman, Frederick-Arthur (1847-1928) 473 (1999). Brown, Ford Madox (1821-93) 441 (1999). Burne-Jones, sir Edward (1833-98) 2 525 (2000). Collinson, James (1825-81) 1 307 (1994). Crane, Walter (1845-1915) 241 (1999). Dillon, Frank (1823-1909) 108 (1993). Dyce, William (1806-64). Frith, William Powell (1819-1909) 225 (1999). Fry, Roger (1866-1934). Gertler, Mark (1891-1939) 260 (1999). Gilman, Harold (1876-1919). Ginner, Charles (1878-1952) 135 (1999). Godward, John William (1861-1922) 3 000 (1995). Gore, Spencer (1878-1914) 220 (2000). Grant, Duncan (1885-1978) 211 (1999). Guthrie, James (1859-1930) 252 (1998). Hitchens, Ivon (1893-1979) 158 (1998). Hodgkins, Frances (1869-1947) 253 (1999). Hunt, William Holman (1827-1910). Innes, James Dickson (1887-1914) 164 (1999). John, *Augustus Edwin* (1878-1961) 150 (1999) ; *Gwen* (1876-1939). Lamplough, Augustus Osborne (1877-1930). Landseer, sir Edwin (1803-73) 6 192 (1994). Lear, Edward (1812-88) 1890 (1993). Leighton, lord Frederick (1830-96) 12 626 (2000). Lewis, *John Frederick* (1805-76) 1 720 (1999) ; *Wyndham* (1882-1957). Lowry, Lawrence Stephen (1887-1976) 18 236 (1999). Melville, Arthur (1855-1904). Millais, sir John Everett (1829-96) 23 710 (2000). Moore, Henry (1898-1986) 104 (2000). Morris, William (1834-96). Nash, *John* (1893-1977) ; *Paul* (1889-1946) 718 (1999). Nicholson, *Ben* (1894-1982) 10 653 (1990) ; *sir William* (1872-1949) 522 (1998) ; *Winifred* (1893-1961). O'Conor, Roderic (1860-1940) 1 800 (1999). Orpen, sir William (1878-1931) 1 830 (1998). Palmer, Samuel (1805-81). Peploe, Samuel John (1871-1935) 1 283 (2000). Poynter, sir Edward (1836-1919) except. 4 280 (1988). Redpath, Anne (1895-1965). Roberts, William (1895-1980) 326 (2000). Rossetti, Dante Gabriel (1828-82) 12 784 (1987). Rothenstein, sir William (1872-1945). Scott, David (1806-49). Sickert, Walter (1860-1942) 1 204 (1994). Smith, sir Matthew (1879-1959) 223,6 (1994). Spencer, sir Stanley (1891-1959) 9 539 (1999). Steer, Phillip Wilson (1860-1942) 878 (2000). Stephens, Frederic George (1828-1907). Stevens, Alfred (1817-75). Talbot-Kelly, Robert (1861-1934). Vézelay, Paule (1892-1984). Wadsworth, Edward (1889-1949) 231 (2000). Walker, dame Ethel (1861-1951). Watts, George Frederic (1817-1904) 705 (1998). Woolner, Thomas (1825-92). Wyld, William (1806-89) 170 (1998).

■ **Nés après 1900.** Ardizzone, Edward (1900-79). Auerbach, Frank (1931) 1 390 (1998). Ayrton, Michael (1921-75) 123 (1999). Bacon, Francis (1909-92) 45 666 (2000). Bawden, Edward (1903-89). Bell, Graham (1910-43). Bellany, John (1942). Blake, Peter (1932) 115 (2000). Boshier, Derek (1937). Burgin, Victor (1941). Burra, Edward (1905-76) 860 (1994). Caulfield, Patrick (1936) 312 (1197). Cohen, *Bernard* (1933) ; *Harold* (1928). Coldstream, sir William (Menzies) (1908-87). Collins, Cecil (1908-89). Craig-Martin, Michael (1941). Craxton, John (1922). Davie, Alan (1920) 189 (2000). Denny, Robyn (1930). Eardley, Joan (1921-63). Evans, Merlyn (1910-73). Freedman, Barnett (1901-58). Freud, Lucian (1922) 27 140 (1998). Frost, Terry (1915). Gentleman, *George* (1942) 678 (1996) et *Gilbert* (1943). Gowing, sir Lawrence (1918-91). Green, Anthony (1939). Grey, sir Roger de (1918). Hamilton, Richard (1922) 824 (1998). Heath, Adrian (1920). Heron, Patrick (1920-99) 184 (1999). Hilton, Roger (1911-75) 201 (1998). Hirst, Damien (1966-2000). Hockney, David (1937) 12 680 (1989). Hodgkin, Howard (1932) 3 711 (1999). Hoyland, John (1934). Huxley, Paul (1938). Inshaw, David (1943). Jones, Allen (1937) 146 (1999). Kenna, Michael (1953). Kossof, Léon (1926) 417 (1999). Lancaster, Mark (1938). Lanyon, Peter (1918-64) 466 (1998). Law, Bob (1934). Mac Bryde, Robert (1913-66). McTaggart, sir William (1903-1969). Moon, Jeremy (1934-73). Moynnihan, Rodrigo (1910-91). Pasmore, Victor (1908-98) 194 (1999). Phillips, *Peter* (1939) ; *Tom* (1937). Piper, John (1903-92) 138 (1999). Ravilious, Eric (1903-42). Richards, Ceri (1903-71) 726 (2000). Riley, Bridget (1931) 246 (1999). Scott, William (1913-90) 579 (2000). Smith, Richard (1931). Stephenson, Ian (1934). Stokes, Adrian (1902-72). Sutherland, Graham (1903-80) 802 (1989). Tilson, Joe (1928). Tunnard, John (1900-71) 184 (1999). Uglow, Euan (1930). Vaughan, Keith (1912-77) 112 (1999). Walker, John (1939). Weight, Carel (1908-97) 158 (2000). Wells, John (1907). Whiteread, Rachel (1963). Wynter, Bryan (1915-75).

Grèce

Bouzianis, Georgios (1885-1959) 244 (1997). Christoforou, John (1921). Engonopoulos, Nikolaos (1910-85) 96 (1998). Fassianos, Alecos (1935) 185 (1997). Gaitis, Jannis (1923-84) 73 (1997). Galanis, Demetrius (1882-1966, naturalisé français). Ghika, Nikos (1906-94) 389 (1997). Gounaropoulos, Georgios (1889-1977) 37 (2000). Kessanlis, Nikos (1930). Kontoglou, Fotis (1896-1965). Kontopoulos, Alekos (1905-75). Kounellis, Jannis (1936) 1 259 (1997). Maleas, Konstantinos (1879-1928) 236 (2000). Moralis, Jannis (1916) 107 (1997). Papaloucas, Spyros (1892-1957). Parthenis, Constantin (1878-1967) 331 (1997). Rallis, Theodoros (1852-1909) 625 (1999). Spyropoulos, Jannis. Tassos, Alevizos (1914-85). Théophane le Crétois (Bathàs, *dit*, actif 1527-59). Theophilos, Hadjimichaël (1867-1934) 2 364 (2000). Tsarouchis, Jannis (1910-89). Tsingos, Thanos (1914-65). Tsoklis, Kostas (1930). Vassiliou, Spyros (1902-85) 136 (1997).

Hongrie

Bálint, Endre (1914-86). Barabás, Miklós (1810-98). Barcsay, Jenö (1900-88). Bartha, László (1908-98). Benczur, Gyula (1844-1920) 136 (1999). Bihari, Sándor (1856-1906). Bortnyik, Sandor (1893-1977). Csernus, Tibor (1927, travaille à Paris). Csontvary-Kosztka, Tivadar (1853-1919). Czobel, Béla (1883-1975). Fehér, László (1953). Ferenczy, Károly (1862-1917). Gulácsy, Lajos (1882-1932). Hollósy, Simon (1857-1918). Huszár, Vilmos (1884-1960) 419 (2000). Kassak, Lajos (1887-1967) 82 (1999). Kokas, Ignác (1926). Kondor, Béla (1931-72). Lotz, Károly (1833-1904) 142 (1999). Madarász, Viktor (1830-1917). Márffy, Odon (1878-1959) 153 (2000). Markó, Károly (1791-1860) 181 (1998). Mednyánszky, László (1852-1919) 309 (1999). Mészöly, Géza (1887-1916) 97 (1998). Moholy-Nagy, László (1895-1946) 6 839 (2000). Munkácsy, Mihály (1844-1900) 526 (2000). Nagy, István (1873-1937). Paál, László (1846-79) 219 (1999). Reich, Károly (1922). Rippl-Rónai, József (1861-1927) 258 (1994). Rozsda, Endre (1913-99). Szabo, Akos (1935, travaille à Paris). Szász, Endre (1926). Székely, Bertalan (1835-1910). Szenes, Árpád (1897-1985, travaillait à Paris) 186 (2000). Szinyei, Merse Pál (1845-1920) 132 (1999). Szönyi, Istvan (1894-1960). Tihanyi, Lajos (1885-1939). Tornaï, Gyula (1861-1928). Vasarely, Victor (voir col. a). Vaszary, János (1867-1939).

Italie

■ **Nés avant 1600. Bologne :** Albane (Francesco Albani, *dit*, 1578-1660) 6 337 (1999). Barbieri, Giovanni Francesco (*dit* le Guerchin, 1591-1666) 1 001 (1981). Carrache (Carracci, *dit*), *Agostino* (1557-1602) 1 806 (1994) ; *Annibale* (1560-1609) 10 800 (1994) ; *Lodovico* (1555-1619) 31 200 (2000). Francia (Francesco Raibolini *dit* il, v. 1450-1517) 1 485 (2000). Gentileschi, *Orazio* (1563-1639) 23 148 (2000) ; *Artemizia*, sa fille (1593-1651) 3 802 (1999). Guido, Reni (*dit* le Guide, 1575-1642). Primatice, Francesco (Primaticcio, *dit*, 1504-70) 450 (1997). Sacchi, Andrea (1599-1661). **Ferrare (Émilie-Romagne) :** Cossa, Francesco del (v. 1435-v. 78). Costa, Lorenzo (v. 1460-1535). Dell'Abate, Nicolo (v. 1509-71). Dosso Dossi (Giovanni di Luteri *dit*, 1479-v. 1541) 9 032 (1999). Roberti, Ercole de' (v. 1450-96). Romano, Giulio (*dit* Jules Romain, v. 1492-1546) 183 (2000). Tura, Cosimo (v. 1430-95). **Florence (Toscane) :** Baldovinetti, Alesso (1425-99) 146 (1994). Berrettini da Cortona, Pietro (1596-1669). Bonaiuto, Andrea di (*dit* A. de Florence,

v. 1343-77) 1 620 (1994). Botticelli, Sandro (Alessandro di Mariano Filipepi, *dit*, 1444-45/1510) 150 000 (1999, de gré à gré). Castagno, Andrea del (av. 1419-57). Cimabue, Giovanni (v. 1240-av. 1302). Daddi, Bernardo (v. 1290-1349) 900 (1998). Fra Angelico, Giovanni da Fiesole (1387-1455) 2 800 (2 panneaux, 1972). Fra Bartolomeo (1472-1517) 133 (1998). Fra Filippo Lippi (v. 1406-69). Gentile da Fabriano (v. 1385-1427) 1 376 (1994). Gentileschi, Orazio (voir Bologne). Ghirlandaio, Domenico (1448-49/94) 1 250 (1980). Giotto di Bondone (v. 1267-75/1337). Gozzoli, Benozzo (1420-22/97). Léonard de Vinci (1452-1519). Lippi, Filippino (v. 1457-1504) 2 800 (1997). Lippo di Benirieni (1296-1320) 2 364 (2000). Lorenzo Monaco (v. 1370-75/1425-30) 510 (1994). Masaccio (Tomaso Guidi, *dit*, 1401-29). Masolino da Panicale (1383-apr. 1435). Michel-Ange (Michelangelo Buonarroti, *dit*, 1475-1564). Orcagna (Andrea di Cione Arcagnolo, *dit*, 1308-v. 1348) 792 (1990). Pesellino, Francesco (1422-57) 4 515 (2000). Piero della Francesca (1410/20-92) 10 000 (1978). Piero di Cosimo (1461-1521) 19 500 (1989). Pollaiulo, Antonio Benci (v. 1432-98). Pontormo (Jacopo da Carruci *dit*, 1494-1556) 204 224 (1989). Raphaël, Sanzio (Raffaello Santi, *dit*, 1483-1520) 45 000 (1996). Sarto, Andrea del (1486-1530) 6 635 (2000). Spinello, Aretino (1347-1410). Uccello (Paolo di Domo, *dit*, 1397-1475). Vasari, Giorgio (1511-74) 3 409 (2000). Veneziano Domenico (Venise, v. 1400-61, assassiné). Verrocchio (Andrea di Cioni, *dit* il, 1435-88). **Lucques (Toscane) :** Berlinghieri, Bonaventura (v. 1228-74) : *Crucifix* (1220). **Milan (Lombardie) :** Arcimboldo, Giuseppe (1527-93) 8 626 (2000). Boltraffio, Giovanni Antoni (1467-1516). Ferrari, Gaudenzio (v. 1480-1546). Foppa, Vincenzo (v. 1427-v. 1515). Luini, Bernardino (v. 1480-1532) 261 (1998). Predis, Ambrogio de (1472-1517). **Naples :** Caracciolo, Giovanni Battista (v. 1570-1637) 680 (1999). **Ombrie :** Melozzo da Forli (1438-94). Perugino (Pietro Vannucci, *dit*, 1445-1523) 3 002 (1990). Pinturicchio (Bernardino di Betto, *dit*, v. 1454-1513). Pisanello (Antonio Pisano, *dit*, v. 1395-v. 1455). Signorelli, Luca (v. 1445-1523). **Padoue (Vénétie) :** Altichiero (1369-av. 1393). Avanzi, Jacobo (v. 1363-84). Mantegna, Andrea (1430-31/1506) 98 000 (1987). Squarcione, Francesco (1397-1468). **Parme :** Barocci, Federico (1528-1612) 387 (1994). Bronzino (Agnolo di Cosimo, *dit*, 1503-72). Corrège (Antonio Allegri, *dit*, v. 1489-1534) 890 (1999). Parmesan (Francesco Mazzola, *dit* il Parmigianino *ou* le, 1503-40) 5 590 (1977). **Rome :** Cavallini, Pietro (apr. 1240-apr. 1330). Torriti, Jacopo (1270-1300). Zuccaro, Taddeo (1529-66) 328 (1999). **Sienne (Toscane) :** Duccio di Buoninsegna (v. 1278-1319) 8 500 (1976). Guido da Siena (1262-78). Lorenzetti, Ambrogio (v. 1317-v. 1348) 361 (1994). Martini, Simone (v. 1284-1344). Sassetta (Stefano di Giovanni, *dit*, v. 1400-1450). Sodoma (Antonio Bazzi, *dit*, 1477-1549) 172 (1994). **Venise :** Antonello da Messina (v. 1430-79). Bassano, Jacopo da Ponte (1510/18-92) 10 800 (1994). Bellini, *Gentile* (v. 1429-1507) ; *Giovanni* (*dit* Giambellino, v. 1430-1516) 200 (1994) ; *Jacopo* (v. 1400-70). Bordone, Paris (1500-71). Carpaccio, Vittore (v. 1460-1525) 3 998 (2000). Cima da Conegliano, Giovanni Battista (v.1459-1517/18). Crivelli, Carlo (v. 1430-v. 1493). Giorgione (Giorgio da Castelfranco, *dit*, v. 1477-1510). Lotto, Lorenzo (v. 1480-1556) attribué 1991 (2000). Moroni, Giovanni Battista (v. 1520-78) 13 (1999). Palma, Jacopo Negretti (*dit* le Jeune, 1544-1628) 170 (2000) ; (*dit* le Vieux, v. 1480-1528). Saraceni, Carlo (1579-1620). Sebastiano del Piombo (1485-1547) 1 000 (1977). Strozzi, Bernardo (*dit* le Capucin, 1581-1644) 12 390 (1998). Tintoret (Jacopo Robusti, *dit* le, v. 1518-94) 4 445 (1994). Titien (Tiziano Vecellio, *dit*, 1485/90-1576) 67 082 (record 1991). Véronèse (Paolo Caliari, *dit*, 1528-88) 15 444 (1990). Vivarini, *Alvise* (v. 1442/53-1503/05) ; *Antonio* (v. 1410-76/84) ; *Bartolomeo* (1440-apr. 1500). **Autres régions :** Anguissola, Sofonisba (1532-1625) 1 026 (1994). Caravage (Michelangelo Merisi, *dit*, 1571-1610, Rome, Naples, Sicile). Dominiquin (Domenico Zampieri, *dit*, 1581-1641, Bologne, Rome) 23 380 (2000). Manfredi, Bartolomeo (1580-v. 1620, Mantoue) 156 (1999).

■ **Nés entre 1600 et 1700.** Baciccia *ou* Baciccio (Giovanni Battista Gaulli, *dit* il, Gênes, 1639-1709) 532 (1999). Canaletto (Antonio Canal, *dit* il, 1697-1768) 83 692 (2000), 39 600 (2000). Carlevarijs, Luca (1663-1730) 1 000 à 6 000. Carriera, Rosalba (1675-1757) 150 (1999). De Ferrari, Lorenzo (1680-1740). Di Leone, Andrea (1610-85) 1 250 (1999). Dolci, Carlo (1616-86) 4 187 (1997). Giordano, Luca (*dit* Luca Fa Presto, 1632-1705) 1 496 (1998). Guarino, Francesco (1611-54). Magnasco, Alessandro (*dit* il Lissandrino, v. 1667-1749) 436 (1999). Pannini, Giovanni Paolo (1692-1765) 918 (1999). Piazzetta, Giovanni Battista (1683-1754) 317 (1999). Preti, Mattia (*dit* il Cavaliere Calabrese, 1613-99) 544 (1997). Ricci, Sebastiano (1659-1734) 1 967 (2000). Rosa, Salvatore (1615-73) 393 (2000). Ruoppolo, Giovanni-Battista (1629-93) 1 802 (2000). Tiepolo, Giambattista (1696-1770, emprisonné).

■ **Nés entre 1700 et 1800.** Albotto (1721-57). Appiani, Andrea (1754-1817) 323 (1999). Bacciareli, Marcello (1731-1818). Bellotto, Bernardo (*dit* Canaletto, 1720-80) 31 300 (1998). Bison, Giuseppe Bernardino (1762-1844) 2 624 (1996). Guardi, Francesco (1712-93) 33 843 (2000). Hayez, Francesco (1791-1882) 5 517 (1998). Longhi (Pietro Falca, *dit*, 1702-85) 2 621 (1989). Marieschi, Michèle (1696-1743) 12 700 (1996). Piranèse (Giambattista Piranesi, *dit*, 1720-78) 316 (1999). Zuccarelli, Francesco (1702-88, Florence) 1 071 (2000).

■ **Nés entre 1800 et 1900.** Balla, Giacomo (1871-1958) 1 893 (2000). Boccioni, Umberto (1882-1916) 2 410 (2000). Boggio, Emilio (1857-1920) 379 (1997). Boldini, Giovanni (1842-1931) 9 510 (1989), 1 800 (2000). Campigli, Massimo (1895-1971) 1 564 (2000). Carrà, Carlo (1881-1966) 1 670 (2000). Casorati, Felice (1883-1963) 3 070 (2000). Ciardi, Guglielmo (1842-1917) 1 930 (1997). Costa, Nino (1826-1903). De Chirico, Giorgio (1888-1978) 7 611 (2000). Depero, Fortunato (1892-1960) 115 (1998). De Pisis, Filippo (1896-1956) 401 (2001). Fattori, Giovanni (1825-1908) 1 591 (1994). Favretto, Giacomo (1849-87) 312 (1999). Fontana, Lucio (1899-1968) 3 708 (2000). Fontanesi, Antonio (1818-82). Fortuny y Marsal (1838-74) 3 730 (2000). Gemito, Vincenzo (1852-1929). Guidi, Virgilio (1891-1984) 142 (1999). Magnelli, Alberto (1888-1971). Mancini, Antonio (1852-1930) 1 296 (1994). Marinetti, Filippo Tommaso (1876-1944). Martini, Alberto (1876-1954). Modigliani, Amedeo (1884-1920) 119 590 (2000). Morandi, Giorgio (1890-1964) 9 333 (2000). Morbelli, Angelo (1853-1919) 1 496 (1998). Nomellini, Plinio (1866-1943) 459 (2000). Pasini, Alberto (1826-99) 2 213 (2000). Pellizza da Volpedo, Giuseppe (1868-1907). Prampolini, Enrico (1894-1956) 136 (1998). Reggiani, Mauro (1897-1980). Russolo, Luigi (1885-1947) 750 (1999). Savinio, Alberto (Andrea de Chirico, 1891-1952) 1 800 (1995). Segantini, Giovanni (1858-99) 54 876 (1999). Severini, Gino (1883-1966) 1 600 (2000). Signorini, Telemaco (1835-1901) 923 (2000). Sironi, Mario (1885-1961) 493 (2000). Soldati, Atanasio (1896-1953) 99 (1994). Spadini, Armando (1883-1925) 136 (2000). Zandomeneghi, Federico (1841-1917) 1 400 (2000).

■ **Nés après 1900.** Accardi, Carla (1924). Adami, Valerio (1935) 980 (1990). Annigoni, Pietro (1910-88). Baj, Enrico (1924) 383 (2000). Baruchello, Gianfranco (1924). Basaldella, Afro (1912-76). Bertini, Gianni (1922). Birolli, Renato (1906-59) 255 (1998). Boetti, Alighieroe (1940-94) 684 (2000). Bozzolini, Silvano (1911-98). Burri, Alberto (1915-95) 1 854 (1998). Cagli, Corrado (1910-76). Capogrossi, Giuseppe (1900-72) 380 (2000). Clemente, Francesco (1952) 1 296 (1994). Crippa, Roberto (1921-72). Cucchi, Enzo (1949) 255 (2000). Filia, Luigi (1904-36) 177 (1998). Gnoli, Domenico (1933-70) 2 600 (1990). Guttuso, Renato (1912-87) 820 (2000). Mafai, Mario (1902-65) 173 (2000). Manzoni, Piero (1933-63) 4 635 (1998). Marini, Marino (1901-80) 10 600 (1990), 6 890 (2000). Moreni, Mattia (1920-99) 343 (2000). Morlotti, Ennio (1910-92) 231 (1998). Music, Zoran (1909) 689 (1999). Nigro, Mario (1917-92). Paolini, Giulio (1940) 253 (1999). Parmiggiani, Claudio (1943). Pascali, Pino (1935-68). Peverelli, Cesare (1922-2000). Pistoletto, Michelangelo (1933). Recalcati, Antonio (1938). Rotella, Mimmo (1918) 667 (2000). Schifano, Mario (1934-98) 408 (1998). Scipione (Gino, *dit* Bonichi, 1904-33) 578 (1998). Turcato, Giulio (1912-95) 129 (2000). Vedova, Emilio (1919-95) 1 368 (2000). Veronesi, Luigi (1908-98).

Mexique

Clausell, Joaquín (1866-1935) 1 620 (1994). Coronel, Rafael (1931) 810 (1994). Corzas, Francisco (1936-83) 675 (1994). Cuevas, José Luis (1933). Gerzo, Gunther (1915-2000) 204 (2000). Ginorella, Alberto (1929-99). Guerrero, Jesus Galvan (1910-73) 80 (1997). Izquierdo, Maria (1902-56) 378 (1994). Kahlo, Frida (1907-54) 32 183 (2000). Martínez, Ricardo (1918) 387 (2000). Montenegro, Roberto (1880-1968) 252 (1999). O'Gorman, Juan (1905-82) 1 026 (1994). Orozco, José Clemente (1893-1949) 350 (1999). Ramos Martínez, Alfredo (1875-1946) 1 545 (2000). Rivera, Diego (1886-1957) 2 547 (1999). Siqueiros, David Alfaro (1896-1974) 891 (1999). Soriano, Juan (1920) 378 (1994). Tamayo, Rufino (1899-1991) 8 496 (2000). Toledo, Francisco (1940) 3 044 (2000). Zalce, Alfredo (1908). Zarraga, Angel (1886-1946) 3 568 (2000).

Norvège

Backer, Harriet (1845-1932). Balke, Peder (1804-87). Cappelen, August (1827-52). Dahl, Johan Christian (1788-1857) 770 (2000). Egedius, Halfdan (1877-99). Ekeland, Arne (1908-94) 132 (2000). Erichsen, Thorvald (1868-1939) 136 (1997). Fjell, Kai (1907-89) 561 (1999). Gude, Hans (1825-1903) 312 (2000). Gundersen, Gunnar S. (1921-83). Hertervig, Lars (1830-1902). Johannessen, Jens (1934) 205 (1997). Karsten, Ludvig (1876-1926). Kielland, Kitty (1843-1914) 147 (1997). Krohg, Christian (1852-1925) 1 249 (1998). Munch, Edvard (1863-1944) 39 280 (1996). Sohlberg, Harald (1869-1935) 1 093 (1998). Sørensen, Henrik (1882-1962). Thaulow, Fritz (1847-1906) 1 031 (2000). Tidemand, Adolph (1814-76) 828 (2000). Weidemann, Jakob (1923) 246 (1997). Werenskiold, Erik (1855-1938) 189 (1994). Widerberg, Frans (1934).

Pays-Bas

■ **Nés avant 1500.** *Anonymes :* Maître de la Manne 1 105 (1987), de la Virgo inter Virgines, d'Alkmaar, de la Déposition Figdor, de l'autel de St-Jean. Bosch (Hieronymus Van Aken, *dit* Jérôme, v. 1450-1516). Engelbrechtsz, Cornelis (1468-1533) 131 (1998). Geertgen tot sint Jans (v. 1475-95). Leyden, Lucas van (1494-1533). Mostaert, Jan (vers 1475-1555). Oostsanen, Jacob Cornelisz van (v. 1470-1533) 225 (1993). Ouwater, Albert van (actif 1440-65). Scorel, Jan van (1495-1562). Van Heemskerck, Maerten (1498-1574) 4 404 (1986).

■ **Nés entre 1500 et 1600.** Aertsen, Pieter (1508-75) 727 (2000). Arentsz, Arent (1586-1635) 380 (1995). Avercamp, Hendrik (1585-1634) 6 779 (1990). Bamboccio (Pieter van Laer, *dit*, 1592/95-1642) 101 (1997). Beert, Osias (v. 1570-1624) 12 100 (1999). Bloemaert, Abraham (1564-1651) 166 (2000). Bosschaert, Ambrosius (1573-1621) 19 000 (2000). Claesz, Pieter (1597-1661) 3 190 (1999). Cornelisz van Haarlem, Cornelis (1562-1638) 262 (2000). Droochsloot, Joost Cornelisz (1586-1666) 412 (2000). Elias, Nicolaes (*dit* Pickenoy, 1590/91-1654/56) 595 (1998). Goltzius (Hendrik Goltz, *dit*, 1558-1617) 797 (1999). Hals, *Dirck* (1591-1656) 690 (1999) ; *Frans* (1581/85-1666) 85 000 (1999). Heda, Willem Claesz (1594-1680/82) 5 199 (2000). Ketel, Cornelis (1548-1616) 295 (1997). Keyser, Thomas de (1596/97-1667) 757 (1994). Lastman, Pieter (v. 1583-v. 1633) 292 (1994). Mor, sir Anthonis (*dit* Antonio Moro en Espagne, 1517/21-76/77). Peeters, Clara (1594-1654) 11 200 (1998). Porcellis, Jan (v. 1587-1632) 197 (2000). Saenredam, Pieter (1597-1665). Seghers, Hercules (1589/90-1633/38). Terbrugghen, Hendrick (1588-1629) 11 000 (1985). Van Baburen, Dirck (v. 1590-v. 1624). Van der Ast, Balthasar (v. 1593-1656) 4 600 (2000). Van de Velde, Esaias (v. 1590-1630) 1 052 (2000). Van Dyck, Floris (1575-1651) 3 500 (1994). Van Goyen, Jan (1596-1656) 4 874 (2000). Van Hemessen, Jan Sanders (1504-66) 1900 (1993). Van Honthorst Gerrit (*dit* delle Notti, 1590-1656) 607 (2000). Van Mander, Karel (1548-1606) 413 (1994). Van Mierevelt, Michiel Jansz (1567-1641). Van Poelenburgh, Cornelis (1586/95-1667) 1 055 (1997). Van Valckenborch, Lucas (v. 1537-97). Venius, Otto (1556-1629) 108 (2000). Vroom, Hendrik (1566-1640). Willaerts, Adam (1577-1664) 765 (2000).

■ **Nés entre 1600 et 1700.** Asselijn, Jan (1610-52) 104 (1999). Backer, Jacob Adriaensz (1608-51) 561 (1996). Backhuysen, Ludolf (1631-1708). Berchem, Nicolaes (1620-83) 1 410 (1997). Berckheyde, Gerrit (1638-98) 26 000 (1999). Beuckelaer, Joachim (v. 1534-v. 1574) 32 288 (2000). Bol, Ferdinand (1616-80) 258 (1999). Bor, Paulus (vers 1600-69). Both, Jan (vers 1620-52) 13 678 (2000). Brost, Willem 14 850 (1996). Camphuysen, G.D. (1624-72). Coques, Gonzales (1614-84) 231 (1994). Cuyp, Aelbert (1620-91) 32 680 (1994). Dou, Gerrit (1613-75) 1 011 (1998). Dujardin, Karel (v. 1622-78) 2 209 (1997). Fabritius, Carel (1622-54). Flinck, Govert (1615-60) 2 346 (1989). Gelder, Aert de (1645-1727) 200 (1997). Heem, *Cornelis de* (1631-95) 1 700 (2000) ; *Jan Davidsz de* (1606-83) 36 797 (1988). Hobbema, Meindert (1638-1709) 29 400 (1994). Hondecoeter, Melchior de (1636-95) 1 857 (2000). Hooch, Pieter de (1629-1684) 1 020 (1997). Kalf, Willem (1619-93) 607 (1998). Koninck, *Philips* (1619-88) 1 500 (1994) ; *Salomon* (1609-56) 863 (2000). Lairesse, Gerard de (1640-1711) 502 (1999). Leyster, Judith (1609-60) 3 351 (1998). Lievens, Jan (1607-74) 650 (1998). Lingelbach, Johannes (1622-74) 2 400 (1990). Maes, Nicolaes (v. 1634-93) 4 000 (1985). Metsu, Gabriël (1629-67) 9 232 (1999). Molenaer, Jan Miense (1610-68) 150 (1994). Netscher, Caspar (1639-84) 232 (1998). Ochtervelt, Jacob (v. 1632-v. 1700) 289 (1999). Post, Frans (v. 1612-80) 17 253 (2000). Potter, Paulus (1625-54) 9 682 (1988). Rembrandt, Harmensz van Rijn (1606-69) 54 000 (1998) ; 214 000 [*Portrait d'une dame âgée de 63 ans* (2000)], [le plus petit : *Vieil Homme en buste,* 10,8 × 7 cm : 16 500 (1997)]. Roepel, Coenraet (1679-1748) 1 718 (1996). Ruisdael, *Jacob van* (1628/29-81/82) 1 639 (2000) ; *Salomon van* (1600/02-70) 5 760 (1993). Ruysch, Rachel (1664-1750) 2 107 (1999). Saftleven, *Herman* (1609-85) 705 (1994) ; *Cornelius* (1607-81) 648 (1994). Siberechts, Jan (1627-v. 1703) 196(1999). Sorgh, Hendrick Maertensz (1611-70) 3 078 (1994). Steen, Jan (1626-79) 17 118 (1989). Storck, Abraham (1635-1710) 1 685 (2000). Ter Borch, Gerard (1617-81) 1 595 (1993). Troost, Cornelis (1697-1750) 125 (2000). Van Aelst, Willem (1627-1683/86) 3 893 (2000). Van Beyeren, Abraham (1620-90) 746 (1998). Van Bijlert, Jan (1603-71) 480 (1994). Van de Cappelle, Jan (v. 1625-79) 113 (1998). Van den Eeckhout, Gerbrand (1621-74). Van der Haagen, Joris (v. 1615-69). Van der Helst, Bartholomeus (1613-70) 579 (2000). Van der Heyden, Jan (1637-1712) 6 588 (1997). Van der Neer, Aert (1603/04-77) except. 4 852 (1990). Van der Werff, Adriaen (1659-1722) 299 (1999). Van de Velde, *Adriaen* (1636-72) 459 (1994) ; *Willem l'Ancien* (1611-93) 5 800 (1998) ; *Willem le Jeune* (1633-1707) 15 111 (2000). Van Everdingen, *Allaert* (1621-75) ; *Caesar Boëtius* (1617-78) 602 (1999). Van Hoogstraten, Samuel (1627-78) 327 (1999). Van Huysum, Jan (1682-1749) 12 960 (1994). Van Kessel, Jan (1626-79) 10 897 (2000). Van Mieris, Frans (1635-81) 4 177 (2000). Van Ostade, Adriaen (1610-85) 2 806 (2000). Van Wittel, Gaspard (1652-1736) 9 208 (1998). Verkolje, Jan (1650-93) 5 590 (1994). Vermeer, Jan (1632-75) 35 tableaux connus. Vlieger, Simon de (v. 1600-53) 1 048 (1997). Weenix, *Jan* (1640-1719) 2 803 (1990) ; *Jan-Baptist* (1621-v. 1660) 1 620 (1994). Wit, Jacob de (1695-1754) 253 (1999). Witte, Emmanuel de (v. 1617-92) 947 (1997). Wouwerman, Johannes Philips (1619-68) 3 022 (2000). Wynants, Jan (v. 1630-84) 21 074 (1999).

■ **Nés après 1700.** Appel, Karel (1921) 1 770 (1988), 1 052 (2000). Armando, Herman van (1929). Benner, Gerrit (1897-1981) 208 (2000). Bogart, Bram (1921, naturalisé Belge en 1969). Bohemen, Kees van (1929-86). Bosboom, Johannes (1817-91) 190 (1999). Brands, Eugène (1913). Breitner, Georg-Hendrik (1857-1923) 2 262 (2000). Chabot, Hendrik (1894-1949). Constant (*dit* Constant Nieuwenhuÿs, 1920) 225 (1994). Dibbets, Jan (1941) 160 (1999). Domela-Nieuwenhuis, César (1900-92) 200 (1990). Dumas, Marlene (1953). Eyck, Charles-Hubert (1897-1982). Feure, Georges de (1868-1943) 600 (1994). Gestel, Léo (1881-1941) 570 (1994). Haag, Carl

(1820-1915). Heemskerck Beest, Jacob Van (1876-1923) 308 (1999). Henderikse, Jan (1937). Huszár, Vilmos (1884-1960) 419 (2000). Huysmans, Jan Baptist (1826-1906) 282 (1999). Hynckes, Raoul (1893-1973). Israels, *Isaac* (1865-1934) 1 216 (1998) ; *Joseph* (1824-1911) 714 (1999). Jongkind, Johan Barthold (1819-91) 1 278 (1984). Karsen, Johann Eduard (1860-1941). Kat, Otto de (1907-95). Koch, Pyke (1901-91) 1 258 (1997). Koekkoek, Barend (1803-62) 2 917 (2000). Kruyder, Hermann (1881-1953) 140 (1999). Lataster, Ger (1920). Lelie, Adrien de (1755-1820). Lucebert, Jean (1924-94) 193 (2000). Mankes, Jan (1889-1920) 952 (1999). Maris, *Jacob* (1837-99) ; *Willem* (1844-1910). Matthÿs, Maris (1839-1917). Mauve, Anton (1838-88). Mesdag, Hendrik Willem (1831-1915) 1 428 (2000). Moesman, Johannes (1909-88). Mondrian, Pieter (Cornelis, 1872-1944) 58 000 (1989), *Victory Boogie-Woogie* 240 000 (1998). Muys, Nicolas (1740-1808). Nanninga, Jaap (1904-62) 113 (1999). Nieuwenhuÿs, Jan (1922-86). Ouborg, Piet (1893-1956) 174 (1994). Ouwater, Isaak (1750-93) 860 (1994). Prikker, J. Thorn (1868-1932). Roelofs, Willem (1822-97) 774 (2000). Rooskens, Anton (1906-76) 450 (1994). Schelfhout, Andreas (1787-1870) 873 (1998). Scholte, Rob (1958). Schoonhoven, Jan (1914-94) 163 (1999). Schouman, Aert (1710-92) 249 (1999). Schuhmacher, Wim (1894-1986) 2 185 (1998). Sluyters, Jan (1881-1957) 201 (1997). Springer, Cornélius (1817-91) 1 643 (1999). Struycken, Peter (1939). Toorop, *Charley* (1891-1955) 1 369 (2000) ; *Jan* (1858-1928) 750 (1994). Van der Heyden, Jacques (1928). Van der Leck, Bart-Anthony (1876-1958) 1 012 (1999). Van Doesburg, Theo (1883-1931) 3 277 (1998). Van Dongen, Kees (1877-Monte-Carlo 1968) 21 800 (1998). Van Elk, Ger (1941). Van Gogh, Vincent [1853-suicidé le 28-7-1890 (revolver), mort le 29 à Auvers-sur-Oise] *Portrait du docteur Gachet* 429 000 (1990), *Autoportrait sans barbe* 401 000 (1889). Van Os, Jan (1744-1808) 3 025 (1993). Van Spaendonck, Cornelis (1756-1840) 655 (1998). Van Velde, *Bram* (1895-1981) 1 099 (1999) ; *Geer* (1898-1977) 165 (1994). Verkade, Wilibrord (1868-1946). Verster, Floris (1861-1927) 238 (1999). Verwey, Kees (1900-95) 120 (1994). Wagemaker, Jaap (1906-73). Weissenbruch, John Hendrik (1824-1903) 178 (1998). Werkman, Hendrik (1882-1945) 362 (1996). Westerik, Co (1924) 100 (1997). Wiegers, Jan (1893-1959). Willink, Carel (1900-83) 654 (1997). Wolvecamp, Theo (1925-92) 104 (1999).

Pologne

Boznańska, Olga (1865-1940) 127 (1998). Brandt, Józef von (1841-1915) 328 (1998). Brzozowski, Tadeusz (1918-87). Chełmoński, Józef (1849-1914) 515 (1997). Chwistek, Leon (1884-1944). Czapski, Jósef (1896-1993). D'Erceville, Wenceslas (1888-1966) vécut en France. Gierowski, Stefan (1925). Gierymski, *Aleksander* (1850-1901) 290 (2000) ; *Maksymilian* (1846-74) 236 (2000). Jarema, Maria (1908-58). Kantor, Tadeusz (1915-90). Kisling, Moïse (1891-1953, vécut à Paris) 3 500 (1989). Krzyżanowski, Konrad (1872-1922). Lebenstein, Jan (1930-99). Makowski, Tadeusz (1882-1932) 279 (1998). Malczewski, Jacek (1854-1929) 2 545 (2000). Marcoussis, Louis (Ludwig Markus, *dit*, 1883-1941, vivait en France) 290 (1999). Matejko, Jan (1838-93) 461 (1998). Michałowski, Piotr (1801-55) 701 (1999). Nowosielski, Jerzy (1923). Opalka, Roman (1931) 412 (1997). Pankiewicz, Józef (1866-1940) 145 (2000). Pronaszko, Zbigniew (1885-1958). Rodakowski, Henryk (1823-94). Ruszczyc, Ferdynand (1870-1936). Ślewiński, Władysław (1854-1918). Spitzer, Walter (1927). Stażewski, Henryk (1894-1988). Strzemiński, Władyslaw (1893-1952). Waliszewski, Zygmunt (1897-1936). Witkiewicz, Stanislaw Ignacy (*dit* Witkacy, 1885-1939) 583 (1998). Wojtkiewicz, Witold (1879-1911) 340 (1996). Wyspiański, Stanislaw (1869-1907). Zak, Eugène (1884-1926) 879 (2000).

Portugal

Afonso, Nadir (1908). Almada Negreiros, José de (1893-1970). Almeida, Charters de (1935). Azevedo, Fernando (1923). Bordalo-Pinheiro, Columbano (1857-1929). Botas, Mario (1925-83). Botelho, Carlos (1899-1982). Calapez, Pedro (1953). Candeias, Gracinda (1947). Cardoso, Amadeu de Sousa (1887-1918). Cargaleiro, Manuel (1927). Castro, Lourdes (1930). Chafes, Rui (1966). Costa-Camelo (1924). Dacosta, António (1914-90). Eloy, Mário (1900-51). Fernandes, « Grão Vasco » (v. 1475-v. 1541/42). Ferreira, Paulo (1911-99). Gomes, Dórdio (1890-1976). Gonçalves, Nuno (1450-91). Guimarães, José de (1939). Jacinto, Luis (1945). Jose, David (1938). Lanhas, Fernando (1923). Lima de Freitas (1927-98). Lopes, Gregório (v. 1490-v. 1550). Luis, Eduardo (1932-88). Madureira, Maria Manuela (1930). Magalhaes, Teresa (1944). Malhoa, José (1855-1933) 733 (1998). Malta, Eduardo (1900-67). Maluda, Maria de Lurdes (1934-99) 98 (1998). Manta, Abel (1888-1982). Marques, Benjamin (1938). Martins-Correia (1910-99). Medina, Henrique (1901-84). Menez (Maria Ines da Fonseca, 1926-1995). Moniz, João (1949). Morais, Craça (1948). Obidos, Josefa de (1634-84). Oliveira, Tavares (1961). Palolo, João da (1946-2000). Pedro, Antonio (1909-95). Pomar, Julio (1926). Possoz, Mily (1888-1967). Pousão, Henrique (1859-84). Rêgo, Paula (1935) 108 (2000). Reis, *Pedro Cabrita* (1956) ; *Carlos* (1863-1940) 131 (2000). Resende, Julio (1917). Ribeiro, Rogério (1930). Sanches, Rui (1954). Sequeira, Domingos de (1768-1837). Silva-Porto (1850-93). Skapinakis, Nikias (1931). Smith, Francis (1881-1961) 165 (1999). Souza-Cardoso, Amadeu (1887-1918). Vespeira, Marcelino (1925). Viana, Eduardo (1881-1967) 180 (2000). Vieira da Silva, Maria Helena (1908-92, naturalisée Française) 4 358 (1990). Vieira-Lusitano (1699-1783).

Roumanie

Almasanu, Virgil (1926). Andreescu, Ioan (1850-82). Anghel, Gheorghe (1904-66). Baba, Corneliu (1906-97). Berea, Dimitrie (1908-75). Bernea, Horja (1938-2000). Brauner, Victor (1903-66) 1 080 (1994). Caltia, Stefan (1942). Catargi, Henri (1894-1976). Chira, Alexandru (1947). Ciucurencu, Alexandru (1903-77). Coditá, Pavel (1916-99). Darascu, Nicolae (1883-1959). Dumitrescu, *Sorin* (1946) ; *Stefan* (1886-1933). Flondor, Constantin (1936). Gheorghiu (Alin, *dit*), Ion (1929). Gherasim, Marin (1937). Ghiata, Dumitru (1888-1972). Grigorescu, *Lucian* (1894-1965) ; *Nicolas* (1838-1907). Horea, Mihai (1926). Iancu, Marcel (1895-1984). Iliu, Iosif (1916). Iser, Iosif (1881-1958). Luchian, Stefan (1868-1916). Marginean, Viorel (1933). Mattis Teutsch, János (1884-1960) 203 (2000). Maxy, Max Herman (1895-1971). Mihailescu, Corneliu (1887-1965). Nicodim, Ion (1932). Pacea, Ion (1924-99). Pallady, Theodor (1871-1956). Petrascu, Gheorghe (1872-1949). Popescu-Negreni, Ion (1907-98). Ressu, Camil (1880-1962). Sirato, Francis (1877-1953). Stoenescu, Eustaţiu (1884-1957). Tonitza, Nicolae (1886-1940). Tuculescu, Ion (1910-62). Voïnesco, Georges (1918-99).

Russie et ex-URSS

Aïvazovski, Ivan (1817-1900) 974 (1997). Bakst, Léon (1866-1924) 103 (1994). Bashkirtseff, Marie (voir p. 446 c). Benois, Alexandre (1870-1960). Bilinsky, Boris (1900-48). Borovikovski, Vladimir (1757-1825) 189 (1994). Bourlyuuk (David Burljuk *dit*, 1882-1967). Brulov, Karl (1799-1852). Bruskine, Grisha (1945). Chagall, Marc (voir p. 447 a). Charchoune, Serge (1888-1975). Chischkine, Ivan (1831-98). Deineka, Alexandre (1889-1969) 142 (2000). Dmitrienko, Pierre (1925-74, naturalisé Français). Erté (voir p. 447 a). Falk, Robert (1886-1958). Filonov, Pavel (1883-1941) 404 (1999). Golovin, Alexander (1863-1930) 270 (1994). Goncharova, Natalia (1881-1962) 1 086 (1990). Grabar, Igor (1871-1960) 100 (2000). Grigoriev, Boris (1886-1939) 153 (2000). Ivanov, Aleksandr (1806-58). Klioune (Ivan Kliounekov *dit*, 1873-1942). Komar, Vitali (1943). Kontchalovski, Piotr (1876-1956). Korovine, Konstantin (1861-1939) 206 (2000). Kowalski, Piotr (1927). Krylov, Porfiri (1902). Kuznetsov, Pavel (1878-1968) 87 (2000). Larionov, Mikhaïl (1881-1964, naturalisé Français) 270 (1997). Lentulov, Aristarkh (1882-1943) 178 (1994). Levitan, Isaac (1860-1900) 969 (2000). Lissitzki, Lazare (1890-1941) 1 762 (1998). Makovski, Vladimir (1846-1920). Malevitch, Kasimir (1878-1935) 112 787 (2000). Melamide, Alexander (1945). Neprintsev, Yuri (1909). Petrov-Vodkine, Kuzma (1878-1939) 119 (1994). Pevsner, Antoine (1884-1962). Pirosmani, Niko (1862-1918). Popova, Liubov (1889-1929) 152 (1999). Répine, Ilia (1844-1930) 473 (2000). Rodtchenko, Alexandr (1891-1956) 3 480 (1988). Rokotev, Fiodor (1738-1812). Roubliov, Andreï (v. 1360-1430). Rylov, Arkadi (1870-1933). Sarian, Mikhaïl (1922). Savrasov, Alexeï (1830-97) 103 (1994). Serov, Valentin (1865-1911) 203 (1996). Tatline, Vladimir (1885-1953). Terechkovitch, Kostia (1902-78, naturalisé Français 1942). Venetsianov, Alexis (1780-1847). Werefkin, Marianne von (1860-Suisse 1938). Wroubei, Mikhaïl (1850-1910). Yarochenko, Nicolaï (1846-98). Zaborov, Boris (1937). Zack, Léon (voir p. 448 a).

Suède

Arosenius, Ivar (1878-1909) 343 (1999). Baertling, Olle (1911-81) 378 (2000). Bankier, Channa (1947). Book, Max (1953). Carlsund, Otto (1897-1948) 267 (1999). Cronqvist, Lena (1938). Derkert, Siri (1888-1973). Fahlström, Öyvind (1928-76). Grünewald, Isaac (1889-1946). Gullväg, Hákon (1959). Hall, Peter Adolf (1739-93). Hill, Carl Fredrik (1849-1911) 1 628 (2000). Jansson, Eugène (1862-1915) 877 (1999). Josephson, Ernst (1851-1906). Kåks, Olle (1941). Lafrensen (Lavreince), Niklas (1737-1807). Larsson, Carl (1853-1919) 2 049 (1998). Lindblom, Sivert (1931). Lundqvist, Evert (1904-94) 209 (2000). Lyth, Harald (1937). Martin, Elias (1739-1818) 80 (1999). Nemes, Endre (1909-85). Ransve, Bjorn (1944). Rodhe, Lennart (1916). Roslin, Alexander (1718-93) 297 (2000). Sköld, Otte (1894-1958). Strindberg, August (1849-1912) 21 154 (1997). Svanberg, Max Walter (1912-94). Zorn, Anders (1860-1920) 1 523 (1997).

Suisse

Aberli, Johann Ludwig (1723-86). Agasse, Jacques-Laurent (1767-1849) 1 031 (1999). Altherr, Heinrich (1878-1947). Amiet, Cuno (1868-1961) 346 (1998). Anker, Albert (1831-1910) 3 200 (1994). Appian, Adolphe (1862-1928). Armleder, John Michael (1948). Auberjonois, René (1872-1957) 192 (2000). Baier, Jean (1932). Bailly, Alice (1879-1938). Balmer, Wilhelm (1865-1922). Barraud, Maurice (1889-1955). Barth, Paul Basilius (1881-1955). Baud-Bovy, Auguste (1848-99). Beaumont, Gustave (1851-1922). Ben (Benjamin Vautier, *dit*, 1935). Berger, Hans (1882-1977). Bieler, Ernest (1863-1948) 244 (1998). Bill, Max (1908-94) 150 (1999). Bille, Edmond (1878-1959). Blanchet, Alexandre (1882-1961). Bocion, François (1828-90) 163 (2000). Böcklin, Arnold (1827-1901) 962 (2000). Bodmer, *Paul* (1886-1983) ; *Walter* (1903-73). Brignoni, Serge (1903). Brühlmann, Hans (1878-1911) 140 (1994). Buchet, Gustave (1888-1963) 669 (2000). Buchser, Frank (1828-90) 169 (2000). Buri, *Max* (1868-1915) ; *Samuel* (1935). Burnand, Eugène (1850-1921). Calame, Alexandre (1810-64) 253 (1999). Camenisch, Paul (1893-1970) 346 (1998). Castres, Édouard (1838-1902) 240 (1994). Chiesa, Pietro (1876-1959). Cingria, Alexandre (1879-1945). Clément, Charles (1889-1972). Clénin, Walter (1897-1988). Coghuf, Ernst (Stocker, *dit*, 1905-76). Dahm, Helen (1878-1968). Danioth, Heinrich (1896-1953). Dessouslavy, Georges (1898-1952). Diday, François (1802-77). Dietrich, Adolf (1877-1957) 1 595 (2000). Donzé, Numa (1885-1952). Ebbe, Theo (1899-1974). Erni, Hans (1909). Federle, Helmut (1944). Feurer, René (1940). Fischer, Hans (*dit* Fis, 1909-58). Fischli, Peter (1952). Forestier, Henri-Cl. (1875-1922). Füssli, Johann Heinrich (1741-1825) 935 (2000). Gertsch, Franz (1930). Gessner, Salomon (1730-88). Giacometti, *Alberto* (1901-66) 41 500 (1998) ; *Augusto* (1877-1947) 560 (1998) ; *Giovanni* (1868-1933) 919 (2000). Giauque, Fernand (1895-1973). Gimmi, Wilhelm (1886-1965) 140 (1994). Girardet, Karl (1813-71) 138 (1994). Glarner, Fritz (1899-1972). Gleyre, Charles (1806-74). Graeser, Camille (1892-1980). Graf, Urs (1485-1527). Gubler, Max (1898-1973) 246 (1999). Heintz, Joseph (1564-1609). Helbig, Walter (1878-1965). Honegger, Gottfried (1917) 116 (1994). Huber, Hermann (1888-1967). Iseli, Rolf (1934). Itten, Johannes (1888-1967) 156 (1999). Kämpf, Max (1912-82). Kauffman, Angelika (1741-1807) 1 367 (2000). Klee, Paul (1879-1940) 14 820 (1999). Koller, Rudolf (1828-1905) 131 (1999). Kreidolf, Ernst (1863-1956). Kündig, Reinhold (1888-1984).

Le Corbusier (voir **France** p. 447 b). Leu, Hans (1490-1531). Leuppi, Léo (1893-1972). Liotard, Jean-Étienne (1702-89) 9 000 (1993). Loewensberg, Verena (1912-86) 152 (1999). Lohse, Richard Paul (1902-88). Lüthy, Oscar (1882-1945). Mangold, Burkhard (1873-1950). Manuel Deutsch, Niklaus (1484-1530). Menn, Barthélemy (1815-93) 128 (1994). Merian, Matthäus (1593-1650). Messen-Jaschin, Youri (1941). Meyer-Amden, Otto (1885-1933). Moilliet, Louis (1880-1962). Moos, Max von (1903-79). Morach, Otto (1887-1973) 101 (1998). Morgenthaler, Ernst (1887-1962) 49 (2000). Moser, Wilfrid (1914-97) 120 (1994). Mühlenen, Max von (1903-71) 120 (1994). Müller, Albert (1897-1926) 420 (1994). Neuhaus, Werner (1897-1934). Obrist, Hermann (1862-1927). Oppenheim, Meret (1913-85). Patocchi, Aldo (1907-86). Pauli, Fritz (1891-1968). Pellegrini, Alfred H. (1881-1958). Pfister, Albert (1884-1978). Raetz, Markus (1941) 88 (2000). Robert, Léopold (1794-1835) 390 (1998). Rollier, Charles (1912-68) 39 (1999). Roth, Dieter (origine all., 1930-98) 286 (1998). Sandoz, Edouard-Marcel (1881-1971). Schiess, Ernesto (1872-1919). Schnyder, Albert (1898-1989) 31 (2000). Schuhmacher, Hugo (1939). Schürch, Johann Robert (1895-1941) 12 (1998). Seligmann, Kurt (1900-62) 152 (1994). Serodine, Giovanni (v. 1600-30). Soutter, Louis (1871-1942) 677 (1999). Spoerri, Daniel Fernstein (Roumain, 1930) 170 (1999). Stämpfli, Peter (1937). Stauffer-Bern, Karl (1857-91). Stimmer, Tobias (1539-84) 1 710 (1999). Stœcklin, Niklaus (1896-1982) 155 (2000). Stückelberg, Ernst (1831-1903). Surbek, Victor (1885-1975). Taeuber-Arp, Sophie (1889-1943) 380 (1998). Thomkins, André (1930-85). Töpffer, Wolfgang-Adam (1766-1847). Trachsel, Albert (1863-1929). Tschumi, Otto (1904-84). Vallet, Édouard (1876-1929) 153 (1997). Vallotton, Félix (1865-1925) 156 (1999). Varlin (*dit* Willy Guggenheim, 1900-77) 326 (2000). Waser, Anna (1678-1714). Weber, Ilse (1908-84). Weiss, David (1946). Welti, Albert (1862-1912) 240 (1994). Werner, Joseph (1637-1710). Wiemken, Walter Kurt (1907-1940) 57 (1998). Witz, Conrad (v. 1400-45). Wolf, Caspar (1735-98) 265 (2000). Yoshikawa, Shizu Ko (origine japonaise, 1934). Zünd, Robert (1827-1909) 271 (2000).

Tchéquie

Bauch, Jan (1898-1995). Bendl, Jan Jiři (v. 1620-80). Brandl, Petr (1660-1735). Braun, Matyás Bernard (1684-1738). Brokof, Ferdinand (1688-1731). Čapek, Josef (1887-1945) 233 (2000). Cermínová, Maria (*dite* Toyen, 1902-80). Chitussi, Antonín (1847-91). Filla, Emil (1882-1953) 564 (2000). Gross, František (1909-85). Grund, Norbert (1717-67). Hollar von Prachna, Wenceslas (1607-77). Kolář, Jiří (1914). Kubin, Ótokar (1883-1969). Kubišta, Bohumil (1884-1918). Kupka, František (1871-1957) 5 900 (1990). Mánes, Josef (1820-71). Mucha, Alfons (1860-1939) 2 303 (2000). Mylsbeck, Josef (1848-1922). Preisler, Jan (1872-1918). Procházka, Antonin (1882-1945). Purkyně, Karel (1834-68). Šíma, Josef (Français d'origine tchèque, 1891-1971). Škréta, Karel (1610-74). Slavíček, Antonín (1870-1910). Souček, Karel (1915-82). Špála, Václav (1885-1946). Tichý, František (1896-1961). Zrzāvý, Jan (1890-1977) 403 (1999).

Uruguay

Arzadun, Carmelo de (1888-1968) 159 (1999). Barradas, Rafael (1890-1929). Blanes, Juan Manuel (1830-1901) 418 (1998). Blanes Viale, Pedro (1879-1926) 367 (1998). Cuneo Perinetti, José (1887-1977) 149 (1994). Echave, José (1921-85). Figari, Pedro (1861-1938) 455

(2000). Gurvich, José (1927-74) 63 (1998). Hequet, Diogenes (1866-1902). Herrera, Carlos Maria (1875-1914). Rose, Manuel (1887-1961) 250 (1997). Saez, Carlos Federico (1878-1901) 170 (1994). Solari, Luis (1918-93) 1 182 (2000). Torrès Garcia, Joaquín (1874-1949) 810 (1994).

Ex-Yougoslavie

Aleksić, Nikola (1808-73). Bijelić, Jovan (1884-1963). Čelebonović, Marko (1902-86). Dado (voir p. 448 a). Damnjanovič, Radomir-Damnjan (1936). Danil, Konstantin (1802-73). Dimitrijević, Braco (1948). Dobrović, Petar (1890-1942). Generalić, Ivan (1914-93) ; Josip (1936). Jakšić, Djura (1832-78). Jovanović, Pavle (1859-1957). Koen, Leon (1859-1934). Konjović, Milan (1898). Kršić, Bogdan (1932). Krstić, Djordje (1851-1907). Lacković, Ivan Croata (1932). Lubarda, Petar (1907-74). Milunović, Milo (1897-1967). Naumovski, Vangel (1924). Petrović, Nadežda (1873-1915). Popović, Miodrag-Mića (1923). Rabuzin, Ivan (1919). Sobajić, Miloš (1945). Šumanović, Sava (1886-1942). Veličković, Vladimir (1935).

Sculpture

Histoire

■ **Préhistoire.** Vers 25 000 à 20 000 av. J.-C., apparition de statuettes féminines [la Vénus de Brassempouy (Landes, gisement aurignacien), en ivoire, conservée au musée de St-Germain-en-Laye].

■ **Égypte.** Personnages représentés de front, sans mouvement ; œil vu de face dans tête de profil ; torse de face posé sur jambes de profil. Œuvres gigantesques aux formes enveloppées et bien définies, dénuées de détails. Corps humain nu ; symbolique animale.

■ **Grèce. Période archaïque :** 2e moitié du VIIe s. au début du Ve s. av. J.-C. L'art se dégage lentement de l'influence égyptienne : représentation de l'homme nu *(kouros)*, de la femme hiératique et drapée *(korê)*. La décoration sculptée des frises et des métopes incite l'artiste à varier les poses et l'athlète vivant remplace le kouros abstrait. **Classique :** Ve s. à fin IVe s. av. J.-C. Connue par les marbres romains, copies des bronzes originaux disparus. Myron, Polyclète, Phidias (496-432) [frise du Parthénon] ; Scopas introduit l'expression de la passion ; Praxitèle (v. 390-v. 330) [œuvres connues par des répliques], représente le premier corps féminin nu. **Art hellénistique :** à la mort d'Alexandre (323 av. J.-C.), l'Empire grec cède, au contact de cultures étrangères, à des effets faciles de pittoresque.

■ **Rome.** Copie les sculptures grecques. Importe œuvres et artistes hellénistiques. Les bas-reliefs à tendance narrative et historique et les portraits sont caractéristiques.

■ **Byzance.** Reprend l'art romain. Querelle des iconoclastes jusqu'en 843 (régence de Théodora). L'art chrétien devient décoratif (contact avec Syrie et Mésopotamie). L'esprit plastique subsiste dans les objets en ivoire.

■ **Art roman.** Renaissance de la sculpture à la fin du XIe s. en Languedoc et Bourgogne, dans les églises : encadrement des portails (tympans, statues-colonnes) et chapiteaux ; représentation humaine, animale et végétale dynamique ; disproportion et déformation des personnages afin de respecter la hiérarchie spirituelle et le cadre assigné par l'architecture. Apogée au portail royal de Chartres (1145 à 1170), marquant le passage au gothique.

■ **Art gothique. France :** XIIIe s., grandes cathédrales et abbatiales, sculpture visant à instruire les fidèles. XIVe s., se détache de l'architecture ; réalisme macabre ; portraits gisants ; suppression partielle du contrôle de l'Église. XIIe au XIVe s., sculptures anonymes. Bourgogne, fin XIVe s., influence de Claus Sluter (Hollande), très réaliste. XVe s., son neveu, Claus de Werve, et Antoine Lemoiturier suivent ses traditions : vierges, pietà, retables de la Passion, tombeaux (statues trapues, drapés aux plis mouvementés). Champagne, Ile-de-Fr., Touraine sont réfractaires à cette influence (Michel Colombe). **Allemagne :** associe influences françaises et particularismes.

■ **Renaissance. Italie :** a résisté à l'influence gothique, s'est libérée au XIIIe s. de la tutelle byzantine ; XVe et XVIe s., magnifie puissance et beauté du corps humain (Jacopo della Quercia, Verrocchio, Mino da Fiesole). 1er nu masculin depuis l'Antiquité (Donatello), suprématie de Michel-Ange. **France :** sous François Ier, foyer d'italianisme à Fontainebleau ; influence du Primatice, introduction d'originaux et de copies de marbres antiques ; influence en Europe. Sous Henri II, Jean Goujon et Germain Pilon inaugurent une longue période classique.

■ **XVIIe s. France :** sous Louis XIV, renoue avec la plastique grecque classique pour Versailles (Coysevox, Girardon, les frères Coustou, Le Lorrain). Pierre Puget, méridional, se distingue par son côté baroque. **Italie :** recherche du mouvement et de l'expression aboutissant à un art théâtral (le Bernin).

■ **XVIIIe s. France :** sous Louis XV, « rocaille » (Jean-Louis Lemoyne, Sébastien Slodtz, Lambert, Nicolas Adam, J.-B. Pigalle et Falconet) ; sous Louis XVI, néoclassicisme (Houdon, Pajou, Vassé). **Italie :** néoclassicisme très strict (Canova) à la fin du siècle.

■ **XIXe s. Empire, Restauration et monarchie de Juillet :** servitude antique de la sculpture (Bosio, David d'Angers, Pradier) ; plus de personnalité chez Rude et Barye. Animaliers : Barye, Mène, Frémiet, Moigniez, Fratin. **IIe Empire :** Carpeaux allie la grâce du XVIIIe s. à la vie et au mouvement ; Rodin, tourmenté, attiré par la lumière et le mouvement, allie l'art romantique et l'esthétique baroque. Femme très souvent traitée par Dalou (esquisse), Carrier-Belleuse (terre-cuite), les Moreau (bronze), Raoul Larche (art nouveau). 3 peintres célèbres sculptent : Daumier, Degas, Meissonier.

■ **XXe s. Art officiel :** maintien des canons du XIXe s. **Indépendants :** de l'observation de la nature à son affranchissement en passant par des degrés intermédiaires. Bourdelle s'inspire des styles archaïques de la Grèce et de l'art roman. Maillol : volumes puissants, nus féminins plantureux. Despiau : bustes, portraits psychologiques. École de Paris : les Français (Henri Laurens, Duchamp-Villon) prennent des libertés avec le modèle ; étrangers (Brâncusi, Zadkine, Archipenko, Lipchitz) ; peintres sculpteurs (Matisse, Braque, Picasso, Arp, Giacometti).

☞ **Sculptures lumineuses :** designers à l'origine de ce mouvement créatif. Bowden, Mariscal, Bedin créent des lampes vedettes ; Dubuisson crée des luminaires.

Quelques définitions

Ciselure. Art des métaux précieux, pierres dures (travail à la coquille), pierres de camaïeu (intaille). **Matériaux.** *Bois* (parfois chauffé pour le durcir, laissé à l'état brut ou poli). *Cire* (modelage), *plastiline*. *Matériaux durs :* marbre, pierre, etc. *Terre argileuse* ou *terre glaise :* modelage à partir duquel sort un 1er plâtre (plâtre original). *Métaux :* bronze, plomb (figurines), étain (coqs de clochers), cuivre revêtu d'argent, argent massif, or, laiton, fer, zinc, aluminium. *Matériaux transformés par cuisson :* terre cuite, biscuit. *Composites :* plâtre, chaux, ciment, béton ; *synthétiques :* plexiglas, polyuréthane, polyester, plastiques. **Patine.** A froid ou à chaud ; avec des acides ou oxydes pour égaliser les défauts de la fonte, recouvrir les colorations du métal brut et embellir l'épreuve. *Patines anciennes :* nuancées et profondes, elles ne s'écaillent pas à l'ongle, sauf celles au vernis ou laque ; *modernes :* foncées et uniformes. *Courantes pour le bronze :* noire et foncée, du brun soutenu au marron plus ou moins clair (dite médaille), verte et rouge (dite giroflée). **Plastique.** Art de modeler. **Réducteur mécanique.** Inventé en 1839 par Achille Collas, permet de reproduire n'importe quelle statue à toute échelle. **Relief.** En saillie sur un fond. *Bas-relief :* contours et formes sont indiqués par une légère saillie. *Demi-relief* ou demi-bosse : les figures « sortent » à peu près de la moitié de leur épaisseur. *Haut-relief :* les figures sortent de plus de la moitié du fond. **Ronde-bosse.** Sculpture indépendante théoriquement visible sous toutes ses faces (exemple : statue). **Statue chryséléphantine.** D'ivoire et d'or ou bronze doré (1925-30). Exemple : Chiparus.

Cours des sculptures

☞ Voir **Art de l'Afrique noire** p. 454 a et **Chine, Égypte** et **Japon** à l'Index.

■ **Fonte.** *Au sable :* le sculpteur fournit un modèle définitif dont il est pris des empreintes au sable au moyen d'un moule, en 2 ou plusieurs parties, par la suite remplies de bronze en fusion. *A la cire perdue :* sur l'original est pris un moule en « bon creux » dans lequel on applique une couche de cire qui sera, par coulée, remplacée par le bronze ; cette opération peut être répétée pour quelques tirages.

Réglementation des tirages : le no de la pièce doit figurer sur tout bronze avec, éventuellement, le nombre d'exemplaires édités dans la partie inférieure, appelée terrasse : justification du tirage avec no d'ordre, marque ou signature du fondeur (les 1ers exemplaires, qui passent pour les plus précis, ont le plus de valeur). Pour certains bronzes, il peut exister plusieurs tirages avec différents fondeurs [exemple : Ratapoil, de Daumier. *1er tirage original :* 20 exemplaires vers 1890 par Siot-Decauville, *2e :* 20 exemplaires à partir de 1925 par Eugène Rudier (fils d'Alexis Rudier, qui a fondu avec la marque de son père)]. Une loi de 1981 définit l'originalité d'un bronze par son tirage. Son décret d'application limite les tirages à 8 (plus 4 épreuves d'artiste numérotées de I à IV et portant les initiales EA). Tout fac-similé, surmoulage (épreuve tirée d'un bronze authentique), copie et autres reproductions exécutés après 1981 doivent porter d'une manière visible et indélébile la mention « reproduction ».

Authenticité : *bronze authentique :* tiré d'après une œuvre originale (plâtre, terre, cire) de l'artiste et sous son contrôle. Certains bronzes de *Barye* ont été tirés à plus de 100 épreuves (il était son propre fondeur ; pour maintenir la qualité de ses fontes, il refaisait des modèles et des moules, d'où les différences d'une épreuve à l'autre). *Édition authentique :* tirée par ses ayants droit d'après une œuvre originale. *Faux :* très nombreux : plagiats ou signatures apocryphes. Entre 1986 et 1993, 50 % des fontes de *Diego Giacometti* se sont révélées être des surtirages ou des faux. Guy Hain, en 20 ans, aurait écoulé des centaines de bronzes douteux. 20 tonnes de faux Rodin, Carpeaux, Maillol ont été saisies chez lui en 1992 (il a été condamné en 1997).

■ **Bois, pierre, plâtre, terre cuite. Moyen Age. Éléments du prix :** *sujets :* à qualité et état comparables, certains sont plus recherchés. Exemples : Vierge à l'enfant plutôt que calvaires ou pietà ; groupes anecdotiques ; personnages civils (en général, saints patrons) et cavaliers ; scènes dramatiques sauf christs en croix. *Taille :* 20 cm à grandeur nature, rarement plus. La polychromie d'époque sur bois ou pierre est un élément recherché. Raréfaction des pièces de qualité.

■ **Bronze. Origine :** l'âge du bronze, 1re période, alliage cuivre minerais d'arsenic (réalgar, orpiment) ; Arménie (4000 av. J.-C.) ; Transcaucasie (3000 av. J.-C.) ; de la vallée de l'Indus aux îles Britanniques (de 4000 à 1000 av. J.-C.) ; 2e période, alliage de cuivre et d'étain obtenu, dès l'époque chalcolithique, par réduction directe des minerais d'étain et de cuivre, parfois nommé autrefois *airain.* **Teneur :** *bronzes ordinaires* ou *à l'étain :* 3 à 40 % d'étain (pour monnaies 3 à 8, cloches et cymbales 20 à 30, anciens miroirs 30 à 40) ; *bronzes spéciaux :* au zinc, au plomb, phosphoreux ; *bronze parisien* (pour bijouterie, ornementation) : laiton au plomb ; *bronzes d'art :* cuivre et étain, avec addition de plomb et zinc (pour statues, pendules...) ; *régule :* alliage de plomb, d'étain et d'antimoine imitant le bronze.

■ **Bronzes anciens** (exemples de prix, en milliers de F). **France :** cheval écorché, XVIe s., 1 500 (1975). **Grande-Bretagne :** chevalier bronze doré (10,1 cm), XIIe s., 4 587 (1978). **Iran :** bronzes du Louristan. **Italie :** femme nue, Jean de Bologne 1350 (1997). *Sculpteurs célèbres* (voir ci-dessous). **Pays-Bas :** *Faune dansant* d'Adrien de Vries, XVIe s., 68 000 (1989).

Sculpteurs

☞ Pour certains, prix élevés atteints en vente publique en milliers de F. Des peintres, également sculpteurs, y figurent.

Allemagne

Nés avant 1800. Asam, *Egid Quirin* (1692-1750) et son frère : *Cosmas Damian* (1686-1750). Backofen, Hans (1470-1519). Daucher, Adolf (v. 1460-1523/24). Erhart, Gregor (v. 1460-1540). Feuchtmayer, Joseph Anton (1696-1770). Gerhaert, Nikolaus (P.-Bas, v. 1430-73). Günther, Ignaz (1725-75) 133 (1999). Haguenau, Nicolas de (Strasbourg, v. 1460-1538). Krafft, Adam (v. 1490-v. 1509). Notke, Bernt (v. 1440-1509, travaillait en Suisse). Permoser, Baltazar (1651-1732). Rauch, Christian (1777-1857). Riemenschneider, Tilman (1460-1531). Schadow, Johann Gottfried (1764-1850). Schlüter, Andreas (1664-1714). Stoss, Veit (v. 1440-1533). Syrlin, Jörg (v. 1425-v. 1492). Veit, Konrad (v. 1485-v. 1544, travaillait aux Pays-Bas). Vischer, *Peter* (1460-1529) et ses fils : *Herman* (1487-1528), *Peter* (1487-1528), *Hans* (1489-1550).

Nés après 1800. Bandau, Joachim (1936). Barlach, Ernst (1870-1938) 3 320 (2000). Begas, Reinhold (1831-1911). Belling, Rudolf (1886-1972). Breker, Arno (1900-91) 211 (1999). Cremer, Fritz (1906-93). Fischer, Lothar (1933). Freundlich, Otto (1878-1943). Gerz, Jochen (1940). Gies, Ludwig (1887-1966). Goldsmidt, Gertrudis (1912-94) 296 (2000). Hajek, Otto Herbert (1927). Hartung, Karl (1908-65) 74 (2000). Hauser, Erich (1930). Heiliger, Bernhard (1915-95). Hildebrand, Adolf von (1847-1921). Hoetger, Bernhard (1874-1949) 200 (2000). Horn, Rebecca (1944) 245 (1999). Klinger, Max (1857-1920) 402 (1999). Knoebel, Imi (1940) 386 (2000). Koenig, Fritz (1924) 89 (2000). Kolbe, Georg (1877-1947) 838 (1999). Kramer, Harry (1925). Kricke, Norbert (1922-86). Lehmbruck, Wilhelm (1881-1919) 996 (2000). Lörcher, Alfred (1875-1962). Luther, Adolf (1912-90) 96 (2000). Mack, Heinz (1931). Marcks, Gerhard (1889-1981) 270 (2000). Matschinsky-Denninghoff, Brigitte (1923). Nierhoff, Ansgar (1941). Oppermann, Anna (1940-93). Piene, Otto (1928). Rinke, Klaus (1939). Rosenbach, Ulrike (1943). Ruckriem, Ulrich (1938) 127 (2000). Ruthenbeck, Reiner (1937). Scharff, Edwin (1887-1955). Scheibe, Richard (1879-1964). Schwitters, Kurt (1887-1948) 684 (2000). Sintenis, Renée (1888-1965) 189 (2000). Stadler, Toni (1888-1982). Uecker, Günther (1930) 366 (2000). Uhlmann, Hans (1900-75) 117 (2000). Voth, Hannsjörg (1940). Walther, Franz Erhard (1939). Windheim, Dorothée von (1945).

Autriche

Donner, Georg R. (1693-1741). Dorfmeister, Johann G. (1736-86). Fernkorn, Anton (1813-78). Giuliani, Giovanni (1663-1744). Guggenbichler, Johann (1649-1723) 334 (2000). Hanak, Anton (1875-1934). Hrdlicka, Alfred (1928). Klocker, Hans (actif 1482-1500). Lackner, Andreas (actif 1500-20). Maître de Grosslobming (actif 1410-40) ; d'Ip (actif v. 1520) ; de l'autel de Kefermarkt (actif v. 1490) ; de Znaim (actif v. 1430). Messerschmidt, Franz X. (1736-83). Moll, Balthasar (1717-85). Pacher, Michael (1435-98). Pilgram, Anton (1460-1515). Schwanthaler, *Johann Peter* (*dit* le Vieux, 1720-95) 135 (1999) ; *Ludwig Michael* (1802-48) 252 (2000). Wotruba, Fritz (1907-75) 181 (2000). Zauner, Franz Anton (1746-1822). Zubernig (1958). Zürn, *Martin* (actif 1615-65) ; *Michael* (actif 1617-51).

BELGIQUE

BLONDEEL, Lancelot (1496-1561). BURY, Pol (1922) 64 (1997). CAILLE, Pierre (1912-96). CANTRÉ, Jozef (1890-1957). CARON, Marcel (1899-1961). DELCOUR, Jean (1627-1707). DELVAUX, Laurent (1695/96-1778). DE MEESTER DE BETZENBROECK, Raymond (1904-95). DE VRIENDT, Corneille (1514-75). D'HAESE, *Reinhoud* (1928) ; *Roel* (1921). DODEIGNE, Eugène (1923). DUQUESNOY, François (1594-1643). FAYDHERBE *ou* FAY D'HERBE, Lucas (1617-97). GEEFS, Willem (1805-83). GENTILS, Vic (1919-97) 122 (2000). GHYSELS, Jean-Pierre (1932). GIAMBOLAGNA (Jean Bologne *dit*, 1529-1608, travaillait en Italie en 1550). GODECHARLE, Gilles-Lambert (1750-1835). GRARD, Georges (1901-84) 255 (1994). GUILMOT, Jacques (1927). IANCHELEVICI, Idel (1909-94). JESPERS, *Floris* (1889-1965) ; *Oscar* (1887-1970) 98 (1997). KERRICX, Willem (1652-1719). KESSELS, Mathieu (1784-1836). LAMBEAUX, Joseph (*dit* Jef, 1852-1908) 183 (1999). LEPLAE, Charles (1903-61). LEROY, Christian (1931). MACKEN, Mark (1913-77). MARIËN, Marcel (1920-93). MARTINI, Remo (1917). MEUNIER, Constantin (1831-1905). MICHIELS, Robert (1933). MINNE, Georges (1886-1941) 410 (1994). MOESCHAL, Jacques (1913). MONE, Jean (1485-1550). PERMEKE, Constant (1886-1952) 83 (1999). POOT, Rik (1924). QUELLIN, Artus (*dit* le Vieux, 1609-68). ROMBEAUX, Egide (1865-1942). ROUSSEAU, Victor (1865-1954). STIEVENART, Michel (1910-91). STREBELLE, Olivier (1927) 65 (1997). UBAC, Raoul (1910-85). VAN HOEYDONCK, Paul (1925). VANTONGERLOO, Georges (1886-1965) 88 (1999). VERBRUGGEN, Hendrik (1655-1724). VERHAEGHEN, Theodor (1700-59). VERHULST, Rombout (1624-98). VINÇOTTE, Thomas (1850-1925). WIJNANTS, Ernest (1878-1964). WILLEQUET, André (1921-98). WOLFERS, Philippe (1858-1929) 618 (2000). WOUTERS, Rik (1882-1916).

BRÉSIL

BERNARDELLI, Jose Rodolfo (1852-1931). BRECHERET, Victor (1894-1955). CAMARGO, Sergio de (1930-90) 239 (2000). CASTRO, Amilcar de (1920). CESCHIATTI, Alfredo (1918). CRAVO junior, Mario (1923). FIGUEIRA, Joaquim († 1943). FONSECA E SILVA, Valentim de (vers 1750-1813). GIORGI, Bruno (1905). HENRIQUE, Gastão Manuel (1933). KRAJCBERG, Frans (1921). LISBOA, Antônio Francisco (*dit* Aleijadinho, v. 1738-1814). MARTINS, Maria (1900-73) 1 326 (1999). TOYOTA, Yukata (1931). WEISSMANN, Franz Josef (1914).

CHILI

ARIAS, Virginio (1855-1941). ASSLER, Federico (1929). CASTILLO, Sergio (1925). CASTRO, Aura (1946). COLVIN, Marta (1907-95). DEL CANTO, Patricia (1948). EGENAU, Juan (1927-87). GALAZ, Gaspar (1941). GARÁFULIC, Lily (1914). GAZITÚA, Francisco (1944). GONZALES, Simon (1859-1919). IRARRÁZABAL, Mario (1940). MATTE, Rebeca (1875-1929). ORTÚZAR, Carlos (1935-85). PEÑA, Osvaldo (1950). ROMÁN, Samuel (1907-90). VALDIVIESO, Raúl (1931-93).

CUBA

CARDENAS, Agustin (1927-2001) 332 (2000). GONZALES-TORRES, Felix (1957-96) 11 416 (2000). RAMOS BLANCO, Teodoro (1902-72). RODRIGUEZ, Eugenio (1916-68). SICRE, Juan Jose (1898-1972). TORRIENTE, Mateo (1910-66).

DANEMARK

BANG, Thomas (1938). BERG, Claus (v. 1470/75-1532/35). BILLE, Ejler (1910). BISSEN, Hermann W. (1798-1868). BJERG, Johannes (1886-1955). FERLOV MANCOBA, Sonja (1911-84) 119 (1994). FISCHER, *Adam* (1888-1968) ; *Egon* (1935). FREUND, Hermann E. (1786-1840). HANSEN, JacobsenNiels (1861-1941). HAUGEN SØRENSEN, Jørgen (1934). HENNING, Gerhard (Suède, 1880-1967) 458 (1998). JACOBSEN, Robert (1912-93, travaillait à Paris) 220 (1994). JANSON, Gunnar (1901). JÓNSSON, Einar (1874-1954). NIELSEN, Kai (1882-1924). NOACK, Astrid (1888-1954). NØRGÅRD, Bjørn (1947). ØRSKOV, Willy (1920-90). ORTWED, Kirsten (1948). STANLEY, *Carl Frederik* (1738-1813) ; *Simon Carl* (1703-61). TEGNER, Rudolph (1873-1950). THOMMESEN, Erik (1916). THORVALDSEN, Bertel (1770-1844) 881 (1998). TOUBRO, Elisabeth (1956). WIEDEWELT, Johannes (1731-1802).

ESPAGNE

Nés avant 1600. ALEMÁN, Rodrigo (1470-1542). BEAUGRANT, Guyot de (v. 1530-50). BERRUGUETE, Alonso (v. 1489-1561). BIGUARNY, Philippe (Français, actif en Espagne, 1498-1542). COLONIA, Francisco de (1470-apr. 1542). DANCART (Français, v. 1482-92). FORMENT, Damian (v. 1480-1540). GUAS, Juan (v. 1430-96). HERNÁNDEZ, Gregorio (v. 1576-1636). JOLY, Gabriel (*dit* IOLY, origine française, v. 1495-1538). JUNI, Juan de (origine française, 1507-77). LA ZARZA, Vasco de († 1524). MESA, Juan de (1583-1627). MONTAÑES, Juan Martinez (v. 1568-1649). NUÑEZ DELGADO, Gaspar (v. 1555-v. 1606). OLANDA, Guillen de (v. 1521-40). ORDOÑEZ, Bartolomé (1490-1520). PEREIRA, Manuel (1588-1683). ROJAS, Pablo de (1549-1611). SILOÉ, *Diego de* (v. 1490-1563) ; *Gil de* (Flamand, av. 1486-1501). *Florentins :* D. FANCELLI, P. TORRIGIANI, G. MORETO, etc.

Nés entre 1600 et 1700. CANO, Alonso (1601-67). CHURRIGUERA, José Benito (1665-1725). DUQUE CORNEJO, Pedro (1677-1757). MENA, Pedro de (1628-88). MORA, *Diego de* (1658-1724) ; *José de* (1642-1724). RISUEÑO, José (1667-1721). ROLDÁN, *Luisa* (1650-1704) ; *Pedro* (1624-99). TOMÉ, *Diego* († vers 1732) ; *Narciso* (actif 1694-1742). VERGARA (*dit* le Vieux, 1681-1753). VILLABRILLE Y RON, Juan Alonso de (1633-apr. 1728). *Français :* Jean THIERRY, René FRÉMIN, Jacques BOUSSEAU, P. PITUÉ, A. et M. DUMANDRÉ, Michel VERDIGUIER.

Nés entre 1700 et 1800. ALVAREZ CUBERO, Manuel (1768-1828). GINÉS, José (1768-1823). GUTIERREZ, Francisco (1727-82). PASCUAL DE MENA, Juan (1707-84). RUIZ DEL PERAL, Luis (1708-73). SALVADOR CARMONA, L. (1709-67). SALZILLO, Francisco (1707-83). VERGARA, Ignacio (1715-76).

Nés entre 1800 et 1900. BELLVER, Ricardo (1845-1924). BENLLIURE Y GIL, Mariano (1862-1947). BLAY, Miguel (1866-1936). CASANOVAS, Enrique (1882-1948). CRISTOFOL, Léandre (1908-98). FENOSA, Apelles (1899-1988) 84 (1998). FERRANT, Angel (1891-1961) 236 (2000). GARGALLO, Pablo (1881-1934) 1 008 (2000, travaillait à Paris et en Espagne). GONZALEZ, Julio (1876-1942, à Paris depuis 1900) 10 187 (2000). HERNÁNDEZ, Mateo (1885-1949) 78 (1994). JULIO ANTONIO, Rodriguez (1899-1919). LLIMONA, José (1864-1934). MANOLO (Manuel Hugué *dit*, 1872-1945, travaillait à Paris en 1900). MARÉS, Federico (1896). MELIDA Y ALINARI, Arturo (1848-1902). MIRÓ, Juan (1893-1983) 3 618 (2000). MOGROVEJO, Nemesio (1875-1910). OMS, Manuel (1842-89). PICASSO, Pablo Ruiz (1881-1973, travaillait en France) *Tête de fou* 3 050 (1998), *Tête de femme, Fernande,* 15 782 (2000). PLANES, José (1893-1974) 3 156 (2000). QUEROL, Agustín (1863-1909).

Nés après 1900. CHILLIDA JUANTEGUI, Eduardo (1924) 1 766 (1999). CONDOY, Honorio Garcia (1900-53). DALI, Salvador (1904-89) *Gala à Newton* 5 039 (2000). FERREIRA, Carlos (1914). PEREZ MATEOS, Francisco (1904-36). SERRANO, Pablo (1910-85).

ÉTATS-UNIS

ANDRE, Carl (1935) 2 636 (2000). ARCHIPENKO, Alexander (origine russe, 1887-1964, naturalisé Amér. en 1919) 2 664 (2000). ARTSCHWAGER, Richard (1923) 137 (2000). AYCOCK, Alice (1946). BARNARD, George Grey (1863-1938). BOURGEOIS, Louise (Paris, 1911) 955 (1998). BURTON, Scott (1939-89) 228 (2000). CALDER, Alexander (1898-1976, travaillait en France ; Marcel Duchamp appela *Mobiles* en 1932 ses œuvres animées) *Stegosaurus* 28 922 (2000). CALLERY, Mary (1903-77). CHAMBERLAIN, John (1927) 457 (2000). CHIULY, Dale (1941) 488 (1999). CHRISTO (Christo Javacheff *dit*, 1935) 1 990 (1999). CONNER, Bruce (1933). DE KOONING, Willem (Néerl. naturalisé, 1904-97) 3 432 (1990). DE MARIA, Walter (1935) 1 069 (1998). DI SUVERO, Mark (1933, travaille en France depuis 1972) 1 080 (2000). DUCHAMP, Marcel (origine française, 1887-1968) 761 (2000). FERBER, Herbert (1906-91). FLANNAGAN, John Bernard (1895-1942) 247 (1999). FLAVIN, Dan (1933-96) 2 283 (2000). FRENCH, Daniel Chester (1850-1931) 154 (1996). GABO, Naum (origine russe, 1890-1977) 2 903 (1999). GRAHAM, Robert (1938) 183 (1999). GRAVES, Nancy (1940-95). GREENOUGH, Horatio (1805-52) 1 187 (2000). GROOMS, Red (Charles Roger, 1937) 246 (2000). HANSON, Duane (1925-96) 761 (1999). HARE, David (1917). HEIZER, Michael (1944) 147 (2000). HESSE, Eva (1936-70) 12 800 (1996). JUDD, Donald (1928-94) 6 440 (2000). KIENHOLZ, *Edward* (1927-94) et *Nancy* 112 (2000). KOONS, Jeff (1955) 11 294 (2000). KREBS, Rockne (1938). LACHAISE, Gaston (1882-1935) 1 040 (1999). LAURENT, Robert (1890-1970). LEWITT, Sol (1928) 477 (2000). LICHTENSTEIN, Roy (1923-97) 4 186 (2000). LIPSKI, Donald (1947). LIPTON, Seymour (1903-86). MANSHIP, Paul (1885-1966) 6 117 (2000). MORRIS, Robert (1931) 198 (2000). NADELMAN, Elie (origine polonaise, 1882-1946) 1 961 (2000). NAUMAN, Bruce (1941) 3 076 (2000). NEVELSON, Louise (origine russe, 1900-88) 935 (2000). NOGUCHI, Isamu (1904-88) 4 418 (2000). OLDENBURG, Claes (origine suédoise, 1929) 1 904 (1999). OPPENHEIM, Dennis (1938). OTTERNESS, Tom (1952) 202 (2000). PAIK, Nam June (Corée, 1932) 390 (2000). PASCAL, Susanne (1914). PURYEAR, Martin (1941) 3 222 (2000). RICKEY, George (1907) 849 (2000). ROSATI, James (1912-88). ROSZAK, Théodore (Pol., 1907-81). RUSH, William (1756-1833). SAINT-GAUDENS, Augustus (1848-1907) 690 (1999). SAMARAS, Lucas (Grèce, 1936). SEGAL, George (1924-2000) 3 000 (1989), 2 344 (2000). SERRA, Richard (1939) 2 401 (1999). SHAPIRO, Joël (1941) 1 206 (1999). SMITH, *David* (1906-65) 19 980 (1994) ; *Tony* (1912-80) 432 (1997). SMITHSON, Robert (1938-73) 796 (1999). SNELSON, Kenneth (1927). STANKIEWICZ, Richard (1922-83) 130 (1994). TRUITT, Anne Dean (1921). TUTTLE, Richard (1941). WARD, John Quincy Adams (1830-1910). ZORACH, William (1887-1966) 627 (1999).

FRANCE

Nés avant 1600. BEAUNEVEU, André (actif 1360-1400). BOLOGNE, Jean de (Giambologna, 1529-1608). BONTEMPS, Pierre (v. 1506-v. 1570). COLOMBE, Michel (v. 1430/35-v. 1513/15). DE WERVE, Claus (P.-Bas, v. 1380-1439). GOUJON, Jean (v. 1510-1564/69). GUILLAIN, Simon (1581-1658). LA SONNETTE, *Jean-Michel* et *Georges* de (n.c.). LE MOITURIER, Antoine (v. 1425-1497). PILON, Germain (v. 1528-90) 5 760 (2000). PRIEUR, Barthélemy († 1611) 540 (1994). RICHIER, Ligier (v. 1500-67). SARAZIN, Jacques (1592-1660). SLUTER, Claus (P.-Bas, v. 1340-1406).

Nés entre 1600 et 1700. ANGUIER, Michel (1614-86). BAGARD, César (1620-1707). BOUCHARDON, Edme (1698-1762). CAFFIERI, Jacques (1678-1755). COUSTOU, *Guillaume Ier* (1677-1748) ; *Nicolas* (1658-1733). COYSEVOX, Antoine (1640-1720) [attribué à son atelier 24 482 (1984)]. GIRARDON, François (1628-1715) 301 (1999). GUÉRIN, Gilles (1611-78). LE LORRAIN, Robert (1666-1743). LEMOYNE, Jean-Louis (1665-1755) 404 (1999). LEPAUTRE, Pierre (1660-1744) *Henri IV et Catherine de Médicis* 9 435 (1986). PUGET, Pierre (1620-94). SLODTZ, *Sébastien* (origine flamande, 1655-1726) ; *Sébastien-Antoine* (1695-1754). TUBY, Jean-Baptiste (v. 1630-1700). VARIN (ou WARIN), Jean (1604-72).

Nés entre 1700 et 1800. ADAM, *Lambert-Sigisbert* (*dit* l'Aîné, 1700-59) ; *Nicolas* (*dit* le Jeune, 1705-78). ALLEGRAIN, Christophe-Gabriel (1710-95). BARYE, Antoine-Louis (1795-1875) *Thésée combattant le Minotaure* 1 159 (2000), *la Dchesse d'Orléans en amazone* 1 010 (1990). BOSIO, Bon Fr.-Joseph (1768-1845). BRA, Théophile (1797-1863). CAFFIERI, Jean-Jacques (1725-92) 88 (2000). CARTELLIER, Pierre (1757-1831). CHAUDET, Antoine-Denis (1763-1810). CHINARD, Joseph (1756-1813). CLODION (Claude Michel *dit*, 1738-1814) 1 900. CORBET, Charles-Louis (1758-1808). COUSTOU, Guillaume II (1716-77). DANTAN, Antoine (*dit* l'Aîné, 1798-1878). DAVID D'ANGERS (Pierre-Jean DAVID *dit*, 1788-1856) 300 (1994). DEFERNEX, Jean-Baptiste (1729-83). FALCONET, Étienne (1716-91) 86 (1999). FOYATIER, Denis (1793-1863). HOUDON, Jean-Antoine (1741-1828), buste de Franklin 14 841 (1996). LADATTE, François (1700-87) 116 (2000). LEMOYNE, Jean-Baptiste II (1704-78) 470 (1994). MOITTE, Jean-Guillaume (1746-1810). NINI, Jean-Baptiste (1717-86). PAJOU, Augustin (1730-1809). PIGALLE, Jean-Baptiste (1714-85). PRADIER, Jean-Jacques (*dit* James, Genève, 1790-1852). RUDE, François (1784-1855). SALY, Jacques François Joseph (1717-76). SLODTZ, *Michel-Ange* (1705-64) 130 (2000) ; *Paul-Ambroise* (1702-58). VASSÉ, Louis-Claude (1716-72) 285 (2000).

Nés entre 1800 et 1900. ARONSON, Naoum (Lituanie, 1872-1943). ARP, Jean ou Hans (1887-1966) 5 039 (2000). BARRIAS, Louis-Ernest (1841-1905) 918 (1994). BARTHOLDI, Frédéric-Auguste (1834-1904) 5 500 (1999). BARTHOLOMÉ, Paul-Albert (1848-1928). BELMONDO, Paul (1898-1982). BLOC, André (1896-1966). BONHEUR, Isidore (1827-1901) 213 (1998). BORGEY, Léon (1888-1959). BOUCHARD, Henri (1875-1960) 150 (1994). BOUCHER, *Alfred* (1850-1934) 142 (1999) ; *Jean* (1876-1939). BOURDELLE, Antoine (1861-1929) 9 152 (1989). BRÂNCUSI, Constantin (origine roumaine, 1876-1957) 6 875 (2000). CAIN, Auguste-Nicolas (1821-94) 81 (1994). CARABIN, Rupert (1862-1932) 91 (2000). CARPEAUX, Jean-Baptiste (1827-75) 335 (2000). CARRIER DE BELLEUSE, *Albert* (*dit* Carrier-Belleuse, 1824-87) ; *Louis* (1848-1913). CHAPU, Henri (1833-91) 106 (2000). CHAUVIN, Jean (1889-1976). CHEVAL, Ferdinand (1836-1924). CHIPARUS, Dimitri (1888-1947) 200 (1994). CLAUDEL, Camille (1864-1943) *l'Abandon* 2 600 (1989), *la Valse* (1895) 1800 (2000). CLÉSINGER, Jean-Baptiste (1814-83) 1 674 (1994). COGNÉ, François-Victor (v. 1870-v. 1945). COLLIN, Albéric (1886-1962) 110 (2000). CORDIER, Charles-Henri (1827-1905) 5 400 (paire, 1998). CZAKI, Joseph (1888-1971). DALOU, Aimé-Jules (1838-1902) 830 (1984). DANTAN, J.-Pierre (*dit* le Jeune, 1800-69). DAUMIER, Honoré (1808-79) 775 (1999). DEGAS, Edgar (de Gas *dit*, 1834-1917) *Danseuse de 14 ans* 73 651 (2000). DERAIN, André (1880-1954). DESPIAU, Charles (1874-1946) 349 (1990). DORÉ, Gustave (1832-83) 300 (1995). DUCHAMP-VILLON, Raymond (1876-1918) *le Cheval Majeur* 6 340 (1989). DURET, Francisque-Joseph (1804-65). ETEX, Antoine (1808-88). FAGEL, Léon (1851-1913). FALGUIÈRE, Alexandre (1831-1900) 255 (2000). FAUTRIER, Jean (1898-1964) 1 660 (1997). FRATIN, Christophe (1800-64) 71 (1997). FRÉMIET, Emmanuel (1824-1910) 537 (2000). GAUDIER-BRZESKA, Henri (1891-1915) 78 (1998). GÉROME, Jean-Léon (1824-1904) 1 680 (1994). GIMOND, Marcel (1894-1961). GREBER, Henri (1854-1941). HUGUES, Jean-Baptiste (1849-1930). ICARD, Honoré (1845-1917). INDENBAUM, Léon (1892-1980) 704 (2000). INJALBERT, Jean-Antoine (1845-1933). JACQUEMART, Henri Alfred (1824-96) 327 (1999). LACOMBE, Georges (1868-1916) 1 525 (2000). LAMBERT-RUCKI, Jean (1888-1967) 177 (1994). LANDOWSKI, Paul (1875-1961) 210 (2000). LAURENS, Henri (1885-1954) 4 740 (2000). LÉGER, Fernand (1881-1955). LETOURNEUR, René (1898-1990). LHOSTE, Claude (1929). LIPCHITZ, Jacques (Lituanie, 1891-1973) 5 023 (2000). MAILLOL, Aristide (1861-1944) 21 311 (2000). MALFRAY, Charles (1887-1940) 78 (1994). MAROCHETTI, Bon Carlo (1805-67). MATISSE, Henri (1869-1954) *La Serpentine* 92 270 (2000). MEISSONIER, Ernest (1815-91) 110 (2000). MÈNE, Pierre-Jules (1810-79) 386 (2000). MERCIÉ, Antonin (1845-1916) 362 (2000). MIKLOS, Gustave (1888-1967) 80 (2000). MOIGNIEZ, Jules (1835-94) 115 (2000). MOREAU, Mathurin (1822-1912) 355 (2000). NOLL, Alexandre (1890-1970) 100 (2000). PEVSNER, Antoine [Russe naturalisé, 1886-1962 ; frère de Naum Gabo (voir col. b)] 472 (1999). PEYRISSAC, Jean (1895-1974). POMPON, François (1855-1933) 375 (2000). PRÉAULT, Auguste (1809-79) 242 (2000). PUECH, Denys (1884-1942) 110 (2000). RÉAL DEL SARTE, Maxime (1888-1954). RIVIÈRE, Théodore (1857-1912) 200 (2000). RODCHENKO, Alexandre (1891-1956). RODIN, Auguste (1840-1917) *la Porte de l'Enfer* 30 000 (1989), *Ève* 27 000 (1999), *le Baiser* 17 997 (2000). SAUPIQUE, Georges (1889-1961) 5 538 (2000). TOURGUENEFF, Pierre-Nicolas (1854-1912).

Triqueti, Henri de (1804-74). Zadkine, Ossip (Russie, 1890-1967, naturalisé Français en 1921) 1 900 (2000).

Nés après 1900. Adam, Henri-Georges (1904-67). Agam, Yaacov (1928) 87 (1997). Andlau, Roland d' (n.c.). Arman (Armand Fernandez, *dit*) (1928) 310 (2000). Aslan (Alain Gourdon *dit*) (1930) 29. Auricoste, Emmanuel (1908). Baquié, Richard (1952-96). Buren, Daniel (1938). César (César Baldaccini *dit*, 1921-98) *le Centaure* 2 670 (1989), *la Poule* 1 500 (1997), *le Pouce* 1 500 (1997), *le Patineur (l'Homme à la Liberté)* (haut. 5 m) 3 000 (1999). Cieslarczyk, Adolphe (All., 1916, à Paris depuis 1922). Couturier, Robert (1905). Darville, Alphonse (1910-90). Decaris, Albert (1901-88). Delahaye, Charles (1928). Descombin, Maxime (1909). Dubuffet, Jean (1901-85) 1 315 (1998). Eppele, Gérard (1929). Étienne-Martin (1913-95) 750 (2000). Filiou, Robert (1926-87). Gilioli, Émile (1911-77) 100 (1991). Givaudan, Marie-Thérèse (1925). Hajdu, Étienne (Roumain, 1907-96, naturalisé Français en 1930). Ipoustéguy, Jean (1920) 478 (1990). Jeanclos, Georges (1933-97). Lalanne, *Claude* (1927) ; *François Xavier* (1924) 95 (1998). Leygue, Louis (1905). Longuet, Karl-Jean (1904-81). Mahler, Anna (1904-88). Moninot, Robert (1922). Morellet, François (1926). Oudot, Georges (1928) 105 (2000). Peides, Patricia (1953). Pommereulle, Daniel (1937). Richier, Germaine (1902-59) 2 860 (1990). Saint-Maur, Samuel (1906). Saint-Phalle, Niki de (1930) 1 100 (2000). Schöffer, Nicolas (Hongrois, 1912-92). Stahly, François (origine all., 1911). Szekely, Pierre (origine hongroise, 1923-2001). Takis (origine grecque, 1925) 296 (2000). Ustinov, Igor (1952). Venet, Bernard (1941) 236 (2000). Viseux, Claude (1927). Volti, Antoniucci (1915-89) 990 (1992). Wlérick, Robert (1882-1944) 100 (2000). Wostan (Stanislas Wojciesz *dit*, origine polonaise, 1915). Zack, Irène (origine russe, 1918). Zwoboda, Jacques (1900-67).

Grande-Bretagne

Nés avant 1800. Bacon, John (1740-99). Baily, Edward (1788-1867) 120 (1999). Banks, Thomas (1735-1805). Bird, Francis (1667-1730/31). Chantrey, sir Francis (1781-1841). Cibber, Caius Gabriel (1630-1700). Critz, John de (Holl., 1551/52-1642). Flaxman, John (1755-1826). Gibbons, Grinling (1648-1721). Gibson, John (1790-1866) 170 (1999). Le Sueur, Hubert (Paris v. 1590-Londres apr. 1658). Nollekens, Joseph (1737-1823) fils du peintre. Roubiliac, Louis-François (Fr., vers 1705-1762) 6 060 (1985). Rysbrack, John Michael (Anvers, 1693-1770) 3 200 (1986). Scheemaekers, Peter (Anvers, 1691-1781). Westmacott, Richard (1775-1856) 143 (1998). Wilton, Joseph (1722-1803) 489 (1997). Wyatt, Richard James (1795-1850) 287 (1999).

Nés après 1800. Abrahams, Ivor (1935). Adams, Robert (1917-84). Armitage, Kenneth (1916). Boyle, Mark (1934) 103 (1994). Brock, sir Thomas (1847-1922) 324 (1994). Butler, Reg (1913-81) 227 (1998). Caro, sir Anthony (1924) 264 (2000). Chadwick, Lynn (1914-88) 989 (2000). Cragg, Tony (1949). Dalwood, Hubert (1924-76). Dobson, Frank (1888-1963). Epstein, sir Jacob (1880-1959) 117 (2000). Finlay, Ian Hamilton (1925). Flanagan, Barry (1941) 2 315 (2000). Ford, Edward Onslow (1852-1901). Frampton, sir George (1860-1928). Frink, dame Elisabeth (1930-93) 821 (2000). Fullard, George (1923-73). George (1942). Gilbert, sir Alfred (1854-1934) 103 (1997). Gill, Eric (1882-1940) 224 (1994). Hepworth, Barbara (1903-75) 3 056 (2000). Hill, Anthony (1930). Hughes, Malcolm (1920). Kapoor, Anish (1954) 526 (2000). King, Phillip (1934). Long, Richard (1945) 658 (1998). Mackennal, sir Bertram (Austr., 1863-1931). Martin, *Kenneth* (1905-84) ; *Mary* (1907-69). McWilliam, F. E. (1909-92) 104 (2000). Meadows, Bernard (1915). Moore, Henry (1898-1986) 9 990 (1994). Paolozzi, Eduardo (origine it., 1924) 361 (2000). Pope, Nicholas (1949). Pye, William (1938). Reynolds-Stephens, sir William (1862-1943). Scott, Tim (1937). Stevens, Alfred (1817-75). Thomas, John (1813-62). Tucker, William (1935). Turnbull, William (1922) 337 (2000). Walker, Arthur George (1861-1939). Wheeler, sir Charles (1892-1974) 368 (1998). Wood, Francis Derwent (1871-1926). Woolner, Thomas (1825-92).

Hongrie

Alexy, Károly (1823-80). Beck, O. Fülöp (1873-1945). Csáky, József (1888-1971). Donner, Georg Raphael (1693-1741). Fadrusz, János (1858-1903). Femes-Beck, Vilmos (1885-1918). Ferenczy, *Béni* (1890-1967) ; *István* (1792-1856) ; *Noemi* (1890-1957). Hebenstreit, Jozsef (1719-83). Izsó, Miklós (1831-77). Kemény, Zoltán (1907-65). Kerényi, Jenö (1908-75). Kisfaludy-Strobl, Zsigmond (1884-1975) 80 (2000). Kovács, Margit (1902-77). Medgyessy, Ferenc (1881-1958). Melocco, Miklós (1935). Moholy-Nagy, László (1895-1946). Samu, Géza (1947-90). Somogyi, Árpád (1926). Stróbl, Alajos (1856-1926). Szabo, László (1917, travaille à Paris). Szervatiusz, Tibor (1930). Telcs, Ede (1872-1948). Varga, Imre (1923). Vedres, Mark (1870-1961). Vilt, Tibor (1905-83). Zala, György (1858-1929).

Italie

XIIIe, début XIVe siècle. Pise : Antelami, Benedetto (v. 1150-v. 1230). Balduccio, Giovanni di (1560-1631). Cambio, Arnolfo di (v. 1240-v. 1302). Orcagna (Andrea di Cione Arcagnolo *dit* l', v. 1308-1369). Pisano, *Andrea* (A. da Pontedera *dit*, v. 1290-1348) ; *Giovanni* (1245/50-v. 1319) ; *Nicola* (v. 1220-v. 1284) ; *Nino* († 1368). Tino di Camaino (v. 1285-1337).

Quattrocento (fin XIVe, XVe s.). Florence : Antico (Pier Giacomo Ilario, *dit* l', v. 1460-1528) 26 641[1] (1996). Banco, Nanni di (1373-1421). Bandinelli, Baccio (1493-1560). Bertoldo, Giovanni di (v. 1430/40-91). Brunelleschi (Fillipo di Brunellesco Lipp *dit*, 1377-1446). Donatello (Donato di Betto Bardi *dit*, 1386-1466). Duccio, Agostino di (1418-81). Fiesole, Mino da (1430-84). Ghiberti, Lorenzo (1378-1455) 2 296 (2000). Maiano, Benedetto da (1442-64). Pollaiolo, Antonio del (1432-98). Robbia, *Andrea della* (1435-1528) ; *Luca della* (1400-82). Rossellino, *Antonio* (1427-79) 1 816 (2000) ; *Bernardo* (1409-64). Settignano, Desiderio da (1431-64). Verrocchio (Andrea di Cione *dit* del, 1435-88). **Lombardie :** Amadeo, Giovanni Antonio (1447-1522). Briosco, Andrea (1470-1532). Romano, Cristoforo (av. 1470-1512). **Lucques :** Civitali, Matteo (1436-1501). **Modène :** Bari, Niccolò da (*dit* Niccolo dell'Arca, 1440-94, travaillait à Bologne). Mazzoni, Guido (v. 1450-1518). **Naples et Urbino :** Gagni, Domenico (Naples et Sicile). Laurana, Francesco († apr. 1500). **Sienne :** Giorgio Martini, Francesco di (1439-1502). Quercia, Jacopo della (v. 1375-1438). Vecchietta (Lorenzo di Pietro *dit* il, 1410-80). **Venise :** Lombardo, Pietro (v. 1435-1515). Rozzo, Antonio (v. 1465-98).

Renaissance (XVIe s.). Ammannati, Bartolomeo (1511-92). Cellini, Benvenuto (1500-71, également orfèvre). Leoni, *Leone* (v. 1509-90, travaillait en Espagne) ; *Pompeo* (1533-1608). Le Primatice (Francesco Primaticcio *dit*, 1504-70, travaille à Fontainebleau). Michel-Ange (Michelangelo Buonarroti *dit*, 1475-1564) 1 200 [*Homme nu debout* (attribué à), 1980]. Montorsoli, Giovanni Angelo (1507 ?-1563). Porta, Gian Giacomo della (actif 1513, † 1554/55). Riccio, Andrea († 1532). Rustici, G.-F. (1474-1554). Sansovino (Andrea Contucci *dit* il, 1460-1529) ; (Jacopo Tatti *dit* il, 1486-1570). Susini *Antonio* (v.1580-1624) ; *Francesco Giovanni* (1585-1653) : l'*Enlèvement d'Hélène* (groupe en bronze, haut. 70 cm, prof. 38 cm ; 3 doigts refaits à la main droite d'Hélène et 2 petits trous à la base du groupe) 22 047 (1989). Vittoria, Alessandro (1525-1608).

XVIIe, XVIIIe s. Algardi, Alessandro (1598-1654). Bartolini, Lorenzo (1777-1850). Bernin, Gian Lorenzo Bernini (*dit* le Cavalier, 1598-1680) buste de Grégoire XV (v. 1621) 1 200. Bracci, Pietro (1700-73). Canova, Antonio (1757-1822) 64 000 (1993). Corradini, Antonio (1668-1752). Della Valle, Filippo (1696-1770). Foggini, Giovanni Battista (1652-1725) 3 861 (1986). Guidi *ou* Guido, Domenico (1625-1701). Laboureur, Francesco (1767-1831). Legros, Pierre II (Fr., 1666-1718). Maderno, Stefano (1575-1636). Mazzuoli, Giuseppe (1644-1725). Mochi, Francesco (1580-1654). Morlaiter, Giovan Maria (1699-1781). Parodi, *Domenico* (1668-1740) ; *Filippo* (1630-1702) 607 (1999). Raggi, Antonio (1624-86). Rastrelli, Bartolomeo (1675-1744). Rusconi, Carlo (1558-1626). Sanmartino, Giuseppe (1720-93). Serpotta, Giacomo (1656-1732). Tacca, Pietro (1577-1640).

XIXe, XXe s. Basaldella, Mirko (1910-69) 82 (1998). Bistolfi, Leonardo (1859-1933). Boccioni, Umberto (1882-1916). Bugatti, Rembrandt (1883-1916) *Grand lion couché* 3 000 (2001) ; *Lion et lionne* 3 500 (2000). Calò, Aldo (1910-83). Cappello, Carmelo (1912). Cascella, Andrea (1920-90). Consagra, Pietro (1920). Dupré, Giovanni (1817-82). Fabbri, Agenore (1911-98). Fabro, Luciano (1936). Fiori, Ernesto de (1884-1945). Fontana, Lucio (1889-1968) 3 892 (2000). Franchina, Nino (1912-87). Gerardi, Alberto (1889-1965). Greco, Emilio (1913-95) 894 (1990). Guelfi, Guelfo (1895-1973). Lardera, Berto (1911-1989) 106 (1997). Leoncillo, Leonardi (1915-68) 81 (1998). Licini, Osvaldo (1894-1958). Manzù (Giacomo Manzoni *dit*, 1908-91) 159 (2000). Marini, Marino (1901-80) 11 400 (1990). Martini, Arturo (1889-1947) 1 938 (2000). Mascherini, Marcello (1906-83). Mastroianni, Umberto (1910-98) 150 (1994). Melli, Roberto (1885-1958). Melotti, Fausto (1901-86) 489 (2000). Minguzzi, Luciano (1911) 149 (1998). Pomodoro, *Arnaldo* (1926) 1 428 (2000) ; *Gio* (1930) 258 (2000). Rosso, Medardo (1858-1928) 112 (1994). Trentacoste Domenico (1859-1933). Viani, Alberto (1906) 86 (1994). Wildt, Adolfo (1868-1931) 75 (1994). Zanelli, Angelo (1879-1942).

Japon

Haragushi, Noriyuki (1946). Kudo, Tetsumi (1935-90) 205 (1999).

Norvège

Aas, Nils (1933). Berg, *Boge* (1944) ; *Magnus* (1666-1739). Bergslien, Brynjulf (1830-98). Breivik, Bård (1948). Fredriksen, Stinius (1902-77). Haukeland, Arnold (1920-83). Michelsen, Hans (1789-1859). Middelthun, Julius (1820-86). Sinding, Stephan Abel (1846-1922) 58 (2000). Steen, Kurt (1924). Storm, Per Palle (1910-94). Ung, Per (1933). Vigeland, Gustav (1869-1943) 280 (2000). Vik, Ingebrigt (1867-1927).

Pays-Bas

Andriessen, Mari (1897-1979). Armando (1929). Bailleux, César (1937). Baljeu, Joost (1925-91). Bronner, Jean (1881-1972). Couzijn, Wessel (1912-84). De Keyser, Hendrick (1565-1621). De Vries, Adriaen (v. 1545-1626) *Faune dansant* (haut. 77 cm) 62 047 (1989). De Werve, Claus (voir France, p. 452 b). Engels, Pieter (1938). Gerhard, Hubert (v. 1540/50-1621). Krop, Hildo (1884-1970). Leeser, Titus (1903-96). Mendes da Costa, Joseph (1863-1939). Munster, Jan van (1939). Pallandt, Charlotte van (1898-1997). Panamerenko (1940) 710 (1998). Pander, Pier (1864-1919). Raedecker, Johan (1885-1956) 119 064 (2000). Reyers, Willem (1910-58). Rooyackers, Rudi (1920). Sluter, Claus (voir France, p. 452 c). Struycken, Peter (1939). Van Amen, Woody (1936). Van Wesel, Adriaen (1417-89). Van Wijk, Charles (1875-1917). Verhulst, Rombout (1624-96). Visser, Carel (1928). Volten, André (1925). Wezelaar, Han (1901-84). Zijl, Lambertus (1866-1947).

Pologne

Abakanowicz, Magdalena (1930) 215 (1998). Bereś, Jerzy (1930). Biegas, Boleslaw (1877-1954) 95 (1994). Dunikowski, Ksavery (1875-1964). Guyski, Marceli (1832-93). Hasior, Wladyslaw (1928). Jarnuszkiewicz, Jerzy (1919). Karny, Alfons (1901-89). Kobro, Katarzyna (1898-1951). Kretz, Leopold (1907, travaille à Paris). Kuna, Henryk (1879-1945). Kurzawa, Antoni (1842-98). Oleszczyński, Władysław (1807-66). Rygier, Theodor (1841-1913). Ślesińska, Alina (1926-94). Szańkowski, Maciej (1938). Szapocznikow, Alina (1926-73). Szczepkowski, Jan (1878-1964). Więcek, Magdalena (1924). Wittig, Edward (1879-1941). Wojcieszyński, Stanislaw (*dit* Wostan, 1915, à Paris depuis 1945). Zamoyski, August (1893-1970). Zbrożyna, Barbara (1923-95). Zemła, Gustav (1931).

Portugal

Almeida, Leopoldo Neves de (1898-1975). Barata Feio (1902). Canto da Maya, Ernesto (1890-1981). Carneiro, Alberto (1937). Chafes, Rui (1966). Correia, Joaquim (1920). Costa, Maria (1956). Croft, José Pedro (1957). Cutileiro, João (1937). Duarte, Antonio (1912). Ferreira, Angêla (1958). Fragoso, João (1913-2000). Franco, Francisco (1885-1955). Guimaraes, José (1939) 140 (1998). Lisboa, António Francisco (*dit* O Aleijadinho, v. 1738-1814). Lopes, António Teixeira (1866-1942). Macedo, *Dimas* (1928) ; *Diogo de* (1889-1959). Machado de Castro, Joaquim (1731-1822). Maya, Delfim (1886-1978). Meneres, Clara (1943). Reis, Pedro Cebrita (1956). Rocha, Miguel Angelo (1964). Rodrigues, José (1936). Sanches, Rui (1954). Simoês, Francisco (1945). Simões de Almeida, José (1844-1926). Soares dos Reis, Antonio (1847-89). Timóteo, Rogério (1967). Vieira, Jorge (1922-98). Xavier, Raul (1884-?).

Nota. – Normands : Nicolas Chanterene, Philippe Oudart, Jean de Rouen au XVIe s.

Roumanie

Anghel, Gheorghe (1904-66). Apostu, George (1934-86). Brâncuşi, Constantin (1876-1957) 42 900 (1989). Breazu, Cristian (1943). Buculei, Mihai (1940). Caragea, Boris (1906-82). Cocea, Maria (1935). Codre, Florin (1943). Damian, Horia (1922). Flamand, Horia (1941). Georgescu, Ioan (1859-98). Gorduz, Vasile (1931). Iliescu-Calineşti, Gheorghe (1932). Irimescu, Ion (1903). Jalea, Ion (1887-1983). Ladea, Romul (1901-70). Lucaci, Constantin (1923). Lupas, Ana (1940). Maitec, Ovidiu (1925). Medrea, Cornel (1888-1964). Neagu, Paul (1938). Olos, Mihai (1940). Paciurea, Dimitrie (1873-1932). Paduraru, Neculai (1946). Patrascu, Milita (1888-1976). Popovici, Constantin (1938). Radu, Silvia (1935). Spataru, Mircea (1938). Storck, Frederic (*dit* Fritz) (1872-1942). Tiron, Napoléon (1936). Vida, Gheza (1913-80). Vlad, Ion (1900-92). Vlasiu, Ion (1908-1997).

Russie

Antokol'ski, Mark (1843-1902). Chadr, Ivan (1887-1941). Choubine, Fiodor (1740-1805). Chtchedrine, Feodosy (1751-1825). Clodt von Jürgensburg, Peter (1805-67). Golubkina, Anna (1864-1927). Konenkov, Sergueï (1874-1971). Kozlovski, Mikhaïl (1753-1802). Krylov, Mikhaïl (1786-1850). Lebedeva, Sarra (1892-1967). Matveev, Aleksandr (1878-1960). Muchina, Vera (1889-1953). Orloff, Chana (Ukraine, 1888-1968, travaillait en France) 862 (1992). Orlovsky, Boris (1792-1837). Pevsner, Antoine (voir France, p. 449 b). Sokolov, Pavel (1765-1831). Tatlin, Vladimir (1885-1953). Troubetzkoy, Pce Paul (1866-1938) 820 (1999).

Sénégal

Sow, Ousmane.

Suède

Arle, Asmund (1918-90). Asker, Curt (1930). Bouchardon, Jacques Philippe (Fr., 1711-53). Derkert, Siri (1888-1973). Eldh, Carl (1873-1954). Eriksson, Liss (1919-2000). Frisendahl, Carl (1886-1948). Grate, Eric (1896-1983) 60 (1994). Hjorth, Bror (1894-1968). Larchevêque, Pierre-Hubert (Fr., 1721-78). Marklund, Bror (1907-77). Milles, Carl (1875-1955) 568 (2000). Sergel, Johan Tobias (1740-1814). Ultvedt, Per Olof (1927).

Suisse

Aeschbacher, Hans (1906-80). Bänninger, Otto-Charles (1897-1973). Bodmer, Walter (1903-1973). Burckhardt, Carl (1878-1923). Eggenschwiler, Franz (1930). Fischli, Hans (1909-89). Geiser, Karl (1898-1957). Giacometti, *Alberto* (1901-66) 109 420 (2000) ; *Diego* (1902-85) 3 455 (2000). Gisiger, Hansjorg (1919). Haller, Hermann (1880-1950) 91 (2000). Hubacher, Hermann (1885-1976) 16 (2000). Hutter, Schang (Jean Albert) (1934). Josephson, Hans (1920). Kemény, Zoltán (Hongrie, 1907-1965). Koch, Oedön (1906-77). L'Eplattenier, Charles (1874-1946). Linck, Walter (1903-75). Luginbühl, Bernhard (1929) 130 (2000). Marcello (Adèle d'Affry, D[chesse] de Castiglione Colonna *dite*, 1836-79) 150 (1997). Müller, *Otto* (1905) 65 (2000) ; *Robert* (1920). Niederhaüsern, Auguste von (*dit* Rodo, 1863-1913). Probst, Jakob (1888-1966). Ramseyer, André (1914). Rossi, Remo (1909-82). Sandoz, Edouard-Marcel (1881-1971). Scherer, Hermann (1893-1927). Spoerri, Daniel (Feinstein) (Roumanie, 1930) 129 (2000). Stanzani, Emilio (1906-77). Taeuber-Arp, Sophie (1889-1943) 117 (2000). Tinguely, Jean (1925-91). Travaglini, Peter. Trippel, Alexander (1744-93). Vela, Vincenzo (1822-91). Waldberg, Isabelle (1911-90). Wiggli, Oskar (1927). Witschi, Werner (1906). Zschokke, Alexander (1894-1981).

Tchéquie

Bendl, Jan Jiří (vers 1620-80). Bílek, František (1872-1941). Braun, Matyáš Bernard (1684-1738). Brokof, Ferdinand Maxmilián (1688-1731). Gutfreund, Otto (1889-1927). Janoušek, Vladimír (1922-86). Kafka, Bohumil (1878-1942). Kmentová, Eva (1928-80). Lauda, Jan (1896-1959). Lidický, Karel (1900-76). Makovský, Vincenc (1900-66). Malich Karel (1924). Myslbek, Josef Vàclav (1848-1922). Palcr, Zdeněk (1927-96). Pešánek, Zdeněk (1896-1965). Pokorný, Karel (1891-1962). Šekal, Zbyněk (1923-98). Šimotová, Adriena (1926). Štefan, Bedřich (1896-1982). Štursa, Jan (1880-1925). Wagner, Johann Peter (1730-1809). Wichterlova-Štefanová, Hana (1903-90). Zívr, Ladislav (1909-80).

Uruguay

Belloni, José (1882-1965). Broglia, Enrique Fernandez (1942). Cabrera, German (1903-90). Ferrari, Juan-Manuel (1874-1916). Freire, Maria (1919). Mane, Pablo (1880-1971). Michelena, Bernabé (1888-1963). Pena, Antonio (1894-1947). Podesta, Octavio (1929). Pose, Severino (1894-1962). Yepes, Eduardo (1909-78). Zorrilla de San Martin, José Luis (1891-1975).

Ex-Yougoslavie

Angeli Radovani, Kosta (1916). Bajić, Mrdjan (1957). Bakić, Vojin (1915). Hadži Boškov, Petar (1928). Hozić, Arfan (1928). Jevrić, Olga (1922). Kantoci, Ksenija (1909). Kožarić, Ivan (1921). Laurana, Francesco (vers 1430-vers 1502, travaillait en France). Logo, Oto (1931). Meštrović, Ivan (1883-1962). Richter, Vjenceslav (1917). Rotar, France (1933). Stojanović, Sreten (1889-1960). Tršar, Drago (1927). Vuković, Matija (1925-85).

Arts divers

☞ Pour découvrir la sélection **Quid** des meilleurs sites Internet sur les arts, rendez-vous sur **www.quid.fr**

☞ *Abréviations :* except. : exceptionnel ; stat. : statue, statuette.

1res créations artistiques (vers 33000 av. J.-C.) : gravure et piquetage. Ornementation des grottes (peinture, sculpture, gravure), objets d'usage (armes, outils, parures), objets d'art sans fonction précise (galets, os gravés). Décors géométriques ou figuratifs (symboliques ?).

Art de l'Afrique noire

☞ Certains distinguent 3 grandes zones : *soudanaise* (du Mali à la Côte d'Ivoire), *guinéenne* et *congolaise* (entre Gabon et Angola). D'autres opposent naturalisme et abstraction (sculptures du Mali), qui coexistent parfois dans la même région. On désigne comme « authentique » un objet fabriqué (du VIIIe s. jusque vers 1930) par et pour l'indigène, utilisé dans un but rituel ou usuel et non commercial.

☞ La culture *Fang* (*Pamue* ou *Pahouin*) recouvre 3 groupes de population : Beti, Boulou et Fang (Ntoumou, Betsi, Okak...).

■ **Architecture.** *Pierre et terre séchée :* vestiges de cités anciennes au Soudan et au Mali (Djenné, Tombouctou), près du lac Tanganyika et en Rhodésie (Zimbabwe), au Nigéria (civilisations de Nok, 2 000 ans, et d'Ifé, Xe-XIIIe s.). *Matériaux fragiles :* constructions récentes ornées de bas-reliefs, de motifs peints et d'éléments sculptés surajoutés (Dahomey, Cameroun) ou parfois de plaques de décoration en bronze (palais au Bénin, XVe au XVIIIe s.).

■ **Arts. Du corps :** scarifications, tatouages, peintures, parures, coiffures. **De la vie quotidienne :** objets usuels avec élément décoratif chargé d'une signification religieuse. Généralement, les femmes pratiquent le filage et la poterie (sans four, moulage sur une forme, cuisson à feu nu) ; les hommes tissent (coton, raphia, fibres) et fabriquent des armes de jet et de combat (sagaies, couteaux, le plus souvent sculptés).

■ **Peinture pariétale.** Préhistorique : scènes pastorales, danseurs masqués (Kalahari, Sahara, massif du Tassili).

■ **Sculpture.** Rituelle. *Masques :* apanage des hommes, des femmes au Libéria, des initiés et des associations secrètes. *Statues :* représentations religieuses ou magiques, en général petites. Proportions anatomiques non respectées, formes raides et anguleuses (Dogon, Bambara), figées et rondes (Fang, Baluba, Baoulé) ou souples (Sherbro). La plupart des objets, représentant des ancêtres et servant de réceptacles à l'esprit des ancêtres, ne devaient pas être réalistes, l'esprit ne l'étant pas. L'objet devient rituel et magique, protecteur pour la famille ou la tribu. Nombreux *objets d'usage :* poulies de métier à tisser, petits meubles (sièges, trônes), poids en bronze pour la poudre d'or, armes, etc.

Matériaux : *bois. Pierre* (haute Guinée, Sierra Leone, Nigéria, Angola, Congo-ex-Zaïre). *Ivoire* (amulettes, masques, trompes, traversières, petits objets, bijoux : Bénin, Cameroun, Congo, Côte d'Ivoire, Gabon, Ghana). *Argile* (statuettes très anciennes de Mopti, Ifé, pays Sao, Jos, Djenné). *Or* (bijoux : pays Baoulé et Ashanti). *Laiton* (Ifé, Bénin, Nigéria, Niger). *Fer forgé* (Dogon, Bambara, Sénoufo, Fon, Dahomey : Yorouba). *Argent* (surtout Afrique blanche). *Cuivre martelé et argent* (Dahomey). *Textile* (vêtements, parure de danse, ornements d'objets : Nigéria, Congo-ex-Zaïre).

Cours (en milliers de F). Record mondial : stat. « reine » du Soudan 20 020 (1990). Exemples (pièces exceptionnelles) : **Angola :** stat. *Tschokwe*, haut. 37,5 cm 2 200 (1979) ; siège cérémonial *Songo* 886 (2000). **Bénin :** bronzes très rares, plaques 5 252 (1987). **Burkina :** masque *Bobo* 120 (1993). **Cameroun :** stat. *(Fang) Byeri* 19 000 (1990) ; en général 45/60 cm, fichée dans le couvercle de boîte cylindrique en écorce d'andrung appelée « nsekh à byeri » (plusieurs styles : Ngoumba, Ntoumou, Mabéa). **Congo (ex-Zaïre) :** appui-nuque en bois 1 198 (1987) ; coupe anthropomorphe *Kuba* 570 (1997) ; masque de bélier *Djem* 468,4 (1991). **Côte d'Ivoire :** oiseau bois 120 (1993) ; stat. *Sénoufo* 1 800 (1990). **Gabon :** reliquaire *Fang Byeri* 6 087 (1996) ; statuette *Fang* 1 700 (2000) ; masque *Punu* 1 000 (record 2000), *Kota* 3 259 (1990). **Ghana :** stat. funéraire *Ashanti* 101 (1988). **Guinée :** tambour *Baga* (à cariatide) 1 100 (1990). **Mali :** masque 2 518 (1994) ; cimier 411 (1994) ; stat. *Dogon* 1 800 (1997). **Nigéria :** siège *yoruba* 1 130 (1994) ; stat. *Mumuye* 740 (1996).

Art d'Amérique

■ **Art esquimau. Cultures : de Dorset** (800 av. J.-C.-Xe s. apr. J.-C.) : art magico-religieux. *Objets :* grattoirs, manches de couteaux, têtes de bêches, racloirs à verglas, protège-poignets, pointes de harpon, objets de parure ; amulettes (animaux sculptés, souvent avec humour). *Matériaux :* ivoire de morse, bois de caribou, pierre verte, silex, os de baleine ; **de Thulé** (Xe s.-début XIXe s.) : art plus fonctionnel où coexistent inspiration sacrée et sens de l'observation. Au contact des explorateurs, l'art perd de sa fonction rituelle.

Cours (en milliers de F). *Défense de morse,* gravée (40 cm), petits animaux, ours, baleines, poissons 18. *Pendentif,* ivoire, silhouette féminine et masculine (haut. 4,25 cm) 0,1 à 4. *Porte-aiguille,* ivoire XIXe s. 14,5 (1992). *Support de harpon,* ivoire 50. *Archet de foret,* ivoire 15. *Maquettes de Kagalas* 10 à 12. *Masque* (exceptionnel) 3 000 (1997). *Panoplie de chasseur* esquimau 11,1. *Statuette,* ivoire XIXe s. 23. *Tête humaine Okvik*, ivoire 430 (1992).

■ **Art précolombien.** Art d'avant la conquête européenne. **Époques** (voir chaque pays à l'Index). **Objets. Amérique centrale :** *céramiques* à motifs zoomorphes. *Or travaillé,* bijoux, outils (à représentation animale) vers 800 apr. J.-C. *Métates* (de l'aztèque *métatl :* « meule dormante avec broyeur horizontal ou pilon ») : pierres cérémonielles, en basalte, surtout pour moudre ou piler le maïs : Costa Rica, Panamá (Veraguas), Nicaragua. **Antilles :** civilisations : *Ciboney :* surtout pêcheurs et chasseurs (les premiers occupants). *Arawaks :* venus vers XIIe s. du continent sud-américain, étaient là en 1492 (conquête), sédentaires (*Taïnos*). Objets votifs : jougs fermés en pierre, colliers, pierres à 3 pointes (*zémi*), travail du bois. *Caraïbes :* civilisation semblable à celle des Arawaks, leurs ennemis. Céramique fruste (période belliqueuse). **Pérou :** vases funéraires, souvent avec anse « en étrier », à engobe brun-rouge-crème-noir (Nazca : peints). *Civilisations Chavin et Chimu :* vases à engobes noirs. 4 périodes, de 100 000 à 700 000 F.

■ **Colombie-Britannique. Objets :** rares car achetés par musées et collectionneurs nord-américains. Les plus beaux spécimens sont dans les musées russes.

Art chinois

☞ **Collections à Paris :** musées Guimet, des Arts décoratifs, d'Ennery, Cernuschi.

■ **Bronze.** Bronzes archaïques, objets rituels, ont peu évolué jusqu'au XIIIe s. Ensuite, vases, animaux, cerfs et biches grandeur nature, cloche, porte-bougie, bouddhas. **Cours** (en milliers de F) : *pièces exceptionnelles :* zan rituel 17 920 (1988) ; bouddha début XVe s. 3 200 (1994), XVe s. 6 400 (80 cm, 1997) ; jarre à vin (fin des Shang/début des Zhou de l'Ouest) 64 722 (2001).

■ **Céramique. Types. A partir du XVIe s. av. J-C,** on désigne céramique et bronzes chinois par les noms des dynasties ou des empereurs les plus importants. **A partir du XIVe s.,** les porcelaines de Chine, sauf celles destinées à l'exportation, portent souvent des marques au revers des pièces en bleu sous couverte (4 ou 6 caractères, indiquant nom de la dynastie et titre du règne, se lisant de haut en bas et de droite à gauche). On trouve aussi marques d'atelier, d'appréciation, emblèmes, symboles, dédicaces. Certaines marques parmi les plus anciennes ont été parfois copiées à des époques postérieures. Elles ne peuvent donc servir à dater une pièce. Une pièce de qualité possède un bleu idéal, ni trop clair ni trop sombre, sans craquelures. Les copies sont revêtues d'émail bleu.

Avant J.-C. Époque néolithique [vers 2500-XVIe s. (époque dite mythique)] : vers 2200, vaisselle, bois laqué (laque sèche ou directe sur bois). Poteries peintes en noir à l'extérieur et rouge à l'intérieur (*Yangshao, Henan, Banshan, Gansu,* etc.) ; noires très fines *(Longshan).* **Age du bronze archaïque** [XVIe s. (?)-VIe s.] : *dynastie Xia* (1989-1558). *Dynastie Shang* (vers 1521-1028). Poteries grises, blanches. 1res couvertes naturelles (glaçures minces). **Dynastie Zhou** *(Tcheou)* [1111 ou 1050 (?)-256], dont Royaumes combattants (vers 453-221) : poteries grises à décor géométrique (inspirées de l'art du bronze). Céramique noire incisée. 1res couvertes feldspathiques. 1ers grès. 1res glaçures plombifères. 1res figurines funéraires.

Après J.-C. Dynastie Han (206 av. J.-C.-220) : poteries grises ou rougeâtres, avec ou sans glaçures. Protoporcelaines. Statuettes funéraires *(mingqi)* et statues de guerriers grandeur nature en terre cuite [tombe de Qin Shi Huangdji, empereur fondateur de la Chine (221-210 av. J.-C.)]. **Six dynasties** (220-589) : statuettes funéraires peintes ou non. Grès de *Yue* (gris-vert). **Dynastie Sui** *(Soue)* [589-618] : 1res porcelaines blanches. **Dynastie Tang** (618-907) : poteries à glaçures minces, dont « trois couleurs » *(sancai).* Statuettes funéraires, personnages, chevaux, chameaux, avec ou sans glaçures, 20 cm de base × 40 cm de hauteur, très rarement 70 × 86. Proto-céladons de *Yue.* Porcelaines blanches. 1ers grès noirs. **Dynastie Song** (960-1279) : porcelaines et grès monochromes : blancs *ding* et bleutés *qingbai ;* céladons (baptisés ainsi au XVIIe s. du nom du berger Céladon, héros de *l'Astrée,* roman d'H. d'Urfé, qui portait des rubans verts ; pourrait aussi venir de « saladin ») de *Longquan ;* striés de craquelures très apparentes (du gris-vert au bleu-vert) *guan ;* bleu lavande ou gris sale avec taches pourpres *jun* (dites « clair de lune » en Europe) ; noirs *jian* et du *Henan ;* grès peints ou gravés *ci.* 1ers émaux de petit feu. **Dynastie Yuan** (1279-1368) : apparition du bleu de cobalt et du rouge de cuivre. 1ers « bleu et blanc ». Céladons. **Dynastie Ming** (1368-1644) : bleu et blanc. Rouge et blanc. Glaçures « trois couleurs » (bleu foncé, turquoise, aubergine, ou vert, jaune, aubergine). Émaux « deux couleurs », « cinq couleurs », rouge et vert, monochromes, etc. Apparition des marques de règne. Décor cloisonné, ou ajouré. **Dynastie Qing** (*Ts'ing*) [1644-1911] : 3 règnes importants : *Kangxi* (*K'ang-hi*) [1662-1723] : « famille verte ». Biscuits (« famille noire » et « jaune »). Bleu et blanc. Monochromes : verts, rouges (« sang de bœuf », « peau de pêche »), bleu « fouetté », noir « miroir », etc. « Blancs de Chine ». Décor classique uni. *Yongzheng* (*Yong-tcheng*) [1723-36] : apparition d'un rose mêlé de rouge. « Coquille d'œuf », etc. Copies de pièces Song. *Qianlong* (*K'ien-long*) [1736-96] : « famille rose ». Décors « mille fleurs », « graviata », etc. Imitation de bronze, bois, jade, etc. [apparu sous le règne de Jiaqing (1796-1820), école française Pin Tin].

Porcelaine « Compagnie des Indes » (en anglais : *China Export*) [XVIIe-XIXe s.] : fabriquée sur commande de marchands d'Europe, d'Amérique, du Proche et Moyen-Orient ou du Japon, et importée par les vaisseaux des différentes Cies des Indes. De 1700 à 1791, 10 millions de pièces de porcelaine de Chine ont été importées en France. Émaux polychromes de la famille rose, camaïeux bleus ou rose violine, décors en grisaille dits à l'encre de Chine rehaussée d'or (dès 1720, très recherchés).

Nota. – Des modèles occidentaux copiant la Chine furent à leur tour copiés par elle. Exemples : faïences de Rouen à décor chinois sur forme européenne. « Dame au parasol », décor chinois traditionnel bleu du XVIIe s., redessiné au XVIIIe par un peintre hollandais, Cornelis Pronk, puis réorientalisé. Les décors « semis de fleurs roses » (Saxe) inspirèrent le rose aux Chinois, au début du XVIIIe s. (commandes des Européens).

Cours (en milliers de F). **Poteries. Tang** (nombreux faux) : cheval 40 018 (record, 1989), 5 400 (1997) ; modèles « 3 couleurs » : jarre 3 600 (1983), chameau 1 300 (1990). **Yuan** : jarre à vin 3 000 (1982). **Porcelaines. Tang** : 1 000 et plus. **Song** (la plus cotée, surtout les céladons) : coupe 3 942 (1980, vente Chow). **Yuan** : potiche 6 378 (1988), plat 6 090 (1988). **Ming** (XIVe et XVe s.) : bleu et blanc, surtout connues par des copies *Yongzheng* ; vase 12 593 (1988), plat 4 790 (1988), 2 bols décorés d'émaux 2 650 (2000). *Xuande* : bassin 17 000 (1989), bol 3 460 (1980), coupe sur pied (diam. 15 cm) 7 700 (1997). **Jiajing** : vase 11 301 (New York, 1985). **Quin** (*Kangxi*) : potiche couverte décor « poisson » 39 000 (2000) ; coupes (paire) 199 (2000). **Qianlong** : bol paysagé 16 700 (1997) ; vase hexagonal 19 300 (2000) ; famille rose « papillon » 30 401 (2000).

Porcelaines serties de bronze. Les montures françaises des XVIIe et XVIIIe s. représentent 60 à 80 % de leur valeur (authenticité parfois difficile à reconnaître ; signes : dessin plus systématique, partie intérieure plus lisse, dorure englobant le dessous de la base, présence de vis de montage).
☞ Un bidet XVIIIe s. « Compagnie des Indes », décoré aux armes de France, entouré des colliers du St-Esprit et de St Michel 240 000 F (1996).

■ **Émaux. Cloisonnés** : fin XIVe s. : champlevé. Début XVe au XXe s. : cloisonné. XVe s. : décor aéré, fonds nus turquoise clair, pièces petites. XVIe s. : fonds à petites spirales, couleurs « mélangées ». XVIIIe s. : grandes pièces, fonds ternes, apparition du rose. **Peints** : XVIIIe et XIXe s. : couleurs de « famille rose » posées sur cuivre ou sur or. Beaucoup fabriqués à Canton pour l'exportation vers l'Europe (dits « émaux de Canton »). Cours de 2 000 à 500 000 F.

■ **Estampes.** *De l'invention de l'imprimerie xylographique à l'époque Tang,* elles servent à illustrer les livres. La plus ancienne estampe conservée est de 868. *A l'époque Ming,* la multiplication des livres et des estampes engendre la division du travail. L'illustration originale, œuvre d'un peintre, est transposée par le graveur sur sa planche. Auteur le plus connu : Jin Ping Mei. *A partir du XVIIe s.,* livres d'estampes en couleurs reproduisant les chefs-d'œuvre de la peinture. Publications les plus connues : *Recueils du studio des 10 bambous* (1644) de Hou Tcheng-Hen, *Fastes pour l'anniversaire de l'empereur* (1713), *Jardin du grain de moutarde* (1701).

■ **Ivoires.** Nombreux sujets.

■ **Meubles.** Armoires, chaises, coffres, écrans, sièges. Paravents (notamment en laque de Coromandel, XVIIe s.) ; (époque Meiji) 4 070 000 F (2000).

■ **Pierres dures. Jade.** Vient de l'espagnol *piedra de ijada,* « pierre des reins », car, selon la tradition, les statuettes mexicaines en jade guérissaient les maux de reins. Les Chinois ne disposèrent que de *jade-néphrite* (venant du Turkestan chinois) à partir de 1600 (voire 7000) av. J.-C. jusqu'à l'importation de *jade-jadéite* (plus dur et plus rare) de Birmanie, au XVIIIe s. Armes et objets rituels puis dragons et créatures mythiques. Plusieurs associés acquéraient un bloc de jade et le confiaient à un sculpteur ; à mesure que le travail avançait, et selon les espoirs en la qualité du jade ou les défauts cachés de la pierre qui étaient mis à jour, la valeur des parts de l'association augmentait ou diminuait. Actuellement, il faut souvent plus d'un an pour sculpter un bloc de jade.

La *néphrite,* réduite en poudre, fut utilisée en Chine comme médicament (réputé donner l'immortalité), ou placée dans les tombes pour empêcher la putréfaction, puis en Europe, sous le nom de *lapis nephreticus.* Diverses pierres vertes peuvent rappeler le jade [serpentine (qui vaut 5 à 8 fois moins cher), californite, grossulaire massif, chlorite massive, calcite, etc.].

Estimation du jade : *France* (par ordre décroissant) : jade vert émeraude dit vert impérial, blanc dit gras de mouton, vert de mer, pi-yu (vert foncé). *Angleterre* : le jade « gras de mouton » prime. Authenticité, qualité de la taille, qualité de la pierre (pièces récentes), aspect onctueux, sonorité.

Cours (en milliers de F). **Période des Royaumes combattants** (475-221 av. J.-C.) : boucle de ceinture 3 000 (record, 1983). **XIIIe-XIIe s. av. J.-C.** : disque rituel 65 000. **Qianlong** : porte-pinceau 1 400 (2001).

■ **Autres pierres. Quartz rose** : sans taches blanchâtres : moitié prix des jades modernes. **Coraux** : 180 à 300 F et plus selon dimensions (coraux sculptés au Japon : 3 fois moins chers). **Malachite. Turquoise** : peu de veines noires. **Spath-fluor** : peu de veines.

■ **Peinture.** Pour les Chinois, la peinture est le seul art véritablement intellectuel. *Caractéristiques :* jamais de peinture à l'huile, pas de perspective suivant le critère occidental, pas d'étude du corps humain, peinture toujours exécutée en intérieur, grande virtuosité dans le maniement délicat du pinceau, jamais de cadre, le tableau s'enroule verticalement (*kakémono*) ou de droite à gauche (*makimono*) ; c'est un paysage qui se déroule (et qui n'est jamais statique). *La calligraphie* a influencé les arts chinois et, particulièrement, la peinture : l'art du lavis monochrome cherchait davantage à écrire le signe des choses qu'à en décrire les apparences.

Écoles et peintres principaux. Primitifs : Gu Kaizhi (né vers 345). *École Tang.* Wu Daozi (né vers 680), fresques. Wang Wei (699-759), lavis. **Age d'or du paysage** (Xe-XIIe s.) : King Hao (actif vers 900-960). Houan Tong. Dong Yuan (2de moitié du Xe s.). Juran (milieu du Xe s.). Xu Daoning (XIe s.). Guo Xi (XIe s.). Li T'ang (1050-1130). Mi Fu (1051-1107). **Animaliers académiques** : Huizong (empereur de 1101 à 1125). Li Di (1100-97). **Zen** : Muqi (actif vers 1200-50). **Lyrisme** : Ma Yuan (actif vers 1190-1224). Xia Gui (actif vers 1180-1230).

Époque Yuan : Qian Xuan (1235-90). Gao Kegong (1248-1310). Huang Gongwang (1269-1354). Wang Meng († 1385). Wu Zhen (1280-1354). Ni Zan (1301-73). Zhao Mengfu (1254-1322). **Étude des Anciens** : Dai Jin (actif 1430-55). Shen Zhou (1427-1509). Tang Yin (1470-1523). **Orthodoxes** : Dong Qichang (1555-1636). Wang Shimin (1592-1680). Wang Jian (1592-1677). Wang Hui (1632-1717). Wang Yuanqi (1642-1715). **Individualistes** : Xu Wei (1529-93). Bada Shanren (1625-1705). Jin Nong (1687-1764). Li Shan (1re moitié XVIIIe s.).

Temps modernes : Xu Gu (1824-96). Ren Bonian (1840-96). Huang Binhong (1863-1955). Qi Baishi (1863-1957). Xu Beihong (1895-1953). Zhang Dagian (1899-1983). Fu Baoshi (1904-65).

■ **Sculpture.** 1res sculptures animales à l'époque Shang. S'épanouit au début de notre ère dans l'art funéraire, puis entre le IVe et le Xe s. avec le bouddhisme. A partir du XIIIe s. : épuisement de l'inspiration religieuse, alourdissement du style. Beaucoup de faux, surtout s'ils ont moins de 80 cm et sont dans un bois léger.

■ **Tabatières.**

ART ÉGYPTIEN

■ **Époques** (voir **Égypte** à l'Index). **Principaux monuments.** Pyramides, sphinx, obélisques... (voir à l'Index).

■ **Cours** (en milliers de F). **Amulettes** : de collier 0,3 à 2. **Barque funéraire** : 150 à 500. **Cercueil anthropoïde** (fin VIIIe s.-début VIe s. av. J.-C.) : 240 (1992). **Chaouabtis** [ou **oushebtis,** de *ousheb,* répondre : figurines de 5 à 25 cm, chargées d'exécuter dans les tombes les travaux quotidiens à la place des morts : en bois de *perséa* (*shaouab*), XVIIe dynastie, en offrande à Osiris, dieu des morts, puis en faïence, terre cuite ou céramique (*fritte émaillée* : mélange de sable avec un peu d'argile pour obtenir une cuisson) à couverte bleu-vert pâle à bleu foncé intense ; à Thèbes, artisans créateurs du bleu dit de *« Deir el Bahari »* (*oushebtis* les plus recherchés), obtenu avec quelques grammes d'oxyde de cuivre] 0,7 à 150. **Sarcophage** (époque ptolémaïque) 215 (1992). **Statues en pierre** : de Merenptah, granit (3000 av. J.-C.) 2 500 (except., 1983), de la fille d'Aménophis III 2 300 [ivoire (1567-1530 av. J.-C.) 3 108] ; **calcaire** (3000-1500 av. J.-C.) : homme 2 982 (1980) ; tête de Sekhmet en granit, XVIIIe dynastie, 1 663 (1995) ; **granit** : de Sesostris III, XIIe dynastie, 4 600 (1998) ; **diorite** : tête de prêtre, XXXe dynastie 1 230 (1996) ; chat (20 cm) saïte 19 à 450 (1980), Amon (44,5 cm) saïte 500 (1985), Horus (faucon 21 cm) 145 (1981). *Ouadjet* ou *Mahes* (à tête de lionne, époque libyenne, 61 cm) 1 050 (1984) ; **ivoire** : concubine (11 cm) 52 (1997). **Vase** : canope (vase à viscères) albâtre 13 à 180.

ART ISLAMIQUE

■ **Sites et périodes.** De 622 au XXe s. : Proche-Orient (de La Mecque à Damas, du Caire à Baghdad), Afrique du Nord. Espagne (du VIIIe s. à 1492). Iran. Asie centrale. Turquie (Anatolie dès le XIe s.). Inde (XVIe à XIXe s.). **Principales dynasties** : au Proche-Orient : omeyyade (661-750), abbasside (750-1258). *En Iran* : seldjoukide (1038-1194), mongole (1206-1353), timouride (1370-1506), séfévide (1501-1732) et qadjar (1779-1924). *En Égypte* : fatimide (909-1171) et mamelouke (1250-1517). *En Turquie* : ottomane (1281-1924). *En Inde* : moghole (1526-1858).

■ **Caractéristiques.** Décor calligraphique arabe le plus important (car Dieu a révélé le Coran à Mahomet en arabe qui est devenu langue sacrée) ; géométrique (polygones, étoiles, arabesques), ou floral et animalier. Céramiques de Nichapour, d'Iznik [ex-Nicée ; de 1480 au début XVIIe s. ; bleue, verte, rouge (oxyde de fer associé au quartz)], cuivre ou bronze (plateaux, bassins, aiguières, chandeliers), gravés, ciselés, niellés ou damasquinés, avec souvent une dédicace aux Pces pour lesquels ils ont été exécutés, parfois nom et signature des artisans.

Nota. – La représentation figurée n'est pas interdite par l'islam. La *faïence* et le *décor à reflets métalliques* (lustre métallique) ont été inventés en Mésopotamie au IXe s.

■ **Cours** (en milliers de F). **VIIIe s.** : aiguière bronze (Khorassan) 126. **Xe-XIe s.** : coupe en verre fatimide (Égypte) 1 530 (2000). **XIIe s.** : *céramique* : carreau 94, plat 150 ; *cuivre* : brûle-parfums (perdrix) 40, chandelier 337, cruche 346 (1987) ; *verre soufflé* : bouteille 14. **XIe-XIIe s.** : lion de bronze (Esp.) 18 400 (1993), miniature safavide (Iran) 5 601 (1996). **XIIIe s.** : pichet, bol 50, except. 380, aiguière argent et cuivre 950, cruche 5 à 310, coupe 6 à 22, *boiserie* ottomane (chambre) 850 (1994), panneau céramique seldjoukide 155,5 (1984). Céramique d'Iznik, plat vers 1570 (décor *chintamani* dit « lèvres de Bouddha ») 1 271 (1990), calice verre émaillé 500 (1992), plateau mamelouk laiton incrusté argent et ciselé 3 700 (1999). **XIVe s.** : lampe de mosquée (1347-61) 2 150 (1991), plateau cuivre incrusté d'argent (au nom du sultan Muhammad Ibn Qalâwûn) Égypte 3 700 (1998). **XVe s.** : astrolabe en laiton (à Amir Dowlet Amasia, physicien de Mehmed II) 1 250 (1997), chandelier céramique (Iznik, vers 1480) 5 600 (1993), pichet avec couvercle 213, chandelier « Chamdan » 51. **XVIe-XVIIe s.** : coupe *tombak* (cuivre doré) 215 (1992), plat (Iznik, décor Cintamani) 1 300 (2000), plat *tombak* (Iznik) 3 300 (2000), épis de faîtage (dits « alem », Turquie) tombak paire 555 (2000). **XVIIIe s.** : broderie Bohça 85 (1985), aiguière et bassin *tombak* except. 1 034 (1989). **XIXe s.** : aiguière 387 (1984), lampe de verre 64 (1988), chandelier bronze 300 (1990), *pilavlik* tombak 332 (1995). **Art qadjar (1779-1924)** : *laque* : plumier XVIIIe s. 62 (1992), 1804 d'Ismaïl 200 (1978), œuf d'autruche sur trépied (narguilé) 20 (1979), aiguière âftâbe 46.

ART JAPONAIS

☞ **Époques** (voir **Japon** à l'Index).

■ **Armures. Cours** (en milliers de F) : XVIIIe s. : 85. XIXe s. : 25 à 323 (1991) ; miniature laque d'or 1 *tanto* (poignard) et 3 *tachi* (sabres d'apparat) 40 à 90.

■ **Boîtes (hako ou bako).** Laque : *kobako* : usages variés. *Kogo* : à encens. *Suzuribako* : écritoire, contenait une pierre (*suzuri*) pour réduire en poudre le bâton d'encre solide, un récipient pour l'eau à délayer, des emplacements pour encre et pinceaux. **Cours** (en milliers de F) : 4 à 3 500 (de Kôtsu, 1990).

■ **Casques (kabuto).** En fer laqué ou non, rarement en cuir. Calotte composée de 6, 8, 12, 20 lamelles triangulaires rivetées entre elles, 3 formes : *bacchi* (bombe du casque), bol formé de 3 lamelles au minimum ; *san-mai* ; *suji bacchi* : lamelles garnies de clous saillants. Autres casques en fer repoussé : *eboshi* : haute coiffure portée à partir du XVIIe s. par les nobles ; *momonari* : ressemble à un morion (arrière tourné vers l'avant). **Cours** (en milliers de F) : 7 à 100.

■ **Céramique. Faïence et grès.** 10000 av. J.-C. poteries des Jomon. **IIIe-VIe s.** poterie rouge *(hagi),* grise cuite *(sueki)* pour les tombes. Statuettes funéraires en poterie rouge *(haniwa).* **VIe-VIIIe s.** *hagi* et *sueki.* Poterie à vernis plombifères 3 couleurs *(san sai).* **IXe-XIe s.** les *sueki* deviennent des poteries d'usage. Certains sont revêtus d'une couverte à base de cendres et destinés à l'aristocratie de cour *(sanage* près de Nagoya). **XIIe-XIIIe s.** grès des 6 fours anciens : *Seto, Tokoname* (près de Nagoya), *Shigaraki, Bizen, Echizen* (région de Fukui), *Tamba* : jarres à grains et à saké. **XIVe-XVe s.** influence chinoise, vases et chandeliers pour le culte bouddhique avec couverte à base de cendres imitant le céladon, décor gravé ou estampé *(koseto).* **XVe-XVIe s.** développement des grès pour la cérémonie du thé. *Seto* : imitation des Temmoku chinois *(seto guro* ou noir). A Bizen, *mitzusashi* en grès rougeâtres. **Fin XVIe-XVIIe s.** les types précédents. Dans la région de Minô, près de Kujiri, création des *ki-seto* (jaune rehaussé de taches vertes), des *shinô* à décor peint en brun sous couverte blanche, grise ou rougie par la flamme, et des *oribe* (vernis vert). A Kyôto, création des *raku* (bols à thé) par Shôjirô et par l'amateur Kôetsu (1558-1637). Au Kyûshû, nombreux potiers coréens dans la région de Fukuola (Hizen), et à Karatsu (province de Saga). **Fin XVIIe s.** à Kyôto : *Ninsei,* jarres pour le thé et bottes à encens à décor d'émaux colorés ; *Kenzan* décore de brun de fer des assiettes et des plats. **XVIIIe-XIXe s.** à Kyôto, *Kyô Yaki* s'inspire de Ninsei. *Aoki Mokubei* (1761-1833), *Dôhachi* (1783-1855) et *Eiraku* (1795-1855) transposent les modèles chinois.

Quelques définitions. Chaîre : petit bol à couvercle en ivoire contenant le thé vert en poudre (cérémonie du thé). **Chawan** : bol à thé (cérémonie du thé). **Hachiho** : « Huit Trésors ». Décor de monnaies, livres, perles, losanges, miroirs, cornes de rhinocéros, branchages et carillons. Apparaît surtout sur les porcelaines de Kutani. **Hanaike** : récipient pour des fleurs. **Koro** : brûle-parfum. **Mitzusashi** : récipient pour l'eau froide (cérémonie du thé). **Mizukoboshi** : récipient pour l'eau qui a servi à réchauffer et rincer le bol à thé (cérémonie du thé). **Shi kunshi** : « Quatre Amis ». Motif avec pin, prunier, bambou, chrysanthème ou orchidée associés. **Shochikubai** : décor du pin, du prunier et du bambou associés. **Suiteki** : petite verseuse pour la préparation de l'encre. **Suzurimono** : pierre à encre. **Tsubo** : jarre avec ou sans couvercle.

Porcelaine. **XVIIe s.** 1res porcelaines. 1ers bleu et blanc à Arita et Hiradō. Émaux colorés créés par Kakiemon et ses descendants. Imités par les artisans d'Arita pour la commande hollandaise, connus en Europe sous le nom d'*imari*. Nabeshima : production à partir de 1660 pour le seigneur. A Kutani, région de Kanazawa, création d'ateliers pour le Maeda *(daimyo)*. Production éphémère, goût chinois. **XIXe s.** nombreux ateliers mais décadence du goût. Porcelaine pour le thé et la table. **XXe s.** région de Seto et Arita. Potiers paysans (Honda, Tamba). Retour à la tradition populaire japonaise et coréenne avec Yanagi Sôetsu, créateur du mouvement Mingei.

Grands potiers. Hamada Chôjirô à Machiko, Kawai Kanjirô (†), Kaneshige Tôyô à Imbe (Bizen) (†), Arazawa Tôyôzô dans la région de Minō, Nakazatô à Karatsu...

Pièces les plus appréciées. Celles destinées à la cérémonie du thé. Également les productions contemporaines. Les porcelaines le sont moins, à l'exception des *kutani* et des *kakiemon*.

■ **Émaux.** *Cloisonnés :* principalement XVIIIe et XIXe s. (atelier de la famille Hirata ; fondateur Donin). Employés surtout pour gardes de sabre, souvent avec émaux translucides gravés. Fin XIXe s., imitation des cloisonnés chinois, à Kyōto, souvent signés.

■ **Estampes.** Dessin sur papier transparent, collé à l'envers sur une planche de bois de cerisier que le graveur incise à travers le papier. **Beni-e :** coloriée à la main en 2 ou 3 couleurs dont le *beni* (pourpre). **Benizuri-e :** 1res estampes imprimées en 2 ou 3 couleurs. **Hari-maze :** petites estampes groupées sur une même feuille. **Hashira-e :** format très étroit, en hauteur, 50 à 70 × 10 à 15 cm. **Ishizuri :** dessin blanc sur fond noir. **Kakemono-e :** grand format, en hauteur, 60 à 80 × 25 à 30 cm. **Nishiki-e :** polychrome, imprimée avec autant de planches que de couleurs. **Sumizuri-e :** impression en noir avec une planche unique. **Surimono :** polychrome, principalement XIXe s., pour commémorer une cérémonie ou envoyer des vœux. Impression soignée avec rehauts fréquents d'or, d'argent ; accompagnée de poèmes et de signatures. Petits et carrés ou très allongés. **Tany-e :** rehaussée à la main, en rouge orangé *(tan)* avec parfois touches vertes et jaunes. **Uchiwa :** en forme d'éventail. **Urushi-e :** coloriée à la main avec parties imitant la laque.

Principaux artistes. Bunchô (1725-94). Eishi (1756-1829). Goyo (n.c.). Harunobu (1724-70). Hashui (n.c.). Hiroshige I (1797-1858) ; II (1826-69) ; III (1843-94). Hokusai (1760-1849). Kampo (n.c.). Kiyonaga (1752-1815). Kiyonobu (1664-1729). Koryusai (1710-71). Kuniyoshi (1791-1861). Masanobu (1625-94). Moronobu (1618-94). Sharaku (vers 1790). Shigemasa (1738-1820). Shigenaga (1697-1756). Shin-sui (n.c.). Shun-ei (1762-1819). Shun-sen (n.c.). Shunsho (1726-92). Toyoharu Utagawa (1735-1814). Toyonobu (1711-85). Utagawa Toyokuni (1769-1825). Utamaro (1754-1806). Yoshida (n.c.).

■ **Fuchi-kashira.** Pommeaux et bagues de poignée.

■ **Inrô** (*in :* cachet, *rô :* boîte) [souvent en bois *hinoki*, recouverts de laque à décor et souvent incrustés]. Étuis portatifs en laque (5 à 7 cm sur 10 à 12 cm). Apparaissent fin XVIe s., jusqu'en 1850. Contenaient au début le cachet (sceau) que les hauts dignitaires devaient avoir à portée de main, suspendu à la ceinture du kimono par un cordon de soie, puis des herbes médicinales. Ils comprennent 2 ou plusieurs compartiments qui s'emboîtent. Certains demandent 8 à 10 ans de travail [séchage entre chaque couche (jusqu'à 30 pour les plus beaux)]. **Éléments du prix :** *qualité et couleur de la laque, du décor* (surtout animaux, puis paysages et personnages) ; *composition* (large et aérée de préférence aux scènes confuses et surchargées de détails) ; *état de conservation* (primordial). Artistes : Hon-ami Kâyetsu (1558-1637), O-gata Kô-rin (1661-1716), Koshida, Kenzan, Yoyusai († 1846), Shiomi, Masanari (1647-1738), Shibata, Zeshin (1807-91), dynasties Kajikawa, Koma, Shibayama (nombreux faux).

■ **Ivoires.** *Okimonos :* statuettes (10 à 25 cm) entre 1880 et 1930.

■ **Kimonos.** Les plus anciens datent du XVe s. Récents (1800-1950). **Kodansu.** Cabinets miniatures à tiroirs. XIXe s. **Kosuka.** Manches de petits couteaux portés le long du fourreau du sabre (utilisés pour manger, découper du papier, etc.).

■ **Masques.** **IXe-XVe s.** *gigaku*, en laque sèche (Kanshitsu, technique de la période Nara) ou en bois, d'aspect grotesque, pour danses religieuses ou militaires. **XIIe-XIIIe s.** *bugaku*, yeux de verre et mâchoire articulée, pour danses. **XIVe-XVIIIe s.** *nô*, enduits de blanc et de colle puis peints à l'eau, portés dans les drames lyriques.

■ **Netsuke** (prononcer *netské*, « racine qui fixe »). Haut. 2 à 10 cm, moyenne 5 à 6 cm, épaisseur 2 à 3 cm. Leur costume traditionnel ne comportant pas de poches, les Nippons des classes élevées suspendaient à leur ceinture différents objets (tabatières, inrô) à l'aide de cordonnets de soie terminés par les netsuke, qui servaient de boutons d'arrêt. Usage répandu au XVIIe s., apogée entre 1750 et 1800 ; en bois, buis, *hinoki* (cyprès), santal, *ébène* (cerisier) ; moins souvent : laque sur *hinoki* ou bambou, corail noir, *umoregi :* matière fossile végétale, corne de cerf ; plus modernes : jade ou pierre dure, métal. **1er type** (le plus apprécié) : *katabori :* sculptures en ronde-bosse, comportant généralement un *himotoshi :* trou pour passer la cordelette, sinon un *okimono :* ornement d'alcôve. Certains sont compacts ou très allongés et étroits *(sashi)*. *Sujets :* dieux et démons shintoïstes ou taoïstes, sages bouddhistes, animaux, puis fruits et légumes ; *époques :* surtout XVIIIe et XIXe s. ; *signatures :* environ 3 000 dont quelques dizaines renommées : Tomotada (XVIIIe s.), Masanao, Okatomo Okatori, Hogen, Rantei, Kuraigyoku Masatsugu, Ikkwan, Kano Tomokazu, Osaki Kokusai, Oshimura. Shuzan (fin XVIIe) n'a rien signé et beaucoup de netsuke portent une signature apocryphe ; *matière :* en G.-B. l'ivoire est plus apprécié que le bois. **2e type :** *manju :* souvent circulaires, diamètre 4 à 6 cm, généralement en ivoire, sculptés en bas-relief et gravés sur l'autre face. **3e type :** *kagamibuta :* souvent ronds, creusés d'une coupelle (ivoire ou corne), à bord légèrement incurvé contenant un disque ou métal (fait par les fabricants de *tsubas*, voir p. 453 a). **4e type :** *netsuke-masques :* ivoire, bois parfois laqué, peuvent être des copies en réduction de ceux des acteurs du *nô*, des danseurs de *bugaku* ou de *gigaku*, ou des représentations de démons.

■ **Paravents.** *Matériau :* papier ; *fond :* le plus souvent en or ; *composition :* hauteur 1,20 à 1,70 m, largeur 2 à 8 feuilles 60 à 70 cm (10 feuilles : commande spéciale) ; *dessin :* le plus souvent à « pleine surface » large de 5 à 6 m. Les plus anciens : IXe s.

■ **Peinture.** En général à l'encre de Chine ou avec des couleurs liquides, ignore clair-obscur et relief. La perspective n'apparaît qu'au XVIIIe s. L'artiste ne donne que l'indispensable pour l'évocation poétique. *Fresques* religieuses. *Kakemono* (rouleau de papier ou de soie, allongé en hauteur) ; *makimono* (en largeur) qu'on déroule pour les regarder. *Paravents. Portes à glissière. Éventails.*

Principaux artistes et écoles. **670-710** peintures murales du Hôryuji, monastère près de Nara. **VIIIe s.** peintures bouddhiques et profanes au Shôsôin du Todai-ji (Nara) depuis 756. **IXe-XIe s.** peintures bouddhiques ; profanes des ateliers de la cour (lignée des Kosé). Passage des sujets chinois *(kara-e)* à ceux d'inspiration japonaise *(yamato-e)*. **XIIe s.** épanouissement du *yamato-e*. Rouleaux à l'encre du *Kōzanji*, faussement attribués à Toba Sôjô, moine peintre. Portraits de Fujiwara Takanobu (1145-1206) et de son fils Nobuzane. **XIIIe-XIVe s.** perpétuation du *yamato-e*, double influence chinoise : *écoles Takuma* et *Suibokuga* (lavis à l'encre de Chine), paysages. Wen Zhengming (XIVe s.). **XIVe-XVIe s.** épanouissement du *suiboku-ga* (influence des peintures Song et Yuan) : Shûbun (1re moitié du XVe s.), Oguri Sôtan (1413-81), Sesshû (1420-1506), Nôami (1397-1471), Sôami (1450-1525), Sesson (1504-89). L'atelier de la cour (lignée des Tosa) perpétue le style *yamato-e*, nuages dorés et gaufrés : Mitsonobu (1430-1521), Mitsuoki (1617-91). *École Kanô* (influence chinoise des Ming) fondée par Kanô Masanobu (1434-1530) et son fils Motonobu (1476-1559). Kanô Eitoku (1543-90) adopte des fonds or pour ses décors de paravents et de portes à glissière. **XVIIe s.** *l'école Kanô*, école officielle jusqu'en 1868, se divise en 2 branches [Kâno Tan-nyû et ses frères vont à Edo ; Kanô Sanraku (1559-1635) et Sansetsu (1590-1651) restent à Kyōto]. Décorateurs : Kôetsu (1588-1637), Sôtatsu Kôrin (1638-1716), Hoistsu (1761-1828), Kenzan (1663-1723). **XVIIIe s.** influence chinoise : réalisme. *École Shijô :* à Kyōto, fondée par Hanabusa Itchô (1652-1724), Maruyama Okyô (1733-95) et son disciple Goshun (1752-1811). *École ukiyo-e*, peinture du monde flottant : peinture de genre (estampes). Influence chinoise des lettres de l'époque Yuan et Ming : Nanga (école du Sud) ou Bunjinga (école des lettrés individualistes) : Talga (1723-76), Yosa Buson (1716-83), Gyokudô (1745-1821), Aoki Mokubei (1767-1883), Tessai (1836-1924). **XIXe-XXe s.** à partir de 1850, influence occidentale prépondérante. Retour au *yamato-e*.

■ **Sabres.** Les plus anciens (lame droite à double tranchant) sont antérieurs à 756. La lame est courbe depuis 900. **Époques :** *Héian* (794-1185) : fin et peu adapté au combat ; *Kamakura* (1185-1335) : plus trapu, pointe plus longue (*tachi*, porté suspendu à 2 bélières) ; *Muromachi* (1392-1598) : période de guerres perpétuelles : par manque de chevaux, le samouraï combat à pied et raccourcit son sabre pour le glisser dans la ceinture (*katana* porté sur la face droite et *wakizashi* passé dans la ceinture, le tranchant tourné vers le ciel) ; *Edo* (1596-1868) : périodes Shintō et Shinshintō : paix relative, montures richement ornées. Le port des sabres et armures a été interdit en 1873.

■ **Sculpture.** **VIIe s.** influence coréenne. Statuettes en bronze doré. Statues en bois de camphrier. **VIIIe s.** influence chinoise Tang. Grand bouddha du Todai-ji de Nara. Laque sèche et terre (décor polychrome) dans les monastères (Nara). **IXe-Xe s.** grande statuaire en bois (torse taillé d'un seul tenant, draperies, plusieurs bras et têtes). **XIe s.** bois laqué, doré, en plusieurs morceaux assemblés. Constitution d'ateliers. **XIIe s.** aspect précieux. Multiplication des images. **XIIIe s.** retour au style du VIIIe s. influencé par la Chine des Song : *unkei*. Réalisme. **XIVe-XVe s.** portraits de moines zen assis dans de hautes chaires. **XVIe-XVIIe s.** sculpture décorative dans monastères et résidences (décor ajouré peint et doré), se perpétue sous les Tokugawa (mausolée Niklo). **XVIIIe-XIXe s.** nombreux *netsuke* en buis, ivoire, sculptures expressives zen *(enku)*. Bouddhas.

Nota. – La pierre a été très peu travaillée. XIIe-XIIIe s. : on trouve de grandes images gravées sur des pans de collines.

■ **Tabatières.** En forme de flacon (chinois pour tabac à priser) ; pochettes (*Tonkoïsu* pour tabac à fumer dans une pipe *Nizeru*).

■ **Tsuba.** Gardes de sabre amovibles, plaques arrondies ou multilobées (de 7 à 10 cm), en fer à l'origine, puis en bronze, cuivre, argent, percé d'un trou [tsubas de *tachi* (sabre long)] ou de 2 ou + [tsubas de *uchigatana* (sabre moyen)] où l'on enfilait le couteau (*kozuka*) et une baguette (*kogaï*). Apparues au VIIIe s., deviennent des objets d'art au XVe s. D'abord œuvres des armuriers puis, à partir du XVIe s., de dynasties d'artisans spécialisés, parfois véritables joailliers utilisant pour les décors (fleurs, arbres, oiseaux, personnages...) des techniques très variées : ajourages, ciselures, reliefs, incrustations, dorure, etc. Sont souvent signées. Au XVIIe s. : nombreuses écoles régionales (Higo, Awa, Dewa). Il y a des gardes de sabre avec des dessins chrétiens cachés. Les tsubas disparaissent avec l'interdiction du port du sabre (1873). Il resterait 5 millions de tsubas dans le monde. **Termes :** *gin* (argent), *kin* (or), *kinko* (orfèvre), *kinzogan* (incrustation d'or), *mei* (signature), *shakudo* (alliage cuivre et or à patine bleu-noir), *sentukodo* (cuivre, zinc, étain), *shibuichi* (alliage métallique ressemblant à de l'argent), *sentoku* (bronze jaune), *shippo* (émail), *takazogan* (relief incrusté), *tsuchime-ji* (surface martelée), *udenuki-ana* (orifice pour passer le cordon), *yamagane* (cuivre brut). **Cours :** les plus chers : tsubas (d'orfèvre) avec leur sabre ; moins prises : ceux en fer ciselé ou damasquinés.

ART OCÉANIEN

■ **Caractéristiques.** Objets souvent en bois ou en fibre végétale (Mélanésie), en pierre (Polynésie, Micronésie). Seuls sont authentiques les objets utilisés par les indigènes.

■ **Quelques objets et cours élevés** (en milliers de F). **Bornéo :** poteau funéraire dayak 17,5 (1991). **Cook (îles) :** petit siège 70 (1991), statue de Rarotonga, 1 650 (record, 1978), *ta iri* (éventail). **Hawaii** (objets les plus appréciés) : *ahu'ula* (vêtement polynésien) 1 200 (1977), sculpture (*stick god*), tambour, instruments de torture (en dents de requin) 250 à 300, colliers (*lei niho palaoa*) 4 à 12 cm. **Indonésie :** statue de village 62 (1991). **Marquises (îles) :** couronne en écaille, manche d'éventail en ivoire sculpté, casse-tête, *tiki* (sculpture anthropomorphe en pierre). **Nlle-Bretagne :** crâne humain surmodelé, bouclier, masque de danse. **Nlle-Calédonie :** chambranle 370 (1978), masque 281 (1985), statue d'homme kanak 500 (1995). **Nlle-Guinée :** appui-tête (*korwar*) 33 (1991), gardien de case 280 (1988), masque 420 (1988), ornement de flûte sacrée (*vuave*) 700 (1992). **Nlle-Irlande :** *malanggan* (sculpture de bois) 20 à 1 000, proue de pirogue, *totok* (sculpture de 1,20 m à 1,80 m plantée en terre), 25 à 90, masque 15 à 45. **Nlle-Zélande :** *tiki* en jade, boîte à trésor, linteau de porte, statue (XIXe s.) 6 000 (1998). **Pâques (île de) :** statuette 3 à 200. **Pentecôte (île de la) :** masque en bois 250 à 1 500. **Salomon (îles) :** figure de proue de pirogue 240. **Tahiti :** tabouret de chef 70 et plus, *tapas* 5 à 10. **Tubuaï :** tambour de sacrifice 1 845 (record, 1980). **Vanuatu :** *muyu ne bu* (pierre à cochons, sculptée en forme de tête humaine pour le commerce des cochons) 8 à 20, plat en bois 10, *rambaramb* (mannequin funéraire du sud de Malekula) à partir de 20, assommoir à porcs 7. **Wallis :** *tapas* 1,5 à 4.

ARMES ET ARMURES

ARMES A FEU

☞ **Acquisition, détention** (voir le chapitre **Formalités**).

■ **Systèmes de mise à feu.** Armes à mèche (fin XVe s. : arquebuse, couleuvrine, etc.), à rouet (XVIe s.), à chenapan (fin XVIe s.), à silex (XVIIe-début XIXe s.), à percussion (à partir de 1825). Certaines se chargent par la bouche, d'autres par la culasse. 2 catégories. *Réglementaires :* en usage dans les armées régulières, et armes d'honneur et armes de récompense distribuées après 1796, portant une plaque d'argent où était gravée une dédicace et l'identité du récipiendaire : environ 2 200. *Non réglementaires ou civiles :* armes de poing (pistolet, revolver) et armes d'épaule (fusil, carabine, mousquet).

1er pistolet réglementaire fabriqué en série modèle 1733 (pistolet de cavalerie). **1er revolver** dû à Samuel Colt (1814-62), avec la mise au point du système à barillet (les revolvers réglementaires français apparaissent en 1858). **1er brevet d'arme automatique** déposé en 1888 par Clair. **1re arme réglementaire à cartouche et chargement par la culasse :** Dreyse (All., 1839), Chassepot (France, 1866). Pauly (Suisse) avait proposé le système en 1812 à Napoléon qui l'avait refusé, craignant le gaspillage de munitions.

■ **Cours** (en milliers de F). Un pistolet à silex transformé perd 1/3 de sa valeur ; les armes à silex transformées en « armes à capsule » et à nouveau converties en armes à pierre perdent les 2/3. **Pistolets** *à rouet :* paire gravée 820 (1986). **XVIIe s.** **Arquebuses** *à rouet :* du cabinet d'armes de Louis XIII 550 (1988) ; *à air comprimé :* Bohême 80 (1983). **Fusils** *à pierre :* signé Piraube 76 (1975), du roi Louis XIII 1 375 (1972) ; *à silex :* de Louis XIV avec 2 canons tournants 300 (1985). **Pistolets** *à rouet :* Allemagne 820 (1987), France : alsacien (signé Elias Gessler, vers 1600) 320 (1981), de Louis XIII (restauré) 182 (1979), de Louis XIV (paire) 234 (1975) ; *à silex :* paire (signée Monlong, Londres 1690-1700, à 2 canons tournants, offert par Louis XIV à un prince étranger) 1 242 (1984) ; de Johann Michael Maucher (1645-1701) 240 (1999). **XVIIIe s.** **Fusil** *de chasse :* de Le Page (1775, ayant appartenu à Napoléon Ier) 340 (1992), de Chasteau (1765) 51 (1992), de Cramon Jeune 80 (1994). **Pistolets** (paire) 15 à 90 ; *réglementaire* (à partir de 1733) : modèles 1763, 1777, an IX, an XIII : 12 à 18. **Pistolets** (paire) : de Boutet 450 (1997) ; récompense de Boutet à De Billy 1 020 (1996). **XIXe s.** **Armes de poing à système** (1840-1910) : exemples :

revolver clic-clac (fixé aux jarretelles des dames) 7 (1992) ; *miniature de dame* 12 (1992). **Bonnes armes à feu :** *d'officier* (paire) 30, coffret Ier Empire 300 (1988) ; *de général* (paire), de Boutet 260 (1999) ; *à silex* (paire) 280 (1984) ; *d'arçon à silex :* France (vers 1800), Vignat à Marseille 71 (1991) ; *de garde du corps du roi :* Restauration 60 (1988). **Carabines** *de chasse à silex :* de Lepage (1806) 34,5 (1995), de Boutet 155 (1988). **Fusil** ayant appartenu à Napoléon Ier 399 (1977) ; par Brun, 2 canons avec incrustations 880 (1993) ; *d'enfant :* du roi de Rome 830 (1987) ; *cassette :* pistolet de duel de Boutet 660 (1981). **Fusils de chasse :** Holland & Holland (1906) 53 (1994) ; Purdey jusqu'à 370 (1992) ; Boutet double à silex 321 (1999). **Borchardt** 50 (1988). **Fusil** *à silex :* donné en récompense par le roi 30 à 65 (1997).

☞ **XVIe-XIXe s. Poires à poudre** de 0,5 à 50. **Carabine** à percussion de Lebeda 150 (2000).

Armes blanches, défensives, d'hast, de jet

■ **Éléments du prix.** Ancienneté, rareté (2 200 armes réglementaires, de gardes du corps du roi et d'honneur distribuées de 1796 à 1804), état de conservation, qualité du décor, signature d'un maître fourbisseur [Nicolas Boutet (1761-1838), Manceaux], appartenance à un personnage célèbre. Les sabres sont beaucoup plus cotés que les épées.

■ **Cours** (en milliers de F). **Armes blanches. XVIIe s.** *épée* 360 (1983). **XVIIIe s.** *épée de cour* 205 (1983), *de mousquetaire* (monture en bronze) 48,5 (2001). *Sabre français* 234 (sabre de Kellermann brandi à Valmy, le 20-9-1792, 180). *Kindjal turc* ciselé 21,5 (1991) **XIXe s.** *épée de cour* 77 (1999) ; *glaive* destiné à l'un des 3 consuls 205 (1980) ; *sabres réglementaires* (Ier Empire) *de hussard cavalerie légère* (de Boutet) 181 (1992) ; *sabre de marine* 61 (1992) ; *d'honneur* 100 (1995) ; *d'officier de grenadier à cheval de la Garde impériale* 251 (1998) ; *de luxe* du Mal Bessières (par Lepage) ; 840 (record, 1994). *Épée* de Cambacérès 95 (1975) ; avec garde en or 227 (1984) ; **Restauration :** *sabres à l'orientale* 52 (1995). **Afrique :** *récades anciennes* Dahomey 10 à 20, *haches en fer forgé* Gabon 10 à 20 ; *armes du Congo* 5 à 20. **Asie :** *poignard* à lame courbe or et pierres précieuses 250 (1980) sabre indonésien XVIIIe s. 15 (1997).

Armes défensives. Rondache : *Italie (vers 1575-85)* 5 à 20. **Casque :** *Ier Empire :* cuirassier 140, génie (officier de la garde impériale) 110 (1996), cuirasse de cuirassier 350 et 450 (2000). *Restauration* (maison du roi) : 15 à 65 (1990). *IId Empire :* cuirassier de la garde 30 à 50, colonel des Cent-Gardes 65. *1889-99* prussien 39 (1992). *1914-18* 0,2 à 0,6, cuirassier ou dragon 4 à 6, avec plumet 3, de général bavarois 27 (1992), d'officier des gardes du corps du Kaiser 70 (1992). **Cuirasse :** *début XIXe s. :* officier de cuirassier (modèle 1812) 340 (2000). *Restauration :* officier de la garde royale (avec casque) 100 à 120, nationale à cheval 26 (1992) ; *IId Empire :* carabinier de la garde impériale (avec casque) 35 à 80 (1992). *IIIe République :* troupe 3 à 3,5.

Armes d'hast [armes en fer monté sur hampe (longue hampe) et armes contondantes]. **XVe, XVIe** et **XVIIe s :** *hallebarde* 3 à 90 ; *masse d'armes* 0,6 à 20 ; *lances* (réglementaires françaises) modèles *1816, 1823, 1890, 1912 :* 1,5 à 3,5.

Armes de jet. XVe, XVIe et XVIIe s : **arbalète** 15 à 200 ; **couteau de jet** (Gabon) 5 à 20.

Armures

■ **Types.** Utilisées depuis l'Antiquité. L'armure romaine comprenait haut-de-corps, casque et bouclier. Aux XIIIe, XIVe et XVe s., l'armure se compléta et s'alourdit ; elle disparut au XVIIe s. Les plus célèbres armuriers travaillaient alors à Milan (Italie) ; Augsbourg, Nuremberg et Landshut (Allemagne) ; Greenwich (Angl.) ; Tours (France). Au XVe s., une armure pesait de 18 à 24 kg, au XVIIe s., une demi-armure (sans les défenses des jambes) 35 kg, des armures de siège parfois plus de 50 kg.

■ **Cours** (en milliers de F). **XVe s.** *bassinet* allemand (vers 1400) except. 1 110 (1983). *Armure* tyrolienne 1 200 (1983). *Cotte de mailles* damasquinée (Égypte, vers 1440) pour le sultan 2 192 (1996). **XVIe s.** *armet* français 11 à 533 (1983). *Armure* d'Henri II (vers 1540-45) 22 325 (record, 1983). *Demi-armure* anglaise 180 (1982). *Chanfrein de cheval* ottoman (vers 1512-20) acier gravé 650 (1992). *Casque* Megroli 220 et 280 (2000). **XVIIe s.** *armure* anglaise (1610-13), atelier de Greenwich, William Pickering pour le duc de Brunswick 4 485 (1981, record mondial). **XIXe s.** *armure* de style 25 à 80 (1998), maximilienne (reproduction) 148 (1990), japonaise 80 (1992).

Principales collections

☞ *Abréviation :* m. : musée.

Allemagne *Berlin. Dresde.* **Autriche** *Vienne :* Neue Hofburg (Waffensammlung). **Belgique** *Bruxelles :* m. de la Porte de Hal ; m. de l'Armée. **Espagne** *Madrid :* Real Armería. **États-Unis** *New York :* Metropolitan Museum. **France** *Aubagne :* m. de la Légion étrangère. *Besançon :* m. du Palais Granvelle. *Bordeaux :* m. de la Marine. *Caen :* Mémorial. *Gien :* m. de la Chasse. *Melun :* m. de la Gendarmerie. *Paris :* m. de l'Armée (Invalides) ; m. de la Marine (Chaillot) ; m. des Chasseurs alpins (château de Vincennes) ; maison de la Chasse et de la Nature (hôtel Guénégaud), m. de la Légion d'honneur (armes d'honneur) ; m. de l'Air et de l'Espace (Le Bourget). *Péronne :* Historial. *Salon-de-Provence :* m. de l'Empéri. *Saumur :* m. de la Cavalerie et m. des Blindés. *Senlis :* m. de la Vénerie. *Tarbes :* m. international des Hussards. *Tulle :* m. du Cloître. **Grande-Bretagne** *Londres :* National Army Museum ; Wallace Collection ; Victoria and Albert Museum ; Tour de Londres. *Windsor. Glasgow* (collection Scott). **Italie** *Florence* (collection Stibert). *Naples. Rome* (collection Odescalchi). *Turin :* Armeria Reale. **Monaco** m. napoléonien. **Suisse** *Berne :* m. historique. *Genève :* m. historique. *Zurich :* m. national. **Russie** *Moscou :* Kremlin. *St-Pétersbourg :* m. de l'Ermitage.

Cartes postales

☞ *Abréviation :* c. : carte(s).

Origine

Xe s. (Chine) 1res cartes de vœux illustrées. **1855** Fenner Matter aurait fait à Bâle quelques tirages en lithographie. **1862** l'administration postale française autorise des cartons privés avec correspondance à découvert. **1869** (1-10) 1re carte postale officielle à Vienne (Autriche), par Ludovic Zrenner.

Éditions officielles. *Autriche-Hongrie* (1-10-1869), *Allemagne, G.-B., Luxembourg* (1870), *Belgique, Canada, P.-Bas* et *Suisse* (1871), *Russie* (1872). *France* (loi du 20-12-1872) : parution de 2 cartes non illustrées le 15-1-1873 (la 1re est destinée à circuler à découvert en France et en Algérie dans une même ville ou dans la circonscription d'un même bureau ; à droite, cadre rectangulaire avec inscription : place pour 2 timbres à 5 centimes) ; on utilisa déjà pendant la guerre de 1870 des c. d'ambulances ou de secours aux blessés, c. par ballon monté ou non monté, c.-réponse. *Espagne, Japon, USA* (1873), *Italie* et *G.-B.* (1874). **Émissions privées. 1873** c. publicitaires (*exemple :* Belle Jardinière). **1889** à l'Exposition, une c. de la tour Eiffel [gravée par Charles-Léon Libonis (né 1844), 5 modèles connus, tirage initial 300 000 environ, il en resterait à peu près 5 000] est éditée par la Sté d'exploitation de la Tour (et non par *le Figaro*, comme on l'a cru). **1891** c. publicitaires photographiques de Dominique Piazza adressant des vues de Marseille en Argentine.

Quelques chiffres

■ **Négociants en cartes.** *1999 :* 600 (dont 50 en Belgique). La c. moderne est vendue en « carterie » ; elle intéresse environ la moitié des cartophiles. *Clubs de cartophiles :* 200, bulletins 40.

■ **Collectionneurs membres de cercles et,** entre parenthèses, **acheteurs réguliers de cartes.** Ex-RFA-Autriche 2 000 (60 000), Belgique 4 000 (70 000), *France* 18 000 (400 000), G.-B. 10 000 (200 000), Italie 3 000 (200 000), Scandinavie 5 000 (200 000), Suisse 500 (8 000), USA 30 000 (400 000).

☞ **En France :** *marché de la c. postale de collection :* l'équivalent d'environ 1 200 millions de F (dont en commerce officiel 400, en échange 800).

■ **Production mondiale.** Plusieurs milliards (en 1905 : 450 millions de cartes furent imprimées) ; une ville moyenne de 10 000 habitants comptait 2 000 c. éditées avant 1918 ; de 50 000 hab. : 10 000, etc.

☞ **La plus vendue :** tour Eiffel, plus de 5 milliards d'exemplaires depuis 1889. **Tirage moyen :** c. postales pittoresques jusqu'à 3 000 000 d'exemplaires, à message 1 000 000 d'exemplaires. **Sujet le plus apprécié :** coucher de soleil sur la mer. **Nombre de cartes envoyées par an :** Anglais 45, Américains 32, Français 6.

Cours (en F)

■ **Éléments du prix.** Selon rareté, état, époque, lieu concerné, thème, qualité de l'illustration, plan choisi (plus il est rapproché, plus il est coté). Un coin plié diminue de 1/4 la valeur, un coin manquant des 3/4. Les plus cotées : grands illustrateurs ; régionales ; thèmes précis (petits métiers, poste, naissance de l'aviation, etc.).

D'après une étude parue dans l'*Officiel international des cartes postales,* dans les ventes aux enchères, sur environ 300 000 c., 30 % se vendent moins de 1 F, 45 % de 1 à 10 F, 25 % plus de 10 F ; 1 c. sur 140 plus de 100 F, 1 sur 2 000 plus de 500 F.

■ **Cotes de quelques artistes** (1981-99). *Balla* 300 à 700 ; *Basch* (Arpad) 80 à 1 300 ; *Berthon* 250 à 1 000 ; *Boileau* 20 à 500 ; *Boutet* (bonnes c. postales) 25 à 3 200 ; *Brunelleschi* 150 à 1 200 ; *Cassandre* 140 à 5 000 ; *Chéret* 80 à 1 200 ; *Christiansen* (Hans) 600 à 2 400 ; *Combas,* proverbes 600 à 1 200 ; *Danniell* (Eva) 600 à 800 ; *Dola* jusqu'à 750 ; *Fabiano* 35 à 150 ; *Feure* (De) 800 à 6 800 ; *Freud* (autographe) 9 500 ; *Goucharova* (lithographie) 6 000 ; *Grasset* 300 à 3 000. *Jossot,* publicitaire 700 à 2 500 ; *Kandinsky* 20 000 ; *Kirchner* (R.) 250 à 2 000 ; *Kokoschka* 4 000 à 7 500 [except. 118 000 (1983)] ; *Laskoff* 800 ; *Larionov* (lithographie) 6 000 ; *Likartz* (Maria) 700 à 3 000 ; *Malevitch* (lithographie) 10 000 ; *Meunier* (H.) 300 à 900 ; *Mucha* 250 à 57 750 ; *Nolde* (Emil) 150 à 350 ; *Orens* numérotées 50 à 3 800 ; *Picasso* 100 à 5 000 ; *Privat-Livemont* 1 400 à 3 000 ; *Rabier* 35 à 500 ; *Ray* (Man) [USA] 310 à 600 ; *Sager* (2e période) 20 à 130 ; *Schiele* (Egon) 3 000 à 40 000, lithographie : 40 000 ; *Signac* 2 500 ; *Steinlen* 100 à 2 800 ; *Tafuri* (R.) 60 à 400, except. 2 000 ; *Toulouse-Lautrec* 5 000 à 8 000 ; *Vallotton* (Félix) 400 à 800 ; *Villon* 2 000 à 5 000 ; *Wain* (Louis), chats 60 à 150.

■ **Cartes régionales les plus chères (1980/1999)** avec no du département et prix en F. **Thèmes régionaux :** *Pont de Beauvoisin* (38), médecins et pauvres 18 005 ; *Pouxeux* (88), attelage de chiens Robin 12 105 ; *Normandie,* vannier 10 555 ; *Alès* (30), rémouleur ambulant 10 000 ; *Marseille* (13), grilleuse de marrons 9 040 ; *Tours* (37), cordiers 8 805 ; *Sorbais* (02), attelage de chiens 8 505 ; *Bretagne,* devineresse 8 505 ; *Annecy* (74), petite porteuse de lait 8 115 ; *Nantes* (44), attelage de chiens 8 010 ; *Bessin* (14), rémouleur 7 555 ; *Vitré* (35), la Croix 6 593 ; *Romorantin* (41), montreur d'ours 7 500 ; *Béziers* (34), attelage de chiens 7 015 ; *Bayonne* (64), montreur d'ours 7 005 ; *Guérande* (44), rémouleur 6 755 ; *Frangy* (74), rémouleur 6 605 ; *Châteauneuf* (48), lutte à l'ours 6 120 ; *Cahaix* (29), jeune fille 6 116 ; *Choisy* (94), montreur d'ours 6 115 ; *Compiègne* (60), rémouleur 6 110 ; *Saintes* (17), raccommodeur de porcelaine 6 015 ; *Jardin des Plantes* (75), vendeur de cartes postales 5 841 ; *Limoux* (11), montreur d'ours 5 430 ; *Tonnerre* (89), bohémiens montreurs d'ours 5 351 ; *Replonges* (01), corderie 5 205 ; *Percy* (50), rémouleur du pays 5 074 ; *Celles* (79), marchand de gaufrettes 5 015 ; *Dunkerque* (59), rémouleur 5 013 ; *Sancerre* (18), montreur d'ours 5 005 ; *Châtellerault* (86), rue des Ruttes 5 005.

☞ **Bibliographie annuelle :** *Officiel international des cartes postales* (Gérard Neudin, 10 000 exemplaires en 1999, 1 000 adresses, plus de 20 000 cotations). **Revues :** *Cartes postales et collections,* BP 15, 95220 Herblay. *Historique de la carte postale illustrée,* même adresse. Rubriques dans *le Collectionneur français, le Monde des philatélistes...*

Céramique

Techniques

■ **Nom.** Du grec *keramos,* désignant les cornes de certains animaux puis les coupes (en forme de cornes) en argile séchée. **Définition.** Matériaux inorganiques non métalliques dont le processus d'élaboration comporte un traitement thermique à haute température, les verres étant généralement considérés à part. Exemples : tuile, brique de terre cuite, revêtement réfractaire, carreau de grès. **Évolution.** Le silicate d'alumine hydraté contenu dans l'argile permet, à l'état humide, le travail de la terre. On modela d'abord l'argile à partir d'une boule que l'on creusait, puis on fabriqua des *colombins* (boudins de pâte enroulés les uns au-dessus des autres, et lissés à la main). Enfin, les potiers inventèrent le *tour :* plateau de bois monté sur pivot ; une boule de terre est placée au centre du plateau, le pivot, actionné par une pédale, fait tourner le plateau, la vitesse du tour donne au modelage une forme régulière.

■ **Températures de cuisson.** *Ordre de grandeur :* Copenhague (porcelaine dure) 1 370 °C. Sèvres (porcelaine dure) 1 300 °C-1 410 °C. Grès cérame 1 250 °C-1 310 °C. Angleterre (porcelaine tendre) 1 200 °C-1 300 °C. Sèvres (porcelaine tendre) 800 °C à 900 °C. Majolique 1 200 °C-1 300 °C. Poterie commune 850 °C-900 °C.

■ **Entretien.** *Faïences et porcelaines anciennes :* passer au pinceau du savon noir à l'ancienne, laisser sécher 5 minutes, rincer à l'eau courante, essuyer. *Détersifs :* attaquent la dorure. *Fêlure* (cheveu) : pour la déceler, ne pas se fier au son mais passer l'objet à la lampe à ultraviolets.

Différentes sortes

A pâte poreuse

■ **Faïence. Commune** ou **stannifère :** à base d'argile, marne et sable, recouverte d'un émail à base d'étain, opaque, généralement blanc. Le nom vient de *faenza* (vase d'Italie). Dans certains cas (faïence de Delft) un 2e revêtement (glaçure transparente) rehausse les couleurs. **Fine :** apparaît en G.-B. fin XVIIe s., en France au XVIIIe s. Parfois imperméable. Recouverte d'une *glaçure* transparente, en général incolore. Suivant la pâte, on distingue : *terre de pipe* (argile, silex, craie) ; *cailloutage* (argile, silex) ; *faïence fine feldspathique* (silex, argile, kaolin et feldspath).

■ **Majoliques.** De *obra malica* (productions de Malaga, Espagne). Faïence à glaçures stannifères (à base d'étain), introduite en Italie (*maiolica*) par des artisans de Majorque, déjà connue en Perse.

■ **Azulejos.** Carreaux de faïence émaillée à dessins bleu azur. D'origine orientale, ils furent beaucoup employés en Espagne et au Portugal.

■ **Terre cuite.** Rougeâtre, à base d'argile et de sable. Exemples : vases grecs et statuettes comme les *tanagras,* bas-reliefs du Moyen Age, terres cuites de G. Pilon, bustes, groupes et médaillons du XVIIIe s. (Houdon, Clodion, Marin, Nini).

A pâte imperméable

■ **Biscuit.** Porcelaine sans couverte cuite une seule fois entre 1 000 et 1 100 °C (pâte tendre ; blanc crémeux, lisse, sonorité mate) ou entre 1 300 et 1 410 °C (blanc froid, léger grain, sonorité cristalline), sans couverte.

■ **Grès cérame.** A pâte dure et opaque. *Grès commun* : mélange d'argiles vitrifiables ; *grès fins ou composés* : argile additionnée de feldspath.

■ **Porcelaine.** Marco Polo découvrit la vaisselle chinoise blanche et la compara à la nacre des coquillages, *porcella*, qui servaient d'écuelles. Pâte compacte translucide et non colorée, composée d'un matériau fusible (feldspath, fritte) soutenu par une ossature infusible (kaolin, marne). Cuite 2 fois. Après une 1re cuisson, le *dégourdi* est recouvert d'une *couverte* et recuit.

Porcelaine dure ou **chinoise :** connue en Chine et au Japon aux VIe-VIIe s. ; redécouverte à Meissen, Allemagne, par Böttger en 1709 (découverte des gisements de kaolin). Fabriquée en France à Strasbourg en 1751 par Paul Hannong avec du kaolin venu d'Allemagne, puis à Paris, Sèvres, Marseille, Niderviller, Limoges, après la découverte de kaolin à St-Yrieix (Hte-Vienne) en 1768. Turgot crée la 1re manufacture à Limoges le 15-5-1784 (rattachée à Sèvres). 1842 installation de David Haviland pour exportations aux USA. 1880 triomphe du Limoges à l'Exposition internationale. Pâte fine, dure et translucide : kaolin pur ou mélangé de marne, magnésie, feldspath (petuntse). Couverte dure : feldspath quartzeux.

Porcelaine tendre artificielle ou **française** (obtenue à Rouen en 1673) : pâte translucide à base de craie et de fritte alcaline (mélange déjà vitrifié en partie et broyé), très peu utilisée de nos jours.

Porcelaine tendre naturelle ou **anglaise** (obtenue vers 1750) : pâte : argile, os calcinés, sable et feldspath. Glaçure : feldspath, silex, minium, soude. Elle ne va pas au feu.

Lithophanie : procédé céramique (brevet du baron de Bourgoing, 1827), décoration en relief que l'on voit à travers un éclairage (abat-jour). Vogue à l'époque romantique [Allemagne, France (Paris, Limoges), Russie].

☞ **Chambrelans :** nom donné aux peintres qui travaillaient chez eux. Ils décoraient les porcelaines blanches de diverses manufactures.

Principaux pays

☞ Les pièces du début de fabrique sont de meilleure qualité. Les décors aux paysages et oiseaux sont plus rares que les motifs floraux, ainsi que les fonds jaunes et roses. Pièce restaurée : environ 75 % de sa valeur.

France

■ **Centres. Faïence et faïence fine :** *Amiens. Aprey :* 1re manufacture 1744. *Apt-en-Vaucluse. Avon. Bellevue. Bonnétable. Bourg-la-Reine* (1773). *Chantilly. Charolles. Choisy. Clermont-Ferrand. Creil. Forges-les-Eaux. Gien :* 1re manufacture 1821 (Ulysse Bertrand), décors fin XIXe ; les plus recherchés : *style Renaissance* : grands *plats* ; dans le goût de Rouen, Moustiers, Marseille, décor mythologique ; *vases* potiches ; *assiettes* armoiries « Rambouillet ». *Les Islettes. Langeais. Lille. Limoges. Lunéville. Lyon. Malicorne. Manerbe. Marans. Marseille* (Étienne Héraud, Leroy, Fauchier, Veuve Perrin, Honoré Savy, Gaspard Robert, Antoine Bonnefoy). *Meillonnas. Montières. Montpellier. Montereau. Moulins. Moustiers :* famille Clérissy (1re manufacture vers 1675 à 1783), Olérys, Fouque, Pelloquin, Féraud, Ferrat ; manière italienne jusqu'en 1720. Puis, avec Clérissy, le motif central est entouré d'une broderie très fine ; 1ers décors : mythologie, histoire dans un camaïeu bleu (sur blanc mat), puis ornements légers, « grotesques », pièces à guirlandes et médaillons aux armoiries, au drapeau, « à la fleur de pomme de terre » (Olérys), vert émeraude, rouges profonds, fleurs, paysages, motifs « au chinois ». Influence sur Lyon, Bordeaux, Marseille (Fauchier), Montauban, Aubagne. *Nevers :* les frères Conrade, Barthélemy Boursier, Nicolas Estienne, Pierre Custode ; manière italienne de la fin du XVIe s. à 1670 ; puis thèmes et motifs originaux : fleurs et oiseaux en blanc et jaune sur fond bleu ou bleu persan ; quelquefois, fond jaune orangé, décors en blanc et bleu ; aussi pastiches des porcelaines chinoises ou japonaises et des autres centres (Rouen, Moustiers, Meissen). Fin XVIIIe s., productions populaires en quadrichromie (dont révolutionnaires). Influence sur Ancy-le-Franc, La Rochelle, Moulins, St-Amand-les-Eaux, La Charité-sur-Loire. « Bleu persan », décor blanc parfois rehaussé de jaune ou d'ocre. *Niderviller* (Michel Anstett). *Nîmes* (Antoine Syjalon). *Orléans. Paris* (dont Pont-aux-Choux). *Quimper :* manufactures Henriot, La Hubaudière et Porquier-Beau. *Rennes. Roanne* (XVIIe au XXe s.). *La Rochelle* (1re manufacture 1721). *Rouen :* Masseot Abaquesne, les Poterat, Guillibaud, Levavasseur ; *1re période (1530-60) : majoliques* de Masséot Abaquesne (*carrelages* d'Écouen, *pots de pharmacie, vases*), très rares ; *2e (1647-1700) : imitation de Nevers et Delft,* très rare ; *3e (à partir de 1680) :* style rayonnant très recherché ; *décor bleu ; bleu et rouge ; niellé* (argent incrusté d'émail noir) sur fond ocre ; *4e (1700-50) ; 5e (1750-70) :* style rocaille ; *6e (1770-85). St-Clément. St-Omer. St-Porchaire :* prix très élevés (plus de 200 000 F-or en 1860). *Salins. Sarreguemines* (1re manufacture 1790). *Sceaux* (R. Glot, J. Chapelle). *Sinceny* (Dominique Pellevé). *Strasbourg* (les Hannong, Frédéric de Lœwenfinck). *Toul. Toulouse : époque gallo-romaine :* céramiques utilitaires orangées, revêtues d'un engobe doré à forte teneur en mica ; *XIVe et XVe s. :* poteries gris sombre ou noires concurrencées par l'émail plombifère ; *XVIIe s. :* 1re faïencerie : Georges d'Olive, Guillaume Ollivier et Claude Favier ; *XVIIIe s. :* fondation d'autres faïenceries ; vers 1788, fabrique de faïence anglaise ou demi-porcelaine sans adjonction d'étain, pour concurrencer les produits anglais : assiettes imprimées (vues de Toulouse, histoire de la ville, cavaliers, divers personnages ou mois de l'année). *Vallauris.* **Principaux centres ayant fait des décors de grand feu** (peint sur l'émail cru et cuit en même temps que l'émail) : *Marseille* (Clérissy, Fauchier), *Moustiers, Nevers, Rouen, St-Jean-du-Désert.* **De petit feu** (une fois peint, l'émail cuit est fixé à faible température) : *Marseille* (veuve Perrin), *Niderviller, Rouen* (1770-85, Levavasseur), *Sceaux, Strasbourg.*

Nota. – Bernard Palissy (1510-89), connu pour avoir, selon une légende, brûlé jusqu'à ses meubles pour retrouver les procédés italiens, a laissé des faïences fines ornées de figures en ronde-bosse.

Porcelaine : *Arras* 1770-90. *Boissettes* 1778. *Bordeaux* (plusieurs centres) : fin XVIIIe-milieu XIXe s. (Vieillard et Cie). *Bourg-la-Reine* 1773. *Chantilly* : (Sicaire Cirou) 1725-1800 ; *goût d'Extrême-Orient* (1725-vers 1750) : couverte d'émail stannifère blanc opaque, puis de vernis plombifère. Pièces les plus chères : décors polychromes dits coréens ; *assiette* porcelaine XVIIIe s. 1,4 à 4,2 ; *cache-pot* (paire) 168 ; *fontaine à parfums* sur socle bronze doré 54 (1976), magot 452 (1995) ; *soupières* à fond vert 69 (1972) ; *statuettes* polychromes : chinoises 112 à 1 316 (paire, 1973), magot 154 ; *style transitoire* (vers 1745-vers 1760) : décors polychromes ; en camaïeu (paysages japonais) ; imitation des blancs de Chine (pièces de forme et statuettes). *Crépy-en-Valois. Lille* 1711-30 et 1784-1817. *Limoges. Mennecy :* (F. Barbin) 1734-65 ; *imitations* (vers 1735-50) St-Cloud, Chantilly, Vincennes, Meissen, etc. ; *décors originaux* (vers 1750-1773) : polychromes ; camaïeu bleu ou rouge ; boîtes, couteaux (manches porcelaine) moins chers que statuettes et assiettes (surtout fleurs, oiseaux, paysages). *Niderviller* 1770-1825. *Orléans* 1754-1812. *Paris. Rouen* (Louis Poterat) 1673-90. *St-Amand* 1718-1880. *St-Cloud :* (Chicaneau) 1693-1766 ; décor polychrome de style coréen (1720-66), plus cher que le camaïeu bleu, style rouennais (vers 1695-vers 1730), surtout les statuettes ; pas d'assiettes ni de services de table. *Sceaux :* (1749-95) décors camaïeu bleu, camaïeu rouge, polychromes ; rares. *Strasbourg* (Hannong) 1721-54. *Valenciennes* 1785-1810. *Vincennes* 1738-56 (les frères Dubois) puis transférée à *Sèvres.*

Sèvres (porcelaine) : *origine :* 1740, fondée à Vincennes par 3 artisans : Ch. Guérin et les frères Dubois. Reprise par une Sté créée en 1745, puis une autre en 1753. Transférée à Sèvres en 1756. Rachetée en 1759 par le roi. Depuis, propriété de l'État. *Goût de Meissen* (1740-vers 1750) : imitation des blancs de Chine (très rares). Scènes chinoises ou fleurs des Indes. *Goût français* (vers 1750-1800) : camaïeu bleu, rouge ou vert ; polychromes (fleurs, oiseaux, paysages ou scènes animées sur fond blanc) ; en réserve sur fond coloré (jaune, vert, bleu céleste, bleu lapis, bleu turquoise, rose ; ces fonds peuvent être unis ou à motifs dorés : œil-de-perdrix, pointillé, caillouté, vermiculé, etc.) ; décor de rubans ; blanc et or. *Sculptures :* fleurs polychromes. Statuettes et groupes en porcelaine ; statuettes et groupes en biscuit (porcelaine sans couverte).

Porcelaines à fond blanc, à décor camaïeu ou polychrome : peu recherchées, sauf décor d'un grand nom [Aloncle (ornithologie), Vieillard, Taillandier, Noël, Dodin, Armand l'aîné, Morin, Lécot, Dieu, etc.]. *Fonds de couleurs :* prisés (par ordre : jaune ou rose, bleu turquoise, vert, bleu foncé ; les unis l'emportent sur les fonds trop agrémentés de dorures). *Les pièces surdécorées* sont considérées comme des faux : support bon, mais décor rapporté après sortie de la manufacture par des décorateurs n'appartenant pas à Sèvres. Les pièces ne portent pas toutes les marques de Sèvres. Sur 100 pièces portant la marque Sèvres, 90 sont fausses ou douteuses.

Production actuelle : 5 000 pièces/an. 4 000 modèles et décors différents.

> **Chevrettes** pour conserver sirops et huiles.
>
> **Grès anciens** (XIXe s.) : pichet ; saloir ; fontaine ; **contemporains :** Pierre Bayle ; Ben Lisa ; Claude Champy ; Daniel de Montmollin.
>
> **Jacquelines :** à l'origine, pichets en grès utilisés dans le Nord pour conserver la bière. Ensuite en faïence [Aire-sur-la-Lys et Desvres (Nord)]. On en trouvait aussi dans les Ardennes. Hommes ou femmes vêtus de bleu, rouge, vert ou jaune, debout ou à califourchon sur des tonneaux ; XVIIIe s., nombreux militaires à tricorne. Fabriqués au XVIIIe s. en Angleterre : Jack's pot (Tobby juge ou jug) ; Espagne : Pepe Botella avec les traits du roi Joseph.
>
> **Pots de pharmacie :** XVIe s., coloris exceptionnels, brillant éclatant de l'émail. Lyon, Nîmes, Montpellier, Rouen. XVIIIe s., Lyon : style hispano-mauresque, forme canon sur piédouche rond. Nevers : fonds bleus et décor au chinois. Lunéville, Niderviller : style baroque, Montpellier : décor en relief. Paris : décor en camaïeu de rinceaux et d'arbustes fleuris. Saint-Cloud et Sceaux : décor coréen ou à la rose.
>
> **Tisanières :** à partir de 1750. Marques de fabrique : Flamen, Fleury, Darte, Cassé, Maillard à Paris, Louis Flourens à Bayeux, Jacob Petit [décor rocaille (1830), initiales J.P. en bleu].

Assiettes porcelaine dure ayant appartenu à Napoléon 800 (1983) ; d'un service commandé par Louis XVI 235,2 ; *service de la reine* (48 pièces des 239, commandé par Marie-Antoinette en 1784) 931 (1993) ; *service égyptien* commandé par Napoléon (une assiette) 280 (1997) ; *caisses à fleurs* (carrées, la paire) 180 (1993) ; *écuelle à bouillon* 672 (goût de Boucher, 1982) ; *gobelet « étrusques » et sa soucoupe* (1788) 1 160 (2000) ; *service de table* « à la feuille de chou » 470 (1992) ; *seaux à demi-bouteille* (paire, 1753) 100 ; *sucrier* pâte tendre du service de Catherine II 576 (1995) ; *tasse* à anse de papillon 500 (1996) ; à fond rose et vert 493 (1999) ; *tête-à-tête* donné par Napoléon à Caroline Murat 832 (1984) ; *vase fuseau* commandé par Napoléon 1 400 (1985) ; *vase* Charles X ; (paire) à col de cygne 5 500 (1999) ; *urne* Pompadour, fond lapis 250 (1999), fond bleu 700 (1997) ; *buste* de Louis XV d'après J.-B. Lemoyne (vers 1760), h. 39 cm, 421 (2000).

Céramistes célèbres (fin XIXe-début XXe s.) : *Alexandre Bigot* (1862-1927). *Félix Bracquemond* (1833-1914) 107 (1993). *René Buthaud* (1886-1986). *Jean-Charles Cazin* (1841-1901). *Ernest Chaplet* (1835-1909) 56. *Adrien Dalpayrat* (1844-1910). *Albert Dammouse* (1848-1926). *Théodore Deck* (1823-91). *Émile Decœur* (1876-1953). *Louis Delachenal* (1897-1964). *Auguste Delaherche* (1857-1940). *Taxile Doat* (1851-1938). *Émile Gallé* (1846-1904) amphore dite « du Roi Salomon » 1 150 (1981). *Frédéric Kiefer* (1894-1977). *Edmond Lachenal* (1855-n.c.). *Raoul Lachenal* (1885-1956). *Émile Lenoble* (1875-1940). *Clément Massier* (1845-1917). *Delphin Massier. Jérôme Massier. Félix Massoul* (1872-1938). *Jean Mayodon* (1893-1967). *Jean Pointu* (1843-1925). *Georges Serré* (1889-1956). *Henri Simmen* (1880-1963). *Séraphin Soudbinine* (1870-1944).

■ **Allemagne. Centres. Grès :** *Frechen. Cologne. Siegburg. Kreussen. Raeren. Meissen* (grès rouge). *Plaue. Westerwald. Sachsen. Bunzlau* [Jan Emens (1568-94), Mennicken (vers 1575-85), Böttger (1682-1719)]. **Faïence :** *Ansbach. Bayreuth. Crailsheim. Hoechst. Francfort. Hanau. Hambourg. Künersberg. Berlin. Rheinsberg. Nuremberg. Zerbst. Erfurt. Dorotheenthal. Fulda. Kiel. Stockelsdorf.* **Céramistes célèbres :** Adam Friedrich Löwenfinck (1714-54), et ses frères Fulda, Haguenau, Christian Wilhelm († 1753), Karl Heinrich (1718-54) ; Maria Seraphia née Schink (1728-1805) ; famille Hess : S. Friedrich († 1698) et ses fils Ignaz, Johan Lorenz, Franz Joachim.

Porcelaine : Meissen (1709) : éléments du prix : *périodes :* de Böttger (1709-19) ; de 1720-56, la meilleure pour les pièces de service (pour les statuettes : 1731-45). *Notoriété du peintre* (exécution en principe anonyme) : parmi les plus célèbres : Johann-Gregor Höroldt (1696-1775), Christian-Friedrich Höroldt (1700-79), A.F. Löwenfinck (1714-54), E. Städler ; *du céramiste :* Böttger (1682-1719), Johann-Joachim Kändler (1706-75), Franz-Anton Bustelli (1723-63). *Fraîcheur des couleurs. Décors* les plus appréciés : émaux imités de la famille verte, « fleurs des Indes », scènes avec personnages chinois, sujets à la Watteau. *Fonds :* jaune, vert d'eau, mauve, etc., plus chers que le blanc. *Importance* de la pièce et *état de conservation* (30 % à 40 % de statuettes du XVIIIe s. intactes). **Autres centres :** *Vienne* (Autriche, 1718-1864). *Hoechst* (1746-98). *Fürstenberg* (1747). *Ludwigsbourg* (1758-1824). *Frankenthal* (1755-99). *Nymphenbourg* (1747). *Berlin :* Wegely (1751-57), Gotzkowsky (1761-63), KPM (1763-1918), Staatliche Porzellan-Manufaktur (1918). *Rosenthal. Ottweiler* (1763-94).

Cours (en milliers de F). **Faïence :** service à thé et à café *Berlin* 300 (1994). **Porcelaine :** *Meissen :* pots-pourris (paire avec monture bronze) 4 360 (1999), service à thé et à café (1740) 4 100 (1995). Tabatière 2 000 (1991). Vase de Böttger ayant appartenu à Auguste le Fort 1 995 (1998).

■ **Belgique. Centres.** *Andenne* et *Bruxelles* (faïence et porcelaine). *Tournai* (porcelaine tendre).

■ **Chine** (voir **Art chinois** p. 454 c et 455 a).

■ **Danemark. Centres. Faïence :** *Copenhague :* Store Kongensgade (1741-71), Kastrup (1741-1800, Schlesvig), Kiel, Eckernförde, Stockelsdorf (2de moitié XVIIIe s.), Kellinghusen (2de moitié XIXe s.). **Porcelaine :** *Copenhague :* manufacture royale créée 1775 ; manufacture de Bing et Groendahl (1853) ; Aluminia (1863) ; Royal Copenhagen (1985).

■ **Espagne. Centres. Faïence :** Province de Valence : *Paterna :* XIVe s., vert et noirâtre ; XVe s., bleu. *Manises :* XIVe s., vert et noirâtre de manganèse ; XVe s., bleu ; XIVe-XVe s., à reflets dorés avec bleu ; XVIe à XVIIIe s., à reflets dorés sans bleu. *Alcora :* XVIIIe-XIXe s., bleu, jaunâtre et polychrome. Catalogne : *Reus :* XVIe-XVIIe s., à reflets dorés. *Barcelone :* XIVe-XIXe s., bleu et polychrome. *Manresa :* XIVe s., vert et noirâtre de manganèse. Aragon : *Teruel :* XIIIe à XXe s., vert et noirâtre de manganèse ; XVIe à XVIIIe s., bleu et blanc ; XIXe et XXe s. vert et noirâtre. *Muel :* XVIe-XVIIe s., à reflets dorés ; XVIe à XXe s., bleu, bleu et vert, vert et noirâtre. *Villafeliche :* XVIIIe-XIXe s., bleu foncé, violet de manganèse. *Calatayud :* XIVe s., bleu et noirâtre de manganèse. Andalousie : *Málaga :* XIIIe-XIVe s., à reflets dorés avec bleu ou sans bleu. *Séville :* XVe à XVIIIe s., polychrome, bleu et blanc. *Triana :* XVIe à XXe s., polychrome, bleu et blanc. Castille : *Toledo :* XIIe à XXe s., polychrome, bleu et blanc. *Talavera :* XVIe à XXe s., bleu et blanc, polychrome. *Puente del Arzobispo :* XVIe à XXe s., polychrome, bleu et blanc. **Porcelaine :** *Alcora :* pâte tendre. *Buen Retiro :* pâte tendre, XVIIIe et XIXe s. *La Moncloa* (XIXe s.).

■ **Grande-Bretagne. Centres. Grès :** *Doulton.* **Faïence :** *Lambeth. Leeds.* **Céramistes célèbres :** Richard Champion, David et Philip Elers, John et Thomas Astbury, Thomas Whieldon, Ralph Wood, Josiah Wedgwood et

Thomas, Bentley, Bernard Leach. **Faïence fine :** *Leeds. Stoke-upon-Trent.* **Porcelaine tendre :** *Bow. Chelsea. Derby. Caughley. Longton Hall. Liverpool. Lowestoft. Worcester.* **Céramistes célèbres :** Edward Heylin, Thomas Frye, William Duesbury, Benjamin Lund, William Cookworthy, William Littler, Dr Wall, Nicholas Sprimont, Joseph Willems. **Porcelaine dure :** *Plymouth. New Hall. Bristol.*

■ **Grèce ancienne. Éléments du prix :** intérêt du décor, peintre réputé, forme du vase (amphore, lécythe et œnochoé sont plus recherchés que coupes, cratères ou petits vases : skyphos, pyxis), état de l'objet.

Cours (en milliers de F). **Ve-Ier s. av. J.-C. :** *amphore à col* 1 600 (peinte par Psiax, 1981) ; **IVe s. av. J.-C. :** *cratère* (350-20 av. J.-C.) 46 (1975) ; d'Euphronios 5 000 acheté par le Metropolitan Museum en 1972. Amphore du peintre de Tilhonos 190 (1995).

■ **Italie. Centres. Faïence :** *Angarano* (les frères Manardi). *Cafaggiolo. Castel Durante* (Nicola Pellipario). *Castelli* (les Grue et les Gentili). *Deruta. Faenza. Florence* (Della Robbia). *Gubbio* (Maestro Giorgio Andreoli). *Naples. Sienne. Urbino* (Nicola Pellipario, Guido Fontana, Francesco Xanto Avelli). **Porcelaine tendre :** *Florence. Pise. Venise* (maisons Vezzi et Cozzi) ; un *plat* Médicis en camaïeu bleu a été vendu 8 800 MF le 6-5-1994 ; une aiguière polychrome 6 430 F en 1995. **Porcelaine dure :** *Capodimonte* (et porcelaine tendre). *Doccia. Le Nove. Naples* (1756).

■ **Japon** (voir **Art japonais** p. 455 c et 456 a).

■ **Pays-Bas. Centres. Faïence :** *Amsterdam. Rotterdam. Haarlem :* dès le XVIe s. prenant la relève d'*Anvers. Delft* (1584), de 1650 à 1725, centre le plus important d'Europe, influe sur faïenceries française, allemande et anglaise. Décadence à partir de 1770 ; usine « de Porceleyne Fles » reproduit des modèles anciens après 1876. *Arnhem :* petit centre vers 1765. *Frise :* Harlingen, Makkum et Bolsward, carreaux de faïence et plaques murales (usine Tichelaar, 1870-1920). *Limbourg :* céramique industrielle et décorative et faïence fine style anglais à *Maastricht.* **Céramistes célèbres :** Frederik Van Frytom, Lambert et Samuel Van Eenhoorn, Rochus Hoppesteyn, Pieter Kocks et son fils Adriaen. **Carreaux :** produits dès le XVIe s. à *Rotterdam, Amsterdam, Utrecht, Gouda,* et *Delft* en Hollande, *Makkum* et *Harlingen* en Frise. **Porcelaine :** *Weesp* (après 1760). *Loosdrecht* et *Ouder-Amstel* au XVIIIe s. *La Haye :* décoration sur porcelaine dure d'Ansbach et pâte tendre de Tournay.

Courants artistiques. XXe s. : *centres faïenciers :* Art nouveau, Arts déco : La Haye (Rozenburg), direction artistique de Colenbrander ; Purmerende (Brantjes et Haga) avec Lanooy, Arnhem (de Ram). *Années 1930 et 40 :* mouvements « De Stijl », constructivisme et fonctionnalisme « Neue Sachlichkeit » (faïenceries de Sphinx) Maastricht (de Zuid Holland) et Gouda.

■ **Portugal. Azulejos :** revêtement de sols, plafonds, murs, formé de petits carrés de terre cuite émaillée (dès le début du XVe s. jusqu'au XIXe s.).

■ **Suisse. Centres. Porcelaine :** *Nyon. Zurich.* **Goût européen** (vers 1755-vers 1800) : décors polychromes sur fond blanc ou coloré (influence de Sèvres) ; en camaïeu bleu ou rouge de semis (à l'œillet, à l'épi, etc.) ou de paysages ; blanc et or ; statuettes.

DINANDERIE

■ **Origines.** Plusieurs millénaires av. J.-C., en Égypte, Chaldée, Espagne, Hongrie, Scandinavie, France. **Nom.** De Dinant (sur la Meuse). **Principe.** Art de battre un disque de métal (cuivre, étain, argent) et de le former au marteau pour exécuter poteries et sculptures, par retreint, recuit et planage. Pièces uniques allant des calices à des sculptures monumentales comme *la Liberté éclairant le monde* de Bartholdi. Le *poinçon* DDD (dinanderie de dinandier) indique une œuvre martelée, PMD (poterie de métal du dinandier) une pièce martelée avec soudure, brasure et manchonnage.

■ **Principaux dinandiers.** Frédéric Barnley, Mauricette Cornand, Maurice Daurat, Jean Dunand, Pierre Dunand, Gabriel Lacroix. Claudius Linossier, Alain Maillet, Hervé Malher, Maurice Perrier, André Quef, Marc Vaugelade.

DORURE

■ **Or employé.** *Épaisseur de la feuille :* 1/10 000 de millimètre. *Nombre de carats :* 22 carats (13 grammes, 1 000 feuilles), 22 carats 06, 23 carats 06 (23 g, 1 000 feuilles).

■ **Dorure à la feuille (sur bois).** La feuille, martelée jusqu'à n'avoir plus qu'une épaisseur de 1/10 000 de millimètre, est appliquée sur la surface de l'objet à dorer, auparavant préparée. Il faut environ 3 feuilles d'or (8,4 cm × 8,4 cm) pour dorer une bande longue de 1 m et large de 1 cm.

■ **Dorure à la détrempe (sur bois).** Sur objets de bois et de *gesso* (mélange de blanc de Troyes, de colle de parchemin et d'huile de lin), on appliquait une couche de colle, puis l'« apprêt en blanc » (colle de peau de lapin et blanc de Troyes), puis l'« assiette » (mélange à base de blanc d'Arménie et de sanguine), enfin la feuille d'or qui était ensuite « brunie » (polie) avec une pierre d'agate. **Dorure au mercure (sur argent doré ou vermeil).** Jusqu'au milieu du XIXe s. Sur le cuivre notamment. L'objet est recouvert d'une mince couche de mercure, puis de la feuille d'or ; celle-ci adhère au cuivre en se combinant avec le mercure, qui est ensuite éliminé par la chaleur. Donne un format qui est légèrement en relief sur la surface de la glaçure. *Bronze doré :* dépôt d'amalgame fait d'or et de mercure ; après de multiples opérations, le mercure s'évapore, l'or reste incrusté au métal. Procédés abandonnés car dangereux (interdits par la loi). Seule la maison Mahieu, à Paris, est habilitée à effectuer cette dorure. Des précautions sont prises pour le personnel et l'environnement.

■ **Dorure à l'huile dite à la mixtion (sur bois et grilles).** On passe une mixtion à dorer (huile de lin sicativée) teintée en jaune et rouge, puis on applique la feuille d'or.

■ **Dorure à froid.** Sur les objets en métal (en argent par exemple). On dissolvait l'or dans l'*eau régale* (mélange d'acide nitrique et d'acide chlorhydrique). On y trempait un morceau de chiffon et on le calcinait. Les cendres frottées sur le métal laissaient un dépôt de particules d'or finement divisées.

■ **Dorure électrolytique** (vers 1840). L'or est déposé sur le métal par un courant électrique.

☞ **Vermeil :** argent doré (pièces en vermeil du XVIIe et XVIIIe s. : obligatoirement dorées au mercure). **Électrum :** alliage d'or et d'argent (d'habitude à 50 %) jaune pâle ressemblant à du vermeil. **Ormulus** (désigne dans les pays anglo-saxons les pièces dorées au mercure) : alliage de cuivre, zinc et étain imitant l'or ; ressemble au bronze doré.

Nota. – Certaines appliques, ainsi que bougeoirs et candélabres du XVIIIe s. étaient dorés au mercure (les appliques vernies étaient rares et de faible qualité). Une applique peut être redorée au mercure pour 7 000 F, au nitrate de mercure (tons d'or différents) pour 3 000 F, ou par électrolyse (aspect rougeâtre, trop uniforme et brillant). Un modèle est déprécié de 30 % si sa dorure d'origine est usée, de 50 % s'il est redoré.

☞ La statue de *Jeanne d'Arc* de la place des Pyramides à Paris a été redorée, en 1991, avec 5 300 feuilles d'or de 0,023 g, soit au total 122 g.

ÉMAUX

■ **Technique.** Mélange de sable siliceux, de potasse et de soude auquel on ajoute du plomb pour améliorer la transparence et des oxydes métalliques pour apporter les couleurs. Déposé sur un métal, ce mélange est ensuite passé au four à une température supérieure à 500 °C. A partir du XVIe s., la plupart des orfèvres occidentaux pratiquaient la niellure et l'émaillage.

Émaux cloisonnés : de minces lames de métal sont soudées sur une plaque de fond dont on a relevé les bords. L'émail est vitrifié entre ces cloisons. **De plique à jour :** les lames de métal sont posées entre des cloisons soutenues par une plaquette d'argile ôtée après refroidissement. **Champlevés (ou en taille d'épargne) :** connus des Irlandais dès le VIe s. L'émail est vitrifié dans les alvéoles d'une plaque creusée au burin. **De basse-taille :** translucides, sur métal partiellement déprimé et ciselé à des profondeurs différentes pour modeler un bas-relief subtil. **Peints :** peinture à l'émail en plusieurs couches sans parois ni cloisons.

☞ **Nielle :** sulfure métallique composé d'argent fin, cuivre rouge, plomb, soufre et sel d'acide borique. Inséré dans les ciselures d'une plaque métallique passée au four. En *1452,* Maso Finiguerra (maître-orfèvre florentin) l'utilise pour la 1re fois. *1561* Pierre Woeiriot (orfèvre lyonnais). A l'origine, les plaques niellées servaient à l'impression des dessins. Au XVe s., a été utilisé pour des ciselures en orfèvrerie.

■ **Principaux émaux. Chine** (voir p. 455 a). **Japon** (voir p. 456 a). **Chypre :** XIVe s. av. J.-C. (coll. musée du Caire). **Égyptiens :** verre incrusté à froid. **Hellénistiques :** Athènes (collection Statathos). **Celtiques :** à partir du IIIe s. avant J.-C. au mont Beuvray (Morvan). **Romains et géorgiens :** Londres (British Museum).

Byzantins : CLOISONNÉS : apogée vers les Xe-XIe s. Exemple : Pala d'Oro (St-Marc de Venise, panneau de 3 m × 2 m). **Carolingiens :** IXe s. Couronne de Monza, Paliotto de St-Ambroise à Milan. **Ottoniens :** Xe-XIIe s. Trésor d'Essen. **Persans :** XIIe s. Bassin d'Innsbruck (Ferdinandeum Museum). **XIIe et XIIIe s. :** CHAMPLEVÉS : *école de la Meuse* (Godefroid de Huy) *et du Rhin :* parement d'ambon de Klosterneuburg (Autriche) par Nicolas de Verdun. *École méridionale :* émail de Geoffroy Plantagenêt [63,5 × 33,5 cm, 6,2 kg ; le plus grand de l'époque médiévale) (Le Mans)], autel de Silos (musée de Burgos, Espagne). *École de Limoges :* ciboire d'Alpais (Louvre). **XIIIe-XIVe s. :** TRANSLUCIDES SUR BASSE-TAILLE : *Italie* (notamment Sienne ; reliquaire du Corporale à Orvieto, par Ugolino di Vieri), *Espagne, France, Rhénanie, Angleterre.* Exemple : coupe royale en or de Charles V et Jean de Berry (British Museum). **XVe et XVIe s. :** PEINTS : *Flandres, Italie, France* [Limoges : les Pénicaud (n.c.) ont travaillé au XVIe et début XVIIe s. ; les Limosin : François (XVIe s.), Léonard I (1505-77), Jean I (1528-1605), Jean II (1516-46), Léonard II (1550-1625), III (1626-35), Jean III (1600-46), Jean Courteys (1568-n.c.), Pierre Courteys (n.c.-† 1591), Nicolas II Nouailheur dit Colin (1514-67), Jean (1521-83), et sa fille Suzanne Court (1563-1621)]. **XVIIe et XVIIIe s. :** PEINTS SUR CUIVRE : *Limoges,* les Laudin : Jacques (1627-95), Jean (1616-88), Noël dit le Vieux (1586-1681) ; SUR OR CHAMPLEVÉ : *Augsbourg. Londres.* **XVIIIe s. :** miniature et bijouterie en peinture sur émail. *France* (émailleurs) : Toutin, Bordier, Petitot, Gribelin, Nouailheur (Limoges). *Angleterre :* à Battersea. Peints avec rocaille blanche en relief. **XIXe s. :** émaux sur lave. *Russie* (Fabergé). *Paris* [décorations et ordres de chevalerie français et étrangers, objets en émail de plique, Fernand Thesmar 1843-1912)]. **XXe s. :** grisailles de *Limoges :* permettent la création de panneaux.

■ **Cours des émaux** (exemples récents en milliers de F). **Émaux champlevés : IXe-Xe s. :** *médaillon* byzantin, St Démétrios, 240 (1997) ; **XIIe s. :** *médaille* attribuée à Godefroid de Huy (14,5 cm) 10 008 (1978, record mondial) ; *petite plaque,* ateliers rhénans vers 1160, 120 (1997) ; vallée de la Meuse, fin XIIe s., 1 320 (1997) ; *croix* avec Christ gravé, Limoges vers 1190, 1 350 (1997) ; **XIIIe s. :** *Christ d'applique,* Limoges 48 (1997) ; *navette à encens,* Limoges, 360 (1997) ; *pyxide,* Limoges, 140 (1997) ; *gémellion,* scènes de cour et armoiries, Limoges vers 1240, 680 (1997) ; *châsse,* Limoges vers 1190, 3 200 (1997) ; *plaque de reliure d'évangéliaire,* Crucifixion, Limoges vers 1200, 1 260 (1997) ; *pique-cierge* Limoges vers 1190, 520 (1997). **Émaux de basse-taille :** *plaque,* Cène, Valence fin XIVe s., 530 (1997) ; *croix de procession,* argent et émaux. **Émaux peints : XVIe s. :** *plaque,* Énée et la Sybille de Cumes, par le Maître de l'Énéide, Limoges vers 1530, 2 800 (1997) ; *assiette* de P. Reymond, mois de septembre, 72 (1999) ; *plaque* Adoration des bergers, de Jean I ou II Pénicaud, 45 (1999) ; *médaillon,* vertu théologale « *Fides* » 430 (2000) ; 20 plaques d'émaux peints sur cuivre de Léonard Limosin 3 400 (2000). **XVIIe s. :** *plaque* polychrome de Laudin, Ange gardien, 9 (1999). **XVIIIe s. :** *drageoir* polychrome de Fromery, vers 1730, 68 (1992). **XXe s. :** *panneau de 15 plaques* champlevées polychromes, 332 (1984) ; *coupelle* en **émaux de plique à jour** de Fernand Thesmar, 101 (1999).

ÉTAIN

■ **Données générales. Origine :** l'étain (en grec : *cassiteros*) venait, disait-on, des îles Cassitérides (peut-être les îles Britanniques ou les îles Scilly). Il apparaît vers 2000-1500 av. J.-C., seul ou en alliage avec le cuivre (bronze). Jusqu'au XIIIe s., il vient en majorité d'Angleterre (Cornouailles). Ensuite, d'Allemagne (découverte de mines). En France, après la pénétration romaine, l'étain, parfois nommé *plombum album* (plomb blanc), en partie débarqué à Marseille, suivait la route de l'eau : Rhône, Saône, Loire ou Seine. Production importante dans toute l'Europe, surtout pays germaniques et nordiques.

Alliages : étaient réglementés : *l'étain le plus pur* n'avait pas de plomb, *l'étain fin* de 2 à 8 % de plomb (souvent 7 à 8 %), *l'étain commun* de 10 à 20 %, *le « claire étoffe »* de 30 à 50 % (usage interdit pour l'alimentation).

Maladie : l'étain se détériore au froid, et peut devenir pulvérulent en dessous de – 13 °C (détérioration maximale vers – 40 °C). Cette *peste de l'étain, gale* ou *maladie de musée,* pourrait se transmettre par contact. On remédie au mal par décapages dans des bains d'acides ou bases composées (usage parfois dangereux), puis par des rinçages chauds et froids alternés.

Nettoyage : un étain ancien patiné est très difficile à éclaircir, un étain moderne (même copie d'ancien) assez facile. *Prohiber* acides, brosses métalliques, papier de verre ou d'émeri. *Employer* abrasifs doux (ponce, soie), produits pour argenterie, peau de chamois.

Poinçonnage : différents poinçons, difficiles à identifier ; font souvent défaut car leur absence permettait d'échapper à l'impôt. *De maître :* en général 2 (le grand, figuré en armes parlantes et complété du nom et de la date de la maîtrise ; le petit, un marteau couronné accompagné des initiales du maître). *De contrôle :* presque circulaire (diamètre 1 cm), présente le nom de la ville et la date de l'édit d'obligation (1691 le plus souvent) ; au centre, les initiales F ou C couronnées pour l'étain fin ou le commun ; l'obligation du poinçonnage fut supprimée en 1794. *De jaugeage :*

Objets fréquents : vaisselle de table [l'étain ne s'oxyde pas au contact des aliments (sauf du citron et du vinaigre)], gobelets, assiettes, plats, écuelles, aiguières, pichets, etc. **Très rares :** burettes de table. Sous Louis XIV, les arrêts publiés à partir de 1689 réduisirent la production de l'orfèvrerie d'or et d'argent, qui fut alors remplacée par de la vaisselle d'étain (et plus tard de faïence) dans le style de l'orfèvrerie de l'époque. **Objets en alliages** (plomb, antimoine, cuivre, zinc) : accessoires du culte (croix, burettes, calices, ciboires, custodes, coffrets à saintes huiles), matériel d'hospitalisation et de soins aux malades.

Collections publiques : musées des Arts décoratifs (Paris, Strasbourg).

Faux : surveiller : *le métal* (les productions actuelles chargées en plomb ont un reflet bleu, les anciennes un reflet jaune ; plus un étain est léger, plus grande est sa pureté : densité de l'étain 7,2 ; du plomb 11,3) ; *la technique* (rejeter les fontes au sable, le repoussé mécanique qui se distingue par une trace concentrique régulière à l'intérieur de la pièce, et l'embouti) ; *le style* (rejeter les décors en relief apparaissant en creux au revers, les mélanges de styles, et les objets agrémentés de reliefs en applique) ; *la patine* [chocs intentionnels et fausses réparations (l'acide laisse des marbrures noirâtres)]. *Poinçons les plus copiés :* anges, roses, fleurs de lys. Souvent : surcharge de poinçons (exemples : rose et couronne) ; les faux poinçons sont fondus avec la pièce (le relief faible ne permet pas toujours de les déceler). Les étains anciens ont parfois un poinçon, frappé en creux. Les faux en ont presque toujours.

souvent de type armorial, apposé sur les gobelets, les pichets. *De propriété :* souvent très grand et sans règles.

■ **Principaux centres en France.** Besançon, Bordeaux, Lyon, Paris, Strasbourg, Toulouse.

■ **Courants artistiques à l'étranger. Allemagne :** Jugendstil, décors floraux stylisés, puis inspirés par le Bauhaus et l'école de Vienne. *Principaux designers :* Peter Behrens, Hugo Leven, Josef Maria Olbricht (pièces fondues) ; Karl Bayer, Karl Raichle (dinanderie) ; Kayserzinn, importante firme de Cologne (près de 1 000 modèles). **Grande-Bretagne :** Liberty & Co (marque Tudric Pewter), souvent d'après des dessins d'Archibald Knox. **Pays-Bas :** Urania à Maastricht, production inspirée du Jugendstil allemand.

■ **Cours** (en milliers de F). En fonction de l'époque, de l'état, de la qualité, du poinçonnage (sans poinçon, décotes de 30 à 50 %). **XIVe s. :** *pichet* à pans (France, vers 1380), 335 (1997). **XVIe s. :** *pichet balustre* sur piédouche élevé, Angleterre (?), vers 1550, 220 (1998) ; *plat « Diane et Actéon »,* ateliers lyonnais vers 1560, 126 (1999). **XVIIe s. :** *bassin d'offrandes,* armes de Charles Ier d'Angleterre, vers 1630, 40 (1998) ; *plat « à la Tempérance »,* François Briot, tirage 17, Isaac Faust, 58 (1999) ; *chope* gravée, Londres vers 1690, 7,1 (1998) ; *flambeau,* Angleterre vers 1680, 6,9 (1998). **XVIIIe s. :** *pichet de communion* par Johann Christoph Heyne de Lancaster, USA, 800 (1998, record pour un objet d'étain) ; *paire d'assiettes* à décor gravé, Londres vers 1720, 7,8 (1998) ; *pichet,* Amiens 1728, 15 (1999) ; *aiguière,* Toulouse 1709, 18 (1999). **XXe s. ART NOUVEAU :** œuvres fondues inspirées de la Renaissance, puis esprit du temps : décors en faible relief de naïades, angelots, nymphes (souvent paysages aquatiques). Personnages servant d'anse. PRINCIPAUX ARTISTES : Jules Brateau (1844-1923), Jules Desbois, Raoul Larche, Garnier, Moreau, Perron, Henri Plé. PRIX RÉCENTS (en milliers de F) : Jean Baffier, *statuette* paysanne du Berry, fonte Siot-Decauville, 15 (1997) ; Jules Desbois, *assiette,* Ève, fonte Siot-Decauville, 6,5 (1998) ; Alexandre Vibert, *vide-poche,* femme et papillon sur une feuille, fonte Soleau, 9,5 (1999). **ART DÉCO :** dinanderie, décors géométriques repoussés et ciselés, prédominance des coupes et vases. PRINCIPAUX ARTISTES : Maurice Daurat (1880-1960), Jean Després, Jean Dunand, Plasait, Petizon. PRIX RÉCENTS (en milliers de F) : J. Dunand, *vase* martelé et laqué, collection Madeleine Vionnet, 555 (1984, record mondial) ; M. Daurat, *coupe,* 18 (1993) ; J. Després, *grand vase,* 16 (1993) ; P. Plasait, *grand vase,* 3,8 (1999).

INSTRUMENTS SCIENTIFIQUES ANCIENS

■ **Anneau astronomique.** Cadran solaire universel composé de 2 ou 3 cercles en laiton doré, cuivre ou argent. Le cercle extérieur gradué représente le méridien et l'autre l'équateur, le 3e est le plan du méridien où se trouve le Soleil. **Les plus beaux** (fin XVIIe s. et début XVIIIe s.) sont signés de Culpeper, Rowley, Butterfield, Delure, Sevin et Chapotot. **Arbalestrille** (arbalète « bâton de Jacob », *cross-staff,* apparue au Portugal vers 1515). Bois ou ivoire, XIVe au XVIIIe s. Verge graduée (pour mesurer la hauteur des astres) sur laquelle coulissent des repères (appelés « marteaux » ou « traversaires ») mobiles sur une règle carrée. Remplacée par le quartier de Davis. **Arithmomètre.** Calculatrice inventée en 1820 par Thomas de Colmar, directeur de la Cie d'assurance Le Soleil ; 1re fabrication industrielle entre 1823 et 1878 : environ 100/an vendus. **Astrolabe.** Usage attesté en 1481. Connu des Grecs, transmis aux Arabes, et par leur intermédiaire à l'Espagne et à l'Europe occidentale. Disque en cuivre ou en laiton doré, recouvert d'un treillis ajouré, appelé *araignée,* qui est la projection stéréographique de la carte du ciel. Les syriens sont les plus anciens, les persans les plus beaux, les occidentaux (gothiques) les plus rares, les plus luxueux ceux des XVIe et XVIIe s. Au XVIe s., l'astrolabe marin est en général un cercle de bronze utilisé verticalement (au centre une traverse munie de 2 pinnules, petites plaques percées d'une fente et servant aux visées). Au XVIIe s., le cercle, réduit à 1/8, devient l'*octant.* Au XVIIIe s., le *sextant* mis au point mesure les angles. **Signatures recherchées :** Galterius Arsenius, Erasmus Habernnel, Thomas Gemini. Astrolabe nautique et astrolabe quadrant sont très rares.

■ **Baromètre.** Inventé en 1663 par l'Italien Toricelli. A l'origine, tube de verre de 90 cm contenant du mercure, se présente au XVIIIe s. sous forme d'une aiguille se déplaçant sur un cadran grâce à l'invention du piston. Baromètre et thermomètre se combinent sous Louis XV dans la même ébénisterie. Fin XVIIIe s., les mécanismes se perfectionnent, les dimensions se réduisent. Sous l'Empire, utilisation de l'acier et de cadrans en verre églomisé (du nom de l'inventeur Glomy : feuille d'or gravée maintenue entre 2 couches de verre). 1847, Vidi et Bourdon remplacent le mercure par une boîte métallique vide d'air. Le jésuite italien Secchi met au point un baromètre à balance qui mesure la pression atmosphérique. **Boussole.** Probablement importée par les Arabes, mise au point par le Portugais Ferrande en 1480. **Prix :** XVIIe s. France 10 à 25 ; XVIIIe s. 2 et plus ; XIXe s. de Lorieux 15, de mineur 2,1.

■ **Cadran solaire.** Mesure le temps par le cheminement de l'ombre portée d'une pointe ou *gnomon.* En Égypte et en Grèce, obélisques et escaliers servaient de gnomon. Il existait des cadrans solaires transportables. A partir du XVe et du XVIe s., ils sont fabriqués en Europe (Nuremberg, Augsbourg, Munich), en Afrique du Nord, en Chine. Parfois associés à d'autres instruments. Apogée au XVIIIe s. **Types :** *cadran simple* (ou *cadran particulier*) donne l'heure en un point déterminé, par l'ombre projetée de son style sur les divisions du temps ; *cadran universel,* à style réglable, s'utilise sous toutes latitudes ; *cadran équatorial* permet, sur une inclinaison donnée par rapport à l'équateur, d'avoir l'heure partout ; *cadran équinoxial mécanique.* Verticaux ou horizontaux, en laiton, bois ou ivoire. **Chadburn (télégraphe de pont).** Colonne de cuivre surmontée d'un cadran ; sert à transmettre aux machines les ordres du commandant. **Chronomètre.** *De marine :* monté à *la Cardan* dans un coffret [1ers fabriqués par Harrison (G.-B.) ; en France : Berthoud et Le Roy]. **Compas.** Indique la direction du Nord magnétique.

■ **Équerre.**

■ **Globes célestes.** Fabriqués par les Arabes dès le Xe s. ; métal gravé, puis bois recouvert de parchemin ou de papier peint à la main ou imprimé. A partir du XVIe s. : souvent par paires. **Globes terrestres.** Le plus ancien est de Martin Behaim (1490, Nuremberg). Fuseaux de papier remplaçables à chaque nouvelle découverte, sur globes en papier mâché mélangé avec du plâtre. **Graphomètre.** Inventé 1597 ; demi-cercle gradué de 0 à 180° pour levés topographiques par triangulation (en mesurant les angles horizontaux).

■ **Lunette d'approche, longue-vue, lorgnette.** Inventée fin XVIe s. Vers la fin XVIIIe s. : forme actuelle, lunette binoculaire ou jumelle.

■ **Médicaux et chirurgicaux (instruments). XVIIIe s. :** *clystères* laiton et ébène ; *scie* de chirurgie ; *trousse* pour trépanation, de médecin ; *ventouses.* **XIXe s. :** *bistouri ; extracteur* de polypes, de dents de lait ; *forceps ; perce-crâne ; scie* rachitome, à amputer ; *spéculum ; stéthoscope ; trépan* de chirurgie. **Microscope.** De Buffon 433,9 MF.

■ **Nécessaire astronomique.** Réunit cadrans solaire, lunaire, nocturlabe, calendrier. **Nocturlabe** (ou cadran aux étoiles). Permettait de connaître l'heure en observant les étoiles autour de la Polaire. Inventé vers 1580 (origine chinoise très ancienne). Remplacé par la montre à la fin du XVIIe s. Les nocturlabes anglais sont les plus simples.

■ **Octant.**

■ **Planétaire.** Représente le mouvement des planètes ; 1er modèle : basé sur la sphère armillaire (voir ci-dessous) ; 2e : à bras mobiles *orrery* simulant le système solaire avec rotation des astres et satellites ; mis au point par John Rowley (XVIIIe s.), en bois précieux, cuivre, ivoire, métal ; 3e : boule de cristal creuse où sont gravées les étoiles. **Poids.** Pile de 8 livres de Küntzel à Nuremberg (1655-1690).

■ **Quadrant.** Attesté vers 1460. **Quartier.** De Davis (Angleterre XVIIIe s.).

■ **Sextant.** En bois (poirier, acajou, ébène), bronze, grand limbe en ivoire, argent ; pinnule remplacée par 4 lunettes spécialisées, et réunies ensuite en une seule lunette achromatique à focale variable (travaux de Dollond vers 1785). **Sphère armillaire.** Composée de cercles ou armilles ; représente équateur (écliptique et horizon), méridien, tropiques, cercles polaires. Terre et planètes sont souvent représentées. Inventée par Archimède en 1250 av. J.-C. Construite jusqu'au XVIIe s. selon le système de Ptolémée (Terre au centre), malgré la découverte de Copernic faite au début du XVIe s., mais acceptée seulement au XVIIIe s. (le Soleil est au centre de l'univers). Généralement en carton recouvert de papier gravé, surtout aux XVIIIe et XIXe s., sinon en cuivre, rarement en bois peint ou doré. Pieds ouvragés. Servait à enseigner l'astronomie et à montrer la position des planètes.

■ **Télégraphe.** De Digney Frères. **Télescopes. Théodolite.** Servait à mesurer les angles en altitude et azimuts. Inventé par un Anglais au XVIe s. Combine cercle d'arpentage, gradué de 0 à 360°, fixe, et demi-cercle, posé perpendiculairement au 1er, mobile autour d'un axe, les extrémités servant pour viser. XVIe et XVIIe s. : les plus recherchés : laiton ou cuivre doré ; XVIIIe s. : plus utilitaires, en général anglais, pinnules de visée remplacées par lunettes. **Thermomètre.** Inventé en 1621 par le Hollandais Drebbel.

IVOIRES

IVOIRE BRUT

■ **Ivoire animal. Éléphant** (principalement) : incisives (jusqu'à 3 m et plus) 2/3 visibles, 1/3 dans l'alvéole crânienne. *Record :* paire de 200 kg (Afrique 1898 : une au musée d'Histoire naturelle de Londres, l'autre à Sheffield). **Mammouth :** des dizaines de milliers de défenses trouvées en Sibérie (diamètre 20 cm, poids 25 à 400 kg, incurvées vers le haut puis vers l'intérieur) : ivoire fossile *(odontolite)* parfois minéralisé *(vivianite),* bleuté, utilisé autrefois à la place de la turquoise. **Morse** (mâle et femelle) : canines supérieures (jusqu'à 1 m et 6 kg) qui lui servent à fouiller la boue pour trouver des coquillages. Structure très fine, stries concentriques ; centre à structure alvéolaire pleine plus ou moins translucide. *Morse fossile :* Alaska et Canada, dents congelées généralement pas entières, teinte crème. **Narval :** canine unique du mâle (jusqu'à 2 m). Importé en France jusqu'en 1985 comme « antiquité ». Cortex torsadé : couches à surface irrégulière, recouvrant l'ivoire très fin. Fut utilisé pour les manches de canne. **Cachalot :** dents fichées dans la mandibule, gravées par les pêcheurs des Açores ou les Esquimaux (Scrimshaws, voir à l'Index). **Hippopotame :** incisives (jusqu'à 60 cm) et dents avec zone axiale en arc de cercle, circulaires, recouvertes d'un cortex. **Phacochère :** porcin africain (hylochère) aux défenses recourbées. **Sanglier. Tigre du Bengale. Phoque. Dugong :** très rare, défenses chez le mâle. **Crocodile de Guinée :** dents de 8 cm pour pendentifs. **Protection.** *Éléphant d'Asie :* protégé depuis 1973 (annexe 1 sur les animaux et plantes en danger immédiat de disparition de la convention de Washington) ; *éléphant d'Afrique :* depuis 1978 (annexe 2 sur les animaux et plantes en danger de raréfaction et dans l'annexe 1 depuis 1990). De 1959 à 1996 : 5 tonnes de défenses saisies dans le monde. **Prix** (ventes aux enchères en France, en 1999). Paire de défenses d'éléphant, longueur 140 cm, 3,7 kg, 23 200 F ; 1 défense de narval 42 200 F.

☞ *En France :* un *ivoire brut* peut être vendu, si importé avant le 26-2-1976 et sous réserve d'une autorisation à solliciter préalablement auprès d'un bureau de douanes en plein exercice, puis délivrée par le ministère de l'Aménagement du Territoire et de l'Environnement. Les ivoiriers français, pour être admis à travailler, doivent obtenir une autorisation préfectorale à renouveler au bout de 5 ans.

■ **Ivoire végétal (corozo).** Noix de palmier. **Phyelephas macrocarpa** de Colombie, Pérou (nom local *homero*), Équateur *(pullipunta). Fruit :* 10 à 12 kg, 6 ou 7 drupes contenant chacune 6 à 9 noix de la taille d'un œuf de poule contenant un liquide consommable. En vieillissant, la noix devient très dure : cellulose presque pure, blanc ivoire. **Hyphaena thebaica (Doom palm) :** d'Afrique centrale ; graine allongée en forme d'amande. **Attalea :** d'Amérique centrale ; graine de 2 à 2,5 cm.

■ **Imitations.** Il est interdit de les vendre sous le nom d'ivoire (loi du 21-4-1939, décret du 7-10-1950). **Bois de cerf :** cortex lisse et mamelonné, brunâtre. Partie externe blanc jaunâtre, interne spongieuse. Utilisé pour camées, incrustations sur des armes (Allemagne) et manches de couteaux (Sheffield). **Bois de renne :** assez plat, plutôt gris. **Corne de rhinocéros :** ni dent ni os, masse de poils (structure circulaire, gris souris). **Bec de calao** (oiseau du Sud-Est asiatique) : à excroissance rouge (interne jaune) ; permet sculpture et gravure d'objets (flacons à priser, boucles de ceintures). **Os :** de chameau ou de grands cétacés, très denses. **Ivoirine :** débris d'ivoire agglomérés par un liant. Produit surtout entre 1900 et 1950. **Pierres ivoirées :** plâtre fin de Paris recouvert de paraffine, spermaceti ou stéarine pouvant être teintés en jaune plus ou moins fumé. **Celluloïd :** découvert 1869 aux USA par les frères Hyatt à la suite d'un concours ouvert en 1860 par un joueur de billard reprochant aux boules d'ivoire leur hétérogénéité (trajectoires inattendues). Du coton, traité à l'acide nitrique, donne du coton-poudre (explosif) qui, dissous dans un mélange de camphre et d'alcool, forme un matériau de faible température de fusion, comme le verre. Employé pour boules de billard, balles de ping-pong, boutons, etc. Très inflammable, abandonné. **Galalithe :** obtenue 1904 en Allemagne par traitement de la caséine du lait au formol. Utilisée pour des peignes, manches de couteaux, boutons de porte, dés à jouer, colliers, boules de billard. Supplantée par les matières plastiques.

IVOIRES TRAVAILLÉS

■ **Époques. Préhistoriques** (20000 av. J.-C.). **Égyptiens, Babyloniens** et **Assyriens. Égéens. Gréco-Romains. Romains** (tête, musée de Vienne, France). **Byzantins :** Alexandrie (art classique grec) ; Antioche (art syrien) ; Constantinople (nombreux diptyques représentant les consuls) ; triptyque Harbaville, feuillet de diptyque impérial, ivoire dit Barberini (Louvre) ; chaire de Maximien (VIe s., Ravenne) ; coffrets. **Carolingiens :** reliure de l'évangéliaire de Lorsch (Londres, Victoria and Albert Museum, Rome, musée du Vatican) ; chaire de St-Pierre (Vatican, Rome). **Ottoniens :** panneaux de l'« antependium de Magdebourg » (répartis entre plusieurs musées). **Romans. Gothiques :** la Déposition (Louvre), diptyque du trésor de Soissons (Victoria and Albert, Londres). **Renaissance :** sujets profanes inspirés des grands maîtres de l'estampe. **Modernes.**

Arabes. Japonais : fin XIXe s., défenses d'éléphants sculptées, signées et datées, et statues bouddhiques rehaussées de couleurs, fabriquées pour l'exportation et vendues par des colporteurs. **Chinois. Indiens. Birmans. Indonésiens. Centres actuels :** *Hong Kong* (principalement). *Pékin.* Au *Japon* et en *Inde.*

■ **Principales collections. Allemagne :** *Darmstadt,* Hessisches Landesmuseum. *Munich,* Bayerisches National Museum. **Autriche :** *Vienne,* Kunsthistorisches Museum. **Danemark :** *Copenhague,* château de Rosenborg et Nationalmuseet. **Égypte :** *Le Caire.* **France :** *Paris,* musée national du Moyen Age (thermes de Cluny), m. du Louvre. *Dieppe* (Dieppe et Paris furent, au XVIIIe s., les derniers centres importants d'Europe). *St Quentin,* musée Lécuyer. *Commercy.* **G.-B. :** *Londres :* British Museum, Victoria and Albert Museum. **Grèce :** *Athènes.* **Italie :** *Florence,* museo del Bargello. *Milan,* Castello Sforzesco. **Japon :** *Tōkyō.* **Russie :** *St-Pétersbourg,* Ermitage. **USA :** *Baltimore,* Walters Art Gallery. *New York,* Metropolitan. **Vatican.**

■ **Principaux artistes.** Christophe Angemair († 1633), Ignaz Elhafen (1650-1720), Leonhard Kem (1588-1662), Georg Petel (1590-1634), Simon Troger (1683-1769).

■ **Cours** (en milliers de F). **IXe-VIIIe s. av. J.-C.** *plaque* phénicienne (Syrie, 10,1 sur 7,7 cm) 369 (1985). **Xe s.** *plaque* (15,5 sur 7 cm) 3 837 (1978). **XIe s.** *Christ* (byzantin) (24,5 sur 13 cm) 5 324 (1978) ; *coffret* 5 900 (1998). **XIVe s.** *coffret,* scènes de la vie de St Eustache, Ile-de-France 5 016 (1983) ; *Vierge* à l'Enfant 850 (1984). **XVIe s.** *coffret,* plaquettes os, atelier des Embriachi 20 (1994). **XVIIe s.**

Entretien. Contre le dessèchement de l'ivoire : humidifier l'air, éviter une chaleur trop forte (ampoule de projecteur par exemple). **Nettoyage** (sauf pour les ivoires anciens) : ne jamais employer le jus de citron, mais l'eau et le savon ou la lessive St-Marc (15 g par litre d'eau tiède). **Objets usuels** (brosses, manches de couteau, touches de piano) : un peu de blanc d'Espagne dans de l'alcool à brûler. **Ivoire très sculpté** (incrusté de poussière) : le tremper dans un bain de lait cru quelques heures, le brosser avec un pinceau à poils raides, et frotter avec un chiffon sec et doux jusqu'à séchage complet. **Ivoire rayé :** le repolir avec du blanc d'Espagne dissous dans de l'eau tiède ; dès que le blanc est sec, frotter avec une peau de chamois.

chope 160 (1991) ivoire et métal argenté (All. 1697) 2 300 (1994) ; *œuf sur pied, tourné* (All.) 152 (1994) ; *plaques* (10) d'après J. Callot, « les Horreurs de la guerre » (1633, France) 200 (1985) ; Diane et Callisto (Allemagne) 32 (1993) ; enlèvement des Sabines et Moïse (2 plaques 12 × 18,5) 100 (1995) ; *statuettes* St Sébastien par A. Quentin le Vieux, Flandres (43 cm) 550 (1987) ; Mars par Francis Van Bossuit (44 cm) 1 600 (1998). **XVIIIe s.** *plaquettes* (4) métamorphoses d'Ovide, Italie 480 (1991) ; enlèvement des Sabines, Flandres 15 (1991) ; *râpe* à tabac (Apollon et Daphné), Dieppe 11,2 (1993) ; *statuette* (Flandres) 110 (1996), *le Triomphe d'Omphale* (All.) 65 (2000), *Christ à la colonne* (All.) 32 (2000) ; *râpe à tabac* (Dieppe) 21 (2000). **XIXe s.** *chope* Christ à la colonne (France) 65 (1990) ; *copies :* canne (pommeau) 0,5 à 1 ; *chope* sculptée 12 à 64 (1993) ; *groupe* Allégorie à la construction de la cathédrale de Cologne 60 (1999) ; *panneau* la Transfiguration (101 × 81) 181 (1995) ; *maquette* de trois-mâts carré ivoire et os 67 (1997). **XXe s.** *coupe* ivoire et onyx à incrustations d'argent (1913, par Mme O'Kin Simmen) 103 (1985) ; *bas-relief La Fuite en Égypte* (Flandres) 40 (2000) ; *Les Quatres Saisons* (Flandres) 52 (2000) ; *pipe allemande* 25,5 (2000).

Jeux d'échecs : XVIIe s. allemand 1 350. **XVIIIe s.** autrichien 60 (1970). **XIXe s.** 15 à 70. **XXe s.** pour un roi de 15 cm : 10 et plus.

Laque

Généralités

Définitions. Mot féminin quand il désigne la matière, masculin pour un objet laqué. Nom de l'artiste : laqueur ou laquiste. *Asie* (*qi chou* en chinois, *urushi* en japonais) : revêtement solide, résistant aux intempéries, extrait de la sève d'un arbre, le *Rhus vernicifera* (toxique). *Indes : laksha :* tirée d'une résine sécrétée par une cochenille, la *Coccus lacca*. **Origine.** Chine (dynastie des Han, IIIe s. av. J.-C.-IIIe s. apr. J.-C.), utilisée d'abord pour protéger les armes, puis des objets ménagers et meubles. **Fabrication.** Sèves résineuses utilisées aussitôt après avoir été purifiées, colorées ou employées comme laque transparente brun or ; elles sèchent en formant un film insoluble et sans pores ; on doit étaler la laque en couches très minces (en Chine, jusqu'à 18 couches et plus sur les objets sculptés). *1730 :* invention du *vernis Martin* par les frères Martin, de Paris, imitation de la laque (fragile à l'eau), à base de copal. *XIXe s. (milieu) :* imitation chimique, de meilleure qualité. *XXe s. :* emploi de la nitrocellulose et de vernis durcissant à l'air.

Provenance

Asie. Chine : TYPES : *laques peints* (ou *hua qi*) avec légers reliefs (paravents, meubles). *Sculptés* (ou *tia qi*). *Pékin* (vases, plateaux, fauteuils). *Coromandel* (port du Bengale assurant le commerce des laques de Chine en Europe occidentale ; les laques dits « de Coromandel » sont souvent des feuilles de paravent avec des motifs) ou *laques champlevés.* Les plus connus portent le sceau de l'empereur Qian-long (1736-95) : décor gravé, fonds peints à la détrempe de tons vifs d'où ressortent les contours en relief. PRINCIPAUX MAÎTRES : *Huang Xia Wu* (époque Song 960-1299). *Chang Cheng* (époque Yuan 1280-1367). *Chen Ching* (époque Ming 1368-1644). *Lao Wei* (époque Qing 1644-1909).

Japon : palais, temples, inrô, peignes, statues, bronzes, meubles. Secrets de fabrication du VIIe s. à 1878 (huiles siccatives avec latex et préparations diverses). PRINCIPAUX MAÎTRES : XVIIe-XVIIIe s. : *Naga-Shige* (1599-1651) ; *Kano-Nao-Nobu* (1607-50) paravents ; *Kaji-Kawa* († 1682) laque noire, inrô ; *Ritsuo* ou *O-Gawa* (1663-1747) incrustations. XIXe : *Ta-Tsuki Yei Suke*, inrô Bun-Sai. XXe : *Gonroku Matsuda, Katsutaro Yamazaki, Tomio Yoshino.*

Corée et **Viêt Nam :** avec incrustations de nacre.

Iran : objets en carton vernis à la sandaraque depuis la dynastie séfévide (1510-1737).

Europe. Meubles vernis réalisés dès le XIIIe s. Influence : objets rapportés par Marco Polo.

France : laques employées pendant la guerre de 1914-18 pour les hélices d'avion en raison de leur résistance. Puis par les décorateurs Art déco (même technique que celle des maîtres chinois et japonais mais la sève toxique du *Rhus vernicifera* est remplacée par des laques glycérophtaliques, cellulosiques, polyuréthanes sur des supports de contreplaqué, latté, aggloméré ou tôle d'aluminium). Portent le nom de laques modernes, même si ces compositions sont associées à de la laque de Chine, car la laque de Chine doit être pure. PRINCIPAUX LAQUISTES ET PRIX (en milliers de F) : *Olga Aloy* (1950). *Pierre Bobot* (1902-74). *Bodiles* (1951). *Jean-Pierre Bousquet* (1934) panneaux 25. *Ateliers Brugier* (1920). *Romuald Chenot* (1957). *Gine Clément* (1938) panneaux 22. *Maurice Debas* (1916). *Bernard Dunand* (1908-98) paravent 250, vase cuivre martelé 510 (1999). *Jean Dunand* (1877-1942) paravent 3 500, bureau à coquille d'œuf 710, table basse 465. *Pierre Dunand* (1914-96) paravent laque de Chine 350. *Isabelle Emmerique* (1957) panneaux 22. *Fad-Idris* (1957). *Ferdinand Ferone,* meubles 300. *Andrée Gerbaud* (1926-98) paravent 200. *Jean Goulden* (1878-1947). *Eileen Gray* (1879-1976, travaillait en France) chaise 105, paravent 179, table rouge laque 1 160. *Katsu Hamanaka* (Japon, 1895-1982, travaillait en France) paravent laque du Japon 400. *Roland Ingert* (1940) paravent nacre-ivoire 400. *Laurence Klein* (1951). *André Margat* (1903) panneaux 60. *Louis Midavaine* (1930) table basse 11. *Jacques Nam* (1881-1974) panneaux 45. *Paul-Etienne Saïn* (1904-95) panneaux 80.

Russie : sous l'influence de la Perse, depuis Pierre le Grand (boîtes, tabatières, coffrets en papier mâché imprégné d'huile de lin et cuit au four).

Mobilier

Sources : *Gazette de l'Hôtel Drouot, Connaissance des arts, le Revenu français,* Cie des commissaires-priseurs, Guillaume Dillée, Roland Lepic, Piasa, Serge Renard, Marc Révillon d'Apreval, Thierry Samuel-Weiss, étude Tajan, Sotheby's, Christie's, etc.

☞ Le cours varie selon la qualité (bois et bronze employés), l'exécution (finition, équilibre des formes, accord des bronzes et de la marqueterie), l'époque (pas nécessairement la plus ancienne), la signature, la rareté et la mode. Une paire de fauteuils vaut 3 ou 4 fois plus qu'un fauteuil isolé, 3 fauteuils ne valent guère plus qu'une paire ; en revanche, un salon complet n'est pas toujours plus cher.

Moyen Age

Périodes. 1°) Du XIe au milieu du XIVe s. : meubles (armoire, coffre) en planches épaisses (jusqu'à 10 cm). Des pentures en fer forgé, souvent en forme de volutes, les maintiennent. **2°) Du milieu du XIVe au 1er quart du XVIe s. :** montants en saillie, panneaux reproduisant comme une fenêtre : meneaux flamboyants, roses, accolades. Serrures clouées sur un carreau de velours ou de drap, en général rouge ; trop coûteuses, les vis sont réservées aux armes. **Principaux meubles.** *Armoire, banc* ou *archebanc* (avec dais au XVe s.), *chaire* (bras et dossier), *coffre, crédence, dressoir* (à 2, 3, 4 étagères), *faudesteuil* (jusqu'au XIVe s. ; siège à base en X), *lectrin* ou *lutrin, lit* (ciel de lit accroché au plafond jusqu'au XVe s., sur colonnes et sur le chevet ensuite), *table* (planche sur tréteaux).

Renaissance

Technique. Deux procédés (connus déjà au XIIe s.) permettent de cacher davantage les assemblages : *assemblage d'onglet* qui perfectionne l'assemblage à tenon et mortaise : les extrémités des pièces de bois ne sont plus coupées à angle droit, mais en diagonale ; *assemblage à queues d'aronde :* les tenons sont masqués par une épaisseur de bois réservée en creusant les mortaises (assemblage dit à queues recouvertes ou queues perdues).

Sous Louis XII : des meubles empruntent des motifs, comme les *rinceaux,* à la Renaissance italienne et d'autres, comme les *pinacles,* à l'époque gothique. *Sous François Ier :* décoration tout italienne : bustes en saillie, pilastres décorés d'arabesques ou de feuillages et de grotesques. *Sous Henri II :* on utilise de grands panneaux parfois uniques, faits de planches assemblées. La composition est de caractère architectural : pilastres cannelés ou colonnes unies ou cannelées. Le chêne fait le plus souvent place au noyer, avec parfois des plaques de marbre (Fontainebleau). En *Bourgogne :* ils sont surtout sculptés en haut relief : David (ou Hugues) Sambin, maître en 1549 (menuisier, architecte, sculpteur) formé sur le « Chantier universel de Fontainebleau ». En *Ile-de-France :* dominent arcade et colonnettes [style de Du Cerceau (1512-84)] ; médaillon ovale et bombé : « le miroir ». Parfois incrustés de marbre blanc et noir et souvent sculptés en bas relief.

Principaux meubles et quelques prix élevés en vente publique (en milliers de F). **Armoire** en 2 parties, en général la plus haute en retrait 50. **Bahut** *noyer.* **Buffet** *à 2 corps* 48, *chêne* attribué à Sambin (vers 1575) 1 000 (1992). **Cabinet** 720. **Cabret. Cathèdre** *chêne sculpté.* **Chaire à bras** appelée fauteuil dès le XVIIe s. ; recouverte de cuir, puis de tapisserie, vers la fin du XVIe s. ; **Chaire de salle** réservée au chef de famille. **Chayère** (siège formant coffre). **Crédence** *sculptée.* **Dressoir. Lit à baldaquin** *à colonnes,* dans lequel aurait dormi Henri IV 230 (1991). **Salle à manger Henri II,** copie XIXe s., 21 (1999). **Siège à bras « en façon de tallemouze »** (siège de femme) appelé au XIXe s. **caquetoire. Table** jusqu'à 88 cm de haut ; sous Henri II, toupies pendantes sous chaque angle de la ceinture, piètement en croix de Lorraine ; fin XVIe, tables à 6, 8, 9 pieds ; *noyer,* rallonges à l'italienne.

Louis XIII

Techniques. L'influence étrangère (Flandres, Allemagne, Espagne, Italie) est encore très forte. On utilise : *ébène :* feuilles minces, sculptées en bas relief, en applique sur le bâti ; *bois exotiques* (dits bois de violette, d'amarante, etc.) ; *bois français* (if, buis, noyer, merisier, orme, ébène pour les cabinets) ; *incrustations :* lames de bois de couleur ou feuilles de marbre ou d'écaille collées dans des entailles ; *marqueterie :* décor en mosaïque de bois de couleur, qui revêt le bâti ; *motifs :* colonne torse, pointe de diamant.

Principaux meubles. Armoire *à pointes de diamant* (influence néerlandaise). **Buffet** *à 2 corps* superposés, en noyer ou chêne naturel, à panneaux à losanges ou rectangles. **Cabinets** sculptés ou peints (entièrement, ou les façades de tiroirs au dos des portes) ou ornés de fixés sur verre (*flamands,* très sculptés ; *allemands,* à 2 corps superposés, plaqués d'ambre et d'ébène ; *italiens,* peu nombreux, ornés d'agate et de fil d'argent ; le cabinet du maréchal de Créqui, au musée de Cluny, est le 1er **bureau**). **Chaise** *à arcades* (influence espagnole et mauresque), à *pieds obliques* (à partir du milieu du XVIIe s., on appelle chaise un siège dépourvu d'accotoirs). **Coffres. Siège** *tendu de cuir* (venu d'Italie, milieu XVIe s.), *canné* (remplace le *jonc* du XVIe, innovation hollandaise). **Table, fauteuil, chaise** *à bras* et **petite table** *à pieds torsadés, balustrés, en chapelet* (le plus courant), *entretoise* en H. **Tabouret.**

Principaux ébénistes. *Jean Adam* (connu vers 1657). *Philippe Baudrillet. Pierre Boulle* (né en Suisse 1580-1635). *Jean Desjardins* (connu vers 1636-57). *Jean Lemaire* (connu 1636-57). *Jean Macé* (de Blois ; 1600-72). *Laurent Strabe.*

Éléments du prix. Patine d'origine (assez sombre, un peu irrégulière, très brillante). Sculpture à l'extrémité des accotoirs des fauteuils (têtes de lion, assez rares ; lions couchés ou bustes de femmes, très rares). Les entretoises indiquent parfois une origine nordique (Hollande, Flandres, Angleterre). Une tapisserie d'époque en bon état peut faire tripler le prix. Soieries et velours d'époque en bon état rarissimes.

Quelques prix élevés en vente publique (en milliers de F). **Armoire** 30 à 70 ; *bois fruitier* 20 à 40, *à 2 corps, bois naturel,* portes flanquées de cariatides environ 50. **Bahut** 35 à 90. **Buffet** *2 corps* 15 à 50. **Cabinet** 36 à 160 et plus, *cadre* 76 (1996). **Sièges :** *canapé* 3 à 30 ; *chaise,* tissu moderne 1,9 à 4,5, paire 4,5 à 10 et plus ; *fauteuil* 7,2 à 135, paire 22,5 à 54 et plus, suite de 6 (séries très rares) 100 ; *tabouret* (très rare) 5,4, paire 10 à 55. *Copies fauteuils* paire 2,5, *chaise* non recouverte 0,7 à 14, *chaise* « os de mouton » 5. **Table** 9 à 72.

Louis XIV

Technique. Les placages de cuivre, d'étain et d'écaille avec des garnitures de bronze doré, ou argenté triomphent dans les ateliers royaux. Ailleurs, la tradition du bois massif se maintient (bois tourné). Meubles en bois de « rapport » avec vases de fleurs dans le goût de Monnoyer, avec fleurs en « ivoire », en général de jasmin, d'où l'attribution à l'ébéniste Jasmin, sans doute l'un des Boulle. Une dorure d'origine est rarissime. La plupart des sièges ont été décapés ou redorés au XIXe s. **Marqueterie de Boulle :** André Charles Boulle (1642-1732), 1er ébéniste du roi, donna son nom à la plupart des meubles marquetés (d'écaille rouge ou brune, et de cuivre), fabriqués entre la 2e moitié du XVIIe s. et le milieu du XVIIIe s. (par ses fils ou ses élèves), puis sous Louis XVI par René Dubois (1734-92), Philippe-Claude Montigny (1734-1800) et Étienne Levasseur (1721-98) qui réparaient et copiaient des meubles de Boulle. Il perfectionna la marqueterie (écaille, cuivre et étain), venue d'Italie. Il utilisa corne (colorée), écaille de tortue (souvent teinte en rouge), nacre, ivoire ou cuivre et étain. Il découpait ensemble une feuille d'écaille et une feuille de cuivre ; le motif de cuivre était inséré dans le fond d'écaille (décor de partie) et celui d'écaille dans le fond de cuivre (décor de contrepartie) : les meubles étaient souvent fabriqués en paire avec les motifs de matériaux inversés. Les garnitures de bronze doré (au mercure ou au vernis) et ciselé représentant des masques, mascarons, groupes d'enfants, rosaces, coquilles, feuillages avaient pour but de renforcer les assemblages, protéger les arêtes vives, maintenir à l'aide d'une large bordure ou d'une baguette les panneaux de marqueterie. Bâti (âme) : sous Louis XIV en sapin, sous Louis XVI en chêne.

Principaux artistes. Ébénistes : *André Charles Boulle* (voir ci-dessus), *Dominique Cucci* (It., 1635-1705). *Louis Delaitre* (vers 1715-55), *Gaudreaux* (1680-1751), *Antoine Gaudron* († 1710), *Pierre Gole* (Holl., 1620-84), *François Guillemar, Charles Hecquet* († 1731), *Joseph Poitou* (1682-1718), *Philippe Poitou* (1650-1709), *Jacques Somer* († 1669). **Ornemanistes :** *Jean Bérain* (1640-1711), *Charles Le Brun* (1619-90), *Alexandre-Jean Oppenordt* (1639-1715). **Sculpteurs sur bois :** *Mathieu Lespagnandelle* (1617-89). **Sculpteurs-orfèvres :** *Claude Ballin* (1615-78), *Filippo Caffieri* (1634-1716), *Jean Varin* (ou Warin, 1604-72).

Principaux meubles et objets ; quelques prix élevés en vente publique (en milliers de F). **Appliques** en bronze 1 900 (2000). **Baromètre** *écaille et cuivre* (goût de Boulle) 460 (1993). **Bibliothèque** de Nicolas Sageot 2 031 (1990). Marqueterie 580 (1992). **Bureau** dit *Mazarin* (à 8 pieds jumelés, disparaît après Louis XIV) 110 (1997) ; *plat* 1 051 (vente Tannouri, 1983) ; *plat* à 3 tiroirs. **Cabinet** de Gole pour Mazarin 2 551. **Coffret** placage écaille except. 1 700

(1991). **Commode** *décor écaille et cuivre* (goût de Bérain) 1 600 (1993) ; placage d'écaille 1 850 (1996). **Console** *bois doré* (dessin de Lebrun) 1 550 (1991) ; -*buffet* marbre rouge du Languedoc 1 500 (1993), *chêne naturel* 180 (1994). **Glace** 550 (1993), except. verre églomisé 818,5 (1990), d'Augsbourg 5 300 (1988). **Lit** (plus de 2 m × 2 m) *à quenouilles* dans la 1re moitié du XVIIe s., *en housse*, c'est-à-dire à pentes tombantes, ensuite. **Lustre** 1 440 (1993). **Sièges** *canapé. Fauteuil* (remplace vers 1632 la chaise à bras), dit de commodité ou *fauteuil en confessionnal* pieds en « os de mouton » (apparu au château d'Effiat, 1645). Dossier plat avec tapisserie 752 (vente Tannouri, 1983) ; suite de 4, except., 2 150 (1988). **Table** except. marqueterie d'écaille, cuivre, étain et bois 4 773 (1984).

Meubles Boulle : *bibliothèque* 1 018 (paire, vente Tannouri, 1983). *Bureau plat* 17 000 (1993, vente Givenchy). *Cabinets* (paire) 25 457 (2000). *Coffres de mariage* (paire) 13 002 (1994). *Commode* (1re vers 1690). *Gaines* (paire) 6 000 (1987), idem aux 2 bronzes de Girardon 13 600 (1987). *Table de milieu* (écaille, cuivre et étain) 43 918 (2000, vente Riahi). *Torchères* (paire) 6 200 (1993).

Régence

■ **Technique.** Meubles plus légers et lignes moins rigides. Plaqués de bois satiné importé des Indes : palissandre, amarante, bois violet dit de violette, bois de rose. *Chantournement :* les courbes concaves alternent avec les convexes, comme dans la commode à la Régence ou en tombeau.

■ **Principaux meubles et objets. Armoire. Bibliothèque. Bureau. Chaise longue. Commode. Console et table** en bois sculpté et doré. **Duchesse** (chaise longue, brisée avec tabouret). **Écritoire. Fauteuil** à garniture fixe. **Secrétaire** à abattant (inspiré de Liège). **Siège canné. Table à gibier. Arbalète. Tombeau** (commode à 3 rangs de tiroirs).

■ **Principaux artistes. Ébéniste :** *Charles Cressent* (1685-1768). Watteau lui inspire les bustes de femmes souriantes qu'on appelle *espagnolettes,* qu'il place aux angles des meubles ; la traverse inférieure de ses commodes a un mouvement sinueux : le profil en arbalète. **Sculpteurs :** *Sébastien Slodtz* (1655-1726). *Toro* (Provence).

■ **Quelques prix élevés en vente publique** (en milliers de F). **Candélabres** bronze doré avec amours (paire) 420 (1993). **Chenets** *obélisques* ou *pyramides* avec feuillages 100, sujets (surtout chinois) 150 (dorure d'époque : + 50 à 80 %). **Commode** *« tombeau »* (3 rangs de tiroirs) bois naturel 80, placage 150, except. 250, marquetée 1 000 (Doirat, créateur de la commode « à ponts » 1984) ; *à « 2 tiroirs »* 60, de Hache 740 (1994), except. de Cressent 47 600 (paire, 1993). **Console** *bois sculpté et doré* 1 050 (1994). **Glace** bronze attribué à Cressent 4 000 (1993) ; miroir neuf et parquet refait (assemblage de bois tenant le miroir) diminuent le prix. **Lustre** *bronze doré* 2 000 (1987). **Paravents** (tapisserie), paire 2 500 (1999). **Sièges** *bergère* à oreilles, bois naturel sculpté 80 ; *canapé* à oreilles, bois naturel 120, sculpté doré 200 ; *chaise* cannée 12, paire 40, suite de six 250 ; *chaise longue* 146 (1991) ; *fauteuil* bois doré (paire) 1 200 (1993, collection Salabert), canné 60, bois naturel 53, à châssis 250, de bureau 80, dossier plat except. 519,4 (paire, 1990), 2 000 (suite de 10, 1998), cabriolet bois naturel paire 230, suite de 4 : 810 ; *tabouret* seul à partir de 15, paire jusqu'à 200 ; *salon* 4 fauteuils, 1 canapé 16 350 (1988) ; 10 fauteuils, 1 canapé (tapisserie au point de St-Cyr) 730 (1999). **Table** *à gibier* 400 et plus ; *à jeu* 35 et plus (avec sculptures et plateaux circulaires en saillie 60 et plus) ; *de salon* 300 ; *desserte* except. 980 (1983) ; *de changeur* 180.

☞ **Copies :** *bergère* (paire) 20 ; *bureau plat* 20 à 40 ; *commode tombeau* 20 à 105 ; *fauteuil canné* 3 à 5.

Louis XV

■ **Technique.** Ligne courbe. Décor de fleurs et de rocailles. Des meubles nouveaux apparaissent : petits bureaux, petites tables. On utilise de la marqueterie et des panneaux laqués en Orient. Les frères Martin développent le vernis (décor diversifié). Le décor européen est le plus rare. Les bronzes ne doivent jamais dissimuler les motifs de marqueterie, mais en suivre les méandres. Meubles précieux avec plaques en porcelaine de Sèvres.

■ **Principaux meubles. Armoire. Bergère,** *boudeuse* (bras droits), *convalescente* (basse), *obligeante* (bras écartés), *ponteuse* (pour le jeu : casier à jetons dans la manchette du dossier), *voyeuse* (dossier surmonté d'un accoudoir), *marquise, à gondole.* **Bibliothèque. Bureau** *à cylindre, à dessus brisé* ou *à dos d'âne* (à double pente), dit « capucin » (de dame). **Canapé** *ottomane* (à 2 places), *sofa* ou *sopha* ou *lit de repos à la turque, sultane turquoise* (lit de repos à 3 dossiers), *veilleuse.* Matériaux : mêmes essences que sous la Régence : bois naturel, laque (de Chine, du Japon, de Coromandel), plaques de porcelaine, bronzes. **Chaise** *à la reine* (à dossier plat (par opposition au cabriolet) violoné, puis ovale vers 1785], *longue* dite « de duchesse » ou « duchesse », *à bateaux* (plus de 1,60 m et 2 dossiers) ou *brisée* (en 2 ou 3 éléments). **Chiffonnière. Commode sans traverse. Console. En-cas. Encoignure. Fauteuil** *en cabriolet* (vers 1750), *de cabinet.* **Lit** *(à la française ; à la polonaise,* à 3 dossiers à partir du XVIIIe s. : *à l'anglaise ; à la turque ; d'ange, en dôme, à l'impériale, à la duchesse,* hérités du XVIIe s. ; *à la romaine, à baldaquin).* **Marquise** (milieu XVIIIe s.). **Méridienne. Meuble d'entre-deux. Meuble à hauteur d'appui. Meuble à transformations** [dit « à la Bourgogne » : commandées par des mécanismes ; en 1760, Œben avait construit pour le duc de Bourgogne (petit-fils de Louis XV), paralysé, un fauteuil à manivelle]. **Paravent. Régulateur. Secrétaire** (apparaît vers 1745). **Secrétaire à doucine. Table** *de salon, d'accouchée, de chevet, coiffeuse, de toilette, poudreuse, travailleuse.*

■ **Estampilles. Premières :** sous Louis XV. La corporation des menuisiers-ébénistes de Paris les rendit obligatoires en 1743, le parlement de Paris en 1751. Elles devaient s'accompagner d'un poinçon de contrôle (les 3 lettres J.M.E., 7 mm de hauteur, 10 de largeur) de la Jurande des menuisiers-ébénistes parisiens, appliqué lors de la visite bisannuelle de jurés dans les ateliers. Pour ne pas régler de droits ou par négligence, quelques maîtres s'abstinrent. Certains, fournissant le roi, étaient exonérés.

« C » couronné : poinçon (4 mm de hauteur, pour petits objets 1,5 mm) des bronzes d'ornement apposé en 1745-49 (règlement d'une taxe) ; permet datation précise. Peut aussi correspondre à la réparation d'une pièce plus ancienne.

Mentions figurant dans les catalogues de vente : sauf réserve expresse : *signature de X, « de » X, « par » X, X : commode...* garantissent l'authenticité. *Porte estampille de X* constate la signature, pas son authenticité.

■ **Époque. Meuble :** *« d'époque Louis XV »* : fabriqué sous Louis XV, ou peu après. *« De style Louis XV »* : fabriqué n'importe quand. *Ancien :* ayant environ 100 ans d'âge ou plus (délai donné par le Code des douanes).

Meubles des châteaux royaux : marque (surmontée d'une couronne) au fer rouge ou au pochoir sous un marbre, sur l'arrière d'un montant ou le dos : CP (Compiègne),CT (Petit Trianon), F ou FN (Fontainebleau), 2 G accolés (Tuileries), ML (Marly), St C (St-Cloud), W (Versailles). A qualité égale, cette marque peut doubler ou tripler le prix d'un meuble ou le quintupler si accompagné d'un document spécifique.

■ **Principaux artistes. Menuisiers :** *Jean Avisse* (1723-93), maître en 1745 (signe : I. Avisse). *Louis Delanois* (1731-92), maître en 1761. *Nicolas-Quinibert Foliot* (1708-76). *Jean Gourdin* (signe : Père Gourdin, travaille vers 1737-63). *Nicolas Heurtaut* (1720-71). *Pierre Nogaret,* vers 1720-21 à Lyon. *J.-B. Tilliard* (1685-1766) ; *fils* (1723-97), maître en 1752. **Ornemaniste :** *Nicolas Pineau* (1684-1754). **Ébénistes :** *Pierre Bernard* (1715-65). *Léonard Boudin* (1735-1807). *BVRB* (Bernard II Van Risen Burgh, après 1705-1766). *Martin Carlin* (1730-85). *Charles Cressent* (1685-1768). *Antoine-Mathieu Criaerd* (1689-1776). *Jacques Dautriche* (Van Ostenryck, vers 1743-78). *Adrien Delorme,* maître en 1748. *Jacques Dubois* (1693-1763). *Charles-Joseph Dufour* (1740-82). *Jean Dumoulin* (1715-98). *Pierre Garnier* (1720-1800). *Antoine-Robert Gaudreaux* (1680-1751). *Les Hache : Thomas* (1664-1747), *Pierre* (1705-76), *Jean-François* (1730-96), *Christophe-André* (1748-1831). *Joseph* (origine allemande : Joseph Baumhauer, † 1772). *Gilles Joubert* (vers 1689-1775). *Lacroix* (Roger Van der Cruse, *dit* RVLC, 1723-99). *Jean-Pierre Latz* (vers 1691-1704). *Pierre Macret* (1727-96). *Migeon : Pierre II Migeon* (1701-58), *Pierre III* (1733-75). *Jean-François Œben* (1721-63). *Nicolas Petit* (1732-91). *Louis Péridiez* (1731-après 1787). *Jean-Jacques Pothier. Topino* (1725-vers 1798). *Christophe Wolff* (1720-95).

■ **Quelques prix élevés en vente publique** (en milliers de F). **Appliques** (paire) 1 200 (1993, vente Givenchy). **Armoire** *bois fruitier ; acajou* (meubles de port) ; *placage ;* formant secrétaire, marqueterie. **Bibliothèques** (paire) Nicolas Sageot 1 450 (1996) ; attribuées à Cressent 3 312 (1997). **Boiseries** Gerdolle (vers 1736) de 22 m × 4 m 755 (1992). Salon de musique, 16 m 1580 (1990), réfectoire de couvent, par Gerdolle, de 8 m × 7 m 1 660 (1992). **Buffet** *de chasse* de Mongenot 121 (1993). **Bureau** *bonheur-du-jour* de Topino 250 (1997) ; *à la bourgogne* système à ressort et placage ; à manivelle et marqueterie (peu copié) ; *à culbute (capucin),* bois naturel ; placage (peu copié) ; *à cylindre* (lamelles) placage de Garnier 6 216 (1994) ; de Leleu 5 600 (non exportable) ; *à écrire debout* de Baumhauer 2 500 (1993, vente Givenchy), *de dame* 3 890 (2000) ; *de pente* 490 [marqueterie de Schwingkens de Hache fils 850 (1997)] ; de BVRB laque Japon 6 500 (1995) (non exportable) ; de Hache 1 127 (1997) ; de Pierre II Migeon 533 (1999) ; *en pente* de Dubois 470 (1995) ; *plat* de BVRB 2 051 (1995), de Latz 7 000 (1990). **Chenets** bronze 4 600 (signés Solon, 1990). **Chiffonnier. Coffret** en laque de Latz 265 (1992). **Coiffeuse** en forme de cœur, marqueterie, de Boudin 2 104 (1990). **Commode** de port (acajou, travail bordelais) 120 (1999) ; *en bois d'Amérique (« gaïac ») ; marqueterie* 35 481 (2000) ; *placage* de Gillet 3 394 (1994), de BVRB 3 300 (1999), *palissandre* de Dubois 3 900 (1999) ; *royale* attr. à Latz ou Deben 6 000 (2000) ; *scriban ; régionale* sculptée et moulurée ; *tôle laquée* de Latz 2 310 ; *tombeau.* [*Copies :* 30 à 200 (par Sormani, Lincke, Beurdeley ou Durand). Souvent meubles du Louvre ou de la collection Wallace à Londres.] **Console** 1 600 (1993, vente Givenchy), bois doré 2 326 (2000). **En-cas. Encoignure** 5 450,5 (1994). **Écritoire** bronze, laque 350 (1994). **Flambeaux** (paire) bronze doré. **Glace** bois doré et sculpté. **Lit** *à crosse ; à baldaquin* de Jacob 107 (1991) ; *de repos ; d'alcôve,* bois naturel sculpté 7 à 35. **Meuble d'entre-deux. Portière** en Savonnerie (vers 1740) 2 650 (1994). **Poudreuse. Rafraîchissoir** de Canabas 88 (1994). **Secrétaire** *bois naturel ; acajou* (rare) ; *à abattant* plaqué et marqueté [est. RVLC 1 327 (1984)] ; *à pente* marqueterie de Hache 1 200 (1997), attr. à BVRB 6 092 (2000) ; *à rideaux ; de dame* de Schmitz 170,5 (1991) ; *semainier ; à doucine ; bois laqué* 7 458 (1990). **Sièges** *bergère,* bois naturel, dossier violoné ou gondolé, dossier plat ; *canapé* droit canné ; *corbeille ; à confident ; chaise, à porteurs* 46 (2000) ; *longue (duchesse* brisée) ; *voyeuse* de Cresson 30 (1994) ; *chauffeuse ; fauteuil* plat 2 750 (2000) [suite de 4 : 1 300 (de Boucault, 1994), 1 164 (de N.Q. Foliot, 2000) ; 2 050 (de Cresson, 1998)] ; except. de Gourdin 3 300 (1991) ; châssis except. de Tilliard 2 700 (1987) et 4 200 (1993, vente Givenchy)] ; 6 de Jean Avisse 2 432 (1997) ; bureau de Meunier (pied en avant) 402 (2000) ; sculptés et dorés ; *marquise ; tabouret* ployant 360 (1995).

Nota. – Les fonds de canne peints de treille (peinture d'époque) sont plus chers.

Table (marqueterie) d'*accouchée* 70 (de Hache, 1996), *à la bourgogne* marquetée 1 200 (1979) ; *cabaret* laque 850 (1993), *à café* de J.-F. Œben ayant appartenu à Mme de Pompadour, 2 225 (1971) ; *de changeur ; de chevet ; chiffonnière ; à écrire ; en-cas ; à gibier ; à jeux ; liseuse ; de milieu ; à ouvrage ; de quatuor ;* « Rognon » ; *de salon* 710 (de Grandjean, 1990) ; *tambour* de A. Couturier 1 717 (2000) ; *trictrac.*

Louis XVI

■ **Technique.** Lignes droites, angles en pan coupé, simplicité ; marqueterie (décor géométrique), baguettes de bronze ; ronce d'acajou, bois clairs (citronnier, amarante) et placage d'acajou. Une galerie en bronze ajouré surmonte parfois les meubles. Le genre étrusque apparaît en 1786-87 (ornements inspirés des antiquités égyptiennes) ; le style Louis XVI sera repris sous la Restauration.

■ **Principaux meubles et objets. Bibliothèque** à porte pleine ou grillagée (vers 1775). **Bonheur-du-jour** (vers 1754, mais dont le nom n'apparaît que sous Louis XVI). **Buffet** *servante.* **Bureau** *à cylindre.* **Cabinet** acajou et ébène, décoré de panneaux de cire fixés sous verre. **Chiffonnier** (vers 1750 ; à 7 tiroirs : *semainier*). **Commode. Console. Régulateurs et horloges. Secrétaires** *à abattant.* **Serre-bijoux. Servante. Serviteur** *muet.* **Sièges** (mêmes types que sous Louis XV). **Table** *à la Tronchin* (à plateau se soulevant par crémaillères cachées dans les pieds), *bouillotte* (table et lampe : table à jeux vers 1760, orifice central où se place un bouchon de bois sur lequel s'adapte la « lampe bouillotte »), *de brelan* (même type mais orifice garni d'un « cassetin » ou « cordillon », en 8 cases pour recevoir les cartes), *à « en-cas »* (ou *de nuit*), *de salle à manger, de salon* (apparaît vers 1780) ; *trictrac.*

■ **Principaux artistes. Menuisiers :** *J.-Baptiste Boulard* (1725-89). *Canabas* (Joseph Gegenbach *dit,* 1715-97). *Georges Jacob* (1739-1814). *Lelarge* (J.-Baptiste Ier début XVIIIe s., II 1711-71, III 1743-1802). *Séné Claude Ier* (1724-92) et *J.-Baptiste Claude* (dit Séné l'Aîné, 1748-1803). **Ébénistes :** *Étienne Avril* (1748-91). *Guillaume Benneman* (maître en 1785). *Martin Carlin* (1730-85). *Adrien Delorme, Pierre Denizot* (1715-82). *J.-François Leleu* (1729-1807). *Louis Moreau. François-Ignace Papst* (maître 1785). *J.-Henri Riesener* (1734-1806). *David Roentgen* (1743-1807). *François Rübestück* (vers 1722-85). *Topino* (1725-vers 1798). *Adam Weisweiler* (1744-1820, maître en 1778). **Ciseleurs :** *Feuchère* (frères). *Pierre-Joseph-Désiré Gouthière* (1732-1813). *Levasseur* (1721-98). *Osmond. Pithoin. Pierre-Philippe Thomire* (1751-1843).

■ **Quelques prix élevés en vente publique** (en milliers de F). **Appliques** paire 210 (isolée : à peine le quart, 4 semblables valent plus que 2 paires si très belle qualité). 3 branches min. 100 [paire 1 010 par Hauré (sculpteur), Forestier (fondeur), Thomire (ciseleur) (1997)]. **Armoire** chêne. **Athéniennes. Bergères** basse (paire de Jacob) 560 (1999) ; paire de Carpentier 480 (1999). **Bibliothèque** Boulle de Levasseur 10 000 (1993, vente Givenchy) ; *basse* de Leleu 1 560 (1997). **Bonheur-du-jour** plaques de Sèvres de Corbin 15 000 (1988). **Bougeoir. Buffet rustique** 2 corps. **Bureau** *cylindre* de Papst 2 700 (1992), de Leleu 5 655 (1995), plaqué acajou de Roentgen 4 100 (1999) ; *à gradin* de Saunier 1 700 (1999) ; *de pente* à vitrine, acajou ; placage ; laque verte ; *de dame* placage acajou ; *plat* Benneman 1 600 (1996), Montigny 2 100 (2000) ; *à mécanisme* 4 000 (Riesener et Cosson, 1992) ; *plat* 2 327 (Montigny, 2000) ; *de voyage,* acajou. **Cabinet** de Benneman 15 000 (pour Louis XVI, 1984) ; *cabinet-secrétaire* de Weisweiler 10 000 (1983), de Carlin 4 000 (1994), paire goût de Boulle par Levasseur 25 475 (2000 en France). **Candélabres** 670 (1994). **Chaises** suite de 6 de G. Jacob 3 900 (2000). **Cheminée** marbre, bronze, acier, ayant appartenu à Mme du Barry 5 253 (1989). **Chenets. Chiffonnier** de Leleu 380 (1997). **Clavecin. Coffret à bijoux** pour mariage de Marie-Antoinette 23 000 (de Carlin, record, oct. 1991) revendu 14 400 (1996). **Coiffeuse** 70 ; d'homme 17 à 60. **Commode** *acajou* 210 [except. Riesener 70 415 (1999, vente Rothschild)] ; *placage ; laquée* de Levasseur 3 400 (1996), de Leleu 41 812 (1999, vente Ojjeh), *d'ébène* et panneaux de pierres dures de Weilsweiler et Carlin 46 212 (1999, vente Ojjeh) ; *marquetée* de Riesener 3 200 (1990), de Benneman 9 500 (1993) ; *à ressaut ; à vantaux* de Weisweiler 7 000 (1999) [*copies* XIXe s. de Beurdeley, Dasson, Durand, Linke, Sormani]. **Console** de Riesener 1 410 (2000) pour Marie-Antoinette (1781) 16 500 (1988), Saunier 2 592 (1995), attribuée à Prieur (?) 2 550 (1998) [*copies* XXe s. : jusqu'à 110]. **Desserte. Écran de cheminée** bois doré de Séné 340 (1993). **Encoignure** 388 (de Macret, 1984), paire 172 (de Petit, 2000). **Fauteuils** suite de 6 de P. Bernard 1 300 (2000) ; paire acajou de G. Jacob 555 (2000). **Glace. Guéridon** 2 900 (de Carlin avec porte-lumières, 1994), 7 790 (2000). **Liseuse. Lit** d'Henri Jacob,

Table Henri II

Fauteuil à torsades Louis XIII

Cabinet XVIIe siècle

Fauteuil bois ciré Louis XIV

Bureau Louis XIV (dit Mazarin)

Tabouret Louis XIV

Chaise et table « à gibier » Régence

Fauteuil Régence

Commode Régence (dite « tombeau »)

Chaise Louis XV

Bureau plat Louis XV avec son cartonnier

Bureau à cylindre Louis XV

Canapé corbeille Louis XV ou ottomane

Commode et bureau de pente Louis XV

Commode Transition Louis XV-Louis XVI à tiroirs sans traverse

Table de bouillotte Louis XVI

Semainier acajou et bonheur-du-jour Louis XVI

Commode en acajou Louis XVI

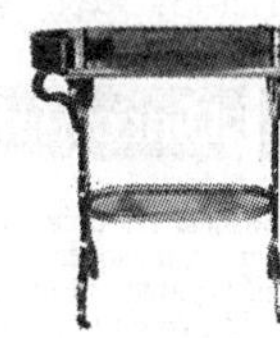

Travailleuse Louis XVI

Fauteuil à dossier « écusson » et bergère gondole Louis XVI

Desserte Louis XVI

Bergère Directoire

Commode Empire

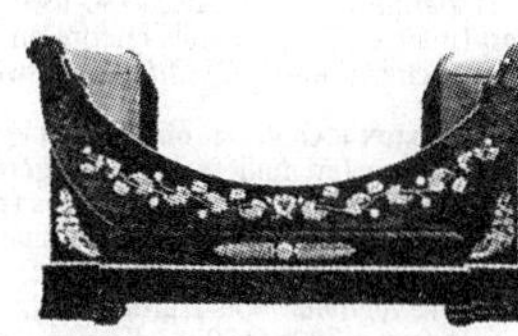

Lit bateau Empire

Fauteuil Jacob, tabouret, guéridon, coiffeuse et secrétaire Empire

Fauteuil gondole Charles X

Jardinière Charles X

Fauteuil en acajou à crosses Louis-Philippe

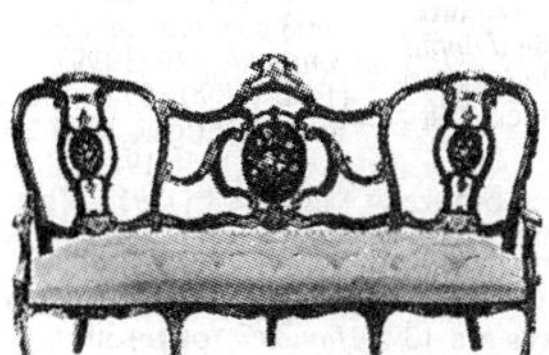

Canapé bois laqué noir (avec feuillage or, incrustations de nacre) Napoléon III

Cabinet style Boulle Napoléon III

Fauteuil de Majorelle Art nouveau

Armoire de Leleu en palissandre et parchemin Art déco

bois doré 200 (1993). **Lustre** bronze doré de Rémond 2 400 (1993). **Meuble d'appui** jusqu'à 1 700 (de Levasseur). **Meuble d'entre-deux** 1 100 (1983). **Objets montés. Paravent** *acajou* et failles (goût chinois) 110 (1999). **Pendule** *cage* de Sotiau 240 (2000), de Thomire 940 (1990). **Pupitre** *à musique* double 200 (1989). **Rafraîchissoirs** *acajou*, attribués à Canabas (paire) 210,7 (1984). **Secrétaire** *acajou* ; *marqueterie* (Hache, Riesener, Schlichtig) ; *placage* ; avec bronzes dorés 6 400 (de M. Carlin, 1983) ; *de dame* ; *à guillotine* ; *à hauteur d'appui* 900 (1999) ; *laque* de Weisweiler 11 900 (1983) ; *d'enfant* ; *pans coupés* de Roussel 760 (1994) ; de Riesener 1 700 (1998). **Semainier** *placage*. **Sièges** *banquette* ; *bergère* 260 (de J.-B. Séné) ; *canapé* ; *chaise* de Marie-Antoinette 2 550 (2000), 4 à la reine dessus de médaillons 350 (de Jacob, 1997). A qualité égale, l'acajou vaut plus que le bois peint. Les sièges cannés, moins confortables, se vendent moins bien. Les grandes signatures donnent une plus-value d'environ 30 % et plus. Pour les dossiers ajourés, modèles à montgolfière, « à la houlette » de Jacob, et motifs « anglo-chinois », gerbes, lyres, colonnettes (paire). Les plus chers sont à ceinture détachée du dossier. *Chaise voyeuse* (ou *ponteuse*) paire : 585 (1992) ; *chauffeuse* ; *fauteuil* dossier plat et carré 1 758 (de Dupain, 1990), paire 3 000 (de Jacob, 1988), rectangulaire (suite de 4) 2 300 (de Séné, 1983) ; ; de bureau 352 (de Canabas, 1999). Plus-value avec une tapisserie en bon état (exemples : fables de La Fontaine ou fleurs tissées à Aubusson) ou une « bonne estampille » et de nombreuses décorations ; *marquise* dossier plat (paire) de Jacob, de Versailles (paire) 700 (1997), à la Reine (suite de 6) 1 300 (2000) ; *tabouret*, paire pliant en « X » 3 364 (1989). 6 fauteuils, 2 bergères, 2 canapés 2 places de G. Jacob 1 220 (1997), 1 canapé et 4 fauteuils en bois doré 380 (2000). **Table** *acajou* (ou *placage*) rectangulaire ; *de bibliothèque* ; *bouillotte* ; *-bureau* à mécanisme de Roentgen 1 163 (2000) ; *chiffonnière* ; *console* de Weisweiler 1 900 (1993), *demi-lune* ; *à écrire* ; *en-cas* 710 (1994) ; *à jeux* ; *de milieu* ; *de peintre* (de David, par Mauter) 300 (1991) ; *de salle à manger* 230 (1993) ; *« servante »* de Canabas 366 (2000) ; *tricoteuse* 262 (de Carlin, 1992) ; *trictrac* ; *à la Tronchin* de Marie-Antoinette 4 014 (de Riesener ?) 1997 ; *à plaques de porcelaine* 10 620 (de Martin Carlin, 1998). **Vases** marbre et bronze (paire) 900 (1993). **Vitrine**.

☞ **Mobilier étranger** : bureau-bibliothèque (américain, XVIIIe s.) 72 000 (1989) ; table en bronze (Luigi Valadier, It., 1726-85) except. 6 400 (2001).

Directoire et Consulat

■ **Formes.** Ajourées, évasées en gondole. *Matériaux* : acajou, orme, noyer ou hêtre, souvent peints. *Motifs* républicains (piques, bonnets phrygiens), égyptiens (*dits* « retour d'Égypte ») ou étrusques, losanges en marqueterie ou appliqués en léger relief. Chaise curule de Jacob.

■ **Principaux ébénistes.** *François-Xavier Heckel* (actif avant 1797 et après 1811). *Jacob frères* (nés Meslée) : *François-Honoré* (1770-1841) et *Georges Jacob* (1739-1814). *Bernard Molitor* (All., 1730-1833). *François-Ignace Papst* (maître 1785, travaille encore en 1822). *J.-Baptiste Claude Séné* (1748-1803). *Adam Weisweiler* (1744-1820).

■ **Principaux meubles et objets ; quelques prix élevés en vente publique** (en milliers de F). **Bergère** (paire) G. Jacob 130 (1999). **Bureau** *plat*. **Candélabres** (paire). **Commode. Flambeaux** *bouillotte*. **Guéridon. Lampe** *bouillotte* bronze doré. **Lit** *de camp* (en fer démontable) 55 (1994). **Lustre. Secrétaire** *régional*, bois fruitier. **Sièges** *bergère* ; *chaises* (paire) ; *fauteuil* 875 (1992) ; *d'apparat* en acajou de Jacob Du Meslée (paire) 172 (2000). **Table** *à jeu* ; *salle à manger* ; *à la Tronchin* ; *vide-poches*. **Tapis** de Beauvais 1 250 (2000).

☞ Le mécène Victor Pastor a offert au Louvre en 2000 un salon de Jacob frères (1798) ayant appartenu à Juliette Récamier, acquis 4 100 000 F le 15-12-1993 à Paris (Drouot).

Empire

■ **Aspect.** Sévère, style officiel. Meubles massifs, la plupart en acajou (de Cuba-blond, placage flammé collé à fil vertical), et chargés de bronzes dorés, arêtes vives. *Décors* : aigle, abeille, étoile, couronne de laurier, palmette, sphinge, caducée, pyramide.

■ **Principaux meubles. Athénienne. Bureau-bibliothèque. Chiffonnier. Coiffeuse. Commode. Console. Couturier. Lit** *en bateau*. **Méridienne** : lit de repos à 2 chevets inégaux réunis par un dossier (dossiers les plus recherchés : en gondole, puis à crosse et à frontons et droits rectangulaires) : accotoirs tête de sphinx, puis col de cygne et tête de dauphin ; pieds sabots et griffes) ; *ottomane* ou « canapé en gondole » ; divan à dossier droit relié à ses accotoirs dont les consoles descendent jusqu'au sol ; apparu fin XVIIIe s., à la mode sous le Directoire et l'Empire. **Psyché. Secrétaire** *à abattant* ou *cylindre*. **Table** *guéridon*.

■ **Principaux artistes. Ébénistes** : *Pierre Brion* (né 1767). *François-Honoré Jacob* devient *Jacob-Desmalter* (1770-1841) et signe *Jacob D.R. Meslée*. *Pierre Duguers de Montrozier* (1758-1806). *Veuve Gauthier*. *François-Xavier Heckel*. *Charles-Joseph Lemarchand* (1759-1826). *Simon Mansion* (1741-1805). *Pierre Marcion* (1769-1840). *Bernard Molitor*. *François-Ignace Papst*. **Ciseleurs** : *Galle* (1783-1846). *Antoine Ravrio* († 1814). *Pierre-Philippe Thomire* (1751-1843).

■ **Quelques prix élevés en vente publique** (en milliers de F). **Appliques** bronze doré. **Athénienne** paire. **Bibliothèque. Buffet. Bureau** *à cylindre* ; *bonheur-du-jour* ; *plat* ; *à caissons* acajou. **Candélabres** 1 306 (1995). **Chenets. Coiffeuse. Commode** 1 500 (attribuée à Weisweiler, 1992). **Console. Feux** paire de Thomire 235 (1990). **Flambeaux** *bronze doré* ; *bouillotte*. **Guéridon. Lit** *droit* ; *bateau* ; *de repos*. **Lustre** 2 100 (2001) ; *corbeille*. **Secrétaire** attribué à Jacob-Desmalter 1 350 (1993). **Sièges** *bergère* ; *gondole*. *Chaise*. *Fauteuil* curule ; de bureau ; ; *d'apparat* de Loret 162 (1995). *Tabouret*. **Table** *à jeu* 918 (de Lannuier, 1981).

☞ Peu de meubles prestigieux en vente. Presque tous sont restés dans les palais et Napoléon ne régna que 10 ans (Louis XV, plus de 50 ans).

Restauration et Louis-Philippe

■ **Technique.** Angles arrondis (forme gondole). *Sous Louis XVIII*, le style Empire se prolonge. Le style Louis XVI, dit « deuil de la reine » (bois noir décoré de filets et cannelures de cuivre), revient. *Sous Charles X* : bois clairs (citronnier, orme, érable, frêne, platane), incrustés de bois foncés (palissandre, amarante, ébène) ; verre opalin de diverses couleurs (quelquefois monté sur bronze finement ciselé). *Décors* : palmette, lyre, rinceau, feuillage, gaudron, guirlande de fleurs, ruban, rosace.

■ **Principaux artistes. Ornemaniste** : *Jean-Jacques Werner* (1791-1849). **Ébénistes** : *Bellangé* [*Pierre-Antoine* (1757-1840), *Louis-François* (1759-1827), *Alexandre-Louis* (1799-n.c.)], *Jacob-Desmalter* (1770-1841), *Louis-Édouard Lemarchand*, *Lesage*, *Félix Remon*, *J.-Jacques Werner*, les *Jeanselme*, et les ébénistes savants du Ier Empire.

■ **Principaux meubles et objets ; quelques prix élevés en vente publique** (en milliers de F). **Appliques. Armoire. Bibliothèque. Bureau** *à cylindre* ; *à plateau coulissant* (attribué à Jacob-Desmalter) 220 (1993) ; bois clair. **Coffret** *Charles X* opaline et bronze 36 (1993). **Coiffeuse** *Charles X*. **Cheminée. Commode** *Charles X*. **Console** de Werner (paire) 270 (1993). **Encrier. Flambeaux. Gaines-supports** 1 300 (2000). **Guéridon** *placage* 1 150 (2000). **Harmonium. Jardinière** *Charles X* 30 (1993). **Lit** *bateau*. **Lustre** peu de cristaux. **Pianoforte** 15 et +. **Salon** de la duchesse de Berry (à Rosny) 750 (1993) ; 6 fauteuils et 8 chaises (Sellier) 395 (1999). **Secrétaire. Sièges** *banc*, marbre blanc de Carrare 902 (1990) ; *bergère Charles X*, érable (paire) 115 (1993) ; *chaise* ; *fauteuil* ; plus-value de 50 % pour accotoirs à crosse et bronzes dorés ; *méridienne*. **Table** *à jeu* ; *à volets* ; *acajou* 6 pieds 147 (2000) ; *demi-lune* bois naturel ; *à la Tronchin*. **Travailleuse** *Charles X* 86 (1993).

☞ Le « fauteuil Voltaire » date de 1825.

Napoléon III et IIIe République

■ **Technique.** L'éclectisme domine : imitation Renaissance, Louis XIII, Louis XIV, Louis XV, Louis XVI (dit Louis XVI-Impératrice).

■ **Principaux artistes.** *Ferdinand Barbedienne* (1810-92). *Louis-Auguste* (1802-82) et *Alfred Beurdeley fils* (1847-1919). *Michel-Victor* (1815-après 1855) et *Claude-Philippe Cruchet* (1841-après 1900). *Henry Dasson* (1825-96). *Charles-Guillaume Diehl* (1855-85). *Louis Durand* (1752-1840). *Alexandre* (1799-1871) et *Henri Fourdinois* (1830-vers 1865). *Guillaume Grohé* (1808-85). *Charles-Jeanselme* (1856-1930). *Antoine Krieger* (1800-60). *François Linke* (1855-1946). *Claude Mercier* (1803-70). *Riboullier* (n.c.). *Auguste-Hippolyte Sauvrezy* (1815-54). *Paul Sormani* (1817-77). *Louis Soubrier* (n.c.). *Jean-Pierre Tahan* (1813-70). *Wassmus* frères (n.c.). *Charles Winckelsen* (1812-71). *Zwiener* (n.c.).

■ **Matériaux.** Bois noirs, ébène ou poivrier, décorés de motifs floraux peints, incrustations de nacre, d'ivoire, de porcelaine et d'étain ; inspirés du XVIIIe s., palissandre, poirier noirci, bois doré, bambou. Marqueterie Boulle (écaille et cuivre découpés sur fond d'ébène) ; environ le 1/10 des Boulle Louis XIV. Carton bouilli (pâte à papier et colle forte), papier mâché (pâte à papier et plâtre) souvent verni en noir à partir de 1820. Fonte (canapés, lits, sièges) mélangée au rotin. Tissus luxueux et voyants (velours de soie, lampas, satin), rideaux lourds, perses dites indiennes. Sièges capitonnés.

■ **Principaux meubles et objets ; quelques prix élevés en vente publique** (en milliers de F). **Meubles Boulle. Armoire. Bonheur-du-jour** 12 à 30. **Bureau** 9 à 55. **Meuble** *d'appui* à une porte 10 à 30 ; *d'entre-deux* 10 à 30. **Table** *à jeu* 10 à 28, à écaille rouge et bronze doré 6 à 10, except. 78 ; *à écrire* 12,8 ; *de milieu* 10 à 30.

Autres meubles. Appliques (paire) à 3 lumières, bronze doré, signées Henry Dasson 180 (1999). **Armoire. Bibliothèque. Billard. Buffet** *de chasse* style Louis XIV (paire). **Bureau** *bonheur-du-jour*. **Cabinet** goût Louis XVI, marqueterie de pierres dures 1 120 (1996). **Candélabres** 5 à 13 bras de lumière bronze 824 (1996). **Cave à liqueurs. Commode** de Linke style Louis XV 2 100 (1996). **Écritoire. Guéridon. Meuble de fumeur** *d'entre-deux* 313 (de Sormani, 1998). **Régulateur** de parquet de Linke, modèle de l'Exposition universelle de 1900, 2 550 (1999). **Secrétaire. Sièges** *canapé* style Louis XVI. *Chaise* à dossier ajouré bois laqué noir et burgau ; capitonné ; médaillon (paire) ; poirier incrusté nacre. *Chauffeuse*. *Fauteuils*. *Pouf confident* places tête-bêche. *Indiscret* 3 places en hélice. *Salon* 12 sièges acajou style Empire 420 (1994). *Tabouret*. **Table. Torchère. Travailleuse. Vaisselier** d'A. Fourdinois 420 (1999). **Vitrine** de Linke 1 400 (1996).

Modern Style et Art nouveau 1880-1914

■ **Style.** Meubles aux formes végétales (style « nouille »). Motifs floraux. *Art nouveau* : nom d'un magasin ouvert à Paris en décembre 1895 par Siegfried Bing (1838-1905) de Hambourg venu à Paris en 1854. *Précurseur* : Michael Thonet [vers 1850 met au point lames de bois courbées (imprégnées de colle et exposées à la vapeur)].

■ **Principaux artistes et quelques prix élevés en vente publique** (en milliers de F). **Architectes** : *Antonio Gaudí* (1852-1926). *Hector Guimard* (1867-1942). *Victor Horta* (1861-1947). **Bijoutiers** : *René Lalique* (1860-1945). *Henri Vever* (1854-1922). **Ébénistes** : *Peter Behrens* (1868-1940). *Henry Bellery-Desfontaines* (1867-1909). *Adolphe Chanaux* (1887-1965). *Alexandre Charpentier* (1856-1909). *Jules Chéret* (1836-1933). *Paul-Émile Colin* (1867-1949). *Édouard Colonna* (1862-1948). *André Fréchet* (1875-1973). *Eugène Gaillard* (1869-1942). *Louis Gaillard* (n.c.). *Émile Gallé* (1846-1904) : *étagère* 100 (1999) ; *guéridon* « aux libellules » 180 (1999). *Jacques Gruber* (1870-1936). *Hector Guimard* (1867-1942) : *coiffeuse* acajou 850 (1983) ; *fauteuil* poirier 435,4 (1989). *Georges Hoenchel* (1855-1915). *Josef Hoffmann* (1870-1956). *Lévy-Dhurmer* : *bureau* 500 (1991). *Charles Mackintosh* (1868-1928) : *siège d'apparat* 3 300 (2000). *Louis Majorelle* (1859-1926) : *bureau* « aux nymphéas » 470 (1999) ; *cabinet de travail* acajou 1 008 (1988) ; *chambre à coucher* 5 pièces 1 012 (1983). *Michaut* : *cabinet de travail* 121 (1993). *Gerhard Munthe* (n.c.). *Rapin*. *Eugène Vallin* (1856-1922). *Henri Van de Velde* (1863-1957). **Décorateurs** : *Siegfried Bing* (origine all., 1838-1905). *Paul Follot* (1877-1941). *Léon-Albert Jallot* (1874-1967). *Henri Honoré Plé* (1853-1922). *Selmersheim* : *vitrine sur pieds* (1903) 52 (1992). *Louis-Comfort Tiffany* (Amér., 1848-1923). **Relieur** : *Émile André*. **Sculpteurs** : *François-Rupert Carabin* (1862-1932). *Raoul Larche* (1860-1912). **Illustrateurs-affichistes** : *Eugène Grasset* (1841-1917). *Alphonse Mucha* (1860-1939). **Verriers** : *Daum* : *Jean* (1825-85), père d'*Auguste* (1853-1909) et d'*Antonin* (1864-1940) ; *Paul* (1888-1944), fils d'Auguste ; *Michel* (né 1900), fils d'Antonin. *Émile Gallé* (1846-1904).

☞ **École de Nancy** : « Alliance provinciale des industries d'art » créée 1901. Comité directeur : E. Gallé, A. Daum, L. Majorelle, E. Vallin, V. Prouvé.

Art déco 1910-1930

■ **Style. Formes** géométriques, lignes brisées, volumes simples. **Bois exotiques** : acajou de Cuba, bois de violette ou d'amarante, loupe d'amboine, macassar, palissandre de Rio, ébène, citronnier, amboine clair, sycomore, palmier keekkood (Follot, Dufrêne). **Marqueteries** : ivoire, nacre, écaille, argent, plaques ou médaillons sculptés (Ruhlmann). **Galuchat** [peau de squale teintée ; Jean-Claude Galuchat († 1774) en lança la mode pour la maroquinerie. La chambre de Napoléon III aux Tuileries en était tendue] gainant meubles et panneaux (Ruhlmann, Groult, Chareau). **Cuir, daim, étoffes** à motifs géométriques sur les sièges. **Motifs floraux** stylisés (influence du cubisme). **Accessoires** : boutons, anneaux, filets d'ivoire, de bronze. **Laques** (artistes) : Maurice Jallot, Paul Follot, Michel Dufet, Jean Dunand, André Mare et Louis Süe, Jean Puiforcat, Cartier. **Bronzes dorés, cuivres** et **argent** (poignées, serrures).

■ **DIM (Décoration intérieure moderne).** Fondé 1919 par René Joubert († 1931) et Georges Mouveau. **Dominique** : fondée 1922 par André Domin (1883-1962) et Marcel Genevrière (1885-1967). **Boutiques Arts déco dans les grands magasins** : *Primavera* (créée 1912) au Printemps (Mme Chauchet-Guilleré, Louis Sognot) ; *La Maîtrise* (créée 1922) aux Galeries Lafayette (Maurice Dufrêne) ; *Pomone* (créée 1922, Paul Follot) et *Studium Louvre* (créée 1923, Étienne Kohlmann, directeur jusqu'en 1937) aux magasins du Louvre.

☞ **Meubles en fibre de papier tissé** : inventés 1917 par Marshall B. Lloyd et fabriqués industriellement. Plus de 1 000 modèles.

■ **Principaux artistes et décorateurs et quelques prix élevés en vente publique** (en milliers de F). **Adler** (Rose, 1892-1969). **Adnet** (Jacques, 1900-84). **Arbus** (André, 1903-69) *bureau de pente* en sycomore 215 (1999) ; *commode* 240 (1999) ; *fauteuil* (paire) 270 (1999). **Bagge** (Éric, 1890-1978). **Bouchet** (Léon-Émile, 1880-1940). **Brandt** (Edgar, 1880-1960) *console* 235 (1998). **Bugatti** (Carlo, 1856-1940) *2 chaises* 410 ; *console* 320 (1997) ; *sellette* 18 (1995). **Chanaux** (Adolphe, 1887-1965, avec **Frank**) *armoire* 620 (1996) ; *commode* galuchat 1 650 (1995). **Chareau** (Pierre, 1883-1950) *bureau* noyer 1 197 (1999) ; *canapé* 703 (1995) ; *coiffeuse gainée* 664 (1993) ; *fauteuils* (paire) 509 (2000) ; *lampadaire* (fer forgé) 785,8 (1995) ; *table* 530 (1999). **Coard** (Marcel, 1889-1975) *table* ébène 3 000 (2000). **Dominique** (André Domin, 1883-1962). **Dufet** (Michel, 1888-1985). **Dufrêne** (Maurice, 1876-1955). **Dunand** (Jean, origine suisse, 1877-1942) *boiserie d'un fumoir* 2 000 (1997) ; *commode* acajou laqué 1 830 (1999) ; *divan* 850 (1997) ; *table* à jeu avec 4 fauteuils emboîtables 4 129 (except., 1984) ; ses fils Bernard (1908-98), Pierre (1914-96). **Du Plantier** (Marc, 1901-75) *console* fer doré, marbre 565 (1999). **Dupré-Lafon** (Paul, 1900-71) ; *commode* gainée de cuir rouge et placage d'ébène 2 400 (1999) ; *table* basse gainée de cuir rouge 3 900 (2000) ; *bureau* gainé parchemin 5 400 (2001). **Feure** (Georges de, 1868-1943). **Follot** (Paul, 1877-1941). **Frank** (Jean-Michel, 1893-1941) *armoire* 310 (1999) ; *enfilade* 880 (1997) ; *guéridon* (petit) 200 (1991) ; *meuble d'appui* 825 (1996). **Gabriel** (René, 1890-1950). **Gray** (Eileen, Irl., 1879-1976) *canapé* 1 200 (1997) ; *table* 1 160 (1992). **Groult** (André, 1884-1967) *bergère* gondole 350 (2001) ; *chevet* tambour tournant 1 200 (1999) ; *commode* galuchat (avec **Chanaux**) 1 217 (1984) ; *meuble* anthropomorphe 2 800 (1994) ; *tabouret de piano* 320 (1994). **Giacometti** Alberto (1901-66) et Diego 1902-85) *lampe* en plâtre 621 (1999). **Guenot** (Albert, 1894-?). **Herbst** (René, 1891-1982). **Iribe** (Paul Iribarnegaray, 1883-1935) *commode* 476 (1995). **Jallot** (Léon-Albert, 1874-1967). **Jaulmes** (Gustave Louis, 1873-1959). **Jourdain** (Francis, 1876-1958). **Kiss** (Paul, 1886-1962). **Kohlmann** (Étienne, 1903-88). **Lahalle** (Pierre, 1877-1956). **Laverrière. Le Corbusier** (Édouard Jeanneret-Gris, *dit*, 1887-1965). **Legrain** (Pierre, 1889-1929) *cabinet* 1 400 (1998) ; *fauteuils* (paire) 1 650 (1998) ; *siège curule* 4 100 (1999) ; *trône* 670 (1996 ; en 1977 : 25). **Leleu** (Jules, 1883-1961) *bibliothèque basse* en « U » 1 560 (1997) ; *fauteuils* acajou (paire) 150 (2001) ; *meuble d'appui* en ébène 215 (1999). **Lucet** (Maurice, 1877-1941). **Majorelle** (Louis, 1859-1926). **Mare** (André, 1885-1932). **Mallet-Stevens** (Robert, 1886-1945). **Mère** (Clément, 1861-?). **Mergier. Mollino** *chaises*. **Montagnac** (Paul, 1883-1961). **Moreux** (Jean-Charles, 1889-1958) *fauteuils* (4) 410 (1999). **Muthesius** (Eckart, 1909). **Noll** (Alexandre, 1890-1970) *table basse* 1 019 (2000) ; *suite de 4 chaises* acajou sculpté 852 (2000) ; *buffet* noyer sculpté 669 (2000). **Pascaud** (Jean, 1903-93). **Perriand** (Charlotte, 1903-99) *table basse* 786 (2001). **Petit** (Pierre, 1900-69). **Poillerat** (Gilbert, 1902-88) *console* fer forgé 830 (2000). **Printz** (Eugène, 1889-1948) *bureau* bois de palmier 1 773 (2000) ; *commode*. **Prou** (René, 1899-1947). **G. Pulitzer. Pumet** (Charles, 1861-1928). **Rapin** (Henri, 1873-1939). **Rateau** (Albert-Armand, 1882-1938) *commode* 4 200 (1999) ; *lampadaire* 3 800 (1999) ; *table* toilette 2 200 (1998) ; *salle de bains* (1928) 2 800 (2000). **Rousseau** (Clément, 1872-1950) *sièges* (2) 260 (1999). **Roux-Spitz** (Michel, 1888-1957). **Royère** (Jean, 1902-81) *fauteuil* paire except. 840 (1999) ; *table basse* 393,6 (2000) ; *console* « tour Eiffel » 207 (2000). **Ruhlmann** (Jacques-Émile, 1879-1933) *bureau* acajou modèle Katz 700 (2001), loupe de noyer 2 500 (1999) ; *cave à liqueurs* 3 600 (1999) ; *chiffonnier* 665 (1999) ; *coiffeuse* except. 3 800 (1999) ; *commode* 832 (1995) ; *encoignure* 1 200 (1999) ; *fauteuil* 660 (1999), 1 220 (paire « cathédrale », 1997) ; *chaise longue* « Marozeau » 753 (2000) ; *meuble d'appui* « Stelcaugo » 2 990 (2000), en ébène de Macassar 2 800 (2000) ; *table* à jeu 1 200 (1999). **Selmersheim** (Tony, 1869-1941). **Sognot** (Louis, 1892-1970) et **Charlotte Alix. Sorel** (Louis, 1867-1933). **Subes** (Raymond, 1893-1970). **Süe** (Louis, 1875-1968) et **Mare** (André, 1885-1932) *bureau* de dame et *chaise* 887 (1995) ; *salon* (4 bergères, 2 poufs, 1 canapé) 1 082 (1994).

■ **Meubles miniatures. Cours** (en milliers de F). **Armoire :** 8 à 20. **Buffet :** *vaisselier bressan XVIIIe s.* 34 (1991). **Commode :** *Louis XV*, noyer 72 (1991). *Louis XVI*, placage de loupe, signée Huret 15,5. *De style* 3 à 5. **Commode-vitrine** (XVIIIe s., Rhénanie) 180 (1999). **Fauteuil** (XVIIe s.) 38 à 48 (1999). **Guéridons** (paire) : *Louis XVI* (XIXe s.) 13,5 (1991). **Lit et siège :** 1 à 6. **Salon :** *Louis XV* (fin XIXe s.) canapé et 2 fauteuils hêtre et tapisserie Aubusson 25 (1991). **Secrétaire :** 6 à 80 (1991). **Table toilette :** *Charles X* 9,5 (1991). *Napoléon III* 3 à 4. **Musée.** Château de Vendeuvre (Calvados).

Le Kitsch

Kitschen (dans le sud de l'Allemagne) signifie « bâcler, faire du neuf avec du vieux ». Par extension, *kitsch* est devenu synonyme de l'inauthentique qui se donne pour vrai. Le style apparut vers 1860-1910 : symbolisations, ornements à outrance, couleurs pures complémentaires, et des blancs, roses bonbon, dorés. Industrie du « souvenir », imitations.

Le Design

■ **Styles. Années 1950 :** 2 types : *1°) des années 1930* (Eugène Printz, Paul Dupré, Lafon, Leleu, Jansen, Herbst) avec les mêmes matériaux (bois précieux, laques, bronzes, etc.), formes moins massives. René Gabriel, Charlotte Perriand, René Prou, Jean Royère (1902-81). *2°) Inspiré des théories du Bauhaus :* lignes souples [Jean-Pierre Garrault (né 1942)] ou rigoureux volumes géométriques [Joseph-André Motte (né 1925), Christian Ragot (né 1933), Laurent Dioptaz (né 1948)] ; style international, tonique, couleurs vives. Le mobilier est là pour remplir une fonction. Au Danemark, Verner Panton (1926-98) : 1re chaise en plastique moulé par injection en un seul bloc. En Italie, Gio Ponti (1891-1979, revue Domus), Bernini, Joe Colombo (1930-71). Aux USA, Knoll (groupe allemand), fondé 1951, regroupe architectes et dessinateurs : Eero Saarinen, Marcel Breuer, Harry Bertoia. *Matières :* bois blanc, contreplaqué moulé à chaud, plastiques colorés, transparents, moulés ; acier, verre, fumé ou non. **Années 1970 :** Charles Eames (1907-78), Alessandro Mendini (né 1931). **Années 1980 :** Ron Arad (Israël, 1951), Alain Blondel (Fr., n.c.), Henri Bouilhet (Fr., 1931-98), Andrea Branji, Jean-Charles de Castelbajac (Fr., 1949), Peter Coles (1954-85), Terence Conran (G.-B., 1959), Gilles Derain (Fr., 1944), Ruth Francken (1924), Philippe Hiquily (1925), Kenzo (Jap., 1940), Shiro Kuramata (Jap., 1934-91), Claude Lalanne (Fr., 1927), Javier Mariscal (Esp., 1950), Pierre Mesguich (Fr., n.c.), Olivier Mourgue (Fr., 1939), Pierre Paulin (Fr., 1927), Andrée Putman (Fr., 1925), Guy de Rougemont (1935), Philippe Starck (Fr., 18-1-1949), Ettore Stottsass (Autr., 1917), Robert Venturi (USA, 1925). *Style High-Tech* (1980) : volumes géométriques, tons métalliques, gris ou noir.

☞ **Antidesign :** mouvement « Memphis » (1981-88), italien, *fondé* 1981 par Ettore Sottsass. PRINCIPAUX MEMBRES : *France :* Martine Bedin, Nathalie du Pasquier ; *Italie :* Michele De Luchi, Andrea Branzi, Marco Zanini ; *Japon :* pièces uniques ou en séries limitées de Sandro Chia, Mimmo Paladino, Lawrence Weiner, Joseph Kosuth, Franz West ; *USA :* Michael Grave, Peter Shire.

■ **Principaux meubles et objets ; quelques prix élevés en vente publique** (en milliers de F). *Bureau* Prouvé (1951) 100 (1996). *Canapé* « patchwork » Garouste et Bonetti 24 (1994). *Coiffeuse* portable (Dupont, 1952) 120 (1992). *Fauteuil* Tour Eiffel (Royère) 270 (1999) ; « kangourou » (paire) 1 000, « visiteurs » (3) 480 et « cité universitaire » 520 de J. Prouvé (2001). *Lampadaire* aux oiseaux (Rateau 1950) 3 800 (1999). *Ours* Royère (vers 1946) 230 (1998). *Secrétaire* 2 à 20. *Table basse* Garouste et Bonetti 11,5 (1996), Rateau 1 450 (1999), Royère 68 (1999).

Mobilier anglais

■ **Époques. Architecture :** Normand (XIIe s.), Early English (XIIIe s.), Decorated (1250-1350), Perpendiculaire (XVe s.). *Tudor* 1500-50 (gothique). Tardif sous Henri VIII (1509-47). *Elizabethan* 1558-1603 (Renaissance). *Jacobean* (Renaissance) sous Jacques Ier Stuart (1603-25), influence hispano-flamande, motifs et moulures en bois tourné. *Carolean* 1625-49 (Renaissance). Prolongement du style *jacobean* sous Charles Ier. *Cromwell* (ou *Commonwealth*) 1649-60 (Renaissance). *William and Mary* 1660-1702 (baroque). Influence hollandaise, sous Charles II (1660-85) et Guillaume et Marie (1689-1702). *Queen Anne* 1702-14 (baroque). *Early Georgian* 1714-40 (rococo). *Transition* sous George Ier (1714-27) et George II (1727-60). *Chippendale* 1750-70 (rococo). *Late Georgian* néo-antique des deux 1ers tiers du règne de George III (1760-1820) [styles *Adam :* pompéien naturalisé Anglais par Robert Adam (1728-92) ; avec son frère William, il publia « Works of Architecture » (1773) ; *Hepplewhite :* version simple et élégante du style Adam, popularisé par George Hepplewhite ; et *Sheraton* (ornemaniste)]. *Regency* George IV (1790-1835) ; survivances néo-antiques, romantisme gothico-chinois. *Victorian* 1835-fin XIXe s. (romantique, puis éclectique). *Edwardian* début XXe s. (style dépouillé). *Art nouveau*. **Meubles :** *chêne* 1550-1650 puis, jusqu'au XIXe s. pour le mobilier provincial : *noyer* 1650-1720, *acajou* 1720-70, *satiné* 1710-1810, *acajou* 1800 jusqu'à Edwardian, *palissandre* Regency et Victorian, *satinwood (Chloroxylon swietenia)* citronnier de Ceylan fin XVIIIe s.-début XIXe s.

■ **Dessinateurs et ébénistes.** *Robert Adam* (architecte et dessinateur, 1728-92). *John Channon. Thomas Chippendale* (1718-79) ; *le Jeune* (1749-1822). *Charles Eastlake* (1836-1906). *Grinling Gibbons* (1648-1720). *Robert Gillow* (1703-73). *George Hepplewhite* († 1786). *Henry Holland* (créateur du style Regency, 1746-1806). *Thomas Hope* architecte et collectionneur, auteur d'un recueil « Household Furniture and Interior Decoration » (1807), (1770-1831). *William Kent* (1685-1748). *Pierre Langlois. Daniel Marot* (1660-1720). *Welly Northmore Pugin* (1812-52). *Thomas Sheraton* (1751-1806).

■ **Cours** (en milliers de F). Plus élevés en G.-B. qu'en France mais les copies (exécutées depuis 1850) s'y vendent à moitié prix. *Juillet 1998 :* table, unique pièce du mobilier commandé par la reine Mary pour la Water Gallery du Hampton Court Palace 32 016 ; paire de tables commandées par la reine Anne vers 1704 (appartements privés au James Palace) 9 735. *2000 :* table époque George II 1920.

■ **Lexique. Bachelor chest :** commode-secrétaire d'étudiant. **Bureau bookcase :** commode-bureau à abattant en biais surmontée d'une bibliothèque. **Butler's tray :** « plateau de maître d'hôtel », petite table à thé rectangulaire ou ovale bordée d'une galerie. **Canterbury :** petit casier à musique d'époque Regency. **Carlton House writing table :** bureau bonheur-du-jour en forme de D. **Cheval glass :** psyché. **Chinese lattice back :** dossier ajouré à croisillons. **Claw and ball :** « griffe et boule », type de pied, en faveur de 1720 à 1760. **Davenport :** bureau pupitre. **Drum table** (*drum :* tambour) : grande table de bibliothèque à tiroirs. **Gate-leg-table :** table à abattants, fin XVIIe s., populaire jusqu'en 1720, chêne ou noyer. **Gesso** (plâtre en italien) : pâte à base de parchemin et plâtre, sculptée, puis peinte et dorée, servant à la décoration des lambris et des meubles (surtout 1re moitié du XVIIIe s.). **Grandfather clock :** « horloge de grand-père », horloge de parquet (plus de 1,80 m). **Harlequin Pembroke table :** variante de la **Pembroke table** avec gradin central amovible. **Knee-hole desk :** bureau comportant une niche pour le passage des jambes. **Lazy Susan :** « paresseuse Suzanne », plateau tournant posé au centre des tables de salle à manger. **Library table :** table de bibliothèque. **Longcase clock :** horloge de parquet. **Military chest :** commode à poignées latérales, aux arêtes protégées par des équerres de cuivre. **Mule chest :** coffre orné de faux tiroirs (fin XVIIe s). **Nest of tables :** « nid de tables », tables gigognes (trio ou quarteto selon le nombre d'éléments). **Oyster veneer :** placage de bois debout, généralement noyer, cytise ou olivier dont les veines concentriques ressemblent à des coquilles d'huîtres *(oyster)*. Origine hollandaise, à la mode en G.-B. fin XVIIIe s. **Pembroke table :** table à volets, imaginée en 1700 par le Cte de Pembroke. **Pen work :** décor de papier découpé appliqué sur un meuble laqué, et recouvert de vernis noir, XIXe s. **Pier table :** table console demi-lune, fin XVIIIe s. **Prince of Wales motif :** 3 plumes d'autruche, symbole du P^ce de Galles, souvent utilisé par Hepplewhite et Sheraton. **Rent table :** table de bibliothèque octogonale, avec casiers entre les pieds (fin XVIIIe-début XIXe s.). **Screen desk :** petit secrétaire de dame à abattant. **Secrétaire bookcase :** variante du *bureau bookcase*. **Sideboard :** desserte à tiroirs et armoires pour vaisselle et bouteilles dans la salle à manger. **Sofa table :** table avec petit volet à chaque extrémité (vers 1800). **Tall boy :** « grand garçon », meuble à 2 corps constitué de 2 commodes superposées, en vogue à l'époque Queen Anne et fabriqué jusqu'au Regency. **Teapoy :** petit guéridon tripode. **Tracery :** petit bois ornant les portes vitrées des bibliothèques ; époque George III et Regency. **Trafalgar chair :** chaise inspirée d'un modèle grec, en l'honneur de la victoire de Nelson (1805). **Tub chair :** bergère à oreilles très profondes. **Victorian :** style « Napoléon III ». **Wellington chest :** petit chiffonnier. **What not :** petite étagère à plusieurs plateaux, ou prenant la forme d'une encoignure (Regency à 1901). **William Vile :** ébéniste « palladien » (2e moitié du XVIIIe s.). **Windsor chair :** chaise avec dossier à fuseaux, assise de bois et pieds tournés.

Le plus grand lit du monde serait le grand lit de Ware (Victoria and Albert Museum, Londres), 3,26 m de large, 3,38 m de long, 2,66 m de haut, datant d'environ 1580.

Février 1996 : un bureau américain (vers 1780, d'Edmond Townsend) acheté 16 000 F en 1960 a été revendu 18 000 000 de F. *Juillet 1998 : sideboard* 1 507 450 F. *17-1-1999 : bureau bibliothèque de Christopher Townsend* (XVIIIe s.) 8 500 000 $.

Monnaies (numismatique)

Données générales

■ **Origine. Cachets** (5000 av. J.-C.) et **cylindres** (3800-3500 av. J.-C.) : en pierres dures ou semi-précieuses (stéatite, ivoire, hématite, lapis-lazuli, cornaline, agate, etc.), inventés par Sumériens. Utilisés en Asie Mineure et surtout Mésopotamie, s'appliquaient ou se déroulaient sur des plaquettes d'argile ou sur les jarres (recouvertes de telle sorte que rien ne puisse être ajouté). Servaient de marques de propriété, lettres de change, traites, reçus.

Matières employées pour servir de moyen d'échange, *lorsque le troc devint insuffisant :* morue (Terre-Neuve), coquillages (Maldives), sel (Abyssinie), fourrures et cuir (Russie, jusqu'à Pierre Ier), graines de cacao et poudre d'or (Mexique), bœufs (d'où « pécuniaire » et « capital », du latin *pecus :* troupeau, et *caput :* tête), etc. Puis on utilisa des barres de métal (fer ou cuivre), disques, bijoux ou lingots en métaux précieux.

Naissance de la monnaie : l'*électrum* (alliage naturel d'or et d'argent) apparaît en Lydie, où coule le fleuve *Pactole* (Asie Mineure), au milieu du VIIe s. av. J.-C., sous le roi Ardys (652-615) : de couleur ambrée, avec *protomé* de lion à l'avers, et au revers la marque du poinçon, dans le système sexagésimal mésopotamien. *Crésus* (561-546), roi lydien, frappa le premier un double monnayage or et argent avec les *créséides,* marquées du couple oriental du lion et du taureau affrontés. *Darius Ier*, roi des Perses, reprit le système lydien : pièces d'or, *dariques,* de 8,41 g, frappées jusqu'à la conquête d'Alexandre, et marquées avec l'emblème de l'archer royal. L'usage de la monnaie se répandit ensuite très vite.

On a trouvé à Mohenjo-Daro (Indus) des barres de cuivre du IIIe millénaire av. J.-C. ; des lingots de fer ont servi aux Hittites (IIe millénaire av. J.-C.) et aux Doriens (Grèce, XIIe s. av. J.-C.).

Origine du mot monnaie : la monnaie romaine était frappée dans le temple de Juno Moneta (de *monere,* avertir, par allusion aux oies du Capitole qui sauvèrent Rome du danger gaulois), et parfois elle portait cette épithète sous l'effigie de la déesse. Les Romains disaient *nomisma* (consacré par la loi : du grec *nomos*).

Aujourd'hui, on se réfère à des métaux (allemand : *Geld,* argent) ou à toute espèce en circulation (anglais : *currency*) ou au *denier* romain [italien : *denaro,* espagnol : *dinero,* serbe, bulgare, arabe, etc. : *dinar,* russe (pour l'argent en général) : *dengi*].

■ **Fabrication.** Jusqu'à Louis XIII, médailles ou monnaies étaient obtenues en général par la fonte (médailles) ou la frappe au marteau (monnaies). Les *coins* servant à la frappe des monnaies étaient gravés, en taille directe, ou au *touret ;* les *flans* découpés dans des *carreaux* étaient pressés entre 2 coins puis frappés avec un marteau. Sur le revers ou *pile* était gravé l'emblème, avec une devise souvent religieuse, sur l'avers ou *trousseau,* l'effigie du prince ou sa titulature autour d'une croix ou d'un écu héraldique. En 1551 fut mise en service en France la 1re machine à frapper les monnaies par *pression* (*balancier* ou *frappe au moulin* : la force mécanique ou hydraulique remplaçant marteau et enclume). L'engin était dérivé de la presse à cylindres inventée, semble-t-il, par l'orfèvre d'Augsbourg Marx Schwab en 1550 et amélioré par Aubin Olivier puis par Marc Bechot et Brucher, fut périodiquement utilisé en France [*exemples :* Nicolas Briot en 1624, Jean Warin en 1640]. Perfectionné en 1785-91 par le Suisse Droz (1746-1823). Il fut délaissé pour la *presse monétaire à vapeur* inventée par les Anglais Boulton et Watt en 1797, l'Allemand Dietrich Uhlhorn (presse à levier) en 1817, enfin par le Français Thonnelier en 1846. Actuellement, 6 opérations principales : fonte (et coulage en *lames* et en *lingots*), laminage, découpage, cordonnage, recuit et brillantage, frappe (à la presse électrique).

■ **Métaux et alliages utilisés.** *Antiquité :* or, argent, bronze, billon (cuivre allié d'argent), étain, cuivre, nickel (en Bactriane, IIIe s. av. J.-C.), électrum (alliage naturel d'or et d'argent), potin (fort % de cuivre, faible d'étain et de zinc ou d'argent), spéculum (étain, plomb, cuivre et fer). *De nos jours :* argent, bronze, cupronickel, nickel, alliages d'aluminium.

■ **Poids de quelques pièces en grammes.** *Drachme d'Égine :* 6,28. *Statère lydien :* 15,90 ; *d'Alexandre :* 8,60. *Triens mérovingien* 1,3. *Denier carolingien :* 1,5 à 1,8 g. FRANCE : *20 francs argent :* 20. *100 francs-or :* 32,258. USA : *20 dollars-or :* 33,436 (double aigle). G.-B. : *5 livres-or :* 39,94 ; *demi-couronne :* 14,138 ; *florin :* 11,31. ALLEMAGNE : *16 thalers d'argent* du duc Julius de Wolfenbuttel (1588) 464 g, la pièce d'argent la plus lourde du monde. SUÈDE : *plaque de cuivre* (640 × 340 mm, 14,5 kg, la plus grande monnaie du monde) 8 daler silvermynt (c.-à-d. 8 dalers d'argent), Avesta mynt (c.-à-d. frappée à Avesta, Suède), au centre (valeur) et aux 4 coins Karl Gustav de Suède (1659), découverte 1901 ; vendue 143 913 F (1979). *Civilisations primitives :* pierres rondes trouées pesant plusieurs dizaines de kg (île de Yap, Pacifique).

DÉFINITIONS

Aloi (ou **titre**) : proportion de métal précieux composant la monnaie. **Anépigraphes :** sans légende. **Antiques :** monnaies grecques, romaines, gauloises, byzantines. **Atelier :** lieu de monnayage, identifié par un symbole ou une lettre. **Autonomes :** monnaies frappées par des villes indépendantes. **Avers** (ou **droit**) : côté de la pièce portant effigie, monogramme, titulature du souverain ou armoiries. **Billon :** alliage de cuivre et d'un peu d'argent. **Boustrophédon :** légende ou exergue (inscription) où les lettres sont placées dans l'ordre inverse. **Cannelures :** stries sur la tranche (pièces actuelles 5, 2, 1 et 1/2 F). **Champ :** espace entre le sujet et la légende. Une médaille est dite *conjuguée* quand les têtes de l'avers regardent du même côté et se couvrent en partie ; à *têtes affrontées :* 2 visages se regardant. **Coin :** plaque de métal très dur sur laquelle est gravée l'empreinte qui, reproduite par coups ou pression sur le flan, le transformera en monnaie. **Commémorative :** émission monétaire célébrant un événement national (souvent à faible circulation). **Contorniate :** monnaie en bronze, pourvue d'un cercle paraissant en être détaché par une rainure profonde. **Contremarque :** marque frappée postérieurement pour modifier la valeur de la pièce (le signe monétaire est la 1re marque de fabrication). **Cordon :** ornementation ou légende de la tranche. **Crénelée** (ou **dentelée**) : médaille découpée sur les bords.

Démonétisée : monnaie dont tout pouvoir légal de paiement est retiré par décret. **Déneral :** plaque de métal servant de modèle : diamètre et poids d'une monnaie (ou poids monétaire utilisé autrefois par les changeurs pour vérifier le poids des monnaies). **Différent :** marque de maître graveur particulier ou d'atelier. **Électrum :** mélange naturel d'or et d'argent. **Encastrée :** médaille à cercle ornée de moulures et placée à la suite du médaillon. **Essais** (ou « pièces d'hommage ») : projet de graveurs concevant un modèle nouveau, ou 1re frappe avec un coin nouveau, servent à la présentation du modèle aux membres du gouvernement, aux parlementaires et à certaines personnalités. Sous la monarchie, les intendants, échevins, etc., bénéficiaient de cette coutume. **Exergue :** espace laissé au bas d'une monnaie (ou médaille) pour y mettre date, inscription, signature. **Fleur de coin** *(prooflike)* : conservation exceptionnelle ; monnaie frappée sur un coin neuf qui n'a pratiquement jamais circulé et a gardé sa fraîcheur originelle. **Fonte** *originale :* meilleur exemplaire connu d'une médaille ; *de l'époque :* de l'époque de la fonte originale ; *ancienne :* pouvant être faite beaucoup plus tard (XIXe s. souvent). **Fourrée :** plaqué d'argent ou d'or sur un métal commun (en allemand : *Subferraten* désigne les mélanges de cuivre ou de fer plaqués d'argent ; *Subplumbaten :* la plaque d'argent est posée sur du plomb). **Frappe :** *en médaille :* dans le même sens avers et revers ; *en monnaie :* la partie haute de l'avers correspond au bas du revers. **Grènetis :** ornementation en forme de grains, de dents ou de points sur la tranche ou le listel. **Inscription :** texte horizontal, souvent sa valeur.

Jeton : au début instrument de calcul utilisé pour les comptes des particuliers ou des administrations (imitant souvent les monnaies, peuvent servir à frauder d'où l'expression « faux comme un jeton ») ; rois et nobles les utilisent comme marque de reconnaissance, récompense, puis beaucoup en font graver en témoignage de leur puissance ; ils sont plus rares que la plupart des monnaies (leur frappe allait de quelques centaines à 10 000) ; on trouve peu de jetons en or (beaucoup ont été fondus pour récupérer l'or). *Prix :* argent (Henri II à Louis XVI) 300 à 5 000 F, jeton de Jacques Charmolue (changeur du Trésor sous Louis XII et François Ier) 12 à 15 000 ; cuivre 50 à 300 F. Voir ci-dessous **Méreau** et **Tessères.** En plomb, cuivre ou étain. **Légende :** inscription circulaire à l'avers ou au revers, parfois sur la tranche. **Listel :** rebord, souvent orné d'indentations, et en relief afin de protéger la pièce de l'usure.

Mancoliste : liste des monnaies recherchées ou offertes, inscrite selon une méthode abrégée. **Médaille :** Antiquité : monnaie (moyen d'échange) ; actuellement, pièce commémorative (ovale ou ronde), nommée *pièce de plaisir* par les anciens, sans valeur de paiement ou d'appoint. Elle montre en général à l'avers un personnage (souvent en buste) et au revers une allégorie ou symbole se rapportant à son action. Apogée à la Renaissance (Pisanello fixe en 1439 ses caractères définitifs). Les 1res médailles furent fondues d'après un modèle de cire ; au XVIIe s., la frappe au balancier fut adoptée en France. *Médaille non frappée :* métal non décoré servant de valeur d'échange ; *grenelée :* couverte de petits points ronds entourant le sujet principal (type) ou occupant le champ ; *incuse :* revers reproduisant en creux le type de l'avers ; *martelée :* revers effacé au marteau. **Méreau** (plomb, cuivre ou étain) : jeton de présence d'organismes officiels ou privés ; méreaux ecclésiastiques, les plus nombreux à l'heure actuelle : rétributions des religieux ou donnant droit à des dons divers pour les pauvres ; méreaux civils pour certaines confréries ou corporations : convocation, laissez-passer, marques d'identification, etc. **Millésime :** date de fabrication effective figurant sur une pièce (France, 1re monnaie datée : cadière de Bretagne, 1497) ou date anachronique maintenue administrativement pendant une partie de l'année suivante (souci d'économie) du Directoire à nos jours. **Module :** diamètre d'une médaille (*quinaire :* plus petit module ; *médaillon :* plus grand que les dimensions ordinaires). **Monogramme :** lettres entrelacées.

Obsidionales : monnaies émises par assiégés et assiégeants pendant le siège des villes. **Panthées :** monnaies à tête ornées des attributs de divinités. **Parlantes :** monnaies offrant des types se rapportant à la signification du nom de la localité (*exemple :* monnaies de Cordia, ornées d'un cœur). **Pièces de nécessité :** pièces battues en certaines périodes agitées, sur autorisation de l'État ou non, par des corps constitués ou des particuliers (*exemple :* chambres de commerce, municipalités, grandes sociétés). **Pièces de plaisir ou d'hommage :** destinées à la table de jeu du roi ou à son cabinet de collection. **Piéforts :** appelés « pièces d'honneur », plus épais que l'original et frappés comme modèle, ils étaient offerts par le roi aux dignitaires de son entourage (grands féodaux, prélats, etc.). A partir de la création du « gros tournois » par Saint Louis, les piéforts furent frappés au format ordinaire. Actuellement la Monnaie en frappe en nombre limité pour les collectionneurs. *Exemples :* pièce de 50 F millésimée 1980, piéfort en platine 34 exemplaires, en or 500, dans le métal des pièces 2 500. **Primitives :** monnaies rustiques utilisées dans des temps très anciens ou hors d'Europe (coquillage, frappes sur divers objets). **Réformation :** surfrappe des monnaies, entre 1690 et 1723, avec fixation d'une valeur en livres évolutive en hausse ou en baisse au profit du Trésor, pour contraindre le public à remettre son numéraire aux hôtels des monnaies.

Saucé : cuivre argenté ou recouvert d'une feuille d'étain (*potin :* composé de cuivre, d'étain et de zinc). **Supposée :** monnaie ou médaille argentée remplaçant temporairement dans une collection certaines pièces authentiques manquantes. **Spintrienne :** jeton d'entrée dans les maisons closes sous l'Empire romain. **Symboles :** Antiquité (*tête d'éléphant :* symbole de l'Afrique ; *sistre* et *ibis :* Égypte ; *chameau :* Arabie ; *lapin* et *soldat armé d'un javelot :* Espagne). **Tessères** (petits disques ou tablettes de bois, ivoire, terre cuite ou métal) : utilisées à Rome dans les assemblées pour élire les magistrats et exprimer les suffrages ; ou distribuées au peuple pour servir de monnaie d'échange pour la nourriture, l'accès aux théâtres, cirques, lupanars ; ou signes de reconnaissance (premiers chrétiens), ou de ralliement ou d'introduction pour des réunions non publiques. **Tranche :** épaisseur du pourtour de la pièce avec parfois des inscriptions en relief ou en creux ou d'autres signes variés. **Treizains :** pièces bénies (13), versées par l'époux et placées dans de petites boîtes d'argent ou dans des sacs brodés le plus souvent en argent, argent doré, rarement en or. **Type :** effigie, motif ou représentation identiques sur une série de pièces (*exemple :* type à la croix, aux 8 L, au bandeau).

PRINCIPALES SÉRIES

Sources : F. Berthelot, S. Bourgey, F. Droulers, J. Vinchon.

☞ **Abréviations :** a. : aureus ; d. : didrachme ; dé. : décadrachme ; di. : distatère ; dr. : drachme ; é. : écu ; l. : louis ; m. : médaillon ; o. : octodrachme ; s. : statère ; se. : sesterce ; si. : silique ; so. : solidus (au pluriel : solidi) ; t. : tétradrachme ; tr. : tridrachme ; tre. : tremissis.

État de conservation. A *« fleur de coin »* (FDC) peut valoir 10 fois plus qu'une même monnaie dans un état moyen et 1 000 fois plus que les frustes, utilisées pendant un ou plusieurs siècles (jusqu'en 1852, avant le monnayage du IId Empire). *« Superbe »* ou *« splendide »* (éclat peut être terni, sans défaut), *« très beau », « TB », « beau »* (fruste), *« B »* (très fruste).

Nettoyage des monnaies. On ne peut pas restituer le relief d'une pièce usée, donc se méfier des abrasifs et se contenter d'eau et de savon. La patine doit être conservée. *Argent :* nettoyer à l'alcool, à l'éther ou à la lessive Saint-Marc diluée dans de l'eau très chaude. *Bronze :* brosse de soie ; conserver la patine. *Or :* tremper les pièces dans de l'eau savonneuse bouillante.

■ **Monnaies protohistoriques** (et début période historique) [en millions de F]. *Cachets* 6. *Cylindres* 0,5 à 30.

■ **Monnaies grecques.** *580-480 av. J.-C.* (époque archaïque) : 1er monnayage sous Solon (640-558), création du tétradrachme en 561 par Pisistrate (profil d'Athéna sur l'avers, chouette sur le revers). *480-415 :* diversification des monnaies (environ 1 650 types) ; chaque pièce porte une marque de la cité émettrice : *Phocée,* phoque ; *Corinthe,* poulain (Pégase) ; *Athènes,* Athéna et chouette ; *Clazomène,* Apollon ; *Égine,* tortue ; *Éphèse,* abeille ; *Syracuse,* nymphe Aréthuse et courses de chars ; *Étrurie,* Gorgone ; *Crète,* Minotaure. *415-336 :* apogée, certaines monnaies sont signées. *336-196 :* Alexandre (336-323) crée une monnaie panhellénique qui dure jusqu'en 170 av. J.-C. : pièces à son effigie frappées par ses successeurs. *196-27 :* conquête romaine, seules les villes ralliées aux vainqueurs battent librement leur monnaie.

Système ayant la drachme pour étalon, multiples : didrachme (2), tétradrachme (4), décadrachme (10) ; sous-multiples : hémidrachme (triobole), diobole (1/3 de drachme), obole (1/6 de drachme). *Ayant le statère,* multiples : double statère, trihémistatère ; sous-multiples : hémistatère (1/2 statère), trité (1/3), tétraté (1/4), hecté (1/6) [la pièce était si petite que les Grecs la mettaient dans la bouche pour ne pas la perdre, d'où l'expression : *avoir un bœuf sur la langue* (car la pièce représentait un bœuf)]. **Exemples de prix** (en milliers de F). **Électrum :** *Carthage [Zeugitane]* (260 av. J.-C.) tristatère 21,69 g, 210. *Samos* (vers 500 av. J.-C.) hecté 3. **Or :** *Macédoine – Alexandre le Grand* (336-323) di. 17,16 g, 90. *Épire-Pyrrhus* (295-272) s. 8,57 g, 285. *Égypte – Bérénice II* (246-211) dé. 42,75 g, 780. **Argent :** *Sélinonte [Sicile]* (430-415) t. 55. *Naxos* (461-430 av. J.-C.) t. 930. *Attique-Athènes* (338-329) dé. 575.

■ **Monnaies romaines.** *IVe s. av. J.-C.* (1ers types monétaires, d'origine étrusque) : *as signatum :* grand lingot de bronze coulé représentant bétail, caducée, trident, etc., ou symbole religieux ; *as* ou *assis* (lingot d'une livre de 327 g), *quincussis* (5 as), *quadrussis* (4 as). *Vers 280 av. J.-C. :* apparition de l'*as grave* en bronze (en 268, création d'un atelier de frappe au Capitole), *denier* (argent) de 4,30 g, valant 10 as de bronze, *demi-denier* (quinaire), *demi-quinaire* (*sesterce* en argent). *Vers 269 av. J.-C. :* 1res monnaies d'argent plus légères, l'as descend à 109 g, puis à 27 g (as oncial). *Vers 187 av. J.-C. :* naissance du système romain. *En 87 av. J.-C.,* à partir de Sylla : *aureus, demi-aureus* (ou quinaire d'or), *denier d'argent* (et quinaire d'argent). *D'Auguste à Dioclétien :* or : *aureus* quinaire d'or (très rares à l'époque pré-impériale), 1/2 *a.* ; argent : *denier* (1/25 a.) et *quinaire* d'argent, 1/2 denier ; bronze ou cuivre : *se.* (1/4 denier) ; *dupondius* (1/8 denier) ; *as* (1/6 denier) ; *semis* (1/2 as) ; *quadrans* (1/4 as). *Au début du IIIe s. :* apparaît un double denier d'argent (*antoninien*) qui se dévalue durant la 2de moitié du IIIe s. *Après Constantin,* en or : *so.* (ou sou d'or), *semissis* (demi-sou), *tremissis* (1/3 de sou) ; en argent : *milliarense* (ou millarès), *si.* et *demi-si.* **Exemples de prix** (en milliers de F). **Or :** *Néron-Drusus* (79 av. J.-C.) a. 7,75 g, 130. *Titus* (79-81) a. 7,32 g, 95. *Marc Aurèle* (161-180) a. 7,37 g, 41. *Commode* (180-192) a. 7,24 g, 110. *Caracalla* (212-217) a. 7,37 g, 190. *Fausta* (vers 300) m. 2 so. 8,98 g, 416. *Magnence* (350-353) so. 4,50 g, 21. *Honorius* (395-423) so. 4,49 g, 1,6. **Argent :** *Marc Antoine et Cléopâtre VII* (32 av. J.-C.) t. 15,06 g, 30. *Brutus* († 42) denier 3,98 g, 450. **Bronze :** *Claude Ier* (41-54) se. 29,18 g, 31. *Vespasien* (69-79) se. 25,92 g, 90. *Néron* (54-58) se. 45 g, 35,5. *Trajan* (98-117) se. 26,96 g, 62.

■ **Monnaies byzantines** (395-1453). Style hiératique. L'effigie de l'empereur cède la place au *Christ Pantocrator* (croix présente à partir du milieu du Ve s.). Avec la querelle des iconoclastes (VIIIe s.), les images du Christ se font rares et réapparaissent au IXe s., associées à celle de la Vierge, parfois au souverain. Au XIe s., les *scyphates* (plaques rondes et concaves, métal mince) portent les effigies des empereurs (Comnène, Paléologue). **Exemples de prix** (en milliers de F). **Or :** *Pulcherie* (414-453) so. 4,44 g, 44. *Justin II* (565-578) so. 4,48 g, 4,3. *Irène* (797-802) so. 4,45 g, 55. *Romain Ier, Constantin VII et Nicéphore* (913-959) so. 4,52 g, 145.

■ **Monnaies gauloises.** *Vers IVe s. av. J.-C. :* premières monnaies gravées. Différents styles selon les régions. Figuration symbolique très stylisée (cheval, corne d'abondance, astres, lyres, têtes, bestiaire fabuleux). **Exemples de prix** (en milliers de F). **Or :** *Parisii* (Paris) s. or 122. *Helvetii* (Suisse) double s. 83,5. *Namnètes* (Nantes) s. 27,5. *Vénètes* (Vannes) s. 7,20 g, 111 ; 7,60 g, 146,6. *Aulerci Diablintes* (Jublains) s. 7,64 g, 144,5. *Eburovices* (Évreux) hémistatère 3,31 g, 53,3. *Arvernes-Vercingétorix* (Clermont-Ferrand) s. en or 7,29 g, 81. **Argent :** *Massilia*

(IVe s. av. J.-C.) 4,4. *Celtes du Danube*, t. 16,91 g, 25. **Billon :** *Abrincatui* (Avranches) s. 6,71 g, 13,3.

■ **Monnaies mérovingiennes et carolingiennes.** Le *triens* (or) présente à l'avers l'effigie royale stylisée ou un buste et au revers, une croix avec la mention de l'atelier de frappe. Le bimétallisme (or et argent) se généralise au VIIe s. (abbayes, villes ou seigneuries battent monnaie). Charlemagne rétablit l'unité de frappe et renoue avec la tradition romaine : sur l'avers des deniers et 1/2 deniers figure l'effigie de l'empereur à l'antique ou un monogramme ; sur le revers, une stylisation de la basilique romaine. **Exemples de prix** (en milliers de F). **Or :** *Ostrogoths Athalaric* (fils d'Amalasunthe, 526-534) so. 4,35 g, 8. *Théodebert :* sou d'or 1re monnaie royale française, *Dagobert* (629-639) tre. 1,34 g, 62. *Pépin le Bref* (751-768) denier 1,19 g, 30. *Charlemagne* (751-814) denier de Genève 1,24 g, 140.

■ **Monnaies royales françaises.** *Philippe Auguste*, avec le denier d'argent parisis et le denier tournois, rétablit l'unité monétaire. *St Louis* limite circulation et validité des monnaies féodales, impose la monnaie royale, s'engage en 1266, en créant l'écu d'or, à ne frapper que de la monnaie de bon aloi. *Louis XI :* écu au soleil. *Louis XII :* teston d'argent (buste à l'antique). *François Ier :* 1540, frappe contrôlée par un graveur général des Monnaies, adjonction du millésime et d'une lettre d'identification de l'atelier. *Henri II :* qualité améliorée par la frappe au balancier. *Louis XIII :* 1640, restaure le système monétaire ; le double louis (devenu louis) d'or conservera jusqu'en 1689 le même revers (8 L disposés en croix) pour l'or, écu de France pour l'argent et jusqu'en 1709 les mêmes poids et titre. Écu blanc et divisionnaires en argent ; sols, 1/2 sols, liards, doubles tournois et deniers en cuivre, trente deniers, quinzains, douzains, doubles sols et sols en billons. **Exemples de prix** (en milliers de F). **Or :** *Philippe IV le Bel* (1285-1314) denier à la reine (1305 ; 4,68 g) 108. *Louis X le Hutin* (1314-16) agnel (1314 ; 4,06 g) 38. *Jean II le Bon* (1350-64) royal (1359 ; 3,55 g) 17 ; mouton (1355 ; 4,65 g) 22,5 ; *écu franc* (1360) sert à payer sa rançon. *Charles V le Sage* (1364-80) franc [à pied (roi debout sous un dais)] (1365 ; 3,77 g) 6,8. *Charles VI* (1380-1422) salut (1421 ; 3,83 g) 73. *François Ier* (1515-47) écu au soleil, 1er type (23-1-1515 ; 3,50 g) 4. *Louis XIII* (1610-43) 10 louis au buste drapé (67,17 g) 670. *Louis XIV* (1643-1715) louis juvénile tête laurée (1668 ; 6,73 g) 19 ; louis aux 4 L (1694 ; 6,70 g) 7 ; louis aux 8 L et insignes (1701 ; 6,67 g) 13,5 ; louis au soleil (1710 ; 8,13 g) 11. *Louis XV* (1715-74) louis aux 8 L (1715 ; 8,13 g) 150 ; louis à la croix de Malte (1718 ; 9,77 g) 25,5 ; aux 2 L (1721 ; 9,76 g) 29,5 ; aux lunettes (1726 ; 8,09 g) 5 ; au bandeau (1742 ; 8,03 g) 28. *Louis XVI* (1774-93) louis aux palmes (1774 ; 8,14 g) 70,5 ; au buste habillé (1782 ; 8,12 g) 17 ; au buste nu (1787 ; 7,64 g) 8,5. *Convention* (1792-95) louis de 24 livres (1793-an II ; 7,67 g) 31, (7,54 g) 44,5. **Argent :** *Louis IX* (1266-70 ; gros tournois de St Louis 4 g) 2,6. *Louis XIII* écu de 60 sols tournois (1642 ; 27,28 g) 25 ; franc (1638) Bordeaux 32. *Louis XIV* carambole (1685 ; 37,02 g) 6,8. *Louis XV* écu Vertugadin (1716 ; 30,41 g) 5,5 ; de France et de Navarre (1719 ; 24,35 g) 5,4 ; aux 8 L (1724 ; 23,54 g) 21. *Louis XVI* 1/2 écu aux lauriers (1775-92) 1,9 ; de Calonne (1786 ; 29,17 g) 21.

■ **Monnaies féodales** (prix en milliers de F). **Or :** AQUITAINE : *Édouard III* (1317-55) guyennois 3,84 g, 34. *Édouard* (Prince Noir 1355-75) chaise 5,48 g, 65 ; hardi 3,92 g, 116 ; pavillon 5,32 g, 22. *Charles de France* (1469-72) fort 380 (record). AVIGNON : *Clément VIII*, quadruple écu 80. BÉARN : *François Phébus* (1479-83) écu 3,42 g, 34. BOURGOGNE : *Philippe le Bon* (1419-67) cavalier 3,62 g, 25. BRETAGNE : *Charles VIII* (1483-98) écu 27,5. LORRAINE : *Antoine* (1508-44) florin 6. *Charles III* (1545-1608) double pistole (1588) 5. *Léopold Joseph Ier* (1697-1729) double léopold (1726) 67. **Argent :** LORRAINE : *François II* (1625-32) écu à la Vierge (1632) 65. VERDUN : *Charles de Lorraine-Chaligny* (1611-22) grand écu 30. SAVOIE : *François-Hyacinthe* (1630-78) 4 scudi en or 13,27 g, 92.

■ **Monnaies étrangères** (prix en milliers de F). **Or :** ALLEMAGNE : *Hildesheim ville :* 5 ducats (1528 ; 16,72 g) 75. BELGIQUE : *Philippe IV d'Espagne* (1621-65) : double souverain (1636 ; 10,94 g) 15. CHINE : dollar en or (1921) 29,5. ÉGYPTE : *Saladin :* dinar (1187) 280 (1983). ESPAGNE : *Ferdinand II* (1452-1516) : 10 ducats (1479 ; 34,97 g) 341. *Victoria* (1837-1901) : couronne avec lion (1839) 140. JAPON : *Mutsu Hito* (1867-1912) : 20 yen (1877 ; 33,3 g) 295. PAYS-BAS : *Gueldre :* cavalier (1423-72 ; 3,56 g) 320. RUSSIE : *Nicolas II* (1894-1917) : rouble (1902 ; 32,2 g) 60. SUISSE : Soleure : doublon (1787 ; 7,63 g) 15 ; Zurich : double ducat (1708 ; 6,91 g) 25. USA : 20 $ St-Gaudens (1907 ; 33,35 g) 56. **Argent :** AUTRICHE (Tyrol) : *Charles VI :* thaler (1721) 3,1. G.-B. : *Victoria* (1837-1901) : couronne « gothique » (1847 ; 28,2 g) 10,65. USA : 1/4 de $ (1806) 3,4 ; 1/2 $ (1806) 1,7. **Platine :** RUSSIE : *Nicolas Ier* (1825-55) : 12 roubles (41,39 g) 42,5.

☞ Monnaies récentes (voir le chapitre **Finances**).

■ **Monnaies les plus rares.** On connaît plus de 100 pièces dont il n'existe qu'un exemplaire. La plus connue : pièce de 20 *statères d'Eucratide Ier* (169-159 av. J.-C.) *A Paris (Bibliothèque nationale) :* pièce en or du royaume d'Aksoum (Éthiopie). En 1997, un *dollar* d'argent américain de 1804 (6 exemplaires connus) a été vendu 10 890 000 F. L'*écu d'or de St Louis* (1re pièce d'or frappée en France depuis les Carolingiens, 8 connues) vaut environ 2 000 000 de F. *Décadrachme* en argent de la reine *Démarète* 5 000 000 de F ; d'*Athènes* 3 330 000 F ; *tétradrachme de Naxos* 1 000 000 de F ; *Carlos et Juana* (Esp., 1516-55) 100 ducats or (1528) 1 000 000 de F.

■ **Contrefaçons. Faussaires célèbres :** *XVIe s. :* Giovanni Cavino (Italie). *XVIIIe s. :* Carl Wilhelm Becker, Seelânder (Allemagne). *XIXe s. :* Constantin Cristodoulos (Grèce), Gigal (Italie). *XXe s. :* Caprada (Chypre), Peter Rosen (New York), Dr Schmidt (Bonn, All.). **Pays :** surtout Liban, Turquie, Iraq, Syrie (assez grossier), Grèce, Italie, Pays-Bas, pays de l'Est (les plus ingénieux, surtout Hongrie).

Peines encourues en France (loi du 27-11-1968) : 1 à 5 ans de prison, amende de 2 000 à 200 000 F pour faux de monnaies étrangères or ou argent ayant eu cours légal. (Le faussaire n'est pas assimilé aux faux-monnayeurs et s'expose à des peines moins lourdes.)

■ **Principales collections. Nombre de pièces :** ALLEMAGNE : *Berlin :* 500 000 ; *Dresde :* 30 000 ; *Munich :* 220 000. ANGLETERRE : *Cambridge*, Fitzwilliam Museum : 120 000 ; *Londres*, British Museum : 500 000 ; *Oxford*, Ashmolean Museum : 90 000. AUTRICHE : *Vienne*, Musée impérial : 500 000 ; collection des Bénédictins. BELGIQUE : *Bruxelles :* 200 000. ESPAGNE : *Barcelone*, Cabinet numismatique : 120 000. FRANCE : *Bordeaux :* 4 000 médailles, 15 000 pièces de monnaie, jetons, minéraux, etc., avant le vol de mars 1975, 10 000 depuis ; *Lille :* 5 000 ; *Lyon :* 15 000 ; *Marseille :* 20 000 ; *Paris*, cabinet des Médailles : 520 000 monnaies, médailles et jetons (monnaies grecques 112 000, gauloises 12 000, romaines 86 000, byzantines et Orient latin 8 000, orientales 56 000, françaises anciennes 48 000, étrangères et modernes 44 000), médailles 60 000, jetons 20 000, billets de banque 20 000, vases 1 300, lampes 750, bronzes 2 500, camées, intailles, cachets et cylindres 14 000, plombs et sceaux 8 000 ; hôtel de la Monnaie ; *Perpignan.* GRÈCE : *Athènes.* HOLLANDE : *La Haye :* 200 000. INDE : *Calcutta.* ITALIE : *Bologne :* 100 000 ; *Florence ; Milan :* 145 000 ; *Naples*, musée civique Gaetano Filangieri : 8 500 ; Musée national : 300 000 ; *Padoue ; Palerme ; Reggio di Calabria ; Rome* (Vatican), Cabinet numismatique : 100 000 ; *Turin ; Syracuse :* 5 000. TURQUIE : *Istanbul :* 500 000. USA : *New York*, American Numismatic Society : 900 000.

■ **Collectionneurs** (numismates). *Allemagne :* 20 000. *France :* 10 000 dont plus de 3 000 suivent les manifestations numismatiques. *USA :* 50 000.

☞ **Trésors découverts les plus célèbres :** *24-5-1938 :* 53, rue Mouffetard (Paris), 3 351 pièces d'or léguées par Louis Nivelle à sa fille († 1810 son héritière directe). 2 568 furent remises à 84 descendants de ses cousins, 205 monnaies furent vendues en juin 1939 afin de couvrir les frais de procédure et verser une provision aux ayants droit, 245 furent vendues en mars 1957 pour couvrir les frais des généalogistes, 538 furent partagées entre la ville de Paris et les ouvriers (démolisseurs) qui avaient découvert le trésor. *30-8-1949 :* Valenciennes, 48 kg de pièces d'or de Louis XIV et espagnoles et près de 240 kg d'argent dont rien ne subsiste (dilapidées ou vendues).

■ **Régime fiscal.** Taxe de vente forfaitaire due même en l'absence de plus-value. **Vente privée :** monnaies de collection : 7,5 % sur le prix de vente (exonération jusqu'à 20 000 F, décote entre 20 000 et 30 000 F) ; pour pièces cotées en Bourse ou destinées à la fonte : taxe libératoire de 8 %. **Vente publique :** 5 % sur le prix de vente (exonération jusqu'à 20 000 F, décote entre 20 000 et 30 000 F). Le règlement en espèces par les particuliers est plafonné à 20 000 F.

MOSAÏQUE

TECHNIQUE

En latin, *musivum opus* signifie : travail auquel président les Muses. Les *musea* étaient des grottes naturelles ou artificielles, des fontaines décorées de mosaïques.

Sol ou mur enduits d'un 1er ciment de marbre pilé et de chaux ; puis d'un 2e ciment plus fin (brique pilée et chaux) qui recevait les cubes taillés en biseau. Pour le 2e ciment, on étalait la surface correspondant au travail qui pouvait être exécuté immédiatement après. L'image à reproduire était peinte sur cette surface ; ensuite on enfonçait les cubes dans le ciment encore frais. Ces cubes en brique, pierre, marbre, terre cuite ou verre pouvaient être recouverts d'une mince feuille d'argent ou d'or et enrobés de verre, ou colorés par des oxydes métalliques mélangés à de la pâte de verre (ainsi qu'avec des morceaux de vaisselle cassée, des coquilles d'œufs ou des coquillages).

PRINCIPALES MOSAÏQUES

■ **Moyen-Orient.** Vestiges de mosaïques murales.

■ **Grecques et romaines.** La plupart au sol. Au début, galets noirs et blancs (Macédoine) ; au IIIe s. av. J.-C., polychromes et très fines (Pergame) ; cependant, les mosaïques romaines (notamment à Rome et Pompéi) seront surtout noires et blanches. **Principales collections :** *Grande-Bretagne :* British Museum. *Italie :* Naples, Rome (musée des Thermes et Vatican). *Tunisie :* Bardo, El Djem, Sfax, Sousse. **Pièces célèbres :** Vue sur le Nil (Ier s. av. J.-C., 1re mosaïque romaine connue), palais Barberini (Palestrina, Italie). Bataille d'Issus, trouvée à Pompéi (musée de Naples). Colombes de la villa d'Hadrien (musée du Capitole). Virgile entre 2 muses (Bardo).

Chrétiennes. Italie : *Rome :* mausolée de Ste-Constance, St-Jean-de-Latran, chapelle de Ste-Rufine, Ste-Pudentienne (IVe s.), Ste-Marie-Majeure (Ve s.), St-Laurent-hors-les-Murs (578-80), Ste-Agnès-hors-les-Murs (VIIe s.).

■ **Byzantines. 1er âge d'or byzantin** (Ve-VIe s.) : *Ravenne :* mausolée de Galla Placidia (450), baptistère des Orthodoxes (425-30), baptistère arien (520), St-Apollinaire-le-Neuf (la Vie du Christ, 520-26), St-Vital (Justinien et Théodora, 526-47), St-Apollinaire-in-Classe (535-49). *Mont Sinaï :* monastère de Ste-Catherine (sous Justinien). *Naples :* baptistère de Sôter (470-90). *Parenzo* (530-35). *Salonique :* St-Démétrius (Ier-VIIe s.). **2e** (IXe-XIIe s.) : en général : *coupole :* buste du Christ Pantocrator entouré des apôtres, des prophètes et d'archanges. *Pendentifs :* les 4 évangélistes. *Abside :* la Vierge, la communion des apôtres. *Nef* et *narthex :* vies du Christ et de la Vierge, images de saints. 2 scènes se rencontrent : l'*Hémistasis :* trône vide réservé au Christ pour le Jugement dernier ; l'*Anastasis :* visite du Christ aux limbes. **France :** *Germigny-des-Prés* (Loiret, 801-806). *Grand* (Vosges) : 14 m de côté, la plus grande trouvée en France. **Grèce :** *Daphni* (la Crucifixion, 1100). *St-Luc-de-Stiris* (XIe s.). *Nea Moni* (île de Chio, 1052-56). *St-Luc-en-Phocide.* **Italie :** *Rome :* Ste-Marie-Majeure (abside par J. Torriti, XIIIe s.), St-Jean-de-Latran (abside par Torriti, XIIIe s.), palais Stefaneschi (par Giotto), Ste-Marie-du-Transtévère (par Cavallini, XIIIe s.). *Orvieto :* cathédrale (refaite XVIIe et XVIIIe s.). *Venise :* St-Marc (du XIe s. à la Renaissance). *Murano :* basilique (abside). *Torcello :* cathédrale (abside, XIe-XIIe s.). **Sicile :** *Palerme :* la Martorana, chapelle Palatine, la Liza (1154-64). *Monreale* (1174-82). *Cefalù* (1150-75, chœur). *Messine :* St-Grégoire. **Turquie :** *Istanbul :* Ste-Sophie (jusqu'en 1204), Kahriye Djami, Fetiye Djami (XIVe s.).

■ **Amérique latine.** Incrustations de pierres dures (obsidienne, grenat, quartz, béryl, malachite, etc.). On en trouve chez Mayas et Aztèques. **Pièce la plus célèbre :** masque, au British Museum à Londres. **Principales collections :** *musées :* Berlin, Copenhague, Londres, Mexico, New York, Rome, Vienne.

■ **Modernes.** Décors de mosaïques : université de *Caracas* (Venezuela) par Fernand Léger ; Unesco et Maison de la Radio *à Paris* par Bazaine ; Fondation Maeght *à St-Paul-de-Vence* par Chagall ; bibliothèque de l'université nationale de *Mexico* 1 203 m², par Siqueiros ; siège de St-Gobain-Rhône-Poulenc 2 500 m² *à Paris-la Défense* par Deverne.

ORFÈVRERIE

HISTOIRE

■ **Origine.** Du latin *aurum*, or, et *faber*, fabricant, l'orfèvrerie est l'art de travailler l'or et l'argent. Pratiquée en Orient, en Égypte, en Grèce et à Rome, se développe, en Europe, surtout au Moyen Age. Jusqu'au XXe s. (XVIIIe s. apogée de l'orfèvrerie en France : 2 000 orfèvres environ à Paris), orfèvrerie, bijouterie et joaillerie n'étaient qu'un seul métier. L'*orfèvre* fabrique surtout des objets usuels ; le *bijoutier* ne fabrique que des bijoux ; le *joaillier* se sert des métaux précieux pour monter les pierres. Pour éviter toute fraude, les taux d'alliage ont été réglementés à partir du Moyen Age. Les orfèvres travaillaient à la vue des passants et n'avaient pas le droit de travailler la nuit, sauf dispense royale.

Au XVIIe s., il y avait des meubles en argent (jardinières de 150 kg, tables). Les rampes des bassins de Versailles étaient en argent (l'une pesait 2 788 kg). Cependant, la belle argenterie française est rare, beaucoup de pièces ayant été fondues sous Louis XIV [25 t fondues en raison de besoins financiers (édits-confiscations de 1689 et 1709, d'où l'utilisation de la faïence et de l'étain pour la vaisselle)], Louis XV (1750), la Révolution (1789-90 : 54,9 t d'argent, 187 kg d'or) et Napoléon III (utilisera du métal argenté pour soutenir Christofle).

■ **Orfèvres** ou **joailliers français célèbres.** *Abbon* (VIe s., professeur de St Éloi). *St Éloi* (VIe s.). *Hennequin du Vivier* (XVe s.). *Benvenuto Cellini* (Italien d'origine, 1500-71). *François Briot* (1550-début XVIIe s.). *Claude Ballin* (1615-78) et son neveu *Claude II* (1661-1754). *Nicolas Delaunay* (1647-1727). *Thomas Germain* (1673-1748) et son fils *François-Thomas* (1726-83). *Louis Lenhendrick* (vers 1725-83). *Jacques Nicolas Roettiers* (1707-84). *Ambroise Nicolas Cousinet* (1710-88). *Robert-Joseph Auguste* (1723-95) et son fils *Henry* (1759-1816). *Edme Pierre Balzac* († vers 1786). *François Joubert* († vers 1793). *Nicolas Outrebon Ier* et *Nicolas Outrebon II* († 1779). *Charles Auguste Aubry* (vers 1730-92). *Odiot :* Jean-Baptiste Gaspard († 1767) et Henri (son frère, † 1772), Jean-Claude (fils de J.-B., † 1788), J.-Claude (1763-1850), Charles-Nicolas (1789-1856), Gustave (suicidé 1912). *Biennais :* Guillaume (1764-1843), Jean-Baptiste Claude († 1850). *Charles Christofle* (1805-63). *Bouilhet :* Henri (1830-1910), André (1865-1932), Tony (1897-1984). *René Boivin. Lucien Bonvallet* (1861-1919). *Cardeilhac. Cartier. Luc Lanel* (1893-1965). *Maurice Daurat. Jean Després* (1889-1980). *Gaston Dubois. Christian Fjerdingstad* (P.-Bas, 1891-1968). *Georges Fouquet* (1862-1957). *Froment-Meurice :* Désiré-François (1802-55), Émile (1837-1913, Jacques (1864-1948). *Jean*

Goulden (1878-1947). *Georg Jensen* (Dan., 1866-1935). *Lacloche. Henri Lappara. Gustave Miklos* (1888-1967). *Jean Puiforcat* (1897-1945). *Ravinet-d'Enfert. Johan Rohde* (Dan., 1856-1935). *Gérard Sandoz* (1902). *Jean Serrière. Raymond Templier* (1891-1968). *Tétard Frères* (Jean, né 1907). *Goudji* (Russe géorgien 1941, naturalisé Français 1978).

☞ *Carl Fabergé* (1846-Lausanne 1920), descendant de huguenots, était russe.

■ **Collections. Copenhague. Florence :** palais Pitti. **Lisbonne :** Museo de arte Antigua, Museo Gulbenkian. **Londres :** Victoria and Albert Museum. **Lugano :** collection Thyssen. **Munich :** musée de la Résidence. **New York :** Metropolitan. **Paris :** musées des Arts décoratifs, Bouilhet-Christofle, Louvre, Camondo. **St-Pétersbourg :** musée de l'Ermitage. **Strasbourg :** musées de l'Œuvre-Notre-Dame, des Beaux-Arts. **Vienne :** Hofburg.

■ **Pièces anciennes. Or :** Sumer (4000 av. J.-C.), Égypte (3000 av. J.-C.), Mycènes (2100-1900 av. J.-C.), Phénicie (1400 av. J.-C.), Inde (Xe s. av. J.-C.), Pérou (IXe s. av. J.-C.). **Argent :** Ve s. av. J.-C.

■ **Quelques pièces célèbres.** [Abréviations : BM : British Museum ; L : Louvre.] *Calice d'Antioche* (argent, IVe ou Ve s., New York, collection privée). *Trésor Esquilin* (argent, BM), *de Lampascus* (argent, BM), *de Louxor* (Ve-VIe s., L), *de Chypre* (VIe s., BM). *Croix d'or de Justin II* (VIe s., St-Pierre, Rome). *Devant d'autel* (IXe s., St-Ambroise, Milan). *Statue de Ste Foy* (Xe s., Conques). *Codex Aureus, ciboire de l'empereur Arnulf* (Munich). *Calice de St Remi* (Reims). *2 Vierges* (XIe s., Essen). *Croix de Laon* (vers 1200, L). *Calice de Nicolas de Verdun* (XIIIe s., Borga, Finlande). *Reliquaire de St Éleuthère* (1247, cathédrale Tournai). *Ciboire* (XIIIe s., Sens). *Croix* (Amiens). *Châsse de St Taurin* (XIIIe s., Évreux). *Vierge* (XIVe s., Roncevaux). *Vierge* (1339, L). *Reliquaire* (vers 1338, Orvieto, Italie). *Buste de Ste Agathe* (1376, Catane, Italie). *Coupe des rois de France* (1380, BM). *Coupe* (1462, Oxford, Oriel College). *Aiguière* (1581-82, L). *Bouclier d'or de Charles IX* (L). *De Benvenuto Çellini :* aiguière et salière (Vienne), coupe (vers 1540, L). *Écuelle en vermeil de Thomas Germain* (1733, L).

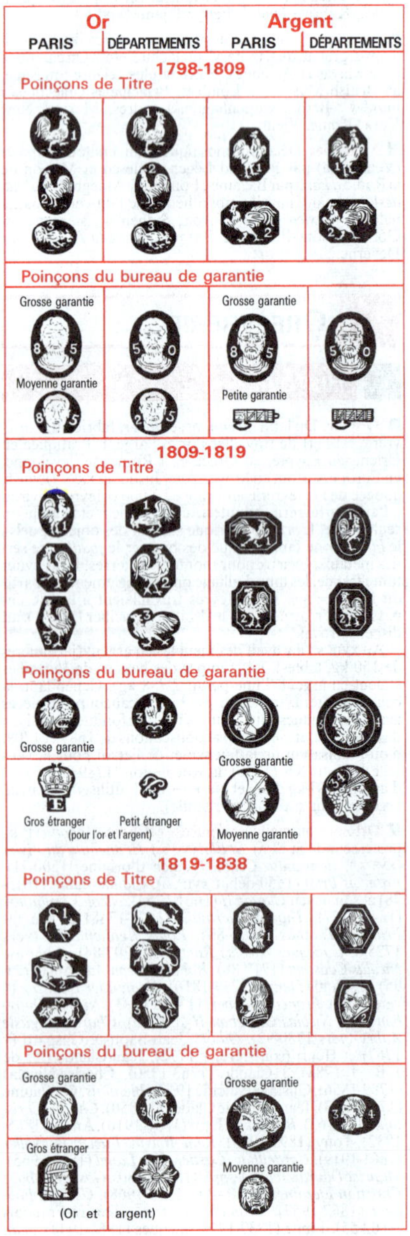

■ Couronnes et trésors royaux

Allemagne. *Couronne de l'Empire allemand* (1871). *De Saxe,* avec le diamant Dresden Vert (voir p. 473 a).

Angleterre. Tour de Londres : *couronne de St Édouard,* faite 1661 pour remplacer l'original détruit 1649. George V remplaça les pierres fausses par des pierres précieuses ou semi-précieuses ; elle sert au couronnement ; *couronne impériale,* refaite 1838 pour la reine Victoria, elle serait la plus précieuse du monde : elle comprend 4 rubis dont le Prince Noir (en fait un spinelle), 11 émeraudes, 16 saphirs (dont le saphir des Stuart), 277 perles et 2 783 diamants (dont un des plus gros fragments du Star of Africa) ; la reine la porte pour le couronnement et l'ouverture du Parlement. *Impériale des Indes,* faite pour le couronnement de George V aux Indes. *De la reine Marie de Modène* (épouse de Jacques II). *De la reine Mary* (épouse de George V). *De la reine mère Elizabeth* (exécutée en 1937, pour le couronnement de George VI) avec le Koh-i-Noor ; voir p. 472 c. *Petite couronne de la reine Victoria* (diamants). *Couronne d'Écosse,* pour Robert Bruce (1314).

Autriche. La Hofburg (Vienne) : *insignes du St Empire :* couronne impériale [exécutée pour le sacre d'Othon le Grand (962 ?)], globe impérial [de résine enrobée d'or (XIIe s.)], épée impériale ou de St Maurice (entre 1198 et 1218), croix impériale (vers 1024), la Sainte Lance (avec laquelle Longin aurait percé le côté de J.-C.), sabre de Charlemagne, chape du couronnement (exécutée pour Roger II de Sicile, 1133-34) ; *couronne de Rodolphe II* (1602, couronne impériale autrichienne en 1804) ; les 2 *pièces héréditaires* inaliénables de la maison de Habsbourg : coupe d'agate (Trèves, IVe s., 75 cm de largeur, elle passe pour être le St-Graal), « défense de licorne » (corne de narval, 243 cm).

Espagne. Armería Real (Madrid) : *couronne des rois wisigoths* (VIIe s., de Swinthila et 2 autres).

France. Musée de Cluny (Paris) : *3 couronnes de rois wisigoths,* dont la *couronne* de *Sonnica.* Au Louvre (galerie d'Apollon) : *épée de Charlemagne,* « la Joyeuse », IXe s. (et XIXe s.) ; *sceptre de Charles V,* XIVe s. ; *bague de St Louis,* XIIIe s. (ou XIVe-XVe s.) ; *couronnes : de Louis XV* (les pierres ont été remplacées par des verroteries) ; *de Napoléon Ier,* dite de Charlemagne, faite en 1804 avec des camées anciens, servit aussi au sacre de Charles X. *Trésors :* abbaye de St-Denis ; ordre royal du St-Esprit ; gemmes et cristaux de Louis XIV (musée d'Histoire naturelle de Paris).

Hongrie. *Couronne de St Étienne,* roi de Hongrie, Xe s. *Calvaire du roi Mathias,* XVe s.

Inde et Empire ottoman. Musée de Topkapi : meubles d'argent incrustés d'or et de pierres précieuses, doublés de bois, fabriqués du XVIe au XIXe s.

Iran. Téhéran (à la Banque centrale) : *couronne des Pahlavi* (1924), 2 080 g de pierres précieuses (dont 3 380 diamants, 368 perles, 5 émeraudes, 2 saphirs) ; *diamant Daria-I Nur ; globe* (1869) incrusté de 51 366 pierres, 3 656 g ; *trône de Nader* (début XIXe s.).

Italie. Monza : *couronne de fer de Lombardie,* VIe s. (ou IXe s.), bande de fer (clou de la vraie Croix ?) avec 6 plaques d'or serties d'émaux et de pierres précieuses ; portée entre autres par Charles Quint et Napoléon Ier comme rois d'Italie.

Russie. Moscou : *couronne impériale,* commencée sous Catherine II et terminée pour Paul Ier (2 kg, 4 936 pierres totalisant 2 858 carats) ; *sceptre,* surmonté du diamant Orloff (voir p. 473 a).

☞ **Tiare d'or de Saïtapharnès :** trouvée en Crimée, offerte au IIIe s. par la ville d'Olbia au roi Saïtapharnès ; achetée par le Louvre 200 000 F en 1896. Retirée du Louvre 1903 et confiée au musée des Arts décoratifs car reconnue comme un faux de Rouchomowsky.

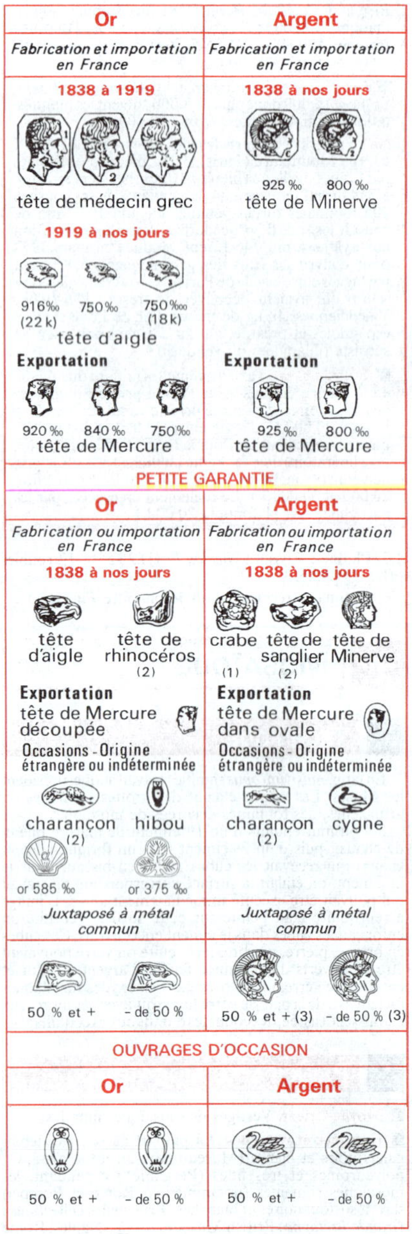

Métaux précieux

☞ *Abréviation :* ct : carat.

■ **Liste.** Argent, or, platine.

■ **Titre. Définition.** Quantité de métal fin (or, argent ou platine) contenue dans un ouvrage, celui-ci n'étant utilisé que sous forme d'alliage avec des métaux communs, leur malléabilité risquant d'entraîner une usure rapide et une déformation des ouvrages. Le titre (égal au poids du métal fin divisé par le poids de l'alliage) se définit en millièmes (exemple : 916 ‰ correspondent à 916 g d'or pur pour 1 kg) ; le titre ancien de l'or se donne en carats et en 32e de carat (l'or fin valait 24 carats) ; celui de l'argent, en deniers de 12 grains [l'argent fin titrait 12 deniers (exemple : 11 deniers, 12 grains = 958 millièmes 333)].

☞ Dès 1260, le *Livre des métiers* d'Étienne Boileau fixe le titre légal de l'or et de l'argent.

Titres légaux (loi no 94-6 du 4-1-1994). *Argent :* 925 et 800 ‰ (avant 1972, le 1er titre était de 950 ‰). *Or :* 916 et 750 ‰ (840 a été supprimé). Ouvrages contenant de l'or : 575 et 385 ‰ (correspondant aux 9 et 14 carats). *Platine :* 950, 900, 850 ‰. On évalue aussi le titre de pureté de l'or en carats, l'or pur étant à 24 carats ou 1 000 ‰ ; un objet à 18 carats comprend 18 carats d'or fin et 6 d'alliage (cuivre jaune ou rouge, argent ou nickel).

Le titre minimal légal représente la teneur en métal fin en dessous de laquelle le service de la garantie n'appose pas le poinçon et l'objet ne peut être commercialisé en France : 750 ‰ ou 18 carats (or), 800 ‰ (argent), 850 ‰ (platine). *4-1-1994 :* les « alliages d'or » aux titres légaux de 385 et 585 ‰, soit 9 carats (trèfle) et 14 carats (coquille), sont commercialisables en France.

Tarifs du droit spécifique par gramme d'alliage reconnu à un des titres légaux. Or 2,70 F, alliage d'or (585 et 375 ‰) 2,10 F, argent 0,13 F, platine 5,30 F.

■ **Poinçons en France.** Appliqués sur les ouvrages de platine, d'or ou alliage d'or, argent, vermeil, et non sur les ouvrages en métal commun non plaqués d'un métal précieux. Mais des objets en plaqué du XVIIIe s., fabriqués en l'hôtel de Fère et en l'hôtel de Pomponne (manufactures royales) et exécutés par les orfèvres Tugot, Daumy et Huguet, peuvent porter des poinçons et signatures d'orfèvres tels que 1/6, 1/4 et JVH (Jean-Vincent Huguet).

De 1672 à 1797 (argenterie ancienne). **Poinçon du maître :** institué 1355. Symbole (épée, lion ou fleur de lys couronnés) et devise du fabricant (soleil, étoile, rose). A partir du XVIe s., pour éviter des confusions, il comprend en plus les initiales du maître.

Poinçon de communauté ou **de jurande :** institué 1375 pour l'argent et l'or. Apposé par les gardes des communautés d'orfèvres. Garantissait le titre et indiquait l'année du contrôle avec des lettres-dates se succédant dans l'ordre alphabétique. Reproduisait souvent les armes de la ville.

Poinçon de charge : créé en 1672. Garantissait le titre. Généralement une lettre surmontée d'une couronne ou d'une fleur de lys, apposé chez les orfèvres par les commis des fermiers généraux sur les ouvrages en cours de fabrication. L'ouvrage terminé, l'orfèvre devait acquitter les impôts au fermier général qui l'avait pris en charge.

Platine

Fabrication et vente en France

1913 à nos jours

(1) Supprimé par la loi n° 83-558 du 1-07-1983 et le décret n° 84-624 du 16-7-1984
(2) Supprimés par le décret n° 90-180 du 27-2-1990
(3) Supprimés par la loi n° 94-6 du 4-1-1994

Poinçon spécial d'exportation apposé sur les ouvrages revêtus des poinçons intérieurs (supprimé depuis le 4-1-1994)

Poinçon de décharge : plus petit, figures diverses. Appliqué lorsque l'ouvrage était terminé et l'impôt payé. Seul, avec le poinçon de recense (dans de rares cas), à attester du paiement d'un impôt. Poinçon de charge et de décharge deviennent poinçons d'État à partir de 1798.

Poinçon dit de recense : institué en 1722 pour parer à des fraudes, contrefaçons ou des vols de poinçon. Lorsqu'une recense était prescrite, les poinçons anciens perdaient toute valeur et les marchands devaient porter aux bureaux de garantie tout ouvrage en métal précieux qu'ils détenaient pour qu'il soit marqué gratuitement. Les fermiers généraux l'utilisèrent aussi pour des ouvrages poinçonnés par leurs prédécesseurs. Après la Révolution, l'État l'apposera sur tous les ouvrages marqués sous l'Ancien Régime. Pour les ouvrages antérieurs au 10 mai 1838, non contrôlés depuis et commercialisés, la « recense » est obligatoire, sauf sur les objets en métaux précieux fabriqués jusqu'en 1798 en France (1799 à l'étranger). 2 lois de recense furent promulguées (1809 et 1819).

De 1798 à 1838 (argenterie ancienne). **Poinçons :** les gros ouvrages marqués au cours de la période 1798-1838 doivent porter 3 poinçons. **De titre :** d'abord pour l'argent : un *coq* dans un cadre rectangulaire ou ovale, puis *la tête de Michel-Ange* dit *« Vieillard »* (Paris) ou d'une *vieille femme* (départements) [titre aux 950 ‰] ; pour l'or : *le coq,* puis la *levrette* (Paris) ou le *loup* (départements) [titre aux 920 ‰]. **De garantie :** têtes aux profils variés attestant le paiement des droits. **Du fabricant :** losange à filet simple.

De 1838 à 1973 (argenterie moderne). **Poinçons de garantie, poinçons de titre :** *or :* tête d'*aigle* avec mention du 1er, 2e ou 3e titre ; technique à la coupelle. *Argent :* tête de *Minerve* au 1er ou 2e titre sur les ouvrages français essayés par des méthodes exactes ; technique : par la voie humide. *Platine :* tête de *chien* avec mention du 1er, 2e ou 3e titre. **Poinçons de petite garantie :** le « touchau » (réaction à l'acide) n'assure que le titre légal minimal. On ne l'appose que sur les ouvrages de trop faible consistance pour recevoir le poinçon de titre.

Depuis 1973. Ajout d'une lettre, par ordre alphabétique tous les 10 ans (C jusqu'en 2002), uniquement pour le poinçon tête de Minerve au 1er titre.

☞ Le **vermeil,** argent aux titres légaux 800 et 925 ‰ recouvert d'une couche d'or d'au moins 5 μm à un titre (minimum de 750 millièmes) est poinçonné comme l'argent (Minerve) et doit comporter aussi la lettre V.

Autres métaux

■ **Maillechort.** Alliage de cuivre, de zinc et de nickel. Son nom vient de celui de ses inventeurs : Maillet et Chorier (1827).

■ **Métal anglais.** Alliage à base de zinc et d'antimoine. Plus spécialement utilisé par les Anglais.

■ **Métal argenté.** Au XVIIIe s., on utilisait le *plaqué* dit aussi *doublé* (une feuille d'argent était appliquée sur une plaque de cuivre, on soudait cette feuille en la martelant ou en la pressant à chaud avec des cylindres). Actuellement, on argente et on dore par *électrolyse,* brevet déposé simultanément en 1840 par le Français Henri de Ruolz (1811-87) et l'Anglais Henry Elkington (1801-65), vendu en 1842 à Charles Christofle (1805-63) qui mit au point le procédé avec son neveu et successeur Henri Bouilhet.

Réglementation en France : l'appellation *métal argenté* est réservée aux ouvrages conformes à la réglementation (titre minimal de 500 millièmes). *Couverts :* d'usage fréquent : qualité I 33 μm (micromètres), II 20 μm ; occasionnel : I 19, II 12. *Articles d'orfèvrerie :* au contact des aliments : I 15, II 9 ; décoratifs : I 10, II 6 ; autres ouvrages : couche minimale : 10 μm. **Poinçon :** carré pour la France, borne pour les fabrications étrangères ; il comprend les initiales et le symbole de l'orfèvre (il peut avoir la forme d'objets aussi divers que brin de muguet, cavalier, mésange, etc.), ainsi que les chiffres I, II et III indiquant la qualité.

☞ « Fourré » désigne des ouvrages creux en métal précieux contenant à l'intérieur des matières étrangères, notamment des métaux communs, non signalées à l'attention et destinées à en augmenter le poids. C'est un délit et les ouvrages fourrés doivent être obligatoirement saisis (article 531 du Code général des impôts).

■ **Tombac.** Alliage à base de cuivre (à 80 %), de zinc et autres métaux. *Origine :* Moyen-Orient.

■ **Zamac.** Alliage à base de zinc, d'aluminium, de magnésium et de cuivre.

Ventes publiques

Ne peuvent figurer que des objets d'occasion. Ils doivent comporter : – soit les poinçons légaux (ou l'ayant été) en vigueur [**or :** tête *d'aigle* ou *hibou,* ou *charançon* dans un ovale, ou tête de *rhinocéros ;* **argent :** *Minerve, crabe* (n'est plus utilisé comme poinçon de contrôle mais reconnu comme garantissant le titre pour les objets insculpés de ce poinçon), *cygne* ou *charançon* dans un rectangle ; **platine :** tête de *chien, mascaron* découpé, mascaron dans un rectangle] ; – soit le poinçon de recense de 1838 (tête de *girafe* ou de *dogue*) accolé à d'anciens poinçons ; – soit un poinçon d'exportation (*tête de Mercure :* or et argent, *tête de jeune fille :* platine) accompagné du poinçon de retour sur le marché intérieur à *tête de lièvre* (poinçon supprimé depuis le 4-1-1994).

Contrôle. A défaut de poinçon de garantie, les ouvrages y sont soumis pour déterminer le titre. Ceux reconnus au titre sont marqués d'un poinçon. **Argent :** *cygne* (origine étrangère ou incertaine) et petite *tête de Minerve* (origine française) ; **or :** *hibou* (origine étrangère ou incertaine), *aigle* (origine française) ; **platine :** *mascaron* dans un rectangle. **Alliage d'or :** *trèfle* (375 ‰) et *coquille Saint-Jacques* (585 ‰) [depuis 1994 ; avant ils devaient être brisés, sauf les anciens qui présentaient un caractère d'art ou de curiosité (poinçon spécial dit « poinçon ET » pour ouvrages en argent d'occasion d'origine étrangère ou incertaine à moins de 800 ‰)]. **Sont dispensés du poinçon de garantie :** antiques (bijoux ou objets romains ou antérieurs) ; antérieurs à 1798 ; pièces de monnaie ; médailles (non transformées par l'adjonction d'un anneau, par dérogation) antérieures à 1832 ou revêtues du poinçon de l'hôtel de la Monnaie ; ouvrages dont la ténuité ne pourrait leur faire supporter l'empreinte du poinçon sans détérioration (consulter le Bureau de la garantie) ; tous les objets en argent de 5 g au plus et en or de 0,5 g au maximum ainsi que tous les ouvrages fabriqués en Suisse et aux Pays-Bas portant un poinçon reconnu par l'administration française (accord réciproque).

Cours

■ **Éléments du prix.** L'argenterie Louis XIV est rare (nombreuses fontes). L'argenterie Louis XV (l'orfèvre Thomas Germain fournissait les cours d'Europe) est environ 2 fois plus chère que l'argenterie Louis XVI. Puis, par ordre décroissant, Empire, Restauration, début Louis-Philippe, et après le 9-5-1838 le poinçon *Minerve.* L'argenterie de Paris et celle de Strasbourg sont les plus cotées. Un même modèle peut être estimé du simple au double selon qu'il est d'un « petit » orfèvre ou d'un « grand ». Les armoiries des grandes familles ajoutent de la valeur. Les simples chiffres, surtout du XIXe s. ou modernes, en retirent. Modèles de couverts les plus recherchés : uniplat, filets, filets coquilles, modèles Arts déco, et tous décors simples dus à un phénomène de mode.

■ **Prix** (en F par gramme). **Argent** (objets d'occasion) : 1,5 à 6 F par g. *« Au Coq » :* couverts 6, pièces de forme 8 à 10 ; *« à la tête de Michel-Ange », dite « au vieillard » :* couverts 4, except. 18,68 (1989), pièces de forme 6 à 10 ; *« à la tête de Minerve »* (moderne) : couverts 3 à 5, pièces de forme 5 à 10, except. 20 [époque Art nouveau, 1930 ou pièces signées de grands orfèvres (Odiot, Puiforcat, etc.)] ou plus. Prix à la casse : 0,8 à 1 (suivant le cours de la Bourse des métaux). **Or** (bijou) : vente publique 50 à 100, plus pour objets signés, dans le commerce 100 à 1 000, à la casse (18 carats) 40.

☞ Pour les couverts, les cours de 12 s'entendent identiques et portant le même poinçon.

■ **Prix des pièces** (en milliers de F). **XIVe s.** *Cassette* 71 (1991). *Double coupe* 1 450 (1983). **XVIe s.** Allemagne : *coupe* en vermeil (Ulm vers 1575-1600) 415 (1992). Angleterre : *timbale d'Henri VIII* 1 200 (1983). *Cimarre* argent (Hainaut) 797 (1986). **XVIIe s.** *Aiguière* (Paris 1656) 2 886 (1988). *Bassin* ovale (avec aiguière) de G. Tillet 155. *Coupe* à 2 anses (de Rogue, Tours 1660) 159 (1999). *Couverts :* 1 cuillère 6 à 40 (1995) ; 2 cuillères-fourchettes pliantes (1613-14) 199 (1996). *Crémier couvert* (Belg. fin XVIIe) 125 (1994). *Écuelle* à fond plat (Aix-en Pr. vers 1680) 95 (1992). *Flambeaux* de Jean Picart (Paris 1695) 620 (2000). *Plat* de parade pontifical 4 049 (1984). *Service de toilette* (12 pièces) de Charles II (Angl.) argent doré 2 700 (1983). *Surtout de table* (paire) de Pacot à Lille (1695) 7 153 (1988). *Verseuses* (paire) et *bassin* Guillaume III de B. Pyne 2 200 (1982). **XVIIIe s.** *Aiguière* (avec bassin vermeil) 1 700 (de J.-B. Cheret, 1999), 3 320 (de Germain, 1995). *Appliques* 2 480 (1987). *Assiettes,* pièce 5 à 8 ; 2 douzaines (except. Angl.) 1 800 (1983). *Athéniennes* (paire) 1 500 (1990). *Boîte* à thé (except. Angl.) 1 250 (1988). *Boîte* en or à motifs 156 (1993) ; de présent (avec portrait de Louis XVIII) 74 (1991). *Bougeoirs* de chevet 150 (1994) ; except. de Nicolas Ier Outrebon 520 (1995) ; de Germain 1 992 (1995). *Boules* à éponge et savon (paire de J.-F. Rigal, 1773) 199 (2000). *Cafetières* de F.T. Germain (1756) : 8 325 (1992), 580 (1999). *Candélabres* (paire) de R.-J. Auguste 1 300 (2000). *Chopes, hanaps, vidrecomes* (vases à boire ; All.) 10 à 70, (Angl.) 5 à 43. *Coupes* de chasse (de Chesneau I) 195 (1991). *Couverts* filets 0,8 à 1,2 ; (douzaine) 20 à 75 ; à filets et coquille 1,5 à 1,8, (douzaine) 15 à 35 ; de service 16,5 ; fourchette environ 0,3 ; 1 cuillère à ragoût 2 à 14 (paire) 13,5 ; à olives 6,8 à 55 ; pelle à tarte 14,5 à 17,5 ; service à dessert (vermeil, 26 pièces) 160 (1994). *Dessous de bouteille* (George III) 773 (1987). *Écuelle* avec couvercle 360 (1996). *Flambeaux* paire (1728-29) 620 (1999). *Fontaine à thé* Fabergé except. 2 400 (1998). *Fourchette à ragoût* attribuée à Desnard (Limoges) 25,5 (1994). *Jardinières,* except. (paire) de T. Germain (1726-28) 3 600 (1975). *Jatte* (paire, 1724-26, 779 g) de J. Roysard 73 (1999). *Légumier* et *présentoir* (1782, 1,39 kg) 22 (1999). *Plat* 8 à 50 d'apparat de P. de Lamerie (Angl.) 15 741 (1988). *Pot* à eau de A. Hanappier 235 (1985) ; à huile de J.-B. Odiot 1 923 (1982). *Présentoir* (George III, 1772) 165 (1985). *Rafraîchissoirs* 300 (Novalese, Turin ; 1991). *Salières* (paire) 60 (1998). *Saucière* 10 à 260 (paire ; 1993). *Saupoudroir* 6 à 685 (1991). *Seaux à rafraîchir* (2 ; 1744-45) 105 (nov. 1996). *Service à dîner* George II 9 413 (1984). *Soupière* d'Augsbourg (1781-83) 354 (1996), de C. S. Girod (Dole 1787) 177 (2000), paire de J.A. Meissonnier 1734, 37,65 kg, 11 475 (1977). *Sucrier* (1746, Éloi Guérin, 680 g) 70 (1996). *Tastevin* 3 à 43. *Terrines* de T. Germain (vers 1733) 52 400 (1996). *Théière* 5 à 620. *Timbale* « cul-rond » ou tulipe unie godronnée couverte en vermeil de Ehrlen 200 (1994) ; d'avant 1709, 90 et + ; ornée de roseaux en applique (1755-65) 30 à 195 ; (1775-85) 12 à 33 ; à piédouche en vermeil de Strasbourg à côtes pincées (début XVIIIe s.) 50 à 172 (copies 0,5 à 0,8). *Vases* à vin (paire) de J.-B. Odiot 1 850. *Verseuses* 180 (1994).

Empire-XIXe s. *Assiettes* 24 de Biennais (1809-19) 332 (2000). *Candélabres* bronze doré (paire de Thomire) 175 (2000). *Confiturier* (de Jacquais) 32,5 (1992). *Couvert* 0,7 à 2 ; (douzaine) 12 à 18. *Drageoir* (de Giroux) 140 (1994). *Seau à rafraîchir* 170 (1994 ; 4 de Storr) 1300 (1993). *Terrines* argent doré, d'Odiot (paire) 5 462 (1987). **Restauration.** *Aiguière* 27. *Couverts* (douzaine) 9 à 15. *Légumier* 8 à 30. *Plat* 5 à 7. *Porte-huilier* 15. *Soupière* 15. *Sucrier* et *présentoir* 10 à 15. *Timbale* 1,5 à 4 et +. **Louis-Philippe.** *Boîte à présent* de Tronquoy 51 (1991). *Bougeoir* (paire) 3 à 7. *Cafetière* 1,5 à 4. *Coupe* des Vendanges de Froment-Meurice (agate, argent, or et vermeil, vers 1844) 888 (1984). *Théière* « côtes de melon » manche d'ivoire 5. *Verseuse* 6. **Fin XIXe s.** *Bouclier d'Achille* de J. Flaxman 5 324 (1984, record). *Candélabres* (paire) 10 à 1 100 (1989). *Carrosse* (modèle) pour Louis II de Bavière 1 434,6 (1988). *Centre de table* par Gorham 1 122 (1987). *Chocolatière* 4 à 70. *Écritoire* de Boucheron 435 (1988). *Fontaine* de Fabergé 2 400 (1998). *Ménagère* (205 pièces, 11 kg) 86 (2000). *Nécessaire de toilette* attribué à Peret 58 (1994). *Œuf de Nicolas II,* de Fabergé 1 100 (1977). *Samovar* argent de Sazikov (1884) 146 (2001). *Sucrier* (grand) 3 à 8. *Verseuse* kangourou de Fabergé 121 (1997).

XXe s. **Métal argenté :** prix du neuf et, entre parenthèses, occasion. *Couverts* (douzaine) 3 (0,5 à 1) ; à entremets 1,3 (0,2 à 0,7) ; à poisson 2,5 (0,5 à 1,2) ; couteaux 3 à 4 ; cuillères à café 0,6 (0,2). *3 plats* ovales 2 (0,4 à 0,8). *2 plats* ronds 2 (0,3 à 0,5). *Légumier* couvert 1,8 (0,3 à 0,6). *2 saucières* 1,8 (0,4 à 0,6). *Cafetière* 2 (0,2 à 0,5). *Théière* 2,3 (0,2 à 0,5). *Sucrier* 1 (0,1 à 0,2). *Plateau* 2 (0,5 à 1). **Argent :** *12 couverts à entremets* de Chaye 78 (1992). *Service* (174 pièces) de Puiforcat 270 (1990). *Soupière* (avec couvercle et plateau) de Puiforcat 168 (1998). *Théière* (de Malevitch) 200. *Timbale* 2,5. *Vase* de Fouquet-Lapar 156. **Or :** *12 couverts* de Risler 152 (1991).

Bijoux

■ **Prix en milliers de F. Romains (242-378 apr. J.-C.) :** 10 à 324 ; médaillon de Gordien III sur collier or (242 apr. J.-C.) 1 019. Fibule ostrogothe du Ve s. apr. J.-C. 13 000 (1987). **Byzantins :** boucles d'oreilles 4 à 15. **Anciens XVIIIe s. :** collier diamants et émeraudes 2 385 (record, 1980). **XIXe s.** (IIe Empire) : colliers, bracelets or et grenat, corail, lapis-lazuli ou citrine 2,5 à 150, boucles d'oreilles 2 à 20. Broche de Fabergé (platine, mosaïque de pierres) 270 (1993). **XXe s. :** Winston : collier diamants (136, 14 carats), 2 500, sautoir en perles 2 200. **Art nouveau :** *Froment-Meurice :* collier de chien (diamants, or, argent) 460 (1991). *Lalique :* broche 520 (2001). **Art déco** (les plus cotés) : **France :** *Cartier :* tiare en diamants (1928) 3 000 (1989), collier émeraudes baroque, monture platine pavée de diamants (réalisé 1938 par Merle Oberon) 10 770 (nov. 1996, Genève), 2 pendants d'oreilles (diamants poire, blanc 11,59 cts, bleu vif 11,04 cts) 28 000 (1998), diadème 2 000 (2000), *Lacloche, Marchack* (origine russe), *Chaumet, Boucheron, Janesich, Van Cleef* 2 pendants perles et diamants (poires 2,2 et 2,3 cm) 2 182 (2000). **USA :** *Black Start Syarr and Frost ; Tiffany.* **1940 :** *bague* platine diamant 16,36 carats 7 500.

■ **Prix en F par gramme.** Bijoux or chaînes et gourmettes 60 à 80, 300 à 400 en magasin ; chaînes de gilet et sautoirs fin XIXe début XXe s. 100 à 150 ; bijoux except. (façon et style) 200 à 300 gros bracelets « tanks » 100 à 150.

Styles de couverts

Louis XIV : décor uni-plat, pied de biche et queue de rat. **Régence :** coquille. **Louis XV :** volutes et filets. **Louis XVI :** filets et rubans. **Empire :** palmettes et feuilles d'eau. **Napoléon III :** pastiche des styles Louis XV et Louis XVI. **1900 :** motifs floraux et gravures dans le style « Nouille ». **Arts déco :** décor géométrique, aspect fonctionnel. **Moderne et contemporain :** lignes épurées, absence de décor gravé.

Vente de bijoux (en milliers de F). **De la Desse de Windsor** (Genève, 23-4-1987) : parure de diamants et d'améthystes 3 300 ; bague de fiançailles émeraude (19,77 carats) 2 900, diamants (31,26 carats) 4 300. **De la Pcesse von Thurn und Taxis** (Genève, 17-11-1992) : diadème de l'impératrice Eugénie (218 perles et 1 998 diamants) 3 000 acquis par les Amis du Louvre ; tabatière de Frédéric II de Prusse (incrustée de diamants, émeraudes et rubis) 8 500. **Vente Chaumet** (Paris, oct. 1994) : diamant jonquille (18,97 carats) 2 300, émeraude (5,87 carats) 1 850, saphir (32,66 carats) 1 200.

Pendules, montres

☞ Pour **l'histoire** et **l'industrie** (voir Pendule, Horloge, Montre à l'Index).

■ **Quelques éléments. Horloges :** intérêt scientifique ou technique (mouvement, mécanisme) ou décoratif (ciselures, bronzes, ébénisterie). L'*origine* et la *matière* (métal précieux ou non, cristal de roche) ont peu d'influence, les *caractéristiques* priment. *Boîtiers* aux formes diverses, principalement aux XVIe et XVIIe s., croix, œuf, animaux, fleurs ou fruits, tête de mort, coquillage. XIXe : thèmes exotiques (pendule au nègre), métiers. *Cadran* le plus souvent en cuivre doré ou argent gravé. *Bonne signature* gravée sur la platine arrière. Beaucoup de faux.

■ **Prix** (en milliers de F). **Cartels. XVIIe s.** *Louis XIV :* 25 à 1 000 (1993). *Anglais :* 62 à 210. **XVIIIe s.** *Régence :* 20 à 220. *Louis XV :* 15 à 1 500 (1993, de J.-L. Le Bœuf). *Louis XVI :* bronze doré 10 à 220 (1993, de Lepaute).

☞ Un cartel dédoré perd 30 à 40 % de sa valeur, avec dorure moderne 40 %. Un redorage à l'ancienne coûte 6 000 à 12 000 F. *Copies* XIXe s. : 3 à 20.

Horloges. XVIe s. : *astronomique* 850 (1983). **XVIIe s. :** *à poids* 20 à 82 ; *anglaise* de Th. Tompion 230 à 240 ; *à pendule*, except. 720 (1985) ; *religieuse de table fer et bronze* XVIIe 420 (D. Le Roy, Tours). **XVIIIe s. :** 8 à 500 ; *régulateur* de Berthoud 2 322 (1984). **XIXe s. :** 5 à 20 ; *anglaise* 26 ; *astronomique* de Lepage 111 (1994).

Pendules. XVIIe s. *Louis XIV :* 21 à 1 700 (1981, except.). **XVIIIe s.** *Régence :* de A. Ch. Boulle 2 800 (1997), à l'éléphant 360 (1997), mouvement de Moisy 320 (1997). *Louis XV :* 16 et + (except. de marine de Henry Sully 760), le concert des singes (vers 1755) 3 547 (1996) ; au rhinocéros de Noël Balthazar et Saint-Germain 1 200 (1998). *Louis XVI :* portiques 5 à 80 ; à la mongolfière 257 (1985) ; globe tournant 328 (1993) ; obélisques 7 à 50 ; *pyramide* 50 à 260 ; *vases* à cadran tournant et lyres 10 à 1 500 (1991, de Roentger) ; *Yorktown* 85 (1991) ; *cages* 20 à 200 ; *à musique* 390 (1989) ; *squelette* 20 à 370 ; *à sujet exotique* 1 500 ; *de parquet* XVIIIe s. 15 à 470. **Révolution :** *portique* 215 ; *squelette* 17 à 443 (1993) ; *aux quantièmes républicains,* de Robin 160 ; *de voyage*, 443 (1993) de Robin 140. **Directoire :** *au Nègre* 26 à 550 (à la chasseresse sur un palanquin), à *R. Crusoé* 940 (1989), *à la balle de coton* 80, *aux Indiens* 1 000 (1990). **Début XIXe s. :** 15 à 211 ; *pendule à automate* 151. **Ier Empire :** jusqu'à 310. **Restauration :** *tournesol* Charles X 36, *à la duchesse de Berry* 44, *au Nègre,* de Bachelard 105 (1991). *Régulateur* de Lépine 340 (1993), Lory (1823) 750 (1991). **IId Empire :** à complications 380 (1999). **Fin XIXe s. :** *pendulette* Fabergé 560 (1997), *mystérieuse* de Houdin 84 à 146 (1996), except. de table (1900 Fabergé) 16 438 (N.Y. 1985). **XXe s. :** *1925* Cartier, except. 728 (1978), *mystérieuse 1922* 550 (1997) New York, portique *n° 4* (or et cristal de roche, 1924) 7 200 (1996). *Art déco* Van Cleef & Arpels, 1926, 1 650 (1979), *portique* cristal de roche 2 200 ; *mystérieuse* de Chaumet 200 (1994).

Montres. XVIe s. : *cristal de roche* 105. **XVIIe s. :** *de carrosse* 91 à 410 (montre Richelieu) ; *de puritain* vers 1640, 71 ; *astronomique* 80, *à 1 aiguille et sonnerie* 110. **XVIIIe s. :** [à 1 aiguille (marquant les heures), à 2 aiguilles à partir de 1700], 10 à 100 et +. *Oignons Louis XIV :* 6 à 413 d'Abraham Cusin (1980) ; scène polissonne 85 (1986) ; *ordinaires* 3 à 10 (or ciselé). *Louis XV :* 14 à 370 (1980), de F. Berthoud. *Louis XVI :* or ciselé 3 à 13, or 3 couleurs 4 à 10, or émaillé jusqu'à 130, argent 31 ; double boîtier 15 à 20 ; à répétition des quarts, calendrier et réveil 174 (1987) ; sonnerie 15 à 20 ; de dame à clef 25 ; avec châtelaine or 13 à 80 ; de poche à boîte ovale avec thermomètre Réaumur de Bréguet 105. **Directoire :** 28 à 40 ; *de carrosse à sonnerie* 155 ; *émaillé* de Jacquet-Droz 577. **XIXe s. :** *populaires* acier ou argent 1 à 6 ; *à secondes* 2 à 5 ; 100 à 526 (1976) ; *à automates* offerte à Bonaparte ; *or* à échappement à ancre 410, à cylindre 110 (1985) ; de Bréguet 60 à 1 440 (1982) ; *chronomètre* de poche de Houriet 1 159,7 (1987) dédicacé à Decrès par Napoléon 1 728 (1996). **Fin XIXe-début XXe :** or, émail, perles 1 à 110, à ancre 70 (1988) ; érotiques 30 à 130 ; suisse en or 330 ; Bréguet (1906) aux armes du roi Farouk 16 (1999) ; Longines Lindbergh 16,5 (1999). **Fin XXe s. :** de qualité [Philippe (1er Calatrava 1932), Vacheron, Constantin, etc.)] 2 à 90, de luxe Anthony Randall, Th. Engel, George Daniels 60 à 4 950 (1992) ; Bréguet forme tonneau, calendrier perpétuel 2 153 (1997) ; Mauboussin 160 (1992) ; Wenger 305 (1988) ; Cartier Crash 220 (1992), Tank à guichets 1 100 (1994), Driver Watch Duoplan (1968) 410 (1992). Rolex 250 (1997). Patek-Philippe 499 (1996), montre tourbillon 2 500 (1997) ; Movado 22 ; Swatch, de Kiki Picasso 235 (1992).

■ **Principaux horlogers. Allemands :** Jost *Burgi* (1552-1632). Peter *Henlein* (vers 1479-1542). Heinrich Johannes *Kessels* (1781-1848). Adolphe Ferdinand *Lange* (1815-75). **Américains :** Lyman W. *Tompson* (1825-1910). Edouard *Koehn* Sr (1839-1908). **Anglais :** John *Arnold* (1736-99). Ahasuerus et Abraham *Fromanteel*. Georges *Graham* (1673-1751). John *Harrison* (1693-1776). Thomas *Mudge* (1715-94). Daniel *Quare* (1649-1724). Thomas *Tompion* (1639-1713). **Français :** Ferdinand *Berthoud* (Suisse, 1727-1807). Abraham-Louis *Bréguet* (Suisse, 1747-Paris 1823). Pierre A. *Caron de Beaumarchais* (1732-99). *Causard* (actif vers 1770-89). Antide *Janvier* (1751-1835). Jean-André *Lepaute* (1720-87). Jean-Antoine *Lépine* (1720-1814). Balthazard (1637-95) et Gilles (1640-72) *Martinot* (ou Martineau). Robert *Robin* (1742-99). Julien (1686-1759) et Pierre (1717-85) *Le Roy*. **Suisses :** Pierre *Jacquet-Droz* (1721-90). Urban *Jürgensen* (origine danoise 1796-1830). Abraham Louis *Perrelet* (1729-1820). Adrien *Philippe* (Fr.) associé en 1845 à Genève au Cte Antoine Norbert de Patek, exilé polonais ; Jean *Romilly* (1714-94). Georges Frédéric *Roskopf* (origine all. 1813-89). Antoine *Tavan* (1749-1836).

■ **Renseignements.** *Association nationale des collectionneurs et amateurs d'horlogerie ancienne et d'art,* 5 bis cité Popincourt, 75011 Paris.

Perles

Perles fines (ou naturelles)

■ **Nom.** Appelées *Marguerite* dans la plus ancienne description grecque connue (Théophraste vers 300 av. J.-C.) et *Unio* par les Latins. Marguerite vient sans doute du sanscrit « mrg » (rechercher, désirer, purifier, orner, prier). Désigne encore certains mollusques perliers : *Pinctada margaritifera, Margaritana margaritifera.*

■ **Définition.** Perles formées par des coquillages perliers (par exemple la pintadine), sans intervention de l'homme, quelles que soient la provenance ou l'origine des perles (décret 68-1089 du 29-11-1968).

■ **Origine.** Restée longtemps mystérieuse : gouttes de rosée ou de pluie captées au petit jour par les « poissons à coquille » qui les métamorphosent en perles, sortes d'œuf, etc. ; au XIXe s., on parla de « margaritose », « maladie » attribuée à une infection parasitaire. La perle est en effet le résultat d'une réaction de défense du mollusque contre, le plus souvent, un ver plat de la classe des cestodes ; lorsque ce parasite se fixe sur l'épithélium externe du manteau, celui-ci le neutralise en l'englobant dans une poche, dont les cellules sécrètent un abondant mucus calcareux. Sécrétées *soit en eau de mer :* par une aviculine *(Meleagrina)* dite « huître perlière » (golfe Persique, golfe de Manaar entre Inde et Sri Lanka, golfe de Californie et côtes pacifiques de l'Amérique centrale, côtes atlantiques vénézuéliennes et colombiennes, côte nord de l'Australie, lagons de Polynésie française, etc.) ; *soit en eau douce :* par des unionidés (Unio, Anodonte) dites « mulettes » ou « moules perlières » (Écosse, Suède, lacs russes, Saxe, Vosges, Charentes, bassin du Mississippi, Chine, etc.).

■ **Constitution.** Couches concentriques d'aragonite disposée en épitaxie, « cimentée » par de la conchyoline (matière kératineuse) formant une sorte de « filet », ce qui assure la ténacité de la perle. **Caractéristiques substantielles :** *lustre :* éclat lumineux de la perle. *Orient :* aspect iridescent produit par la lumière à travers les couches concentriques d'aragonite. *Couleurs :* rosé, crème rosé, crème, blanc, vert clair à vert foncé, gris à noir. *Propreté :* absence d'amas sombre de conchyoline, de boursouflures, etc. *Formes :* ronde, bouton, poire, baroque. **Unité de masse** (dite familièrement « poids ») : grain (1/4 carat).

■ **Colliers. Types :** *chute :* la dimension des perles va croissant du fermoir au centre ; *choker :* perles de dimension égale sur toute la longueur ou n'ayant que 0,5 mm d'écart entre elles. **Soins à apporter :** éviter la dessiccation, le contact des acides et corps gras (parfums, crèmes de beauté), les rayures (ne pas frotter avec un chiffon sec, ne pas mélanger avec d'autres bijoux, etc.), faire réenfiler un collier au moins une fois par an, avec un nœud entre chaque perle.

■ **Évaluation.** Pour les perles rondes, baroques et autres, évaluation en grains (quelle que soit la taille). Pour les perles à partir de 4 grains (4 gr) : en multipliant le carré de la masse (dite « valeur à une fois ») en grains par un coefficient dépendant de ses caractéristiques substantielles. A qualités égales, une perle de 12 grains vaut 9 fois plus (144/16) qu'une de 4 grains.

Valeur : après la crise de 1930 (coïncidant avec la véritable commercialisation des perles de culture), les perles, qui valaient plus cher que le diamant, perdirent 90 % de leur valeur. Ainsi, la firme Christie's, en 1928, adjugea un collier 45 000 livres et un Rembrandt 48 000 livres ; aujourd'hui le collier vaudrait 600 000 F, le Rembrandt 12 millions ou plus. Depuis 1986, hausse des perles fines. A taille et qualité équivalentes, une perle fine vaut 5 fois une perle de culture (achat Moyen-Orient et Asie).

Prix courants des colliers de perles (en milliers de F) : *petit (*centre 4 mm/bouts 2,5 mm) 7 à 8. *De jeune fille* (6,5/3 mm) 55-60. *Choker* (ras du cou 6/6,5 mm) 100. *Collier* rang de 110 perles rondes (4 à 8 mm) 35, de 65 perles (4,7 à 9,9 mm) 100.

■ **Perles les plus connues.** *Perle d'Allah :* 6,370 grains, trouvée dans une palourde géante (Philippines 1934), estimée 20 000 000 de F (1971), vendue au bijoutier Peter Hoffman 1 000 000 de F (15-5-1980), réestimée 240 000 000 de F (1982). *Perle d'Asie :* 2 300 grains (115 g). *Hope :* 1 700 grains (85 g), irrégulière. *Pellegrina :* 204 grains, régulière, ayant appartenu à la Pesse Zénaïde Youssoupof, vendue 185 000 F le 23-1-1968 à Elizabeth Taylor ; 2 780 000 le 23-5-1987. *Reine des Perles :* 109 1/4 grains, disparue à la Révolution (vol du garde-meuble royal en 1792). *Croix du Sud :* assemblage naturel (?) de 9 perles fines en forme de croix, 99,16 carats, trouvé 1874 en Australie. *Collier de Catherine de Médicis :* acheté à bas prix par Elizabeth Ire d'Angleterre à Marie Stuart qu'elle avait emprisonnée, objet de procès entre Angleterre et Hanovre au XIXe s. *Collier de Madame Thiers :* donné au Louvre et vendu en 1924 à Cartier 11 280 000 AF.

Perles de culture

■ **Culture.** *1787* Hunter obtient quelques perles. *1925* Miki Moto au Japon. **En eau de mer :** une bille « noyau » de nacre (appelée nucléus), de 2 à 9 mm de diamètre, est placée avec un morceau d'épithélium sécréteur dans la gonade d'une méléagrine : cette « greffe » réussit dans 50 % des cas ; elle est laissée en place de 10 mois à 3 ans, ce qui produit un recouvrement plus ou moins important du noyau (1/3 de mm à 1 mm sur les côtes japonaises ; 1 à 3 mm dans les « mers du Sud », de l'Australie à la Polynésie). 30 % sont commercialisables (moins en cas de gros noyaux moins bien acceptés : seuls 2 à 3 % des greffées avec noyau de 9 mm de diamètre survivent à l'opération). **En eau douce :** un lambeau épithélial est inséré dans le manteau de l'unionidé ; le dépôt calcaire irrégulier qui se forme est ensuite recouvert de couches perlières ; on peut provoquer la sécrétion simultanée de 40 perles dans un seul unionidé (peut vivre 30 ans), 3 fois de suite. *Principales fermes en eau douce :* lacs Biwa et Kasumiga (Japon), lacs de Chine entre Shanghai et Canton. **Plus grosse perle obtenue.** 40 mm de diamètre (30 g, Thaïlande, 1987).

■ **Évaluation.** En fonction du diamètre ou de la masse, de l'épaisseur du recouvrement du noyau, des caractéristiques de couleur, lustre, forme, propreté, et de l'orient. Les perles de culture « de Tahiti », sauf 1 à 3 pour 1 000 qui sont blanches, vont du gris clair au noir foncé, naturellement obtenu par la sécrétion de la *Meleagrina margaritifera* locale. Celles d'autres provenances, grises ou noires, sont colorées artificiellement.

■ **Unités commerciales. Masse :** *mommé* (18,75 carats) au Japon ; *carat.* **Diamètre :** en millimètres.

■ **Soins à apporter.** Comme pour une perle fine.

Perles d'imitation ou artificielles

■ **Procédé ancien.** Boules obtenues par agglomération de poudre de nacre, mica blanc, gypse, etc., à l'aide de résine, cire, blanc d'œuf. **Vers 1600 :** bulles de verre creuses enduites intérieurement d'essence d'Orient (solution d'écaille de poissons dans une liqueur organique, exclusivité française jusqu'en 1918) et bourrées de cire. Invention de Jacquin, pâtenotier français.

■ **Procédé moderne.** Bille de verre, plastique ou toute autre matière, blanc opaque, recouverte d'essence d'Orient qui est souvent remplacée par des sels métalliques notamment de bismuth ou titane, d'aspect nacré. Les sels de plomb sont interdits en France pour des raisons de santé.

Authentification des perles

A l'examen radiographique, la *perle fine* présente des couches concentriques jusqu'au centre ; la *perle de culture classique à noyau de nacre* présente un noyau entouré de couches perlières ; la *perle de culture à implant organique,* dite « Biwa » ou « perle de culture chinoise », présente une tache noire, souvent en forme de virgule, au centre ; la *perle d'imitation ancienne* est transparente, la *perle d'imitation actuelle* est opaque.

Pierres et minéraux

Pierres précieuses

■ **Couleur. Ton :** on préférera un rouge sang artériel pour le rubis, un bleu de France pour le saphir, etc. ; **saturation ; intensité :** on préfère une couleur soutenue, ni trop claire ni trop sombre. On doit rechercher si la couleur est naturelle ou non : certains lapis-lazuli sont baignés dans une teinture bleue, certaines émeraudes ou certains rubis recèlent dans leurs givres ouverts des teintures vertes ou rouges, certains diamants jaunes ont acquis ce jaune à la suite d'un traitement physique, etc.

■ **Poids. Masse** en carats métriques (1 ct = 0,2 g) divisés en 100 centièmes de carat ou points (terminologie anglaise). A ne pas confondre avec le *Karat,* quantité d'or fin contenu dans un alliage exprimé en vingt-quatrièmes (unité de teneur) 18 k = 750/1 000.

■ **Pureté.** Plus une pierre est pure, plus elle est rare. Toute pierre peut, au cours de sa croissance, piéger de petits cristaux présents dans son milieu de formation (inclusions antégénétiques) ; des cavités peuvent se former pendant sa croissance, des cristaux peuvent croître simultanément avec elle (inclusions syngénétiques) ; enfin, des inclusions peuvent apparaître après sa formation du fait de la variation des conditions physico-chimiques (textures d'exsolution) ou par suite de fractures ressoudées *in situ,* comme les givres de guérison (inclusions postgénétiques ou secondaires).

■ **Taille.** On utilise au mieux la lumière et les lois de sa propagation (réflexion externe et interne, réfraction et dispersion, compte tenu de la répartition de couleur et de la position des inclusions) pour déterminer les proportions et donner feu, éclat et scintillement.

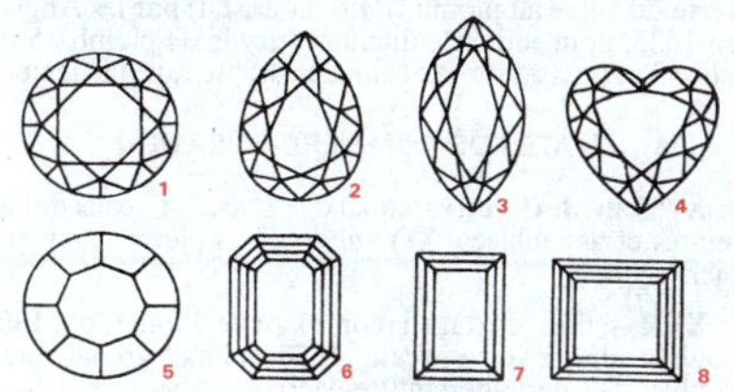

1. Rond ou « brillant ». 2. Poire. 3. Navette ou marquise. 4. Cœur. 5. 8/8. 6. Taille émeraude. 7. Baguette. 8. Carré.

■ Diamant

☞ Voir aussi à l'Index.

■ **Définition. Nom :** du grec *adamos* (indestructible). Carbone cristallisé dans le système cubique. C'est le plus dur de tous les minéraux naturels [il les raye tous et n'est rayable que par lui-même, mais il peut se casser sous un choc de manière conchoïdale (choc quelconque), ou selon un plan (choc porté avec une lame ou un objet similaire dans la direction d'un plan de clivage)].

■ **Couleur.** La plupart sont légèrement colorés (jaune à brun), très peu sont incolores (totalement blancs). **Normes :** CIBJO (Confédération internationale de la bijouterie, joaillerie, orfèvrerie, diamants, perles et pierres), et entre parenthèses GIA (Gemmological Institute of America) : blanc exceptionnel + (D), blanc exceptionnel (E), blanc extra + (F), blanc extra (G), blanc (H), blanc nuancé (I, J), légèrement teinté (K, L), teinté (M à Z).

☞ **Diamants de couleur** (dits de couleur particulière, rares) : rose-bleu, bruns, verts, jaune (canari ou jonquille), dorés, rouges (très rares).

■ **Pureté.** La plupart comportent des inclusions naturelles ou particularités de cristallisation. Leur nature, nombre, dimension et position déterminent le degré de pureté de la pierre. Elles n'altèrent pas sa beauté si elles n'affectent pas le passage de la lumière. **Classification** (normes CIBJO) : *pur à la loupe 10 fois :* absolument transparent et exempt d'inclusion(s) sous grossissement 10 fois, en lumière normale, au moyen d'une loupe aplanétique et achromatique. *V V S 1-V V S 2 [very very small inclusion(s)] :* minuscule(s) inclusion(s) très difficilement visible(s) à la loupe 10 fois. *V S 1 – V S 2 (very small inclusions) :* minuscule(s) inclusion(s) difficilement visible(s) à la loupe 10 fois. *S I 1-S I 2 (small inclusions) :* petite(s) inclusion(s) facilement visible(s) à la loupe 10 fois, invisible(s) à l'œil nu par le côté de la couronne. *P 1 (1er piqué) :* très facilement visible(s) à la loupe 10 fois, invisible(s) à l'œil nu vue(s) par le côté de la couronne, et n'affectant pas la brillance. *P 2 (2e piqué) :* grande(s) et/ou nombreuse(s) inclusion(s) facilement visible(s) à l'œil nu par le côté de la couronne et affectant légèrement la brillance. *P 3 (3e piqué) :* grande(s) et/ou nombreuse(s) inclusion(s) facilement visible(s) à l'œil nu par le côté de la couronne et affectant distinctement la brillance.

■ **Taille. Historique :** *jusqu'au XIIe s. :* polissage des formes naturelles. Une face naturelle est dite « naïve » (diamant « à pointes naïves » : octaèdre naturel ; diamant « à pointe refaite » : pointe de l'octaèdre réparée par polissage oblique des facettes octaédriques). *XIVe s. :* (Venise) taille en forme géométrique (1res informations publiées par Robert de Berquen au XVIIe s.). *Vers 1650 :* taille Mazarine ; on retaille les 12 gros diamants de la couronne royale sur ordre du cardinal Mazarin ; mise au point de la « taille brillant ». *Jusqu'en 1914 :* on taille plus en fonction du poids que de l'éclat. Pour donner une brillance maximale de face, on diminuera peu à peu le rapport profondeur/diamètre de la pierre et l'on supprimera ou réduira la grandeur de la *colette,* petite facette de la pointe de la *culasse,* parallèle à la *table.*

Centres de taille actuels : *Inde :* Bombay (800 000 ouvriers) ; *Belgique :* Anvers (12 000) ; *Israël :* Tel Aviv (12 000) ; *USA :* New York ; *P.-Bas :* Amsterdam ; *France* (peu important) : Paris, St-Claude. *Autres centres :* Afrique du Sud, G.-B., Japon, Madagascar, Philippines, Porto Rico, Portugal, Taïwan, Thaïlande, Sri Lanka, ex-URSS.

Différentes phases : *fragmentation par clivage :* fend la pierre comme une bûche (dans le sens de cristallisation) ; *par sciage :* partage la pierre parallèlement aux faces cubiques ou dodécaédriques avec un disque enduit de poudre de diamant tournant de 4 500 à 6 500 tours/minute. Il faut environ 8 h pour scier un diamant brut de 1 ct. *Ébrutage :* donne à la pierre la forme voulue par frottement contre un autre diamant. *Polissage :* par frottement sur une meule en fonte enduite d'huile (d'olive en général) et de poudre de diamant. La facette à confectionner sur le diamant ne s'use que dans un sens correspondant à la cristallisation (dit « fil de la pierre »). A contresens, le diamant creuse la meule sans s'user. Certaines facettes sont plus longues à polir : une facette « waas » (face de l'octaèdre) peut demander plus de 1 mois pour être polie.

Principaux types de taille : *en rose* (en désuétude) : facettes triangulaires disposées symétriquement par 6, l'ensemble évoquant un bouton de rose. *A facettes* ou *taille brillant* (la plus répandue, mise au point par Marcel Tolkowski vers 1900) : *rond* (brillant) : 58 facettes [1 *table,* 8 *triangles (étoile),* 8 *bezels,* 16 *halefis de couronne,* 16 *halefis de culasse,* 8 *pavillons,* 1 *colette*]. *Autres formes :* poire, navette, ovale, cœur, coussin, taille princesse (carré brillanté à angles vifs), taille radian (rectangulaire brillanté à pans coupés) dite « fantaisie ». Certaines petites pierres (0,03 ct et moins) sont taillées en 8/8 (8 facettes dessus, 8 dessous) ou en 16/16 (en désuétude). *A degrés :* facettes parallèles, inclinées les unes sur les autres. Formes : taille émeraude (à pans coupés), baguette, diverses (carrés, trapèzes, triangles, etc.).

☞ **Brillant :** si aucune confusion n'est possible dans le contexte, signifie « diamant rond taille brillant », diamant brillanté.

☞ Les termes **diamant, rubis, saphir** et **émeraude** employés seuls ou suivis du qualificatif « naturel », « véritable » ou « fin » sont réservés aux diamants, rubis, saphirs et émeraudes formés dans les gîtes naturels d'où ils ont été extraits et qui n'ont subi d'autres interventions de l'homme que la taille et le polissage (décret 68-1089 du 29-11-1968).

Évaluation. Selon 4 critères indissociables, les 4 C : *(color, carat, clarity, cut)* couleur, masse, pureté, taille. La valeur d'un diamant de taille ancienne est celle du diamant de taille moderne obtenu après retaille éventuelle et diminuée des frais de retaille. La perte de masse est compensée par l'augmentation du jeu, de l'éclat de la pierre et l'élimination d'inclusions.

■ **Glyptique. Définition :** du grec *glyphein,* art de graver en bas-relief, ronde-bosse (camée, sculpture), en creux (intaille) : coquillage, corail, pierres tendres, stéatite, serpentine, hématite, pierres fines de plus en plus dures (agate, quartz, lapis-lazuli, béryls, corindons, et enfin diamant) avec une pointe (cuivre natif, silex), un foret enduit d'émeri, puis de poudre de diamant par rotation, créant ainsi les reliefs. **Usages :** sceaux de propriété privée, politiques ou religieux (cylindres), talismans, objets de cultes, prises de guerres (pièces antiques), ornements de parures civiles, militaires, bagues, broches, vases précieux. Monochromes ou polychromes. Commandes de souverains, empereurs, rois, papes, collectionneurs. **Époques :** depuis 6 000 ans av. J.-C. : Chine, Égypte, Moyen-Orient, haut Indus, Grèce, Étrurie, Rome, Byzance, Occident carolingien, Moyen Age, Amérique inca-aztèque, Renaissance à nos jours. **Production actuelle :** Idar-Oberstein, Extrême-Orient. **Valeur :** de 100 F à plusieurs millions de F, suivant beauté, rareté, historicité.

■ Rubis et saphir

■ **Définition. Rubis** (de *ruber,* rouge) et **saphir** (de *sappir,* belle chose) ne peuvent désigner que l'oxyde d'aluminium cristallisé dans le système rhomboédrique, dans la structure cristalline de l'espèce minérale naturelle « corindon » (alpha Al_2O_3). « Rubis » est réservé au corindon rouge ; « saphir » (sans indication de couleur) au bleu. Les corindons d'une autre couleur peuvent être appelés « saphir » en indiquant immédiatement leur couleur.

■ **Provenance. Rubis :** Myanmar (Mogok), Thaïlande, Cambodge, Viêt Nam, Tanzanie, Kenya, Sri Lanka, Inde, Malawi, Népal, Pakistan, Afghanistan, Madagascar, etc. (gisements peu importants). *Les plus appréciés* sont rouge sang de pigeon (couleur du sang artériel). Si le rouge est plus sombre, il est décrit comme « sang de taureau ». **Saphir :** Cachemire (mines fermées), Myanmar, Sri Lanka, Thaïlande, Laos, Cambodge, Australie, Chine, Tanzanie, USA (Montana), Rwanda, Inde, Kenya, Malawi, Nigéria, Madagascar, Colombie, Brésil, etc. (gisements peu importants), *France* [Expailly (Cantal) exploité au Moyen Age]. *Les plus appréciés* sont bleu bleuet velouté (« bleu de France »).

■ Émeraude

■ **Définition.** « Émeraude » ne peut désigner que le cyclosilicate de béryllium et d'aluminium de couleur verte, cristallisé dans la structure cristalline de l'espèce minérale naturelle « béryl » [$Be_3\ Al_2\ (Si_6\ O_{18})$] contenant divers ions alcalins dans ses canaux structuraux, et dont la coloration verte est due principalement à une faible substitution isomorphique d'ions chrome à des ions d'aluminium dans sa structure cristalline. *Les plus appréciées* sont vert tendre ; certains les préfèrent avec une sous-nuance jaune (émeraudes taillées, la table perpendiculaire à l'axe du prisme hexagonal du cristal brut), d'autres avec une sous-nuance bleue (émeraudes taillées, la table parallèle à l'axe du prisme hexagonal du cristal brut). Le lapidaire recherche toujours à obtenir la masse maximale à partir d'un cristal donné : un cristal allongé est toujours taillé en « émeraude vert bleu ou vert jaune ». Le choix entre l'obtention d'une « émeraude bleue » ou « jaune » n'est effectué que si le cristal brut est sensiblement équidimensionnel.

■ **Provenance.** Colombie, Brésil, Oural, Zimbabwe, Transvaal (Afrique du Sud), Zambie, Tanzanie, Mozambique, Nigéria, Pakistan, Afghanistan, Inde, Madagascar, Australie, Égypte, Autriche (indices sans signification commerciale actuelle), États-Unis (Caroline), Norvège.

Pierres fines et ornementales

■ **Gemmes.** Pierres transparentes dans lesquelles la lumière peut jouer (améthyste). La plupart doivent leur couleur à des éléments chimiques substitués ou à des accidents structuraux et peuvent présenter toutes les teintes (gemmes allochromatiques) ; les gemmes ayant des centres chromogènes dans leur structure cristallo-chimique normale de base ne présentent qu'une gamme de teintes (gemmes idiochromatiques). Souvent taillées à facettes pour magnifier leur couleur. Quelques sécrétions animales et végétales employées en bijouterie sont assimilées aux gemmes.

■ **Pierres ornementales.** Macroscopiquement opaques, la lumière joue à leur surface (quartz améthystin, calcédoine) ; souvent taillées en cabochon ou utilisées en glyptique (sceaux, camées) ou façonnées en objets de vitrine.

■ **Couleur. Absorption lumineuse :** la pierre ne renvoie à l'observateur qu'une partie du *spectre* de la lumière reçue (d'où « couleur »). Vient de « centres chromogènes » résultant de la présence d'« électrons célibataires », liés à des « éléments de transition » (chrome, fer, titane, etc.) ou à des accidents structuraux (lacune structurale, dislocations du réseau, substitutions d'un élément par un élément de grosseur voisine, introduction d'éléments interstitiels dans les interstices structuraux, etc.). **Dispersion lumineuse :** la pierre transmet les diverses parties de la lumière reçue à des vitesses différentes, ce qui « disperse » la lumière blanche comme un « arc-en-ciel » (d'où « feux »). **Diffusion lumineuse :** des particules microscopiques envoient la lumière en tous sens. Selon leur forme et leur orientation, il se produit l'*opalescence* (particules sphériques), la *chatoyance* (particules allongées parallèles entre elles), l'*astérisme* (parallèles à 2 ou plusieurs directions particulières), développé par la taille en cabochon. **Interférences lumineuses :** provoquées sur une lame tel un givre sec (d'où irisations) ou sur un réseau tel l'empilement compact des microbilles siliceuses équidimensionnelles de l'opale noble (d'où *iridescence*).

■ **Évaluation.** Mêmes règles que pour les pierres précieuses (couleur, masse, pureté, taille).

■ **Utilisation en bijouterie-joaillerie ou en ornementation.** Doivent présenter des qualités esthétiques (couleur, texture), être suffisamment résistantes aux agents chimiques et mécaniques usuels (acides et bases faibles, rayure), se rencontrer en grosseur suffisante (macroscopique) et se trouver en quantités suffisamment importantes pour couvrir une demande. Certaines pierres ne sont que des « pierres de collection » même si leurs qualités esthétiques et physiques auraient permis leur emploi en joaillerie : pierres trop peu répandues (bénitoïte) ; pierres trop fragiles (sphalérite mielleuse).

■ **Caractéristiques.** Couleurs les plus fréquentes des diverses familles.

Béryls (famille des). Aluminosilicates de béryllium, différenciés par leur couleur. *Aigue-marine :* bleu clair à bleu-vert (Brésil, Madagascar, Russie, etc.), utilisée depuis l'Antiquité (exemple : Julie, fille de Titus, intaille à la Bibliothèque nationale). *Morganite :* rose (Madagascar, etc.) du nom du banquier américain Morgan. *Héliodore :* jaune soleil (Brésil, Namibie, etc.), nommée « don du soleil » par les colons allemands pour favoriser sa commercialisation.

Chrysobéryls. Aluminate de béryllium. Jaune à jaune-vert : *chrysobéryl* ou *cymophane* (Brésil, Sri Lanka, etc.). Vert à la lumière du jour, rouge à la lumière électrique : *alexandrite* (d'après le tsarevitch Alexandre ; Oural, Sri Lanka). Chatoyant : *œil-de-chat* (Brésil, Sri Lanka, etc.).

Feldspaths. Aluminosilicates alcalins utilisés surtout en cabochons. *Pierre de lune* à reflets lunaires plus ou moins bleutés (Sri Lanka). *Amazonite,* vert à éclat nacré dans une direction. *Spectrolite* à iridescences, pouvant évoquer l'opale noire. *Pierre de soleil* à reflets dorés.

Grenats. Silicates bimétallifères caractérisés par leur structure cristalline. **Série alumineuse :** *Pyrope* (magnésien) rouge feu (Afrique du Sud, Bohême). *Almandin* (ferrifère) rouge brique (Inde, Sri Lanka). *Spessartine* (manganésifère) rouge orangé (Brésil, Sri Lanka, etc.). Utilisée, depuis l'Antiquité, en cabochon, en glyptique, en morceaux polis dans des bijoux cloisonnés (époque mérovingienne), en pierres facettées (XIXe s.). **Série calcique :** *grossulaire* (alumineux) : gemme orangée *(hessonite)* à verte *(tsavorite)* ; grossulaire massif d'aspect voisin du jade (Pakistan, Transvaal, etc.). *Andradite* (ferrifère) : gemme verte (demantoïde ; Italie, Oural).

Hématite. Oxyde de fer à éclat métallique (boules...) (Angleterre, Brésil).

Jades. Pierre ornementale, souvent verte, prisée en Orient. 2 variétés : la *néphrite,* amphibolite dans les tons vert jade, utilisée par les anciennes civilisations chinoises notamment ; la *jadéite,* pyroxénite qui peut être de toutes couleurs (vert, mauve, etc.), utilisée plutôt en cabochons, petits motifs, incrustations, notamment en Inde.

Lapis-lazuli. Ornemental, bleu vif, souvent à ponctuation dorée de pyrite, nommé « saphir » dans l'Antiquité (Afghanistan, Chili).

Opale. *Noble* (ou arlequine) : blanc iridescent (Australie, Hongrie) ; *opale de feu* : orange (Mexique) ; *noire* : iridescences noires se détachant sur fond bleu noir à brun, recherchées (Australie).

Péridots. Silicates ferromagnésiens. Vert jaunâtre, aussi appelés *olivines.* Connus depuis l'Antiquité : îles St-John (ou Zebirget) et Topazios en mer Rouge. Actuellement : mer Rouge, Myanmar (à 30 km au nord-est de Mogok : grandes pierres), Sri Lanka, Arizona (USA ; vert sombre).

Rhodonite. Silicate de manganèse rose, massif.

Serpentine. Ornementale verte, évoquant le jade mais plus tendre (rayable à l'apatite), utilisée pour sculpter des statuettes communes.

Silice (famille de la). Très fréquents, les minéraux siliceux ont été utilisés de tout temps en bijouterie, glyptique et décoration. **Macrocristallisés :** *cristal de roche :* incolore, peut évoquer le diamant. *Améthyste :* violet. *Citrine :* jaune « sec », parfois madère, peut évoquer la topaze jaune. *Morion* ou *cairngorn* ou *quartz « fumée » :* brun clair. *Quartz rose.* **Microcristallisés massifs :** *calcédoines* (*commune :* claire ; *cornaline :* rouge ; *sardoine :* marron ; *onyx :* brun-noir ; *chrysoprase :* verte ; « agate verte » : commune teintée en vert). *Agates :* ensemble de veines de calcédoines (blanc et noir, blanc et rouge...), appréciées pour sculpter des camées, surtout lorsqu'il y a plusieurs couches. Agate mousse, agate herborisée (calcédoine commune à dendrites évoquant les mousses, les herbes, etc.). *Jaspe :* roche siliceuse ornementale : jaspe porcelanné ; jaspe sanguin ou héliotrope (vert à ponctuations rouges) ; jaspe fleuri (à dessin de fleur). **Quartzites, minéraux silicifiés, fossiles silicifiés :** *quartz chatoyants :* œil-de-faucon (bleu) ; œil-de-tigre (brun-jaune) ; œil-de-taureau (rouge) ; quartz chatoyant (vert). *Quartz aventuriné* ou *aventurine* (à paillettes de micas verts en tous sens), peut évoquer le jade. *Bois silicifié* (troncs d'arbres fossilisés, généralement découpés en tranches pour l'ornementation). **Roches siliceuses vitreuses :** *obsidienne* (noire, verte, tachetée).

Sodalite. Ornementale bleu-gris, pouvant évoquer le lapis-lazuli (Brésil, Canada).

Spinelles. Aluminate de magnésium. Rouge : le plus apprécié, car voisin du rubis (Inde, Myanmar, Sri Lanka, etc.). Mauve, bleu, jaune.

Stéatite (pierre de lard, pierre de savon). Pierre tendre verdâtre, utilisée pour sculpter des bouddhas, des pagodes, etc., petits objets décoratifs ou votifs.

Turquoise. Phosphate alumino-cuivrique bleu à bleu-vert, formant des amas. Utilisée en ornementation. Des turquoises poreuses sont durcies et colorées par plastification (Iran, USA).

Topazes. Aluminosilicates fluoro-hydroxylés. *Rose* (Brésil, Oural) ; *bleue* (idem), peut évoquer l'aigue-marine ; *jaune* avec sous-nuance rosée (jaune « chaud » ; Brésil) ; *incolore* (« goutte d'eau »), peut évoquer le diamant (Brésil, Saxe).

Tourmalines. Borosilicates alumino-ferro-magnésiens calco-sodo-lithifères. Connue depuis le XVIIIe s. *Rubellite :* rouge à rose, peut évoquer le rubis (Oural, Brésil). Vert à vert bouteille, peut évoquer l'émeraude (Brésil, Oural, etc.). *Indigolite :* bleu à violet, peut évoquer le saphir (Brésil, Oural, etc.). Jaune (Brésil, Sri Lanka, etc.). Couleur claire au centre du prisme cristallin et foncée sur l'extérieur ; généralement coupée en tranches peu épaisses d'aspect plus ou moins triangulaire : *melon d'eau* (Brésil).

Zircons. Silicate de zirconium vert, jaune, orange, brun, rouge. Incolore (par traitement thermique), peut évoquer le diamant bleu (par traitement thermique) ou l'aigue-marine orangée : *hyacinthe* (Cambodge, Sri Lanka, etc.).

☞ Diverses autres gemmes et pierres ornementales sont utilisées, telles que le *spodumène* (*kunzite* rose, *hiddénite* verte), la *tanzanite* (bleue), la *fluorine,* la *pyrite* (dite improprement marcassite), etc.

■ **Matières d'origine animale. Corail :** exosquelette calcaire de polypiers marins, rouge, rose, blanc (Méditerranée, Japon). **Ivoire :** défense d'éléphant (Afrique), voir à l'Index. **Nacre :** coquille de mollusques (Australie). **Écaille :** carapace de tortue (océan Indien).

■ **Matière d'origine végétale (ou succinite). Ambre :** résine fossile (Lituanie, Myanmar, Pologne). A ne pas confondre avec *l'ambre gris,* sécrété par les baleines, utilisé dans la fabrication des parfums. *« Ambre pressé »* (morceaux agglomérés par fusion superficielle et pression), fabriqué depuis 1870. *« Fondu »* (poussière d'ambre, moulée par fusion). Imité par divers plastiques. **Jais :** lignite de pins fossiles [Allemagne, Angleterre, Espagne (Asturies), *France* (Aude), Jura souabe, etc.].

Prix des minéraux

☞ *Abréviation :* ct : carat.

■ **Éléments du prix. Rareté :** les minéraux venant de mines épuisées ou en voie de l'être sont plus chers s'ils sont de qualité et non des résidus, exemples : *quartz* de La Gardette (massif de l'Oisans), *azurite* de Chessy, *cristaux d'argent* de Kongsberg (Norvège), *stibine* de La Lucette (Mayenne). **Cristallisation :** les cristaux doivent être bien développés, régulièrement disposés, sans cassure ni fêlure ; une arête ébréchée peut diminuer la valeur d'un cristal de 75 %. Sont appréciées aussi les *géodes,* plus ou moins sphériques, contenant des cristaux, les pierres sur *gangues* ou des associations de minéraux de nature différente. **Dimensions. Intégrité** de la pierre. **Couleurs :** intenses et lumineuses, doivent mettre en valeur les cristaux. **Propreté de la pierre** (qualité gemme). **Formes :** association des formes élémentaires bien développées ; les faciès inhabituels sont plus recherchés.

■ **Exemples de prix** (en milliers de F). **Aérolithe** 4 le kg (chondrites). **Aigue-marine** *1 ct* 0,5 à 5. **Améthyste** (cristal d') *1 ct* 0,7. **Apophyllite verte** *1 ct* 0,3. **Argent natif de Kongsberg** (Norvège) *1 ct* 1 à 2,5 et plus. **Cuivre natif** *1 ct* 0,9. **Diamant** *1 ct :* 7 à 150 ; *2 cts :* 12 à 200 ; *3 cts :* 20 à 325 ; *4 cts :* 30 à 210 [records : *100 cts :* 82 500 (17-5-95) ; *100,36 cts :* 71 300 (17-11-93) ; *85,91 cts (poire) :* 51 870 (19-4-1988) ; *26,34 cts* (taillé émeraude) : 51 600 (1995) ; *52,59 cts (rectangulaire) :* 44 573 (20-4-1988) ; *13,78 cts* (Begum Blue) : 40 000 (1995) ; *64,83 cts (poire) :* 38 357 (21-10-1987) ; *59 cts (poire) :* 33 132 (19-4-1988) ; *41,28 cts (étoile polaire en coussin) :* 24 004 (19-11-1980) ; *rose 20 cts (rectangulaire) :* 28 186 (19-6-1988) ; *bleu 7 cts :* 29 000 (1995) ; *7,34 cts* rose (bague sertie) 10 743 (17-5-2000)]. **Dioptase** *1 ct :* 1. **Émeraude** *1 ct :* 0,2 à 70 et plus ; except. *1 ct :* 195 (1980) ; *2 cts :* 170 ; *3 cts :* 9 à 600 et plus. **Fluorine** *1 ct :* 0,05 à 3. **Grenat** (plaque de) du Canada *1 ct :* 1. **Météorite** (Canyon Diablo, Arizona), qui contenait des poussières de matière interstellaire : *3 kg :* 3 ; *350 g :* 0,3. **Paesine** (marbres ruiniformes) 0,1 à 0,5. **Pyrite de fer** cristallisée 0,04 à 0,8. **Quartz fumée** et **améthyste** 0,1 à 1,5. **Wolfram** et **apatite** (ensemble) (Panasquera) : 4 à 6. **Rubis** *1 ct :* 0,3 à 200 ; *3 cts :* 3 à 700 ; *4 cts :* 4 à 900 [except. *4,12 cts :* 1 700 (1979)]. Rubis *birmans de forme coussin 1 ct :* 100 à 150 ; rubis *siam* (de Thaïlande) *5 cts :* 41 à 60 ; *10 cts :* 85 environ. **Saphir** *1 ct :* 0,2 à 9 ; *3 cts :* 3 à 300 ; *4 cts :* 4 à 400. *Saphir du Cachemire : 1 ct* environ : 103 à 160 ; *de Birmanie : 5 cts :* 50 le ct, *20 cts :* jusqu'à 110 le ct ; *de Ceylan : 5 cts :* 7 à 15 le ct ; *20 cts :* 55 max. le ct ; *orangés* ou *rose vif* valent 10 fois moins ; *de Thaïlande* ou *Australie :* 10 max. le ct. [Records : saphir taillé à degrés de *66,03 cts :* 5 600 (1981).] **Tectites** (7 cm) 0,1, australiennes 1.

Imitations

Divers types

■ **Cristaux synthétiques. Par fusion simple :** corindons (synthèses de rubis, saphirs, topazes, morganite, kunzites, etc.), spinelles (imitation de l'aigue-marine, etc.), rutile, titanate de strontium YAG, oxyde de zirconium (imitation du diamant) synthétique. **Par dissolution hydrothermale :** émeraude, améthyste, citrine, opale, turquoise, etc., synthétiques. **Par dissolution anhydre** (dans un fondant) : émeraude, rubis, alexandrite synthétique. Tout cristal peut être synthétisé artificiellement.

■ **Imitations verre.** Doublets divers.

Quelques précisions

■ **Authenticité.** Le *Laboratoire français de gemmologie – service public du contrôle des diamants, perles fines et pierres précieuses* (2, place de la Bourse, 75002 Paris), géré par la Chambre de commerce et d'industrie de Paris, vérifie et délivre des certificats d'authenticité pour diamant, perle ou pierre précieuse, et, s'ils ne sont pas sertis, décrit les qualités substantielles des diamants (couleur, pureté, masse, taille) et précise la provenance géographique des rubis, saphirs et émeraudes. Peut effectuer des études sur demande (pierres accidentées...).

■ **Bourses de pierres.** La plus ancienne : Ste-Marie-aux-Mines (début juillet) ; Munich (oct.) ; Alès (nov.) ; Lyon (nov.) ; Millau (juillet) ; Tarbes (2e quinzaine de nov.) ; Jouy-en-Josas (nov.) ; Liège (nov.) ; Paris (déc.), Sofitel Paris-Forum. **Calendrier** publié : revues *Minéraux et Fossiles, Monde et Minéraux.*

■ **Collections de minéraux.** *Au XVIIIe s.* on constitua des collections scientifiques (collection du prince de Condé, François Boucher et Bonnier de la Mosson). Certains minéraux étaient considérés comme des objets magiques, d'autres transformés en objets d'art.

Collections principales (France) : *Paris :* École des mines (a racheté la collection d'Ilia Deleff). Muséum national d'histoire naturelle : galerie de minéralogie. Faculté Pierre-et-Marie-Curie : galerie de minéralogie et de cristallographie (place Jussieu). Bureau de recherches géologiques et minières (BRGM). *Province :* Muséums d'histoire naturelle (Lyon, Grenoble, etc.).

■ **Fiscalité.** *TVA :* pour les pierres non montées en bijoux (depuis 1981) et montées en bijoux 20,6 %. La douane peut exiger le paiement de la TVA (plus des pénalités) de toute personne qui ne peut produire une facture justifiant d'une importation régulière. *Taxe forfaitaire sur les plus-values* progressive entre 20 000 et 30 000 F, 5 % au-dessus de 30 000 F (soit 4,5 % + 0,5 % de CRDS).

■ **Langage des pierres.** *Améthyste :* sincérité, dissipait les fumées du vin et donnait de l'esprit. *Bague en quartz* ou *cornaline :* servait d'antidote à la tristesse. *Cristal de roche :* délivrait des mauvais rêves. *Diamant :* pureté, fidélité. *Émeraude :* bonheur vertueux, faisait se sauver le diable et était le gage de la virginité. *Hématite :* contre la goutte. *Jade :* contre la maladie de la pierre. *Rubis :* amour, pureté. *Saphir :* sagesse, rendait aimable. *Topaze :* amitié, modérait les natures bouillantes.

■ **Minéraux et roches de couleurs artificiellement modifiées.** Les couleurs de certaines pierres de basse qualité peuvent être renforcées par traitement. *Pour imiter un minéral ou une roche :* jaspe teint en bleu ; *accentuer une couleur :* traitement thermique des saphirs et rubis, lapis-lazuli, calcédoines et turquoises baignés ; *changer la couleur :* diamants exposés à des radiations, améthystes traitées thermiquement, topazes irradiées (deviennent bleues) ; corindons de couleur diffusée en surface.

■ **Perles d'imitation** (voir p. 470 c).

■ **Verre.** La plus ancienne imitation (âge du fer, Égyptiens). *Simili :* verre recouvert d'un enduit réflecteur doré ou argenté, imitant le diamant (verre + paillon). *Verres colorés :* imitant toutes les pierres. *Verre aventuriné :* avec des paillettes de cuivre incorporées (XVIIIe s.). *Strass :* commercialisé au XVIIIe s. par Joseph Stras après la découverte du verre au plomb (*flint,* dit cristal) par les Anglais en 1623, pour imiter le diamant (oxyde de plomb 35 % ; silice 38 ; potasse, borax et arsenic 8) ; se raye facilement.

Dates de commercialisation

XVe s. av. J.-C. verres, émaux. **Ier s. av. J.-C.** calcédoines teintes et assemblées. **XIVe s.** doublets pierre fine-verre-pierre fine.

XVIIe s. flint (cristal au plomb), perle d'imitation. **1800** doublet quartz-verre, strass. **1850** doublet grenat-verre, doublet 1/2 perle de culture-nacre « mabe », millefiori. **1885** « rubis de Genève », petits morceaux de rubis assemblés à chaud à l'aide de chromate de potassium utilisé comme fondant superficiel. **1890-1902** des artisans appliquent la découverte d'Edme Frémy (« boules » de rubis synthétiques). **Début XXe s.** le chalumeau oxhydrique de Verneuil permet la fabrication industrielle du rubis synthétique (1904) et du corindon synthétique bleu (1907), coloré grâce à des traces de cobalt. **1910** doublet quartz-gélatine-quartz, saphirs synthétiques galalithe-bakélite. **1920** perles de culture. **1930** phosphates pressés imitation turquoise. Doublet quartz-émail-quartz, saphir synthétique incolore, spinelle synthétique incolore. **1940** émeraude synthétique, doublet béryl-émail vert-béryl. **1945** doublet à base d'opale. **1950** saphir synthétique étoilé. **1955** doublet spinelle synthétique-émail-spinelle synthétique, spinelle synthétique fritté, rutile synthétique, perles de culture à noyau organique. **1960** « néolite » (imitation turquoise), « béryl enrobé » Lechleitner, rubis synthétique en fusion anhydre ; quadruplets quartz-opale-agate, rubis synthétique hydrothermal, « fabulite ». **1965** doublet émeraude-émail-émeraude YAG, quartz synthétique au cobalt, doublet béryl-tourmaline « Smaryl », émeraude synthétique hydrothermale Linde. **1970** opale synthétique, améthyste synthétique, alexandrite synthétique, doublet saphir-saphir synthétique, turquoise synthétique-GGG, linobat, KTN. **1975** saphir synthétique (dissolution anhydre), oxyde de zirconium cubique, lapis-lazuli synthétique, citrine synthétique **1981** corindons de couleur diffusée en surface. **1990** traitements par imprégnations diverses de pierres précieuses (diamant dont les glaces sont emplies de matière vitreuse, émeraudes à emplissage vitreux, rubis et saphirs « rebouchés »).

Pierres célèbres

Diamants

■ **Diamants de la Couronne. Angleterre. Cullinan** (1905, Afr. du Sud) : 3 106 cts avant taille, blanc, appelé du nom du fondateur de la mine. Acheté 1907 par le gouvernement du Transvaal qui l'offrit au roi Édouard VII pour son 66e anniversaire, et pour sceller la paix après la guerre des Boers. Le roi confia sa taille à Asscher d'Amsterdam qui en tira 9 pierres principales dont l'*Étoile d'Afrique* (en forme de poire à 74 facettes de 530,2 cts, montée sur le sceptre de la reine d'Angleterre) et le *Cullinan II* (forme coussin 317,40 cts, sur la couronne impériale d'Angleterre). **Koh-i-Noor** (origine discutée : diamant de Babur connu 1526 ou trouvé 1655) : taillé 105,602 cts, forme ovale, blanc (787 cts puis 280, puis 186 quand il fut livré par le Pendjab à l'Angleterre en 1850). Orne la couronne de la reine Elizabeth, conservée à la Tour de Londres. Réclamé en sept. 1976 par le Pakistan et l'Inde. **France. Régent** (découvert 1698 en Golconde, Inde) : 140,64 cts, forme coussin, exceptionnellement blanc. Acheté 1701 par Thomas Pitt, gouverneur de Madras, à un marchand indien 614 400 livres françaises. Rapporté en Angleterre 1702, retaillé (2 ans de travail) devient le « Grand Pitt » ou « Pitt Diamond » ; proposé en 1714 à Louis XIV qui le refuse, est vendu 2 000 000 de livres en 1717 au régent Philippe d'Orléans. Appelé « le Millionnaire » puis « le Régent de France » puis « le Régent ». Napoléon le fit sertir sur le pommeau de l'épée de son sacre. Conservé au Louvre. **Grand Sancy** (arrivé des Indes par Constantinople via Venise XVIe s.) : 55,232 cts. Trouvé, dit-on, sur le cadavre de Charles le Téméraire (mais sa taille postérieure au XVIe s. le dément). Appartint à Nicolas de Harlay de Sancy (ministre d'Henri IV) dès 1586 qui essaya à plusieurs reprises de le vendre à Constantinople. Vincent Ier de Gonzague, duc de Mantoue, tenta plusieurs fois de l'acquérir (contre plusieurs châteaux). En 1600, Henri IV lui en offre 70 000 écus pour en faire présent à Marie de Médicis. Vendu 60 000 écus d'or à Jacques Ier Stuart en 1604, passe par héritage à Henriette-Marie d'Angleterre (fille d'Henri IV) qui le vend. Acheté en 1654 par Mazarin qui le lègue à la couronne de France. Volé à la Révolution, il réapparaît en 1828 (acheté par une famille russe). Depuis, acheté par William Waldorf Astor et porté par lady Astor († 1964). Revenu au Louvre en janv. 1979. **Petit Sancy** (Inde, XVIe s.) : 35 cts, forme pendeloque poire. Acheté en 1604 par Marie de Médicis 25 000 écus (estimé 48 000) ; vendu après sa mort (3-7-1642) 80 000 florins au Pce Frédéric-Henri d'Orange. Guillaume III d'Orange Nassau l'offre en 1677 à Marie II Stuart en cadeau de mariage. Passe par héritage à Frédéric Ier de Prusse qui le fait monter sur sa couronne (c'est le plus gros joyau du trésor royal). Démonté par Frédéric II le Grand puis intégré à diverses parures, il appartient de nos jours au Pce Louis-Ferdinand de Prusse. **Hortentia** : diamant rose pentagonal de 20,5 cts. **États-Unis. Hope** (XVIIe s., Inde) : bleu, 112,5 cts, taillé 67 cts. A appartenu à Louis XIV (« diamant bleu de la Couronne », acheté 22 000 louis soit 147 kg d'or) ; volé 1792 au garde-meuble national, retaillé (45,5 cts), vendu à sir Hope par le roi George IV (il l'avait porté le jour de son sacre en 1821). Acheté par Abdul Hamid II en 1901, puis en 1948 par Pierre Cartier (Paris), vendu en 1911 à Mrs McLean († 1947), acheté par Harry Winston (1896-1978) qui le donna le 11-11-1958 au Smithsonian Institute (Washington) ; assuré plus d'un milliard de $. **Russie. Orloff** (XVIIe s., Inde) : taillé 189,62 cts, demi-œuf, facetté, taillé à rose sur le dessus, non facetté en dessous, blanc nuancé de jaune. Acheté par le Pce Orloff pour la Grande Catherine. Orne le sceptre impérial. Conservé au Kremlin. Serait la même pierre que le « Grand Mogol » dont Tavernier aurait mal transcrit la masse (même forme). **Shah** (1571, Inde) : taillé 88,7 cts (avant 99,52), forme prismatique ; jaunâtre, 3 faces gravées du nom de ses propriétaires indiens successifs. Offert en 1829 par le shah de Perse au tsar comme « prix du sang », pour le meurtre de l'ambassadeur Griboïedof. **La Lune de la Montagne** (XVIIe s.) : 126, non taillé. **Saxe. Dresden Vert** (1743, Inde) : vert, 119,5 cts, taillé 41 cts (forme poire). Conservé au palais de Dresde (Grünes Gewölbe).

■ **Autres diamants. Poids en carats. Arc** (1921, Afr. du Sud) 381. **Baumgold** (1922, Afr. du Sud) 609, taillé en 14 pierres (les 2 plus grosses, les *Baumgold Pears,* 50 chacune). **Berglen** (1924, Afr. du Sud) 416,25. **Bob Grove** (1908, Afr. du Sud) 337. **Broderick** (1928, Afr. du Sud) 412,5. **Cartier ou Taylor-Burton** (1966, Afr. du Sud) 240,80, taillé 69,42, acheté pour Elizabeth Taylor par Richard Burton 14 500 000 F, revendu à Henry L. Lambert (New York) 1979. **Centenaire De Beers (De Beers Century Diamond)** (1988) 520 brut, 273,85 taillé, blanc exceptionnel +/D, et pur. **Corondel IV** (1941, Brésil) 400,65. **Daria-i-Nur** (Dacca) taillé 150 cts, carré, blanc, vendu 1959 à Dacca. **Darcy Vargas** (nom de la femme du Pt Vargas) [1939, Brésil (Minas Gerais)] 455 brut, brun. **Étoile du Sud** (1853, Brésil) 261,88, ovale, blanc, taillé 128,8 ; appartiendrait à Rustomjee Gamsetjee (Bombay). **Étoile de la Paix** (1974, Rép. centrafricaine) 500, taillé 170,49 ; vendu à l'émir d'Abou Dhabi 100 000 000 F. **Étoile de Sierra Leone** (1972, Sierra Leone) 968,8 (6,5 × 4 cm), blanc ; évalué 59 000 000 F, taillé en 11 pierres (la + grosse 143,20, retaillée en 7). **Excelsior** (1893, Afr. du Sud) 995,2, taillé en 21 pierres (la + grosse 69,68, revendue 1984). **Géant doré** 890, taillé 407. **Golden Jubilee** diamant coussin de 545,67, brun-jaune, offert au roi de Thaïlande pour son jubilé d'or (le + gros diamant taillé du monde). **Goyaz** (1906, Brésil) 600, taillé en plusieurs pierres (la + grosse 80) ; sa trace a été perdue. **Iros I** (1938, Brésil) 354. **Jonker** (1934, Afr. du Sud) 726, taillé en 13 pierres (la + grosse 125,65), taille émeraude, blanc ; appartint au roi Farouk puis au roi du Népal, revendu 2 340 000 $ à M. Takashima, Japon. **Jubilee** 245,35 blanc, taille coussin, la + grosse pierre du diamant *Reitz* [(1895, Afr. du Sud) 650,25, taillé l'année du jubilé de la reine Victoria (1897) en 12 pierres] ; appartient à Paul-L. Weiller. **Kimberley** (début XXe s., Afr. du Sud) 503, couleur champagne, taillé en 1 pierre, taille émeraude de 70, retaillé 1958 en 1 pierre de 55,9 ; vendu 1971 à un Texan. **Lesotho** (1967, Lesotho) 601,25, brun, taillé en 70 pierres (la + grosse 70). **Light of Peace** (1969, Sierra Leone) 434, taillé 125,5, blanc ; ne sera pas vendu, mais exposé lors des campagnes en faveur de la paix ; appartient à Zale Corporation, Dallas. **Moon** taillé 183, en rond, blanc jaune ; vendu chez Sotheby 20-8-1942. **Nawanager** taillé 148, forme en rond, blanc ; à Rajmata Gulabkunverba de Nawanager. **Patos** (1937, Brésil) 324. **Portugais** 127,10, forme coussin, blanc ; au Smithsonian Institute, Washington. **Presidente Dutra** (1746, Brésil) 409, taillé en 46 pierres (la + grosse : 9,06). **Pt-Vargas** [1938, Brésil (Minas Gerais)] 726,6, blanc ; trouvé dans la rivière San Antonio par un prospecteur et un fermier qui l'ont vendu 56 000 $; acheté 1939 par Harry Winston environ 700 000 $, taillé 1941 en 29 pierres (la + grosse 48,26). **Reine de Hollande** 136,32, forme coussin, blanc, avec teinte bleue ; vendu par un prince hindou à Londres en 1960. **Taj-e-Mah** 115,06, taillé en rose, blanc ; joyau de la couronne d'Iran. **Victoria** (1884, Afr. du Sud) 469, blanc, taillé en un brillant ovale de 184,5, et un rond de 20 ; vendu au nizam d'Hyderābād. **Victoria** (1943, Brésil) 328,34, taillé en 44 pierres (la plus grosse 30,39). **Woyie** (1945, Sierra Leone) 770, blanc, taillé en 30 pierres dont une de 31,35 ; offert à Elizabeth II. **X...** (1965, Lesotho) 527,25, blanc.

Jaunes. De Beers (1888, Afr. du Sud) 428,5, taillé 234,5, jaune ; appartient à un prince hindou. **Iranian Yellow : A** taillé 152,16, jaune, rectangle vieille taille, brillant, silver cape ; **B** 135,45, ancienne taille, brillant coussin, cape ; **C** 123,93, coussin, silver cape ; **E** 114,28, coussin, cape. Trésor d'Iran. **Red Cross** (Afr. du Sud) 375, taillé 205, carré, jaune canari ; offert à la Croix-Rouge anglaise et vendu aux enchères en 1918. **Tiffany** 128,51, coussin, appartient à Tiffany, New York. **Venter** (1951, Afr. du Sud) 511,25, jaune, taillé en 32 pierres (la + grosse 18).

En poire. Earth Star 111,59, brun ; appartient à Baumgold New York. **Grand Chrysanthème** 105,15, bronze ; New York, collection privée. **Indien** 250, blanc. **Niarchos** (Ice Queen) (1954, Afr. du Sud) 426,5, taillé 128,25.

Noir. Black Diamond of Bahia (1850 ?, Brésil) 350. **Le De Amsterdam** (Afr. du Sud) 33,74 taillé. Korloff 88.

Roses. Grand Mogol (vers 1650, Inde) 787,5 (est.) taillé, 280 ; perdu depuis 1747 ; *Orloff* et *Koh-i-Noor* en seraient des fragments. **Premier Rose** (1978, Afr. du Sud) 353,9, taillé 137,2 ; vendu 11,5 millions de $ en 1979.

■ Pierres précieuses

■ **Poids en carats. Émeraude :** 20 000 hexagonale estimée 500 000 000 F. 16 300 (3,26 kg, Istanbul, Topkapi). 11 130 (Russie, 1834, Musée minéralogique de Moscou). 11 000 (Transvaal, 1956). 6 225 (Brésil). 2 680 (jarre sculptée XVIIe s., Vienne). 1 384 (pierre de Devonshire venant de Colombie). 135,25 (Moscou). Les plus célèbres viennent de Muso et Chivor (Colombie). **Rubis :** *3 421* (USA, 1961, brisé : plus gros morceau : 750). 1 184 (Myanmar). *Rosser Reever Ruby* 138. *Delog Star* 100. *Rubis de la Paix* (Birmanie, 1918). **Saphir :** 100 000 (Sri Lanka). 63 000 (Myanmar). 2 302 [*Anakie* (Australie, vers 1935) dans lequel a été taillée la tête d'Abraham Lincoln (1 318, USA)]. 2 097 [taillé 1 444, en forme de buste du Gal Eisenhower (*Étoile noire,* USA vers 1953-55)]. **Rose :** 2 000 (non taillé, Caroline du Nord, USA, 1961). 1 997 (taillé 1 056). 1 200 (brut, Australie 1956). 951 (Birmanie, trésor du roi, à Ava). 563,35 (*Star of India,* venant de Ceylan, au Musée de New York). 259 (Moscou). 135,80 [*Ruspoli* ou *saphir de Louis XVI,* trouvé au Bengale ; taillé en rhomboèdre (parallélépipède dont les 6 faces sont des losanges égaux) ; à Paris, Jardin des Plantes].

Pierres fines

■ **Poids. Aigue-marine :** 103,8 kg (Brésil, 1910), 61 kg (Brésil, 1955). **Ambre :** 15,25 kg (Birmanie, acheté en 1860), au musée d'Histoire naturelle de Londres. **Argent natif :** 1 026,5 kg (Sonora, Mexique) possédé par l'Espagne dès avant 1821. **Chrysobéryl :** 171 cts (Washington Museum) ; 45 cts (British Museum). **Chrysolite** (péridot) : 310 Washington (Smithsonian) 192,75 cts (Moscou, fonds diamantaire) ; 146,17 (Londres, Musée géologique). **Cristal de roche :** 71 t (piézo-cristal trouvé au Kazakhstan 1958) ; 48 kg Warner Sphere (Birmanie, Washington Museum). **Jade** (néphrite) : 143 t, 603 m³ (Chine, 1978). Le mausolée de Tamerlan à Samarcande est un monolithe de néphrite. **Marbre :** bloc de 90 t (Yule, Colorado, USA) dans lequel a été taillée une pierre de 45 t pour la tombe du Soldat inconnu (Arlington, Virginie). **Opale :** 22 800 cts (6,842 kg, jaune orangé, Anda Mooka, Australie, 1970) déterrée par un bulldozer, composée de 2 morceaux imbriqués l'un dans l'autre (bloc de 28 × 25 × 12,5 cm), évaluée à plus de 5 millions de F, exposée à Sydney (Australie) ; 77 cts (opale de Louis XVIII, Paris, Jardin des Plantes). **Painite** ($Ca_4 Al_2O\ BSiO_{38}$) : pierre la plus rare (découverte en 1951, Birmanie). **pépite d'or :** *pépite d'Holtermann* (Australie, 1872) 214,32 kg. *Welcome Stranger* (Moliagul, Australie) 70,92 kg dont 69,92 d'or (pépite la plus pure). **Spinelles :** FRANCE : *Côte de Bretagne* taillé en Dragon (Louvre). ANGLETERRE : *rubis de Timourlông* (361 cts) ; *rubis du Prince Noir.* RUSSIE : *rubis « Lal » de Catherine II* (400 cts). **Topaze :** 1 351 500 cts (270,3 kg) 221 facettes, bleu ciel (trouvée au Brésil) ; 117 kg (trouvée au Brésil, Musée de Vienne) ; 60 kg (Norvège) ; 28,10 cts (topaze de Louis XIV, 326 facettes, Paris, Jardin des Plantes). **Turquoise :** 98,8 kg (à l'origine 113,4 kg, Californie, 1975).

Tapis

Source : Berdj Achdjian, expert.

Généralités

■ Types de tapis

■ **Tapis noués.** TYPES DE NŒUDS : *nœud symétrique,* dit *ghiordes* (ou turc ou turkbaf), employé principalement en Turquie, au Caucase, et par des nomades de l'Iran ; *nœud asymétrique,* dit *senneh* (ou persan ou farsibaf), employé par les manufactures iraniennes, en Chine et dans la plus grande partie de l'Asie centrale. Ces types de nœuds ont des variantes.

■ **Tapis tissés.** 2 techniques : 1°) *kilim* ou tissage plat simple, les fils (trame) passant alternativement entre les fils de chaîne ; 2°) *soumak* ou tissage complexe plat. AUTRE VARIANTE : *verneh* (en sileh), Djadjim.

■ **Métiers. Principaux types :** *horizontal* surtout utilisé par nomades et villageois orientaux, car il est démontable et facile à transporter, *vertical* utilisé par villageois et artisans. **Fabrication :** dans les 2 cas, les fils de chaîne sont tendus sur le métier dans le sens de la hauteur et l'artisan débute par le tissage d'une étroite bande de kilim constituée par l'entrecroisement des fils de trame avec les fils de chaîne. Puis il noue des brins (de laine, poils de chameau, etc.) de couleurs différentes, qui forment le velours et le décor du tapis. Chaque rangée est maintenue et séparée de la suivante par un ou plusieurs fils de trame, puis trames et nœuds sont tassés avec un peigne. Les brins formant le velours sont coupés après le tissage d'une ou plusieurs rangées. Une fois le tapis fini, le velours est égalisé. Le tapis est terminé par une partie tissée. Les franges sont constituées par les fils de chaîne.

Le plus ancien tapis noué parvenu jusqu'à nous date du IVe ou IIIe s. av. J.-C. [tapis en laine (2 × 1,90 m, exécuté au nœud symétrique, 3 600 nœuds au dm²)], dit de Pazyryk, découvert en 1947 par l'archéologue Rudenko (dans une tombe scythe des monts Altaï) et conservé au musée de l'Ermitage à St-Pétersbourg. Des tapis (ou fragments) des IXe et Xe, XIIIe, XIVe et XVe s. sont conservés dans des musées européens et japonais.

Centres de production

2 types de production : *artistique* et *commerciale.*

■ **Afrique. Algérie :** Haut Atlas. **Égypte :** coptes anciens ; contemporains. **Tunisie. Maroc :** Rabat.

■ **Amérique.** Navajo, précolombiens ; **Pérou, Guatemala.**

■ **Asie. Asie centrale :** Iran, Afghanistan, Turkménistan, Ouzbékistan. Dits *Boukhara* (*ethnies :* Tekké, Yomoud, Imreli, Pendeh, Salor, Kizil Ayak, Ersari, Chodor, Saryk, Béloutches, etc.). **Cachemire, Pakistan.**

Caucase : *antiques* (XVIe-milieu XIXe s.) : dits Koubas ou tapis arméniens ; régions de Chirvan, Karabagh, Kouba. *Anciens de villages et de nomades* (XVIe-début XXe s.) ; Chirvan, Kazak, Daghestan, Kouba, Gendje, Seikhour, Khila, Karabakh, Talish, Marasali, Derbend, Akstafa, etc. Tapis *tissés :* kilim, soumak, verneh, sileh.

Chine, est du Turkestan, Tibet : *antiques des cours impériales :* Ning-Hsia ; dits *Samarkand.* Viennent des oasis du bassin du Tarim : Yarkand Khotan, Kashgar. *Du XIXe s. :* Ning-Hsia, Pao tou (et Siryan), Kansu, Pékin.

Inde : Agra, Mirzapoor, Amritsar, Lahore, Daree (tissage kilim), Namda (tapis de feutre).

Iran : *de la cour safafide* (shah Abbas, XVIe-XVIIe s.) ; exemple : tapis dit Ardébil (Victoria and Albert Museum, Londres). Kermân, Kachan, Hérât, Djochagan. *De villages* (XVIIIe-début XXe s.) : Sarouk, Tabriz, Téhéran, Kachan, Khorâssân, Ispahan, Kerman, Yoravan, Feraghan, Sérab, Hériz, etc. *De nomades* (jusqu'à nos jours) : Afchars, Khamseh, Kurdes, Shahsawan, Kashgaï (dits *Chiraz*). Tapis tissés : Gelim, Djidjim, Verneh. *De manufactures et d'ateliers* (fin du XIXe s. à nos jours) : Kermân, Ispahan, Téhéran, Khorâssân, Tabriz, Bidjar, Meshed, Nain, Goum, Veramin.

Turquie : *de cours et de manufactures* (XVIe-fin XIXe s.) : Ouchak, Brousse (Boursa), Héréké, Komkapi (copies au XIXe s. de tapis persans du XVe s.). *De villages (ruraux) ou de paysans* (XVIIe, XVIIIe, XIXe s.) : Ghiordes, Koula, Ladik, Melas, Konia, Moudjour, Kirsheir, Avanos, etc. *De nomades :* Kurdes, Yürüks, nomades de la région de Bergame. *Ateliers* (XXe s.) : Césarée (ou Kayseri), Koula, Melas, Avanos, Kirsheir, Maden, Megri, Moudjour, Karapinar, Nidge, Orta-Keuy, etc. Nouage moyen. *De manufactures pour l'exportation :* Smyrne, Ouchak, Borlou, Sparta, Sivas.

■ **Europe. Angleterre :** Axminster (métiers industriels). **Espagne :** Fundación Franco del Pardo, Fabrica Real de Madrid, Barcelone, Burgos, Cuenca, Grenade (tapis *Alpujaras*). **France :** la Savonnerie (manufacture en 1627, réunie à celle des Gobelins en 1826), Amiens, Nîmes, Tourcoing. **Hollande :** Deventer. **Italie :** Florence, Venise, Modène, Corrège, Pérouse, Naples, Rome. **Roumanie :** kilims anciens et tapis modernes.

■ **Entretien. Tapis ancien :** passer (occasionnellement) l'aspirateur à l'envers et le balai-brosse sur le velours. Lavage manuel tous les 5 ans. Éviter les nettoyages chimiques. **Neuf :** passer l'aspirateur à l'endroit et à l'envers ou le balai de paille de riz, sans excès. Lavage tous les 10 ans.

Prix (exemples)

■ **Tapis antiques et anciens. Quelques records** (en milliers de F et dimensions en cm) : *Tapis de mariage Salor* 436 (1986). **XVIe s. :** *tapis ottoman* (121 × 173) 392,7. **XVIIe s. :** *Kirman* (Iran 122 × 71) 603 (1997) ; *polonais* (soie et fils de métal, Iran, 170 × 385) 2 540 (1983) ; *de Damas* (135 × 190) 449,5 (1986) ; *Savonnerie* (630 × 425) 3 000 (1993) (580 × 700) 10 500 (1994). **XVIIIe s. :** *du Portugal* 700 (1994) ; *petits points George III* (264 × 358) 357 (1986) ; *Savonnerie* (340 × 482) 4 400 (1992), d'après un carton de P. J. Perrot (vers 1750) 33 794 (2000) ; *Beauvais* (300 × 278) 2 314 (1990) ; *Mortlake* (306 × 356) 522 (1987). **1800 :** *Savonnerie,* ayant appartenu à Talleyrand (616 × 532) 2 500 (1992). **1809 :** *Tournai* au point de la Savonnerie (685 × 600) 3 049 (1989). **XIXe s. :** *Verneth* (tissage nomade) (191 × 271) 230 (1988). **Fin XIXe s. :** *Hériz* (485 × 286) 900 (1991) ; *Kechan* (375 × 260) 420 (1990) ; *Savonnerie* (685 × 460) 337 (1996) ; *Chine* noué (337 × 260) 282 (2000). **1930 :** d'Armand Rateau (500 × 400) 555 (1994).

■ **Tapis modernes. Prix** (en milliers de F, par m² et au détail). *Pakistanais* 1 à 2. *Caucase* 1,8 à 3,5. *Roumain* 1,3 à 3. *Cachemire* 1 à 2. *Turc* en soie (Héréké) 10 à 20. *Savonnerie* d'Aubusson 15 à 20.

Tapisseries

☞ *Abréviation :* t. : tapisserie.

Données générales

■ **Définitions. Chancellerie :** tapisserie aux armes de France, donnée par les rois à leurs chanceliers, à leur entrée en fonctions. **Suite :** 1 seule pièce répétée plusieurs fois ; exemple : la Portière des Renommées (Le Brun), dont le motif est répété 72 fois. **Tapisserie aux armes :** les motifs du milieu sont des armes héraldiques. **A écriteaux** (ou t. à rouleaux) : le sujet ou le sens moral est indiqué en lettres gothiques dans des écriteaux tissés ; exemple : les Amours de Gombault et Macée. **Tapisserie mille-fleurs** (à semis ou fond de fleurs) : fond bleu-vert ou rose ; exemple : la Dame à la Licorne. **Tenture :** ensemble des tapisseries de lisse se rapportant au même sujet ; exemple : la Tenture d'Esther. **Verdure :** paysages, arbres et animaux.

■ **Fabrication. A la main :** fils de couleurs [laine, soie (or et argent ne sont plus utilisés depuis la fin du XVIIIe s.)] passés entre les fils d'une chaîne (coton, laine ou rarement lin) tendue verticalement [t. de *haute lisse* (la lisse est une cordelette qui part de la perche de lisse ; dans les métiers de haute lisse, elle est placée au-dessus de la tête du lissier)] ou horizontalement (t. de *basse lisse*). Le jeu des fils de trame forme le dessin et les coloris. La t. à l'aiguille se fait sur un canevas uni (fils simples) ou sur un canevas *Pénélope* (fils doubles). Au Moyen Âge, il fallait 6 à 8 mois à un ouvrier pour tisser 1 m^2 (fils : 4 ou 5 au mm). A partir de la Renaissance, le nombre de fils au cm fut porté à 10, l'ouvrier mettait alors 6 mois pour tisser 1 m^2 à paysage ou verdure ; au XVIIe s., le grand nombre de personnages ralentit la vitesse : plus de 6 mois pour 1 m^2 ; actuellement on compte à Aubusson 1 mois pour 1 m^2, aux Gobelins 3 à 6 mois (fils plus fins).

Mécanique : machines dérivées du métier Jacquard, ne permettant le passage que de 6 ou 7 couleurs (on prévoit de nouveaux métiers autorisant l'emploi de 15 couleurs). **Semi-mécanique :** chaînes de coton actionnées mécaniquement, mais trames de laine passées à la main. Prix : 1 400 F le m^2.

Mosaïque de laine : inventée par le peintre Fabrice (Robert-Jean Fabre) en 1955. Sur un calque réalisé d'après le carton du peintre, plusieurs épaisseurs de laine superposées sont collées. On détache ensuite chaque couche que l'on recolle définitivement sur un support de toile.

Cartons : les tapisseries sont réalisées d'après des « cartons » de peintres (*XVIe s. :* Raphaël, Van Orley ; *XVIIe s. :* Jordaens, Téniers, Oudry, Le Brun ; *XVIIIe s. :* Van Loo, Desportes, Pillement, Coypel, Vernet, Boucher, Huet ; *XIXe s. :* Goya ; *XXe s. :* Dufy, Fujita, Matisse, Dom Robert, Lurçat, Rouault, Picasso, etc.) dessinés ou peints de la grandeur de la tapisserie. Au Moyen Âge, le lissier disposait d'indications écrites ; au XVIIe s., les cartons étaient faits à la sanguine et le lissier choisissait les couleurs. Puis on numérota les couleurs (le lissier perdit ainsi toute initiative).

■ **Bolduc.** Tissu cousu à l'envers d'une tapisserie contemporaine, avec la signature de l'auteur, le lieu de fabrication et des signes distinctifs.

■ **Teintures. Bois de campêche** ou **d'Inde**, avec mordants d'alumine : gris-violet ; de fer concentré : noir intense. **Cochenille :** rouge écarlate. **Curcuma** (herbes vivaces à rhizomes) : curcumine, orange à reflets bleus (Asie orientale). **Garance** (*Rubia tinctorum*, herbe vivace) : rouge. **Gaude :** herbe à jaunir (ou réséda), les tiges renferment un principe nommé lutéoline. **Guède** (crucifère, appelée pastel ou vonède) : bleue (Saxe, Flandres, Hollande, région de Toulouse). **Rocouyer** (arbrisseau) : fleur rouge incarnat en panicules, dont on tire le rocou (Amérique centrale).

Principaux ateliers

■ **France.** Apparue vers la fin du VIIIe s. Essor au XIVe s. (encouragé par Charles V) ; en 1379, Nicolas Bataille reçut la commande de l'Apocalypse (Angers), la plus ancienne t. française conservée. **Vallée de la Loire :** ateliers nomades suivant la cour, de château en château (vers 1500). Ont produit les *mille-fleurs* (dont la Dame à la Licorne). **Fontainebleau** (S.-et-M.) : atelier créé par François Ier, durée éphémère ; une seule t. attribuée avec certitude (la Galerie des réformés décorée par Rosso et le Primatice, château de Fontainebleau). **Paris :** *XIIIe s.* 1ers ateliers créés. *XVe s.* la guerre de Cent Ans et l'occupation anglaise brisent l'essor. *XVIe s.* de nombreux lissiers se réfugient à Paris pour échapper à des persécutions religieuses. *1551* Henri II crée un atelier à l'hôpital de la Trinité pour enfants pauvres et orphelins. *1597* Henri IV crée un atelier. *1601* il interdit l'importation des t. étrangères. *1607* fait venir 2 teinturiers flamands (Marc de Comans et François de la Planche) auxquels il accorde le monopole de la basse lisse. Ces t. [cartons de Henri Lerambert, Philippe de Champaigne, Nicolas Poussin, Guillaume Dumée, Laurent Guyot, Simon Vouet (sous Louis XIII)] sont reconnaissables à la fleur de lys associée à la lettre P ou à 2 P. *1662* Colbert regroupe les ateliers parisiens et la manufacture de Maincy (fondée par Fouquet) et les installe dans un hôtel acheté à la famille *Gobelin* (teinturiers). *XVIIIe s.* style décoratif (cartons de Claude Audran) ; les couleurs se multiplient (plusieurs milliers ; en 1824 : 14 400). **Beauvais** (Oise) : *1664* fondée pour concurrencer les Flandres (cartons de Jean Berain, J.-B. Monnoyer, J.-B. Oudry, François Boucher, J.-B. Le Prince, J.-B. Huet). **Felletin** et **Aubusson** (Creuse) : *XVIe s.* lissiers flamands installés. *1665* manufacture royale d'Aubusson, *1689* de Felletin, *1731-80* apogée (cartons d'Oudry, Boucher, Dumons). Basse lisse, sur chaîne en laine ou coton ; s'inspire aussi des Gobelins et de Beauvais. **Bellegarde** (basse lisse). **Nancy. Reims.**

■ **Autres pays. Allemagne :** Berlin, Munich, Wurtzbourg, Dresde, Lauingen, Cologne. **Angleterre :** Barcheston, Mortlake, Lambeth, Hatton Garden, Soho, Chelsea. **Danemark :** Rosenborg. **Espagne :** Santa Barbara, Séville. **Flandres :** Arras (haute lisse, fin XIIIe s., rattachée au duché de Bourgogne en 1384). Tournai (propriété du domaine royal français jusqu'en 1525, apogée début du XVIe s.). Produisaient des sujets profanes et religieux se caractérisant par l'entassement de personnages (aux riches costumes), une certaine confusion dans la composition et l'absence de perspective. Valenciennes. Lille. Douai. Audenarde. Bruges. Gand. Enghien (Edingen). Grammont (Geraardsbergen). Anvers. Bruxelles. Delft. Amsterdam. **Italie :** Mantoue, Ferrare, Milan, Venise, Florence, Pérouse, Sienne, Rome, Turin, Naples. **Macao :** tapisserie sino-européenne. **Russie :** Ekaterinhof. **Suisse :** Bâle.

Tapisseries célèbres

■ **Les plus anciennes connues. Dans le monde :** trouvée dans la tombe de Thoutmès IV en Égypte (1483-1411 av. J.-C.). **En Europe :** *t. de St-Géréon de Cologne,* fin XIe s. (fragments conservés : Lyon au musée des Tissus, Londres, Nuremberg). **Les plus grandes connues :** *tenture de l'Apocalypse* (Angers), 7 pièces regroupant 69 scènes exécutées à partir de 1377 par Nicolas Bataille, 107 (168 à l'origine) × 6 m de haut. *Le Christ de Gloire* (cathédrale de Coventry, G.-B.) de 22,76 × 11,60 m (264 m^2), exécutée à Felletin (France, près d'Aubusson) sur un dessin de Graham Sutherland, achevée février 1962, coût 274 000 F. La *t. de la bataille de Roosebeck* (Arras, 1387) mesurait 395 m^2 (disparue). *Histoire de l'Irak* du Yougoslave Franc Dedale à Baghdad (1986), 1 282 m^2.

■ **Tapisserie de Bayeux.** Tapisserie de la reine Mathilde au musée de Bayeux (XIe s., 69,55 m de long sur 0,48 à 0,51 m de large en 8 morceaux) : broderie à l'aiguille sur toile de lin avec des laines de 4 couleurs différentes en 8 teintes, au point de tige pour les tracés linéaires et au point de couchage pour les teintes plates. Réalisée, selon la légende, par la reine Mathilde, femme de Guillaume le Conquérant. En fait, commandée par Eudes de Contenville, évêque de Bayeux, à des brodeurs saxons. Elle représente l'histoire de la conquête de l'Angleterre par les Normands. Comprend 72 scènes où figurent 626 personnages, 202 chevaux et mulets, 55 chiens, 505 autres animaux, 37 édifices, 41 vaisseaux et barques, 49 arbres. Robert Chenciner (G.-B.) a contesté son authenticité en 1990.

Cours des tapisseries

Tapisseries anciennes

■ **Éléments du prix. Époque :** gothique (très rare) jusqu'à 1520, Renaissance, XVIIe s. (réalisations faites en France pour la Couronne ; Aubusson), XVIIIe (Gobelins et Beauvais). **État de conservation :** des couleurs trop passées ou une pièce ravaudée font perdre 50 % de la valeur. **Dimensions :** *les plus recherchées :* 2 × 3 m (2,80 × 4 m est encore un format courant). **Finesse du point :** Gobelins et Beauvais ont les points les plus fins ; Aubusson (10 à 20 % moins cher) : 3 spécialités dont l'Aubusson royal (points les plus fins), Felletin (gros points). **Sujet :** champêtre, animaux ou rivière, chasse ou pêche, paysage avec perspective. Sujets les moins appréciés : historiques, bibliques et mythologiques ; médaillons ornés de petites pastorales, guirlandes de fleurs. **Composition :** un déséquilibre indique souvent que la pièce est un fragment. **Coloris :** le XVIIIe, moins sévère, est plus coté (présence de rouge, clarté). **Galon extérieur :** Aubusson, bleu ; Felletin, marron.

■ **Cours** (en milliers de F). **Aubusson** XVIIIe s. 15 à 205 (1991). XIXe s. 20 à 70. **Bâle** XVe s. crucifixion 3 200 (1998). **Beauvais** XVIIe s. 50 à 400 (1997). XVIIIe s. de Menou (vers 1790) 1 250 (2000). **Bruxelles** XVe s. (fin) 1 800 (1993). XVIe s. 1 049,7 (1987). XVIIe s. 480 [paire de chancelleries] (1996). XVIIIe s. 300 (1994). **Ferrare** XVIIe s. 257 (1985). **Flandres** XVe s. except. 1 500 (1983). XVIe s. 960 (paire, du château de Rosny) (1994). XVIIe s. 200 (1991). XVIIIe s. 250 (1987) ; *la Grammaire* (372 × 294 cm), *la Rhétorique* (418 × 380 cm), *la Musique* (388 × 483 cm) et *l'Apothéose des sept arts libéraux* (380 × 555 cm), cartons de Cornélis Shut (Bruges, 1650-1680), 3 400 (1999). **Gobelins** XVIIe s. 1 370 [d'après Lebrun : *le Printemps* (1990)]. XVIIIe s. 3 660 (d'après Coypel), du château de la Roche-Guyon 4 980 (2000). **Lambeth** XVIIe s. 348,5 (1987). **Lille** XVIIIe s. 18 à 250. **Mortlake** XVIIe s. 522 (1987). **Paris** XVIIe s. *la Toilette de Psyché* 1 915 (1990). **Savonnerie** XVIIe s. jusqu'à 480. XVIIIe s. 150 à 1 400, except. 6 190 (2000). XIXe s. 200, except. 800 (2001). **Tournai** XVe s. except. 2 000 (1983). XVIe 7 300 (chêne au faucon, 1 520, 1997). **Turin** XVIIIe s. 500 (1993). **Atelier** (n.c.) : *Tenture des dieux* d'après Boucher 1 045 (1973) ; chasse au faucon (XVIe s.) 1 371 (1980). **Suisse** 1430 : 6 250 (1990).

■ **Précautions.** Protéger les tapisseries contre les mites, éviter l'exposition au soleil et aux rayons ultraviolets (lumière de jour et lune). Ne jamais les plier ; au besoin, les superposer sur un même mur. Renforcer par doublure ou parmentage. Faire nettoyer par un spécialiste tous les 20 ans.

■ **Restauration. Rentrayage** (ou rentraiture) : repassage des fils de chaîne dans les endroits usés. *Coût :* 1 800 à 2 000 F la journée.

Tapisseries modernes

■ **A la main.** De 15 000 à 70 000 F le m^2, selon les tirages (de 1 à 8 exemplaires) pour les artistes récents (Prassinos, Gilioli, Singier, Lapicque, Lagrange, Tourlière, Wongensky, Vasarely, Jullien, Picart-Le Doux, Borderie, Calder, Fumeron, Maurice André, etc.) ; 60 000 F le m^2 pour *Chagall* [exemple : 3 des Gobelins pour le Parlement d'Israël (*la Création, l'Exode, l'Entrée à Jérusalem*) 1 200 000 F (except. 1969)]. Jean Lurçat (1892-1966) (2,42 × 3,42 m) 76 000 F (1995). Léger, Le Corbusier, Fenaille, Picasso, Marc Saint-Saëns, Gromaire, Dom Robert, Dufy, Coutaud, Braque, Adam. Except. *la Quête du Graal* (1898-99, 2,40 × 5,18 m) d'E. Burne-Jones 900 000 F (1980). *Depuis 1970 :* textiles et tapisseries architecturés en relief : Abakanowicz, Jagoda Buic, Sheila Hicks, Gleb, Grau Garriga, Cora Paszkowski, Olga de Amaral, Vasarely, etc. 5 000 F le m^2.

☞ **Carton :** parfois plus cher que la tapisserie [exemple : *Arts majeurs* d'Alfred Janniot 1949-50 : 280 000 F (tapisserie du même nom : 100 000) en 1990], [Marie Laurencin 160 000 pour 2 fauteuils (1994)].

■ **Mécanique** (sur métier Jacquard). Belles qualités (bouclé très serré ou textures épaisses comprenant jusqu'à 110 trames de laine au cm linéaire) : 4 000 à 6 000 F le m^2 (tirages de 1 000 à 2 000 exemplaires).

■ **Mosaïque de laine.** On peut réaliser 8 modèles à la fois pour environ 800 F le m^2 (plus élaboré : 3 000-4 000). Cartons de Picart-Le Doux, Fumeron, Maurice André et Michèle Ray.

Verre et cristal

Techniques

■ **Fabrication.** Procédé découvert vers 4000 av. J.-C. dans le Bassin méditerranéen. En ajoutant au bain de silice fondue (constituant essentiel) soude et chaux, on obtient du *verre à vitre* ou de la *glace* selon la technique utilisée ; de l'oxyde de plomb, on a du *cristal ;* des oxydes d'éléments de transition, des *verres colorés ;* des fluorures ou des phosphates, des *opalines.* La fabrication du cristal ne diffère pas de celle du verre ordinaire (mais elle se pratique à plus petite échelle). A l'époque romaine, l'utilisation de la *canne à souffler* se diffusa dans l'Empire puis en Orient. Murano (Italie) sera jusqu'au XVIe s. la capitale de la verrerie d'art (les Vénitiens faisaient venir des verriers orientaux) ; malgré l'obligation du secret, la technique se répandit. XVIIe s., les verriers de Bohême employèrent les premiers le quartz broyé : le verre devint plus pur.

☞ L'irisation des verres antiques varie selon la nature du sol (calcaire, oxydes métalliques) dans lequel ils ont séjourné.

■ **Cristal. Cristalleries :** *moitié du XVe s.* les Vénitiens produisent le « cristallo » (verre très fin dont la transparence évoque le cristal de roche) élaboré à partir de soude importée d'Espagne. *XVIe et XVIIe s.* malgré les décrets interdisant aux verriers vénitiens de s'expatrier, beaucoup émigrent en G.-B., France (1586 St-Louis), P.-Bas, pays germaniques et Europe centrale, propageant le verre « façon de Venise » [exemple : *à partir de 1557,* la Bohême utilise du verre bohémien à base de potasse extraite des cendres de bois : pâte moins malléable, sans la finesse et la limpidité du cristallo, mais très dur, se prêtant à la gravure (difficultés pour s'approvisionner en soude)]. *XVIIe s.* cristal au plomb inventé en G.-B. *1615* le roi Jacques Ier réserve l'exploitation des forêts aux chantiers navals et interdit d'utiliser le bois comme combustible ; les verriers utilisent donc du charbon pour alimenter les fours. *1676* dans les creusets recouverts, George Ravenscroft (verrier) a l'idée d'ajouter de l'oxyde de plomb (minium) comme fondant minéral à la composition initiale, donnant ainsi le cristal au plomb (*fin XVIIe s. et XVIIIe s.* sera amélioré grâce au traitement des matières premières de plus en plus épurées : calcination et lavage des potasses, sables plus blancs, minium venant des meilleurs plombs, etc.). De nouvelles formes sont créées et ne se laissent pas travailler à la « façon de Venise » (verres plus massifs). *1688* Guillaume d'Orange (gouverneur des P.-Bas) devient roi d'Angleterre ; les verriers anglais exportent leurs cristaux bruts (gravés aux P.-Bas ; nouvelle technique : gravure « en pointillé »). *1760*

1ers verres anglais taillés à la roue ; les luminaires en cristal apparaissent. *1781* 1ers cristaux au plomb français. *XVIIIe s.* cristallerie St-Louis 1781. Sèvres 1784 [sera transférée à Montcenis 1787 près du Creusot (S.-et-L.), fours éteints 1832]. *XIXe s.* Vonêche (Belgique, manufacture créée 1778 ; cristal 1802 ; devient Val-St-Lambert). Verrerie Ste-Anne qui devient Baccarat 1816. Choisy-le-Roi 1821. Bercy 1827-35. Clichy, La Guillotière (Lyon, vers 1840). La Villette-Pantin. *XXe s.* Daum (verrerie créée 1878 ; fabrique de cristal depuis 1934). **Gobeleterie fine :** Plaine-de-Walsch (demi-cristal, 1707-1855). Portieux. Poix. Fourmies. Trélon. Le Landel. Depuis *l'arrêté de 1971,* le terme cristal désigne dans l'Union européenne un verre ayant un indice de réfraction de 1,545 ou plus. **Technique de décor :** *taille :* à l'aide d'une meule humide, à main levée, à la roue avec meule fine. *Gravure à l'acide :* utilise le bitume de Judée qui protège les parties non destinées à être gravées, le décor obtenu peut être peint à l'or fin, recuit, puis poli à la pierre d'agate afin de donner un aspect brillant à l'or. *Décors peints* ou *émaillés :* à l'aventurine (quartz à inclusions de micas de couleurs diverses) ; le cristal, auquel on ajoute du protoxyde de cuivre et des parcelles de fer, acquiert durant la cuisson des reflets pailletés et dorés. *Cristal de couleur :* coloré dans la masse par adjonction de métaux solubles dans le verre au moment de la cuisson : fer (bleu ou jaune), cuivre et cobalt (bleu), nickel ou manganèse (violet). Coloration obtenue par apport de composés minéraux qui ne se dissolvent pas durant la fusion mais qui, au cours du refroidissement, forment de fines particules qui, par diffraction, produiront des colorations : rubis à l'or, rouge au cuivre, jaune à l'argent, rose au sélénium etc. *Verres doublés :* cristal clair recouvert de cristal de couleur retaillé de différents motifs qui font apparaître le cristal clair. **Overlay :** objet ou boule en cristal clair recouvert d'une ou plusieurs couches de couleur attaquées par la taille afin de faire apparaître la superposition des couleurs.

■ **Pâte à riz.** Opaline grisâtre et translucide colorée par des oxydes métalliques.

■ **Pâte de verre.** Cristal réduit en poudre mélangée à de l'eau avec un liant pour former une matière fusible moulable à froid. Procédé connu dans l'Antiquité, remis à l'honneur par H. Cros, vers 1880. Walter et Bergé chez Daum, Décorchemont et Dammouse ont créé de nombreux objets.

■ **Sulfure.** Objet en cristal orné dans la masse par inclusion d'un motif décoratif : camée en pâte céramique, ordre de chevalerie, petit sujet émaillé sur or. Technique connue dans la Rome antique et à Venise sous la Renaissance ; fin XVIIIe s. apparaît en G.-B., Autriche puis France ; entre 1845 et 1861, Georges Bontemps retrouve les secrets du verre filigrané, perdus depuis la Renaissance (manufactures de Baccarat, St-Louis, Creusot, Bercy, Clichy).

■ **Verre églomisé.** Le terme « églomisé » apparaît en 1825. **Origine :** Antiquité. II-IVe s. vogue à Rome (coupes ou vases). XVIIIe s. en Bohême. Jean-Baptiste Glomy (Français, 1711-86 Fr.) l'utilise pour décorer les verres encadrant estampes et dessins. **Technique :** on fixe une mince feuille d'or ou d'argent sous une 1re plaque de verre, on dessine à la pointe sèche le sujet puis on le maintient sous une 2e plaque soudée au feu avec la 1re. Le vernis coloré est utilisé ; s'il s'agit de peinture, on parle de « fixé sous verre ».

COURS (EN MILLIERS DE F)

■ **Boules presse-papiers.** Le sulfure est un type de boules presse-papiers caractérisé par l'inclusion d'un camée en céramique ou porcelaine... boutons de portes, boules d'escaliers, bouchons de carafes, confituriers, etc. s'ornant de boules mille-fleurs [millefiori : baguettes de cristal de couleur étirées puis sectionnées ou travaillées, motifs dressés (pompons ou bouquets) ou décor posé à plat]. Généralement datées et signées (B : Baccarat, SL : St-Louis, C : Clichy). **Prix :** *modèles simples* (millefiori dits aussi bonbons anglais, fleurettes) 1,1 à 10. **Clichy :** décor concentrique environ 3 à 46, sur fond de *latticiano* (sorte de résille filigranée) à partir de 1,5, sur mousseline 4,5 [except. bouquet de fleurs 1 448 (1990)] ; **Baccarat :** fleurs 80, mousseline 10 [except. « magnum » 262 (1991)] ; **Pantin :** fleur 121 ; **St-Louis :** fruits 8 ; fleurs 19,6, papillons 53 (butinant une clématite jaune), serpents 20, bouquet jusqu'à 125, mille-fleurs 43, lézards 25, overlay 62 (except. brin de muguet 260).

■ **Opalines.** XVIIe s., du verre additionné de plomb, étain ou magnésie imite l'opale. XVIIIe (fin), opalines de cristal. **Les plus recherchées :** gorge-de-pigeon, jaune (Louis-Philippe), bleue (Charles X) ; bleu céleste, lavande, rose, blanche (lampe à pétrole à partir de 1845). **Décors appréciés :** bouquets polychromes, filets d'or, arabesques, motifs gothiques, serpents enroulés. **Prix :** coupe sur piédouche gorge-de-pigeon 25 (1979), Charles X 17 à 44, de Desvignes (1993) ; vases Charles X (paire) attribués à J.-F. Robert 60 (1993) ; ovoïde Restauration 15 ; flacon boule Charles X 10 (1981) ; horloge opaline gorge-de-pigeon vers 1830, 160 (1982) ; vases décor overlay 35.

■ **Verres.** [*Abréviation :* v. : verre(s).] **Av. J.-C. : XIVe-XIIIe s.** *Égypte :* amphoristique, v. obtenu par enduction sur noyau, 124 (1984). **IVe-IIIe s.** tête d'homme pâte de v. *Carthage* 115 (1983) ; *diatreton* (coupe « romaine », 300 av. J.-C.), syrienne ou iranienne 5 376 (1979), revendue par le British Rail Pension Fund 23 000 (1997). **IIe s.** (hauteur 8 cm) 40. **Apr. J.-C. : Ier s.** *Italie* ou *Égypte :* flacon en v. rubané d'or, 939 (1984). Pixide, Sidon, atelier d'Ennion, 93,7 (1984). **IIe-Ve s.** *art gallo-romain,* aiguière bleue 800 (1985), coupe bleu-vert 410 (1985), carafon 46, bocal 28. **XVe s.** fond de coupe 6 à 60 ; bouteille vénitienne émaillée 9,3 à 100 (1983). **XVIe s.** *façon de Venise* 17 à 94 [except. v. à pied de Venise (1584) de Verzelini gravé par Anthony de Lysle, 727 (1979)]. **XVIIe s.** *façon de Venise,* v. pied ouvragé 9 à 56 ; craquelé 34. *Bohême :* v. émaillé 165 ; sans pied 43 à 54. *Rhénanie :* römer (coupe à bord incurvé) 3 à 200. *G.-B. :* 10 et plus. *Silésie :* except. 910 (1981). **XVIIIe s.** *v. à vin à balustre* jusqu'à 30. *Bohême :* v. à pied 2 à 35 ; sans pied 8 à 45. *France :* gobelet 35. *G.-B. :* 10 à 186 ; v. en cristal taillé et gravé de St-Louis (1775) 10 (1980) ; v. à liqueur (1720) 6. **Vénitien XVIIIe et début XIXe s.** nombreux faux. Bouteilles à vin anglaises 4 à 35. **XIXe s.** carafes : 0,2 à 1. *Baccarat :* v. à pied 5. *Bohême :* v. à pied à personnages 4 à 5 [except. de H. Hackel (vers 1815) 85 (1979)] ; *Vienne :* v. polychrome de Kothgasser 27 (1994) ; style Biedermeier (vers 1865) 1,2 à 25. *G.-B. :* environ 20. **Fabergé** (Carl, 1846-1920) : vase 240. **1900-25 Argy-Rousseau** (Gabriel, 1885-1953) : 3 à 172 (1992). **Brandt** (Edgar, 1880-1960). **Cardeilhac :** aiguières (paire) 19 (1993). **Chareau** (P., 1883-1950) : lampadaire 469 (1983) ; lampe « religieuse » 710 (1985). **Cheuret. Colotte** (Aristide) : vase « décor aviateur » 60 (1992). **Dammouse** (Albert, 1848-1926). **Daum :** coupe 3 050 (1989), lampe « pissenlit » 221 (1992). **Décorchemont** (François-Émile, 1880-1971, technicien de l'estampage). **Despret** (Georges, 1862-1952). **Dunand** (Jean, 1877-1942) : 2 400 (record, 1988). **Cros** (Henri, 1840-1907) : tête de gorgone pâte de verre 220 (1980). **Gallé** (Émile, 1846-1904) : bouteille 200 (1992), « parlante » 1 800 (1989) ; lampe 2 910 (1990) ; vase 7 701 (1990) « le Repos dans la Solitude » ; flacon « Palude » (10 cm) 1 250 ; coupe 6 150 (1988) ; Gallé « industriel » (après 1890) : 0,6 à 7 ; sculptures avec applications modelées à chaud : 50 à 208 ; lampes 10 à 1 520 (1981) ; lustre 520 (1989). **Lalique** (René, 1860-1945) : boîte à bijoux 800 (1995) ; bouchon de radiateur 379 (1987) ; coffret 750 (1989) ; cruche « Masque petit faune » 2 000 (1991) ; 1 268 (1993) ; panneau-frise 460 (1994) ; vase 1 852,5 (1992) ; lustre Madrid 155 (1999) ; flacons à parfum 0,6 à 319,1. **Larche** (Raoul, 1860-1912). **Marinot** (Maurice, 1882-1960) : 328,5 (1995). **Michel** (Eugène, 1867-1910) : jusqu'à 537 (1990). **Muthesius :** lampadaires (paire) 150 (1980). **Schneider** (Charles, 1881-1953). **Tiffany** (Charles Lewis, 1812-1902) : lampe lotus 5 610 (1996), 16 300 (1997). **Walter** (Amalric, 1869-1959) : pâte de v. 9 à 98,3 (avec Henry Bergé). Vase non signé 895 (1989). **Verre églomisé.** Vues (paire) de Monceaux-en-Brie et Chantilly (18,5 × 41,5 cm) 823,8.

☞ A l'étranger, **Karl Koepping** (All., 1848-1914) et **Frank Lloyd Wright** (Amér., 1867-1959) : lampe 4 165 (2000). **1925 Legras** (1882-1960). **1950 Flavio Poli. Venini, Tapio Wirkala :** 0,8 à 23,1 (1984)].

VITRAUX

GÉNÉRALITÉS

■ **Définition.** Le seul des arts plastiques où la lumière même construit l'œuvre selon son volume, les phénomènes météorologiques, l'alternance des jours, des saisons. Les artistes qui les créent (conception et réalisation) sont les peintres-verriers.

■ **Technique.** Compositions transparentes ou translucides, faites de pièces de verre (blanc ou teint dans la masse, fabriqué à la verrerie), serties dans un réseau de plomb qui souligne le dessin général. Choix des verres et découpe des pièces sont essentiels pour la composition du vitrail. Pour rendre les détails des formes, on modifie la transparence des pièces (mais non leur couleur) en les peignant, principalement sur leur face interne, avec de la grisaille, matière noire ou brune qu'une cuisson vitrifie à la surface du verre.

Depuis le début du XIVe s., le jaune d'argent, teinture posée à l'extérieur du verre, permet d'en modifier localement la couleur : par exemple, un visage peint sur un verre blanc peut être encadré, sans plomb supplémentaire, de cheveux blonds. Au XVe s., la sanguine, pure ou mélangée à la grisaille, donne le ton chair au verre blanc. La gamme complète des couleurs est fournie par les émaux, peintures vitrifiables qui permettent de supprimer les plombs (technique employée à partir du milieu du XVIe s. surtout dans les vitraux d'appartement, très peu dans le vitrail monumental en France). Depuis 1930 environ, on fabrique des vitraux en dalles de verre, taillées et serties dans du ciment ou des résines synthétiques (G. Loire, 1904-96). *Autres techniques :* éléments verre-plomb vissés sur verre trempé (L.-R. Petit), dalle associée à la pierre, ou aluminium (C. Baillon), verres collés superposés (U. Zembok).

☞ On commença à faire des vitraux avec de l'obsidienne, des coquillages et des fragments de verre. On vitrait seulement le haut de la croisée (fenêtre en forme de croix). Les vitraux représentant une grosse dépense, les châtelains les emportaient en voyage pour les poser là où ils allaient.

■ **Gemmail.** Imaginé en 1939 par le peintre français Jean Crotti (1878-1959) : assemblage sans plomb obtenu en juxtaposant et en superposant des morceaux de verre coloré. On peut voir des gemmaux au métro Franklin-Roosevelt (Paris) et au musée du Gemmail (Tours, Lourdes).

■ **Conservation.** Les vitraux du Moyen Age (à fondant potassique) sont plus sensibles à l'humidité que les vitraux antiques ou modernes (à fondant sodique). Le *gaz carbonique* produit sur les 2 faces des dépôts de carbonates ; *l'anhydride sulfureux,* associé à l'humidité, dépose des sulfates de calcium ou de potassium favorisant le maintien de l'humidité. Selon la teneur du vitrail en alcalins, l'altération est uniforme ou en cratères. Mousses, bactéries favorisant l'humidité peuvent être à l'origine de sécrétions acides.

VITRAUX CÉLÈBRES

☞ *Abréviations :* cath. : cathédrale ; égl. : église.

■ **Vitraux anciens. Premiers vitraux connus : VIIe s. :** fragments à St-Paul de Jarrow à *Durham* (G.-B.). **Vers 1050 :** tête de Lorsch (musée de *Darmstadt*) ; tête de Christ de l'abbaye de Wissembourg, conservée au musée de l'Œuvre de Notre-Dame de *Strasbourg.* **France. XIIe :** *Chartres* (cath. : l'Arbre de Jessé, Enfance et Passion du Christ, Notre-Dame-de-la-Belle-Verrière), *Angers* (cath. St-Serge), *Le Mans* (cath.), *Poitiers* (cath. : Crucifixion), *St-Denis, Châlons-sur-Marne, Le Champ* (Isère), *Strasbourg* (cath.), *Lyon, Vendôme,* etc. **XIIIe :** *Chartres, Sens, Bourges, Paris* (Ste-Chapelle, rosaces de Notre-Dame), *Lyon, Poitiers, Auxerre, Tours, Troyes, Soissons, Laon, Reims, Strasbourg, Amiens, Rouen, Le Mans, Clermont-Ferrand, Sées,* etc. **XIVe :** *Rouen, Évreux, Strasbourg, Narbonne, Fécamp,* etc. **XVe :** *Riom* (Ste-Chapelle), *Bourges, Évreux, Paris* (Ste-Chapelle, St-Séverin), *Strasbourg, St-Lô, Rouen,* etc. **XVIe :** *Auch, Chartres, Paris* (St-Gervais, St-Étienne-du-Mont, Ste-Chapelle de Vincennes), *Écouen, Montmorency, Troyes, Beauvais, Brou, Conches, Châlons-sur-Marne, Rouen, Metz, Bourges, Moulins,* etc.

☞ **Surface totale de quelques vitraux** (en m²) : Metz 6 496, Rouen 3 000, Chartres 2 600, Strasbourg 1 500. *Verrières du transept* (les plus grandes du monde) : Metz 33,25 × 12,75 m = 2 × 424 m². *Façade ouest :* Metz 349,80, Strasbourg 200, Bourges 150. **Diamètre** (en m) : *grande rose* de Strasbourg 14, Chartres 13,36, Metz 11,25, Paris 9,60.

Suisse. XIIe : *Zurich* (musée : Vierge de Flums). **XIIIe :** *Lausanne* (le Miroir du monde). **XIVe :** *Königsfelden, Zurich* (musée), etc. **XVe :** *Bâle, Zurich* (musée), *Wettingen, Berne* (musée du Vitrail), *Romont.*

■ **Vitraux modernes. France.** *Abbeville :* égl. (A. Manessier). *Acey :* abbaye (J. Ricardon). *Aix-en-Provence :* égl. St-Jean-de-Malte (H. Guérin). *Angers :* Institut St-Charles (M. et J. Juteau). *Assy* (Rouault, Bazaine). *Audincourt* (F. Léger). *Belfort :* égl. Jeanne-d'Arc (J.-L. Perrot). *Blois :* cath. (J. Dibbets). *Bourg-St-Andéol :* égl. (J.-P. Bertrand). *Les Bréseux* (A. Manessier). *Brest :* égl. St-Louis (J. et P. Bony). *Les Cabannes* (Tarn) : égl. (J.-D. Fleury). *Cambrai :* cath. (G. Lardeur). *Charleville-Mézières :* basilique (Durrbach). *Chatou :* Notre-Dame (E. Chauche). *Conques :* égl. (P. Soulages). *Coutances :* cath. (G. Rousvoal, S. Gaudin). *Douai :* Notre-Dame (S. Gaudin, J. Schreiter, G. Hermet). *Dunkerque :* chapelle des Petites-Sœurs-des-Pauvres (G. Meliava). *Estaing* (Aveyron) : égl. (C. Baillon). *Falaise :* chœur de l'égl. St-Gervais (M. Petit). *Issy-les-Moulineaux* (L. Zack). *Louviers :* égl. (G. Lardeur). *Metz :* cath. (Chagall, J. Villon). *Millau :* égl. Notre-Dame (C. Baillon). *Montier-en-Der :* égl. (L.-R. Petit). *Nantes :* cath. (J. Le Moal, A. et G. Le Chevallier). *Nevers :* cath. (G. Honegger, F. Rouan, G. Viallat, Alberola, Lüpertz). *Noirlac* (J.-P. Raynaud, J. Mauret). *Paris :* Notre-Dame (J. Le Chevallier), La Défense RER (Hervé Mathelu-Bachelot, André Ropion), St-Pierre-du-Gros-Caillou (atelier Guevel), St-Séverin (J. Bazaine), rue Mallet-Stevens (Barillet). *Pontivy :* égl. (G. Rousvoal, S. Gaudin, C. Viollet, P. Ramette). *Reims :* cath. (Chagall, B. Simon), égl. St-Jacques (M. E. Viera da Silva). *St-Benoît-sur-Loire* (L.-R. Petit). *St-Jean-du-Doigt :* égl. (L.-R. Petit). *Varengeville* (Braque). *Vaucresson :* égl. St-Denys (Jan Loire). *Vence* (H. Matisse). *Vernon :* égl. (G. Hermet). **G.-B.** *Blackburn :* cath. (J. Hayward). **Israël.** *Jérusalem :* synagogue de l'Hôpital universitaire (Chagall). **USA.** *Stamford :* First Presbyterian Church (Gabriel Loire, François 1904-96).

☞ *Centre international du vitrail :* musée du Vitrail, 5, rue du Cardinal-Pie, 28000 Chartres.

Statistiques : *France :* 100 000 m² de vitraux (plus que tous les autres pays réunis) dont cath. de Chartres 2 600. *Allemagne :* 25 000 (cath. de Cologne 3 000).

Le plus grand vitrail du monde : *Basilique Notre-Dame de la Paix* (Yamoussoukro, Côte d'Ivoire) : 7 500 m² réalisé par France Vitrail (1989).

COURS DES VITRAUX

■ **Prix** (en milliers de F). **Anciens :** *grande verrière XIVe s.* (donateur avec leurs patrons) : 25 à 30. *Vitrail de Jacques Gruber* (1870-1936) : 4 panneaux 80 (1999). *Goût troubadour :* « Départ à la chasse de François Ier », 92 (1995). **Modernes :** *grand vitrail de brasserie 1900 :* 30. *Attribué à Tiffany :* 28. *Maumejean :* 5 panneaux polychromes 145 (1991). **Contemporains :** 7 à 25 le m² selon composition, technique et notoriété.

Objets divers

Prix (en milliers de F)

Almanach des postes (créé 17-8-1855) 5 à 600. **Ampoule** du phare de Cordouan (de 6 000 W) 31 (1990). **Automates** *XVIIe s. :* 1 150 (record 1985). *XIXe s.* 10 à 420 (dont singes musiciens de Phalibois). *Empire* 6 186 (1989). *Modernes* 1 à 1 286 [charmeur de serpent de Roullet et Decamps vers 1900 (1997)] 990 [3 haltérophiles de Gustave Vichy (1999)]. **Avions** (miniatures) 3 à 10.

Bague de chanoinesse de Rémiremont (or avec camée et diamants) 23 (1997). **Bague de cigare** jusqu'à 5 et plus. **Balance** Roberval (depuis 1840) *XIXe s.* 1,5 à 5. **Baignoire** en cuivre 75 (1999). **Balle de golf** (vers 1840) cuir blanc bourré de plumes 100 (1994). **Baradelle** écritoire de Nicolas-Éloi (fils de Jacques Baradelle, horloger parisien). Étui or, argent, pomponne ou galuchat contenant un encrier où se vissent plume en métal et divers accessoires. **Bargueño** cabinet de voyage espagnol : façade avec abattant, tiroirs et casiers. **Bateaux** *maquettes : ex-voto* (faits par les marins) 3 à 20. *De chantiers ou arsenaux :* XVIIe s. 23 à 500 ; XVIIIe s. jusqu'à 500 ; XIXe s. 5 à 350 ; XXe s. 4 à 128 [cargo *St-Octave* (1922 ; 222 × 36 × 67 cm), 1990]. *D'ornement* XIXe 4 à 58. *De ponton :* XIXe s. 50 à 200. *En bouteille* 0,6 à 2. *En ivoire* 4 à 9. *Jouets :* bateaux Carette 2 à 6, Radiguet (France) 8,5 à 40, Marklin (All.) 10 à 300, électriques : *Lusitania* 180 (1983). **Batik** impression au pochoir et à la cire chaude. Les plus recherchés : javanais des XVIIIe et XIXe s. **Bâton de maréchal** de Choiseul, fin XVIIIe s., 587 (1999) ; Restauration 168, de Hans Model (All.) 100. **Beatles** *guitare* 720 ; certificat de naissance de Paul Mc Cartney (émis le 14-7-1947) 432 (1997). **Bilboquets** (de *bille* et *becquet* petit bec, ou *bocquet,* représentation d'un fer de lance) en ivoire, os ou bois : XVIe s. 12 à 20 et plus. XVIIIe s. 2,5 à 60, Louis-Philippe et IIIe Rép. 2 à 8 [billes en forme de têtes (Thiers, Mac-Mahon, Louis XVIII, etc.)]. **Bing** (All.) cuirassé 92 (1997). **Boîtes types :** boîte à biscuits [anglaises : depuis 1868 Huntley et Palmers, Carr's, Crawford, Jacobs ; françaises : Lu (vers 1898, seaux), galettes St-Michel, Geslot et Voreux, biscuits Coste « La Limousine », Olibet (vers 1900 « Wagon restaurant »)], à bijoux, à bonbons, à compas, à couture, à cure-dents, drageoirs, écrin, étui à jeux, à musique, à outils, à pilules, à priser, publicitaires, reliquaire, surprises, tabatière (voir p. 478 b), à thé. **Matériaux :** argent, or, fer, métal *pomponne* (cuivre doublé), écaille, laque, pierres dures. *XVIIIe s.* boîte en or 3 à 300, or et pierres précieuses 100 à 2 200, or et laque du Japon, de T. Germain 1 250, boîte à musique fin XIXe s. 160, boîte à biscuits 0,2 à 44,3 (Gray Dann, side-car, 1995), à bonbons 0,1 à 31 (de John Taverniers, 1989), à jouets 3 à 30, de sorcellerie 20 (1992), à thé de Hache 154 (1991) ; 3 except. XVIIIe s. 1 250 (1987), en trompe-l'œil de livres 0,4 à 4,8. **Bouchon** *de radiateur* hibou de Lalique en verre blanc 340 (1987), renard 170 (1997). **Boule** *d'escalier* (en cristal de St-Louis) 107 (1991) ; *de dentellière :* verre rempli d'eau servant de loupe de Moulins 26 (1997) ; *de pétanque* 3 à 4 (1995). **Bouteilles à sujet** personnages (historiques, Bacchus, sirènes, clowns, arlequins, pierrots, petits métiers), animaux, monuments, objets divers. Faites à partir de 1850 ; à l'origine, données en prime (verreries de St-Denis, de La Guillotière). Siphons jusqu'à 0,5. **Boutons origine :** XIIe et XIIIe s. (?). **Matériaux :** cuivre fondu, bronze, or, ivoire, verre, étoffe (parfois or). *XVIe s.* souvent bronze ou plomb, décorés de scènes religieuses ; parfois argent, rehaussés d'émail ou de fausses pierres. *XVIIe s.* recouverts d'étoffe (Hollande : argent, atteignent 6 cm de diamètre). *XVIIIe s.* acier poli (parfois pierres précieuses). Puis grande diversité : boutons politiques, consacrés à la nature, à glace, peints (fixés sous verre), d'équipage de chasse à courre (voir à l'Index et voir vénerie p. 478 c). **Cours :** acier (armée, livrées 0,015 à 0,030), sinon jusqu'à 4,5 ; *de manchettes* (de Fabergé) 42 (1992). **Briquet** 0,3 à 4. Zippo : *Fandango*, argent et or de Skaggs 26 (1996), *Drunk*, laiton chromé (1938) 25 (1996), *One of a Kind* 70 (1997). **Brosse à dents** époque Charles X 10 (1993).

Cadres *Louis XIII* 7, *XVIIe s.* 3 à 15, *XVIIIe s.* 3 à 160, *XIXe s.* 0,6 à 7. **Caméra** de Grimoin-Sanson (1896) 120 (1989), Charpentier (35 mm pour Lumière) 78 (1992), Pathé (1898) 80 (1994). **Canif** du Dauphin 105 (1996). **Canivets** (images encadrées de dentelles de papier). **Origine :** début *XVIe s.* en France, Belgique, All., P.-Bas ; *XVIIIe s.* (8 à 20 cm) 0,25 à 2 (grand format gouaché 8 à 10) ; *XIXe s.* (pièces machine) 0,035 à 0,2. Les plus cotées : images profanes. Except. : prince de Savoie (40 × 30 cm) XVIIIe s. 25 (1988). **Cannes** *fût :* bois rares (jonc de Malacca, ébène du Gabon et de macassar, amourette ou snake wood, épine-laurier, palmier, acajou, ébène, palissandre, érable) ; divers [colonne vertébrale de requin sur tige d'acier, cornes de rhinocéros, buffle, bélier, queue de raie, fanon de baleine, fer, verre, marbre en petits segments enfilés sur tige d'acier, ivoires (éléphant, baleine, narval), écaille de tortue massive ou en placage]. *Pommeau :* XVIIIe s. argent, or, puis porcelaine, ivoire, pierres dures, bois et corne sculptés, dents de cachalot ou de tigre. *Férule* ou *tape-à-terre* (petit bout protecteur) : ivoire, acier, corne. *Bague* ou *cache-joint* (entre pommeau et fût) : métal. *Dragonne* (cuir, passementerie). *Œilletons* (par où passe la dragonne) : acier, argent, ivoire, corne, or. **Fabricants :** XVIIIe s. : A. Dupuy, Frison, Thommasini. XIXe-XXe s. : Antoine, Bétailles, Brigg and Sons, Cazal, Combes, Adrien Dubois, Hermès, Henry Howell, Jecker, Le Sieur, Sulka, Verdier. **Artistes :** Carabin, Degani, Fabergé, de Feure, Gaillard, Lalique, Reynald, Roman, Willette. **Prix :** bois naturel sculpté 0,8 à 5 ; décoratives 2 à 5, de compagnons ; à système : cannes-épées (interdites 1834) ; « terribles », « redoutables », « diaboliques » (avec lame de rasoir) ; montre 50 (1994), revolvers, montres, de voyage pliantes, de scribe ou de notaire avec encrier et porte-plume, « Toulouse-Lautrec » avec flacon à liqueur et verre à pied 1,4 à 17 ; musicales : flûte 20 à 25, clairon 66, violon 50 à 60 ; avec pipe 5,8 ; d'œnologue à tire-bouchon 5,5 ; de couturier (1900) 35,5 ; de Louis XVIII 70 (1990) ; de Charles Chaplin 180 (avec le chapeau), pommeau de Fabergé 73 (1997). **Carnets de bal** XVIIIe s. écaille ou ivoire 0,8 à 2 ; or 2,5 à 8 ; laque de Chine XVIIIe s. 21. **Cartes de base-ball** *Honus Wagner T-206* (1910) 3 840 (1996) ; **de géographie** France, régions côtières (Normandie à Méditerranée) 1 à 1,5 ; marines jusqu'à 20 ; d'apparat pour les hauts personnages 8 à 20 ; du XIXe s. 0,1 à 0,5. Portulan de Vesconte de Maggiolo (1540) 680 (1990) ; **à jouer** tarot de Marseille (1713) 137 (1994). **Cassone** coffre de mariage italien du XIVe s. **Cavagnole** loto importé de Gênes au XVIIIe s. 38 (1992). **Chaise à porteur** 81 (1991). **Châles** cachemire, Inde 2,5 à 56 (1992), France 1 à 95. **Chapeau** de Yul Brynner (dans « Les Sept Mercenaires ») 65 (1996). **Chariot de restauration** Christofle 85. **Chaussons de danse** de Noureev 90 (1996). **Chemin de fer (souvenirs)** *cafetière* en forme de locomotive (vers 1850) 10 à 36. *Blagues* à tabac, *assiettes, encriers, carnets de bal* rappelant l'ouverture de la ligne Paris-St-Germain (24-8-1837) 1,2 à 2,5 ; *billets* 1re classe (1868) Paris-Compiègne 0,6 ; *canadiens* en cuivre (avant 1850) : environ 2. **Cheminées** Louis XIII 4 (copies) à 60. Louis XV 9 et plus. Louis XVI (ayant appartenu à Madame du Barry) 5 000. Restauration 6 à 9. **Cheveux, barbe** cheveux au revers d'une miniature du duc d'Enghien 13 (1989), de Byron 5 (1992), de Napoléon (1 seul cheveu) 6,7 (1996), poils de barbe d'Henri IV arrachés en 1793 lors de la profanation de son tombeau à St-Denis 0,65. **Chevrette** vase d'apothicaire avec goulot, petit bec verseur et anse (les *Albarelli* conservent des produits secs). **Ciseaux** fer XVIe s. 0,4, argent XVIIe s. 0,4. **Clubs de golf** de John F. Kennedy 4 000 (1997). **Coffres** *italiens XVe s., XVIe s.* 20 à 500. *Français et étrangers inspiration* gothique 25 à 70 ; *Renaissance,* à médaillons 25 à 80 ; à décor géométrique 15 à 40 ; *XVIIIe s.,* de maîtrise, Alsace 170 (1990) ; Boulle 620. **Coffrets** XIVe au XVIIe s., 3 à 150. Cuir ou bois : 2 à 48. De chirurgie 7 à 130. A bijoux (de Grüber) : 226 (1992). De corsaire début XVIIIe s. 35 (1993). **Coiffures militaires** *XVe s. :* Italie 38. *Ier Empire :* chapska 32 à 40, bonnet à poils de la Garde impériale 120 à 180, shako 20. *Restauration :* shako 2 à 3. *Louis-Philippe :* shako 2,5. *IId Empire :* shako 1,5. *1914-18 :* képi porté en 1919 par Pétain 7 (1976). *Casquettes :* allemandes (1939-45) 1 à 3 ; de Gal américain 0,5 à 1, soviétique 0,5 à 2,5. **Compigné** petit tableau en étain (ou écaille) doré ou argenté parfois rehaussé de gouache ou de vernis coloré, signé Compigné (XVIIIe s.) paire 185 (1998). **Coquillages** *Renaissance,* souvent utilisés comme coupes ; *XVIIIe s.* tabatières ; *XIXe s.* bonbonnières 0,1 à 25, except. 70 (1985). François Ier, Louis XIII, Louis XIV, Catherine II de Russie, Buffon, Lamarck, Guillaume II furent de grands collectionneurs. *Collections : Paris :* Museum national d'histoire naturelle. *Londres :* British Museum. *Washington :* Smithsonian Institution. **Couperet** *de boucher* XIXe s. 21 (1994). *De la guillotine* qui aurait servi à décapiter Louis XVI (1967) : 3,5 (vendu en 1936 : 12,5 anciens F) ; à déclic sur lame (1793) 15 (1981). **Couteau** pliant Laguiole (Avignon vers 1830) 2,5 à 15. **Croquis** et **décors de théâtre** de maîtres [*jusqu'en 1920 :* Bakst, Larionov, Gontcharova ; *1925 :* Erté (music-hall) ; *1935 :* Christian Bérard] 1,5 à 169 [*1981,* Bakst, costume du ballet « le Train Bleu », Diaghilev (1911)]. **Cycles** draisienne 1820 : 82 ; grand « bi » fin XIXe s. : 11 (1999) ; tricycle (diamètre roues 100 cm) 3 à 5. Cyclecar Mors 1913 : 6. Vélocipède (v. 1860) : 90.

Dé à coudre record 33,6 (1975). **Défense de narval** support bronze 43,5 (1992). **Dentelle ancienne** Argentan (décor de personnages) XVIIe s. 33,5 (1998), *couvre-lit* dentelle (Le Puy) 1,5, *éventails* Alençon 2,5 à 4,2 (1998), *mouchoirs* Valenciennes ou Alençon 0,25 à 14, point à l'aiguille XIXe s. 18,5 (1998), Brabant XIXe s. 29 (1991), XXe s. début 10 à 20, de « souveraine » 0,8 à 1,2. *Nappe* (Rosaline et Milan) 15, point de Venise 50 (1991), pièce d'Alençon (10 m) 47 (1995), XXe s. 10 à 20. *Panneau* Italie (1567), La Passion 36, *rideau* (Venise et Bruges) 2, *pointe* en Flandre XVIIIe s. 15,5 (1998). **Dessin animé** 250. Celluloïds de W. Disney (*La Belle et la Bête*) 6 400 (1992). **Dinosaure** carnivore, tête 230 (1997). **Diplôme de bachelier** de Verlaine 4,6 (1973). **Disques** années 60 : jusqu'à 7,5.

Empreintes de mains Jules Berry 2,5, Coco Chanel 12,6, Danielle Darrieux 1,3 (1985), Sacha Guitry 3, André Luguet 1,8, Édith Piaf 8,5, Yvonne Printemps 1,4. **Enseignes** *XVIIIe* et *XIXe s.* 0,7 à 110, *XXe s.* 5. **Épée d'académicien** de Jean Cocteau (Cartier) 1 750 (1997), de Roger Caillois (Jean Vendôme) 190. **Épingles** à chapeau, de cravate avec camée, sulfure, émail, pierre 0,8 à 7,9, de Lalique 17 à 200. **Étui** *à cire* pomponne ou vernis Martin 0,7 à 1 ; or 10 à 27. *A message :* or XVIIIe s. 23 à 50. *Étui-nécessaire :* or XVIIIe s. 14,5 à 60. **Éventail origine :** chasse-mouches égyptien. Japon : éventail plié époque Heian (IXe s) ; Moyen Age : attribut liturgique (éventail de Monza, VIe s., flabellum de Tournus IXe s.) puis attribut royal (inventaire de Charles V, 1380), ensuite se « démocratise ». **Modèles :** *écran :* le plus ancien, au IXe s., au Japon ; en France avec Catherine de Médicis au XVIe s. *Plié :* sur feuille (peau, papier, soie, dentelle, etc.), sur des brins, réunis par un axe rivé (rivure). *Brisé :* sans feuille. *Pliant :* éventail brisé dont les brins sont continués par des palettes ou des plumes. **Les plus recherchés :** *décor peint XVIIe s.* 40 à 350 et plus ; *XVIIIe s.* simples 2 à 20 ; élaborés 15 à 100 et plus [avec montre 500, arrivée de M. Leszczynska à Versailles 121 (1992)] ; *XIXe s. Restauration* (manufacturés) 1,5 à 33 (1992) ; *IId Empire* 10 à 190 (d'A. Soldé, 1999). *De peintres :* Degas 1 300 (1986) ; Gauguin 400 (1983) ; Klimt 720 (1984) ; Pissarro 275 (1987).

Face-à-main *XVIIIe s.* 1,5 à 10 ; *XIXe s.* 0,3 à 4. **Flacons à parfum** *Croisière noire* (1925) 40 (1988), *Cœur en folie* (Poiret, 1923) 76 (1997), *Lubinette* (Lubin 1915) 19,2 (1999), *Normandie* (Jean Patou) 32 (1999). LALIQUE : *Arys* (pot à crème) 107,7, *Trésor de la mer* (1936) 177 (1996), 160 (1997), *Oreilles et Lézards* 150 (1991), *Coquille et Escargot* 131 (1993), *Pétales froissés* (Jeanne Lanvin 1926) porcelaine 65 (1990), *Partir* (Roger et Gallet) 20 (1991). **Fontaines** cuivre XVIIe-XVIIIe s. 5, de cheminée 22, marbre Louis XIV 58, étain XVIIIe s. 8,3, grès XIXe s. 6,8 à 50. **Fossiles origine :** affleurements de roches sédimentaires (argile, calcaire, sable, grès de falaises, carrières, sablières, mines, berges de rivières). *Fréquents :* mollusques, oursins, cnidaires et nummulites. *Rares :* vertèbres, dents de requins. **Collections :** AUTRICHE : *Vienne :* Foraminifères d'Alcide d'Orbigny. BELGIQUE : *Bruxelles :* Institut royal des sciences naturelles (Iguanodons de Bernissart) ; *Tervuren :* musée d'Afrique centrale. FRANCE : *Paris :* Muséum national d'histoire naturelle (180 000 échantillons, notamment mollusques d'Alcide d'Orbigny, grands vertébrés dans les galeries) ; École des mines (oursins de G. Cotteaux et coll. de G.P. Deshayes) ; Sorbonne (plantes fossiles de Brongniart) ; *Lyon :* musée Guimet et Laboratoire de géologie de la fac. des sciences ; *Nancy :* École de géologie ; *Dijon :* fac. des sciences ; *Marseille :* musée Longchamp ; *Rennes :* fac. des sciences ; *Nantes :* musée municipal ; *Angers :* musée municipal ; *La Rochelle :* musée municipal. G.-B. : *Londres :* British Museum of Natural History (Dinosaures, Archéoptéryx) ; Geological Survey Museum. SUISSE : *Genève :* Muséum national ; *Zurich :* Polytechnicum. **Prix :** coupe d'Araucaria géant (60 cm) 7,2 ; (90 cm) 24 et plus ; chêne ou érable depuis 0,25 ; fougères 0,6. **Franc-maçonnerie** *tabliers :* simples 1,5 à 2, brodés 5 à 18. *Cordons de maître* 0,8 à 3,8. *Jetons de présence* 3 à 4. *Médailles d'atelier* 0,5 à 0,8. *Bijoux* de grand-maître 11, du conseil de l'ordre 26. *Tapis* de loge 13. *Canne* 65. *Tabatière* (forme de carlin) 158 (1991).

Giberne IId Empire 15. **Gramophones** jusqu'à 27,9. **Harnais** bride d'officier (Ier Empire) 135. **Haut-parleurs** Brown en col de cygne, en bois 13,2. Philips « 2113 » 1,9 (1991), Lakhovsky « cor de chasse » 10,5 (2001). **Hélice d'avion** Nungesser et Coli (de l'avion de Costes) 53 (1992). **Hitler** aquarelle peinte par lui 102, manuscrit 52,8, smoking 33 (Munich, mai 1990). **Hochets** XIXe s. argent 1,3 à 17. **Images pieuses** 0,001 à 15. Voir Canivets col. a. **Insignes militaires** de commando 10, de Préville 14 (record, 1992). **Jambe de bois** (dès les XVe et XVIe s. en Allemagne). XIXe s. plus de 1,2 (*bras* plus de 2). **Jouets mécaniques** (anciens) marques Martin (Fr.), Lehmann, Guntermann (All.), 1 à 132 [le Boxer puni (vers 1900) 199]. Théroude (Fr.) 5 à 20 ; George Braun, Yves, Kingsburg (USA). **A vapeur :** machine 1,3 à 40,5 [Radiguet (Fr.), Märklin, Bing, Ernest Planck (All.)] ; Thenot : manège miniature à électricité et vapeur (1920-24) 100 (1992). **Meccano** boîte no 10 : 10 (1994). **Robots et jouets de science-fiction** 0,5 à 218 (Machine Man de Masudaya, 1997). **Journaux** *époque 1900 :* hebdo (Nib, Gil Blas, Le Mirliton, Le Rire avec dessins originaux de Steinlen, Vallotton, Caran d'Ache, Cappiello) 0,02 à 0,25. *Journaux relatant un événement marquant* 0,03 à 0,1. *Revue Dada* (coll. complète, 8 nos, 1917-21) 300 (1989). **Juke-box** « Wurlitzer » (1943) 90, (1946) 120, (« 110 ») 57.

Lampas 2 lés de la tenture des Verdures du Vatican 640 (1996). **Lampes** *de mosquée* verre émaillé (XIVe s.) 1800, *de Charles Pigeon* jusqu'à 0,6. **Lanterne magique** tour Eiffel 41 (1997). *Plaques* animées sur châssis bois 0,12 à 0,4 ; lithographiées encadrées 0,5 à 1 la série de 6 ou 12. **Louis XVI** petit reliquaire (cheveux, chemise tachée de sang) 34,5 (1989). Fragment de cordon et cheveux de Marie-Antoinette 12,7. **Lunettes** d'Yves Montand dans *l'Aveu* 6,5 (1985). **Lustre** fer forgé de G. Poillerat (1945-50) 72 (1992).

Machine à écrire de Ian Fleming 550 (1995). **Machine à sous** (vers 1930-50) 4 à 141 (1995). **Malle cabine** par Louis Vuitton 35 (1999). **Malle de voyage-secrétaire** par Louis Vuitton 60, de Marie-Antoinette 105 (1997). **Manège forain** *1900* 600 (1994), *1950* 38 (1992). *Animaux* jusqu'à 100. **Mannequin** *de peintre* 37,1 (1994), *des Cent Gardes* (1856-70) 260 (1993). **Maquette** *de la Bastille* (1830) 78, *de l'île de la Cité* 100, *du télégraphe de Chappe* 70 (1994). **Marais (Jean)** statue résine « La Bête » 17 (2001). **Mal Joffre** sous-main 8 (1993). **Marqueterie de paille** faite dans les couvents, prisons : souvent petites pièces, 0,3 à 4. **Marteau de porte** fer forgé fin XVe s. 42,5. **Masque mortuaire** Chopin 250. **Menus** (apparaissent sous Louis XV) 0,02 à 2 et plus. **Momie** de chat (Égypte, époque ptolémaïque) 28 (1999). **Mouchettes** argent (paire) de Dinan 133,5 (2000). **Mouchoirs d'instruction militaire** (1873 à 1914) de la manufacture Ernest Renault à Rouen 0,6 à 6 ; se méfier des faux (tissu moins fin). **Moulin à grains** *XVIIIe s.* jusqu'à 20.

Napoléon Ier (souvenirs) copie du testament par Vignali (aumônier à Ste-Hélène) 20 (oct. 1977), *masque mortuaire* 450 (1990), *lit de camp* de Desouchez (1813) 373 (1992), morceau de dentelle de *couvre-lit* de Ste-Hélène 3,9 (1992), *serviettes de table* 19 (1992), *montre* de Ste-Hélène 110 (1992), *autographes* (voir à l'Index). **Vêtements :** *chemise, culotte* « à pont », *gilet* 9, *chapeau* 50 à 608 (1972) [il y aurait 11 chapeaux authentiques], *chaussettes* portées à Ste-Hélène 5,5 (1980), *redingote* 165 (1980). **Napoléon III** *Grand Cordon* et plaque de l'ordre de la Tour et de l'Épée du Port 34, ordre de la Toison d'or,

■ **Antiquaires et brocanteurs. Nombre :** *France :* environ 16 000 dont 25 % en région parisienne. 400 appartiennent au Syndicat national des antiquaires. 4 800 au Syndicat national du commerce de l'Antiquité et de l'Occasion. *Europe :* 40 000. **Formation :** *Institut d'études supérieures des arts (IESA),* 5, av. de l'Opéra, 75001 Paris. *Institut des carrières artistiques (Icart),* 61, rue Pierre-Charron, 75008 Paris. *Groupe EAC,* 13, rue de la Grange-Batelière, 75009 Paris, qui comprend *École supérieure internationale d'art et de gestion (Esiag), École supérieure d'économie, d'art et de communication (EAC), Institut d'étude technique et historique des objets d'art (Ideth).*

Registre d'objets mobiliers : Art. 321-7 du Code pénal. – Est puni de 6 mois d'emprisonnement et de 200 000 F d'amende le fait, par une personne dont l'activité professionnelle comporte la vente d'objets mobiliers usagés ou acquis à des personnes autres que celles qui les fabriquent ou en font le commerce, d'omettre de tenir jour par jour, dans des conditions prévues par décret en Conseil d'État, un registre contenant une description des objets acquis ou détenus en vue de la vente ou de l'échange et permettant l'identification de ces objets ainsi que celle des personnes qui les ont vendus ou apportés à l'échange. Est puni des mêmes peines le fait, par une personne, à l'exception des officiers publics, ou ministériels, qui organise, dans un lieu public ou ouvert au public, une manifestation en vue de la vente ou de l'échange d'objets visés à l'alinéa précédent, d'omettre de tenir jour par jour, dans des conditions prévues par décret en Conseil d'État, un registre permettant l'identification des vendeurs.

Art. 321-8. – Est puni de 6 mois d'emprisonnement et de 200 000 F d'amende le fait, par une personne visée à l'article précédent, d'apposer sur le registre prévu par cet article des mentions inexactes. Est puni des mêmes peines le fait, par cette personne, de refuser de présenter ce registre à l'autorité compétente.

■ **Artistes** (au 31-12-2000). 21 443 (dont 3 249 déclarations de début d'activité en 2000) recensés au fichier de la Maison des artistes dont peintres 8 471, graphistes 3 846, sculpteurs 2 060, illustrateurs 1 629, plasticiens 731, dessinateurs 585, dessinateurs textiles 527, graveurs 177, céramistes 75, décorateurs 46, créateurs de vitraux 25, de tapisseries 22. **Assiettes sociales** (en milliers de F) : *+ de 300 :* 1 135 ; *245/299 :* 482 ; *150/244 :* 1 915 ; *125/149 :* 639 ; *100/124 :* 982 ; *– de 100 :* 13 051 (dont 8 793 à – de 50). **Ateliers d'artistes** (en 1999) : 970 (région parisienne 450, Paris 437, province 120). **Crédits alloués par le ministère de la Culture** (en milliers de F, en 1998 et, entre parenthèses, en 1994) : construction d'ateliers 3,7 (9,8), allocations d'installation 1,95 (2,3).

■ **Collectionneurs (noms des). Actions, obligations, emprunts, titres :** scripophile. **Affiches :** chromophile. **Aigles :** aquilaphiliste. **Allumettes :** cumixaphiliste, (boîtes d') : philuméniste. **Ancêtres :** généalogiste. **Animaux préhistoriques :** dinosaurmaniste. **Autocollants :** stickophile. **Autographes :** autographiste. **Aviation :** aérophiliste. **Bagues de cigares :** vitolphiliste. **Balles de frondes :** glandophile. **Ballons et montgolfières :** montgolfiériste. **Bière** (tout ce qui s'y rapporte) : tégestophile. **Billets de banque :** billetophile. **Blasons :** héraldiste. **Bouteilles d'alcools et spiritueux :** œnophile. **Boutons :** fibulanomiste. **Briquets :** pyrophile. **Cafetières :** coffeaphiliste. **Capsules de bouteilles :** capsulophile. **Caricatures :** caricatophile. **Cartes :** *maximum :* maximaphile ; *postales :* cartophile. **Cartouches :** pyrothécophile. **Chapeaux :** capéophiliste. **Chaussures et souliers :** calcéologiste. **Chemins de fer :** ferrovipathe. **Cigarettes** (paquets de) : nicophile. **Cirque :** circophiliste. **Clous :** clavalogiste. **Coquetiers :** coquetiphile. **Coquillages :** conchyophile. **Coquilles d'œufs :** oologiste. **Corbillards :** philocorbien. **Cordes de pendus :** schoinopenxatophile. **Cristaux :** cristallographe. **Décorations :** phaléristе. **Disques :** discophile. **Drapeaux :** vexillologue. **Écussons :** scutelliphile. **Emballages de glaces :** glacophile ; **de sucre** glycophile (avec sucre), périglycophile (emballage seul), périsaccharophile (emballage publicitaire). **Étiquettes :** *fromages :* tyrosémiophile ; *hôtels :* marbethophile ; *melons :* cucurbitaciste ; *parfums (et petits flacons) :* odolabélophile ; *portions de fromage et gruyère :* microtyrosémiophile ; *saucissons :* salcicophile ; *vins, liqueurs :* éthylabélophile, œnosémiophile. **Factures anciennes :** votaphiliste. **Fers à repasser :** sidérophile ; *anciens :* pressophile. **Fèves des galettes des rois :** favophile. **Flammes d'oblitération :** maximécanophile. **Fossiles :** paléontologiste. **Gravures sur bois :** xylophile. **Images pieuses :** canivettiste. **Insectes :** entomologiste. **Jetons :** jetonophile. **Jeux et jouets :** ludophile ; *d'échecs :* échecophiliste. **Journaux :** gazettophile. **Livres :** *rares et précieux :* bibliophile ; *courants :* bibliomane. **Marques postales :** marcophile. **Méreaux :** mérellophile. **Minéraux :** minéralophile. **Mollusques :** molacologiste. **Monnaies :** numismate. **Nœuds papillons :** nœudelerophiliste. **Oiseaux :** ornithologiste. **Ours** (peluches) : arctophile. **Papiers timbrés** (lettres ornées, décrets, etc.) : scripophile. **Papillons :** lépidoptérophile. **Pièces de monnaie publicitaires :** numispubliphile. **Pierres :** pétrophile ; *gravées :* lithophiliste. **Pin's :** philopin. **Pipes :** pipomane. **Plombs** *fiscaux, de douane, d'octroi, de contrôle divers :* plombophile. **Plumes (à écrire) et porte-plume :** calamophile. **Porte-clés :** copocléphile. **Pots de yaourt :** glacophile ou yaourtphile. **Sceaux :** sigillophiliste. **Sous-bocks de bière :** tégestologue, cervalobélophile. **Tabac** *(tout sur le) :* tabacophile. **Télécartes publicitaires :** télécartiste. **Timbres :** philatéliste, du grec : *philos*, ami et *ateleia*, exemption d'impôts (*poste aérienne :* aérophilatéliste). **Trains miniatures :** ferrovipathe. **Vignettes :** érinnophiliste. **Pays les plus collectionneurs.** Belgique, All., USA, G.-B., *France* (1 Français sur 10, soit environ 5 000 000, enfants inclus).

■ **Revues d'art. Nombre d'exemplaires et,** entre parenthèses, **d'abonnés** (en 2000) : *Aladin :* 39 828 (5 822). *Argus des ventes aux enchères :* 6 500. *Art Press :* 37 000. *Artistes :* 35 000 (11 500). *Beaux-Arts Magazine :* 57 757 (31 025). *Bulletin de l'Antiquaire* (mensuel du Syndicat du commerce de l'Antiquité) : 5 500 (5 500). *Cimaise :* 10 000 (3 000). *Le Collectionneur français :* 2 500 (1 350). *Connaissance des Arts :* 35 998 (27 244). *La Cote des Arts :* 12 000 (5 600). *Les Dossiers de l'Art :* n.c. *L'Estampille – l'Objet d'art :* 21 184 (18 836). *F.M.R. (Franco Maria Ricci) :* 20 000. *France Antiquités :* 25 700 (5 700). *La Gazette de l'Hôtel Drouot :* 48 221 (21 597). *Journal des Arts :* n.c. *Musées et Collections publiques :* 1 700. *L'Œil :* 25 000. *Revue de l'Art :* 2 000. *Revue du Louvre, la Revue des Musées de France :* 10 000. *Univers des Arts :* 30 000 (3 950).

■ **Guide Emer.** *Créé* 1947 par Marc Roy (né 26-7-1918). 23, rue des Jeûneurs, 75002 Paris. Paraît les années impaires ; adresses (en Europe) d'antiquaires, brocanteurs, galeries d'art, bouquinistes, marchés aux puces, salons, foires (classées par ville et par spécialité), commissaires-priseurs, experts, restaurateurs. *Tirage :* 1re édition *1947-48 :* 1 200 exemplaires ; *mai 2001* (28e édition) : 10 000 exemplaires.

■ **Vols d'objets d'art. En France :** *1994 :* 6 718 ; *96 :* 5 453 ; *97 :* 5 569 ; *98 :* 7 857 ; *99 :* 5 988 ; *2000 :* 5 762. *L'Office central de lutte contre le trafic des biens culturels (OCBC),* créé 1975, dépend de la Direction centrale de la police judiciaire, doté depuis 1995 d'une banque de données d'images des biens culturels volés en France (Treima).

☞ **Annuaire international des œuvres et objets d'art volés** *créé* 1992 par Martin Monestier ; 2e édition en 1995 ; répertorie 10 000 œuvres volées. **SOS œuvres d'art :** 8, rue Meissonier, 75017 Paris. **Art Loss Register :** Sté privée britannique, depuis 1991 enregistre les œuvres d'art volées dans le monde.

Œuvres célèbres volées [*abréviations :* m. : musée ; r. : retrouvé(e) (s)]. **1891 :** pastel de Manet (m. des Beaux-Arts de Lille) r. à Buenos Aires 1983. **1911** *21-8 :* Vinci *la Joconde* (Louvre) volée par Vincenzo Peruggia (Italien) r. 1913. **1939** *11-6 :* Watteau *l'Indifférent* volé par Serge-Claude Boguslavsky (soi-disant pour restaurer la toile). **1943 :** 19 dessins de Guys (m. Carnavalet) r. février 1991. **1960 :** des Picasso, Modigliani, Foujita, Soutine, Vlaminck et Utrillo (m. de Menton) récupérés le lendemain. **1961 :** Goya *le Duc de Wellington* (National Gallery de Londres) ; *15-7 :* 57 toiles, dont des Bonnard, Matisse, Dufy, Vlaminck, Utrillo (m. de l'Annonciade à Saint-Tropez) r. en nov. **1962** *12-8 :* 8 Cézanne, dont *le Joueur de cartes* (m. d'Aix-en-Provence) r. 9 mois plus tard. **1966** *21-4 :* 56 dessins et lavis de Boucher, Rembrandt, Véronèse, Tiepolo et Fragonard (m. de Besançon). **1969 :** collection Penrose (26 tableaux) r. 3 mois après. **1970** *27-11 :* 19 toiles de Géricault, Courbet, Corot et Millet (m. Fabre de Montpellier) restituées 1 mois plus tard. **1971 :** Vermeer *Lettre d'amour* (Bruxelles), rançon demandée : 200 millions de F belges pour les réfugiés du Bengale ; *4-2 :* 43 toiles (m. de Mirande) ; *4-3 :* 3 Rembrandt (m. de Bayonne) r. ; *23-12 :* Rembrandt *la Fuite en Égypte* (m. des Beaux-Arts de Tours). **1972** *13-11 :* 15 tableaux de Renoir, Monet, Cézanne (m. de Bagnols-sur-Cèze). **1973 :** Vermeer *le Joueur de flûte* à Henwood House (G.-B.) ; *1-3 :* 6 tableaux de Ingres, Rubens, Corot et Dufy (m. des Beaux-Arts de Marseille) r. nov. 1974 ; *9-12 :* 11 Picasso (m. Picasso d'Antibes). **1974 :** collection de sir Alfred Beit près de Dublin. **1975 :** *étude* de Matisse (m. d'Art moderne) ; *patère d'Ajax* (m. de Lyon). **1976** *31-1 :* 118 Picasso (palais des Papes, à Avignon) r. en oct. ; *1-2 :* partie d'un diptyque de l'école de Giotto (Louvre) ; *16-12 :* épée de parade de Charles X (Louvre). **1977 :** groupe de l'Annonciation, ivoire (XIVe s., m. du Breuil, Langres). **1978** *13-12 :* *l'Escamoteur* (St-Germain-en-Laye) volé par des militants d'extrême gauche, r. **1980** *juillet :* 38 miniatures de Fragonard (m. Jacquemart-André, Paris), une partie r. et restituée ; 40 tapisseries d'Aubusson (Paris). **1981** *14-1 :* 14 tableaux de Monet, Boudin, Courbet (m. de Morlaix) r. juillet 1985. **1982** *12-1 :* 6 Toulouse-Lautrec (m. d'Albi). **1983** *1-7 :* 1 Fragonard (m. Cognacq-Jay) r. 7-7-1994 ; *3-8 :* reliquaire en émaux de Limoges (église d'Issoire) r. mai 1992 à Honolulu. **1984** *19-10 :* 5 Corot (m. de Semur-en-Auxois) 4 r. en nov. 1987. **1985** *27-10 :* 9 tableaux dont 5 Monet (dont *Impression, soleil levant* qui donna son nom à l'impressionnisme, estimé au moins à 80 millions de F) et 2 Renoir (m. Marmottan à Paris) r. 5-12-1990 à Porto-Vecchio ; *8-11 :* 1 Vuillard (m. du palais de Tokyo, Paris). **1986** *21-5 :* 11 toiles dont 1 Gainsborough, 1 Goya, 1 Rubens, 1 Vermeer (montant total estimé : 110 millions de F ; Alfred Beit Fondation, Irlande). **1987** *sept. :* Fragonard *le Passage du Gué* (m. des Beaux-Arts de Chartres) r. avril 1988 en Belgique ; *oct. :* 7 panneaux du XVIe s. peints sur bois (cathédrale de Troyes) r. déc. 1988. **1988** *mai :* quinzaine d'« incunables » (bibliothèque municipale d'Ajaccio) r. 20-1-1994 à Ajaccio. **1989** *1-6 :* Braque *l'Estaque ou l'Embarcadère* (Beaubourg, Paris) ; 50 Chagall (famille Chagall) r. nov. 1994. **1990** *19-1 :* 6 tableaux dont 3 Picasso (m. de la Vieille-Charité, Marseille) r. 19-3-1992 à Paris ; *17/18-3 :* vol le plus important dans musée américain (m. Gardner, Boston) : 11 toiles (dont 5 Degas, 1 Manet, 1 Rembrandt, 1 Vermeer : valeur 200 millions de $) ; *19-3 :* Picasso *l'Enfant à la poupée* (m. de Grenoble) r. juin 1997 ; *21-4 :* 1 Corot et 1 Géricault (m. des Beaux-Arts, Béziers) r. 31-8-1993 ; *25-5 :* Jongkind *Vue de Delft* (Petit-Palais, Paris) ; *26-5 :* Rodin *Portrait à son père* (m. Rodin, Paris) ; *24-6 :* Tiepolo *Martyre de saint Barthélemy* (m. Correr, Venise) r., arrêté, le voleur, de honte, se suicide ; *27/28-6 :* 3 Van Gogh (m. du Herstengebosch, P.-Bas) ; *3-7 :* bijoux égyptiens (Louvre) ; *4-7 :* Renoir *Portrait de femme* (Louvre) r. sept. ; Hébert *Monamuccia* (m. Hébert, Paris) et Huet *les Moulins de la Glacière* (m. Carnavalet) r., le voleur, arrêté le 22-9, avait déjà volé en sept. 1 Foscari (m. Correr à Venise) ; *16-9 :* *Gysels,* petit tableau (Grand-Palais, Paris). **1991** *14-4 :* 20 Van Gogh (m. Van Gogh, Amsterdam), r. le même jour ; *30-7 :* trésor de la cathédrale d'Auxerre, r. 3-8, dans un cimetière ; *23-10 :* 6 tapisseries *la Vie de Judith* (cathédrale de Laval) r. 7-11 à Paris. **1992** *16-2 :* Bruegel de Velours (m. d'Arras) r. le 19 à Arras ; *3-3 :* Picasso (Fondation Sophia Antipolis, Valbonne) ; *30-7 :* Degas, Matisse, Modigliani (Cap d'Ail) r. 3-8 à Nice ; timbale impériale (m. Napoléon) r. janv. 1997. **1993** *27-2 :* 6 tableaux. Freud, Miró, De Staël, Masson... (galerie à Paris) r. 12-5-1998 ; *4-7 :* bronzes Rodin, Claudel, Maillol (m. de Poitiers) retrouvés 5-9-1995 à Budapest ; *8-9 :* Picasso *Guitare et Compotier* (m. Bruxelles) ; *8-11 :* Picasso, 2 Braque (m. Stockholm) r. en Suède en déc. 1993 et août 1994. **1994** *12-2 :* 1 Munch (m. Oslo) r. 7-5 ; *12-7 :* pastel de Robert Nanteuil (Louvre) ; *28-7 :* 2 Turner, 1 Friedrich (galerie à Francfort) ; *9-10 :* Rembrandt (m. Rembrandt, Amsterdam) ; *22-10 :* 7 Picasso (galerie Max Bolag, Zurich) ; 3 sculptures « têtes d'Ife » (m. national Nigéria) r. mars 1996 à Paris. **1995** *7-1 :* 1 Titien (Mis de Bath, G.-B.) ; *11-1 :* huile de Turpin de Crissé (Louvre) r. ; *18-1 :* hallebarde en bronze (Louvre) r. au pied de la Pyramide le 29 ; *27-6 :* tableaux *les 12 mois de l'année* d'Abel Grimer (chapelle m. de Montfaucon-en-Velay) r. 16-11 ; *27-12 :* encyclopédie de Diderot (m. d'Hirson) r. 11-1-1996. **1996** *28-3 :* 6 tapisseries Renaissance (m. d'Écouen) r. aux P.-Bas ; *19-7 :* 1 Corneille de Lyon (m. de Blois) ; *1-8 :* 1 David Teniers (m. de Cherbourg) ; *4-8 :* 1 François Boucher (m. de Chartres). **1997** *8-2 :* 1 Michau (m. de Liège) ; *15-8 :* 1 Davidsz De Heem (m. de Saintes) ; *6-9 :* 1 Francken et Govaerts (m. d'Anvers) ; *27-10 :* 1 Sisley (m. de Périgueux). **1998** *7-1 :* stèle funéraire grecque (Louvre) ; *7-2 :* statue équestre de Louis XIV par Girardon (ch. Vaux-le-Vicomte) r. 7-2-2001 ; *30-4 :* 1 Sisley (m. d'Orléans) ; *3-5 :* Corot *le Chemin de Sèvres* (Louvre) ; *9-5 :* 2 Van Gogh, 1 Cézanne (galerie nationale de Rome) r. 6-7-1998 ; *1-8 :* 2 John Constable (Victoria and Albert Museum, Londres) ; *21-9 :* 1 Sisley, 1 Monet (m. de Nice) r. 29-9-1998. **1999** *15-1 :* 1 Ucello (m. de Chambéry) r. 24-1-1999 ; *29-1 :* 1 Rembrandt, 1 Bellini (m. de Copenhague) r. 24-8-1999 ; *7-6 :* 9 tableaux dont un Pourbus (Lasne, Belgique) r. nov. 2000 ; *8-6 :* 1 Matisse (m. de Nice) r. 8-7-1999 ; *19-6 :* 1 Jos de Monper (m. de Menton) ; *22-6 :* 19 Raoul Dufy (galerie de Paris) r. août 2000 ; *13-7 :* 1 Rembrandt (m. de Draguignan) ; *7-11/3-1 :* Picasso (bateau à Antibes). **2000** *1-1 :* 1 Cézanne (m. à Oxford, G.-B.) ; *26-6 :* 4 tableaux dont 1 C. Pissaro (m. à Pontoise) ; *3-8 :* 5 tapisseries d'Aubusson (m. à Pérouges) ; *11-8 :* 1 Jan Van Kessel (m. à Dunkerque) ; *19-9 :* 1 Monet (m. à Poznan, Pologne) ; *9-11 :* 2 bronzes de Rodin (m. à Volgograd, Russie) ; *4-12 :* 16 tableaux de Lanskoy, Ivanov, Varnek... (m. à St-Pétersbourg) r. 9-12 ; *22-12 :* 2 Renoir, 1 Rembrandt (m. à Stockholm).

En déc. 2000, OCBC et Gendarmerie nationale ont démantelé un réseau dirigé par un Néerlandais installé en Belgique (plus de 120 millions de F d'objets volés).

Montant annuel des vols d'objets d'art dans le monde. De 20 à 33 milliards de F. **Artistes préférés des voleurs** (nombre d'œuvres volées au 1-1-2000) : Picasso 422, Miró 291, Chagall 260, Dalí 205, A. Dürer 181, A. Warhol 132, Matisse 81, D. Hockney 53, Klimt 49, Toulouse-Lautrec 44. **Lieux des vols** (en %) : chez les particuliers 55, galeries 12, musées 11, églises 10. *Source :* Art Loss Register.

En France 5 à 10 % des œuvres d'art sont assurées.

☞ Un incendie au musée d'Art moderne de Rio de Janeiro (Brésil) le 8-7-1978 a fait disparaître 950 œuvres majeures sur 1 000 (dont des Picasso, Van Gogh, Dalí, Miró, Viera da Silva).

57. **Nazis** *(souvenirs)* ventes interdites en Fr. **Nécessaires** *à couture* écaille 1,2 ; or 20 et plus ; *de voyage en vermeil* (1736-50) 530 (1989). *Noix de coco :* monture argent, forme de hibou (Anvers, XVIe s.), 1700 (1995).

Objets à musique (fin XVIIIe s.) *médaillon :* 3 ; *couteau :* 7 ; *flacons :* 11 à 20. **Œil-de-mouche** apparu fin XVIIe s. Petite boîte en ivoire, écaille, bois, argent garnie d'une lentille en verre ; donnait des images déformées des objets ou des visages observés. **Œufs** *fossiles :* d'Aepyornis 160 (1996), de dinosaure 550 (1992), en pierre, faïence, ivoire, buis, émail, 0,12 à 44,5 ; *orfèvrerie :* except. de Fabergé, « Œuf de l'hiver » 29 000 (1994). **Œuvre** électronique virtuelle (de Fred Forest) 58 (1996). **Oiseau empaillé** record grand pingouin (57 cm, capturé en Islande en 1521) 117. **Orgue de Barbarie** *portable* 95 (1996), *de rue* de Gavioli 52 (1996). **Orthoscope** de Tourtin 15,5. **Oscar** remis à Clark Gable 3 171 (1997). **Ours en peluche** Stiff Bobby 1908 : 18,5 (1996), Edward 299 (1997), except. 29,1. Teddy Girl 1 000

(Londres, 1994). **Outils XVIIIe-XIXe s. Bois :** *rabot* 0,4 à 30. *Riflard* 7,5. *Varlope* 0,5 à 2, except. de Hollande (1766) 14 (1992). *Guillaume* 0,3 à 1,5. *Compas de tonnelier* 5. *Wastringue de tonnelier* 6,5 (1992). *Fourche à 3 branches* (2 m) 0,9. *Joug de bovin* 0,3 à 3, *collier de bovin ou d'ovin* 0,3 à 2. *Rouet* 0,9 à 6. *Soufflet de forge* 2,5 à 3. *Charrue* frêne, soc en fer forgé, 2 à 3. **Métal :** *marteaux* 0,12 à 0,3. *Faucilles* 0,06. *Rabot* 0,6, orné except. 10. *Enclume* (Moyen Age) 3. *Scies* 0,6 à 3,6. *Haches* 0,36 à 2. *Tenaille* 130. *Vilebrequins* 0,6 à 10. *Tour* 115. 30 à 50 % des pièces présentées comme XVIIIe s. sont fausses.

Pantoufles de L. de Funès dans *Oscar* 6,8 (2001). **Papier peint. Origine :** le *domino* (le fabricant s'appelle *dominotier*), feuille imprimée d'un motif pour tiroirs et placards, puis au XVIIIe s. pour les murs. *Fabricants célèbres* Jean-Baptiste Réveillon (XVIIIe s.) qui retrouve le secret du papier peint anglais [dessin sur fond senblable à du velours, la tontisse (poudre de laine collée sur le papier)], Jean Zuber (1799-1853), Mauny. **Panoramique** manufacture de Joseph Dufour (1752-1827) [Mâcon] depuis la fin du XVIIIe s. Indiens d'Amérique 280 (1982) ; Paris-Londres-Rome 370 (1989) ; Sauvages du Pacifique (1804) 340 (1995) ; voyages du capitaine Cook d'après les cartons de Jean-Gabriel Charvet 1 400 (record mondial, 1989). **Papillons** espèces en voie de disparition (chasse à outrance, insecticides, altération des milieux naturels, etc.), certaines strictement protégées. *Grandes collections France :* Bibliothèque municipale de St-Quentin (réunie au XIXe s. par M. Passet : 600 000 spécimens). *G.-B. :* British Museum of Natural History (coll. de lépidoptères de Lionel Walter et lord Rothschild). *Prix records* 10 à 80 [*Périclès subpériclès* pris 1935 en Amazonie (1995)]. **Paquebots** *Normandie :* banquettes (paire) avec tapisserie d'Aubusson 360 (1992). **Passeport** *de Rimbaud* (Le Caire 1887) 235 (1991). **Peignes** [avant 1800 : buis, hêtre-charmille, 1800 : clampon, 1830 : corne (dite biscaye en Ariège et travaillée par les biscayeurs), 1850 : cuir bouilli, 1863 : carton, 1869 : Celluloïd, 1900 : galalithe, 1924 : acétate de cellulose, 1938 : polystyrène], écaille, ivoire (exemple : peigne liturgique de St Loup du VIIe-VIIIe s., cathédrale de Sens), os. *Peignes à retaper :* à cils, coupe barbe, démêloir, « Figaro » de professionnel, lissoir, à moustaches, de poche, à poux (« le Paris » à double rangée de dents). *Prix* 10 à 200 et plus. **Phénakistiscope** (du grec *phenax,* trompeur et *skopein,* voir. Inventé 1832 par le Belge Plateau) 3 à 8. **Pianos** 5 à 200 *à queue, mécanique* jusqu'à 106 (1994). **Pin's (épinglette). Nom :** de l'anglais *pin* ou *to pin,* épingle, épingler. **Origine :** *1886* 1er créé à Atlanta (Géorgie) par Coca-Cola ; *1984* JO de Los Angeles (distribué par la firme) ; *1988* Internationaux de Roland-Garros (série au nom des sponsors). **Fabrication** (France) : *1990 :* plus de 250 millions produits par 80 fabricants (Arthus-Bertrand, Decar, Fraisse-Demey, etc.), 50 importateurs. Chaque semaine plus de 800 modèles sont créés. *Marché (1992) :* 3 milliards de F. **Manifestations :** *1989*-déc. 1re bourse internationale à Paris (boutique Colonia de St-Jordi). *1990*-28-5/10-6 exposition station Auber à Paris. -16/17-6 salon Aquaboulevard de Paris. -17-6 1re bourse d'échange à Lyon. *1991* janv./févr. 1er catalogue de vente par correspondance. -27/29-9 1er salon professionnel, La Seyne-sur-Mer. **Revue :** *Pin's up,* bimestrielle, créée juin 1990 (40 000 ex.). **Prix :** *pièces très rares* (Opéra de Bercy, 700e d'Apostrophes, TSO Paris-Dakar, Caméra d'or du Festival de Cannes) 3 à 4. *Stés cotées en bourse* 0,25 (Vache qui rit), 0,6 (Seiko, sponsor de Roland-Garros 1991). *Autres :* 11 pin's Adia 4,5 (1991), chamois (projet pour JO d'Albertville) 2,6 (1991), fusée Ariane 2, raquette de Lacoste 1, de Sinon 0,001 à 0,2. **Plaques de ceinturon** de la garde des Consuls 90 (1997), **de publicité** en tôle émaillée : Banania (de Sépo) 20 (1994) ; Vache qui rit (de Benjamin Rabier) 2,6 ; chocolat Menier jusqu'à 80 ; Phoscao 20,5 ; absinthe Cusenier 17. Parapluie Revel (d'après Capiello) 7,5. **Polyorama panoptique** permet la vision de plusieurs tableaux pouvant se superposer et créer l'illusion du mouvement. Avec 6 vues jusqu'à 6, vues simples 0,2 à 0,8. **Pots de chambre** *faïence* à sujet 0,2 à 2. *Étain,* XVIIIe s. 3,5. *Bourdaloue* (de Hannong) 11,1. *De Napoléon* (de Biennais), gravé à ses armes 580 (adjugé 18-6-1990 anniversaire de Waterloo) à Drouot à un Japonais.

Poupées. Histoire : *Antiquité :* usage funéraire [Égypte *(chaouabti)*, Pompéi, Grèce] ou religieux (Grèce) ; en terre cuite, bois, plomb, os ou ivoire (10 à 35 cm). *Moyen Age, Renaissance :* usage religieux (crèche, en Italie, Fr., All.), pour enfants (à partir de la Renaissance). *XVIIe s.* pour enfants en All. et Fr., puis Angl. *XVIIIe s.* tête bois ou papier mâché peint, vêtements très soignés. *1807-20* en cire. *1820* tête en papier mâché, corps en cuir, membres en bois. *1824* 1res poupées qui parlent (inventées par Léonard Maelzel, avec cylindre). *1826* qui marchent et dont les yeux se ferment. *1845* 1res têtes en porcelaine (en Autriche), corps cuir ou tissu. *1850-51* 1res poupées en gutta percha (caoutchouc), 1ers bébés Montanari (corps en cire ou simplement la tête, collerette et bras en cire). Perruques en mohair (poil de chèvre angora), jusque-là lin, laine, cheveux naturels, fourrure d'agneau. *1858* tête pivotante (Mme Rohmer). *1862* tête pivotante brevet Jumeau (modèle Carrier-Belleuse). *1869* 1res articulées à rotules (Bru). *1895* 1res têtes en Celluloïd [inventé aux USA en 1865 par John Wesley Hyatt (1837-1920), 1re usine en France en 1887 à Villetaneuse]. *1899* 1ers cils en cheveux naturels. *XXe s.* bouches ouvertes. *1907-08* entièrement en Celluloïd, apparaissent dans catalogues. *1909* 1res de caractère (bébés). *1913* 1res aux yeux qui louchent (Googlies). *Fin des années 1930* 1res en matières plastiques (PVC, Rhodoïd...). **Collections :** *Paris :* musée de l'Histoire et de l'Éducation ; des Arts décoratifs. *Beaujeu :* m. des Traditions populaires. *Courbevoie :* m. Poupée. *Fécamp :* m. de l'Enfance. *Josselin :* collection Rohan, au château. *Lyon :* m. intern. de la Marionnette. *Neuilly :* m. des Automates. *Poissy :* m. de la Poupée et des Jouets. *Strasbourg :* M. alsacien. **Principaux fabricants** (entre 1860 et 1900 environ 200 en France) : Bouchet (1892-99) [2]. Bru (1866-99) [1]. Gaultier (1860-1916) [2]. Gesland (1865-1915) [2]. Simon Halbig (1870-1925) [1]. Huret (1850-1920) [2]. Jullien (1875-99) [1, 2]. Jumeau (1842-99) [1]. Armand Marseille (1865-1925) [1]. Rabéry et Delphieu (1875-99) [1, 2]. Rohmer (1857-80) [2]. Schmitt (1863-91) [1]. Simonne (1837-79) [2]. Sté française de fabrication de bébés et jouets (SFBJ, fondée 6-3-1899, fermée 1957) [1, 2]. Steiner (1855-91) [1]. Thuillier (1875-99) [1, 2]. **Prix :** selon conservation, trousseau, accessoires, ancienneté, qualité de l'expression et de la porcelaine. *XVIIIe s.* jusqu'à 20 et plus. *XIXe-début XXe s. : bouche fermée :* poupée de mode (Demoiselle Marie-Louise 145 (1997). Émile Jumeau (yeux sulfure) 30 à 40, « E J 8 » avec costume d'époque 105 (2001) ; Princesse métisse 850 (1994). Huret 50 à 170. Bru jeune (1re époque) 100 à 554 (1994), « au croissant » 200, « grande taille » 150 à 200. Bébé Bru, corps peau 1880 210 (1997). Jumeau triste 40 à 250. François Gaultier (grande taille) 20 à 30. *Bouche ouverte* (dents en paille) : Jumeau 6 à 100, Steiner 45, SFBJ 2,5 à 3, A. Marseille (All.) 2,5 à 3,5, Halbig (All.) 2,5 à 3,5. *De caractère :* Schmidt 310 (1996) ; SFBJ no 236 : 5 à 8 ; Kammer et Reinhardt (All.) 5 à 10 ; Mignonnettes 0,3 à 1,5 ; Bleuette (sortie 1905 avec *la Semaine de Suzette* ; 1er modèle tiré à 20 000 exemplaires) 3 à 6, (30, suivant trousseau). *De mode :* 1 à 7,5 (Rohmer, Huret, Gaultier), × 3 ou 4 avec vestiaire ; 320 (record, Rouen 1994). Teddy Girl (46 cm) 930 (1995). *De bois ou de carton type Pauline* 1,5 à 22. *Tête de porcelaine,* except. (A. Thuillier) 510 (1989). *Barbie* (créée 1959, par Ruth Handler, 650 millions de poupées vendues) jusqu'à 35 (1994). **Vêtements :** robe 0,5 à 1,5. Vêtement d'hiver « On dansera » (1931-32) 8,8 (1991). Chaussures jusqu'à 1,4. Mitaines jusqu'à 2,2. **Maisons :** *Titania Palace* (long. 3,50 m, larg. 2,80 m, haut. 9,90 m) avec 4 000 meubles et un orgue (en état de marche) vendu à Londres en 1967 : 432. *Maison de 14 pièces* (long. 7 m), 316 (1983). **Scènes miniatures :** *salon de Mme Récamier* 40, *scènes du Moyen Age* (salle du château) 140 ; *salon Empire* 121 ; *cuisine Napoléon III* 14.

Nota. – (1) Poupées bébés. (2) Modèles de mode.

Praxinoscope 3 à 40 (1997). **Préhistoire** *os gravés* 0,5 à 15, *pointe de lance* 8, hache 5 à 15. **Presley** (Elvis) **acte de naissance** 350 (1994). **Programme de théâtre** 0,01 à 10. **Pyxide** boîte cylindrique avec couvercle pour fards et objets de toilette ; en étain : au Moyen Age (en France) pour les hosties.

Radio (postes de) *d'avant 1930 :* 1 à 100. *Crosley* (1940) 1,9. *Radio-réveil « D 25 »* 2,2. *Transistor Brionvega* (1960) 1,1 (1991). **Râpes à tabac** *buis* 6,7 ; *bois sculpté* 3,7 ; *du XVIIIe s.* jusqu'à 45. **Raquette de tennis** XIXe 1 à 3 ; *manche incrusté bois* 45 (1999). **Reliquaire** bras XIIIe s. 360 (1997). **Rhyton** (taureau terre cuite VIIIe s. av. J.-C.) 130.

Santons napolitains XIIIe s. (2) 12 (1997). **Sarcophages** romain 235 (1997). **Scrimshaws** objets (boîtes, étuis, manches de couteau) en ivoire de morse ou de cachalot et grosses dents de cachalot gravées à l'aiguille par les marins. Les plus anciens datent du XVIIIe s., les mieux travaillés sont du XIXe s. *Thèmes recherchés :* pêche au cachalot 10, bateaux (jusqu'à 300, except. 1983). Se méfier des faux : gravure trop épaisse, trait empâté. **Serrures anciennes** 0,55 à 108 (très ouvragées) ; *clefs* isolées 0,2 à 95. **Siphons** 0,15 à 0,8. **Sissi** (Élisabeth d'Autriche) trousse de toilette 138,7 (1992, Munich). **Soldats (petits). Histoire :** *Antiquité :* en bois sculpté et peint. *XVIIIe s. :* ronde-bosse en plomb. *Vers 1850 :* figurines ou *zinnfigures,* plates, gravées en creux sur une seule face, coulées en étain et peintes ; *vers 1880 :* apogée ronde-bosse avec Lucotte et CBG en France (alliage plomb-antimoine), puis avec Mignot (séries jouets, séries étrangères, personnages historiques, soldats de 1914-18). *1895 Britain* (Angl.). *Vers 1930* en aluminium : Quiralu (1933 à 1961, 30 000 000 de pièces), Mignalu (CBG, Mignot), LR (le Rapide) utilisant les déchets de leur fonderie. Environ 650 attitudes distinctes, 1 500 pièces différentes. 1res : figurines, ½ plates, haut. 15 cm, armée française ; 2es : environ 10 cm ; *1945,* bras écartés du corps ; vers *1950-54,* bras resserrés, taille plus petite (modèles recherchés). Figurine LR socle rectangulaire épais et sans couleur particulière. Mignalu : haut. 60 à 65 mm, *1960 :* figurines en ronde bosse. *Actuellement,* acétate de cellulose, polystyrène ou plomb. **Cours :** record (1992) Napoléon Ier à cheval de Leibovitz, Ier Empire 8. *Lucotte* fantassin 0,15 à 0,25, cavalier 0,3 à 0,9 ; *Mignot* fantassin 0,1 à 0,2, cavalier 0,3 à 0,6 ; *modernes* 0,5 à 1,8 environ (selon l'artiste) ; *plates* (de 3 cm) d'avant 1914, 0,008 à 0,04, par série (de 20) 0,4 à 1,55, à peinture fine (série) 3 à 6,5, except. 192 sur planches 22,5 (1988) ; soldats d'étain (XIXe s. à nos jours) 0,2 à 0,4. **Sous-bock** (apparaît en All. en 1867) 50 000 achetés par la bibliothèque Forney (1990) : 70. **Stylos** *années 1925 :* stylomine 505 environ 0,24 ; *Waterman Ier* (1884) + de 0,6 ; *Parker (années 1925)* 2 à 10, *(années 1950)* 6,5 à 10 ; *Mont-Blanc (système à piston)* 0,2 ; 149 (1948) 65. **Sucre** (emballages) vers 1908 sachets USA, Italie, Suisse puis France, Japon (en baguette). Classement par thèmes : raffineries, marques, brûleries. *Club des glycophiles français,* 30, rue de Lübeck, 75116 Paris.

Tabatières au début du *XVIIe s.*, on en changeait tous les jours (le prince de Condé en avait 800) ; mais on les cachait devant Louis XIV qui n'aimait pas le tabac. **Matières :** bois, noix de coco, ivoire, cornaline, sardoine, argent, or, porcelaine, émail, étain, écaille. **Illustrations :** caricatures, sujets légers (tabatière à secret sous Louis XV), sujets politiques, portraits, légende napoléonienne (production populaire). **Prix :** 0,15 à 12 sauf pièces d'orfèvrerie [exemple : Dresde, de H. Taddel 1 400 (1982)]. *Louis XV* 14 à 2 000. *Louis XVI* 38 à 1 625 (copies 10 à 95). *Empire à miniature* 55 à 250. *All. de Frédéric le Grand* (1760), record 8 500 (vente von Thurn und Taxis, Genève 17-11-1992). *Russie, de J.-P. Ador* (vers 1765) 1 350 (1983), *de Fabergé* 40 à 240. *Chinoises* (jade, opale, malachite, agate, etc.) 5 à 156. **Tête** *réduite* d'Amazonie Tzanza ou Jivaro 5 à 47 ; *momifiée* Nazca du Pérou 16 (1991). **Tintin** sculpture bronze (2 m) 330 (1998). **Tire-bouchons** *XVIIe s.* jusqu'à 5. *XVIIIe s.* jusqu'à 184 (1997). *XIXe s.* de Robert Jones (1842) 85 (1997), *érotique* 750 (1997). **Tirelire** jusqu'à 24,4. **Trains miniatures** 1ers plomb ou bois montés sur des socles à roulettes, puis fer-blanc peint. Fin IId Empire, moteurs à piston, à ressort et à vapeur. **Marques :** *françaises :* Radiguet, DS, CR (Charles Rossignol), LG-FV (Émile Faivre et EF Lefèvre successeur), JC (J. Caron) ; *étrangères :* Märklin, Bing, Carette. **Prix :** *loco à vapeur vive* 188 (2001), *loco écartement I :* Bing 2 à 7,5 ; Märklin 0,5 à 46 ; *II :* Bing jusqu'à 17,5 ; Märklin 4 à + de 296 (1994) ; Basset-Lowke 3 à 5 ; Schoenner coupe-vent 283 (1992). *Écartement 0 :* Bing 5,6 ; Märklin 4,5 à 140 (1993) ; Basset-Lowke 1,4 à 16. *Gare électrique* Bing 10. *Wagon* métro de Märklin (paire) 270 (2000). **Traîneau** Rosebud du film « Citizen Kane » 1 219.

Ustensiles ménagers *baratte à beurre* 2 à 4,5. *Battoir à linge* jusqu'à 50. *Boîte à sel* (bois sculpté) 3,4. *Casse-noisettes* (buis sculpté) 9,5 (1997). *Casse-noix* (buis XVIIIe s.) 12. *Égouttoir à fromage* 0,1 à 0,9. *Farinière* vers 1800, 2. *Fers à calandrer* 0,8 à 7, *à repasser* fin XVe s. jusqu'à 120 (1994). *Gaufrier* en fer forgé fin XVIe s. 13, fin XVIIIe s. 0,5. *Gîte à pâté* en terre XVIIIe s. 1,15. *Gril* métallique tournant XVIIIe s. 0,85. *Machine à coudre,* début XXe s. 0,6 à 1,2. *Moulin à café* jusqu'à 44,5 [café et épices, Peugeot] (1994) ; fin XVIIe s. 19, XVIIIe s. 1,8 à 3 (noyer et cuivre), XIXe s. 1,1 (chêne), 2,5 (chêne et laiton), Charles X (marqueté) 9,7. *Marque à beurre* XVIIIe s. 0,65 à 3,5 ; XIXe s. 0,9. *Moulin à farine* XIXe s. 0,6. *Pelle à écrémer* XIXe s. Savoie 0,65. *Quenouille* (bois sculpté) 2 à 4. *Rouleau à beurre* 0,2 à 0,6. *Tastevin* 3 à 30. *Terrine en forme de choux* (1752) 29. *Tourne-omelette* 2,1. *Vinaigrier* (terre) 6,2.

Vénerie *boutons* 0,05 à 0,2. *Couteau* XVIIIe s. 1. *Plaques* des gardes 0,3 à 0,5. *Massacres* (bois de cerf ou chevreuil sur écusson) cerf 10 cors 1 à 5. **Vêtements. Blouson** de cuir de John Lennon 200 (1992). **Botte** de postillon 7 (1993). **Cape** *du soir courte, Chanel* 260 (1992). **Chapeau** (paille, XVIIIe s.) 120 (1994). **Chaussures** de Mohammed Ali 342 (1997). **Costume** de James Bond (Sean Connery) dans « Diamonds are Forever » 95,5 (1997). **Culotte** (1925) 0,04. **Ensemble** *Dior* (1949-50) 83 (1989). **Jupon** (1900) 0,05 à 0,7. **Habit de cérémonie** du Mal Davout 180 (1987) ; blanc de Travolta 873. **Manteau** de bal *de Poiret* (1910-12) 58 (1990) ; de dîner avec coiffure de *Schiaparelli* (1938-39) 250 (1992). **Robes** *Louis XV* 133 (1994). *Louis XVI* 3,2 ; *1930* avec 1 boa 0,6 à 2 ; *Balenciaga* (soirée 1951-52) 62 (1992) ; *Chanel* (1957-58) robe de bal 60 (1990) ; *Mariano Fortuny* jusqu'à 447,3 (record 1982) ; *Charles James* (1948) 190 (1990) ; *Paquin* (vers 1898) 65 (1990) ; *Victor Edelstein* robe du soir de lady Diana avec laquelle elle dansa en 1985 avec Travolta 1 335 (1997) ; *Jean Louis* robe portée par Marilyn Monroe le 19-5-1962 pour chanter *Happy Birthday, Mr President* devant J. F. Kennedy 7 500 (2000). **Tenue** *de zouave* 2,1 à 3,2. **Voitures miniatures de collection. Allemagne :** avant 1914, tôle peinte avec souvent des mécanismes élaborés (Märklin et Bing). **France :** 1923-30 AR et CD tôle et plomb Renault, Peugeot, Citroën, Delahaye, Bugatti. 1923 *1re voiture mécanisée pour enfants* (Torpédo 10 ch Citroën vendue à 15 000 exemplaires en 1 an). 1933 usine Citroën spéciale pour miniatures. **G.-B. :** *Dinky Toys* de Frank Hornby, inventeur du Meccano (1907) et des trains mécaniques Hornby (1920), dont l'échelle 0 correspond au 1/43 (échelle de réduction la plus courante). **USA :** 1res en 1920 : *Tootsietoys* (camions Mack, Ford, Buick, Chevrolet). **Prix :** *avant 1914 :* 5 à 260. *1920-39 :* 3 à 52. *1/43* (surtout Dinky Toys) 0,05 à 67,5 camionnette 2 CV B.B. Lorrain (1958), 17 exemplaires connus (1999). Maquette Mercedes-Benz (1939) 120. Bugatti Star 55 à moteur essence 4 temps pour enfant, 15. Autobus (Ch. Rossignol) 23,5.

W.-C. (cuvette) faïence de Gien fin XIXe s. 21. **Zootrope** inventé 1834 par l'Anglais Horner, 1 à 3.

MUSÉES ET COLLECTIONS

☞ *Abréviations :* archéo. : archéologie ; coll. : collection ; déco. : décoratif ; ethno. : ethnologie ; gal. : galerie ; gall. : gallery ; hist. : histoire ; m. : musée ; nat. : national ; peint. : peinture ; sculpt. : sculpture ; vis. : visiteurs.

DANS LE MONDE

DONNÉES GÉNÉRALES

(*Source :* Unesco)

■ **Nombre de musées** en 1993 **et,** entre parenthèses, **nombre de visiteurs.** Environ 40 000 (avec les collections publiques) dont Allemagne 4 682 (93 756), USA 4 609, Italie [2] 3 442 (39 882), Australie [3] 1 893 (17 960), Canada [1] 1 347 (27 023), ex-URSS 1 315 (144 000), *France [2] 1 300 (14 056)*, Espagne [1] 1 054 (31 033), Suisse 776 (8 792), Japon 762 (76 241), P.-Bas 732 (22 994), Autriche 712 (18 277), Pologne 567 (15 629), Norvège 475 (8 219), ex-Tchécoslovaquie 422 (16 261), Roumanie 404 (6 518), Danemark 288 (11 197), Finlande 249 (3 677), Bulgarie 223 (3 435), Suède 197 (18 644), Turquie 184 (6 980), Rép. féd. de Yougoslavie 177 [1] (1850).

Nota. – (1) 1994. (2) 1992. (3) 1991.

■ **Musée le plus ancien.** *Japon :* Nara VIII. *Europe :* Ashmolean Museum (Oxford, G.-B.) fondé 1679 par Élias Ashmole. **Les plus grands.** *USA :* New York : musée d'Histoire naturelle créé 1874 (9,3 ha) ; Washington : Smithsonian Institution : créée 1846 grâce au legs du savant anglais James Smithson, complexe de 16 musées (dont 2 à New York) et Parc zoologique national, 140 millions d'objets d'art et de spécimens.

■ PRINCIPAUX MUSÉES

☞ **Nombre de visiteurs** (la majeure partie des dernières données communiquées date de 1985-94).

■ **Allemagne.** Musées d'art : 4 682. **Altenburg** *Lindenaumuseum.* **Augustusburg** *Motocycles.* **Berlin** *Mitte* [antiquités grecques et romaines. Proche-Orient. M. islamique. Art paléochrétien et byzantin. Numismatique. Sculptures. Gal. nationale (XIXe s.)]. *Tiergarten* [Gal. des peintures. Gal. nationale (XXe s.). M. des Arts décoratifs. Cabinet des estampes. Coll. des instruments musicaux]. *Charlottenburg* [M. égyptien. Coll. pré- et protohistoire. Picasso et son temps]. *Dahlem* (art indien. Extrême-oriental. Coll. ethnographique). Poste. Radio 50 000. *Deutsche Guggenheim* 106 521 (en 2000). *Transports et Techniques* 165 780. *Naturkunde.* **Bochum** *Industries minières* 429 350. **Bonn** *Rheinisches Landesmuseum* 98 430. *Kunsthalle. Städtisches Kunstmuseum. Alexander Koenig* 115 779. **Brême** *Kunsthalle. M. nautique national* 317 998. **Buchenwald. Cologne** *Rautenstrauch-Joest-Museum* 18 059. *M. romain-germanique et préhistorique* 605 261. *Kunsthalle* 362 000. *Stadtmuseum. Wallraf-Richartz* (peint., Moyen Age, Temps modernes) 270 989. *Schnütgen* (sculpt. et artisanat, Moyen Age). **Cottbus** *Kunstsammlung* (régional : beaux-arts). **Darmstadt. Dortmund** *Industrie.* **Dresde** *Architecture. Histoire militaire. Hygiène. Postes. Techniques. Transports. Gal. de peinture des maîtres classiques. Zwinger* (porcelaines). *Coll. d'armes anciennes. Gal. de peintres des XIXe et XXe s. Albertinum* (sculptures). *La Voûte verte. Coll. d'estampes et de dessins. Cabinet des monnaies et médailles. Artisanat* (au château Pillnitz). **Düsseldorf** *Städtische Kunsthalle* 75 600. *Kunstsammlungen Nordrhein-Westfalen* (peint. XXe s.). **Erfurt** *Angermuseum.* **Essen** *M. Folkwang* (peint. XIXe et XXe s.). **Francfort** *Senckenberg* 254 196. *Städelsches Kunstinstitut* (peint. européenne XIVe-XXe s.), 183 409. *Arts déco* 400 000. *Art moderne. M. ethnologique* 21 357. *Hist.* 157 230. **Gera. Görlitz** *Hist. naturelle.* **Goslar** *Ramnelsberger. Bergbaumuseum.* **Gotha** *Schlossmuseum* (m. du château). **Güstrow. Hagen** *Westfälisches Freilichtmuseum.* **Halle** *Galerie Moritzburg.* **Hambourg** *Kunsthalle* (peint., sculpt.) 196 691. *Arts déco* 161 738. *Électricité. Travail.* **Hanovre** *Niedersächs Landesmuseum.* **Hettstedt** *Techniques.* **Iéna** *Phyletisches M.* *Stralsund Meersemuseum.* **Karlsruhe. Kassel. Königstein. Leipzig. Lüneburg** *Sel.* **Magdeburg** *Albrechtsburg Ville.* **Mayence** *M. romain-germanique* 48 711. **Meiningen** *Elisabethenburg.* **Meissen** *Ville.* **Mönchengladbach** *Kunstmuseum.* **Munich** *ancienne Pinacothèque* (créée 1826 : pose de la 1re pierre, peint. européenne XIVe-XVIIIe s., Rubens, 25 salles, 45 cabinets) 219 856 (7-1997/12-1998) ; *nouvelle* (créée 1853, peint. et sculpt. XVIIIe-XIXe s.) 267 309 (1998). *Art moderne* (XXe s.) 62 540 (1998). *Glyptothèque. M. bavarois* (sculpt., arts déco XIe-XVIIe s.) 105 414. *Résidence* (chambre du Trésor) 130 730. *M. ethnologique* 55 915. *Ville* 439 463. *M. allemand* (le plus grand m. technique du monde) 1 305 140. **Nuremberg** *germanique* 443 849. *Transports* 448 541. **Oelsnitz. Öhrdruf. Potsdam-Sans-Souci** *Châteaux et Jardins. Cité.* **Ravensbrück. Rostock.** *M. naval.* **Sachsenhausen. Schwerin** *Galerie de peintures.* **Stuttgart** *Staatsgalerie. Württembergisches Landesmuseum* 295 740. *Mercedes Benz.* **Thale. Wernigerode** *M. féodal.*

■ **Autriche.** **Kittsee** *M. ethnologique* (château Kittsee). **Vienne** *M. ethnologique, Folklore. Armée. Kunsthistorisches* [peint. flamande : Bruegel (la plus grande collection), espagnole : Vélasquez ; italienne : Titien, Giorgione]. *Gal. autrichienne* (art médiéval et baroque, art moderne). *Art moderne. Albertina* (arts graphiques). *Arts appliqués. Gal. de peinture de l'Académie des Beaux-Arts. Théâtre. Globes. Espéranto. Anatomie-pathologie. Hist. naturelle.*

■ **Belgique** (en 1997). **Anvers** *Beaux-Arts* 170 854. *Marine* 67 410. *Plein air de la sculpture* 193 418. *Plantin Moretus* 85 049. *Maison de Rubens* 172 803. **Bruges** *M. Groeninge* (peint. flamande, Van Eyck, Bosch) 131 979. **Bruxelles** *Beaux-Arts* 394 556. **Gand** *Beaux-Arts* 234 583 (1996). *Château des comtes de Flandres* 238 022 (1996). **Genk** *Plein Air. Bokrijk* 312 179. **Ostende** *Art Moderne* 256 572. **Tervuren** *Afrique centrale* 159 140.

■ **Canada.** 1 800 musées. **Calgary** *Glenbow-Alberta Institute.* **Fredericton** *Beaverbrook Art Gallery.* **Halifax** *Nova Scotia Museum.* **Hull** *M. canadien des civilisations.* **Montréal** *Beaux-Arts. Art contemporain.* **Ottawa** *National Gallery of Canada* (peint. européenne, art. XVe s., art canadien XVIIIe-XXe s.). **Québec** *m. de la Civilisation du Québec.* **Saskatoon** *Gall. and Conservatory Corporation (Mendel Art Gall.).* **Toronto** *Art Gall. of Ontario, Royal Ontario.* **Vancouver** *Art Gall.* **Winnipeg** *Art Gall.*

■ **Corée** (en 2000). **Chinju** *M. nat.* (objets du royaume de Kaya) 282 597. **Chonju** *M. nat.* 293 732. **Kongju** *M. nat.* (trésors du roi Muryong) 427 887. **Kwach'on** *Art contemporain.* **Kwangju** *M. nat.* (céramique chinoise) 407 358. **Kyungjo** *M. nat.* (art dynastie Silla) 1 569 596. **Onyang** *Folklore.* **Po-un** *Emille* (peint. traditionnelle, tuiles). **Puyo** *M. nat.* (archéo. royaume de Paekche) 420 761. **Séoul** 2 070 400 *M. nat.* (arts, hist.). *Folklore. Kansong* (peint., livres anciens). *Kimchi* (cuisine traditionnelle). **Yongin** *Hoam* (art ancien et contemporain).

■ **Danemark.** 296 musées dont 55 musées d'art. **Aalborg** *Art de Nordjylland* 68 000. **Aarhus** *M. préhistorique de Moesgaard* 65 000. **Copenhague** *M. nat.* 335 000. *M. Thorvaldsens* 85 000. *Beaux-Arts* 188 238. *Ny Carlsberg Glyptotek* 216 000. *Château de Kronborg* 192 282. *Louisiana* 511 000. *M. zoologique* 148 000. **Kolding** 170 000. **Skagen** *musée* 212 000.

■ **Égypte.** **Alexandrie** *M. gréco-romain.* **Assouân** *M. de la Nubie.* **Le Caire** *M. égyptien* (antiquités, de la préhistoire jusqu'au IIIe s. apr. J.-C.) 824 502. *Islamique* (jusqu'en 1879) 47 238. *Copte* 80 184. **Louxor** *M. archéologique.*

■ **Espagne.** **Badajoz** *Art roman.* **Barcelone** *Art catalan. Picasso.* **Bilbao** *Le Guggenheim* (ouvert 1997 ; 24 290 m² ; architecte : Franck Gehry ; coût : 0,6 milliard de F). **Madrid** *M. ethnologique. Prado* [créé 1809, Titien (31 tableaux), Rubens (76), Goya (115), Vélasquez (50), Greco, Zurbaran, primitifs flamands] 1 765 296. *M. archéo. Escurial.* **Merida** *Art roman.* **Valence** *Céramique.* **Valladolid** *Sculpt.* **Vich** *Épiscopal* (Moyen Age).

■ **États-Unis.** **Boston** *Beaux-Arts.* **Brooklyn** *Musée* (art égyptien, primitif africain, océanien, américain, peint., arts déco. américains, XIXe s.). **Chicago** *Art Institute. Science et Industrie* 4 000 000. **Houston** *M. des Beaux-Arts.* **Los Angeles** *County Museum of Art. Getty Center* [créé 1997 ; 945 000 m² ; architecte : Richard Meier ; campus 9,8 ha ; coût : 1 milliard de $ (budget de fonctionnement 0,177)]. *Museum of Contemporary Art de L.A. (Moca),* (ouvert 1986). **Milwaukee. New York** *Museum of Modern Art (Moma),* [créé 1924 (1880 à nos jours ; 50 salles)]. *Metropolitan Museum of Art (Met)* [peint., art islamique, 13 ha de salles] 3 800 000. *Guggenheim* (peint. et sculpt. modernes). *Frick Collection* (peint. XIVe au XIXe s., porcelaine chinoise, française, meubles français, italiens, bronzes italiens). *Whitney Museum* (art américain, XXe s.). *Museum of the American Indian. The Jewish Museum* 200 000 (en 2000). **Philadelphie** *Art* (primitifs hollandais, céramique). *Franklin Institute.* **San Francisco** *California Palace of the Legion of Honor* (art français Moyen Age au XIXe s., Rodin). *Young Memorial* 1 680 000. **Washington** *Corcoran Gallery* 293 312 (1983). *Femmes dans les Arts* (fondé 1981). *National Gallery of Art* (créé 1938, art occidental du XIIIe s. à nos jours). *Coll. Phillips* (art moderne et ses sources). *Art américain. Hist. américaine* 5 369 336. *Hist. naturelle* 6 096 282. *Air et Espace* 14 500 000.

■ **Grande-Bretagne.** **Aberdeen** *Art Gallery* 210 299. *Hist. naturelle* (87 000 m²) 1 064 273. *Sciences* (42 873 m²) 1 556 368. **Belfast** *Ulster M.* 256 020. **Birmingham** *City M. and Art Gall.* 600 000. **Bradford** *Photo* 737 096. **Cambridge** *Fitzwilliam M.* 240 859. **Cardiff** *Nat. M. of Wales* 308 581. **Édimbourg** *Nat. Gall. of Scotland* 5 442 662. *Art Moderne* 190 690. *Portrait Gall.* 185 659. **Glasgow** *Coll. Burrel* 279 408. *Art* 1 059 625. **Greenwich** *M. maritime* 504 496. **Leeds** *City Art Gall.* 262 625. **Liverpool** *Gall. Walker* 202 372. **Londres :** *National Gallery* (créée 1824, ouverte 1838, peint., 46 salles) 5 000 000 (en 1996). *National Portrait Gallery* 1 178 400 (en 2000). *Tate Gallery* (créée 1897, peint., 61 salles) 2 102 000. *Royal Academy* 745 801. *British Museum* [créé 1753, 80 000 m² ; archéo. : pierre de Rosette, sculptures du mausolée du roi Mausole à Halicarnasse (IVe s. av. J.-C.), marbres d'Elgin, statues et frises du Parthénon (procession des Panathénées), du temple d'Athéna Niké et de l'Erechtheion, monument des Harpyes (tombeau de style ionien découvert à Xanthos, Ve s. av. J.-C.) ; arts mineurs] 5 392 129 (en 2000). *M. of London* (histoire de Londres) 278 273. *Victoria and Albert Museum* (arts déco.) 933 150 (en 2000). *Wallace Coll.* (peint., arts mineurs) 180 000. *Imperial War M.* 444 279. *Humanité* (British Museum) 290 578. *Sir John Soanes Museum* 96 823 (en 2000). **Manchester** *Gall. Whitworth* 119 080. **Newcastle** *Gall. Laing* 82 415. **Nottingham** *Castle* 338 925. **Oxford** *Ashmolean* 202 621. **Sheffield** *Gall. Graves* 122 018. **York** *Art Gall.* 129 273. *Jorvik Viking Center* 573 521. *Chemins de fer* 405 107.

■ **Grèce.** 110 musées et 108 collections archéologiques. **Athènes** *Archéo.* (48 salles) 894 548. *Acropole. Byzantin. Pinacothèque nationale. Numismatique. Épigraphique. Agora ancienne. Kerameikos. Art populaire. Hist. ethnologique. Goulandris* (*M. d'hist. naturelle,* coll. privée). *Kanellopoulos* (coll. privée). *Benaki. Art moderne* (coll. Vorres). *Pinacothèque de l'art moderne* (coll. privée Pierides). **Nauplie** *Folklore.* **Salonique** *M. ethnographique et ethnologique de Macédoine.* – **Autres villes :** *M. archéologiques* sur de nombreux sites.

■ **Hongrie.** **Budapest** *Beaux-Arts. Arts déco. Galerie nat., M. nat. hongrois. M. ethnographique. M. Ludwig. M. Histoire militaire. M. Histoire de Budapest. M. Histoire naturelle. Technologie. Agriculture. Technique. Transport. Sciences naturelles.*

■ **Inde.** **Bénarès** *Bharatia Kala Bhavan.* **Bihar** *Archéo. Patna. Gaya.* **Bhopal** *Art moderne.* **Bombay** (Mumbai) *Jahangir Art Gallery. Prince of Wales.* **Calcutta** *Victoria Memorial M. Indian Museum* (+ de 125 000 objets). **Goa** *Archéo.* **Hyderabad** *Salarjung Museum.* **Jaipur** *Albert Hall.* **Khajuraho** *Archéo.* **Madras** (Chennai) *Archéo. Fort St Georges. Contemporary Gallery of Modern Art.* **New Delhi** *Archéo. Gall. of Contemporary Art/Lalit Kala Akademy. Nat. Gall. of Modern Art. Nat. Museum.* **Pondichéry** *Archéo.*

■ **Iraq.** **Baghdad** *M. archéologique de l'Iraq.*

■ **Italie.** **Bologne** *M. civique, Pinacothèque.* **Florence** *Académie* 763 273. *Les Offices* (ouvert 1767, peint. italienne XVe et XVIe s. 46 salles), 1 413 536 (en 2000). *Palais Pitti* (peint.). *Nat.* (Bargello ; sculpt., arts mineurs, monnaies antiques). *Couvent St-Marc* (Fra Angelico). **Milan** *Pinacothèque de Brera* 200 923 (en 2000), *Civique. M. Poldi Pezzoli. Bibl. ambrosienne,* 80 000. **Naples** *M. nat.* (peint., archéo. romaine). *Capodimonte.* **Rome** *Art antique. Art moderne. Capitole* (sculpt.). *Vatican* (peint. ancienne, Renaissance). *Latran* (art ancien, chrétien, ethno.). *Borghèse* (peint.). *Gal. Colonna. Gal. Doria.* **Venise** *Gal. de l'Académie* (peint. vénitienne XIIIe au XVIIIe s. 24 salles) 179 308. *Art oriental.* **Turin** *Sabauda* (peint.). *Antiquités.*

■ **Japon.** **Kurashiki** *Beaux-Arts O'hara.* **Kyoto** *M. nat.* (peint. et arts déco). *Beaux-Arts* (peint. moderne japonaise). *Miho Museum* (ouvert 1997) ; architecte : Ieoh Ming Pei ; 17 429 m² ; coût : 1,53 milliard de F). **Nara** *Nat.* (art bouddhique). **Osaka** *Beaux-Arts. Ethno.* **Sakura** *Hist.* **Tōkyō** *Art populaire japonais. Nat.* (archéo. et art extrême-oriental). *Beaux-Arts occidentaux. Art moderne. M. scientifique* (Sciences et Télécommunications) 1 302 840.

■ **Maroc.** **Chefchaouen** *M. ethno.* **Essaouira** *Sidi Mohamed Ben Abdellah* (archéo., ethno.). **Fès** *Batha (ethno.), Borj Nord* (armes). **Larache** *M. archéo.* **Marrakech** *Dar Si Saïd (archéo., ethno.).* **Meknès** *Dar Jamaî* (ethno.). **Rabat** *M. archéo., des Oudaias* (ethno.). **Safi** *Céramique.* **Salé** *Céramique.* **Tanger** *Kasba* (archéo., ethno.). *Art contemporain.* **Tétouan** *Bab al Oqla* (ethno., archéo.).

■ **Mexique.** *Anthropologie et Histoire.*

■ **Monaco.** *M. océanographique et aquarium* (ouvert 1910) 719 310 (en 2000).

■ **Norvège** (en 1999). **Bergen** *M. historique* 97 860 (en 1998). *Vestlandske kunstindustrimuseum* (arts et métiers) 21 784. *M. zoologique et jardin botanique* 32 745 (en 1998). *Aquarium* 243 341. **Elverum** *Sylviculture* 118 474. **Lillehammer** *Maihaugen* (plein air) 169 131. **Oslo** *Hist.* (inclus M. viking) 468 612. *Norsk Folkemuseum* (plein air) 228 138. *Henie-Onstad Kunstsenter* (centre d'art) 56 885. *Samtidskunst* (Art moderne) 74 586. *Nasjonalgalleriet* (Arts plastiques) 333 000. *Kunstindustrimuseet* (arts et métiers) 37 042. *Munch* 104 830. *Hist. naturelle* 377 373. *M. maritime* 92 610. *Norsk Teknisk Museum* 134 382. **Tromsø** *M.* [inclut collections sames (Lapons)] 75 523. *Beaux-Arts* 43 491 (en 1998). **Trondheim** *Kunstindustrimuseum* 49 000 (en 1998). *Vitenskapsmuseet* 54 056.

■ **Pays-Bas** (en 1999). 902 musées. **Amstelveen** *Cobra Museum.* **Amsterdam** *Rijksmuseum* [créé 1806 et 1885, peint., sculpt. du XVe au XIXe s., arts déco. asiatiques, hist., estampes (environ 1 million), 200 salles] 1 150 000 (en 2000). *Anne Franck* 710 543. *M. zoologique. Stedelijk* (art moderne) 395 000 (en 2000). *Van Gogh* 1 312 204 (en 2000). *M. historique* 227 019, *Tropenmuseum* 181 250. **Arnhem** Openlucht 303 000. **Eindhoven** *Sted. van Abbemuseum* (Art moderne). **Enkhuizen** *M. nat. Zuiderzee. National Scheepvaartmuseum* (hist. maritime). **Groningue** *Groninger Museum* 225 000 (en 2000). **Haarlem** *Frans Hals* 178 000 (en 2000). *Teylers* 82 739. **La Haye** *Mauritshuis* (peint.) 121 700, *Gemeentemuseum* 212 741. *Hist. naturelle. Technique.* **Leyde** *voor Volkenkunde. Van Oudheden* 115 382. *Naturalis. Lakenhal* (Beaux-Arts). *Géologie. Minéralogie. Histoire naturelle.* **Maastricht** *Bonnefantenmuseum.* **Otterlo** *Kröller Muller* (peint. moderne, Van Gogh) 343 000 (en 2000). **Rotterdam** *Architectuur Instituut. M. maritime. Boijmans-Van Beuningen* (peint., arts mineurs) 132 000 (en 2000). *Hist., voor land en Volkenkunde. Tiburg de Pont.* **Utrecht** *Central* (peint., arts mineurs, archéo.), *Spoorweg* 143 146. *Catharijne Convent* (art ancien et religieux).

■ **Portugal.** Environ 250 musées, 2 millions de vis. **Amarante** *Albano Sardoeira* (peintures de Souza Cardoso). **Aveiro. Braga** *M. des Biscainhos. M. D. Diogo de Sousa.* **Bragança** *Abade de Baçal.* **Caldas da Rainha** *José Malhoa. M. de Céramique.* **Castelo Branco** *Francisco Tavares Proença Junior.* **Coimbra** *Machado de Castro.* **Evora. Guimarães** *Alberto Sampaio.* **Lamego. Lisbonne** *Arts anciens. Gulbenkian* 105 406. *Azulejos. Théâtre. Art contemporain. Maison du Dr Gonsalves. Ajuda. Carrosses royaux. Ville. Art populaire. Marine. Costume. Arts déco. Archéo. et Ethno.* **Mafra** *Palais nat.* **Nazaré** *M. Dr Joaquim Manso.* **Obidos. Porto** *Soares des Reis. Fondation Serralves.* **Sintra** *Palais de la ville. Palais de Pena. M. d'Art moderne (coll. Berardo).* **Viseu** *M. de Grão Vasco.*

■ **Rép. tchèque.** **Prague** *M. nat., technique. Tchèque* (Municipal, lettres, ethnologique). Arts appliqués. *Galerie nationale, M. juif, M. de la Ville, M. Mucha.*

■ **Roumanie.** **Baia-Mare** *M. des Fleurs de mine.* **Bucarest** *Art populaire. Collections d'art. Hist. Village. Paysan roumain. Grigore Antipa. M. géologique. M. et jardin botanique. Technique « D. Leonida ». M. nat. militaire. Chemins de fer.* **Cluj** *Art. Hist. de la Transylvanie. Jardin botanique. Spéléologie.* **Constantza** *Archéo. Aquarium.* **Craiova** *Art.* **Golesti** *Viticulture et Arboriculture.* **Jassy** *Art. Hist. de la Moldavie. M. ethnographique de la Moldavie. Hist. des sciences. Hist. naturelle.* **Oradea** *Ethno.* **Ploiesti** *Horlogerie.*

COLLECTIONS ZOOLOGIQUES

Les plus anciennes. **Antiquité :** roi d'Égypte Ptolémée II (dont un serpent géant). **XVIe s. :** Aldrovandi. **XVIIe s. :** animaux indonésiens de Georg Eberhard Rumpf. **Vers 1660,** en Allemagne, coll. de Göttorf, du duc de Holstein (crocodiles naturalisés, calmars). **XVIIIe s. :** France, nombreux cabinets d'hist. naturelle (17 à Paris en 1742, 61 en 1780). Jenner classe les coll. rapportées par Cook en 1771. De Linné (Stockholm et Londres). Du père David.

Principales collections au XIXe s. **Berlin :** *Musée zoologique Carl Illiger, Unter den Linden.* **Copenhague :** *Musée zoologique* 268 000. **Leyde :** *National Natuurhistorisch Museum.* **Londres :** *Musée Levarianum, British Museum, musée d'Histoire naturelle.* **Paris :** *Muséum national d'histoire naturelle* (1 500 000 échantillons en zoologie, 36 900 en anatomie).

Expositions les plus fréquentées

■ **En France. Nombre de visiteurs payants :** *1 240 975* Toutânkhamon (1969) [2]. *+ d'1 million* Ramsès le Grand (1976) [4]. *840 662* Dalí (1979-80, 104 jours). *793 544* Renoir (1985) [4]. *735 197* Manet (1983) [4]. *734 896* Matisse (1993) [7]. *734 896* Toulouse-Lautrec (1992) [4]. *632 956* Cézanne (1995-janv. 96) [4]. *623 297* Gauguin (1988). *603 132* Picasso (1966) [2,4]. *600 000* Collection Barnes (1993) [8]. *600 000* Vienne (1986) [7]. *600 000* Bijoux, cailloux, fous (1986). *548 496* Turner (1983) [4]. *505 692* Centenaire de l'impressionnisme (1974) [4]. *504 422* Monet (1980) [4]. *494 233* Van Gogh (1972) [1]. *491 844* Impressionnisme, les origines (1994) [4]. *488 093* Bonnard (1984, 77 jours) [7]. *482 314* Georges de La Tour (1997-janv. 98) [4]. *473 103* Paris-Paris (1981, 137 jours) [7]. *450 000* Vienne 1880-1938 (1986, 72 jours) [7]. *457 326* Picasso (1979) [4]. *439 886* Degas (1988) [2]. *433 890* Picasso et le portrait (1997) [4]. *432 803* Watteau (1984) [4]. *431 764* Brancusi (1995) [4]. *430 760* Impressionnisme (1985) [4]. *425 013* Paris-Moscou (1979, 136 jours) [7]. *421 423* Caillebotte (1994-95) [4]. *420 569* De Rembrandt à Vermeer (1986) [4]. *418 329* Forum (1979-80, 97 jours) [7]. *407 524* Paris-Berlin (1978) [7]. *400 000* Millet-Van Gogh (1998) [8]. *396 016* Le Douanier Rousseau (1984) [4]. *388 928* Seurat (1991). *387 698* Aménophis III (1993). *386 313* Magritte (1979) [7]. *385 740* Cézanne (1978) [4]. *375 000* Giacometti (1992) [4]. *369 462* Pissarro (1981) [2]. *364 287* Van Gogh (1988) [6]. *363 215* Francis Bacon (1996) [7]. *359 612* Titien (1993). *359 596* L'Or des Scythes (1975) [4]. *349 656* Kandinsky (1984-85) [7]. *344 999* Fragonard (1987). *348 235* La Tour (1972) [1]. *347 612* collection Walter (1966) [1]. *347 136* Matisse (1970) [4]. *339 983* Chardin (1979) [4]. *336 211* Chagall (1984) [7]. *335 866* la Comédie-Française de 1680 à 1862 (1962) [3]. *327 534* Poussin (1994-95) [4]. *326 006* Fragonard (1987) [4]. *324 616* Corot (1996) [7]. *317 702* Vermeer (1966) [1]. *311 636* Goya (1970) [1]. *306 958* Andy Warhol (1990) [7]. *296 690* Les frères Le Nain (1979) [4]. *293 012* Angkor, art khmer (1997) [4]. *292 221* Les Étrusques (1992) [5]. *289 872* Cézanne (1974) [1]. *288 093* Balthus (1983) [7]. *272 133* le Dernier Picasso (1988) [7]. *261 135* Gainsborough (1981) [4]. *258 004* Cézanne (1988). *256 168* collection suisse (1967) [1]. *255 792* Courbet (1978) [4]. *253 930* Chagall (1970) [4]. *252 242* De Renoir à Matisse (1978) [4]. *250 810* la Gloire d'Alexandrie (1998) [2]. *246 039* les Fastes du gothique (1981) [4]. *239 531* Le Brun (1963) [3]. *236 098* Sisley (1992). *235 503* Vienne à Versailles (1964) [3]. *226 676* Picasso nouvelle dation (1990). *225 714* Peintures XVIIe s. dans les collections américaines (1982) [4]. *220 178* Hommage à Corot (1975) [1]. *216 792* Tables royales (1993). *216 641* Géricault (1991). *210 753* Visions du Nord (1998) [6]. *204 963* Bonnard (1967) [1]. *204 422* Max Ernst (1992) [6]. *201 785* Raphaël (1983). *201 068* la Tapisserie du XIVe au XVIe s. (1973) [4]. *200 178* Claude Gellée dit le Lorrain (1983).

Nota. – (1) Orangerie. (2) Petit Palais. (3) Versailles. (4) Grand Palais. (5) Louvre. (6) Art moderne. (7) Beaubourg. (8) Orsay.

Nombre moyen d'entrées payantes par jour : collection Barnes (1993) 11 480. Centenaire de l'impressionnisme (1974) 9 198. Renoir (1985) 8 625. Dalí (1980) 8 083. Manet (1983) 8 079. Monet 1980) 7 760. Matisse (1993) 7 349. Toutânkhamon (1969) 7 342. Gauguin (1989) 7 253. Toulouse-Lautrec (1992) 7 116. Turner (1983) 6 943. L'impressionnisme et le paysage français (1985) 6 627. Vienne (1986) 6 429. Bonnard (1984) 6 341. Picasso (1966) 6 224. Art terrestre, beauté céleste (2000) 5 876. Vermeer (1986) 5 608. Sinaï (2000) 5 495. Degas (1988) 5 431. Giotto (2000) 5 392. Van Gogh (1972) 5 314. Watteau (1984) 5 278. Paul Klee (2000) 5 270. Aménophis III (1993) 5 239. L'image du Christ (2000) 5 002. Modern Starts (2000) 4 476. Millet-Van Gogh (1998) 4 444.

■ **Dans le monde. Nombre de visiteurs en 2000 :** *Fabergé* (St-Pétersbourg) 1 000 000. *Giotto* (Florence) 690 131. *Making Choices* (New York) 689 770. *Modern Starts* (New York) 617 754. *Gloire du Siècle d'or* (Amsterdam) 594 122. *Cent chefs-d'œuvre de l'Ermitage* (Rome) 573 753. *Art terrestre, beauté céleste* (St-Pétersbourg) 570 000. *Triomphes du baroque* (Washington) 526 050. *Sinaï : Byzance, Russie* (St-Pétersbourg) 500 000. *Sculptures de maîtres* (St-Pétersbourg) 500 000. *Chihuly* (Jérusalem) 488 000. *Van Gogh* (Martigny) 447 584. *Méditerranée, de Courbet à Matisse* (Paris) 416 867. *Le monde enfantin de Picasso* (Tokyo) 386 086. *Paul Klee* (Hambourg) 363 604. *L'image du Christ* (Londres) 355 175. *Magritte* (San Francisco) 354 100. *Picasso sculpteur* (Paris) 350 000. *De Degas à Picasso* (Bilbao) 340 094. *L'art égyptien au temps des pyramides* (Toronto) 339 543. *De Renoir à Picasso* (Montréal) 327 644. *David Salle* (Bilbao) 317 678. *Stroganoff* (Portland) 317 075. *Van Gogh* (Boston) 316 049, (Détroit) 315 000. *Clemente* (Bilbao) 314 759. *1 700 ans de christianisme en Arménie* (St-Pétersbourg) 300 000. *Charles Worth* (St-Pétersbourg) 300 000.

Source : Journal des Arts.

Pétrole. **Sibiu** *Samuel Bruckenthal. Techniques populaires.* **Timisoara** *Ethno.*

■ **Russie. Moscou** *Beaux-Arts Pouchkine* (peint. européenne). *Gal. Tretyakov* (art russe). *M. de la Révolution. M. historique.* **St-Pétersbourg** *l'Ermitage* (peint., archéo., 400 salles) 1 900 000. *M. ethnographique.*

■ **Slovaquie. Bratislava** *M. archéo. M. nat. Culture juive. M. littéraire.* **Banská Bystrica** *M. de l'insurrection slovaque. Littérature et Musique. Art moderne* (famille de A. Warhol). *Slovaque, Municipal. Château.* **Košice** *M. de la technique.*

■ **Suède.** 260 musées, 18 000 000 de vis. en 1998 : *M. centraux* (22) 5 448 272, *régionaux* (24) 2 740 955, *locaux* (64) environ 4 000 000, *autres* (85) environ 6 500 000. **Göteborg** *Ethno.* 16 000. *Hist. de la marine et aquarium* 127 092. **Karlskrona** *Hist. de la marine* 160 000. **Linköping** *Aéronautique* 46 320. **Lund** *Kulturene* (m. historique) 115 000. **Malmö** *Ville* 210 000. **Stockholm** *M. nordique* 287 000 (en 1999). *Skansen* (M. de plein air) 1 275 000 (en 1999). *Antiquités* 114 000. *Ethno.* 69 000. *Musique* 37 586. *Poste* 113 000. *Ville* 61 000. *Beaux-Arts* (*National Museet* 240 000 (en 1999) et *Moderna Museet* 283 000 (en 1999 ; 7 900 m^2 ; architecte : Rafael Moneo ; coût : 0,45 milliard de F). *Architecture* 14 000. *Gal. Thielska* (peint. et sculpt.) 20 000. *Millesgården* (maison du sculpteur Carl Milles) 144 000 (en 1999). *Waldemarsudde* (peint. et sculpt.) 175 000. *Sciences et Techniques* 207 000 (en 1999).

■ **Suisse.** 862 musées, 9 000 000 de vis. en 1997. **Bâle** *M. juif de Suisse. Tinguely. M. des Cultures.* Fondation *Beyeler.* **Ballenberg** *M. de l'Habitat rural.* **Berne** *Art et histoire. PTT.* **Chaux-de-Fonds (La)** *Horlogerie.* **Davos** *M. Ernst Kirchner.* **Fribourg** *Hist. naturelle.* **Genève** *Faïences. Croix-Rouge. Croissant-Rouge. Art et histoire. M. ethnographique.* **Langenthal** *Design.* **Lausanne** *Art et histoire. Art brut. M. de l'Élysée. M. olympique. Ermitage.* **Lucerne** *Transports.* **Lugano** *Art et histoire.* **Martigny** *Fondation Pierre Gianadda.* **Neuchâtel** *Arts et techniques.* **Romont** *Vitrail.* **Winterthur** *de la Photo.* Collection *Oskar Reinhart. Technorama.* **Zurich** *M. national suisse.*

■ **Taïwan. Taïpei** *M. nat. du Palais* (640 000 pièces) 2 720 000 (en 1997).

■ **Tunisie.** 39 musées. **Carthage-Salammbô** *Océanographie et pêche. M. nat.* **Djerba. El Jem** *Archéo.* (mosaïque). **Gabès. Kairouan** (Raqqada) *Arts islamiques.* **Le Kef. Monastir. Sfax. Sousse. Tunis** *Bardo* (*M. nat.*, archéo., mosaïque). *PTT. Art vivant du Belvédère. Armée. Céramique islamique. Arts et traditions populaires.*

■ **Turquie** (en 1999). 191 musées. **Ankara** *Civilisation anatolienne* 236 298. **Gaziantep-Zeugma** *Mosaïque.* **Hatay** *Mosaïque.* **Istanbul** *Ste-Sophie* 575 170. *Archéo.* 117 244. *Topkapi* 808 981. **Izmir** *Éphèse* 117 954. **Konya** *Mevlâna* 800 000. **Nevşehir-Hacibektaş** *Hadji Bektash Veli* 677 050.

En France

Organisation

■ **Origine.** *10-8-1793 :* inauguration au Louvre du musée de la République ; les musées de province se constituent à partir de biens saisis. *16-4-1895, 14-1-1896, 10-8-1941* et *13-7-1945 :* organisation des musées. Les musées français participent aux activités de l'Icom (International Council of Museums), association non gouvernementale.

Direction des Musées de France (ministère de la Culture) : gère les musées nationaux, assure la tutelle de l'État sur les musées classés et contrôlés. A un droit de préemption en vente publique. Contrôle l'exportation des œuvres d'art.

Statistiques

■ **Nombre de musées.** 3 900 dont 38,6 % appartiennent à des propriétaires privés. 55 % des musées sont consacrés à plusieurs thèmes, 45 % à 1 seul thème (Histoire 18,5, Beaux-Arts 14, Archéologie nationale 13,2, Ethnographie 12,5, Sciences et Techniques 12,2, Histoire naturelle 11,9, Art religieux 5,1, Mobilier, objets d'art 4,7, Littérature ou Musique 2,6, etc.). Dans 4 musées sur 10, l'entrée est gratuite (43 % des musées privés, 36 % des musées publics).

Musées publics : *appartenant à l'État* 78 dont musées relevant du ministère de la Culture 45 (dont 33 dépendent de la Direction des musées de France), de la Défense 25, de l'Éducation 4, d'autres ministères 7 ; *appartenant aux collectivités territoriales* sous tutelle du ministère de la Culture 1 075 (dont musées contrôlés 1 000, classés 32, du ministère de l'Éducation 100, des 2 ministères 68).

☞ **Écomusée :** musée associant la population à la préservation, à la mise en valeur et à l'animation du patrimoine du territoire qu'il s'est donné pour cadre, parfois musée de plein air.

■ **Budget des musées publics** [nationaux, classés, contrôlés, en millions de F, (Beaubourg exclu)]. **Équipement** (subventions de l'État en autorisation de programme) : *1980 :* 331,2 ; *81 :* 254,9 ; *82 :* 412,8 ; *83 :* 973,8 ; *84 :* 521,3 ; *85 :* 902,8 ; *86 :* 1 240,8 ; *87 :* 717,1 ; *88 :* 297,9 ; *89 :* 767 ; *90 :* 819,8 ; *91 :* 954,6. **Fonctionnement** (y compris budget d'acquisition) : *1980 :* 148,1 ; *81 :* 169,4 ; *82 :* 317,9 ; *83 :* 445 ; *84 :* 493 ; *85 :* 501 ; *86 :* 537 ; *87 :* 541 ; *88 :* 598 ; *89 :* 609,5 ; *90 :* 731,6 ; *91 :* 758,5 ; *92 :* 718,7.

Centres d'art contemporain (en 1998) : *nombre :* 27. Subventions publiques (en millions de F) : 57,25 (État 21,7 ; communes 11,74, régions 9,27, départements 6,24, autres 8,30).

Fonds national d'art contemporain (Fnac). *Montant des achats* (en millions de F) : *1990 :* 16,6 ; *91 :* 23,6 ; *92 :* 16,4 ; *93 :* 20,5 ; *94 :* 17,6 ; *97 :* 11,3 ; *98 :* 21,7 (dont arts plastiques 17,4 ; photographies 2,4 ; arts décoratifs 1,8). *Œuvres achetées* (en unités, en 1998) : 686 de 294 artistes dont peintures dessins 98, sculptures 76, estampes gravures 111, photographies 248, objets d'arts décoratifs 153.

Fonds régionaux d'art contemporain (Frac) : *nombre* 23. Subventions (en millions de F) : 57,372 (État 27,298, régions 30,074).

■ **Crédits d'acquisition des musées nationaux** (en millions de F). *1990 :* 141,8 ; *91 :* 76 ; *92 :* 125,7 ; *93 :* 69,8 ; *94 :* 139,3 ; *95 :* 87,6 ; *96 :* 94,6 ; *97 :* 143,8 ; *98 :* 169. **Subventions de l'État et,** entre parenthèses, **fonds du patrimoine :** *1990 :* 29,7 (22,9) ; *91 :* 16,5 (8,4) ; *92 :* 32,7 (11) ; *93 :* 16,6 (1,5) ; *94 :* 14,3 (15) ; *95 :* 7,3 (9,3) ; *96 :* 6 (36,2) ; *97 :* 7,9 (57,3) ; *98 :* 11,9 (70,3). **Ressources de droits d'entrée,** en italique **dons et legs affectés et,** entre parenthèses, **mécénat :** *1990 :* 47,7 *38* (2,9) ; *91 :* 46,4 *1,6* (2,6) ; *92 :* 57,6 *40,6* (5,3) ; *93 :* 40,6 *3,8* (7) ; *94 :* 77,3 *20,4* (11,7) ; *95 :* 54,8 *6,3* (9,7) ; *96 :* 43,6 *1* (7,8) ; *97 :* 26,5 *37,1* (14,9) ; *98 :* 54,5 *15,5* (16,3).

■ **Crédits d'État pour les acquisitions des musées des collectivités territoriales** (en millions de F). *1990 :* 53,8 ; *91 :* 49 ; *92 :* 52,6 ; *93 :* 26,7 ; *94 :* 28,1 ; *95 :* 26,9 ; *96 :* 29,6 ; *97 :* 20,2 (dont Fram 20,8 ; fonds du patrimoine 7,4) ; *98 :* 28,2.

Crédits d'acquisition de la culture (en millions de F, 1996) : 550. Commandes artistiques et achats d'œuvres d'art : 236,3 (172,1 en 1995). Dations en paiement (en 1995) : 183. Acquisitions opérées par la réunion des musées nationaux (en 1995) : 95 + une partie des crédits du chapitre 43-10 (patrimoine culturel). En 1995, 34 offres de dations examinées dont 18 ont reçu un agrément pour une valeur libératoire de 78 millions de F (89 % de la valeur libératoire totale des œuvres offertes). En 1997, 10 dations, valeur globale : 100,9 MF.

■ **Œuvres étudiées par le Centre de recherche et de restauration des musées de France. Objets :** *1985 :* 962 ; *95 :* 94 ; *96 :* 302 ; *97 :* 117 ; *98 :* 153 ; *99 :* 627. **Peintures :** *1985 :* 303 ; *86 :* 395 ; *87 :* 547 ; *88 :* 530 ; *89 :* 1 005 ; *90 :* 1 306 ; *95 :* 557 ; *96 :* 367 ; *97 :* 342 ; *98 :* 384 ; *99 :* 362.

■ **Œuvres prêtées pour des expositions temporaires.** *1995 :* 6 826 ; *96 :* 8 604 ; *97 :* 10 600 ; *98 :* 11 396 ; *99 :* 11 188 dont *vers* All. 1 805, Italie 1 299, Japon 1 149.

■ **Personnel** (en 1999). **Conservateurs du patrimoine :** conservateurs généraux des musées et conservateurs en chef 147, personnel des métiers d'art 86. **Personnel :** ouvrier 185, d'accueil et de surveillance 2 060.

■ **Visiteurs** (entrées, en millions). **33 musées nationaux :** *1981 :* 9 (dont 3,2 gratuit) ; *90 :* 16 (5,9) ; *95 :* 12,7 (3,9) ; *97 :* 13,6 (3,8) ; *98 :* 14,1 (3,8) + Rodin 0,57 (0,34) ; *99 :* 13,8 (3,6). **1 200 musées contrôlés :** *1990 :* 70 ; *93 :* 46.

■ **Musées nationaux.** Administrés en régie directement par l'État sauf 5 établissements publics disposant de la personnalité morale et de l'autonomie financière : musées du Louvre, de Versailles, Henner, Gustave-Moreau et Rodin (le seul à disposer de ressources propres grâce au droit de tirage posthume).

■ **Musées classés et contrôlés.** 1 100 placés sous le contrôle scientifique et technique de la Direction des musées de France, appartiennent aux communes, aux départements, à des associations culturelles. *Personnel scientifique* des musées appartenant aux collectivités territoriales (statut du 2-9-1991) : 600 conservateurs et 100 attachés territoriaux de conservation du patrimoine. Des listes établies par arrêté conjoint du min. chargé des Collectivités territoriales et du min. de la Culture déterminent les établissements (ou services) où peuvent être créés des emplois de conservateur et leur nombre. La hiérarchie entre les musées des collectivités territoriales établie en 1945 s'est estompée avec l'apparition de musées contrôlés particulièrement actifs et possédant des ensembles d'objets importants (musées Dobrée à Nantes, des Beaux-Arts à Strasbourg).

☞ Les musées de la Ville de Paris bénéficient d'un régime spécial depuis le règlement du 21-8-1955 et leur organisation est calquée sur celle des musées nationaux. Des musées publics peuvent relever d'autres ministères que de celui de la Culture : Éducation nationale [200 muséums d'histoire naturelle, m. scientifiques et techniques (exemple : m. de l'Homme)], Défense (exemples : m. de l'Armée, m. de la Marine), PTT, etc., ou de l'Institut (exemples : m. Condé à Chantilly, m. Jacquemart-André).

■ **Réunion des musées nationaux (RMN).** Établissement public institué en 1895, administré par un conseil d'administration présidé par le directeur des musées de France. *Ressources :* notamment droits d'entrée dans les musées nationaux et ventes des publications scientifiques, des catalogues d'expositions, CD-Rom, affiches, cartes postales, gravures, moulages et copies de bijoux qu'elle édite. *Dépenses :* achat d'œuvres d'art pour les collections nationales et financement des grandes expositions.

Musées de cire

■ **Musée Grévin.** 10, bd Montmartre, 75009 Paris. *Inauguré* 5-6-1882 (galerie d'actualités), 600 000 vis. (en 2000). *Chiffre d'affaires :* 29 000 000 de F. *Fondateur :* Arthur Meyer (1844-1924), directeur du journal « le Gaulois ». *Financier, organisateur :* Gabriel Thomas. *Artiste metteur en scène :* Alfred Grévin (1827-92), directeur artistique avant 1900. *Adjonctions :* Cabinet fantastique (théâtre de 300 places, 1900), palais des Mirages (1906) et les principaux tableaux de l'Histoire de France : 60 tableaux présentant environ 420 personnages. *1937-38 :* création de musées aux USA et au Canada. **En France** (nombre de visiteurs en 1999) : historial de Hte-Auvergne à Aurillac, rachat du musée de cire de Lourdes [fondé 1974, 88 680 vis.] et scènes historiques du château de Breteuil. *1979 :* au Forum des Halles fermé nov. 1995. *1984 :* historial de Touraine au château royal de Tours, 40 000 vis. *1986 :* nouveau tableau de 50 acteurs et actrices du cinéma au musée Grévin. *1987 :* musée à la Rochelle, 26 430 vis. ; *1988 :* musée historique du Mont-St-Michel, 144 000 vis. *Juin 1990 :* France miniature, 290 000 vis. *1992 :* musée de Provence à Salon-de-Provence, 15 292 vis. *Juillet 1993 :* St-Jean-de-Luz, 25 450 vis. *1999 :* rachat du groupe Grévin/France Miniature par le groupe Astérix suite à une OPE.

■ **Madame Tussaud.** *Créé* 1835 par Marie Tussaud [née Marie Grosholtz (Strasbourg 1761-Londres 1850)]. *1795* épouse Francis Tussaud. *1802* part en Angleterre avec 30 figures de cire héritées du docteur Curtius ; organise des expositions itinérantes. *1835* se fixe à Londres. *1884* locaux actuels. *Nombre de visiteurs :* 2 640 000 en 1999. *1971* musée ouvert à Amsterdam, 550 000 vis. *Octobre 2000* Las Vegas, 205 000 vis. *Été 2000* New York.

■ **Musées et monuments les plus visités** (nombre de visiteurs en milliers, 2000). **Paris et Ile-de-France :** tour Eiffel 6 315 ; Louvre [5] 6 095 ; Versailles (avec Trianons) [2] 2 429 [9] ; Orsay [5] 2 490 ; Cité des Sciences 2 935 ; Arc de triomphe 1 494 ; Art moderne (Centre Pompidou) [5] 5 122 ; Ste-Chapelle [3] 959 ; Rodin [5] 560 ; Orangerie [5] 8 ; Grande Arche 463 [9] ; Notre-Dame (tours) 332 ; Picasso [5] 527 ; Thoiry [2, 5, 6] 356 [9] ; Fontainebleau (musée du château) [2, 5] 339 [9] ; St-Cloud [4] 335 [9] ; Panthéon 413 ; Petit Palais [5] 332 ; Arts d'Afrique [5] 296 ; Chantilly (Condé) [5] 272 [9] ; Conciergerie [5] 364 ; Jacquemart-André [5] 250 [9] ; Stade de France 217 [9] ; Vaux-le-Vicomte [2, 5] 206 [9] ; Marine [5] 123 ; Notre-Dame [3] 12 000 ; Compiègne [2] 148 [9] ; Arts décoratifs (modes et textiles) [5] 123 [9] ; St-Denis [3] 104 [9] ; Auvers-sur-Oise [5] 98 [9] ; St-Germain-en-Laye [5] 83 [9] ; Écouen [2, 5] 40 [9].

Province : Mont St-Michel [1] 3 500 (dont abbaye 1 060) [9] ; Chenonceaux [2] 841 ; Chambord [2] 749 ; Haut-Koenigsbourg [2] 549 [9] ; Amboise [2] 380 [9] ; Blois [2, 5] 372 [9] ; Caen (mémorial) 353 [9] ; Cheverny [2] 350 [9] ; Ungersheim (écomusée) 347 [9] ; Nantes (château des Ducs de Bretagne) [2] 329 [9] ; Azay-le-Rideau [2, 5] 309 ; Arromanches 301 [9] ; Lille (Beaux-Arts) [5] 149 ; Lyon (Beaux-Arts) [5] 261 ; Les Baux [2] 282 [9] ; Besançon (citadelle) 264 [9] ; Colmar (Unterlinden) [5] 240 ; Clos Lucé [2, 5] 250 [9] ; Carcassonne (cité) 230 [9] ; Provins (cité médiévale) 203 [9] ; Mulhouse (Auto) [5] 242 ; Grenoble [5] 20 ; Dijon (François-Rude) [5] 31 ; St-Paul-de-Vence (fondation Maeght) [5] 235 ; Bordeaux (Aquitaine) [5] 53 ; Angers (Roi René) [2, 5] 174 [9] ; Nice (Marc Chagall) [5] 172 [9] ; Albi (Toulouse-Lautrec) [5] 159 ; Fontevraud [1] 165 [9] ; Aigues-Mortes [5, 7] 253 ; Nice (Matisse) [5] 175 ; Arc-et-Senans (centre culturel) [5] 131 [9] ; Ussé [2] 125 ; Verdun (Guerre) [5] 119 ; Pierrefonds [2, 5] 125 [9] ; Hauterives (Facteur Cheval) [2] 123 ; Castelnaud [2, 5] 120 [9] ; Thoronet [1] 111 [9] ; Pau [2] 110 [9] ; Chaumont [2, 5] 114 ; Cluny [1, 5] 108 [9] ; Toulouse (Augustins) [5] 108 ; Dijon (Beaux-Arts) [5] 148 ; Dijon (Histoire naturelle) [5] 95 ; Nantes (Beaux-Arts) [5] 102 [9] ; Saumur [2] 100 [9] ; Glanum St-Rémy [8] 100 [9] ; Mulhouse (Chemins de fer) [5] 92 [9] ; Rouen (Beaux-Arts) [5] 75.

Nota. – (1) Abbaye. (2) Château. (3) Cathédrale, basilique, église. (4) Jardins. (5) Musée. (6) Parc animalier. (7) Forteresse. (8) Site archéologique. (9) En 1999.

■ **« Printemps des Musées ».** Depuis 1997, journée de gratuité annuelle dans 850 musées. **Fréquentation le 1-4-2001 et,** entre parenthèses, **un dimanche habituel :** *Paris* Louvre 32 660 (20 000), Orsay 13 807, Art moderne-Pompidou 7 000, Carnavalet 4 200 ; *Versailles* (Trianons, Carosses) 6 000. *Province* Lyon (Beaux-Arts) 8 750 ; Montpellier (Fabre) 3 270 (70) ; Nice (Matisse) 3 000 (800) ; Strasbourg (Art moderne) 2 700 (600) ; Lille (Histoire naturelle) 2 335 (513) ; Douai (Chartreux) 2 000 (200) ; Reims (Beaux-Arts) 1 900 (90) ; Toulouse (St-Raymond) 1 865 (150).

■ Musées de Paris

■ **Centre national d'art et de culture Georges-Pompidou (Cnac).** Voulu par le président Pompidou en 1969, créé par la loi du 3-1-1975, inauguré 31-1-1977. (Fermé pour restauration 29-9-1997, rouvert 1-1-2000). **Pts :** *1970* Robert Bordaz (1908-96). *1977* Jean Millier (né 1917). *1980* Jean-Claude Grohens (né 1926). *1983* Jean Maheu (né 1931). *1989* Hélène Ahrweiler (née 1926). *1990* Dominique Bozo (1935-93). *1993* François Barré (né 1939). *1996* Jean-Jacques Aillagon (né 1946). **Coût de la construction :** 933 millions de F. **Dimensions :** *superficie :* au sol 1 ha (sur les 2 ha du plateau Beaubourg), 7 500 m^2 par étage (5) ; surfaces vitrées 11 000 m^2. *Poids :* ossature métallique 15 000 t. *Longueur :* 166 m. *Hauteur :* 42 m. *Largeur :* 60 m. *Volume :* 413 320 m^3. **Charpente métallique :** 14 portiques espacés de 12,80 m, comportant chacun 2 poteaux distants de 50 m sur lesquels s'articule à chaque niveau un élément en acier moulé, la « gerberette » (du nom de son inventeur l'ingénieur all. Gerber) ; creux et remplis d'eau, assurent une meilleure assise au bâtiment et permettent de lutter contre un éventuel incendie (la structure resterait rigide au moins 2 h, temps nécessaire à l'évacuation). Structure porteuse à l'extérieur et espaces intérieurs (les 5 étages) dégagés. **Gaines techniques :** arrimées à l'extérieur sur la façade est, et utilisées comme « habillage » : bleue (pour l'air), verte (fluides), jaune (gaines électriques) et rouge (circulations). **Visiteurs :** de 1977 à 1997 : 145 millions (moyenne 23 000/jour). **Architectes :** Renzo Piano et Richard Rogers. **Travaux :** budget pour le réaménagement (en millions de F) : 576 (subventions de l'État 482 ; prélèvement sur subventions équipement courant 54 ; mécénat 40). 70 000 m^2 rénovés ; 8 000 m^2 supplémentaires pour les activités culturelles. Le **Forum,** restructuré sur 3 niveaux (9 400 m^2), lieu d'accueil du public, comprend l'**Espace éducatif** (1 300 m^2, galerie des enfants, ateliers, centre de ressources pour les enseignants), et l'**Espace spectacles** [3 000 m^2, 5 salles pour le spectacle vivant (théâtre, danse, musique), le cinéma, les débats et colloques]. **Musée national d'art moderne (MNAM)** *créé* 1947, rattaché au Cnac en 1975, établissement public autonome relevant du ministère de la Culture, ses collections restant la propriété de l'État. *Directeur :* Alfred Pacquement. *Superficie* 14 000 m^2. *Crédits d'acquisition* (en millions de F) : *1995 :* 20,8 ; *96 :* 21,3 ; *97 :* 23,8 ; *98 :* 27,8 ; *99 :* 30. *Œuvres :* 45 000. *Personnel* (en 2000) : 1 000. *Visiteurs* (en milliers) : *1978 :* 1 585 ; *90 :* 1 096 ; *92 :* 1 053 ; *93 :* 989 ; *94 :* 948 ; *95 :* 788 ; *96 :* 825 ; *97 :* 666 (à partir d'oct. fermeture partielle) ; *2000 :* 1 600 (musée) et 5 800 (centre). **Centre de création industrielle (CCI)** architecture, urbanisme, communications visuelles ; informe le public, effectue des études pour les collectivités locales et les administrations, a fusionné avec le MNAM le 24-12-1992. **2 organismes associés : Bibliothèque publique d'information (BPI)** [voir p. 359 a]. **Institut de recherches et de coordination acoustique-musique (Ircam)** *créé* 1978 par Pierre Boulez ; *dir. :* Laurent Bayle. *Budget* (en millions de F) : *1978 :* 34,7 ; *87 :* 39,85. **Budget total du Cnac** (en millions de F, en 1999). 637,5 dont budget de fonctionnement 506 (y compris acquisitions d'œuvres d'art et recettes propres) ; crédits d'équipement 334. *Acquisitions* (en 1999) : 650 œuvres. *Œuvres prêtées* (en 1999) : 2 553 en France, 1 240 à l'étranger dans 26 pays.

■ **Musée du Louvre.** **Créé** le 18-11-1793. La 1re collection est due à François Ier (dont *la Joconde*). Antiquités orientales, égyptiennes, grecques, romaines, peintures, sculptures, arts graphiques, objets d'art du Moyen Age à 1848. **Pt :** Henri Loyrette (né 31-5-1952). **Superficie d'exposition :** 60 000 m^2 (avant 1984 : 31 000). Salles ouvertes au public (2000) : 370. **Objets :** 350 000 dont 35 000 exposés sur 60 000 m^2, 21 000 en dépôt. **Tableaux :** 13 000 inscrits à l'inventaire dont 6 000 au Louvre (3 150 exposés). **Budget :** *1998 :* 713 millions de F (dont ressources propres 184) ; *1999 :* 652 (188) ; *2000 :* 715 (238) ; *2001 :* 775 (235). **Visiteurs** (en millions) : *1970 :* 2,4 (1,2 payant) ; *72 :* 3 (1,5) ; *78 :* 3,73 (1,88) ; *82 :* 2,6 (1,25) ; *85 :* 3,02 (1,93) ; *86 :* 2,7 (1,73) ; *87 :* 2,80 (1,79) ; *89 :* 3,9 (2,5) ; *90 :* 5 (3,5) ; *91 :* 4,69 (3,24) ; *92 :* 4,9 (3,4) ; *93 :* 4,92 (3,35) ; *94 :* 6,16 (4,26) ; *95 :* 4,7 (3,2) ; *96 :* 4,7 (3) ; *97 :* 5,2 (3,03) ; *98 :* 5,9 (4) ; *99 :* 5,5 (3,6) ; *2000 :* 6,1. **Prix d'entrée :** *de 1793 à 1922 :* gratuit ; *en 1998 :* semaine : 46 F (après 15 h : 30 F) ; – de 18 ans et demandeurs d'emploi : gratuit. Dimanche : gratuit le 1er de chaque mois sinon 30 F (depuis 1990). **Louvre jeunes :** 100 F par an, 15 000 cartes en 1999. **Aménagement du Grand Louvre** (architecte sino-américain : Ieoh Ming Pei) décidé par le Pt Mitterrand : creusement d'un sous-sol sous la cour Napoléon avec entrée couverte d'une pyramide de verre (hauteur 21,64 m, base 34,2 m). **Superficies** (en m^2) pour les expositions permanentes et, entre parenthèses, superficies avant aménagement : antiquités orientales 5 200 (au lieu de 2 640), égyptiennes 4 000 (2 600), grecques et romaines 7 100 (6 200), peintures 18 000 (10 700), dessins 1 400 (700), sculptures 8 000 (3 400), objets d'art 8 400 (4 200), arts premiers [antenne du musée du quai Branly (voir p. 479 c) : au pavillon des Sessions inauguré 13-4-2000 : 115 œuvres majeures] 1 400. *Total du musée du Louvre :* 160 000 m^2 dont 60 000 pour les expositions, 22 000 pour l'accueil, 77 000 pour les services techniques. *Coût* (en milliards de F) : *prévu* 6,9 dont 1re tranche achevée juillet 1989 (restauration des toitures et façades de Richelieu, édification et ouverture au public de la pyramide) ; 2e tranche achevée 2 000 (restauration façades, toitures autour de la cour Napoléon, achèvement des fouilles archéologiques, parc de stationnement, galerie commerciale Carrousel-Louvre) 3,2. **Personnel** (en 2001) : 1 780 permanents et non permanents (dont conservateurs 62, scientifiques 111, administratifs 157, chargé des activités socio-culturelles 101, ouvriers et techniciens 218, accueil et surveillance 1 056).

Société des amis du Louvre. *Fondée* 1897. *Pt :* Marc Fumaroli (né 10-6-1932). *Membres* (au 1-1-2001) : 73 000 dont 56 000 adhérents, 16 000 sociétaires, 1 000 bienfaiteurs. *Cotisation :* adhérent 300 F, sociétaire 600 F, bienfaiteur 4 000 F. *Œuvres* achetées depuis 1897 : 670 [1re achetée : « Vierge et l'Enfant » attribuée à Piero della Francesca (en fait d'Alessio Baldovinetti)] dont 440 dessins et 200 objets d'art, antiquités et peintures. *Achats :* 16 millions de F par an (moyenne sur 3 ans). Parmi les tableaux donnés au Louvre par la Sté : « Pietà de Villeneuve-lès-Avignon » d'Enguerrand Quarton, « Victoire » de Le Nain, le « Chancelier Séguier » de Le Brun, « la Folle » de Géricault, « Saint Sébastien » de Georges de La Tour (en 1979), « le Bain turc » d'Ingres convoité par les musées étrangers, que Maurice Fenaille (riche collectionneur) acheta et que la Sté remboursa en plusieurs années. En 1999, la Sté participe pour 18 millions de F à l'achat de « Ste Françoise Romaine » par Poussin. *Œuvres achetées en 2000 :* tableau de Caspar David Friedrich ; enveloppe de momie (Égypte) ; grand Christ limousin (objet d'art).

☞ *En 1911,* la Sté offrit 25 000 F pour un renseignement décisif permettant de faire progresser l'enquête sur le vol de « la Joconde » (en janv. 1914, un antiquaire italien, Alfredo Geri, dénonça le voleur et toucha la prime). *En 1917,* la Sté participa à la restauration de 44 peintures de Chassériau (réalisées pour l'escalier de la Cour des comptes) endommagées dans l'incendie du palais d'Orsay par la Commune en 1871.

■ **Autres musées.** (*Abréviations :* pay. : payant, vis. : visiteurs en 2000). **Armée** [collection installée 1796 couvent de St-Thomas d'Aquin, transféré 1871 aux Invalides, fusionné 1905 avec la collection réunie par l'association « La Sabretache »]. *Objets :* 300 000 ; *vis. :* 1 036 757. **Art moderne de la Ville** (palais de Tokyo, 1937 puis réaménagé 1961) *vis. :* 405 348 (dont expositions 322 896 [4]). **Arts d'Afrique et d'Océanie de la porte Dorée (MNAO)** *fondé* 1931 (initiative du Mal Lyautey), devenu en 1935 musée de la France d'outre-mer ; 3 500 m^2 d'expositions permanentes, 1 660 de temporaires ; *objets :* 10 000 à 20 000 ; *vis. :* 296 085. **Arts décoratifs** *fondé* 1877 ; *objets :* 130 000 ; *vis. :* 134 000 [4] (collections XVIIe-XXe s., en travaux). Regroupe aussi le musée de la Mode et du Textile et le musée de la Publicité. **Art et histoire du judaïsme** *ouvert* 6-12-1998 ; *vis. :* 80 200. **Art juif de Paris** (ouvert. 1997, hôtel de St-Aignan, fermé 1998). **Arts et métiers** (Conservatoire national) *fondé* 10-10-1794. **Arts et traditions populaires** (m. national) *fondé* 1937 par Georges-Henri Rivière ; *objets :* 100 000 ; *vis. :* 40 000. **Assistance publique-Hôpitaux de Paris** *fondé* 1934 ; *vis. :* 13 278. **Balzac** (maison de) *vis. :* 15 204. **Bourdelle** *vis. :* 33 689. **Carnavalet et de la Révolution française** *fondé* 1880, agrandi 1989, 12 000 m^2 (147 salles), histoire de Paris ; *vis. :* 260 000 (dont expositions 90 518 [4]). **Cernuschi** *fondé* 1898 (m. d'Art chinois de la Ville de Paris), art chinois archaïque, 776 pièces exposées ; *vis. :* 58 000. **Chasse et de la Nature** (maison de la) *fondée* 1967 ; *vis. :* 12 790. **Cinéma** *fondé* 1936 par Henri Langlois et Georges Franju ; *objets :* 3 000 ; *vis. :* 60 000 [1]. **Cognacq-Jay** *fondé* 1929 par les propriétaires de La Samaritaine (Ernest Cognacq et son épouse Louise Jay) ; *objets :* 1 000 (XVIIIe s., arts décoratifs) ; *vis. :* 50 163. **Contrefaçon** *fondé* 1951 ; *objets :* 300 produits authentiques et leurs copies ; *vis. :* 14 000. **Découverte** (palais de la) *fondé* 1937 par D. Perrin ; *vis. :* 636 691. **XIXe s. D'Ennery-arts asiatiques** *fondé* 1907 ; *vis. :* 5 100 [1] (fermé). **Eugène-Delacroix** *vis. :* 39 315. **Grand Palais**

Mécénat

■ **Régimes fiscaux du mécénat** (exonérations et montants déductibles). **Allemagne :** 10 % du revenu, 2 ‰ du chiffre d'affaires. **Belgique :** 5 % du revenu net, 10 millions de F belges. **France :** pour des dons à des œuvres d'intérêt général : déduction du résultat dans la limite de 2,25 ‰ du chiffre d'affaires HT, 3,25 ‰ lorsque le bénéficiaire est : une association ou une fondation reconnue d'utilité publique, un établissement d'enseignement artistique à but non lucratif agréé par le min. de la Culture ; par ailleurs, déductible du bénéfice au titre des frais généraux si la signature de l'entreprise est expressément mentionnée sur le tract ou l'affiche (parrainage). **Italie :** 2 % du bénéfice ou 5 ‰ de la masse des salaires. **Luxembourg :** 10 % du revenu net ou 10 millions de F lux. **Pays-Bas :** 10 % du revenu brut, 6 % du résultat net des sociétés.

Nombre de fondations : USA 30 000. G.-B. des dizaines de milliers de « charities ». Allemagne 10 000. Suisse 10 000. *France* 100 créées par des entreprises, 2 000 par des particuliers.

Répartition des opérations de mécénat d'entreprise en France par discipline artistique (en %, 1998) : musique 33,5, arts plastiques/musée 17,5, photographie 8,5, patrimoine 8,5, théâtre 7, actions pluridisciplinaires 7, audiovisuel-multimédia 6,5, édition/littérature 6, danse 2,5, architecture/design 2,5, divers 0,5.

■ **Principales entreprises mécènes en France** (en millions de F, 1996). Crédit mutuel 40, Caisse d'épargne 33, Caisse des dépôts et consignations 30,3, Cartier 30, Crédit agricole 25, Fondation d'entreprise France Télécom 12,8, Coca-Cola France 10, Société générale 7,5, Fondation Gan pour le cinéma 6,5, Fondation EDF 5, Seita 5. **Budget global** (en 1998) : 2,12 milliards de F (dont dons à la Culture : 1,25 ; à la Solidarité : 0,8 ; à l'Environnement : 0,07).

■ **Premiers mécènes de la culture.** M6, CDC, LVMH, Cartier, France Télécom, Société générale, Gan, Crédit agricole, EDF.

■ **Association pour le développement du mécénat industriel et commercial (Admical).** 16, rue Girardon, 75018 Paris. *Pt :* Jacques Rigaud (né 2-2-1932).

Identification des œuvres d'art

■ **Méthodes d'examen. Lumière visible :** photographie (tout objet) ; microscopie optique (métaux, pierres, céramiques et coupes de peinture) ; macrophotographie. **Infrarouge :** mise en évidence des repentirs ou dessins sous-jacents. **Ultraviolet :** détection de restaurations par des phénomènes de fluorescence. **Radiographie :** étapes de réalisation, modification, restauration, état de conservation de l'objet. **Microscopie électronique à balayage (MEB × 300 000) :** observation de petits objets non plans.

■ **Méthodes d'analyse. Diffraction X :** caractérisation de la structure des matériaux cristallisés (minéraux, corrosion). **Chromatographie en phase gazeuse :** détermination de la composition de produits organiques (vernis, liants, colles, laques). **Spectrométrie infrarouge :** identification des composés chimiques par les bandes d'absorption IR. **Détection X couplée au microscope électronique à balayage :** analyse élémentaire par la détection des rayons X émis en réponse à un bombardement d'électrons. **Fluorescence X :** analyse quantitative et qualitative élémentaire de l'échantillon par l'étude des rayons X émis en réponse à un bombardement par des protons. **Spectrométrie d'émission UV visible :** analyse quantitative élémentaire de solutions liquides (métaux mis en solution). **Aglae (Accélérateur Grand Louvre d'analyse élémentaire) :** analyse élémentaire par faisceau d'ions. L'ensemble des techniques **IBA** (Ion Beam Analysis) regroupe : **PIXE** (Particle Induced X-Ray Emission) : émission de rayons X induite par des particules chargées. **PIGME** (Particle Induced γ-Ray Emission) : émission de rayons γ induite par des particules chargées. **NRA** (Nuclear Reaction Analysis) : analyse par réaction nucléaire. **RBS** (Rutherford Backscattering Spectrometry) : spectrométrie par rétrodiffusion Rutherford PIXE et PIGME permettent l'analyse d'éléments pour tous les matériaux (objets d'art et d'archéologie). NRA et RBS déterminent la répartition des éléments chimiques dans l'épaisseur de l'échantillon, mettent en évidence les altérations de surface.

■ **Chromatographie.** Méthode de séparation des constituants d'un mélange (analyse qualitative et quantitative). On entraîne les constituants (liquide ou gaz) le long d'un support dans lequel ils sont retenus suivant leur nature : ils se séparent donc progressivement.

■ **Méthode de datation. Carbone 14 :** découvert en 1937 par M. Kammen & S. Ruben, utilisé depuis 1948 par W. F. Libby. Toute matière vivante absorbe en permanence du carbone provenant du gaz carbonique de l'atmosphère (C14 très rare et radioactif, et ses jumeaux isotopes C12 et C13, stables). Quand l'organisme meurt, l'échange avec l'atmosphère cesse, et la radioactivité du carbone 14 décroît de moitié tous les 5 730 ans (période du C14). Cette méthode, valable jusqu'à 40 000 ans, est assez précise jusqu'à 10 000 ans (limite de calibration par dendrochronologie [mesure du tour des anneaux des arbres]).

■ **Méthode de datation. Thermoluminescence :** détermination de la date de la dernière cuisson des céramiques par détermination de la dose cumulée au cours de la vie de l'œuvre.

Condition de conservation des œuvres

■ **Température.** Environ 20 °C, elle doit être stable et sans variations brusques. **Hygrométrie** (mesure de l'humidité relative de l'air). 45 à 55 % sans variations brusques. **Filtre à air.** Parfois nécessaire pour éviter gaz sulfureux, gaz carbonique, suies, poussières. **Isolation.** Permet de protéger des vibrations transmises par le bâtiment, les objets fragiles ou les peintures qui sont mal fixées sur leur support. **Rayonnement lumineux.** *Les radiations ultraviolettes* sont nocives [réactions photochimiques, en particulier pour les œuvres contenant des matières organiques (colorants, vernis)]. On cherche à les éliminer au maximum par des filtres. Les *infrarouges*, venant en particulier de lampes à incandescence, peuvent entraîner un échauffement dangereux.

■ **Mesure de la lumière** (en lux) **et protection des objets.** *Métaux, céramiques, minéraux, bijoux, pierre :* peu sensibles, 500 lux, en réduisant au maximum l'échauffement. *Peinture à l'huile, bois peint, émaux :* sensibles, 300 lux ; il convient de limiter les infrarouges, et d'arrêter les ultraviolets avec des filtres contrôlés régulièrement. *Aquarelles, tissus, tapisseries, costumes, dessins, miniatures, cuirs peints, reliures, parchemins, ivoire, os, écaille, plumes, spécimens d'histoire naturelle :* très sensibles. Limiter le temps et la quantité de lumière. *Filtres anti-ultraviolets,* 50 lux, exposition de courte durée. Il ne doit jamais y avoir de rayonnement solaire direct sur un objet.

Salles des ventes à Paris

■ **Hôtel des ventes.** Sous la Révolution, le 1er hôtel affecté aux ventes : hôtel de Bullion (51, rue J.-J.-Rousseau) dit Bouillon. **Drouot Richelieu,** 9, rue Drouot, 75009 Paris (inauguré 13-5-1980 à l'emplacement de l'hôtel construit en 1851-52). *Exposition des objets :* la veille de la vente, de 11 h à 18 h, et le jour même de 11 h à 12 h. *Ventes :* généralement à partir de 14 h, parfois le matin, en soirée ou le dimanche. *Objets vendus par an :* environ 800 000 en 3 000 ventes. *Visiteurs :* 7 000/jour. **Drouot Nord,** 64, rue Doudeauville, 75018 Paris. Ouvert de 8 h 45 à 12 h 30. Pas d'exposition préalable. *Ventes :* le matin, du lundi au vendredi, à partir de 9 h. *Objets vendus par an :* environ 60 000 en 200 ventes. **Drouot Véhicules,** 17, rue de la Montjoie, 93210 La Plaine-St-Denis. *Exposition :* à 12 h. *Ventes :* rue de la Montjoie le mardi à 14 h. 2, rue des Fillettes le jeudi à 14 h. **Drouot Montaigne,** ventes de prestige, 15, av. Montaigne, 75008 Paris. Environ 50 ventes par an. **Drouot Estimations,** 7 rue Drouot, 75009 Paris ; estimations gratuites, verbales, du lundi au samedi de 10 h à 17 h. **Renseignements :** *La Gazette de l'Hôtel Drouot* et le *Moniteur des Ventes*, 10, rue du Fbg-Montmartre, 75009 Paris.

■ **Domaines.** Dépendant du ministère des Finances. *Vente :* biens venant du service public ; objets trouvés ; biens de personnes disparues sans héritier ; biens préemptés par l'État à la suite d'une transaction frauduleuse. *Mode d'adjudication pour biens, meubles et objets divers :* enchères verbales (l'adjudicataire est l'enchérisseur le plus offrant) ou par soumission cachetée (l'adjudicataire est l'auteur de l'offre écrite la plus élevée). Parfois les 2 systèmes coexistent. *Biens immobiliers :* enchères verbales et extinction des feux au profit du plus offrant. **Renseignements :** *Bulletin officiel des annonces des Domaines (BOAD)* 17, rue Scribe, 75009 Paris, Minitel 3615 code IVP.

■ **Chiffre d'affaires** (en milliards de F, frais inclus, 2000). Drouot (Paris) 4,5, Christie's (USA, Europe, Asie) 14, Sotheby's 11 (USA, Europe, Asie) 11,5.

■ **Crédit municipal.** Établissements de prêts sur gages ; vendent des objets d'emprunteurs défaillants. *Nombre :* 20 crédits municipaux autonomes en France. *Prêts par an :* 300 000 (dont 50 % à 1 000 F) sur gage de 3 600 F en moyenne à Paris, 1 800 F en province. *Ventes :* 400 par an.

(Galeries nationales du) *fondé* 1964 par André Malraux ; *expositions :* 211 ; *vis. :* 1 727 680. Fermé pour restauration en 1993, réouverture prévue 2006. **Grévin** (voir encadré col. a). **Guimet** (arts asiatiques) *fondé* 1879, donné à l'État 1884 par Émile Guimet (1836-1918, industriel et savant) ; *objets :* 6 000 ; *vis. :* 16 109 [2] (réouverture prévue oct. 2000). **Gustave Moreau** *fondé* 1903 ; *objets :* 6 300 ; *vis. :* 25 952. **Hébert** *fondé* 1978 ; *objets :* 2 000 ; *vis. :* 2 908. **Henner** *fondé* 1921 ; *œuvres :* 1 520 ; *vis. :* 3 342. **Histoire de France** *fondé* 1867 par Napoléon III ; *vis. :* 25 000 [4]. **Histoire naturelle** (Muséum national d'), héritier du Jardin royal des plantes médicinales. *Créé* 1635. Instauré 10-6-1793. Vis. [4] : anatomie et paléontologie 221 539 (pay.), ménageries 363 712 (pay.), minéralogie 38 693 (pay.), botanique, serres 61 369 (pay.) ; Jardin des Plantes. *Grande Galerie de l'Évolution* (ouverte 22-7-1889, fermée 1964, rouverte 1994) : 1 150 000 espèces d'animaux dont 2 baleines ; *vis. :* 476 649 [4] (pay.). **Homme** (m. de l') *créé* 1937 par Paul Rivet, Claude Lévi-Strauss, Georges-Henri Rivière, Paul-Émile Victor et André Leroi-Gourhan. Regroupe collections du musée d'Ethnographie du Trocadéro (créé 1879 à l'initiative d'Armand de Quatrefages de Bréau) et de la galerie d'anthropologie du muséum. Occupe l'aile ouest du palais de Chaillot (édifié 1937). Abrite centre d'enseignement et de recherche, plusieurs formations du CNRS et des sociétés savantes. *Objets :* plus de 1 million. *Vis. :* 150 000. **Jacquemart-André** (à l'Institut) *fondé* 1913 ; rouvert en avril 1996 ; *vis. :* 200 000. **Jeu de paume** (galerie nationale du) *vis. :* 102 794. **Légion d'honneur** (m. national) *fondé* 1925 par Gal Dubail ; *vis. :* 19 430. **Maillol** *inauguré* 20-1-1995. **Marine** *fondé* 1827 par Charles X, transféré du Louvre au palais de Chaillot en 1943, *superficie* 8 000 m² ; *objets :* 33 000 (collection Henri Duhamel du Monceau fondée 1748, iconographie originale, 150 000 documents, photothèque 180 000 références) ; déménagement prévu ; *vis. :* 123 314. **Marmottan-Monet** *fondé* 1934 (donation de Paul Marmottan à l'Institut), Empire, impressionnistes, enluminures ; *vis. :* 200 000 [4]. **Mode et costume (Galliera)** *fondé* 1986, *vis. :* 55 562. **Monnaie** *fondé* 1827 par Darcet et Collin de Sussy, réaménagé 1988 ; *objets :* 2 000 pièces, 450 médailles ; *vis. :* 38 000. **Monuments français** *installé* en 1937 dans le palais de Chaillot ; héritier du musée établi en 1790 par Alexandre Lenoir (1782-1839) dans le couvent des Petits-Augustins ; *moulages :* 6 000 monuments et sculptures, 5 000 m² de peintures murales ; *vis. :* 33 989 [2] (fermé). **Moyen Age, thermes de Cluny** *fondé* 1843, Moyen Age et Renaissance ; *vis. :* 271 432. **Musique** (dans la Cité de la Musique) *fondé* 1996 ; 900 instruments exposés ; *vis. :* 133 702 [3] (hors expositions temporaires). **Nissim-de-Camondo** *hôtel construit* 1914, donné par Moïse, son père, à l'Union des Arts décoratifs en 1935, décor XVIIIe s. ; *objets :* 800 ; *vis. :* 58 192. **Orangerie** collection Walter Guillaume et *Nymphéas* de Monet, 144 peintures ; *vis. :* 8 013. **Orsay** (musée d') ouvert 1987 dans l'ancienne gare d'Orsay ; *période couverte* 1848 à 1914 ; *vis. :* 2 490 271 (pay.). **Pavillon des arts** *vis. :* 50 000. **Petit Palais** *fondé* 1902 ; *vis. :* 332 394 (expositions 183 794). **Picasso** *ouvert* 1985 à l'Hôtel Salé, donation des héritiers de Picasso ; *objets :* 251 tableaux, 1 500 dessins, 168 sculptures ; *vis. :* 527 379. **Plans-reliefs** aux Invalides, *fondé* 1777, maquettes et plans de fortifications du XVIIe au XIXe s., 1 000 m² ; *vis. :* 85 000 ; déménagement à Lille prévu par P. Mauroy 1985, interrompu par F. Léotard, ministre de la Culture 1986 (16 resteront à Lille). **Préfecture de Police** *fondé* 1909 par Lépine ; *objets :* 2 000 documents ; *vis. :* 9 500 [4]. **Poste** *fondé* 1946 ; *vis. :* 40 000 (expositions). **Rodin** *fondé* 1919 ; *objets :* 500 sculptures (bronze), 30 dessins, collections de l'artiste ; *vis. :* 560 542. **Sciences et de l'industrie (Cité des)** inaugurée 1986, dans les anciens abattoirs de la Villette (voir à l'Index). **Techniques** (m. national des) *fondé* 1794 par l'abbé Grégoire. **Victor Hugo** (maison de) *vis. :* 100 000. **Vie romantique** *vis. :* 35 045. **Zadkine** *fondé* 1982 ; *vis. :* 23 288.

Nota. – (1) 1995. (2) 1997. (3) 1998. (4) 1999.

■ **En projet. Musée des Arts et des Civilisations (Musée du quai Branly) :** *origine :* en 1990, Jacques Kerchache rencontre Jacques Chirac et le convainc de faire entrer l'art primitif au Louvre. **1996**-*janv.* annonce officielle du projet. *-23-1* commission Arts premiers (Pt Jacques Friedmann, P-DG de l'UAP, Pt d'honneur Claude Lévi-Strauss) composée d'historiens d'art et de conservateurs [dont Pierre Rosenberg du Louvre, Françoise Cachin (DMF)], de scientifiques (dont Henry de Lumley) et de l'amiral Bellec (directeur du musée de la Marine). *-13-9* rapport rendu public. *Nom :* jusqu'alors on parlait d'*arts primitifs* mais le Pt Chirac préférait *arts premiers* (art des premières nations qui sont observables au Proche-Orient dès le Xe millénaire avant J.-C. et les objets destinés à être présentés sont pour la plupart de la fin du XIXe s.). En fait, le musée est celui des peuples colonisés dans les temps modernes. **1998**-*23-12* le Conseil des ministres approuve la création du musée des Arts et des Civilisations et nomme Stéphane Martin (né 1956) président. 7 sites à l'étude dont : **quai Branly** pour lequel J. Chirac s'est prononcé. *Superficie :* 29 500 m² ; *espaces verts :* 7 500 m² ; *coût :* 1,1 milliard de F (le terrain appartient à l'État) ; *ouverture :* 2004 ; *architecte :* Jean Nouvel ; abritera 300 000 pièces venant en majorité du laboratoire ethnologique des musées de l'Homme et des Arts d'Afrique et d'Océanie (MAAO) ; accueillera une unité mixte de recherche ; *budget d'acquisition prévu :* 150 millions de F sur 5 ans. **Grand Palais :** reconversion pratiquement exclue. **Palais de Tokyo :** 20 000 m² + 6 000 ou 7 000 m² qu'il faudrait creuser. Réserves en banlieue. **Musée des Arts d'Afrique et d'Océanie** (porte Dorée) : 28 000 m² avec un terrain en annexe + espace de l'aquarium 2 700 m². **Palais de Chaillot :** espace insuffisant si le musée de la Marine et le musée des Monuments français restent. **Cité des Sciences et de l'Industrie :** 40 000 m². **Grande Arche de la Défense. Antenne au Louvre :** pavillon des Sessions, aile de Flore 1 000 m² ; *coût :* 30 millions de F ; présente des chefs-d'œuvres ; *ouverte* le 13-4-1999.

Expertises et ventes

Quelques ventes historiques

☞ *Abréviation :* MF : millions de F.

1650-53 *Charles Ier* (Londres). **1565-66** *Nicolas Fouquet* (Paris) sur saisie. **1749** *Mme de Saint-Paul* [veuve du directeur des domaines de Bretagne] (Paris). **1772** *Duc de Choiseul* tableaux (Paris ; en déc. 1786, son épouse dut se séparer de tout ce qui lui restait). **1777** *Paul-Louis Randon de Boisset* (Paris). **1782** *Duc d'Aumont* (Paris). **1790-91** *Cte d'Orsay* (Paris). **1795** *Ctesse du Barry* (Londres). **1804-08-13-23** *William Beckford* (Londres). **1816** *Cte de Choiseul-Gouffier*, sculptures antiques (Paris). **1826** *Vivant Denon* [ancien directeur général du Muséum central des Arts] (Paris). **1846-48-64-90** *Eugène Piot* (Paris). **1881** *Courbet*, succession, 33 tableaux (Paris). **1882** *Hamilton Palace* (Londres). **1884** *Édouard Manet*, succession (Paris). **1887**-*12/23-5 Diamants de la Couronne* (Paris) 6 864 050 F or. **1897** *Frères Goncourt* (Paris). **1912** *Jacques Doucet* (Paris). **1918-19** *Degas* (Paris). **1912** *Henri Rouart* [né 1833] (Paris) 5 650 910 F or (dont les « Danseuses à la barre » de Degas 435 000 F, les « Baigneurs des îles Borromée » de Corot 210 000 F). *Mme Julien Rouart* [épouse du petit-fils d'Henri et fils d'Ernest (époux de Julie Manet, fille d'Eugène Manet, frère du peintre Édouard) et de Berthe Morisot] qui racheta en 1912 une partie de la collection d'Henri. **1928-29** *Surplus des musées et des palais russes* (Berlin). **1939** *Art dégénéré* (Lucerne). **1954** *roi Farouk* (Le Caire). **1955** *André Derain*, succession (Paris). **1972**-*6-6 et 8-12*, **1973**-*6-6 et -11-12*, **1974**-*18-6 Raphaël Esmérian* (Paris). **1977** *Cte de Rosebery* (Mentmore). **1978** *Robert von Hirsch*, tableaux, meubles et objets haute époque (Londres). **1980-81** *Edward Chow*, collections chinoises (Hong Kong). **1984** *Daum* (Tokyo). **1985** *Mme Franck-Jay-Gould* (New York). **1987** *Renand* (Paris). **1987** *duchesse de Windsor*, bijoux (Genève). **1988** *Andy Warhol*, bijoux, tableaux et arts décoratifs 160 MF. *Elton John*, œuvres d'art et souvenirs 50 MF. **1990** *Alain Delon*, bronzes 23 MF. *-25-3 Bourdon* (Paris, par Me Guy Loudmer qui connaîtra par la suite des ennuis judiciaires) 509 MF. *Greta Garbo*, tableaux des XIXe et XXe s. 106 MF. **1991** *Karl Lagerfeld*, mobilier 8 MF. **1992** *Pcesse von Thurn und Taxis*, bijoux (Genève) ; tableaux, meubles et objets (château de St-Emmeran, Bavière, 110 MF). **1994** *Barbra Streisand*, Art nouveau 33 MF. *Hubert de Givenchy* (Paris). *Famille Corsini* (Florence). **1995** *Rudolf Noureïev*, succession, mobilier et objets d'art (New York) 52 MF ; *-juin Bernard Tapie* (7 lots adjugés sur 8). **1996** *Frank Sinatra*, objets d'art et souvenirs 10 MF ; *Jacqueline Onassis*, mobilier, objets d'art et souvenirs 180 MF ; *-mars Henry Potez ; 9/10-12 Jean-Marc Vernes* 86 MF ; *-15-12 Henry Samuel* (1904-96, Monaco) 23 MF. **1997** *Mme B.* (anciennes collections Robert et Gustave de Rothschild) 40,5 MF ; *Henriette et André Gomès* 62,4 MF ; *lady Diana*, 79 robes vendues au profit de la recherche sur le sida et le cancer (Christie's) 19 MF ; *Pamela Harriman,* mobilier, souvenirs et objets d'art 52 MF ; *-mars collection Rouart* 92 MF ; *-mai John et France Loeb* 555 MF (dont 1 Cézanne 23 MF, 1 Monet 18,7 et 1 Toulouse-Lautrec 14,5) ; *-juin château de Duino* (près de Trieste) 33,7 MF (frais compris) ; *-10-11 Ganz* (Christie's New York) 1 239 MF (dont 58 Picasso, le *Rêve* 43, Johns, Rauschenberg et Stella). **1998**-*février duc et duchesse de Windsor* [la recette sera versée à des œuvres, 40 000 objets en 311 lots (rachetés par Mohammed al-Fayed à l'Institut Pasteur, principal légataire des biens des Windsor à Paris) Sotheby's New York (prévue du 11 au 19-9-1997, puis reportée à février 1998 à cause de la mort de lady Diana] 116 MF ; *-17-3 Jacqueline Delubac,* tableaux modernes, mobilier et objets d'art 30 MF ; *-20-3 Jean Hugues,* manuscrits, lettres et livres 20,2 MF ; *-1-4 Accornero,* mobilier, objets d'art 27,7 MF ; *-15-6 Henri Bronne,* art moderne et art contemporain 29,3 MF ; *-27-9 Dora Maar Picasso* 214 MF ; *-30-11 Paul Louis Weiller,* livres et manuscrits autographes 30 MF.

☞ Voir également *Dessins les plus chers* p. 437 b et *Tableaux les plus chers* p. 440 C et l'encadré p. 484.

■ Ventes publiques en France

■ **Conditions. De participation.** Pour porter valablement des enchères, il faut être majeur, « les mineurs non émancipés sont incapables de contracter » (art. 1124 du Code civil). Il faut être sain d'esprit, solvable et ne pas être en état d'ivresse. **De vente.** Régies par le décret du 27-2-1992 et la loi du 21-9-1943 (qui est très peu respectée) : « sont interdites les ventes (aux enchères), au détail volontaires de marchandises ou d'objets quelconques d'occasion, dont sont propriétaires ou détenteurs des commerçants qui ne sont pas inscrits au registre du Commerce et sur le rôle des patentes depuis au moins 2 ans dans le ressort du tribunal de grande instance où elles doivent être opérées ». **D'achat. Prix de réserve :** c'est un prix minimum fixé par le vendeur. Si le montant fixé n'est pas atteint, l'objet est « ravalé » (c'est-à-dire racheté par le vendeur) entre 3 et 5 % du prix d'adjudication (négociable). **Versement au comptant :** en espèces jusqu'à 50 000 F (loi 31-12-1998), par chèque certifié ou avec une lettre accréditive de la banque. En cas de chèque non certifié, le commissaire-priseur peut différer la livraison jusqu'à l'encaissement du chèque. **Garantie trentenaire en matière d'objets d'art :** au profit des acquéreurs.

■ **Frais légaux** (décret du 24-3-1920). A la charge du vendeur (négociables) honoraires 8 %, publicité et catalogue 5 %, expertise 3 à 5 % plus un droit de suite (non négociable, loi du 20-5-1920) 3 %. A la charge de l'acheteur (non négociables). *Livres :* 9,495 % (honoraires 9 % + TVA 5,5 %) ; *autres objets :* 10,854 % (honoraires 9 % + TVA 19,6 %).

■ **Droit de suite.** Créé par la loi du 11-3-1957 pour les *œuvres graphiques et plastiques* de + de 100 F au profit du créateur ou de ses héritiers directs durant 70 ans, n'est prélevé que dans les ventes publiques, 3 % du prix d'adjudication. De 2 à 6 % en Belgique, pourcentage en G.-B., USA et autres pays.

■ **Taxe sur la plus-value** (au 1-4-2001). *Bijoux, objets d'arts, d'antiquité, de collection :* taux 5 %. Au-dessus de 30 000 F : tarif plein, sur la totalité du prix ; de 20 à 30 000 F : décote égale à la différence entre le prix adjugé et 30 000 F (exemple : prix d'adjudication 26 000 F, décote 4 000 F [30 000 – 26 000 F], assiette 22 000 F [26 000 – 4 000 F]. *Métaux précieux non ouvrés :* 8 % sur la totalité du prix.

■ Commissaires-priseurs

☞ *Abréviation :* c.-p. : commissaire(s)-priseur(s).

■ **Historique. XIIIe s.** Louis IX crée les *sergents à verge* à Paris puis les *sergents à cheval* dans les provinces. **1556** édit d'Henri II créant des *offices de priseurs vendeurs* de meubles. **1691**-*févr.* Louis XIV crée 120 *huissiers-priseurs* à Paris et, par un édit du 16-10-1696, des *jurés-priseurs* dans les provinces. **1713** pour la 1re fois, appellation de « commissaire-priseur ». *Révolution,* supprimés. **1801** 80 rétablis à Paris. *-18-3* (loi du 27 ventôse, an IX) autorise la Chambre parisienne à établir un règlement (rédigé en décembre). **1815** les c.-p., établis dans une même ville, avaient versé la moitié de leurs honoraires à une « bourse » répartie entre tous les intéressés. **1816** c.-p. en province. **1841**-*25-6* loi (pour protéger le commerce en boutique) leur interdisant la vente de marchandises neuves. **1852** hôtel des Ventes construit rue Drouot ; *-10-12* la Compagnie de c.-p. de Paris décide d'y regrouper toutes les ventes. Il y avait à cette époque 2 hôtels des Ventes : 1°) place de la Bourse, 2°) rue des Jeûneurs. **1924**-*20-4* loi permettant aux femmes d'être c.-p. **1945** 2 décrets réorganisent la profession. **1969** décret autorisant les c.-p. à s'associer avec des tiers. **1973** décret sur la discipline des officiers publics et ministériels. **1979** Loudmer et Poulain ouvrent un hôtel des Ventes faubourg St Honoré (ils seront condamnés). **1985** décret fixant le tarif des c.-p. **1989**-*19-12* loi, art. 8, « bourse commune de résidence » supprimée (elle rapportait environ 400 000 F pour chaque étude mais représentait 500 000 F de manque à gagner pour l'étude la plus importante). **1992**-*27-2* décret : compétence élargie au territoire national. **2000**-*10-7* loi : fin du monopole. Les c.-p. seront remplacés par des sociétés commerciales ouvertes aux capitaux étrangers (indemnisation prévue, voir ci-dessous). **2001**-*mars* avant-projets des décrets d'application transmis au Conseil d'État.

■ **Statut. Conditions d'admission :** licence en droit et Deug d'histoire ou d'histoire de l'art ; examen d'accès au stage de 2 ans dans une étude de c.-p. ; à la fin du stage, examen professionnel qui autorise à reprendre l'office d'un c.-p. démissionnaire ou offre la possibilité d'exercer la profession sous la forme de Sté civile professionnelle. **Nomination :** par arrêté du ministre de la Justice. Le c.-p. prête serment et ne peut se livrer à aucun acte de commerce. Une chambre de discipline veille au respect des lois et des règlements. **Indemnisation :** 450 millions de F proposés par Élisabeth Guigou (contre 8,2 milliards prévus par Jacques Toubon).

■ **Prisée.** Acte par lequel un c.-p. fait l'inventaire d'un bien et procède à son estimation, pour une expertise, en vue d'un partage ou d'un contrat d'assurance. **1°)** *Si l'estimation des meubles sert de base à un partage ou à la formation de lots, sur chaque article :* 2 % de 1 à 7 500 F ; 1 % de 7 501 à 20 000 F ; 0,50 % de 20 001 à 150 000 ; 0,25 % au-dessus (+ 20,6 % de TVA). Le notaire ou le c.-p. qui établit des actes rémunérés par des émoluments proportionnels dans lesquels sont repris les meubles soumis à la prisée ne perçoit aucun émolument sur la partie du capital correspondant à la valeur prisée desdits meubles. Il en est de même pour les déclarations de succession établies par les notaires. **2°)** *Autres cas, sur chaque article :* 1 % jusqu'à 7 500 F ; 0,50 % de 7 500 à 20 000 F ; 0,25 % jusqu'à 150 000 F et 0,10 % au-dessus. Toutefois il n'est dû au c.-p., dans les cas prévus à l'art. 943 du Code de la procédure civile, que des honoraires de vacation réglés comme spécifié au tarif des notaires. Si dans les 6 mois qui suivent la date de la prisée, le c.-p. est requis de vendre les meubles, les émoluments prévus au présent article seront imputés sur l'émolument de vente. Le c.-p. est personnellement responsable du prix d'adjudication. Quand l'acheteur ne règle pas immédiatement un objet, le c.-p. doit, sur-le-champ le remettre en vente. La première vente est annulée et le c.-p. n'est plus responsable du premier prix d'adjudication. Si le c.-p., après avoir annoncé que la vente était au comptant, n'exige pas le paiement séance tenante, la vente sera considérée comme ayant eu lieu à crédit. Pour récupérer le prix d'adjudication (augmenté des frais), le c.-p. devra assigner l'adjudicataire en paiement, puis, si après avoir été condamné, celui-ci ne s'exécute toujours pas, obtenir du juge l'autorisation de revendre l'objet sur folle enchère. Si l'objet atteint alors un prix moindre, et que le premier adjudicataire est insolvable, le c.-p. devra la différence.

Les ventes volontaires seront effectuées par des Stés commerciales, qui devront employer *« une personne titulaire d'un diplôme de commissaire-priseur judiciaire »* ou pouvant justifier du titre d'*« officier public ministériel (huissier, notaire) habilité à procéder à des ventes aux enchères publiques »* qui, seule, pourra procéder aux adjudications. Ces sociétés devront avoir l'agrément d'un *« conseil des ventes volontaires de meubles aux enchères publiques »,* composé de 10 membres. Le conseil dressera la liste des experts agréés et pourra procéder à des radiations en cas de *« faute professionnelle »* ou d'*« agissement contraire à l'honneur ».* Un fonds d'indemnisation alimenté, en partie, par une contribution venant du produit des ventes, des emprunts ou avances, et une dotation fixée annuellement par la loi de finances de 1998. Les indemnités seront calculées sur la moyenne des produits de l'office sur les années 1992-96 et seront versées, pour moitié lors de la décision d'indemnisation, le reste en 9 annuités. TVA à l'importation : entre 5,5 et 20,6 % à Paris (0 % à Londres). Tableaux modernes et contemporains sont souvent vendus à Londres ou à New York où il n'y a pas de droit de suite (3 % du montant de l'adjudication versés aux héritiers, pendant 70 ans après la mort de l'artiste).

■ **Garantie** (décret du 29-3-1985). Auparavant trentenaire, deviendra décennale, elle s'exerce contre l'expert et le commissaire priseur qui ne peuvent être attaqués que pour « faute » par imprudence ou négligence, indépendamment de toute escroquerie intentionnelle, très difficile à prouver. L'acheteur lésé devra donc demander au vendeur le remboursement de l'objet contesté pour « erreur » : non conformité entre l'objet acheté et la description qui lui avait été faite. *En Grande-Bretagne :* garantie limitée à l'acheteur (non à ses héritiers) si, dans les 5 ans, il prouve que l'objet acquis est faux et le restitue (dans le même état que le jour de la vente). La société qui a vendu doit rembourser l'acheteur.

☞ **Chambre nationale des commissaires-priseurs :** 13, rue de la Grange-Batelière, 75009 Paris. **Compagnie des commissaires-priseurs :** 10, rue du Docteur-Lancereaux, 75008 Paris.

Crieur : employé du commissaire-priseur qui prend les enchères, remet les tickets permettant le retrait des objets achetés. Salarié, il touche un montant fixe ou un pourcentage des enchères.

Savoyard : manutentionnaire-commissionnaire de l'Hôtel des ventes (originaire de Savoie depuis Napoléon III ; privilège accordé lors du rattachement de la Savoie à la France). Travailleur indépendant. A Paris, ils sont 110 regroupés dans l'UCHV (Union des commissionnaires de l'Hôtel des ventes).

Statistiques

■ **Nombre de commissaires-priseurs** (au 1-1-2001). 453 dont 78 femmes (Paris 107 dont 14 femmes). **Nombre d'études** (en 2000). 327 (Paris 70).

■ **Produit global vendu par la Compagnie parisienne** (en millions de F, 1999). Tajan 437, Piasa 346, Millon-Robert 127, Mathias 123, Briest 90, Cornette de Saint-Cyr 89, Poulain-Le-Fur 83, Kohn 70, Calmels-Chambre-

Commerce extérieur des objets d'art

■ **En France** (en millions de F, 1999). **Importations :** 1 241,8 (dont tableaux 658,8, antiquités 316,9, sculptures 138,5, gravures 14,4, collections spécimens 59,8, autres 53,3) **; de** Suisse 364,7, USA 364,5, UE 237,5 (dont Allemagne 30,1, G.-B. 63,6, Italie 41,7, Belg./Lux. 33,6, Espagne 21,9, Pays-Bas 14,2, Irlande 6,06, Danemark 3,7, Suède 6,7, Autriche 18,1, Portugal 3,3, Grèce 0,1), Japon 22,1, Canada 3,9. **Exportations :** 3 468,3 (dont tableaux 1 986,3, antiquités 818,6, sculptures 438,5, gravures 107,6) **; vers** USA 1 876,2, Suisse 885,2, UE 383,7 (dont G.-B. 187,2, Allemagne 67,8, Belg./Lux. 33,9, Espagne 27, Italie 23, Pays-Bas 27,5, Autriche 5,9, Suède 2,6, Danemark 2,8, Portugal 2,2, Grèce 0,6, Finlande 1,9), Japon 84,7, Canada 29,9.

Œuvres et objets d'arts, de collection et d'antiquité en situation irrégulière saisis par la douane : *1990 :* 370 ; *91 :* 1 000 ; *92 :* 212 ; *93 :* 479 ; *94 :* 586 ; *95 :* 936 ; *96 :* 1 045 ; *97 :* 849 ; *98 :* 544 ; *99 :* 841.

Depuis le 1-1-1993, les marchandises peuvent circuler librement dans l'Union européenne (UE). Restrictions possibles pour certains biens sensibles dont les biens culturels. Divisés en 14 catégories affectées d'un seuil financier et temporel. Exemples : tableau de moins de 50 ans d'âge, estimé à moins de 1 million de F, automobile (ou locomotive) construite il y a moins de 75 ans et valant moins de 300 000 F peuvent quitter l'UE sans restriction. Collection minéralogique, ou zoologique, quelle que soit son ancienneté et dont la valeur atteint 300 000 F, affiches (ou cartes postales) imprimées depuis plus de 50 ans estimées 100 000 F doivent obtenir un certificat.

La France a ratifié une convention de l'Unesco de 1970 visant à « interdire et empêcher l'importation, l'exportation et le transfert de propriété illicites des biens culturels ». Au-delà de 1 million de F pour « tableaux et peintures faits entièrement à la main sur tout support et en toutes matières » ; elle s'engage à instituer un certificat approprié pour les exportations autorisées, à interdire la sortie des biens culturels sans certificat, à frapper de sanctions pénales toute personne en infraction avec la loi, etc. De nombreux pays (dont les USA) ont signé le texte.

Certificat de sortie : valable 5 ans. S'il est refusé, l'État doit, dans les 5 ans, racheter l'objet ou le classer « trésor national », il ne peut alors quitter le territoire ; le propriétaire est indemnisé. Si, après 5 ans, aucune décision n'est prise, le certificat est délivré d'office. En 1998, 4 381 certificats délivrés.

Nombre d'œuvres d'art interdites de sortie du territoire : *1993 :* 11 ; *94 :* 20 ; *95 :* 10 ; *96 :* 9 ; *98 :* 20 ; *99 :* 15 (Johannes Couchet : *Clavecin ;* Julio Gonzalez : 3 bronzes ; *les Heures de Jacques II de Châtillon,* manuscrit enluminé sur parchemin ; manuscrits autographes : *le Journal du voleur,* de Jean Genet, *Poèmes* de René Char ; attribué au Maître de Giovanni Barrile : *Crucifixion,* à Gavioli : *Orgue de foire ;* Pierre-François Grégoire Giraud : *la Mort de Pallas ;* Jean-Baptiste Oudry : *9 panneaux décoratifs ;* Charles-Antoine Coypel : *Portrait de M. Helvétius ;* Louis-Michel Van Loo : *Portrait de Mme/de M. Helvétius ;* Jacques-Émile Ruhlmann : *chaise longue dite du Maharadhjah ; Atlas portulan :* manuscrit sur parchemin).

☞ A sa mort (en 1957), l'architecte Jean Walter lègue au Louvre 144 tableaux dont *le Jardin d'Auvers* de Van Gogh (achevé en 1890, acheté, en 1955 à New York, 9 millions de F), 24 Renoir, 16 Cézanne, 10 Matisse, 9 Douanier Rousseau, 12 Picasso et 22 Soutine, collection constituée par lui-même et Paul Guillaume († 1934) dont il avait, en 1941, épousé la veuve. **1982** son fils Jacques Walter demande une licence d'expertise, déclarant que *le Jardin d'Auvers* vaut 6 millions de F. **1984** il veut l'emporter en Suisse où il s'est retiré ; l'État refuse et, pour empêcher la sortie du tableau qui est en France en « importation provisoire », Jack Lang, min. de la Culture, le classe le 28-7-1984. **1992**-*6-12* le banquier Jean-Marc Vernes l'achète 55 millions de F (il en vaut plus de 300). **1994**-*22-3* J.-J. Walter (fils de Jacques) attaque l'État pour le préjudice subi, le tribunal d'instance condamne l'État à lui payer 422 millions de F ; *-6-7* la cour d'appel de Paris ramène la somme à 145 millions de F qui lui sont versés le 27-9. L'État s'est pourvu en cassation. **1996** après la mort de J.-M. Vernes, le tableau est retiré d'une vente, son authenticité étant discutée. La famille Vernes demande en justice au commissaire-priseur et à la famille Walter le remboursement du tableau. Voir p. 441 a.

■ **Autres pays de l'UE.** *Allemagne :* listes. *Belgique :* aucune protection. *G.-B. :* verrouillage fiscal très efficace. *Grèce* et *Italie :* sortie de tout objet de plus de 100 ans interdite. *Pays-Bas :* seules les œuvres « nationales » sont protégées.

■ **Chiffre d'affaires des enchères dans le monde** (en milliards de F, 1999). Sotheby's 13,48, Christie's 13,28, Drouot 4 (dont art 3,1), Phillips (acquis par Arnault) 1,5, Tajan (LVMH) 0,467 (art), Poulain & Le Fur 0,316 (art), Piasa (Artémis) 0,288 (art).

■ **Christie's.** 8 King Street, St James, Londres depuis 1823. **1766 fondée** par James Christie à Londres ; *-5-12* 1re vente à Pall Mall. **1778** James Christie négocie la vente de la collection de sir Robert Walpole à Catherine II de Russie. **1794** vente de l'atelier de sir Joshua Reynolds. **1795** dispersion de la collection de bijoux de Madame du Barry. **1848** vente de la collection du duc de Buckingham pendant 40 jours. **1998** Artémis, holding de François Pinault, achète Christie's International. **Principales ventes de collections depuis 1980** (M : millions de) : **1980** New York, *Ford* (tableaux impressionnistes) 8 M $. **1984** Londres, *Chatsworth* (78 dessins anciens) 20 M £. **1991** *République des Philippines* (tableaux anciens et orfèvrerie) 20 M $. **1993** Monaco, *Hubert de Givenchy* (mobilier et argenterie), 155 MF. **1994** Londres, *Houghton Hall* (mobilier et objets d'art) 21,3 M £ ; New York, *Barbra Streisand* (Art nouveau) 33 MF. **1995** Londres et New York, *Rudolf Noureïev* 1,8 M £. **1996** New York, *Frank Sinatra* (voir p. 482 c) ; Genève, *Pcesse Salima Aga Khan* 31,5 M F S. **1997** New York, *lady Diana* (79 robes) 3,2 M $; *Victor et Sally Ganz* 207,12 M $ (voir p. 482 c). **1999** New York, *Marylin Monroe* 13,4 M $; *Akram Ojjeh* (tableaux impressionnistes et modernes) 13,4 M $; *Alexander* (mobilier, objets d'art) 27,5 M $; *baron de Rothschild* 27,5 M $. **2000** *Karl Lagerfeld* (mobilier, objets d'art, tableaux anciens) 208,6 MF ; *Djahenguir Riahi* (mobilier et objets d'art) 310 MF ; *Batsheva de Rothschild* (mobilier, objets d'art, tableaux anciens) 40 M £. **Quelques records : 1876** *Portrait de la Dchesse de Devonshire* (Gainsborough) 1re œuvre d'art vendue + de 10 000 £. **1926** *Portrait de Mme Davenport* (Romney) vendu 60 900 £, record pour une œuvre d'art. **1968** *Portrait de Juan Peraja* (Velasquez) 2,31 M £, 1re œuvre d'art dépassant 1 M £. **1985** *l'Adoration des Mages* (Mantegna) 8,1 M £ record pour un tableau ancien (Londres). **1986** *la Rue Mosnier aux Paveurs* (Monet) 7,7 M £, record pour un tableau impressionniste (Londres). **1987** *les Tournesols* (Van Gogh) 24,75 M £ (Londres), record. **1989** *Portrait du duc Cosme Ier de Médicis* (Pontormo), 35,2 M $, record pour un tableau ancien (New York) ; ouverture à Melbourne. **1990** *Badminton Cabinet* 8,58 M £, record pour une œuvre d'art autre qu'un tableau (Londres). *Portrait du Dr Gachet* (Van Gogh) 82,5 M $, record œuvre d'art (New York). **1991** *Vénus et Adonis* (Titien) 7,48 M £ (Londres). **1994** *Codex Hammer* de Léonard de Vinci 162 M F (30,8 M $), record pour une œuvre d'art autre que peinture (New York), acheté par Bill Gates, Pt de Microsoft. **1996** *Étude d'une main et d'une tête d'apôtre* (Raphaël) 5,3 M £ (Londres) ex-record pour un dessin. **1998** New York *Noire et Blanche* (Man Ray) 607 500 $ (record pour une photo) ; *Portrait de l'artiste sans barbe* (Van Gogh) 71,5 M $. **1999** Londres (8-7) commode de J.H. Riesener (1778 pour Versailles) 70,415 M F ; *Pink Panther* (Jeff Koons) 1,8 M $; *Le verrou* (Fragonard) 5,2 M £. **2000** *Étude pour la Résurrection du Christ* (Michel Ange) 85 MF ; *Femme aux bras croisés* (Picasso) 55 M $; *Le portrait d'une Dame âgée de 62 ans* (Rembrandt) 21 MF. **Ouverture de bureaux :** 1958 Rome. 1968 Paris, Genève. 1973 introduction à la Bourse de Londres, Amsterdam ; 1977 New York ; 1986 1re vente Hong Kong ; 1993 1res ventes à Milan, Athènes, Singapour et Taipei ; acquisition de Spinks & Son Ltd, antiquaire londonien ; 1995 1re vente à Los Angeles. 1997 ouverture à Los Angeles. **Bureaux :** 119 bureaux dont 16 centres de vente dont 3 salles permanentes (Londres, New York, Paris) dans 41 pays. **Effectifs :** 2 200 (dans 41 pays). **Chiffre d'affaires** (en milliards de F) : *1997 :* 12 ; *98 :* 11,6 ; *99 :* 14.

Christie's France 9, avenue Matignon (maison Callot Sœurs puis Galerie Artcurial, 4 000 m²), 75008 Paris. *Pt :* Hubert de Givenchy (né 1927) depuis 1-10-1997.

■ **Sotheby's. 1744-*11-3*** libraire Stanley Barker vend la bibliothèque de John Stanley. **1778** mort de Barker ; John Sotheby, son neveu, en hérite en partie. **1842** associé avec John Wilkinson, **1861** avec Édouard Hodges ; devient Sotheby Wilkinson Hodge (jusqu'en 1924). **1917** s'installe à New Bond Street. **1958** Peter Wilson, principal commissseur-priseur. **1964** rachète aux USA Parke Bernet. **1967** bureau ouvert à Paris, **1968** Florence, **1969** Zurich et Munich. **1975** vente à Monaco. **1977** Moscou. **1983** Alfred Taubman, promoteur immobilier américain, rachète Sotheby's. **1988** introduction à la Bourse de New York. **1990** contrôle 51 % du marché (Christie's 49 %). **Dir. général :** Peter Archey. **Bureaux :** 110 dans le monde. **Chiffre d'affaires** (en milliards de F) : *1990 :* 15,3 ; *91 :* 6,6 ; *92 :* 6,2 ; *93 :* 7,9 ; *94 :* 7,2 ; *95 :* 7,28 ; *97 :* 11 ; *98 :* 11,75 ; *99 :* 14,14 ; *2000 :* 13,78. **Effectifs :** 1 400 (dans 41 pays). **Salles de ventes permanentes :** *Londres, New York, Paris* [76, rue du Fg-St-Honoré (ancienne galerie Charpentier 2 500 m, salle de 350 places)] : **1802** hôtel (particulier) d'Orglandes. **1920-60** galerie Charpentier animée par Jean Charpentier et Raymond Nacenta. **1930-60** des ventes y ont lieu : **1950-*déc.*** collection Nathan Katz (2 autoportraits de Rembrandt : à 24 ans : 10 millions d'AF ; à 56 ans : 12 millions d'AF) ; **1952-*mai*** vente Cognac (*Pommes et biscuits* de Cézanne) acheté 33 millions d'AF par Me Walter ; **1957-juin** vente Thompson-Boddle : *Nature morte aux pommes* de Gauguin, 104 millions d'AF.

Sotheby's France 76, rue du Fg-St-Honoré, 75008 Paris. *P-DG :* Pcesse Laure de Beauvau-Craon (née 1942).

Cohen 70, Coutau-Bégarie 69, Rieunier-Bailly-Pommery 68, Laurin-Guilloux-Buffetaud 62, Boisgirard 60, De Ricqlès 60, Beaussant-Lefèvre 57. Le groupe Millon et associés totalise 500 millions de F (Millon et Robert, Rieuner et Bailly-Pommery, Ribeyre et Baron, Libert et Castor, Mathias, Oger et Dumont).

■ **Produits des ventes nationales** (en millions de F). Ventes volontaires 80 %, judiciaires 20 %. Non compris Moselle, Bas-Rhin et Haut-Rhin soumis à un régime particulier et où la Chambre nationale des commissaires-priseurs n'a pas d'implantation] : *1990 :* 9 714 ; *91 :* 7 353 ; *92 :* 7 269 ; *93 :* 7 779 ; *94 :* 8 013 ; *95 :* 7 426 ; *96 :* 7 820 ; *97 :* 8 501 ; *98 :* 8 863 ; *99 :* 9 730 ; *2000 :* 11 935 (dont Paris 4 490, région parisienne 1 098, Normandie 1 098, Lyon Sud-Est 1 694, Anjou-Bretagne 935, Midi Sud-Ouest 914, Nord 816, Est 449, Centre 439).

■ **Enchères. A Paris** (nombre d'enchères de plus de 1 million de F) : *1988 :* 264 ; *89 :* 510 [dont 1 de plus de 300 millions de F : *les Noces de Pierrette* de Picasso ; *91 :* 152 ; *98 :* 140 (dont 1 de plus de 50 millions de F ; *99 :* 170 (dont 1 de 26 millions de F) ; *2000 :* 250 (dont 12 de plus de 5 millions de F).

☞ **Office central de lutte contre le trafic des biens culturels (OCBC).** 8, rue de Penthièvre, 75008 Paris.

■ EXPERTS

■ **Nombre.** Environ 13 000 dont 150 inscrits au Syndicat français des experts professionnels en œuvres d'art (1, rue Rossini, 75009 Paris). 90 spécialités.

■ **Statuts.** N'importe quel marchand ou amateur d'art peut se déclarer expert. Le titre d'expert n'est pas reconnu, mais certaines autorités judiciaires, administratives, certains organismes privés donnent leur agrément à des experts qu'ils estiment compétents et leur donnent les titres suivants : expert près la cour d'appel, expert agréé par la Cour de cassation, expert assesseur près la commission de conciliation et d'expertise douanière). **Responsabilité :** l'expert (et, en cas de décès, ses héritiers) est responsable 30 ans de ses erreurs sur l'authenticité des biens expertisés (vente publique et en clientèle privée). Dans le cadre de la réforme des ventes publiques, la durée sera prochainement limitée à 10 ans.

■ **Honoraires d'expertise. En vente publique :** pourcentage à fixer en accord avec le commissaire-priseur et l'expert en fonction des spécialités et de l'importance de la vente. **Pour compte privé** (succession, partage, sinistres, assurances) : les honoraires varient en fonction des missions (investigations, recherches, analyses) et des objets. Environ 2 % de la valeur de l'objet + frais de déplacement + TVA 20,6 %. Pas de barème imposé.

■ **Associations d'experts. Syndicat français des experts professionnels en œuvres d'art et objets de collection** 1, rue Rossini, 75009 Paris. **Chambre nationale des experts spécialisés (Cnes)** 48, rue Duranton, 75015 Paris. **Cie nationale des experts** 10, rue Jacob, 75006 Paris. **Cie des experts agréés** 37, rue de La Rochefoucauld, 75009 Paris. **Syndicat national des antiquaires** 1 bis, rue Clément-Marot, 75008 Paris. **Syndicat national du commerce de l'antiquité et de l'occasion** 18, rue de Provence, 75009 Paris. **Organismes de gestion des œuvres d'art. ADAGP (Sté des auteurs dans les arts graphiques et plastiques)** 11, rue Berryer, 75008 Paris. **Union française des experts** 25, rue Bergère, 75009 Paris. **Chambre européenne des experts-conseils en œuvres d'art** 52, avenue de La Motte-Picquet, 75015 Paris. **Confédération européenne des compagnies d'experts en œuvres d'art** 91, rue du Fbg-St-Honoré, 75008 Paris. **Compagnie des experts près la Cour d'appel de Paris, en ameublement, œuvres d'art et objets de collection** 3, rue de la Bourse, 75002 Paris.

PATRIMOINE MONDIAL

■ **Convention de Grenade.** Adoptée par la 17e conférence de l'Unesco le 16-11-1972 et officialisée par le décret du 10-2-1976, la « Convention pour la protection du patrimoine mondial, culturel et naturel » vise à organiser la solidarité internationale pour sauvegarder des biens culturels et naturels inscrits sur la **Liste du patrimoine mondial** ci-dessous. *Entrée en vigueur* 1972. *États parties* (au 1-1-2001) : 162. *Biens inscrits sur la Liste du patrimoine mondial* (au 1-1-2001) : 690 dont 529 culturels, 138 naturels et 23 mixtes.

Conventions adoptées sous l'égide de l'Icomos [Conseil international des monuments et des sites, 49-51, rue de la Fédération, 75015 Paris. *Créé* 1965 à Varsovie et à Cracovie (Pologne) après la Charte de Venise] : *Charte de Venise* (1964) sur la conservation et la restauration des monuments et des sites, adoptée par le 2e congrès international des architectes et des techniciens des monuments historiques (25/31-5-1964) ; *Charte du tourisme culturel* (nov. 1976) ; *Charte de Florence* (10-12-1982) sur la sauvegarde des jardins historiques ; *Charte internationale pour la sauvegarde des villes historiques* (1987) ; *Charte internationale pour la protection et la gestion du patrimoine archéologique* (1990) ; *Convention européenne pour le patrimoine archéologique* (Malte, 1992).

Lieux inscrits. *Abréviations :* archéol. : archéologique ; cath. : cathédrale ; c. : culturel ; égl. : église ; hist. : historique ; n. : naturel ; p.n. : parc national ; r.n. : réserve naturelle.

■ **Afrique. Afrique du Sud :** *Drakensberg* [n. et archéol.] (2000), *Robben Island* (c.) (1999), *Sterkfontein* et environs [hominidés fossiles] (c.) (1999), *Ste-Lucie* [parc de la zone humide] (n.) (1999). **Algérie :** *Alger* [Casbah] (1992), Kalâa des *Béni Hammad* (1980), *Djémila* (1982), *M'Zab* [vallée] (1982), *Tassili n'Ajjer* (1982), *Timgad* (1982), *Tipasa* (1982). **Azerbaïdjan :** *Cité fortifiée de Bakou* (2000). **Bénin :** *Abomey* [palais royaux] (1985). **Cameroun :** *Dja* (réserve) (1987). **Centrafricaine (Rép.) :** *Manovo-Gounda St-Floris* (p.n.) (1982). **Congo (ex-Zaïre) :** *Garamba* (p.n.) (1980), *Kahuzi-Biega* (p.n.) (1980), *Okapis* (r.n.) (1996), *Salonga* (p.n.) (1984), *Virunga* (p.n.) (1979). **Côte d'Ivoire :** *Comoé* (p.n.) (1983), Taï (p.n.) (1988). **Égypte :** *Abou Mena* (1979), *Le Caire* islamique : zones des Pyramides (1979), *Memphis* (et sa nécropole) (1979), *Nubie* [monuments d'Abou Simbel à Philae] (1979), *Thèbes* [ville antique et sa nécropole] (1979). **Éthiopie :** *l'Aouache* [basse vallée] (1980), *Axoum* (1980), *Fasil Ghebi* (1979), *Lalibela* [églises dans le roc] (1978), *Omo* [basse vallée] (1980), *Simen* [p.n.] (1978), *Tiya* (1980). **Ghana :** *Accra et Volta* [forts et châteaux, régions centrale et ouest] (1979), *Asante* [bâtiments traditionnels] (1980). **Guinée et Côte d'Ivoire :** *mont Nimba* [r.n.] (1981). **Kenya :** *forêt naturelle du Mt Kenya* [p.n.] (1997), *Ile Centrale* [p.n.] (1997), *Sibiloi* [p.n.] (1997). **Libye :** *Cyrène* [sites archéol.] (1982), *Ghadamès* [ancienne ville] (1986), *Leptis Magna* [site archéol.] (1982), *Sabratha* [site archéol.] (1982), *Tadrart Acacus* [sites rupestres] (1985). **Madagascar :** *Bemaraha* [r.n. de Tsingy] (1990). **Malaisie :** *Gunung Mulu* [p.n.] (2000), *Kinabalu* [n.] (2000). **Malawi :** *lac Malawi* [p.n.] (1984). **Mali :** *Bandiagara* [pays Dogon, falaises] (1989), *Djenné* [villes anciennes] (1988), *Tombouctou* (1988). **Maroc :** *Aït-Ben-Haddou* [ksar] (1987), *Fès* (1981), *Marrakech* [médina] (1985), *Meknès* [ville historique] (1996), *Tétouan* [médina] (1997), *Volubilis* [site archéol.] (1997). **Mauritanie :** *Banc d'Arguin* [p.n.] (1989), *Ouadane, Chinguetti, Tichitt et Oualata* [anciens ksour] (1996). **Mozambique :** île (1991). **Niger :** *Aïr, Ténéré* [p.n.] (1991), *« W »* [p.n.] (1996). **Nigéria :** *Sukur* [paysage culturel] (1999). **Ouganda :** *Bwindi* [p.n.] (1994), *monts Ruwenzori* [p.n.] (1994). **Sénégal :** *Djoudj* [p.n. des oiseaux] (1980), *Gorée* [île] (1978), *Niokolo-Koba* [p.n.] (1981), *Saint-Louis* (île) [c.] (2000). **Seychelles :** *Aldabra* [atoll] (1982), *vallée de Mai* [r.n.] (1983). **Suriname :** *Suriname Central* [r.n.] (2000). **Tanzanie :** *Kilimandjaro* [p.n.] (1987), *Kilwa Kisiwani* [ruines] (1981), *Ngorongoro* [zone de conservation] (1979), *Selous* [réserve de gibier] (1982), *Serengeti* [p.n.] (1981), *Songo Mnara* [ruines] (1981), *Zanzibar* [ville de pierre] (2000). **Tunisie :** *Carthage* [site archéol.] (1979), *Dougga/Thugga* (1997). *El Jem* [amphithéâtre romain] (1979), *Ichkeul* [p.n.] (1980), *Kairouan* (1988), *Kerkouane* [sites puniques, acropole] (1985 ; site étendu 1986), *Soûsse* [médina] (1988), *Tunis* [médina] (1979). **Zambie et Zimbabwe :** *Victoria/Mosi-oa-Tunya* [chutes] (1989). **Zimbabwe :** *Chewore* [aire de safari] (1984), *Grand Zimbabwe* [monument national] (1986), *Khami* [ruines] (1986), *Mana Pools* [p.n.] (1984), *Sapi* [aire de safari] (1984).

■ **Amérique. Argentine :** *Cordoba* [c.] (2000), *Cueva de las Manos* (c.) (1999), *Iguazù* [p.n.] (1994), *Ischigualasto et Talampaya* [n.] (2000), *Los Glaciares* [p.n.] (1981), *Nuestra Señora de Loreto, San Ignacio Mini, Santa Ana* et *Santa Maria Mayor* [missions jésuites des Guaranis] (1983) (site étendu, 1984), *Valdès* [presqu'île] (n.) [1999]. **Bélize :** *Bélize* [récif de la barrière] (1996). **Bolivie :** *Chiquitos* [missions jésuites] (1990), *Montagnes bleues* [n.] (2000), *Potosí* [ville] (1987), *Sucre* [ville hist.] (1991), *Samaïpata* (c.) [fort] (1998), *Tiwanaku* [c.] (2000). **Brésil :** *Brasilia* (1987), *Congonhas* [sanctuaire du Bon-Jésus] (1985), *Côte de la découverte* (n.) (1999), *Diamantina* [centre historique] (c.) [1999], *forêt Atlantique* [réserves du Sud-Est] (n.) [1999], *Iguazù* [p.n.] (1986), *Jau* [p.n.] (2000), *Olinda* [centre hist.] (1982), *Ouro Preto* [ville hist.] (1980), *Pantanal* [r.n.] (2000), *Salvador de Bahia* [centre hist.] (1985), *São Luis* [centre hist.] (1997), *São Miguel das Missoes* [ruines mission jésuite des Guaranis] (1983) [site étendu 1984], *Serra da Capivara* [p.n.] (1991). **Canada :** *Anse aux Meadows* [p.n. hist.] (1978), *Anthony* [île] (1981), *Dinosaures* [parc provincial des] (1979), *Gros Morne* [p.n.] (1987), *« Head-Smashed-In Buffalo Jump »* [précipice à bisons] (1980), *Lunenburg* [vieille ville] (1995), *Miguasha* [parc] (n.) [1999], *Nahanni* [p.n.] (1978), *Québec* [arrondissement hist.] (1985), *Rocheuses canadiennes* (*Burgess Shale*) [parc des] (1984), *Buffalo Wood* [p.n.] (1983). **Canada et États-Unis :** *Kluaneet* [p.n.], *Glacier Waterton* [p.n. de la Paix] (1995), *Wrangell-St-Elias* [réserve, p.n. de la Baie des Glaciers]. **Chili :** *Chiloé* [égl.] (2000), *Rapa Nui* [p.n.] (1995). **Colombie :** *Carthagène* [port, forteresse, monuments] (1984), *Los Katios* [p.n.] (1994), *San Augustin* [parc archéol.] (1995), *Santa Cruz de Mompox* [centre hist.] (1995), *Tierradentro* [p.n. archéol.] (1995). **Costa Rica et Panamá :** *Guanacaste* [zone de conservation] (n.) [1999], *Ile Cocos* [p.n.] (1997), *La Amistad* [p.n.] (1990), *Talamanca-La Amistad* [réserve de la Cordillère] (1983). **Cuba :** *Desembarco del Granma* [p.n.] (1999), *La Havane* [vieille ville et fortifications] (1982), *Los Ingenios* [vallée] (1988), *Plantations de café* [archéol.] (2000), *Santiago de Cuba* [château de San Pedro de la Roca] (1997), *Trinidad* (1988), *Viñales* [vallée] (c.) [1999]. **Dominicaine (Rép.)** : *morne Trois-Pitons* [p. n.] (1997), *St-Domingue* [ville coloniale] (1990). **Équateur** : *Cuenca* [centre hist.] (c.) [1999], *Galápagos* [îles] (1978), *Quito* [ville] (1978), *Sangay* [p.n.] (1983). **États-Unis** : *Cahokia Mounds* [site hist., Illinois] (1982), *Carlsbad* [p.n. des grottes] (1995), *Chaco* [p.n. hist.] (1987), *Charlottesville* [université] (1987), *Everglades* [p.n., Floride] (1979), *Grand Canyon* [p.n., Arizona] (1979), *Great Smoky Moutains* [p.n.] (1983), *Hawaii* [p.n., volcans] (1987), *Independence Hall* [Philadelphie] (1979), *Mammoth Cave* [p.n., Kentucky] (1981), *Mesa Verde* [Colorado] (1978), *Monticello* [1987], *New York* [statue de la Liberté] (1984), *parc national Olympique* [Washington] (1981), *Pueblo de Taos* (1992), *Redwood* [p.n., Californie] (1980), *San Juan* [Porto Rico, site hist. et forteresse] (1983), *Yosemite* [p.n.] (1984), *Yellowstone* [p.n.] (1978). **Guatemala** : *Antigua Guatemala* [ville] (1979), *Quirigua* [parc archéol. et ruines] (1981), *Tikal* [p.n.] (1979). **Haïti** : *Citadelle* [p.n. hist.] (1982), *Ramiers* [p.n. hist.] (1982), *Sans Souci* [p.n. hist.] (1982). **Honduras** : *Copán* [site maya] (1980), *Río Platano* [réserve de la biosphère] (1982). **Mexique** : *Campeche* [ville hist. fortifiée] (c.) [1999], *Casas Grandes* (c.) [zone archéol. de Paquimé] (1998), *Chichen-Itza* [ville préhispanique] (1988), *El Tajin* [cité préhispanique] (1992), *El Vizcaino* [lagunes, sanctuaire des baleines] (1993), *Guadalajara* [hospice Cabañas] (1997). *Guanajuato* [et mines adjacentes] (1988), *Mexico* (1987), *Monte Alban* [zone archéol.] (1987), *Morelia* [centre hist.] (1991), *Oaxaca* [centre hist.] (1987), *Palenque* [cité préhispanique et p.n.] (1987), *Popocatépetl* [1ers monastères du XVIe s.] (1994), *Puebla* [centre hist.] (1987), *Querétaro* [monuments hist.] (1996), *San Francisco* [sierra, peintures rupestres] (1993), *Sian Ka'an* (1987), *Teotihuacán* [centre préhispanique] (1987), *Tlacotalpan* (zone de monuments hist.) [c.] (1998), *Uxmal* [ville précolombienne] (1996), *Xochicalco* [monuments archéologiques] (c.) [1999], *Xochimilco* (1987), *Zacatecas* [centre hist.] (1993). **Nicaragua** : *Léon Viejo* (ruines) [c.] (2000). **Panama** : *Darien* [p.n.] (1981), *Panama* [district hist.] (1997), *Portobelo* (1980), *Salón Bolivar* (1997), *San Lorenzo* [fortifications] (1980). **Paraguay** : *Jesus de Tavarangue, la Santissima Trinidad Parana* [missions jésuites] (1993). **Pérou** : *Arequipa* [hist.] (2000), *Chan Chan* [zone archéol.] (1986), *Chavín* [site archéol.] (1985), *Cuzco* [ville] (1983), *Huascaran* [p.n.] (1985), *Lima* [centre hist.] (1991), *Machu Picchu* [sanctuaire hist.] (1983), *Manu* [p.n.] (1987), *Nasca et Pampas de Jumana* [lignes et géoglyphes] (1994), *Río Abiseo* [p.n.] (1990) [site étendu 1992]. **Saint-Kitts-et-Nevis** : *Brimstone Hill* [p.n. de la forteresse] (c.) [1999]. **Salomon** (îles) : *Rennel Est* [n.] (1998). **Salvador** : *Joya de Ceren* [site archéol.] (1993). **Uruguay** : *Colonia del Sacramento* [quartier hist.] (1995). **Venezuela** : *Canaima* [p.n.] (1994), *Caracas* [ville universitaire] (2000), *Coro* [ville et port] (1993).

■ **Asie. Bangladesh** : *Bagerhat* [ville-mosquée hist.] (1985), les Sundarbans (1997), *Paharpur* [ruines du Vihara bouddhique] (1985). **Cambodge** : *Angkor* (1992). **Chine** : *Chengde* [réserve de montagne, temples] (1994), *Dazu* [sculptures à flanc de montagne] (c.) [1999], *Grande Muraille* (1987), *Huanglong* [intérêt panoramique et hist.] (1992), *Jiuzhaigou* [intérêt panoramique et hist.] (1992), *Lhassa* [palais du Potala] (1994), *Leshan* [grand bouddha] (1996), *Lijiang* [vieille ville] (1997), *Mogao* [grottes] (1987), monts *Huangshan* (1990) et *Taishan* (1987), *mont Emei* [paysage panoramique] (1996), mont *Qingcheng, Dujiangyan, Anhui, Longmen* [grottes] [c.] (2000), *Pékin* [mausolée du 1er empereur Qin, palais impérial des dynasties Ming et Qing (1987) ; palais d'été, jardin impérial, temple du ciel, autel (c.) (1998)], *Ping Yao* [vieille ville] (1997), *Qufu* [temple, cimetière de Confucius, maison Kong] (1994), *Suzhou* [jardins classiques] (1997), *Wudang* [bâtiments anciens des montagnes] (1994), *Wulingyuan* [intérêt panoramique et hist.] (1992), *Wuyi* [mont] (c. et n.) [1999], *Zhoukoudian* [site de l'homme de Pékin] (1987). **Corée** : *Ch'angdokkung* [palais] (1997), *Chongmyo* [sanctuaire] (1995), *Haeinsa Changg Yong Pango* [temple] (1995), *Hwasong* [forteresse, dolmens] (1997), *Koch'ang, Kanghwa* [dolmens], *Kyongju* [hist.] (2000), *Sokkuram* [grotte] (1995). **Inde** : *Agra* [fort] (1983), *Ajanta* [grottes] (1983), *Darjeeling Himalayan* [chemin de fer] (c.) [1999], *Delhi* [tombe de Humayun, Qutb Minar et ses monuments] (1993), *Elephanta* [grottes] (1987), *Ellora* [grottes] (1983), *Fatehpur Sikri* (1986), *Goa* [églises et couvents] (1986), *Hampi* [ensemble de monuments] (1986), *Kaziranga* [p.n.] (1985), *Keoladeo* [p.n.] (1985), *Khajuraho* [ensemble de monuments] (1986), *Konarak* [temple du Soleil] (1984), *Mahabalipuram* [ensemble de monuments] (1984), *Manas* [sanctuaire de faune] (1985), *Nanda Devi* [p.n.] (1988), *Pattadakal* [monuments] (1987), *Sãnchi* [monuments bouddhiques] (1989), les *Sundarbans* [p.n.] (1987), *Tãj Mahal* [palais] (1983), *Thanjavur* [temple de Brihadisvara] (1987). **Indonésie** : *Borobudur* [temple] (1991), *Komodo* [p.n.] (1991), *Lorentz* [p.n.] (n.) [1999], *Prambanan* [temple] (1991), *Sangiran* [premiers hommes de] (1996), *Ujung Kulon* [p.n.] (1991). **Iran** : *Ispahan* [Meidan Emam : place Royale] (1979), *Persépolis* (1979), *Tchoga Zanbil* (1979). **Iraq** : *Hatra* (1985). **Israël** : *Jérusalem* [vieille ville et remparts] (1981). **Japon** : *Gokayama* [village hist.] (1995), *Gusuku* [c.] (2000), *Himeji-jo* (1993), *Hiroshima* [mémorial de la Paix, dôme de Genbaku] (1996), *région d'Horyu-ji* [monastères bouddhiques] (1993), *Itsukushima* [sanctuaire shinto] (1996), *Kyoto* [monuments hist. Kyoto, Uji, Otsu] (1994), *Nikko* [sanctuaires et temples] (c.) [1999], *Nora* (monuments hist.) [c.] (1998), *Shirakami-Sanchi* (1993), *Shira Kawa* [village hist.] (1995), *Yakushima* (1993). **Jordanie** : *Pétra* (1985), *Qusair Amra* (1985). **Laos** : *Luang Prabang* [ville] (1995). **Liban** : *Anjar* (1984), *Baalbek* (1984), *Byblos* (1984), *Ouadi Qadisha* (vallée sainte et forêt des cèdres de Dieu) [c.] (1998), *Tyr* (1984). **Népal** : *Katmandou* [vallée] (1979), *Lumbini* [lieu de naissance de Bouddha] (1997), *Royal Chitwan* [p.n.] (1984), *Sagarmatha* [p.n. contenant l'Everest : 8 848 m et 7 sommets de plus de 7 000 m] (1979). **Oman** : *Al-Ayn* [site archéol.] (1988), *Al-Khutm* [site archéol.] (1988), *Bahla* (fort) (1987), *Bat* [site archéol.] (1988), *Route de l'encens* [c.] (2000), *sanctuaire de l'Oryx d'Arabie* (1994). **Ouzbékistan** : *Boukhara* [centre hist.] (1990), *Itchan Kala* (1990), *Shakhrisyabz* [hist.] (2000). **Pakistan** : *Lahore* [fort et jardins de Shalimar] (1981), *Mohenjo Daro* [ruines archéol.] (1980), *Rohtas* (fort) (1997), *Sahr-i-Bahlol* [vestiges] (1980), *Takht-i-Bahi* [ruines bouddhiques] (1980), *Taxila* (1980), *Thatta* [monuments hist.] (1981). **Philippines** : églises baroques (1993), *Puerto Princesa* [p.n. de la rivière souterraine] (n.) [1999], rizières en terrasses (1995), *Tubbataha* [parc marin] (1993), *Vigan* [ville hist.] (c.) [1999]. **Sri Lanka** : *Anuradhapura* [ville sainte] (1982), *Dambulla* [temple d'or] (1991), *Galle* [vieille ville et fortifications] (1988), *Kandy* [ville sacrée] (1988), *Polonnaruwa* [cité hist.] (1982), *Sigiriya* [ville ancienne] (1982), *Sinheraja* [réserve forestière] (1988). **Syrie** : ancienne *Alep* (1986), ancienne *Bosra* (1980), ancienne *Damas* (1979), *Palmyre* (1980). **Thaïlande** : *Ayatthaya* [ville hist.] (1991), *Ban Chiang* [site archéol.] (1992), *Sukhothai* [ville hist.] (1991), *Thung Yai-Huai Kha Khaeng* [sanctuaires de faune] (1991). **Turkménistan** : *Merv* [parc hist. et c.] (1999). **Viêt Nam** : *Along* [baie] (1994), *Hué* [ensemble de monuments] (1993). *Hoi An* [vieille ville] (c.) [1999], *Mi-sön* [sanctuaire] (c.) [1999]. **Yémen** : *Sanaa* [vieille ville] (1986), *Shibam* [ancienne ville et mur d'enceinte] (1982), *Zabid* [ville hist.] (1993).

■ **Europe. Albanie** : *Butrinti* (1992 ; site étendu en 1999). **Allemagne** : *Aix-la-Chapelle* [cath.] (1978), *Bamberg* (1993), *Berlin* [châteaux et parcs de Potsdam] (1990 ; site étendu 1992 et 1999), *Brühl* [châteaux d'Augustusburg et de Falkenlust] (1984), *Cologne* [cath.] (1996), *Dessau et Weimar* [Bauhaus et ses sites] (1996), *Dessau-Wörlitz* [jardins] (2000), *Eisleben et Wittenberg* [monuments commémoratifs de Luther] (1996), *Goslar* [mines de Rammelsberg et ville hist.] (1992), *Hildesheim* [cath. Ste-Marie, égl. St-Michel] (1985), *Lorsch* [abbaye et Altenmünster] (1991), *Lübeck* [ville hanséatique] (1991), *Maulbronn* [monastère] (1993), *Messel* [site fossilifère] (1995), *Museumsinsel* (c.) [1999], *Quedlinburg* [collégiale, château, vieille ville] (1994), *Reichenau* [île monastique] (2000), *Spire* [cath.] (1981), *Trèves* [cath., égl. N.-D., monuments romains] (1986), *Völklingen* [usine sidérurgique] (1994), *Wartburg* [c.] (1999), *Weimar* classique [c.] (1998), *Wies* [égl. de pèlerinage] (1983), *Würzburg* [résidence : jardins de la Cour, place de la Résidence] (1981). **Arménie** : *Azat* [vallée] (2000), *Etchmiadzine* [cath. et égl.] (2000), *Gherart* [monastère] (2000), *Haghbat* [monastère] (1996), *Zvarnotz* [archéol.] (2000). **Autriche** : *Graz* [centre hist.] (c.) [1999], *Hallstatt-Dachstein/Salzkammergut* [paysage culturel] (1997), *Salzbourg* [centre hist.] (1996), *Schönbrunn* [palais et jardins] (1996), *Semmering* (ligne de chemin de fer) [c.] (1998), *Wachau* [c.] (2000). **Belgique** : *beffrois de Flandre et Wallonie* [c.] (1999), *Bruges* [hist.] (2000), *Bruxelles* [Grand-Place] (c.) (1998), [béguinages flamands] (c.) [1998], [*canal du Centre*] (4 ascenseurs et leurs sites, La Louvière et le Rœulx) [c.] (1998), [habitations de Victor Horta] (2000), *N.-D. de Tournai* [cath.] (2000), *Spiennes* [archéol.] (2000). **Biélorussie** : *Mir* [château] (2000). **Biélorussie/Pologne** : *Belovezhskaya Puschcha/Bialowieza* [forêt] (1979 ; site étendu 1992). **Bulgarie** : *Boyana* [égl.] (1979), *Ivanovo* [égl. rupestres] (1979), *Kazanlak* [tombe thrace] (1979), *Madara* [cavalier] (1979), *Nessebar* [ancienne cité] (1983), *Pirin* [p.n.] (1983), *Rila* [monastère] (1983), *Srébarna* [r.n.] (1983), *Svechtari* [tombes thraces] (1985). **Chypre** : *Choirokoitia* [c.] (1998). *Paphos* (1980), région de *Troodos* [églises peintes] (1985). **Croatie** : *Dubrovnik* [vieille ville] (1979 ; site étendu 1994), *Plitvice* [p.n.] (1979), *Porec* [basilique euphrasienne] (1997), *St-Jacques de Sibenik* [cath.] (2000), *Split* [noyau hist., palais de Dioclétien] (1979), *Trogir* [site hist.] (1997). **Danemark** : *Jelling* [tumulus, pierres runiques et égl.] (1994), *Kronborg* [château] (2000), *Roskilde* [cath.] (1995). **Espagne** : *Altamira* [grotte] (1985), *art rupestre* du Bassin méditerranéen de la péninsule ibérique [c.] (1998), *Asturies* [égl.] (1985), *Atapuerca* [archéol.] (2000), *Avila* [vieille ville et égl.] (1985), *Barcelone* [Casa Mila, parc et palais Güell (1984), Palais de la Musique catalane, hôpital Sant Pau (1997)], *Burgos* [cath.] (1984), *Cacerès* [vieille ville] (1986), *Chemin de St-Jacques-de-Compostelle* (1993), *Cordoue* [mosquée, centre hist.] (1994), *Cuenca* [ville hist. fortifiée] (1996), *Doñana* [p.n.] (1994), *Elche* [palmeraie] (2000), *Garajonay* [p.n.] (1994), *Grenade* [Alhambra : Generalife et quartier de l'Albayzin] (1994), *Henarès* (université et quartier hist. d'Alcalá) [c.] (1998), *Ibiza* [biodiversité et culture] (n.) [1999], *Lugo* [rempart romain] (2000), *Madrid* [monastère et site de l'Escurial] (1984), *Las Medulas* (1997), *Mérida* [ensemble archéol.] (1993), *mont Perdu* [Pyrénées] (1997 ; site étendu en 1999), *Poblet* [monastère] (1991), *St-Jacques-de-Compostelle* [vieille ville] (1985), *San Cristóbal de la Laguna* [c.] (1999), *Salamanque* [vieille ville] (1988), *San Millán de Yuso* [monastère] (1997), *Santa Maria de Guadalupe* [monument royal] (1993), *Ségovie* [vieille ville et aqueduc] (1985), *Séville* [cath., Alcazar et Archivo de Indias] (1987), *Suso* [monastère] (1997), *Tarragone* [archéol.] (2000), *Teruel* [architecture mudéjare] (1986), *Tolède* [ville hist.] (1986), *Valence* [Lonja de la Seda] (1996), *Val de Boi* [égl.] (2000). **Estonie** : *Tallin* [vieille ville] (1997). **Finlande** : *Petäjävesi* [vieille égl.] (1994), *Rauma* [ville ancienne] (1991), *Sammallahdenmäki* [site funéraire de l'âge de bronze] (c.) [1999], *Suomenlinna* [forteresse] (1991), *Verla* [usine traitement bois et carton] (1996). **France** : *Amiens* [cath.] (1981), *Arc-et-Senans* [saline royale] (1982), *Arles* [monuments romains et romans] (1981), *Avignon* [centre hist.] (1995), *Bourges* [cath.] (1992), *canal du Midi* (1996), *caps de Girolata et de Porto* (Corse) (1983), *Carcassonne* [ville fortifiée] (1997), *Chambord* [château, domaine] (1981), *Chartres* [cath.] (1979), *Chemin de St-Jacques-de-Compostelle* [c.] (1998), *Fontainebleau* [palais, parc] (1981), *Fontenay* [abbaye] (1981), *Lyon* [site hist.] (c.) (1998), *Mont-St-Michel* et sa baie (1979), *Nancy* [places Stanislas, de la Carrière et d'Alliance] (1983), *Orange* [théâtre antique, arc de triomphe, abords] (1981), *Paris* [rives de la Seine du pont Sully au pont d'Iéna, îles de la Cité et St-Louis incluses] (1991), *pont du Gard* (1985), *Reims* [cath., égl. St-Remi, palais du Tau] (1991), *St-Émilion* [juridiction] (c.) [1999], *St-Savin-sur-Gartempe* [égl.] (1983), *Scandola* [Corse, r.n.] (1983), *Strasbourg* [grande île] (1988), *Val de Loire* [c.] (2000), *Versailles* [palais, parc] (1979), *Vézelay* [basilique, colline] (1979), *Vézère* [grottes ornées] (1979). **Géorgie** : *Bagrati* [cath.] (1994), *Ghélati* [monastère] (1994), *Haut Svaneti* (1996), *Mtskheta* [réserve de la ville-musée] (1994). **Grande-Bretagne** : *Avebury* (1986), *Bath* [ville] (1987), *Blenheim* [palais] (1987), *Cantorbéry* [cath., abbaye St-Augustin, égl. St-Martin] (1988), *chaussée des Géants* et sa côte, *Durham* [cath. et château de *Gwynedd*, ancienne principauté, château fort et enceintes d'Edouard Ier] (1986), *Édimbourg* [vieille et nouvelle ville] (1995), *Gough* [île] (1995), *Ironbridge* [gorge] (1986), *Londres* [Tour (1988), palais et abbaye de Westminster (1987), égl. Ste-Marguerite (1988)], *Maritime Greenwich* (1997), *mur d'Hadrien* (1987), *Orcades* [cœur néolithique] (c.) [1999], *St Kildau* [île] (1986), *Stonehenge* (1986), *Studley Royal* [parc et ruines de l'abbaye de Fontains] (1986). **Grèce** : *Athènes* [Acropole] (1987), *Bassae* [temple d'Apollon Epikourios] (1986), *Blaenzivon* [paysage industriel] (2000), *Daphni* [monastère] (1990), *Delphes* [site archéol.] (1987), *Délos* (1990), *Épidaure* [site archéol.] (1988), *Hossios Luckas et Néa Moni de Chios* [monastères] (1990), *Météores* (1988), *Mistra* (1989), *Mont-Athos* (1988), *Mycènes et Tirynthe* [sites archéol.] (c.) [1999], *Olympie* [sites archéol.] (1989), *Patmos* [Chora, monastère de St-Jean le théologien, grotte de l'Apocalypse] (c.) [1999], *Rhodes* [ville médiévale] (1988), *Saint George* [ville hist.] (2000), *Samos* [Pythagoreion et Heraion] (1992), *Thessalonique* [monastères paléochrétiens et byzantins] (1988), *Vergina* [site archéol.] (1996), *Pécs* [cimetière] (2000). **Hongrie** : *Budapest* [panorama bords du Danube et quartier du château de Buda] (1987), *Hollokö* (1987), *Hortobágy* [p.n.] (n.) [1999], *Pannonhalma* [monastère bénédictin millénaire et environnement] (1996), *Pécs* [cimetière] (2000). **Hongrie et Slovaquie** : *grottes d'Aggtelek et Karst* (1995). **Irlande** : *Boyne* [vallée de la ; ensemble archéol.] (1993), *Skellig Michael* (1996). **Italie** : *Agrigente* [zone archéol.] (1997), *Alberobello* [trulli] (1996), *Aquilée* (zone archéol. et basilique patriarcale) [c.] (1998), *Assise* [c.] (2000), *Barumini* [Su Nuraxi] (1997), *Casale* [villa romaine] (1997), *Caserte* [palais royal XVIIIe s. et parc] (1997), *Castel del Monte* (1996), *Cilento et du Val de Diano* [p. n.] (sites archéol. Pasteumet Velia, chartreuse de Podula) [c.] (1998), *Côte amalfitaine* (1997), *Crespi d'Adda* (1995), *Éoliennes* (îles) [n.] (2000), *Ferrare* [ville de la Renaissance et delta du Pô] (1995 ; site étendu en 1999), *Florence* [centre hist.] (1982), *Herculanum* [zone archéol.] (1997), *Modène* [cath. Torre Civica, Piazza Grande] (1997), *Naples* [centre hist.] (1995), *Padoue* [jardin botanique] (1997), *Pallado* [Vénétie, villas] (1996), *Pienza* [centre hist.] (1996), *Pise* [piazza del Duomo] (1987), *Pompéi* [zone archéol.] (1997), *Portovenere, Cinque Terre et îles* (1997), *Ravenne* [monuments paléochrétiens et mosaïques] (1996), *Résidences des Savoies* (1997), *San Gimignano* [centre hist.] (1990), *San Leucio* (1997), *Santa Maria delle Grazie* avec « la Cène » de Léonard de Vinci [égl., couvent dominicain] (1980), *Sassi di Matera* (1993), *Sienne* [centre hist.] (1995), *Torre Annunziata* [zone archéol.] (1997), *Urbino* (centre hist.) [c.] (1998), *Valcamonica* [art rupestre, 2 400 roches gravées] (1979), *Vanvitelli* [aqueduc] (1997), *Venise* [et lagune] (1987) [ville] (1996), *Vérone* [c.] (2000), *Vicence* [villa de Palladio] (1994) [ville] (1996), *Villa Adriana* [c.] (1999). **Italie/St-Siège** : *Rome* [centre hist.], *cité du Vatican* (1984), biens du St-Siège, St-Paul-hors-les-Murs (1990). **Lettonie** : *Riga* [centre hist.] (1997). **Lituanie** : *Vilnius* [centre hist.] (1994). **Luxembourg** : *Luxembourg* [vieux quartiers, fortifications] (1994). **Macédoine** : *Ohrid* [contrée] (1980). **Malte** : *Ggantija* [temples mégalithiques] (1980 ; site étendu 1992), *Hal Saflièni* [hypogée] (1980), *La Valette* [ville] (1980). **Norvège** : *Alta* [art rupestre] (1985), *Bergen* [vieux quartier de Bryggen] (1979), *Røros* (1980), *« Stavkirke » d'Urnes* [égl. à piliers de bois XIIe s.] (1979). **Pays-Bas** : *Amsterdam* (ligne de défense) (1996), *Beemster* [polder] (c.) [1999], *Ir. D.F. Woudagemaal* (station de pompage à la vapeur) [c.] (1998), *Kinderdijk-Elshout* [moulins] (1997), *Maison Schröder de Rietveld* [c.] (2000), *Schkland* [ses environs] (1995), *Willemstad* [centre-ville et port] (1997). **Pologne** : *Auschwitz* [camp de concentration] (1979), *Cracovie* [centre hist.] (1978), *Kalwaria Zebrzydowska* [c.] (1999), *Malbork* [château de l'ordre Teutonique] (1997), *Torun* [ville médiévale] (1997), *Varsovie* [centre hist.] (1980), *Wieliczka* [mines de sel] (1978), *Zamość* [vieille ville] (1992). **Portugal** : *Alcobaça* [monastère] (1989), *Angra do Heroismo* [Açores] (1983), *Batalha* [monastère] (1983), *Côa* [sites d'art rupestre préhist.] (c.) (1998), *Évora* [centre hist.] (1986), *Lisbonne* [monastère des Hiéronymites, tour de Belém] (1983), *Madère* [forêt laurifère] (n.) [1999], *Porto* [centre hist.] (1996), *Sintra* [paysage culturel] (1995), *Tomar* [couvent du Christ] (1983). **Roumanie** : *Biertan* [ville dont égl. fortifiée] (1993 ; site étendu en 1999), *Danube* [delta] (1991), *Horezu* [monastère] (1993), *Maramures* [églises en bois] (c.) [1999], *Moldavie* [églises] (1993), *monts d'Orastie* [forteresses daces] (c.) [1999], *Sighisoara* [centre hist.] (c.) [1999]. **Russie** : *Altaï* (Montagnes dorées) [n.] (1998), *Baïkal* [lac] (1996), *Caucase de l'Ouest* [n.] (1999), *Ferapontov* [monastère] (2000), *Kamtchatka* [volcans] (1996), *Kizhi Pogost* (1990), *Kolomenskoye* [égl. de l'Ascension] (1994), *Komi* [forêts vierges] (1995), *Kremlin de Kazan* [hist.] (2000),

Moscou [Kremlin et place Rouge] (1990), *Novgorod* [monuments hist. et environs] (1992), *St-Pétersbourg* [centre hist. et monastères] (1990), *Serguiev Possad* [ensemble architectural de la laure de la Trinité-St-Serge] (1993), *Solovetsky* [îles] (1992), *Souzdal* [monastère] (1992), *Vladimir* [monuments] (1992). **Russie/Lituanie :** *isthme de Courlande* [c.] (2000). **Slovaquie :** *Banska Stiavnica* (1993), *Bardejov* [r.n.] (2000), *Spissky Hrad* [et monuments culturels associés] (1993), *Vlkolinec* (1993). **Slovénie :** *Skocjan* [grottes] (1986). **Suède :** *Birka et hovgarden* (1993), *Drottningholm* [domaine royal] (1991), *Engelsberg* [forges] (1993), *Karlskrona* [port naval] (c.) (1998), *la haute côte* [n.] (2000), *Laponie* [aire de] (1996), *Lulea* [ville-égl. de Gammelstad] (1996), *Öland* [paysage agricole] (2000), *Skogskyrkogården* (1994), *Tanum* [gravures rupestres] (1994), *Visby* [ville hanséatique] (1995). **Suisse :** *Bellinzone* [château] (2000), *Berne* [vieille ville] (1983), *Müstair* [couvent bénédictin] (1983), *St-Gall* [couvent] (1983). **Tchèque (Rép.) :** *Cesky Krumlov, Prague, Telc* [centres hist.] (1992), *Holašovice* (réserve du village hist.) [c.] (1998), *Kromeriz* (jardins et château) [c.] (1998), *Kutná Hora* [centre hist.] (1995), *Lednice-Valtice* [paysage culturel] (1996), *Litomysl* [château] (c.) [1999], *N.-D. de Sedlee* [cath.] (1995), *Olomouc* [colonne de la Sainte Trinité] (2000), *Sainte-Barbe* [égl.] (1995), *Zelena Hora* [égl. St-Jean-Népomucène] (1994). **Turquie :** *Cappadoce* [sites rupestres] (1985), *Divrigi* [grande mosquée et hôpital] (1985), *Göreme* [p.n.] (1985), *Hattousa* (1986), *Hierapolis-Pamukkale* (1988), *Istanbul* [zones hist.] (1985), *Nemrut Dag* (1987), *Safranbolu* [ville] (1994), *Troie* (site archéol.) [c.] (1998), *Xanthos-Letoon* (1988). **Ukraine :** *Kiev* [cath. Ste-Sophie, bâtiments monastiques, la laure de Kievo-Petchersk] (1990), *Lviv* [centre hist.] (c.) (1998). **Yougoslavie :** Monténégro : *Durmitor* [p.n.] (1980), *Kotor* [région, aspects naturels et hist.] (1979) ; Serbie : *le vieux Ras* avec Sopocani (1979), *Studenica* [monastère] (1986).

■ **Océanie.** **Australie :** *côte Est :* parc des forêts pluviales tempérées subtropicales (1986 ; site étendu 1994), *Fraser* [île] (1992), *la Grande Barrière* (1981), *Kakadu* [p.n.] (1981 ; site étendu 1987, 1992), *Lord Howe* [îles] (1982), *Montagnes bleues* [n.] (2000), *Queensland* [tropiques humides] (1988), *Riversleigh* [sites fossilifères de mammifères] (1994), *Shark* [baie] (1991), *Tasmanie occidentale* [p.n. des Étendues sauvages] (1982 ; site étendu 1989), *Uluru-Kata Ijuta* [p.n.] (1987 ; renomination sous des critères culturels 1994), *Willandra* [région des lacs] (1981), *îles Heard et McDonald, île Macquarie* (1997). **Nouvelle-Zélande : îles sub-antarctiques** [n.] (1998), *Te Wahipounamu* [zone sud-ouest, p.n. de Westland, du Mont-Cook, de Fjordland] (1990), *Tongariro* [p.n.] (1993).

PATRIMOINE FRANÇAIS

DIRECTION DE L'ARCHITECTURE ET DU PATRIMOINE

■ **Origine.** *1978* Direction du patrimoine créée. *1998-21-9* fusionne avec la Direction de l'architecture. *Siège :* 8, rue Vivienne, 75002 Paris. *Directrice :* Wanda Diebolt. **Missions : 1°)** favoriser la création et promouvoir la qualité des espaces bâtis ou aménagés ; **2°)** recenser, étudier, protéger, conserver et faire connaître le patrimoine archéologique, architectural, urbain, ethnologique, photographique et les richesses artistiques de la France ; **3°)** suivre l'activité des architectes et veiller à l'application de la législation les concernant ; **4°)** observer les conditions d'exercice des métiers du patrimoine et veiller au maintien de leurs savoir-faire ; **5°)** participer à l'organisation de l'enseignement, de la formation et de la recherche concernant l'architecture et le patrimoine. *Assure la tutelle* sur le Centre des monuments nationaux, l'Établissement public de maîtrise d'ouvrage des travaux culturels et les écoles d'architecture dotées d'un statut d'établissement public national. *Sont rattachés à son directeur les musées* des monuments français, des plans-reliefs et, conjointement avec la Direction des musées de France, le musée et le domaine de Fontainebleau.

■ **Organisation.** **1°) Inspection générale de l'architecture et du patrimoine. 2°) Service de la connaissance, de la conservation et de la création :** SOUS-DIRECTIONS : *1°) des études, de la documentation et de l'inventaire :* coordonne les actions de la direction, des établissements publics et des organismes sous tutelle, la conception et l'établissement de la carte du patrimoine, les publications scientifiques de la direction, conduit l'inventaire général des monuments et richesses artistiques, assure la répartition des moyens auprès des services déconcentrés ; *2°) de la qualité des espaces et de l'architecture :* législation et réglementation des abords des monuments historiques des zones de protection du patrimoine architectural, urbain et paysager et des secteurs sauvegardés ; *3°) des monuments historiques :* classement et inscription, travaux, crédits ; *4°) de l'archéologie :* lui sont rattachés le Centre national de la préhistoire et le Centre national d'archéologie urbaine ; *5°) mission du patrimoine ethnologique.* **3°) Service des enseignements, des ressources, des publics et des réseaux :** SOUS-DIRECTIONS : *1°) des ressources humaines et des affaires générales, 2°) des formations, des métiers et de la recherche architecturale et urbaine* (le Centre des hautes études de Chaillot et les 22 écoles d'architecture lui sont rattachés), *3°) des réseaux, de la diffusion et de l'action internationale.* **4°) Mission communication** (organismes rattachés à la direction) : *1°) centre des monuments nationaux, 2°) mission interministérielle pour la qualité des constructions publiques, 3°) patrimoine photographique, 4°) préfiguration de la Cité de l'architecture et du patrimoine ;* au directeur : *1°) musée des monuments français, 2°) des plans reliefs.*

INVENTAIRE GÉNÉRAL DES MONUMENTS ET DES RICHESSES ARTISTIQUES DE LA FRANCE

■ **Origine.** Idée née en 1790. De 1861 à 1910, le Comité des arts et monuments fait paraître les 21 premiers volumes de l'*Inventaire général des richesses d'art de la France* (dont 14 volumes consacrés à Paris et sa région). Une *Commission nationale d'inventaire* est créée le 4-3-1964 par André Malraux, renouvelée en 1985 et définit les orientations scientifiques du service.

■ **Structures.** Dépend du ministère de la Culture et de la Communication – direction de l'architecture et du patrimoine. Coordonne 25 services dans chacune des directions régionales des affaires culturelles (Drac). *Personnel* (en 2000) : 320 dans les régions et services centraux.

■ **Missions.** Définir les méthodes et harmoniser les pratiques en matière de documentation du patrimoine. Recenser, étudier et faire connaître toute œuvre qui, par son intérêt artistique, historique ou archéologique, constitue un élément du patrimoine national. Les équipes quadrillent la France canton par canton et établissent des dossiers sur chaque édifice ou objet sélectionné. Des opérations particulières sont menées pour l'étude du vitrail et du patrimoine industriel, l'architecture de villégiature et balnéaire.

■ **Bases de données patrimoniales du ministère de la Culture et de la Communication.** **Malraux :** fonds bibliographiques. *Direction du patrimoine :* **Mérimée :** patrimoine architectural [149 560 notices dont 39 863 sur les édifices protégés (classés et inscrits) au titre des monuments historiques ; 43 550 dossiers avec microfiches]. Minitel et Internet ; **Palissy :** patrimoine mobilier (1 221 021 données dont 95 913 sur les objets classés au titre des monuments historiques, 79 739 dossiers avec microfiches). **Mémoire :** collections de photos et dessins (250 000 notices dont 67 500 Inventaire général). Alimentée par les illustrations photographiques des Monuments historiques (205 000 clichés archivés au fort de St-Cyr et dans les services régionaux) et de l'Inventaire général (2 000 000 de clichés archivés dans les services régionaux). **Archidoc :** base de dépouillements (50 864 notices). Dépouillement de sources documentaires bibliographiques et iconographiques (recueils et revues 1850 à 1940). Chaque notice contient des informations localisées sur une œuvre architecturale, un objet mobilier, un site Internet. *Direction des Musées de France :* **Archéos :** fonds archéologiques ; **Joconde :** musées nationaux (130 000 notices et 6 000 images) ; **Narcisse :** images scientifiques d'œuvres de laboratoires de musées (20 000 notices et images) ; **Musées nationaux récupération :** 2 000 œuvres d'art récupérées en Allemagne après 1945. *Archives nationales :* **Arcade :** acquisitions d'œuvres d'art par l'État ; **Carim :** documents numérisés du Caran ; **Égérie :** état général des fonds des Archives nationales ; **Léonore :** titulaires de la Légion d'honneur jusqu'à 1956. *Musée des Arts et Traditions populaires :* **Médecin :** recettes médicales traditionnelles ; **Proverbes :** recueil de proverbes français ; **Archi XXe :** base de données répertoriant plus de 1 000 monuments du XXe siècle protégés au titre des monuments historiques. **Objets :** objets d'art populaire ; **Photos :** photos, cartes postales. *Musée du Louvre :* **Jupiter :** antiquités grecques et romaines ; **Pharaon :** égyptiennes ; **Shamash :** orientales.

■ **Centres de documentation.** Centre national (Hôtel de Vigny, 10, rue du Parc-Royal, 75003 Paris) et Besançon, Bordeaux, Clermont-Ferrand, Dijon, Lille, Limoges, Lyon, Montpellier, Nancy, Nantes, Orléans, Paris, Poitiers, Rennes, Rouen, Strasbourg, Toulouse.

■ **Publications** (1-1-2001). **Collections scientifiques :** 8 *principes d'analyse scientifique* (tapisserie, architecture, sculpture, objets civils domestiques, mobilier domestique, vitrail, métal et jardin) ; 8 *« Documents et méthodes » ;* 5 *recensements des vitraux anciens de la France ;* 17 *inventaires topographiques* (cantons de Saverne, Guebwiller, Thann, Peyrehorade, Vic-sur-Cère, Sombernon, Carhaix-Plouguer, Belle-Ile-en-Mer, Faouët et Gourin, Lyons-la-Forêt, Aigues-Mortes, Gondrecourt-le-Château, La Ferté-Bernard, l'île de Ré, pays d'Aigues, Viviers, Vic-Bilh). **Collections grand public :** 16 *« répertoires des inventaires » ;* 2 *« Études du patrimoine » ;* 20 *« Indicateurs du patrimoine » ;* 171 *« Images du patrimoine » ;* 48 *« Cahiers du patrimoine » ;* 158 *« Itinéraires du patrimoine ».*

Nota. – Des inventaires ont été entrepris dans 17 pays d'Europe. [En Allemagne dès 1860 (90 % du territoire est répertorié), en Suisse depuis 1927.]

ARCHÉOLOGIE

■ **Organisation.** Tout sondage ou toute fouille archéologique doit être auparavant autorisé (loi du 27-9-1941 complétée par différents textes dont la loi du 18-12-1989 réglementant l'utilisation des détecteurs de métaux et la soumettant à autorisation). L'État contrôle ces opérations, participe à leur financement (recherche programmée ayant pour seul motif la connaissance en archéologie préventive nécessitée par les menaces sur le patrimoine archéologique). Il dispose dans chaque direction régionale des Affaires culturelles d'un service régional de l'archéologie.

■ **Statistiques.** **Opérations de fouilles terrestres autorisées en 1999 :** *terrestres :* 1 725 dont d'archéologie préventive 1 473, d'archéologie programmée 252 ; *sous-marines :* 35. La sous-direction de l'Archéologie réalise, depuis 1978, un inventaire des sites archéologiques (en 1999, l'inventaire informatisé comptait 294 132 sites : voir détail ci-après). **Crédits** (en millions de F, 1997) : équipement 15,7 ; crédits d'intervention ou de subvention 68,3.

Sites archéologiques enregistrés dans les bases régionales du ministère de la Culture en 1998 : Rhône-Alpes 24 272, Lorraine 22 156, Centre 17 593, Provence-Alpes-Côte d'Azur 16 445, Midi-Pyrénées 15 830, Picardie 15 646, Champagne-Ardenne 14 463, Poitou-Charentes 14 449, Languedoc-Roussillon 14 382, Aquitaine 13 896, Bretagne 13 087, Basse-Normandie 13 067, Auvergne 12 493, Limousin 12 454, Pays-de-la-Loire 10 699, Franche-Comté 10 625, Nord-Pas-de-Calais 7 415, Haute-Normandie 7 372, Alsace 7 270, Ile-de-France 5 621, Bourgogne 4 288, Corse 3 029, Martinique, Guyane, Guadeloupe 2 458.

PROCÉDURES DE PROTECTION

■ **Quelques dates.** **1836-59** Prosper Mérimée (1803-70), 2e inspecteur des Monuments historiques (en 1841) [1er : Ludovic Vitet (1802-73) en 1830], sillonne la France pour repérer les édifices dont la conservation dépend d'une aide financière de l'État, et qui mériteraient d'être classés. **1840** 1re liste établie (comprenant entre autres : abbaye de Silvacane, palais Jacques-Cœur de Bourges, remparts d'Aigues-Mortes, pont du Gard, église de Montmajour). **1913**-*31-12* loi régissant la protection des monuments classés, c.-à-d. des « immeubles dont la conservation présente, du point de vue de l'histoire ou de l'art, un intérêt public ». Plus tard, la loi s'étend aux objets mobiliers (meubles proprement dits et immeubles par destination). La loi protège également les « abords » des monuments : dans un rayon de 500 m, aucun bâtiment visible en même temps que le monument (« covisibilité ») ne peut être modifié sans l'accord de l'architecte des Bâtiments de France. Un *Inventaire supplémentaire* est prévu sur lequel seront « inscrits » les immeubles qui, « sans demander de classement immédiat, présentent un intérêt suffisant pour rendre désirable la préservation ». **1925** 1res inscriptions à l'Inventaire supplémentaire. **1930**-*2-5* loi : les sites naturels peuvent être classés ou inscrits. **1957** 1er édifice du XXe s. classé : théâtre des Champs-Élysées. **1962**-*4-8 loi Malraux* créant des *« secteurs sauvegardés »* (au *1-03-1992,* 77 avaient été « prescrits » et 34 « approuvés »). **1964** la France signe la *Charte de Venise* qui définit au niveau international une politique de conservation et de restauration des monuments historiques et des sites. **1972** une convention de l'Unesco confie au Conseil international pour les monuments et les sites (Icomos) la mission de créer un inventaire du patrimoine mondial. Voir à l'Index. **1983**-*7-1* définition des « zones de protection du patrimoine architectural et urbain » (ZPPAU), voir à l'Index. **1985**-*1-1* mise en place des commissions régionales pour le patrimoine historique, archéologique et ethnologique (Coréphae) instituées par décret no 84-1007 du 15-11-1984 auprès de chaque préfet de région. **1993**-*8-1* ajout d'un volet paysager à la loi de 1983 ; *-28-2* définition de la zone de protection du patrimoine architectural, urbain et paysager (ZPPAUP). **1999**-*5-2* décret 99-78 : les commissions régionales du patrimoine et des sites (CRPS) se substitueront à la Coréphae dès le 1er mai 1999 pour la protection des monuments historiques avec, en outre, une fonction d'appel sur l'avis émis par l'architecte des bâtiments de France. *Permis de construire ou de démolir* en abords et en covisibilité d'un monument historique, en secteur sauvegardé ou en zone de protection du patrimoine architectural, urbain et paysager : si l'avis du maire et celui de l'architecte des bâtiments de France diffèrent, le maire peut saisir le préfet de région qui statue après avoir recueilli l'avis de la CRPS. Le préfet de région dispose de 4 mois pour donner un avis qui se substitue à celui de l'architecte des bâtiments de France. A défaut de réponse dans les 4 mois, l'avis de l'architecte des bâtiments de France est confirmé.

☞ Les procédures de protection des monuments historiques tardèrent à être entamées ; l'Administration savait que le propriétaire refuserait son accord, et elle reculait devant le classement d'office à cause du risque d'indemnisation que ce classement pouvait comporter. Actuellement, les propriétaires réclament souvent eux-mêmes le classement et il n'y a pratiquement plus de classement d'office. Les demandes sont nombreuses, certaines s'expliquant pour des raisons fiscales.

■ **Procédures de protection des immeubles.** **Monuments :** depuis le 1-1-1985, toutes les demandes portant sur des immeubles doivent être adressées au préfet de la région où est situé l'immeuble (décret no 84-1006 du 15-11-1984). Les propositions de classement et d'inscription à l'Inventaire supplémentaire des monuments historiques sont examinées par les commissions régionales du patrimoine et des sites (CRPS remplacent les Coréphae depuis le 1-5-1999). Après l'avis de celles-ci, le préfet de région peut alors prescrire par arrêté l'inscription de l'immeuble à

Conservateur du patrimoine. Décrets n°s 90-404 et 90-405 du 16-5-1990 et arrêté du 16-5 (*JO* du 17). Corps interministériel. *Spécialités :* archéologie, archives, bibliothèques du patrimoine, Inventaire général, monuments historiques, musées : musées nationaux, certains musées de collectivités locales ; archives nationales, départementales ; services régionaux de l'Archéologie, de l'Inventaire général, des Monuments historiques ; grands établissements patrimoniaux (Louvre, Orsay, Versailles, etc.) ; établissements publics culturels (musée d'Art moderne du centre Pompidou, du conservatoire de la cité de la Musique à la Villette...) ; collections d'autres établissements publics (École nationale supérieure des beaux-arts, mobilier national, manufactures nationales) ; patrimoniales de certaines bibliothèques. Exercent aussi leurs fonctions dans les services d'archives historiques des différentes armes, au musée de la Marine, au musée de l'Armée ; au ministère des Affaires étrangères dans les différents services diplomatiques. L'inspection générale du Patrimoine est composée de conservateurs généraux et de *conservateurs en chef du Patrimoine*, chargés de missions d'inspection générale ; *d'architectes en chef des Monuments historiques* chargés d'une mission d'inspection générale (décret du 20-11-1980). [D'autres agents (cat. A) peuvent être chargés d'une mission d'inspection générale.]

Architectes en chef des Monuments historiques. *Nombre* (en 2000) : 50 ; *recrutés* par un concours d'État, ils apportent leur concours au ministre de la Culture pour protéger, conserver et mettre en valeur le patrimoine (avis, études, surveillance des monuments, etc.). Ils sont obligatoirement maîtres d'œuvre des travaux de restauration sur les immeubles classés si les travaux sont aidés financièrement par l'État.

Inspecteurs généraux. Architectes ou non, ils assurent des fonctions d'encadrement, d'études et de conseil dans le cadre de la loi du 31-12-1913 sur les monuments historiques.

Architectes des Bâtiments de France. A l'échelon départemental ils donnent un avis sur tous projets de travaux dans les abords de monuments historiques, les sites, les secteurs sauvegardés et les zones de protection du patrimoine architectural, urbain et paysager. Ils sont obligatoirement maîtres d'œuvre des travaux de simple entretien ou réparation sur les immeubles classés lorsque les travaux sont aidés financièrement par l'État.

l'Inventaire supplémentaire ou proposer au ministre de la Culture et de la Communication une mesure de classement. Le ministre statue sur cette proposition après avoir recueilli l'avis de la Commission supérieure des Monuments historiques, lequel est communiqué à la CRPS par le préfet de région. Lorsque les différentes parties d'un immeuble font à la fois l'objet, les unes d'une procédure de classement, les autres d'inscription sur l'Inventaire supplémentaire, les arrêtés correspondants sont pris par le ministre de la Culture. Lorsque le ministre de la Culture prend l'initiative d'un classement, il demande au préfet de région de recueillir l'avis de la CRPS et il consulte ensuite la Commission supérieure des monuments historiques. Le classement d'un immeuble est prononcé par un arrêté du ministère de la Culture. En cas de désaccord du propriétaire, la mesure de classement d'office est prononcée par décret en Conseil d'État. Le classement fait l'objet d'une publication à la *Conservation des hypothèques*. Tout travail de restauration, réparation ou modification sur un monument classé doit avoir l'accord préalable du ministre de la Culture ou de son représentant et peut recevoir une subvention de 40 à 50 %. Le ministre doit être informé de toute mutation de propriété.

Pour les immeubles inscrits à l'Inventaire supplémentaire : les travaux sont généralement soumis au régime du permis de construire. Le projet doit être transmis au directeur régional des Affaires culturelles 4 mois avant le début des travaux. *L'État* peut accorder une subvention (maximum 40 % du coût des travaux).

■ **Avantages fiscaux.** Les propriétaires privés peuvent déduire de leur revenu imposable l'intégralité des sommes consacrées aux travaux de restauration et d'entretien d'un monument historique classé ou inscrit et ouvert au public ; ils peuvent également déduire les autres charges (frais de gérance, gardiennage, accueil, etc.) selon les modalités d'ouverture au public. **Droits de mutation** (loi du 5-1-1988, décret du 21-4-1988). Sont exonérés des droits de mutation les biens immeubles par nature ou par destination classés ou inscrits et les biens meubles qui en constituent le complément historique ou artistique, si les héritiers (donataires, légataires) ont conclu une convention avec les ministres chargés de la Culture et des Finances, prévoyant le maintien sur place des éléments du décor et leurs modalités d'accès au public ainsi que les conditions d'entretien des biens exonérés. L'agrément ministériel pour pouvoir bénéficier d'avantages fiscaux est accordé par le directeur départemental des impôts. Il n'entraîne aucune obligation de conservation particulière, mais seulement celle d'ouvrir le monument à la visite.

☞ Au regard de l'impôt sur le revenu, est considéré comme ouvert à la visite tout immeuble que le public est admis à visiter : soit 50 jours/an dont 25 jours fériés entre avril et sept. inclus, soit 40 jours en juillet, août et sept. Pour bénéficier de l'exonération des droits de succession, ces durées sont doublées.

■ **Expropriation.** Procédure qui peut être employée par le ministre de la Culture, les communes ou départements, pour sauver un monument historique classé mal entretenu par son propriétaire privé.

■ **Abords.** Lorsqu'un immeuble (bâti ou non bâti) est situé dans le champ de visibilité d'un monument historique classé ou inscrit, il ne peut faire l'objet (tant de la part du propriétaire privé que des collectivités et établissements publics) d'aucune construction nouvelle, démolition, déboisement, transformation ou modification sans une autorisation préalable. Toutefois l'exploitation rationnelle et raisonnable d'une plantation est possible. **Classement d'un site :** les *commissions départementales des sites et paysages* comprennent des représentants des collectivités locales et des personnalités compétentes dans la science de la nature. Les *associations de sauvegarde* peuvent présenter à des commissions des propositions d'inscription ou de classement d'un site. Le classement est prononcé par un arrêté du ministre de l'Environnement. Si l'un des propriétaires intéressés fait opposition, le classement ne peut être prononcé que par un décret pris en Conseil d'État. Le propriétaire peut être indemnisé s'il prouve un préjudice « direct, matériel et certain ». **Zones de protection :** autour des sites classés ou inscrits, l'administration peut interdire construction, démolition ou exécution de travaux affectant l'utilisation des sols, mais ne peut interdire les travaux visant à l'amélioration des exploitations agricoles ou forestières et les coupes d'arbres, à moins qu'il ne s'agisse de coupes rases.

■ **Protection des objets mobiliers.** Sont *inscrits* par arrêté du préfet du département après avis de la commission départementale des objets mobiliers. Sont *classés* par arrêté du ministre de la Culture après avis de la Commission supérieure des Monuments historiques. S'ils appartiennent à des propriétaires privés, accord nécessaire ; si opposition, classement d'office prononcé par décret du Conseil d'État. Les travaux sont programmés et contrôlés par le conservateur des monuments historiques.

STATISTIQUES

■ **Bureau de la protection.** A pour mission de mettre en œuvre les procédures nationales de classement et de veiller au bon fonctionnement des procédures départementales et régionales d'inscription à l'Inventaire supplémentaire.

■ **Budget** (en millions de F). Monuments classés et inscrits (base : loi de finances initiale) : *travaux d'entretien : 1980 :* 49,3 ; *90 :* 142 ; *94 :* 119. *Restauration : 1980 :* 372,7 ; *90 :* 1 055 ; *95 :* 1538 ; *96 :* 1569 ; *97 :* 1 601 ; *98 :* 1 633. **Dépenses globales** (en millions de F, 1993) : *communes de plus de 10 000 habitants (sauf Paris) :* 35 900 (dont Metz 18 ; Angers 16,1 ; Avignon 14,8 ; Dijon 13,8 ; Toulouse 12,1). *Conseils généraux :* 616,9 (dont Vendée 35,9 ; S.-Maritime 28 ; Moselle 25,9 ; Finistère 24 ; Deux-Sèvres 21,7) ; *régionaux :* 91,2 (dont Pays de la Loire 13,1 ; Bretagne 9,6 ; Hte-Normandie 8,1 ; Basse-Normandie 8 ; Ile-de-France 7,7 ; Rhône-Alpes 7,4). **Dépenses maximales** (en F par habitant, 1993) : *communes :* Gravelines 226, Senlis 202, Avignon 170, Metz 150, Colmar 149. *Conseils généraux :* Vendée 71, Deux-Sèvres 63, Corse-du-Sud 60, Aube 45, Ardennes 43, Hte-Marne 43 ; *régionaux :* Basse-Normandie 5,8 ; Corse 4,9 ; Hte-Normandie 4,7 ; Pays de la Loire 4,3 ; Champagne-Ardenne 3,6 ; Bretagne 3,5.

■ **Monuments protégés. Nombre total d'arrêtés** (au 1-1-2000) : 40 622 dont 14 017 classés, 26 605 inscrits à l'inventaire supplémentaire des monuments historiques.

Par région (nombre total au 1-1-1999 dont, entre parenthèses, classés) : total 40 197 (13 929), Alsace 1 300 (351), Aquitaine 2 500 (692), Auvergne 2 020 (630), Bourgogne 2 061 (786), Bretagne 2 873 (1 097), Centre 2 547 (814), Champagne-Ardenne 1 371 (644), Corse 266 (120), Franche-Comté 1 103 (271), Ile-de-France 3 642 (1 092), Languedoc-Roussillon 1 819 (569), Limousin 950 (299), Lorraine 1 498 (642), Midi-Pyrénées 2 414 (844), Nord-Pas-de-Calais 1 212 (401), Basse-Normandie 1 649 (565), Haute-Normandie 1 042 (345), Pays-de-la-Loire 1 902 (652), Picardie 1 414 (680), Poitou-Charentes 2 009 (746), Provence-Alpes-Côte d'Azur 2 060 (832), Rhône-Alpes 2 279 (787), Dom 266 (70).

Par catégorie d'édifices (en %, 1999) : architecture domestique 33,7, religieuse et funéraire 35, de jardin 6,2, militaire 6,2, commémorative ou votive 4,7, génie civil 4,2, architecture agricole 3,4, de l'administration ou de la collectivité 2,8, artisanale 1,4, commerciale 1,4, de culture, recherche, sport ou loisirs 1,4, industrielle 1,4, de santé 0,9, scolaire 0,6, urbanisme 0,6, architecture judiciaire, pénitentiaire ou de police 0,5, fiscale ou financière 0,3.

Par époque de construction (nombre total au 1-1-1999) : préhistoire (du paléolithique au néolithique) 1 261, protohistoire (de l'âge de bronze à l'âge de fer) 243, Antiquité (du VIe s. av. J.-C. au Ve s. apr. J.-C.) 675, Moyen Age (du VIe au XVe s.) 12 958, Temps modernes (du XVIe au XVIIIe s.) 17 826, époque contemporaine (XIXe et XXe s.) 5 308.

■ **Objets mobiliers protégés. Nombre total d'arrêtés** (au 31-12-1999) : 131 802 inscrits, 129 390 classés : orgues (instruments) 1 621 classées (dont parties instrumentales 1 110, buffets 571), 212 inscrites (dont buffets 111, parties instrumentales 101) ; cloches 5 052 classées, 93 inscrites ; objets du patrimoine industriel, scientifique et technique 1 134 classés [dont 84 bateaux dont le *Belem* (3-mâts lancé le 16-6-1896) ou le *St-Julien* (bateau-lavoir 1906, à Laval, Mayenne), 410 véhicules ferroviaires dont 98 locomotives]. **Répartition par thème** (en %, au 31-12-1998) : mobilier de châteaux 33, religieux 18, sculpture religieuse 14, orfèvrerie religieuse 14, tableaux religieux 10, textile religieux 4, tableaux ou dessins civils 3, mobilier civil 1. **Par année :** *1995 :* 578 (classés 1957) ; *96 :* 293 (919) ; *97 :* 432 (1 442) ; *98 :* 246 (867) ; *99 :* 620 classés plus 23 orgues (dont buffets 12, parties instrumentales 11), 21 cloches, 5 collections du patrimoine industriel scientifique et technique.

■ **Espaces protégés.** Englobent des éléments bâtis et paysagers de nature et d'époque différentes. 4 modes de protection différents : abords de monuments historiques, sites (2 700 classés au 1-1-2000), secteurs sauvegardés (91), zones de protection du patrimoine architectural, urbain et paysager (278 créées et 538 à l'étude). *Propriétaires* (en %) privés : 49,5 ; communes : 44,5 ; départements : 1,5 ; État : 4,3 ; régions : 0,02.

■ **Budget de la Culture et de la Communication en 2001** (projet de loi de finances 2001, en millions de F, hors dépenses de personnel et de fonctionnement courant des services). **Crédits par direction :** patrimoine et architecture 2 301,95, spectacle vivant 4 218,66, livre et lecture 1 864,20, musées 1 240,64, arts plastiques 659,20, développement culturel 496,47, cinéma et production audiovisuelle 282,80, archives 157,43, délégation générale à la langue française 11,60.

■ **Journées du patrimoine.** Nom actuel depuis 1992. **Origine :** les journées « Portes ouvertes dans les monuments historiques » créées par Jack Lang en 1984. *En 2000 :* 14 186 monuments et sites historiques, publics et privés ouverts ; 11,5 millions de visiteurs (dont à *Paris :* Sénat 22 000, ministère de la Culture et Conseil d'État 13 000, Roissy 12 000, Chambord 10 596, Élysée 7 300, Matignon 7 000, Siège du Parti communiste (place du Colonel Fabien) 3 095 ; *Lille :* palais des Beaux-Arts 10 000).

■ **Location d'un monument historique. Prix à la journée** (en milliers de F, 2000) : *Paris :* Conciergerie 200, Ste Chapelle 10 à 15, Tuileries 10 à 100. *Environs de Paris :* Champs s/Marne [1] 3,5 à 16, Fontainebleau [3] 10 à 20, Maisons Laffitte [1] 7 à 30, St-Cloud 8 à 60. *Province :* Azay-le-Rideau [1] 3,5 à 13, Chambord [1] 2 à 250, Chaumont [1] 3,5 à 6,5, cité de Carcassonne 4,5 à 15, Jumièges [2] 10 à 50, Mt-St-Michel [2] 13,5 à 17,5, Montmajour [2] 9, Nohant [1] 3,5, Pierrefonds [1] 2 à 13, Tarascon [1] 6 à 20, Thoronet [2] 5 à 12.

Nota. – (1) Château. (2) Abbaye. (3) Parc.

ORGANISMES DIVERS

■ **Association des centres culturels de rencontre.** 9, rue Bleue, 75009 Paris. *Créée* 1972 pour une réutilisation artistique et culturelle du patrimoine historique en France et en Europe. *Pt :* Jean Maheu. Regroupe : abbayes de Royaumont (V.-d'O.), Fontevraud (M.-et-L.), Saintes (Ch.-M.) ; saline royale d'Arc-et-Senans (Doubs) ; chartreuse de Villeneuve-lez-Avignon (Gard) ; corderie royale de Rochefort-sur-Mer (Ch.-M.) ; château du Grand-Jardin à Joinville (Hte-Marne) ; domaine de Kerguehennec à Bignan (Morbihan) ; IMEC/abbaye d'Ardenne à Caen (Calvados) ; Fond St-Jacques à Ste-Marie (Martinique) ; Domaine Forget à St-Irénée (Québec, Canada). 41 monuments en Europe.

■ **Association nationale des associations régionales Études et Chantiers.** 28, rue Duhamel, 35000 Rennes.

■ **Association Sauvegarde de l'Art français.** 22, rue de Douai, 75009 Paris. *Créée* 9-12-1921 par le duc de Trévise († 9-9-1946) et la M^{ise} de Maillé († 19-11-1972). Reconnue d'utilité publique 22-11-1925. *Membres :* 400. *Pt :* Édouard de Cossé Brissac (né 3-9-1929) depuis 1990. *Activités :* aide à la restauration du gros œuvre d'églises rurales non classées Monuments historiques et antérieures à 1800. Depuis l'origine, plus de 1 500 églises aidées. *Publication annuelle :* « les Cahiers de la Sauvegarde ».

■ **Centre des monuments nationaux.** Hôtel de Sully, 62, rue St-Antoine, 75004 Paris. *Créée* par la loi du 10-7-1914. *Pt du conseil d'administration :* Jacques Renaud. Établissement public chargé de gérer les monuments historiques de l'État. Alimenté essentiellement par droits d'entrée, ventes d'ouvrages, locations, dons et legs. *Organise :* Journées du patrimoine (voir ci-dessus) ; routes historiques ; réseau « Villes et pays d'art et d'histoire ». *Revue bimestrielle :* « Monuments historiques ».

■ **Chantiers-Histoire et Architecture médiévales (CHAM).** 5-7, rue Guilleminot, 75014 Paris. *Créés* 1980. *Pt :* Christian Piffet. *Adhérents :* 2 800. *Activités :* chantiers de bénévoles : conservation et archéologie (métropole et Dom-Tom). Expositions, stages de restauration et de formation technique, chantiers-écoles, chantiers internationaux (Zimbabwe-Tanzanie) sur patrimoine Unesco.

■ **Club du Vieux Manoir.** Ancienne abbaye du Moncel, 60700 Pontpoint (voir **Chantiers de jeunes** à l'Index).

■ **La Demeure historique.** 57, quai de la Tournelle, 75005 Paris. Association professionnelle des propriétaires de monuments historiques privés classés et inscrits. *Créée* 1924 par le Dr Joachim Carvallo († 1936), propriétaire de Villandry (I.-et-L.) ; reconnue d'utilité publique 25-1-1965. *Adhérents :* 3 000 + 500 propriétaires d'un monument historique classé, inscrit ou susceptible de l'être. *Pt :* Jean de Lambertye (né 30-1-1959) depuis 2000, avant Henri-François de Breteuil (né 5-12-1943). *Revue.*

■ **École nationale du patrimoine (ENP).** 117, bd St-Germain, 75006 Paris. *Créée* 1990 sous la tutelle du ministère de la Culture. *Mission :* recruter les conservateurs dans 5 domaines de compétence : archéologie, archives, inventaire général, monuments historiques, musées.

■ **Europa nostra/IBI.** Lange Voorhout 35, 2514 EC La Haye, Pays-Bas. *Créée* 1963. A fusionné en 1991 avec l'Institut international des châteaux historiques (IBI), fondé 1949 ; principale organisation européenne non gouvernementale assurant la défense du patrimoine architectural et naturel. *Pt :* SAR le prince du Danemark. *Pt exécutif :* Daniel Cardon de Lichtbuer. *Membres :* plus de 200 ONG, plus une centaine d'administrations locales, des organismes de soutien et des membres individuels établis dans 30 pays européens (environ 800). La France est représentée par l'association *Gallia Nostra*, fondée 1985, regroupant 30 associations et des membres individuels. *Pte :* Mme François de Bourbon-Busset. *Concours* annuel (une quarantaine de prix sponsorisés), lancé en 1978.

■ **Fédération nationale des associations de sauvegarde des sites et ensembles monumentaux (Fnassem).** 20, rue d'Armaillé, 75017 Paris. Reconnue d'utilité publique. *Fondée* 1967 par Henry de Ségogne. *Pt :* Kléber Rossillon. *Adhérents :* 400. *Publication :* « L'Entrait ».

■ **Fondation du patrimoine.** *Créée* par la loi nº 96-590 du 2-7-1996. Reconnue d'utilité publique par le décret du 11-2-1997. *Pt :* Édouard de Royère. *Vice-Pt :* André Bettencourt. *Directeur général :* Olivier de Rohan. *Missions* assurer la sauvegarde du patrimoine de proximité non protégé ; promouvoir la connaissance, la conservation et la mise en valeur du patrimoine national. Peut demander à l'État de mettre en œuvre la procédure de préemption d'objets d'art en vente publique, instituée au profit de l'État par la loi de finances de 1922.

■ **Institut français de formation de restaurateurs d'œuvres d'art.** 150, avenue du Pt-Wilson, 93210 La Plaine-St-Denis. Rattaché à l'ENP depuis 1-1-1996. *Maîtrise :* Sciences et techniques de conservation et restauration des biens culturels de l'université Paris I-Sorbonne. *Disciplines :* arts du feu, graphiques, du métal, du textile, mobilier, peinture, photographie et sculpture.

■ **Ligue urbaine et rurale.** 8, rue Meissonier, 75017 Paris. *Fondée* 1939 par Jean Giraudoux ; reconnue d'utilité publique 1970. *Pt :* Jacques Gaultier de la Ferrière. *Adhérents :* 2 000. *Intervient* auprès des pouvoirs publics pour parer aux menaces sur paysages et édifices. *Revue :* « Les Cahiers de la Ligue urbaine et rurale ».

■ **Maisons paysannes de France.** 42, rue du Fbg-Montmartre, 75009 Paris. Association reconnue d'utilité publique. *Pt :* Michel Fontaine. *Revue.*

■ **Mission du patrimoine photographique.** Hôtel de Sully, 62, rue Saint-Antoine, 75004 Paris.

■ **Monuments du monde.** 28, rue René-Boulanger, 75010 Paris. Association loi de 1901. *But :* développer la connaissance technique des monuments dans le monde et attirer l'attention sur les périls de tous ordres qui les menacent. *Pt :* Michel Bancon.

■ **Monuments, musées, sites historiques.** 10, rue Pierre-Leroux, 75007 Paris. Association fondée en juin 1993. Regroupe scientifiques (historiens de l'art, etc.), spécialistes du patrimoine (architectes, experts en art ancien, restaurateurs, etc.), juristes, journalistes, amateurs. *But :* alerter l'opinion sur le patrimoine insuffisamment protégé. Agit en justice en contestant les permis de construire illégalement délivrés et en apportant le soutien en justice aux amoureux du patrimoine.

■ **Patrimoine sans frontières.** 61, r. François-Truffaut, 75012 Paris. Association *créée* 1992. *Pte :* Béatrice de Durfort. *Objectif :* alerte, sensibilisation et sauvetage du patrimoine culturel international [exemples : photothèque de Shkodra (Albanie, 1994-97), Cases-obus (Cameroun et Tchad, 1995-97), musée du Kosovo (Pristina, 1999-2001)].

■ **Routes historiques.** Réalisées avec la *Demeure historique* qui en est à l'origine et la *Caisse nationale des monuments historiques et des sites*. Plus de 80 agréées.

■ **Section française de l'Institut international de conservation (SFIIC).** 29, rue de Paris, 77420 Champs-sur-Marne. Association (loi de 1901). *Créée* 1982. *Pt :* Georges Brunel.

■ **Sté française d'archéologie.** Musée des Monuments français, Palais de Chaillot, 75116 Paris. *Fondée* 1834. *Pt :* J. Mesqui. *Membres :* 2 480. *But :* faire connaître par analyse scientifique les monuments anciens. *Bulletin monumental* (trimestriel) ; *Congrès archéologique de France* (annuel).

■ **Sté pour la protection des paysages et de l'esthétique de la France (SPPEF).** 39, av. de La Motte-Picquet, 75007 Paris. *Fondée* 1901 par les poètes Jean Lahor et Sully Prudhomme ; reconnue d'utilité publique en 1936, agréée au plan national. *Pte :* Paule Albrecht. *Adhérents :* 4 500. *Revue* (trimestrielle) : « Sites et Monuments ». Concours des municipalités (annuel).

■ **Union Rempart** (Union de 150 associations de défense du patrimoine). 1, rue des Guillemites, 75004 Paris. *Créée* 11-7-1966. Reconnue d'utilité publique le 13-7-1982. Propose stages et chantiers de restauration en France et à l'étranger. *Pt :* Henri de Lépinay. *Publications :* collection « Patrimoine vivant » ; « Cahiers techniques » ; « Patrimoine d'ici ».

■ **Union nationale des associations régionales Études et Chantiers.** 33, rue Campagne-Première, 75014 Paris. *Créée* 6-1-1988. *Pt :* Pierrick Guyomarch'. *Adhérents :* 1 500. *Objectifs :* coordonne et organise chantiers de volontaires et d'insertion en France et à l'étranger pour la mise en valeur du patrimoine (20 pays).

■ **Vieilles Maisons françaises (Les).** 93, rue de l'Université, 75007 Paris. Association de propriétaires de monuments et demeures anciennes et d'amateurs d'art. *Créée* 1958 par la M^ise de Amodio ; reconnue d'utilité publique en 1963. *Adhérents :* 20 000. *Édifices :* 8 000 (dont 1 000 ouverts au public). *Pt :* Georges de Grandmaison. *Publication :* « Revue sur le patrimoine par département » (5 par an) : 24 000 exemplaires. Fichier cinéma. Fichier de demeures à louer pour réceptions et séminaires. 1 000 000 de F de prix annuels de sauvegarde du patrimoine, prix du Livre du patrimoine. Partenariat avec les Compagnons du Devoir.

CONCOURS

■ **Concours annuel des chantiers de bénévoles.** Organisé par la CNMHS. *Créé* 1967. 40 participants par an. *Prix nationaux :* 1er 40 000 F, 2e 20 000 F, 3e 10 000 F. *Prix régionaux :* jusqu'à 30 000 F.

■ **Chefs-d'œuvre en péril.** *Créé* 1963 par Pierre de Lagarde (né 25-3-1932) pour récompenser et aider ceux qui ont permis de sauver un monument. A permis de sauver plus de 900 monuments.

■ **« Lumières et Monuments ».** Organisé par la Caisse des monuments historiques depuis 1987, ouvert aux monuments mis en valeur par illumination offerte au public. 6 grands prix : 10 000 à 100 000 F.

■ **« Le prix du Maire ».** Organisé par la Ligue urbaine et rurale depuis 1983, ouvert aux communes de moins de 2 000 habitants ayant fait un effort remarquable d'amélioration du patrimoine ancien. Dotation globale : 280 000 F.

■ **SPPEF.** Concours annuel pour les municipalités de moins de 10 000 habitants soucieuses de mettre en valeur leur patrimoine architectural ou leur site. 7 ou 8 prix de 10 000 à 30 000 F et diplômes d'honneur.

■ **Formations. Des archivistes :** l'École des chartes (voir à l'Index). **Autres spécialités :** classes préparatoires de l'école du Louvre et des universités (Paris-I, Paris-IV, Lille-III, Tours, etc.). 5 sur les 6 postes sont ouverts au concours externe et le 6e au concours interne.

◄ *Portrait de dame de 62 ans* (daté 1632) par Rembrandt Harmensz van Rijn (Leiden 1606 - Amsterdam 1669). Vente Christie's : 28,67 millions de $. *Photo © Christie's*

Portrait d'homme à la barbe ► par Rembrandt Harmensz van Rijn (Leiden 1606 - 1669 Amsterdam). Vente Christie's : 12,65 millions de $. *Photo © Christie's Images LTD-2000*

LES RELIGIONS

☞ Pour découvrir la sélection **Quid** des meilleurs sites Internet sur les religions, rendez-vous sur **www.quid.fr**

☞ *Abréviations :* arch. : archevêque ; card. : cardinal ; év. : évêque ; St(e) : saint(e) ; N.-D. : Notre-Dame.

LES RELIGIONS DANS LE MONDE

Association internationale pour la défense de la liberté religieuse (AIDLR) : *créée* 1946 par le Dr Jean Nussbaum (1888-1967). Statut consultatif auprès du Conseil économique et social des Nations unies (1978), du Conseil de l'Europe (1984). S'appuie sur l'art. 18 de la Déclaration universelle des droits de l'homme adoptée le 10-12-1948 (voir à l'Index). *Publication :* « Conscience et Liberté » (semestrielle), en 7 langues. *Europe : secr. général :* Maurice Verfaillie, Case postale 219, 3000 Berne 32, Suisse. Sections dans 15 pays européens. *France : secr. national :* Jean-Paul Barquon, 60, av. Émile-Zola, B.P. 102, 77193 Dammarie-les-Lys cedex.

Les statistiques anciennes prenaient soin de faire coïncider populations et religions, chacun étant censé appartenir à une religion. Aujourd'hui, on tend à ne compter que les adhérents explicites.

Les catholiques enregistrent les baptisés, mais, dans les pays latins, aucune statistique nationale, ni même régionale, ne regroupe les données locales. Dans certains pays (exemple : USA), on ne prend en compte que ceux qui fréquentent l'église. En Extrême-Orient, on peut être à la fois confucianiste, bouddhiste et taoïste et, au Japon, bouddhiste et shintoïste. Dans les anciens pays communistes, des statistiques fiables sont encore difficiles à obtenir. En Afrique, beaucoup d'animistes s'inscrivaient naguère à l'état civil comme chrétiens ou musulmans, alors qu'ils n'étaient ni l'un ni l'autre. Aujourd'hui, l'animisme retrouve un regain de faveur sous l'appellation de religion traditionnelle et de culte des ancêtres.

■ **Pourcentage de chrétiens dans le monde. En l'an 500 :** 22,4 (dont Blancs 38,1). **1000 :** 18,7 (Blancs plus de 50). **XIXe s. :** 23,1 (Blancs 86,5). **1950 :** 34,1 (Blancs 63,5). **1989 :** 32,9 (dont Blancs 47,4, Noirs 19,4, Métis 11,6, Mulâtres 11, Jaunes 7,2, Rouges 3,9). **1998 :** 32,8.

Pourcentage de catholiques dans le monde (en 1998) : Amérique 63,8, Europe 39,2, Océanie 24,8, Afrique 14,7, Asie 3 ; **dans les pays de l'Est** (en 1995) : Pologne 90,7 ; Slovénie 82,7 ; Lituanie 72,2 ; Croatie 72,1 [1] ; Hongrie 63,1 ; Slovaquie 60,3 [2] ; République tchèque 39 [2] ; Allemagne 33,9 ; Biélorussie 17,7 ; Lettonie 14,9 ; Bosnie 13,5 ; Yougoslavie 5,8 ; Albanie 5,2 ; Roumanie 5,1 [3] ; Ukraine 1,2 ; Bulgarie 0,8 ; Russie n.c.

Nota. – (1) 1997. (2) 1991. (3) 1992.

■ **Pays comptant le plus de catholiques** (en millions, 1998) : Brésil 117, Mexique 86,6, Philippines 60,6, USA 60,2, Italie 47,1, *France 44,86,* Pologne 35,1, Colombie 34,6, Argentine 31,7, Allemagne 27,9.

ANIMISME

■ **Origine.** Nom donné aux religions traditionnelles des Océaniens, Africains et aborigènes d'Asie. D'autres noms ont été peu à peu écartés : *fétichisme, naturalisme, polythéisme, totémisme, manisme, dynamisme, vitalisme.* Le *paganisme* (mot devenu péjoratif) désigne les croyances locales, par opposition aux religions nouvelles monothéistes (judaïsme, islam et christianisme), et par assimilation aux religions grecque et romaine de l'Antiquité.

■ **Principales caractéristiques.** Culte des ancêtres et des forces de la nature. Les morts sont vivants et agissants, ils peuvent être plus ou moins proches, bienfaisants ou hostiles (dans ce cas, il faut les apaiser par des rites appropriés). En général conscience d'un être suprême (Nyame, Mawu, Maangal, Neele, etc.) qu'on invoque mais auquel on ne rend pas de culte direct ; initiations (rites de passage à l'époque de la puberté) ; divinations (devins-guérisseurs, hommes-médecine) ; magie ; sociétés religieuses secrètes (la plupart ayant surtout un rôle politique, économique, ethnique ou tribal).

■ **Vaudou. Origine :** Bénin, Antilles (notamment Haïti), USA (Sud : Noirs), Brésil (sous le nom de *Macumba*). **Vaudou haïtien :** associe l'animisme africain, un rituel chrétien et des pratiques magiques [satanisme, ophiolâtrie (adoration du serpent), phallicisme]. Sectes diverses de types spontanés ; admettent en général un dieu unique, le *Grand Maître,* créateur des génies ; vénèrent les forces qui nous entourent, personnalisées sous des noms divers, comme le baron Samedi, dieu des cimetières et souverain des morts ; la maîtresse Erzulie, déesse de l'amour ; la plupart des saints catholiques (notamment Thérèse de Lisieux) dont les fêtes sont célébrées aux dates du calendrier romain.

Chaque vaudouiste a son génie spécial, le *loa,* « maître-tête », qui prend possession de lui, grâce à des procédés rituels (la crise de loa), consistant surtout à manger certains produits (le manger loa). Une fois possédé par son loa, le vaudouiste devient son interprète : les paroles qu'il prononce sont considérées comme celles du loa.

Organisation : chaque confrérie vaudoue est dirigée par un prêtre, le *hougan* (« maître de dieu » en dahoméen), ou une prêtresse, la *mambo.* Les *hounsi,* fils et filles spirituels, partagent les tâches auxiliaires : le *chef-cambuse* garde la pièce des offrandes, et les administre ; la *confiance* seconde le hougan ; la *place* (« commandant général de la place ») veille au bon ordre des chœurs ; la *reine chanterelle* dirige les chœurs.

Rites : initiation après un « coma sacré » de 7 à 11 jours puis 7 mois de retraite au couvent, le corps baissé vers la terre, dans l'obscurité et le silence, puis enseignement de langues sacrées. Initiation en 3 ans. Sacrifices d'animaux (dons expiatoires), suivis de danses rituelles incantatoires.

Nombre en milliers	Monde	Afrique	Amérique du Nord	Amérique latine	Asie	Europe	Océanie
Non religieux :							
– agnostiques	762 640	4 877	28 201	1 824	602 992	107 478	3 268
– athées	149 723	411	1 628	2 714	121 467	23 140	360
Adhérents :							
animistes	225 421	94 934	434	1 266	127 260	1 264	263
baha'is	6 932	1 694	770	850	3 382	128	108
bouddhistes [1]	356 270	132	2 637	635	351 043	1 533	290
religions chinoises trad.	381 632	32	844	190	380 250	253	63
Chrétiens :	1 974 181	351 276	258 770	473 713	306 401	559 212	24 809
– anglicans	78 574	41 503	3 259	1 081	717	26 628	5 386
– cath. romains	1 044 236	117 277	70 652	454 105	108 437	285 668	8 097
– orthodoxes	213 991	34 549	6 275	543	14 161	157 772	691
– protestants	337 346	86 720	69 523	47 288	49 140	77 396	7 279
confucianistes	6 253	–	–	–	6 219	11	23
hindouistes [2]	799 028	2 312	1 308	761	792 897	1 401	349
jaïnistes	4 151	65	7	–	4 079	–	–
juifs	14 313	212	6 015	1 133	4 323	2 534	96
mandéens	38	–	–	–	38	–	–
musulmans [3]	1 155 109	310 529	4 389	1 646	807 034	31 219	292
shintoïstes	2 778	–	56	7	2 715	–	–
sikhs	22 837	52	514	–	22 015	238	18
spiritistes	12 184	3	149	11 894	–	131	7
zoroastriens	2 486	1	76	–	2 407	1	1
Nouvelles religions (fondées depuis 1800 et surtout depuis 1945)	101 406	28	813	613	99 734	156	62
Religions diverses	1 019	65	591	96	23	235	9

Nota. – (1) Dont (en %) : mahayana 56, theravada 38, lamaïsme 6. (2) Dont (en %) : vishnouistes 70, shivaïstes 25. (3) Dont (en %) : sunnites 83, chiites 16, divers 1. (*Source :* Britannica Book of the Year 2000)

CATHOLICISME

L'Église catholique est une forme de la religion chrétienne (c'est-à-dire fondée par Jésus-Christ), qui se rattache à l'ensemble des religions bibliques.

BASE BIBLIQUE

☞ *Abréviations :* A.T. : Ancien Testament. N.T. : Nouveau Testament.

☞ Depuis le IVe s., et à cause de St Jean Chrysostome, le mot *Bible,* de Byblos (qui contrôlait le commerce de papyrus égyptien, signifiant « cœur de papyrus » et par extension livre), désigne uniquement les Saintes Écritures.

■ **Croyance en l'inspiration biblique.** L'Église catholique croit la Bible inspirée par Dieu.

■ **Canon biblique.** Le mot grec *kanôn* (règlement) désigne la liste des textes bibliques reconnus officiellement comme inspirés. Les *orthodoxes* ont le même que les catholiques. Les *protestants* reconnaissent les 24 livres de la Bible hébraïque et les livres protocanoniques du Nouveau Testament ; ils appellent « apocryphes » les livres *deutérocanoniques* qu'ils publient parfois en annexe dans leurs éditions.

■ **Ancien Testament** [la Bible parlait de *b e rît* (pacte, alliance) en hébreu traduit en grec *diathéké* (disposition) signifiant 1°) convention, 2°) testament, et traduit du grec en latin par *testamentum*]. **Fixation du canon :** comprend la *Bible judaïque* dans son édition grecque des **Septante :** 1re PARTIE : *39 livres hébraïques* (formant le 1er groupe de canons) : *Loi* 5 ; *Prophètes* 17 ; *Hagiographes* 17 ; 2e PARTIE : *7 livres grecs* (2e groupe de canons) : *Hagiographes* 5 ; *Histoire* 2 (les *Macchabées*). Ce classement est légèrement différent de celui que fait le judaïsme (voir p. 548 b). **Vulgate** (de *vulgatus,* populaire, d'usage généralisé) : traduction latine faite par St Jérôme entre 391 et 405 à partir de l'original hébreu ; déclarée « authentique » par le concile de Trente en 1546, texte fixé par Sixte Quint en 1590, déclaré intouchable (*ne varietur*) mais amendé sous Clément VIII ; une nouvelle traduction a été promulguée par Jean-Paul II le 25-4-1979. Au IIIe s. on discuta des livres de l'Ancien Testament que l'on devait considérer comme canoniques. Origène exclut les livres grecs, tandis que certains auteurs ajoutèrent des *apocryphes,* comme le livre d'Hénoch, l'Ascension d'Isaïe, le IVe livre d'Esdras.

Rôle dans la religion chrétienne : 1°) *autorité reconnue :* PAR JÉSUS : la divinité de sa mission était prouvée par 2 « témoignages » : *a)* son don des miracles (témoignage du Père) ; *b)* le témoignage de l'Écriture (3 textes invoqués : lois de Moïse, Prophètes, Psaumes) ; PAR LE CREDO : la résurrection de Jésus a eu lieu « conformément aux Écritures » *(secundum scripturas).* **2°)** *Prophéties dites « messianiques »* (voir ci-dessous). **3°)** *Enseignement de la morale* (voir **Décalogue,** p. 496 a). **4°)** Grandes vérités des récits bibliques (voir **Judaïsme,** p. 548 b). Le 30-6-1909, le pape Pie X affirmait le caractère « historique » des faits relatés par la Genèse. En 1948, dans une lettre au cardinal Suhard, archevêque de Paris, puis en 1950, dans l'encyclique *Humani generis,* Pie XII a autorisé les chercheurs catholiques à prendre les récits de la Genèse, notamment celui de la création d'Adam et d'Ève, dans un sens très large pouvant se concilier avec la théorie de la multiplicité des 1ers couples humains (à l'époque, la seule scientifiquement valable ; théorie de nouveau écartée).

Controverse avec le judaïsme : l'Église catholique entend (depuis St Paul) démontrer que les grands dogmes chrétiens (incarnation, venue du fils de Dieu sur Terre, salut par le baptême, etc.) sont annoncés par l'Ancien Testament : Jésus est préfiguré par 2 personnages bibliques différents dont il a fait la synthèse : le *Messie* (roi glorieux) et le *Juste souffrant* (homme de douleur) ; Marie est préfigurée par la *Zéra* (descendance d'Ève) ; l'Église est le *Royaume* restauré, etc. Le judaïsme a toujours contesté ces interprétations. Il n'admet pas que Jésus ait réalisé les espérances juives (au contraire, Jérusalem a été détruite et le peuple hébreu dispersé 40 ans après sa mort). Actuellement, l'Église insiste sur le sens religieux des promesses de l'Ancien Testament : salut de l'âme, pardon des péchés.

■ **Nouveau Testament. Définition :** ensemble des textes sacrés postérieurs à la venue de Jésus au monde. Pour les Églises chrétiennes, comme pour l'islam, ils font partie de la Bible au même titre que les livres de l'Ancien Testament. Pour le judaïsme, au contraire, ils ne sont ni inspirés, ni sacrés, ni divins.

Fixation du canon. Sont déclarés *canoniques :* **1°) 20 livres protocanoniques** (c.-à-d. formant le 1er § du canon) : les **4 ÉVANGILES** (du grec : bonne nouvelle) : 1°) **par St Matthieu** (apôtre, voir p. 492 c) vers 80-90 (contient le Sermon sur la Montagne : résumé de la morale chrétienne) ; 2°) écrit vers 65-70 **par St Marc** [à Rome vers 60-61 avec St Paul et St Pierre, aurait fondé l'Église d'Alexandrie (Égypte) où il serait mort ; reliques honorées à Venise (dont il est le patron) depuis le IXe s.] ; 3°) **par St Luc** (né à Antioche, médecin, accompagne St Paul à Rome où il compose le 3e Évangile et les Actes des Apôtres, † à Thèbes en Béotie à 84 ans ?) vers 80 ou plus tard ; squelette sans tête à Padoue, crâne à Prague (donné 1354 à l'empereur Charles IV) ; 4°) **par St Jean** (apôtre, voir p. 492 c) écrit vers 60 ou 90. John Robinson souligne qu'aucun ne parle de la prise de Jérusalem ni de la ruine du Temple en 70 ; pour le Pr Carsten Thiede, Allemand spécialiste en papyrus anciens, directeur de l'Institut de recherche fondamentale épistémologique à Paderborn, le 1er serait des années 50. On a longtemps admis qu'ils avaient été écrits à l'origine en araméen (et retraduits en grec) ; or il semblerait qu'ils aient été écrits en hébreu : certains passages évangéliques (Matthieu, les 2 premiers chapitres de Luc sauf le recouvrement au Temple, Marc) se traduisent en hébreu presque au mot à mot. Les **Actes des Apôtres** (récit de St Luc sur les activités de l'Église primitive). 15 **Épîtres** : I de St Pierre, I de St Jean et 13 de St Paul [réparties traditionnellement en 3 groupes : a) *grandes épîtres dogmatiques* (Romains, I et II Corinthiens, Galates, I et II Thessaloniciens) ; b) *épîtres de la Captivité* (Philémon et les 3 épîtres « christologiques » : Éphésiens, Philippiens, Colossiens) ; c) *épîtres pastorales* (I et II Timothée, Tite)]. 2°) **7 livres deutérocanoniques** [appelés jusqu'au XVIe s. « discutés » (épithète forgée par le dominicain Sixte de Sienne)] : 6 **Épîtres** [Hébreux (inspirée par St Paul) ; St Jacques ; II de St Pierre ; II et III de St Jean ; St Jude] et **l'Apocalypse** [*révélations sur Jésus* (voir p. 492 b) – *symbole des « 4 Cavaliers » :* le 1er : la *conquête,* sur un cheval blanc, avec un arc et une couronne, le 2e : la *guerre,* cheval couleur de feu, a une grande épée, le 3e : la *famine,* cheval noir, tient une balance, le 4e : la *mort,* cheval vert jaune ; – *symbole des « 4 animaux »* (avec anges adorateurs se tenant autour du trône) : le 1er ressemble à un lion, le 2e à un taureau, le 3e à un homme, le 4e à un aigle]. Du IIIe s. jusqu'au décret du pape Gélase (492-496), par suite de la parution d'apocryphes et des attaques d'hérétiques comme Marcion, on hésita pour le Nouveau Testament (par exemple, sur la canonicité de l'Apocalypse).

Symboles des évangélistes

Tirés de l'Apocalypse de St Jean (IV, 6-7) qui reprend un passage de l'Ancien Testament, la Vision d'Ézéchiel (1,5, 13, 14). Le trône céleste (trône de l'Agneau pour St Jean) est entouré de 4 êtres surnaturels, dans lesquels l'Église primitive a vu les symboles des 4 évangélistes que St Jérôme et St Augustin ont ainsi répartis : 1°) **le lion :** Marc (son Évangile commence par des scènes au désert) ; 2°) **le taureau :** Luc (parle du prêtre Zacharie, membre de la tribu de Lévi dont le symbole est le taureau) ; 3°) **l'aigle :** Jean (le prologue de son Évangile s'élève à des hauteurs vertigineuses) ; 4°) **l'homme :** Matthieu (donne la généalogie humaine du Christ).

Apocryphes (livres non canoniques) : **Évangiles :** 1°) *fragmentaires :* papyrus divers (Fayoum, Egerton, Oxyrhynchos, etc.) ; Évangiles judéo-chrétiens ; des Égyptiens ; de Pierre ; des chefs de sectes (Basilide, Marcion). 2°) *Entiers :* cycle de la parenté de Jésus (protévangile de Jacques, Dormition de la Mère de Dieu) ; cycle de l'Enfance (récits de Thomas, évangile arabe) ; cycle de Pilate. **Actes :** 1°) *anciens :* de Jean (av. 50, d'après une étude du fragment 795 des manuscrits découverts à Qumrân), de Paul, de Pierre, d'André, de Thomas. 2°) *Plus récents :* à 2 personnages (Pierre et Paul, André et Mathias, Pierre et André, Paul et André) ; à 1 [Philippe, Barthélemy, Barnabé, Thaddée (avec la correspondance entre Jésus et Abgar)]. **Épîtres :** Paul (Alexandrins, Laodicéens, III Corinthiens) ; Lettre des Apôtres (Jérusalem, IIe s.). **Apocalypses :** Pierre, Paul, Thomas. En 1945, à Nag Hammadi (Haute-Égypte), on a découvert des apocryphes du IIIe s., notamment l'Évangile selon Thomas ou les « Paroles de Jésus » donnant des variantes.

■ **Versions allemandes de la Bible. 1510-22 :** *Luther :* traduction, condamnée en 1523 pour 1 400 erreurs de traduction et d'interprétation. La plus notable (corrigée dans les versions modernes) introduit un adjectif dans l'Épître aux Romains (III,28) : « L'homme est justifié sans les œuvres par la foi (seule). » **1735 :** *J.L. Schmidt :* « rationaliste », inachevée, expliquant de façon naturelle tous les passages contenant du « merveilleux biblique ».

■ **Versions françaises. 1523 :** *Jacques Lefèvre d'Étaples* (Fr., vers 1450-1536) : mise à l'index à cause de notes d'inspiration luthérienne. **1535 :** *Pierre Olivetan* (Fr., vers 1506-38) : correction de la version de Lefèvre d'Étaples. **1555 :** *Sébastien Castalion* (Fr., 1515-63) : adaptation familière et souvent triviale ; condamnée par protestants et catholiques. **1672-84 :** *Isaac Le Maistre de Sacy* (Fr., 1613-84) : avec l'explication du sens littéral. **Éditions récentes : Traductions catholiques :** révisions de la version de Sacy : abbé Jean-Nicolas Jager (1790-1868) ; abbé Louis-Claude Fillion (1898) ; Antoine Eugène Genou, alias Genoude (1792-1849) ; les abbés J.-J. Bourassé et P.-D. Janvier (1865) ; surtout Jean-Baptiste Glaire (*Nouveau Testament* 1861, *Bible complète* 1871-73, surnommée *Bible du pape*) ; abbé Antoine Arnaud (1827-1920), version parue en 1881 ; *Bible bilingue* (Vulgate latine et texte français, 1889) ; enfin *Bible française destinée aux catholiques,* 1904, directement traduite des textes originaux hébreux, araméens et grecs, par le chanoine Augustin-Joseph Crampon (1826-1894). **Traductions protestantes :** la plupart révisions de la version d'Ostervald : Lausanne (1822) ; J. Matter (1842-49) ; Sté Biblique de France (1881) ; *Version synodale* (1893-1910) ; version de Lausanne (1839-72) ; *Bible de Darby* (1859-85) par John Nelson Darby (1800-82) aidé du mulhousien Schlumberger ; *Ancien Testament* par le pasteur H.-A. Perret-Gentil (1866), en 1879 d'Édouard Reuss (1804-91), *N. T.* par Hugues Oltramare sous les auspices de la Compagnie des Pasteurs de Genève (1872), *A. T.* par Louis Segond (1810-85), parue 1874 et jointe au *N. T.* d'Oltramare ; *N. T.* de Segond (1880), associé à son *A. T.* forme la *Bible d'Oxford,* révisée par Daniel Lortsch (1855-1916) ; *Bible du Centenaire,* de la Sté biblique de Paris pour ses 100 ans (1818-1918), sous la direction d'Adolphe Lods, publication achevée en 1949. **Traductions juives :** Samuel Cahen (1796-1862), textes français et massorétique de la Bible hébraïque, 1831-51 ; *Bible du rabbinat* (1897), 2 tomes 1899 et 1905. **Versions françaises depuis 1943 :** *Bible* des bénédictins de Maredsous, Belgique (1948-50) ; *Sainte Bible* (1950) reprenant en partie la traduction-commentaire de Pirot puis d'Albert Clamer : révision du *N. T.* (1955-56) ; cardinaux Liénart et Léger, archevêque de Montréal, joignent à l'*A. T.* de Pirot-Clamer le *N. T.* d'Osty : *Bible* dite « Liénart-Osty » (1956) ; *Bible* de Tamisier et Amiot (1950) ; *Votre Bible,* version modernisée (1972) ; *Bible* du chanoine E. Osty : *N. T.* (1949), Bible complète (1970-72) avec la collaboration de J. Trinquet ; *En ce temps-là la Bible,* dirigée par André Frossart, fascicules (1969-72) ; *Bible de Jérusalem,* initiative du père Th.-G. Chifflot (1908-64), qui décida le père Roland de Vaux (1903-71), directeur de l'École biblique et archéologique française des dominicains de Jérusalem, fascicules (1948-54), révisée 1973 puis 1998 ; révision de la version de Segond (1910) : *N. T.* (1962, édition *Pains Poissons*), *Bible* complète (1978, dite *Bible à la Colombe*) ; *Bible de la Pléiade* (1956-71) : *A. T.* dirigé par E. Dhorme, *N. T.* par Jean Grosjean ; *Bible d'Alexandrie* (1986), par Marguerite Harl, traduction du Pentateuque basée sur la Septante, version de l'*A. T.* pour les spécialistes ; projet de traduction œcuménique (1961) du pasteur Morel, de Mulhouse, de l'abbé Starcky, orientaliste, de P. Chifflot, Éd. du Centre protestant de recherches et d'études de Villemétrie, et du Dr Olivier Béguin, de l'Alliance biblique universelle, en association avec l'Institut orthodoxe St-Serge, la traduction juive fut aussi prise en compte, recours aux exégètes juifs du Moyen Âge : *N. T.* de la Traduction œcuménique de la Bible (TOB) en 1972, *A. T.* 1975 ; traduction protestante et catholique suscitée par l'Alliance biblique universelle : *N. T. Bonnes Nouvelles aujourd'hui* (1971), *Bible en français courant* (1982, complétée 1986) ; traductions d'André Chouraqui : *L'Univers de la Bible,* Paris-Turnhout (1982-85), commentaires juif, musulman et chrétien ; traductions d'Edmond Fleg et Henri Meschonnic ; *Bible des Communautés chrétiennes* (1994) de la Sté Biblique internationale, on lui a reproché ses commentaires antijudaïques.

■ **Versions provençales. 1°)** *5 chapitres de St Jean,* copiés à Limoges au XIIe s. (au British Museum). **2°)** Vers 1250-80 : le *Nouveau Testament,* traduit à l'usage des Cathares, dans l'Aude (Musée de Lyon, édité par Léon Clédat, 1888). **3°)** *Un raccourci de ce texte* (l'Évangile de St Matthieu manque) *à l'usage des Vaudois* (XIVe s. ; édité par Wollemberg 1868). **4°)** *Le Manuscrit de Jean de Chastel,* évêque de Carcassonne († 1475), traduit sur la Vulgate.

■ **Versions anglaises. Bible de Matthew** (1537) : proscrite par le Parlement, imprimée clandestinement à Paris en 1538, où elle est saisie sur ordre de la Sorbonne ; ses imprimeurs transportent les plombs à Londres où elle reçoit l'approbation anglicane. **Bible de Reims** (1609-10) : catholique, mal écrite, ne peut s'imposer. **Bible du Roi** (1611) : officielle anglicane, langue très pure ; non contestée par les catholiques.

Histoire

Jésus

■ **Noms. Yéchoua :** en hébreu « Dieu sauve » ; une des transcriptions est Josué (en anglais). **Jésus :** forme latinisée du grec *Iêsous,* hellénisation de Josu(ah). **Christ :** qualificatif grec, ajouté par des disciples dès le début, signifiant « oint » et traduisant l'hébreu *hamashiah.* **Messie :** du grec *messiah.* Jésus lui-même n'a revendiqué ce titre qu'au moment de son procès et a été condamné de ce fait pour blasphème. **Nazaréen** ou **de Nazareth :** indique le lieu d'origine. **Agneau :** terme utilisé dans le Nouveau Testament et la liturgie. **Fils de l'Homme** (nom que Jésus se serait donné) : mauvaise traduction de l'hébreu *Ben Adam,* « fils d'homme », c'est-à-dire « être humain ». Allusion à un passage du prophète Daniel (VII, 13-4), disant qu'un « fils d'homme » recevra de Dieu « domination, gloire et règne » sur toutes les nations.

Les chrétiens ont appelé Jésus : *Lumière des Nations, Soleil de Justice, Soleil nouveau, Vrai Soleil et Vrai Jour.*

☞ Le **Chrisme** est le monogramme du Christ. Composé des 2 premières lettres de son nom grec (*chrustos*) : X (khi) et P (rô) ; figurait sur l'étendard de l'empereur Constantin. La **kénose** (du grec *kenos,* vide, dépouillé) est le fait pour le Fils, qui demeure Dieu, d'avoir abandonné pour son Incarnation ses attributs de Dieu.

☞ Jésus parlait *araméen,* langue encore parlée à Maloulah (Syrie).

■ **Père adoptif.** Joseph (dates inconnues), charpentier à Nazareth (arrière-grand-père : Lévi ; grand-père : Matthat ; père : Hali), descendant de David (tribu de Juda) à la 40e génération. D'après l'*Histoire de Joseph le charpentier,* texte copte du IXe s., introduit en Occident en 1522, Joseph serait mort à 111 ans, en 30 apr. J.-C. (récit s'inspirant de plusieurs apocryphes dont l'*Évêque syro-arabe de l'enfance,* et le *protévangile de Jacques*).

■ **Mère.** Marie, en hébreu Miryam. **Née** vers 16 av. J.-C. (date fixée traditionnellement au 8-9, à Jérusalem, Nazareth ou Bethléem) de parents (légendaires) Anne et Joachim. Une tradition indique qu'elle a été élevée au Temple (orpheline, de la tribu de Lévi). L'Évangile la donne comme « parente » d'*Élisabeth* (dates inconnues) née dans cette tribu et épouse d'un lévite, *Zacharie* ; mais ne mentionne pas sa mort. **Assomption :** morte le 14-8-57 (?), mise au tombeau à Gethsémani. Quand St Thomas demanda que le sépulcre fût ouvert pour s'incliner devant la dépouille, on n'y trouva qu'un suaire. Des récits de son « départ » *(transitus),* sous forme de *Dormition* [ou « Koimêsis », c.-à-d. le « sommeil » de la Vierge, et l'élévation de l'âme seule (Jérusalem)] ou d'*Assomption* [durant son sommeil Marie aurait été enlevée corps et âme au Ciel (Éphèse)], à des dates non mentionnées, figurent dans les livres apocryphes [en Occident, entre le IXe et le XIIe s. ; elle est confirmée par les grands théologiens du XIIIe s. : Thomas d'Aquin, Bonaventure et Albert le Grand. Le *dogme de l'Assomption* de la Vierge a été proclamé le 1-11-1950 par le pape Pie XII, (Marie a été prise corps et âme par Dieu à la fin de sa vie terrestre)]. **Virginité :** affirmée par St Matthieu qui lui a appliqué une prophétie d'Isaïe : « Voici que la vierge enfantera. » Il a cité le texte d'Isaïe d'après la traduction des Septante (voir p. 548 c), qui rend le terme hébraïque d'Isaïe *almah* par le grec *parthenos.* Mais le sens de ce mot a été discuté. Employé 9 fois dans la Bible, il signifie 2 fois « jolie fille » et 7 fois « femme consacrée à la divinité » (dans l'ancienne religion cananéenne). Le Nouveau Testament dit que Marie était « fiancée à Joseph ». Après que l'archange Gabriel lui annonce qu'elle a été choisie pour donner le jour au fils de Dieu (*Annonciation*), Joseph, la voyant enceinte, envisage de la répudier (car la loi mosaïque aurait assimilé la grossesse de Marie à un adultère, puni de lapidation), mais il est averti divinement de la naissance miraculeuse de Jésus, et accepte d'être son père aux yeux des hommes. Depuis le IVe s., la tradition dit de Marie qu'elle est « toujours » vierge, et le concile de Latran (649) « consacrera » l'expression. **Immaculée Conception :** la Vierge Marie a été conçue sans le péché originel. Immaculée dès sa conception, elle est « intouchée du diable » comme le dit Mahomet dans le Coran (à ne pas confondre avec le dogme de la *Conception virginale* de Jésus). Dogme 8-12-1854 dans la bulle *Ineffabilis Deus* de Pie IX. **Miracles :** *plusieurs lui furent attribués :* notamment *le pardon de Marie l'Égyptienne,* prostituée d'Alexandrie se rendant à Jérusalem ; une main invisible l'arrête au seuil de la basilique et, à Marie qui apparaît, elle demande le pardon de ses fautes et peut entrer dans l'église. *Le miracle du diacre Théophile* qui écrit de son propre sang l'acte de son reniement, le donne au démon, se liant ainsi à son service ; mais Marie lui permet de récupérer la charte contenant son pacte. *Le miracle de l'enfant voué au Diable* que Marie, armée d'un fouet ou d'une massue, délivre. *Le miracle de sainte Marie aux neiges :* dans la nuit du 3-8-352, Marie indique au pape Libère et au patricien Jean, en faisant tomber une couche de neige, l'emplacement où fonder l'église Ste-Marie-Majeure [1re église au monde dédiée à la Sainte Vierge ; construite après le concile d'Éphèse qui, en 431, avait reconnu Marie Mère de Dieu (« Theotokos ») ; Sixte III (432-440) reproduisit, dans cette basilique romaine, la grotte de Bethléem ; on y vénérait la mangeoire (*praesepe*) qui servit de berceau à Jésus].

☞ Le « Dictionnaire de la bêtise » a relevé ce mot de Mgr de Quelen (archevêque de Paris, 1778-1839) : « Non seulement Jésus-Christ était fils de Dieu, mais encore il était d'excellente famille du côté de sa mère. » Les Bagration, famille royale de Géorgie, prétendaient descendre du roi David et être apparentés au Christ.

■ **Frères et sœurs.** Les Évangiles parlent des « sœurs » de Jésus, et nomment plusieurs « frères » : Jacques apôtre, Joseph ou José, Jude, Siméon de Jérusalem ; la tradition les considère comme ses cousins germains, *frère* ayant aussi ce sens en hébreu et en araméen (mais pas en grec ; Marc, Matthieu et Jean utilisèrent *adelphoi* en grec).

■ **Enfance.** 2 évangélistes sur 4 racontent l'enfance de Jésus (St Matthieu et St Luc).

■ **Naissance. Lieu :** à *Bethléem* en Judée (7 km de Jérusalem), cité de David (le Messie devant, selon les prophéties, y naître). En 1986, à l'occasion du passage de la comète de Halley (assimilée à l'étoile des Mages depuis 1305), l'astronome soviétique Alexandre Reznikov a proposé un « autre » Bethléem, *Zabulon,* dont la comète était au zénith en 12 av. J.-C. D'après St Luc, Joseph et Marie s'étaient rendus en Judée pour le recensement ; faute de place à l'hôtellerie, ils s'étaient logés dans une bergerie. Jésus fut couché dans une *crèche* (mangeoire) installée dans une grotte d'après le protévangile apocryphe de Jacques (IIe s.) ; la présence d'un *âne* et d'un *bœuf* mentionnée dans un apocryphe arménien du pseudo-Matthieu au VIe s. [considéré comme authentique jusqu'au concile de Trente (1553)] a fait naître la dévotion des « crèches de Noël ». Des bergers, guidés par une étoile, vinrent les premiers (on fit de l'étoile la sainte Estelle). **Date :** *l'année 754* de Rome a été retenue par le moine Denys le Petit (VIe s.). Depuis le XIXe s., certains historiens estiment plus vraisemblables *759 ou 760* (4 ou 5 apr. J.-C.), *749 ou 750* (5 ou 4 av. J.-C., à cause de la mort d'Hérode en 750) ou *745* (8 av. J.-C., à cause du recensement ordonné par l'empereur Auguste). Au XXe s., des astronomes ont voulu déterminer la date exacte d'après celle de *l'étoile des Mages* [hypothèses : 1°) *12 av. J.-C. :* comète de Halley (voir ci-dessus) ; 2°) *7 av. J.-C. :* conjonction Jupiter-Saturne à 3 reprises dans les Poissons (29-5, 29-9, 5-12) ; 3°) *6 av. J.-C. :* comète dans le Capricorne ; 4°) *5 av. J.-C.* : apparition d'une nova dans l'Aigle (mentionnée dans les annales chinoises et coréennes) ; 5°) *2 av. J.-C.* : conjonction Jupiter-Vénus (17-6)]. Mais les récits évangéliques ne prétendent pas à la précision astronomique.

En 354, le pape Libère imposa (après plusieurs tentatives infructueuses) de déplacer le jour du 6 janvier au 25 décembre. Il se fondait sur la tradition : Jésus était mort le 8 des calendes d'avril (25 mars). Or, selon le postulat d'après lequel Jésus n'aurait pu vivre qu'un nombre entier d'années, il aurait été conçu un 25 mars et était donc né 9 mois plus tard, un 25 décembre. On célébra, jusqu'au VIe s., le 6 janvier la naissance du Christ à Jérusalem et, jusqu'au XIVe s. dans les communautés arméniennes et mésopotamiennes. Le 25 décembre correspondait d'ailleurs à une fête païenne solaire commune à la religion romaine et au culte de Mithra [solstice d'hiver (le solstice d'été, 24 juin, a été choisi symétriquement comme jour de naissance du cousin de Jésus, Jean le Baptiste, qui avait tressailli dans le sein de sa mère Élisabeth à l'approche de la Vierge Marie)].

■ **Premiers événements après la naissance. 1°) Circoncision puis reconnaissance comme Messie** par 2 fidèles du Temple, Anne et Siméon (date indéterminée ; normalement, la circoncision a lieu 8 jours après la naissance). **2°) Adoration des Mages** (rapportée par St Matthieu) : des mages venus d'Orient, conduits par l'étoile à Bethléem, demandent à voir celui qui serait le roi des Juifs. Hérode leur indique Bethléem et leur demande de revenir lui donner des précisions sur l'enfant et le lieu où il se trouve. Ils apportent à Jésus de *l'or* (symbole de vertu) pour l'honorer comme roi, de *l'encens* [résine blanche (venant du boswellia poussant en Arabie et en Afrique)] correspondant à sa divinité et symbole de prière, de la *myrrhe* (gomme aromatique venant d'un arbuste, variété de commiphora), signe de souffrance, indiquant que Jésus était aussi homme, donc destiné à mourir. Puis, ils repartent. Une révélation divine leur ordonne en songe de ne pas repasser voir Hérode en rentrant chez eux. Il s'agirait d'astrologues venus d'Iran, attirés par un phénomène astronomique (voir p. 490 c), signifiant, pour eux, la naissance d'un personnage illustre. Tertullien (environ 160-225) en fait des rois (influence d'un passage des Psaumes : « les rois de Tharsis offriront l'encens ») ; Origène (environ 185-250) dit qu'ils sont 3. Une tradition, remontant au VIIe s., les nomme : *Melchior, Gaspard, Balthazar* [déformation de *Beltshatsar,* surnom babylonien du prophète Daniel (étymologiquement Balât-Shar-usur, « Baal protège la vie du roi »), rappelant le pouvoir d'interpréter les songes]. Au XVe s., on a attribué à chacun une race différente : *Melchior :* Blanc, *Gaspard :* Jaune, *Balthazar :* Noir. Ils seraient morts en Perse (après avoir été baptisés par St Thomas). Marco Polo (1254-1323) aurait visité leur tombe. Au début du IXe s., leurs corps auraient été ramenés à Constantinople par Ste Hélène puis transférés à Milan. En 1164, l'archevêque de Cologne obtint de l'empereur de les récupérer pour sa cathédrale St-Pierre (une partie des reliques sera restituée à Milan). Un prêtre rhénan, Jean de Hildesheim, a écrit leur légende. **3°) Massacre des Innocents :** le roi Hérode Ier (dont la famille s'appuyait sur les milieux messianistes et revendiquait pour elle les droits du Messie), cherchant à supprimer un rival, envoya des émissaires avec ordre de tuer tous les enfants (de 2 ans et moins) de Bethléem et des environs : 144 000 selon une tradition des Églises éthiopiennes et du ménologe grec née d'un texte de l'Apocalypse, XIV,1, soit plusieurs milliers selon St Jérôme [auteur de la *Vulgate* (traduction des Évangiles en latin)], 64 000 selon une tradition syrienne et selon le martyrologe d'Haguenau, une vingtaine selon le père Lagrange (fondateur de l'École biblique de Jérusalem, s'appuyant sur la population présumée de Bethléem à l'époque). **4°) Fuite en Égypte** (environ 1 000 000 de Juifs vivaient alors en Égypte) : Joseph met Jésus et sa mère à l'abri des persécutions d'Hérode, jusqu'à la mort de celui-ci (épisode raconté seulement par Matthieu). La caravane comprend Marie, assise sur un âne et tenant Jésus, Joseph, la sage-femme Salomé et son mari Moussa. Entre en Égypte par Rafah. Y serait restée 3 ans et 11 mois selon un papyrus égyptien des IVe et Ve siècles, 4 ans selon la tradition copte.

« Genre littéraire » de ces récits. 1°) *Réminiscences historiques :* ils font allusion à des événements historiques plus ou moins contemporains de la naissance de Jésus : passage de la comète de Halley, règne d'un roi sanguinaire (Hérode Ier), habitude romaine de recenser les populations, existence d'un gouverneur nommé Quirinius. **2°)** *Inexactitude de la chronologie :* écrivant vers 90, Luc n'avait pas les moyens de vérifier l'exactitude des dates des événements racontés. Les historiens modernes savent, au contraire, qu'ils s'échelonnent sur une vingtaine d'années : passage de la comète de Halley : 12 av. J.-C. ; mort d'Hérode Ier : 4 av. J.-C. [remplacé en Galilée par son fils Hérode Antipas (le tétrarque qui exécutera Jean le Baptiste et interviendra dans le procès de Jésus ; voir col. c), et en Judée par le roi Archélaos] ; nomination de Quirinius : 10 apr. J.-C. **3°)** *Volonté de rester fidèle à l'Ancien Testament : a)* naissance à Bethléem (cité de David) : souligne l'appartenance de Jésus à la famille royale de David ; *b)* recensement romain et gouvernement de Quirinius. L'empereur « César Auguste » est mentionné (comme Cyrus dans l'Ancien Testament) pour montrer que les rois de la Terre font la volonté de Dieu, unique souverain du monde ; *c)* événement astronomique, venue des mages étrangers : montre la grandeur universelle de l'événement (la venue des bergers des environs rappelle aussi que la naissance de Jésus intéresse le peuple juif) ; *d)* persécution, exil : évocation de Moïse, qui aurait dû également périr à sa naissance sur un ordre royal, et qui a ramené le peuple élu en Terre sainte.

Portraits miraculeux de Jésus

Portraits acheiropoïètes (non faits de main d'homme ; origine supposée miraculeuse) : **1°) image du Sauveur dite d'Édesse** (capitale du royaume syrien), dont il existe une copie à St-Sylvestre de Rome : attribuée par une légende du VIe s. à un miracle de Jésus en faveur du roi d'Édesse, Abgar, qui voulait se faire envoyer un portrait de lui (style byzantin). **2°) Voile de Véronique** (*Volto Santo*) : voile de soie conservé au Vatican qui aurait, selon une tradition du Ve s., appartenu à Ste Véronique (biographie inconnue) ; elle aurait essuyé le visage de Jésus portant la Croix, et le voile aurait gardé miraculeusement « imprimée » la Sainte Face. L'Évangile ne parle pas de cet épisode. 4 autres voiles du même type sont conservés à Besançon, Caen, Compiègne, Milan. **3°) Portrait de la Scala Sancta** (chapelle de la Sancta Sanctorum, près du Latran à Rome) : selon la légende, commencé par saint Luc, achevé par les anges. 1re mention au VIIIe s. (style byzantin). **4°) Suaire** (voir p. 506 c).

■ **Jésus retrouvé au Temple.** A 12 ans, Jésus, perdu par ses parents lors d'un pèlerinage à Jérusalem, est retrouvé au Temple, discutant des textes de la Loi avec les scribes sacerdotaux (anecdote peut-être racontée par la Vierge Marie).

■ **Baptême (28-29).** Après un jeûne de 40 jours, Jésus est baptisé par son cousin Jean le Baptiste (fils de Zacharie et d'Élisabeth, couple âgé et réputé stérile) au gué de Bethabarra, sur le Jourdain (ou à Waddi Kharrar ?). Rites de la tradition initiatique des moines esséniens, nombreux dans la région (d'où l'hypothèse, non vérifiée, de l'appartenance de Jean aux sectes esséniennes).

■ **Ministère public.** A partir de 29, Jésus commence à prêcher sa Bonne Nouvelle (Évangile) en Galilée, et utilise la *parabole* (genre littéraire oriental, faisant passer une idée abstraite par analogie avec des réalités concrètes). Il annonce le « Royaume des Cieux ». *1°) Doctrine spirituelle et morale* (l'amour charité devant remplacer la revendication individuelle et servir de lien entre les hommes, et entre l'homme et Dieu). *2°) Eschatologie* (« annonce des fins dernières »), c'est-à-dire un message de foi en un monde situé au-delà de celui où nous vivons et devant le remplacer. *3°) Société humaine organisée* (le *Troupeau* ou *Église*) formée des baptisés et encadrée par les apôtres.

■ **Miracles de Jésus** (du latin *mirari,* s'étonner). Événements extraordinaires où l'homme constate un pouvoir qui le dépasse. Les Évangiles en citent une vingtaine, les Évangiles synoptiques parlent des *actes de puissance* et celui de Jean de *signes* : pour eux, les miracles de Jésus manifestent sa puissance et sont le « signe qu'il est envoyé par Dieu ». Les contemporains du Christ ont parfois attribué ses miracles à l'action du démon mais ne les ont jamais niés. Ces miracles ont souvent persuadé les Juifs que Jésus était un imposteur, capable de séduire les foules par des actes magiques (la magie étant idolâtrique aux yeux des Juifs). *Types de miracles : 1°)* sur les choses de la nature (10) : eau changée en vin, tempête apaisée, multiplication des pains à Adjaret en Nasara ; *2°)* expulsion de démons ; *3°)* guérisons ; *4°)* résurrections de 3 morts : le fils de la veuve de Naïm, la fille (12 ans) de Jaïre et Lazare (enterré depuis 4 jours).

■ **Lutte avec le judaïsme. 1°) Les Pharisiens** (de l'hébreu *Perushim,* les séparés), Juifs pieux, héritiers des *Hassidim.* Pour eux, Dieu est un être spirituel tout-puissant ; il rétribue les bons après leur mort (il y aura une résurrection) ; sa présence est partout, et pas seulement dans le Temple (de nombreux « scribes » enseignent la Loi dans des synagogues privées). Jésus fait comme eux, mais il critique la soumission aveugle des scribes à la lettre de la Loi, et dénonce l'hypocrisie d'une partie des Pharisiens. **2°) Les Sadducéens** (de l'hébreu *Zedukim,* c'est-à-dire sans doute « disciples de Zadok », théologien juif du IIe s. av. J.-C.), conservateurs, attachés au culte du Temple, auquel ils ramènent toute la religion. Ils ne croient pas à la résurrection et estiment qu'ils peuvent apporter Dieu aux hommes, selon une tradition influencée par le paganisme. Jésus les heurte en parlant de l'inutilité du Temple (qui peut être détruit) et de la nécessité d'une religion intérieure (plus importante que les pratiques rituelles) ; les marchands qu'il a chassés du Temple travaillaient pour l'aristocratie d'argent sadducéenne. **3°) Les Esséniens (Hérodiens)** servaient le tétrarque Hérode dans ses palais et travaillaient au Temple de Jérusalem (qu'ils avaient aidé à construire sous Hérode le Grand). Jésus recrute de nombreux disciples parmi eux, mais s'oppose à la secte en refusant d'engager contre les Romains une lutte politique qui était la raison d'être de nombreux Esséniens appelés les *Zélotes.* Jésus est, en outre, en butte à l'hostilité d'Hérode, qu'il critique souvent (le traitant de « renard »), et qui a mis à mort son cousin Jean le Baptiste.

■ **Arrestation.** Une coalition momentanée entre Hérodiens, prêtres sadducéens et scribes pharisiens se noue contre Jésus lors de la Pâque de l'année 30. *Caïphe* (grand prêtre juif, 18-36 apr. J.-C., gendre d'Anne, réputé pour sa docilité envers les Romains ; tombe découverte en 1992) réunit les grands prêtres et les Anciens dans son palais pour décider de l'arrestation de Jésus. Ils entreprennent de faire condamner Jésus par *Ponce Pilate* [Pontius Pilatus, c'est-à-dire « Pontius titulaire d'un javelot d'honneur » ; né vers 10 av. J.-C., préfet (on a dit à tort procurateur) de 26 à 36 (renvoyé à Rome), mort vers 39 apr. J.-C. en exil à Vienne (Gaule) ou à Lausanne ou Lucerne (Suisse). Figure de saint de l'Église éthiopienne. Sa femme, Procula, a été béatifiée par l'Église grecque (vénérée le 27-10)]. Les conjurés bénéficient de la complicité de Judas (voir encadré ci-dessous) qui leur permet de s'emparer de Jésus. Jésus célébra la Pâque le mardi avant celle-ci avec ses disciples à une date anticipée, selon le rite galiléen : il dîna avec ses 12 apôtres (ce sera sa dernière *Cène*) [ils étaient 13 (d'où la superstition de *13 à table*)] ; Jésus leur annonça la trahison de Judas : « En vérité, je vous le déclare, l'un de vous va me livrer. » Tous l'interrogent : « Serait-ce moi ? » Jésus répond : « Il a plongé la main avec moi dans le plat, celui qui va me livrer. » Puis il institue l'Eucharistie. Ayant rompu le pain, il prononce : « Prenez et mangez, ceci est mon corps. » Puis, prenant une coupe, après avoir rendu grâces, il la leur donne en disant : « Prenez et buvez-en tous, car ceci est mon sang, le sang de l'Alliance, versé pour la multitude, pour le pardon des péchés. » Ensuite, Jésus passe la nuit au *jardin des Oliviers* (oliveraie sur une colline proche de Jérusalem). Il y souffre d'une crise d'angoisse, son « agonie ». Avant l'aube, il est arrêté par des vigiles du Temple qui l'ont reconnu car Judas avait convenu avec eux que « celui à qui il donnerait un baiser serait l'homme à saisir ». Il s'agissait d'un baiser sur la main (marque de respect du disciple à son maître).

■ **Procès. 1°) Religieux** (*devant le Sanhédrin,* conseil de 71 membres présidé par le grand prêtre ; cour suprême, il disposait d'une police). Jésus est reconnu comme blasphémateur et destructeur du Temple [les historiens juifs estiment qu'il n'y a pas eu de convocation du Sanhédrin pour juger Jésus (les Évangiles se contredisent sur ce point) ; Jésus a été interrogé par des personnalités religieuses, presque toutes sadducéennes, réunies dans la maison du grand prêtre]. *Reniement de St Pierre :* nommé chef des disciples par Jésus, il jure 3 fois qu'il ne connaît pas son maître par peur d'être arrêté avec lui. **2°) Civil** (*devant Ponce Pilate*). N'ayant pas selon la loi romaine à connaître des chefs d'accusation, Pilate pouvait relaxer Jésus. Pour des raisons politiques, il essaiera d'obtenir le consentement des Juifs. La tradition permettant de gracier un accusé le jour de la Pâque, il propose à la foule de gracier Jésus ou un condamné de droit commun,

Rôle du tétrarque Hérode

Hérode Antipas (20 av. J.-C.-39 apr. J.-C.) : 2e fils d'Hérode Ier le Grand (73-4 av. J.-C.), il ne put hériter du titre royal et dut se contenter de celui de « tétrarque », c.-à-d. chef d'un quart du royaume paternel. Il régnait sur la Galilée, où il construisit la ville de Tibériade. Au traité de Rhodes (9 apr. J.-C.), il reçut à titre privé le domaine de Machéronte, sur le bas Jourdain, où se trouvait le gué de Bethabarra. *Pater familias,* il disposait d'un pouvoir absolu sur les colons attachés à ce domaine. Selon l'historien Flavius Josèphe, il aurait fait décapiter Jean le Baptiste, cousin de Jésus. En août 29 (?), Jean aurait blâmé son remariage avec Hérodiade, sa nièce et belle-sœur qui lui avait cédée son frère Hérode Philippe ; Hérode Antipas l'emprisonne dans l'*ergastule* (prison privée pour esclaves) de Machéronte. Or, au cours du banquet, voulant récompenser sa belle-fille, *Salomé* (fille d'Hérodiade), d'avoir dansé devant lui, il s'engage à lui accorder tout ce qu'elle demandera ; celle-ci demande, à l'instigation de sa mère, la tête de Jean. Hérode le fait alors exécuter : on parle de décollation (« action de couper le cou »). Jean aurait pu aussi être exécuté pour des raisons politiques (car de nombreux zélotes, activistes antiromains, sortaient des ermitages du bas Jourdain). Hérode n'avait pourtant aucun droit sur lui, Jean étant de la Judée.

Droits d'Hérode sur Jésus : 1°) autorité politique (Jésus est galiléen), sans droit de vie et de mort ; **2°)** droits du *pater familias* de Machéronte, à cause du baptême reçu à Bethabarra des mains de Jean [contestables ; mais Hérode les a sans doute revendiqués, ne distinguant pas entre le statut juridique des deux cousins ; il a forcé Jésus à mener une vie clandestine et à fuir à l'étranger (Tyr)]. Les vigiles qui ont arrêté Jésus dépendaient d'Hérode (serviteurs du Temple, recrutés parmi le personnel de ses palais).

☞ *Vieux comme Hérode* signifie : assez vieux pour remonter au temps d'Hérode.

Judas, synonyme de « traître »

Deux apôtres s'appelaient Judas (Ioudas), mais la tradition a déformé en *Jude* le nom de Judas-Thaddée, pour le distinguer de Judas Iscariote (« homme de Kériot », c.-à-d. du « Bourg » (de nombreuses localités de Palestine portant ce nom). Judas Iscariote trahit, a-t-on dit, par ambition politique déçue (Jésus refusant d'entraîner le peuple contre l'occupant romain) ou par amour violent et jaloux, ou par simple maladresse (pour forcer Jésus à combattre le Sanhédrin). L'Évangile explique que Judas était un voleur (traditionnellement, il est représenté une bourse à la main) mais cette explication cadre mal avec la réaction de Judas. Certes, après l'arrestation de Jésus, il reçoit sa récompense, 30 pièces d'argent [des *sicles* et non des *deniers* comme on l'a dit souvent (somme versée normalement pour la récupération d'un esclave fugitif)], mais, pris de remords, il tente de rendre cet argent aux grands prêtres qui le repoussent. Il jette ses pièces près du sanctuaire et va se pendre ; ayant ramassé l'argent, les grands prêtres achètent « le champ du potier » pour la sépulture des étrangers (d'où le nom « Champ de Sang » selon Matthieu). Selon les Actes des Apôtres, Judas n'aurait pas jeté l'argent mais aurait acheté avec celui-ci une terre sur laquelle ses entrailles se répandirent, et la terre fut appelée « Terre de Sang ».

Barabbas. A son étonnement, la foule choisit ce dernier et le somme de condamner Jésus. Pilate, embarrassé et bien que brouillé avec Hérode [car Hérode l'a dénoncé à Rome pour avoir placé un bouclier votif sur la tour Antonia (geste jugé idolâtrique par les Juifs)], lui envoie Jésus (motif invoqué : Jésus est galiléen et Hérode est souverain de Galilée). Hérode fait revêtir Jésus d'une tunique spéciale (probablement la tenue portée par le personnel de ses palais). Pilate se trouve alors dessaisi de l'affaire, qui relève de la juridiction (privée) d'un *pater familias.* Il se *lave les mains,* geste rituel mettant fin aux audiences publiques.

■ **Crucifixion.** Jésus est remis à des milices privées (légalisées par la présence d'une garde romaine) pour être crucifié hors de l'enceinte de Jérusalem, sur le mont du *Golgotha* (signifiant « mont du Crâne » ou « mont Chauve ») et, selon la légende, à l'emplacement de la sépulture d'Adam ; c'est pourquoi au pied des crucifix figure souvent un crâne rappelant cette légende. Il s'y rend en portant lui-même sa croix. Avec Jésus sont mis en croix 2 « larrons » (du latin *latro,* voleur) ; le « bon » larron reconnaît en Jésus le Messie ; le mauvais méprise Jésus qui, humainement parlant, est un vaincu.

■ **Mort. Circonstances :** selon les historiens romains (Suétone, Tacite), le supplicié était d'abord cloué par les poignets sur un madrier transversal, qu'il avait lui-même porté sur le lieu de son supplice, et ce madrier était ensuite hissé avec le corps au sommet d'un pieu vertical qui restait à demeure ; le tout formait un T. Jésus [ceint du *périzonium* (linge sur les reins)] fut fixé sur une croix par des clous, non pas au niveau des paumes des mains (celles-ci se seraient déchirées), mais plus près du poignet, dans le carpe. Pilate fit mettre un écriteau avec « Jésus le Nazaréen, le roi des Juifs » en hébreu, latin et grec. Les grands prêtres lui dirent : « Il faut rajouter : Cet homme a dit : "Je suis le roi des Juifs" », Pilate répondit : « Ce que j'ai écrit est écrit. » Comme on l'a constaté sur des déportés exécutés à Dachau, un crucifié meurt par asphyxie due à une contraction du thorax empêchant l'évacuation de l'air. Quand des légionnaires romains vinrent briser les jambes des condamnés, Jésus était déjà mort. Après une agonie relativement brève (6 heures), à cause de son épuisement dû à la flagellation (hémorragies), de l'eau (liquide péricardique) sortit de son côté quand le soldat Longin lui donna un coup de lance.

Les 7 paroles du Christ en croix : « Père, pardonne-leur : ils ne savent pas ce qu'ils font. » Au bon larron : « En vérité je te le dis, aujourd'hui tu seras avec moi dans le Paradis. » A Marie, sa mère et à Jean : « Femme, voilà ton fils ; fils, voici ta mère. » *Eli, Eli, lamma sabacthani* (« Mon Dieu, mon Dieu, pourquoi m'as-tu abandonné ? »). « J'ai soif. » « Tout est consommé. » « Père, je remets mon âme entre tes mains. »

Au moment de sa mort, à 9 h (soit 3 h de l'après-midi), se trouvaient près de lui Marie (sa mère), Marie de Magdala (Marie-Madeleine), les saintes femmes [Marie Salomé (femme de Zébédée, mère des apôtres Jacques le Majeur et Jean), Marie (mère de Jacques le Mineur)], ainsi que Jean, et il se produisit des prodiges : obscurcissement du Soleil, secousses sismiques dont l'une fit choir le linteau du Temple qui déchira le voile du « tabernacle » (partie la plus sacrée). Jésus fut mis au tombeau par Joseph d'Arimathie et Nicodème. **Date :** traditionnellement, l'Église a admis le vendredi 3-4-33 (jour d'une éclipse visible à Jérusalem) [selon le calendrier juif, le 13 du mois de Nisan d'où la superstition du *vendredi 13*]. 2 dates ont également été retenues : les vendredis 18-3-29 et 7-4-30. En 1974, Roger Russk (Américain) a démontré que Jésus était mort un jeudi [avant la Pâque juive (15 Nisan), le 6-4-30] ; ressuscité le dimanche, il serait bien resté 3 jours au tombeau (et non 2 si l'on situe sa mort un vendredi).

■ **Résurrection.** Après sa résurrection, Jésus vit dans un « état glorieux » : il échappe à l'espace et au temps (apparaissant et disparaissant), tout en ayant un corps (il parle, mange et peut être touché). **Principaux témoins :** *Marie-Madeleine* (assimilée par certains à Marie, sœur de Lazare) : elle découvre le tombeau de Jésus vide, le lendemain du sabbat pascal (dimanche matin). *Disciples d'Emmaüs* (cités par St Luc) dont l'un est nommé Cléophas : cheminant sur la route de Jérusalem à Jaffa, ils sont rejoints par Jésus ressuscité qui, à Emmaüs (non localisé, à 11 km de Jérusalem), leur donne le pain consacré selon le rite eucharistique. *Apôtres :* il leur apparaît plusieurs fois (et reproche à Thomas son incrédulité). Au bout de 40 jours, Jésus, du mont des Oliviers, bénit ses disciples et « monte au ciel » **(Ascension)** ; 10 jours après (fête juive de la **Pentecôte,** c.-à-d. des 50 jours), les Apôtres (en présence de Marie) reçoivent le *Saint-Esprit* (des langues de feu, venues du Ciel, descendent sur leur assemblée). Ils sont chargés d'aller évangéliser tous les hommes en les baptisant. Le baptême doit être donné « au nom du Père, du Fils et de l'Esprit saint », 1re explicitation du dogme de la Trinité.

■ **Représentations du Christ.** *Poisson. Agneau.* Tenant une croix ou un étendard crucifère, un calice recueille son sang (le Christ est l'Agneau de Dieu qui enlève le péché du monde ; Jésus se charge du péché des hommes ; le Christ est le véritable agneau pascal que préfigurait l'agneau immolé par les Hébreux lors de l'Exode : il rachète les hommes au prix de son sang) [l'*Agnus Dei,* chant accompagnant la fraction du pain consacré et préparant l'assemblée à la communion, fut introduit dans la liturgie romaine par le pape Serge Ier (687-701)]. *Vigne* ou *grappe de raisin. Pêcheur* d'âmes. *Bon pasteur :* art primitif ou à partir du XVIe s. *Représentation humaine :* à partir du IVe s., il porte une barbe et de longs cheveux. *Enfant Jésus :* souvent associé à la Vierge ou à certains saints (Christophe). *Christ enseignant. Christ triomphant. Christ juge ou en majesté.*

Crucifix. Les 1ers furent des croix sans le crucifié. Au VIe s., le Christ figure les yeux grands ouverts et de face ; au XIe s., on le représente mort. *Croix* pectorales. Les plus anciennes en orfèvrerie datent du VIIe s., les croix en bois du Xe s. *Clous :* jusqu'à la fin du XIIe s., le corps est représenté attaché par 4 clous (1 par membre) ; puis au XIIIe s., par 3. *INRI (Iesus Nazarenus Rex Iudaeorum :* Jésus de Nazareth roi des Juifs), lettres apparaissant au XIVe s., sous l'influence de Ste Brigitte († 1363). *Nimbe :* du VIe au XIIIe s., la tête est entourée d'un nimbe ; puis d'une couronne d'épines. *Vêtements :* jusqu'au XIVe s., robe sans manches ; à partir du XVe s., un simple linge sur un corps dénudé (influence de l'académisme italien). *Crucifix* dit *janséniste :* répandu au XVIIe s., les bras sont rassemblés au-dessus de la tête et cloués d'un seul clou [procédé bon marché (le personnage étant sculpté dans un seul os, on économisait l'ajustage des 2 bras transversaux). Explication théologique fournie *a posteriori :* le Christ n'ouvre pas ses bras pour accueillir *tout* le genre humain ; il rapproche ses mains pour recueillir quelques *élus*].

Révélations sur Jésus : l'Apocalypse

L'Apocalypse (du grec *apokalupsis,* « révélation ») de St Jean fut écrite par l'apôtre (ou en son nom) vers la fin du Ier s. L'évangéliste est exilé pour sa foi, sous Domitien, de sa ville d'Éphèse au bagne impérial sur l'île de Patmos, quand une voix lui demande d'écrire ce qu'il voit : 7 chandeliers d'or et au milieu « quelqu'un qui semblait être un fils d'homme » aux cheveux blancs, tenant dans sa main droite 7 étoiles ; il annonce : « Je suis le Premier et le Dernier, et le Vivant ». Puis l'Esprit lui dicte des lettres aux 7 Églises d'Asie. Ensuite Jean découvre dans le ciel un trône sur lequel « celui qui siégeait avait l'aspect d'une pierre de jaspe et de sardoine ». Autour du trône, 24 Anciens, vêtus de blanc, sur autant de trônes. Du trône de Dieu jaillissent des éclairs, des voix et des tonnerres, et 7 lampes brûlent devant lui. 4 animaux préfigurent les symboles des évangélistes. Celui qui siège sur le trône tient un « livre scellé de 7 sceaux ». Seul, l'Agneau « qui semblait immolé » a le droit d'ouvrir ces 7 sceaux. Leur ouverture est le signal du Jugement et de l'arrivée des « jours de colère » (catastrophes déchaînées sur Terre). L'ouverture des 4 premiers sceaux fait apparaître les 4 Cavaliers suivis de tremblements de terre et de ténèbres ; celle du 5e sceau introduit les martyrs qui demandent justice pour le sang versé ; celle du 6e est le signal de grands bouleversements. Les étoiles tombent sur la Terre, le Soleil noircit, une foule en robe blanche, les palmes à la main, célèbre une liturgie devant le trône de Dieu. Enfin l'ouverture du 7e sceau fait apparaître 7 anges avec 7 trompettes dont les sonneries déchaînent des cataclysmes. Des sauterelles, ressemblant à des chevaux de combat, font irruption. Un ange puissant, descendu du ciel, vêtu d'une « nuée, au visage comme le Soleil, aux jambes comme des colonnes de feu », indique une nouvelle intervention de Dieu. Dans le fracas de « 7 tonnerres », une voix venue du ciel invite Jean à manger le livre tenu par l'ange.

La Femme et le Dragon : le 7e ange à la trompette prélude à l'adoration de Dieu par les 24 vieillards assis sur leurs trônes. Une femme « enveloppée du Soleil, la Lune sous ses pieds, et sur la tête une couronne de 12 étoiles », apparaît dans le ciel. Le Dragon à 7 têtes est prêt à dévorer l'enfant qu'elle porte dès sa naissance. Mais l'enfant est emporté auprès de Dieu. *Michel* et ses anges terrassent le Dragon. Celui-ci se lance à la poursuite de la Femme, qui reçoit les 2 ailes du « grand aigle » et peut ainsi s'échapper. Le Dragon vomit derrière elle un « fleuve » pour la noyer, mais la terre engloutit le fleuve. Furieux, le Dragon fait la guerre à ceux « qui gardent les commandements de Dieu ». 2 monstres le suivent. Le 1er a 7 têtes (comme le Dragon), le 2e est chargé de faire en sorte que la « Terre et ses habitants adorent la 1re Bête ». Ceux qui ont été marqués au front du sceau de Dieu vivant sont enlevés au ciel où ils chantent un cantique nouveau devant l'Agneau. 7 anges déversent sur la terre les « 7 coupes de la fureur de Dieu ». L'un d'eux montre à Jean le « jugement de la Grande Prostituée assise sur une Bête écarlate », c.-à-d. « Babylone la grande ». Le triomphe définitif sur les puissances du Mal est proclamé et l'armée du Cavalier au cheval blanc jette dans le feu éternel la Bête à 7 têtes et son prophète. Un ange enchaîne le Dragon. Après 1 000 ans, Satan sortira de sa prison pour « abuser les nations et les rassembler pour la guerre ». Il sera jeté au feu éternel, comme la Bête et le faux prophète. Vient ensuite le Jugement dernier. Jean découvre « un ciel nouveau et une terre nouvelle ». « Celui qui siège sur le trône » lui déclare : « Je suis l'Alpha et l'Oméga, le Commencement et la Fin. » Transporté sur une montagne « grande et haute », Jean voit descendre du ciel la Jérusalem céleste, resplendissante et vouée au chiffre 12. Les 4 Cavaliers apparaissent en ordre séparé après l'ouverture des 4 premiers sceaux. Au Moyen Age, on voit dans le 1er Cavalier l'image du Christ (son cheval blanc symbolisant l'Église), le 2e la guerre, le 3e la famine, le 4e la peste. Les Pères de l'Église ont vu dans la Femme de l'Apocalypse le symbole de l'Église (préfiguration de Marie).

Le personnage de Jésus pour les Juifs

Son nom n'a pas été mentionné dans le Talmud avant l'édition de Bâle de 1578-80. **1°) Pour tous :** il est un prédicant et un thaumaturge (« faiseur de miracles »), comme le judaïsme en a produit à diverses époques. **2°) Pour certains :** il se présentait comme le *Messie* (à une époque où les « prétendants messianiques » étaient nombreux). Quelques faits révélateurs : les 12 apôtres avaient reçu pour mission de juger les 12 tribus d'Israël, le *Jour du Jugement* (devenus plus tard les chefs de l'Église) ; certains évangélistes ont fait naître Jésus dans la ville messianique, Bethléem (mais St Jean l'a présenté comme Galiléen, né à Nazareth), certains évangélistes ont parlé de sa conception miraculeuse et de la virginité de sa mère, qui conviennent à la dignité du Messie [sauf pour ceux qui considèrent que Jacques le Mineur était réellement son frère, et non son cousin (l'apôtre cousin de Jésus étant Simon le Zélote)]. La remise aux autorités romaines d'un prétendant messianique n'avait donc rien d'anormal ; elle ne nécessitait pas une sentence du Sanhédrin. **3°) Pour d'autres,** il ne se présentait pas comme le Messie : a) il n'a jamais employé le mot *Messie,* mais l'expression *Fils de l'Homme* (formules synonymes à l'époque) ; b) il employait cette expression à la 3e personne, ce qui signifiait qu'il prophétisait la venue d'un autre, le véritable Messie (mais certaines phrases deviendraient incompréhensibles si Jésus ne parlait pas de lui-même à la 3e personne) ; c) pour plusieurs sectes primitives (notamment Ébionites et Nazaréens), Jésus était simplement un prophète. Les Johannites, d'ailleurs, considéraient Jean le Baptiste comme un prophète de même envergure que Jésus.

■ Les 12 apôtres

■ **Nom.** Du grec *apo-stello,* j'envoie. Disciples choisis par Jésus pour être ses compagnons, les témoins dans le monde, les prédicateurs de l'Évangile et les fondateurs de l'Église. Ils se réunirent régulièrement au *Cénacle* (salle du 1er étage) après la mort du Christ. Sous la direction de Pierre, ils formeront le *collège apostolique* auquel le Christ a confié le gouvernement de l'Église. Actuellement, les évêques, successeurs des apôtres, et le pape, celui de Pierre, forment le *collège épiscopal.*

■ **Liste. Pierre** (10-64) : Simon de Bethsaïde, pêcheur sur le lac de Génésareth à Capharnaüm. Renommé symboliquement Pierre (traduction de l'araméen Kepha) par Jésus ; dit le Prince des apôtres, crucifié la tête en bas le 13-10-64 à Rome, sous le règne de Néron. **André** de Bethsaïde (son frère), pêcheur, crucifié en 64 sur une croix en X à Patras (Grèce) ; il aurait évangélisé la Russie. **Jacques le Majeur** († vers 41), pêcheur sur le lac de Génésareth, fils de Zébédée, martyrisé en Palestine sur ordre d'Hérode Agrippa (ou apôtre de l'Espagne, mort à Compostelle). **Jean l'Évangéliste** [† entre 98 et 117, île de Patmos (?), enterré à Éphèse ; frère de Jacques le Majeur], pêcheur sur le lac de Génésareth, souvent désigné par l'expression « le disciple que Jésus aimait » ; le Christ lui confie sa mère au moment d'expirer, auteur de l'Apocalypse (?), du 4e Évangile et des 3 Épîtres. **Barthélemy** (appelé Nathanaël par St Jean), compagnon de Philippe, probablement pêcheur, martyrisé au Moyen-Orient (peut-être en Inde ?). **Philippe** de Bethsaïde († 80), probablement pêcheur, martyrisé à Hiérapolis en Phrygie. **Matthieu** († 61), « publicain » (c.-à-d. percepteur d'impôts), martyrisé en Éthiopie, reliques à Salerne. **Thomas** (ou Didyme, c.-à-d. le Jumeau), pêcheur, martyrisé à Calamine (Méliapour, Inde). **Jacques le Mineur** († 62), cousin de Jésus, Nazaréen, probablement cultivateur, martyrisé à Jérusalem. **Jude** ou **Thaddée** (frère de Jacques le Mineur), martyrisé avec son demi-frère, Simon le Zélote. **Simon le Zélote,** lévite (religieux essénien), demi-frère de Jacques le Mineur et de Jude, martyrisé en Perse avec Jude. **Judas** († 29, 30 ou 33, suicidé, voir encadré p. 491 c) ; remplacé par **Matthias** († 61 ou 64), Galiléen, cultivateur ou pêcheur, martyrisé à Jérusalem (ou en Éthiopie ?).

■ **Attributs. André :** croix en X ; croix à branches droites (au Moyen Age). **Barthélemy :** couteau (du supplice). **Jacques le Majeur :** bourdon (des pèlerins de Galice) ; grand chapeau à coquille. **Jacques le Mineur :** bâton de foulon ou massue (il a été assommé). **Jean l'Évangéliste :** aigle (sur le livre de l'Évangile) ; calice (d'où s'échappe un petit serpent, ou un dragon). **Judas :** bourse. **Matthias :** hache. **Matthieu :** hache ou hallebarde ; bourse (référence à son métier de percepteur d'impôts). **Philippe :** croix à longue hampe. **Pierre :** clé (une ou deux) ; coq (du reniement) ; tiare papale (à l'époque baroque). **Simon :** scie. **Thaddée** (ou **Jude**) : massue ou hallebarde. **Thomas :** équerre d'architecte ; lance (du supplice).

■ Les débuts du christianisme

Expansion du christianisme

■ **Age apostolique.** De la mort du Christ (30) à celle de St Jean (entre 98 et 117), le dernier apôtre survivant. **1re période (30-42).** *Chrétienté de Jérusalem :* formée des disciples déjà convertis par Jésus (nombre indéterminé), encadrés par les 12 apôtres et par les 7 diacres, créés vers 32. Persécutée par les Juifs (le diacre *Étienne* est lapidé par ordre du Sanhédrin entre 32 et 36). S'étend en Palestine : Samarie, Jaffa, Lydda, Gaza. **34** *conversion de St Paul* [Saül, né à Tarse, Cilicie, entre 5 et 15, converti en 34 sur le *chemin de Damas* où il se rendait avec une troupe pour rechercher les chrétiens. Soudain, ébloui par une lumière aveuglante, il entendit une voix du ciel « Saül, Saül, pourquoi me persécutes-tu ? ». Ayant perdu la vue, il la recouvre à Damas après avoir reçu le baptême. Martyr en 67 à Rome, décapité par l'épée (car citoyen romain) il a été assimilé aux apôtres sous le nom de l'*Apôtre des Gentils,* c.-à-d. des non-Juifs]. **42** les apôtres se dispersent et rejoignent les communautés juives de la diaspora, dans tout l'Empire [St Pierre fonde la chrétienté d'Antioche, puis se rend (en 42 ou 44) à Rome qui devient la capitale de la chrétienté ; il y meurt martyr en 64]. **2e période (42-70). Jusqu'en 49,** l'apostolat chrétien se poursuit dans les milieux juifs (pas de rupture avec les obligations religieuses du judaïsme : interdits alimentaires, respect du sabbat, célébration des fêtes). **49** *concile de Jérusalem :* Paul et

Barnabé (délégués pour Antioche, mais ayant fondé aussi des Églises à Chypre et en Asie Mineure) réclament l'évangélisation des « Gentils » (païens). Pierre, qui s'y oppose, est mis en minorité et cède. Paul organise alors les chrétientés d'Asie Mineure et de Grèce, à majorité non juives. [VOYAGES : *49* Phrygie, Galatie, Myrie. *50-52* Macédoine, Athènes, Corinthe, Jérusalem, Antioche. *53-57* Galatie, Phrygie, Éphèse (3 ans), Macédoine, Corinthe, Jérusalem (pour remettre l'argent des collectes). *57-59* captivité à Césarée. *59* Malte (naufrage). *60-64* Rome (semi-captivité).] **64** du 18 au 19-7 : incendie de Rome ; oct. : *1re persécution* de Néron († 9-6-68), à Rome : 2 000 ou 3 000 † dont St Pierre (le 13-10) puis St Paul (62 à 67 ?) : on a dit que les Juifs non chrétiens auraient demandé l'élimination des Juifs chrétiens par l'intermédiaire de *Poppée*, épouse de Néron, convertie au judaïsme (selon le Talmud, Néron aurait adopté la religion juive). **70** *destruction de Jérusalem* par les Romains (Titus, fils de Vespasien) : les chrétiens de la ville, repliés avant le siège, ont survécu. Les Juifs de Palestine sont déportés à travers l'Empire (surtout en Espagne). Le christianisme s'implante dans leurs communautés. **3e période (70-100).** Expansion et stabilisation de l'Église (dont les membres ne sont pas encore distingués des Juifs). La primauté de l'évêque de Rome sur les autres Églises est admise [le pape Clément Ier (88-97) agit comme supérieur de l'évêque de Corinthe en 97]. Les textes sacrés (Évangiles, Épîtres, Actes des Apôtres) sont recueillis et diffusés. Les écrits des « pères apostoliques » (dont la lettre du pape Clément Ier) sont rédigés. Les prières et la liturgie sont unifiées. Les prêtres (« presbytres », traduction grecque du latin *seniores* : anciens) sont reconnus comme chefs des communautés. **95** *persécution de Domitien* (51-96, empereur 81) : peu sanglante (quelques exils, dont celui de St Jean à Patmos). Les chrétiens avaient été assimilés aux Juifs du point de vue fiscal, mais avaient refusé de payer le « didrachme » (impôt payé jadis par les Juifs au Temple, et réclamé par le fisc romain depuis 70). Considérés dès lors comme « athées », ils sont punis comme tels.

Raisons de l'expansion chrétienne : 1°) *zèle apostolique* des disciples ; **2°)** *extension de la diaspora juive* (dans toutes les villes de l'Empire) ; **3°)** *excellence des moyens de communication* (St Paul a traversé plusieurs fois la Méditerranée d'est en ouest, allant jusqu'en Espagne) ; **4°)** *baisse de la religiosité traditionnelle romaine* (les religions orientales sont accueillies avec faveur à cause de leur mysticisme) ; **5°)** *sympathie des femmes* pour les idées de chasteté (la dépravation de la vie sexuelle les abaissait).

Obstacles à surmonter : 1°) *rigidité de la vie sociale romaine* : le culte de la famille est lié à celui de la cité ; le culte de la cité à la vie politique et institutionnelle ; **2°)** *hostilité des Juifs* : les communautés juives fournissent les premiers convertis, mais s'allient aux païens pour freiner la défection de leurs membres ; **3°)** *scepticisme* des intellectuels grecs qui, maîtres à penser de la société romaine, répugnent à toute doctrine non fondée sur le raisonnement ; **4°)** *concurrence des religions à mystères* : venues d'Asie, certaines remontant aux religions protohistoriques d'Europe, gardent de nombreux adeptes et sont parfois en expansion (culte de Mithra).

■ **Age des martyrs (112-313).** Pendant lequel 123 « **années de souffrances** » (*IIe s.* : 86 ; *IIIe s.* : 24 ; *début IVe s.* : 13). Sont appelés *martyrs* (du grec « témoins ») les chrétiens qui ont accepté de mourir pour témoigner de leur foi, au cours des deux siècles où a été appliquée, par 8 empereurs romains, une législation antichrétienne.

Bilan de la période : implantation de la foi chrétienne dans tout l'Empire ; constitution d'évêchés dans les cités importantes ; primauté de l'Église de Rome (interventions contre les déviations de la doctrine ou de la pratique du culte) ; création de la littérature patristique (Justin, Ignace d'Antioche, Cyprien) ; œuvre théologique d'Origène et de Tertullien.

Rescrit de Trajan [Tertullien l'appelle par erreur *Institutum neronianum* (« décret de Néron »)] : pris en 112 après une demande d'instructions présentée par Pline, gouverneur de Bithynie, il enjoint : de ne pas enquêter sur les croyances ; de condamner ceux qui, accusés régulièrement, se reconnaissent chrétiens ; d'acquitter ceux qui déclarent ne pas l'être ou avoir cessé de l'être (en faisant publiquement un acte religieux païen : mettre de l'encens sur l'autel de Rome). **Empereurs l'ayant appliqué :** Trajan (98-117), *Hadrien (117-138)*, dans un rescrit de 127, déclare que « le fait d'être chrétien et de l'avouer n'entraîne pas de sanction légale » mais le pape Télesphore, le Romain Alexandre, Ste Symphorose et ses 7 fils furent martyrisés sous son règne ; Marc Aurèle (162-180), Septime Sévère (193-211), Maximin (235), Decius (250), Valérien (257-261), Aurélien (270-275), Dioclétien [303-311 ; persécuté, arrêté en 305 en Occident, en 311 en Orient (édit de Galère)].

Nombre des victimes : inconnu. En 1648, le jésuite espagnol Ildefonso de Flores (1590-1660) a parlé de 11 millions (sans preuves scientifiques). Aujourd'hui, on parle de 5 000 à 10 000. **Persécutions les plus sanglantes :** sous Septime Sévère en Afr. du Nord ; Dioclétien pendant 10 ans (303-313), notamment en Égypte (selon Eusèbe : 10 000 †). La Gaule n'a connu qu'une seule brève persécution, Decius (250), voir p. 527 b.

■ **Constantin le Grand** (entre 270 et 288-337). Fils de Ste Hélène (milieu IIIe s.-330 ?), baptisé seulement sur son lit de mort. **306** empereur. **312**-*12-10* avant la bataille du pont de Milvius, voit dans le ciel un signe chrétien et le fait inscrire sur les boucliers de son armée. **313** reçoit Licinius (empereur d'Orient) à Milan ; **édit de Milan** : liberté du culte chrétien dans tout l'Empire. **318** sacrifices privés, magie, haruspication interdits chez les particuliers. **324** *Constantin devient empereur unique d'Occident et d'Orient*, en battant *Licinius* (antichrétien, persécuteur), dans un combat où son armée avait pour emblème le *labarum* chrétien. Il s'affirme alors le protecteur officiel de l'Église, appliquant les décisions conciliaires et unifiant la date de Pâques (mars). Il décide de mettre sa capitale à Constantinople, ce qui affaiblit l'Église en créant un rival du pape romain. **325 concile de Nicée** (voir p. 521 b).

■ L'Église après Constantin

361-363 Julien l'Apostat essaie de revenir à l'ancienne religion païenne. **368** 1er emploi (par l'empereur *Valentinien Ier*) du mot « païens » *(pagani)* pour désigner les sujets non chrétiens de l'Empire : le mot signifie *ruraux*, ce qui prouve que la conversion des cités est chose faite. **380**-*févr.* Théodose, empereur (379-395), proclame la foi catholique obligatoire. Reconnaît la primauté conférée au siège de Rome par la tradition apostolique (droit d'être interrogé en premier sur la foi et de définir en premier les conditions de la communauté ecclésiale). **381** *-janv. et juillet* il interdit en Orient le culte arien. **382** Gratien (339-83), empereur d'Occident, supprime les subventions officielles accordées aux clergés païens. **392**-*8-11* Théodose interdit le culte païen dans tout l'Empire et sous toutes ses formes. **IVe-Ve s.** période des grandes hérésies (voir encadré p. 495). **410** Rome (pillée par les Wisigoths d'Alaric, abandonnée par l'empereur d'Orient, qui fait de Constantinople sa capitale, et par l'empereur d'Occident, qui réside à Ravenne) devient une ville chrétienne sous l'autorité du pape. Léon Ier le Grand (440-461) la défend contre Attila. **496** conversion de Clovis. **634-732** la moitié sud des territoires chrétiens est conquise par l'islam. **726** souveraineté pleine et entière de la papauté sur l'Italie centrale. **863-877 schisme de Photius. Xe siècle** la Rome papale ressemble aux seigneuries italiennes : corruption, violences, débauches (exemple : le pape Étienne VI fait exhumer le cadavre de son prédécesseur, Boniface VI, et le traduit en justice). Cependant, à la même époque, la vie contemplative fleurit en Rhénanie [la réaction contre les potentats locaux italiens vient avec le pape français Sylvestre II (999-1003)]. **1054 schisme d'Orient. 1073** Grégoire VII réforme l'Église (luttant contre la simonie et le mariage des prêtres), et s'oppose à Henri IV (1050-1106), empereur d'Allemagne (voir à l'Index). Constitution de l'Église orthodoxe (voir p. 536 c). **1184** création de **l'Inquisition** : le pape Lucius III établit avec l'empereur Frédéric Barberousse le principe du châtiment corporel des hérétiques considérés comme coupables de haute trahison. **1231** création du *St-Office* (tribunal de l'Église). **1255** Alexandre IV établit l'*Inquisition* en France (franciscains et dominicains sont les plus grands inquisiteurs). *Peines prononcées* : flagellation, pèlerinages, confiscations, destructions des maisons, prison ou exécution sur le bûcher pour les « relaps » (ceux qui retombent dans l'hérésie après l'avoir abjurée). *Autodafé* (du portugais : acte de foi) : proclamation d'un jugement de l'Inquisition (au XIIIe s., exécution du coupable, souvent par le feu, il s'agit souvent de livres). Les *juges* sont des ecclésiastiques

■ **1re Inquisition.** Procédure d'enquêtes. Donne le jour à un tribunal ecclésiastique sous contrôle épiscopal puis pontifical et quasi autonome fin XIIIe s. Disparaît presque totalement fin XVe s.

■ **2e Inquisition.** Apparaît fin XVe s. en Espagne (en Aragon puis Castille). Les papes Sixte VI et Innocent VIII autorisent les souverains d'Espagne à nommer les inquisiteurs, notamment l'Inquisiteur général aux décisions sans appel. En 1547, le roi Jean III obtient aussi un tribunal au Portugal. Rome instaure le dicastère permanent de la *Congrégation de la Sainte Inquisition* (devenue en 1908 la Congrégation du St-Office et, en 1965 la Sacrée Congrégation pour la doctrine de la foi). Jusqu'au XVIe s., ces inquisitions s'attaquent surtout aux *conversos alumbrados* (Espagne), *cristaos-novos* (Portugal) et aux protestants (Italie). Puis combattent les doctrines non conformes à la réforme du concile de Trente. Après 1750, les tribunaux de l'Inquisition sont supprimés en Italie (sauf à Rome où la Congrégation de l'Inquisition dépend directement du pape), puis au Portugal (1821) et en Espagne (1834).

Évangélisation. Allemagne : St Boniface (v. 680-754). **Angleterre :** St Augustin de Cantorbéry († v. 605). **Danemark** et **Suède :** St Anschaire (801-865). **Écosse :** St Colomban (v. 540-615). **Espagne :** TRADITIONNELLE : 7 évêques envoyés par St Pierre, mission de l'apôtre St Jacques le Mineur ; HISTORIQUE : St Fructueux de Tarragone (IIIe s.). **Gaule :** voir p. 617 b. **Hongrie :** St Étienne (v. 939-1038). **Irlande :** St Patrick (v. 390-v. 461). **Slaves :** St Cyrille (827-869) et St Méthode (825-885) [frères].

■ **Pères et docteurs de l'Église.** Noms des principaux maîtres de la doctrine chrétienne. Les plus anciens sont appelés *Pères* ; les plus admirés parmi les anciens, et tous les grands maîtres récents *docteurs*.

Pères de l'Église grecque : *Justin* (v. 100-v. 165). *Ignace d'Antioche* († v. 107, livré aux bêtes). *Athanase* (v. 295-373). *Basile* (329-379). *Grégoire de Nazianze* (v. 330-v. 390). *Grégoire de Nysse* (v. 335-395). *Jean Chrysostome* (v. 340-407). *Jean Damascène* († v. 749). **Latine :** *Cyprien* (v. 200-258, martyr). *Hilaire* (v. 315-v. 367). *Ambroise* (v. 340-397). *Jérôme* (v. 347-420). *Augustin* (354-430). *Grégoire le Grand* (540-604). *Bède le Vénérable* (673-735), le dernier.

Docteurs de l'Église, suivis de leur date de reconnaissance. L'Église romaine en reconnaît officiellement 33 : *Albert le Grand*, surnommé Doctor Universalis (1193-1280) 1931 ; *Alphonse de Liguori* (1696-1787) 1871 ; *Ambroise* (340-397) IVe s. ; *Anselme* (1033-1109) 1720 ; *Antoine de Padoue* (v. 1195-1231) 1946 ; *Athanase* (295-373) IVe s. ; *Augustin* (354-430) IVe s., auteur de « la Cité de Dieu » ; *Basile de Césarée* (329-379) IVe s. ; *Bède le Vénérable* (673-735) 1899 ; *Bernard de Clairvaux*, surnommé Doctor Mellifluus (1090-1153) 1830 ; *Bonaventure*, surnommé Doctor Seraphicus (1221-74) 1588 ; *Catherine de Sienne* (1347-80) 1970, seul docteur laïc ; *Cyrille d'Alexandrie* (380-444) 1893 ; *Cyrille de Jérusalem* (315-386) 1893 ; *Éphrem* (306-373) 1920 ; *François de Sales* (1567-1622) 1877, de langue française ; *Grégoire le Grand* (540-604) ; *Grégoire de Nazianze* surnommé *Le Théologien* (v. 330-v. 390) IVe s. ; *Hilaire* († v. 367) 1851 ; *Isidore* (560-636) 1722 ; *Jean Chrysostome* (v. 340-407) IVe s. ; *Jean de la Croix* (1542-91) 1926 ; *Jean Damascène* († v. 749) 1893 ; *Jérôme* (347-420) IVe s. ; *Laurent de Brindes* (1559-1620) 1959 ; *Léon le Grand* († 461) 1754 ; *Pierre Canisius* (1521-97) 1925 ; *Pierre Chrysologue* (406-450) 1729 ; *Pierre Damien* (1007-72) 1828 ; *Robert Bellarmin* (1542-1621) 1931 ; *Thérèse d'Ávila* (1515-82) 1970 ; *Thérèse de l'Enfant Jésus* [Thérèse Martin (Alençon 2-1-1873/Lisieux 30-9-1897)] 19-10-1997 de langue française ; *Thomas d'Aquin*, surnommé Doctor Angelicus (1225-74) 1567.

☞ **Plusieurs théologiens du Moyen Age, sans porter le titre de docteurs de l'Église, sont parmi les grands docteurs de la foi :** *Grégoire de Rimini* (Doctor Acutus) ; *Jean Gerson* (1363-1429 Doctor Christianissimus) ; *Jean Van Ruysbroek* (1293-1381 Doctor Indivicibilis) ; *Roger Bacon* (v. 1220-92 Doctor Admirabilis) ; *John Duns Scot* (Écosse, v. 1266-1308 Doctor Subtilis, béatifié 20-3-1993). Surnoms non officiels.

En Espagne, *Léandre de Séville* (v. 510-98), *Ildefonse* (v. 600-67) et *Fulgence d'Écija* (v. 580-633) sont considérés comme docteurs de l'Église.

Les Églises non catholiques d'Orient ne vénèrent que *Basile, Grégoire de Nazianze* et *Jean Chrysostome*.

■ **Conversions célèbres. Païens :** *Constantin Ier*, empereur (270/288-337), en 311. *Clovis*, roi des Francs (465-511), en 496. *Boris Ier*, († 907) khan des Bulgares (852-889). *St Vladimir* de Russie (v. 956-1015). **Confucianistes :** les *8 martyrs*, béatifiés le 27-5-1900 : *Augustin Tchao* († 1815), *Joseph Juen* († 1817), *Paul Lieou* († 1818), *Thaddée Lieou* († 1823), *Pierre U* († 1824), *Joachim Ho* († 1839), *Laurent Pe* († 1856), *Agnès Tsao* († 1856). **Juifs :** *St Paul* (v. 10 av. J.-C.-67 apr. J.-C.) : à environ 45 ans (vers 36). *David Drach* (1791-1865) rabbin, devenu polémiste : à 34 ans ; ses 3 fils seront prêtres. *François Libermann* (1802-52), fils de rabbin, prêtre. Les frères *Ratisbonne* (banquiers strasbourgeois) : *Théodore* (1802-84) converti 1827, prêtre à 28 ans, fonde la congrégation de Sion vouée à la conversion des Juifs ; *Alphonse* (1812-84), converti 20-1-1842, prêtre à 36 ans. Les frères (jumeaux) *Lehmann* : *Achille* (1836-1909) et *Édouard* (1836-1914) baptisés à 18 ans, prêtres à 24 ans, fondateurs de l'Alliance catholique. *Max Jacob* (1876-1944), poète, peintre : à 39 ans. *Gustave Cohen* (1879-1958), médiéviste, fondateur des théophiliens : à 64 ans. *Edith Stein* (1891-1942, † à Auschwitz), philosophe, devenue carmélite (sœur Bénédicte de la Croix) : à 29 ans (sa béatification, 1-5-1987, a créé un incident, car Jean-Paul II a dit : « mise à mort par haine de la foi catholique » et les Juifs estiment « par haine du judaïsme »). *Irène Nemirovsky* (1903-42, † à Auschwitz), romancière, baptisée 2-2-1929. *Cardinal Jean-Marie Lustiger* (né 1926), archevêque de Paris en 1981 : à 14 ans. **Musulmans :** *Mgr Paul Mulla* (1882-1959), Turc crétois, disciple (puis filleul) de Maurice Blondel, baptisé 1905, ordonné 1913, professeur à l'Institut pontifical oriental. *Jean Mohammed Abd-el-Jalil* (1904-79), Marocain, aide de camp du maréchal Lyautey, converti à 24 ans, prêtre franciscain en 1935. **Anglicans :** clergymen : *Henry Newman* (1801-90) : à 44 ans et *Henry Manning* (1808-92) : à 42 ans qui deviendront cardinaux. Dchesse de Kent (née 22-2-1933), cousine de la reine Elizabeth II : à 61 ans (en 1994). 3 évêques (1994), 240 prêtres (1900-23). **Protestants :** ÉTATS-UNIS : *bienheureuse Elizabeth Seton* (1774-1821), fondatrice des sœurs de la Charité de St-Joseph (béatifiée par Jean XXIII en 1963). FRANCE : *Henri IV* (1553-1610) : 1re abjuration à 19 ans, 2e à 40 ans. *Mal de Turenne* (1611-75) : à 57 ans. SUÈDE : *reine Christine* (1626-89) : à 28 ans. **Incroyants ou irréligieux :** DÉJÀ BAPTISÉS : *St Jérôme* (347-420) : à 25 ans. *St Augustin* (354-430) : à 33 ans. *St François d'Assise* (1182-1226) : à 24 ans. *St Ignace de Loyola* (1491-1556) : à 31 ans. *Armand de Rancé* (1626-1700), abbé de la Trappe : à 34 ans. Le père *Henri Lacordaire* (1802-61), orateur : à 21 ans. *Louis Veuillot* (1813-83), journaliste : à 25 ans. *Léon Bloy* (1846-1917), polémiste : à 38 ans. *Paul Claudel* (1868-1955), écrivain : à 18 ans. BAPTISÉS APRÈS LEUR CONVERSION : *Jacques Maritain* (1882-1973), philosophe : à 24 ans. *André Frossard* (1915-95), journaliste : à 24 ans. *Thomas Merton* (1915-68), écrivain américain, prêtre trappiste : à 28 ans.

qui, comme les juges civils de l'époque, considèrent devoir défendre la cohésion et l'unité de la société contre les albigeois, puis les cathares. **XVIe s.** les autodafés disparaissent. **1771**-*28-6* vicariat de l'Inquisition de Toulouse supprimé.

☞ **Torture :** interdite en 866 par le pape Nicolas Ier puis par le décret de Gratien en vigueur jusqu'en 1918. Au XIe s., l'université de Bologne revint au droit romain qui prévoyait la torture pour les causes laïques : Innocent IV autorisa l'Inquisition à en faire usage (bulle *Extirpanda*, 15 mai 1252) ; en 1311, Clément V en restreignit l'usage par l'Inquisition.

1309-76 séjour des papes à Avignon. 1378-1417 schisme d'Occident : 1378 : Urbain VI est élu par les cardinaux, sous la pression des foules romaines qui refusent un pape français. 4 mois plus tard, 12 cardinaux s'enfuient, disant que l'élection n'était pas libre, et élisent le pape Clément VII, un Français. [Selon Pétrarque, la papauté avignonnaise était « la sentine de tous les vices et l'égout de la Terre ». En fait, les Italiens (jaloux de l'influence française) ont mis en avant des défauts réels, mais épisodiques et précurseurs de la Renaissance.]

Les ambitions politiques des cardinaux provoquent une rupture entre France, Castille et Portugal d'une part, Angleterre, Saint Empire et Flandre d'autre part : chaque parti a son pape qui excommunie son rival. Le peuple chrétien, pourtant, désire un pape unique. **1409** les 2 papes antagonistes sont déposés par le *concile de Pise* ; un 3e pape est élu : Alexandre V, à qui succède Jean XXIII (1er du nom). **1415** *concile de Constance :* Jean XXIII déposé, Grégoire XII abdique. **1417** Benoît XIII déposé. Martin V est élu pape et sera reconnu par la chrétienté.

1439 le *concile de Bâle* essaie en vain de déposer Eugène IV et élit un antipape, Félix V, qui abdique en 1449. **1493** le pape Alexandre VI, se croyant autorisé par la « Donation de Constantin » (écrit du VIIIe s. reconnu ensuite comme un faux), promulgue 2 bulles divisant le monde entre Espagne (son pays d'origine) et Portugal ; l'Espagne aura autorité sur les terres à découvrir au-delà de la « ligne alexandrine » tracée à 100 lieues à l'ouest des Açores. **1494** Jean II de Portugal ayant menacé d'entrer en guerre, Espagne et Portugal signent le **traité de Tordesillas** (déplaçant la ligne de démarcation de 370 lieues à l'ouest, et augmentant à l'est la part du Portugal). **XVe-XVIe s. Renaissance :** les papes sont amis des arts, machiavéliques en politique ou, comme Jules II, de véritables *condottieri.* Comme chefs religieux, ils laissent des prélats préparer les réformes (convocation du concile de Latran, 1512).

1516-17 (à partir de) **Réforme protestante prêchée par :** Zwingli (1484-1531, tué à la bataille de Kappel), Luther (1483-1546) et Calvin (1509-64), voir p. 538 c. **1545-63 concile de Trente :** définit les dogmes sur lesquels avaient porté la contestation protestante ; renforce la discipline dans l'Église catholique ; organise la « **Contre-Réforme** », ou « Réforme catholique », qui se traduira jusqu'en 1648 par la reconquête de plusieurs régions protestantes : Bavière, Rhénanie, Silésie, Pologne.

1600-*17-2 Giordano Bruno* (né 1548) est brûlé vif à Rome (condamné 9-2 par l'Inquisition). Il affirme que le monde a toujours existé et qu'il n'a pas été créé, soutient la thèse de la pluralité des mondes et de l'éparpillement d'innombrables astres dans l'Univers infini.

1616-33 procès de Galilée [*Galileo Galilei* dit (1564-1642)] qui s'était rallié au système de Copernic plaçant le Soleil au centre de l'Univers connu, mais voulant le prouver par les marées. **1610** *sous Paul V*, il expose la thèse copernicienne sur la rotation de la Terre et la fixité du Soleil. **1613**-*21-12* écrit au père Castelli. **1615**-*5-2* le père Lorini le dénonce au cardinal, préfet de la congrégation de l'Index. Le père Caccini le dénonce ensuite. **1616**-*26-2* 1re condamnation. **1623** *sous Grégoire XV*, reprend sa thèse. **1624** *sous Urbain VIII*, le pape lui accorde 6 audiences. **1632** publie « le Dialogue » (imprimatur de Florence et de Rome). *-23-9* il est appelé à comparaître devant la commission du St-Office courant octobre. **1633**-*21-6* il se refuse à avouer qu'il a soutenu la thèse copernicienne. *-22-6* abjure, est condamné à la prison ordinaire (obligé de se rétracter et d'affirmer que le Soleil tourne autour de la Terre). *-1-12* s'installe près de Florence. **1638** publication à Leyde des « Dialogues des sciences nouvelles », 4 ans avant sa mort. **1757** « The Italian Library » rapporte pour la 1re fois qu'après son abjuration, il aurait ajouté : *Eppur, si muove* (« Et pourtant elle tourne »). Les minutes du procès, enlevées à Rome par Napoléon Ier, ont été rendues au Vatican par le gouvernement français, contre la promesse de la révision du procès. Après 13 ans d'enquête (1979-92), Jean-Paul II a, le 31-10-1992, absous Galilée et ses juges dont le cardinal Bellarmin (il s'agit d'« une tragique et réciproque incompréhension »). Pour le pape, Galilée a eu tort de refuser la suggestion qui lui était faite de présenter comme une simple hypothèse scientifique le système copernicien (il n'avait été confirmé par aucune preuve irréfutable). « La représentation géocentrique du monde était alors communément acceptée, en ce qu'on l'estimait parfaitement conforme à l'enseignement de la Bible. » Pour le cardinal Poupard, Pt de la commission qui a travaillé sur le cas Galilée : « Les juges ont sincèrement pensé que la diffusion des théories coperniciennes pouvait affaiblir la tradition catholique. Cette erreur les a conduits à prendre des mesures disciplinaires à l'encontre de Galilée, dont il eut beaucoup à souffrir. Il nous faut reconnaître loyalement les torts causés. »

Lorsqu'il définit une doctrine ex-cathedra (du haut de son trône, c.-à-d. solennellement et explicitement) sur un sujet touchant la foi et les mœurs.

1870-*18-7* le *concile du Vatican* proclame le pape infaillible. **1790-1815** période révolutionnaire (voir **L'Église en France,** p. 527 b). L'Égl. catholique est bouleversée dans d'autres pays, notamment en Allemagne. **Fin des États de l'Église :** *-20-9* les troupes italiennes entrent dans Rome ; Pie IX se considère comme prisonnier au Vatican. Victor-Emmanuel II, roi de Sardaigne, prend le titre de « roi d'Italie » et fixe sa capitale à Rome. Il est excommunié (dernier souverain régnant excommunié). **1891** l'encyclique *Rerum Novarum* reproche à la vie économique d'être devenue « dure, implacable et cruelle ». Pour l'Église, les biens matériels sont faits pour permettre le bonheur de tous ; il est inique de les accaparer. **1929 accords du Latran :** l'État de la cité du Vatican remplace les États de l'Église (voir p. 514 c). **1962-65** *concile de Vatican II* (voir p. 521 b). **1983**-*25-1* promulgation du *Code de droit canonique pour l'Église latine.* **1985** *synode extraordinaire des évêques* à Rome : l'accent est mis sur la nature de l'Église (un mystère religieux) plutôt que sur sa mission (voir p. 522 c). **1991**-*28-11* synode spécial sur l'Europe. **1992**-*7-12* nouveau *Catéchisme* (voir p. 497 a). **1999**-*26-9* 2e synode spécial sur l'Europe.

Caractéristiques de la religion catholique

Métaphysique chrétienne

■ **Attributs de Dieu. Métaphysiques** (dits aussi « négatifs », car ils sont des perfections excluant l'imperfection correspondante) : **1°)** *aséité* (du latin *a se,* à partir de lui-même) : Dieu tire son être de lui-même, non d'un autre être ; **2°)** *simplicité :* Dieu est un, non composé de parties ; **3°)** *immutabilité :* Dieu ne peut passer d'un état moins parfait à un état plus parfait, ni réciproquement ; **4°)** *éternité* (conséquence de l'*aséité* ou nécessité d'être) : l'existence de Dieu n'a pas eu de commencement et n'aura pas de fin ; **5°)** *immensité :* Dieu est en dehors de l'espace et en dehors du temps. **Moraux** (dits aussi « positifs » car l'homme les possède également, mais à un degré infime) : intelligence, volonté, amour.

■ **Preuves classiques de l'existence de Dieu.** Dieu est : **1°)** *la cause première de tout mouvement* (« 1er moteur », lui-même immobile parce qu'il est en dehors de l'espace) ; **2°)** *le principe de toute cause* (la cause première, en lui-même : *a se*) ; **3°)** *l'Être nécessaire* (les autres êtres apparaissant comme contingents, c'est-à-dire non éternels) ; **4°)** *l'Être parfait* (les autres êtres n'étant pas immuables). Il est l'intelligence parfaite que présuppose l'ordre du monde.

■ **Personnalité de Dieu.** Pour les panthéistes, Dieu ne fait qu'un avec le monde. Le dieu des panthéistes, de même nature que le monde, ne peut être infini (l'*infini* étant confondu avec la *totalité*). Mais pour le christianisme (comme pour le judaïsme et l'islam), Dieu, créateur du monde, « transcende » le monde parce qu'il est d'une nature différente et supérieure.

Mystères chrétiens

■ **Définition.** Vérités religieuses dépassant les données purement philosophiques. La raison humaine ne peut prétendre découvrir ces vérités et les expliquer par elle seule ; elles supposent donc une *révélation :* le don d'une vérité fait par Dieu aux hommes.

■ **Révélation.** « Par la révélation divine, Dieu a voulu se manifester lui-même et communiquer les décrets éternels de sa volonté sur le salut des hommes » (Vatican II). Cette révélation, qui atteint sa plénitude dans le Christ, s'exprime dans la Bible, dont les auteurs ont été *inspirés,* et l'Église a la charge, avec l'assistance du Saint-Esprit, de la transmettre intacte et intégrale à tous les humains, à travers les siècles.

■ **Principaux mystères. Création :** la raison ne peut expliquer ni le pourquoi ni le comment de la création du monde, même si elle peut concevoir la notion d'un dieu créateur ; la création de l'homme, en particulier, est un mystère dépassant la raison (un mystère de l'amour divin) : Dieu, étant infini et parfait, se suffit à lui-même ; il peut se passer d'aimer une créature et d'être aimé par elle. La raison de son acte d'amour créateur relève du mystère. **Trinité :** la raison ne peut expliquer que le Dieu unique est en 3 personnes (Père, Fils, Esprit) et qu'il doit même l'être (l'amour réciproque du Père et du Fils étant lui-même un être fécond). **Incarnation :** mystère du même ordre. Jésus a 2 natures (divine et humaine) en une seule personne. Aucun concept humain ne peut définir ou expliquer cette réalité. **Rédemption :** le sacrifice de Jésus a permis au monde d'être sauvé, c.-à-d. de ne pas être vaincu par le Mal (la raison n'explique ni la nature du Mal, ni en quoi consiste la victoire de Jésus). **Corps mystique :** expression imagée servant à faire comprendre l'unité de la vie de la grâce (il n'y a de grâce que par le Christ : il est la tête d'une réalité vivante, dont l'Église est le corps). L'épithète *mystique* indique que la réalité de ce corps est d'ordre spirituel. L'expression *Corpus Christi* est employée déjà par St Paul pour désigner l'Église.

Notes théologiques

■ **Définition.** Notifient la « vérité » des assertions en matière religieuse, en déterminant : **1°)** *l'autorité* qui a donné l'enseignement ; **2°)** *la qualification* propre à une doctrine ; **3°)** *la certitude* avec laquelle celle-ci est proposée.

■ **Les 8 degrés de la vérité religieuse. 1°)** *Vérités de « foi divine »* [contenues dans la Révélation, c.-à-d. dans la Parole de Dieu (implicitement ou explicitement)]. **2°)** *De foi divine et catholique* (contenues dans la Révélation et proposées comme telles par un acte spécifique des pasteurs de l'Église). **3°)** *Proches de la foi* (considérées comme telles par de nombreux pasteurs et théologiens). **4°)** *De « foi ecclésiastique »* (en connexion avec une vérité révélée, par exemple, que Pie XII a été élu validement, car sinon, sa définition de l'Assomption, qui est de foi, ne serait pas non plus valide). **5°)** *Théologiquement certaines et communes* (considérées par l'ensemble des théologiens comme élaborées en fidélité foncière avec la Révélation). **6°)** *Théologiquement fondées* (comportant certains arguments ou certaines preuves non approuvés par tous les théologiens). **7°)** *Jouissant d'une réelle probabilité* (faisant valoir un motif sérieux, mais non décisif). **8°)** *Doctrines sûres* (dans l'état actuel des connaissances, approchant le plus sûrement de la vérité).

Dogmes

■ **Définition.** Un mystère peut faire l'objet d'un dogme (du grec *dogma,* enseignement) qui déclare une vérité à croire par fidélité envers l'Église, et non par suite d'un raisonnement logique. Néanmoins, si les mystères chrétiens *dépassent* la raison, ils ne sont ni irrationnels, ni antirationnels (lorsque Bossuet dit : « Tais-toi, raison imbécile », il emploie *imbécile* dans le sens de *faible :* la raison n'atteint pas le niveau du mystère révélé).

■ **Symboles.** L'essentiel de la foi catholique est résumé dans le *symbole des apôtres* (origine romaine du IIIe s., fixé au VIIIe s.) ou dans celui de *Nicée-Constantinople* (adopté par le concile de Nicée en 325, complété par celui de Constantinople en 381, revu par le concile de Chalcédoine en 451), dits l'un et l'autre *Credo* (du 1er mot latin du texte) : le symbole de Nicée développe la foi en la divinité de Jésus-Christ, qui était contestée par les hérétiques ariens, et en la divinité du Saint-Esprit.

Symbole des apôtres : Je crois en Dieu, le Père tout-puissant, créateur du ciel et de la terre.

Et en Jésus Christ, son Fils unique, notre Seigneur, qui a été conçu du Saint-Esprit, est né de la Vierge Marie, a souffert sous Ponce Pilate, a été crucifié, est mort et a été enseveli, est descendu aux enfers, le 3e jour est ressuscité des morts, est monté aux cieux, est assis à la droite de Dieu le Père tout-puissant, d'où il viendra juger les vivants et les morts.

Je crois en l'Esprit Saint, à la sainte Église catholique, à la communion des saints, à la rémission des péchés, à la résurrection de la chair, à la vie éternelle. – Amen.

Symbole de Nicée : Je crois en un seul Dieu, le Père tout-puissant, créateur du ciel et de la terre, de l'univers visible et invisible.

Je crois en un seul Seigneur, Jésus Christ, le Fils unique de Dieu, né du Père avant tous les siècles : il est Dieu, né de Dieu, lumière, née de la lumière, vrai Dieu, né du vrai Dieu, engendré, non pas créé, de même nature que le Père ; et par lui tout a été fait. Pour nous les hommes, et pour notre salut, il descendit du ciel ; par l'Esprit Saint, il a pris chair de la Vierge Marie, et s'est fait homme. Crucifié pour nous sous Ponce Pilate, il souffrit sa passion et fut mis au tombeau. Il ressuscita le 3e jour, conformément aux Écritures, et il monta au ciel ; il est assis à la droite du Père. Il reviendra dans la gloire, pour juger les vivants et les morts ; et son règne n'aura pas de fin.

Je crois en l'Esprit Saint, qui est Seigneur et qui donne la vie ; il procède du Père *et du Fils* [le « et du Fils », en latin *Filioque,* employé notamment au concile de Tolède (589), rajouté, en 794, en Occident sur intervention de Charlemagne (accepté à Rome en 1014), a été en partie la cause du schisme orthodoxe]. Avec le Père et le Fils, il reçoit même adoration et même gloire ; il a parlé par les prophètes.

Je crois en l'Église, une, sainte, catholique et apostolique. Je reconnais un seul baptême pour le pardon des péchés. J'attends la résurrection des morts, et la vie du monde à venir. – Amen.

☞ *Hypostase :* désigne chacune des 3 personnes de la Ste-Trinité. *Parousie :* du grec *parousia,* présence, arrivée. Désignait la venue officielle d'un prince. Pour les chrétiens, ce sera le retour du Christ à la fin des temps pour rassembler les vivants et les morts. *Paraclet :* du grec *paraklêtos,* avocat, intercesseur ; titre donné à l'Esprit Saint dans le discours d'adieu de Jésus dans l'Évangile de St Jean.

■ **Dogmes définis au cours des âges.** La Vierge Marie est « Mère de Dieu » (431) ; le Christ est une seule personne en 2 natures (451) ; la nature humaine est blessée par le péché originel, la grâce divine lui est indispensable (429-431) ; par la consécration, le pain et le vin deviennent le corps et le sang du Christ (*transsubstantiation,* 1215) ; la soumission au pontife romain est nécessaire au salut ; l'âme est immortelle, et une assertion philosophique ne peut être vraie contre une vérité de foi (1513) ; l'Écriture sainte reconnue par l'Église est inspirée (1546) ; la messe renouvelle le sacrifice du Christ (1562) ; la Vierge Marie a été conçue sans le péché originel : dogme de l'*Immaculée Conception* (1854) ; le *magistère* du pape est infaillible quand il définit solennellement une doctrine de foi ou de morale (1870) ; Marie a été glorifiée dans son âme et son corps : dogme de l'*Assomption* (1950), voir p. 490 c.

PRINCIPALES HÉRÉSIES

IIIe-XIIIe SIÈCLE

■ **Origénisme.** Dérivé de certaines thèses de l'Alexandrin Origène (185-254), auteur du « Traité des principes ». Idées platoniciennes sur la préexistence des âmes, déformées au VIe s. et condamnées par le concile de Constantinople II (553).

■ **Encratites.** Partisans de la continence et de l'abstinence rigoureuse : condamnent le mariage. A partir du IVe s., se diversifient : adamites, apostoliques ou apotactiques.

■ **Gnosticisme.** Spéculations cosmologiques ou théosophiques refusant le Dieu de l'Ancien Testament et l'Incarnation.

■ **Ébionites.** Nient la divinité de Jésus.

■ **Montanistes.** De Montan (Phrygie), IIe s. Prônent le prophétisme et rejettent la hiérarchie ecclésiastique. Morale rigoriste.

■ **Artotyrites.** Célèbrent le repas eucharistique avec du pain et du fromage.

■ **Arianisme.** Dû à Arius d'Alexandrie (280-336). Nie la divinité du Christ ; le fils de Dieu, qui s'est incarné en Jésus, n'est pas éternel ni égal à Dieu le Père. Condamné au 1er concile (Nicée) en 325 puis au 2e concile (Constantinople) en 381.

■ **Donatisme.** Dû à l'évêque Donat († vers 355) ; du IVe s. au-delà du Ve s. en Afrique du Nord. Oppose évêques rigoristes et évêques réalistes : les uns, avec Donat, soucieux de la fidélité aux principes, les autres plus sensibles aux aspects pastoraux et humains. Donat entraîne dans un schisme une large part de l'Église de Numidie. St Augustin conduira avec succès la lutte contre le donatisme.

■ **Pélagianisme.** Dû au moine breton Pélage (vers 360-vers 422). Attribue un caractère tout-puissant à la volonté humaine. Croit à la perfection possible sur terre. Nie la nécessité de la grâce et le péché originel. Combattu par St Augustin. Regain avec Jansenius au XVIIe s. (voir col. c).

■ **Pneumatomaques.** Adeptes de Macedonius († vers 370). Nient la divinité du St-Esprit. Condamnés au concile de Constantinople en 381.

■ **Nestorianisme.** Dû à Nestorius (vers 428-451), patriarche de Constantinople. Voit dans Jésus un être double : une personne humaine dans laquelle le Verbe divin habite comme dans un temple. Pour lui, Marie est la mère de l'homme Jésus, non la mère du Fils de Dieu. Condamné au concile d'Éphèse en 431, qui proclame Marie mère de Dieu, *théotokos*. Jean-Paul II et le patriarche iraquien Mar Dinkha IV, chef de l'Église assyrienne d'Orient, ont signé, le 10-11-1994, une déclaration qui clôt les controverses liées à l'hérésie de Nestorius.

■ **Monophysisme.** Dû à Eutychès (vers 378-453). Affirme que la nature divine de Jésus a absorbé sa nature humaine. Condamné à Chalcédoine en 451. Son disciple Jacques Baradaï († 578) fonde l'Église jacobite en opposition surtout au pouvoir impérial de Constantinople.

■ **Monothélisme.** De *monos* : un seul, *thélos* : volonté. Dû à Sergius, patriarche de Constantinople (de 610 à 638), qui, appuyé par l'empereur Héraclius, publia en 638 l'Ecthèse, charte du monothélisme. Essai de conciliation entre l'orthodoxie et le monophysisme : il y a bien 2 natures dans le Christ (la divine et l'humaine), mais une seule volonté (la divine). **640** le pape Jean IV rejette l'Ecthèse. **649** le pape Martin Ier convoque le concile du Latran (animé par Maxime le Confesseur) qui proclame la distinction et l'accord de la volonté divine et de la volonté humaine dans le Christ. **655** Martin Ier meurt. **662** Maxime le Confesseur, langue et main coupées, meurt le 13-8. **681** le concile de Constantinople III condamne les monothélites.

■ **Iconoclastes.** **726-30** Léon III l'Isaurien, empereur d'Orient, fait détruire les images du Christ et des saints. **754** Constantin V, son fils, réunit un concile à Hieria qui ordonne la destruction des icônes idolâtriques. **787** le concile de Nicée (7e concile œcuménique) rétablit la légitimité du culte des images. **815** la crise reprend (Léon V et Théophile). **843** l'impératrice Théodora convoque un concile à Constantinople qui met fin à la crise.

■ **Prédestinationnisme.** Pour Godescalc ou Gottschalk d'Orbais (vers 805-868), l'homme est prédestiné avant sa naissance au salut ou à la damnation, sans liberté de choix. Condamné à Mayence en 848.

■ **Millénarisme.** Croyance au retour du Christ sur terre, ou parousie (du grec *parousia*, arrivée) pour un règne de 1 000 ans avec ses fidèles avant le combat final contre ses adversaires, suivi de son règne éternel dans le ciel.

■ **Vaudois.** Tirent leur nom de Pierre Valdo (v. 1140-v. 1217). Promoteurs de la pauvreté, rejettent le culte des saints, le sacerdoce et la plupart des sacrements. Ont rejoint le protestantisme au XVe s. Aujourd'hui, ils sont environ 45 000 en France, Italie et Amérique latine.

■ **Albigeois** (ou **cathares**). En grec, cathare signifie *pur* ; ont reçu divers autres noms : publicains, patarins, piphles, tisserands, manichéens, bougres, etc. **Origine :** Contre-Église constituée au XIIe s. dans les régions de Carcassonne, Albi, Toulouse et Agen, et née de la rencontre : 1°) d'une population restée fidèle à l'arianisme répandu dans la région (et en Espagne où il s'est allié à l'islam) par les Wisigoths entre VIe et IXe s. ; 2°) de la doctrine manichéenne encore vivace dans l'empire byzantin où elle comptait, au XIIe s., 3 évêchés « *bogomiles* » : Bulgarie, Philadelphie, Drugonthie. Les croisades réveillent l'arianisme latent chez les « Goths » de la France méridionale. En 1167, l'évêque bulgare Nikitas réunit un concile cathare à St-Félix-de-Caraman (Hte-G.) et organise l'Église cathare en créant 6 diocèses « albigeois » en France, et 1 « *patarin* », c.-à-d. chiffonnier, en Italie : Desenzano. Les cathares occupent de nombreux « hauts lieux », notamment les châteaux de Pieusse (Aude), Quéribus (Aude), Montségur (Ariège). **Pratiques :** condamnent sacrements, hiérarchie ecclésiastique, droit de propriété ; nient le Purgatoire et la résurrection des morts ; approuvent le suicide qui libère l'âme du mal ; considèrent comme un moindre mal sexualité, mariage, procréation, sauf pour les « Parfaits ». **Quelques termes :** *consolament :* sacrement du baptême par l'Esprit et l'imposition des mains, conféré aux novices comme ordination, aux malades comme extrême-onction. *Endura :* observance par un malade, sur son lit de mort, des vœux monastiques et du jeûne absolu. *Faydit :* seigneur ou bourgeois méridional banni à la suite de la croisade contre les albigeois. *Fils majeur :* 1er coadjuteur d'un évêque cathare, ordonné du vivant de ce dernier et destiné à lui succéder. *Parfait(e) :* désigne un(e) « chrétien(ne) » cathare qui accepte toutes les obligations de l'Église cathare.

Croisades contre les albigeois : vers 1020 hérésie à Toulouse. **Vers 1119** le pape Calixte II la dénonce. **Vers 1145** l'hérésie est très répandue dans le Midi toulousain. **1178-81** « pré-croisade ». **1200** apogée du catharisme. **1206** début de la prédication de St Dominique. **1208** Pierre de Castelnau, légat pontifical, est assassiné. Le pape Innocent III fait prêcher la croisade contre les hérétiques. **1209**-*22-7* début de la croisade « des albigeois ». *Sac de Béziers :* lorsque les croisés (de Simon de Montfort) arrivent devant Béziers, évêque et municipalité refusent de leur livrer les 222 cathares qu'ils demandent. Les croisés massacrent la population [20 000 hommes, femmes, enfants, prêtres (y compris ceux qui se réfugient dans les églises) ; « Tuez-les tous, Dieu reconnaîtra les siens » aurait dit le légat Arnaud-Amaury], pillent la ville et y mettent le feu. *-Août* prise de *Carcassonne*. 1er bûcher d'hérétiques à *Castres*. **1213** *Muret :* défaite des Toulousains et mort de leur allié, le roi Pierre II d'Aragon. **1215** Toulouse, « ordre des Prêcheurs » fondé par St Dominique. Le IVe concile du Latran donne les droits du Cte de Toulouse à Simon de Montfort. **1218** Simon de Montfort meurt. **1218-24** les Ctes de Toulouse reconquièrent leurs États ; Église cathare rétablie. **1226** *croisade du roi Louis VIII.* **1229** l'ordonnance *Cupientes* de Louis IX (St Louis) organise la répression et prévoit la peine capitale ; *-avril* Raymond VII capitule ; *-automne* le concile de Toulouse codifie la répression ; les Parfaits entrent dans la clandestinité. **1233** le pape Grégoire IX organise l'*Inquisition* (confiée aux Dominicains). **1235** *Moissac :* 210 brûlés. **1239**-*13-5* bûcher du *Mont-Aimé* (Champagne) : 180 hérétiques brûlés après un court procès. **1242** Avignonet-Lauraguais (Haute-Garonne) : les albigeois de Raymond d'Alfaro et Pierre-Roger de Mirepoix tuent 5 inquisiteurs [dont le bienheureux Guillaume Arnauld (dominicain)]. Guerre contre le roi et défaite du Cte de Toulouse. **1244**-*16-3 camp dous Cramats* (près de Montségur, 1 217 m d'alt., commandé par Mirepoix) : 205 derniers résistants cathares brûlés. **1247** Agen, dernière grande exécution collective : 80 brûlés. **1255** chute de *Quéribus* (dernier château). **1271** comté de Toulouse rattaché au domaine royal. **1331**-*24-8* Villerouge-Termenès (Aude) : Guilhem *Bélibaste* dernier cathare brûlé.

[**Jusqu'au XVIe s.**, de nombreux groupes de *« patarins »* subsisteront en Europe centrale et méditerranéenne. Ils se rallient aux Turcs Osmanlis après **1453** (notamment le Bosniaque Radak, qui livra en **1463** à Mahomet II la place forte de Yaiche). Aujourd'hui, sociétés fermées issues de la tradition cathare.]

XIVe-XXe SIÈCLE

■ **Dulcinistes** ou **apostoliques.** Gérard Segarelli (1300), Dulcin (fra Dolcino, brûlé en 1307). Proclamaient mener la vie des 1ers apôtres, dans la pauvreté en n'ayant que Dieu pour maître.

■ **John Wyclif** (Angl., 1320-1384). Rejette autorité des évêques, culte des saints, cérémonies, vœux, transsubstantiation, confession.

■ **Lollards.** De « lullen » ou « lollen » (chanter) ? Adeptes de Wyclif. Mouvement populaire anticlérical répandu en Angleterre (XIVe-XVe s.), critiquant les structures ecclésiastiques.

■ **Jan Hus** (recteur de l'université de Prague, 1369, brûlé le 6-7-1415). Reprend plusieurs thèses de Wyclif et les idées de Pélage sur la perfection. L'Église des Frères moraves ou Église évangélique tchèque (300 000 fidèles) s'en réclame.

■ **Taborites** (Bohême). Disciples extrémistes (antipapistes) de Jan Hus, vaincus par les calixtins unis aux catholiques. Se rallièrent en grand nombre aux Frères moraves.

■ **Calixtins** ou **utraquistes** (Bohême). Disciples modérés (antischismatiques) de Jan Hus. Réclamaient la communion au calice, ou sous les deux espèces *(sub utraque specie)*. Se rallièrent soit aux luthériens, soit aux Frères moraves.

■ **Socinianisme** ou **antitrinitarisme.** Doctrine des 2 Italiens Lelio (1525-62) et Fausto Sozzini (1539-1604), son neveu, réfugiés en Pologne où ils organisèrent l'*Église des Frères polonais*. Reconnaissent la naissance miraculeuse de Jésus, mais nient sa divinité. Leur doctrine refleurit en Angleterre au XVIIIe s., appelée *unitarisme*.

■ **Jansénisme.** *Jansenius* (1585-1638), évêque d'Ypres (Belgique), expose sa doctrine dans l'*Augustinus* paru en 1640 : la grâce est nécessaire pour toute œuvre bonne, et efficace nécessairement ; Dieu la refuse à ceux qu'il n'a pas prédestinés au Ciel ; la pratique de l'eucharistie est réservée aux âmes ferventes [condamné par les bulles *Cum Occasione* (1653) et *Unigenitus* de Clément XI (1713)]. Introduit en France par *l'abbé de St-Cyran* (1581-1643), adopté à Port-Royal (*Pascal*, les *Arnauld*, *Angélique* 1591-1661, *Antoine* 1612-94, *Robert* 1589-1674). Les jansénistes taxaient de laxiste le molinisme, doctrine sur la grâce, exposé en 1588 par le jésuite espagnol Luis Molina (1535-1601) dans un ouvrage sur le libre arbitre.

Devenu en France gallican et parlementaire au XVIIIe s., le jansénisme fera pression, avec les puissances européennes, sur le pape Clément XIV pour obtenir la dissolution de la Compagnie de Jésus en 1773. Certains jansénistes exaltés, proches des convulsionnaires de St-Médard (voir p. 528 a), ont formé des communautés dissidentes [telles que les *Flagellants* ou *Fareinistes*, fondées par les frères Claude et François Bonjour, à Fareins (Ain), à partir de 1785]. Elles subsistent encore, et ont fusionné avec l'Église Vieille-Catholique ou d'autres groupes « néo-gallicans » (voir p. 543 b).

■ **Quiétisme.** Idéal mystique selon lequel l'âme se tenant dans une totale quiétude passive peut se maintenir en union avec Dieu même sans pratique de dévotion. Exagéré dans son expression par le prêtre espagnol *Miguel de Molinos* (1628-96 ; publie en 1675 « la Guide spirituelle »), le quiétisme fut répandu en France par *Madame Guyon* (1648-1717). *Fénelon* (1651-1715) s'en fit le défenseur jusqu'à ce que le bref *Cum alias* condamne le mouvement en 1699.

■ **Fébronianisme.** Professé en 1763 par l'Allemand *Jean-Nicolas de Hontheim* (1701-90), qui écrivait sous le pseudonyme de Justin Febronius, dans son ouvrage *De Statu praesenti Ecclesiae*. Reprend les idées de *Zeger-Bernard van Espen* (1646-1728), Belge gallican et janséniste. Soutient que le pouvoir du pape est limité par les canons conciliaires et que ses décisions n'ont de valeur qu'avec l'approbation de l'épiscopat. Mis à l'*Index* en 1764. Idées reprises par les jansénistes italiens du synode de Pistoia (1786), condamnés en 1794.

■ **Modernisme.** Ensemble de déviations, dues au souci de ne pas couper le christianisme des découvertes modernes, et se manifestant dans divers domaines : philosophie, esprit de foi, théologie, histoire, critique, apologie, discipline ecclésiastique. Condamné par Pie X le 8-9-1907 (encyclique *Pascendi*). Les modernistes s'inspiraient des méthodes de travail de 2 protestants libéraux : *Paul Sabatier* (1858-1928) et *Adolf von Harnack* (1851-1930). Principaux représentants du modernisme : en France, l'abbé *Alfred Loisy* (1857-1940) [il refuse de se soumettre, est excommunié, le gouvernement français lui donne une chaire au Collège de France] ; en Allemagne, l'abbé *François-Xavier Kraus* (1840-1901) ; en Italie, l'abbé *Romolo Murri* (1870-1944) ; en Angleterre, le père *Georges Tyrrel* (jésuite, 1861-1909).

■ **Néo-catharisme.** S'inspire de l'« Histoire des albigeois » de Napoléon Peyrat, et des œuvres du XIXe s. **1931** Otto Rahn (universitaire allemand, † 1939) en Ariège ; pour lui, le « Parzival » de Wolfram von Eschenbach (écrit vers 1200-1216) transpose la croisade contre les albigeois en croisade contre le Graal. **1933** publie « la Croisade contre le Graal ». Sur l'ordre de Himmler, des scientifiques SS établissent un camp de recherche du Graal (Aurochplatz) près de Montségur. **1936** cercle ariégeois de la Ctesse de Murat-Pujol, influencé par la « Sté théosophique des Polaires de Zam Bothiva ». **1937** « Sté des amis de Montségur et du St-Graal de Sabarthès et d'Occitanie ». **1950** « Sté du souvenir et des études cathares », 25, av. du Pt Kennedy, Narbonne [fondée par Déodat Roché (1877-1978) : « Cahiers d'études cathares »], revendique le néo-catharisme. **1959** élève une stèle à la gloire des martyrs de Montségur. **1980** à Narbonne, Lucienne Julien crée l'association « Spiritualité cathare, hier, aujourd'hui, demain ». **1985** Collectif néo-cathare, 80, rue Cale-Abadie, 47000 Agen.

Certaines sectes reprennent la notion de dualisme rencontrée dans catharisme et manichéisme.

■ **Commandements de Dieu.** **Origine** : le Décalogue (ou dix commandements ou les dix paroles ou les deux Tables de la Loi) est attribué à Moïse et se trouve dans la Bible sous diverses formes (voir p. 549 b).

La numérotation des commandements varie. D'après le Talmud, Philon, St Grégoire de Nazianze, St Jérôme..., elle serait : 1 Il ne faut adorer qu'un seul Dieu. 2 Il ne faut pas adorer d'idoles. 3 Il ne faut pas prendre en vain le nom du Seigneur (contre faux serment). 4 Il faut travailler 6 jours, mais garder le septième comme un « repos », un sabbat pour Yahvé. 5 Il faut honorer père et mère. 6 Il ne faut pas tuer. 7 Il ne faut pas commettre l'adultère. 8 Il ne faut pas voler. 9 Il ne faut pas témoigner faussement. 10 Il ne faut pas convoiter la femme d'un autre ni aucun de ses biens. St Augustin a réuni en un seul les 2 premiers commandements et a dédoublé le dernier. Catholiques et luthériens l'ont suivi.

L'autre classement est toutefois plus conforme à la mentalité israélite du temps. Les commandements étaient répartis sur deux tables, les 5 premiers prescrivant une attitude religieuse, les 5 derniers ayant rapport au prochain, au respect de sa vie et de ses biens.

Forme versifiée : dès 1491, pour faciliter son enseignement. Dernière version officielle admise en 1931 par l'Assemblée des cardinaux et archevêques et figurant dans le *Catéchisme national à l'usage des diocèses de France*, publié en 1938 : 1 Un seul Dieu tu adoreras et aimeras parfaitement. 2 Dieu en vain tu ne jureras ni autre chose pareillement. 3 Les dimanches tu garderas en servant Dieu dévotement. 4 Tes père et mère honoreras afin de vivre longuement. 5 Homicide point ne seras de fait ni volontairement. 6 Luxurieux point ne seras de corps ni de consentement. 7 Le bien d'autrui tu ne prendras ni retiendras à ton escient. 8 Faux témoignage ne diras ni mentiras aucunement. 9 L'œuvre de chair ne désireras qu'en mariage seulement. 10 Biens d'autrui ne convoiteras pour les avoir injustement.

Version du catéchisme proposé en 1948, l'*imprimatur* du cardinal Suhard : 1 Tu adoreras Dieu seul et tu l'aimeras plus que tout. 2 Tu ne prononceras le nom de Dieu qu'avec respect. 3 Tu sanctifieras le jour du Seigneur. 4 Tu honoreras ton père et ta mère. 5 Tu ne tueras pas. 6 Tu ne feras pas d'impureté. 7 Tu ne voleras pas. 8 Tu ne mentiras pas. 9 Tu n'auras pas de désir impur volontaire. 10 Tu ne désireras pas injustement le bien des autres. « Le catéchisme de l'Église catholique rédigé à la suite de Vatican II est destiné selon le pape Jean-Paul II (11-10-1992) « à encourager et à aider la rédaction de nouveaux catéchismes locaux qui tiennent compte des diverses situations et cultures, mais qui gardent avec soin l'unité de la foi et la fidélité à la doctrine catholique ». Publié en France par Mame/Plon en nov. 1992, il donne (pp. 423-514) les versions développées dans l'Exode 20,2-17, le Deutéronome 5,6-21, et suit la division établie par St Augustin pour la commenter.

■ **Commandements de l'Église.** **Origine** : rédigés aussi en vers français au XVe s., ils indiquent les principales prescriptions de la discipline ecclésiastique. Plus tard, le 4e commandement fut mis à la 2e place et un 6e fut ajouté : 1 Les dimanches messe ouïras et fêtes de commandement. 2 Tous tes péchés confesseras à tout le moins une fois l'an. 3 Et ton Créateur recevras au moins à Pasques humblement. 4 Les fêtes sanctifieras qui te sont de commandement. 5 Quatre-temps, vigiles, jeûneras et le carême entièrement. 6 Vendredi chair ne mangeras, ni le samedi mesmement.

L'abstinence et le jeûne : l'interdiction de manger de la viande les vendredis et pendant les 40 jours du *carême* remonte aux premiers siècles du christianisme, et devint obligatoire à partir de 7 ans, sauf pour ceux qui obtenaient une dispense ou en étaient exemptés par la maladie, l'âge... Il fallait également jeûner pendant le carême, c.-à-d. ne prendre qu'un seul repas par jour. A partir du IXe s. des collations, le matin et le soir, furent permises. Suivant les époques et les lieux, on dut aussi s'abstenir d'alcool, d'œufs ou de laitage, d'où le nom de « tours de beurre » donné à certaines tours de nos cathédrales, comme celles de Bourges ou de Rouen construites grâce aux offrandes faites par les fidèles autorisés à manger du beurre. L'abstinence a été levée en 1571 pour le peuple espagnol, après la bataille de Lépante gagnée sur les Turcs musulmans par une escadre en majorité espagnole. La constitution *« Poenitemini »* de Paul VI du 18-2-1966 n'a gardé pour toute l'Église catholique que le jeûne (de 21 à 60 ans) et l'abstinence (à partir de 15 ans) du mercredi des Cendres et du vendredi saint et a laissé aux conférences épiscopales de chaque pays le pouvoir de légiférer. L'assemblée plénière de l'épiscopat français a ainsi décidé, en automne 1966, de continuer à prescrire l'abstinence pour les vendredis de carême et de la supprimer, à partir du 1-1-1968, pour les autres vendredis. Était autorisé, les jours maigres, tout animal dont le sang ne fige pas (sarcelle, canard sauvage...).

■ Autres croyances

■ **Anges.** Du grec *angelos*, messager. Créatures spirituelles innombrables, selon l'Ancien Testament : ils forment la cour céleste de Dieu et servent de messagers entre Dieu et les hommes. La Bible personnalise 3 archanges : **Michel** [chef des armées du Ciel, vainqueur de Satan dans le grand combat de la fin des temps et défenseur de l'Église, patron des chevaliers et des corps de métiers liés aux armes et aux balances ; il est *psychopompe* (il conduit les morts et pèse les âmes le jour du Jugement dernier) ; en Occident, son culte se développe aux Ve et VIe s. ; églises et chapelles lui sont dédiées souvent sur des hauteurs], **Gabriel** (force de Dieu) et **Raphaël** (Dieu guérit) ; fête commune : 29-9. Les apocryphes ont multiplié les listes des anges, leurs noms et leurs interventions. **Hiérarchie** [établie par *les commentateurs bibliques depuis le Pseudo-Denys* (VIe s.)] en 3 ordres et 9 chœurs : *anges, archanges* et *principautés ; puissances, vertus* et *dominations ; trônes, chérubins* [4 ailes, 4 faces (1 d'homme par devant, 1 de lion à droite, 1 de taureau à gauche et 1 d'aigle), des mains d'homme et des sabots de bœuf, d'après Ézéchiel 1,6-12] et *séraphins* (6 ailes, d'après Isaïe 6,2). Les gnostiques ont (d'abord en Égypte) invoqué 7 archanges en les nommant dans des formules à valeur magique ou protectrice. A partir de l'époque carolingienne, seuls sont invoqués ceux qui sont nommés dans la Bible. En 1516, on découvrit dans l'église St-Ange de Palerme une fresque représentant 7 archanges avec leurs noms et attributs : Michel *victorius*, Gabriel *nuncius*, Raphaël *medicus*, Uriel *fortis socius*, Jehudiel *remunerator*, Barachiel *adjutor*, Seatiel *orator*. Un retable de l'église Ste-Marie-des-Anges représentait 7 archanges avec ces mêmes noms, qui furent effacés sur ordre du Saint-Office.

Anges gardiens mentionnés dans l'Ancien Testament et par Jésus (Matthieu 18,10) comme chargés de protéger chaque être humain contre les dangers. Croyance formulée dès le IIe s. (par le pasteur d'Hermas) et précisée au XIIe s. par Honorius d'Autun. FÊTE : *2-10* : attestée à Valence (Espagne) en 1411, étendue au Portugal, puis à toute l'Église latine en 1608 (fête libre) et 1670 (obligatoire).

Représentations : d'abord éphèbes antiques vêtus de longues robes. Les seuls êtres ailés mentionnés dans la Bible sont les séraphins et les chérubins (manifestations de la gloire de Dieu), visions des prophètes Isaïe et Ézéchiel. Dans les textes apocryphes, notamment le livre d'Hénoch, les anges sont ailés. IVe s. (fin) : apparition du type ailé dans les Catacombes, XIIe s. : des enfants, XIIIe s. : des bébés, XVe s. : des femmes, XVe-XVIe s. : vêtus de plumage, Renaissance : têtes d'enfants ailées.

☞ La querelle du **sexe des anges** vient de l'interprétation d'un passage des Évangiles de Matthieu (XXII,30), Marc (XII,25), Luc (XX,35-36) où le Christ déclare que, après la Résurrection, les saints seront sans époux, sans épouses, et comme les anges de Dieu. A plusieurs reprises, l'Église a affirmé que ces créatures étaient immatérielles (sans corps), incorruptibles et immortelles.

■ **Démons.** La Bible parle de démons ou génies, comme d'esprits impurs, malfaisants et tentateurs. Ils ont un nom collectif (les *Seirim*) ou personnel (*Lilith, Azazel, Abaddon, Asmodée, Beelzebul* ou *Belzébuth*) et sont souvent assimilés à des divinités païennes. En face des *anges fidèles*, la Bible présente les *anges rebelles* ayant à leur tête *Satan*, l'adversaire, le tentateur, appelé encore *Lucifer* (en latin : « porte-lumière »), le *Diable* (du grec *diabolos*, accusateur), le *Serpent* ou le *Dragon* (*Léviathan, Béhémoth*), le *Prince des ténèbres* ou *de ce monde*, qui, depuis Adam, attire l'homme vers le Mal. Le *livre de l'Apocalypse* évoque la lutte des anges rebelles contre les anges fidèles, et leur défaite face à l'archange Michel qui les chasse du Ciel. L'Église croit à leur influence mauvaise, et même à des cas de possession contre lesquels elle agit par exorcisme ; mais elle refuse le dualisme manichéen (2 principes égaux du Bien et du Mal) et affirme que, créés bons, les démons sont devenus mauvais par leur faute et que, s'ils peuvent tenter l'homme, ils restent soumis à la toute-puissance de Dieu.

Honorius d'Autun, probablement moine irlandais auteur de l'*Elucidarium* (vers 1150) déformé plus tard en *Lucidaire*, ajoute aux données bibliques des éléments des légendes irlandaises de la *Vision de Tungdal* (diables hideux et cruels résidant en Enfer). Le *Lucidaire* inspira la *Divine Comédie* de Dante et de nombreuses œuvres picturales du XIIIe s. Au XVe s., Denys le Chartreux (Denys Leeuwis ou Van Leeuven, né à Ryckel dans le Limbourg belge, 1402-71), auteur des *Quatre Fins de l'Homme*, commentant une vision apocryphe due à un mystique flamand ou allemand du XIVe s., répandit les concepts de la *Vision de Tungdal*, ajoutant la notion biblique de « tentateur » (le Diable, cherchant à avoir de nombreuses victimes à tourmenter pour l'éternité, s'efforce de les faire tomber en Enfer). Du XVe s. date l'expression de *Malin*, signifiant « cruel » et « rusé ».

☞ Des théologiens ont distingué les *succubes* (tentatrices venant, la nuit, rejoindre les hommes) et les *incubes* (tentateurs rejoignant les femmes).

■ **Miracles.** Connus dans toute religion (judaïsme, islam, christianisme...). Un chrétien, par le fait même qu'il adhère au Christ et à son Évangile, croit au pouvoir miraculeux de Dieu, forme de sa toute-puissance et signe de sa bienveillance pour les humains, mais n'est pas tenu de croire à tel ou tel miracle en particulier. *Miracles les plus cités ou représentés : Ancien Testament* : le passage de la mer Rouge, la manne et l'eau jaillie du rocher, le serpent d'airain, l'enlèvement d'Élie au ciel ; *Nouveau Testament* : voir **Miracles de Jésus** p. 491 b.

■ **Eschatologie** (*fins dernières*, c.-à-d. vérités sur l'Au-delà). 2 vérités sont « de foi » (citées dans le *Credo*) : il y a une **vie éternelle** après la mort, pour l'âme et, avec la résurrection, pour le corps. Les autres croyances en l'Au-delà développent ces 2 dogmes. Certaines se fondent sur l'*Évangile* : les corps ressuscités sont dans l'état « glorieux », comme le corps du Christ après la Résurrection ; les méchants iront aux « ténèbres extérieures » ; les bons se sont amassé un « trésor dans le Ciel ». D'autres croyances se fondent sur des textes de *l'Apocalypse* : combat final contre l'*Antéchrist* ; il tentera de faire damner les hommes, mais sera vaincu. **Jugement final** ou **général** ou **dernier**, appelé aussi *Jour du Fils de l'Homme, Jour du Christ, Jour du Jugement, Jour de la Colère, Grand Jour*, etc. Idée exprimée de manière imagée déjà dans l'Ancien Testament : aux 4 coins du monde les anges sonneront de la trompette pour convoquer les vivants, tandis que les morts ressusciteront, au *Jour du Seigneur*, les bons seront distingués des mauvais [le « sein d'Abraham » serait à peu près l'équivalent du Ciel ; la *Géhenne* (torrent de Jérusalem servant de tout-à-l'égout) celui de l'Enfer].

Paradis (du vieux persan *pairé-daza*, parc) : image d'un jardin de délices, désignant d'abord dans la Bible le *Paradis terrestre* (ou *Éden*) avant le péché originel, puis dans le Nouveau Testament et la liturgie ancienne un lieu de bonheur pour les défunts, équivalent du « sein d'Abraham » (Luc X,22) ou du Ciel (Jésus promet au Bon Larron de l'emmener au « Paradis »), enfin dans la *2e Épître de St Paul aux Corinthiens* (il a été emmené au « Troisième Ciel »). Jusqu'aux VIe-VIIIe s., Paradis ne signifie que Paradis terrestre (appelé le Jardin des délices), situé au pays d'Éden. Au XVIIe s. (après les grandes découvertes), on affirmera que le Déluge aurait anéanti le Paradis terrestre.

Enfer [du latin *infernum* (de *inferum*, qui est en bas)] : il faut distinguer *les Enfers*, lieu des morts évoqué dans l'Ancien Testament [nommé dans l'Évangile de St Matthieu (XVI,18) sous son nom mythologique grec : *Hadès* ; pour les juifs : *Shéol*] où le Christ lui-même est allé (*Il est descendu aux Enfers*, dit le Credo), et *l'Enfer*, lieu de damnation ; la notion des *flammes de l'Enfer* est chrétienne : Matthieu parle de la *géhenne* du feu (V,29) ; elle synthétise les souffrances de ceux que Dieu a rejetés (« pleurs et grincements de dents »), la colère de Yahvé, ardente comme une flamme.

Purgatoire : à partir de la notion de purification par le feu *(ignis purgatorius)*, a été créée celle du lieu *Purgatoire*, considéré comme différent de l'*Enfer* : les morts ayant subi l'épreuve purificatrice ont l'espoir d'être admis en présence de Dieu ; les peines de ceux qui sont « rejetés » sont, au contraire, considérées comme éternelles. On prie *pour les âmes du Purgatoire* (liturgie des défunts, commémoration de tous les fidèles défunts le 2 novembre, intercession à chaque messe et à l'office du soir, *De profundis*, confréries du Purgatoire...) ou on leur demande (en privé seulement) leur intercession.

Au Moyen Age, on a cherché à localiser l'Enfer sous terre, le Paradis dans le ciel, le Purgatoire au fond du cratère de l'Etna ou du Stromboli, ou dans une caverne d'Irlande.

Limbes : l'inquiétude sur le sort des enfants morts sans baptême a conduit des théologiens à les placer dans les *limbes* (où ils bénéficient du bonheur mais non de la vision de Dieu), et a entraîné des parents vers des rites de substitution dont ils espéraient l'efficacité. Par exemple, au XIIe s., on avait recours aux *sanctuaires à répit* où l'on déposait le corps de l'enfant. On y célébrait des messes et l'on priait. Qu'un signe apparaisse (comme une rougeur au visage) et l'on criait au miracle, en s'empressant de baptiser l'enfant. A Kintzheim, à la fin du XVIIIe s., des parents enterraient leur enfant mort sans baptême sous le chéneau de l'église paroissiale, espérant que l'eau de pluie, coulant du toit de l'édifice consacré, le baptiserait. Au XIXe s., les enfants mort-nés n'étaient pas inscrits sur les registres de catholicité.

☞ **La foi catholique n'est pas compatible avec l'astrologie** : Dieu seul connaît le futur de tout homme et celui de l'humanité ; si l'avenir était prévisible, l'homme ne serait pas maître de son destin, alors que Dieu l'a créé libre.

■ Morale

■ **Commandements moraux** (pratique des vertus, fuite du péché). La loi morale chrétienne n'a pas été présentée comme différente de la loi morale juive par Jésus-Christ lui-même, mais comme la surpassant : « Je ne suis pas venu abolir la loi, mais l'accomplir. » St Augustin (fin du IVe s.) a précisé : 1°) il est indispensable de pratiquer les préceptes du *Décalogue* qui constituent le minimum de la vie morale ; 2°) il est louable d'observer les conseils du *Sermon sur la Montagne* (morale des conseils dépassant la simple morale des préceptes).

■ **Péchés.** Les violations des préceptes du Décalogue (qui sont en majorité des interdictions) constituent des péchés ; les plus graves *(mortels)* amènent la rupture de la vie de grâce avec Dieu. Leur gravité dépend de l'importance de la matière (le vol d'une grosse somme est pire qu'un petit larcin), du degré de consentement, et du degré de connaissance de la faute. Quand il y a matière légère, ignorance ou manque de consentement, le péché est dit *véniel* (du latin *venialis*, excusable). Le manque d'accueil pour la perfection évangélique n'est pas considéré comme un « péché », mais risque cependant de causer un dépérissement spirituel.

☞ **Vertus. Théologales** (ayant Dieu pour objet) : foi, espérance, charité. **Cardinales** (sur lesquelles repose la vie morale ; le latin *cardo* signifie gond) : justice, prudence, force, tempérance.

On peut classer les péchés comme manquements à ces 7 vertus : *contre la foi* : infidélité, hérésie, apostasie, blasphème, aveuglement spirituel, superstition, idolâtrie, prétention de tenter Dieu, parjure, sacrilège, simonie ;

l'espérance : désespoir et présomption ; *la charité :* haine, lassitude (opposée à la joie de la charité), envie, discorde, dispute, guerre, rixe, sédition, scandale, désobéissance, ingratitude, mensonge, simulation, hypocrisie, jactance, ironie, adulation, contestation ; *la prudence :* imprudence, négligence ; *la justice :* injustice, homicide, vol, accusation injuste spécialement devant les tribunaux, outrage, injure, dénigrement, allusion perfide, fraude, usure ; *la force :* crainte, intimidation, audace excessive, présomption, ambition, gloriole, pusillanimité, médiocrité ; *la tempérance :* avarice, prodigalité, gourmandise, ivresse, luxure, manque de maîtrise de soi, irascibilité, cruauté.

■ **Les 7 œuvres de miséricorde.** D'après l'enseignement de Jésus selon St Matthieu (25,31-46) : nourrir les affamés, désaltérer les assoiffés, vêtir ceux qui sont nus, ensevelir les morts, accueillir les étrangers, visiter les malades, visiter les prisonniers.

■ **Péché originel.** Tendance existant dans tout être humain et l'incitant à commettre le mal au lieu de rechercher le bien. Tire son nom du couple « originel » de l'humanité : le 1er homme et la 1re femme, que la Bible (livre de la Genèse) nomme *Adam* et *Ève*. Mis en demeure par Dieu par une épreuve morale (ne pas manger du *« fruit défendu »*), ils se sont laissé aller à suivre de préférence leur instinct. La tradition populaire a présenté le « fruit défendu » comme une *pomme* (du latin *pomum,* fruit). D'après la Genèse, il s'agit de *l'Arbre de la Science du Bien et du Mal.* Cette expression désigne symboliquement la loi morale. Les Évangiles n'en parlent pas, mais un des effets du baptême est d'effacer la faute originelle.

■ **Péchés capitaux.** **Sept :** orgueil, avarice, gourmandise, envie, luxure, colère, paresse. Ils ne sont pas en eux-mêmes des péchés, mais des *vices,* c.-à-d. des tendances à commettre certains péchés.

☞ Jean-Paul II a rappelé que contraception, sexualité hors mariage, homosexualité, avortement, mariage des transsexuels étaient condamnables. Il a réaffirmé les principes moraux en matière de vie sociale, économique et politique, en matière de pratique génétique (mars 1987) et les fondements mêmes de la théologie morale (encyclique *Veritatis Splendor,* 6-8-1993).

■ CATÉCHISME

■ **Nom.** Dérivé de « catéchèse » (faire résonner comme un écho).

■ **Antécédents. Bible. Ancien Testament :** on trouve le mot « didachê » (enseignement) avec le sens de transmission de la Parole de Dieu comme enseignement de vie. **Nouveau Testament** (Évangile) : Jésus « enseigne » et « instruit ». Dans les Actes et les Lettres pauliniennes, le mot « catéchiser » apparaît. **Fin Ier s.** (Syrie) : Didachê ou Doctrine des Apôtres (guide pour instruire ceux qui se préparaient au baptême, et pour ordonner la vie de la communauté ; exposé des « 2 voies », celle de la « vie » et celle de la « mort »). **Fin Ve s. :** St Augustin écrit un livre pour l'enseignement de la foi *(De catechizandis rudibus).* **IXe s. :** Alcuin rédige une *Disputatio puerorum per interrogationes et responsiones* (Exposition pour les enfants avec questions et réponses) : histoire sacrée et doctrine sur Sacrements, *Credo* et Notre Père. **XIIe s. :** « Livre des sentences » de Pierre Lombard (manuel de théologie pour étudiants). « Les Lucidaires et les Septénaires » adaptent des procédés mnémotechniques à des schémas différents (méthode originale de comparer ou d'opposer 7 parties : les 7 demandes du Notre Père, en relation avec les 7 Béatitudes et les 7 dons du Saint-Esprit, ou les 7 vertus principales opposées aux 7 péchés capitaux). **Moitié XIIIe s. :** St Thomas d'Aquin prêche dans un style simple (petits opuscules).

■ **Catéchismes proprement dits.** **1357** l'archevêque d'York publie le *Lay Folks Catechism* (latin-anglais). **1368** catéchisme-major pour les clercs et texte du 1er canon du synode de Lavaur (Narbonne). **1429** concile de Tortosa, prescrit la rédaction d'« un résumé bref et utile de la doctrine chrétienne... ». **1529** catéchisme protestant de Luther. **1545** catéchisme protestant de Calvin. **1555** St Pierre Canisius commence à publier en Allemagne des catéchismes (Major, Minime et Minor). 400 rééditions, traduits en 50 langues. **1566** *Catechismus ex Decreto Concilii Tridentini ad Parochos* (plus connu sous le nom de « Catéchisme de saint Pie V » ou « Catéchisme romain ») : catéchisme « majeur » rédigé pour les curés. **1601** *1er catéchisme français :* une traduction de Bellarmin publiée par François de Sales. **1687** parmi les plus connus, celui de Bossuet. **1806**-*4-8* décret rendant obligatoire dans tout l'Empire un catéchisme approuvé par le légat du pape Caprara. **1870** 1er concile du Vatican : projet d'un catéchisme universel ; la suppression du concile empêche la promulgation du décret. Des catéchismes nationaux apparaissent : 1921 Angleterre, 1925 Allemagne, 1936 Autriche, 1937 France, 1941 États-Unis, 1946 Belgique... **1947** publication d'un catéchisme national ; chaque diocèse français a possédé son catéchisme, certains depuis 1660. **1966** les évêques français décident de remplacer le catéchisme national par un « fonds commun obligatoire », à partir duquel différents manuels seraient rédigés [le 1er, en 1978, à l'assemblée de Lourdes, sous le titre *Il est grand, le mystère de la Foi* (approuvé à Rome 1978)]. A partir de ce document, seront publiés : des *Parcours catéchétiques* (diocésains) et un recueil, *Pierres vivantes,* adopté par l'assemblée plénière de Lourdes (1980). **1986**-10-7 le pape décide de constituer une commission de cardinaux et d'évêques (Pt : cardinal Joseph Ratzinger) pour préparer un projet de catéchisme universel romain. **1991**-*mai* un *Catéchisme national pour adultes* (456 pages) est publié par l'épiscopat français. **1992**-*14-2* approbation unanime de la commission du « projet définitif » ; -*30-4* rédaction définitive ; -*25-6* approbation officielle du pape ; -*7-12* promulgué. **1997**-*15-8* texte latin promulgué.

■ LITURGIE

■ **Origine du mot.** Du grec *leitourgia :* service public, culte rendu à Dieu par les assemblées de fidèles (opposé à la dévotion privée).

■ **Livres. Antiphonaire :** contient les chants latins de l'office divin avec notation musicale. **Bréviaire :** livre de l'office divin pour chaque jour (nom donné aussi à des collections juridiques ou canoniques : Bréviaire d'Alaric, de Bernard de Pavie, etc.) ; du latin *breviarium* (abrégé). *Au Moyen Age* désigne un livre réunissant les textes nécessaires à la récitation chorale, en les abrégeant ou en indiquant leur incipit. *1568* Pie V publie la 1re édition du Bréviaire romain, réformé en *1971* et appelé « Liturgie des heures » [il existe des adaptations pour les laïcs (Bréviaire des fidèles, Nouveau Bréviaire des laïcs, les Heures du jour)]. *Dans l'Église grecque :* l'usage d'un livre de l'office, appelé « Eucologe », remonte à Flavien et à St Jean Chrysostome. **Graduel** et **kyriale :** livres rassemblant les chants latins de la messe. **Lectionnaire :** contient les lectures liturgiques tirées de la Bible et classées pour chaque jour ou fête. **Missel :** contient les textes pour la messe (voir **Eucharistie** p. 498 c), a pour ancêtre le *Sacramentaire,* comme celui attribué au pape Gélase († 496). Missel Romain, publié officiellement (1re fois) par saint Pie V (1570) sur prescription du concile de Trente, souvent révisé à partir de Clément VIII (1604), réformé par Paul VI (1970), sur prescription du concile Vatican II. **Pontifical :** contient les textes liturgiques particuliers à l'évêque. **Rituel :** contient les rites à suivre et les textes pour l'administration des sacrements (sauf la messe) et des sacramentaux (voir **Sacrements** p. 498 b).

■ CALENDRIER LITURGIQUE

L'actuel calendrier romain général, promulgué par le décret de la Congrégation des rites du 21-3-1969, est entré en vigueur le 1-1-1970.

Le jour liturgique va de minuit à minuit, mais la célébration du dimanche et des solennités commence la veille au soir avec les 1res vêpres. Certaines solennités ont en outre une messe propre pour la veille au soir. Les célébrations de Pâques et Noël se poursuivent 8 j de suite. Il y a 3 degrés de célébration : les *solennités* (10 fixes), les *fêtes* (23), et les *mémoires* (162), obligatoires (68) ou facultatives (94).

CATÉGORIES DE FÊTES

■ **Selon leur solennité. Fêtes de précepte ou d'obligation pour l'Église universelle** (d'après le Code de droit canon no 1246) : en plus de tous les dimanches de l'année, Ste-Marie, Mère de Dieu (1-1), Épiphanie (6-1), St-Joseph (19-3), Ascension, Fête-Dieu, Sts-Pierre et Paul (29-6), Assomption (15-8), Toussaint (1-11), Immaculée Conception (8-12), Noël (25-12).

Anciennes fêtes d'obligation : Purification (2-2), St-Mathias (24-2), Annonciation (25-3), lundi et mardi de Pâques, Sts-Philippe et Jacques (1-5), lundi et mardi de la Pentecôte, St-Jean-Baptiste (24-6), St-Jacques (25-7), Ste-Anne (26-7), St-Laurent (10-8), St-Barthélemy (24-8), Nativité de Notre-Dame (8-9), St-Matthieu (21-9), St-Michel (29-9), Sts-Simon et Jude (28-10), St-André (30-11), St-Thomas (21-12), St-Étienne (26-12), St-Jean (27-12), Sts-Innocents (28-12), St-Sylvestre (31-12).

Fêtes d'obligation en France et en Belgique en vertu du Concordat et de l'indult du 9 avril 1802 : Noël, Ascension, Assomption, Toussaint. Le jour est férié, et les fidèles sont tenus d'assister à la messe.

■ **Selon l'objet de la dévotion. a) Du Seigneur :** solennités : *Noël, Épiphanie, Annonciation du Seigneur, Pâques, Ascension, Pentecôte, Trinité, St-Sacrement, Sacré-Cœur, Christ-Roi, Dédicace de l'Église ;* fêtes : *Ste-Famille, Baptême du Seigneur, Présentation au Temple (Chandeleur), Transfiguration, Croix glorieuse, Dédicace du Latran.* **b) De la Vierge :** solennités : *Sainte-Marie, Mère de Dieu, Immaculée Conception, Assomption ;* fêtes : *Nativité, Visitation ;* mémoires : *Marie, Reine, N.-D. des 7 Douleurs (15-9 lendemain de la fête de la Croix : 1* prophétie de Siméon lui annonçant qu'un glaive lui transpercera le cœur ; *2* fuite en Égypte ; *3* perte de Jésus enfant au Temple de Jérusalem ; *4* rencontre de Jésus montant au calvaire ; *5* Crucifixion ; *6* descente de la Croix ; *7* mise au tombeau), *N.-D. du Rosaire, Présentation ;* facultatives : *N.-D. de Lourdes, du Carmel, Dédicace de Ste-Marie-Majeure, Cœur Immaculé de Marie* (samedi après la fête du Sacré-Cœur). **c) Des anges :** fête des archanges *Michel, Gabriel et Raphaël* (29-9) et des *Anges gardiens* (2-10). **d) De St Jean Baptiste :** *Nativité,* 24-6 (solennité) et *Passion,* 29-8 (mémoire). **e) De St Joseph :** 19-3 (solennité) et 1-5 (facultative). **f) Des apôtres :** *St-Pierre* [*Martyre,* 29-6, *Chaire* (c.-à-d. son épiscopat à Rome) 22-2] et *St-Paul* (*Martyre,* 29-6 ; *Conversion,* 25-1) ont 2 fêtes, les autres en ont une. **g) Des saints :** célébrées normalement le jour de la mort du saint [*dies natalis* (anniversaire de la naissance : leur mort étant leur naissance au Ciel)] ; certains saints sont célébrés dans l'Église universelle, les autres sont laissés au culte national, régional ou diocésain. 64 saints ou groupes de saints inscrits au calendrier romain général ont vécu aux 10 premiers siècles ; 81 aux 10 suivants, dont XIe s. (25), XIIe (12), XVIe (17) et XVIIe (17). 130 fêtes concernent des saints d'Europe (dont 25 romains, 37 italiens, 18 français et 12 espagnols). Évêques, prêtres, religieux, religieuses y sont majoritaires, mais il y a aussi des laïcs (Justin, Monique, Louis IX, Thomas More, Maria Goretti).

☞ *Le plus ancien témoignage d'un culte rendu* à un martyr : St Polycarpe, évêque de Smyrne († vers 156). *Dernière inscription au calendrier :* en 1996 : St Louis-Marie Grignion de Montfort († 1716). *Saint le plus récent :* St Maximilien Kolbe († Auschwitz, 1941) inscrit 1983.

DÉROULEMENT DE L'ANNÉE LITURGIQUE

☞ Nous signalons par (1) les fêtes d'obligation en France et en Belgique et par (2) les autres fêtes d'obligation pour l'Église universelle.

Temps de l'Avent. 4 semaines de préparation à Noël (période instituée à partir du VIe s.). Les dimanches s'appellent 1er, 2e, 3e et 4e dimanches de l'Avent.

Immaculée Conception [2]. 8 décembre. Rappelle que la Vierge Marie a été conçue sans péché (fête en Orient au XIe s., à Rome en 1477 ; dogme 8-12-1854, voir p. 490 c).

Noël [1] (du latin *natale :* jour de la naissance). Fête établie à Rome vers 330, comme l'Épiphanie en Orient, pour célébrer la naissance du Christ. Messe de vigile de Noël le soir du 24 déc. Le jour de Noël (25 décembre, voir p. 490 c), on peut selon la tradition romaine célébrer 3 messes : messe de minuit, de l'aurore et du jour (les orthodoxes fêtent Noël le 7-1 et les Arméniens le 14-1). Noël est suivi de 3 fêtes : *26,* St-Étienne, le 1er martyr (dès le Ve s.) ; *27,* St-Jean Apôtre (VIe s.) ; *28,* les Saints-Innocents (VIe s.). **L'arbre de Noël :** apparaît en Alsace au XVIe s. ; se généralise dans l'Europe du Nord au XIXe s. La duchesse d'Orléans (Hélène, fille du duc de Mecklembourg) introduit son usage en France en 1837. Sa mère (née Caroline de Saxe-Weimar) l'avait connu par Goethe qui l'avait rapporté d'Alsace à Weimar en 1770. **Père Noël** (voir St Nicolas dans l'encadré p. 509 c). **Cantiques de Noël** (appelés *noëls*) chantés pendant les veillées avant la messe de minuit : *XVIIe s. : Venez, Divin Messie ; Il est né, le Divin Enfant ; Dans cette étable* (paroles de Fléchier) ; *Adeste fideles* (en latin) de l'anglican John Reading (harmonisation d'un chant de matelots portugais). *XIXe s. : Les Anges dans nos campagnes ; Minuit, chrétiens,* dit *Noël d'Adam* [composé en 1847 par Placide Cappeau, poète local, mis en musique par Adolphe Adam (1803-56), compositeur d'opérettes, chanté pour la 1re fois à Roquemaure (Gard) le 25-12-1847 par Mme Emily Laurey (femme de l'ingénieur construisant le pont du Rhône) à la demande de l'abbé Nicolas] ; concurrencé par *Stille Nacht* (noël autrichien, en français *Douce nuit*).

Octave de Noël [2]. 1er janvier. Ste-Marie, Mère de Dieu. Fête romaine de Marie (VIIe s.), restaurée en 1969.

Épiphanie [2] (du grec « apparition » ou *manifestation*). Fête d'origine orientale (vers 325), fixée au 6-1 (en France le dimanche après le 1-1). *L'Orient* célèbre, le 6-1, les 3 premières « manifestations du Christ » (épiphanies ou théophanies) au monde : la naissance de Jésus et son adoration par les mages, son baptême, et le miracle de Cana. Le 6-1, qui se rattache aux fêtes du solstice d'hiver, a pu être choisi pour se substituer à la naissance du dieu Aiôn (parfois identifié avec Hélios, le Soleil) enfanté d'une vierge. *En Occident,* où l'on célébrait la naissance de Jésus le 25-12, on fêta le 6-1 la « manifestation » du Christ aux nations païennes, symbolisée par la venue des mages à Bethléem. La fête de la *galette* (ronde et dorée), dont on fait attribuer les parts par un enfant caché sous la table (le petit roi ou l'Enfant-Soleil), pourrait se rattacher au culte solaire préchrétien (en Normandie, on s'adresse à l'enfant caché sous la table en lui disant : *Phoebe Domine :* Seigneur Phébus). En Occident, la messe de l'Épiphanie est axée sur l'adoration de Jésus par les Rois mages, les vêpres évoquent les 3 mystères de la *théophanie.*

Baptême du Seigneur. Le dimanche après l'Épiphanie, en Occident.

Conversion de St Paul. 25 janvier (fin VIe s. en Gaule).

Présentation du Seigneur (**Chandeleur,** autrefois **Purification de la Vierge Marie).** 2 février. Jésus est présenté au Temple (40 jours après sa naissance) et il est appelé par Siméon « Lumière pour éclairer les Nations ». Le nom populaire *Chandeleur* vient du latin *candelorum (festum) :* (fête) des Chandelles, procession avec des cierges allumés (fin VIIe s.) marquant cette fête qui a peut-être pris la place des anciennes *lupercales* romaines, où l'on s'assemblait avec des torches et mangeait la galette de céréales en l'honneur de Proserpine : les *crêpes* de la Chandeleur pourraient venir de là.

Temps du Carême (du latin *quadragesima*). 40 jours de préparation à Pâques (46 jours moins les 6 dimanches). Le Carême commence par un jour de jeûne, le *mercredi des Cendres* [le prêtre marque de cendre le front des fidèles pour rappeler qu'ils sont « poussière » et les inviter à la pénitence ; prescrit au concile de Bénévent (1091) par Urbain II] et se termine le *samedi saint.* Le 6e dimanche de Carême est celui des Rameaux.

Saint-Joseph [2]. 19 mars (depuis 1479). Après Jean Gerson (1363-1429) et St Bernardin de Sienne (1380-1444) qui ont souhaité cette fête, parmi les propagateurs de la dévotion à St Joseph : Sixte IV, Ste Thérèse d'Avila, St François de Sales, Grégoire XV, Clément XI, Pie IX (le déclare patron de l'Église, 1870), Pie XII (fête du 1-5, 1955), Jean XXIII (l'inscrit au canon de la messe, 1962).

Annonciation du Seigneur. 25 mars (depuis le VIIe s.). Annonce faite à Marie, par l'ange Gabriel, qu'elle deviendrait la mère du Messie (la fête peut être déplacée à cause de la date de Pâques).

Dimanche des Rameaux (et de la Passion du Seigneur). 7 j avant Pâques. Les rameaux, tenus à la main au cours de la procession qui précède la messe, rappellent les branches brandies par le peuple le jour où Jésus est entré solennellement à Jérusalem. Début de la *semaine sainte.*

Triduum pascal. Commence le *jeudi saint* par la messe du soir en mémoire de la dernière cène du Seigneur (le matin, l'évêque qui célèbre la messe avec ses prêtres bénit les *saintes huiles* et confectionne le *saint chrême*). Se termine le dimanche de *Pâques.* Traditionnellement, commencement et fin (pendant le *Gloria* de la Messe) sont marqués par une sonnerie de cloches à la volée. Entre ces 2 sonneries, l'usage des cloches est prohibé. Le *vendredi saint,* l'après-midi, on célèbre la *Passion du Seigneur* (crucifixion et mort de Jésus) ; on chante le chant des Impropères (reproches de Jésus crucifié à son peuple infidèle). Le *vendredi saint* (et le *samedi*), on observe le jeûne pascal.

■ **Saintes huiles.** Le jeudi saint, à la messe chrismale, l'évêque bénit ou consacre 3 sortes d'huile : **1°)** *huile des catéchumènes :* fortifie le futur baptisé dans son combat avec le péché. **2°)** *Huile des infirmes ou des malades.* **3°)** *Saint chrême :* huile parfumée par l'adjonction d'un « baume » (mélange de résines et d'essences naturelles) rappelant l'huile dont on se servait dans l'Ancien Testament pour consacrer prêtres, prophètes et rois : signe de bénédiction particulière de Dieu, sert au baptême, à la confirmation, à l'ordination, à la consécration des églises et des autels.

Pâques. Entre le 22 mars et le 25 avril. Résurrection de Jésus, célébrée la nuit (veillée pascale) et le jour de Pâques. Le *temps pascal* (50 jours) va de Pâques à la Pentecôte. Les 8 premiers jours constituent *l'octave de Pâques.* Le *cierge pascal,* béni et allumé pendant la veillée pascale, porte le millésime de l'année en cours, une croix, les lettres A et Ω, première et dernière de l'alphabet grec. Signifiant la présence du Christ dans l'Église, il est placé dans le chœur de l'église jusqu'à la Pentecôte. Allumé de nouveau pour baptêmes et funérailles. **Tradition :** œufs apportés par les cloches ou (en Alsace, Allemagne, Hollande) par le lièvre de Pâques ; Antiquité : symbole du printemps.

Rogations (du latin *rogare :* demander). Procession avec prières de supplication pour les fruits de la terre et les travaux des hommes (instituées vers 470 par St Mamert à Vienne les lundi, mardi et mercredi avant l'Ascension). Les épiscopats peuvent choisir d'autres dates.

Ascension (de Jésus au Ciel) [1]. 40 jours après Pâques (toujours un jeudi). Reportée au 7e dimanche de Pâques, dans les pays où elle n'est pas un jour férié.

Pentecôte [en grec : 50e (jour)]. Célébrée depuis la fin du IVe s. 50e jour après Pâques. Descente du St-Esprit sur les apôtres, clôture du temps de Pâques. Aux vêpres : hymne « *Veni Creator spiritus* » (de Raban Maur 809 ?).

Trinité. Fête théologique occidentale, fixée en 1334 au 1er dimanche après la Pentecôte.

Fête-Dieu [2]. Fête du Saint Sacrement ou du Corps du Christ célébrée à Liège dès 1247 sur les instances de Ste Julienne, moniale du Mont-Cornillon (1191-1258), instituée pour toute l'Église par le pape Urbain IV, en 1264 (bulle *Transiturus* du 11-8), après le miracle de Bolsena (en 1263, l'hostie que consacrait un prêtre de passage, Pierre de Prague, fut changée en chair saignante ; hostie et corporal tachés de sang sont conservés dans la cathédrale d'Orvieto). Promulguée de nouveau par Clément V en 1312 et Jean XXII en 1317. Marquée par une procession : on sortait le Saint Sacrement, toutes les autorités, paroisses et corps de métier d'une ville participaient. Dans certaines régions (Anjou), on l'appelait le « Grand Sacre ».

Sacré-Cœur. 3e vendredi après la Pentecôte (voir p. 500 b).

Visitation de la Sainte Vierge (à Ste Élisabeth, sa cousine, enceinte de St Jean Baptiste). 31 mai (instituée le 2-7-1389 et fixée au 2-7 jusqu'en 1970).

Nativité de St-Jean-Baptiste. 24 juin (dès le IVe s.).

Sts-Pierre et Paul [2]. 29 juin (1er témoignage : 258).

Transfiguration. 6 août. Jésus-Christ est transfiguré, en présence de 3 apôtres, sur le mont Thabor (dès le Ve s. en Orient ; instituée en 1457 en Occident).

Assomption de la Sainte Vierge [1]. 15 août. Dogme proclamé le 1-11-1950 par Pie XI : « ... Nous affirmons, nous déclarons et nous définissons comme un dogme divinement révélé que l'Immaculée Mère de Dieu, Marie toujours Vierge, après avoir achevé le cours de sa vie terrestre, a été élevée en corps et âme à la gloire céleste. » Fête avant 431 à Jérusalem, à la fin du VIIe s. imposée dans tout l'Empire romain par l'empereur de Constantinople Maurice (582-603) ; la date commémore l'inauguration de l'église dédiée à Jérusalem à la « Dormition » de la Vierge.

Nativité de la Sainte Vierge. 8 septembre. Naissance de la Vierge (au VIe s. fête à Jérusalem ; au VIIe s. à Rome).

Saint Nom de Marie. 12 septembre. Instituée par Innocent XI en reconnaissance de la victoire remportée sur les Turcs à Vienne en 1683. Ne figure plus au calendrier romain.

Exaltation de la Sainte Croix. 14 septembre. Rappelle la dédicace des basiliques constantiniennes du Golgotha le 13 septembre 335. À Jérusalem dès le Ve s., en Occident à partir du VIIIe s.

Notre-Dame des Sept-Douleurs. 15 septembre. *Stabat Mater* du poète Jacopone da Todi (XIVe s.) en 20 strophes.

Notre-Dame de la Merci. 24 septembre. Instituée sous Innocent XII pour rappeler la protection de Marie sur l'Ordre institué par St Raymond de Peñafort.

Saints-Michel, Gabriel et Raphaël (archanges). 29 septembre ; St-Michel fêté dès le Ve s. à Rome.

Notre-Dame du Rosaire. 7 octobre. Sanctionne (depuis 1573) l'usage d'honorer la Vierge en récitant le Rosaire.

Toussaint [1]. 1er novembre. Fête de tous les saints [d'abord fixée le 13-5 à Rome, a rappelé vers 609 la dédicace du Panthéon à Marie et à tous les saints, s'est ensuite imposée le 1-11 : au VIIIe s. en Angleterre ; au Xe s. à Rome]. *La fête druidique de Samain* était célébrée à la pleine lune la plus proche du 1-11. Elle se retrouve avec *Halloween* (avec déguisements de fantômes et sorciers), fête originaire d'Irlande, répandue aux USA et depuis 10 ans dans le monde.

Commémoration de tous les fidèles défunts (Trépassés). 2 novembre. Jour des Morts [fixé à Cluny par St Odilon (abbé de 994 à 1048), liturgie généralisée dès le XIIIe s.].

Présentation de la Vierge au Temple. 21 novembre (au VIe s. à Jérusalem ; en 1372 à Rome).

Christ-Roi. Fête instituée en 1925 (dernier dimanche d'octobre) et fixée depuis 1970 au dernier dimanche de l'année liturgique.

Temps ordinaire. En dehors de l'Avent, Noël, Carême et Pâques. Environ 30 semaines rythmées par le dimanche : chaque dimanche est une pâque hebdomadaire.

Quatre-Temps. *Origine :* tradition des *feriae* de la Rome païenne ou prescription biblique de l'Exode (34,24). *Évolution :* 3 jours de prière (mercredi, vendredi, samedi d'une même semaine) et autrefois de jeûne placés au début de chaque saison, pour la sanctifier (dans un cadre surtout agricole : semailles, moissons, vendanges) ; des offices liturgiques spéciaux (avec des lectures) furent créés ; le samedi était aussi consacré aux ordinations. Depuis 1970, ils sont laissés à l'initiative des épiscopats locaux.

■ Sacrements

■ **Définition.** Sont au nombre de 7. Chacun est un acte religieux, permettant d'obtenir ou d'accroître la grâce de Dieu. Le terme a été réservé, au concile de Florence (1439), à 7 « signes » reconnus comme institués par le Christ. Les autres « signes » ont été appelés sacramentaux. Les sacrements font appel à des réalités de la vie humaine dans l'Antiquité, reconnues comme moyens de salut dans la Bible : eau, pain, vin, huile...

☞ La **grâce** est la participation à la vie de Dieu par l'intermédiaire du Christ [elle peut être symbolisée par la sève de la vigne dont Jésus est le cep et les fidèles les sarments (Jean XV)]. La grâce habituelle et permanente (donnée par le baptême ; redonnée, après le péché, par la pénitence) est la *grâce sanctifiante ;* les autres participations à la vie divine sont les *grâces actuelles.*

■ **Baptême.** 1er de tous les sacrements, introduit le fidèle dans l'Église. **Effets :** il fait obtenir la *grâce sanctifiante,* que l'on ne possède pas à la naissance, tous les hommes venant au monde avec une tendance au péché, appelée *péché originel.* Dans la *1re lettre aux Corinthiens,* St Paul signale (vers l'an 56) que certains fidèles, par superstition, administraient le baptême à des morts. En 418, le concile de Carthage, adoptant le point de vue de St Augustin (évêque d'Hippone) préconisa le baptême des enfants. **Formes :** administré par *immersion totale* dans l'eau jusqu'au IVe s. en Occident (et jusqu'à nos jours dans les Églises orientales), par *immersion partielle* du Ve au XIIIe s. Le néophyte entre dans la piscine jusqu'à mi-jambes et on lui verse de l'eau sur la tête (pratiqué après le XIIIe s. dans la liturgie mozarabe et à Bénévent). Depuis le XIIIe s. (et déjà avant pour les malades alités), on pratique le baptême par *affusion* (de l'eau est versée sur la tête). Le ministre (évêque, prêtre, diacre, ou un laïc, même non baptisé, en cas d'urgence) dit : « Je te baptise au nom du Père, et du Fils, et du Saint-Esprit. » Le baptême par *aspersion* a existé jadis pour donner le sacrement à des groupes. Liturgie actuelle : *baptême des adultes :* après préparation (catéchuménat) personnelle et communautaire qui peut durer plusieurs années (1972). *Baptême des petits enfants :* met en évidence le rôle et les devoirs des parents et des parrain et marraine (1969). Le regroupement des baptêmes le dimanche est recommandé pour favoriser la participation de la communauté. En novembre 1980, une instruction romaine a admis la possibilité de différer le baptême, ou même de le refuser, si les garanties d'une éducation chrétienne des nouveau-nés baptisés sont insuffisantes ou nulles. **Autres formes :** *baptême de désir :* la personne souhaite être baptisée mais ne peut l'être. *Baptême de sang :* en cas de martyre pour le Christ d'un non-baptisé. **Parrains et marraines :** du latin *parrini,* petits pères ; diminutif de *patres,* patrons. Au début, le nouveau baptisé, adulte, était présenté au baptême par un chrétien, son garant aux yeux de l'Église. L'institution fut maintenue pour orphelins et esclaves, et à partir du VIIe-VIIIe s. pour tous les enfants.

☞ On appelait **ondoiement** le baptême réduit à l'affusion d'eau sans autre cérémonie. La dévotion à *l'eau bénite* (aspersion dominicale, signe de croix avec l'eau bénite) est un rappel du baptême.

■ **Confirmation. Effets :** confirme le baptême, assimile par l'onction d'huile le chrétien au Christ (du grec *Christos,* celui qui a reçu l'onction), et le remplit de la force du St-Esprit pour affirmer sa foi, même en cas de péril. **Forme :** administrée avec le *saint chrême* (du grec *chrisma,* « onction d'huile »), voir encadré col. a. Liturgie actuelle : donnée, après la liturgie de la Parole au cours de la messe, normalement par l'évêque qui peut s'associer des prêtres, ou parfois par un prêtre délégué (1971).

■ **Eucharistie.** Sacrement de la nourriture qui contient réellement, substantiellement, le corps et le sang du Christ sous les apparences du pain et du vin. La communion est la participation à ce sacrement, normalement à la messe.

Encore appelée *sainte cène, eucharistie,* et primitivement *fraction du pain,* commémore le sacrifice de la Croix en reproduisant les paroles et les gestes du Christ à la dernière Cène. La structure de la messe est demeurée identique à travers les siècles et la variété des rites orientaux (byzantin, syrien, maronite, arménien, copte...) et occidentaux (ambrosien, mozarabe, gallican, dominicain, lyonnais, parisien...). Les rites diocésains français des XVIIe et XVIIIe s. ont disparu entre 1840 et 1875 devant le rite romain qui, fixé après le concile de Trente (missel de St Pie V, 1570), a été de nouveau réformé avec celui de Vatican II (missel de Paul VI, 1970), ce qui suscita de vives polémiques.

2 parties : la *liturgie de la Parole* [2 lectures bibliques (3 le dimanche) dont l'Évangile, avec chants, homélie et prière universelle] et la *liturgie eucharistique* (prière eucharistique, où le pain et le vin sont consacrés pour devenir corps et sang du Christ ; Notre Père ; fraction du pain ; communion). **L'anamnèse** (du grec : mémoire) est la prière qui suit la consécration. Après avoir élevé l'hostie et le calice, le célébrant dit : « Il est grand, le mystère de la foi » (ou une formule voisine), invitant l'assemblée à proclamer la Passion et la Résurrection du Seigneur et l'attente de sa venue. **L'épiclèse** (du grec invocation) appelle l'intervention de l'Esprit saint sur le pain et le vin (épiclèse de consécration) et sur l'assemblée (épiclèse de communion). *Liturgie actuelle :* retour à l'usage romain ancien de célébrer face au peuple, de recevoir la communion reçue dans la main (1969), de communier en certains cas sous les 2 espèces du pain et du vin [1965 ; avant, le prêtre communiait sous les 2 espèces mais les fidèles sous une seule (le pain sous forme d'hostie). La communion au vin, conservée par les Églises d'Orient, a été réintroduite dans l'Église latine, pour les fidèles, dans certaines circonstances (exemples : messe de mariage, profession religieuse, baptême d'adulte...) et la discipline a été élargie depuis. La *communion pascale* a été prescrite par le 4e concile du Latran (1215) comme un minimum requis par l'Église. Pie X a recommandé la communion fréquente, et même quotidienne (1905)]. Répartition nouvelle des fonctions : lectures assurées par des laïcs, même des femmes (1964), communion donnée en certains cas par des laïcs (1970), concélébration de la même messe par plusieurs prêtres (1965). 3 nouvelles prières eucharistiques (1968), nouveau missel romain et nouveau lectionnaire comprenant pour le dimanche un cycle de 3 lectures sur 3 ans (1969). Dispositions plus souples pour messes de jeunes (1968), messes dominicales dès le samedi soir (1969), messes de petits groupes (1970), 5 nouvelles prières eucharistiques (1974) et une autre en 1991. *L'ordo liturgique* publié chaque année dans chaque diocèse donne pour chaque jour les normes de célébration. *L'ordo administratif* énumère toutes les fonctions du diocèse pour l'année.

Messe : mot devenu usuel tardivement ; avant on employait : *agenda, sacrificium, oblatio,* etc. *Missa* (bas-latin) signifie « renvoi » (désignait, dans la formule *Ite missa est,* le moment de congédiement et la bénédiction qui l'accompagnait).

☞ Un prêtre n'est pas tenu de célébrer la messe tous les jours, mais le droit canon le lui recommande.

Lorsqu'il y a pénurie de prêtres, les paroisses sans prêtre sont invitées, par leur évêque, à organiser des assemblées de prière le dimanche (Directoire romain, 1988) dites Adap (assemblées dominicales en l'absence de prêtres).

Langue : en Orient, le rite byzantin admettait volontiers les langues des peuples slaves et autres. En Occident, le latin reste jusqu'à la Renaissance la seule langue de culture et, donc, la seule utilisée dans la liturgie. Au IXe s., St Cyrille et St Méthode furent traités d'hérétiques par le clergé allemand de Moravie et de Pannonie parce qu'ils ne célébraient plus la messe en slavon. Le pape Hadrien II les approuva (vers 869), mais le pape Étienne V (885-891) condamna cette liturgie slavonne. Au XIe s. Grégoire VII interdit aux Slaves le droit d'utiliser leur langue à la messe. Au XXe s. le français a été introduit dans les lectures, chants et prières (3-1 et 7-3-1965 et 30-1-1966), prière eucharistique (26-11-1967). Le 15-10-1984, un indult général a permis aux évêques d'autoriser la messe en latin de St Pie V, sous 5 conditions : 1°) aucune connivence avec les adversaires de la messe de 1970 ; 2°) célébration dans des lieux de culte désignés par l'évêque ; 3°) avec le missel latin de 1962 ; 4°) pas de mélange avec la liturgie de 1970 ; 5°) rapport présenté au pape par les évêques au bout d'un an. La 1re messe célébrée à Paris en vertu de cette auto-

■ **Notre Père.** Texte commun adopté depuis 1966 par les chrétiens de langue française : « Notre Père qui es aux cieux, que ton nom soit sanctifié, que ton Règne vienne, que ta Volonté soit faite sur la terre comme au ciel. Donne-nous aujourd'hui notre pain de ce jour. Pardonne-nous nos offenses, comme nous pardonnons aussi à ceux qui nous ont offensés. Et ne nous soumets pas à la tentation, mais délivre-nous du Mal. »

☞ Le Notre Père se conclut par *Amen,* ou par une « doxologie » (formule de louange) : « Car c'est à Toi qu'appartiennent le règne, la puissance et la gloire pour les siècles des siècles. »

Agenouillement. Attitude ascétique, diffusée par les moines ; pour St Basile, c'est montrer que le péché nous a jetés à terre. **Altariste.** Se disait d'un prêtre sans bénéfice ou charge d'âme, en quête de messes anniversaires ou de fondation pour les morts. **Gestes de prière.** *Mains levées :* geste biblique, geste de l'Orante dans les catacombes, geste du prêtre à la messe. *Mains jointes* (symbole venant des pays du Nord et de la féodalité) : dévouement lorsqu'on s'adresse à plus haut que soi ; les mains jointes du vassal sont placées entre les mains de son suzerain. **Messe votive.** Célébrée pour une occasion particulière ou en l'honneur d'un saint en dehors de sa fête. Ne peut être dite que certains jours. Solennelle dans certains cas (par exemple pour l'élection d'un pape). **Obit** (du latin *obitus,* décès). Messe célébrée par fondation pour un défunt à la date anniversaire de son décès. **Pain bénit.** Pain sur lequel a été prononcée une formule de bénédiction (et non de consécration) au cours de la messe ; il est consommé à la fin de la messe et les assistants peuvent en emporter pour des absents. Apparaît à l'époque carolingienne, quand la coutume de communier à la messe dominicale disparaît dans le peuple. En usage également dans l'Église orthodoxe. **Signe de la croix.** Signe de l'appartenance au Christ qui pour nous est mort sur la croix. Associé à la Trinité. Tracé « au nom du Père, et du Fils et du Saint-Esprit ». **Trentain grégorien.** Ensemble de 30 messes célébrées à la suite pour un défunt, selon une pratique de St Grégoire le Grand (590-604) à la suite d'une vision. **Viatique.** Dernière communion du chrétien mourant, « nourriture pour le dernier voyage ».

risation a eu lieu le 15-12-1984 à St-Étienne-du-Mont. La commission romaine *Ecclesia Dei,* instituée après le schisme de Mgr Lefebvre (29-6-1988), peut étendre les concessions.

Matière de l'Eucharistie : « Le pain eucharistique doit être de pur froment et confectionné récemment. Le vin doit être du vin naturel de raisin, et non corrompu » [Code de droit canon (1983), canon 924]. En France, on utilise en général du vin blanc car il tache moins. Lorsqu'il n'est pas possible de se procurer du vin (pays de mission), il est toléré de faire macérer dans de l'eau des raisins secs et d'en extraire le jus. Dans le tiers-monde, certains souhaitent pouvoir consacrer la nourriture habituelle des habitants (riz, thé).

Age de la communion : jusqu'au XIIe s., les enfants communiaient (avec une goutte de vin consacré) aussitôt après leur baptême (coutume encore observée par les Églises d'Orient). On les admettait après la messe à finir les pains consacrés non utilisés. Depuis le XIIIe s., l'usage, canonisé par le concile de Trente (1562), était d'attendre *l'âge de discrétion* (filles : 12 ans ; garçons : 14 ans). St Pie X, en 1910, a ramené cet âge à environ 7 ans. **Communion solennelle :** introduite au XVIIe s., par A. Bourdoise (à St-Nicolas-du-Chardonnet et St-Vincent-de-Paul), pour solenniser la première communion ; reçue vers 12 ans, s'accompagne du *renouvellement de la profession de foi du baptême.*

Fréquence de la communion : au Moyen Age se raréfie (de 1 à 4 fois par an), même dans les couvents. La nécessité de la confession préalable dans sa paroisse, les conditions de jeûne (jusqu'à 1/2 semaine) ou l'abstinence de rapports conjugaux (durant 3 à 8 jours) furent cause de cette désaffection. En 1905, St Pie X a recommandé une communion fréquente et même quotidienne.

Culte de l'Eucharistie (en dehors de la communion elle-même) : très répandu surtout depuis le XIIIe s. (compensation de l'absence pratique de communion), il fut l'une des raisons de la révolte de Luther, qui reprochait aux Romains d'adorer un Dieu-Pain. Lié à la foi en la présence réelle, il comprenait notamment : la dévotion au *saint sacrement,* appelée aussi *Sainte-Réserve* (visite, garde nocturne, procession, génuflexion) ; la notion *d'objets consacrés* qui, par leur contact avec le corps du Christ, méritaient un respect spécial (notion reprise de la liturgie juive du Temple où il existait un Saint et un Saint des Saints, réservés aux prêtres). Ainsi, seuls les diacres pouvaient toucher les *saintes espèces* (pain et vin consacrés) ; seuls les sous-diacres pouvaient toucher patènes et calices venant de servir à l'Eucharistie ; seuls les clercs (et, par permission spéciale, les sacristains ou sacristines) pouvaient toucher aux objets liturgiques devant servir à l'Eucharistie : linges, pales, patènes, calices. Saisir une hostie avec les doigts, sauf cas de force majeure (incendie, etc.), était un sacrilège pour un laïc. Ces exigences ont été supprimées après Vatican II.

■ **Ordre. Effets :** donne le pouvoir d'exercer dans l'Église le ministère sacré. Il comprend 3 degrés : épiscopat, presbytérat, diaconat. **Formes :** pour chaque degré, l'ordination, réservée à l'évêque, se fait par une imposition des mains, accompagnée d'une prière de consécration. LITURGIE ACTUELLE (1968) : l'ordination des évêques, prêtres et diacres se déroule selon un plan identique, au cours de la messe, après la liturgie de la Parole. Pour un évêque, tous les évêques présents lui imposent les mains ; pour un prêtre, l'évêque consécrateur et tous les prêtres présents ; pour un diacre, l'évêque seul. Un homme marié peut être ordonné diacre (1970). A côté des degrés de l'ordre, des ministères peuvent être donnés à des laïcs au cours d'une cérémonie d'institution (1972).

■ **Mariage** (voir à l'Index).

■ **Pénitence. Effets :** sacrement de la réconciliation du pécheur : le fidèle dit à un prêtre son état de pécheur et le prêtre prononce une formule d'absolution, qui notifie le pardon accordé par Dieu des péchés commis après le baptême. Procure la grâce du repentir et rend la grâce sanctifiante, c.-à-d. la participation à la vie du Christ et à la communion des saints. **Formes :** dans l'Église primitive, les fidèles reconnaissaient leur état de pécheurs de façon générale et publique. La confession privée s'est développée en Irlande, à partir du VIe s., et généralisée sur le continent aux VIIIe-IXe s. Le concile de Trente l'a rendue obligatoire pour les péchés mortels. LITURGIE ACTUELLE (1973) : pénitence sacramentelle avec confession individuelle, et 3 autres types de rites pénitentiels : 1°) non sacramentel ; 2°) communautaire avec confession et absolution individuelles ; 3°) communautaire avec absolution collective dans des cas exceptionnels.

■ **Onction des malades. Effets :** sacrement des malades, administré avec de l'huile, pour obtenir la guérison de l'âme et du corps. L'ancienne appellation *(extrême-onction)* a été remplacée pour éviter d'y voir le sacrement des mourants. **Formes :** conférée par l'application de *l'huile des malades* (voir **Saintes huiles** p. 498 a) sur le corps du malade (l'huile était utilisée dans l'Antiquité pour désinfecter les plaies) : avant 1614, onctions plus ou moins nombreuses en des endroits variables, selon rituels locaux ; après 1614, sur les organes des sens (yeux, oreilles, narines, lèvres, mains, pieds) ou seulement sur le front, dans le *rite abrégé,* lorsque la mort était proche. Depuis 1972, 2 onctions sont prévues (front et mains), et le sacrement peut être administré au cours d'une messe, dans une maison ou à l'église ; il peut être célébré de manière communautaire. Les prières sont adaptées à la situation du malade.

■ **Liturgie des heures.** Le Bréviaire romain, fixé par St Pie V (1568), contenait 8 offices de prières (en commun ou en particulier) répartis à différentes heures de la journée : *matines, laudes, prime, tierce, sexte, none, vêpres, complies.* Depuis Vatican II (Liturgie des heures, 1971), *matines* est devenu l'*office de lecture, prime* a été supprimé, et l'ensemble de l'office révisé.

■ **Rituels divers.** Consécration des vierges, profession religieuse, bénédiction d'un abbé ou d'une abbesse (1970), culte eucharistique (1973), admission d'un baptisé à la pleine communion catholique (1972), dédicace des églises et autels (1977), livre des bénédictions, cérémonial des évêques (1984).

■ **Chant grégorien.** Chant propre à l'Église catholique romaine. Répertoire groupé principalement dans 2 livres, l'*antiphonaire* de l'office et celui de la messe (appelé souvent *graduel*). Faussement attribué à St Grégoire le Grand (pape de 590 à 604) par les réformateurs carolingiens. D'origine romaine par son texte, a été remanié en milieu franc entre 750 et 800. Restauré au XIXe s. par l'abbaye de Solesme. A toutes les époques, des musiciens ont composé des mélodies d'inspiration grégorienne. Le XXe s. a révélé ce chant comme source de toute la musique occidentale. **Caractéristiques :** homophonie (voix seule, sans accompagnement). Les théoriciens médiévaux (IXe-XIe s.) ont classé les mélodies en 8 modes officiels, selon la *finale* des pièces *(ré, mi, fa, sol)* et selon le plus ou moins grand *ambitus* (étendue d'une mélodie du son le plus grave au plus aigu) de la composition (authente, plagal). Le *rythme libre,* lié à la déclamation du texte chanté, s'est perdu à la fin du Moyen Age pour faire place au *plain-chant* (donnant la même valeur à toutes les notes), qui sera plus ou moins la norme jusqu'à la fin du XIXe s. **Notation musicale :** les chants furent d'abord transmis de mémoire. Les *neumes,* représentation symbolique du geste vocal, apparaissent dans les manuscrits du Xe s. La portée avec ses clés naquit au XIe s. et fut popularisée par Gui d'Arezzo († v. 1050). **Principaux genres musicaux :** POUR L'OFFICE : psalmodie des psaumes ou des cantiques ; *antienne,* court refrain chanté au début et à la fin du psaume ; *hymne,* chant populaire en vers métriques, lié à la fête ou au moment de la journée ; *répons* (bref ou prolixe), chant de quelques versets bibliques par un soliste ou par la *schola cantorum,* avec réponse de l'assemblée. POUR LA MESSE : chants qui accompagnent une procession liés à l'entrée *(introït),* à l'*offertoire* ou à la *communion,* chants mélismatiques (très ornés) qui suivent les lectures *(graduel, trait* et *alleluia) ;* chants revenant au peuple : *Kyrie, Gloria, Credo, Sanctus, Agnus Dei.*

■ **Autres formes de chants, liturgiques ou non.** Les textes de chant grégorien ont été aussi revêtus de polyphonie. A côté de ces chants latins, d'autres ont existé, appelés « cantiques en langue vulgaire », pour les distinguer des 3 « cantiques évangéliques » [*Benedictus, Magnificat, Nunc dimittis* faisant partie de la liturgie des heures (voir ci-dessus)]. Ils ont longtemps été soumis à des règles sévères (de la sacrée congrégation des rites) pour la mélodie, les paroles et leur emploi (interdits aux messes chantées en latin). Actuellement, ils sont admis dans la liturgie, sous condition de texte et de mélodie.

■ **Objets liturgiques. Autel :** normalement en pierre, renfermant habituellement des reliques. **Calice :** coupe contenant le vin consacré pendant la messe. **Chandelier à 7 branches :** symbolise les 7 planètes considérées comme dispensant leur lumière sur le monde. Dans les Écritures, 7 est le nombre de la plénitude ou de la perfection. **Châsse** (du latin *capsa,* caisse) : coffret en forme d'édifice où l'on garde des reliques. **Ciboire** (du grec *kiborion,* fond du nénuphar dont il rappelle la forme) : vase sacré, en général fermé d'un couvercle, destiné à contenir les hosties consacrées. **Colombe :** récipient en forme de colombe conservant les hosties, il est suspendu par des chaînes au-dessus de l'autel (usage ancien). **Conopée** (du grec *conopeïon,* moustiquaire) : voile recouvrant le tabernacle, il symbolise la tente de l'Exode. **Corporal** (du latin *corpus,* corps) : linge bénit que le prêtre place sur l'autel à l'offertoire pour y déposer la patène et le calice. **Custode** (du latin *custodia,* garde) : petite boîte ronde dans laquelle on transporte les hosties pour les malades. **Encensoir** (du latin *incendere,* brûler) : petit réchaud au couvercle ajouré, suspendu à des chaînettes, dans lequel on fait brûler l'encens. **Gémellion** (du latin *gemellus,* jumeau) : bassin, élément d'une paire, servant au lavement des mains (n'est plus employé). **Goupillon :** manche avec une boule trouée contenant une éponge. Sert à prendre de l'eau bénite pour bénir en l'aspergeant un objet, les fidèles ou un cercueil. A l'origine, tige de bois avec une touffe de soies de porc, de blaireau ou de renard. **Lunule** (du latin *lunula,* petite lune) : deux plaques de verre cerclées de métal doré enserrant une hostie pour la placer au centre de l'ostensoir. **Oblats** (du latin *oblatum,* offert) : nom donné au pain et au vin offerts à la messe en vue de la consécration. **Ostensoir** (du latin *ostensio,* mise en avant), **monstrance** ou **soleil :** pièce d'orfèvrerie (apparue au XIIIe s.) utilisée pour exposer aux fidèles une hostie consacrée. **Patène** (du latin *patena,* petit plat) : plat bénit sur lequel on dépose l'hostie pendant la messe. **Pyxide** (du grec *pyxis,* boîte) : custode en buis, puis en métal qui a servi jusqu'au XIIIe s. à porter le saint sacrement. **Purificatoire :** linge avec lequel le prêtre essuie ses lèvres, ses doigts, ainsi que le calice après la communion. **Tabernacle** (du latin *tabernaculum,* tente) : sanctuaire portatif des Hébreux protégeant l'Arche de l'Alliance ; petite armoire qui abrite les hosties consacrées.

☞ **Le Graal** est la coupe légendaire qui servit à la dernière Cène et dans laquelle Joseph d'Arimathie aurait recueilli le sang jailli du côté du Christ. Elle inspira plusieurs chansons de geste comme le *cycle arthurien* développé à partir de l'abbaye de Glastonbury. La cathédrale de Valence, en Espagne (où il existe une confrérie du Saint-Calice de la Cène), conserve un calice vert taillé dans une agate orientale (cornaline), fabriqué entre le IVe s. av. J.-C. et l'an 1 ; emporté selon la légende par St Pierre dans les catacombes, et transmis de pape en pape jusqu'à Sixte II qui, craignant les persécutions de l'empereur Valérien, le confia en 258 à son diacre Laurent qui l'aurait expédié dans son village près de Huesca. Envoyé en 713 à San Juan de la Pena (monastère bénédictin), ce calice fut donné en 1437 par Alphonse V (roi d'Aragon) à la cathédrale de Valence.

■ AUTRES DÉVOTIONS

■ **« Actes ». De foi :** « Mon Dieu, je crois fermement toutes les vérités que vous nous enseignez par votre Église, parce que c'est vous, la vérité même, qui les lui avez révélées et que vous ne pouvez ni vous tromper, ni nous tromper. » **D'espérance :** « Mon Dieu, j'espère avec une ferme confiance que vous me donnerez, par les mérites de Jésus-Christ, votre grâce en ce monde, et, si j'observe vos commandements, le bonheur éternel dans l'autre ; parce que vous l'avez promis, et que vous êtes souverainement fidèle dans vos promesses. » **De charité :** « Mon Dieu, je vous aime de tout mon cœur et par dessus tout, parce que vous êtes infiniment bon et infiniment aimable, et j'aime mon prochain comme moi-même pour l'amour de vous. » **De contrition :** « Mon Dieu, j'ai un très grand regret de vous avoir offensé, parce que vous êtes infiniment bon, infiniment aimable et que le péché vous déplaît ; je prends la ferme résolution, avec le secours de votre sainte grâce, de ne plus vous offenser et de faire pénitence. »

■ **Salut du Saint-Sacrement.** Office de dévotion, suivant vêpres ou complies, répandu à partir du XVIe s. par les confréries du St-Sacrement. L'hostie, déposée dans un ostensoir, est encensée et montrée à la foule par un prêtre ou un diacre qui élève l'ostensoir, dans un geste de bénédiction. Le prêtre peut être revêtu de la chape et l'autel doit être décoré de cierges allumés. La seule prière prescrite jusqu'en 1973 était le *Tantum ergo* [les 2 dernières strophes de l'hymne *Pange lingua* composé par St Thomas d'Aquin (1225-74) pour l'office du St-Sacrement institué par le pape Urbain IV en 1264].

■ **(Adoration des) Quarante Heures.** Chaîne ininterrompue de prières, d'abord devant le tombeau du Christ entre le soir du vendredi saint et le matin de Pâques (XVIe s.), puis devant le saint sacrement en d'autres occasions (temps de guerre, carnaval). Réglementées par Clément XI (1700-21). Répandues en France au XIXe s.

Adoration nocturne. *1810 créée* à Rome. *1844* introduite à Paris par François de La Bouillerie (1810-82), vicaire général. *1848* transformée en dévotion paroissiale (N.-D.-des-Victoires) par le père Hermann Cohen (1820-71), juif converti devenu religieux carme. *1852* répandue par le commandant de Cuers dans 43 autres sanctuaires, dont 25 paroisses.

Adoration perpétuelle. *1856 créée* en France par St Julien Eymard (1811-68) sur le modèle des Quarante Heures, pour les communautés religieuses (les adorateurs se relaient d'heure en heure, par groupe de 2) et les diocèses (chaque paroisse se charge de l'adoration de jour et de nuit à une date fixe). Encore pratiquée à la basilique de Montmartre à Paris.

Adoration réparatrice. *1848 créée* par mère Marie-Thérèse (Théodelinde) Dubouché (1809-63). Adoptée par de nombreux instituts religieux et par les confréries du

■ **Scapulaire.** Pièce de vêtement à capuchon, couvrant les épaules et attachée à la taille par une ceinture, que les moines portent sur leur tunique. Devenu au XIIe s. l'insigne des tiers ordres (c'est-à-dire des laïcs cherchant à vivre la vie spirituelle des religieux, sans toutefois quitter le monde). Porté sous les vêtements, il s'est réduit à un carré d'étoffe suspendu à un cordon, ou a été remplacé par une médaille. *Scapulaire le plus connu :* celui des Carmes [attribué au bienheureux Simon Stock (v. 1165-1265)].

■ **Symboles chrétiens. Alliance :** anneau, arc-en-ciel, olivier. **Chrétien :** cerf. **Christ :** agneau, couronne, lion, livre, pélican [selon la légende s'immole pour faire revivre ses oisillons (Christ abreuvant de son sang les fidèles)], spectre, soleil, trône, vigne. **Ciel :** étoiles. **Diable :** dragon, serpent. **Dieu :** œil, feu, triangle équilatéral. **Église :** ville, navire, voile. **Eucharistie :** grappe de raisin, pain, pélican, poisson. **Évangélistes :** ange ou homme (Matthieu), lion (Marc), taureau ou bœuf (Luc), aigle (Jean). **Immortalité :** paon, phénix. **Justes** (à la droite du Christ lors du Jugement dernier) : brebis. **Martyrs :** couronne, épée, palme. **Passion :** arbre, clous, cœur transpercé, couronne d'épines, croix. **Péché originel :** pomme. **Saints :** nimbe [*Esprit :* colombe, flamme, feu ; *Laurent :* gril ; *Martin :* manteau ; *Paul :* épée, livre ; *Pierre :* clefs, coq] ; *Vierges :* lampe, lis.

■ **Indulgences.** Pratique remontant à l'époque où les évêques excommuniaient des pécheurs pour les punir d'une faute grave. Certains actes pieux (prières, jeûnes, aumônes) pouvaient abréger leur temps d'excommunication de 10, 20 ou 30 jours, etc. Des pèlerinages leur valaient une indulgence « plénière », c'est-à-dire la remise totale de leur peine. Après la disparition de la pénitence publique (VIIIe s.), les expressions de « 10 jours, 20 jours, 30 jours d'indulgence » et « indulgence plénière » sont demeurées pour fixer une hiérarchie de valeur entre différents actes pieux. La pratique des indulgences (et surtout des quêtes indulgenciées) a été violemment critiquée par Luther en 1520. Le concile de Trente (1545-63) a proclamé que les indulgences étaient « utiles », sans dire en quoi, ni ce que signifiaient des expressions telles que « 10 jours » ou « plénière ». Beaucoup de catholiques, sans pouvoir se fonder sur aucun texte officiel de l'Église, les ont interprétées dans le sens de « réduction du temps passé au Purgatoire » (ce que dénonçaient les protestants). La pratique des actes de dévotion « indulgenciés » a presque disparu dans l'Église contemporaine, sauf celle des pèlerinages pendant les années saintes. La constitution apostolique *Indulgentiarum doctrina* (1-1-1967) rénove la présentation et les normes des indulgences. Seule est restée la distinction entre indulgence *plénière* et *partielle,* la computation des jours ayant disparu. Le 14-12-1985, les évêques ont reçu le droit d'accorder l'indulgence plénière (3 fois par an) à leurs fidèles, en leur donnant la bénédiction pontificale, comme le pape, par radio ou TV. Pendant l'année sainte, l'*indulgence plénière* est accordée aux pèlerins, moyennant la confession, la communion et la visite des 4 basiliques majeures en passant par la Porte sainte. Le 29-11-1998, la bulle d'induction du Grand Jubilé 2000 développe le décret du don d'indulgence. En oct. 1999, l'*Enchiridion Indulgentarium* (manuel) est publié.

St-Sacrement. *Pratique :* une visite quotidienne à l'église ou un temps déterminé d'adoration devant le saint sacrement en réparation des blasphèmes ou injures proférés contre lui.

■ **Chemin de croix.** Dévotion répandue au XVe s. par les franciscains qui, depuis 1312, avaient obtenu des Turcs la garde des *lieux saints,* notamment de la *Via dolorosa* (nom donné au XVIe s. à la *voie douloureuse* allant de l'Antonia où l'on situe le prétoire de Pilate au Golgotha). L'occupation turque rendant difficiles les pèlerinages traditionnels, les franciscains favorisèrent l'aménagement de « voies douloureuses » de remplacement, en plein air ou dans les églises. Pour les jalonner, on fixait des croix, tableaux, bas-reliefs représentant les étapes (ou stations) parcourues par Jésus portant sa croix vers le Calvaire. La dévotion, organisée par Clément XII (1731) et Benoît XIV (1742), comporte, devant chaque station, des prières, des cantiques et une exhortation. **Nombre des stations :** a varié jusqu'au XIXe s. ; puis le chiffre de 14, propagé par les franciscains, l'a emporté : *1* Jésus est condamné à mort ; *2* est chargé de sa croix ; *3* tombe sous le poids de sa croix ; *4* rencontre sa mère ; *5* Simon le Cyrénéen aide Jésus à porter sa croix ; *6* une femme pieuse essuie la face de Jésus ; *7* Jésus tombe pour la deuxième fois ; *8* console les filles d'Israël qui le suivent ; *9* tombe pour la 3e fois ; *10* est dépouillé de ses vêtements ; *11* est attaché à la croix ; *12* meurt sur la croix ; *13* est déposé de la croix et remis à sa mère ; *14* est mis dans le sépulcre. A Lourdes (depuis 1958), *15e station* « avec Marie dans l'espérance de la résurrection du Christ » ; à Jérusalem « résurrection devant le tombeau ». **Les plus célèbres en France :** *en plein air :* Lourdes, Pontchâteau (L.-A.), Callac (Morbihan), calvaires du Finistère (antérieurs à la dévotion au chemin de croix). *Églises :* Ste-Thérèse de Boulogne-Billancourt (de Lambert-Rucki).

■ **Congrès eucharistiques. Internationaux :** *créés* à l'initiative d'Émilie Tamisier (1844-1910), soutenue par Mgr de Ségur (1820-1881) et le pape Léon XIII. Principal organisateur du 1er en 1881 : Philibert Vrau, industriel de Lille (1829-1905). *Buts :* approfondir la doctrine catholique de l'eucharistie ; rendre un hommage public et solennel au saint sacrement, adoration). *Liste :* Lille 1881, Avignon 1882, Liège 1883, Fribourg 1885, Toulouse 1886, Paris 1888, Anvers 1890, Jérusalem 1893, Reims 1894, Paray-le-Monial 1897, Bruxelles 1898, Lourdes 1899, Angers 1901, Namur 1902, Angoulême 1904, Rome 1905, Tournai 1906, Metz 1907, Londres 1908, Cologne 1909, Montréal 1910, Madrid 1911, Vienne 1912, Malte 1913, Lourdes 1914, Rome 1922, Amsterdam 1924, Chicago 1926, Sydney 1928, Carthage 1930, Dublin 1932, Buenos Aires 1934, Manille 1936, Budapest 1938, Barcelone 1952, Rio de Janeiro 1955, Munich 1960, Bombay 1964, Bogota 1968, Melbourne 1973, Philadelphie 1976, Lourdes 1981, Nairobi 1986, Séoul 1989, Séville 1993, Wroclaw 1997, Rome 2000, prochain congrès : Guadalajara (Mexique) 2004. **Français :** Faverny 1908, Ars 1911, Paray-le-Monial 1921, Paris 1923, Rennes 1925, Lyon 1927, Bayonne 1929, Lille 1931, Angers 1933, Strasbourg 1935, Lisieux 1937, Alger 1939, Nantes 1947, Nancy 1949, Nîmes 1951, Rennes 1956, Lyon et Ars-en-Ré 1959, Bordeaux 1966.

■ **Culte du Sacré-Cœur.** *Origine :* prôné par St Jean Eudes (1601-80), célébré la 1re fois le 8-2-1647, demandé par Ste Marguerite-Marie Alacoque († 1690), approuvé par Clément XIII en 1765, étendu à tout le rite romain par Pie IX en 1856 (le 3e vendredi après la Pentecôte). Les *litanies du Sacré-Cœur* ont été composées en 1718 par la vénérable Anne-Madeleine de Rémusat, religieuse visitandine de Marseille (1696-1730), et approuvées par Léon XIII (1899). Juin a été considéré comme *« mois du Sacré-Cœur ».*

■ CULTE MARIAL

Appellation. Marie, la Vierge Marie, Notre-Dame (depuis le XIIe s.), Madone (de l'italien *mia donna,* ma Dame), utilisé hors d'Italie depuis le XVe s. pour tableaux et statues d'origine italienne représentant la Vierge.

Culte liturgique. Célébration des fêtes de la Vierge. Plusieurs chants liturgiques (antiennes, hymnes, répons) sont souvent repris, en dehors de l'office [par exemple : *Ave Maris Stella, Sub tuum praesidium, Salve Regina* attribué à Hermann Contract, moine de Reichenau († 1054)]. La 1re *messe en l'honneur du cœur de Marie* (le 8-2-1648) a été célébrée sur l'initiative de St Jean Eudes (1601-80). Recueil de *Messes en l'honneur de la Vierge Marie,* en latin 1986, français 1989.

« Je vous salue Marie » (*Ave Maria*) : prière composée : **1°)** *de l'antienne Ave Maria* [paroles de l'ange, lors de l'Annonciation (Luc 1,28) et d'Élisabeth (Luc 1,42)] : « Je vous salue, Marie, pleine de grâce, le Seigneur est avec vous, vous êtes bénie entre toutes les femmes et Jésus le fruit de vos entrailles est béni » (en usage depuis le Ve s.) ; **2°)** *d'une invocation officialisée* par St Pie V, mentionnant le titre de *Théotokos* (« Mère de Dieu »), définie au concile d'Éphèse en 421 : « Sainte Marie, Mère de Dieu, priez pour nous, pauvres pécheurs, maintenant et à l'heure de notre mort. Ainsi soit-il. »

■ **Angélus.** Sonnerie de cloches du soir, puis du matin, enfin du midi. Promulguée en France par Mgr Élie de Bourdeille, archevêque de Tours, et ratifiée par Louis XI. Rythmait la journée, surtout à la campagne (cf. le tableau de Millet, « l'Angélus »). *Prières l'accompagnant :* 3 *Ave Maria,* précédés d'une antienne, et une *oraison* commémorant l'Incarnation.

■ **Années mariales.** Instituées par des papes du XXe s. pour une occasion exceptionnelle, sur le modèle de l'année sainte. **1953-54** (du 8-12 au 8-12), proclamée par Pie XII pour le centenaire du dogme de l'Immaculée Conception. **1987-88** (du 7-6-1987 au 15-8-1988), ouverte par Jean-Paul II à St-Marie-Majeure suivie par 1 milliard de téléspectateurs [*coût de la retransmission :* 2 millions de $ pris en charge par Bic, Global Media (Brésil) et Lumen 2000 (association religieuse néerlandaise)].

■ **Chapelet** (de chapel ou chapeau). Pratiqué dans l'Inde depuis le Ve s. av. J.-C. ; adopté par les musulmans (chapelet de 3 fois 33 grains) et avant eux par les moines orientaux puis occidentaux, puis répandu avec les croisades comme prière mariale (XIe s. : partie du rosaire). Les musulmans considèrent que la prière est dite automatiquement quand le grain de chapelet file entre les doigts (ils en font couler ainsi 6 666 ; néanmoins, ils récitent souvent une formule à chaque passage d'un grain : « Dieu est louable », « Gloire à Dieu », « Dieu est grand »). Les chrétiens disent systématiquement une prière par grain du chapelet. **Rosaire :** dévotion répandue par Alain de La Roche (fin XVe s.) ; on a assimilé cette prière à une guirlande de roses dont on ornait les statues de la Vierge ; propagée surtout par les dominicains et encouragée par Léon XIII qui fit du mois d'octobre le *mois du rosaire.* Chapelet comportant 50 petites boules séparées (de 10 en 10) par 5 grosses. Pour chaque petite, on dit un *Ave Maria* et pour chaque grosse, un *Pater.* Le chapelet est récité 3 fois, avec chaque fois la méditation d'un « mystère » : *5 joyeux :* Annonciation, Visitation, Naissance de Jésus, Présentation au Temple, Jésus perdu et retrouvé au Temple ; *5 douloureux :* Agonie au jardin des Oliviers, Flagellation, Couronnement d'épines, Portement de Croix, Crucifixion ; *5 glorieux :* Résurrection, Ascension, Descente du St-Esprit, Assomption et Couronnement de la Vierge. Un des titres donnés à la Vierge est : N.-D. du Rosaire (fête le 7-10, instituée par St Pie V en 1573).

■ **Litanies de Lorette.** D'inspiration orientale. Nombreuses versions, à partir du XIVe s. en Occident. Forme actuelle attestée à Lorette (Italie) en 1531, approuvée par Sixte Quint en 1587 et seule reconnue par Clément VIII en 1601. Série de 49 invocations à la Vierge empruntées à la Bible (par exemple l'Arche d'Alliance), et à la littérature poétique mariale, florissante au Moyen Age. De 1862 à 1995, 7 invocations ont été ajoutées (définitions dogmatiques ou dévotions nouvelles) : *Reine conçue sans faute originelle, Reine du Saint-Rosaire, Mère du Bon Conseil, Reine de la Paix, Reine élevée au Ciel, Mère de l'Église, Reine de la famille* (31-12-1995).

■ **Procession du 15 août.** Dite « du vœu de Louis XIII ». Après la prise de Corbie en 1635, Louis XIII voue le royaume à Marie. Il renouvelle son vœu le 10-2-1638 et institue la procession sur l'initiative du cardinal de Richelieu et du père Joseph. A la suite de victoires pendant la guerre de Trente Ans, Louis XIII promet de reconstruire le grand autel de N.-D. de Paris et d'y organiser chaque année une procession solennelle. Celle-ci, interdite sous la Révolution et remplacée sous l'Empire par la St-Napoléon, fut rétablie sous la Restauration, mais supprimée par Louis Philippe. Le 21-3-1922, Benoît XV proclama N.-D. de l'Assomption patronne principale de la France.

■ **Représentation.** Debout ou assise, portant l'Enfant Jésus. La représentation sans l'Enfant est moderne. Voilée (symbole de virginité) ou couronnée [1er exemple à Rome : la madone de Jean VII (705-707) à St-Pierre]. La vierge de Pitié ou *Pietà* (portant le corps du Christ sur ses genoux après la Descente de croix) apparaît au XIVe s.

■ DROIT CANONIQUE

■ **Code du 20-5-1917.** Promulgué par Benoît XV (bulle *Providentissima*) ; entré en vigueur le 19-5-1918. 1re codification officielle de la législation de l'Église catholique, ne s'appliquant qu'à l'Église latine, et laissant en vigueur les dispositions concordataires, se montrant en outre très souple envers les coutumes. Contenait 2 414 *canons,* répartis en 5 livres (règles générales, personnes, choses, procès, peines).

■ **Code du 27-11-1983.** Promulgué par Jean-Paul II (Constitution apostolique *Sacrae disciplinae legis*) ; remplace celui de 1917. La révision, décidée par Jean XXIII (janvier 1959), commença en 1963, dirigée par le cardinal Périclès Felici ; 2 livres supplémentaires : le 2e (fidèles) et le 4e (sacrements). Le nombre des canons passe de 2 414 à 1 752 [les 2 derniers livres (procès et peines) sont réduits]. Le nouveau Code insiste sur les droits des laïcs et le rôle des femmes.

■ ***Codex canonum Ecclesiarum orientalium (CCEO).*** Code des canons des Églises orientales, promulgué le 18-10-1990.

■ **Excommunication.** L'excommunié est exclu de la communauté des fidèles et ne peut recevoir ni sacrements, ni sépulture, ni obsèques religieuses. Le code de 1917 prévoyait 42 cas d'excommunication. Celui de 1983 n'en connaît plus que 7 : **1°)** hérésie, apostasie, schisme ; **2°)** avortement ; **3°)** sacrilège contre l'Eucharistie ; **4°)** violence physique contre la personne du pape ; **5°)** absolution du complice (pour péché charnel ou avortement) ; **6°)** consécration illicite d'un évêque (cas de Mgr Lefebvre en 1988) ; **7°)** violation du secret de la confession.

■ L'ÉGLISE CATHOLIQUE ET LE MOUVEMENT ŒCUMÉNIQUE

☞ **Œcuménisme :** du grec *oikoumenê gê,* ensemble de la Terre habitée et, par extension au domaine religieux, l'ensemble des chrétiens dans le monde. Vatican II a voulu « promouvoir la restauration de l'unité entre tous les chrétiens » (décret sur l'œcuménisme).

■ **L'Église catholique : 1°)** *reconnaît* le baptême des autres confessions chrétiennes et tous les sacrements des orthodoxes ; **2°)** *recommande* de prier en commun avec des frères séparés (liturgies de la Parole) ; **3°)** *permet* d'assister à des liturgies non catholiques pour une raison sociale ou d'amitié ou de rapprochement, même avec participation aux gestes, répons et chants (sauf s'ils étaient manifestement contraires à la foi catholique), cependant sans communier ; d'être lecteur dans une liturgie orthodoxe (avec accord de l'évêque) ; de recourir à la confession, la communion et l'onction des malades des orthodoxes, en cas de besoin (voyage, éloignement), si les épiscopats sont d'accord et en toute réciprocité (en observant les usages particuliers, par exemple le jeûne eucharistique) ; d'assister occasionnellement le dimanche ou un jour de fête d'obligation à une messe de rite oriental séparé ; d'être parrain ou marraine d'un orthodoxe ou de prendre pour parrain ou marraine un orthodoxe (pourvu que l'autre soit catholique) ; d'être « témoin chrétien » pour les baptêmes des autres confessions ; d'être témoin à un mariage de non-catholiques ; de prêter des objets et lieux de culte en cas de besoin avec l'accord de l'évêque. *Textes d'accords ou déclarations communes :* 22 entre l'Église catholique et une autre Église chrétienne.

Le Vatican reconnaît comme interlocuteur le Conseil œcuménique des Églises et prend part à d'autres conférences œcuméniques.

☞ **Centres œcuméniques en France :** *Secrétariat national pour l'unité des chrétiens* 82, rue de l'Abbé-Carton, 75014 Paris. *Istina* 45, rue de la Glacière, 75013 Paris (revue). *Unité chrétienne* 2, rue Jean-Carries, 69005 Lyon (revue). *Centre Saint-Irénée* 2, place Gailleton, 69002 Lyon (revue « Foyers mixtes »). *Formation œcuménique interconfession-*

■ **Quelques dates œcuméniques.** **1690-99** correspondance Bossuet-Leibniz sur la réunification des Églises. **1740** Écosse, naissance d'un mouvement pentecôtiste : appelle à prier pour toutes les Églises. **1820** *James Haldane Stewart* publie « Conseils pour l'union générale des chrétiens, en vue d'une effusion de l'Esprit ». **1840** *Ignatius Spencer,* converti au catholicisme romain, suggère une « Union de prière pour l'unité ». **1867** *Lambeth :* la 1re assemblée des évêques anglicans insiste sur la prière pour l'unité. **1890** le père *Fernand Portal,* lazariste, engage avec un laïc anglican, *lord Halifax,* un dialogue interrompu par Rome. **1894** Léon XIII encourage la pratique de l'octave de la prière pour l'unité dans le contexte de la Pentecôte. **1908** le père *Paul Wattson,* anglican, propose une octave de prière de tous les chrétiens pour l'unité entre le 18 et le 25-1. **1910** conférence (protestante) mondiale des Missions, à Édimbourg. **1920** appel du patriarcat de Constantinople à une association de toutes les Églises. **1921** conseil international des Missions (protestant). **1921-25** *conversations* (non officielles) *de Malines* entre catholiques et anglicans (à l'initiative du cardinal belge Mercier). **1926** le mouvement Foi et Constitution commence la publication de « Suggestions pour une octave de prière pour l'unité des chrétiens ». **1935** début à Lyon de la semaine de prière pour l'unité (18/25-1), par le père Couturier. **1936** le centre *Istina* s'installe à Paris (*Russie et chrétienté* deviendra la revue *Istina* en 1954). **1937** 1re rencontre suscitée par le père Couturier du « Groupe des Dombes » (pasteurs et prêtres pour une recherche théologique). **1948** *1re assemblée générale du Conseil œcuménique des Églises* (147 Églises représentées). **1960**-*5-6* Jean XXIII crée le *secrétariat pour l'Unité des chrétiens.* **1964**-*6-1* 1re rencontre en Terre sainte de Paul VI et d'Athénagoras Ier, patriarche œcuménique. *-21-11* décret de Vatican II sur l'œcuménisme *(Unitatis redintegratio).* **1965**-*7-12* à Rome et au Phanar (Istanbul), levée des anathèmes lancés par Rome et Constantinople en 1054, au début du grand schisme. **1966**–*23-3* Paul VI reçoit à Rome le Dr Ramsey, archevêque de Cantorbéry, création d'une commission anglicane-catholique. **1967** rencontres Paul VI-Athénagoras Ier à Istanbul (25-7) et à Rome (26/28-10). Directoire œcuménique (I) à Rome. **1969**-*15-6* Paul VI reçu à Genève, au Conseil œcuménique des Églises. **1970**-*31-3 motu proprio* de Paul VI sur les mariages mixtes. Directoire œcuménique (II) à Rome. **1971** 1ers accords catholiques-anglicans (sur l'Eucharistie). **1972** rapport catholiques-luthériens sur Eucharistie et ministère. **1972-76** traduction française œcuménique de la Bible (TOB) réalisée par des exégètes catholiques et protestants, avec la collaboration d'orthodoxes (Nouveau Testament en 1972, Ancien en 1975). **1977**-*29-4* Paul VI reçoit à Rome le Dr Coggan, archevêque de Cantorbéry. **1979**-*30-11* Istanbul : Jean-Paul II visite Dimitrios Ier. La constitution d'une commission mixte de dialogue théologique avec les Églises orthodoxes est annoncée. **1982** 3 pays luthériens (Suède, Danemark, Norvège) établissent des relations diplomatiques avec le St-Siège. Le catholicisme avait été hors la loi jusqu'en 1781 en Suède, 1849 au Danemark, 1952 en Norvège. *-Janv.* document dit de Lima, du Conseil œcuménique sur baptême, Eucharistie, ministère. *-29-5* Jean-Paul II reçu à Cantorbéry par l'archevêque Runcie. **1983**-*11-12* il visite l'église luthérienne de Rome (1er pape à prêcher dans un temple). **1984**-*12-6* reçu au Conseil œcuménique à Genève. **1985** échange de lettres avec l'évêque James Frumley, Pt des Églises luthériennes d'Amérique. **1986**-*27-10* les chrétiens séparés participent, avec Jean-Paul II, à la journée interreligions d'Assise. *-13-11* le Synode général de l'Église anglicane (Londres) vote par 344 voix (contre 137) une motion reconnaissant que le pape joue le rôle « d'un primat universel ». **1987** le patriarcat de Moscou renoue avec le Vatican ses relations interrompues depuis 1980 *-3/7-12* Dimitrios Ier au Vatican. A la messe à St-Pierre (6-12), il reste à l'autel pendant la 1re partie de l'Eucharistie. L'Évangile est proclamé en grec et en latin, pour signifier l'universalité de l'Église. Ensuite, lui et Jean-Paul II prononcent chacun une homélie exprimant le désir de réconciliation, récitent ensemble le *Credo* de Nicée et se donnent l'accolade. Puis Dimitrios se retire sur le côté pour assister à la liturgie sans y communier. *-17-12* création d'un Conseil des Églises chrétiennes en France. **1988**-*juin* l'Église catholique participe au millénaire du baptême de la Russie. **1989**-*15-5* Bâle : rassemblement œcuménique européen groupant le Conseil des conférences épiscopales d'Europe (catholique) et la Conférence des Églises d'Europe (non catholique). *-1-6* Jean-Paul II rencontre les Églises luthériennes de Scandinavie. *-29-9* il reçoit à Rome le Dr Runcie, archevêque de Cantorbéry. **1991**-*31-5* lettre de Jean-Paul II aux évêques européens sur les relations entre catholiques et orthodoxes. *-5-10* et *-7-12* célébrations œcuméniques à St-Pierre de Rome. **1993**-*8-6* Directoire œcuménique (nouvelle édition). L'Église recommande aux catholiques de ne pas prendre part sans discernement aux actes cultuels de non-chrétiens. **1995**-*25-5* encyclique *Ut Unum sint* de Jean-Paul II sur l'engagement œcuménique. *-27/30-6* Bartholomée Ier, patriarche de Constantinople, au Vatican. Pour la 1re fois, il s'adresse directement à la foule sur la place, du balcon St-Pierre ; puis il donne sa bénédiction simultanément avec Jean-Paul II. **1996**-*3/6-12* Jean-Paul II reçoit Mgr Georges Carey, archevêque de Cantorbéry ; déclaration et célébrations communes. **1997** *-23/29-6* Graz : 2e rassemblement œcuménique européen. Déclaration commune luthériens-catholiques sur la doctrine de la justification. **1999**-*13-2* Jean-Paul II reçoit Mgr Carey. **2000**-*18-1* Rome : ouverture de la Porte sainte de St-Paul-hors-les-Murs par Jean-Paul II en présence de représentants de 22 Églises et communautés non catholiques.

Autres visites officielles à Rome. **Coptes :** pape d'Alexandrie (4/10-5-1973 : Amba Chenouda III). **Syriens :** patriarche syrien d'Antioche (25/27-10-1971, 13/16-5-1980 : Mar Ignatius Yacoub III ; 20/23-6-1984 : Mar Ignatius Zakka Ier Iwas). **Arméniens : catholicossat d'Etchmiadzine** (Arménie) : Catholicos Suprême de tous les Arméniens (8/12-5-1970 : Vasken Ier, *déclaration commune* 12-5-1970). **Catholicossat de Cilicie** (Antélias/Liban) : catholicos arménien de Cilicie (8/11-5-1967 : Khoren Ier et 15/19-4-1983 : Karekine II Sarkissian ; *communiqué commun* 19-4) ; le même, sous le nom de Karekine Ier, catholicos de l'Église arménienne apostolique : 10/13-12-1996, *déclaration commune.* Catholicos de Cilicie : Aram Ier Keshishian : 25-1-1997, *déclaration commune.* Karékine II : 8/11-11-2000. **Éthiopiens :** patriarche de l'Église éthiopienne orthodoxe (17-10-1981 : Abuna Tekle Haimanot et 8/14-6-1993 : Abuna Paulos Paulos). **Malankars :** catholicos de l'Église malankare orthodoxe syrienne (3-6-1983 : Moran Mar Baselios Marthoma Mathews Ier). **Assyriens :** patriarche de l'Église assyrienne de l'Orient Mar Dinkha IV (7/9-11-1984, 8/12-11-1994).

■ **L'Église catholique et les non-chrétiens.** **1964**-*19-5* Paul VI crée un secrétariat pour les non-chrétiens. **1965**-*28-10* promulgation de la « Déclaration sur les religions non chrétiennes » (*Nostra aetate*) par le concile Vatican II. **1974**-*22-10* Paul VI crée une commission pour les relations religieuses avec le judaïsme, qui publie (le 1-12) des « Orientations et suggestions pour l'application de la déclaration conciliaire *Nostra aetate* ». **1985**-*mai* publication, à Rome, des « Notes pour une correcte présentation des juifs et du judaïsme dans la prédication et la catéchèse de l'Église catholique ». *-19-8* à Casablanca, Jean-Paul II est reçu par le roi Hassan II, chef religieux des musulmans (commandeur des croyants). **1986**-*13-4* Jean-Paul II vient prier dans la synagogue de Rome. *-22-7* les évêques polonais renoncent, à la demande des autorités juives (grand rabbin Sirat, Me Théo Klein), à construire un carmel à Auschwitz (que les juifs considèrent comme un lieu sacré). *-27-10* à Assise, journée de prière pour la paix : 130 représentants des communautés chrétiennes et des grandes religions non chrétiennes ; ils prient ensemble, mais non en une prière commune. **1993**-*9/10-1* à Assise, rassemblement interreligieux pour la paix dans l'ex-Yougoslavie et les Balkans : plus d'une cinquantaine de personnalités chrétiennes, un rabbin venu de Jérusalem et une trentaine de dignitaires musulmans. **2000**-*23-3* Jérusalem, visite de Jean-Paul II au grand Rabbinat, rencontre interreligieuse, visite et discours au Mémorial de l'Holocauste ; *-26-3* Jean-Paul II devant le Mur des lamentations, où il insère une demande de pardon.

■ **Relations Église/marxisme.** **1937** Pie XI (encyclique *Divini Redemptoris*) déclare l'athéisme marxiste « intrinsèquement mauvais » (formule reprise par Pie XII). **1949** un décret du St-Office déclare excommuniés *ipso facto* les catholiques défendant et répandant la doctrine communiste. **1961** Jean XXIII admet le phénomène de « socialisation » et approuve le syndicalisme. **1971** Paul VI admet que la foi chrétienne est compatible avec des engagements politiques différents. **1972** les évêques français, dans un document intitulé *Pour une pratique chrétienne de la politique,* admettent la formulation des idées politiques dans un vocabulaire de lutte des classes. **1977** ils précisent qu'on ne peut concilier foi chrétienne et marxisme. **1981**-*juin* le général des Jésuites, le père Pedro Arrupe, prend parti pour le clergé sud-américain cherchant le contact avec le marxisme. **1985**-*mars* son successeur (le père Kolvenback) adopte la même attitude. **1989**-*1-12* Jean-Paul II reçoit Gorbatchev au Vatican.

nelle (FOI), cours par correspondance. *Groupe des Dombes* (Ain). *Institut supérieur d'études œcuméniques* 21, rue d'Assas, 75270 Paris Cedex 06.

Organismes interreligieux : *Amitié judéo-chrétienne de France (AJCF)* 5, rue de Belzunce, 75010 Paris. *Comité épiscopal pour les relations avec le judaïsme* 17, rue des Lyonnais, 75005 Paris. Rapports avec les non-chrétiens. A Rome, Conseil pontifical pour le dialogue interreligieux. Commission pour les relations avec les juifs. Commission pour les rapports religieux avec les musulmans. En France, *Secrétariat pour les relations avec l'islam* 71, rue de Grenelle, 75007 Paris.

■ COURANTS D'IDÉES

CATHOLIQUES TRADITIONNELS

☞ Rejettent l'appellation d'*intégristes* (définissant une mentalité plus qu'une doctrine) et de traditionalistes (*tradicionalistas,* désignant les Navarrais, attachés aux traditions). Célèbrent la messe dans la liturgie de St Pie V.

■ **Quelques dates.** **1929** Marcel Lefebvre (29-11-1905/25-3-1991, religieux spiritain) ordonné prêtre. **1948** archevêque de Dakar. **1962**-*janv.* évêque de Tulle. *-Août* supérieur général des spiritains. **1968** démissionne. **1969**-*6-6* fonde la *Fraternité sacerdotale St-Pie X* (diocèse de Fribourg) [accord le 1-11-1970, de l'évêque du lieu, Mgr Charrière]. **1971**-*6-6* pose la 1re pierre du séminaire de la Fraternité à *Écône* (Valais, Suisse). **1974**-*21-11* publie un manifeste attaquant Vatican II. **1975**-*6-5* Mgr Mamie (successeur de Mgr Charrière) retire (avec l'autorisation de Rome) son agrément au séminaire d'Écône. *-24-5* condamné par Paul VI, il passe outre (*juin :* ordonne 3 prêtres). **1976**-*29-6* nouvelles ordinations (15). *-22-7* il est *suspens a divinis. -11-9* reçu par Paul VI. **1977**-*27-2* après 9 demandes infructueuses de l'abbé Ducaud-Bourget auprès de Mgr Marty (archevêque de Paris) pour obtenir une église, occupation à Paris de St-Nicolas-du-Chardonnet [choisie par les abbés François Ducaud-Bourget (1897-1984), Louis Coache (1920-94), Vincent Serralda (1904-98)]. L'abbé Pierre Bellego (affectaire légal du lieu) expulsé « manu militari ». *-13-7* la cour d'appel de Paris se prononce contre l'occupation permanente de St-Nicolas et conclut à l'« existence d'un trouble illicite, constitutif d'une voie de fait, à laquelle il est urgent de mettre fin ». *-27-9* préfecture de police saisie, par voies légales, d'une réquisition du concours de la force publique pour exécuter cette décision judiciaire d'expulsion. Mais, l'autorité administrative considère que l'exécution de justice risque de troubler l'ordre public (détermination des occupants de l'église, nombreux incidents déjà survenus en 1977 et 1978 à l'intérieur et près de cet édifice). Lorsque le concours de la force publique risque d'entraîner des troubles plus graves que celui qui naîtrait de l'inexécution de la décision de justice, l'Administration est en droit de le refuser (CE Couiteas, 30-11-1923). Le risque avait été aussi relevé par le médiateur, Jean Guitton, désigné par le tribunal de grande instance de Paris le 1-4-1977 pour élaborer les modalités d'évacuation, avec les parties et les autorités civiles et ecclésiastiques qui lui paraissaient devoir être consultées. **1978**-*17-10* la Cour de cassation confirme, mais il n'y aura pas d'expulsion par la force publique. *-19-11* Mgr Lefebvre est reçu par Jean-Paul II. **1982** confie la Fraternité au père Franz Schmidberger (Allemand). *-12-10* le tribunal administratif de Paris accorde des indemnités réparatrices à l'abbé Bellego (15 000 F) sur le fondement de l'égalité des citoyens devant les charges publiques et mentionne que l'Administration est légalement fondée à refuser son intervention et que, par suite, ce refus ne constitue pas une faute lourde de nature à engager la responsabilité de l'État. **1983**-*déc.* dans une lettre ouverte à Jean-Paul II, Mgr Lefebvre l'accuse d'être aussi porté aux réformes que Paul VI, de nommer des évêques « collaborateurs » dans les pays de l'Est, d'être « infecté d'humanisme » et d'avoir des « amourettes » avec les protestants. Il dénonce le gouvernement collégial et l'orientation démocratique de l'Église condamnée par le syllabus de Pie X ; une fausse conception des droits naturels de l'homme qui apparaît clairement dans le document de Vatican II sur la liberté religieuse, condamnée par *Quanta Cura* ; une conception erronée des pouvoirs du pape ; la conception protestante du sacrifice de la messe et des sacrements condamnée par le concile de Trente ; la libre diffusion des hérésies caractérisée par la suppression du St-Office. **1984**-*3-10* indult de Rome autorisant à certaines conditions (voir p. 498 c) l'usage de l'ancien rite de la messe. **1984**-*16-1* Mgr Lefebvre demande officiellement que la Fraternité soit considérée comme institut de droit pontifical, afin de faire exercer ses prêtres sans demander l'incardination à des évêques. **1986**-*14-4* la communauté monastique de Flavigny (75 membres dont 22 prêtres) se réconcilie avec Rome. **1987** tentatives de rapprochement avec Rome (visite du cardinal Gagnon). **1988**-*5-5* protocole d'accord Lefebvre-Ratzinger. *-6-5* Mgr Lefebvre retire sa signature. *-2-6* ultimatum de Mgr Lefebvre. *-9-6* refus de Jean-Paul II. *-29-6* Mgr Lefebvre, assisté de Mgr de Castro Meyer, ordonne 16 prêtres et le *-30-6* sacre 4 évêques [Richard Williamson (Anglais, né 1940), Bernard Tissier de Mallerais (né 1945), Alfonso de Galarreta (Espagnol, né 1957) et Bernard Fellay (Suisse, né 12-4-1958)], ce qui entraîne son excommunication et celle des 4 évêques. *-2-7 motu proprio Ecclesia Dei afflicta*, entérine le schisme ; réconciliation avec Rome des communautés Ste-Madeleine du Barroux (Vaucluse, 50 bénédictins ; dom Calvet père abbé le 8-4-1989). *-18-7 Fraternité St-Pierre* fondée à l'abbaye d'Hauterive (Suisse) regroupe 16 prêtres et 20 séminaristes désirant « rester unis au successeur de Pierre dans l'Église catholique tout en restant liés à la tradition latine » (*supérieur :* père Joseph Bisig, *siège :* Wigratzbad, Bavière). *-22-10* séminaire international ouvert à Wigratzbad. *-30-11* le prieuré St-Thomas-d'Aquin de Chemeré-le-Roi (Mayenne), fondé 25-11-1979 par le père Louis-Marie (Olivier à l'état civil) de Blignières (fils d'Hervé de Blignières) dans la tradition dominicaine, est reconnu par le Vatican, sous le nom de *Fraternité St-Vincent-Ferrier,* et est autorisé à suivre le rituel d'avant le concile. *-3-12* 5 des membres sont ordonnés prêtres à l'abbaye de Fontgombault (Indre). **1989**-*15-8* 15 000 traditionalistes défilent à Paris pour rappeler les crimes de la Révolution. **1991**-*25-3* Mgr Lefebvre meurt. Les évêques ordonnés par lui le 30-6-1988 sont validement ordonnés mais excommuniés pour avoir reçu l'ordination épiscopale sans mandat (canon 1382). Ceux qu'il a ordonnés lorsqu'il était seulement *« suspens a divinis »* ne le sont pas mais sont rattachés aux prêtres acéphales selon le canon 265 et interdits « de toute charge ou autre exercice du saint ministère » tant qu'ils ne sont pas incardinés. Les sacrements (baptême, eucharistie, onction des malades) administrés par ces prêtres sont valides mais leurs célébrations illicites parce qu'elles ne sont pas faites en communion totale avec l'Église. Ceux qui y participent occasionnellement et sans intention d'adhérer formellement aux positions de la communauté lefebvrienne envers le Saint-Père n'encourent pas l'excommunication. **1993**-*mars* l'abbé Philippe

Laguérie occupe, pendant 4 heures avec 360 fidèles, St-Germain-l'Auxerrois (chapelle Ste-Germaine) ; chassé par la police, il sera destitué le 10 par l'abbé Aulagnier puis pardonné le 14. **2000**-*août* 6 000 fidèles et plusieurs centaines de religieux en pèlerinage à Rome pour le Jubilé ; 4 responsables de la Fraternité St-Pie-X, dont Mgr Fellay supérieur général d'Écône, reçus. *-fin déc.* Mgr Fellay reçu par Jean-Paul II et **2001**-*janv.* par le Card. Hoyos.

■ **Maison généralice.** Menzingen (Suisse). *Supérieur général :* Mgr Bernard Fellay (Suisse, né 12-4-1958, ordonné 29-6-1982) élu 11-7-1994 en chapitre (pour 12 ans).

■ **Statistiques.** **Grands séminaires :** Suisse, Allemagne, USA, Argentine, Australie, *France.* **Maisons :** plus de 250 dont 12 résidences de « supérieurs de districts », plusieurs monastères de frères et de religieuses. **Lieux du culte :** 800 dans 50 pays. **Prêtres :** 404 dont *120 en France.* **Ordinations :** *2000 :* 17. **Carmels :** 6 ouverts de 1980 au 2-3-1988 par mère Marie-Christiane (sœur de Mgr Lefebvre).

En France. **Chef-lieu du district :** maison St-Pie X, 11, rue Cluseret, 92154 Suresnes. *Supérieur :* abbé Pierre-Marie Laurençon. **Écoles libres :** 22. **Institut universitaire St-Pie X,** 21, rue du Cherche-Midi, 75006 Paris : 1. **Noviciat de frères :** 1. **Maisons de retraite spirituelle :** 3. **Prieurés :** 43 (résidences d'équipes sacerdotales de 2 ou 3 prêtres missionnaires). **Séminaire :** 1 (Curé-d'Ars) dans la maison Lacordaire, à *Flavigny-sur-Ozerain* (Côte-d'Or) depuis 5-10-1986. **Carmels :** Bas-en-Basset (Haute-Loire), Eynesse (Gironde). **Communautés de religieuses** de la Fraternité St-Pie X (fondées 1973) : 10. Maison généralice : *St-Michel-en-Brenne* (Indre). Noviciat : *Ruffec* (Charente). **Maisons de religieux :** 37 [dont capucins (Morgon), bénédictins de la Ste-Croix au Brésil, dominicains (Avrillé)]. **Fidèles :** environ 100 000. **Lieux du culte :** 500 dont *Paris : St-Nicolas-du-Chardonnet,* 30, rue St-Victor, Ve [occupée depuis 27-2-1977 ; curé depuis 1997 : abbé Christian Bouchacourt (5 000 personnes aux 5 messes du dimanche, 200 aux 3 messes quotidiennes, 150 baptêmes, 200 confirmations et 40 mariages par an, 3 chorales)], *salle Wagram :* messe le dimanche par l'abbé Joly. *Port-Marly : 1986-28-11 :* église St-Louis occupée par des traditionalistes. *1987-30-3 :* expulsés par la police ; *– Rameaux :* réoccupée (porte forcée). *1991-31-1 :* la cour d'appel de Versailles ordonne l'expulsion (non réalisée).

Le schisme devenu officiel a conduit le min. de l'Intérieur et des Cultes à bloquer les demandes d'exonération de dons, legs et succession au profit de la Fraternité St-Pie X mais, le *24-1-1989,* le Conseil d'État dénie au gouvernement le droit de refuser les autorisations. Le *29-7-1992,* la Fraternité St-Pie X renonce à s'appeler « romaine ». *Septembre 2000* plusieurs legs débloqués.

Autres mouvements

■ **Anticonciliaires.** **Fraternité de la Transfiguration « Le Bois »** (36220 Mérigny) : *fondée* par l'abbé Lecareux. Supérieur : père Jean-Noël Benezech. **Le Combat pour la Foi** (Moulin-du-Pin, 53290 Beaumont-Pied-de-Bœuf) : *créé* par l'abbé Louis Coache (1920-94). 3 couvents de religieuses à Quimperlé, à Traonfeunteuniou et à Labatut. **Contre-Réforme catholique au XXe s.** (St-Parres-lès-Vaudes, Aube) : *créée* par l'abbé Georges de Nantes déclaré « suspens » par l'évêque de Troyes, puis désavoué publiquement par la Congrégation romaine pour la doctrine de la foi en août 1969. Veut démontrer que Vatican II, dont les « décrets de mort » ont été ratifiés par Paul VI, conduit l'Église romaine à sa perte.

■ **Divers.** **Noël Barbara Catholica :** favorable à une réforme du concile. *Publication :* « Catholica ».

■ **Conservateurs.** « Ralliés » au bénéfice du *motu proprio Ecclesia Dei adflicta :* **le monastère Sainte-Madeleine du Barroux. La Fraternité Saint-Pierre. La Fraternité Saint-Vincent-Ferrier.**

■ **Charismatiques.** **Origine du Renouveau charismatique catholique :** 1967, à l'université Duquesne (Pittsburg), étudiants et professeurs invoquent l'Esprit saint selon des pratiques décrites dans les *Actes des Apôtres* et par St Paul. Cette façon de pratiquer fut introduite en France par Albert de Montléon (membre de l'Emmanuel, devenu évêque de Pamiers) ou Xavier Le Pichon (membre de l'Arche). Se réfèrent à l'encyclique *Mystici Corporis* de Pie XII (1943) qui encourage les chrétiens à manifester concrètement dans l'Église (« corps mystique » du Christ) les inspirations personnelles venues de l'Esprit saint (charismes) pour l'édification et l'extension du Royaume. Les communautés nouvelles insistent sur la prière, le partage de biens et l'évangélisation. **Nombre** (depuis 1968) : *dans le monde :* 60 millions de catholiques ; *en France :* 150 000 à 200 000, plus de 1 000 groupes de prière organisés en communions diocésaines.

Principales communautés en France. **Chemin neuf :** 49, montée du Chemin-neuf, 69005 Lyon. *Fondée* 1973 par le jésuite Laurent Fabre. *Sessions* « Cana », rassemblement de couples dans plus de 30 pays. *Centre de formation :* abbaye de Hautecombe (Savoie). *Membres :* 950 dans 15 pays. *Revue :* « Tychique ». **Communauté de l'Emmanuel :** B.P. 104, 92203 Neuilly/Seine Cedex. *Fondée* 1973 à Paris par Martine Laffite-Catta, mère de famille, et Pierre Goursat, critique d'art. *Association de laïcs* regroupant familles, célibataires, consacré(e)s dans le célibat, prêtres, diacres, séminaristes... *Membres dans le monde* (au 1-1-2001) : 7 000 dont 180 consacré(e)s, 150 prêtres, 80 séminaristes. S'engagent à servir et annoncer le Christ dans une vie contemplative et apostolique (engagement renouvelé personnellement chaque année). « Emmanuel » signifie Dieu avec nous ; « être Emmanuel » signifie vivre au cœur du monde, en témoin de l'Amour de Dieu pour les hommes. *Spiritualité* venant de l'adoration eucharistique les ouvrant à la compassion du Christ pour tout homme et les conduisant à l'évangélisation. *Statuts* définitivement approuvés par Rome le 8-12-1998. **Fondations missionnaires :** *Amour et Vérité :* pour couples, parents seuls et jeunes. *Présence et Témoignage :* pour le monde économique, social et politique. *Fidesco :* aide à la coopération et au développement. Pour les *jeunes : écoles Charité et Mission :* 48 (en soirées) ; *écoles de formation :* Paray-Le-Monial, Rome, Altötting (Allemagne) ; *Music and Mission (MEJI :* Mission Emmanuel Jeunes International) ; etc. *Animation de sessions d'été* (comme à Paray-le-Monial : 30 000 personnes). *Aide au renouvellement des Paroisses. Congrès International pour la Nouvelle Évangélisation* (ICNE) : Vienne, Paris, Lisbonne, Bruxelles...). *SOS Prière :* 24 h/24. *Publication :* « IL Est Vivant ! ». **La Fraternité de Jésus :** prêtres diocésains et laïcs constituent des communautés au service des paroisses. **Communauté des Béatitudes** (jusqu'en 1991 : **du Lion de Juda et de l'Agneau immolé**) : 60, av. du Gal Compans, 31700 Blagnac. *Fondée* 25-5-1973, vie communautaire depuis le 9-9-1974 par Gérard Croissant (ancien pasteur protestant, devenu frère Éphraïm et son épouse Jo). Vie de type contemplatif réunissant des couples avec leurs enfants et des célibataires femmes et hommes, dont certains consacrés prêtres. Environ 1 500 membres, 76 fondations dans le monde dont 32 en France. **Fondations pour un nouveau monde :** 23, rue de l'Ermitage, 78000 Versailles. *Fondée* 1974 à Poitiers par Jean-Michel Rousseau. Plus de 3 000 membres en Europe, Bénin, Burkina Faso, Chili, Malaisie, Philippines, Togo. **Le Pain de vie :** 27, rue St-Pierre-Sommervieu, 14400 Bayeux. *Fondé* 1976 par Pascal et Marie-Annick Pingault. Vie eucharistique partagée avec les pauvres. **Puits de Jacob :** 12, rue Dentelles, 67000 Strasbourg. *Fondé* 1977 par le père jésuite Bertrand Lepesant. Communauté engagée dans l'œcuménisme. **Communion de Communautés Béthanie :** 3, rue d'Issy, 92170 Vanves. *Fondée* 1978. Chaque communauté s'engage selon sa vocation propre. **Le Rocher :** 70, rue Jean-Jaurès, 51000 Châlons-en-Champagne. *Fondé* 1975.

■ **Cidoc (Centre intellectuel de documentation).** *Fondé* 1965 à Guernavaca (Mexique) par Ivan Illich (prêtre d'origine yougoslave, né 1926). Conteste le sacerdoce actuel, veut séculariser la vie religieuse et créer un nouvel humanisme fondé sur la liberté individuelle.

■ **Communio.** *Fondée* par Hans Urs von Balthazar ; revue publiée dans une dizaine d'éditions internationales.

■ **Communion et Libération.** 4, rue Cambon, 75001 Paris. Mouvement créé et développé surtout en Italie. *Publication :* « 30 Jours ».

■ **Concilium.** Revue théologique. *Fondée* 1965 par E. Schillebeeckx et K. Rahner ; y ont collaboré : Willems, Marie-Dominique Chenu, Yves Congar, Ernst, Henri de Lubac, Joseph Ratzinger, etc. (7 éditions, 20 000 abonnés).

■ **Hans Küng.** Théologien suisse (né 1928), professeur à la faculté de théologie de Tübingen (Allemagne) depuis 1960, expert au concile de Vatican II. Auteur en 1957 d'une thèse sur la *Justification* (réflexion sur la doctrine du théologien protestant Karl Barth), en 1962 de *Structures de l'Église,* où il réexamine le dogme de l'infaillibilité pontificale, et en 1985 de *la Vie éternelle.* Rappelé à l'ordre par le Vatican en 1967, 1970, 1973 (déclaration *Mysterium Ecclesiae),* 1975 (rapport des évêques allemands, suisses et autrichiens), 1977 (conférence épiscopale allemande). Le 19-11-1979 la Congrégation pour la doctrine de la foi a déclaré qu'« il ne pouvait plus être considéré comme un théologien catholique ». Condamnation confirmée le 28-12-1979 par des évêques allemands réunis à Rome. Un groupe (à Linz, Autriche) défend ses idées.

■ **Intégrisme.** Disposition d'esprit de croyants qui veulent garder intégralement un bloc doctrinal déterminé et se méfient des modifications, même de détail (les traditionalistes rejettent les nouvelles habitudes vestimentaires du clergé ; les progressistes rejettent toute prière en latin, même sur une musique grégorienne).

■ **Progressistes.** Chrétiens soucieux avant tout de *progrès social* et se déclarant prêts, pour le réaliser, à collaborer même avec les marxistes.

■ **Théologie de la Libération.** Courant de pensée né en Amérique latine dans les années 1960. *Principaux théoriciens :* Gustavo Guttiérez (Péruvien, né 1928), Leonardo Boff (franciscain brésilien, né 1938, annonçant le 28-6-1992 qu'il quittait le ministère sacerdotal mais non l'Église), Enrique Dussell (Mexicain, né 1934), Pablo Richard (Chilien, né 1939), Jon Sobrino (jésuite salvadorien, né 1938). Considère la pauvreté comme le problème le plus important de notre époque. Le 20-1-1986, le congrès de Lima (présidé par le cardinal colombien Alfonso López Trujillo, archevêque de Medellín) a défini la théologie de la Libération comme une tentative de déstabilisation de l'Église (exemple type : Nicaragua) car utilisant des formes d'analyse marxiste et « prêtant à des confusions entre le religieux et le politique ». Il a proposé une *théologie de la Réconciliation.* La Congrégation pour la doctrine de la foi est intervenue par 2 instructions : *sur quelques aspects de la théologie de la Libération* (1984) ; *sur la liberté chrétienne et la Libération* (1986).

■ **Eugen Drewermann** (né 1940). Prêtre et psychanalyste allemand. **1984** dans *Psychanalyse et théologie morale* démonte les mécanismes d'aliénation de l'Église dominés par le surmoi et la peur. **1989** publie *Kleriker* (les Fonctionnaires de Dieu, où la vocation du prêtre est assimilée à un phénomène de compensation sécuritaire, son sacerdoce à « l'abdication de la réalité personnelle au profit de l'organisation du surnaturel »). **1991**-*8-10* privé par son évêque de son enseignement à la faculté de théologie de Paderborn. **1992**-*11-1* privé des pouvoirs de prêcher, *-16-3* il renonce à exercer les fonctions sacerdotales. Selon lui, la révélation divine se réalise aussi dans l'inconscient dont mythes, légendes ou rêves sont la traduction.

Pèlerinages et apparitions

☞ *Abréviations :* app. : apparition ; p. : pèlerins ; v. : visiteurs par an.

■ **Pèlerinages en Terre sainte.** Attestés dès le IIe s., faits volontairement, par dévotion ou *pénitentiels,* imposés par l'Église après un péché public, pour sortir d'excommunication, attestés depuis le VIe s. (Rome, Terre sainte). Au XIIIe s., ils sont parfois imposés par des juridictions non ecclésiastiques (Boulogne, Compostelle, Cantorbéry, Rome).

■ **Phénomènes préternaturels** (dépassant l'ordre de la nature). **Vierges qui pleurent :** Brescia, Ancône, Pistoia [Italie : *la Madonnina di Civitavecchia* (église Sant'Agostino, 1955) : statue de 40 cm en plâtre blanc achetée en sept. 1994 à Medjugorje (Bosnie) par le curé de Sant' Agostino qui l'offrit à la famille Gregori ; le 2-2-1995 fête de la Purification de la Vierge (la Chandeleur), des larmes de sang perlent. Le phénomène se reproduira 13 fois jusqu'au 6-2, puis le 15 ou 17-3 devant l'évêque Mgr Girolamo Grillo]. **Vierges qui saignent :** *Vierge du Kremlin, N.-D. des Miracles* (Déols, France). **Vierge donnant du lait :** *St-Bernard* (Châtillon-sur-Seine, France). **Sang d'un martyr devenant fluide :** *St-Janvier* (Naples, Italie). **Tombeaux sécrétant un liquide :** huile : *Amalfi* (Italie), *Arras* (France), *Eichstätt* (Allemagne), *Anaya* (Liban) ; eau dite « manne » : *Bari* (Italie).

■ **Vierges noires.** **Origine :** Vierges à la peau noire ou sombre, fréquentes dans Massif central, Catalogne et Provence. Les plus célèbres (Chartres et Le Puy) furent détruites à la Révolution. La plupart sont des Vierges assises tenant l'Enfant assis. Certaines sont entièrement noires ou sombres, par ex. celles de St-Gervazy (P.-de-D.), Rocamadour (Lot), Belloch à Dorres (Pyr.-Or.). Le plus souvent, seuls visage et mains sont noirs. Les statues entièrement foncées peuvent l'être parce que le bois est nu (existe aussi un cas de Christ noir à St-Flour) ou parce qu'elles ont reçu une peinture noire. Certaines polychromies ont pu s'assombrir : noircissement des feuilles d'argent, empoussièrement, vieillissement de cires ou de vernis. Parfois, lors de la « Contre-Réforme », des images sombres ont pu recevoir une couche noire ou sombre pour respecter un état considéré comme ancien. On a évoqué aussi des cultes anciens de la déesse-mère Cybèle (introduits d'Orient) ou des divinités celtiques ou préceltiques de la Terre et de l'Eau. Autre explication : les artistes ont façonné des Vierges noires à cause du verset du *Cantique des Cantiques* chanté à l'office de la Vierge : « Je suis noire, mais je suis belle, filles de Jérusalem. »

Nombre de Vierges noires en France : 205, dont 190 existaient au XVIe s. (dont 31 au nord-ouest d'une ligne Bordeaux-Nancy, et 159 au sud-est, dont 60 en Auvergne ; 25 ont été détruites par les huguenots, 46 par les jacobins, 48 ont été remplacées par des copies). Elles sont souvent vénérées auprès d'une grotte, dans une crypte et à proximité d'une source ou d'un puits. **Les plus célèbres : en France :** *Chartres* (E.-et-L.) ; *Tournus* (S.-et-L.) ; *Le Puy* (Hte-Loire) ; *Rocamadour* (Lot) ; *St-Victor-de-Marseille* (B.-du-Rh.) ; *N.-D.-de-Fourvière,* Lyon (Rhône) ; *N.-D.-de-Liesse* (Aisne) ; *N.-D.-du-Marthuret,* Riom (P.-de-D.) ; *N.-D.-du-Laghet* (A.-M.) ; *N.-D.-du-Port,* Clermont-Ferrand (P.-de-D.) ; *Orcival* (P.-de-D.) ; *Myans* (Savoie). **À l'étranger :** *Montserrat* (Catalogne, Espagne) ; *N.-D.-de-Lorette* (Italie) ; *Częstochowa* (Pologne) ; *Guadalupe* (patronne du Mexique).

■ **Pèlerins dans le monde** (en millions) : 240 dont chrétiens 150 (dont Polonais 5 à 7).

■ **Principaux lieux.** **Nombre de visiteurs ou pèlerins** (en millions, 1999) : basilique St-Pierre (de Rome) 15. N.-D. Guadalupe (Mexique) 14,8. N.-D. de Paris 8, San Giovanni Rotondo, Padre Pio (Italie) 7,8. Aparecida (Brésil) 7. Sacré-Cœur (Paris) 6. Fatima (Portugal) 5,3. Lourdes (France) 5,2. Jasnagora Czestochowa (Pologne) 4,9. Loreto (Italie) 4,6. Padoue (Italie) 4. St-Jacques de Compostelle (Espagne) 2,5. Cathédrale de Chartres (France) 2,5. Jérusalem-Bethléem (Israël) 1,3. Mont St-Michel (France) 1,2. Lisieux (France) 1,2. Les Saintes-Maries-de-la-Mer (France) 1,2. Medjugorje (Bosnie-Herzégovine) 0,6.

En France

☞ Les pèlerins d'autrefois portaient un grand chapeau en feutre, une pèlerine de gros tissu, une besace en tissu et de gros brodequins.

☞ **Nombre de pèlerinages :** 4 000 à 5 000 (plus qu'en Italie ou en Espagne). Entre 20 et 40 par département. **Visiteurs et pèlerins** (en millions, par an) : N.-D. de Paris 8,3 ; Sacré-Cœur de Montmartre (Paris) 6,2 (dont 3 de pèlerins) ; Lourdes 5 (dont 0,7 en pèlerinages organisés) ; Chartres 2,5 ; Mont-St-Michel 2,5 (dont 0,85 ont assisté aux offices en 1996) ; Médaille miraculeuse (rue du Bac à Paris) 1,3 ; Lisieux 1,2 ; Paray-le-Monial, Pontmain 0,6 ; Ars 0,4 ; Nevers 0,35 ; La Salette 0,2.

■ **Ablain-St-Nazaire** (P.-de-C.). Chapelle de N.-D.-de-Lorette, voir à l'Index.

■ **Aire-sur-la-Lys** (P.-de-C.). *Du dimanche avant au dimanche après le 15 août* (4 000 v.), N.-D. Panetière (distributrice de pains), commémore la délivrance d'Aire, assiégée 1213. Collégiale XVIe s. 20 000 v.

■ **Amettes** (P.-de-C.). Village natal de St Benoît Labre (1748-83, canonisé 8-12-1881), patron des pèlerins (et des jeunes qui cherchent leur voie). Pèlerinage régional *du dernier dimanche d'août au 1er dimanche de sept.* Visite de la maison natale du saint et de l'église où il a été baptisé. 30 000 v.

■ **Ardres** (P.-de-C.). N.-D. de Grâce. Statue du XIe ou XIIIe s. Chapelle de Guémy du XIe au XVe s. ; chapelle des carmes à Ardres début du XVIe s. Neuvaine *vers le 15-8*, procession le *dimanche après le 15-8*.

■ **Argenteuil** (Val-d'O.). Depuis le XIIe s. ; sainte tunique (voir p. 507 a). *Ostension 1934* : 150 000 v. ; *1984* : 75 000 v. ; prochaine prévue en *2034*.

■ **Arles-sur-Tech** (Pyr.-Or.). Sarcophage du IVe s ; se remplit en permanence d'eau pure qui suinte goutte à goutte, surgie on ne sait d'où. Ancienne abbaye bénédictine carolingienne (devenue église paroissiale en 1790). 30 000 v. *30-7* fête de St-Abdon et St-Sennen, martyrs persans.

■ **Arras** (P.-de-C.). Neuvaine *de l'Ascension à la Pentecôte*, N.-D. des Ardents ; commémore la fin miraculeuse d'une épidémie de mal des ardents (1095) ; app. à Pierre Norman (1105). Le cierge votif [« Ste chandelle d'Arras » ou « joyel » (enveloppé d'un étui d'argent)] aurait été, dit-on, apporté par la Ste Vierge. 5 000 v. (500 par jour pendant 10 jours). Église reconstruite en 1876.

■ **Ars** (Ain). *4-8* grand pèlerinage ; anniversaire de la mort de St Jean-Marie Vianney (8-5-1786/4-8-1859), curé d'Ars, canonisé en 1925 et déclaré patron des curés en 1929. Sa renommée de sainteté fait accourir des foules (45 000 v. en 1845) ; il passe jusqu'à 18 h par jour au confessionnal. Inhumé dans l'église, on retrouvera son corps intact et on le placera dans une châsse, dans la basilique édifiée à la place du chœur de l'ancienne église. 450 000 v. de Pâques à la Toussaint.

■ **Bétharram** (Pyr.-Atl.). Pèlerinage *28-7* et *14/15-9*, à 15 km de Lourdes. Commémore un miracle de la Vierge (XVe s.) : elle a sauvé une jeune fille tombée dans le gave en lui tendant un « beau rameau » (en béarnais : *beth arram*). Desservi depuis 1835 par les religieux bétharramites ; leur fondateur, St Michel Garicoïts (1797-1863, canonisé en 1947) y a son tombeau. Sanctuaire du XVIIe s.

■ **Blériot-Plage** (P.-de-C.). N.-D. de la Salette. Neuvaine autour du *19-9*, jour anniversaire de l'app. de la Salette.

■ **Boulogne-sur-Mer** (P.-de-C.). N.-D. de Boulogne ; en 636 une statue de la Vierge serait arrivée là, sur une barque « sans rames ni matelots ». 1er sanctuaire marial de France avec Le Puy-en-Velay, avant les apparitions de Lourdes (au XVIe s., après un pèlerinage à Boulogne-sur-Mer, des habitants des Mesnuls reproduisirent le lieu de culte dans leur paroisse qui devint Boulogne-sur-Seine). Basilique avec dôme, commencée en 1822 ; crypte du XIe au XIVe s. et XIXe s., 125 m de longueur. 100 000 v. (dont 20 000 du 15 au 30-8). *N.-D.-du-Grand-Retour :* de 1943 à 1948, 4 chars portant une reproduction de N.-D. de Boulogne parcoururent en France 120 000 km, visitant 16 000 paroisses, provoquant un élan de prière et de conversion (100 000 personnes au stade de Colombes en 1946).

■ **Cadouin** (Dordogne). Voir p. 506 c.

■ **Capelou** (près de Belvès, Dordogne). N.-D. de Pitié. Depuis le Moyen Age. *Début septembre*, neuvaine de célébrations en l'honneur de la Ste Vierge.

■ **Chartres** (E.-et-L.). Basilique supérieure des XIIe et XIIIe s. et crypte N.-D.-de-Sous-Terre du XIe s. ; vers 876, Charles le Chauve donne au sanctuaire le *voile de la Vierge* (longtemps appelé la *Ste chemise* ; une expertise du XXe s. a prouvé qu'il avait été tissé en Orient à l'époque du Christ). C'était au Moyen Age le pèlerinage le plus célèbre en France avec Le Puy. PRINCIPAUX PÈLERINAGES : *mars-avril-mai*, pèlerinage (en partie à pied) des étudiants du CEP (communautés chrétiennes universitaires) [organisé depuis 1935 à l'initiative de Jean Aubonnet, étudiant à Paris (7 000 v. en 1999)] ; du Monde du travail ; de N.-D. de Chrétienté (12 000 v.) ; des Tamouls (5 000 v.).

■ **Clairmarais** (P.-de-C.). *15-8* à la grotte de N.-D. de Lourdes. Construite 1938-39 après un vœu pour la guérison du supérieur du petit séminaire assomptionniste.

■ **Clichy-sous-Bois** (Seine-St-Denis). N.-D. des Anges. Neuvaine du *8-9* (Nativité de la Vierge) au *16-9*. Fondée 1212 [comme la « portioncule » de St-François à Assise, dont elle a pris le nom]. Source miraculeuse (n'est plus atteignable). Vierge du XVe s. 5 000 v.

■ **Cotignac** (Var). N.-D. de Grâces : 10/11-8-1519 app. à Jean de la Baume, bûcheron. 7-6-1660 au mont Bessillon, St Joseph apparaît à un berger, Gaspard Ricard, une source jaillit. Louis XIV y viendra pour remercier de sa naissance (vœu de Louis XIII). PRINCIPAUX PÈLERINAGES : fêtes des Apparitions, *week-end le plus proche du 10-11 août ;* fête de St-Joseph *19 mars ;* plusieurs pèlerinages-marches. Intercession pour avoir un enfant. 80 000 v.

■ **Domremy-la-Pucelle** (Vosges). Maison natale et église du baptême de Jeanne d'Arc ; basilique nationale illuminée tous les soirs au Bois-Chenu (construite en 1881) sur l'emplacement d'un oratoire du XIVe s., dédié à la Vierge, où Jeanne a entendu ses voix. *Crypte :* statue de N.-D. de Bermont (XIVe s.) devant laquelle Jeanne a prié. Une chapelle construite par Étienne Hordal, chanoine de Toul (petit-neveu de Jeanne), a été détruite par les Suédois au XVIIe s. Fête de Jeanne d'Arc le *2e dimanche de mai ;* pèlerinage « des Voisins » *fin sept.* 100 000 v.

■ **L'Épine** (Marne). Vers 1405, découverte d'une statue de la Vierge dans un buisson d'épines lumineux (?) ; *fêtes de la Vierge* toute l'année ; pèlerinage du diocèse *en mai ;* basilique gothique flamboyant. Jubé. Mise au tombeau. Tabernacle-reliquaire. Puits. Orgue. 80 000 v.

■ **Frigolet** (B.-du-Rh.). Abbaye de chanoines réguliers de l'ordre de Prémontré (fondé 1120 par St Norbert). Sanctuaire de N.-D.-du-Bon-Remède du XIIe s., décor baroque du XVIIe s. Basilique 1866. Site naturel protégé de la Montagnette. *15-5* fête de N.-D.-de-Bon-Remède (solennité le dimanche après le 15-5) ; *3e dimanche de juin*, fête des Malades ; *29-9* fête de St-Michel-Archange (solennité dernier dimanche de sept.) ; *Noël* messe de minuit ; *semaine sainte et lundi de Pâques* (fête provençale) environ 550 000 v.

■ **Garaison** (près de Lannemezan, Htes-Pyr.). Vers 1520 app. à Anglèze de Sagazan (12 ans, devint cistercienne, † 30-12-1582). Retables et statues grandeur nature en bois de tilleul, dits « Poème de la Vierge » ; statue miraculeuse de N.-D.-de-Pitié (XVIe s.). Pèlerinage *3e dimanche de sept.*

■ **Honfleur** (Calvados). N.-D. de Grâce. *1023* chapelle fondée par Richard II, duc de Normandie (vœu fait lors d'une tempête). *1538* détruite (éboulement). *1600* remplacée par l'édifice actuel. Pillée pendant la Révolution, restaurée à la suite du Concordat. *Statue* N.-D. de Grâce (bois doré, fin XVIIe-début XVIIIe s.), autres statues (bois, XIXe s.). Ste Anne (XXe s.) tenant dans ses bras Marie et Jésus, entourée d'inscriptions sur plaques de marbre mentionnant les liens unissant Honfleur et le Canada. Ste Thérèse rappelant sa venue à Grâce en juin 1887. Vitraux (fin XIXe-début XXe s.). Orgue J.-F. Dupont (1989). A proximité, carillon de 23 cloches Cornille-Havard (1999). PÈLERINAGES : *25-3* Annonciation ; *1er dimanche de mai* consécration à N.-D. des enfants baptisés ; *lundi de Pentecôte* pèlerinage des marins ; *3e dimanche de juin* fête de N.-D.-de-Grâce (couronnement de la Vierge 19-6-1913) ; *8-9* Nativité de la Vierge ; *8-12* Immaculée Conception. 120 000 v.

■ **Issoudun** (Indre). Basilique de N.-D.-du-Sacré-Cœur. Sanctuaire marial et missionnaire à l'initiative (1854) du père Jules Chevalier, prêtre du diocèse de Bourges et fondateur des missionnaires du Sacré-Cœur (2 400 dans le monde) qui animent le pèlerinage avec les Filles de N.-D.-du-Sacré-Cœur ; accueil tous les jours ; GRANDES DATES : *dernier samedi de mai, 15-8, 1er samedi de septembre* et *8 décembre* 100 000 v.

■ **La Chapelle-Montligeon** (Orne). En 1884, l'abbé Paul Buguet fonde une archiconfrérie de prières et construit une basilique (N.-D.) de 1896 à 1911. *1-5, Ascension, Assomption, dimanche le plus proche du 7-7* et *2e dimanche de novembre*.

■ **La Délivrande** (Calvados). *1er* ou *2e jeudi après 15-8*, fête du Couronnement de la Vierge noire. Vers le *8-9* fête de la Nativité de Marie, consécration des nouveaux baptisés. 50 000 v.

■ **La Louvesc** (Ardèche). Fête *16-6* et *le dimanche suivant*, tombeau de St François-Régis (jésuite, 1597/31-12-1640, canonisé 1737), 100 000 v., et *dernier dimanche d'août* tombeau de Ste Thérèse Couderc (1805/26-9-1885, canonisée 1970) fondatrice de la congrégation de N.-D.-du-Cénacle.

■ **La Salette** (à 1 770 m d'altitude, Isère). Le 19-9-1846 une « Belle Dame » apparaît à 2 enfants de Corps (Isère) : *Maximin Giraud* (1835-75) et *Mélanie Calvat* (1831-1904) qui gardent leurs troupeaux sur l'alpage de La Salette, à 1 800 m. D'abord assise et en larmes, elle se lève et leur parle en français et en patois. Elle appelle à retrouver le sens de Dieu pour que les enfants ne meurent plus de faim. Très vite, le Message de la Salette se répand à travers le monde. Dès 1851, l'évêque de Grenoble ratifie le témoignage des enfants et demande l'érection d'un sanctuaire pour accueillir les pèlerins. 1er pèlerinage national en 1872. Le 20-8-1879 un sanctuaire est érigé en basilique mineure. 250 000 v. par an. Il est animé par les Missionnaires de N.-D.-de-La Salette.

■ **Le Laus** (Htes-Alpes). De 1664 à 1718 : nombreuses apparitions de la Vierge, de St Joseph et des Anges à Benoîte Rencurel (1647-1718). Église achevée en 1669, érigée en basilique mineure en 1893. GRANDS PÈLERINAGES : *lundi de Pentecôte, 15-8, 8-9.* 25 000 p. ; 100 000 v.

■ **Le Puy-en-Velay** (Haute-Loire). Pèlerinage à la Vierge noire (cathédrale). Statue de N.-D. de France coulée avec 213 canons pris à la bataille de Sébastopol. Chapelle St-Michel au sommet du rocher d'Aiguilhe, fête de l'Annonciation *25-3.* Grande procession *15-8.* 600 000 à 700 000 v.

■ **Liesse** (Aisne). A 15 km de Laon. Basilique N.-D., fondée 1134. 3 chevaliers d'Eppes, revenus de croisade grâce à Ismerie, musulmane convertie, lui offrent une statue en ébène. Le culte de la Vierge noire se répand. *En 1414* devient pèlerinage royal (Charles VI) ; *1601* un maître-autel noir et or est offert par Marie de Médicis pour la naissance de Louis XIII ; *1847* la statue (brûlée à la Révolution) est reconstituée. Sanctuaire officiel de l'ordre de Malte. Fêtes mariales, *lundi de Pentecôte.* 50 000 v.

■ **Lisieux** (Calvados). *Dernier dimanche de sept.*, fête de Ste-Thérèse-de-l'Enfant-Jésus et de la Ste-Face [le 13-5-1883, Thérèse Martin (Alençon, 2-1-1873/30-9-1897) guérit en voyant une statue de la Vierge s'animer. Meurt au carmel de Lisieux où elle était entrée le 9-4-1888 par dispense spéciale ; béatifiée en 1923 ; canonisée le 17-5-1925 ; nommée 2e patronne de la France par Pie XII en 1944 ; proclamée docteur de l'Église le 19-10-1997 par Jean-Paul II]. 1 000 000 de v.

■ **Lourdes** (Htes-Pyr., 18 000 hab. 2e ville hôtelière française après Paris. 2e aéroport après Paris pour vols charters). **Apparitions** de la Vierge dans la grotte de *Massabielle* à Bernarde-Marie dite Bernadette Soubirous (7-1-1844/16-4-1879, ne sachant ni lire ni écrire, fille d'un meunier ruiné, devenue en 1866 religieuse de la Congrégation des sœurs de la Charité de Nevers où elle mourra ; béatifiée le 14-6-1925 ; canonisée le 8-12-1933) ; le 11-2-1858 : 1re app. ; 18-2 : 3e app. (la Vierge lui parle) ; 24-2 : 8e app. (500 témoins) ; 25-2 : « mise au jour » de la source ; 2-3 : 13e app. (3 000 témoins : la Dame demande à Bernadette : « Allez dire aux prêtres qu'on vienne ici en procession et qu'on y bâtisse une chapelle ») ; 4-3 : 15e app. (20 000 personnes) ; 25-3 : la Dame se nomme : « Je suis l'Immaculée Conception » ; 16-7 : 18e et dernière app. Le 18-1-1862 Mgr Bertrand-Sévère Laurence, évêque de Tarbes, affirme la réalité des apparitions. PRINCIPAUX PÈLERINAGES : *11-2* fête des apparitions ; *18-2* Ste Bernadette ; *25-3* Annonciation ; *mai ou juin* pèlerinage militaire international ; *16-7* anniversaire de la 18e app. ; *12/16-8* pèlerinage national français (créé 1873 par des Assomptionnistes de l'Association de N.-D.-du-Salut) ; *fin août* pèlerinage des gitans ; *début oct.* pèlerinage français du Rosaire animé par les dominicains ; *8-12* Immaculée Conception.

Guérisons miraculeuses : l'Église, prudente, suit la codification de 1734 du cardinal Lambertini (futur Benoît XIV). Pour que l'étude médicale puisse conclure en faveur d'une guérison « certaine, définitive et médicalement inexpliquée », il faut que soient établis préalablement de façon parfaite le diagnostic et la réalité de la maladie ; que le pronostic en soit fixé ou fatal, à brève échéance ; que la guérison soit soudaine, sans convalescence, complète d'emblée et définitive ; que le traitement prescrit ne puisse pas être jugé comme étant à l'origine de cette guérison ou même l'ayant favorisée. La surveillance et les contrôles d'un cas retenu ont lieu pendant plusieurs années avant qu'il ne soit reconnu en 1re instance par le *Bureau médical de Lourdes.* En 2e instance, le *Comité médical international* de Lourdes (26 spécialistes) reprend l'étude du cas par l'intermédiaire d'un (ou plusieurs) de ses membres. Après dépôt d'un rapport, il admet, ou non, le caractère inexpliqué de la guérison. Le dossier est alors transmis à l'évêque du diocèse du malade, seul habilité à y reconnaître un miracle. Une guérison peut être interprétée comme miraculeuse par l'Église lorsqu'elle échappe aux lois habituelles de la médecine ou de l'évolution des maladies, c'est-à-dire lorsqu'elle s'effectue selon des modalités extraordinaires et imprévisibles et qu'elle amène bénéficaire et témoins à rechercher ou reconnaître une signification spirituelle de l'événement ; plus précisément elle les invite à croire en l'intervention spéciale de Dieu. **Nombre de guérisons** (depuis 1858) : 6 792 alléguées dont 2 000 retenues par les médecins du Sanctuaire et 66 reconnues miraculeuses par leurs évêques. *7 premières* reconnues par mandement du 18-1-1862 de Mgr Laurence dont la 1re, Catherine Latapie-Chouat de Loubajac (Htes-Pyr.) : 38 ans, paralysée d'une main après une chute en octobre 1856, en recouvra l'usage après l'avoir plongée dans la source le 1-3-1858. *65e*, Delizia Cirolli-Costa (née 17-11-1964) de Paterno, Sicile, guérie d'un cancer au tibia droit le 24-12-1976, après un pèlerinage à Lourdes du 5 au 13-8 (guérison acceptée le 28-7-1980 par le Bureau médical, et le 26-10-1982 par le Comité médical international et reconnue miraculeuse par l'archevêque de Catane le 28-6-1989). *66e*, Jean-Pierre Bély, atteint de sclérose en plaques (1972), circulant en fauteuil roulant (depuis 1984) guérit à 51 ans, le 9-10-1987, lors du pèlerinage du Rosaire (guérison reconnue par l'évêque d'Angoulême le 9-2-1999). D'autres guérisons sont en cours d'examen [par exemple celle de Joseph Charpentier (paralysé depuis 19 ans) venu en juillet 1988 avec la Communauté charismatique du *Lion de Juda* (depuis 1991, des *Béatitudes*) réunie à Lourdes du 25 au 30-7 (20 000 participants) et celle de Jean Salaün (Français, 59 ans) immobilisé depuis 1979 et qui s'est remis à marcher au retour de Lourdes, le 1-9-1993]. De 1950 à 1999, le Bureau médical a examiné 1 300 patients (60 femmes). Le Comité médical international a accepté 30 dossiers à la majorité. L'Église n'a reconnu parmi ceux-là que 20 miracles dont 4 cas de maladies néoplasiques malignes (2 sarcomes osseux, 1 épithélioma et 1 hémopathie maligne) et 15 cas d'affections dégénératives ou infectieuses organiques.

Nombre de visiteurs : *1872 :* 120 000 ; *1908 :* 1 140 000 ; *1997 :* 5 000 000 ; *2000 :* 6 000 000. **Source** (eau ni thermale ni radioactive) : *1862 :* 1er captage (approfondi 1948) ; débit 14 000 à 56 000 l par jour soit 10 par minute l'été et 40 l'hiver ; débit régularisé par 3 réservoirs de 30, 50 et 2 000 m³, construits depuis 1949 (source captée et mise sous plaque de verre). **Nombre de bains aux piscines** (en 1999) : hommes 119 665, femmes 272 391.

☞ **Statue** par Joseph Fabisch (professeur à l'école des beaux-arts de Lyon), en marbre blanc de Carrare, 1,88 m de hauteur, inaugurée 4-4-1864, descendue de son socle 4-1-1996 pour être restaurée.

■ **Lyon** (Rhône). N.-D. de Fourvière. Statue d'une Vierge, XVIIe s. QUELQUES DATES : 1168 construction d'une chapelle dédiée à la Vierge et à saint Thomas Becket. 5-4-1638 vœu de l'Aumône générale (hospice de la Charité) pour obtenir la guérison du scorbut ; 12-3-1643 vœu des échevins pour que Lyon soit délivrée de la peste (ce qui arriva). 8-12-1852 inauguration de la Vierge dorée sur le clocher de la vieille chapelle et 1res illuminations. 1870 vœu de Mgr Ginoulhiac pour que Lyon soit préservée des Prussiens. 1872 construction sur les plans de Pierre Bossan (architecte) de la basilique à côté de l'ancienne chapelle agrandie en 1740. Juin 1896 dédicace. 5-10-1986 visite de Jean-Paul II. *Fêtes : 15-8 ; 8-9* commémoration du vœu des échevins de 1643 ; *8-12* fête de l'Immaculée Conception. 1 500 000 v.

■ **Magné** (Deux-Sèvres). Pèlerinage le 1er dimanche de juillet à la chapelle de Ste-Macrine, patronne du Marais poitevin et des moissonneurs.

■ **Maillane** (B.-du-Rh.) N.-D. de Grâce. Statue miraculeuse du XIIIe s. qui délivra Maillane du choléra en août 1854 après une procession. Commémoration : *28/29-8.*

■ **Marseille** (B.-du-Rh.). N.-D. de la Garde (ermitage fondé par Maître Pierre, prêtre en 1214) ; vers 1400 nouvelle chapelle ; 1544 chapelle « Renaissance ». De 1853 à 1864 construction de la basilique (consacrée 4-6-1864) ; au-dessus de la tour à 60 m du sol statue de cuivre de 9,70 m et 9 796,6 kg, fixée par galvanoplastie et recouverte de feuilles d'or ; (bénie en 1870). *15-8* fête patronale. 1 600 000 v. Crypte de N.-D.-de-Confession : site de l'actuelle basilique St-Victor. Milieu Ve s. : 1re basilique dédiée aux martyrs qui y sont ensevelis. Pèlerinage du *2* au *9-2.*

■ **Mont-Saint-Aignan** (S.-M.). Chapelle Ste-Marie. *7-10* pèlerinage de Ste-Rita. *21-10* pèlerinage de St-Thérèse-de-l'Enfant-Jésus. Pèlerinage mensuel à la Vierge miraculeuse.

■ **Mont-Saint-Michel** (Manche). Lieu de culte antique, christianisé au VIe s. En 709 à la demande de l'archange St Michel, Aubert (évêque d'Avranches) construisit la 1re chapelle. Après les invasions normandes en 966, les bénédictins y fondent un monastère qui se développe jusqu'à la Révolution. Bâtiments du Xe-XIVe s. dont « la Merveille » (XIIIe s.) avec l'église abbatiale. GRANDS PÈLERINAGES : *début mai* (fête folklorique de la St-Michel du Printemps) ; *juillet* (à travers les grèves, à partir de Genêts) ; *29-9* et dimanche le plus proche, grande fête St-Michel ; *16-10* (dédicace du Mont). 3 500 000 v.

■ **Mont-Sainte-Odile** (Bas-Rhin). Ste Odile est la patronne de l'Alsace. FÊTES PRINCIPALES : *13-12* (anniversaire de Ste Odile), *1er dimanche de juillet* (translation des reliques après la Révolution et anniversaire de l'Adoration perpétuelle). 1 000 000 de v.

■ **Myans** (Savoie). Vierge noire. En 1248 un éboulement, venu du mont Granier, s'arrête au pied d'un oratoire de la Vierge. Pèlerinage régulier depuis le XIVe s. ; *1er dimanche de juillet* (malades) ; *1er dimanche de septembre* (familles) ; *7-8* (fête patronale). 100 000 v.

■ **Nevers** (Nièvre). Fête le *18-2.* Ste Bernadette Soubirous (voir **Lourdes** p. 503 b) devenue religieuse de la Congrégation des Sœurs de la Charité de Nevers (1866, s'installe à St-Gildard). Son corps retrouvé intact lors des exhumations (22-9-1909, 3-4-1919 et 18-4-1925), a été déposé dans une châsse à St-Gildard et exposé avec une légère couche de cire sur le visage et les mains. 500 000 v.

■ **Nouilhan** ou **Nouillan** (Htes-Pyr.) Le 23-6-1848, à Montoussé, la Vierge apparut près d'une fontaine dans un buisson de houx et de ronces à Françoise Vignaux Miquiou (11 ans), Françoise Vignaux (sa cousine, 11 ans) et Rosette Dasque (8 ans). Les jours suivants et jusqu'en juin 1849, 11 personnes de 8 à 57 ans verront la Vierge.

■ **Ornans** (Doubs). N.-D. du Chêne. En 1803 app. à Cécile Mille (13 ans). Statuette miraculeuse découverte dans le chêne de N.-D. Chapelle de l'architecte Pierre Bosson (1869). Pèlerinages *de mai à sept.*

■ **Paray-le-Monial** (Saône-et-Loire). En 1673 app. du Christ à Marguerite-Marie Alacoque (religieuse, 1647/17-10-1690, canonisée 13-5-1920). Basilique du XIIe s., prieuré bénédictin (basilique du Sacré-Cœur) ; chapelle des app. (monastère de la Visitation, châsse de la Sainte) ; La Colombière [châsse de St Claude La Colombière (1642-82, canonisé 1992), jésuite, confesseur de Ste Marguerite-Marie, promoteur du culte du Sacré-Cœur]. 500 000 v. *15-02 :* fête de St-Claude-La Colombière ; *avril :* fête de la Miséricorde ; *juin :* fête du Sacré-Cœur ; *juillet-août :* sessions internationales de la Communauté de l'Emmanuel (30 000 v.) ; *16-10* fête de Ste-Marguerite-Marie.

■ **Paris. Médaille miraculeuse** (140, rue du Bac, 75007 Paris) : environ 1 800 000 v. par an ; rayonnement international. *Maison mère :* chapelle de la maison de formation des Filles de la Charité (sœurs de St-Vincent-de-Paul). *Nuit du 18 au 19-7* anniversaire de la 1re app. de la Vierge (1830) à Ste Catherine Labouré (1806/31-12-1876 ; canonisée 1947) ; le *27-11* elle revoit la Vierge, avec des rayons qui partent de ses mains et cette inscription : « Ô Marie conçue sans péché, priez pour nous qui avons recours à vous ». La Vierge demande à Ste Catherine de faire graver une médaille (avers : vision de la Vierge ; revers : M surmonté d'une croix et au-dessous 2 cœurs, l'un couronné d'épines, l'autre transpercé d'un glaive, et, autour, 12 étoiles). La conversion d'Alphonse Ratisbonne, juif de Strasbourg, qui aurait eu la vision de la Vierge Marie comme elle est représentée sur la médaille est racontée dans l'office de la fête de la Médaille miraculeuse. En 1847, le Supérieur général de la Congrégation de la Mission obtient de Pie IX de pouvoir établir dans les écoles des sœurs de la Charité la confraternité de l'Immaculée Conception avec la médaille miraculeuse comme insigne. Ses membres, les *Enfants de Marie,* la portent attachée à un ruban bleu. Le 23-7-1894, Léon XIII institua une fête de la « Médaille miraculeuse » célébrée le 27-11 avec office spécial et messe. *Médailles diffusées : 30-6-1832 :* 1res médailles frappées ; *janv. 1834 :* 50 000 ; *déc. 1834 :* 500 000 ; *1876 :* 1 milliard. **Montmartre** (Sacré-Cœur) : basilique construite sous la direction de Paul Abadie (1812-84 ; restaurateur de St-Front de Périgueux) en exécution d'un vœu national en l'honneur du Cœur du Christ (1870). 5 000 000 de v. *Tous les vendredis à 15 h,* messe avec adoration. FÊTES PRINCIPALES : *veillée et messe de Noël ; vendredi saint* avec chemin de croix extérieur ; *Fête-Dieu* avec procession eucharistique sur la butte Montmartre ; *en juin* (3e jeudi, vendredi et dimanche après Pentecôte) : Sacré-Cœur ; *dernier dimanche de nov. :* Christ-Roi. **N.-D.-des-Victoires** : fondée 9-12-1629 par Louis XIII pour remercier la Vierge de sa victoire sur les protestants à La Rochelle en 1628 ; achevée 1739 ; de 1795 à 1802 transformée en bourse des affaires. Lieu de pèlerinage depuis 1836 : l'abbé Dufriche-Desgenettes consacre sa paroisse au « Cœur Immaculé de Marie, Refuge des pécheurs » et rédige les statuts d'une « archiconfrérie de N.-D.-des-Victoires ». 1927 « basilique mineure ». *Adoration eucharistique* et *offices chantés :* matin et soir par les bénédictines du Sacré-Cœur de Montmartre. *8-12* fête ; *16-1* fête de N.-D.-des-Victoires ; *4-11-1887* anniversaire de la venue de Thérèse de l'Enfant Jésus (et guérison). Ex-voto : 37 000. **St-Étienne-du-Mont** : *édifiée* à partir de 1492, *consacrée* 15-2-1626 par Jean-François Gondi, 1er archevêque de Paris ; reliques de Ste Geneviève et mémorial du bienheureux Frédéric Ozanam qui fonda à St-Étienne-du-Mont les Conférences St-Vincent-de-Paul. Pascal et Racine y furent inhumés. Pèlerinage œcuménique catholique-orthodoxe en mémoire des relations entre St Siméon Stylite et Ste Geneviève ; *du 3 au 11-1* neuvaine de Ste-Geneviève, patronne de Paris. **Ste-Rita** (chapelle) : *10-3* fête du pèlerinage de St-Benoît.

■ **Pellevoisin** (Indre). 15 app. de la Vierge en 1876 (5 entre le 14 et le 19-2-1875 et 10 du 1-7 au 8-12-1876) à Estelle Faguette (12-9-1843/23-8-1929, employée dans la famille La Rochefoucauld) dont la guérison (le 19-2 : 5e app.) est reconnue comme miraculeuse par Mgr Vignancour, archevêque de Bourges (4-9-1983). Révélation du scapulaire (le 9-9 : 9e app.) : sur une face on représente le Sacré-Cœur de Jésus tel qu'elle l'a vu sur le scapulaire que portait la Vierge : un cœur rouge, couronné d'épines, d'où sortent des flammes de couleur or au milieu desquelles émerge une petite croix d'or ; sur l'autre face, la Vierge telle qu'elle lui apparut, entourée d'une couronne de roses, une sorte de pluie tombe de ses mains tendues ; avec une inscription : « Je suis toute miséricordieuse ». Les apparitions ne sont pas encore canoniquement reconnues. PÈLERINAGE : *juin* (fête du Sacré-Cœur), *15-8, dernier week-end d'août,* 15 000 v. Archiconfrérie N.-D.-de-Miséricorde érigée 1894 (approuvée par Léon XIII, 4-4-1900). Monastère de dominicaines contemplatives puis de sœurs de Saint-Jean (juillet 1998), construit 1893, avec la chambre d'Estelle comme chœur du sanctuaire.

■ **Pontchâteau** (L.-A.). Calvaire 120 000 v. Construit 1709 par St Louis Marie de Montfort, détruit 1710 sur l'ordre de Louis XIV et reconstruit en 1821. 1890-1910, nouvelles constructions sous l'influence du père Barré. Fresques, représentation des 15 mystères du rosaire et chemin de croix. PÈLERINAGES : *vendredi saint, 15 août, dimanches de septembre.*

■ **Pontmain** (Mayenne). Le 17-1-1871, alors que les Prussiens se préparent à investir Laval, la Vierge apparaît de 17 h 55 à 21 h à 7 enfants : Eugène Barbedette (1858-1927) 12 ans, Joseph (son frère, 1860-1930) 10 ans, Françoise Richer (1860-1915) 11 ans et Jeanne-Marie Lebossé (1861-1933, qui, devenue religieuse, se rétracta en 1917) 10 ans, Eugène Friteau 6 ans, Augustine Boitin 25 mois et Auguste Avice 4 ans, en présence de leur curé, Michel Guérin, de leurs parents, des religieuses institutrices, des personnes du village. Un message s'inscrit dans le ciel : « Mais priez mes enfants, Dieu vous exaucera en peu de temps. Mon fils se laisse toucher. » Le 2-2-1872 l'évêque de Laval, Mgr Wicart, reconnaît l'authenticité de l'apparition. De 1873 à 1895 construction du sanctuaire. En 1877 Association N.-D. de la Prière reconnue par Rome. Le 21-2-1905 proclamée basilique par Pie X. Le 24-7-1934 cour de la Vierge. FÊTES PRINCIPALES : *17-1* (anniversaire de l'apparition), *15 août ; chaque mardi en juillet et août ; 14 sept.* (la Croix Glorieuse). 300 000 v.

■ **Rocamadour** (Lot). Pèlerinage à la Vierge noire depuis le haut Moyen Âge. En 1166 on trouve le corps intact d'un ermite (depuis lors nommé Amadour et parfois assimilé à Zachée). 1172, le Livre des miracles de N.-D. de Rocamadour (à la Bibliothèque nationale) mentionne des pèlerins d'Espagne, Italie, Allemagne, Angleterre, Pays-Bas, et du Proche-Orient. Du XIIe au XIIIe s. les bénédictins construisent chapelles et monastères, organisent des étapes sur le chemin de St-Jacques ainsi qu'une confrérie. Trouvères et troubadours chantent la Dame de Rocamadour (Durandal fichée dans le rocher rappelle la *Chanson de Roland*). PÈLERINS ATTESTÉS : St Bernard, St Dominique, St Engelbert de Cologne, Raymond Lulle, St Antoine de Padoue, Henri II Plantagenêt, Blanche de Castille, St Louis, Philippe le Bel, Louis XI... En 1545 Jacques Cartier invoque N.-D. de Rocamadour et implante son culte au Canada. Ruinée en 1562 (huguenots), puis à la Révolution. Ruines restaurées en 1835. PÈLERINAGE DIOCÉSAIN : *semaine du 8-9.* Ascension du grand escalier (223 marches) et chemin de croix dans la falaise. 1 500 000 v. (40 % d'étrangers d'avril à octobre).

■ **Ronchamp** (Hte-Saône). Pèlerinage depuis le Moyen Âge. Eglise détruite en 1913 et rebâtie, détruite en 1944 et reconstruite en 1955 par Le Corbusier. 120 000 v.

■ **St-Josse-sur-Mer** (P.-de-C.). St Josse (600-669), fils de Juthaël, roi de la Bretagne du Nord, renonça au trône, devint pèlerin et ermite et mourut là. Pèlerinage *de la Pentecôte au lendemain de la Ste-Trinité. Mardi de Pentecôte* procession de « Bavémont » sur 14 km. 10 000 p. et 20 000 v.

■ **Ste-Anne-d'Auray** (Morbihan). *Du 7-3 au 1er dimanche d'oct. ;* grand pardon *26-7,* jour de la fête de Ste-Anne (mère de la Vierge Marie et patronne de la Bretagne). Entre 1623 et 1625, app. de Ste Anne à Yvon Nicolazic qui, le 7-3-1625 découvre une statue de Ste Anne et construit un sanctuaire (démoli 1865, remplacé par une basilique 1872). Au sommet, à 70 m, statue de Ste Anne en bronze (6,50 m) de Bizette-Lindet (1972). Dans le parc, autre statue en granit (5,64 m). 850 000 v.

■ **Ste-Baume** (Var). Pèlerinage séculaire à Ste Marie-Madeleine (patronne de la Provence) qui aurait séjourné à la grotte après avoir débarqué aux Stes-Maries-de-la-Mer et prêché à Marseille et à Aix-en-Provence. Reliques dans la crypte de la basilique de St-Maximin (XIIIe s.). FÊTES PRINCIPALES : *lundi de Pentecôte, 22-7* et *Noël.* 500 000 v. (grotte actuellement fermée pour raison de sécurité).

■ **Saintes-Maries-de-la-Mer** (B.-du-Rh.). *23/24/25-5* (80 000 pèlerins dont 15 000 gitans) et *avant-dernier dimanche d'oct. ;* procession à la mer. Culte de Ste Marie Jacobé (mère de Jacques), Ste Marie Salomé et Ste Sara (leur servante, patronne des gitans) [crypte]. Église forteresse de style roman IXe et XIIe s. 1 200 000 v.

■ **St-Omer** (P.-de-C.). N.-D. des Miracles. Dans la cathédrale, statue de la Vierge à l'Enfant (XIIIe s.). Neuvaine *dernière semaine de sept.* et fête patronale le *dernier dimanche de sept.* 10 000 v.

■ **Sarrance** (Pyr.-Atl.). N.-D. de Sarrance. Statue en pierre (XIIIe s.) découverte au bord du gave par un berger (ou par un taureau). Ancien monastère des Prémontrés et cloître du XIVe s. Sanctuaire du XVIIe s. Fête le *15-8,* pèlerinage le *1er dimanche de sept.*

■ **Sion** (M.-et-M.). Depuis le IXe s., pèlerinage marial. Mémorial de la fidélité des Alsaciens-Lorrains. Site du roman de Maurice Barrès « La Colline inspirée ». 130 000 v.

■ **Thierenbach** (Ht-Rhin). Fondé en 730. Pèlerinage de N.-D. de l'Espérance depuis XIIe s. *Toute l'année.* Sanctuaire construit en 1723 par Peter Thumb ; basilique mineure depuis 1936. 300 000 v.

■ **Tilly-sur-Seules** (Calvados). Du 18-3 au 26-7-1896 app. aux enfants de l'école du Sacré-Cœur et à 3 religieuses, puis jusqu'en 1899 nombreuses app. à Marie Martel († 1913). Elles ne sont pas reconnues par l'Église. *15-8* vœu de Louis XIII.

■ **Tours** (I.-et-L.). *11-11* et *dimanche suivant :* fête de St-Martin. L'oratoire où fut conservée sa chape fut appelé « chapelle » et confié à Hugues, duc de France (d'où son nom Hugues Capet). St Martin né v. 315 en Pannonie (Hongrie), officier romain (il partagea son manteau avec un pauvre aux portes d'Amiens) puis moine à Ligugé. *371* évêque de Tours. Évangélisateur en Gaule. *397*-8-11 meurt à Candes. Enseveli à Tours. *987-1014* ravages des Normands. *1010* tombeau de St Martin édifié par le bienheureux Hervé de Buzançais. Les rois (abbés laïcs) sont protecteurs officiels du sanctuaire. *1524* François Ier retire la grille d'argent pour financer la guerre d'Italie. *1562* guerres de religion. Trésor et reliques brûlés. Un prêtre sauve un bras et des fractions du crâne de St Martin. *Révolution* basilique fermée, pillée et transformée en écurie. *1792* Martin Lhommais (maître-sonneur) obtient de la municipalité de garder, chez lui, le reliquaire qu'il donne en 1802 à l'archevêque. *1797-1802* une partie des voûtes s'effondre, la basilique est démolie. Sur 5 clochers, il reste la Tour Charlemagne et la Tour du Trésor (Tour de l'Horloge). *1834* Léon Papin Dupont entreprend des recherches. *1860*-14-12 on retrouve dans une cave les restes de l'ancien tombeau de St Martin. *1885-1902* nouvelle basilique (style romano-byzantin) de Victor Laloux. *1941* crâne est ramené dans la nouvelle basilique. *1996* Jean-Paul II vient en pèlerin. La relique du bras est déposée dans le tombeau de St Martin. Elle y est encore. A **Marmoutier** (Majus monasterium, à 3 km de Tours) vestiges de l'abbaye fondée par St Martin ; saints dormants (3 frères cousins de 4 autres frères tous cousins de St Martin ayant vécu 16 ans à Marmoutier moururent le même jour : les témoins disaient : « Ce ne sont pas des morts mais des dormants ») dont les noms (Clément, Primus, Théodore, Laetus, Gaudens, Cyriaque et Innocent) furent découverts sur les fresques du XVIIe s. à l'ouverture de leurs tombeaux le 17-5-1769 (violés par les protestants en 1562). *Fêtes : 4-7* ordination épiscopale de St Martin (371) : fête le dimanche le plus proche. *11-11* (inhumation de St Martin à Tours en 397) : pèlerinage diocésain le dimanche suivant.

■ **Trois-Épis** (Ht-Rhin). N.-D. des Trois Épis. 1491-3-5 la Vierge tenant dans une main 3 épis (symboles du pardon, de la miséricorde et de la surabondante bénédiction de Dieu) et dans l'autre un glaçon (symbole du cœur mauvais et endurci) apparaît à un forgeron d'Orbey, Thierry Schoeré. Chapelle consacrée 1495, église 1968.

■ **Vézelay** (Yonne). Basilique Ste-Madeleine (construite vers 1100 sur une colline) pour abriter les reliques présumées de Ste Marie-Madeleine. Étape sur la route de Compostelle. St Bernard y prêcha la 2e croisade. Ruinée à la Révolution, elle fut la 1re église restaurée par Viollet-le-Duc après 1830.

■ **Vieux-Marché** (Côtes-d'Armor). Pèlerinage islamo-chrétien des 7 saints dormants d'Éphèse. Créé en 1954, il commémore la tradition de 7 fonctionnaires chrétiens du palais impérial, originaires d'Éphèse (Maximilien, Marc, Martinien, Denis, Jean, Sérapion et Constantin) qui se réfugièrent dans une grotte du voisinage d'Éphèse pour échapper à l'obligation de sacrifier aux idoles. L'empereur Dèce les ayant fait emmurer (en 250), ils se réveillèrent sous Théodose II (401-450) quand des maçons, en creusant une étable, découvrirent la grotte qui existe toujours à Éphèse. [Les musulmans ont également une légende similaire : Er Raqīm, à *El Kahf* (« la Grotte ») près d'Amman (Jordanie).] FÊTE : *4e dimanche de juillet.*

A L'ÉTRANGER

■ **Argentine. Buenos Aires :** *7-8* San Cayetano. **Catamarca :** *8-12* N.-D. del Valle (également 15 jours après Pâques). **Corrientes :** *9-7* N.-D. de Itati. **Luján :** *8-5.* **Mendoza :** *8-9* N.-D. du Carmel de Cuyo (centre marial : le *11-2* fête l'apparition de Lourdes). **Salta :** *13-9* Vierge du Miracle ; *15-9* Seigneur du Miracle. **Santa Fe :** *12-12*

N.-D. de Guadeloupe (également le 2e samedi de Pâques). **Santos Lugares :** *11-2* reproduction grotte et sanctuaires de Lourdes ; 1 000 000 de v.

■ **Belgique. Banneux :** 8 app. du 15-1 au 2-3-1933 à Mariette Beco (12 ans). Le 19-3-1943 Mgr Kerkhofs, évêque de Liège, autorise le culte et le 22-8-1949 reconnaît le caractère surnaturel des apparitions. *15-8* pèlerinage (600 000 v.). **Beauraing** (300 000 v.) : *21/22-8* pèlerinage d'été, solennité du Cœur Immaculé de Marie. 33 app. de la Vierge du 29-11-1932 au 3-1-1933 [Fernande 15 ans et demi († 1979), Gilberte 13 ans et demi, Albert Voisin 11 ans, Andrée 14 ans († 1978) et Gilberte Degeimbre (9 ans)]. (2-2-1943 reconnaissance du culte, 2-7-1949 du caractère surnaturel des faits.) Dans le voisinage, église de Foy-N.-D. (Dinant) et basiliques de N.-D. de Walcourt et de St-Hubert : pèlerinages séculaires.

■ **Bolivie. Cochabamba, Copacabana, Potosi, Santa Cruz, Tarija.**

■ **Canada. Ste-Anne-de-Beaupré** (1 500 000 v. en 1999) : Ste Anne est la patronne du Québec. Basilique actuelle remplace celle incendiée en 1922 ; statue du fronton de l'ancienne basilique. **N.-D. du Cap de la Madeleine** (Québec) : plus important sanctuaire marial en Amér. du Nord, construit 1714, basilique bâtie 1954-64 (900 000 v.). **St-Joseph-du-Mt-Royal** (oratoire St-Joseph) : construit à Montréal (Québec) entre 1915 et 1967. 2 000 000 de v.

■ **Colombie. Chiquinquira :** *9-7* anniversaire du couronnement de la Vierge (1919) et *26-12* anniversaire de l'apparition de N.-D. (1586) à Maria Ramos. **Notre-Dame de las Lajas :** *16-9* apparition de N.-D. à l'Indienne Maria Mueses de Quiñones au XVIe s.

■ **Espagne. Guadalupe :** *8-9* (fête de la Vierge) et *12-10* (fête nationale espagnole). **Montserrat :** *11-9* (2 000 000 de v.). **Saragosse :** *12-10* (N.-D. du Pilar).

☞ **St-Jacques de Compostelle :** St Jacques le Majeur (frère de St Jean) serait venu évangéliser l'Espagne, puis, rentré au Moyen-Orient, aurait été martyrisé. Ses disciples auraient mis son corps dans une barque qui l'aurait conduit au rio Ulla où il aurait été vénéré jusqu'au IIIe s. puis oublié jusqu'à ce que Théodomir (évêque d'Iria Flaira, † 847) le retrouve en 814 grâce à une étoile se tenant au-dessus du tombeau et délimitant le *campus stellae* (champ de l'étoile = Compostelle). **POINTS DE DÉPART DES 4 GRANDES ROUTES DE PÈLERINAGE** : TOURS [la *Via Turonensis :* les pèlerins du nord de l'Europe se rassemblaient d'abord à Paris (d'où la tour, la rue et le faubourg Saint-Jacques)]. POITIERS (St-Hilaire), St-Jean-d'Angély (St-Jean), Saintes (St-Eutrope), Blaye (reliques de Roland), Bordeaux, Dax, Ostabat. LE PUY [*Via Podiensis :* pèlerins de Bourgogne, du Jura, d'Allemagne du Sud ; par Conques (reliques de Ste Foy), Rocamadour, Cahors, Moissac, Lectoure, Condom, Ostabat]. VÉZELAY [*Via Lemovicensis :* Nevers ou Bourges, St-Léonard-de-Noblat, Limoges (St-Martial), Périgueux (St-Front), La Réole, Bazas, Mont-de-Marsan, Ostabat]. ARLES [*Via Tolosana :* Arles (St-Trophime), St-Gilles-du-Gard, St-Guilhem-le-Désert, Toulouse (St-Sernin), le Somport]. Jonction à Puente la Reina des pèlerins des 4 routes, pour les dernières étapes : Estella, Logrono, Burgos, Léon, Astorga et Ponferrada. *Pèlerins :* le 1er qui apercevait Compostelle était appelé Roy et pouvait garder ce nom toute sa vie et le transmettre ; ils étaient vêtus d'une pèlerine, du galerus (chapeau à larges bords), tenaient un bourdon (bâton) et arboraient une coquille, à l'imitation des pèlerins revenant de Jérusalem qui ornaient leur chapeau de coquilles (les coquilles naturelles furent concurrencées par des capsules en plomb ou en étain, vendues aux pèlerins. On utilisa des capsules d'argent pour verser l'eau du baptême, on donna la forme de grandes coquilles à des bénitiers). *Visiteurs :* 750 000 par an, 3 600 000 lors des années saintes (dernière année sainte : 1999).

■ **Irlande. St Patrick :** *1-6/15-8* caverne de Lough Derg (Donegal) ; Croagh Patrick (comté de Mayo) *le dernier dimanche de juillet.*

■ **Israël (et Autorité palestinienne). Jérusalem** (voir Israël dans le chapitre États). LIEUX SAINTS : *St-Sépulcre ; Cénacle* (lieu de la dernière Cène, basilique du IVe s., restaurée par les croisés, entretenue par les franciscains depuis 1524) ; *Via Dolorosa* [chemin de croix du lieu de la Flagellation au St-Sépulcre : 14 « stations » ; procession vendredi et jours de grandes fêtes chrétiennes depuis 333] ; *jardin des Oliviers* (agonie de Jésus). ÉGLISES : *Dominus flevit, St-Pierre en Gallicante,* la *Dormition* (basilique). **Bethléem** (basilique et crypte de la Nativité, champs des Bergers), **Cana** (1er miracle de Jésus), **Carpharnaüm** (séjour de Jésus), **En Kerem** (lieu de la Visitation), **Magdala** (ville de Marie-Madeleine). **Mt des Béatitudes** (aux environs de Capharnaüm), **Mt Carmel** (tombeau du prophète Élie), **Mt Thabor** (Transfiguration), **Nazareth** (basilique et crypte de l'Annonciation ; maison de la Ste Famille), **Tabgha** (lieu de la multiplication des pains). *Touristes* (en 1997) : 2,3 millions dont 172 490 Français.

■ **Italie. Assise : basilique St-François** (patron de l'Italie) [église inférieure 1228-30, supérieure 1230-53] : *vendredi de Carême (févr.-mars)* offices des Corda Pia, commémoration de la mort de Jésus et de St François ; *3* et *4-10* fête de St-François. **Basilique Ste-Claire** (construite 1257-65) ; *22-6* et sanctuaire St-Damien, fête du miracle (libération des Sarrasins) ; *11-8* Ste-Claire ; *14-9* fête du Crucifix qui parla à St-François. **Cathédrale St-Rufin** (1140 et XIVe s.) : *jeudi saint* cérémonie de la Déposition (depuis XIVe s.) ; *vendredi saint* procession du Christ mort ; *12-8* St-Rufin, patron de la ville. **Basilique Ste-Marie-des-Anges** (à 5 km) [construite 1569-1679, à l'intérieur la Portioncule, « petite portion » (nom d'une petite chapelle choisie par St François comme centre de la communauté franciscaine)] : *dimanche* suivant le 17-1 fête du Plat de St Antoine ; procession et bénédiction des animaux ; *Fête-Dieu et octave :* processions ; *1* et *2-8* Solennité du Pardon, instituée par St François (indulgence plénière concédée à perpétuité) ; *15-8 Assomption ; 3-10 commémoration du « Transitus »* de St François. **Église Ste-Marie-Majeure** (ancienne cathédrale) ; *15-8 Assomption.*

Lorette : *7* et *8-9* nativité de la Vierge ; *10-12* translation (1294) de la Santa Casa sur le terrain d'une dame appelée Lauretta (maison de la Vierge à Nazareth, dite transportée par les anges mais en fait par bateau avec divers objets dont des ustensiles de cuisine ; les pierres auraient fait partie de la dot d'Ithamar Angeli, fille de Nicéphore, despote de l'Épire, épouse de Philippe d'Anjou, fils du roi de Naples Charles II) déclarée sanctuaire international par Jean-Paul II en 1997. La Vierge de Lorette a été proclamée patronne universelle des aviateurs par Benoit XV en 1920. 3 500 000 v.

Naples : miracle de St Janvier, *19-9* (date de son martyre, vers 305) ; *samedi précédant le 1er dimanche de mai* (translation des reliques à Naples) : la liquéfaction du sang coagulé de St Janvier se répète 8 jours successifs après ces 2 dates, au cours d'une série d'« ostensions » (en moyenne 17 fois par an) face à la foule. [Le sang, contenu dans 2 ampoules hermétiques, disposées dans un ostensoir, se liquéfie en changeant de couleur, de poids et de volume (du simple au double). Le *6-5-2000,* le sang était en partie liquéfié lorsque le cardinal Michele Giordano a retiré, pour la procession, les ampoules de leur coffre-fort. L'Église ne s'est pas prononcée sur le caractère miraculeux du fait. On a parlé d'une substance chimique, mise au point au XIVe s., capable de se modifier en passant d'un endroit sec et obscur (niche) à un endroit illuminé, saturé de vapeur par la présence d'une foule. Mais le sang (des analyses spectrographiques en 1902 et 1989 ont prouvé qu'il s'agit bien de sang) se liquéfie dans la niche, avant les ostensions.] *16-12* ostention en commémoration de l'éruption du Vésuve. Ostensions aussi lors de calamités ou de visites de personnages illustres. 1er MIRACLE : *1389,* 1re nouvelle dans un *Chronicon Siculum. 16-12-1631,* éruption du Vésuve (4 000 † mais Naples fut épargnée).

Padoue : basilique (XIIIe s.) contenant le tombeau de St Antoine (1195-1231) et sa langue incorrompue. 3 500 000/4 000 000 de v. Dévotion centrée sur la pénitence, l'eucharistie, les requêtes (objets perdus, peines de cœur, réussite aux examens). Milliers d'ex-voto. Le *Messager de St Antoine* : mensuel en 6 langues, 1 300 000 abonnés.

Rome : catacombes, tombeau de St Pierre, Madonna del Divino Amore (près de Rome), basiliques des Jubilés (voir encadré ci-dessus).

ANNÉES SAINTES ET JUBILÉS

■ **Jubilé.** De l'hébreu *jobel :* corne de bélier avec laquelle on annonçait la fête. Selon le Lévitique, chaque cinquantième année (7 semaines d'années), appelée année de rémission, était consacrée à Dieu. Chacun rentrait dans son héritage ; les dettes, fautes, peines étaient remises, les esclaves libérés, le travail des champs suspendu et la terre laissée en repos.

Jubilés de caractère national : durée limitée (7 en France : 1596, 1669, 1745, 1801 Concordat, 1896 14e centenaire du baptême de Clovis, 1938 3e centenaire du vœu de Louis XIII, 1958 centenaire des apparitions de Lourdes).

■ **Année sainte. 1300** Boniface VIII institue le 1er jubilé chrétien sous forme *d'année sainte*, qui devait revenir tous les 100 ans (2e jubilé 1350 Clément VI veut qu'il ait lieu tous les 50 ans ; 1389 tous les 33 ans ; 1470 Paul II l'institue tous les 25 ans : aux années 00, 25, 50, 75). **1475** Sixte IV convoque le jubilé, fait édifier la chapelle Sixtine au Vatican et le Ponte Sisto sur le Tibre. **1500** Alexandre VI veut que les 4 portes saintes des 4 basiliques soient ouvertes en même temps, tout en se réservant l'ouverture de la Porte sainte de St-Pierre. **1575** sous Grégoire XIII, plus de 300 000 pèlerins viennent à Rome. **1800** le jubilé n'est pas convoqué. **1850** échec du jubilé en raison de la situation politique en Italie et en Europe. **1900** 22e jubilé : 6 béatifications et 2 canonisations dont St Jean Baptiste de la Salle. **1950**-1-11 proclamation du dogme de l'Assomption de la Vierge Marie. **1975 :** 8 700 000 v. à Rome. **1999**-24-12 : ouverture de la Porte sainte à St-Pierre de Rome ; -25-12 : à la basilique du Latran ; -31-12 : veillée place St-Pierre ; **2000**-1-1 : ouverture de la Porte sainte à Ste-Marie-Majeure ; -18-1 : à St-Paul-hors-les-Murs, rencontre de prière œcuménique. **2001**-5-1 : fermeture des 3 Portes saintes. -6-1 : de la Porte de St-Pierre. **Bilan :** plus de 30 millions de touristes-pèlerins, 70 000 bénévoles, 3 400 événements (religieux et laïques confondues), 150 cérémonies liturgiques, dont 80 en présence du pape qui a rencontré 40 000 fidèles en moyenne (15 000 en temps ordinaire).

Le jubilé de 1950 s'est prolongé en 1951 dans tous les pays, en visitant une église désignée par l'évêque dans son diocèse. Inversement, *le jubilé de 1975* a été anticipé dans tous les pays en 1974. *Le jubilé de l'an 2000* s'est célébré en même temps à Rome, en Terre sainte et dans chaque diocèse. *Jubilés extraordinaires,* en dehors du rythme des 25 ans (par exemple : 1933, 19e centenaire de la mort du Christ ; 1958, centenaire des apparitions de Lourdes ; 1983, du 25-3-1983 au 22-4-1984 pour le 1 950e anniversaire de la mort du Christ).

■ **Années mariales** (voir p. 500 b).

■ **Jordanie** (voir Israël et Autorité palestinienne).

■ **Mexique. N.-D. de Guadalupe :** *12-10 ;* anniversaire des apparitions des *9, 10, 11* et *12-12-1531* à l'Indien Juan Diego (béatifié 6-5-1990). 12 000 000 de v.

■ **Pologne. Częstochowa :** Yasna Gora (Vierge noire) patronne de la Pologne : icône offerte à des moines paulins (ordre de St-Paul ermite) venus de Hongrie, pour le Pce Ladislas Opolczyk en 1382, qui bâtit un cloître. *1656* la Vierge reçoit le titre de « Reine de Pologne ». *1918* (après rétablissement de l'indépendance) 1 000 000 de v./an. *1945-56* interdiction de pèlerinage. *1978* regain de ferveur après l'élection de Jean-Paul II. *1991 :* 5 000 000 de v.

■ **Portugal. Fatima** (à 120 km au nord de Lisbonne) : **1915**-*avril à oct.* Lucie dos Santos, 8 ans (née 22-3-1907, rentre chez les religieuses Darothies, carmélite à Coimbra depuis 1948, reçoit le nom de sœur Marie-Lucie du Cœur Immaculée) et 3 compagnes voient une figure semblable à une statue de neige. **1916**-*printemps, été* et *automne* un ange apparaît à Lucie et ses cousins, François Marto, 8 ans († 4-4-1919, grippe espagnole) et Jacinthe Marto, 6 ans († 20-2-1920, pleurésie). **1917**-*13-5 (dimanche)* à Cova da Iria (lieu-dit à 3 km de Fatima), ils voient sur un léger nuage effleurant un chêne vert une belle Dame resplendissante qui leur demande de venir 6 fois, le 13 de chaque mois à midi ; -*13-6* une cinquantaine de personnes est là ; la Dame dit aux 3 enfants qu'elle emmènera bientôt au ciel Jacinthe et François ; -*13-7* il y a plusieurs milliers de personnes ; la Dame annonce qu'en octobre, elle dira ce qu'elle veut et fera un grand miracle « pour que tout le monde croie » ; elle révèle 3 secrets [2 ont été divulgués en 1941 : *1°)* vision de l'Enfer : les enfants voient une mer de feu où sont plongés démons et damnés. La Dame dit que « pour les sauver, Dieu veut établir dans le monde la dévotion à mon Cœur Immaculé [...]. Si l'on fait ce que je vais vous dire, beaucoup d'âmes seront sauvées et on aura la paix. La guerre va finir ». *2°)* fin de la guerre : « mais, si l'on ne cesse pas d'offenser Dieu, sous le règne de Pie XI, une autre guerre commencera pire encore. Quand vous verrez une nuit illuminée par une lumière inconnue, sachez que c'est le grand signe que Dieu vous donne, qu'Il va punir le monde de ses crimes. Afin de l'empêcher, je viendrai demander la consécration de la Russie à mon Cœur Immaculé et la Communion réparatrice des 1ers samedis. Si l'on écoute mes demandes, la Russie se convertira et on aura la paix. Sinon, elle répandra ses erreurs à travers le monde, provoquant guerres et persécutions contre l'Église. [...] A la fin, mon Cœur Immaculé triomphera. Le St-Père me consacrera la Russie qui se convertira, et un certain temps de paix sera accordé au monde »] ; -*13-8* les autorités civiles, inquiètes du mouvement de curiosité et de ferveur lors de la précédente apparition, arrêtent les enfants qui passent un jour et une nuit en prison ; -*13-9* la Dame renouvelle sa promesse concernant le 13-10 et demande la construction d'une chapelle à la Cova da Iria ; *13-10* 6e et dernière apparition : la Dame dit : « Je suis N.-D. du Rosaire [...]. Je désire que l'on fasse ici une chapelle en mon honneur ». Elle parle du retour aux commandements de Dieu et à l'Évangile. Les justes sont invités à faire pénitence pour les pécheurs, afin de les préserver de l'Enfer et d'obtenir la paix du monde et la conversion de la Russie puis elle s'en va. La foule (70 000 personnes) voit alors le Soleil « danser » : il s'éteint, se rallume, lance des faisceaux de lumière d'un côté et de l'autre, de toutes les couleurs, s'arrête, puis tournoie, paraît se détacher du ciel et se précipiter sur la Terre, et finalement s'arrête. **1925**-*10-12*/**1926**-*15-2* la Vierge apparaît à Lucie à Pontevedra (Esp.) et lui apprend tout ce qui concerne la dévotion au Cœur Immaculé de Marie : la communion réparatrice des 5 premiers samedis du mois. **1927**-*17-2* Lucie reçoit, au cours d'une communication céleste, l'autorisation de révéler une partie de ce qu'elle a vu et entendu. Elle le signale à ses confesseurs, qui ne réagissent pas. **1928** 1re pierre de la basilique. **1929**-*13-6* la Vierge réapparaît à Lucie à Tuy (Esp.) et lui dit de demander la consécration du monde et de la Russie au Cœur immaculé de Marie. **1930**-*13-10* l'évêque de Leiria déclare véritables les apparitions et approuve le culte officiel de N.-D.-de-Fatima. **1938**-*25/26-1* « aurore boréale » : Lucie explique à son évêque, ses confesseurs et ses supérieurs que la guerre est imminente. **1941**-*août* Lucie retranscrit les paroles de la Vierge du 13-7-1917, à la demande de Mgr José da Silva, évêque de Leiria-Fatima, dans un mémoire publié peu après. Précisant que le secret « comporte 3 choses distinctes », et qu'elle n'a pas encore l'autorisation de révéler la dernière ; -*déc.* Lucie écrit de nouveau ce texte, en ajoutant « Au Portugal se conservera toujours le dogme de la Foi, etc. ». **1942**-*31-10* Pie XII procède à la consécration demandée par la Vierge. **1943**-*mi-oct.* Lucie, malade, reçoit de l'évêque de Leiria-Fatima l'ordre écrit de transcrire la dernière partie du secret. **1944**-*2-1* Lucie voit la Vierge qui lui donne la force pour cette rédaction qu'elle annonce par lettre du 9-1 ; -*juin* la feuille sur laquelle se trouve le secret est remise à l'évêque dans une enveloppe cachetée à la cire. Lucie a écrit sur l'enveloppe qu'il pouvait la lire, ainsi que le patriarche de Lisbonne, « après 1960 ». **1946**-*13-5* N.-D. de Fatima est couronnée reine du Portugal et du monde. **1950**-*30-10/31-10, 1-11* et *8-11* à 16 h Pie XII, dans les jardins du Vatican, voit le Soleil danser dans le ciel. **1952**-*7-7* Pie XII renouvelle la consécration. **1957** le Vatican demande l'enveloppe. Pie XII ne prend pas connaissance du secret ; -*4-4* le texte est remis aux Archives secrètes du St-Office. **1959**-*août* Jean XXIII le découvre. **1960** refuse de le révéler. **1965**-*27-3* Paul VI le lit et le renvoie aux Archives. **1967**-*13-5* visite de Paul VI. **1981**-*13-5* Jean-Paul II est blessé par Ali Agça ; -*18-7* il se fait remettre le manuscrit de Lucie. **1982**-*13-5* va à Fatima « remercier la Vierge de lui avoir sauvé la vie lors de l'attentat du 13-5 ». Il consacre le monde au Cœur

Immaculé de Marie. Lucie lui fait savoir que les demandes de la Vierge ne sont pas satisfaites parce qu'il n'a pas mentionné la Russie et qu'il n'a pas prononcé sa consécration « en union avec les évêques du monde entier ». **1984**-*25-3* Jean-Paul II, devant la statue de N.-D. de Fatima transportée à Rome, place St-Pierre, renouvelle la consécration, après avoir écrit aux évêques du monde entier pour leur demander de s'y associer par la prière. Il évoque la Russie : « Nous te consacrons d'une manière spéciale les hommes et les nations qui ont particulièrement besoin de cette offrande et de cette consécration ». **1989**-*nov.* Lucie confirme dans une lettre que « cet acte solennel et universel de consécration correspondait à ce que voulait N.-D. », allant à l'encontre de ce qu'elle avait déclarée (le 12-3-1984 à Mme Pestana, une amie ; le 25-4-1986 à une cousine ; en août 1988 à une sœur tourière du carmel ; et en mai 1989 au cardinal Law, archevêque de Boston). **1991**-*13-5* Jean-Paul II à Fatima (10e anniversaire de l'attentat). **1997**-*13-5 au 13-10* célébration du 80e anniversaire des apparitions. **2000**-*13-5* visite de Jean-Paul II : béatifie François et Jacinthe Marto et à 12 h le cardinal Angelo Sodano, secrétaire d'État au St-Siège, révèle le 3e secret : un « évêque vêtu de blanc tombe à terre comme mort, sous les coups d'une arme à feu » ; il dépose aux pieds de la statue l'anneau reçu en 1978 ; *-26-6* le cardinal Ratzinger, préfet de la Congrégation pour la doctrine de la foi, présente un dossier de 45 pages sur le sujet. **Visiteurs :** 4 000 000 par an. La statue de N.-D. de Fatima a été amenée à Rome le 24/25-3-1984 et le 6/7-10-2000 (années saintes).

■ **Slovaquie.** **Levoča** : *4/5-7.*

■ **Turquie.** **Éphèse :** *22-6* anniversaire du concile de 431 qui proclama Marie Mère de Dieu. Maison de la Vierge *(Panaya Kapulu),* découverte en 1881 à 2 lieues d'Éphèse par un prêtre français, *l'abbé Gouyet,* d'après les révélations de la visionnaire allemande *Anne-Catherine Emmerich* (1774-1824), rédigées par *Clemens von Brentano* (1768-1842) et publiées en 1833. Il organisa un pèlerinage devenu populaire. Marie serait morte à Éphèse, d'après une tradition s'enracinant dans le fait que Jésus, en mourant, la confia à St Jean qui, fuyant les persécutions, se rendit à Éphèse. Une autre tradition veut que Marie soit morte à Jérusalem où l'on vénère son tombeau vide. Paul VI et Jean-Paul II se sont rendus à Éphèse, précisant que leur dévotion s'adressait à la ville où Marie avait été déclarée « Mère de Dieu ». Chaque année, l'Assomption rassemble chrétiens et musulmans. Le 1er récit d'une apparition de la Vierge remonte à St Grégoire de Nysse.

■ Apparitions récentes

Nombre d'apparitions : selon les experts de la 42e semaine mariale (Saragosse, septembre 1986) : 21 000 depuis l'an 1000 (230 recensées depuis 1939). De 1928 à 1971, 220 manifestations que l'Église a refusé de reconnaître. En 1940, 100 apparitions furent signalées (mais non reconnues). **Apparition de la Vierge la plus ancienne** *à caractère privé :* à l'évêque Grégoire le Thaumaturge en 23 ; *à caractère public :* du Puy (au IIe s. ?). **Dernières apparitions reconnues par l'Église catholique :** *Banneux* (Belgique, 1933) reconnue 1949, *Betania* (Venezuela, 1976) reconnue 1987.

■ **Principales apparitions depuis 1931.** Pays, lieu, date, témoins et décision des autorités religieuses : **(1)** reconnue, **(2)** non reconnue, **(3)** décision en suspens.

Allemagne : Fehrbach (1949, 1 fille de 12 ans)[2] ; **Forstweiler** (1947-49, 1 fille, 8 app.)[2] ; **Heede** (1937, 4 filles de 13-14 ans)[3] ; **Heroldsbach** (1949-50, 4 filles, puis d'autres enfants)[2] ; **Pfaffenhofen** (1946, 1 fille de 22 ans, 2 app.)[3]. **Argentine : San Nicolás** (depuis 1983, une mère de famille)[3]. **Autriche : Aspang** (1948, 1 homme de 61 ans)[2]. **Belgique : Banneux** (1933)[1] (1949)[1] ; **Beauraing** (voir **Belgique** p. 505 a). **Bosnie : Medjugorjé** (depuis 24-6-1981, 4 filles et 2 garçons ; puis 2 jeunes filles du village disent entendre la voix de la Vierge)[3]. De 1981 à 1984 environ 8 millions de visiteurs. En 1988, Medjugorjé a rapporté 100 millions de $ en devises à la Yougoslavie. **Brésil : Urucaina** (1947-51, 1 religieuse)[3]. **Chine** (Taïwan) : **Wu Fung Chi** (9-11-1980, alpinistes)[3]. **Corée du Sud : Naju** (depuis 30-6-1985, 1 femme Julia Yung)[3]. **Égypte : Zeitoun** (depuis 7-5-1968, foule)[2]. **Espagne : Codosera** (1945, 1 fille de 10 ans, puis 100 personnes)[3] ; **El Escorial** (depuis 14-6-1981, 1 femme stigmatisée, Amparo Cuevas)[3] ; **Ezquioga** (1931, 2 enfants, puis 150 personnes)[2] ; **Garabandal** [1961-65, Maria Dolores (dite Mari-Loli) Mazon Gonzalez 12 ans ; Jacinta Gonzalez Gonzalez 12 ans ; Conchita Gonzalez Gonzalez 12 ans ; Maria Cruz (dite Mari-Cruz) Gonzalez Barrido, bientôt 11 ans][2] ; **Palmar de Troya** (1968, 3 fillettes, Josefa, Rafaela, Ana)[2]. **États-Unis : Bayside** (banlieue de New York) [depuis le 18-6-1970 et pendant 8 ans : Veronika Lueken, née 1923, Portoricaine illettrée, mère de 5 enfants][2]. **France : Athis-Mons** (1950, des adultes)[2] ; **Bouxières-aux-Dames** (1947, 1 prêtre et des adultes)[2] ; **Dozulé** (Madeleine Aumont aurait vu le Christ avec sa croix de 1972 à 1982) au lieu-dit la « Haute-Butte ». Le 19-12-1985, Mgr Badré, évêque de Bayeux et Lisieux, a conclu à l'inauthenticité et interdit tout acte cultuel ; **Englancourt** (1955, 2 enfants)[2] ; **Entrevaux** (Alpes-de-Hte-Provence) [1953, le doigt de Ste Anne saignait : la supercherie montée par Jean Leroi, patron de café-hôtel, fut ensuite reconnue, procès en sept. 1962] ; **Ile-Bouchard (L')** [1-8/14-12-1947, tous les jours, Jacqueline Aubry 12 ans, Nicole Robin (sa cousine) 10 ans, Laura Croizon 8 ans et Jeanne Aubry (sœur de Jacqueline) 7 ans][3] ; **Kerizinen** (Finistère) [15-9-1938/1-10-1965 ; Jeanne Louise Ramonet (née 1910) 71 app. dont 15 de Jésus et Marie ensemble (11 du Christ seul, 1 de la Ste Famille, 43 de la Vierge seule, 1 tableau animé)][2] ; **Montpinchon** (Manche) [1984, 2 garçons de 3 ans, artistes de cirque ambulant, puis 1 mère de 9 enfants][3] ; **Rinxent** (1953, 2 garçons, 1 fille, 1 vieille dame)[2]. **Hongrie : Hasznos** (1949, la foule)[2]. **Italie : Assise** (1948, la foule : « la Vierge qui bouge »)[2] ; **Bergame** (1944, 1 fille de 7 ans, 12 app.)[2] ; **Gimigliano** (1948, 1 fille de 13 ans)[2] ; **Modène** (1975-79, 1 prêtre, Ottavio Michelini, a reçu des messages du Christ sur l'Église)[3] ; *Pie XII* (1950, 2 app., voir p. 505 c) ; **Roma Tre Fontane** (1947, 1 homme de 34 ans et 3 enfants)[3] ; **San Damiano** [16-10-1964, 1 mère de 3 enfants, Rosa Quatrini, née Buzzini (la Vierge Marie apparaît plusieurs fois dans un poirier chargé de fruits qui se couvre de fleurs) ; à sa mort (1981), Rosa laisse à l'Église un complexe hospitalier de 44 ha, valant 25 millions de F ; apparition à la foule le 2-5-1992][3] ; **San Martino di Schio** (1985, 1 homme, Renato Baron)[3]. **Irlande : Melleray** (1985)[3]. **Japon : Akita** (1973-81, lacrymation d'une statue, message à 1 femme, Agnès Sasagawa). **Pays-Bas : Amsterdam** (1968)[2]. **Philippines : Lipa** (1948, 1 fille de 19 ans)[2]. **Pologne : Lublin** (1949, la foule : « la Vierge qui pleure »)[2] ; **Varsovie** (1959, public)[2]. **Roumanie : Cluj** (1948, la foule)[3]. **Rwanda : Kibého** [depuis 28-11-1981, 7 voyants (1 garçon et 6 filles), dont Alphonsine Mumureke 21 ans, qui a revu la Vierge chaque année le 28-11, de 1982 à 1986][3]. **Sicile : Acquaviva Platani** (1950, 1 fille de 12 ans, 7 app.)[3]. **Syrie : Soufanieh** (depuis 1982, 1 femme, Myrna Nazzour)[3]. **Ex-Tchécoslovaquie : Turczovka** (1958, 2 hommes)[2]. **Venezuela : Cua** (près de Betania) [depuis 25-3-1976 à Maria Esperanza Medrano Bianchini, puis à plusieurs centaines de personnes][1].

■ Reliques

■ **Origine du culte.** Né de l'habitude de célébrer la messe sur le tombeau d'un martyr (catacombes de Rome, au IIIe s.). En Afrique, dès le IVe s., les reliques des martyrs sont l'objet d'un culte privé (on les porte sur soi, dans des boîtes de fer). Au VIe s., à Rome, on prescrit d'inclure des ossements de martyrs dans les autels destinés à la célébration de la messe, pour que ces autels puissent être assimilés à un *martyrium* (en français « martroi », lieu de culte). Malgré les critiques [notamment des protestants tel Calvin qui en 1543 dans le *Traité des reliques* dénonce la multiplication des mêmes objets dans des endroits différents (14 clous de la Croix, 4 couronnes d'épines)], l'Église n'a pas interdit cette dévotion mais simplement édicté des règles (reprises dans le Code canonique ; canon 1281-89) et interdit le trafic des reliques (canon 2326).

■ **Commerce.** Au début, les églises comptant des martyrs envoyaient gratuitement des reliques à celles qui n'en avaient pas. Les besoins augmentant, les églises occidentales enverront à Rome, du VIe au IXe s., des centaines de pèlerins qui achèteront les ossements (de chrétiens anonymes ou sans notoriété), retrouvés en masse dans les catacombes. Après le IXe s., on exigea de plus en plus de reliques de saints célèbres (ossements ou autres souvenirs).

Le centre du commerce passa à Constantinople, où des spécialistes fournissaient des pièces douteuses. À l'abbaye bénédictine de *Corbie* (Somme), on trouvait ainsi des reliques de *Jésus* (sang, cheveux, morceaux de son cordon ombilical, de la crèche, de sa serviette d'enfant, de sa croix, de son tombeau et de ses vêtements, des pains multipliés au désert) ; de la *Vierge* (gouttes de son lait, cheveux, morceaux de son manteau et de son voile ; 1 morceau de voile est conservé à St-Jacques de Compiègne) ; de *St Pierre* (cheveux et barbe, fragments de sa croix, sandales, table, poussière de son tombeau) ; de *Marie-Madeleine* (cheveux et parfums) ; de *Zacharie,* père de Jean Baptiste (os) ; de *Jean Baptiste* (vêtements) ; de *Noé* (poils de barbe).

Selon Jacques Collin de Plancy (1793-1881) [*Dictionnaire des reliques,* 1821-22], les ossements dispersés dans les églises permettraient de reconstituer les squelettes de 500 000 à 600 000 saints. L'église St-Alexandre de Milan en possédait déjà à elle seule 144 000 au début du XIXe s. On a recensé pour *St Blaise* 8 bras, *St Pierre* 32 doigts, *St Matthieu* 11 jambes, *St Léger* 10 têtes, *St Étienne* 8 têtes. Le corps de *St Antoine de Padoue* est à Padoue avec un bras supplémentaire à Lisbonne et un autre à Venise. *Ste Agnès* a 3 corps : à Rome, Monresa (Catalogne) et Utrecht, 1 tête à Rouen et des os à Anvers et Bruxelles. *Lazare* a 3 corps : à Marseille, Avallon, Autun. De *Judas* (qui n'était pas un saint) on présenta des reliques à Florence, St-Denis et Aix-en-Provence (les deniers contre lesquels il vendit le Christ), à Rome (sa lanterne et sa tasse), à Amras (un morceau de la corde avec laquelle il se pendit).

Reliques du Christ vénérées à l'époque moderne

■ **Croix.** **Sous Constantin** (306-337), Macaire, évêque de Jérusalem, entreprend des fouilles et identifie les lieux du Calvaire et du St-Sépulcre. Des bois de croix sont retrouvés et, sous les yeux d'Hélène (mère de Constantin), la croix du Christ est distinguée par un miracle. Elle sera vénérée particulièrement à Jérusalem, le vendredi saint, dans l'église de la Ste-Croix (les bois, sortis d'un reliquaire plaqué d'argent, sont placés sur la table ; les fidèles défilent pour les baiser. **787** *2e concile de Nicée :* fixe la doctrine sur la vénération due aux représentations du Christ, de la Croix, de Marie et des saints. Des reliques sont dispersées dans le monde. Radegonde, reine des Francs, retirée à Poitiers, obtient, en 569, de l'empereur Justin II, une relique de la Vraie Croix et le monastère qu'elle fonde prend le nom de Ste-Croix. À cette occasion, Venance Fortunat, évêque de Poitiers et poète, compose l'hymne *Vexilla Regis* (chanté depuis au temps de la Passion et aux fêtes de la Ste-Croix dans toute l'Église latine).

■ **Saint suaire.** **Cadouin** (Dordogne) : toile de lin (2,81 × 1,13 m, suaire de la tête). Rapporté de Terre sainte par Adhémar de Monteil, évêque du Puy († en mer, au retour de la 1re croisade, v. 1105). **1114** donné aux cisterciens de Cadouin, ils l'abritent dans une église (consacrée 1154). **1345** le pape Clément VI accorde une indulgence aux pèlerins. Transporté à Toulouse (église du Taur), puis **1398** à Aubazines pendant la guerre de Cent Ans, à Paris pour obtenir la guérison de Charles VI ; **1455** revient à Cadouin. 14 bulles papales l'authentifiaient et on disait qu'il avait fait 2 000 miracles de 1200 à 1684 dont 60 résurrections. **1933** dernière ostension (devant 8 000 à 10 000 fidèles). **1934** identifié comme tissu musulman du XIe s., les dessins des bandes ornées étaient des lettres coufiques stylisées, culte interrompu. Visible au musée du Pèlerinage ; **1999 :** 60 000 v. Cloître roman (XIIe s.) ruiné reconstruit en gothique flamboyant (fin XVe-XVIe s.) 40 000 v.

Turin (linceul de) : toile de lin jaune paille (4,36 × 1,12 m, dont une bandelette latérale de 10 cm cousue tout du long), filée et tissée de façon antique, en sergé à chevrons classiques 3 lie 1, portant l'empreinte floue de 2 silhouettes claires, tachées de sang, d'un homme nu de 1,81 m vu de face et de dos, au visage barbu, yeux clos, cheveux longs. L'empreinte reflète blessures en couronne autour de la tête, traces de flagellation, large blessure dans la poitrine, trous dans les poignets et les pieds, une jambe légèrement repliée suggérant l'enclouement unique des 2 pieds. **944**-*15-8* à Ste-Sophie Grégoire le Référendaire célèbre le transfert à Constantinople de « l'image d'Édesse » (description réaliste de la double impression : image et sang). **Fin du XIe s.** illustré par une miniature du Codex Skylitès.

Histoire : **1192-95** dans le Codex Pray (du nom du jésuite hongrois du XVIIIe s. qui l'a découvert), illustration d'un linceul identifiable par ses chevrons et la géométrie de ses brûlures. **1204** Robert de Clari signale le suaire dans l'église des Blachernes de Constantinople, juste avant le pillage de la ville, et sa disparition. **1205** une lettre de réclamation au pape Innocent III (du français Othon de la Roche) le signale au duché d'Athènes. **1353** il réapparaît en Europe, lors de la fondation de la Collégiale de Lirey, en Champagne par le chevalier Geoffroy de Charny. **1356** Henri de Poitiers (évêque de Troyes) bénit la fondation et les pèlerinages associés (lettre et méreau de plomb). **1389** copie du mémoire de Pierre d'Arcis, évêque de Troyes, 3e successeur d'Henri de Poitiers, qui se plaint au pape de l'obstination des chanoines de Lirey à exposer un faux suaire, malgré son interdiction. Henri de Poitiers aurait eu, dit-il, le même problème 34 ans plus tôt et aurait mené une enquête, au cours de laquelle un artiste aurait reconnu avoir peint l'image du suaire. **1390** une bulle de Clément VII intime le silence à l'évêque, sous peine d'excommunication, et autorise l'ostension « à condition que les fidèles soient avertis qu'il s'agit d'une *représentation* ». **1418** mis à l'abri en Savoie, pendant la guerre de Cent Ans, par Marguerite de Charny (fille de Geoffroy II, et veuve du duc Humbert de Savoie), conservé à St-Hippolyte-sur-le-Doubs. **1452**-*22-5* Marguerite le donne à Anne de Lusignan (née 1414), fille de Jean II (roi de Jérusalem, de Chypre et d'Arménie) et épouse du duc Louis Ier de Savoie. **1453** déposé au château ducal de Chambéry. **1532** endommagé par un incendie, réparé par les clarisses de Chambéry. **1535** déplacé devant l'avancée des troupes françaises en guerre contre Charles Quint. **1537-43** à la tour Bellanda du château de Nice. **1579** il est au château ducal de Turin, chaque année, les *4-5 mai,* montré à la foule depuis un balcon. Les grandes ostensions auront lieu tous les 25 ou 30 ans.

Histoire scientifique : **1898**-*28-5* photographié par Secundo Pia ; l'image positive d'un homme de 1,81 m, nu et couché, apparaît sur le négatif. La précision de cette image a permis aux médecins légistes d'étudier les traces sanglantes laissées par la couronne d'épines, la flagellation au *flagrum* romain, les clous dans les poignets (avec le mouvement réflexe du pouce recroquevillé sous la paume), les pieds encloués l'un sur l'autre, les diverses positions du corps durant l'agonie de la crucifixion (angles des divers écoulements de sang), l'ouverture post-mortem dans la poitrine, créée par la lance (et par laquelle de l'eau et du sang se sont largement écoulés), ecchymoses au visage, plaie sur l'épaule due au portement de la croix, écorchures aux genoux, cambrure du dos et des jambes montrant la rigidité cadavérique, etc. Ces détails concordent avec les Évangiles ; ils montrent que les clous ont été mis dans des espaces naturels permettant la fixation du corps, sans ruptures et sans briser un seul os, la rigidité cadavérique prouvant l'absence de corruption. Les photos prises par le Sturp (Shroud of Turin Research Project, USA) permettront de déceler des pièces de monnaie sur les yeux (vieille coutume juive) apparemment identifiables avec les leptons de Pilate. **1931** ostensions : 22 jours, 1 000 000 de pèlerins (Giuseppe Enrie prend 12 nouvelles photos). **1973** Max Frei (Suisse) identifie les pollens dont certains suggèrent un séjour du linceul dans un pays méditerranéen aride. **1977** le Sturp conclut à l'impression par suite d'un processus de nature inexpliquée. **1978**-*oct.,* 33 membres du Sturp et des collègues européens physiciens et chimistes, munis d'instruments d'observation, de mesure et d'analyse les plus modernes, examinent 5 jours le linceul. Leur 1re conclusion est qu'il ne s'agit pas d'une peinture, mais Walter McCrone, chimiste américain qui s'est rapproché d'eux pour étudier les « poussières » ramenées, conclut à une peinture faite à l'aide d'ocre et de vermillon. Or, il est avéré que les traces d'oxyde de fer et de sulfure de mercure observées ne sont pas responsables de l'image. 6 tests démontrent la présence de sang. Des pigments de bile sont trouvés en abondance (hypersécrétion du foie causée par la souffrance). L'observation au microscope et l'analyse chimique montrent que l'image n'est due qu'au jaunissement des fibrilles de la cellulose par oxydation acide. Seule la surface de l'étoffe a été impressionnée superficiellement, comme par un rayonnement orthogonal et collimaté. Les teintes sont données par la densité spatiale des points oxydés (image binaire), et non par intensité colorimétrique, ce qui explique la stabilité de l'image. Celle-ci, tridimensionnelle, est lue en relief par les densitographes, et en particulier par l'analyseur d'images spatiales de la Nasa. Le réalisme des plaies témoigne de phénomènes médicaux inconnus au Moyen Age, l'image nécessite pour être décrite une connaissance approfondie des techniques optiques les plus modernes. *Du 27-8 au 8-10* ostensions : 3 300 000 pèlerins. **1983** légué au Vatican par le roi exilé Humbert II d'Italie († 18-3). **1986**-*oct.,* le Vatican autorise un test au carbone 14. **1988**-*13-10,* déclaration du cardinal Ballestrero, archevêque de Turin : 3 examens au carbone 14 [selon la méthode de spectrométrie de masse (AMS)] effectués indépendamment à Tucson (USA), Oxford (G.-B.) et Zurich (Suisse) datent le lin du suaire des années 1260 à 1390, mais le mode de fabrication de l'image (qui n'est pas peinte) reste inconnu et le processus de séparation du corps et du linge, sans destruction des marques sanguines et sans arrachement des fibrilles du lin, reste inexplicable. Les conclusions de la datation de 1988 ont été contestées, l'opération n'ayant pas été conduite et assumée suivant les règles internationales de l'expertise. **1993** des savants russes, Dimitri Kouznetsof et Andréi Ivanof, cherchent à montrer que le biofractionnement naturel des isotopes du carbone du lin et son enrichissement isotopique par exposition à la chaleur (en simulant l'incendie de Chambéry de 1532) peuvent modifier la teneur en carbone 14, donc l'âge du tissu, mais la duplication de ces expériences par un laboratoire universitaire américain (Tucson) échoue. **1994** le père Jean-Baptiste Rinaudo (biophysicien de la faculté de médecine de Montpellier) tente d'expliquer par la désintégration du deutérium le jaunissement des fibrilles (par les protons) et la modification de la teneur en carbone 14 (par les neutrons). Mais un tel phénomène est inconnu aux basses énergies et ne peut expliquer le caractère « optique » du transfert d'image. **1996** l'Institut d'optique théorique et appliquée d'Orsay effectue divers traitements d'images sur des photographies du linceul ; plusieurs inscriptions (peu visibles à l'œil nu car tracées sur l'envers de la toile) sont identifiées (comme NAZARENOS ou INNECE). **1997** le physicien américain J. P. Jackson présente un modèle de physique théorique pouvant expliquer l'échec de Tucson. K. E. Propp démontre une topologie phénoménologique du drap par l'analyse spectrale des images (sous divers rayonnements). Alan Adler prouve que la bande latérale fait partie intégrante du linceul et a pu servir aussi bien à la mise au tombeau qu'aux diverses ostensions. **1998**-*19-4/14-6* ostension : 3 minutes par pèlerin, sur réservation ; 2 165 000 v.

☞ **Autres suaires célèbres :** nombreuses copies identifiées à *Compiègne*, *Besançon* (détruites sous la Révolution), *Madrid* (Espagne) et *Lier* (Belgique) [ce sont des artefacts peints]. A *Oviedo* (Espagne), on conserve depuis le VIIIe s. un suaire en toile de lin (83 × 53 cm), taché de sang humain, qui aurait servi à essuyer le visage du Christ.

■ **Sainte tunique.** Portée par Jésus au Calvaire, tirée au sort entre les soldats chargés de son exécution. Mais les Juifs de l'époque portaient habituellement 2 tuniques : une légère par-dessous, et une épaisse par-dessus (la tunique du dessus était probablement celle qu'avait fournie Hérode, achetée aux soldats par les disciples de Jésus). **Tuniques signalées : Germia :** Galatie (Asie Mineure) VIe s. ; **Safed :** près du lac de Galilée (Palestine) VIe s. ; **Argenteuil :** Irène, impératrice d'Orient, la donne à Charlemagne dont la fille, Théodrade, fonde le monastère d'Argenteuil et l'y dépose en 803 [*cappa,* « tunique de dessus » (faite d'un tissu sans couture pareil à ceux trouvés dans les tombes coptes du IIe s.) cachée vers 841, retrouvée en 1156, cachée en 1567, partagée en plusieurs morceaux cachés sous la Révolution, dérobée le 13-12-1983 et rendue le 2-2-1984, déployée en public en 1934 et 1984] ; **Trèves** (Allemagne) : daterait du Ve ou VIe s.

■ **Autres reliques du Christ. Circoncision** (objets) : *couteau* à Compiègne ; *linges maculés de sang :* abbaye de Coulombs (E.-et-L.), abbaye de Charroux (Poitou ; retrouvée en 1856, actuellement à la cathédrale de Poitiers), Hildesheim (Allemagne), Anvers (Belgique). **Colonne de la flagellation** à Ste-Praxède de Rome. **Couronne d'épines** offerte à Constantin par l'empereur de Constantinople. Baudouin II la remet en gage aux Vénitiens. Saint Louis la rachète à Venise. Transportée à Vincennes (1239) puis à la Ste-Chapelle (1248). Aujourd'hui dans le trésor de N.-D. de Paris, ostension publique les vendredis de Carême [à Tournemire (Cantal), une *épine,* rapportée de Jérusalem, était célèbre pour devenir sanglante chaque vendredi]. En France, il y a des reliques à Paris (N.-D.), Troyes, Baugé, etc. **Clou** *de la crucifixion* dans la « couronne de fer » des rois d'Italie à Milan (cathédrale). **Cruche de Cana** à St-Denis. **Larmes** versées par Jésus sur Lazare, à Vendôme (église de la Trinité, larme recueillie par un ange qui l'avait ensuite confiée à Marie-Madeleine) ; réputée pour apporter la pluie et rendre la vue.

Reliques de la Vierge

Bandeau (légèrement taché par le sang qui jaillit quand on transperça le flanc de Jésus) à Bologne. **Chemise** à Aix-la-Chapelle. **Cierge** (fragments) à Arras (N.-D.-des-Ardents). **Voile** à Trèves, Chartres (donné vers 800 par l'impératrice Irène à Charlemagne ; Charles le Chauve le confie en 876 à la cathédrale ; appelé autrefois sainte tunique ou chemise de Chartres), Montserrat et Moscou.

■ **Auréole.** Surface lumineuse entourant un personnage tout entier. *Mandorle :* auréole en amande (en italien *mandorla :* amande). Enveloppe le corps du Christ (scènes de Jugement dernier) ou celui de la Vierge (Assomption).

■ **Nimbe** (du latin *nimbus* qui désigne chez Virgile un nuage entourant les dieux). Entoure seulement la tête. Symbolise le rayonnement de la sainteté et prend l'aspect d'un nuage doré, d'un cerne chargé ou de traits rayonnants. **Origine :** les *imagines clipeatae,* « effigies sur écusson » des Romains païens (*clipeus :* bouclier puis médaillon) créées par les Grecs et répandues en Asie (hindouiste et bouddhiste) par des Grecs de Bactriane (les saints du bouddhisme chinois portent un nimbe circulaire et doré). **Évolution :** apparaît au IVe s., mais, jusqu'au VIIIe s., est réservé aux figurations de l'agneau mystique, à la colombe du St-Esprit et au Christ (nimbe souvent orné d'une croix pourpre ou violette). Puis l'auréole entoure la Vierge quand elle est avec l'Enfant ; et à partir du XIe s., la Vierge seule. *Saints :* dans les catacombes, tête entourée d'un disque bleu sur les bords s'éclaircissant jusqu'au blanc sur le centre. Au XIVe s., ils ont tous une auréole. *Nom et monogramme de Jésus :* souvent entourés d'auréoles lumineuses, ou de soleils. A partir du Moyen Age, le nimbe tend à se réduire à une ligne circulaire, souvent dorée (constellée de diamants ou d'étoiles pour la Vierge). Le nimbe de Judas est traditionnellement noir. L'usage se perd à la Renaissance, mais est repris par les artistes chrétiens modernes.

■ **Stigmates. Définition** (du grec *stigma :* piqûre, piqûre au fer rouge, tatouage). Plaies aux mains, aux pieds et à la poitrine correspondant aux 5 plaies du Christ sur la croix, rebelles à tout traitement. En 1858, A. Imbert-Gourbeyre, dans *la Stigmatisation,* a donné une liste de 321 stigmatisés (en majorité des femmes) dont 80 ont été béatifiés ou canonisés. Depuis 1900, 20 cas ont été étudiés médicalement, en général des femmes. D'après le Dr Bolgert, il paraît vraisemblable qu'en raison de l'acuité de leur sentiment religieux et de leur désir extrême de s'identifier au Christ, des lésions de la peau puissent apparaître spontanément sous forme de rougeur et d'œdème. Ces lésions, d'abord intermittentes, peuvent être favorisées par des manipulations volontaires plus ou moins conscientes.

Stigmatisés célèbres : St François d'Assise (né 1181), du 14-9-1224 à sa mort (3-10-1226) : fait déclaré authentique par une double lettre personnelle du pape Grégoire IX, en 1237, et confirmé par environ 30 bulles de souverains pontifes. La fête de la Stigmatisation de St François a été fixée le 17-9. **Marie d'Oignie** († 1213), béguine. **Dodon d'Haske** († 1231), ermite. **Ste Catherine de Sienne** (1347-80, canonisée 1461) : stigmatisée à partir du 1-4-1375 (stigmates douloureux, mais invisibles, révélés à son confesseur). **Anne-Catherine Emmerich** (Flamschen, Olsfeld, Westphalie 8-9-1774/Dülmen 9-2-1824) : marques d'épines sur le front et de blessure à la poitrine ; douleurs d'origine invisible aux mains et aux pieds, dès 1812. Clemens Aug. Droste-Vischering (1773-1845), futur archevêque de Cologne, conclut qu'il n'y a aucune imposture, sans définir le caractère surnaturel ; en 1892, cause de béatification introduite ; reprise 1973. **Maria von Moerl** (1812-68), de Kaltern, Autriche ; l'une des 3 « stigmatisées du Tyrol » : stigmates à partir de 1844 ; non authentifiés. **Louise Lateau** (1850-83) : stigmatisée à partir du 24-4-1868, à Bois d'Haine (Belgique) ; enquête du cardinal Deschamps, archevêque de Malines. Non authentifiée publiquement. **Ste Gemma Galgani** (1878-1903) de Lucques, Italie ; canonisée le 2-5-1940 ; stigmatisée à partir du 8-6-1899 ; les stigmates cessent d'être visibles, sur demande de son confesseur, mais continuent à être douloureux ; le décret de canonisation ne se prononce pas sur leur authenticité. **Padre Pio** (Francesco Forgione, 1887/23-9-1968), religieux capucin de San Giovanni Rotondo en Apulie (Italie) : stigmatisé depuis le 20-9-1918 ; des millions de pèlerins ont vu ses plaies, béatifié le 2-5-1999. **Thérèse Neumann** (Konnersreuth, Bavière 8-4-1898/18-9-1932), fille d'un tailleur. *1918-mars* elle souffre du dos ; devient peu à peu aveugle. *1923-29-4* béatification de Thérèse de Lisieux ; elle récupère la vue (ses autres maladies sont guéries aux dates de la canonisation et de l'anniversaire de la mort de Ste Thérèse). *1926-4/5-3* elle voit Jésus à Gethsémani et perçoit une douleur dans la région du cœur, sentant du sang chaud couler de ce côté. *Nuit du 11/12 mars* voit la flagellation ; sa plaie (32 mm) saigne. La *semaine suivante,* le jour du couronnement d'épines, sa plaie resaigne. *-26-3* des stigmates se forment au dos de ses mains et de ses pieds. *-2-4 (vendredi saint)* elle voit toute la Passion, pleure des larmes de sang. *1926-5-11* 3 plaies puis 8, correspondant à la couronne d'épines, se forment autour de sa tête. Tous les vendredis, elles saigneront abondamment, les stigmates des mains et des pieds ne saignant que les vendredis de carême. Thérèse décrivait les scènes de la Passion en détails, elle répétait sans les comprendre des mots d'araméen (parlé au temps de Jésus). *Alimentation :* de Noël 1923 à sa mort ne prend pas d'aliments solides, depuis Noël 1926 ne boit qu'une gorgée d'eau après avoir communié, après le 30-9-1927 ne boit plus. *Sommeil :* dort 4 h par nuit jusqu'à Noël 1926, puis une demi-heure en moyenne pendant 19 mois, puis plus du tout. Hormis cela, elle mène une vie normale. La commission qui l'examina en 1938 conclut à une hystérie grave. Des milliers de pèlerins vinrent la voir. **Marthe Robin** (13-3-1902/6-2-1981 à Châteauneuf-de-Galaure, Drôme), paralysée des jambes en mars 1928, s'alite pour la vie, cesse de manger et de boire ; en 1930 les stigmates apparaissent. Vivant le mystère et la passion du Christ, du jeudi au dimanche, elle verse son sang (couronne d'épines, larmes de sang). Atteinte, selon la thèse la plus courante, d'une encéphalite léthargique ; son estomac refuse toute nourriture (elle ne s'alimente que de l'eucharistie, 1 ou 2 fois par semaine) et si on la force à boire, l'eau ressort par les narines. On lui humecte les lèvres et la bouche pour que la langue ne colle pas au palais et qu'elle puisse parler. Procès de béatification introduit en 1987. **Marie Rosalina Veira** (Tropeco, Portugal), 18 ans en 1982, n'aurait ni mangé ni bu depuis ses 12 ans pour respecter la volonté du Christ.

☞ On connaît le cas d'environ 50 personnes qui auraient vécu plusieurs années sans manger.

Autres reliques

☞ **Lépreux** guéri par Jésus à St-Denis (*écaille de la lèpre*). **St Jean Baptiste :** *doigts : 3* à St-Jean-de-Maurienne (cathédrale) ; *1* à St-Jean-du-Doigt, près de Morlaix. *Tête* (fragments) à St-Jean-d'Angely (Ch.-M.), à Amiens (cathédrale) ; *mâchoire* (cathédrale de Verdun). **St Joseph :** *chaussures* à Aix-la-Chapelle. **St Pierre :** *chaînes* de son cachot à St-Pierre-des-Liens (Rome) ; *reliques* à St-Sernin (Toulouse). **Ste Marguerite :** *ceinture* à St-Germain-des-Prés. **Autres apôtres :** *Jude, Jacques le Majeur, Paul, Philippe* et *Simon* à St-Sernin.

☞ **Saintes chapelles.** Nom donné à certaines chapelles contenant des reliques particulièrement vénérables : **Paris** (couronne d'épines, fragment de la Vraie Croix) ; **Chambéry** (saint suaire, actuellement à Turin).

Saints

■ Généralités

■ **Définition** (du latin *sanctus :* souverainement pur, parfait). Dieu seul est absolument saint, parce qu'il est totalement amour, il invite les hommes à partager sa sainteté et le bonheur dont elle est la source ; ceux qui ont répondu à cet appel peuvent être eux-mêmes appelés saints dès lors que, dans l'autre vie, ils se trouvent effectivement associés à la sainteté divine. Chrétiens que l'Église proclame *saints* après leur mort et qu'elle honore (chez les catholiques et les orthodoxes) d'un culte public [*dulie :* celui de la Sainte Vierge étant hors pair *(hyperdulie) ; latrie :* culte d'adoration rendu à Dieu seul].

Légende des saints (du latin *legenda :* ce qui doit être lu) : avant la réforme liturgique qui a suivi Vatican II, à l'office des matines, l'évocation de la vie du saint dont on célèbre la fête est lue sous forme de « leçon ». Les premières vies des saints dateraient du milieu du IVe s. ; en *356,* St Athanase écrit la vie de St Antoine (quelques années après sa mort).

■ **Bienheureux.** Titre attribué par bref pontifical ; qui reconnaît le caractère héroïque et exemplaire de la vie d'un fidèle défunt et autorise un culte limité de ce dernier.

■ **Canon des saints.** Liste officielle des saints et bienheureux reconnus par l'Église.

■ **Culte des saints.** Resté longtemps celui des martyrs, a été étendu par assimilation : martyre rouge (effusion de sang), vert (pénitence), blanc (virginité et bonnes œuvres). Les bienheureux ont droit à un culte dans une église particulière ou dans une congrégation religieuse ; les saints sont l'objet d'un culte dans l'Église universelle.

■ **Usage du mot « saint ». Dans la Bible :** *peuple :* juif, élu de Dieu ; *tribu :* de Lévi vouée à Dieu (lévites) ; *cité ou ville :* Jérusalem ; *Terre :* Palestine ; *Saint des saints :* Dieu ; cœur du Temple de Jérusalem : dans le 1er Temple, construit par Salomon, y était déposée l'*Arche d'Alliance* contenant les Tables de la Loi. **Expressions :** *Cité sainte :* la Jérusalem céleste, le Paradis. *Communion des saints :* ensemble des fidèles vivants et morts. *Jours saints :* jours de la semaine sainte précédant Pâques. *Lieux saints :* Jérusalem et lieux où vécut Jésus. *Saints :* nom porté par les puritains pendant la révolution anglaise de Cromwell. *Saints des derniers jours :* les mormons. *St-Père :* le pape. *St-Sépulcre :* tombeau de Jésus. *St-Siège :* gouvernement pontifical.

■ **Saint-Glinglin.** Le seing Glin-glin est le « signal qui glingue » (qui sonne). Remettre une échéance au seing Glin-Glin c'est la renvoyer jusqu'à ce que la trompette du Jugement dernier sonne.

■ **Saints anargyres** (du grec *an,* sans et *argures,* argent). Médecins, soignant gratuitement les malades (St Côme, St Damien, St Pantaléon).

■ **Saints céphalophores** (du grec *kephalê :* tête et *phorein :* porter). Décapités, ils auraient porté leur tête après leur décollation (St Denis).

Statistiques

■ **Catégories.** 1°) **Les martyrs** [le *martyrologe* (liste des martyrs) donne, dans l'ordre du calendrier, la liste des saints célébrés chaque jour] : environ 30 000, mis à mort pour leur foi, seuls ou en groupes (exemples : dans l'Église primitive, Japon, Chine, Corée, Viêt Nam). *Martyr intercis*, dont le corps a été dépecé. 2°) **Les saints ou confesseurs de la foi morts en odeur de sainteté** [4 000 (dont 700 femmes), 50 % canonisés par les évêques avant l'époque (XIIe s.) où le pape s'est réservé toutes les causes].

■ **Nombre de saints (et bienheureux) canonisés individuellement.** 2 470 dont Italie 626, *France 576*, Angleterre 243, Japon 171, Espagne 157, Viêt Nam 107, Allemagne 102, Corée 90, Chine 75, Belgique 59, Portugal 58, Pologne 25, Ouganda 22, Pays-Bas 20, ex-Tchécoslovaquie 15, Irlande 14, Hongrie 10, Autriche 8, Danemark 7, Écosse 7, Turquie 7, ex-Yougoslavie 7, Suède 6, Suisse 6, Arménie 5, Lituanie 4, Mexique 4, Norvège 4, Syrie 4, ex-URSS 4, Grèce 3, Inde 3, Canada 2, Pérou 2, Canaries 1, Équateur 1, Éthiopie 1, Géorgie 1, Liban 1 (Charbel Makhlouf, † 1898, canonisé 9-10-1977), Paraguay 1, Rép. dominicaine 1, Islande 1, Israël 1, Roumanie 1, USA 1 (Ann Seton, 1774-1821, canonisée 14-9-1975). De nationalité inconnue 141.

Saints patrons

☞ De nombreux patrons de corporations locales ou régionales sont omis et certains figurant ici sont remplacés par des patrons locaux. Entre parenthèses date avant le 1-1-1970.

■ **Métiers ou situations personnelles.** **Agriculteurs** Benoît 11-7. Médard 8-6. **Alpinistes** Bernard de Menthon 28-5. **Apprentis** Jean Bosco 31-1. **Archers** Sébastien 20-1. **Architectes** Benoît 11-7. Raymond Gayrard 3-7. Thomas 3-7. **Archivistes** Laurent 10-8. **Ardoisiers** Lézin 13-2. **Armuriers** Michel 29-9. **Artificiers** Barbe 4-12. **Artilleurs** Barbe 4-12. **Artistes** Fra Angelico 18-3. **Assureurs** Yves 19-5. **Aubergistes** Julien l'Hospitalier 27-1. **Aumôniers d'hôpitaux** Armel 16-8. **Aumôniers militaires** Jean de Capistran 23-10. **Automobilistes** Françoise Romaine 9-3. Christophe 21-8 [nommé Reprobus (le Réprouvé), géant, faisant passer un fleuve aux voyageurs ; un jour, un enfant qu'il portait sur les épaules et qui devenait de plus en plus lourd, lui dit : « Ce n'est pas seulement le monde que tu portais, mais aussi Celui qui a créé le monde. Désormais, tu te nommeras Christophoros (le porteur du Christ) » ; martyrisé et décapité le 25-7-251]. **Aveugles** Clair de Vienne 1-1. **Aviateurs** Joseph de Copertino 18-9. N.-D. de Lorette. **Avocats** Yves 19-5.

Balanciers Michel 29-9. **Banquiers** Matthieu 21-9. Michel 29-9. **Bateliers** Nicolas 6-12. Julien l'Hospitalier 27-1. Honorine 27-2. **Bergères** Geneviève 3-1. **Bergers** Germaine Cousin 15-6. Druon 16-4. Loup ou Leu 29-7. **Bibliothécaires** Laurent 10-8. **Bijoutiers** Éloi 1-12. **Bimbelotiers** Claude (du Jura) 6-6. **Blanchisseuses** Claire 11-8. Blanchard 10-3. **Bonnetiers** Fiacre 30-8. **Bouchers** Adrien 8-9. Nicolas 6-12. Barthélemy 24-8. **Bouffons** Mathurin 1-11. **Boulangers** Honoré 16-5. Michel 29-9. Lazare 17-12. **Boursiers** Brieuc 1-5. **Brasseurs** Médard 8-6. Arnoul 15-8. **Brodeurs** Claire 11-8. Clair 16-7. **Brossiers** Barbe 4-12. **Buveurs** Chrodegang (prononcé « Godégrand ») 6-3. Bibiane 2-12.

Candidats au permis de conduire Expédit 19-4. **Candidats aux examens** Joseph de Copertino 18-9. **Canonniers de marine** Barbe 4-12. **Cardeurs** Blaise 3-2. Marie-Madeleine 22-7. **Carriers** Roch 16-8. **Carrossiers** Guy (d'Anderlecht) 12-9. **Cavaliers** Benoît 11-7 (21-3). Georges 23-4. **Chantres** Grégoire 9-5. **Chapeliers** Jacques le Mineur 3-5 (1-5). **Charbonniers** Maur 15-1. Thibaud 30-6. **Charcutiers** Antoine le Grand 17-1. **Charpentiers** Julien l'Hospitalier 27-1. Joseph 19-3. **Charretiers** Vulmar 20-7. **Charrons** Éloi 1-12. **Chasseurs** Hubert 3-11. **Chasseurs alpins** Maurice 22-9. **Chaudronniers** Maur 15-1. **Chauffeurs de taxi** Fiacre 30-8. Christophe 25-7. **Chimistes** Albert le Gd 15-11. **Chirurgiens** Côme et Damien 26-9 (27-1). Luc 18-10. **Ciergiers** Geneviève 3-1. **Cloutiers** Hélène 18-8. Cloud 7-9. **Cochers** Guy (d'Anderlecht) 12-9. **Coiffeurs** Louis 25-8. **Comédiens** Genès 25-8. **Commerçants** François d'Assise 4-10. **Commissaires** Martin 11-11. **Comptables** Matthieu 21-9. **Conducteurs de machines** Benoît 11-7 (21-3). **Cordiers** Paul 29-6. **Cordonniers** Crépin et Crépinien 25-10. **Couples mariés** Lien ou Lienne 14-2. **Couteliers** Jean-Baptiste 24-6. **Couvreurs** Vincent Ferrier 5-4. **Cuisiniers** Marthe 29-7. Fortunat 14-12. Laurent 10-8. **Curés** Jean-Marie Vianney 4-8.

Déchargeurs Christophe 25-7. **Dentellières** Anne 26-7. **Dentistes** Apolline 9-2. **Diplomates** Gabriel archange 29-9 (24-3). **Doreurs** Clair 16-7. **Douaniers** Matthieu 21-9.

Écoliers Charlemagne 28-1. Barbe 4-12. Expédit 19-4. Nicolas 6-12. **Écolières** Sophie Barat 25-5. **Écrivains** François de Sales 24-1 (29-1). **Éditeurs** Jean Bosco 31-1. **Éducateurs** Jean-Baptiste de La Salle 7-4. **Électriciens** Lucie 13-12. **Éleveurs :** *bovins et ovins* Blaise 3-2. Marc 25-4. *Chevaux* Alor 26-10. *Porcs* Antoine 17-1. Epvre de Toul 15-9. **Émigrés** Françoise-Xavier Cabrini 22-12. **Employés de maison** Zita 27-4. **Enfants de chœur** Tarcisius 15-8. Nicolas 6-12. **Enseignants** Grégoire le Gd 3-9 (12-3). Jean-Baptiste de La Salle 7-4. Robert Bellarmin 17-9. **Épiciers** Nicolas 6-12. **Escrimeurs** Michel 29-9. **Étudiants** Catherine 25-11. **Exégètes** Jérôme 30-9. **Experts** Thomas 3-7 (21-12).

Faïenciers Antoine de Padoue 13-6. **Fantassins** Martin 11-11. **Femmes enceintes** Beuve 24-4. Anne 26-7. Marguerite 20-7. **En couches** Foy 6-10. Marguerite 20-7. **De marin** Guénolé 3-3. **Stériles** Rita 22-5. **Veuves** Françoise Romaine 9-3. Anne 26-7. **Vierges** Maria Goretti 6-7. **Fermiers** Isidore le Laboureur 15-5. **Ferronniers** Éloi 1-12. **Fiancés** Valentin 14-2. **Fiancées** Agnès 21-1. **Fonctionnaires** Matthieu 21-9. **Filles repenties** Marie-Madeleine 22-7. **Fondeurs** Étienne 26-12. **Fondeurs de cloches** Paulin de Nole 22-6. **Forestiers** Hubert 3-11. **Forgerons** Nicodème 3-8. Éloi 1-12. **Fossoyeurs** Maur 15-1.

Gantiers Anne 26-7. Marie-Madeleine 22-7. **Gardiens de prison** Martinien 2-7. Hippolyte 13-8. **Gaufriers** Michel 29-9. **Gendarmes** Geneviève 3-1. **Grainetiers** Marcel 16-1.

Herboristes Marcou 1-5. **Hommes d'affaires** Expédit 19-4. **Hôpitaux** Camille de Lellis 14-7. *Personnel* Jean de Dieu 8-3. *Soignant* Catherine de Sienne 29-4 (30-4). **Horlogers** Éloi 1-12. **Hôteliers, hôtesses** Marthe 29-7.

Illusionnistes Jean Bosco 31-1. **Immigrés** Françoise-Xavier Cabrini 22-12. **Imprimeurs** Jean l'Évangéliste 6-5. Augustin 28-8. **Infirmiers** Camille de Lellis 14-7. **Infirmières** Irène de Rome 22-1. **Ingénieurs** Dominique de La Caussade 12-5. **Instituteurs libres** Joseph Calasanz 25-8. Lô 22-9. **Intendants** Thérèse d'Avila 15-10. **Ivrognes** Urbain 25-5.

Jardiniers Fiacre 30-8. Dorothée 6-2. Phocas 22-9. **Jeunes filles [à marier (catherinettes)]** Catherine 25-11. **Jeunesse** Louis de Gonzague 21-6. Casimir 4-3. *Abandonnée* Jérôme-Émilien 8-2. *Agricole chrétienne féminine* Germaine Cousin 15-6. **Jongleurs** Julien du Mans 27-1. **Journalistes** François de Sales 24-1 (29-1). Bernardin de Sienne 20-5. **Juristes** Yves de Kermartin 19-5. Raymond de Peñafort 27-1 (23-1).

Laboureurs Isidore le Laboureur 15-5. Guy (d'Anderlecht) 12-9. **Lanterniers** Clair de Vienne 1-1. **Lavandières** Marthe 29-7. Claire 11-8. Jean l'Évangéliste 6-5. **Lépreux** Sylvain 23-9. **Libraires** Jean l'Évangéliste 6-5. **Lingères** Véronique 4-2. **Lunetiers** Clair de Vienne 1-1. **Luthiers** Cécile 22-11. Grégoire (de Nazianze) 2-1 (9-5).

Maçons Thomas 3-7 (21-12). Sylvestre 31-12. Pierre 29-6. **Maîtres d'école** Cassien 13-8. **Maîtresses de maison** Marthe 29-7. **Malades** Camille de Lellis 14-7. Jean de Dieu 8-3. **Maquignons** Éloi 1-12. **Maraîchers** Fiacre 30-8. **Marchands de vin** Nicolas 6-12. **Maréchaux** Martin 11-11. **Maris trompés** Gengolf 11-5. **Marine (guerre)** Pierre Gonzalez 15-4. **Marins** Nicolas 6-12. Érasme ou Elme 2-6. **Médecins** Côme, Damien 26-9 (27-9). Luc 18-10. Pantaléon 27-7. **Ménagères** Marthe 29-7. **Mendiants** Alexis 17-7. **Menuisiers** Joseph 19-3. Anne 26-7. **Mères de famille** Angèle de Mérici 27-1. Anne 26-7. **Messagers** Adrien 8-9. **Métallurgistes** Éloi 1-12. **Meuniers** Blaise 3-2. Winnoc 6-11. Catherine 25-11. **Militaires** Maurice 22-9. Martin 11-11 (**armée fr.** Jeanne d'Arc 30-5). **Mineurs** Barbe 4-12. **Missionnaires** Thérèse de Lisieux 1-10 (3-10). François Xavier 3-12. **Moniteurs d'équitation** Viance 2-1. **Monnayeurs** Éloi 1-12. **Moralistes** Alphonse de Liguori 1-8 (2-8). **Mourants** Joseph 19-3. Catherine 25-11. **Musiciens** Blaise 3-2. Dunstan 19-5. Grégoire le Gd 3-9 (12-3). Odon de Cluny 18-11. Cécile 22-11, censée avoir vécu au Ier ou IIe s., elle apparaît dans les traditions au XVe s. Contrainte d'épouser Valérien alors qu'elle a fait vœu de virginité, elle convertit son mari au christianisme dans la chambre nuptiale après l'apparition d'un ange. Refusant de sacrifier aux dieux, elle est condamnée à mourir étouffée dans une chaudière, mais une nuée venue du ciel la sauve ; un bourreau chargé de lui couper la tête n'y parvient pas ; elle agonise 3 jours. Un contresens a fait croire qu'elle se rendait au supplice en jouant de l'orgue, alors qu'au contraire elle cherchait à ne pas entendre la musique jouée pendant son martyre. En France, la cathédrale d'Albi lui est dédiée. **Mutilés de guerre** Raphaël 24-10.

Naturalistes Albert le Gd 15-11. **Navigateurs** Cuthbert 20-3. Elme 2-6. Nicolas 6-12. **Notaires** Yves 19-5. Marc 25-4. **Nourrices** Mammès 17-8. Agathe 5-2.

Objets perdus Antoine de Padoue 13-6. **Œuvres de charité** Louise de Marillac 15-3. Vincent de Paul 27-9 (19-7). **Orateurs chrétiens** Jean Chrysostome 13-9. **Orfèvres** Éloi 1-12 ; **étain** Fiacre 30-8. **Organisateurs** Thomas 3-7 (21-12). **Orphelins** Jérôme Émilien 8-2. **Ouvriers** Joseph 19-3.

Palefreniers Marcel 16-1. **Parachutistes** Michel 29-9. **Parfumeurs** Marie-Madeleine 22-7. **Passementiers** Louis 25-8. **Pâtissiers** Macaire 2-1. Honoré 16-5. Michel 29-9. **Pauvres** Laurent 10-8. **Paveurs** Roch 16-8. Étienne 26-12. **Pêcheurs** Pierre 29-6. André 30-11. *D'épaves* Budoc de Dol 6-12. **Peintres** Lazare 23-2. Luc 18-10. Fra Angelico 18-3. **Pèlerins** Jacques le Majeur 25-7. **Percepteurs** Matthieu 21-9. **Pharmaciens** Jacques le Majeur 25-7. **Philosophes** Catherine 25-11. **Photographes** Véronique 4-2. **Piétons** Martin 11-11. **Plombiers** Éloi 1-12. **Poètes** Estelle 11-5. Cécile 22-11. **Poissonniers** Pierre 29-6. **Policiers** Geneviève 3-1. Sévère 25-8. **Pompiers** Laurent 10-8. Barbe 4-12. **Porteurs** Christophe 25-7. **Potiers** Bonet de Clermont 15-1. **Potiers d'étain** Fiacre 30-8. **Prédicateurs** Jean Chrysostome 13-9. **Prisonniers** Sébastien 20-1. Léonard de Noblat 6-11. **Publicité** Bernardin de Sienne 20-5.

Raccommodeurs Catherine 25-11. **Radiodiffusion** Gabriel 29-9 (24-3). **Radiologues** Michel 29-9. **Réfugiés** Benoît Labre 16-4. **Relieurs** Jean 27-12. Célestin 19-5. Barthélemy 24-8. **Rémouleurs** Jean-Baptiste 24-6. **Rôtisseurs** Laurent 10-8.

Sacristains Guy (d'Anderlecht) 12-9. **Sapeurs** Barbe 4-12. **Savants** Albert le Gd 15-11. **Scieurs de long** Simon, Jude 28-10. **Scouts** Georges 23-4. **Sculpteurs** Luc 18-10. **Secrétaires** Cassien 13-8. **Semeurs** Sennen 30-7. **Sergents de ville** Sébastien 20-1. **Serruriers** Pierre 29-6. Éloi 1-12. Galmier 27-2. **Servantes** Blandine 2-6. **Service de santé** Luc 18-10. **Skieurs** Bernard de Menthon 28-5. **Soldats** Adrien 8-9. Martin 11-11. Georges 23-4. Jeanne d'Arc 30-5. **Solitaires** Antoine 17-1. **Sonneurs de cor** Blaise 3-2. **Sourds-muets** François de Sales 24-1 (29-1). **Speakers** Jean Chrysostome 13-9. **Spéléologues** Benoît 11-7 (21-3). **Sténographes** Genès 25-8.

Tailleurs : *habits* Clair de Vienne 1-1. Casimir 4-3. *Pierre :* Blaise 3-2. Claude 6-6. Sylvestre 31-12. **Tanneurs** Barthélemy 24-8. Crépin et Crépinien 25-10. **Tapissiers** Geneviève 3-1. **Taverniers** Vincent 22-1. **Teigneux** Aignan 17-11. **Teinturiers** Maurice 22-9. **Télévision** Gabriel 29-9 (24-3). Claire 11-8. **Tisserands** Blaise 3-2. Barnabé 11-6. **Tonneliers** Jean-Baptiste 24-6. Michel 29-9. Nicolas 6-12. **Touristes** Christophe 25-7. **Tourneurs** Claude (du Jura) 6-6. **Traducteurs** Jérôme 30-9. **Travailleurs** Joseph artisan 1-5. **Tuiliers** Fiacre 30-8. **Typographes** Jean l'Évangéliste 6-5.

Universitaires Thomas d'Aquin 28-1. (**Sorbonne** Guillaume de Bourges 10-1.) **Vanniers** Paul, ermite 15-1. **Verriers** Clair de Vienne 1-1. **Vignerons** Vincent 22-1. Werner ou Verny ou Vernier 19-4. Jean l'Évangéliste 6-5. **Vinaigriers** Vincent 22-1. **Vitriers** Luc 18-10. **Voyageurs** Julien l'Hospitalier 27-1. Christophe 25-7. **Voyagistes** François Xavier 3-12.

■ **France.** PRINCIPAUX : **Vierge Marie** (Assomption 15-8, depuis 1638) ; **Jeanne d'Arc** (patronne et protectrice, 30-5) ; **archange St Michel** (29-9) ; **St Martin de Tours** (11-11), né vers 315 à Sabaria en Pannonie (Szombathély en Hongrie), † le 8-11-397 à Candes (I.-et-L.). À 15 ans, parlant seulement grec et hongrois, il est enrôlé dans la garde impériale à Amiens. Vers 338 ou 339, partage sa chape avec un pauvre mourant de froid ; la nuit suivante, le Christ revêtu du demi-manteau donné au pauvre lui apparaît en songe et il décide de se convertir. Autorisé à quitter l'armée, il rejoint St Hilaire évêque de Poitiers. Fonde le 1er monastère d'Occident : Ligugé. En 356 il est exilé en Orient. En 371, élu évêque de Tours. Vers 372, fonde un monastère à Marmoutier ; puis mène des expéditions d'évangélisation. C'est le 1er non-martyr à être honoré comme saint [3 672 paroisses et 485 localités portent son nom ; saint protecteur : de la monarchie (avec St Denis et St Louis), des soldats, cavaliers, drapiers, fourreurs et tailleurs]. À la St-Martin, les paysans payaient dettes, loyers et redevances en volailles, faisaient ripaille en tuant le cochon ou en mangeant une oie (Martin se serait caché lors de son élection comme évêque de Tours et une oie aurait caqueté devant sa cachette). SECONDAIRES : **Ste Pétronille** (31-5). **Ste Thérèse de l'Enfant Jésus** (1-10). RÉGIONS : **Alsace** Odile 13-12. **Bretagne** Yves 19-5. Anne 26-7. **Corse** Dévote 27-1. Julie 22-5.

■ **Autres pays.** **Afrique (du Nord)** Augustin 28-8. Cyprien 16-9. **Afrique du Sud** N.-D. de l'Assomption 15-8. **Albanie** N.-D. du Bon Conseil 26-4. **Allemagne** Boniface 5-6. Anschaire 3-2. **Amérique latine** Foy (Santa Fe) 6-10. Rose de Lima 23-8. **Amérique** N.-D. de Guadalupe 12-10. **Angleterre** Georges 23-4. Édouard le Confesseur 13-10. **Argentine** N.-D. de Lujan 8-12. **Asie Mineure** Jean l'Évangéliste 27-12. **Australie** N.-D. Secours des chrétiens 24-5. **Autriche** Léopold 15-11. Florian 4-5. **Belgique** Charles le Bon 2-3. Joseph 19-3. **Bohême-Moravie** Cyrille et Méthode 7-7. **Bolivie** N.-D. du Carmel 16-7. **Brésil** N.-D. d'Aprecida. **Bulgarie** Jean de Rila 18-6. Parascève le Jeune 26-7. **Canada** Joseph 19-3. Anne 26-7. René Goupil 19-10. (**Canada français** Jean-Baptiste 24-6 et 29-8.) **Chili** N.-D. du Carmel 16-7. **Chine** N.-D. Reine de Chine. **Chypre** Épiphane 12-5. Barnabé 11-6. **Congo** Immaculée Conception de N.-D. 8-12. **Costa Rica** N.-D. des Anges. **Cuba** Nativité 8-9. **Danemark** Anschaire 3-2. **Écosse** Marguerite 16-11. André 30-11. **Équateur** Cœur Très Pur de Marie. **Espagne** Ferdinand 30-5. Jacques le Majeur 25-7. **États-Unis** Marie conçue sans péché 8-12. **Europe** Benoît 11-7 (depuis 1964). Cyrille et Méthode 14-2. Édith Stein (née 1891, Thérèse Bénédicte de la Croix, carmélite, arrêtée le 2-8-1942, gazée le 9-8 à Auschwitz). Brigitte de Suède (1303-73) 23-7. Catherine de Sienne (1347-80) 29-4. **Finlande** Henri d'Uppsala 19-1. **Galles** David 1-3. **Grèce** Paul 29-6. **Guatemala** Jacques le Majeur 25-7. **Hollande** Willibrord 7-11. **Honduras** N.-D. de Suyapa. **Hongrie** Stanislas Kostka 15-8. Étienne 16-8 (2-9). **Inde** François Xavier 3-12. **Irlande** Brigitte de Kildare 1-2. Patrick 17-3. Kevin 3-6. **Islande** Anschaire 3-2. Olav 29-7. **Italie** Catherine de Sienne 29-4 (depuis 1939). François d'Assise 4-10. **Jamaïque** Assomption 15-8. **Jordanie** Jean-Baptiste 24-6 et 29-8. **Lituanie** Casimir 4-3. Georges 23-4. **Luxembourg** Pierre de Luxembourg 5-7. Willibrord (patron secondaire) 7-11. **Madagascar** Vincent de Paul 27-9. **Malte** Paul 29-6. **Mexique** N.-D. de Guadalupe 12-10. **Monaco** Dévote 27-1. **Mongolie** François Xavier 3-12. **Nicaragua** Jacques le Majeur 25-7. **Nigeria** Patrick 17-3. **Norvège** Magnus 16-4. Olav 29-7. **Nouvelle-Calédonie** Assomption 15-8. **Nouvelle-Zélande** Secours des chrétiens 24-5. **Pakistan** François-Xavier 3-12. **Palestine** N.-D. Reine 22-8. **Paraguay** Assomption 15-8. **Pays danubiens** Cyrille et Méthode 14-2. **Pérou** Joseph 19-3. Turibio 23-3. Rose de Lima 23-8. **Philippines** Rose de Lima 23-8. **Pologne** Casimir 4-3. Adalbert 23-4. Florian 4-5. Stanislas 11-4 (7-5). **Portugal** Antoine de Padoue 17-1. François Boya 10-10. Immaculée Conception 8-12. **Russie** Nicolas 6-12. Thérèse de l'Enfant Jésus 1-10. **Salvador** N.-D. de la Paix 21-11. **Slovaquie** Jean Népomucène. **Suède** luthériens : Brigitte de Suède 23-7. Catholiques : Éric 18-5. **Suisse** Gall 16-10. Nicolas 21-3. **Tchéquie** Ludmilla 16-9. Wenceslas 28-9. **Turquie** Georges 23-4. Jean Chrysostome 13-9. André 30-11. Jean l'Évangéliste 27-12. **Uruguay** Philippe et Jacques 3-5 (1-5). **Venezuela** N.-D. de Coromato. **Viêt Nam** Joseph 19-3.

■ **Groupes vénérés comme martyrs** (nombres les plus élevés). **1°) Non prouvés historiquement : Cologne** 11 000 Vierges [le nom d'une des martyres (en 674) : *Undecimilla* (c.-à-d. « fille d'*Undecimus* ») a été lu *undecim milla* (11 000) à moins qu'il ne s'agisse de l'abréviation XIMV (« onze Martyrs et Vierges », figurant dans *la Légende dorée* de Jacques de Voragine : son père, un roi chrétien de Bretagne, l'ayant promise en mariage à un prince païen, Ursule, voulant rester vierge, souffle à son père de n'accepter qu'à une condition : qu'on lui laisse 3 ans pour réfléchir et qu'on lui donne 10 vierges pour la consoler et 1 000 vierges à chacune de celles-ci. A Cologne, toutes sont martyrisées par le roi des Huns (en 1155, on y découvrit une grande quantité d'ossements que l'on suppose être ceux d'Ursule et de ses compagnes] ; **Rome** 10 203 martyrs de la Grotte-qui-coule-toujours (en 198) ; **Nicomédie** 10 000 (en 387) ; **Mt Ararat** (Arménie) 10 000 (en 381) ; **Perse** 9 000 Compagnons d'Ia (en 69) ; **Égypte** 5 000 Compagnons de Julien. **2°) Prouvés historiquement : Antiquité : Afrique du Nord** 4 966 clercs déportés (en 483-84). **Turquie** (Sébaste ou Sivas) : 40 soldats martyrs en 320. **Récents : Chine** : 120 prêtres, religieux, religieuses, laïcs chinois et européens martyrisés entre 1648 et 1930. Canonisés le 1-10-2000 [jour de la fête de Ste Thérèse de Lisieux mais aussi fête nationale en Chine (anniversaire de la proclamation du régime communiste) ce qui fut ressenti comme un affront]. **Espagne** : *victimes de la guerre civile en 1936* : 122 religieux (dont 115 Espagnols et 7 Colombiens en formation en Esp.) béatifiés le 25-10-1992 ; 233 béatifiés le 11-3-2001. **France** : *victimes de la Révolution* (1792-96) : 16 carmélites de Compiègne (guillotinées 17-7-1794, béatifiées le 27-5-1906), 191 prêtres réfractaires massacrés en septembre 1792, 32 religieuses d'Orange, 99 martyrs d'Angers [béatifiés le 20-2-1984 ; l'abbé Noël Pineau (guillotiné revêtu de ses habits sacerdotaux) béatifié en 1926]. **Japon** (Nagasaki) : 25 martyrs en 1597 (compagnons de Paul Miki) crucifiés, fêtés le 6 février ; parmi eux, 2 jeunes garçons de 11 et 13 ans. **Mexique** : 25 martyrs (dont 22 prêtres, 1 religieuse, 2 laïcs) tués pendant les persécutions (1915-37), béatifiés le 22-10-1992.

■ **Saints du calendrier. Entre X^e et XIIe s.** on recourt souvent au pape pour inscrire de nouveaux noms. **XIIIe s.** le pape se réserve l'enquête préalable sur la sainteté. **XVe s.** livres d'Heures manuscrits puis imprimés. Les jours où il n'y a pas de fêtes de saints, des saints locaux sont ajoutés. **1855** en France, l'almanach des PTT est officialisé. **1969** il est modifié après la promulgation du nouveau calendrier romain (origine 354), qui retient le nom de 180 saints et laisse à un culte local beaucoup de saints qui n'ont pas une importance particulière pour l'Église et ceux dont l'histoire est peu assurée. Parmi ces derniers : *Alexis* (10-7), *Barbe* (4-12), à Nicomédie, enfermée dans une tour par son père Dioscure, un satrape ; convertie au catholicisme, *Bibiane* ou Viviane (2-12), *Catherine d'Alexandrie* (25-11), *Christophe* (25-7), *Cyprien* et *Justine* (26-9), *Domitille* (7-5), les *Douze saints frères* (1-9), *Eustache* (20-9), *Félix de Valois* (20-11), *Hippolyte* (22-8), *Jean et Paul* du Ier s., auxquels est dédiée une basilique romaine (26-6), *Marguerite d'Antioche* (20-7), *Martine* (30-1), *Modeste* (15-6), *Paul Ermite* et *Maur* (15-1), *Placide* (5-10), *Pudentienne* (19-5), *Respice* et *Nymphe* (10-11), *Suzanne* (11-8), *Symphorose* (18-7), *Thècle* (23-9), *Tryphon, Bacchus* et *Apulée* (8-10), *Ursule*, ancienne patronne de l'ordre des Ursulines (21-10), *Venant* (18-5). *Ste Cécile* (22-11), patronne des musiciens, a été maintenue exceptionnellement.

■ **Saints Innocents** (28 déc.). Nouveau-nés mis à mort par Hérode le Grand, qui voulait éliminer Jésus moins de 2 ans après sa naissance ; fêtés depuis le Ve s. sous les noms d'*infantes* (nouveau-nés) ou de *parvuli* (tout-petits) dans la majorité des Églises latines ; de *nêpioi* (même sens) dans l'Église grecque. A Rome, Milan et Naples, on les appelait plutôt Innocents. Au Moyen Age, la messe romaine du 28 déc. adoptée dans toute la chrétienté, a généralisé l'expression « les Saints Innocents ».

■ **Saints de « fantaisie ».** Leur nom ne figure sur aucun martyrologe, ni romain, ni diocésain mais leur dévotion a peut-être été suggérée par le clergé, désireux de « récupérer » une pratique superstitieuse difficile à déraciner ; certaines ont été identifiées. Par exemple : *St Bonnet* (déformation de Beaunet) : nom du dieu gaulois Bélenos (Apollon) ; *St Sylvain* : culte vivace au hameau de Loubressac (Vienne), dieu des Lupercales (c.-à-d. Pan) appelé aussi *St Birotin* (réminiscence des cultes priapiques), mais on a imaginé pour justifier ses fêtes un St Sylvain, ermite, qui aurait vécu au VIe s. dans le Maine. *St Taurin* : héritier du dieu cornu Cernunos. *Stes Ouenne, Éanne*, ou *Émenane* : seraient des héritières de la déesse Épona. *Ste Macrine* : martyre authentique, peut-être appelée Morgane, comme la « fée », déesse celto-germanique. *St Goard* et *St Genard* : nom du dieu forgeron Govannon. *St Genou* : invoqué en cas de rhumatismes [un St Genou (Génufle), à Cahors, a fourni l'occasion du jeu de mots]. *St Faustin* (prononcé Fou-tin) : invoqué contre l'impuissance, *St Cloud* : contre les furoncles, *St Bavard* : contre le mutisme.

■ **Saints auxiliaires** ou **auxiliateurs** ou **guérisseurs.** *Acace* : maux de tête. *Adrien* : peste. *Agathe* : allaitement des nourrissons, incendies, éruptions volcaniques. *Antoine* : feu de St-Antoine (inflammation), objets perdus. *Apolline* : maux de dents. *Barbe* : foudre et mort subite. *Baud* : sécheresse. *Blaise* : gorge, morsures de vipère. *Catherine* : protectrice des étudiants, philosophes chrétiens, orateurs, avocats. *Christophe* : orages, tempêtes, temps de peste, accidents de voyage. *Cyriaque* : yeux, possession du démon. *Denis* : possessions diaboliques. *Égide* (ou *Gilles*) : panique, mal caduc, folie, frayeurs nocturnes. *Érasme* : maux d'entrailles. *Eurosie* : mauvais temps. *Eustache* : feu éternel ou temporel. *Gaudéric* : pour pluie et beau temps. *Georges* : maladies dartreuses. *Gertrude* : contre souris et rats. *Guy* (ou *Vite*) : danse de St-Guy, léthargie, morsure de bêtes. *Hubert* : rage. *Léonard* : santé des femmes enceintes. *Lucie* : maux d'yeux. *Marguerite* : maux de reins, accouchements. *Merry* : maux d'estomac. *Pantaléon* : maladies de consomption. *Archange Raphaël* : santé du corps et de l'âme. *Rita* : petite vérole, cas désespérés.

■ Quelques cas

■ **Le plus jeune saint. Martyr** : *Tarcisius* (connu par quelques vers gravés sur son tombeau par le pape Damase) : préféra se laisser massacrer plutôt que de livrer à des chiens l'eucharistie ; certains en ont fait un adulte diacre (par rapprochement avec Étienne), d'autres un lévite attaché au service de l'évêque de Rome ; patron des enfants de chœur ; popularisé par le roman du cardinal Wiseman (Londres, 1855) ; *fête* : 15 août. **Non martyr** : *St Dominique Savio* (de Riva, Piémont, Italie) élève de St Jean Bosco (1842-57), béatifié 1950, canonisé 1954.

■ **1re sainte canonisée dont on possède la photographie.** *Ste Bernadette* (la voyante de Lourdes, 1844-79) : photographiée en 1862 par l'abbé Bernadou.

■ **Témoins exceptionnels. Bourreau de martyrs** : *Ste Maria Goretti* (24-6-1890/6-7-1902), Italie, tuée de 14 coups de poinçon par Alexandre Serelli (18 ans) qui voulait la violer, béatifiée 27-4-1947 et canonisée 24-6-1950 (45 ans après sa mort) devant Serelli (gracié en 1929, converti et devenu oblat capucin). *Sœur Marie Clémentine* (Anwarite Nengapeta, 1939-64), chrétienne du Zaïre tuée dans les mêmes conditions, fut béatifiée le 15-8-1985 (l'assassin était présent dans la foule).

■ **Bénéficiaire du sacrifice.** *Père Maximilien Kolbe*, canonisé en 1987, avait sacrifié sa vie à Auschwitz pour sauver celle d'un codétenu, le sergent polonais Franczisek Gajonownicz.

■ **1er journaliste béatifié.** *Père Titus Brandsma*, carme néerlandais, journaliste au *De Gelderlander*, † à Dachau le 26-7-1942, béatifié le 3-11-1985.

■ **Couples.** *Louis et Zélie Martin* : parents de Ste Thérèse de Lisieux, vénérables. *Luigi et Maria Beltrame Quattrocchi* : cause introduite le 26-11-1994.

■ Canonisation

■ **Histoire. Ier siècle** consiste en l'érection d'un autel sur la sépulture d'un martyr. **993** (11-6) 1er acte authentique connu : Ulrich, évêque d'Augsbourg, † 976, canonisé par Jean XV dans un concile tenu à Rome. **1042** Siméon, ermite à Trèves, canonisé par Benoît IX. **1153** Gauthier de Pontoise, dernier saint canonisé par un évêque (l'archevêque de Rouen). **1215** le concile du Latran définit le monopole de la canonisation par le pape. **1634** Urbain VIII introduit une gradation entre bienheureux et saints, dont la canonisation inscrit les noms dans le martyrologe. Il faut attendre 50 ans avant de commencer le procès de béatification de quelqu'un (5 ans depuis le 7-2-1983). **Procès de béatification.** Procédure réformée par la Constitution apostolique *Divinus perfectionis Magister* (25-1-1983). Les évêques diocésains enquêtent sur la vie, les vertus, le martyre, etc. de ceux dont la béatification ou la canonisation est désirée. L'évêque envoie à la Congrégation pour les causes des saints les pièces de l'enquête. A Rome, un rapporteur *(relator)* prépare le dossier *(positio)* sur les vertus ou sur le martyre. Le dossier, qui requiert habituellement plusieurs années d'études, est ensuite jugé par des théologiens *(congressus peculiaris)*, puis par les cardinaux et évêques, membres de la Congrégation. Même procédure pour l'examen d'une guérison miraculeuse, présentée en vue de la béatification (facultative pour les martyrs) après enquête faite dans le diocèse où a lieu la guérison, étudiée par : 1°) médecins experts, 2°) théologiens consulteurs, 3°) cardinaux et évêques, membres de la Congrégation. Jusqu'en 1983, au cours du procès, l'*avocat du diable* (nom populaire du *promoteur de la foi*) analysait et critiquait les preuves des vertus et les miracles avancés dans la cause. **Pour la canonisation,** il est requis un miracle opéré après la béatification.

■ **Statistiques. Durée d'un procès de canonisation : maximale** : *St Bernard de Tiron* : 744 ans (de 1117 à 1861). **Autres** : *Ferdinand III de Castille* (roi † 1252) canonisé 1671. *Jeanne d'Arc* († brûlée 1431) canonisée 1920. *Jeanne de Valois* (reine † 1505) canonisée 1950. **Minimale** : St Antoine de Padoue, 352 j (13-6-1231 au 30-5-1232). **Moyenne** : environ 50 ans. **Causes en instance** (en 1999) : environ 1 900. **Nombre de canonisations** : *XVIIe s.* : 11. *XVIIIe s.* : 9. *XIXe s.* : 8. *1900-49* : 33 (56 saints) et 34 béatifications (564 bienheureux). *1950-88* : 55 (367 saints) et 95 béatifications (447 bienheureux). **Nombre de béatifications par Jean-Paul II** (de 1978 au 21-5-2000) : bienheureux 991 ; saints 324.

☞ *Depuis 1588* : 12 papes n'ont fait aucune canonisation ; 11 en ont fait une seule. De 1594 à Paul VI, saints 296, bienheureux 827 *dont au XXe s.* : Pie X : 2 canonisations (13 béatifications) ; Benoît XV : 2 (7) ; Pie XI : 17 (45) ; Pie XII : 21 (52) ; Jean XXIII : 91 (35) ; Paul VI : 20 (30). *De 1978 au 1-6-2000* : Jean-Paul II : 324 saints : 117 martyrs du Viêt Nam aux XVIIIe-XIXe s. [dont 96 Vietnamiens, 14 religieuses, 11 dominicains espagnols, 10 prélats français (canonisés 19-6-1988)] et 103 martyrs de Corée, et 991 bienheureux : 99 martyrs d'Angers en 1793-94 (béatifiés le 19-2-1984) et 85 martyrs anglais de la Réforme, 3 carmélites espagnoles victimes de la guerre civile ; des victimes du nazisme, comme le jociste français Marcel Callo (6-12-1921/Mauthausen 19-10-1945) béatifié 4-10-1987 ; le père *Raymond Kolbe* (8-1-1894/Auschwitz 14-8-1941, il avait pris la place d'un père de famille choisi pour être exécuté), béatifié 17-10-1971, canonisé 10-10-1982 ; la carmélite allemande d'origine juive Édith Stein (12-10-1891/Auschwitz 9-8-1942) béatifiée 1-5-1987, canonisée 10-10-1998 ; ou l'évêque polonais Michel Kozal (1893-Dachau 1943). *1988 (19-6)* canonisation d'Augustin Schœffler (1822-51, mort martyr au Tonkin). *1997 (4-5)* béatification du gitan Ceferino Jimenez Malla, dit El Pelé (né 1801, fusillé en août 1936 à 75 ans par les républicains espagnols).

Lieu : à *Rome* depuis le XIIIe s. ; depuis 1981 parfois en dehors. *Manille*, 18-2-1981 : 16 chrétiens martyrisés au Japon au XVIIe s. *Séoul*, 6-5-1984 : 103 chrétiens martyrisés entre 1838 et 1881. *Lyon*, 4-10-1986 : Antoine Chevrier (1826-79), fondateur de la Sté du Prado. *Paris*, 22-8-1997 : Frédéric Ozanam.

■ **Derniers Français. Béatifiés. 1992**-*27-9 Léonie Aviat*, fondatrice des oblates de St-François-de-Sales (Sézanne, Marne, 16-9-1844/Pérouse 10-1-1914), fête 10-1. **1993**-*16-5 Marie-Louise Trichet*, cofondatrice des filles de la Sagesse (Poitiers 7-5-1684/St-Laurent-sur-Sèvre, Vendée, 28-4-1759). **1994**-*16-10 Nicolas Roland*, chanoine, fondateur des sœurs du Bienheureux-Enfant-Jésus (Reims 8-12-1642/27-4-1678), fête 27-4 ; -*5-11 Hyacinthe Cormier*, dominicain (Orléans 8-12-1832/Rome 17-12-1916), fête 17-12 ; *Marie Poussepin*, fondatrice des dominicaines de la Présentation (Dourdan 14-10-1653/Sainville, E.-et-L., 24-1-1744), fête 24-1 ; *Agnès Galand de Langeac*, dominicaine (Le Puy-en-Velay 17-11-1602/Langeac 19-10-1634), fête 19-10 ; *Eugénie Joubert*, fondatrice de la Ste-Famille du Sacré-Cœur (Yssingeaux, Haute-Loire, 11-2-1876/Liège

■ **Saint Adam** (fête : 16-5) n'est pas le 1er homme mais un bénédictin italien, † en 1212 et invoqué contre l'épilepsie.

■ **Sainte Ève** (fête : 14-3 ou 25-6) n'est pas la 1re femme mais une martyre (patronne de Dreux, ou une vierge de Liège † peu après 1260).

■ **Marie-Madeleine** (fête : 22-7). Nom de 3 femmes : *pécheresse anonyme* (qui, lors du repas chez Simon le Pharisien, inonde de parfums les pieds de Jésus puis les essuie avec ses cheveux) ; *Marie de Magdala* (guérie par Jésus des démons qui l'habitaient ; présente lors de la crucifixion et de la mise au tombeau et à qui Jésus apparut la 1re fois après sa Résurrection). *Marie de Béthanie* (sœur de Marthe et de Lazare qui reçoit Jésus et obtient qu'il ressuscite son frère) ; Marie, arrivée en Provence avec Marthe et Lazare, se serait retirée dans la grotte de la Ste-Baume, pendant 30 ans, et serait morte à Aix-en-Provence où des anges l'auraient transportée.

■ **Saint Nicolas** (fête : 6-12), né vers 270 en Lycie, † en 343. Évêque de Myre (en Lycie, Asie Mineure). Selon la légende, il a ressuscité 3 enfants dépecés par le boucher qui les hébergeait. Il doit sa réputation de donneur de cadeaux au don qu'il fit à 3 jeunes filles que leur père voulait prostituer (il lança, sans se faire connaître, 3 sacs d'or par la fenêtre de leur maison pour payer leurs dots). En Amérique *Santa Claus*, « St Nicolas » (vient du néerlandais *Sinter Klaas*, fête introduite par les Hollandais au XVIe s.), fut à l'origine du personnage du *Père Noël*, dessiné vers 1850 par John Tenniel en joyeux vieillard à barbe blanche et vareuse bordée de fourrure blanche puis, en 1863, par Thomas Nast dans le *Harper's Illustrated Weekly*, en costume deux-pièces bordé de fourrure, avec pantalon bouffant et large ceinture de cuir ; le rouge fut définitivement adopté au XXe s. Le Père Noël apparaît en Europe en 1914-18, s'imposant sans référence religieuse; les *Français* ont adopté la date de Noël pour la distribution des cadeaux de St Nicolas, à cause du décalage de 13 jours qui a existé jusqu'au XVIIIe s. entre pays à calendrier julien et pays à calendrier grégorien. Les *Anglais* ont leur St-Nicolas à peu près à la date du Noël de France. Dans l'Angleterre catholique, les enfants de chœur avaient St Nicolas pour patron : le 6-12, pour leur fête patronale, ils élisaient leur « évêque » (le plus sage d'entre eux) à qui on rendait les honneurs jusqu'aux Saints-Innocents (28-12). En *Allemagne*, l'élection de « l'évêque des enfants » est déplacée au 12-3, fête de Grégoire le Grand, patron des étudiants en théologie. En *Belgique* et aux *Pays-Bas*, le 5-12 au soir, les enfants laissent devant la cheminée leurs sabots, remplis de foin pour le cheval blanc du saint, et le 6 au matin, ils les trouvent emplis de friandises. En *Alsace*, le 5-12 au soir, les jeunes garçons parcourent les rues des villages avec des clochettes en criant « Au lit les enfants : St Nicolas va passer ! » *Patronat sur la mer* : sa tombe originelle serait sur l'île de Gemile au large de la Turquie (abandonnée vers 650 devant la menace arabe). Ses restes, emmenés à Myre, sont enterrés à Bari, en Italie, depuis 1087. Une basilique y est construite et St Nicolas « de Bari » est reconnu par l'Église comme patron des gens de mer. Les marins le surnomment « le Poséidon chrétien » (on l'invoque dans les tempêtes). *Culte* : chaque année, à Bari (du 7 au 9 mai) : sur un bateau tiré au sort, la statue fait le tour de la rade, revêtue du pallium des archevêques (vêtement huméral appelé aussi *anabolium*). St Nicolas de Bari a donc été surnommé *Il Anabolione*, dont la forme populaire est « Nabulione » (retraduite en *Napoleone*, mais utilisée telle quelle dans la famille Bonaparte).

7-1904). **1995**-*1-10 Jean-Baptiste Souzy* (19-11-1734/27-8-1794) et 63 compagnons, martyrs des pontons de Rochefort (1794-95), fête 18-8. **1996**-*24-11 Catherine Jarrige,* tiers ordre de St-Dominique (Daumis, Cantal, 4-10-1754/4-7-1836), fête 4-7. **1997**-*22-8 Frédéric Ozanam,* fondateur de la Sté de St-Vincent-de-Paul et professeur à la Sorbonne (Milan 23-4-1813/Marseille 8-9-1853), fête 9-9. **1999**-*7-3 Nicolas Barré,* minime, fondateur de 2 congrégations (Amiens 21-10-1621/Paris 31-5-1686). **Canonisés. 1992** *Claude La Colombière,* jésuite, père spirituel de sainte Marguerite-Marie (St-Symphorien d'Ozon, Rhône, 2-2-1641/Paray-le-Monial 15-2-1682, fête 15-2. **1993** *Claudine Thévenet,* en religion Marie de Ste-Ignace, fondatrice des religieuses de Jésus-Marie (Lyon 1774/Lyon 3-2-1837), fête 3-2. **1995**-*3-12 Eugène de Mazenod,* fondateur de la Congrégation des missionnaires oblats de Marie-Immaculée, évêque de Marseille pendant 24 ans, fait construire la cathédrale de Marseille et N.-D.-de-la-Garde (Aix-en-P. 1782/Marseille 21-5-1861), fête 21-5. **1996**-*2-6 Jean Gabriel Perboyre,* lazariste, missionnaire en Chine, crucifié (Puech-Mongesty 6-1-1802/Wu-Ehang, Chine, 11-9-1840), fête 11-9. **1999**-*18-4 Marcellin Joseph Benoît Champagnat,* fondateur des frères maristes (20-5-1789/6-6-1840).

Enquêtes en cours. *Robert Schuman* (1886-1963), ministre des Affaires étrangères, ouverte en 1988. *Edmond Michelet* (1899-1970), ancien ministre.

Clergé

Clerc. Du latin *clericus* (dérivé de *clerus,* héritage) ; le clerc était l'« héritier du Seigneur ». Tonsuré, il avait le « monopole » du savoir au Moyen Age. Les clercs de procureur, de notaire, instruits, rédigeaient des actes.

Ecclésiastiques. Membres du clergé.

Clergé séculier (vivant dans le siècle) : archevêques, évêques, curés et vicaires. **Clergé régulier :** prêtres ou laïcs religieux constitués en ordres ou en congrégations, et vivant sous une règle.

La législation de l'Église interdit au clergé professions et occupations profanes, à moins d'utilité pastorale. Mais il y a des prêtres, surtout en mission, médecins, chirurgiens, fonctionnaires, députés, avocats, etc., avec l'accord de l'autorité compétente (évêque, supérieur).

Oblat. Enfant offert par ses parents à un monastère pour qu'il y reçoive une instruction et parvienne aux divers degrés de la cléricature. Laïc affilié à un monastère sans avoir prononcé de vœux.

Ordinaire. Tout supérieur ayant juridiction spirituelle sur des religieux (ordinaires simples) ou les catholiques d'un territoire ecclésiastique (ordinaires des lieux). Titulaires du pouvoir exécutif général : pape, évêques diocésains et assimilés (préfets apostoliques, administrateurs apostoliques, vicaires apostoliques, prélats et abbés « nullius »), vicaires généraux et épiscopaux, supérieurs majeurs des instituts religieux cléricaux et des sociétés de vie apostolique cléricales de droit pontifical. Peuvent déléguer leur pouvoir exécutif. *Ordinaires du lieu :* évêques territoriaux, vicaires généraux, vicaires épiscopaux. *Ordinaires personnels :* supérieurs majeurs, évêques personnels... *Aux armées ou militaire :* prélat (normalement évêques). *Employé comme adjectif* (par opposition à « délégué »), est la faculté ou pouvoir lié à un office (par exemple, tout curé à la faculté « ordinaire » doit assister aux mariages de sa paroisse, prêcher, confesser...).

Tonsure. Coutume ecclésiastique en vigueur depuis le concile d'Agde (506) jusqu'au 15-8-1972 (réforme des ordres mineurs *Ministeria quaedam* de Paul VI) : dès qu'un clerc recevait le 1er degré des ordres (l'*acolytat*), on lui coupait les cheveux d'une façon spéciale pour le distinguer des autres membres du corps chrétien. **Formes de tonsure :** *romaine,* en cercle sur le sommet du crâne (plus la dignité était élevée, plus la surface tondue était large : l'évêque de Rome portait donc la « couronne de St Pierre » qui lui laissait juste une mince frange de cheveux) ; *irlandaise,* bande de quelques cm dégarnie au-dessus du front ; *de St Paul,* crâne rasé par-devant jusqu'au sommet.

Vicaire. Du latin « Vicarius » : lieutenant, adjoint, substitut. *Vicaire apostolique :* gouverne au nom du pape une portion déterminée du peuple de Dieu qui, à cause de circonstances particulières, n'est pas encore constituée en diocèse. *Vicaire aux armées :* ordinaire, évêque aux armées. *Vicaire capitulaire* (ou administrateur diocésain) : selon le code de 1917, prêtre élu par le chapitre cathédral pour assurer par intérim le gouvernement du diocèse. Selon le nouveau code de 1983, le collège des consulteurs [6 à 12 prêtres, choisis par l'évêque au sein du conseil presbytéral (can. 502)], nomme désormais un administrateur diocésain. *Vicaire forain :* du latin « foras » : hors de, rappelle le temps où les vicariats se trouvaient en zone rurale, en dehors de la ville épiscopale. Dirige une circonscription ecclésiastique, formée de plusieurs paroisses voisines, dans un même diocèse. *Vicaire général :* aide l'évêque dans le gouvernement du diocèse tout entier. *Vicaire général de sa sainteté :* « cardinal vicaire », administre le Vicariat de Rome, à l'exception de la Cité du Vatican, qui forme un vicariat particulier. *Vicaire judiciaire :* synonyme d'official. *Vicaire paroissial :* prêtre affecté de manière stable à une paroisse pour aider le curé. Il peut être révoqué, pour une juste cause, par simple décision de l'évêque ou de l'administrateur diocésain. Le code de 1917 distingue 5 catégories : vicaire actuel, économe, substitut, auxiliaire et coopérateur.

Prêtre

Nom. Forme latinisée du grec *presbuteros* (comparatif de *presbus :* vieillard), de l'hébreu *zaken* (ancien). **Archiprêtre :** titre honorifique accordé dans certains diocèses aux curés de chefs-lieux d'arrondissement et des églises-cathédrales.

Formation. On devient prêtre par le sacrement de l'*ordre* conféré par un évêque. Auparavant, après 5 années d'études (philosophie 2 ; théologie 3, passées dans un séminaire), les *séminaristes* recevaient les *ordres mineurs,* désormais appelés *ministères : portier* (garder l'église et sonner les cloches), *lecteur* (chanter les psaumes, lire et enseigner l'Écriture sainte : catéchisme), *exorciste* (bénir l'eau, chasser les démons), *acolyte* (faire procession avec le célébrant, servir la messe) : la plupart de ces charges sont confiées aux laïcs et aux enfants de chœur (portier et exorciste ayant été supprimés en 1972), puis les *ordres majeurs : sous-diaconat* (supprimé en 1972), *diaconat* (peut verser l'eau dans le calice à la messe, lire l'Épître et l'Évangile, toucher les vases sacrés, baptiser, marier, donner la communion et prêcher) et *sacerdoce* [peut dire la messe (saint sacrifice), absoudre les péchés ; a 2 degrés, la *prêtrise* et l'*épiscopat* (donne le pouvoir d'administrer les sacrements de confirmation et d'ordination]. Ces ordres majeurs imposent le vœu de chasteté et l'obligation de lire chaque jour le bréviaire. **Celebret** (« qu'il célèbre » en latin) : lettre de recommandation (valable 1 an) délivrée par l'ordinaire aux prêtres ou par le supérieur aux religieux prêtres, attestant qu'ils ont le droit de célébrer la messe.

Prêtres ouvriers (Mission ouvrière) : nés d'une initiative française, avec le dominicain Loew (docker à Marseille) et le jésuite Magand, après la guerre de 1939-45. *Nombre de prêtres ouvriers en France : 1946 :* 25 ; *50 :* 100 ; *84 :* 700 ; *2000 :* environ 500. Le 1-3-1954, leur retrait est exigé sur l'intervention de Rome. Le 23-10-1965, l'envoi de prêtres à plein temps en usine est autorisé, la majorité faisant partie de la Mission ouvrière (fondée 6-7-1954). Leur mission consiste en une évangélisation dans le cadre du travail et non pas de la paroisse.

Célibat. Traditions : les ministres du Temple de Jérusalem doivent observer la continence avant de remplir leurs fonctions. **Ier s. :** la plupart des 1ers apôtres étaient mariés, notamment Pierre qui fut le 1er pape. **Ier au IIIe s. :** un homme n'ayant eu qu'une seule femme dans sa vie peut devenir évêque, mais un prêtre devenu veuf ne peut se remarier. **IVe s. :** un prêtre ne peut se marier avant d'être ordonné, mais un prêtre marié peut le rester après. Peu à peu, des décisions locales, conciles d'Elvira (300), Arles (314), Ancyre (315), Nicée (325, 1er concile œcuménique), Carthage (340), Néocésarée, Antioche (341), Carthage (390, déclare que le célibat est une loi apostolique remontant à l'origine de l'Église), Tolède (400), pour ne citer que les plus anciens, imposèrent le célibat pour le clergé d'Occident. **VIe s.** (concile d'Elvira) : le célibat s'impose définitivement. **691** concile quinisexte Constantinople réuni pour compléter la législation diciplinaire du 5e (553) et du 6e concile (680-81) de Constantinople. Les Églises d'Orient acceptent le mariage. **952** le concile d'Augsbourg défend aux prêtres de se marier sous peine de déposition, et à tous les clercs de recevoir des femmes de mauvaise vie. « Toute concubine de clerc doit être appréhendée, fouettée et tondue. » **1044** le pape Benoît IX renonce au pontificat pour se marier. Les décisions locales seront reprises par les décrétales du pape Sirice (386), les instructions d'Innocent Ier (402-417), les canons du 2e concile du Latran (1139) et du concile de Trente (1545-63). **XXe s. :** le Code de droit canon de 1917, le concile Vatican II (1965), l'encyclique *Sacerdotalis cœlibatus* de Paul VI (1967), la lettre aux prêtres de Jean-Paul II (8-4-1979), le code de 1983, l'exhortation papale *Pastores dabo vobis* (7-4-92) insistent sur ce problème du célibat.

Prêtres mariés (environ 80 000 prêtres ou ex-prêtres mariés dans le monde). **Églises occidentales :** très peu nombreux. **Églises orientales :** des hommes mariés peuvent devenir prêtres (et c'est l'usage), mais un prêtre célibataire ou veuf ne peut pas se marier ; les hommes mariés ne peuvent devenir évêques ou moines. En 1899, ce régime avait été étendu aux prêtres paroissiaux des Églises de rite oriental fondées en Amérique, mais le célibat y a été rendu obligatoire en 1929. **Église anglicane :** admet pour évêques des hommes mariés. **Église réformée :** les pasteurs dirigeant la prière peuvent être mariés. Luther (qui avait épousé une religieuse) et Calvin ont toujours protesté contre la règle du célibat.

☞ Des évêques ont récemment démissioné annonçant leur paternité : Mgr Casey (Irlande, 1992), Vogel (Bâle, Suisse, 1995), Wright (Écosse, 1996).

Femmes. 1987 lors du voyage de Jean-Paul II aux USA (du 10 au 20-9), 2 manifestations féministes ont lieu : *1°)* sœur Rita Jirak, Pte de la conférence pour l'ordination des femmes, invite le pape à une veillée de prières la nuit du 2 au 3 oct. ; *2°)* sœur Theresa Kane, supérieure générale de l'Union des religieuses des USA, l'exhorte à permettre aux femmes d'accéder aux ministères. Le pape répond de prendre « Marie comme modèle de la place des femmes dans l'Église ». **1988** *(-30-9)* le pape confirme sa position dans une lettre apostolique *(Mulieris dignitatem).* **1990** une commission d'évêques américains présidée par Mgr Imech (évêque de Joliet, Illinois) prône l'accession des femmes au diaconat. En Tchécoslovaquie pendant la période communiste, des femmes ont été ordonnées dans le clergé clandestin. **1994** *(-22-5)* Jean-Paul II précise dans la lettre *Ordinatio sacerdotalis :* « L'Église n'a aucunement la faculté de conférer l'ordination aux femmes, et cette position doit être considérée comme définitive par tous les fidèles de l'Église » (lettre considérée comme « infaillible »).

☞ **1987,** la *Stampa* révèle le cas d'un prêtre transsexuel qui à 50 ans changea de sexe (selon le droit canon, il dut cesser d'exercer son ministère).

Simonie. Trafic des faveurs, des réalités spirituelles (tel un sacrement), des charges ecclésiastiques en échange d'un bien temporel. Simon le Magicien avait offert à Pierre de l'argent pour acquérir lui aussi le pouvoir de donner le Saint-Esprit.

Sanctions subies. Suspense *(a divinis) :* le prêtre est privé par son évêque du droit d'exercer ses fonctions sacerdotales. Il peut, en outre, être frappé d'*interdit personnel* (sanction non réservée au clergé), qui le tient éloigné de tout acte religieux. **Retour à l'état laïque :** le prêtre est relevé de ses droits et obligations ecclésiastiques, comme le célibat, la célébration de la messe. *Nombre : de 1914 à 63 :* 810 demandes ; *de 1963 à 78 :* 32 231 (la plupart acceptées par Jean XXIII et Paul VI). **Excommunication :** sur 7 cas d'excommunications encore prévus par le Code de 1983, 2 sont réservés aux prêtres (absolutions illicites, viol du secret de confession). **Interdit :** interdiction d'administrer les sacrements et de célébrer les messes dans un territoire donné.

Atteintes à la dignité sacerdotale. Énumérées dans le Code de 1917, supprimées dans celui de 1983 (port d'armes, fréquentation des cabarets).

Vêtements non liturgiques. Soutane : robe longue noire, blanche chez les missionnaires, rouge pour les cardinaux, violette pour les évêques et blanche pour le pape, portée dans le privé ou en extérieur. En usage depuis le XIXe s., a cessé d'être obligatoire le 1-7-1962. En France, la chemise blanche avec cravate noire était admise jusqu'en oct. 1984. Selon le nouveau Code de droit canonique, canon 284 : « Les *clercs* porteront un habit ecclésiastique convenable selon les règles établies par la conférence des évêques et les coutumes légitimes des lieux ». En France, la conférence épiscopale a voté : « L'habit ecclésiastique est un vêtement discret comportant un signe distinctif : col romain ou croix sur le vêtement. C'est aussi la soutane ». En Belgique, on préconise soutane ou costume foncé avec col romain ou croix. Au Canada, les clercs doivent se vêtir de façon à être identifiables comme tels. Les diacres permanents ne sont pas tenus aux dispositions du canon 284. Les *religieux* (canon 669), en signe de leur consécration et en témoignage de pauvreté, portent l'habit de leur institut selon la forme prescrite par le droit propre ; si l'institut n'a pas d'habit particulier, ils adopteront le vêtement du clergé selon le canon 284. **Camail (mosette ou mozette) :** pèlerine arrivant à mi-bas portée par certains dignitaires ecclésiastiques (violette pour l'évêque qui ne la revêt que dans son diocèse, la remplaçant ailleurs par la **mantelette**). **Barrette :** petit chapeau autrefois porté par les clercs. **Chape** (cape) : traîne portée sur l'habit de chœur. **Rochet :** surplis de dentelle portée par certains dignitaires ecclésiastiques. **Surplis :** tunique blanche, de toile fine, descendant jusqu'aux genoux, sans capuchon, à larges manches, que les ecclésiastiques portent dans les cérémonies religieuses où ils n'officient pas. Ils le portaient obligatoirement sur leur soutane.

Vêtements liturgiques. Amict (du latin *amicire,* envelopper) : fin voile muni de cordons, que le prêtre porte sur les épaules pour la messe ; à l'origine, placé sur la tête comme encore dans certains ordres religieux ; symbole de la protection céleste (d'origine juive, correspond à l'*éfod* des israélites). **Aube :** ancien vêtement de dessous des Romains (descendant jusqu'aux pieds). Pendant la nuit pascale, consacrée aux baptêmes, les 1ers chrétiens romains se présentaient en aube (tenue normale pour le bain baptismal). A cause de sa couleur blanche, ce vêtement a été considéré comme un symbole de l'innocence, et son usage s'est généralisé pour toutes les liturgies. **Cape :** portée par le prêtre, par exemple lorsqu'il se déplace avec l'ostensoir lors de processions. Autrefois surmontée d'un capuchon. **Chasuble** (du latin *casula :* petite maison), ancienne *penula* des Romains : vêtement de dessus, en étoffe lourde. Utilisée pour dire la messe ; figure la charité du Christ qui doit envelopper tout le ministère du prêtre. Autrefois, elle n'était pas échancrée sous les bras et son poids était pénible lors des prières dites avec les bras écartés et levés vers le Ciel. A partir du XVe s., la chasuble prend alors la forme d'un scapulaire dépassant à peine les épaules. Depuis 1950, elle retrouve la forme romaine, couvrant les bras jusqu'aux poignets ; autrefois en soie, aujourd'hui souvent en laine ou lin, avec des broderies. *Couleur* (voir ci-dessous). **Cordon :** ceinture, symbole de chasteté. **Dalmatique :** de même couleur et de même étoffe que la chasuble ; réservée aux diacres, elle possède des manches et est fendue sur les côtés. **Étole :** primitivement, longue robe ornée aux bordures ; n'est plus qu'un bandeau richement décoré que portent prêtre, diacre et évêque qui la passent derrière le cou, les 2 pans pendant sur le devant ; mêmes couleur et étoffe que la chasuble. Parfois utilisée sans la chasuble, ainsi pour la communion, la confession, l'onction des malades. **Formal** (ou **rational** ou **pectoral**) : fermoir en or ou argent orné de pierreries que l'évêque met sur la bande qui attache la chape. N'en fait pas usage en dehors de son diocèse. **Grémial :** linge en lin blanc (placé sur les genoux de l'évêque pendant certaines cérémonies). **Manipule :** linge servant à l'origine à s'essuyer le front,

Statistiques mondiales

Nombre de prêtres : total (religieux + diocésains) *en 1971 :* 420 429 ; *90 :* 401 479 ; *93 :* 404 570 ; *98 :* 404 626 dont Europe 211 827, Amérique 120 297, Asie 41 456, Afrique 26 026, Océanie 5 020 dont diocésains 65 %, religieux 35 % ; *99* (31-12) : 404 626 ; **religieux :** 140 424 ; **religieuses :** 814 779 ; **séminaristes** (1-1-2000) : 109 828 ; **catéchistes :** 2 298 387. **Nombre d'habitants par prêtre et,** entre parenthèses, **de catholiques :** Asie 55 917 (2 551), Afr. 28 764 (4 483), Amér. 6 649 (4 196), Océanie 5 948 (1 602), Europe 3 231 (1 336). **Pays ayant le plus de prêtres** (en 1981) : Italie 62 861, USA 58 174, France 33 672 (en 1988), Pologne 21 854 (en 1988). *Afrique* (entre parenthèses, proportion pour 10 000 catholiques) : Zaïre 2 584 (2). Tanzanie 1 543 (4,2). Nigéria 1 350 (2,4). Afr. du Sud 1 194 (5,6). Ouganda 927 (1,7). Kenya 897 (2,7). Cameroun 862 (3,7). Madagascar 687 (3,5). Zambie 518 (3). *Asie :* Inde 12 001 (diocésains 7 058, religieux 4 943 ; évêques 146 pour 12 000 000 de catholiques, répartis en 5 139 paroisses). **Défections** *1964-99 :* 60 000 à 100 000 [*1997 :* 621 diocésains (dontAmérique 263, Europe 242, Asie 54, Afrique 42, Océanie 20)]. **Taux de renouvellement :** *normal :* 12,5 séminaristes pour 100 prêtres. *Maximal :* Pologne 38,1 (en 1985). *Minimal :* Belgique 3,6 ; France 4,1. **Ordinations :** *1979 :* 5 765 ; *87 :* 6 739 ; *88 :* 7 251 ; *93 :* 8 969 ; *94 :* 8 734 (dont diocésains 6 313, religieux 2 421) ; *98 :* 6 352 prêtres diocésains (dont Europe 2 363, Amérique 1 980, Afrique 1 071, Asie 1 082, Océanie 36). **Age moyen des prêtres :** Pays-Bas 73 ans, Belgique 72, France 71.

Candidats au sacerdoce

Décembre 1998	Séminaristes	Religieux	Total
Afrique	14 143	5 511	19 654
Amérique	23 387	12 684	36 071
Asie	14 410	11 071	25 481
Europe	18 089	9 065	27 154
Océanie	535	276	811
Total	**70 564**	**38 607**	**109 171**

porté à l'autel sur le bras gauche (primitivement, en ville aussi) ; devenu un simple ornement liturgique (supprimé le 13-4-1967). **Mitre** (voir p. 512 a). **Pallium** (voir p. 512 a). **Pluvial :** manteau porté pour les processions, vêpres, funérailles, mariages. **Tunique :** ample vêtement à manches courtes (supprimé avec le sous-diaconat). **Voile huméral :** enveloppe les mains du prêtre portant l'ostensoir.

■ **Couleurs liturgiques.** Empruntées à la Bible et aux usages de la cour de l'empereur de Byzance. **Blanc :** fêtes : Seigneur, Marie, saints non martyrs. **Bleu :** en Espagne, pour certaines fêtes de Marie. **Cendré :** autrefois en France, pour le Carême ; on se mettait de la cendre sur la tête en signe de pénitence (mercredi des Cendres), utilisé à Lyon pour les fériés de carême. **Noir :** autrefois réservé aux offices pour défunts, souvent remplacé par le violet. **Rose :** peut remplacer le violet le 3e dimanche de l'Avent *(Gaudete)* et le 4e dimanche de Carême *(Laetare)*. **Rouge :** feu et sang, pour Rameaux, Pentecôte, apôtres et martyrs. **Vert :** pour le temps ordinaire. **Violet :** pénitence : Avent et Carême. Les couleurs peuvent être adaptées aux traditions des pays. *Pour Honorius d'Autun,* le prêtre a 7 vêtements correspondant à 7 vertus : humilité noir, chasteté blanc, discrétion gris, sagesse jaune, foi vert, espérance bleu, charité rouge.

■ **Curé.** Prêtre chargé du soin (*cura* en latin) des âmes, c.-à-d. de la responsabilité religieuse d'une *paroisse.* En France et Belgique, en vertu des articles organiques de 1803, certaines paroisses sont inamovibles, l'évêque ne peut déplacer le curé, sauf pour le bien des paroissiens. Auparavant (et depuis 1515), la nomination des curés dépendait de l'administration royale et une cure était considérée comme un fief. Ainsi, en 1645, le sieur de Fiesque fit attaquer la cure de St-Sulpice de Paris sur laquelle il prétendait avoir des droits.

☞ **Age canonique :** entre 40 et 60 ans. Age à partir duquel une femme pouvait vivre aux côtés d'un prêtre dans un presbytère.

■ **Recteurs d'églises.** Du latin *regere,* diriger. Selon le droit canon, un recteur d'église est un prêtre préposé à une église qui n'est ni paroissiale, ni capitulaire (c.-à-d. dépendant d'un chapitre de chanoines), ni annexée à une communauté religieuse (comme à Paris, la basilique de Montmartre). Il n'a pas le droit de remplir les fonctions paroissiales (baptêmes, mariages, enterrements) mais peut célébrer la liturgie. Dans certaines régions (notamment en Bretagne), on appelle *recteurs* les curés de paroisse. (On appelle ainsi également certains directeurs d'universités, académies ou collèges.)

☞ **Fidei donum (« don de la foi ») :** institution, tirant son nom d'une encyclique de Pie XII (21-4-1957), chargée d'envoyer des prêtres dans les diocèses qui en manquent. 289 dons dans 53 pays (119 diocèses). Séjours moyen 12 à 15 ans.

Autres ministres du culte

■ **Diacre.** 1er degré des sacrements de l'ordre. Le diacre unit « les 3 diaconies de la liturgie, de la parole et de la charité ». Il administre solennellement le baptême, conserve et distribue l'eucharistie, est témoin au nom de l'Église dans un mariage. Il peut bénir, présider au culte et à la prière des fidèles, porter la communion (dite viatique) aux mourants (mais non l'extrême-onction) et présider aux rites funèbres, mais il ne peut ni confesser ni célébrer la messe. Les hommes mariés peuvent être ordonnés diacres s'ils ont plus de 35 ans, et si leur épouse y consent. Un diacre ordonné ne peut plus se marier ni un diacre devenu veuf se remarier. Les candidats au sacerdoce sont d'abord ordonnés diacres avant d'être ordonnés prêtres. **Archidiacre :** titre porté jadis par le chef des diacres d'un diocèse, actuellement par les vicaires épiscopaux. **Nombre de diacres permanents :** *1998 :* 25 345 dont USA 16 748, Allemagne 2 056, *France* 1 591 ; *99 :* 26 629 dont *Fr. 1 479.* 90 % sont mariés.

■ **Chanoine.** A l'origine, clerc assistant l'évêque et vivant en communauté avec lui. St Augustin, évêque d'Hippone, fixa par écrit les règles organisant la vie « canoniale » ; au cours des siècles, beaucoup d'essais similaires s'en inspirèrent. Le clergé s'étant accru, un petit groupe seulement resta aux côtés de l'évêque, comme ses auxiliaires directs et son conseil. Mais, à diverses époques, l'idée de St Augustin fut reprise pour la création d'ordres religieux composés de prêtres **(chanoines réguliers)**. Ainsi St Norbert fonda-t-il les Prémontrés. Jusqu'à la Révolution, il a existé aussi des églises *collégiales* (526 en France), dirigées par un chapitre de **chanoines séculiers**, mais sans siège épiscopal (notamment les Saintes-Chapelles de Paris et de Vincennes, St-Martin-de-Tours, etc.). La dignité de chanoine fut alors par courtoisie décernée à des laïcs, à charge de payer un remplaçant pour dire l'office à leur place. Les **chanoines titulaires**, dans les cathédrales, constituent le chapitre. En cas de vacance du siège épiscopal, ils élisaient un *vicaire capitulaire* pour l'administration intérimaire du diocèse. Depuis 1983, cette fonction est assurée par un *administrateur diocésain* élu par un collège de consulteurs. Les chanoines titulaires sont tenus de réciter l'office public au nom du diocèse, et leurs honoraires leur sont versés en fonction de leur assiduité : jusqu'à la Révolution, ils recevaient à la fin de chaque office un jeton de présence ou *méreau* qui leur permettait de se répartir à la fin de l'année, proportionnellement au nombre de leurs jetons, les revenus du chapitre (parfois très importants comme à Lyon ou Strasbourg). C'est pourquoi dans ces chapitres certains nobles prenaient le titre de chanoine sans en occuper la place (*chanoines forains*), et se faisaient remplacer par des *chanoines coadjuteurs.* Les *chanoines honoraires* d'un diocèse sont plus nombreux et leur titre est honorifique. Depuis Henri IV, le chef de l'État français est premier et unique *chanoine d'honneur* de la basilique du Latran.

■ **Chapitre.** Communauté de prêtres ou de religieux attachés à une église collégiale ou cathédrale. Chapitre cathédral : conseil de l'évêque, gouvernant le diocèse en cas de vacance du siège épiscopal et, dans bien des cas, élisait l'évêque.

■ **Diaconesses.** Dans l'église primitive, elles étaient chargées des œuvres charitables et aidaient à l'administration du baptême par immersion. Elles disparaissent en Occident vers le XIIe s. et en Orient après la prise de Constantinople par les Turcs (1453). Au XVIe s. les religieuses catholiques, passées à la Réforme, ont pris le nom de « diaconesses ». Elles sont environ 40 000 dans le monde, la plupart en Allemagne ; en France, les 2 maisons les plus importantes sont celles de Strasbourg et de Paris.

■ **Exorcistes.** Ministres d'un ancien ordre mineur, supprimé en 1972, héritiers des ministres chargés, dans l'Église primitive, de s'occuper des énergumènes *(possédés du démon)* et plus ordinairement de faire les exorcismes mineurs (prières avec imposition des mains) sur les candidats au baptême. Actuellement, ces exorcismes mineurs peuvent être assurés par des laïcs sur les catéchumènes. Pour des possessions diaboliques, l'évêque nomme un prêtre, qui procède à l'exorcisme proprement dit s'il est convaincu qu'il ne s'agit pas d'un trouble nerveux ou pathologique. **Comportement du possédé :** insolence, haine ; parle et comprend des langues qu'il n'a jamais apprises, discute en théologien, manifeste une force herculéenne, est sujet à des phénomènes comme la lévitation, se plaint de douleurs. En 1986, sur 5 000 cas prétendus, 3 ou 4 furent identifiés comme authentiques.

Épiscopat

■ **Archevêque** (du grec *arché,* primauté, et *episkopos,* évêque). On distingue l'*archevêque métropolitain* (chef d'une métropole, centre d'une province ecclésiastique, toujours archevêque depuis le Xe s.) de l'évêque portant le titre d'archevêque sans être métropolitain (c.-à-d. n'ayant pas d'évêchés suffragants ; ex. : Marseille, Strasbourg, Barcelone, Camberra, Singapour...). Le métropolitain peut convoquer des conciles provinciaux et intervenir si un suffragant n'accomplit pas sa charge. *Insigne propre :* le *pallium* (bande de laine blanche ornée de croix noires) reçu du pape. En France, l'archiépiscopat est devenu surtout honorifique, les diocèses étant regroupés non plus en provinces ecclésiastiques, mais en « régions apostoliques » plus vastes.

■ **Évêques** (du grec *episkopos,* surveillant). Considérés comme les successeurs des apôtres, ils sont à la tête d'une « Église », c.-à-d. d'un diocèse ; ils ordonnent prêtres, diacres, bénissent le saint chrême et autres huiles employées pour certains sacrements, confirment, consacrent les églises, etc. Ils participent en outre collectivement, en union avec le pape, au gouvernement de l'Église universelle ; cette collectivité s'appelle le *collège des évêques.* Ils sont tous égaux quant à la puissance spirituelle, mais ils sont soumis à une hiérarchie d'ordre disciplinaire (voir **Archevêque** col. b). Depuis 1966, ils sont invités à se démettre de leur charge à 75 ans. Cette démission ne peut leur être imposée. Ils sont investis par Rome et sacrés par 3 évêques (un consécrateur et 2 co-consécrateurs). **Age minimal :** fixé à 30 ans par le concile de Latran (1178) mais il y a des dispenses. *En France,* jusqu'à la séparation de l'Église et de l'État (1905), le chef de l'État nommait les évêques, qui étaient ensuite « préconisés » par le pape. C'est encore le cas pour Strasbourg et Metz, restés sous régime concordataire lors du retour de l'Alsace et de la Moselle à la France en 1918. Dans quelques diocèses d'*Allemagne* et de *Suisse* et à Salzbourg (Autriche), le chapitre cathédral a conservé un droit de proposition ou de choix pour l'élection de l'évêque. **Évêques titulaires** (autrefois *in partibus infidelium*) : n'ayant pas de diocèse à gouverner, ils portent le titre d'un ancien évêché d'Europe, d'Afrique, d'Orient ou d'Amérique.

Consécrations illégitimes : faites par des évêques non mandatés par le pape ; sont, malgré tout, valides, et le nouvel évêque (excommunié lui aussi) garde le caractère épiscopal. *Cas : 1976-11-1,* Palmar de Troya (Espagne) : Mgr Ngo-dinh-Thuc (1897-1984) consacre 3 Espagnols et 2 Américains ; *1979,* Pékin (Chine) : Mgr Michel Fu Tie Shan, élu évêque par des « catholiques patriotiques » et consacré ; *1981,* Toulon (France) : Mgr Ngo-dinh-Thuc consacre 1 Français (le dominicain Guérard des Lauriers) et 2 Mexicains, dont l'un a ensuite consacré évêques 2 autres Mexicains et 1 Américain ; *1987,* Mgr Cornejo, ancien évêque auxiliaire de Lima (Pérou), consacre 3 Français. *1988-30-6,* Mgr Marcel Lefebvre ordonne 4 évêques (voir p. 501 c). *1991-25-7,* les 4 évêques ordonnés par Mgr Lefebvre ordonnent le Brésilien Licinio Rangel.

Conférence des évêques : avant Vatican II, l'archevêque réunissait les évêques d'une province ecclésiastique au moins tous les 5 ans. Depuis Vatican II, les évêques d'un même pays (ou parfois de plusieurs) forment une *conférence épiscopale,* dans laquelle ils peuvent se répartir entre des commissions pour étudier des problèmes qui se posent à l'échelon national ou régional.

Anciennes seigneuries épiscopales : les évêques ont fréquemment cumulé la juridiction ecclésiastique sur le diocèse et la suzeraineté seigneuriale sur leur évêché. *Dans le royaume de France,* on comptait 6 pairs ecclésiastiques et de nombreux évêques-comtes, archevêques-ducs [Reims et Paris (duché-pairie de St-Cloud)], évêques-ducs (Langres, Laon), comtes (Beauvais, Cahors, Lavaux, Mende, Noyon, Rodez). *Dans le St Empire,* jusqu'au recez de 1803, les évêques étaient seigneurs souverains. Plusieurs portaient un titre princier (princes-évêques de Liège, Bâle, Trente, etc. ; princes-archevêques de Prague, Olmütz, Salzbourg, Göritz, Vienne, etc.) ou électoral (archevêques-électeurs de Cologne, Trèves, Mayence). *En Pologne,* l'évêque de Cracovie était prince. De tous ces titres féo-

■ **1ers évêques : chinois :** Grégoire Lo Wen Tao (dominicain ordonné prêtre 1656, il fit quelques ordinations) ; 6 évêques (dont Mgr Tien, 1er cardinal non européen, consacré par Pie XI le 26-10-1926) ; **indochinois :** Mgr Tong (évêque de Phat Diem, 1933) ; **japonais :** Mgr Hayasaka (évêque de Nagasaki, 1927) ; **malgache :** Mgr Ramarosandratana (évêque de Mianarivo, 1939) ; **noir africain :** Mgr Faye (évêque de Ziguinchor, Sénégal, 1939).

■ **Meurtres d'évêques :** depuis le concile de Trente (1563), sur 23 000 évêques, plus de 130 de rite latin ont été tués, en raison de leur épiscopat, d'un crime de droit commun ou d'un acte de violence ne les visant pas personnellement. La plupart dans des pays de mission (plusieurs au cours des guerres de décolonisation) et en Espagne (12 tués en 1936-39, guerre civile). **Depuis 1993 :** *1993 (25-5) Mexique* Juan Jesus Posada Ocampo ; *(27-6) Salvador* Roberto Joaquim Ramos Umana. *1994 (7-6) Rwanda* Joseph Ruzindana, Vincent et Thaddée Nsengiyumwa. *1996 (3-6) Montenegro* Ivo Gugic ; *(1-8) Algérie* Pierre Claverie ; *(9-9) Burundi* Joachim Ruhuna ; *(29-10) Congo démocratique* Christophe Munzihirwa Mwene Ngabo. *1997 (4-2) Philippines* Benjamin de Jésus. *1998 (26-4) Guatemala* Juan Gerardi Conedera. **En France :** *1588 (24-12) Reims* (arch.) Louis de Lorraine-Guise. *1603 (26-9) Marseille* (év.) Frédéric Raguenau. *1792 (2-9) Saintes* (év.) bienheureux Pierre-Louis de la Rochefoucauld-Maumont ; *Beauvais* (év.) bienheureux François-Joseph de la Rochefoucauld-Bayers ; *Arles* (arch.) bienheureux Jean-Marie du Lau d'Allemans ; *(9-9) Mende* (év.) Jean Arnaud de Castellane. *1794 (25-7) Agde* (év.) Charles François Siméon de Saint-Simon-Sandricourt. *1795 (30-7) Dol* (év.) Urbain René de Hercé. *1848 (27-6) Paris* (arch.) Denis Auguste Affre (balle perdue sur une barricade du faubourg St-Antoine). *1857 (3-1) Paris* (arch.) Dominique Marius Auguste Sibour (poignardé dans St-Étienne-du-Mont par Jean Verger, prêtre dément, hostile au dogme de l'Immaculée Conception, qui cria « Pas de déesse »). *1871 (24-5) Paris* (arch.) Georges Darboy (fusillé par les communards à la prison de la Roquette).

Coiffure non liturgique de moins en moins portée. *Avec la soutane violette :* chapeau violet ou noir suivant la couleur de la soutane, à large bord, orné de cordons et glands de soie ; *avec la soutane noire :* noir avec cordons et houppes violets. **Coiffures figurant sur les armoiries** (nombre de houppes) : *cardinal :* chapeau rouge (à 30 houppes) ; *patriarche :* vert (30) ; *archevêque :* vert (20) ; *évêque :* vert (12) ; *généraux des ordres et protonotaires, abbés crossés et mitrés :* noir (12) ; *prieurs et chanoines privilégiés :* noir liséré rouge (6) ; *chanoines ordinaires :* noir liséré rouge (2).

daux, seul subsiste au XXe s. celui de l'évêque de Seo de Urgel (Espagne), coprince d'Andorre (avec le Pt de la République française).

Insignes épiscopaux : anneau, croix pectorale, crosse (en latin *baculus*) : bâton de berger, symbolisant l'autorité de l'évêque sur les fidèles, et celle de l'abbé sur les moines. En bois, puis en métal à partir du XVe s. ; de nouveau couramment en bois depuis 1950. Quand un évêque officie dans son diocèse ou un abbé dans son monastère, ils tiennent la volute de leur crosse tournée vers le peuple. En dehors de leur juridiction, ils la gardent tournée vers eux-mêmes. **Mitre** (du grec *mitra,* bandeau ou diadème) : dans l'Orient antique, symbole d'autorité ; haut bonnet porté par évêques et abbés à partir du XIIIe s ; rappelle les 2 rayons de lumière qui éclairaient la figure de Moïse lorsqu'il revint de son entretien avec Dieu sur le Sinaï. Les 2 faces et les fanons ou bandes pendantes représentent la science des 2 Testaments (l'Ancien et le Nouveau) que l'évêque doit posséder. Faite d'étoffes somptueuses, ornée de broderies et de pierreries, elle a pesé jusqu'à 15 livres. Actuellement, en toile de soie montée sur carton.

Pallium : dérivé de l'*omophorion* (scapulaire) des évêques orientaux, qui était l'ancien vêtement des pâtres anatoliens, porté symboliquement par les pasteurs d'âmes. Symbole de zèle et d'humilité. Bande entourant le sommet des épaules et d'où pendent 2 bandes, l'une en avant, l'autre en arrière. Tissé de laine blanche d'agneaux bénits le jour de la fête de Ste-Agnès, orné de 6 croix de soie noire. Conféré par le pape qui le bénit sur le tombeau de St Pierre, le jour de la fête de celui-ci. Réservé aux archevêques et primats, aux patriarches et au pape. Il n'est plus remis aux patriarches catholiques orientaux depuis le 16-12-1998, ni aux titulaires des sièges privilégiés depuis Paul VI (11-5-1978) : Belgique (Gand) 1, Espagne (Barcelone) 1, *France 9* (Autun, Chartres, Clermont-Ferrand, Coutances, Le Puy, Marseille, Soissons, Tarbes-Lourdes, Verdun), Hongrie 2, Italie 7, Pologne 1. Depuis Jean-Paul Ier (3-9-1978), la remise du pallium au pape (primat d'Italie) remplace celle de la tiare.

Visite ad limina apostolorum : « aux seuils des basiliques des apôtres », autrement dit à Rome. Voyage que chaque évêque est tenu de faire périodiquement pour rendre compte au pape de sa mission (obligatoire tous les 5 ans) ; pour les évêques français : 1997, etc. Les évêques s'y rendent par région (en France, il y a 9 régions).

☞ **Évêques dans le monde :** *1998 :* 4 257 dont 2 423 diocésains, 1 037 titulaires, 797 émérites ; *1999 :* 4 482.

■ **Monseigneur.** Au XVIIe s., un noble se faisait appeler *monseigneur* par ses domestiques et ses fournisseurs. Les évêques français, nobles ou assimilés à des nobles par leur charge épiscopale, réclamèrent cette appellation. Pour en imposer l'usage, ils s'appelèrent entre eux « Monseigneur ». Avant on disait : « Messire Evesque », puis « Monsieur l'Évêque » ; les prélats étaient appelés par le nom de leur charge : « Monsieur le camérier ». En 1816, les domestiques ne disaient plus à leurs maîtres « Monseigneur », mais « M. le comte, M. le baron » et l'appellation « Monseigneur » resta exclusivement ecclésiastique. Depuis le XIXe s., on la donna à des prélats romains tels que camériers ou protonotaires. On dit « un monseigneur » (italien : *monsignore,* espagnol : *monseñor*) pour les désigner.

■ **Patriarches.** Titre honorifique donné dans l'église latine à quelques évêques de sièges importants ou anciens. Dans les églises d'Orient, évêque d'un siège ayant autorité sur des sièges secondaires. Les premiers furent les évêques de Rome, d'Alexandrie et d'Antioche (325), puis ceux de Constantinople (381) et Jérusalem (451) qui reçurent ce titre à l'époque de Justinien (pentarchie). Pour le rite syriaque, le catholicos-patriarche de Séleucie-Ctésiphon d'où est issue l'Église assyro-chaldéenne. Parfois le pape est appelé patriarche d'Occident.

Patriarcats catholiques d'Orient : autorités suprêmes des Églises de rite oriental unies à Rome. Depuis 1965, ils viennent juste après les cardinaux. **1°) Églises orientales de rites anciens existant à côté d'Églises orientales de même rite rattachées à Rome :** *Alexandrie, des Coptes. Antioche et tout l'Orient, Alexandrie et Jérusalem, des Grecs melchites* [hiver : Le Caire (Égypte), été : Damas (Syrie)]. *Antioche, des Syriens* [hiver : Beyrouth, été : Charfé (Liban)]. *Cilicie, des Arméniens* (Beyrouth, Liban). **2°) Églises orientales qui ne se sont jamais séparées de Rome :** *Antioche, des Maronites* (hiver : Bkerké, été : Dimane, Liban). *Babylone, des Chaldéens* (Bagdad, Iraq) ; l'ancienne Église syrienne orientale qui fut implantée jusqu'en Inde et en Chine, réduite ensuite à la Turquie orientale et à l'Iraq du Nord, rattachée à Rome en 1551, a été constituée en patriarcat catholique en 1830 ; même rite syriaque que celui de l'Église « assyrienne » (dite à tort « nestorienne ») qui compte 90 000 fidèles. **3°) Église latine avec juridiction :** *Jérusalem des Latins :* S.B. Michel Sabbah (né 19-3-1933), 1er patriarche palestinien (non italien), depuis près de mille ans. C'est en effet à l'époque des croisades que fut institué un patriarcat latin à Jérusalem en 1099, tombé en désuétude puis rétabli en 1847 (65 000 fidèles dont 85 % d'origine arabe ; 78 prêtres diocésains). Toutes ces Églises ont, aujourd'hui, une importante diaspora dans le monde.

Patriarcats honorifiques : latins : *Indes orientales* (à Goa, 1-9-1986) ; *Indes occidentales* (1 520 uni à Tolède du 7-6-1886 au 9-12-1920 puis séparé, non pourvu depuis 1964) ; *Lisbonne* (7-11-1716) ; *Venise* (8-10-1451) succédant à Grado. **Supprimés :** Aquilée (1751), Antioche, Alexandrie, Constantinople (1964).

■ **Prélat.** Titre donné aux évêques, aux abbés, aux protonotaires et aux ecclésiastiques appelés « Monseigneur » à vie (ils ont droit à la soutane violette).

Prélature personnelle : juridiction non territoriale, créée par Paul VI (1966) pour réaliser des activités pastorales ou missionnaires particulières, gouvernée par un prélat propre et nommé par le St-Siège. Peut former et incardiner des prêtres séculiers, et avoir la coopération de laïcs (exemple : l'Opus Dei).

Prélatures territoriales : possédant un régime identique à celui des abbayes *nullius*, mais ayant à sa tête un prélat du clergé séculier. De 1970 à 1985, le mot *nullius,* supprimé pour les prélatures, fut maintenu pour les abbayes ; depuis 1985, toutes deux sont appelées « territoriales ». La plupart se trouvent dans les Églises orientales ou les pays de mission. *France :* Pontigny (détachée du diocèse d'Auxerre), l'église paroissiale est une ancienne abbatiale cistercienne, confiée à la Mission de France (voir p. 533 b), dont le supérieur est choisi par le St-Siège parmi les évêques français.

Opus Dei

Prélature de la Ste Croix et Opus Dei. Origine : *fondée* 2-10-1928 à Madrid par Mgr Josémaria Escriva de Balaguer [(9-1-1902/26-6-1975) béatifié 17-5-1992]. Approuvée par le St-Siège le 16-6-1950. *Érigée* le 28-11-1982 en prélature personnelle par Jean-Paul II. **Mission :** diffuser un appel à la sainteté et à l'apostolat dans la vie ordinaire (travail professionnel, occupations familiales, etc.), sous la responsabilité personnelle de chacun. **Prélat :** Mgr Javier Echevarria (Espagnol, né 14-6-1932, nommé prélat 20-4-1994, ordonné évêque 6-1-1995). **Membres :** 83 192 (dont Espagne 29 000, Amérique 26 507, *France* 1 325) dont 1 742 prêtres incardinés dans la prélature ; 81 500 laïcs (dans plus de 90 pays ; 70 % mariés), hommes et femmes, célibataires et mariés unis à l'Opus Dei par un lien contractuel, tout en restant des fidèles ordinaires dans leurs diocèses respectifs. On distingue : 1°) les *numéraires,* prêtres, hommes ou femmes célibataires, qui vivent dans les résidences de l'Opus et y dirigent diverses activités (apostolat, formation spirituelle et doctrinale des fidèles) ; 2°) les *agrégés,* laïcs célibataires vivant dans leurs familles ; 3°) les *surnuméraires,* laïcs mariés. Des coopérateurs, pouvant être non catholiques ou non chrétiens, collaborent par prières, travail et aumônes. **Financement :** œuvres d'apostolat dans environ 150 écoles de formation professionnelle et 200 résidences universitaires à travers le monde ; 5 universités en Amér. latine, 1 aux Philippines, 1 à Pampelune (Espagne, Université de Navarre), 1 à Barcelone (Instituto de Estudios Superiores de la Empresa), etc. Les promoteurs (membres, sympathisants) gardent la propriété et la gestion des établissements. Charges de fonctionnement couvertes par dons, pensions, scolarités, subsides publics pour certaines écoles de formation professionnelle. **Société sacerdotale de la Ste Croix.** *Fondée* 14-2-1943 ; association de prêtres séculiers, intrinsèquement unie à la prélature. *Pt :* prélat de l'Opus Dei. **Curie de la prélature.** Viale Bruno Buozzi 73, 00197 Rome. **En France :** *Vicaire régional :* abbé Antoine de Rochebrune (né 1964) [7, rue Dufrénoy, 75116 Paris]. *Membres :* 1 325.

■ **Primat.** Titre porté dans l'Église primitive par les archevêques des métropoles les plus importantes, qui avaient autorité sur archevêques et évêques d'une région de l'Empire romain. **Primats français :** les titres primatiaux ont été supprimés au Concordat de 1801, sauf celui de *Lyon* (« primat des Gaules »), porté par l'oncle de Bonaparte, le cardinal Fesch. L'archevêque de Lyon garde donc une autorité juridique sur les autres archevêques (l'officialité « primatiale » a une juridiction d'appel sur les officialités métropolitaines). *Autres titres primatiaux : honorifiques :* archevêque d'*Auch :* primat de Novempopulanie (il a porté, avant la Révolution, un 2e titre : « primat des 2 Navarres ») ; *Bordeaux et Bourges :* primat d'Aquitaine (Bordeaux était la capitale de l'Aquitaine Première et Bourges de l'Aquitaine Seconde). Le titre, longtemps disputé entre les deux, est actuellement employé pour Bordeaux. Dans certains textes anciens, l'Église de Bourges était appelée Église cardinale, titre non officiel, laissant à Bordeaux le primatiat (on appelait l'archevêque de Bourges primat et patriarche) ; *Nancy :* primat de Lorraine ; *Carthage :* l'archevêché (français) créé 1884, primat d'Afrique ; *Reims :* primat de la Gaule belgique (porté seulement par 2 archevêques de 1822 à 1850) ; *Rouen :* primat de Normandie ; *Sens :* primat des Gaules et de Germanie (mauvaise traduction pour « des Gaules germaniques », c.-à-d. des 3 provinces gallo-romaines appelées « Germanie ») ; *Toulouse :* primat de Narbonnaise. **Primats étrangers :** *Bahia :* primat du Brésil (1510-1980) ; *Baltimore :* 1er siège des USA (sans le titre de primat) ; *Bar :* de Serbie (1199) ; *Bari :* des Pouilles (1090) ; *Bogotá :* de Colombie (1902) ; *Buenos Aires :* d'Argentine (1936) ; *Dublin :* d'Irlande (1353) (mais l'archevêque d'*Armagh* (1152) est « primat de toute l'Irlande ») ; *Eztergom :* de Hongrie (1001) ; *Goa :* Orient (1606) ; *Gniezno :* de Pologne (1418) ; *Lima :* du Pérou (1572) ; *Malines :* de Belgique (1560) ; *Pise :* Corse et Sardaigne (30-5-1091) ; *Prague :* de Bohême (1365) ; *Québec :* du Canada (1956, diocèse depuis 1674) ; *Salerne :* Lucanie (1099), royaume de Naples (1545) ; *Salzbourg :* de Germanie (1529) ; *Santo Domingo :* Nouveau monde (12-2-1547) ; *Tolède :* d'Espagne (15-10-1088) ; *Tuam :* de Connaught (1255) ; *Varsovie :* de Pologne (1818) ; *Vienne :* d'Autriche (1722).

Assistants du clergé

■ **Bedeau** (du francique *bidal,* huissier ou messager ; anglais *beadle,* huissier). Officier ecclésiastique subalterne, assure l'ordre pendant les cérémonies. Le règlement du 19-5-1786 lui assigne notamment de chasser les chiens des églises. Il peut avoir un costume spécial, composé d'une robe longue ; il tient à la main une baguette ou une masse, il est laïc et n'a pas sa place au chœur.

■ **Catéchistes.** Chargés de l'instruction chrétienne, sans appartenir à la hiérarchie ecclésiastique. *Nombre* (en 1999) : 2 249 659.

■ **Enfants de chœur servant la messe.** Les filles de chœur sont autorisées officiellement depuis avril 1994.

■ **Marguillier.** Membre du bureau des marguilliers, c.-à-d. de l'exécutif de la fabrique. N'existent plus en droit français depuis le 18-3-1992.

■ **Sacristain.** Officier ecclésiastique chargé de l'entretien des lieux du culte (ornementation de l'autel, surveillance des vases sacrés, balayage de l'église). Jusqu'au VIe s., leur charge était confiée aux diacres, d'où le nom de *diakonikon,* donné par les Grecs à la sacristie. Au VIe s., on les appelait *mansionnaires,* et à partir du XIe s., *bedeaux* (voir ci-dessus), car on ne les distinguait pas de ceux-ci. Souvent la charge était confiée à un jeune prêtre, vicaire du curé. En 1809, un règlement définit les fonctions de sacristain-prêtre. A la fin du XIXe s., les prêtres confient le plus souvent la charge de sacristain au bedeau de la paroisse. Au XXe s., les 2 fonctions furent confondues.

■ **Sonneur.** Officier ecclésiastique subalterne, chargé des sonneries de cloches, et généralement de l'entretien des cloches et des cordes. En France, il y a 2 sortes de sonneurs : civils (communaux) et religieux (paroissiaux). Si les 2 charges sont exercées par le même homme, il touche 2 rétributions.

■ **Suisses.** Nom donné, à partir du XVIIIe s., aux *bedeaux,* chargés de la surveillance des églises. Au XVIIe s., les maisons de la noblesse et de la haute bourgeoisie avaient des portiers armés, généralement recrutés en Suisse ; peu à peu, l'usage s'établit de les habiller à la façon des gardes suisses de la maison du roi ; les riches paroisses parisiennes, puis toutes les églises paroissiales du royaume, ont suivi la coutume des bonnes maisons.

Lieux du culte

■ **Églises. Lieu consacré ou bénit en vue de la prière :** *orientation :* au début, le prêtre célébrant face au public, la façade regardait vers l'orient (comme à Rome : St-Pierre, St-Jean-de-Latran). En Gaule chrétienne, on orientait la façade vers l'occident (mais il n'y avait pas obligation). Le seul texte prescrivant cette orientation est de 1937 (décret des évêques de Belgique). Actuellement, on ne se préoccupe guère d'orienter les églises. **Les plus grandes églises du monde** (non cathédrales) : *St-Pierre de Rome* (surface au sol 15 142 m², longueur 187 m) ; *Yamoussoukro* (Côte d'Ivoire, voir à l'Index).

☞ Le 5-12-1987, la *commission romaine pour le culte divin* a rappelé que les églises ne peuvent être des lieux publics disponibles pour n'importe quelle réunion. On ne peut donc y accueillir que des concerts de musique sacrée et religieuse.

■ **Basilique** (du latin *basilica*, du grec *basilike*, royale). Mot désignant tout édifice du culte, surtout les grandes églises en forme de croix grecque. Depuis le code de 1917, concerne seulement les églises qui ont acquis le droit de le porter soit par coutume, soit par un indult du Saint-Siège. **Basiliques majeures :** églises vénérables dont le recteur est généralement un cardinal [il y en a 4 à Rome : St-Pierre de Rome (représentant le siège de Constantinople) ; St-Jean-de-Latran (pape, patriarche de l'Occident), Ste-Marie-Majeure (patriarche d'Alexandrie), St-Paul-sur-la-Voie d'Ostie (patriarche d'Alexandrie)]. **Mineures :** titre honorifique donné par le pape à d'autres églises. **Les plus longues basiliques :** Santa-Cruz de Valle de Los Caidos (Esp.) : crypte 260 m, et l'église souterraine St-Pie X à Lourdes : 200 m.

■ **Cathédrale** (du grec *kathedra*). Désigne l'*église cathédrale,* c.-à-d. où se trouve la chaire d'un évêque. Jusqu'au Xe s., on disait « église mère » ou « église majeure ». Lieu réservé à certaines cérémonies : ordinations, consécration du chrême, bénédiction des saintes huiles ; c'était l'édifice religieux le plus imposant d'un diocèse. *Cathèdre* (meuble immobile) différent du *faldistoire* (fauteuil sans dossier pliant et mobile) d'où l'évêque devrait normalement prêcher pour son enseignement *ex cathedra.* Situé au fond de l'abside, au centre du banc semi-circulaire du *presbyterium,* parfois surélevé plus que l'autel comme à St-Pierre de Rome. *La chaire à prêcher :* tribune généralement surmontée d'un abat-voix. Apparue à partir du XIIe s. Doit être placée du côté de l'évangile qui est la droite liturgique (à gauche quand on entre) peut, dans les cathédrales, être du côté de l'épître (gauche liturgique), afin que le prédicateur ne tourne pas le dos au trône épiscopal.

Cathédrales les plus étendues : *New York* (USA, St-Jean-le-Théologien, commencée le 27-12-1892, inachevée : 11 240 m^2), *Séville* (Espagne : 10 422 m^2), *Amiens* (France : 7 760 m^2). **La plus petite cathédrale :** chapelle de *Laguna Beach* (Californie, USA : 93,60 m^2).

■ **Chapelle** (voir **Églises** p. 512 c). **Chapelle papale :** pour les messes solennelles célébrées par le pape ou sous sa présidence.

■ **Collégiale.** Église desservie par un chapitre de chanoines, en dehors de l'église cathédrale.

☞ **Ambon** (du grec *monter*) : tribune surélevée d'où le clergé s'adresse aux fidèles. **Parvis** (du grec *pardès,* jardin ombragé) : place qui précède l'entrée de l'église.

■ Organisation

■ **Église.** Assemblée de fidèles réunis par une même foi sous les mêmes pasteurs. L'adjectif *chrétien* englobe catholiques, orthodoxes, anglicans et protestants. L'*Église catholique, apostolique et romaine* comprend seulement les catholiques reconnaissant l'autorité du pape (*catholique* signifie universel ; *apostolique* indique la tradition des apôtres, et *romaine*, la primauté du pape, évêque de Rome). Les catholiques ont aussi utilisé les expressions : *Église militante* (fidèles vivants), *souffrante* (justes souffrant dans le Purgatoire), *triomphante* (saints triomphant dans le Ciel).

■ **Diocèse.** Conduit par un *évêque* ou un *archevêque*, assisté d'un ou plusieurs évêques *auxiliaires* (ayant la responsabilité d'un territoire, ou d'une catégorie de diocésains), d'un *évêque coadjuteur* (adjoint plus jeune, ayant droit à la succession) et d'un collège de prêtres *(presbyterium)*. Les *vicaires généraux* sont à la tête des administrations diocésaines. Les *curés-doyens* ont une autorité morale sur un groupe de curés de paroisse (un *doyenné* correspond à un canton). Dans chaque diocèse, des *zones pastorales* peuvent regrouper plusieurs doyennés ou fractions de doyenné. Elles sont dirigées par un conseil de zone composé de prêtres, religieux, laïcs (*le plus étendu :* Carolines-Marshall, 5 180 000 km^2 pour 140 000 habitants ; *le plus petit :* Monaco, 1,5 km^2).

Diocèse suburbicaire : diocèse situé dans les environs de Rome. Voir **Cardinaux** p. 520 b.

■ **Biens ecclésiastiques.** Peuvent appartenir à l'Église romaine, à toute autre Église ou à toute autre personne morale comprise dans l'Église universelle. En France, depuis 1924, ces personnes morales sont : **1°)** pour les biens des paroisses et diocèses (notamment les églises construites après 1905 ; les édifices du culte public antérieurs à 1905 sont devenus biens communaux) : des « associations cultuelles diocésaines », présidées par l'évêque et comprenant au moins 1 vicaire général et 1 chanoine dans leur conseil d'administration (peuvent recevoir dons et legs) ; **2°)** pour les biens des monastères et des congrégations religieuses : des Stés civiles, ayant souvent le statut de syndicats.

■ **Fabrique** (*fabrica :* édifice public). Établissement chargé de l'administration et de l'entretien des biens d'une paroisse. Le **conseil de fabrique** qui, avant 1905, administrait les biens paroissiaux est remplacé par le *conseil paroissial,* présidé par le curé. Le **conseil curial** était un conseil de fabrique élargi qui, en plus des membres prévus par le droit canonique, comportait un nombre important de paroissiens.

■ **Tribunaux. 1re instance :** dans chaque diocèse. *Juge :* l'évêque ou à défaut un *official* nommé par lui pour le remplacer et des *vice-officiaux* (si besoin est) et des *juges assesseurs.* Ils doivent être prêtres et docteurs ou licenciés en droit canonique. *Causes :* celles mettant en jeu le bien public, un *promoteur de justice* les plaide ; celles concernant la nullité d'un mariage ou d'une ordination, un *défenseur du lien* expose ce qui peut s'opposer à cette nullité. L'un et l'autre peuvent être des laïcs. Les parties peuvent, sans y être obligés, faire appel à un avocat de leur choix, clerc ou laïc. *Dans les congrégations religieuses,* les supérieurs majeurs sont de 1re instance.

2e instance : *tribunal d'appel* de l'archevêque dans chaque province ecclésiastique. Les causes jugées en 1re instance devant le tribunal de l'archevêque vont en 2e instance devant le tribunal d'un autre diocèse de la province, désigné de manière permanente.

Privilège du for (du latin *forum,* tribunal) : droit pour un clerc ou un religieux de n'être cité que devant un tribunal ecclésiastique. Reconnu par peu d'États.

Statistiques mondiales

Source : Annuario pontificio (au 31-12-1998). **Sièges résidentiels** 2 659 (13 patriarcats, 500 métropolitains, 73 archiépiscopaux, 2 071 épiscopaux) ; **titulaires** 2 043 (évêchés fictifs : 92 métropolitains, 91 archiépiscopaux, 1 860 épiscopaux). **Prélatures territoriales** 51. **Abbayes territoriales** 14. **Administrations apostoliques** 10. **Exarchats et ordinariats apostoliques** 22. **Vicariats apost.** 76. **Préfectures apost.** 46. **Ordinaires militaires** 33. **Conférences épiscopales** 109. **Nonciatures** [1] 161. **Délégations apostoliques** [1] 14. **Missions « sui juris »** (ne relevant pas d'un évêque local) 9. **Synodes patriarcaux** (rite oriental) 18. **Réunions internationales** (conférences épiscopales) 14. **Représentations auprès d'organismes internationaux** [1] 12. **Ambassades auprès du Saint-Siège** [1] 162. **Presse catholique** [1] 4 669 périodiques, 1,86 milliard d'exemplaires.

Nota. – (1) Au 31-12-1996.

■ Missions

■ **Définition.** Églises créées du dehors, dans des pays de civilisation non chrétienne, relevant directement du pape par le *Dicastère de la Sacrée Congrégation pour l'évangélisation des peuples* (anciennement : *pour la propagation de la foi*). **Quelques dates. XIIIe s.** missions franciscaines et dominicaines vers l'Asie suscitées par St Louis, Guillaume de Rubrouck (1253-1255) et André de Longjumeau (1248-1250). **1622**-*6-1* Grégoire XI crée la Congrégation pour la propagation de la foi. **1624** Alexandre de Rhodes, jésuite français (Avignon 1591-1660), envoyé à Macao, Cochinchine et Tonkin, est expulsé et rentre à Rome. **1627** Urbain VIII institue le Collège urbanien à Rome pour former des missionnaires. **1644-52** à Paris, le duc de Ventadour suggère la création d'un séminaire pour les Indes. **1652**-*11-9* A. de Rhodes part en France recruter des missionnaires dont *François Pallu.* **1659** Pierre Lambert de la Motte, François Pallu et Ignace Cotolengi sont envoyés comme vicaires apostoliques en Extrême-Orient, leurs instructions sont : « Ne mettez aucun zèle, n'avancez aucun argument pour convaincre les peuples de changer leurs rites, leurs coutumes et leurs mœurs, à moins qu'elles ne soient évidemment contraires à la religion et à la morale. Quoi de plus absurde que de transporter chez les Chinois la France, l'Espagne, l'Italie ou quelque autre pays d'Europe ! N'introduisez pas chez eux nos pays, mais la foi. » **1664** séminaire des Missions étrangères de Paris institué avec l'approbation de Louis XIV et du St-Siège. **XVIIIe s.** l'élan missionnaire se tarit. **1773** la Compagnie de Jésus est supprimée (portant un coup aux missions jésuites). **1814** Pie VII rétablit la Propagande et la Compagnie de Jésus. **Restauration** lazaristes et Missions étrangères de Paris prennent leur essor. **1835**-*août* Émilie de Vialar, fondatrice des sœurs de St-Joseph de l'Apparition (1797-1856), débarque à Alger avec ses premières religieuses. **1841** mort du père Chanel (né 1803), de la Sté de Marie. **1856** Mgr de Marion-Brésillac (1813-1859) fonde les Missions africaines de Lyon. Vatican II (1962-65) renouvelle le concept de mission. L'Église est « missionnaire » dans sa nature, en France comme dans tous les pays du monde. La Congrégation pour l'évangélisation des peuples continue de soutenir les Églises jeunes ou plus pauvres des 5 continents.

■ **Statistiques. Fidèles administrés** (au 31-12-1997) : 80 000 000. **Personnel missionnaire français** (en janv. 1996) : Afrique et océan Indien 4 224. Europe 1 410. Amérique et Antilles 1 166. Asie 798. Océanie 282. Moyen-Orient 85. **Dont** (en déc. 2000) : religieuses 3 250 ; prêtres, religieux et frères 1 145 ; laïcs 700 ; prêtres diocésains (« Fidei donum » et incardinés) 202.

Nombre de missionnaires assassinés : de 1980 au 28-12-1993 : 168 [dont 7 évêques, 1 cardinal, 104 prêtres, 56 frères et religieuses]. **1994 :** 269 dont 248 au Rwanda, 8 en Algérie, 3 en Inde, 10 ailleurs et 17 pasteurs protestants. **1995 :** Italie 6 ; Burundi 5 ; Belgique, France, Rwanda : 3 ; Chili, Inde, Irlande : 2 ; Autriche, Brésil, Cameroun, Haïti, Malte, USA : 1. **1996 :** 46 dont au Zaïre 19 ; Algérie 8 ; Burundi 7 ; Rwanda 3 ; Ghana, Colombie : 2 ; Bosnie, Cambodge, Inde, Porto Rico, Tanzanie : 1. **1998 :** 37. **1999 :** 31. **2000 :** 27.

■ **Principaux instituts missionnaires. Masculins :** *Sté des missions étrangères de Paris* (créée 1663), *Congrégation du St-Esprit* (créée 1703), *Sté des missions africaines* (créée 1856), *Pères Blancs* (créés 1868), voir **Missionnaires d'Afrique** p. 525 a, *Missionnaires du Sacré-Cœur* (d'Issoudun, créés 1854), *Oblats de Marie Immaculée* (*OMI,* créés 1816), *Missionnaires comboniens* (créés 1867), *Sté des frères de St-Jacques* (créée 1864 et 1959). **Féminins :** *Missionnaires de la Sté de Marie, Salésiennes missionnaires de Marie Immaculée, Sœurs de N.-D. des Apôtres, Missionnaires du St-Esprit, Missionnaires de N.-D. d'Afrique* (Sœurs Blanches), *St-Joseph de Cluny, Franciscaines missionnaires de Marie, St-Paul de Chartres* (voir p. 526 c), *Missionnaires catéchistes du Sacré-Cœur, Filles de la Charité de St-Vincent-de-Paul.*

■ **Œuvres pontificales missionnaires (OPM) en France.** Regroupent : **1°) l'Œuvre de la propagation de la foi** (*fondée* 1822, Lyon, par Pauline Jaricot) ; **2°) l'Œuvre de St-Pierre-Apôtre** (*fondée* 1889 à Caen, par Stéphanie et Jeanne Bigard) ; **3°) Enfance missionnaire** dite autrefois Ste-Enfance (*fondée* 1843 par Mgr de Forbin-Janson, évêque de Nancy) ; **4°) Union pontificale missionnaire** (*fondée* 1916 en Italie par le frère Manna). Ces 4 œuvres sont rassemblées en une seule, *les Œuvres pontificales missionnaires-coopération missionnaire* (siège social : 12, rue Sala, 69287 Lyon Cedex 02 ; secrétariat nat. : 5, rue Monsieur, 75543 Paris Cedex 07).

Subsides mondiaux distribués (en 1997) : 171 400 446 $ (Propagation de la foi 124 083 324 $, Enfance missionnaire 14 485 632 $, Œuvre de St-Pierre-Apôtre 32 118 990 $). **Presse :** principaux titres et tirages : *Prière et Partage* 200 000. *Solidaires* (fusion avec *Lumière du Monde* en 1989) 65 000 exemplaires ; *Peuples du Monde,* magazine de la mission universelle 13 000 ; *Pentecôte sur le Monde* 16 000 ; *Pôles et Tropiques* 20 000 ; *Mission de l'Église* 5 000.

■ **Préfet apostolique.** Prélat (temporaire) chargé d'un territoire missionnaire non encore érigé en diocèse.

Missions intérieures. XIVe s. St Vincent Ferrier (1358-1419) initiateur. **XVIe s.** suivi par jésuites, capucins, St François de Sales (mission du Chablais commencée en 1594) en pays protestant. **XVIIe s.** prêtres de la mission ou lazaristes de St-Vincent de Paul, oratoriens, eudistes, doctrinaires de César de Bus, barnabites, prêtres de St-Clément-de-Nantes, missionnaires de Jean de Chantérac à Périgueux, prêtres séculiers [comme Michel Le Nobletz (1567-1652) qui a pour disciple le jésuite Pierre Maunoir)]. **XVIIIe s.** St Louis-Marie Grignion de Montfort (1673-1716) dans l'ouest de la France, père Bridaine (1701-1767) dans Cévennes, Languedoc, Provence, Comtat, Dauphiné.

Le Vatican

Généralités

■ **Nom officiel.** État de la cité du Vatican. **Vatican :** désigne les bâtiments et l'État souverain (aussi appelé cité du Vatican). **St-Siège :** désigne le pape et ceux qui l'assistent dans sa mission. Les ambassadeurs sont nommés près du *St-Siège*. À la mort d'un pape, on parle de *sede vacante*. **Situation.** État souverain (reconnu par l'ensemble des États membres s'ils n'ont pas de relations diplomatiques avec celui-ci) inclus dans Rome. **Superficie :** 0,44 km^2 (le plus petit État du monde) ; inscrit dans le patrimoine artistique mondial le 21-9-1984, par un vote unanime du comité du patrimoine mondial (Unesco : 83 États signataires), n'impliquant aucune subvention. **Frontières :** 4 070 m (les plus courtes du monde). **Langue officielle.** Italien (et non le latin, langue de l'Église).

■ **Drapeau.** Ancien drapeau des États de l'Église, créé le 17-9-1825 par le cardinal Galeffi († 1837), camerlingue : 2 bandes verticales, 1 jaune près de la hampe, 1 blanche portant la tiare pontificale en or, avec les rubans rouges et les clefs de St Pierre (voir encadré p. 517). Le blanc et le jaune étaient, depuis 1808, les couleurs de la cocarde de la gendarmerie pontificale (avant, elle était rouge et jaune, mais Napoléon l'ayant laissée aux anciens gendarmes pontificaux servant dans son armée, Pie VII avait créé une cocarde blanche et jaune pour les troupes qui lui étaient restées fidèles).

■ **Hymne pontifical.** *De 1857 à 1949 : la Musica Festiva,* composée pour un voyage de Pie IX à Bologne (août 1857) par l'Autrichien Hallmayr. *1949-oct. :* à l'occasion de l'année sainte 1950, Pie XII le remplace par *la Marche pontificale,* ayant un caractère plus religieux, composée en 1869 par Charles Gounod (Français, 1818-93) pour l'anniversaire de Pie IX. Jusqu'à Pie VI, une 2e marche officielle, dite *des trompettes d'argent,* composée en 1846 par un garde noble, le Mis Giovannilonghi, était exécutée pour l'entrée du pape à St-Pierre. L'usage des *trompettes d'argent* remonte au XIVe s. Sous Innocent VIII, le privilège de la sonnerie d'entrée a été accordé aux gardes nobles (dissous en 1970), mais leurs instruments n'étaient pas en argent [3 trompettes de cuivre, 2 cors, 2 trombones, 1 bombardon (fanfare et sonneries supprimées 1970)]. Leur nom venait d'un jeu de mot : le *largo* qu'ils exécutaient lors de l'élévation dans St-Pierre était de *Silveri.*

■ **Monnaie.** Valeur exprimée en lires. Parité avec la lire italienne.

■ **Population.** 738 hab. (507 hommes, 231 femmes ; non Italiens 60 %, Italiens 40 %) dont 383 sont citoyens ; la citoyenneté est temporaire et correspond à l'exercice d'une fonction : cardinaux 29, diplomates 173, prélats ou ecclésiastiques 34, religieux 4, gardes suisses 100 [simples soldats, célibataires ; gradés après 4 ans de service, autorisés à se marier, laïcs (seuls autorisés à avoir des enfants)]. A cause de la présence du St-Siège, il y a à Rome 86 évêques, 36 cardinaux et 5 000 prêtres en résidence permanente, mais le clergé paroissial est insuffisant (1 045 pour 310 paroisses et 604 autres lieux de culte). La secrétairerie d'État délivre le passeport diplomatique aux cardinaux, nonces et prélats responsables des services. Le substitut à la secrétairerie d'État établit le passeport de service pour les fonctionnaires de rang moins élevé et pour ceux, clercs ou laïcs, qui remplissent une mission pour le St-Siège. Il délivre la *tessera parsonale,* sorte de carte d'identité pour les fonctionnaires de la curie. Tous les cardinaux sont citoyens du Vatican, sans perdre leur nationalité. Les employés de nombreux services (la plupart italiens) résident hors de la Cité. *Voitures officielles immatriculées au Vatican :* plaque avec SCV *Sancta Civitas Vaticani. Voiture papale :* SCV1 sans siège arrière, mais avec un *tronetto* (petit trône). **Employés :** au XIXe s. ouvriers et employés ne recevaient pas de salaire fixe, mais une gratification pour l'élection du pape, son anniversaire ou sa mort et quelques grandes fêtes. Les cardinaux recevaient une somme mensuelle : *il piatto* (le plat). Les plus hauts responsables de la curie disposent d'un appartement dans la Cité, d'une voiture et d'un chauffeur. Les chefs de service touchent 3 millions de lires (10 000 F). Les ouvriers qui travaillent dans St-Pierre ou les employés de l'Annona (supermarché du Vatican) reçoivent entre 1 million et 1 million et demi de lires (5 100 F). Il y a en tout environ 2 000 *dipendenti* (employés du Vatican). Ils ne payent pas d'impôts ni au Vatican ni en Italie.

■ **Histoire. 313** les papes acquièrent le domaine des *Laterani* (le Latran) où ils auront leur résidence principale jusqu'en 1309. **337** à sa mort, Constantin aurait laissé un

■ **Tombeau de St Pierre.** Selon Origène (IIIe s.), Pierre aurait été crucifié la tête en bas (selon les *Actes apocryphes de Pierre* pour se distinguer de Jésus). Une tradition remontant au début du christianisme voulait qu'il fût enterré au Vatican (ancien cimetière). Au IVe s., l'empereur Constantin y avait édifié une basilique, à demi effondrée au XVe s., et remplacée aux XVIe-XVIIe s. par la basilique actuelle (construction débutée par Bramante, élaborée en grande partie par Michel-Ange, a été achevée par Maderna et Bernin). Inaugurée le 18-11-1626 par Urbain VIII c'est la plus grande église du monde : longueur : 122 m ; largeur : 65 m ; 100 colonnes [plus celles portant le dais du baldaquin (*ciborium*) sous lequel est le tombeau]. En 1953, après une vingtaine d'années de fouilles, on découvrit des tombeaux remontant au règne de Vespasien, et une inscription datant de 180 avec une invocation à St Pierre. Le 26-6-1968, Paul VI annonça que les reliques de St Pierre avaient été retrouvées grâce aux travaux de Margherita Guarducci.

testament abandonnant au pape Sylvestre la possession des terres de Rome et d'Italie [en 1440, Lorenzo Valla (1407-57) prouvera qu'il s'agissait d'un faux, sa thèse sera publiée en 1517]. **348** Léon IV construit une muraille (cité Léonine). **Du IVe au VIIIe s.** reconnu comme métropolitain d'Italie et patriarche de l'Occident, le pape exerce un pouvoir d'arbitrage en Occident et en Afrique du Nord. Ses lettres, les *décrétales*, fixent le droit de l'Église, élaboré par les conciles. Il reste soumis à l'empereur d'Occident jusqu'en 476, puis à l'empereur de Constantinople. **493-526** invasions. Théodoric, roi des Ostrogoths, arien, emprisonne Jean Ier (523-526) qui meurt en détention. Le pape, grâce aux donations, possède de grands domaines dans le duché de Rome et le bassin méditerranéen, notamment en Sicile, Sardaigne et Corse (500 000 ha). **590-604** Grégoire le Grand assure le ravitaillement et l'hygiène de Rome et traite avec les envahisseurs lombards ariens. **604-741** conflits fréquents avec l'empereur d'Orient qui maintient sa tutelle sans aider efficacement le pape contre les envahisseurs. **751** les papes possèdent de grands biens fonciers dans le Latium (Patrimoine de St-Pierre) et exercent les fonctions de duc de Rome. **754** Étienne II se rend en France (à Ponthion, Marne) pour demander à Pépin le Bref sa protection contre les Lombards qui ont envahi l'exarchat byzantin de Ravenne et menacent Rome. **756** Pépin lui cédera 22 cités de l'exarchat reprises aux Lombards dont : Ferrare, Comacchio, la Romagne (Ravenne, Bologne, Rimini, Pesaro), Urbino, les marches d'Ancône (Ancône, Camerino). **774** Charlemagne confirme cette possession. **781-87** il y rajoute Viterbe, Piombino, la Sabine (Farfa). **Début IXe s.** Léon III (795-816) commence un mur d'enceinte [terminé en 852 sous Léon IV (847-854)]. **846**-*24-8* les Sarrasins débarquent dans le port de Rome et écrasent les *militiae delle scholae* chargées de la défense de la côte. *-26-8* remontent le Tibre, pillent la basilique St-Paul (sur la route d'Ostie) et St-Pierre au Vatican ; ils repartent avec 3 t d'or et 30 t d'argent (ustensiles, statues, décorations des églises, etc.) mais la plupart des navires coulèrent avec le butin lors d'une tempête au large de la Sicile. **Xe s.** Otton Ier (962-973) empereur germanique. **996** Otton III s'installe à Rome et fait pape son cousin Bruno de Carinthie (Grégoire V). **1053** Bénévent acquis. **XIe s.** Grégoire VII (1073-1085) et ses successeurs arrachent aux empereurs Stauffen la liberté de l'Église, celle du pape et des élections épiscopales. **1077** à Canossa (Italie), l'empereur Henri IV s'agenouille devant Grégoire VII. **1142** Arnaud de Brescia condamne le clergé corrompu et veut rétablir la simplicité de l'Église primitive. Sera étranglé et brûlé à Rome (1155). **1213** duché de Spolète (Grégoire IX) acquis. **1229** Comtat Venaissin [entrée en possession 1274 ; agrandissements successifs (par achat) : 1317 Valréas, Vinsobres, 1325 St-Saturnin d'Apt, 1342 Monteux, 1344 Visan, 1354 Avignon (non rattachée au Comtat, demeurée ville libre), 1338 Grillon]. **1278** accord résolvant, après 160 ans de querelles entre papes et empereurs, les problèmes du legs fait aux papes par la Ctesse Mathilde de Canossa, Mise de Toscane (1046-1115) entre Orvieto (bien allodial), Pérouse, Castro et Ferrare (anciens fiefs ecclésiastiques tenus par Mathilde). **1302** bulle *Unam Sanctam* de Boniface VIII, affirmant que « la puissance spirituelle doit l'emporter en dignité et en noblesse sur toute espèce de puissance terrestre ». **1309** papauté à Avignon. **1347** Cola di Rienzo, qui veut restaurer la grandeur romaine, est massacré (1354). **1511** Modène confisquée par Jules II à Alphonse Ier d'Este (restituée 1527) ; Parme et Plaisance (cédées par Milan à Jules II). **1527** *(du 5-5 à févr. 1528)* sac de Rome par lansquenets allemands et soldats espagnols de Charles Quint. Clément VII, réfugié au palais St-Ange avec 42 gardes suisses (147 autres seront tués au combat), s'enfuit en déc. ; les soldats jouèrent au ballon avec les têtes de St Jean, St Pierre et St Paul. **1545** Parme et Plaisance, érigées en duché souverain (non vassal du St-Siège) par Paul III pour son fils naturel Pierre-Louis Farnèse. **1791**-*14-9* Comtat Venaissin et Avignon rattachés à la France. **1796** Rome, la foule hostile aux Français massacre l'un d'entre eux ; *-juin* Bonaparte entre dans Milan et marche sur les États de l'Église. Prend Bologne et Ferrare (*-5-7* armistice de Bologne). Pie VI livrera 100 objets d'art choisis par la France, 500 manuscrits, versera 21 millions de F (le pape devra faire démonter ses tiares pour payer, il ne conservera que celle sans joyaux de Grégoire XIII) et accordera aux troupes françaises le droit de passage à travers ses États. Des jacqueries antifrançaises éclatent en Italie devant réquisitions et pillages. Pie VI traite secrètement avec l'Autriche. **1797** *Italie : -17-2* Bonaparte reprend la guerre contre les Autrichiens, prend Ancône et contraint Pie VI à ratifier le *traité de Tolentino*. Pie VI doit reconnaître l'annexion d'Avignon. Les relations Rome/Paris reprennent. Joseph Bonaparte, ambassadeur, multiplie les gestes de courtoisie. Mais des incidents éclatent contre les Français (Gal Duphot tué 27-12). **1798**-*11-2* Gal Berthier occupe Rome (sur ordre du 11-1 du Directoire) ; *-15-2* proclame la République romaine ; *-20-2* Pie VI est arrêté, transféré à Valence dans la citadelle (les pièces où il vit sont humides, le régime alimentaire médiocre) ; le Sacré Collège est dispersé. **1799**-*29-8* Pie VI meurt à Valence (enterré civilement). **1800**-*14-3* après 9 mois de vacance, le conclave réuni à Venise élit Pie VII. Bonaparte le laisse s'établir à Rome. L'État pontifical est restauré. **1801**-*16-7* Concordat entre la France et le Saint-Siège. **1804**-*2-12* Pie VII (en France de nov. 1804 à avril 1805) *sacre Napoléon* à N.-D. de Paris. Pour le remercier de sa venue, Napoléon commande à Henry Auguste (aidé de Nitot) une tiare, qui sera offerte début 1805 et portera 3 345 pierres, dont l'émeraude de Grégoire XIII, et 2 990 perles. A la chute de l'Empire, la tiare (toujours conservée au Vatican) sera dépouillée de ses pierres. **1807**-*9-7 traité de Tilsit ;* Napoléon veut que Pie VII entre dans son système européen ; il exige plus de cardinaux français et que Pie VII étende à l'Italie et à l'Allemagne des dispositions concordataires. Pie VII refuse. **1808**-*2-2* Napoléon fait occuper Rome. Les collaborateurs du pape, qui n'étaient pas sujets des États pontificaux, sont expulsés. Pie VII rappelle Caprara installé à Paris et refuse de donner l'investiture canonique aux évêques nommés par Napoléon. **1809**-*17-5* Napoléon décrète la réunion à l'Empire des États pontificaux. Rome, érigée en ville impériale et libre (la 2e de l'Empire), est confiée à une *consulta*. Pie VII reçoit une dotation et des immunités pour ses palais et ses terres ; *-10-6* la nuit, Pie VII fait afficher la bulle *Quum memoranda* (excommuniant ceux qui ont commandé et exécuté la violation des États de l'Église, sans citer nommément Napoléon) ; *-6-7* Radet, Gal de gendarmerie, arrête Pie VII et son secrétaire d'État, le cardinal Pacca. Pie VII est emmené à Grenoble ; *du 16-8-1809 au 19-1-1812* est interné à Savone (près de Gênes) où il refuse de « faire le pape » ; *-14-10* paix de Vienne. Napoléon fait amener de force à Paris les cardinaux dispersés, leur assigne une résidence et une pension (une trentaine accepteront). **1810**-*17-2* Napoléon, ayant réuni les États romains à la France, se dit empereur d'Occident. Son fils portera le titre de roi de Rome. Le pape qui n'est plus souverain séculier aura un palais à Paris et ses revenus dépendront de l'Empereur ; *hiver* archives du Vatican et insignes de la papauté sont transportés à Paris : Code Napoléon introduit, privilèges supprimés. **1812**-*18-1* congrégations religieuses supprimées ; *-19-6* transfert secret de Pie VII à Fontainebleau. **1814**-*23-1* Napoléon laisse Pie VII repartir pour ses États (que Murat, devenu l'ennemi de Napoléon, occupe) ; *-24-5* Pie VII rentre triomphalement à Rome. Restauration de l'État pontifical (67 759 km^2), sauf Comtat Venaissin et Avignon rattachés à la France, et rive gauche du Pô rattachée à l'Autriche. **1848**-*14-3* Pie IX publie une Constitution créant un gouvernement démocratique ; *-15-11* le directeur de l'exécutif, Pellegrino Rossi, est assassiné par un « carbonaro ». **1849**-*9-2* proclamation de la République ; *-15-3* émeute : Pie IX est prisonnier dans le Quirinal, sa résidence est prise d'assaut ; *-24-11* des diplomates, le duc d'Harcourt (Fr.) et le Cte von Spaur (Bavière) organisent son évasion ; il se réfugie à Gaète. **1850**-*12-4* Pie IX rentre à Rome ; l'ordre est rétabli par les Autrichiens qui occupent les Légations au nord-est des États pontificaux et les Français du Gal Oudinot qui installent une garnison permanente à Rome. **1850-1859** petites conspirations sévèrement poursuivies. **1859** l'Autriche attaque le Piémont, allié à la France, mais elle est battue. Les Piémontais occupent la Romagne. Napoléon III laisse faire. **1860**-*avril* les Bourbons sont chassés de Naples et Sicile qui sont rattachés au royaume d'Italie formé par royaume de Piémont-Sardaigne ; Florence : capitale provisoire ; *-8-9* les Piémontais annexent Marches et Ombrie mais s'arrêtent aux frontières du Patrimoine de Saint-Pierre ; *-18-9 Castelfidardo* : les *zouaves pontificaux* [6 000 h. volontaires de France et de Belgique, enrôlés sans autorisation de leur gouvernement (commandés par le Gal français Louis de Lamoricière (1806-65))] et les *Savoyards* (18 000) sont battus par les Italiens. Les Français, en garnison depuis 1848 pour soutenir l'armée pontificale [18 000 h. dont + de 7 000 étrangers (Allemands, Américains, Autrichiens, Belges, Suisses, etc.)], ne sont pas intervenus. **1864**-*15-9* l'Italie s'engage à respecter Rome et son territoire immédiat. La France retire ses troupes et le pape recrute une armée pontificale internationale parmi les États catholiques : 15 000 zouaves pontificaux sont enrôlés sous les ordres de Mgr de Merode. **1866**-*11-12* le drapeau français, flottant sur le château St-Ange (Rome) depuis le 3-7-1849, est descendu. **1867** Napoléon III, soucieux de reconquérir l'opinion catholique et désireux de conserver Rome au pape, envoie un corps expéditionnaire (Gal de Failly) ; *-3-11* Garibaldi et ses chemises rouges pénètrent, avec la complicité des Piémontais, dans le territoire pontifical ; Failly (avec 2 200 Français et 3 000 pontificaux) bat les garibaldiens à *Mentana* (garibaldiens 150 †, pontificaux 30 †, Français 4 †). **1869**-*8-12* ouverture du concile du Vatican (interrompu 18-7-1870, prorogé sine die). **1870**-*20-9* la France, qui a déclaré la guerre à la Prusse, retire ses troupes de Rome. Pour « garantir la sécurité du St-Siège », les Piémontais (Gal Cadorna) forcent à Rome la Porta Pia. Pie IX ordonne de cesser la résistance pour éviter l'effusion de sang, il se réfugie derrière les murs de la cité Léonine et refuse tout accord. Il excommunie le roi et tous les auteurs de l'occupation du domaine pontifical et refuse tout contact avec le nouveau régime ; il s'enferme jusqu'à sa mort au Vatican (en 1881, on voulut transporter sa dépouille à San Lorenzo où il souhaitait reposer, la foule hostile essaya de s'en emparer pour la jeter dans le Tibre). **1871** l'Italie abroge le pouvoir temporel du pape. *-13-5 loi des garanties* [repoussée le 15-5 par Pie IX (encyclique *Ulinos*)] reconnaît l'inviolabilité du pape devant les tribunaux italiens, mais refuse de reconnaître sa souveraineté. Cependant elle lui réserve le droit aux honneurs souverains et lui reconnaît le droit actif et passif de légation ; l'immunité diplomatique est garantie pour les représentants des États accrédités auprès du St-Siège ; lui concède la jouissance du Latran, du Vatican, de Castel Gandolfo, la franchise postale et télégraphique, le secret de la correspondance ; lui garantit la liberté des conclaves et des conciles et une liste civile de 3 225 000 F. Pie IX refuse et le texte demeure un acte unilatéral que l'Italie respectera. Le St-Siège signera une trentaine d'accords internationaux (dont 13 concordats), participera à des conférences internationales et sera appelé 13 fois à exercer une fonction de médiation ou d'arbitrage. **1920**-*23-5* Benoît XV autorise les visites officielles de souverains à Rome mais continue à protester (encyclique *Pacem*). **1922**-*6-2* Pie XI élu. Donne sa 1re bénédiction depuis la loggia extérieure de St-Pierre (1re donnée ainsi depuis l'avènement de Léon XIII). *-23-12* Pie XI fait de même (encyclique *Ubi arcano*). **1929**-*11-2* **accords du Latran** (traité et concordat) ratifiés le 7-6 (échange de ratifications le 9-6), confirmés par la République italienne (art. 7 de la Constitution du 27-12-1947)]. **Traité** instituant l'État de la cité du Vatican, créé dans le seul but de garantir au St-Siège, personnifiant l'Église catholique, la pleine liberté de sa juridiction universelle. Le roi d'Italie était disposé à donner au Vatican 15 à 20 km^2 d'un seul tenant (comprenant notamment le Borgo, le Janicule et le palais St-Calixte-du-Trastévère), mais Mussolini se montra intransigeant : rien en dehors du Vatican. Pie XI, qui avait espéré obtenir au moins la villa Doria Pamphili (5 km^2) pour y construire les ambassades, dut renoncer à posséder plus de 0,44 km^2 d'un seul tenant [motifs de son renoncement : *1°)* Pie XI était au bord de la banqueroute ; or Mussolini offrait en contrepartie du concordat le versement immédiat de 750 millions de lires et des titres à 5 % d'une valeur nominale d'1 milliard de lires pour la perte des anciens États pontificaux et des biens ecclésiastiques ; *2°)* Pie XI craignait d'avoir à administrer des populations réticentes ; *3°)* Pie XI, patriote, respectait la mystique de *l'Unità*. **1984**-*18-2* concordat remplacé (séparation de fait Église/État italien). **2000**-*26-11* Jean-Paul II signe une loi fondamentale modifiant la Constitution de 1929 (entre en vigueur 22-2-2001).

GOUVERNEMENT

■ **Gouvernement de l'Église universelle.** Assuré par le pape, évêque de Rome, archevêque et métropolitain de la province romaine, primat d'Italie, « patriarche d'Occident », vicaire de J.-C., successeur du prince (c.-à-d. « premier ») des apôtres (saint Pierre), pontife suprême de l'Église universelle en tant qu'évêque de Rome (et non l'inverse), souverain de l'État de la cité du Vatican.

Depuis 1870 (concile de Vatican I), son *infaillibilité* en matière de dogme (mais non de décisions conciliaires ni d'encycliques, sauf si c'est précisé officiellement) est reconnue, à condition qu'il y engage expressément sa suprême autorité.

Sa *souveraineté* sur l'Église universelle repose sur 2 faits : Rome a été la capitale de l'Empire romain, et saint Pierre, chef des apôtres, a été le 1er évêque de Rome. Les 1res preuves de son autorité sur les autres Églises remontent à Clément (88-101). En 330, le transfert de la capitale de l'Empire romain à Constantinople a accru l'importance des papes, seule autorité stable de l'Occident (latinophone). En 381, le concile de Constantinople a reconnu explicitement que le siège épiscopal de Rome était le 1er de la chrétienté [le 2e étant à Constantinople, Alexandrie a rejeté cette définition et, à partir de 451, s'est considérée comme la 1re Église de la chrétienté ; son patriarche (dissident) porte le titre de *pape des coptes*].

Innocent Ier (401-17), puis Léon Ier (440-60) revendiquèrent la souveraineté sur toutes les Églises d'Occident ; Grégoire le Grand (590-604) la fit reconnaître définitivement.

Constitution du 7-6-1929 (modifiée 26-11-2000) : le pape, « souverain de l'État de la cité du Vatican, a les pleins pouvoirs législatif, exécutif et judiciaire » (art. 1), est chargé de la représentation des relations internationales qu'il exerce par l'intermédiaire de la secrétairie d'État. Les services administratifs, judiciaires, économiques sont placés sous l'autorité d'un gouverneur. Depuis le 10-4-1984, le *cardinal secrétaire d'État* a reçu un « mandat spécial pour représenter le pape » dans le gouvernement civil de l'État pontifical. Le Vatican a sa monnaie, sa police, sa station de radio, son système postal (1er téléphone automatique du monde, 1886), son héliport (pour les relations avec Castel Gandolfo).

Pouvoir législatif : « confié de façon stable, déléguée et collégiale, à une *Commission pontificale pour l'État de la cité du Vatican* instituée par le *motu proprio* du 28-3-1968 [24 membres nommés pour 5 ans par le pape. *Président :* cardinal Edmund Szoka (Amér.)]. **Pouvoir exécutif :** exercé par le cardinal président de la Commission, assisté d'un *conseil* de 24 laïcs romains et 6 étrangers, et d'un *secrétaire général*. A en charge finances de la Cité (qui a son budget propre), gestion du personnel, services sanitaires, communications postales et téléphoniques, émission des timbres, monnaies, médailles, entretien des bâtiments, conservation des musées, recherches archéologiques, radio, observatoire. Le ministre des Finances est l'archevêque italien Sergio Sebastiani (Pt de la préfecture pour les affaires économiques). **Pouvoir judiciaire :** exercé au nom du pape par un *tribunal* de 1re instance, une *cour d'appel*, une *Cour de cassation* ; ces tribunaux civils de l'État, réformés par Jean-Paul II à la fin des années 1980,

■ **Les États de l'Église.** Jusqu'en 1567 (décret de Pie V), les territoires pontificaux étaient fréquemment donnés, à titre de fiefs, à des familles nobles italiennes, par exemple Bologne (récupérée 1512), Ferrare (récupérée 1598), Urbino (récupérée 1631), Castro et Ronciglione (récupérées 1649). Depuis, ils furent seulement divisés en 7 provinces, chacune administrée par un cardinal. Les ressources, surtout agricoles, servaient à faire vivre la cour romaine. Les fonctionnaires, presque tous ecclésiastiques, terminaient souvent leur carrière comme cardinaux. Il y avait 2 ministres principaux : le *secrétaire d'État* (Affaires étrangères et Armée), le *camerlingue* (Justice et Finances). La *noblesse* (jusqu'au XVIe s., hobereaux turbulents) vivait à la cour pontificale, s'y partageant des charges honorifiques largement rétribuées. Depuis 1929, le gouvernement de l'*État* vaticanais est distingué de celui de l'*Église universelle.* Avant 1929, le pape ne gouvernait pas un État, mais gérait un patrimoine.

sont indépendants des tribunaux ecclésiastiques fonctionnant au sein de la curie romaine. **Organisation religieuse :** *vicaire général :* cardinal Nol. **Église paroissiale :** Ste-Anne.

Représentation diplomatique du Vatican : du XIe au XIVe s. les papes sont représentés auprès des rois par des légats (souvent cardinaux) ; **XVe s.** par des nonces non permanents ; **XVIe s.** par des nonces permanents. **1870** 14 États représentés auprès du pape [les USA n'ont plus de représentant permanent (motifs économiques)]. **1894-97** la Russie maintient un envoyé spécial. **1896** Mexique seul pays à majorité catholique à ne pas être représenté (relations reprises en 1990-92). **1929** 30 États représentés. **1946-48** relations rompues par les régimes communistes de l'Est. **1978** 88 États accrédités. 21 délégations apostoliques dans des pays avec lesquels le St-Siège n'a pas de relations diplomatiques. **1984**-*10-1* relations diplomatiques avec USA (interrompues depuis 117 ans). **Depuis 1989** (chute du mur de Berlin) relations reprises par Hongrie, Tchécoslovaquie, Pologne, Bulgarie, Roumanie, URSS, Albanie. Le St-Siège reconnaît Slovénie et Croatie un jour avant la CEE. **1992** reconnaît, dès sa proclamation par l'Onu, la Bosnie-Herzégovine. Après l'éclatement de l'URSS : Russie, Ukraine, Mongolie, Arménie, Azerbaïdjan, Géorgie, Moldavie, Kirghizistan, Kazakhstan, Biélorussie, Ouzbékistan établissent des relations. -*Avril* réciprocité rétablie ; la Suisse n'avait pas de représentant au Vatican, mais un nonce était accrédité à Berne. **1999** le St-Siège a 1 représentant dans 171 pays et auprès de l'Union européenne. Dans les pays qui lui accordent le titre de doyen du corps diplomatique, le représentant du St-Siège porte le titre de *nonce.* Les *délégués apostoliques* sont des représentants officiels sans statut de diplomate.

☞ **Rapports avec la Chine :** pas de relations officielles. Nonciature à Taïwan gérée par un chargé d'affaires. **Avec Israël : 1991**-*25-1* mise au point : le St-Siège n'a pas l'habitude de prendre parti en faveur d'un État dont les frontières sont contestées par ses voisins, ainsi n'entretient-il pas de relations diplomatiques avec la Jordanie. **1992**-*juillet* commission permanente bilatérale créée. **1993**-*30-12 accord fondamental.* **1997**-*10-11* accord le complétant.

Rapports avec les organisations internationales : 1929 le Vatican devient membre de l'Union télégraphique internationale (UTI), de l'Union postale internationale (UPI). **1935** il adhère à la convention de Berne pour la protection des œuvres littéraires et artistiques. **1949** membre de l'Agence atomique. Observateur permanent à l'Organisation pour l'alimentation et l'agriculture (FAO). **1951** membre du Comité exécutif du Haut-commissariat des Nations unies pour les réfugiés (UNHCR). **1952** observateur permanent à l'Unesco. **1960** membre des Bureaux internationaux réunis pour la protection de la propriété intellectuelle, littéraire et artistique (Birpi). **1964** observateur permanent auprès de l'Onu à New York. Membre de la Conférence de l'Onu pour le commerce et le développement (Cnuced) et de l'Organisation des Nations unies pour le développement industriel (Onudi). **1967** observateurs accrédités auprès de l'Onu à Genève, et auprès de l'Organisation mondiale de la santé (OMS) et de l'Organisation internationale du travail (OIT).

Régime économique actuel : tout appartient à l'État, biens, meubles compris. Pas d'impôts (directs ou indirects). Commerce nationalisé. Au supermarché (l'*Annona*), les Vaticanais peuvent en principe acheter à des prix hors taxe. Des irrégularités signalées en 1969 donnèrent à penser que le Vatican revendait à Rome des produits importés hors taxe, notamment du beurre.

☞ La secrétairerie d'État, la bibliothèque vaticane, les archives privées du Vatican, les services économiques et financiers, quelques commissions et la filmothèque sont les seuls services vaticanais demeurant au Vatican. Les autres administrations sont hébergées dans Rome.

■ **Budget. Bilan d'ensemble du St-Siège** (services du siège apostolique de Rome s'occupant de 2 159 circonscriptions ecclésiastiques dans le monde, dont 923 dépendant du dicastère pour les missions) : solde (en millions de F) : négatif de 1970 à 1992 ; positif depuis 1993 : *1997 :* 63,64 ; *98 :* 8,35 ; *99 :* 34,42. *Investissements financiers :* revenu : 289,71 ; radio Vatican : *1998 :* – 123 ; *99 :* – 118,33 ; « Osservatore Romano » (4 millions d'ex. distribués, 36 000 abonnés) : – 15 ; télévision : – 0,67.

La Congrégation pour l'évangélisation des peuples a un budget propre (31 millions de $ en 1985). Elle répartit les fonds recueillis dans le monde entier par les œuvres pontificales missionnaires, auxquelles l'Allemagne contribue généreusement.

☞ Jusqu'en 1870, les revenus des États de l'Église auraient dû suffire à faire vivre l'administration pontificale de Rome, mais, mal gérés, ils rapportaient peu, et les papes (avec leur curie et leur cour) vivaient surtout des impôts prélevés sur les biens ecclésiastiques situés dans les pays catholiques (*annates*). En 1870, le roi d'Italie, qui s'était emparé des territoires pontificaux, proposa à Pie IX de lui verser chaque année 3 250 000 lires (or) pour compenser la perte des revenus patrimoniaux. Pie IX refusa, et institua progressivement le **denier de St-Pierre** (créé à Lyon en 1860 par Mgr de Bonald), collecté auprès des catholiques du monde entier. Après 1918, les fonds ainsi perçus devinrent très insuffisants et Pie XI dut accepter les accords du Latran (1929) [voir p. 514 c]. Les sommes reçues alors de l'Italie ont été investies en majorité dans des travaux exécutés au Vatican, pour diminuer la dépendance technique par rapport à l'administration italienne, et sont actuellement insuffisantes. La situation créée au IXe s. s'est donc inversée. Primitivement, le « Patrimoine de St-Pierre » devait faire vivre l'Église ; actuellement, l'Église fait vivre l'État du Vatican, héritier de ce patrimoine. *Quête annuelle* (29-6 jour de la St-Pierre, en millions de $) : *1985 :* 28,5 ; *86 :* 32 ; *87 :* 50,3 ; *88 :* 52,9 ; *89 :* 48,4 ; *90 :* 57,8. *Préfecture des affaires économiques :* instituée par Paul VI, contrôle patrimoine et budgets, surveille les investissements et vérifie les comptes. *Administration du patrimoine du siège apostolique (Apsa) :* s'occupe de la gestion des biens mobiliers et immobiliers du St-Siège et de la gestion du personnel (environ 2 000 personnes). *Conseil des cardinaux pour l'étude des problèmes organiques et économiques du Saint-Siège :* réuni 2 fois par an. *Institut pour les œuvres de religion (IOR) :* gère les fonds déposés par diocèses, instituts religieux, associations ou universités. Il est indépendant des finances propres du St-Siège et n'est pas la banque du Vatican. Après les accords du Latran, les sommes perçues ont été investies en priorité dans l'immobilier et les banques italiennes : Societa Generale Immobiliare, Banco di Santo Spirito, Banco Ambrosiano, hôtel Cavalieri Hilton de Rome... Quand l'Italie décide en 1965 de contraindre le Vatican de payer un impôt sur son portefeuille d'actions, le Vatican investit dans d'autres pays, exemples : l'Immobilière des Champs-Élysées, General Motors, General Electric ou Shell. Le 1er compte d'exploitation a été publié par le Vatican en 1988.

■ **Patrimoine du St-Siège.** Dépendant directement du pape et de l'administration de la curie romaine. Estimé à 4,6 milliards de F dont liquidités 1,6, investissements en actions et obligations 0,74, biens immobiliers (excepté les biens destinés au fonctionnement institutionnel et inscrits chacun au budget pour 1 lire). **Recettes :** séparées du denier de St-Pierre (contribution des fidèles aux finances du Vatican) non inscrit au budget. *Recettes monétaires :* 787,6 millions de F (dons 232,7 dont diocèses 45, institutions religieuses 18, fondations et associations 170), revenus de l'Administration du patrimoine du St-Siège (Apsa) 157,5, actions et obligations 741. [*Pro-Pt de l'Apsa* (depuis 1995) : Mgr Lorenzo Antonetti (Italien) ; *secrétaire* (depuis 1995) : Mgr Claudio Maria Celli (Italien).] **Dépenses :** 941,5 millions de F dont salaires 386,6, fonds de prévoyance compris pour les 2 366 employés de la curie, salaires des cardinaux 9,6 millions, réunions et commissions 5,7, déplacements hors siège (missions spéciales des cardinaux à l'étranger ou participation de délégations officielles du Vatican à des sommets politiques ou religieux) 18, librairie vaticane et typographie polyglotte 107,4 (petit profit), pertes de l'*Osservatore Romano* 25, de Radio Vatican (gérée par des jésuites) 114,5. **Déficit :** 154 millions de F prévus pour 1994 (en 1991 : 358 millions).

Ne figurent au poste « recettes » du budget ni les profits de l'*Institut pour les œuvres de religion* (techniquement, n'appartient pas au St-Siège ; voir ci-après) ni ceux du *gouvernorat de la cité du Vatican* (administration des musées pontificaux et émission de timbres) permettant de couvrir en partie le déficit du St-Siège.

■ **Institut pour les œuvres de religion (IOR). Création :** le *27-6-1942* par Pie XII, sur les conseils de mère Pascalina Lehnert (elle voulait implanter à Rome une banque aux mains de l'Église, comparable à celle de Mgr Spellman à New York, l'*Archidiocesan Reciprocal Loan Fund,* devenue l'une des plus importantes des USA). **Directeur :** *1971* Mgr Paul Marcinkus, 1,91 m, 90 kg. *1988* Angelo Caloia. *1989* Mgr Donato De Bonis. **Conseil de surveillance** [succède à la commission *ad pias causas* (1887), puis à la Commission pour les œuvres de religion dite « Banque vaticane »] : 5 experts nommés par le pape (Pt en 1989 : Angelo Caloia) ; contrôlé par une commission de cardinaux. **Activités :** détenant 15 % du capital de la Banca Unione (devenue Banca Privata Italiana), elle a perdu, en 1974, 250 millions de F dans l'*affaire Sindona* (Michele Sindona, banquier sicilien, homme de confiance du Vatican, s'est suicidé en 1986). En 1982, 2e faillite bancaire : Roberto Calvi [directeur de Banco Ambrosiano de Milan s'enfuit à Londres où on le retrouve pendu sous un pont de la Tamise le 13-6-1982 (il gérait des investissements de l'IOR qui a remboursé 241 millions de $ aux créanciers)]. Le 26-2-1987, le juge d'instruction milanais enquêtant sur la faillite Calvi a cité à comparaître Mgr Marcinkus. Le St-Siège contestant cette citation, les tribunaux suprêmes italiens l'ont annulée, Mgr Marcinkus agissant pour le compte d'un organisme du St-Siège domicilié dans l'État du Vatican (art. 10 du traité du Latran du 11-2-1929).

■ **Patrimoine immobilier.** 6 km² au total. **Chapelle Sixtine** dont Sixte IV, vers 1475, décida la construction [basilique à une seule nef (longueur 40 m, largeur 13,20 m), avec une entrée côté est et une plus petite côté ouest ; on y pénètre après avoir traversé une partie du Vatican]. On y célèbre la messe le jour de la mort du pape et elle est le siège de l'élection du nouveau pape. Longtemps, les cérémonies de la semaine sainte s'y déroulèrent. *Peintures murales :* latérales (Rosselli, Botticelli, Ghirlandaio, le Pérugin, Pinturicchio, en 1482-83, figurent en 6 panneaux l'histoire de Moïse en parallèle avec celle du Christ). *Voûte :* ciel constellé d'or redécoré en 1508 par Michel-Ange (3 000 m² : 343 figures ; restaurée 1980-90). *Chevet :* paroi de 20 m de haut et de 10 de large, « Jugement dernier » de Michel-Ange (nettoyé 1988-94).

Jouissent du privilège d'extraterritorialité : DANS ROME (2,33 km²) : basiliques *St-Jean-du-Latran, Ste-Marie-Majeure* (appelée aussi basilique libérienne, car construite par le pape Libère 352-61) et *St-Paul-Hors-les-Murs* (construite 326-90, incendiée 1823, rebâtie 1854), palais de la *Chancellerie* (Corso Vittorio Emmanuele II), de la *Propagation de la Foi* [depuis 1957, Congrégation pour l'évangélisation des peuples, à côté de la place d'Espagne (palais du XVIIe s.)] ; églises *de St-Calixte-du-Trastévère,* de la *Congrégation pour les Églises orientales,* de la *Congrégation pour la doctrine de la foi,* de l'ancien *vicariat* de Rome, via della Pigna, et du *collège de la Propagande,* sur le Janicule. HORS DE ROME : palais pontifical et villa Barberini *Castel Gandolfo* (0,55 km²), résidence d'été des papes (à 25 km de Rome), sanctuaires d'*Assise* (St-François), *Padoue* (St-Antoine), *Lorette, Pompéi,* terrain de *Santa Maria di Galeria* (3 km²) pour Radio Vatican (2 000 kW) acquis 1951. EN PARTIE SUR ROME, EN PARTIE HORS : *catacombes.* **Immeubles qui, sans être extraterritorialisés, sont exempts d'expropriations et d'impôts :** *Université grégorienne, Institut biblique, palais des 12 apôtres* et *palais* annexes aux églises San Andrea della Valle et San Carlo ai Catinari, Instituts archéologique et oriental, *Collèges* lombard et russe, *palais* de St-Apollinaire et *maison d'exercices* pour le clergé Sts-Jean-et-Paul.

☞ On attribue par erreur au Vatican la propriété de biens immeubles appartenant à des instituts religieux (indépendants financièrement). Ces biens atteignent en Italie 250 000 ha (dont 3 000 à Rome).

■ **Patrimoine mobilier. Actions :** dans diverses Stés italiennes et étrangères. *Origine :* capital versé par l'Italie en 1929 et placé. Une disposition de Paul VI interdit des participations supérieures à 6 %, et l'achat d'actions de sociétés chimiques ou militaires. L'Apsa possède en outre des réserves en dollars et en marks. **Musées** [collections parmi les plus riches du monde ; le traité du Latran (art. 18) en a confié la garde au St-Siège sous réserve que l'on puisse les visiter] : *Musée grégorien* profane, *musée Pio Cristiano, Musée égyptien, Musée étrusque, musée Pio Clementino* [antiquités grecques et romaines (parmi les plus célèbres : le torse du Belvédère, le groupe de Laocoon, l'Apollon du Belvédère, l'Athlète)], *musée Chiaramonti,* salle de la Bigue (char antique à timon), galerie des Candélabres, *Musée sacré et profane, Pinacothèque, Musée ethnologique, Musée historique, Musée sacré contemporain, musée Paul-VI* (collections, antérieurement au Latran). **Bibliothèque :** 2 millions de volumes.

■ **Personnel. Employés :** du St-Siège et de la cité du Vatican : 3 476 personnes (dont Vatican 1 195), pour la plupart prêtres et religieuses, retraités 1 454 [dont Vatican 529, St-Siège 925 (en 1984 un cardinal touchait 10 000 F par mois plus des indemnités s'il n'était pas logé, un fonctionnaire touchait de 4 000 à 9 000 F). La grève est pratiquement interdite. Un office du travail est chargé de régler les conflits.

Famille pontificale : comprend la *famille ecclésiastique* (titulaires de fonctions auprès du St-Siège, ecclésiastiques portant les titres de protonotaires apostoliques, prélats d'honneur de Sa Sainteté, chapelains de Sa Sainteté) et la *famille laïque* (personnes exerçant des fonctions auprès du St-Siège ou de la cité du Vatican ou gentilshommes de Sa Sainteté, titres non héréditaires accordés, par exemple, aux camériers de cape et d'épée).

Garde noble : *fondée* 1801 ; réorganisation des anciens chevaliers de la Colombe ; *supprimée* 14-9-1970. Comprenait environ 75 membres volontaires devant justifier de plus d'un siècle de noblesse.

Garde palatine : *fondée* 1850 ; *supprimée* 14-9-1970. Comprenait 500 volontaires en 2 bataillons.

Garde suisse : *fondée* 1480 par Sixte IV, constituée officiellement en 1506 par Jules II. *Devise : Acriter et fideliter,* « farouchement et fidèlement ». *Effectifs :* 100 hommes, 3 officiers, 1 sergent-major, 3 sergents, 8 caporaux, 6 appointés, 51 hallebardiers recrutés en Suisse parmi les catholiques. *Engagement :* 2 ans au minimum ; avoir moins de 25 ans pour le 1er engagement, être enfant légitime apte au service armé en Suisse, célibataire (seuls les officiers peuvent être mariés), *taille :* en principe, plus de 1,74 m. Pour être promu caporal, il faut 5 à 7 ans de services et officier, il faut déjà l'être dans l'armée suisse. *Tenue de cérémonie :* dessinée par Michel-Ange, redessinée en 1915 par le colonel Jules Repond (1853-1933) : morion à l'espagnole, cuirasse (dorée pour les officiers), chausses bleues à rubans jaunes et rouges pour les manches du pourpoint ; *de deuil :* pourpoints et hauts-de-chausses noirs tailladés de blanc, gants noirs, souliers noirs tailladés de blanc, et toques à plumes noires et blanches ; *ordinaire :* bleu marine, large béret, veste, culotte genre « golf » ; *armement :* le 2-2-1944, les gardes suisses et 3 autres corps (gendarmes, gardes nobles, gardes palatins) avaient été équipés de mitraillettes, en prévision d'un coup de force nazi contre le Vatican. *Salaire mensuel :* 5 500 F net d'impôts.

☞ **1998**-*4-5* le colonel Aloïs Estermann et son épouse Gladys tués par le vice-caporal Cédric Tornay qui se suicide aussitôt avec le même pistolet d'ordonnance pour se venger d'avoir été exclu d'une décoration à laquelle il estimait avoir droit. Son autopsie révèlera un kyste de la grandeur d'un œuf de pigeon dans le crâne (pouvant expliquer des troubles de comportement) et des traces de cannabis dans les urines.

Service d'ordre civil : remplace l'ancienne *gendarmerie pontificale* supprimée par Paul VI le 15-9-1970 (créée 1816, comprenait 113 gendarmes et 37 sous-officiers commandés par un colonel, son état-major faisait partie de la famille pontificale, uniforme de grenadier de l'Empire). Environ 100 membres. Chargé, avec la garde suisse, de surveiller entrées de la Cité, jardins et palais. La police de la place St-Pierre est assurée par la *police d'État italienne* (ainsi, Mehmet Ali Agça, qui a tiré sur le pape place St-Pierre le 13-5-1981, a été arrêté par la police italienne et jugé par un tribunal italien).

Noblesse romaine : titres : *prince, duc, marquis, comte* (le plus fréquent), *vicomte* (un cas), *baron* et l'anoblissement. Délivrés le plus souvent *ad personam* et rarement héréditairement, et fort peu à des femmes (si le titre était héréditaire, le fils aîné de la bénéficiaire devait en demander confirmation). La concession n'entraînait pas le droit de bourgeoisie à la cité du Vatican. Principales concessions faites à des Français, Italiens, Espagnols. L'anoblissement héréditaire fut aboli le 11-11-1931 et le port de titres nobiliaires interdit aux évêques le 12-5-1951. Paul VI a fait savoir le 13-1-1964 qu'il n'y aurait plus de concession de titres. **Concessions depuis 1929 :** *prince* 1, *marquis* 1 (1929, Pacelli), *comte* 1 (1932).

■ **Presse.** *L'Osservatore Romano,* créé le 1-7-1861 par Pie IX, interrompu du 20-9 au 16-10-1870 (prise de Rome par les Piémontais), quotidien en italien (50 000 ex.). Édition hebdomadaire en français (depuis 1949, 10 000 abonnés), anglais (1968, 9 500 ab.), espagnol (1969, 20 000 ab.), portugais (1970), allemand (1971, 20 000 ab.), polonais (mensuelle depuis 1980, 80 000 ex.) et italien. Seuls les actes *Apostalicae Sedis* (annuels) sont officiels.

■ **Radio Vatican.** *Fondée* par Marconi (inventeur de la TSF) en 1929. *Inaugurée* 12-2-1931 par Pie XI avec Marconi (studios Palazzo Pio, Piazza Pia 3, Rome). *Emplois* (en 2000) : 413 salariés (59 nationalités) dont 225 journalistes, 142 techniciens, plus de 46 prêtres (24 jésuites). *Coût :* 20 millions de $ par an, pas de ressources publicitaires. *Émissions depuis Santa Maria di Galeria* (à 18 km de Rome) en 40 langues.

■ **Télévision.** *Centre de télévision vaticane (CTV),* créé le 24-10-1983. Produit des programmes par câble ou cassettes vidéo sur les activités du St-Père et les actualités du Vatican.

■ **Timbres.** Pour le courrier expédié du Vatican. Recherchés par les collectionneurs.

PAPES

■ **Actes du pape.** Actes par lesquels le pape s'exprime d'un point de vue institutionnel. **Constitutions apostoliques :** décisions les plus importantes concernant la foi, les mœurs, l'administration de l'Église. Souvent sous forme de bulles. **Lettres apostoliques :** *motu proprio* [acte législatif pris et promulgué par le pape « de son propre mouvement » (et non pour répondre à une sollicitation), équivalant à un décret] ; contiennent une ordonnance d'ordre législatif ou administratif. **Épîtres** (*epistolae*) : *encycliques* à destinataire précis sans contenu dogmatique. Relativement rares (exemple : *Slavorum apostoli* de Jean-Paul II) ; *apostoliques :* écrits de circonstance relatifs à un événement exceptionnel ; traitant d'une question doctrinale ou morale à l'attention du clergé et des fidèles d'un diocèse à l'occasion d'un événement particulier ; aux conférences épiscopales. **Lettres** (*litterae*) : *décrétales* (pour les canonisations par exemple) ; *encycliques* de caractère très solennel et de portée universelle, dans lesquelles le pape développe un point important de doctrine ou de morale. **Autres actes :** allocutions, radiomessages, messages écrits, messages télévisés, lettres consistoriales, messages de remerciements, homélies, exhortations, etc. **Bénédiction** ***urbi et orbi*** **:** à la ville (de Rome) et au monde ; avec d'ordinaire une indulgence plénière, également pour ceux qui participent par la radio ou la télévision. Toutefois, seuls peuvent en profiter les baptisés non excommuniés accomplissant les œuvres prescrites : confession, communion, visite d'une église avec récitation de prières pour le pape (5 *Pater* et 5 *Ave* avec invocation à la Mère de Dieu pour qu'elle « prie pour nous, pécheurs »). Le message lu par le pape à cette occasion et les souhaits en diverses langues s'adressent à l'humanité entière. **Bulle :** nom tiré de la capsule du sceau d'identification en plomb donné à certains documents solennels du pape (constitution apostolique, lettre décrétale) pour conférer les offices majeurs de l'Église, définir une vérité dogmatique, promulguer les canonisations des saints. Écrite en latin. On la distingue généralement par les 2 premiers mots latins du texte. **Bref apostolique :** lettre de moindre importance scellée de l'anneau du pêcheur. **Chirographes** (du grec, acte manuscrit) : écrits courts de la main du pape. Peuvent être employés pour une lettre à un chef d'État ou à un prélat, pour une nomination au poste de secrétaire d'État ou un agencement de structures. **Clémentines :** décrétales (5 livres) de Clément V (1305-19) publiées 1317 par Jean XXII. **Exhortation apostolique :** proche de l'encyclique, mais plus pressante. **Indult** (du latin *indulgere,* permettre) : acte administratif d'une autorité ecclésiastique par lequel elle accorde un privilège ou une dérogation. L'indult apostolique émane du St-Siège (comme autoriser un religieux ou une religieuse ayant fait profession de vœux perpétuels à quitter la vie religieuse). **Rescrit :** acte administratif donné par écrit, par une autorité ecclésiastique dans le domaine de sa compétence juridique propre, sous forme de réponse à une demande effectuée par une personne physique ou juridique (personne morale de droit canonique). Cet acte accorde privilège ou dispense.

☞ **Les congrégations :** publient décrets, réponses, résolutions, instructions, notes, directives, déclarations. Actes pouvant être approuvés par le pape en « forme commune » ou en « forme spéciale ».

☞ **Écriture : 1878-*29-12*** Léon XIII a remplacé l'écriture gothique [dite *bollatica ;* adoptée sous Clément VIII (1592-1605) et se présentant sous la forme de pleins et de déliés sans ponctuation, ni séparation entre les mots souvent abrégés ; généralement était jointe une copie en clair dite *transsumptum*] par l'écriture moderne. **1908-*29-6*** Pie X substitua à l'énoncé romain des dates en calendes, nones et ides, celui de l'année civile qui débuta non plus le 25-3 (jour de l'Annonciation de l'Incarnation du Sauveur) mais le 1-1. **1915-*10-8*** computation moderne réalisée avec la bulle *Incruentum.*

■ **Appellation. Titre : pape** (en grec *pappas :* révérend père) était donné à tous les évêques jusqu'au IXe s. Il est réservé à l'évêque de Rome depuis Jean VIII (872-82). **Périphrases désignant :** *la fonction :* Chaire de St-Pierre ; la Première des Églises ; Siège apostolique (suprême) ; chaire apostolique, tête de toutes les Églises ; *en dignité apostolique :* siège romain ; *la personne :* Évêque de la sainte Église catholique ; Très Saint-Patriarche ; Bienheureux Patriarche ; Patriarche universel ; Tête de l'Église universelle ; Très Saint-Père ; Saint-Père ; Bienheureux Père ; Père des Pères *(pater patrum) ;* Souverain Prêtre (*Summus Sacerdos,* titre porté par le grand prêtre du Temple de Jérusalem) ; Premier des prêtres ; Souverain Pontife *(Summus Pontifex) ;* Vicaire de Dieu ; Vicaire du Christ ; Successeur de Pierre ; Pontife suprême (*Pontifex maximus,* titre porté par le plus haut personnage de la religion romaine) ; Pape et Seigneur *(Dominus Pappa) ;* Vicaire apostolique ; Évêque du siège apostolique ; Pape de l'Église universelle ; Évêque de l'Église catholique ; Pontife romain ; Évêque de Rome (ou Archevêque de Rome ou Patriarche de Rome). **Usages :** aucune de ces formules n'est officielle, bien que des actes officiels utilisent pour le pape *Pontifex maximus* (Souverain Pontife), et pour la fonction *Sedes apostolica* (Siège apostolique). L'expression « Saint-Siège » n'est pas utilisée par la curie. Dans ses bulles, le pape s'intitule « Serviteur des Serviteurs de Dieu », et « Pape ». On s'adresse à lui en lui disant « Très Saint-Père », à la troisième personne ; on a utilisé jusqu'au XIIe s. l'expression « Votre Béatitude » (réservée actuellement aux patriarches). Depuis le XIIe s., on dit « Votre Sainteté ». *Titres attribués par l'Annuaire pontifical :* « Évêque de Rome, Vicaire de Jésus-Christ (imprimé en gros caractères), Successeur du Prince des Apôtres, Souverain Pontife de l'Église universelle, Patriarche d'Occident, Primat d'Italie, Archevêque et Métropolitain de la Province romaine, Souverain de l'État de la cité du Vatican, Serviteur des Serviteurs de Dieu » [appellation remontant à St Grégoire le Grand (VIe s.) ; formule de chancellerie ; introduite par Paul VI pour indiquer que, dans l'Église, l'autorité est ordonnée au service de la communauté ; depuis Jean-Paul Ier, est apparue officiellement l'appellation de « Pasteur suprême » reprise par Jean-Paul II qui s'est aussi présenté comme « le Pasteur de l'humanité entière » ; dans la chronologie des papes de l'Annuaire, son nom est suivi de la mention « Pasteur universel de l'Église »].

☞ *St-Jean-de-Latran :* cathédrale de l'évêque de Rome (du pape), dont le Pt de la Rép. française est chanoine. *St-Pierre* du Vatican : cathédrale du patriarche de Constantinople, orthodoxe, aujourd'hui séparé de Rome ; le pape y est intronisé.

■ **Décès. Les plus âgés à leur mort :** Agathon (pape de 678 à 681) aurait, selon certains, été centenaire. Léon XIII (93 ans 140 j), après avoir régné 25 ans. Clément XII (89 ans), Clément X et Pie IX (86 ans), Innocent XII (85 ans), Pie VI (82 ans). **Circonstances :** *mort violente :* 44 (17 %) dont martyrs attestés 22, présumés 9 (plus 6 honorés à cause de leurs souffrances), assassinés 9 [Jean VIII (882), Étienne VI (896 étranglé), Théodore II (897), Jean X (928), Jean XII (964 battu à mort par un mari jaloux), Benoît VI (974 étranglé), Jean XIV (984 étranglé sur ordre de l'antipape Boniface VII), Grégoire V (999), Clément XIV (1774 empoisonné par l'officier dégustateur chargé de tester les mets)] ; tué par la chute d'un plafond : Jean XXI (1277). *Mort naturelle :* 214 (83 %) [Léon X (1521 mort d'une maladie honteuse). Pie IV (1565 mort dans les bras d'une courtisane)].

■ **Légende de la papesse Jeanne.** Une femme déguisée en homme depuis son enfance, et entrée dans les ordres sous le nom de Johannes Anglicus (Jean Langlois) de Mayence, aurait été élue pape en 855, après Léon IV. Son sexe aurait été connu après 2 ans, 7 mois et 4 jours, alors qu'elle accouchait en public, ou pendant qu'elle était sur une chaise percée. Condamnée à mort, traînée par un cheval, elle serait morte à 2 km de Rome, et enterrée sur place.

La légende est née d'une inscription sur une statue de Junon allaitant Hercule : PPPPPP [pour : *Papirius Patri Patrum Propria Pecunia Posuit :* « Papirius l'a érigée de ses propres deniers pour le Père des Pères » (c.-à-d. pour le grand prêtre de Mithra)] ; Jean de Mailly, vers 1250, avait adopté une autre interprétation : *Papa, Pater Patrum, Partu Papissa Proditus :* « Le pape, Père des Pères, révélé comme papesse par son accouchement. » La légende fut répandue par Boccace, vers 1350. Des personnalités célèbres y ont cru, notamment Jan Hus, Guillaume d'Occam, Gerson. En 1561, le protestant Théodore de Bèze fit de l'existence de la papesse un argument contre la légitimité de la papauté romaine. La polémique dura jusqu'en 1685 [*Préjugés légitimes contre le papisme,* par le pasteur Jurieu (1637-1713)].

Ancien rite funèbre : de la mort de Paul IV (1559) à celle de Léon XIII (1903), on embauma les papes défunts après avoir prélevé leur cœur (que l'on déposait dans une urne scellée dans le chœur de l'église Saints-Vincent-et-Anastase). Ce prélèvement a été supprimé à partir de 1903, mais l'embaumement est toujours pratiqué, car la dépouille mortelle des papes (avec mitre, chasuble rouge et pallium) reste exposée plusieurs jours sur un catafalque.

☞ La tombe de Clément VI († 1352) à l'abbaye de La Chaise-Dieu fut profanée par des calvinistes qui se servirent de son crâne pour trinquer.

■ **Démission.** Le pape, n'ayant pas de supérieur hiérarchique, peut démissionner comme il l'entend. Selon la Constitution apostolique sur la « vacance du Siège apostolique et l'élection du pontife romain » du 22-2-1996 : si celui-ci renonce à sa charge, « il est requis pour la validité de cette renonciation qu'elle soit libre et dûment manifestée ; elle n'exige l'acceptation de qui que ce soit ».

Papes ayant démissionné : *Pontien* vers 235 déporté en Sardaigne, condamné aux travaux forcés dans les mines, démissionna avant de subir le martyre. *Benoît IX* au XIe s., réélu 1045 et 1047. *Grégoire VI* (successeur de Benoît IX, 1-5-1045) obligé par l'empereur Henri III de démissionner le 20-12-1046, pour céder la place à *Clément II* (mort l'année suivante et remplacé par *Benoît IX,* pape pour la 3e fois). *Honorius II* (1124-1130) parce qu'il avait conscience du caractère non canonique de son élection. *Célestin V* [Pierre de Morrone (1215-96), élu 5-7-1294] : bénédictin, vivant en ermite, il se révéla incapable, se laissant duper, notamment par le roi de Naples, Charles II. Sur les conseils de nombreux cardinaux (qui regrettaient leur choix), il démissionna le 12-12-1294. Enfermé par Boniface VIII dans une forteresse, il y mourut le 12-5-1296 et fut canonisé en 1313. Dans la *Divine Comédie,* Dante (vers 1310), le place en Enfer (sans le nommer). *Grégoire XII* (élu 1406), déposé à Pise en 1409, démissionna le 4-7-1415 à Constance. *Jean XXIII,* élu 1410, démissionna le 29-5-1419. Rayé de la liste officielle des papes, il est pourtant considéré comme pape authentique par beaucoup, sinon le concile de Constance, qu'il avait convoqué, n'aurait pas été considéré comme œcuménique. *Pie XII* dans les années 1943-44 (craignant d'être enlevé par les nazis) aurait rédigé une lettre de démission demandant qu'aussitôt après son rapt un conclave se tienne dans un pays libre pour élire son successeur. *Paul VI,* lors de ses 80 ans (26-9-1977), avait voulu démissionner, car il se sentait trop surmené. Les cardinaux l'en dissuadèrent.

■ **Déplacements des papes. Paul VI** fut le 1er pape, depuis 1814, à sortir d'Italie. Les 2 derniers avaient été *Pie VI* (1775-99) [il alla à Vienne en 1782. Le 27-3-1799, les Français l'enlèvent de la chartreuse de Florence (où il s'était réfugié après avoir été chassé de Rome par les Français et la révolution romaine), le conduisent à Valence où il mourra d'épuisement le 29-8-1799] et *Pie VII* (1800-23) [en France pour le sacre de Napoléon, exilé 1809 à Grenoble, 1812 à Fontainebleau]. **Jean-Paul II** (au 10-1-2000 : 89 voyages à l'étranger, visite de 88 pays : *Europe* 27, *Afrique* 38, *Amér. du Nord* 2, *Amér. centrale et du Sud* 23, *Asie* 16) : *1ers pays visités :* Rép. dominicaine 25-1-1979, Mexique 25-1/1-2-1979 (Puebla, 3e assemblée du Celam). Il a visité 8 fois la *Pologne* (2/10-6-1979, 16/23-6-1983, 8/14-6-1987, 1/9-6 et 14/15-8-1991, 22-5-1995, 31-5/10-6-1997, 1999), 6 fois les *USA* [1/8-10-1979, Alaska 26-2-1981 et 2-5-1984, 10/18-9-1987, 13/15-8-1993 (Denver), 4-9-1995], 6 fois la *France* [30-5/2-6-1980 (Paris, St-Denis, Lisieux), 14/15-8-1983 (Lourdes), 4/7-10-1986 (Lyon, Taizé, Paray-le-Monial, Ars, Annecy), 8/11-10-1988 (Strasbourg, Metz, Nancy, Mulhouse), 19/22-9-1996 (St-Laurent-sur-Sèvre, Tours, Reims, Ste-Anne-d'Auray), 21/24-8-1997 (Paris, XIIes Journées mondiales de la jeunesse)], 4 fois l'*Espagne* [31-10/9-11-1982, 10-10-1984, 19/21-8-1989 (St-Jacques de Compostelle, IVes Journées mondiales de la jeunesse), 12/17-6-1993], 3 fois le *Mexique* (1979, 1990, janv. 1999), 2 fois l'Inde (1986, 5/8-11-1999), 1 fois le *Liban* (10/12-5-1997), *Cuba* (21/25-1-1998), l'*Égypte* (févr. 2000), la *Jordanie* et *Israël* (21/26-3-2000). *Parmi les pays non visités :* Arabie saoudite, Bulgarie, Chine, Roumanie.

Au cours de ces voyages, Jean-Paul II fut l'objet de 4 tentatives d'assassinat : *1979* en Turquie, *1981* au Japon, *1982* au Portugal, *1986* en Océanie.

■ **Déposition.** Un pape peut être déposé pour hérésie, par un concile général de l'Église. Les déposés ont été considérés ensuite comme des « antipapes » (c'est-à-dire non régulièrement intronisés).

■ **Élection. Conditions pour être élu :** en principe, tout baptisé de sexe masculin, même marié, pouvait être élu. En fait, jusqu'en 1378, ce fut le plus souvent un prêtre du clergé de Rome, ou un évêque de la province de Rome. **Exceptions :** *996* Grégoire V (clerc attaché à la cour de l'empereur Otton) ; Sylvestre II (Gerbert, abbé de Bobbio) ; *1046* Clément II (év. de Bamberg) ; *1048* Damase II (év. de Brixen) ; *1049* St Léon IX (év. de Toul) ; *1055* Victor II (év. d'Eichstaedt) ; *1058* Nicolas II (év. de Florence) ; *1091* Alexandre II (év. de Lucques) ; *1119* Calixte II (archevêque de Vienne) ; *1261* Urbain IV (patriarche de Jérusalem) ; bienheureux Grégoire X (archidiacre de Liège) ; *1294* Célestin V (religieux) ; *1305* Clément V, pape d'Avignon (arch. de Bordeaux) ; *1362* Urbain V (abbé de St-Victor de Marseille) ; *1378* Urbain VI [(év. de Bari), son élection déclenche le grand schisme d'Occident]. **Exclusive :** usage qui voulait que France, Espagne et Autriche puissent exclure un nom de la liste des candidats. Le Portugal revendiquait le même droit. L'Espagne en usa contre Baronius en 1604, la France contre Odescalchi en 1676, l'Autriche contre Severoli en

ENCYCLIQUES

■ **Définition.** Lettres envoyées par le pape aux évêques et destinées à l'ensemble du peuple chrétien (depuis Jean XXIII, s'adressent même aux non-chrétiens). Désignées par leurs 2 ou 3 premiers mots. La 1re encyclique est de Benoît XIV (1740), mais l'usage n'est devenu fréquent qu'à partir de Grégoire XVI. **Nombre :** environ 100 dont 34 de Pie XII et 29 de Pie XI.

Principales questions traitées : *doctrinales* (précisent la doctrine de l'Église, condamnant notamment certaines erreurs) ; *exhortatives* (les plus nombreuses : demandent des prières publiques ou recommandent certaines dévotions, comme le rosaire) ; *commémoratives* (par exemple : *Fulgens radiatur* de Pie XII, 21-3-1947, sur St Benoît).

■ **Principales encycliques depuis 1800. Pie VII :** *Diu satis* Unité de l'Église menacée (1800).

Grégoire XVI : *Mirari vos* Contre l'indifférentisme (12-8-1832, condamne les idées de Lamennais).

Pie IX : *Nostris et nobiscum* Contre le socialisme et le communisme (1849). *Jamdudum cernimus* Contre les doctrines politiques modernes (1861). *Quanto conficiamur* Pouvoir temporel (1863). *Quanta cura* Contenant en annexe le *syllabus* (« recueil ») énumérant les théories modernes condamnées (8-12-1864). *Quod nunquam* Contre le *Kulturkampf* allemand (1875).

Léon XIII : *Aeterni Patris* Condamne la critique rationaliste des savants (1879). *Immortale Dei* Démocratie et autorité de l'Église. *Libertas* Légitimité de la liberté personnelle (1888). *Rerum novarum* Condition ouvrière (1891). *Providentissimus Deus* Enseignement de la Bible et rapprochement des Églises (1893). *Satis cognitum* Rapprochement des Églises (1896).

Pie X : *Gravissimo officii* Contre la séparation de l'Église et de l'État en France (1906). *Pascendi dominici gregis* Contre les modernistes (1907).

Benoît XV : *Ad beatissimi* Paix (1-11-1914). *Spiritus Paraclitus* Bible (15-9-1920).

Pie XI : *Maximam gravissimamque* Associations diocésaines (18-1-1924). *Divini illius magistri* Éducation chrétienne (31-12-1929). *Casti connubii* Mariage chrétien (31-12-1930). *Quadragesimo anno* Doctrine sociale de l'Église (15-5-1931). *Non abbiamo bisogno* Contre le fascisme (29-6-1931). *Vigilanti curu* Cinéma (29-6-1936). *Mit brennender Sorge* (« Avec un souci brûlant ») Nazisme (14-3-1937). *Divini Redemptoris* Communisme athée (19-3-1937). Le 22-6-1938, Pie XI confia à 3 jésuites [John Lafarge (américain), Gustav Gundlach (Allemand) et Gustave Desbriquois (Français)] la rédaction d'une encyclique : *Humani generis unitas* L'unité du genre humain (comprenant 12 pays sur 90 contre l'antisémitisme), qui resta cachée.

Pie XII : *Summi Pontificatus* Contre les principes totalitaires (20-10-1939). *Mystici Corporis* Église, « corps mystique » du Christ (29-6-1943). *Divino afflante* Recommande études bibliques (30-9-1943). *Mediator Dei* Présente le renouveau liturgique (20-11-1947). *Summi maeroris* Contre la guerre (1950). *Humani Generis* Contre certaines thèses anthropologiques (12-8-1950). *Munificentissimus Deus* Dogme de l'Assomption corporelle de Marie (1-11-1950). *Mirabile illud* Concorde entre les peuples, rappelle que la paix internationale est le fruit de la paix intérieure (6-12-1950). *Evangelii praecones* Missions (2-6-1951). *Sempiternus Rex* Commémore le concile de Chalcédoine (8-9-1951). *Ingruentium malorum* Recommandant la récitation du rosaire (1951). *Fulgens corona* Annonce l'année mariale (1954). *Musicae sacrae disciplina* (25-12-1955). *Haurietis aquas* culte du Sacré-Cœur (15-5-1956).

Jean XXIII : *Ad Petri Cathedram* Inaugurant le pontificat (29-6-1959). *Sacerdotii nostri primordia* Curé d'Ars (31-7-1959). *Grata Recordatio* Rosaire (1959). *Princeps pastorum* Missions (29-11-1959). *Inde a Primis* Précieux Sang (30-6-1959). *Mater et Magistra* Problèmes sociaux [la plus longue, 25 000 mots (15-5-1961)]. *Paenitentiam fagere* Préparation du concile (1-7-1962). *Pacem in terris* Paix (11-4-1963).

Paul VI : *Ecclesiam suam* Église (6-8-1964). *Mense Maio* Vierge (1965). *Mysterium fidei* Eucharistie (3-9-1965). *Populorum progressio* Développement des pays (26-3-1967). *Sacerdotalis cælibatus* Célibat des prêtres (24-6-1967). *Humanae vitae* Régulation des naissances (1968).

Jean-Paul II : *Redemptor hominis* Dignité de l'homme (4-3-1979). *Dives in misericordia* Miséricorde de Dieu (30-11-1980). *Laborem exercens* Travailleurs et syndicalisme (14-9-1981). *Slavorum Apostoli* Évangélisation des Slaves par saint Cyrille et saint Méthode (2-6-1985). *Dominum et vivificantem* l'Esprit saint dans la vie de l'Église et le monde (8-5-1986). *Redemptoris Mater* Ste Vierge à l'occasion de l'année mariale (25-3-1987 Pentecôte/15-8-1988 Assomption). *Sollicitudo rei socialis* Questions sociales (30-12-1987), à l'occasion du 20e anniversaire de l'encyclique *Populorum progressio. Redemptoris missio* Valeur permanente du précepte missionnaire (7-12-1990). *Centesimus annus* Sur le centième anniversaire de l'encyclique *Rerum novarum,* problèmes actuels du travail et de la société (1-5-1991). *Veritatis splendor* Fondements de la morale (6-8-1993). *Tertio millennio adveniente* (10-11-1994) sur la préparation du Jubilé 2000. *Evangelium vitae* Défense des valeurs et de l'inviolabilité de la vie humaine (30-3-1995). *Ut Unum sint* Engagement œcuménique (30-6-1995). *Fides et Ratio* Rapports foi/raison (14-9-1998). Bulle d'indiction *Incarnationés mysterium* (29-11-1998).

Nota. – La Constitution du concile Vatican II, le 7-12-1965, *Gaudium et Spes* (« Joie et Espérance », « l'Église dans le monde contemporain »), constitue la référence pour la politique sociale de l'Église.

INSIGNES DE LA PAPAUTÉ

■ **Anneau du pêcheur.** Représente St Pierre dans sa barque tirant un filet. Il est porté à la main droite ; c'était à l'origine le sceau du pape, pour sceller sa correspondance privée, puis il fut réservé aux brefs apostoliques à partir de Calixte III (1455-58). A la mort de chaque pape, il est brisé publiquement, avec un marteau et sur une enclume en or, par le cardinal camerlingue.

■ **Camauro.** Ancienne coiffure des papes (bonnet en velours ou satin) remise en usage par Jean XXIII, mais abandonnée par Paul VI.

☞ **Chaire de St-Pierre** (appelée ainsi depuis 1230) : en bois, apportée en 875 par Charles le Chauve pour son couronnement, utilisée depuis pour l'intronisation du pape, placée dans un monument du Bernin (basilique St-Pierre) 17-6-1666 par Alexandre III. Dernière exposition 28-6/9-7-1867. *26-11-1968* sortie du monument pour datation (incertaine selon parties étudiées).

■ **Clefs de St Pierre.** 1 d'or et 1 d'argent. Figurent sur les armes propres de l'Église romaine, le blason et le sceau de l'État pontifical et le drapeau du Vatican ; symbolisent le pouvoir spirituel (or) et le pouvoir temporel (argent) des papes [et non les 2 pouvoirs de « lier » et de « délier » (c.-à-d. de « tout faire ») accordés à St Pierre]. Sur les armes d'Avignon figure une 3e clef, symbolisant le pouvoir du cardinal-légat.

■ **Flabellum.** Chasse-mouches à long manche, en plumes d'autruche, porté près du pape pendant les processions solennelles. Supprimé par Paul VI.

■ **Sedia gestatoria.** Fauteuil monté sur un brancard à 4 bras, porté par 16 officiers (les palefreniers). Utilisé par les papes au cours des cérémonies solennelles à St-Pierre. Remonte à la « chaise curule » des consuls de Rome. En 1978, Jean-Paul Ier y renonça et se rendit à la cérémonie du couronnement à pied, entouré du Sacré Collège mais la foule a protesté car elle ne le distinguait plus ; il est donc monté sur la *sedia gestatoria* à l'audience publique du 13-9-1978. Sur la place St-Pierre, Jean-Paul II utilise une voiture découverte, la *papamobile.*

■ **Soutane blanche.** Elle est portée au moins depuis le XIIIe s.

■ **Tiare pontificale.** Coiffure non liturgique des papes (la seule liturgique des papes est la mitre). Dérive du bonnet phrygien (*frigium* ou *camelaucum*), porté par les rois de l'Orient antique. En 1130, on lui adjoignit une couronne, symbole de la souveraineté sur les États de l'Église puis vers 1300 (Boniface VIII) une 2e symbole de l'autorité spirituelle sur les âmes, et vers 1340 (Benoît XII) une 3e symbole de l'autorité morale sur les rois. Devenue l'emblème du St-Siège, la tiare est remise au pape lors de son couronnement : « Recevez la tiare ornée de 3 couronnes et sachez que vous êtes le père des princes et des rois, recteur de l'Univers et sur Terre vicaire de Jésus-Christ notre Sauveur. » Symbolise aussi la triple royauté du pape sur l'Église universelle (militante, souffrante, triomphante).

Une tiare à 3 couronnes a été portée au XVe s. par l'archevêque de Bénévent et, à partir de 1716, par le patriarche de Lisbonne (de nos jours, il n'en a plus, même dans ses armoiries) en raison de l'étendue de sa juridiction patriarcale. Sa cour comprenait un chapitre divisé, comme le Sacré Collège, en 3 ordres, et des chanoines mitrés vêtus de rouge avec la *cappa magna.* Des mitres, surmontées de couronnes comtales, ressemblant à des tiares, ont parfois été portées par des évêques-comtes [ex. : évêques de Mende, Ctes de Gévaudan (XIVe-XVIe s.)].

Paul VI n'a porté qu'une fois la tiare (le jour de son couronnement) ; il en possédait 4 (en métal précieux), il en vendit une (à un musée new-yorkais) au profit des pauvres. Jean-Paul Ier et Jean-Paul II ont refusé de porter la tiare, même le jour de leur intronisation, pour ne pas se présenter en monarques absolus.

1823, l'Espagne contre Giustiniani en 1830, la France contre Abbani et contre Macchi, puis contre Bilio en 1878.

En 1903, l'empereur d'Autriche François-Joseph opposa son veto (présenté par l'archevêque de Cracovie, le cardinal Puzyna) à l'élection du cardinal Rampolla (sans doute à cause de son attitude lors de l'affaire de Mayerling et parce qu'il le jugeait trop francophile), mais ce veto, ayant été prononcé lorsque le cardinal Rampolla eut fait le plein de ses voix sans parvenir à la majorité requise, n'empêcha en fait pas son élection. Pie X, qui fut élu, abolit le droit d'exclusive dans sa constitution *Commissum nobis* du 20-1-1904. *En 1963,* les jours précédents l'élection de Paul VI (le 21-6), le cardinal Gregorio Pietro Agagianian (d'origine arménienne, mais naturalisé Italien), préfet de Propaganda Fide, qui avait déjà eu des voix au conclave de 1958, fut victime d'une cabale ; on accusa sa sœur Élisabeth Papkova (citoyenne soviétique, 71 ans, née en Géorgie, logée par son frère au collège arménien à Rome) d'avoir des liens avec le KGB.

Age : élus les plus jeunes : Benoît IX (1032) : 12 ans ; Jean XII (955) : 18 ; Grégoire V (996) : 23 ; Innocent III (1179) : 37 ; **les plus âgés :** Agathon (678) : 103 ans (douteux) ; Honorius III (1216) : 90 ; Célestin III (1191) : 86 ; Grégoire IX (1227) : 82 ou 84 ; Calixte III (1455) : 77. **Depuis le milieu du XIXe s. :** Pie IX : 54 ans ; Léon XIII et Pie X : 68 ; Benoît XV : 59 ans 11 mois ; Pie XI : 65 ; Pie XII : 64 ; Jean XXIII : 76 ; Paul VI et Jean-Paul Ier : 66 ; Jean-Paul II : 58.

Élus sans être prêtres : *clerc :* Grégoire V (996) ; *laïc :* Jean XIX (1024) ; *diacres :* Pie III (1503), Léon X (1513).

Élus, mais non devenus papes : 1°) *ayant renoncé volontairement :* Hugues Roger, card. de Tulle (1362 ; remplacé par Urbain V) ; **2°)** *frappés d'une exclusive :* card. Paolucci (1721 ; par l'Autriche) ; Imperiali (1724, 1730 ; par l'Autriche et l'Espagne) ; Cavalchini (1758 ; par la France) ; Severini (1823 ; non révélé) ; Giustiniani (1830 ; non révélé).

■ **Mode d'élection. Origine :** évêque de Rome, le pape est jusqu'au XIe s. élu par les fidèles du diocèse, puis par les autres évêques de la province romaine. Actuellement, il est élu par le collège des cardinaux réunis en conclave. A partir du 1-1-1971, les cardinaux âgés de 80 ans et plus ont été privés du droit d'élire le pape (*motu proprio : In gravescentem aetatem*). **Conclave** (du latin *cum clave,* sous clé) : en 1274, pour éviter des élections interminables, Grégoire X décida « la réclusion dans un local fermé » (la sienne avait duré 2 ans et 9 mois, et les habitants de Viterbe, exaspérés, avaient fini par murer le palais dans lequel délibéraient les cardinaux jusqu'à ce que l'élection fut acquise). Ainsi naquirent les *conclaves.* Le *conclave* n'est pas tenu d'élire un de ses membres (même si cela ne s'est pas produit depuis le Moyen Age). L'élu est désigné comme évêque de Rome et, à ce titre, jouit de la primauté. **Date du conclave :** fixée par le cardinal camerlingue. Pie XI avait permis de retarder le conclave jusqu'à 18 j après la mort du pape, pour permettre aux cardinaux américains d'arriver à temps. Depuis les voyages en avion, ce délai est plus court. **Durée des conclaves depuis 1800 :** *1775 :* 104 jours (Pie VI). *1769 :* 106 jours (Clément XIV). *1799-1800* à Venise : 3 mois 1/2 (Pie VII). *1823* à Rome : 26 jours (Léon XII). *1829 :* 62 jours (Pie VIII). *1831 :* 54 jours (Grégoire XVI). *1846 :* 2 jours (Pie IX). *1878 :* 1 jour 1/2 (Léon XIII). *1903 :* 4 jours (Pie X). *1914 :* 3 jours (Benoît XV). *1922 :* 4 jours (Pie XI). *1939 :* 1 jour (Pie XII). *1958 :* 3 jours (Jean XXIII). *1963 :* 3 jours (Paul VI). *1978 :* 1 jour (Jean-Paul Ier) ; 2 jours (Jean-Paul II).

Campagne électorale : en principe, la *brigue* est interdite, et une élection serait annulée si l'on prouvait qu'un cardinal était élu contre des promesses engageant son futur pontificat. Néanmoins, on cite des cas de marchandages. Ainsi en 1721, Innocent XIII fut élu, grâce à l'appui des cardinaux et diplomates français, après avoir promis le cardinalat à l'abbé Dubois, ministre des Affaires étrangères. En 1769, Clément XIV dut s'engager, pour être élu, à supprimer l'ordre des Jésuites. En 1939, Pie XII fut élu grâce à sa promesse de prendre comme secrétaire d'État son principal compétiteur, le cardinal Maglione.

En oct. 1975, Paul VI a interdit, sous peine d'excommunication, toute concertation pour l'élection d'un pape, du vivant de son prédécesseur. Tout cardinal ayant des chances d'être élu pape est dit *papabile* (ceux qui font campagne, plus ou moins discrètement, pour être élus sont surnommés *papeggianti*). **Scrutin :** les cardinaux élisent le pape par *scrutin* aux 2/3 des suffrages exprimés. *Constitution apostolique « Universi Dominici Gregis »* (« Tout le troupeau du Seigneur ») de Jean-Paul II du 22-2-1996 : met fin au système de clôture absolue du conclave. Les cardinaux seront logés dans la résidence Ste-Marthe, à l'intérieur de la cité du Vatican. Le secret sera limité au scrutin proprement dit, toujours dans la chapelle Sixtine. Les cardinaux octogénaires, sans participer au vote, assisteront aux « congrégations générales » précédant le conclave (qui suivent la mort du pape et préparent l'élection de son successeur) et animeront « la prière du peuple de Dieu dans les basiliques romaines et dans les diocèses du monde ». Il y a en principe 4 scrutins par jour : 2 le matin et 2 le soir. A l'issue de chaque séance de vote, les bulletins, anonymes, sont transpercés à l'endroit où se trouve le mot *eligo* et réunis par un cordon de soie ; le tout est jeté au feu. Originairement, on les brûlait dans la chapelle Sixtine, mais on remarqua que les fumées détérioraient les fresques de Michel-Ange, aussi les brûle-t-on, depuis le XIXe s., dans un poêle, dont la cheminée extérieure est visible de la place St-Pierre. Un vote positif donne une fumée blanche, négatif une fumée noire. Jusqu'à l'élection de Paul VI (1963), la fumée noire était produite par de la mousse humide mêlée aux papiers, la fumée blanche par les papiers seuls. Mais souvent la fumée sortait grise dans les 2 cas. Depuis sept. 1978 (élection de Jean-Paul Ier), on ajoute aux bulletins un produit chimique fumigène, noir ou blanc.

■ **Mariages. Papes mariés :** les 37 premiers auraient pu se marier. On sait qu'Hormidas (514-23) fut le père de Silverius (536-37). **Dernier pape marié :** Adrien II (867-72). Plus tard, des veufs furent élus. Alexandre VI (Rodrigue Borgia), élu en 1492, avait eu 6 enfants (sans avoir été marié) avant son élection.

Liste des papes

Les listes non officielles donnent généralement 260 papes, en comptant pour 1 seul les 3 pontificats de Benoît IX (145e, 147e, 150e), et en écartant comme antipapes Léon VIII (131e) et Benoît V (132e). Des spécialistes rejettent Lin (2e), prédécesseur de Clet (3e), les 2 noms devant plus vraisemblablement être lus ensemble *Anaclet.* Il y a eu 2 antipapes Victor IV : en 1132 (2 mois) et en 1159.

Adoptée officiellement en 1947
Source : Annuario pontificio.

☞ *Abréviations :* 🌿 : martyr ; 🌿 p : martyr présumé ; 🌿 h : honoré comme martyr à cause de ses souffrances ; Bx : bienheureux ; nat. : nationalité ; or. : origine ; en italique : *antipapes* (élus irrégulièrement, non reconnus par l'Église ; 35 du IIIe au XVe s.) ; en rouge : papes français (dans les limites actuelles de la France).

1 33 **St Pierre** 🌿 [64 Galiléen, crucifié la tête en bas ; en 1968, Paul VI annonce qu'après des fouilles (1939-52) son tombeau a été retrouvé sous la basilique ; son crâne est avec celui de St Paul à St-Jean-de-Latran]. 2 67 **St Lin** 🌿 p (Toscan). 3 76 **St Clet** ou **Anaclet** 🌿 (Romain). 4 88 **St Clément Ier** 🌿 (Romain). 5 97 **St Évariste** 🌿 (Grec). 6 105 **Alexandre Ier** 🌿 (Romain). 7 115 **St Sixte Ier** 🌿 (Romain). 8 125 **St Télesphore** 🌿 (Grec). 9 136 **St Hygin** 🌿 p (Grec). 10 140 **St Pie Ier** 🌿 p (Italien, Aquilée).

11 155 **St Anicet** 🌿 († 166 Syrien). 12 166 **St Soter** 🌿 p (Campanien). 13 175 **St Éleuthère** 🌿 p (Grec). 14 189 **St Victor Ier** 🌿 (Africain). 15 199 **St Zéphyrin** 🌿 p (Romain). 16 217 **St Calixte Ier** 🌿 (né v. 155 Romain). 17 222 **St Urbain Ier** 🌿 (Romain). *227-235* ***St Hippolyte*** (né v. 170 Romain). 18 230 **St Pontien** 🌿 h (né fin IIe s. Romain). 19 235 **St Anthère** 🌿 p (Grec). 20 236 **St Fabien** 🌿 († 250 Romain).

21 251 **St Corneille** 🌿 (Romain). *251* ***Novatien*** (Romain). 22 253 **St Lucius Ier** 🌿 (Romain). 23 254 **St Étienne Ier** 🌿 (Romain). 24 257 **St Sixte II** 🌿 (258 Grec). 25 259 **St Denys** 🌿 p (nat. inconnue). 26 269 **St Félix Ier** 🌿 (274 Romain). 27 275 **St Eutychien** ou **Eutychianus** 🌿 (né 220 Toscan, Luni). 28 283 **St Caïus** ou **Gaïus** 🌿 (Dalmate). 29 296 **St Marcellin** 🌿 (304 Romain). 30 308 **St Marcel Ier** 🌿 h (Romain).

31 309 **St Eusèbe** 🌿 h († 310 or. grecque, né en Sicile). 32 311 **St Miltiade** ou **Melchiade** 🌿 p (Africain). 33 314 **St Sylvestre Ier** († 335 Romain). 34 336 **St Marc** (Romain). 35 337 **St Jules Ier** (né v. 280 Romain). 36 352 **Libère** (Romain). *355-365* ***Félix II*** (Romain). 37 366 **St Damase Ier** (Espagnol). *366-367* ***Ursinus.*** 38 384 **St Sirice** (né v. 320 Romain). 39 399 **St Anastase Ier** (Romain). 40 401 **St Innocent Ier** (Latium).

41 417 **St Zosime** (Grec). 42 418 **St Boniface Ier** (Romain). *418-419* ***Eulalius*** (v. 380-v. 450). 43 422 **St Célestin Ier** (Campanien). 44 432 **St Sixte III** (Romain). 45 440 **St Léon Ier le Grand** (Toscan). 46 461 **St Hilaire** (Sarde). 47 468 **St Simplice** (Latium, Tivoli). 48 483 **St Félix III** (Romain). 49 492 **St Gélase Ier** (Africain). 50 496 **Anastase II** (Romain).

51 498 **St Symmaque** (Sarde). *498-505* ***Laurent.*** 52 514 **St Hormisdas** (Latium). 53 523 **St Jean Ier** 🌿 h (né v. 470, † en détention, Toscan). 54 526 **St Félix IV** (Italien Samnium), désigné par Théodoric. *530* (élu 22-9, † 14-10) ***Dioscore*** (Alexandrie). 55 530 **Boniface II** (or. goth, Romain). 56 533 **Jean II**, Mercure (né v. 470, Romain). 57 535 **St Agapet Ier** (Romain). 58 536 **St Silvère** 🌿 h (fils du pape Hormisdas ; Campanien). 59 537 **Vigile** (né fin Ve s. Romain). 60 556 **Pélage Ier** (né v. 500 Romain).

61 561 **Jean III Catelinus** († 574 Romain). 62 575 **Benoît Ier** dit **Bonose** (Romain). 63 579 **Pélage II** (né 520 Romain). 64 590 **St Grégoire Ier le Grand** (né v. 540 Romain). 65 604 **Sabinien** (Toscan, Blera). 66 607 **Boniface III** (Romain). 67 608 **St Boniface IV** (Italien, Avezzano). 68 615 **St Dieudonné Ier** ou **Adéodat Ier** (Romain). 69 619 **Boniface V** (Naples). 70 625 **Honorius Ier** (Campanien).

71 640 **Séverin** (Romain). 72 640 **Jean IV** (né 580 ? Dalmate). 73 642 **Théodore Ier** (Grec né à Jérusalem). 74 649 **St Martin Ier** 🌿 h (né v. 590 Italien, Todi). 75 654 **St Eugène Ier** (Romain). 76 657 **St Vitalien** (né v. 600 Italien, Segni). 77 672 **Adéodat II** ou **Dieudonné II** (Romain). 78 676 **Donus** (Romain). 79 678 **St Agathon** (Sicilien). 80 682 **St Léon II** († 683 Sicilien).

81 684 **St Benoît II** (Romain). 82 685 **Jean V** (Syrien). 83 686 **Conon** (nat. inconnue). 84 687 **St Serge Ier** (Syrien). *687* ***Théodore,*** puis ***Pascal*** (687-692). 85 701 **Jean VI** (Grec). 86 705 **Jean VII** († 707 Grec). 87 708 (15-1/4-2) **Sisinnius** (Syrien). 88 708 **Constantin** (Syrien). 89 715 **St Grégoire II** (né 669 Romain). 90 731 **St Grégoire III** (Syrien).

91 741 **St Zacharie** (Grec). *752* ***Étienne*** (Italien), non consacré : simple prêtre de Rome, étant mort 4 jours après son élection en mars 752, n'est plus enregistré sur la liste officielle. 92 752 **Étienne II** (Romain). 93 757 **St Paul Ier** (Romain). *767-769* ***Constantin*** (Italien, Nepi) [eut les yeux arrachés]. *768* ***Philippe*** (nat. inconnue). 94 768 **St Étienne III** (né v. 720 Sicilien). 95 772 **Adrien Ier** (Romain). 96 795 **St Léon III** (né 750 Romain) ; couronne Charlemagne en 800. 97 816 **Étienne IV** (Romain). 98 817 **St Pascal Ier** (Romain). 99 824 **Eugène II** (Romain). 100 827 (août à sept.) **Valentin** (Romain).

101 827 **Grégoire IV** (Romain). 102 844 **Serge II** (Romain). *844* ***Jean*** (nat. inconnue). 103 847 **St Léon IV** (Romain). 104 855 **Benoît III** (Romain). *855* ***Anastase*** (v. 815-880 Italien, sans doute apocryphe, la « papesse Jeanne »). 105 858 **St Nicolas Ier le Grand** (né v. 800 Romain). 106 867 **Adrien II** (né 792 Romain). 107 872 **Jean VIII** (820 ? Romain). 108 882 **Marin Ier** (Martin II) [Latium, Gallese]. 109 884 **St Adrien III** (Romain). 110 885 **Étienne V** (Romain).

111 891 **Formose** (né 896, Latium ; il sacre Lambert de Spolète empereur d'Allemagne, puis lui substitue Arnulf de Carinthie qu'il préfère et le sacre à son tour. Étienne VI fera exhumer le corps de Formose, qui sera revêtu de ses ornements sacerdotaux et assis sur le trône de St Pierre ; « le synode du Cadavre » votera sa dégradation, et lui fera couper les doigts de la main droite servant à bénir et à sacrer). 112 896 (avril : 15 j) **Boniface VI** (Romain). 113 896 **Étienne VI** (Romain, † étranglé). 114 897 **Romain** (né début IXe s. Latium, Gallese). 115 897 (déc. : 20 j) **Théodore II** (840 Romain). 116 898 **Jean IX** (né 840 Latium, Tivoli). 117 900 **Benoît IV** (Romain). 118 903 **Léon V** (Italien). *903-904* ***Christophore*** (déposé) [† 906 Romain]. 119 904 **Serge III** des C^{tes} de Tusculum (Romain, père de Jean XI). 120 911 **Anastase III** (Romain).

121 913 **Landon** (Samnium). 122 914 **Jean X** (né 860 Italien). 123 928 **Léon VI** (Romain). 124 928 **Étienne VII** (Romain). 125 931 **Jean XI** des C^{tes} de Tusculum (906-35 Romain). 126 936 **Léon VII** (Romain). 127 939 **Étienne VIII** (Romain). 128 942 **Marin II** (Martin III) [Romain]. 129 946 **Agapet II** (Romain). 130 955 **Jean XII** des C^{tes} de Tusculum (937-64 Romain).

131 963 **Léon VIII** (Romain, laïc). 132 964 **Benoît V** dit **le Grammairien** (Romain, rival de Léon VIII et parfois considéré comme antipape). 133 965 **Jean XIII** († 972 Romain). 134 973 **Benoît VI** (Romain, † étranglé). 135 974 **Benoît VII** des C^{tes} de Tusculum (Romain). *974* ***Boniface VII*** (Romain). 136 983 **Jean XIV**, Pierre Canepanova (Italien, Pavie). *984* ***Boniface VII*** pour la 2e fois. 137 985 **Jean XV** (Romain, fils d'un prêtre). 138 996 **Grégoire V**, Brunon de Carinthie (né 973 Saxon). *997* ***Jean XVI*** Jean Filagato († v. 1013, Italien, Rossano). 139 999 **Sylvestre II** (l'érudit Gerbert, né 938 Français) ancien précepteur d'Othon III (voir à l'Index). 140 1003 **Jean XVII**, Siccone (Romain).

141 1004 **Jean XVIII,** Fasano (Romain). 142 1009 **Serge IV**, Pierre Bucca Porci (Romain). 143 1012 **Benoît VIII** des C^{tes} de Tusculum (Italien). *1012* ***Grégoire.*** 144 1024 **Jean XIX** des C^{tes} de Tusculum, laïc (Romain, frère de Benoît VIII, règne marqué par la simonie). 145 1032 **Benoît IX**, Théophylacte des C^{tes} de Tusculum († 1055 Italien). 146 1045 (20-1/10-3) **Sylvestre III** Jean (v. 1000 Romain). 147 1045 **Benoît IX** pour la 2e fois (déposé). 148 1045 **Grégoire VI**, Jean Gratien († 1048 Romain), abdique. 149 1046 **Clément II**, Suidger, Cte de Morsleben et Homburg (Saxon). 150 1047 **Benoît IX** pour la 3e fois.

151 1048 (intronisé 17-7, † 9-8) **Damase II**, Cte Poppon (Bavarois). 152 1049 **St Léon IX**, Bruno, Cte d'Éguisheim-Dagsbourg (1002-54 Alsacien) lutte contre les doctrines hérétiques de Bérenger de Tours. 153 1055 **Victor II,** Gebhard, Cte de Dollenstein-Hirschberg (Allemand). 154 1057 **Étienne IX**, Frédéric de Lorraine (frère du duc) continue la lutte contre la simonie et les investitures laïques. *1058* ***Benoît X***, Jean, Cte de Tusculum (Jean Mincius, Romain). 155 1059 **Nicolas II**, Gérard de Bourgogne (né v. 980 Français) archevêque de Florence, s'allie avec les Normands d'Italie du Sud contre la noblesse romaine qui lui a suscité un compétiteur ; avril 1059 Rome, concile : édicte que seuls participeront à l'élection du pape les cardinaux ; réorganise la vie des clercs. 156 1061 **Alexandre II**, Anselme de Baggio (Milan). *1061-1072* ***Honorius II*** (né v. 1009 Germanique, Vérone). 157 1073 **St Grégoire VII**, Hildebrand de Soana (v. 1015/1020 Toscan) devant lui, l'empereur Henri IV s'humiliera à Canossa (1077). *1080-1100* ***Clément III,*** Guibert de Parme (né 1023 Italien). 158 1086 **Bx Victor III**, Didier de Montecassino P^{ce} de Bénévent (v. 1027-87 Italien). 159 1088 **Bx Urbain II**, Odon de Lagery (né v. 1042 France) prieur de Cluny, év. d'Ostie, lutte contre l'empereur Henri IV, excommunie le roi de France, Philippe Ier (voir à l'Index), 1095 prêche la 1re croisade à Clermont. 160 1099 **Pascal II**, Rainier de Bieda (né v. 1050 Italie). *1100* ***Théodoric*** év. de Ste-Rufine. *1102* ***Albert*** év. de Sabine. *1105-1111* ***Sylvestre IV,*** Maginulfe (né v. 1050 Romain).

161 1118 **Gélase II**, Jean de Gaëte (né v. 1058 Italie, † en exil à Cluny). *1118-1121* ***Grégoire VIII,*** Maurice Bourdin († 1126 Français). 162 1119 **Calixte II**, Guy de Bourgogne (né v. 1060 Français), arch. de Vienne ; 1122 signe le *concordat de Worms* avec l'empereur Henri V (laissant à l'Empereur l'investiture temporelle des biens constituant les ressources de chaque évêché). *1124* ***Célestin II,*** Tebalde Buccapeco (Romain). 163 1124 **Honorius II**, Lambert de Fagnano (Italien). 164 1130 **Innocent II**, Grégoire Papareschi (Italien). *1130-1138* ***Anaclet II,*** Pierre Pierleoni (Romain). *1132* ***Victor IV,*** Grégoire. 165 1143 **Célestin II**, Guy (Italien, Castello). 166 1144 **Lucius II**, Gérard Caccianemici (Italien). 167 1145 **Bx Eugène III**, Bernard Paganelli de Montemagno (Pisan). 168 1153 **Anastase IV**, Conrad de Suburra (Romain). 169 1154 **Adrien IV**, Nicolas Breakspeare (né v. 1100 Anglais). 170 1159 **Alexandre III**, Roland Bandinelli (Sienne). *1159-1164* ***Victor IV,*** Octavien de Monticello (Italien). *1164-1168* ***Pascal III,*** Guy de Crema (né v. 1100 Italien). *1168-1178* ***Calixte III,*** Jean abbé de Struma (Arezzo). *1179-1180* ***Innocent III,*** Lando (Italien Sezze).

171 1181 **Lucius III**, Ubaldo Allucingoli (Italien). 172 1185 **Urbain III**, Hubert Crivelli (né v. 1120 Milanais). 173 1187 **Grégoire VIII**, Albert de Morra (Italien). 174 1187 **Clément III**, Paulin Scolari (Romain). 175 1191 **Célestin III**, Hyacinthe de Bobone (Romain). 176 1198 **Innocent III**, Lothaire, Cte de Segni (1160 Romain). 177 1216 **Honorius III**, Cencio Savelli (Romain). 178 1227 **Grégoire IX**, Ugolin, Cte de Segni (v. 1145/22-8-1241, Italien). 179 1241 (28-10/10-11) **Célestin IV**, Geoffroi Castiglioni (Milanais). 180 1243 (25-6) **Innocent IV**, Sinibaldo Fieschi (Génois).

181 1254 **Alexandre IV,** Renaud de Segni (Romain). 182 1261 **Urbain IV**, Jacques de Pantaléon (Troyes v. 1200-64 Français) év. de Verdun, puis patriarche de Jérusalem. 183 1265 **Clément IV**, Gui Foulques (né en France, † 29-11-1268 à Viterbe) ancien conseiller de St Louis, après son veuvage il devient arch. de Narbonne et légat en Angleterre, ne peut s'installer à Rome que se disputent Charles d'Anjou (qui s'en est fait nommer sénateur) et Conradin (fils de l'empereur Conrad). 184 1271 **Bx Grégoire X**, Théobald Visconti (1210 Italie). 185 1276 **Bx Innocent V**, Pierre de Tarentaise (né v. 1225 Savoie) arch. de Lyon, n'a pas le temps de mener les négociations de paix qu'il avait ouvertes entre Charles d'Anjou et le nouvel empereur Rodolphe de Habsbourg. 186 1276 **Adrien V**, Ottobon Fieschi (Génois). 187 1276 **Jean XXI**, Pierre « fils de Julien » (né v. 1220 Portugais). 188 1277 **Nicolas III**, Jean Gaétan Orsini (v. 1210/20 Romain). 189 1281 **Martin IV**, Simon de Brion (Français) ancien chancelier de St Louis. 190 1285 **Honorius IV**, Jacques Savelli (1210 Romain).

191 1288 **Nicolas IV**, Girolamo Masci (né v. 1230 Italien, Ascoli). 192 1294 (5-7) **St Célestin V**, Pierre Angelerio de Morron (v. 1215-96 Italien). Bénédictin, fonde les *Pauvres Ermites* dits plus tard les *Pères du pape Célestin* (1251). Le St-Siège étant resté vacant 27 mois, les 12 cardinaux s'étaient divisés (partisans des Orsini et des Colonna). Une menace de schisme les réunit à Pérouse. Le cardinal Cajetan, s'élevant contre la présence dans l'enceinte du conclave de Charles II d'Anjou et de son fils Charles Martel (roi titulaire de Hongrie) qui voulaient « un pape à eux », obtint un vote unanime pour Pierre (ermite au mont Morone). Les Anjou l'amènent à Naples où il se fait construire une cellule à l'intérieur du palais royal. *Abdique* le 13-12 s'estimant incompétent ; canonisé 5-5-1313. 193 1294 (24-12) **Boniface VIII**, Benoît Caetani (1235 ? Italien, Anagni). 194 1303 **Bx Benoît XI**, Nicolas Boccasini (1240-1304 Italien, Trévise).

■ **Papes d'Avignon.** 195 1305 **Clément V**, Bertrand de Got né à Villandraut (Gironde), archevêque de Bordeaux, ami de Philippe le Bel, sujet du roi d'Angleterre, duc de Guyenne. *1305-5-6* élu au terme d'un conclave de 11 mois ; *14-11* couronné dans l'église Saint-Just de Lyon ; *1309* ne pouvant gagner l'Italie, fixe sa résidence provisoire en Avignon. Convoque le concile de Vienne qui supprime l'ordre des Templiers et adopte des formules de compromis pour apaiser le roi ; *1314-20-4* meurt à Roquemaure (Gard). 196 1316 **Jean XXII**, Jacques Duèse, né 1245 à Cahors, év. de Fréjus puis d'Avignon. *1312* cardinal. *1316-7-8* élu après un conclave de 16 mois dans l'église des Jacobins de Lyon. *1334-4-12* meurt. *1328-1330* ***Nicolas V***, Pierre Rainallucci (v. 1260-1333 Italien). 197 1334 **Benoît XII**,

■ **Borgia.** Vient de Borja en Espagne. *Parmi ses membres :* **Calixte III** (Alphonse Borgia, 1378-1458 ; pape en 1455), **Alexandre VI** (Rodrigue Lancol 1-1-1431/18-8-1503 empoisonné par mégarde, lui et son fils (César) destinaient ce poison au cardinal Adrien de Corneto dont ils convoitaient la succession ; son oncle et père adoptif lui donna son nom ; pape en 1492)]. **César** [avril 1476/12-5-1507 Mendavia (Navarre) ; *1492* évêque de Valence ; *1493* cardinal ; trempe dans l'assassinat de son frère Giovanni, duc de Gandie, auquel il succède comme capitaine-général de l'Église ; *1498* allié avec Louis XII, est créé par celui-ci duc de Valentinois ; *1501* reprend la Romagne ; est nommé par Alexandre VI duc de Romagne ; il invite ses ennemis au château de Sinigaglia et les fait exécuter ; *1503-18-8* Alexandre VI meurt ; le pape Jules II fait arrêter César et le force à livrer ses forteresses ; sorti de prison, il est arrêté par Gonsalve de Cordoue et envoyé au roi d'Esp. ; s'échappe et se réfugie auprès du roi de Navarre (dont il avait épousé la sœur, Charlotte d'Albret) et l'accompagne dans une expédition contre l'Esp. (meurt pendant) ; modèle du P^{ce} de Machiavel]. **Lucrèce,** sa sœur [Rome, avril 1480/24-6-1519 Ferrare ; *1492* épouse : 1res noces Jean Sforza (mariage annulé 1497 par son père), *1498* 2es noces Alphonse d'Aragon, fils d'Alphonse II de Naples (assassiné 1500 à l'instigation de César), *1501* 3es noces Alphonse d'Este qui devient duc de Ferrare en 1505]. **François** [1510-72 ; petit-fils de Juan Borgia ; *1529* épouse Eleonore de Castro (dont 5 fils et 3 filles) ; *1539* vice-roi de Catalogne ; *1543* duc de Gandie ; *1546* sa femme meurt ; *1551* prêtre (jésuite) ; *1565* G^{al} des jésuites ; *1671* canonisé].

Jacques Fournier, né à Saverdun (Ariège), év. de Pamiers puis de Mirepoix ; *1327* cardinal ; *1334-20-12* élu après un bref conclave de 7 jours ; *1335-8-1* couronné ; *1342-25-4* meurt. 198 1342 **Clément VI**, Pierre Roger de Beaufort, né 1291 au château de Maumont (Corrèze) : *1330* archevêque de Rouen ; *1338* cardinal ; *1342-7-5* élu à l'unanimité ; *1348* protège les juifs accusés d'être responsables de l'épidémie de peste noire et leur ouvre ses États (d'où l'origine des « Juifs du pape »). *1352-6-12* † de la gravelle en Avignon. 199 1352 **Innocent VI**, Étienne Aubert (né près de Pompadour, Corrèze) : *1340* évêque de Noyon puis de Clermont ; *1342* cardinal ; *1352-18-12* élu ; *1362-12-9* meurt. 200 1362 **Bx Urbain V**, Guillaume de Grimoard (né 1310 au château de Grisac, Lozère, † 19-12-1370) : bénédictin, abbé de St-Germain d'Auxerre ; *1361* abbé de St-Victor de Marseille. Les cardinaux avaient d'abord élu Hugues Roger, frère de Clément VI, qui refusa ; *1362-28-9* élu, *-6-11* couronné ; *1367-30-4* quitte Avignon, *-16-10* parvient à Rome ; *1370-6-9* repart pour Avignon ; *1870* béatifié. 201 1370 **Grégoire XI**, Pierre Roger de Beaufort II (né 1331, neveu de Clément VI) : *1370-29-12* élu à l'unanimité le 1er jour ; *1376-13-9* quitte Avignon ; *1377-17-1* arrive à Rome (après une traversée mouvementée) ; *1378-26/27-3* meurt *(dernier pape français)*. 202 1378 **Urbain VI**, Barthélemy Prignano (v. 1318-89 Naples). Les Romains avaient manifesté sous les murs du Vatican leur désir de voir un Romain élu ; 4 mois plus tard l'élection est déclarée irrégulière (mais Urbain VI refuse d'abdiquer). *1378-94* ***Clément VII***, Robert, Cte de Genève [1342-94, élu par les cardinaux français mécontents d'Urbain VI, se fixe à Avignon, a pouvoir sur le reste de l'Europe ; Dom Martène prétend que les cardinaux offrirent le pontificat au roi de France Charles V (veuf) qui refusa ; estropié du bras gauche, il n'aurait pu célébrer la messe]. 203 1389 **Boniface IX**, Pierre Tomaselli (1389-1404 Naples). *1394-1423* ***Benoît XIII***, Pierre Martin de Luna (né v. 1324 Espagne). 204 1404 **Innocent VII**, Cosme Migliorati (1336-1406 Sulmona). 205 1406 **Grégoire XII**, Angelo Correr (né v. 1325 Venise). *1409-10* ***Alexandre V***, Pierre Filargo [1340-1410 Crétois, élu par le concile de Pise qui dépose *Grégoire XII* (Rome) et *Benoît XIII* (Avignon) qui refusent de se soumettre (il y a donc 3 papes)]. *1410-1415* ***Jean XXIII***, Balthazar Cossa (v. 1370-1419 Pise). *1415* le roi des Romains, Sigismond, obtient qu'il convoque un nouveau synode à Constance qui dépose 2 papes (le 3e abdique).

■ **Après le schisme.** 206 1417-11-11 **Martin V**, Ottone Colonna (Romain, élu par un conclave élargi le 22-4). *1423-1429* ***Clément VIII***, Gil Sanchez Munoz (v. 1380-1447 Espagne). *1425-1430* ***Benoît XIV***, Bernard Garnier (Français, élu par un seul cardinal, *idem* pour Jean Garnier, et Benoît XIV). 207 1431 **Eugène IV**, Gabriel Gondulmer (né 1383 Venise). *1439-1449* ***Félix V***, duc Amédée VIII de Savoie [(1383-1451) qui aurait eu de Marie de Bourgogne (1380-1422) Louis Ier de Savoie (1413-65)]. 208 1447 **Nicolas V**, Thomas Parentucelli (né v. 1398 Sarzana). 209 1455 **Calixte III**, Alphonse Borgia (1378-1458 Espagne). 210 1458 **Pie II**, Énéas Sylvius Piccolomini (1405-64 Sienne). 211 1464 **Paul II**, Pierre Barbo (né 1417 Venise). 212 1471 **Sixte IV**, François della Rovere (1414-84 Savone). 213 1484 **Innocent VIII**, Jean-Baptiste Cybo (1432-92 Gênes). 214 1492 **Alexandre VI**, Rodrigue Borgia (1431-1503, neveu de Calixte III, voir encadré p. 518 c). 215 1503 (22-9) **Pie III**, François Todeschini-Piccolomini (1439/18-10-1503 Sienne, mort 26 jours après son élection). 216 1503 **Jules II**, Julien della Rovere (Savone 1443-1513), violent, protecteur des arts (fait venir Michel-Ange et Raphaël et reconstruit la basilique St-Pierre) ; *1512* convoque le concile du Latran afin qu'il procède aux réformes nécessaires pour soutenir le pape contre le roi de France Louis XII. 217 1513 **Léon X**, Jean de Médicis (Florence 1475/1-12-1521), fils de Laurent le Magnifique ; *1515(-4-5)* 10e séance du concile : des mesures sont prises pour une réforme intérieure de l'Église. 218 1522 **Adrien VI**, Adrien Florensz (né 1459 Pays-Bas), imposé par l'Empereur et détesté des Romains, il meurt de malaria. 219 1523-19-11 **Clément VII**, Jules de Médicis (Florence 1478/25-9-1534), cousin de Léon X : *1526-22-5* il entre dans la ligue de Cognac (France, Venise, Florence, Suisse et duc de Milan) avec l'aide financière d'Henri VIII d'Angleterre contre Charles Quint qui réaffirme la suprématie de l'Empire sur l'Église ; *1527* 14 000 lansquenets mercenaires allemands rejoignent en Lombardie les hordes du connétable de Bourbon ; *-6-5* ils assaillent Rome, le connétable est tué par l'orfèvre Benvenuto Cellini, la soldatesque saccage la ville ; *-déc.* déguisé en paysan avec des pierres précieuses dans ses vêtements, Clément VII fuit Rome pour Orvieto ; *1528-16-2* l'armée impériale quitte Rome avec un butin énorme (la population est passée de 90 000 habitants à moins de 30 000) ; *1529-nov.* Clément VII et Charles Quint se retrouvent à Bologne ; *1530-22-2* après 4 mois d'entretien, Clément le couronne empereur ; *1533* Henri VIII d'Angleterre se proclame chef suprême de l'Église d'Angleterre et rompt les liens avec Rome. 220 1534 (15-10) **Paul III**, Alexandre Farnèse (1468-1549 Romain) : partisan d'Érasme pour une réforme intérieure de l'Église et pour la négociation avec les protestants, défenseur des Indiens d'Amérique contre la brutalité espagnole, amateur d'art, père de 2 fils (Pierre-Louis Farnèse, duc de Parme, et Ranuce).

221 1550 (7-2) **Jules III**, Jean-Marie Ciocchi del Monte (1487-1555 Romain) ; il eut une fille naturelle qui épousa François Caffieri. 222 1555 (9-4) **Marcel II**, Marcel Cervini (Montepulciano 1501/30-4-1555). 223 1555 **Paul IV**, Jean-Pierre Carafa (Sant'Angelo della Scala 1476-1559) ; *1563* concile de Trente : redéfinira dogmes, sacrements, règlements (schisme). 224 1559 **Pie IV**, Jean-Ange de Médicis (1499-1565 Milan). 225 1566 **St Pie V**, Antoine-Michel Ghislieri (1504-72 Italien). 226 1572 **Grégoire XIII**, Hugo Buoncompagni (né 1502 Bologne). 227 1585 **Sixte-Quint**, Félix Peretti (1520/25-8-1590 Italien). 228 1590 (15-9) **Urbain VII**, Jean-Baptiste Castagna (v. 1521/27-9-1590 Romain). 229 1590 (5-12) **Grégoire XIV**, Nicolas Sfondrati (né 1535, Cremone). 230 1591 (29-10) **Innocent IX**, Jean-Antoine Facchinetti (1519/30-12-1591 Bologne).

231 1592 (30-1) **Clément VIII**, Hippolyte Aldobrandini (1536-1605 Florence). 232 1605 (1-4) **Léon XI**, Alexandre Ottaviano de Médicis (1535 Florence/27-4-1605). 233 1605 **Paul V**, Camille Borghèse (né 1552 Romain). 234 1621 **Grégoire XV**, Alexandre Ludovisi (né 1554 Bologne). 235 1623 **Urbain VIII**, Maffeo Barberini (né 1568 Florence). 236 1644 **Innocent X**, Jean-Baptiste Pamfili (né 1574 Romain). 237 1655 **Alexandre VII**, Fabio Chigi (né 1599 Sienne). 238 1667 **Clément IX**, Jules Rospigliosi (1600-69 Pistoie). 239 1670 **Clément X**, Émile Altieri (né 1590 Romain). 240 1676 **Bx Innocent XI**, Benoît Odescalchi (né 1611 Côme).

241 1689 **Alexandre VIII**, Pierre Ottoboni (né 1610 Venise). 242 1691 **Innocent XII**, Antoine Pignatelli (né 1615 Italien). 243 1700 **Clément XI**, Jean-François Albani (né 1649 Urbino). 244 1721 **Innocent XIII**, Michel-Ange Conti (né 1655 Romain). 245 1724 **Benoît XIII**, Pierre-François Orsini (né 1649 Italien). 246 1730 **Clément XII**, Laurent Corsini (né 1652 Florence). 247 1740 **Benoît XIV**, Prosper Lambertini (né 1675 Bologne). 248 1758 **Clément XIII**, Charles Rezzonico (né 1693 Venise). 249 1769 **Clément XIV**, Laurent Jean Vincent Ganganelli (1705-74 Rimini). 250 1775 (5-2, après un conclave de 5 mois) **Pie VI**, Jean Ange Braschi (né 1717 Cesena, arrêté 20-2-1798 par les Français, † 29-8-1799 à Valence), voir p. 514 b.

251 1800 (9-3 par le conclave, réuni à Venise dans l'île St-Georges) **Pie VII**, Barnabé Chiaramonti (né 1742 Cesena). 252 1823 **Léon XII**, Hannibal Sermattei della Genga (né 1760 Italien). 253 1829 **Pie VIII**, François-Xavier Castiglioni (1761-1830 Italien). 254 1831 **Grégoire XVI**, Bartolomé Alberto Cappeliari (né 1765 Dolomites). 255 1846 (16-6) **Pie IX**, Jean-Marie Mastaï Ferretti (né 1792 Italien), béatifié 3-9-2000. Accorde une large amnistie aux prisonniers politiques, réforme l'administration des États pontificaux et accepte l'arrivée du chemin de fer à Rome. Encyclique *Qui Pluribus* contre la « guerre furieuse et redoutable déclarée au catholicisme » et les « ennemis de notre religion » : rationalistes et sociétés secrètes « sorties des ténèbres pour la ruine de la religion, des États ». Condamne « l'exécrable doctrine dite du communisme » 2 ans avant la publication par Karl Marx du *Manifeste du Parti communiste*. Proclame (8-12-1854) dogme de l'Immaculée Conception et promulgue (1864) *Syllabus* [« recueil renfermant les principales erreurs de notre temps » : condamne l'idée qu'« il est libre à chaque homme d'embrasser et de professer la religion qu'il aura réputé vraie d'après la lumière de la raison » (XV) ; que « les hommes peuvent trouver le chemin du salut éternel dans le culte de n'importe quelle religion » (XVI) ; qu'on peut être « agréable à Dieu » dans le protestantisme (XVII) ; qu'« il n'est plus utile que la religion catholique soit considérée comme l'unique religion d'État » (LXXVII) ; que « le Pontife romain peut et doit se réconcilier et faire un compromis avec le progrès, le libéralisme et la civilisation moderne » (LXXX)]. En 1870, lors du concile du Vatican (1er depuis le concile de Trente), proclame le dogme de l'infaillibilité pontificale. 256 1878 **Léon XIII**, Vincent Joachim Pecci (né 1810 Anagni). Conseille aux Français d'accepter les institutions de la République ; condamne rationalisme, libéralisme laïciste, franc-maçonnerie, etc. Juge « sacrilège » la loi de séparation votée en France en 1905. Condamne la démocratie chrétienne (Italie : l'*Azione popolare* de Murri, France : *le Sillon* de Marc Sangnier) jugée contaminée par « les doctrines des prétendus philosophes du XVIIIe s., celles de la Révolution et du libéralisme tant de fois condamnées » ; refuse le « modernisme » (l'exégèse contemporaine de la Bible) ; appuie l'action de l'Autriche-Hongrie face à la Serbie orthodoxe en 1914. 257 1903 **St Pie X**, Joseph Sarto (né 1835 Trévise). 258 1914 **Benoît XV**, Jacques della Chiesa (né 1854 Gênes), adresse (1-8-1917) une offre de médiation en 7 points : évacuation du nord de la France et de la Belgique moyennant restitution à l'Allemagne de ses colonies ; solution des questions territoriales pendantes, comme la question d'Alsace-Lorraine, « tenant compte dans la mesure du possible des aspirations des peuples », etc. 259 1922 **Pie XI**, Achille Ratti (Milan 1857/6-2-1939) ; *1929 :* accords du Latran. 260 1939 (élu le 12-3) **Pie XII**, Eugène Pacelli (né 1876 Romain), nonce à Munich 1917-20, Berlin 1920-29, secrétaire d'État de Pie XI, négocie des concordats avec Bade (1932), Allemagne (1933), Autriche (1933), Yougoslavie (1935). Légat aux congrès eucharistiques de Buenos Aires (1934), Lisieux (1937), Budapest (1938). *1938-9-11 Nuit de Cristal :* Mgr Bernhard Lichtenberg, recteur de la cathédrale Ste-Hedwige de Berlin, condamne publiquement l'action des SS contre les Juifs. Le nonce en Allemagne fournit à Pie XII un rapport détaillé. *1941-17-1* Mgr Konrad von Preysing, év. de Berlin, écrit à Pie XII sur « la situation des Juifs en Allemagne et dans les pays voisins » ; *-17-5* Pie XII reçoit Ante Pavelic, leader de l'État croate fasciste impliqué dans des atrocités commises contre les Serbes ; *-août* Mal Pétain demande à Léon Bérard, ambassadeur auprès du St-Siège, de s'assurer de l'accord de ce dernier sur les mesures antijuives prises par Vichy. Les collaborateurs de Pie XII [Giovanni-Battista Montini (futur Paul VI) et Domenico Tardini] estiment qu'il n'y a pas d'objection, aussi longtemps que ces mesures « sont administrées avec justice et charité ». *1942-févr.* le cardinal Adam Sapieha, arch. de Cracovie, décrit les horreurs des nazis en Pologne, évoquant les « camps de concentration » ; *-août* Mgr Andrzeyj Szptyckyj, métropolite grec-catholique de Lwow, décrit à Pie XII les atrocités commises contre les Juifs en Ukraine ; *-7-10* le Vatican reçoit d'autres informations sur l'extermination des Juifs, recueillies par un aumônier italien, Pierro Scavizzi, qui parle de 2 millions de morts. Scavizzi voit 4 fois Pie XII. *1943-6-3* Mgr von Preysling demande à Pie XII de tenter de sauver des Juifs de Berlin menacés par de nouvelles déportations ; *-30-4* Pie XII répond qu'il appartient aux évêques locaux de dire quand il faut être silencieux et quand il faut parler, compte tenu des risques de représailles ; *-28-4* Casimir Papée, ambassadeur de Pologne, envoie au secr. d'État, le cardinal Luigi Maglione, un journal de Zurich décrivant le « martyre » des prêtres polonais déportés à Dachau. Peter Gumpel, jésuite allemand, a recueilli des centaines de témoignages (dont de nombreux rabbins). La commission d'instruction de la cause de béatification de Pie XII a vérifié l'absence de fondement des accusations portées sur son silence sur les persécutions nazies contre les Juifs. Il aurait sauvé 850 000 personnes (d'après Pinchas Lapide, historien israélien). Cependant le 4-11-1998, Israël a demandé un moratoire (1 ou 2 générations) avant toute béatification.

261 1958-28-10 **Jean XXIII**, Ange-Joseph Roncalli (né 25-11-1881 Bergame, béatifié 3-9-2000 ; visage découvert intact 24-3-2001 ; corps transféré à St-Pierre 4-6-2001). *1904* prêtre. *1925* vicaire apostolique en Bulgarie. *1935* délégué apostolique en Turquie et Grèce et *1943* administrateur apostolique du vicariat latin de Constantinople. *1945-1-1* nonce en France. *1953-15-1* le Pt Auriol lui remet la barrette de cardinal ; *-15-3* patriarche de Venise. *1962-11-10* concile (Vatican II). 262 1963 **Paul VI**, Jean-Baptiste Montini (Brescia 1897/6-9-1978 ; le 27-11-1970 échappe à un attentat commis au poignard à Manille par le peintre bolivien Benjamin Mendoza), procès en béatification ouvert le 28-2-1994. 263 1978-16-10 **Jean-Paul Ier**, Albino Luciani (Dolomites, 1912/29-9-1978 d'une embolie pulmonaire), élu le 26-8 à l'issue d'un conclave très court, *-9-9* intronisé (cérémonie 3-9). David Yallop (G.-B.) dans *Au nom de Dieu* (1984) imaginait un complot mené par le cardinal Villot, Mgr Marcinkus, avec la complicité de Roberto Calvi de l'Ambrosiano et les responsables de la Loge P2, inquiets du désir de Jean-Paul Ier d'assainir les finances du Vatican et de remplacer les inaptes ou corrompus. Les assassins auraient utilisé de la digitaline pour ses effets toxicardiaques). La revue soviétique *les Temps nouveaux* (1985) et Érika Holzach († 1987) dans un récit relatant ses visions [paru en 1988, préfacé par Hans Urs von Balthasar, théologien nommé cardinal (29-5-1928/26-6-1988)] disent qu'il aurait été assassiné pour faire place à un pape plus combatif. 264 1978 **Jean-Paul II**, Karol Wojtyla (né 18-5-1920 Cracovie, Pologne) : père sous-officier de l'armée austro-hongroise ; *1938* faculté des lettres à Cracovie ; *1939-4-4* étudiant et ouvrier, comédien amateur ; *1944* recherché par les nazis ; recueilli par Mgr Sapieha ; deviendra séminariste ; *1946-1-11* ordonné prêtre ; études à Rome (université dominicaine Angelicum) ; *1948* thèse sur St-Jean-de-la-Croix et rentre en Pologne ; *1955* publie dans le mensuel cracovien *Znak* des articles sous le pseudonyme de Andrzej Jawienny ; professeur de philosophie morale à l'université catholique de Lublin ; *1958-4-7* év. auxiliaire de Cracovie ; *1960* publie *Amour et Responsabilité* sur le respect de l'amour humain et l'éthique sexuelle ; *-16-7* vicaire capitulaire ; *-30-12* év. métropolite de Cracovie ; *1964-13-1* arch. métropolite de Cracovie ; concile Vatican II : participe à la commission sur le mariage ; *1967-29-5* cardinal ; *-28-6* consacré ; *1978-14-10* début du conclave ; *-16-10* vers 17 h 15 au 8e tour par 97 voix sur 111, élu pape ; *-22-10* intronisé ; *1981-13-5* blessé par 4 balles (dont 1 à l'index gauche et 1 qui lui perfore l'abdomen) par le Turc Mehemet Ali Agça [né 9-1-1958, ancien militant des Loups gris, recherché par Interpol pour 2 crimes commis en Turquie dont le 1-2-1979 l'assassinat d'Abdi Ipekci, rédacteur en chef du quotidien de gauche *Millyet*) ; arrêté (il sera condamné à perpétuité le 22-7-1981), il déclara avoir agi seul par haine musulmane puis mit en cause les services bulgares (2 suspects furent relaxés faute de preuves en 1985 dont Serguéï Antonov de la Balkan Air). Les archives ont depuis révélé l'implication du KGB bulgare et de la Stasi allemande chargée d'une « désinformation ». Mais, après 3 enquêtes et 2 procès, il n'a pas été possible d'établir avec précision les véritables commanditaires de l'assassinat. Le recrutement d'Ali Agça en Syrie par des agents bulgares n'a jamais été établi. L'énigme sur la disparition d'Emmanuela Oriandi (fille d'un employé du Vatican, enlevée le 23-6-1983) persiste ; les Loups gris avaient revendiqué son rapt et avaient demandé en échange la libération

d'Agça. Le 13-6-2000 il est gracié par le Pt italien Carlo Azeglio Ciampi et extradé vers la Turquie où, sa peine ayant été commuée à 10 ans, il lui reste à purger 3 492 j. en prison pour l'assassinat d'Ipekci.] [*Santé : -3-6* opéré 6 h, hospitalisé 22 j., revient au Vatican ; *-20-6* réhospitalisé (virus cytomegalo) ; *-5-8* réopéré ; *-14-8* rentre au Vatican ; *1982* opéré d'une tumeur bénigne à l'intestin ; *1992-15/17-7* opération de l'intestin (tumeur bénigne) ; *1993-11-11* fracture : épaule droite (chute causée par le tapis d'une marche) ; *1994-28-4* se casse le col du fémur droit (chute dans salle de bains), fragilité de l'intestin ; *1995-25-12* malaise, interrompt son message à la foule pendant 20 min ; *1996-8-10* opéré de l'appendicite.] *La Boutique de l'orfèvre* qu'il a écrite dans sa jeunesse sera montée en opéra (mise en scène de Krysztof Zanussi, musique de Vincenzo Palerme, livret de Rosco Familiari ; 1re prévue à Viterbe). En 21 ans de pontificat (16-10-1978/16-10-1999), Jean-Paul II a fait 88 voyages à l'étranger et 137 en Italie, 938 béatifications, 284 saints ont été proclamés et 921 audiences générales ayant rassemblé au total plus de 14 millions de fidèles.

☞ **Cardinaux considérés comme « papabili » :** Arinze (70 ans, Nigérian, Pt du Conseil au Vatican pour le dialogue interreligieux), Biffi (71 ans, arch. de Bologne), Danneels (66 ans, arch. de Bruxelles-Malines), Hoyos (70 ans, Pt de la Congrégation pour le clergé), Martini (72 ans, arch. de Milan), Neves (74 ans, Brésilien), Ruini (68 ans, Pt de la Conférence épiscopale italienne), Schönborn (54 ans, arch. de Vienne), Sodano (72 ans, secr. d'État), Tettamanzi (65 ans, arch. de Gênes), Winning (74 ans, arch. de Glasgow).

■ **Nombre de papes par siècle.** *Ier s. :* 5 ; *IIe :* 10 ; *IIIe :* 15 ; *IVe :* 11 ; *Ve :* 12 ; *VIe :* 13 ; *VIIe :* 13 ; *VIIIe :* 13 ; *IXe :* 21 ; *Xe :* 26 ; *XIe :* 19 ; *XIIe :* 16 ; *XIIIe :* 17 ; *XIVe :* 10 ; *XVe :* 13 ; *XVIe :* 18 ; *XVIIe :* 12 ; *XVIIIe :* 8 ; *XIXe :* 6 ; *XXe :* 8.

■ **Parenté proche entre papes. Fils :** *St Silvère* (élu 536) de Hormidas. **Arrière-petit-fils :** *St Grégoire Ier* (590) de Félix III. **Frères :** *St Paul Ier* (757) d'Étienne Ier ; *Romain* (897) de Constantin (lui-même frère de Martin II) ; *Jean XIX* (1024) de Benoît VIII. **Neveux :** *Benoît IX* (1033) des 2 précédents ; *Alexandre IV* (1254) « proche parent » (non défini) d'Innocent III et Grégoire IX ; *Célestin IV* (1241) neveu d'Urbain III ; *Adrien V* (1276) d'Innocent IV ; *Grégoire XI* (1370) de Clément VI ; *Eugène IV* de Grégoire XII ; *Paul II* (1464) d'Eugène IV ; *Alexandre VI* (1492) de Calixte III ; *Pie III* (1503) de Pie II ; *Jules II* (1503) de Sixte IV ; *Clément IX* (1523) de Léon X.

■ **Nationalité.** Sur 264 papes : 208 *Italiens*, dont 112 Romains (proportion due au mode d'élection des papes aux 1ers siècles de l'Église : vote du peuple et du clergé de Rome) et 56 étrangers, dont 16 *Français* [en comptant ceux d'Avignon ; la Corrèze a vu naître 2 papes : Clément VI (Pierre Roger né 1291 à Maumont) et son neveu Grégoire XI (Pierre Roger de Beaufort né à Rosiers d'Égletons élu 1370). En 1362, Hugues Roger, frère de Clément VI, élu, renonça par humilité], 15 *Grecs*, 6 *Allemands*, 6 *Syriens* [2 originaires d'Israël actuel (St Pierre, Galiléen ; Théodore Ier, Grec de Jérusalem)], 3 *Africains* (St Victor Ier, St Miltiade ou Melchiade, St Gélase Ier), 1 *Polonais* (Jean-Paul II). **Dernier pape non italien** avant le pape actuel (Polonais) : le Hollandais Adrien VI (1522-23). **Dernier pape français :** Grégoire XI (1370-78).

■ **Noms.** Le 1er pape à changer de nom à son élection fut Jean II (533) parce qu'il portait le nom d'un dieu païen (Mercure). Puis ce fut Jean XII (Ottaviano) en 955, Jean XIV (Pierre) en 983 et Sylvestre II (Gerbert) en 999. En 1009, Serge IV (Pierre) change de nom par respect pour St Pierre, ne voulant pas qu'il y eût un Pierre II. Depuis, l'usage fut appliqué [sauf pour Adrien VI (1522) et Marcel II (1555)]. L'usage de mettre un chiffre après le nom du pape date de 1221 (Urbain V). Cet usage a enregistré quelques erreurs. Après Félix II et Jean XVI, antipapes, il n'y a pas de pape de ce nom avec le même chiffre. Étienne II, n'ayant pas été consacré évêque, n'est pas considéré comme pape, mais son chiffre n'a pas été repris. **Noms les plus choisis :** *Jean* [22 : il n'y a pas eu de Jean XX et Jean XVI (997-98) a été radié de la liste officielle mais il y a eu 2 Jean XXIII dont le Ier, Baltazar Cossa (1370-1419) élu en 1410, démissionna le 29-5-1419 et fut rayé officiellement de la liste], *Grégoire* (16), *Benoît* (15), *Clément* (14), *Innocent* et *Léon* (13), *Pie* (12).

■ **Pontificats** [*abréviations :* a. : an, m. : mois, sem. : semaine, j : jour]. **Durée moyenne :** 7 a. 11 m. 16 j [VIIe s. : 20 papes (49 mois en moyenne) ; XIXe s. : 6 papes (17 ans)]. **Les plus longs :** *St Pierre* (30-64) : 32 a. ; *Pie IX* (1846-78) : 31 a. 7 m. ; *Léon XIII* (1878-1903) : 25 a. 5 m. ; *Pie VI* (1775-99) : 24 a. 6 m. 2 sem. ; *Adrien Ier* (772-95) : 23 a. 11 m. ; *Pie VII* (1800-23) : 23 a. 5 m. 1 sem. ; *Alexandre III* (1159-91) : 21 a. 11 m. 1 sem. ; *St Sylvestre* (314-35) : 21 a. 11 m. ; *Urbain VIII* (1623-44) : 21 a. ; *St Léon III* (795-816) : 20 a. 5 m. ; *Clément XI* (1700-21) : 20 a. 4 m. ; *St Léon le Grand* (440-61) : 20 a. 6 sem. **Les plus courts :** *Célestin II* 1 j [Tébalde Buccapeco (écarté de la liste officielle des papes)] élu 1124 le matin, abdique le soir et est remplacé par Honorius II ; *1276* (sources incertaines) le cardinal Vicedomini (franciscain) meurt le jour de son élection, et est remplacé par Jean XXI. *Étienne II* (élu 752) 2 j ; *Urbain VII* (élu 1590) 12 j ; *Célestin IV* (élu 1241) 14 j ; *Sisinnius* (élu 708) 17 j ; *Théodore II* (élu 897) 20 j ; *Damase II* (élu 1048) 23 j ; *Marcel II* (élu 1555) 21 j ; *Léon XI* (élu 1605) 26 j ; *Pie III* (élu 1503) 26 j ; *Jean-Paul Ier* (élu 1978) 33 j.

■ **Années où il y eut le plus de papes.** *De façon douteuse :* 6 : *897* (Formose, Boniface VI, Étienne VI, Romain, Théodore II et Jean IX). *De façon certaine :* 3 : *827 ; 1276 ; 1555 ; 1605 ; 1978* (Paul VI, Jean-Paul Ier, Jean-Paul II).

■ **Prophétie de St Malachie.** Série de 111 devises en latin, résumant chacune la personnalité d'un pape de Célestin II (1113-14) à la fin des temps et publiée par le bénédictin Arnold de Wion (Venise 1595) dans *Lignum vitae,* ouvrage consacré aux évêques issus de l'ordre des Bénédictins. L'éditeur les attribue à St Malachie (Armagh, 1094-Clairvaux, 1148), évêque d'Armagh en Irlande, célèbre par ses connaissances héraldiques et astrologiques. Jusqu'à Urbain VII (1590), les devises sont accompagnées d'un commentaire du dominicain espagnol Alonso Chacon (ou Ciaconius, 1540-99) présentant les mêmes erreurs d'armoiries et le même choix d'antipapes que dans les *Notices des Papes* publiées en 1557 (par Onofrio Panvinio). Il semble qu'on ait voulu favoriser, après la mort d'Urbain VII, la candidature du cardinal Jérôme Simoncelli, évêque d'Orvieto (en latin *urbs vetus* « ville vieille »). La devise attribuée au successeur d'Urbain VII était *De antiquitate urbis* « De l'antiquité de la ville »). Les 36 papes qui devaient suivre auraient reçu des devises fabriquées au hasard, pour faire plus vraisemblable. Certaines tombant assez juste, on eut du mal à croire à un simple hasard. L'Église ne s'est pas prononcée sur l'authenticité de ces prophéties, et ne les a pas condamnées. Officieusement, elles ont été utilisées à la louange d'un pape.

Devises des derniers papes : Pie VI (1775-99) : *Peregrinus apostolicus,* « Le voyageur apostolique » ; croyant en la prophétie il prend la décision d'aller à Vienne en 1782, pour négocier avec l'empereur Joseph II, et meurt à Valence, déporté par les révolutionnaires français. **Pie VII** (1800-23) : *Aquila rapax,* « L'aigle ravisseur », dépouillé de ses États par l'Aigle impérial (Napoléon). **Grégoire XVI** (1830-46) : *De Balneis Etruriae,* « De Balnès en Étrurie », religieux camaldule dont la maison mère était à Balnès. **Pie IX** (1846-78) : *Crux de Cruce,* « Une croix venant de la Croix », chassé de ses États par la Maison de Savoie, dont les armes portent la Croix de Savoie. **Léon XIII** (1878-1903) : *Lux in caelo,* « La lumière dans le ciel », ses armoiries portent une comète. **Benoît XV** (1914-21) : *Religio depopulata,* « La religion décimée », a régné pendant la 1re Guerre mondiale. **Pie XI** (1922-39) : *Fides intrepida,* « La foi intrépide », il fut le pape des missions. **Pie XII** (1939-58) : *Pastor angelicus,* « Le pasteur angélique », réputé pour son ascétisme et sa pureté. **Jean XXIII** (1958-63) : *Pastor nautaque,* « Pasteur et nautonier », fut patriarche de Venise. **Paul VI** (1963-78) : *Flos florum,* « La fleur des fleurs », né à Florence qui porte un lys rouge dans ses armoiries. **Jean-Paul Ier** (1978) : *De medietate lunae,* « De la moitié d'une lunaison », n'a passé qu'un demi-mois sur le trône, entre son couronnement et sa mort. **Jean-Paul II** (1978) : *De labore solis,* « De l'éclipse du Soleil » (de justice : le Christ) ou « Des souffrances causées par le Soleil » [sécheresse en Afrique (1972-85)]. **Son successeur :** *De Gloria olivae,* « De la gloire de l'olive » (ou de l'olivier) [symbole de paix ?].

■ **Saints et bienheureux.** 87 papes (environ 1/3). Tous ceux antérieurs à Boniface II (530-32) sont appelés saints, sauf Libère (352-66) et Anastase II (496-98). Depuis St Grégoire le Grand (590-604), époque à partir de laquelle on dispose de documents certains, il y a eu 23 saints et 10 bienheureux ; 3 furent *canonisés :* Célestin V (1294, abdiqua ; † 1296, canonisé 1313), Pie V (1566-72, béatifié 1672, canonisé 1712), Pie X (1903-14, béatifié 1951, canonisé 1954) ; *3 béatifiés :* Innocent XI (1676-79, béatifié 1956), Pie IX (1846-78) et Jean XXIII (1958-63) béatifiés le 3-9-2000). Entre 1713 et 1893 il y eut 8 *confirmations de culte :* Grégoire X (1713), Benoît XI (1730), Urbain V (1870), Eugène III (1872), Urbain II (1881), Victor III (1887), Adrien III (1891), Innocent V (1898). Sont en attente de béatification Pie XII et Paul VI.

■ **Vacance. Maximale :** entre Clément IV, mort le 20-11-1268, et Grégoire X, élu le 1-9-1271 (alors qu'il était en Syrie) et intronisé le 10-2-1272. A cette occasion le conclave fut institué. *Temps modernes :* Grégoire XVI (1831) : 65 j ; Pie VII (1799-1800) : 206 j ; élection de Pie VIII (1829) : 50 j. **Minimale :** entre Jean XXIII et Paul VI (1963) : 18 j (même durée entre Jean-Paul Ier et Jean-Paul II). **Nombre de vacances, selon leur durée :** *1 semaine :* 46 ; *10 jours :* 10 ; *1 mois :* 52 ; *plus de 1 mois :* 28 ; *plus de 2 mois :* 17 ; *de 3 à 6 mois :* 17 ; *de 6 mois à 1 an :* 22.

CARDINAUX

■ **Âge. Le plus vieux cardinal :** Georges da Costa (1406-1508), Portugais, mort à 102 ans. *Au 1-1-1997 :* Ignatius Gong-Pin-Mei (Chinois, né 2-8-1901), nommé *in petto* 30-6-1979, publié au consistoire 28-6-1991. **Le plus jeune :** Louis-Antoine de Bourbon, le 19-12-1735 (il avait 8 ans et 147 j ; ne fut pas ordonné et abandonna son cardinalat) ; son fils fut cardinal à 23 ans [dans les familles souveraines, la nomination de cardinaux (qui étaient de rang princier) était traditionnelle]. *Au 1-1-1997 :* Vinko Puljic (Bosnie, né 8-9-1945) archevêque de Sarajevo, nommé 26-11-1994.

■ **Cardinalat le plus long.** 60 ans et 10 j : Henri d'York, dernier prétendant Stuart (Henri IX), fut cardinal du 3-7-1747 au 13-7-1807.

■ **Appellation.** *Autrefois :* Illustrissime et Révérendissime. *A partir du 20-1-1630 :* Éminence. Jusqu'à la fin du XIXe s., les cardinaux de familles princières avaient droit au titre d'« Éminence royale » ou « impériale » et d'« Éminentissime Prince ». *Depuis 1969 :* Monsieur le cardinal (pour le traitement : Son Éminence Révérendissime monsieur le cardinal). Jusqu'à ce que Henri IV les appelle ses « cousins », les rois de France disaient « cher ami ».

■ **Blason (ornement).** Timbre ecclésiastique remontant au XIVe s., officiel depuis 1833 : chapeau rouge, cordons terminés par 30 houppes (15 de chaque côté de l'écu, en 5 rangs de 1, 2, 3, 4 et 5 houppes) ; au-dessus, passée en pal derrière l'écu, croix d'or tréflée, à longue hampe.

■ **Cardinal-doyen.** Président du Sacré Collège (et devenant le 1er personnage de l'Église à la mort du pape), il n'est pas forcément le plus âgé des cardinaux, étant désigné à vie par le pape, ainsi que le vice-doyen. Depuis février 1965, tous deux sont élus par les cardinaux-évêques suburbicaires et parmi eux, sans limites dans le temps.

■ **Consistoire.** Réunion des cardinaux sous la présidence du pape, à Rome normalement (mais Pie VII fit un consistoire à Paris). Il est *ordinaire* (avec les cardinaux présents à Rome) et *public,* s'il est ouvert à d'autres personnes. Il est *extraordinaire* s'il comprend tous les cardinaux et eux seuls (derniers : 1979, 82, 85, 91, 94, 2001).

■ **Droit canonique. Les cardinaux sont répartis en 3 ordres : 1°)** *cardinaux-évêques,* du titre de 8 cités voisines de Rome (« suburbicaires ») : Porto, Ste-Rufine, Ostie, Albano, Velletri, Palestrina, Sabine, Tusculum (ou Frascati). Mais les 2 titres de Porto et Ste-Rufine ont fusionné, et le titre d'Ostie est toujours ajouté au doyen du Sacré Collège, ce qui réduit les cardinaux-évêques à 6 ; **2°)** *cardinaux-prêtres,* du titre des églises urbaines de Rome. Leur nombre a varié, de 25 en 499 à 123 en 1991 ; **3°)** *cardinaux-diacres :* au IIe s., administrateurs des diaconies, c.-à-d. des régions de Rome qui servaient d'unité territoriale pour les œuvres charitables (on disait un « diacre régionaire ») ; en 795, ils devinrent tous curés d'une paroisse au centre de Rome et n'ayant pas de « titre », c.-à-d. n'étant pas dirigés par un prêtre cardinal (leur nombre restreint à 16 est, en 1991, de 29 et le nombre des « diaconies » de 50). Dans le passé, il y eut des cardinaux qui n'étaient pas prêtres (comme Mazarin) : une bulle de Sixte Quint, *Immensa aeternis Dei* (1588), exigeait seulement que, pour être cardinal, on soit dans les ordres mineurs depuis au moins un an. Le 19-5-1918, le Code de droit canonique (du pape Benoît XV) exige que tout cardinal soit au moins prêtre et, depuis le 15-4-1962 (*motu proprio « Cum Gravissima »* de Jean XXIII), il doit être au moins évêque ; il est consacré évêque titulaire avant de recevoir le chapeau (malgré cette décision, certains cardinaux, comme le cardinal de Lubac et le cardinal Congar, sont demeurés simples prêtres). Les patriarches nommés cardinaux ont rang de cardinaux-évêques avec leur titre patriarcal. (Voir **Nomination** p. 521 a.)

Cardinaux pris en dehors du clergé romain : dès le Xe s., les cardinaux issus du clergé romain furent absorbés par leur travail administratif auprès du pape et laissèrent à des vicaires leurs responsabilités paroissiales ou épiscopales pour vivre en permanence à la curie. Cela facilita la « création » de cardinaux non romains à partir du XIIe s., à qui le pape donna fictivement une paroisse romaine, laissée aux soins d'un prêtre local. Le cardinal n'y paraît que rarement et n'y tient qu'un rôle d'apparat. La *Trinité-des-Monts,* église française du couvent du Sacré-Cœur, sur le mont Pincio, est traditionnellement la « paroisse romaine » de l'archevêque de Lyon, primat des Gaules ; *St-Louis-des-Français* est devenu titre cardinalice avec le cardinal Veuillot. Le cardinal Marty, † 1994, avait conservé ce titre.

1ers cardinaux étrangers : *Français :* Humbert de Bourgogne (bénédictin † 5-5-1061) ; *Américain :* Mgr MacCloskey, 1875 ; *Asiatique :* Mgr Hassoun, 1880 ; *Africains :* Mgr Lavigerie (Blanc), 1882 ; Mgr Rugambwa (Noir, Tanganyika), 1960 ; *Océanien :* Patrick Moran (archevêque de Sydney, Australie), 1885.

■ **Étymologie.** Adjectif dérivé du latin *cardo,* gond. Ce sens est resté dans le verbe *incardiner,* signifiant « attacher définitivement » un curé à une paroisse ou un clerc à un diocèse : l'image est celle d'une porte fixée définitivement à son montant par un gond (opposée au panneau amovible). *Cardinal* signifie donc *inamovible.*

Étaient *cardinaux* certains curés de paroisses de la ville épiscopale servant de conseil à l'évêque. Avant 1567, il y avait des cardinaux (prêtres ou diacres) dans d'autres églises que celles de Rome : Milan, Ravenne, Paris (au XIIe s., les curés de St-Paul, St-Martin-des-Champs, St-Jacques, St-Séverin, St-Benoît, Charonne, St-Étienne-des-Grès, St-Gervais, St-Julien-le-Pauvre, St-Merri, St-Laurent, St-Jean-en-Grève), Lyon, etc. Depuis, tout cardinal appartient au clergé de Rome.

■ **Fonctions.** L'ensemble des cardinaux, ou *Sacré Collège* [terme datant de Nicolas II (1059-61), qui érigea le groupe des cardinaux en un collège chargé d'élire le pape, et qui en a l'exclusivité depuis 1179], est défini par le canon 349 comme le « Sénat du pontife romain ». Il lui fournit ses conseillers et les chefs de son administration. Néanmoins, il faut distinguer les *cardinaux de curie* résidant à Rome et constamment à la disposition du pape, et les *cardinaux-évêques résidentiels,* pour qui la dignité cardinalice était jadis surtout honorifique. Actuellement, la facilité des transports aidant, il est courant qu'un évêque résidentiel ait la présidence d'une « commission » pontificale à Rome, ou prenne part aux travaux d'un ou de plusieurs organismes de la curie. Jean-Paul II a organisé des réunions plénières pour régler les grands problèmes de l'Église.

■ **Nombre de cardinaux.** **Jusque vers 1200 :** moins de 20. **1352 :** fixé à 20 au maximum. **XVe s. :** largement dépassé ; conciles demandent qu'on ramène le nombre à 20. **1517 :** Léon X nomme 31 cardinaux d'un coup. **1555 :** nombre fixé à 40. **1577 :** 65. **1586 :** 70 (par analogie avec les 70 vieillards d'Israël). **1910 :** 41 (Italie 31, autres pays européens 9, reste du monde 1). **1939 :** 62 (Italie 33, Europe 22, autres 7). **1958 :** 52 (It. 17, Europe 17, autres 18, nombre max. fixé à 75). **1960 :** nombre max. 86. **1962 :** nombre max. 90 (dont 3 *in petto*). **1970**-*21-11 :* Paul VI fixe le chiffre max. des électeurs (– de 80 ans) à 120 (chiffre atteint par Jean-Paul II le 5-1-1983). **1973 :** 145 (117 électeurs). **1987**-*1-4 :* 135 (97). **1992**-*1-1 :* 160. **1994**-*26-11 :* 167 (129), 30 nommés. **1998**-*21-2 :* 165 (122), 20 nommés. **1999**-*1-1 :* 164 (114). **2000**-*1-1 :* 155 (89 dont 41 entre 75 et 80 ans). **2001**-*21-1 :* 178 (130 électeurs), 37 nommés (dont 2 Français). -*28-1 :* 184 (135 électeurs), 7 nommés. **Pays représentés.** **1903 :** 12 ; **1914 :** 15 ; **1922 :** 16 ; **1958 :** 23 ; **1963 :** 31 ; **1987 :** 57 ; **1992 :** 58 ; **1994 :** 57 ; **1998 :** 62 ; **2001 :** 61. **Composition du Sacré Collège** de cardinaux (au 1-4-2001) : 40 (dont 24 électeurs) Italie, 13 (11) USA, 8 (7) Brésil, 9 (7) Allemagne, 7 (4) Espagne, *6 (5) France,* 6 (5) Pologne, 5 (2) Canada, 4 (3) Inde, Mexique, 4 (2) Argentine, 3 (3) Colombie, 3 (2) Chili, Philippines, Venezuela, 2 (2) Australie, Belgique, G.-B., Portugal, Slovaquie, Suisse, Ukraine, 2 (1) Irlande, Pays-Bas, Viêt Nam, 1 (1) Angola, Autriche, Afrique du Sud, Bénin, Bolivie, Bosnie-Herzégovine, Cameroun, Chine, Congo, Corée du Sud, Côte d'Ivoire, Cuba, Dominicaine (Rép.), Équateur, Éthiopie, Honduras, Hongrie, Indonésie, Japon, Kenya, Lettonie, Lituanie, Madagascar, Nicaragua, Nigéria, Nelle-Zélande, Mozambique, Ouganda, Pérou, Porto Rico, Samoa, Syrie, Taïwan, Tanzanie, Tchèque (Rép.), Thaïlande, 1 (0) Biélorussie, Chili, Croatie, Égypte, Liban, Maurice, Roumanie, Sénégal.

Cardinaux religieux : 35 dont jésuites 8, franciscains 6, salésiens 6, bénédictins 2, missionnaires de Scheut 2, dominicains 2, rédemptoristes 2, clarétins 1, clercs de Marie 1, lazaristes 1, mercédaires 1, moines studites 1, oblats de Marie 1, pères de Schönstatt 1, Sté de Marie 1, sulpiciens 1. **Cardinaux à la tête des « ministères » de la curie romaine :** 27 dont Italie 8, USA 3, Allemagne, Colombie 2, Argentine, Australie, Belgique, Chili, Espagne, *France,* Nigéria, Pologne, Portugal, Slovaquie, Syrie 1.

■ **Nomination** (on dit « création »). Réservée au pape qui choisit parmi les hommes qu'il estime remarquables « par leur doctrine, piété, prudence en affaires ». Jusqu'en 1917, il n'était pas nécessaire d'avoir reçu la prêtrise pour être nommé. Depuis le 15-4-1962, tous les cardinaux doivent être évêques. S'ils ne le sont pas lors de leur nomination, ils sont pourvus d'un titre épiscopal entre cette nomination et la ratification du consistoire. Jean-Paul II a tenu 7 consistoires de 1978 au 21-2-1998, nommant 157 cardinaux (+ 2 *in pectore*) dont 6 prêtres [dont les théologiens Henri de Lubac (nommé 1983) et Hans Urs von Balthasar (nommé 1988, † avant la cérémonie) décédés depuis, Yves Congar (dominicain, nommé le 30-10-1994 à 90 ans, † 22-6-1995) et Michel Koliqi (Albanais, nommé 30-10-1994, † 28-1-1997)]. **Cardinal in petto** (*in pectore* en latin) : cardinal nommé en secret par le pape ; son nom n'est pas divulgué. Le 1er fut Louis d'Aragon en 1493. Depuis 1900, 13 ont été nommés [Benoît XV : 2 ; Pie XI : 1 ; Jean XXIII : 3 (leurs noms ne furent pas révélés) ; Paul VI : 4 (dont le cardinal roumain Hossu, créé 1969, † 1970, publié en 1973) ; Jean-Paul II : 3 (dont Ignatius Gong Pin-Mei, évêque de Shanghai, créé 1979, publié 1991, Marian Jaworski, Ukrainien, et Janis Pujats, Letton, créés 1988, révélés 28-1-2001)].

■ **Scandales.** A la Renaissance, les nominations de cardinaux firent parfois scandale, le pape agissant souvent en Pce italien pour qui le cardinalat était une dignité nobiliaire, sans relation avec la doctrine ou la piété. Ont pu ainsi être nommés : 2 débauchés : Bernardo Bibbiena et Innocenzo Cibo (1513) par Léon X ; un montreur de singes de 14 ans : Innocenzo Del Monte (1551) par Jules III. Les papes ont souvent (jusqu'en 1876) nommé cardinaux leurs neveux [Calixte III (1455-58), Innocent VII (1484-92) dont le neveu avait 14 ans]. En 1513, Léon X créa officiellement la fonction de *cardinal-neveu,* supprimée en 1692 à la mort de Clément X (son neveu, le cardinal Altieri, s'étant rendu odieux, le secrétaire d'État le remplaça). Les papes ont jusqu'au XIXe s. nommé à titre honorifique des membres des familles régnantes [Clément XII nomma Louis de Bourbon (fils de Philippe V, roi d'Espagne) cardinal-archevêque de Tolède à 8 ans (1735)].

■ **Privilèges diplomatiques.** Les cardinaux sont *princes de l'Église* et réputés les égaux des rois et chefs d'État.

■ **Protocole et cérémonial.** Dans tous les diocèses, on leur doit les mêmes honneurs que s'ils étaient évêques diocésains.

■ **Tenue officielle.** **Chapeau rouge** (en italien *galero*) : date de Noël 1244 (concession d'Innocent IV), orné de 30 houppes rouges ; emblème de leur promptitude à verser leur sang pour la foi catholique ; devenu le symbole du cardinalat, il n'est plus imposé solennellement depuis 1967. Selon une coutume datant du XVe s., à la mort d'un cardinal-évêque d'un diocèse, son chapeau était suspendu aux voûtes de sa cathédrale, jusqu'à ce qu'il tombe en poussière. **Soutane rouge :** date de 1303. **Barrette rouge :** date de 1464. **Le manteau de cérémonie :** n'est plus porté devant le pape, mais seulement dans des circonstances exceptionnelles. **Cappa magna :** supprimée (1969), de même que le port de l'hermine et de la *manteletta,* sorte de manteau sans manches. **Mozette** de couleur (rouge, autrefois violette en période de deuil) : portée à l'office sur le rochet de lin. En dehors, chaque intéressé juge s'il doit ou non la porter dans des « circonstances tout à fait extraordinaires ».

CONCILES ŒCUMÉNIQUES

Assemblées (en latin *concilium*) représentant l'Église universelle (du grec *oikouménikos,* universel) à laquelle tous les évêques sont conviés par le pape. Les décisions du concile, lorsqu'elles ont été confirmées par le pape, obligent tous les fidèles. Les 1ers conciles ont souvent donné lieu à des abus, soit qu'ils fussent convoqués sans l'agrément du pape, soit que le pouvoir temporel des empereurs d'Orient s'y ingérât trop. Les orthodoxes dénient aux conciles leur qualité œcuménique à partir du 8e concile (Constantinople IV). A partir du IXe s., ce sont en fait des conciles de l'Église d'Occident, sauf les 14e et 17e.

1. **Nicée I** *(325)* condamne Arius qui nie la divinité de J.-C. Rédige le Symbole de Nicée. 2. **Constantinople I** *(381)* condamne les Macédoniens qui nient la divinité et la consubstantialité du St-Esprit. 3. **Éphèse** *(431)* condamne Nestorius qui nie que Marie soit la mère de Dieu. 4. **Chalcédoine** *(451)* définit les deux natures (humaine et divine) du Christ, condamnant le monophysisme (que garderont en majorité Coptes, Arméniens, Éthiopiens et Syriens). 5. **Constantinople II** *(553)* confirme les 4 précédents et condamne l'origénisme. 6. **Constantinople III** *(680-681)* condamne le monothélisme. 7. **Nicée II** *(787)* condamne les iconoclastes qui détruisent les images. 8. **Constantinople IV** *(869-870)* dépose Photius qui a usurpé le patriarcat de Constantinople, affirme la dichotomie (l'homme est composé d'un corps et d'une âme) contre la trichotomie (corps, âme, esprit éternel). 9. **Latran I** *(1123)* approuve l'accord de Worms (1122) sur les investitures. 10. **Latran II** *(1139)* condamne simonie, usure ; prêche la continence des clercs. 11. **Latran III** *(1179)* condamne albigeois et vaudois. 12. **Latran IV** *(1215)* définit la transsubstantiation. 13. **Lyon I** *(1245)* contre Frédéric II. 14. **Lyon II** *(1274)* essai de rapprochement avec les Grecs. 15. **Vienne** *(1311-1312)* condamne les Templiers. 16. **Constance** *(1414-1418)* met fin au schisme d'Occident. 17. **Bâle – Ferrare – Florence – Latran** *(1431-1445)* essai de rapprochement avec les Grecs. 18. **Latran V** *(1512-1517)* réforme du clergé. 19. **Trente** *(1545-1563)* réforme de l'Église, décrets dogmatiques sur le péché originel, la justification, les sacrements. Sur 270 présents, il y avait 187 Italiens (tous n'étaient pas favorables au pape ou à ses légats), 31 Espagnols, 26 Français, 2 Allemands (l'influence germanique était importante). 20. **Vatican I** *(1869).* Ajourné *sine die* après la prise de Rome en 1870 (clos officiellement en 1962). Définit la position de l'Église sur la foi et le rationalisme (constitution *Dei filius*), proclame l'infaillibilité du pape (constitution *Pastor æternus*). 21. **Vatican II** *(1962).* 1er concile sans condamnation. *Sessions :* 11-10/8-12-62 ; 29-9/4-12-63 ; 14-9/21-11-64 ; 14-9/8-12-65. *Papes :* Jean XXIII († 1963), Paul VI. *Participants :* 2 000 pères conciliaires, experts religieux et laïcs, observateurs non cath. Affirme sacramentalité et collégialité de l'épiscopat. Promulgue 4 constitutions (mystère de l'Église, révélation, liturgie, dialogue avec le monde), 9 décrets (moyens de communication sociale ; œcuménisme ; Églises catholiques orientales ; apostolat des laïcs ; formation des laïcs ; formation des prêtres ; renouvellement de la vie des religieux ; activités missionnaires de l'Église ; vie et activités des prêtres), 3 déclarations (liberté religieuse, relations avec les non-chrétiens, éducation chrétienne). *Influence :* bilan dressé en nov. 1985 au synode extraordinaire des évêques (24-11/8-12) ; *aggiornamento* [terme italien ; mot à mot : « remise à jour » (changement dans le fonctionnement de l'Église)] ; *collégialité* (notamment groupement d'évêques à l'échelon subcontinental ou national) ; *dialogue* (rapports élargis avec les autres religions et avec les non-croyants) ; *définition de l'Église* (la Constitution dogmatique *Lumen gentium* insiste sur le rôle du peuple de Dieu) ; *inculturation* (le christianisme inséré dans la mentalité des peuples) ; *liturgie ; liberté religieuse* (reconnue dans le contexte des « Droits de l'homme ») ; *insertion dans l'époque vécue* (définie par la constitution *Gaudium et Spes*) ; *œcuménisme* [dialogue avec les autres Églises chrétiennes (bute entre autres sur l'ordination des femmes)].

CURIE ROMAINE

■ **Définition.** Ensemble des *dicastères* [secrétairerie d'État, congrégations, tribunaux, conseils et services administratifs (administration du patrimoine du siège apostolique, préfecture des affaires économiques du St-Siège)] et des *organismes* (*instituta* dont préfecture de la maison pontificale et office des célébrations liturgiques du souverain pontife) qui aident le pape dans l'exercice de sa charge suprême de pasteur. Son nom vient de la *Curia*, siège du Sénat de l'Empire romain. Elle se distingue du *vicariat de Rome* (administration du diocèse) et des *services de l'État de la cité du Vatican*.

■ **Dicastères.** Du grec *dikasterion,* tribunal, désigne d'abord les tribunaux de la curie romaine, puis les congrégations et les offices. En général, composés du cardinal-préfet, ou d'un archevêque président de l'assemblée des pères cardinaux, et d'évêques, avec l'aide d'un secrétaire. Des consulteurs y sont présents, des ministres *(administri)* majeurs et d'autres officiers *(officiales)* prêtent leur concours. Pourront être adjoints : des clercs et d'autres fidèles *(christifideles)* mais les membres proprement dits des congrégations sont les cardinaux et les évêques.

Langue officielle : le latin, mais les langues modernes sont aussi utilisées.

■ SECRÉTAIRERIE D'ÉTAT

Le secrétariat s'étoffe à partir de Léon X et le pouvoir est exercé au nom du pape par le « cardinal-neveu » (*nepote*) qui est un proche parent du pape, d'où son nom et le terme népotisme. En 1692, Innocent XII abolit cette charge et confie la direction des services au cardinal-Secr. d'État.

La secrétairerie assure : les relations entre les organismes de la curie, les relations du pape avec les évêques, les nonces, les gouvernements, les ambassadeurs, les personnes privées.

■ **Cardinal-secrétaire d'État.** Préside les 2 sections de la secrétairerie. *1914*-13-10 Pietro Gaspari. *1930*-7-2 Eugenio Pacelli (futur Pie XII). *1939*-11-3 Luigi Maglione. *1944*-24-8 vacant. *1952*-29-11 Domenico Tardini/Giovanni Montini (futur Paul VI). *1958*-octobre Domenico Tardini. *1961*-16-8 Amleto Cicognani. *1969*-30-4 Jean Villot. *1979*-9-3 Agostino Casaroli (24-11-1914/8-6-1998). *1990*-1-12 Angelo Sodano (né 23-11-1927).

■ **Section pour les affaires générales.** *Substitut :* Mgr Leonardo Sandri (Italo-Argentin). *Assesseur :* Pedro Lopez Quintana. S'occupe des affaires courantes, regardant le service quotidien du pape pour l'Église universelle et dans ses rapports avec les dicastères de la curie. Rédige et expédie constitutions apostoliques, lettres apostoliques, lettres *(epistula)* et autres documents qui lui sont confiés par le pape. Garde le sceau de plomb et l'anneau du pêcheur. Assure la publication des actes et des documents dans le bulletin *Acta apostolicae sedis.* Publie, par l'intermédiaire de l'office spécial *(Sala stampa),* les communications officielles. Exerce, en accord avec la section des rapports avec les États, une vigilance sur l'*Osservatore Romano*, Radio Vatican et le centre de télévision du Vatican. Coordonne et publie toutes données statistiques.

■ **Section pour les relations avec les États.** *Secrétaire :* Mgr Jean-Louis Tauran (Français, né 4-4-1943, depuis 1-12-1990). *Sous-secrétaire :* Mgr Celestino Migliore (Italien).

■ CONGRÉGATIONS

Elles jouent le rôle des différents ministères d'un gouvernement moderne. Chaque congrégation est dirigée par un cardinal-préfet, assisté d'un secrétaire (le no 2 de la congrégation, toujours un évêque). Chacune comprend une vingtaine de cardinaux et une douzaine d'évêques résidentiels (ayant la responsabilité d'un diocèse et venant à Rome pour siéger). Leur réunion constitue la Congrégation proprement dite. Ils prennent ensemble les décisions essentielles. Ils sont assistés d'un petit état-major administratif qui a prêté serment de ne rien révéler de ses travaux.

■ **Liste des congrégations.** **Pour la doctrine de la foi :** *origine :* Congrégation de la « Sainte, Romaine et Universelle Inquisition » dite ensuite « Saint-Office » créée par la bulle *Licet ab initio* de Paul III (1534-1549) du 21-7-1542. Veille à la pureté de la doctrine et des mœurs. Archives de 1542 à 1903 ouvertes aux historiens depuis le 22-1-1998. *Préfet :* cardinal Joseph Ratzinger (All., 16-4-1928) ; *secr. :* Mgr Tarcisio Bertone. **Pour les Églises orientales :** *préfet :* cardinal Achille Silvestrini (It., 25-10-1923) ; *secr. :* Mgr Miroslav Marusyn. **Du culte divin et de la discipline des sacrements :** *préfet :* cardinal Jorge Medina Estevez (Chili, 23-12-1926) ; *secr. :* Mgr Francesco Pio Tamburrino. **Pour les causes des saints :** *préfet :* Mgr José Martins ; *secr. :* Mgr Edward Nowak. **Pour les évêques** (ex-Congrégation consistoriale). S'occupe de la création ou de la réorganisation de diocèses ou de provinces ecclésiastiques, d'établir des évêques pour des régions ou des groupes sociaux particuliers (par exemple, les vicaires aux armées). *Préfet :* cardinal Giovanni Battista Re ; *secr. :* Mgr Francesco Monterisi. **Pour l'évangélisation des peuples :** *préfet :* cardinal Jozef Tomko (Slovaquie, 11-3-1924). **Pour le clergé** (ex-Congrégation du concile) : *préfet :* cardinal Dario Castrillon Hoyos (Colombie, 4-7-1929) ; *secr. :* Mgr Csaba Ternyak. **Pour les instituts de vie consacrée et pour les sociétés de vie apostolique :** *préfet :* cardinal Eduardo Martinez Somalo (Esp., 31-3-1927) ; *secr. :* Mgr Piergiorgio Silvano Nesti. **Pour l'éducation catholique :** 3 sections : *1re :* séminaires ; *2e :* universités ; *3e :* écoles secondaires et primaires ; *préfet :* cardinal Pio Laghi ; *secr. :* Mgr Giuseppe Pittau.

■ TRIBUNAUX

Régis par le livre VII du Code de droit canonique de 1983.

■ **Pénitencerie apostolique.** *Compétence :* affaires concernant le for interne (accorde absolutions, dispenses, commutations, validations, remises de peine et autres grâces) et les indulgences. *Pénitencier majeur :* cardinal William Wakefield Baum (USA, 21-12-1936). *Régent :* Mgr Luigi de Magistris.

■ **Tribunal suprême de la signature apostolique.** Cours d'appel et de cassation pour les tribunaux ecclésiastiques. Conseil d'État pour les litiges administratifs. Tribunal des conflits en cas de litiges de compétence. Conseil supérieur de la magistrature, chancellerie (administration de la justice ecclésiastique). *Préfet :* Mgr Zenon Grocholewski ; *secr. :* Mgr Francesco Saverio Salerno.

■ **Tribunal de la rote romaine.** Du latin *rota,* roue, car les 12 juges qui constituent un collège (présidé par le doyen nommé par le pape parmi les juges eux-mêmes) siègent 3 par 3 à tour de rôle. **Juge** : *en 1re instance,* les causes réservées au St-Siège par le droit canonique (comme celles concernant les chefs d'État et leur famille, pour éviter toute pression de leur part sur les tribunaux diocésains) ; les causes qui lui sont soumises par le pape ; évêques au contentieux ; abbés primats ou abbés supérieurs de congrégations monastiques et modérateurs généraux des instituts religieux de droit pontifical ; diocèses ou autres personnes ecclésiastiques qui n'ont pas de supérieur au-dessous du pape ; *en 2e instance,* les causes jugées par les tribunaux ordinaires de 1re instance et déférées au St-Siège par appel légitime ; *en 3e ou dernière instance,* les causes déjà connues par le même tribunal apostolique ou par un autre tribunal, à moins qu'elles ne soient passées en l'état de chose jugée. En raison de la primauté reconnue au pape, tout fidèle peut directement introduire une cause devant la rote, ou la saisir bien qu'un procès soit déjà engagé devant un autre tribunal ecclésiastique ; mais il faudra toutefois que celui-ci se prononce. *Doyen :* Mgr Mario Francesco Pompedda.

Conseils pontificaux

Pour les laïcs (créé 6-1-1967) : *Pt :* cardinal James Stafford (USA, 26-7-1932). **Pour l'unité des chrétiens :** compétent aussi pour les relations avec les juifs sur le plan religieux ; *Pt:* cardinal Edward Cassidy (Austr., 5-7-1924). *Secr. :* Mgr Pierre Duprey (Fr., 26-11-1922). **Pour la famille :** *Pt :* cardinal Alfonso Lopez Trujillo (Colombie, 8-11-1935). *Secr. :* Mgr Francisco Gil Hellin. **« Justice et Paix »** (créé 6-1-1967) : s'emploie à promouvoir la justice et la paix selon l'Évangile et la doctrine sociale de l'Église ; *Pt:* Mgr François Xavier Nguyên Van Thuân. **« Cor unum »** (créé 15-6-1971) : exprime la sollicitude de l'Église à l'égard des nécessiteux ; *Pt :* Mgr Paul Josef Cordes. **Pour la pastorale des migrants et des personnes en déplacement :** *Pt :* Mgr Stephen Fumio Hamao. **Pour la pastorale des services de la santé :** *Pt :* Mgr Javier Lozano Barragan. **Pour l'interprétation des textes législatifs :** *Pt :* Mgr Julian Herranz. **Pour le dialogue interreligieux :** *Pt :* cardinal Francis Arinze (Nigéria, 1-11-1932). **Pour le dialogue avec les non-croyants :** réuni au Conseil pontifical. **Pour la culture** (créé 1982) : *Pt :* cardinal Paul Poupard (Fr., 30-8-1930). **Des communications sociales :** *Pt :* John Foley. **De coordination des académies pontificales** (créé 6-11-1995) : *Pt :* cardinal Poupard.

Commissions pontificales

D'archéologie sacrée (créée 6-1-1852) : gestion et entretien des catacombes chrétiennes d'Italie. *Pt :* Francesco Marchisano. **Pour les biens culturels de l'Église** (créée 28-6-1988) : conservation et promotion des « biens culturels ecclésiastiques ». *Pt :* idem.

Envoyés pontificaux : Ablégats. Prélats romains chargés d'aller porter la barrette à un cardinal nouvellement créé, lorsque la tradition veut qu'elle soit imposée au nouvel élu par le chef de l'État où il réside (par exemple : le nonce apostolique à Paris recevait la barrette des mains du Pt de la République, tradition abolie depuis le concile Vatican II).

Délégués apostoliques. Représentants du pape sans reconnaissance diplomatique et avec une mission religieuse uniquement lorsque le pays n'a pas de représentant auprès du St-Siège.

Légats. Ordinaires : ayant une mission permanente. **Extraordinaires :** ayant une mission déterminée (concile, congrès, manifestation religieuse). **Légat a latere :** cardinal que le pape envoie comme un autre lui-même après l'avoir détaché de son côté *(a latere),* c.-à-d. de son conseil intime.

Nonces. Légats détachés comme ambassadeurs auprès des gouvernements. **Origine :** le pape entretenait des rapports avec les gouvernements grâce à des apocrisiaires. *1er nonce connu* (du latin *nuntius,* messager) : Julien, évêque de Cos, nonce du pape St Léon. Pélage Ier et St Grégoire furent apocrisiaires à Constantinople avant de devenir papes. Souvent les papes utilisaient des émissaires épisodiques ou légats. *A partir du XVIe s.,* nonciatures permanentes instituées (1re à Venise en 1500, puis Espagne, Portugal, France, Naples, G.-B.). **Statut :** le nonce appartient au corps diplomatique. Dans les cours catholiques, il a la préséance sur les autres diplomates [il est doyen du corps diplomatique, usage confirmé par l'art. 118 de l'acte final du 9-6-1815 du Congrès de Vienne confirmé par la Convention de Vienne du 18-4-1961 (art. 16)]. Assisté de collaborateurs il assure la communication entre l'Église locale et le Vatican ; prépare la nomination des évêques et présente les candidats possibles. Depuis Jean XXIII, ils sont tous ordonnés archevêques. *En 1996 :* 162 nonciatures. **Prononces :** catégorie instituée par Paul VI le 28-10-1965 (suppression annoncée 13-12-1993) pour remplacer les internonces quand le représentant du St-Siège, bien qu'ayant rang d'ambassadeur, n'est pas de droit doyen du corps diplomatique (mais il peut le devenir à l'ancienneté). **Internonces :** envoyés ayant rang de ministres plénipotentiaires.

Autres collaborateurs : Chancellerie. *A partir du XIIe s.* le 1er chancelier de la Ste Église romaine est le principal collaborateur du pape. *1908* Pie X réduit ses compétences. *1973-26-2* le dernier chancelier, le cardinal Traglia, démissionne en raison de son âge ; *-27-2* compétences attribuées à la secrétairerie d'État. La **Cancellaresche** (écriture cursive employée d'abord par la chancellerie vaticane au XVe s.) est à l'origine de l'écriture italique. **Protonotaires.** *IVe s.* des rédacteurs dirigés par les *protonotaires apostoliques* font contresigner et exécuter les bulles pontificales. Prélats de la cour chargés des fonctions de notaire pour les actes les plus solennels : rédaction des procès-verbaux d'intronisation des papes, transcription des délibérations et décisions des consistoires publics. Titre donné aussi honorifiquement à d'autres prélats *(protonotaires surnuméraires).*

Services administratifs

Chambre apostolique. *Chef* (nommé à vie) : le *camerlingue de la sainte Église* [cardinal Martinez Somalo (né 31-3-1927)], à distinguer du camerlingue du Sacré Collège. *Rôle :* en cas de vacance du St-Siège, il est gardien et administrateur des biens de la papauté et de ses droits temporels et prend possession des palais apostoliques. Il est chargé de constater officiellement la mort du pape. Il reçoit la *ferula aurea,* sorte de bâton de commandement, insigne de sa charge.

Administration du patrimoine du siège apostolique (Apsa). *Pt :* Mgr Agostino Cacciavillan. Chargée de gérer les domaines privés du St-Siège. *2 sections :* ordinaire (créée 1878) et extraordinaire [gérant notamment les fonds versés par l'État italien en 1929 (accords du Latran) créée 1933]. Paul VI a regroupé les 2 sections.

Préfecture des affaires économiques du Saint-Siège. *Pt :* cardinal Sergio Sebastiani. Examine l'état patrimonial et économique, établit le budget prévisionnel.

Autres organismes

Préfecture de la maison pontificale. Dirige la discipline et le service, clercs et laïcs constituant la chapelle et la famille pontificales. Veille à l'organisation des cérémonies pontificales (sauf la partie liturgique, dont s'occupe l'Office des célébrations liturgiques du pape). Établit l'ordre des préséances. Règle les audiences du pape. *Préfet :* Mgr James Michael Harvey.

Office des célébrations liturgiques du souverain pontife. Dirigé par un maître nommé par le pape pour 5 ans : Mgr Piero Marini.

Avocats

En plus des avocats de la rote romaine et avocats pour les causes des saints, il existe une liste d'avocats habilités à assumer la défense des causes auprès du tribunal suprême de la signature apostolique et à apporter leur concours dans les recours hiérarchiques devant les dicastères de la curie romaine. Nommés pour 5 ans par le cardinal-secrétaire d'État, déchargés de leur fonction à 75 ans révolus.

Institutions rattachées au Saint-Siège

Sans faire partie de la curie romaine, elles rendent différents services au pape, à la curie, à l'Église universelle et, d'une certaine façon, sont liées au siège apostolique. Parmi celles-ci : les *Archives secrètes vaticanes,* la *Bibliothèque apostolique vaticane,* différentes *académies* créées au sein de l'Église dont l'*Académie pontificale des sciences* (voir à l'Index), *Typographie polyglotte vaticane, Éditions* et *Librairie vaticanes, journaux* dont l'*Osservatore Romano, Radio Vatican* et le *centre de télévision* du Vatican dépendent de la Secrétairerie d'État ou d'autres services de la curie romaine, *la Fabrique de St-Pierre* s'occupe de la basilique St-Pierre, l'*Aumônerie apostolique* (assistance à l'égard des pauvres) dépend du pape.

Index. Catalogue des livres interdits *(Index librorum prohibitorum)* dont la lecture pouvait être dangereuse pour la foi ou les mœurs (dernière édition en 1949). La Congrégation de l'Index (fondée 1571) puis le St-Office (en 1917) assuraient la mise à jour permanente de la dernière édition. Des dérogations étant accordées par l'ordinaire (l'évêque), l'institution fut abolie en 1966 mais ne pas lire de livres antireligieux, immoraux ou induisant en erreur reste une exigence morale. **Avaient été mis à l'Index :** *XVIIe s. :* 93 auteurs, dont Pascal (*les Pensées*) ; *XVIIIe s. :* 52, dont Locke (1734), La Mettrie (1770), Condorcet (1827), Condillac (1852), Diderot (1894) ; *XIXe s. :* 19, dont Larousse pour le *Grand Dictionnaire universel,* Victor Hugo (*Notre-Dame de Paris, les Misérables,* jusqu'en 1959) ; *XXe s. :* 16, dont Sartre (1948), Gide (1952), Kazantzakis (*la Dernière Tentation,* 1954), Simone de Beauvoir (*le 2e Sexe, les Mandarins,* 1956), l'abbé Steinman (*la Vie de Jésus,* 1961).

Synode mondial des évêques

Origines. Du grec *sunodos,* chemin parcouru ensemble. Créé par Paul VI par *motu proprio* du 28-10-1965. Plus facile à réunir qu'un concile. Règlement promulgué 8-12-1966, modifié 24-6-1969. A la fin d'un synode, les évêques remettent un rapport au pape et, souvent, rédigent un message au monde. Le pape, s'il en ratifie les conclusions, en reprend souvent certains éléments sous sa propre responsabilité (par exemple dans une encyclique ou une exhortation apostolique).

Types. Synode ordinaire (triennal) : évêques élus par les conférences épiscopales, patriarches orientaux, évêques nommés personnellement par le pape, religieux. **1967** (24-9/29-10) problèmes doctrinaux, mariages mixtes, liturgie ; **1971** (30-9/6-11) sacerdoce, justice dans le monde ; **1974** (27-9/27-10) évangélisation du monde ; marqué par l'invitation du pasteur antillais Philip Potter (né 1921), secr. gén. du Conseil œcuménique des Églises depuis 1972 ; **1977** (30-9/29-10) catéchèse ; **1980** (26-9/26-10) famille ; **1982** (29-9/28-10) réconciliation et pénitence dans la mission de l'Église. **Extraordinaire :** Pts des conférences épiscopales, patriarches orientaux, cardinaux préposés aux congrégations de la curie, 3 religieux et des participants nommés par le pape. Pour donner des réponses rapides à « des questions concernant le bien de l'Église universelle ». **1969** (11/28-10) le pape, Rome et les Églises locales ; **1985** (24-11/8-12) 20 ans après décision d'« amplifier » Vatican II : projet de réforme du gouvernement de l'Église et d'un catéchisme universel ; réduction du rôle des conférences épiscopales (continentales, sud-continentales, nationales) ; relance de l'œcuménisme pour un sommet de toutes les religions, tenu à Assise le 27-10-1986 ; **1987** (1/30-10) mission de laïcs ; **1990** (30-9/8-10) formation des prêtres pour l'an 2000 ; **1994** (oct.) vie religieuse. **Spécial :** pour une question propre à une région ou à une Église particulière [exemples : pour l'Europe (1991), l'Afrique (1993), le Liban (déc. 1995), l'Amérique (1998), l'Asie (avril 1998), l'Océanie (nov. 1998)].

Ordres religieux

Définitions

Anachorète (du grec *ana :* à l'écart, et *khôrein :* se retirer). Celui qui se retire dans la solitude afin de se livrer à la vie contemplative.

Cenobite (du grec *coinobios :* qui vit en communauté). La 1re communauté fut fondée par St Pacôme (287-347) à Tabennisi (Hte-Égypte).

Chanoines réguliers (voir encadré p. 511 b).

Clercs réguliers. Ordres fondés principalement au XVIe s. et groupant des prêtres sous une règle de vie commune et d'action dans le monde.

Congrégation. Plusieurs sens : 1°) *institut religieux* à vœux non solennels ; 2°) *groupement de monastères autonomes* (par exemple : congrégation bénédictine) ; 3°) *ministère de la curie romaine ;* 4°) *sous la Restauration,* association fondée le 2-2-1801 par un ancien jésuite, l'abbé Jean-Baptiste Delpuits (1734-1811), et dissoute par décret impérial en 1809. On la confondait souvent avec la Sté secrète des *Chevaliers de la Foi,* fondée vers juin 1810 par Ferdinand de Bertier († 1864) et Mathieu de Montmorency-Laval (1767-1826).

Convers. Frères laïques (religieux de plein droit, sans être des moines). Chez les cisterciens, ils exploitaient les domaines ruraux.

Couvent (du latin *conventus :* assemblée, communauté). Maison ou résidence des religieux non-moines, tels que franciscains ou dominicains (pour les jésuites, on dit : maison). Le nom désigne également les maisons où résident les religieuses non-moniales. Il a aussi pris le sens de « maison d'éducation » (d'où le mot : *couventines*).

Ermite (du grec *eremos :* désert). Vit seul dans un lieu désert.

Frère/sœur. Noms donnés aux religieux et religieuses dans de nombreux ordres.

Froc. Vêtement de dessus des religieux (par extension, habit monacal).

Incardination (du latin *cardo,* gond). Lien juridique d'un clerc ou d'une congrégation avec son diocèse.

Instituts. Religieux : nom d'ensemble de tous les groupements organisés dont les membres sont des religieux ou des religieuses : ordres, congrégations cléricales (de prêtres) et laïques (de frères non-prêtres). **Séculiers :** associations de prêtres et de laïcs pratiquant les 3 vertus de pauvreté, chasteté, obéissance, mais vivant dans le monde. Exemple : Institut du Prado. Les membres d'instituts séculiers, en France, sont surtout des femmes (34 instituts, dont *Caritas Christi,* avec 2 587 membres).

Moines (du grec *monos,* seul). Religieux à vœux solennels de pauvreté, chasteté et obéissance à leurs supérieurs vivant en groupe dans un *monastère,* sous la direction d'un des leurs ; les *abbés,* élus d'ordinaire pour un temps indéterminé (ou indéfini), sont à la tête d'une abbaye (au moins 12 moines) ; les *prieurs,* élus ou nommés à temps, sont à la tête d'un prieuré.

Noviciat. Probation d'au moins 12 mois consacrée à la formation spirituelle. Il se passe dans une maison désignée à cet effet, ayant peu de contact avec le monde extérieur mais ayant un lien avec la communauté et la vie de l'institut. Dans les instituts de vie active, on peut prévoir des stages apostoliques.

Ordres. Les plus anciens : antonins et basiliens, fondés au IVe s. (1 000 membres aujourd'hui). **Mendiants :** ordres fondés au début du XIIIe s. (principalement franciscains et dominicains), dont la communauté, pratiquant la pauvreté, ne peut posséder que certains biens précisés par la règle. **4 principaux :** carmes, augustins, franciscains, dominicains. Leurs membres sont des religieux.

Postulat. Probation préalable à l'entrée au noviciat. Il peut durer de quelques semaines à quelques mois et n'est plus exigé par le droit universel.

Profès (du latin *professus,* qui a fait profession). Nom donné aux religieux qui ont prononcé des vœux : après les vœux temporaires : *profès temporaires ;* après les vœux simples : *profès simples ;* les vœux perpétuels : *profès perpétuels ;* les vœux solennels : *profès solennels.*

■ **Société de vie apostolique.** Société de vie commune sans vœux religieux, à but apostolique. Exemple : les Pères Blancs.

■ **« Union des supérieurs généraux ».** *Regroupe* (en 2000) 224 supérieurs généraux d'ordres ou congrégations d'hommes, de droit pontifical. 102 résident à Rome, les autres dans différents pays (16 en France).

■ **Vœux.** **Temporaires** (profession temporaire) de pauvreté, de chasteté et d'obéissance, prononcés à la fin du noviciat : engagement temporaire et probatoire (d'au moins 3 ans (9 ans au maximum). **Perpétuels** (profession perpétuelle) : engagement définitif dans l'institut. Certains instituts parlent de « vœux solennels ». Les Stés de vie apostolique n'ont pas de vœux, mais elles possèdent une autre forme d'engagement.

Principaux instituts religieux masculins

☞ *Abréviations :* Ass. : assomption ; card. : cardinal ; Ch. : Chanoines ; CL : Congrégation religieuse laïque (c.-à-d. non sacerdotale) ; congr. : congrégation(s) ; CR : Clercs réguliers et chanoines réguliers ; CRS : Clercs réguliers somasques ; CS : Congrégation sacerdotale ; éc. : école(s) ; év. : évêque ; CSSR : Congrégation du Très Saint Rédempteur ; IS : institut séculier ; m. : membres (nombre dans le monde, en 1986-91) ; Miss. : missionnaires ; P. : père ; Pr. : prêtres ; R.P. : révérend père ; rel. : religieux ; S. : sœur ; SDB : Société salésienne de Saint-Jean Bosco ; SVA : Société de vie apostolique.

■ **Assomptionnistes.** CS *créée* 1850. Groupe de prêtres professeurs du collège de l'Assomption à Nîmes érigé en congrégation par le P. Emmanuel d'Alzon (1810-80) sous la règle de St Augustin (nom officiel : Augustins de l'Assomption). Essaime à Paris en 1851. Approbation définitive par Rome en 1864. *Activités principales :* presse, édition (dont *Le Pèlerin, La Croix* et *Notre Temps*) ; pèlerinages (N.-D. de Salut) ; œcuménisme surtout en Europe de l'Est ; centre d'accueil à Lyon-Valpré (Rhône) ; *missions :* Amér. du Nord, du Sud, Congo, Corée, Kenya, Madagascar, Nlle-Zélande, Tanzanie ; paroisses et établissements d'enseignement supérieur. *Membres :* 966 dont 659 prêtres. *Maisons :* 130 dans 27 pays.

■ **Augustins.** Chanoines réguliers de St-Augustin. *IVe s.* St Augustin organise la vie commune de son clergé. *XIe et XIIe s.* communautés créées et recevant leur nom. *Actuellement :* 13 congrégations indépendantes, dont 9 confédérées depuis 1959 sous la présidence d'un abbé primat [Congr. du Latran (297 m.), d'Autriche (XIe s., 191 m.), du Grand St-Bernard (XIe s., 70 m.) de la Mère du Rédempteur (34 m.), de St-Maurice-d'Agaune (XIIe s., 87 m.), St-Victor (1968, 64 m.), Windesheim (XIVe s. 26 m.), l'Immaculée-Conception (XIXe s., 74 m.), de la Vie Commune (36 m.)]. En dehors de la Confédération : prémontrés (XIIe s., 1 332 m.), Congr. de Ste-Croix-de-Coïmbre (XIIe s., 161 m.), croisiers (XIIIe s., 497 m.), Étoile rouge (16 m.), teutoniques (83 m.). *Vie commune* en abbayes ou prieurés le plus souvent ; office choral public : paroisses, enseignement, missions, éducation et hospitalité. *Membres :* 2 913. *Maisons :* 404 dans 40 pays.

Augustins déchaux (OAD). Mendiants, branche réformée des augustins. *Fondé* 1592. 1er couvent à Naples, Italie. 4 vœux : obéissance, pauvreté, chasteté, humilité. Vie contemplative active. Apostolat : prédications, paroisses, formation. *Membres :* 458. *Maisons :* 30. *Pays :* Brésil, Italie, Philippines.

Augustins récollets. Mendiants *créés* 1588, branche des castillans, réformée par Jerónimo Guevara (1554-89), Pedro de Rojas († 1602) et Luis de León (1528-91) et érigée en congr. distincte par Grégoire XV en 1621, et en ordre par Pie X en 1912. *Implantés :* Amér. du Sud et centrale, Angleterre, Chine, Espagne, Italie, Mexique, Philippines, Sierra Leone, Taïwan, USA. *Vie contemplative. Apostolat :* enseignement, paroisses et missions. *Membres :* 1 233. *Maisons :* 206.

■ **Barnabites.** CR de St-Paul *fondés* 1533 à Milan, dans l'égl. Ste-Catherine par St Antoine-Marie Zaccaria (1502-39) ; transférés à l'église St-Barnabé (1545). *Apostolat :* enseignement, missions. *Membres :* 353. *Maisons :* 73.

■ **Bénédictins.** Confédérés, moines ; Ordo Sancti Benedicti (OSB). St Benoît de Nursie (480-547) fonde 2 monastères : Subiaco (vers 500), Mt-Cassin (529). Il écrit pour eux la règle des moines cénobites qui militent dans un monastère sous une règle et un abbé. *Vers 580* Mt-Cassin détruit par les Lombards, les moines se réfugient à Rome (Sts-Jean-et-Pancrace, près du Latran). *717* restauré. *VIIe et VIIIe s.* les règles irlandaises sont diffusées donnant naissance au monachisme régi par une règle mixte (textes de St Colomban et règle de St Benoît). Le statut de fondation des monastères règle leurs situations diverses. *Depuis 816* tentative d'uniformisation des monastères, aux synodes d'Aix-la-Chapelle, sur l'initiative de St Benoît d'Aniane (750-821), abbé d'Inda près d'Aix-la-Chapelle et conseiller de Louis le Pieux. La règle de St Benoît devient l'unique règle des monastères de l'Empire. Après la dislocation de l'Empire, la décadence du IXe s., et la fondation de Cluny (Bourgogne, 910), se développe le mouvement monastique des Xe et XIe s., avec l'ordre (= observance) de Cluny, fortement centralisé. Autres observances : Brogne (Belgique, 923), Gorze (Lorraine, 923), Fleury (pays de Loire, 960), St-Dunstan (Angleterre, 969), Cava et Fontavellane (Italie, 1025 et 1049), Hirsau (Forêt-Noire, 1049), La Chaise-Dieu (Auvergne, 1052). *XIIe s.* Cîteaux (Bourgogne), pour plus de fidélité à la règle de St Benoît, constitue un ordre à part, plus centralisé (voir **Cisterciens** col. c). *XIVe-XVe s.* réforme regroupant beaucoup de monastères bénédictins en congr. sans liens juridiques entre elles : Ste-Justine (1419), devenue cassinienne (1504) en Italie ; Valladolid (1390) en Espagne ; Bursfeld (1440) en Allemagne ; Chezal-Benoît (1498) en France. *XVIIe s.* la réforme bénédictine suscite 2 congr. : St-Vanne-et-St-Hydulphe (1604, Lorraine) et St-Maur (1618, Fr.) célèbres par leurs travaux d'érudition. *Révolution française* ruine du monachisme en France et en Europe. *XIXe s.* rétablissement d'anciennes congr. (Mt-Cassin, 1815 ; Bavière, 1858) ; fondation de nouvelles congr. [*de Solesmes* (1837), par dom Prosper Guéranger (1805-75), héritière de St-Maur, St-Vanne et Cluny ; *de Subiaco* (1872) fondée par D. Pierre Casaretto ; *de Beuron* (1873) fondée par les frères Maur et Placide Wolter en Allemagne et *de Sankt-Ottilien* (Bavière, 1884)]. En Amér. du Nord : *Congr. américano-cassinaise* (1855) et *helvéto-américaine* (1881). *1893* Léon XIII constitue la *Confédération bénédictine* regroupant beaucoup de congrégations.

Actuellement, 21 congr. sous l'autorité d'un abbé primat. Solesmes et Beuron sont renommées pour leurs travaux de liturgie et d'art sacré. 6 monastères hors congrégation. *Membres :* 8 401 moines (dont Congr. de Solesmes 738 moines, 260 moniales ; messes chantées en latin, chants grégoriens), moniales 7 297, sœurs 9 337. *France métropolitaine* (2000) : 843 m. dans 25 monastères (province française de Subiaco ; congr. olivétaine et autres).

Religieux dans le monde

1998	Prêtres	Séminaristes	Religieux non-prêtres	Novices et postulants	Total
Afrique . . .	9 273	3 851	4 249	4 247	21 620
Amérique .	42 316	7 701	15 473	10 566	76 056
Asie	16 651	8 318	5 000	8 817	38 786
Europe . . .	63 214	86 621	22 167	5 714	99 757
Océanie . .	2 202	248	1 883	135	4 468
Total	*133 656*	*28 780*	*48 772*	*29 479*	*240 687*

Principaux ordres	1939	1967	1990	1994	1998
Jésuites	25 954	35 573	24 346	23 381	21 965
Franciscains	24 482	26 940	18 129	18 204	18 204
Salésiens	11 070	22 626	17 161	17 609	17 460
Capucins	13 466	14 521	11 539	11 715	11 715
Bénédictins	9 070	11 400	9 096	8 860	8 694
Frères (éc. chr.)[1] .	14 415	15 978	8 682	7 725	6 778
Dominicains	7 011	10 003	6 460	6 599	6 205
Rédemptoristes .	6 663	8 779	6 060	5 623	5 623
Frères mar.[2]	3 673	9 752	5 723	5 594	4 942
Oblats (OMI) . . .	5 196	7 595	5 302	5 175	4 723
Verbe divin	3 632	5 744	5 115	5 703	5 703
Lazaristes	5 133	6 584	3 681	4 147	4 067
Franc. conven.[3] .	3 113	4 605	4 021	4 400	4 574[5]
Spiritains	3 890	5 147	4 090	3 181	3 050
Augustins	2 200	3 721	3 229	2 975	2 913
Passionistes	2 887	4 137	2 627	2 584	2 584
Pères Blancs	2 045	3 621	2 596	2 404	2 098
Augustins réc.[4] . .	814	1 482	1 204	1 275	1 275

Nota. – (1) Frères des écoles chrétiennes. (2) Frères maristes des écoles. (3) Franciscains conventuels. (4) Augustins récollets. (5) 1997.

■ **Bétharram.** SCJ (prêtres du Sacré-Cœur de Jésus). *Fondée* 1835 à Bétharram par St Michel Garicoïts (1797-1863). Fête le 14-5. Activités pastorales, enseignement et missions. A essaimé en Amér. latine, Angleterre, Côte d'Ivoire, Espagne, Inde, Israël, Italie, Rép. centrafricaine, Thaïlande. *Membres :* 350 dont *France* 100.

■ **Camaldules.** Ermites et moines (1027, St Romuald). *Maison mère :* ermitage de Camaldoli (Apennins toscans). En 1965, les moines se sont ralliés aux bénédictins confédérés dont ils forment la congr. des « moines-ermites camaldules ». *Membres :* 114. *Maisons :* 12. *Congr. des ermites camaldules du Mt Corona.* Réforme de Camaldoli, *fondée* 1524 par Paolo Giustiniani (1476-1528), érémitique et indépendante. *Membres :* 89. *Maisons :* 9.

■ **Camilliens.** Serviteurs des malades (1584, St Camille de Lellis). CR. Prêtres et frères. *Membres :* 1 082 dont *France* 33. *Maisons :* 154.

■ **Carmes (Grands).** Mendiants. *Vers 1209* règle reçue du patriarche latin de Jérusalem, St Albert Avogadro ; *1238* rapatriés en Occident. *1247* ordre mendiant organisé par le pape Innocent IV. Connus pour leur dévotion à Marie (scapulaire). *Membres :* 2 019. *Maisons :* 378.

Carmes déchaux. Ordre mendiant (fondé par Ste Thérèse de Jésus et St Jean de la Croix en 1568) caractérisé par la vie contemplative et la promotion de la vie spirituelle. Supprimés en Fr. à la Révolution, connaît un nouveau départ à Bordeaux 1840 sous l'impulsion du père carme déchaux espagnol Dominique de St-Joseph. *Membres :* 3 930 (répartis en 47 circonscriptions dans 75 pays et 556 couvents). *En France :* 2 provinces (Paris 52 rel., 7 couvents ; Avignon-Aquitaine 97 rel., 8 couvents).

Carmes de Marie Immaculée. CS *créée* 1831 à Mannanam par 3 prêtres indiens (frères Thomas Palakal, Thomas Porukara et Cyriac Chavara). *1855* érigée officiellement sous le titre « Serviteurs de Marie Immaculée du Mont-Carmel ». *1958* titre actuel. *1986* Cyriac Chavara béatifié. Rite oriental. *Apostolat :* surtout éducation et soins médicaux. *Prière. Implantés :* Afrique, Amérique, Europe et Inde. *Membres :* 2 525. *Provinces :* 13. *Maisons :* 264.

■ **Chartreux.** Moines, 2 catégories : pères (prêtres), à la vie solitaire plus accentuée ; frères, avec plus de travail manuel. *1084* fondés par St Bruno (v. 1030-1101) dans la Grande Chartreuse (Isère). *1128* 7 maisons indépendantes ; reçoivent la règle (Coutumes) du prieur de Chartreuse, Guigues ; *1140* érigées en ordre par St Anthelme ; *1520* apogée (195 chartreuses, en Europe, en 17 provinces) ; *1582* nouveaux statuts ; *1789* sur 122 chartreuses, 5 restent ; *1816* Grande Chartreuse restaurée. *XIXe s.* reconstitution de l'ordre. *XXe s.* après Vatican II : mise à jour des statuts. *Membres :* 360 (novices inclus). *Maisons :* 20. *Activités :* prière : offices de jour et de nuit, chantés à l'église, récités dans la cellule ; prière personnelle, lecture spirituelle ; un peu de travail manuel ; repas en solitude ; une promenade, une récréation par semaine. Pas d'activités extérieures (vie contemplative). Quelques activités artisanales pour la subsistance. Chaque moine vit dans une cellule personnelle (petite maison avec jardinet) donnant sur un cloître commun qui les relie à l'église. La communauté, dirigée par un prieur, et qui ne doit compter qu'un petit nombre de moines, constitue une *chartreuse. Supérieur de l'ordre :* le prieur de la Grande Chartreuse. *Autorité suprême :* chapitre général (rassemblant tous les prieurs tous les 2 ans à la Grande Chartreuse). Chaque maison est visitée tous les 2 ans par 2 moines délégués du chapitre général. *Implantation en France :* Grande Chartreuse (Isère) fondée 1084 ; Portes (Ain) 1115 ; Montrieux (Var) 1137 ; Sélignac (Ain) 1200. Musée à la Correrie.

■ **Cisterciens.** Moines. *Fondés* 21-3-1098 à Cîteaux (Cistercium) par St Robert de Molesmes († 1110) ; dits parfois *bénédictins blancs* (pratiquant la règle de St Benoît ; habit blanc), et *bernardins* [un de leurs maîtres spirituels St Bernard (Fontaine-lès-Dijon 1090, Clairvaux 20-8-1153 ; canonisé 1174, docteur de l'Église 1830), 1er abbé de Clairvaux (1112), déclencha un tel mouvement en faveur de Cîteaux que même des communautés non affiliées à l'ordre adoptèrent ses observances]. Essaimant [La Ferté (1113), Pontigny (1114), Morimond (1115), Clairvaux (1115)] ; 1133 : + de 30 monastères que l'abbé St Étienne Harding (Anglais, v. 1050-1134) a su fédérer. D'où les moniales dites *bernardines* (par exemple, en France : bernardines d'Esquermes). Plusieurs réformes, dont celle d'Armand Jean Le Bouthillier de Rancé (1626-1700), abbé de la Trappe à Soligny (Orne), d'où les trappistes. *A la Révolution,* dom Augustin de Lestrange (1754-1827) regroupe quelques moines à la Valsainte (Suisse). *1815,* la Trappe reprend possession du monastère. *1892,* dans leur chapitre, convoqué à la demande de Léon XIII, les trappistes se séparent et forment un ordre juridiquement distinct. Dès lors, existent : **1°)** l'**ordre cistercien :** *membres :* 1 295 dans 80 monastères, dont 2 en France [île St-Honorat (îles de Lérins, Alpes-Maritimes) et Senanque (Vaucluse)]. **2°)** l'**ordre cistercien de la stricte observance,** dit **trappiste :** *monastères :* 101 dont 16 en France ; *membres :* 2 540. En 1898, les uns et les autres se retrouvèrent à Cîteaux comme maison mère spirituelle.

■ **Clercs de St-Viateur (CSV).** *Fondés* 1831 à Vourles (Rhône) par le père Louis Querbes (1793-1859). *Buts :* éducation, activités pastorales surtout auprès des jeunes. *Membres :* 720 et 200 associés laïcs. 3, rue Louis-Querbes, 69390 Vourles.

■ **Consolata (Missionnaires de la).** *Fondés* 1901 à Turin par Joseph Allamano. *But :* 1re annonce de l'Évangile *ad gentes* et coopération avec les jeunes Églises (en voie de maturation). *Maisons :* 230. *Membres :* 995.

■ **Dominicains (frères prêcheurs).** Mendiants. *Fondés* 1215 à Toulouse par St Dominique de Guzmán (Espagne, 1170-1221). *Robe* de laine blanche et manteau noir. *Gouvernement : a)* prieurs conventuels élus pour 3 ans (renouvelables 1 fois) par les religieux profès perpétuels ; *b)* prieurs provinciaux élus pour 4 ans par prieurs conventuels et délégués spéciaux des couvents ; *c)* maître de l'ordre, élu (pour 9 ans) par prieurs provinciaux et délégués spéciaux (2 par province) : Timothy Radcliffe (G.-B., 22-8-1945, élu 1992). *Couvents et maisons :* 626 dans 98 pays, administrés par un *prieur* et groupés en 50 provinces ou vicariats généraux dirigés par un provincial ou un vicaire général. *Membres :* 6 510. *Buts du fondateur : 1°)* évangélisation des païens et des hérétiques (notamment albigeois du Languedoc, où il avait prêché seul de 1206 à 1215) ; *2°)* à partir de 1217 : étude et enseignement de la théologie [leur compétence théologique leur fera jouer un rôle prééminent dans l'*Inquisition,* fondée 1229 ; St Thomas d'Aquin (1227-74) a été dominicain]. *De nos jours :* centres d'action spécialisés dans l'apostolat : *intellectuel* [exemples : Éditions du Cerf et *Istina* (revue d'études œcuméniques), bibliothèque du « Saulchoir », à Paris ; à l'origine de plusieurs organismes indépendants : Économie et humanisme, Centre national de pastorale liturgique, groupe de presse Malesherbes (*La Vie, Actualité religieuse dans le monde, Télérama*) ; animation, sous l'autorité de l'épiscopat, de l'émission télévisée « Le jour du Seigneur »] ; *œcuménisme* (école biblique de Jérusalem : lieu de rencontre islamo-judéo-chrétien). *Animation spirituelle* dans 2 collèges en France : Oullins, Marseille. *Provinces françaises :* impasse Lacordaire, 31078 Toulouse Cedex ; 222, rue du Fg-St-Honoré, 75008 Paris et 104, rue Bugeaud, 69451 Lyon.

■ **Eudistes (Congr. de Jésus et Marie).** SVA. *Fondée* 1643 par St Jean Eudes (1601-80), ex-oratorien, pour prédication des missions et formation du clergé ; *XVIIIe s.* combat le jansénisme ; dispersée à la Révolution ; *1826* reconstituée. *Provinces :* Bénin, Brésil, Canada, Centrafrique, Chili, Colombie, Côte d'Ivoire, Équateur, *France* (19 communautés, éducation, paroisses, formation des

■ **Exemple de vie dans un monastère. Horaire d'une journée** (à Solesmes) : 5 h lever ; 5 h 30 vigiles, lecture spirituelle, prière personnelle, petit déjeuner ; 7 h 30 laudes, lecture personnelle de la Parole de Dieu ; 10 h messe (1 h), travail dans les services ; 13 h sexte, repas ; 13 h 50 none, récréation, travail dans les services ; 17 h vêpres, travail, lecture spirituelle, conférence par le père abbé, repas du soir, temps libre sans radio ni télévision ; 20 h 30 complies, *Salve Regina...* ; 22 h coucher.

La règle de St Benoît (vers 530), encore observée par bénédictins et cisterciens, a inspiré beaucoup d'ordres et congrégations. La louange divine (chant ou récitation de l'office composé de psaumes, hymnes et lectures) et la messe conventuelle réunissent, à des moments déterminés, la communauté à l'église. Chaque moine consacre de plus un temps à la prière personnelle et à la lecture méditée de l'Écriture sainte et des auteurs spirituels. Des réunions rassemblent aussi les moines « à la salle du chapitre » (décisions communautaires, conférences, lectures spirituelles). Les moines prennent leurs repas en commun et en silence, tandis qu'ils écoutent une lecture. Le silence de règle entre les frères est interrompu par des temps de récréation commune ou d'échanges par groupes.

Activités : chacun s'adonne aux tâches que l'abbé ou le supérieur lui a assignées : travaux manuels (entretien, cuisine, artisanat, agriculture, etc.) ou intellectuels (sciences sacrées et humaines, enseignement aux jeunes frères, publications, etc.). Le travail artisanal est courant dans les petites communautés, surtout féminines (jouets, vêtements, pâtes de fruits, imagerie, dactylographie et polycopie, etc.). Les articles produits portent un label d'origine : *Monastic.*

Les grandes abbayes ont des activités plus importantes : imprimerie d'art à La Pierre-qui-Vire, galvanoplastie à Acey, fromagerie à Belloc, céramique à En Calcat et Tournay, recherches et éditions de chant grégorien à Solesmes. Elles accueillent aussi des hôtes pour des récollections ou des retraites.

prêtres), Honduras, Mexique, Pérou, St-Domingue, USA, Venezuela. *Maison généralice :* Rome. *Membres :* 430 dont *Français* 120. *Maisons :* 66.

■ **Fils de la Charité.** CS. *Fondée* à Paris en 1918 par Émile Anizan (1853-1928) pour l'évangélisation du monde ouvrier et populaire. *Membres :* 200 en 50 équipes [Europe, Amér. du Nord et du Sud, Afrique, Asie (Philippines)]. *Maison généralice :* 10, rue Louis-Blanc, 75010 Paris. *Revue :* « Chantiers fils de la charité ».

■ **Fils du Cœur Immaculé de Marie.** (CS). Missionnaires clarétains. *Fondés* en 1849 à Vic (Espagne) par St Antoine-Marie Claret (1807-70) pour l'évangélisation universelle. *Membres :* 3 074 (dans 57 pays). *Maisons :* 428. *En France :* 51 *bis*, rue de la Pompe, 75016 Paris ; 159, rue de Seysses, Toulouse ; Marseille ; Perpignan ; Narbonne.

■ **Franciscains** ou **frères mineurs.** *Fondés* 1209 par St François d'Assise (v. 1182-1226), appelés en France *cordeliers* ou *récollets* jusqu'en 1792. Prédicateurs orientés aussi vers les études supérieures (sciences, culture, histoire, études bibliques, etc.). *Actuellement* apostolats variés et populaires. 7 universités ou centres d'études supérieures [théologie, notamment à l'université pontificale St-Antoine (Rome), l'université St-Bonaventure (New York), l'institut Cisneros de Madrid et le Studium biblique de Jérusalem]. *Revues :* plusieurs dont l'*Archivum franciscanum historicum*. *Membres* (1-1-2000) : 17 064 pères et frères, en 110 provinces [Europe occ. 6 238 (dont *France* 443), Europe-Est 2 669, Afrique 977, Terre sainte 255, Amér. du Nord 2 024, Amér. latine 3 894, Asie 1 262]. *Principales maisons en France :* Province France-Ouest : 7, rue Marie-Rose et 27, rue Sarrette, 75014 Paris ; 42, rue Surcouf, 35000 Rennes ; 27, rue Adolphe-Coll, 31000 Toulouse. Province-Est : 17, rue Marchant, 57000 Metz ; 13, av. Esquirol, 69003 Lyon.

Franciscains capucins ou **frères mineurs capucins** (1525, réforme des franciscains par Mattéo de Bascio). *Nom :* du capuchon long et pointu de St François. Contemplation, simplicité de vie et présence évangélique en tous milieux sociaux (surtout simples et populaires). Constitutions révisées sur le nouveau droit canon promulguées 1983. *Membres :* 10 929 (en 1999).

En France : introduits par le card. Charles de Lorraine (1574), éteints pendant la Révolution, restaurés (1820) grâce à leur « Mission du Levant », à Constantinople, qui avait survécu. *Membres :* 286, 29 *fraternités* en 3 provinces : Paris, Strasbourg, France-Sud. *Adresses :* 32, rue Boissonade, 75014 Paris ; B.P. 12, 67035 Strasbourg Cedex 2 ; 153, bd Pinel, 69500 Bron.

Franciscains conventuels ou **frères mineurs conventuels.** Mendiants, en France *cordeliers*, à cause de la corde qu'ils portent. *1209* fondés par St François d'Assise. *1223* approuvés par Honorius III sous le nom de *frères mineurs.* *1250* peuvent officier dans des églises « conventuelles » d'où leur nom. *Apostolat :* paroissial, enseignement, animation de sanctuaires (exemples : à Assise, gardes du corps de St François ; Padoue, du corps de St Antoine), pénitencerie à St-Pierre de Rome. *Recherche théologique :* à Paris au *Studium generale* fondé 1236 par Alexandre de Hales près de la future Sorbonne (Grand couvent des cordeliers), illustré par St Bonaventure et Duns Scot ; puis au *Collège St-Bonaventure*, érigé 1587 à Rome par Sixte Quint (pape franciscain conventuel) ; actuellement, Faculté pontificale de théologie « Seraphicum ». *Revues : Miscellanea francescana* (Rome), *Il Santo* (Padoue), *Miles Immaculatae* (Rome). *Adresse principale :* Rome, piazza SS. Apostoli, 51. *Membres :* 4 566 (en 1998), en 36 provinces, 21 custodies, 14 territoires de mission.

En France : supprimés à la Révolution, rétablis 1949 ; 3 couvents [Narbonne (Aude), Tarbes (2, bd Pierre-Renaudet, 65000) et Lourdes (Htes-Pyr.)].

Franciscains de l'Atonement. *Fondés* 1898 par frère Paul James Wattson au sein de l'Église épiscopale. *1909* reçus dans l'Église catholique ainsi que les franciscaines (fondées 1898 par mère Lurana Mary White). Règle du tiers ordre régulier de St François d'Assise. *Membres :* 175. *Adresse :* Graymoor Garrison, New York.

Franciscains du tiers ordre régulier. Mendiants (1221). *Membres :* 848. *Maisons :* 230.

■ **Frères de l'Assomption.** *Fondés* au Congo (ex-Zaïre) par Mgr Henri Piérard (1893-1975). *Membres :* 40.

■ **Frères de la Charité de Gand.** CR de droit pontifical, *fondés* 1807 par Pierre-Joseph Triest (1760-1836). *But spécial :* malades mentaux, handicapés et enfants normaux (éc. primaires, secondaires, profes.). *Membres :* 524. *Communautés :* 88 dont Belgique 32, Canada (Québec) 7, Irlande 4, Congo (ex-Zaïre) 7, Rwanda 3, Tanzanie 2, Indonésie 4, Pays-Bas 4, Pérou 3. *Adresse :* Via Adrian Hartotanoyo, 35, C.P. 9082, Aurelio, 00167 Rome.

■ **Frères de l'Instruction chrétienne de Ploërmel.** CL *fondée* 1819 par les abbés Jean-Marie de La Mennais (1780-1860) et Gabriel Deshayes (1767-1841). *1822* approuvée. *1903* dissoute en France. Dirige des établissements scolaires dans 23 pays. *Membres* (2000) : 1 153 (dont *France* et missions dépendantes 407, Canada et missions 272, Espagne et missions 170, Ouganda-Tanzanie-Kenya 179). *Maisons :* 180.

■ **Frères de l'Instruction chrétienne de St Gabriel** (dits autrefois « du St-Esprit »). CL. *Fondée* 1715 par St Louis-Marie Grignion de Montfort (1673-1716) pour les missions paroissiales et les écoles charitables ; *restaurée* par Gabriel Deshayes (1767-1841). Enseignement, catéchèse, éducation des sourds et aveugles ; Boys' Towns (Asie) ; aide au développement (Asie, Afrique). *Membres* (1-1-2001) : 1 269 (dont *France* 281). *Résidences :* 290 dans 31 pays. *Adresse :* 2, rue Côte St-Sébastien, 44200 Nantes. *Maison générale :* 12840, Via Trionfale, 00135 Rome.

■ **Frères maristes des Écoles** (Petits frères de Marie). CL enseignante *fondée* 1817 par St (depuis le 18-4-1999) Marcellin Champagnat (1789-1840) à La Valla-en-Gier (Loire), dans le cadre de la Sté de Marie (maristes). *1851* reconnue en France. *1863* approuvée à Rome. *Membres :* 4 872 ; *maisons :* 809 (73 pays). *En France :* 319 (48 maisons). *Adresse :* 21 *bis*, rue Dareau, 75014 Paris.

■ **Frères de N.-D. de Lourdes.** CL. CR de droit pontifical. *Fondés* 1830 par E.-M. Glorieux (1802-72). *Administration générale :* rue St-Joseph 1, 9041 Oostakker (Belgique). *Missions :* Brésil, Indonésie, Congo (ex-Zaïre). *Membres :* 266. *Maisons :* 42.

■ **Frères de St Louis de Gonzague.** CR de droit pontifical. *Fondés* 1840 à Oudenbosch (Pays-Bas) par Guillaume Hellemons, cistercien (1810-84). *Maisons :* 5. *Missions :* Canada. *Membres :* 61.

■ **Frères des Écoles chrétiennes.** CL. *Fondée* 1681 à Reims par St Jean-Baptiste de La Salle (1651-1719). *1725* approuvée. *1808* incorporée à l'Université. Supprimée en France. *1904* fondent de nombreuses écoles à l'étranger. *Actuellement*, dirigent 197 établissements en France, 959 écoles dans 82 pays. *Adresse en France :* 78 A, rue de Sèvres, 75341 Paris Cedex 07. *Noviciat :* N.-D. de Parménie, 38140 Beaucroissant. *Membres :* 6 523 (dont *Français* 1 030). *Missions :* 22 frères français. *Maisons :* 1 020.

■ **Frères du Sacré-Cœur.** CL. *Fondée* 1821 à Lyon par André Coindre (1787-1826). *1851* reconnue en France. *1894* par Rome. *Jusqu'en 1903* dirigent écoles, orphelinats, instituts pour sourds-muets. *Depuis 1927* écoles et missions dans 32 pays. *Membres :* 1 313. *Maisons :* 219. *En France :* 70 membres, 9 écoles, collèges et lycées en collaboration avec laïcs.

■ **(Frères) hospitaliers de St Jean de Dieu** (St Jean de Dieu, 1495-1550). Ordre de caractère laïc, consacré aux pauvres et malades. *Fondé* 1537 à Grenade. Introduit en France en 1602 où il s'est surtout occupé des malades mentaux. *Membres :* 1 452. *En France :* 7 hôpitaux, 66 frères. *Maisons :* 230.

■ **Jésuites (Compagnie de Jésus).** CR. *Fondés* 27-9-1540 (bulle *Regimini militantis*) par Inigo López de Loyola (St Ignace, 1491-1556) ; avec Jean de Polanco, a rédigé les Exercices spirituels (approuvés en 1548) et les Constitutions (approuvées en 1558) ; à la fois ordre des clercs réguliers et ordre mendiant ; le seul ordre dispensé de la récitation en commun de l'office. *Devise : Ad majorem Dei gloriam* « Pour une gloire plus grande de Dieu ». *Instance suprême :* Congrégation générale élue (la 34ᵉ s'est réunie en 1995 : 222 délégués, élus ou désignés, dont 84 provinciaux). Dirigée par un préposé général (surnommé le *pape noir*). *Préposé général : 22-5-1965* Pedro Arrupe (1907-91), *13-9-1983* le P. Hans Kolvenbach (Hollandais, né 30-11-1928, 28ᵉ depuis Loyola). *Divisée* en 10 assistances groupant 85 provinces et 6 régions indépendantes et 16 régions dépendantes. *Formation :* 12 ans. Noviciat (2 ans), études (philosophie et théologie), interrompues par un temps d'insertion pastorale (régence), suivies d'une 3ᵉ année de reprise spirituelle et enfin de la « profession » (vœux). 3 degrés : *profès*, qui font un vœu particulier d'obéissance au pape « pour les missions » qu'il veut confier, *coadjuteurs spirituels* et *coadjuteurs temporels* ou *frères.* Tous à titres divers participent à la même tâche apostolique.

Histoire : dès sa fondation, la Compagnie se met au service du pape « pour les missions » qu'il veut lui confier. Elle privilégie un ministère de prédication et de réforme spirituelle, qui l'amène à se situer face aux protestants. A partir de 1546, son action se développe à travers de nombreux *collèges* et *universités* qu'elle fonde en Europe, Asie, Afrique et Amérique. Dans leurs interventions, les jésuites associent humanisation et évangélisation (Europe, *réductions* du Paraguay, Inde, Chine). Aussi sont-ils très présents dans les arts, les sciences, les lettres, et pas seulement la mystique. Mais leur humanisme résolu suscite l'animosité des jansénistes ; leur ultramontanisme (opposition au particularisme religieux de chaque pays, comme le gallicanisme en France) indispose les monarchies catholiques absolues et heurte les philosophes, partisans des Lumières c.-à-d. de la liberté de penser et d'écrire. Les philosophes font pression sur les cours où règnent les Bourbons et leurs alliés (or, les Bourbons d'Italie sont influents à Rome). Par ressentiment contre les actions antijansénistes de la Cie, les dévots laissent les philosophes agir. La Cie est interdite : 1759 Portugal ; 1764 France ; 1767 Espagne. En 1769, lors du conclave, les ambassadeurs des Bourbons (France, Espagne, Sicile, Parme) menacent d'exclusive tout *papabile* ne prenant pas l'engagement d'interdire l'Ordre. Clément XIV retarde la décision jusqu'en 1773, puis est contraint de la promulguer pour tous les États catholiques (le Gᵃˡ Ricci mourra en prison). Cependant, l'Ordre se maintient en Pologne (dépendant de la Russie orthodoxe et de la Prusse protestante) et est toléré en Italie sous le nom des *Pères de la Foi* (1799). En 1814, Pie VII le rétablit officiellement. *Expulsions :* Allemagne 1872, Brésil 1874, Espagne 1767, 1820, 1836, 1868, *France* 1594, 1764, 1830, 1880, 1901, Italie 1870, Mexique 1873, Portugal 1873, Russie 1828. La Province de France de la Cie ayant soumis ses statuts au Conseil d'État, a été reconnue légalement comme congrégation (*JO* du 24-3-2001).

Membres : *1965 :* 36 000 ; *71 :* 31 745 ; *81 :* 26 778 ; *90 :* 24 346 ; *2000 :* 21 469 (dont 4 020 en formation) dans 127 pays dont Europe 7 194 (en 1998 : Espagne 1 913, Italie 1 312, *France 811*) ; Amér. du Nord 5 021, du Sud 2 461 ; Asie et Océanie 5 396 (Inde 3 489 en 1998) ; Afrique 1 376. *Depuis 1970 :* 42 assassinés dans le monde (dont au Salvador 6 en 1989, Rwanda 3 en 1994, Zaïre 1 en 1996, Inde 2 en 1997, Congo 1 en 1998, Mexique 1 en 1997). **Anciens élèves :** 3 750 000 (dont *France* 60 000). *Congrès d'anciens : 1ᵉʳ :* Rome 1967, *2ᵉ :* Versailles 1986 (20/23-7), *3ᵉ :* Loyola 1990, *4ᵉ :* Sydney 1997. **En France :** 1 province (résultant de la fusion des 4 provinces en 1976). *Préposé provincial :* père Jean-Noël Audras (né 1944) depuis 1997 pour 6 ans. *Membres* (oct. 2000) : 762 (dont 109 en formation) répartis dans les régions françaises (Nord et Sud), la Grèce, les régions du Maghreb (Algérie et Maroc) et de l'océan Indien (Réunion et Maurice) ; 155 jésuites français résidant au Proche-Orient, en Asie, Afrique, à Madagascar et en Amér. latine. ENSEIGNEMENT SUPÉRIEUR : *Paris* Centre Sèvres (lieu de formation), *Lille, Nantes* et *Toulouse* Éc. d'ingénieurs Icam (Institut catholique d'arts et métiers) ; *Toulouse* Esap (Éc. sup. d'agriculture de Purpan) ; *Versailles* éc. Ste-Geneviève (dite Ginette). SECONDAIRE : *12 établissements dont Amiens* la Providence ; *Avignon* St-Joseph ; *Bordeaux-Caudéran* St-Joseph-de-Tivoli ; *Le Mans* N.-D.-de-Ste-Croix ; *Marseille* de Provence, St-Giniez ; *Paris* éc. St-Louis-de-Gonzague (rue Franklin) ; *Reims* St-Joseph ; *St-Étienne* lycée technique du Marais, St-Michel ; *Toulouse* Le Caousou ; *Lyon* centre scolaire St-Marc. AUTRES : centres de formation d'adultes, de soutien scolaire et universitaire ; lieux d'accueil (retraites spirituelles) et de réflexion (sociale et culturelle) à Aix, Arradon, Clamart, Francheville, Toulouse. LIENS avec plusieurs mouvements : *Communauté Vie chrétienne, Mouvement des cadres chrétiens, Chrétiens en Grande École, Mouvement eucharistique des jeunes.* PRINCIPALES REVUES FRANÇAISES : *Archives de philosophie ; Recherches de science religieuse ; Études* (mensuel fondé 1856) ; *Projet ; Christus ; Croire aujourd'hui ; Source de Vie ; Garrigues.*

■ **Lazaristes.** SVA (Congr. de la Mission). *1625* établis par St Vincent de Paul (1581-1660) au collège des Bons Enfants, puis au prieuré de St-Lazare. *1633* approuvés. *1670* constitutions définitives. Missions rurales et étrangères, aumôneries, enseignement dans les séminaires. *Membres* (en 1999) : 4 084 dont 643 scolastiques. *Maisons :* 559.

■ **Marianistes** [Sté de Marie (SM)]. *1817 fondée* à Bordeaux, par le vénérable Guillaume Chaminade (1761-1850). Enseignement, paroisses, missions. Prêtres et laïcs (à égalité de droits). *Provinces :* 10, *France*, Italie, Japon, Espagne (2), USA (5) ; *régions :* 13, Afr. de l'Est, Allemagne, Argentine, Autriche, Canada, Chili, Colombie, Congo, Côte d'Ivoire, Inde, Pérou, Suisse. *Membres :* 1 563 dans 35 pays. *Maisons :* 220. *En France :* 7 établissements scolaires, 4 centres spirituels.

■ **Maristes** [Sté de Marie (SM)]. **Pères maristes.** *Fondée* 1824 dans les diocèses de Belley et Lyon par le vénérable Jean-Claude Colin (1790-1875) selon un engagement communautaire pris à Fourvière en 1816. *1836* approuvée. Missions, enseignement, paroisse, animation de jeunesse. *Congr. féminines apparentées :* sœurs maristes (SM) ; sœurs missionnaires de la Sté de Marie (SMSM). *Membres :* 1 350 dans 26 pays (dont *en France* 130, Québec 40, Nouvelle-Calédonie 28). *Maisons :* 235.

■ **Maryknoll.** SVA (Sté pour les missions étrangères). *Fondée* 1911 par J. A. Walsh et Th. F. Price et les évêques des USA. Présente dans 35 pays. *Membres :* 597 (500 pères, 80 frères, 17 novices). *Maisons :* 40.

■ **Mercédaires. Rédempteurs :** mendiants par privilège (1690, Alexandre VII). *Ordre de la Merci : fondé* 10-8-1218 par St Pierre Nolasque (1180-1245) à Barcelone (Esp.).

Approuvé 17-1-1235 par le pape Grégoire IX. Ordre laïcal jusqu'en 1317, puis gouverné par des prêtres avec des membres laïcs. *But :* rachat des chrétiens prisonniers des musulmans (60 000 rachetés jusqu'en 1779, coût 2 milliards de pesetas-or) ; puis missions (surtout sud-américaines) et œuvres de bienfaisance. *Présence :* Amér. latine, Angola, Brésil, Congo (ex-Zaïre), Espagne, Inde, Italie, USA. *Membres :* 770 dans 22 pays. *Maisons :* 162.

■ **Mill Hill** [MHM (Sté missionnaire de St Joseph)]. SVA. *Fondée* 1866 en Angleterre par le cardinal Herbert Vaughan. *Membres* (juin 2000) : 587 (4 évêques, 505 pères, 63 frères, 15 laïcs associés). *Maisons de formation* en Afrique, Asie, Europe.

■ **Missionnaires d'Afrique (Pères Blancs).** Sté des Missionnaires d'Afrique. *Fondée* 1868 à Maison-Carrée (Algérie) par le cardinal Charles Lavigerie (1825-92), archevêque d'Alger (1867-92). Travaillent dans 22 pays d'Afrique (85 diocèses) avec le clergé africain. En Afrique, Amérique, Asie, Europe : maisons d'études pour les futurs missionnaires, activité missionnaire dans les diocèses et accueil des missionnaires âgés ou malades. *Membres* (au 1-1-2001) : 1 928 (14 évêques, 1 717 pères, 184 frères, 11 diacres, 2 associés) dont *en France* 2 évêques, 250 pères, 22 frères. *Supérieur général :* P. François Richard (Fr., 1998).

Missionnaires de N.-D. de La Salette. CS. *Fondée* 1852 par Mgr Philibert de Bruillard (1765-1860), après l'apparition de la Vierge à La Salette (19-9-1846). *Membres :* 904 dans 22 pays (5 évêques, 675 prêtres, 82 frères missionnaires, 50 novices, 6 frères oblats et 131 scolastiques en formation). *Maisons :* 233. *Supérieur général :* P. Isidro Perin.

Missionnaires de St Paul. *Fondés* 1910 à Malte par Mgr Joseph De Piro (1877-1933). *Membres :* 102. *Maisons :* 25.

Missionnaires de Scheut ou **Congrégation du Cœur Immaculé de Marie (CICM).** CS. *Fondée* 1862 par P. Théophile Verbist. *Maison mère :* Scheut-Bruxelles (Belg.) ; *généralice :* Rome. *Membres :* 1 247 (963 prêtres, 77 frères, 185 scolastiques) et 12 novices. *Provinces :* 21.

Missions africaines (Sté des) [SMA]. *Fondée* 1856 à Fourvière (Lyon) par Mgr Melchior de Marion Brésillac (1813-59). *Provinces :* Lyon, Strasbourg, Irlande, Pays-Bas, USA, G.-B., Italie. *Districts :* 2 : Canada, Espagne. *Nouvelles fondations :* Afrique, Asie, Argentine, Pologne. Travaille dans 45 diocèses en Afrique. *Membres :* 991 (prêtres, frères et associés laïcs). *Séminaristes :* 129. *Adresse :* 36, rue Miguel-Hildago, 75019 Paris.

Missions étrangères de Paris. SVA. *Fondée* à la suite de l'envoi par Rome, en 1658-61, de 3 vicaires apostoliques français (Mgr Lambert de la Motte, Mgr Pallu, Mgr Cotolendi) en Asie pour y établir un clergé autochtone. *1663* création du séminaire, rue du Bac. *Membres :* 355. Présents en Perse (jusqu'en 1722) ; Canada (jusqu'en 1753) ; Chine, Viêt Nam, Thaïlande, Cambodge (depuis le XVIIe s.) ; Inde et Laos (depuis le XVIIIe s.) ; Corée, Japon, Malaisie, Singapour, Birmanie (depuis le XIXe s.), Chine (Hong Kong) ; Madagascar, Maurice, Nouvelle-Calédonie, Réunion, Brésil (depuis le XXe s.), Taïwan, Indonésie. *Adresse :* 128, rue du Bac, 75007 Paris.

■ **Montfortains.** SMM (Cie de Marie). *Fondée* 1705 par St Louis-Marie Grignion de Montfort (1673-1716). Missions. *Membres :* 972 dans 34 pays. *Maisons :* 175. *En France :* 154 membres (dont 33 missionnaires à l'étranger), 14 maisons.

■ **Oblats de Marie Immaculée (OMI).** *Fondés* 1816, à Aix-en-Provence, par St Eugène de Mazenod (1782-1861) pour l'apostolat missionnaire dans les zones défavorisées. *Membres* (en 2000) : 4 634 (3 475 prêtres, 561 frères, 598 scolastiques). *Maisons :* 1 237 en 63 pays. *En France* 253 membres, 42 maisons.

Oblats de St François de Sales. CS. *Fondée* 1871 par le P. Brisson. Accueil, enseignement, paroisses, missions. *Membres :* 641. *Maisons :* 266.

■ **Oratoire de France.** SVA. *Fondé* 1611, sur le modèle des Oratoires de St Philippe Neri (1515-1595) où les prêtres menaient une vie communautaire, par le cardinal Pierre de Bérulle (1575-1629), initiateur de l'« École française de spiritualité ». Disparu sous la Révolution. *1852* restauré par les pères Alphonse Gratry (1805-72) et Louis-Pierre Pétetot (1801-87). Éducation, paroisses et aumôneries. *Oratoriens notoires :* Malebranche (1638-1715, philosophe) ; Lucien Laberthonnière (1860-1932, théologien et philosophe). *1984* fondation de la « Communion oratorienne », ouverte aux laïcs. *Membres :* 80 dont 12 étudiants ; (confédérés : 519). *Adresse :* 17, rue des Lyonnais, 75005 Paris.

■ **Orione** (Don) [Petite Œuvre de la Divine Providence]. CS. *Fondée* 1903 par le bienheureux Louis Orione (1872-1940) à Tortona (Italie). *Branches :* fils de la Divine Providence (prêtres et frères religieux), ermites, petites sœurs missionnaires de la Charité, sacramentines aveugles, sœurs contemplatives de Jésus Crucifix, institut séculier orioniste, mouvement laïcal orioniste. *Œuvres :* petits Cottolengo (service aux pauvres et malheureux), centres de réhabilitation, maisons d'accueil, enseignement professionnel pour garçons pauvres, paroisses et oratoires. *Missions :* Europe de l'Est, Amérique, Afrique, Asie.

■ **Pallottins.** SAC (Sté de l'Apostolat catholique). *Fondée* 1835 à Rome par Vincent Pallotti [(1795-1850) prêtre romain, canonisé (20-1-1963)]. 12 provinces et 7 régions dans 37 pays. *Membres :* 2 283 clercs et laïcs (dont *France* 32). *Missions :* Amér. du Sud, Australie, Afrique, Océanie.

■ **Passionistes.** Congr. de la Passion de J.-C. *Fondée* 1720 par St Paul de la Croix (1694-1775). Vie contemplative et active. 21 provinces et 5 vice-provinces, dans 55 pays. *Membres :* 2 400.

■ **Philippins** (Confédération de l'Oratoire de St Philippe Neri). SVA (1575). Divisée en congr. indépendantes (Europe, Amérique, Afrique). Œuvres de charité, jeunesse, paroisses. *Membres :* 530. *Maisons :* 74.

■ **Piaristes** (Clercs réguliers des Écoles pies ou Scolopi, ou Escolapios, ou Piaristes). CR. *Fondés* 1617 par St Joseph de Calasanz (1557-1648). Instruction et éducation chrétienne des enfants, surtout les plus pauvres. *Membres :* 1 451. *Maisons :* 233 dans 34 pays.

■ **Prado (Institut du).** IS. *Fondé* 1860 à Lyon par le bienheureux Antoine Chevrier (1826-79) : Association des prêtres du Prado. Évangélisation des pauvres. Sœurs, frères, institut féminin, laïcs dans 40 pays. *Membres :* 1 200 dont 700 *Français*, 100 Italiens, 100 Espagnols.

■ **Prémontrés.** Ordre des chanoines réguliers de Prémontré. CR. *Fondé* 1121 par St Norbert (1080-1134). Ses membres sont attachés à une abbaye et peuvent être appelés à exercer leur apostolat sur place, à l'extérieur (paroisses, enseignement), ou en prêchant retraites et missions. *Membres :* 1 425. *Maisons :* 80. *En France :* 2 abbayes d'hommes : St-Michel-de-Frigolet (B.-du-Rh.), St-Martin-de-Mondaye (Calvados). Prieurés dépendants : Conques (Aveyron), St-Pierre-de-Caen (Calvados), Ste-Anne-de-Bonlieu (Drôme), N.-D.-des-Neiges à Laloubère (Htes-Pyr.), Accous (Pyr.-Atl.). 1 monastère de chanoinesses norbertines : Ste-Anne-de-Bonlieu (Drôme). Fraternités séculières (ancien tiers ordre) en liaison avec chaque abbaye.

■ **Prêtres de St-Sulpice.** SVA. *Fondée* 1641 par Jean-Jacques Olier (1608-57). Direction des grands séminaires, formation permanente du clergé, en France, Amér. du Nord et du Sud, Japon, Viêt Nam, Afrique. *Membres :* 340 dont 154 *Français*. *Maisons :* 38.

■ **Rédemptoristes.** CSSR. *Fondée* 1732 par St Alphonse-Marie de Liguori (1696-1787), évêque canonisé 1839 et docteur de l'Église (1871). Prédicateurs et missionnaires. *Membres : 1750 :* 46 ; *1800 :* 183 ; *25 :* 305 ; *50 :* 914 ; *1900 :* 2 700 ; *30 :* 5 297 ; *63 :* 8 731 ; *90 :* 6 087 ; *91 :* 5 957 ; au *1-1-2001 :* 5 563 (45 évêques, 4 172 prêtres). *Maisons :* 726.

■ **Religieux de St-Vincent-de-Paul.** CS (pères et frères). *Fondée* 1845 par le vénérable Jean-Léon Le Prévost. Europe, Amérique, Afrique. *Membres :* 275 dans 7 pays. *Maisons :* 43.

■ **Sacré-Cœur de Jésus (Congrégation du).** *Fondée* 1864 par Joseph Marie Timon-David (1823-91). *Membres :* 51. *Maisons :* 12.

Sacré-Cœur de Jésus (Missionnaires du). CS. *Fondée* 1854 à Issoudun par Jules Chevalier. Jeunes Églises, ministère paroissial, enseignement. *Membres :* 2 300 dans 47 pays. *Publication : Annales d'Issoudun* (65 000 ex., mensuel).

Sacrés-Cœurs de Jésus de St-Quentin ou **Déhoniens (Prêtres).** CS. *Fondée* 1878 par le chanoine Léon-Jean Dehon (1843-1925) à St-Quentin. Dévotion au Cœur de Jésus ; apostolat social ; formation du clergé et du laïcat ; missions (Afrique, Amérique latine, Asie). *Membres :* 2 298 dans 38 pays. *Maisons :* 337.

Sacrés-Cœurs dits de Picpus (Congrégation des). *Fondée* 1800 par Marie-Joseph Coudrin (1768-1837) et Henriette Aymer de La Chevalerie (1767-1834) à Poitiers. 2e maison généralice à Paris (rue de Picpus) ; maintenant à Rome. Enseignement, missions, apostolats. *Membres :* 1 055 dans 41 pays. *Maisons :* 256.

■ **Saint-Esprit (Congrégation du),** dits **Spiritains (CSSp).** *Fondée* 1703 comme séminaire de prêtres pauvres par Claude-François Poullart des Places (1679-1709). *1848* regroupée avec la Sté du St-Cœur de Marie [*fondée* 1841 par Jacob (puis François) Libermann (1802-52) converti 1826], devenue congr. missionnaire. *Publications : Écho de la Mission* (28 000 ex.) ; *Pentecôte sur le Monde* (20 000) ; *Revue de St Joseph* (80 000) ; *Esprit Saint* (5 000). *Membres :* 3 050 dont 612 *Français*, 492 Irlandais, 198 Néerlandais, 438 Nigérians, 185 Portugais, dans 55 pays. *Maisons :* 860.

■ **Saint-Sacrement (Congrégation du).** *Fondée* 1856 par St Pierre-Julien Eymard (1811-68). Vie et apostolat. *Membres :* 980. *Maisons :* 138 dans 29 pays. *En France* 35 membres (5 maisons). *Supérieur général :* P. Fiorenzo Salvi.

■ **Sainte Croix (Ordre canonique de la)** dit **Frères de la Croix.** ORC. *Fondé* 1131 à Coïmbra (Portugal). Vie et apostolat centrés sur liturgie et sacerdoce. *Supérieur général :* P. Michael Silberer.

■ **Sainte Croix (Congrégation de).** *Fondée* 1837 au Mans par le P. Moreau (1799-1873) par le regroupement des Frères de St-Joseph fondés 1820 par Jacques Dujarié (1767-1838), à Ruillé-sur-Loir (Sarthe), et des prêtres auxiliaires qu'il avait fondés. Ministère pastoral, éducation chrétienne, missions, œuvres sociales. *Membres :* 1 800 dont 35 *Français*. *Maisons :* 200 dans 13 provinces et 11 districts.

■ **Sainte Famille (Fils de la).** *Fondés* 1864 par le bienheureux José Manyanet Vives (1833-1901) à Tremp (Lérida, Espagne). *1901* approuvée. Promotion de la dévotion à la Sainte Famille et formation chrétienne de la famille par l'enseignement. *Membres :* 237. *Maisons :* 42 dans 8 pays.

■ **Salésiens.** SDB. *Fondés* 1864 par St Jean Bosco (1815-88, canonisé 1934) dans le quartier de Valdocco à Turin. La Congrégation compte des prêtres et frères appelés *coadjuteurs*. Éducation des jeunes dans les milieux populaires ou défavorisés, missions, paroisses, apostolat populaire. *Membres : 1877 :* 61 ; *80 :* 405 ; *90 :* 994 ; *1900 :* 2 723 ; *50 :* 14 754 ; *60 :* 19 925 ; *70 :* 20 427 ; *80 :* 17 293 ; *90 :* 17 631 ; *1998 :* 17 460 dans 121 pays. *Maisons :* 1 809.

■ **Salvatoriens,** Sté du Divin Sauveur. *Fondée* 1881 par l'Allemand J. B. Jordan (1848-1918). Enseignement, paroisse, missions. *Membres* (en 1997) : 1 200. *Maisons :* 121.

■ **Servites de Marie (OSM).** Mendiants. *Fondés* 1233 par 7 Florentins laïcs (canonisés 1888). Prêtres et frères. Missions. 22 congr. féminines, 15 monastères, 2 instituts séculiers, 1 institut de spiritualité familiale. Théologie mariale (faculté « Marianum » à Rome). *Membres :* 970. *Novices :* 23. *Maisons :* 169.

■ **Société de St-Colomban.** SVA. *Fondée* 1918. Sté missionnaire. *Publications : Far East* (310 000 ex.) ; *Columban Mission* (USA, 360 000 ex.). *Membres :* 675. *Maisons :* 38.

■ **Société de St-Paul.** CR. *Fondée* 1914 à Alba (It.) par le P. Giacomo Alberione (1884-1971). Apostolat. *Membres :* 1 202. *Maisons :* 103.

■ **Somasques.** CRS. *Fondés* vers 1533 par St Jérome Emiliani (1486-1537) sous le nom de « Compagnie des Serviteurs des Pauvres ». Soins (orphelins, jeunes exclus, paroisses). *Présence dans le monde :* 8 provinces (Italie 3, Espagne 1, Amérique centrale 1, Mexique 1, Colombie et Équateur 1, Brésil 1), 3 missions (Philippines, USA, Inde). *Membres :* plus de 500 prêtres et frères. *Maisons :* 95.

■ **Théâtins.** CR. *Fondés* 1524 à Rome par Gaëtan de Thiene (1480-1547) et Jean-Pierre Carafa (1478-1559, futur Paul IV). *Membres :* 210 en Argentine, Brésil, Colombie, Espagne, Hollande, Italie, Mexique, USA.

■ **Trappistes** (voir **Cisterciens réformés** p. 523 c).

■ **Trinitaires** (ordre mendiant de la Très Ste Trinité pour la rédemption des captifs). *Fondés* le 17-12-1198 par Jean de Matha. *1193* Jean de Matha se retire dans le Bois de Cerfroid [dépendant actuellement de la ville de Brumetz (Aisne)] où il rencontre quelques ermites (dont Félix de Valois) avec lesquels il forme l'ordre des trinitaires. Appelés mathurins (du nom de leur église St-Mathurin, à Paris) ou frères aux ânes (leur monture à l'origine). *But :* se consacrent au rachat des captifs.

■ **Verbe divin (Sté du).** CS. *Fondée* 1875 par le bienheureux Arnold Janssen (Allemagne, 1837-1909) à Steyl (Pays-Bas). Missions dans 61 pays. *Membres* (au 1-1-2001) : 5 630 profès (46 évêques, 3 744 prêtres, 1 042 scolastiques, 798 frères laïques) et 424 novices. *Maisons :* 374.

ORDRES ET CONGRÉGATIONS DE FEMMES

☞ Voir *Abréviations* p. 523 a.

■ **Définitions. Abbesse** (du syriaque, mère) : titre remontant au VIe s. ; élue pour un laps de temps indéfini. **Moniale :** religieuse qui se consacre à une vie de prière, dans un ordre monastique, en communauté fraternelle, dans un certain retrait par rapport à la vie de société, sans œuvre d'apostolat, travaille pour gagner sa vie. **Religieuse :** a prononcé des vœux simples, appartient à une congrégation de droit pontifical ou diocésain.

■ **Statistiques. Instituts féminins :** 1 175 (27 séculiers) dans le monde. **Religieuses ayant prononcé des vœux perpétuels ou temporaires :** *1970 :* 1 003 670 ; *80 :* 744 663 ; *90 :* 670 369 ; *92 :* 655 031. **Religieuses dispensées de leurs vœux :** *de 1970 à 75 :* 25 000. *Raisons* (en %) : manque de vocation 15, santé 30, impossibilité de vivre en communauté 25, de respecter les vœux 20, diverses 10.

■ PRINCIPAUX INSTITUTS RELIGIEUX FÉMININS DE DROIT PONTIFICAL

☞ **L'Union internationale des supérieures générales :** 28, Piazza Ponte S. Angelo, Rome ; organisme de droit pontifical qui réunit les supérieures générales des instituts religieux féminins et de sociétés de vie apostolique. Les statistiques de l'*Annuario pontificio* reflètent souvent une situation ancienne. *Membres* (au 1-1-2001) : 1 970.

■ **Instituts religieux féminins. Ayant des maisons autonomes** (membres en 2000 et, entre parenthèses, en 1973) : carmélites déchaussées 12 212 (11 075), clarisses 12 653 (10 120), bénédictines 10 797 (7 534), dominicaines 3 856 (5 660). **Centralisés** [en 2000 (et en 1971)] : filles de Marie auxiliatrice (Salésiennes) 16 104 (18 488), franciscaines missionnaires de Marie 7 845 (10 120), sœurs de la Miséricorde des Amériques 5 754 (5 686), sœurs de N.-D. de la Charité du Bon Pasteur 5 585 (10 074), sœurs de Marie Enfant 5 809 (8 526), sœurs des Écoles de N.-D. 4 980 (10 275), sœurs clarisses franciscaines 6 600 [3 495 (en 1974)], sœurs de Charité de la Ste Croix 4 874 (8 419), sœurs de la Mère du Carmel 6 095 (3 922).

Sociétés de vie apostolique. Filles de la charité de St-Vincent : *2000 :* 24 982 (*1971 :* 42 574).

■ **Adoratrices du Saint-Sacrement.** *Fondées* 1882 par Francesco Spinelli (1853-1913). Congr. italienne de *Rivolta d'Adda* [*membres* (au 1-1-2001) : 542, *maisons :* 61 (Italie 52)].

■ **Apparition (Sœurs de St-Joseph-de-l').** *Fondées* 1832 à Gaillac (Tarn) par Ste Émilie de Vialar (1797-1856, canonisée 1951). Congr. missionnaire (écoles, hôpitaux, foyers, apostolat social, pastorale). *Maison générale :* 90, avenue Foch, 94120 Fontenay-sous-Bois. *Membres :* 990. *Maisons :* 165.

■ **Assomption. Religieuses de l'Ass. :** congr. de droit pontifical *fondée* 1839 par Marie-Eugénie Milleret (1817-98), contemplative, éducatrice et missionnaire ; *membres :* 1 345 ; *communautés :* 183. **Oblates missionnaires de l'Ass. :** *fondées* 1865 par le P. Emmanuel d'Alzon (1810-80) et Marie Corrensen (1842-1900), apostolat éducatif, social et missionnaire ; *membres :* 500 ; *communautés :* 70. **Petites sœurs de l'Ass. :** *fondées* 1865 par le P. Étienne Pernet (1824-99) et Marie de Jésus (1823-83), apostolat social et missionnaire ; *membres :* 1 231 ; *communautés :* 182. **Orantes de l'Ass. :** *fondées* 1896 par le P. François Picard (1831-1903) et Isabelle de Clermont-Tonnerre (1849-1921), institut de vie contemplative ; *membres :* 180 ; *communautés :* 20. **Sœurs missionnaires de l'Ass. :** *fondées* 1852 par Marie-Gertrude de Henningsen (1822-1904), apostolat éducatif et social ; *membres :* 86 ; *communautés :* 13. **Congr. fondées par des assomptionnistes : sœurs de Ste-Jeanne-d'Arc :** *fondées* 1914 par le P. Marie-Clément Staub (1876-1936) et Jeanne du Sacré-Cœur, apostolat au service du sacerdoce et des paroisses ; *membres :* 153 ; *communautés :* 17. **Sœurs de la Croix :** *fondées* 1939 à Athènes par le P. Elpide Stéphanou (1896-1978). **Petites sœurs de la Présentation de Notre-Dame :** *fondées* 1952 par Mgr Henri Piérard (1893-1975), apostolat ; *membres :* 280.

■ **Augustines (Féd. des sœurs).** 9 congr. *Membres :* 1 185. *Maisons : France* 81, Madagascar 5, Belgique 3, Togo 2, Angleterre 1.

■ **Auxiliatrices (Sœurs).** *Fondées* 1856 à Paris par Eugénie Smet (bienheureuse Marie de la Providence). Activités sociales et ecclésiales. Spiritualité de St Ignace de Loyola. *Membres* (au 1-1-2001) : 751 (212 en *France*) dans 25 pays. *Communautés :* 135. *Provinces :* 15.

■ **Bénédictines.** *Fondées au* Ve s. par St Benoît. 21 congr. différentes. *Membres :* 7 932 moniales [rattachées aux grandes congr. masculines comme Solesmes ou Subiaco, ou en congrégation ou fédération, ou vivant en abbayes indépendantes ; exemple : Faremoutiers (S.-et-M.)], 351 monastères ; 10 979 sœurs.

■ **Bernardines** (voir **Cisterciennes** col. b).

■ **Bon Secours de Paris (Sœurs du).** *Fondées* 1824 par Joséphine Potel de Becordel (Picardie) et ses 11 compagnes. Congr. de droit pontifical implantée en France, Irlande, Grande-Bretagne, USA, Pérou. Contemplatives de vie active : soutien des malades, encadrement religieux d'enfants et d'adolescents. *Membres :* 342. *Maisons :* 40.

■ **Calvaire (Filles du). Congr. espagnole, Œuvre du Calvaire.** *Fondée* 1842 à Lyon par Mme Garnier ; regroupe des veuves se consacrant aux œuvres, sans vœux de religion ; divisée en *dames, veuves agrégées* et *associées. Bénédictines de N.-D.-du-Calvaire* (voir **Bénédictines** ci-dessus). A Gramat (Lot) : congr. de droit diocésain (religieuses de N.-D.-du-Calvaire : enseignantes et éducatrices). *Membres :* 393. *Maisons :* 59.

■ **Carmélites.** Rattachées à l'ordre masculin des carmes (existant au Mt Carmel au Ier s.). *Fondées* 1451 par St Jean de Soreth. *XVIe s.* réformées par Ste Thérèse d'Avila (28 congr., *membres* 24 500, *maisons* 2 126) [*Congr. déchaussées* (12 898 membres, 859 maisons). *Congr. de la Charité* (Italie, 2 674 membres, 297 maisons)]. *En France :* 4 fédérations : St-Joseph (Paris, 28 maisons) ; Ste-Thérèse-de-l'Enfant-Jésus (Lisieux, 17) ; St-Jean-de-la-Croix (Avignon, Lyon, 23) ; Ste-Thérèse-de-Jésus (Toulouse, Bordeaux, 26). *Communautés :* 24 membres au plus, prière et vie fraternelle sans sortie hors de la clôture et sans œuvre dans le monde.

■ **Chanoinesses régulières.** 175 maisons, 4 120 membres. 9 congr. dont **Congrégation Notre-Dame** (chanoinesses de St-Augustin). *Fondées* 1597 par St Pierre Fourier (1565-1640, canonisé 1897) et la bienheureuse Alix Le Clerc (1576-1622). *Éducatrices :* 750 membres dans 15 pays.

■ **Chanoinesses régulières de Remiremont.** *VIIe s.* St Romaric fonde un monastère de femmes sur le mont Habend, près de Remiremont (Vosges), où l'on pratique la règle de St Colomban. *IXe s.* règle de St Benoît. Plus tard, deviennent chanoinesses régulières, sans vœux de religion. Leur abbaye était l'une des plus riches d'Europe (52 terres seigneuriales, 22 petites seigneuries). L'abbesse, Pcesse du St Empire, relevait de l'empereur au temporel, et du pape au spirituel. Elle portait un sceptre. Pour être admise au chapitre, il fallait être noble des 4 côtés depuis au moins 200 ans (la fille de Gaston d'Orléans, nièce de Louis XIII, petite-fille de Marie de Médicis, de noblesse trop récente, ne put être abbesse). *Dernière abbesse :* Louise-Adélaïde de Bourbon-Condé.

■ **Charité. Filles de la charité de St-Vincent-de-Paul :** *fondées* 1633 à Paris par St Vincent de Paul (1581-1660, canonisé 1737) et Ste Louise de Marillac (1591-1660, canonisée 1934). Œuvres sanitaires, sociales et éducatives (90 pays, 78 provinces dont 6 en *France :* Paris, Lille, Lyon, Marseille, Rennes, Toulouse et 1 région). *Membres :* 24 982. *Communautés locales :* 2 700. *Maison mère :* 140, rue du Bac, 75340 Paris Cedex 07. **Sœurs de la charité :** 73 congr. différentes. *Membres :* 60 000, notamment *Sœurs de la charité de Ste-Jeanne-Antide-Thouret* (sous la protection de St-Vincent-de-Paul) *fondées* 1799 à Besançon par Ste Jeanne-Antide Thouret (1765-1826) [religieuse de St-Vincent-de-Paul, sécularisée à la Révolution]. *Maisons :* 616 dont 97 en *France. Membres :* 4 815. **Sœurs de la charité de Strasbourg :** *fondées* 1734 par le cardinal de Rohan-Soubise. Depuis 1970 fédération de 11 congr. *Membres :* 5 200. *En France :* 30 maisons et 200 membres. **Missionnaires de la Charité** (voir ci-dessous).

■ **Chartreuses.** Moniales. *Fondées* 1145. *Membres :* 70 (avec novices). *Monastères :* 5 [*France* 2 : Reillanne (Alpes-de-Hte-Provence) et Nonenque (Aveyron) ; Italie 2 ; Espagne 1].

■ **Cisterciennes.** *Membres :* 1 756. *Maisons :* 89 (voir aussi **Trappistines** p. 527 a).

Cisterciennes dites **Bernardines d'Esquermes.** (Voir **Cisterciens** p. 523 c.) Moniales. Les fondatrices issues de 3 abbayes de la Flandre française supprimées en 1789 se regroupèrent à Esquermes, près de Lille. *Membres :* 177. *Monastères :* 10 en *France,* Belgique, G.-B., Japon, Congo (ex-Zaïre).

■ **Clarisses** ou **Ordre des sœurs pauvres.** *Fondées* 1212 par Ste Claire (1193-1253) qui s'inspira des Frères mineurs. Monastères autonomes, gouvernés par une abbesse (beaucoup se sont groupés en fédérations depuis 1954). Rattachées par affiliation spirituelle aux franciscains, capucins et conventuels. *Membres :* 16 500 (clarisses 13 450, clarisses capucines 2 550, urbanistes 500). *Maisons :* 935.

■ **Cluny (Sœurs de St-Joseph-de-).** *Fondées* 1807 par Anne-Marie Javouhey (1779-1851, béatifiée 1950). Enseignantes, hospitalières et missionnaires. *Provinces :* 31 regroupant 414 communautés : Europe (96), Asie (109), Afrique (105), Océanie (24), Amér. et Antilles (80). *Membres :* 3 147 (dont 129 novices). *Maison mère :* 21, rue Méchain, 75014 Paris.

■ **Compagnie de Marie-Notre-Dame.** *Fondée* 1606 à Bordeaux par Ste Jeanne de Lestonnac (1556-1640, nièce de Michel de Montaigne par sa mère, canonisée 1949). Implantée en Europe, Amérique, Afrique et Asie. *Membres :* 1 940.

■ **Croix de Strasbourg (Sœurs de la).** *Fondées* 1848 par Adèle de Glaubitz. *Membres* (1-1-2000) : 244. *Maisons : France* 18, Allemagne 8, Cameroun 2.

■ **Dominicaines.** Moniales. *Fondées* 1206 à Prouilhe (Aude) par St Dominique. 5 000 sœurs dans le monde en 247 monastères (16 en *France*). **Dominicaines apostoliques :** 32 286 sœurs, 119 congr. En *France :* 2 800 sœurs, 28 congr. Font partie de la famille dominicaine avec l'ordre des prêcheurs : 7 000 frères, les Instituts séculiers : 500 membres et les Fraternités laïques : 74 385 m.

■ **Enfant-Jésus – Nicolas Barré (Sœurs de l').** Appelées à l'origine *Sœurs de l'instruction charitable du St-Enfant-Jésus. Fondées* 1662 par le bienheureux Nicolas Barré (religieux minime, 1621-86) à Paris (actuellement 83, rue de Sèvres). Au service de l'enfance et de la jeunesse défavorisée. *Membres :* 878 dans 13 pays. *Communautés :* 157.

■ **Franciscaines.** *XIIIe s. :* 1res associations religieuses avec règle propre ; *XIVe s. :* congrégations, activités charitables, hospitalières, enseignantes, missionnaires selon les congr. *Congrégations :* 387 du troisième ordre régulier de St-François. *Sœurs :* 200 000.

■ **Immaculée Conception (Sœurs de l').** 1 346 maisons, 11 400 membres. 17 congr. différentes, dont **N.-D.-de-Lourdes** *fondée* 1863 [à Lannemezan (Htes-Pyr.) par le P. Jean-Louis Peydessus (1807-82) et Eugénie Ducombs (mère Marie de Jésus Crucifié, 1814-78)], transférée 1870 à Lourdes. (Accueil des pèlerins, maisons de retraites, enseignement, pastorale, paroissiale, missions.) *Membres :* 3 300. *Maisons :* 43 (*France* 7).

■ **Instruction chrétienne.** 3 congr. différentes : **sœurs de la charité de Nevers** *fondées* 1680, 108 maisons, 600 membres. **Dames de l'instruction chrétienne** (Flône, Belgique) *fondées* 1823 par Agathe Verhelle (1786-1838), approbation diocésaine ; *1827* droit pontifical. Brésil (32 maisons dont 7 fraternités) et Congo (ex-Zaïre) (3 maisons ou fraternités) : option pour les pauvres ; Belgique (5 maisons, 3 fraternités) ; G.-B. (3 maisons). **Sœurs de l'instruction chrétienne de Gildas des Bois :** *fondées* 1820 par le P. Gabriel Deshayes et Michelle Guillaume ; 169 congr.

■ **Miséricorde (Sœurs de la).** *Fondées* 1831 à Dublin par Catherine McAulley. *Membres* (juin 1998) : 12 873. Fédérées en 9 groupes autonomes : **Instituts** 3 (Amériques 5 754, Australie 2 000, G.-B. 420), **Congrégations** 3 (Irlande 3 340, Amériques 166, Philippines 45), **Fédérations** 2 (G.-B. 130, Nlle-Zélande 410), **Union** 1 (G.-B. 293).

■ **Missionnaires de la Charité.** *Fondées* 7-10-1950 à Calcutta par mère Teresa (Agnès Gonxha Bojaxhiu, Albanaise de Yougoslavie, 26-8-1910/5-9-1997), religieuse de N.-D.-de-Lorette, prix Nobel de la Paix 1979 ; 13-9-1997 funérailles officielles à Calcutta. *Mère supérieure* (depuis le 14-3-1996) : sœur Nirmala Joshi (née 1934 à Ranchi, Inde). *Membres* (au 31-12-2000) : 4 210. *Novices :* 312 ; *postulantes* 250 ; *maisons :* 649. 125 pays.

■ **Pauvres (Sœurs, Petites sœurs** ou **Servantes des).** *Membres :* 7 462. *Maisons :* 796. *Congr. :* 8 dont sous le patronat de St François 2 (voir **Franciscaines**), de St Vincent de Paul 3, sous l'invocation de la Providence 1 (voir **Providence**). **Petites sœurs des pauvres :** *fondées* 1839 par Jeanne Jugan (1792-1879, béatifiée 1982). *Membres* (au 1-1-2001) : 3 410. *Maisons :* 215 dont 56 en *France.* 31 pays. **Servantes des pauvres ou Sœurs de Jeanne Delanoue :** *fondées* par Ste Jeanne Delanoue (1666-1736). *Membres :* 400. *Maisons : France* 41, Madagascar 16, Sumatra 3, Mali 2.

■ **Petites sœurs de Jésus du frère Charles de Jésus.** (Père Charles de Foucauld, 1858-1916.) *Fondées* 1939 à Tougourt (Sahara) [par Magdeleine Hutin (France, 1898-1989), sœur Magdeleine de Jésus] ; contemplatives au milieu du monde ; parmi les défavorisés et en milieu d'islam. *Membres :* 1 324 [67 nationalités, 326 « fraternités » (50 régions dont 6 rattachées aux Églises orientales)]. *Adresse :* 18, rue Nollet, 75017 Paris.

■ **Petites sœurs de l'Évangile du frère Charles de Jésus.** (Père Charles de Foucauld, 1858-1916.) *Fondées* 1-12-1963 par le père René Voillaume. Vie contemplative, apostolique, communautaire en petites fraternités. *Membres :* 70. *Adresse :* Fraternité générale, 23, rue Villot, 93120 La Courneuve.

■ **Présentation (Sœurs de la).** *Membres :* 8 200. *Maisons :* 1 194. **Union des sœurs de la Présentation de la Bienheureuse Vierge Marie** *fondée* 1775 à Cork (Irl.) par Nano Nagle (1718-84). *Membres :* 1 560. *Maison généralice :* Monasterevin, Co. Kildare (Irl.). *Maisons :* 220 dans 12 pays. **Présentation de Marie de Bourg-St-Andéol (Sœurs de la)** *fondées* 1796 à Thueyts (Ardèche) par Marie Rivier (1768-1838, béatifiée 1982). *Maison généralice :* Castel Gandolfo (It.). *Membres :* 1 615. *Maisons :* 200 dans 18 pays. Éducation, œuvres charitables, missions.

■ **Providence (Sœurs de la).** *Fondées* 1762 par Jean Martin Moyë (1730-93, béatifié 1954). *Membres :* 3 000. *Maisons :* 458. **Sœurs de la Providence de Portieux :** 103, rue Villiers-de-l'Isle-Adam, 75020 Paris. Enseignantes, soins, missionnaires, professions sociales. *Membres* (au 1-1-2000) : 722. *Maisons :* 136. **Sœurs de la Divine Providence de St-Jean-de-Bassel :** enseignantes, soins (lépreux), animation pastorale. *Membres :* 690. *Maisons :* 138. **Sœurs de la Providence de Gap :** 22, bd Gal-de-Gaulle, 05010 Gap Cedex. *Membres :* 765. *Maisons :* 140. **Autres congr.** hors de France : branches en Belgique et aux USA.

■ **Sacré-Cœur (Religieuses du). Sté du Sacré-Cœur de Jésus** *fondée* 21-11-1800 par Madeleine-Sophie Barat (1779-1865, canonisée 1925). Implantée Amér. du Nord 1818, par Rose Philippine Duchesne (1769-1852, canonisée 1988). Éducation. 533 communautés dans 44 pays. *Membres* (au 31-12-1999) : 3 473.

■ **Sagesse (Filles de la).** *Fondées* à Poitiers (Vienne) 1703 par St Louis-Marie Grignion de Montfort (1673-1716) et Marie-Louise Trichet (1684-1759, béatifiée 1993). *Maisons : généralice* à Rome, *mère* à St-Laurent-sur-Sèvre. Spiritualité missionnaire apostolique (priorité aux « délaissés ») et mariale. *Communautés :* 324. *Provinces :* 18. *Membres 1703-90 :* 354 ; *1800-1900 :* 5 092 ; *1900-65 :* 5 070 ; *1994 :* 2 707 ; *2001 :* 2 302 dans 22 pays (*France* 803).

■ **Saint-Esprit (Sœurs, Petites sœurs** ou **Filles du).** *Membres :* 9 000. *Maisons :* 898. 9 congr. différentes, notamment **Sœurs hospitalières du St-Esprit de St-Brieuc** *fondées* 1706 par Jean Leuduger et Marie Balavenne. Catéchèse, soins aux personnes âgées ; héritières du *grand ordre hospitalier du St-Esprit* (fondé 1175 par Gui de Montpellier et approuvé en 1198 par Innocent III) ; *Maison mère :* St-Brieuc ; *générale :* Rennes. *Membres* (au 1-1-2001) : 1 654. *Maisons :* 226 dans 12 pays. **Missionnaires du St-Esprit (Sœurs)** *Maison mère* à Paris, rue Plumet. **Hospitalières du St-Esprit de Rouceux** *Maison mère* à Neufchâteau. **Hospitalières du St-Esprit de Poligny** *Maison mère* à Poligny.

■ **Saint-Joseph (Sœurs de).** *Issues* de la communauté fondée 1650 au Puy par le père Jean-Pierre Médaille, jésuite (1610-69). En 1997 : 43 congrégations regroupées en 4 fédérations : USA (23 congr., 9 000 membres) ; Canada (6 congr., 1 100 membres) ; Italie (6 congr., 1 255 membres) ; *France* (7 congr., 5 717 membres) ; 1 congr. non fédérée : St-Joseph de Buenos Aires (Argentine, 286 membres) ; *total au 1-1-2000 :* 17 000 sœurs. *Activités :* éducatives, hospitalières, pastorales et sociales.

■ **Saint-Paul (Filles** ou **Sœurs de).** 4 congr. différentes. *Membres :* 7 120. *Maisons :* 757. **La Pieuse Sté des filles de St-Paul** *fondée* 1915 par le P. Jacques Alberione (1884-1971, apostolat). *Membres :* 2 583. *Maisons :* 260 dans 50 pays. **Sœurs de St-Paul-de-Chartres** (appelées autrefois : de St-Maurice-de-Chartres) : hospitalières et enseignantes : *fondées* 1696 par l'abbé Chauvet, *missionnaires :* 1727 Guyane, 1848 Extrême-Orient, 1950 Afrique, 1965 Amér. latine, 1984 Australie. *Membres :* 3 796. *Maisons :* 534 dont 28 en *France.* **Sœurs aveugles de St-Paul** (1/3 le sont) *fondées* 1852 par mère Anne Bergunion. Institut d'éducation sensorielle ; foyer : femmes aveugles ; imprimerie Braille. 88, av. Denfert-Rochereau, 75014 Paris.

■ **Saint-Vincent-de-Paul (Sœurs de la charité).** 12 congr. notamment **Sœurs de la charité de Halifax** *fondées* 1849 par Ste Elizabeth Ann Seton (1774-1821). *Maison mère :* Halifax (Canada), éducation. *Membres* (au 1-1-2001) : 734. *Maisons :* 233. *Missions :* Canada, Pérou, Rép. dominicaine, Bermudes, USA.

■ **Sainte Famille (Sœurs, Petites Sœurs, Filles** ou **Servantes de la).** *Membres :* 4 766. *Maisons :* 415. 22 congr., notamment **Sœurs de la Ste Famille de Villefranche-de-Rouergue** (Aveyron) *fondées* 1816 par Émilie de Rodat (1787-1852, canonisée 1950), enseignement, œuvres sociales, missions. *Membres* (au 6-12-1999) : 767. *Maisons :* 128 dont 20 dans l'Aveyron. **Ste Famille de Bordeaux** *fondées* 1820 par l'abbé Pierre Bienvenu Noailles, comprend 51 *religieuses contemplatives* et 2 434 *apostoliques ;* 68 *séculières consacrées ;* 2 000 *laïcs* et *prêtres associés. Communautés :* 341. *Pays :* Argentine, Espagne, *France,* Sri Lanka.

■ **Saints Cœurs de Jésus et de Marie (Sœurs des).** *Membres* (au 31-12-2000) : 274 dans 68 communautés. Congr. fondée 1853 à Paramé par Amélie Fristel, tertiaire de St Jean-Eudes. *Pays :* Canada, *France,* Pays-Bas, G.-B., Côte d'Ivoire.

■ **Salésiennes de don Bosco (Sœurs).** *Fondées* 1872 à Mornese (Italie) par St Jean Bosco (1815-88, canonisé 1934) et par Ste Marie-Dominique Mazzarello (1837-81, canonisée 1951) sous le nom des filles de Marie Auxiliatrice. Enseignement (surtout professionnel), catéchèse, centres loisirs et accueil, promotion de la femme (pays de mission). *Membres :* 15 864. *Provinces :* 86 (en Europe 34). *Maisons :* 1 568.

■ **Trappistines** ou **Cisterciennes de la stricte observance.** Forment un seul ordre avec la branche masculine (voir **Cisterciens** p. 523 c). Abbayes ou prieurés autonomes liés à des monastères masculins apportant assistance juridique et spirituelle. *Membres* (au 1-1-2001) : 1 837. *Maisons :* 68 (en *France* 14).

■ **Ursulines.** *Membres :* 16 000. Plusieurs congr. se rattachent à la fondation d'Angèle Merici *fondée* 1535, notamment **Ursulines de l'Union romaine :** *membres :* 2 698 dans 36 pays. *Maisons :* 269. **Unions canadienne** (*membres :* 478 dans 4 pays, *maisons :* 52), **irlandaise, de Chatham, de Thildonck, etc.** (communautés autonomes). Enseignement, catéchèse, missions. *Membres :* 1 761. *Non fédérées :* 41 maisons autonomes.

■ **Visitation Sainte-Marie.** Ordre contemplatif. *Fondé* à Annecy en 1610 par St François de Sales (1567-1622, canonisé 1665, docteur de l'Église 1877) et Ste Jeanne de Chantal (1572-1641, canonisée 1767). *Membres :* 4 000. *Monastères :* 157 [autonomes, groupés depuis 1952 en 19 fédérations (en *France* 2)]. *Fraternités :* 3.

Associations catholiques internationales

■ **Aide à l'Église en détresse (AED).** B.P. 1, 29, rue du Louvre, 78750 Mareil-Marly. *Fondée* 1947 par le père Werenfried Van Straaten (prémontré), reconnue par le St-Siège. Aide les chrétiens réfugiés, menacés ou persécutés à cause de leur foi dans 130 pays. Réunit plus de 600 000 bienfaiteurs et donateurs.

■ **Bureau international catholique de l'enfance (BICE).** 11, rue Cornavin, 1201 Genève, Suisse. 70, bd de Magenta, 75010 Paris. *Fondé* 1948. Statut consultatif auprès de : Écosoc, Unesco, Unicef, Conseil de l'Europe. *Membres :* 167 dans 40 pays. *Pte :* Mijo Beccaria.

■ **Caritas Internationalis.** Palazzo San Calisto, 00120 Cité du Vatican. *Créée* 1950, par 12 Caritas nationales. Présent dans 154 pays (services sociaux, secours d'urgence, etc.). Statut consultatif auprès du Conseil de l'Europe, Écosoc, FAO, ILO, Unesco, Unicef. *Pt :* Mgr Fouad El-Hage (Liban). *Assemblée générale :* tous les 4 ans. *France :* Secours catholique/Caritas France.

■ **Centre catholique international de Genève (CCIG).** 1, rue de Varembé, C.P. 43, 1211 Genève 20, Suisse. *Fondé* 1950.

■ **Centre catholique international pour l'Unesco (CCIC).** 9, rue Cler, 75007 Paris. *Fondé* 1947 par le chanoine Jean Rupp. *But :* aide 25 organismes cath. *Membres :* 286 (de 80 pays), groupés en une association. *Directeur :* Gilles Deliance.

■ **Commission internationale catholique pour les migrations.** 37-39, rue de Vermont, 1211 Genève 20, Suisse. *Fondée* 1951. *Secr. général :* William A. Canny.

■ **Fraternité séculière de St-François** (ex-tiers ordre franciscain). 27, rue Sarrette, 75014 Paris. *Fondée* par St François d'Assise (1220) à la demande de laïcs mariés ou célibataires. *Personnalités marquantes :* Frédéric Ozanam (voir **Sté de St-Vincent-de-Paul** col. b) ; Léon Harmel (1829-1915) ; Émile Romanet (1873-1962) ; Pierre Alviset (1924-1944) ; Robert Schumann, Marius Gonin et Eugène Duthoit, liés aux *Semaines sociales. Publication :* « Arbre ». *Effectifs* (en France) : 4 500 membres et sympathisants.

■ **Jeunesse étudiante catholique internationale (Jéci).** 171, rue de Rennes, 75006 Paris. *Fondée* vers 1920 en Europe. 97 mouvements nationaux. *Secr. général :* Habib Bou Nafeh (Libanais). *Membres :* 4 000 000.

■ **Mouvement international d'apostolat des enfants (Midade-Imac-Midaden).** 24, rue Paul-Rivet, 92350 Le Plessis-Robinson. *Fondé* 1962 à Paris. Statut consultatif auprès du BIT, Écosoc, Unicef. Mouvements dans 53 pays.

■ **Mouvement international des étudiants catholiques (MIEC).** 171, rue de Rennes, 75006 Paris. *Fondé* 1921 à Fribourg (Suisse). *Fédérations* dans 88 pays. *Pt :* Antonius Budi Tjahjono (Indonésien).

■ **Mouvement international de la jeunesse agricole et rurale catholique (Mijarc).** 53, rue Joseph-Coosemans, 1030 Bruxelles, Belgique. *Fondé* 1954 par Hac Middelweerd (Pays-Bas) et Flore Herrier (Belgique). Statut consultatif auprès de l'Unesco. *Membres :* 2 000 000.

■ **Organisation catholique internationale du cinéma et de l'audiovisuel (Ocic).** 15, rue du Saphir, 1030 Bruxelles, Belgique. *Fondée* 1928. *Pt :* Fr. Peter Malone (Australien). *Publication :* « Ciné & Média ».

■ **Pax Christi International (PCI).** Rue du Vieux-Marché aux Grains, 21, 1000 Bruxelles. *Fondée* en nov. 1944 par Mme Dortel-Claudot (Agen) comme « croisade de prières pour la conversion de l'Allemagne ». *1950* restructuration. Se présente comme : *un service de recherche et d'information* sur les problèmes de la paix, de la justice et de la sauvegarde de la Création : anime en France la semaine de la Paix et la journée mondiale de la Paix ; *un mouvement d'éducation au service de la paix* (internationale, politique, sociale, spirituelle) ; *un groupement de chrétiens* cherchant en équipe à faire prévaloir paix et justice dans les comportements politiques et sociaux. Statut consultatif auprès du Conseil de l'Europe, Unesco, Onu. Dans 31 pays. *Membres et sympathisants :* 3 500 environ. *Pt international :* Mgr Michel Sabbah, patriarche latin de Jérusalem ; *Pt national :* Mgr Henri Derouet (évêque émérite d'Arras).

■ **Pax Romana MIIC (Mouvement international des intellectuels catholiques).** 15, rue du Grand-Bureau, C.P. 315, 1211 Genève 24, Suisse. *Fondée* 1947. *Membres :* 59 Fédérations affiliées de 45 pays et des membres individuels. Statut consultatif auprès de Onu, Unesco et Conseil de l'Europe. Reconnue comme Organisation internationale catholique par le St-Siège. *Pt :* Patricio Rodé. *Secr. général :* Anselmo Lee Seong-Hoon.

■ **Sté de Saint-Vincent-de-Paul.** 5, rue du Pré-aux-Clercs, 75007 Paris. *Fondée* 1833 par Frédéric Ozanam (1813-53, béatifié 22-8-1997 par Jean-Paul II à N.-D. de Paris) et un groupe d'étudiants. *Vocation :* action fraternelle et personnalisée auprès des plus déshérités (enfants, jeunes, personnes âgées, malades, handicapés, migrants, réfugiés, marginaux, prisonniers...). *Membres* (hommes, femmes, jeunes) : 600 000 en 47 000 « conférences » (équipes) dont les 2/3 dans les pays en développement. *Pt international :* José Ramón Diaz-Torremocha. *France :* reconnue d'utilité publique. 13 257 membres dans 1 061 conférences ; a fusionné 1969 avec le mouvement Louise-de-Marillac fondé 1909. *Pt national :* Jean Cherville.

■ **Union catholique internationale de la presse (Ucip).** C.P. 197, 1211 Genève 20, Suisse. *Fondée* 1927 à Bruxelles par René Delforge. Présente dans plus de 120 pays. *Pte :* Théresa Ee-Chooi (Malaisienne).

☞ **Conférence des organisations internationales catholiques.** 37-39, rue de Vermont, 1202 Genève, Suisse. Groupe 35 organisations membres, 5 associées, 3 invitées. *Administrateur :* Fernand Vincent.

L'Église en France

Quelques dates

■ **Vers 150** fondation de l'Église de Lyon, si l'on tient pour authentique une lettre de « chrétiens lyonnais et viennois », racontant à leurs frères d'Asie et de Phrygie, en 177, le martyre des chrétiens lyonnais [notamment *St Pothin* (évêque de plus de 90 ans, brutalisé, † 2 jours après en prison le 2-6 (?)), *Ste Blandine* d'Attala], rapportée par Eusèbe de Césarée dans son *Histoire ecclésiastique* (début IVe s.). Certains pensent qu'Eusèbe a situé en Gaule occidentale une persécution qui a eu lieu en Gaule orientale ou Galatie (Asie Mineure), sous le proconsulat d'Arrius Antoninus, pendant le règne de Marc Aurèle. La présence d'une forte communauté de chrétiens d'origine phrygienne émigrée à Lyon dès le IIe s. leur paraît improbable. La 1re inscription chrétienne trouvée à Lyon date de 240 ; le 1er évêque de Lyon, mentionné sur un document historique (258), est Faustin, 5e évêque de la liste traditionnelle. **200-250** fondation d'Églises épiscopales à Arles (St-Trophime), Marseille (St-Victor), Narbonne (St-Paul), Toulouse (St-Sernin), Vienne (St-Crescens), Trèves (St-Eucharie), Reims (St-Sixte), Paris (St-Denis), Autun (St-Reticius). **250** persécution de Dèce car les édits de Dioclétien (303-11) n'y furent pas appliqués. Martyre de St Saturnin ou Sernin, évêque de Toulouse. **313** *édit de Milan : liberté du culte pour les chrétiens.* **314** concile d'Arles : environ 15 évêchés dénombrés en Gaule. **325** concile de Nicée condamnant l'arianisme. **350** Hilaire (vers 300-367), théologien, évêque de Poitiers. **370-397** Martin [Pannonil (Hongrie) 316-97] évêque de Tours. **IVe-VIe s.** des *basiliques* (édifices civils romains) ont pu être utilisées pour le culte catholique. A côté des *martyriums* (construits sur les tombeaux des martyrs, hors les murs), chaque cité épiscopale construit à l'intérieur des murs une église cathédrale, souvent en 3 édifices dont un baptistère. Les églises qui ne possèdent pas de martyrs recherchent des reliques, surtout en Italie. De cette époque subsistent : *N.-D.-de-Nazareth* à *Vaison-la-Romaine :* 3 absides du VIe s. ; *St-Sauveur à Aix :* baptistère des IVe-Ve s. ; *N.-D.* à *Fréjus :* baptistère du Ve s. ; *N.-D. de Rouen :* vestiges de la 1re cathédrale (395-96), construite pour Ste Victoire. **400** fondation de *Lérins* par Honorat. 114 diocèses et 17 métropoles. **410-507** les rois wisigoths, ariens militants, mènent une politique anticatholique en Gaule (notamment en laissant les sièges épiscopaux vacants) ; les Burgondes sont moins hostiles (païens faiblement arianisés). **476** fin de l'Empire romain d'Occident. **496** (25-12) [ou plutôt **498** ou **499**] *baptême de Clovis,* roi des Francs (païen) ; le sacre confère au roi un caractère sacré et un pouvoir religieux ; le roi est le protecteur des églises du royaume, le défenseur de la foi catholique. contre les ariens antitrinitariens. **503 Césaire,** évêque d'Arles. **507** *Vouillé.* Clovis, appelé par les évêques « soldat de la Trinité », bat les Wisigoths, qui se maintiennent seulement en Septimanie (où la noblesse restera arienne). **511** concile national d'Orléans, réservant au roi franc la nomination des clercs, sauf pour les fils et petits-fils de prêtres, qui ont droit d'office au sacerdoce (le célibat est peu respecté jusqu'au XIe s.). **Vers 590** arrivée en Gaule de St Colomban (Irlande) et début du monachisme irlandais en France (abbaye principale : Luxeuil ; autres centres : St-Gall, Stavelot-Malmédy, Rebais, Jumièges, Corbie, Remiremont, Fontenelle) ; la règle de St Benoît, moins rigoureuse, y supplantera la règle irlandaise à partir du IXe s.

614 concile de Paris réunissant 79 évêques : Clotaire II refait l'unité du royaume franc et fait reconnaître par la *Constitutio Cloteriana* l'autorité royale. **629** St Amand évêque missionnaire dans le nord de la Gaule. **632-39** règne de Dagobert ; christianisation des campagnes (*St Éloi :* Noyonnais ; *St Ouen :* Roumois ; *St Didier :* Quercy ; *Bonitus :* Auvergne ; *Bodégisèle :* Maine). Charles Martel († 741) [maire du palais, considéré comme le sauveur de la chrétienté après ses victoires sur les musulmans à Poitiers (732) et Leucate (735)] s'empare par nécessité financière des biens du clergé (conflit). **744** *concile de Soissons :* Pépin le Bref, fils de Charles Martel, sollicite du pape Zacharie un avis favorable à son accession au trône. **753** le pape Étienne II, en France, demande à Pépin son appui contre les Lombards ; Pépin se fait sacrer à nouveau avec sa femme Berthe et ses 2 fils ; puis il va battre les Lombards et remet au pape une partie des territoires conquis. **768-814** règne de Charlemagne. Il est appelé à Rome plusieurs fois pour écarter les menaces pesant sur la ville. **799** le pape Léon III se réfugie à sa cour à Paderborn après une révolte de ses sujets. **800**-*25-12* Léon III couronne Charlemagne, le proclame empereur des Romains. **Vers 865** rédaction du martyrologe d'Usuard, qui recueille le nom des saints, notamment des saints évêques de la Gaule, mais aussi de tout le monde alors connu, en utilisant les *acta martyrum* d'Afrique, d'Espagne, d'Italie et d'Orient. **866** l'archevêque Hincmar de Reims affirme les droits des églises métropolitaines contre l'autorité papale. **909**-*11-9* Guillaume d'Aquitaine et l'abbé Bernon fondent le monastère de Cluny sous la seule autorité du pape (début XIIe s. : son abbé dirigera seul 1 450 prieurés). **991** Hugues Capet nomme Gerbert (futur pape Sylvestre II) archevêque de Reims contre la volonté du pape Jean XV qui le cite à comparaître à Rome (le roi n'y va pas). Gerbert renonce. **998** le roi Robert le Pieux est excommunié par le pape Grégoire V pour bigamie et mariage consanguin.

XIe s. relâchement du clergé : simonie et nicolaïsme (mariage ou concubinage des prêtres) suscitent un courant de réformes en Occident. Henri Ier est accusé de favoriser la simonie parce qu'il battait monnaie avec ses évêques. **1049** Léon IX, au concile de Reims, condamne les abus, excommunie et dépose quelques évêques scandaleux. Mais, en dehors de Cluny qui relève directement du pape, la réforme du clergé séculier, évêques et chapitres, est gênée par les investitures laïques. Les conciles français, à partir de l'élection en 1059 de Nicolas II (pape français), entreprennent la réforme de l'épiscopat. Les légats du pape déposent des évêques, provoquant parfois des scènes de violence. **1073-85** Grégoire VII publie en 1705 les *Dictatus papae* interdisant les investitures laïques et affirmant le pouvoir du pape et son autorité sur les rois. **1078** la réforme des chapitres se heurte à des résistances locales : Louis VI le Gros, pour des raisons d'administration du domaine, s'oppose à celle du chapitre de N.-D. et s'octroie la régale, privant ainsi l'évêque de ses revenus, qui riposte en mettant son diocèse en interdit. **1095** Urbain II prêche la 1re croisade à la fin du concile de Clermont. **1096-99** 1re croisade. **1096** *concile de Nîmes :* Urbain II interdit aux prêtres tout hommage au pouvoir temporel. **1098** Robert de Molesme fonde Cîteaux. **1101** Robert d'Arbrissel fonde Fontevrault. **1103** *concile de Paris :* Pascal II absout Philippe Ier qui avait été excommunié pour bigamie. **1107** *concile de Troyes :* Pascal II (qui rend visite à Philippe Ier) vient en France pour le présider et renouveler l'anathème contre l'empereur germanique Henri IV. **1115** St Bernard (20-8-1090/1153) fonde Clairvaux (Aube) filiale de Cîteaux que dirige l'Anglais Étienne Harding. **1119** Gélase II, chassé de Rome, se réfugie à Cluny avec quelques cardinaux. Calixte II élu pape, tient un concile à Reims. **1122-51** Suger, abbé de St-Denis. **1130** à Rome, 2 papes sont élus en même temps : St Bernard impose Innocent II contre Anaclet II. **1140** *concile de Sens :* St Bernard fait condamner Abélard. **1146** St Bernard prêche la 2e croisade à Vézelay. **1180-1215** création de l'université de Paris : centre intellectuel chrétien de l'Europe (70 % des enseignants sont étrangers). **1187-93** 3e croisade. **1204** détournement de la 4e croisade. **1207** mission de St Dominique en Languedoc. **1208** Pierre de Castelnau assassiné. **1209-44** *croisade contre les « albigeois »* (voir encadré p. 495 b). **1218-22** 5e croisade. **1226-70** règne de Louis IX, futur St Louis. **1228** 6e croisade. **1245** *1er concile de Lyon.* **1248-54** 7e croisade ; 1re croisade de St Louis. **1268-70** 8e croisade : St Louis meurt devant Tunis. **1274** *2e concile de Lyon :* tentative de réconciliation avec l'Église grecque. **1307** arrestation des Templiers (voir encadré p. 627 c). **1309-78** *papauté d'Avignon ;* papes et cardinaux sont souvent languedociens. **1337** début de la guerre de Cent Ans. **1378-1417** *grand schisme,* oppose un pape français et un pape italien. L'université de Paris propose que le concile soit supérieur au pape. **1396-98** *concile de Paris,* début du *gallicanisme politique,* qui affirme l'indépendance temporelle du roi, la liberté de l'Église gallicane et la supériorité des conciles généraux sur le pape. **1431** Jeanne d'Arc brûlée à Rouen. **1438** *pragmatique sanction de Bourges* accordée à Charles VII : les 3 principes *gallicans* du concile de Paris sont reconnus ; le roi obtient 2 privilèges : nomination aux bénéfices ecclésiastiques (après une « élection canonique » purement formelle), suppression des *annates.* Elle ne sera appliquée que dans le domaine royal ; abolie en 1461, elle est rétablie en 1499. **1453** fin de la guerre de Cent Ans. **1495** *assemblée de Tours* pour la réforme du clergé. **1501** cardinal d'Amboise (1460-1510) légat en France. **1512**-*21-4* Louis XII veut faire déposer le pape Jules II par le concile de Milan, au nom de la pragmatique sanction, mais les Français sont chassés d'Italie par les Suisses ; -*10-12* le 5e concile du Latran abolit la pragmatique sanction.

1516 concordat de Bologne, François Ier renonce à subordonner le pape au concile, obtient de Léon X le droit de nommer aux évêchés et aux grands bénéfices ecclésiastiques (le pape conférant l'institution canonique et renonçant en outre à certaines taxes). **1520** Guillaume Briconnet, évêque de Meaux, simplifie le culte (des Bibliens le secondent). **1559-98** *guerres de Religion,* voir p. 636 a. **1564**-*22-2* Paris, les jésuites ouvrent le collège de Clermont (futur Louis-le-Grand). **1589** Jacques Clément (dominicain) assassine Henri III. **1594** Jean Châtel atteint Henri IV d'un coup de couteau (lèvre fendue) ; il avait été 2 ans étudiant en philosophie au collège de Clermont : les 37 pères jésuites de l'établissement sont arrêtés [dont Jean Guéret (banni) et Jean Guignard (pendu en place de Grève)] ; *-29-12* jésuites expulsés de France sur décision du parlement de Paris. Henri IV n'ose s'y opposer, mais le bannissement ne sera pas appliqué partout. **1604**-*janv.* édit autorisant les jésuites. Mme Acarie introduit le carmel en France. **1610** Henri IV est assassiné ; les jésuites recueillent son cœur dans leur collège de La Flèche. **1615** texte des décrets du concile de Trente (1545-63) accepté. **1622**-*20-10* Paris érigé en archevêché, détaché de Sens. *1er grand séminaire* ouvert. Formation des prêtres grâce aux sulpiciens de monsieur Olier, travaux d'érudition des bénédictins de St-Maur, missions rurales : lazaristes, eudistes en Normandie, montfortains en Bretagne et Vendée, etc. **1682** l'assemblée du clergé rappelle dans la *Déclaration des 4 articles,* rédigée par Bossuet, les libertés de l'Église gallicane : le pape n'a qu'une autorité spirituelle, il ne peut ni juger les rois, ni les déposer, le concile œcuménique est supérieur au pape, les libertés de l'Église gallicane sont inviolables, le pape n'est infaillible qu'avec le consentement de l'Église universelle. Louis XIV en rend l'enseignement obligatoire, mais y renonce en 1693 contre la reconnaissance du *droit de régale,* qui lui permet de percevoir les revenus des bénéfices vacants. **1685** Louis XIV cautionne les dragonnades et révoque l'édit de Nantes. Intervient dans la répression du jansénisme et pousse Bossuet à casser le mouvement mystique (condamnation des œuvres de Mme Guyon en 1695). **1704** une bulle du pape supprime *Port-Royal des Champs* [*1204* abbaye cistercienne de femmes fondée ; *1608* réformée par l'abbesse Angélique Arnauld. *1626* communauté transportée à Port-Royal de Paris. *1636* Jean Duvergier de Hauranne (1581-1643), *abbé de St-Cyran,* directeur spirituel des religieuses. Les « *solitaires* » se réunissent à Port-Royal des Champs (Antoine Le Maître, son frère Le Maître de Sacy, Lancelot, Arnauld d'Andilly, Pascal) et y fondent les *Petites-Écoles* où Racine apprend le grec ; *1657* refus d'accepter la condamnation de Jansénius ; les Petites-Écoles sont fermées, les religieuses rebelles envoyées à Port-Royal des Champs. *1710* bâtiments rasés]. **1731-32** affaire des *convulsionnaires de St-Médard* [le diacre *Pâris* (1690-1727), janséniste fervent, avait été enterré au cimetière de St-Médard et les jansénistes s'y rendaient en pèlerinage ; il s'y produisait des guérisons soudaines et des convulsions] : le 15-7-1731, Mgr de Vintimille, archevêque de Paris, ferme le cimetière et obtient du pape un décret et un bref interdisant le culte du diacre Pâris ; le parlement de Paris, favorable aux jansénistes, refuse d'enregistrer ces actes. **1765-1770** pratique religieuse en baisse à Paris.

■ **Sous Louis XVI. 1789 situation de l'Église :** elle réunit tous les 5 ans une assemblée générale qui vote le don gratuit au roi (contribution aux finances du royaume) et traite des affaires administratives et financières. Entre 2 sessions, l'agent général du clergé se charge de la gestion ordinaire. Les curés de campagne, mécontents de leur sort et de l'inégale répartition des revenus ecclésiastiques, attendent des réformes. Avec le pape (possédant Avignon et le Comtat Venaissin), des conflits ont éclaté fréquemment dans le passé, mais Louis XVI entretient de bons rapports avec Pie VI et son ambassadeur à Rome, le cardinal de Bernis, est bien vu. Le secrétaire d'État à la maison du roi tient la Feuille des bénéfices (liste des sièges à pourvoir). Les grands diocèses offrent des revenus élevés (Toulouse 300 000 livres par an, Sens 600 000, Strasbourg 800 000, plus les revenus des abbayes). Depuis 1768, le titulaire d'un bénéfice ecclésiastique payait au prêtre, qui desservait réellement les paroisses relevant de lui, une *portion congrue* (500 livres, depuis 1786 : 700) ; *-4-8* réformes votées par les représentants du clergé ; abolition des privilèges, des nobles et des clercs ; *-11-8* les dîmes perçues par le clergé sont abolies ; *-2-11* sur proposition de Talleyrand (évêque d'Autun), l'Assemblée vote, par 568 voix contre 346, que « tous les biens ecclésiastiques sont à la disposition de la nation à charge de pourvoir d'une manière convenable aux frais du culte, à l'entretien de ses ministres, au soulagement des pauvres ». L'Église perd son indépendance financière. Les universités ferment, les collèges sont désorganisés, les hôpitaux n'ont plus de ressources. Les clercs (ayant des responsabilités pastorales), évêques, curés, vicaires recevront un traitement, mais seront désormais des fonctionnaires.

1790-*3-2* décret interdisant les vœux religieux. *-3-7* la Constituante supprime les congrégations à vœux solennels ; *-12-7* **Constitution civile du clergé** (ratifiée le 24-8 par le roi) visant à créer une Église nationale [1 diocèse par département, soit 83 (dont 10 métropoles), les autres sièges existants (environ 40) sont supprimés ; curés et évêques seront élus par le peuple ; ancienneté requise (évêques 15 ans de ministère pastoral, curés 5 ans) ; l'élection doit avoir lieu un dimanche après la messe à laquelle les électeurs sont tenus d'assister ; la Constitution prévoit que le métropolitain confirmera le nouvel élu et le sacrera, après qu'il aura prêté serment de fidélité à la nation, à la loi et au roi]. Ce texte modifie le concordat de 1516, sans consultation préalable du pape, cosignataire. Les droits du St-Siège ne sont pas respectés, ainsi : « Le nouvel évêque ne peut s'adresser au pape pour en obtenir aucune confirmation, mais il lui écrit comme au chef visible de l'Église universelle en témoignage de l'unité de la foi et de la communion qu'il doit entretenir avec lui. » *-30-10 Exposition des principes sur la Constitution civile du clergé* rédigée par Mgr de Boisgelin, archevêque d'Aix, signée par les évêques siégeant à l'Assemblée, puis par d'autres, en tout 140 ; *-27-11* décret Voidel, exigeant que les évêques et curés en exercice jurent fidélité à la nouvelle Constitution. Seuls 4 évêques résidentiels prêtent serment : le cardinal Loménie de Brienne (Sens), Talleyrand (Autun), Jarente (Orléans), Savine (Viviers) et 1/3 du bas clergé ; le nombre des prêtres jureurs varie selon les diocèses ; certains mettent à leur serment des conditions que les magistrats locaux acceptent, de peur de manquer de personnel paroissial. *-26-12* le roi donne sa sanction.

1791-*4-1* à l'Assemblée nationale, 42 évêques sur 44 refusent publiquement le serment [sauf : Talleyrand et Jean-Baptiste Gobel (évêque *in partibus* de Lydda, suffragant de Bâle, élu en février 1791 au siège de Paris ; ayant abdiqué en 1793, il sera guillotiné pour *athéisme* avec les hébertistes ; il aura consacré 47 évêques)] ; *-24-2* Talleyrand sacre évêques 2 prêtres jureurs ; *-10-3* Pie VI publie le bref *Quod aliquantum*, déclare que les élections des pasteurs et l'institution canonique des évêques (prévues par l'Assemblée) sont incompatibles avec la constitution hiérarchique de l'Église et son unité ; *-6-4* un mannequin du pape est brûlé au Palais-Royal ; *-13-4* 2e bref de condamnation *Caritas :* demande aux jureurs de se rétracter, annule les élections épiscopales et les consécrations qui ont suivi, suspend Talleyrand et les autres prélats consécrateurs et frappe de nullité les élections à venir et actes de juridiction ; il invite évêques et curés non jureurs à résister. Le nonce, Mgr Dugnani, proteste et quitte Paris. A Rome, Bernis est révoqué (non remplacé) ; *-3-9* la Constitution garantit la liberté d'opinion religieuse. *-14-9* l'Assemblée ratifie le référendum d'Avignon qu'elle annexe ; *-18-11* les prêtres *réfractaires* sont mis hors la loi ; *-29-11* la Législative décide que les ecclésiastiques qui n'auraient pas prêté serment dans les 8 jours seraient réputés « suspects de révolte contre la loi et de mauvaises intentions contre la patrie » (environ 35 000 suspects) ; *-fin 1791* environ 1 500 ecclésiastiques français sont partis pour Rome. Bon nombre de prêtres jureurs se rétractent après la publication des brefs de Pie VI.

1792-*27-5* la Législative décrète que tout insermenté, dénoncé par 20 citoyens d'un canton, sera expulsé de France ; *-10-8* le roi est arrêté ; *-26-8* décret de « déportation » frappant tous les réfractaires. Chasse aux prêtres : 30 000 quittent le pays. La Législative transfère aux communes la tenue des registres de l'état civil ; *-2/4-9 massacres de septembre* des détenus de l'Abbaye, des Carmes, du séminaire St-Firmin, de la prison de la Force. Sur 1 400 victimes, 300 ecclésiastiques dont Mgr du Lau, archevêque d'Arles [191, ayant refusé la Constitution civile du clergé et identifiés, béatifiés le 17-10-1926 (cause introduite le 26-1-1916), fête fixée au 2-9].

■ **Ire République. Convention : 1792**-*18-11* Thomas Lindet (1743-1823), élu 1791 évêque constitutionnel de l'Eure, se marie devant un prêtre constitutionnel (7-11-1793 défroqué). **1793**-*14-2* quiconque dénoncera et fera arrêter un réfractaire touchera 100 livres ; *-mars* insurrections de l'Ouest ; l'armée massacre les Vendéens et s'attache à détruire toutes les formes du « fanatisme religieux » ; *-28-4* loi de bannissement et déportation des prêtres réfractaires ; *-juin* décret interdisant le costume ecclésiastique ; *-5-10* la Convention, imposant le *calendrier républicain,* supprime dimanches et fêtes (Noël, Pâques, Pentecôte, Assomption, Fête-Dieu, Toussaint) ; débaptise villes, places, rues aux noms de saints. *-10-8* 1re **fête du Culte de la déesse Raison** (statue érigée place de la Bastille) ; *-21-10* le décret du 30 vendémiaire (an II) envoie à l'échafaud les prêtres qui se sont soustraits au bannissement et leurs complices ; *-9-11* abjuration du clergé (constitutionnel) de Paris : conduit par Chaumette (procureur de la Commune) et par Gobel (évêque constitutionnel) qui dépose ses lettres de prêtrise à la tribune de la Convention. Imité par les conventionnels ecclésiastiques (sauf Henri Grégoire, évêque constitutionnel de Loir-et-Cher) ; *-10-11* 2e fête du Culte de la Raison, organisée à N.-D. de Paris ; *-21-11* les restes de Ste Geneviève sont brûlés place de Grève ; *-nov. à mars 1794* 30 000 prêtres constitutionnels (assermentés) démissionnent dont environ 10 000 se marieront. **1794**-*7-5* Robespierre décrète que « le peuple français reconnaît l'existence de l'**Être suprême** et de l'immortalité de l'âme ». *-8-6* solennité de l'Être suprême où Robespierre officie (religion rousseauiste : le législateur est le « prêtre du bonheur du peuple ») ; *-18-8* 1er débarquement des malades devenus trop nombreux (prêtres et religieux incarcérés sur les pontons de Rochefort) à l'île Citoyenne (ex- île Madame) ; 254 prêtres, religieux et fidèles catholiques moururent (64 ont été béatifiés le 1-10-1995) ; les prêtres sont invités à abdiquer leur sacerdoce et à se marier (2 000 se marièrent dont 1 750 en 1794) ; les prêtres arrêtés (réfractaires ou constitutionnels) sont livrés au Tribunal révolutionnaire et exécutés ; *-18-9* décret « Cambon » supprimant le budget du culte. **1795**-*février* pour obtenir la paix en Vendée, les accords de *la Jaunaye* accordent la liberté de culte aux réfractaires ; *-21-2 (3 ventôse an III) séparation des Églises et de l'État ;* la liberté de tous les cultes est garantie [les prêtres constitutionnels ne sont plus payés ; les non-jureurs sont tolérés en civil ; pas de lieux de culte ; aucun culte n'est salarié, tous doivent bénéficier du libre exercice effectué sous la surveillance de la police ; cérémonies extérieures (processions, sonnerie de cloches...) et signes extérieurs (port du costume ecclésiastique en dehors des célébrations) sont prohibés] ; *-mai* autorisation de récupérer les églises non aliénées, quitte à les partager avec le culte décadaire ; *-août* Constitution de l'an III : « Nul ne peut être empêché d'exercer le culte qu'il a choisi. Nul ne peut être forcé de contribuer aux dépenses d'un culte. La République n'en salarie aucun. » ; *-oct.* la Convention institue des fêtes nationales pour célébrer la République, l'agriculture, la jeunesse...

Religion civique : prévoit dans les communes un autel de la patrie ; symboles : cocarde (port obligatoire le 8-7-1792 pour les hommes, le 21-9-1793 pour les femmes), arbres de la Liberté, tables de la Déclaration des droits de l'homme et du citoyen et de la Constitution offertes à la vénération publique ; culte avec cérémonies et lectures de la Constitution.

■ **Conciles pléniers nationaux.** Convoqués par les archevêques, ils réunissent tous les évêques d'un pays. L'autorisation papale est nécessaire (sauf pour ceux convoqués par les patriarches syriens et coptes). Le pape est représenté par un légat. Il y a eu de nombreux conciles nationaux gallicans : Arles (314, 524, 1059, 1234), Poitiers (1078), Aix-la-Chapelle (816), Worms (829), Quierzy (858), Troyes (429, 862, 1104, 1128), Reims (625, 991, 1049, 1119). Paris : nombreux depuis le XIIIe s., les derniers en 1521, 1811.

☞ *Assemblées générales du clergé de France :* 1615, 1635, 1642, 1656, 1661, 1681-82, 1745, 1762.

☞ **Martyrs de la Révolution :** LAÏCS : morts affirmant leur fidélité à l'Église : 4 600. RELIGIEUX *: victimes des massacres de septembre béatifiées* par Pie XI en 1926 : 3 évêques [Mgr du Lau (archevêque d'Arles) ; de la Rochefoucauld (de Beauvais) et son frère (de Saintes)], 127 prêtres séculiers, 55 religieux et 5 laïcs, massacrés aux Carmes (aujourd'hui Institut catholique). *Autres victimes béatifiées ou canonisées :* 99 martyrs d'Angers (7 prêtres, 6 religieuses, 86 laïcs) : guillotinés, fusillés ou noyés ; 15 carmélites de Compiègne guillotinées à Paris le 17-7-1794 ; 4 filles de la Charité à Arras le 28-6-1794 ; 32 sacramentines et ursulines du Vaucluse à Orange du 6 au 26-7-1794 ; 11 ursulines de Valenciennes les 17 et 23-10-1794.

■ **Directoire. 1796** Concile de l'Église constitutionnelle. Le Directoire encourage la *théophilanthropie,* « religion simple et naturelle », servie par les pères de famille, fondée sur l'existence de Dieu et la pratique des vertus morales et civiques. *-5-7* Pie VI, dans la bulle *Pastoralis Sollicitudo,* recommande aux catholiques français la soumission à la République. Le Directoire exige qu'il révoque les sanctions prises depuis la Constitution civile du clergé, il refuse. **1797**-*27-4* annulation des lois frappant les gens d'Église ; *-1-6 (20 prairial an V)* rapport Camille Jordan [1771-1821 (surnommé ensuite Jordan-les-Cloches)] rendant les églises aux catholiques ; *-5-9 (19 fructidor an V)* les mesures d'apaisement sont révoquées (2e Terreur) ; 2 000 prêtres déportés en Guyane, à Ré et à Oléron (« fructidorisés »). **1798** culte décadaire officiellement organisé (actes civiques, lecture des lois, chants, récitations, exercices gymniques).

☞ Voir Intervention en Italie p. 514 a.

■ **Consulat. 1801**-*1-3* le nombre des diocèses est réduit à 60 ; *-16-7 (27 messidor an IX) à 2 h du matin :* **signature du Concordat** (17 articles) par Joseph Bonaparte pour le Premier consul et par le cardinal Consalvi pour Pie VII [signé par Pie VII le 15-8, Napoléon le 8-9 (ratifications échangées le 10-9), publié 18-4-1802] : le catholicisme n'est plus religion de l'État, mais de la grande majorité des citoyens français, et les consuls de la République en font profession. Le culte est libre, dans le cadre des règlements de police nécessaires à la sécurité publique. Le St-Siège établira avec le gouvernement une nouvelle répartition des diocèses ; le Premier consul nommera les évêques (ils prêteront serment de fidélité à la République) et le pape leur donnera l'institution canonique. A la fin de la messe, on chantera *Domine salvam fac Republicam, Domine salvos fac Consules.* Les circonscriptions diocésaines restent calquées sur les départements ; Pie VII renonce à réclamer la restitution des biens nationaux, un traitement sera versé aux évêques et aux curés que les évêques nommeront avec l'agrément du gouvernement ; les évêques pourront avoir un chapitre et un séminaire « sans que le gouvernement s'oblige à les financer ». 93 évêques survivants de l'Ancien Régime sont invités à démissionner (en vertu de l'art. 3 du Concordat) par une lettre circulaire du pape, datée du 15-8-1801, 55 obéissent, 38 (émigrés, en majorité à Londres) refusent. Les non-démissionnaires ne sont plus que 3 en 1817 (voir **Petite Église** p. 543 a). Envoi à Paris d'un légat, le cardinal Caprara, pour régler les modalités d'application et résoudre les cas difficiles de prêtres mariés ou abdicataires qui veulent régulariser leur situation. [Talleyrand (ministre des Affaires étrangères), ancien évêque d'Autun, est réduit à l'état laïc.] 16 évêques d'avant la Révolution sont nommés à des sièges différents de ceux qu'ils occupaient en 1789. 12 anciens prélats constitutionnels reçoivent un nouveau siège. Le nombre des évêchés a été réduit à 60 pour des raisons budgétaires (*1789 :* 130, *1790 :* 83). Le Concordat garde le silence sur les ordres religieux qui demeurent interdits et rien n'est prévu pour l'instruction religieuse des enfants et le caractère catholique des écoles. **1802**-*8-4 (loi du 18 germinal an X)* Bonaparte introduit le Concordat (acte diplomatique) dans la législation française : loi comportant 77 *articles organiques,* rétablissant le gallicanisme politique ; non reconnus par le St-Siège, ils seront appliqués unilatéralement par le « ministère des Cultes » jusqu'en 1905. Bulles, encycliques et décisions pontificales doivent être enregistrées par le Conseil d'État pour avoir force exécutoire en France. Les évêques ne peuvent se rendre à Rome, se déplacer ou se réunir sans l'autorisation du gouvernement. Leurs mandements peuvent être censurés et déférés devant le Conseil d'État pour être décrétés « comme d'abus ». L'enseignement de la déclaration des 4 articles est obligatoire dans les séminaires.

■ **Ier Empire.** **1804**-*2-12* Pie VII (en France de nov. 1804 à avril 1805) *sacre Napoléon* à N.-D. de Paris. **1810**-*12-1* Napoléon obtient que l'officialité de Paris annule son 1er mariage ; *-2-4* il épouse religieusement Marie-Louise d'Autriche ; indignés, 13 cardinaux sur les 30 présents à Paris ne paraissent pas à la cérémonie [ils seront privés de leur pension et du droit de porter les insignes de leur fonction ; on les surnommera les *cardinaux noirs* (exilés en province)]. Napoléon ne peut faire installer les évêques nommés par lui sur les sièges vacants sans institution canonique du pape. Le chapitre de Paris s'y refuse. Napoléon fait emprisonner l'abbé d'Astros, vicaire capitulaire. 27 sièges resteront vides en France. **1811**-*17-6* Napoléon fait convoquer un concile national (100 évêques français et italiens sous la présidence du cardinal Fesch) à N.-D. de Paris ; les évêques refusent de prendre une décision, sans le consentement du pape, pour instituer canoniquement les évêques. Napoléon dissout le concile et fait emprisonner à Vincennes 3 prélats « meneurs ». Les évêques, pris séparément, approuvent en majorité de modifier le Concordat : si, dans les 6 mois, le pape ne confère pas l'institution canonique à l'évêque nouvellement nommé, le métropolite ou à défaut le plus ancien évêque de la province ecclésiastique peuvent le faire. Napoléon envoie 8 évêques à Savone recueillir l'assentiment de Pie VII, qui veut sauvegarder son autorité en introduisant des modifications dans le texte. Napoléon refuse. **1812**-*juin* Napoléon ordonne le transfert secret de Pie VII à Fontainebleau. **1813** rentré à Paris, après ses défaites, Napoléon va à l'improviste à Fontainebleau et obtient, après 5 jours, que Pie VII signe un nouveau concordat en 10 articles reconnaissant la souveraineté du pape : Napoléon s'engageant à rendre sa faveur aux cardinaux, ecclésiastiques et laïcs en disgrâce, le métropolite de la province pourra conférer l'institution canonique si, dans les 6 mois, le pape ne l'a pas donnée. Pie VII, rejoint à Fontainebleau par Pacca (secr. d'État), cardinaux et conseillers, se rétractera mais Napoléon gardera secrète cette rétractation et procédera comme s'il n'en était rien.

■ **Restauration.** **1814**-*7-8* Pie VII rétablit la Compagnie de Jésus par le *Sollicitudo omnium ecclesiarum* (jésuites tolérés par **Louis XVIII** sans être reconnus). Oubliant les injures, Pie VII accueille à Rome la famille Bonaparte [dont le cardinal Fesch (exilé, qu'il refusa de remplacer sur son siège de Lyon)]. **1817** nouvelle convention signée dite *concordat de 1817* (Louis XVIII veut annuler le Concordat de 1801, rétablir celui de 1516, abroger les articles organiques, augmenter le nombre des diocèses et doter l'Église en biens-fonds...). Parlementaires, Conseil d'État et des évêques, nommés dans le cadre du Concordat de 1801, sont contre. Louis XVIII et Pie VII renoncent. Des sièges épiscopaux (supprimés en 1801, comme celui de Marseille) sont rétablis. Des évêques, favorables au nouveau régime, sont nommés. **1818** *Essai sur l'indifférence en matière de religion* de Lamennais. **1822** Pauline Jaricot fonde la Propagation de la foi. **1824** **Charles X** et Villèle, ministre, prennent des mesures symboliques favorables à l'Église. **1825**-*20-4 loi sur le sacrilège* (la profanation d'une hostie consacrée est assimilée au parricide, puni de mort par le Code pénal) ; jamais appliquée et abolie en 1830. Les bourses pour séminaristes sont augmentées, Mgr Frayssinous est nommé grand maître de l'Université et de nombreux prêtres sont proviseurs, censeurs ou professeurs de lycées ; *-24-5* loi relative aux congrégations de femmes. **1828** ministère Martignac : les jésuites sont chassés de l'enseignement. **1830**-*juillet* (révolution) réaction anticléricale : sac de l'archevêché de Paris, agressions contre les membres du clergé.

Louis-Philippe applique strictement le Concordat de 1801 ; la révolution proscrit les jésuites (ils ne sont que 454 dont 139 prêtres). Plusieurs maisons où se cachaient des jésuites sont pillées (dont à Montrouge). Ils partent inaugurer les missions du Liban et des USA. Le catholicisme cesse d'être religion d'État, les prêtres-professeurs sont éliminés de l'enseignement et les évêques (légitimistes) sont surveillés. *-16-10* 1er numéro de *l'Avenir* ; *-déc.* création de l'*Agence pour la défense de la liberté religieuse*. **1831**-*31-1* procès de *l'Avenir*, en cour d'assises, pour outrages au gouvernement : Lacordaire se défend lui-même en robe d'avocat et est acquitté ; *-nov.* Lamennais, Charles de Montalembert et Lacordaire (partisans de l'union du catholicisme et de la liberté) vont à Rome défendre leur cause devant Grégoire XVI. **1832**-*15-8* l'encyclique *Mirari vos* les condamne. **1834**-*30-4* Lamennais rompt avec l'Église *(Paroles d'un croyant)*. **1836** Charles X meurt en exil. Louis-Philippe (dont l'épouse, la reine Marie-Amélie, est une catholique fervente) se rapproche du clergé. **1845** Thiers demande au gouvernement d'expulser les jésuites (maisons fermées, exemple : la « rue des Postes »).

■ **IIe République.** **1848** le clergé accueille favorablement le changement. À Rome, Pie IX (élu après la mort de Grégoire XVI) s'enfuit devant la révolution et se réfugie à Gaète, demandant l'intervention de l'Autriche et de la France pour rétablir son autorité ; *-27-6* Mgr Affre (né 27-9-1793), archevêque de Paris, meurt (blessé le 25 sur les barricades en essayant de ramener la paix). **1849** la IIe République aide militairement le rétablissement du pouvoir pontifical à Rome. **A partir de 1850** rétablissement progressif et symbolique des anciens évêchés supprimés depuis la révolution : leur titre est porté par l'évêque de la nouvelle circonscription qui l'englobe (comme l'archevêque d'Avignon qui est en même temps évêque d'Apt, Carpentras, Orange, Vaison et Cavaillon) ; *-15-3 loi Falloux* : liberté de l'enseignement secondaire [les jésuites ouvrant 16 collèges dont Avignon (1850), Vaugirard (1852), « rue des Postes » (1854)] ; *-avril* le corps expéditionnaire français commandé par le Gal Oudinot écrase la République romaine ; le calme revenu, Pie IX rentre à Rome.

■ **IId Empire.** **1859** Napoléon III s'engage militairement aux côtés de Cavour au profit de l'unité italienne. **1860**-*19-1* Pie IX, par une encyclique, appelle les évêques afin qu'ils « enflamment » leurs fidèles pour « la défense du St-Siège ». L'Église de France, en 10 ans, fournira au denier de St-Pierre près de 4 millions de F. Pie IX organise, sous le commandement du Gal français Louis de Lamoricière (1806-65), une armée de volontaires étrangers, les zouaves pontificaux, qui sera battue le *18-9 à Castelfidardo* par les Piémontais. L'autorité temporelle du pape est réduite à Rome et au Latium. **1869** Léon Gambetta réclame dans le *Programme de Belleville* l'application la plus radicale du suffrage universel, l'instruction primaire gratuite et obligatoire, la séparation de l'Église et de l'État. **1870**-*18-7 le concile du Vatican* proclame l'infaillibilité pontificale par la constitution *Pastor aeternus*. Certains évêques français (attachés aux formes gallicanes) préfèrent quitter Rome avant le vote final (dont *Mgr Darboy*, archevêque de Paris, et *Mgr Place*, évêque de Marseille).

■ **IIIe République.** **1871**-*21-5* Mgr Darboy, arrêté comme otage le 5-4 par la Commune, est exécuté. L'évêque d'Oran, Irénée Callot (Lyonnais, 1814-76), tente de faire régler par le concile du Vatican la question du refus du Concordat de 1801 (échec). Les anti-infaillibilistes français s'allient à la Petite Église dissidente. **1872** dernier recensement demandant l'appartenance religieuse. **1875** la liberté de l'enseignement supérieur permet l'ouverture d'universités catholiques (Angers, Lyon, Paris, Poitiers). **1880** suppression de la loi interdisant le travail du dimanche ; *-29-3 décrets contre les congrégations* non autorisées (suppression de 261 établissements comptant 5 643 religieux, notamment les jésuites) qui abandonnent 29 collèges. **1881** sur 2 780 jésuites français, 920 sont en exil, 830 en missions, les autres dispersés en France. Laïcisation des hôpitaux, retrait du crucifix dans les tribunaux ; *-14-11* loi supprimant les distinctions selon les cultes dans les cimetières et prévoyant l'égalité dans l'organisation des funérailles, le libre choix de funérailles religieuses ou civiles, l'abolition de toute distinction dans le transport ou l'inhumation du défunt. **De mars 1882 à oct. 1886** *lois sur l'enseignement primaire laïque*. **1883** les pères augustins (dissous 1880), regroupés, lancent *la Croix* (quotidien). **1884**-*8-2* Léon XIII (encyclique *Nobilissima Gallorum gens*) proteste contre la laïcisation en France. Divorce rétabli ; facultés de théologie catholique supprimées ; *-14-8* loi supprimant les prières publiques à l'ouverture de la session parlementaire et interdisant emblèmes religieux ou crucifix dans les écoles et les palais officiels. **1886** loi interdisant à un congréganiste d'être instituteur communal. **1889**-*juillet loi obligeant les ministres du culte* à faire leur service militaire. **1890** *« ralliement »* (voir à l'Index). **1892** bourses aux séminaristes supprimées ; *-16-2* encyclique de Léon XIII *Au milieu des sollicitudes* : les catholiques peuvent déterminer librement leur forme de gouvernement, donc accepter la République ; *-avril* Léon XIII écrit aux 6 cardinaux français la lettre *Notre consolation* défendant son encyclique (attaquée par les royalistes dénonçant sa « trahison ») et insiste sur la nécessité du « ralliement ». **1893** diminution de 11 millions de F sur le budget des cultes. Dans de nombreuses villes, les processions sont interdites. Contrairement à l'art. 14 du Concordat, des évêques et des prêtres sont privés de leur traitement. **1894**-*mars affaire Dreyfus*. **1896** comité électoral Justice-Égalité appuyé par 10 000 comités de la Bonne Presse, contrôlés par l'Assomption. **1899**-*11-11* la police envahit l'Assomption, 6, rue François-Ier. Les augustins sont déférés en correctionnelle pour infraction à l'art. 291 du Code pénal, interdisant les associations non autorisées. Condamnés à une amende, leur ordre est dissous. *La Croix* est rachetée par un « catholique social » de Lille, l'industriel Féron-Vrau. **1900**-*12-12* Thomas, maire du Kremlin-Bicêtre, interdit le port du costume ecclésiastique sur sa commune (d'après le Concordat de 1801, les prêtres doivent porter l'habit à la française) ; il sera suivi à St-Étienne, Issoudun, Auxerre et Montceau-les-Mines.

☞ **Nombre d'élèves des établissements secondaires :** *dirigés par des religieux* 67 000 (avec petits séminaires 91 000) ; *lycées et collèges de l'État* : 86 000.

1901-*1-7 loi sur les associations* : établissant la liberté d'association. Les congrégations « où la liberté de chacun des membres est restreinte par l'autorité du supérieur » déroge au droit commun. Une congrégation ne peut se former sans une autorisation donnée par une loi ; elle ne peut fonder un nouvel établissement qu'en vertu d'un décret rendu en Conseil d'État. Toute congrégation non autorisée ou toute succursale non autorisée dépendant d'une congrégation autorisée est illicite, et le fait d'y appartenir constitue un délit, puni d'une amende de 15 à 5 000 F et d'un emprisonnement de 6 jours à 1 an. Chaque congrégation doit tenir un état de ses recettes et de ses dépenses, et dresser des comptes et un inventaire annuel. Elle doit posséder à son siège la liste de ses membres. Toutes les congrégations précédemment autorisées le demeurent ; comme la plupart des congrégations existant en 1901 ne sont pas autorisées, il leur est imparti un délai de 3 mois pour se mettre en règle [l'art. 13 restreint le droit des *congrégations* (autorisation légale obligatoire) ; l'art. 14 interdit l'enseignement aux congréganistes dépendant de congrégations non autorisées ; l'art. 16 définit le « délit de congrégation »]. Sur 1 665 congrégations (154 d'hommes, 1 511 de femmes), 910 étaient autorisées dont 4 d'hommes (missions étrangères de Paris, 1815 ; spiritains, 1816 ; sulpiciens, 1816 ; lazaristes, 1816) et 906 de femmes. Mais 276 congrégations féminines autorisées possédaient des établissements pour lesquels elles avaient négligé ou refusé de demander l'autorisation partielle. Sur 150 congrégations d'hommes non autorisées, 64 déposent une demande d'autorisation (pour 2 001 établissements) ; 86 refusent. Sur 601 congrégations de femmes non autorisées, 532 déposent une demande (pour 6 799 établissements), 69 refusent. Finalement, 448 demandes (1 958 établissements d'hommes et 4 986 de femmes) sont soumises au Parlement ; 148 demandes (pour 1 243 établissements de femmes) sont soumises au Conseil d'État. La Chambre les rejette, sauf celle des trappistes (non autorisés mais non interdits : leur dossier reste en attente jusqu'à la guerre de 1914 qui met fin aux expulsions). Les congrégations non autorisées sont dissoutes (13 904 écoles fermées sur 20 823). *Total des immeubles possédés par les congrégations* : 48 757 ha ; 1 072 millions de francs-or (« le milliard des congrégations »). *Total des établissements non autorisés et confisqués* : 25 000 ha, 440 millions de francs-or. **1904**-*31-4* circulaire du garde des Sceaux prescrivant de profiter des vacances de Pâques pour ôter des prétoires et salles d'audience crucifix et emblèmes religieux ; *-7-7* loi supprimant l'enseignement congréganiste (fermeture des écoles même autorisées ; votée à la Chambre le 28-3 par 306 voix contre 241, au Sénat le 5-7 par 166 voix contre 105) : toutes les congrégations enseignantes devront être supprimées dans les 10 ans, entraînant la fermeture des écoles ; les congrégations « mixtes » (autorisées pour l'enseignement et pour d'autres objets) ne conserveront une autorisation que pour leurs services étrangers à l'enseignement. La plupart des congrégations non autorisées formèrent, dans les 3 mois prévus par la loi, des demandes d'autorisation ; le gouvernement présenta au Parlement (qui les rejeta en bloc) les demandes formulées par les congrégations de femmes. Celles dont la demande avait été rejetée se trouvaient dissoutes et furent liquidées (certaines s'expatrièrent vers la Belgique, l'Angleterre, la Suisse, l'Italie, l'Espagne). Par contre, les 5 congrégations d'hommes sur lesquelles le Sénat ne s'était pas prononcé et les 314 congrégations de femmes dont les demandes n'avaient pas été déférées à l'examen du Parlement constituèrent dès lors les congrégations qualifiées par la suite de « congrégations en instance d'autorisation ». Elles étaient en règle avec la loi de 1901 au point de vue pénal mais ne pouvaient bénéficier des effets positifs de l'autorisation ; demeuraient dépourvues de la personnalité juridique ; étaient incapables de recevoir des libéralités et, d'une manière plus générale, de passer nominalement des actes patrimoniaux. La plupart des congréganistes restés en France ne répudièrent pas leurs vœux. Il y eut de nombreuses poursuites pénales pour reconstitution de congrégations dissoutes et pour fausses sécularisations de 1906 à 1911 : 272 poursuites, 637 condamnations.

-24-4 Émile Loubet, Pt de la République, va à Rome en visite officielle auprès du roi d'Italie, Victor-Emmanuel III, sans aller saluer Pie X, qui se considère toujours comme le souverain (Léon XIII, son prédécesseur, avait interdit aux chefs d'État catholiques de venir à Rome et de saluer le roi « usurpateur »). Le St-Siège proteste [note diplomatique du cardinal Rafael Merry del Val (Esp., 1865-1930, secrétaire d'État depuis 1903) adressée aux chancelleries étrangères]. Le Pce de Monaco, anticlérical, donne cette note à Jaurès, qui la publie en 1re page de *l'Humanité*. 2 évêques républicains en conflit avec leur clergé, Geay à Laval et Le Nordez à Dijon, refusant de démissionner (accusés d'être francs-maçons), sont convoqués à Rome. Combes leur interdit d'y aller ; *-23-7* note au St-Siège demandant le retrait des lettres adressées aux évêques, faute de quoi le gouvernement considérerait le Concordat comme violé ; *-29-7* n'obtenant pas de réponse satisfaisante du Vatican, Combes rompt les relations diplomatiques ; *-30-7* le nonce quitte Paris.

1905-*9-12* **loi de séparation** adoptée le 3-7 par la Chambre des députés : 342 voix contre 233 (le *9-12* par le Sénat : 179 voix contre 105), abroge le Concordat de 1801, mais maintient les lois sur les congrégations. **1906**-*11-2* encyclique *Vehementer* : Pie X condamne la séparation et la spoliation des biens d'Église ; *-6-3* affaire *des inventaires ;* dans de nombreuses églises et maisons religieuses, notamment en Bretagne ou à Paris (Ste-Clotilde, St-Pierre-du-Gros-Caillou), échauffourées entre police et fidèles ; seuls seront déférés devant les tribunaux ceux qui ont ceinturé les commissaires de police voulant ouvrir les tabernacles ; *-30-5* l'archevêque de Paris, Mgr François-Benjamin Richard de Lavergne, convoque archevêques et évêques de France en concile pour délibérer, les articles organiques ayant été abrogés (l'un interdisait tout concile, synode et assemblée délibérante de l'Église de France). *-12-7* amnistie générale ; *-10-8* encyclique *Gravissimo* : Pie X rejette le système des associations cultuelles ; *-nov.* les inventaires reprennent avec l'aide de l'armée ; des officiers démissionnent, d'autres refusent d'exécuter les ordres (traduits devant les tribunaux militaires, ils seront destitués) ; *-11-12* entrée en vigueur de la loi de séparation ; les évêques sont chassés de leurs palais, les curés de leurs presbytères, les séminaires sont évacués. Bâtiments mis en vente. *-17-12* l'archevêque de Paris quitte l'archevêché dans un fiacre [on dételle le cheval (nommé Astuce) et 40 jeunes traînent le fiacre] et se réfugie dans l'hôtel du baron Cochin, rue de Babylone. **1907**-*2-1* loi maintenant l'affectation religieuse des lieux de culte (communes et départements étant propriétaires). Les prêtres sont réduits à l'indigence. Le nombre annuel d'ordinations passe de 1 500 (en 1904)

☞ **3 archevêques de Paris furent tués dans l'exercice de leurs fonctions (entre 1848 et 1871) :** *27-6-1848* Mgr Affre, frappé le 25 par une balle sur une barricade ; *3-1-1857* Mgr Sibour, poignardé à St-Étienne-du-Mont pendant qu'il célébrait la messe, par un prêtre interdit, Jean Verger, aux cris de : « A bas l'Immaculée Conception ! A bas les déesses ! » ; *24-5-1871* Mgr Darboy, fusillé par les fédérés à la prison de la Roquette.

à 700 (en 1914) ; *-8-10* Pie X institue le *denier du culte* que les catholiques sont tenus *en conscience* (sous peine de péché) de verser pour l'entretien de leur clergé. *% des revenus recommandé :* 1 jour de salaire pour les salariés ; le revenu d'une journée moyenne pour les non-salariés. **1908**-*7-3* excommunication de l'abbé *Alfred Loisy* (1857-1940) [chef de la tendance moderniste, condamné l'année précédente par l'encyclique *Pascendi*, nommé en 1909 professeur d'histoire des religions au Collège de France ; il prendra sa retraite en 1931 et écrira sa défense dans *Un mythe apologétique* en 1938] ; *-13-4* loi permettant d'attribuer à des œuvres de bienfaisance laïques dons et legs faits à l'Église catholique même si le donateur fait opposition. **1910**-*28-1* cardinal Richard de Lavergne † (89 ans). *-25-8* lettre de Pie X aux évêques français, *Notre charge apostolique*, condamnant le mouvement chrétien de gauche, *le Sillon*, formé vers 1894 par Marc Sangnier (1873-1950) qui se soumet. **1913**-*sept.* Mgr Amette, archevêque titulaire de Sida et coadjuteur, s'installe à l'hôtel Rambuteau, 32, rue Barbet-de-Jouy. **1914**-*2-8* télégramme du ministre de l'Intérieur, Malvy ; le gouvernement suspend l'exécution des mesures prises en vertu des lois de 1901 et 1904 ; *-3-8* début de la guerre ; *-20-8* Pie X meurt. **1917** Benoît XV propose un plan de paix de compromis prévoyant la restitution de l'Alsace-Lorraine à la France : l'opinion se déchaîne contre lui (comme s'il avait voulu empêcher la victoire des Alliés).

☞ **De 1914 à 1918**, 25 000 prêtres et séminaristes sont mobilisés (il y aura près de 5 000 †) comme aumôniers, combattants, infirmiers, brancardiers ; leur présence désarme bien des anticléricaux. **De 1919 à 1939**, les congrégations supprimées se reforment sans être inquiétées. Une association, la *Drac* (Défense des religieux anciens combattants), réclamera le droit de cité pour les congrégations qui ont bien mérité de la patrie. En Alsace-Lorraine, le Concordat de 1801 continue à être appliqué en Bas-Rhin, Haut-Rhin et Moselle. Les évêques de Metz et de Strasbourg sont désignés par l'État qui rémunère les prêtres.

1920-*16-5* Jeanne d'Arc canonisée ; *-30-11* la Chambre des députés vote les crédits pour le rétablissement de l'ambassade de France auprès du St-Siège. *-18-12* le cardinal Dubois, archevêque de Paris, interdit aux catholiques modes indécentes et danses inconvenantes. **1921**-*17-5* Aristide Briand nomme Charles Jonnart ambassadeur auprès du St-Siège ; Mgr Ceretti est accueilli à Paris comme nonce et doyen du corps diplomatique. **1924**-*18-1* pour la possession des biens ecclésiastiques acquis depuis 1905, de nouveaux organismes, reconnus par la loi civile française, sont autorisés par Pie XI dans son encyclique *Maximam gravissimamque* sous la forme d'associations cultuelles diocésaines respectant la hiérarchie de l'Église. Un accord est conclu : l'ambassadeur de France auprès du St-Siège communique le nom du candidat choisi par le pape pour un siège vacant. Pendant 1 mois, le gouvernement français peut faire connaître ses objections ; au-delà, son accord est supposé acquis ; *-mai* Herriot, Pt du Conseil, annonce la suppression de l'ambassade de France auprès du Vatican, l'expulsion des congréganistes et l'application de la loi de séparation en Alsace-Lorraine ; mais on y renoncera devant la résistance catholique qui s'organise autour de la Drac, de l'Association des prêtres anciens combattants (Apac) et de la Fédération nationale catholique (avec le Gal de Castelnau). **1926**-*29-12* Pie XI publie le décret du 26-1-1914 de Pie X prohibant des œuvres de Maurras et l'« Action française ». **1927**-*8-3* Rome décide que les ligueurs d'« Action française » sont écartés des sacrements et privés de la sépulture religieuse (le cardinal Billot est privé de sa charge). **1937**-*11-7* Yvon Delbos, ministre des Affaires étrangères, accueille à Paris le cardinal Pacelli (futur Pie XII), venu inaugurer à Lisieux la basilique de Ste-Thérèse. **1939**-*10-2* Pie XI meurt, Pie XII est élu ; *-30-3* dans une lettre du cardinal Suhard (écrite en leur nom), les cardinaux et archevêques offrent au Pt du Conseil Daladier leurs vœux et leur aide pour « sa tâche de redressement national » ; *-5-7* Pie XII relève l'« Action française » de sa condamnation. **1940** l'Italie déclare la guerre ; *-11-3* convention signée avec les représentants des Domaines et du département : l'État concède aux chartreux, pour 99 ans, la propriété domaniale de la Grande Chartreuse (ils y reviennent le 21-6).

■ **Régime de Vichy.** Plusieurs actes (lois) modifient en partie la législation religieuse : **1940**-*3-9* abroge l'art. 14 de la loi de 1901 et la loi du 7-7-1904 ; **1941**-*21-2* autorise les chartreux ; *-4-4* sur les religieuses hospitalières employées dans certains établissements hospitaliers ; *-30-5* étend la capacité de certaines congrégations autorisées ; **1942**-*8-4* (no 504) élargit le régime d'exemption des impôts exceptionnels sur les biens des congrégations ; *-8-4* (no 505) supprime le délit de congrégation et permet la reconnaissance des congrégations par décret ; *-24-10* supprime les impôts d'exception ; *-31-12* sur l'incorporation d'immeubles dans le patrimoine des congrégations reconnues. **1943**-*sept.* parution de *la France, pays de mission ?* des abbés Henri Godin (1906-44) et Yvan Daniel (1906-86) ; création de la Mission de Paris (1943) puis des prêtres-ouvriers (6 en 1946, 50 en 1949).

■ **IVe République. 1944** De Gaulle demande de remplacer Mgr Valerio Valeri par un autre nonce. Pie XII, blessé, désigne Mgr Angelo Roncalli qui arrive fin décembre. De Gaulle et Georges Bidault (ministre des Affaires étrangères), mécontents de l'attitude de l'épiscopat sous l'Occupation, demandent à Rome la démission de 40 évêques. **1945**-*fin juillet* le pape accepte la démission de 4 évêques métropolitains et de 3 vicaires apostoliques dans les territoires d'outre-mer. **1946** Constitution de la IVe Rép., la laïcité est inscrite 2 fois : « L'organisation de l'enseignement public, gratuit et laïque à tous les degrés est un devoir de l'État » (préambule) ; « La France est une République indivisible, laïque, démocratique et sociale » (art. 1 du titre Ier). **1951**-*10-9* *loi Barangé* (voir à l'Index). Le secrétaire général de la SFIO (socialiste), Guy Mollet, et Robert Lecourt (MRP) s'entendent pour ouvrir des négociations avec Rome pour un nouveau concordat. Mgr Montini (futur Paul VI), substitut de la secrétairerie d'État, est leur interlocuteur principal ; les pourparlers se prolongeront de 1952 à 1957, sans aboutir. **1953**-*15-1* avant son départ pour Venise où Pie XII l'a nommé, Mgr Roncalli (futur Jean XXIII) reçoit des mains du Pt Auriol (selon un usage hérité des rois de France) la barrette cardinalice qu'un ablégat a apportée de Rome. **1954**-*1-3* Pie XII décide que les prêtres-ouvriers doivent quitter le travail (plus de 50 % refusent) ; *-15-8* Pie XII (constitution *Ecclesiarum omnium*) autorise la réouverture du séminaire de la Mission de France à Pontigny, et son érection en prélature *nullius* (prélat nommé par le St-Siège). Les prêtres pourront travailler à temps partiel.

■ **Conférences de carême** (*abréviation* : P. : père). **1834** *créées* à Notre-Dame par Mgr de Quelen (1778-1839), archevêque de Paris. 7 prédicateurs dont Mgr Dupanloup (1802-78). **1835**-*8-3*/**36** P. Lacordaire (prêchera l'Avent de 1843 à 1851). **1837-47** abbé de Ravignan. **1872-90** P. Jacques Monsabre. **1891-96** Mgr Maurice d'Hulst. **1897** P. Marie-Joseph Henri Ollivier. **1898-1902** P. Thomas Étourneau. **1903-24** P. Marie-Albert Janvier (dominicain). **1925-27** P. Pierre Sanson (de l'Oratoire). **1928** Mgr Alfred Baudrillart (1859-1942, cardinal 1935). **1929-37** P. Henri Pinard de La Boullaye (jésuite). **1938-40** Mgr Georges Chevrot. **1941-45** P. Pierre Panici (jésuite). **1946-55** P. Michel Riquet (1898-1993, jésuite). **1956** P. Ambroise-Marie Carré, (dominicain ; de l'Académie française). **1956-58** Mgr Émile Blanchet. **1959-66** P. Ambroise-Marie Carré (dominicain). **1967-70** P. Joseph Thomas (jésuite). **1971-74** Mgr André Brien. **1975-78** P. Bernard Bro (dominicain). **1979-82** P. Louis Sintas. **1983-84** P. Jean-Jacques Latour. **1985-87** P. Jean-Yves Calvez (jésuite). **1988** thème de Marie, Notre-Dame : *21-1* P. Bernard Dupuy, *28-2* abbé René Laurentin, *6-3* P. Bernard Sesboué, *13-3* Monsieur Claude Savart, *20-3* Mlle Marie-Hélène Mathieu (laïque, 59 ans, fondatrice en 1963 de l'Office chrétien des handicapés et inadaptés, Pte du mouvement Foi et Lumière, 1re femme à prêcher à N.-D.) et le cardinal Jean-Marie Lustiger. **1989-91** Mgr Gérard Defois (recteur des facultés catholiques de Lyon, puis archevêque de Sens-Auxerre). **1992-94** P. Jean-Michel Garrigues (47 ans, dominicain, fondateur des « fraternités monastiques »). **1995-97** P. Jean-Louis Bruguès (dominicain). **1998-2000** Jean-Robert Armogathe (né 1947). **2001** 6 prédicateurs : 1 de chaque continent plus le cardinal Ratzinger.

■ **Ve République. 1958** la Constitution de la Ve Rép. rappelle le caractère « laïque » de la République. **1958-76** 11 « congrégations » demandent et obtiennent l'autorisation. **1958**-*9-10* Pie XII meurt ; Jean XXIII est élu. **1959**-*11-12* *loi Debré* accordant des subventions à l'école libre. **1965**-*23-10* Paul VI autorise les prêtres-ouvriers ; ils peuvent être syndiqués (mais pas responsables). **1969**-*30-8* Paul VI nomme le cardinal Jean Villot secrétaire d'État (1er Français à ce poste). **1970** Mgr Marcel Lefebvre fonde à Écône (Suisse) un séminaire traditionaliste (voir p. 501 b). **1972** à côté des 18 provinces ecclésiastiques qui conservent leurs « officialités métropolitaines » (recevant les appels des officialités diocésaines), les diocèses sont regroupés en 9 régions apostoliques. **1977** loi *Germeur* renforce le pouvoir des chefs d'établissement du privé. **1980**-*30-5 au 2-6* Jean-Paul II à Paris et à Lisieux. **1981** congrès eucharistique international à Lourdes, en l'absence du pape, hospitalisé après un attentat. **1984**-*24-6* manifestation pour l'école libre. Le projet de loi adopté par l'Assemblée est retiré ; nouveaux textes votés reconnaissant pluralisme scolaire et association des établissements par contrat dans l'esprit de la loi Debré. **1986**-*26-6* accord entre l'épiscopat français et le Comité catholique contre la faim et pour le développement (CCFD) accusé de subventionner des actions révolutionnaires dans le tiers-monde ; *-4/7-10* Jean-Paul II à Lyon, Taizé, Paray-le-Monial, Ars, Annecy. **1987**-*27-2* l'État remet en question la loi de 1881 laissant 1 jour par semaine sans cours à l'école pour permettre l'enseignement religieux (d'abord jeudi, puis mercredi) ; *-avril* bagarres à Port-Marly entre conciliaires et intégristes, pour la possession de l'église St-Louis. **1988**-*août* Jean-Paul II à Lourdes « en pèlerin » ; *-8-11* à Strasbourg (visite du Parlement européen), Metz, Nancy, Mulhouse. **1989**-*31-7* 18 clarisses d'Aubazines (Corrèze) rompent avec Rome pour se placer sous l'autorité du patriarche grec d'Antioche, Ignace IV. **1995**-*13-1* Jean-Paul II suspend Mgr Jacques Gaillot (né 1935, évêque d'Évreux depuis 1982) et le nomme évêque *in partibus* de Partenia (Mauritanie) [le 10-5-2000, Mgr Louis-Marie Billé, Pt de la Conférence des évêques de France, écrit à Mgr Gaillot à la suite de ses prises de position sur des sujets de société tels que l'usage du préservatif ou l'ordination d'hommes mariés : « Je veux t'assurer en toute sincérité de notre communion dans la foi et dans le service du même Évangile. La communion qui nous lie comme des frères est réelle, même si elle est vécue d'une façon particulière. »]. Cathédrale d'Évry (Essonne) inaugurée (seule édifiée en France au XXe s.). **1997**-*19/24-8* XIIe Journées mondiales de la jeunesse (JMJ) à Paris. Dépenses : 247 millions de F (déficit 8) ; *-19-8* ouverture au Champ-de-Mars : 300 000 jeunes ; *-21/24-8* Jean-Paul II à Paris.

ORGANISATION

☞ *Abréviations* : arch. : archevêque ; card. : cardinal ; cath. : cathédrale ; év. : évêque.

■ **Conseil des Églises chrétiennes en France.** *Créé* 1987. *Membres :* 7 catholiques (dont 6 évêques), 7 protestants, 7 orthodoxes et Arméniens (présidence tournante), 1 observateur anglican.

CIRCONSCRIPTIONS DIOCÉSAINES

■ **Évolution. Ancien régime** (avril 1789) : *diocèses :* 141 évêchés ou archevêchés dont 4 en Corse (annexés 1768) et l'évêché de Bethléem. De plus, *6 évêques étrangers avaient juridiction sur des paroisses faisant partie du royaume :* Ypres, Tournai, Liège, Spire, Bâle (siège à Porrentruy), Genève (siège à Annecy). *6 évêques français avaient juridiction sur des territoires étrangers :* Cambrai (P.-Bas), Strasbourg (Allemagne), Carpentras, Cavaillon, Vaison (Comtat), Comminges (Espagne). *Sur 141 diocèses, 122 étaient « réputés français »* (ils devaient payer le « don gratuit » au roi) ; *19 étaient « réputés étrangers »* (et payaient au roi des redevances spéciales) : Corse 4, et territoires annexés après le XVIe s. : 15 (Cambrai, Besançon, Strasbourg, Metz, Toul, Verdun, Arras, St-Omer, Belley, Orange, Perpignan, Elne, St-Claude, Nancy, St-Dié). **1810** (avec les annexions) : 23 archevêchés, 75 évêchés ; **1817** : 7 arch., 33 év. ; **1820** : 9 arch., 41 év. ; **1823** : 13 arch., 61 év. ; **1826** : 14 arch., 65 év. ; **1859** : 16 arch., 65 év. ; **1860** : 17 arch., 68 év. ; **1871** : 17 arch., 66 év. ; **1918** : 17 arch., 68 év. ; **1982** : 18 arch., 96 év. (*créations* : 1948 archevêché de Marseille ; 1966 évêché de Corbeil, Créteil, Nanterre, Pontoise, St-Denis ; 1970 év. de St-Étienne ; 1976 év. du Havre ; 1979 év. de Belfort-Montbéliard).

■ **Nombre actuel.** 95 *diocèses* répartis en 9 *régions apostoliques* et dirigés par 93 év. ou arch. nommés par le pape. Le titre d'archevêque est porté par les chefs des 19 *archidiocèses* : Marseille et les 18 sièges métropolitains (chefs-lieux de provinces ecclésiastiques ayant plusieurs évêchés *suffragants*). **Départements comptant plus d'un diocèse :** *Savoie* 3 (Chambéry, Maurienne, Tarentaise : administrés par le même prélat) ; *B.-du-Rh.* 2 (Aix, Marseille) ; *Marne* 2 (Reims, Châlons) ; *Nord* 2 (Cambrai, Lille) ; *Seine-Maritime* 2 (Le Havre, Rouen).

Diocèses : 74 correspondent à 1 département. 5 à 2 départements : *Ajaccio :* Hte-Corse et Corse-du-Sud. *Bourges :* Cher et Indre. *Limoges :* Hte-Vienne et Creuse. *Poitiers :* Vienne et Deux-Sèvres. *Strasbourg :* Bas-Rhin et Haut-Rhin. **1 correspond à 1 département plus une partie de 2 autres départements :** *Belfort,* canton d'Héricourt (Haute-Saône), zone de Montbéliard (Doubs). **1 correspond à 2 départements moins une partie de chacun d'eux :** *Besançon :* Doubs moins la zone du pays de Montbéliard ; Haute-Saône moins le canton d'Héricourt. **6 correspondent à 1 département divisé en 2 parties :** *Aix-en-Provence, Marseille :* B.-du-Rh. *Cambrai, Lille :* Nord. *Rouen, Le Havre :* Seine-Maritime. **2 correspondent à 1 département plus 1 partie d'un autre département :** *Reims :* Ardennes, plus arrondissement de Reims (Marne). *Lyon :* Rhône,

■ **France, « fille aînée de l'Église ».** Formule lancée par le card. Benoît Langénieux (1824-1904), archevêque de Reims, en 1896, lors du XIVe centenaire du baptême de Clovis, et tirée d'une lettre du Cte de Chambord. Repose sur 5 données : **1°**) selon le card. Langénieux, Clovis reçut en 496 du pape Anastase II une lettre le présentant comme un fils enfanté par l'Église (cette lettre est en réalité un faux, datant du XVIIe s.) ; **2°**) les rois de France s'appelaient habituellement « Fils aînés de l'Église » [traduction libre de leur titre officiel de *Christianissimus,* rendue dans les textes français par « très chrétien », mais signifiant « le 1er des (rois) chrétiens » (Napoléon Ier prenait ce titre dans sa correspondance avec le pape)] ; **3°**) l'université de Paris s'est définie jusqu'à la Révolution comme « la fille aînée des rois de France » (allusion au titre précédent) ; **4°**) depuis les Mérovingiens, les souverains ont eu une dévotion à *Ste Pétronille,* fille de St Pierre ; **5°**) Étienne II (pape de 752 à 757) écrit le 23-2-756 à Pépin le Bref une lettre où il fait parler St Pierre qui s'adresse à Pépin comme à son « fils adoptif ». Dès lors, il devient courant, dans les lettres échangées entre papes et rois francs, de dire que *Ste Pétronille* est la « sœur spirituelle » de la monarchie franque.

D'après certains textes, le tombeau de **Ste Pétronille**, dans une des chapelles de la basilique de Constantin, était appelé *Capella Regum Francorum,* « chapelle des rois de France » (on suppose que les rois de France l'entretenaient sur leur trésor). Au XVe s., la dévotion des rois de France envers Ste Pétronille reprit vigueur : Louis XI lui attribua la naissance de Charles VIII. Celui-ci constitua en 1490 à Rome une chapellenie de Ste-Pétronille, devant assurer des messes pour le repos de l'âme de Louis XI. Ce culte n'était plus attesté au XVIIe s. et on n'a plus parlé de Ste Pétronille jusqu'en 1874, date de la découverte de son tombeau sur la voie Ardéatine près de Rome. *En 1889,* le cardinal Langénieux obtint que Léon XIII remette officiellement à la France une chapelle de Ste-Pétronille faisant partie de la basilique St-Pierre. L'huile de la lampe du St-Sacrement est payée par l'Église de France. La messe solennelle de Ste-Pétronille, en présence de l'ambassadeur de France, est célébrée officiellement chaque année (le 31-5) depuis 1949, mais on parle peu du patronage.

plus arrondissement de Roanne (Loire). **2 correspondent à 1 département moins une partie :** *Châlons :* Marne moins Reims. *St-Étienne :* Loire moins Roanne. **Les 4 diocèses d'Annecy, Chambéry, Maurienne, Tarentaise correspondent aux départements de Savoie et Haute-Savoie :** *Maurienne :* une partie de la Savoie. *Tarentaise :* idem. *Chambéry :* idem, plus quelques communes de Hte-Savoie. *Annecy :* Hte-Savoie moins quelques communes, plus quelques communes de Savoie. **Diocèses ayant fictivement 2 noms :** *Nancy* (et Toul), *Périgueux* (et Sarlat), *Toulon* [et Fréjus (dont la cath. St-Léonce est depuis 1975 « co-cathédrale »)], *Dax* [et Aire (évêché à Dax depuis 1933)], *Auxerre* [et Sens (archevêché et résidence à Auxerre depuis 1973)], etc. **Évêques résidant au chef-lieu du département, et non dans leur ville épiscopale :** *St-Dié* (résidence à Épinal) ; *Belley-St-Claude* (à Lons-le-Saunier).

■ **Diocèses par région apostolique** (en italique les 18 archevêchés, entre parenthèses, Pt de région). **Centre** (Mgr Gérard Daucourt) : Blois, *Bourges,* Chartres, Moulins, Nevers, Orléans, *Sens-Auxerre, Tours.* **Centre-Est** (Mgr Louis Dufaux) : Annecy, Autun, Belley-Ars, *Chambéry* (plus St-Jean-de-Maurienne plus Tarentaise), Clermont-Ferrand, Grenoble, Le Puy, *Lyon,* St-Étienne, Valence, Viviers. **Est** (Mgr Yves Patenôtre) : Belfort-Montbéliard, *Besançon,* Dijon, Metz (concordataire), Nancy, St-Claude, *St-Dié,* Strasbourg (concordataire), Verdun. **Ile-de-France** (cardinal Jean-Marie Lustiger) : *Évry,* Corbeil-Essonnes, Créteil, Meaux, Nanterre, *Paris,* Pontoise, St-Denis, Versailles, Mission de France, Diocèse aux armées. **Midi** (Mgr Émile Marcus) : *Albi, Auch,* Cahors, Carcassonne, Montauban, Pamiers, Perpignan et Elne, Rodez, St-Flour, Tarbes et Lourdes, *Toulouse.* **Nord** (Mgr Michel Saudreau) : Amiens, Arras, Beauvais, *Cambrai,* Châlons-en-Champagne, Évreux, Langres, Le Havre, Lille, *Reims, Rouen,* Soissons, Troyes. **Ouest** (Mgr Jacques Fihey) : Angers, Bayeux et Lisieux, Coutances, Laval, Le Mans, Luçon, Nantes, Quimper, *Rennes,* St-Brieuc, Sées, Vannes. **Provence-Méditerranée** (Mgr François-Xavier Loizeau) : *Aix et Arles,* Ajaccio, *Avignon,* Digne, Fréjus et Toulon, Gap, *Marseille,* Mende, Montpellier, Nice, Nîmes. **Sud-Ouest** (Mgr Robert Sarrabère) : Agen, Aire et Dax, Angoulême, Bayonne, *Bordeaux,* La Rochelle, Limoges, Périgueux, Poitiers, Tulle. **Outre-mer.** *Fort-de-France* (Martinique), Basse-Terre et Pointe-à-Pitre (Guadeloupe), Cayenne (Guyane), St-Denis de la Réunion, *Nouméa, Papeete* (Tahiti), Taiohae (îles Marquises, Polynésie française), Wallis-et-Futuna, St-Pierre-et-Miquelon est vicariat apostolique.

☞ Il existe en outre : **1 diocèse aux armées** (Mgr Patrick Le Gal, né 14-1-1953) ; **1 prélature personnelle** (Opus Dei, voir p. 512 b) ; **1 prélature territoriale** (la Mission de France ; Mgr Georges Gilson) ; **1 exarchat et 1 éparchie** pour les fidèles de rite oriental (voir col. b).

ÉVÊCHÉS ET CATHÉDRALES

☞ Les 87 cathédrales construites avant 1905 sont classées monuments historiques. L'État s'occupe de leur entretien lourd (toitures et murs). Les fidèles financent aménagement intérieur, éclairage, chauffage.

Légende : (1) cathédrales existantes et sièges actuels. (2) cathédrales existantes et anciens sièges. (3) cathédrales disparues. Les archevêchés sont en italique.

■ **Paris et région parisienne.** *Paris :* N.-D. de Paris [1]. *Seine-et-Marne :* Meaux [1]. *Yvelines :* Versailles [1]. *Essonne :* Corbeil [1], Évry [1]. *Hauts-de-Seine :* Nanterre [1]. *Seine-St-Denis :* St-Denis [1] (préfecture : Bobigny). *Val-de-Marne :* Créteil [1]. *Val-d'Oise :* Pontoise [3].

■ **Province. Ain :** Belley [1], Bourg-en-Bresse [3]. **Aisne :** Soissons [1], Laon [2], St-Quentin [3], Vermand [3] (transféré à Noyon au VIe s.). **Allier :** Moulins [1]. **Alpes-de-Hte-Provence :** Digne [1] [cath. : ancienne N.-D.-du-Bourg (XVIIIe s.), actuellement St-Jérôme (XVe s.)], Riez [3], Sisteron [2], Entrevaux [2], Senez [2], Forcalquier [2], Glandèves [3] (IVe, Ve s. transférés à Entrevaux), Thorane [3] (Rigomagus) et Castellane [3] (Salinas, IVe s., unis à Senez au VIe s.). [L'évêque de Digne est titré évêque de Digne, Riez et Sisteron (2 diocèses supprimés en 1801) unis le 15-2-1916.] **Htes-Alpes :** Gap [1], Embrun [2] (titre « relevé » par l'arch. d'Aix). **Alpes-Maritimes :** Nice [1], Vence [2], Grasse [2], Cimiez [3] (a coexisté avec Nice au Ve s., fouilles), Antibes [3] (transféré à Grasse au XIIIe s.). **Ardèche :** Viviers [1]. **Ardennes :** relève de Reims (51) [1], Sedan évêché de 1790 à 1801. **Ariège :** Pamiers [1], St-Lizier [2] (capitale du Couserans), Mirepoix [2]. **Aube :** Troyes [1]. **Aude :** Carcassonne [1], Narbonne [2] (titre « relevé » par l'arch. de Toulouse), Alet [2] (en ruines), St-Papoul [2]. **Aveyron :** Rodez [1], Vabres [2]. **Bouches-du-Rhône :** *Aix-en-Provence* [1], Arles [2]. Depuis 1817, le titre d'archevêque d'Aix (officiellement depuis 6-10-1822) rappelle les anciennes provinces Aix, Arles et Embrun [dans le diocèse de Gap (Htes-Alpes)] qui n'est plus cité. *Marseille* [1] (sans province ecclésiastique). *314* 1er évêque attesté Oresius. *1791* diocèse supprimé, rattaché à Aix. *1822*-6-10 restauré (Mgr Fortuné de Mazenod nommé 13-1-1823). *1948*-31-1 archevêché relevant directement du St-Siège. **Calvados :** Bayeux [1], Lisieux [2]. **Cantal :** St-Flour [1]. **Charente :** Angoulême [1]. **Charente-Maritime :** La Rochelle [1] [par transfert de Maillezais (Vendée) au XVIIe s.], Saintes [2]. **Cher :** *Bourges* [1]. **Corrèze :** Tulle [1]. **Corse :** Ajaccio [1], Bastia [2], Calvi [2], Nebbio [2], Mariana [2] (transféré à Bastia au XVIe s.), vestiges de la 1re cath. du IVe s., 2e cath. de la Canonica (XIIe s.), Sagone [3], Accia [3], Aléria [3], Taina [3] (site inconnu). **Côtes-d'Armor :** St-Brieuc [1], Tréguier [2]. **Côte-d'Or :** Dijon [1]. **Creuse :** relève de Limoges (Hte-Vienne) [1], Guéret évêché de 1790 à 1801. **Dordogne :** Périgueux [1], Sarlat [2]. **Doubs :** *Besançon* [1]. **Drôme :** Valence [1], Die St-Paul-Trois-Châteaux [2] (titre uni 12-6-1911). **Eure :** Évreux [1]. **Eure-et-Loir :** Chartres [1]. **Finistère :** Quimper [1], St-Paul-de-Léon [2]. **Gard :** Nîmes [1], Alès [2], Uzès [2], Aristum [3] (Le Vigan à l'époque mérovingienne). **Hte-Garonne :** *Toulouse* [1] (l'arch. a « relevé » le titre de l'arch. de Narbonne [2]), Rieux [2], St-Bertrand-de-Comminges [2]. **Gers :** *Auch* [1], Condom [2], Lectoure [2], Lombez [2], Eauze [3] (a précédé Auch). **Gironde :** *Bordeaux* [1], Bazas [2], Buch [3] (Ve s.). **Hérault :** Montpellier [1], Agde [2], Béziers [2], Lodève [2], Maguelonne [2] (transféré à Montpellier au XVIe s.), St-Pons-de-Thomières [2]. **Ille-et-Vilaine :** *Rennes* [1], Dol [2], St-Malo [2], Aleth [3] (a précédé St-Malo). **Indre :** relève de Bourges (Cher) [1], Châteauroux de 1790 à 1801. **Indre-et-Loire :** *Tours* [1]. **Isère :** Grenoble [1], Vienne [2] (titre « relevé » par l'arch. de Lyon à partir de la Révolution). **Jura :** St-Claude [1]. **Landes :** Dax [1], Aire-sur-l'Adour [2]. **Loir-et-Cher :** Blois [1]. **Loire :** St-Étienne [1]. **Hte-Loire :** Le Puy [1], St-Paulien [3]. **Loire-Atlantique :** Nantes [1]. **Loiret :** Orléans [1]. **Lot :** Cahors [1]. **Lot-et-Garonne :** Agen [1]. **Lozère :** Mende [1], Javols [3] (au VIe s., transféré à Mende). **Maine-et-Loire :** Angers [1]. **Manche :** Coutances [1], Avranches [3]. **Marne :** *Reims* [1] (supprimé 1801, rétabli 1824), Châlons-en-Champagne [1]. **Hte-Marne :** Langres [1]. **Mayenne :** Laval [1], Jublains [3] (époque gallo-romaine). **Meurthe-et-Moselle :** Nancy [1], Toul [2]. **Meuse :** Verdun [1]. **Morbihan :** Vannes [1]. **Moselle :** Metz [1]. **Nièvre :** Nevers [1]. **Nord :** *Cambrai* [1], Lille [1]. **Oise :** Beauvais [1], Noyon [2] [succédant à Vermand (Aisne) au VIe s.], Senlis [2]. **Orne :** Sées [1]. **Pas-de-Calais :** Arras [1], Boulogne-sur-Mer [2], St-Omer [2], Thérouanne [3] (remplacé par Boulogne au XVIe s.). **Puy-de-Dôme :** Clermont-Ferrand [1]. **Pyrénées-Atlantiques :** Bayonne [1], Lescar [2], Oloron-Ste-Marie [2]. **Htes-Pyrénées :** Tarbes [1], Lourdes (n'a pas de cath.). **Pyrénées-Orientales :** Perpignan [1], Elne [2] (transféré à Perpignan au XVIIe s.). **Bas-Rhin et Ht-Rhin :** *Strasbourg* [1] ; l'église St-Martin de Colmar appelée « la cath. » est une ancienne collégiale. Colmar de 1790 à 1801. **Rhône :** *Lyon* [1] (Primat des Gaules). **Haute-Saône :** relève pour l'essentiel de Besançon (Doubs) sinon Belfort-Montbéliard (Territoire de Belfort) [1], Port-sur-Saône (Ve s.) [3]. Vesoul de 1790 à 1801. **Saône-et-Loire :** Autun [1], Chalon-sur-Saône [2], Mâcon [2] (vestiges). **Sarthe :** Le Mans [1]. **Savoie :** *Chambéry* [1], Moûtiers-en-Tarentaise [1], St-Jean-de-Maurienne [1]. **Hte-Savoie :** Annecy [1]. **Seine-Maritime :** *Rouen* [1], Havre [1]. **Deux-Sèvres :** relève de Poitiers (Vienne) [1]. St-Maixent de 1790 à 1801. **Somme :** Amiens [1]. **Tarn :** *Albi* [1], Castres [2], Lavaur [2]. **Tarn-et-Garonne :** Montauban [1]. **Territoire de Belfort :** Belfort [1]. **Var :** Toulon [1], Fréjus [2]. L'évêque de Fréjus transfère le 28-4-1957 sa résidence de Fréjus à Toulon sans évêque depuis 1801 mais le titre était Fréjus et Toulon. **Vaucluse :** Avignon [1] (archevêché 21-11-1475, évêché 29-11-1801, archevêché 6-10-1822), Apt [2], Carpentras [2], Cavaillon [2], Orange [2], Vaison-la-Romaine [2] [2 cath. ; la plus ancienne : N.-D.-de-Nazareth (VIe-XIIIe s. au Vieux-Bourg)], Vénasque [3] (du VIe s. au Xe s. des év. de Carpentras). **Vendée :** Luçon [1], Maillezais [3] (ruines) créé XIVe s., transféré à La Rochelle au XVIIe s. **Vienne :** Poitiers [1]. **Hte-Vienne :** Limoges [1]. **Vosges :** St-Dié [1]. **Yonne :** *Sens* [1], Auxerre [2].

Départements d'outre-mer. Guadeloupe : Basse-Terre [1], Pointe-à-Pitre [3]. **Guyane :** Cayenne [1]. **Martinique :** *Fort-de-France* [1], St-Pierre [3]. **La Réunion :** Saint-Denis [1]. **Iles St-Pierre-et-Miquelon :** vicaire apostolique des îles St-Pierre [1]. **Territoires d'outre-mer. Iles Marquises :** Taiohae ou Tefenuanata [1]. **Nlle-Calédonie :** *Nouméa* [1]. **Polynésie française :** *Papeete* [1]. **Wallis-et-Futuna :** île Wallis [1].

Rites orientaux catholiques (Paris). **Éparchie de Sainte-Croix de Paris des Arméniens catholiques de France :** cath., 10 *bis,* rue Thouin, Ve : Mgr Grégoire Ghabroyan (né 15-11-1934) ; *population du diocèse :* 30 000. **Exarchat apostolique pour les Ukrainiens de rite byzantin, catholiques ukrainiens cath. :** 51, rue des Saints-Pères, VIe : Mgr Michel Hrynchyshyn (né 18-12-1929) ; *population du diocèse :* 30 000.

☞ **Cathédrales non catholiques** (Paris). *Église orthodoxe grecque* (Patriarcat de Constantinople), 7, rue Georges-Bizet, XVIe ; *orthodoxe* (ex-russe), 12, rue Daru, VIIIe ; *Américaine (Église épiscopalienne),* 23, avenue George-V, VIIIe.

■ ÉPISCOPAT

■ **Conférence des évêques de France. Origine : 1919**-*5-2* 1re réunion de l'« Assemblée des cardinaux et archevêques » (Aca). Se réunit 1 fois par an, puis 2 fois entre 1945 et 1964. **1951** l'« Assemblée plénière de l'épiscopat » (réunie tous les 3 ans, à Lourdes depuis 1966) la remplace comme instance suprême. Des commissions épiscopales sont créées. **1961** elles groupent les diocèses, non plus selon des critères historiques ou géographiques (comme les anciennes provinces ecclésiastiques qui existent toujours), mais selon des données plus contemporaines. **1964**-*18-5* création de la « Conférence ». **1966** statuts et règlement intérieur provisoires (définitifs le 29-10-1975, reconnus par le St-Siège le 29-11).

Composition : *au 30-3-2001 :* 109 membres dont *métropole :* 16 archevêques (dont 3 cardinaux : Bordeaux, Lyon et Paris), 69 évêques, 9 év. auxiliaires, 1 év. aux armées françaises, 1 év.-prélat de la Mission de France (Mgr Gilson, également arch. de Sens), 1 exarque apostolique des Ukrainiens catholiques, 1 éparque apostolique des Arméniens catholiques, 2 administrateurs diocésains (pour les 2 sièges épiscopaux vacants : Annecy, Luçon) et 1 administrateur apostolique (év. auxiliaire de Reims) et DOM : 1 archevêque (Fort-de-France), 3 év. (Basse-Terre, Cayenne, St-Denis de la Réunion), 1 vicaire apostolique (St-Pierre-et-Miquelon). *N'en sont pas membres :* 59 év. émérites et cardinaux à la retraite, 2 arch. (Nouméa, Papeete) et 2 év. des TOM (Wallis-et-Futuna, Marquises).

■ **Nomination des évêques** [Code de droit canonique de 1983 (canons 377-378)]. **4 étapes : 1°)** en général tous les 3 ans, les év. de chaque province (en France, de chaque région apostolique) établissent une liste secrète des prêtres les plus aptes à l'épiscopat (communiquée au Siège par le représentant du St-Siège en France : le nonce). **2°)** Lorsqu'un siège est vacant (diocèse en attente d'un évêque) ou qu'un év. coadjuteur doit être nommé, une liste secrète de 3 noms (*la terna*) est établie par le St-Siège, en collaboration avec le nonce, généralement à partir des listes établies par les évêques. La terna peut aussi être proposée par l'év. qui demande un auxiliaire. Le nonce est chargé de s'informer sur chacune des personnes concernées. Il communique au Siège apostolique son avis et les suggestions du métropolitain (arch.) et des év. de la province (en France, du Pt et des év. de la région apostolique) sur les besoins du diocèse du futur év. Enfin, s'il le juge opportun, il peut faire part de l'avis d'autres personnes, clercs ou laïcs. Selon un usage récent, la consultation diocésaine, non prévue par le droit, s'ajoute à cette consultation obligatoire. **3°)** Le pape nomme le futur év. à partir des noms communiqués après un vote par les membres de la Congrégation pour les év. (card. et év.). **4°)** Avant que la nomination soit publiée, le nom du futur év. est transmis au gouvernement français (min. des Affaires étrangères, puis de l'Intérieur) selon une pratique acceptée depuis 1921, au cas où le gouvernement aurait quelque chose à dire sur le candidat choisi. Pour Strasbourg et Metz, la nomination se fait selon l'art. 5 du Concordat de 1801. Le décret de nomination du futur év. (choix comme ci-dessus) est signé par le Pt de la République, puis publié au *Journal officiel,* après réception des bulles pontificales conférant l'institution canonique, soumises au Conseil d'État pour vérification de leur conformité aux règles concordataires.

Assemblée plénière : annuelle, en général début nov., à Lourdes. *Membres de droit avec voix délibérative :* tous les membres de la Conférence des év. de France ; *consultative :* év. des TOM et délégués des supérieurs majeurs des religieux. *Invités possibles :* nonce apostolique, év. à la retraite, secrétaires nationaux et Pt de l'Union des établissements d'enseignement supérieur catholique, équipe nationale évêques prêtres, membres d'autres conférences épiscopales, observateurs non catholiques, experts.

Conseil permanent : 106, rue du Bac, 75341 Paris Cedex 07. Reçoit délégation de l'Assemblée et est responsable devant elle. Se réunit 1 fois par mois, de sept. à juin ; convoque 1 fois par trimestre les Pts de commission et celui de la commission doctrinale et éventuellement les Pts de comité. *Membres : Pt* (5-11-1996, réélu 9-11-1999 : card. Louis-Marie Billé, né 18-2-1938, arch. de Lyon) et *vice-Pt* (Mgr Jean-Pierre Ricard, élu 9-11-1999) de la Conférence des évêques de France, élus pour 3 ans, mandat renouvelable 1 seule fois. La majorité des 2/3 des év. présents en assemblée plénière est requise au cours des 5 premiers tours, la majorité simple ensuite. 108 évêques en activité prennent part au scrutin et les administrateurs diocésains représentent les sièges vacants. 9 évêques (1 par région) élus par l'Assemblée plénière : Bernard-Nicolas Aubertin (région Centre), Yves Patenôtre (Est), François Loizeau (Provence-Méditerranée), Louis Dufaux (Centre-Est), François Favreau (Ile-de-France), François Garnier (Ouest), Bernard Housset (Midi), Albert Rouet (Sud-Ouest), Guy Thomazeau (Nord) ; *l'archevêque de Paris* (card. Jean-Marie Lustiger, né 17-9-1926, fils d'un commerçant juif émigré en France vers 1918, baptisé 25-8-1940, prêtre 17-4-1954, év. depuis déc. 1979, arch. de Paris 2-2-1981) ; 1 *cardinal élu par ses pairs* (si leur conseil n'est pas représenté). *Secr. général :* Mgr Bernard Lagoutte (né 27-7-1934) depuis 1992. *Porte-parole :* Stanislas Lalanne depuis 1999.

Conseil national de la Solidarité. *Pt :* Mgr G. Pontier. *Secr. :* P. Jean-Paul Larvol.

Commission doctrinale des évêques de France. *Pt :* card. Eyt. *Secr. :* Mgr Bodin.

■ **Commissions épiscopales.** *Liturgie et Pastorale sacramentelle* (Mgr de Monléon). *Catéchèse et Catéchuménat* (Mgr Dubost). *Ministères ordonnés* (Mgr Marcus). *Vie consacrée* (Mgr Fruchaud). *Famille* (Mgr Vingt-Trois). *Mouvements apostoliques et Associations de fidèles* (Mgr Fihey). *Mission universelle de l'Église* (Mgr Labillé). *Unité des chrétiens* (Mgr Saint Macary). *Commission sociale des évêques de France* (Mgr de Berranger). *Éducation, Vie et Foi des Jeunes* (Mgr Jaeger).

Comités épiscopaux. *Mission en monde ouvrier* [3] (Mgr Joatton). *Mission en milieux indépendants* [3] (Mgr Maupu). *Mission en monde rural* [3] (Mgr Fihey). *Mission en monde maritime* [3] (Mgr Molères). *Action catholique générale et Associations professionnelles* [3] (Mgr Perrier). *Pour le renouveau et pour les mouvements d'animation spirituelle* [3] (Mgr Guillon). *Coopération missionnaire* [4] (Mgr Labille). *France-Amérique latine* [4] (Mgr Ghirard). *Migrations et gens du voyage* [4] (vacant). *Relations interreligieuses et nouveaux courants religieux* [4] (Mgr Panafieu). *Service incroyance-foi* [4] (Mgr Dagens). *Commission française Justice et Paix* [4] (Mgr Daloz). *Groupe de travail Arts, Culture et Foi* [4] (Mgr Gaidon). *Secrétariat pour les sectes et les nouveaux courants religieux* [4] (Mgr Vernette). *Relations avec le judaïsme* [8] (Mgr Poulain). *Pour la santé* [9] (Mgr Barbarin). *Socio-caritatif* [9] (Mgr Pontier). *Socio-économique et politique* [9] (Mgr Bonfils). *Justice et Société* [9] (Mgr Pollien). *Tourisme et Loisirs* [9] (Mgr Noyer). *Monde scolaire et universitaire* [12] (Mgr Jaeger). *Enfance-Jeunesse* [12] (Mgr Soubrier).

Comités épiscopaux permanents. *Pour l'information et la communication* (Mgr di Falco). *Canonique* (Mgr Jordan). *Pour les relations internationales* (Cal Billé). *Pour les affaires économiques* (Mgr Barbier).

Évêché de Bethléem. *1110* créé par les croisés (l'év. avait le privilège de consacrer les rois de Jérusalem). *1161* Guillaume III, Cte d'Auxerre et de Nevers († en Terre sainte), demande à être enseveli dans la cathédrale de Bethléem. En échange, il cède aux év. de Bethléem-Ascalon, en toute suzeraineté, l'hôpital construit par son père Guillaume II à Clamecy (Nièvre) en 1147. *1331* l'év. Guillaume Ier, chassé par les Sarrasins, s'y installe. 44 év. s'y succéderont jusqu'à 1801 (résidence à Clamecy, la chapelle de l'hôpital est érigée en cathédrale). *1413* Charles VI reconnaît les év. de Bethléem comme des prélats du royaume (nommés par le Cte de Nevers, agréés par le roi). Mais ils n'exercent pas de juridiction, sauf sur le personnel de l'hôpital. *1635* l'assemblée du clergé leur attribue une pension de 1 000 livres, pour qu'ils ne soient pas tentés d'usurper certaines juridictions, détenues par l'év. d'Auxerre. *1801* l'évêché est supprimé. *1840* le titre d'év. de Bethléem, devenu un titre *in partibus*, est lié à la dignité abbatiale de St-Maurice-d'Agaume (Valais, Suisse). Les abbés sont appelés « év. de Bethléem St-Maurice ». *Dom Heller*, abbé jusqu'à sa démission en 1970,

Titres féodaux ou ecclésiastiques portés par les anciens évêques

Agde : Cte d'Agde. **Aix** (arch.) : Pt-né des États de Provence. **Ajaccio** : Cte de Frasso. **Albi** : Cte d'Albi. **Arles** (arch.) : primat, Pce de Salon. **Auch** (arch.) : primat de Novempopulanie et du royaume de Navarre. **Autun** : port du pallium, Pt-né des États de Bourgogne. **Beauvais** : 1er des Ctes et pairs ecclésiastiques. **Belley** : Pce du St Empire, Cte de Belley. **Besançon** : Pce du St Empire. **Bordeaux** (arch.) : primat d'Aquitaine Seconde. **Bourges** (arch.) : primat des Aquitaines et patriarche. Richard II, arch. de Bourges de 1071 à 1093, porta le 1er le titre de primat des Aquitaines [*1re* : province de Bourges. *2e* : Bordeaux. Simon de Beaulieu sera le dernier archevêque de Bourges à visiter (24-9/19-11-1284) la province de Bordeaux. Bernard de Goth, arch. de Bordeaux, devenu le pape Clément V, émancipera la province. L'archevêque de Bordeaux, convoqué au concile de Bourges en 1584, ne se présentera pas. *3e* : Eauze devenue Auch (émancipée début XIIIe s.]. **Cahors** : Bon et Cte de Cahors. **Cambrai** (arch.) : duc de Cambrai, Pce du St Empire, Cte du Cambraisis, seigneur temporel de la ville, Pt-né des États du Cambraisis. **Carpentras** : Pt-né des États du Comtat. **Chalon-sur-Saône** : Cte de Chalon. **Châlons-en-Champagne** : Cte et pair de France. **Die** (fusionné avec Valence) : Cte de Die. **Digne** : Bon de Lauzières, seigneur de Digne. **Dol** : Cte de Dol. **Embrun** (arch.) : Pce d'Embrun. **Gap** : Cte de Gap. **Grenoble** : Pce de Grenoble. **Langres** : duc et pair de France. **Laon** : duc et second pair de France. **Lectoure** : seigneur de la ville. **Le Puy** : Cte du Velay et de Brioude, seigneur du Puy. Port du pallium. **Lescar** : Pt-né des États de Béarn. **Léon** : Cte de Léon, seigneur de Brest. **Lisieux** : Cte de Lisieux. **Luçon** : Bon de Luçon. **Lyon** (arch.) : Cte de Lyon, primat des Gaules [le plus ancien primat mentionné en France : Grégoire VII lui accorde en 1079 la primatie sur les 4 Lyonnaises (provinces de Lyon, Sens, Tours et Rouen)]. **Marseille** : Bon d'Aubagne. **Mende** : seigneur et gouverneur de Mende, Cte de Gévaudan. **Metz** : Pce du St Empire. **Montpellier** : Mis de Marquerose, Cte de Mauguio et de Montferrand, Bon de Sauve, de Durfort, de Salevoise, de Brissac. **Nancy** : primat de Lorraine. **Narbonne** : primat de Gaule narbonnaise, Pt-né des États de Languedoc. **Noyon** : Cte et pair de France. **Paris** (arch.) : duc de St-Cloud, 7e pair ecclésiastique. **Quimper** : seigneur de la ville, Cte de Cornouaille. **Reims** (arch.) : primat de Gaule Belgique, duc de Reims, 1er pair de France, légat-né du St-Siège, consécrateur des rois. **Rodez** : Cte de Rodez. **Rouen** : primat de Normandie. **St-Brieuc** : seigneur de St-Brieuc. **St-Claude** : seigneur de St-Claude. **St-Malo** : Bon de Beignon, Cte de St-Malo, co-seigneur de la ville. **St-Papoul** : seigneur de la ville. **St-Paul-Trois-Châteaux** : seigneur de la ville. **Sarlat** : Bon de Sarlat. **Sens** (arch.) : primat des Gaules germaniques. **Sisteron** : Pce de Lurs. **Strasbourg** : Pce de Strasbourg, Cte souverain du Nordgau (moitié nord de l'Alsace) depuis 1365 (résidence à Saverne depuis 1414), Altesse Sérénissime et Éminentissime. **Tarbes** : Pt-né des États de Bigorre. **Toul** : Bon de Toul, Pce du St Empire, doyen des év. de la province de Trèves. **Tulle** : seigneur et vicomte de Tulle. **Uzès** : seigneur d'Uzès. **Vabres** : Cte de Vabres. **Valence** : seigneur et Cte de Valence. **Verdun** : Cte de Verdun, Pce du St Empire. **Vienne** (arch.) : seigneur de la ville, « Primat des Primats ». **Viviers** : Cte de Viviers, Pce de Donzère et de Châteauneuf-du-Rhône.

☞ La primatie, qui existe depuis le IVe s., est présidée par un évêque exerçant un droit de vigilance sur les autres métropolitains. Il juge les appels interjetés devant lui, les ordonnances des métropolitains qui lui sont soumis, en matière volontaire. Il pourvoit au refus de *visa* et confère par dévolution les bénéfices auxquels les métropolitains auraient négligé de pourvoir dans les temps prescrits par les lois canoniques. Il ne peut faire des visites dans les métropoles qui relèvent de lui, ni présider les assemblées des conciles provinciaux, ni faire porter devant lui la croix, ni se servir du pallium, ni officier pontificalement dans les mêmes métropoles.

Souverains français excommuniés

Robert le Pieux (998) pour avoir épousé Berthe de Bourgogne, cousine au 4e degré. **Philippe Ier** (1094) pour avoir répudié Berthe de Hollande et enlevé et épousé Bertrade de Montfort, épouse de Foulques d'Anjou. Absous 1096, excommunié de nouveau en 1100. **Louis VII le Jeune** (1140) pour n'avoir pas reconnu l'élection à l'archevêché de Bourges du père de La Châtre. **Philippe Auguste** (1200) pour avoir répudié Ingeburge et épousé Agnès de Méranie. **Philippe IV le Bel** (1303) pour avoir refusé de se soumettre à Boniface VIII. **Louis XII** (1512) à cause de ses victoires en Italie et pour avoir convoqué à Pise un concile dirigé contre le pape. **Henri III** (1588) pour avoir ordonné l'assassinat du card. de Guise. **Henri IV**, encore Henri de Navarre, en 1585 pour son abjuration (ayant adhéré au catholicisme en 1572, il s'était rétracté en 1576). **Louis XIV** (18-10-1687) après la formation de l'Église gallicane et de l'entrée à Rome du Mis de Lavardin avec 800 hommes armés (affaire du *droit d'asile*). Mais la lettre pontificale fut gardée secrète. **Napoléon Ier** (18-6-1809) après l'annexion des États du pape (Napoléon n'est pas désigné nommément ; la bulle condamne « ceux qui ont spolié les biens de l'Église »).

Canonicats d'honneur

☞ Pour souverains puis Pts de la République.

■ **St-Jean-de-Latran** (voir p. 514 c). Quand Poincaré fut élu Pt de la République (1913), des journaux ont assuré qu'il était chanoine du Latran ; d'autres que les Pts français avaient perdu ce privilège, car Loubet avait été radié en 1905 (le Vatican a gardé le silence).

■ **France. St-Maurice d'Angers** : Charles VII a pris part à l'office canonial, revêtu du surplis et de la chape. **Ste-Marie d'Auch** : les rois de France ont hérité des Ctes d'Armagnac, postérieurement rois de Navarre. **St-Vincent de Chalon-sur-Saône** : accordé au duc de Bourgogne, Philippe le Bon (qui participait à l'office comme chanoine laïc) et passé à la couronne de France, sous Louis X. **St-Jean de Lyon** : accordé en *1230* aux Dauphins du Viennois, et passé dans la famille royale après l'acquisition du Dauphiné par l'héritier de la couronne (1356). **St-Julien du Mans** (immémorial) : *1909* l'artiste manceau A. Échivard exécute, pour le chœur de St-Julien, un vitrail (refusé par l'évêque) représentant le Pt Armand Fallières à genoux, avec la chape des chanoines ; *1913* Échivard refait une maquette avec le Pt Poincaré [même costume au pied d'une statue de Jeanne d'Arc (vitrail non exécuté)]. **St-Hilaire de Poitiers, St-Gratien de Tours** : aucun document. **St-Jean-de-Maurienne** : canonicat des ducs de Savoie, revendiqué par François Ier (1537) et Henri II (1548) mais non revendiqué par Napoléon III. **St-Georges de Nancy** : canonicat des ducs de Lorraine ; reconnu à Napoléon Ier et accepté par Napoléon III ; sa transmission automatique aux Pts de la République est discutée.

porta le titre d'év. titulaire de Bethléem jusqu'à sa mort en 1987. Son successeur, *dom Salina* (abbé depuis 1970, nommé év. en 1991, ordonné en 1992), ne reçut pas ce titre, il fut nommé év. titulaire de Monte di Mauretania.

■ Église et État

■ **Depuis le 9-12-1905** (loi de séparation de l'Église et de l'État), le Concordat de 1801 (voir p. 528 c) a été abrogé (sauf en Alsace-Lorraine, alors allemande, rendue à la France en 1918). La République assure la liberté de conscience. Elle garantit le libre exercice des cultes sous les restrictions édictées dans l'intérêt de l'ordre public (art. 1er). L'art. 32 prévoit des peines correctionnelles pour ceux qui auront empêché, retardé ou interrompu les exercices du culte par des troubles ou désordres causés dans le local servant à ces exercices. A l'intérieur des édifices cultuels, le ministre du culte exerce la police dans l'intérêt de la discipline religieuse. Il assume une responsabilité pénale s'il s'exprime de manière diffamatoire à l'égard d'un agent public ou s'il exhorte les fidèles à la résistance aux lois (art. 34 et 35). A l'extérieur, le maire assure la police ; il peut aussi intervenir à l'intérieur si l'ordre public est menacé au cours des réunions publiques. **Les manifestations extérieures du culte** sont régies par le droit commun de la police municipale (art. 27). Le maire peut limiter ou interdire les cortèges sur la voie publique. Le 4-1-1999, la cour administrative d'appel de Nantes a estimé que « l'opposition d'un emblème religieux postérieurement à l'entrée en vigueur de la loi du 9-12-1905, à l'extérieur comme à l'intérieur d'un édifice public communal, méconnaît la liberté de conscience assurée à tous les citoyens par la République et la neutralité du service public à l'égard des cultes quels qu'ils soient ». Les crucifix ornant les salles de délibérations des conseils municipaux de Joué-sur-Erdre et de Vallet (Loire-Atlantique) doivent être enlevés. **Instruction religieuse** : depuis la loi de 1882, ne peut être donnée dans les écoles primaires. Depuis 1959, peut l'être (selon l'appréciation du chef d'établissement) dans les locaux du secondaire aux heures de présence des élèves. **Régime financier : la République ne reconnaît, ne salarie, ni ne subventionne aucun culte** (interdiction limitée aux subventions régulières et permanentes pour le service des cultes). L'État subventionne les activités présentant un caractère général, même si elles s'exercent dans un cadre confessionnel : hospices, hôpitaux, crèches, œuvres de bienfaisance. Les collectivités publiques prennent directement en charge les aumôneries dans établissements publics, asiles et prisons. **Aides** : *à l'enseignement catholique* : en 1994, l'État aurait versé 35 milliards de F pour rémunération des enseignants, fonctionnement des établissements (forfait externat), formation des maîtres, enseignement agricole et instituts catholiques ; *subventions pour combler le déficit de l'assurance maladie et de l'assurance vieillesse des prêtres* et *pour la restauration des édifices du culte (souvent classés)*. **Fiscalité-dons** : loi sur le mécénat (1987) autorisant la déduction fiscale (maximum 5 %) des dons faits aux Églises. Des assouplissements législatifs et des exemptions fiscales concernent les biens des congrégations. **Nomination des évêques** (voir p. 531 c). **Biens possédés par les établissements du culte** : devant être dévolus à des *associations cultuelles,* sont soumis à des *inventaires* par la loi du 9-12-1905. Les « *associations cultuelles* », qui ne mentionnaient pas l'autorité épiscopale, ayant été désapprouvées par Pie X (encyclique *Gravissimo* du 10-8-1906), les biens des églises paroissiales ont été dévolus aux communes qui sont tenues de les laisser « à la disposition des fidèles et des ministres du culte pour la pratique de leur religion » (loi du 2-1-1907).

Le 13-12-1923, le Conseil d'État a approuvé les statuts des associations diocésaines destinées à s'occuper des frais et de l'entretien du culte catholique (Pie XII approuve dans l'encyclique *Maximum gravissimumque* du 18-1-1924). Il y a 3 catégories d'associations : les *cultuelles* (lois 1901 et 1905) pour les cultes protestant, israélite, musulman, orthodoxe, etc. et les *diocésaines* (loi 1901 et avis 1923) pour le culte catholique ; les *quasi cultuelles* (lois 1901 et 1907), en fait inexistantes. Les associations peuvent recevoir dons et legs. Les bâtiments sont entretenus par l'État ou les communes s'ils sont leur propriété.

Service des cultes. Au ministère de l'Intérieur (le ministère des Cultes a été supprimé). **Compétences : 1°)** *Bas-Rhin, Haut-Rhin, Moselle,* où le régime concordataire est toujours en vigueur (4 cultes reconnus : catholique, luthérien, réformé, israélite – la gestion du personnel cultuel est confiée à une antenne à Strasbourg). **2°)** *Guyane et St-Pierre-et-Miquelon* : régime cultuel propre quasi concordataire. **3°)** *Gestion des lieux du culte* (cathédrales appartenant à l'État ; églises paroissiales appartenant aux communes) qui doivent légalement être affectés au culte. **4°)** *Toute question juridique concernant les rapports de l'Église et de l'État* (en fait, contrôle, par l'Enregistrement et l'Inspection des Finances, en vertu de la loi du 9-12-1905 sur les associations cultuelles, de la gestion du patrimoine des « diocésaines » reconnues par l'Administration).

Relations diplomatiques avec la papauté. Rompues en 1904, renouées en 1920-21. *Nonce apostolique* (en application des accords de Vienne de 1815, doyen du corps diplomatique) : Mgr Fortunato Baldelli (né 6-8-1935) depuis juin 1999. *Nonciature* : 10, av. du Pt-Wilson, 75016 Paris (construit 1899 par le Pce de Monaco) acquis par le St-Siège en 1923.

Congrégations. La loi concordataire du 1-7-1901 limite leur création et leur fonctionnement. *En 1970* le Pt Pompidou rouvre dans le *JO* la rubrique « Établissements congréganistes ». **Total** : 200 *congrégations masculines* (reconnues légalement) : lazaristes, missions étrangères, spiritains, sulpiciens, chartreux, bénédictins de Hautecombe et de St-Benoît-sur-Loire, cisterciens de Bellefontaine, Meilleraye, Bricquebec, Timadeuc, Pères Blancs, frères de St-Gabriel, missions africaines de Lyon, picpusiens, camilliens (soit en 1998, 10 652 religieux dont 6 194 prêtres, en 2000, 10 121 religieux).

Mesures diverses. L'art. 14 du décret du 19-7-1948 mentionne l'Assemblée des cardinaux et archevêques comme l'autorité corporative du clergé ; la loi du 17-1-1948 sur l'assurance vieillesse des non-salariés cite les « ministres du culte catholique » ; la loi sur « la généralisation de la Sécurité sociale » s'applique, à partir du 1-1-1978, au clergé, religieux, religieuses.

Statut des édifices catholiques. Les diocèses ne peuvent posséder des immeubles « de rapport », mais seulement les immeubles nécessaires à leurs activités (logements de prêtres, locaux d'activités pastorales...). L'État ou les collectivités publiques sont propriétaires des édifices du culte antérieurs à 1905 (et chargés de leur entretien). La loi en garantit l'usage exclusif aux ministres et aux fidèles des cultes respectifs. Selon la jurisprudence, le ministre légitime d'une communauté est celui qui est mandaté par l'autorité interne de son Église. L'occupant d'un presbytère paye un loyer à la commune. Le curé peut recevoir une indemnité pour le gardiennage de l'église, sans être assimilé à un salarié communal. Depuis 1905, d'autres édifices appartenant à diverses associations ou sociétés ont été construits et sont à leur charge. Il y a à Paris 89 édifices appartenant à la Ville et 58 privés. **Propriété ecclésiastique** : *statut* réglé par un accord quasi concordataire, déclaré légal par 2 avis du Conseil d'État (13-12-1923) et canonique par le pape (18-1-1924).

■ Finances de l'Église de France

■ **Évolution** (en livres). **1789 revenu total du clergé** : 248 millions, dont 150 de revenus fonciers [valeur du capital foncier : 5 milliards (dont bâtiments 500 millions) ; 6 % de la superficie du royaume, la plus grosse fortune de France]. **Revenus des 118 évêques et des 18 archevêques** : 5 141 000, plus les revenus de leurs abbayes commendataires [*maximaux* : Strasbourg 400 000, Paris 200 000, Narbonne 160 000, Cambrai 150 000, Auch 126 000, Metz et Albi 120 000 ; *minimaux* (dits *évêchés crottés*) : Apt 9 000, St-Pons, Carpentras, Vaison 10 000]. **Revenus des ordres religieux** : 8 millions (dont 2,5 millions pour les ordres féminins). Principales abbayes commendataires : St-Germain-des-Prés 130 000, Cîteaux 120 000, Clairvaux 90 000, Corbie 85 000, Fécamp 80 000.

☞ **En 1840 :** *fortune foncière de l'Église* : 100 millions de F ; *revenus* : 40 millions de F dont 30 de subventions de l'État et 10 de casuel ; *traitement mensuel :* archevêque de Paris 40 000 F ; cardinal 30 000 ; archevêque 15 000 ; évêque 10 000. **1880 :** *fortune foncière* : 712 millions de F (40 520 ha) dont congrégations non autorisées 210 (14 000 ha). **1905 :** *fortune foncière* : 1 071 millions de F appelés « le milliard des congrégations » (48 757 ha) dont congrégations non autorisées 440 (25 000 ha). Le *budget des cultes* était en 1905 de 42 324 933 F (*dont pour le culte catholique :* allocations aux desservants et vicaires 30 300 000 F, aux vicaires généraux 470 000, aux chanoines 150 000, traitement des curés 4 321 800, archevêques et évêques 850 000).

■ **Régime actuel.** Depuis la loi de séparation (9-12-1905), l'Église ne reçoit plus rien de l'État [sauf en Alsace-Lorraine (Haut-Rhin, Bas-Rhin, Moselle) où persiste le régime du Concordat]. Elle ne reçoit rien non plus du Vatican. Chaque diocèse, au contraire, lui reverse le produit d'une quête annuelle, le denier de St Pierre. Il n'y a pas de comptes centralisés au plan national. Chaque diocèse est autonome : les finances sont sous la responsabilité de l'évêque, aidé depuis 1983 par le Conseil diocésain pour les affaires économiques.

Associations diocésaines : déclarées comme « associations cultuelles » (loi de 1905), elles sont soumises au contrôle financier de l'Enregistrement et de l'Inspection des Finances, et ont pour but de « subvenir aux frais et à l'entretien du culte catholique ». Elles ne gèrent ni les propriétés foncières ni les biens des instituts et des congrégations de religieux ou religieuses. Bâtiments et comptes des écoles catholiques sont gérés par des associations propres (parents d'élèves, associations de gestion).

■ **Ressources des diocèses** (en 2000). *Total:* 2 648 millions de F dont : *denier de l'Église* (autrefois *denier du culte* : collecte annuelle à laquelle chacun donne librement) 1 145 ; *quêtes dominicales* 390 ; *offrandes* pour des intentions de messe et *contribution des familles* pour des célébrations particulières (mariages, funérailles) et legs exonérés de droit 1 113.

Diocèse de Paris. Budget (en millions de F, 1997). Paroisses (107 paroisses et basiliques de N.-D. et du Sacré-Cœur). **Charges :** 393 dont (en %) pastorales paroissiales 53, jeunesse 12, pastorales diocésaines et interdiocésaines 10, prêtres âgés 9, séminaires et formations 6, communication 4 ; **ressources :** 377 dont (en %) denier de l'Église 23, recettes services pastoraux 20, cierges, troncs, journées d'amitié 17, quêtes et offrandes 16, revenus patrimoniaux 8, autres 16. **Activités pastorales communes du diocèse** (en 1996). **Charges :** 179 dont jeunesse 44, prêtres âgés 36, séminaire, catéchèse, formation 22, archevêché et administration diocésaine 21, hôpitaux, détresse, migrants, solidarités ecclésiales 20, communication, médias 16, apostolat des laïques 6, autres 14 ; **ressources :** 164 dont propres (cotisations, frais d'inscription, quêtes) 70, participation des paroisses 38, ressources de l'Association diocésaine de Paris 27, protection sociale du clergé (prêtres âgés) 20, contributions des diocèses d'Ile-de-France aux services interdiocésains 9. **Investissements diocésains** (en 1991-96). 37 millions de F dont (en %) : restructuration de locaux paroissiaux et de services 29, construction, reconstruction de lieux de culte 25, séminaires, foyers sacerdotaux 12, restructuration de presbytères 12, autres chantiers diocésains 22 ; **ressources :** dons et legs, cessions d'actifs, recettes liées aux projets, participation des « Chantiers du Cardinal ».

■ **Ressources des congrégations religieuses.** *Règle :* autonomie financière. Chacune a budget et ressources propres. *Communautés :* subsistent par leur travail (exploitations agricoles, ouvrages d'art religieux, travaux d'aiguille ou de reliure, etc.). *Activité salariée :* les salaires touchés au dehors sont reversés à la communauté. *Communautés monastiques :* 2 organisations créées pour leur soutien financier, *la Fondation des monastères de France,* 21, rue de Paradis, 75010 Paris, reconnue d'utilité publique, recueille dons, donations, legs ; l'association *Aide au travail des cloîtres (ATC),* 68 *bis,* avenue Denfert-Rochereau, 75014 Paris, vend les produits des religieuses contemplatives. *Centres d'artisanat monastique :* Paris XIVe, Lyon, Rennes, Lille, Bordeaux, Marseille, Toulouse. 150 monastères regroupant 1 600 femmes environ (50 % des religieuses cloîtrées confient leur fabrication aux centres). *Chiffre d'affaires en 1989 :* 8,25 millions de F dont (en %) : layette 20, objets de décoration 11, céramique et porcelaine 8, lingerie, alimentation et objets religieux 6, vêtements liturgiques 2. Les carmélites composent 1/3 de la main-d'œuvre. **Spécialités réputées. Bénédictines** *de Chantelle (Allier) :* produits de beauté ; *de Limon (Vauhallan, Essonne) et des Alpes-Maritimes :* chocolat. **Visitandines** *de l'avenue Denfert-Rochereau :* hosties (environ 200 000 par mois par 3 personnes). **Clarisses** *de Nérac (Lot-et-Garonne) :* broderies. **Carmélites** *d'Amiens (Somme) :* maroquinerie ; *de St-Pair (Manche) :* porcelaine décorée à la main et sur commande. **Abbaye** *de Sept-Fons :* Germalyne (farine de germe de blé). **Trappistes** *de l'Ain :* musculine Guychon (carré d'extraits de viande reconstituants pour asthéniques et convalescents). **Bénédictins** *de La Pierre-qui-Vire (Yonne) :* éditions du Zodiaque (livres d'art roman). **Religieuses de la Retraite** *à Perne-les-Fontaines (Vaucluse) :* hosties.

■ **Sécurité sociale des cultes.** Depuis loi du 2-1-1978. **Régime des clercs :** *Camac* (Caisse mutuelle d'assurance maladie des cultes) et *Camavic* (Caisse mutuelle d'assurance vieillesse des cultes) sont gérées avec les mêmes remboursements de frais de maladie que les travailleurs salariés ; **autonome :** les cotisations des intéressés assurent leurs ressources selon les règles propres à ces régimes. **Assurance complémentaire :** *mutuelle St-Martin* créée 1950, gère des établissements de soins et des maisons de retraite pour les clercs.

■ **Rémunération. Prêtres :** *en 2000,* 4 800 à 6 000 F/mois net + certains avantages en nature (logement, etc.). *En 1998,* la Camavic versait, pour un prêtre de + de 65 ans, 23 449 F (avant retenues CSG, CRDS et prélèvement Camac pour 150 trimestres d'activité) et le diocèse un complément de ressources ou des avantages en nature. *En 1998,* le total Camavic + complément atteignait 55 740 F. *Aide au prêtre,* La Contie, 15250 Jussac : mouvement fondé en 1946 par le chanoine Bonhomme, regroupe les personnes participant à la mission de l'Église. **Religieuses en mission pastorale :** indemnités mensuelles et remboursement des frais de protection sociale.

☞ Plus de 1 200 laïcs et religieux sont rémunérés par les paroisses de Paris.

Statistiques (en France)

☞ *Abréviations :* arch. : archevêque ; P. : père.

Clergé

■ **Aumôniers. Militaires :** 242 (dont 31 laïcs, 21 diacres et 3 religieuses). **Des prisons :** 440 catholiques dont 175 rémunérés [210 protestants (dont 61 rémunérés), 62 israélites (23), 23 musulmans (8), 2 bouddhistes, 3 orthodoxes].

■ **Cardinaux** (au 5-6-2001). **A la Curie :** *Roger Etchegaray* (Pt du Comité du Grand Jubilé de l'an 2000 ; né 25-9-1922 à Espelette, prêtre 13-7-1947, év. 27-5-1969, arch. de Marseille 1970-84, card. 30-6-1979) ; *Paul Poupard* (Pt du Conseil pontifical de la culture depuis 1985 ; né 30-8-1930 à Bouzillé, prêtre le 18-12-1954, év. le 6-4-1979, arch. d'Upsala, card. le 25-5-1985). **A la tête d'un diocèse :** *Jean-Marie Lustiger* (né 17-9-1926 à Paris, prêtre 17-4-1954, arch. de Paris depuis 1981, card. 2-2-1983) ; *Louis-Marie Billé* (né 18-2-1938, arch. de Lyon depuis 1998, président de la Conférence des évêques depuis 1996). **A la retraite :** *Jean Honoré* (né 13-8-1920) ancien arch. de Tours (1981-97). **Décédés en 1993 :** *Gabriel-Marie Garrone* (préfet émérite de la Congrégation pour l'éducation catholique ; né 12-10-1901, card. 26-6-1967) ; **1994 :** *Albert Decourtray* (arch. de Lyon depuis 1981 ; né 9-4-1923, card. 25-5-1985, Académie française 1993, des sciences morales et politiques 1994) ; *François Marty* (arch. émérite de Paris ; né 18-5-1904, card. 28-4-1969) ; **1995 :** *Yves Congar* (dominicain, théologien ; né 13-4-1904, prêtre 25-7-1930, card. 8-12-1994) ; **1996 :** *Léon Étienne Duval* le 30-5 (né 9-11-1903, arch. d'Alger 1954, naturalisé Algérien 11-2-1965, card. 22-9-1965) ; **1998 :** *Jean Balland* le 3-3 (arch. de Lyon, card. 21-2-1998) ; **1999 :** *Jacques Delaporte ;* **2000 :** *Paul Gouyon* (arch. émérite de Rennes, Dol et St-Malo ; né 24-10-1910 à Bordeaux, prêtre 13-3-1937, év. 7-10-1957, card. 28-4-1969). **2001 :** *Pierre Eyt* (né 4-6-1934 à Laruns, prêtre 29-6-1961, év. 28-9-1986, arch. de Bordeaux depuis 1989, card. 26-11-1994).

■ **Diacres permanents.** *Ordonnés : de 1970 à juin 1999 :* 1 591 ; 89 % sont mariés (moyenne : 3,4 enfants par couple), ont plus de 35 ans (âge requis pour l'ordination). *2000 :* 117 ordinations. **Professions des 1 418 diacres permanents** (au 30-6-1999) : industrie 291, enseignement 238, finances 209, artisans et technique 156, services publics 136, santé 112, agriculture 104, administration et collectivité 84, commerce 77, social 54, sécurité 54, médias 21.

■ **Évêques en activité** (voir p. 530 c). **Les plus jeunes évêques français** (au 1-12-1998) : Patrick Le Gal (né 14-1-1953), év. coadjuteur de Tulle ; Pierre d'Ornellas, év. auxiliaire de Paris.

■ **Instituts catholiques** (voir à l'Index).

■ **Mission de France.** *Prélature de la Mission de France :* 3, rue de la Pointe, B.P. 101, 94170 Le Perreux-sur-Marne ; *Maison de la Mission de France :* 17, rue Abbé-Tauleigne, 89230 Pontigny. *Fondée* 1941 par l'Assemblée des cardinaux et archevêques de France sur l'initiative du cardinal Suhard. *But :* former un clergé spécialisé dans l'évangélisation des zones déchristianisées. *1954* le pape lui donne le statut de prélature territoriale. *Évêque :* Mgr Georges Gilson. *Prêtres séculiers :* 210, *diacres permanents :* 5. *Ordinations : de 1977 à 2000 :* 48.

■ **Missionnaires.** *Au 1-1-1990 :* 289 prêtres diocésains français envoyés outre-mer au titre de « Fidei Donum » ; Afrique 138, Amér. centrale et du Sud 127, Dom-Tom 21, Asie 7. *Au 1-1-1994 :* 8 656 membres d'instituts religieux (ordres, congrégations) et de Stés de vie apostolique hors de France : Afrique 3 814, Asie 434, Moyen-Orient 220, Amér. latine plus Antilles 1 359, Europe 224, Amér. du Nord 214, Océanie 195.

■ **Paroisses. En 1996 et,** entre parenthèses, **en 1980 :** 30 709 (38 391) dont avec curé résident 8 766 (15 040), confiées à des laïcs 845 (28), vacantes 141 (770). **2000 :** 19 462. Restructuration lancée en 1992 par l'assemblée des évêques, en général à 3 niveaux : *relais* ou *communautés de base :* composés de laïcs, substitués à l'ancienne paroisse ; *paroisse nouvelle :* regroupant plusieurs communautés de villages ou de quartiers, sous la responsabilité d'un curé et d'une équipe d'animation pastorale (dans certains cas, le prêtre n'est que le modérateur de l'équipe qui a en charge la responsabilité de la paroisse) ; *secteur :* fédérant plusieurs paroisses et jouant un rôle d'impulsion.

Début XVIIIe s. (pour 22 millions d'habitants) : 200 000 prêtres, 90 000 religieux et religieuses. **1836** (pour 33 millions) : 43 000 prêtres. **1876-77** (pour 38 millions) : 55 000 prêtres, 30 680 religieux, 127 000 religieuses. **1967-70** (pour 50 millions) : 33 775 prêtres, 23 000 religieux, 111 500 religieuses. **Congrégations masculines apostoliques et,** entre parenthèses, **monastères d'hommes :** *XIXe s. :* 4 (1) ; *1941 :* 0 (1) ; *1970-80 :* 7 (13) ; *1981-90 :* 14 (8).

■ **Chantiers du cardinal :** *fondés* 1931 par le card. Verdier (1864-1940), arch. de Paris, pour donner plus d'élan à la construction des églises de Paris et de sa banlieue [avant, constructions : *1886-1905 :* 50 églises ; *1905-14 :* 41 ; *1925-32 :* 52 (avec les chapelles)]. *Bilan : 1939 :* 110 églises et 50 presbytères ; *1945-59 :* 37 églises, 7 agrandies ; *1960-72 :* 88 réalisations ; *1973-80 :* 53 ; *1999-2000 :* 54 (budget 30 millions de F). Entretiennent aussi le gros œuvre des édifices construits depuis leur création.

■ **Prêtres présents en France** (au 31-12). *1980 :* 38 676 ; *85 :* 36 017 ; *90 :* 32 267 (25 203 diocésains/7 064 religieux) ; *95 :* 28 694 (22 189/6 495) ; *97 :* 27 200 (20 913/6 287) ; *98 :* 26 598 (20 404/6 194). *Prêtres-ouvriers :* environ 700. **Ordinations :** *1830 :* 2 300 ; *1900* [1] : 1 679 ; *18* [1] : 152 ; *24 :* 907 ; *51 :* 1 028 ; *60 :* 595 ; *70 :* 285 ; *80 :* 111 ; *90 :* 133 ; *95 :* 96 ; *96 :* 128 ; *97 :* 122 ; *98 :* 110 ; *99 :* 116 ; *2000 :* 142. **Age :** *prêtres âgés de moins de 65 ans en 1965 :* 34 065 ; *75 :* 27 731 ; *85 :* 18 000 (sur 28 000 diocésains) ; *99 (prév.) :* 9 530 (sur environ 20 000). **Abandons de ministère :** *le Monde* a donné, le 19-12-1986, 2 évaluations : celle de Danièle Hervieu-Léger (2 500 entre 1965 et 1985) et celle du père Potel (3 500 entre 1940 et 1982, avec une pointe entre 1970 et 1974). 55 % se sont mariés à l'Église (après avoir demandé une dispense canonique) et 36 % civilement.

Nota. – (1) Sans l'Alsace-Lorraine.

☞ *Service national des vocations* 106, rue du Bac, 75007 Paris.

■ **Religieux. Nombre total dont,** entre parenthèses, **à l'étranger :** *1980 :* 18 128 (4 136) ; *1991 :* 15 155 (3 223) ; *1998 :* 13 414 (2 674) [clercs réguliers et congrégations cléricales 3 431 (436), frères enseignants et hospitaliers 2 829 (346), missionnaires 2 141 (927), chanoines réguliers et ordres apostoliques 2 635 (782), moines 1 690 (175), Stés de vie apostolique 688 (96)] ; **en France :** *2000 :* 10 121 ; **professions perpétuelles en France et,** entre parenthèses, **ordinations presbytérales** (en 1998-99) : moines 18 (7), chanoines réguliers et ordres apostoliques 36 (18), clercs réguliers et congrégations cléricales 12 (8), Stés de vie apostolique 2 (3), missionnaires 4 (0), frères enseignants et hospitaliers 4 (0).

Centres de formation ou scolasticats : les importants ont disparu sauf le *Centre Sèvres* des jésuites et une réalisation temporaire des Fils de la charité. Il y a eu de nouvelles fondations [Fraternité de Jérusalem, oblats de Lérins, frères de Bethléem (patronnés par l'évêque de Grenoble aujourd'hui à la retraite, Mgr Matagrin), communauté St-Jean (fondée par le dominicain Marie-Dominique Philippe et patronnée par l'évêque d'Autun, Mgr Séguy), communauté de l'Emmanuel à Paray-le-Monial].

■ **Religieuses. En France :** *1977 :* 92 326, *2000 :* 45 013. **Congrégations apostoliques féminines en France :** 332 ; **à l'étranger :** *nombre de congrégations ayant des communautés :* 228. *Sœurs françaises :* 3 605. *Congrégations apostoliques féminines d'origine française ayant leur maison généralice* (à Rome le plus souvent) : 50. *Nombre de communautés en France :* 6 750 (dont en zone rurale 2 747, urbaine 4 003). **Activités** (vers 1990) : 14 100 enseignantes, 18 600 professions sanitaires, 2 600 des professions sociales et médico-sociales, 17 500 des fonctions d'accueil, d'encadrement, de gestion (dont 5 100 dans des établissements religieux), 5 400 ont des activités spécifiquement apostoliques (catéchèse, services paroissiaux, etc.), le reste se répartit entre le « 3e âge », les étudiantes, les novices et les services généraux et domestiques. **De 1973 à 1985 :** 268 congrégations sur 369 ont dû fermer leurs noviciats, 1 000 petites communautés (de 4 à 5 religieuses en moyenne) sont apparues sans être toujours liées à une institution (leurs membres n'appartenant pas forcément à la même congrégation) ; certaines, généralement en civil, qui restent intégrées à leur congrégation, sont ouvrières, cadres ou employées, travailleuses familiales, puéricultrices, ergothérapeutes, etc. A ne pas confondre avec les membres des instituts séculiers féminins, qui prononcent les vœux de religion tout en demeurant dans le monde.

Moniales (en 2000) : 5 113 dont 1 263 bénédictines (dans 50 monastères et 1 fondation), 1 354 carmélites (102 monastères), 532 cisterciennes (19 monastères), 714 clarisses (50), 303 dominicaines (15 monastères), 419 visitandines (27 monastères), 487 moniales d'ordres divers (dans 27 monastères). *Regroupements* : depuis 1958, les monastères de moniales ont pu se regrouper en fédérations, par ordre et région (*fédérations* de carmélites, clarisses, dominicaines, visitandines). *Union des moniales de France* fondée en 1966, d'abord appelée Commission des religieuses contemplatives cloîtrées, puis, en 1972, Service des moniales.

Situation juridique (loi de 1901) : AUTORISÉES : **Bon Pasteur (Filles du)** *fondée* 1688 à Paris par Mme de Combé, refuge pour prostituées. **Bon Secours. Espérance (Sœurs de l')** [rameau de la Ste-Famille ; fondée à Bordeaux 1824 par l'abbé Noailles ; gardes-malades pour les classes pauvres]. **Notre-Dame de Sion** *fondée* 1843 par le P. Ratisbonne ; enseignement, missions en Orient. **Petites**

■ **Anticléricalisme. Définitions : Clérical :** utilisé par l'Église dans le sens de « propre au clergé », a pris en 1848 le sens de « visant à subordonner le pouvoir civil au pouvoir religieux ». **Anticlérical :** forgé en 1852 (après le coup d'État bonapartiste) avec le sens d'« opposé aux cléricaux ». A partir de 1870, si les catholiques désignent souvent leurs adversaires sous le nom d'*anticléricaux*, ils ne s'appellent jamais eux-mêmes les *cléricaux*. **Quelques dates. 1815** naissance de l'opposition « libérale », sous la Restauration qui est théocratique (ne distinguant pas la société religieuse de la Sté civile) ; les libéraux sont des *individualistes* : les convictions religieuses sont une affaire personnelle et ne doivent pas obliger à un comportement social. **1830** triomphe de l'anticléricalisme « romantique » (prototype : Stendhal) : les prêtres doivent être écartés de la vie sociale, car ils sont « laids, bêtes et méchants » ; le jésuite est appelé « l'Homme noir » (en 1848, cet anticléricalisme a disparu : les « quarante-huitards » sont, dans l'ensemble, respectueux de la religion). **1849** Victor Hugo, sans attaquer ni l'Évangile ni la papauté, dénonce le danger des « gouvernements cléricaux » : le « jésuitisme » est l'ennemi de la liberté. **1850** (15-3) *loi Falloux* qui confie à l'Église l'enseignement primaire et fait naître l'anticléricalisme scolaire. **1852-70** alliance de l'Église et du régime bonapartiste, qui fait basculer dans l'anticléricalisme l'opposition républicaine. **1871** anticléricalisme révolutionnaire des communards : exécutions de prêtres, la religion étant conçue comme un mal pour le peuple. **1875** 1res mesures anticléricales cherchant à utiliser les droits de l'État sur l'Église pour déchristianiser un certain nombre d'institutions, notamment l'enseignement. **1905** l'Église est séparée de l'État ; les congrégations restent soumises au régime concordataire qui permet de limiter leur liberté d'action. **1940-44** le régime de Vichy cherche à utiliser l'influence du clergé et favorise le catholicisme. **Après 1945** anticléricalisme irréligieux, laïc (opposition aux écoles catholiques) ou matérialiste athée. **1981-84** renaissance de l'action laïque à propos surtout du problème scolaire. Une législation défavorable à l'enseignement catholique est ajournée par suite de violents incidents.

sœurs des pauvres. **Présentation de Tours** *fondée* 1840 à Sainteville (E.-et-L.) par Marie Pousse-Pin ; gardes-malades et enseignantes. **Providence** [2 branches : *Portieux* (Vosges) et *Ruillé-sur-Loir* (Sarthe)] *fondée* 1818 par l'abbé Jacques Dujarié ; enseignement. **Sagesse (Filles de la). Ste-Famille** *fondée* 1820 à Sées (Orne) par l'abbé Villeroy et la mère Marie-Thérèse Raguenel. **St-Joseph de Cluny (Sœurs de). St-Maur (Dames de). St-Paul (Sœurs aveugles de). St-Paul (Sœurs de,** dites *de St-Maurice-de-Chartres*). **St-Vincent-de-Paul** (*filles de la charité*). **Ursulines. Visitation** (*visitandines*). NON AUTORISÉES : jouissent d'une tolérance, toujours révocable.

Autorisations et reconnaissances légales (congrégations apostoliques et, entre parenthèses, monastères de moniales) : **1804-15** : 63 (4) ; **1815-70** : 136 (40) ; **1872-1970** : 14 (38) ; **1970-90** : 3 (32). **XIXe s.** *congrégations autorisées* : 300. **1941** (21-2) : *ordre des chartreux* : autorisé par la loi. **1943** (27-8) : *carmel de Créteil* : ouvert par décret. **Depuis 1970** : plus de 170 congrégations ou collectivités religieuses. La loi du 1-7-1901 a été appliquée aux bouddhistes de St-Léon-sur-Vézère (Dordogne) le 8-1-1988, puis à 3 monastères orthodoxes rattachés à la juridiction de 3 patriarcats différents : moniales de Bussy-en-Othe (Yonne) le 16-2-1989 et de Villardonnel (Aude) et moines de St-Simon-le-Myroblite (Drôme) en déc. 1991.

■ **Séminaires. Origine :** *1563* création décidée par le concile de Trente (chaque diocèse doit avoir le sien). *1564* 1er fondé à Milan par St Charles Borromée [en *France* 1ers fondés vers 1640 (lazaristes, oratoriens, sulpiciens, eudistes)]. **Formation :** *6 ans en 3 cycles : 1er* : 2 ans (études et stage), *2e et 3e* : 4 ans (études, activités en paroisse).

Situation (1999-2000) : *14 séminaires interdiocésains* (Avignon[3], Bayonne[3], Bordeaux[3], Caen[3], Issy[3], Lille[3], Lyon[3], Metz[2], Nantes[3], Nancy[1], Orléans[3], Reims[2], Rennes[3], Toulouse[3]) ; *7 diocésains* (Aix[3], Paray[1], Paris[3], Rennes[3], St-Denis de la Réunion, Strasbourg[3], Toulon[3]) ; *4 universitaires* (Paris les Carmes, Lyon, Toulouse, 1 séminaire français à Rome) ; *Groupes de formation en monde ouvrier* (GFO et EFMO) ; *Groupes universitaires* (GFU) ; *Séminaire de la Mission de France* (Fontenay-sous-Bois) ; *Séminaire du Prado, Séminaire d'Ars* (Lyon) ; *1 séminaire d'aînés* (Vienne), préparation au grand séminaire.

Nota. – (1) 1er cycle. (2) 2e-3e cycles. (3) 1er-2e-3e cycles.

Séminaristes (nombre y compris groupes de formation) : *1861* : 8 480 ; *1901* : 9 277 ; *70* : 3 380 ; *80* : 1 161 ; *90* : 1 219 ; *95* : 1155 ; *99* : 1 024 ; *2000* : 976. ENTRÉES : *1re année* : *1965* : 845 ; *70* : 402 ; *80* : 258 ; *90* : 234 ; *95* : 248 ; *99* : 168 ; *2000* : 165 dont 155 dans les séminaires et 10 dans des groupes de formation universitaire ou en milieu ouvrier. *2e et 3e cycles (effectifs)* : *1985* : 531 ; *90* : 583 ; *95* : 571 ; *99* : 573 ; *2000* : 538.

CROYANTS

■ **Assemblées dominicales en l'absence de prêtres (Adap).** *Enquête de 1987* : 2 103 lieux d'assemblées régulières plus 650 occasionnels ayant de 10 à 500 participants (50 % en ont moins de 50). **Nombre total de participants :** environ 80 000 (dont femmes 68 %, hommes 32 %).

■ **Aumôneries catholiques de l'enseignement public.** *Enquête AEP-La Croix 31-12-1997* : dans 3 800 (sur 6 355) établissements, regroupant 203 268 jeunes (85 % collégiens, 15 % lycéens) et 21 578 responsables (11 % parmi lesquels 39 % salariés temps partiel, 63,99 % laïcs) et animateurs (89 %).

■ **Baptêmes. Nombre** (au 31-12) : **1980** : 513 501 (800 400 naissances) dont 6 624 après 7 ans. **1985 :** 481 965 (778 000) dont 9 720 après 7 ans. **1990** : 472 130 (762 407) dont 13 504 après 7 ans. **1998 :** 394 910 (740 500) dont 20 370 après 7 ans. **Catéchumènes adultes et personnes demandant le baptême. 1976 :** 890 ; **80 :** 4 006 ; **94 :** + de 9 000 ; **2000 :** 11 977 dont (en %) femmes 70,9 ; âgés de 25-40 ans : 55,5. **Catéchistes** (en 1994). 128 891 dont (en %) femmes 90,2 %, laïcs 91,3. Sur 2 448 463 enfants scolarisés, 42,2 % sont catéchisés ; 42 674 enfants non baptisés participent à la catéchèse.

■ **Convictions et pratiques religieuses. Nombre de pratiquants :** *1999* : 20 millions dont 10 millions réguliers. **Pourcentage de pratiquants dans la population : 1948 :** 37 ; **68 :** 25 ; **87 :** 13 ; **97 :** 16 (dont *15/24 ans* : 7 ; *25/39 ans* : 8 ; *40/59 ans* : 13 ; *60 ans et +* : 28) ; **2000 :** 30. **Ni pratique ni sentiment d'appartenance à une religion : 1997 :** 24 % (*15/24 ans* : 40 ; *25/39 ans* : 3 ; *40/49 ans* : 22 ; *60 ans et +* : 15) ; **2000 :** 21 %.

■ **Enseignement catholique.** Scolaire (1999-2000) : *élèves* : 2 055 870 dont primaire 873 795 (soit 15,5 %), secondaire 1 129 795 (19,5 %), enseignement agricole 52 280 (30,5 %) ; *enseignants* : 133 616. **Supérieur** (en 2000) : *universités* : 34 400 étudiants dont préparant des diplômes nationaux 10 100, propres aux universités catholiques 2 200 ; en sciences religieuses 7 700 ; *écoles d'ingénieurs et de cadres* : 17 000 étudiants dans 25 écoles.

■ **Sondage CSA réalisé en janvier 1994** pour *le Monde, la Vie* (publié le 12 mai), *l'Actualité religieuse dans le monde* et *le Forum des communautés chrétiennes* (auprès d'un échantillon de 1 014 personnes de 18 ans et plus). 67 % se sont dits catholiques, 2 % protestants ; 1 % juifs ; 2 % musulmans ; 3 % d'une autre religion ; 23 % sans religion ; 2 % n'ont pas répondu. Aucun n'a mentionné la religion orthodoxe. 24 % se disaient croyants convaincus ; 24 % croyants par tradition ; 17 % croyants incertains ; 14 % sceptiques ; 19 % incroyants ; 2 % ne se prononçaient pas.

Création du monde : pour 24 %, l'Univers a commencé par un *big bang* ; pour 21 %, il a été créé par Dieu à partir de rien ; pour 8 %, il est le résultat du hasard ; pour 6 %, il a été créé comme le dit la Bible ; 22 % ne pouvaient pas répondre à cette question ; 2 % ne se prononçaient pas. **Diable :** 60 % ne croyaient pas au diable (34 % y croient). **Dieu :** l'existence de Dieu paraissait certaine pour 29 % ; probable pour 32 % ; improbable pour 17 % et exclue pour 18 % ; 4 % ne se prononçaient pas. 48 % ne pensaient pas que Dieu connaît chacun de nous personnellement. 32 % croyaient à un Dieu en trois personnes (59 % n'y croyaient pas). **Enfer :** 61 % pensaient qu'il n'existe pas (33 % y croyaient). **Explication du mal :** les premières réponses données (à l'aide d'une liste) ont été : la société est cause de trop d'injustice pour 58 % ; l'homme est un loup pour l'homme 23 % ; l'homme est un être vivant dans le péché 5 % ; il y a un refus de Dieu 4 % ; il existe un esprit supérieur mauvais agissant dans le monde 4 % ; la sexualité entraîne le désordre individuel et social 2 %. Pour 57 %, l'idée de péché ne signifiait pas grand-chose. **Jésus :** 56 % croyaient que Jésus-Christ est le fils de Dieu ; 52 % croyaient au pardon des péchés ; 43 % n'y croyaient pas. 51 % croyaient en la résurrection du Christ. **Miracles :** 41 % ne croyaient pas aux miracles ; 43 % ne pensaient pas que les prières sont exaucées. **Mort :** après la mort, il y a quelque chose d'inconnu pour 38 % ; rien pour 25 % ; une autre vie dans un au-delà pour 22 % ; une réincarnation pour 11 % ; 4 % ne se prononçaient pas. 56 % ne croyaient pas à la résurrection des morts (38 % y croyaient). 55 % ne croyaient pas que les esprits des morts peuvent communiquer avec les vivants (37 % le pensaient). 39 % croyaient au Jugement dernier. **Purgatoire :** 59 % n'y croyaient pas ; 33 % étaient prêts à y croire. **Saint-Esprit :** 46 % croyaient au Saint-Esprit. 39 % croyaient à la présence réelle du Christ dans l'eucharistie. **Sciences :** 49 % pensaient que « plus les connaissances scientifiques progressent, plus il est difficile de croire en Dieu » (46 % n'étaient pas d'accord). **Utilité de la religion :** 89 % pensaient qu'il n'est pas nécessaire d'avoir une religion pour bien se conduire. Pour 67 %, la foi aide à supporter les épreuves de la vie. Pour 50 %, seule la laïcité permet, en France, à des gens de convictions différentes de vivre ensemble. 63 % pensaient que croire en Dieu est toujours nécessaire à notre époque.

■ **Sondage de la Sofrès du 22 au 24-11-1994** pour *le Figaro* (échantillon de 1 000 personnes de 18 ans et plus) : ensemble des Français et, entre parenthèses, catholiques. **Croyants en Dieu :** oui 66 (79), non 27 (14), sans opinion 7 (7). **Croyances :** résurrection du Christ 53 %, miracles 48, Paradis 42, présence réelle du Christ dans l'eucharistie 41, Immaculée Conception de Marie 40, Ste Trinité 34, péché originel 33, Jugement dernier 30, Enfer 26, démon, diable 26, Purgatoire 25. **Mariage des prêtres :** favorables 76 % (femmes ordonnées prêtres 69), opposés 14 (21), sans opinion 10 (10). **Après la mort, qu'y a-t-il ?** (ensemble des Français) : rien 35 %, vie éternelle 44, sans opinion 21. **Nombre tenant compte des recommandations de l'Église sur la sexualité et la vie de couple** (ensemble des Français et, entre parenthèses, pratiquants réguliers) : oui dans la mesure du possible 20 % (51), non 71 (36), sans opinion 9 (13).

■ **Mariages. Nombre :** *1980* : catholiques 217 479 (dont 2 conjoints catholiques 207 581/1 non catholique *9 898*) sur 334 000 civils. *1990* : 147 146 (136 956/*9 780*) sur 280 000. *1996* : 124 362 (112 851/*11 517*) sur 280 600. *1998* : 120 262 (105 118/*15 144*) sur 282 100.

■ **Pèlerinages.** 1 Français sur 4 visite chaque année 1 sanctuaire. *Sanctuaires les plus visités* (nombre de pèlerins par an en millions) : N.-D. de Paris 8. Sacré-Cœur de Montmartre 7. Lourdes 5,5. Chartres 2,5. Mont-St-Michel 2,5. Médaille miraculeuse 2,1. N.-D.-de-la-Garde (Marseille) 1,6. Lisieux 1,5. Rocamadour 1,3. Fourvière 1,2. Ars 0,6. Paray-le-Monial et Pontmain 0,5. Nevers 0,35. La Salette 0,2 (voir p. 503 b).

ASSOCIATIONS ET MOUVEMENTS

MOUVEMENTS DE SPIRITUALITÉ

■ **Groupements de vie évangélique (GVÉ).** Longtemps appelés « tiers ordres ». *Origine :* St François d'Assise, après avoir fondé l'ordre des franciscains et celui des clarisses, proposa une règle de vie aux laïcs qui aspiraient à une plus grande perfection, et les regroupa dans un *tiers ordre* (3e ordre) en 1221. Le tiers ordre de St Dominique date de 1422. D'autres sont plus récents, telles les communautés Vie chrétienne. Animés par des laïcs avec le concours de religieux appartenant à la famille spirituelle dont ils s'inspirent dans leur forme de prière (récitation de l'office, par exemple) et la discipline de vie. **Communautés Vie chrétienne (CVX)** [mouvance des jésuites] 9, rue Raynouard, 75016 Paris. **Fraternités carmélitaines** 1, rue du Père-Jacques, 77120 Avon. **Fraternité séculière Charles de Foucauld** 1, rue du Progrès, 94170 Le Perreux. **Fraternités laïques dominicaines (FLD)** 222, rue du Fg-St-Honoré, 75008 Paris. **Fraternités séculières de St-François** 27, rue Sarrette, 75014 Paris. **Fraternités Lataste** (fondateur des dominicains de Marie, 1864) 60, rte des Vourles, 69230 St-Genis-Laval. **Fraternités marianistes** Maison St-Jean, 5, rue Maurice-Labrousse, 92160 Antony. **Fraternités maristes** 6, rue Jean-Ferrandi, 75006 Paris. **Oblatures bénédictines** 7, rue d'Issy, 92170 Vanves.

■ **Autres mouvements s'adressant à tous. L'Aide au Prêtre** *pour le service des prêtres et des communautés chrétiennes* La Contie, 15250 Jussac. **Eaux vives, mouvement noëliste** (portant ce nom depuis 1945) 21, bd Voltaire, 75011 Paris, issu de la revue *Noël* fondée 1901 par les assomptionnistes et devenue *Eaux-Vives*, revue chrétienne de culture animant des groupes de réflexion. **Les Équipes du Rosaire** 222, rue du Fg-Saint-Honoré, 75008 Paris. *Membres* : 130 000 dont 120 000 Français. **Focolari** (en italien, « foyers ») : mouvement pour l'unité, ouvert aux personnes de toutes convictions ; *fondé* 1943 en Italie par Chiara Lubich (née à Trente 22-1-1920). Présent dans 180 pays. *Membres* : engagés 100 000 (dont *France* 2 900) ; *adhérents* à ses objectifs : 2 000 000. EN FRANCE (*fondé* 1957) : *centres nationaux* : 8, rue Gambetta, 92320 Châtillon ; 41, rue Boileau, 75016 Paris. Chaque été, rassemblement de 8 jours, la Mariapolis-vacances et rencontres pendant l'année. *Mensuels* : « Nouvelle Cité », « Parole de vie » 51 000 ex. *Sté d'édition* : Nouvelle Cité (350 titres). **Légion de Marie** 43, rue Boileau, 75016 Paris ; *fondée* en 1921 en Irlande par Frank Duff ; en France depuis 1940. Vie spirituelle s'inspirant de St Louis-Marie Grignion de Montfort. **Pax Christi** 58, av. de Breteuil, 75007 Paris (voir p. 527 a).

■ **Pour les jeunes. Équipes Notre-Dame jeunes (ENDJ)** 49, rue de la Glacière, 75013 Paris. *Membres :* 4 500 célibataires de 18 à 27 ans dont 1 500 Français. **Jeunesse mariale** 67, rue de Sèvres, 75006 Paris. Ancienne Association des enfants de Marie immaculée *fondée* en 1830 sur l'initiative de Catherine Labouré. **Mouvement éducatif pour jeunes en milieu défavorisé.** *Membres :* 1 500 (en France). **Fédération nat. des associations des centres de préparation au mariage** 8 *bis*, rue Jean-Bart, 75006 Paris. But : accompagner les jeunes dans l'évolution de leur amour et de leur foi dans la perspective du mariage.

■ **Couples. Équipes Notre-Dame** 49, rue de la Glacière, 75013 Paris. *Fondées* 1939 par l'abbé Henri Caffarel (30-7-1903/18-9-1996) qui a fondé en 1945 l'*Anneau d'or* (revue de spiritualité conjugale). Charte de 1947. Mouvement de spiritualité conjugale pour couples mariés. *Membres* : 85 127. *Équipes* : 7 700 dans 56 pays (dont *France* 1 924, Brésil 1 587, Espagne 908). *Publications* : « Alliance », « Lettre des EN-D ».

■ **Femmes seules. Espérance et vie,** *mouvement chrétien pour les premières années du veuvage,* 20, rue des Tanneries, 75013 Paris. **Renaissance,** *mouvement chrétien des femmes séparées-divorcées,* 19, place de la Ferrandière, 69003 Lyon. *Fondé* 1954.

ACTION CATHOLIQUE

■ **Quelques dates. 1871** *Œuvre des cercles* avec René de La Tour du Pin (1834-1924), Albert de Mun (1841-1914), Léon Harmel (1829-1915). **1886** A. de Mun crée l'*ACJF (Association catholique de la jeunesse de France).* **1894** le *Sillon* de Marc Sangnier (1873-1950). **Vers 1920** *Fédération nationale catholique (FNC)* organisée par le Gal de Castelnau (1851-1944), *créée* en Belgique en 1925 par l'abbé Cardjin. **1927** organisation de la JOC (Jeunesse ouvrière chrétienne) en France, branche autonome de l'ACJF. **1930** Pie XI charge le cardinal Verdier et Mgr Courbe de mettre en place l'*ACF (Action catholique fran-*

çaise). **1931** l'épiscopat français approuve les statuts. **1932-50** mouvements spécialisés d'action catholique ; mouvements de la jeunesse fédérés au sein de l'ACJF. **1957** l'ACJF est dissoute, chaque mouvement est autonome et relié au *Secrétariat pour l'apostolat des laïcs* (106, rue du Bac, 75341 Paris Cedex 07) et aux commissions épiscopales.

Associations et mouvements existant dans le cadre des statuts de 1931

■ **Action catholique.** **Des enfants (ACE)** [nom juridique : **Cœurs vaillants et Ames vaillantes de France**] 63, av. de la République, B.P. 700, 92542 Montrouge Cedex. *Créée* en 1929, organisée en mouvement en 1936 par les pères Courtois (1897-1970) et Pihan (1912-96). *Activités :* rencontres de clubs d'enfants, actions dans le quartier, à l'école, fêtes, camps. *Statistiques :* 60 000 enfants de 5 à 15 ans et 10 000 animateurs. *Publications :* « Les Mifasols » (5-8 ans), « Ricochet » (8-11 ans), « Vitamine » (11-15 ans). **Générale féminine (ACGF)** 98, rue de l'Université, 75007 Paris. *Issue* en 1954 de la *Ligue féminine d'action catholique. Effectifs :* environ 30 000 femmes. *Publications :* « Horizon Femme » et « En équipe ACGF au service de l'Évangile ». **Des équipes enseignantes** 18, rue Ernest-Lacoste, 75012 Paris. **Des membres de l'enseignement chrétien (Acmec)** 95, rue de Vaugirard, 75006 Paris. *Fondée* en 1947. *Membres :* 500. *Publication :* « Engagement ». **Des milieux indépendants (ACI)** 3 *bis,* rue François-Ponsard, 75116 Paris. *Fondée* en 1938 par Marie-Louise Monnet (1902-88), sœur de Jean Monnet, 1re femme auditrice à Vatican II en 1964. Elle avait fondé en 1935 la JICF (Jeunesse indépendante chrétienne féminine). Appartient au Mouvement international d'apostolat en milieux sociaux indépendants (Miamsi) présent dans 35 pays. A ce titre, membre des OIC et ONG à statut consultatif auprès du Conseil économique et social de l'Onu et du Conseil de l'Europe. *Membres et sympathisants :* 12 000. *Pts :* Marie-France Black, David Masson. *Publications :* « Le Courrier » (bimestriel, 8 000 ex.), « En ACI, partenaires pour la mission » (trimestriel, 1 400 ex.). **Des milieux sanitaires et sociaux (ACMSS)** 21, avenue Salvador-Allende, Appt 11, 93000 Bobigny. *Créée* 1956. *Membres :* 500. *Publication :* « BL » (Bulletin de liaison, trimestriel). **Ouvrière (ACO)** 7, rue Paul-Lelong, 75002 Paris. *Fondée* en 1950. *Origine :* LOC (Ligue ouvrière chrétienne, 1935), puis MPF (Mouvement populaire des familles) (1941). *Membres :* 16 000. *Publications :* « Témoignage ACO » (mensuel, 9 000 ex.), « Oxygène » : revue de masse (annuel, 20 000 ex.), « Repères ACO » (trimestriel, pour responsables du mouvement, 3 500 ex.). *Co-Pts :* Christine Isturiz et Jean-Paul Bancon.

■ **Chrétiens dans le monde rural (CMR)** 9, rue du Gal-Leclerc, 91230 Montgeron. *Créé* 1939 par des anciens de la JAC, reconnu mouvement d'action catholique, agréé d'éducation populaire. *Membres :* 15 000. *Pt :* Bernard Vuidel. *Publication :* « Agir en rural » (4 000 ex.).

■ **Communauté chrétienne des policiers de France** 78, rue Claude-Decaen, 75012 Paris.

■ **David et Jonathan** 92 *bis,* rue de Picpus, 75012 Paris. Mouvement mixte de chrétiens homosexuels *créé* 1972. Ouvert aux croyants et non-croyants s'interrogeant sur leur spiritualité eu égard à leur homosexualité. Activités conviviales et réflexion spirituelle. *Membres :* 600. *Groupes :* 25 (en France). *Publication :* « DJ-Actualités ».

■ **Jeunesse.** **De la mer** (voir à l'Index). **Étudiante chrétienne (JEC)** 27, rue Linné, 75005 Paris. *Fondée* en 1929 par Louis Chaudron et Paul Vignaux. *1965* conflit avec la hiérarchie catholique, perd ses branches étudiantes et devient un mouvement de lycéens. *1983* la branche étudiante est réintégrée. *Regroupe* 1 500 jeunes de 15 à 25 ans. *Publication :* « Aristide-Infos » pour lycéens et étudiants (5 nos/an). *Pte :* Pauline Steck. **Indépendante chrétienne (JIC)** 9, rue du Gal-Leclerc, 91230 Montgeron. *Fondée* 1931 sous le nom de Jeunesse chrétienne, au sein de l'ACJF par Noël Souriac pour regrouper les jeunes gens ne pouvant faire partie d'un mouvement « spécialisé » (ouvrier, étudiant, marin, paysan). *1935* prend le nom de JIC. Veut atteindre les jeunes de la bourgeoisie et de la classe moyenne. *1978 mixte officiellement ; 1999 :* projet de confédération avec la JICF. *Membres :* 1 200 de 15 à 30 ans. *Publication :* « Recherche » (trimestriel). *Pt :* Yves Ligier. **Indépendante chrétienne féminine (JICF)** 31, rue Crémieux, 75012 Paris. *Fondée* 1935 par Marie-Louise Monnet. De 14 à 28 ans. *Pte :* Claire Lallement. *Filles en équipe :* 700. *Publication :* « Essencielles » (trimestriel). **Ouvrière chrétienne (JOC), Ouvrière chrétienne féminine (JOCF)** 246, bd St-Denis, 92403 Courbevoie Cedex. *Fondées* en 1924 par l'abbé Joseph Cardjin (Belge) puis, en France, en 1926 (JOC) et 1928 (JOCF) par l'abbé Guérin (vicaire à Clichy), pour les 15-26 ans. *Membres :* 12 000 (30 000 lors de rassemblements). *Pte :* Odile Labarre (JOC-JOCF). *Publication :* « Assez zoné » (5 nos/an).

Mission étudiante catholique de France (MECF). 7, rue Vauquelin, 75005 Paris. *Née* 1966, lorsque la « Fédération française des étudiants catholiques (FFEC) », la branche universitaire de la « JEC » de l'époque et « Chrétiens en grandes écoles » ont défini avec les évêques une nouvelle pastorale étudiante. Fédère 280 aumôneries, accueillant 22 000 étudiants. *Pte :* Aurélie Rozières. *Aumônier national :* Marie-José Deniau. *Publication :* « Mission étudiante-actualités » pour les aumôniers, animateurs et étudiants (bimestriel). *Réseaux spécifiques :* **Chrétiens en grandes écoles (CGE)** 18, rue de Varenne, 75007 Paris. *Membres :* 5 000. *Pt :* François Py. *Aumônier national :* Rémi Chéno.

CEP (aumônerie catholique universitaire de Paris) 5, rue de l'Abbaye, 75006 Paris, *créé* 1968, héritier du *Centre Richelieu,* fondé 1945, place de la Sorbonne. *Responsable :* Yves de Boisredon.

■ **Mouvements.** **Chrétien des PTT** 91, rue de Sèvres, 75006 Paris. **Chrétien des cadres dirigeants (MCC)** 18, rue de Varenne, 75007 Paris. 1966 fusion de l'Union sociale d'ingénieurs catholiques (Usic), fondée en 1906, et du Mouvement d'ingénieurs et de chefs d'industrie d'action catholique (Miciac) fondé en 1937. *Membres :* 8 000 hommes et femmes en équipes (dont 1 800 jeunes professionnels, entre 25 et 32 ans). *Pts :* Philippe et Christine Ledouble. *Mensuel :* « Responsables » (6 000 ex.). **Chrétien des retraités (MCR)** 75, rue de la Tombe-Issoire, 75014 Paris. *Issu* 1989 de La Vie montante, fondée 1962. *Membres :* 150 000. *Publication :* « Nouvel Essor » (5 nos/an). **Entrepreneurs et dirigeants chrétiens (EDC)** 24, rue Hamelin, 75116 Paris. *Créé* 1926. *Pt :* Jean Brunet-Lecomte. *Membres :* 2 500 en 210 équipes locales dans 18 régions. *Publications :* « Professions & Entreprises ». **Eucharistique des jeunes (MEJ)** 28, rue Molitor, 75016 Paris. *Issu* en 1962 de la Croisade eucharistique, née en 1917 au sein de l'Apostolat de la prière. *Membres :* 15 000 de 9 à 19 ans. 5 branches : *Feu nouveau (Fnou) :* 9/11 ans ; *Jeunes Témoins (JT) :* 11/13 ans ; *Témoins aujourd'hui (TA) :* 13/15 ans ; *Équipes espérance (ES) :* 15/17 ans ; *Équipes apostoliques (EA) :* 17/19 ans. Équipe (5 à 7 jeunes accompagnés d'un adulte parfois aidé d'un jeune de 16 à 18 ans) qui se réunit sur une paroisse (53 %), en milieu scolaire (38 %), ou dans un autre lieu (9 %). *Publications :* 1 revue par branche et 1 pour les responsables, « Partage ». L'été : une quarantaine de camps nationaux. **Rural de jeunesse chrétienne (MRJC)** 53, rue des Renaudes, 75017 Paris. *Origine :* Jeunesse agricole catholique (JAC) fondée 1929 transformée 1961 en MRJC, fusionnée 1965 avec la Jeunesse agricole catholique féminine (JACF) fondée 1933. 15 000 militants, 40 000 sympathisants. 3 branches : **JAC** (exploitants agricoles, jeunes en formation agricole, aides familiaux : 20 %) ; **JTS** (jeunes travailleurs salariés : apprentis, salariés, chômeurs : 20 %) ; **GE** (groupe école : scolaires, lycéens, étudiants : 60 %). *Pte :* Marie-Pascale Paulin. *Publication :* « MRJC info ».

■ **Partage et Rencontre** 18, rue de Varenne, 75007 Paris. *Fondé* 1974. *Membres :* 4 000 ; couples, personnes seules. But : échanges en équipes sur les réalités de la vie et celles de l'Évangile. *Pt :* Christian Gourio. *Prêtre accompagnateur :* Jean Debruynne.

■ **Scoutisme catholique** (voir à l'Index).

■ **Union catholique du personnel du chemin de fer** 15, bd du Temple, 75003 Paris.

■ **Vivre ensemble l'Évangile aujourd'hui (VEA)** 12, rue Edmond-Valentin, 75343 Paris Cedex 7. *Origine :* Fédération nationale catholique (voir p. 534 c). *1954* Action catholique générale des hommes (ACGH). *1976* nom actuel. Mouvement d'action catholique générale, mixte, d'adultes. *Membres* (en 1999) : 6 000 répartis en 550 équipes de 8 à 10 personnes. *Publication :* « Vivre ensemble » (mensuel).

Autre origine

■ **Communauté de l'Emmanuel.** Voir p. 502 a.

■ **Communautés néocatéchumènes.** Environ 60 dont *le Chemin,* ouvert en 1973 à Paris.

■ **Credo.** Association catholique traditionnelle. *Fondée* 1975 par Michel de Saint-Pierre (1916-87) sous le patronage de Mgr Marcel Lefebvre. *Pt :* Jacques Plaçon. *Siège :* 5, allée Corot, 78170 La Celle-St-Cloud. *Publication :* « Credo » (bulletin bimestriel).

■ **La Vie Nouvelle.** 4, place de Valois, 75001 Paris. Mouvement de formation et d'action communautaire (association d'éducation populaire) reconnu comme organisme de formation permanente. *Fondé* 1947. S'inspire du personnalisme communautaire d'Emmanuel Mounier (1905-50). 50 groupes. 1 050 membres (2001). *Publication :* « Citoyens ». Jacques Delors a été 20 ans responsable de l'équipe politique.

☞ *CNER* (relevant de la Commission épiscopale de l'enseignement religieux) 6, avenue Vavin, 75006 Paris. *CLER (Centre de liaison des équipes de recherche)* 65, bd de Clichy, 75009 Paris. Fondé en 1962. *Confédération nationale des associations familiales catholiques* 28, place Saint-Georges, 75009 Paris. Fondée au début du XXe s.

■ **Taizé.** Communauté œcuménique *fondée* en 1940 à Taizé (S.-et-L.) par le frère Roger Schutz-Marsauche (né 1915 à Provence, Suisse). Comprend plus de 100 frères catholiques et de diverses origines évangéliques, engagés pour la vie par les vœux monastiques (3 prêtres). Accueillent des jeunes du monde entier pour vivre avec eux la recherche de réconciliation, d'unité et de paix. Anime un « pèlerinage de confiance sur la Terre » [à Madras en 1985 et 1988, Londres 1986, Rome 1987, Paris 1988, Pologne 1989, Prague 1990, Budapest 1991, Vienne 1992 (105 000 jeunes), Munich 1993, Paris (100 000 dont Polonais 48 000, *Français* 15 000, germanophones 8 000, Baltes 6 200, Italiens 6 000), Stuttgart 1996, Vienne 1997 (80 000), Milan 1998 (100 000), Varsovie 1999, Barcelone 2000 (80 000)]. Le frère Roger a accueilli Jean-Paul II à Taizé, le 5-10-1986. Il a reçu le prix de l'éducation pour la paix de l'Unesco en 1988 et le prix Robert Schuman.

Églises orientales catholiques

☞ *Abréviations :* arch. : archevêque ; Égl. : Église ; év. : évêque.

■ **Rites d'Antioche-Jérusalem. En syriaque occidental** (dialecte araméen d'Édesse-Nisibis, dit occidental). Fin IVe-début Ve s. Au Ve s., les *anaphores* de St Jacques le Mineur et celles des 12 apôtres prirent leurs formes définitives. Les Byzantins utilisent la 1re le 23-10. La 2e fut adaptée et est attribuée à St Jean Chrysostome. **Églises séparées monophysites syriennes** (voir p. 536 c). **Égl. catholiques : Patriarcat d'Antioche des Syriens** [rallié à Rome en 1662 ; *résidence* actuelle Beyrouth ; *patriarche :* Ignace-Pierre VIII (Pierre Abdel-Ahad, né 1930) depuis 16-2-2001 ; en dépendent 3 *vicaires patriarcaux* (Jérusalem, Liban, Turquie), 2 *arch. iraqiens* (Baghdad, Mossoul), 2 *métropolitains syriens* (Damas, Homs), 2 *arch. syriens* (Alep, Hassaké-Nisibe), 1 *év. égyptien* (Le Caire)]. **France :** *Égl. syrienne St-Éphrem* 17, rue des Carmes 75005 Paris. 150 000 fidèles. **Inde : catholiques : Égl. métropolitaine de Trivandrum des Syro-Malankars** [Inde, Kerala (fondée 1930 par Mar Ivanios)]. Archidiocèse de Trivandrum : Mgr Cyril Mar Basélios, Malancharuvil (6-11-1995), arch. *Diocèses suffragants :* Tiruvalla, Bathery et Marthandom. *Ordres religieux :* Imitation du Christ (fondé 1919, rallié à Rome 1930) ; monastère de la Montagne-de-la-Croix créé 1958 par un bénédictin et un trappiste français : vie des *ashrams* hindous avec office du rite syrien. Pas de centre à Paris.

■ **Église maronite de rite syriaque antiochien.** Liturgie de l'Église syriaque mère. Subit l'influence latine à partir du XIIe s. Pratiqué par les maronites, disciples de saint Maroun (Ve s.) restés catholiques après la crise monophysite. *Patriarche (d'Antioche et de tout l'Orient) :* depuis 16-4-1986, Nasrallah Pierre Sfeir (né 1920). *Résidence :* Bkerké (Liban) ; 23 archevêchés ou évêchés (Liban 10, Terre sainte 1, Chypre 1, Syrie 3, Égypte 1, USA 2, Brésil 1, Australie 1, Canada 1, Argentine 1, Mexique 1). *Vicariat à Paris :* Notre-Dame-du-Liban, 15-17, rue d'Ulm, 75005 Paris. *Fidèles :* environ 4 millions (dont 25 % au Liban).

■ **Rite chaldéen. En syriaque oriental** [dialecte araméen d'Édesse-Nisibis, dit oriental (*chaldéen* a été longtemps, pour les linguistes, synonyme d'« araméen »)]. Évangélisation de la Mésopotamie par l'apôtre Thomas et ses compagnons Addaï et Mari, qui ont créé la liturgie eucharistique ; modifié en 410, puis 650, après la coupure avec les Églises d'Antioche et d'Alexandrie ; VIIIe-XIVe s. : répandu de l'Arabie à la Chine par les missionnaires nestoriens (chrétienté la plus importante après l'Occident) ; diminué par les persécutions musulmanes. Commun aux **Églises séparées « nestoriennes »** ou **« assyriennes »** (voir p. 536 b) et aux **catholiques du patriarcat de Babylone.** *Créé* en 1551 à Diarbékir (Turquie). *Fidèles :* 410 000 ; *siège actuel :* Baghdad ; *patriarche : 1989* (21-5) Raphaël Ier Bidawid ; Iraq 10 diocèses ; Iran 4 ; Liban 1 ; Syrie 1 ; Turquie 1 (l'archevêque de Diarbékir) ; 2 vicariats patriarcaux : Jérusalem et Paris (égl. N.-D.-de-Chaldée, 13-15, rue Pajol, 75018 Paris), 1 exarchat : USA (Southfield, Michigan). **En malayalam** (depuis Vatican II) : liturgie des *Indiens chrétiens « syro-malabars »,* commune à *plusieurs Égl. séparées* et aux *catholiques des archevêchés de Changanacherry et d'Ernakulam* (avec certains rites romains adoptés depuis 1599). En février 1986, Jean-Paul II a béatifié 2 membres de cette Église : Kyriakos Elias Chavos et mère Alphonsa. *Fidèles en France :* 3 500 [*régions parisienne :* 2 000 (500 nouveaux arrivés de Turquie en 1983) et *marseillaise :* 130 familles].

Église syro-malabare. *Fondée en 72* par l'apôtre Thomas. *1599* latinisée par les Portugais. *1919* retrouve son origine « orientale » et son rite chaldéen. *1923* établissement d'une hiérarchie. *1962* mission à Chanda (nord de l'Inde). « Arch. majeur » (siège à Ernakulam ; en dépendent : 3 métropoles et 20 évêchés) : Varkey Vithayathil (23-12-1999), cardinal le 21-2-2001. Catholiques : 3 048 888 dont 2 898 000 sous la juridiction de leurs évêques et 150 000 sous celle d'évêques latins. 2 200 prêtres diocésains, 1 500 prêtres religieux, 21 000 religieuses. *Principales congrégations et,* entre parenthèses *nombre de religieuses :* mères du carmel (5 013), clarisses franciscaines (5 549), sœurs de l'adoration du St-Sacrement (3 455), Sacré-Cœur (2 690).

■ **Rite byzantin.** Pratiqué par 200 millions d'orthodoxes et, plus ou moins fidèlement, mêlé d'influences latines, par 8 ou 9 millions de catholiques issus, à l'origine, de l'orthodoxie. Dérive des rites de Jérusalem-Antioche. Liturgies eucharistiques principales dites de St-Jean Chrysostome et de St-Basile. **Patriarcat grec-melkite-catholique d'Antioche** (transféré à Damas au XIVe s.). Siège épiscopal d'origine apostolique érigé en patriarcat au concile Chalcédoine (451). Melkite signifie « royale », car elle était celle des Grecs de Syrie, qui au VIIe s. ont refusé de rallier l'Égl. de Jacques Baradaï et sont restés fidèles au « roi » (l'empereur de Constantinople). **1724** scission en 2 branches (catholique, orthodoxe). Primitivement de langue syriaque et de rite antiochien, arabisé au VIIIe s., opte pour le rite byzantin au XIIe s. **1772** Rome étend la juridiction patriarcale aux Grecs-catholiques résidant dans les patriarcats d'Alexandrie et de Jérusalem, c.-à-d. pratiquement tout le Proche-Orient arabe. *Patriarche « d'Antioche et de tout l'Orient, d'Alexandrie et de Jérusalem » :* depuis 29-11-2000, S.B. Grégoire III Lufti Laham depuis 29-11-2000. *Évêchés résidentiels Proche-Orient :* 15, émigration 5 (2 USA, 1 Canada, 1 Brésil, 1 Australie). *En France :* 2 paroisses, St-Nicolas-de-Myre à Marseille (1821), St-Julien-le-Pauvre, 79, rue Galande,

75005, attribuée le 5-5-1889. **En albanais :** 2 *diocèses « italo-albanais »* d'Italie. **En hongrois :** *exarchat catholique de Hajdudorog* (Hongrie), fondé 1912. **En roumain :** *Égl. métropolitaine catholique de Făgărăs d'Alba Julia* [siège à Blaj, 4 diocèses (supprimés 1948-89 par les communistes)]. Arch. Lucian Muresan (4-7-1994). **Centre à Paris :** *Égl. roumaine St-Georges* 38, rue Ribéra, 75016. **En vieux slavon :** *9 Égl. séparées* de pays slavophones (voir p. 538 a). **Catholiques :** *Bulgarie :* exarchat de Sofia ; *Yougoslavie :* évêché de Crisio (Krizevci), siégeant à Zagreb ; *Ruthénie :* 4 diocèses aux USA ; *Ukraine :* 8 diocèses gréco-catholiques ukrainiens de rite byzantin (8 évêques) ; 5 diocèses polonais de rite romain (7 évêques) ; diocèses gréco-catholiques de la diaspora : Canada 5, USA 4, Australie, Argentine, Brésil, Macédoine, Rép. tchèque, ex-Yougoslavie 1 ; exarchats : *France* 1, G.-B. 1, Allemagne 1 (Munich) ; *Slovaquie :* évêque de Presov (Prjasev). **Centres à Paris :** *Égl. catholique russe de la Ste-Trinité* fondée en 1932 par Mgr Alexandre Evreinoff, environ 300 fidèles, paroisse : 39, rue François-Gérard, 75016 ; **à Lyon :** Foyer oriental St-Basile, 25, rue Sala, 69002. **Effectifs revendiqués des Églises catholiques de rite byzantin.** Patriarcat melkite d'Antioche 1 000 000 ; Égl. gréco-cathol. ukrainienne (archevêché majeur de Lviv) : Ukraine 5 000 000, Pologne 85 000, USA 121 000, Canada 174 000, Australie 38 000, Europe occ. (n.c.) ; Égl. cathol. ruthène d'Ukraine (évêché de Mukačevo) : Ukraine 533 000, USA 170 000 ; Égl. byzantine (ruthène) de Slovaquie (év. de Prešov) : 222 000 ; Exarchat apostolique (ruthène) de la Rép. tchèque : 40 000 ; Égl. gréco-cathol. de Hongrie (év. de Hajdúdorog) : 282 000 ; Égl. gréco-cathol. de Roumanie (archevêché de Făgărăs et d'Alba Julia) : 1 000 000 ; Égl. gréco-cathol. de l'ex-Yougoslavie (év. de Križevci) : 49 000 ; Exarchat apostolique de Bulgarie : 15 000 ; Exarchat apostolique de Grèce (rien à Istanbul) : 2 345 ; Diocèses italo-albanais de Calabre et de Sicile : 64 000 ; sans hiérarchie propre : Russes, Biélorussiens, Géorgiens, paroisse grecque-cathol. de Cargèse (Corse)...

Église gréco-catholique ukrainienne. « Arch. majeur » (siège à Lviv) : Lubomyr Husar (25-1-2001), cardinal le 21-2-2001. *1596* de rite byzantin, les évêques des diocèses orthodoxes d'Ukraine (qui faisait alors partie de la couronne de Pologne), signent avec Rome *l'union de Brest-Litovsk.* L'Égl. unie à Rome (d'où *uniates*) n'a survécu qu'en Ukraine occidentale, intégrée à l'Autriche puis à la Pologne. *1946* un synode, auquel ne participe aucun évêque catholique, proclame sa réintégration dans l'Égl. orthodoxe. L'Égl. uniate est déclarée illégale : 3 000 églises et 150 monastères sont confisqués, ses évêques emprisonnés ou tués. *1963* l'URSS expulse le dernier survivant : Mgr Slypyi. *1980* (21-3) Jean-Paul II réunit un synode d'évêques ukrainiens à Rome, malgré la protestation du patriarcat moscovite (l'Ukraine lui fournit 90 % de ses séminaristes et la majeure partie de ses revenus). *1990* (juin) synode à Rome, 29 évêques (dont 11 venus d'Ukraine). *Diocèses en Ukraine :* 8 dont Lviv (archevêque majeur). **Membres :** Ukraine 5 000 000. *Émigrés :* 1 000 000 dont Europe 400 000 (Allemagne 25 000, *France* 16 000, G.-B. 15 000), Amér. du Sud 250 000 (Brésil 140 000), Canada 200 000, USA 160 000, Australie 25 000. **En France.** Paris : *Égl. catholique ukrainienne St-Vladimir-le-Grand* 51, rue des Saints-Pères, 75006 (depuis 1943, 500 familles) ; Lourdes : Égl. ukrainienne, 8 *bis,* rue de l'Ukraine ; Alsace : Foyer ukrainien à Mackwiller, 67430 Diemeringen.

■ **Rite arménien. Église chalcédonienne** (voir **Patriarcat de Constantinople** p. 537 b). **Égl. arménienne catholique** patriarcat de Cilicie des Arméniens (restauré 1742, actuellement Beyrouth, Liban) : diocèse patriarcal, Liban, catholicos, patriarche : Nersès Bedros XIX Tarmouni (né 17-1-1940) élu 7-10-1999 ; 3 archevêques (Alep-Syrie, Iraq, Turquie) ; 3 évêques (Djeziré-Syrie, Égypte, Iran) ; depuis 1983, 2 exarchats (Amér. du Nord et Amér. latine), 1 éparchie (France depuis 1986) ; depuis 1992, 1 archevêque (Arménie-Géorgie). *Centre à Paris :* cathédrale arménienne catholique Ste-Croix, 13, rue du Perche, 75003 (depuis 1970) ; évêché, chancellerie et Centre culturel S. Mesrob, 10 *bis,* rue Thouin, 75005 (depuis 1920).

■ **Rite paulicien.** Proche du rite arménien. Du VIIe au XIIe s., rite des hérésiarques pauliciens, d'origine arménienne, aux tendances gnostiques et rejetant tout le Nouveau Testament, sauf St Paul. Implantés en Bulgarie. Pour échapper à l'autorité du patriarche de Constantinople, ils se font catholiques au XIIIe s. Environ 70 000, formant 2 diocèses (distincts de l'exarchat bulgare de rite byzantin) : Nicopoli (à Roussé) et Sofia-Philippopoli (à Plovdiv).

■ **Rite d'Alexandrie.** Appelé « liturgie de St Marc ». Célébré en grec jusqu'au Xe s., puis en copte. Comprend des prières très particulières, les *diptyques.* **Liturgie copte** (actuellement bilingue, arabe et copte) : *Égl. non chalcédonienne copte* (voir col. b), *Égl. copte catholique* (patriarcat d'Alexandrie, restauré en 1824) : 8 évêques dont le patriarche Stéphanos II Ghattas (depuis 9-6-1986, cardinal 21-2-2001), 6 évêques ordinaires pour les éparchies : patriarcale d'Alexandrie, Ismaïlia, Minya, Assiout, Sohag et Louxor, et 2 évêques auxiliaires du patriarche. **Rite éthiopien** (en guèze) : *Égl. nationale éthiopienne* (voir col. b), *Égl. métropolitaine catholique* d'Addis-Abéba (fondée 1961) : 3 évêques (Adigrat, Keren, Barentù). Arch. d'Addis Abeba : Berhane-Yesus Demerew Souraphiel depuis le 7-7-1999. *Église copte d'Erythrée,* autocephale (1998) *siège :* Asmara.

■ **Ordinariats communs à plusieurs rites orientaux.** *Buenos Aires* (Argentine) ; *Vienne* (Autriche) ; *Rio de Janeiro* (Brésil) ; *Paris* (l'archevêque de Paris est l'ordinaire en titre ; vicaire général délégué : père Charles Cordonnier, 24, rue de Babylone, 75007 Paris).

■ **Classification.** On distingue les **uniates** (catholiques unis à Rome), relevant d'un des 6 patriarches en communion avec Rome (dont 2 cardinaux) et reconnaissant l'autorité de l'Église romaine, et les **orientaux « séparés »** (« schismatiques » avant Vatican II) relevant d'Églises qui ne reconnaissent pas l'autorité de Rome, rattachées à l'orthodoxie ou indépendantes.

■ **Effectifs approximatifs en milliers dont,** entre parenthèses, **% des catholiques (uniates). Rite arménien :** 6 000 (10). **Byzantin :** 200 000 (4,5) dont Grecs 9 000 (0,2) ; Arabes (melkites) 620, au Proche-Orient 1 500 émigrés (40) ; Albanais 180 (42) ; Italo-Albanais et Italo-Grecs 150 (100) ; Ukrainiens-Ruthènes 270 ; Biélorusses 100, émigrés 1 000 (80) ; Hongrois 200 (83) ; Roumains 18 000 [12 (?) ; il n'y avait plus de hiérarchie organisée] ; Russes émigrés en Amérique 3,5. **Chaldéen :** Moyen-Orient 1 000 (84) ; Inde 2 500 (99,8). **Copte :** Égypte 10 000 (4), Éthiopie-Érythrée 14 000 (0,4). **Maronite :** 3 000 [dont Liban 1 200, émigrés 750 (100)]. **Syriaque :** Moyen-Orient 190 (45) ; Inde 1 020, dont anglicans 300 (7).

Églises orientales non chalcédoniennes

☞ **Le prêtre Jean :** copte parmi les infidèles. *XIIe s.* on le situe en Inde ou Afrique orientale. *1160* une lettre de lui, prétendument envoyée à l'empereur de Byzance Manuel Comnène, pour l'inciter à la croisade, circule. *XIIIe-début XIVe s.* on pense qu'il pourrait être le khan des Mongols. *XIVe s.* on l'identifie au roi des rois de l'Éthiopie copte.

■ **Coptes.** Déformation arabe du mot grec *aiguptios,* égyptien. Font remonter leur Église à St Marc. *Langue liturgique :* dérivée de la langue parlée à l'époque pharaonique, mais écrite en caractères grecs. **Égypte :** Église patriarcale distincte des patriarcats copte-catholique et grec-orthodoxe d'Alexandrie. *Patriarche* d'Alexandrie et de toute l'Afrique, pape d'Alexandrie et patriarche de la prédication de saint Marc : Shenouda III (Antonios Raphaël Nazir Gayyed, élu 31-10-1971). Il a rencontré Paul VI le 10-5-1973 (1re rencontre depuis 15 siècles entre les Églises copte et catholique) ; ils ont signé une déclaration christologique commune et créé une commission de dialogue ; les coptes discutent sur la question du Purgatoire qu'ils refusent, de la procession du St-Esprit, du Père et du Fils « Filioque » et surtout de la « primauté » du siège apostolique de Rome. *Fidèles :* environ 7 000 000. **Éthiopie :** Église autocéphale depuis 1951, patriarcale depuis 25-6-1959 ; *langue liturgique :* le guèze. *Fidèles :* 14 000 000. *Chef :* Aba Melaku Woldie-Michael, sous le nom d'Abouna Tikle Haimanot [a rencontré à Rome Jean-Paul II en 1981 (1re rencontre pape-Abouna depuis 15 siècles)] ; Marqorewos Ier démissionne ; *1992*-5-6 Paulos Ier (Guebre Yohannes). **Soudan :** 60 000. **Jérusalem, USA :** 56 communautés. **Canada :** 20. **Australie :** 10. **France :** éparchie *créée* 1974 ; 1 *évêque :* Mgr Markos, résidant à Toulon ; 1 *prêtre :* père Girgis Luka (Georges Luc) Iskander (scientifique égyptien établi en France depuis 1967 et chef du service de virologie à l'Institut Pasteur de Paris) pour Paris. *Fidèles :* 1 500. L'Église catholique Ste-Monique de Châtenay-Malabry est devenue une paroisse copte (Ste-Marie-St-Marc).

■ **Arméniens.** Église apostolique, fondée selon la tradition par les apôtres *saint Thaddée* (martyrisé en 50, tombeau vénéré à Ardaze) et *saint Barthélemy* (martyre 68, tombeau à Caschkolé). Appelée aussi Église arménienne. *301* Grégoire, dit l'Illuminateur (chrétien), guérit miraculeusement le roi d'Arménie Tiridate III qui décrète la conversion officielle de son royaume au christianisme. *313* Grégoire sacré catholicos à Césarée, rase les temples païens et zoroastriens, expulse les mages. Son fils lui succède au catholicossat. *404* le moine Mesrop invente l'alphabet arménien. Ses disciples (Saints Traducteurs) transcrivent la Bible en arménien classique intégrant des textes considérés *apocryphes* par Rome ou, Byzance, telle la Lettre de Jérémie ou Esdras 2. *451* soucieux de prouver leur indépendance à l'égard de Byzance, les Arméniens ne vont pas au concile de Chalcédoine au cours duquel les participants reconnaissent les 2 natures (humaine et divine) du Christ. L'Église arménienne est *préchalcédonienne* et considère que le Christ a une seule nature à la fois humaine et divine. Rejette certaines croyances tardives (Purgatoire, indulgences). A développé le culte de la Vierge et des saints dont la liste comprend martyrs et héros arméniens et saints universels des 3 premiers siècles du christianisme (close depuis le XIIIe s.). *505* puis *554,* les évêques arméniens, réunis en concile à Dvin, rejettent les définitions du concile de Chalcédoine sur les 2 natures du Christ ; l'Église arménienne est alors considérée comme monophysite par les orthodoxes byzantins (et plus tard par les latins), alors qu'elle rejette la doctrine d'Eutychès. *1923* adopte le calendrier grégorien (sauf le patriarcat de Jérusalem). *1970*-9-5 Paul VI reçoit Vazken Ier (Levon-Garabed Baldjian, Bucarest 20-9-1908/18-8-1994). **Rite :** variante du rite byzantin. **Fêtes.** -*6-1 Théophanie* groupe Noël, épiphanie et baptême de Jésus. Précédée de la Cinquantaine (50 j ponctués de 3 semaines de jeûne et de 3 dimanches de carnaval). -*13-1* circoncision de Jésus. -*14-2* présentation au Temple. *Dimanche le plus proche du 7 mai* apparition de la Croix dans le ciel de Jérusalem. *Pâques, Ascension, Pentecôte.* -*15-8* Théotokos (maternité divine). -*8-9* nativité de la Vierge. *Dimanche le plus proche du 14-9* exaltation de la Croix. *3 dimanches plus tard* Croix de Varag (découverte en 650 d'un morceau de la Croix sur le mont Varag). -*9-10* Saints Traducteurs. *7 dimanches plus tard* invention de la Croix. -*21-11* présentation de la Vierge au Temple. -*9-12* conception de la Vierge. **Hiérarchies : 1°)** *catholicosat de tous les Arméniens ; siège :* Etchmiadzine (Arménie) ; catholicos et patriarche suprême de tous les Arméniens : *1995* (4-4) Karékine Ier Sarkissian (Syrie 1932/29-6-1999) ; *1999* (27-10) Karékine II Nersissian (né 1951 en Arménie). **2°)** *Catholicosat arménien de la grande maison de Cilicie* depuis 1441 ; *siège :* Antélias (Liban) ; catholicos de Cilicie. **3°)** *Patriarcat arménien de St-Jacques-de-Jérusalem* depuis 1311, gardien des Lieux saints ; patriarche : Sa Béatitude l'archevêque Torkom II Manoogian (1990). **4°)** *Patriarcat arménien de Constantinople-Istanbul* depuis 1461 ; patriarche : *1998* (14-10) Sa Béatitude Mesrop Moutafian. **Fidèles** (en millions) : 7 [dont Arménie 2, Russie 2, diaspora 3 (dont *France* 0,4)]. **En France :** *cathédrale* St-Jean-Baptiste, 17, rue Jean-Goujon, 75008 Paris ; *archevêque :* Kude Nacachian, délégué pour l'Europe du catholicosat de tous les Arméniens, prélat des Arméniens de Paris.

Églises syriennes

■ **Occidentale (syriaque). Langue liturgique :** araméen ou syriaque occidental (dialecte d'Édesse). **Origine :** Église syriaque orthodoxe, issue du monophysisme, appelée aussi jacobite [de Jacques Baradaï qui lui redonna une nouvelle hiérarchie, ayant lui-même été consacré évêque à Constantinople avec l'appui de l'impératrice Théodora (VIe s.)]. *VIIe s.* prend parti pour les conquérants musulmans contre les Byzantins. *Jusqu'au XVIe s.* domination musulmane : 20 métropoles, 103 évêques. *1783* persécutions et invasions. **Patriarche :** Sa Béatitude Ignace XIL, Nicolas (Zakka) I, Eiwas (depuis 11-7-1980, succède à Ignace XXXIX, Jacques III) Homs-Damas, résidant à Damas depuis 1959. **Fidèles :** *Syrie* 50 000 (3 diocèses : Hassaké, Alep et Homs), *Iraq* 30 000 (plusieurs diocèses), *USA* 60 000 (1 diocèse), *Europe* 70 000 (2 diocèses), *Australie* 25 000 (1 diocèse), *Inde* (Égl. syro-malabare) 1 000 000 (12 diocèses).

Église syrienne orthodoxe (jacobite) de Kottayam (Inde) : autonome par rapport au patriarcat d'Antioche, *maphrian et catholicos 1975* (8-9) Baselios-Paulos II. **Église syrienne orthodoxe (jacobite) malankare de Kottayam :** fondée 3-1-1653, soumise au patriarcat syrien d'Antioche (1665-1909, 1955-1975), proclame son indépendance avec un catholicos (1912), *catholicos de l'Orient : 1991 :* Baselios Thomâ Mathews II. **Église syrienne (jacobite) d'Anjur-Thozior** (Inde) : fondée 1772, *métropolite (indépendant) :* Matthews Kurilose. **Église syrienne Mar-Thomite (réformée) d'Inde :** fondée 1875, *métropolite : 1976 :* Alexandre Thomâ.

■ **Orientales (souriennes). Langue liturgique :** araméen ou syriaque oriental (dialecte de Nisibis et d'Édesse). Appelées longtemps « *nestoriennes* », elles ont rejeté en 1976 cette appellation, jugée injurieuse ; certaines ont choisi le nom d'« *assyriennes* », qui était, depuis le XIXe s. celui des Églises protestantes issues de leur sein. L'Église d'Orient mésopotamien, devenue nestorienne après le concile d'Éphèse, a fondé des Églises prospères dans toute l'Asie, jusqu'au Tibet et en Chine. Quelques-unes ont subsisté au Kurdistan, en Mésopotamie, Iran et Turquie. **Patriarcat :** jusqu'en 1976, héréditaire d'oncle à neveu dans la famille des Ishaï [le patriarche portait le nom de Shimoun (Simon) en y ajoutant son prénom : le dernier (Mar Shimoun XXIII) fut assassiné à San Francisco 7-11-1975]. Le 17-10-1976 l'év. métropolite d'Iran, Khanania Denkha (né 1935), a pris (en G.-B.) le titre de patriarche de l'Église assyrienne d'Orient (siège à Chicago : Séleucie-Ctésiphon) et le nom de Mar Denkha IV. **Fidèles :** *USA* 250 000, *Syrie* et *Liban* 15 000, *Iraq* 3 000. De nombreux Mésopotamiens chrétiens demeurés en Iraq se sont ralliés en 1968 à un patriarche dissident, Mar Thomas Darmo († 1969). *Patriarche actuel :* Mar Addaï II (Baghdad) depuis 20-2-1972. *Inde* 60 000, *Iraq* 20 000, *Syrie* et *Liban* 10 000.

Orthodoxes

Quelques dates

IVe s. la primauté de Rome oppose l'Occident, qui considère l'évêque de Rome comme chef de droit divin en tant que successeur de saint Pierre (1er évêque de Rome), à l'Orient qui ne voit là qu'un phénomène historique dû à l'importance numérique de l'Église romaine et au caractère de Rome, ancienne capitale de l'Empire. **325** *concile de Nicée* reconnaît l'autorité exceptionnelle (hiérarchique mais non dogmatique) des évêques de Rome, Alexandrie et Antioche. Le Fils de Dieu est reconnu consubstantiel au Père. **381** *concile de Constantinople* reconnaît l'autorité de l'évêque de Constantinople. Affirme la divinité du St-Esprit, 3e personne de la Ste Trinité. **451** *concile de Chalcédoine* crée le ressort patriarcal de Jérusalem. Dissidence des *Coptes, Arméniens* et *Syriens* (considérés dès lors comme « monophysites »). Reconnaît en J.-C. 2 natures (divine et humaine), et 1 personne, celle du Fils de Dieu, 2e de la Ste Trinité. **787** *concile de Nicée,* 7e et dernier concile considéré comme œcuménique par les orthodoxes, reconnaît la légitimité du culte des images. **794** Charlemagne demande d'intégrer le *filioque* à une phrase du Credo : « Credo in spiritum sanctum qui ex patre *filioque* procedit » (« Je crois au St-Esprit qui procède du Père *et du Fils* ») ; l'Orient s'y refuse, pour 3 raisons :

1°) destruction de l'équilibre de la Trinité ; *2°)* violation du principe voté à Constantinople (381) et Éphèse (431), interdisant de modifier le symbole de Nicée ; *3°)* négation de l'enseignement évangélique (Jean XV,26) : « Je vous enverrai l'Esprit de la vérité qui procède du Père » [en fait, le *filioque* était une adaptation maladroite, Charlemagne aurait dû distinguer entre les 2 ablatifs : *ex patre (procedit)* et *a filio (mittitur)*. Mais il fit tout dépendre de *ex*]. **810** le pape Léon III refuse d'insérer le *filioque* dans la liturgie romaine puis, « par amour pour la vraie foi », fait déposer près des tombeaux des apôtres Pierre et Paul le texte du Credo sans *filioque,* gravé en grec et en latin sur des plaques d'argent. La formule sera acceptée à Rome dans la Ire moitié du XIe s. **857** l'empereur d'Orient exile Ignace, patriarche de Constantinople, qui avait blâmé son impiété, et nomme à sa place un laïque, *Photius* (v. 820-v. 895), qui est ordonné en quelques jours. Ignace fait appel à Rome où un concile condamne Photius. Le pape Nicolas Ier demande à Ignace et Photius de venir à Rome. Photius refuse et dénonce la primauté juridictionnelle de Rome. Remplacé par Ignace, il est condamné et la primauté est de nouveau reconnue. **877** Photius succède à Ignace, le pape Jean VIII (877-882) le reconnaît. **X^e^ et XIe s.** Rome et Constantinople s'ignorent. **1054** Michel Cérulaire (v. 1000-59), patriarche de Constantinople (adversaire du *filioque*), est excommunié par les légats du pape Léon IX. Il voulait imposer aux églises latines de son diocèse les usages byzantins (le pape ayant exigé des Grecs d'Italie l'adoption des usages latins, notamment l'emploi de pain azyme). La rupture n'est pas définitive. **1204** les croisés pillent Constantinople ; un Vénitien en devient patriarche latin. **1261** Michel VIII Paléologue reprend Constantinople aux Latins. **1274** au concile de Lyon, il reconnaît Rome. **1369** Jean V (1341-91) se dit catholique, mais n'est pas suivi. **1438-39** concile d'union à Ferrare, puis Florence ; l'opposition à Rome ne compte plus que St-Marc d'Éphèse, mais les Grecs ralliés se rétractent après leur retour en Orient. **1453** *Constantinople prise* par les Turcs ; rupture consommée par le patriarche Gennade Scholarios. **1589** Moscou érigée en patriarcat. Les Russes parlent de « la *3e Rome* ». **1596** les évêques orthodoxes « ruthènes » (ukrainiens) signent avec Rome le *traité d'union de Brest-Litovsk* : certaines Églises ukrainiennes reconnaissent Rome, tout en conservant liturgie et calendrier orientaux et en étant dispensées du *filioque.* **1697** Mgr Téofil, évêque roumain orthodoxe d'Alba Julia (en Transylvanie, alors sous domination hongroise), signe avec Rome un acte d'union analogue pour les Roumains de Transylvanie (1853 : Église métropolite de Blaj). Les Églises de Grèce (1850), Moldo-Valachie (1885), Bulgarie (1870), Serbie (1920), Pologne (1924), Albanie (1937) seront reconnues autocéphales par Byzance.

1922 *traité de Lausanne ;* l'archevêque de Constantinople renonce au titre d'ethnarque (politique) pour celui de patriarche (spirituel). **1946** les Soviétiques suppriment l'Église de l'union de Brest-Litovsk (prêtres et évêques fusillés, fidèles rattachés d'office à l'Église orthodoxe). **1948** les communistes roumains font de même pour les unis de Blaj. **1964** (5-1) Paul VI rencontre à Jérusalem Athénagoras Ier, patriarche de Constantinople : accolade et échange de cadeaux symboliques [calice pour Athénagoras, *engolpion* (médaillon avec icône du Christ) pour Paul VI]. **1965** (déc.) clôture de Vatican II, Paul VI et Athénagoras Ier lèvent les excommunications de 1054. La décision de Paul VI engage toute l'Église romaine ; celle d'Athénagoras n'engage pas toute l'orthodoxie (il ne jouit que d'une primauté d'honneur). **1978** (5-9) le métropolite Nikodim, de Leningrad, en visite au Vatican, meurt d'une crise cardiaque dans les bras de Jean-Paul Ier. **1979** (30-11) Jean-Paul II rencontre à Istanbul le patriarche œcuménique Dimitrios Ier et y chante le *Pater* en latin à la messe du patriarche. **1992** (13-3) sommet extraordinaire sur l'unité des Églises orthodoxes à l'initiative de Bartholomeos Ier, élu patriarche œcuménique le 22-10-1991.

Parallèle avec la religion catholique romaine

■ **Calendrier.** L'Église orthodoxe russe conserve le calendrier julien (elle fête Noël le 7 janvier). D'autres orthodoxes, les patriarcats de Constantinople et d'Antioche, les Églises de Grèce et de Finlande, célèbrent Noël le 25 décembre, mais gardent le calendrier julien pour fixer la date de Pâques.

■ **Célibat.** Un homme marié peut être ordonné diacre, puis prêtre. Un prêtre ou un diacre une fois ordonné ne peut ni se marier ni se remarier (s'il est veuf ou divorcé). Les évêques sont élus parmi moines et prêtres non mariés, célibataires ou veufs, en général par des synodes, parfois par le clergé et le peuple (les élections populaires devant être confirmées par un synode d'évêques).

■ **Culte de la Vierge.** Refus du dogme de l'Immaculée Conception ; des théologiens occidentaux, notamment St Bernard, l'ont combattu et l'Écriture sainte n'en parle pas.

■ **Doctrine** (divergences). Refus de la formule catholique du *filioque* qui fait procéder le St-Esprit du Père et du Fils ; refus de la primauté hiérarchique du pape et de son infaillibilité qui ne peut appartenir à un homme seul, fût-il patriarche (elle appartient à l'Église et s'exprime dans le concile œcuménique). Seul est « œcuménique » un concile témoignant de la foi orthodoxe ancrée dans la tradition.

■ **Icônes.** En représentant le Christ dans une image, on affirme qu'il s'est rendu visible.

■ **Liturgie.** Le rite byzantin s'est imposé. Il est célébré dans les langues nationales ou liturgiques (slavon pour Russes, Serbes, Bulgares ; grec byzantin). La messe est chantée. Aucun instrument de musique n'est utilisé.

■ **Monachisme.** Pas d'ordres religieux, mais des monastères soumis à l'évêque du lieu ; la tendance contemplative domine. *L'hésychaste* se consacre à la prière silencieuse qui peut être rythmée par la respiration et liée à une posture du corps favorisant le concentration.

■ **Ordres.** **Mineurs :** lecteur, sous-diacre. **Majeurs :** diacre, prêtre, évêque [à leur ordination, le peuple doit clamer : *axios* (en grec : « Il est digne ») ; si un fidèle a une raison canoniquement valable d'empêcher l'ordination, il clamera : *anaxios* (« Il n'est pas digne ») et l'on arrêtera l'ordination]. L'*évêque* peut être : *archevêque* (ayant sous sa juridiction un ou plusieurs évêques) ; *exarque* (représentant d'une Église locale pour l'émigration de celle-ci à l'étranger) ; *patriarche* (titre honorifique que porte un primat, conféré en concile à certaines Églises locales). Chez les Slaves, le métropolite peut être le primat d'une Église locale ; chez les Grecs, tous les évêques portent le titre de métropolite. *Archidiacre, archiprêtre et archimandrite :* titres honorifiques de charges administratives.

■ **Sacrements.** **Différences :** baptême par triple immersion ; confirmation suivant toujours le baptême ; eucharistie ouverte aux enfants en bas âge ; fidèles communiant sous les deux espèces ; divorce admis dans certains cas.

■ **Soutane.** *Vie quotidienne :* couleur laissée à l'appréciation de chaque pope (noir, bleu foncé ou gris). *Été :* bleu clair et blanc. *Célébration :* Grand Carême : noire ; Vendredi saint : rouge ; Pâques : blanche ; Pentecôte : dorée, verte ou verte et dorée ; fête de la Vierge : bleue ; grands martyrs : rouge. En dehors de ces fêtes, choix libre.

■ **Starets.** Médecins des âmes et directeurs de conscience. Rôle important au XIXe s.

Nombre d'orthodoxes

☞ Sont orthodoxes les Églises fidèles au concile de Chalcédoine ; *au sens large* (en usage chez de nombreux catholiques) : toute Église orientale dissidente, même les non chalcédoniennes ; *au sens strict* (en usage chez les orthodoxes), voir ci-dessous.

Statistiques (en millions, 1999). *Total : 136* à *166* dont Russie 50 à 80, Ukraine 20, Roumanie 19,8, Grèce 9, Serbie 8, Bulgarie 6, Biélorussie 6, USA 5, Moldavie 3, Géorgie 2, Australie 1, Macédoine 1, Pologne 1, Mexique 0,75, Canada 0,68, Allemagne 0,66, Chypre 0,55, Kenya (missions) 0,4, Liban 0,37, Syrie 0,3, Brésil 0,18, Albanie 0,16, *France* 0,15, Argentine 0,14, Suède 0,09, Slovaquie 0,08, Estonie 0,07, Chili 0,07, Benelux 0,07, Finlande 0,06, Afrique du Sud (mission) 0,04, Italie 0,03, Égypte 0,02, Suisse 0,02, Jérusalem et Cisjordanie 0,01, Rép. tchèque 0,01, Turquie 0,005. *Source :* SOP.

Églises non chalcédoniennes (voir p. 536 b).

Organisation actuelle

☞ *Les territoires historiques de l'orthodoxie* ont été occupés par des non-orthodoxes (souvent des musulmans), mais les vieux sièges de l'orthodoxie historique ont conservé leur prestige et une partie de leurs privilèges et de leur autorité. *Les populations orthodoxes* répandues dans le monde sont restées fidèles à leur foi, leurs traditions religieuses et leur langue liturgique. On a créé pour elles des cadres nouveaux.

■ Autorité des Églises historiques

Églises orthodoxes grecques

■ **Patriarcat œcuménique de Constantinople.** **Origine :** *324* l'empereur Constantin fonde Constantinople. Les conciles de Constantinople (381) et de Chalcédoine (451) reconnaissent au siège de Constantinople des privilèges égaux à ceux de Rome et la 2e place d'honneur. *Après 1453,* Constantinople exerce son autorité sur une grande partie des chrétiens vivant en pays islamiques. **Organisation :** *patriarche* assisté par un *synode de 12 métropolites* qui l'élisent. Tous résident au palais du *Phanar,* à Istanbul. Ils doivent être de nationalité turque et sortir du collège théologique de Haiki (île proche), actuellement fermé par le gouvernement turc. Ils sont recrutés parmi la colonie grecque de Constantinople (les « Phanariotes »), dont le nombre diminue par suite de l'émigration. Ils sont donc peu représentatifs des orthodoxes d'Australie (300 000 fidèles) et d'Amérique (3 millions). Certains envisagent l'abandon du Phanar, l'établissement du patriarche dans une région plus peuplée de Grecs orthodoxes, la réforme des canons régissant la nomination du synode. *Titulaire :* Sa Sainteté Bartholomeos Ier (né 1940), élu le 22-10-1991 à la suite de Dimitrios Ier (1914-91), titulaire depuis 1972.

Les Églises orthodoxes étant « épiscopaliennes » (chaque évêque est souverain dans son diocèse), l'autorité du patriarcat est variable ; pour certains, il n'y a qu'une primauté d'honneur, pour d'autres, une autorité canonique sur une Église. De nombreuses Églises se déclarent en « intercommunion » avec le trône de Constantinople, sans dépendre organiquement de lui. Certaines Églises non grecques se sont placées sous sa juridiction.

Territoires sous juridiction directe. **Diocèses patriarcaux en Turquie :** Constantinople, Chalcédoine, Imbros et Tenedos, îles des Princes, Derques. Il est interdit aux Grecs d'habiter des territoires turcs situés en dehors de ces 5 diocèses (nombre des Grecs de Turquie : *1922 :* 2 000 000 ; *56 :* 300 000 ; *85 :* 5 000). **Diocèses du Dodécanèse :** 4 diocèses, occupés par les Italiens de 1911 à 1945, redevenus politiquement grecs en 1947, mais demeurés sous la juridiction directe du patriarche, sans être rattachés à l'Église autocéphale d'Athènes.

Territoires semi-autonomes. **Église de Crète :** 8 diocèses, avec un archevêque (Héraclion) ; administrée par un synode ; 400 moines. **Mont Athos (Ste Montagne) :** république monastique formée de 20 grands monastères. Moines en majorité grecs, mais aussi 3 monastères slaves et un roumain. *Effectifs : 1903 :* 7 432 moines ; *13 :* 6 345 ; *84 :* 1 555.

Territoires autonomes, parfois non hellénophones. **Église de Finlande :** *1917* rompt avec Moscou. *1923* Église métropolitaine à Kuopio [l'archevêque, Mgr Jean (Rinne) (depuis 15-10-1987), a le titre de primat de Carélie et de Finlande]. 60 000 fidèles environ ; concordataire ; 1 métropolite à Helsinki ; 1 monastère d'hommes et 1 de femmes. Mission de Laponie. *Langue liturgique :* finnois. *Calendrier :* occidental. **Exarchats et évêchés de la diaspora** (4 millions) : Grecs émigrés reconnaissant la juridiction du patriarche, tout en ayant une autonomie plus ou moins accentuée. L'ancienne Église missionnaire russe de Corée est rattachée à Constantinople, ainsi qu'une des Églises russes de Paris. **Centre administratif de Chambésy** (Suisse) : activités œcuméniques du patriarcat.

■ **Patriarcat d'Alexandrie.** **Origine :** Ier s. ; affaibli en 451 par la scission des coptes. **Organisation :** patriarche siégeant à Alexandrie, choisi par le St-synode parmi 3 noms proposés par une assemblée de 36 ecclésiastiques et 72 laïcs. *Titulaire :* Sa Béatitude Petros VII Papapetrou (né 1949) depuis 21-2-1997 [avant Parthénios III (1919/23-7-1996)]. *En dépendent :* 8 métropoles (Tripoli, Ismaïlia, Port-Saïd, Tantah, Addis-Abéba, Johannesburg, Khartoum, Tunis) ; 3 sièges créés après 1454 : Accra, Afr. centrale et orientale. 250 000 à 350 000 fidèles, 15 diocèses.

■ **Patriarcat de Jérusalem.** **Fondé :** 451. Gardien des Lieux saints. **Organisation :** Confrérie du St-Sépulcre : environ 100 membres en majorité grecs, se partageant les titres épiscopaux et élisant le patriarche parmi eux. Bas clergé arabe. *Titulaire : 1981* (1-3) Sa Béatitude Diodore Ier (Damianos Karivallis, 1923/19-12-2000). *En dépendent :* 6 archevêchés (Sébaste, Mont-Thabor, Diocésarée, Philadelphie, Éleuthéropolis et Tibériade).

■ **Église autocéphale de Chypre.** **Origine :** *431* archevêché autonome. **Organisation :** un *archevêque,* Mgr Chrysostome de Paphos (né 1927) depuis le 12-11-1977 ; *3 métropolites.*

■ **Église autocéphale de Grèce.** **Origine :** *733* rattachée au patriarcat de Constantinople. *1833* autocéphale (Constantinople la reconnaît en 1850). **Organisation :** *dirigée par le St-synode* [*Pt : 1974* Sa Béatitude Séraphim (1913-98), *1998* (28-4) Khristodoulos Ier (Khristos Paraskevaïdis), arch. d'Athènes et de l'Hellade]. 2 *séries de diocèses* dont les liens avec Constantinople sont différents (37 dans les limites de 1881 ; 33 plus au nord). Missions intérieures dont la Confrérie de Zoé, fondée 1911. Refuse le calendrier occidental et l'intrusion du modernisme.

■ **Archevêché du Mt-Sinaï.** **Origine :** monastère de Ste-Catherine, fondé au VIe s. **Organisation :** 1 archevêque élu par les moines (environ 100). *Titulaire :* Sa Béatitude Damianos (Samartis), depuis le 23-12-1973, au Caire.

■ **Église autonome d'Estonie.** **Créée** 1923, rattachée en 1945 (de force) au patriarcat de Moscou et en février 1996 à Constantinople. *Métropolite : 1999-9-3* Stephane (Christakis Charalambidis).

Patriarcats orthodoxes non grecs

■ **Patriarcat d'Antioche.** **Langue :** arabe. **Origine :** Ier s., quand Antioche était la 3e ville de l'Empire romain. L'église de Qualat es-Salihiye, en Syrie orientale (construite en 232), est le plus ancien lieu de culte chrétien conservé. **Organisation :** *patriarche* (souvent arabophone) siégeant à Damas (Syrie). *En dépendent :* 11 métropoles (Alep, Cheikh Tabba, Beyrouth, Homs, Hama, Lattaquié, Zahlé, Tripoli, Tyr, Sidon, Baghdad) ; 3 évêchés, en Amér. du Nord et du Sud. *Titulaire :* Sa Béatitude Ignace IV Hazim (né 1920), depuis le 2-7-1979. Les métropolites se réunissent une fois par an après Pâques.

■ **Catholicosat de Tiflis (Géorgie).** **Origine :** *Ve s.,* dépend d'Antioche. *Jusqu'aux VIIe-VIIIe s.* ne dépendait de Constantinople que l'ouest de la Géorgie. *VIIIe s.* autonome. *1057* autocéphale. *1811 à 1917* soumis au synode de Moscou (sans patriarche depuis Pierre le Grand). *1918* autocéphale sous l'autorité du catholicos de Mtzkhet, ayant rang de patriarche. *1944* reconnu par le patriarcat de Moscou. **Organisation :** *catholicos* (Sa Sainteté Élie II (Shiolashvili) depuis 23-12-1977) ; 15 *diocèses.*

■ **Patriarcat de Bucarest.** **Origine :** christianisme de tradition latine. *Après le IXe s.* dans l'orbite de Byzance et influence slave-bulgare, d'où une liturgie en slavon jusque vers le milieu du XIXe s. *1885* autocéphale en Valachie-Moldavie. *1925* patriarcat. **Organisation :** patriarche secondé par un St-synode, 2 instituts de théologie. *En dépendent :* 15 métropoles et 52 diocèses (8 185 paroisses, avec 8 600 prêtres). L'Église est contrôlée par le *département des cultes ;* elle a plus ou moins l'administration de ses affaires intérieures et dirige ses séminaires. Dépenses et salaires sont réglés par l'État. *Titulaire :* Sa Béatitude Théoctiste Arapas (né 1915), depuis le 16-11-1986.

■ **Bulgarie.** **Origine :** *XVIIIe s.*, patriarcat de Tirnovo à Constantinople. *1860* schisme des évêques bulgares. *1872* autocéphalie reconnue *1938* par Constantinople. *1947* séparation de l'Église et de l'État. **Organisation :** un *exarque* assisté d'un St-synode. 11 *diocèses*. *Patriarcat :* rétabli pour le siège de Sofia 1953 (reconnu par Constantinople 1961) ; *1971*-4-7 : Maxim Ier (Minkov Naidenov) ; l'anti-patriarche Pimène Ier (Nedelčev, † 1999), élu 22-5-1992, avait démissionné le 1-10-1998.

■ **Patriarcat de Moscou.** **Origine :** *988* Pce Vladimir : baptême de la Russie. *Jusqu'en 1448* métropole du patriarcat de Constantinople. *1448* église autocéphale. *1589* patriarcat (26 janvier). *1654-56* schisme des vieux croyants (*raskol :* scission) après la réforme du patriarche Nicon. *1721* Pierre le Grand remplace le patriarcat par un synode (le St-synode dirigeant). *1917* le concile local de l'Église russe rétablit le patriarcat (Tikhon, métropolite de Moscou, est élu). *1922* évêques, prêtres et religieux tués par milliers ; confiscation des biens religieux, arrestation de Tikhon, création de « l'*Église vivante* » et de « l'*Église ancienne apostolique* » soutenues par le gouvernement soviétique. *1925* Tikhon meurt (circonstances mal déterminées). Impossibilité d'élire un nouveau patriarche. *1927* St-synode provisoire légalisé avec le métropolite de Nijni Novgorod, Serge. *1927-43* Serge est « *Locum Tenens* » du trône patriarcal de l'Église russe. *1943* Serge élu patriarche par un concile des évêques (19 membres). *1945* Alexis Ier. *1971* Pimène. *1990* Alexis II. *1996* rupture avec le patriarcat de Constantinople. **Organisation :** *patriarche de Moscou et de toute la Russie :* Sa Sainteté Alexis II Ridiger (né 1929). *Synode* de 12 évêques, 120 *diocèses*, 144 *évêques*, 17 000 *paroisses*, 13 000 *prêtres*, 1 500 *diacres*, 56 *écoles de théologie :* 4 académies d'enseignement supérieur, 1 université orthodoxe, 1 institut de théologie, 16 séminaires et 34 collèges de formation pastorale et catéchétique.

Nota. – Il existait depuis 1927 une *Église des catacombes* (clandestinité) ; 15 évêques ; métropolite : Mgr Théodose.

■ **Patriarcat de Serbie.** **Origine :** *1220* saint Sabbas, 1er archevêque serbe ; ensuite quasi indépendante avec patriarcat à Pécs (1446-75, 1528-34, 1557-1766). *1766* rattachée à Constantinople. *Au XIXe s.* naissent *Église du Monténégro*, métropole de Carlovitz, métropole de Cernauti (dont dépendent les paroisses orthodoxes de la côte dalmate), *Église de Serbie* (autonome 1832, autocéphale 1879), *Église de Bosnie-Herzégovine* (1878). *1913* diocèses macédoniens devenus serbes. *1920* réunion de ces entités. **Organisation :** *patriarche 1990*-1-12 Paul Ier (Gojko Stojcevič, né 1914). *Diocèses :* 31 en Yougoslavie, 2 *séminaires.*

■ **Patriarcat de Macédoine.** Non reconnu par les autres Églises orthodoxes. **Origine :** héritier de l'ancien archevêché d'Okhrida (XVIIe-XVIIIe s.). *1959* Église autonome de Macédoine. *1967*-19-7 autocéphale. **Organisation :** *Métropolite : 1999*-10-10 Stefan (Stojan Veljanovski) ; 4 *diocèses,* 953 *paroisses,* 1 200 000 *fidèles. Siège :* Skopje.

Églises non patriarcales

■ **Albanie.** *1922*-sept. demande autocéphalie, *1937*-12-4 accordée : Primat Kristofor Kissis (tué 16-6-1958). *1949*-25-8 Paisylashko Voditsa (intrus). *1966-73* Damian Kokonessi (non reconnu par les autres églises). *1992*–1-6 Anastasios Yannoulatos.

■ **Amérique (Église autocéphale d').** Ancienne mission russe en Alaska. *1796* évêché auxiliaire dépendant d'Irkoutsk. *1840* création de l'archevêché du Kamtchatka (avec Kouriles et Aléoutiennes). *1872* création de l'évêché indépendant d'Alaska et des Aléoutiennes (depuis 1867, devenu américain). *1872* l'évêque transfère son siège à San Francisco. *1900* création du diocèse des Aléoutiennes et d'Amérique du Nord, siège : New York. *1970*-12-4 autocéphalie accordée par Moscou.

■ **Lettonie.** Métropolite de Riga, autonome depuis février 1936.

■ **Hongrie.** 40 000 orthodoxes, pas de hiérarchie hongroise : les Serbes dépendent de Belgrade ; les Roumains de Bucarest ; les Ruthènes du patriarcat de Moscou.

■ **Pologne.** *1924*-13-11 autocéphalie. *1948*-22-6 confirmée par Moscou. *Primat 1970 :* Mgr Basile († 11-2-1998), *1998*-12-5 : Sawa Ier (Michel Hrycuniak).

■ **Russie.** **Église russe hors frontières : origine :** fonde son existence canonique sur l'oukase du 20-11-1920 du patriarche Tikhon. **Organisation :** ecclésiale autonome regroupant les émigrés orthodoxes russes et leurs descendants qui ne sont pas en communion avec le patriarcat de Moscou, ni avec les Églises « de la dispersion » relevant directement du patriarcat de Constantinople, ni avec aucune autre Église orthodoxe sauf l'Église serbe. En nov. 1981, elle a canonisé les victimes des persécutions bolchevistes et, en particulier, le tsar Nicolas II. *Métropolite :* Vitaly [Oustinov (né 1910)] depuis 22-1-1986. *St-synode* à New York, 20 *évêques*, 220 *paroisses*, 110 *chapelles*, 13 *monastères*, *séminaire* de théologie.

■ **Tchéquie et Slovaquie.** *1951*-23-11 : autocéphalie. *1998 :* reconnue par Constantinople. *Ancien primat : 2000*-17-4 Nikolaj Kocvar.

■ **Ukraine.** **Église orthodoxe ukrainienne du patriarcat de Moscou :** *instituée* 1990 sur la base de l'ancien exarchat de l'Église orthodoxe russe en Ukraine, indépendante dans son administration, mais sur le plan canonique dans la juridiction du patriarcat de Moscou. *Chef de l'Église :* Volodymyr (Vladimir) Sabodan, métropolite de Kyïv (Kiev) et de toute l'Ukraine. *Liturgie* en slavon. *Éparchies :* 35. *Paroisses :* 8 000. *Monastères :* 105. *Séminaires :* 14. *Publications religieuses :* 37. *Écoles du dimanche :* 2 108. *Confréries :* 16. **Église orthodoxe ukrainienne du patriarcat de Kyïv** (Kiev) : *fondée* juin 1992, issue de l'union d'une partie de l'Église orthodoxe ukrainienne du patriarcat de Moscou et de l'Église autocéphale orthodoxe ukrainienne. *Patriarche de Kyïv et de toute la Rous'-Ukraine. 1993* Volodymyr Romaniouk († 15-7-1995). *1995*-20-10 Philarète Denysenko. Possède un grand nombre d'édifices religieux, dont la cathédrale St-Volodymyr et le monastère St-Michel-aux-Coupoles-d'Or à Kyïv. *Liturgie* en ukrainien. *Éparchies :* 28. *Paroisses :* 2 300. *Prêtres :* 1 743. *Monastères :* 17. *Périodiques religieux :* 19. *Séminaires :* 13. *Écoles du dimanche :* 507. **Église orthodoxe autocéphale ukrainienne :** *issue* du synode panukrainien de juin 1990, qui élut le *métropolite. 1990* Mstyslav Skrypnyk († 11-6-1993), résidant aux USA, patriarche de Kyïv et de toute l'Ukraine ; *1993*-7-9 Dymytrii Yarema († 25-2-2000) ; *2000* Méphodiy Kondriakov. *Paroisses* en majorité en Galicie (Ukraine occidentale). *Liturgie* en ukrainien. *Éparchies :* 5. *Paroisses :* 989. *Prêtres :* 602. *Séminaires :* 7. *Écoles du dimanche :* 229. *Églises (bâtiments) :* 661. **Églises orthodoxes ukrainiennes de la diaspora :** hormis quelques paroisses aux USA, indépendantes vis-à-vis des Églises d'Ukraine susmentionnées ; sous la juridiction du patriarcat de Constantinople. *Fidèles :* près de 300 000. **1°)** *Église orthodoxe ukrainienne des États-Unis :* 1res paroisses créées en 1919. *Dirigeants : 1924* archevêque Ioan Teodorovytch (métropolite à partir de 1950) ; *1971* métropolite Mstyslav Skrypnyk ; *1993* Constantin Buggan. *Siège* South Bound Brook (New Jersey) ; 2 archevêques. Depuis 1995 sous la juridiction du patriarche de Constantinople. *Paroisses :* plus de 100. *Fidèles :* plus de 100 000. *Séminaire* de théologie Ste-Sophie à South Bound Brook, affilié à l'Université Rutgers (New Brunswick). *Musée*-archives et grand cimetière (plus de 4 000 tombes) auprès de l'église-mémorial St-André. **2°)** *Église orthodoxe ukrainienne du Canada : siège* à Winnipeg. *Fondée* 1918 par des émigrés uniates en désaccord avec leur hiérarchie ; *1924* direction de l'archevêque Ioan Teodorovytch ; *1951* métropolite Ilarion Ohiienko ; *1972* Mykhail Khorochyi ; *1975* Andrii Metiouk ; *1985* Vasylii Fedak. *Statistiques* (1989) : groupements religieux 995, prêtres 99 et fidèles 128 000. *Collège* St-André à Winnipeg (fondé 1946), affilié à l'Université du Manitoba. Depuis juillet 1990, cette Église est en union eucharistique avec le patriarcat œcuménique de Constantinople. **3°)** *Église orthodoxe autocéphale ukrainienne de la diaspora :* organisée après 1945 par la hiérarchie, les prêtres et les fidèles de l'Église orthodoxe autocéphale ukrainienne d'Ukraine émigrés. *Métropolites : 1945* Polycarpe Sikorsky ; *1953* Nikanor Abramovytch ; *1969* Mstyslav Skrypnyk ; *1994* Constantin Buggan. Depuis mars 1995, ses évêques sont reconnus comme étant canoniques ; l'Église se trouve sous la juridiction du patriarche de Constantinople. *Diocèses : 1°)* Europe occidentale (archevêque : Ioan Derevianka, 2, Azalealaan, 3600 Genk, Belgique), 10 paroisses ; *2°)* G.-B. (siège à Londres ; archevêque : Ioan Derevianka), 12 paroisses et 8 prêtres ; *3°)* Australie et Nouvelle-Zélande (siège à Blacktown, South New Wales, Australie ; dirigée par le protopresbiter Mykola Serdiouk), 15 paroisses, 10 prêtres et 1 500 fidèles. **4°)** *Église orthodoxe autocéphale ukrainienne en Amérique du Sud : siège* au Brésil. *Évêque :* Yeremiia. *Paroisses :* 30 (Argentine 6, Brésil 15, Venezuela 3, Paraguay 6). *Séminaire théologique :* 1. *Prêtres :* 8. *Fidèles :* 30 000.

Organisation en France

■ **Église orthodoxe grecque.** **Rite byzantin** selon St Jean Chrysostome et St Basile, en grec. *Fidèles :* 50 000. **Organisation :** *métropolite :* Mgr Jérémie (Paraschos Calligeorges), archevêque nommé le 9-6-1988, exarque du patriarche œcuménique pour Espagne et Portugal et Pt du Comité interépiscopal orthodoxe en France. *Cathédrale :* St-Étienne (St-Stéphanos) 7, rue Georges-Bizet, 75016 Paris. 23 *paroisses* et 5 *monastères* en France. **Districts diocésains :** CENTRE DE LA FRANCE : *créé* en 1978 à Lyon (10 000 fidèles, dont Grenoble 2 000, Lyon 1 500, St-Étienne 1 500 ; la plupart réfugiés de Turquie en 1922). *Siège :* église orthodoxe grecque de l'Annonciation, 45, rue du Père-Chevrier, 69007 Lyon. *Recteur* de la paroisse : révérend archiprêtre Athanase Iskos. MIDI : 20 000 fidèles, réfugiés de Turquie et originaires du Dodécanèse en majorité. *Siège :* église orthodoxe grecque de Nice, 2, avenue Desambrois. *Recteur :* Mgr Stéphanos Charalambidis. Concerne l'émigration grecque en France.

■ **Paroisse orthodoxe géorgienne de Ste-Nino.** 8, rue de la Rosière, 75015 Paris. **Fondée :** 1929 avec la bénédiction du patriarche œcuménique de Constantinople, pour regrouper les Géorgiens exilés en France après 1921 (occupation de la Géorgie par les Soviétiques). **Culte :** en géorgien (seul lieu de culte en géorgien hors de Géorgie). **Organisation :** rattachée au patriarcat œcuménique à travers Mgr Jérémie, Pt de l'Assemblée des évêques orthodoxes de France, archevêque. *Recteur :* Artchil Davrichachvili. *Fidèles :* 400.

■ **Église autocéphale orthodoxe ukrainienne.** Relève du diocèse d'Europe occidentale (voir ci-dessus). *Église :* St-Simon, 6, rue de Palestine, 75019 Paris. *Paroisses :* 10 en province. *Vicaire général :* père Borys Khainevsky. *Fidèles :* Paris 100, province 800. *Confrérie St-Simon :* activité culturelle auprès de l'Église de Paris.

■ **Archevêché orthodoxe de France.** Reconnu par le patriarcat de Kiev. *Métropolite :* Michel Laroche, 35 allée des Haras, 92420 Vaucresson. *Cathédrale à St-Ouen.*

■ **Église orthodoxe serbe.** *Église :* paroisse St-Sava, 23, rue du Simplon, 75018 Paris. Sous l'obédience du patriarcat serbe (Belgrade) et sous la juridiction de Mgr Luka (Kovacevic) [évêque pour l'Europe occidentale].

■ **Diaspora russe.** Depuis 1928, en 3 groupes : **1°)** **Église patriarcale orthodoxe russe :** *évêché du diocèse de Chersonèse :* 26, rue Péclet, 75015 Paris. *Évêque diocésain :* Mgr Innocent (Vassiliev, né 9-10-1947). Diocèse recouvrant les paroisses de France (4 communautés monastiques, 5 paroisses et 4 chapelles), Suisse (2 paroisses) et Italie (4 paroisses). *Église cathédrale :* paroisse des Trois-Saints-Hiérarques et St-Tikhon-de-Zadonsk, 5, rue Pétel, 75015 Paris. **2°)** **Église orthodoxe russe hors frontières :** *évêque diocésain :* Mgr Séraphime, archevêque de Bruxelles et de l'Europe occidentale (résidant à Provemont, 27150 Chauvincourt-Provemont). 16 églises, 23 chapelles. *Monastère* de Lesna à Provemont. *Paroisse de Paris :* 19, rue Claude-Lorrain, 75016 Paris. **3°)** **Archevêché des Églises orthodoxes russes en Europe occidentale :** *fondé* en 1921 par le métropolite Euloge. Depuis 1931, sous la juridiction de Constantinople. Reconnu par l'État français comme « union directrice diocésaine des associations orthodoxes russes en Europe occidentale ». *Archevêque et exarque du patriarche œcuménique :* Mgr Serge (Konovaloff ; né 8-7-1941). *Église cathédrale :* St-Alexandre-Nevsky 12, rue Daru, 75008 Paris. *Évêque auxiliaire :* Mgr Paul Alderson. *Siège :* cathédrale St-Nicolas, bd Tsarévitch, 06000 Nice. *Évêque auxiliaire :* Mgr Michel Storogenko. *Autre siège : paroisse St-Serge,* 93, rue de Crimée, 75019 Paris. *Paroisses : France* 38 [dont 16 en région parisienne ; 50 000 fidèles ; 2 monastères, 2 ermitages et plusieurs chapelles (maisons de retraite, etc.)], Pays-Bas 5, Belgique et Italie 4, Scandinavie 2, Allemagne 1. *Offices* en slavon et langues occidentales (français à Paris : crypte 12, rue Daru, VIIIe).

Institut privé de théologie orthodoxe St-Serge (fondé 1925) 93, rue de Crimée, 75019 Paris. Diplômes d'enseignement supérieur, formation par correspondance. *Doyen :* protopresbytre Boris Bobrinskoy (né 25-2-1925).

■ **Églises roumaines.** **Origine :** depuis 2-4-1952, cathédrale gérée par une association pour la pratique du culte orthodoxe en France, rejetant l'autorité du patriarcat de Bucarest et reconnaissant celle du métropolite Nathaniel (archevêché roumain, Detroit, USA). **Diocèse orthodoxe roumain pour la France et l'Europe occidentale :** *cathédrale :* paroisse des Saints-Archanges, 9 *bis,* rue Jean-de-Beauvais, 75005 Paris, achetée en 1882 par le royaume de Roumanie. *Paroisses : France* 3 (1 500 fidèles), Allemagne, Angleterre, Espagne 4, Suisse 1. Diocèse autonome concernant la diaspora roumaine. **Paroisse de la Descente du St-Esprit :** ouverte en 1980 pour les Roumains fidèles au patriarcat de Bucarest et à l'Église orthodoxe de Roumanie. Hébergée paroisse catholique St-Michel-des-Batignolles, 12 *bis,* rue St-Jean, 75017 Paris. *Recteur :* père Aurel Grigoras.

■ **Église orthodoxe d'Antioche.** Vicaire patriarcal pour l'Europe occidentale. *Fondée* 1980. *Évêque :* Gabriel, 22, avenue Kléber, 75016 Paris.

■ **Église catholique orthodoxe de France (Écof).** *1937* reçue dans l'Église orthodoxe russe avec Mgr L. J. Winnaert. *1953* avec le père Eugraphe Kovalevsky dans l'obédience de l'Église russe hors frontières *1964* père Eugraphe est consacré évêque, Mgr Jean. *1967* il quitte cette Église. *1972* l'Église de Roumanie, à la mort de Mgr Jean, sacre évêque de St-Denys Mgr Germain qui n'est pas accepté dans l'Association des évêques orthodoxes en France. *1993* devient autonome. *Centre :* 96, bd Auguste-Blanqui, 75013 Paris.

Protestantisme

Caractéristiques générales

■ **Classification.** **Origine :** apparu au **XVIe s.**, sous l'impulsion des réformateurs (Luther en Allemagne, Zwingli en Suisse et Calvin en France) qui, après avoir tenté de réformer l'ensemble de l'Église, ont créé un nouvel ensemble d'Églises. **1517**-*31-10* Martin Luther (Eisleben 10-11-1483/Saxe 18-2-1546 ; le 13-6-1525 épouse Katharina von Bora, 26 ans, ancienne religieuse, dont il eut 6 enfants) placarde 95 thèses contre les indulgences. **1518-22** rupture progressive avec l'Église romaine. **1520**-*15-6* bulle *Exsurge Domine* de Léon X le sommant de se rétracter. **1521**-*3-1* excommunication ; *-18-4* comparaît devant la diète de Worms. **1521-22** caché au château de la Wartburg. **1530**-*juin* Mélanchthon [Philip Schwarzerd dit (1497-1560)] lit devant la diète la « Confession d'Augsbourg » au nom des luthériens.

Pour les protestants, l'Église est une communauté qui ne prétend à aucune infaillibilité et qui croit à la nécessité d'une réforme permanente. On peut grouper les Églises protestantes en **7 grandes confessions : 1°)** luthérienne, **2°)** calviniste ou réformée, **3°)** baptiste, **4°)** méthodiste, **5°)** pentecôtiste, **6°)** diverses églises évangéliques, **7°)** les Églises anglicanes et épiscopaliennes qui ont gardé des éléments liturgiques catholiques et dont la théologie est inspirée par un calvinisme modéré.

■ **Culte.** S'adresse à Dieu seul (le Père, le Fils et le St-Esprit). La Vierge peut être honorée comme la mère du Seigneur, mais sans être considérée comme médiatrice. 2 sacrements reconnus : baptême et Ste Cène (sous les 2 espèces). La confirmation n'est pas un sacrement mais le renouvellement des engagements du baptême.

■ **Liturgie.** Comprend principalement la lecture de la Bible, la prédication (importante) encadrée par : invocation, lecture du Décalogue et du sommaire de la Loi, confession des péchés, promesses de grâce, confession de

■ **Protestant.** De l'allemand juridique *Protestant*, « auteur d'une déclaration publique » : en 1529, à la 2e diète de Spire, 5 princes et 14 villes impériales déclarèrent en appeler au concile contre Charles Quint qui voulait révoquer les concessions accordées par la diète précédente, en restaurant intégralement hiérarchie et culte romain. Aujourd'hui, les protestants se réfèrent plutôt à l'étymologie latine *testari pro*, « témoigner pour ». **Noms donnés en France :** *bibliens, luthériens, christaudins* (écouteurs du Christ), *évangéliques, calvinistes, réformés, prétendus réformés, de la religion prétendue réformée (RPR), religionnaires.*

☞ Aujourd'hui, le terme protestant s'applique aux Églises issues de la Réforme du XVIe s. : luthériens, réformés (appelés presbytériens dans les pays anglo-saxons), anglicans, congrégationalistes, baptistes, moraves, méthodistes, épiscopaliens ou à des groupements (Armée du Salut, pentecôtistes, darbystes, adventistes et quakers). Les groupements théosophes ou anthroposophes sont en contradiction formelle avec plusieurs grands principes du protestantisme.

■ **Huguenot.** Nom fréquemment donné aux calvinistes en France à partir de 1550, dérive de *Eidgenossen*, « confédérés », c.-à-d. *Suisses* (adversaires protestants des Savoyards catholiques) ; les Savoyards catholiques appelaient « confédérés » les Genevois protestants révoltés contre leur duc et ralliés aux autres cantons helvétiques. La déformation de la 1re syllabe serait peut-être venue, plus tard, d'un rapprochement avec le nom du « Roi Hugon » (un fantôme dont parlaient les légendes populaires).

■ **Parpaillot.** Attesté en 1621. Plusieurs étymologies : *a)* viendrait du languedocien « papillon » parce que : 1°) les protestants risquaient d'être brûlés sur les bûchers ; 2°) ils volaient de fleur en fleur, au lieu de s'en tenir à la religion romaine ; *b)* déformation volontaire par les catholiques de *papau*, « papiste », surnom languedocien donné aux catholiques par les protestants ; *c)* parpaillot, en languedocien, signifie aussi « gredin » ; *d)* viendrait de Jean-Perrin, seigneur de Parpaille, chef protestant décapité à Lyon en 1562.

foi, prière d'intercession, oraison dominicale, puis Ste Cène (Eucharistie), dont la périodicité varie selon les communautés ; des différences peuvent exister suivant Églises et courants. Les luthériens accordent plus d'importance que les réformés à la liturgie. Les phénomènes de *glossolalie* (don des langues) et de guérisons religieuses existent dans le pentecôtisme.

■ **Morale.** Les protestants insistent sur la responsabilité personnelle (les Églises ne donnent pas d'instructions mais des indications). Ils admettent la contraception, mais sont très sensibles au danger des manipulations génétiques. Une majorité accepte le divorce et l'avortement thérapeutique. Le travail, la promotion sociale sont souvent valorisés. La laïcité est, en France, considérée comme un principe à défendre.

■ **Principes communs. 1°) Justification par la foi** (ou principe matériel) : le croyant n'est pas sauvé par ses œuvres mais par la décision de Dieu de lui pardonner en Christ et de lui accorder le salut, et doit manifester sa reconnaissance par sa vie morale (insistance plus ou moins grande, suivant les Églises, sur la sanctification). **2°) Autorité de la Bible** (ou principe formel) : fidèles et Églises reconnaissent la Bible comme seule autorité en matière de foi, de morale (mais, suivant les tendances théologiques, l'interprétation des textes est plus ou moins large).

■ **Structure des Églises réformée et luthérienne.** Églises locales gouvernées par un conseil presbytéral (du grec *presbyteroi*, ancien) envoyant des délégués à des *assemblées synodales* (régime *presbytérien synodal*) ou autonomes, mais groupés pour des actions communes (régime *congrégationaliste*).

Pasteurs : nommés par les paroisses, sous le contrôle des commissions synodales, ou dans des postes qui réclament un ministère spécialisé, formés en général 5 ans en facultés de théologie. Les femmes peuvent être pasteurs.

Communautés : quelques-unes se consacrent à des tâches précises (soins aux malades, tâches paroissiales). L'engagement d'obéir à une règle est différent des vœux traditionnels, perpétuels et méritoires.

Évêque : titre (rare : dans l'Église réformée de Hongrie et certaines Églises luthériennes) attaché à une fonction et non à vie à une personne (sauf dans certaines Églises luthériennes, en particulier en Scandinavie).

■ **Parallèle avec le catholicisme romain. Baptême :** protestant reconnu par les catholiques et vice versa (depuis déc. 1972, les catholiques considèrent comme valide tout baptême comportant la formule trinitaire). Baptistes et pentecôtistes baptisent seulement les adultes capables de professer personnellement leur foi.

Sainte Cène : catholiques et protestants (la plupart) affirment la présence réelle du Christ dans le pain et le vin de la Cène, mais les protestants n'admettent pas la *transsubstantiation* (changement de la substance du pain et du vin). Ils contestent l'actualisation de l'aspect sacrificiel de la messe catholique, affirmant que le Christ a accompli une fois pour toutes l'offrande de son corps sur la Croix. Il subsiste aussi des difficultés au sujet de la définition du ministère qualifié pour la célébrer.

Mariage : n'est pas un sacrement, mais une bénédiction de l'Église suivant un acte civil. L'Église doit tenir compte de l'échec d'un mariage et peut autoriser la bénédiction d'un 2e mariage après examen de chaque cas.

Ministères : *pour les catholiques :* célébration et administration des sacrements sont réservées aux prêtres, ordonnés par les évêques, eux-mêmes successeurs des apôtres. Ils refusent l'ordination des femmes. *Pour les protestants :* les successeurs des apôtres sont ceux qui possèdent l'esprit des apôtres ; le sacerdoce a été confié par le Christ à l'Église tout entière. Il y a donc un sacerdoce commun à tous les baptisés.

Église : *pour les protestants :* l'Église est le rassemblement des fidèles à l'écoute de l'Évangile ; en tant qu'institution, n'a qu'une valeur relative ; elle est un moyen et non un but et ne joue aucun rôle médiateur dans le salut.

Principales Églises

■ **Église réformée** ou **calviniste. Doctrine :** contenue dans différentes *Confessions de foi :* de La Rochelle 1559-71 (France) ; helvétique 1535-66 ; écossaise 1560 ; belge 1561, etc. Les divergences doctrinales avec les luthériens, aujourd'hui estompées, portaient essentiellement sur la présence réelle de Dieu dans l'Eucharistie qui n'est pas, selon Zwingli (1484-1531) et Calvin (1509-1564), corporelle mais spirituelle ; la prédestination est aussi appelée « élection » [admise par Luther, niée par Melanchthon (1497-1560), elle est cependant très fortement soulignée par Calvin]. **Ordination des femmes :** admise par la plupart des Églises issues de la Réforme. Actuellement, il y a une centaine de femmes ordonnées en France (environ 10 % des pasteurs sont des femmes). **Organisation :** 215 églises, 75 millions de membres dans 106 pays (en 2000). *L'ARM (Alliance réformée mondiale)* siège à Genève ; *Pt* (élu 1997) : Pr Choan Seng Song (Taïwan et USA).

Presbytériens d'Écosse. Origine : *de 1554 à 1559* un collaborateur de Calvin à Genève, ancien prêtre, l'Écossais John Knox (1505-72), regagne son pays pour fonder une Église calviniste appelée presbytérienne. *1560* le Parlement écossais dénonce la juridiction du pape, il abolit la messe, ratifie la Confession de foi préparée par Knox. **Organisation :** assemblée générale présidée par un modérateur qu'elle choisit annuellement (1 300 000 membres).

Nombre de calvinistes, presbytériens et réformés (en milliers, *source :* ARM, 2000). Indonésie 8 100, USA 4 200, Afrique du Sud 3 900, Canada 3 400, Nigéria 3 300, Corée 3 200, P.-Bas 3 100, Suisse 2 800, Madagascar 2 500, Hongrie 1 600, G.-B. 1 500, Rép. dém. Congo 1 500, Australie 1 400, Philippines 980, Cameroun 900, Roumanie 750, Brésil, Ghana 590, Nlle-Zélande 541, Formose, Lesotho 225, *France 215,* Rép. tchèque 160, Slovaquie 125, Zimbabwe 80, Japon, Jamaïque 20, Lituanie 11, Espagne 10, Portugal 1,5.

■ **Église luthérienne. Doctrine :** contenue dans les 7 « Livres symboliques », dont la Confession de foi d'Augsbourg rédigée en 1530 par Philippe Melanchthon, disciple de Luther. **Organisation :** variable : la *Fédération luthérienne mondiale (FLM)* regroupe 128 Églises dans près de 90 pays et 59,4 des 63,1 millions de luthériens du monde, soit 94 %. *Pt :* évêque Christian Krause (Allemagne). *Secr. général :* pasteur Ishmael Noko (Zimbabwe). **Nombre de luthériens** (en milliers, 1999) : 63 135 dont *Afrique* 9 750 (dont Éthiopie 2 593, Tanzanie 2 500, Madagascar 1 500, Afrique du Sud 885, Nigéria 800, Namibie 740), *Amérique du Nord* 8 576 (dont USA 8 288), *Amérique du Sud* 1 916 (dont Brésil 1 108), *Asie* 6 648 (dont Indonésie 3 794, Inde 1 621), *Europe* 37 053 (dont Allemagne 13 927, Suède 7 506, Finlande 4 598, Danemark 4 540, Norvège 3 821, *France 250*), *Océanie* Papouasie-Nlle-Guinée 910. **A Paris :** les luthériens alsaciens célèbrent leur culte à la chapelle de l'ambassade de Suède (1re église à Paris : 1809). *1801 :* traité de Lunéville (les luthériens montbéliardais officiellement français).

Christian Krause, Pt de la Fédération luthérienne mondiale et le cardinal Edward Cassidy, Pt du Conseil pontifical pour l'unité des chrétiens, ont signé une déclaration commune sur la « justification » par la foi disant que les anathèmes lancés au XVIe s. ne s'appliquent plus (un désaccord demeure sur les indulgences).

■ **Églises congrégationalistes. Issues** des Indépendants d'Angleterre, elles insistaient sur l'autonomie des Églises locales. Ont fusionné avec les réformés. **Membres :** environ 3 000 000 dans le monde.

■ **Églises mennonites et baptistes. Issues :** de la Réforme, remontent aux anabaptistes et mennonites du XVIe s. (de Menno Simons, 1495-1560) ou (baptistes) aux Indépendants du XVIIe s. L'anabaptisme a ses origines dans l'effervescence de la réforme zwinglienne à Zurich et du mouvement paysan (1524-1525). *1527* se distingue par un refus net de la violence. *1534-35* un mouvement anabaptiste « violent », indépendant de celui né en Suisse, à Münster en Westphalie. Brutalement supprimé, l'anabaptisme s'est structuré et a survécu aux Pays-Bas grâce à Menno Simons, ancien prêtre catholique converti à l'anabaptisme pacifique. **Organisation :** Églises de *professants* (fidèles témoignant personnellement de leur foi), ce qui les distingue des Églises de type *multitudiniste* (fidèles non militants). Sont admis comme membres ceux qui, adultes, déclarant croire sincèrement en J.-C. et adhérant à la confession de foi des Églises, ont alors reçu le baptême (par immersion seulement chez les baptistes).

Conférence mennonite mondiale (CMM) : *siège :* Strasbourg ; *membres* (en 2000) : environ 1 203 995. *Pt :* Mesach Krisetya. **Branche des Amish :** *fondée* 1963 à Ste-Marie-aux-Mines, Alsace. Dissidence du mouvement mennonite. Réfugiée aux USA à partir de 1736. *Implantation : USA* (24 États, surtout Pennsylvanie, Ohio et Indiana), Canada (Ontario). *Membres en 2000 :* 150 000 à 180 000 dans le Vieil Ordre Amish. Font un usage sélectif des progrès techniques (ils refusent par exemple l'électricité publique, le téléphone est hors de la maison, se déplacent uniquement à cheval et en carrioles). Refusent toute compétition (école, sport). Sont non violents. Ne font pas de prosélytisme. Parlent le Pennsylvania Dutch (vieux dialecte allemand). S'habillent uniformément. Confectionnent les kilts amish à partir de chutes de tissus de leurs habits. Pour des raisons religieuses, vivent « dans ce monde mais ne sont pas de ce monde ». **Assemblées mennonites de France :** 2 050 membres (en 2000).

Nombre de baptistes (en milliers, 1999) : 43 135 dont Amérique du Nord 33 300 ; Asie 3 700 dont Inde 1 500 ; Afrique 3 600 dont Nigéria 1 200, Congo (ex-Zaïre) 685 ; Amérique du Sud 1 300 dont Brésil 1 100 ; Europe 780 dont G.-B. 200, Roumanie 84, Hongrie 11, *France 6,* Danemark 5,5 ; Amérique centrale et Caraïbes 450 ; Moyen-Orient 5. **Alliance baptiste mondiale (ABM) :** *siège :* Mac Lean (Virginie, USA) ; *membres* (en 1999) : 44 millions de baptisés par immersion ; *fondée* 1905. *Pt :* Billy Kim (Corée du Sud). **En France :** *1re église* en 1820. *Fidèles* (en 2000) : 40 000 représentants, 12 000 membres professants. *Groupes :* Fédération des Églises évangéliques baptistes de France (FEEBF, membre de la Fédération protestante de France), Association évangélique d'Églises baptistes de langue française (AEEBF), Communion évangélique de baptistes indépendants (CEBI).

☞ **Personnalités baptistes connues :** *Harry S. Truman* (1884-1972), *James Carter* (né 1924) et *William Clinton* (né 1946), tous trois Pts des USA ; *John D. Rockefeller* (1839-1937), industriel ; *Martin Luther King* (1929-68, assassiné) ; *James Irwin* (1930-91), astronaute ; *Billy Graham* [né 1918, créateur de la BGEA (Billy Graham Evangelical Association), devenue indépendante (budget : 30 millions de $) ; prêche depuis 1957 (radio « l'Heure de la décision » : 20 millions d'auditeurs) ; venu en France : 1955, 1963, 1986 (15 000 auditeurs à Bercy, chaque soir pendant 8 jours) et en Allemagne en 1993] ; *John Grisham* (né 1955), écrivain ; *Aretha Franklin* (née 1942), *Britney Spears* (née 1981), chanteuse.

■ **Église méthodiste. Origine :** issue de la prédication (1739) de John (1703-91) et Charles (1707-88) Wesley. Nom donné en quolibet par les étudiants d'Oxford qui se moquaient de la dévotion méthodique des premiers adeptes. Nie la prédestination et affirme la sanctification sur Terre. **Organisation :** le *Conseil méthodiste mondial* (Lake Junaluska, Caroline du Nord, 28745 USA) représente 77 Églises membres dans 90 pays. *Édifice religieux le plus haut du monde :* Chicago, rue Clark, érigé en 1924 (croix à 173,12 m). **Nombre de méthodistes** (en milliers, 1993) : Amérique du Nord (Mexique inclus) 14 767, Asie 9 719, Afrique 5 054, Australie et îles du Pacifique 1 316, Amérique du Sud 1 059, Europe 560 (dont *France* 2), Amér. centrale et Caraïbes 518. *Total :* membres 33 011, communauté 70 226. **En France :** *1791* introduite par John Angel, laïc des îles Anglo-Normandes. *1852* Église organisée par le révérend Charles Cook († 1858). *1907* les méthodistes amér. (épiscopaliens) ouvrent une mission française. *2 branches :* 1°) Alsace-Lorraine : *Union de l'Église évangélique méthodiste* (7, rue Kageneck, 67000 Strasbourg), reliée à la conférence suisse, faisant maintenant partie de l'*Église méthodiste unie* et membre de la FEF. 2°) L'*Église évangélique méthodiste de France* (3, rue Paul-Verlaine, 30100 Alès) qui n'est pas entrée dans l'unité réformée en 1938.

■ **Pentecôtisme. Origine :** courant religieux manifesté spontanément dans la mouvance méthodiste, en particulier aux USA par les étudiants du collège biblique de Charles Parham (ancien pasteur méthodiste) en 1900 à Tokepa (Kansas, USA), puis surtout par William Seymour à Los Angeles en 1906. **Principes :** caractérisé par un retour à la simplicité de l'Évangile (notamment au « parler en langues » manifesté par les apôtres le jour de la Pentecôte) qui se retrouve sporadiquement dans l'histoire de l'Église (Pères de l'Église, Montanus, Camisards, Edouard Irwing, Shakers, ...). Vécu non seulement dans les églises pentecôtistes, mais également dans certaines églises catholiques ou protestantes. *Église la plus représentative :* celle des « Assemblées de Dieu » (32 millions de fidèles en 1999). **Nombre de pentecôtistes** (en millions) : Brésil 6. Europe 4,2. USA 4. Ex-URSS 3. Indonésie 2. Chili 1,7. Kenya 1,2. Suède, Norvège, Finlande 1. Corée du Sud 1. Afrique du Sud 0,8. Nigéria 0,8. Canada 0,8. Congo 0,5. *Total :* 400 (en 1996). **En France :** *1re communauté :* Le Havre, créée en 1930 par D.-R. Scott, pasteur anglais. *Membres en 1999 :* 200 000 dont 100 000 tsiganes (rattachés à la FPF) ; 416 pasteurs + 38 dans les DOM-TOM. *Lieux de culte ou points d'évangélisation :* 703 dans 95 départements et 680 communes. *Fédération nationale des Assemblées de Dieu de France* 15 bis, rue du Parc-de-Clagny, 78000 Versailles. *Revue :* « Pentecôte », 60, rue de Cauville, 76600 Rouen.

Protestantisme en France

☞ *Abréviations :* cath. : catholique(s) ; Égl. : Église(s) ; luth. : luthérien(s) ; prot. : protestantisme, protestant(s).

Histoire

■ **Des précurseurs à l'édit de Nantes. 1177** *Pierre Valdès ou Valdo* (1140-97) fonde la Confrérie des pauvres de Lyon, prédicateurs laïques qui répandent l'Évangile en langue vulgaire. Ses disciples, les *Vaudois,* se maintiennent dans les Alpes (ralliés à la Réforme suisse en 1532). **1498** début de l'action (surtout sur le plan intellectuel) des *bibliens* français : *Jacques Lefèvre d'Étaples* (vers 1450/55-1536), *Guillaume Briçonnet* (1472-1534), *Guillaume Farel*

(1489-1565), le « groupe de Meaux ». **1512** *Lefèvre d'Étaples,* dans un commentaire sur les Épîtres de saint Paul, enseigne dans une certaine mesure la justification par la foi. **1523** *Jean Vallière,* de Falaise, moine augustin, est brûlé vif à Paris comme luthérien. *Jean Calvin* (Noyon 10-7-1509/Genève 27-5-1564) arrive à Paris pour faire ses humanités. **1525** *Jean Leclerc,* marqué au fer rouge à Meaux comme luthérien, exécuté 1526. **1533** discours réformateur publié sous le nom de *Nicolas Cop* (vers 1450-1532), recteur de l'université de Paris (mais probablement de Calvin). **1534** après l'*affaire des placards* (déclarations contre la messe, affichées jusque sur la porte de la chambre du roi), François Ier s'oppose à la Réforme. Nombreux exils vers les pays du 1er refuge (surtout Suisse et Hollande). **1540** lutte contre les Vaudois (massacres dans le Luberon : Mérindol 1540, Cabrières 1545). **1541** 1re édition en français (1536, en latin) de l'*Institution de la religion chrétienne* de Calvin. **1555** fondation clandestine, à Paris, d'une Église réformée. *Rejette* sacerdoce sacramentel (prêtre, évêque, pape), messe, présence corporelle du Christ dans l'eucharistie, intercession de la Vierge et culte des saints. *Enseigne* libre choix divin des élus, rôle essentiel de la pratique et de la lecture de la Bible. « Prêche » célébré plusieurs fois par semaine (lecture, prêche, méditation, chants). *Prière* adressée à Dieu. *Communion* donnée 4 fois par an. **1559** *1er synode nat. des Églises réformées* de France à Paris [les participants gardent l'anonymat, mais prennent la parole au nom des Égl. suivantes : Paris, Dieppe, St-Lô, Orléans, Angers, Tours, Châtellerault, Poitiers, St-Jean-d'Angély, Saintes, Marennes (pas d'Égl. méridionales)]. Élaboration d'une Confession de foi calviniste (dite de La Rochelle, 1571), d'une discipline, de type calviniste, instituant le régime *presbytérien synodal.* **1561**-*9-9/9-10 colloque de Poissy* (échec d'une tentative de rapprochement entre catholiques et réformés). **1562**-*17-1 l'édit de St-Germain, dit « de janvier »* tolère (hors des villes) les assemblées publiques des Églises réformées (2 150 selon Coligny) ; *-1-3 massacre de Wassy* (12 à 60 †) : début des guerres de Religion (voir à l'Index). **1563**-*19-3 édit d'Amboise :* fin de la 1re guerre de Religion. **1567-68** 2e guerre de Religion. **1568**-*23-3 édit de Longjumeau.* **1569-70** 3e guerre de Religion. **1572**-*24-8 St-Barthélemy :* assassinat de l'amiral de Coligny et massacre de protestants : début de la 4e guerre de Religion. **1573** *Sedan* (principauté souveraine) : ordonnance reconnaissant les 2 religions, réformée et romaine. **1574-76** 5e guerre de Religion. **1576**-*6-5 édit de Beaulieu* ou *paix de Monsieur.* **1576-77** 6e guerre de Religion. **1579-80** 7e guerre de Religion. **1580**-*26-11 paix de Fleix.* **1598**-*13-4* **édit de Nantes** *(30-4 :* articles secrets ; *2-5* acte additionnel) : Henri IV accorde la liberté religieuse avec des restrictions. **1585-98** 8e guerre de Religion.

1610-20 réaction antiprotestante après la mort d'Henri IV (la régente est influencée par le nonce et l'ambassadeur d'Espagne). **1620** proclamation à *La Rochelle* d'une fédération des provinces prot. françaises (sur le modèle des Provinces Unies hollandaises). Expédition militaire en Béarn qui rétablit le culte catholique. **1624** ministère Richelieu ; alliance des prot. et des Anglais (débarquement anglais à Ré, 1627). **1628**-*29-10 prise de La Rochelle* (après 14 mois de siège) par Louis XIII, marquant le déclin politique du protestantisme **1629**-*28-6 édit de grâce d'Alès :* interdiction définitive des assemblées politiques et suppression des places de sûreté. Nomination d'un député général unique. **1637** Richelieu réduit à 626 les « lieux d'exercice » ; mais, conformément à l'édit, les seigneurs hauts justiciers prot. en ouvrent de nouveaux sur leurs terres. **1648** annexion de l'Alsace, moins Strasbourg (1681) et Mulhouse (1798) : les luthériens garderont la liberté de culte, mais subiront des vexations. **1659** dernier synode national des Églises réformées à Loudun. **1679** les Hollandais prot. vaincus, malgré leur alliance avec Espagnols et impériaux cath., signent la *paix de Nimègue,* avantageuse pour la France. Les 2 puissances prot. (Hollande et Angleterre) se trouvant affaiblies, Louis XIV estime qu'elles ne sont plus en état de soutenir les huguenots français. Il veut rétablir l'unité religieuse du royaume (persécution aggravée). **1681** Poitou, début des *dragonnades* pour convertir les prot. par la force (les dragons du roi, logés chez l'habitant, commettent des exactions) ; l'intendant René II de Marillac ayant obtenu 38 500 « conversions », les dragonnades sont étendues au Béarn (22 000 conversions en 1682) puis généralisées en 1685. Annexion de Strasbourg. **De 1682 à 1685** multiples déclarations du roi, interprétant de façon restrictive les clauses de l'édit de Nantes, notamment la fermeture de temples [motifs invoqués : 1°) sermons séditieux ; 2°) fréquentation par des « relaps » (prot. convertis fictivement au catholicisme) ; ne reste que 200 temples] ; conversions du catholicisme au protestantisme interdites.

Jusqu'en 1648, l'Alsace fait partie du St Empire germanique et connaît, depuis 1526, le régime « Cujus regio, ejus religio ». Officiellement, Louis XIV préservera ce régime, mettant les protestants d'Alsace (luthériens) à l'abri de la révocation de l'édit de Nantes (1685).

■ **Révocation de l'édit de Nantes. 1685**-*17-10* **édit de Fontainebleau :** interdit tout exercice public du culte, les protestants ne peuvent pratiquer aucune religion « en attendant qu'il plaise à Dieu de les éclairer comme les autres ». Les ministres du culte sont bannis sous 15 jours ; mais ceux qui acceptent de se convertir bénéficient de faveurs. Il est interdit aux protestants de quitter le pays (les hommes pris aux frontières sont envoyés aux galères, les femmes au couvent ou en prison). **Émigration :** 260 000 (surtout de 1679 à 1700, mais se poursuit jusqu'en 1763). *Départs par région* (en %) : Bassin parisien 50 ; Normandie, Dauphiné, Saintonge 40 ; Vivarais, Cévennes 10. *Recensés à l'étranger (pays du 2e refuge) :* Amér. du Nord 10 000 (en majorité : Caroline du Sud), Suisse 22 000, Allemagne 30 000 (en 1870, 21 généraux allemands sur 144 commandant des unités engagées en France portaient des noms à consonance française), Angleterre 40 000, Hollande 70 000 (40 % des pasteurs), autres pays 2 000 (dont Afrique du Sud 97 familles), soit au total 170 000. Une régie des biens des fugitifs est instituée en 1690 (devenue 1790 Régie des biens nationaux). Après la victoire protestante en Angleterre (1688), beaucoup profiteront, pour partir, d'un relâchement aux frontières dû aux hostilités. À Paris, à la fin 1685, 16 000 (sur 30 000) protestants partent, 7 300 se sont convertis [dont 300 notables (dont les banquiers Samuel Bernard, Crozat frères, Legendre frères)]. En janvier 1686, il reste seulement 45 protestants déclarés, mais il y a de nombreuses fausses conversions et un culte clandestin. Le culte luthérien est toutefois maintenu durant tout l'Ancien Régime à la chapelle de l'ambassade de Suède.

■ **Quelques traditions huguenotes. Temples anciens :** 4 plans : rectangulaire (Charenton), circulaire (Lyon), octogonal (La Rochelle), ovale (Dieppe). Ni images, ni statues. **Tenue des pasteurs :** semblable à celle des gens d'Église et de robe. **Titre officiel :** « fidèle ministre du St Évangile » (FMDSE). **Contraste avec les catholiques :** fréquentation du temple (les Parisiens vont à Charenton) ; refus de tout divertissement le dimanche, de participer aux fêtes religieuses cath. (notamment de décorer les maisons en cas de procession), de prêter serment sur la Croix et de posséder un crucifix ; interdiction de la danse, des jeux (cartes, dés, tarots), de la mascarade. Comparution des coupables d'adultère ou de rixes devant le consistoire.

■ **Période dite « du désert » (1685-1787).** De la révocation de l'édit de Nantes à l'édit de « tolérance » (1787), la religion réformée, interdite, est clandestine, cachée « au désert ». **1702-04 guerre des camisards** dans les Cévennes (nom dérivé de camisade : attaque nocturne où les assaillants portaient des chemises pour se reconnaître ; déclenchée par le meurtre d'un agent royal, l'abbé du Chayla), nombreuses tueries, guerre animée par des « inspirés » (prophétisme) et terminée en principe par un accord entre le Mal de Villars et le chef camisard *Jean Cavalier* (1681-1740) qui deviendra finalement major général dans l'armée anglaise. Plusieurs rebelles armés resteront en dissidence jusqu'au traité d'Utrecht (1713), notamment *Pierre Laporte,* dit *Roland,* tué au combat (1705) [sa maison au hameau du *Mas Soubeyran* près de Mialet (Gard) a été

■ **Régime de l'édit de Nantes.** Les *assemblées politiques,* interdites par l'édit de Nantes (art. 83), sont tolérées de fait ; il y a des *synodes nationaux* (religieux) tous les 2 ou 3 ans de 1598 à 1626 (ensuite par intervalles : Charenton 1631, Alençon 1637, Charenton 1644, Loudun, XXIXe, 1659). Pendant quelques années, les pasteurs reçoivent de l'État en tout 48 000 écus.

Statistiques : *fidèles :* 274 000 familles (probablement 1 200 000 personnes) dont 2 468 nobles. Les 3/4 dans le Midi ; 1/10 en Normandie et Paris. *Pasteurs :* 800 ministres et 400 proposants (futurs pasteurs) ; admission à tous les emplois et charges ; *églises reconnues :* 951 (2 par bailliage et sénéchaussée, en plus des places protestantes). *Députés généraux :* 2 nommés en 1601 auprès du roi (élus par le synode nat.). *Temples principaux :* Dieppe, Charenton, La Rochelle ; jugement par tribunaux mixtes (Paris, Castres, Nérac ou Bordeaux, Grenoble). *Places de sûreté :* 51 avec gouverneurs et soldats prot., payés par le roi, plus 80 places particulières, fiefs de nobles protestants.

Quelques places protestantes : Sedan (aux ducs de Bouillon). *Normandie :* Valognes, Carentan. *Champagne :* Rozay-en-Brie. *Ile-de-France :* Houdan, Dourdan, Mantes, Essonne. *Bretagne :* Josselin et Pontivy (aux Rohan), Vitré (aux La Trémoille). *Pays de la Loire :* 10 dont Montcenis, Vezins, Château-Renaud, Saumur (siège d'une université). *Poitou :* 7 dont Talmont, Thouars, Loudun, Châtellerault. *Aunis-Saintonge :* 5 dont La Rochelle (république calviniste quasi indépendante), St-Jean-d'Angély, Royan. *Béarn :* 8 dont Orthez, Mauléon, Sauveterre, Oloron. *Basse Guyenne :* 17 dont Castillon, Bergerac, Caumont. *Hte Guyenne-Toulousain :* 30 dont Montauban, Figeac, Capdenac, Castres. *Bas Languedoc-Cévennes :* 20 dont Marvejols, Sommières, Lunel, Nîmes, Montpellier. *Provence-Dauphiné :* 12 dont Die, Gap, Tallard, Serres, Embrun, Orange.

Universités (« académies ») : *dates de fondation et de suppression :* Nîmes 1561-1664, Orthez 1566-1620, Orange 1573-1690, Sedan 1579-1681, Montpellier 1596-1627, Saumur 1598-1685, Montauban 1600-85, Die 1604-84.

PERSONNALITÉS PROTESTANTES

■ **Arts. Architectes :** plusieurs familles apparentées : *Androuet Du Cerceau ; de Brosse ; du Ry.* En outre, *Jacques Aleaume* († 1627) ; *Salomon de Caus* († 1626). **Arts décoratifs :** les *Boulle,* ébénistes, et les *Gobelin,* tapissiers ; de nombreux ouvriers tapissiers du faubourg St-Marcel employés chez les Gobelin ; *Bernard Palissy,* céramiste. **Graveur :** *Abraham Bosse* (1602-76). **Miniaturistes et émailleurs :** notamment *Jean Petitot* (1607-91) ; *Paul Le Prieur* (1620-?, exilé au Danemark). **Peintres :** *Jacob Bunel* (1558-1614) ; *Claude Vignon* (1593-1673) ; *Sébastien Bourdon* (1616-71) un des 7 protestants parmi les fondateurs de l'Académie de peinture en 1648 (réservée aux catholiques en 1681). **Sculpteur :** *Jean Goujon.*

■ **Chefs militaires.** *Duc Henri de Rohan* (1579-1638, gendre de Sully). **Connétable :** *François de Lesdiguières* (1543-1626, abjura en 1622). **Maréchaux :** *de La Force* (1558-1652) ; *de Gassion* (1609-47) ; *de Schomberg* (1615-90, devenu Anglais) ; *de Turenne* (1611-75, abjura en 1668) ; les frères *Jacques-Henri de Durfort-Duras* (1626-1704) et *Guy de Duras-Lorge* (1630-1702), neveux de Turenne (de Lorge abjura en 1668 ; un Duras devint Anglais : lord Feversham). **Chef d'escadre :** *Abraham Duquesne* (1610-88, non converti ; ses fils deviendront Suisses).

■ **Écrivains.** *Agrippa d'Aubigné* (1552-1630) grand-père de Mme de Maintenon ; *Marie Bruneau,* dame des Loges (1585-1641, exilée à Rochechouart après 1629), tenait un salon d'intellectuels protestants rue de Tournon ; *Théophile de Viau* (1590-1626) poète ; *Pierre Jurieu* (1637-1713, exilé à Rotterdam) ; le pasteur *Claude* (1619-87, exilé à La Haye) ; *Pierre Bayle* (1647-1706, exilé à Rotterdam) auteur du «Dictionnaire historique et critique» ; *Claude Brousson* (1647-98, exécuté). **3 académiciens :** *Valentin Conrart* (1603-75) et *Marc-Antoine de Saint-Amant* (1594-1661) élus en 1635 et *Paul Pellisson* (1624-93, élu 1653, abjura en 1670) [un 4e d'origine huguenote, *François de Boisrobert* (1589-1662), avait abjuré en 1621, 14 ans avant la création de l'Académie].

■ **Huguenots d'avant la révocation (1610-85). Noblesse :** pas de princes du sang après l'abjuration d'Henri de Condé en 1599. **6 familles ducales :** *Bouillon,* Pces de Sedan (abjurent 1637), *La Force* (abjuration contestée à la Bastille 1685), *La Trémoille* (abjuration 1628), *Lesdiguières* (abjuration 1622), *Rohan* (abjuration 1684), *Sully,* Pces d'Henrichemont (éteints 1641). **Autres grands seigneurs :** les *Châtillon-Coligny* (abjurent 1643), les marquis *de Ruvigny* (devenus anglais).

■ **Luthériens. Alsaciens :** *Gal Frédéric Walther,* Cte d'Empire [(1761-1813), seul luthérien enterré au Panthéon (1806 chambellan de l'Empereur, il obtient la création d'une Église luthérienne concordataire)] ; *Gal Jean Rapp* (1771-1821) Cte d'Empire ; *baron Georges-Eugène Haussmann* (1809-91), préfet de la Seine ; *Dr Albert Schweitzer* (1875-1965) prix Nobel de la Paix 1952 (devient unitarien 1913). **Montbéliardais :** *Fanny Durbach* (1822-1901) préceptrice de Tchaïkovski ; *Georges-Frédéric Parrot* (1767-1852) 1er recteur élu de l'université de Dorpath (Tartu, Estonie), précurseur de la biologie moderne ; *Georges Bretegnier* (1863-92) peintre ; *Jules Zingg* (1882-1947) peintre ; *Henri-Frédéric Iselin* (1825-1902) sculpteur. **Famille des Duvernoy :** *Georges-Louis* (1777-1855) anatomiste et zoologiste ; *Frédéric-Nicolas* (1765-1838) corniste et compositeur ; *Charles* (1766-1845) clarinettiste et compositeur. **Parisiens d'adoption :** *Bon Georges Cuvier* (1769-1832) zoologiste et paléontologiste ; *André Parrot* (1901-80) pasteur, archéologue. **Princesses d'origine allemande :** *Élisabeth-Charlotte* (Pcesse Palatine), Dchesse d'Orléans [(1652-1722), abjuration de façade] ; *Hélène de Mecklembourg-Schwerin,* Pcesse d'Orléans (1814-58).

■ **Quelques personnalités récentes.** *Frédéric Bazille* (1841-70) ; *André Bergeron* (1922) secr. général de FO ; *Marc Boegner* (1881-1970) de l'Académie française ; *Alain Bombard* (né 1924) ; *Ferdinand Buisson* (1841-1932) prix Nobel de la paix ; *Jean Cavaillès* (1903-44) philosophe, résistant, fusillé ; *Jean-Pierre Chabrol* (1925) écrivain ; *François Charles-Roux* P.-D.G. de Suez ; *Pierre Chaunu* (1923) ; *Maurice Couve de Murville* (1907-99) 1er ministre 1968-69 ; *Gaston Doumergue* (1863-1937) seul Pt de la République protestant ; *Georgina Dufoix* (1943) ancien ministre 1984-86, 1988-92 ; *Jacques Ellul* (1912-94) sociologue et théologien ; *Georges Fillioud* (1929) ministre ; *Charles de Freycinet* (1828-1923) Pt du Conseil ; *Pierre-Gilles de Gennes* (1932) prix Nobel de physique ; *François Guizot* (1787-1874) ministre et historien ; *Pierre Joxe* (1934, fils de Louis) ministre 1981-82, 1986, 1988-93 ; *Catherine Lalumière* (1935) ministre 1982-86 ; *Pierre Loti* (1850-1923) écrivain ; *Louis Mermaz* (1931) Pt de l'Assemblée nationale 1981-86, ministre 1988-93 ; *Louis Mexandeau* (1931) ministre 1983-86 ; *Jacques Monod* (1910-76) prix Nobel de médecine 1965 ; *Jérôme Monod* (1930) Pt de société ; *Théodore Monod* (1902-2000) explorateur et écologiste ; *André Philip* (1902-70) ministre 1943-47 ; *Nicole Questiaux* (1930) ministre 1981-83 ; *Paul Ricœur* (1913) philosophe ; *Michel Rocard* (1930) 1er ministre 1988-91 ; *Frédéric Saint-Geours* (1950) dir. de Peugeot ; *Albert Schweitzer* (1875-1965) prix Nobel de la paix 1952 ; *Louis Schweitzer* (1942, son petit-neveu) Pt de Renault ; *Jérôme* (1934) et *Nicolas* (1939) *Seydoux* Pts de sociétés ; *Delphine Seyrig* (1932-90) actrice ; *Catherine Trautmann* (1951) ministre de la Culture 1997-2000 ; *William H. Waddington* (1826-94) Pt du Conseil ; *Christian Zuber* (1930) cinéaste.

■ **Élevés dans le protestantisme, puis détachés.** *Roland Barthes* (1915-80) philosophe, créateur de la sémiologie ; *André Gide* (1869-1951) prix Nobel de littérature ; *Lionel Jospin* (1937) 1er secr. du PS 1981-88, ministre 1988, 1er ministre depuis 1997 ; *Le Corbusier* (1887-1965) architecte.

■ **Nés dans une famille protestante.** *Gaston Defferre* (1910-86) ministre 1981-86 ; *Jean-Paul Sartre* (1905-80) écrivain ; *Jacques Soustelle* (1912-90) ministre 1958-60.

aménagée en 1910 en *musée du Désert ;* le 1er dimanche de septembre, un rassemblement, organisé par la Sté de l'histoire du protestantisme, réunit 15 000 personnes ; on y honore Marie Durand (1715-79), prisonnière à Aigues-Mortes (tour de Constance) de 1750 à 1768)], *Jean Cavalier, Esprit Séguier* (prophète). Ceux qui sont pris sont condamnés aux galères. **1709** soulèvement du Vivarais (échec). **1715** *1er synode* (clandestin) *à Monoblet* (Gard) sous la direction d'Antoine Court [1695-1760 (pasteur 1718) : effort pour reconstituer l'Église]. **1716** le Régent interdit les assemblées (peine de mort pour les pasteurs, galères pour les participants, prison pour les participantes). **1724** déclaration contre les protestants. **1726** synode national (clandestin) de Vivarais-Dauphiné-Cévennes-Languedoc. **1742**-*16-9* le culte luthérien est célébré pour la 1re fois en français dans la chapelle de l'ambassade de Suède (protégée par l'extraterritorialité) où, depuis 1626, se retrouvaient des Pces scandinaves et allemands. **1759** Louis XV crée le Mérite militaire, pour les officiers prot. étrangers servant dans ses armées (allemands, suédois, suisses). **1762** exécution du pasteur Rochette et des 3 frères Grenier à Toulouse ; Jean Viala *dernier prot. à être condamné aux galères* (il y a en tout 4 000 galériens). *Affaire Calas* (voir à l'Index). **1764** à la suite du traité de Paris avec l'Angleterre (10-2-1763), diminution des persécutions antiprotestantes (en échange de la liberté de culte pour les catholiques canadiens). **1768** libération des dernières prisonnières de la tour de Constance. **1771** *dernier pasteur mort en prison,* près de Meaux (père Charmuzy). **1775** libération des 2 derniers galériens pour la foi : Riaille et Achard (30 ans de galères). **Protestants déclarés :** 593 000 (dont 400 000 « ouvertement » protestants).

■ **De 1783 à 1789.** **1783** à la suite du traité de Versailles avec Angleterre et USA (3-9), Louis XVI promet de nouveaux avantages aux prot. français. **1785** La Fayette rend visite à Nîmes au pasteur Paul Rabaut (1718-95) de la part de Washington ; il étudie, avec Jefferson, de l'ambassade des USA, le dossier du protestantisme français. **1786**-*janv.* Rabaut Saint-Étienne (1743-94, guillotiné), fils de Paul Rabaut, vient à Versailles, invité par La Fayette ; reçu par Malesherbes, garde des Sceaux, il est consulté pour une nouvelle loi sur les prot. (avec l'avocat Gui Target). **1787**-*mai* La Fayette pose le problème prot. devant l'assemblée des notables ; -*nov.* il obtient (grâce à Malesherbes) *l'édit de tolérance* (enregistré le 29-1-1788) rendant aux « non-catholiques » les *droits civils* (sans liberté du culte, sans accès aux charges). **1788**-*mai* les *quakers* français se séparent des calvinistes.

■ **De 1789 à nos jours.** **1789** *Déclaration des droits de l'homme et du citoyen* rendant l'égalité complète aux prot. (reconnus depuis 1788 comme « citoyens »). **1790** loi rendant automatiquement la nationalité française aux descendants d'émigrés huguenots désireux de revenir en France [restée en vigueur jusqu'en 1945 ; Benjamin Constant (1767-1830) avait demandé à en bénéficier ; sa demande fut rejetée, sa famille ayant quitté la Picardie alors espagnole] ; -*déc.* accès à tous les emplois. **1793** réunion de Montbéliard, ville et région à forte implantation luthérienne. **1798** annexion de Mulhouse. **1802** *Articles organiques* de la loi de germinal an X, organisant un régime légal pour les Églises luthériennes et réformées : pas de synode national autorisé ; consistoires locaux (pour groupes de 6 000 âmes) et paroissiaux ; 1 consistoire général luth. ; École du dimanche créée (Luneray, Hte-Norm.). **1806** la Suède étant entrée dans la coalition, culte luth. transféré de la chapelle de l'ambassade de Suède à celle du Danemark. **1809**-*26-11* à l'église des Billettes. **1817** 1re revue prot., *Archives du christianisme au XIXe s.* **1819** l'amiral Verhuell [(1764-1845), Hollandais naturalisé Français 1814] entre à la Chambre des pairs. **Vers 1820-30** réveil religieux et fondation de nombreuses Stés bibliques [notamment *la Sté biblique prot.* (Paris, fin 1818), des sociétés missionnaires, d'enseignement, de charité]. **1822** fondation de la Sté des missions évangéliques de Paris. **1824** Georges Cuvier (1769-1832) nommé grand maître des facultés prot. **1828** Cuvier directeur des cultes non cath. au ministère de l'Intérieur. **1835** débuts en France du prot. libéral [Athanase Coquerel (1795-1868) fonde l'Alliance chrétienne universelle]. **1841** *1re Église baptiste* de France à Douai. **1843**-*25-6* égl. de la Rédemption, 2e église luth. à Paris. **1848** fondation à La Force (Dordogne) des asiles John Bost (vieillards, déficients, aliénés, etc.). **1849** Frédéric Monod (1794-1863) et Agénor de Gasparin (1810-71) fondent l'*Union des Églises évangéliques libres de France* (séparées de l'État). **1852** fondation de l'*Église méthodiste* de France. Officialisation des « conseils presbytéraux » locaux ; Guizot entre à celui de Paris. **1855** Guizot, Pt de la *Société biblique prot.* ; milite pour l'adoption d'une doctrine officielle. **1872** organise le 30e synode national de l'Église réformée (le 1er depuis Loudun 1659) ; obtient la promulgation d'une déclaration de foi. Mais il y a scission entre orthodoxes et libéraux. **1881** 1re réunion en France de l'*Armée du Salut.*

1905 fondation de la *Fédération protestante de France* (*FPF :* 1re assemblée : 1909). Séparation des Églises et de l'État. **1938** réunion dans l'*Église réformée de France* de l'Union des Églises réformées évangéliques, de celle des Églises réformées (plus libérales) et d'une partie des Églises libres et méthodistes. **1942-45** résistance spirituelle et aide aux juifs persécutés (Cévennes, Dauphiné, région de Chambon-sur-Lignon). **1969** fondation de la *Fédération évangélique de France (FEF).* **1971** la FPF dans « Église et pouvoir » (prône le réformisme). **1989** texte commun FPF – Ligue de l'enseignement : « Pour un nouveau pacte laïque. » **1994** document « Travail-Partage-Exclusion ». **1996** *l'Union des Églises évangéliques libres* rejoint la Fédération protestante de France. **1997** document « Corruption ». **1999** « livre blanc éthique ».

■ Organisation

■ **Fédération protestante de France (FPF)** 47, rue de Clichy, 75311 Paris Cedex 09. *Fondée* 1904-06 pour représenter les Églises prot. devant les pouvoirs publics et coordonner leurs actions. Son rôle s'est élargi depuis, à mesure que se développaient des activités communes aux Églises (cultes à la radio et à la télévision, aumôneries militaires et pénitentiaires, équipes de recherche biblique, œcuménisme, mouvements de jeunesse, œuvres diverses). *Pt : 1987* Jacques Stewart (né 24-7-1936). *1997* (1-7) Jean Tartier (né 22-2-1942, luthérien, élu 21-12-1996). *1999* (20-3) Jean-Arnold de Clermont (né 22-10-1941, réformé élu avec 67 % des voix). *Secr. général :* pasteur Christian Seytre (né 17-12-1946) depuis 1996. *Formée* de 15 Églises et unions d'Églises et de 60 institutions, œuvres et mouvements protestants. *Paroisses :* 1 118 ; *pasteurs :* 1 942 dont 201 femmes.

Église réformées. **Église réformée de France (ERF) :** *fondée* en 1938 ; regroupe les Églises évangéliques et libérales. *Membres :* 350 000. *Paroisses :* 383. *Pasteurs :* 508 dont actifs : 321 hommes, 89 femmes, 25 en congé ; + 73 au service d'œuvres, institutions ou mouvements proches du protestantisme français. *Pt : 1992* pasteur Michel Bertrand (né 5-3-1946). *2001*-25-5 : Marcel Manoël.

Église réformée d'Alsace et de Lorraine (ERAL) : Église concordataire. Regroupe depuis 1895 les réformés de 5 consistoires d'Alsace et de Moselle, créés en 1802 par les « articles organiques ». *Membres :* 33 000. *Pasteurs :* 51 (dont 9 femmes). *Pt :* pasteur Jean-Paul Humbert (né 1946) depuis 2000.

Union nationale des Églises réformées évangéliques indépendantes de France (EREI) : *fondée* en 1938 par des Églises méridionales refusant de faire partie de l'Église réformée de France. *Membres :* 13 000. *Pasteurs :* 41 (dont 1 femme). *Pt :* pasteur Paul-Aimé Landes (né 1953) depuis 1994.

Églises luthériennes. **Église de la confession d'Augsbourg, d'Alsace-Lorraine (ECAAL) :** *fondée* en 1802 (loi du 18 germinal an X). Luthérienne et concordataire. *Membres :* 218 000. *Pasteurs :* 252 (dont 50 femmes). *Pt :* Marc Lienhard (né 22-8-1935) depuis le 1-9-1997.

Église évangélique luthérienne de France (EELF) : *fondée* en 1872 (2 « inspections » correspondant aux évêchés luth. : Paris et Montbéliard). *Membres :* 40 000. *Pasteurs :* 54. *Pt :* Jean-Michel Sturm (né 9-5-1931) depuis 1988.

☞ **Conseil permanent luthéro-réformé (CPLR)** (24 membres) : rassemble depuis 1970 les 2 *Églises luthériennes EELF et ECAAL* [réunies en une Alliance nationale des Égl. luthériennes de France (1950)] et les 2 *Églises réformées* [*de France (ERF)* et *d'Alsace et de Lorraine (ERAL)*] concordataires. Assemblée des représentants des 4 Églises tous les 3 ans.

Églises évangéliques. **Fédération évangélique de France :** *fondée* 1969 à Paris ; regroupe 318 associations (unions d'Églises, Églises locales, œuvres) totalisant 600 lieux de culte et une centaine d'œuvres (jeunesse, sociales). *Journal :* « Info-Fef » (éd. Barnabas, trimestriel). *Siège :* 28, avenue Victor-Hugo, 77330 Ozoir-la-Ferrière. *Pt :* pasteur J. Mouyon (né 1938). *Secr. général :* pasteur D. Ferret (né 1955).

Fédération des Églises évangéliques baptistes de France (FEEBF) : *fondée* en 1910. *Membres :* 6 400. *Pasteurs :* 91 (dont 1 femme). *Pt :* Michel Charles (né 15-5-1944) depuis 1997.

Union des Églises évangéliques libres de France (UEEL) : *fondée* en 1849 par Frédéric Monod (ancien pasteur de l'Église réformée de l'oratoire du Louvre). *Membres :* 2 500 professants (adultes). *Pasteurs :* 50. *Pt :* pasteur André Courtial (né 1943).

Églises pentecôtistes. **Église apostolique (EA) :** *fondée* en 1916 au pays de Galles. Attentive au « renouveau charismatique ». *Membres :* 1 000. *Pasteurs :* 14. *Pt :* pasteur Jacques Vavasseur (né 1938) depuis 1997.

Église de Dieu en France (EDF).

Mission évangélique des tziganes de France « Vie et lumière » (METF) : *fondée* en 1946 par le pasteur (pentecôtiste) Clément Le Cossec. Rattachée à la FPF en 1975. *Pt :* Jimmy Meyer. *Membres :* 500 000 baptisés en Europe, Amérique, Inde (dont France 100 000) dont 45 000 baptisés par immersion. *Pasteurs et prédicateurs :* 5 000 (dont France 1 200). *Lieux de culte :* 150 en France. *Siège :* « Les Petites Brosses », 45500 Nevoy.

Union des Églises évangéliques de réveil (UEER).

Union des Églises chrétiennes évangéliques (UECE).

Communauté protestante évangélique de Rochefort.

Communauté protestante interdénominationnelle. **Mission populaire évangélique de France (MPEF) :** *fondée* en 1872 par le pasteur anglais McAll à Belleville. *Postes :* 17. *Pasteurs :* 14. *Pt :* Georges Kononovitch.

■ **Nombre de protestants.** *Vers 1670 :* 882 000 ; *1815 :* 472 000 ; *1851* (recensement) : 480 000 réformés et 267 000 luth. ; *1862 :* 589 000 ; *1895 :* 538 000 ; *1935 :* 402 000 ; *1955 :* 461 000 ; *1997 :* 900 000 membres de 15 Églises de la Fédération protestante de France (dont réformés 398 000, luthériens 258 000, pentecôtistes 74 000, évangéliques et baptistes 22 000) + 200 000 autres se réclamant du protestantisme. *Selon un sondage CSA en 1995 :* 1 700 000 Français (3 % de la population) se déclaraient « proches du protestantisme ».

■ **Organismes divers.** **Action missionnaire commune :** *Cevaa (Communauté d'Églises en mission,* autrefois *Communauté évangélique d'action apostolique)* 13, rue Louis-Perrier-CS 49530-34961 Montpellier Cedex 2. Remplace depuis 1971 la Sté des missions évangéliques de Paris (*fondée* en 1822). Composée de 47 Églises : 5 réformées et luthériennes de France, groupées dans le *service protestant de missions* (DEFAP : département évangélique français d'action apostolique) ; 7 réformées cantonales de la Suisse romande, groupées dans le *département missionnaire romand (DM) ;* l'Égl. vaudoise d'Italie, celle du Río de la Plata (Uruguay, Argentine) et les Égl. évangéliques du Cameroun, Gabon, Lesotho, Nlle-Calédonie, Polynésie française et Togo ; l'Union des Églises baptistes du Cameroun, l'Égl. unie de Zambie, l'Égl. de J.-C. à Madagascar, les Égl. méthodistes du Bénin, Togo et Côte d'Ivoire et l'Égl. presbytérienne du Mozambique. 16 Égl. de Suisse alémanique par la Mission 21 (Coopération des Égl. et missions en Suisse alémanique) ; l'Égl. protestante du Sénégal, l'Égl. du Christ-Roi à Bangui (Rép. centrafricaine), l'Égl. presbytérienne de l'île Maurice et l'Égl. prot. de la Réunion sont membres associés.

Armée du Salut (ADS) : *origine : 1865* William Booth (1829-1912), pasteur méthodiste, fonde la Mission chrétienne. *1878* devenue l'Armée du Salut, elle adopte une organisation quasi militaire. Dirigée par un « général » élu par un haut conseil, présente dans 104 pays (2 500 000 membres). *En France : établie* depuis 1881 ; *dirigée* par le colonel Glen Shepherd depuis 1999 ; 246 officiers, 1 000 militants laïcs et plusieurs milliers de personnes dont l'Armée est le foyer spirituel. *1993* érigée en congrégation (la seule protestante). *1994* membre de la Fédération protestante de France. *Abrite* environ 5 000 personnes chaque jour. *Adresse à Paris :* 60, rue des Frères-Flavien, 75020. *Publications :* « En avant ! » (hebdomadaire, 8 000 ex.), « Soupe de nuit » (trim., 160 000 ex.), « la Rose blanche » (trim.).

Association d'Églises de professants des pays francophones : 85, avenue de Cherbourg, 78740 Vaux-sur-Seine. *Fondée* en 1957. « Professant » signifie que ceux qui désirent devenir membres de l'Église doivent personnellement confesser leur foi. 14 unions, fédérations ou regroupements, représentant plus de 350 Églises locales.

Association des étudiants protestants de Paris (AEPP) : 46, rue de Vaugirard, 75006 Paris.

Centre protestant d'études et de documentation (CPED) : 46, rue de Vaugirard, 75006 Paris. *Bibliothèque :* 23 000 volumes et 350 revues. *Publication :* « LibreSens ».

Cimade (service œcuménique d'entraide) : 176, rue de Grenelle, 75007 Paris. Aide aux immigrés. Programme de développement dans le tiers-monde.

Fédération nationale d'entraide protestante : 47, rue de Clichy, 75009 Paris. Rassemble plus de 360 associations du domaine sanitaire et social.

Médiathèque protestante : 1 *bis,* quai St-Thomas, 67000 Strasbourg.

Facultés. **De théologie protestante de l'université des sciences humaines de Strasbourg :** *fondée* en 1538. Forme les pasteurs de l'Église luthérienne d'Alsace et de Lorraine (Ecaal). **Libre de théologie réformée :** 33, avenue J.-Ferry, 13100 Aix-en-Provence. Forme les pasteurs des Églises réformées évangéliques indépendantes. **Libre de théologie évangélique :** 85, av. de Cherbourg, 78740 Vaux-sur-Seine. *Fondée* 1965. 1er, 2e, 3e cycles. Surtout pasteurs baptistes.

Institut protestant de théologie (IPT) : *fondé* par l'Égl. luthérienne de France et l'Égl. réformée de France. 2 *facultés* (environ 400 étudiants) : *Paris* (1er, 2e et 3e cycles), 83, bd Arago, 75014 ; *Montpellier* (1er, 2e et 3e cycles), 13, rue Louis-Perrier, 34000. *Bibliothèques :* Paris 60 000 volumes, Montpellier 100 000.

Société de l'histoire du protestantisme français : 54, rue des Saints-Pères, 75007 Paris. *Fondée* en 1852 ; locaux offerts par le Bon Fernand de Schickler. Reconnue d'utilité publique en 1870. A créé la fête de la Réformation (le dernier dimanche d'oct.). *Musée. Bibliothèque du protestantisme* (créée 1865 sous le patronage de Guizot, 120 000 volumes). *Bulletin* trimestriel.

■ **Conseil œcuménique des Églises.** **Origine :** conférence universelle des missions à Édimbourg : 1910. Conférences œcuméniques : Stockholm (1925), Lausanne (1927), Oxford (1937), Édimbourg (1937), Amsterdam (1948, création officielle). **Fonctionnement :** *secrétariat permanent :* 150, route de Ferney, 1211 Genève 2. *Assemblées* (protestantes, anglicanes, orthodoxes, catholiques non romaines) ; tous les 7 ou 8 ans : 1re assemblée : Amsterdam (P.-Bas, 1948) ; 2e : Evanston (USA, 1954) ; 3e : New Delhi (Inde, 1961) ; 4e : Upsal (Suède, 1968) ; 5e : Nairobi (Kenya, 1975) ; 6e : Vancouver (Canada, 1983) ; 7e : Canberra (Australie, 1991). 8e : Harare (Zimbabwe, 1998). *Comité central* (150 membres élus par l'assemblée) se réunit tous les 12 à 18 mois. *Comité exécutif* (25 membres) se réunit 2 fois par an. 8 *coprésidents. Secr. général :* depuis 1-1-1993 Dr Konrad Raiser (All., né 25-1-1938). **Églises membres :** 337 (400 millions de fidèles dans 100 pays). **Budget** (en millions de F, 2000) : *revenus* 212 (330 en 1996), *dépenses* 213 (355 en 1996). **But :** appeler les Églises (tout en respectant les diversités) à tendre vers l'unité visible en une seule foi et en une seule communauté eucharistique ; faciliter leur témoignage commun en chaque lieu et en tout lieu ; exprimer leur souci de servir l'homme et de promouvoir la justice et la paix.

COMMUNION ANGLICANE

■ **Origine.** **1529** le pape Clément VII (de Médicis) refuse l'annulation du mariage contracté en 1503 par le roi Henri VIII (12 ans) avec sa belle-sœur, Catherine d'Aragon (18 ans), veuve d'Arthur, Pce de Galles ; le roi notifie au clergé anglais qu'il est sur Terre « le chef suprême » de l'Église d'Angleterre. **1532** le clergé doit l'accepter. **1534** le Parlement entérine la décision dans *l'acte de suprématie* : Henri VIII, désireux d'épouser Anne Boleyn, soustrait l'Église d'Angleterre à l'autorité du pape (en en devenant lui-même le chef) et fait annuler son mariage par l'archevêque de Cantorbéry, Thomas Cranmer (1489-1556 ; condamné au bûcher comme protestant par Marie Tudor).

■ **Controverse sur l'annulation.** **1°)** Cranmer l'a prononcée en invoquant l'impossibilité canonique d'épouser une belle-sœur (mais Henri VIII avait obtenu de Rome les dispenses nécessaires). **2°)** Le mariage pouvait être déclaré nul pour défaut de consentement, Henri VIII ayant été marié d'office (mais tous les mariages princiers de l'époque se faisaient ainsi). **3°)** Les annulations de mariages royaux étaient fréquentes, mais Clément VII craignait de se brouiller avec Charles Quint, neveu de Catherine. **4°)** Henri VIII convoitait les biens de l'Église d'Angleterre, notamment abbayes et couvents.

1539 sous peine de punitions, Henri VIII maintient les conceptions catholiques sur transsubstantiation, coupe des laïques, mariage des prêtres, validité des vœux de chasteté, messes privées et confession auriculaire. **1547** Édouard VI († 1553) roi. Culte et dogme sont réformés dans un sens protestant, mais le principe de l'épiscopat est maintenu. **1549** 1er *Book of Common Prayer*. **1552** 2e confession de foi en 42 articles contenant la doctrine évangélique de la justification et la conception calviniste de la sainte Cène. **1553-58** avec Mary Tudor : réaction catholique rétablissant la suprématie romaine. **1559** Elizabeth Ire (1533-1603) ; le Parlement renouvelle l'acte de suprématie, mais le roi n'est plus que « gouverneur suprême » de l'État dans les affaires ecclésiastiques. Avec l'acte d'uniformité, la liturgie d'Édouard VI est adoptée. Matthew Parker, 71e archevêque de Cantorbéry, assure la succession apostolique de l'Égl. anglicane. **1563** les 39 articles (remaniement des 42 art. de 1552) fixent les croyances. **1570** Pie V excommunie Elizabeth Ire. **1571** les opposants calvinistes, appelés puritains depuis 1564, voulant purifier l'Église d'État « du levain papiste », sont persécutés. **1587** Elizabeth Ire persécute les cath., fait exécuter Marie Stuart et soutient les protestants dans toute l'Europe. **1593** Richard Hooker (1553-1600) publie les lois de la politique ecclésiastique, qui créent la théologie de l'anglicanisme. **1618** Lancelot Andrewes (1555-1626), prédicateur et écrivain, devient évêque de Winchester (crée la littérature religieuse anglicane). **1646** épiscopat supprimé ; le régime presbytérien est instauré ; restauration des Stuarts. **1660** épiscopat rétabli. **1662**-*19-5* l'acte d'uniformité est renouvelé ; le 4e *Prayer Book* est agréé. **1688** schisme des non-jureurs.

Nota. – L'anglicanisme a eu plusieurs martyrs, dont *William Laud*, archevêque de Cantorbéry (né 1573-décapité 10-1-1645), qui tenta d'imposer l'épiscopat aux Écossais et fut condamné à mort en 1644 pour avoir tenté d'abattre la religion protestante. Le roi *Charles Ier*, décapité en 1649 sur l'ordre du « Parlement croupion » dominé par les puritains, est souvent considéré comme martyr. *Thomas Wentworth*, Cte de Strafford, décapité en 1641, est plutôt considéré comme la victime d'un complot politique. Depuis le début du XVIIIe s. la communion anglicane s'est répandue : Amérique (1784), Canada (1787), Indes (1814), Jamaïque et Barbades (1824), Australie (1836), Nlle-Zélande (1841), Afr. du Sud puis Afrique occidentale (1852), orientale (1861).

■ **Clergé** (évêques, prêtres, diacres). Le clergé séculier n'est pas astreint au célibat. En Angleterre, les évêques, nommés par la Couronne sur proposition d'une commission ecclésiastique, prêtent hommage au souverain ; ils reçoivent de leur clergé le serment d'obéissance canonique. En dehors de l'Angleterre, ils sont élus par l'Église.

Ordination des femmes : EN ANGLETERRE : 1978-*8-11* le synode général s'y refuse (par 262 voix contre 246 et 3 abstentions). **1981**-*12-11* le synode admet le diaconat pour les femmes (ainsi que le titre de « révérend »). **1984**-*16-11* par 307 voix contre 183, il autorise la préparation d'un texte législatif qui permettrait l'ordination des femmes [62 prêtres protestants passent à l'Église romaine (épiscopaliens américains, mariés ou non)]. **1987**-*26-2* le synode vote la mise en place d'une législation (96 % des fidèles favorables, 69 % du clergé). L'archevêque de Cantorbéry ordonne 15 diaconesses. **1992**-*11-11* le synode (par 384 voix contre 169) admet l'ordination des femmes. **1993**-*29-10* la Chambre des communes (par 215 voix contre 21) et -*2-11* la Chambre des lords (par 135 voix contre 25) approuvent l'ordination des femmes. **1994**-*24-2* 712 prêtres et 7 évêques annoncent leur intention de rejoindre l'Église catholique fin nov. -*12-3* 32 femmes ordonnées prêtres à Bristol (environ 600 entre le 12-3 et le 9-5) ; **HONG KONG** et **MACAO : 1922** diaconat. **1944** Florence Tim Oi Li ordonnée prêtre. **1971** 2 femmes (1 Britannique, 1 Chinoise) ordonnées. **CANADA :** depuis 1975. **1993** 164 femmes diacres et 158 prêtres (10 % du clergé). **USA :** Église épiscopalienne depuis 1976. **1988** 1re : Barbara Harris (noire, divorcée, 58 ans), élue évêque le 25-9 et sacrée à Boston (USA) dans l'Église épiscopalienne. Elle était une des 1 500 femmes ordonnées prêtres depuis 1978. **1992** 2e : Jane Dixon. **1993** 1 030 femmes prêtres, 800 diacres (12 % du clergé). **NOUVELLE-ZÉLANDE :** depuis 1976. **Depuis 1989** Penelope Jamieson, 1re femme évêque titulaire. **1993** 120 femmes prêtres. **IRLANDE :** depuis 17-5-1990. **AUSTRALIE : 1992**-*7-3* 10 diacres ; -*21-11* accord pour l'ordination ; 60 femmes ordonnées. **AFRIQUE AUSTRALE : 1992**-*5-9* l'archevêque Desmond Tutu ordonne 3 femmes. **ÉCOSSE : 1993**-*juin* les anglicans se prononcent.

Homosexuels : 1991 le synode de l'Église admet que les homosexuels engagés dans « une relation amoureuse fidèle » soient les bienvenus dans l'Église. **1995**-*7-3* Mgr Derek Rawcliffe, ancien évêque anglican de Glasgow, reconnaît son homosexualité à la BBC (l'Église d'Angleterre rappelle que le clergé homosexuel doit s'abstenir d'avoir des relations sexuelles).

■ **Doctrine.** *Foi professée :* celle des Pères et des conciles antérieurs à la séparation des Églises d'Orient et d'Occident. Sa formulation officielle se trouve dans le *Book of Common Prayer* (1549, plusieurs fois révisé), les *39 articles* (adoptés en 1562) et le *quadrilatère de Lambeth* (1888) qui insiste sur les points suivants : *1°)* la Bible contient tout ce qui est nécessaire au salut ; *2°)* les symboles des apôtres et de Nicée exposent l'essentiel de la doctrine ; *3°)* il y a 2 sacrements essentiels : baptême et cène, institués par le Christ (le caractère sacramentel de confirmation, pénitence, ordre, mariage et onction des malades n'est pas nié) ; *4°)* les évêques anglicans sont les successeurs historiques des apôtres.

■ **Liturgie et culte.** Comporte traditionnellement 2 « ailes » : la *haute Église (High Church)* où le cérémonial ressemble souvent à celui de l'Église catholique romaine, et la *basse Église (Low Church)* où l'influence est surtout protestante. Une certaine unification s'était produite au XIXe s. [bien que plusieurs provinces (sur 27) aient créé leurs propres rites], car il existait un livre de la prière commune. Ce livre n'est plus utilisé et de nouvelles liturgies nationales et locales ont été créées. Mais l'unité anglicane a été maintenue grâce au respect de la tradition liturgique et de l'ordre traditionnel.

■ **Ordres religieux.** Supprimés au XVIe s., rétablis au XIXe s. Il en existe actuellement un grand nombre (Franciscains, Bénédictins, etc.).

■ **Organisation.** 38 Églises membres autonomes ou provinces dans plus de 160 pays (484 diocèses), admettant le principe de l'épiscopat et le gouvernement synodal représentatif. **1°) Église d'Angleterre :** Church of England (2 *provinces :* Cantorbéry et York), gouvernée par le *synode général* [présidé conjointement par archevêques d'York et de Cantorbéry, George Carey (né 1936, entré en fonction le 19-4-1991)]. Connu sous le nom de « convocation de Cantorbéry et d'York », il réunit clergé et laïcs des 2 provinces en 3 « chambres » séparées : évêques (43), prêtres (250) et, depuis 1970, laïcs (250) qui peuvent et, dans certaines circonstances, doivent voter séparément (il doit alors y avoir majorité dans chaque chambre). Chaque chambre peut se réunir à son gré en dehors de la convocation générale. En Angleterre, le souverain est chef temporel de l'Église et le gouvernement participe à la nomination des archevêques, des évêques et de certains autres dignitaires ecclésiastiques. Les décisions synodales sont soumises au vote des évêques, puis à celui du Parlement. *Biens de l'Église :* fonciers : 63 133 ha ; mobiliers : 7 milliards de F (administrés par les Church Commissioners). **2°) Églises autonomes :** à l'origine, l'Église d'Angleterre s'implanta dans les territoires sous influence britannique. Aujourd'hui, l'ensemble est divisé en provinces ou Églises régionales (3 conseils régionaux : Asie de l'Est, Pacifique Sud, Amér. du Sud). **PAYS** (outre l'Angleterre) : Afr. centrale, Nigéria (1979), Afr. de l'Ouest, Afr. du Sud, Amér. du Sud, Asie du Sud-Est, Australie (4 provinces dirigées par un Pt élu), Brésil, Canada (4 provinces ; primat élu par les évêques), Chine, Écosse, USA (Église épiscopale, 9 provinces), « Inde occidentale », Irlande (2 provinces, gouvernement par les 2 archevêques assistés d'un synode général et d'un corps législatif représentant les diocèses), Japon, Jérusalem, Kenya, Myanmar, Philippines (hispanophone), Mélanésie, Nlle-Zélande, océan Indien, Ouganda, Rwanda-Burundi-ex-Zaïre (francophone), Pacifique Sud, Papouasie-Nlle-Guinée, pays de Galles (6 diocèses, dirigés par un archevêque et une assemblée législative élue), Soudan, Sri Lanka, Tanzanie.

Nota. – Inde, Pakistan et Bangladesh ont créé des Égl. unies nationales qui ne sont plus anglicanes mais en communion avec les Églises anglaises.

Conférences de Lambeth : à Cantorbéry présidées par l'archevêque de Cantorbéry, réunissent tous les 10 ans, depuis 1867, les évêques des Églises anglicanes. A l'avant-dernière réunion, le 1-8-1988, 527 évêques dont 175 africains venant de 32 pays et 27 provinces ont voté (par 423 voix contre 28) un texte laissant libres les Églises membres d'ordonner des femmes à l'épiscopat. **Conseil consultatif anglican :** réuni tous les 3 ans depuis 1971. *Adresse : Partnership House,* 157 Waterloo Road, Londres SE1 8UT. **Comité des primats :** réunit tous les 2 ou 3 ans depuis 1979 les évêques présidents de chaque Église.

Commissions internationales romano-anglicanes (ARCIC) : 1970-82 1re commission (20 membres, présidée par l'archevêque anglican de Dublin et l'évêque catholique d'East Anglia) étudie les divergences : autorité dans l'Église, primat universel, dogmes mariaux, mariages mixtes, ordination des femmes, éthique sexuelle, divorce, divorcés remariés. **1988** la conférence de Lambeth reconnaît les déclarations communes sur la doctrine eucharistique, l'ordination des prêtres et les déclarations 1 et 2 sur l'autorité de l'Église sont accueillies comme « une base solide pour l'orientation du dialogue poursuivi ».

■ **Relations avec Rome.** **1896** Léon XIII (bulle *Apostolicae Curae*) déclare nulles et non avenues les ordinations anglicanes parce qu'elles venaient d'évêques consacrés selon le rite introduit par Édouard VI en dehors de la continuité apostolique et de l'intention sacramentelle de l'Église. **1921-25** *conversations de Malines* menées par le cardinal Mercier et lord Halifax (1839-1934). **1962-65** Vatican II reconnaît à *l'Ecclesia Anglicana* une « place particulière » parmi les Églises et communautés séparées de Rome par la Réforme, mais gardant les structures et les traditions catholiques. **1966**-*24-3* Paul VI reconnaît implicitement l'ordination du Dr Ramsey, archevêque de Cantorbéry, en l'invitant à bénir la foule romaine. **1980**-*26-3* le cardinal Hume, archevêque de Westminster, assiste à l'intronisation du primat anglican, le Dr Robert Runcie (archevêque de Cantorbéry). **1982**-*29-5* Mgr Runcie reçoit Jean-Paul II dans la cathédrale de Cantorbéry. **1986**-*6-3 la lettre du cardinal Willebrands* (Pt du secrétariat romain pour l'unité des chrétiens), dans *l'Osservatore Romano*, envisage la levée de l'invalidation des ordinations anglaises ; -*17-6 la 2e lettre* condamne l'éventuelle ordination des femmes. **1989**-*sept.* Mgr Runcie déclare, avant de le rencontrer au Vatican, que le pape a une « primauté universelle ».

■ **Statistiques.** **Fidèles** [nombre d'anglicans et épiscopaliens (en milliers, 1991)] : *Afrique :* Nigéria 3 900. Afr. du Sud 2 400. Ouganda 2 200. Kenya 1 500. Tanzanie 1 000. Burundi, Rwanda, Zaïre 700. Afr. centrale 600. Soudan 400 à 2 500. Afr. occidentale 135. Seychelles 83. *Amériques :* Canada 2 600. USA 2 433. Caraïbes 770. Amér. du Sud 95 (dont Brésil 65). Bermudes 25. Cuba 7. *Asie :* Japon 58. Sri Lanka 55. Myanmar 42. Hong Kong 28. Singapour 20. *Jérusalem et Moyen-Orient :* 35. *Europe :* Angleterre 25 000. Irlande 410. Pays de Galles 116. Écosse 60. *France* (est.) 5. *Océanie :* Australie 3 724. Nlle-Zél. 200. Papouasie-Nlle-Guinée 184. Mélanésie 120. *Total :* 70 000 (en majorité noirs depuis 1983). **Proportion des Anglais** *ayant reçu le baptême anglican :* 57,9 % ; *de couples ayant reçu le mariage anglican :* 34,2 %. *Pratique dominicale :* 2,7 %. **Prêtres** (en 1983) : environ 10 789 (dans le monde : 64 000, dont 2 000 *femmes,* 600 *évêques,* 430 *diocèses*). **Prêtres passés au catholicisme :** *1900-23 :* 20 ; *1990-99 :* + de 300 (dont 3 évêques). **Ordinations :** en Angleterre : 331 par an.

☞ **En France :** 5 000 fidèles. *Église St-Georges* 7, rue Auguste-Vacquerie, 75016 Paris ; *recteur :* père Martin Draper, dépendant du diocèse de l'Égl. d'Angleterre en Europe. *Cathédrale de l'Église épiscopale américaine en Europe* 23, avenue George-V, 75008 Paris ; *recteur :* père Ernest Hunt.

AUTRES ÉGLISES CHRÉTIENNES

ÉGLISE ADVENTISTE DU 7e JOUR

■ **Origine.** **Milieu d'origine :** groupes protestants anabaptistes (voir p. 539 b). **XIXe s.** regain de popularité, principalement auprès des croyants évangéliques. **1831** le baptiste américain William Miller (1782-1849) annonce publiquement le retour de J.-C. (prévu le 22-10-1844). Accrédité par 17 pasteurs de confessions protestantes différentes (baptistes ou méthodistes), il convainquit plus de 100 000 personnes d'attendre avec foi le retour du Christ pour cette date. Les millénaristes reconnurent leur erreur quant à l'interprétation de l'événement. Un bon nombre réintégra les Églises d'origine, le reste s'éparpilla en petits groupes. **1863** le plus important devient l'Église adventiste du 7e jour. **1864**-*6-6* M.B. Czechowski, ex-prêtre polonais réfugié aux USA, débarque en Angleterre et organise des communautés chrétiennes en Italie puis en Suisse. **1876** 1re Église adventiste fondée en France (à Valence) par D. M. Bourdeau. **1877**-*sept.* par Bourdeau et J. N. Andrews à Paris.

■ **Doctrines essentielles.** Divinité de J.-C., Trinité, autorité de la Bible (écrite sous l'impulsion du St-Esprit) en matière de doctrine, salut par la grâce et justification par la foi, baptême par immersion après confession de foi. Les adventistes acceptent le primat de la Bible (*sola scriptura*) et la doctrine réformée de la justification par la foi (*sola fide, sola gratia*). Ils attendent le retour personnel et glorieux de J.-C., selon les promesses du Nouveau Testament.

L'Église adventiste n'entend pas se substituer unilatéralement aux autres Églises chrétiennes pour la proclamation de l'Évangile. Sa mission particulière est de réhabiliter plusieurs éléments importants de la doctrine biblique laissés dans l'ombre.

■ **Particularités.** Sans avoir de credo, les adventistes acceptent les articles fondamentaux de la foi chrétienne tels qu'ils ont été énoncés par les 3 anciens symboles de l'Église (symbole des apôtres, de Nicée-Constantinople, d'Athanase). **1°)** *Sabbat :* Dieu a créé le monde en 6 jours et s'est reposé le 7e (samedi). Le sabbat rappelle l'acte créateur de Dieu, la libération du péché, et annonce par anticipation le royaume de Dieu où le repos sera éternel. Le Christ Jésus, créateur du monde, libérateur du péché et fondateur du royaume, est le maître du sabbat. Le samedi est jour de culte. **2°)** *Baptême :* le baptisé exprime sa foi en la mort et la résurrection du Christ et sa volonté d'être uni au corps du Christ qui est l'Église. Administré par immersion, réservé aux adultes et adolescents. **3°)** *Mort :* état où l'homme tout entier (esprit, âme et corps) demeure dans une inconscience totale jusqu'à la résurrection finale. Pas de culte des saints, ni de prière pour les morts. 4°) *Santé :* pour mieux servir Dieu et les hommes, les adventistes suivent les principes d'une hygiène de vie d'inspiration biblique et scientifique. Ils évitent de consommer drogues, tabac et alcool. 5°) *Retour du Christ :* seul espoir des croyants. Personne ne peut en fixer le moment.

■ **Organisation.** *Églises locales* regroupées en *fédérations* qui se rassemblent en *unions* (*conférence générale :* siège Washington ; *pour l'Europe :* Berne et Londres). L'*Église locale* est souveraine. Chaque responsable est élu ou réélu chaque année par l'assemblée des membres. *Œuvres :* 166 hôpitaux, 371 cliniques et dispensaires ; centres nationaux du *Secours adventiste ; Adra (Agence adventiste d'aide et de développement) :* 140 bureaux, 4 187 salariés ; 2 031 projets humanitaires réalisés.

■ **Statistiques.** *Sympathisants adventistes* 20 000 000. *Adultes baptisés* 10 939 182 (31-12-1999). *Églises* 46 740. *Pays concernés* 204. *Pasteurs* 17 715 (licence, maîtrise ou doctorat en théologie). *Écoles* élémentaires et secondaires 5 846. *Universités et écoles supérieures* 95. *Enseignants* 32 816. *Hôpitaux, sanatoriums, dispensaires et cliniques* 537. *Avions et bateaux dispensaires* 12. *Maisons de retraite et écoles d'infirmières* 147. *Personnel médical* 77 605. *Maisons d'édition* 56.

☞ **En France** (31-12-1999) : *sympathisants adventistes* 70 000. *Adultes baptisés* 47 125 (dont outre-mer 37 125, et métropole 9 823). *Églises* 278. **Sièges :** *Union franco-belge,* B.P. 7, 77350 Le Mée-sur-Seine. *Fédération France-Nord* 130, bd de l'Hôpital, 75013 Paris. *France-Sud* rue du Romarin, B.P. 30, 34830 Clapiers. 1 maison de retraite, 2 écoles élémentaires, 1 école secondaire, 1 faculté de théologie (Hte-Savoie), 1 institut d'étude de la Bible par correspondance, 1 maison d'édition, 8 radios locales, 3 périodiques, 3 centres de jeunesse, 1 bulletin de presse.

PETITE ÉGLISE

■ **Origine. 1801**-*15-7* signature du Concordat entre Napoléon Bonaparte et Pie VII. Sur 81 évêques non constitutionnels, émigrés en Angleterre, 38 refusent de démissionner en vertu de l'art. 3 du Concordat. **Causes de leur opposition :** hostiles à Bonaparte usurpateur, ils n'acceptent ni l'adjonction prévue de la prière « Domine salvam fac Republicam, Domine salvos fac Consules » (Seigneur sauvez la République, Seigneur sauvez les Consuls) (art. 8) ni le serment imposé de « garder obéissance et fidélité au gouvernement établi par la Constitution de la République française » (art. 6) ; refus de valider la vente des biens d'Église devenu biens nationaux, la réorganisation de l'Église [fusions de paroisses, suppression des fêtes religieuses, démission de tous les évêques français quel que soit leur statut (art. 3)]. *-15-8* le bref *Tam multa* de Pie VII demande aux archevêques et évêques français de se démettre de leur siège dans les 10 jours. *-29-11* la bulle *Qui Christi Domini vices* de Pie VII déclare libres et vacants les diocèses de ceux dont les démissions ne sont pas parvenues à Rome. **1803**-*6-3* 38 évêques contestataires adressent au pape des *Réclamations canoniques* rappelant l'inamovibilité de l'épiscopat et reprenant l'image du pariage spirituel indissoluble entre un évêque et son diocèse, que seuls peuvent dissoudre une démission volontaire ou un jugement selon les règles établies. La nomination de nouveaux évêques à des sièges pourvus d'un titulaire non concordataire est une rupture de la « succession apostolique ». Ils s'opposent à l'intégration, parmi les nouveaux évêques, de 12 anciens constitutionnels n'ayant pas rétracté leur serment pourtant condamné par Pie VI 10 ans avant le Concordat. **Nombre de fidèles :** *dissidents :* Poitou 27 500 dont Deux-Sèvres 20 000, Vendée 5 500, Maine-et-Loire 2 000 ; *jansénistes :* Lyon 25 000 ; *enfarinés :* Rouergue 6 500 ; *stévenistes :* Belgique 4 000 dont Namur 2 500, Brabant 1 500 ; *rondellistes :* Manche 2 500 ; *louisets :* Ille-et-Vilaine 2 000 ; *clémentins :* Seine-Maritime 2 000 ; *dissidents :* Loir-et-Cher 2 000 ; *illuminés :* Gers 2 000 ; *Petite Église :* Sarthe 1 500, Orne 1 000 ; *blancs :* Bourgogne 1 000 ; *patarons :* Htes-Alpes 1 000 ; *puristes :* Isère 500 ; *chambristes :* Ariège 500. **1814** Restauration. Sur les 38 évêques, 16 survivent, 1 s'était soumis en 1812 (Mgr de Bovet), 14 vont se soumettre [dont, en 1816, Alexandre de Talleyrand-Périgord (grand-aumônier, archevêque de Reims, nommé cardinal) ; Mgr de La Fare (évêque de Nancy) ; Mgr de Coucy (1766-1824, évêque de La Rochelle, nommé archevêque de Reims) ; en 1818 Mgr de Brou de Vareilles (évêque de Gap)]. Un ne se soumet pas : Mgr de Thémines (1742-1829, évêque de Blois). *-17-8* les prêtres de la Petite Église jurent de lui rester fidèles. 40 000 fidèles dont 25 000 à Lyon (3 % du diocèse) et quelques dizaines de prêtres dont l'abbé de La Roche-Aymon se révèlent anticoncordataires. **1820**-*27-9* bref du pape qualifiant de « schisme manifeste » l'attitude de la Petite Église. *-23-12* Louis XVIII refuse la publication du bref. **1829** Mgr de Thémines meurt en Belgique. Il n'a jamais consenti à ordonner prêtres ou évêques qui auraient constitué un clergé schismatique. **1841** mort de l'abbé de Broglie qui lui a succédé comme chef spirituel. **1847** mort de l'abbé Ozouf aux Aubiers (Deux-Sèvres). **1852** mort de l'abbé Planty, dernier prêtre anticoncordataire, à Pont-Ste-Marie. **1857**-*20-5* mort du laïc Philippe Texier (né 1802). **1894** Joseph Bertaud (chef à Courlay depuis 1887, gendre de Philippe Texier) et Marius Duc (Pt de la chambre de commerce de Lyon) se soumettent. **1905** l'abolition du Concordat ne modifie pas la position de la Petite Église qui désire que Rome reconnaisse le bien-fondé des « réclamations » de 1803. **1948-49** le pape autorise les membres qui veulent se soumettre à ne plus faire abjuration ou déclaration de soumission (baptême et mariage faits par la Petite Église étant considérés comme valides). **1955**-*20-12* Pie XII désigne 2 visiteurs apostoliques [Mgr Derouineau († 1973) pour la Petite Église du Poitou et Mgr Morel pour les stévenistes (Belgique)]. **1965**-*26-3* à N.-D.-de-la-Pitié, à 10 km de Bressuire, pour la 1re fois depuis 1847, 130 membres de la Petite Église acceptent de recevoir les sacrements (confession, communion, confirmation des enfants) des mains du clergé catholique. Mais l'intervention des Lyonnais empêche un ralliement officiel et général, rendu difficile par les innovations de Vatican II. **1968** la Petite Église anticoncordataire stéveniste de Belgique se rapproche de l'Église vieille-catholique d'Angleterre. **1971** les pères Jean Charpentier, pour la France, et Aimé (Amédée) Bausier, 13e père spirituel des communautés, sont ordonnés et consacrés évêques le 1-6 à Bruxelles par Mgr Charles Brearley, archevêque primat de l'Église vieille-catholique d'Angleterre. **1982**-*1-9* décision du St synode : la Petite Église devient « la Petite Église apostolique vieille-catholique ». **1994** le synode adopte « l'acte de conciliation » pour l'ensemble des communautés de France et Belgique. **1996** ralliement des communautés du nord de la France, d'Auvergne, de Bordeaux. **1999** les vieux chrétiens des Flandres belges se rallient aussi (Brakel-Zegelsem).

■ **Nom.** On appelle les fidèles de la Petite Église *clémentins,* ou *bétournés* en Normandie, *louisets* en Bretagne, *chambristes* dans le Rouergue, *stévenistes* à Namur, *dissidents* dans le Poitou, *jansénistes* dans le Lyonnais (héritiers des adversaires de la bulle *Unigenitus*), *vieux chrétiens* dans le Brabant flamand et à Bruxelles, *blanchardistes* en Angleterre, à cause de l'abbé Pierre-Louis Blanchard (1758-1829), principal pamphlétaire des 400 prêtres anticoncordataires formant la « Petite Église » de Londres (leur nom de « Petite Église » a été donné par la suite à tous leurs partisans sur le continent). **Livres religieux :** catéchisme d'avant 1789 et ouvrages d'avant 1896 de l'abbé Jules Houssaye. **Fêtes :** 17-1 St-Antoine, 27-9 St-Vincent de Paul, 29-9 St-Michel Archange. **Carême :** sans viande. **Offices :** le vendredi, messe de veillée dominicale, et le dimanche, messe chantée en français et en latin.

■ **Implantation actuelle** (nombre de fidèles). **Petite Église de France :** *Poitou* 3 500, région de *Boulogne* 1 000, *Lyonnais* 500, *Bordeaux* (St-Martin-de-Beauville), *Puymirol* 400, *Auvergne* (St-Médard-en-Forez) 300, *Champagne* (Reims) 250, *Martinique* (Fort-de-France) 220. **Petite Église en Belgique :** Bruxelles 600, Brabant wallon 400, Namur 400, Brabant flamand (Hall) 320, Hainaut (Gosselies) 300, Liège 100. *Siège primatial :* 18, rue Théophile Piat, 1300 Wavre (Belgique). *Primat* depuis le 1-2-1980 Mgr Christian Vestraet (14e père spirituel des communautés). **Dans le monde :** Cameroun 6 000, Congo (Kinshasa) 4 000, Rwanda (Kigali) 1 200, Bénin 1 000, USA (New Jersey) 500, Canada (Québec) 460, autres 38 000.

■ **Organisation.** Épiscopo-synodale. *Clergé :* 4 évêques, 132 prêtres et diacres. *Centre de formation :* institut St-Lin, devenu le 7-10-1998 faculté libre de théologie St-Lin. *Doyen :* Mgr William Moreels. *Visiteur apostolique pour la France :* R. P. Dominique Langlet. *Évêque d'Ile-de-France :* Mgr Yves Lerognon du Bois d'Ersan. *Missions :* 107.

ÉGLISE VIEILLE-CATHOLIQUE

☞ *Abréviations :* arch. : archevêque ; cath. : catholique(s) ; égl. : église ; év. : évêque.

■ **Histoire. 1704** Pays-Bas ; regroupe des jansénistes : le pays, étant officiellement protestant, n'avait pas de hiérarchie cath. et le clergé cath., comprenant de nombreux réfractaires au formulaire antijanséniste, dépendait d'un vicaire apostolique envoyé par Rome. **1713** de nombreux prêtres cath. hollandais rejettent la bulle *Unigenitus.* **1724**-*14-10* un év. français janséniste réfugié en Hollande, Dominique Varlet, consacre évêque l'un d'eux, Cornelius Steenhoven, qui prend le titre d'év. d'Utrecht (on disait alors *l'Église d'Utrecht* ou « *vieille-épiscopale* »). **1724-40** accueil des jansénistes venus de France. **1742** nouveau diocèse à *Haarlem.* **1757** à *Deventer.* **1763** concile d'Utrecht. **1870**-*18-7* vote au concile du Vatican ; *1°)* pour la primauté de juridiction du pape sur toute l'Église ; *2°)* pour son infaillibilité. **1871**-*23-4* Ignaz von Döllinger [(1799-1890), théologien de l'université de Munich, ancien député au parlement de Francfort] et son élève, Johannes Friedrich, qui s'opposent à ces dogmes, sont excommuniés. *-Sept.* congrès à Munich : une assemblée synodale est créée. **1873**-*juin* l'abbé Josef Reinkens, de Breslau, est élu évêque par les vieux-catholiques ; *-août* est sacré par l'év. de l'Église d'Utrecht. **1874** l'Église « vieille-catholique » (anti-infaillibilistes) se constitue en fédération d'Églises nationales autonomes : Allemagne, Suisse [« cath. chrétiens » (reconnus par le gouvernement fédéral ; faculté de théologie intégrée à l'université de Berne)], Autriche, Tchécoslovaquie, Yougoslavie, Pologne, France. **1889** union officielle du clergé vieil-épiscopal et des vieux-cath. : l'év. d'Utrecht devient le Pt de la Conférence des év. de l'union d'Utrecht (chaque Égl. étant autonome). **1907** fondation à Scranton (USA) de l'*Église catholique nationale polonaise,* dirigée par un primat.

■ **Personnalités marquantes. Charles Loyson** (1827-1912, dit le père Hyacinthe), ancien dominicain puis carme, rompt avec l'Égl. romaine le 20-9-1869 et épouse en 1872 une Américaine, Emily Meriman née Butterfield. N'ayant pu rejoindre, à cause de son mariage, l'Égl. d'Utrecht, il crée en 1879 l'*Église cath. gallicane,* qui sera prise en charge par des év. anglicans jusqu'en 1890 ; il s'efface en 1893 devant l'abbé Georges Volet pour permettre l'agrégation à l'Égl. de Hollande. À la fin de sa vie, il devient théiste. **Julien Ernest Houssay** (abbé Julio, 1844/27-9-1912), prêtre séparé, se fait sacrer év. en 1904 par Paolo Miraglia (év. de l'Égl. indépendante d'Italie) et devient chef de l'Égl. cath. libre de France. **Georges Volet** (1864-1915), ordonné prêtre en 1887 par Mgr Herzog (év. vieux-cath. de Berne), rattache en 1893 l'Égl. gallicane de Paris aux vieux-cath. hollandais ; il édite de 1891 à sa mort un mensuel, *le Catholique français.* **Jean-Joseph Van Thiel** (Hollandais, 1843-1912), vicaire épiscopal de l'Égl. gallicane en 1893, év. de Haarlem 1906. **Paul Fatome** (1881-1950), ordonné prêtre par Mgr Herzog en 1905, fonde la paroisse vieille-cath. de Nantes en 1910 et la dirige jusqu'en 1936 ; en 1938, n'ayant pu obtenir d'Utrecht la consécration épiscopale, il l'obtient de l'év. mariavite polonais Kowalski, rompant ainsi avec Utrecht. **Abbé Eugène Michaud** (1839-1917) vicaire de la Madeleine à Paris ; rallié aux vieux-cath. en 1870, fonde en Suisse la faculté de théologie vieille-cath. à Berne et la *Revue internationale de théologie* [actuellement *Internationale Kirchliche Zeitschrift (IKZ)* publiée par la faculté de théologie de Berne]. **Joseph-René Vilatte** (1854-1929), voir Église vilattienne p. 545 b.

■ **Rapports avec différentes Églises chrétiennes. Pleine communion** avec les anglicans depuis 1931 (participation aux conférences de Lambeth). **Intercommunion** avec l'Égl. catholique nationale des Philippines, l'Égl. catholique réformée d'Espagne et l'Égl. Lusitania du Portugal. *Avec orthodoxes :* reconnaissent partager une foi commune.

☞ **Désaccords avec la doctrine catholique romaine :** prépondérance du concile sur le pape ; refus des dogmes de l'infaillibilité du pape et de son magistère universel, de l'Immaculée Conception et de l'Assomption, de la doctrine du « sacrifice » de la messe ; droit au mariage des prêtres (depuis 1922) ; en Allemagne, depuis mai 1994, droit des femmes à la prêtrise et à l'épiscopat. Les paroisses choisissent leur curé, et les laïcs ont voix au chapitre. Pas de condamnation expresse du divorce, de la contraception, du concubinage ou de l'homosexualité. Des prêtres homosexuels peuvent exercer leur sacerdoce, à condition d'être acceptés par leur paroisse. L'avortement est considéré comme la mise à mort d'un innocent, mais peut être choisi comme moindre mal dans une situation désespérée. Sur certains points de discipline ecclésiastique (comme les langues liturgiques), les doctrines se sont rapprochées. Un observateur vieux-cath. a assisté à Vatican II. Rapports œcuméniques officiels avec l'Égl. romaine.

■ **Nombre** (en 1999). USA 200 000. Pologne 80 000. Allemagne 25 000. Autriche 18 000. Suisse 16 000. Pays-Bas 10 000. Yougoslavie 8 000. Canada 7 000. Tchécoslovaquie 1 000. *France 100.*

■ **Organisation épiscopo-synodale. Diocèses :** 5 américains, 3 hollandais, 1 suisse (Berne), 1 allemand (Bonn), 1 autrichien (Vienne), 1 tchèque (Prague), 1 polonais (Varsovie). **Paroisses :** 616.

En France [Mission vieille-catholique en France (union d'Utrecht)] placée, depuis le 1-5-1893, sous la juridiction de la Conférence internationale des év. vieux-catholiques (délégué : Mgr Hans Gerny, év. de l'Église catholique chrétienne de la Suisse, Willadingweg 39, 3006 Berne), de l'arch. d'Utrecht (il y a 4 prêtres mais aucun évêque). *Centres permanents :* Paris (centre St-Denis « Mission de France », 15, rue de Douai, 75009), Strasbourg, Haguenau, Annecy, Rouen. Parmi les nombreuses « Petites Églises catholiques » et communautés ecclésiales, plusieurs se réclament du vieux-catholicisme et prétendent en détenir une succession apostolique, notamment de l'Église d'Utrecht. *Membres :* 1 000 000 dans le monde, regroupés dans des Églises catholiques indépendantes, sous la présidence de l'arch. d'Utrecht aux Pays-Bas. Ils participent, depuis sa fondation, au Conseil œcuménique des Églises.

☞ **Joseph-Antoine Boullan** (1824-93, sans doute assassiné), prêtre de la congrégation du Précieux-Sang, fut condamné par Rome en 1867, puis, en 1870, pour ésotérisme ; il quitta l'Église catholique en 1875 et fonda à Lyon une communauté anti-infaillibiliste sans lien avec Utrecht. Ses écrits ont été remis au romancier catholique Joris-Karl Huysmans qui, dans *Là-Bas,* en a fait le « Dr Johannès ».

COURANTS MARIAVITES

■ **Église vieille-catholique mariavite.** Membre du Conseil œcuménique des Églises (COE) et de la Conférence des Églises européennes (KEK).

Nom : vient de *Mariae Vita :* la vie de Marie. Spiritualité centrée sur l'eucharistie. **Origine :** le *père Honorat Kozminski,* capucin [(1829-1916), béatifié le 6-10-1988 par Jean-Paul II], fonda dans la Pologne occupée par la Russie de nombreuses congrégations ; mais la papauté, suspicieuse, le démit de ses fonctions et reconnut avec réticence ses congrégations. **1886** *mère Marie-Françoise Koslowska* († 23-8-1921) fonde une communauté contemplative de femmes sous la règle de St François. **1893** une congrégation de prêtres mariavites [anciens élèves de l'académie ecclésiastique de St-Pétersbourg (seule faculté de théologie cath. autorisée en Russie)] se donne la règle de St François pour modèle. **1903-06** persécution par des évêques polonais (à cause de leur désir de réforme de l'Église et du clergé). **1906** excommunication par Pie X. Prêtres, religieuses et 44 000 adultes laïcs fondent l'Égl. mariavite. **1909**-*7-9* Égl. mariavite reçue dans l'union d'Utrecht (des Égl. vieilles-catholiques), le supérieur général devient l'évêque-primat de l'Égl. qui prend le titre « Égl. vieille-catholique mariavite ». **1924** retrait de l'union d'Utrecht en raison de certaines réformes considérées comme hétérodoxes par la Conférence des évêques vieux-catholiques. **1935** réforme et retour aux sources du mouvement. Dissidence de 3 prêtres, appelée « Felicjanow », fidèles aux positions de l'archevêque Jean Marie Michel Kowalski

(† 25-5-1942 à Dachau) ; aucune représentation en France. **1972**-*6-8* liens repris avec Utrecht ; consécration épiscopale de Mgr Tymoteusz Kowalski († 8-8-1997) à Plock (Pologne) par de nombreux évêques vieux-catholique dont l'arch. d'Utrecht. L'Égl. vieille-catholique mariavite est en intercommunion avec les Égl. vieilles-cath. de l'union d'Utrecht, à l'exception des Égl. d'Allemagne et de Suisse. **1997** commission de dialogue avec l'Égl. catholique romaine. **2000** reconnaissance mutuelle du baptême entre l'Égl. catholique romaine et l'Égl. vieille-catholique mariavite. **Siège :** Plock (Pologne). **Évêque-primat :** Mgr Wlodzimierz Jaworski.

Province de France : érigée en 1989. Le 18-2-1992, la juridiction épiscopale est entre les mains de Mgr André Le Bec. *Siège :* église Ste-Marie 47, rue de l'Échiquier, 75010 Paris.

■ **Église catholique des Mariavites.** Régie par le Conseil suprême des supérieurs. *Comprend :* vicariats apostoliques (Europe occidentale, Afrique occidentale et équatoriale, Amérique du Sud), évêchés régionnaires (France, Belgique, Italie, Allemagne, Danemark, Norvège, Argentine, Réunion, etc.) et communautés (Virgen Maria Reina de los Flores, et plusieurs communautés des Missionnaires de la Ste-Famille-de-la-Providence). *Organisation :* 11 évêques, clergé séculier 71 membres. Suit les enseignements mariavites. Le baptême est considéré comme une alliance et non comme le rachat du péché originel. Font de grandes réserves sur l'Ancien Testament et son interprétation. Vocation missionnaire axée sur la famille, prêtres mariés, sacerdoce féminin jusqu'au diaconat.

☞ *Monastère polonais de Felicjanow :* religieux et religieuses suivent la règle de St François d'Assise. Son supérieur est de droit vicaire apostolique pour les pays de l'Est et la Pologne. Suit les enseignements mariavites. Exige vie monastique et vœu de chasteté.

Église irvingienne

■ **Nom officiel.** *Église irvingienne.* Église protestante apostolique. **Origine. 1835** fondée par des disciples du théologien (protestant) écossais Edward Irving (1792-1834). Pasteur de l'Église calédonienne, apôtre des classes laborieuses, devenu vers 1827 disciple du philosophe Samuel Coleridge, il prêchait un christianisme mystique, teinté d'ésotérisme. Dans plusieurs paroisses écossaises, des disciples d'Edward Irving se présentèrent comme des prophètes inspirés par l'Esprit. Irving fut exclu de sa paroisse de Londres en 1832, et condamné comme hérétique en 1833 mais, en 1834, il fut réordonné comme « chef pasteur de l'Église assemblée Newman Street ».

Église néo-apostolique

■ **Origine.** L'Église catholique apostolique n'ayant pas prévu le remplacement des apôtres décédés, le mouvement se poursuivit en prenant sa forme définitive avec l'appel de nouveaux apôtres en 1863. Il se développa d'abord et surtout en Allemagne et en Hollande.

■ **Doctrine.** Se considère comme la vraie Église instituée par J.-C. *Sacrements :* 3 comme au temps des 1ers apôtres : baptême, saint scellé (dispensation du St-Esprit par l'imposition des mains et la prière d'un apôtre), cène. *Principaux enseignements :* plan de salut divin (salut de l'humanité déchue) ; incarnation de Dieu en Jésus, son fils ; mission confiée aux apôtres ; retour du Christ ; règne millénaire de paix ; Jugement dernier ; communion éternelle des rachetés avec Dieu.

■ **Organisation. Siège :** Zurich (Suisse). **Apôtre-patriarche** statuant en dernier ressort sur toutes les questions religieuses. **Apôtre de district de France :** René Higelin, 140, route de Lorry, 57000 Metz. **Communautés :** chacune est confiée à un conducteur (berger, évangéliste et prêtre) assisté de diacres et sous-diacres. Les serviteurs sont des laïcs n'ayant pas fait d'études théologiques. **Effectifs.** *1930 :* 200 000 ; *1975 :* 1 000 000 ; *2000 :* 9 900 000.

Église vivante (Église rénovée)

■ **Origine. 1922** formée par l'aile réformiste et progressiste du clergé orthodoxe russe, politiquement proche du régime soviétique. **1923** convoque à Moscou un nouveau concile panrusse qui destitue le patriarche Tikhon et adopte des réformes ecclésiastiques (retour aux évêques mariés), liturgiques (célébrations en russe), etc. **1924** le patriarcat de Constantinople la déclare « seule autorité religieuse légitime en URSS ». **1925** elle se divise en plusieurs courants (Église vivante, Union de la réformation). **1943** politiquement progressiste, elle est jugée évangélisatrice et Staline lui préfère la traditionnelle Église patriarcale, qui la prive progressivement de ses églises et chapelles. **1945** disparaît en URSS, s'étend en Serbie, Bulgarie, pays gréco-orthodoxes non socialistes, Europe occidentale, Amérique. **1977** supprimée en URSS.

■ **Statut.** N'est pas reconnue comme Église orthodoxe par les autres Églises. *Titre officiel en France* (depuis 1977). Aumônerie des chrétiens orthodoxes relevant du concile général de Moscou de 1923 (plus de hiérarchie organisée). Dépend pour les autres pays d'un synode à Beyrouth (son Pt, Mgr Kyrill Markovitch, a été tué pendant la guerre civile de 1976). **Effectifs.** *1943 :* 17 000 000. *1982 :* Europe de l'Est 1 500 000, de l'Ouest 50 000, Grèce et pays libres gréco-orthodoxes 10 000, Amérique 10 000, divers 3 000.

Église kimbanguiste

■ **Nom officiel.** Église de Jésus-Christ sur Terre par Son Envoyé spécial Simon Kimbangu (EJCSK). **Origine. 1921**-*6-4* fondée au Zaïre par Simon Kimbangu (1887/12-10-1951 en prison) catéchiste et prédicateur baptiste. Dans son village natal de Nkamba, devenu Nkamba-Jérusalem, il annonce le retour du Christ sur Terre. Condamné à mort par un conseil de guerre belge le 3-10-1921, sentence commuée en détention à perpétuité par le roi des Belges Albert Ier. **1959**-*24-12* statut légal. **1969**-*16-8* admise au Conseil œcuménique des Églises.

■ **Doctrine.** La Bible est l'unique livre d'autorité. **Père spirituel :** Salomon Dialungana Kiangani (2e fils de Simon Kimbangu ; né 25-5-1916 ; avant : Son Éminence Salomon Diagienda Kuntima † 8-7-1992). **Sacrements :** 4 (baptême, cène avec un gâteau et du miel, ordination, mariage). La confession et l'imposition des mains sont pratiquées sans être considérées comme des sacrements. **Prescriptions :** vie austère sans alcool ni tabac, monogamie.

■ **Activités.** Agricoles, enseignantes et médicales. **Fêtes liturgiques.** *6-4 :* anniversaire de la fondation de l'Église (1921) ; *12-10 :* anniversaire de la mort de Simon Kimbangu ; Pâques ; *25-12 :* Noël. **Effectifs** (en 1991). 6 227 512, dont 4 950 000 au Zaïre. **Diaspora :** paroisses tolérées : Suisse, Canada, G.-B., Allemagne, Pays-Bas, Suède, USA.

Mouvement dit « des Frères »

■ **Origine. 1817** à Genève et **1827** à Dublin, quelques chrétiens (protestants, anglicans, catholiques) redécouvrent que la personne de J.-C. est le seul véritable lien d'unité entre eux, au-dessus de toute appartenance ecclésiastique. Ils l'affirment en se réunissant pour partager l'eucharistie (qu'ils nomment « cène » ou « repas du Seigneur ») sans la présence ou l'autorisation du clergé. Les « assemblées » (Églises) se multiplient en Suisse romande et surtout en G.-B. (les plus nombreuses : Plymouth et Bristol). **1847** John Nelson Darby (1800-82), pasteur anglican, entraîne nombre d'assemblées à rompre toute relation avec celles qui ne pratiquent pas une stricte discipline, touchant surtout la doctrine (d'où leur nom d'« **exclusifs** »). **1848** scission entre frères.

■ **Ligne théologique.** Protestante calviniste, dans la ligne évangélique (autorité plénière de la Bible en matière de foi et de vie, pleines divinité et humanité de J.-C., salut par la grâce seule). **Église** de type contrégationnaliste : sans clergé, ni synode.

■ **Évolution.** En 1847, John Nelson Darby, par un enseignement strict crée le mouvement des « Frères exclusifs » : accent sur la sainteté de la « table du Seigneur », une discipline ferme, un rejet de toute organisation (ni pasteur, ni ministères reconnus ; ni présidence, ni programme défini, ni liturgie pour les cultes dominicaux). Environ 100 communautés en France, 20 en Belgique, plusieurs dizaines en Suisse. **Publications :** périodique *Le Messager Évangélique* (Vevey, Suisse), calendrier *La Bonne Semence.*

☞ Adresse : 30, rue de Châteauvert, 26000 Valence.

La tendance **plus ouverte** s'est maintenue et développée dans de nombreux pays. Chaque église reste autonome, mais est dirigée par un groupe d'anciens ou un pasteur. Accent sur la mission extérieure. En France : l'*Entente évangélique des communautés et assemblées évangéliques de France* (*CAEF*) et l'*Entraide évangélique* pour les œuvres sociales, de jeunesse, caritatives ou missionnaires. **Publication :** revue *Servir en l'attendant.*

☞ **Adresses. CAEF :** 40, chemin de Lautagne, 26000 Valence. **AESR (Assemblées évangéliques de Suisse romande) :** *périodique :* « Vivre », Z.I. En Glapin, 1162 St-Prex (Suisse).

Membres. 1 700 000 dans environ 40 pays [*France :* 6 000 (environ 120 églises)].

☞ **Glossolalie :** en psychiatrie, langage inventé, incompréhensible de prime abord au vocabulaire et à la syntaxe fixes. Manifestation extatique (ou parler en langue) : classée parmi les charismes.

Mouvements chrétiens libres

Église du Christ, scientiste (Christian Science)

■ **Origine. 1879** fondée aux USA par Mary Baker-Eddy (1821-1910) dont le livre *Science et Santé, avec la clef des Écritures,* contient les articles de foi.

■ **Doctrine.** Dieu est le principe de tout ce qui existe réellement. Le Christ rachète l'homme du péché, de la maladie et de la mort, indiquant ainsi leur irréalité. Quand la loi les y autorise, les scientistes chrétiens préfèrent s'appuyer uniquement sur les moyens spirituels pour le traitement des maladies.

■ **Organisation.** *Église mère* à Boston [administrée par le Conseil des directeurs de la science chrétienne (5 membres cooptés)]. *Filiales :* environ 3 000 dans 68 pays (dont USA 2 300, G.-B. 250) organisées en Églises ou Stés de la science chrétienne sans lien financier avec l'Église mère. Église de laïcs (il n'y a pas de clergé, les services religieux sont conduits par des lecteurs élus). Service le dimanche. Réunion le mercredi. *Publications :* « The Christian Science Monitor » (quotidien 150 000 ex., hebdomadaire 50 000 ex., mensuel 230 000 ex.), 4 périodiques en 17 langues. **France :** *fondée* 1898 ; *adresse :* 4, rue Nocard, 75015 Paris ; *églises :* 15.

Quakers (Société religieuse des Amis)

■ **Origine. Vers 1650** mouvement fondé par George Fox (1624-91) en G.-B., également illustré par William Penn, fondateur de la Pennsylvanie aux USA [*quaker :* trembleur, surnom ironique donné en 1650 à Fox et à ses 1ers compagnons (qui parlaient de « trembler » devant Dieu) par le juge Gervase Bennett]. **1702** à l'occasion de la guerre des camisards, naissance, en France, du mouvement des *« Inspirés »* ou *« Prophètes »* ou *« Gonfleurs »,* dans la Vaunage (canton de Congeniés, Gard). **1785** Jean de Marcillac, chef des Inspirés de la Vaunage, prend contact avec les quakers anglais, qui reconnaissent les liens de fraternité. **1788**-*27-1* les Gonfleurs sont mentionnés dans l'édit de tolérance (« ceux qui ne reconnaissent pas la nécessité du baptême ») ; *-mai :* 7 quakers anglo-américains créent à Congeniés la Sté des *« Amis »* ou *« Trembleurs »* français.

■ **Organisation.** Association religieuse libre sans profession de foi, sacrements ni clergé, fondée sur la recherche dans la méditation de l'Esprit apporté par le Christ et éclairé par la « Lumière intérieure ». Accent mis sur : valeur du silence, en particulier dans le culte, fraternité, intégrité, tolérance, non-violence (qui mène à l'objection de conscience), aide aux victimes (guerre, autres fléaux). **Effectifs.** Environ 300 000 dont USA 110 000, G.-B. 20 000 et petits groupes en Europe [*France :* Paris, Nice, Normandie, Strasbourg, Marseille, Languedoc-Roussillon ; personnage célèbre : Marius Grout (Goncourt 1942)], Asie, Afrique, Australie, Nouvelle-Zélande.

☞ **Adresses. Sté religieuse des Amis (Quakers) :** Assemblée de France et Centre quaker international, 114 *bis,* rue de Vaugirard, 75006 Paris. **Comité consultatif mondial des Amis :** FWCC World Office, 4 Byng Place, Londres WC1E7JH, Grande-Bretagne.

Témoins de Jéhovah

■ **Nom.** Tiré d'un passage biblique (Isaïe 43,10) selon lequel les serviteurs de Dieu sont ses témoins. Adopté en 1931 (auparavant, connus sous le nom d'« Étudiants de la Bible »). **Origine. 1870** Charles Taze Russell (1852-1916) entreprend l'étude de la Bible avec quelques associés (Pennsylvanie, USA). **1877** le livre *les Trois Mondes* identifie la date de 1914 à celle de la fin du « temps des Gentils » mentionnée par Jésus, commencé en 607 av. J.-C. avec la prise de Jérusalem par Nabuchodonosor. **1879** 1er numéro de *la Tour de Garde* destiné à favoriser l'étude et l'enseignement de la Bible. **1933-45** en Allemagne, environ 10 000 témoins emprisonnés (soit 1 sur 2). Plusieurs milliers meurent dans les camps de concentration.

■ **Croyances.** Fondées sur la Bible. Un Dieu unique, le Père (Jéhovah), est le Créateur de toutes choses. Son Fils, créé esprit, devient plus tard l'homme Jésus. L'Esprit-Saint est la force active invisible de Dieu. Rejettent l'immortalité de l'âme et les supplices éternels. Pensent que les événements survenus depuis 1914 accomplissent les prophéties de Jésus sur le « temps de la fin » consignées dans les Évangiles. Croient à une intervention divine prochaine qui fera disparaître la méchanceté de la Terre, après quoi survivants et ressuscités transformeront notre planète en Paradis. Les témoins prêchent de maison en maison. Œuvre financée par des offrandes volontaires. Pas de hiérarchie, pas de quête. **Principes.** Ceux du christianisme. S'appliquent à garder un haut niveau de moralité. Rejettent drogue, tabac, avortement. Suivent le principe mentionné dans la Bible (Actes 15,29) demandant de s'abstenir de sang (refusent viandes non saignées, transfusions, mais ont recours aux techniques de substitution). Fête annuelle : Mémorial institué par J.-C. Assistance mondiale *2000 :* 14 900 000.

■ **Organisation. Siège :** *international :* Brooklyn à New York. *En France :* 2, rue Saint-Hildevert, 27400 Louviers. **Témoins :** *1945 :* 127 000 (dont *France* 1 700) ; *2000 :* 6 000 000 répartis dans 91 487 congrégations, dans 235 pays dont USA 990 000, Brésil 536 000, Mexique 534 000, *France* (métropolitaine et d'outre-mer) 250 000 fidèles et sympathisants (1 863 congrégations, 1 131 édifices de culte ouverts au public), Italie 230 000, Japon 221 000, Allemagne 166 000, Belgique 26 000, Suisse 18 000. **Publications :** « La Tour de Garde » (23 042 000 ex. en 139 langues), « Réveillez-vous ! » (20 682 000 ex. en 83 langues), bimensuels.

Amis de l'Homme

■ **Origine. 1916** fondé sous le nom de « l'Ange de l'Éternel », « les Amis de l'Homme », par Alexandre Freytag (Suisse, 1870-1947). **Doctrine.** Chrétienne préconisant le changement du caractère par la pratique de l'Évangile. **Organisation. Siège :** *international :* le Château, route de Vallière 27, 1236 Cartigny, Genève (Suisse). *France :* 22, rue David-d'Angers, 75019 Paris. **Stations :** *en Suisse, France* [« La Nouvelle Terre », Oraison (Alpes-de-Hte-Prov.), « Château de la Prospérité » à Méthamis, station de Draveil], *Allemagne, Belgique* depuis 1925. **Publications :** « Moniteur du règne de la Justice » (bimensuel, en 7 langues), « Journal pour tous » (hebdo).

UNITARIENS

■ **Origine. Début de l'ère chrétienne** Juifs Evionim (ébionites). **XVe-XVIe s.** certaines confréries médiévales puis celles de l'Inde. **1550** *synode de Venise* (unitarisme au sein de la Réforme protestante radicale). **1553** Michel Servet (1511-53), médecin et théologien d'origine espagnole qui avait publié en 1531 un pamphlet antitrinitaire, *De Trinitatis Erroribus,* puis en 1553, *Restitutio Christianismi,* est condamné au bûcher par Calvin. **1568** Francis David († 1579 en prison), ancien évêque luthérien gagné aux idées de Servet, convertit le roi de Transylvanie et fonde la 1re Église unitarienne. **1579** Fausto Sozzini, disciple de son oncle Lelio, antitrinitaire italien, rejoint l'Église (protestante antitrinitaire) des *Frères polonais* fondée en 1562 (unicité de Dieu, non-divinité de J.-C.), à qui il donnera une armature théologique socinienne *(Bibliotheca Fratrum Polonorum).* Cette Église fut détruite par la Contre-Réforme. **1654** John Biddle (1615-62), auteur de traités antitrinitaires, fondateur de l'unitarisme anglais, est emprisonné jusqu'à sa mort. James Relly (1720-76) prêche une doctrine voisine, *l'universalisme.* **1774** Théophile Lindsey (1723-1808) crée à Londres la 1re congrégation unitarienne. **1794** le pasteur Joseph Priestley (1733-1804, découvreur de l'oxygène), chassé par une émeute de son église unitarienne de Birmingham, émigre aux USA où il renforcera les tendances unitariennes de l'aile libérale des « puritains » de Nouvelle-Angleterre. En 1787, la plus grande église de Boston (King's Chapel) était passée de l'anglicanisme à l'unitarisme. *Autres théologiens unitariens :* l'Anglais James Martineau (1805-1900), les Américains William Channing (1780-1842), Théodore Parker (1810-1860), et le pionnier de l'antiesclavagisme, James Luther Adams (« Une foi pour hommes libres », 1946). **1961** un courant chrétien proche, *l'universalisme,* implanté à Boston en 1817 par Hosea Ballou (1771-1852), fusionne avec l'unitarisme, fondant une association de 1 100 églises.

■ **Croyances.** Chrétiens « anté-nicéens », les unitariens, se fondant sur le seul enseignement de Jésus, refusent la plupart des dogmes élaborés par les conciles des IVe et Ve s. Ne croient pas à l'incarnation (Jésus est seulement homme, maître et prophète), à la Trinité, au péché originel, à la prédestination. Tolérants, rationalistes, ils considèrent avec bienveillance les autres monothéismes.

■ **Organisation. Églises anglo-saxonnes :** congrégationalistes, chaque Église est indépendante. **Églises de l'Est :** presbytériennes-synodales, ont des évêques élus (Budapest, Cluj).

■ **Principales personnalités.** John Adams (1735-1826) [1]. John Quincy Adams (1767-1848) [1]. Phineas T. Barnum (1810-91). Béla Bartók (1881-1945). Ambrose Bierce (1842-1914). Karen Blixen (famille de) [1885-1962]. Robert Burns (1759-96). Neville Chamberlain (1869-1940). Charles Darwin (famille de) [1809-82]. Charles Dickens (1812-70). Ralph Waldo Emerson (1803-82). Millard Fillmore (1800-74) [1]. Nathaniel Hawthorne (1804-64). Thomas Jefferson (1743-1826) [1]. Herman Melville (1819-91). John Milton (1608-74). Isaac Newton (1642-1727). Linus Pauling (1901-94). Paul Revere (1735-1810). Albert Schweitzer (1875-1965). Sir Henry Tate (1818-99). Frank Lloyd Wright (1869-1959).

Nota – (1) Président des USA.

■ **Effectifs.** 325 000, dont USA 200 000, Roumanie 70 000, Inde 9 000, G.-B. 8 800, Philippines 2 000, Hongrie 1 800, Rép. tchèque 1 000, Allemagne, Nigéria, Pakistan, Sri Lanka. **En France,** Belgique, Suisse, une centaine et 2 associations : **Assemblée fraternelle des chrétiens unitariens (AFCU) :** *Pt d'honneur :* Théodore Monod, de l'Académie des sciences. *Pt :* Patrice Codur. *Pt honoraire :* Albert Blanchard-Gaillard, Les Hauts-Sièges, Route de Courlons, 04000 Digne-les-Bains. **Association unitarienne francophone (AUF) :** *Pt :* Michel Baron, 50, rue de Boulainvilliers, 75016 Paris. *Cultes :* Genève, Digne, Nancy, Paris.

AUTRES COMMUNAUTÉS ET ASSOCIATIONS D'INSPIRATION CHRÉTIENNE OU BIBLIQUE

■ **Alliance universelle.** Association cultuelle issue le 15-6-1983 de l'Église chrétienne universelle. Fondée en 1953 par Georges Roux, inspecteur au tri postal, guérisseur [dit le Christ de Montfavet (1903/26-12-1981)], « forme humaine par laquelle Dieu intervint pour redonner son message d'amour afin que tous les hommes, accomplissant les actes essentiels à l'individualisation de leur âme, forment la véritable humanité ». **Siège :** 9, rue de la Pépinière, 84000 Avignon. *Pte :* Jacqueline Roux (fille de G. Roux).

■ **Antoiniste (Culte). 1910** fondé à Jemeppe-sur-Meuse (Belgique) par Louis Antoine dit le Père, ouvrier mineur (1846-1912). Culte fondé sur la foi, le désintéressement, le respect de toutes les croyances et l'amour du prochain, sur la prière qui consiste en l'élévation de la pensée. Croient à la réincarnation comme étant la loi de l'évolution des êtres. **Temples :** Belgique 31, *France* 33 ; nombreuses salles de lecture en divers pays. **Adeptes :** 2 500 à 3 000, revêtus du costume religieux antoiniste et chargés d'assurer le travail moral que comporte l'activité du culte. **Pratiquants :** 150 000 (*France* 100 000).

■ **Doukhobors** (en russe : combattants de l'esprit). **1740** fondés dans la région de Kharkov (Russie) par un sous-officier prussien converti au *quakerisme.* **1769** repris en main par Sylvan Kolesnikov († 1780) puis par d'autres prophètes. **1884** déportation de la secte en Géorgie (*prophète :* Pierre Vériguine, assassiné 1924). **1898** permission d'émigrer au Canada. **Doctrine :** refus des actes sociaux : service militaire, possession de maisons, port des vêtements (ont été poursuivis, au Canada, pour destructions d'immeubles et nudisme). **Statistiques :** 12 000 au Canada (dont 3 000 en Colombie-Britannique) pratiquant avec modération et intégrés à la société chrétienne.

■ **Églises des « évêques hors collégialité ». Églises de la succession Vilatte-Álvarez. Ire Église vilattienne :** fondée 1907 par Joseph-René Vilatte (1854-1929), élevé à Angers, membre de la Petite Église, pasteur presbytérien au Canada puis ordonné prêtre vieux-catholique à Berne le 7-6-1885 par Mgr Herzog. Parti pour les USA, il fonde des paroisses « anciennes-catholiques ». **1892**-*20-5* consacré évêque à Colombo (Sri Lanka) par un missionnaire catholique espagnol, Julio Álvarez (Mgr Julius Ier), devenu en 1889 évêque jacobite de l'Église d'Antioche syrienne (voir p. 537 c). **1898** les vieux-catholiques de Suisse concluent à l'invalidité de sa consécration (pour « simonisme », c.-à-d. payée en argent, mais Rome le reconnaît comme évêque validement consacré). **1900**-*6-5* consacre évêque un prêtre romain excommunié ; le St-Siège les excommuniera tous les deux. **1901** choisi comme archevêque-primat par des néo-gallicans de la région de Bordeaux, héritiers de l'*Église catholique française* de « Mgr » François-Ferdinand Chatel [9-1-1795/13-2-1857, prêtre en 1818, sacré en 1830 par Fabré-Palaprat (1775-1838) grand maître d'un groupe néo-templier] fondée le 15-1-1831 (supprimée en 1850), ils sont opposés au vieux-catholicisme hollandais et suisse (leur chef avait été le chanoine Pierre-François Junca, † 1899). **1907**-*févr.* il occupe, 22, rue Legendre, à Paris, l'ancienne chapelle des Barnabites, confisquée en 1903, et y fonde l'église des Sts-Apôtres. **1907-09** chassé par des émeutiers catholiques, occupe un hangar, 51, rue Boursault à Paris. **1908** Henri Durand-Morimbau (dit Henri des Houx, 1848-1911), journaliste du *Matin,* Eugène Réveillaud (1851-1935), sénateur protestant de la Charente-Inférieure et Pierre-Paul Guieysse (1841-1914), égyptologue, député radical du Morbihan, fédèrent sous le patronage du *Matin* 184 assemblées cultuelles, qui se rallient à l'*Église catholique, apostolique et française* de la rue Boursault ; puis des Houx se brouille avec Vilatte. **1911** des Houx meurt dans le sein de l'Église vieille-catholique de l'abbé Volet (ses assemblées cultuelles disparaissent par suite de procès avec l'Église catholique). Abandonné par Briand, Vilatte tombe dans la misère. **1925**-*1-6* abjure dans les mains du nonce à Paris. **1929**-*2-7* meurt à l'abbaye cistercienne de Pont-Colbert, près de Versailles. **IIe Église vilattienne (Église gallicane) :** *patriarches : 1928* Mgr Louis-François Giraud (ordonné prêtre *1907* par Mgr Vilatte, consacré évêque *1911,* installé *1916* au Gazinet près de Bordeaux où il déclare l'association cultuelle St-Louis). *1950* Mgr Jalbert-Ville († 1956). *1956* Mgr d'Eschevannes († 1970). *1976* Mgr Truchemotte († 1987). *1987* Mgr Thierry Teyssot (évêque gallican d'Aquitaine consacré par Mgr Agostinho, évêque gallican du Portugal lui-même consacré en 1985 par Mgr Truchemotte). Mgr Dominique Hubert Philippe. Église gallicane tradition apostolique du Gazinet.

Multiplication des évêques « antiochiens » : avant son abjuration, Mgr Vilatte avait consacré plusieurs évêques, dont un Italien, Mgr Miraglia (consécrateur, à son tour, de plusieurs évêques non rattachés à une Église déterminée). Plusieurs évêques se réclamant de cette succession apostolique sont désignés *episcopi vagantes* (« évêques errants » ou « marginaux », c.-à-d. n'appartenant pas au « collège universel » des évêques). Eux-mêmes s'appellent « antiochiens » ; depuis 1938, ils ne sont plus reconnus par le patriarche syrien d'Antioche.

Église catholique libérale. 1918 fondée par un Anglais, Mgr James Ingall Wedgwood, vieux-catholique dissident.

☞ Au moins 3 évêques romains ont pratiqué des consécrations épiscopales non canoniques : **Mgr Renato Cornejo Radavero,** ancien év. auxiliaire de Lima [consécrateur en *1970* de Mgr Maurice Cantor (ancien moine bénédictin, chef de l'*Église catholique traditionnelle* de Mont-St-Aignan, près de Rouen et déjà consacré en 1964 par Mgr d'Eschevannes)] ; *1987* pour la même Église Mgr Ducrocq, Mgr Fleury. **Mgr Pierre Martin Ngo Dinh Thuc** (1897-USA 13-12-1984) frère du Pt Diem et ancien arch. de Huê. *1962* quitte le Viêt Nam (est à Rome au concile quand son frère est assassiné) ; se rend à Palmar de Troya [y ordonne 2 prêtres (31-12-1975) puis 5 évêques (11-1-1976) excommuniés 15-1-1976]. *1976-17-9* se soumet. *1977-8-2* sacre Jean Laborie desservant le sanctuaire d'Espis (près de Moissac, T.-et G.). *1981-7-5* sacre Michel Guérard des Lauriers (27-2-1988) ; *17-10* sacre 2 évêques. *1982-25-9* sacre 1 évêque. *1983-12-3* excommunié. *1984-11-7* se rétracte 4 mois avant sa mort. Actuellement 43 évêques schismatiques. **Mgr Lefebvre** (voir p. 501 b).

☞ De nombreux évêques hors collégialité ont été consacrés plusieurs fois, car certaines consécrations sont déclarées invalides dans les milieux des *episcopi vagantes* et dans certaines Églises canoniques.

Palmaristes (Andújar, Espagne). Disciples de Clemente Dominguez y Gómez, qui croient aux apparitions de Palmar de Troya [né 1946 ; *1968* comptable servant à Palmar ; *1969* revient et voit la Vierge ; *1970* reçoit des stigmates ; *1975* fonde l'ordre de la Sainte-Face ; *1975-31-12* ordonné prêtre ; *1976-11-1* sacré évêque par Mgr Ngo Dinh Thuc, *6-8* (à la mort de Paul VI) Jésus lui apparaît et le nomme pape (Grégoire XVII)]. *1978* excommunie Jean-Paul II, et crée un Vatican dissident, près de Séville. En France, à Andiran-le-Fréchou (Lot-et-Garonne), fonde une communauté *(Serviteurs de N.-D.* ou *Fraternité Salve-Regina),* qui rompra ensuite avec lui ; assure avoir des apparitions de la Vierge Marie, non reconnues par l'évêque d'Agen. **Autres papes : Clément XV** (Michel Collin). Né 13-9-1905. *1933* ordonné prêtre, dit avoir des visions. *1943* soutient Léon Millet dit le Chevalier blanc ou le Roi blanc qui doit sauver la France. *1946* quitte sa congrégation des prêtres du Sacré-Cœur de St-Quentin. *1951-17-1* réduit à l'état laïc pour doctrines erronées. *1960-nov.* s'installe à Clémery (Meurthe-et-Moselle), se dit le pape Clément XV. *1961-2-4* création d'une Église. *1963 à la mort de Jean XXIII (3-6)* se fait couronner à Clémery le 9-6. *1964-15-8* annonce au Sacré-Cœur de Montmartre, devant l'assistance médusée, la « consécration de la France au Sacré-Cœur de Jésus, par Louix XIX, le futur roi », présente le Vte Gilles Arthur de La Villarmois († 1971, prétendant descendre de Jean Ier le Posthume). *1969-sept.* déclare, sous l'Arc de triomphe, « le Christ empereur de la France ». *1974-23-6* meurt à 69 ans. Il avait, disait-il, 150 000 fidèles (en fait quelques centaines en France). **Jean-Grégoire XVII** (Gaston Tremblay, né 1928). *1945* frère hospitalier de St Jean de Dieu. *1962* sacré évêque par Clément XI. *1967* rompt avec lui. *1971-29-9* couronné pape par 8 évêques qu'il a ordonnés.

■ **Église de J.-C. des saints des derniers jours (mormons). Origine : 1830** fondée par Joseph Smith (1805-44) « après une visite de Dieu et de Jésus-Christ » sur la colline de Cumorah près de Palmyra (New York, USA), aujourd'hui Lieu saint de l'Église. **1844** Smith présente sa candidature à la présidence des USA, 1 émeute éclate, son frère et lui sont arrêtés et tués par la foule dans leur prison (le 27-6). **1847** les mormons s'établissent près du lac Salé au pied des monts Uinta sous le gouvernement de leur 2e prophète, Brigham Young (1801-77), après avoir franchi le Missouri gelé. **1847-69** État indépendant du *Déseret* (nom tiré du Livre de Mormon voulant dire *abeille*). **1850** intégré à l'Union américaine (territoire de l'Utah) après construction du chemin de fer du Pacifique. **1861-68** superficie réduite. **1896** l'Utah constitué en État, les mormons dirigent économie et administration. **1985** *Salt Lake City :* Hofmann, faussaire de documents historiques et tueur par colis piégé (2 victimes), est démasqué alors qu'il tentait de vendre à l'Église une pseudo-lettre de la « Salamandre blanche » de Martin Harris. **Doctrine :** le libre arbitre, base de tout acte et de toute décision. **Livres saints :** la *Bible, Doctrine et Alliances,* la *Perle de grand prix,* le *Livre de Mormon* (traduction des plaques d'or gravées de hiéroglyphes en égyptien réformé dont un messager de Dieu, Moroni, a révélé l'existence à Joseph Smith). Celui-ci les découvrit le 22-9-1827 sur une colline avec 2 pierres, l'*Urim* et le *Thummin,* mentionnées dans la Bible (Esdras 2,62) qui lui permirent de les déchiffrer et donnèrent le Livre de Mormon le 26-3-1830. Le messager de Dieu reprit les plaques qui nul n'a revues depuis. Selon ce livre, un 1er groupe vint de Babylone en 2200 av. J.-C. pour s'établir en Amérique, un 2e vint de Palestine en 600 av. J.-C. et un 3e en 590 av. J.-C. Les Amériques auraient été peuplées par 4 grandes civilisations : les *Jarédites* (qui s'entre-tuèrent), les *Néphites* (anéantis en 421 apr. J.-C. ; un des leurs, le prophète Mormon, écrivit les plaques d'or), les *Lamanites* (ancêtres des Indiens d'Amérique) et les *Mulékites,* émigrés en Amérique et qui seraient parmi les ancêtres des Indiens. Jésus serait venu parmi eux après sa résurrection et aurait établi une branche de son Église. **Polygamie :** selon l'exemple des prophètes de l'Ancien Testament, David, Salomon, le « mariage plural » se faisait avec l'accord de la 1re épouse, pratiqué par 2 % des mormons, autorisé par le prophète ; Brigham Young (17 épouses, 56 enfants) l'avait prônée pour que leur nombre augmente rapidement. Abolie le 6-10-1890 ; une branche dissidente (et excommuniée) des mormons la rétablit en 1955 au Mexique et aux USA (40 000 membres, dont 5 000 à Colorado City). Les différentes « tribus » polygamiques ont fondé des coopératives prospères. **Recherches généalogiques :** selon un texte de l'apôtre Paul (I Corinthiens 15,29), tout croyant peut accomplir le baptême par procuration pour ses ancêtres. Chacun prend donc à cœur de rechercher sa généalogie. Les Églises locales collaborent à ces recherches. Des microfilms portant sur 14 milliards d'individus ont été stockés à Little Cottonwood Canyon (Utah). L'Église a mis au point un logiciel pour micro-ordinateur. **Vie sociale :** accent mis sur vie de famille, morale, civisme. **Hygiène :** les mormons s'abstiennent de boire de l'alcool et de fumer.

Organisation : *siège international :* Salt Lake City (USA). *Pt (prophète, voyant et révélateur) : 1985* Ezra Benzon († 29-5-1994 à 94 ans) ; *1994 (5-6)* Howard W. Hunter (1907/3-3-1995) ; *1995 (12-3)* Gordon Hinckley (né 23-6-1910), assisté de 2 conseillers et 12 apôtres. **Prêtrise :** 2 degrés : à 12 ans (prêtre d'Aaron) ; à 18 ans (prêtre de Melchisédek) ; depuis 1978, accordée à toutes races. Tout mormon, entre 19 et 23 ans, peut accomplir une mission d'évangélisation à l'étranger (18 mois pour les femmes et 24 mois pour les hommes) à ses frais, ainsi que les couples (sans enfants à charge) entre 40 et 60 ans. Au niveau local, les membres sont regroupés par *paroisses* (200 à 600 personnes) dirigées par un évêque ayant famille et profession. Plusieurs paroisses constituent un *pieu* (allusion aux pieux soutenant le Tabernacle d'Israël dans l'Ancien Testament) : 2 000 à 4 000 fidèles dirigés par un Pt assisté d'*officiers de pieu* nommés par lui. **Finances :** les fidèles donnent 10 % de leurs revenus annuels [selon la loi de la dîme de la Bible (Abraham paya la dîme à Melchisédek)]. L'Église possède une grande partie des immeubles de Salt Lake City, 160 000 ha de terrains, des Cies d'assurances (pour son fonctionnement), 1 quotidien, 11 stations de radio, 2 chaînes de télévision, 1 Sté sucrière, des actions dans une chaîne de grands magasins, 2 universités et 2 collèges. **Statistiques** (en 2000) : **membres :** 10 752 986 dont *USA :* 4 610 000 [306 171 baptêmes de convertis et 84 118 d'enfants (8 ans au minimum)] ; 58 593 missionnaires dans 333 missions ; 25 793 paroisses et 2 542 pieux. *Europe :* 393 000. *Amér. latine :* 3 422 000. **Temples :** 68 dans le monde (et 54 en construction) dont Europe 7 et Tahiti 1 ; *le plus grand :* 14 770 m², à Kensington (Maryland, USA), consacré en 1974.

☞ **En France :** *1849 :* 1er missionnaire ; *1962 :* 1er lieu de réunion permanent (Nantes). **Paroisses :** 150. **Dirigeants :** 430 religieux bénévoles. *Administration :* des permanents rémunérés. **Membres** *en 1959 :* 1 909 ; *75 :* 10 000 ; *85 :* 16 500 ; *99 :* 30 576. **Adresses : missions :** *françaises :* 23, rue du 11-Novembre, 78110 Le Vésinet ; *Bureau de la communication pour la France :* 1, avenue du Mont-Blanc, B.P. 59, 01710 Thoiry. **Publication :** « le Liahona » (mensuel).

■ **Église réorganisée de J.-C. des saints des derniers jours.** **Origine :** continuation légale du mouvement après l'assassinat de Joseph Smith en 1844 (jugement du 23-2-1880, Lake County, Ohio). *Dirigée actuellement* par W.B. Smith, arrière-petit-fils du fondateur. D'après un document récemment découvert, son grand-père, Joseph Smith II, aurait bien désigné son père Joseph Smith III comme successeur légitime à la tête de l'Église mormone. Cependant le *Collège des 12 apôtres,* qui dirige l'Église (non réorganisée), estime que le document découvert est une bénédiction, non une désignation. Ordination de femmes depuis 1984. **Doctrine :** croit que la volonté divine pour l'homme se trouve dans les Écritures et dans la révélation prophétique contemporaine ; croit aux dons et aux manifestations du St-Esprit. **Membres :** 230 000 dans 30 pays. **Centre mondial :** PO BOX 1059, Independence, Missouri 64051, USA. **Universités :** Graceland College, Iowa Park College, Kansas City. *Centre d'enseignement :* B.P. 92, Sanito, Tahiti. **Siège** : 11, rue Sédillot, 75007 Paris.

■ **Église de l'Unification** (*nom officiel :* Association pour l'unification du christianisme mondial, AUCM). **Origine :** fondée 1954 à Séoul par Yun Myung-Moon (deviendra Sun Myung Moon : soleil brillant, lune ; né 6-1-1920, Corée). **1936** le dimanche de Pâques, Jésus lui serait apparu. **1939** études d'électricité à Tokyo. **1945** retour en Corée : 1er mariage. **1946** prédication à Pyongyang (Corée du Nord). Arrêté et torturé. **1948-50** interné en Corée du Nord pour « infractions à l'ordre social », libéré pendant la guerre de Corée par les troupes de l'Onu, puis militant évangéliste ; se réfugie à Pusan puis Séoul. **1957** publie *les Principes divins.* **1958** envoie des missionnaires au Japon. **1959** aux USA. **1960** 2e mariage de Moon avec Hak Ja Han (18 ans) : 14 enfants. **1962** missionnaires en Europe. **1964** Korean Cultural and Freedom Foundation créée en Corée du Sud (gérera la radio Free Asia). **1972** s'installe aux USA. **1974** défend Nixon dans l'affaire du Watergate. **1984** condamné à 18 mois de prison pour une fraude fiscale de 162 000 $; *-20-7* incarcéré. **1985**-*20-8* libéré. Moon et l'Église de l'Unification militent notamment avec la Causa (Confédération d'associations pour l'unité des sociétés des Amériques), pour l'effondrement du communisme, puis cherchent à s'implanter dans les pays qui en sortent (Moon rencontre Gorbatchev en avril 1990 à Moscou, Kim Il Sung le 6-12-1991). **1992** publication des « Principes divins » dans *les Izvestia.* M. Vinogradov, directeur des ballets Kirov de St-Pétersbourg, a fondé à Washington, grâce à Moon, l'Académie universelle de ballet. **Doctrine :** l'idéal de Dieu se réalisera par l'établissement du Royaume de Dieu sur Terre coïncidant avec le retour du Christ. L'unification de toutes les cultures et religions viendra en prélude. Préconise un christianisme intégral, notamment la pratique de la prière et le don de soi total pour prévenir le matérialisme communiste, aider les pays qui en sortent et lutter contre le déclin spirituel et moral du monde actuel. **Le mariage** est une institution centrale, équivalente aux sacrements de baptême et d'ordination de l'Église catholique. *Exemple de mariages célèbres collectivement : 8-2-1975 :* 1 801 à Séoul ; *29-11-1997 :* 3 500 000 en des cérémonies simultanées dans 163 pays.

Budget annuel : plusieurs milliards de dollars venant des activités industrielles initiées par Moon, des fidèles et sympathisants. En 1998, la crise asiatique affecte les Stés du groupe en Corée.

Terrains d'action : scientifique *(Conférence intern. pour l'unité des sciences)* ; **médical** *(Fondation mondiale de secours et d'amitié)* ; **social** *(Projet Volunteer) :* en Amérique, organise collecte et distribution de vivres aux indigents, spécialement en Californie, etc. *Fédération interreligieuse pour la paix mondiale* (27-9-1991), *Fédération pour la paix mondiale* (28-9-1992), *Fédération des femmes pour la paix mondiale* (10-4-1992) ; **économique ; agroalimentaire :** *Il Hwa* (produits à base de ginseng) ; *usines Mc Col* (boisson gazéifiée à base d'orge) ; *International Oceanic Enterprises :* 290 bateaux de pêche au thon sur les côtes américaines (plusieurs chalutiers de haute mer) ; **mécanique et métallurgique :** *Tongil* (un des 30 premiers groupes industriels de Corée du Sud) ; *automobiles Panda* (construites en Chine) ; **électronique :** *Wacom* (Sté japonaise, logiciels pour PC) ; *projet Wrist* (recherche en électronique) ; **communication :** *News World Communications* [comprend New York City Tribune, Noticias del Mundo, Ultimias Noticias, The Middle East Times, Washington Times, Insight (600 000 abonnés), et The World & I] ; *The Segye Times* (quotidien à Séoul, 1 200 000 ex.) ; *Sekkai Nippon* (quotidien à Tokyo) ; *Atlantic Video* (montages vidéo). Terrains et immeubles en Corée, aux USA.

☞ **En France :** *membres : vers 1995 :* 1 200 ; *99 :* 300 ; *siège social :* 9, rue de Châtillon, 75014 Paris ; 15 centres. Déclarée comme association sans but lucratif. 1 château-hôtel (Bellinglise, Élincourt-Ste-Marie, Oise) ; hôtel Trianon-Palace à Versailles, revendu à une Sté japonaise « proche de Moon » ; château de Mauny (Seine-Maritime) ; château de Challain-la-Potherie (Maine-et-Loire).

Nota. – De nombreux chrétiens dénient la qualité d'Égl. chrétienne à « l'Église de l'Unification ». La Cour suprême de l'État de New York a toutefois jugé le 6-5-1982 qu'elle présentait le caractère de « religion de bonne foi ». La Commission de contrôle des institutions charitables d'Angleterre et du pays de Galles (Charity Commission), dans son rapport de 1982, a estimé que « les Principes divins » pouvaient raisonnablement être considérés comme faisant partie du christianisme au sens le plus large du terme. Le Conseil œcuménique américain (26 membres catholiques, orthodoxes, protestants) a refusé le qualificatif de « chrétien » au mouvement.

■ **La Famille d'amour. 1968** fondée aux USA, sous le nom d'*Enfants de Dieu,* par un ancien pasteur méthodiste, David Brandt Berg (1918-94 ; Mo ou Dad pour ses adeptes). **1978** clandestinité. **1981** Moïse David demande aux adeptes de rejoindre l'Amérique du Sud. S'implante en Inde, Asie du Sud-Est, Australie, Japon (depuis 1986). Pratique le *flirty fishing* (séduction programmée, par des filles et des femmes souvent très jeunes, de messieurs riches et influents), assurant argent et protections.

Réarmement moral
Changer-international

■ **Origine.** *Lancé* en 1938 à Londres (et en France après 1947) par Frank Buchman (1878-1961), Américain d'origine suisse. **Doctrine.** Ni parti, ni religion, il invite chacun à œuvrer aux changements nécessaires dans le monde en soumettant sa propre vie à l'autorité intérieure de sa conscience ou de sa foi. **Action** menée selon 6 orientations principales : *1°)* guérir les blessures de l'histoire ; *2°)* renforcer la dimension morale et spirituelle de la démocratie ; *3°)* inciter chacun à sortir de la logique du blâme et à entrer dans la logique de la responsabilité ; *4°)* promouvoir l'engagement éthique des partenaires de la vie économique ; *5°)* rétablir une véritable vie communautaire dans les villes ; *6°)* créer des réseaux d'hommes et de femmes de cultures et traditions religieuses différentes qui s'engagent à rendre concrètes et visibles leurs aspirations à la réconciliation, la justice et la paix. **Organisation :** *rencontres internationales* plusieurs fois par an, notamment dans les centres de Caux (Suisse) depuis 1946 et de Panchgani (Inde) depuis 1968. *Direction :* collégiale depuis 1965. *Adresses : en Suisse :* 1824 Caux ; *en France :* Association pour le Réarmement moral (Changer-international), 22, avenue Robert-Schuman, 92100 Boulogne-Billancourt. *Bimestriel* (en français) : « Changer ».

Le judaïsme

Sens du mot juif

Yehoudi : mot hébraïque signifiant judéen, c.-à-d. du pays de Juda (Judée) au sud de l'Eretz Israël (pays d'Israël). Il a désigné ensuite les habitants de Samarie, au nord du pays, et tous ceux qui pratiquaient la religion juive après l'exil à Babylone (VIe s. av. J.-C.). **Ioudaios :** forme grecque. **Judaeus :** forme latine. Le *f* qui termine le mot français est diversement expliqué : certains le considèrent comme normal en fin de mot (soif, veuf, fief, bief, suif, etc.) ; d'autres comme une forme masculine refaite sur le féminin « juive ». **Israélite :** utilisé surtout de 1800 à 1950 ; mot qui tombe en désuétude, car il prête à confusion avec le terme moderne *Israélien* désignant un citoyen d'Israël. **Juif :** le mot a repris son sens religieux, bien que l'expression « confession israélite » soit encore officielle en France. **Hébreux** [terme, venant d'*Eber* (descendant de Sem, l'un des 3 fils de Noé) ou de *Hapirou* ou *Habirou* (les errants), utilisé en Égypte aux XIIIe et XIIe s. av. J.-C., ou de *ivri,* racine araméenne signifiant « de l'autre côté », le 1er Hébreu, Abraham, étant venu de l'autre côté du désert arabo-syrien] : peuple apparu vers 2500 av. J.-C.

Population juive

☞ Estimations (dans la plupart des pays, les Juifs ne font pas l'objet de recensements). Selon l'Organisation mondiale de Juifs originaires des pays arabes (Wojac), 2 000 000 ont quitté les pays arabes en 25 ans.

■ **Dans le monde. En 1911.** 11 817 783 Juifs dont : Europe 9 942 266, Amérique 1 894 209, Asie 522 635, Afrique 341 867, Océanie 17 106. **Par pays :** Russie 5 110 548, Autriche 1 224 899, Hongrie 851 378, Allemagne 607 862, Turquie d'Europe 282 277, Roumanie 266 652, Angleterre 238 175, Hollande 105 988, *France 100 000,* Italie 52 115, Bulgarie 33 663, Belgique 15 000, Suisse 12 264.

En 1996. Afrique : Afr. du Sud 94 000, Botswana 100, Égypte 200, Éthiopie 100, Kenya 400, Maroc 6 100, Namibie 100, Nigéria 100, Tunisie 1 600, Zaïre 300, Zimbabwe 900, autres 96 800.

Amérique : du Nord : Canada 362 000, USA 5 700 000 (43,8 % de la population juive mondiale), Mexique 40 700. **Centrale et du Sud :** Antilles néerlandaises 300, Argentine 205 000, Bahamas 300, Bolivie 700, Brésil 100 000, Chili 21 000, Colombie 4 000, Costa Rica 2 500, Cuba 700, Rép. dominicaine 100, Équateur 900, Salvador 100, Guatemala 1 000, Jamaïque 300, Panamá 5 000, Paraguay 900, Pérou 2 900, Porto-Rico 1 500, Suriname 200, Uruguay 23 300, Venezuela 19 000, îles Vierges 300, autres 300.

Asie : Azerbaïdjan 9 500, Chine (dont Hong Kong) 1 000, Corée du Sud 100, Géorgie 8 600, Inde 4 200, Iran 12 500, Iraq 100, Israël 4 567 700, Japon 1 000, Kazakhstan 11 000, Kirghizistan 2 500, Ouzbékistan 14 000, Philippines 100, Singapour 300, Syrie 200, Tadjikistan 1 600, Thaïlande 200, Turkménistan 1 200, Yémen 200, autres 20 500.

Europe : Allemagne 70 000, Autriche 9 000, Belgique 31 700, Biélorussie 23 000, Bosnie-Herzégovine 300, Bulgarie 3 100, Croatie 1 300, Danemark 6 400, Espagne 12 000, Estonie 2 600, Finlande 1 300, *France 524 000* avec Monaco, G.-B. 291 000, Gibraltar 600, Grèce 4 500, Hongrie 53 500, Irlande 1 200, Italie 30 000, Lettonie 12 800, Lituanie 5 200, Luxembourg 600, Moldavie 8 000, Norvège 1 200, Pays-Bas 26 500, Pologne 3 500, Portugal 300, Roumanie 13 000, Russie 340 000, Slovaquie 3 500, Slovénie 100, Suède 15 000, Suisse 18 000, Rép. tchèque 2 400, Turquie 19 000, Ukraine 155 000, Yougoslavie (Serbie et Monténégro) 1 900, autres 121 700.

Océanie : Australie 9 500, Nouvelle-Zélande 4 500, autres 100.

Total mondial en 1989 : 14 343 900.

Par villes en 1911 et, entre parenthèses, **vers 1990-1995.** New York 1 062 000 (1 720 000), Varsovie 204 712 (2 000), Budapest 186 047 (80 000), Vienne 146 926 (11 000), Londres 144 300 (220 000), Odessa 138 935 (120 000), Berlin 98 893 (5 900). **En 1939** (voir Israël à l'Index).

Quelques dates

Les origines

■ **Entre 2000 et 1700 ans av. J.-C.** Dieu (Yahvé) se révèle à *Abraham,* puis à son fils *Isaac* et à son petit-fils *Jacob,* comme le Dieu unique et tout-puissant. Il leur promet la terre de Canaan en récompense de leur fidélité. Par cette alliance divine, Israël, dépositaire de la promesse divine, doit établir, en entraînant toute l'humanité, le règne de Dieu sur Terre. **Abraham :** né à Ur, colonie syrienne en Mésopotamie (son nom signifie père d'une multitude de nations) [la forme Abra-mu a été retrouvée sur des *tablettes* datant d'environ 2500 av. J.-C. découvertes en 1975 à *Ebla* (Syrie)] ; fondateur du peuple hébreu, il émigre vers la *Terre de Canaan* et institue la *circoncision,* marque de l'Alliance avec Dieu. Abraham, sur les conseils de sa femme Sara alors stérile, aura d'abord un fils, *Ismaël,* de sa servante *Agar.* Puis à 100 ans, il aura, de Sara (90 ans) devenue féconde, un autre fils, *Isaac.* Il chassera alors Agar et Ismaël qui sera, selon la tradition, l'ancêtre des 12 tribus arabes du désert. Abraham acceptera de sacrifier Isaac à Dieu, mais un ordre divin interrompra le sacrifice. Selon la tradition, **Isaac** est l'ancêtre des 12 tribus du peuple juif. Il épouse Rébecca, sœur de Laban, dont il a les jumeaux Ésaü et Jacob. **Ésaü** [Édom, en hébreu, celui qui est déjà fait (homme) : le velu] sera l'ancêtre du peuple iduméen. Né le premier, il a le droit d'aînesse (héritage de la plus grande part des biens de leur père et droit à recevoir la bénédiction paternelle, c.-à-d. de participer après son père à l'Alliance divine). Mais un jour, affamé à son retour de la chasse, il vend ce droit à son frère contre un plat de lentilles et Jacob, avec l'aide de Rébecca, se substitue frauduleusement à lui pour recevoir la bénédiction paternelle. **Jacob,** nommé également Israël (qui signifie « a affronté Dieu », car Jacob, au cours d'une théophanie, a lutté contre l'Ange de Dieu), est célèbre par sa vision d'une échelle qui relie le Ciel à la Terre. Il aura 12 fils [*de Léa :* Ruben, Siméon, Lévi, Juda, Issachar, Zabulon ; *de Bilha :* Dan, Nephtali ; *de Zilpa :* Gad, Aser ; *de Rachel :* Joseph, Benjamin (appelé par sa mère Ben-oni : fils de mon malheur, que son père change en Benjamin : fils de ma droite, c.-à-d. de mon bonheur)] qui seront les chefs des 12 tribus d'Israël. **Joseph,** le fils préféré de Jacob, est jalousé par ses frères qui veulent le tuer. *Ruben* obtient qu'il soit seulement vendu comme esclave à des Égyptiens. Emprisonné en Égypte, Joseph, divinateur de songes et chaste, repousse les avances de la femme de l'Égyptien *Putiphar* ; deviendra ministre de Pharaon, appellera sa famille à le rejoindre à l'occasion d'une famine qui durera 7 ans. Leurs descendants formeront le *peuple d'Israël* ou peuple hébreu.

☞ **Sodome et Gomorrhe :** villes au sud de la mer Morte, habitées par des impies débauchés que Yahvé décide de détruire (les tablettes d'Ebla mentionnent un tremblement de terre). Abraham obtient qu'elles soient épargnées s'il s'y trouve seulement 10 justes ; il n'y en a qu'un seul : *Loth* (neveu d'Abraham) qui accueille sous son toit les anges envoyés pour détruire Sodome. Les habitants de la ville l'ayant appris assiègent sa maison pour « connaître » au sens biblique les 2 invités (d'où le terme « sodomite »). Loth propose aux assiégeants de leur livrer ses 2 filles, vierges, à la place de ses hôtes. Comme ils refusent, les anges frappent les assiégeants de cécité pour qu'ils ne puissent trouver l'entrée, puis font sortir Loth et sa famille en leur recommandant de fuir sans se retourner. Un jour, ivre, Loth commettra un double inceste avec ses filles, devenant ainsi l'ancêtre des *Moabites* et des *Ammonites*.

■ **1300 av. J.-C. Moïse.** Hébreu de la tribu de Lévi, il est placé par sa mère dans une nacelle de papyrus calfatée de bitume et de poix [*l'origine de cette légende* remonte à Sargon, roi d'Akkad (XXIIIe s. av. J.-C.), fils d'une prostituée sacrée, qui avait été abandonné à l'Euphrate dans un berceau semblable] et déposé sur les flots du Nil (les enfants juifs devant être massacrés) ; il sera recueilli par la fille du pharaon qui l'élèvera. Plus tard, il commandera l'armée égyptienne, gagnera la bataille de *Méroé* et épousera la fille d'un prêtre de Madiân, Jéthro. Un jour, Moïse, gardant les moutons, entend la voix de Yahvé s'élever d'un « buisson ardent » qui brûle sans se consumer. Yahvé lui ordonne d'emmener son peuple dans la *Terre promise.* Mais le pharaon [Mentouhotep (2196-2122 av. J.-C.), d'après Emmanuel Anati (voir encadré col. c)] refusant de laisser partir les Hébreux, Moïse obtient de Yahvé qu'il inflige 10 plaies à l'Égypte pour le contraindre à accepter leur départ : *1°)* eau du Nil changée en sang ; *2°)* grenouilles ; *3°)* vermine ; *4°)* bêtes féroces ; *5°)* peste ; *6°)* ulcères ; *7°)* grêle ; *8°)* sauterelles ; *9°)* ténèbres ; *10°)* mort des premiers-nés. Moïse pourra alors conduire le peuple hébreu (600 000 hommes) vers la *Terre promise (l'Exode).* Poursuivis par les Égyptiens, ils arrivent sur la *mer Rouge* qui s'avançait alors plus vers le nord (jusqu'aux lacs amers actuels) ; pour leur permettre de traverser à pied sec, Dieu envoie un vent d'est qui dessèche le fond de la mer. Lorsque les Égyptiens s'engagent derrière eux, les eaux reviennent et les engloutissent. [Selon Emmanuel Anati, qui a identifié le Mt Sinaï avec le Mt Karkom (au nord d'Eilat), cet épisode eut lieu en bordure de la Méditerranée, dans l'étang salé du Sabkhat el-Badawill ; d'autres chercheurs ont pensé au cordon alluvial qui sépare le Sabkhat de la mer.] 6 semaines après le passage de la mer Rouge, les Hébreux, réfugiés dans le Sinaï, sont à court de vivres mais Dieu leur procure un « pain tombé du ciel » que, pendant 40 ans, les Hébreux iront chaque jour (sauf le shabbat) ramasser hors de leur camp. Ce « pain » (gelée blanche ayant le goût d'un gâteau) fut appelé *manne,* car le 1er jour, en en voyant le sol couvert, les Hébreux s'écrièrent : *Mân hu ?* (« qu'est-ce que cela ? »). Plus tard, des naturalistes assimilèrent la manne à des graines de tamaris. Dieu donne également de l'eau potable après que Moïse eut frappé un rocher de son bâton (pour Anati, ce phénomène est possible au Har Karkom, car ses roches emmagasinent les pluies). Moïse s'attardera dans le Sinaï, pour purifier le peuple des souillures morales et physiques dues à l'esclavage dans la vallée du Nil. Dieu lui apparaît, lui révélant son nom : *Yahvé* (déjà attesté sur les tablettes d'Ebla) et lui donne les 10 commandements *(Décalogue). Moïse* se trouve alors seul sur le Sinaï et y reste 40 jours. Pendant ce temps, *Aaron,* son frère, fait exécuter un veau en or, en déclarant : « Demain il y aura une fête en l'honneur de Dieu. » Moïse, revenant de la montagne, broie le veau d'or et répand la poudre dans de l'eau qu'il fait boire au peuple. Avec l'aide des enfants de Lévi, il massacre les idolâtres les plus coupables (3 000), puis remonte sur le Sinaï et obtient de Dieu le pardon pour l'ensemble du peuple, à condition de construire *l'Arche d'Alliance.* Cette alliance (renouvellement de celle d'Abraham) est conclue par Moïse sur un autel de pierre, entouré de 12 stèles, représentant les 12 tribus d'Israël (Anati a retrouvé, au Har Karkom, un autel entouré de 12 stèles). Le *Décalogue* sera inscrit sur des tables déposées dans l'**Arche d'Alliance** [coffre (longueur 1,20 m, largeur 0,70 m, hauteur 0,70 m) en bois d'acacia plaqué d'or porté à l'aide de 2 barres de bois avec, selon une tradition mentionnée dans l'Épître aux Hébreux, un vase d'or contenant la manne et la verge d'Aaron] à la garde de la tribu de Lévi. Lors d'une révolte des Hébreux, Dieu punit les révoltés en leur envoyant des serpents qui les mordent et, pour les guérir, Il ordonne à Moïse de construire un serpent d'airain et de l'élever au bout d'une perche : les coupables qui se repentent sincèrement sont guéris. Plus tard, *Ézéchias* (roi de 726 à 697) fera détruire le serpent d'airain, honoré comme une idole. Moïse institue le Shabbat, les fêtes et une législation assurant la justice et la protection du pauvre, du serviteur, de la veuve et de l'étranger. Il envoie 12 espions reconnaître la *Terre de Canaan* (en hébreu : pays de la pourpre) [*terre promise* par Dieu à Abraham]. Caleb lui conseille d'en faire la conquête mais Moïse meurt sur la rive gauche du Jourdain avant d'arriver. **Josué** lui succède. Après 40 ans de traversée du désert, il arrive avec les Hébreux (vers 1230 av. J.-C.) à la Terre de Canaan et vaincra les uns après les autres les 7 peuples qui l'habitent : Amorrhéens, Périzéens, Cananéens, Hittites, Girgachéens, Hivites, Jébuséens. Au cours de cette lutte, Dieu ordonne à Josué de faire le tour des remparts de *Jéricho* (aujourd'hui Er Riha, à 12 km de Jérusalem) [place forte des Cananéens, réputée imprenable][1], 1 fois par jour pendant 6 jours et 7 fois le 7e, avec des joueurs de trompettes et les porteurs de l'Arche d'Alliance. Après le dernier tour, les murailles s'effondrent et les Hébreux prennent la ville, qui sera plus tard donnée à la tribu de Benjamin. Ils épargnent néanmoins Rahab qui avait caché 2 espions israélites.

Nota. – (1) Des fouilles ont permis d'y découvrir des restes datant du néolithique (– 7800) [civilisation dite natoufienne (d'après le site de Ouadi en Natouf, Palestine)], témoignages du culte d'une déesse de la fécondité que l'on y célébrait.

A la bataille de Bethoron, Dieu vient en aide aux Hébreux par un double miracle : en faisant pleuvoir d'énormes grêlons sur les Cananéens et en permettant à Josué d'arrêter le Soleil pour avoir encore de la lumière et exterminer les ennemis en fuite. [Épisode cité lors du procès de Galilée au XVIe s. (voir p. 494 a) : la Bible dit en effet que Josué a arrêté le Soleil et non la Terre, impliquant que pour lui c'est le Soleil qui tourne autour d'elle.]

☞ La plupart des exégètes considèrent la rédaction du Pentateuque [les « 5 rouleaux » de la Loi (voir p. 548 b)] comme postérieure à Moïse (4 traditions, du Xe au VIe s.) ; mais la substance des Lois remonterait bien au XIIe s.

■ Les Juges (IIe millénaire av. J.-C.)

A l'époque de Josué, le peuple hébreu se fractionne en *13 tribus locales,* dont 11 portent le nom d'un des frères de Joseph, et 2 celui d'un fils de Joseph : Éphraïm et Manassé. Le pays d'Israël (en hébreu : *Eretz Israël*) comprend, en plus de l'État d'Israël, 3 territoires à l'est du Jourdain (Ruben, Gad, Manassé-Est) ; et en moins, la frange côtière *(Philistins, Cananéens, Phéniciens)* et le sud du Néguev. Il est divisé en 12 territoires tribaux, *Éphraïmites* et *Manasséens* ayant chacun le leur, mais les *Lévites* (descendants de Lévi) n'en ont aucun, car ils sont affectés au service du Temple. Chaque tribu est commandée par un juge, chef militaire et religieux dont le 1er souci est d'empêcher l'assimilation par les tribus idolâtres de Canaan. *Gédéon,* l'un des premiers, battit les *Madianites* avec peu de soldats. Les tribus sont unies par un acte traditionnellement lié au sanctuaire de Sichem. *XIIe et XIe s. av. J.-C.,* l'anarchie résultant de luttes entre tribus facilite les entreprises des voisins *(Moabites, Ammonites, Édomites, Amalécites, Madianites)* et des envahisseurs *philistins.* Certaines des tribus s'éteignent ; d'autres s'imposent, comme celle de *Juda* (centre : Jérusalem), berceau de la dynastie de David qui donnera plus tard son nom à tout le peuple juif. *Vers 1050,* les *Philistins* (Thraco-Illyriens venus d'Anatolie et faisant partie des « peuples de la mer », envahisseurs de l'Égypte) débarquent à Gaza, Ashod et Ascalon. Pour combattre les Philistins, les Hébreux retrouvent leur unité nationale.

☞ **Légende de Samson :** celui-ci ayant proposé aux amis philistins de sa femme une énigme qu'ils ne purent résoudre, le mot devint synonyme de rustre ignorant.

Livre des Juges. La fille de Jephté : Jephté, juge d'Israël et chef de la tribu des *Galaadites,* a fait le vœu, avant une bataille contre les Ammonites, de sacrifier en cas de victoire le 1er être humain qu'il rencontrerait après le combat. Ce fut sa fille. Il lui laissera un mois pour se préparer à la mort et la tuera pour accomplir son vœu.

Samuel. Fils d'Elqana et d'Anne. Consacré à Dieu dès l'âge de 3 ans, vit au Temple près du grand prêtre *Héli* (mal vu de Dieu, parce que ses fils sont impies et qu'il est trop faible envers eux). Dieu réveille Samuel en pleine nuit et lui dit d'aller avertir Héli : les Philistins vont s'emparer du Temple et de l'Arche et massacrer ses fils. Héli, ému, tombe à la renverse et se tue.

■ Les prophètes (1050-586 av. J.-C.)

Saül, choisi par le prophète *Samuel,* devient roi en 1030 (ou 1035). Il se suicide en 1010 sur le champ de bataille.

David, roi de 1010 à 970 environ. Selon la tradition, auteur des *Psaumes.* Descendant d'Abraham (par Isaac et Jacob), fils de *Jessé,* tue le géant philistin *Goliath* (plus de 2,80 m) d'un coup de fronde. Consacré dès son enfance (désigné comme successeur du roi *Saül*) par Samuel, David est l'ami de *Jonathan,* fils de Saül (qui accuse Jonathan de le trahir) ; Jonathan sauve plusieurs fois David menacé par son père, mais il est tué à la bataille de Gelboé contre les Philistins. David l'ensevelit et compose sur lui un chant funèbre. David a épousé *Bethsabée,* la femme d'un officier mercenaire hittite, Uri (qu'il envoie se faire tuer au combat contre les Philistins). Le prophète *Nathan* lui impose pour ce crime des pénitences publiques. David épouse également Mikal, Achinoam, Abigayil (femme de Nabal), Maaka et Haggit. Il connaîtra de grands malheurs : la mort du 1er fils de Bethsabée ; un inceste *(Amnon,* fils de David et d'Achinoam, viole sa demi-sœur *Thamar,* fille de David et de Maaka) ; *Absalon,* autre frère de Thamar, la venge en tuant *Amnon.* Révolté contre son père, il est vaincu et s'enfuie, mais sa longue chevelure se prend dans une branche d'arbre et ses poursuivants (dont Joab) le tuent.

Salomon, 2e fils de David et de Bethsabée ; roi vers 970-930, en 931 construit le 1er temple à l'est de Jérusalem, [un haut lieu à Kemoch ou Molek (le Moloch) ; par analogie, Moloch signifie individu ou institution (par exemple, État tyrannique et dévoreur)]. Célèbre pour sa sagesse, son amour de la richesse et des femmes (700 épouses, 300 concubines, il épouse aussi la fille d'un pharaon). Auteur présumé du *Cantique des cantiques,* des *Proverbes* et, selon une tradition, de l'*Ecclésiaste.* Il reçoit la visite de la *Reine de Saba* [qui ne régnait sans doute pas sur le pays de Saba au sud-ouest de l'Arabie (Yémen), mais sur une colonie sabéenne (Arabie du Nord)]. *Jugement de Salomon :* 2 prostituées ont, le même jour, mis au monde un fils ; mais l'une étouffe accidentellement le sien pendant son sommeil. Au réveil, elle remplace le bébé vivant de sa voisine par son enfant mort ; mais la mère s'en aperçoit et la traîne devant Salomon. Appelé à départager les 2 femmes, il donne l'ordre de couper le bébé vivant en deux et d'en remettre une moitié à chacune. La fausse mère accepte la sentence ; la vraie mère la refuse avec horreur, disant : « Non, donnez plutôt l'enfant vivant à cette femme. » Salomon, ayant reconnu la vraie mère à ce cri du cœur, lui donne alors le bébé.

Jéroboam (roi de 928 à 907) voir ci-dessous.

Élie, prophète dont la vie est attestée entre 876 et 854 av. J.-C. Enlevé au Ciel sur un char de feu.

Élisée, successeur d'Élie. Nombreux miracles dont la guérison du général syrien Naamân de la lèpre, transmise au serviteur cupide du prophète.

Roboam (roi 931-913), fils de Salomon, ne gouverne plus que les tribus de *Juda* et de *Benjamin.*

Osée, prophète du VIIIe av. J.-C., prévoit la destruction du royaume de Samarie par Sargon (721).

Isaïe (v. 765-700), prophétise l'arrivée des Assyriens.

Jérémie (v. 650-v. 585), prophétise les malheurs de Jérusalem qui sera détruite par Nabuchodonosor, et compose sur la ruine de Jérusalem des chants appelés *Lamentations de Jérémie.* Ses prophéties lui attirant la haine des ministres du roi Sédécias, le serviteur Ébed-Mélek lui sauve la vie. Les prophètes commencent à annoncer la venue des *temps messianiques,* c'est-à-dire le rétablissement d'Israël, la fin des guerres et des injustices et la reconnaissance universelle du Dieu unique.

☞ **Les 3 grands prophètes** sont : Isaïe, Jérémie et Ézéchiel (v. 630-v. 571), et **les 12 « petits » :** Osée, Joël, Amos, Obadia, Jonas, Michée, Nahum, Habacuc, Sophonie, Aggée, Zacharie, Malachie.

Royaume d'Israël. *Capitale :* Samarie (d'où le nom de Samarie donné ensuite au pays et de Samaritains donné à ses habitants). *Rois :* 19 dont **Jéroboam Ier** (928) qui entraîne en dissidence les 10 tribus *perdues* (Ruben, Siméon, Dan, Nephtali, Gad, Acher, Issachar, Zabulon, Ephraïm, la moitié de la tribu de Manassé) et fonde le *Royaume d'Israël.* **Nadad** (907). **Basha** (906). **Ela** (883). **Zimri** (882). **Omri (Amri)** (882). **Achab** (871), son fils, allié par moments à Joram, roi de Juda ; il combat les Assyriens, les rois de Damas et de Moab ; époux de *Jézabel* (fille du roi-prêtre de Tyr, qui a tout fait pour imposer le culte de Baal et d'Astarté) ; père d'*Athalie.* Il convoite la vigne du fermier Nabot et le tue. **Ochozias** (851) fils d'Achab. **Joram** (850). **Jéhu** (842), chargé par le prophète Élisée de la vengeance divine, tue Joram et fait jeter Jézabel par une fenêtre (son corps sera dévoré par les chiens). **Joachaz** (814). **Joas** (800). **Jéroboam II** (785). **Zacharie** (743) plus **Shallum** (748) plus **Menahem** (748). **Pecahya** (737). **Pegah** (735). **Osée** (732). Sargon II, roi d'Assyrie (assassiné 705), prend Samarie ; 27 290 Israélites sont déportés en haute Mésopotamie, Médie, Cilicie où ils se fondront avec les populations locales, tandis que des colons babyloniens et arabes, transférés en Israël, s'assimileront aux Israélites, donnant ainsi naissance au peuple des Samaritains. [**Aujourd'hui** les Samaritains (les descendants les plus authentiques des 10 tribus perdues) ne sont plus que 500 environ, répartis entre Holon (Israël) et Naplouse (Cisjordanie palestinienne).]

Royaume de Juda. Royaume du Sud avec la tribu de Juda (la plus importante) et l'autre partie de celle de Benjamin, qui prend le nom de Juda, avec pour capitale Jérusalem (d'où le nom de Judée donné ensuite au pays et celui de Judéens puis de Juifs donné à ses habitants). *Rois :* 20 dont **Roboam** (913). **Abiyyam** (913). **Asa** (911). **Josaphat** (867). **Joram** (851), époux d'*Athalie,* fille d'Achab roi d'Israël. **Ochozias** (843), ses autres frères ayant été tués par des bandits, succède à son père ; à sa mort en 841, **Athalie,** sa mère, instaure le culte du dieu phénicien *Baal,* fait égorger tous ceux qui prétendent à la Couronne, mais **Joas,** son petit-fils, est sauvé du massacre par sa tante *Josabeth,* femme du grand prêtre *Joad,* et élevé secrètement dans le Temple ; en 835 Joad le fait proclamer roi à 7 ans (Athalie est massacrée par le peuple) ; Joas fera tuer le grand prêtre *Zacharie* et mourra assassiné. **Amasias** (799). **Osias** (785). **Yotham** (740). **Achaz** (733). **Ézéchias** (727) résiste au siège de Jérusalem par l'armée du roi assyrien Sennachérib. **Manassé** (687). **Amon** (642). **Josias** (640) consulte la prophétesse Hulda après la découverte du livre de la Loi dans le Temple. **Joachaz** (609). **Joiaquim** (608), vassal de Nabuchodonosor pendant 3 ans, idolâtre, persécute les prophètes. **Joiakin** (598) est déporté à Babylone avec le prophète Ézéchiel. **Sédécias** (598).

Le *15-1-588* Jérusalem est assiégée par Nabuchodonosor et prise le *29-7-587.*

■ **Dates admises jusqu'au XIXe s.** *4963* création du monde (*1er jour :* lumière ; *2e :* ciel ; séparation des eaux supérieures et inférieures ; *3e :* mer et terre ; *4e :* soleil, lune et étoiles ; *5e :* poissons, oiseaux ; *6e :* animaux domestiques, sauvages, reptiles, homme ; *7e :* Dieu se repose). *4833* Caïn tue Abel (1er meurtre sur Terre). *3307* déluge. *3164* dispersion des peuples. *2958* mort de Noé à 950 ans, *2191* d'Abraham à 175 ans, *1605* de Moïse à 120 ans, *1500* de Josué à 110 ans. *1040-1011* règne de David († à 70 ans). *1011-962* règne de Salomon.

■ **Selon Emmanuel Anati** [chef de 15 campagnes de fouilles (1980-86) dans le Sinaï (Har Karkom)]. Migration d'Abraham : *2600 ;* implantation en Égypte : *2500 ;* fuite des Hébreux : *2250 ;* séjour au mont Sinaï : *2250-vers 2000 ;* prise de Jéricho et installation en Terre promise : *2000 à 1 000 ;* période des Juges.

LE JUDAÏSME (586-57 AV. J.-C.)

586 *Nabuchodonosor,* roi de Babylone, bat *Sédécias,* roi de Juda (qui sera condamné à avoir les yeux crevés et mourra captif à Babylone), détruit le Temple et déporte la population (20 000 hab.). **539** *Balthazar,* fils aîné de Nabonide, 4e successeur de Nabuchodonosor, est assiégé par Darius (522-486) ; à Babylone il donne un banquet pour 1 000 de ses grands et boit avec eux dans les vases d'or enlevés à Jérusalem. Alors une main invisible trace sur le mur « Mané, Thecel, Pharès » que le prophète Daniel déchiffre (*Mané :* Dieu a mesuré ton royaume et l'a livré ; *Thecel :* tu as été pesé dans la balance et ton poids se trouve en défaut ; *Pharès :* ton royaume a été divisé et donné aux Mèdes et aux Perses). Cette nuit-là, Balthazar est tué et Darius le Mède devient roi. Le 29-10, *Cyrus,* le grand roi des Perses, prend Babylone. **538** l'édit de Cyrus ordonne aux Juifs exilés de rentrer à Jérusalem et d'y reconstruire le Temple (aux frais du trésor royal). Une communauté se reforme sous l'autorité des grands prêtres. Les Samaritains proposent leur aide aux Juifs qui la repoussent, estimant que les Samaritains ne sont pas restés fidèles à la religion monothéiste. **525** *Esdras,* scribe, reconstruit le Temple. Le code religieux est fixé, des synagogues s'ouvrent. **515** inauguration du Temple par *Zorobabel,* gouverneur de Juda. **445 à 433** reconstruction de Jérusalem par *Néhémie* (gouverneur de Juda), avec l'accord du roi perse *Artaxerxès Ier.* **333** *Alexandre le Grand* (356-323) bat Darius III († 330), roi des Perses, **332** il conquiert l'Asie Mineure, prend Tyr, Gaza, Jérusalem. **304** Ptolémée Ier (367-283) s'impose en Palestine. **285-200** domination lagide. **198** Antiochos III (223-187, chef des Séleucides de Syrie) s'impose, il s'empare de l'or du Temple et interdit la pratique religieuse. **167-142** Antiochos IV (Épiphane) veut helléniser Jérusalem qui est pillée (autel païen dressé dans le Temple, fidèles juifs massacrés, livres de la Loi détruits). *Mattathias* l'Hasmonéen (prêtre qui refusa de sacrifier devant l'envoyé du roi) et ses 5 fils (dont *Judas,* dit *Maccabée* signifiant sans doute le Désigné) organisent une révolte qui réussit. **164** Judas reprend Jérusalem, purifie le Temple et le réinaugure le 14-12. **161** *Jonathan,* son frère, lui succède. **142-67** indépendance, sous la dynastie hasmonéenne, de la famille de Judas Maccabée. PRINCIPAUX CHEFS MILITAIRES ET RELIGIEUX : *Siméon* (tué 134 par son gendre Ptolémée) fait reconnaître l'indépendance et obtient le titre héréditaire de grand prêtre. **134** *Jean Hyrcan,* 1er ethnarque et grand prêtre, fils de Siméon ; lègue son royaume à son épouse. **104** *Aristobule Ier,* son fils, à la suite d'une révolution de palais, enferme sa mère dans un cachot (où elle mourra de faim), puis fait incarcérer 3 de ses frères et assassiner le 4e qu'il soupçonne de vouloir le renverser ; un de ses frères incarcérés lui succédera (par sécurité, tuera un des deux frères restés en prison) ; devenu *Alexandre Jannée,* il conquiert tout l'Éretz Israël ; battu par une émeute de pharisiens, il fait massacrer 6 000 contestataires, ce qui provoque une rébellion qui durera 9 ans avec 50 000 † (prise de 800 chefs pharisiens qu'il fait crucifier près de son palais à l'occasion d'un banquet public en plein air qu'il préside). **76** *Salomé Alexandra,* son épouse, devient reine, son fils, *Hyrcan II,* étant grand prêtre. **67** mort de Salomé. Guerre de succession entre ses 2 fils. *Aristobule II,* roi et grand prêtre (67-63) avec des pouvoirs et un territoire amputés [il lui reste Judée, Samarie méridionale, Pérée (Transjordanie) et Galilée], est assassiné à Rome en 49. **63** Pompée (aidé des partisans d'Antipater et d'Hyrcan II) prend Jérusalem tenue par des fidèles d'Aristobule. Judée rattachée à l'Empire romain. *Hyrcan II* est exécuté 30 ans après la conquête romaine. **57** 1re mention du *Sanhédrin* ou *synode,* assemblée sacerdotale et aristocratique, qui a un rôle politique (représentant la communauté juive en face des Romains), puis un pouvoir religieux et judiciaire. Présidé par un patriarche (titre héréditaire dans la famille de Hillel, supprimé en 425).

LA DYNASTIE DES HÉRODES (47 AV. J.-C. – 92 APR. J.-C.)

Avant J.-C. 47 Jules César, maître de la Syrie, nomme le chef iduméen *Antipater Ier* († 4), régent de Judée, à la place du prince hasmonéen Mattathias Antigone (neveu d'Hyrcan II). **43** *Hérode Ier* le Grand (73 av. J.-C./4 apr. J.-C.), fils d'Antipater, épouse la princesse hasmonéenne Marianne, petite-fille d'Hyrcan II. **40** gouverneur de Galilée, nommé roi de Judée par le Sénat romain, vaincu par Antigonos, soutenu par les Parthes, il s'enfuit à Massada puis en Égypte d'où il gagne Rome à qui il demande assistance. **37** il prend Jérusalem avec l'aide romaine et fait décapiter Antigonos. **35** fait assassiner Aristobule III, grand prêtre, frère de Marianne, Hyrcan II (puis en 29 Marianne elle-même). **34** *Hérode* met à mort 45 membres du Sanhédrin (partisans des Hasmonéens). **22-13** reconstruit le Temple de Jérusalem, le service y est assuré par la secte sacerdotale des *sadducéens* (libéraux), rivaux des *pharisiens* (traditionalistes). **4** Hérode sera présenté comme le massacreur des Innocents.

Après J.-C. Antipas poursuit l'embellissement du Temple. Le *tétrarque Hérode Antipas* (26 av. J.-C./41 apr. J.-C.), fils d'Hérode Ier et frère d'Hérode Archélaüs et d'Hérode Philippe, épouse sa nièce Hérodiade. Il fait décapiter Jean Baptiste (fils d'Élisabeth et de Zacharie) selon le vœu de Salomé et intervient dans le procès de Jésus. **29** Jésus est crucifié par les Romains ; les Juifs ne l'ont pas reconnu comme le Messie ; le christianisme naît. **38** Antipas va à Rome mais est déchu de sa tétrarchie et exilé à Lyon puis en Espagne. **41** *Hérode Agrippa Ier* (10 av. J.-C./44), neveu d'Antipas, père de Bérénice aimée de Titus. **50** les *pharisiens enlèvent aux sadducéens* l'administration du Temple. **54** *Hérode Agrippa II* roi de Judée. **64** révolte contre Rome ; *sicaires* (de *sica :* couteau à large lame) et *zélotes* avec Eleazar sont contre les Romains. **66** les révoltés égorgent la garnison romaine de Massada, s'y installent et ravagent les environs (+ de 700 † à Linguedi). **67** arrivée d'une armée de répression romaine. **70**-*31-3 Titus* (fils de Vespasien) assiège Jérusalem avec 60 000 h. ; *-20-6* s'empare de la tour Antonine ; *-23-7* assaut final des Romains : *le Temple est incendié ; -1-8* fin de résistance [*26-9* toute Jérusalem est conquise (ville et remparts sont rasés, sauf 3 tours du palais royal). [Il reste du Temple un soubassement (le mur occidental dit « mur des Lamentations » : longueur 58 m, hauteur 20 m, 25 rangées de pierres ; sous terre 20 m) ce qui prive Israël des assises de son unité nationale et religieuse, car les Juifs tiennent Jérusalem pour leur capitale nationale et leur ville sainte. Il s'y rendent 3 fois par an, à l'occasion des fêtes de pèlerinage, et acquittent un impôt cultuel au Temple. La reconstruction du Temple est désormais liée à l'avènement du Messie, dont l'attente domine la vie juive] ; 1 100 000 Juifs périssent (morts au combat : 580 000) et 300 000 sont vendus comme esclaves. **70-73** Juifs sicaires (hommes, femmes, enfants) s'enferment à *Massada* avec Eleazar Ben Yaïr. Ils résistent 3 ans aux assauts romains, puis, vaincus, se suicident sauf 2 femmes et 5 enfants (site identifié en 1838 et devenu lieu de pèlerinage depuis 1933). **92** Hérode Agrippa II († 100) est déposé par les Romains, il sera le dernier de la dynastie. **132** visite de l'empereur Hadrien : projet d'helléniser le pays (Jérusalem serait rebâtie comme colonie romaine sous le nom d'Ælia Capitolina, un temple serait dédié à Zeus). Dès son départ, révolte de *Simon Bar-Kokhba* († 135). **134** les Romains reprennent Jérusalem ; les Juifs se replient dans la montagne de Juda et les déserts qui l'environnent. **135** chute de Bethar, leur dernière forteresse (date commémorée le 9 ab). La révolte aurait fait 500 000 †. Les Juifs émigrent en masse vers la Babylonie ou rejoignent les communautés de la *diaspora,* dans le Bassin méditerranéen. 10 000 Juifs restent, notamment en Galilée (capitale religieuse : Bet Shearim jusqu'en 352) ; la législation byzantine leur est hostile.

Esséniens : secte qui s'est développée en Judée de la fin de l'époque hasmonéenne (vers 100 av. J.-C.) à la guerre juive contre les Romains (70 apr. J.-C.) [site de Qumran où l'on a découvert les « manuscrits de la mer Morte » (1946-56)]. Comptant au maximum 4 000 membres, ils vivaient dans des *cœnobia* où ils pratiquaient une religion proche de celle des pharisiens, se recrutaient après une période probatoire et une cérémonie rituelle d'initiation. Jean le Baptiste faisait partie des esséniens ou d'une secte voisine. Le baptême qu'il administra à Jésus devait faire partie des rites d'initiation de sa secte.

LIVRES SAINTS ET TRADITIONS

LA BIBLE

La Bible juive, appelée par les chrétiens *Ancien Testament,* comprend 24 livres divisés en 3 parties.

■ **La Loi (Torah** ou **Pentateuque). 1 La Genèse** (de la création du monde à la mort de Joseph) contient les plus importants récits symboliques (voir col. b). Tous les personnages importants énumérés dans la descendance d'Adam puis, après le Déluge entre Noé et Jacob, sont honorés du titre de patriarche. Il y a 3 patriarches hébreux : Abraham, Isaac, Jacob. **2 L'Exode** (la sortie d'Égypte) et le *Décalogue.* **3 Le Lévitique** (contenant des indications sur le rituel du Temple, les fêtes, les lois de pureté et de sainteté). **4 Les Nombres** (marche dans le désert). **5 Le Deutéronome** (derniers discours de Moïse : répétition des Lois et du Décalogue) ; le Talmud en tire 613 commandements (en hébreu *mitsva,* pluriel *mitsvoth*) : 248 positifs (ordonnant certains actes), 365 négatifs (prohibitions diverses). Les désobéissances à ces lois (ou péchés) sont désignées dans la Bible par 20 mots différents ; le plus employé *het'* (« manquement », de la racine *ht'*) revient 459 fois.

■ **Les Prophètes. 6 Josué** (conquête de la Terre promise, sa répartition entre les tribus). **7 Les Juges** (guerres contre les voisins). **8 Samuel** *1 et 2* (histoire de Samuel, Saül et David, naissance de la monarchie). **9 Les Rois** *1 et 2* (histoire de Salomon, schisme entre Israël et Juda). **10 Isaïe** (les prophéties ; probablement l'œuvre de 2 ou 3 prophètes portant le même nom). **11 Jérémie** (prophéties concernant la destruction du Temple et l'exil). **12 Ézéchiel** (Dieu changera l'esprit et le cœur de l'homme. Visions prophétiques). **13 Les 12 « petits » prophètes** (Osée, Joël, Amos, Obadia, Jonas, Michée, Nahum, Habacuc, Sophonie, Aggée, Zacharie, Malachie).

■ **Les Écrits** (ou **Hagiographes**). **14 Les Psaumes** (c'est-à-dire louanges). **15 Job** (pourquoi les justes souffrent-ils ?). **16 Les Proverbes** (recommandations de sagesse). **17 Ruth** (histoire d'une jeune Moabite, aïeule du roi David, qui abandonne l'idolâtrie et se convertit au judaïsme). **18 Le Cantique des cantiques** (poèmes chantant l'amour réciproque de Dieu et d'Israël). **19 L'Ecclésiaste** (la vanité des choses humaines). **20 Les Lamentations** (le repentir d'Israël après la ruine de Jérusalem). **21 Esther** [épisode de l'histoire des Juifs exilés en Perse et sauvés du massacre grâce à la reine Esther, Juive d'une grande beauté, de la tribu de Benjamin, épouse du roi perse Assuérus (Xerxès) après qu'il eut répudié Vashti. À l'appel de Mardochée (son oncle et père adoptif), elle obtient de son époux qu'il autorise les Juifs à combattre l'ordre d'extermination obtenu par le vizir Aman, qui sera tué. Épisode commémoré par la fête de Pourim]. **22 Daniel** (son histoire et celle de ses compagnons Meshak, Shadrak et Abed-Nego, ses prophéties et visions apocalyptiques). **23 Esdras. Néhémie** (restauration juive en Terre sainte après l'exil). **24 Les Chroniques** (généalogies, histoire de David et de ses successeurs impies, ruine de Jérusalem).

TRADUCTION DES SEPTANTE

Traduction en grec de la Bible élaborée à Alexandrie sur l'ordre du roi Ptolémée II (283-246 av. J.-C.). D'après une légende rapportée par la lettre d'Aristée, chacun des 70 traducteurs aurait travaillé isolément dans une cellule ; tous auraient terminé leur travail au même moment, après 70 jours, et leurs versions auraient été absolument identiques. Les historiens placent cette traduction entre 250 et 150 av. J.-C. Le texte hébraïque utilisé par les traducteurs diffère sur certains points des textes *massorétiques,* notamment dans les livres de Samuel (passages résumés ou allongés), dans le 1er livre des Rois (additions) et dans le livre de Job (coupures).

La traduction admet certaines interprétations, par exemple, *Yahvé Sébaoth* (« Dieu des armées »), employé 282 fois, est traduit par « Seigneur Tout-Puissant » (les « armées » étant conçues comme les éléments de l'Univers obéissant à Dieu).

TEXTES MASSORÉTIQUES

La *massore* (en hébreu *massorah*) est la transmission orale des textes bibliques, non écrits, mais appris par cœur dans les écoles rabbiniques. Au VIIIe s., un groupe de docteurs des écoles de Tibériade (Galilée) entreprit de fixer par écrit ces textes. La langue utilisée était le dialecte galiléen (faisant partie des langues araméennes), avec des notes en néo-hébreu (hébreu biblique, enrichi de termes nouveaux). Mais dans certains cas (comme les mots abrégés), on ne peut dire avec certitude si un terme est hébraïque ou araméen, les 2 langues étant assez voisines. Les *massorètes* ont créé une orthographe originale, (consonnes dont 5 affectent 2 formes possibles selon leur place dans le mot, et points servant de voyelles), ils ont fixé les signes pour la cantilation du texte (en hébreu, *té'amim*) et ont noté les variantes possibles de chaque passage. La tradition orale des massorètes est fidèle aux textes primitifs. Des textes plus anciens que la Bible massorétique l'ont prouvé [*papyrus Nash* (publié 1903) avec le Décalogue (150 av. J.-C.) ; *rouleaux de la mer Morte* (Qumran) datés de 100 av. J.-C. à 100 apr. J.-C. (1re découverte 1947, puis 1952, grotte IV, avec 500 manuscrits) ; *plaques d'argent* découvertes en janvier 1983 près de l'église écossaise de Jérusalem : 3 versets du livre des Nombres (chapitre 6), du VIIe s. av. J.-C., gravés en caractères paléo-hébreux].

LES INTERPRÉTATIONS DE LA BIBLE

La Mishna (compilée par Juda Hanassi 164-217), texte définitif des 6 ordres de la loi orale ; de date inconnue mais postérieure à 400 av. J.-C., constitue la 1re partie du Talmud et contient des prescriptions rituelles, notamment sur le service du Temple. **La Toseftah** (*addition*) sur les traditions orales. **La Gemara** (*discussions* sur la Mishna : le mot n'est employé que dans les éditions du Talmud). **Le Talmud,** mise par écrit de la tradition orale du judaïsme. Réunissant Mishna et Gemara, comprend la *Halakhah* (règle de vie, jurisprudence) et la *Haggadah* (récit). Cette littérature rabbinique est basée sur le *Midrash* (interprétation), exégèse méticuleuse du texte biblique. On connaît le Talmud de Jérusalem (IVe s.) et celui de Babylone (Ve-VIe s.), comptes rendus des réflexions et des délibérations des rabbins (II-VIIIe s.). **Le Targum** (traduction de la Bible en araméen) : 3 versions dont la plus connue est l'Onkelos (IIe s.). **La Mischné Torah** (ou Yad Hazaka : *main forte*), codification du Talmud par Maïmonide (1180). **Le Choulhan Aroukh** (*table dressée*) rédigé par le rabbin Joseph Caro et paru en 1565, codifie le Talmud et les décisionnaires postérieurs.

Nota. – La *Kabbale* est l'ensemble des enseignements mystiques et ésotériques commentant la Bible. Les ouvrages kabbalistiques les plus connus sont le *Zohar* et le *Séfer Yetsirah.*

GRANDS RÉCITS BIBLIQUES

■ **Genèse.** « Historiques » jusqu'au XVIIIe s., les grands récits bibliques ont, au XIXe s., été rapprochés des légendes mésopotamiennes (mythe du Déluge : récit révélé en 1872, faisant partie de l'épopée de Gilgamesh) ou égyptiennes (création par un dieu-potier). En 1909, les autorités religieuses catholiques réagirent et affirmèrent le caractère historique des 3 premiers chapitres de la Genèse (voir p. 489 c). Les Juifs, eux, considèrent la Genèse avant tout comme le 1er livre de la Torah, qui rappelle la promesse divine et les droits d'Israël sur la Terre promise. Actuellement, on sait que plusieurs grands récits présentent des parallèles remontant au IIIe millénaire (tablettes d'Ebla) qui sont nés chez les ancêtres des Hébreux. Pour ceux qui croient au caractère inspiré de la Bible, les grands récits de la Genèse apportent aux hommes des idées valables sur le monde et l'humanité. Certains, comme Pierre-Jean Moatti, cherchent à retrouver dans ces récits des preuves historiques de l'action dans l'histoire humaine des « extraterrestres ».

Création du monde : elle est géocentrique et offre des ressemblances avec la tradition mésopotamienne (retrouvée sur les *tablettes d'Ebla*) : le monde avant la Création était un mélange de terre et d'eau, de lumière et de ténèbres.

Dieu crée le monde en 6 jours (1er création de la lumière et du jour, 2e de l'architecture de l'Univers, 3e sépare la terre et les eaux, 4e crée les plantes, 5e les étoiles et les astres, 6e les animaux et l'homme) et se repose le 7e.

Création des êtres vivants : végétaux, poissons, oiseaux, reptiles, mammifères, hommes apparaissent à une exception près (oiseaux avant reptiles) dans l'ordre que les biologistes ont découvert aux XIXe-XXe s. Pour la plupart des exégètes, il s'agit là d'une simple coïncidence.

Création et perfection du couple humain : *Adam* (le 1er homme) a été tiré du limon de la terre (*adamah* en hébreu), Dieu lui insuffla dans les narines le souffle de vie, il vécut 930 ans et engendra *Caïn, Abel* et *Seth ; Ève* (la 1re femme) a été tirée d'une côte d'Adam pendant son sommeil (elle est « la chair de sa chair » et « les os de ses os »). Les nouvelles théories chromosomiques de Jean de Grouchy (Ève serait la fille d'Adam) donnent aux formules de la Genèse une résonance insoupçonnée : pourquoi « chair de ma chair » ne signifierait-il pas « fille » ? Un *midrash* (alphabet de Ben Sira, VIIe-Xe s.) fait de *Lilith* (démon féminin) la 1re femme d'Adam ; créée comme son égale, elle s'échappe pour ne pas subir la domination de l'homme et sera remplacée par Ève.

Chute du couple humain : le Tentateur, présenté comme un *serpent,* incite les hommes à rejeter les ordres de Dieu en goûtant le « fruit défendu de l'arbre de la Science ». Dans la *Vulgate* (traduction latine de la Bible par St Jérôme), le « fruit défendu » a été traduit par *pomum* signifiant « fruit de l'arbre » en général et par erreur, traduit par « pomme ». Ce texte révèle l'existence d'une loi morale (précisée dans les textes législatifs de Moïse). Dieu punit Adam et Ève en les privant de l'immortalité et de la béatitude : ils sont chassés du *« Jardin d'Éden »* (traduit par *paradeison : «* jardin » ou « paradis », dans la Bible grecque des Septante) et condamnés à « gagner leur pain à la sueur de leur front » ; Ève doit « enfanter dans la douleur » (3 fils : *Caïn, Abel, Seth*) et rester soumise à l'homme. Caïn, agriculteur, jaloux de voir Dieu préférer les offrandes de son frère cadet Abel, le berger, le tuera.

Déluge et arche de Noé : Dieu annonce à Noé qu'il va exterminer toutes les créatures et lui ordonne de construire une arche dont il fournit le plan. Noé y entre avec sa famille [ses 3 fils : *Sem, Cham* (qui, pour l'avoir surpris, pendant son sommeil, nu et enivré, sera maudit ainsi que sa descendance égyptienne, cananéenne, etc.), et *Japhet*], des couples de chaque espèce d'animaux (animaux purs : 7 couples ; animaux impurs : 2). Le déluge s'abat 150 jours (40 selon une variante) et tout périt, car l'eau dépasse de 15 coudées les plus hautes montagnes. Lors de la décrue, l'arche se pose sur le *mont Ararat* (Arménie, Turquie) et Dieu conclut avec Noé et sa descendance une alliance dont l'arc-en-ciel est le signe. Ce récit, sans doute d'origine mésopotamienne (retrouvé sur les tablettes d'Ebla), peut être lié aux grandes inondations des vallées du Tigre et de l'Euphrate. Au IVe millénaire, il existe une couche de 2,50 m d'argile près d'Ur. Au XXe s., J. de Morgan a pensé aux dernières glaciations du quaternaire (dites périodes pluviales dans le Moyen-Orient). Selon William Ryan et Walter Pitman (géologues, université de Columbia, USA) en 1999, le déluge aurait eu lieu en mer Noire : le bouchon du Bosphore aurait cédé, laissant pénétrer la Méditerranée dans ce qui n'était qu'un lac d'eau douce 100 m sous le niveau de la mer. En 2000, Robert Ballard (explorateur américain) a retrouvé à cette profondeur des traces d'habitations.

Recherche de l'arche : on l'a située en plusieurs lieux : *mont Ararat* 5 165 m (ou Massis, Aghri Dagh ou Arghi Dagh, Kou-i-Nou) ou monts Cordyéens [**Ararat :** forme hébraïque d'*Urartu,* désigne en assyrien le haut bassin du Tigre (en hébreu, *Ararat* signifie « Arménie ») ; la Bible parle de « montagnes » au pluriel] ; montagne près d'*Apamée,* sur le fleuve Marsyas (Turquie) ; *mont Baris* (d'après Nicolas de Damas) ; *mont Djoudi/Cudi Dagh* dans les monts Cordyéens (d'après Bérose) ; *mont Nizir/adiabène/pir Omar Gudrun* (Kurdistan) ; *mont Alwand ; mont Demavend* (Iran) ; *mont Djoudi* (Hedjaz). *Explorations :* la 1re, mentionnée par l'historien arménien Fausete de Byzance (317-80) est celle d'un évêque chaldéen qui découvrit une planche. *En 1670* expédition du Hollandais Jans Janszoon ; *1829* G. F. Parrot fait l'ascension de l'Ararat ; *1850* expédition du colonel Khoelzko ; *1876* l'Anglais James Bryce dit avoir découvert un madrier ; *1880* expédition turque affirme avoir trouvé un vaisseau et circulé dans sa coque ; *1892* une mission rapporte que l'arche, visible l'été, est, l'hiver, couverte de neige et de glace ; *1893* Nouri tente de la découvrir ; *1896* un diacre malabar (nestorien) ; *1916* W. Roskovitsy (Russe) survole l'Ararat, affirme avoir aperçu les débris d'un bateau antique et Nicolas II y envoie une expédition qui découvre des vestiges ; *1930* Hardwicke Knight (Nlle-Zélande) ; *1949* mission américaine : le Dr Smith ne découvre rien ; le *31-8 :* 2 journalistes turcs découvrent sur le mont Djoudi un vaisseau de 150 m ; *1950* Fernand Navarra retrouve, à 4 200 m d'altitude, une poutre de chêne ; *1952* George Creen (G.-B.) prend des photos d'une « plate-forme » ; *1952, 53, 55* expéditions de Navarra qui, *en 1958,* rapporte des morceaux de bois extraits de la glace, dont l'âge a été estimé à 4 000 ou 5 000 ans ; *1959-60* la fouille de l'Ararat ne révèle qu'un éboulement ; *1962-66* 7 expéditions dont 1 avec le cosmonaute J. Irwing (échec), des analyses au carbone 14 ont daté du VIIe s. de notre ère au plus tard les bois ramenés du mont Ararat ; *1984* Marvin Steffins, explorateur américain, annonce avoir découvert l'arche à 1 500 m d'altitude et rapporte des fragments d'un ciment dont Noé aurait revêtu son arche (après analyses, il s'agissait de calcaire).

Tour de Babel : les descendants de Noé parlaient tous la même langue et s'étaient mis d'accord pour bâtir une tour devant monter jusqu'aux cieux (même thème que pour Adam et Ève : devenir semblable à des dieux). Mais en les faisant tous parler des langues différentes, Dieu les rend incapables de travailler en commun, la construction de la tour est donc abandonnée et les hommes se dispersent sur toute la Terre. La tradition fait de *Nemrod,* roi de Babylone (fils de Chus ou Kouch, petit-fils de Cham et arrière-petit-fils de Noé : « grand chasseur devant l'Éternel »), l'architecte de la tour. *Explication rationnelle du récit :* la ziggourat de Babylone, en plein désert, excitait les imaginations : Bab-Il, « porte de Dieu », a été compris *Babel,* « confusion » ; l'idée d'un complot contre Dieu vient sans doute de l'utilisation des ziggourats comme observatoires astronomiques (en fait astrologiques).

■ **Livre des Nombres. L'ânesse de Balaam :** le prophète païen Balaam possédait des dons surnaturels ; acheté par le roi de Moab, Balac, il était chargé de maudire les Hébreux. Dieu le lui interdit, mais, aveuglé par la cupidité, Balaam se mit en route sur son ânesse pour rejoindre Balac. En chemin, l'ânesse se mit à parler (prodige qui aurait dû avertir Balaam qu'il était sous le regard de Dieu) ; pourtant il passa et Dieu lui souffla des formules de bénédiction au lieu de malédiction.

■ **Quelques personnages bibliques. Énoch,** personnage mystérieux, mentionné par la *Genèse* parmi les patriarches (fils de Caïn), est rendu célèbre par le livre d'Énoch, apocryphe d'inspiration apocalyptique, écrit au Ier s. av. J.-C. **Job,** émir du pays d'Uz, d'Édom, c'est-à-dire symbole du juste souffrant (accablé de malheurs par Satan) dans le *livre de Job,* conte moral du Ve s. av. J.-C. **Judith,** héroïne d'un conte (apocryphe) écrit en 63 av. J.-C. Veuve de Manassé, d'une grande beauté, elle se fait inviter par *Holopherne,* général assyrien (mythique), et lors d'un banquet, elle profitera de son ivresse pour lui couper la tête, sauvant ainsi Béthulie assiégée. **Mathusalem,** fils d'Énoch, mourra à 969 ans. **Onan,** que Yahvé fait mourir parce qu'il refuse d'obéir à son père en épousant la veuve de son frère (loi du lévirat) et aussi d'engendrer une postérité qui ne serait pas la sienne, en « laissant perdre à terre », d'où le mot *onanisme,* synonyme aujourd'hui de *coïtus interruptus* ou de masturbation. **Ruth,** convertie au judaïsme, héroïne d'un conte écrit (sans doute avant l'exil à Babylone) ; elle est l'épouse du riche propriétaire *Booz,* belle-fille de *Noémie* (qu'elle accompagne à Bethléem, contrairement à sa belle-sœur *Orpa*) et arrière-grand-mère du roi David. **Samson,** juge d'Israël, doué d'une force prodigieuse résidant dans ses cheveux. Il épousa une étrangère, *Dalila* qui, par trahison, lui coupa les cheveux et le livra aux Philistins. Devenu aveugle, Samson attendit que ses cheveux repoussent pour récupérer sa force : il mourut en écartant les colonnes porteuses du temple qui s'écroula sur les 3 000 Philistins réunis là. **Suzanne,** héroïne d'un conte (apocryphe) écrit au Ier s. av. J.-C. et servant d'appendice au livre de Daniel. Calomniée par 2 vieillards qu'elle avait repoussés, elle est sauvée de la mort par Daniel qui confond ses accusateurs (livre non canonique). **Tobie,** héros d'un conte moral (apocryphe) écrit vers 180 av. J.-C. (livre non canonique). Il épouse *Sara,* juive d'Ecbatane (en Médie), la délivre d'un maléfice (le démon assyrien *Asmodée*).

DOCTRINE

■ **Croyances en :** *un seul Dieu, la Torah* inspirée, l'*immortalité* de l'âme, le *libre arbitre,* la *responsabilité* individuelle (l'homme ayant été créé à l'image de Dieu, libre et souverain), la *solidarité* et l'*avènement* de la justice.

■ **Principales différences avec la doctrine chrétienne. Salut du Monde :** *doctrine chrétienne :* chaque homme et toute l'humanité doivent être sauvés ; *judaïque :* le salut de la Maison d'Israël prise dans son ensemble peut sauver le monde. Un non-Juif observant les 7 lois Noah'ides (morale universelle) aura part au monde futur ; s'il pratique la justice, il peut se sauver individuellement. **Messie :** *doctrine chrétienne :* il est venu, c'est Jésus, et il reviendra ; *judaïque :* il doit venir sauver Israël et toute l'humanité. **Divinité de Jésus :** *doctrine chrétienne :* Jésus est Dieu, fils de Dieu ; *judaïque :* il est un Juif parmi les autres (Dieu est unique, transcendant et incorporel).

Relations avec les confessions chrétiennes. Protestantisme : étroites à cause de l'intérêt porté par les protestants à l'Ancien Testament (depuis le XVIe s., ils se sont mis à l'école des rabbins pour l'étude de la Bible). **Catholicisme :** devenues bonnes après la publication du texte conciliaire *Nostra Aetate* (28-10-1965), qui condamne l'antisémitisme. Exemple : *1969* en France, création d'un Comité pour les relations avec le judaïsme (Pt : Mgr Matagrin, évêque de Grenoble). *1973* il publie des « orientations » (attitude des chrétiens envers le judaïsme). *1983* le cardinal Etchegaray reçoit le prix œcuménique d'Israël. *1985-25-6* 20e anniversaire de *Nostra Aetate,* le St-Siège publie une note pour une correcte présentation des juifs et du judaïsme. *1986-avril* visite de Jean-Paul II à la synagogue de Rome. *1993-30-12* des relations diplomatiques entre le St-Siège et Israël sont établies. *2000-mars* Jean-Paul II en Israël.

■ **Décalogue** (les 10 commandements de Dieu). La loi s'exprime par le respect de sa morale (voir p. 496 a). **1.** *Je suis l'Éternel ton Dieu, qui t'ai tiré du pays d'Égypte, de la maison des esclaves.* **2.** *Tu n'auras pas d'autre dieu que moi ; tu ne feras et n'adoreras aucune image.* **3.** *Tu ne prononceras pas le nom de Dieu à l'appui du mensonge, car Dieu ne laisse pas impuni celui qui prononce son nom pour le mensonge.* **4.** *Souviens-toi du jour du sabbat pour le sanctifier. Tu travailleras pendant six jours, mais le septième jour est consacré à l'Éternel, ton Dieu. Tu ne feras aucun ouvrage, ni toi, ni ton fils, ni ta fille, ni ton serviteur, ni ta servante, ni ton bétail, ni l'étranger qui est dans tes murs, car l'Éternel a créé en six jours le ciel, la terre, la mer et tout ce qu'ils renferment et il a béni le septième jour et l'a sanctifié.* **5.** *Honore ton père et ta mère, afin que tes jours soient prolongés sur la terre que l'Éternel ton Dieu te donne.* **6.** *Tu ne tueras pas.* **7.** *Tu ne commettras pas d'adultère.* **8.** *Tu ne voleras pas.* **9.** *Tu ne commettras pas de faux témoignages.* **10.** *Tu ne convoiteras pas la maison de ton prochain, ni sa femme, ni son serviteur, ni sa servante, ni son bœuf, ni son âne, ni rien de ce qui appartient à ton prochain.*

■ **Articles de foi rédigés par Maimonide** (Cordoue, 1135-1204). Résument les croyances essentielles du judaïsme : **1.** *Dieu a créé et gouverne tout ce qui existe.* **2.** *Dieu est Un et Unique.* **3.** *Dieu est Esprit et ne peut être représenté par aucune forme corporelle.* **4.** *Dieu n'a pas de commencement et n'aura pas de fin.* **5.** *À lui seul nous devons adresser nos prières.* **6.** *Toutes les paroles des prophètes (de la Bible, c'est-à-dire de l'Ancien Testament) sont vérité.* **7.** *Moïse a été le plus grand de tous les prophètes.* **8.** *La Loi, telle que nous la possédons, a été donnée par Dieu à Moïse.* **9.** *Cette Loi, nul homme n'a le droit de la remplacer ni de la modifier.* **10.** *Dieu connaît toutes les actions et toutes les pensées des hommes.* **11.** *Dieu récompense ceux qui accomplissent ses commandements et punit ceux qui les transgressent.* **12.** *Dieu nous enverra le Messie annoncé par les prophètes.* **13.** *Notre âme est immortelle et, à l'heure que Dieu choisira, il rappellera les morts à la vie.*

■ **Dieu.** La tradition juive considère le nom de Dieu comme ineffable : il ne peut donc être ni prononcé ni écrit. Les juifs parlent d'Adonaï (le Seigneur) ou Elohim. Selon la tradition chrétienne, le Dieu de l'Ancien Testament est souvent appelé *Iahweh* (écrit *Jéhovah* ou *Yehovah*) ; on ajoute souvent le mot hébreu *Tsébaoth,* multitudes, armées au nom de Yahvé, ce qui indique sa souveraineté.

■ **Messie** (du latin *messias,* transcription de l'hébreu *mashiah,* « qui a reçu l'onction »). Descendant de David appelé à établir la Justice et la Paix, à restaurer le Royaume d'Israël et à y ramener les Juifs en exil. Pour les chrétiens, le Messie est Jésus, qui a restauré une Jérusalem spirituelle. **Faux messies :** nombreux exemples : *Shabbetaï Zevi* (ou Tsvi), né à Smyrne (1626), s'est proclamé Messie en 1660, puis converti à l'islam ; *Jacob Frank* (1726-91), fondateur des frankistes en Pologne et Bohême.

■ **Karaïsme.** Secte apparue au VIIIe s., reprenant sans doute la tradition des sadducéens (voir p. 491 b). *Nom :* du verbe *Kara,* « lire ». Préconise une lecture attentive de la Bible et rejette la loi orale des rabbins. Milite pour le retour en Éretz Israël (s'y implante dès 850, avec Daniel al-Qumiqi).

Hassidisme : mouvement piétiste, né en Podolie dans la 2de moitié du XVIIIe s ; fondé par Rabbi Israël Baal Chem Tov. Certains considèrent que les mouvements messianiques des XVIIe-XVIIIe s. sont à l'origine du *hassidisme.* Les hassidims (pieux) sont des juifs traditionalistes, observateurs rigoureux des préceptes moraux et disciplinaires, pratiquant avec ferveur prières, chants et danses (spiritualité de la joie, liée à l'espérance messianique). Groupés en communautés fermées depuis le XVIIIe s., ils se distinguent par leur tenue (chapeau noir, barbe, papillotes).

CLERGÉ

PRÊTRES

■ **Origine.** Appelés *kohanim* (pluriel de *kohen*) dans la Bible, descendent d'Aaron (frère de Moïse), chargés héréditairement du culte divin. Ils constituaient une caste fermée. *Fonctions essentielles :* sacrifices dans le Temple, bénédiction sacerdotale prononcée sur le peuple, transport de l'Arche d'Alliance, purification des malades et des sujets atteints d'impureté légale. En outre, le *grand prêtre* rendait des oracles après avoir pénétré dans le *Saint des Saints.* Après la destruction du Temple, les cérémonies sacrificielles furent suspendues et seule subsista dans le rituel la bénédiction sacerdotale des fidèles.

■ **Prêtres modernes.** Tous les descendants d'Aaron ont conservé leurs droits au sacerdoce héréditaire mais cette descendance est difficile à prouver depuis l'exil. Les Juifs réformés rejettent la notion de sacerdoce héréditaire et, dans leurs synagogues, les rabbins (voir ci-dessous) récitent la bénédiction sacerdotale sans se préoccuper de laisser la priorité à un *kohen.* Les Juifs orthodoxes, au contraire, reconnaissent aux descendants d'Aaron les droits des anciens prêtres du Temple, y compris celui de dire la prière sacerdotale dans les synagogues. Ils exigent aussi que les prêtres modernes soient soumis aux mêmes obligations que les anciens prêtres du Temple : notamment fuir tout contact avec les cadavres (la route Jérusalem-Jéricho, tracée par les Jordaniens à travers un cimetière, comporte pour eux une déviation spéciale contournant ce lieu interdit), ne pas épouser une divorcée.

LE RABBINAT

■ **Rabbins.** Docteurs de la Loi, habilités à commenter les textes de la Bible et du Talmud, à siéger dans les tribunaux religieux (Beth Din). Ils ont la charge de l'enseignement religieux et président les cérémonies de la vie religieuse. Ils reçoivent leur titre à l'issue d'études dans des séminaires rabbiniques ou des instituts d'études talmudiques (Yechivah).

■ **Grands Rabbins.** Titre attribué à titre personnel ou au titulaire d'un poste de Grand Rabbin ; ils sont souvent des représentants des communautés juives en face des autorités civiles d'un pays ou des autres groupes religieux. Dans l'Espagne médiévale, le « rabbin mayor » était chargé de récolter les taxes spéciales acquittées par les Juifs. En France, le poste de Grand Rabbin a été créé par Napoléon Ier en 1808 pour les chefs de chaque consistoire régional ; le Grand Rabbin de France est élu par une assemblée spéciale, composée de laïcs et de rabbins. Plusieurs pays ont suivi l'exemple français, notamment G.-B. (1845) et Turquie (vers 1850). En Israël, il y a actuellement 2 Grands Rabbins (1 ashkénaze, 1 séfarade).

■ **Ministres-officiants.** Membres de la communauté israélite n'ayant pas le diplôme de rabbin, mais habilités à diriger une réunion cultuelle ou des cours d'instruction religieuse. Ils chantent les offices. En pratique, les fonctions de rabbin et de ministre-officiant peuvent être assumées par tout homme adulte qui en a les compétences.

■ **Femmes rabbins.** Bien que ce soit contraire à la tradition juive en général, il y avait fin 2000 environ 200 femmes rabbins aux USA, 10 en G.-B., 4 en Israël et 1 en France (1989 : Pauline Bebe ordonnée à 25 ans, le 8-7-1990 à Londres). Le judaïsme de la réforme (1 500 000 membres dans le monde) fut le 1er aux USA à accepter, en 1972, des rabbins femmes et, en 1990, le principe de rabbins homosexuels.

LITURGIE

FÊTES

■ **Fêtes entièrement chômées.** **Shabbat** (**sabbat** ou **chabbat** : samedi). Commence le vendredi soir à la tombée de la nuit et se termine le samedi à la nuit close. Le repos est obligatoire. Le Talmud a établi une liste de 39 travaux interdits : pendant le sabbat il est interdit de créer, transformer ou transporter matière ou énergie. En Israël, la législation facilite le respect du sabbat : transports publics arrêtés ; bureaux, écoles, magasins fermés, etc. Ailleurs, les juifs rencontrent des difficultés. En France, le Grand Rabbinat aide les étudiants à faire les démarches nécessaires pour obtenir des régimes spéciaux permettant de concilier observance religieuse et poursuite des études.

■ **5 grandes fêtes annuelles** (débutant la veille au soir comme les sabbats).

Rosh-ha-Shana (ou **Rôche-hachânâh**) (« début de l'année ») dure 2 jours. Jour de l'an israélite, le 1er Tishri (entre le 6 sept. et début oct.) ; début de 10 jours de pénitence, dont le dernier, le *Yom Kippour*, est également férié.

Yom Kippour (jour de la Purification, des expiations ou **du Grand Pardon) :** appelé le Sabbat des Sabbats. Jour de jeûne absolu, terminant le 10 Tishri (entre le 15 sept. et le 14 oct.), la période de 10 jours pénitentiels (appelés « les jours redoutables », car on considère que le monde entier passe en jugement devant le trône de Dieu et rend compte des péchés commis pendant l'année écoulée) qui commence à Rosh-ha-Schana. Le jeûne débute la veille au déclin du Soleil et dure un peu plus de 24 heures jusqu'à la nuit suivante ; les juifs affluent dans les synagogues. L'office (très long) commence par le *Kol Nidrei* (« tous les vœux »), formule qui annule les serments faits et non encore tenus. La moralité de cette pratique a été discutée (elle pourrait pousser les juifs à se parjurer, confiants dans le pardon qui leur sera accordé au Yom Kippour). Certains disent qu'elle fut instituée en Espagne du temps des *marranes* (juifs faussement convertis au christianisme). L'office du Kippour se termine par la *Neïlah* (fermeture).

Solennité des tabernacles ou **Souccôth** (en hébreu tentes, cabanes, tabernacles ; fête des récoltes à l'automne) dure 7 jours (les 2 premiers sont chômés). Célèbre la protection de Dieu durant le séjour dans le désert. Les juifs sortent de leur maison et résident 7 jours dans des cabanes. Actuellement, ils se contentent de dresser sur leurs balcons ou à l'extérieur une cabane symbolique dans laquelle ils prennent leur repas. Une cabane est installée dans la cour des synagogues pour ceux qui n'en ont pas chez eux. *Fête de la Récolte*, suivie de la *fête de Clôture et Réjouissance de la loi* (2 jours chômés, 1 en Terre sainte).

Pâque [*Péssa'h*, passage (toujours au singulier)] : commémoration du passage de l'Ange qui a tué tous les premiers-nés d'Égypte en épargnant ceux des Hébreux ; célébré le 15 du mois de Nisan (souvent en avril) en souvenir de la sortie d'Égypte. Dure 8 jours (7 en Terre sainte) [les 2 premiers et 2 derniers sont chômés, en diaspora]. Les 2 premiers soirs sont marqués par le repas pascal : *seder*, au cours duquel est raconté le récit *(Haggadah)* de la délivrance d'Égypte. On sacrifie l'agneau pascal, puis on partage en famille le *seder* [botte de persil (*karpas*), prémice des moissons futures en Terre promise ; herbes amères en souvenir de l'amertume de l'esclavage ; eau salée rappelant les larmes de la servitude ; mortier de pâte d'amande à la cannelle (*haroset*) rappelant le mortier que pétrissaient les esclaves pour bâtir palais et temples ; œuf durci sous la cendre (*beitzah*), symbole du long deuil des années noires ; os noirci au feu (*zeroa*) reproduisant l'agneau dont le sang préserva de la mort les premiers-nés d'Israël]. Pendant la durée de la fête, la consommation de tout levain est interdite, notamment le pain, remplacé par du pain azyme (*matza* ou *mastsah*).

Pentecôte (*Châvouôt* : 7 semaines ou 50 jours après Pâque) : dure 2 jours (2 jours chômés, 1 seul en Terre sainte) ; rappelle le don de la Torah sur le mont Sinaï et aussi la *fête des Prémices*. Les Juifs vont présenter à leur synagogue 2 pains de farine nouvelle cuite avec du levain (on peut offrir aussi des épis de blé, des grenades, des dattes et des fleurs) ; rentrés chez eux, ils brisent le pain nouveau en buvant des laitages.

☞ Les fêtes de Soukkot, Pâque et Pentecôte sont appelées fêtes de pèlerinage, car à l'époque du Temple, les Juifs se rassemblaient à Jérusalem pour ces solennités.

■ **Demi-fêtes** (chômage non obligatoire). **Hanoukka** *fête des Lumières* (25 Kislev, fin déc.) : commémore la dédicace du Temple par Judas Maccabée en 164 av. J.-C. Chaque famille place un chandelier à 7 branches (voir ci-dessous) devant une fenêtre donnant sur la rue. Chaque jour on allume une des branches en commençant par celle qui est la plus à droite puis la plus à gauche, etc. Chez les *Ashkénazes* d'Europe centrale on prépare des beignets de pommes de terre aigres-douces *(latkès)* ; chez les *Séfarades* d'Espagne et d'Afr. du Nord on déguste des pâtes de haricots rouges (originaires de Perse) en les arrosant d'arak. **Pourim** (1 mois avant Péssa'h) : célèbre la délivrance des Juifs de Perse, grâce à l'intervention d'Esther. Le 13e jour du mois d'Adar, au soir, les familles illuminent leur demeure puis vont à la synagogue participer à la lecture du *Rouleau d'Esther*. On distribue aux enfants des cadeaux et aux amis (en particulier aux pauvres) des plats *(manots)* comprenant viandes, poissons, confiseries et verres de vin. Dans certaines régions d'Europe, les enfants se déguisent. **Yôm hâatsmâouth** anniversaire de l'indépendance de l'État d'Israël (5 Iyar, 14 mai 1948). **5 jours de jeûne** 10 Tèvêth ; 13 Adar : jeûne d'Esther ; 17 Thammouz ; 9 Av : Ticha Béav (anniversaire de la destruction du Temple) ; 3 Tishri : jeûne de Guevalyâh.

■ **Calendrier pour les années 2001/2002.** *Rôche-hachânâh :* 18 et 19-9-2001. *Jeûne de Guedalyâh :* 20-9. *Kippour :* 27-9. *Souccôth :* 2 au 8-10-2001. *Chemini-Atséreth :* 9-10-2001. *Sim'hath-Thôrâh :* 10-10. *1er Mar'héchvâne :* 11-10. *1er Kislêv :* 10-11. *'Hanouccâh :* 10 au 17-12-2001. *1er Tèvêth :* 25-12. *Jeûne de Tèvêth :* 19-12. *1er Chevâte :* 8-1. *1er Adâr I :* 7-2. *1er Adâr II :* 8-3. *Jeûne d'Esther :* 25-2-2002. *Pourim :* 26-2. *1er Nissâne :* 6-4. *Péssa'h :* 28-3 au 4-4-2002. *1er Iyyâr :* 6-5. *Yôm-hâatsmâouth :* 17-4-2002. *Lag bâômer :* 30-4-2002. *1er Sivâne :* 4-6. *Châvouôth :* 17 au 18-5. *1er Thammouz :* 27-6-2002. *Jeûne de Thammouz :* 20-7. *1er Av :* 18-7-2002. *Jeûne d'Av :* 10-8. *1er Eloul :* 1-9. *Tou Bichvat* 28-1-2002. *Yom Yerouchalaim* 10-5-2002.

DIVERS

■ **Bain rituel.** Obligatoire : pour les femmes mariées pour mettre fin à leur état de *Niddah* (pendant et après leurs règles menstruelles) qui se vit dans l'abstention de l'intimité conjugale ; pour les jeunes filles avant leur mariage religieux. Intervient également dans les modalités de la conversion.

■ **Châle de prière (talith** ou **tallit).** Porté par les hommes pendant la récitation des prières du matin (en application du texte biblique, Nombres XV,37-41). Il est blanc, le plus souvent avec des bandes noires ou bleues, et porte des franges *(tsitsit)* pour rappeler au fidèle qu'il doit consacrer sa vie au service de Dieu.

■ **Chandelier à 7 branches (menora** ou **menorah).** Son usage, attesté depuis l'âge de bronze moyen, a peut-être été emprunté aux populations primitives de Canaan. Une menorah en or placée dans le Temple est devenue le symbole du judaïsme (actuellement emblème de l'État d'Israël). Lors du pillage du Temple en 70, elle a été transportée à Rome (elle est représentée sur le bas-relief de l'arc de triomphe de Titus, au Forum romain) ; elle aurait été ensuite emportée à Carthage par les Vandales en 45, ce qui laisse supposer qu'elle a abouti à Byzance, ayant été récupérée par Bélisaire en 533. Dans les synagogues modernes, les chandeliers à 7 ou à 9 branches servent de décoration.

■ **Chemoneh Esreh** [« les dix-huit » (bénédictions)] : prières prononcées à l'office des jours ordinaires.

■ **Chofar** ou **shafar.** Corne de bélier, utilisée le jour de l'an et à Kippour.

■ **Circoncision** (ablation du prépuce). Prescrite par Dieu à Abraham. Le 8e jour après la naissance. Opération faite par un circonciseur ou un médecin. Malgré une opposition née dans les milieux libéraux, la circoncision est pratiquée par la majorité des Juifs : elle scelle et confirme l'alliance dont Dieu a dit : elle sera à perpétuité dans votre chair. Pour les premiers-nés, il y a la cérémonie du rachat, *Pidyon-ha-Ben*, le 31e jour après la naissance.

■ **Deuil rituel.** Une dizaine de prescriptions traditionnelles, notamment 7 jours de plein deuil pour les proches parents du mort. Des carrés réservés aux Juifs existent dans certains cimetières parisiens.

■ **Initiation (Bar-mitsva).** Profession de foi à 13 ans (garçons) ; 12 ans (filles) : Bat-mitsva.

■ **Kippa.** Calotte, souvent noire. En se couvrant la tête (siège de la pensée), l'homme reconnaît ses limites et sa soumission à une loi qui le dépasse.

■ **Langues liturgiques.** Hébreu et, accessoirement, araméen ; yiddish, judéo-espagnol (ladino) ou judéo-arabe sont des langues populaires.

■ **Mezouzah (chambranle).** Étui (en métal, bois ou faïence) contenant un petit rouleau de parchemin ; fixé sur le chambranle des portes. Porte le mot *Tout-Puissant* (qui constitue également les initiales des mots hébraïques signifiant « Gardien des Portes d'Israël ») et le texte du *chema* (« Écoute, Israël »), profession de foi que tout juif pratiquant doit réciter matin et soir.

■ **Natalisme.** Quiconque n'accomplit pas le devoir de procréation doit être comparé à un meurtrier (Rabbi Eliézer). Le *célibat* est déconsidéré : le célibataire ne s'appelle pas vraiment homme (Talmud). La procréation confère au mariage son caractère sacré. La *monogamie* n'est pas imposée par la Bible, et la bigamie (moins rare que la polygamie) a été pratiquée par les juifs en milieu musulman. Interdite par les rabbins ashkénazes depuis le Xe s., elle l'est aussi par le Code civil israélien.

■ **Nourriture casher** (c'est-à-dire permise). *2 raisons :* distinguer le peuple juif des autres et ne pas faire souffrir les animaux lors de leur exécution. Il est interdit de mélanger viande et lait et de consommer sang et suif sous quelque forme que ce soit ; les seules viandes autorisées sont celles des ruminants aux pieds fendus en deux, c.-à-d. bovins, ovins, caprins [ni lièvres, ni chameaux (ruminants mais sans pieds fendus), ni porcs (pieds fendus mais non ruminants)], animaux de basse-cour, pigeons et colombes ; les seuls poissons autorisés sont ceux pourvus d'écailles et de nageoires : carpes, truites, saumons, harengs... ; mais ni requins, ni raies, ni anguilles, etc. Des centaines de règles fixent la façon d'abattre les animaux : bêtes non anesthésiées ; opération avec un couteau parfaitement aiguisé dont la lame est contrôlée ; section nette de la trachée artère et de l'œsophage en un endroit précis (le moindre écart de la lame entraînant la nullité de l'opération). A Paris, 30 exécuteurs assermentés sont contrôlés par une commission rabbinique intercommunautaire (il y avait, en 2000, 130 boucheries cashères). Pendant la *Pâque*, pain et pâte levés sont interdits, le *pain azyme* (sans sel, non levé) est prescrit ; tout aliment fermenté est interdit, sauf alcools à base de fruits.

■ **Phylactères (tefillin).** Objets de piété composés de 2 petites boîtes de cuir noir contenant des passages de l'Écriture sainte. On les fixe autour du bras gauche et autour de la tête au moyen de lanières de cuir noir ; les hommes les portent aux services religieux du matin, sauf les sabbats et jours de fête chômés (en application du Deutéronome VI,4-9 et XI,13-21).

■ **Prières.** 3 prières essentielles (communautaires ou individuelles). Chacune doit son origine à un des 3 patriarches : Abraham, Isaac, Jacob. *Matin* (Chaharith) et *soir* (Maariv ou Arbith) : lecture du Chema (Deutéronome VI,4-9) et Tèfillah (18 bénédictions). *Après-midi* (Min'ha) : Tèfillah. *Sabbat* (samedi) et les *jours de fête :* s'y ajoutent hymnes et lectures de passages de la Torah.

☞ La coutume de se balancer durant la prière a pour but de faciliter la méditation ou la dévotion. Selon Judah Halévy, on ne disposait souvent que d'un seul livre qu'on posait sur le sol. Chacun des fidèles assis autour prenait connaissance du texte puis retirait la tête pour permettre à un autre de lire à son tour.

■ **Rites.** *Ashkénaze* (allemand), pratiqué par la majorité des Juifs d'Europe et d'Amérique. *Séfarade* (espagnol), pratiqué surtout dans les pays méditerranéens. *Orientaux* (Proche-Orient). Les différences apparaissent surtout dans la prononciation de l'hébreu et dans l'ordonnancement des prières.

■ **Sept Espèces.** Produits agricoles considérés comme un don particulier fait par Dieu à la Terre sainte : orge, figue, dattes, grenade, olive, blé, vigne.

■ **Synagogues** (en hébreu, *Beth Knesset :* maison de réunion). Bâtiments utilisés pour les assemblées religieuses, existant depuis le VIe s. av. J.-C., date de la destruction du 1er Temple. Elles servaient primitivement aux réunions sociales et politiques, puis comme maisons d'enseignement. Actuellement, elles sont surtout des lieux de prière et de cérémonies cultuelles. On peut d'ailleurs réciter en commun les prières liturgiques dans tout autre lieu dès qu'on forme un *Miniane* (groupe d'au moins 10 hommes de 13 ans révolus). On distingue les synagogues (lieux de cultes importants), appelées *schuhl* (écoles) par les Ashkénazes, et les oratoires locaux (plus petits), appelés *stiebel* (chambrettes) par les Ashkénazes. On emploie peu le mot « temple » qui est surtout réservé au Temple de Jérusalem. **La plus grande.** *Du monde :* sur la 5e Avenue à New York (Emmanu-El) : 3 760 m², contenance : 6 000 personnes ; *de France :* rue de la Victoire à Paris : 700 m², 1 500 personnes.

■ **Tèfillah.** Examen de conscience, prières, louanges, supplications. Prescrit 3 fois par jour.

TENDANCES ACTUELLES

■ **Orthodoxes.** Très attachés à l'observance rigoureuse des pratiques religieuses. Certains, notamment en Israël, se distinguent par leur tenue : lévite et chapeau noirs, barbe. Ils sont conscients du danger de déjudaïsation. **Conservateurs.** Surtout aux USA, acceptent certains aménagements de la pratique, mais dans le respect des principes traditionnels de la Loi (*Torah* et *Talmud*) dont ils reconnaissent l'autorité. Une communauté à Paris : *Adath Chalom.* **Libéraux.** Surtout USA et Europe occidentale, partisans de « moderniser » certaines prescriptions et d'en assouplir les interdits. *Membres :* environ 3 millions dans le monde appartenant à l'*Union mondiale du judaïsme libéral* (*en France :* quelques communautés dont le MJLF : Mouvement juif libéral de France).

ANTISÉMITISME

DES ORIGINES A 1945

Définition. Mot créé en 1862 par le pamphlétaire allemand *Wilhelm Marr* (1818-1904) qui fonda en 1879 une ligue antisémite. L'ouvrage du Français *Ernest Renan* (1823-92), « Système comparé des langues sémitiques » (1858), venait de donner une grande notoriété au mot *sémite*. Marr l'a utilisé pour préciser qu'il n'attaquait pas le judaïsme en tant que religion, mais en tant que force politique et groupe racial. Néanmoins, les Juifs ont employé le mot antisémitisme pour désigner toute attaque menée contre eux, y compris les attaques religieuses.

Quelques dates. Ayant J.-C., vers 1300 (relaté par le livre de l'Exode) les Égyptiens traitent en esclaves leurs colonies hébraïques (voulant empêcher les Juifs de partir). **Vers 330** (relaté par le livre d'Esther) les colonies juives de Perse sont menacées d'extermination par Haman (conseiller du roi Assuérus). **IIIe-IIe s.** dans l'Égypte des Ptolémées, nombreuses émeutes contre les Juifs alexandrins. **161** à Rome, Marcus Pompeïus, préteur, interdit l'accès de la ville aux Juifs. **Après J.-C., 22 :** 4 000 Juifs romains sont transportés en Sardaigne. **70** les Romains *détruisent le Temple* et transforment Jérusalem en *Ælia Capitolina*. **135** extermination des Juifs après la révolte de *Barkochba* ; actions sanglantes contre les Juifs révoltés d'Égypte et de Cyrénaïque.

Antijudaïsme chrétien. 49 *concile de Jérusalem :* les chrétiens, qui jusque-là pratiquaient la religion juive et se considéraient comme une secte judaïque, rompent avec la Synagogue, sous l'influence de St Paul, renonçant à la circoncision et acceptant le recrutement des païens. Certains pensent que St Paul cherchait simplement à tenir éloignée la communauté chrétienne de l'État théocratique juif menacé d'anéantissement par les Romains. Les Juifs ont considéré cette attitude comme une trahison. **Ier-IIIe s.** polémique religieuse notamment avec le traité de Justin le Philosophe (IIe s.) : *Dialogue avec le Juif Tryphon.* Élaboration de la doctrine que l'Église enseignera jusqu'au XXe s. : les Juifs sont à l'origine le peuple élu de Dieu mais, comme ils ont rejeté Jésus, ils sont devenus des réprouvés (peuple dit *déicide*). **305** avant le concile d'Elvira (Espagne), s'applique à séparer les chrétiens des Juifs en leur interdisant de partager leurs repas, ou de se marier avec eux, d'observer le shabbat ou de demander à un Juif de bénir leurs champs. Interdictions réitérées par les conciles de Vannes (465), Épaon (517), Orléans II (533), Clermont (535), Orléans III (538) et IV (541). **IVe-VIe s.** après le décret de Constantin (313) faisant du christianisme la religion d'État, le prosélytisme est interdit aux Juifs. **VIIIe-XIe s.** les Juifs sont assimilés aux musulmans par les chrétiens (à cause de la réussite sociale et économique des Juifs de l'Islam). **XIe-XIIe s.** ils sont victimes des croisades anti-islamiques. Le pape Calixte II (1119-1124) prend leur défense dans une bulle, *Sicut Judeis*. Innocent III (1179-1180) ordonne aux évêques de veiller à ce que les croisés ne maltraitent pas les Juifs. Grégoire IX (1145-1241) en 1236 souhaite que les crimes commis contre les Juifs ne demeurent pas impunis. **XIIIe-XVe s.** *profanations d'hostie :* à partir de 1243, 28 cas d'accusation : Allemagne 8, Autriche 6, Espagne 4, Tchécoslovaquie 3, Pologne 3, Portugal 2, *France 1,* Belgique 1. Il s'agissait d'hosties consacrées que l'on avait retrouvées tachées de rouge. On disait que les Juifs les perçaient avec des clous pour renouveler la crucifixion de Jésus, ce qui les faisait miraculeusement saigner ; des émeutes antijuives, souvent sanglantes, s'ensuivaient. En 1948, des chercheurs de l'Institut de Rehovoth (Israël) démontrèrent que la farine des hosties pouvait être attaquée par un champignon rouge sang, le *Bacterium prodigiosum.* Fréquentes accusations de *meurtres rituels* [mise à mort d'enfants chrétiens pour renouveler sur eux le supplice du Christ, ou pour utiliser leur sang comme remède : *1235* Fulda (Allemagne) ; *1462* Rinn (Autriche) : André de Rinn, béatifié 1752 ; *1472* Trente (Italie) : St Simon de Trente (2 ans et demi), martyr, canonisé 1476, retiré du calendrier 1966]. **XIIIe-XVIe s.** beaucoup de conversions forcées, par exemple en Espagne [en 1492 : conversion ou exil : 75 % (150 000) émigrent] ; suicides collectifs de Juifs, pour éviter les conversions. Luther, d'abord bien disposé envers les Juifs, change et publie en 1542 *Contre les Juifs et leurs mensonges.* Désespérant de les convertir, il propose de brûler les synagogues, de confisquer les livres hébraïques et d'expulser les Juifs des principautés germaniques. Urbain VIII (1568-1644) permet le baptême forcé et condamne la profanation des cimetières juifs.

XVIIIe s. Clément XII (1730-40) et Benoît XIV (1740-58) codifient des lois antijuives : les Juifs, sous peine de sanctions sévères, doivent porter la rouelle. En 1775, Pie VI (1717-99) leur interdit de sortir du ghetto la nuit sous peine de mort. **1837** on reparle de *meurtres rituels ;* en Russie, une commission officielle d'enquête est instituée. **1840** *affaire de Damas :* les Juifs syriens sont accusés d'un meurtre rituel après l'assassinat du père Thomas, moine capucin. Le ministre (français) juif Crémieux obtient du Sultan une loi condamnant à l'avenir tous ceux qui accuseraient les Juifs d'un crime rituel. **1858**-*sept.* à Bologne (États de l'Église), Edgar Mortara qui, étant en danger de mort, avait été baptisé (à 11 mois, en 1852) par une servante chrétienne ; à 7 ans, arraché à sa famille juive par la police pontificale et placé à l'hospice des catéchumènes à Rome ; il ne sera pas rendu à ses parents malgré leur protestation auprès de la synagogue d'Alexandrie et deviendra prêtre en 1867 ; pour obtenir sa « libération », se fonde à Paris l'*Alliance israélite universelle* (voir p. 553 c). **1863** à Saratov, 2 Juifs et un apostat sont condamnés à mort pour le meurtre de 2 enfants chrétiens.

XXe s. 1928-*25-3*, le Saint-Office publie un décret de Pie XI condamnant l'antisémitisme qualifié de *haine contre le peuple de Dieu*. **1947** une conférence à Seelisberg (Suisse) réunissant des Juifs et des chrétiens pour étudier les moyens de combattre l'antisémitisme élabore les *Dix points de Seelisberg.* **1948** Jules Isaac (1877-1963), historien juif, Edmond Fleg (1874-1963), écrivain juif, et quelques chrétiens, dont le catholique Jacques Madaule, fondent l'Amitié judéo-chrétienne en France. **1952** *affaire Finaly :* Robert (né 14-7-1941) et Gérald (né 3-7-1942) qui ont perdu leurs parents [autrichiens réfugiés, à la Tronche (Isère), arrêtés le 14-2-1944, morts en déportation à Auschwitz] avaient été recueillis par les religieuses de N.-D.-de-Sion à Grenoble, puis par Mlle Antoinette Brun (directrice de la crèche municipale de Grenoble) qui les fit baptiser en 1948. En janvier 1953, la cour d'appel de Grenoble stipule qu'ils doivent être rendus à leurs tantes habitant en Nlle-Zélande et en Israël, mais les religieuses les feront passer en Espagne. Fin juillet, une des tantes pourra les récupérer et les emmener en Israël. **1959** Jean XXIII supprime l'expression *Pro perfidis Judæis* (Pour les Juifs perfides) dans les litanies d'intercession du vendredi saint. **1960**-*13-6* Jules Isaac lui demande que le concile qui se prépare révise l'enseignement donné dans l'Église au sujet du peuple juif. **1965**-*28-10* déclaration conciliaire *Nostra Ætate* (paragraphe 4) : « L'Église se souvient du lien qui unit spirituellement le peuple du Nouveau Testament à la descendance d'Abraham. » **1967** Paul VI institue, dans le cadre du Secrétariat pour l'unité des chrétiens, une commission chargée des rapports avec les juifs (appelée, en 1974, commission pour les relations religieuses avec le judaïsme). **1971**-*14/16-12* 1re réunion du Comité international de liaison entre juifs et catholiques à Paris, au Consistoire central de France. **1974**-*1-12* le Vatican publie les *Orientations et suggestions pour l'application de Nostra Ætate* qui condamnent, comme opposée à l'esprit même du christianisme, toute forme d'antisémitisme et de discrimination. **1980**-*17-11* Jean-Paul II rend visite à la communauté juive de Mayence et rappelle que l'alliance passée entre Dieu et le peuple juif « est une alliance qui ne peut être révoquée ». **1985**-*24-6* le Vatican publie les *Notes pour une correcte présentation des juifs et du judaïsme dans la prédication et la catéchèse de l'Église catholique.* **1987-89** affaire du carmel d'Auschwitz. **1988**-*3-11* la commission pontificale Justice et Paix définit l'antisémitisme comme « la forme la plus tragique de l'idéologie raciste en notre siècle, avec toute l'horreur de l'Holocauste... ». **1997**-*30-10/1-11* à Rome : colloque sur « Racines de l'antijudaïsme en milieu chrétien » ; une soixantaine de théologiens, majoritairement catholiques, se réunissent ; Jean-Paul II leur dit : « L'antisémitisme est sans justification aucune et absolument condamnable. » **1998** document pontifical sur la Shoah. **2000**-*mars* Jean-Paul II en Israël.

Antijudaïsme social et religieux. L'Église ayant interdit aux chrétiens de prêter à intérêt, les non-chrétiens organisent au XIe s. le secteur bancaire. La plupart des confiscations et des expulsions de Juifs (Angleterre 1290, France 1394, Autriche 1421) s'expliqueront par le désir de récupérer les capitaux détenus par des banquiers juifs ou de restreindre le crédit (l'expulsion d'un usurier correspond empiriquement à une mesure anti-inflationniste). Les 1res *« juiveries »* étaient des quartiers spécialisés dans un métier, des « rues au change », comme il y avait des rues aux bouchers et des rues poissonnières. **1239** le pape demande de saisir les biens des Juifs. **Entre 1242 et 1244** St Louis fait brûler environ 200 volumes de prières juives. La résidence des Juifs dans les quartiers spécifiques devient obligatoire (Perpignan 1251, Carpentras 1269, Londres 1276, Paris 1292, Marseille 1320, Aix-en-Provence 1341). **Vers 1320** *complot des lépreux :* les Juifs sont accusés d'utiliser des lépreux pour contaminer les Européens (en accord avec le sultan de Grenade en Espagne) en polluant l'eau des puits et les hosties [exécutions de Juifs notamment à Chinon (160 Juifs brûlés, dont le rabbin Éliézer Ben Joseph) et Vitry-en-Perthois]. **1348** *peste noire :* les Juifs sont accusés (surtout en Allemagne) d'empoisonner les puits ; 300 communautés juives sont supprimées (exode des Juifs allemands vers la Pologne). **1349**-*14-2 :* 2 000 Juifs mis à mort à Strasbourg. **1394** Charles VI bannit les Juifs de France. **XVe s.** les Juifs sont bannis du Dauphiné, **1500-01** de la Provence (rattachée 1481 à la France) ; **début XVIe s.** il n'y a plus de Juifs qu'à Avignon et dans le Comtat Venaissin, possessions du pape enclavées, où on leur enlève le droit d'être fermiers des redevances et péages pontificaux [puis (1609) d'être collecteur des tailles]. **1516** institution des *ghettos* (du nom du quartier juif de Venise, la Fonderie ou ghetto) : les juiveries sont désormais entourées d'un mur avec une seule porte ; les Juifs qui la franchissent doivent porter un insigne spécial (rouelle ou chapeau jaunes). A l'intérieur, les Juifs peuvent exercer sur les maisons un droit de jouissance et de vente semblable au droit de propriété (interdit ailleurs). Ils y ont leurs institutions propres (1555-26-7 à Rome, sur décision de Paul IV, 2 000 Juifs emménagent dans le Trastevère, une seule rue avec quelques venelles transversales dont les portes sont fermées la nuit). **1555**-*14-7* la bulle de Paul IV *Cum nimis absurdum* précise : « Il nous paraît absurde et inadmissible d'étendre la charité et la tolérance chrétiennes aux Juifs, condamnés par Dieu à cause de leurs péchés à la servitude éternelle. » La ségrégation permettra aux communautés juives de se structurer pendant 3 siècles [le nom « borghetto » (petit bourg) aide à faire adopter le vénitien « ghetto »]. Juifs et ghettos sont tolérés. **1566**-*19-4* bulle de Pie V *Romanus Pontifex* provoque la liquidation des terres, domaines et vignes des Juifs dans le Comtat. **1573** des artisans chrétiens vont en masse au palais papal exiger l'interdiction effective de faire appel aux services de Juifs qui seront alors cantonnés dans le commerce des étoffes et des vêtements ou le prêt d'argent à intérêt. **XIXe s.** antisémitisme social des fouriéristes (réaction contre le judaïsme des saint-simoniens). Alphonse Toussenel (1803-85) publie en 1845 *les Juifs rois de l'époque, histoire de la féodalité financière,* soulignant la continuité entre les activités bancaires juives du Moyen Age et les grandes entreprises juives modernes. Il fournira de nombreux arguments aux antisémites maurrassiens (voir p. 552 a).

Émancipation des Juifs en Europe. 1782 Édit de tolérance, Autriche. **1791** France : *-21-9* décret d'émancipation voté par l'Assemblée nationale ; dans le Comtat Venaissin annexé, de nombreux Juifs, protégés par l'ancienne administration pontificale, refusent la législation française et de quitter leur ghetto. **1797** Pays-Bas, Venise. **1807** les Juifs obtiennent égalité des droits civils en Italie, Pays-Bas, Westphalie. **1818** Mecklembourg, Hambourg, Brême, Lübeck, Mayence. **1830** Belgique. **1833** Hesse, Cassel, Brunswick. **1848** Piémont, Danemark. **1850** Prusse. **1851** Norvège (province suédoise). **1858** Royaume-Uni [les Juifs peuvent être élus au Parlement ; droit d'entrer à l'université (1870) ; pleine émancipation (1890)]. **1862** Bade. **1865** Suède. **1867** Saxe, Autriche-Hongrie. **1870** Italie. **1871** Empire allemand. **1874** Suisse. **1878** Serbie, Grèce, Bulgarie (émancipation imposée par Bismarck et Disraeli au congrès de Berlin). **1908** Turquie. **1917** Russie. **1919** Roumanie.

Juif errant. Personnage mythique : un cordonnier l'ayant repoussé du seuil de sa maison, Jésus, harassé, montant au calvaire, lui dit : « Je marche, mais tu devras marcher jusqu'à mon retour » ; *ou bien* un portier de Ponce Pilate ayant reproché à Jésus sa lenteur et lui ayant donné un coup de poing, Jésus répliqua : « J'y vais, mais tu attendras jusqu'à mon retour. » Le méchant Juif aura beau se repentir, se faire baptiser, se faire appeler Joseph, il marchera sans cesse jusqu'au Jugement dernier [épisode rapporté par le bénédictin anglais Mathieu Paris au XIIIe s. ; apparu en Allemagne au XVIe s. ; en 1547, Dudulaeus (?) prétendit avoir rencontré à Hambourg le Juif errant qui se faisait appeler Ahasvérus ; sa dernière apparition remonterait au grand incendie de Saint-Dié (Vosges) le 27-7-1767].

Juif de cour. *XVIIIe s.* intendants de Pces allemands, banquiers ou manufacturiers (comme : Samson Wertheimer dont la famille servit 3 empereurs de 1694 à 1724).

Antisémitisme politique et national. Entre 1648 et 1658, dans l'Empire tsariste, près de 100 000 Juifs, souvent émigrés d'Allemagne en Pologne, sont victimes des Cosaques alliés aux Tatars et aux Zaporogues sous le commandement de l'hetman *Chmielnicki* (700 communautés anéanties). **1772** après le partage de la Pologne, la Russie confine la moitié des Juifs dans des « zones de résidence ». **1881** Constantin Pobiedonotsev (1827-1907), conseiller du tsar Alexandre III, fait de l'antisémitisme un instrument de gouvernement, assimilant les Juifs aux assassins du tsar Alexandre II. Leur passeport est marqué du tampon « juif » à l'encre rouge, un *numerus clausus* est introduit pour les enseignements secondaires et supérieurs et l'accès à certaines professions. 650 lois d'exception sont prises à leur encontre. **De 1887 à 1917** environ 800 pogroms feront des milliers de victimes [le plus sanglant : Odessa (1905) avec 300 †]. Des procès de meurtres rituels se dérouleront (dont *l'affaire Beilin* à Kiev, 1911-13 : Menahem Beilin jugé pour le meurtre d'un chrétien de 12 ans, Andrei Yushchinsky, est acquitté ; il émigre en Palestine). **Entre 1900 et 1918** près de 2 000 000 de Juifs émigrent. **Entre 1917 et 1921** nombreux parmi les révolutionnaires (dont Trotski, Sverdlov, Kamenev, Zinoviev), des Juifs sont exécutés par les Russes blancs (et d'autres lors des purges staliniennes). **1927** Samuel Schwartzbard (1886-1938), réfugié juif de Russie, tue à Paris l'hetman Petlioura (responsable du massacre de 50 000 Juifs ukrainiens en 1919) ; il sera acquitté ; le procès donnera naissance à la *Ligue contre les pogroms* (1927) devenue *Ligue internationale contre l'antisémitisme (Lica)* puis *Ligue internationale contre le racisme et l'antisémitisme (Licra).*

Protocoles des Sages de Sion : *écrit* à Paris (fin 1900-début 1901) par Matthieu Golovinski (6-3-1865/1920 à Petrograd), agent de l'Okhrana (police secrète russe) sous l'autorité de Henri Blint (1853-1929) à la demande de Pierre Ratchkovski (chef à Paris des services secrets à l'étranger). Adaptation russe d'un pamphlet français de Maurice Joly (1829-78), *le Dialogue aux Enfers entre Montesquieu et Machiavel* (Bruxelles, 1864). *Paru* en abrégé en russe du 26-8 au 7-9-1903 dans le journal *Znamia* (le Drapeau) et justifiant le pogrom de Kichinev. En 1905, le mystique Serge Nilus le publie en appendice d'un livre sur l'Antéchrist. Autre édition en 1911-12. En 1920, 1re publication en français dans *l'Opinion* et *la Libre Parole* (présentée comme les conclusions secrètes du 1er Congrès sioniste de Bâle). Le 8-5, le *Times* en parle. Les 16, 17 et 18-9-1921, Philip Graves averti par Michel Raslovleff († 1987) démontre dans le *Times* que c'est un faux (ce que retiendra le tribunal de Berne en 1923). Cependant, ce livre sera fréquemment traduit (notamment en arabe dès 1921) et servira de référence aux antisémites allemands, arabes, argentins,... Voir **Antisémitisme arabe** p. 552 b.

Antisémitisme racial. La division de l'humanité en 3 grandes « races » : *Japhétites, Sémites, Hamites* ou *Chamites,* enseignée par la Bible (livre de la Genèse, épisode du Déluge), a été admise par chrétiens, musulmans et juifs jusqu'au XVIIIe s. (avec des divergences pour la répartition des peuples entre ces 3 groupes). La découverte de l'Amérique et l'exploration des côtes africaines et asiatiques (XVIe-XVIIe s.) ont bouleversé ces données, mais, longtemps, les anthropologues ont tenu à conserver ce chiffre de 3 : Linné et Buffon ne distinguaient que Noirs, Jaunes et Blancs. La notion de race sémite (ou juive) est née au XIXe s., après les travaux de linguistique démontrant l'existence d'un groupe hébréo-arabe. Les Juifs ont longtemps cru à la pureté de leur peuple (descendant des Béné-Israël de l'époque des patriarches). Ils admettent aujourd'hui que le prosélytisme religieux israélite a fait entrer dans le judaïsme des milliers de non-sémites.

Dans un article de 1867, Wilhelm Marr (voir p. 551 a) déclarait que « la véritable nationalité, c'est la race ». En Allemagne, la notion de *race nordique* ou de *race aryenne* a été adoptée en 1894 sous l'influence de Joseph Arthur de Gobineau (Français, 1816-82) dont l'*Essai sur l'inégalité des races* (1853-55) utilisait des découvertes philologiques (groupe des langues indo-européennes) et croyait à la dégénérescence des races latines et méditerranéennes (fondation de la Gobineau Vereinigung). L'antisémitisme se développe sous l'influence du *Cercle de Bayreuth*. En 1899 Houston Stewart Chamberlain (1855-1927, gendre du musicien Richard Wagner) présente dans les *Fondements du XIXe s.* une synthèse du mythe de la supériorité aryenne et de darwinisme social. Recommandée par Guillaume II, son œuvre est largement diffusée en Allemagne et en Autriche ; récusé par les scientifiques, il influence cependant les tenants de « l'hygiène raciale » (Wolfmann-Plœtz-Ammon) et la radicalisation, dès 1905, de l'eugénisme répandu depuis Francis Galton (Anglais) dans la plupart des pays européens. Adolf Hitler (qui l'admire) assiste à son enterrement. La doctrine nationale-socialiste reposant sur la lutte de la « race aryenne » contre les « races inférieures », dont les Juifs sont censés incarner le mal absolu, conduira, entre 1940 et 1945, au massacre de millions d'êtres humains décrétés « indignes de vivre » (malades mentaux, tziganes, slaves) et pour les Juifs d'Europe à la « Solution finale » appelée (improprement) « Holocauste » (du grec *holos* : entier et *kostos* : brûlé entièrement, désignant l'immolation d'animaux en sacrifice expiatoire à Dieu) ou mieux *Shoah* (de l'hébreu : catastrophe). Beaucoup d'Allemands étaient convaincus : 1°) de la supériorité raciale des Nordiques ; 2°) de la réalité, sur le plan politique et national, du péril juif, mais n'ont pas (sauf nombreuses exceptions) voulu le génocide lui-même. Ils « ignoraient », ont-ils dit, ou avaient voulu ignorer les crimes raciaux nazis (voir Israël à l'Index).

Depuis 1973 et la crise pétrolière, un certain antisémitisme semble renaître. Certains ont vu un essai de déstabilisation de l'Occident provoqué, à l'époque, par les pays de l'Est ou la Libye ; d'autres y voient l'action de néo-nazis convaincus.

■ **En France. Sous le IIe Empire :** dans la littérature, l'antijudaïsme de gauche est plus virulent que celui des catholiques conservateurs de droite. Pierre-Joseph Proudhon défend le concept de race ; Georges Duchêne (son disciple) prône l'extermination physique des Juifs ; Georges Tridon (disciple de Blanqui), à travers le judaïsme, vise le christianisme qui en est la continuation ; Karl Marx (Juif) personnifie le capital et l'usure. **Après la défaite de 1870 :** l'antisémitisme se développe, attisé par les forces antirépublicaines (notamment armée, milieux catholiques, adeptes d'Ancien Régime), voir encadré p. 679. Charles Maurras (1869-1952), fondateur de l'*Action française*, définit lors de l'affaire Dreyfus (1894-1906) une nouvelle thèse : les Juifs alliés aux 3 grandes internationales (protestante, révolutionnaire, maçonnique) représentent un péril pour la nation française dont ils cherchent à contrôler la destinée en s'emparant de la puissance économique et politique [Dreyfus est présumé coupable car il appartient « à une race portée à la trahison » (voir l'affaire Deutz, p. 553 a)], mais Maurras condamne cependant « l'antisémitisme de peau » et se situe sur le plan politique et national : les Juifs doivent être combattus par les nations, car ils forment une nation ennemie décidée à les asservir. Édouard Drumont [(1844-1917), auteur de *la France juive* (1886), directeur d'un quotidien antisémite, *la Libre Parole*, élu député d'Alger (1898)] reproche moins aux Juifs d'être des agents internationaux que des agents allemands (opinion liée à la forte immigration ashkénaze après 1871). Mis en sourdine au nom de l'« Union sacrée » durant la guerre de 1914-18, l'antisémitisme politique réapparaît dans la crise, avec pour cible principale les immigrés juifs d'Europe de l'Est, puis du IIIe Reich. Louis-Ferdinand Céline [(1894-1961), auteur de *Bagatelles pour un massacre* (1936)], antisémite non nationaliste et antimilitariste, reproche surtout aux Juifs d'être bellicistes. Il admet la notion hitlérienne de races et veut enfermer tous les Juifs du monde dans un vaste ghetto palestinien. **Époque de Vichy,** voir à l'Index.

■ ÉPOQUE RÉCENTE

■ **Ex-URSS.** Sensible dès l'arrivée de Staline au pouvoir, l'antisémitisme s'intensifie en 1948 (assassinat à Minsk de l'acteur juif Solomon Mikhoels) et se poursuit par l'interdiction de la littérature et du théâtre en langue yiddish, même dans la *région autonome juive de Birobidjan* (voir à l'Index) où elle est théoriquement langue officielle, à égalité avec le russe. Des Juifs sont déportés en Sibérie, mais non au Birobidjan où leur nombre est restreint (15 000). Le 12-8-1952, 26 membres juifs du Comité antifasciste sont fusillés. 6 médecins juifs accusés d'espionnage sioniste sont arrêtés. Ils seront libérés en avril 1953, après la mort de Staline. Entre 1956 et 1963, le nombre des synagogues décroît de 450 à 96. En 1960, la confection des pains *matsot* est interdite ; l'impression des livres juifs est suspendue, sauf celle du livre des prières Siddur ha-Shalom (imprimé à 3 000 exemplaires en 1957, réimprimé en 1960, mais non mis en circulation) ; les écoles en yiddish, supprimées sous Staline, ne sont pas rouvertes, et une seule publication en yiddish est autorisée (en 1961) : le mensuel officiel *Sovetish Heymland* ; les Juifs sont écartés des postes dirigeants dans le parti. De 1965 à 1967, quelques centaines de familles sont autorisées à émigrer vers Israël. Après la guerre des Six Jours (1967), cette émigration reste limitée jusqu'en 1974. Avec Gorbatchev, elle se développe et les mesures prises à l'encontre de la vie culturelle juive se sont atténuées ; mais le « Pamyat » (mouvement antisémite) se développe et s'appuie sur les traditions religieuses et nationales de l'ancienne Russie.

■ **Démocraties populaires. Pologne :** malgré le faible nombre de Juifs survivants, l'antisémitisme encore vivace donne lieu à des pogroms (dont celui sanglant de Kielce en 1946). Sous l'ère Moczar, la plupart des quelques milliers de Juifs restants émigrent à l'Ouest. **Allemagne de l'Est :** quelques milliers de Juifs, désireux de contribuer à la naissance d'une « Allemagne démocratique », souffrirent aussi de l'antisémitisme. EXCEPTIONS : **Hongrie** [où subsiste une importante communauté juive (180 000)] ; **Roumanie** (où Ceaucescu la « protégea » dans l'intérêt d'une politique extérieure ambiguë).

■ **Pays arabes. Avant le sionisme :** les Juifs occupent une position inférieure par rapport aux musulmans mais sont privilégiés par rapport aux païens. Ils sont, comme les chrétiens (autre peuple de la Bible), autonomes à l'intérieur de leurs quartiers. Ils paient une taxe spéciale pour la liberté de leur culte. Les musulmans les traitent en général avec condescendance, sans hostilité ; il y a eu pourtant des persécutions, surtout chez les chiites (Iran, Yémen), et des expulsions en pays sunnites (notamment Espagne musulmane, XIIIe s.). **Depuis le sionisme** (1898) : les Arabes s'opposent à l'établissement d'un foyer juif en Palestine (à plus forte raison à la création d'un État). A partir de 1927 (accroissement de l'immigration juive), ils passent à l'action armée contre les colons sionistes. La Ligue arabe, créée en 1945, utilise des arguments antisémites de type hitlérien ou maurrassien. Elle fait rééditer à des millions d'exemplaires les *Protocoles des Sages de Sion* (voir ci-dessous). Les révolutionnaires musulmans iraniens feront de même en 1978. A partir de 1948, environ 1 million de Juifs ont dû quitter, de gré ou de force, les pays musulmans. Le 5-9-1989, Kadhafi a suggéré de régler le « problème palestinien » en transférant les Juifs d'Israël en Alsace-Lorraine, à défaut en Alaska ou dans les pays baltes. Voir Israël à l'Index.

■ **« Antisionisme » gauchiste pro-arabe.** Au nom d'une idéologie tiers-mondiste et du soutien à la cause palestinienne, certains groupes gauchistes et « écolo-pacifistes » ont adopté une attitude hostile envers l'État d'Israël et le sionisme ; cas extrême : la mouvance autour de la « Vieille Taupe » qui soutient ouvertement les écrits du Français Paul Rassinier (1904-67), ancien militant de gauche pacifiste, déporté à Buchenwald, écrits qui serviront de modèle et de pôle de convergence entre les courants d'extrême gauche puis Roger Garaudy et d'extrême droite (Bardèche, Faurisson, Roques, Notin) des négateurs de la « Solution finale », réunis notamment au sein de l'Institute for Historical Review (Santa Barbara, USA). Les Juifs refusent en majorité de faire la distinction entre antisionisme et antisémitisme. Cependant le petit mouvement sémitique d'Uri Avneri (né 1924) a préconisé l'abandon du messianisme juif et la fondation d'un État sémitique israélo-arabe.

■ **Antisémitisme américain.** Apparu entre 1919 et 1939 (principal leader : Henry Ford qui diffusa les *Protocoles des Sages de Sion*). Reproche aux Juifs leur puissance financière qui leur permet de contrôler les USA où ils formeraient un État dans l'État. Après l'indépendance d'Israël, les Juifs américains y émigreront peu : 25 000 Israélites d'origine américaine sur 1 360 000 immigrants entre 1948 et 1968, soit 2 % (alors que les Juifs américains représentent près de 50 % de la diaspora). Depuis les années 1950, l'hostilité envers les Juifs des USA est provoquée par l'extrême droite blanche (néo-nazis) et par des mouvements radicaux islamisés noirs (Black Panthers ou plus récemment Louis Farrakhan).

TERRORISME ANTIJUIF CONTEMPORAIN

■ **Attentats. Anvers** (Belgique) : *1980-27-7 :* colonie de vacances juive (1 †, 17 blessés, attentat commis par des « antisionistes » arabes qui seront arrêtés). *1981-20-10 :* ateliers de diamantaires, synagogue (3 †, 95 blessés). **Athènes** *1998-23-4*. **Bruxelles** (Belgique) : *1982-18-9 :* synagogue (4 blessés). **Buenos Aires** (Argentine) : *1994-18-7 :* centre communautaire (96 †, 176 blessés). **Israël** : *1994-99 :* 15 attentats (voir **Israël**). **Istanbul** (Turquie) : synagogue. **Londres** (G.-B.) : *1994-26-7 :* devant ambassade (9 blessés). **Moscou** (Russie) : *1998-13-5* (3 blessés) ; *1999-1-5* dans 2 synagogues, *-27-5*. **Paris** (France) : *1979-27-3 :* restaurant rue Médicis (30 blessés). *1980-3-10 :* synagogue rue Copernic (4 †, 10 blessés). *1982-9-8 :* restaurant Goldenberg, rue des Rosiers (6 †, 22 blessés, dû au groupe palestinien Abou Nidal) ; *-10-8 :* banque Meyer et Sté d'importation israélite, rue de La Baume (plastic, 1 blessé, revendiqué par Action directe) ; *-14-8 :* rue Auguste-Laurent, incendie ; *-17-9 :* voiture piégée, rue Cardinet (5 blessés). *1985-29-3 :* cinéma (18 blessés). **Rome** (Italie) : *1999-23-11*. **Vienne** (Autriche) : *1981-29-8 :* synagogue (2 †, 19 blessés).

■ **Statistiques en France. Agressions antisémites :** *de 1980 à 1992 :* 317 (dont 288 de l'extrême droite, 24 liées au terrorisme international, 5 d'Action directe) ; 1 669 menaces ou actions injurieuses ; *de 1993 à 1999 :* actes à caractère violent 135, idéologique 566. **Attentats :** *1978 :* 15 ; *79 :* 25 ; *80 :* 75 ; *81 :* 26 ; *82 :* 34 ; *83 :* 21 ; *84 :* 15 ; *85 :* 11 ; *86 :* 2 ; *87 :* 13 ; *88 :* 17 ; *89 :* 18 ; *90 :* 20 ; *91 :* 40 ; *92 :* 80. **Profanations de cimetières :** *1987-89 :* 6. *1990-9-5 :* Carpentras (élucidée en 1996). *1992-30-8* Herrlisheim (Ht-Rhin) ; *-12/13-9* Lyon. *1993-10-6* Haut-Vernet (Pyr.-Or.) ; **de synagogues** [exemples : *1992-31-12 :* Villepinte, Bischeim (banlieue de Strasbourg) ; *2000-7-10 :* Bagnolet (S.-St-Denis) ; *-10-10 :* les Ulis (Essonne), Paris XXe]. **Victimes :** *1988-92 :* 12 † (11 de terrorisme), 151 blessés.

LA RELIGION JUIVE EN FRANCE

■ HISTOIRE

■ **Origine. Ier s.** immigration probable de familles juives avec les armées romaines. Inscriptions juives à Orgon (B.-du-Rh.), Salignac-de-Pons (Charente), Bordeaux et Avignon. **IVe s.** inscriptions à Auch, Lyon, Arles ; traces à Metz, Poitiers. **Ve s.** implantations à Valence, Agde, Vienne, Clermont-Ferrand, Marseille, Narbonne, Uzès, Bourges, Mâcon, Tours, Orléans, Lutèce. **576** 500 Juifs vivent à Clermont-Ferrand où l'évêque saint Avit leur propose le baptême ; 35 villes sont citées comme ayant également une communauté juive. Dagobert (631-639) a, semble-t-il, rendu un décret d'expulsion contre eux. **IX-Xe s.** les Juifs d'Espagne immigrent, attirés par Charlemagne et Louis le Pieux qui créent le poste de *magister Judaeorum*. Leurs communautés austrasiennes et neustriennes fondent des foyers culturels ashkénazes, notamment à Paris, Troyes [où vivra le rabbin Salomon ben Isaac Rachi (1040-1105), commentateur de la Bible et du Talmud, ses *Commentaires* furent le 1er livre imprimé en hébreu (1475)], et surtout à Rouen où, protégés par les ducs de Normandie, ils créent une *yechiva* ; la Narbonnaise reste le centre principal des études juives.

■ **Changements dus aux croisades. 1096-1501** les croisés (surtout ceux qui ont combattu en Espagne) considèrent les Juifs comme les alliés des musulmans. Conversions forcées des Juifs à Rouen et Metz (mais non dans le Languedoc). **1171** *à Blois,* 1re attestation d'une condamnation à mort pour accusation de meurtre rituel ; *-26-5* 31 hommes, femmes et enfants brûlés vifs sur le bûcher, sur l'ordre du Cte Thibault (autres cas attestés : Pontoise, Joinville, Épernay). **1182** Philippe Auguste décrète l'expulsion des Juifs hors du domaine royal (ils se réfugient surtout à Rouen). **1198** il revient sur sa décision. **1240** procès contre le Talmud : sa lecture est interdite aux chrétiens ; nombreux manuscrits juifs brûlés. **1243** Perpignan : assignés dans des zones d'habitation obligatoire. **1269** St Louis impose aux Juifs une tenue spéciale : bonnet pointu et *rouelle* (médaillon rond de tissu jaune). **1276** Philippe III le Hardi oblige les Juifs à vivre en milieu non rural (les biens ruraux étaient reçus « en tenure » des seigneurs terriens ; le tenant devait prêter serment sur l'Évangile, ce qui écartait les Juifs). Ils s'installent en ville, dans des *juiveries* ou rues aux Juifs, successions d'échoppes (prêteurs, orfèvres, etc.). De nombreuses synagogues datent de cette époque ; la lecture du Talmud y est autorisée alors qu'elle est toujours interdite aux chrétiens. **1290** expulsion des Juifs du Sud-Ouest dépendant du roi d'Angleterre, duc de Guyenne. **1306** décret d'expulsion (Philippe le Bel) : 100 000 Juifs ; confiscation des biens juifs. **1315** les Juifs sont autorisés à vivre dans le royaume et à pratiquer le crédit moyennant le paiement de taxes. **1322-23** expulsion momentanée (fausse accusation de complicité avec des lépreux pollueurs de puits). **1348** épidémie de peste noire (1/3 de la population européenne meurt) ; on accuse les Juifs d'avoir empoisonné les puits ; ils sont massacrés en masse malgré l'intervention du pape Clément VI qui rappelle qu'ils sont aussi frappés par la maladie. A Strasbourg, 2 000 Juifs sont brûlés vifs dans le cimetière. **1359** ils sont autorisés à demeurer. **1394**-*17-9* Charles VI annule l'autorisation : les Juifs du Nord se replient en territoire impérial (surtout Lorraine et Alsace) ; ceux du Sud vers le Comtat Venaissin, le Dauphiné (qu'ils évacueront progressivement au XVe s.), la Provence [âge d'or des Juifs provençaux sous le roi René (1431-80)]. **1481** la Provence est rattachée au royaume. **1498** les Juifs se replient en Avignon [communauté d'Avignon et du Comtat : Carpentras, l'Isle de Venise (devenue l'Isle-sur-la-Sorgue au XIXe s.) et Cavaillon]. **1501** il n'y a presque plus de Juifs dans le royaume (sauf à Paris où les fripiers seraient des descendants de Juifs, convertis en apparence).

1501-1723 période de tolérance pour les « Portugais » (immigrants juifs en Gascogne). Les Juifs séfarades expulsés d'Espagne en 1492, puis du Portugal en 1497, s'introduisent dans le Sud-Ouest et forment des communautés à St-Esprit (faubourg de Bayonne), Bordeaux, Peyrehorade, Bidache, Labastide-Clairence. Ils y ont le même statut que les étrangers chrétiens [il s'agit de *conversos* ou *marranes* (Juifs convertis officiellement au christianisme, mais continuant à pratiquer le judaïsme en secret)]. **1550** Henri II leur accorde des lettres patentes qui ne mentionnent pas leur religion. **1565** 1er texte reconnaissant à des Juifs le droit de résider dans le royaume : il porte sur les Ashkénazes de Metz, l'un des 3 évêchés impériaux rattachés à la France. Soumis au régime du ghetto allemand (*Judengasse*), ils conservent ce régime sous l'occupation française. **1569** les Juifs d'Avignon et du Comtat sont soumis au régime des ghettos [appelés par les chrétiens *carrières* ou *juiveries*, par les Juifs les *4 cités saintes* : Avignon (en hébreu : *Ir ha-gefanim :* ville des raisins), L'Isle-sur-la-Sorgue, Cavaillon, Carpentras]. Les « Portugais » du Sud-Ouest sont plus mêlés aux populations chrétiennes du fait de leur statut mal défini. **1625** leurs biens sont confisqués (comme sujets du roi d'Espagne, les biens des Français résidant en Espagne ayant été confisqués par Philippe IV). **1691** les Juifs de Paris, originaires du Sud-Ouest ou de la rue des Juifs de Metz, acquièrent leur 1er cimetière depuis l'expulsion de 1394, dans le jardin d'un aubergiste, le sieur Camot, patron de *l'Étoile* (actuellement 44, rue de Flandre, 75019 Paris). Ils peuvent y enterrer leurs morts, de nuit. **1697** annexion de l'Alsace ; les Ashkénazes y reçoivent les mêmes droits que dans les trois évêchés (mais comptent de nombreuses communautés rurales). Dès cette époque, les Juifs d'Avignon et du Comtat Venaissin pénètrent sans entrave en Languedoc et en Provence pour y commercer.

XVIIIe s. des Juifs s'installent à Paris mais ils n'y ont pas le droit de propriété : à leur mort, leurs biens reviennent à la Couronne. **1723** renouvellement des lettres patentes d'Henri II (100 000 livres), mentionnant leur qualité de juif mais ne leur accordant pas officiellement le droit de pratiquer la religion. **1775** à la requête des Juifs de Lorraine, française en 1766, et de l'Alsacien Herz Cerfbeer (1726-94), Louis XVI accorde à tous les Juifs de France les mêmes droits patrimoniaux qu'aux autres Français. Néanmoins, d'après la brochure publiée à Metz à cette occasion par l'abbé Grégoire (1750-1831), *Essai sur la régénération physique, morale et politique des Juifs*, on voit que l'intention de Louis XVI était l'assimilation et la conversion des Juifs. **1784**-*janvier* Cerfbeer obtient l'abolition de l'impôt personnel *(Leibzoll)* frappant les Juifs d'Alsace ; -*10-7* lettres patentes autorisant les Juifs à acquérir les maisons strictement nécessaires à leur habitation personnelle et les jardins contigus. **1789**-*janvier* 3 500 Juifs portugais du Sud-Ouest sont admis au vote désignant les députés aux états généraux ; ceux d'Alsace sont exclus.

■ **Après la Révolution.** **1790**-*28-1* la citoyenneté française est reconnue aux Juifs portugais du Sud-Ouest **1791**-*27-9* le décret Duport accorde aux autres Juifs de France (25 000 en Alsace, 7 500 dans le Messin, 700 à Paris, 3 000 en Provence) les mêmes droits qu'aux Portugais du Sud-Ouest et aux autres citoyens français. 84 % sont des Ashkénazes, 16 % des Séfarades. **1792**-*juin* les Juifs avignonnais reçoivent les droits civiques français ; -*sept.* Avignon est annexé à la France. **1793** les Juifs portugais offrent au comte de Provence (en exil) de lui acheter 25 millions la baie d'Arcachon et les Landes entre Bordeaux et Bayonne pour y installer une principauté séfarade dépendant de la Couronne (proposition connue par Napoléon Ier en 1807).

1806-*26-7 assemblée de notables juifs* [111 délégués nommés par les préfets, dont ashkénazes 67 (rabbins 8, laïcs 59), séfarades 45 (rabbins 7, laïcs 37). *Pt :* Abraham Furtado, négociant bordelais ; rôle : concilier le mode de vie des communautés juives avec les exigences du Code Napoléon (régimes matrimoniaux, devoirs envers l'Empereur, égalité des Juifs et non-Juifs) ; fin officielle des travaux : 6-4-1807]. **1807**-*7-2/7-3* « *grand sanhédrin* » de Paris [71 délégués, en majorité choisis parmi les « notables » réunis à ce moment, dont ashkénazes 40 (rabbins 27, laïcs 13), séfarades 31 (rabbins 19, laïcs 12). *Pt :* David Sintzheim (1745-1812), rabbin de Bischheim (Bas-Rhin) ; rôle religieux : faire passer dans la loi juive les conclusions adoptées par les « notables »]. **1808**-*17-3* 3 décrets : *1°)* création de consistoires locaux, calqués sur le protestantisme (2 rabbins, 1 laïc dans les départements comptant plus de 2 000 Juifs) ; *2°)* consistoire national (3 rabbins, 2 laïcs, nommés par le gouvernement) ; *3°)* « décret infâme » : régime d'exception, pour 10 ans, limitant déplacements et activités économiques des Juifs.

XIXe s. accroissement de l'immigration ashkénaze (40 000 Juifs à Paris, 152 synagogues en France). Migration générale des Juifs des bourgades vers les grandes villes. Aristocratie financière ashkénaze : Gunzburg, Cahen d'Anvers, Bischoffsheim, Heine, Finaly, Koenigswarter, Ephrussi, Lazard, Reinach, Stern, Rothschild, Seligmann d'Eichtal, Deutsch de la Meurthe, Weisweiller ; séfarade : Péreire, Camondo. Branche française des *Rothschild* installés en France en 1811 ; titre de baron autrichien en 1822 (transmissible à tous les héritiers légitimes). **1823** le banquier séfarade *Olinde Rodrigues* (1795-1851) sauve Saint-Simon de la misère et devient le leader du saint-simonisme, proche de la pensée biblique. Il partage la direction du mouvement avec 6 autres Juifs [son frère Eugène, ses cousins Émile (1800-75) et Isaac (1806-80) *Péreire*, Léon *Halévy* (1802-83), Gustave d'*Eichtal* (1804-86), Jules *Carvallo*]. Le mouvement gagnera l'Allemagne grâce à 4 Juifs allemands (Eduard *Gans*, Heinrich *Heine*, Rahel *Varnhagen* et Moritz *Veit*). **1832-35** affaire *Deutz :* Simon Deutz (1802-52), converti au catholicisme, mais fils du Grand Rabbin de France, Emmanuel Deutz (1763-1842), était devenu l'homme de confiance de la Dchesse de Berry. Le 6-11-1832, à Nantes, il la livre à la police de Louis-Philippe. Dans un *mémorandum* publié en 1835, il assure avoir agi par patriotisme (pour éviter que les Russes, alliés de la Dchesse, n'envahissent la France), mais il insiste sur ses besoins d'argent (Thiers lui avait versé une prime de 500 000 F). Malgré les efforts d'Adolphe Crémieux (1796-1880), le Grand Rabbin refuse de désavouer son fils qui abjure le catholicisme et redevient israélite, se rendant ainsi coupable d'une « double trahison » (1896-1904, il fondera aux USA une librairie qui fera faillite, adoptera un enfant, l'écrivain Catulle Mendès, et mourra à Bordeaux). **1844** ordonnance royale régissant le culte. **1870**-*24-10* le *décret* Crémieux du gouvernement provisoire accorde la citoyenneté française aux 33 000 Juifs d'Algérie. **Après 1880** naissance de l'antisémitisme nationaliste français (voir p. 552 a). **1894-1906** affaire Dreyfus (voir encadré p. 679).

■ **De 1919 à 1940.** Accroissement de la population ashkénaze, immigration de Juifs d'Allemagne (à partir de 1933), d'Europe centrale et orientale (40 000 Russes, 40 000 Polonais) ; installation des 1ers Juifs de rite oriental, venus de Grèce et Turquie (20 000). **1927**-*20-8* loi sur la naturalisation permettant à de nombreux Juifs de devenir rapidement Français (3 ans de résidence, parfois 1 an). **1933**-*21-4* loi Armsbruster rend obligatoires nationalité française et doctorat d'État français pour pratiquer la médecine. **1940-45** persécutions hitlériennes, avec le consentement du gouvernement de Vichy (voir p. 697 c).

■ **Après 1945.** **1956** 20 000 Juifs égyptiens (rite oriental) s'installent en France. **1957-64** immigration massive de Juifs séfarades venus d'Algérie, Tunisie, Maroc. Les Algériens de nationalité française s'intègrent sans difficultés ; les Marocains, occidentalisés, acquièrent dans l'ensemble la nationalité française. Les Tunisiens (17 % de nationalité française) forment parfois des groupes fermés et plus traditionalistes. Les Séfarades sont de nouveau plus nombreux que les Ashkénazes (environ 400 000 contre 250 000). Une synthèse des 2 cultures se fait dans de nombreuses synagogues. **1967** guerre des Six Jours : un mouvement de solidarité envers Israël provoque un certain nombre d'émigrations. **1972**-*1-7* loi contre l'incitation à la haine raciale, les injures et la discrimination raciales (dite *loi Pleven*). **1981** 75 % des 200 000 électeurs d'origine juive votent pour Mitterrand [ils reprochent au Pt Giscard d'Estaing de ne pas être revenu d'Alsace (où il chassait) à Paris le 3-10-1980, soir de l'attentat rue Copernic]. **1985** à propos du mariage d'un Juif ashkénaze (le Bon Éric de Rothschild) avec une non-juive (l'italienne Maria-Beatrice Caracciolo), une crise éclate : le tribunal rabbinique de Paris (conservateur, majorité séfarade) s'oppose au mariage qui se fera avec l'autorisation du tribunal rabbinique de Rabat (célébrant : l'ancien Grand Rabbin ashkénaze Jacob Kaplan ; témoin : le Pt du Consistoire central, Jean-Paul Elkann). **1997**-*30-9* lors du 57e anniversaire du 1er statut des Juifs (3-10-1940), Mgr Olivier de Berranger, évêque de St-Denis, présente au mémorial du camp d'internement de Drancy une « déclaration de repentance » sur l'attitude de l'Église sous Vichy.

Consistoires

■ **Origine.** Organisation officielle créée par Napoléon Ier, le 17-3-1808, par un décret rendant exécutoire le règlement organique délibéré par l'assemblée des notables juifs de 1806, et organisant le culte israélite dans l'Empire (les protestants possédaient depuis le XVIe s. leurs consistoires nationaux et locaux). Le **Consistoire central** de France, à Paris, est constitué alors par 3 Grands Rabbins et 2 laïcs nommés par cooptation ; les consistoires **régionaux** par 1 Grand Rabbin et 3 laïcs désignés par 25 notables élus par les membres des communautés et confirmés par les préfets. Le Consistoire central veille à l'exécution du règlement organique, confirme la nomination des rabbins. Le 25-5-1844, une ordonnance royale en fait l'intermédiaire entre les ministres des cultes et les consistoires départementaux, et le charge de la haute surveillance des intérêts du culte israélite (délivrance des diplômes rabbiniques, nomination des rabbins).

■ **Statut actuel.** En droit, a cessé d'exister depuis la loi de séparation des Églises et de l'État du 9-12-1905, mais une *Union des associations cultuelles israélites de France et d'Algérie,* dénommée « Consistoire central », lui a succédé. Aujourd'hui, il « pourvoit aux intérêts généraux du culte israélite, veille à la sauvegarde des libertés nécessaires à son exercice, défend les droits des communautés et assure la fondation, le maintien et le développement des institutions et services communs aux organismes adhérents ». Il assure la permanence de la fonction de Grand Rabbin de France et gère l'École rabbinique de France. Les consistoires de Strasbourg, Metz et Colmar, redevenus français en 1919, sont encore concordataires. Depuis 1962, les consistoires algériens n'existent plus que nominalement.

Consistoire central. **Pt :** *1982* Jean-Paul Elkann (1921-1996, ashkénaze) ; *1992* Jean-Pierre Bansard (né 15-5-1940 à Oran, séfarade, démissionne 28-6-1994) ; *1995-29-1* Jean Kahn (né 17-5-1929) ; *2000-25-1* réélu. **Membre de droit :** le Grand Rabbin de France. **Grands Rabbins de France : 1955-81** Jacob Kaplan (7-11-1895/5-12-1994), de l'Académie des sciences morales et politiques depuis 1967 ; *1981* René Samuel Sirat (né 1930) 1er séfarade élu ; *1987-17-6* Joseph Sitruk (né à Tunis, 1944), Grand Rabbin de Marseille en 1975, séfarade élu par 99 voix sur 138 à compter du 1-1-1988, réélu pour 7 ans le 1-1-1995 (par 121 voix sur 198, contre 75 à Gilles Bernheim ; bien que soit requise une majorité des 2/3 pendant les 3 premiers tours, le vote a été acquis dès le 1er tour, Bernheim s'étant désisté). Léon Masliah (dir. général honoraire, conseiller du Pt, né à Sfax, Tunisie, 9-3-1934). Frédéric Attali (directeur, né 18-3-1966). **Siège :** *1822 :* rue du Vert-Bois, 75003 Paris ; *1879 :* 44, rue de la Victoire, 75009 Paris ; de *1940 à 44 :* rue Beissac à Lyon ; *1944 :* 17, rue St-Georges, 75009 Paris ; *1993 :* 19, rue St-Georges, 75009 Paris.

Consistoires régionaux. Créés en 1808 : *membres :* 30. **Paris :** sur 30 membres (élus en novembre 1997), 4 femmes. [*Pt :* Benny Cohen (né 1950) élu 10-12-1989 (renouvellement par moitié). L'élection s'est faite avec une liste d'opposition qui a remporté les 14 sièges à pourvoir, obtenant ainsi la majorité sur 26 voix (nombre de membres). Aux élections du 21-11-1993, la liste *Acip 2000 (Association consistoriale israélite de Paris)* de Benny Cohen et la liste *Avec (Association pour la défense des valeurs éthiques du Consistoire)* de Moïse Cohen (né 19-1-1938) obtiennent chacune 13 sièges. Le 26-1-1994, le tribunal rabbinique (Beth-Din) se prononce pour l'attribution de la présidence du consistoire de Paris à Moïse Cohen (liste *Avec*), mais en lui refusant une voix prépondérante. *Avec* rejette cette décision. A la demande de Lazare Kaplan (liste *Avec*), l'affaire est transmise à la justice civile : le tribunal de grande instance de Paris]. *Membre de droit :* le Grand Rabbin de Paris [Davis Messas (né 15-7-1934 à Meknès, Maroc, fils du Grand Rabbin de Jérusalem, Shalom Messas, séfarade, élu 27-6-1994 par 23 voix contre 22 pour) ; Alain Goldmann (né 14-9-1931, Grand Rabbin depuis 22-6-1980)]. **Strasbourg, Wintzenheim** (Ht-Rhin), **Metz, Nancy, Bordeaux, Marseille,** plus 6 dans les territoires annexés d'Allemagne ou d'Italie. **Créés depuis 1808 : Bayonne** (1846), **Lyon** (1857), **Alger, Oran** et **Constantine** (1858), **Lille** et **Vesoul** (1872).

Statistiques

■ **Population juive en France.** *1306 :* 100 000 ; *1400 :* 25 000 ; *1500 :* 5 000 ; *1789 :* 40 000 ; *1841 :* 70 324 ; *1866 :* 89 042 (dont Alsace 36 000) ; *1872 :* 90 251 (Paris 27 000) ; *1875 :* 80 000 ; *1939 :* 290 000 (dont 200 000 étrangers ou apatrides) ; *1945 :* 170 000 ; *1964 :* 600 000 (plus de 200 000 rapatriés d'Afrique du Nord entre 1956 et 1963) ; *1977 :* 700 000 [région parisienne 380 000, Marseille 75 000 (total B.-du-Rh. 120 000), Lyon 25 000, Toulouse 20 000, Nice 18 000, Strasbourg 12 000] ; *1987 :* 550 000/750 000.

☞ Depuis 1948, environ 60 000 Juifs de France ont émigré en Israël, 26 000 sont revenus.

■ **Pratique.** D'après une enquête d'Érik Cohen (de nov. 1986 à juillet 1988, sur 1 113 Juifs français) : 15 % observent les Lois, 49 ne respectent que les grandes fêtes et quelques prescriptions alimentaires, 36 ne les observent pas ; 45 % mangent kasher, 48 ne participent qu'exceptionnellement à la vie de la communauté, 29 que 2 ou 3 fois par an et 22 régulièrement.

■ **Rabbins.** *France :* 100 (plus 54 délégués rabbiniques et une centaine de ministres du culte adjoints). *Strasbourg :* 14 pour 12 000 Juifs. *Région parisienne :* plus de 30 (environ 15 délégués rabbiniques) pour 380 000 Juifs.

■ **Synagogues et oratoires. Région parisienne :** 60 synagogues consistoriales, 15 associées aux consistoriaux, 15 à 20 non consistoriales. **Province :** les anciennes juiveries paysannes d'Alsace ont disparu en 1940 ; celles du Comtat Venaissin après 1791. Des communautés comprenant surtout des Juifs d'Afrique du Nord fonctionnent de nouveau en Avignon, à Carpentras, à Cavaillon.

■ **Enseignement. Écoles privées :** environ 60 en France, dont 8 *yechivoth* (pluriel de *yechivah :* école talmudique) dirigées à titre privé par des rabbins ; l'enseignement y est plus traditionaliste (7 % des enfants juifs fréquentent une école privée). **Cours d'instruction religieuse :** mercredi ou dimanche, dans le cadre des communautés (fréquentés par environ 15 % des enfants juifs d'âge scolaire).

■ **Presse.** *Tribune juive* (hebdo., 20 000 ex.), *Actualité juive* (hebdo.), *l'Arche* (mens.), *l'Information juive* (mens.), *les Cahiers du judaïsme* (trim.).

■ **Image des Juifs en France** (enquête du 11 au 25 nov. 1987 auprès de 1 000 personnes, commandée à la Sofres par « Tribune juive » et « Radio J »). *Adjectifs ou expressions s'appliquant aux Juifs* (en %) : débrouillards (47), aiment l'argent (43), intelligents (36), ambitieux (28), créatifs (26), envahissants (9), dominateurs (8), généreux (8) et « m'as-tu-vu » (1). 91 % des Français jugent que les Juifs sont « très attachés à leurs traditions » ; 72 % qu'ils « sont un vrai pouvoir international, car ils s'entraident entre Juifs de différents pays » ; 70 % qu'« ayant été persécutés, ils sont sensibles à toutes les injustices » ; 9 % jugent que les Juifs devraient éviter de « se singulariser ».

Liens avec Israël

Définis le 25-1-1977 par le Conseil représentatif des institutions juives de France. Les Juifs de France affirment l'existence d'un lien historique, spirituel et vital, vieux de 4 000 ans, entre l'âme juive et Éretz Israël. Ils ressentent toute menace envers l'État d'Israël comme une atteinte à la communauté juive. Ils rappellent les exigences de justice et d'émancipation des peuples qui constituent l'essence prophétique du judaïsme ; pour des raisons morales, ils réclament une politique d'équilibre et d'amitié envers Israël.

Organismes divers

■ **Adiam (Association d'aide aux israélites âgés et malades).** Tutelle et curatelle d'État. 42, rue Le Peletier, 75009 Paris. Service de maintien à domicile des personnes âgées (soins infirmiers, aides à domicile, Sécurité sociale, caisse de retraite, CNAV,...). **Aviva (Association intermédiaire d'aide aux familles),** même adresse.

■ **AIU (Alliance israélite universelle).** 45, rue La Bruyère, 75009 Paris (bibliothèque de plus de 120 000 ouvrages). *Fondée* 17-5-1860 à Paris par 17 jeunes intellectuels juifs français (Pt : Kœnigswarter), pour développer l'enseignement dans les communautés juives des pays méditerranéens et orientaux. Crée dès 1862 un réseau d'écoles privilégiant l'enseignement du français avec une place prépondérante pour la langue du pays et la culture juive. *Écoles et écoles affiliées en 1998-99 :* 52 établissements (primaires, secondaires, techniques et supérieurs : plus de 23 500 élèves) en Belgique, Canada, Espagne, USA, France, Israël, Maroc. *Pt :* Pr Steg (né 27-1-1925), auparavant, Jules Braunschvig (1908-93) et René Cassin (1887-1976). *Publications :* « les Cahiers du judaïsme » ; « les Cahiers de l'AIU » ; éditions du Nadir ; département Créer-Didactique.

■ **AJDC (American Joint Distribution Committee).** Organisme d'assistance sociale et d'aide aux réfugiés. *Adresse :* 5, av. Matignon, 75008 Paris.

■ **American Jewish Committee.** 165 E 56 Street, New York NY 10022. *Fondé* 11-11-1906 à la suite du pogrom de Kichinev. Défend les droits civils et religieux des Juifs dans le monde ; affilié avec UN Watch (Genève), milite pour le progrès des relations entre les peuples, en relation avec l'Israel Jewish Affairs Council (Australie), les communautés juives du Mexique et le « Institute Jewish Policy Research » (Londres). A établi un bureau à Berlin. *Publications :* « American Jewish Year Book », « Commentary », « Common Quest », « Antisemitism World Report », « Islam in Asia », « 55 Years later »...

■ **Appel unifié juif de France.** 39, rue Broca, 75005 Paris. Organisme central de la collecte au sein de la communauté juive de France, *né* 1968 de la fusion de l'Appel unifié pour Israël et du département collecte du FSJU. Collecte affectée à des programmes sociaux, éducatifs et culturels réalisés en Israël par l'Agence juive et en France par le FSJU. *Fonds recueillis en 1998 :* 78 800 000 F (27 000 donateurs). *Pt :* David de Rothschild (né 15-12-1942).

■ **Asile de nuit et de jour et crèche israélites.** 16, rue Lamarck, 75018 Paris. *Fondés* 1900.

■ **B'nai B'rith** (hébreu : Fils de l'Alliance). 5 *bis*, rue de Rochechouart, 75009 Paris. *Fondé* 1843 aux USA, 1932 en France. *Buts :* défense des droits de l'homme, lutte contre l'antisémitisme et le racisme, pérennité du peuple juif et de l'État d'Israël. Représentée à l'Onu, l'Unesco, au Conseil de l'Europe. *Pt (en France) :* Jean-Luc Scemama depuis 23-6-1996. *Membres :* plus de 500 000 dans 54 pays dont en France 2 500 dans 40 villes.

■ **Bureau du Chabbath.** 8, rue de Palikao, 75020 Paris. *Fondé* 1962. Antenne de l'ANPE pour la communauté juive.

■ **Cadi (Comité d'aide aux détenus israélites).** 8, rue de Palikao, 75020 Paris. *Créé* 1977.

■ **Casip-Cojasor (Fondation).** 8, rue de Palikao, 75020 Paris. Reconnue d'utilité publique. 29-12-1999, issue de la fusion du Comité d'action sociale israélite de Paris, créé 1809, et du Comité juif d'action sociale et de reconstruction, créé 1945. Service social aidant 12 000 personnes par an, aide aux personnes âgées, handicapés, tutelle, accueil des Juifs en France. *Personnel :* 200. *Pt du conseil d'administration :* Éric de Rothschild (né 3-10-1940).

■ **Centre de documentation juive contemporaine.** 17, rue Geoffroy-l'Asnier, 75004 Paris. *Fondé* 1943. *Pt :* Bon Éric de Rothschild. *Bibliothèque* (50 000 vol.), archives (1 000 000 documents), photothèque, vidéothèque, colloques. *Publication :* « le Monde juif » (créé 1945, trim.). *Mémorial du Martyr juif inconnu :* élevé, en 1956, à la mémoire des 6 millions de Juifs morts de la déportation sans sépulture (crypte, expositions).

■ **Centre Rachi-CUEJ** (Centre universitaire d'études juives). *Fondé* 1973. Du nom de Salomon ben Isaac Rachi (1040-1105), exégète de Troyes.

■ **Cercle Amical Medem.** 52, rue René-Boulanger, 75010 Paris. *Bibliothèque* et *cours* (yiddish).

■ **Cercle Bernard Lazare.** 10, rue Saint-Claude, 75003 Paris. *Fondé* 1954. Sionistes progressistes. *Publication :* « Cahiers Bernard Lazare » et « Cahiers Yiddish ». *Secr. général :* David Fuchs.

■ **Cercle Gaston Crémieux.** 13, rue du Cambodge, 75020 Paris. *Fondé* 1967 par des intellectuels juifs laïcs. *Pt :* Richard Marienstras. *Publication :* « Diasporiques ».

■ **Cide (Caisse israélite de démarrage économique).** 6, rue Rembrandt, 75008 Paris. *Fondée* 1952. Prêts professionnels à caractère social. Dissoute le 29-10-99.

■ **Congrès juif mondial.** *Fondé* 1936, représente 70 communautés dans le monde. 6 bureaux (New York, Buenos Aires, Jérusalem, Paris, Bruxelles, Genève). Défend les droits des Juifs et des communautés juives. Représenté : Onu, Unesco, Conseil de l'Europe, Commission de l'Union européenne. **Congrès juif européen :** 78, avenue des Champs-Élysées, 75008 Paris. *Pt :* Henri Hadjenberg depuis 9-2-2000.

■ **Crif (Conseil représentatif des institutions juives de France).** Espace Rachi, 39, rue Broca, 75005 Paris. *Fondé* 1943. Représente 60 associations juives de France. *Pt : 1983* Théo Klein (1er Pt élu) ; *1989* (21-5) Jean Kahn (né 17-5-1929) ; *1995* (21-5) Henri Hadjenberg (ashkénaze, Pt du Renouveau juif) élu par 89 voix devant Roger Pinto (séfarade) 45 voix. Réélu mai 1998. *2001* (13-5) Roger Cukierman élu par 84 voix contre 73 pour Roger Bennarrosh. *Dir. :* Haim Musicant.

■ **CRJTF (Conseil représentatif du judaïsme traditionaliste de France).** 23 *bis*, rue Dufrénoy, 75016 Paris. *Fondé* 1952. *Vice-Pt et secr. général :* Éric Schieber.

■ **Éclaireurs et éclaireuses israélites de France** (voir à l'Index).

■ **Écoles religieuses non rabbiniques. Séminaire de professeurs d'enseignement religieux Beth-rivkah :** 43-49, rue Raymond-Poincaré, 91330 Yerres. *Fondé* 1958. Forme des professeurs pour les écoles privées juives (environ 70 étudiantes) ; jardin d'enfants, école primaire (section filles et section garçons) ; collège et lycée secondaires privés pour jeunes filles et section informatique ; sept. 1995 : section de formation d'éducatrices spécialisées ; 1996 : section pour enfants en difficulté scolaire (20 enfants de 8 à 12 ans), école primaire pour garçons (75 élèves). *Dir. :* rabbin O.Y. Schonthal. **Groupe scolaire Maïmonide-Rambam :** *fondée* 1935, école maternelle, primaire, collège et lycée d'enseignement général, 11, rue des Abondances, 92100 Boulogne. **École normale israélite orientale** (voir **AIU** p. 553 c). **École Ozar Hatorah de Créteil** de la maternelle à la terminale, mixte, 65, rue St-Simon, 94000. **Autres écoles :** Paris, Ile-de-France (notamment école primaire Lucien de Hirsch et école Schilli et Yabné de la maternelle au baccalauréat), Marseille, Strasbourg, Lyon, etc.

■ **Fédération des Stés juives de France.** 70, rue de Turbigo, 75003 Paris. *Fondée* 1923. Regroupe des Stés de secours mutuel. *Pt :* Maurice Skornik.

■ **FSJU (Fonds social juif unifié).** 39, rue Broca, 75005 Paris. *Fondé* févr. 1950. Centralisation de l'action sociale, éducative et culturelle, pour le maintien de la vie juive en France ; favorise les rapports de la communauté juive de France avec Israël et les communautés juives dans le monde. *Membres :* 27 000 qui élisent tous les 4 ans un *conseil national* de 120 représentants siégeant à côté de 80 membres désignés par les associations adhérentes. *Pt :* David de Rothschild (né 15-12-1942).

■ **Jewish Chronicle.** 25 Furnival Street, Londres EC4A 1JT. Hebdomadaire. *Créé* 12-11-1841 à Londres, par Isaac Valentine (plus ancien journal juif) : 43 000 abonnés.

■ **KKL (Keren Kayemeth Leisraël).** 11, rue du Quatre-Septembre, 75002 Paris. *Fondé* 1901 par Théodore Herzl. Organisme de collecte de fonds. Institution écologique israélienne dont la vocation est le développement de la terre, l'environnement, la plantation d'arbres et de forêts, la construction de bassins et de réservoirs d'eau, la lutte contre les incendies de forêts. *Adhérents :* 40 000. *Conseil national :* 120 membres. *Pt :* Albert Czarnobroda.

■ **Mouvement Loubavitch.** *Nom :* de Loubavitch (Biélorussie) célèbre par une communauté. Tige centrale du mouvement hassidique, de « hassid » (homme pieux), *né* des enseignements du Baal-Chem-Tov (fondateur du hassidisme général), *fondé* 1778 par Rabbi Schnéour-Zalman de Liadi (1745-1813). *Nom officiel :* Habad (d'après les monogrammes des 3 mots de la Kabbale : « sagesse, compréhension, connaissance »). *But :* rassembler le peuple juif en exil et le ramener aux authentiques valeurs du judaïsme. *Membres :* Israël 70 000, USA 50 000, *France 12 000. Siège mondial* (depuis 1950) : 770 Eastern Parkway (New York, USA), *Rebbe (chef médiateur) :* Rabbi Menachem-Mendel Schneersohn (1902-94) ; *pour l'Europe, Afr. du Nord et Israël :* 8, rue Meslay, 75003 Paris ; *dir. :* Grand Rabbin Benjamin Gorodetzki (depuis 1946).

■ **Musée d'art et d'histoire du judaïsme.** Hôtel de St-Aignan, 71, rue du Temple, 75003 Paris. Inauguré 6-12-1998 par le Pt Chirac. Regroupe la collection du musée d'Art juif de la rue des Saules – *créé* 1948 auquel il se substitue –, et la collection Strauss-Rothschild, abritée par le musée national du Moyen Age où elle était en réserve. A reçu les stèles funéraires juives des cimetières parisiens du XIIe au XIVe s. du musée de Cluny – des œuvres prêtées ou mises en dépôt par des institutions (Centre Pompidou, Bibliothèque nationale), des musées juifs étrangers (New York, Prague, Jérusalem) ou des institutions juives de France (Consistoire de Paris, Fondation du judaïsme français) et de nombreux dons. Œuvres de Soutine, Chagall, Modigliani, Lipchitz et Kikoïne.

■ **Opej (Œuvre de protection des enfants juifs).** 10, rue Théodule-Ribot, 75017 Paris. *Fondée* en 1942, pour sauver les enfants juifs (reconnue d'utilité publique). Action sociale, maison d'enfants, action éducative en milieu ouvert, clubs de prévention, colonies de vacances.

■ **Organismes sionistes.** Organes de liaison entre les Juifs d'Israël et les Juifs répartis dans le monde. **1°) Congrès sionistes :** tous les 4 ans à Jérusalem (entre-temps le *Comité d'action sioniste* détient les pouvoirs). Le 1er congrès (Bâle 29/31-8-1897) convoqué par Théodore Herzl a défini la charte du sionisme. Organe exécutif permanent *(Agence juive)* à Jérusalem. **2°) Organisation sioniste américaine (Zoa) :** *fondée* 1898 par Richard Gottherl (1862-1936). Depuis la création d'Israël (1948), son rôle pratique a diminué, mais son rôle financier reste important. **3°) Fédération des organisations sionistes de France (FOSF) :** 17 *bis*, rue de Paradis, 75010 Paris. *Membres :* 35 000. *Pt :* Francis Kalifat.

■ **ORT-France.** 10, villa d'Eylau, 75116 Paris. *Fondée* 1880 en Russie ; *1921* en France. *But :* formation professionnelle et technique initiale et continue. Reconnue d'utilité publique. *Élèves et stagiaires : 1999 :* 4 500 préparant les diplômes et certificats d'État (BEP, baccalauréat, BTS). *Centres en France :* 8 (Paris, Montreuil, Choisy-le-Roi, Villiers-le-Bel, Strasbourg, Lyon, Toulouse, Marseille). *Pt du conseil d'administration :* Marcel Benichou.

■ **OSE (Œuvre de secours aux enfants).** 117, rue du Faubourg-du-Temple, 75010 Paris. *Fondée* 1933 en France. Reconnue d'utilité publique 1951. Service psychosocial et éducatif (en étroite collaboration avec les Dass départementales, les tribunaux pour enfants et l'Éducation nationale), action médicosociale.

■ **Séminaire israélite de France.** 9, rue Vauquelin, 75005 Paris. *Fondé* 1829 à Metz, transféré à Paris en 1859. *Cursus :* 1er cycle : 3 ans, 2e cycle : 2 ans (filière raccourcie pour étudiants de haut niveau). *Matières enseignées :* Talmud, droit rabbinique, pensée juive, Bible, hébreu, histoire juive, art oratoire, français, sociologie. *Élèves :* environ 20. En moyenne 3 diplômes de rabbin par an. *Bibliothèque :* plus de 50 000 ouvrages.

■ **Sté des études juives.** 45, rue La Bruyère, 75009 Paris. *Fondée* 1880. Reconnue d'utilité publique en 1896. *Pt :* Georges Weil. *Secr. :* Evelyne Oliel Grausz. *Publication :* « Revue des études juives », dir. Simon C. Mimouni.

■ **Trait d'union.** Œuvre d'adoption. *Créé* 1962.

■ **Tribunal rabbinique de Paris (Beth Din).** 17, rue St-Georges, 75009 Paris. Statue en matière de droit religieux, divorce et conversion. Confirme dans ses fonctions le personnel du culte chargé de l'abattage rituel ; responsable de la *cacherout* (nourriture cashère rituelle).

■ **UEJF (Union des étudiants juifs de France).** 27 *ter*, av. Lowendal, 75015 Paris.

■ **UISF (Union des israélites séfarades de France).** 12, rue Puvis-de-Chavannes, 75017 Paris. *Fondée* 3-4-1919. Gestion d'une cantine depuis 1935 (10 000 repas gratuits/an) au 7, rue Popincourt, 75011 Paris. *Pt :* Jacques Saltiel. *Centre d'études Don Isaac Abravanel* (créé 1980). A regroupé d'abord les juifs de Salonique.

■ **Ulif (Union libérale israélite de France).** Association cultuelle *fondée* 1907. *Synagogue principale :* 24, rue Copernic, 75116 Paris. *Communautés sœurs :* Tel-Aviv, région parisienne, Marseille, Nice. *Publication :* « Hamevasser » (le Messager).

■ **Wizo (Women's International Zionist Organization).** *Fondée* 1920 par Rebecca Sieff (G.-B., 1890-1966). Association féminine à but humanitaire et caritatif. Statut consultatif auprès de l'Unicef et de l'Écosoc. *Siège social :* Tel-Aviv. *Fédérations :* dans 52 pays (250 000 membres). *Congrès mondiaux :* tous les 4 ans en Israël. *Fédération française des femmes sionistes. Pte :* Michèle Bérenfus, 54, rue de Paradis, 75010 Paris.

ISLAM

☞ Les termes *islam* (soumission totale à la volonté divine) et *musulman* (en arabe Mouslim, Mouslimoûn, mouslimîn, soumis entièrement à la volonté divine) ne sont employés couramment en français que depuis le XXe s. ; on disait avant : *mahométisme* (anciennement *mahométanisme*) et *mahométan*.

ORIGINE

■ **Mohammad, Mouhammad, Muhammad, Mohammed** (569/8-6-632), fils d'Abdallah et d'Amina, de la tribu de Quraych (arabe et associatrice). Patronyme complet : Abn Al-Qassim Muhammad ibn Abd Allah ibn Abd al-Muttalib ibn Hachim al-Qonaychi. Signifie : « le loué », « le digne de louange », « le temple de la louange ». Orthographié, en français, *Mahomet* signifie le contraire « celui qui n'est pas loué » (*Ma* marque, en arabe, la négation). Né à La Mecque, carrefour de caravanes et centre de pèlerinage. A la mort de son père, il est élevé par sa mère et son grand-père, puis par un oncle paternel. D'abord berger, il est ensuite cogérant du commerce de celui-ci, puis de celui de sa future épouse Khadîdjah. Il accède à l'ordre de la chevalerie organisé par son oncle Zoubair pour venir en aide à tout opprimé indigène ou étranger. **Épouses :** 11 (2 étant mortes, il n'eut jamais plus de 9 femmes à la fois) : en 595 *Khadîdjah* (veuve, de 15 ans son aînée, † 619 à La Mecque) pendant 25 ans, dont il eut 3 garçons morts en bas âge (Tayeb, Tahar, Abdallah) et 4 filles (Roukaya, Zainab, Oum Kalthoum, Fâtima) qui seules survécurent ; *Saoudah* (épousée 619, † 674 à Médine) ; *Aïchah*, fille d'Abu Bakr, qui avait 7 ans (épousée en 620, favorite, stérile, † 13-7-678 à Médine) ; *Hafçah* (épousée 625, † 665 ou 666) ; *Zainab* (née 596), fille de Khouzaimah (épousée mars 626, meurt quelques mois après) ; *Oum Salama Hind* (épousée 626, † 683) ; *Zainab*, fille de Djahch [† 641 ; épouse de Zaïd (fils d'Harithah et fils adoptif de Mahomet) dont elle divorça pour épouser le Prophète], elle mourut après 3 mois de mariage ; *Djouwaîrîyah* (captive épousée 626, † 679) ; *Oum Habibah*, veuve d'un chrétien (épousée 628, † v. 680) ; *Safiyah*, veuve d'origine juive (épousée 627, † 670 ou 672) et *Maimounah*, veuve âgée de 51 ans, belle-sœur d'Al Abbas (épousée 629, † 681 à Sarif). Il eut aussi 2 femmes affranchies : *Marie la Copte* (mère d'Ibrahim, né 630, † à 2 ans) et *Raihana* (juive, † 632, dont le mari avait péri à la guerre contre les fils de Quraiza).

Révélation : Mohammad aimait se retirer dans la caverne de Hirâ, sur la montagne de la Lumière, dans la banlieue de La Mecque, le mois de ramadan. L'ange *Gabriel* lui apparut pour la 1re fois le 27e jour de ramadan (22-12-609), puis fréquemment les années suivantes. Il lui annonça que Dieu *(Allah)* l'avait choisi comme son Envoyé *(rasûl)* auprès des hommes et lui dicta les premières paroles du Coran dont la révélation allait s'échelonner sur 23 ans. Mohammad se mit alors à prêcher. *1ers fidèles :* Khadîdjah, son épouse qui fut la 1re à croire au message islamique ; puis, 'Alî, son cousin et futur gendre ; suivirent des gens comme : Abu-Bakr, son meilleur ami, Hamza, son oncle, Othman fils d'Affan, riche commerçant ; soit environ 40 personnes.

Départ pour Médine : persécuté par les notables mecquois, Mohammad autorisa un groupe de compagnons à émigrer en Éthiopie (où le Négus de l'époque s'islamisera), puis dans l'oasis de Yathrib (qui prit le nom de Médine, la « ville », et fut appelée par les musulmans *Madinat an-Nabi*, « la ville du Prophète ») où il parvint le 30-9-622, mais Mohammad ne les rejoignit que plus tard, accompagné d'Abu Bakr. *L'ère musulmane*, dite de l'**hégire** (instituée par Omar), commence le 16-7-622. Dès lors, s'organisa la nouvelle communauté des croyants conformément à l'ordre de Dieu, révélé dans le Coran, et aux instructions de son Envoyé. Elle entra en conflit avec les Qurayshites restés associateurs et il y eut plusieurs affrontements armés. **Retour à La Mecque :** après 8 ans de guerre défensive, Mohammad rentra à La Mecque qui fit sa soumission, en 630, et y proclama immédiatement l'amnistie ; le lendemain, toute la population se convertit à l'islam. Le 4-6-632 (ou le 25-5), il mourut à Médine. Sa mosquée est considérée comme un lieu saint de l'islam après la Kaaba de La Mecque. La vie du Prophète *(Sirah)*, ses actes et paroles seront, après sa mort, recueillis et mis en page par ses successeurs.

☞ D'après le « Burke's royal families of the world » descendent de Mohammad (mort en 632), par sa fille Fatima (vers 616-633) et son époux, le 4e calife Ali (602-656/661), le roi de Jordanie, le roi du Maroc, 36e descendant du prophète en ligne directe et 18e souverain alaouite, et le roi Mohammed VII al-Badr du Yémen (né 1827).

LIVRES SAINTS ET TRADITIONS

■ **Coran.** De l'arabe : *Quor'an* : lecture. Livre sacré des musulmans, il confirme les autres livres divins (la Bible). Révélé par Dieu à Mohammad (à La Mecque de 609 à 622, puis à Médine) par l'intermédiaire de l'ange Gabriel ; il est interdit d'en faire l'exégèse. Il se compose de 114 chapitres (ou *sourates*), divisés en versets (3 pour le plus court, 286 pour le plus long). Le 1er, ou *Fâtiha,* « celle qui ouvre », comprend les 7 versets d'adoration et d'implorations constituant l'élément répété à chaque prière : « Au nom de Dieu, le Tout Miséricordieux, le Très Miséricordieux. **1 :** Louange à Dieu, Seigneur des mondes, **2 :** Le Tout Miséricordieux, le Très Miséricordieux, **3 :** Maître du jour de la Rétribution, **4 :** C'est Toi que nous adorons, et c'est Toi dont nous implorons secours, **5 :** Guide-nous dans le chemin droit, **6 :** Le chemin de ceux que Tu as comblés de bienfaits, **7 :** Non pas de ceux qui encourent ta colère, ni de ceux qui s'égarent. » **Rédaction :** après la mort de Mohammad (632), quand un certain nombre de compagnons furent tués à la bataille de Yamâma, le calife *Abu Bakr,* à la demande d'Omar (fils de Khattâb) et sur les conseils du scribe du prophète de *Zaïd,* fit mettre par écrit le texte de tous les passages dictés par le Prophète. Après la mort d'Abu Bakr, Omar lui succéda et réunit le texte en 1 seul volume qui resta chez lui, puis (à sa mort) chez sa fille Hafsa, veuve de Mohammad. Le 3e calife, *Othman* (644-656), à la suite de divergences survenues entre Iraqiens (se réclamant de la lecture du fils de Ma'oud) et Syriens (suivant la lecture d'Obay fils de Ka'b), fit ordonner à Zaïd, assisté d'Abân, d'écrire le Coran. Il demanda à Hafsa de lui prêter le texte d'Omar et, le collationnant avec le nouveau texte, il ne trouva aucune différence. Il ordonna alors de rédiger un texte unique et officiel à partir de cette édition et en envoya des copies dans les différentes provinces (2 sont conservées à Tachkent et à Istanbul et sont identiques au texte en usage aujourd'hui). Cette nouvelle rédaction a été rejetée par les Kharidjites (voir p. 558 b) qui considèrent notamment comme apocryphe le chapitre 12, narrant les amours de Joseph avec la femme du pharaon d'Égypte.

■ **La Sunna** [« tradition prophétique » (sens primitif : « voie, chemin »)]. Relate les enseignements du Prophète, ses paroles (*hadith*) et gestes, et les débuts de la 1re communauté musulmane de Médine. Sert d'exemple et de modèle de vie aux croyants de l'islam. Consignée, sur l'ordre d'Omar (fils d'Abdel Aziz), dans des recueils, notamment par Bokhari, Mouslim (le fils de Madjah), Tirmidzi, etc. Elle forme la 2e partie de la Loi coranique.

■ **La Charî'a.** Loi religieuse comprenant l'ensemble des obligations procédant du Coran et de la Sunna. Embrassant tous les aspects de la vie individuelle et collective des musulmans, elle est, chez les sunnites, codifiée dans le cadre de 4 écoles juridico-théologiques « orthodoxes » : 1°) *hanafite* (de Abu Hanifa, † 767) dominant en Syrie, Turquie, Asie centrale, Europe centrale, Inde, Chine... ; 2°) *malékite* (de Malik, fils d'Anas, † 795) : Afrique, Europe de l'Ouest ; 3°) *chaféite* (de Mohammad, fils d'Idris Chaféi, † 826) : Égypte, Iraq, Arabie saoudite, Indonésie, Malaisie, Indochine, Afrique de l'Est, du Sud, etc. ; 4°) *hanbalite* (de Ahmad, fils d'Hanbal, † 833) : Arabie.

■ **Le fiqh** (« dogme »). Droit jurisprudentiel de l'islam, interprétation et application de la Charî'a. Comprend 2 parties : 1°) *les adorations :* purifications, ablutions, prières, jeûnes... ; 2°) *les transactions :* commerce, impôts légaux, héritages, relations humaines, intercommunautaires, droit communautaire et international, etc.

■ **Statut des Gens de la Bible.** Juifs, Nazaréniens (chrétiens) et Sabéens sont considérés comme « les Gens de la Bible » (*ah-lil-kitab*), « les Gens de la Protection » (*ah-li-dzimmah*), et bénéficient, au sein de la communauté islamique, d'un statut particulier. Pour cela, ils devront s'acquitter d'un impôt spécial : la capitation (*al-djaiziyah*) [qui sera, dit-on, supprimée lors de la seconde venue du Messie d'Israël, à la fin des temps] en lieu et place de la taxe *(al-zakât),* l'aumône légale à laquelle les musulmans sont soumis.

DOCTRINE

■ **Origine.** Mohammad, fils d'Abdallah, (...) fils d'Ismaël, fils d'Abraham, n'a pas prétendu apporter une religion nouvelle, mais restaurer celle de toujours que Dieu avait précédemment révélée aux prophètes (et que les hommes avaient oubliée ou altérée). Tous les prophètes depuis Adam ont annoncé sa venue. Moïse a témoigné de sa prophétie (Coran VII, 155-158). Abraham a prié pour sa venue (Coran II, 129). Jésus l'avait annoncée à son peuple (Coran LXI, 6). Un verset de l'Évangile de Jean (XVI, 7-14) [« Je vous enverrai le Paraclet » (à rapprocher des versets XIV, 16/26 ; XV, 26 ; XVI, 13/14)] fait l'objet de nombreuses discussions. Selon certains exégètes chrétiens : confondant les 2 adjectifs grecs *paraklètos :* consolateur et *périklutos :* brillant, Dieu annonce dans le Coran, comme prédite par Jésus, la venue de Mohammad sous le nom de *Ahmad :* « le très glorieux ». Pour les musulmans : *Ahmad* (Coran, LXI, 6) est un synonyme de *Mohammad* mais est différent de *Mahdi* qui signifie « bien guidé ». Dans la Bible, on trouve des noms comme : *Mouchaffahâ, le sceau, Hamyatâ, Madzmadz,* etc. Dans l'Évangile : *Ahmad ; périklutos,* en syriaque et araméen : *Mouhammanâ ; le St-Esprit, l'esprit de vérité, l'intercesseur, l'auxiliaire, le prophète, le consolateur, l'assistant, l'avocat, etc.*

EULOGIES : formules que chaque croyant doit dire après la mention de prophète(s) *[Que sur lui (ou sur eux) soient Prière et Protection !]* ou de compagnon(s) *[Que Dieu l'agrée ! (ou les agrée !)]* ou à l'attention des hommes de bien *(Que Dieu leur fasse miséricorde),* etc.

ARTICLES DE L'ISLAM

■ **Piliers de la Soumission. 1°) LE TÉMOIGNAGE OU LA PROFESSION DE FOI (CHAHADAH) :** obligation pour tout musulman de reconnaître que Dieu est Un dans son essence, ses attributs, ses activités et sa royauté, et que Mohammad est le sceau des prophètes et messagers divins.

2°) LA PRIÈRE (SALAH) : d'institution divine, elle fut prescrite lors de l'ascension nocturne de Mohammad (Coran XVII, 1). Elle comprend 5 prières obligatoires [*sobh :* **1°**) MATIN : *2 cycles rekaa* (ou *rak'ah*) comprenant inclinaison, prosternations et position rituelle sur les talons : 1 h 30 avant le lever du Soleil, sinon 20 min après. **2°**) MIDI : *Dohr,* 4 rekaa : au moment où le Soleil franchit le méridien jusqu'à environ 3 h plus tard. **3°**) MILIEU DE L'APRÈS-MIDI : *Assr,* 4 rekaa : jusqu'au coucher du Soleil. **4°**) TOMBÉE DE LA NUIT : *Maghreb,* 3 rekaa : du coucher du Soleil à environ 1 h 30 plus tard. **5°**) *Nuit : Icha,* 4 rekaa : de la disparition du crépuscule à l'aube] en 4 cycles. Il existe aussi des prières traditionnelles, surérogatoires, du repentir, du choix, du besoin, des éclipses du Soleil et de la Lune, des fêtes, du pair et de l'impair, de la peur, des morts, de la pluie, de la matinée... Les prières pourront être faites dans les mosquées, les salles de prières, sur les lieux du travail, à la maison... En voyage, les prières de midi, de l'après-midi et du soir seront allégées. Pour prier, les fidèles doivent se tourner vers la Kaaba (La Mecque). La direction est indiquée dans la mosquée par la *kibla* [mur du fond, perpendiculaire au milieu duquel se trouve le mihrab (niche)]. En France, c'est la direction du sud-est. La prière est précédée d'un rite de purification, d'ablution avec de l'eau ou, à défaut, avec le sable ou la pierre. Elle comprend les positions debout, l'inclinaison, la prosternation et la position assise. *Prière du vendredi :* elle remplace la prière de midi. Elle est précédée d'un sermon. *L'appel de la prière* [fait en langue arabe, par un hérault (*muezzin* en arabe)] peut être dit du haut des minarets : « Allah est le plus grand (4 fois). J'atteste qu'il n'y a de divinité qu'Allah (2 fois). J'atteste que Mohammad est le messager d'Allah (2 fois). Venez à la prière (2 fois). Venez à la réussite (2 fois). Allah est le plus grand (2 fois). Il n'y a de divinité qu'Allah. » Le matin, on ajoute : « la prière est meilleure que le sommeil (2 fois). » Les chiites utilisent un texte sensiblement différent.

3°) LE JEÛNE DU RAMADAN (9e mois du calendrier musulman) : de 29 à 30 jours/an. Consiste à s'abstenir totalement, dès avant l'aube et pendant toute la journée jusqu'au coucher du Soleil, de manger, de boire, de fumer, de tenir des propos malveillants, d'avoir des relations sexuelles, etc. Les nuits de ramadan doivent être des nuits de prières surérogatoires, de recueillement, de méditation, et surtout de lecture du Coran, etc. *1er jour* très important pour tous les musulmans ; *10e* célébration de la mort de Khadîdjah (1re épouse de Mohammad) ; *15e* repas de mi-carême ; *19e* souvenir de la prise de La Mecque par Mohammad ; *27e* nuit du Destin ou du Décret (1re révélation). *La rupture du jeûne* donne lieu à une fête (*Aïd-el-Fitr* ou *Aïd-el-Seghir* « Petite fête » par opposition à la « Grande fête », *Aïd-el-Kébir,* célébrée le lendemain du Sacrifice et le surlendemain de l'Arafat, le point culminant du pèlerinage à La Mecque). Le jeûne est interdit les jours de fête (fête de la Rupture du jeûne et fête du Sacrifice). Fêtes souvent bruyantes (le français en a tiré le mot « ramdam » en 1896). *Dispenses :* enfants, gens ne disposant pas de toutes leurs capacités mentales (les fous), malades, voyageurs au-delà de 80 km, vieillards, femmes enceintes, indisposées ou en couches. Certains pieux jeûnent le jeudi et le lundi et les jours de pleine lune. **Objectif :** *spirituel :* détachement par rapport au monde de la matière et concentration sur la réalité divine ; *social :* soumet riches et pauvres aux mêmes privations et impose le paiement d'une aumône spéciale *(zakât al-fitr)* à la fin du ramadan. Dans plusieurs pays d'Islam, comme l'Algérie, il demeure punissable de manger, boire ou fumer en public aux heures où la population s'en abstient. Des horaires allégés sont alors en vigueur dans les administrations.

4°) L'AUMÔNE LÉGALE (ZAKÂT) : tout musulman pratiquant, qui possède un niveau imposable, y est soumis. *D'institution divine :* Coran II, 267 ; IX, 103 ; LXVII, 20 ; etc. *But :* purifier l'âme, secourir les pauvres, etc. *Biens soumis à l'aumône :* prélèvement de 2,5 % pour une valeur de 20 dinars or (évalués à 84 g d'or, de 18 carats) possédée 1 an entier. Sur l'argent : 2,5 % pour une valeur de 200 dirhams (5 oukias évalués à 150 g) possédée 1 an entier. Autres : métaux 1/5 et 2,5 %, trésors antiques enfouis 1/5 ; bestiaux, produits agricoles : particulier, commerces 2,5 %. *Exemptés :* animaux domestiques (tels mulet, âne, cheval). *Aumône de la rupture du jeûne :* purifier l'âme. Elle est fixée à un « saa ». Obligatoire dès la veille de la fête.

5°) LE PÈLERINAGE À LA MECQUE (HADJ) : perpétue une tradition antérieure à l'islam : la 1re **Kaaba** aurait été édifiée par Adam et détruite lors du Déluge avant d'être reconstruite par Abraham et son fils Ismaël, puis rendue par Mohammad au monothéisme oublié depuis des générations. Située au centre de la grande mosquée (al-Masjid al-Harâm, qui a 7 minarets de 45 m de hauteur), la Kaaba (15 m de hauteur, 12 m de largeur ; généralement recouverte de la *kiswa,* brocart noir brodé d'inscriptions coraniques dorées) est désignée comme la « Maison sacrée d'Allah ». **La pierre noire** donnée à Abraham par l'archange Gabriel est enchâssée (à 1,50 m du sol) dans le mur sud-est de l'édifice. A l'intérieur de l'enceinte de la mosquée se trouvent la Station d'Abraham (*Maqâm Ibrâhîm :* bloc de pierre sur lequel Abraham montait pour construire les murs de la *Kaaba*) et le *Puits* de Zamzam dont l'eau avait jailli miraculeusement pour sauver de la soif Agar, femme d'Abraham, et son fils Ismaël. **Prescriptions :** obligatoire pour tout musulman qui en a les moyens, le *Hadj* symbolise le retour au centre de toutes choses. Le musulman doit s'y rendre dans un esprit de repentir pour que ses péchés soient pardonnés et pour que le pèlerinage soit un renouvellement intérieur et exprime la réalité spirituelle d'un mouvement de l'âme vers la *Kaaba* du cœur. **Déroulement :** le pèlerinage a lieu du 8 au 12 (*dzoul-hidjdja*). La nuit du 8 se passe à Minâ (à 5 km de La Mecque), la journée du 9 à Arafat (la nuit à Mouzdalifa) et du 10 au 11 ou au 12 à Minâ. Pendant ce séjour prolongé à Minâ, on se rend 1 fois à La Mecque pour y faire 7 fois le tour de la Kaaba (si on peut le faire, on embrasse ou on touche de la main la pierre noire à chaque passage mais la foule, parfois plus de 100 000 personnes, rend le geste très difficile), puis on parcourt 7 fois à allure rapide le trajet entre les monts Safâ et Marwa (petites collines situées à l'intérieur du *Harâm,* ou enceinte sacrée de la mosquée, pour commémorer la course désespérée d'Agar à la recherche d'eau pour son fils). Dans la plaine d'Arafat, sur les lieux mêmes où, selon la tradition, Adam et Ève trouvèrent grâce devant Dieu et se retrouvèrent après avoir été chassés du Paradis et s'être égarés sur Terre, sont accomplis les rites marquant le point culminant du pèlerinage. Les hommes portent des habits spéciaux : un pagne et une sorte de grande serviette couvrant leurs épaules, ils ont la tête découverte et durant ce temps ne doivent ni se raser, ni se couper les ongles, ni avoir de rapport sexuel. Le 10e jour a lieu le grand Sacrifice *(al-adha)* dans la plaine de Minâ, en souvenir d'Abraham qui, par obéissance à Dieu, s'apprêtait à immoler son fils auquel fut miraculeusement substitué un bélier. C'est l'occasion d'égorger moutons, chameaux, bœufs et chèvres. On se rase ou on se coupe les cheveux (les femmes une mèche). Lapidation avec 7 cailloux de la grande pierre ou colonne nommée *Samrat* ou *Lakaba ; tawaf alifada.* Le 11e jour, à Minâ, les pèlerins lapident, avec 7 petits cailloux par colonne, 3 colonnes de pierre (petite *Assougha,* moyenne *Alwousta,* grande *Alakaba*) figurant Satan qu'Abraham avait repoussé lorsqu'il lui était apparu à cet endroit (Satan l'avait invité à rejeter l'ordre que lui avait donné Dieu de sacrifier son fils). Le 12e jour, on peut quitter Minâ avant le coucher du Soleil, sinon l'on doit rester le 13e jour. Avant de partir, le pèlerin retourne au *Harâm* et il accomplit de nouveaux tours autour de la *Kaaba,* boit de l'*eau de Zamzam* (il en fera provision), puis se rend à Minâ pour une dernière lapidation de Satan.

Après le *Hadj,* il est recommandé de visiter la *mosquée du Prophète,* à *Médine,* car, selon ses propres paroles, « pour qui me visite après ma mort, c'est comme s'il m'avait visité de mon vivant ». Quand la situation le permettait, bon nombre de pèlerins se rendaient encore à *Jérusalem,* 3e ville sainte de l'islam, et à *Hébron* où est enterré Abraham, « Ami de Dieu » *(Khalîl)* et père des monothéistes. La visite (*umra* en arabe) des Lieux saints peut être accomplie à tout moment de l'année. Avant de pénétrer dans le territoire sacré de La Mecque, on devra nécessairement se sacraliser (se vêtir d'un tissu de 2 pièces sans coutures). En approchant du lieu sacré on répétera cette parole *(talbya)* : « Me voici, ô mon Dieu, me voici ! Tu n'as pas d'associé, me voici ! A toi la louange et la grâce et le royaume ! Tu n'as pas d'associé ! » Dès lors on ne doit ni se raser, ni se parfumer, ni commettre de violence, ni accomplir d'acte sexuel.

ARTICLES DE LA FOI

■ **1°) Croyance en l'Unicité divine.** Dieu est Un dans son essence (et non triple), Un dans ses activités, Un dans ses attributs, Un dans son Royaume.

■ **2°) Croyance aux anges.** Parmi eux : *Gabriel* (en arabe Djibraïl), porteur des ordres et châtiments divins, de la révélation divine ; *Michel* (Mikaïl), porteur de la miséricorde divine, de l'eau ; *Azraïl,* l'ange de la mort, et *Israfil* qui sonnera de la trompe le jour du Jugement dernier. *Malik,* le gardien de l'Enfer. *Ridwan,* le gardien du Paradis. Selon la tradition, les anges sont des êtres créés à partir de la lumière. Il en existe une multitude. Ils sont infaillibles et ne peuvent tomber dans le péché.

■ **3°) Croyance aux Livres révélés.** Parmi eux, la *Bible* (soit la Torah, le Livre des Psaumes, l'Évangile) et le *Coran* (celui-ci a aboli les lois bibliques).

■ **4°) Croyance aux messagers divins.** Selon la tradition, Dieu a envoyé près de 120 000 prophètes et plus de 300 messagers divins [*Adam,* prophète de Dieu, *Noé* (Nouh, en arabe), *Abraham, Isaac* (Ishaq), *Ismaël, Jacob* (Yacob), *Moïse* (Moché-Moussa), *Aaron* (Haroun), *David* (Dawoud), *Salomon* (Suleïman), *Jésus* (Ichoua, Issa) et tous les autres prophètes divins dont leur sceau, Mohammad]. Prophètes étrangers à la tradition biblique : *Salîh, Houd, Choaïb* (le beau-père de Moïse), *Ismaël,* etc.

Le pape Jean-Paul II, venu en Turquie musulmane pour y rencontrer le patriarche de Constantinople le 28-11-1979, a déclaré éprouver de l'estime pour les valeurs religieuses musulmanes. En 1985, il est allé saluer le roi du Maroc, commandeur des croyants, mettant fin aux campagnes hostiles à l'islam.

Les génies : la croyance aux *djinns* (génies : êtres invisibles créés de feu) est de rigueur. Apparaissant sous forme humaine ou animale, ils seront jugés comme les humains au jour de la Rétribution (élus ou damnés). Théologiens et philosophes ont sur eux des opinions divergentes.

Jésus (en araméen et syriaque : *Ichoua*, en arabe : *Issa*) : fils de Marie, fille d'Imran (Coran III ; XIX). Il est appelé le « Verbe (ou le mot divin) et l'Esprit (provenant) de Dieu » (Coran III, 39 ; IV, 171). Le Coran rejette sa filiation divine (Coran IX, 30), sa divinité (Coran V, 17/72), son appartenance à une Trinité (Coran V, 73/116), le fait qu'il soit consubstantiel et égal à Dieu. Il est désigné comme étant « l'esclave *(abd)* de Dieu » au même titre que les autres prophètes divins dont Adam (Coran III, 59 ; XIX, 30). Il était le sceau des prophètes d'Israël (Coran II, 39/45 ; XIX, 16/37), le sceau de la sainteté universelle. Il fut revêtu de dignité, d'honneur, ou de considération (Coran III, 45-46). **La Parousie :** Jésus n'a pas été tué ou crucifié par les Fils d'Israël (Coran III, 55 ; IV, 157). On a crucifié, en fait, un homme à sa ressemblance. Il a été élevé au Ciel, corps et esprit, sur l'ordre divin ; il en reviendra à la fin des temps pour faire triompher la Vérité, briser croix et crucifix, tuer porcs, sangliers et le Faux Messie (un juif d'Ispahan ou du Khorassan, corrompu et faiseur de prodiges) à la porte de Lodd, à Jérusalem. Il apparaîtra comme le restaurateur et le sauveur de l'islam en son temps. Il demandera à Dieu d'exterminer les peuples de Gog et Magog (Coran XVIII, 94 ; XXI, 96). Selon certaines versions, il se mariera, aura des enfants qui mourront en bas âge et sera enterré à Médine près de Mohammad. Il laissera après lui un vicaire auquel succédera un autre vicaire ; puis les hommes retomberont dans l'ignorance, se remettront à adorer d'autres divinités que Dieu et feront le mal. C'est sur eux que se lèvera le jour du Jugement dernier. C'est la seule religion non chrétienne à admettre et croire au retour de Jésus sur Terre à la fin des temps, tout en rejetant l'idée de rédemption et de tombeau du Christ.

Mahdi : il sera de la descendance d'ʿAlī et de Fāṭima. Sa venue est souvent associée à celle de Jésus. Il sera le Commandeur des Croyants en son temps. Sa capitale sera Jérusalem. Tous les rois de la Terre le combattront et voudront sa perte. Jésus sera un de ses suivants et serviteurs à la fin des temps. Il l'aidera à combattre les soldats du **Dadjdjal** (l'Anti-Messie). Certaines sectes islamiques ont nié le retour de Jésus ; d'autres sectes se réclamant du chiisme attendent la venue du Mahdi avec impatience.

Marie : mentionnée de nombreuses fois dans le Coran (III ; XIX). Dieu l'a élue au-dessus des femmes des mondes (III, 42), mais elle était une vraie femme (V, 75), elle a été fécondée par le souffle de l'ange Gabriel (XIX, 18-21). L'islam est la seule religion non chrétienne à admettre que Jésus soit né miraculeusement sans père et d'une vierge. Marie a accouché au pied d'un dattier (XIX, 23), à Bethléem, et Jésus a parlé dès sa naissance pour attester l'innocence de sa mère (XIX, 22-38). Le Coran ne parle pas du mariage de Marie avec Joseph, ni de la naissance de « frères » ou de « sœurs » de Jésus. Marie est la mère de Jésus et non la « mère » de Dieu ou du fils de Dieu ou d'un dieu quelconque (V, 116). Elle est aussi la mère des croyants. Selon certaines versions, elle est enterrée à Jérusalem. Le monde coranique nie l'Assomption et refuse culte marial, images saintes, statuettes, etc.

Messie (en arabe : *Massîh* : en hébreu : *Mashiah*) : signifie, selon certains, « le très véridique », « le pur fidèle », « l'arpenteur » car Jésus arpentait, en son temps, la terre de Palestine d'un bout à l'autre. Il sera à la fin des temps le très véridique : il fera triompher la Vérité sur l'Erreur. Le monde biblique a donné au mot Messie d'autres significations comme l'Oint, le Béni, le Roi, etc. L'islam est la seule religion non chrétienne à admettre que Jésus est le Messie d'Israël (Coran III, 45 ; IV, 157/171...).

Yahya (en français « il vit, il vivra ») : nom inconnu de la Bible, où son nom serait Jean (Luc I,13). Fils du prophète Zacharie, il est considéré selon le Coran comme le confirmateur de Jésus (III,39) et sera, comme son père, martyrisé. Son tombeau (où sera enterrée sa tête seulement) se trouve dans la grande mosquée des Ommeyyades, à Damas (Syrie), où devra descendre, selon certaines versions, Jésus, à la fin des temps (venant du Paradis et porté sur les ailes des anges). L'exécution de Jean sera la cause de la 2e déportation de son peuple (Coran XVII, 4-8). Cité de nombreuses fois dans le Coran (III ; XIX). Le Coran rejette toute notion de baptême (II, 137).

■ **5°) Croyance au Dernier Jour (jour du Jugement dernier).** Ce jour-là le Prophète apparaîtra comme l'intercesseur des gens de sa communauté. Les justes entreront au Paradis [appelé notamment *Jannat* (jardin) et *Adn* (Eden)] et les injustes subiront le feu de l'Enfer [appelé notamment *Jahannam* (géhenne)] jusqu'à ce que Dieu leur accorde sa grâce (les péchés pourront être pardonnés, sauf le refus obstiné de reconnaître l'Unité divine).

■ **6°) Croyance en la Résurrection après la mort.** En ce jour-là, ceux qui ne croyaient pas en la résurrection des corps et des âmes seront confondus. Ils pourront constater, au contraire, la capacité, la toute-puissance divine.

■ **7°) Croyance en la Prédestination du Bien et du Mal.** Les savants considèrent que la Prédestination est un secret divin. Ils nient et rejettent donc toute notion de libre-arbitre et de fatalisme. Les partisans de ces doctrines sont considérés comme étant les frères des Mages et du Diable banni. Le Bien comme le Mal ont été créés par le Créateur de l'humanité (Coran LXVII, 1-3). Adam, dès le commencement, était prédestiné (Coran II, 30). L'islam rejette toute notion de péché originel. Dieu n'a pas voulu châtier Adam en le faisant descendre sur Terre, mais lui faire connaître, au contraire, sa grâce et sa miséricorde et surtout la valeur des choses. Il fit de lui son vicaire ou représentant sur Terre, l'éleva au rang de ses prophètes, institua à travers lui la prière du repentir, lui en apprit les paroles et assura son retour et celui de sa femme dans son Paradis.

Fatalisme : *on peut lire dans le Coran :* « Dieu égare qui Il veut, et guide qui Il veut sur le droit chemin. » Cette formule ne doit pas être interprétée dans un sens « fataliste », mais sert à souligner le fait qu'il n'y a qu'un seul Dieu. « Bien et Mal » ne le sont que par rapport aux individus humains, le Bien de l'un peut être le Mal de l'autre : en eux-mêmes, le Bien et le Mal sont tous deux la création du Dieu unique. Dieu, dans le Coran, fit ressortir qu'il avait déjà agréé le repentir d'Adam et d'Ève, quand Il leur donna l'ordre d'aller vivre sur Terre. Certains savants musulmans en ont conclu qu'il ne s'agissait donc pas d'un châtiment, mais d'une faveur : ils étaient investis de la lieutenance de Dieu sur la Terre.

■ **8°) Autres définitions. Enfer :** lieu souterrain créé par Dieu pour l'éternité. Les damnés (humains, génies, démons, Satan et ses disciplines) y sont châtiés sans espoir de rémission, sauf pour les croyants (musulmans) dont le séjour varie selon la gravité de leurs fautes. Juifs, chrétiens, parsis, idolâtres et païens, hypocrites subissent le feu de l'Enfer et des châtiments corporels (serpents, scorpions).

Juif, judaïsé : comme le christianisme, le judaïsme est une étape avant la révélation accordée à Muhammad. Les Juifs forment le peuple élu, mais, infidèle à ses alliances avec Dieu, il sera puni à la fin des temps. Le Coran les considère comme orgueilleux et prévaricateurs.

Mages, mazdéisme ou **parsisme :** l'islam les condamne parce qu'ils professent le dualisme (2 principes opposés : lumière et ténèbres, Bien et Mal) et le libre-arbitre. Les musulmans considèrent que le Bien et le Mal ont été créés ensemble (voir p. 562 c).

Nazarénien, nazaréens : en arabe, *nasara* désigne dans le Coran les chrétiens (issus de *Jésus de Nazareth*) ; les musulmans reconnaissent Jésus comme prophète (messager divin) et refusent l'idée du Christ (Fils de Dieu, sauveur) ; ils considèrent comme idolâtres les pratiques chrétiennes (adoration de la croix, d'icônes ou de reliques), voire polythéistes (dogme de la Trinité incompatible avec la notion de Dieu unique).

Paradis : lieu céleste créé par Dieu pour l'éternité. Les humains et les génies y gagnent des récompenses spirituelles (joie de la vision permanente de Dieu et du Prophète) et matérielles (vêtements somptueux, nourritures pures et savoureuses, ruisseaux d'eau, de lait, de vin et de miel, plaisirs sensuels). Également appelé Firdaws, Éden, Refuge des croyants, Maison de Paix.

Sabiens, sabiisme : en arabe *sabi'a* se dit de tout homme quittant sa religion pour une autre. Les Arabes convertis à l'islam étaient qualifiés par les autres de « Sabi'u Muhammad ». Le sabéisme regroupe les croyances ou religions antéislamiques (influences hindouiste, bouddhiste, juive et chrétienne) : adoration d'anges, d'idoles et de stèles, vénération de la pierre noire qui se trouve dans la Kaaba, croyance à la métempsycose et la réincarnation. Les sabéens ne croient ni aux prophètes, ni aux lois divines révélées.

Mosquée la plus ancienne. *La Mosquée sacrée* de Médine. **Mosquée ayant le plus de minarets.** *La Mosquée sacrée* (Médine) en compte 10. **Mosquées ayant les plus hauts minarets.** *La Mosquée sacrée* de Médine ; capacité : plusieurs centaines de milliers de personnes. **Maroc** (Casablanca) mosquée Hassan II (architecte français M. Pinseau) : la plus grande après La Mecque et Médine, longueur 200 m, largeur 110 m, hauteur 60 m, hauteur du minaret 200 m avec laser vers La Mecque, surface 20 000 m² + 80 000 m² de parvis, toit pouvant en partie s'ouvrir, 300 000 m³ de béton, 40 000 t d'acier, coût 3 milliards de F, achevée en 1990, ouverte aux fidèles le 4-2-1994 ; capacité : 80 000 personnes, superficie (ensemble) : 9 ha ; **Pakistan** (Islamabad) : 100 m ; **Égypte** (Le Caire) mosquée du sultan Hassan, 1356 : 86 m ; **Inde** (Delhi) Qutub Minâr, 1194 : 72,54 m. Mosquées, *Masdjd* ou *djamii :* « lieu où l'on s'agenouille », salle ornée de versets coraniques ; tapis ou nattes tressées au sol. Dans les grandes mosquées, une *maqsourah,* petite loggia, est réservée aux autorités. A l'arrière de la salle principale, espace réservé aux croyantes. *Mihrab :* niche concave dans laquelle se place l'imam au moment de la prière, indique l'orientation de La Mecque, la Qibla. *Minaret :* rend la mosquée visible de loin et donne au muezzin [de l'arabe *mouadhin,* « celui qui lance l'adhan » (appel à la prière)] la portée nécessaire. *Minbar :* chaire de prédication. *Koubba :* coupole.

Traditions sociales

■ **Arts.** Architecture et arts graphiques non figuratifs caractérisés par une sévérité géométrique, alliée souvent à de la préciosité et parfois à de l'exubérance.

■ **Communauté musulmane (Oumma).** Principe régissant l'ensemble de la vie sociale : tous les croyants sont frères, c'est-à-dire égaux entre eux. Il n'y a pas d'inégalité en droit. Seul leur degré de piété les distingue aux yeux de Dieu. Les inégalités sociales dues à la fortune ne sont pas interdites par la loi coranique : chacun a le devoir d'acquérir, par son effort, les biens matériels et terrestres en s'acquittant de son impôt légal.

Fêtes musulmanes en 2001-2002 : *Aïd el Kebir* 23-2-2002, *ramadam* du 16-11 au 5-12-2001, *Aïd el Fitr* 6-12-2001.

■ **Langue arabe.** *Arabe littéraire :* proche de la langue classique (VIIIe-XIIe s.) qui a été celle du Coran, du Hadith et des grands livres religieux philosophiques ou poétiques. Redevenu courant (radio, télévision, journaux, livres), il regagne du terrain dans les milieux populaires. *Langue dialectale* ou *populaire* (dialectes libanais, égyptien, algérien, etc.) : parlée par environ 40 % des musulmans arabes, les grandes nations musulmanes. Néanmoins, les élites sociales et culturelles musulmanes non arabophones (Bangladesh, Indonésie, Iran, Pakistan, etc.) étudient l'arabe littéraire (langue sacrée), utilisé par le Coran et le Hadith (le marché du livre arabe s'étend sur tous les pays musulmans).

■ **Propriétés collectives (waqf).** Biens de mainmorte donnés à Dieu, et dont l'usufruit alimente des fondations religieuses ou de charité.

■ **Vie intellectuelle.** La pensée islamique a perdu au XVe s. l'originalité qui avait émerveillé l'Occident médiéval (astronomie, mathématiques, médecine, géographie, sciences agricoles, etc.). On a admis, au XIXe s., que la science médiévale islamo-arabe était une synthèse d'éléments pris à des civilisations antérieures (hellénisme alexandrin, Perse, Inde et Chine) ; il y eut cependant de nombreux apports originaux.

■ **Vie privée.** Marquée par les prescriptions coraniques, notamment. Puissance des liens familiaux (autorité du père, solidarité familiale, cousinage et parentage maintenus plusieurs générations). Statut de la femme souvent considéré comme antiféministe (à tort car la femme est très honorée dans l'islam). Pour la protéger de la méchanceté des hommes de bas caractère, Dieu dans le Coran lui a imposé le voile. Les femmes paient l'impôt *zakât* sur les bijoux qu'elles ne portent pas ; elles sont exemptées des prières quotidiennes lors de leurs règles. Leur quote-part dans l'héritage est moindre, parce qu'elles ne sont pas tenues, comme les hommes, d'entretenir leurs père, mère, frères, sœurs, mari, enfants et autres proches parents.

Autres prescriptions

■ **Aliments.** Le sang étant considéré comme nourriture impure, la viande doit être issue d'un animal abattu et égorgé selon le rite sauf pour le gibier. Les musulmans peuvent consommer la viande casher. De nombreuses associations veillent sur cette activité, dont l'association *A votre service.*

■ **Barbe.** Symbole de masculinité. Tous les prophètes et messagers ont porté la barbe. *Longueur :* ne doit pas dépasser la largeur d'une main, à partir du menton, c'est-à-dire à hauteur de la *tôlia* (base du cou). La taille fait partie des 5 ablations traditionnelles : taille de la moustache et des ongles, épilation des poils du pubis et des aisselles, circoncision.

■ **Circoncision des garçons** (tradition abrahamique). Généralement observée ; obligatoire pour les enfants mais non pour un adulte se convertissant à l'islam. L'excision n'est pas requise.

■ **Décès.** Le visage du défunt est orienté vers La Mecque.

■ **Effort suprême (Djihâd).** **« Guerre sainte » :** c'est l'« effort collectif » des musulmans, qui ont le devoir de lutter, au besoin jusqu'au sacrifice de leur vie, pour la défense de leur religion, de leurs personnes, de leurs biens et pour la sécurité de leurs frontières. Dans un sens spirituel, il se rapporte à la lutte du croyant contre les passions et les mauvais penchants de l'âme. Sur le plan historique, la *guerre sainte* a été menée d'abord contre les Arabes et certaines tribus juives puis contre les empires chrétiens et païens. Dieu, dans le Coran (II, 190), n'autorise que la guerre défensive : « Et combattez dans la voie de Dieu ceux qui vous combattent et ne transgressez pas, Dieu n'aime pas les transgresseurs. »

Le *Djihâd* armé a reparu au cours des guerres dites de décolonisation (1950-70). Un Fonds du *Djihâd* créé le 7-8-1971 en Libye par le colonel Kadhafi subventionne les guérilleros musulmans, notamment aux Philippines, au Liban. Durant le conflit du Golfe (1991), Sadam Hussein relança le *Djihâd* pour l'Iraq.

En terre d'Islam, les « gens du livre », chrétiens et juifs, avaient le statut de *dhimmi :* protégé. Ils devaient manifester leur respect pour l'islam et tout musulman. Ils étaient astreints à la *jizya,* impôt de capitation, et à des restrictions d'ordre social mais jouissaient de la liberté religieuse, de la garantie de leur personne et de leurs biens. Leurs vêtements et couvre-chefs devaient les distinguer des musulmans. Ils ne pouvaient ni porter des armes ni monter à cheval. Un musulman pouvait épouser une dhimmi mais un dhimmi ne pouvait épouser une musulmane. Ce statut devint plus contraignant à partir des XIIe et XIIIe s. Dans le monde musulman, l'antijudaïsme fut moins virulent que l'antisémitisme chrétien.

■ **Interdits (haram).** Interdits majeurs : meurtre, suicide, vol, mensonge, corruption, adultère, diffamation, faux témoignage, sorcellerie, irrespect des parents, boissons alcooliques, stupéfiants, viande de porc [Sourate 5, verset 3. Dans le Livre des animaux, au IXe s., al-Jahiz rapporte que Noé aurait prié Dieu de lui envoyer une créature capable de débarrasser l'arche des souillures des animaux : ce fut le porc] et d'animaux sacrifiés à d'autres divinités qu'au Dieu unique ou tués de façon non rituelle ; prêt à intérêt assimilé à l'usure, jeux de hasard (de *Az-Zahr,* chance, jeu de dés, francisé au XIIe s. à partir de l'espagnol *azar*) : tiercé, roulette, loto, etc.

■ **Mariage.** Le mariage fécond est recommandé. Les pénalités pour adultère et fornication sont aussi sévères pour l'homme que pour la femme consentante (la femme non consentante n'est jamais poursuivie). **Polygamie :** un homme est autorisé à avoir jusqu'à 4 épouses simultanées, mais il lui est conseillé de se limiter à une seule s'il craint d'user d'injustice envers plusieurs. En principe, le nombre des esclaves-concubines n'est pas limité : celles-ci peuvent cohabiter avec leur maître seul, à l'exclusion de tout autre ; si leur maître les marie, il perd le droit d'avoir des relations avec elles (raison juridique : le maître conserve la propriété du corps de son esclave, mais le mari en a légalement l'usufruit). **Divorce :** les hommes peuvent facilement l'obtenir par répudiation. Les femmes peuvent en obtenir le droit si elles le stipulent dans le contrat de mariage ; dans certaines conditions stipulées par la Char'ia, le divorce peut être accordé à la femme. Toutefois le Prophète a présenté le divorce comme « de toutes les choses permises, celle que Dieu déteste le plus ». **Mariage mixte :** un musulman peut épouser une juive ou une chrétienne (mais non une païenne). Si l'épouse ne se convertit pas, elle perd le droit de garde des enfants en cas de divorce. Le 6-10-1985, Hocine Abbas, recteur de la Grande Mosquée de Paris, a rejeté la jurisprudence française sur le divorce après mariage mixte.

■ **Peines légales. 1°) Lapidation** : châtiment réservé primitivement aux sacrilèges, et d'origine prébiblique. La Bible (Deutéronome) l'a appliqué à d'autres crimes (par exemple violation du shabbat, adultère de l'épouse, infidélité d'une fiancée, rébellion d'un enfant contre ses parents). Par contre, la loi biblique concernant la fornication (contenue dans le Deutéronome XXII, 28-29) sera modifiée par la loi coranique (Coran XXIV, 2). Le châtiment de l'adultère, selon la tradition *(Sunna)* du Prophète, est la lapidation. En fait, la lapidation par preuve a été très rare en islam, à cause de la nécessité (s'il n'y a pas aveu) de fournir 4 « témoins oculaires » (sourate XXIV, 4). **100 coups de fouet** : pour la fornication *(zina).* **80 coups de fouet** : pour la dénonciation calomnieuse d'adultère ; pour la consommation de vin *(shurb).* **Mise à mort** : pour l'apostasie. **Ablation de la main droite** : pour le vol ; **des mains et des pieds** : pour le brigandage armé (sans meurtre). **Mise à mort par décapitation ou crucifixion** : pour le brigandage armé avec meurtre. **2°) Loi du talion :** exercée par la victime (en cas de coups et blessures) ou par ses héritiers (en cas de meurtre). Consiste à faire subir au coupable le même dommage qu'il a causé (loi du talion, *qisas*). **3°) Châtiment fixé par le juge :** *tazir : minimum* 3 coups de fouet, *maximum* 39.

■ **Port du voile. Nom :** *Afghanistan :* « purdah » (avec « grille » de coton devant les yeux) ; *Algérie :* « haïk » ; *Arabie :* « hidjâb » ; *Asie centrale :* « parandjah » ; *Égypte :* « tarak » ; *Inde :* « burga » (cachant la figure à l'exception des yeux et descendant aux pieds ; il peut être un ample vêtement de dessus de n'importe quelle couleur ou une simple bande de fine étoffe blanche cousue à un ruban qui fait le tour de la tête) ; *Iran :* « tchador ». **Origine :** *lois assyriennes de Teglat-Phalazar Ier :* « Les femmes mariées qui sortent dans la rue n'auront pas la tête découverte. La concubine qui va dans la rue avec sa maîtresse (l'épouse) sera également voilée. La hiérodule (prostituée sacrée) qu'un mari a prise sera voilée dans les rues. Et celle qu'un mari n'a pas prise ira la tête découverte. La prostituée non sacrée ne sera pas voilée, sa tête sera découverte. » *Palestine : du temps de Jésus* femmes voilées (dont Marie). *Monde gréco-romain :* femmes voilées (dont les vestales). *St Paul dans la 1re Épître aux Corinthiens* (chapitre 11, versets 4 à 16) insiste sur la nécessité pour la femme de se couvrir, particulièrement quand elle prie ou prophétise. *Lin,* successeur de Pierre comme évêque de Rome, interdit aux femmes d'assister nu-tête aux assemblées. *155-255 Tertullien,* théologien carthaginois, dans « De Virginibus velandis » (Du voile des vierges), demande aux jeunes filles de porter le voile hors de chez elles, comme les femmes mariées. **Prescriptions du Coran :** *Allah prescrit à Mohammad :* « Dis à tes épouses, à tes filles, aux femmes des croyants, de ramener sur elles leur voile : elles en seront plus vite reconnues et éviteront d'être offensées » (sourate 33, verset 59). Les passages du Coran relatifs au port du voile *(hidjâb)* ont été diversement interprétés selon les écoles juridiques, les époques et les régions. En usage surtout en ville, il est souvent ignoré dans les villages et chez les nomades. Le voile est souvent remplacé, de nos jours, par un foulard cachant cou, gorge et cheveux.

Évolution récente : *1923* Le Caire (Égypte), Hoda Chaaroui, Pte de l'Union féministe, jette son voile en un geste spectaculaire. *1924* Turquie, Ataturk interdit fez et hidjâb. *1926-mars* le recteur de l'université islamique d'Al-Azhar s'oppose au dévoilement des femmes. *1928* Afghanes et Iraniennes peuvent se promener tête nue. *1935* Iran, le port du voile est officiellement aboli. *Fin des années 1970* Iran, Khomeyni rend le tchador obligatoire. *1989-automne* France, des musulmanes refusent de se rendre en classe sans leur foulard ; des proviseurs s'y opposent, invoquant le principe de la laïcité de l'école publique. *1992-2-11* un avis du Conseil d'État revendique pour chacun l'« exercice de la liberté d'expression et de manifestation de croyances religieuses ». *1994-20-9* circulaire de François Bayrou, ministre de l'Éducation, distinguant les « signes religieux ostentatoires », par principe interdits, et les « signes discrets », qui sont admis. *1996-9-10* arrêt du Conseil d'État : le port du foulard n'est pas incompatible avec le principe de la laïcité. D'après un sondage de l'Ifop pour le Monde/RTL d'oct. 1994, 78 % des Français sont hostiles au port du voile.

■ **Prohibition des images animales et humaines.** Elle n'est pas révélée dans le Coran, mais a été enseignée par le Prophète et respectée même dans les pays musulmans non arabes. Les sculptures à représentation humaine, cultuelles ou profanes sont interdites dans les lieux du culte.

■ **Turban.** Origine antique (Assyrie, Perse, Égypte). Longueur 1 à 10 m. Longtemps porté par chrétiens et juifs des pays d'Islam, toujours par des peuples non musulmans (hindouistes et sikhs). Arboré par Muhammad, selon les Traditions. Les musulmans ont pris l'habitude d'avoir la tête couverte devant Dieu, particulièrement pendant la prière, au moins par une calotte souvent entourée d'un turban. Il est recommandé pour celui qui dirige la prière d'avoir la tête couverte. Permet de distinguer les professions et les fonctions civiles ou religieuses : fez (ou tarbouche) en feutre adopté par les professions gouvernementales de l'Empire ottoman au XIXe s. (*Couleur :* vert pour les chérifs. Aujourd'hui, les ouléma portent couramment une forme simplifiée du turban, autour d'un tarbouche.)

Terminologie

■ **Alim.** Savant. Singulier d'ouléma.

■ **Ayatollah.** De l'arabe *âyatullâh,* employé par les Iraniens chiites, « signe de Dieu ». Ce titre (acquis dans une université religieuse) désigne en général chez les chiites les *mujtahids* (ceux qui sont dignes de pratiquer l'interprétation de la volonté de l'Imam caché et ont reçu de leur maître l'autorisation d'enseigner la théologie). Seuls les *mujtahids* sont en contact intérieur avec l'Imam caché. Leur prestige est renforcé par leur origine ; la plupart d'entre eux descendent du Prophète et donc des imams.

■ **Cadi.** Magistrat chargé d'appliquer la Loi de l'islam.

■ **Calife.** Successeur de Mohammad, il était le chef spirituel et temporel des Croyants. Le titre signifie « vicaire » ou « lieutenant » du Prophète ; dans le Coran, Dieu le donne à Adam (vicaire de Dieu sur Terre) et à David (lieutenant de Dieu). Dignité élective ; condition d'éligibilité (remplie de 632 à 1517) : appartenir à la tribu des Quraych, dont est originaire Mohammad. Après 1517, le califat a passé aux Turcs ottomans ; la succession se faisant à l'intérieur de la famille califale, l'élection était souvent la sanction symbolique d'une prise de pouvoir forcée. Les 4 premiers califes sont appelés par les sunnites les *Rashidun* (« bien-guidés »).

Premiers califes. 632 Abou Bakr (après 550-634) : beau-père de Mohammad, il se fait appeler Khalifa Raçoul Allah (« le successeur de l'envoyé de Dieu »). Son choix avait mis aux prises les Quraychites émigrés à Médine et les Médinois qui avaient accueilli et soutenu le Prophète. Surnommé *As-Siddik* (« le véridique »). **634 Omar** (590-assassiné 3-11-644) : père d'Hafsa, autre beau-père de Mohammad, il conquiert Syrie (bataille de Yarmouk 635), Perse (bataille de Nehavend 642), région de Mossoul (642), Égypte (prise d'Alexandrie 642), puis prend le titre d'émir des Croyants. **644 Othmân** (vers 570-assassiné 17-6-656 car il ne voulait pas se démettre de ses fonctions) : gendre de Mohammad dont il épousa successivement 2 filles ; conquiert Abyssinie (647) et Transoxiane. **656 'Alî** (vers 602-assassiné 24-1-661 par un fanatique kharidjite) : gendre de Mohammad, époux de Fâṭima, il bat les partisans de la veuve de Mohammad Aïcha et Talhah et Zobéir à la bataille du Chameau (656) ; mais sur le point de battre les partisans de Mu'âwiya à Siffîn (656), il accepte un arbitrage ; ses partisans, découragés, forment le groupe des Kharidjites ; en 659 il les bat mais sera assassiné par l'un d'eux. **661 Hassan** (vers 624-669, empoisonné par sa femme Jada) : fils d''Alî et de Fâṭima (fille de Mohammad), il abdique en faveur de Mu'âwiya et se retire à Médine ; surnommé el-Mitlak (« le divorceur », car il se maria et divorça plus de 100 fois) ; **Mu'âwiya Ier** (603-680) : gouverneur de Syrie, il conteste l'élection d''Alî. Calife de toute l'Empire islamique (capitale Damas), il évite les guerres de succession en nommant son fils (Yazid) prince héritier (dynastie des *Omeyyades,* voir col. c).

☞ **Conquêtes : 660-710** (Omeyyades) : Afr. du Nord et **710-720** Espagne et Septimanie (le sud-ouest de la France, occupé entre 730 et 732). **1071** (Turcs seldjoukides) : Asie Mineure. **1353** (Turcs ottomans) : Balkans, **1453** Constantinople et **XVe-XVIe s.** Europe du Sud-Est et Hongrie. Les autres territoires actuellement islamisés (Asie du Sud-Est, Afrique) sont devenus musulmans sous l'influence de marins, de négociants (XVIe-XIXe s.) et surtout de notables favorisés par les colonisateurs (XXe s.).

■ **Principales dynasties. Abbassides :** 749-1258 (descendants d'Al-Abbas, oncle de Mohammad), supplantent les Omeyyades et s'installent à Baghdad (37 califes jusqu'en 1258) puis au Caire (1258-1517). **Aghlabides :** 800-909, Tunisie, est de l'Algérie, Sicile. **Alaouites :** de 1631 à nos jours, Maroc. **Almohades** (al-Muwahhidun) : 1130-1269, Maghreb, Espagne. **Almoravides** (al-Murabitun) : 1056-1147, Maghreb, Espagne. **Ayyoubides :** 1169-1260, Égypte, Syrie, partie de l'Arabie occidentale. **Bouyides** (Buwayhides) : 932-1062, Iran, Iraq. **Fatimides :** 909-1171, dynastie fondée à Mahdiâh (Tunisie) par des chiites ismaéliens (voir p. 558 b) se réclamant du calife 'Alî. Conquièrent l'Égypte en 969, fondent Le Caire (14 califes jusqu'en 1171 ; califat détruit par Saladin ; reconnaît le califat des Abbassides) ; chassés en 1258 par les Mongols, se réfugient en Égypte. **Hachémites du Hadjaz d'Iraq :** 1921-58, Iraq ; **de Jordanie :** de 1923 à nos jours. **Hafsides :** 1228-1574, Tunisie, est de l'Algérie. **Idrissides :** 789-926, Maroc. **Ilkhanides :** 1256-1336, Iran, Iraq. **Mamelouks :** 1250-1517, Égypte, Syrie. **Marinides :** 1196-1464, Maroc. **Méhémet-Ali et successeurs :** 1805-1953, Égypte. **Moghols :** 1526-1858, Inde. **Muluk al-tawa'if** (« rois de partis »), XIe s., Espagne. **Nasrides :** 1230-1492, Espagne du Sud. **Omeyyades :** 661-750, 14 califes ; **d'Espagne :** 756-1031, 57 membres, califats de Cordoue et de Grenade (se sont proclamés califes). **Ottomans :** 1281-1922, Turquie, Syrie, Iraq, Égypte, Chypre, Tunisie, Algérie, Arabie occid. En 1517 les Turcs conquièrent l'Égypte et leur sultan prend le titre de calife (29 califes turcs à Constantinople de 1517 à 1924, date d'abolition du califat par le Pt Mustapha Kemal). En 1939 le roi d'Égypte, Farouk, essaie en vain de rétablir le califat. **Rassides :** IXe-XIIIe s., fin du XVIe s. -1962, imams zaydites du Yémen. **Rassoulides :** 1229-1454, Yémen. **Rustémides :** 779-909, Algérie occidentale. **Sa'dides :** 1511-1628, Maroc. **Safavides :** 1501-1732, Iran. **Saffarides :** 867-fin XVe s., est de l'Iran. **Samanides :** 819-1005, nord-est de l'Iran, Asie centrale. **Saoudites** (Sa'udis) : 1746 à nos jours, Arabie centrale, puis occidentale. **Seldjoukides :** 1038-1194, Iran, Iraq. **Seldjoukides de Rum :** 1077-1307, Turquie centrale et orientale. **Timurides :** 1370-1506, Asie centrale, Iran. **Toulounides :** 868-905, Égypte, Syrie.

■ **Émir.** *Amir al-Mouminin* (déformé au Moyen Age en *Miramolin*), signifie « commandeur des Croyants » ; titre porté en principe par ceux qui se prétendent issus du sang de Mohammad. Pris par Omar, puis par les califes abbassides et les sultans jusqu'en 1924. Actuellement porté par le roi du Maroc. Ce titre fut aussi décerné à des chefs locaux ou à des officiers.

■ **Fatwa.** Réponses données par les ouléma à des questions de droit. Chaque centre religieux ayant des docteurs de la foi pouvant en émettre, les avis sont souvent contradictoires.

■ **Imam** (de l'arabe *aman :* devant). **Chez les chiites :** titre désignant le chef spirituel et temporel de la communauté. Il est porté par les descendants d''Alî († 661), 1er imam, et de Fâṭima, la fille du Prophète, jusqu'au 12e imam, l'Imam caché pour les duodécimains. Les imams sont considérés comme les dépositaires du sens secret de la Révélation coranique et comme les successeurs légitimes du Prophète. L'*imam khâtib* préside la prière du vendredi. **Chez les sunnites :** il désigne celui qui est chargé de conduire la prière et il est parfois attribué à une autorité religieuse éminente (les fondateurs des 4 rites sunnites, etc.). Les imams guidant la prière sont généralement choisis pour leur intégrité et leur dévotion, et souvent anciens élèves d'une école ou d'une université islamique.

■ **Marabouts.** En Afrique, descendants de saints (*soufis*), qui, dans certains pays, héritent de l'influence spirituelle de leurs ancêtres (*baraka*) dont ils ont parfois abusé à des fins non spirituelles, ce qui a déclenché contre eux la réaction des réformistes. Autre signification : savants religieux.

■ **Mirza.** Dans le monde indo-iranien et particulièrement chez certaines sectes, désigne les descendants du Prophète par leur mère (voir **Sayyed** ci-dessous). Environ 500 000.

■ **Mufti.** Jurisconsulte et, dans certains pays, fonctionnaire religieux (exemples : Algérie, Jordanie). *Grand mufti :* conseiller spirituel d'une région.

■ **Nabi.** Prophète.

■ **Ouléma** *(Ulamâ).* « Savants » en sciences religieuses, aptes à interpréter la Loi divine ou *Charî'a.*

■ **Oumma.** Communauté des croyants.

■ **Rasûl.** Messager.

■ **Sayyed.** Dans le monde indo-iranien et particulièrement chez les chiites, désigne l'aristocratie par le sang des descendants en ligne masculine de la famille du Prophète. Équivalent de l'arabe *Sayyid :* « seigneur » et de l'algérien *sidi :* « monsieur », qui a donné le nom du Cid. La graphie adoptée par Voltaire (séide) a pris en français le sens de « partisan fanatique ». Chez les sunnites, équivalent de *chérif* (pluriel *chorfa*) ou « noble ».

L'islam contemporain

■ **Mouridisme.** Communauté contestée par certaines confréries du soufisme ; *fondée* vers 1890 par le cheikh Ahmadou Bamba (1852-1927), au Sénégal, à l'époque française. Les Mourides considèrent le travail comme un moyen de sanctification aussi important que la prière. Ont créé des villages communautaires (pratiquant les techniques agricoles modernes) dont l'un est leur ville sainte : Touba. Pour eux, le Djihâd n'est pas violent et la femme joue un rôle capital dans la société. Pour la prière et la méditation, les femmes font cercle autour de la maîtresse, les hommes autour du maître. *Adhérents :* 3 000 000, surtout au Sénégal.

■ **Sanûsiya.** Confrérie soufie *fondée* 1837 à Mazouna (Algérie) par Muhammad Ibn-Ali as-Sanûsi (1787-1859) qui a émigré à Koufra (Libye). Marquée par le wahhabisme, elle a lutté pour le retour aux sources de la foi, et a combattu contre la pénétration italienne en Libye, où se trouvait le centre de l'ordre des Sénoussis, dont le chef était à la tête d'un empire qui s'étendait jusqu'en Afrique centrale. Le chérif *Idris* (petit-fils du fondateur), défait par les Italiens en 1931, roi de Libye à son indépendance (1951), fut renversé en 1969 par Khadafi.

■ **Soufisme, mysticisme.** *Le taçawwuf*, généralement traduit par « soufisme », désigne le mysticisme de l'islam avec ses aspects spirituels et ésotériques. Il se fonde essentiellement sur le Coran et la *sunna* (tradition). Ses manifestations, distinctes de la piété ordinaire, datent du Ier s. de l'hégire. Pratiquement tous les saints dont on respecte la mémoire et dont on visite les tombeaux furent des soufis. En conflit avec les autorités religieuses, notamment à Baghdad sous les Abbassides [Hallâdj (858-922) fut jugé hétérodoxe et mis à mort], le soufisme se réconcilia avec elles surtout depuis Ghazâlî (1058-1111), et se développa. Parfois dégénéré pour n'être plus que maraboutisme ou fakirisme, il a aussi été mêlé, parfois, à des mouvements politiques.

Confréries les plus importantes : *Qâdiriya* issue d'Adb-al-Qadîr al-Djîlânî (XIIe s.), saint de Baghdad ; *Châdhiliya* fondée par Abou'l-Hasan ach-Châdhilî (XIIIe s.) : nombreux adhérents en Afrique du Nord et au Proche-Orient ; *Mawlawiya* remontant à Djalâl ad-Dîn Rûmî (1207-73), célèbre par la danse cosmique des *derviches tourneurs*. **Pratique la plus caractéristique des confréries :** le *dhikr,* (ou souvenir de Dieu) sous forme d'invocations, de litanies ou de danses sacrées.

Quelques confréries

Ahl-el Haqq [« Ceux qui détiennent la vérité » (d'Allah)] : fondée par Sultan Souhak (IXe s.). Perse occidentale et Kurdistan. Croient à la métempsycose (rejetée par l'islam traditionnel), vénèrent un coq, tiennent en estime le chiffre 7 et jeûnent 3 jours en hiver. **'Aïssaoua :** fondée à Meknês (XVe s.) par (?) Sidi Al Hadi Ben'Aïssa (né 1456/66). Pratique du *dhikr* et de l'ascèse popularisée par danse, chant, performances physiques. **Bektachiya :** née en Anatolie (XIIIe s.) sous l'influence de Hajji Bektach, chiite duodécimain venu du Khorâssân (Iran). Trinité sacrée : Allah, Mohammad, 'Alī ; martyrologie, 12 imams, transmigration des âmes, quaternité des Livres de référence : Bible, Évangile, Coran et le Vilayet-Name, rédigé par le Maître de l'ordre. **Chadiliya :** fondée par l'imam Chadili (1196-1258), né en Tunisie, qui aurait découvert le café. Maghreb, Arabie, Égypte et Comores. **Idrissiya :** fondée par Ahmad ben Idris (Idris Ier, † 792) qui bâtit Fês (789) et occupa Tlemcen. **Khalwatiya :** fondée par Omar al-Khalwati (XVIe s.). Principes : ascèse, retraite, évolution par le vide, d'où le mot *khalwa.* Influence : Proche-Orient, Afrique orientale (XIXe s.), Égypte. **Koubrawiya :** fondée par Nadjm ad-Dîn Koubrac (Khorâssân, 1145-1221). **Naqchabandiya :** fondée XIIe s. par Mohammad Bahâ al-Dîn Naqchabandî (1317-89, Le Peintre). Influence sur les cercles soufis de Turquie, Inde et Asie. Influence actuelle : Caucase, Syrie, Anatolie, Chine, Turkestan, Kazakhstan. Prohibe le *sama'* (écoute mystique) et développe une technique particulière de *dhikr.* **Qadiriya :** fondée à Baghdad par Abdel-Qader-al-Jilani (1077 ou 1078-1166). Foyers vivaces aujourd'hui : Afrique de l'Ouest (Mauritanie, Maroc, Sénégal, Mali, Niger) et Proche-Orient (Syrie, Iraq). **Qalandariya :** fondée XIIIe s. par Jamal ad-Dîn As-Sawidji († 1218), né à Saveh (Iran). Tonsurés vivant de mendicité, sans domicile fixe. **Rifa'îya :** fondée par Ahmed ar-Rifa'î (1106-82). Au XIVe s., influence en Égypte, Turquie et Syrie. Culte des démonstrations publiques (se rouler sur un brasier, avaler des serpents, se flageller de verges hérissées de fléchettes, etc.). **Sohrawardiya :** fondée par 'Abd-al-Qadir as-Sohrawardi († 1168) et Chihabou-ad-Dîn Sohrawardi (1145-1234). Influence en Iran, Afghanistan et Inde. **Tijaniya :** fondée 1782 par 'Abou al-Abbas Ahmed at-Tijani (1737-1815), cheikh algérien [tombeau à Fês (Maroc)]. Autres sectes ou confréries fondées au Maroc : Derkaoua, Cherkaoua, 'Alawiyîn, Hamadcha, Gnaoua, Heddaoua, Naçiriya et 'Aïssaoua.

■ Tendances historiques

■ **Chiisme.** « Parti » *(chi'at)* groupant 10 à 13 % des musulmans du monde ayant leur propre école juridique *(djafarite)*. Constitua un groupe séparé pour des raisons plus politiques que religieuses, estimant que la succession de Mohammad aurait dû revenir, non aux 3 premiers califes Abou Bakr, Omar et Othman reconnus par les sunnites, mais à 'Alī (époux de Fātima), son cousin et son gendre. Après la mort d''Alī, certains prétendirent se rallier à ses fils Hasan (2e imam) et Husayn (3e imam) tué à Kerbela (Iraq, 680), vénéré comme un martyr. Le souvenir de cet événement, ajouté à l'idée que le pouvoir légitime ne saurait émaner que d'un imam descendant du Prophète par sa fille, épouse d''Alī, a entretenu dans le chiisme un élément de douleur et de tristesse et une méfiance envers tout gouvernement séculier. Les chiites vénèrent Fātima, en particulier sa main, dont l'image attire la protection divine. Ils attendent la réapparition de l'« Imam caché » à la fin des temps et se répartissent en groupes qui divergent quant au nombre des *imams.*

■ **Duodécimains** ou **imamites.** Secte dominante en Iran, représentée en Iraq, Liban, Afghanistan, Russie, Pakistan et Inde ; croit à 12 *imams.* Le 11e, *Hassan al-Askari*, descendant direct d''Alī II (4e imam, fils du 3e), épousa une princesse chrétienne convertie, Nargis Khatum, fille de l'empereur de Constantinople. Son fils, le 12e, *Muhammad al-Mahdi*, ou Imam al-Mahdi, décida de « s'occulter » en 873, dès la mort de son père. D'après la prophétie, il devait être le *Mahdi,* c.-à-d. le calife bien guidé, dont le retour (ayant lieu en même temps que celui du prophète Jésus) inaugurera une ère de justice et de bonheur. La plupart des chiites croient qu'il n'est pas mort et qu'il reviendra lui-même quand les Temps seront accomplis, d'où le nom de *chiites duodécimains* (Mahdi ou 12e imam), qu'ont pris ses partisans [*imâmiya* (« ceux qui croient en 12 imams »)].

■ **Ismaéliens** ou **septimaniens** (Inde, Pakistan, Turquie, Afrique orientale). Reconnaissent 7 imams (le 7e étant *Ismaïl*, fils du 6e imam). Plusieurs branches, divergeant sur des points de doctrine, notamment celles des **nizârites** (voir ci-dessous), et des **nusaïris** ou **alaouites** de Syrie.

■ **Zaïdites** (partisans de Zaïd, fils cadet du 4e imam, 'Alī Zayn al-Abidin). Chiites modérés plus proches des sunnites, majoritaires dans le haut Yémen, croient à 5 imams.

■ **Ismaéliens nizârites** (15 000 000 au Pakistan, en Inde, Syrie et Soudan). **Agha Khan :** titre honorifique à la cour de la dynastie kadjare de Perse (1779-1924), devenu depuis 1881 celui du chef spirituel des ismaéliens nizârites. Groupe chiite septimain (aux 7 imams) augmenté au XVe s. des Indiens khodjas (du persan *khwadja,* seigneur). Centre principal à Bombay. **Chefs récents : Agha Khan Ier** (1800-81) épousa Fulana (fille du shah de Perse Fath 'Alī), 46e imam, descendant d''Alī et des anciens rois de Perse ; il établit son autorité sur les ismaéliens de l'Inde. Enterré en Égypte. **Agha Khan II** (1846-85), son fils. **Agha Khan III** (Muhammad Châh, 1877/11-7-1957), son fils, conseiller privé des rois d'Angleterre et fondateur de la Ligue panmusulmane de l'Inde ; obtint en 1919 qu'Istanbul ne soit pas rendue aux Grecs, mais laissée aux Turcs musulmans ; Pt de la SDN en 1937. Il fut l'homme le plus riche du monde (400 milliards d'anciens F) : il reçut de ses fidèles son poids en or (1936), diamants (1946) et platine (1954) ; il possédait une écurie de courses renommée. Enterré à Assouan (mausolée 1950). Il épousa *1°)* Bégum Shahzadi, *2°)* Teresa Magliano dont Ali Khan, *3°)* Andrée Carron, *4°)* 9-10-1944 Yvette Labrousse (née février 1906 à Sète, Miss Lyon 1929, Miss France 1930) connue comme *la Bégum* (la femme de l'Agha) avec le surnom populaire de *Mata Salamat* « mère de la paix ». ALI KHAN [(1911/12-4-1960) épousa 1°) Joan Yarde-Buller (née 1909), dont Karim (13-12-1936) qui suit et Amyn (1937) ; 2°) l'actrice Rita Hayworth (1919-87) dont Yasmina (1949), et divorcera]. **Karim Khan IV,** 49e imam, marié 28-10-1969 à Sarah Crocker Poole [(Anglaise, née 28-1-1940, divorcée en 1968 de lord Chrichton Stuart) devenue la *Bégum Salima* (dont Zahra 18-9-1970, Raïm 12-10-1971, Hussein 1974)] dont il divorcera le 23-3-1995 ; en 1967, il a créé à Genève une fondation (hôpitaux, écoles en Inde, Pakistan, Kenya) alimentée par la « didar », contribution en espèces versée par chaque fidèle ; il a racheté pour 41 millions de F l'écurie de courses de Marcel Boussac. Pour son jubilé en 1982, il n'a pas reçu l'équivalent de son poids en platine.

■ **Kharidjistes** (de *kharadja :* sortir). Secte des « sortants » qui, dès 657, se séparèrent de la communauté majoritaire après être entrés en dissidence avec 'Alī, 4e calife, à qui ils reprochaient sa compromission avec Mu'âwiya, fondateur de la dynastie omeyyade lors de l'« arbitrage » de Siffîn. Leur communauté, connue pour son rigorisme, s'est perpétuée dans le cadre de la secte ibadite (remontant à Abdallâh, fils d'Ibâd, VIIe s.). Ceux-ci fondèrent en 761 à Tahert, « la Purifiée » (à 9 km de Tiâret, Algérie), une communauté prospère, la seigneurie *rostémide* (détruite en 909) dont les continuateurs sont les actuels *Mzabites.* Survivances à Mascate, Zanzibar, Djerba (Tunisie), Mzab (Algérie), sultanat d'Oman (d'où leur nom, parfois, d'Ibadites). 1 000 000 de membres.

■ **Sunnites** ou **orthodoxes.** Mettent l'accent sur la fidélité à la tradition *(sunna)* et se considèrent comme orthodoxes par rapport au chiisme. Ils reconnaissent les 4 premiers califes comme légitimes (Abou Bakr, Omar, Othman, 'Alī) et désignent le successeur du Prophète (calife) par investiture *(Bai'a).* Partisans de l'élection. Divisés en 4 écoles juridico-théologiques (voir **Fiqh** p. 555 a). Constituent 85 à 90 % des musulmans. **Position extrême :** wahhabisme (voir ci-dessous).

■ Courant réformiste

■ **Salafiya.** Courant réformiste né au XIXe s. se réclamant des pieux « ancêtres » *(salaf)* et d'un certain modernisme, pour revivifier un islam en « stagnation » face à un Occident dynamique et puissant. Après l'Iranien Djamal al-Dîn al-Afghânî, partisan du panislamisme, l'Égyptien Muhammad Abduh (1848-1905), son disciple, élabora un réformisme théologique et culturel. Il épura l'islam, combattant superstitions et culte des saints en prêchant le retour à la foi originelle. Il chercha à développer l'enseignement des sciences occidentales et de l'histoire. Son œuvre fut poursuivie dans un sens plus nationaliste arabe par Rachid Ridâ († 1935) qui, avec la revue *Al-Manâr* (le Phare), propagea les idées de la *Salafiya* (Maghreb, mouvement réformiste des oulémas algériens ; Inde, « Ahl-il-Hadith » combattant les superstitions ; Indonésie, « Mohammadiya », 1912, œuvrant à approfondir l'islamisation du pays). Il en résulta la création d'universités modernes.

■ **Tabligh.** Mouvement missionnaire en progression. Nombreux adeptes dans le monde.

■ **Wahhabisme.** Mouvement religieux réformiste fondé en Arabie par Muhammad ibn Abd al-Wahhâb (1703-91). Influencé par un courant réformiste, il s'éleva contre les pratiques jugées incompatibles avec la pureté de la religion et considérées comme des innovations *(bid'a)* blâmables, telles que le culte des saints et la visite de leurs tombeaux. Il s'attaqua aussi aux philosophes, aux soufis et aux chiites, accusés d'avoir introduit des innovations dans l'islam, et prêcha une foi rigoriste et une interprétation littérale de la *Charî'a.* Au XIXe s., l'émir Muhammad ibn Saoud, gagné à la cause wahhabite et désireux de la répandre dans le monde musulman, entraîna ses guerriers à la conquête de l'Arabie alors sous domination ottomane. Il réussit à la soumettre presque entièrement, puis il parvint à Baghdad et à Damas, mais fut vaincu par le calife. Le wahhabisme restait toutefois vivace et c'est en son nom qu'Ibn Saoud fonda le royaume d'Arabie saoudite en 1932. Depuis, étant donné les contacts sans cesse croissants du royaume avec le monde extérieur, la rigueur du wahhabisme tend à se tempérer.

☞ Le succès des doctrines fondamentalistes vient du fait que le modernisme et les idéologies nationaliste, libérale, socialiste importées ont échoué. Pour les peuples du tiers-monde qui estiment perdre leur âme par une modernisation excessive, l'islam apparaît comme faisant cause commune avec la leur.

Déclaration islamique universelle des droits de l'homme. Proclamée officiellement le 19-9-1981, à Paris (Unesco) par Salem Azzam, secr. général du Conseil islamique. Composée de 23 articles, elle ne doit, en principe, être transgressée par aucun gouvernement islamique. Outre le droit à la vie, sont reconnus les droits à la liberté ; à l'égalité et à la prohibition de toute discrimination ; à la justice ; à un procès équitable ; à la protection contre l'abus de pouvoir et contre la torture ; à l'honneur et à la réputation ; à la liberté de déplacement et de résidence ; et à 13 droits politiques et sociaux : droit d'asile, droits des minorités, droit et obligation de participer à la conduite et à la gestion des affaires publiques, droit à la liberté de croyance, de pensée et de parole, droit à la liberté religieuse, droit de libre association, droits découlant de l'ordre économique, droit à la protection de la propriété, statut et dignité des travailleurs, droit à la sécurité sociale, droit de fonder une famille, droit de la femme mariée, droit à l'éducation et droit à la vie privée.

■ Tendances récentes

■ **Ahmadiyya.** Mouvement *fondé* le 23-3-1889 par Hazrat Mirza Ghulam Ahmad (1835-1908), de Qadian, Inde, qui se présenta comme le *Mujaddid* (réformateur) du XIVe s. de l'hégire, l'Imam Mahdi ou Messie promis ; représenté par son 4e calife, Hazrat Mirza Tahir Ahmad. *Adhérents :* environ 30 millions dans plus de 142 pays (Allemagne : plus de 37 000 ; Grande-Bretagne : plus de 10 000). *Adresse en France :* 54, rue Louis-et-Gérald-Donzelle, 95390 Saint-Prix. Considéré aujourd'hui comme hérétique, notamment par les wahhabites d'Arabie saoudite et du Pakistan. *Missions :* dans 142 pays.

■ **Frères musulmans** *(Al-Ikhwân al-muslimûn).* **1928** parti politique créé en Égypte par l'instituteur Hassan al-Bannâ (1906/2-2-1949, assassiné). Inspiré par la *Salafiya,* il veut aussi mettre en pratique ses idées et s'adresse à toutes les catégories sociales, gagnant à sa cause une bonne partie de la jeunesse ; vise à lutter contre toute emprise étrangère dans les pays musulmans, et à retourner aux sources de la religion du Prophète, rejette toute imitation du modèle occidental, origine de la corruption et de la déchéance du monde musulman, veut édifier une société islamique idéale [« pas de Constitution si ce n'est le Coran » ; la *choura* (conseil), dont les membres représentent la communauté et élisent le chef de l'État, contrôle ses actes et légifère avec lui], abolir la prostitution, interdire les écoles mixtes, organiser la *zakât* (aumône publique) et la propriété privée, interdire l'usure, lutter contre les fausses confréries, limiter la polygamie, laisser libres les écoles juridico-théologiques. **1932** l'organisation se politise et, grâce à ses multiples cellules implantées notamment en Égypte, devient une force importante menaçant le régime. **1948** dissous par le gouvernement égyptien, les Frères répliquent par l'assassinat du Premier ministre Nokrachi Pacha (28-12). **1949**-*12-2* al-Bannâ est tué, mais la confrérie continue une vie clandestine. **1951** reprend ses activités au grand jour. **1952** les « Officiers libres » de Néguib et Nasser, en contact avec les Frères, prennent le pouvoir et cherchent leur collaboration. **1954**-*oct.* déçus dans leurs espoirs de voir s'instaurer un régime islamique, les Frères attaquent le gouvernement et fomentent un attentat contre Nasser ; la confrérie est dissoute, les Frères arrêtés et des exécutions spectaculaires ont lieu (1954, 66, 74, 78, 80 et 81). Cependant ce parti continue de se manifester, souvent avec violence (1981, affrontements au Caire avec les coptes : 14 †, 54 blessés ; assassinat du Pt Sadate imputé aux Frères). Il donnera naissance à des groupuscules plus extrémistes : Takfir wa Hidjra, etc.

☞ **Principaux lieux saints. COMMUNS :** ARABIE : *La Mecque* (plus de 2 000 000 de pèlerins par an), *Médine, Cham.* ISRAËL *(et territoires occupés)* : *Jérusalem.* **CHIITES :** IRAN : *Meched.* IRAQ : *Nadjaf, Karbalâ, Kazimeyn.*

■ Universités islamiques principales

☞ *Abréviations :* Fac. : faculté, U. : université.

Afghanistan : Fac. de théologie de Kaboul (fondée 1856). **Algérie :** U. Abdelkader à Constantine (fondée 1983). **Égypte :** U. Azhar du Caire (fondée 973, réformée 1936 ; Fac. de théologie 1945, de droit musulman 1946). **Inde :** U. Dârul-aboum Deoband (fondée 1870) ; U. islamique Alighar (fondée 1877) ; Nawat Al-Ulama (fondée 1898). **Iran :** Meched (bibliothèque XVe s. ; U. 1939) ; Fac. des études islamiques à Qom ; Fac. de théologie à Téhéran. **Maroc :** U. Qaouyine à Fês (fondée IXe s., réformée 1936).

Nigéria : U. Ahmadu Bello Zaria. **Pakistan :** U. d'Islamabad (fondée 1980). **Arabie saoudite :** Ar-Riyâd, U. Mohamed Ben Saoud ; U. Médine. **Soudan :** U. Oum Darman. **Syrie :** Damas (fondée 1920). **Tunisie :** Fac. Zaïtouna à l'U. de Tunis (fondée xe s.). **Turquie :** Fac. de théologie d'Ankara (fondée 1949) ; Marmara à Istanbul.

STATISTIQUES

LES MUSULMANS DANS LE MONDE

■ **Population musulmane en 1997 en millions et,** entre parenthèses, **% par rapport à la population totale du pays** (*abréviations :* c : chiite, s : sunnite, z : zaidite). **Afrique :** Afr. du Sud 0,38 (0,9). Algérie 29,45 (99,91) s. Bénin 0,71 (12,02). Botswana 0,001 [1]. Burkina Faso 5,45 (50). Burundi (1) [2]. Cameroun 3,2 (21,8). Cap-Vert, néant. Centrafricaine (Rép.) 0,5 (14,96). Comores (99) s. Congo 0,05 (1,93). Congo ex-Zaïre (Rép. dém.) 0,65 (1,39). Côte d'Ivoire 5,8 (38,7). Djibouti 0,605 (97,26) s. Égypte 55,28 (89) s. Émirats arabes unis 2,06 (79,84) s, 0,41 (15,89) c. Éthiopie 17,67 (30,08) s. Gabon, quelques milliers. Gambie 1,19 (95,35) s. Ghana 2,66 (14,69). Guinée 6,43 (86,83). Guinée-Bissau 0,35 (29,68). Guinée équatoriale, quelques milliers. Kenya 1,73 (6). Lesotho, quelques centaines. Libéria 0,36 (13,83). Libye 5,48 (97,02) s. Madagascar 0,98 (6,96). Malawi 1,92 (19,98). Mali 8,95 (89,99). Maroc 27,18 (99,83) s. Mauritanie 2,4 (99,54) s. Mozambique 2,36 (12,99). Namibie, néant. Niger 8,17 (87,01) s. Nigéria 44,5 (43,01). Ouganda 1,36 (6,6) s. Réunion 0,08 (11,76). Rwanda 0,8 (10,34). Sénégal 8,65 (91,98) s. Sierra Leone 2,94 (66,45) s. Somalie 6,79 (98,83) s. Soudan 23,79 (72,98) s. Swaziland (Ngwane), néant. Tanzanie 10,31 (34,99). Tchad 3,86 (53,86). Togo 0,57 (12,03) s. Tunisie 9,17 (99,18) s. Zambie, quelques milliers. Zimbabwe, quelques milliers. **Amérique :** Amér. latine 1,63. Canada 0,28 (0,92). USA 3,77 (1,41). **Asie arabe :** Arabie saoudite 18,21 (95,48) s, 0,64 (3,36) c. Bahreïn 0,38 (61,3) c, 0,13 (21) s. Iraq 13,89 (62,5) c, 3,52 (15,8) s. Jordanie 4,36 (96,41) s. Koweït 0,81 (44,78) s, 0,54 (29,85) c, 0,18 (9,95) autres. Liban 1,31 (33,95) c, 0,82 (21,25) s. Oman 1,98 (87,41). Qatar 0,53 (95) s. Syrie 11,11 (74,02) s, 1,8 (12) c. Yémen 16,47 (99,8) s. **Asie non arabe :** Afghanistan 19,94 (84) s, 3,56 (15) c. Bangladesh 110,68 (88,3). Brunéi 0,207 (67,2). Chine 18 (1,46). Chypre 0,2 (23,25) s. Inde 80 (8,27) s, 27 (2,79) c. Indonésie 174,02 (87,2). Iran 58,21 (93,43) c, 3,52 (5,65) s. Israël [intérieur 0,84 (14,86), Cisjordanie 1,47 (81,99), Gaza 1,01 (98,7)]. Malaisie 11,51 (52,87). Maldives 0,267 (100). Myanmar 1,79 (3,82). Pakistan 129,38 (95). Philippines 3,27 (4,57). Singapour 0,463 (14,91). Sri Lanka 1,37 (7,34). Thaïlande 2,45 (4,04). Turquie 63,38 (99,76). **Europe :** Albanie 2,31 (96,53). Allemagne 1,75 (2,13). Bulgarie 1,09 (13,09). *France 3,22 (5,68).* Grèce 0,14 (1,33). Russie 14,72 (9,99). Yougoslavie 2,02 (1,88). **Total islam** (évaluation en millions) : *1991 :* 1 032 (soit 19,17 % de la population mondiale) dont Indonésie 145,1 ; Pakistan 113,9 ; Bangladesh 99,1 ; Inde 94,5 ; Turquie 57,9 ; Iran 57,4 ; Nigéria 55,1 ; Égypte 49,5 ; Maroc 25,9 ; Algérie 25,7 ; Soudan 18,6 ; Iraq 16,15 ; Arabie saoudite 15,3 ; Syrie 11,1 ; Yémen 10 ; Tunisie 8,3 ; Libye 4,3 ; Jordanie 3,1 ; Émirats arabes unis 2,1 ; Liban 2 ; Mauritanie 2 ; Oman 1,5 ; Koweït 1,3 ; Israël-Gaza 0,8 ; Qatar 0,5 ; Bahreïn 0,5 ; Sahara occidental 0,2. *2020 (prév.) :* 2 milliards (soit 23 % de la population mondiale qui atteindra 8,6 milliards).

Nota. – (1) 1986. (2) 1993.

Taux de natalité moyen (en 1988) : monde musulman : 42 ‰ ; tiers-monde : 34 ; pays industralisés : 13.

☞ Depuis la décolonisation, les conversions de Noirs chrétiens à l'islam sont fréquentes et les conversions d'animistes se font plus vers l'islam que vers le christianisme.

Agents de l'islamisation : prédicateurs locaux ; confréries sociales et professionnelles ; processus d'urbanisation ; centres éducatifs (notamment mosquées des villes). *Transformations sociales :* adoption de prénoms musulmans ; écoute des émissions arabes ; alliance entre groupes sociaux musulmans et rejet des mécréants (*kâfirs*) ; restructuration des familles.

LES MUSULMANS EN FRANCE

■ **Historique. VIIIe s.** A la suite d'incursions, de razzias, comme à Autun, en Bourgogne (août 725), ou d'occupations plus longues, des musulmans (Maures ou Berbères islamisés venus d'Espagne ou des côtes d'Italie, Malte, Sicile, Sardaigne, Baléares) ont vécu à Narbonne, Nîmes, Avignon et dans une grande partie du Midi. On les appela *Sarrasins* (du bas latin *Saraceni,* venu de l'arabe *Charquiyin,* Orientaux) puis Arabes, Arabacci, mahométans et plus tardivement Mozarabes [de *mousta'rîb,* devenu arabe ou arabisé (francisé)] ; *Maures* (more, morisque ou mauresque) remonte à la Mauretania romaine, correspondant au Maghreb actuel. **732** Charles Martel (688-741) arrête l'avant-garde des troupes du calife de Cordoue, Abd al-Rahman (731-788). **752** chute de Narbonne, fin de la présence musulmane en France. **1323-25** reconquête de la Corse. **2000**-*28-1* texte de 6 pages de Jean-Pierre Chevènement, ministre de l'Intérieur : « Principes et fondements juridiques régissant les rapports entre les pouvoirs publics et le culte musulman de France », ratifiés par 5 fédérations (grande mosquée de Paris, Union des organisations islamiques de France, Fédération nationale des musulmans de France, Foi et Pratique, Tabligh et Daoua il Allah), 5 grandes mosquées indépendantes (Évry, Mantes-la-Jolie, Lyon, sud de la France, St-Denis de la Réunion), 5 personnalités (Saada Mamadou Ba, Soheib Bencheikh, Cheikh Khaled Bentounes, Bétoule Fekkar-Lambiotte, Moshen Ismaïl, Michel Chodkiewicz s'étant fait excuser), 2 observateurs (Halil Ince et Omar Ozceri, conseiller à l'ambassade de Turquie). Sur 17 partenaires sollicités, seule manque la mosquée Ad'awa de Paris dirigée par Larbi Kechat. « Les signataires affirment leur attachement aux principes fondamentaux de la République (...), relatifs à la liberté de pensée et de religion et aux dispositions de la loi de 1905 concernant la séparation des Églises et de l'État. *Associations cultuelles :* les musulmans ont le droit d'en créer (dispositions de la loi de 1905), ayant pour seul objet l'exercice du culte (...) et pouvant bénéficier d'avantages, notamment fiscaux. Elles peuvent décider de constituer un organe unique de représentation nationale du culte musulman. *Mosquées :* leur acquisition et leur utilisation font partie intégrante du libre exercice du culte pourvu qu'elles soient réservées à l'exercice public du culte, donc librement ouvertes, à l'exclusion de toute activité étrangère, notamment à caractère politique (...). Seules s'appliquent à l'égard de la construction de mosquées les règles d'urbanisme nationales et locales. Aucune autre considération n'est fondée à justifier une décision administrative de refus (...). *Ministres du culte :* il revient aux musulmans eux-mêmes et à leurs associations d'en préciser la notion, correspondant à la pratique de leur religion et d'indiquer les membres auxquels ce titre est conféré. Ceux-ci devront à l'avenir être recrutés et rémunérés par les associations cultuelles (ou autres) qui les emploient. Il serait souhaitable qu'ils soient majoritairement de nationalité française et disposent d'un niveau culturel et religieux approprié à leurs fonctions ».

■ **Statistiques.** *2000 :* environ 4 000 000 dont Français d'origine maghrébine 1 500 000 (Algériens 900 000, Marocains 400 000, Tunisiens 200 000). Turcs 200 000. Français d'origine européenne 100 000. Africains 100 000. Iraniens 60 000. Autres 50 000. 10 à 15 % vont régulièrement dans un lieu de culte.

■ **Lieux du culte.** *1965 :* 4 ; *75 :* 68 ; *80 :* 274 ; *85 :* 922 ; *92 :* 1 008 ; *93 :* 2 000 à 3 000 dont Paris 23 (la Creuse est le seul département sans lieu de culte) ; *2000 :* 1 558. **Mosquées architecturales :** 9. **Paris :** *Grande Mosquée de Paris* (construite de 1922 à 1926 sur un terrain donné par la Ville en souvenir des soldats musulmans morts pendant la guerre 1914-18) inaugurée 15-7-1926 par le Pt Doumergue et le sultan du Maroc Moulay Youssef, 2, place du Puits-de-l'Ermite, 75005 ; l'Institut musulman de Paris qui en dépend était à l'origine un mémorial des musulmans d'outre-mer tués à la guerre de 1914-18 ; son administration avait été confiée à la Sté des *Habous* [ou *waqf :* biens de mainmorte, c.-à-d. capitaux, immeubles, etc. dont le produit est destiné à l'entretien d'une fondation pieuse (mosquée, école coranique, subsides au pèlerinage)] et des lieux saints de l'islam, créée en 1917 à Alger par le gouvernement français. Une autre (association déclarée 1958), dont le siège a été transféré le 10-4-1962 d'Alger à Paris, lui a succédé. **Recteurs :** *1917 :* Si Kadour Ben Ghabrit (1873-1954) ; *1957-18-5 :* Si Hamza Boubakeur (15-6-1912/4-2-1995) ; *1982 :* Cheikh Albas († 1989), Algérien ; *1989 :* Cheikh Tedjini Haddam, Algérien, a démissionné après avoir été nommé en Algérie au sein du Haut Comité d'État algérien ; *1992-12-4 :* Dalil Boubakeur (Français, médecin, né 2-11-1940), fils de Si Hamza. *Mosquée Da'wa,* 39, rue de Tanger 75019, *Mosquée Al-Fath,* 53, rue Polonceau, *Mosquée Omar Ibn al-Khattab,* 79, rue J.-P.-Timbaud 75011, *Mosquée Abu Bakr As-Siddiq*, 39, bd de Belleville 75011. *Union islamique en France* (Turcs), 64, rue du Fg-St-Denis 75010. **Province :** *Lille, Lyon* [inaugurée le 23-9-1994 ; 31 millions de F (dont 26 versés par le roi Fahd d'Arabie), salle de prière de 820 m^2 pour hommes, mezzanine de 350 m^2 pour femmes, patio 195 m^2, minaret 24,95 m, coupole 14 m], *Mantes-la-Jolie, Marseille* (9, av. Camille-Pelletan), *Roubaix, Strasbourg.*

■ **Organisation. Imams :** 500 dont 4 % de nationalité française. *Centres de formation :* Bouteloin, St-Léger-de-Fougeret, Nièvre, créé 1992 ; Mosquée de Paris, créé 1993 ; Institut d'études islamiques de Paris ; École musulmane, St-Denis de la Réunion. **Conseil représentatif des musulmans de France :** *Pt :* Dalil Boubakeur, recteur de la Mosquée de Paris, élu 8-10-1992 ; réunit : *Mosquée de Paris, Union des organisations islamiques de France* (*UOIF*) créée en 1983, proche du mouvement des Frères musulmans, prônant l'intégration (200 associations), *Pt :* Lhaj Thami Breze ; *Association des étudiants islamiques de France* (*AEIF*) créée 1963 ; *Fédération nationale des musulmans de France* (*FNMF*) créée en 1985 ; *association Foi et Pratique* créée en 1968. **Autres mouvements :** *Fédération des associations islamiques d'Afrique, des Comores et des Antilles ; Union islamique de France ; Union des jeunes musulmans ; Fraternité algérienne de France* (FIS algérien). **Haut conseil** de l'islam de France, créé le 16-12-1995 à Paris, après une assemblée constitutive de 120 délégués, représentant 438 associations d'origines diverses (française, maghrébine, turque, comorienne, africaine, kurde notamment). Initiative due à une rupture au sein du conseil représentatif (fondé 1993, par Dalil Boubakeur), mis en cause pour insuffisance de vie démocratique. Bureau exécutif provisoire : 33 membres.

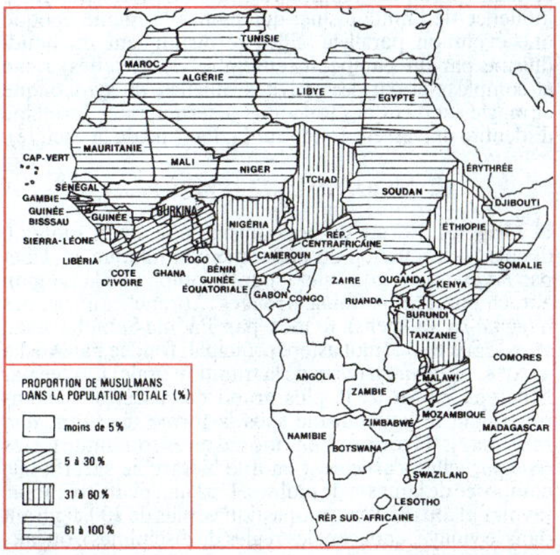

■ **Centres de conférences. Paris : Association des étudiants islamiques en France :** 23, rue Boyer-Barret, 75014. **Amicale des musulmans de France :** 59, rue Claude-Bernard, 75005. **Bureau de Paris de la Ligue islamique mondiale :** 22, rue François-Bonvin, 75015. **Centre culturel et religieux chiite en Europe :** 16, av. du Pt-Kennedy, 75016 (imam : Mehdi Rouhani). **Centre des hautes études sur l'Afrique et l'Asie modernes :** 13, rue du Four, 75006 ; fondé en 1936. **Centre socioculturel :** 39, rue de Tanger, 75019. **Institut islamique,** siège : ancienne halle aux vins. **Institut du monde arabe. Université islamique de France. Union des familles musulmanes-Islam de France :** 30, rue de Fleurus, 75006 ; créée en 1993. **Groupe d'amitié islamo-chrétienne :** 35, av. Georges-Clemenceau, 94700 Maisons-Alfort ; créé en 1993 ; *Pts :* père Michel Lelong, Djawida Jazarli.

■ **Conseil supérieur des mosquées de France.** *Créé* le 16-8-1996.

■ **Convertis à l'islam.** *Maurice Béjart* (né 1927) chorégraphe, chiite. *Michel Chodkiewicz* (écrivain). *Cassius Clay* (né 17-1-1942) boxeur américain, devenu Mohamed Ali. *Alphonse-Étienne Dinet* (1861-1929) peintre orientaliste, sous le nom de Nasreddine. *Michel Foucault* (philosophe). *Michel Fourcroy. Roger Garaudy* (né 1913) catholique et militant communiste, sunnite en 1982. *René Guénon* (1886-1951) en 1911, vécut au Caire de 1930 à sa mort sous le nom d'Abd el-Wahid Yahya (« le serviteur de l'Unique »). *Joseph Sève* (Lyon 1788-Le Caire 1860) devenu Soliman Pacha. *Yvette Labrousse* (épouse de l'Agha Khan) en 1944, ismaélite. *Francis Perrin* (né 1947) acteur. *Mike Tyson* (boxeur) devenu Mikhail-Abdul-Aziz.

☞ *Isabelle Eberhardt* [Genève 17-2-1877/Aïn Sefra (Algérie) 21-10-1904] : fille de Nathalie Eberhardt (originaire de Moscou ; † 28-11-1897, elle a été enterrée à Bône selon le rite musulman ; épouse du Gal Moerder, elle vivait alors en Suisse avec Alexandre Trophimowsky).

FOI BAHA'IE

■ **Origine. 2 fondateurs** (persans) : **Mirza Ali Muhammad,** dit le *Báb,* « la Porte », de son vrai nom *Siyyid'Ali Muhammad* (Chirāz 1819/9-7-1850, fusillé), annonce le 23-5-1844, à Chirāz (Perse), la venue d'un grand prophète. Il sera exécuté par ordre du Chah ainsi que 20 000 de ses disciples et enseveli en 1899 sur le mont Carmel, Haïfa (Israël), devenu un lieu saint de la foi bahá'ie. **Mirza Husayn-Ali** (Téhéran 1817/28-5-1892), dit *Baha'u'llah,* « la Gloire de Dieu », déclare en avril 1863 être la grande manifestation de Dieu annoncée par le Báb. La majorité des babis le reconnaissent et deviennent connus sous le nom de bahá'is. Une minorité (moins de 10 %), les azalis, suit son demi-frère Mirzá Yahyá Subh-i-Azal. Mirza (qui sera lui-même exilé à Chypre) obtient que le gouvernement turc exile Bahá'u'llah vers St-Jean-d'Acre où il sera emprisonné 2 ans (un de ses fils et plusieurs compagnons mourront en prison). Puis il sera autorisé à résider à l'intérieur de St-Jean-d'Acre, et plus tard à Bahji à la sortie de la ville (où il est enseveli). Il nomma son fils aîné [Abdu'l-Bahá, « Serviteur de la gloire » (1844-1921)] chef de la communauté bahá'ie et ce dernier désigna à son tour son petit-fils aîné [Shoghi Effendi Rabbani (1896-1957)] comme son successeur.

☞ *L'islam chiite* iranien n'a jamais accepté la proclamation, en 1844, de l'indépendance religieuse des babis, puis des Bahá'is, et les traite en hérétiques à exterminer. *L'islam sunnite* a, en 1925 et 1939, banni de l'islam la communauté bahá'ie pour « apostasie ». *Avant 1978,* les bahá'is ont subi confiscation d'immeubles, impôts spéciaux, interdiction de réunions, etc. et des exactions populaires (viols, rapts, assassinats, incendies, pillages). *Après la révolution de 1978,* la persécution s'est amplifiée : 4 immeubles détruits (notamment la maison du Báb, en nov. 1979), fidèles torturés et exécutés, université libre fermée en 1998.

■ **Calendrier.** Établi par le Báb et confirmé par Bahá'u'llah [année de 19 mois de 19 jours avec 4 jours intercalaires (5 les années bissextiles)]. L'année commence le 1er jour du printemps (21-3), jour férié. Autres jours fériés chômés : ceux commémorant la déclaration de la mission de Bahá'u'llah (21-4, 29-4, 2-5), déclaration de la mission du Báb (23-5), naissance de Bahá'u'llah (12-11), du Báb (20-10), décès de Bahá'u'llah (29-5), martyre du Báb (9-7).

■ **Principes religieux et sociaux.** Dieu a choisi de se révéler par l'intermédiaire de messagers (dont Abraham, Moïse, Zoroastre, Bouddha, Jésus, Baha'u'llah Mohammad et le Báb). Chaque manifestation de Dieu a une mission précise : les religions ont leurs particularités correspondant aux besoins d'une époque donnée et d'un endroit précis. D'autres manifestations de Dieu apparaîtront, mais au minimum 1 000 ans après la révélation bahá'ie. L'amour de Dieu a créé l'humanité. De bonnes actions rapprochent de Dieu et donnent une joie ineffable ; en être éloigné n'apporte que douleurs et souffrances. **Pratiques :** il n'y a ni cérémonie d'initiation, ni sacrements, ni clergé. Chaque bahá'í doit prier quotidiennement, jeûner 19 jours par an (du lever au coucher du Soleil), ne pas prendre d'alcool, de drogue ou toute autre substance affectant l'esprit, être monogame, obtenir l'accord de ses parents à son mariage, assister à la fête des 19 jours le 1er jour de chaque mois du calendrier bahá'í (qui réunit les bahá'ís d'une communauté pour prier, lire des Écrits, discuter des activités de la communauté et profiter de la compagnie de chacun).

■ **But de la communauté.** Contribuer à la paix et la prospérité mondiale par *l'établissement d'une société reposant sur :* l'unité du genre humain, l'égalité des droits de l'homme et de la femme, l'abolition de la ségrégation raciale, l'établissement d'une justice économique, l'institution du droit à l'éducation pour tous, la cohérence entre la science et la religion, l'adoption d'une langue auxiliaire universelle. *Ce nouvel ordre mondial implique notamment :* la liberté de déplacement et de pensée pour tous, des frontières sûres et reconnues pour toutes les nations, une fédération mondiale des nations, le désarmement général, la création d'une force militaire chargée de la sécurité collective, un tribunal mondial pour régler les conflits internationaux, le droit à l'ingérence intérieure dans un but humanitaire, la protection de la diversité culturelle...

■ **Structures. Maison universelle de justice :** élue tous les 5 ans (depuis 1963), au cours d'un congrès international. **Assemblées spirituelles :** *nationales :* 182 ; *locales* (élues annuellement, sans campagne et à bulletin secret) : 12 591. *Centre à Paris :* 45, rue Pergolèse, 75016.

■ **Statistiques.** *Nombre de bahá'ís :* 6 millions dans le monde (dont en Inde 2).

GRANDES RELIGIONS D'ASIE

RELIGIONS BOUDDHIQUES

BOUDDHISME INDIEN

■ **Sens du mot Bouddha** (en sanskrit « éveillé »). Titre donné à l'ascète indien Gautama qui s'était « éveillé » à la Vérité, découvrant alors la réalité cachée aux yeux des hommes par le voile épais de l'ignorance. L'Éveil *(bodhi)* est le but visé par tout *bodhisattva* (être recherchant l'Éveil) c'est-à-dire futur *bouddha.*

■ **Origine.** *Siddhârtha* (que ses disciples qualifieront de bouddha) né vers 563 avant J.-C. à 300 km de Patna ; son père résidait dans la capitale, Kapilavastu (ou cité de Tilaurakot, au Népal, à 100 km au sud du Tibet ; vestiges découverts en 2000) ; de la lignée guerrière des *Gautama* (du clan des *Shâkya*) ; appelé plus tard *Shâkya, Shâkyamouni.* Délaissant sa femme et la cour du roi son père, il part vers le Gange à la recherche d'une voie qui répondrait aux problèmes de la souffrance ; ne la trouvera ni auprès des lettrés brahmanes, ni auprès des « renonçants », mais au cours d'une méditation sous un arbre *bo* (pipal) à Uruvilva près de Gaya ; il prêche cette *Voie* et se rend à Bénarès. À Sarnath (près de Bénarès), dans le Parc des gazelles, il prononce son 1er sermon qui devient la base de sa doctrine. Après 40 ans d'errance et de prédications, il meurt à 80 ans (v. 483 av. J.-C.) près de *Koushinagar* (non loin de *Gorakhpour*), et sera incinéré. Ses cendres furent divisées en 8 lots gardés dans 8 pays. En 1981, l'un d'eux (boîte de 4 × 5 cm) aurait été retrouvé au temple de Yunju, à 75 km de Pékin.

Grâce à la conversion et au zèle de l'empereur Açoka (milieu du IIIe s. av. J.-C.), le bouddhisme se répandit dans le sous-continent indien et à Ceylan. Plus tard, il atteignit le Sud-Est asiatique et l'Insulinde par la mer, l'Asie centrale, la Chine (IIe s. apr. J.-C.), la Corée, le Japon (religion d'État en 587), le Tibet (VIIe s.) et la Mongolie (XIIIe s.) par voie de terre. Partout, il sut s'adapter aux cultures et mentalités. En Inde, il se développa jusqu'au VIIIe s. puis déclina et disparut au XIIIe s. suite à l'invasion musulmane.

■ **Doctrine fondamentale** (*dharma :* littéralement, « ce qui soutient »). **Base :** repose sur 2 croyances indiennes prébouddhiques : 1°) tous les êtres vivants renaissent après la mort et traversent une série indéfinie d'existences parmi les hommes, les dieux, les animaux et les damnés. 2°) A chacune de ces renaissances, sa part de bonheur ou de malheur est déterminée par la valeur morale des actes accomplis dans les vies précédentes, selon une justice immanente, automatique et inéluctable. **Les 4 nobles vérités :** découvertes par le Bouddha : 1°) toute forme d'existence est par nature pénible et décevante, malgré les moments de bonheur. 2°) L'origine de la souffrance est la vision erronée des choses qui entraîne l'avidité. 3°) La cessation de cette avidité conduit à l'Éveil. 4°) L'Éveil peut être réalisé en développant l'éthique, la concentration et la sagesse. L'Éveil parfait et complet, le « Salut bouddhiste », est un état de béatitude éternelle, transcendante et inconcevable à l'esprit des hommes.

Autre enseignement : les phénomènes obéissent à des lois de causalités complexes et ne sont pas permanents. Les êtres sont soumis à un « destin causal » et non au hasard, au fatalisme ou à une quelconque justice divine. Les phénomènes ont une réalité relative mais n'existent pas dans l'absolu. Le bouddhisme se meut entre deux vérités, deux réalités, relative et absolue, le continuum de conscience « passe » d'une vie à la suivante, poussé par la force « morale » des actes. Il n'y a aucune notion d'âme immortelle ou de Dieu créateur.

« Moines et Bodhisattva » : le Chemin de l'Éveil peut se réaliser en suivant une voie monastique (Theravadaou ou Ancien Véhicule) ou en empruntant la voie (Mahayana ou Grand Véhicule) du Bodhisattva (Être voué à l'Éveil) pour moines ou laïques.

Prescriptions pour les fidèles (notamment dans le Theravada) : les laïques aident monastères et moines et reçoivent en retour des bénédictions et les enseignements des textes sacrés.

■ **Culte bouddhique. Origine :** la vénération des premiers adeptes envers le Bouddha et ses plus saints disciples s'est transformée en culte, à cause des habitudes religieuses des laïcs, et parce que ses manifestations étaient regardées comme des bonnes actions permettant d'accumuler les mérites. **Objet :** ce culte s'adressait d'abord au *Bouddha Gautama,* à sa doctrine et à sa communauté monastique, puis il s'étendit aussi aux divers *bouddha* qu'il avaient précédé et aux *bodhisattva* qui devaient lui succéder. Les innombrables divinités indiennes, considérées comme des protectrices zélées du bouddhisme, parurent dignes de recevoir hommages et offrandes des fidèles laïcs. **Formes :** empruntées au culte indien prébouddhique, en retranchant ce qui était incompatible avec la doctrine bouddhique et notamment avec sa morale (comme les sacrifices sanglants). Elles consistent en divers gestes et attitudes de vénération, en offrandes de fleurs, parfums, lampes allumées, musique et chants de louanges, en audition et récitation de textes sacrés attribués au Bouddha, et en méditations. A cela s'ajoutèrent très tôt le culte des reliques et les pèlerinages aux Lieux saints. Au cours des siècles, le culte s'est développé et compliqué, parfois jusqu'à l'exubérance, par l'adjonction de pratiques plus ou moins symboliques empruntées à l'hindouisme.

■ **Évolution du bouddhisme indien.** 3 groupes principaux : les 2 premiers sont appelés Véhicules *(yâna)* ou moyens de progression sur la Voie de la Délivrance.

Petit Véhicule *(hînayâna) :* ainsi nommé par les adeptes des 2 autres, il est le plus ancien, le plus fidèle aux enseignements du Bouddha. Il a compté une vingtaine de sectes, nées la plupart avant notre ère et dont seul subsiste aujourd'hui le *theravâda,* ou « Enseignement des Anciens » ; florissant au Sri Lanka, en Thaïlande et Birmanie, et naguère au Cambodge, au Laos et une partie du Viêt Nam ; la littérature en pâli, langue sœur du sanskrit, concerne surtout les moines *(bhikshu)* auxquels elle apprend la méthode pour devenir des *arhant* (hommes méritants), c'est-à-dire des saints ayant atteint le *nirvâna.*

Grand Véhicule *(mahâyâna) :* apparu à la fin du Ier s. av. J.-C., a produit de nombreux textes sanskrits. Exhorte ses adeptes à devenir, non pas des *arhant,* mais des *bodhisattva,* en portant à leur perfection *(pâramitâ)* l'exercice des vertus, notamment en aidant et secourant les autres êtres, sans épargner leur peine ni leur vie, et en retardant leur propre réalisation de l'Éveil jusqu'à ce que tous les autres l'aient atteint eux-mêmes. La plupart de ses fidèles ont une vénération particulière pour le *bodhisattva Avalokiteçvara,* dont la compassion sans limite et toujours active leur sert de sauvegarde et modèle. D'autres vouent un culte exclusif au *bouddha* mythique *Amitâbha* (Lumière infinie), qui accueille, dans son paradis nommé *Sukhâvatî,* tous ceux qui ont eu même une seule pensée de respect à son égard. ÉCOLES DE PHILOSOPHIE : *Mâdhyamika,* fondée par Nâgârjuna (IIIe s.), démontre et enseigne que tout est « vide » *(çûnya)* de nature propre derrière le monde illusoire auquel croient et s'attachent les êtres ; *Vijñânavâdin,* fondée par Asanga (fin du IVe s.), réduit tout, êtres et choses, à la pure conscience *(vijñâna)* virtuelle, vide elle-même de nature propre comme de tout contenu autre qu'illusoire. Les penseurs du mahâyâna voulaient aider leurs disciples à se détacher des objets, des passions et des erreurs en prouvant l'irréalité de ceux-ci. En soutenant la thèse de la vacuité de nature propre, intermédiaire entre l'être et le néant, ils rejetaient l'accusation de nihilisme lancée par les autres philosophes indiens.

Tantrisme bouddhique : appelé ainsi parce que sa littérature, en sanskrit, est constituée d'ouvrages nommés *tantra.* Ensemble d'écoles nées du mahâyâna à partir du VIIe s., différentes les unes des autres par leurs doctrines et leurs pratiques religieuses, où l'on note une forte influence de l'hindouisme, qui subit à la même époque une évolution parallèle. Elles se distinguent du bouddhisme par un panthéon (ensemble de divinités) riche et complexe et par des activités rituelles, où symbolique et magie exercent des fonctions déterminantes (principe d'identité universelle fondé sur la doctrine de la vacuité).

BOUDDHISME TIBÉTAIN

■ **Origines.** Forme du bouddhisme tibétain et mongol, depuis l'introduction du tantrisme bouddhique au Tibet par *Padmasambhava* (VIIIe s.) qui triompha de la religion autochtone, le *Bön.* **Bonnets rouges :** 3 branches anciennes [*Nygma-pa* (anciens) fondée par Padma-Sambhava au VIIe s. ; *Sakya-pa* (monastère principal) fondée par Atisha au XIe s. ; *Kagyü-pa* (ceux de la tradition orale) fondée par Milarepa au XIe s., le plus grand des ascètes tibétains pratiquant le bouddhisme sous la forme du *Vajrayâna tantrique*]. Groupées en monastères ou lamaseries *(gompa),* elles s'articulent en une hiérarchie sacerdotale composée de lamas et de moines. Un lama peut être moine (avoir fait tous les vœux monastiques, plus de 200, figurant dans le vinaya, énonçant les règles de disciplines), ou laïc. Un moine ordinaire est appelée « gelong ». Chaque gompa est dirigé par un ou plusieurs *rimpotché,* lamas réincarnés ou *tulkou,* reconnus comme tels grâce à une procédure traditionnelle.

Bonnets jaunes (surnom donné par les Chinois) ou **Gelug-pa** (branche vertueuse) : branche la plus nombreuse (3 monastères principaux groupés à Lhassa : Debung, Sera, Galdan). Axée sur la réforme entreprise par Tsongka-pa (1356-1418) qui a imposé le célibat et réduit l'aspect tantrique de la doctrine. CHEF SPIRITUEL : le **dalaï-lama** (signifiant : lama pareil à l'océan), considéré comme une réincarnation du bodhisattva Avalokiteçvara (le Seigneur qui regarde en bas). Le 5e dalaï-lama, Ngawang Lobzang Gyatso (1617-82), cumulant ainsi pouvoirs spirituel et temporel, a établi la dynastie théocratique qui régna à Lhassa jusqu'en 1959, et érigé le *Potala,* palais-monastère. Il fut reconnu et anobli par l'empereur de Chine (dynastie Tsing). Depuis, le dalaï-lama est considéré comme l'un des 2 pontifes du bouddhisme tibétain en Mongolie et au Tibet, le 2e étant le *tashi-lama* (lama qui est un joyau), incarnation du bouddha Amitâbha (Lumière infinie). *Actuel dalaï-lama tibétain,* Sa Sainteté Tenzin Gyatso (né 6-7-1935) ; *1935* choisi par les sages 5 jours après sa naissance ; *1937* reconnu comme 14e dalaï-lama (le 13e Thupten Gyatso, † 1933 à 57 ans) ; *1959-31-3* quitte le Tibet ; se réfugie à Dharamsala (Inde) avec 100 000 fidèles, après l'échec d'un soulèvement antichinois, préparé depuis 1950 (la Chine communiste annonça la dissolution du gouvernement tibétain qu'il dirigeait) ; *1964* proclamé « traître » par la Chine ; *1977* son adjoint, le *panchen-lama* († 28-1-1984, vice-Pt de l'Assemblée nationale populaire), rallié à la Chine, l'invite officiellement à revenir au Tibet. Il a réservé sa réponse, menant une action diplomatique en faveur du Tibet par des voyages : Mongolie, Japon, URSS, USA, Suisse, Italie, Espagne, France (reçu 6-10-1982 à l'Hôtel de Ville de Paris : la Chine a protesté) ; *1986-3-2* rencontre en Inde le pape Jean-Paul II ; *1989* prix Nobel de la paix ; *1989-avril, 1993-sept., 1996* et *1997* visites en France.

☞ Le 17-7-1993, les Chinois chargèrent Chadrel Rimpotché de retrouver, avec une délégation de moines, la réincarnation du 10e *panchen-lama* (« grand érudit » ; 2e autorité spirituelle). Rimpotché communiqua secrètement au dalaï-lama une liste et, le 14-5-1995, celui-ci désigna Gedhun Choeki Nyima (6 ans). La Chine arrêta ce dernier peu après en invoquant un traité du XVIe s. conférant aux empereurs mandchous de la dynastie Qing le droit de choisir le panchen-lama, et convoqua une assemblée de moines tibétains qui, le 6-11 à Pékin, désigna par un tirage au sort un autre garçon de 6 ans, Gyatsen Norbu (fils de fidèles du parti communiste tibétain) ; le 8-12 il fut intronisé 11e panchen-lama.

Karmapa : chef de l'école des Kagyupas, réincarnation d'un sage né en 1100 et reconnu comme bodhisattva (« un Être d'Éveil ») par Gampopa, disciple et héritier spirituel de Milarepa. En 1993, le dalaï-lama a reconnu officiellement comme 17e karmapa Ugyen Trinley Torje : s'est enfui le 29-12-1999 de Tsurphu (à 60 km de Lhassa), passa par le col de Nangpa (Népal, 5 716 m) et a rejoint Dharamsala (Inde) le 5-1-2000 ; a obtenu le statut de réfugié en février 2001, est assigné au monastère de Gyuto. Quelques jours après son départ, les Chinois consacrent « leur » renaissance du régent de Reting, dont l'une des précédentes incarnations participa à la reconnaissance de l'actuel dalaï-lama.

Oracle de Nechung : oracle d'État, médium entre le monde terrestre et celui des esprits ; promu, par le 5e dalaï-lama, protecteur du gouvernement tibétain et responsable de la paix et de l'harmonie sur Terre. Peut être consulté par le dalaï-lama sur les questions temporelles et spirituelles.

En Mongolie, le bouddhisme a pris un aspect magique par emprunt au chamanisme (voir p. 562 a). Il a recours aux pratiques magiques mises au service du bouddhisme populaire. *Dernier bouddha vivant de Mongolie intérieure :* Changchia Hutukhtu Lozang Paldan Tanpei Dronme, réfugié à Taïwan en 1949, mort à Taïpei le 4-3-1957. Il avait été remplacé par le lama Thubten Yeshe († 1984, à Los Angeles). *Lama désigné :* Osel Hita Torres [né 12-2-1985 à Grenade (Esp.) de parents espagnols convertis au bouddhisme en 1977] vit au Népal, avec son père seulement, qui est devenu moine.

■ **Statistiques. Lamas :** *avant 1959 :* 100 000, regroupés dans 2 000 lamaseries (provinces du Tibet, du Sik'ang et du T'sing-hai).

BOUDDHISME JAPONAIS

■ **Origine.** Introduit au Japon par vagues successives, depuis la Chine, entre le VIe et le XIIe s. Comprend des ordres principaux, souvent divisés en plusieurs sous-ordres : *Ritsu* (Discipline) ; *Hossô ; Kegon ; Tendai ; Shingon ; Yûzû nembutsu ; Jôdo ; Jôdo shin ; Rinzai ; Sôtô ; Obaku ; Nichiren ; Ji.*

ZEN

■ **Origine.** École de méditation bouddhiste, connue en Chine sous le nom de *Ch'an* (japonais : Zen, du sanskrit : Dhyâna, « concentration »). A partir du Ve s., elle est une des principales écoles du Grand Véhicule. Pratique le *mushotoku* [c'est-à-dire la méditation sans objet (mot à mot : sans recherche de profit)], en insistant sur la posture *(zazen shikantaza),* la respiration (concentration sur le *hara,* expiration profonde) et l'attitude de la conscience [penser sans penser, l'au-delà de la pensée *(hishiryô) :* intuition et sagesse du corps influencent le corps et l'esprit dans la vie quotidienne].

■ **Écoles principales.** Au Japon : 3 (depuis le XVIIe s.) : **zen Rinzaï** (maîtres en Chine : Rinzaï ; Japon : Eisaï) : recherche l'Éveil *(Satori)* par la méthode des paradoxes *(Kôan)* mettant en échec la raison raisonnante, 5 758 temples. **Zen Obaku** (maître : Ingen, Chinois naturalisé Japonais, même famille religieuse que zen Rinzaï, 474 temples). **Zen Sôtô** (maîtres en Chine : Tôzan et Sôzan ; Japon : Dôgen) : pratique du *zazen* sans les *kôan,* 14 219 temples. En Occident : **zen Rinzaï** introduit avant 1939 (USA, Europe et France en 1974 par maître Taïkan Jyoji, « Kaikyoshi » ou maître-fondateur du zen Rinzaï en Europe). Centre zen Rinzaï de la Falaise Verte, La Riaille, 07800 St-Laurent-du-Pape. Plusieurs milliers d'adhérents. **Zen Sôtô** introduit en Europe en 1967 par maître Taisen Deshimaru, 200 centres regroupés dans l'*Association zen internationale* fondée 1970 par maître Deshimaru ; siège : 175, rue de Tolbiac, 75013 Paris ; principaux centres en France : Centre zen international (même adresse) et Temple zen la Gendronnière, 41120 Valaire.

☞ **Zen macrobiotique :** considéré par les représentants du bouddhisme zen comme factice et erroné. **Fondé** par Nyoiti Sakurazawa [dit Georges Oshawa, japonais (1893-1967)]. **Successeur :** Michio Kushi (né 1926, japonais). *1968* expansion en France. **Doctrine :** la macrobiotique est « l'art de se nourrir en harmonie avec les lois de l'Univers... pour aboutir au bonheur en passant par la paix et la santé ». « Toute maladie doit être guérie en 10 jours : la maladie venant du sang dont nous éliminons 1/10 tous les jours, il doit être renouvelé en 10 jours par une alimentation convenable ; utiliser les aliments naturels et abandonner médicaments, opérations et cures de repos... » Abandonner toutes formes d'éducation moderne : « La plupart des grands hommes se sont faits eux-mêmes, donc l'éducation scolaire est à proscrire. L'éducation professionnelle est faiseuse d'esclaves, et la mentalité d'esclave est incompatible avec le bonheur. » Ohsawa prescrit 10 régimes nutritifs et « curatifs ». **Points particuliers :** 20 maladies (parmi lesquelles cancer, diabète, hémophilie, épilepsie, sclérose en plaques...) ont pour remède universel le régime no 7 (uniquement des céréales, en buvant le moins possible). **Organisation :** *France :* Institut Kushi, Kameo-Centre Ignoramus à Paris. Fondation à St-Gaudens (Hte-G.), Terre et Partage à Muttersholtz (Bas-Rhin).

Bouddhisme de Nichiren

■ **Origine.** *Nichiren Daishonin* (16-2-1222/13-10-1282). *Nikkô Shônin,* son successeur immédiat, construit un temple, *Taiséki-ji,* au pied du mont Fuji, où sont conservées plusieurs de ses reliques et notamment un objet de culte, le *Daï-Gohonzon,* représentation symbolique de la Loi de l'Univers.

Le bouddhisme de *Nichiren* se fonde sur les principes essentiels du Sûtra du Lotus, enseignement ultime du bouddha Shakyamuni. *Nam Myôhô Renge Kyo :* invocation récitée pour la 1re fois en 1253 par Nichiren Daishônin afin de conduire tous les êtres à l'illumination cachée dans leur cœur. *Myôhô Renge Kyô* (titre du Sûtra du Lotus) est la « Loi merveilleuse » permettant de saisir la bouddhéité inhérente dans sa propre vie et d'atteindre au plein épanouissement de l'être.

■ **Doctrine morale.** L'homme doit accomplir individuellement l'effort qui mène à la bouddhéité. Le résultat de cet effort (que la Sôka Gakkaï appelle « révolution humaine »), sur le plan social, est la prospérité des pays et la paix entre les nations.

■ **Organisation.** Plusieurs organisations religieuses au Japon se réclament de l'enseignement de Nichiren. La Nichiren Shôshû, la plus importante jusqu'en 1991, doit son renouveau au développement de la Sôka Gakkaï qui l'a activement soutenue jusqu'à cette date.

■ **Forme laïque. Sôka Gakkaï :** *1930-18-11* Sôka Kyôiku Gakkaï (association de laïcs mettant en pratique le bouddhisme de Nichiren) fondée par Tsunesaburo Makiguchi (1871/18-11-1944, philosophe et enseignant japonais † en prison, pour s'être opposé à la politique militariste japonaise pendant la guerre) et Josei Toda (1900/2-4-1958). *Pts :* 1er Makiguchi ; 2e *1951* Josei Toda, donne le nom au mouvement et fait passer ses adeptes de 5 000 à 765 000 ; 3e *1960-3-5* Daisaku Ikeda (né 1928), fondateur de Sôka Gakkaï International et d'institutions consacrées à la paix et aux dialogues interculturels, et qui en 1964 crée le Kômei-Tô (parti pour un gouvernement probe). *1974* est constitué en parti politique distinct de l'organisation religieuse Sôka Gakkaï, mais reste soutenu par celle-ci. *Pt* (depuis 1979) : Einosuke Akiya. *But :* développer un mouvement bouddhique humaniste de paix, culture et éducation. *Quotidien :* « Seikyo Shimbun » (5 500 000 ex.). *1991-29-11* Nichiren Shôshû et la Sôka Gakkaï se séparent, l'organisation religieuse prétextant des « agissements incompatibles avec la doctrine de Nichiren », et l'organisation laïque dénonçant la corruption des moines (voir **Sectes** p. 567 a).

Membres. Dans le monde : plus de 11 000 000 (Japon 10 000 000, Amér. du Nord 500 000, Amér. latine 300 000, Sud-Est asiatique et Australie 900 000, Europe, Afrique et Moyen-Orient 30 000).

Centre européen : Trets (B.-du-Rh.), créé 1975. *Sôka Gakkaï France :* B.P. 4, 92332 Sceaux Cedex, fondée 1961 par un médecin japonais, chercheur au Collège de France, Eiichi Yamazaki (naturalisé français 1979) ; association déclarée (loi de 1901) depuis 20-4-1966 ; 10 000 membres.

☞ La Soka Gakkaï a été classée en France comme secte par le rapport Vivien.

■ **Statistiques** (estimation). **Bouddhistes en France :** *1976 :* 200 000 ; *1986 :* 400 000 ; *1993 (source :* ARM) : 400 000 maximum dont 50 000 Français convertis ; *1997 (source :* UBF) : 600 000 dont 400 000 réfugiés du Sud-Est asiatique, 150 000 Français [dont 140 000 enfants nés en France donc Français et 10 000 convertis ; la plupart adhérents au mahayâna (Grand Véhicule)], 50 000 Chinois. **Français se déclarant « proches du bouddhisme » :** *1994 :* 2 millions ; *99 :* 5 millions (sondage *Psychologies*-BVA). **Centres ou monastères :** *tibétains :* 84 dont château de la Plaige (Saône-et-Loire), Dagpo Kagya-Ling (Montignac, Dordogne) ; *zen :* + de 90 dont domaine de la Gendronnière (Valaire, Loir-et-Cher).

Le 18-7-1994, à La Boulaye (S.-et-L.), 2 000 personnes assistent au temple Kagyu Ling (le plus grand sanctuaire bouddhiste tibétain d'Europe) à l'accession au titre de grand lama de Ratak Puntsok (né 17-9-1990 à Paris, d'un père moine tibétain et d'une mère bouthanaise), officiellement reconnu comme réincarnation du kalou Rimpotché (né 1904, maître de la tradition bouddhiste « kagyu » apparue au VIIe s.).

■ **Association en France.** *Union bouddhiste de France* B.P. 240-Étoile, 75770 Paris Cedex 16. *Fondée* 1986.

☞ **En France** il y a 80 centres bouddhistes tibétains, 80 dojos zen, 50 pagodes et monastères vietnamiens, laotiens, cambodgiens et cingalais.

Autres formes extrême-orientales

■ **En Chine, Japon, Corée, au Viêt Nam. Amidisme :** *Amida* est la forme sino-japonaise de 2 mots sanskrits, *Amitâyus* (« vie éternelle ») et *Amitâbha* (« lumière éternelle ») : nom donné à un bouddha, le moine Dharmakâra, qui est vénéré par les sectes Jôdo, Jôdo-shin et Ji (Japon, XIe-XIIe s.). Culte du saint personnage, montrant le paradis. **Cultes ésotériques :** proches de 2 écoles japonaises (IXe-XIIe s.) : Tendai et Shingon. Issus du Grand Véhicule et du tantrisme ; riches en rites et en iconographie.

Brahmanisme (hindouisme)

■ **Origines.** Religion issue de celle des populations indo-européennes entrées en Inde au IIe millénaire av. J.-C. Dominante actuellement. Certains de ses textes sont considérés comme révélés *(Çruti).*

■ **Textes. La Çruti** ou **Audition** (directe) : comprenant : **les 4 Veda** révélés aux rishi (sages des 1ers âges) : *a) le Rigveda,* Veda des stances, composé sous sa forme actuelle entre 1500 et 1000 av. J.-C. (1 023 hymnes) ; *b) le Yajurveda,* Veda des formules accompagnant les rites préliminaires du sacrifice védique ; *c) le Sâmaveda,* Veda des mélodies liturgiques ; *d) l'Atharvaveda,* de composition hétéroclite (hymnes philosophiques, recettes magiques, incantations). **Les Brâhmana** (XIe au VIIIe s. av. J.-C.) : commentaires sur les rites et les formules des Veda. **Les Aranyaka :** « textes de la forêt » de nature ésotérique. **Les Upanishad** ou **Corrélations** (appellation qui rappelle leur composition) établissent des correspondances entre macrocosme, microcosme et rituel. Ces textes comportent des spéculations philosophiques centrées sur les notions du Soi *(âtman)* et de l'Énergie universelle *(brahman).*

La Smriti ou **Tradition transmise :** comprend des textes annexes au rituel, des textes épiques, des recueils de Loi *(dharma).* **Les Kalpasûtra** (sortes de fils conducteurs) : aphorismes concernant l'exécution des rites. **Les Textes épiques :** exposant légendes, mythes et récits cosmogoniques, représentés par : *a)* les 2 grandes épopées, composées entre le IIIe s. av. J.-C. et le IIIe s. apr. J.-C. : le *Mahâbhârata* [racontant la rivalité entre 2 clans, apparentés, descendant de Bhârata (la *Bhagavadgîtâ :* Chant du Seigneur, célèbre poème philosophico-religieux, en fait partie)] ; le *Râmâyana* (relatant les aventures de Râma, 7e *avatâra* de Vishnu) ; *b)* les *Purâna :* Antiquités, composés du IVe au XIe s. **Les Textes de Dharma :** recueils juridiques : *Manusmriti,* les « Lois de Manu », le plus connu.

■ **Description. Doctrines :** le *Brahman* neutre est l'Être suprême en tant qu'Énergie universelle, à distinguer de *Brahmâ* (divinité personnifiée) et du *brâhmane* (représentant de la classe sacerdotale gardienne des textes sacrés). Il est considéré comme identique au Soi *(âtman),* dont tout être semble offrir un aspect particulier. Le monde sensible et l'Ego sont donnés, avec des nuances qui varient selon les interprètes, comme les résultats de l'Illusion cosmique *(mâyâ),* jeu de l'Être suprême. 3 autres notions tiennent une place primordiale : le cycle des renaissances *(samsâra),* conditionné par les actes *(karman)* ; le *dharma* régit l'Univers entier dont toutes les manifestations, animées ou inanimées, ont leur loi propre *(dharma).* La durée de l'Univers correspond à un jour de Brahmâ (le démiurge), et sa dissolution, nuit de Brahmâ, est d'une durée égale. Au début de chaque période de création *(kalpa),* le monde se réorganise suivant des règles immuables ; à la fin du *kalpa,* il se dissout dans l'ordre inverse.

Disciplines philosophiques : nombreuses doctrines [« points de vue » (sur la Réalité)], dont 6 principales classiques : 1o) *la Pûrvamîmâmsâ :* exégèse première, celle des injonctions védiques. 2o) *L'Uttaramîmâmsâ :* plus souvent dite *Vedânta,* littéralement « achèvement du Veda », dans la ligne des *Upanishad.* 3o) *Le Sâmkhya :* dénombrement des constituants cosmiques et psychiques de tout ce qui existe. 4o) *Le Yoga :* discipline tendant à joindre et à équilibrer les constituants psychiques et, plus tardivement, à assurer leur jonction avec un principe supérieur. 5o) *Le Nyâya :* la logique. 6o) *Le Vaiçeshika :* étude spécifique des divers aspects du manifesté. Ces différents enseignements concourent à l'obtention de la connaissance de l'Unique Réalité, substrat de toute manifestation particulière.

De telles notions relèvent de la culture générale ; au contraire, les spéculations religieuses forment la trame des Textes *(tantra)* ou Traditions *(âgama),* manuels techniques de l'hindouisme traitant théoriquement 4 sujets principaux : 1o) *doctrine ;* 2o) *conditions extérieures du culte,* y compris construction des temples et fabrication des images ; 3o) *comportement religieux ;* 4o) *yoga,* discipline spirituelle conditionnée par une discipline gestuelle par le contrôle du souffle (le *hatha-yoga :* yoga de l'effort, ne se présente souvent que sous son aspect d'une culture physique particulière).

Aux spéculations proprement philosophiques, il faut ajouter celles sur la langue, la grammaire *(vyâkarana)* et la poétique *(alamkara).* La doctrine communément admise de la transmigration *(samsâra),* dite parfois réincarnation, explique, par les traces des actes passés *(karman),* la nécessité pour l'individualité psychique de transmigrer après la mort d'un corps dans un autre corps où elle actualise les tendances accumulées dans les vies précédentes.

■ **Divinités. Triade hindoue :** correspond aux 3 aspects de l'Univers : création, maintien, dissolution. **Brahmâ :** l'ordonnateur, fait passer l'inarticulé *(ánrita)* à l'état articulé *(rita).* La dévotion populaire ne s'adresse pas à lui, mais aux 2 suivants. **Vishnu :** assure la conservation de l'Univers quand celui-ci se manifeste ; quand celui-ci se dissout, Vishnu, endormi sur le serpent d'infinitude, *Çesha,* conserve en sa pensée le schéma prêt à reparaître lors d'une nouvelle création. Pour protéger l'ordre cosmique et moral *(dharma)* lorsqu'il est en péril, Vishnu descend sur Terre sous une forme appropriée à ses desseins. Les plus célèbres de ses descentes *(avatâra)* sont celle de Râma et celle de Krishna. **Çiva** (ou **Rudra**) : apparaît sous 2 aspects : **1o)** *destructeur* de l'Univers à la fin d'un kalpa, on l'identifie à la mort et au temps *(kâla)* ; **2o)** on peut le rendre *favorable* par des actes propitiatoires, d'où son appellation-épithète de Çiva (« bienveillant »).

Vishnu ou Çiva sont souvent tenus comme la divinité suprême ; les autres n'en sont que des formes secondaires. Lorsque Çiva est considéré comme l'Absolu personnifié (au-dessus de cette *trimûrti*), il est créateur aussi bien que destructeur [par l'intermédiaire de son énergie, personnifiée sous une forme féminine, la *çakti,* que l'on assimile à *Mahâdevî,* la Grande Déesse (parèdre [1] de Çiva, appelée aussi *Pârvatî,* « la Montagnarde », *Umâ,* « la Bienveillante », *Kâlî,* « la Destructrice », ou *Durgâ,* « l'Inaccessible », selon que l'on considère l'un ou l'autre de ses aspects)].

Autres dieux : divinités de l'époque brahmanique ancienne : **Indra,** dieu de l'orage ; **Varuna,** dieu des eaux, primitivement gardien de l'Ordre cosmique et moral ; **Agni,** le feu (sacrificiel et domestique) ; **Kâma,** dieu de l'amour ; **Sarasvatî,** parèdre [1] de Brahmâ, présidant aux sciences et aux arts ; **Ganesha,** dieu à tête d'éléphant, fils de Çiva et de Pârvatî, protecteur des entreprises particulièrement intellectuelles ; **Hanuman,** dieu-singe, allié de Vishnu sous son *avatâra* de Râma ; **Lakshmî,** parèdre [1] de Vishnu ; **Râdhâ,** l'amante de Krishna ; **Sîtâ,** modèle des épouses, femme de Râma ; **Sûrya,** le Soleil ; **Yama,** 1er des hommes, donc 1er des morts (par suite, dieu des morts). Il existe d'autres divinités, forces naturelles ou abstractions personnifiées, tel **Dharma,** l'Ordre, la Loi universelle.

Nota. – (1) Divinité inférieure, dont le culte est associé à celui d'une divinité plus puissante.

■ **Culte. Fêtes principales :** mobiles (dépendent des lunaisons). **1o)** *Durgâpûjâ :* fête de Durgâ, manifestation de la grande déesse Mahâdevî (oct.-nov.). **2o)** *Çivarâtrî :* grande fête de Çiva (févr.). **3o)** *Dîpavâli :* fête des Lumières (nov.-déc.). **4o)** *Holi :* carnaval indien (févr.-mars). **5o)** *Dassaïn :* festival d'oct., repris en mars. **6o)** *Indrayatra :* fête d'Indra, chef des dieux de l'ancien panthéon (sept.).

Lieux saints : *Bénarès, Hardvâr, Ujjain, Mathurâ, Ayudhya, Dvârkâ, Kanchipuram* et *Allahabad* (fête tous les 12 ans). Rassemblements exceptionnels pour célébrer certaines positions planétaires : ainsi, à *Kumb Mela,* le 10-1-1977 [12 700 000 participants (dont 200 000 seulement ont pu se baigner dans le Gange)].

Pûjâ : offrande quotidienne individuelle ou collective de fruits, fleurs, lumières. Quelques autres formes d'hommage (hymnes, processions, etc.) remplacent de plus en plus les rites « plus compliqués » de l'Antiquité.

Samskâra : rites rythmant la vie depuis avant la naissance jusqu'aux funérailles ; la plupart se placent pendant l'enfance et la jeunesse. Les rites d'initiation religieuse sont parmi les plus importants (pour la femme, les rites du mariage en tiennent lieu).

■ **Sectes.** Aucune n'est exclusive : à côté d'une certaine divinité (Dieu suprême), on honore les autres en tant que formes partielles de celle-ci.

Vishnouites : dans le Sud. Sectes les plus réputées : *râmânujîya* [disciples de Râmânuja († en 1137) ; capitale religieuse, Çrîrangam] ; *mâdhva* [disciples de Madhva

(1199-1276)] ; disciples de *Nimbarka,* originaire du Sud [capitale religieuse Mathurâ dans le Nord (fidèles de l'avatâra Krishna et de sa favorite Râdhâ)].

Çivaïtes : voués à Çiva, plusieurs sectes, dont les *vîra-çaiva* ou *lingâyat* qui portent sur eux en permanence un *linga,* symbole phallique de Çiva qui représente l'énergie créatrice et l'infinitude.

Çâkta : adorateurs de la *çakti,* énergie personnifiée du dieu ; la plupart suivent la tradition çivaïte.

Gourou : maître spirituel hindou. Étymologiquement « lourd, personnage de poids ». Mot utilisé par les hindous et auquel correspond *lama* en tibétain. Il aide ses disciples à éliminer les voiles ou écrans émotionnels et mentaux qui les séparent de la Réalité, et leur permet d'entrer en contact ou de réaliser leur identité avec la Réalité ultime.

Mandarom (Cité sainte de Mandarom Shambhasalem) : siège mondial de la religion aumiste (dérivé du son ou mantra *aum*) ; *ashram* proposant un syncrétisme religieux dans la ligne de l'hindouisme et le centre spirituel de l'ordre du Vajra Triomphant (anciennement chevaliers du Lotus d'or [1967 fondé par Gilbert Bourdin (1923 Martinique/19-3-1998)] avec une branche monacale et une branche externe. *Effectifs :* 1 000. *Siège :* Castellane (Alpes-de-Hte-Provence) à 1 200 m d'alt. *Statues :* Hamsah Manarah (alias G. Bourdin), 33 m, 1 100 t [démolition demandée par le TGI le 30-7-1998, confirmée par le cour d'appel le 5-6-1999, pourvoi rejeté 20-6-2000 ; arrêt cassé sept. 2000 : le dossier doit être rejugé] ; Adi Buddha Maitreya, 22 m ; Christ cosmique 21 m. *Édifices :* temple bouddhiste ; réplique du Temple de Salomon ; mosquée ; temple hindou. Le 20-12-1994, la cour administrative d'appel de Lyon a annulé le permis de construire, délivré le 16-4-1992 par la mairie de Castellane, pour un temple de 5 000 m², flanqué de 4 tours et surmonté d'une pyramide de verre de 32 m de hauteur. Nouvelle demande en nov. 1999 (4 tours, 2 200 m², 27 m de hauteur). *Adeptes en 1995 :* 2 000. *Visiteurs :* 7 000/an. Le 12-6-1995, G. Bourdin (avec 18 disciples) avait été arrêté (à la suite de plaintes) et écroué 17 j à Digne, puis libéré en raison de son âge et de son état de santé ; la plainte déposée contre lui en nov. 1994 par Florence Roncaglia avait été classée sans suite. (Voir **Sectes** p. 567 a.)

■ **Mouvements modernes. Brâhmo-Samâj :** essai de synthèse des spiritualités hindoue, islamique, bouddhiste et chrétienne ; *fondé* en 1828 par Ram Mohan Roy (1772-1833) d'abord appelé Brahmo Sabha [scindé en 1864, en *Adibrahmo-Samâj* avec Debendranâth Tagore (1817-1905) et *Brâhmo-Samâj* avec Keshub Chandra Sen (1838-84)].

Aryasamâj : *fondé* en 1875 par Dayânanda Sarasvatî (1824-83) ; coloration nationaliste et populaire.

Râmakrishna Mission : *fondée* en 1897 par Vivekânanda (1862-1902), disciple de Râmakrishna (1836-1886), centrée sur une action sociale et éducative, et répandue à travers le monde (voir p. 565 a).

Ashram de Sri Aurobindo (1872-1950) : ermitage *fondé* en 1914 à Pondichéry ; développé en mouvement spiritualiste.

Association internationale pour la conscience de Krishna (voir p. 564 b et **Sectes** p. 567 a) : son caractère international et son zèle missionnaire (en contradiction avec la tradition brahmanique) ne permettent pas de la classer dans l'orthodoxie hindoue.

Mahikari (*Sûkyô Mahikari*). *Fondée* en 1959 au Japon par Okada Kôtama (1901-74). *Fondements :* mise en pratique dans la vie quotidienne des principes divins qui dirigent les mécanismes de l'Univers et la transmission de la lumière de Dieu (énergie cosmique), art spirituel qui a pour but la purification de l'âme. *Adeptes en 1995 :* monde 500 000, France 15 000 à 20 000.

Sri Nisargadatta Maharaj (1897-1981) sage de l'Inde de la lignée des *Navnath Sampradaya* (tradition orale des 9 sages) fondés par le *Rishi* (sage) Dattatreya, dans le courant non dualiste *(advaita)* du *vedânta* (veda-anta = aboutissement de la connaissance). La doctrine est celle de l'unité d'un principe initial que chacun peut expérimenter. *En France :* ouvrages diffusés par Les Deux-Océans, 19, rue du Val-de-Grâce, 75005 Paris.

■ **Statistiques.** *Inde :* 458 000 000 ; *Pakistan :* 9 784 000 ; *Népal :* 4 500 000 ; *Ceylan :* 1 615 000 ; *Bali :* 1 112 000 ; *Malaisie, Singapour :* 436 000 ; *Afrique du Sud :* 181 000.

CHAMANISME

■ **Définition.** Ensemble de pratiques et croyances magico-religieuses auxquelles se livrent, sous extase, les *chamanes* (« sorciers guérisseurs ») des tribus de Sibérie, d'Asie centrale, d'Amér. du Nord et du Sud, d'Australie et du nord de l'Europe. Appelés *Ojun* en yakoute, *bögä* en mongol, *kam* en turco-tatar, *shaman* en toungouse, *mudang* en coréen. Les Yakoutes ont aussi des femmes chamanes qu'ils appellent *udoyan.*

■ **Pratiques.** Se distinguent des pratiques des sorciers et guérisseurs (relation avec les esprits, permettant de chasser ou d'infliger les maladies, de mener les âmes au repos éternel ou de les rendre errantes, etc.) par les techniques d'acquisition de l'état extatique. Un chamane n'est agréé dans ses fonctions qu'après être passé par la maladie initiatique (signe de l'obtention de pouvoirs surnaturels : élection par les esprits ou héritage des pouvoirs d'un chamane défunt), période comateuse de 3 à 9 jours, accompagnée de sueurs de sang, médicalement peu explicables. Les jeunes manifestant leur vocation ont souvent des crises épileptiques, mais la maladie initiatique n'affecte que des sujets guéris de tout trouble cérébral. A la fin de leur période de maladie, les futurs chamanes décrivent les tourments infligés par les démons (ils se considèrent comme ayant été morts, puis ayant ressuscité). Les chamanes titularisés ont dans leur cabane un tronc de bouleau vertical qui sort par la cheminée : il symbolise leur montée au Ciel. De cette hauteur, ils s'adressent à la foule. Après leur maladie initiatique, les chamanes atteignent l'état extatique.

CONFUCIANISME

■ **Origine. Initiateur :** *Confucius* (en chinois Kong fu zi, ou Kong le Maître, 551-479 av. J.-C.). N'a jamais été considéré comme une divinité, mais plutôt comme un maître immortel de sagesse et de sainteté. Néanmoins, en 1914, par décret du Pt de la République chinoise, sa naissance (28-9) a été commémorée officiellement comme celle d'un saint. **Continuateurs principaux :** *Mencius* (Meng zi, 372-288 av. J.-C.) ; *Xun zi* (298 ?-238 av. J.-C.). Se développe d'abord dans le Shan-Dung. Après quelques vicissitudes, il renaît vers le XIIe s.

■ **Livres canoniques.** *Yi Jing* (Livre des Mutations). *Shi Jing* (Livre des Odes). *Shu Jing* (Livre des Documents historiques). *Chun Qiu* (Annales du Printemps et de l'Automne). *Li Ji* (Livre des Rites). Les *Le Lun Yu* ou *Analectes* (entretiens de Confucius, recueillis par ses disciples). *Da-Xue* (la Grande Étude) sur des questions morales. *Zhong Yong* (Doctrine du Milieu), par Zu Si, petit-fils de Confucius. Le *Livre de Mencius.*

■ **Doctrine.** Confucius croit en un Ciel régulateur de l'ordre moral et social, mais refuse de parler des divinités, des démons et des esprits des morts. Il adhère pourtant au culte des ancêtres. Il met l'accent sur la pratique du *Ren* (humanité, bonté, charité), qui va de l'individu à la famille, à l'État et à l'humanité par élargissement progressif. L'école confucéenne enseigne en outre *8 vertus : Xiao* (piété filiale), *Di* (affection entre frères), *Zhong* (loyauté), *Xin* (fidélité), *Li* (rite), *Yi* (équité), *Lian* (intégrité), et *Zhi* (sens de l'honneur). Le confucianisme est plutôt une morale et n'a jamais été considéré en Chine comme une religion ; jusqu'en 1905, les fonctionnaires chinois devaient étudier sa doctrine.

FÉTICHISME DU CARGO

■ **« Culte du cargo ».** Croyances religieuses répandues en Mélanésie. Mouvement dont le nom comporte toujours le mot cargo (*Kago* en pidgin), cargaison. Les ancêtres vont rejoindre les vivants apportant avec eux sur un grand bateau blanc venu du ciel tous les « trésors » de l'Occident. *Fin du XIXe s.* début (mouvement Tuka à Fidji 1885). *1944-45* cultes renforcés par le passage des troupes américaines. Comportent généralement la destruction de tous les biens existants, maisons, ustensiles, animaux, jardins en vue de leur remplacement immédiat par d'autres, meilleurs. *Exemples récents :* Naked Cult à Espiritu Santo (Vanuatu), « John Frum Movement » à Tanna (Vanuatu), « Masinga Rule » à Malaïta (îles Salomon), « Palau Movement » à Manus (îles de l'Amirauté, Papouasie-Nouvelle-Guinée).

JAÏNISME OU JINISME

■ **Origine.** Mouvement de protestation antibrahmanique, à peu près contemporain du bouddhisme. Organisé aux VIe-Ve s. av. J.-C. dans la plaine indo-gangétique sous l'impulsion de Mahâvîra : « Grand Héros », le 24e *Jina :* « Victorieux », et dernier des *Tirthamkara,* ou Prophètes : « Faiseurs de gué », vénérés par les fidèles.

■ **Communauté jaïne.** Environ 4 000 000 de jaïns en Inde (2 600 000 au recensement de 1971) répartis en 2 Églises séparées depuis 80 apr. J.-C. : les *svetâmbara* (religieux « de blanc vêtus »), les plus nombreux, et les *digambara* (« de ciel vêtus », c'est-à-dire nus) qui n'admettent pas les mêmes Écritures. Reconnaissables à leur équipement (bol à aumône, plumeau et pièce d'étoffe masquant la bouche) ; leurs ascètes, errants (sauf pendant la mousson), vivent de mendicité, dispensant leur enseignement à la communauté laïque qui vit en étroite solidarité avec eux (charité, donations, mécénat, etc.) ; surtout influente dans l'Ouest (Gujarât, Râjasthân) et le Sud (Karnâtaka), elle joue un grand rôle économique, social et intellectuel (hommes d'affaires, commerçants...). Les jaïns se signalent par leur activité culturelle : création littéraire ; préservation du patrimoine (manuscrits, bibliothèques) ; la profusion de l'art et la richesse de certains lieux de pèlerinage (mont Abu, Palitana, Shravana-Belgola).

■ **Principaux mouvements. Non idolâtriques :** *Sthânakvâsî* (depuis le XVIIe s.), *Terâpantha* (depuis le XVIIIe s.). **Idolâtriques :** *Mûrtipûjak :* « vénérateurs de statues » (murti), participant au culte des temples ; certaines cérémonies évoquent le rituel hindou.

■ **Philosophie et morale.** Principes analogues dans les 2 Églises, notamment dans le *corpus canonique svetâmbara,* rédigé en langue « naturelle » (prakrit) et codifié au Ve s. La philosophie jaïne repose sur le dualisme de l'âme, ou « vie » *(jîva)* et de la « non-vie » *(ajîva)* qui inclut matière, espace, mouvement et temps. Ce dernier, conçu comme cyclique, se divise en 6 ères ascendantes *(utsarpinî)* et descendantes *(avasarpinî) :* la 4e était celle des Prophètes jaïna ; la 5e est la nôtre. Le monde *(loka)* est figuré en 3 étages : supérieur (céleste), inférieur (infernal), médian, au centre duquel est situé celui des humains où règne la loi de la rétribution des actes *(karman)* et de la réincarnation, fondement de la doctrine.

Le but suprême est la Délivrance de l'âme qu'assure l'observance des principes éthiques : les 5 vœux des moines (et leurs contreparties « mineures », destinées aux laïques) : **1°)** *ne pas nuire aux 5 catégories d'êtres vivants* [principe fondamental de *l'ahimsâ ;* innocuité (le végétarisme en est un des corollaires)] ; **2°)** *ne pas mentir ;* **3°)** *ne pas s'approprier ce qui n'a pas été donné ;* **4°)** *ne pas manquer à la chasteté ;* **5°)** *ne pas s'attacher aux possessions matérielles.* Morale condensée dans le « triple joyau » : connaissance, conduite et foi justes.

PARSISME (ZOROASTRISME OU MAZDÉISME)

■ **Fondateur.** *Zarathoustra* (ou *Zoroastre,* v. 1000 ou 1200 ou en 650-583 av. J.-C ?), en Iran. On ne le considère plus actuellement comme un personnage légendaire ; on admet parfois qu'il était mage (astronome) à la cour d'un roi de Bactriane. Le nom de *mazdéisme* vient de *Mazdâh,* le *Grand Créateur* ou Zarthoshti. Religion officielle des empires perses arsacide et sassanide.

■ **Livre sacré.** Appelé à tort *Zend-Avesta ;* son vrai nom est *Avesta* (la Loi). *Zend* veut dire « interprétation », c.-à-d. traduction en pahlavi (moyen perse) du texte original rédigé en avestique (vieux perse). 5 parties : **1°)** le *Yasna,* 72 chapitres sur les rites dont font partie les 17 Gâthâs, écrits par Zoroastre lui-même. **2°)** Le *Vispered* (tous les chefs), énumération des 24 dieux compagnons d'Ormuzd. **3°)** Le *Vendidad* (« donné contre les démons »). **4°)** Les *Yashis,* invocations aux anges. **5°)** Le *Khordah Avesta* (petit Avesta), recueil de dévotion privée. Au XIXe s., les théologiens parsis ont accompli un retour aux *Gâthâs* iraniennes, source essentielle de la doctrine.

■ **Dieux.** Les zoroastriens sont dualistes. 2 hypostases divines créées par le temps éternel *(Zurvan Akarana) :* le dieu du Bien (*Ahurâ Mazdâh* ou *Ormuzd*) et le dieu du Mal (*Ahriman* ou *Angra Mainyu*). Primitivement, Ormuzd, insaisissable par l'esprit humain, prenait 6 aspects différents (3 féminins et 3 masculins) : les *Amesha-Spentas* ou Saintetés immortelles. Ces aspects devinrent 6 dieux différents vers le IVe s. av. J.-C. ; puis leur nombre s'accrut, par exemple, *Mithra* (dieu du Soleil), devenu l'objet des cultes mithraïques (jusqu'au Ve s.).

■ **Doctrine.** L'accent est mis sur la bonté. Les bons iront au Ciel, les mauvais en Enfer. Influence hindouiste : prêtrise héréditaire, mariage des enfants, pratiques superstitieuses [telles les ablutions à l'urine de vache (supprimées aujourd'hui)]. Mais la réincarnation est rejetée.

■ **Rites.** Vénération du feu, symbole de la pureté (principal symbole de Dieu, entretenu dans de grosses urnes, alimenté jour et nuit par des *dastours* ou *prêtres du feu*). Le feu brûle le pécheur et préserve les purs. L'épreuve du feu *(l'ordalie)* détermine l'innocence ou la culpabilité d'un inculpé. Le « Bundahishn » (Livre de la Création originelle) parle des « 3 feux de la Perse », qui ont erré longtemps au gré des vents avant de descendre sur Terre à l'époque des rois kayanides. On les rattachera aux 3 classes sociales instituées par les 3 fils de Zoroastre : prêtres, guerriers, agriculteurs. Par souci de pureté, les Parsis fuient la pollution de l'eau, de l'air, de la terre. Les cadavres sont exposés sur les *tours du Silence* pour être dévorés par les vautours. Les fêtes célèbrent les 6 périodes de la Création, l'agriculture, la floraison. La fête la plus importante est celle de *Yazdegerd* (voir ci-dessous).

■ **Prêtres.** Héréditaires ; ordre hiérarchique : *dastours, mobedhs.*

■ **Sectes.** *Shahanshakis* et *Kadmis ;* opposées pour la date de leurs fêtes : le calendrier parsi part de la chute du dernier empereur sassanide, Yazdegerd (640), datée par les Kadmis 1 mois plus tard que pour les Shahanshakis.

■ **Situation actuelle.** Persécutés après la conquête musulmane, les zoroastriens se réfugièrent dans les montagnes de Perse où leurs descendants, les *Guèbres* (ou *Zarthoshti*), sont encore plus de 10 000 et en Inde occidentale (région de Bombay) où les *Parsis* (nom des habitants du Farsistan actuel, noyau de la Perse antique), primitivement établis au Gujarât (Sanjan, Udwada, IXe-XIe s.), sont près de 200 000 et fournissent la majorité des cadres supérieurs à Bombay (leur centre religieux depuis 1640).

☞ En 1968, Jacques de Marquette et Paul du Breuil ont fondé un mouvement néozoroastrien, devenu en 1971 la *Sté d'études zoroastriennes* [rattachée à la World Zoroastrian Organization (Londres) et au KR Cama Oriental Institute (Bombay)].

SHINTOÏSME

■ **Doctrine.** Religion autochtone du Japon, pratiquée par la famille impériale. Elle n'est plus religion d'État depuis 1945, par ordre des autorités militaires américaines. La plupart des Japonais sont à la fois shintoïstes [pour les grands événements de la vie (naissance, mariage, relations sociales)] et bouddhistes (pour la mort et les fins dernières).

Selon la tradition consignée dans le *Kojiki* (712) et le *Nihon-shoki* ou *Nihongi* (720), recueils des choses anciennes et chroniques du Japon, *Izanagi* et *Izanami,* créateurs mythiques du Japon, ont donné naissance à *Amaterasu,* déesse du Soleil (encore déesse principale) ; sa lignée aboutit à celle des empereurs terrestres, dont le 1er est Jinmu Tennô.

■ **Culte.** Polythéiste [800 millions de dieux, les *Kami* (chiffre symbolique)]. Vénère les forces qui animent la nature ; les ancêtres impériaux ; quelques grands hommes ; les morts de la guerre ; les 3 « Trésors sacrés » : miroir, sabre, joyaux (donnés par Amaterasu à son petit-fils, l'empereur Ninigi-no-mikoto). **Rituel :** comporte des purifications (chassant fautes, souillures, malheurs), des invocations aux Kami, récitées par les prêtres *(Kannushi). Fêtes :* 1er jour de l'année, fêtes de la Fécondité [d'origine agraire *(matsuri),* avec offrandes propitiatoires et danses symboliques], etc. **Édifices :** *jinja* (oratoires ou temples officiels), *kyokaï* (églises populaires).

■ **Clergé.** *Officiant principal :* l'empereur. *Prêtres (guji) :* ne sont pas tenus au célibat ; il y a des jeunes filles prêtresses.

■ **Statistiques. Shintoïsme national** (anciennement d'État) ou *Jinja Shinto* (célébré 110 500 *Jinja* officiels avec chacun ses dieux et ses héros) : environ 36 000 000 de membres et 15 800 prêtres ; *sanctuaire principal :* Isé, dans la préfecture de Mié (culte de la déesse solaire Amaterasu O-mikami). **Shintoïsme sectarien** ou *Shûha Shinto* (13 sectes et 100 sous-sectes, célébré dans 16 000 *kyokaï*) : environ 12 000 000 de membres et 121 000 prêtres ou enseignants.

SIKHISME

■ **Nom.** Le mot *sikh,* dérivé du mot sanskrit *shishya* (disciple), vient aussi du verbe pendjabi *sikhna* (apprendre). Il désigne les disciples des 10 gourous (maîtres spirituels). **Origine.** Fondé au XVe s. par le gourou (ou Baba : père) Nânak (1469-1539), né à Nanqkânâ Sahib, Pendjab (actuel Pakistan), fils d'un percepteur. Dès sa jeunesse, il visita les grands centres de pèlerinage hindous et musulmans, attirant de nombreux disciples ou *sikhs* (dont il sera le 1er gourou), prêchant la tolérance. De 1499 à 1517, 3 voyages en Inde et 1 à travers Afghanistan, Iran, Ouzbékistan, Tibet, Sri Lanka, et à La Mecque, Médine (Arabie), Bagdhad. **Les 10 gourous. Nânak** que les musulmans ont vénéré, appréciant sa morale humaniste. **Angad** (1504-53), un de ses disciples, qui propagea l'écriture *gourmoukhi* inventée par Nânak et très facile à apprendre. **Amardas** (1479-1574) qui institua 3 grands rassemblements (printemps : *la Vaisakhi ;* hiver : *Vasant panchamî ;* 1er jour de la Divali hindoue : *Gourou-ka-langar*). **Ramdas** (1534-81) qui acheta un terrain à Amritsar où son successeur **Ardjan Dev** (1563-1606, torturé et exécuté par l'empereur mogol Jahangir) bâtit le Harimandir (Temple d'Or) ; *vers 1604,* achève le *Granth Sahis* (Livre saint des sikhs) en le dictant à Bhai Gourdâs et le dépose dans le Temple d'Or. Contient plus de 5 000 hymnes de gourous sikhs et de saints hindous, musulmans et intouchables dont la doctrine est monothéiste ; rédigé principalement en pendjabi, avec l'alphabet gourmoukhi. **Hargobind** (1595-1644) son fils. **Har Rai** (1630-61). **Harkrishan** (1656-64). **Tégh Bahadour** (1621-75), qui refusa de devenir musulman et fut exécuté à Delhi sur ordre du Grand Mogol Aureng Zeb [avec lui, 3 sikhs (Bhai Mati Das, Bhai Dayala et Bhai Sati Das) sont martyrisés]. **Gobind Singh** (1666-1708), son fils, qui réorganisa la communauté en un ordre quasi militaire, le **Khalsâ,** en 1699 ; décrète qu'à sa mort, son successeur et gourou éternel sera *Granth Sahib,* « Gourou illustre le livre ». Les décisions prises par le *Panth* (communauté sikh) en présence du Livre saint s'appellent *gourmatta* (la voie ou la décision du gourou ou de Dieu). *3 exemplaires originaux :* le 1er dans le Temple d'Or (brûlé durant l'attaque de l'armée indienne en 1984), le 2e, complété par Ardjan, est gardé à Kartarpur par la famille Sodhi et le 3e à Damdama Sahib (Pendjab indien). La version actuellement utilisée (appelée aussi l'*Adi-granth* ou le 1er Livre saint) a été redictée de mémoire par Gobind Singh qui y ajouta les hymnes de son père, Tégh *Bahadour ;* après sa mort, ses propres enseignements furent consignés dans le *Dasam-Granth* (le Livre saint du 10e gourou) ou le *Daswén-padshah-da-Granth* (le Livre du 10e roi).

A l'époque d'Aureng Zeb, la guerre se déclenche contre le gouvernement et les rajahs hindous. Les sikhs, condamnés à mort, acceptent le combat sous la direction de Banda Singh Bahadour (qui sera exécuté à Delhi en 1716 avec 800 fidèles). En 1750, ils organisent le Pendjab en une fédération de 12 principautés. *A partir de 1799,* royaume sikh avec le maharaja Ranjit Singh (1780-1839), maître du Pendjab, Cachemire et Ladakh. *1849* dernier État indépendant, le Pendjab est annexé à l'Inde britannique après 2 guerres anglo-sikhs. *1872* Baba Ram Singh (1816-85), de Bhaini, invente les mouvements de non-coopération et de désobéissance civile contre les Anglais (50 ans avant ceux de Gandhi). Il est exilé à Rangoon (Birmanie), où il meurt en prison. 62 de ses disciples sont fusillés attachés au bout de gueules de canons. *1920* création du Mouvement d'Akali chargé de libérer les sanctuaires historiques des sikhs au Pendjab. *1925* loi pour l'administration des lieux saints des sikhs. Comité élu démocratiquement par les sikhs. Mais Khazan Singh (1864-1953) lutte 10 ans contre lui l'accusant de corruption. *1947* partage de l'Inde : les sikhs optent pour l'Inde (voir à l'Index).

■ **Doctrine.** Rejet de tout culte idolâtre, monothéisme et croyance en l'immanence de Dieu dans la Création. L'amour de l'Être suprême *(Bhakti)* est à la base des pratiques spirituelles. La morale rejette les pratiques de l'Inde : infanticide, crémation de la veuve sur le bûcher de son mari *(sati),* mariage des enfants, claustration des femmes et des membres de castes inférieures. Idéaux : dévouement et travail, vie active et dynamique, générosité, liberté-égalité-fraternité, dignité et respect des hommes de toutes races, castes et religions. Les femmes sont les égales des hommes. L'action militaire est utilisée en dernier ressort pour défendre le droit. Les sikhs ne doivent ni fumer, ni boire d'alcool, mais ils peuvent (sauf certains groupes minoritaires) manger la viande des animaux tués d'un seul coup, non égorgés (l'abattage s'appelle *jhatka*).

Les combattants de la foi reçoivent le *baptême de l'épée à double tranchant (khandé-da-pahul)* et jurent de rester fidèles aux **5 K :** *kesh* (cheveux et barbe jamais coupés), *kangha* (peigne de bois), *kachcha* (caleçon), *kara* (bracelet d'acier) et *kirpan* (épée). Les hommes doivent porter le nom de *Singh* (lion) ; les femmes, celui de *Kaur* (princesse).

Bases principales : *Nam jappo, kirat karo té wand chchakko :* méditer (au nom de Dieu), travailler (dur et honnêtement pour gagner sa vie) et partager (ce que l'on gagne). Chaque sikh doit être un saint et un soldat en même temps. On y ajoute le service bénévole aux autres et aux *gourdwaras* (lieux de culte) et le *langar* (cuisine gratuite) commencé par Gourou Nânak au XVe s. pour effacer les distinctions de races, castes, religions et sexes et pour aider les personnes dans le besoin. **Nom donné à Dieu :** *Wahégourou,* « le Gourou merveilleux ».

■ **Temple d'Or d'Amritsar.** Achevé en 1604. Les 4 portes, correspondant aux points cardinaux, signifient que l'on peut venir de toutes les directions du monde, et s'y asseoir sans distinction de race, caste, sexe ou religion.

■ **Statistiques** (en 2000). Inde 20 000 000, USA et Commonwealth 5 000 000.

■ **Adresse en France.** M. Manjeet Singh, 57, av. Victor-Hugo, 75116 Paris.

TAOÏSME

■ **Étymologie.** L'idéogramme *Tao,* datant de l'Antiquité, a été simplifié il y a 2 200 ans environ et de nouveau en 1956. La transcription phonétique française en 3 lettres *(Tao)* crée une confusion avec 22 autres mots chinois transcrits *tao* et 35 mots transcrits *t'ao.*

■ **Origine.** *Fondé* par des inconnus, du peuple du fleuve Jaune, puis concrétisé par Fu Hi (2852 av. J.-C.), fondateur de la cosmologie du Yin-Yang alternable et coexistentiel. Le philosophe chinois Lao-tseu (*Lao-tseu* signifie « vieux maître ») ou Lao Tan, archiviste à la cour des Tcheou, et contemporain de Confucius (qu'il aurait rencontré en 517 av. J.-C.) en rassembla les idées. Son nom de famille était Li (« fils de l'arbre » ou « l'enfant sous le bois ») et il serait originaire du royaume de Ch'u, village de K'iu Jen Li, canton de Kou. *IIe s. apr. J.-C.* société religieuse créée par Tchang Tao-ling, qui prend le titre de *précepteur céleste* et fonde de nombreux monastères. Devient religion d'État ; les descendants de Tchang Tao-ling obtiennent un fief dans le Chiang-Si ; ils portent le titre de *maître du Ciel.* Lao-tseu est proclamé officiellement leur guide spirituel. *1927* « les maîtres du Ciel » sont supprimés par le gouvernement chinois du parti nationaliste fondé par le Dr Sun Yat Sen, chrétien protestant.

■ **Livres.** Le **Tao-te King** principe, vertu, livre sacré lunaire dicté par Lao-tseu et appelé *Lao-tseu* jusqu'à l'époque des Han. **Tch'oung** (eau courante) **Hu** (vide) **King** (livre sacré) de Lie-Yu-K'eou (maître Lie-Tse, v. 50-100 après Confucius ; 551-479 av. J.-C.). **Nan** (sud) **Hoa** (fleurs ; Nan Hoa : sud de la Chine) **King** de Tchoang-Tcheou (maître Tchoang Tse, v. 100-50 après Confucius).

■ **Philosophie** *(Tao Jia).* Le *Tao* est un principe qui règne à l'origine de la vie, c'est le « Cours des choses ». L'idéogramme, traduit généralement par « voie », signifie aussi « puissance résidant dans et derrière la Nature » et animant le jeu cosmique. Il est principe d'ordre et de réalisation. *Jia* veut dire famille, groupe ou maître reconnu par les lettrés dans tous les domaines. Doctrine *wou-wei :* celui qui vit uni à lui a soin de prendre parti en observant la loi de la nature *(Tao),* mais de « ne pas intervenir » selon sa propre impulsion.

La religion *(Tao Chiao)* [*Chiao* signifie éducation] considérée souvent comme fondée par Tchang Tao-ling (34-156) contient plusieurs éléments symboliques, notamment 2 principes (appelés des « âmes » ou des « respirations ») qui, tantôt par leur conflit, tantôt par leur union féconde, sont à l'origine de l'Univers et de l'Humanité : le *yang* (solaire) et le *yin* (lunaire). Le *yang* est formé d'une multitude de bons esprits *(shen),* le *yin* d'une multitude de particules plus ou moins mauvaises, les spectres ou *kweï.* Les dieux sont composés uniquement de *shen,* les hommes d'un mélange de *shen* et de *kweï.* A leur mort, leur partie *shen* va au Ciel et leur partie *kweï* demeure sur Terre.

San T'sing (les Trois Purs) ont pour personnage central *Yuan-che T'ien-tsouen* (le Vénérable Céleste du Commencement originel) qui aurait délégué ses pouvoirs à l'empereur de Jade, le 2e personnage de cette Trinité. Sur le nom du 3e personnage, les textes diffèrent. Auparavant, la Trinité taoïste avait eu pour chef le Grand Un *(T'ai-Yi).*

■ **Vie religieuse.** *Clergé* régulier, vivant dans les monastères ; séculier : prêtres de villages, mariés, ne mettant leurs habits religieux que pour officier au temple. Ils pratiquent les sciences occultes, et les paysans font appel à eux pour des affaires de charmes et d'amulettes.

École du Nord. Ts'iuan-tchen (« Réalisation parfaite »), fondée par Wang Chih (1112-1170). Le monastère des Nuages-Blancs à Pékin en dépendait. **École du Sud. Tcheng Yi** (« Unité réalisée »), qui prétend avoir pour fondateur Tchang Tao-ling. On distingue l'école philosophique du Tao *(Tao Jia),* où Lao-tseu apparaît comme guide de la civilisation chinoise, et le taoïsme magico-religieux qui se développa à partir du IIe s. de notre ère. Le Maître, Tchang En-p'uo (1894-1969), se trouvait à Formose, où il a créé 2 associations et une université. *Actuel maître céleste :* Tchang Yuan Hsien, neveu du 63e.

■ **Yikouan tao** (« Unité qui embrasse toutes choses »). Religion officiellement reconnue par le gouvernement de Taïwan, et se référant aux livres confucianistes, taoïstes et bouddhistes. *Principe :* unifier ces 3 doctrines avec celles de la Bible et du Coran. **Association taoïste chinoise :** *fondée* 1957 à Pékin pour « unir les taoïstes chinois dans le patriotisme et l'aide à la construction socialiste ». **Association de recherche sur les études de Tao Jia.** *Pte d'honneur :* Tchen Gi-Vane.

■ **Statistiques. Chine :** *avant 1949 :* temples 318 000, pratiquants 55 000 000, moines (hommes et femmes) 6 000 000 ; *de 1966 à 1975 :* 600 temples ; *en 1980 :* 200 (59 ont été restaurés et rouverts en 1989). **Taïwan :** *en 2000 :* 6 779 temples, 67 % de la population est taoïste. Pratiquants du Tao Chiao : 73 000 000 et adeptes du Tao Jia : 560 000 000.

■ **Siège en France.** *Académie Wan Yun Lou, pagode de Rambouillet,* 3, rue Pasteur, 78120. La directrice, Tchen Gi-Vane (pour l'état civil : Mme Bertrand), a posé, en 1981, en 1988 et en 1995, sa candidature à la présidence de la République, mais n'a pu recueillir les 500 parrainages nécessaires. Centre sportif de Tai Ji Chuan, 20, rue Gambetta, 78120 Rambouillet.

MOUVEMENTS DIVERS

■ **Fédération française des « Nouvelle Acropole » (FDNA).** *Fondée* en 1973 à Lyon par Fernand Schwarz et sa femme Laura Winckler (née 1951, Buenos Aires). Membre de l'Organisation internationale Nouvelle Acropole (Oina) fondée 1957 à Buenos Aires (Argentine) par Jorge Angel Livraga Rizzi (Buenos Aires 1930-91), dit JAL, et son épouse Ada Albrecht. *Siège :* Bruxelles ; directrice : Délia Steinberg Guzman. *Objet :* réunir des hommes de toutes croyances, races et conditions sociales autour d'un idéal de fraternité universelle ; éveiller à une vision globale par l'étude comparée des religions, sciences, philosophies et arts ; développer le potentiel de l'homme pour qu'il puisse mieux s'intégrer à la nature ; activités culturelles sur civilisations anciennes (Égypte, Grèce, Inde, Amérique précolombienne), symbolisme, ésotérisme, grandes philosophies du monde, activités sociales (défavorisés, 3e âge, droits de l'homme), aide humanitaire (catastrophes naturelles ou conflits), protection de l'environnement. Association sans but lucratif, apolitique et non confessionnelle. En 1989, a créé un « Comité Giordano Bruno » militant pour la réhabilitation de Giordano Bruno (dominicain brûlé vif par l'Inquisition en 1600). **Siège :** La Cour Pétral, 28340 Boissy-lès-Perche. **Autres centres :** *Paris,* 13, rue Péclet, 75015 ; *Bordeaux,* 68, rue Lafaurie-de-Monbadon ; *Rouen,* 53, rue Cauchoise ; *Toulouse,* 4, rue Joutx-Aigues.

■ **Anthroposophie.** *Fondée* par Rudolf Steiner (Autrichien, 1861-1925) ; *de 1882 à 1900* élabore une approche de l'âme et de l'esprit selon la méthode scientifique (œuvre majeure : *la Philosophie de la liberté,* 1894) ; *1902* secr. général de la section allemande de la Sté théosophique (voir p. 565 a) ; *1913* ayant souligné le rôle fondamental du Christ dans l'évolution, est démis de ses fonctions par Annie Besant ; *1913-22* construction du *Goetheanum ;* développe l'activité artistique [eurythmie (nouvel art du mouvement), art de la scène] avec Marie von Sivers (1867-1948), qu'il épouse en 1914 ; *1919* développement des activités scientifiques, culturelles et sociales (pédagogie : 1re « école Steiner » fondée à Stuttgart ; médecine : Institut clinique et thérapeutique créé 1921 à Arlesheim, etc.) ; *1923* fonde la *Sté anthroposophique universelle.* Des institutions s'en inspirent : écoles (pédagogie *Waldorf :* du nom de l'industriel allemand ayant demandé à Steiner une école pour les enfants de ses ouvriers ; 600 écoles dont 180 en Allemagne, 17 en France), établissements médico-pédagogiques, universités libres, écoles d'eurythmie, de peinture, d'art dramatique ; banques, agriculture biodynamique (label Déméter), hôpitaux et cliniques, produits pharmaceutiques (Wéléda, Wala). **Siège :** Goetheanum, 4143 Dornach, Suisse. **En France :** *Sté anthroposophique,* 2-4, rue de la Grande-Chaumière, 75006 Paris.

☞ J. Guyard, Pt de la commission d'enquête parlementaire sur les sectes, a été condamné (amende 20 000 F, dommages-intérêts 90 000 F) le 21-3-2000 pour avoir qualifié le mouvement anthroposophe de sectaire hors de l'enceinte parlementaire.

■ **Druidisme.** Resurgi à Londres en 1717. *3 « branches » principales : « ésotérique »* de John Toland, Druid Order ; *« mutualiste »* de Henry Hurle (1781), devenue société d'entraide ; *« culturelle »* de Iolo Morganwg (prononcer : morganouk) [1792], à laquelle appartient le Gorsedd de Bretagne. Hiérarchie : druide, devins, bardes. Environ 40 sociétés en France se réclament du druidisme, sans compter les Stés classiques (de tradition familiale). **Fraternité des druides, bardes et ovates de Bretagne :** *fondée* à Guingamp, le 1-9-1900 [à l'imitation de l'assemblée des bardes existant au pays de Galles, depuis le XVIe s., sous le nom de « *gorsedd* » (hautes assises)], par Jean Le Fustec (1er grand druide), François Vallée, François Jaffrenou, à la suite de l'intronisation d'une délégation bretonne par l'archi-druide de Galles à Cardiff en 1899. Constituée en fraternités *(breuriez)*, comprend des druides (saie blanche), bardes (bleue), ovates (verte). Le Gorsedd contemporaine (Sté philosophique) compte environ 150 membres. *Fête annuelle* : 3e dimanche de juillet. *Langue officielle* : breton. *Pt* : Gwenc'hlan Le Scouezec (5e grand druide de Bretagne). *Secrétariat général* : J.-P. Gaillard, 145, Ti Korn, 29870 Landéda. **Collège des druides, bardes et ovates des Gaules (Collège druidique des Gaules)** : *fondé* 1943 par Paul Bouchet (1897-1979). *Pt* : Émile Wagner. *Publication* : « Ar Gael ». *Siège* : 14, route de Bréval, 78200 Perdreauville. **Collège druidique de Bibracte** : *fondé* en 1981 par Henri-Robert Petit († 1985). Organise des séances près des anciens dolmens, notamment celui de Chevresse (près de St-Brisson, Nièvre). *Pte* : Sylvie Paris, rue Principale, 89420 Cussy-les-Forges. **Kredenn Geltiek Hollvedel** (Croyance celtique mondiale) ou *Kevanvod Tud Donn* : Assemblée des gens de la Dêua Ana : *fondée* en 1936 par Raffig Tullou († 1990). La *Comardiia Druidiacta Aremorica Uecorectus* (« Confraternité druidique d'Armorique de stricte observance ») rassemble ses sacerdotes en Bretagne, comme le font des confraternités sœurs (Québec, USA, Allemagne, Irlande, Italie padane). *Publications* : « Ialon », « Kad-Nemeton ». *Renseignements* : Alain Le Goff, Bothuan, 29450 Commana. **Ollotouta druidique des Gaules (ex-EDG)** : *fondée* le 2-11-1985 à Balesmes (Hte-Marne). Refuse ésotérisme et folklorisme. Prend son nom actuel en juin 1993. *Primat* : Pierre de La Crau (depuis mai 1986). *Publication* : « Le Druidisme ». *Siège* : 17, rue des Quatre-Frères-Bernard, 83390 Cuers.

■ **Église de Scientologie.** *Fondée* par Lafayette Ronald Hubbard (13-3-1911/24-1-1986), auteur de science-fiction et philosophe ; a pour objet la diffusion de l'enseignement « scientologique » (traitant des moyens de la connaissance) et « dianétique » (étude du fonctionnement de l'esprit humain, se donnant un caractère thérapeutique). *Buts* : « Une civilisation sans folie, sans criminel, et sans guerre dans laquelle les gens capables puissent prospérer et les gens honnêtes puissent avoir des droits, et dans laquelle l'homme soit libre d'atteindre des sommets plus élevés. ». Les termes « scientologie » et « dianétique », forgés par R. Hubbard, sont des marques déposées. *1950* publie « la Dianétique : la puissance de la pensée sur le corps ». *1954* fonde à Washington la 1re Église de Scientologie. *1959* début de l'expansion européenne, Hubbard s'installe en G.-B. *1979* World Institute of Scientology Enterprises (Wise) créé à Los Angeles. *1982* dissensions au sein de la Sea-Org, David Miscavige crée à Los Angeles le Religious Technology Center (RTC). 1 000 à 2 000 (?) dissidents dont David Mayo, qui crée l'Advanced Ability Center puis Theta International (disparus depuis). *1993-1-10* reconnue comme association sans but lucratif par l'administration fiscale américaine. *2000-13-3* en Suède, reconnue « communauté religieuse » puis *2000-31-3* en Afrique du Sud. *Culte* : baptêmes, ordinations, mariages, enterrements. **Organisation** : Église centrale (Los Angeles). **Statistiques** : personnes ayant suivi les cours : 11 millions ; églises, missions, associations et groupes : 3 000 (dans 100 pays). **En France** (Paris) : *siège* : 7, rue Jules-César, 75012 ; *Centre des Célébrités* : rue Legendre, 75017. *Activités* : lutte contre toxicomanie, illettrisme, abus psychiatriques ; 50 000 personnes ont suivi les enseignements. *Pratiquants* : 5 000. *Publication* : « Éthique et Liberté » (trim.).

☞ L'Église de Scientologie a été à plusieurs reprises attaquée (prix exorbitants de ses « prestations », aspect fiscal, exercice illégal de la médecine) par des anciens membres, leurs familles, ou des organismes officiels, et a soutenu de nombreux procès, souvent avec succès. La police a investi un centre à Nice le 16-5-1990 et, le 26-6, a interpellé plus de 25 personnes à Lyon. Le 9-6-1994, une mise en règlement judiciaire (9 702 552,37 F de redressement) a été décidée. Après un long différend fiscal (TVA) qui a entraîné des pénalités, la communauté internationale des scientologues a présenté, pour apurer le passif, un chèque que l'Administration a refusé pour l'Église de Paris. L'Église de Scientologie, contestant ce refus, a saisi le Conseil d'État qui, après avis de la Cour de Justice des communautés européennes, a condamné l'État français le 8-11-2000 à verser 12 000 F. Par contre, l'Administration a accepté les fonds pour les Églises de Clermont-Ferrand et St-Étienne. Le 28-11-1996, procès en 1re instance, à Lyon, entraînant 18 mois de prison ferme pour homicide involontaire (suicide par défenestration le 24-3-1988 d'un adepte, Patrice Vic, 31 ans), 15 peines de 8 mois à 2 ans avec sursis pour escroquerie et exercice illégal de la médecine. Le 28-7-1997, la cour d'appel de Lyon précise : « Dans la mesure où une religion peut se définir par la coïncidence de 2 éléments, un élément objectif (l'existence d'une communauté, même réduite) et un élément subjectif (une foi commune), la scientologie peut revendiquer le titre de religion et développer en toute liberté, dans le cadre des lois existantes, ses activités, y compris ses activités missionnaires, voire de prosélytisme », et réduit ou confirme certaines peines : l'ancien responsable de Lyon est condamné à 3 ans de prison avec sursis et à 500 000 F d'amende pour escroquerie et homicide involontaire (le 1-7-1999, la Cour de cassation a rejeté un pourvoi du Parquet contre le jugement du tribunal mais fait abstraction du motif inopérant, dépourvu en l'espèce de toute portée juridique, relatif à la qualité de religion prêtée à l'Église de scientologie). Le 14-12-1998, la cour d'appel de Paris a ordonné la reconstitution d'un dossier d'instruction ouvert en 1989 (plainte déposée par un étudiant équatorien qui aurait versé 1 million de F à l'Église en 1988) et dont 1 tome et demi avait disparu ; la juge d'instruction a été dessaisie du dossier après avoir été l'objet d'une procédure disciplinaire.

■ **Église universelle de Dieu.** *Fondée* en 1934, par Herbert W. Armstrong (Amér., 1892-1986), dirigée par Joseph W. Tkach. *1961* apparition en France. S'efforce d'être fidèle à la Bible. Célèbre les fêtes bibliques mentionnées dans l'Ancien et le Nouveau Testament. Croit que tous les hommes auront un jour la possibilité d'hériter de la vie éternelle. Proclame le retour du Christ sur Terre. Autrefois, a eu une attitude réservée vis-à-vis de la médecine. *Membres* (en 1995) : 100 000 dont France 300. **Adresse** : B.P. 56, 33008 Bordeaux Cedex.

■ **Élan vital.** Filiale de la Divine United Organization du Gourou Maharadji. *1973* déclarée en France sous le nom de Mission de la Lumière divine. *1987* transformée en Centre Élan vital. Culte de la personnalité.

■ **Famille de Nazareth** ou **Commune de Nazareth.** *Fondée* en 1969 à Fribourg par Daniel Blanchard, ex-bénédictin, pour former une « communauté de laïcs voulant vivre selon l'esprit de l'Évangile et témoigner dans le monde ». *1979* pour unir psychologie et religion, il fonde l'Institut de psychologie et d'analyse existentielle qui devient *1985* l'Institut d'analyse et de psychologie existentielle.

■ **Fraternité du Frechou-Andiran** (dite aussi Fraternité des serviteurs et servantes de Notre-Dame). *Fondée* en 1977 par 2 pseudo-prêtres et évêques excommuniés par l'Église catholique : Roger Kozic et Michel Fernandez.

■ **Krishna (conscience de).** Mouvement international pour la conscience de Krishna, connu sous le nom du mouvement Hare Krishna, branche moderne de l'hindouisme monothéiste. *Fondé* 1966 à New York par Abhaya Charanaoavinda Bhaktivedania Swami Prabhupa (Calcutta 1896/Vrindavana, Inde, 1977), appelé Shrila Prabhupada, maître spirituel, 32e chaînon de la filiation spirituelle vishnouite, la Brahmâ Madhva Gaudiya Sampradaya. *Doctrine* : la religion universelle, ou Sanatana Dharma, puise ses enseignements dans les Veda, dont la Bhagavadgîtâ, le Mahâbhârata et le Râmâyana ; en pratiquant le bhaktj-yoga, la voie de la dévotion à Dieu, l'on s'élève peu à peu au-delà des influences matérielles, pour parvenir au but essentiel de l'existence, le pur amour pour Dieu, nommé Krishna dans l'ancienne tradition bhakti, véhiculée par des maîtres tels Râmânuja (1017-1137), Madhvacharya (1239-1319) et Sri Chaitanya Mahaprabhu (1486-1534). Les dévots de Krishna attribuent à un Dieu unique différents noms Brahmâ, Vishnou, Govinda ou Bouddha selon les attributs divins ou selon les divertissements qu'Il accomplit. *Pratique* : récitent environ 2 h chaque jour du maha mantra « Hare Krishna... ». Vœu d'être strictement végétarien, de s'abstenir : d'alcool, drogues, substances intoxicantes, jeux de hasard. Réserver les rapports sexuels au mariage, dans le but de procréer. *Organisation* : comité directeur (GBC) international d'une trentaine de trustees, se réunit chaque année à Mayapura (près de Calcutta, Inde). *Statistiques* (monde) : adorateurs de Krishna : plusieurs millions d'hindous ; temples 328 ; restaurants végétariens 78 ; communautés rurales 41. **France** : *Fédération française* (dizaine d'associations locales) : Pt ; bureau exécutif élu chaque année. *Membres* actifs 500, fidèles 3 000. *Centres* : 2 sont des temples où est pratiquée la vie communautaire (ashram) : La Nouvelle Mayapura, Château d'Oublaisse, 36360 Luçay-le-Mâle, Temple Radha Krishna, 31, rue du Docteur-Vaquier, 93160 Noisy-le-Grand. *Revue trimestrielle* : « Bhakti ».

■ **Krishnamurti.** Jiddu Krishnamurti (1895-1986). Né à Madanapalle (Inde du Sud) de parents brahmanes, adopté par Annie Besant [théosophe et leader des nationalistes indiens (1847-1933)], promu chef d'un nouveau mouvement messianique d'inspiration théosophique. En 1929, il rompit avec la théosophie, récusant toute notion d'autorité, toute appartenance à une tradition religieuse ou philosophique. Il affirme que l'homme ne peut parvenir à sa plus haute réalisation spirituelle qu'en se libérant de tous ses conditionnements, imposés ou acquis, par une prise de conscience aiguë et immédiate, impartiale, incessante en ne passant pas par des stades successifs d'analyse, de toutes ses pensées, sentiments, désirs et peurs, de tous les actes de sa vie quotidienne pris sur le vif. Plusieurs écoles créées en Inde, USA, G.-B. **En France** : *siège* : Association culturelle Krishnamurti, 7, rue du Général-Guilhem, 75011 Paris.

■ **Kumaris (Université spirituelle des Brahmas, USBK).** *Fondée* en 1947 à Karatchi par le diamantaire Brahmâ Baba Lekk Raj († 1969). Filiale, déclarée à Paris en 1980, de la Brahmâ Kumaris World Spiritual University (BKWSU) qui a le statut consultatif (ONG) auprès de l'Unicef et du Conseil économique et social de l'Onu. *Doctrine* : imminence du désastre nucléaire, auquel succédera un monde de paix. La paix dans le monde passe par la paix en soi, la « Connaissance » et la libération des passions. *Pratiques* : célibat (interdiction rituelle de l'acte sexuel), alimentation végétarienne, restrictions de nourriture et de sommeil, yoga, rupture des liens familiaux et sociaux.

■ **Longo Maï.** Mouvement de coopératives autogérées implantées dans plusieurs pays d'Europe, *fondé* 1973 à Bâle (Suisse) dans l'esprit des événements de 1968, 1re implantation en 1973 à Limans (A.-Hte-Pr.) par Roland Perrot (Français, né 1930). Autogestion, non-salariat, internationalisme, propriété collective des terres et laïcité sont des bases communes. Activités agricoles, fermières, en réseau avec d'autres groupements : radios libres, Forum civique européen. *Permanents* : 200.

■ **Méditation transcendantale.** Diffusée depuis 1958, par Maharishi Mahesh Yogi. *1958* fondation du Mouvement de régénération spirituelle de l'humanité. *1960* aux USA et en Europe. Technique mentale pratiquée pendant 20 min 2 fois par jour, assis confortablement, permettant d'atteindre un état de relaxation associé à un plus grand éveil de l'esprit. *Méditants* : plus de 6 000 000 (dont USA 1 000 000). *Centres* : 1 700. *Professeurs* : 17 000. **En France** : *méditants* 54 000, *professeurs* 288, *centres* 30. *Siège* : MFI, 10, rue de l'Église, 67520 Odratzheim.

■ **Mouvement raélien français (MRF).** *Fondé* le 13-12-1973 par Claude Vorilhon (né 30-4-1946, ancien journaliste automobile) dit avoir rencontré un extraterrestre au Puy de Lassolas (P.-de-D.), puis *1975-7-10* avoir été transporté sur la planète de l'extraterrestre. *1974* sous le nom de Raël (messager des Elohim), crée Madech (Mouvement pour l'accueil des Elohim, créateurs de l'humanité), dissous 1975. *1976-6-7* crée le MRF. *1977* constitue le Mouvement pour la géniocratie mondiale (*Pt* : Jean-Claude Reuille, Suisse). *Doctrine* : formes de vie existant sur Terre créées par les Elohim, habitants d'une planète à 9 milliards de km. Ils ont chargé Raël d'instaurer la géniocratie (gouvernement mondial par les génies). Les Raéliens sont partisans de l'eugénisme. *Pratiques* : « méditation sensuelle » pour atteindre l'« orgasme cosmique », « baptême raélien » qui transmet par contact manuel le code génétique du nouveau Raélien au « grand ordinateur » ; prélèvement après la mort d'une partie de l'os frontal (1 cm² à 33 mm au-dessus de l'axe reliant les 2 pupilles), la réincarnation des Raéliens se faisant à partir de ces prélèvements osseux confiés au Guide. *Effectifs* : 30 000 dans 30 pays, environ 1 000 en France. *Lieu de rassemblement* : Domaine de la Bastide, Le Dourn (Valence-d'Albigeois, Tarn), acquis 1987 par l'association suisse « Éveil Développement Énergie Nature » (Éden).

■ **Nouvel Age.** *Origine* : mouvement né aux USA, en expansion depuis 1980. L'humanité est en train d'entrer (à la veille de l'an 2000 et du passage de l'ère astrologique des Poissons à celle du Verseau) dans un âge nouveau de prise de conscience spirituelle et planétaire, d'harmonie et de lumière. Il y aurait un 2e avènement du Christ dont les « énergies » seraient déjà à l'œuvre parmi nous (d'où le foisonnement des recherches spirituelles et groupes religieux). Éveil à une conscience planétaire, rôle du corps comme lieu d'intégration au cosmique, cosmologie faisant place aux anges et aux esprits, croyance à un Christ cosmique animant l'Univers comme une énergie subtile, existence d'avatars (comme Jésus). *Métaphysique sousjacente* : le divin se manifeste par émanation dans l'Énergie intérieure, cosmique, universelle, spirituelle, consciente. *Réalisation personnelle* : maîtrise du Soi, éventuellement par l'acquisition des « pouvoirs » (en se branchant sur l'Énergie divine qu'assure l'harmonie de l'individu avec lui-même, l'humanité et le cosmos). *Techniques d'éveil* : végétalisme, macrobiotique, instinctothérapie, numérologie, médecine énergétique, méditation et médecines de l'âme, yoga et arts martiaux, astrologie humaniste et danses sacrées, tai-chi-chuan, art floral de l'ikebana, écologie. **Groupes** : Anthroposophie, Rose-Croix, Fraternité blanche universelle, Graal, Arcane, Raja-yoga ou Méditation transcendantale. Développement du potentiel humain, thérapie, groupes ufologiques, etc. **Auteurs de référence** : Joachim de Flore (v. 1132-v. 1202), Maître Eckhart (v. 1206-1327), Pic de La Mirandole (1463-1494), Jakob Böhme (1575-1624), Emmanuel Swedenborg, Rudolf Steiner (1861-1925), Nathan Söderblom, Karl Gustav Jung, Theodor Reik, René Guénon, Jiddu Krishnamurti, Karlfried Graf Durckheim (1896-1988), Allan Kardec (1804-69), Eliphas Levi (1810-75), P. Helena Blavatsky (1831-91), Dr Gérard Encausse dit Papus (1865-1916), Paul Le Cour (1871-1954), Alice Ann Bailey (1880-1949), Paule Salomon : *les Nouveaux Aventuriers de l'Esprit* (1979), Marilyn Fergusson : *les Enfants du Verseau, pour un nouveau paradigme* (1981), David Spangler : *Émergence, Quand grandissent les enfants du Verseau, Révélation, la Naissance d'un Nouvel Age* (1986). **Revues** (en France) : « Nouvelles Clés », « Troisième Millénaire », « Terre du ciel ». **Librairies** : l'Espace bleu (à Paris). **Collections** : « New Age » (J'ai lu), « l'Age du Verseau » (Belfond).

■ **Omkarananda (centre spirituel international).** *Fondé* par le Swami Omkarananda. *Siège* : 41, Anton Graffstrasse, 8400 Winterthur, Suisse.

■ **Osho.** Anciennement appelé Bhagwan Shree Rajneesh (Inde, 1931-90). Enseigne la philosophie puis voyage en Inde et dans le monde. Discours sur la méditation, le Zen, le sexe, la mort ou la politique. Intègre les techniques modernes de thérapie occidentale et la culture orientale basée sur la méditation, le dépassement de l'ego, l'humilité ou la compassion. Développe des dizaines de techniques de méditation, la Dynamic ou la Mystic Rose usant des phases (danse, catharsis, expression) préliminaires facilitant l'état de méditation. **En France** : Espace Healing, Comps (Drôme).

■ **Parapsychologie de Paris (Faculté de).** *Fondée* en 1987 par Marguerite Preux (née 1935, Corse). Établissement d'enseignement privé. Considérée comme secte par ADFI. *But* : parvenir à l'unification du Soi par la découverte de sa vraie personnalité (« individualisation »). Cursus ésotérico-occulto-psychologique en 3 degrés d'initiation sur 4 à 5 ans et plus. Séjours en communauté, Cité des Immortels (Morsain, Aisne). Interdiction de radio, TV, presse. Vie sentimentale et sexuelle réglementée.

■ **Pèlerins d'Arès.** Croyants libres sans dogmes ni hiérarchie. Se donnent pour mission d'éveiller tout homme à l'acquisition personnelle du Bien : amour, pardon, patience, intelligence spirituelle, considérés plus forts contre le Mal que la religion, la politique et les lois. **Associations :** plus de 60 fondées depuis 1974 : parution de « la Révélation d'Arès » : perpétue le pèlerinage sur le lieu où Michel Potay, ancien exarque de l'Église russe vivante, dit avoir reçu des révélations de Jésus au cours de 40 apparitions à Arès (Gironde).

■ **Râmakrishna Mission.** *Fondée* 1897 par Vivekânanda (1863-1902), disciple de Râmakrishna (voir p. 562 a). Action éducative et sociale.

■ **Sahaja Yoga.** « Yoga spontané ». *Fondé* 1970 par Shri Mataji Nirmala Devi : nom de jeune fille Salve, matrimonial Srivastava. *Doctrine :* la pierre de touche de la Pure Religion Universelle est l'« expérience de la Réalisation du Soi », union de l'âme individuelle avec l'âme universelle, grâce à l'éveil de la « Kundalini » (énergie sacrée enroulée) dans l'os du sacrum. *Pratiques :* méditation, généralement devant la photo de « la Mère » (Shri Mataji), établissant la conscience sans pensée : Nirvichara Samadhi. Sans exclure la médecine traditionnelle, le Sahaja Yoga a été expérimenté notamment comme une médecine adjuvante, simple, dans le traitement ou la prévention de l'hypertension artérielle, l'épilepsie, la migraine, l'asthme, etc. *Pratiquants* (en 2000) : 1 000 000 dont France 1 000.

■ **Sainte-Famille (Église de la).** *Fondée* en 1974 par Pierre Poulain (né 1924) pour « restaurer toute l'Église catholique et universelle ». Fin du monde proche, révolution, apparition d'un roi, couronné en 1999 à Derval (Loire-Atlantique), d'où partiront les élus de Dieu.

■ **Satanisme.** « Antireligion » non structurée. *Principal précurseur :* l'Anglais Aleister Crowley (1875-1947), auteur du *Livre de la Loi* (1904), fondateur de sectes adonnées à la magie sexuelle, notamment l'Ordre de l'Étoile d'argent (1904) et l'Ordre germanique du Temple oriental (1920). Il avait appartenu en 1898, sous le nom de frère Perdurabo, à l'Ordre hermétique de l'Aurore, qu'il quitta pour enseigner le culte de « l'Énergie solaire phallique », que lui aurait révélé un démon nommé Aiwass. Promoteur de la « contre-culture occidentale », il a pratiqué alcoolisme et consommé hallucinogènes (dès 1930). *« Église de Satan »* fondée à San Francisco en 1966 par un ancien dompteur, Szandor La Vey, portant le titre de mage, qui écrivit une « Bible satanique ». 10 000 sectateurs en Californie (sorciers, enchanteurs, magiciens). Certains se livrent en privé à des séances de satanisme (messes noires, zoophilie, sacrifices rituels d'animaux, vandalisme). Charles Manson (né 1935), coupable d'avoir organisé en août 1969, à Bel Air (Californie), l'assassinat de 5 personnes, dont l'actrice Sharon Tate, possédait la « Bible satanique ».

■ **Shri Ram Chandra Mission France (SRCMF).** Organisation internationale de Raja yoga. *Fondée* 1945 en Inde par Shri Ram Chandraj (1899-1983) à la mémoire de son maître spirituel. *Déclarée* en France 1986 comme association loi 1901. *Enseignement :* Sahaj Marg (« voie naturelle ») : technique d'entraînement spirituel simplifié dont le fondement est la méditation sur le cœur. *Pt :* P. Rajagopalachari (Chariji) assisté par des précepteurs. *Effectifs :* 50 000 (?) dont France 1 500 (dont précepteurs 110). *Siège : mondial :* Babuji Memorial Ashram, Manapakkam, Chennai (Madras) 600 018 Inde ; *européen :* 19, rue du Val-d'Amour, 39380 Augerans (France).

■ **Société théosophique.** *Fondée* en 1875 à New York par Helena Blavatsky (1831-91) et le colonel Henry Steel Olcott (1932-1907). Émigra à Adyar, près de Madras. Sous l'impulsion de sa fondatrice et de ses continuateurs, dont Annie Besant (1847-1933), la Sté a répandu une sorte de synthèse d'enseignements traditionnels de la spiritualité (hindouisme, bouddhisme, etc.), a contribué dans l'Inde, alors colonisée, à la renaissance de ces enseignements, et a été dans le monde un important agent de leur diffusion. Sur le plan politique, certains membres ont joué un rôle important dans le mouvement qui aboutit à l'indépendance de l'Inde. *Annie Besant* avait adopté Jiddu Krishnamurti (1895-1986) en 1910. Mais celui-ci, ayant trouvé sa propre voix, dissout le 2-8-1929 l'Ordre de l'Étoile d'Orient dont on lui avait confié la direction et professa un enseignement spirituel original et indépendant de toute structure. Annie Besant a contribué au développement d'un ordre maçonnique mixte, *le Droit humain,* créé en France en 1893 (sans relations avec la Sté théosophique) et participé à la fondation du parti du Congrès en Inde. En 1913, *Rudolf Steiner* (1861-1925) entraîna des dissidents allemands et créa *l'anthroposophie* (voir p. 563 c). *Principales activités :* cours, conférences, séminaires. *Membres :* 500. *Publication :* « le Lotus bleu » (800 ex.). **En France :** *siège :* 4, square Rapp, 75007 Paris.

■ **Spiritisme** (en anglais : « modern spiritualism »). Doctrine philosophique élaborée de 1844 à 1910 aux USA par Andrew Jackson Davis (1826-1910), auteur de *la Philosophie de l'harmonie* (8 vol.) ; *1857-69* en France, d'après des messages médiumniques et diverses observations et expériences, par le professeur Hippolyte Denizard Léon Rivail (Lyon 30-10-1804/31-3-1869 ; tombeau en forme de dolmen au Père-Lachaise), qui a publié sous le pseudonyme d'Allan Kardec : *le Livre des esprits, le Livre des médiums, l'Évangile selon le spiritisme, le Ciel et l'Enfer, la Genèse, les Miracles et les Prédictions selon le spiritisme.* A séduit des savants : Camille Flammarion, Alfred Russel Wallace, William Crookes, Oliver Lodge, Cesare Lombroso, Hans Driesch ; des écrivains : Victor Hugo, Victorien Sardou et Arthur Conan Doyle. *Doctrine :* l'âme est associée à un organisme énergétique (« périsprit »), corps astral, double ou corps-énergie, qui l'accompagne au moment de la mort, lorsqu'elle se dégage du corps physique. Pendant une période plus ou moins longue, l'esprit « désincarné » peut se manifester aux vivants par des phénomènes divers : spontanément et directement (apparitions plus ou moins matérialisées, visions en rêve, coups frappés) ou par l'intermédiaire de « médiums » (clairvoyance, clairaudience, écriture automatique, parole inspirée, etc.). *Parapsychologie :* discipline. Des *réincarnations successives,* à travers les mondes végétal, animal et humain, permettent à l'âme de se former et d'évoluer parallèlement à l'évolution biologique ; l'âme évolue dans l'Univers, son développement et son plein épanouissement constituant sa finalité naturelle. Le spiritisme considère le monde matériel comme une école de formation du caractère, un moyen de prise de conscience de la solidarité reliant tous les êtres dans leur ascension. La contemplation des beautés de l'Univers et la méditation permettent de vibrer en harmonie avec des plans supérieurs, mais le spiritisme préconise une *spiritualité active*, tendant à assurer la maîtrise de notre nature intérieure et celle du monde matériel, et à réaliser une vie sociale fondée sur aide mutuelle, solidarité, bienveillance entre individus et peuples.

Conseil spirite international : fondé sur une proposition de l'USFF, regroupe 21 fédérations spirites. **Spirites (dans le monde) :** plus de 25 millions. **Revues :** plus de 100 (dont « Reformator », « Folha Espirita » au Brésil, « Espiritismo » en Espagne, « Revista Espirita » au Portugal et la « Revue spirite » en France et également dans toute l'Amérique du Sud et au Japon). *1858* la *Revue spirite* créée par Kardec, Sté parisienne d'études spirites (SPES) créée. *1883* Union spirite française créée : bimensuel : le *Spiritisme. 1896* Gabriel Delanne († 1926) crée la « Revue scientifique » *et morale du spiritisme. 1917* Jean Meyer († 13-4-1932) acquiert la SPES et avec Léon Denis († 12-4-1926) republie la « Revue spirite » (arrêtée en 1914). *1919*-30-3 l'USF devient association loi 1901 (Pt : G. Delanne). *1976*-25-4 devient l'Union scientifique francophone pour l'investigation psychique et l'étude de la survivance (Usfipes) [Pt : Edmond Bernard. Secrétaire général : André Dumas († 1997). Membre du Conseil d'administration de la Forep (Fédération des Organismes de recherches parapsychologiques)]. *1977*-janvier la « Revue spirite » et « Survie » sont absorbées par *Renaître 2000,* propriété d'André Dumas. *1979*-5-2 disparition de la Maison des Spirites, dissolution de la SCI d'études métapsychiques ; partage entre 8 copropriétaires. *1980*-mai USF (Pt : André Dumas). *1985*-4-5 Union spirite française et francophone (USFF) créée (Pt : Roger Perez ; 1, rue du Docteur-Fournier, Tours). -1-10 parution de la « Nouvelle Revue spirite » d'expression française. *1989*-23-3 le tribunal de Meaux déclare A. Dumas déchu pour non-exploitation de ses droits de propriété de la marque La Revue spirite. -11-5 le titre la « Revue spirite » est enregistré à l'INPI au nom de l'USFF.

■ **Sri Chinmoy (Fédération française des centres).** *Origine :* Sri Chinmoy Church Center, *fondé* 1971, par Chinmoy Kumar Ghose (né 1931, Bangladesh) qui aurait écrit 843 poèmes en 24 h (17 000 au total, réunis dans 750 livres), peint 14 000 tableaux et composé 6 000 morceaux de musique. Champion de décathlon, de marathon et d'haltérophilie, il aurait soulevé plus de 3 tonnes. *1975* admise comme ONG à l'Onu où elle forme le « meditation group ». *1977* déclaration en France (association loi de 1901). *1983* organisation de la « marche de la Paix ». *1984* du « concert de la Paix ». *Doctrine :* ancrée dans les traditions spirituelles orientales, repose sur l'épanouissement de la paix dans le monde, qui doit d'abord naître dans le cœur de chacun. Aspire à découvrir et pratiquer la spiritualité et la paix intérieure par la méditation et à travers la musique, poésie, théâtre et sport. **Centres en France :** dans plusieurs villes ; enseignement gratuit.

■ **Temple solaire (Ordre du).** Ordre chevaleresque international de tradition solaire (Ocits) *créé* le 18-5-1984 par le Dr Luc Jouret (Belge, homéopathe) puis dirigé par Joseph Di Mambro qui lança les clubs Amenta. En 1981 : deviennent l'association *Archedia,* en 1986 se subdivise en 2 (secrète/exotérique). *1990* l'Ocits devient l'OTS : 4 commanderies affiliées (France, Martinique, Canaries, Canada). *1994-24-9* annonce de la fin de l'Ordre ; Alliance Rose-Croix *créée* (hermétique, ésotérique et exotérique à la fois). Seuls les membres de l'Ordre seront sauvés au moment de l'apocalypse. Les responsables se suicident (voir encadré ci-dessous). Michel Tabachnik (né 1942, chef d'orchestre suisse) fut Pt de la « Fondation Golden Way » de 1981 à 1990.

☞ Raymond Bernard, fondateur de l'**Ordre rénové du temple (ORT)** a été interrogé sur ses liens avec l'OTS.

SUICIDES COLLECTIFS

1978-*18-11* Guyana : 912 membres du Temple du Peuple (leader : Jim Jones) : boisson au cyanure. **1993**-*19-4* Waco (Texas, USA) : secte des Davidiens ; après 51 jours de siège, assaut de la police ; incendie (plus de 80 corps calcinés dont celui du gourou David Koresh). **1994**-*30-9* Morin Heights, près de Montréal (Québec) : Ordre du Temple solaire (OTS) : 5 poignardés dans un incendie ; *-4/5-10* Suisse : 48 membres de l'OTS carbonisés dont : à Cheiry (canton de Fribourg) 23, Granges-sur-Salvan (Valais) 25 (dont Joseph Di Mambro, le Dr Luc Jouret et l'industriel suisse Camille Pilet) ; Canada : 2 membres brûlés à Morin-Heights. **1995**-*23-12* Vercors : OTS : 16 brûlés dont la femme et le fils de Jean Vuarnet et 3 enfants. **1997**-*22-3* Saint-Casimir (Québec) : OTS : 5 carbonisés dont 3 Français ; *-26-3* Santa Fe (Californie, USA) : secte WW Source supérieure : 39 jeunes. **1998**-*7-1* Santa-Cry-de-Tenerife (Canaries, Espagne) : l'intervention de la police évite un suicide de la secte Isis (scission de la secte indienne Brahma-Kuramis) prévu pour le 8-1 à 20 h par le gourou, Heide Fittkaugarthe (psychologue allemande, 57 ans). **2000**-*17-3* Ouganda : environ 1 000 membres de la secte apocalyptique Mouvement pour la restauration des 10 commandements.

■ **Tradition, Famille, Propriété (TFP).** Secte catholique fondée au Brésil. Association loi de 1901 « Avenir de la culture », *créée* en mars 1986 (*mission :* campagnes de défense des valeurs morales).

■ **Vimala Thakar.** Née en Inde, petite-fille d'un raja, collaboratrice du Mouvement de répartition des terres de Vinoba Bhave. Son expérience lui apprend qu'il faut changer l'esprit humain pour lutter contre misère et violence. *Renseignements :* Bookfund Vimala Thakar, Mrs Georgia Niesten, Johannes Worpstraat 23, 1076 BD Amsterdam (Pays-Bas).

■ **Voie internationale (La).** *Fondée* en 1942 par un ancien pasteur, l'Américain Victor Paul Wierwille (1916-85), pour faire connaître le message sur « le secret d'une vie de puissance et de victoire » que Dieu lui aurait révélé.

ATHÉISME EN FRANCE

■ **Organisations. Comité de liaison de l'athéisme (CLA) :** *créé* en 1980 en France. *Regroupe* Union des athées, Union rationaliste et Libre-pensée. Demande 1 jour de congé supplémentaire pour les fonctionnaires athées (juifs, musulmans et arméniens en ont 3). *Pt parlementaire :* Henri Caillavet.

Libre-pensée : *créée* milieu XIXe s. *Membres :* 6 000. Organise un banquet gras pour le « vendredi-dit-saint ». *Publication :* « la Calotte » (mensuel depuis 1930), « la Raison » (mensuel, 10 000 ex.), « l'Idée libre » (bimestriel, 1 500 ex.). Ses militants s'appellent camarades et commémorent la Commune.

Union des athées : *fondée* le 14-3-1970 par Albert Beaughon (1915-95). *Doctrine et buts :* opposer aux conceptions déistes ou théistes une attitude intellectuelle rationnelle fondée sur la non-croyance, seule apte à ne pas limiter le champ de nos réflexions et à permettre l'évolution continue de nos connaissances. Faire admettre que le droit à la liberté religieuse et à sa manifestation publique comprend aussi le droit de critiquer publiquement croyances et religions. Dénoncer l'intoxication intellectuelle propagée par les sectes. Rejeter les conceptions fondées sur des absolus comme « Perfection » ou « Vérité ». Libérer l'homme des « Mystères » qu'il s'invente et des fatalismes religieux. Propager la notion de tolérance qui consiste à considérer l'être humain par ce qu'il fait et non pour ce qu'il est ou ce qu'il dit. Combattre racisme et xénophobie. Promouvoir humanisme athée et laïcité dans des États démocratiques. *Publication :* « la Tribune des athées » (trimestriel, 1 000 ex.). *Renseignements :* 4, rue de l'Université, 75007 Paris.

Union mondiale des libres-penseurs : *fondée* en 1880. *Regroupe* 15 fédérations nationales.

Union rationaliste : *fondée* en 1930 par Henri Roger (physiologiste) et Paul Langevin (physicien, † 1946). Appelle à lutter contre « la croyance aux diverses révélations qui enseignent des dogmes incompatibles avec l'esprit scientifique ». *Membres :* 2 000. *Pt :* Evry Schatzman. *Publications :* « les Cahiers rationalistes » (mensuel), « Raison présente » (revue). Correspondante de l'Iheu (International Humanist and Ethical Union), fondée 1952 par sir Julian Huxley (biologiste britannique) ; regroupe une quarantaine d'organisations.

■ **Nombre en France** (en %). **Athées affirmés :** *1981 :* 10 ; *90 :* 11 ; *94 :* 23. **Sans religion :** *1980 :* 15. **Incroyants :** *1986 :* 14 ; *94 :* 19. **Considérant comme exclue l'existence de Dieu :** *1986 :* 12 ; *94 :* 18. **18/24 ans** (1994) : sans religion 36, incroyants 27, excluent l'existence de Dieu 24.

MYTHOLOGIE GRÉCO-ROMAINE

Comprend environ 30 000 dieux, déesses, demi-dieux, héros ou autres divinités inférieures dont l'origine remonte au vieux fonds indo-européen. Chaque puissance naturelle, mais aussi chaque réalité locale, est symbolisée par une divinité (salutaire ou nuisible). Certains étaient communs à toute la Grèce, d'autres n'étaient adorés que localement.

Les Romains adoptèrent les dieux grecs et leurs légendes ; ils y retrouvaient, sous une forme littéraire, les légendes importées en Italie par Italiotes (XIe s. av. J.-C.) et Étrusques (IXe s. av. J.-C.). Ils vénéraient aussi les mânes (esprits des morts).

☞ **Divinités olympiennes : Zeus, Hestia (Vesta,** déesse du foyer domestique) et les 10 autres dieux ou déesses ci-après, désignés par un astérisque.

■ **Origine.** Selon Hésiode, du **Chaos** naissent la *Terre* **(Gaïa)**, le *Désir* **(Éros)**, les *Ténèbres* **(Érebos)**, la *Nuit* **[(Nyx)** qui aura (sans l'aide d'un principe mâle) la *Lumière des astres* **(Aither)**, la *Lumière terrestre* **(Hemera)]**. Gaïa aura (sans l'aide d'un principe mâle) le *Ciel étoilé* **(Ouranos)** et la *Mer* **(Pontos)**. Ouranos et Gaïa ont une nombreuse descendance : les **Cyclopes** [*Brontès* (tonnerre), *Stéropès* (foudre), *Argès* (éclair), géants, œil unique au milieu du front, enchaînés par Ouranos, délivrés par Cronos, prisonniers dans le Tartare, définitivement délivrés par Zeus à qui ils donnent le tonnerre, l'éclair et la foudre] ; les **Titans :** *Cronos, Creios, Hypérion* (père d'Hélios, le Soleil), *Iapetos,*

Océanos (fleuves), *Coos* ; les **Titanides :** *Rhéa, Thésys, Phoebé* (la Lune), *Mnémosyne* (la Mémoire), *Thémis* (la Loi), *Théa* ; les **Hécatonchines :** *Cotos, Gyès* et *Briarée* (ou Égéon) ; les **Géants ;** les **Méliades ;** les **Érinnyes.** Titan cède le trône à Cronos, son frère, mais, pour que l'empire revienne ensuite à ses propres fils, il oblige Cronos à dévorer ses enfants mâles. Zeus, Poséidon et Hadès échappent toutefois à la mort grâce à une ruse de leur mère. Titan, l'ayant appris, enchaîna Cronos et sa famille ; Cronos (Saturne), qui tue Ouranos, engendre avec **Rhéa** de nombreux enfants (voir col. c), dont Zeus qui le détrônera et deviendra le Dieu suprême siégeant dans l'**Olympe**.

■ **Le Ciel.** **Zeus** (**Jupiter ;** attributs : aigle, sceptre, foudre, célébré avec Athéna et Apollon lors des Apathuries). Appelé *pantocrator* (du grec *pan,* tout et *kratos,* puissant), il est le maître des dieux et des hommes. Il arborait un bouclier appelé égide recouvert de la peau de la chèvre *Amalthée* et orné de la tête de *Méduse.* Amalthée dissimula Zeus enfant pour l'arracher aux recherches de Cronos.

Descendants de Zeus : De ***Héra** [**Junon** (mariage) ; attributs : paon, grenade] → **Hébé** (jeunesse) ; ***Arès** [**Mars** (guerre) ; attributs : casque, armes] ; **Enzo** [**Bellone** (bataille)] ; ***Héphaïstos** [**Vulcain** (forgeron, boiteux) ; attributs : enclume, marteau ; qui épouse *Aphrodite*].

De ***Déméter** [**Cérès** (agriculture) ; attributs : gerbe, faucille] → **Coré (Perséphone)** épouse d'*Hadès (Pluton).*

D'***Aphrodite** [**Vénus** (amour, beauté, fécondité) ; attribut : colombe ; *Titan* Cronos, rebellé contre son père Ouranos, le châtre pendant son sommeil, jette ses organes génitaux à la mer et de la vague qui se produit surgit, nue, Aphrodite (son nom signifie en grec « née de l'écume ») qui aborde à *Cythère,* considérée par les poètes comme l'île des amours (un paradis enchanteur) ; mariée à *Héphaïstos* (Vulcain), elle eut de nombreux amants parmi les dieux, dont *Arès* (d'où naquit *Éros* ou *Cupidon,* jeune dieu de l'amour, représenté ailé avec un arc et des flèches blessant les cœurs), *Dionysos* (d'où *Priape*), *Hermès* (d'où *Hermaphrodite*), *Poséidon,* et parmi les mortels le Troyen *Anchise* (d'où *Énée,* élevé par les nymphes et le centaure *Chiron,* héros de la guerre de Troie, aimé de *Didon* à Carthage, ancêtre des Julii, famille de Jules César) ; à la chasse, elle aperçut *Adonis* (le Seigneur) fils incestueux de *Cinyre* (roi de Paphos et de Chypre) et de *Myrrha* et s'en éprit. Son amant Arès envoya un sanglier qui le tua. Aphrodite changea son sang en anémone. Aux Enfers, Adonis inspira un puissant amour à *Perséphone* (épouse d'Hadès). Zeus décida qu'Adonis passerait 6 mois en Enfer avec Perséphone et 6 mois sur Terre avec Aphrodite] → **Éros** (amour).

De **Maia** (croissance), fille du géant *Atlas* → ***Hermès** (**Mercure** ; dieu des voleurs, du commerce, des voyageurs, messager des dieux ; attributs : ailes, caducée) qui a d'*Aphrodite : Hermaphrodite* (symbole de l'ambivalence sexuelle), et de *Timbris : Pan* [bergeries, fécondité et puissance sexuelle ; il prit la forme d'un bélier pour séduire *Dryopé* (fille de Dryops) ; séduisit les Ménades ; tenta de violer *Pitys* qui pour lui échapper fut transformée en pin ; poursuivit *Syrinx* qui demanda à son père le dieu-fleuve *Ladon* de la changer en roseau ; *Pan* coupa un roseau, en fit une flûte qu'il appela syrinx ou flûte de Pan et devint le dieu de la musique ; métamorphosa *Séléné,* déesse de la Lune, en brebis ; plut à *Écho* dont il eut une fille, *Iyns,* à *Euphémé* qui lui donna *Crotos,* « le Sagittaire du Zodiaque »].

De **Thémis** (loi ; attributs : glaive, balance) → les **3 Moira (les Parques)** : *Clotho* (naissance), fileuse, dévidait sur sa quenouille le fil de la vie, *Lachésis* (jours de la vie) déterminait la longueur du fil, *Atropos* (mort) coupait le fil avec des ciseaux. De **Dioné** (nymphe de l'Océan) → *Aphrodite* (voir ci-dessus).

De **Léto (Latone)** → ***Phoïbos** [**Apollon** (Soleil, beaux-arts)] ; attributs : arc, lyre, flûte, combat le serpent *Python* avant d'être exilé sur Terre pour avoir tué les Cyclopes ; écorche vif un satyre et fait pousser des oreilles d'âne au roi Midas ; père de *Phaéton* et d'*Asclépios* [*Esculape* (médecine), père d'*Hygieïa* (santé) et de *Panacée* (de Panakeïa, secourable à tous) ; sa mère Hépioné savait guérir tous les maux] ; **Artémis** [**Phoïbé** ou ***Diane** (Lune, chasse, musique, femmes, vierges) ; attributs : croissant, arc, biche].

De **Mnémosyne** (la mémoire) → les **Muses :** *Clio* (histoire), *Melpomène* (tragédie), *Thalie* (comédie), *Euterpe* (musique), *Terpsichore* [danse et chant (choral), couronnée d'un diadème, tenant à la main une harpe ou une lyre en écaille de tortue, surmontée de 2 cornes de chèvre], *Érato* (poésie pastorale, élégie), *Calliope* (éloquence), *Uranie* (astronomie), *Polymnie* (poésie lyrique).

De **Léda** (†) → *Pollux ; Hélène.*

D'**Alcmène** (†) → *Héraklès (Hercule).*

De **Danaé** (†), fille du roi d'Argos *Acrisios* et d'*Eurydice* → *Persée.*

D'**Europe** (†), fille d'*Agénor* (roi de Phénicie) et de *Téléphassa,* sœur de Phœnix et Cilix ; alors qu'elle jouait au bord de la mer avec ses compagnes, *Zeus* l'aperçut et en tomba amoureux ; il se métamorphosa en un taureau blanc, aux cornes dorées, et vint rôder sur la plage ; elle monta alors sur son dos et Zeus-taureau s'élança dans les flots et l'emporta en Crète (à Gortyne), dont elle épousa le roi, *Astérion* (ou fut transportée en Béotie et donna le jour à *Carnaos,* ancêtre des Ægides) → *Minos, Rhadamanthe* et *Sarpédon.*

D'**Eurynomé** → les **3 Grâces :** *Euphrosyne ; Thalie ; Aglaé.*

De **Sémélé** (†) → **Dionysos** [**Bacchus** (vin) ; attributs : pampres, panthère ; sa mère voulut contempler Jupiter au grand jour, et fut foudroyée ; cependant Jupiter, pour sauver son fils, lui fit passer à l'intérieur de sa cuisse les mois qui manquaient à l'enfant pour naître à terme ; sorti de son père, il pense être de très haute naissance ; Silène était son père nourricier ; a d'*Aphrodite : Hyménée* (mariage), *Priape* (virilité, dieu des jardins et des vignes)].

Nota. – (†) Simple mortelle.

Zeus engendra seul *Athéna [**Pallas ;** ou **Minerve** (sagesse) ; attributs : chouette (clairvoyance dans les ténèbres), égide, olivier], qui jaillit tout armée de sa tête. Elle changea en araignée *Arachné,* une jeune Lydienne, habile tisseuse et brodeuse, qui l'avait défiée.

Iris : voyage entre Ciel et Terre, messagère des dieux (son écharpe est l'arc-en-ciel).

Atlas (celui qui supporte) : fils de Zeus et de Clymène, roi de Mauritanie, père des *Hyades* et des *Pléiades* (ou *Atlantides*). Transformé en montagne ou condamné par Zeus, pour avoir soutenu les Titans, à porter l'Univers sur ses épaules. Titan (géant immortel), frère de Prométhée, tous deux fils de Japet. Il porte sur ses épaules la voûte du ciel (porte la Terre sur un recueil de cartes de Mercator, d'où le nom donné aux ouvrages de cartographie). Père des **7 Pléiades** qu'il eut de *Pléione* (fille de l'Océan et de Thétys) [métamorphosées en étoiles parce que leur père avait voulu lire dans les secrets des dieux, appelées aussi *Vergilies* (printanières ou étoiles du printemps) par les Latins : *Maia* qui eut de Zeus *Hermès, Électre* qui eut de Zeus *Dardanus, Taygète* qui eut de Zeus *Taygétus, Astérope, Mérope* qui eut de Sisyphe *Glaucos* (père de Bellérophon), *Alcyone* qui eut de Poséidon *Glaucos, Céléno* qui eut de Poséidon *Lycus*] et des **7 Hyades** (ou Pluvieuses) qu'il eut d'*Éthra* (fille de l'Océan et de Téthys) : *Ambrosie, Eudore, Phoésyle, Coronis, Polyxo, Phoéo, Dioné.*

■ **Les Eaux.** **Éole,** fils de Poséidon (ou de Zeus) et d'Arné, dieu des vents, régnait sur les îles Éoliennes (Lipari) roi des vents de la mer *(Boréas, Euros, Notos, Zéphyros).* **Glaucos,** dieu de la vie de la mer. **Ino,** secours des marins, mère de *Palémon.* **Nérée, Doris,** parents des **Néréides** (nymphes de la mer, mi-poissons, mi-femmes. Les Tritons leur servaient de montures. Les plus célèbres : *Amphitrite,* épouse de Poséidon ; *Galatée,* qui aima le berger *Acis* et fut aimée du Cyclope *Polyphème* qui, fou de rage, fit tomber un rocher sur eux ; *Thétis,* qui épousa Pelée et donna naissance à Achille). **Océanides,** nymphes des océans (elles étaient 3 000 dont *Admète, Asie, Calypso, Clymène, Clythie, Dioné, Électre, Eudore, Europe, Eurynomé, Libye, Métis, Parthénope, Perséis, Pleioné, Styx, Thrace, Tyché, Uranie, Xanthé ;* et personnifiaient les vagues). **Okéanos,** dieu des eaux. *** Poséidon (Neptune),** attributs : trident, cheval. Dieu des océans, des mers et des terres (à l'origine), époux d'*Amphitrite,* reine de la mer, dont il a *Triton* (dieu du bruit de la mer), au torse d'homme barbu et au corps de poisson, équivalent masculin de la Sirène. A de *Gaia Charybde* transformée en tourbillon marin par Zeus, associée à *Scylla*, gouffre marin. A de *Thoôsa* le Cyclope *Polyphème.* A d'*Euryalé Orion,* chasseur. **Protée** (mer en mouvement), gardien des troupeaux de phoques, veaux marins et autres animaux de son père Poséidon. Ayant le don de prophétie et pour échapper à ceux qui l'interrogeaient, il revêtait des formes diverses. **Sirènes,** divinités locales (malfaisantes, naufrageuses : du grec *seirên* désignant des monstres mi-femmes mi-oiseaux dont la voix envoûtante attirait et égarait les marins) [*Aglaopé* (celle au beau visage) ; *Aglaophonos* (à la belle voix) ; *Leucosia* (la blanche) ; *Ligéia* (au cri perçant) ; *Molpé* (la musicienne) ; *Parthénopé* (au visage de jeune fille) qui, vexée de voir Orphée surpasser leur chant (faisant par là perdre aux sirènes tout pouvoir sur les hommes), se jeta à l'eau : à l'endroit où son corps échoua, la ville de Naples fut érigée ; *Peisinoé* (qui persuade) ; *Raidné* (amie du progrès) ; *Télès* (la parfaite) ; *Thelxépéia* (l'enchanteresse) ; *Thelxiopé* (qui persuade)]. **Téthys,** sœur d'Okéanos (la Mer, mère des fleuves), mer calme. **Typhon,** dieu de l'ouragan, père de la *Chimère* [monstre que *Bellérophon* (héros corinthien) affronta sur l'ordre du roi de Lycie, et qu'il tua grâce à Pallas qui prêta *Pégase,* le cheval ailé] et des *Harpies* (voir col. c).

■ **Les Enfers.** **Les Érinyes (Furies)** aux cheveux noués de serpents, armées de torches et de fouets, elles exécutaient la vengeance des dieux et suscitaient la haine entre les humains, dites *Euménides* (bienveillantes) : *Mégère, Tisiphone, Alecto.* **Hadès (Pluton)** dieu des ténèbres. Attributs : sceptre, chien *Cerbère* (né des 2 monstres *Typhon* et *Échidna :* cou hérissé de serpents à 3 têtes ; garde l'entrée des Enfers du bord du *Styx. Orphée,* descendant aux Enfers pour ramener *Eurydice,* réussit à l'assoupir par les sons de sa lyre, et *Énée* l'amadoua avec un gâteau de miel. *Héraklès* parvint à l'enchaîner à ses pieds). **Hécate** fille d'*Astéria* et du Titan *Persès ;* tricéphale (tête de lion, de chien, de jument) ; elle est parfois assimilée à *Artémis* ou *Perséphone.* Lors des *hécatésies,* on lui immolait des chiens. **Hypnos (le sommeil). Les Juges :** *Minos, Éaque, Rhadamante* (fils de Zeus et d'Europe qui avec ses frères *Sarpédon* et *Minos* est adopté par le roi de Crète *Astérios.* Après sa mort, il devint Juge des Enfers). **Les Kères (Destinées)** filles de la Nuit. **Perséphone (Proserpine)** déesse des Enfers et de la végétation, sa femme. **Thanatos** (la mort).

Enfers : POUR LES GRECS : *l'Érèbe,* ses palais de la Nuit, du Sommeil et des Songes. Là se trouvaient Cerbère, les Furies, la Mort et les morts sans sépulture ; *l'Enfer des méchants,* soumis au froid des lacs et aux brûlures des flammes ; *le Tartare,* ou prison des dieux, ceint d'un triple mur d'airain qui soutenait les fondements des océans et de la Terre ; les *champs Élysées,* séjour des bienheureux après la traversée de l'Érèbe. Là poussent des arbres aux fruits d'or (symbolisant le soleil couchant) gardés par les *Hespérides* occidentales, accompagnées des *Méliades.* POUR LES ROMAINS : 7 parties : *enfants* mort-nés, *innocents* condamnés à mort, *suicidés, amants* infidèles et amantes trompées, *êtres cruels, Tartare, champs Élysées.*

■ **Les Fleuves.** **Achéron** avec **Styx, Cocyte** et **Pyriphlégéton,** que les âmes des morts doivent traverser sur la barque du nocher *Charon,* avant de séjourner dans leur dernière demeure : l'île des morts.

■ **La Terre.** **DÉESSES : Déméter (Cérès)** fille de Saturne et de Rhéa, déesse des moissons, mère de *Perséphone* enlevée aux Enfers par Hadès [lui étaient consacrés : truie (symbole maternel), bélier, grue, tourterelle]. **Flore** déesse des fleurs. **Gaïa** (à l'origine). **Naïades** déesses des cours d'eaux. **Pomone** déesse des fruits. **Rhéa** (Crète) [ou **Cybèle** (Asie Mineure)] la déesse à la hache, fécondée par la Mort ; représentée assise sur un trône protégé par 2 lions ; lion et tambourin étaient ses attributs. Épousa *Gordias,* roi de Phrygie, engendra *Midas* (affligé d'« oreilles d'âne » par Apollon qu'il avait irrité, mais auquel fut donné par Dionysos le pouvoir de transformer en or tout ce qu'il touchait. Dionysos, pour dissiper l'enchantement, lui conseilla de se purifier dans le fleuve *Pactole*). Épouse de *Cronos,* le Temps, mère de *Zeus* et des *Dactyles* (5 hommes et 5 femmes nés de ses doigts enfoncés dans le sol pour soulager ses douleurs alors qu'elle était enceinte de Zeus) ; attribut : corne d'abondance.

DIEUX : Faune dieu des bergers. **Ploutos** dieu des richesses accumulées [le dieu des richesses acquises (par l'agriculture et le commerce) étant **Vertumne** emprunté aux Étrusques (voir p. 567 b)]. **Sylvain** dieu des forêts et de la fécondité (attribut : maillet).

NYMPHES : Alséides : des bocages. **Dryades et Hamadryades : Limoniades :** des prairies et des fleurs, **Méliades :** des pommiers (suivaient Dionysos, poussant des hurlements, jouant du tambourin et agitant le thyrse ; pratiquaient des orgies). **Napées :** des bocages. Sanctuaire (Hiéron) dans le vallon des Muses, sur la montagne Hélicon où l'*Hippocrène* prenait sa source. **Oréades :** des montagnes dont *Écho* condamnée par Junon à n'utiliser sa voix que pour répéter les derniers mots de ses interlocuteurs, amoureuse de *Narcisse* (voir p. 567 b) qui la fuit.

Les 3 Harpies : vents terrestres (confondues plus tard avec les Furies) : *Aello* ou *Nicothoé* (bourrasque), *Ocypète* (vole-vite), *Celæno* (obscure). Filles de Poséidon et de la Terre. Ravisseuses d'enfants et d'âmes, messagères de Zeus, elles avaient un visage de femme, un corps de vautour, des ongles crochus et des ailes.

Les 3 Gorgones : divinités pré-indo-européennes, monstres ailés à chevelure de serpents : *Méduse* ou *Gorgos* [elle choisit un temple d'Athéna pour s'unir à Poséidon ; Athéna, furieuse, la métamorphosa en monstre ailé avec des yeux étincelants, d'énormes dents, une langue pendante, des griffes de bronze, une chevelure de serpents ; elle pétrifiait les hommes qui lui prêtaient attention, les changeait en pierre, les « médusait » ; Persée, fils de Zeus et Danaé, la décapita d'un coup de serpe et se servit de sa tête pour changer en montagne et en pierre le Titan Atlas (prétendant d'Andromède qu'il avait épousée)], *Euryale, Sthéno.* Elles avaient 3 sœurs, vieilles dès leur naissance, les **Grées** (vieilles femmes) : *Péphrédo, Ényo, Dino.*

HÉROS OU DEMI-DIEUX : fils d'un dieu et d'une mortelle ou d'une déesse et d'un mortel. Ainsi **Atlas, Argos, Thésée** [*Ariane* (la très pure, fille de Minos et de Pasiphaé, sœur de Phèdre) lui remit, avant qu'il ne s'enfonçât au cœur du labyrinthe pour y affronter le *Minotaure* (demi-frère d'Ariane, fils d'un taureau et de Pasiphaé), une pelote de fil qu'il déroula derrière lui et, après avoir tué le monstre, il retrouva facilement la sortie. Ariane, délaissée par Thésée à Dia (aujourd'hui Nascos), épousa Dionysos et reçut la couronne de Thétis forgée par Héphaïstos. Nombreux enfants].

Héraklès (Hercule) : fils de *Zeus* et d'*Alcmène* (femme du roi de Tirynthe *Amphitryon*) ; jalouse d'Alcmène, *Héra* (Junon) envoya 2 serpents dans le berceau d'Héraklès, alors âgé de 8 mois, qui les étouffa d'une main. Junon consentit alors à lui donner de son lait pour le rendre immortel ; ce lait, attiré par Hercule, rejaillit dans le ciel et forma la voie lactée. **Travaux d'Héraklès (Hercule)** [imposés par son cousin Eurysthée, roi d'Argolide] : **1 Étouffe le lion de Némée** (ou de Cléonae) [né des amours d'*Échidna* (femme-serpent, fille de Gaïa et Pontos) et de *Typhon* (monstre aux cent gueules engendré par Gaïa)] qui était invulnérable. De sa peau (que ni fer, ni bronze, ni pierre n'entameraient), il se fit une armure, et de sa tête un casque. **2 Décapite l'hydre de Lerne** (fils d'Échidna et de Typhon, élevé par Héra pour mettre Héraclès en péril) monstre à 9 têtes et trempe ses flèches dans son sang. **3 Prend vivant le sanglier d'Érymanthe. 4 Rejoint à la course la biche de Cérynie** à cornes d'or et pieds d'airain, après 1 an de poursuite. **5 Tue à l'arc les oiseaux du lac Stymphale. 6 Dompte le taureau** envoyé par Poséidon contre Minos. **7 Tue Diomède,** roi de Thrace, qui nourrissait ses chevaux de chair humaine. **8 Vainc les Amazones** et s'empare de la *ceinture d'or* que portait *Hippolyte*, leur reine. **9 Nettoie les écuries d'Augias,** roi d'Élide (3 000 bœufs, pas nettoyées depuis 30 ans), en y détournant 2 fleuves, l'*Alphée* et le *Pénée.* Augias refusant de payer Héraclès, celui-ci le tua et pilla sa ville. **10 Tue Géryon,** dont il prend les troupeaux. **11 Prend les pommes d'or du jardin des Hespérides** qui étaient gardées par le géant Atlas. **12 Délivre Thésée** des Enfers, en ramène le chien *Cerbère*. Après ses 12 travaux, Hercule donna sa 1re femme *Mégara* en mariage à son neveu *Iolaos* et, pour épouser *Iolé,* la fille d'*Érytos,* roi d'Œchalie, remporta un concours de tir à l'arc. Mais le roi refusa de lui donner sa fille et le chassa. Hercule tua *Iphito,* le fils du roi, et fut envoyé comme esclave chez la reine de Lydie, *Omphale* (mère de Tantale), qui l'obligea à filer la laine et à porter des vêtements féminins. Elle lui donna plusieurs enfants : *Lamos, Agélaos* (ancêtre de *Crésus*), *Laomédon* et *Tyrrhénos* (inventeur de la trompette). Il tua *Nessus*, un centaure qui avait voulu enlever *Déjanire*, sa femme, mais avant de mourir, Nessus donna à Déjanire une tunique teinte de son sang permettant, selon lui, de s'assurer la fidélité de l'être aimé. Hercule, ayant regardé un jour une autre femme alors qu'il portait la fameuse tunique, ressentit des brûlures si atroces qu'il se jeta dans le feu.

☞ La légende se retrouve, avec des variantes chez presque tous les peuples de l'Antiquité : en Égypte, en Crète, en Phénicie, aux Indes et même en Gaule ; Cicéron compte 6 héros du nom d'Hercule, Varron 43. Le plus connu est l'Hercule Thébain de naissance, Argien d'origine : par Alcmène et Amphitryon, il appartenait à la famille de Persée ; du nom de son grand-père parternel Alcée, il est souvent désigné sous celui d'Alcide.

Géants : fils de Gaïa qui voulurent escalader l'Olympe pour détrôner Zeus ; il les foudroya. **Alcyonée :** fils d'Ouranos. A sa mort, les Alcyonides, ses filles, se précipitèrent à la mer et furent changées en alcyons. **Antée :** fils de Poséidon, reprenait force chaque fois qu'il touchait la Terre. Hercule le maintint en l'air pour l'étouffer.

■ **Animaux légendaires.** **Arion** cheval que Poséidon fit surgir de terre d'un coup de son trident, doté de la parole. **Pégase** cheval ailé, né du sang de Méduse décapitée. Fait jaillir d'un coup de sabot la source de l'*Hippocrène,* sur l'Hélicon. Dompté par Minerve, sert de monture à *Persée* et *Bellérophon* [le Porteur de dards, fils de Glaucos et d'Eurymède, tua involontairement son compatriote *Belléros,* puis son frère *Déliadès* ; exilé à Tirynthe d'où le roi *Protéos,* qui le soupçonnait d'avoir séduit sa femme *Antéia,* l'envoya chez son beau-père, *Iobatès,* roi de Lycie, avec une lettre chargeant ce dernier de le tuer. Dans ce but, Iobatès envoya Bellérophon tuer la Chimère (estimée invincible) mais Bellérophon captura Pégase, le cheval ailé des Muses, survola la Chimère et la tua]. Demeure ensuite sur le Parnasse, près d'Apollon, dieu des poètes. **Python** (de Puthôn, ancien nom de Delphes) serpent monstrueux, fils de Gaïa, né du Déluge, qu'Apollon tua d'une flèche. **Sphinx** fille de *Typhée* et d'*Échidna.* Tête et poitrine de femme, corps de lion, aile d'aigle. Proposait des énigmes insolubles et dévorait les voyageurs qui n'avaient pu les résoudre. *Œdipe* (fils de Jocaste) ayant résolu l'énigme qu'elle lui soumettait, elle se tua [Qui a 4 pieds le matin, 2 à midi, 3 le soir ? L'homme (enfant, il marche à 4 pattes ; adulte, il est sur ses 2 pieds ; vieillard, il s'appuie sur un bâton)].

☞ **Athée :** épouse d'*Œnée,* roi de Calydon, dont *Toxée* tué par son père pour être sorti de la ville ; elle eut d'Arès, *Méléagre,* mort par sa faute lors d'une chasse au sanglier. Se suicida. **Amazones :** filles d'Arès et de la Naïade Harmonie. Guerrières de Cappadoce (se comprimaient le sein droit ou le brûlaient dès l'enfance pour mieux tirer à l'arc) parmi lesquelles *Penthésilée* (tua accidentellement sa sœur *Hippolyté,* fut mortellement blessée à Troie par Achille), *Antiope* (vaincue par Thésée, l'épousa et eut un fils, *Hippolyte,* qui fut aimé de Phèdre), *Siphione, Thomyris, Lysippé, Hippolyté.* **Amphion :** au son de sa lyre, les pierres sont attirées à lui sans effort pour la construction d'une muraille. **Amphitryon :** hôte chez qui l'on trouve une table généreuse. Amphitryon, roi de Tirynthe en Argolide, étant parti à la guerre, Zeus prit son apparence pour séduire son épouse *Alcmène,* aidé par *Hermès* qui avait pris l'apparence de *Sosie,* valet d'Amphitryon ; Zeus passa la nuit avec Alcmène, qui ne soupçonna pas la substitution. De leur union naquit *Héraklès.* **Aristée** (le meilleur des hommes) : fils d'Apollon et de la nymphe *Cyrène,* symbole de colonisation. **Atalante** (la résolue) : fille de *Schœnée,* roi de Scyros, chasseresse et cavalière, transformée avec son époux *Hippomène* en lions attelés au char de Cybèle. **Bacchantes** (Ménades, les Déchaînées) escortent Dionysos. Portaient des serpents enroulés autour des bras, exécutaient des danses érotiques puis appelaient Dionysos « au double sexe et à face de taureau » : **Cassiopée** (le jus de casse) : épouse de *Céphée,* mère d'Andromède, châtiée pour avoir défié les Néréides et délivrée d'un monstre marin par Persée qui l'épouse. **Castor et Pollux :** jumeaux nés d'un œuf (ou 2 ?) pondu par *Léda* (épouse du roi de Sparte *Tyndare*), qui avait eu des faiblesses pour un *cygne* (apparence prise par Zeus). Plus tard, les jumeaux *Dioscures* (en grec Dioskouroi, les fils de Zeus) furent d'actifs protecteurs de l'humanité. **Centaure :** monstre à corps de cheval et buste d'homme se nourrissant de chair crue, en général brutal avec les femmes et ivrogne. L'un, bon et sage, Chiron, précepteur de Jason et d'Achille, découvrit les vertus médicinales de la plante qu'on appelle centaurée. **Céphale :** repousse la déesse *Aurore* qui jette un sort à lui et à sa femme *Procris ;* deviennent la proie d'une jalousie mortelle. **Chimère :** monstre fabuleux tué par Bellérophon. **Cyrinas :** roi de Chypre, aura de sa fille Myrrha *Adonis.* **Danaé** (la desséchée) : fille d'*Acrisios,* roi d'Argos, et d'Eurydice, séduite par Zeus, dont *Persée.* **Danaïdes** (celles qui jugent) : Danaos, P^ce libyen, avait marié ses 50 filles aux 50 fils de son frère *Égyptos,* roi d'Égypte ; le soir des noces, 49 filles tuèrent leur mari ; *Lyncée,* époux d'Hypermnestre fut le seul rescapé. Elles furent purifiées par Hermès et Athéna dans les eaux du lac de Lerne puis se remarièrent à des Pélasges, d'où naquirent les Danaens dont se réclamaient les Grecs pendant la guerre de Troie. Lyncée extermina ensuite les Danaïdes. Aux Enfers, leur châtiment fut de remplir éternellement d'eau un tonneau. **Daphnis :** berger élevé avec Chloé ; unis par un amour indéfectible. **Deucalion :** fils de Prométhée. Seul survivant, avec sa femme Pyrrha, du Déluge infligé par Zeus. Sortis de leur arche, ils fondèrent la nouvelle race humaine (en semant des cailloux qui se transformaient en hommes et femmes). **Discorde :** déesse oubliée pour le mariage de Pelée et Thétis, parents d'Achille, se venge en jetant sur la table du banquet une pomme d'or à attribuer à la plus belle. Pâris choisit Aphrodite aux dépens de Héra et Athéna. **Écho :** nymphe condamnée par Héra à toujours avoir le dernier mot et à ne jamais parler la première ; amoureuse de Narcisse. **Égérie :** nymphe romaine, conseillère de Numa Pompilius. **Empyrée :** partie la plus élevée du ciel, habitée par les dieux. **Hermès Trismégiste** (trois fois grand) : nom grec de *Thot,* dieu lunaire des Égyptiens, dieu de la magie, de l'occulte et de l'alchimie (d'où le nom d'hermétisme pour une science secrète). **Janus :** sa tête est pourvue de deux visages opposés ; dieu romain gardien des portes. **Lapithes** (les éclats de silex) : dresseurs de chevaux en Thessalie, cités dans la légende des *Argonautes* (voir histoire de la Grèce, chap. États), la chasse au sanglier de *Calydon,* célèbres pour leur combat contre les *Centaures* (devenu le symbole d'un festin qui dégénère en querelle). **Marsyas :** affirme être meilleur musicien qu'Apollon qui lui fait subir un supplice atroce. **Morphée** (dieu des songes) : fils de la Nuit et du Sommeil, endort les mortels en les effleurant d'une feuille de pavot et suscite leurs rêves. **Narcisse :** très beau, il tomba en extase, selon Ovide, devant son image en se penchant pour boire à une fontaine. Mourut sur place de langueur (à l'emplacement où son corps est resté, pousse une fleur au cœur de safran et aux pétales blancs). **Némésis :** déesse de la vengeance. **Œdipe :** meurtrier de son père, Laïos, et époux de sa mère, Jocaste. **Orphée :** séduit n'importe qui, même les fauves et les arbres et plantes, en chantant et jouant de sa lyre. Grâce à cela, il tentera de libérer sa femme Eurydice des Enfers. **Panathénées :** fête religieuse de l'État athénien. **Pandore :** créée par Héphaïstos. Zeus lui donna une boîte contenant tous les maux. Pandore épousa *Épiméthée,* le frère de Prométhée, et Zeus, pour se venger, l'incita à ouvrir la boîte de Pandore. Les maux se répandirent sur la Terre et ne resta plus au fond de la boîte que l'espérance. **Panthéon :** ensemble des dieux faisant l'objet d'un culte. **Philémon :** vieillard marié à Baucis ; obtiennent de Jupiter de mourir ensemble changés en chêne. **Prométhée :** fils d'un Titan, il déroba le feu aux dieux et le porta aux hommes. Zeus le fit enchaîner sur une montagne, le Caucase ; chaque jour, un vautour venait lui dévorer le foie, qui se reconstituait quotidiennement. **Psyché :** personnification de l'âme, femme d'Éros. **Pyrame et Thisbé :** empêchés par leur famille de s'aimer, s'enfuient ; Pyrame, par méprise, ayant cru Thisbé dévorée par un lion, se tue avec son poignard ; Thisbé le découvre, prend le poignard et se tue. **Pythie** (de Puthôn, ancien nom de Delphes) : jeune fille chaste de Delphes consacrée au dieu ; assise sur un trépied posé sur une crevasse d'où montaient les vapeurs de la terre, elle entrait en transe, délivrant aux pèlerins venus la consulter des messages obscurs que les agents du sanctuaire traduisaient souvent de manière ambiguë. A ne pas confondre avec la **Pythonisse,** esclave possédée par un démon, qui prédisait l'avenir et que l'apôtre Paul rencontra à Philippes. **Sisyphe :** fils d'Éole, roi de Thessalie, condamné par Zeus à éternellement pousser sur une montagne un rocher retombant sans cesse. **Tantale :** roi de Lydie, de Phrygie et de Carie, fils de Zeus et de la nymphe *Plutô,* père de *Pélops* et de *Niobé.* Meurtrier de son fils, il fut condamné à être éternellement dévoré de faim et de soif près d'une table couverte de mets et de boissons qu'enchaîné il ne pouvait atteindre. En 1802, nom donné à un métal (numéro atomique 73), « en partie par allusion à son incapacité à être saturé par l'acide, lorsqu'il y est immergé ».

☞ **La mort du dieu Pan :** sous Tibère (14-37), le marin égyptien *Thamos* passait près de l'île grecque de Paxos lorsqu'il entendit une voix s'élevant de la mer : « Thamos, Thamos, le grand Pan est mort, annonce-le quand tu atteindras Palodès. » Les chrétiens en déduisirent que les dieux du paganisme annonçaient leur propre disparition.

Religion des Étrusques

☞ Religion révélée (par la nymphe *Bégoé* et le génie *Tagès*) et transcrite dans une « discipline », ouvrage composé de 4 livres (**I.** les Haruspices ; **II.** les Foudres ; **III.** les Rites ; **IV.** l'Au-delà) auquel les Étrusques sont restés fidèles longtemps après leur assimilation par les Romains.

■ **Dieux et démons.** **Triade suprême :** composée de **Tinia** (assimilé à Jupiter Capitolin), **Uni** (Junon) et **Mnerva** (Minerve). **Autres dieux** (plusieurs sont communs aux mythologies étrusques et latines) : **Aplu** (Apollon). **Fufluns,** protecteur de Populonia, ville des Pampres, dieu de la vigne, assimilé à Bacchus. **Hercle** (Héraclès), auteur d'exploits surnaturels. **Maris** (Mars), guerrier et agricole. **Sethlans,** protecteur de Pérouse, dieu des forges souterraines. **Terminus (Terme) :** personnifie les limites des champs et les frontières. **Turms,** protecteur d'Arezzo, génie multiforme assimilé à Hermès. **Velchans,** dieu du feu et de la végétation. **Vertumne** ou **Voltumna,** créateur de la végétation, peut-être un substitut local de Tinia à Volsinies (Toscane).

Déesses : Artumes (Artémis), venue d'Asie Mineure, c'est la sœur d'Aplu. **Nortia,** protectrice de Volsinies, déesse de la justice. **Tiv,** la Lune (haute Antiquité). **Turan** (« la tyrannique »), déesse mère qui commande à la vie et à la mort (à la fois Héra, Artémis, Perséphone et Aphrodite).

Génies et divinités mineures : Faveurs, compagnes de la Fortune. **Génies,** semi-divinités attachées aux individus (chaque homme a son *genius*). **Lares** et **Pénates,** semi-divinités attachées aux familles (adoptées par les Romains : protectrices du foyer ; représentées par des poupées de bois auxquelles on apportait des offrandes). **Lases,** annonciatrices de la destinée. **Pales, Cilens,** génies voilés et mystérieux.

■ **Monde de l'Au-delà.** Les morts vont dans un domaine souterrain que l'on peut atteindre par le *mundus,* fosse voûtée, ouverte rituellement les jours de fêtes *(religiosi)* pour permettre aux morts de rejoindre les vivants. **Dieu des Enfers :** jusqu'au IVe s. **Turan,** la déesse-mère ; ensuite **Eita** (Hadès), **Persipmai** (Perséphone), **Athrpa** (une des Parques), **Culsu,** porteuse de flambeaux, **Leinth,** à la face voilée, **Vanth,** qui tient le livre du destin, **Charun,** démon au nez crochu qui achève les mourants. Les tombes étrusques représentent des scènes d'horreur qui ont inspiré les peintres chrétiens de l'Enfer.

■ **Art divinatoire.** **Éclairs** le ciel est divisé en 16 régions, toutes consacrées à un dieu (Tinia ou Jupiter en a 3). Les éclairs jaillis en Toscane sont observés et notés dans les archives. On compare leur heure et leur date selon chaque région pour juger des dispositions d'un dieu. **Examen des entrailles** des animaux tués au cours d'un sacrifice rituel : **1°)** *le foie (hépatoscopie)* : s'il possède certaines rides (causées par la pression des organes), il est habité par le dieu : on peut tirer un présage de la forme de ses lobes, de ses protubérances, de ses creux. La face externe révèle les ennemis ; la face interne, les amis. On a trouvé à Plaisance un foie de bronze divisé en 16 régions, comme le ciel (chacune consacrée à un dieu). **2°)** *Les exta (entrailles, extispicium)* : rate, cœur, rognons, estomac, poumons. **Haruspices** interprétations divinatoires de phénomènes « sacrés » (*haru* : du grec *hieros,* sacré). **Présages** tout événement fortuit est l'indication d'une volonté divine : passage d'une belette, toile d'araignée, éternuement ou pet, et surtout vol des oiseaux (auspices). **Prodiges** on observe les événements naturels (grondements souterrains, tremblements de terre, pluies de sang), les bizarreries du monde animal et végétal (essaims d'abeilles, arbustes fleuris, chant des grenouilles), les malformations (veaux à 2 têtes ou à 5 pattes, enfants androgynes) que les devins considèrent comme les signes du courroux des divinités.

Autres mythologies

■ **Assur – Babylone.** **Ishtar** ou **Ashtart :** déesse de la fécondité, de la végétation et de l'amour. **Mardouk :** dieu créateur babylonien. **Shamash :** dieu du Soleil justicier. **Sin :** dieu de la Lune, père de Shamash et d'Ishtar. **Tiamat :** déesse du Mal, vaincue par Mardouk, qui fait de son corps les deux moitiés du monde : Ciel et Terre.

■ **Carthage.** **Baal :** Soleil. **Moloch :** feu purificateur. **Tanit :** Lune.

■ **Celtes.** **Dieux indo-européens** auxquels les Romains ont donné les noms latins : **Belenos,** guérisseur, dieu de la lumière (*gallo-romain* Apollon) ; **Donn** (« sombre »), dieu de la Terre (Pluton) ; **Gofannon,** le forgeron (Vulcain) ; **Lug,** dieu du commerce et des techniques (Mercure) ; **Mullo,** dieu de la guerre (Mars) ; **Smertios** ou **Ogmios,** dieu protecteur des troupeaux (Hercule) ; **Sucellos,** dieu au maillet, protecteur de la fécondité (Sylvain) ; **Taranis,** roi du Ciel (Jupiter). **Dieux propres :** animaux ou semi-animaux : **Borvo,** serpent à tête de bélier ; **Cernunnos,** dieu solaire, maître des bêtes fauves (porteur de cornes de cerf) ; **Ésus,** dieu forestier (un taureau accompagné de 3 grues). Nombreux dieux locaux : les **Teutates,** totémiques de chaque tribu ; les **Matrae,** déesses-mères, vénérées auprès des sources.

Chaque espèce animale ou végétale avait sa divinité protectrice : **Arto** pour les ours, **Épona** pour les chevaux ; les chênes étaient protégés directement par **Taranis,** et tout ce qui venait d'eux était sacré, notamment le gui, objet d'un culte rituel.

■ **Germanie et pays scandinaves.** **Ases :** principaux dieux (12 ou 14 ?) dont *Odin* (père de l'humanité), *Thor, Balder, Frigg.* **Balder :** lumière et beauté. **Elfes :** génies inférieurs. **Freyja :** déesse de la fécondité et de l'amour. **Frey :** père de Freyja, fils de Njord, époux de Gerd ; fertilité et végétation. **Frigg** ou **Frigga :** épouse d'Odin, mère de Balder, amour et mariage. **Heimdal :** fils d'Odin, dieu de la lumière et gardien des dieux. **Jord :** Terre épouse d'Odin, mère de Thor. **Loke :** malin et rusé. **Mani :** Lune. **Nerthus :** terre nourricière. **Nibelungen :** nains descendants de Nibelung, enfants de la brume ; Siegfried prit leur trésor. **Njord :** roi des vents et de l'océan. **Odin (Wotan) :** le Soleil créateur de toutes choses. **Thor :** dieu du tonnerre. **Walhalla :** paradis germanique. **Walkyries :** vierges guerrières ; servantes d'Odin, qui conduisent au Walhalla les héros morts.

☞ Aztèques, Égypte, Mayas : voir à l'Index.

Baphomet : aspect infernal du dieu invoqué par les sorcières du Moyen Age. Célébrations appelées orgies à cause des débordements qui les accompagnaient.

Les sectes

Définitions, critiques

■ **Définitions.** **Associations de culte :** s'efforcent de réaliser une synthèse entre religion, ésotérisme et science. Se regroupent autour d'un maître spirituel qui les initie pour leur permettre d'entrer en contact avec des êtres spirituels, d'acquérir le bien-être et de bénéficier de pouvoirs supranormaux. **Église :** organisation structurée qui fait adopter sa croyance et son éthique par des relations avec l'État (concordats du passé) et les élites. Elle a une vocation universelle et comprend essentiellement des personnes nées de parents membres de l'Église. **Mouvements métaphysiques :** proches des associations culturelles, insistent sur les pouvoirs supra-normaux.

Secte : *Larousse :* du latin *sequi,* suivre [ensemble de personnes professant une même doctrine (philosophique, religieuse, etc.) ; groupement religieux, clos sur lui-même et créé en opposition à des idées et à des pratiques religieuses dominantes] ; *Robert :* groupe organisé de personnes qui ont une même doctrine au sein d'une religion ; ensemble de personnes qui professent une même doctrine philosophique [sectaire : adhérent intolérant d'une secte religieuse ; personne qui professe des opinions étroites, fait preuve d'intolérance (en politique, en religion et en philosophie)]. *Selon la Commission des droits de l'homme* (10-12-1993) : « groupement se présentant ou non comme une religion, dont les pratiques sont susceptibles de tomber sous le coup de la législation protectrice des droits des personnes ou du fonctionnement de l'État de droit ; comportement sectaire : refus des lois, en exerçant des voies de fait, en accomplissant des détournements, des abus de confiance, des escroqueries, des infractions financières et fiscales, des mauvais traitements, de la non-assistance à personne en danger, des incitations à la haine raciale, des trafics de stupéfiants ». *Selon la Mission interministérielle de lutte contre les sectes* (rapport 1999 remis au Premier ministre 7-2-2000) : « association de structure totalitaire, déclarant ou non des objectifs religieux, dont le comportement porte atteinte aux droits de l'homme et à l'équilibre social ».

☞ Au début du xxᵉ s., selon Troeltsch et Weber, toute secte naît d'une protestation qui apparaît au sein d'une Église ou d'un groupe religieux. Cette protestation se présente comme une volonté de réforme dans les domaines de la doctrine, du culte et de l'organisation sans qu'il y ait nécessairement au départ une volonté schismatique. Seul le refus d'adopter ces réformes par la majorité conduit à la scission. Les sectes reprochent généralement aux Églises établies de s'être compromises avec le monde, d'être tombées dans la routine et d'avoir oublié le sens des textes sacrés. Les sectaires se caractérisent par un enthousiasme – et souvent par un militantisme – religieux. Ils privilégient le rapport direct au surnaturel au détriment des sacrements dont le monopole appartient au clergé traditionnel.

La secte se considère comme un peuple à part et n'accepte pas que le fidèle fréquente une autre religion ou un autre groupe philosophique. Elle exerce sur ses membres une forte emprise en les maintenant « hors du monde » et en leur dictant la conduite à adopter envers la société. Les sectes contemporaines diffusent de plus en plus un enseignement puisé dans les religions ou philosophies orientales. Elles mettent l'accent sur le « perfectionnement individuel », thème attirant de nombreux étudiants ou des élites intellectuelles, surtout scientifiques, la plupart, issus des classes aisées ou moyennes, pour des raisons de solvabilité.

■ **Critiques à l'égard des sectes.** A la différence des Églises et des mouvements religieux qui déploient leur activité en respectant les lois, selon les associations de défense, les sectes forment des groupes dans lesquels on pratique une *manipulation mentale,* endoctrinement, contrôle de la pensée, viol psychique... qui entraîne *une destruction de la personne* sur les plans : physique (alimentation carencée, manque de sommeil, travail intensif), psychique (altération de la personnalité, du comportement et de l'esprit critique), intellectuel (rétrécissement des champs de connaissances extérieures à la secte), relationnel (régression des capacités de communication), social (animosité totale envers le système global de la société), *une destruction de la famille :* critiques, attaques, injures, calomnies, éloignement, rupture de la relation parents-enfants, séparations, divorces ; voire *une destruction de la société :* soit en empêchant les adeptes de participer à la vie sociale et culturelle de leur pays, soit en demandant à des adeptes d'infiltrer tous les réseaux de la vie économique et politique avec à la base *une escroquerie :* intellectuelle, morale, financière. Beaucoup condamnent le système politique, religieux, social et culturel [considéré comme fondamentalement mauvais (dominé par des puissances mauvaises : le Diable)], impossible à sauver par des moyens humains. Certaines souhaitent donc la destruction du monde et son remplacement par un système différent : attendent le règne de 1 000 ans du Christ, d'un Nouvel Age (voir p. 564 c).

Vie des sectes : certaines vivent en communautés autarciques ou en limitant au maximum les liens avec les personnes qui ne partagent pas leurs croyances. Certaines « passives » se contentent d'attendre une intervention divine pour mettre fin au monde actuel, et se bornent à essayer de convertir un maximum de personnes à sauver. D'autres, « révolutionnaires », agissent pour provoquer la fin du monde [exemples : les Davidiens qui ont combattu les forces de l'ordre en 1993 aux USA dans le ranch de Waco ; la secte Aum Shinri-kyo (voir Japon)]. **Réseaux mystiques :** groupes informels indifférents au monde, à la théologie, à la société et à la promotion professionnelle, et qui privilégient la relation personnelle avec le monde invisible (Dieu ou les maîtres de l'ésotérisme). A l'intérieur du réseau, les personnes échangent leurs informations sur leurs expériences spirituelles.

Moyens utilisés par certaines sectes : **1°)** *séduire et survaloriser le futur adepte :* en proposant des réponses simples aux questions complexes de l'existence (la vie, la mort, la maladie...) à l'intérieur d'un groupe *a priori* chaleureux, en utilisant des grands thèmes mobilisateurs (écologie, Ovni, méditation, relaxation), en le valorisant : « tu es beau, intelligent, nous avons besoin de toi pour une grande mission », en lui garantissant le bonheur, la liberté, la connaissance. **2°)** *Anesthésier l'esprit critique et la personnalité du futur adepte :* en créant un état de fatigue [restriction du sommeil, longues journées de travail, conférences, démarchage à domicile ou sur la voie publique, longs temps de méditation, prière (les adeptes de Krishna doivent chanter 1 728 fois par jour le Maha-mantra), formation à la doctrine du groupe], en modifiant les habitudes alimentaires (régime, jeûne), en créant des conditions de vie qui l'empêchent de prendre le recul nécessaire qui lui permettrait de réfléchir à ce qu'il fait ou vit, en réduisant l'intimité (impossibilité d'être seul un instant, obligation de se raconter, confession obligatoire et dirigée), en réduisant la vie sexuelle (souvent, seul le gourou y a droit), en modifiant le vocabulaire (il doit s'approprier un langage apparemment sérieux, scientifique ou religieux, mais qui n'a de sens qu'à l'intérieur du groupe ; cette technique, sournoise, le prive de toute communication avec le monde et appauvrit sa pensée). **3°)** *Renforcer l'adhésion au groupe et favoriser les ruptures :* abandon des études, départ à l'étranger (pour une formation généralement), rupture avec famille, amis, société. Les informations qui viennent de l'extérieur sont déclarées suspectes ou manipulées. Les personnes qui critiquent la secte sont décrites comme négatives, dangereuses, opposantes aux progrès de l'humanité. Il est conseillé de ne pas ou ne plus les fréquenter, de les calomnier et éventuellement de les poursuivre en justice. La famille est parfois déclarée responsable de toutes les difficultés que connaît ou qu'a connues l'adepte. La société est présentée comme un lieu de perdition, la médecine comme inutile, la psychiatrie comme dangereuse, les religions comme dépassées, la politique comme désuète. Seul, le groupe conduit par son maître, qui s'autoproclame sauveur de l'humanité, peut conduire les hommes sur le chemin du bonheur. Les adeptes ont alors la certitude d'avoir une mission rédemptrice à accomplir mais, lier dit-on, « la société a des résistances, des habitudes, des intérêts, on ne vous croira pas, on vous persécutera. C'est ici la preuve que vous êtes dans la vérité. N'en fut-il pas de même pour la plupart des disciples de la paix ? » **4°)** *Rendre le retour impossible :* par l'absence de revenus, de couverture sociale, de réelle expérience professionnelle, les déplacements géographiques fréquents qui ne permettent pas de tisser des liens avec les personnes extérieures au groupe qui pourraient aider à un retour, l'abandon des anciens amis, les liens familiaux coupés ou conflictuels, le mariage à l'intérieur du groupe (impossible de partir seul, il faut être 2 à le vouloir en même temps), la peur, les punitions, la délation permanente, la crainte du monde extérieur (dettes), les représailles. On reste, on se laisse faire. Le bonheur, la liberté, l'épanouissement ou la connaissance sont promis à chacune des étapes, si bien que l'adepte accepte de souffrir encore plus que ce qu'il pouvait souffrir à l'extérieur (au moment de son engagement) parce qu'à chaque fois il se dit qu'il serait trop bête de s'arrêter si près du but, que toute sa souffrance (et parfois son argent) n'aurait servi à rien. Plus l'adepte a souffert, plus il est prêt à souffrir davantage.

Les sectes en France

■ **Position officielle en France.** Jean-Pierre Chevènement, ministre de l'Intérieur, a dans une réponse écrite à un sénateur (publiée *JO* 20-5-1999) précisé : le droit ignore la notion de secte. L'État est neutre à l'égard des conceptions religieuses. *Selon l'article 10 de la Déclaration des droits de l'homme et du citoyen,* « nul ne doit être inquiété pour ses opinions, même religieuses, pourvu que leur manifestation ne trouble pas l'ordre public institué par la loi ». *Selon la loi du 9-12-1905* relative à la séparation des Églises et de l'État, « la République assure la liberté de conscience (et) garantit le libre exercice des cultes » (art. 1), elle « ne reconnaît, ne salarie, ni ne subventionne aucun culte » (art. 2). Le principe de neutralité de l'État signifie donc que les croyances religieuses relèvent de la vie privée des citoyens, et qu'elles sont indifférentes à l'État. « Si la doctrine admet que les religions se caractérisent par la réunion d'éléments subjectifs (loi, foi, la croyance) et d'éléments objectifs (le rite, la communauté), il n'existe aucune définition de la religion dans le droit positif. Donner une définition juridique aux sectes signifie qu'on donne *a fortiori* une définition du culte, ce qui ne présente aucune utilité puisque la République "ne reconnaît aucun culte" et ce qui pourrait porter atteinte non seulement au principe de laïcité mais aussi au principe de neutralité de l'État. » Cependant, « si la République assure la liberté de conscience et garantit le libre exercice des cultes, elle ne saurait tolérer les dérives de certains mouvements sectaires qui peuvent, en l'état actuel de notre droit, tomber sous le coup de qualifications pénales : escroqueries, homicides ou blessures volontaires ou involontaires, non-assistance à personne en danger, agressions sexuelles, violences ou tortures, abus frauduleux de l'état d'ignorance ou de la situation de faiblesse, mise en péril des mineurs, trafic de stupéfiants ou publicité mensongère. D'autres infractions à des dispositions relevant notamment du Code de la santé publique, du Code du travail, du Code de la Sécurité sociale, du Code général des impôts peuvent éventuellement être constatées et sanctionnées ».

En 1983, le rapport d'*Alain Vivien* a proposé la création d'organismes médiateurs en vue de la réinsertion des ex-adeptes et l'exercice d'une tutelle judiciaire si une manipulation mentale était démontrée. Ces propositions ont eu des suites partielles. En 1995, le rapport *Guyard* a réclamé l'application plus stricte des lois en vigueur (poursuites systématiques en cas de plaintes, contrôle accru de l'Administration quant aux autorisations ou subventions accordées, dissolutions de sectes). Les *29-2-1996* et *1-12-1998,* une circulaire du garde des Sceaux a rappelé aux Pts de cours d'appel et de tribunaux de grande instance les moyens juridiques en matière pénale (infractions) ou civile (notamment protection des mineurs) face aux agissements des sectes. Le *7-11-1997,* le ministre de l'Intérieur a adressé aux préfets une circulaire sur la lutte contre les agissements répréhensibles des mouvements sectaires pour une sensibilisation du public, une mobilisation de tous les services concernés de l'État et une pleine utilisation du dispositif juridique existant. Le *3-10-2000,* le ministre de l'Emploi et de la Solidarité a adressé une circulaire aux préfets relative aux dérives sectaires, présentant les trois volets de son action administrative : prévention, coercition et réparation.

La loi de 1901 sur les associations prévoit que les préfets peuvent interdire toute association contraire aux lois et aux bonnes mœurs. *La loi du 10-1-1936* permet de dissoudre les « groupes de combats et milices privées », texte adopté pour contrer les ligues antiparlementaires telles que les Croix de feu ; elle prévoit que le président de la République peut dissoudre certaines catégories de mouvements par décret pris en conseil des ministres et a servi en particulier pour dissoudre le SAC (Service d'action civique).

■ **Statistiques.** A partir des évaluations des Renseignements généraux (ministère de l'Intérieur) reprises par le rapport parlementaire « Les sectes en France » de décembre 1995 (Guyard), rappelées par la circulaire du 29-2-1996 du garde des Sceaux, la commission d'enquête parlementaire a retenu les groupes qui comptent au moins un des 10 **indices** suivants **de comportement sectaire :** déstabilisation mentale ; exigences financières exorbitantes ; rupture avec l'environnement d'origine ; atteintes à l'intégrité physique ; embrigadement des enfants ; discours antisocial ; troubles à l'ordre public ; importance des démêlés judiciaires ; détournement des circuits économiques traditionnels ; tentative d'infiltration des pouvoirs publics. Ni la nouveauté, ni le petit nombre d'adeptes, ni l'excentricité n'ont été retenus comme critères. L'étude a ainsi été restreinte à certaines associations réunissant, le plus souvent autour d'un chef spirituel, des personnes partageant la même croyance en un être ou un certain nombre d'idées transcendantales, en rupture ou non avec les religions « traditionnelles » (chrétienne, musulmane, hindouiste, bouddhiste) exclues de l'étude.

Nombre de sectes. 173 dont 172 associations remplissant au moins 1 de ces 10 critères sont considérées comme des sectes + les Témoins de Jéhovah : 69 sont rattachées à un unique courant de pensée : sur les 104 autres se greffent des « types associés ». **Nouvel Age (49 sectes). Orientalistes (19)** dont l'association Sri Chinmoy de Paris, le Centre de méditation Mahatayana, la Fédération française pour la conscience de Krishna et la Sôka Gakkaï. **Guérisseurs (18). Occultistes (16)** dont l'Association Nouvelle Acropole France, la Rose-Croix d'or, le mouvement Culture et Tradition, l'Ordre du Temple solaire. **Apocalyptiques (15). Évangéliques (13) et protestantes (9)** dont Moon, l'Alliance universelle, l'Église évangélique de Pentecôte de Besançon, La Famille (ex-Enfants de Dieu). **Psychanalytiques (9)** dont l'Église de Scientologie. **Syncrétiques (9)** dont la Fraternité blanche universelle, l'Association des chevaliers du Lotus d'or (fondée en 1967 par Gilbert Bourdin, le « Messie cosmoplanétaire »). **Ufologiques (5)** dont le mouvement raélien. **Sataniques (4)** dont l'Église philosophique luciférienne, le cercle initiatique de la Licorne occidentale. **Alternatifs (4)** dont Humana France. **Néo-Païens (3)** dont l'Ordre monastique d'Avallon, le Suicide des rives ou Clé de l'Univers.

Nombre d'adeptes ou sympathisants. 500 000 dont : Témoins de Jéhovah 115 050, Fraternité blanche universelle 20 000, Mahikari-Sukyo-Mahikari 15 000 à 20 000, Nouvelle Acropole 10 000, Église de Scientologie 7 000 (1 000 + 6 000 clients), Invitation à la vie 7 000, Sôka Gakkaï 6 000, Antoinistes 2 500, Mandarom 2 000, Alliance universelle 1 000, Conscience de Krishna 1 000, Raéliens 1 000, Mouvement du Graal 950, Moon 500.

Le rapport d'*Alain Vivien* (février 1983) parlait de 116 groupes ou associations, 800 groupuscules, 500 000 adeptes. La MILS a estimé en 2000 que les sectes avaient moins d'adeptes qu'en 1990. Selon l'Unadfi et le CCMM (voir p. 569 c), les manipulations mentales à craindre désormais viendraient de certains psychothérapeutes (profession sans statut) et ONG (infiltrées ou fondées par des sectes) ou de groupes au sein d'une religion officielle.

■ **Statut.** Légalement, sont souvent des associations *loi 1901* dont le but ne doit pas être le partage de bénéfices éventuels (l'État ne les contrôle pas). Certaines essaient d'être admises à la Camac-Camavic (régime de Sécurité sociale des ministres des cultes).

Certaines sont citées en justice pour extorsion de fonds aux adhérents, escroquerie, détournement de mineurs, non-assistance à personne en danger de mort. Certaines attaquent en justice pour diffamation les organismes qui dévoilent leurs méthodes cachées, d'autres font l'objet d'un contrôle fiscal [exemple : la Conscience de Krishna (redressement de 65 millions de F) ; les moonistes (AUCM) (redressement plus pénalités : 35 millions de F)]. *Au 1-1-2001* 162 enquêtes préliminaires traitées par les parquets et 150 informations judiciaires ouvertes sur des incriminations graves telles que violences, agressions sexuelles, escroqueries et abus de faiblesse. La proposition de loi [de Nicolas About (sénateur DL) et Catherine Picard (député socialiste)] adoptée par l'Assemblée nationale, en 1re lecture, le 22-6-2000 élargit le champ des infractions entraînant la responsabilité des personnes morales en y adjoignant exercice illégal de la médecine, publicité mensongère, fraudes et falsifications prévues par le Code de la consommation, mise en péril de mineurs, atteinte aux biens, à l'intégrité physique ou psychique de la personne, à la liberté et à la vie. Elle étend la procédure de dissolution civile aux organismes condamnés par la justice pour des faits graves. Elle complète le délit d'abus frauduleux de l'état d'ignorance ou de faiblesse d'une personne en l'étendant aux personnes en état de « sujétion psychologique ou physique résultant de l'exercice de pressions graves et réitérées ou de techniques propres à altérer son jugement ». Enfin, elle comporte des dispositions quant à la limitation et l'installation de groupements sectaires à proximité d'établissements sensibles (hôpitaux, écoles, centres sociaux, maisons de retraite) et à la publicité de ces organisations dans les publications destinées à la jeunesse.

Au plan européen, l'assemblée parlementaire du Conseil de l'Europe a adopté le 22-6-1999, à l'unanimité des 41 pays, la recommandation 1412 sur « les activités illégales des sectes ».

Institution de défense contre le sectarisme (service du Premier ministre). **Mission interministérielle de lutte contre les sectes (MILS) :** 66, rue de Bellechasse, 75007 Paris ; *créée* par décret du 7-10-1998. Remplace l'Observatoire interministériel sur les sectes créé le 9-5-1996. *Pt :* Alain Vivien (né 20-8-1938). *Rôle :* analyser le phénomène sectaire à partir d'informations émanant des administrations, inciter les services publics à prendre des mesures appropriées pour prévenir et combattre les actions des sectes, contribuer à l'information et la formation des agents publics, informer le public et participer aux réflexions et travaux relevant de sa compétence dans les enceintes internationales. *Coût par an :* 6,05 millions de F [dont personnel (15 agents) 5,09].

2e rapport annuel de la MILS. *Thérapeutes :* la Mission préconise la mise en place d'une « régularisation administrative et déontologique des activités des psychothérapeutes » : il y aurait plus de 15 000 psychothérapeutes en France et plusieurs centaines de techniques de psychothérapie. Certains courants de psychothérapie mènent à la « dépendance du patient, à une influence prépondérante du psychothérapeute, à une rupture avec la famille, le conjoint ou les amis, et proposent une nouvelle vision du monde au risque de désocialiser le patient ».

Questions relatives à la formation professionnelle constituant l'un des « gisements » privilégiés d'influence et de ressources des mouvements sectaires : la Mission se réjouit des efforts de prévention et d'information entrepris en 2000 ; car « par l'intermédiaire de formateurs tout à leur dévotion, les sectes ont appris à pénétrer et utiliser des secrets d'entreprises » : recherches de laboratoire, fichiers de clientèles, dossiers personnels de salariés. *Anthroposophie :* la Mission recommande aux pouvoirs publics « de maintenir une politique de veille soutenue ». *Organisations non gouvernementales :* la Mission constate « l'entrisme dans les ONG, les échanges sur Internet ainsi que la libre circulation des capitaux » qui procurent d'importantes opportunités, « de corruption, de déstabilisation économique ou politique et de fausses aides au développement ». Pour gagner du terrain dans les pays les plus démunis (guerres, famines, catastrophes naturelles), les sectes « créent de toutes pièces des associations humanitaires » susceptibles d'aliéner les populations en détresse. *Guyane, Guadeloupe, Martinique :* « Rares sont les familles dont au moins un membre n'adhère pas à une secte ou n'en subit pas les méfaits ».

Les Écoles Steiner, le Mercure fédéral (mouvement de médecine anthroposophique) et la Sté financière coopérative de la Nef ont gagné en mars 2000 leur procès en diffamation contre Jacques Guyard, pour les propos tenus dans *Rapport sur les sectes et l'argent* (1999). J. Guyard a fait appel.

Associations nationales : Association d'études et d'information sur les mouvements religieux (AEIMR) : B.P. 70 733, 57207 Sarguemines Cedex. **Union nationale des associations pour la défense des familles et de l'individu (Unadfi) :** Centre d'accueil et d'information sur les mouvements sectaires : 10, rue du Père-Julien-Dhuit, 75020 Paris. *Bulletin trimestriel :* « Bullé ». *Pte :* Janine Tavernier. **Centre de documentation, d'éducation et d'action contre les manipulations mentales (CCMM) :** 138, avenue Félix-Faure, 75015 Paris. Créé 1981 par Roger Ikor (1912-86 ; prix Goncourt 1955) après la mort de son plus jeune fils victime d'une secte. Mission : prévenir les risques sectaires et venir en aide aux victimes des sectes et à leur entourage. *Pt :* Jean-Pierre Bousquet. Les 2 sont membres fondateurs de la **Fédération européenne des centres de recherche et d'information sur le sectarisme (Fecris) :** c/o Unadfi (membre fondateur). *Pt :* Jean Nokin.

Autres associations : Gemppi (Groupe d'étude des mouvements de pensée en vue de la prévention de l'individu) : B.P. 2416, 13215 Marseille Cedex 2. Association *créée* 1988. **Vigi-Sectes :** association évangélique francophone (France, Belgique, Suisse, Allemagne, USA). *Créée* 1997. *Pt :* Gérard Dagon. 46, rue de Verdun, 57175 Gandrange. *Publication :* « La Route Droite » publiée en Belgique par Christian Piette.

☞ Pour Alain Vivien, les sectes infiltrent des instances apparemment neutres, comme la Fédération internationale d'Helsinki pour les droits de l'homme (semble passée entre les mains des scientologues et peut-être d'autres sectes transnationales), ce qui explique les critiques virulentes à l'égard de la France, accusée de discrimination religieuse. La Scientologie ou Moon lui semblent d'ailleurs ahurissantes. De nombreux observateurs se demandaient si le président Bill Clinton, avec ses déclarations en faveur de la Scientologie ou de Moon, n'était pas « en train de solder des comptes avec ces grandes sectes, qui offrent une manne inépuisable de financement politique. »

Attentats politiques

Liste non limitative

☞ Voir « Terrorisme » (p. 794) dans le chapitre **Justice** et également dans le chapitre **États** (p. 928) la rubrique « Histoire » de chaque pays.

Légende : victimes des attentats. *En italique :* auteurs des attentats. (1) Échec.

Afghanistan. 1919-*20-2* Habibullah Khan Émir. **1933-***8-11* Nadir Shah. Roi. **1978-***27-4* Mohammed Daoud. **1979-***14-2* Adolph Dubs, ambassadeur des USA. *-14-9* Nur Mohammed Taraki. Pt. *-27-12* Hafizullah Amin. Pt.

Afrique du Sud. 1966-*6-9* H. F. Verwoerd, PM.

Algérie. 1967-*6-1* Mohammed Khider, chef de l'opposition exilé à Madrid. **1968-***5-6* Houari Boumediene, Pt attaqué à la mitrailleuse sur l'esplanade d'Afrique, à Alger [1]. **1970-***18-10* Krim Belkacen, vice-Pt du GPRA.

Allemagne. 1844-*26-7* Frédéric-Guillaume IV, roi de Prusse *(Tschesch)* [1]. **1850-***27-5 (Sofelage)*. **1861-***14-7* Guillaume Ier *(Oscar Becker)* [1]. **1866-***7-3* Bismarck *(Blind)* [1]. **1874-***13-7* Prince Otto von Bismarck *(Kullman)* [1], à Bad Kissengen. **1878-***11-5* Guillaume Ier *(Heinrich Max Hödel)* [1]. *-2-6 (Dr Karl Edouard Nobiling)* [1]. **1900-***20-6* Baron Klemens von Ketteler, min. résident à Pékin. *-16-11* Guillaume II *(Frau Schnapke* [1], déséquilibrée). **1919-***15-1* Karl Liebknecht et Rosa Luxemburg, chefs révolutionnaires allemands *(escorte)*. *-21-2* Kurt Eisner, PM de Bavière *(Cte Arco-Valley)*. *-12-4* Otto Newvig, dirigeant politique de Saxe *(opposants)*. *-8-10* Hugo Haase, député social-démocrate. **1921-***26-8* Mattias Erzberger *(négociateur du traité de Rethondes)*. **1922-***24-6* Walter Rathenau, min. des Aff. étrangères. **1934-***30-6* Röhm, gén. von Schleicher, Klausener *(nuit des « longs couteaux »)*. **1938-***7-11* Ernst von Rath, diplomate *(Grynszpan)*. **1939-***8-2* Hitler *(Georg Elser)* [1]. **1943-***13-3* (bombe) [1]. **1944-***20-7* (bombe placée par le *colonel von Stauffenberg)* [1]. **1958-***10-4* Konrad Adenauer (bombe) [1].

Angleterre, Irlande. 946-*26-3* Edmond l'Ancien. **979-***18-3* Edmond le Martyr. **1170-***19-12* Thomas Becket, archevêque de Cantorbéry. **1327-***23-9* Edouard II. **1437-***21-2* Jacques Ier d'Écosse. **1483-***juill.* Edouard V. **1485** Richard III *(Henri Tudor)*. **1488-***11-6* Jacques III d'Écosse. **1567-***9-2* Darnley (Henri Stuart Lord), époux de Marie Stuart *(Bothwell)*. **1628-***23-8* duc de Buckingham (favori) *(John Felton)*. **1812-***11-5* Spencer Perceval, 1er ministre *(Bellingham,* fou). **1840-***10-6* reine Victoria *(le maître d'hôtel Oxford)* [1]. **1849-***19-5 (William Hamilton)* [1]. **1872-***29-2 (O'Connor)* [1]. **1882-***2-3* reine Victoria *(Roderick Maclean)* [1]. *-6-5* Lord F. Cavendish, secr. d'État pour l'Irlande. **1922-***22-6* Maréchal de l'Air Henry M. Wilson. M. Collins, dirigeant révolutionnaire irlandais **1927-***10-7* Kevin O'Higgins, vice-Pt de l'État libre d'Irlande. **1979-***27-8* Lord Louis Mountbatten of Burma, dernier vice-roi des Indes, cousin de la reine, oncle du Pce Philippe ; son petit-fils Nicolas Brabourne (14 ans) ; un garçon (15 ans) ; lady Brabourne blessée († 28-8) par l'IRA. **1981-***16-1* Bernadette Devlin Mc Alistey et son mari [1]. **1984-***12-10* Mme Thatcher, à Brighton par l'IRA [1].

Arabie saoudite. 1975-*25-3* roi Fayçal (1903) *(Pce Fayçal Ibn Abdel Aziz)*.

Argentine. 1970-*début juin* Pedro Aramburu, ex-Pt (séquestré par les *montoneros*).

Autriche. 1853-*18-2* Francis Joseph, empereur *(Libenyi)* [1]. **1882-***6-5 (Overdank)* [1]. **1898-***10-9* Elisabeth, impératrice, à Genève *(Luccheni)*. **1908-***12-4* Alfred Potocki, gouverneur de Galicie *(Miroslas Siczynski)*. **1914-***28-6* archiduc François-Ferdinand et sa femme, à Sarajevo *(Princip)*. **1916-***21-10* Karl Sturgkh, chancelier PM *(Friedrich Adler)*. **1927-***6-11* Karl Seitz, maire socialiste de Vienne *(nationalistes)*. **1934-***25-6* Engelbert Dollfuss, chancelier *(Otto Planetta)*.

Bangladesh. 1975-*15-8* Cheikh Mujibur Rahman Pt, Mansoor Ali, PM. **1981-***30-5* Zia-Ur Rhaman, Pt.

Belgique. 1901-*26-1* Baron Edouard Orban de Xivry, gouverneur *(Schneider)* à Arlon. **1950-***18-8* Julien Lahaut, Pt du Parti communiste.

Bolivie. 1946-*21-7* Gualberto Villarroel, Pt.

Brésil. 1897-*5-11* Prudente Moraes, Pt *(Bispo de Melle)* [1]. Carlos Vbittencourt, min. de la Guerre.

Bulgarie. 1891-*27-3* Belchev, ministre des Finances (3 balles, destinées au PM Stamboulov). **1895-***15-7* Stephan Stamboulov, PM *(3 hommes dont Halju, exécuté en 1902)*. **1902-***6-2* Kasanchev, ministre *(Kerandyoukov)*. **1907-***11-3* Nicolas Petkov, PM. **1923-***9-6* Alexandre Stamboulyski, PM. **1925-***14-15/4* Boris III (bombe, *2 communistes*) [1]. **1943-***28-8 (Gestapo ?)*.

Burundi. 1961-*13-10* Pce Louis Rwagasore *(un jeune Blanc)*. **1965-***15-1* Pierre Ngendadumwe, PM. **1994-***6-4* Cyprien Ntaryamira, Pt.

Canada. 1970-*oct.* Pierre Laporte, ministre du Travail du Québec.

Chili. 1986-*7-9* Gal. Augusto Pinochet [1].

Chine. 1928-*4-6* général Tchang Tso-lin, chef militaire et politique (bombe).

Colombie. 1990-*22-3* Bernando Jamamillo Ossa, candidat Pt.

Congo. 1977-*18-3* Marien Ngouabi, Pt.

Corée du Sud. 1979-*26-10* Park Chung Hee, Pt (Kim Jal Kyu, chef de la CIA). Voir Myanmar.

Égypte. 1944-*6-11* Lord Moyne, haut-commissaire au Moyen-Orient, au Caire *(terroristes israéliens)*. **1945-***24-2* Ahmed Maher Pacha, PM. **1948-***28-12* Nokrachy Pacha, PM Frères musulmans *(Abdul Meyed Hassan)*. **1967-***18-9* maréchal Abdel Hakim Amer, second de Nasser *(hommes de Nasser)*. **1981-***6-10* Anouar El Sadate, Pt *(militaires)*. **1995-***26-10* Pt Moubarak en Éthiopie [1].

Équateur. 1875-*6-8* Gabriel Garcia Moreno, Pt *(Manuel Cornejo, Roberto Andrade, Faustio Rago)*.

Espagne. 1852-*2-2* Isabelle II (*Martin Merino,* prêtre) [1]. **1856-***28-5* (*Raymond Fuentes,* moine) [1]. **1870-***28-12* Gal Juan Prim, dictateur *(José Paúl y Angulo)*. **1872-***19-7* Amédée Ier, roi [1]. **1878-***25-10* Alphonse XII (*Juan Oliva Mencasi,* anarchiste) [1]. **1879-***30-12 (Francisco Gonzalez)* [1]. **1892-***24-9* Gal Martinez Campos *(Paulino Pallás)* [1]. **1897-***8-1* Canovas del Castillo, 1er min. **1905-***1-6* Alphonse XIII *(anarchistes)* [1]. A Paris, avec Loubet. **1906-***31-5 (Mateo Morral, anarchiste)* [1]. La reine Victoria-Eugénie également visée. **1912-***12-11* José Canalejas y Mendez, PM (*Pardina,* anarchiste). **1921-***8-3* Eduardo Dato y Irader, 1er min. *(opposants)*. **1926-***1-8* Miguel Primo de Rivera [1]. **1936-***13-8* Calvo Sotelo, monarchiste (*amis du Pt Castillo,* tué par des fascistes). **1973-***20-12* Carrero Blanco, PM.

Éthiopie. 1937-*19-2* maréchal Rodolfo Graziani, vice-roi *(un Éthiopien)*.

France. 575 Sigebert Ier *(2 partisans de Frédégonde)*. **584** Childéric, en rentrant de la chasse. **675** Childéric II, à la chasse. **679** Dagobert II, à la chasse. **1407-***23-11* Louis d'Orléans, frère de Charles VI. **1563-***18-2* François de Lorraine, duc de Guise *(Poltrot de Méré)*. **1572-***24-8* nuit de la Saint-Barthélemy : amiral de Coligny et des centaines de protestants. **1588-***23-12* Henri Ier, duc de Guise, à Blois *(sur l'ordre d'Henri III)*. *-24-12* card. de Lorraine, frère du duc de Guise *(sur l'ordre d'Henri III)*. **1589-***1-8* Henri III *(le moine Jacques Clément)*. **1593** Henri IV *(Pierre Barrière)* [1]. **1594-***27-11 (Jean Chastel)* [1]. **1610-***14-5 (Ravaillac)*. **1617-***24-4* Concini, maréchal d'Ancre *(Ph. de Vitry)*. **1757-***5-1* Louis XV *(Damiens)* [1]. **1793-***13-7* Marat *(Charlotte Corday)*. **1800-***14-6* Gal Kléber *(Suleyman),* au Caire. *-24-12* Bonaparte, 1er consul (machine infernale de la rue St-Nicaise, par *Saint-Régeant, Carbon, Limoëlan*) [1] ; **1809** devenu emp. Napoléon Ier, à Vienne *(Frédéric Staaps)* [1]. **1815-***2-8* Mal Brune, à Avignon *(la foule)*. *-17-8* Gal Ramel, à Toulouse. **1820-***13-2* duc de Berry *(Louvel)*. **1835-***28-7* Louis-Philippe *(Fieschi)* [1]. **1836-***25-6 (Alibaud)* [1]. *-27-12 (Meunier)* [1]. **1840-***15-10 (Darmès)* [1]. **1841-***13-9* Duc d'Aumale *(Quénisset)* [1]. **1846-***16-4* Louis-Philippe *(Lecomte)* [1]. *-29-7 (Henri)* [1]. **1855-***28-4* Napoléon III *(Pianori)* [1]. *8-9 (Bellemare)* [1]. **1858-***14-1 (Orsini)* [1]. **1867-***6-6* et le tsar *(Berezowski)* [1]. **1887-***10-12* Jules Ferry *Aubertin)* [1]. **1894-***24-6* Sadi Carnot, Pt *(Caserio)*. **1905-***30-5* Émile Loubet, Pt *(anarchistes)* [1]. Avec Alphonse XIII d'Espagne. **1914-***31-7* Jean Jaurès, Pt du Parti socialiste *(Villain)*. **1919-***19-2* Clemenceau *(Cottin)* [1]. **1922-***14-7* Alexandre Millerand, Pt [1]. **1932-***6-5* Paul Doumer, Pt *(Gorguloff)*. **1934-***9-10* Louis Barthou, min. des Aff. étr., et Alexandre de Youg., à Marseille. **1941-***27-8* Pierre Laval (ancien vice-Pt du Conseil) et Marcel Déat (directeur de l'Œuvre) *(Colette)* [1]. **1942-***28-4* Jacques Doriot, à Rennes [1]. *-24-12* Amiral Darlan (Haut-Commissaire, chef du gouv. d'Alger) *(Bonnier de la Chapelle)*. **1944-***20-6* Jean Zay, ancien min. de l'Éd. nat. *(Henri Millou)*. *28-6* Philippe Henriot, secr. d'État à l'Int. *(Charles Gonard, dit Morlot)*. *-1-7* Georges Mandel *(milicien Mansuy)*. **1955-***12-6* Jacques Lemaigre Dubreuil, industriel, *(la « Main Rouge ») à Casablanca.* **1957-***16-1* Gal Raoul Salan [1], Cdt en chef en Algérie (attentat au bazooka : le colonel Rodier est tué). **1961-***8-9* Gal de Gaulle *(Martial de Villemandy)* [1]. **1962-***22-8* Gal de Gaulle *(colonel Bastien-Thiry)* [1] au Petit-Clamart.

Géorgie. 1995-*29-8* Chevardnadze, Pt [1] ; voiture piégée.

Ghana. 1962-*1-8* Nkrumah, Pt [1]. **1964-***2-1* Nkrumah, Pt [1].

Grande-Bretagne. 1994-*26-1* Pce Charles [1] à Sydney (Austr.) *(David Kang)* 2 coups à blanc.

☞ Suite voir Table des matières.

SOCIÉTÉ

NOBLESSE

☞ Pour découvrir la sélection **Quid** des meilleurs sites Internet sur la noblesse, rendez-vous sur **www.quid.fr**

BLASON

■ ORIGINE ET LÉGISLATION

■ **Origine des armoiries.** Dès l'Antiquité, des décors à thèmes militaires ornent les « armes » [latin *arma,* désignant l'équipement défensif, notamment le bouclier (l'équipement complet se dit *arma telaque*)] : les boucliers des hoplites étaient souvent décorés d'emblèmes de cités ou d'emblèmes individuels. Mais les décors des boucliers ne deviennent des armoiries que lorsqu'ils se fixent et deviennent héréditaires (vers 1130). Seules, jusqu'à cette époque, les enseignes permettaient de reconnaître un groupe de combattants (le chevalier armé n'était pas reconnaissable). Vers 1150, l'usage des armoiries s'étend à toute la noblesse : de marques distinctives militaires, elles deviennent familiales et les 1ers *sceaux ornés d'armoiries* apparaissent au XIIe s. [l'usage d'armoiries s'étend aux non-combattants (femmes, clercs, villes), et au XIIIe s. à toute la société, sans distinction de classe]. **Emblèmes :** les plus anciens figurent des animaux (lion, dragon, aigle) stylisés, quelques écus rarissimes comportaient un champ plain (uni, sans aucun dessin).

■ **Droit de porter des armoiries en France. Sous l'Ancien Régime** : les familles titrées ou issues de la noblesse possèdent toutes des armoiries, mais également beaucoup de non-nobles, roturiers (tiers état et corporations) ou ecclésiastiques. En 1696, un édit d'enregistrement des armoiries fut pris dans un but fiscal : 116 944 personnes (dont environ 80 000 non-nobles), 2 171 villages, 934 villes, 28 généralités firent enregistrer leurs armoiries (tantôt volontairement, tantôt obligatoirement) ; ce qui rapporta, de 1696 à 1709, 5 800 000 livres au Trésor royal. Ces enregistrements sont conservés au cabinet des Titres de la Bibliothèque nationale dans 70 in-folio manuscrits (35 de descriptions, 35 de blasons coloriés). Les armoiries des familles non nobles n'étaient pas *timbrées* (c'est-à-dire surmontées d'une couronne ou d'un casque). Le 19-6-1790, l'Assemblée constituante, sur proposition du Vte Mathieu de Montmorency, abolit armoiries, noblesse héréditaire, titres, noms de terres ou de fiefs, décorations, ordres militaires, etc. par décret (sanctionné par Louis XVI, le 22-6). En 1791 et 1792, plusieurs décrets ordonnent de faire disparaître les armoiries figurant sur biens meubles et immeubles publics ou privés, à l'exception des objets « intéressant les arts », qui seront transportés au musée ou au dépôt le plus proche.

Régime actuel : *personnes privées :* bien que les textes anciens relatifs aux armoiries n'aient pas été explicitement abrogés, l'État n'exerce aucun contrôle, qu'il s'agisse d'armoiries de personnes privées ou morales. La Chancellerie ne délivre ni concession, ni autorisation, ni confirmation, et aucune demande relative aux armoiries ne peut être prise en considération. Chacun est donc libre d'adopter les armoiries de son choix, sous réserve des droits des tiers, c'est-à-dire à condition de ne pas prendre un blason déjà utilisé par une personne privée ou morale, car le blason, étant « le nom dessiné et colorié », jouit de la même protection que le nom. Les tribunaux civils sont compétents pour statuer sur les litiges relatifs aux usurpations d'armoiries. On peut faire protéger son blason en déposant son dessin à l'Office de la propriété artistique et industrielle : la protection et l'exclusivité du dessin entraînent celles du blason qu'il figure. *Personnes morales* (villes, associations, académies, sociétés, firmes commerciales) : elles ne peuvent prendre d'armoiries qu'avec accord de l'État (ordonnances de Louis XVIII, 26-9 et 26-12-1814).

☞ Un arrêt de la cour d'appel de Paris du 25-5-1936 estime que la femme mariée n'a droit qu'à l'usage viager des armoiries de son mari. Le mari peut, à titre personnel, porter les armes de sa femme associées aux siennes. Une commission nationale consultative pour les armoiries municipales existe sur archives nationales.

■ **Cri d'armes.** A partir des XIe-XIIe s., les familles nobles avaient un **cri de guerre** traditionnel, pour animer leurs hommes d'armes au combat, et se faire connaître dans les batailles ou les tournois. Par exemple : vicomtes de Melun : « A moi Melun ! », marquis, puis comtes de Flandres : « Flandres au lion ! ». Les cadets modifiaient légèrement les formules. Il y avait en outre **7 cris rituels : 1°)** *invocation* (Montmorency : « Dieu aide ! ») ; **2°)** *résolution* (« Dieu le veut ! ») ; **3°)** *exhortation* (« A la rescousse ! ») ; **4°)** *défi* (sires de Chauvigny : « Chevaliers pleuvent ! ») ; **5°)** *terreur* (sires de Bar : « Au feu ! » ; sires de Guise : « Place à la bannière ! ») ; **6°)** *événement,* c.-à-d. allusion à un fait anecdotique (sires de Prie : « Cant l'oiseau ! », c.-à-d. « que l'oiseau chante », allusion à une victoire remportée dans un bois où chantaient les oiseaux) ; **7°)** *ralliement* (maison royale de France : « Montjoye Saint-Denis ! »).

■ **Quelques devises.** *Arda par subire* (« Brûle de t'élever »), maréchal de Richelieu. *Dat virtus quod forma negat* (« La vertu [courage] donne ce que la beauté refuse »), Du Guesclin. *Dieu aide au premier baron chrétien,* Montmorency. *Ense et aratro* (« Par l'épée et par la charrue »), Bugeaud. *Je ne suis ni roi, ni duc, ni comte aussi, je suis le sire Coucy. Oncques ne faillit* (« Jamais ne fit défaut »), Chamborant. *Quo non ascendet ?* (« Jusqu'où ne montera-t-il pas ? »), Fouquet, avec l'écureuil. *Roi ne puis, duc ne daigne, Rohan suis. Sans peur et sans reproche,* Bayard (Terrail de). *S'ils te mordent, mords-les,* (Morlaix, Bretagne).

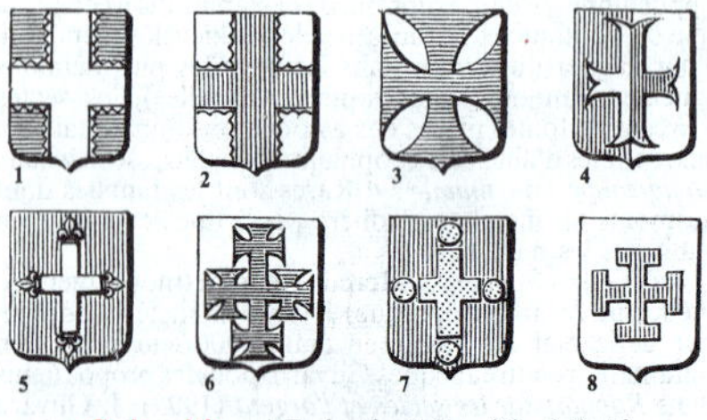

Croix usitées : 1 Endentée. 2 Engrêlée. 3 Pattée. 4 De l'un en l'autre. 5 Fleurdelisée. 6 Recroisetée. 7 Pommetée. 8 Potencée.

Émaux : 1 Azur. 2 Gueules. 3 Sable. 4 Sinople. 5 Pourpre.

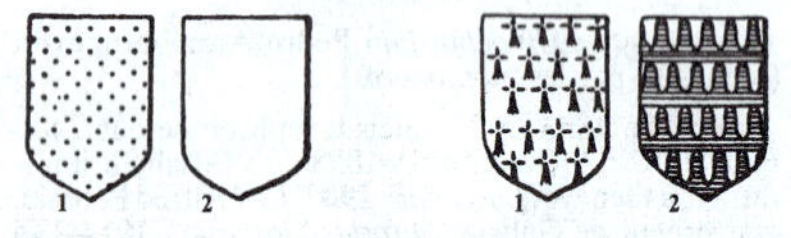

Métaux : 1 Or. 2 Argent. **Fourrures :** 1 Hermine. 2 Vair.

Partitions de l'écu : A Cœur. B Chef. C Pointe. D Flanc dextre. E Flanc senestre. F Canton dextre du chef. G Canton senestre du chef. H Canton dextre de la pointe. I Canton senestre de la pointe. J Lieu d'honneur. K Nombril. L Bord du chef. M Bord ou côté dextre. N Bord ou côté senestre. O Bord de la pointe. P Angle dextre du chef. Q Angle senestre du chef. R Angle dextre de la pointe. S Angle senestre de la pointe. On dit aussi : FBG Chef. HCI Pointe. FDH Flanc dextre. GEI Flanc senestre.

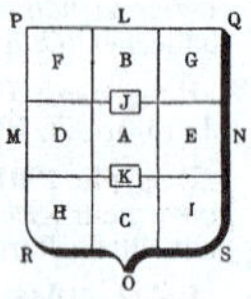

■ SIGNES CARACTÉRISTIQUES ET REPRÉSENTATIONS

■ **Émaux. Métaux. Or** (couleur jaune) : points multipliés. **Argent** (blanc) : blanc simple.

Couleurs. Azur (bleu) : lignes horizontales. **Gueules** (rouge) : lignes verticales. **Sable** (noir) : lignes horizontales et verticales croisées. **Sinople** (vert) : diagonales de dextre à senestre de l'écu, de haut en bas. **Pourpre** (violet) : diagonales de senestre à dextre de l'écu. **Couleurs de carnation** (couleur humaine) **et au naturel** (animaux, fruits, fleurs, etc.). En Grande-Bretagne, en outre, **orangé :** verticales croisées par des diagonales de senestre à dextre.

Fourrures. Hermine : fond d'argent parsemé de mouchetures de sable. **Contre-hermine :** fond de sable et mouchetures d'argent. **Vair :** petites pièces d'argent et d'azur en forme de cloche posées alternativement (représentation stylisée d'une fourrure composée de dos et de ventres d'écureuils gris). **Contre-vair :** mêmes pièces opposées entre elles par la pointe et par la base.

■ **Manteaux. Origine :** les tentes d'armes qui servaient à l'exposition des armes des souverains ou des grands seigneurs lors des tournois. Utilisés comme décor des armoiries par les souverains, fin XVe s., et par les princes, ducs et pairs et leurs familles à partir du XVIIe s. Armoriés à l'extérieur, doublés d'hermine, sortent d'une couronne placée très haut (le chancelier et les présidents aux parlements les portaient de gueules et non armoriés ; les pairs de France, sous la Restauration, d'azur bordé de broderies d'or et doublé d'hermine, sortant de la couronne de titre comblée d'un bonnet d'azur à houppe d'or).

■ **Casque.** Ornement extérieur de l'écu. *Roi :* ouvert, sans grille ; de front. *Duc :* sans grille ; visière presque ouverte ; de front. *Marquis :* 11 grilles ; de front. *Comtes et vicomtes :* 9 grilles ; de tiers. *Barons :* 7 grilles ; de demi-front. *Gentilshommes non titrés :* 5 grilles ; de profil. *De 3 races :* 3 grilles ; de profil. *Nouveaux anoblis :* pas de grille ; visière presque baissée. *Bâtards :* visière baissée sur profil contourné.

■ **Cris et devises.** Le cri de guerre se met au-dessus du timbre ; la devise au-dessous des armes, l'un et l'autre sur un listel ou cartouche. La devise était à l'origine un emblème (le corps) associé à une légende explicative (l'âme). Exemple : pour les Corsard, une licorne (corps) avec la devise « Sans venin » (allusion à la corne qui blesse sans envenimer). Il existe des devises sans emblèmes ou sans sentences (*badges* anglais). Voir aussi l'encadré col. a.

■ **Brisures.** En principe, seul le chef de famille porte les armes pleines ; les cadets, et même le fils aîné (jusqu'à l'héritage), doivent briser leurs armes, par changement des couleurs, augmentation ou diminution, disposition différente des meubles, ou ajout de certaines figures (brisures) dont le lambel (à 3 pendants, porté en chef, très répandu en France), la cotice et la bordure dentelée ou engrêlée. Les bâtards brisaient souvent d'une barre ou par réduction les armes de leur père dans une petite partie de l'écu. Depuis le XVIIe s., l'usage des brisures a disparu (sauf pour la maison royale). Pour la noblesse d'Empire, les cadets doivent en théorie avoir l'écu aux armes *sans* le signe distinctif du titre.

■ **Support des armoiries.** Figures placées de chaque côté de l'écu ou derrière. Le champ du sceau étant rond et l'écu de forme triangulaire, il reste un espace que l'on remplit d'arabesques, de feuillages, de motifs architecturaux ou de figures : *tenants :* personnages (hommes, sauvages, chevaliers, anges, saints) tenant l'écu ; *supports :* animaux, réels ou fabuleux, supportant l'écu ; *soutiens :* objets inanimés (colonnes, arbres).

■ **Timbres.** Constitués par les coiffures surmontant l'écu : couronnes apparues aux XVIe et XVIIe s. (auparavant seulement pour les souverains), cimiers, heaumes, drapeaux, etc. (privilège théorique de la noblesse, mais les familles bourgeoises eurent aussi, à tort, des armes timbrées du heaume). Napoléon remplaça les couronnes par des *toques* (le *mortier* ou toque plate était l'insigne des magistrats avant 1789). En Grande-Bretagne, elles sont réservées aux lords ; en Allemagne et Belgique, les barons portent une couronne (à 7 perles) ; les princes du Saint Empire et des divers États allemands, du pape, russes, etc., portent une couronne fermée remplie d'un bonnet doublé d'hermine.

■ **Insignes de dignité ou de fonction.** Beaucoup de dignités civiles, militaires ou ecclésiastiques se marquent traditionnellement par des ornements extérieurs au blason. **Connétable :** 2 épées hautes et nues (l'épée de connétable) flanquant l'écu, tenues par des mains qui sortent d'un nuage. **Maréchal de France :** 2 bâtons de maréchal passés en sautoir derrière l'écu. **Amiral de France :** 2 ancres passées en sautoir derrière l'écu, la trabe fleurdelisée. **Vice-amiral :** 1 ancre posée en pal derrière la trabe fleurdelisée. **Grand chambellan :** 2 clés d'or passées en sautoir derrière l'écu. **Chancelier de France :** 2 masses d'armes d'or passées en sautoir derrière l'écu ; manteau de gueules fourré d'hermine sortant d'un mortier d'or bordé d'hermine ; couronne de duc. **Grand veneur :** 2 cors de chasse flanquant l'écu. **Maréchal de la Foi** (Lévis-Mirepoix) : 2 bâtons d'azur semés de croisettes d'or passés en sautoir derrière l'écu.

■ **Armoiries d'une ville. 1696-*novembre*** édit de finances : les généalogistes du roi enregistrent les blasons existants. Des armoiries seront imposées aux cités qui n'en possèdent pas. **1809-*17-5*** décret rendu conformément à l'avis du Conseil du Sceau déterminant, pour les villes de France, des prescriptions dans l'ordre des couronnes murales, des signes distinctifs, des ornements extérieurs. L'ordonnance du 26-9-1814 et d'autres dispositions prises sous Louis-Philippe et Napoléon III apporteront peu de changements. **1884-*5-4*** loi municipale n'évoquant pas la question des armoiries mais prévoyant que le conseil municipal règle par des délibérations les affaires de la commune.

☞ **Villes décorées de la Légion d'honneur :** le décret impérial du 22-5-1815 concernant Chalon-sur-Saône,

■ **Noble homme.** D'après l'article 2 de l'arrêt du Conseil d'État du roi, du 4-6-1668, la qualité de *noble homme,* prise dans des contrats, avant et depuis 1560, ne peut établir une *possession de noblesse.* Mais d'après l'article 4 d'un autre arrêt du Conseil, du 15-5-1703, « outre les qualités d'écuyer et de chevalier, celle de *noble* est une qualification de noblesse dans les provinces de Flandre, Hainaut, Artois, Franche-Comté, Lyonnais, Dauphiné, Provence, Languedoc et Roussillon, et dans l'étendue des parlements de Toulouse, Bordeaux et Paris ».

■ **Sang bleu.** Expression évoquant la noblesse, apparue en France vers 1877 et traduite de l'espagnol *sangre azul.* La noblesse espagnole affirmait ne compter aucun ascendant maure ou juif, et avoir en conséquence une peau claire sous laquelle apparaissaient les veines.

■ **Quartiers de noblesse.** Ils correspondent au nombre d'auteurs nobles à un degré déterminé (père et mère nobles = 2 quartiers ; grands-parents = 4 ; arrière-grands-parents = 8, etc.). Jamais utilisés par l'autorité royale française, qui ne s'occupait que de la lignée mâle pour l'estimation de la noblesse. Les chapitres nobles (Lyon, Remiremont, Ottmarsheim, Andlau, etc.), les ordres de Malte et Teutonique (alsaciens) demandaient des quartiers (selon la méthode allemande).

☞ **Degrés de noblesse :** ils correspondent aux générations de fils en père, en remontant la ligne masculine. **« Noblesse oblige » :** cette 51e maxime des *Maximes et préceptes* du duc de Lévis (1808) est passée à l'état de proverbe. Elle sous-entend que les « nobles » ont plus de devoirs que de droits.

Tournus et St-Jean-de-Losne précise : « L'aigle de la Légion d'honneur fera partie des armes de ces villes » sans préciser de quelle manière cette addition devait être effectuée. La 1re ordonnance fixant les armoiries de Chalon-sur-Saône fut rendue le 6-9-1831, par Louis-Philippe, et substitua à l'aigle prévu « une décoration de la Légion d'honneur, couleurs naturelles ».

Le décret du 7-5-1864, attribuant la Légion d'honneur à la ville de Roanne, indique : « La ville de Roanne est autorisée à ajouter à ses armes la Croix de la Légion d'honneur. »

NOBLESSE FRANÇAISE

RÉGIME JURIDIQUE

NOBLESSE

■ **Sous l'Ancien Régime,** le *noble* se définit ainsi, selon Henri Jougla de Morenas († 1958) : il a seul droit de se qualifier d'écuyer, de porter l'épée et de timbrer ses armoiries (placer un heaume ou casque au-dessus) ; il a préséance sur tous les roturiers, est seul capable de porter les titres de baron, vicomte, etc. Par l'ordonnance de 1445, il est exempt de *taille* [impôt devenu permanent en 1439 ; la plupart des grandes villes (dont Paris), les étudiants, officiers du roi et « pauvres » sont aussi exemptés], de *banalité,* de *corvée ;* il partage noblement ses biens, est exempt du logement des gens de guerre [les ecclésiastiques et quelques villes (dont Paris) en sont aussi dispensés], n'est pas sous la juridiction des prévôts. L'édit de Crémieu, en 1586, stipule que les nobles ne devaient pas être jugés en 1re instance par les tribunaux des prévôtés, mais par les cours supérieures des bailliages et des sénéchaussées. Ils n'encourent pas les peines infamantes comme fouet ou corde, sauf en cas de larcin, trahison ou parjure. Condamnés à mort, ils sont décapités (on dit « décollés ») à l'épée. Ils peuvent être jugés par la grand-chambre du parlement. Ils ne peuvent sans déroger faire de commerce (sauf maritime) ni exercer un métier (sauf celui des armes, de membre d'une cour souveraine, d'avocat, de notaire à Paris, de verrier, de métallurgiste). Ils doivent servir le roi quand celui-ci convoque son ban et son arrière-ban. **1485**-*17-12* édit réservant aux nobles les draps de soie brodés d'or. **1555** édit punissant de 2 000 livres d'amende les usurpateurs de noblesse. **1579** la possession d'un fief cesse d'être un titre de noblesse. **1600** édit d'Henri IV sur la taille, destiné à poursuivre les usurpateurs du titre de noblesse. **1610** *Traité des ordres et simples dignités* de Charles Loyseau, qui fera référence. **1661** *déclaration pour la recherche et punition des usurpateurs du titre de noblesse.* **1695** création de la capitation. **1732** *Essai sur la noblesse de France* d'Henri de Boulainvilliers (donnant des origines franques à la noblesse). **1759** ordonnance sur la *présentation* à la cour [seuls ceux ayant une filiation noble depuis 1400 peuvent être présentés (mesure diversement appliquée par Louis XV)]. **1781** édit exigeant 4 degrés de noblesse pour être officier dans l'armée. **1787** les plus hauts grades sont réservés aux *nobles d'extraction.* **1789**-*4-8* abolition des privilèges. *-26-8 Déclaration des droits de l'homme, art. 1er :* « Les hommes naissent et demeurent libres et égaux en droits ; les distinctions sociales ne peuvent être fondées que sur l'utilité commune. » *-21-9* Louis XVI sanctionne l'art. XI du décret du 4-8- : « Tous les citoyens, sans distinction de naissance, pourront être admis à tous les emplois et dignités ecclésiastiques, civils et militaires, et nulle profession utile n'emportera dérogeance. » *-4-11* décret promulgué. Les décrets des 4, 6, 7, 8 et 11-8-1789, en supprimant le régime féodal avec celui du 20-10 (sanctionné le 27, supprimant les convocations par ordre), mettent fin de fait à l'ordre de la noblesse : la noblesse ne constitue pas un corps dans l'État, doté de pouvoirs politiques spécifiques. *5-11* décret de suppression officielle (sanctionné le 7). **1790**-*23-6* Louis XVI promulgue le décret, voté le 19-6 par l'Assemblée constituante, abolissant noblesse héréditaire et titres. L'insertion des titres dans les actes est interdite le 16-10-1791 et, le 17-6-1792, on ordonne de brûler les papiers concernant chevalerie et noblesse.

☞ La noblesse française n'est pas homogène. Chaque province avait des particularités (acquisition de la noblesse, taxes et impositions liées au fief, etc.) qui ont persisté selon le mode d'agrégation plus ou moins lent des provinces au royaume. La possession d'un fief a continué d'anoblir dans bien des provinces au-delà de l'édit de 1579, qui ne s'est appliqué qu'aux provinces contrôlées alors par les rois de France. Elle disparaîtra vers la fin du XVIIe s., sauf en Béarn où l'admission d'un roturier aux États pour un bien noble est un acte d'anoblissement. Guyenne et Gascogne, anglaises jusqu'en 1453, ont gardé de nombreuses pratiques particulières.

Premier Empire. Napoléon refuse de reconnaître les titres de l'ancienne monarchie mais il octroie des titres dits « nationaux » ou « impériaux », voir p. 572 c.

Restauration. La *Charte de 1814* spécifie : « L'ancienne noblesse reprend ses titres. La nouvelle conserve les siens. » Elle n'abolit pas le décret du 4-8-1789 et ne recrée pas l'ordre de la noblesse.

IIe République. Un décret du 29-2-1848 abolit tous les titres mais un nouveau décret de Louis-Napoléon du 24-1-1852 les rétablit.

■ **Régime actuel. Noblesse :** *1955,* le tribunal de grande instance (TGI) de la Seine affirme que « la noblesse est une qualité qui n'a plus d'effet juridique ». *1958* la Constitution confirme (en vertu du principe d'égalité affirmé par la Déclaration des droits de l'homme et du citoyen du 26-8-1789, citée dans le préambule de la Constitution) qu'il ne peut exister en France ni nobles, ni noblesse, ni qualité nobiliaire, et même ni titres ou autres distinctions attachés à la naissance. *Art. 2 :* « La France est une République indivisible, laïque, démocratique et sociale. Elle assure l'égalité devant la loi de tous les citoyens sans distinction d'origine, de race ou de religion. Elle respecte toutes les croyances. »

En revanche, on peut se dire *d'ascendance noble* ou *titrée.* C'est ce qu'a autorisé le décret du 29-7-1967 reconnaissant d'utilité publique l'Association d'entraide de la noblesse française (ANF) en approuvant ses statuts, en particulier l'article 3 qui demande au candidat de justifier qu'il est issu en ligne masculine d'un auteur pourvu de la noblesse acquise et transmissible. Cela équivaut seulement à perpétuer un souvenir, comme le font par exemple les descendants des combattants français de la guerre d'Indépendance des États-Unis (Sté des Cincinnati), ou les descendants des Français libres de 1940-43 (Association des Français libres).

■ **Particule (de, du, d', de La, des).** Elle servait, avant la Révolution, à désigner la terre possédée à titre de seigneurie par un noble ou celle possédée par un roturier, ou celle acquise en propriété, ou tout simplement le lieu d'origine. Elle n'a jamais impliqué la noblesse (décision de la Cour de cassation). 10 % des familles d'ascendance noble ont des noms sans particule. Un anobli n'avait pas « droit » à la particule et d'innombrables roturiers la possédaient. Elle attestait l'origine ou la propriété ou sous-entendait parfois « seigneur de » ou « sieur de » (ce qui n'impliquait pas nécessairement la noblesse : depuis l'ordonnance de 1579, un roturier pouvait acheter des fiefs et en devenir le seigneur sans devenir noble à condition de payer le droit de franc-fief) ; il s'est créé ainsi une caste de « personnes vivant noblement » (roturiers, gros propriétaires terriens). Ont un caractère honorifique, mais non nobiliaire, les particules concédées sous le second Empire (décret du 8-1-1859) et celles de noms de terre des familles dont un ascendant était encore le seigneur le 3-9-1789. L'*usurpation de la particule* est interdite par l'art. 259 § 3 du Code pénal.

Adjonction. Par autorité administrative : procédure, dite par voie gracieuse, selon laquelle, en vertu de la loi du 11 germinal an XI abrogée et remplacée par la loi du 8-1-1993 (créant au Code civil une section « des changements de prénoms et de noms » qui comprend les articles 60 et 61), le 1er ministre accepte par décret, après avis du Conseil d'État, de modifier le nom du requérant si le motif est légitime. La demande est publiée dans le *JO* et le *Journal d'informations générales* pour attirer l'attention de ceux dont le pétitionnaire pourrait prendre le nom. Tout intéressé peut faire opposition dans un délai de 2 mois.

Selon l'article 61 « la demande de changement de nom peut avoir pour objet d'éviter l'extinction du nom porté par un ascendant ou un collatéral du demandeur jusqu'au 4e degré ».

☞ Mac-Mahon accorda 3 particules en 1874 et 1877, par décrets personnels (en dehors de la procédure normale de la loi du 11 germinal an XI). Chaque année, environ 6 autorisations de porter une particule par addition de nom (quand la famille est éteinte ou en voie d'extinction) sont données par décret du 1er ministre.

Par jugement : le requérant doit apporter la preuve que : *1°)* le nom de terre dont il sollicite l'ajout était porté avant la loi du 6 fructidor an II ; *2°)* le nom à rajouter était porté régulièrement. Le Conseil d'État peut annuler un décret d'autorisation (délai de recours : 1 an après la parution du décret au *Journal officiel*).

■ **Usage du seul nom de terre.** Les familles ayant à la fois un nom patronymique et un nom de terre n'utilisent généralement que le second. En partie pour faciliter l'identification, le patronyme pouvant être répandu (mais le nom de terre est parfois commun à plusieurs familles). Jusqu'à la fin du XVIe s., en Guyenne, Gascogne, Béarn et Navarre, l'ancienneté du fief prévaut et donne le nom d'usage. Des hommes ont ainsi pris le nom de leur femme et abandonné le leur. Pratique qui a perduré jusqu'au XVIIIe s. lors de l'achat de seigneurie : ainsi la famille fraîchement anoblie de La Croix a porté le nom de Ravignan dès qu'elle a acquis de la famille de Mesmes, vicomte de Roissy, la seigneurie de Ravignan.

TITRES

■ **Statut.** Si la loi française ne reconnaît pas juridiquement la noblesse, elle reconnaît en tant que compléments du nom les titres authentiques dont la jurisprudence admet encore la survivance.

Il est d'usage de parler en ce cas de « titre » (l'art. 259 du Code pénal sur l'usurpation des titres avait volontairement omis de préciser « de noblesse »). La jurisprudence des cours et tribunaux en matière de titres reconnaît que le titre régulier est une distinction héréditaire qui aide à distinguer les membres d'une même famille (seul le chef de famille ayant, en règle générale, droit au titre) sans porter atteinte à l'égalité des citoyens. La Constitution, assurant l'égalité sans distinction d'origine, ne permet donc pas d'accorder seulement au descendant mâle et légitime cet accessoire ni de le dénier à d'autres porteurs du même nom (puînés, filles adoptées). En cas d'adoption plénière : on ne peut non plus refuser cet accessoire à un adopté qui ne serait pas noble selon d'anciens critères, car cela aboutirait en faveur du noble à un privilège anticonstitutionnel. Ces principes ont été confirmés par le Pacte international relatif aux droits civils et politiques, applicable en France depuis le 4-2-1981 (art. 26), et la Convention sur l'élimination de toutes les formes de discrimination à l'égard des femmes, dite Convention de New York, applicable en France depuis le 13-1-1992 (art. 5). Du protocole additionnel no 7 à la Convention de sauvegarde des droits de l'homme et des libertés fondamentales, dite Convention européenne des droits de l'homme, applicable en France depuis le 29-1-1989 (art. 5 et déclaration du gouvernement français à son égard), il ressort que le titre doit se transmettre même lorsque l'adoptant est une femme, dès lors que le nom lui-même est transmis. Le chef de l'État français n'a pas à reconnaître un titre octroyé par un gouvernement étranger, mais peut accorder par décret au bénéficiaire le droit de le porter en France « pour des raisons graves et exceptionnelles » (art. 1er du décret du 5-5-1859). Ces autorisations étaient par essence *ad personam* et viagères.

■ **Contentieux actuel des titres. Compétence administrative :** seule l'autorité administrative (Sceau de France au ministère de la Justice) est compétente pour vérifier la validité du titre et le reconnaître par un arrêté du garde des Sceaux, moyennant paiement d'un droit de sceau. Le refus du ministre peut être déféré au tribunal administratif de Paris avec possibilité d'appel devant la cour administrative d'appel de Paris et pourvoi en cassation éventuel devant le Conseil d'État.

Compétence judiciaire : le titre étant un accessoire du nom, destiné à honorer celui auquel il a été conféré, les tribunaux judiciaires peuvent statuer sur les litiges portant sur la propriété des titres à condition que le litige ne porte pas sur la validité, l'interprétation, le sens ou la portée des actes ayant conféré ou confirmé le titre, sinon la question relève de la compétence administrative. Mais la frontière entre les deux compétences reste indécise, car, lorsqu'il n'y a pas contestation sur un titre, l'ordre judiciaire rend son jugement ou arrêt.

Droit pénal : le nouvel art. 433-19 du Code pénal fait de l'utilisation d'un nom ou de son accessoire (titre nobiliaire, par exemple) qui ne serait pas celui assigné par l'état civil, un délit. En France, le titre est indivisible (sauf dans l'Est) et ne repose que sur une seule tête. Il est imprescriptible et il n'y a plus de dérogeance.

■ **Investitures.** Bien que la collation ou création de titres soit incompatible avec les institutions républicaines, en vertu de l'art. 7 du décret du 8-1-1859 modifié par le décret du 10-1-1872, « toute personne peut se pourvoir auprès du garde des Sceaux pour provoquer la vérification de son titre par le conseil d'administration du ministère de la Justice ». Cette vérification ne peut donner lieu qu'à un arrêté du garde des Sceaux (couramment mais improprement dit « arrêté d'investiture ») autorisant l'inscription du nom d'un citoyen sur les registres du Sceau « comme ayant succédé au titre dont son ancêtre avait été revêtu ». Conformément à la déclaration du gouvernement à la Chambre des députés (séance du 14-12-1906), cette autorisation ne peut être accordée qu'à propos de « titres sur lesquels ne peut s'instituer aucune contestation ». Le conseil d'administration vérifie que l'impétrant est bien l'unique personne apte, d'après les règles du droit nobiliaire français, à recueillir le titre devenu vacant. Toute requête tendant à un tel objet doit être obligatoirement présentée par ministère d'un avocat aux Conseils. Un droit de sceau de 2 000 F est perçu. Le même titre doit faire l'objet d'une nouvelle autorisation d'inscription au décès du titulaire précédemment investi.

La formalité d'inscription sur le registre du Sceau n'est pas obligatoire et n'influe en rien sur l'authenticité du titre. La production de l'arrêté doit seulement être exigée par les autorités appelées à faire figurer ce titre sant sur les actes d'état civil que sur divers documents administratifs (passeport ou carte d'identité). Un fils naturel reconnu peut obtenir la reconnaissance du titre de son père. Si le garde des Sceaux refuse, il peut faire appel devant le tribunal administratif et, en dernier ressort, devant le Conseil d'État.

Association d'entraide de la noblesse française (ANF) : 9, rue Richepanse, 75008 Paris. *Fondée* 1932 et reconnue d'utilité publique 29-7-1967. *Pt :* Cte Anne-François d'Harcourt. *1er vice-Pt :* M. de Saint-Pulgent. *Pt de la commission des preuves :* Cte Jean de Bodinat. *Familles homologuées de 1933 au 1-1-2001 :* 2 223 dont au moins 130 éteintes (environ 1 000 familles d'origine noble ne sont pas encore représentées).

☞ Au Moyen Age, l'*investiture* consistait en la remise d'un objet symbolisant la faveur reçue (exemple : une motte de terre symbolisant le fief). De grands féodaux comme les ducs de Bretagne et de Normandie recevaient petite couronne, sceptre, épée, bannière. La remise de la barrette cardinalice par le Pt de la République, aujourd'hui abandonnée, était une survivance de cette coutume.

Du 4-3-1872 au 31-12-1992, il a été procédé à 407 vérifications de titres nobiliaires, dont 190 depuis 1908 (ducs 47, princes 2, marquis 30, comtes 40, vicomtes 8, barons 63). Il aurait été question de conférer au maréchal Joffre le titre de « duc de la Marne »...

■ **Déclinaison des titres.** Une ordonnance de Louis XVIII du 25-8-1817, *ne visant que la pairie,* avait autorisé le fils d'un duc et pair à porter le titre de marquis, celui d'un marquis et pair, le titre de comte, celui d'un comte et pair, le titre de vicomte, celui d'un baron et pair, le titre de chevalier. Cette « déclinaison » disparut légalement avec l'abolition de la pairie héréditaire en 1832. Pratiquée de nos jours pour *tous* les titres, et non seulement les titres de l'ancienne pairie, elle ne repose sur aucun fondement juridique (titres dits « de courtoisie »).

Familles d'ascendance noble

Origine

Noblesse d'Ancien Régime

☞ Dite le second Ordre (le 1er étant le clergé).

■ **I – Familles d'extraction (noblesse immémoriale).** Familles qui furent toujours réputées et tenues pour nobles, sans que l'on puisse trouver trace qu'aucun souverain leur ait jamais accordé la noblesse.

Classifications intermédiaires : *noblesse féodale* (familles connues à partir du XIe s.), *chevaleresque* (prouvée dès avant le XVe s.). 1 408 familles subsistent. La noblesse de ces familles n'était admise que dans la mesure où le souverain les « maintenait » dans leur état de noblesse et privilèges afférents par un acte d'autorité. Louis XIV, voulant dresser le catalogue des nobles du royaume, prescrivit le 22-3-1666 à ses intendants de vérifier les titres des privilégiés ; la preuve centenaire suffisait. Le travail de recherche, suspendu en 1674, repris en 1696 et étendu en 1699 aux provinces conquises, fut suspendu en 1703 ; une 3e recherche eut lieu en 1715-27. Les habitants de la Navarre et du Béarn, les officiers, les possesseurs de dignités furent exemptés de recherche. Ces « grandes recherches » furent le fondement juridique de presque toute la noblesse d'extraction (la 1re recherche avait été faite sous Louis XI).

Nota. – On distingue aussi la **noblesse utérine,** c.-à-d. anoblie par le ventre (la mère) ou **coutumière.** Autorisé à la suite de combats qui décimèrent la noblesse (en 841 à Fontenoy-en-Puisaye, dit une tradition légendaire), très répandu en France, cet usage ne fut conservé en Bourgogne que jusqu'en 1750. Dans la Lorraine et le Barrois, il fut expressément reconnu et conservé légalement lors de leur rattachement à la France en 1766, et maintenu jusqu'à la Révolution. Peu de cas connus.

■ **II – Familles anoblies par lettres patentes. 1270, 1re lettre d'anoblissement connue :** délivrée par Philippe le Hardi à son argentier Raoul ; plus tard, il anoblit son barbier, Pierre Labrosse. **1285** Philippe le Bel anoblit Gilles de Concevreux. **1290** Jean de Taillefontaine. **1320** Philippe le Long anoblit son argentier, Geoffroy Floriac. **1345** Jean, régent du royaume, anoblit son cuisinier, Jean de Gencourt. **XIVe s.** grâce courante (et payante). **1339** (sous Philippe de Valois), les lettres d'anoblissement doivent être visées par la Chambre des comptes, et plus tard doivent être enregistrées au parlement et à la Cour des aides. Les anoblissements par lettres, qui ont subsisté jusqu'en 1830, ont été très nombreux : ils avaient lieu à l'occasion d'événements affectant la famille royale (sacre, mariage, baptême) ou d'événements politiques (alliances, traités, victoires). **Plus ancienne famille subsistante anoblie par lettres :** Hurault de Cheverny et de Vibraye en 1349.

Noblesse vénale ou **de finances :** constituée par les anoblis par lettres vendues par les rois (pour renflouer leur trésorerie) : **1564 :** 12 lettres ; **1568 :** 30 ; **1576-77 :** 1 000 ; **1592 :** 40 ; **1594 :** 10 ; **1609 :** 10 ; **1645 :** 50 ; **1696 :** 500 ; **1702 :** 400 ; **1711 :** 100 (sous Louis XIV, les besoins du Trésor amenèrent la chancellerie royale à adresser des lettres de noblesse « en blanc » aux intendants, qui les vendront 6 600 livres, mais à des personnes jugées aptes en raison de leurs mérites et de leurs services). **Confirmations :** les anoblissements par lettres furent parfois révoqués en bloc (quitte à payer une 2e fois les droits), le plus souvent lors de crises économiques. **1556** les anoblis doivent payer la confirmation de leur noblesse 1 500 livres. **1593** révocation des anoblissements faits depuis le décès du roi Henri III († 1589) ; les anoblis redeviennent taillables. **1598** annulation de tous les anoblissements depuis 1578 ; **1640** de tous ceux accordés depuis 1610 ; **1664** de tous ceux accordés depuis 1614 en Normandie, depuis 1611 dans le reste du royaume ; moins de 600 familles anoblies ainsi subsistent ; **1715** de tous ceux accordés depuis 1696 [une confirmation coûtait 6 000 livres (2 000 en 1713)].

■ **III – Familles anoblies par charges et par fonctions. 1°) Charges de judicature et de chancellerie. Évolution : 1371** Charles V accorde la noblesse à tous les bourgeois de Paris (Charles VI, Louis XI, François Ier et Henri II la leur confirment). **1484** Charles VIII anoblit notaires et secrétaires du roi (rendant ces charges très convoitées), si le titulaire conserve sa charge au moins 20 ans et la transmet à son fils ou son gendre. **1577** Henri III restreint la noblesse au prévôt des marchands et aux échevins (privilège supprimé en 1667 ; 1707 rétabli, 1715 supprimé, 1716 rétabli jusqu'à la Révolution). L'anoblissement favorise la vente des offices (procurant au roi des revenus) et leur transmission héréditaire. Les titulaires peuvent léguer librement leur charge à la personne de leur choix, en versant un droit annuel [égal au soixantième du prix de l'office (1604)], la *paulette,* du nom de Charles Paulet (chargé du 1er recouvrement). **1644-45** la noblesse au 1er degré est accordée aux principaux officiers des cours de justice et de finances du royaume – le parlement de Paris, la Chambre des comptes, la Cour des aides et le Grand Conseil. **1669** les officiers des cours souveraines sont remis à la noblesse graduelle. **1690** les officiers du parlement de Paris peuvent obtenir la noblesse au 1er degré (plus tard aussi ceux de province). **Modalités :** certaines juridictions et les chancelleries anoblissaient au 1er degré, d'autres, la majorité, au 2e degré. *La noblesse de 2e degré,* dite graduelle, donnait au père, puis au fils, la noblesse personnelle. Elle était acquise dès réception dans la charge et transmissible parce qu'elle pouvait se transmettre héréditairement lorsque le fils avait servi 20 ans ou était mort revêtu. *La noblesse au 1er degré* donnait, dès réception, la noblesse héréditaire à la famille, gardée définitivement après 20 ans de service ou mort revêtu. Dans ces 2 formules, la démission prématurée sans accord du pouvoir royal (avant 20 ans) ou la suppression de la charge faisait perdre la noblesse. Mais ces charges ne créèrent pas pour autant de nouvelles familles nobles, parce que certaines cours ne recevaient que des nobles (parlements de Paris, Besançon, Nancy et Rennes ; chambres des comptes de Bar et de Nancy), et parce qu'un bon tiers d'entre elles étaient exercées par des personnes déjà nobles, et dispensées de l'impôt du marc d'or (qui n'était payé que par les roturiers acquérant une charge anoblissante). **Nombre de charges anoblissantes à la fin de 1789** et entre parenthèses, **subsistant en 1989,** selon Régis Valette : 4 160 : Conseil d'État 46, des Requêtes 80, Grande et Petite Chancelleries 848 (360), Grand Conseil 66 (8), parlements et conseils supérieurs 1 272 (91), chambres des comptes 756 et Cour des aides 191 (81), Cour des monnaies 39 (6), Bureau des finances 769 (49), présidiaux (Paris-Châtelet et Marseille) 93.

2°) Fonctions universitaires. Docteurs en droit en Avignon (parfois qualifiée de *noblesse comitive :* dignité de comte), État pontifical (mais la monarchie s'est opposée à l'établissement de ce mode d'anoblissement en France).

3°) Noblesse municipale (dite de cloche). 16 municipalités ont joui de la noblesse pour les corps de ville : *Poitiers* (1372), *La Rochelle* (1373), *Toulouse* (1420), *Niort* (1461), *St-Jean-d'Angély* (1481), *Le Mans* (1482) pour leur fidélité au roi pendant la guerre de Cent Ans ; *Angers* (1475) pour sa fidélité au roi pendant les troubles de la Ligue du bien public ; *Tours* (1462) en raison de l'attachement que lui portait Louis XI ; *Bourges* (1474), *Lyon* (1495), pour leur fidélité et à titre d'encouragement économique ; *Arras* (1481) pour des raisons politiques, économiques et démographiques ; *Angoulême* (1507) et *Nantes* (1560) pour leur fidélité ; *Issoudun* (1651) et *Cognac* (1651) pour leur fidélité pendant la Fronde ; *Paris* en 1706. En 1666, le privilège anoblissant de ces villes a été restreint au seul maire, à l'exception de Paris, Lyon et Toulouse (capitouls). Le décret du 14-12-1789 a supprimé ces charges.

4°) Citoyens de Perpignan *(immatriculés de 1449 à 1785).* Bourgeois nommés par lettres du souverain ou élus par le conseil de la cité et inscrits au livre de la matricule de la ville. La reine Marie, épouse d'Alphonse IV d'Aragon, accorda le 18-8-1449 la chevalerie et la noblesse transmissibles à ces citoyens [environ 2 citoyens furent anoblis chaque année par 9 notables et 5 consuls qui avaient ainsi le droit de conférer la noblesse ; le souverain pouvait aussi accorder la noblesse directement par lettre (Charles Quint le fit en 1542 pour Jacques Antich Triniach)]. 22 citoyens furent ainsi nommés de 1659 à 1763. Ces privilèges furent maintenus par les rois de France depuis le traité de Péronne (1461) jusqu'à 1789. 8 familles en descendent actuellement.

La noblesse a été reconnue, selon des modalités différentes jusqu'à l'édit de 1634, aux francs-archers, aux hommes d'armes et archers des compagnies d'ordonnances, capitaines, lieutenants et enseignes des gens de pieds, gardes du corps, gentilshommes de la maison du roi, gendarmes, chevau-légers, écuyers et sergents d'armes de la garde du roi.

5°) Noblesse militaire. Existe depuis le XVIe s. Il y avait peu d'officiers roturiers sinon dans les grades subalternes. Un édit de novembre 1750 accorda la noblesse héréditaire à tous les officiers généraux non nobles alors en service, et décida que la 3e génération consécutive d'officiers (dans le grade de capitaine au moins) décorés de l'ordre de St-Louis ou morts au service, serait anoblie de plein droit. Une déclaration du 22-1-1752 décida que chacune des 3 générations devrait solliciter des lettres patentes d'approbation de services, scellées du grand sceau en fin de carrière. 11 familles subsistent. L'édit de 1750 s'appliquait également à la marine mais personne n'en bénéficia, en raison notamment du nombre infime de nominations dans l'ordre de St-Louis [en 97 ans, 17 capitaines de brûlot décorés (grade équivalent à celui de capitaine d'infanterie) sur plus de 10 000 nominations dans l'ordre)].

☞ Il y avait en 1789 environ 17 000 familles nobles (en comptant 5 000 branches cadettes).

Autres sources de noblesse

■ **Noblesse d'Empire.** Nom impropre mais reconnu par Louis XVIII : déclaration de Saint-Ouen (2 mai 1814) et Charte (4-6 suivant, art. 71). Seuls des « titres impériaux », n'honorant qu'une personne par génération – c'est-à-dire le titulaire –, étaient conférés. Les droits féodaux n'étaient pas rétablis et les terres données par l'Empereur sur le *« domaine extraordinaire »* se trouvaient hors de France. Cependant, les enfants avaient le droit de porter les armoiries, sans les signes caractéristiques du titre (sans toque ni lambrequins). Les familles des titrés jouissaient de privilèges et formaient une classe sociale largement héréditaire : possibilité de succession à un titre, titres dégressifs pour les fils du titré par l'Empereur, port d'armoiries (ce qui était interdit aux anciennes familles), majorat (propriétés incessibles donnant revenu, dotations, etc.), inscription sur les bâtiments (hôtel de...).

■ **Noblesse de la Restauration.** En 1814, l'article 71 de la Charte disposa : « La noblesse ancienne reprend ses titres, la nouvelle conserve les siens héréditairement. Le roi fait des nobles à volonté, mais il ne leur accorde que des rangs et des honneurs sans aucune exemption des charges et des devoirs de la société. » L'art. 62 de la Charte de 1830 reprend le même texte. Pendant les Cent-Jours, Napoléon supprima les titres « féodaux » (14-3-1815).

■ **Noblesse du Second Empire.** Le décret de la IIe République du 24-2-1848 avait aboli tous les titres mais le décret du 24-1-1852 les rétablit. Napoléon III n'anoblit pas, mais accorda la particule à 34 personnes et conféra ou régularisa des titres.

■ **Noblesse papale.** Environ 400 familles françaises ont été anoblies par le Saint-Siège entre 1820 et 1920.

■ **Noblesse étrangère.** 31 familles (avec homologation dans la noblesse française) subsistent en France.

Familles subsistantes

■ **Nombre de familles nobles.** Plus de 3 500 authentiques, et au moins 10 000 d'apparence noble (par le port de particules, de noms de terres, de titres imaginaires ou abusivement relevés, etc.). La durée moyenne d'une famille est de 350 années.

Selon le **Bon de Woëlmont** († 1931) : 5 151 familles en 1927.

Selon **Régis Valette,** dans son *Catalogue de la noblesse française,* 3 225 familles dont le principe de noblesse paraissait valable subsistaient au 1-1-1989, ainsi réparties : **Ancien Régime** 2 811. *Noblesse d'extraction* 1 408 (dont extraction chevaleresque 312, ancienne extraction 531, extraction simple 565). *Anoblis* ou *confirmés* 594 (dont 413 par lettres patentes, 150 par lettres de confirmation, 31 étrangers). *Anoblis par charges ou fonctions* 809 (dont 360 conseillers secrétaires du roi, 173 par charge municipale, 91 par les parlements, 185 par charges diverses). **Empire** 150 (il n'y eut que des titres et aucun anoblissement). **Restauration** 222 (titres et anoblissement par lettres). **Louis-Philippe** 12 (titres). **Second Empire** 23 (titres). **Noblesse de Savoie** (1800-60) 7 reconnus en France (par l'effet du traité de Turin rattachant la Savoie à la France en 1860).

Selon **Étienne de Séréville** et **Fernand de Saint-Simon,** dans leur *Dictionnaire de la noblesse française* (1977), 5 033 familles nobles subsistaient en 1900, 4 057 en 1975 [Ancien Régime 3 494 : extraction 1 600 (dont chevaleresque 365, ancienne 434) ; par lettres patentes 640 ; par charges 1 010 (secrétaires du roi 441, noblesse municipale 224, autres charges 345) ; divers (Savoie, Comtat Venaissin, étrangers reconnus) 244].

☞ Un certain décalage vient, entre autres raisons, de ce que des familles titrées n'ont pas constitué de *majorat* (formalité nécessaire pour l'hérédité du titre, voir p. 576 a), avant 1835, et que certains auteurs ne les considèrent donc pas comme anoblies héréditairement si le bénéficiaire du titre est décédé avant 1835.

■ **Noms d'apparence nobiliaire.** Il y avait, d'après une étude faite sur le Bottin mondain en 1973, 7 000 à 8 000 noms d'apparence nobiliaire. Les porteurs de ces noms ne sont pas tous nobles (1 sur 3 seulement) : 9 familles nobles sur 10 ont un nom comportant une particule (sont généralement sans particule celles de la noblesse dite d'Empire et quelques rares familles d'Ancien Régime : Durye, Dugon).

■ **Titres réguliers.** D'après des sondages effectués sur l'ouvrage de Chasot de Nantigny (publié en 1751) et une liste parue dans *l'Annuaire de la noblesse française* (1857) concernant les concessions de titres réguliers, c'est-à-dire l'« érection de telle terre en fief de dignité sous le titre de... » par lettres patentes enregistrées et vérifiées, on aboutit, en dehors des ducs, aux % suivants, *avant 1789 :* marquis environ 60 % des titres réguliers, comtes 20 %, vicomtes 8, barons 12. *XIXe s. :* marquis réguliers 18 %, comtes 25, vicomtes 5, barons 52, le reste concernant le titre de chevalier, rarement régularisé et très peu porté.

Les plus anciennes familles de France

La liste donnée ci-dessous est établie à partir du *Catalogue de la noblesse française,* de Régis Valette, éditions Robert Laffont, 1989. *Elle n'est pas exhaustive* (notamment pour les familles bretonnes et de l'Est). Elle comprend des familles nobles pour lesquelles il existe des descendants directs du nom avec la *date de filiation continue prouvée la plus reculée* (parfois date où le nom apparaît cité pour la 1re fois, puis celle à partir de laquelle la filiation noble est prouvée). Pour nombre de familles (Andlau, Gramont, Harcourt, La Rochefoucauld, Lévis-Mirepoix, Maillé, Polignac, Rohan, Toulouse-Lautrec, etc.), la tradition peut remonter plus haut avec une quasi-certitude. Pour d'autres, avec interruption ou amalgame hasardeux avec une famille antérieure. J.H. de Randeck a recensé 264 familles françaises remontant au-delà de 1351.

IXe siècle. Les Capétiens (début IXe ou même avant ; certains 852).

Xe siècle. Harcourt 966 (?) [du latin *Hariulfi Curtis,* vers 1050 Anchetil prend le nom Harcourt]. Rochechouart-Mortemart 980 (issus des vicomtes de Limoges, 876) ; nom apparu 1037.

XIe siècle. Gramont 1003. Issus des Ctes de Comminges. 1re maison éteinte avec Jean II de Gramont en 1528 ; 2e issue de sa sœur Claire, mariée à Menaud d'Aure, Vte d'Aster. La Rochefaucaul 1019 (Foucauld, seigneur de la Roche : une descendante, Emma, vivant en 1147-70, épouse Robert de Marthon d'où descend la famille actuelle). Caumont La Force 1040. Mailly-Nesle, Montesquiou-Fezensac 1050. Choiseul-Praslin 1060. Maillé de La Tour-Landry 1069. Clermont (devenu Clermont-Tonnerre) 1080. Castellane 1089.

XIIe siècle. Rohan-Rohan (Bretagne) 1100. Gontaut-Biron (citée 926) 1124. Châteauneuf-Randon 1135. Arenberg (Maison de Ligne, St Empire et France) 1142 (connue avant). Viry 1160. Scorraille 1168. Sparre (Suède et France), Tournebu 1170. Wall 1171 (?). Ligniville 1172. Walsh-Serrant (Anglais-Anjou) 1174. La Roche Aymon 1179. Lévis-Mirepoix 1180. Faucigny-Lucinge (Savoie, Bresse) 1180 (branche Faucigny 981). Villeneuve (Languedoc) 1183. Regnauld de La Soudière (citée 1034) 1189. Prunelé 1191. Beauffort (issus des Thouars) 1198.

XIIIe siècle. Cosnac 1200. Bauffremont (citée 1090) 1202. Chalencon devenue Polignac (citée 1062) 1205. La Fare, Riencourt 1206, Gouyon-Matignon 1209. Reinach (Werth, Hirtzbach) 1210. Pontevès d'Amirat, Sabran-Pontevès (citée 1064) 1213, Ginestous, Crussol d'Uzès (citée 1190) 1215. Quatrebarbes 1218. Menthon (Aviernoz) 1219. Argouges, Rasilly 1223. Noailles, Mostuejouls 1225. St-Phalle (citée 1171) 1230. Waldner de Freundstein 1235. Villeneuve (Trans, Flayosc, Bargemon, Esclapon) 1240. Foucher de Brandois 1245. Briey 1247. Roys d'Eschandelys 1253. Carbonnières 1254. Vogüé 1256. La Panouse, Wangen de Géroldseck aux Vosges 1257. Reich de Reichenstein (citée 1181) 1258. Tournemire 1259. Granges de Surgères 1261. Durfort-Civrac de Lorge (citée 1093), La Porte aux Loups 1262. Curières de Castelnau, Levezou de Vésins 1264. Beauvau-Craon 1265 (éteinte dans les mâles depuis 1982). Lubersac 1267. Rohan-Chabot 1269 (Chabot citée 1040, la branche aînée est devenue Rohan-Chabot 1645). Gourcy 1270. Menou 1272. Andlau 1274 selon R. Valette (citée 1178), La Rochelambert 1274. Cadoine de Gabriac 1279. Pérusse des Cars 1281. Saint-Gilles 1283. Croix, Montrichard 1285. Abzac, Loubens de Verdalle 1287. Albon (connue 1140), Noé, Rivoire de La Batie 1288. Esclaibes, Kerret 1290. Mérode (Belgique) 1295. Laguiche 1296. Foucauld 1298. La Tribouille 1299. Arcy, Budes de Guébriant, La Grandière 1300.

1301-1350. Boisgelin, Lameth, Du Merle, Sade 1302. Galard et de G. Béarn 1303. Goulaine 1304. Rodez-Bénavent 1307. Maulmont, Noue 1308. d'Aux de Lescout 1312. Carbonnel de Canisy, Yzarn de Freissinet de Valady, Adhémar (Panat, Cransac, Lantagnac) [citée 1095] 1313. Damas (citée 1247), Guiny 1315. Charry 1316. Commarque, Montalembert 1317. Chasteignier 1318. Galard Terraube 1320. d'Arces, Beaumont d'Autichamp (Repaire, Verneuil d'Auty, Beynac) 1322. Mullenheim-Rechberg 1323 ou 1337 (filiation bourgeoise vers 1250). Goys de Mézeyrac, Moÿ de Sons 1327. Bouillé, Chevron-Villette, Goesbriand, Hérail de Brisis, Kermabon 1328. Fayolle, Saint-Pern, Seyssel 1330. Colonna d'Istria, Raincourt 1331. Schauenburg 1332 ou 1274. Sallmard de Ressis 1333. Du Authier, Rouvroy de Saint-Simon, Saint-Priest d'Urgel, Villelume 1334. Grammont, Chastellux, La Tour d'Auvergne 1335. Busseul 1336. D'Albignac 1339. D'Andigné, Brémond d'Ars, Genève de Boringe, Hautecloque, Kergariou, La Poëze (d'Harambure), Luzy de Pélissac, Parc Locmaria, Saint Pol, Saint Pol de Lias 1340. Grasse, Mathan 1341. Malet de Coupigny 1342, Dillon, Drée, Mauléon-Narbonne (citée 1209) 1343. Bosredon, Lesquen du Plessis-Casso, Pechpeyrou-Comminges de Guitaut 1346. Chabot (Rohan-Chabot, Chabot, Chabot-Tramecourt), Courseulles 1347. Hurault de Vibraye, Goullard d'Arsay, Leusse 1349.

1350-1400. Croÿ, La Vergne de Tressan 1350. Ferrand, Lestrange, Sarret de Coussergues 1351. Beaurepaire, Chabannes (citée 1170) 1352. D'Espinay-Saint-Luc, Montault 1352. Roquefeuil (Montpeyroux, Cahuzac) [citée 1238] 1352. Forges de Parny, Ussel 1353. Huon de Kermadec, Villardi de Montlaur 1354. Soussay 1355. Chaumont-Quitry 1358. Aurelle de Paladines, Houdetot. Lancry de Pronleroy, La Rochette de Rochegonde 1360. Chauveron, Faydit de Terssac, Lambilly 1361. France, La Croix de Castries (charge anoblissante en 1487), Pins, Sartiges 1362. Hoffelize 1363. Coustin du Masnadaud, Doynel de La Sausserie (Saint Quentin) 1364. Achard de Bonvouloir, Bonneval (citée 1055) 1365. Foucaud et d'Aure, Jousselneau de Tourdonnet, Orléans 1366. Brossin de Méré, La Laurencie, La Tour d'Auvergne-Lauraguais, Le Vicomte de Blangy 1367. Nattes, Touchet 1369. Chevigné, du Couëdic de Kergoaler, Crécy, Gibon, La Fléchère de Beauregard, Loz de Coatgourhant, Tudert 1370. Amphernet de Pontbellanger, Coëtlogon, Lasteyrie (du Saillant), Grouchy, Le Forestier de Vandeuvre, Méherenc de Saint-Pierre 1372. Espagne de Vénevelle, Fontanges, Wimpfen 1373. Ligondès, Voyer de Paulmy d'Argenson 1374. Kérouartz, Malet (La Jorie, Roquefort), Le Roy de Valanglart. Mons, Prévost de Sansac de Traversay, Rougé, Sesmaisons 1375. La Bourdonnaye, Brillet de Candé 1376. Belloy de Saint-Liénard, Boisbaudry (citée 1150) 1377. Pierre de Bernis, Tristan, Vincens de Causans, Belzunce (citée 1145) 1378. Boberil, des Monstiers-Mérinville, Quélen, Toucheboeuf Beaumond 1379. Castelbajac, Kergorlay, Kersaint-Gilly, La Roche-Saint-André, Luppé, Montecler 1380. Chardonnet, Ferron (Chesne), La Villéon, L'Estourbeillon, La Sayette, La Tousche d'Avrigny, Solages, Tulle de Villefranche, Boisboissel 1382. Moy, Royère 1384. Comminges, Desgrées du Lou, Roffignac, Rolland de Renvergé, Tinteniac 1385. Freslon de La Freslonnière, Lancrau de Bréon, Nettancourt-Vaubecourt, Pluvié, Vanssay 1386. Hays 1387. Autier de La Rochebriant, Fumel, Pindray d'Ambelle, Trolong de Rumain 1388. Conchy, Costa de Beauregard, La Jaille, Lestang Parade, Robien 1389. Audiffret et Audiffret-Pasquier, Audren de Kerdrel, Blacas, Castel, Dion, Kermoysan, Quengo de Tonquédec, Toulouse-Lautrec, Anthenaise, Caupenne d'Aspremont, Liniers, Percy 1391. D'Astorg, Brossard de Saint-Martin au Bosc, Certaines, Foras, Guiry, Hennezel (Francogney, Ormois, Essert, du Mesnil), Isle de Beaucheine, La Rivière du Pré d'Auge 1392. Beaunay, Chaunac-Lanzac, Frotier (La Messelière, La Coste-Messelière, Bagneux), La Haye Saint-Hilaire, Livron, Kelly Farrel, Penfentenyo (citée avant 1171), Sainte-Marie d'Agneaux 1393. Aigneaux, Zorn de Bulach (connue 1250 environ mais rupture de filiation fin XIVe s.), Broglie, Hautpoul, Thy, Virieu 1394. La Cropte de Chanterac, Digoine du Palais, Morel de La Colombe, Poulpiquet du Halgouët (Brescanvel), Tryon-Montalembert, Banville 1395. Lantivy de Trédion, Lestang de Turigny (Ringère), Orglandes, Villers au Tertre 1396. Aymer de La Chevalerie, Bonald, Cumont, La Garde de Saignes, Lignaud de Lussac, Pouilly, Saint-Pastou de Bonrepaux 1397. La Forest-Divonne, Montaignac de Chauvance 1398. Armagnac de Castanet, du Breil de Pontbriand, La Celle [dans la Marche] (citée 1040), Navailles-Labatut 1399. Boisguéheneuc, Casteras Sournia, Chérisey, Gouyon de Coipel, Kermenguy, Kersauson, Le Gualès de Mézaubran, Mourins d'Arfeuille, du Pontavice, Pontual, Vassinhac d'Imécourt, Vergier de Kerhorlay 1400.

Nota. – Cossé-Brissac (le nom de Cossé apparu en 1180) achète Brissac en 1492 ; comte en 1560, duc 1611 et pair.

Titres portés

☞ La plupart des nobles authentiques portent un titre choisi dans la hiérarchie nobiliaire pour affirmer leur noblesse en face des non-nobles ; le plus souvent le titre, assumé par eux, n'a pas été conféré régulièrement par une autorité souveraine (voir p. 571 c). Depuis 1975, le Président de la République a supprimé toute mention de titres, même authentiques, dans les réceptions de l'Élysée, mis à part certains titres royaux ou impériaux (Cte de Paris, Pce Napoléon).

Différentes sortes de titres

■ **Titres authentiques.** Seuls susceptibles d'être reconnus par le Sceau de France (ministère de la Justice) en vertu d'un arrêté, dit d'investiture, pour les titres conférés en France par les chefs de l'État : *avant 1789* [par lettres patentes enregistrées en parlement et vérifiées par les cours souveraines (Cour des comptes, Cour des aides...)] ; *de 1806 à 1814* (lettres patentes impériales de Napoléon Ier moyennant constitution d'un majorat qui seul pouvait en assurer la transmission héréditaire, obligation supprimée en 1835) ; *de 1814 à févr. 1824* (lettres patentes) ; *de 1814 à 1817 :* pas de majorats d'où beaucoup de pairs sans majorats ; *de 1824 à 1835* (avec obligation de constitution de majorats, sauf pour les lettres de noblesse, qui ne furent plus délivrées après août 1830) ; *de 1835 au 29-2-1848 :* suppression des titres ; *24-1-1852 :* rétablissement. Sous le IId Empire, titre héréditaires dès les signatures des décrets ; lettres patentes pour la fixation des armoiries.

■ **Titres réguliers.** Titres authentiques dont les bénéficiaires ont omis de demander l'investiture. Ils se transmettent au décès du titulaire.

■ **Titres de courtoisie.** Titres dont les preuves sont insuffisantes ou qui ont été transmis irrégulièrement. **Avant 1789 :** l'expression, au sens strict, s'entendait pour les personnes qui, ayant fait leurs preuves pour les *honneurs de la Cour* (c.-à-d. noblesse prouvée avant 1400, alliances de marque et importance des services rendus, avec aussi l'agrément royal qui pouvait dispenser certaines familles de l'une de ces 3 conditions), étaient présentées au roi et à la famille royale avec un titre assumé, voire choisi par elles, mais accepté par le roi qui, de sa main, sur chaque nom de la liste des honneurs, écrivait « bon » ou « ne se peut pas ». Les fils de ceux qui avaient obtenu les honneurs de la Cour et avaient été gratifiés d'un titre se considérèrent comme investis de ce titre, dont la « qualité » n'était pas discutable alors. *Seul le titre de duc avait un usage strictement réglementé* puisque la plupart des ducs héréditaires siégeaient au parlement. Le roi acceptait aussi, sans les reconnaître par des lettres patentes scellées et enregistrées, des titres portés par des familles d'ancienne noblesse, le plus souvent ducales. Tous les ducs (pairs, héréditaires non pairs vérifiés au parlement, à brevets et brevets d'honneurs) étaient inscrits dans l'*Almanach royal.* **Régime actuel :** aux XIXe et XXe s., on a jugé que l'appellation d'un noble avec un titre de courtoisie dans des documents publics (même dans des contrats de mariage signés par le roi) n'entraînait pas, pour les familles honorées de cette appellation titrée, le droit au titre vis-à-vis du Sceau de France. L'expression « titre de courtoisie » s'est ainsi étendue à tout titre porté par une famille noble, mais non susceptible d'être reconnu par le Sceau de France. Cependant, un arrêt de la cour d'appel de Paris du 5-2-1962 a reconnu implicitement les titres de courtoisie « validés par l'admission aux honneurs de la Cour ».

■ **Titres irréguliers.** Autres titres français non reconnus par le Sceau, ni susceptibles de l'être, ni issus des honneurs de la Cour. Ils peuvent être portés par des familles d'ancienne et illustre noblesse non titrée comme par des familles usurpant la qualité nobiliaire en plus des titres qu'elles se donnent et qui sont sans fondement juridique.

■ **Titres étrangers.** Pour être authentiques, doivent être conférés par une autorité souveraine (sont donc exclus les titres conférés par des princes dont la famille n'est plus régnante). Considérés comme une distinction héréditaire ou personnelle (selon les dispositions de l'acte conférant le titre). Ils ne peuvent, en France, ni conférer la qualité de noble à celui qui ne la possède pas ni être considérés comme titres réguliers pour un noble qui les reçoit.

Sous l'Ancien Régime, comme au XIXe s., il a toujours été nécessaire, pour porter un titre étranger en France, d'obtenir une autorisation du souverain, moyennant de nouvelles lettres patentes enregistrées ou un décret (au XIXe s.). Avant 1859, les titres purent être reconnus personnellement ou héréditairement (un texte de 1819 non publié, mais quelquefois appliqué, exigeait l'autorisation du roi pour le port d'un titre étranger). Après le décret du 5-3-1859, les titres furent simplement autorisés personnellement (et fort rarement).

Titres étrangers reconnus ou autorisés en France depuis 1830. 1°) Avant le décret du 5-3-1859 : 9 par Louis-Philippe (2 ducs, 5 comtes, 2 barons) dont *Bon Henrion* (titre du pape, 1838), *Cte Lurde* (titre du pape, 1839, héréditairement), *Cte de Bourguignon* (Sardaigne, 1839, héréditairement), *Cte de Fürstenstein* (Westphalie, 1812, reconnu 1839), *Cte de Reiset* (titre du pape Grégoire XVI, 1842, reconnu héréditaire 1842), *Bon Heeckeren* (Pays-Bas, 1847), *duc de Santa Isabela* (Bresson, Espagne, reconnu 1847), titre de duc (Espagne) reconnu pour M. *de Walsh-Serrant* en 1838 († 1842, sans postérité masculine). *Pce Jules de Polignac* (titre romain) reconnu en France. **2°) Depuis le décret du 5-3-1859 :** 27 de 1859 à 1998 (1 prince, 1 duc, 2 marquis, 20 comtes, 2 barons, 1 chevalier) dont : *Pce de Sagan* (Prusse, Talleyrand-Périgord, 1859), *Casy, Cecille, Janvier de la Motte* (Cte, titre du pape, 1859), *Glot, Rostolan* (Cte, du pape, 1860), *Tresvaux de Berteux* (Cte, conféré par Grégoire XVI, 1845, autorisé 1861), *d'Iranda d'Arcangues* (Mis, Espagne 1764, autorisé 1862), *Livio* (chevalier, Bavière 1812, autorisé 1864), *de Boigne* (Cte, Italie, autorisé 1865), *d'Adelsward* (Bon, Suède, autorisé 1866), *Armand* (Cte, du pape, 1868), *Lemesre de Pas, de Lanet, Vaysse de Rainneville* (Mis), *Le Goazre de Toulgoët-Treanna, Carmoy* (5 titres de Cte du pape, autorisés 1874), *Espivent de La Villesboinet, de Fresne, Despous, Despous de Paul, Niel, Maillères* veuve Niel (5 titres de Cte et 1 de Ctesse, du pape, autorisés 1877), *Bon de Malsabrier* (Morin) (St-Marin, 1877), *Cte Lefebvre Pigneaux de Béhaine* (du pape, autorisé 1893), *duc de San Fernando Luis* avec grandesse d'Espagne (Lévis-Mirepoix, 24-8-1961).

Titres sous l'Ancien Régime

L'ancienneté de la noblesse, les illustrations et les alliances d'une famille pesaient plus qu'un titre. Ainsi les *Montmorency* (1ers barons chrétiens de France) étaient de plus grands seigneurs que bien des marquis du royaume. **Gentilhomme** n'était pas un titre, mais une qualité donnée au noble d'origine et non à l'anobli (d'où l'expression « le roi peut faire un noble et non faire un gentilhomme »). Tout roturier acquéreur d'une seigneurie s'en qualifiait **seigneur** ; mais, si la terre était une baronnie, un comté, etc., il ne pouvait se qualifier que *seigneur de la baronnie de X...,* et non *baron de X...* ou *comte de Y...*

En 1582, Henri III fixa ainsi *l'assiette territoriale* devant servir de *support* aux titres : *duché :* il devait produire un revenu annuel de 8 000 écus (les terres érigées en duchés-pairies présentaient, pour leurs habitants, l'avantage de relever directement du parlement, les dispensant ainsi de parcourir les degrés de juridictions intermédiaires) ; *marquisat :* 3 baronnies et 3 châtellenies ou 2 baronnies et 6 châtellenies ; *comté :* 2 baronnies et 3 châtellenies ou 1 baronnie et 6 châtellenies ; *baronnie :* 3 châtellenies unies ensemble (mécanisme destiné à assurer une assise sociale du titre). Sous Louis XIV, un comté comprenait une douzaine de sous-fiefs. Les seigneuries étaient très nombreuses et plus petites dans les provinces qui dépendaient du parlement de Paris.

Hiérarchie

■ **Écuyer** ou **damoiseau.** Noble d'ancienne souche ou d'anoblissement récent (à l'origine, damoiseau = jeune noble). Le titre d'écuyer est examiné par les juridictions administratives et judiciaires, pour les cas de noblesse dite inachevée « en cours de charge, la Révolution survenant ». Il peut être porté ou inscrit à l'état civil dans le nord de la France et son féminin, « dame », figure sur quelques actes d'état civil.

■ **Chevalier.** Noble de souche plus ancienne, ou anobli possédant une charge ou une fonction importante. Titre souvent porté par les cadets de grandes maisons.

■ **Banneret.** Chevalier possédant assez de biens pour lever une bannière, c'est-à-dire grouper sous son autorité plusieurs chevaliers.

■ **Baron.** A l'origine, chez les Francs, fonctionnaire royal (au-dessous du comte), chargé de percevoir les amendes. Le mot est passé en latin avec le sens de « guerrier, homme libre » et également de « mercenaire ». Le chef de la maison de Montmorency portait depuis le XIVe ou XVe s. le titre de « premier baron chrétien » (du duché de France, avant 987, et non du royaume de France). Cette désignation est unique dans le droit français des titres nobiliaires.

■ **Vidame.** Du latin *vice domini*, désignait aux XIIe et XIIIe s. le seigneur chargé de la défense des biens temporels d'un évêché (Amiens, Beauvais, Cambrai, Châlons, Chartres, Laon, Le Mans, Meaux, Reims, Rouen, Senlis, Sens) ou d'une abbaye (dit « avoué » : charge donnée à de hauts barons ; le roi de France, en qualité de comte du Vexin, était avoué de l'abbaye de Saint-Denis). En outre, le vidame devait conduire à l'ost les troupes de l'évêché et protéger la maison épiscopale après la mort de l'évêque. Il avait le droit de prélever certaines redevances sur les habitants. A partir du XVe s., son rôle se réduit avec l'accroissement du pouvoir royal et communal (les Bons d'Esneval étaient vidames de Normandie).

■ **Vicomte.** A l'origine, remplaçait le comte dans les villes secondaires d'une province (chefs-lieux d'un *pagus*). Ils s'affranchirent de l'autorité comtale au Xe s. (Narbonne, Nîmes, Albi) et devinrent de hauts barons au XIe s. (Melun, Bourges, Thouars).

■ **Comte.** A l'origine, dignitaire chargé de l'administration d'une province (à partir du Xe s., il possédait souvent des droits régaliens).

■ **Marquis.** A l'origine, chargé de la défense des provinces frontières (marches). Il a rang sur le comte.

■ **Duc.** A l'origine, chef militaire et administrateur. Titre donné ensuite aux comtes et marquis les plus importants. On distinguait, en 1789, les *ducs et pairs* (43) : possesseurs de fiefs érigés en duché-pairie (à condition que la terre rapporte 8 000 écus de rente) relevant uniquement du parlement de Paris (exemples : Uzès, Luynes, Fronsac, Mortemart, Noailles, Clermont-Tonnerre, Choiseul) ; *ducs non pairs* (15) : titre héréditaire décerné par le roi et enregistré par le parlement (exemples : Chevreuse, Broglie, Polignac) ; *ducs à brevets d'honneur* (16) : titre non héréditaire ni enregistré (exemples : Lauzun, Castries, Mailly...). Tous étaient dits « cousins du Roi », comme les grands officiers de la Couronne (sauf le chancelier et le garde des Sceaux).

■ **Prince.** Il n'y avait, en droit, de princes que les princes du sang ou les princes étrangers. Toutefois, quelques seigneuries étaient fondées sur des **alleux** [terres **allodiales** (du francique *allod,* propriété complète) franches et libres de toute suzeraineté depuis un temps immémorial]. Ces **alleux** se situaient à la limite de plusieurs provinces. Dans le Nord, entre St-Amand et la mer, beaucoup de parcelles de terre n'étaient pas soumises au régime féodal. Il s'agissait sans doute de biens qui n'avaient pas été conquis lors de l'invasion franque ni distribués et, de là, non soumis à la féodalité jusqu'en 1789. Parfois, les possesseurs d'alleux se groupèrent pour défendre leurs intérêts (les *estimaux,* dans le Nord). Le **Franc-Alleu**, petit pays du Nord (il y en avait des centaines), avait encore en 1789 des règles coutumières. Ces terres étaient souvent exiguës (un simple champ). Pour certaines, leurs seigneurs prirent la dénomination de prince (du latin *princeps, de primum,* premier, et *capere,* occuper, prendre place) ; épithète synonyme de seigneur portée dans des familles d'ancienne noblesse à qui leur haut rang assura la tolérance du roi, qui leur en confirma parfois la possession. Le roi érigea par lettres patentes des terres en principautés (Joinville, Lambesc, Martigues, Poix pour Noailles, Guéménée pour Rohan). Il est arrivé que les arrêts d'enregistrement des parlements ne mentionnent pas les qualifications de « prince » et de « principauté » en France.

Napoléon Ier créa des titres de princes, Louis XVIII et Charles X acceptèrent dans l'exposé des motifs des lettres patentes de titres de pairs de France de faire figurer cette qualification, par courtoisie et à la demande des familles, mais celle-ci figura rarement dans le dispositif proprement dit de ces lettres. Cependant Louis XVIII, dans un brevet, fit Talleyrand Pce de Talleyrand, compensant ainsi la perte de la Pté de Bénévent. Ces princes eurent le rang des ducs à la Chambre des pairs.

1 Empereur. 2 Roi. 3 Prince (non français). 4 Duc. 5 Marquis. 6 Comte. 7 Comte sous l'Empire. 8 Vicomte. 9 Baron.

■ **Bâtards.** Ceux reconnus des rois naissaient princes, ceux des princes naissaient gentilshommes ; ceux des gentilshommes furent considérés comme nobles jusqu'en mars 1600. Une ordonnance d'Henri IV les priva alors en principe de ce privilège, mais, dans de nombreuses provinces, la coutume est restée la plus forte pendant encore plusieurs générations.

■ **Chevaux de Lorraine.** Nom donné en Lorraine à 2 groupes d'ancienne et illustre chevalerie. *Grands chevaux :* du Châtelet, Lignéville, Haraucourt et Lenoncourt ; *petits :* en 1861, Guerrier Dumas en citait 8 : Beauvau, Raigecourt, Choiseul, Custine, des Armoises, Gourcy, Ludre, et Mitry, auxquels on aurait pu ajouter Bassompierre, Bouzey-Champagne, Briey, des Salles, d'Ourches, du Hautoy, Ficquelmont, Gournay, d'Haussonville, d'Hunolstein, Lambertye (Tornielle), la Vaulx, Montarby, Nettancourt, Saintignon ; en 1862, Van der Straten Ponthoz proposait également d'Apremont, Bauffremont, Chérisey, Croÿ, Failly, Mercy, Pouilly, Reinach, Salm, Vidranges. *Origine de l'appellation :* au XVIe s. mode (venant d'Italie) de souliers à talons très élevés dénommés « grands chevaux » ; au début du XVIIIe s., par comparaison à ces souliers, l'usage se prit de désigner ainsi les grandes familles de Lorraine qui fréquentaient la cour de Lunéville et dont le rang social était élevé.

■ **Honneurs de la Cour.** 942 familles françaises et parfois étrangères avaient été admises aux honneurs de la Cour (privilège de monter une fois dans des carrosses du roi après avoir été présenté à la famille royale) au XVIIIe s. (entre 1715 et 1790), sur preuves de l'ancienneté de leur noblesse (datant d'avant 1400), de l'illustration de leurs services et de leurs alliances, avec l'agrément du roi, seul maître d'accepter ou d'écarter les admissions. Sur les 880 familles françaises honorées, 292 subsistent, dont 80 % à l'ANF.

■ **Nombre théorique de nos ancêtres.** *2e génération* (nos parents) : 2. *3e* : 4. *4e* : 8. *5e* : 16. *6e* : 32. *7e* : 64. *8e* : 128. *9e* : 256. *10e* : 512. *11e* : 1 024... *17e* : 65 536, etc. Si les alliances ne réduisaient pas la progression géométrique du nombre des aïeux, chacun aurait eu 32 aïeux sous Louis XVI, 32 768 sous François Ier, et 16 777 276 sous St Louis (soit le double de la population de cette époque). Mais le nombre réel est différent en raison des unions consanguines : ainsi Charlemagne se retrouve *4 200 000 fois* l'ancêtre du Cte de Paris († 1999), St Louis *plus de 15 000 fois,* Henri IV *108 fois.* A la 14e génération, le Cte de Paris n'aurait que 546 ancêtres au lieu de 8 192. Charlemagne aurait plus de 20 000 000 de descendants vivants (souvent par le biais d'enfants naturels), ce chiffre pouvant doubler en une génération.

■ **Salles des Croisades à Versailles** (1839). Désireux de ne créer que peu de titres nouveaux, mais soucieux de se concilier l'ancienne noblesse, Louis-Philippe, en restaurant le château de Versailles pour célébrer les gloires de la France, décida en 1839 de consacrer des salles aux chevaliers croisés. Les familles issues des nobles ayant participé aux croisades du XIe au XIIIe s. cherchèrent à se faire inscrire pour y figurer. Leur inscription constituait une sorte d'enregistrement de leur noblesse immémoriale. Sur 738 noms ainsi inscrits (316 en 1840, 347 entre 1840 et 1843, 75 ensuite), 219 subsistent actuellement (en 1926 selon le Bon de Woelmont 160). **Dates d'inscriptions filiatives :** *la plus ancienne* 1096, *les plus récentes* 1365 et 1521. **Noms y figurant à tort :** 200. Le problème des preuves s'étant posé, près de 200 documents furent acquis à environ 500 F-or, la « collection Courtois » étant apparue en 1842, avec des pièces du cabinet de Tellier. Michel Fleury et Robert H. Bautier ont démontré entre 1954 et 1974 leur fausseté. Il s'agissait de contrats d'emprunts faits par les croisés à des marchands italiens, de procurations passées en Terre sainte ou de quittances de chevaliers ou d'écuyers pour leur solde, fort bien imités (sous Louis-Philippe).

■ **Titres historiques exceptionnels** (sommet de la hiérarchie). **1°) 1er baron chrétien :** figure encore dans des lettres patentes de pairs de Louis XVIII pour l'aîné des Montmorency. Éteint. **2°) Maréchal héréditaire de l'armée de la Foi** contre les albigeois (depuis Simon de Montfort) : continue à être porté par l'aîné de la maison de Lévis-Mirepoix, car il fut attaché à la terre de Mirepoix. 2 bâtons de maréchal, d'azur semé de croisettes d'or, passés en sautoir, c'est-à-dire croisés derrière l'écu (ce qui est reconnu par le roi, lettres patentes de pairie en 1828).

☞ **Titres particuliers rattachés à certains fiefs :** le seigneur *« cavier »* en Gascogne qui doit se présenter à l'ost avec une lance complète (troupe composée de cavaliers : le chevalier, un ou plusieurs écuyers, un ou plusieurs coutilliers, au moins 6 archers montés, plusieurs valets, parfois plusieurs hommes de pieds) et peut élever une tour fortifiée entourée de murailles et fossés sur son fief appelé « caverie » tenu du roi d'Angleterre ; *soudan* et *captal* en Gascogne et Guyenne (le captal de Buch est le 1er baron de Guyenne). Ces titres, qui n'ont jamais fait l'objet de lettres patentes enregistrées, ont toujours été reconnus par l'autorité royale.

Titres de ducs

Seuls sont indiqués ici les titres encore portés actuellement (pour les titres portés dans la famille de France et d'Orléans voir p. 715 c). Date du titre (entre parenthèses, nom de famille s'il diffère).

1572 Uzès (de Crussol). *1588* Montbazon (de Rohan), pair 1595. *1598* Croÿ. *1611* Luynes (d'Albert), pair 1619. *1620* Brissac (de Cossé), pair. *1622* La Rochefoucauld, pair 1769. Rohan (de Rohan-Chabot), pair 1652. *1648* Gramont, pair 1663. *1650* Mortemart (de Rochechouart), pair 1663. *1663* Noailles, pair 1663. *1667* Chevreuse (d'Albert de Luynes). *1700* Harcourt, pair 1710. *1737* Ayen (de Noailles, duc à brevet en 1789). *1742* Broglie, pair 1815. *1755* Clermont-Tonnerre, pair 1775. *1762* Praslin (de Choiseul), pair. *1773* Lorge (de Durfort-Civrac), pair 1815. *1780* Polignac (Polignac ex-Chalencon), pair 1815. *1784* Maillé, pair 1815. *1787* La Force (de Caumont), brevet avec hérédité.

Certains ducs ayant plusieurs duchés avaient parfois reçu l'autorisation de faire porter par leur fils le titre de duc : Chevreuse, 1692, aîné du duc de Luynes (duché régulier). Guiche, 1700, aîné du duc de Gramont. Ayen, 1737, aîné du duc de Noailles. Lesparre, 1739, cadet de Gramont. Liancourt, 1758, aîné des La Rochefoucauld (duché régulier).

☞ La Maison de *Rohan* [titulaire des duchés de Montbazon (1588), de Bouillon (par héritage reconnu en 1816) et des titres princiers de Guéménée, de Rochefort (1728), etc.] est fixée en Autriche. La Maison de *Croÿ* a pour chef le duc de Croÿ qui est allemand (Dülmen, Westphalie).

Ducs a brevet et grands d'Espagne français du XVIIIe siècle

☞ Les Français créés **grands d'Espagne** partageaient en France les honneurs des ducs (édit du 21-8-1774).

1°) Appelés à la pairie depuis 1814 avec le titre héréditaire de duc. Titres portés : *Noailles, Pce de Poix* (titre français) *[duc de Mouchy,* grandesse 1712 ; titre espagnol mais le duc actuel n'est pas investi en Espagne] ; *Pce de Chalais,* 1713 (subsiste par transmission chez les Galard de Brassac de Béarn, en Espagne, titre de courtoisie français non reconnu, grandesse confirmée en 1883, et cédule royale en 1904, actuellement pas de grandesse) ; *Cossé,* duc à brevet non héréditaire 1756, 1774, 1784, duc-pair 1817 (duc de Brissac et pair de France 1611). **Éteints :** *Castries,* duc à brevet 1794, relevé après 1884, duc-pair 1817, éteint 1886 mais relevé ; *Caylus* (Rougé, titre concédé 1742, transmis 1770 aux Lignerac et reporté), duc à brevet 1783, duc-pair 1818, éteint 1905, grandesse d'Espagne et titre ducal transmis par cédules espagnoles de 1893 au Cte de Rougé (éteint 1954, en France), et de 1963 à Mme Jeanne Rous de La Mazelière, dame Philippe de Dampierre (née 5-11-1917) qui avait été autorisée à relever le titre par décret du 16-7-1981, ayant hérité ce duché de la famille de Rougé ; déchue de son investiture de Caylus, pour n'avoir pas réglé ses droits.

2°) Autres grands d'Espagne. *Croÿ-Dülmen,* grandesse 1528 par Charles Quint, duc (n'est plus investi en Espagne), souverain médiatisé ; *Valentinois,* duché-pairie 1642 pour Honoré II, Pce de Monaco, puis nouvelle érection des terres en duché-pairie 1716, transmission à Honoré III et extinction dans les mâles 9-6-1949 avec la mort de Louis II de Monaco, mais celui-ci avait accordé à sa fille le titre devenu monégasque de Desse de Valentinois en 1920 (en dehors du droit français) ; grandesse conférée par Philippe V ; *Doudeauville* (La Rochefoucauld), grandesse 1782, éteinte ; *Vogüé,* grandesse 1724 conférée au maréchal duc de Villars, puis léguée en 1777 au Cte de Vogüé ; *La Mothe-Houdancourt,* 1722, grandesse confirmée 1824 par Ferdinand VII pour M. de Walsh-Serrant, transmissible selon le droit espagnol par réhabilitation éventuelle. **En 1999 :** *San Fernando Luis,* 1816 (Lévis-Mirepoix) : son petit-fils, Antoine de Lévis-Mirepoix (1884-1981), investi en Espagne, fut autorisé en 1961 à porter en France le titre du duc de San Fernando-Luis, auquel est attachée la grandesse d'Espagne, titre et grandesse relevés en faveur d'Adrien de Lévis-Mirepoix par la reine Isabelle II d'Espagne en 1866 ; *Guignard de Saint-Priest* ambassadeur de France à Madrid, duc d'Almazan 1830, avec grandesse [le marquis Louis de Castellane décédé était devenu duc d'Almazan de Saint-Priest et donc grand d'Espagne en 1993 comme descendant d'un Guignard de Saint-Priest (il y avait déjà un duc d'Almazan en Espagne)]. Le titre est passé le 7-4-1998 à doña Béatrice de Castellane, duchesse d'A. de St-Priest (*Bulletin officiel de l'État,* 25-10-1997), épouse d'Olivier Nosten. **Éteints :** *Beauvau-Craon,* grandesse 1727 (les derniers princes n'étaient pas reconnus en Espagne) ; *Brancas,* grandesse 1730, éteinte 1852 ; *Crillon,* grandesse 1782, éteinte 1870 ; duc *d'Esclignac* (Preyssac-Fimarcon), grandesse 1787, éteinte 1868 ; *Narbonne-Pelet,* 1789, éteinte 1901 (les Narbonne-Lara s'éteignirent en 1916) ; *Saint-Simon* (Rouvroy), Mlle de Saint-Simon, Ctesse de Rasse, obtint en Espagne en 1803 confirmation de la grandesse conférée en 1722 au duc de Saint-Simon, le mémorialiste, puis transmise en 1751 par son testament, éteinte ; duc de *Serent,* grandesse 1799, éteinte 1822.

Nota. – La grandesse héréditaire étant transmissible par les femmes, une grandesse peut toujours être réhabilitée en Espagne s'il existe encore des descendants de celui qui se la vit conférer. Cependant, la réhabilitation est à la fois un droit et une grâce du roi d'Espagne.

Qualifications de princes qui furent ou sont portées en France

Amblise (Champagne) : sirerie possédée avec la qualification de prince par la maison d'Anglure. **Amboise :** titre porté par Louis d'Amboise (1392-1469), qui était P^{ce} de Talmont. **Andlau :** l'abbesse était P^{cesse} du St Empire. **Andorre :** voir à l'Index. **Anet :** sirerie, près de Dreux, aux ducs de Vendôme. **Antibes** (Provence) : attestée 960, passée aux Grimaldi et, par succession, à la maison de Grasse. **Arenberg :** chef de la maison et, tous les cadets ducs du St Empire, souverain 1806, médiatisé 1815 (devenue française par lettres de grande naturalisation de Charles X), puis pair de France ; sans majorat : non héréditaire. Tous ses représentants portent en France le titre (non français) de P^{ce} et P^{cesse} d'Arenberg. **Assier :** aux Uzès. **Beaumont** (-sur-Sarthe) : le futur Henri IV, avant d'être roi de Navarre, se disait souverain de Béarn (pourtant fief français) ; en réalité, il était, comme héritier de Navarre, P^{ce} de Viane ; on reportait son titre princier sur son duché-pairie de Beaumont, du domaine des Bourbon-Vendôme. **Beauvau-Craon** (St Empire 1775) : admis sous ce titre aux honneurs de la Cour ; seul le chef de famille était prince et le dernier mâle est décédé. **Bédeille** (Béarn) : souveraineté territoriale à la maison d'Albret passée en 1692 à Charles de Lorraine, Cte de Marsan, qui ne disparut qu'en 1790. **Béthune-Hesdigneul** (Artois) : branche cadette des ducs de Béthune-Sully, P^{ces} d'Henrichemont, et des ducs de Béthune Charost ; obtint 1782 l'autorisation de porter en France le titre de P^{ce} octroyé en 1781 par l'empereur Joseph II en tant que souverain des anciens Pays-Bas catholiques. **Bidache :** aux confins du Labourd, de la Guyenne et de la basse Navarre ; franc-alleu de temps immémorial possédé par les Gramont qui s'en déclarèrent souverains en 1570, ce que le roi leur contesta... Cette situation dura jusqu'en 1790 et ne fut jamais régularisée ensuite (prise du titre de prince au XIXe s.). **Bouillon :** titre *ducal* (St Empire) lié à partir de 1520 au titre princier de Sedan (créé par François Ier en faveur de Robert II de La Marck). **Bourbon** et **Orléans :** la qualification de prince est de droit, avec parfois des désignations différentes, dans la descendance des Capétiens.

Carency (Artois) : terre ayant appartenu à des Bourbons dont les descendants par les femmes se titrèrent P^{ce} de Carency (les La Vauguyon, Bauffremont, etc.). **Carignan :** près de Sedan ; donnée en 1661 au Cte de Soissons par Louis XIV qui érigea cette terre en duché en 1662, mais ses possesseurs continuèrent à s'en qualifier princes. **Céreste :** titre porté par le frère du duc de Brancas, au XIXe s. **Chabanais** (Angoumois) : attesté en 980 ; d'abord comté, puis principauté (XVIe s.), et enfin marquisat. **Chalais** (Périgord) : terre entrée dans la maison de Talleyrand par mariage après 1321 ; ses possesseurs portèrent le titre de prince. **Charleville :** bâtie en 1609 par Charles de Gonzague, duc de Nevers et de Mantoue ; passa ensuite aux Condé. **Châteauneuf-sur-le-Rhône :** titre attaché à l'évêché de Viviers, attesté 1718. **Château-Porcien** (Champagne) : seigneurie du comté de Ste-Ménehould érigée en principauté (1551) pour les Croÿ, elle passa aux ducs de Nevers, puis à Mazarin, aux Richelieu et au P^{ce} de Monaco. **Château-Renaud** (Hainaut) : érigée en comté (1470) par le duc de Bourgogne pour Jean de Croÿ, dont le petit-fils fut créé P^{ce} du Saint Empire ; passée par alliance à la maison de Ligne, puis d'Hénin-Liétard (éteint 1806 – titre princier relevé par la branche cadette de la maison de Riquet de Caraman). Titre belge : P^{ce} de Caraman-Chimay 1824. **Châtelaillon** (Ch.-M.). **Commercy** (Lorraine) : souveraineté, propriété des maisons de Nassau-Sarrebruck, puis Gondi et Lorraine. **Condé** (Hainaut) : possédée par une branche cadette des Bourbons. Le duc d'Aumale, neveu et filleul du P^{ce} de Condé († 1830), fut son légataire universel, ne releva pas le titre pour lui-même mais le laissa à son fils aîné Louis-Philippe (15-11-1845/24-5-1886, sans postérité). **Conti** (Picardie, Somme) : terre acquise par le mariage de Louis Ier de Bourbon-Condé en 1551. Le titre de P^{ce} de Conti, porté pour la 1re fois par son fils François (1558-1614), s'éteignit à la mort de Louis François II (13-3-1814). **Courtenay :** seigneurie qui n'était plus dans la maison des Courtenay quand ils se titrèrent P^{ces} au XVIIe s., ce que le roi n'admit jamais ; une branche cadette des Bauffremont, devenue aînée, s'est octroyé le nom de Bauffremont-Courtenay au XIXe s.

Delain (Franche-Comté) : sous Charles Quint, Jean de Goux, dit de Rupt, se qualifia souverain de Delain, terre passée aux Clermont d'Amboise. **Denain :** titre attaché à l'évêché d'Arras ; attesté 1718. **Déols** (Berry) : les anciens seigneurs s'appelaient « P^{ces} de la principauté déolaise » (éteinte sous Philippe Auguste). **Dombes :** le Beaujolais « à la part de l'Empire » devint Dombes sous François Ier lors de l'annexion de 1527 ; formée d'un débris du royaume de Bourgogne, fut possédée par les Montpensier, puis rattachée à la Couronne en 1762. **Donzère** (Dauphiné) : les évêques de Viviers portèrent le titre de P^{ces} de Donzère et de Châteauneuf. **Elbeuf :** qualification de P^{ce} portée par les cadets des ducs de ce nom. **Embrun :** titre attaché à l'évêché ; attesté 1718. **Épinoy** (Artois) : châtellenie de la maison de Melun 1327, érigée en comté par lettres patentes de Louis XII (1514) en faveur de François de Melun, créé prince par Charles Quint ; passée aux Rohan-Soubise (1724). **Espinoy :** aux Vaudémont (Lorraine) cité par Saint-Simon en 1720. **Fénétrange :** seigneurie libre et immédiate de l'Empire, partagée en 1469 en 2 coseigneuries passant aux Saarwerden et aux Croÿ-Havré ; aux Polignac en 1789. **Foucarmont :** cité par Semonville en 1858. **Grenoble :** titre attaché à l'évêché. **Grimberghe :** titre porté dans la maison de Luynes. **Guémené** (Bretagne) : terre érigée en principauté 1547 pour Louis de Rohan, Cte de Montbazon. **Harcourt :** Jean VII († 1452) était qualifié P^{ce} d'Harcourt. **Henrichemont** (Boisbelle-en-Berry devenu Henrichemont sous Henri IV) : franc-alleu de temps immémorial acheté par Sully aux Gonzague. **Isenghien et Masmines :** à Maximilien de Gand, dit Villain, par lettres patentes de Philippe II du 29-5-1582. **Isle-sur-Montréal :** qualification portée dans la maison de Mailly-Nesle. **Joinville** (Champagne) : possédée par les sires de Joinville, puis principauté de la maison de Lorraine (9-5-1552), le P^{ce} de Joinville est sénéchal héréditaire de Champagne ; devint, par succession, bien patrimonial de la maison d'Orléans.

Lamballe (Bretagne) : duché de Penthièvre en 1695 pour le Cte de Toulouse, légitimé de France, qualification de P^{ce} de Lamballe pour ses possesseurs. **Lambesc** (Provence) : principauté privilégiée érigée par le roi de France Cte de Provence. Quelques membres de la maison de Lorraine portèrent le titre de prince jusqu'en 1825 ; titre représenté par le chef de la maison de Savoie. **La Roche-sur-Yon** (Vendée) : simple seigneurie entrée dans la maison de Bourbon (1454) et dont les possesseurs assumèrent la qualification princière. **Léon** (Bretagne) : les plus anciens seigneurs se qualifiaient de comtes ou vicomtes ; en 1363, le dernier vicomte de la branche aînée, Hervé VIII, mourut à 22 ans ; sa sœur Jeanne épousa le Vte Jean Ier de Rohan, lui apportant ses biens. **Lillebonne :** cité par Saint-Simon (famille Espinoy) 1720. **Linchamps :** cité par Semonville 1858. **Listenois :** qualification princière des Bauffremont (1762). **Lixin :** qualification portée dans la maison de Lorraine. **Longjumeau** (Ile-de-Fr.) : baronnie de coutume possédée par les Lusignan (rois de Chypre) puis par la maison de France ; passée par mariage dans la branche aînée des barons de Gaillard, agrandie par mariage, devenue le nom patronymique de la famille. **Lorraine :** duché créé en 895 (maison attestée depuis 1048). 8 pairies furent instituées en France, au bénéfice de ses différentes branches. Définitivement réunie à la France 1766. L'« archimaison d'Autriche » (actuelle famille Habsbourg-Lorraine) en est issue depuis 1736. Les préliminaires du traité de Vienne (1736) laissent les titres de la famille aux descendants de François III. Otto, fils aîné du dernier empereur, s'est marié le 10-5-1951 à Nancy comme duc de Lorraine et se dit duc de Bar. Les Lorraine installés en France, qui se titraient princes, étaient considérés comme « princes étrangers ». Actuellement, ils sont archiducs d'Autriche, quoique simples Habsbourg-Lothringen en Autriche. **Lure :** l'abbé était P^{ce} du St Empire depuis 1232. **Lurs :** titre porté par les évêques de Sisteron. **Luxe** (Basse-Navarre) : comté souverain. Passe par dot, 1593, aux Montmorency-Boutteville.

Marnay : pour les Bauffremont. P^{ce} du St Empire (reconnu en France par Louis XV comme P^{ce} de Bauffremont). **Marsillac** (Angoumois) : terre échue en dot à Gui de La Rochefoucauld, dont l'arrière-arrière-petit-fils François († 1533) fut le 1er à être qualifié de P^{ce} de Marsillac. **Martigues** (Provence) : terre vicomtale érigée par Henri III, en 1582, en principauté pour Marie de Luxembourg, passa aux Bourbon-Condé puis par acquisition au M^{al} de Villars ; revendue aux Galliffet (1772). **Maubuisson** (Yvelines) : qualification portée par les Rohan. **Metz :** l'évêque était P^{ce} du St Empire. **Meurs :** principauté de la maison de Croÿ. **Monaco** (voir à l'Index). **Montauban** (I.-et-V.) : qualification portée par les Rohan. **Montbarrey :** titre accordé 1774 par l'empereur Joseph II à Alexandre de St-Maurice, Cte de Montbarrey (1732-96), ministre de la Guerre de Louis XVI (1777-80) ; descendant du colonel franc-comtois Jean-Baptiste de St-Mauris, vainqueur de la bataille de Prague 1620. Son fils, guillotiné en 1794, a porté le titre de « P^{ce} de St-Maurice ». **Montcornet** (Aisne) : Charles Armand, duc de Mazarin, l'acquit en 1666, en même temps que Château-Porcien ; passé dans la maison de Monaco. **Mondragon :** titre attaché à l'évêché ; attesté 1718. **Montlaux :** à la famille de Créquy. **Mortagne** (Saintonge) : quelques seigneurs en ont été qualifiés P^{ces} (1487) ; terre passée des Cœtivy aux La Trémoïlle, Goyon-Matignon et Richelieu. **Murbach :** l'abbé était P^{ce} du St Empire (titre réuni à celui de Lure 1554).

Nice : l'évêque de Nice (ville non française en 1789) bénéficiait d'un titre de prince reporté sur une autre localité. **Orange** (Dauphiné) : ville et P^{té}, enclavée dans la Provence, passée 1173 à la maison des Baux, 1388 à celle de Chalon, puis à celle de Nassau jusqu'à Guillaume-Henri de Nassau, P^{ce} d'Orange, stathouder de Hollande († sans postérité 1702). Louis XIV, après avoir autorisé en 1706 Louis de Mailly-Nesle, héritier de la maison de Chalon, à se qualifier prince d'Orange, réunit Orange à la Couronne et la donna en 1712 à Louis-Armand de Bourbon-Conti. Le Mis de Mailly-Nesle s'est dit P^{ce} d'Orange. Le roi de Prusse se titrait P^{ce} d'Orange en 1918. **Phalsbourg :** qualification princière portée dans la maison de Lorraine. **Poix** (Picardie) : les 1ers seigneurs de cette terre, issus de la maison de Tyrel, se qualifièrent de princes (1159-1236). Cette seigneurie ainsi qualifiée passa à la maison de Créquy, puis fut érigée en duché-pairie (1652) et acquise par les Noailles. Lettres patentes de principauté en 1765. P^{ce} (et duc pair sous la Restauration) de Poix est le seul titre « valable » du « duc de Mouchy » (titre espagnol dont il n'est pas investi). **Pons :** qualification princière portée dans la maison d'Albret, passée à celle de Lorraine. **Rache** (Artois) : aux Berghes Saint-Winocq. Principauté 1682. **Raucoux :** fief souverain en Luxembourg, aux ducs de Bouillon. **Remiremont :** l'abbesse était P^{cesse} du St Empire. **Revel :** porté par les Broglie. **Rochefort-en-Yvelines :** à la maison de Rohan.

Salon : titre attaché à l'archevêché d'Arles ; attesté 1718. **Sayans** (Vivarais) : chef-lieu d'une viguerie avec château, dont les ducs d'Uzès et les évêques de Valence se qualifièrent quelquefois de princes (vraisemblablement en raison de leur suzeraineté en « paréage », comme, encore, de nos jours, l'Andorre). **Sedan, Jametz, Raucourt :** principauté composée de 32 paroisses, qui fut abandonnée au profit du roi Louis XIII le 15-9-1642 par le duc souverain de Bouillon (Frédéric Maurice de La Tour d'Auvergne), frère aîné de Turenne, et complice de Cinq-Mars (exécuté pour avoir comploté contre le roi). Cet abandon lui sauva la vie. En mai 1647, Frédéric Maurice, demeuré duc de Bouillon, réclama la restitution de sa principauté (échec). Le 20-3-1651, il consentit à sa cession définitive, en échange du duché d'Albret. Ses descendants ont fait passer le titre princier sur leur V^{té} de Turenne (voir ci-dessous). **Sieviers** (aux Lannes de Montebello) : principauté faisant partie de la dotation de l'évêché de Cracovie (Pologne) et incluse dans la dotation accordée par Napoléon Ier au M^{al} Lannes, par décret du 30-6-1807. Bien que le majorat n'ait pas été constitué, le titre de P^{ce} de Sieviers a été parfois utilisé à tort dans cette famille. **Solre :** titre princier par diplôme espagnol (1677) pour le lieutenant général de Croÿ au service de la France. **Soubise :** sur la Charente, en Saintonge, d'abord seigneurie en 1218, avec Guillaume l'Archevêque, de Parthenay et de Soubise, titre de P^{ce} en 1667 pour les Rohan [qui s'ajoute pour cette famille à ceux de P^{ce} de Léon (XVIe s. et 1603), Rochefort (1728) et Guémené (1570)]. **Strasbourg :** titre de P^{ce} du St Empire attaché à l'évêché attesté avant 1718.

Talmont : Louis de La Trémoïlle reçut Talmont lors de son mariage en 1446 avec Marguerite d'Amboise et se qualifia P^{ce} de Talmont, ainsi que ses descendants. **Tancarville** (Normandie) : dans la famille de Montmorency. **Tarentaise** (Savoie) : titre princier porté par les évêques de Moûtiers. **Tarente** (Naples) : porté par François de La Trémoïlle, arrière-petit-fils de Louis Ier (car il avait épousé, en 1521, Anne de Laval, héritière de sa mère, Charlotte d'Aragon, qui pouvait prétendre au royaume de Naples). Titre reconnu en 1651 par Louis XIV pour les aînés et dignité princière pour tous les mâles. Dernier titulaire Louis Jean (1910-33), 12e duc de La Trémoïlle, 13e duc de Thouars, 13e P^{ce} de Tarente, 17e P^{ce} de Talmont. **Tingry** (Picardie) : qualification portée dans la maison d'Albret, puis de Luxembourg, par érection de la baronnie de Tingry, Hesdigneul et Hucqueliers par lettres patentes de janvier 1587 d'Henri III. Un Montmorency fut dit P^{ce} de Tingry au XIXe s. **Tonnay-Charente** (Saintonge) : à la maison de Rochechouart (depuis le XIIIe s.), qui en porta le titre à partir de 1591. **Tourrette :** un des fiefs de l'évêché d'Apt qui bénéficia d'immunités accordées par la reine Jeanne en 1355. **Turenne :** vicomté souverain passé aux La Tour d'Auvergne, qui furent un temps simultanément ducs de Bouillon et P^{ces} de Sedan ; comprenait une centaine de paroisses dans les départements actuels de Corrèze avec droit de frapper monnaie ; avant 1700, les V^{tes} de Turenne prirent la qualification de P^{ces} de Turenne. **Vaudémont :** à la maison de Lorraine. **Vergagne :** aux cadets de la maison de Mancini. **Vivarais :** cité par Semonville.

Yvetot : le Viking Ivar, originaire de Toft, en Norvège (d'où Ivar Toft, devenu Yvetot), eut ce territoire du pays de Caux en alleu souverain, ce qu'acceptèrent Hrolf (Rollon) et ses successeurs, à partir du Xe s. Attesté pour la 1re fois en 1024. 3 paroisses d'Yvetot : Ste-Marie-des-Champs, St-Clair et une partie de celle d'Écalle-d'Aix. Les seigneurs portaient souvent le titre de « roi » et bénéficiaient de tous les privilèges de souveraineté jusque sous Henri II (1551). Tout en conservant de larges immunités et exemptions fiscales, ses possesseurs se qualifièrent sous Louis XIV de princes et princesses. Le château fut rasé sous la Révolution et les biens vendus en 1789. Au XXe s., le titre de P^{ce} d'Yvetot a été porté pendant une génération, par un Mis d'Albon (Antoine 1892-1965), sa famille, et quelques autres, descendant par les femmes des anciens souverains du lieu.

■ Titres sous le Premier Empire

☞ *Légende :* é : éteint. (1) Titre subsistant. (2) Pas de lettres patentes.

■ **Nombre de titres accordés.** 3 324 selon Jean Tulard (dont *princes* 7, *ducs* 33 (dont 16 maréchaux d'Empire sur 18 ; 2 *Brune* et *Jourdan* n'ayant été titrés que comme comtes dans la liste des pairs de France de Louis XVIII au 2-6-1815 ; on a dit, à tort, que Napoléon avait fait Jourdan duc de Fleurus), *comtes* 417, *barons* 1 550, *chevaliers* 1 317). Il en subsiste de 234 à 239 plus 66 personnes dont l'ascendant fut décoré du titre de chevalier. D'après Campardon, il y aurait eu 3 263 « *anoblissements* » (soit 1 chef de famille pour 10 000 citoyens en 1814 contre 7 pour 10 000 en 1789). 59 % sont des militaires, 22 % des hauts fonctionnaires, 17 % des notables. 60 % n'étant pas d'origine noble. *Pendant les Cent-Jours*, Napoléon conféra 13 titres de comte, 5 de baron et 1 de prince français (Lucien Bonaparte).

☞ Les titulaires des grandes dignités (créées en 1804) en 1813 : *roi d'Espagne* (Joseph Bonaparte), grand électeur, *roi Louis Napoléon,* connétable, *duc de Parme* (Cambacérès), prince, archichancelier de l'Empire, *duc de Plaisance* (Lebrun), prince, architrésorier, gouverneur général des départements de Hollande, *vice-roi d'Italie* (Eugène de Beauharnais), archichancelier d'État, *roi des Deux-Siciles* (Murat), grand amiral, *prince Borghèse,* gouverneur général des départements au-delà des Alpes, *P^{ce} de Neufchâtel et de Wagram* (Berthier) vice-connétable, *P^{ce} de Bénévent* vice-grand électeur (Talleyrand).

■ **Titres de la famille impériale.** Prince et princesse, traitement d'Altesse impériale. Sous les Ier et II^{d} Empires, pour les successibles et leurs filles : P^{ces} et P^{cesses} français(es).

■ **Titres accordés avec souveraineté. Sur les territoires acquis ou conquis : rois :** *Deux-Siciles* (Naples) : Joseph Bonaparte (30-3-1806) puis Murat. *Hollande :* Louis Bonaparte (5-6-1806). *Westphalie :* Jérôme Bonaparte (1807). **Autres titres :** *duc de Clèves et de Berg* 1806 Murat (devenu grand-duc au traité de Paris créant la Confédération du Rhin), 1808 fils aîné de Louis, roi de Hollande. *Grande-duchesse de Toscane* 1808 Élisa Bonaparte. *P^{ce} souverain de Neufchâtel* 1806 Berthier. *P^{ce} souverain de Bénévent*

5-6-1806 Talleyrand (c'était alors une enclave du St-Siège dans le royaume de Naples). *Pce souverain de Pontecorvo* 5-6-1806 Bernadotte (il restitua son État à Napoléon en 1810 en devenant Pce héritier de Suède) ; un décret impérial pris en faveur de Lucien, 2e fils de Joachim Murat et de Caroline Bonaparte, le fit Pce de Pontecorvo, mais il fut renvoyé à Paris, car l'aîné, Achille, n'avait rien. Lucien, mineur, ne pouvait accomplir les formalités sous le IId Empire et il ne porte pas ce titre. *Pté et duché de Guastalla*, créé dans les États de Parme et Plaisance, 1806 Pauline Bonaparte, qui les rétrocéda aussitôt à Napoléon en n'en conservant que le titre.

Tous ces titres avec souveraineté seront « abdiqués » au congrès de Vienne en 1815, et leurs titulaires les perdront lors de la remise en ordre de l'Europe et des restitutions des divers pays souverains à leurs monarques légitimes (par exemple : Neuchâtel et Valengin restitués à la Prusse, Bénévent au roi des Deux-Siciles et Ponte Corvo au Saint-Siège, etc.).

■ **Titres accordés sans souveraineté. Duchés grands fiefs :** le 20-3-1806, Napoléon institue sous son autorité, mais hors de France (pour ne pas manquer à son serment du 13-7-1804, lors de la distribution des 1res croix de la Légion d'honneur, de combattre toute entreprise qui tendrait à rétablir le régime féodal), des duchés grands fiefs qui seront attribués ultérieurement aux maréchaux et hauts fonctionnaires de l'Empire en 1808-09. Ces duchés n'impliquaient aucun pouvoir féodal, mais une part des revenus de ces territoires formait le majorat obligatoire de chaque titre. **13 dans le royaume d'Italie :** DALMATIE (Mal Soult) é 1857 ; ISTRIE (Mal Bessières) é 1856 ; FRIOUL (Gal Duroc) é 1813 ; CADORE (contre-amiral Nompère de Champagny) é 1893, relevé ; BELLUNE (Mal Victor) é 1853 ; CONEGLIANO (Mal Moncey) é 1842 ; TRÉVISE (Mal Mortier) é 1912, relevé, é 1946 ; FELTRE (Gal Clarke) ; BASSANO (pour Maret, ministre) é 1906 ; VICENCE (Gal Caulaincourt) é 1896 ; PADOUE (Gal Arrighi de Casanova) é 1888 ; ROVIGO (Gal Savary) é 1872 ; MASSA E CARRARA (détaché de l'Italie le 1-5-1806 et rattaché à la Pté de Lucques, accordé 1809 au grand juge Régnier) é 1962. **4 dans le royaume de Naples :** GAÈTE (Gaudin, ministre des Finances) é 1841 ; OTRANTE [1] (Fouché) ; REGGIO (Mal Oudinot) é 1956 ; TARENTE (Mal MacDonald) é 1912. **3 dans les États de Parme et Plaisance :** PARME (Cambacérès, archichancelier) é 1824 ; PLAISANCE (Lebrun, architrésorier) é 1926 ; GUASTALLA (pour Pauline Bonaparte ; quand elle eut renoncé à sa souveraineté, voir ci-dessus).

Autres titres : le 1-3-1808, un décret rétablit les anciens titres sauf ceux de vicomte et de marquis. Des titres, dits « décoratifs » (assimilables à des décorations), étaient accordés à titre personnel. Ils récompensaient des services rendus à l'État. Ils pouvaient devenir héréditaires après constitution d'un *majorat :* bien inaliénable attaché au titre et transmissible avec lui, de mâle en mâle par ordre de primogéniture. Ces majorats, qui sont examinés par le Conseil du Sceau, peuvent être donnés par l'Empereur ou constitués par le candidat. Il était exigé pour un duc 200 000 F de revenus, pour un comte 30 000, un baron 15 000, un chevalier 3 000. Seuls 15 % des bénéficiaires constituèrent un majorat, formalité onéreuse et qui nécessitait 10 étapes de procédure. L'abrogation de cette condition, le 12-5-1835, bénéficia aux titres de l'Empire et aussi de la Restauration pour les titulaires qui, ayant négligé d'accomplir cette formalité entre 1808 et 1835, étaient encore en vie à cette date.

Titres de fonction : étaient automatiquement *princes* les grands dignitaires (grand électeur, archichancelier de l'Empire, archichancelier d'État, architrésorier d'État, architrésorier, connétable...), avec titre d'*« Altesse sérénissime »* (et *ducs* leurs fils aînés après constitution d'un majorat) ; *comtes* les ministres (appelés Excellences), sénateurs, conseillers d'État à vie, présidents du Corps législatif, archevêques ; *barons* les titulaires de diverses fonctions publiques (présidents de cour de cassation, procureurs généraux, évêques, maires des 37 bonnes villes assistant au sacre, conseillers d'État, préfets).

Légion d'honneur (voir à l'Index).

■ **Portant des titres de victoires. Ducs :** ELCHINGEN (Mal Ney) 1805 (é 1969) ; DANTZIG (Mal Lefebvre) 1807 (é 1820) ; ABRANTÈS (Gal Junot) 1808 (é 1813), réservé aux LE RAY, 1869 (é 1985) ; AUERSTAEDT [1] (Mal Davout) 1808 (é 1853), réservé aux descendants de Charles d'Avout, frère cadet du Mal ; CASTIGLIONE [1] (Mal Augereau) 1808 (é 1915) ; MONTEBELLO [1] (Mal Lannes) 1808 ; RAGUSE (Mal Marmont) 1808 (é 1816) ; RIVOLI [1] (Mal Masséna) 1808 ; VALMY (Mal Kellermann) 1808 (é 1868) ; ALBUFERA [1] (Mal Suchet) 1813 ; WAGRAM (Mal Berthier) 1813 (é 1918). **Princes :** Pces d'ECKMÜHL (Davout) é 1853, d'ESSLING (Masséna), de la MOSKOVA (Ney) é 1969, de WAGRAM (Berthier) é 1918. Berthier, Davout et Masséna reçurent, par décret du 15-9-1809, les châteaux de Chambord, de Brühl (Prusse rhénane) et de Thouars, appartenant à la Légion d'honneur, érigés en principautés du nom de leur titre de victoire.

Autres titres de ducs : DECRÈS (vice-amiral Decrès, ministre de la Marine) é 1820 ; d'ARENBERG [1] (titre de duc de l'Empire[2] conféré 1811 au duc régnant d'Arenberg, en Allemagne, lors de l'annexion de son duché à l'Empire français) ; de SALM-KYBURG [2] (même remarque que pour Arenberg) ; Desse de FRIOUL (Hortense Duroc en 1813 à la mort de son mari) é 1829 ; Desse de NAVARRE, créé 9-4-1810 pour l'impératrice Joséphine après son divorce, titre passé aux Beauharnais-Leuchtenberg, éteint en France depuis un arrêt du 10-8-1858.

Nota. – Les titres de ducs de LODI (accordé en 1807 à François Melzi d'Eril) et de LITA étaient italiens.

PAIRS DE FRANCE

Ancien Régime. Issus de l'institution coutumière apparue vers 1200, qui persista jusqu'en 1789, ils bénéficient de privilèges judiciaires et honorifiques, notamment d'assister au sacre des rois. De 1200 à 1789, on a dénombré 7 pairies ecclésiastiques et 152 fiefs principaux érigés en pairies (ce qui fait, avec les érections successives de certains fiefs, 306 pairies ayant existé sous l'Ancien Régime). **Le 4-8-1789** il existait 66 pairies : 4 princes de sang, 62 pairies (possédées par 48 personnes) dont 7 ecclésiastiques, 55 laïques (17 possédées par des princes capétiens, 4 par des princes étrangers, 34 par 33 membres de l'aristocratie). **En 1980**, subsistaient 15 pairies d'Ancien Régime dont 5 *capétiennes* représentées par le comte de Paris (Orléans, Valois, Chartres, Nemours, Montpensier) et 10 ayant encore 1 représentant : Uzès, Montbazon (Rohan), Brissac, Luynes, Gramont, Rohan, Mortemart, Noailles, Harcourt, Clermont-Tonnerre (Fitz-James s'est éteinte en 1967).

Cent-Jours. L'Acte additionnel aux Constitutions de l'Empire (22-4-1815) institua une Chambre des pairs, pairs par droit de naissance (8 membres de la famille impériale) et 114 pairs nommés, héréditaires, dont 29 étaient issus des 147 pairs déjà nommés par Louis XVIII, les 85 autres étant : 12 anciens sénateurs, 5 maréchaux, 39 lieutenants généraux et 4 ducs civils d'Empire, 1 ancien conventionnel régicide, 14 notables fidèles à Napoléon Ier et 10 représentants de l'ancienne noblesse, presque tous déjà titrés de nouveau par l'Empereur. Ces 114 pairs, nommés le 2-6-1815, siégèrent 15 fois et se dispersèrent le 7-7-1815. 65 sur 114 furent rappelés par Louis XVIII, 1 par Charles X, 24 par Louis-Philippe, et 1 par succession. Il n'existait pas de titres spéciaux liés à cette pairie éphémère.

Sous Louis XVIII, Charles X et Louis-Philippe (jusqu'en 1832). 434 pairies furent créées (118 confirmations dans la fonction par Louis XVIII, 39 réintégrations, 182 nominations nouvelles ; 95 par Charles X : 1 réintégration et 94 nominations nouvelles). Il y eut des barons, vicomtes, comtes, marquis et ducs pairs. 309 pairies furent instituées à titre héréditaire et 125 à titre viager par Louis XVIII, Charles X et Louis-Philippe (avant l'abolition de l'hérédité de la pairie) dont 92 ecclésiastiques. 162 sont considérées comme ayant eu le caractère héréditaire (lié à la délivrance des patentes et à l'institution des majorats). Tous les pairs de France étaient nobles et généralement titrés (titres héréditaires s'ils avaient accompli les formalités entre 1814 et 1831/35, ou, sinon, viagers) ; *Ravez*, pair sous Charles X, n'eut pas le temps d'être titré.

Sous Louis-Philippe. L'hérédité de la pairie fut abolie le 29-12-1831, à effet du 8-1-1832. À son avènement, 81 pairs laïcs furent exclus (80 de Charles X, 1 de Louis XVIII : Polignac). Le *dernier pair de France* (prince du sang, pair-né n'ayant pas siégé vu son jeune âge) mourut le 28-8-1922 : Gaston d'Orléans, Cte d'Eu, petit-fils de Louis-Philippe.

☞ Actuellement, il reste 103 représentants de la pairie héréditaire de 1814-30, autres que les princes de la famille royale ou les princes du sang. Il y a en outre 19 représentants de pairs n'ayant pu bénéficier de toutes les formalités (lettres patentes ou majorat) et 3 ducs non pairs : La Force, Otrante, Rivoli.

■ TITRES SOUS LOUIS XVIII ET CHARLES X

■ **Nombre de titres accordés.** 2 128 dont *ducs* avec lettres patentes enregistrées 19 (9 ducs à brevet et grands d'Espagne français du XVIIIe s. avaient été appelés à la pairie depuis 1814, celle-ci étant héréditaire). *Marquis* 44. *Comtes* 205. *Vicomtes* 214. *Barons* 779. *Nobles* (lettres d'anoblissement) 726. *Confirmations de noblesse* 141.

■ **Ducs. Subsistent actuellement :** SABRAN 1817 (relevé 1828 par son neveu, marquis de Pontevès ; d'où la maison de Sabran-Pontevès) ; TALLEYRAND 1817 (de Talleyrand-Périgord) ; CROŸ 1817 ; BAUFFREMONT (de Bauffremont) 1818 ; DECAZES 1822 ; BLACAS D'AULPS 1824 ; ARENBERG 1828 (à vie, pas de majorat) ; DES CARS 1830 (de Pérusse) avril 1830, patentes de juillet 1830, non scellées du fait de la révolution de Juillet. **Éteints :** AVARAY (Bésiade) 1818 (é 1943). CADEROUSSE (Gramont) 1825 (é 1865). CARAMAN (Riquet de), ordonnance 10-5-1830, sans patentes ultérieures, voir p. 577 b. CASTRIES 1817 (é 1886), relevé sans droit. CAYLUS (Lignerac) 1818 [é 1905, retransmis ensuite selon la loi espagnole par cédule d'Alphonse XIII de 1843 et soumis (1976) à la procédure de succession en ligne féminine en Espagne]. CRILLON 1817 (é 1870). DAMAS-CRUX 1818 (é 1846). DAMAS D'ANTIGNY 1825 (é 1827), titre personnel. LA CHASTRE 1815 (é 1824), ordonnance sans patentes. LA VAUGUYON (de Quelen) 1818 (é 1837). MONTESQUIOU 1812 (é 1913) relevé sans droit. MONTMORENCY [plusieurs pairies conférées : 1817 ducpair pour Mathieu Jean de Montmorency, cousin du précédent, duc réinstitué 1864 dans la famille des Talleyrand (é 1951)]. NARBONNE-PELET 1817 (é 1901). RAUZAN (Chastellux) 1819 (titre personnel), relevé sans droit. RICHELIEU (Chapelle de Jumilhac) 1822 (é 1952). RIVIÈRE 1825 (é 1890). TASCHER 1818 (é 1901), relevé sans droit.

■ TITRES SOUS LOUIS-PHILIPPE

■ **Nombre de titres accordés.** 118 (66 créations et 52 régularisations, confirmations et autorisations). 5 familles titrées sous Louis-Philippe subsisteraient de nos jours.

■ **Ducs. Créés :** PASQUIER (Audiffret) 1845, devenu Audiffret-Pasquier en 1862. ISLY (Mal Bugeaud) 1845, éteint 1868 à la mort de son fils. MONTMOROT 1847 (à Fernando Muñoz, époux de la reine Marie-Christine, veuve de Ferdinand VII), é 1873. **Régularisés :** CHOISEUL (Marmier) 1839 [gendre du duc de Choiseul-Stainville (1760-1838)], é 1947. **Étrangers espagnols reconnus :** WALSH-SERRANT 1838. SANTA ISABELA (Bresson) 1847.

■ **Autres titres. Marquis** 0. **Comtes** 17 créés (9 subsistent), 10 confirmés, 2 n'eurent pas leurs patentes, 1 (Bourbon-Conti) « ajourné par le roi », 5 étrangers autorisés : 3 pontificaux (1 personnel), 1 sarde, 1 de Westphalie. **Vicomtes** 7 confirmés dont 3 personnels. **Barons** 46 créés dont 4 personnels (13 subsistent), 23 confirmés, 2 étrangers reconnus (1 pontifical, 1 des Pays-Bas). **Chevalier** 1 confirmé à titre personnel.

■ TITRES SOUS LE SECOND EMPIRE

■ **Noblesse du Second Empire.** Le 24-1-1852, Louis-Napoléon, prince-président, avait rétabli par décret les titres (abrogés par un décret du gouvernement provisoire du 29-2-1848). L'Empire rétabli, les titres impériaux reprennent la hiérarchie du premier Empire (duc, comte, baron) ; pour celui de chevalier, il n'y aura que des confirmations. Les titres de l'Ancien Régime, de la Restauration et de la monarchie de Juillet (marquis, vicomte) sont généralement tenus pour ne pas avoir été créés mais confirmés (sauf 2 : Léon-Raymond du Puy de Parnay confirmé Mis en 1860 et Joseph-Maurice Pernety Vte en 1865 ; or, aucun de leurs ancêtres paternels n'avait porté ces titres). En général, les titres sont octroyés par décret impérial. Le mode de transmission est précisé. Les lettres patentes nécessaires à l'hérédité d'un titre ne sont plus obligatoires, mais sont délivrées au titre de règlement d'armoiries. Lorsqu'un titre authentique doit être confirmé à un nouvel héritier, un arrêté ministériel peut suffire. **Noblesse étrangère :** 3 familles ont reçu un titre de Napoléon III : écossaise, Douglas-Hamilton de Châtellerault (duc) ; suisse, de Graffenried de Villars (baron) ; belge, de Néverlée (baron). 6 personnes d'ascendance non noble sont autorisées par décret impérial à relever un titre après le décès du titulaire. 2 d'entre elles (Michon-Coster et Sébastiani) ont obtenu une confirmation de leur titre entre la fin de l'Empire et la constitution de la IIIe République, leur permettant de transmettre à leurs héritiers un titre du second Empire et une noblesse héréditaire acquise et transmissible accordée par la République.

■ **Nombre de titres. Princes :** *2 confirmations :* Masséna d'Essling, Ney de la Moskowa. **Ducs :** 25 dont *4 créés : 1856* MALAKOFF (Mal Pélissier, é 1864). *1859* MAGENTA (Mal de Mac-Mahon). *1863* MORNY (é 1943). *1863* PERSIGNY (Fialin, é 1885). *14 régularisés :* PLAISANCE (Maillé de La Tour-Landry, é 1926). PARME (Cambacérès, é). ELCHINGEN (Ney, é 1973). DALBERG (Tascher, é 1901, relevé par les Tascher de La Pagerie). GADAGNE (Galléan é). CARAMAN (Riquet, confirmé en 1869, voir p. 577 b). CHÂTELLERAULT (ayant-droit actuel : Angus Douglas-Hamilton, duc de Hamilton, le duché étant passé par une femme, en cette maison, avant 1711 ; la branche est éteinte mais, avec ce système, l'actuel duc de Hamilton semble duc de Châtellerault effectif). OTRANTE (Fouché, actuellement porté en Suède). AUERSTAEDT (d'Avout ou Davout, duché du maréchal en 1808, conféré à un cadet de cadet non issu du maréchal). FELTRE (Goyon). ABRANTÈS (Le Ray, duché du Gal Junot en 1808, conféré à un descendant par une femme), é 1985. AUDIFFRET-PASQUIER. MONTMORENCY (Talleyrand-Périgord, créé 1864, é 1951). MONTMOROT (conféré 1862 à un cadet du 1er duc F. Muñoz, officier de la Légion étrangère, par transmission du titre paternel ; é 1863 ; relevé par les Muñoz d'Espagne). **Marquis :** 49 dont *1 création* (du Puy de Parnay, de Quiqueran-Beaujeu), *48 confirmations* [dont 7 titres authentiques (dont 1 de l'Ancien Régime : de La Woestine ; 1 de Louis-Philippe : de Montholon-Sémonville) et 41 titres de courtoisie de l'Ancien Régime]. **Comtes :** 119 dont *40 créations* [13 déjà nobles (dont 1 de Louis-Philippe : de Bourqueney) et 27 anoblis], *79 confirmations* [dont 42 titres authentiques (dont 1 de l'Ancien Régime et 1 du second Empire) et 37 titres de courtoisie de l'Ancien Régime]. **Vicomtes :** 18 dont *1 création, 17 confirmations* (dont 10 titres authentiques et 7 titres de courtoisie de l'Ancien Régime). **Barons :** 193 dont *75 créations* (13 déjà nobles et 62 anoblis), *116 confirmations* [dont 87 titres authentiques (dont 1 lorrain (donc du St Empire) : de Bouvet ; 1 du second Empire : Alquier) et 29 de courtoisie de l'Ancien Régime et de la Restauration], *2 noblesses étrangères* (de Graffenried de Villars, de Néverlée). **Chevaliers :** *24 confirmations.* **Bilan :** 430 personnes ont reçu un titre de Napoléon III (dont par création 134, par confirmation 296). 336 d'entre elles sont de familles déjà nobles (333 françaises, 3 étrangères) ; 94 seront anoblies par création d'un titre héréditaire.

■ TITRES SOUS LA IIIe RÉPUBLIQUE

■ **Régularisation de titres. Jusqu'en 1877 :** Mac-Mahon confirma des titres acceptés le 1-8-1870 par le Conseil du Sceau (Mis des Roys), autorisa une adoption (Bon Évain Pavée de Vandeuvre, 1873), une clause de réversion (Mis Rolland Dalon, 1874), confirma des possessions de fait (Mis Carbonnier de Marzac 1874, Cte de Martimprey 1874, Mis de Vassinhac d'Imécourt 1877). **Après 1877 :** 2 régularisations ; *1883 :* Cte Regnault de Savigny de Moncorps ; *1908 :* Mis de St-Brisson (Ranst de Berchem).

■ Titres d'origine étrangère

(titres portés en France, mais dont beaucoup ne sont pas reconnus)

■ **Princes du Saint Empire. 1576** et **1674** Arenberg (prince et duc). Sous la Restauration, la Chancellerie opposa constamment à Pierre d'Alcantara d'Arenberg sa renonciation à tous ses titres signée par lui lorsqu'il prit la qualité de Français (arrêté du 6 brumaire an XI : 29-10-1803 publié au *Bulletin des lois)*, mais il figure parmi les 76 pairs nommés par ordonnance le 5-11-1827 et obtient l'autorisation personnelle et exceptionnelle de constituer directement un majorat de duc. Ce majorat n'étant pas encore constitué à la chute de Charles X, les nominations portées par l'ordonnance du 5-11-1827 furent annulées par l'ordonnance de Louis-Philippe du 7-8-1830. **1722** Beauvau-Craon (reconnu en France en 1755, pair impérial 1815, éteint). **1734** Looz-Corswarem (prince et duc). **1757** Marnay (Bauffremont, reconnu en France en 1757). **1759** Broglie (reconnu en France, par le roi au xviiie s., Montbarrey, voir p. 575 b). **1816** Bouillon (duc pour le P^ce^ de Rohan, duc de Montbazon).

■ **Grandesses d'Espagne. Ducs : 1782** Doudeauville (La Rochefoucauld, éteint). **1816** San Fernando Luis, voir p. 574 c. **1830** Almazan de Saint-Priest pour un Saint-Priest, titre transformé au xxe s. en Almazan de Saint-Priest (voir p. 574 c). **1893** Caylus, non régularisé.

Princes espagnols : 1713 Robech (Lévis-Mirepoix, venu des Montmorency par mariage en 1906 avec Marie de Cossé-Brissac) éteint, 14e P^ce^ Emmanuel de Lévis Mirepoix (1909-51), époux de Marie-Louise de Nicolay (1904-97), revendiqué en Espagne par un Espagnol.

■ **Saint-Siège. Ducs : 1669** Galléan de Gadagne (é 1940). **1725** Crillon (Berton des Balbes, é 1870). **1822** Montboissier de Beaufort Canillac (é 1910). **1824** Canino et Musignano vendus 1853 par le P^ce^ Charles-Lucien Bonaparte aux Torlonia. Les Bonapartes princiers s'éteignent par les mâles avec le P^ce^ Napoléon-Charles († 1899), dont les filles meurent en 1947 et 1950. Roland et sa fille Marie (de Grèce) n'étaient ni prince ni princesse. **1831** Stacpoole (restaurateur de St-Paul-hors-les-Murs, naturalisé Français, créé comte par Louis XVIII). **1869** Rarécourt (de La Vallée de Pimodan, tous les hommes sont ducs romains). **1875** Achéry (é 1923). **1875** Renart de Fuchsamberg (é 1881). **1893** Loubat (é 1927) ; Henry de Nissole (é 1927). **1898** Astraudo (é 1944). San Lorenzo (Dampierre, reconnu en Espagne 1903). Ferry d'Esclands (é 1969). **1899** La Salle (Rochemaure, é 1945). **1900** Warren (é 1926). **1908** Ravèse (Rohan-Chabot, é 1964). **1909** Vandières (Desrousseaux).

Princes : 1820 Polignac (reconnu en France 1822 pour le ministre). **1823** Clermont-Tonnerre (confirmé 1911). **1847** Montholon-Sémonville (é 1951). **1853** La Tour d'Auvergne-Lauraguais (reconnu en France 1869), attribué aux Latour de Saint-Paulet (originaires du Languedoc et qui ne portent le nom d'Auvergne que depuis le début du xixe s.), contesté par une branche cadette des La Tour d'Auvergne portant ce nom depuis le xviiie s. **1951** Dentelin (Le Salle).

Titres pontificaux concédés à des Français depuis le XVIe s. : 577 [princes 13 (dont 5 héréditaires), ducs 28 (14 héréditaires), marquis 82 (30 héréditaires), comtes 429 (64 héréditaires), vicomte 1 (héréditaire), barons 24 (3 héréditaires) ; plus 9 anoblissements, soit 586 distinctions (117 héréditaires)], *dont décernés avant 1804 :* 116, *de 1804 à 1900 :* 418, *de 1900 à 1963* (plus de concessions à partir de janvier 1964) : 52, dans 576 familles (233 nobles, 343 bourgeoises). *De 1830 à 1877 :* 22 titres romains furent reconnus en France ; *depuis 1877 :* il n'y a plus eu de reconnaissance (d'après M. Labarre de Raillicourt).

■ **Origines diverses. Allemagne :** Croÿ (Picardie, 1207), duc 1598, 1788 en France, pair 1814. 1803 indemnisé avec Dülmen, donc toujours duc de Croÿ (à Dülmen) ; médiatisé 1806 comme vassal du duc d'Arenberg (pleinement souverain dans la Confédération du Rhin) ; remédiatisé 1815 comme sujet du roi de Prusse et reconnu P^ce^ prussien à diverses dates au xixe s. **Autriche :** P^ce^ Poniatowski (1764) [mais les princes Poniatowski habitant en France ont un titre autrichien de 1850], P^ce^ de Blacas 27-11-1808. **Bavière :** P^ce^ de La Rochefoucauld-Montbel (1909), P^ce^ de Polignac (xixe s.). **Belgique :** P^ce^ de Chimay (Riquet) [roi des Pays-Bas, 1824] et de Caraman (Riquet) [roi des Belges, 1856]. **Danemark :** duc de Glücksberg (Decazes, 1818, reconnu en France 1822). **Espagne :** duc de Caylus (Rougé, 1817, é 1954). Duc d'Estrées et Vallombrosa (assumé 1898 dans la famille de La Rochefoucauld Doudeauville, é 1907). Duc de La Mothe-Houdancourt (créé 1722 dans la famille de Cossé-Brissac, é en France dès 1842). Duc de Mouchy (Noailles, 1867). **Géorgie :** P^ce^ Amilakvari, P^ce^ Bagration, P^ce^ Dadiani. **Hainaut :** (xve s.) Ligne, P^ce^ d'Épinoy et du St Empire 1592 ; P^ce^ de Ligne 20-3-1601 ; d'Amblise 20-4-1608 (Pays-Bas), duc belge. **Pays-Bas catholiques (anciens) :** P^ce^ de Béthune-Hesdigneul (1781, autorisé en France 1782). **Pologne :** P^ce^ Sapieha (Rozanski, 1512). **Prusse :** Sagan, (Talleyrand, créé 1846, é 1968). P^ce^ Sturdza (Moldavie). **Russie :** nombreux princes dont P^ce^ Galitzine (1841). **Sardaigne :** duc de Vallombrosa (Manca-Amat, 1715). **Deux-Siciles :** duc de Bisaccia [transféré 1851 par le roi Ferdinand II après le mariage 1807 du duc de Doudeauville, éteint (1785-1864) avec Élisabeth de Montmorency-Laval, é 1968, porté dans la famille La Rochefoucauld-Doudeauville, é]. Duc de Dino (créé 1817, é 1968 dans la famille de Talleyrand). Duc Pozzo di Borgo (créé 1852).

■ **États conférant noblesse et titres :** Belgique, Liechtenstein, Royaume-Uni (avec Canada, Australie, Nlle-Zélande). **Conférant des titres sans conférer la noblesse :** Espagne, Luxembourg, Monaco. **Reconnaissant noblesse et titres sans les conférer :** Danemark, Finlande, Malte, Pays-Bas, St-Marin (n'en confère plus depuis une loi de 1983), Saint-Siège (n'en confère plus depuis 1964), Suède. **Reconnaissant les titres sans les conférer :** France, Irlande, Sri Lanka.

■ **États ayant abrogé noblesse et titres et les prohibant :** Albanie, Bulgarie, Hongrie, Mexique, Norvège, Pologne, Roumanie, Russie, Venezuela. **États où, constitutionnellement, il n'y a ni noblesse ni titres :** Grèce, Roumanie, ex-Tchécoslovaquie, Yougoslavie.

■ **États ayant abrogé les titres, mais les reconnaissant** *comme partie du nom :* Allemagne, Cuba (dans une certaine mesure) ; *faisant figurer le prédicat du titre dans le nom patronyme :* Italie (pour les titres existant avant le fascisme, 1922). **Mais les tolérant :** Autriche, Birmanie, États d'Amérique latine, États-Unis, Grèce, Inde, Indonésie, Islande, Norvège, Pakistan, Philippines, Porto Rico, Slovaquie, Suisse, Rép. tchèque.

■ **États possédant des listes officielles :** Belgique, Danemark, Espagne (noblesse titrée), Finlande, Hongrie (avant 1945), Irlande, Malte, Pays-Bas, Royaume-Uni (sauf Écosse), Suède. **Des associations ou ouvrages semi-officiels :** Allemagne, Autriche, Belgique, Italie, pays Baltes, Pays-Bas, Portugal (Conseil de la noblesse). **Des ouvrages ou listes exhaustives :** Albanie, Espagne, Liechtenstein, Luxembourg, Pologne.

■ Titres ducaux et princiers de courtoisie actuels

Arenberg (« P^ces^ et ducs d'Arenberg du St Empire », cas unique) duc pair (1827). **Beuvron** (1784, duc à brevet non héréditaire). Famille d'Harcourt. **Cadore** (Nompère de Champagny) duc 1809 (é 1893). **Caraman** (de Riquet) duc et pair par ordonnance du 10-5-1830 non suivie des lettres patentes, duc confirmé par Napoléon III (19-6-1869), en faveur de son arrière-petit-fils, Victor Charles Emmanuel (1839-1919), célibataire ; son frère Maurice reprit le titre. **Castries** duc à brevet le 24-1-1784 avec promesse de duché héréditaire, duc et pair héréditaire le 31-5-1817, avec faculté de transmettre par la ligne collatérale ; le titre s'éteignit en ligne directe le 19-4-1886 et une autre ligne, n'ayant pas d'ancêtre commun avec le 1er duc, se saisit du titre de duc. **Chaulnes et Picquigny** (Chaulnes 1621, é 1793) titres de ducs appartenant à la maison d'Albert de Luynes ; après la mort de Charles d'Albert de Luynes, favori de Louis XIII, créé duc de Luynes en 1619, sa veuve Marie de Rohan se remaria à Claude de Lorraine. Après la mort (sans postérité) en 1657 de ce 2e mari, duc de Chevreuse, Marie de Rohan eut le duché de Chevreuse qu'elle donna à Charles (aîné de son 1er mariage). Honoré, frère de Charles, épousa en 1620 l'héritière du C^té^ de Chaulnes, à charge de prendre les noms, titres et armes de cette maison, érigée en duché-pairie en 1621. La maison d'Albert possédait aussi le duché non-pairie de Picquigny (1695). Seule la souche des ducs de Luynes et Chevreuse subsiste et porte alternativement l'un de ces deux titres.

Dalmatie (Soult, duc, 1808) relevé par la famille Reille en 1911. **Dedeyan** (Arménie, maison Arzouni) titre accepté par l'Office français des réfugiés et apatrides le 16-12-1953, comme princes en Sionnie 1867. **Des Cars** (de Pérusse) duc héréditaire créé 11-4-1830, mais la révolution de 1830 empêcha que les lettres fussent scellées ; reconnu par Napoléon III. **Estissac** titre de duc 1737-58 transformé 1817 par lettres en Liancourt ; un cadet fut fait pair de France (non héréditaire) comme duc d'Estissac en 1839. **Faucigny-Lucinge** P^ce^, Sardaigne, 1729 ; l'un, époux d'une fille du duc de Berry et d'Amy Brown, fut reconnu en 1829 P^ce^ à titre personnel sans qu'il y ait eu constitution de majorat, puis par lettres patentes. **Grasse** des princes d'Antibes ; présentation sous ce nom en 1764, 1766 ; origine : Provence xe s., selon le dossier de la Cour. **Guiche** le titre de duc (brevet du 16-1-1780) ne paraît pas héréditaire ; porté depuis traditionnellement par le fils aîné du duc de Gramont. **La Roche-Guyon** La Rochefoucauld (duc 1679, éteint 1762) ; titre relevé au xixe s., sans lettres de confirmation, par Alfred de La Rochefoucauld (1819-83), et porté par ses descendants. **La Tour d'Auvergne** (P^ce^ de) leur qualification de P^ce^ français ne peut se soutenir ; en revanche, leur titre est pontifical (1853). Les La Tour d'Auvergne, vicomtes de Sedan, ducs de Bouillon, P^ces^ de Sedan, sont éteints. **Lesparre** (duc à brevet, 1739) ; famille de Gramont ; relevé par une branche quand le titre s'éteignit en 1931. **Lévis-Mirepoix** duc 1723, é 1734. Mais le titre espagnol de duc de San Fernando Luis a été reconnu en France par décret du 24-8-1961 pour un Lévis-Mirepoix. **Longueval** P^ce^ autrichien 1-6-1688. N'est plus porté depuis 1703, mais non éteint.

Montesquiou duc et pair le 30-4-1821, confirmé le 5-2-1832 ; é 1913, relevé sans collation par une autre branche. **Poix** (1729) titre donné à Ph. de Noailles, grand d'Espagne (pour Mouchy). **Rauzan-Duras** (Chastellux) duc, 1819 brevet, duc et pair 1825, mais sans lettres patentes. **Tascher de La Pagerie** duc 1818, puis réversion 1833, confirmation 1859, é 1901, relevé *proprio motu* ensuite. **Tonnay-Charente** (prince 1591) pour le fils aîné du duc de Mortemart (Rochechouart-Mortemart). Le titre de duc de Vivonne (brevet 1668) fut parfois porté, mais seul le titre de Tonnay-Charente est inscrit à l'ANF. **Walsh-Serrant** (duc de La Mothe-Houdancourt 1830) titre espagnol, reconnu en France 1838, en faveur d'Olivier-Louis de Walsh-Serrant à l'occasion de son mariage avec Élise d'Héricy, descendante des La Mothe-Houdancourt, héritière d'une grandesse d'Espagne donnant droit au titre ducal. Sans postérité masculine, ce titre s'est éteint en 1842. Le titre de duc de Walsh-Serrant a été relevé en France par un porteur du nom, mais l'ANF a refusé au chef de famille (admis le 16-5-1936) l'inscription de ce titre dans son annuaire. La grandesse demeure actuellement vacante en Espagne.

■ **Almanach de Gotha. Origine :** créé par Guillaume de Rotberg à Gotha (Thuringe) en 1763, en français (20 pages contenant le calendrier astronomique, des tablettes gravées sur lesquelles on pouvait inscrire jour par jour pertes et gains de jeu, un tableau des départs et des arrivées du courrier et un autre indiquant la valeur des monnaies). Il publiait aussi diverses notices. Exemples : linge de table (1767) ; prix des cartes à jouer (1778) ; histoire de la perruque (1780), de la barbe (1781), des voitures (1783), des montres (1785) ; déclarations d'amour chez divers peuples (1784) ; liste de quelques friandises avec l'adresse de Paris (1793), vente de femmes en Angleterre (1793) ; du luxe des glacières et des gelées (1794) ; histoire du thé (1797), des mouchettes (1803) ; la société des amoureux en France et le sigisbéisme en Italie (1804). En 1807, la censure française en ordonna la saisie (plusieurs princes qui avaient perdu leurs États et avaient été médiatisés étaient encore mentionnés parmi les maisons souveraines). Depuis 1828, il est devenu exclusivement un manuel généalogique et diplomatique et un annuaire statistique des différents États. Il se subdivise en 4 parties : généalogie [*1re partie :* maisons souveraines ou ci-devant souveraines : A européennes, B non européennes. *2e :* maisons seigneuriales médiatisées d'Allemagne (princières ou comtales ayant la qualité d'État du St Empire et qui ont les droits d'égalité de naissance avec les maisons souveraines). *3e :* autres maisons princières non souveraines d'Europe]. *4e :* annuaire diplomatique, statistique, chronique. **Nombre de pages :** *1763 :* 20 ; *1816 :* 296 ; *1824 :* 440 ; *1870 :* 1 108 ; *1914 :* 1 251 ; *1936 :* 1 432. **Dernière édition :** *en français :* 1944 (tirage : 6 000 exemplaires) ; *en allemand :* 1942. Le **Starke** lui a succédé depuis 1951 pour la partie nobiliaire. *Édition anglaise,* aux choix contestés, en 1998 (un éditeur anglais ayant racheté les droits du Gotha).

■ **Autres livres. 1674** Pierre Guibours (père Anselme, 1625-1694) : *le Palais d'honneur* (1663) ; *le Palais de la gloire* (1664) ; *Histoire généalogique et chronologique de la Maison royale de France, des Pairs et des Grands Officiers de la Couronne* (1674, 2e édition après sa mort par Caille de Fourny). De 1726 à 1733, 2 autres augustins déchaussés, François Raffard (1655/4-1-1727, père Ange de Ste Rosalie) et Pierre Lucas (père Simplicien) poursuivent ses recherches. **1738** d'Hozier (Louis-Pierre, 1685-1767) et d'Hozier de Serigny (Antoine-Marie) : *Armorial général de la France,* 10 vol. en 6 registres (Paris, 1738 à 1768). **1814** Saint-Allais (Nicolas Viton de) : *Nobiliaire universel de France* ou *Recueil général des généalogies historiques des maisons nobles de France,* 21 vol. (Paris 1814-43 et 1872-76). **1818** Laine (P. Louis) : *Dictionnaire véridique des origines des maisons nobles ou anoblies du royaume de France,* 2 vol. (Paris, 1818-19) ; *Archives généalogiques et historiques de la noblesse de France,* 11 vol. (Paris, 1828-50). **1820** Courcelles (chevalier Jean-Baptiste de) : *Dictionnaire universel de la noblesse de France,* 5 vol. (Paris, 1820-22). **1843** *Annuaire de la noblesse de France* (fondé sous le titre d'*Annuaire de la pairie :* 89 volumes (1843 à 1931), publiés avant 1892 par André Borel, dit d'Hauterive [3-7-1812/16-3-1896, frère de Petrus Borel (1809-59)], notices de A. Révérend et Trudon des Ormes jusqu'en 1929, repris 1931 par le Cte de Morant. **1845** Milleville (Henry J.-G. de) : *Armorial historique de la noblesse de France* (Paris, 1845). **1846** Pol Potier de Courcy : *Nobiliaire de Bretagne* (Paris, 1846, puis 1862 et 1890). **1863** La Chesnay-Desbois : *Dictionnaire de la noblesse* contenant les généalogies, l'histoire et la chronologie des familles nobles de France, 19 vol. (1863-76). **1868** Bétencourt (abbé P.-L.J. de, *alias* dom Bétencourt) : *Nom féodaux de ceux qui ont tenus fief en France depuis le XIIe jusque vers le milieu du XVIIIe s.,* 2e édition, 4 vol. (1868). Bachelin-Deflorenne : *État présent de la noblesse française* (1868-88). **1875** Poplimont (Ch.) : *La France héraldique,* 8 vol. (1875). **1887** Riestap (J.B.) : *Armorial général* (1887-88). **1899** Révérend (vicomte A.) : *Armorial du 1er empire,* 4 vol. (Paris, 1899). *Titres, anoblissements et pairies de la Restauration,* 6 vol. (1902) ; *Titres et confirmation de titres* (Monarchie de Juillet, IIe République, II^d^ Empire, IIIe République) 1 vol. (1906). **1903** Chaix d'Est-Ange (Gustave) : *Dictionnaire des familles françaises anciennes et notables à la fin du XIXe s.,* 20 vol. de A à Ga (Paris, 1903 à 1929). **1928** B^on^ de Wœlmont : *Noblesse française subsistante.* **1934** Jougla de Morenas : *Grand Armorial de France,* 7 vol. (1934-1952), 5e et 6e vol. par Raoul de Warren. **1954** début de la collection des *Cahiers nobles.* **1975** Séréville et Saint-Simon : *Dictionnaire de la noblesse française,* 2 vol. (Contrepoint, 1975-77). **1989** Valette (Régis) : *Catalogue de la noblesse française,* 3e édition (Laffont, 1989). **1996** Levantal (Christophe) : *Ducs et pairs et duchés – pairies laïques à l'époque moderne* (1519-1790).

Statistiques des titres

Titres portés en France (1990-2000)

	Titres fr. réguliers subsistants (dont Ancien Régime)		Titres pontificaux subsistants attachés à des Français
Ducs	35 [1]	(21)	14
Princes	1 [2]	(0)	5
Marquis	133	(93)	30
Comtes	163	(37)	64
Vicomtes	42	(2)	1
Barons	301	(23)	3
Total	*675*	*(176)*	*117*

Nota. – (1) Authentiques et susceptibles d'être investis au Sceau de France ou réguliers, mais lettres patentes non retirées du fait des événements de 1830, etc. (2) Pce d'Essling, dernier titre de « victoire », avec la dénomination légale de Prince. *Tenant actuel :* Victor-André, duc de Rivoli, 7e Pce d'Essling (né 1950), seul descendant en ligne directe d'un des 4 maréchaux de Napoléon créés Pce avec un titre de victoire. On admet en outre que les Pces Murat, dont le titre est d'origine autre (souverains étrangers), pourraient peut-être être considérés comme des princes français authentiques à cause de la reconnaissance de leur titre en 1853.

Étienne de Séréville et **Fernand de Saint-Simon** ont dénombré en France, en 1977, 36 titres de ducs régulièrement portés par 33 maisons ou familles, 3 titres se confondant : *Ayen/Noailles, Chevreuse/Luynes, Liancourt/La Rochefoucauld.* Sur les 36 ducs, il y avait 29 ducs et pairs (dont : 15 de l'Ancien Régime, 6 ducs de l'Ancien Régime devenus ducs et pairs sous la Restauration, 8 ducs et pairs créés par la Restauration), 7 ducs qui n'étaient pairs ni du premier ni du second Empire. *Abrantès* (1808-70, Le Ray, éteint). *Albufera* [1] (1813, Suchet). *Audiffret-Pasquier* [1] (1862 [3], Audiffret). *Auerstaedt* (1808-64/65 [3], Davout). *Ayen* [1] (1737, Noailles). *Bauffremont* [1] (1818). *Blacas* [1] (1821). *Brissac* [1] (1611-20, Cossé). *Broglie* [1] (1742). *Chevreuse* [1] (1667-98, Albert de Luynes). *Clermont-Tonnerre* [1] (1775). *Croÿ* [1] (1598-1788). *Decazes* [1] (1820). *Doudeauville* [1] (1817, La Rochefoucauld). *Feltre* (1809-64 [3], Goyon). *Gramont* [1] (1648-63). *Harcourt* [1] (1700-01). *La Force* [1] (1637-87, 1784 Caumont). *La Rochefoucauld* [1] (1622-1758). *Liancourt* [1] (1758, La Rochefoucauld). *Lorge* [1] (1773, Durfort). *Luynes* [1] (1619-47, Albert). *Magenta* (1859, Mac-Mahon). *Maillé* [1] (1784, Maillé de La Tour Landry). *Montbazon* [1] (1588-94/99, Rohan-Rohan). *Montebello* [1] (1808, Lannes). *Mortemart* [1] (1650-63, Rochechouart). *Noailles* [1] (1663). *Otrante* [1] (1809, Fouché). *Poix* [1,2] (1817, Noailles). *Polignac* [1] (1780). *Praslin* [1] (1762, Choiseul). *Rivoli* (1808, Masséna). *Rohan* [1] (1648-52, Rohan-Chabot). *Sabran* [1] (1825-29 [3], Pontevès). *Uzès* [1] (1565, Crussol).

Nota. – (1) Lettres patentes. (2) En 1817, Louis XVIII décida que le fils aîné du duc de Mouchy (branche cadette des Noailles) serait duc, comme le fils aîné des ducs de Noailles (qui portait le titre de duc d'Ayen). Une branche cadette des Noailles est Pce de Poix avec le titre de duc pour la pairie. Donc Pce-duc de Poix sur lettres patentes. Mais le titulaire préfère se titrer duc de Mouchy (titre espagnol dont il n'est pas investi en Espagne) et laisse le titre de Pce de Poix à son fils. (3) Sur réversion.

Régis Valette dans son *Catalogue de la noblesse française* (éditions Robert Laffont, 1989) relève 172 titres de l'Ancien Régime qui subsistent (duc 17, marquis 93, comte 37, vicomte 2, baron 23) et 494 du XIXe s. (duc 10, marquis 40, comte 126, vicomte 40, baron 278), soit au total 666 titres réguliers. **Labarre de Raillicourt** a publié plusieurs livres dont un sur les titres pontificaux (1962).

ORDRES ET DÉCORATIONS

☞ Pour découvrir la sélection **Quid** des meilleurs sites Internet sur les ordres et décorations, rendez-vous sur **www.quid.fr**

Ancienne chrétienté

■ **Ordres de Terre sainte.** Dès le VIe s., des chrétiens d'Europe se rendaient en pèlerinage aux Lieux saints. Certains y restèrent et fondèrent de petites communautés religieuses pour accueillir, nourrir et soigner d'autres pèlerins ou la population locale. Les croisades suscitèrent de nombreuses fondations de ce genre qui reçurent du pape bénédictions, bulles d'approbation et règles. Certaines (hospitaliers de St-Jean) organisèrent des milices privées pour assurer la sécurité du pays. Strictement religieuses au départ, ces communautés devinrent mixtes, comprenant des religieux voués aux tâches hospitalières, et des chevaliers avec leurs servants d'armes, qui affrontaient l'ennemi. Après le retrait des chrétiens du Levant, la plupart de ces ordres disparurent. Les 5 plus importants survécurent. On peut supposer que les frères religieux étaient revêtus de la robe de leur état et de leur congrégation, frappée de l'insigne, robe qu'ils protégeaient sans doute d'un scapulaire de toile pour donner les soins aux malades et vaquer aux tâches domestiques.

Les frères militaires, afin de se reconnaître dans les mêlées, revêtaient sur le haubert un survêtement de tissu distinctif. Les chevaliers templiers avaient une cotte d'armes blanche frappée d'une croix rouge. Les chevaliers hospitaliers portaient une soubreveste rouge à la croix latine blanche.

■ **Ordres religieux militaires. Origine :** la croisade a donné naissance à des ordres comme les 5 ordres ibériques (Alcantara, Calatrava, St-Jacques de l'Épée, Montesa, Avis) qui furent d'abord militaires. Ces milices, levées pour repousser les Maures, obtinrent du pape bénédictions, approbations et règles, et de leur souverain des donations permettant d'ériger des établissements religieux où l'on remerciait Dieu, la Vierge et les saints ayant permis les victoires. Après le départ de l'envahisseur, certains de ces ordres devinrent des communautés religieuses et/ou hospitalières. Plus tard sécularisés et rattachés à la Couronne, ils ne furent plus que des corps de distinction et leurs insignes devinrent souvent de simples « décorations ».

Vœux : les religieux-soldats des ordres militaires sont, jusqu'au XIIIe s., tenus aux vœux de chasteté, pauvreté, obéissance, obligatoires dans les ordres religieux. *Règles* de St Benoît (le plus souvent) modifiées spécialement pour eux par St Bernard (1128) ; de St Augustin pour les Teutoniques de St-Lazare puis les frères du St-Sépulcre.

Les ordres militaires des Lieux saints

■ **Généralités.** Les 2 plus importants (souvent rivaux) ont été l'*Hôpital* (St-Jean) et le *Temple*. Subsistent aujourd'hui 2 ordres à vocation internationale, les Hospitaliers de St-Jean (ordre souverain de Malte) et les frères du St-Sépulcre (ordre équestre du St-Sépulcre de Jérusalem) ; les frères de Ste-Marie-des-Teutoniques constituent une communauté religieuse germanique (voir encadré p. 579 b).

Ordres internationaux

L'ordre souverain de Malte et l'ordre équestre du St-Sépulcre de Jérusalem sont les 2 seuls ordres reconnus par le St-Siège dont ils dépendent et dans le monde entier, notamment par la France. Celle-ci reconnaît également, pour des raisons historiques, le grand bailliage de Brandebourg de l'ordre de St-Jean de l'Hôpital de Jérusalem (voir p. 579 a et encadré).

Ordre souverain de Malte

■ **Nom.** Ordre souverain militaire et hospitalier de St-Jean de Jérusalem, de Rhodes et de Malte, ou ordre souverain de Malte (OSM).

■ **Origine. Fin du IXe s.** existent à Jérusalem une église, un couvent et un centre pour les pèlerins malades placés sous le patronage de saint Jean-Baptiste, où des moines venus d'Italie donnent des soins aux pèlerins chrétiens et aux malades de toutes confessions. **1099** Godefroy de Bouillon (1re croisade) entre à Jérusalem, l'hôpital existe déjà sous l'autorité de frère Gérard Tunc (ou Tem) [né à Martigues en Provence (?), béatifié]. **1113**-*15-2* le pape Pascal II approuve les statuts de l'Ordre et le place sous la protection de l'église. **Vers 1120** mort de frère Gérard. Son successeur, Raymond du Puy, premier qualifié maître de l'Ordre ; l'institution devient également militaire entretenant une armée permanente lorsque le roi de Jérusalem lui confie en 1137 la défense des places fortes. **1187** Jérusalem prise par Ottomans. L'Ordre s'installe à Margat, puis à St-Jean-d'Acre. **1291**-*18-5* après un siège de 40 j, St-Jean-d'Acre prise par le sultan Kalaoun. L'Ordre s'installe dans ses possessions de Limassol à Chypre. **1309** Foulques de Villaret (grand maître depuis 1308) installe l'Ordre dans l'île de Rhodes. On parle alors de chevaliers de Rhodes. Le grand maître Hélion de Villeneuve répartit les chevaliers en 7 *langues,* suivant leurs origines : Provence, Auvergne, France (dites les « Trois langues vénérables »), Italie, Aragon, Angleterre et Allemagne ; une 8e apparaît en 1462, « Castille et Portugal », séparée de la langue d'Aragon. Chaque langue est composée de prieurés, bailliages et commanderies. Le chef de chacune porte le titre de *pilier.* **1440-44** attaques des Égyptiens. **1480** assiégé par Mahomet II : Pierre d'Aubusson, fait cardinal à cette occasion, résiste. **1522** Soliman le Magnifique assiégé par 200 000 hommes. **1523**-*1-1* après une résistance de 6 mois menée par Philippe de Villiers de l'Isle-Adam, les chevaliers se retirent emportant archives, armes, reliques, objets sacrés, etc. Pendant 7 ans, ils se regroupent dans certaines de leurs possessions, à Viterbe et à Nice. **1530** le grand maître Philippe de Villiers de l'Isle-Adam, qui a reçu en fief de l'empereur Charles Quint les îles de Malte, Gozo, Comino et la région de Tripoli, détachées de la couronne de Sicile, s'installe à Malte. En échange, l'Ordre doit remettre symboliquement un faucon chaque année à l'empereur (le faucon maltais). Jean de Parisot de La Valette, grand maître de 1557 à 1568, donne son nom à la capitale, dont il a conçu les plans. **1565**-*mai/sept.* siège des Ottomans et Barbaresques repoussé.

Pendant 2 siècles, la flotte de l'Ordre protège le commerce méditerranéen. **1571** participe à la bataille de *Lépante.* Les galères de l'Ordre sont dites *de la Religion.* Les hôpitaux de l'Ordre (Rhodes, Malte et en Europe) ont une grande réputation. **1798**-*10-3* Bonaparte débarque.

L'empereur Paul Ier de Russie, offrant asile à quelques chevaliers ne pouvant regagner leur pays d'origine, s'institue « protecteur » de l'Ordre. Le 27-10-1798, les chevaliers exilés à St-Pétersbourg le proclament « grand maître » mais il est orthodoxe (donc schismatique), marié et n'a jamais appartenu à l'Ordre (étant seulement décoré, en tant que monarque ami, de la grand-croix d'honneur). Son élection n'étant ni constitutionnellement ni canoniquement valide, Pie VI refuse de la reconnaître. L'empereur Alexandre Ier, conscient de l'irrégularité de la situation, édicte le 16-3-1801, 4 jours après son accession au trône, que l'Ordre doit élire son grand maître selon ses statuts et usages antiques. Comme on ne peut convoquer une assemblée générale des membres de l'Ordre, il est convenu qu'il sera proposé au pape de choisir, pour cette unique fois, un grand maître parmi les candidats déjà élus par chacun des prieurés de l'Ordre. Le 9-2-1803, Pie VII choisit le candidat élu par le prieuré de Russie, le bailli Jean-Baptiste Tommasi, qui devient ainsi légitimement le 73e chef suprême de l'Ordre. En 1801, l'Ordre s'installe provisoirement en Italie (en attendant son retour à Malte).

L'Ordre fut un novateur : *1er service hospitalier :* un hospice international à Jérusalem pouvant recevoir plus de 2 000 malades à la fois (fin du XIe s.) ; *1re armée permanente ; 1re école navale ; 1re retraite du combattant.*

Entre-temps, la Grande-Bretagne a ravi Malte aux Français, en novembre 1800, mais le traité d'Amiens (1802) confirme les droits de l'Ordre sur l'île et ses dépendances. Les hostilités ayant repris entre France et G.-B., celle-ci n'applique pas les clauses du traité. Le nouveau grand maître Tommasi s'installe donc en Sicile, à Messine puis à Catane, y attendant la possibilité de recouvrer son territoire. En 1814, le *traité de Paris* entérine une situation de fait en reconnaissant à la G.-B. la possession de Malte, décision confirmée par les traités suivants, bien que l'Ordre spolié n'ait jamais renoncé à sa souveraineté ainsi bafouée. En 1822, la *convention de Vérone* reconnaît son caractère souverain. En 1826, l'Ordre s'installe à Ferrare puis, en 1831, définitivement à Rome, le palais de la via Condotti, son ambassade près du St-Siège, devenant le grand magistère. A partir de 1864, l'organisation en « langues » ayant disparu, les membres constitueront des associations nationales.

■ **Statut.** Monarchie élective. A Malte, l'Ordre fut très tôt une monarchie élective et constitutionnelle fortement hiérarchisée dont les membres étaient recrutés parmi de nombreuses nations (France, Italie, Espagne, G.-B., Allemagne). Il possédait un territoire, une population, une autorité responsable, une armée, le droit de battre monnaie et d'entretenir des relations diplomatiques avec d'autres nations par des ambassadeurs accrédités [jusqu'à son départ de Malte en 1798, l'Ordre entretenait 4 ambassades de la religion de Malte : auprès du pape, de l'empereur des Romains roi de Germanie (Autriche), du roi de France et du roi d'Espagne ; il en aurait eu auprès du roi d'Angleterre si Henri VIII n'avait dissous et spolié l'Ordre dans ses États en 1540]. La « souveraineté » fut invoquée pour la 1re fois à la Convention pour éviter le vol des biens de l'Ordre en France. De nos jours, sujet de droit international public, il possède dans Rome un territoire de 12 000 m² [2 parties : villa Malta, sur l'Aventin (ancien bien des Templiers, dévolu aux Hospitaliers en 1312 et devenu siège du grand prieuré de Rome avec l'église Ste-Marie, seul monument dû à Piranèse), également résidence des ambassadeurs auprès du Quirinal et du St-Siège ; palais de la via Condotti, siège du grand magistère et du gouvernement jouissant de l'extraterritorialité, 2 000 m². Depuis 1991, le gouvernement de l'île de Malte lui a concédé la jouissance du fort St-Ange à La Valette (bail de 99 ans concédé en 1994)]. L'Ordre dispose d'une décoration du « Mérite », émet des passeports, traite des conventions diplomatiques, frappe monnaies et médailles et émet des timbres pour les correspondances avec les États ayant passé des conventions postales avec lui.

■ **Drapeau.** Rouge à croix blanche, le plus ancien du monde (approuvé par le pape Innocent II en 1130). **Armes.** De gueules à la croix d'argent. **Décorations.** *Pro merito* *melitensi* (mérite de l'Ordre), croix 5 classes et médaille 3 classes. **Langue officielle.** Italien. Diplômes en latin. **Monnaies** (non reconnues). *Scudo, tari, grani.* **Timbres** (il y a un surintendant des postes magistrales et de la monnaie) valables pour la correspondance avec 46 pays. Argentine, Autriche, Bénin, Burkina, Cameroun, Canada, Cap-Vert, Centrafricaine (Rép.), Chili, Comores, Congo (ex-Zaïre), Costa Rica, Côte d'Ivoire, Croatie, Cuba, Équateur, Gabon, Guatemala, Guinée, Guinée-Bissau, Honduras, Hongrie, Liban, Libéria, Macao, Madagascar, Nicaragua, Niger, Panamá, Paraguay, Philippines, Pologne, Portugal, Saint-Marin, Salvador, São Tomé, Sénégal, Sierra Leone, Slovénie, Somalie, Tchad, Tchèque (Rép.), Togo, Uruguay, Venezuela et à Rome entre les 2 propriétés de l'Ordre. **Relations diplomatiques** avec 87 pays. Nomme un **représentant :** auprès de Belgique, France, Suisse ; délégués officiels en Allemagne, Luxembourg, Monaco et auprès d'organisations internationales (Unesco, OMS, FAO, Conseil de l'Europe, etc.) ; depuis 1994, un observateur permanent à l'Onu.

■ **Prince et grand maître.** Élu parmi les chevaliers religieux (profès) par le Conseil d'État complet de l'Ordre. Le résultat de l'élection doit être communiqué au pape avant la prise de possession de la charge. Le grand maître Pierre d'Aubusson fut fait cardinal après avoir soutenu, victorieusement, le siège de Rhodes en 1480. Hugues de Verdalle (grand maître de 1581 à 98) fut également cardinal. Depuis 1630, le grand maître jouit des honneurs cardinalices, d'où le prédicat d'Altesse Éminentissime, mais il ne participe ni aux conclaves, ni aux conciles, ni à aucune des assemblées du Sacré Collège. *Titre habituel :* Son Altesse Éminentissime le prince et grand maître ; dans ses actes : « frère N... par la grâce de Dieu, humble maître de l'hôpital sacré de St-Jean de Jérusalem et de l'ordre militaire du St-Sépulcre du Seigneur et gardien des pauvres du Christ. » *Grand maître (78e) :* Son Altesse Éminentissime Frà Andrew Bertie (Londres 15-5-1929), élu 8-4-1988. Il gouverne, assisté d'un Souverain Conseil (conseil des ministres). Existent également un Conseil du Gouvernement, une Chambre des Comptes et des tribunaux.

☞ De l'origine à 1798, sur 70 grands maîtres, il y eut 48 Français.

■ **Membres dans le monde. Nombre :** 11 500 [*France 500* dont 2 chevaliers profès de vœux de religion (dont Pierre de Bizemont depuis 1977) et 17 chevaliers en obédience]. **Classes : 1°)** *chevaliers de justice et chapelains conventuels, profès de vœux de religion* (pauvreté, obéissance, chasteté). **2°)** *Chevaliers et dames en obédience et donats de justice* (promettent de tendre à la perfection de la vie chrétienne). **3°)** *Ceux qui ne font ni vœu ni promesse de religion,* divisés en 6 branches : chevaliers et dames d'honneur et de dévotion ; chapelains conventuels « ad honorem » ; chevaliers et dames de grâce et de dévotion ; chapelains magistraux ; chevaliers et dames de grâce magistrale ; donats de dévotion. La catégorie de « grâce magistrale » (aucun principe de noblesse requis) constitue plus de 60 % des effectifs. Le Souverain Conseil examine environ 300 demandes d'admission par an.

■ **Activités par le truchement des associations nationales d'œuvres hospitalières.** Léproseries, hôpitaux, dispensaires, centres de rééducation, services d'ambulances, etc., dans le monde entier. Équipes médicales et d'urgence pour aider les victimes de guerres ou de cataclysmes. Importante action au Liban.

■ **En France.** Avant la Révolution, il y avait 250 commanderies (sur 600 en Europe). La plus ancienne aurait été celle de Villedieu-les-Poêles (Normandie) où depuis 1954, tous les 4 ans, on célèbre le « Grand Sacre ». L'Ordre fut interdit sous la Révolution. Sous la Restauration, une circulaire du grand chancelier de la Légion d'honneur, du 5-5-1824, spécifia : « Malte est un ordre étranger, les chevaliers doivent avoir une autorisation de port ». Interdit sous le second Empire (décret du 10-6-1853) bien que l'impératrice en fût grand-croix d'honneur et de dévotion (bulle du 15-8-1857). Reconnu après la guerre de 1914-18. Le Cte Michel de Pierredon, délégué de l'Ordre en France, avait fait valoir que : 1°) si la grande maîtrise avait été supprimée en 1805, la France avait continué à reconnaître, après 1798, l'Ordre en tant qu'ordre « souverain », quoiqu'il fût privé de Malte, son territoire, par la non-application du traité d'Amiens de 1802 ; 2°) la grande maîtrise ayant été rétablie (bulle de Léon XIII du 28-3-1879, constituant l'Ordre en puissance « souveraine » sans territorialité), on devait reconnaître ses insignes en tant qu'insignes officiels. Il fut admis à les porter en France (décret du 28-3-1924) et, depuis, les titulaires de l'Ordre peuvent se pourvoir devant le grand chancelier de la Légion d'honneur pour y être autorisés. *Représentant officiel auprès de la France :* l'ambassadeur bailli Cte Géraud Michel de Pierredon (né 22-4-1916). **Association française des membres de l'Ordre,** *fondée* 24-6-1891, successeur des 3 langues de Provence, d'Auvergne et de France, *Pt :* Cte (Dominique) de La Rochefoucauld-Montbel (né 6-7-1950). **Œuvres hospitalières françaises de l'Ordre,** *créées* 1927, *Pt :* Bon Jacques Guerrier de Dumast. *Chiffre d'affaires* (en 1999) : 212 millions de F. *Activité :* centre pédiatrique de Roquetaillade (Gers), centre pour personnes âgées (Toul), Maison des parents (hôpital Necker, à Paris), service de Samu social, écoles d'ambulanciers (Garches, Bordeaux, Brest et Toulon). Finance : maternité à Bethléem, centres médico-sociaux au Liban (dirigés par Françoise de Bourbon-Lobkowicz), hôpital au Bénin, foyer pour orphelins sidéens au Burkina, service de chirurgie infantile à Madagascar, institut de léprologie au Sénégal, etc., et un service de secours d'urgence au Honduras (après le cyclone Mitch) au Kosovo et au Rwanda. **Fondation des œuvres hospitalières de l'ordre de Malte,** *créée* 1992, *Pt :* Bon Jacques Guerrier de Dumast. **Sté de l'histoire et du patrimoine de l'ordre de Malte :** fusion en 1992 de la Sté de l'histoire et du patrimoine de l'Ordre de Malte créée 1947, et de la Fondation de l'ordre de Malte pour la recherche et la sauvegarde de son patrimoine créée 1986. *Pt :* ambassadeur bailli Cte Géraud Michel de Pierredon.

☞ **Siège :** 92, rue du Ranelagh, 75016 Paris. *Fête patronale de l'*Ordre : célébrée au château de Versailles : messe dans la chapelle royale, cérémonies dans les salles des Croisades, la galerie des Batailles et sur le parterre du Midi. *Pèlerinage :* à Lourdes 1 fois/an.

Ordres de Saint-Jean

☞ 4 ordres, issus de la même souche, peuvent, avec l'ordre souverain de Malte (catholique), se prévaloir du vocable de St-Jean de Jérusalem. Ils jouissent de la reconnaissance officielle des États dans lesquels ils existent. Ils ont créé en 1961 une **Alliance des ordres de chevalerie des Hospitaliers de St-Jean de Jérusalem** (siège : Berne) dont sont également membres les 4 commanderies non allemandes du grand bailliage de Brandebourg.

■ **Grand bailliage de Brandebourg de l'ordre des chevaliers de Saint-Jean de l'Hôpital de Jérusalem.** *Ordre protestant autonome.* **Vers 1250** le grand prieuré d'Allemagne des Hospitaliers de St-Jean de Jérusalem, englobant bailliage de Brandebourg, Bohême, Hongrie et Dacie, se constitue. **1332** les chevaliers se donnent un chef local, le *maître et grand bailli (Herrenmeister).* **1382** le grand maître de l'Ordre (alors à Rhodes), Jean-Ferdinand de Heredia, accepte l'élection du *grand bailli* sous réserve de l'approbation, toujours consentie, du grand prieur d'Allemagne. *A la Réforme,* 7 des 13 commanderies du grand bailliage embrassent la confession nouvelle. **1555** le traité d'Augsbourg, établissant la tolérance religieuse, les reconnaît. **1648** le traité de Westphalie règle la situation du grand bailliage vis-à-vis du grand magistère installé à Malte depuis 1530. Le grand bailliage acquiert sa liberté moyennant 2 500 florins d'or, reporte son allégeance sur les margraves de Brandebourg et prend la dénomination d'**ordre évangélique de St-Jean** ou **Johanniter Orden,** qui, par la suite, choisira ses maîtres parmi les princes de Hohenzollern. **1810** Frédéric-Guillaume III, roi de Prusse, sécularise l'Ordre, confisque ses biens, supprime la dignité de *grand bailli ;* **1812** il institue l'*ordre royal prussien de St-Jean,* plus connu sous le nom de *St-Jean de Prusse,* dont il s'intitule grand protecteur. **1852** Frédéric-Guillaume IV rétablit l'*ordre évangélique* selon la structure du grand bailliage de Brandebourg dont le *maître et grand bailli,* élu par les chevaliers reçus avant la sécularisation, fut le Pce Charles de Prusse, frère du roi. Depuis leur fondation, les commanderies française, finlandaise, hongroise et helvétique sont restées attachées au bailliage de Brandebourg, faute de pouvoir reporter leur allégeance sur un Pce national de confession réformée. **Maître et grand bailli :** Pce Oscar de Prusse (né 6-5-1959). **Haut Protecteur :** Pce Guillaume-Charles de Prusse (père d'Oscar, né 30-1-1922). **Décoration :** croix du mérite (2 classes). **Commanderie française :** 38, rue de Laborde, 75008 Paris. *Commandeur :* Bertrand de Bary. Environ 70 chevaliers. **Œuvres de St-Jean :** même adresse. *Président :* Jean Lacoffrette. Environ 500 cotisants ; *activité :* animation de maisons d'accueil dans les hôpitaux de la région parisienne.

☞ **Rameaux nationaux issus du grand bailliage : Johanniter Orden i Sverige :** *1170* Valdemar Ier de Danemark fonde un grand prieuré englobant les pays scandinaves. *A la Réforme,* les commanderies du prieuré sont confisquées et les chevaliers suédois se rattachent au grand bailliage de Brandebourg. *1920* ils forment une commanderie nationale. *1945* ils font sécession et se constituent en ordre de la couronne de Suède, le roi devient le *haut protecteur* héréditaire et nomme le *kommendör* (commandeur), actuellement M. Henri Montgomery. **Johanniter Orden in Nederland :** *1909* les chevaliers néerlandais du grand bailliage de Brandebourg fondent une commanderie nationale. *1946* ils font sécession et se constituent en ordre de la couronne des Pays-Bas sous la protection du souverain qui nomme le *landcommandeur* (actuellement le Pce Bernhardt des Pays-Bas).

■ **Grand Priory of the British Realm of the Most Venerable Order of the Hospital of St John of Jerusalem** ou **The Order of St John.** *1540* le grand prieuré d'Angleterre est supprimé par Henri VIII. *1557* rétabli par Marie Ire. *1560* spolié par Elizabeth Ire qui le met en sommeil. *1827* les chevaliers anglicans élisent un grand prieur et veulent reconstituer un ordre de leur confession. *1888* Victoria octroie une charte royale au grand prieuré qui fait acte

■ **Ordre du Temple. Origine : 1119** Hugues, originaire de Payns en Champagne, chevalier croisé, réunit à Jérusalem 9 autres compagnons qui prennent la dénomination de « pauvres chevaliers du Christ » et font vœu de défendre les pèlerins et de protéger les chemins menant en Terre sainte. Le roi Baudouin II leur concède pour logis une salle de son palais de l'esplanade du Temple ; d'où le nouveau nom de la communauté, dite des Templiers. **1127** le pape Honorius II accorde son agrément officiel. **1128** le futur saint Bernard réunit à Troyes un concile qui définit la règle de l'Ordre. Les Templiers participent à la défense du royaume franc de Terre sainte, organisent le commerce avec l'Europe et gèrent les finances des croisés. Ils atteignent leur apogée au XIIIe siècle. Les Templiers se replient sur leurs commanderies d'Europe et le maître de l'Ordre établit la « maison chevetaine » au Temple de Paris, où le roi de France dépose le trésor royal dont il confie la gestion aux Templiers. **1291** prise de St-Jean d'Acre ; chute des États latins d'Orient. **1310**-*13-10* le roi Philippe IV le Bel, désireux de se libérer de la puissance financière de l'Ordre et de s'en attribuer les biens, fait arrêter les Templiers de son royaume sous l'accusation d'apostasie, d'outrage à la personne du Christ, de rites obscènes et d'idolâtrie. Ceux qui « avouent » (sous la torture) sont condamnés à l'emprisonnement, les relaps (qui sont revenus sur leurs aveux) sont livrés au bras séculier et voués au bûcher. **1312**-*2-5* bulle *Ad providam Christi Vicarii :* le pape Clément V supprime l'Ordre et en attribue les biens aux Hospitaliers de St-Jean de Jérusalem. Dans la péninsule Ibérique, les Templiers sont reconnus innocents. En Espagne, ils sont réunis aux ordres de Calatrava et de Santiago. **1318** le roi du Portugal, Denis, pour défendre son royaume de l'invasion sarrasine, les regroupe dans l'ordre des chevaliers du Christ avec les templiers échappés de France. **1314**-*18-3* Jacques de Molay (dernier grand maître) et Geoffroy de Charnay sont brûlés comme relaps sur un bûcher dressé dans l'île de Javiaux (pointe de la Cité, Paris). Le roi, ses fils, les conseillers et dignitaires de la Couronne sont présents. Selon une légende, Jacques de Molay aurait dit avant de mourir : « Nous, grand maître de l'ordre du Temple, nous assignons nos bourreaux, Clément V et Philippe IV à comparaître cette année même, devant le tribunal de Dieu. » Clément V mourra 32 jours plus tard, le 20-4-1314, d'un cancer de l'estomac (on le savait malade) et Philippe le Bel le 29-11-1314, d'une chute de cheval (plaie infectée et gangrenée). Guillaume de Nogaret et le légiste Guillaume de Plaisians étaient morts en juillet et décembre 1313. **1319**-*14-3* le pape Jean XXII approuve leur dénomination. **1789** l'ordre sécularisé devient l'ordre du Christ (voir à l'Index). **Devise :** *Non nobis, domine, non nobis, sed nomini tuo da gloriam* (« Non pour nous, Seigneur, non pour nous, mais pour la gloire de ton nom »). **Emblème :** 2 chevaliers sur un même cheval, représentent l'union, la fraternité et la pauvreté. **Étendard :** d'argent au chef de sable, croix de gueules brochant sur le tout. A l'origine, ils prirent pour insigne la croix sommée, noire sur fond blanc, reconnue, 10 ans plus tard, par le pape Honorius III. Le 27-4-1147, le pape Eugène III leur octroya la croix pattée de gueule. Les Templiers l'ajoutèrent à leur étendard noir et blanc, le *baucéant* ou *baussant,* rappelant leur cri de guerre : « A moi, beau sire ! Bausséant à la rescousse », expression venant de « Vau cent », un templier valant 100 soldats.

☞ Bernard Fabré-Palaprat (se prétendant légitime successeur de Jacques de Molay) produisait une liste des grands maîtres où figuraient entre autres Du Guesclin, Duras, Chabot, Condé, Conti, Cossé-Brissac. Napoléon l'autorisa à constituer une association et à organiser des cérémonies. Il prit le titre de Mgr Bernard Raymond et publia un *Manuel des chevaliers de l'ordre du Temple* indiquant que l'Ordre avait succédé à un « ordre d'Orient » de l'ancienne Égypte dont les maîtres (dont Moïse, Jésus et les apôtres) réservaient à leurs initiés les grands secrets de la Création. En 1118, ils initièrent Hugues de Payns. Lorsque Jacques de Molay prévit les malheurs du Temple, il désigna son successeur secret, frère Jean-Marc Larmeniers (de Jérusalem) qui transmit ensuite ses pouvoirs à frère Thibault (d'Alexandrie) en 1324. Mais, après la mort de Jacques de Molay, des templiers écossais fondèrent, à l'instigation du roi Robert Bruce, un ordre dissident. Larmeniers les excommunia ainsi que les chevaliers de Saint-Jean parce qu'ils s'étaient enrichis des dépouilles du Temple.

■ **Ordre Teutonique. Origine : 1190** fondé en Terre sainte, sur l'initiative de négociants hanséatiques de Brême et de Lübeck, pour le service hospitalier des pèlerins et des croisés tombés malades. **1191**-*6-2* mis sous la protection pontificale. **1196**-*21-12* le pape Célestin lui reconnaît le statut d'ordre. **1198**-*5-3* érigé en ordre religieux, comprenant des prêtres, puis également des chevaliers, originaires des régions germanophones du St Empire. **1199**-*19-2* Innocent III confirme cette érection. **1234-1300** colonise l'Europe de l'Est. **Sièges de l'Ordre : 1190** St-Jean-d'Acre. **1291** Venise. **1309** Marienbourg. **1410** battu à Tannenberg par Lituaniens et Polonais. **1466** perd la Prusse-Occidentale. **1525** perd tous ses territoires de l'Est et se retire en Allemagne. **1809** dissous par Napoléon. **1834** rétabli par l'empereur Ferdinand Ier d'Autriche. **1929**-*27-11* renonce à son statut d'ordre chevaleresque pour devenir un ordre religieux de type courant, privilégiant néanmoins les authentiques valeurs de la chevalerie. **Organisation :** *grand maître* (*Hochmeister*) : père Dr Bruno Platter (21-3-1944) élu le 25-8-2000 (réside à Vienne). *2000 : prêtres* et *frères servants* 118, *sœurs servantes* 246, *chevaliers honoraires* 8, *marians* (n'exerçant pas de responsabilités et ne prenant pas d'engagement) 692.

■ **Ordre de Saint-Lazare. Origine : 1099-1187** à Jérusalem, les Lazaristes sont des frères hospitaliers s'occupant particulièrement des lépreux, d'où l'invocation de St Lazare, patron de ces malades. **1187** (chute de Jérusalem) devient militaire. **1256** sur pied d'égalité avec les autres grands ordres. **1291** replié en France à Boigny, près d'Orléans (fief acquis 1154, baronnie 1288). Autre fief à Paris (St-Lazare), château avec léproserie (acquis en 1150 ; a donné son nom à ce quartier). **Italie :** branche indépendante, à Capoue, relevant du pape. **1608** dissolution des 2 branches (voir France, Ancien Régime, et Italie).

d'allégeance à la reine qui devient *chef souverain (Sovereign Head)* par des liens personnels et non d'État. Depuis, tous les monarques britanniques portent ce titre et confèrent la dignité de *grand prieur (Lord Prior)* à un membre de la maison royale, actuellement le duc de Gloucester. *Représenté* auprès de l'ordre souverain de Malte par un officier de liaison.

Il existe un secrétariat international pour tous les ordres protestants.

Ordre équestre du Saint-Sépulcre de Jérusalem (1099)

■ **Origine**, selon la tradition. L'Ordre actuel considère comme son acte fondateur le concile de Clermont de 1095 où Urbain II appela les chevaliers à délivrer la Terre sainte. En **1099**, après la prise de Jérusalem, Godefroy de Bouillon met en place un corps de chevaliers et de chanoines réguliers (réuni à l'ordre de St-Jean par Innocent VIII, en 1489) chargés de veiller sur le St-Sépulcre. **1103** Baudouin Ier leur donne leurs premiers règlements ; ils assistent les clercs de la milice du St-Sépulcre (ultérieurement chanoines) et sont comme eux soumis à l'autorité du patriarche latin de Jérusalem. **1291** après la disparition du royaume latin de Jérusalem, les chevaliers se replient dans leur pays d'origine. **1335** les chrétiens recouvrent le St-Sépulcre ; les chevaliers vont de nouveau se faire adouber à Jérusalem, sur le tombeau du Christ, par le custode de Terre sainte, rétabli en 1335. L'Ordre s'emploie à œuvrer pour la propagation de la foi, à faciliter les pèlerinages aux Lieux saints et à maintenir la présence catholique en Terre sainte. **1342** le pape Clément VI en confie la garde à des franciscains. **1492-1503** Alexandre VI s'en proclame modérateur. **1847** Pie IX rétablit un patriarche latin à Jérusalem (qui prend le titre de grand maître) avec privilège de faire des chevaliers dits du St-Sépulcre. **1868** rénove les statuts. Les chevaliers pourront être adoubés dans leur pays d'origine, leurs noms étant reportés sur le Livre d'or conservé en Palestine. La clause de noblesse, exigée pour être admis, est, dans certains pays dont la France, supprimée. **1888** Léon XIII autorise l'admission des dames. Le patriarche devient « recteur de l'administration de l'Ordre ». **1907** Pie X se proclame grand maître. **1928** Pie XI confie l'Ordre au patriarche de Jérusalem en le liant à l'*Œuvre de la préservation de la foi en Palestine* (abolie 1949). **1931** Pie XI ajoute « de Jérusalem » au nom de l'Ordre. **1949** Pie XII rend à l'Ordre son autonomie, ramène son siège à Rome et lui donne un cardinal comme grand maître. **1977** nouveaux statuts approuvés par Paul VI.

■ **Emblème.** Les armes du royaume de Jérusalem : d'argent à la croix potencée cantonnée de 4 croisettes, mais d'émail de gueules (rouge) pour rappeler les 5 plaies du Christ. (Armes de Jérusalem : d'or sur argent.)

☞ **Décoration** : depuis 1949, l'Ordre ayant retrouvé une existence juridique en tant qu'ordre pontifical conféré par l'État souverain qu'est le St-Siège, le port en est autorisé (auparavant il était prohibé en France, mais si les brevets originaux portaient le visa du St-Siège, sous la forme du contreseing du cardinal, secrétaire des brefs apostoliques, la grande chancellerie acceptait d'en délivrer des autorisations de port).

■ **Organisation. Grand magistère** : *grand maître* : Son Éminence le cardinal Furno. *Grand prieur* : Sa Béatitude Mgr Sabbah, patriarche latin de Jérusalem. *Assesseur* : Mgr Luigi del Gallo di Roccagiovine. *Lieutenant général* : Pce Massimo Lancellotti. *Gouverneur général* : Cte Luigi Carducci Artenisio. *Lieutenances* dans 31 pays. **Chevaliers et dames** : 17 000 environ. **Buts et activités.** Accroître, au sein de ses membres, la pratique de la vie chrétienne par des pèlerinages, retraites et recollections. Encourager conservation et propagation de la foi en Terre sainte en y soutenant les droits de l'Église catholique et en contribuant aux œuvres du patriarcat latin de Jérusalem. L'Ordre entretient en Terre sainte 64 paroisses, 130 écoles (14 000 élèves), des crèches, des dispensaires, le séminaire de Beit Jala qui forme 70 séminaristes par an. La lieutenance de France a pris en charge la paroisse de Taybeh (ancienne Éphrem de la Bible) où elle a implanté une maison des pèlerins, un centre de soins et une école de 350 élèves, ainsi que la paroisse de Reneh (école).

☞ **En France**, bon nombre de chevaliers se retrouvent, à l'origine, au sein de confréries locales. La plus connue est l'archiconfrérie royale du St-Sépulcre fondée en 1325 à Paris, rue St-Denis, par Louis de Bourbon, Cte de Clermont, en l'église du St-Sépulcre. Transférée en 1555 en l'église des Grands-Cordeliers, supprimée en 1791. L'Ordre est rétabli après la Révolution. Sous la Restauration, l'Ordre (pieuse confrérie royale) situé en l'église St-Leu-St-Gilles est anéanti par Louis XVIII [ordonnance et instructions du grand chancelier de la Légion d'honneur) poussé par Chateaubriand, ministre des Affaires étrangères] qui fit savoir qu'il avait été adoubé le 12-10-1806 à Jérusalem par le « véritable » ordre. En 1928, les chevaliers français obtiennent que l'église St-Leu-St-Gilles, sise rue St-Denis, dont dépendait l'ancienne église du St-Sépulcre démolie à la Révolution, devienne leur église capitulaire. Simultanément leur est reconnue la garde des reliques de la Passion vénérées à N.-D. de Paris durant le carême. En 1932, les chevaliers français, rassemblés en « chapitre » depuis 1868, se constituent officiellement en « lieutenance ». *Lieutenant de France* : André Damien (né 10-7-1930). *Chancelier* : Me Michel Bonnet. *Grand prieur* : Mgr Jacques Perrier (né 4-12-1936), évêque de Lourdes. *Chevaliers et dames* : 450. *Délégations régionales* : 15. *Association française des œuvres de l'Ordre* : 5, avenue Montaigne, 75008 Paris. Reconnue d'utilité publique le 29-12-1975.

■ **Prière quotidienne des chevaliers de Malte.** « Seigneur Jésus, qui avez daigné m'appeler dans les rangs de la milice des chevaliers de St-Jean de Jérusalem, je vous supplie humblement par l'intercession de la Très Sainte Vierge de Philerme, de saint Jean-Baptiste, du bienheureux Gérard et de tous les saints, de m'aider à rester fidèle aux traditions de notre ordre, en pratiquant et en défendant la religion catholique, apostolique et romaine contre l'impiété et en exerçant la charité envers le prochain, avant tout envers les pauvres et les malades. Donnez-moi les forces nécessaires pour pouvoir mettre en exécution ces désirs, selon les enseignements de l'Évangile, avec un esprit désintéressé et profondément chrétien, pour la gloire de Dieu, la paix du monde et le bien de l'ordre de St-Jean de Jérusalem. Ainsi soit-il. »

Décorations et ordres français

Ancien Régime

☞ *Bibliographie* : Hervé Pinoteau, *Études sur les ordres de chevalerie du roi de France* (1995).

Ordres de chevalerie

■ **Ordre de la Ste Ampoule.** Ordre mythique prétendument institué en 496 en souvenir du miracle de saint Rémi.

■ **Ordre des chevaliers de la noble maison de St-Ouen ou chevaliers de l'Étoile.** *Créé* par Jean le Bon le 6-11-1351, il disparut dès Charles V pour des raisons inconnues, mais non – contrairement à la légende – pour avoir été trop distribué.

■ **Ordres créés par des princes. Ordre de l'Hermine** (duc de Bretagne), **de l'Écu d'or et de N.-D. du Chardon** (ducs de Bourbon), **du Porc-Épic** (duc d'Orléans), **du Croissant** (par le roi René d'Anjou en 1448, disparu avec lui).

■ **Ordre de St-Michel.** *Créé* par Louis XI, au château d'Amboise, le 1-8-1469, pour répliquer à la fondation de l'ordre bourguignon de la Toison d'or. St Michel était réputé patron de la France. Statuts complétés le 22-12-1476 au Plessis-lès-Tours. *Membres* : nombre limité à 36 « gentilshommes de nom et d'armes » élus par les membres de l'Ordre sous la présidence du roi, lors du « chapitre » annuel, au fur et à mesure des extinctions. Porté à 50 par Charles IX (3-4-1565). Lors des guerres de Religion, l'Ordre étant conféré à de nombreux courtisans, parfois non combattants, il se dévalorise. En 1661-65, Louis XIV décide de limiter à 100 les chevaliers de St-Michel non décorés du St-Esprit et peu à peu destine (non officiellement) l'Ordre à honorer également artistes et savants qui peuvent porter provisoirement la croix, mais ne seront reçus dans l'Ordre qu'après avoir été anoblis. *Siège* (théorique) : abbaye du Mont-St-Michel (transféré par Henri II à la Ste-Chapelle de Vincennes, puis, par Louis XIV, aux Cordeliers de Paris). *Tenue rituelle jusqu'à la fin du XVIe s.* : manteau blanc, chaperon cramoisi sur la tête et le cou. *Obligations religieuses* : office quotidien de St-Michel (pas dans les statuts, mais on essaye de l'imposer au XVIIIe s.), chapitre des coulpes aux réunions de l'Ordre (on s'accuse publiquement des manquements à la règle). Serment de fidélité irrévocable liant les chevaliers au grand maître et à la couronne de France. *Insigne* primitif : collier composé de coquilles reliées par des « lacs d'amour », auquel était suspendu un médaillon représentant St Michel terrassant le dragon ; remplacé sous Louis XIV par un grand cordon noir auquel est suspendue une croix de Malte, émaillée de blanc et de vert et anglée de lys, avec l'image de l'archange au centre. *Aboli* par la Révolution (1791), continué en émigration, rétabli sous la Restauration ; supprimé en 1830.

■ **Ordre du St-Esprit.** *Créé* le 31-12-1578 par Henri III (devenu roi de France un dimanche de la Pentecôte) qui le place sous l'invocation du Saint-Esprit en mémoire des 2 événements les plus importants de sa vie, arrivés la veille ou le jour de la Pentecôte : son élection au trône de Pologne le 9-5-1573, et son avènement au trône de France le 30-5-1574. 1er ordre de la monarchie française. 1re cérémonie de réception : 31-12-1578. *Objet* : la défense de la personne royale liée au sacre (le roi ne devenant pleinement grand maître qu'après son sacre). *Membres* (déclaration de Louis XVI du 8-6-1783) : 100 gentilshommes français nobles depuis au moins 3 générations paternelles [87 chevaliers reçus préalablement chevaliers de St-Michel hors contingent (s'intitulant *« chevaliers des ordres du Roi »*, les membres du seul ordre de St-Michel se disant *« chevaliers de l'ordre du Roi »*), 9 ecclésiastiques commandeurs du St-Esprit (4 cardinaux + 5 prélats dont le grand aumônier de France qui, seul, était dispensé des épreuves de

■ **Ordre de Cincinnatus.** Ordre héréditaire, institué le 10-5-1783. Reconnu par la monarchie française. Juridiquement, il ne pouvait pas être considéré comme un ordre national (Washington n'étant pas chef d'État lorsqu'il le fonda) mais comme une association héréditaire se prévalant d'un insigne distinctif qui ne peut être considéré comme une décoration. Les statuts ont été rédigés par le Gal Henry Knox (1750-1806), chef de l'école militaire de West Point, qui en devint le secrétaire général (1785-90), puis le vice-Pt général (1805). *Premier Pt général* (1783-99) : George Washington (1732-99). Attribué à des officiers supérieurs et généraux de l'armée ou de la marine et à des officiers subalternes blessés ou récompensés. *Nombre des 1ers titulaires français* : 370 selon le Bon de Contenson, 362 selon l'Américain Asa Brid-Gardner. Certains officiers français ayant servi dans l'armée américaine ont été admis dans la branche française. *Textes officiels de la monarchie reconnaissant l'ordre américain comme « 1er ordre étranger »* (l'insigne se portant après la croix de St-Louis) : lettres de Louis XVI du 8-8-1784, confirmées par une lettre du 12-12-1789, au vice-amiral Cte Jean-Baptiste d'Estaing (1729-94, guillotiné ; 1er Pt de la branche française), du Cte César-Henri de La Luzerne (1737-89, ministre de la Marine frère d'Anne-César, Mis de La Luzerne (1741-91, membre fondateur de l'Ordre).

■ **Société des Cincinnati.** Sté d'amis groupant les officiers anciens combattants de la guerre d'Indépendance américaine, leurs descendants (culte du souvenir, aide sociale), et, spécialement, les officiers français pour maintenir à jamais des liens étroits avec la France sans laquelle la victoire contre la G.-B. eût été impossible. *But* : conserver intacts les droits et libertés de l'individu, maintenir entre les États l'union et l'honneur national à l'exemple de Lucius Quintius Cincinnatus, qui, ayant commandé 2 fois en chef l'infanterie romaine (en 459 et 437 av. J.-C.) avec le titre de *dictator*, reprit après la victoire son métier de laboureur. Il était prévu au début que la qualité de membre se transmettrait de mâle en mâle par primogéniture, mais, dès 1784, la transmission par les femmes héritières fut admise en cas d'extinction de la ligne masculine. *Organisation* : dans chacun des 13 premiers États de l'Union et en France (depuis le 18-12-1783), existe une « branche » dirigée par un Pt, un vice-Pt et un comité, chargés de reconnaître les titres d'un candidat à la succession d'un membre héréditaire, qui est ensuite élu par les membres de l'Ordre.

Insigne : dessiné par le major Pierre L'Enfant (1754-1825 ; 1er secrétaire français) ; aigle d'or américaine avec ruban bleu clair bordé de blanc : l'aigle à tête blanche *(bald eagle)* a servi de modèle à celle de l'écusson des USA ; il porte un médaillon à fond bleu avec Cincinnatus à sa charrue. Port autorisé en France, épinglé sur le revers droit, le ruban étant remplacé par une rosette. Le Pt général reçoit l'aigle ornée de diamants qui avait été offerte le 27-2-1784 à Washington par la marine française. De 1978 à 1980, il y a eu à Washington un vice-Pt général français. *Siège social* : Sté générale représentant les 14 Stés d'État : Anderson House (Washington DC), qui abrite également le musée de la Société.

Branche française de la « Société des Cincinnati » : ouverte aux descendants (représentants, par primogéniture, de chaque famille) des généraux, des colonels ou capitaines de vaisseaux et des officiers morts ou blessés au combat pendant la guerre d'Indépendance. A la chute de la monarchie, elle a été « mise en sommeil » *(rendered dormant)*. Le dernier Français d'origine mourut en 1854. Les Sociétés américaines qui s'étaient maintenues après la guerre de 1914-18 ressuscitent la branche française en se constituant (4-7-1925) en association suivant la loi de 1901. Déclarée le 1-7-1930, reconnue d'utilité publique par décret le 20-7-1976. *Siège* : 2 *bis*, rue Rabelais, 75008 Paris. *Pts* (depuis 1930) : duc de Broglie (Maurice), duc de Lévis-Mirepoix, duc de Castries († 1986), Cte François de Castries, Gal Jean Melchior Mis de Roquefeuil et du Bousquet. *Secrétaire général* : Cte Michel de Dreux-Brézé. *Membres* (au 1-1-1998) : 260 titulaires et 16 honoraires choisis *intuitu personae* (à titre personnel et sans hérédité). Louis-Alphonse de Bourbon, duc d'Anjou, membre titulaire depuis 1994, représente le roi Louis XVI. Le Cte de Paris († 1999), membre titulaire (représentant son aïeul le duc de Chartres présent à la bataille d'Ouessant), avait choisi de ne plus l'être.

■ **Fils de la Révolution américaine (SAR).** 20, rue Bosquet, 75007 Paris. Association fondée en 1926. Branche française de la *National Society of the Sons of the American Revolution* (fondée en 1879). Ouverte à l'ensemble des descendants des combattants de la guerre d'Indépendance américaine. *But* : entretenir l'amitié franco-américaine née sur les champs de bataille. *Insigne* : croix surmontée d'une aigle ; rosette bleu, blanc, chamois. *2 Pts d'honneur* : ambassadeur des États-Unis en France, et Cte René de Chambrun. *Pt* : Hélie de Noailles, duc d'Ayen. *Membres* : 300.

■ **Filles de la Révolution américaine (DAR).** 20, villa Guibert, 75116 Paris. Association patriotique, historique et généalogique fondée aux USA en 1890 sous le nom de *NSDAR (National Society of the Daughters of the American Revolution)*, regroupant les descendantes directes des combattants de la guerre d'Indépendance américaine (plus de 200 000 membres à travers le monde). Depuis 1934, une branche française, le *Chapitre Rochambeau*, réunit 140 membres environ. *But* : maintien des liens d'amitié franco-américaine et du souvenir des principes ayant animé les patriotes de la guerre d'Indépendance, commémoration du 4-Juillet à la statue de Rochambeau. *Régente d'État pour la France* : Mme Baudoin Simonard. *Vice-Régente* : Mme Lucien de Charnocé. *Régente du Chapitre Rochambeau* : Mme Christine Malphettes.

noblesse), 4 grands officiers commandeurs] + le roi chef et souverain grand maître + les étrangers (nombreux à partir de 1814) + les P^{ces} capétiens établis hors du royaume. *Age requis :* 35 ans (princes 25). *Office à réciter quotidiennement :* celui du St-Esprit. *Costume revêtu pour le chapitre annuel :* manteau de velours noir brodé de flammes d'or, doublé de satin orange, mantelet vert et habit complet de drap d'argent. *Collier :* formé de 29 maillons plats quadrangulaires, où alternent depuis Louis XVI des H (Henri) couronnés, des trophées et des fleurs de lys entourés de flammes d'émail rouge. *Insigne :* croix d'or à 8 pointes pommetées émaillées vert et blanc, cantonnée de fleurs de lys et portant au centre, à l'avers la colombe, au revers le médaillon de St Michel (pour les 9 ecclésiastiques : colombe des 2 côtés). Les jours ordinaires, cette croix était portée suspendue à un cordon bleu, d'où le surnom de « cordons-bleus » (1er ordre à avoir donné une couleur au ruban remplaçant le collier les jours ordinaires). *Plaque :* en cannetille d'argent (couleur argent) cousue sur l'habit, représentant la colombe ; devenue d'argent au XIXe s. Aboli par la Révolution (1791), continué en émigration, rétabli sous la Restauration le 28-9-1814 jusqu'en 1830 (sans preuves de noblesse ; la seule fête est la Pentecôte).

■ **Ordres de St-Lazare et N.-D.-du-Mont-Carmel.** L'ordre de St-Lazare est issu des hôpitaux créés pour les lépreux près de Jérusalem, avant sa reconquête par les croisés. Henri IV, voulant donner au pape des gages de la sincérité de sa conversion, fait créer en 1608 par le pape l'ordre de N.-D.-du-Mont-Carmel qu'il unit à la branche française de l'ordre de St-Lazare moribond (replié en France en 1291). Il attribue les biens de ce dernier au nouvel ordre, qui prend la double dénomination. Le pape a attribué de son côté les biens italiens de St-Lazare à l'ordre savoyard de St-Maurice. Les nouveaux chevaliers (100) sont tenus à la récitation du rosaire. Ils portent le scapulaire du carmel avec croix verte à 8 pointes, centrée, d'un côté, de la Vierge à l'Enfant et, de l'autre, de Lazare, suspendu à un cordon vert puis ponceau. Théoriquement militaire, l'Ordre comprendra souvent des officiers civils (principalement des diplomates) de la haute noblesse. Louis XIV y fera entrer des bourgeois fraîchement anoblis et des roturiers (Mansart, Lenôtre), et fera reconnaître l'ordre de St-Lazare par le St-Siège (bulle de 1668) en lui attribuant les biens et revenus des ordres éteints ou abolis. Le roi, souverain chef et protecteur, nomme le grand maître (au XVIIIe s. un prince du sang) qui n'est reconnu par le pape qu'en tant que grand maître de N.-D.-du-Mt-Carmel. L'Ordre est spécialement chargé des contacts avec l'Orient et le Maghreb et fait la chasse aux pirates. *Révolution :* quelques décorations données en émigration par le Cte de Provence (futur Louis XVIII). *Restauration :* Louis XVIII et Charles X (dernier grand maître) laissent l'Ordre s'éteindre, car, fondé sur des preuves de noblesse, il est contraire à la Charte de 1814 consacrant l'égalité des sujets du roi.

Nouvel Ordre : *vers 1910,* un ordre de St-Lazare voit le jour et prétend continuer l'ancien. Jean-Joseph Moser (se disant Jean, baron de Moser de Veiga, camérier de Sa Sainteté) ressuscite un ordre de St-Lazare de Jérusalem et de N.-D.-de-la-Merci. Arrêté à Paris, condamné à quelques mois de prison, se suicide en 1928. Charles Otzenberger, qui a rejoint l'ordre de Moser en 1911, le développe. Cette continuation sera considérée comme abusive par le Vatican, la République italienne et la République française. Les membres de ce groupement ont constitué une *association* régie par la loi de 1901 et dépourvue des caractéristiques voulues pour être considérée comme un authentique ordre de chevalerie d'une lignée historiquement démontrée, légitime et continue depuis les croisades. *Protecteur spirituel :* S.B. Maximos V, patriarche grec melkite catholique d'Antioche, Alexandrie et Jérusalem. En 1967, l'administration française de l'Ordre destitue le *grand maître* don Francisco de Bourbon-Séville (né 1912, grand maître depuis 1952) et élit Charles duc de Nemours (1905-70) qui, déposé en 1969, est remplacé par le duc de Brissac (1900-92), élu 47e grand maître. En 1980 abandonnant la dénomination d'« ordre » (non reconnue par la grande chancellerie), il dote de nouveaux statuts son association (tolérée comme telle par la grande chancellerie de la Légion d'honneur) qui prend le titre d'*Hospitaliers de St-Lazare.* Aujourd'hui, simple confrérie de chevalerie. En septembre 1986, au cours d'un chapitre réuni à Oxford, François de Cossé-Brissac (né 19-2-1929), alors marquis de Brissac, déjà coadjuteur de son père démissionnaire pour raison d'âge, est élu *« 48e grand maître de tout l'Ordre »* ce qui est contraire aux statuts de l'association.

Groupement dissident : le duc de Nemours n'a pas accepté sa déposition de 1969. Il entend conserver sa grande maîtrise et nomme coadjuteur le P^{ce} Michel d'Orléans (né 1941, fils du Cte de Paris). A la mort du duc, le 10-3-1970, le P^{ce} Michel d'Orléans assure l'intérim ; le 22-5-1973, don Francisco de Bourbon-Séville redevient grand maître. Le P^{ce} Michel d'Orléans quitte ce groupement en 1976. Le groupement (siège à Malte) a créé une association déclarée à Strasbourg, ce qui ne vaut que pour l'Alsace. Des tentatives d'unification entre les 2 branches ont échoué.

■ **Croix de Notre-Dame-du-Mont-Carmel** (1754-79). Dites « croix de minorité », remises chaque année aux 3 premiers élèves de l'École royale militaire petit module. *Avers :* Vierge. *Revers :* armes royales.

■ **Ordres royaux repris.** Plusieurs prétendants au trône de France se sont considérés comme chefs souverains des ordres royaux. Le *Cte de Chambord* (Henri V) porta l'insigne du St-Esprit et donna une croix de St-Louis à son neveu le Cte de Bardi. Le *duc d'Orléans* (Philippe VIII) décerne le St-Esprit à de proches parents : Ferdinand, P^{ce} de Bulgarie (futur roi des Bulgares), les ducs d'Alençon, de Montpensier et de Vendôme, et Manuel II, roi du Portugal, exilé. De leur côté, 3 aînés de la maison royale d'Espagne, devenue branche aînée des Bourbons à la mort du Cte de Chambord, se sont tenus pour grands maîtres des ordres royaux français. *Don Carlos, duc de Madrid* (1847-1909), ayant hérité les colliers du St-Esprit déposés à Frohsdorf, nomme, en tant que Charles XI, plusieurs chevaliers français et étrangers. Son fils *don Jaime, duc de Madrid* (1870-1931), en tant que Jacques Ier, duc d'Anjou, fait de même (dont les P^{ces} Paul de Yougoslavie et Xavier de Bourbon-Parme, duc de Parme, en 1927, puis le « P^{ce} Alphonse » autrement dit Alphonse XIII). Le fils aîné du roi Alphonse XIII, *don Jaime, duc de Ségovie* (1908-75), en tant que Jacques Henri VI, duc d'Anjou (voir à l'Index), a nommé 6 chevaliers du St-Esprit (dont ses 2 fils et les ducs de Bauffremont et de Polignac) et 4 de St-Michel (1972). Son propre fils, *duc d'Anjou et de Cadix* (1936-89), a confirmé les nominations qui n'avaient pu être faites en règle et fait de nouvelles nominations dont celle de son fils *Louis, duc de Bourbon et d'Anjou* (né 1974) devenu grand maître en 1989.

La République française ne reconnaît pas ces ordres, disparus légalement en 1830.

■ **Autres ordres disparus. St-Georges-de-Bourgogne** (Comté) : *origine :* confrérie de St-Georges fondée par un écuyer du duc de Bourgogne, Philippe de Molans, qui a rapporté de Terre sainte des reliques de ce saint. *Vers 1431,* ordre de chevalerie, ses membres doivent être francs-comtois et justifier de 16 quartiers de noblesse. *1824,* supprimé. **St-Hubert-de-Bar** ou **de-Lorraine :** *mai 1416,* fondé par le cardinal Louis Ier, duc de Bar, qui l'appelle d'abord *ordre de la Fidélité* en lui donnant pour emblème un lévrier d'or. *1423,* prend le nom de St-Hubert. *1816,* rétabli. *1824,* aboli définitivement. De nombreux chapitres nobles furent créés aux XVIIe et XVIIIe s. et reconnus par les rois de France. Ils regroupaient principalement des dames, plus rarement des hommes qui avaient fait la preuve de leurs quartiers de noblesse, constituaient les chapitres de cathédrales ou d'abbayes et portaient des insignes spécifiques.

■ Ordres de mérite

■ **Ordre de St-Louis.** *Créé* par Louis XIV en 1693 (*1re réception* le 6-5), pour les officiers français catholiques ayant servi 10 ans dans l'armée royale et dispensés de preuves de noblesse. *3 classes :* chevalier (nombre illimité), commandeur (24) et grand-croix (8). **Croix :** de Malte blanche et or avec fleurs de lys aux angles ; au centre un médaillon avec à l'avers l'effigie de saint Louis et la légende *Ludovicus Magnus instituit 1693,* au revers une épée passée dans une couronne de lauriers entourée d'une devise : *« Bellicae virtutis praemium »* (la récompense de la vertu guerrière). **Ruban :** rouge feu. Les chevaliers la portent sur le sein gauche, les commandeurs et grands-croix sur la hanche gauche, pendue à une écharpe, et accompagnée, pour les grands-croix, d'une plaque pailletée d'or portant l'effigie de Saint Louis. Le port illégal (1er cas en 1749) entraîne : dégradation et perte de la noblesse, 20 ans de prison pour un noble ; les galères pour un roturier. *L'office liturgique* prescrit en principe était celui de la Couronne d'épines ; mais, en fait, la seule obligation religieuse (peu suivie) était l'assistance à la messe de St-Louis le 25 août. Sous Louis XV, la réception dans l'Ordre est le plus souvent déléguée à un haut dignitaire. En 1750, l'Ordre est assimilé à une charge anoblissante : après 3 générations de titulaires, une famille est anoblie par lettres patentes. A la Révolution, toujours réservé aux officiers, il est maintenu sous le nom de *décoration militaire* (décret 1/7-1-1791, 5 424 bénéficiaires en 2 ans) puis aboli (décret 15-10-1792). Ayant continué à être conféré en émigration, il est rétabli en 1814 puis il cesse d'être conféré en 1830 mais sera porté (sans fleur de lis dans les angles) par les titulaires pendant la monarchie de Juillet et (avec fleur de lis tolérée) sous Napoléon III.

Les filles de nombreux chevaliers de St-Louis furent élevées à la maison de St-Louis, fondée par Mme de Maintenon à St-Cyr. Après la Révolution, il fut créé des maisons d'éducation pour les filles des membres de l'Ordre (les filles des officiers protestants furent élevées aux frais de l'ordre de St-Louis dans d'autres institutions).

■ **Mérite militaire.** *Institué* par Louis XV le 10-3-1759, pour les officiers protestants étrangers servant dans l'armée royale et se trouvant dans l'impossibilité de recevoir l'ordre de St-Louis (Suisses, Allemands, Suédois). Louis XVIII l'ouvrit aux officiers musulmans de nationalité française (20-11-1814). Ce n'était pas un ordre mais une institution, sans grand maître. Ses titulaires avaient les mêmes avantages que ceux des titulaires de la croix de St-Louis (titre de chevalier, pension, anoblissement après 3 générations). Il y avait 2 grands-croix et 4 commandeurs (chevaliers en nombre illimité). **Croix :** de St-Louis mais avec des médaillons différents (avers : épée en pal entourée de la devise : « *Pro virtute bellica* » ; revers : couronne de lauriers entourée de « *Ludovicus XV instituit 1759* »). **Ruban :** bleu foncé (« gros bleu ») assez soutenu. **Plaque :** dorée avec une couronne de laurier pour les grands-croix.

Supprimé à la Révolution et rétabli à la Restauration, il fut, depuis le 28-11-1814, attribué aux officiers protestants, même de nationalité française (1er titulaire français : marquis de Ségur-Bouzeli). Le ruban est alors de la même couleur rouge feu que celui de la croix de St-Louis. Aboli en 1830, mais porté sous les mêmes réserves que l'ordre de St-Louis.

■ Autres distinctions

■ **Médaille des pilotes et des navigateurs.** *Créée* par Louis XIV (1692) en faveur des matelots et pilotes, elle n'est pas dans la tradition des ordres, mais dans celle des phalères romaines : médaille à l'effigie de Louis XIV.

■ **Médaillon de vétérance.** *Créé* par Louis XV le 16-4-1771, pour les soldats et bas officiers ayant servi 24 ans sous les drapeaux (double ou triple médaillon pour 48 ou 72 ans de service). On connaît un bénéficiaire du triple médaillon : Jean Thurel (1699-1807), engagé en 1716, 91 ans de service. Un modèle spécial pour les marins fut créé le 25-12-1774. Beaucoup de militaires le portèrent après la disparition de l'ordre de St-Louis dont ils étaient titulaires, le médaillon de vétérance continuant à être décerné durant la Révolution avec des variantes dans le modèle des insignes.

☞ Il y eut aussi des « médailles d'honneur pour les Indiens du Canada », à l'effigie de Louis XIV, des « médailles d'honneur pour actes de courage et de dévouement » sous Louis XIV et surtout sous Louis XVI.

Période révolutionnaire

☞ Les ordres de chevalerie et de mérite furent abolis en 1791-92.

■ **Médailles. Des vainqueurs de la Bastille :** « médaille d'or communale pour les gardes françaises » (instituée le 5-8-1789 par la Commune de Paris) ; *losange* avec pour légende « La liberté a été conquise le 14 juillet 1789 ». Au revers, une épée, la pointe en l'air, passée dans une couronne civique. *Ruban* tricolore. Frappe d'origine en or, refrappe en bronze doré en 1832 pour les survivants, la plupart ayant perdu leurs insignes. « Couronne murale des citoyens bourgeois vainqueurs de la Bastille » ; en forme des tours de la Bastille et en bronze ajouré, environ 1 000 distribuées (près de 10 fois plus que le losange). **Des sauveurs du trésor de la Ville de Paris (11-5-1790) :** *ovale,* avec d'un côté l'écusson de Paris surmonté d'un bonnet phrygien. *Ruban* rouge et bleu aux couleurs de Paris, bande blanche avec, brodée en or, la légende « Trésor de la Ville sauvé et conservé le 5 octobre 1789 ». **Du pacte fédératif (1790) :** créée en souvenir de cette fête pour les fédérés des départements, gardes nationales, soldats délégués à la fête et fonctionnaires de Paris. Au revers, couronne de chêne et mention « Confédération des Français ». *Ruban* tricolore. **Des dames de la Halle :** 26 décernées aux dames qui avaient désapprouvé (8-10-1789) les excès commis à la Halle aux farines. *Octogonale,* en argent. A l'avers, armes de Paris ; au revers, la légende « Donnée par la Commune de Paris aux bonnes citoyennes ». **Du pacte constitutionnel (1791) :** *ovale,* avec sur l'écusson l'inscription « La nation, la loi, le roi », passant derrière une épée en pal coiffée d'un bonnet phrygien. *Ruban* tricolore.

■ **Boucle de brassard.** Décernée aux citoyennes qui avaient fait don de leurs bijoux à la patrie (plusieurs exemplaires connus en acier et bronze).

■ **Armes de récompense (fusils et sabres).** Insignes de fonction (magistrats, fonctionnaires, divers, huissiers, élus) ; le médaillon de vétérance, d'un modèle légèrement différent, continuait à être porté.

Consulat

■ **Armes d'honneur.** *1796* Bonaparte ordonne l'exécution de 100 sabres d'honneur. *4 nivôse an VIII (Noël 1799)* arrêté créant les « Armes d'honneur » et réglementant leur attribution. *De 1800 à 1802* environ 2 000 attribuées dont 784 fusils d'infanterie ou fusils de dragons ; 151 mousquetons ; 94 carabines ; 429 sabres d'infanterie ou de cavalerie ; 241 grenades d'or (entourées d'un losange doré et placées sur fond de velours noir pour être portées sur le baudrier ou sur le bras gauche) ; 44 haches d'abordage en argent doré (portées sur le baudrier ou sur la poitrine à hauteur du troisième bouton) ; 6 haches de sapeur ; 39 baguettes de tambour ; 13 trompettes ; 53 (sans indication). Les bénéficiaires furent automatiquement admis dans la Légion d'honneur et en furent les premiers décorés. Les généraux en chef purent donner des **armes de récompense,** souvent identiques aux armes d'honneur.

■ **Légion d'honneur.** *Créée* 19-5-1802 (voir p. 582 c).

Empire

■ **Ordres de chevalerie. Ordre impérial de la Réunion :** *créé* par Napoléon le 18-10-1811). Civil et militaire. Décerné aux Français et aux membres d'ordres étrangers, supprimé pour ces derniers lors des annexions à l'Empire français. Aboli en 1815. 200 grands-croix (65 seulement furent nommés) 1 000 commandeurs, 10 000 chevaliers. *Grand maître :* Napoléon. *Insigne :* étoile à 12 rais émaillés de blanc. Au centre, un médaillon avec d'un côté la légende « Tout pour l'Empire », de l'autre un N entre 2 branches de laurier avec les mots « A jamais ». *Ruban :* bleu ciel. *Plaque :* d'argent (2 modèles différents). Toléré sous la 1re Restauration. Supprimé en 1815.

Ordre impérial des 3 Toisons d'or : *créé* 1809, après la conquête de Vienne (siège de la Toison d'or autrichienne), qui survenait 5 mois après la conquête de Madrid (siège de la Toison d'or espagnole), réservé aux héros de l'armée (certains étaient désignés par élection de leurs régiments) : 100 grands chevaliers, 400 commandeurs et 1 000 chevaliers, réservé aussi aux drapeaux des régiments ayant pris part aux 8 plus grandes batailles, d'Ulm à Wagram. *Insigne :* 3 toisons d'or dans les pattes d'un aigle (les 2 précédentes, plus l'antique) suspendues à un « briquet » tenu par l'aigle impériale. *Ruban :* rouge. Un décret du 15-8-1809 nomma un *grand chancelier* (le Gal Andreossi) et un *grand trésorier* (le Cte Schimmelpenninck), mais les titulaires de la Légion d'honneur craignant que leur décoration ne fût dévalorisée, Napoléon renonça à conférer son nouvel ordre. Le 27-9-1813, il prononça sa dissolution et réunit sa dotation à celle de la Légion d'honneur.

Ordre de la Couronne de fer : *institué* par Napoléon le 5-5-1805, après la création du royaume d'Italie (la couronne de fer étant réputée la couronne des rois lombards). Les rois d'Italie seront grands maîtres de l'Ordre mais Napoléon, son fondateur, en conservera, sa vie durant, le titre et les fonctions, dont ils ne jouiront qu'après lui. *Membres :* 500 chevaliers, 100 commandeurs et 20 dignitaires. 200 croix de chevalier, 20 de commandeur et 5 de dignitaire furent affectées aux militaires ayant contribué à la création de ce royaume. 200 places de chevaliers, 25 de commandeurs et 5 de dignitaires sont affectées, pour la 1re fondation, aux officiers et soldats français qui ont pris une part glorieuse aux batailles dont le succès a le plus contribué à la fondation du royaume. **1807**-*19-12* « Article 1er : 15 dignitaires, 50 commandeurs sont ajoutés au nombre... » *Couronne* lombarde fantaisiste surmontée d'une aigle aux ailes déployées. Autour de la couronne, la légende « Dio mi la diede, guai à chi la tocca » (« Dieu me l'a donnée, gare à qui y touchera », allusion à la phrase prononcée à Milan, le 26-5-1805, par Napoléon). *Ruban :* orange liseré de vert. **1814**-*19-7* ordonnance de Louis XVIII : « Ceux qui ont obtenu la décoration continueront de la porter, à la charge, pour eux, de se pourvoir auprès du souverain du pays auquel cet ordre appartient, pour en obtenir l'autorisation. » **Ordre de remplacement :** l'empereur d'Autriche François Ier, rentré en possession de ses États d'Italie, rangea la Couronne de fer parmi les ordres autrichiens. Le 1-1-1816, un ordre de la Couronne de fer fut créé ; composé de chevaliers de 1re, 2e et de 3e classe, avec des possibilités d'échanges. Le 3-2-1816, il institua une médaille commémorative pour les soldats italiens n'ayant pas rang d'officiers décorés de l'ancien ordre. *Couronne* surmontée de l'aigle autrichienne bicéphale. *Ruban :* identique. Devenu autrichien en 1814, avec création de nouveaux insignes. *Devise :* « *Avita et Aucta* ». *Ruban :* jaune, filets bleu.

■ **Ordres des frères de l'Empereur.** *Créés* par eux (avec l'accord réticent de Napoléon). **Ordre des Deux-Siciles :** *institué* le 22-2-1808 par Joseph, alors roi et des Deux-Siciles, pour remplacer les 3 ordres de Naples supprimés. Aboli en France le 21-7-1815. **Ordre royal d'Espagne :** *institué* par Joseph, devenu roi d'Espagne, aboli en 1814 par Ferdinand VII d'Espagne, port interdit en France par Louis XVIII (19-7-1814). **Ordre de l'Union :** *créé* en 1806 par Louis, roi de Hollande. *Insigne :* plaque d'or à 9 pointes désignant les 9 départements de la Hollande. **Ordre royal des Mérites :** *créé* simultanément par Louis. *Insigne :* étoile d'or à 8 pointes, avec dans les angles des abeilles aux ailes déployées, et au centre l'effigie du roi. Napoléon ayant désapprouvé ces ordres, Louis les réunit dans un seul ordre dit **ordre royal de Hollande** [(13/14-2-1807) presque semblable au précédent] et Napoléon désapprouvant toujours, il fit créer en remplacement le 6-2-1808 l'**ordre royal de l'Union,** sans effigie du roi Louis. **Ordre de Westphalie :** *créé* par Jérôme le 5-2-1810. *Insigne :* couronne à 8 fleurons d'or ; sur le fond de la couronne, une aigle et un lion adossés ; à droite un cheval, à gauche le lion de Cassel ; au-dessus, l'aigle impériale. (« Il y a bien des bêtes dans cet ordre-là », déclara Napoléon.) Peu de Français en furent décorés. Il cessa d'être décerné à partir du 26-10-1813. Aboli par Louis XVIII.

■ **Palmes pour les enseignants.** En broderies, créées en 1808, deviendront les Palmes académiques.

Restauration

■ **Décoration du Lys.** *Créée* le 26-4-1814 par le Cte d'Artois (futur Charles X) : fleur de lis en argent ou parfois à 4 branches émaillées ou en « soleil » rayonnant. *Ruban :* blanc pour les membres de la garde nationale de Paris, ralliée à Louis XVIII. Répandue largement par la suite (fut même donnée à des enfants de 2 ans), Balzac l'eut à 15 ans après une bonne année scolaire. Chaque département reçut un ruban d'une couleur distinctive, une fantaisie régnant dans la forme des insignes et la raison de leur octroi.

■ **Brassard de Bordeaux.** *Accordé* le 12-3-1814 aux gardes d'honneur du duc d'Angoulême ayant contribué à la conquête de Bordeaux. Bandeau de soie (2 modèles) porté en brassard (en souvenir du ruban vert, signe de ralliement des fidèles du duc), du coude à l'épaule gauche, remplacé ensuite par un *médaillon* en or et émaux blanc et vert.

■ **Médaillon de Gand.** *Créé* le 17-5-1815 pour les jeunes Parisiens (étudiants en droit et étudiants en médecine) ayant suivi Louis XVIII à Gand. *Ruban* bleu et blanc.

■ **Décoration de Rouen.** *Créée* 1814 par le duc de Berry lors de son passage à Rouen après son débarquement à Cherbourg. *Médaillon* ovale avec d'un côté « Vertu, courage héroïque », de l'autre « Gage d'union ».

■ **Décoration de Bayonne.** *Créée* 1815 pour rappeler le rôle de la garde nationale dans la défense de la ville contre Wellington. Soleil d'or avec d'un côté les armes de Bayonne, de l'autre une fleur de lys couronnée. *Ruban* vert clair.

■ **Décoration des Volontaires royaux,** dite aussi **de Lyon.** Décernée aux Lyonnais qui s'étaient soulevés pour le retour du roi. *Croix* d'argent à 8 pointes et médaillon central avec effigie de Louis XVIII. *Ruban* bleu liseré de rouge.

■ **Décoration du Siège de Lyon.** *Créée* 1814 pour récompenser les survivants du siège de 1793. Au début, simple ruban particulier blanc et rouge. Les croix de types variés avec la légende « Siège de Lyon » qui figure aussi parfois sur le ruban.

■ **Croix d'honneur de la duchesse de Berry.** Même insigne que les « croix du Lys ». *Créée* 1814 par la duchesse de Berry à Dieppe, pour les dames nobles lui ayant fourni une escorte à cheval.

■ **Croix de la Fidélité.** *Créée* 15-4-1816 pour la garde nationale de Paris. Étoile à 5 branches surmontée d'une couronne, centres en or émaillé. *Légende :* « Dévouement, Fidélité ». Destinée à remplacer le Lys, distribuée à quiconque la demandait et même à des enfants (Charles de Cazals reçut son brevet à 2 ans). *Ruban :* blanc, larges liserés bleu sombre.

■ **Médaille de l'Instruction primaire.** Appelée médaille des Instituteurs. *Créée* le 15-6-1818, pour les maîtres d'école ayant une certaine ancienneté (les Palmes académiques étaient réservées à l'enseignement supérieur et ne devinrent « décoration » que sous Napoléon III). Toujours en vigueur après modification des insignes.

■ **Décernées par l'étranger.** *O. Phénix d'Hohenlohe,* méd. *d'Yverdon,* méd. *de la Fidélité et de l'Honneur du 10-8-1792,* méd. de *Navarin,* méd. des *Philhellènes. O. de St Ferdinand d'Espagne.*

Monarchie de Juillet

■ **Croix de Juillet. Médaille de Juillet** (voir p. 587 a). **Pour actes de courage et de dévouement,** pour la marine (1831). **Médaille de Mazagran. Médaille de la prise du fort de St-Jean-d'Ulloa.**

■ **Croix des Mécontents.** Dérivée de la croix ou de la médaille de Juillet ; de fantaisie. Plusieurs furent frappées (*ruban* tricolore). *Une ovale en bronze* avec les mentions « 27-28-29 juillet 1830 », « Honneur à la Nation française » et « L'union fait la force ». *Une d'argent* avec mêmes dates et « Liberté-Gloire ». *Une d'argent,* plus petite, avec « Aux braves défenseurs de la liberté » et l'effigie de Louis-Philippe.

■ **Insignes des Vétérans de l'Empire.** Non officiels, de multiples modèles portés ostensiblement après 1840, lors du « Retour des Cendres ».

Deuxième République

■ **Médailles et insignes.** Multiples, non officiels mais souvent portés, dont la médaille des blessés de février 1848.

■ **Médaille du Siège de Rome** (1849) remise par le pape.

■ **Médaille militaire.** *Créée* le 22-1-1852, sous la présidence de Louis-Napoléon.

Second Empire

■ **Médaille de Ste-Hélène.** *Créée* 1857 pour les anciens de la Grande Armée.

■ **Médailles d'Italie.** *Créée* 1859 ; **de Chine.** *Créée* 1861 ; **du Mexique.** *Créée* 1863.

■ **Palmes académiques** (1866).

Décorations contemporaines

Prescriptions

Toute décoration étrangère non conférée par une puissance souveraine est déclarée illégalement obtenue et son port puni d'une amende de 600 à 1 300 F. Amende de 1 300 à 3 000 F et/ou emprisonnement de 5 jours au plus pour quiconque porte en public des insignes, rubans ou rosettes présentant une ressemblance avec ceux des décorations conférées par l'État français, ou fait usage de grades ou dignités dont la dénomination présente une ressemblance avec les grades ou dignités conférés par la République française. Nul Français ne peut accepter et porter une décoration sans y être autorisé par un décret du Pt de la République française (amende de 250 à 600 F).

Ordre dans lequel les décorations doivent être portées. Un rang de préséance est fixé, par décret, pour : Légion d'honneur, croix de la Libération, médaille militaire, ordre national du Mérite. Pour les autres, l'usage établi prévaut : récompenses pour faits de guerre et activités patriotiques (croix de guerre 1914-18, 1943-45, Théâtre d'opérations extérieures (TOE), Valeur militaire, médaille de la Résistance, croix du Combattant volontaire de la guerre 1914-18, médailles des Évadés, de la Reconnaissance française, de l'Aéronautique, de la Gendarmerie nationale, de la Déportation et de l'Internement pour faits de Résistance, de la Déportation et de l'Internement politique, de la Défense nationale, croix du Combattant volontaire de la Résistance, médaille de la France libérée, etc.) ; récompenses pour actes de dévouement, anciens ordres coloniaux ; ordres ministériels : Palmes académiques, Mérite agricole, Mérite maritime, ordre des Arts et Lettres ; médailles d'honneur décernées par le gouvernement, croix et médailles commémoratives selon l'ordre chronologique de leur création ; décorations étrangères dont le port a été autorisé ainsi qu'il est précisé ci-dessus.

☞ Plaques sur le côté gauche de l'habit (4 au maximum). Le grand chancelier de la Légion d'honneur a admis (lettre du 3-3-1992) que le Code de la Légion d'honneur n'a pas prévu expressément le port des insignes sur le smoking, considéré comme un vêtement d'intérieur, mais qu'il convient d'assimiler ce vêtement à une tenue de soirée. Conception confirmée par le Pt de la République, grand maître de l'Ordre. Dans cette lettre, le grand chancelier rappelle que la décoration ne se porte pas sur les pardessus ou manteaux d'hiver, notamment parce qu'ils peuvent être déposés dans des vestiaires de lieux publics, mais admet que lors des cérémonies officielles en plein air, on puisse la porter sur le pardessus, si celui-ci n'est pas abandonné plus tard dans un vestiaire anonyme.

Légion d'honneur

■ **Siège.** *Grande chancellerie :* 1, rue de Solferino, 75007 Paris (depuis 1894). *Musée national de la Légion d'honneur et des ordres de chevalerie :* 2, rue de Salm, 75007 Paris. Inauguré 1925, financée aux 3/4 par l'Américain William Nelson Cromwell. Hôtel de Salm construit pour le Pce Frédéric III de Salm-Kyrbourg par Pierre II Rousseau. Achevé 1788.

■ **Origine.** *Créée* par Bonaparte, Premier consul, le 20-5-1802 (29 floréal an X), pour récompenser les mérites civils et militaires en temps de paix ou de guerre. Projet adopté au Conseil d'État (14-5) par 14 voix contre 10. *29-5* décret. Le nom adopté du latin (*legio honoratorum conscripta,* « légion composée de soldats décorés ») repose sur un faux sens du participe latin *honoratus,* « honoré », c.-à-d. soldat romain titulaire d'un insigne honorifique (phalère, bracelet, etc.). Il aurait fallu dire : légion des honneurs (au pluriel).

Bonaparte souhaitait composer un corps de soldats vétérans et de partisans politiques, qui aurait joué le rôle de « corps intermédiaire » entre l'État et le peuple. Sa *légion* groupait primitivement 16 grands officiers, chacun à la tête d'une *cohorte* régionale (regroupant 5 à 7 départements) ; 1re cohorte : chef-lieu, château de Fontainebleau, chef maréchal Berthier ; les commandants étaient les chefs des légionnaires pour chaque département, les officiers pour chaque arrondissement. Chaque cohorte avait à sa disposition une rente de 200 000 francs en biens nationaux, plus un hospice réservé aux légionnaires (ancien couvent nationalisé). La dotation territoriale de l'Ordre, constituée en domaine public distinct du Trésor, en faisait le plus riche propriétaire foncier de l'Empire après l'État. Cette organisation tomba en désuétude dès 1809 (date à laquelle furent aliénés ses biens territoriaux), les légionnaires devenant des *chevaliers* (dans la tradition nobiliaire).

■ **Histoire. Consulat et Ier Empire. 1803**-*22-8 :* 1re réunion du grand conseil de l'Ordre. Napoléon chef de la Légion, Pt de son grand conseil. *1er grand chancelier :* le naturaliste Cte Lacépède (1756-1825), Pt du Sénat, dont le domicile fut le 1er siège de l'Ordre ; *-11-7* (22 messidor an XII) décret instituant 2 classes : le petit aigle ou étoile d'argent des légionnaires, l'aigle d'or ou étoile d'or des gradés (officiers, commandants, grands officiers) ; *-24-9 :* 1re promotion. **1804**-*15-7 :* 1re distribution solennelle aux principaux personnages de l'Empire, lors d'une cérémonie dans l'église des Invalides ; *16-8* distribution à l'armée, au camp de Boulogne. **1805**-*30-1* (19 pluviôse an XII) décret ajoutant un 5e degré, la grande décoration (les titulaires seront appelés grands aigles). **1808** les légionnaires sont appelés chevaliers. **Membres** (nombres du 24-9-1803 au 6-4-1814) : *grands aigles :* 64 ; *grands officiers :* 137 ; *commandants :* 649 ; *officiers :* 3 069 ; *chevaliers :* 32 906 dont 1 500 civils. **1re Restauration. 1814** Louis XVIII en fait un ordre royal (dont il est chef et souverain grand maître). L'*abbé de Pradt,* archevêque de Malines, remplace Lacépède comme grand chancelier, une ordonnance (19-7-1814) établit une distinction du port des insignes entre les grades et les dignités. *14, 15* et *17-3-1815* la duchesse d'Angoulême décore de son propre chef une trentaine de légionnaires. *-20-3* Louis XVIII quitte Paris pour Gand en arborant pour la 1re fois la plaque de l'Ordre. **Cent-Jours (1815).** 6 000 nominations, presque toutes militaires, annulées en juillet, elles seront validées par la monarchie de Juillet. **2de Restauration.** Porté après l'ordre de Saint-Louis uniquement militaire. **1815**-*10-7* pour la 1re fois, un militaire, le *Mal Macdonald* est nommé grand chancelier puis ce sera toujours un général ou un amiral. **1816**-*26-3* ordonnance : les grands aigles sont appelés grands cordons, les commandants, commandeurs. De nombreux civils sont décorés. **1830-48** la Charte du 14-8-1830 maintient la Légion d'honneur. 2 000 décorés, dont des comédiens. **1852**-*16-3* décret créant un conseil de l'Ordre. **1859**-*20-6 :* 1er drapeau décoré (2e régiment de zouaves à Magenta). **1870**-*4-9* République : serment de la Légion d'honneur aboli. *-28-10* décret la réservant aux services militaires et aux actes de bravoure et de dévouement accomplis devant l'ennemi. **1873**-*25-7* loi abrogeant ce décret. Apparition des promotions régulières (1er janvier et 14 juillet). **Vers 1900** plus de 4 000 étrangers décorés. De Gaulle signe un Code de la Légion d'Honneur et de la Médaille militaire qui se substitue à 80 arrêtés, lois et décrets édictés de 1802 à 1961.

■ **Insignes. Étoile ou Croix.** *Forme* fixée par un décret du 22 messidor an XII (11-7-1804). **Origine :** discutée : insigne de l'association secrète des Philadelphes ? Allusion à l'astre des 1res armoiries des Bonaparte ? Vraisemblablement rappel de l'ordre de St-Louis. Le dessin serait dû au peintre Louis David, les maquettes d'exécution de J.-B. Challiot (dit de Prusse), chef de bataillon du génie. **Description :** croix ou étoile en argent émaillé pour les chevaliers, en or émaillé pour les grades supérieurs ; Ier Empire : 4 types principaux. *1er* (11-7-1804) : petite étoile non pommetée, entourée d'une couronne de feuillage léger. Profil de Napoléon Ier, légende « Napoléon, Empereur des Français » ; *revers :* aigle et « Honneur et Patrie ».

2e (14-4-1806) : identique, surmontée d'une couronne impériale à palmettes à 12 branches, soudée puis mobile. *3e* (vers 1808) : étoile plus importante, surmontée d'une couronne mobile à 8 branches. *4e* (vers 1813) : identique, mais étoile à pointes pommetées, couronne de feuillage, plus épaisse, parfois liée par un nœud pendant. RESTAURATION (21-6-1814/26-3-1816) : profil d'Henri IV, légende « Henri IV roi de France et de Navarre ». *Revers :* 3 fleurs de lis (et couronne, sous la 1re Restauration) et « Honneur et Patrie » ; *bélière :* couronne royale à fleurs de lis. LOUIS-PHILIPPE (13 et 25-8-1830) : Henri IV et légende « Henri IV » ; *revers :* drapeaux tricolores croisés et légende « Honneur et Patrie » ; *bélière :* couronne royale à feuillage. IIe RÉPUBLIQUE (12-9-1848) : profil de Bonaparte et légende « Bonaparte Ier consul 19-5-1802 » ; *revers :* même que sous Louis-Philippe avec « République française ». Sans couronne. Types de la présidence (à partir de 1851). *Avers :* à l'effigie de Napoléon Ier, empereur des Français ; *revers :* à l'aigle ; *bélière :* couronne impériale à palmettes proche du modèle du « 4e type » du Ier Empire. IId EMPIRE (dès le 1-2-1852). *Avers* et *revers :* identiques au modèle précédent. *Bélière :* couronne impériale à aigles, presque identique à la précédente. IIIe RÉPUBLIQUE (8-11-1870) : effigie de la République en Cérès et légende « République française – 1870 » ; *revers :* type Louis-Philippe ; *bélière :* couronne ovale de feuillage (laurier et chêne). 27-2-1951 : identique sans 1870. Depuis le 28-11-1962 : étoile à 5 rayons doubles, à pointes boutonnées, émaillés de blanc et reliés par une couronne de chêne (à droite) et de laurier (à gauche) dont les extrémités inférieures, entrecroisées, sont attachées par un nœud figuré. *Avers :* le centre de l'étoile présente un médaillon rond en or, avec l'effigie de la République et entouré extérieurement d'une bordure émaillée de bleu avec l'exergue : « RF » ; *revers,* le médaillon doré porte 2 drapeaux et 1 étendard tricolores aux hampes entrecroisées avec l'exergue : « Honneur et Patrie », et la date : « 29 floréal an X ». La croix est suspendue à une couronne de chêne (à gauche) et de laurier (à droite). *Ruban :* rouge inspiré du rouge feu de l'ordre de St-Louis.

Plaque : insigne complémentaire des grands officiers (sauf sous Napoléon Ier) et grand-croix. Ier EMPIRE : étoile d'argent à 5 branches anglée de rayons ; *centre :* aigle et légende « Honneur et Patrie ». RESTAURATION : *1er type :* même étoile ; *centre :* 3 fleurs de lis et couronne royale. *2e :* étoile anglée de fleurs de lis ; *centre :* Henri IV. LOUIS-PHILIPPE : anglée de drapeaux et étendards croisés en or, émaillés tricolores, centre en or (Henri IV), les plaques étant en argent. IIe RÉPUBLIQUE : *centre :* Bonaparte, en or. Drapeaux et étendards croisés entre les branches, en or émaillé, les plaques étant en argent. PRÉSIDENCE DE LOUIS-NAPOLÉON : *centre :* aigle en or, drapeaux et étendards identiques. IId EMPIRE : type Ier Empire. IIIe RÉPUBLIQUE : anglée de rayons ; *centre :* République en Cérès, légende : « République française – 1870 – Honneur et Patrie ». IVe République : 1951 identique sans 1870. Ve République : plaque de grand-croix dorée.

Port : avant tout autre insigne de décoration français et étranger. Sous Napoléon Ier, officiers, commandants et grands officiers ont le même insigne : croix d'or des officiers, sans plus. *Chevaliers* et *officiers :* insigne (argent pour les chevaliers, or officiers, diamètre 40 mm) sur la gauche de la poitrine, attaché à un ruban moiré rouge de 37 mm, orné d'une rosette pour les officiers (le décret du 22 messidor an XII ne prévoyait pas de rosette mais, au début, le ruban portait une « bouffette » qui disparut du ruban des chevaliers pour ne demeurer que sur celui des officiers). *Commandeurs :* insigne (or, diamètre 60 mm) en sautoir avec un ruban moiré de 40 mm. *Grands officiers :* croix d'officier à droite et plaque ou étoile à 5 branches, diamantée tout argent, diamètre 90 mm, le centre représentant l'effigie de la République avec l'exergue « Honneur et Patrie ». *Grand-croix :* ruban rouge de 10 cm de large passant en écharpe sur l'épaule droite et au bas duquel est attachée une croix semblable à celle des commandeurs mais de 70 mm de diamètre ; sur le côté gauche de la poitrine, plaque semblable à celle des grands officiers mais en vermeil. *En costume de ville* ou pour les militaires *en petite tenue,* la croix est remplacée par : un ruban rouge (chevaliers), une rosette rouge (officiers), une rosette rouge sur demi-nœud (en fait un nœud) argent (commandeurs), argent et or (grands officiers), or (grand-croix), portés à la boutonnière.

Pour les femmes : vêtements de soirée : *chevaliers et officiers :* miniatures en usage pour les hommes, ou petit nœud du ruban des miniatures avec croix suspendue par le nœud. *Commandeurs :* croix en sautoir (or, diamètre 50 mm), ruban moiré 30 mm ou petit nœud du ruban miniature avec rosette sur demi-barrette d'argent, avec croix miniature suspendue par le nœud. *Grands officiers :* plaque (argent, diamètre 72 mm), croix d'officier miniature ou petit nœud du ruban miniature avec rosette sur demi-barrette d'argent et d'or, avec croix miniature suspendue par le nœud sur le côté gauche. *Grands-croix :* plaque (vermeil, diamètre 72 mm) sur le côté gauche, ruban en écharpe (55 mm) avec croix 60 mm.

■ **Collier.** A l'origine, simple insigne. Napoléon le porta pour le sacre et le remit ensuite à Talleyrand (vice-grand électeur), Berthier (vice-connétable), Joseph (grand-électeur), Louis (connétable), Jérôme, Murat (grand-amiral), Borghèse, Bacciochi (Pce de Lucques et Piombino), Eugène (vice-roi d'Italie, archi-chancelier d'État), Cambacérès (archi-chancelier de l'Empire), Lebrun (archi-trésorier). Non utilisé sous Restauration, monarchie de Juillet, IIe République. Napoléon III porta celui de Napoléon Ier, mais n'en décerna pas. La IIIe République en fit un attribut du grand maître de l'Ordre. En 1881, Grévy et le grand chancelier Faidherbe commandèrent à l'orfèvre Lemoine un collier sur lequel furent gravés par la suite, au revers des médaillons, les noms des grands maîtres (collier conservé au musée de la Légion d'honneur). Collier actuel (950 g) réalisé en 1953 par les artistes Arbus, décorateur, et Subes, ferronnier. Formé de 16 maillons, portant chacun un médaillon rectangulaire avec figures symboliques représentant l'armée (infanterie, chars, etc.) et la civilisation française (agriculture, sciences, etc.). Croix suspendue au monogramme HP (Honneur et Patrie). Il est porté, uniquement le jour de son entrée en fonctions, par le Pt de la République (qui devient en même temps grand maître de l'Ordre). Giscard d'Estaing, Mitterrand et Chirac se le sont fait seulement présenter.

■ **Organisation.** **Grand maître :** Pt de la République. **Grand chancelier :** choisi parmi les grand-croix, nommé par décret du Pt de la République en Conseil des ministres pour un mandat (renouvelable) de 6 ans ; il assure l'administration de l'Ordre, en préside le conseil et présente au grand maître rapports et projets concernant Légion d'honneur et médaille militaire. Il assure la discipline des titulaires de celles-ci et est consulté sur les questions de principe concernant les décorations françaises, sauf l'ordre de la Libération et la médaille de la Résistance.

Grande chancellerie : administration centrale autonome. *Budget* (*annexe, rattaché pour ordre au ministère de la Justice,* en millions de F) : *2001* 121,3 dont recettes propres 13,4 (dont Maisons d'éducation : 6,2 ; droits de chancellerie : 1,5), subventions de l'État : 107,9. *Derniers grands chanceliers : 1954* Gal Georges Catroux (1877-1969) ; *1969* amiral Georges Cabanier (1906-76) ; *1975* Gal Alain de Boissieu (né 5-7-1914, gendre du Gal de Gaulle), qui démissionna en 1981 pour protester contre l'élection de F. Mitterrand à la présidence de la République et pour ne pas avoir à lui remettre personnellement le collier de grand maître ; *1981*-4-6 Gal André Biard (né 23-7-1918) ; *1992* Gal Gilbert Forray (né 16-2-1930). *1998* Gal d'armée aérienne Jean-Philippe Douin (né 8-4-1940). **Conseil de l'Ordre :** 16 membres (dont 14 dignitaires et commandeurs, 1 officier, 1 chevalier) nommés par le Pt de la République sur proposition du grand chancelier. Présidé par le grand chancelier.

Nominations et promotions : faites par décret signé du Pt de la République, rendu sur rapport du Premier ministre et du ministre intéressé, et visé pour exécution par le grand chancelier qui centralise les propositions des différents ministres pour soumission au conseil de l'Ordre. Admissions et avancements sont prononcés dans la limite de contingents fixés par décret du Pt de la République pour 3 ans. Certaines nominations et promotions à titre militaire

■ **Parmi les premiers décorés.** **Aliéniste** : Pinel. **Astronomes** : Lalande et Cassini. **Banquiers** *sous la Restauration* : Laffite, Salomon-Meyer de Rothschild. **Botanistes** : Adanson et Jussieu. **Chimiste** : Berthollet. **Chirurgien** : Pelletan. **Comédiens :** *Professeurs au Conservatoire :* Philoctès Régnier (1807-85) le 5-8-1872, Edmond Got (1822-1901) le 4-8-1881, Louis Delaunay (1826-1903) le 4-5-1882. *Non-professeur :* Mounet-Sully (1841-1916), chevalier en 1889, officier en 1910. **Danseur** *sous Louis-Philippe* : Lenfant (au titre de la garde nationale). **Directeur des musées** : Vivant Denon. **Écrivains** *sous Napoléon* : abbé Delille, Arnault et Collin d'Harleville, Bernardin de Saint-Pierre, Boufflers, Goethe, Legouvé, Suard ; *sous la Restauration* : Chateaubriand, Victor Hugo (à 23 ans) ; *de 1830 à 1848* : la plupart des grands écrivains (Balzac, A. Dumas, Théophile Gautier, Musset, Sainte-Beuve, Stendhal, E. Sue). *Après 1848 :* Mérimée, Goncourt, Renan, Mistral, Daudet, Jules Verne, Hachette. **Géomètre** : Prony. **Industriels** : Conté, Oberkampf, Ternaux, Delessert, Lieven, Bauwens ; Bonaparte la refusa au plus célèbre d'entre eux, Dupont de Nemours, qui l'avait sollicitée. **Journaliste** *sous Louis-Philippe* : Émile Girardin. **Mathématiciens** : Lagrange, Laplace, Legendre. **Médecins** : Barthez, Foucroy, Portal, Montgolfier, Trousseau, Charcot, Broca. **Minéralogiste** : Haüy. **Musiciens** : Grétry, Monsigny, Méhul, Leseur, Gossec, Pasiello ; *sous la Restauration* : Boieldieu. **Musulmans d'Algérie** à partir de 1839. **Naturalistes** : Geoffroy Saint-Hilaire, Cuvier, Lamarck. **Ouvriers** : le contremaître Gonin, chef mineur, pour avoir sauvé ses compagnons lors d'un éboulement à Liège (28-2-1812), 1er ouvrier décoré à ce titre (26-6-1850) ; Jean-Baptiste Pruvot, ouvrier agricole à Auvenchent-aux-Bois (Aisne), depuis plus de 50 ans dans la même ferme. **Peintres** : David, Gérard, Guérin, Lagrenée ; *sous la Restauration* : Ingres ; *sous Louis-Philippe* : Delacroix. **Saints :** Jean-Marie Vianney, curé d'Ars, décoré le 15-8-1855. Il porta une fois sa croix : sur son cercueil, le 6-8-1859. Eugène de Mazenod (1782-1861), évêque de Marseille. Le père Daniel Brottier (1876-1936), de la congrégation du St-Esprit, béatifié le 25-11-1984 (missionnaire au Sénégal, fondateur de l'Association des anciens combattants, directeur des Orphelins d'Auteuil). **Savants** : *1803-05*, plus de 80 dont Vauquelin ; *1848-1870,* Claude Bernard, Berthelot, Pasteur. **Sculpteurs** : Houdon, Pajou ; *sous la Restauration* : Pradier. **Sportifs** : Georges Carpentier (1938), champion de boxe.

■ **Parmi ceux qui ont refusé d'être décorés.** **Ier Empire :** *La Fayette* (« pour éviter le ridicule »), l'amiral *Truguet,* les poètes *Népomucène Lemercier* et *Ducis,* ce dernier « préférant porter des haillons que des chaînes ». Le maréchal *Augereau,* républicain convaincu, refusa de répondre à l'appel de son nom lors de la remise des insignes en 1804 ; il fut mis dans la liste des grands aigles le 9-2-1805. **Monarchie de Juillet :** le chimiste *Raspail,* dont le nom fut cependant inscrit sur les registres de l'Ordre (son fils, Camille, refusa également la croix sous Napoléon III), *Berryer, Montalembert,* le chansonnier *Béranger, Lamennais, Berlioz* (on lui offrait la Légion d'honneur à la place des 3 000 F promis par le ministre de l'Intérieur pour son *Requiem*). *Sainte-Beuve* refusa la croix en 1837, mais l'accepta sous le IId Empire. *Gérard de Nerval* l'aurait refusée, notamment pour éviter des frais d'habillement. **IId Empire :** *George Sand* (elle craignait d'« avoir l'air d'une vieille cantinière »), *Littré, Barbey d'Aurevilly, Francisque Sarcey, Paul de Kock,* le sénateur *Scheurer-Kestner* (pour « rester dans la tradition républicaine »), *Nadar, Gustave Courbet, Daumier* (« par modestie »). **IIIe République :** *M. Sénard* (Pt de l'Assemblée constituante de 1848 ; avait déjà refusé sous Louis-Philippe), *Maupassant, Eugène Le Roy* (auteur de *Jacquou le Croquant*), *Marcelle Tinayre* (romancière, elle l'estimait déplacée pour une femme), les peintres *Monet* et *Courbet, Pierre Curie, Maurice Ravel ; Édouard Herriot* renvoya en 1940 sa croix reçue en 1907. **Ve République :** *Antoine Pinay* (1891-1995), Pt du Conseil sous la IVe République, nommé chevalier par décret du 31-12-1986 sur le contingent du ministère de l'Économie, *Bernard Clavel* (écrivain, 1998).

■ **Femmes.** Au début, Napoléon Ier avait repoussé la supplique adressée par Mme de Genlis, demandant que des femmes comme Mme de Staël, Mme Campan, Mme Lebrun, Mlle Germain et elle-même soient admises. **Cas douteux : 1808** selon une légende, Napoléon Ier aurait décoré, le 20-6, *Marie-Jeanne Schellinck* (25-7-1757/1-9-1840), sous-lieutenant de 52 ans. Selon une 2e légende, démentie par le grand chancelier Macdonald, la 1re légionnaire aurait été *Virginie Ghesquière,* engagée volontaire au 27e de ligne et héroïne de la campagne du Portugal. **Cas certains : 1851**-15-8 *Marie-Angélique Duchemin, veuve Brulon* [20-1-1772/13-7-1859, combattante des armées de la République ; pensionnaire des Invalides depuis le 14-12-1798 (réformée en juin 1798) ; nommée sous-lieutenant en 1822, avec 7 campagnes et 3 blessures ; retraitée aux Invalides]. Elle reçut la croix du Pce président Louis-Napoléon, le 15-8-1851. **1852** *Mme Abicot de Ragis,* femme du maire d'Oizon (Cher), qui avait résisté à des malfaiteurs venus détruire les registres de la commune. **1853** sœur *Rosalie Rendu,* 1re religieuse décorée ; sœur *Hélène Dussolier,* de l'hospice de La Ferté-sous-Jouarre ; sœur *Jeanne-Claire Massin,* ancienne supérieure de l'Hôtel-Dieu de Compiègne ; sœur *Jeanne-Barbe Chagny,* hôpital St-Joseph de Toulouse ; *Mathurine-Foise Fourchon,* ancienne cantinière en Afrique. **1865** *Rosa Bonheur,* 1re femme artiste [fait unique, elle sera décorée par une femme non décorée (l'impératrice, régente, Napoléon III se trouvant en Algérie)], et 1re femme à devenir officier, en 1895. **1878** *Juliette Dodu* (1848-1909), postière à Pithiviers (Loiret), maîtresse du Pce Frédéric-Charles de Prusse, pendant la guerre de 1870-71, décorée de la Légion d'honneur (en 1878) et de la médaille militaire pour son prétendu héroïsme (elle aurait espionné les messagers prussiens et failli être fusillée). **Autres : 1886** *Mme Dieulafoy,* exploratrice. **1888** *Marie Laurent,* comédienne, parce qu'elle avait fondé l'orphelinat des Arts. **1900** *Mme de Rosthern,* femme du chargé d'affaires d'Autriche-Hongrie à Pékin, 1re décorée à titre étranger. **1906** *Julia Bartet,* 1re à titre de comédienne. **1914** *Sarah Bernhardt,* tragédienne. **1921** *Marguerite Long,* professeur. **1932** *Maryse Bastié,* aviatrice (officier 1937, commandeur 1974).

Commandeurs : *Anna de Noailles* (la 1re en 1931), *Louise de Vilmorin, Yvonne Sarcey, Mme P. Dupuy, Marguerite Long, Maryse Bastié* (1re à titre militaire), *Anne Tracy Morgan,* 1re étrangère commandeur de la Légion d'honneur. **Grands officiers :** *maréchale Lyautey* et *Colette* (en 1953), *Louise Weiss* (1974), la générale *Valérie André* (1981). **Grand-croix :** quelques souveraines étrangères ; *Geneviève Anthonioz* (née de Gaulle, 1920) février 1998, *Germaine Tillion* (née 30-5-1907) juillet 1999, *Valérie André* (née 21-4-1922) décembre 1999.

En 1914, il y avait environ 110 femmes chevalières de la Légion d'honneur ; *en 1938,* elles étaient 3 000.

■ **Décoration à titre collectif** (au 1-1-2000). 68 villes dont 4 étrangères (Liège : 1914, Belgrade : 1920, Luxembourg : 1957, Stalingrad : 1984) ; 51 régiments, unités et emblèmes ; 24 écoles militaires dont 3 étrangères (West Point : 1915, Académie navale d'Annapolis : 1945, École des élèves officiers de Dar el Beida : 1956), 21 écoles ou groupes d'écoles civiles ; décorées (à titre militaire) : Centrale : 1929, Eaux et Forêts : 1930, université de Nancy : 1932, Mines de Paris et Mines de St-Étienne : 1933, Beaux-Arts, Ponts et Chaussées, Chimie industrielle de Lyon, Arts et Métiers et Coloniale : 1934, Agro, HEC et Conservatoire de musique : 1935, Chartes : 1935 (perd 1/6e de son effectif en 1914-18), Écoles nationales d'agriculture de Grignon, Montpellier et Rennes : 1935, supérieures et des Mines d'Alès et Douai : 1937, Armentières et ENS des PTT : 1938, vétérinaires de Maisons-Alfort, Lyon, Toulouse : 1939, d'agriculture de Tunis : 1950 ; 4 communautés (Croix-Rouge française et réseau « Résistance PTT » : 1946, abbaye de N.-D.-des-Dombes : 1948, SNCF : 1949).

☞ Anciens combattants de 1914-18 décorés : 24-7-1994 Marcelin Babaud (106 ans), de Cramchaban (Charente-Maritime) ; 11-11-1995 (décret du 4-11), 1 355 (entre 94 et 107 ans). 31-12-1999, 3 nommés chevaliers et 1 promu officier (entre 100 et 106 ans).

peuvent intervenir « hors contingents ». **3 grades :** chevalier, officier, commandeur. **2 dignités :** grand officier et grand-croix. Nul Français ne peut accéder à un grade ou une dignité supérieure s'il n'est pas déjà titulaire du grade ou de la dignité inférieure, à l'exclusion du nouveau Pt de la République à qui les insignes de grand-croix sont remis avant la cérémonie d'investiture par le grand chancelier. *Promotions civiles :* annuelles, le 1-1, à Pâques et le 14-7. *Promotions militaires :* 2 fois par an, en principe au printemps pour les réserves et début juillet pour l'armée d'active.

Avancements exceptionnels : Napoléon (1804) et Louis XVIII ont nommé de simples légionnaires directement commandeurs ou grands officiers. Louis XVIII fait par ordonnance grand-croix les P^ces^ français (Artois, Angoulême, Berry, Orléans, Bourbon). En 1852, le duc de Morny, chevalier depuis 1837, est devenu grand-croix. Quelques légionnaires ont été nommés le même jour, mais *successivement*, officier, commandeur, grand officier, etc. (exemples : Gontaut-Biron, ambassadeur de France en Allemagne, fait grand-croix en 1873, par 5 décrets du même jour). 2 princes ont reçu la Légion d'honneur sans décret (le roi de Rome et le prince impérial).

Conditions exigées en temps de paix : *pour être nommé chevalier :* 20 ans de services publics (ou 20 ans d'activités professionnelles, décret du 7 août 1996) assortis de mérites éminents ; avoir satisfait aux enquêtes de moralité et d'honorabilité prévues par les textes. *Pour être promu officier :* être chevalier depuis 8 ans et s'être acquis des mérites nouveaux ; *commandeur :* officier depuis 5 ans. *Pour être élevé à la dignité de grand officier :* commandeur depuis 3 ans ; *grand-croix :* grand officier depuis 3 ans. Ces délais ne s'appliquent pas aux promotions pour services exceptionnels. Les services de guerre et certains services militaires peuvent donner droit à des bonifications dans le calcul des annuités. Nul ne peut se prévaloir d'un grade dans la Légion d'honneur, ni en porter les insignes, rubans ou rosettes, avant sa réception dans ce grade ou cette dignité. Le nouveau promu est « reçu » par un parrain (que, généralement, il propose lui-même) qui doit être titulaire, dans la Légion d'honneur, d'un grade au moins égal au sien et avoir été préalablement délégué par le grand chancelier.

Décorations à titre posthume : depuis le décret n° 62-1472 du 28-11-1962, abrogeant notamment le décret du 1-10-1918, il n'est plus prévu d'attribuer de distinctions dans la Légion d'honneur à titre posthume (Napoléon entendait d'ailleurs réserver la Légion d'honneur à l'élite vivante de la nation). Cependant, certains policiers ou militaires tués en service, ainsi que l'équipage du Concorde qui s'est écrasé le 25-7-2000, ont été faits chevaliers (sur proposition du ministre de l'Intérieur ou de la Défense). Il ne s'agit pas véritablement de nominations à titre posthume, le décret les nommant étant pris avec effet au jour du décès.

Droits de chancellerie (depuis le 1-1-1998) : chevalier 133 F, officier 213, commandeur 319, grand officier 480, grand-croix 665.

☞ **Société d'entraide des membres de la Légion d'honneur :** *créée* 1921 par le grand chancelier. Met 4 résidences à la disposition de ses membres. *Revue trimestrielle :* « la Cohorte. » *Adresse :* Hôtel des Invalides. *Pt national :* G^al^ de corps d'armées Arsène Woisard.

■ **Honneurs héréditaires. Décret du 1-3-1808 :** d'après les *art. 11 et 12,* les membres de la Légion d'honneur portent le titre de chevalier ; ce titre est transmissible à la descendance directe légitime, de mâle en mâle, par ordre de progéniture, de celui qui en aurait été revêtu et qui justifierait d'un revenu net de 3 000 F au moins. **Décret du 3-3-1810 :** l'*art. 22* limite la transmissibilité à l'aîné de ceux qui auraient réuni une dotation au titre de chevalier, et à la charge d'obtenir confirmation jusqu'à la 3e génération sans pouvoir au sort du titre des chevaliers non dotés. **Ordonnance du 8-10-1814 :** l'*art. 1er* ordonne de continuer à expédier des lettres patentes conférant le titre personnel de chevalier et des armoiries aux membres de la Légion d'honneur qui se retireront à cet effet devant le chancelier de France et qui justifieront d'un revenu net de 3 000 F au moins, en biens immeubles situés en France ; *art. 2 :* lorsque l'aïeul, le fils et le petit-fils auront été successivement membres de la Légion d'honneur et auront obtenu des lettres patentes conformément à l'art. 1er, le petit-fils sera noble de droit et transmettra la noblesse à toute sa descendance. **Loi du 12-5-1835 :** éteint les « majorats sur demande » et interdit d'en constituer de nouveaux ; supprime, en l'interdisant, l'obligation de justifier du revenu de 3 000 F. **Décret du 8-1-1859 :** il n'est plus exigé de lettres patentes que si les impétrants sollicitent des armoiries ; sinon les titres sont conférés par simple décret. **Actuellement,** la grande chancellerie de la Légion d'honneur rappelle que, si les dispositions de 1808, 1810 et 1814 n'ont pas été expressément abrogées, le M^al^ de Mac-Mahon, Pt de la Rép., a cependant décidé le 10-5-1875, en Conseil des ministres, qu'en l'état des lois constitutionnelles, il fallait écarter à l'avenir les demandes ayant pour objet la collation de titres français nouveaux. En conséquence, toute autre interprétation desdits textes est incompatible avec la Constitution de 1958 (le préambule et l'art. 2 s'opposent à ce que, même dans certains cas ou sous certaines conditions, la seule naissance puisse conférer à des Français titres ou privilèges honorifiques particuliers). Il n'a plus été expédié de lettres patentes depuis un décret du 25-9-1874 concernant la famille Flury-Herard.

Association des honneurs héréditaires (secrétariat général : 8, rue Guillaume-Coustou, 78160 Marly-le-Roi). *Créée* 1967 pour regrouper les familles répondant aux critères de l'ordonnance du 8-10-1814 en s'attachant au

Il existe à San Francisco une réplique de l'hôtel parisien de la Légion d'honneur construite par Henri Guillaume et George Applegarth (11-11-1924) : musée créé, à la mémoire des soldats californiens morts au combat, par Alma de Bretteville et son mari Adolphe B. Spreckels, magnat du sucre.

caractère honorifique éminent, unique en France. L'adhésion est prononcée par le conseil d'administration et atteste que l'adhérent a justifié par pièces authentiques ou certifiées, déposées ensuite à la Bibliothèque nationale universitaire de Strasbourg, de sa filiation agnatique (par les hommes) et de l'appartenance dans celle-ci de 3 membres consécutifs de la Légion d'honneur. *Nombre de membres* (en 1999) : 600 représentant 410 familles.

Cette association attribue des armoiries à ses membres en reprenant des ornements extérieurs (casque de chevalier) ou intérieurs (parties de l'écu de gueule avec étoile de l'ordre d'argent), usurpant ainsi les droits de l'État.

■ **Privilèges.** Les dignitaires de la Légion d'honneur ont droit aux honneurs militaires à leurs obsèques. Les premiers légionnaires eurent droit au port d'armes de chasse. Les militaires (non officiers) décorés ont droit au salut de la part des militaires de même grade non décorés (en théorie). Les sentinelles à la porte des casernes rendent les honneurs aux personnes décorées de la Légion d'honneur (privilège tombé en désuétude). Avant l'abaissement de l'âge de la majorité légale, tout jeune Français légionnaire était électeur à 18 ans (au lieu de 21). Les légionnaires bénéficiaient d'un privilège de juridictions supprimé depuis. La qualité de légionnaire ou de médaillé militaire peut être indiquée sur les registres de l'état civil quand la décoration est attribuée avant la réception de l'acte. Exemples : sur l'acte de décès, sur l'acte de mariage si le (ou la) marié(e) a la Légion d'honneur avant le mariage, mais jamais sur l'acte de naissance.

Les membres de la Légion d'honneur peuvent mentionner leur titre sur leur carte de visite, mais non en faire usage pour des motifs commerciaux (ni l'inscrire en tête d'un papier à lettre commercial). Quiconque, dans un établissement commercial, industriel ou financier, fait figurer le titre d'un membre de la Légion d'honneur dans une publicité par l'entreprise est punissable de 1 à 6 mois de prison et d'une amende de 50 000 F.

■ **Traitements.** Fixés sous le second Empire (décret des 22 et 25-1-1852) ; réservés aux décorés à titre militaire : chevaliers 250 F, officiers 500 F, commandeurs 1 000 F, grands officiers 2 000 F, grands-croix 3 000 F (en 1852, le salaire annuel d'un ouvrier agricole était de 105 F). Depuis le 1-1-1982, leur montant, en principe réservé aux militaires, est de : chevaliers 40 F par an, officiers 60 F, commandeurs 80 F, grands officiers 160 F et grands-croix 240 F. **Coût annuel des traitements** (en millions de F) : crédits globaux : *2001 :* 8,2 (dont Légion d'honneur 2,5, médaille militaire 5,7). **Bénéficiaires d'un traitement** (au 31-12-2000) : médaillés militaires : 190 000, Légion d'honneur : 46 824 dont 19 grand-croix, 146 grands officiers, 1 788 commandeurs, 9 143 officiers et 35 728 chevaliers.

Nota. – Le traitement de légionnaire ne se cumule pas avec celui de médaillé militaire.

■ **Radiation, exclusion ou suspension.** *Sont exclus de droit* les membres condamnés pour crime ou à une peine d'emprisonnement sans sursis d'au moins 1 an. *Peuvent être exclus,* au terme d'une procédure disciplinaire, les légionnaires condamnés à une peine correctionnelle ou qui ont commis un acte contraire à l'honneur (exemple : le romancier Victor Margueritte, commandeur, pour son roman « scandaleux » *La Garçonne*, paru en 1922). *2 autres peines disciplinaires,* prononcées après avis du conseil de l'Ordre : censure (c.-à-d. blâme) ou suspension pour durée déterminée. Exclusion (sauf de droit) et suspension sont prononcées par décret du Pt de la République publié au *Journal officiel.* **Nombre d'exclusions :** *1990 :* 1 ; *91 :* 1 ; *92 :* 0 ; *93 :* 1 ; *94 :* 0 ; *95 :* 2 ; *96 :* 1 ; *97 :* 2 ; *98 :* 4 ; *99 :* 5 (dont Maurice Papon, ancien ministre condamné le 2-4-1998 à 10 ans de prison pour complicité de crimes contre l'humanité) ; *2000 :* 2.

■ **Nominations et promotions. 2000 :** total 3 821 dont *à titre civil* 2 054. *Militaire (active)* 1 125 dont chevaliers 913, officiers 191, commandeurs 20, grand officier 1. *Militaire (non active)* 349 dont chevaliers 225, officiers 81, commandeurs 36, grands officiers 5, grand-croix 2. *Contingents exceptionnels* 293 dont anciens combattants *1914-18 :* 7, *1939-45 :* 83. **Effectif cumulé des anciens combattants au titre du contingent exceptionnel de 1990 à 2000 :** 4 181 dont *1914-18 :* 2 656, *1939-45 :* 1 518.

■ **Pourcentage de femmes dans les promotions civiles. 1995 :** 11,3 ; **1996 :** 18,3 ; **1997 :** 19,4 ; **1998 :** 20,1 ; **1999 :** 26,2 ; **2000 :** 23,9.

■ **Effectifs.** *1802 :* 6 105 ; *1811 :* 24 000 ; *1815 :* 30 747 ; *1830 :* 40 000 ; *1848 :* 47 000 ; *1870 :* 78 145 ; *1914 :* 50 439 ; *1924 :* 128 548 ; *1939 :* 208 157 ; *1965 (1-1) :* 317 314 (max.) ; *1993 (1-1) :* 221 583 dont civils 109 741, militaires 111 842 ; *1995 :* 207 481 ; *1996 :* 115 532 [la consultation du Répertoire national d'identification des personnes physiques (RNIPP) de l'Insee a permis de « retirer » des effectifs 92 000 décédés jusqu'alors présumés vivants faute de communication de leur décès à la grande chancellerie].

Ordre de la Légion d'honneur	Effectifs au 31-12-2000	Objectifs (fixés par le Code en 1962)
Grand-croix	61	75
Grands officiers	321	250
Commandeurs	3 626	1 250
Officiers	22 401	10 000
Chevaliers	87 371	113 425
Total	**113 780**	**125 000**

■ **Maisons d'éducation de la Légion d'honneur.** *Créées* 15-12-1805. Réservées aux filles ou petites-filles de légionnaires français. Peuvent y être accueillies, s'il existe des places disponibles, les filles des membres français de l'ordre national du Mérite dont la situation familiale le justifie, ainsi que les filles et petites-filles de légionnaires étrangers après consultation du grand maître. **Effectifs** (2000-01) : 1 000 inscrites. **Taux de réussite** (en %) : bac (1999-2000) 97,2 ; hypokhâgne et khâgne 100 ; BTS 2A 100. **Prix de pension** (2000-01) : 8 970 (classes post-bac 9 852) F/an + trousseau uniforme du 1er équipement (2 787 F/an). 20 % des élèves en situation particulière peuvent être admises à titre gratuit, 10 % peuvent bénéficier d'une réduction de 50 %, 10 % d'une réduction de 25 %. Toutes les élèves sont internes. *Ceinture* (portée sur robe d'uniforme) : 6e verte, 5e violette, 4e aurore, 3e bleue, 2e nacarat, 1re blanche, terminale multicolore. **Maison des Loges** (St-Germain-en-Laye) : peut accueillir 500 élèves (de la 6e à la 3e). **Maison de St-Denis :** 500 élèves [de la 2e à la terminale et classes préparatoires : hypokhâgne et IEP ; BTS (commerce international)]. **Maison d'Écouen :** fermée en 1962.

■ **Secours accordés par la grande chancellerie.** *Bénéficiaires :* membres de la Légion d'honneur et de l'ordre national du Mérite, et médaillés militaires, ainsi que leurs familles en cas de situation difficile. *Nombre accordé :* 64 secours d'urgence au titre de l'année 2000 (montant moyen 3 900 F).

■ Ordre de la Libération

■ **Origine.** *Créé* sous le nom d'*ordre de la Libération* par l'ordonnance n° 7 du Gal de Gaulle, signée à Brazzaville le 17-11-1940, pour récompenser personnes ou collectivités militaires et civiles qui se seront signalées d'une manière exceptionnelle dans l'œuvre de libération de la France et de son empire. Les membres devaient être les *Croisés de la Libération.* Le nom fut changé (suite aux conseils de René Cassin et du Gal de Larminat) en *Compagnons de la Libération* dans le texte de l'ordonnance publiée le 10-2-1941 dans le *Journal officiel de la France libre.* Le décret du 29-1-1941 décrit l'insigne, règle le fonctionnement et nomme le 1er conseil (5 membres dont 1 chancelier). L'arrêté du 1-8-1941 règle la préséance (juste après la Légion d'honneur et avant la médaille militaire) et relate le cérémonial de réception mentionnant (formule de réception) : « Nous vous reconnaissons comme notre compagnon pour la libération de la France dans l'honneur et par la victoire ».

■ **Siège.** Depuis 1967, hôtel des Invalides, pavillon Robert-de-Cotte, 51 *bis,* bd de Latour-Maubourg, 75007 Paris. Abrite le musée de l'Ordre.

■ **Statut.** Le Gal de Gaulle fut l'unique grand maître. **Chanceliers** (depuis la création) : *1941* (29-1) : amiral Georges Thierry d'Argenlieu (1889-1964), démissionna ; *1958* Gal Joseph Ingold (1894/1980), démissionna ; *1962* ambassadeur Claude Hettier de Boislambert (1906-86), démissionna ; *1978* général d'armée Jean Simon (né 30-4-1912). **Conseil de l'Ordre :** chargé de la discipline. **Classe :** une seule : « Compagnon de la Libération ». **Budget** (subvention 1998) : 4 113 066 F.

■ **Insigne.** 1er modèle frappé par la maison John Pinches de Londres. Écu de bronze chargé d'un glaive sur lequel est posée une croix de Lorraine. **Devise.** *Patriam servando victoriam tulit* (« En servant la patrie, il a remporté la victoire »). **Ruban.** Vert rayé de noir, symbolisant le deuil et l'espérance (à l'origine rayures obliques).

■ **Collier de l'Ordre.** Réalisé en 1947 pour de Gaulle par le ferronnier d'art Poillerat. Inspiré de l'ancien collier de l'ordre de St-Michel : fait de 9 larges maillons d'or réunis par des croix de Lorraine d'émail vert ; chaque maillon est gravé du nom des territoires qui forment l'empire (Afrique-Équatoriale française, Nlles-Hébrides, Cameroun, Nlle-Calédonie, Océanie, Guyane, Indes, Levant, la Réunion, Somalie, St-Pierre-et-Miquelon, Madagascar, Afrique-Occidentale française et Indochine).

■ **Nombre de croix attribuées.** 1 061 (dont 1 059 par décret de sa fondation au 23-1-1946) dont 238 à titre posthume, 105 nommés de leur vivant (morts en service commandé ou des suites de la Déportation), 693 vivants après la guerre. *5 localités :* Grenoble (4-5-1944), île de Sein (1-1-1946), Nantes (11-11-1941), Paris (24-3-1945), Vassieux-en-Vercors (4-8-1945) ; *18 unités combattantes :* armée de terre 10 ; marine 3 (corvette *Aconit*, *Rubis* et 1er régiment de fusiliers marins) ; de l'air 5, dont les groupes Normandie-Niémen, Lorraine, Alsace et Ile-de-France. **Membres** (nommés par année) : *1941 :* 153 ; *42 :* 72 ; *43 :* 98 ; *44 :* 192 ; *45 :* 476 ; *46 :* 68 ; *58 :* 1 (Winston Churchill) ; *60 :* 1 (George VI d'Angleterre, à titre posthume). **Femmes nommées :** 6 : Berthie Albrecht (1893-1943), Laure Diebold (1915-65), Émilienne Moreau-Évrard (1898-1971), Marie Hackin (1905-41) ainsi que son mari, le capitaine Joseph Hackin (archéologue et philologue), morts sur un cargo torpillé le 24-2-1941, Marcelle Henry (1895-1945), chef de bureau au ministère du Travail, morte 10 jours après son retour de Ravensbrück, Simone Michel-Lévy (1906-45), pendue par les SS 17 jours avant la mort de Hitler. **Décoré le plus jeune :** Mathurin Henrio, dit Barrioz (16-4-1929, résistant mort à 14 ans sous la torture le 10-2-1944 à Baud, Morbihan). **Le plus âgé :** Édouard Ahnne (1867-1945) décoré en 1943 à 76 ans. **Membres en vie** (au 11-12-2000) : 140 dont *le plus jeune* Lazare Pytkowicz (décoré en 1945 à 17 ans).

■ **Quelques compagnons célèbres.** **Maréchaux :** Jean de Lattre de Tassigny (1889-1952), Philippe Leclerc (1902-47) et Pierre Koenig (1898-1970). **Généraux :** Georges Catroux (1877-1969), Edgard de Larminat (1895-1962, suicide), Alain de Boissieu (5-7-1914), Jean Simon (30-4-1912), Jacques Massu (5-5-1908), Émile Béthouart (1889-1982), Pierre Billotte (1906-92), Jacques Chaban-Delmas (1915-2000). **Colonels :** Pierre de Chevigné (6-6-1909), Pierre Messmer (20-3-1916). **Francs-tireurs et partisans :** Georges Guingoin (instituteur, lieutenant-colonel), Serge Ravanel (1920, colonel), Henri Rol Tanguy. **Prix Nobel :** François Jacob (17-6-1920, Médecine 1965), René Cassin (1887-1976, Paix 1968). **Cardinal :** Jules Saliège (1870-1956), ancien archevêque de Toulouse qui, le 30-8-1942, protesta publiquement contre les mesures antisémites de Vichy. **Frères :** Emmanuel († 1969), François († 1956) et Henri († 1952) d'Astier de la Vigerie. Dominique (1917-86) et Pierre († 1961) Ponchardier. **Divers :** Louis Armand (1905-71), Jacques Baumel (6-3-1918), Georges Bidault (1899-1983), Jacques Bingen (1902-44, avala une capsule de cyanure pour ne pas parler), Maurice Bourgès-Maunoury (1914-93), Pierre Brossolette (1903-44, suicide pour échapper aux tortures allemandes ; à titre posthume), Eugène Claudius-Petit (1907-89), Pierre Clostermann (28-2-1921), Robert Galley (1921), Romain Gary (1914-80, suicide), Pierre Louis-Dreyfus (17-5-1908), André Malraux (1901-76), Jean Moulin (1899-1943, tué par les Allemands), Mis Lionel de Moustier (5-4-1882/18-3-1945, mort en déportation), Gaston Palewski (1901-84), Achille Peretti (1911-83), Christian Pineau (1904-95), René Pleven (1901-93), Maurice Schumann (1911-98).

☞ *Cérémonie commémorative du 18-Juin :* le matin, le maire de Paris (ville Compagnon) reçoit les Compagnons ; le soir, le Pt de la République préside une cérémonie au mont Valérien à la mémoire des résistants qui y furent fusillés. Les familles des Compagnons décédés les y représentent. Le mémorial abrite 17 caveaux, 16 sont les sépultures de combattants (Campagne 1939-40, Résistance intérieure, France libre, Résistance en Indochine, Débarquements en France, Déportation) ; le 17e recevra le corps du dernier Compagnon.

■ **Premiers nommés.** **1941**-*29-1 :* 5 formant le conseil de l'Ordre [Cdt Georges Thierry d'Argenlieu (1889-1964), gouverneur général Félix Éboué (1884-1944), Lt Emmanuel d'Ollonde d'Harcourt (1914-1985), Edmond Popieul (officier radio 1897-1958), Henri Bouquillard (né 14-6-1908, sous-lieutenant aviateur, 1er Français ayant pris part à la bataille d'Angleterre, abattu 11-3-1941)]. *-31-1* **à titre posthume :** Jean Colonna d'Ornano (tué à Mourzouk 11-1-1941), François Drogou (disparu avec le sous-marin *Narval* 15-12-1940), René Duvauchelle (aviateur abattu 11-5-1941), Jean Hellard († 27-11-1940). Les veuves peuvent porter l'ordre à droite (exemple : la reine mère Elizabeth de G.-B.).

■ **L'Ordre et les étrangers.** **1941**-*29-1* décret permettant aux étrangers ayant rendu des services importants à la France libre de recevoir la croix de la Libération. 4 Américains (dont le Gal Eisenhower, croix remise le 14-6-1945), 3 Anglais [George VI, Churchill (remise 1958 par le Gal de Gaulle), George Taylor], 3 Belges, 2 Hongrois, 3 Italiens, 3 Tchécoslovaques, 1 Allemand, 1 Espagnol, 1 Géorgien (Amilakvari), 1 Hollandais, 1 Letton, 1 Libanais, 1 Luxembourgeois, 1 Marocain [le sultan du Maroc Sidi Mohamed ben Youssef, croix remise le 18-6-1945 (décret 29-6)], 1 Polonais, 1 Russe, 1 Suisse, 1 Yougoslave.

■ Médaille militaire

■ **Origine.** *Instituée* par le décret du 22-1-1852, abrogé et remplacé par le décret du 28-11-1962. Récompense les militaires et assimilés non officiers et donne droit à une rente viagère de 100 F ; ne constitue pas un « ordre ». Les noms des titulaires figurent sur des contrôles détenus et mis à jour par la grande chancellerie de la Légion d'honneur. 1re distribution le 21-3-1852 dans la cour des Tuileries. Pour la rendre populaire auprès des hommes de troupe, qui la considéraient comme une Légion d'honneur au rabais, Napoléon III (qui la portait, ainsi que le Pce impérial) décida le 13-6-1852 qu'elle serait concédée aux maréchaux de France (les 1res furent concédées à Reille et Vaillant le 10-5-1852) et aux généraux grand-croix de la Légion d'honneur ayant exercé un commandement en chef devant l'ennemi, ou ayant rendu des services exceptionnels (exemple : Gal Weygand). Depuis 1888, peut être donnée à des généraux de corps d'armée ; depuis 1909, aux officiers généraux et aux inspecteurs de corps d'armée. Décernée au Mal Tito et à sir Winston Churchill ; refusée par le Gal de Gaulle et le Gal Giraud. La Médaille militaire fut la seule décoration portée par le Mal Pétain de juillet 1940 jusqu'à (et lors de) son procès en 1945.

■ **Médaille** (décret du 29-2-1852). En argent, 28 mm de diamètre. *Avers :* Louis-Napoléon avec son nom en exergue. *Revers :* « Valeur et Discipline ». Surmontée d'une aigle. Dans le modèle d'origine, les ailes de l'aigle touchent la médaille ; sous le IId Empire, elles sont détachées ; en 1870, l'avers porte l'effigie de la République française avec son nom en exergue et la date 1870 (supprimée depuis 1951) ; depuis 1870, un trophée d'armes surmonte la médaille (variantes). **Ruban.** Jaune liseré de vert.

■ **Statistiques.** **Médailles accordées aux combattants** des guerres de *1870-71, 1914-18, 1939-45 :* 1 million (dont 64 000 pour 1870-71). **Aux officiers généraux** avant le 26-6-1939 ; *généraux de division* : 101 ; *vice-amiraux* : 28. Depuis le 26-6-1939, *généraux d'armée :* 18 : Georges (Alphonse) 26-6-1939, Belhague (Charles) 31-12-1939, Carence (Jean-Jacques) 31-12-1939, Pretelat (Gaston) 28-6-1940, Lattre de Tassigny (Jean de) 8-5-1945, Juin (Alphonse) 7-11-1945, Leclerc (Philippe de Hauteclocque, dit) 6-6-1946, Monsabert (Jean de Goislard de) 7-10-1946, Giraud (Henri) 2-2-1949, Béthouart (Émile) 27-9-1950, Dassault (Paul) 27-6-1951, Catroux (Georges) 4-6-1952, Callies (Jean) 26-6-1957, Guillaume (Augustin) 26-6-1957, Salan (Raoul) 12-7-1958, Le Gentilhomme (Paul) 17-6-1960, Ély (Paul) 21-2-1961 ; *d'armée aérienne :* 2 : Vuillemin (Joseph) 17-7-1940, Bouscat (René) 13-7-1946 ; *de corps d'armée :* 2 : Doyen (Paul) 4-6-1952, Monclar (Raoul Magrinvernerey, dit) 4-6-1952 ; *de corps aérien :* 1 : Cochet (Gabriel) 4-6-1952 ; *amiral :* 4 : Darlan (François) 9-4-1940, Laborde (Jean de) 22-10-1940, Thierry d'Argenlieu (Georges Louis Marie) 21-4-1947, Nomy (Henri) 17-6-1960 ; *médecin-général :* 1 : Vincent (Jean) 21-6-1950.

☞ Le Gal Kœnig avait été décoré comme aspirant le 8-9-1918. Le général Amanrich, admis à la retraite et rayé des cadres en 1914, rengagé pour la durée de la guerre comme simple soldat, fut décoré comme tel.

Femmes décorées : *1res médaillées :* 12 femmes décorées de 1859 à 1871, dont 3 cantinières (Jeanne-Marie Rossini, Madeleine Trimoreau, Perrine Cros) ; 1 organisatrice d'ambulances (Mme Mario-Wite). *1914-18 :* 3 médaillées, dont Marguerite Coragliotti, « téléphoniste au central de l'état-major d'une armée ». *1939-45 :* sur les 29 premières médaillées, 16 résistantes, 3 agents de liaison, 5 ambulancières (dont Lucette et Odette Lecoq à titre posthume), 4 Afat et 1 assistante sociale.

Effectifs (au 30-6-1999) : 204 052. **Contingents annuels** (1997, 98, 99) : 3 500. **Traitement :** 30 F par an (depuis 1-1-1982). A l'origine, 100 F de rente viagère.

☞ **« Les Médaillés militaires », Sté nationale mutualiste** (reconnue d'utilité publique le 3-11-1931). **Association de l'orphelinat et des œuvres médaillés militaires,** 36, rue de la Bienfaisance, 75008 Paris.

■ Ordre national du Mérite

■ **Origine.** *Institué* par le décret no 63-1196 du 3-12-1963.

■ **Organisation.** **Grand maître :** Pt de la République et, de droit, grand-croix. **Conseil de l'Ordre :** présidé par un chancelier (le grand chancelier de la Légion d'honneur). **Administration :** confiée à la grande chancellerie de la Légion d'honneur. *3 grades :* chevalier, officier, commandeur ; *2 dignités :* grand officier, grand-croix. **Membres :** contingent fixé par le grand maître. En temps de paix, il faut, pour être nommé chevalier, justifier de 10 ans au moins de service ou d'activité assortis de mérites distingués. Nul ne peut être promu *officier* s'il n'a été 5 ans chevalier, *commandeur* s'il n'a été 3 ans officier, *grand officier* s'il n'a été 3 ans commandeur, *grand-croix* s'il n'a été 3 ans grand officier. **Personnalités admises de droit et de par leur fonction :** le Pt de la République, grand maître (de droit) de l'Ordre, le grand chancelier de la Légion d'honneur, qui est chancelier de l'ordre national du Mérite et, depuis 1974, le Premier ministre après 6 mois de fonction (nommé grand-croix). *Les étrangers* qui ne résident pas en France ne sont pas astreints aux règles de la hiérarchie des grades et dignités, ceux-ci leur étant conférés en considération de leur personnalité ou des services rendus. Les membres des assemblées parlementaires ne peuvent être nommés ou promus dans l'Ordre.

■ **Insignes.** **Étoile :** à 6 branches doubles émaillées de bleu. Centre entouré de feuilles de laurier entrecroisées. Effigie de la République avec l'exergue « République française ». *Revers :* 2 drapeaux tricolores avec inscription « Ordre national du Mérite » et date « 3 décembre 1963 » (chevaliers : argent ; officiers et commandeurs : or). **Plaques** en or pour les grand-croix et en argent pour les grands officiers (en partie émaillées depuis 1980). **Ruban :** moiré bleu de France.

■ **Effectifs** (au 7-9-2000). Grand-croix 155. Grands officiers 364. Commandeurs 5 942. Officiers 33 350. Chevaliers 149 865. *Total :* 189 676. **Nominations et promotions** (en 1998) : *total 6 684* dont grand-croix 10, grands officiers 21, commandeurs 220, officiers 1 188, chevaliers 5 245. **% de femmes dans nominations et promotions :** *1998-mai :* 26,4 ; *-nov. :* 27,49 ; *1999-mai :* 30,52. **Contingents** (période 1-1-1997 au 31-12-1999) **à titre civil** et, entre parenthèses, **à titre militaire :** grand-croix 5 (5). Grands officiers 12 (12). Commandeurs 173 (116). Officiers 877 (585). Chevaliers 3 344 (2 230). **Étrangers :** grand-croix 9. Grands officiers 21. Commandeurs 120. Officiers 285. Chevaliers 480. **Exclusions :** *1994 :* 3 ; *95 :* 2 ; *96 :* 2.

■ Autres décorations militaires

■ **Croix de guerre.** **Origine :** *instituée 1914-18* par la loi du 8-4-1915. L'idée d'une croix de guerre peut être attribuée au Gal Boëlle. Le sénateur Émile Cauvin s'en fit le défenseur mais le ministre de la Guerre, Millerand, refusa. Boëlle convainquit Maurice Barrès qui, du 23-11-1914 au 12-1-1915, mena campagne dans la presse « afin que le chef puisse décorer ses soldats sur le champ de bataille après chaque affaire ». Le 28-1-1915, 67 députés dont Georges Bonnefous déposèrent un projet de loi que le lieutenant-colonel Driant, son ami, soutint devant la Chambre des députés le 8-2-1915. **TOE (Théâtre d'opérations extérieures) :** *instituée* par la loi du 30-4-1921, pour les opérations militaires menées entre 1918 et 1921, c.-à-d. : Levant (Palestine-Syrie), Orient (Constantinople), Maroc, Afrique-Equatoriale et Afrique-Occidentale françaises, mission militaire aux pays Baltes, Hte-Silésie, Pologne, Tchécoslovaquie, URSS, Hongrie, Roumanie. La loi prévoyait son extension à d'autres théâtres d'opérations. Furent depuis considérées comme TOE les opérations en Extrême-Orient, à Madagascar, en Corée, en Méditerranée orientale et dans le golfe Persique (arrêté du 17-1-1991 ; n'est plus décernée depuis 5-5-1992). **1939-45 :** *instituée* par le décret du 26-9-1939. Un décret de De Gaulle du 30-9-1942 créa une citation à l'ordre des FFL donnant droit au port de la croix de guerre avec palme en vermeil. L'ordonnance du 7-1-1944 a repris ces dispositions en créant une citation à l'ordre de la Nation. La croix particulière créée au profit des membres de la Légion des volontaires français contre le bolchevisme a été annulée par un arrêté du 28-10-1944. **Commémore** les citations à l'ordre de l'armée, du corps d'armée, de la division, de la brigade et du régiment. Quand la Légion d'honneur ou la médaille militaire sont conférées, pour faits de guerre, avec une citation parue au *Journal officiel,* la croix de guerre est attribuée automatiquement avec ces décorations. **Insigne :** croix pattée en bronze florentin du module de 37 mm à 4 branches avec, entre elles, 2 épées croisées ; à l'avers, une tête de République au bonnet phrygien ornée d'une couronne de laurier, avec en exergue « RF ». Au revers, à l'origine, mention « 1914-1915 » puis « 1914-1916 », « 1914-1917 », « 1914-1918 » ou « 1939 » ou « 1939-1940 » ou « 1939-1945 » (plusieurs variantes, exemple : « croix de Giraud » avec 1943) ou « TOE ». **Ruban :** *1914-18 :* vert, avec liseré rouge à chaque bord en comptant 5 bandes rouges de 1,5 mm ; *TOE :* bleu clair, encadré de 2 bandes rouges ; *1939-45 :* rouge, à 4 bandes verticales vertes (en juillet 1940, le gouvernement institua une commission de révision des croix de guerre attribuées en mai et juin 1940 et, par décret du 28-3-1941, les croix « maintenues » reçurent un nouveau ruban, vert à 5 raies et liserés noirs ; une ordonnance du gouvernement provisoire rétablit le ruban rouge à 4 bandes vertes le 7-1-1945). Chaque *citation* comporte une **étoile** (citation à l'ordre du régiment et de la brigade : *de bronze ;* de la division : *d'argent ;* du corps d'armée : *de vermeil*) ou une **palme** (citation à l'ordre de l'armée : *de bronze*) ; *1 palme d'argent* peut remplacer 5 palmes de bronze. **Nombre de citations** *portant attributivement la croix de guerre : 1914-18 :* 2 065 000. *1939-45 et TOE :* pas de statistiques.

■ **Croix de la Valeur militaire.** *Créée* par décret le 11-4-1956 comme « médaille de la Valeur militaire » puis transformée en croix. Une décision particulière du 30-4-1956 précise qu'elle pouvait être décernée pour les opérations menées en Tunisie depuis le 1-1-1952, le Maroc depuis le 1-6-1953, l'Algérie depuis le 31-10-1954. Une décision du 13-2-1957 ajouta les opérations menées en Mauritanie à compter du 10-1-1957. Le 13-11-1972 aux personnels en service au Tchad (abrogée 1-8-1991). Le 20-7-1991 pour les opérations maritimes Alysse et Aconit. Le 6-7-1992 aux opérations menées sur les territoires de l'ancienne Yougoslavie. Le 10-7-1997 aux opérations menées en République centrafricaine. *Instituée* le 12-10-1956, lors des opérations en Afrique du Nord, pour récompenser les militaires ayant accompli des actions d'éclat au cours ou à l'occasion d'opérations de sécurité ou de maintien de l'ordre. Elle peut être attribuée, exceptionnellement, au personnel non militaire. **Décernée** jusqu'au 1-1-1963 pour les faits antérieurs au 1-7-1962 accomplis en Afrique du Nord. **Croix :** *avers :* effigie de la République avec « République française » ; *revers :* « Croix de la Valeur Militaire ». *Bronze* (citation à l'ordre du régiment ou de la brigade), *argent* (de la division), *vermeil* (du corps d'armée), **palme :** *de bronze* (de l'armée). **Ruban :** écarlate, coupé de 3 raies blanches (1 raie large au centre et 2 étroites au bord).

☞ **Association nationale des Croix de guerre et de la Valeur militaire :** *fondée* 1919. *Pt :* Gal Pierre Richard. *Siège :* Hôtel national des Invalides, 129, rue de Grenelle, 75007 Paris.

■ **Médaille de la Résistance française.** *Gérée* par la chancellerie de l'ordre de la Libération. *Créée* par le Gal de Gaulle, par l'ordonnance no 42 du 9-2-1943, pour « reconnaître les actes remarquables de foi et de courage qui, en France, dans l'empire et à l'étranger, auront contribué à la résistance du peuple français contre l'ennemi et contre ses complices depuis le 18-6-1940 ». Une ordonnance du 2-11-1945 a créé la médaille avec rosette. **Médaille** (décret no 774 du 9-2-1943) en bronze ; *avers :* croix de Lorraine avec l'exergue « 18 juin 1940 » ; *revers :* l'exergue *Patria non immemor* (« La patrie n'oublie pas »). **Ruban :** rayé et bordé de rouge sur fond noir. **Attribution :** bilan *au 31-3-1947 :* approximativement 47 000, dont 4 345 avec rosette ; 4 800 médailles jusqu'à 1945 ; 1 800 à titre posthume ; 55 à des collectivités (15 avec rosette, 40 sans) dont 16 communes, 13 bâtiments de la marine. N'est plus attribuée depuis le 31-3-1947 (décret du 16-1), sauf pour déportés et internés morts pour la France.

■ **Médaille des Évadés.** *Créée* par la loi du 20-8-1926. Peuvent y prétendre les évadés militaires et civils des 2 guerres ou les militaires évadés pendant un conflit survenu sur l'un des théâtres d'opérations extérieures. L'évasion doit avoir été accomplie avec franchissement clandestin et périlleux d'un front ou d'une frontière. Les évadés de France (guerre de 1939-45) doivent en outre s'être engagés dans une unité combattante. Des décrets ont fixé les conditions d'obtention dans le cas particulier des Alsaciens et Lorrains. **Attribuée** par le ministre de la Défense après avis d'une commission. **Médaille** en bronze ; *avers :* effigie de la République française ; *revers :* couronne de feuilles de chênes avec au centre « médaille des évadés ». **Ruban :** vert, trois raies orange. **Nombre décerné :** environ 7 300 (guerre de 1914-18) et au *1-1-1997 :* 39 260 (1939-45). Le décret n° 81-1156 du 28-12-1981 (*JO* du 31-12-1981) a levé, sans condition de délai, la forclusion frappant les demandes d'attribution.

■ **Croix du Combattant volontaire 1914-1918.** *Créée* par la loi du 4-7-1935. **Délivrée** par le ministre de la Défense. Aucune demande n'était plus acceptée depuis le 1-1-1952, mais la forclusion a été levée par décret du 21-9-1976. **Croix** en bronze ; *avers :* tête d'un poilu avec légende « République Française » reposant sur une épée et un fonds de feuillage de laurier ; *revers :* « Combattant volontaire » « 1914-1918 ». **Ruban :** vert avec au milieu une bande rouge et à chaque bord une bande jaune. **Nombre délivré** (au 1-1-1997) : 10 228 (hommes et femmes).

■ **Croix du Combattant volontaire 1939-1945.** *Créée* par la loi du 4-2-1953 (décret d'application du 19-11-1955 et instruction du 18-11-1956). **Attribuée** aux militaires engagés volontaires pendant la guerre 1939-45, ayant appartenu à une unité combattante homologuée. Aucune demande n'était plus acceptée depuis le 31-12-1970, mais la forclusion a été levée par décret du 21-9-1976. La loi du 4-2-1953 a été abrogée par décret n° 81-844 du 8-9-1981 créant une **croix du Combattant volontaire. Croix :** *avers :* « République française » ; *revers :* « Croix du Combattant volontaire ». **Ruban :** rouge avec au milieu une bande verte et à chaque bord une bande jaune. **Barrette Guerre 1939-1945,** *créée* par décret n° 81-845 du 8-9-1981 et attribuée dans les mêmes conditions que la *croix du Combattant volontaire* (CCV) 1939-1945 (voir ci-dessus). *Croix délivrées au 1-1-1997 :* 114 659. **Barrette Indochine,** *créée* par décret n° 81-846 du 8-9-1981 et attribuée aux militaires français titulaires de la carte de combattant et de la médaille commémorative au titre de cette campagne, ayant contracté un engagement pour servir en Indochine entre le 15-9-1945 et le 11-8-1954. *Croix délivrées au 1-1-1997 :* 22 591. **Barrette Corée,** *créée* par décret n° 81-847 du 8-9-1981 et attribuée aux militaires français titulaires de la carte du combattant et de la médaille commémorative au titre de cette campagne et ayant contracté un engagement pour la Corée entre le 26-6-1950 et le 27-3-1953. *Croix délivrées au 1-1-1997 :* 423. **Barrette AFN,** *créée* par décret n° 88-390 du 20-4-1988 et attribuée aux militaires français titulaires de la carte du combattant (AFN) et de la médaille commémorative aux titres des opérations de sécurité et de maintien de l'ordre, qui ont contracté un engagement et ont participé, dans une unité combattante, aux opérations en Algérie (du 31-10-1954 au 3-7-1962), au Maroc (du 1-6-1953 au 2-3-1956), en Tunisie (du 1-1-1952 au 20-3-1956). *Croix délivrées au 1-1-1997 :* 7 879.

■ **Croix du Combattant volontaire de la Résistance.** *Créée* par la loi du 15-9-1954. Relève du ministère des Anciens Combattants. Peut être portée par tous ceux qui possèdent la carte du même nom, dont l'attribution a été prévue en faveur de ceux qui ont appartenu, pendant 3 mois au moins avant le 6-6-1944, dans une zone occupée par l'ennemi, soit aux Forces françaises de l'intérieur, soit à une formation homologuée des Forces françaises combattantes, soit à une organisation de résistance régulièrement homologuée, soit, sous certaines conditions, aux Forces françaises libres. **Ruban :** noir, sur le bord bande rouge et au centre 4 bandes vertes. **Cartes délivrées** (au 1-1-1999) : 261 780.

■ **Croix du Combattant.** *Créée* par la loi du 28-6-1930 et le décret du 24-8-1930, peut être portée par tous les titulaires de la carte du combattant. Créée par la loi du 19-12-1926 au profit des personnes relevant de l'Office national du combattant : anciens combattants de 1914-18, de 1870-71 et des campagnes coloniales antérieures à la guerre de 1914-18. **Croix** en bronze ; *avers :* République casquée, inscription « République française » ; *revers :* mots « Croix du Combattant ». **Délivrée** par l'Office national des anciens combattants. Les bénéficiaires se procurent la médaille eux-mêmes. **Ruban :** bleu horizon, coupé de raies rouges garance. **Cartes délivrées** (au 1-1-1997) : *guerre 1914-18* et *TOE :* 4 426 226 ; *guerre 1939-45, Indochine* et *Corée :* 2 781 169 (*AFN :* 1 149 710) ; *autres conflits (Madagascar, Suez, Liban, Tchad, golfe Persique, ex-Yougoslavie, etc.) :* 9 151.

■ **Médaille de la Gendarmerie nationale.** *Créée* par décret du 5-9-1949. **Décernée** aux officiers et sous-officiers de la gendarmerie nationale cités à l'ordre de la gendarmerie. Peut aussi être décernée, sans citation, à des personnes qui ont rendu à la gendarmerie des services importants. **Médaille** bronze, *avers :* heaume empanaché reposant sur une épée, « Gendarmerie nationale » ; *revers :* couronne de feuilles de chêne « Courage – Discipline ». **Ruban :** bande centrale jaune, bordée de 2 liserés blancs et encadrée de deux bandes bleu gendarme bordées à l'extérieur d'un liseré rouge vif. Grenade en bronze pour chaque citation à l'ordre de la gendarmerie. **Nombre décerné** (au 1-1-1996) : aux personnels de la gendarmerie, 1 389 dont à titre posthume 618 ; à des personnes étrangères à la gendarmerie, 59 dont à titre posthume 11. Femmes décorées 3.

■ **Médaille de l'Aéronautique.** *Créée* par décret du 14-2-1945. Récompense la valeur professionnelle du personnel civil et militaire, navigant ou non navigant, relevant du ministère de la Défense et du ministère des Transports, ainsi que les mérites des citoyens qui se sont distingués dans le développement de l'aviation civile ou militaire. Peut être décernée à titre posthume et à titre étranger. **Médaille :** plaquette rectangulaire en métal doré ; *avers :* émaillé de rouge vif avec aux bords un encadrement métallique doré et au centre l'effigie de la République, « Honneur et Patrie » ; *revers :* « Médaille de l'Aéronautique 1945 ». **Bélière** en métal doré, 2 ailes horizontales séparées par 1 étoile. **Ruban :** moiré bleu roi. **Contingent annuel :** 275. **Nombre attribué** (au 1-1-1997) : 16 937.

Villes décorées

■ **Croix des Mayeurs** (non pas ajoutée aux armoiries municipales, mais portée par le maire). 1537 Péronne, 1746 St-Quentin.

■ **Légion d'honneur. Villes françaises : 1815**-*22-5* Chalon-sur-Saône, St-Jean-de-Losne, Tournus. **1864**-*7-5* Roanne. **1877**-*3-10* Châteaudun. **1896**-*10-4* Belfort. -*19-4* Rambervillers. **1897**-*6-6* St-Quentin. **1899**-*18-5* Dijon. **1900**-*9-10* Bazeilles, Lille, Paris, Valenciennes. -*29-12* Landrecies. **1905**-*16-9* St-Dizier. **1913**-*3-10* Péronne. **1916**-*12-9* Verdun. **1919**-*14-6* Bitche. -*4-7* Reims. -*9-8* Dunkerque. -*14-8* Phalsbourg, Strasbourg. -*30-8* Arras, Lens. -*13-9* Cambrai, Douai. -*10-10* Bapaume. -*11-10* Nancy. -*20-9* Longwy. -*27-10* Metz. -*5-12* Béthune. **1920**-*15-1* Soissons, Thionville. -*10-7* Noyon. -*10-7* Château-Thierry. **1924**-*22-9* Montdidier. **1928**-*28-9* Noményi. **1929**-*20-4* Badonviller. **1930**-*23-7* Gerbéviller. -*21-8* Audun-le-Roman, Longuyon, Pont-à-Mousson. **1932**-*15-4* Albert. **1947**-*10-7* Boulogne-sur-Mer, Calais. **1948**-*9-2* Brest. -*2-6* Abbeville, Amiens, Caen, St-Lô. -*8-7* St-Malo. -*21-8* Falaise. -*27-8* Évreux. **1949**-*28-2* Argentan, Ascq, Étobon, Le Havre, Lorient, Lyon, Oradour-sur-Glane, Rouen, St-Dié, St-Nazaire. **1957**-*23-11* Beauvais. **Étrangères : 1914**-*7-8* Liège. **1920**-*28-12* Belgrade. **1957**-*18-6* Luxembourg. **1984**-*20-12* Stalingrad.

■ **Croix de guerre. 1914-18 :** 2 952 (toujours avec palme). 1re : Dunkerque, oct. 1917 ; 2e : Thann, janv. 1919 (liste close 1926). **1939-45 :** 1 585 (avec palmes ou étoiles en bronze, argent, vermeil). **Villes ayant reçu les 2 croix de guerre :** 209. **Département ayant le plus de villes décorées :** Aisne 713 (708 croix 1914-18, 12 croix 1939-45, 7 avec les 2 croix).

■ **Croix de la Libération. 1941**-*11-11* Nantes. **1944**-*4-5* Grenoble. **1945**-*24-3* Paris ; -*4-8* Vassieux-en-Vercors. **1946**-*1-1* île de Sein.

☞ **Ville la plus décorée de France :** Verdun (26 décorations). Lille a eu la Légion d'honneur et les 2 croix de guerre.

■ **Médaille de la Défense nationale.** *Créée* par décret du 21-4-1982. Récompense les services particulièrement honorables rendus par les militaires à l'occasion de leur participation aux activités opérationnelles ou de préparation opérationnelle des armées, notamment les manœuvres et interventions au profit des populations. **Échelons :** bronze (6 mois de services), argent (5 ans), or (10 ans). **Médaille :** *avers : la Marseillaise* de Rude « République française » ; *revers :* bonnet phrygien, « Armée – Nation – Défense nationale ». **Ruban :** rouge foncé avec bande médiane bleu outremer ; bordure médaille argent : liseré blanc ; médaille or : jaune. **Agrafes :** portent mentions géographiques ou de spécialités.

■ **Médaille des Services militaires volontaires.** *Créée* par décret du 13-3-1975 pour récompenser les services particulièrement honorables accomplis par les militaires n'appartenant pas à l'armée d'active, au titre de l'information, de l'instruction et du perfectionnement des réserves, du recrutement, de la préparation militaire ainsi que l'activité au sein des associations. **Origine :** croix des Services militaires volontaires créée par décret du 13-5-1934 pour récompenser le volontariat lors des périodes et séances d'instruction. Ordre du Mérite militaire créé par loi du 22-3-1957 (supprimé par décret du 3-12-1963 qui créait l'ordre national du Mérite). **Degrés :** bronze, argent, or. **Médaille :** *avers :* profil de la République avec bonnet phrygien, « République française » ; *revers :* insigne des Forces armées (épée, pointe haute, 2 ancres entrecroisées et 2 ailes), « Services militaires volontaires ». **Ruban :** bleu outremer partagé par une bande médiane rouge foncé pour la médaille de bronze ; bordé d'un liseré blanc (médaille d'argent) ou jaune (médaille d'or). **Nombre attribué :** 52 790, or 3 670, argent 14 190, bronze 34 930. *Contingents annuels* (en 1996) : or 200, argent 650, bronze 1 500.

■ **Médaille d'Honneur du service de Santé des armées.** *Créée* par décret du 30-8-1962. Remplace 5 médailles : d'Honneur des 3 anciens Services de santé (1948) et 2 d'Honneur des Épidémies. **Degrés :** 4 (bronze, argent, vermeil, or). **Médaille :** *avers :* République ailée, « République française » ; *revers :* caducée, « Dévouement, Service de Santé des Armées ». Un cartouche permet d'inscrire nom, prénom du titulaire et millésime d'attribution. **Ruban :** 2 bandes tricolores verticales juxtaposées par le rouge avec sur chaque une raie blanche.

■ **Médaille d'Outre-Mer.** *Médaille coloniale* créée, à effet rétroactif, par la loi du 26-7-1893 pour récompenser les troupes ayant pris part aux actions de pacification conduites au sein des pays nouvellement rattachés à la France, puis bénéfice étendu : aux fonctionnaires civils ayant participé à des opérations de guerre aux colonies et aux militaires et civils ayant pris part à des missions coloniales périlleuses et s'y étant distingués par leur courage ; aux membres des missions d'études ou d'explorations opérées en Afrique et en Asie ; aux militaires blessés en service outre-mer et qui n'ont pas fait l'objet d'une citation à l'Ordre. Une loi du 27-3-1914 permet de l'attribuer, sans agrafe, aux militaires comptant plus de 10 ans de services effectifs outre-mer. Un décret du 6-6-1962 la renomme « Médaille d'Outre-Mer ». Actuellement décernée aux militaires d'une ancienneté de 10 ans de services effectifs pour les non-officiers et de 15 ans au moins pour les officiers, ayant servi avec distinction durant 6 ans dans l'un des territoires définis par un arrêté du 11-9-1963. **Médaille :** argent ; *avers :* République coiffée d'un casque entourée de « République française » ; *revers :* globe terrestre sur un trophée d'attributs militaires et marins avec « Médaille d'Outre-Mer ». **Bélière :** argent, formée de branches de laurier. **Ruban :** bleu ciel avec 3 branches verticales blanches. **Agrafe :** vermeil avec inscription (les plus récentes : Tchad, Mauritanie, Zaïre, Liban, Ormuz, Moyent-Orient, Cambodge, Somalie, Rwanda, République centrafricaine).

■ **Insigne des blessés.** *Précédent :* médaille des blessés attribuée aux gardes nationaux et aux citoyens blessés sur les barricades lors des combats qui précipitèrent la chute de Louis-Philippe (22/24-2-1848). **Insigne des blessés militaires** *créé* par décret du 27-7-1916 : **barrette** portant un **ruban** à fond blanc à 7 bandes verticales. Chaque blessure était indiquée par une étoile émaillée de rouge agrafée sur le ruban. **Médaille** commémorative *créée* par décret du 9-10-1995. Version analogue pour blessés civils du fait de la guerre. Étoile émaillée de blanc.

■ **Médaille d'Afrique du Nord.** *Créée* par décret n° 97-424 du 29-4-1997. Le diplôme dénommé titre de reconnaissance de la nation (voir ci-dessous), qui reconnaît les services rendus à la nation par les militaires et civils ayant participé aux opérations d'Afrique du Nord, donne droit au port de cette médaille. **Médaille :** ronde ; *avers :* Croix du Sud avec « République française » ; *revers :* bouquet de feuilles de chêne avec « Médaille d'Afrique du Nord ». **Ruban :** sable avec chevrons bleu indigo de 3 mm.

Anciens combattants et victimes de guerre

■ **Médaille de la Déportation et de l'Internement pour faits de résistance.** *Créée* par la loi du 6-8-1948. Elle peut être portée par tous les titulaires de la carte de déporté ou d'interné résistant, et par les internés ou déportés résistants de la guerre 1914-18. **Ruban :** bordé d'un liseré rouge et coupé de 7 bandes bleues et blanches, verticales (déportés), diagonales (internés), et comprenant une barrette métallique portant l'inscription « 1914-18 » pour les intéressés. **Cartes délivrées** (au 1-1-2000) : 73 429 (forclusion 1-1-1967 ; levée 6-8-1975).

■ **Médaille de la Déportation et de l'Internement (politique).** *Créée* par la loi du 9-9-1948 ; *attribuée* à tout porteur de la carte de déporté ou interné politique de l'une ou l'autre guerre. **Ruban :** bordé d'un liseré jaune d'or, coupé dans le sens de la longueur de bandes bleues et blanches alternées : 7 verticales (déportés), diagonales (internés). **Cartes délivrées** (au 1-1-2000) : 59 572 (forclusion 1-1-1967 ; levée 6-8-1975).

■ **Médaille de la Fidélité française.** *Créée* par la loi du 3-7-1922 en faveur des Alsaciens-Lorrains emprisonnés ou déportés par les Allemands de 1870 à 1918 pour leur attachement à la France. *N'est plus attribuée.* Pas de statistiques. **Ruban :** tricolore avec agrafe portant l'inscription « Fidélité ».

■ **Médaille des Prisonniers civils déportés et Otages de la guerre 1914-18.** *Créée* par la loi du 14-3-1936 pour les victimes de l'invasion de la guerre 1914-18. **Délivrée** par le ministre des Anciens Combattants. **Ruban :** rouge, bordé d'un liseré vert et coupé d'une bande bleue entourée de 2 bandes blanches. **Médailles accordées :** 10 431 (forclusion 1-2-1958).

■ **Médaille du Patriote résistant à l'occupation des départements du Rhin et de la Moselle incarcéré en camps spéciaux.** *Créée* par le décret du 27-12-1954. **Portée** par les titulaires de la carte du « patriote proscrit et contraint à résidence forcée en pays ennemi ». Attribuée aux Français des Haut-Rhin, Bas-Rhin et Moselle qui, en raison de leur attachement à la France, ont été arrêtés et contraints par l'ennemi à quitter le territoire national pour être internés dans des camps surveillés (au moins 3 mois, sauf en cas d'évasion, blessure ou maladie). **Délivrée** par le ministre des Anciens Combattants. **Ruban :** soie verte, partagé en son milieu par une bande noire, et bordé d'un liseré bleu-blanc-rouge à gauche, rouge-blanc-bleu à droite. **Médailles décernées** (au 1-1-2000) : 11 956 (forclusion 1-1-1968 ; levée 6-8-1975).

■ **« Insigne » du Réfractaire.** *Créé* par arrêté du 21-10-1963. **Porté** par les titulaires de la carte délivrée par le service de l'office des Anciens Combattants et Victimes de guerre du département de résidence. **Médaille :** *avers :* une carte de France avec au centre une enclume brisée, au sommet une croix de Lorraine. Initiales RF, devise « J'ai livré un bon combat » ; *revers :* « Aux réfractaires guerre 1939-45. » **Ruban :** jaune orangé avec de chaque côté 3 raies rouges. **Cartes délivrées** (au 1-1-2000) : 108 541 (forclusion 1-1-1967 ; levée 6-8-1975).

■ **Titre de reconnaissance de la Nation (TRN).** *Créé* par l'article 77 de la loi n° 67-1114 du 21-12-1967, pour les militaires ayant pris part aux opérations d'Afrique du Nord, à une époque où ces opérations n'ouvraient pas droit à la carte du combattant. Par la suite des critères d'attribution spécifiques ont permis d'attribuer la carte du combattant au titre de ces conflits. Le TRN a, en conséquence, pu être attribué aux combattants des conflits antérieurs ou postérieurs par la loi n° 93-7 du 4-1-1993 et le décret n° 93-1117 du 16-9-1993. **Titres attribués** (au 1-1-2000) : 1 598 766.

■ **Insigne du Patriote réfractaire à l'annexion de fait.** *Créé* par le décret du 7-12-1998 en faveur des Alsaciens-Lorrains durant la guerre 1939-45. Accordée aux titulaires de la carte de Patriote réfractaire à l'annexion de fait. **Insigne :** en bronze (diam. 36 mm) suspendu à une bélière sans inscription ; *avers :* carte de France avec séparation par la ligne des Vosges sur la ligne des crêtes, 3 corps (homme, femme, enfant) dont la tête est tournée vers l'Alsace et la Lorraine (cathédrale de Strasbourg survolée d'alérions ou coiffes alsacienne et lorraine) ; *revers :* inscription PRAF 1939-45. **Insignes attribués** (au 1-1-2000) : 15 442.

■ **Titres matérialisés par des cartes ou des attestations mais ne donnant pas droit au port d'une décoration spéciale ;** titres attribués cumulés. **Titre de personne contrainte au travail en pays ennemi (PCT) :** *créé* par la loi n° 51-538 du 14-5-1951 ; 289 281. **De personne transférée en pays ennemi (PTPE) :** *créé* par l'arrêté du 29-11-1985 ; 1 304. **De victime de la captivité en Algérie (VCA) :** *créé* par la loi n° 94-488 du 11-6-1994 ; 876. **De prisonnier du Viêt-minh (PVM) :** *créé* par la loi n° 89-1013 du 31-12-1989 ; 2 814. **Certificat d'incorporé de force de l'armée allemande :** *créé* par l'arrêté du 10-5-1954 ; 85 006.

☞ En application du décret du 6-8-1975, les victimes de guerre qui n'ont pu faire reconnaître dans les délais réglementaires leurs titres [déporté ou interné de la Résistance, déporté ou interné politique, combattant volontaire de la Résistance, réfractaire (personne contrainte au travail en pays ennemi ou en territoire étranger ou français occupé par l'ennemi), patriote résistant à l'occupation des départements du Rhin et de la Moselle] peuvent de nouveau le faire si elles remplissent les conditions exigées par les statuts. Fin 1998, 15 267 cartes délivrées.

MÉDAILLES COMMÉMORATIVES

INSIGNES SOUVENIRS

Créés par des municipalités ou associations. **Guerre 1914-18 :** *médaille de l'Aisne :* décernée par la municipalité de Soissons. *Argonne :* Varennes-en-Argonne. *Arras, Notre-Dame-de-Lorette :* Rambervillers (Vosges). *Artois. Château-Thierry :* Château-Thierry. *Marne :* Meaux. *Rhénanie :* Fédération des anciens combattants de Rhénanie, 75009 Paris. *Saint-Mihiel :* hôtel de ville de St-Mihiel (Meuse). *Somme :* Péronne. *Trois-Cités :* Nieuport, Dixmude, Ypres. *Verdun :* Verdun (la liste des combattants est conservée, dans la crypte du monument « à la victoire », sur un livre d'or). *Yser.* **Guerre 1939-45 :** *Dunkerque :* Dunkerque. *Flandres et Dunkerque. Gembloux* (Belgique). *Libération de Metz :* Metz. *Somme.*

■ **Statut.** Commémorent une action militaire. Peuvent être portées par ceux qui ont pris part à cette action (droit justifié par une pièce quelconque : livret militaire, état signalétique, attestation du chef de corps, etc.).

■ **Origine.** *Médailles* marquant le souvenir d'un événement mais non faites pour être portées par les personnes : Antiquité. Nombreuses depuis la Renaissance, notamment sous Louis XIV, qui a fondé pour leur création l'*Académie des inscriptions et médailles* (1663, future Académie des inscriptions et belles-lettres). Médailles commémoratives d'une campagne militaire, faites pour être portées au bout d'un ruban de couleur(s) distinctive(s), et distribuées à tous les hommes de troupe inscrits aux contrôles pendant la durée de cette campagne. Elles ont été systématisées en Angleterre dès la fin du XVIIIe s. Il semble que la médaille frappée en 1451 (fin de la guerre de Cent Ans) par Charles VII pour célébrer *l'expulsion des Anglais* ait été distribuée à d'anciens combattants, qui l'auraient portée sur eux au bout d'un cordon ou cousue.

■ **Monarchie de Juillet. Médaille de Juillet.** Récompense les citoyens qui se distinguèrent pendant les *Trois Glorieuses.* La loi du 13-12-1830 crée la *croix de Juillet* et la *médaille de Juillet* ; l'ordonnance royale du 30-12-1830 traite de la croix, celle du 13-6-1831 de la médaille. **Croix :** étoile à 3 branches en émail blanc sur argent entourée d'une couronne de chêne ; *avers :* « 27, 28, 29 juillet 1830 – Donné par le roi des Français » (une variante : « Donné par la Nation ») ; *revers :* coq gaulois avec « Patrie et Liberté ». *Ruban :* bleu d'azur avec liseré rouge de 2 mm à 2 mm du bord et d'une largeur de 37 mm, puis tricolore. **Médaille :** argent, diamètre 33 mm ; *avers :* « A ses défenseurs la Patrie reconnaissante » ; *revers :* « 27, 28, 29 juillet 1830 », « Patrie. Liberté » ; *tranche :* « Donné par le roi des Français » ou « Donné par la Nation ».

Médaille de la Prise du fort de St-Jean d'Ulloa (1838). Pour les participants à cette expédition au Mexique. Non portable.

Médaille de Mazagran. *Créée* 11-3-1840 pour les 123 officiers, sous-officiers et hommes de troupe de la 10e Cie du 1er bataillon d'infanterie légère d'Afrique. Non portable (à l'origine). Bélière et ruban tricolore.

Médaille des Blessés de 1848. En argent ; *avers :* la Liberté tenant un drapeau ; *revers :* les dates « 22-23-24 février 1848 » et la légende « Blessé pour la Liberté ». **Ruban :** bleu, blanc, rouge.

■ **Second Empire. Médaille de Ste-Hélène** (12-8-1857). *Attribuée* à tous les militaires français et étrangers des armées françaises de terre et de mer ayant servi du 22-9-1792 au 15-5-1815. **Médaille :** en bronze patiné. D'un côté, Napoléon Ier ; de l'autre, légende : « Campagnes de 1792 à 1815. A ses compagnons de gloire sa dernière pensée, 5 mai 1821. » **Ruban :** vert et rouge à raies très étroites qui s'attache à une boutonnière. Surnommée « médaille en chocolat ». Décoration officielle, destinée à remplacer les insignes des associations privées, tels que les **Débris de la Grande Armée.** Remise officielle le 15-11-1837. En 1865, sur les 55 000 titulaires de la médaille, il y avait 43 000 bénéficiaires d'un secours annuel de 250 F. En 1869, il ne restait plus que 16 000 médaillés bénéficiaires d'une pension (le secours viager avait été transformé en pension par une loi de la même année). **Dernier médaillé :** Louis-Victor Baillot, mort le 9-6-1898 à 105 ans.

Médaille d'Italie (11-8-1859). *Attribuée* aux militaires ayant pris part aux batailles de Montebello, Palestro, Turbigo, Magenta, Marignan, Solferino. Diamètre de 27 mm. D'un côté, Napoléon III ; de l'autre, noms des batailles (1er modèle avec couronne mobile). **Légende :** « Campagne d'Italie 1859. » **Ruban :** rayé rouge et blanc.

Médaille de Chine (23-1-1861). En argent. Diamètre de 30 mm. D'un côté, Napoléon III, de l'autre, « Expédition de Chine 1860 » avec noms des batailles de Takou, Chang-Kiawou, Palikao, Pékin. **Ruban :** jaune tissé en bleu avec en chinois le nom de Pékin.

Médaille du Mexique (23-8-1863). Diamètre de 30 mm. D'un côté, Napoléon III ; de l'autre, légende « Expédition du Mexique 1862-1863 » et les noms « Cumbiès, Cerro-Borréjo, San Lorenzo, Pueblo, Mexico ». **Ruban :** blanc avec une bande rouge et vert en croix et, au milieu, l'aigle mexicaine tenant un serpent dans son bec.

☞ Napoléon III a autorisé les militaires français à porter les médailles commémoratives des armées étrangères pour les campagnes auxquelles l'armée française avait participé : **médaille britannique de Crimée.** *Autorisée* par décret du 26-8-1856 ; en argent ; d'un côté, la reine Victoria et de l'autre, un guerrier couronné par la victoire. **Ruban :** bleu, liseré de jaune, muni d'un nombre d'agrafes en argent égal à celui des batailles auxquelles le titulaire a participé, avec le nom de la bataille ; **médaille britannique de la Baltique** (décret du 25-10-1856). En souvenir de l'expédition contre Bomarsund lors de la campagne de Crimée ; d'un côté, la reine Victoria et de l'autre, Minerve armée d'un trident avec le mot *Baltic. Ruban :* jaune liseré de bleu ; **médaille turque** de Crimée (1865) ; **médailles pontificales** Castelfidardo (1860), Mentana (1867) ; **médaille sarde de la Valeur militaire ; mérite militaire du Mexique** (1863) ; **ordre de N-D. de la Guadeloupe** (1863) ; **ordre de l'Aigle mexicain** (1865).

■ **IIIe République. Médaille de 1870-71.** *Créée* 9-11-1911 pour les vétérans avec une agrafe en argent pour les volontaires. **Ruban :** vert et noir.

Croix de Genève. *Délivrée* 1870-71 par le Comité supérieur de la section française de la Sté internationale de secours aux blessés des armées de terre et de mer. *Croix :* grecque en bronze. **Ruban :** blanc avec croix rouge.

Médaille du Comité central de la Commune de Paris. Médaille de fonction *instituée* 1871. 72 exemplaires fabriqués. **Insigne :** triangle d'argent avec « Liberté-Égalité-Fraternité » ; au revers « Comité central 18 mars 1871 ». **Ruban :** rouge sang avec au centre une raie noire.

Campagnes coloniales : Tonkin 1883-85 (loi du 16-12-1885 ; 97 300 titulaires ; **ruban** vert et jaune) ; **Madagascar 1883-86** [31-7-1886 ; **ruban** vert et bleu, **1895** (15-1-1896) : 52 000 titulaires] ; **Chine 1902** ; 33 900 titulaires ; **ruban** jaune et vert ; **Dahomey 1892** (24-11-1892 ; 12 171 titulaires ; **ruban** jaune et noir) ; **Maroc 1909** (22-7-1909 ; 63 200 titulaires ; **ruban** blanc et vert) ; **médaille coloniale** (26-7-1893) voir médaille d'Outre-Mer p. 586 b.

Médaille de la Reconnaissance française (1917). **Ruban** blanc, filets tricolores. **Nombre décerné :** 15 000 dont à titre posthume 5 000 ; 6 villes : Annemasse, Cerbère, Céret, Évian, Hochfelden, Thonon-les-Bains. 1 mouvement de jeunesse : les Éclaireurs unionistes de France (1921).

Insigne des Victimes civiles. *Créé* par le décret du 1-7-1918 modifié. Accordé aux victimes civiles, blessées ou mutilées du fait des guerres 1914-1918 (par arrêté du ministère de l'Intérieur) et 1939-1945 (par arrêté du ministère des Anciens Combattants et Victimes de guerre). **Ruban :** bande jaune avec étoile blanche de métal à 5 branches et encadrée de deux bandes bleues avec liseré bleu et jaune à chaque bord. Le même insigne, sans étoile blanche, est attribué d'office à toute victime civile pensionnée au titre du Code des pensions militaires d'invalidité et des victimes de la guerre. **Nombre de victimes civiles pensionnées** (au 1-1-1999) : 34 502.

Médaille commémorative de la Grande Guerre. *Créée* par une loi du 23-6-1920, pour tous les mobilisés. **Médaille :** bronze ; *avers :* profil d'une tête casquée à la bourguignotte : main gauche apparente portant des palmes et tenant la croisée d'une épée ; *revers :* inscription « République française » entourant « Grande Guerre 1914-18 ». **Bélière :** bronze, formée de branches de chêne. **Ruban :** 11 raies blanches et rouge clair alternées. **Barrette :** métal blanc avec « Engagé volontaire » pour ceux qui remplissent cette condition.

Médaille interalliée, dite **de la Victoire** (1914-18). *Créée* le 24-1-1919 par le Mal Foch (loi 20-7-1922). Commune à 15 pays alliés. Peut être portée par les militaires combattants de toutes les armées alliées, chaque pays vainqueur ayant son propre modèle de médaille, avec Victoire à l'avers et ruban arc-en-ciel. **Médaille : modèle français :** ronde en bronze ; *avers :* victoire ailée debout ceinte d'un glaive (les bras levés, elle tient de la main droite une palme et de la main gauche une couronne de laurier) ; *revers :* inscription « La Grande Guerre pour la civilisation », « 1914-18 » surmontée des majuscules « RF » encadrant un bonnet phrygien. **Ruban :** 2 arcs-en-ciel (symbolisant les temps nouveaux) juxtaposés par le rouge avec sur chaque bord un filet blanc.

Médaille de Syrie-Cilicie. *Créée* par la loi du 18-7-1922 pour les militaires qui ont participé aux opérations en Syrie et en Cilicie entre le 11-11-1918 et le 20-10-1921. **Médaille :** bronze ; *avers :* République coiffée d'un casque avec des branches de chêne et entourée des mots « République française » ; *revers :* palmier et murs crénelés d'une casbah, fusil, hallebarde, drapeaux, ancre. Inscription « Levant » et sur l'un des drapeaux « Honneur et Patrie, Syrie-Cilicie » ou simplement « Honneur et Patrie ». **Bélière :** bronze, 2 palmes et 1 croissant. **Ruban :** avec raies horizontales blanches et bleues alternées. **Agrafes :** bronze (inscription « Levant »), vermeil (« Levant 1925-1926 »).

Médaille commémorative d'Orient et des Dardanelles. *Créée* par loi du 15-6-1926. **Médaille :** bronze ; *avers :* République, coiffée d'un casque avec branches de chêne, entourée de « République française » et de la signature de l'artiste ; *revers :* fusil, hallebarde, drapeaux et « 1915-1918 » ; inscription « Orient » ou « Dardanelles ». **Bélière :** bronze, 2 palmes et 1 croissant. **Ruban :** Dardanelles, 11 raies blanches et vert foncé. Armée d'Orient (installée à Salonique » : bleu avec 3 raies jaunes.

Médaille du Levant. *Créée* par le décret n° 210 du 24-12-1942 de De Gaulle ; *attribuée* aux FFL ayant participé à des opérations de police dans les États du Levant depuis le 12-7-1941. Peuvent y prétendre les FFL ayant 2 ans de séjour au minimum dans les États du Levant. Une ordonnance du 13-4-1944 en interdit le port et rétablit la médaille de Syrie-Cilicie (voir ci-dessus).

■ **IVe et Ve République. Médaille commémorative de la guerre 1939-1945.** *Créée* par décret du 21-5-1946. **Médaille :** bronze, hexagonale ; *avers :* coq, ailes déployées tourné vers la gauche, sur une croix de Lorraine et dressé sur une chaîne brisée ; *revers :* mots « République française » et « Guerre 1939-1945 ». **Ruban :** bleu clair coupé au milieu dans le sens vertical par des V (symbolisant le V de la victoire) rouge ; bordé des 2 côtés d'une bande verte liserée de 2 filets rouges. **Barrettes :** 12 pour divers territoires ou zones d'opération.

Médaille commémorative des Services volontaires dans la France libre. *Créée* par décret du 4-4-1946, elle définit la qualité de « Français libre » ; **décernée** à ceux qui ont servi effectivement et volontairement la France libre, entre le 18-6-1940 et le 3-6-1943 (création du CFLN de Gaulle-Giraud) ou entre le 3-6 et le 1-8-1943 pour les Forces armées (fusion des armées de Gaulle et Giraud). **Insigne :** croix de Lorraine d'argent. **Ruban :** bleu de France coupé de rayures obliques rouges. **Médailles attribuées :** 42 000 (environ 40 000 bénéficiaires éventuels ne se sont pas fait connaître ou ont disparu sans que leurs descendants aient fait des demandes à titre posthume).

Médaille de la France libérée. *Créée* par décret du 12-9-1947 modifié par décret du 4-6-1949 ; **décernée** aux « militaires des armées alliées et aux ressortissants français qui ont apporté une contribution notable à cette libération ». **Délivrée** par le ministre des Anciens Combattants. **Médaille :** bronze ; *avers :* carte de la France ceinturée d'une chaîne rompue au Nord-Ouest et au Sud-Est par 2 éclatements, au centre de la carte (1944) ; *revers :* armes de la République française, faisceau de licteur coiffé du bonnet phrygien et initiale RF, avec en exergue « La France à ses Libérateurs ». **Ruban :** couleurs de l'arc-en-ciel, violet au centre et rouge sur les bords. **Médailles décernées :** 13 469 (forclusion 7-7-1957).

Médaille commémorative de la campagne d'Italie. *Créée* par la loi du 1-4-1953. **Médaille :** bronze argenté ; *avers :* coq gaulois brochant sur un soleil rayonnant avec l'inscription « Corps expéditionnaire français d'Italie – 1943-1944 ». Couronne de lauriers en bordure ; *revers :* même couronne, au centre initiales « CEF » (pour corps expéditionnaire français) surmontant une étoile et autour mots « République française ». **Ruban :** coupé verticalement de 7 raies rouge clair alternant avec 6 blanches.

Médaille commémorative de la campagne d'Indochine. *Créée* par décret du 1-8-1953. Pour tous les militaires qui ont participé au moins 90 jours à la campagne d'Indochine (sauf blessures ou citations). **Médaille :** bronze ; *avers :* naja à 7 têtes supportant un cartouche rectangulaire avec inscription « Indochine » en relief, avec au-dessus un éléphant tricéphale, entouré des mots « République française » ; *revers :* couronne de chêne et de laurier entourée de l'inscription « Corps expéditionnaire français d'Extrême-Orient ». **Bélière :** dragon tortillé. **Ruban :** 7 bandes vertes et jaunes verticales bordées de vert.

Médaille commémorative française des opérations de l'Onu en Corée. *Créée* par décret du 8-1-1952 pour les militaires qui ont séjourné au moins 2 mois en Corée à l'occasion des opérations (délai non exigé des blessés ou cités au cours de leur séjour). **Médaille :** bronze ; *avers :* armes de la Corée dans une figure géométrique à 8 lobes, posées sur 2 torchère enflammée dont l'extrémité est rattachée à la bélière et dépasse vers le haut ; le tout posé sur un fond guilloché (rayé) rayonnant et entouré de 2 rameaux d'olivier ; *revers :* inscription « Médaille commémorative française des Opérations de l'organisation des Nations unies en Corée », entourée des mots « République française ». **Ruban :** couleurs de l'Onu, encadrées de 2 bandes tricolores.

Médaille commémorative des opérations du Moyen-Orient. *Créée* par décret du 22-5-1957 ; *attribuée* aux militaires ayant participé entre le 1-9 et le 22-12-1956 (inclus) aux opérations entre les 20e et 36e parallèles et les méridiens 24e est et 40e est (opérations de Suez), et aux non-militaires dans les mêmes conditions, notamment aux équipages de navires marchands et d'avions commerciaux. **Médaille :** bronze ; *avers :* République casquée, cuirassée à l'antique, entourée de « République française » ; *revers :* inscription « Médaille commémorative française des Opérations du Moyen-Orient 1956 ». **Bélière :** 2 branches de laurier entourant un croissant. **Ruban :** bleu, coupé dans le sens de la longueur de 3 raies jaunes. **Agrafe :** bronze, inscription « Moyen-Orient ».

Médaille commémorative des opérations de sécurité et de maintien de l'ordre. *Créée* par décret du 11-1-1958, abrogeant celui du 12-10-1956 créant cette médaille pour le maintien de l'ordre en AFN. Pour les militaires qui ont participé au moins 90 jours (sauf blessures ou décorations de la Valeur militaire), dans une formation régulière ou supplétive, aux opérations de sécurité et de maintien de l'ordre : **Tunisie,** du 1-1-1952 au 5-5-1958 ; **Maroc,** du 1-6-1953 au 5-5-1958 ; **Algérie,** du 31-10-1954 au 1-7-1964 ; **Mauritanie,** du 10-1-1957 au 1-1-1960 ; **Sahara,** du 28-6-1961 au 1-7-1964. **Médaille :** bronze ; *avers :* République casquée, cuirassée à l'antique entouré de « République française » ; *revers :* inscription « Médaille commémorative Opérations de sécurité et maintien de l'ordre », dans une couronne ouverte composée de branches de laurier et de chêne avec à gauche la signature des artistes. **Ruban :** raies verticales : raie écarlate à chaque bout puis en allant vers le centre 2 raies symétriques, l'une blanche, l'autre écarlate. Raie centrale bleue. **Agrafes :** bronze ; 5 (Tunisie, Maroc, Algérie, Sahara, Mauritanie). **Médailles décernées :** plus de 2 millions.

Médaille commémorative française. *Créée* par décret du 9-10-1995 pour récompenser civils ou militaires, français ou étrangers, « pour leur participation effective à des missions décidées par le gouvernement et menées hors du territoire national à compter du 1-3-1991 ». Décisions d'attribution faites par le ministre de la Défense sur proposition du chef d'état-major des armées. Depuis le 1-3-1991 (fin de la guerre du Golfe), des civils et militaires ont été engagés en application de résolutions de l'Onu (Cambodge, Somalie, Liban, Rwanda, ex-Yougoslavie). Seuls ceux engagés en ex-Yougoslavie pourront se voir attribuer la médaille commémorative. Sur les autres théâtres, les missions ont ouvert le droit à la médaille d'Outre-Mer (voir p. 586 b). Depuis le début, en décembre 1992, environ 50 000 civils (y compris ceux des ONG) et militaires (appelés volontaires et engagés) ont effectué un séjour (de quelques semaines à plus d'un an). **Médaille :** bronze ; *avers :* effigie de la République avec « République française » ; *revers :* inscription « Médaille commémorative française ». **Ruban :** 7 raies rouges et bleu clair alternées, bordé d'un liseré vert. **Agrafes :** « Ex-Yougoslavie » (créée par arrêté du 21-12-1995), « Haïti » (créée 11-2-1997), « Albanie » (créée 12-9-1997).

AUTRES DÉCORATIONS

ORDRES MINISTÉRIELS

■ **Ordre des Palmes académiques** (dit la « Légion violette »). **Origine :** le décret de Napoléon Ier du 17-3-1808, instituant l'Université impériale, prévoyait l'institution de titres honorifiques pour distinguer les fonctions éminentes et récompenser par une décoration les services rendus à l'enseignement [double palme brodée sur la partie gauche de la poitrine (en or pour titulaires, argent pour officiers d'université, soie bleue et blanche pour officiers d'académie) portée sur la toge universitaire]. Les décorés recevaient le titre d'*officier d'académie* ou d'*officier de l'Université.* En 1850, le Pt Louis-Napoléon Bonaparte autorisa l'attribution de ces palmes aux personnels de l'enseignement élémentaire. Le 24-12-1852, un décret réglementa le costume officiel des dignitaires de l'instruction publique : habit à la française pour les membres de l'université et l'habit de ville noir pour les autres membres du corps enseignant ; il prévoyait qu'une palme brodée sur soie violette puisse être portée sur cet habit. L'usage avait remplacé la broderie par un ruban de soie broché d'une double palme d'argent, porté à la boutonnière. Le 7-4-1866, sur la proposition de Victor Duruy, Napoléon III institua les Palmes académiques avec 2 degrés : officier d'académie et officier de l'Instruction publique. Le 20-9, une note parue au *Moniteur* institua le ruban violet et la rosette violette (décoration réglementée par le décret du 26-12-1885). Toutefois, l'ordre ne fut créé que le 4-10-1955. **Insigne :** 1 double palme d'émail violet formant une couronne allongée en argent (pour chevaliers), or (officiers), or avec bélière de feuillages émaillés (commandeurs). **Ruban :** violet. **Grades :** chevalier, officier, commandeur. **Nominations et promotions :** à l'occasion du 1er janvier et du 14 juillet. **Contingent annuel :** *nombre attribué au 14-7-1999 :* 6 104 chevaliers, 2 028 officiers, 237 commandeurs ; au *1-1-2000 :* 905 chevaliers, 223 officiers, 37 commandeurs. Quelques décorations hors contingent peuvent être attribuées à des étrangers. **Age minimal :** 35 ans. **Ancienneté :** 15 ans de service rendu à l'Éducation nationale pour le grade de chevalier ; 5 ans dans le grade inférieur pour être officier ou commandeur (dérogations prévues). *En 1923 :* les 3 frères Fratellini (clowns) en furent décorés. *Le 30-6-1962,* Marcel Pagnol fut promu commandeur.

■ **Ordre du Mérite agricole** (dit « l'épinard », puis « le poireau » pour son ruban moiré vert surmontant une médaille blanche). **Créé** 7-7-1883 par Jules Méline, ministre de l'Agriculture, pour pallier l'insuffisance des contingents de Légion d'honneur. Destiné à récompenser les personnes ayant rendu des services marquants à l'agriculture et à son développement. Dernière réglementation : décret n° 59-729 du 15-6-1959 modifié par le décret n° 99-938 du 4-11-1999. **Age minimal :** 30 ans, et justifier de 15 ans de services rendus à l'agriculture. **Grades :** chevalier (1883), officier (18-6-1887), commandeur (3-8-1900). *Promotion* au grade supérieur : 5 ans (de chevalier à officier), 5 ans (d'officier à commandeur) d'ancienneté et justifier de titres nouveaux. **Décoration :** étoile à 6 rayons blancs, le centre entouré d'épis de maïs et de blé, présente à l'avers l'effigie de la République avec « République française » et au revers la devise « Mérite agricole » avec le millésime 1883. Pour officier et commandeur : étoiles surmontées d'une couronne de feuilles de vigne et d'olivier. **Ruban :** vert à deux liserés amarante. **Contingent annuel :** 60 commandeurs, 800 officiers, 3 200 chevaliers. Des décorations hors contingent peuvent être attribuées à des étrangers. 2 promotions par an (1-1 et 14-7). *1re promotion (17-7-1883) :* 15 personnes. *1re femme nommée chevalier :* Mme Millet-Robinet, auteur d'ouvrages d'économie rurale (1884). Pasteur fut décoré en reconnaissance de ses travaux sur la vigne et le vin.

■ **Ordre du Mérite maritime.** **Créé** par la loi du 9-2-1930 pour récompenser la valeur professionnelle du personnel navigant (marines marchande et nationale) et les services rendus à la marine de commerce et de plaisance. **Age minimal :** 30 ans et 15 ans de services rendus. **3 grades. Contingent annuel :** 9 commandeurs, 75 officiers, 260 chevaliers. **Croix attribuées** depuis la création de l'Ordre : 592 commandeurs, 5 746 officiers et 14 245 chevaliers. **Étoile** en forme de rose des vents à 16 branches avec une ancre. **Ruban :** bleu outremer avec 2 liserés verts.

■ **Ordre des Arts et des Lettres.** **Institué** par décret du 2-5-1957, modifié par ceux des 29-9-1975, 25-3-1987 et 2-7-1993, 21-7-1995, 7-5-1997, 21-12-1999. Géré par le ministère de la Culture. **Conseil de l'Ordre :** comprend des membres de droit, des personnalités des milieux artistiques ou littéraires et un représentant du conseil de l'ordre national de la Légion d'honneur ; donne son avis au ministre de la Culture sur nominations ou promotions et veille à l'observation des statuts et règlements. **Grades :** chevalier (insigne en argent), officier (vermeil), commandeur (or). **Récompense** les personnes qui se sont distinguées par leurs créations dans le domaine artistique ou littéraire, ou par la contribution qu'elles ont apportée au rayonnement des arts et des lettres en France et dans le monde. **Age minimal :** 30 ans. Nul ne peut être promu au grade supérieur s'il ne justifie d'une ancienneté de 5 ans dans le grade immédiatement inférieur (demandes de dérogation examinées pour les candidats justifiant de titres exceptionnels, les officiers et commandeurs de la Légion d'honneur qui peuvent être promus directement au grade correspondant, et les personnalités étrangères qui peuvent être admises directement à tous les grades). **Contingent annuel** *des personnalités françaises :* 54 commandeurs, 140 officiers, 450 chevaliers. **Croix :** à 8 branches (chacune à 2 extrémités terminées par 1 boule dorée), émaillée vert, sertie d'une arabesque dorée. Motif central, monogramme AL entrelacés, serti d'une moulure dorée. Revers : centre sur fond d'émail blanc, effigie de la République avec listel doré portant l'inscription « Ordre des Arts et des Lettres ». **Ruban :** vert rayé de blanc.

■ **Aiguillettes** (déformation d'aiguillées). A l'origine, lacet réunissant les pièces d'armure. Aujourd'hui, ornement réservé aux officiers d'état-major, aux aides de camp et aux gendarmes de la garde républicaine de Paris. Se portent attachées à l'épaule droite et au 1er bouton de la tunique. Celles de la garde républicaine (rouges pour gardes, or pour officiers et gradés) se portent à gauche.

■ **Fourragères.** Tresse de couleur terminée par 1 ferret. Cordes à fourrages portées par les dragons autrichiens autour de l'épaule gauche et adoptées par les hussards et les artilleurs de Napoléon. Supprimées de l'uniforme en 1870, ont reparu après la circulaire ministérielle du 21-4-1916 comme insignes de distinctions honorifiques accordées définitivement à une unité militaire (attribuées de droit à tous les hommes faisant partie de l'unité décorée). On les porte attachées à la patte d'épaule, passant sous et sur le bras gauche. Destinées à rappeler les actions d'éclat de certains régiments et unités formant corps cités à l'ordre de l'Armée. La fourragère est tressée *aux couleurs du ruban : croix de guerre* pour les régiments ou unités ayant 2 ou 3 citations à l'ordre de l'Armée ; *médaille militaire* (4 ou 5 citations) ; *Légion d'honneur* (6, 7 ou 8 citations) ; *Légion d'honneur et croix de guerre* (9, 10, 11 citations) ; *Légion d'honneur et médaille militaire* (12, 13 ou 14 citations). *Ordre de la Libération* (créée en 1996) aux couleurs de l'Ordre pour les militaires servant dans les formations ayant repris les traditions des unités reconnues Compagnon.

Régiments décorés : jusqu'en 1914, la fourragère était accordée aux unités ayant pris un drapeau à l'ennemi, puis elle fut accordée de droit aux unités ayant obtenu la Légion d'honneur, la croix de guerre ou la médaille militaire, à la suite d'au moins 2 citations. A la fin de la guerre, plusieurs dizaines de régiments avaient obtenu à ce titre l'une des fourragères. En étaient titulaires, avant 1914, les drapeaux de Saint-Cyr, de Polytechnique et du régiment de sapeurs-pompiers de Paris. Durant la guerre de 1914-18, la Légion étrangère fut la 1re à être décorée, le 3-11-1917, au régiment de marche de la Légion étrangère (RMLE), devenu le 3e REI. Elle fut aussi la 1re décorée de la double fourragère Légion d'honneur/croix de guerre 1914-18. Les drapeaux des régiments « à fourragère » portent sur la cravate les rubans des décorations correspondantes, avec étoiles et palmes des citations. La coutume de décorer les drapeaux remonte à Napoléon III : 7 drapeaux décorés (1859-65) [les 2 premiers en 1859 pendant la campagne d'Italie : juin 2e zouave, juillet 76e d'infanterie]. La IIIe République décora 7 drapeaux avant la guerre de 1914-18 (1880-1913).

☞ La *cordelière de soie rouge à 1 ferret,* portée par les policiers parisiens sur leur tenue de gala, n'est pas une fourragère. En effet, le drapeau des gardiens de la paix a été décoré de la Légion d'honneur le 12-10-1944 par de Gaulle aux Invalides, mais le nombre de ses citations est insuffisant pour donner droit au port de la fourragère militaire. En tenue de cérémonie, certains personnels de la gendarmerie nationale portent à l'épaule gauche une aiguillette de soie blanche à ferrets d'argent dont l'existence remonte à l'ordonnance du 16-3-1720 sur la subordination et la discipline des nouvelles maréchaussées.

PRIX DE DÉCORATIONS ANCIENNES EN VENTES PUBLIQUES (en milliers de F)

■ **Françaises.** **Collier du St-Esprit** du duc de Maillé 520 (1984), Restauration 29 (1996), plaque brodée XVIIe-XVIIIe s. 25,8 (1997). **St-Lazare** chevalier XVIIIe s. 20 à 25. **Ordre de St-Louis,** croix Régence 6 (1997), commandeur XVIIIe s. 40 (1987), Restauration 25, chevalier XVIIIe s. 4 à 18, Restauration 3 à 5 (aux fleurs de lys). **Ordre de St-Michel**, croix réduite 8,5 (1997). **Institution du Lys** (Restauration) 0,7 à 3,5. **Mérite militaire** commandeur XVIIIe s. 100, chevalier XVIIIe s. 30. **Médaillon de vétérance** 3 à 4, double (48 ans de service) 40. **Couronne de fer** 21 (1986). **Ordre impérial de la Réunion** 29 (1992), 16,2 (chevalier, 1993). **Légion d'honneur** Ier Empire : grand aigle 115, commandant 54,5 (1999), officier 1er type 25, 2e type 25, 3[e] type 13,8 (1997), chevalier 1er type 10,3, 3[e] type 5,5 ; Restauration : grand-croix 40 à 50, chevalier 2 ; plaque grand officier monarchie de Juillet 17,5, commandeur (des « Cent gardes ») 27 (1997) ; II[e] Rép. : grand-croix 100, chevalier 2,5. Présidence ensemble grand-croix 51 (1994) ; II[d] Empire : grand-croix 36 (1999), chevalier 0,7 à 0,9. III[e] Rép. : grand-croix 10. **Médailles militaires** II[d] Empire : 1er type 4 à 6, 2[e] type 0,7 à 0,9 ; III[e] Rép. : 3[e] type 3,5 à 4, ensuite 0,15 à 1,650, *de Chine* 1,8, *de la Baltique* 1,35, *du Mexique (1863)* 0,8 (2000). **Croix de guerre** dite *LVF :* 4,8 (1999), **de compagnon de la Libération** 0,75 (1999).

■ **Coloniales :** ensemble de grand-croix : du *Ouissam hafidien* (Maroc) grand officier 4,2 (1994). *Ouissam alaouite* 28 (1997). *Nicham Iftikar* (Tunisie) grand'croix 2 à 3,5, plaque brillants 1er modèle 32,5 (1996). *Dragon d'Annam* (Annam puis Indochine) officier 0,95 (1999). *Kim-Khanh* (Annam) 4,5 (1999).

■ **Étrangères :** **Allemagne :** *couronne de Westphalie* (créée par Jérôme Bonaparte 1809, supprimée 1814) grand commandeur 100 (1994). **Autriche :** *Couronne de fer,* collier 36 (1997) ; *Léopold*, chevalier, modèle ancien 14,5 (1997) ; *François-Joseph*, grand-croix 3,6. **Danemark :** *Éléphant blanc,* plaque de chevalier 10,1 (1997). **Deux-Siciles :** *François Ier*, ensemble grand-croix 30 (1997). **Espagne :** *Isabelle la Catholique,* ensemble grand-croix 4,1 (1999) ; *Charles III,* collier vermeil 20 (2000) ; *Toison d'or* début XXe s. 8 (2000). **Finlande :** *Lion,* grand-croix 3,6 (1992). **Grande-Bretagne :** *ordre du Bain*, ensemble grand-croix militaire 20 (1997). **Inde :** *couronne d'Inde* 69 (1878). **Italie :** *St-Maurice* et *St-Lazare,* grand-croix 5. **Jordanie :** *ordre de la Renaissance*, plaque avec diamants 32 (1997). **Maroc esp. :** *Mehdavia,* collier 17 (1997). **Monaco :** *St-Charles,* ensemble grand-croix 4,6 (1999). **Pays-Bas :** *Orange-Nassau*, plaque commandeur 2,5. **Russie :** *Aigle blanc*, ensemble chevalier 45,4 (1997), *St-Stanislas,* grand-croix 12 (1997), *St-Alexandre Nevsky,* plaque militaire 31,5 (1999), *Ste-Anne*, grand-croix militaire 32 (1997), *médaille du zèle* (1re classe) 9 (2000). **Serbie :** *Miloch le Grand*, chevalier 10,1 (1997). **Suède :** *épée de Suède*, chevalier 1,9. **Syrie :** *Omeyyades,* ensemble grand-croix 11 (1997). **Thaïlande :** *Éléphant blanc,* ensemble grand-croix 4,9 (1999). **Turquie :** *Medjidié,* ensemble grand-croix 3,8 (1999). **Venezuela :** *Bolivar*, plaque 1,5 (1997). **Zanzibar :** ensemble grand-croix 19 (1997).

MÉDAILLES D'HONNEUR CIVILES

■ **Médailles pour actes de courage et de dévouement.** Consacrées par décision royale de Louis XVIII du 2-3-1820 ; l'usage remontait à l'Ancien Régime, elles étaient à l'origine non portables. Rendues portables pour les marins par décret de Louis-Philippe (12-4-1831) puis pour tous les décorés. Modèles divers à l'effigie des souverains successifs, puis à celle de la République. **Les préfets, par délégation du ministre de l'Intérieur,** décernent des récompenses (environ 400 par an) pour des traits de courage et de dévouement hors des eaux maritimes : lettre de félicitations, médailles de bronze, d'argent de 2e cl., de 1re cl., de vermeil et d'or. **Le ministre de la Défense (marine) et le ministre chargé des Transports (marine marchande)** attribuent des distinctions à l'occasion d'actes de dévouement et de sauvetage, suivant les risques courus : lettre de félicitations, mention honorable, médailles d'honneur, de bronze, d'argent de 2e classe, de 1re cl., vermeil, or de 2e cl., de 1re cl. *Marine :* actes accomplis par les militaires de la Marine nationale en activité de service, ou à terre dans un arsenal de la Marine et en général dans tout établissement de la Marine, par du personnel militaire ou civil en service ayant eu pour objet de porter secours à un bâtiment de la Marine nationale ou à un appareil de l'Aéronautique navale, quelle que soit la qualité de la personne à récompenser. *Marine marchande :* actes accomplis en mer ou rivière, dans les eaux soumises au régime des affaires maritimes, lorsque ces actes ne relèvent pas de la compétence de la Marine nationale. **Ruban :** tricolore de 3 cm de large, bandes verticales et égales (avec rosette pour la médaille d'or, avec ancre d'or et rosette pour la médaille d'or de la Marine).

■ **Médaille des Épidémies.** **Créée** par décret du 31-3-1885 après l'épidémie de 1884 pour récompenser les personnes qui se sont signalées par leur dévouement. **N'est plus attribuée** depuis le 30-10-1962 (création de la médaille d'honneur du Service de santé des armées).

■ **Médaille de la Famille française.** **Créée** 26-5-1920 pour encourager la natalité, après les pertes en vies humaines de la guerre 1914-18. Le décret n° 82-938 du 28-10-1982 et l'arrêté du 15-3-1983 ont modifié les conditions d'attribution. **Conférée** aux pères et/ou mères de famille mariés qui élèvent ou qui ont élevé dignement de nombreux enfants, afin de rendre hommage à leurs mérites et de leur témoigner la reconnaissance de la nation. *Remise :* chaque année à l'occasion de la fête des Mères. **Modèles :** de bronze (4 ou 5 enfants) ; veuves de guerre non remariées : 3 enfants dont l'un ayant moins de 5 ans à la mort du père ; d'argent (6 ou 7 enfants) ; d'or (8 enfants ou plus). Sont pris en compte enfants légitimes ou adoptés, et enfants recueillis au foyer. Demandes ou propositions doivent être déposées à la mairie de la résidence habituelle ; après avis de la commission départementale, le préfet attribue la médaille. À l'étranger, demandes ou propositions au consulat français (médaille conférée par arrêté du ministère des Affaires sociales, après avis d'une commission supérieure). **Médaille** *(décret du 28-10-1982)* : à l'avers une famille : père, mère et 3 enfants, et l'inscription « Famille française » (avant 1982, une mère tenant un enfant dans ses bras) ; au revers les mots « République française ». **Ruban :** 1 bande médiane vert lumière entre 2 bandes rouge ponceau ; pour médailles d'argent et d'or : porte une rosette aux couleurs du ruban. **Insignes :** même couleur, nœud de ruban (pour médaille de bronze), rosette (médaille d'argent et d'or). **Médailles décernées :** *depuis 1921 :* 918 945 (dont bronze 665 730, argent 168 090, or 85 135) au 1-1-1980 ; *en 1996 :* 11 754 (dont bronze 7 405, argent 2 580, or 1 769).

■ **Médailles d'honneur.** **De l'Administration pénitentiaire** (6-7-1896). **De l'Aéronautique** (décrets 12-1-1921, 23-2-1937 modifié 14-2-1978 : bronze 25 ans de services, argent 30, vermeil 35, or 40). **Des Affaires étrangères :** *créée* par ordonnance royale du 28-7-1816 puis décret du 6-7-1887, pour récompenser les actes de courage et de dévouement rendus à la France par des Français et des étrangers en territoire étranger (vermeil, argent ou bronze) ; modèles civils et militaires. **Agricole** (arrêté du 31-12-1883, décret du 17-6-1890, pour ouvriers agricoles, 15 par an). **De l'Assistance publique. Des Cantonniers et Agents subalternes. Des Chemins de fer** (19-8-1913, argent 25 ans de service, vermeil 35, or 38). **Communale** (7-6-1945). **Des Douanes** (décret du 14-7-1894 ; 100 d'entre elles ont récompensé des douaniers résistants). **Des Eaux et Forêts** appelée aussi *médaille forestière* (15-5-1883). **De l'Éducation surveillée** (10-4-1945). **De l'Enseignement du 1er degré** (loi du 30-10-1886, confirmant la médaille *créée* par Louis XVIII). **Des Halles et Marchés** (22-6-1900). **De la Jeunesse et des Sports** (décret 14-10-1969 ; *créée* 4-5-1929, sous le nom de médaille de l'Éducation physique, *3 degrés :* bronze 8 ans d'ancienneté, argent 12, or 20). **De la Marine marchande** (2-3-1820, 14-12-1901). **Des Marins du commerce et de la pêche** (14-12-1901) : *promotions :* 2 par an (mars et septembre), environ 300 médailles ; les marins comptant 300 mois de navigation, et dont les bons et loyaux services ont été reconnus, peuvent, sur la proposition des directeurs de l'administration de la mer, recevoir du ministre chargé de la Mer un diplôme d'honneur et une médaille d'argent. **De la Mutualité** (*créée* 1852, attribuée par le ministre des Affaires sociales). **Des Personnels civils du ministère de la Défense :** *échelons :* or décerné par le ministre, bronze (décerné après 20 ans de service), argent et vermeil décernés par les autorités locales (*en 1994 :* or 490, vermeil 1 684, argent 2 242, bronze 3 787 ; *1995 :* or 390). **De la Police française** (30-4-1903 ; argent, avec étoile en argent sur le ruban si décernée pour acte exceptionnel ou à titre posthume, environ 5 000 par an). **Des Postes et Télégraphes** (22-3-1882, bronze et argent et 1-12-1913, or). **Régionale, départementale et communale** (2-7-1987 remplaçant la médaille départementale et communale, 9 000 à 12 000 par an) [1]. **Des Sapeurs-Pompiers** (16-2-1900 puis 12-12-1934, argent, vermeil et or pour l'ancienneté ; argent et vermeil avec rosette pour acte exceptionnel ; 5 000 à 7 000 par an) [1]. **Du Service de santé des armées** (30-8-1962) : décernée par le ministre de la Défense aux personnes qui ont apporté ou prêté leur concours dans le domaine de la santé et se sont particulièrement distinguées par leurs services ou leur dévouement. Peut être attribuée à titre posthume et à titre étranger (or, vermeil, argent, bronze). **Des Stés musicales et chorales** (24-7-1924). **Des Syndicats professionnels** (14-2-1933). **Du Travail** (16-7-1886, vermeil 18-10-1913 puis 15-5-1948, 4-7-1984) [1] : argent 20 ans (chez 4 employeurs en France), vermeil 30, or 38, grande médaille d'or 43. **Des Travaux publics** (1-5-1897). **De la Voirie départementale et communale** (26-5-1898).

Nota. – (1) Attribuée par les préfets depuis 1-1-1969.

■ **Tarifs des décorations neuves** (en F, au 31-7-2000, TVA 19,60 % incluse), *modèle ordonnance. Abréviations :* or : o ; argent : a ; bronze : b ; vermeil : v. **Médailles commémoratives :** 367,34 a (Chine et Maroc), 104,95 b argenté (campagne d'Italie). **Croix de guerre :** 85,27 b. **Médaille militaire :** 367,34 a. **Médaille des Services militaires volontaires :** 331,26 v, 295,18 a, 85,27 b. **Légion d'honneur :** chevalier 950 a, légionnaire 1 330 a ; officiers 1 110 v, légionnaire 1 350 v ; commandeur 2 280 v ; grand-croix, croix 2 685 v ; grand officier plaque 3 140 a ; grand-croix plaque 3 450 v. **Mérite :** chevalier 950 a ; officiers 1 110 v ; commandeur 2 280 v ; grand-croix, croix 2 685 v ; grand officier plaque 3 140 a ; grand-croix plaque 3 450 v. **Palmes académiques :** chevalier 365 a ; officier 415 v ; commandeur 1 440 v. **Médaille commémorative française :** 115 b. **Médaille d'honneur du Travail** (gravure comprise) : 20 ans 308,3 a ; 30 ans 311,58 v ; 38 ans 462,45 v, 4 198,13 o ; 43 ans 514,93 v, 4 460,51 o.

■ **Droits de chancellerie.** Frais d'inscription à payer lors de l'admission dans un ordre. Perçus pour les ordres nationaux (Légion d'honneur, ordre du Mérite) et étrangers non reçus pour fait de guerre.

Ordres et décorations n'étant plus attribués

■ **Ordres de mérite ministériels.** La *création* (3-12-1963) de l'ordre national du Mérite entraîna la suppression, dès le 1-1-1964, d'ordres ministériels particuliers, qui se composaient tous de 3 grades, chevalier, officier et commandeur : **Mérite artisanal** (*créé* 1-6-1948, *ruban* gris, argent et bleu roi) ; **Mérite civil** (*créé* 14-10-1957, *ruban* bleu marine, blanc et noir). **Mérite civil du ministère de l'Intérieur** (*créé* 24-10-1957) ; **Mérite combattant** (*créé* 14-9-1953, *ruban* vert foncé et jaune d'or) ; **Mérite commercial** (*créée* 27-5-1939, *ruban* gris, argent et or) ; **Mérite commercial et industriel** (*créé* 1953) ; **Mérite de l'Économie nationale** (*créé* 6-1-1954, *ruban* safran) ; **Mérite militaire** (*créé* par la loi du 22-3-1957) pour sanctionner, en temps de paix, les activités volontaires des cadres réservistes et actifs dans l'instruction des réserves et la préparation de la défense nationale. *Grades :* chevalier, officier, commandeur. *Ruban :* milieu rouge, encadré de bandes bleu roi de même largeur et liseré blanc. *Rosette* pour les officiers, sur galon argent pour les commandeurs. *Croix décernées :* 1 299 commandeurs ; 3 223 officiers ; 10 080 chevaliers. **Mérite postal** (*créé* 14-11-1953, *ruban* jaune et noir) ; **Mérite saharien** (*créé* 4-4-1958) ; *insigne :* croix d'Agadès surmontée d'un bijou saharien formant un anneau ; *ruban* jaune sable avec un double filet bleu ; 3 grades ; ne fut pratiquement plus attribué quand les territoires sahariens ne relevèrent plus de l'autorité française (5-7-1962). **Mérite de la Santé publique** (*créé* 18-2-1938, remplaçant les médailles d'honneur de l'Assistance publique, de l'Hygiène publique et de la Protection des enfants du 1er âge, *ruban* bleu) ; **Mérite sportif** (*créé* 1956, *ruban* bleu clair et jaune) ; **Mérite social** (*créé* 25-10-1936, se substituant aux médailles de la Mutualité, de la Prévoyance et des Assurances sociales ; ruban orange entre 2 étroites bandes bleues) ; **Mérite touristique** (*créé* 27-5-1949, *ruban* bleu azur, vert, or, rouge) ; **Mérite du Travail** (*créé* 21-1-1957, *ruban* vert sombre, blanc et rouge).

■ **Médaille de la Reconnaissance française.** *Instituée* par le décret du 13-7-1917 et reprise par celui du 14-9-1945 pour personnes ou collectivités qui se sont distinguées par leur dévouement à la cause française au cours des guerres de 1914-18 et 1939-45 (en dehors de toute activité militaire). **Échelons :** vermeil, argent et bronze. N'est plus attribuée depuis le 14-2-1959. **Médailles attribuées :** environ 15 000.

État français (1940-44)

■ **Francisque gallique.** **Origine :** symbole créé en septembre 1940 par le capitaine (de réserve) Ehret, façonnier du bijoutier Van Cleef, et reproduit à des millions d'exemplaires sur des supports variés. *Décoration créée,* approuvée et régie par les dispositions des arrêtés du 26-5-1941 signés par Darlan, de la loi du 16-10-1941 (la francisque était distribuée au nom du maréchal de France par un conseil de 12 membres nommé par lui ; ce même conseil avait le pouvoir de révoquer les autorisations précédemment accordées ; nul ne pouvait porter cet insigne s'il n'avait reçu la carte d'autorisation spéciale du chef de l'État) et les décrets des 14-3-1942 et 31-7-1942. **Insigne :** 26,5 mm de haut sur 19,4 mm de large, rappelle la forme de la pseudo-hache à double tranchant des guerriers francs (c'était en fait une arme de jet à 1 fer). Le bâton de maréchal émaillé de bleu, à 10 étoiles et extrémités dorées, est le manche où s'attachent 2 fers émaillés de tricolore. **Attribution :** directement décernée par le Mal Pétain, ou attribuée après étude du dossier par un conseil de 12 membres nommés par le maréchal (Pt : Gal Brécard, grand chancelier de la Légion d'honneur, nommé par décret du 1-8-1942). Le candidat devait avoir 2 parrains, « présenter des garanties morales incontestées et remplir deux des conditions ci-après : avant la guerre, avoir pratiqué une action politique nationale et sociale, et conforme aux principes de la Révolution nationale ; manifester depuis la guerre un attachement actif à l'œuvre et à la personne du maréchal ; avoir de brillants états de services militaires ou civiques ». Il devait prêter ce serment : « Je fais don de ma personne au Mal Pétain comme il a fait don de la sienne à la France. Je m'engage à servir ses disciples et à rester fidèle à sa personne et à son œuvre. » **Nombre attribué :** une liste de 2 626 titulaires, dont 3 femmes, a été reconstituée par la Haute Cour en 1945 (les archives du Conseil de la francisque ayant été détruites). De nombreux décorés ont poursuivi sous les IVe et Ve République leur carrière politique (certains acceptaient cette décoration comme « couverture » de leurs activités dans la Résistance, exemple : François Mitterrand, n° 2 202).

■ **Ordres coloniaux français** (supprimés depuis la création de l'ordre du Mérite). **Ordre royal du Cambodge** (8-2-1864) *homologué* ordre colonial le 12-1-1897 ; 5 classes, *ruban* rouge avec liseré blanc. **Du Dragon d'Annam** (14-3-1886) *fondé* par l'empereur Dang-Khang, *homologué* 10-5-1896 ; 5 classes, *ruban* blanc (pour les militaires), vert (pour les civils) avec liseré orange. **De l'Étoile d'Anjouan** (1874) *fondé* par Saïd Mohammed, sultan d'Anjouan (Comores), *homologué* 12-9-1896 ; 5 classes, *ruban* bleu pâle, 2 raies orange à chaque bord. **De l'Étoile noire,** ex-du Bénin (30-8-1892) *fondé* par le roi Toffa de Porto-Novo (Bénin), *homologué* 10-5-1896 ; 5 classes, *ruban* bleu clair. **Du Nicham el-Anouar** (14-10-1887) *fondé* par le sultan de Tadjourah (territoire de Djibouti), *homologué* 10-5-1896 ; 5 classes, *ruban* bleu roi, bande blanche. **De Saïd-Ali** (ou **De l'Étoile de Comores**), 5 classes et **De l'Étoile de Moheli,** 5 classes ; *créés* par leurs sultans mais non homologués par la France.

■ **Autres ordres (non décernés par la France).** **Nicham Iftikar** (Tunisie) *créé* par le bey Mustafa le 20-5-1837, *ruban* jaune à 2 bandes rouges. **Nicham-Hafidien** (Maroc) *créé* 1912, *ruban* rouge à bandes blanches. **Ouissam alaouite** (Maroc) *créé* par un dahir du sultan Moulay Youssef et du Gal Lyautey le 15-5-1913 (remplace le précédent), *ruban* orange clair, liseré blanc. Pendant la période des protectorats, ces ordres étaient fréquemment remis à des personnalités ayant rendu service à la France en pays islamique.

■ **Ordre national du Travail.** *Institué* et régi par les décrets des 1-4-1942 et 16-4-1943. **Destiné** « à distinguer les personnes qui ont marqué leur activité professionnelle d'une qualité technique rare, ou d'un sens social élevé, ou d'un dévouement particulier et soutenu à la profession et à la nation ». Il fallait être Français, avoir au moins 35 ans, jouir de ses droits civils et justifier d'au moins 10 ans de services professionnels. **Conseil de l'Ordre** (institué auprès du secrétaire d'État au Travail et présidé par lui) : 12 membres dont 2 employeurs, 2 agents de maîtrise, 2 artisans, 2 employés et ouvriers. **Insigne :** croix à 8 pointes pommetées, en argent, émaillée de bleu foncé, reposant sur une couronne de palme et laurier en vermeil ; centre en vermeil, à l'effigie du Mal Pétain, portant en bandeau : « Philippe Pétain, chef de l'État » ; au revers : francisque gallique et en bandeau : « Ordre national du Travail ». **Ruban :** bleu de France avec raie rouge près de chaque bord. **Grades :** chevalier, officier, commandeur. **Nominations :** 2, de 100 chevaliers chacune, les 1-4-1943 et 28-4-1944, à l'occasion de la fête du Travail.

■ **Croix de guerre.** Modèle 1939-1940. **Ruban :** vert et noir.

■ **Croix du combattant.** Modèle 1939-1940. **Ruban :** bleu ciel et noir.

■ **Croix de guerre, dite LVF.** *Instituée* pour la Légion des volontaires français (LVF) combattant avec les Allemands sur le front de l'Est. **Croix** : inspirée de la croix de guerre, sans épées croisées. **Ruban :** vert et noir. Très rare.

■ **Médaille du Mérite de l'Afrique noire française (médaille de Dakar).** *Instituée* par le décret du 26-6-1941. **Destinée** « à récompenser les actes de courage, la distinction des services et les marques de loyauté du personnel européen et indigène de toutes catégories dans les territoires de l'Afrique noire et de la Côte française des Somalis ». **Attribuée** (par délégation du secrétaire d'État aux Colonies) « par le haut commissaire de l'Afrique française et le gouverneur de la Côte française des Somalis ». **Insigne :** médaille de bronze, ronde ; à l'avers, glaive targui brochant sur la carte de l'Afrique ; au revers, ancre, croissant et étoile à 5 branches. **Ruban :** bleu pâle avec fines raies rouges et vertes près de chaque bord.

■ **Médaille Coloniale.** *Légende* « État français » en exergue.

■ **Médaille commémorative du Levant.** (Voir p. 587 c). **Destinée** « à remplacer la médaille commémorative de Syrie-Cilicie » (qui cesse d'être attribuée, voir p. 587 c) « pour services rendus postérieurement au 25-6-1940 ». **Insigne et ruban :** similaires à ceux de la médaille de Syrie-Cilicie, mais avec barrette portant « Levant 1941 ».

☞ *Ces décorations, ordres et médailles* n'ont plus d'existence légale depuis août 1944.

Ordres privés

Ne peuvent être portés depuis 1988 qu'en privé ou dans les réunions des membres des fédérations ou Stés concernées : *croix du Combattant de l'Europe :* Confédération européenne des Anciens Combattants, Gaston Meuwis, 28, rue Reine-Astrid, B-5030 Gembloux, Belgique. *Médaille franco-britannique :* Association franco-britannique, 14, rue Habrecht, 67000 Strasbourg, *Médaille du Souvenir français :* 9, rue de Clichy, 75009 Paris. *Éducation civique. Courtoisie française. Œuvre humanitaire. Le Mérite.*

☞ **Les phalères romaines** sont à l'origine des médailles : plaques de bronze rondes, fixées sur les cuirasses, elles pouvaient être remplacées par des colliers (torques), des javelots d'honneur ou des bracelets. Elles ornèrent aussi les enseignes des centuries. Les Romains avaient emprunté cette coutume aux Grecs (couronnes) et peut-être aux Égyptiens (colliers). On appelle *phaléristique* la science des décorations.

Décorations et ordres étrangers

☞ Liste non limitative. *Abréviations :* chev. : chevalier ; cl. : classe ; comm. : commandeur ; div. : division ; off. : officier ; O. : ordre ; méd. : médaille.

■ **Allemagne.** Nombreux grades (feuilles de chêne, avec glaives, etc.). **Pour le mérite (Friedensklasse)** *créé* 1842 par Frédéric-Guillaume IV de Prusse. Réservé aux savants, hommes de lettres, peintres, sculpteurs et musiciens ; décerné par un conseil privé non étatique. **Ordre du mérite de la République fédérale d'Allemagne** *créé* 1951 ; 8 cl. **Croix d'honneur de l'insigne d'honneur de la Bundeswehr** *créée* 1980 ; 4 cl. ; décernée par le ministre fédéral de la Défense, principalement aux militaires. Confère aussi méd. de sport pour handicapés et méd. de la brigade de sauvetage minier. Certaines décorations sont décernées par les Länder.

☞ Ne sont plus décernés aujourd'hui : **Prusse : O. de l'Aigle noir** *créé* 18-1-1701 par Frédéric Ier ; **de l'Aigle rouge** *créé* 1705 (O. de la Fidélité par Georges-Guillaume margrave de Brandebourg) réorganisé 13-7-1734 ; **du Mérite militaire** *créé* 1740 par Frédéric II (O. pour le mérite) pour remplacer l'O. de la Générosité ; nom changé 18-1-1810 ; **prussien de St-Jean de Jérusalem** *créé* 23-5-1812 ; **de la Croix de fer** *créé* 10-3-1813 par Frédéric-Guillaume III. 2 cl. et 1 grand-croix, décernée 19 fois (dernière à Goering) ; en 1939, Hitler y ajouta le *Ritterkreuz* (croix de chevalier avec des grades) ; **de la Couronne** *créé* 18-10-1861 par Frédéric-Guillaume Ier ; **de Louise** *créé* 3-8-1814 par Frédéric-Guillaume III pour les dames ; **du Mérite** *créé* 23-5-1871 par Guillaume Ier pour les dames ; **ordre du mérite de l'Aigle allemand** *fondé* 1937 pour les étrangers, 6 cl. ; **Deutsches Kreuz,** la plus haute décoration décernée par Hitler pendant la guerre ; 2 cl. ; **croix du Mérite militaire** *instituée* pendant la guerre de 1939-45.

■ **Autriche-Hongrie (ordres disparus) : O. de la Croix étoilée** *créé* 1668 (féminin). **O. militaire de Marie-Thérèse** *créé* 12-12-1758. **O. de St-Étienne** *créé* 5-5-1764. **O. de Léopold** *créé* 8-1-1808. **O. militaire de la Couronne de fer** *créé* 5-6-1805 par Napoléon, incorporé 12-2-1816 par l'empereur François Ier. **O. de François-Joseph Ier** *créé* 2-12-1849. **O. d'Élisabeth** *créé* 1898 (féminin). **Autriche (actuelle) : décorations d'honneur pour services rendus à la République** *créées* 1952-55. 5 groupes et 1 cl. spéciale. **Insigne d'honneur pour les Sciences et l'Art** *créé* 1955. 1 cl. Réservé à 36 Autrichiens et 36 étrangers. **Croix d'honneur pour les Sciences et l'Art** *créée* 1956. 2 cl. **Insigne d'honneur pour Services rendus pour la libération de l'Autriche** *créé* 1976.

■ **Bade. O. de la Fidélité** *créé* 17-6-1715. **O. de Charles-Frédéric** *créé* 4-4-1807. **O. du Lion de Zaeringhen** *créé* 26-12-1812.

■ **Bavière. O. de St-Georges** *créé* 28-3-1729. **O. de St-Hubert** *créé* 1444. *O. féminins :* **Ste-Elizabeth** *créé* 13-10-1766, **Ste-Thérèse** *créé* 12-12-1827.

■ **Belgique. Ordre de Léopold** *créé* 11-7-1832. 5 cl. : chevalier, off., comm., grand off., grand cordon ; le roi, grand maître, a droit à un collier (comme tous les grands cordons) mais ne le porte jamais, de même que les grands cordons ; ce collier est visible dans les armoiries du roi et du royaume (il y en a 1 exemplaire au musée de la Dynastie). *Ruban :* ponceau à l'origine, puis amarante moirée. **Décoration civique** *créée* 21-7-1867. 2 cl. pour ancienneté et pour actions d'éclat. **Croix militaire** *créée* 11-2-1885. 2 cl. **Ordre de l'Étoile africaine** *créé* 30-12-1888 par Léopold II pour services rendus au Congo. 5 cl. et méd. (or, argent, bronze). N'est plus conféré depuis 1960. **O. royal du Lion** *créé* 9-4-1891 pour services rendus au Congo. 5 cl. et méd. (or, argent, bronze). N'est plus conféré depuis 1962. **O. de la Couronne** *créé* 15-10-1897 et complété 25-6-1898. 5 cl. : chev., off., comm., grand off., grand-croix et, en outre, des palmes (or, argent), des méd. (or, argent, bronze). *Ruban :* rouge-brun moiré. **O. de Léopold II** *créé* 24-8-1900, modifié 1908. 5 cl. : chev., off., comm., grand off., grand-croix et des méd. (or, argent, bronze). *Ruban :* bleu foncé moiré avec rayure noire. **Décoration militaire** *créée* 22-12-1873, remaniée 15-9-1902, rénovée 8-7-1952. 2 cl. (1 ancienneté, 1 mérites spéciaux). **Croix de guerre 1914-18** *créée* 25-10-1915 et **1940** *créée* 20-7-1941 ne sont plus conférées ; nouvelle *créée* 3-4-1954 pour l'avenir. **Médaille du Militaire** combattant de la guerre 1940-45 *créée* 1967. **Plaquettes** d'hommage pour activité professionnelle et pour dévouement social *créées* 1970. **Médaille du Résistant au nazisme** dans les régions annexées *créée* 1985. **Ordre de préséance :** O. de Léopold. O. de l'Étoile africaine. O. royal du Lion. O. de la Couronne. O. de Léopold II. Décoration militaire (art. 4). Croix de guerre 1914-18, 1940-45, 1954.

■ **Brésil. Ordres impériaux disparus** (mais toujours conférés par le chef de la famille impériale) : **O. de Pierre Ier** *créé* 16-4-1826. **O. de la Rose** *créé* 17-10-1829. **O. de la Croix du Sud** *créé* 1-12-1822. **Ordres décernés : O. académique de St-François d'Assise. O. de Christophe Colomb** *créé* 1890. **O. du Mérite national** *créé* 1946. **O. du Mérite naval** *créé* 1946.

■ **Brunswick-Lunebourg. O. d'Henri le Lion** *créé* 25-4-1834.

■ **Bulgarie. Ordres disparus : O. de la Bravoure** *créé* 1879. **O. de St-Alexandre** *créé* 1881. **O. du Mérite civil** *créé* 1891. **O. du Mérite militaire** *créé* 1901. **O. des Saints Cyrille-et-Méthode** *créé* 1909. Le roi Siméon II (détrôné) a conféré l'**O. des Saints Cyrille-et-Méthode** à des chefs d'État et de **St-Alexandre** à d'autres personnalités.

■ **Canada. O. du Canada** *créé* 1-7-1967. *Souveraine :* Sa Majesté Élisabeth II. *Chancelier et Compagnon principal :* le gouverneur général. *3 grades :* compagnons (150), officiers, membres. Seul ordre avec collier (réservé au gouverneur général). Depuis 1967, plus de 4 000 personnes décorées. 13 ordres, décorations et médailles (O. du Mérite militaire, croix de vaillance, Étoile du courage, etc.).

■ **Chine. Ordres disparus : O. du Dragon** *créé* 1863. **O. du Double Dragon** *créé* 1882. 3 cl. en 3 degrés, aboli 1912. **O. du Tigre rayé** *créé* 1912. 3 cl. en 3 degrés. **O. du Précieux Grain d'or** *créé* 1912. 5 cl. **Ordre du Jade brillant** *créé* 1933. 3 cl. en 3 degrés. **Créés après 1912 : O. du Tigre tacheté, O. du Jade, O. de l'Épi d'or, O. du Mérite.**

■ **Danemark. O. de l'Éléphant** *fondé* 1462. *Règle* écrite en 1692 sous Christian V. Classe unique. Autrefois destiné à récompenser la noblesse pour les services émérites rendus au pays ; aujourd'hui réservé aux chefs d'État et Pces ; 1 ou 2 Danois en font partie (au XIXe s., H. N. Andersen y fut admis ; au XXe s., Niels Bohr). **O. du Dannebrog** *fondé* 1671, modifié 1808. 4 cl. et croix d'honneur.

■ **Deux-Siciles (O. royaux des). O. Constantinien de St-Georges.** Selon la légende, Constantin, empereur de Byzance, aurait créé en 312 une milice constantine de St-Georges, réformée en 1190 par l'empereur Ange Comnène. L'ordre date en réalité du XVIe s. En 1697, Ange-André-Flave Comnène, dernier descendant des fondateurs, en céda à Jean-François Farnèse, duc de Parme, la grande maîtrise (ce qui fut reconnu par le pape et l'empereur) qui, au XVIIIe s., revint aux Bourbons de la branche des Deux-Siciles. Marie-Louise, archiduchesse d'Autriche, ex-impératrice des Français qui, devenue duchesse de Parme, se déclara grande maîtresse du Constantinien, fonda en fait un nouvel ordre de mérite civil le 23-8-1816, repris à sa mort par Charles-Louis II Ferdinand de Bourbon, duc de Parme, en 1847. Certains princes de Bourbon-Parme le portent encore (le Pce Hugues Charles duc de Parme se dit grand maître et donne l'ordre). **O. de St-Janvier** *fondé* 1738 par le roi Charles (futur Charles III d'Espagne) ; conféré par le duc de Calabre.

Nota. – 2 princes appartenant à 2 branches des Bourbons des Deux-Siciles [issues d'Alphonse, Cte de Caserte (1841-1934)] prétendent au trône et à la grande maîtrise de ces ordres. Le duc d'Anjou, le Cte de Barcelone, le roi d'Espagne, le duc de Parme Robert II, etc. ont reconnu l'aîné, Charles, duc de Calabre, infant d'Espagne (né 1940), pour grand maître et chef de famille.

■ **Égypte. Ordres disparus : O. de Méhémet-Ali** *créé* 1915. **O. d'El-Kémal** *créé* 1915. **O. d'Ismaïl** *créé* 1922. **O. de Fouad Ier** *créé* 1936. **Ordres décernés : O. du Nil** *créé* 1915. **O. de la République** *créé* 1953. **O. du Mérite** *créé* 1953.

■ **Espagne. O. de la Toison d'or** (voir encadré col. c). **O. royal de Charles III** *créé* 19-9-1771 par Charles III (1 cl.), réorganisé 1804 (2 cl.), 1847 (4 cl.). 5 cl. Encore décerné. **O. militaire de St-Herménégilde** *créé* 28-11-1814 par Ferdinand VII. 3 cl. **O. militaire de St-Ferdinand** *créé* 31-8-1811, réorganisé 1815. 5 cl. **O. royal d'Isabelle la Catholique** *créé* 24-3-1815 par Ferdinand VII. Récompense des mérites dans les pays hispano-américains ou dans des affaires avec ces pays. 4 puis 5 cl. **O. de Marie-Christine** (ou **croix de guerre**) *créé* 1890 par Alphonse XIII. 3 cl. Réorganisé 1937. 2 cl. **O. du Mérite civil** *créé* 1926. **O. du Mérite militaire** *créé* 1864 par Isabelle II. 2 divisions de 4 cl. **O. du Mérite naval** *créé* 1891. 2 div. de 4 cl. **O. civil d'Alphonse XII** *créé* 1902. 4 cl. Remplacé par l'ordre d'Alphonse X le Sage. **O. de Marie-Louise** *créé* 19-3-1792 par Charles IV pour les dames, décerné par le Cte de Barcelone ; ne semble plus devoir être attribué (8 personnes en font partie). **O. de Bienfaisance** *créé* 1856 par Isabelle II. **O. impérial du Joug et des Flèches** *créé* 1937 par Franco. 5 cl., n'est plus attribué. **O. d'Alphonse X le Sage** *créé* 1939. 3 cl., donné par l'Éducation nationale. **O. de Cisneros. O. de Saint-Raymond de Peñafort** (ministère de la Justice) *créé* 1945. 5 cl. **O. du Maroc espagnol ; ordres de Mehdavian, de Hassania** *créé* 1949, **d'Afrique** *créé* 1933, renouvelé 1950.

Pour 4 grands ordres chevaleresques (St-Jacques, Calatrava, Alcantara, Montesa), il n'y avait plus de nominations depuis 1931 sans l'accord du pape, leur chef naturel (car religieux) mais, en 1978, on a laissé ces organisations devenir de simples associations. Aujourd'hui, le grand maître est le roi Juan Carlos Ier qui délègue ses pouvoirs au duc de Calabre en tant que doyen Pt du Conseil et tribunal des ordres. Le pape considère toujours l'évêque de Ciudad Real comme le prieur des 4 ordres militaires.

■ **États-Unis. Medal of Honor,** dite médaille du Congrès, car instituée par un vote du Congrès le 12-7-1862. *Nombre :* avant 1914 : 2 625 (liste révisée – 911) ; guerre 1914-18 : 123 ; 39-45 : 433 ; de Corée 131 ; Viêt Nam 239. *Insigne :* étoile blanche, ceinte de feuillage, portant l'effigie de l'Union. *Devise :* « Valor » ; *ruban :* bleu ciel, avec étoiles blanches. **Distinguished Service Cross** (2-1-1918). **Navy-Air Force Cross** (Navy 4-2-1919, Air Force 6-7-1910). **Distinguished Service Medal** (Army 2-1-1918, Navy-Marine Corps 4-2-1919, Air Force 6-7-1966, remplace l'Army Distinguished Service Order Personal Air Force). **Silver Star** (8-8-1932, accordée aux combattants cités à l'ordre du jour, mais non décorés ; 20 000 attribuées rétroactivement au titre de la guerre hispano-américaine ; Navy 7-8-1942). **Legion of Merit** (20-7-1942, attribuée aux citoyens non américains ; 4 grades : chief commander, commander, officier, légionnaire). **Distinguished Flying Cross** (2-7-1926). **Soldier's-Airman's-Navy-Marine Corps Medal** (Army 2-7-1926, Navy-Marine Corps 7-8-1942, Coast Guard 1951, Air 6-7-1960). **Bronze Star** (4-2-1944). **Air Medal** (11-5-1942). **Joint Service Commendation Medal** (25-6-1963). **Army-Navy-Marine-Air Force**

La Toison d'or

■ **Origine.** *Créée* le 10-1-1429, jour de son mariage avec Isabelle de Portugal, par Philippe le Bon, duc de Bourgogne ; statuts publiés à Lille le 27-11-1431. Le Ier chevalier de la Toison d'or fut Guillaume de Vienne, conseiller et chambellan du roi de France et du duc de Bourgogne. La souveraineté de l'Ordre, propriété héréditaire de cette maison, était, à défaut d'héritier mâle, destinée à l'époux de l'héritière jusqu'à la majorité du fils de celle-ci. La grande maîtrise passa donc à la maison d'Autriche quand, en 1477, Marie (fille de Charles le Téméraire, dernier duc de Bourgogne) épousa l'archiduc (ultérieurement empereur) Maximilien d'Autriche. Charles Quint légua la grande maîtrise de l'Ordre avec le trône d'Espagne à son fils Philippe II. Philippe V (petit-fils de Louis XIV) appelé à succéder à son grand-oncle Charles II (dernier Habsbourg d'Espagne) lia la Toison d'or à la couronne d'Espagne. Philippe V, roi d'Espagne, chef souverain de la Toison d'or, se qualifia duc de Bourgogne dans ses actes en français relatifs à l'Ordre. En 1712, le chef de la maison d'Autriche, l'empereur Charles VI, réclama l'Ordre avec la couronne d'Espagne, mit la main en 1714 sur le trésor qui sera en 1794 (avant que les Français prennent Bruxelles) transporté à Vienne (où il se trouve toujours), et s'affirma dès lors chef souverain. Depuis 1712, il y a donc eu 2 ordres de la Toison d'or, chacun contestant la légitimité de l'autre (la France ne reconnaît que l'ordre de la branche espagnole). *Chevaliers reçus entre 1430 et 1700 :* 618.

■ **Insigne** (commun aux 2 branches). Collier d'or composé d'une succession de 2 B enlacés et de « briquets » (rappelant la souveraineté sur les 2 Bourgognes) alternant avec des pierres environnées de flammes, auquel est appendue une dépouille de bélier d'or. Bijou composé d'une dépouille de bélier surmonté d'un « briquet » et de flammes, porté au col avec un ruban rouge, hors des cérémonies d'apparat (variantes selon les branches).

■ **Ordre de la branche autrichienne.** Il a conservé en partie les statuts de création : rituel d'admission avec adoubement par l'épée et serment solennel ; langue officielle : le français. Depuis la fin de la monarchie (1918), l'empereur Charles Ier (1887-1922), puis son fils, Othon d'Autriche, chefs souverains, ont continué à le conférer. Reconnu personnalité juridique de droit international par la République autrichienne (décret du 8-9-1953, par assimilation aux anciens ordres de religieux-soldats qui ont possédé jadis des territoires souverains). Les empereurs d'Autriche firent vivre l'Ordre en tant que ducs de Bourgogne jusqu'en 1918, le titre ducal bourguignon étant abandonné depuis 1804. Les actes rédigés en français par une administration indépendante de l'empire autrichien étaient ornés d'un sceau aux armoiries de Philippe le Bon. Exilé à Madère, l'empereur Charles Ier reconnut Alphonse XIII chef souverain de l'ordre espagnol ; son fils, Othon d'Autriche, confère l'ordre en français.

■ **Ordre de la branche espagnole.** Philippe V, Ferdinand VI et Isabelle II avaient uni l'ordre à la couronne d'Espagne, Isabelle II décida qu'il fallait l'accord du Conseil des ministres pour créer des chevaliers. Devenu ordre royal à caractère civil (décrets de 1847 et 1851). Il y eut quant au chef souverain au XIXe s. *3 dérogations* à la charte de fondation bourguignonne : le roi Joseph Napoléon (1808-13), non lié héréditairement à la maison de Bourgogne [les chevaliers qu'il nomma furent rayés des registres ainsi que les membres de la famille Bonaparte (sauf le Pce Eugène)] ; une femme (Isabelle II) de 1833 à 1868 ; un roi élu par les Cortes (Amédée Ier) de 1871 à 1873. *Décerné* même à des non-catholiques [souverains et princes de Russie, G.-B. (aussi à Wellington qui fut le Ier non-catholique nommé par les Cortes de Cadix), Allemagne, Japon, Turquie ; et à des non-nobles : exemple : Gaston Doumergue (Pt de la République française, protestant)]. Après la chute de la monarchie (1931) et jusqu'à sa mort, Alphonse XIII (1886-1941) ne fit aucune nomination. Depuis 1951, son fils, le Cte de Barcelone, duc de Bourgogne, chef de la maison royale d'Espagne, a conféré (en français) la Toison d'or à 6 personnes de sang royal. Après la renonciation du Cte à ses droits, en 1977, le roi Juan Carlos a nommé plusieurs Espagnols (tous décédés) et des souverains étrangers dont Charles XVI (roi de Suède), Jean (Luxembourg), Olav V (Norvège), Akihito (Japon), Hussein (Jordanie), Béatrice (Pays-Bas), Marguerite (Danemark), Élisabeth II (G.-B.), Albert II (Belgique), Harald V (Norvège). Les décrets furent alors rédigés en espagnol et contresignés par le Premier ministre. L'ordre est maintenant administré par la maison du roi, et son collier n'apparaît plus dans les armoiries du royaume.

Revenant sur ses renonciations (1933, 1943, 1949), don Jaime, duc de Ségovie, fils aîné d'Alphonse XIII, se proclama (Paris 1963) chef de la Toison d'or et la conféra (aucune liste des bénéficiaires). Les ducs de Bauffremont et de Polignac, titulaires aussi de l'ordre du St-Esprit de ce prince, en portent l'insigne. Les astronautes américains Borman, Lovell et Anders ont été nommés sur simple télégramme.

☞ Voir projet de Napoléon p. 581 c.

■ **La Rose d'or.** Distinction honorifique (orfèvrerie de prix) accordée par les papes à des étrangers de haut rang (en majorité des souverains). Selon une coutume ancienne, on bénissait une rose au cours de la messe du *Laetare* (4e dimanche de carême). Serait due au pape Léon IX qui, en 1049, solennisa un usage sans doute déjà établi. En 1088, Urbain II concrétisa le geste. La Rose d'or fut remise d'abord seulement aux préfets de Rome, puis aux princes (Louis VII reçut ainsi une Rose d'or en 1163), aux églises et villes [comme Venise (plusieurs fois)], à des monuments [cathédrale de Florence qui depuis se nomme Ste-Marie-de-la-Fleur ; cathédrale de Goa (1953, Inde) ; Notre-Dame-de-Fatima (1965)]. Le pape la remettait traditionnellement aux étrangers de passage à Rome qu'il voulait honorer. Au cours des siècles, la rose est devenue un bijou d'or émaillé, avec un rubis au centre ; elle a parfois atteint un poids et une valeur considérables (8 livres d'or pour le Dauphin, fils de Louis XIV).

Depuis le XVIIIe s., envoyée surtout à des dames : Marie Leszczyńska (France) 1732 ; Marie-Thérèse d'Autriche 1739 ; archiduchesse Marie-Christine (Autr.) 1776 ; Marie-Caroline d'Autriche, reine des Deux-Siciles 1791 ; impératrice Caroline-Auguste d'Autr. 1825 ; Marie-Christine de Sardaigne (1re épouse de Ferdinand II, roi des Deux-Siciles ; vénérable 9-7-1859) 1825 ; Anne d'Autriche 1836 ; reine Marie II de Portugal 1842 ; Desse Marie-Adélaïde de Savoie 1849 ; impératrice Eugénie (France) 1856 ; Sophie de Bavière, reine des Deux-Siciles 1860 ; Isabelle II (Esp.) 1868 ; Marie-Christine d'Autriche, régente d'Esp. 1886 ; doña Isabel, Pcesse du Brésil 1888 ; Amélie d'Orléans, reine de Portugal 1892 ; Marie-Henriette de Belgique 1893 (la plus grande de toutes : 40 cm de haut) ; Victoire-Eugénie d'Espagne 1923 ; Élisabeth reine des Belges 1925 ; Hélène de Monténégro, reine d'Italie 1937 ; Gde-Desse Charlotte de Luxembourg 1956.

Commendation Medal (Army 1954, Navy-Marine, Coast Guard 26-8-1947, Air Force 28-3-1958). **Purple Heart** (1782, par G. Washington). **Presidential Medal of Freedom** (1957, plus haute décoration décernée en temps de paix par le Pt). **Medal of Freedom.**

■ **Éthiopie.** ORDRES DISPARUS : **O. du Sceau de Salomon** *créé* 1874. **O. de l'Étoile d'Éthiopie** *créé* 1874. **O. de la Trinité** *créé* 1930. **O. de la Reine de Saba.**

■ **Finlande.** ORDRES DÉCERNÉS : **O. de la Croix de la Liberté** (*créé* 4-3-1918) ; **O. de la Rose blanche** (*créé* 28-1-1919) ; **O. de Lion de Finlande** (*créé* 11-9-1942) ; **O. du Saint-Agneau** (*créé* 1935) ; **Croix et Méd. du Mérite de la Croix-Rouge** (*créée* 1920) ; **Croix et Méd. du mérite du Sport finlandais** (*créée* 1945) ; **Croix et Méd. du mérite Olympique** (*créée* 1951).

■ **Grande-Bretagne. O. très noble de la Jarretière** *fondé* 1348 par Édouard III d'Angleterre. *Membres* : souveraine : la reine ; 4 chevaliers royaux (duc d'Édimbourg, Pce de Galles, duc de Kent, duc de Gloucester), 2 dames (la reine mère Élisabeth, la Pcesse royale), 3 extra dames (la Pcesse Juliana des Pays-Bas, la reine des Pays-Bas, la reine du Danemark), 24 chevaliers compagnons, 4 extra knights (dont les rois de Suède, d'Espagne, le grand-duc de Luxembourg et l'empereur du Japon). En dehors de la famille royale, 3 dames ont reçu la Jarretière : lady Maid Harcourt, fille de lord Grey, la duchesse de Suffolk, Lavinia, duchesse de Norfolk, et la baronne Margaret Thatcher. *Devise* : « Honi soit qui mal y pense. » *Ruban* : bleu « Jarretière. » **O. très ancien, très noble du Chardon** (au titre du royaume d'Écosse) *fondé* 1687 par Jacques II. *Membres* : souveraine : la reine ; la reine mère, la princesse royale, 2 chevaliers royaux et 16 chevaliers écossais. *Devise* : *Nemo me impune lacessit* (« Personne ne me provoque impunément »). *Ruban* : vert. **O. très illustre de St-Patrick** (au titre du royaume d'Irlande) *fondé* 5-2-1783. *Devise en latin : Qui separabit ?* (« Qui pourra nous séparer ? »). *Ruban* : bleu ciel. N'est plus décerné depuis 1934 [dernier chevalier : duc de Gloucester († 1974)]. **O. très honorable du Bain** [1] *fondé* 12-10-1399 par Henri IV, la veille de son sacre [il aurait conféré l'ordre à 46 (ou 36) chevaliers prenant avec lui le bain rituel] et *repris* 1725. Symbole de la purification spirituelle, suivie d'une nuit de prières, qui précédait l'adoubement des chevaliers. Ordre civil et ordre militaire, chacun à *3 cl.* : Knight ou Dame Grand Cross (GCB), Knight ou Dame Commander (KCB ou DCB), Companion (CB). *Grand maître* : Pce de Galles (depuis 1975). *Ruban* : cramoisi. **O. du Mérite** (OM) *fondé* 1902. *Membres* : 24. *Ruban* : bleu et cramoisi. **O. très éminent de l'Étoile des Indes** [1] *fondé* 25-6-1861, n'est plus conféré depuis 1947. *3 cl.* : Knight Gd Commander (GCSI), Knight Commander (KCSI), Companion (CSI). *Ruban* : bleu clair à bord blanc. **O. très distingué de St-Michel-et-St-Georges** [1] *fondé* 27-4-1817 par le régent (plus tard George IV), récompense principalement les services rendus dans les affaires étrangères et le Commonwealth. *3 cl.* : Knight ou Dame Grand Cross (GCMG), Knight ou Dame Commander (KCMG ou DCMG), Companion (CMG). *Grand maître* : duc de Kent (depuis 1967). *Ruban* : bleu avec centre écarlate. **O. très éminent de l'Empire des Indes** [1] *fondé* 1877, n'est plus conféré depuis 1947. *3 cl.* : Knight Grand Commander (GCIE), Knight Commander (KCIE), Companion (CIE). **O. royal de Victoria** [1] *fondé* 1896. *5 cl.* : Knight ou Dame Grand Cross (GCVO), Knight ou Dame Commander (KCVO ou DCVO), Commander (CVO), Lieutenant (LVO), Membre (MVO). *Grand maître* : reine mère Élisabeth (depuis 1937). *Ruban* : bleu à bords rouge et blanc. **The Imperial Service Order** *fondé* 1902 par Édouard VII. *1 cl.* : Companion. **O. très excellent du British Empire** [1] *fondé* 1917. *5 cl.* : Knight ou Dame Grand Cross (GBE), Knight ou Dame Commander (KBE ou DBE), Commander (CBE), Officer (OBE), Member (MBE). *Grand maître* : duc d'Édimbourg (depuis 1953). **Distinguished Service Order** (DSO) *fondé* 1886 pour les officiers. **O. des Compagnons d'honneur** (CH) *fondé* 1917. *1 cl. Membres* : 65. **Victoria Cross** (VC) *fondée* 1856. *Ruban* : cramoisi. 1 350 accordées entre 1856 et 1982 (dont 3 la reçurent 2 fois). **Military Cross** (MC) *fondée* 1914. **George Cross** (GC) *fondée* 1940. *Ruban* : bleu foncé. **Distinguished Flying Cross** (DFC) *fondée* 1918 pour officiers de la Royal Air Force. **Distinguished Service Cross** (DSC) *fondée* 1914. Depuis 1946, par accord entre George VI et le PM Atlee, les ordres de la Jarretière, du Chardon et de Saint-Patrick seront conférés librement par le souverain, sans l'accord du PM (ce qui était déjà le cas de l'ordre du Mérite fondé en 1902).

Nota. – (1) La reine est souveraine des ordres.

■ **Grèce. O. du Rédempteur** *créé* 1829, confirmé 1-6-1832, *modifié* 1865. 5 cl. **O. de l'Honneur** *créé* 1975. 5 cl. **O. royal du Phénix** *créé* 1926, *remplacé* par **O. du Phénix** *créé* 1926, *modifié* 1939. 5 cl. **O. de la Bienfaisance** *créé* 1948. 5 cl. (féminin).

☞ NE SONT PLUS DÉCERNÉS : *O. royal de George Ier* (créé 1915, 5 cl.), *O. de St-Georges et St-Constantin* (pour les hommes de la famille royale, 5 cl.), *O. de Ste-Olga et Ste-Sophie* (pour les femmes de la famille royale, 4 cl.).

■ **Hanovre. O. de St-Georges** *créé* 23-4-1839. **O. des Guelphes** *créé* 12-8-1815. **O. d'Ernest-Auguste** *créé* 15-12-1865.

■ **Hesse. O. du Lion d'Or** *créé* 14-8-1770.

■ **Hongrie. O. du Mérite** (5 grades, 540 par an) ; **croix du Mérite** (3 grades, 1 200 par an), *créée* 1946, et *restaurée* 1-8-1991. Nombreuses décorations spécifiques.

■ **Inde. O. du Joyau de l'Inde** *créé* 1947. **O. de la Roue d'Ashoka** *créé* 1947.

■ **Iran.** ORDRES DISPARUS : **O. du Lion et du Soleil** *créé* 1808. **O. d'Ali** *créé* 1880. **O. de la Couronne** *créé* 1900. **O. de Pahlévi** *créé* 1925. **O. des Pléiades** *créé* 1957 (féminin). **O. d'Aryamehr** *créé* 1967 (féminin).

■ **Irlande. An Bonn Seirbhise 1917-21** (médaille du service 1917-1921) *créée* 1941 pour récompenser les services actifs pendant la guerre de Libération. **An Bonn Mileata Calmachta** *créée* 24-7-1948, médaille militaire pour reconnaître une vaillance exceptionnelle dans les missions non offensives. Décernée aux membres des groupes de défense, aux aumôniers et aux infirmières de l'armée. 3 cl. **An Bonn 1916** (médaille de 1916) *créée* 1961 pour les membres de l'insurrection de 1916.

■ **Islande. Ordre du Faucon islandais** *créé* 1921. 5 cl. Grand Maître de l'Ordre : Pt de la Rép. 4 degrés, 25 personnes peuvent être décorées chaque année. **Méd. commémorative du Millénaire du Parlement islandais** (1930) ; **de l'Établissement de la Rép.** (1941) ; **Méd. de Sauvetage ; Méd. de M. Svein Björnsson**, 1er Pt de la Rép. islandaise.

■ **Israël. Ot Ha Hagvoura** décoration « pour l'Héroïsme ». **Ot Hakomeniout** méd. « de la Liberté ». **Magen Yeroushalaim** méd. « de la Défense de Jérusalem ». **Itour Hamofet** méd. de la « Valeur militaire ». **Itour Haoz** méd. de la « Bravoure ». **Hasside Oumothaolam** (médaille « des Justes ») attribuée aux personnes ayant sauvé des juifs pendant les guerres.

■ **Italie.** ORDRES DE LA RÉPUBLIQUE : **O. du Mérite de la République italienne** *créé* 1951. 6 cl. : grand cordon, grand-croix, grand officier, comm., off., chev. **O. de l'Étoile de la solidarité italienne** *créé* 1951. 3 cl. (supprimé). **O. du Mérite du travail.** ORDRES ROYAUX (non reconnus depuis 1951 par la République) [*grand maître* : Pce royal Victor-Emmanuel (IV) de Savoie, Pce de Naples, duc de Savoie et fils du dernier roi, Humbert II, en tant que chef de la maison de Savoie] : **O. suprême de la Très Sainte Annonciade** (*Annunziata*) *créé* vers 1364 par Amédée VI, Cte de Savoie, dit le Cte vert. Amédée VIII lui donna ses premiers statuts en 1409, qui furent ajournés par Charles III en 1518, Emmanuel-Philibert Ier en 1570, Victor-Emmanuel Ier le 27-12-1816, Charles-Albert Ier le 9-12-1831 et le 2-3-1838. Victor-Emmanuel (IV) le 3-6-1989 : 20 chev. + chef souverain, Pce héréditaire et Pces parents par ligne paternelle jusqu'au 4e degré inclus ; ecclésiastiques et étrangers non comptés. **O. religieux et militaire des Saints-Maurice-et-Lazare** le 16-10-1434 crée la milice de *St-Maurice* (Amédée VIII) 1er duc de Savoie, *renouvelé* et uni le 8-10-1572 à la branche savoyarde de *St-Lazare* (voir St-Lazare et N.-D. du Mont-Carmel, p. 581 a). *Chapitre* annuel en septembre en l'abbaye de St-Maurice (Valais). *Classes* : 3 (1816), 5 (1831), 9 (11-6-1985, ouvert aux dames). Victor-Emmanuel IV de Savoie en a réformé les statuts et a créé une « médaille du Mérite de l'Ordre » (or, argent et bronze) le 11-6-1985. *Chevaliers* (en 1992) : 1 000. **O. militaire de Savoie** *créé* 14-8-1815 par Victor-Emmanuel Ier. 5 cl. Renommé après 1943 « O. du Mérite militaire d'Italie ». N'est plus décerné depuis le 14-6-1946. **O. civil de Savoie** *fondé* 29-10-1831 par Charles-Albert Ier. 1 cl., 12 chev. puis *9-2-1841* : 40. *23-6-1861* étendu à Italie : 60 chev. puis 70. Humbert II fit plusieurs promotions dont *15-9-1961* : 15 chev., *15-9-1964*, *15-9-1970* : 14 chev., *15-9-1974* : 15 chev. dont Luchino Visconti, *17-6-1978* : châh d'Iran. **O. de la Couronne d'Italie** *créé* 20-2-1868 par Victor-Emmanuel II, roi d'Italie. 5 cl. Non décerné depuis la mort d'Humbert II (18-3-1983). **O. du Mérite. O. du Mérite de l'Ordre civil de Savoie** *créé* par Victor-Emmanuel IV. Honore ceux qui auraient pu recevoir le précédent si le grand maître le décernait.

■ **Japon. O. suprême du Chrysanthème**, *collier* créé 1888 (dont empereur, membres de la famille impériale, chefs d'État étrangers et hommes d'État qui se sont distingués au service du pays). *Grand cordon* créé 1876. **O. du Soleil-Levant** *créé* 1875. Remis à des hommes ayant rendu des services méritoires à l'État. *1re classe* (« O. du Soleil-Levant » et « O. du Soleil-Levant avec fleurs de paulownia ») *créée* 1888, 8 cl., les 6 premières avec le soleil levant avec feuilles de paulownia, 7e et 8e avec seulement les feuilles de paulownia. **O. de la Couronne précieuse** *créé* 1888, remis à des femmes. 8 cl. **O. du Trésor sacré** *créé* 1888, remis à des hommes ayant rendu de louables services et depuis 1919 à des femmes. 8 cl. **O. de la Culture** *créé* 1937, remis à des personnes distinguées dans sciences, littérature, peinture, sculpture, architecture, musique ou théâtre. 1 cl. **Médailles d'honneur. Coupes d'argent et de bois** pour services méritoires. **O. de la Vertu militaire (O. du Milan d'or)** *fondé* 1890. 7 cl., aboli 1947.

■ **Lettonie. O. de Lāčplēsis** (« le Tueur d'Ours ») *créé* 11-11-1919. *Devise* : « Pour la Lettonie ». Attribué pour des actes héroïques en temps de guerre. **O. des Trois Étoiles** *créé* 25-3-1924 en l'honneur de la création de l'État letton le 18-11-1918. Décerné aux Lettons et étrangers en reconnaissance de leurs actes envers la Lettonie. *Devise : Per aspera ad astra.* **O. Viesturs** (*Viestura ordenis*) *créé* 1938 pour la commémoration de la grandeur de l'ancienne Lettonie souveraine (avant le XIIe s.). Décerné pour la défense du pays. *Devise* : *Confortamini et pugnate.* **Croix de la Reconnaissance** (*Atzinības krusts*) *instaurée* en 1710 à Liepaja et réinstaurée en 1938 en l'honneur des temps glorieux du duché de Courlande et Semigalie. *Devise* : « Pour les honnêtes gens ». Ces ordres existaient jusqu'en 1940. Actuellement, la Lettonie a réinstauré l'O. des Trois Étoiles.

■ **Liechtenstein. O. du Mérite** *créé* 22-7-1937.

■ **Lituanie.** Décorations restaurées depuis le 12-9-1991. **O. de Vytautas le Grand** *créé* 1930, 5 grades. **Méd. de l'O. de Vytautas le Grand** 3 grades. **O. de la Croix de Vytis** *créé* 18-5-1919, 1 cl., 5 grades. **O. du Grand-Duc lituanien Gediminas** *créé* 1927, 3 grades. **Méd. des Fondateurs volontaires** *créée* 1928. **Croix pour le salut des morts** *créée* 1930. **Méd. commémorative du 13 janvier** *créée* 18-12-1991. **Méd. de Darius et Girenas** *créée* 1-7-1993.

■ **Luxembourg.** Distinctions honorifiques civiles. **O. du Lion d'or de la maison de Nassau** *créé* 1858, commun avec l'ordre du même nom des Pays-Bas. 1 cl. Très rarement décerné. **O. de Mérite civil et militaire d'Adolphe de Nassau** *créé* 1858. 8 grades ; plusieurs croix et méd. de mérite. **O. de la Couronne de chêne** *créé* 1841. 5 cl. ; méd. de mérite ; seul ordre figurant dans les armoiries. **O. de Mérite du grand-duché de Luxembourg** *créé* 1961. 5 cl. et 1 méd. de vermeil. **O. de la Résistance 1940-44** *créé* 1946. 2 cl. ; méd. de mérite. **O. national de la médaille du Mérite sportif** *créé* 1976. 3 grades. Insignes et médailles. **Insigne de Résistant** *créé* 1967. **Méd. de la Reconnaissance nationale** *créée* 1968. **Méd. du Mérite pour le don du sang** *créée* 1979. **Méd. commémorative 1981** *créée* 1981. **Croix de Service** pour agents des douanes *créée* 1967 ; pour gardes des établissements pénitentiaires *créée* 1979 ; pour membres de l'armée, de la gendarmerie et de la police *créée* 1850. **Méd. militaire** *créée* 1945. **Croix d'honneur et de Mérite militaire** *créée* 1951. **Croix de guerre 1940-45** *créée* 1945. **Croix de guerre** *créée* 1951. **Méd. des Volontaires luxembourgeois de la Grande Guerre 1914-18** *créée* 1923. **De la guerre 1940-45** *créée* 1945.

■ **Maroc. O. du Ouissam alaouite** *créé* 1913. **O. de Mohammed V** *créé* 1956. **O. du Trône** *créé* 1963. **O. du Mérite militaire** *créé* 1963.

■ **Mexique.** ORDRES DISPARUS : **O. de Notre-Dame de Guadalupe** *créé* 1823 par Iturbide. **O. de l'Aigle mexicain** *créé* 1-1-1865 par l'empereur Maximilien. **O. de St-Charles** *créé* 10-4-1865 par Maximilien (féminin). ORDRES DÉCERNÉS : **O. de l'Aigle aztèque** *créé* 1933 (seul une accordé aussi à des étrangers). **O. mexicain de la médaille d'honneur Belisario Dominguez** *créé* 1953, remis chaque année le 7-10 au Sénat à 1 seule personne.

■ **Monaco. O. de St-Charles** *créé* 15-3-1858. 5 cl. **O. de la Couronne** (1960). 5 cl. **O. de Grimaldi** (1954). 5 cl. **O. du Mérite culturel** (1952). 3 cl., etc.

■ **Monténégro.** ORDRES DISPARUS : **O. de St-Pierre** *créé* 1852. **O. de Danilo II** *créé* 1852.

■ **Mouvement international de la Croix-Rouge et du Croissant-Rouge. Méd. Henri-Dunant** *créée* 1965 pour services exceptionnels de ses membres, ou actes de grand dévouement à la cause du Mouvement. Attribuée en principe tous les 2 ans à 5 personnes au maximum (non compris méd. posthumes). De 1965 à 1999 : 114 médailles décernées dont 50 à titre posthume. **Méd. Florence-Nightingale** *créée* 1912 en mémoire de cette Anglaise (1820-1910) qui se dévoua pendant la guerre de Crimée. *Destinée* aux infirmières, infirmiers diplômés et auxiliaires volontaires, membres actifs ou collaborateurs réguliers de la Sté nationale de la Croix-Rouge ou du Croissant-Rouge, ou d'une institution de soins médicaux ou infirmiers affiliée à celle-ci. *Attribuée* tous les 2 ans selon un contingent limité à 36 (de 1912 à 1982) et à 50 depuis 1982. De 1920 à 1999, décernée à 1 159 infirmières, infirmiers et auxiliaires qui se sont distingués en temps de guerre ou en temps de paix.

■ **Norvège. O. du Lion norvégien** *fondé* 1904-1905 *n'est plus décerné.* **O. royal de St-Olav** *fondé* 1847 par Oscar Ier. 5 cl. **O. royal du Mérite** *fondé* 1985 par Olav V. 5 cl.

■ **Organisation des Nations unies. Méd. de Corée** *créée* 12-12-1950 ; *avers* : symbole de l'Onu, *revers* : *For service in the defence of the principles of the charter of the United Nations.* **Méd. de la Force d'urgence des Nations unies (Funu I)** *créée* 30-11-1957 pour les militaires qui ont patrouillé le long de la frontière israélo-égyptienne. **Méd. des Nations unies** *créée* 30-7-1959 pour les opérations de maintien de la paix. *Ruban :* change selon l'opération. Remise étendue aux « casques bleus » ayant servi dans Onust (Palestine), Funu II (Sinaï), Fnuod (Golan), Finul (Liban), etc. Décernée aussi à des officiers servant au siège à New York dans des postes du secrétariat et (rarement) à des fonctionnaires civils de l'Onu. **Méd. Dag Hammarskjold** *créée* 22-7-1997 pour honorer les personnes qui ont fait le sacrifice de leur vie dans les opérations de maintien de la paix sous le contrôle opérationnel et l'autorité des Nations unies. **Méd. Nansen** *créée* 1954. *Décernée*, normalement une fois par an, par le Haut Commissariat des Nations unies pour les réfugiés (HCR) pour des services exceptionnels rendus à la cause des réfugiés. Depuis 1979, conjuguée avec la remise d'un prix (maximum 100 000 $) destiné à la mise en œuvre par le lauréat ou son intermédiaire d'un projet d'aide aux réfugiés.

■ **Otan. Méd. pour le Kosovo :** *créée* oct. 2000 pour militaires et civils. *Récompense* un service de 30 jours au Kosovo et autres territoires de Yougoslavie, Albanie, Macédoine et mers Adriatique et Ionienne (théâtre d'opération) *ou* 90 j en Italie, Grèce ou Hongrie pour soutien direct des opérations (secteur adjacent) *ou* 15 sorties aériennes de l'« Allied Force Operation » entre 24-3 et 10-6-1999. *Médaille :* ronde, bronze ; *avers :* étoile de l'Otan enchâssée dans une couronne de feuilles d'olivier, *revers :* « Organisation du Traité de l'Atlantique Nord » et « Au service de la paix et de la liberté », en anglais et en français. *Ruban :* bleu, bande blanche au milieu et de chaque côté. *Nombre attribué* (à mi-2001) : 1 500. **Méd. pour l'ex-Yougoslavie :** *créée* oct. 2000 pour militaires et civils. *Récompense* un service de 30 j en ex-Yougoslavie, Albanie, Macédoine et mer Adriatique (théâtre d'opération) *ou* 90 j en Italie, Grèce, Hongrie, Autriche (territoire adjacent). *Médaille et ruban :* idem Kosovo. *Nombre attribué* (à mi-2000) : 10 000.

■ **Parme.** L'actuel duc reprend l'**O. Constantinien** dormant depuis 1907 († Robert Ier, détrôné 1859) ; devait ressusciter l'**O. du Mérite de St-Louis** *créé* 22-12-1836 par Charles-Louis, duc de Lucques qui devint duc de Parme.

■ **Pays-Bas. O. militaire de Guillaume** *créé* 30-4-1815 par Guillaume Ier, rétabli 30-6-1941. 4 cl. Pour militaires et civils de tous grades pour leur action devant l'ennemi. **O. du Lion néerlandais** *créé* 29-9-1815 par Guillaume Ier, rétabli 15-4-1994. 3 cl. Pour services civils, œuvres scientifiques ou artistiques. **O. d'Orange-Nassau** *créé* 4-4-1892 par la régente Emma. Rétabli 15-4-1994. 6 cl. Pour services rendus. **O. du Lion d'or de la maison de Nassau** *créé* 29-1-1858, rétabli 20-7-1905. 1 cl. Octroyé aux chefs d'État ; commun aux maisons néerlandaise et luxembourgeoise. L'octroi dépend de l'initiative de la reine, sans ingérence du gouvernement (elle demande le consentement du grand-duc du Luxembourg). **O. de la Maison d'Orange** *créé* 19-3-1905. Rétabli 30-11-1969. 4 groupes : *O. de la Maison* 3 cl. *O. de Fidélité et Mérite* 2 cl. *Méd. d'honneur pour l'Art et la Science* ou *pour l'Expédition et l'Esprit. O. de la Couronne* 5 cl. L'octroi dépend de l'initiative de la reine, sans ingérence du gouvernement.

■ **Pologne. Ordres : de l'Aigle blanc** *créé* 1325 par Ladislas IV, *recréé* 1705 par Auguste II le Fort (réactivé 1921). **Militaire Virtuti Militari** *créé* 1792 par Stanislas Auguste Poniatowski (réactivé 1919) 5 cl. **De la Renaissance de la Pologne** *créé* 1921 ; 5 cl. **Du Mérite de la République de Pologne** *créé* 1974 ; 5 cl. **Décorations : croix des Braves** *créée* 1920. **Croix du Mérite avec Épées** *créée* 1942 ; 3 degrés. **Croix du Mérite** *créée* 1923 ; 3 degrés. **Croix du Mérite pour Bravoure** *créée* 1928. **Médaille pour Dévouement et Courage** *créée* 1960. **Médaille pour longues années de vie conjugale** *créée* 1960.

■ **Portugal. O. militaire d'Aviz** *créé* 1144, comme ordre militaire religieux sous l'invocation de St Benoît, sécularisé 1789, conservé par la République pour les services militaires. 3 cl. (grand-croix, comm., chev.). **O. de St-Jacques de l'Épée** *créé* 1290 comme ordre militaire religieux, sécularisé 1789, conservé par la République comme ordre de mérite pour sciences, littérature et arts. 5 cl. **O. du Christ** *créé* 1318, regroupant les chevaliers ibériques de l'ordre du Temple, supprimé (voir encadré p. 579 a), approuvé par le pape Jean XXII (1319), sécularisé 1789, conservé par la République pour d'éminents services civils et de hautes personnalités étrangères, 3 cl. **O. de la Tour et de l'Épée** *créé* 1459, réformé 1832 pour services civils et militaires puis 1896. 5 cl. **O. de l'Empire** *créé* 1932, supprimé. **O. de l'Infant Henri le Navigateur** *créé* 1960. **O. de la Liberté** *créé* 1975. **O. du Mérite civil (Bienfaisance, Instruction publique, Mérite agricole et industriel**, etc.).

Le duc de Bragance confère : **O. de Ste-Isabelle** (ou Élisabeth) pour les femmes ; **O. nouveau de St-Michel-de-l'Aile ; O. de N.-D. de la Conception de Vila Viçosa** *créé* 1818 dont il est grand maître (ordre de famille).

■ **Roumanie. O. de l'Étoile de Roumanie** *créé* 1877. 6 cl., aboli 1947, réinstitué en 1999. **O. national « Servicul Credincios »** 5 grades, une croix et une médaille de 3 cl. chacune. **O. « Pour le mérite »** 5 grades et une médaille à 3 cl. **Croix commémorative de la Résistance anticommuniste. Croix commémorative de la Révolution anticommuniste de décembre 1989** 3 cl. **Médailles militaires :** *en temps de paix :* **O. et médaille de la vertu militaire – Saint-Georges** 4 grades, 3 cl. ; **O. Mihai Viteazul** 3 cl. **Ordres disparus : O. de la Couronne** *créé* 1881. 5 cl., aboli 1947. **O. de Charles Ier** *créé* 1906. **O. de Michel le Brave** *créé* 1916. *République socialiste.* **O. de l'Exploit dans la défense de l'ordre social et de l'État** *créé* 1958. **O. de l'Étoile de la R.S.R.** *créé* 1948. **O. de Tudor Vladimirescu** *créé* 1966.

Le titre **« Héros de l'Union soviétique »** a été institué le 16-4-1934 ; 13 000 personnes l'ont reçu dont une centaine de femmes (24 pour leur lutte partisane). L'ont reçu à l'occasion de la guerre de 1939-1945 : 11 500 combattants dont 104 ont été décorés de 2 médailles de l'« Étoile d'or », 1 de 4 médailles (le M^al^ Joukov). 20 étrangers ont été titrés dont 5 Français [4 pilotes de « Normandie-Niémen » (Marcel Albert, Roland de La Poype, Jacques André, Marcel Lefèvre) et le spationaute Jean-Loup Chrétien].

Les « Héros » jouissaient de facilités : pension à titre personnel, remise de 50 % sur le loyer, déplacement gratuit une fois par an (1re classe, aller et retour) jusqu'à n'importe quel point de l'URSS et par n'importe quel moyen de transport, transports urbains gratuits, octroi annuel d'un bon de séjour gratuit dans une maison de cure ou de repos, entrée prioritaire dans les établissements culturels et récréatifs, réalisation prioritaire des services courants.

On remettait au héros : l'ordre de Lénine ; la médaille de l'« Étoile d'or » ; le diplôme du Présidium du Soviet suprême de l'URSS. Si un héros accomplissait un autre exploit héroïque qui valait le titre de « Héros de l'Union soviétique », il était décoré d'un 2e *ordre de Lénine* et de la 2e médaille de l'« Étoile d'or ». On érigeait dans la localité où il était né son buste en bronze.

■ **Russie impériale. O. de St-André** *créé* 30-11 (11-12) 1698 par Pierre le Grand pour souverains et nobles ; entraînant l'appartenance aux ordres de l'Aigle blanc, St-Alexandre Nevski, Ste-Anne et St-Stanislas ; 1 cl. Rarement conféré par le G^d^-duc Vladimir, chef de la famille impériale russe, et par sa fille. **O. de St-Alexandre-Nevski** *créé* 1722 par Pierre Ier. 1 cl. **O. de l'Aigle blanc** *créé* 1765. 3 cl. **O. de St-Georges** *créé* 26-11 (7-12) 1769 par Catherine II pour bravoure devant l'ennemi. 4 cl. Était le plus prisé. **O. de St-Vladimir** *créé* 22-9 (4-10) 1782 par Catherine II, civil, puis après la guerre de Crimée, militaire. 4 cl. **O. de Ste-Catherine** *créé* 25-11 (7-12) 1714 par Pierre le Grand pour les dames. 2 cl. **O. de Ste-Anne** *créé* 14-3-1735, réorganisé 1815 : 4 cl. ; 1835 : 5 cl. **O. de St-Stanislas** *créé* 8-5-1765, réorganisé 1816 : 4 cl. ; modifié 1839 et 1856 : 3 cl.

Ex-URSS. Étoile d'or de Héros de l'Union soviétique *créée* 1939 (voir encadré ci-dessus). **Étoile d'or « Faucille et Marteau »** (héros du travail) *créée* 1940. **O. de Lénine** *créé* 6-4-1930. *Décerné* par le Pt du Soviet suprême pour mérites particuliers dans l'édification du socialisme. Peut être décerné à ceux qui ont déjà eu le titre de Héros de l'Union soviétique et de Héros du Travail socialiste. *Insigne* frappé d'un portrait en médaillon de Lénine, au milieu, buste en relief de Lénine, en or, s'épingle sur l'habit à l'aide d'une forme à 5 côtés couverte d'un ruban de soie moirée. **Drapeau rouge du Travail** *créé* 7-9-1928. **Étoile rouge** *créée* 6-4-1930. **O. de la Guerre patriotique** *créé* 20-5-1942. 2 degrés. 1re décoration créée pour la Seconde Guerre mondiale. **O. de Souvorov** *créé* 29-7-1942. **O. de Koutouzov** 1er et 2e cl. *créées* 29-7-1942 ; 3e cl. *créée* 8-2-1943. **O. d'Alexandre Nevski** *créé* 29-7-1942. **O. de Bogdam Khmelnitski** *créé* 10-10-1943. **O. de la Victoire** *créé* 8-11-1943. La plus haute décoration militaire. *Décerné* à 4 étrangers : Gal Eisenhower, M^al^ Montgomery, M^al^ Tito, roi Michel de Roumanie. **O. de la Gloire** *créé* 8-11-1943. **O. d'Ouchakov** *créé* 3-3-1944. **O. de Nakhimov** *créé* 3-3-1944. **O. de la Gloire au travail** *créé* 18-1-1973. 3 degrés « pour un travail de longue durée, de grand rendement et d'abnégation dans une seule entreprise, organisation, kolkhoze ou sovkhoze ». **Vétéran du travail** *créé* 18-1-1973 ; pour « un travail consciencieux et de longue durée dans l'économie nationale, la culture, l'éducation, la santé, les établissements d'État et les organisations socialistes ». **Insigne d'honneur** *créé* 25-11-1935. **« Mère héroïque »** *créé* 8-7-1944. **« Gloire maternelle »** *créé* 8-7-1944. 3 cl. ; pour mères de familles nombreuses.

Russie actuelle. O. de St-André *recréé* 1998.

■ **Saxe royale. O. militaire de St-Henri** *créé* 7-10-1739 ; **de la Couronne de Saxe (ou de Rue)** *créé* 20-7-1807 ; **du Mérite** *créé* 7-6-1813 ; **d'Albert le Valeureux** *créé* 31-12-1850 ; **de Sidonie** *créé* 14-3-1871 pour les Dames.

■ **Saint-Siège. O. suprême du Christ (Milice de NSJC)** *créé* 1319 par Jean XXII, réorganisé 1905, très rarement décerné (chefs d'État, hommes d'État prééminents chrétiens). 1 cl. : chevalier. Un seul protestant le reçut (Bismarck, en 1884). **O. de l'Éperon d'or** (et de la Milice dorée) *décerné* depuis 1539, et sans doute avant, changé 1841 en O. de St-Sylvestre, réinstitué 1905. 1 cl. : chevalier. **O. de Pie IX : 1847**-*17-6* bulle créant l'« Ordine Equestre Pontificio Piano » continue l'antique Collège des cavaliers pieux, tombé dans l'oubli. **1849**-*17-9* bref *Cum Hominum Mentes* de Pie IX. Confirma les privilèges nobiliaires attachés à l'Ordre, seul à conférer la noblesse au St-Siège. **1856**-*11-11* bref de Pie IX créant 3 classes : grand-croix de chevalier avec noblesse héréditaire, commandeur avec noblesse personnelle et chevalier. **1905**-*7-2* bref *Multum ad excitandos* : crée la classe des commandeurs avec plaque. **1939**-*11-11* bulle de Pie XII réformant l'O. Piano ; n'accorde plus la noblesse. **1957**-*25-12* bulle de Pie XII : classe « des chevaliers à collier » créée pour dirigeants et autres hautes autorités. **1966**-*15-4 motu proprio* de Paul VI : attribution de l'Ordre aux souverains et chefs d'États en visite au St-Siège, réservant les ordres suprêmes du Christ et de l'Éperon d'or aux souverains et chefs d'État catholiques bienveillants à l'égard du Saint-Siège. **1993** réforme de Jean-Paul II. *Classes :* chevaliers à collier ; chevaliers à grand-croix ; commandeurs à plaque ; commandeurs ; chevaliers. Mêmes décorations pour les femmes. O. conféré à des diplomates auprès du Vatican ; comporte un uniforme avec épée et accessoires. **O. de St-Grégoire-le-Grand** *créé* 1-9-1831 par Grégoire XVI pour les citoyens fidèles et les troupes autrichiennes qui défendirent le St-Siège, réorganisé 1905. 2 divisions (civile et militaire) de 3 cl. (grand'croix, comm., chev.). **O. de St-Sylvestre-Pape** *créé* 31-10-1841 par Grégoire XVI en mémoire de son fondateur présumé (Sylvestre Ier, 314-335), remplaça l'O. de l'Éperon d'or, réorganisé 1905 comme O. du Mérite. **Croix d'honneur « Pro Ecclesia et Pontifice »** et **Médaille « Benemerenti »** *instituées* 1888.

■ **Serbie-Yougoslavie. Ordres disparus : O. de Takovo** *créé* 15-1-1878. **O. de l'Aigle blanc** *créé* 1882. **O. de St-Sava** *créé* 1883. **O. de l'Étoile Karageorges** *créé* 1904. **O. de la Couronne** *créé* 1921. **O. du Héros national** *créé* après 1945. **O. de la Liberté** *créé* après 1945. **O. de la Valeur** *créé* après 1945. Pierre II (en exil) conféra ces ordres et en créa 2 autres.

■ **Slovaquie.** *Créés* 1994. Catégorie militaire et civile. **Ordre de la double croix blanche** (1re, 2e, 3e classe), pour les étrangers. **O. de Ľudovít Štúr** (1re, 2e, 3e classe). Civile : **O. de la Double Croix blanche** (1re, 2e, 3e classe), pour les étrangers. **O. de Ľudovít Štúr** (1re, 2e, 3e classe). **O. d'Andrej Hlinka** (1re, 2e, 3e classe). **O. de Milan Rastislav Štefánik** (1re, 2e, 3e classe). **O. de Pribina** (1re, 2e, 3e classe).

■ **Suède. O. des Séraphins** ou **Cordon bleu** *fondé* 1335 par Magnus IV, rénové 28-4-1748 par Frédéric Ier. 1 cl. Rarement décerné. **O. de l'Épée** ou **Cordon jaune** *fondé* 1522, *rénové* 1748. 5 cl. Militaire. **O. de l'Étoile polaire** *fondé* 28-4-1748 pour mérites civils. 4 cl. **Ordres disparus : O. de Vasa** *fondé* 26-5-1776 pour services rendus à l'industrie nationale. 5 cl. **O. de Charles XIII** *fondé* 27-5-1811 pour francs-maçons de haut grade. 1 cl.

■ **Tchèque (Rép.) [ex-Tchécoslovaquie]. O. du Lion blanc** *créé* 1922 pour les besoins diplomatiques. 5 cl. **O. militaire du Lion blanc pour la victoire** *créé* 1945. 3 cl. **O. de Jan Zizka de Trochnova** *créé* 1946 pour les officiers. 3 cl. **O. du Février victorieux. O. de la Croix de guerre** (un des plus prestigieux entre 1918-38). *Période communiste (1948-89) :* **O. du Travail** *créé* 1948, **O. de Klement Gottwald** (1er Pt ouvrier), **O. de la République, O. du Socialisme.** *Après la chute du communisme (1989) :* **O. du Lion blanc** (maintenu), **O. de T.G. Masaryk, O. militaire de M.R. Stefánik. Médailles pour les mérites, l'héroïsme.**

■ **Thaïlande. O. de l'Éléphant blanc** *créé* 1861. **O. des Neuf Gemmes,** *créé* 1858. **O. de la Couronne** *créé* 1869. **O. de la Grande Couronne** *créé* 1861. **O. du Mérite civil** *créé* 1950. **O. de l'Étoile** et **O. de Rama** *créés* 1918.

■ **Toscane** (grand duché aboli en 1866). **O. de St-Étienne,** *créé* 1562 par Côme de Médicis, duc de Florence, **O. de St-Joseph** *créé* 9-3-1807 par Ferdinand III, grand-duc de Würtzbourg devenu grand-duc de Toscane en 1814 où il l'introduisit le 19-3-1817.

■ **Tunisie. Ordres disparus : O. du Nicham Iftikar** *créé* 1837 (modifié 1861). **O. du Nicham ed-Dem** *créé* 1839. **O. du Nicham El Ahed Mourassa** *créé* après 1860. **O. du Nicham el-Aïla** *créé* 1841. **O. d'Abd-el-Kader** *créé* 1911. **O. du Nicham el-Nasser** *créé* 1912. **Ordres décernés : O. de la République de Tunisie** *créé* 1956 (O. de la Couronne). **O. de l'Indépendance** *créé* 1956.

■ **Turquie.** Les Ottomans portaient des queues de cheval et des aigrettes sur leurs casques et hampes. 1re décoration : **Hilal** (règne de Selim III, 1801). **Ordres disparus : O. du Nichan Iftikar** *créé* 1831. **O. du Medjidié** *créé* 1852. 5 cl. **O. de l'Osmanié** *créé* 1862. 5 cl. **O. du Nichan Chéfakat** (féminin) *créé* 1878. **O. du Nichan Intiaz** *créé* 1879. **O. d'Hanédani Ali-Osman** *créé* 1893. **O. d'Ertogroul** *créé* 1903. **Médailles commémoratives des manœuvres d'Égée et de Thrace** (1937) et **de Tunceli** (1938). **Istiklal Madalyasi** (médaille de l'Indépendance) *créée* 1920 par Atatürk pour services exceptionnels pendant la guerre (1919-22). En bronze, *ruban* triangulaire rouge (jusqu'en 1934, de 4 couleurs différentes). C'est la seule décoration de la République, elle n'est plus conférée. Port autorisé pour les descendants par ordre de primogéniture.

■ **UEO. Méd. pour participation aux missions de l'Union de l'Europe occidentale :** *créé* 20-12-1994 pour militaires et civils. *Récompense* un service de 30 j dans le théâtre d'opérations ou 90 j dans la zone d'opérations : *conflit yougoslave (1992-96) :* contrôle de l'embargo en Adriatique (mission conjointe UEO/Otan), sur le Danube, détachement de police à Mostar (Bosnie) ; *mission d'assistance* à la police en Albanie (EMCP) depuis 1997, au déminage en Croatie (Madueo) depuis 1999. *Forme :* circulaire argent ; *avers :* emblème UEO/WEU au centre d'un cercle presque fermé constitué de 9 étoiles, *revers : Pro pace unum. Ruban :* bleu UEO et jaune d'or. *Barrette :* bande de ruban. *Nombre attribué* (à février 2001) : 16 000.

■ **Viêt Nam. Ordres disparus : O. du Dragon d'Annam** *créé* 1886. **O. national du Viêt Nam** *créé* 1950.

■ **Wurtemberg. O. de la Couronne** *créé* 23-9-1818. **O. du Mérite militaire** *créé* 1754. **O. de Frédéric** *créé* 1-1-1830. **O. d'Olga** *créé* 27-6-1871.

■ **Zanzibar. O. de l'Étoile brillante** *créé* 1875, n'est plus décerné. **O. d'Alijeh** *créé* 1906, n'est plus décerné. **O. d'El-Hamoudieh.**

FRANC-MAÇONNERIE

☞ Pour découvrir la sélection **Quid** des meilleurs sites Internet sur la franc-maçonnerie, rendez-vous sur **www.quid.fr**

GÉNÉRALITÉS

■ **Histoire. Origines :** les *Old Charges,* documents corporatifs anglais établis du XIIIe au XVIIIe siècle, donnent à la maçonnerie « de métier » ou « opérative » des origines légendaires, bibliques et antiques. Puis les maçons ont fait intervenir les mystères anciens, les traditions égyptiennes et grecques, les croisés ou les Templiers (après la dissolution de l'ordre du Temple par le pape Clément V le 13-4-1312, un religieux, Humbert Blanc, réfugié en Angleterre, y aurait perpétué ses traditions). De 1808 à 1830, un illuminé, Raymond de Fabré-Palaprat (1775-1838), reconstitua un pseudo *ordre du Temple* dont il se proclama grand maître. Quelques francs-maçons le rejoignirent, convaincus de l'origine commune des 2 institutions. Charles-Louis Cadet-Gassicourt (1769-1821) en était aussi convaincu. Sur 200 ouvrages publiés avant 1909, consacrés à la maçonnerie, 28 en font remonter l'origine aux bâtisseurs du Moyen Age, 5 aux croisés, 12 aux Templiers, 9 à la Rome antique, 7 à la Genèse, 6 aux Juifs, 18 à l'Égypte, 3 au Déluge, 15 à la création du monde. **Périodes :** *opérative* des constructeurs des cathédrales médiévales ; *de transition* (XVIe et XVIIe s.) ; *spéculative* depuis 1717, fondation par 4 loges londoniennes de la Grande Loge de Londres par le révérend Dr John Theophilus Désaguliers (1683-1774) devenue ensuite Grande Loge d'Angleterre (de caractère interconfessionnel), codifiée par les *Constitutions* d'Anderson (1723). On appelait « maçons spéculatifs » ou « gentilshommes maçons » les membres des loges qui, bien que n'étant pas du métier, avaient été acceptés. Au début du XVIIIe s., les loges avaient perdu tout caractère professionnel et n'en conservaient plus que les symboles. **Extension : 1711** Irlande, **1725** ou **1726** France, **1729** Pologne, **1731** Russie, **1733** Massachusetts, **1738** Allemagne, **1756** Pays-Bas, **1776** Hongrie, **1856** Roumanie.

■ **Symbolisme.** *3 Grandes Lumières :* le Volume de la Loi sacrée, l'Équerre et le Compas. *Nombreux symboles :* sceau de Salomon, delta lumineux, maillet, ciseau, levier, règle, niveau, etc. Ces symboles, ainsi que « les colonnes du Temple », la lettre G dans l'Étoile flamboyante, la connaissance de la légende d'Hiram, sont les supports de la progression dans la connaissance de l'*initié.* La symbolique a pénétré vers 1700 par le canal des « acceptés » qui amenèrent celle des hermétistes et de la Kabbale : elle s'imposa progressivement. Le terme « Volume de la Loi sacrée » est apparu au XXe s. **Calendrier :** depuis le XVIIIe s., les loges anglo-saxonnes, françaises et allemandes utilisent « l'Année de la Vraie Lumière », ou « Anno Lucis ». Ce calendrier serait dû à James Usher (prélat anglican né à Dublin en 1580) qui, dans ses *Annales Verteris* et dans ses *Novi Testamenti* (1650-1654), utilisait une chronologie remontant à 4000 av. J.-C. Anderson reprit dans ses *Constitutions* une datation proche, coïncidant avec les données bibliques. **Expressions** (qualifiant les francs-maçons) : *Fils de la Lumière* ; *Enfants de la Veuve :* tout franc-maçon peut se considérer comme une réincarnation de l'architecte du Temple de Salomon, Hiram (la Veuve est sa mère). **Signes de reconnaissance :** différents selon les grades. *Signe de détresse :* fait en cas de danger de mort : renverser sur la tête, ou à la hauteur du front, les 2 mains dont les doigts sont entrelacés et dire : « A moi, les Enfants de la Veuve ». **Tablier :** ancienne tenue de travail des maçons (opératifs), devenue tenue rituelle, utilisée au cours des réunions. La décoration varie selon les grades (les maçons de hauts grades ont un tablier blanc sans broderies). En peau de porc pour apprenti (bavette relevée), compagnon (bavette rabattue : sachant travailler, il se salit moins) ; en tissu pour maître (Grand-Orient bordé de bleu, GLNF de rouge). **Trois points :** disposés en triangle ; indique l'intention de dépasser les antagonismes ou une abréviation.

■ **Organisation. Loges :** *autonomes,* dirigées par un Pt élu (le *Vénérable*) et un collège d'officiers (surveillant, orateur, expert, secrétaire, trésorier), aux fonctions variant selon les rites. **Obédience :** regroupe des loges au niveau d'un pays [dite « Grande Loge » (fédération de loges) ou « Grand Orient » (fédération de rites)], dirigées par un grand maître, des grands officiers et un conseil. **Rites :** une Grande Loge ou un Grand Orient seuls peuvent pratiquer plusieurs rites [*principaux rites :* Émulation, écossais rectifié, écossais ancien et accepté, d'York (USA), suédois, français, de Memphis Misraïm (presque disparu), etc.]. **Convent :** assemblée générale des délégués des loges. **Tenue blanche :** *ouverte* à des maçons et des profanes ; *fermée* si l'auditoire est uniquement franc-maçon.

Age symbolique en grade : un rite (sauf le rite Émulation) comprend, en plus des *3 premiers grades* (apprenti, compagnon, maître), dits « grades symboliques » ou « grades bleus », des « hauts grades » ou « grades de perfection » à l'origine variée. Le *rite écossais ancien et accepté* a *33 grades* ou degrés : *loge bleue ou symbolique : 1* apprenti : 3 ans. *2* compagnon : 5 ans. *3* maître : 7 ans et plus. *Loge de perfection : 4* maître secret : 3 fois 27 ans accomplis. *5* maître parfait : 1 an pour ouvrir les Travaux, 7 ans pour les fermer. *6* secrétaire intime : 10 ans, le double de 5. *7* prévôt et juge : 14 ans, le double de 7. *8* intendant des bâtiments : 3 fois 9 ans. *9* maître élu des Neuf : 21 ans accomplis, le triple de 7. *10* illustre élu des Quinze : 25 ans accomplis, 5 fois 5. *11* sublime chevalier élu : 27 ans. *12* grand maître architecte : 45 ans, 5 fois le carré de 3. *13* chevalier de l'Arche royale : 63 ans accomplis, 7 fois le carré de 3. *14* grand élu de la Voûte sacrée et sublime maçon : 27 ans accomplis. *Chapitre : 15* chevalier d'Orient ou de l'Épée : 70 ans. *16* prince de Jérusalem : 25 ans accomplis. *17* chevalier d'Orient et d'Occident : pas d'âge. *18* chevalier rose-croix : 33 ans. *Aréopage : 19* grand pontife ou Sublime Écossais : pas d'âge. *20* vénérable Grand Maître de toutes les loges : pas d'âge. *21* chevalier prussien ou patriarche noachite : pas d'âge. *22* chevalier de l'Arche royale ou prince du Liban : pas d'âge. *23* chef du Tabernacle : pas d'âge. *24* prince du Tabernacle : pas d'âge. *25* chevalier du Serpent d'Airain : pas d'âge. *26* Écossais trinitaire ou prince de Mercy : 81 ans. *27* grand commandeur du Temple : pas d'âge. *28* chevalier du Soleil : pas d'âge. *29* Grand Écossais de Saint-André d'Écosse : 81 ans. *30* grand élu chevalier Kadosch (saint en hébreu) : 1 siècle et plus. *Tribunaux : 31* grand inspecteur inquisiteur commandeur : pas d'âge. *Consistoires : 32* sublime prince du Royal Secret : pas d'âge. *Conseil suprême : 33* souverains grands inspecteurs généraux : 33 ans accomplis. *Suprême conseil* : 33 titulaires du 33e degré, présidé par souverain grand commandeur.

Nota. – L'âge d'admission réel est celui de la majorité civile (dispenses très rares).

■ **Situation actuelle. Afrique noire :** situation instable. **Amérique du Sud :** maçons influents, mais divisés par des querelles de rites et des options politiques. **Asie :** se développe en Inde, Japon, Philippines, Hong Kong, Taïwan, Liban et Israël. **Iran :** proscrite depuis la chute du châh. **Europe de l'Est :** la montée du fascisme entraîna la dissolution des loges (Roumanie 1937, Hongrie et Pologne 1938, Tchécoslovaquie 1939, Bulgarie 1941), de nombreux maçons furent exécutés. Après la guerre, les loges qui avaient pu se reconstituer furent de nouveau dissoutes par les communistes (Roumanie 1948, Hongrie 1950) et leurs membres emprisonnés et jugés pour haute trahison et espionnage. Certaines loges survécurent dans la clandestinité ou en exil. La chute des régimes communistes a entraîné leur réveil. **Europe occidentale :** après avoir souffert des régimes nazi et fasciste – sauf en Suisse et Suède –, essor en France, Belgique, Pays-Bas, Norvège, Allemagne, Italie, Autriche, Portugal et Espagne (elle était interdite sous Franco). **Nombre de maçons dans le monde. Maçonnerie anglo-saxonne** (régulière, traditionnelle, interdit en loge les discussions politiques ou religieuses et poursuit un but philanthropique, initiatique et moral) : 5 700 000 dont *USA* 4 000 000, *G.-B.* 1 000 000 (grand maître de la Grande Loge d'Angleterre : duc de Kent), *Australie* 300 000, *Canada* 260 000, *Afrique du Sud* 60 000, *Nlle-Zélande* 50 000, *Irlande* 50 000, France (voir GLNF col. c.). **Autre maçonnerie** [plus politisée (voulant modifier et faire progresser la société)] : environ 450 000 dans les pays européens à dominante catholique (comme France 90 000, Belgique, Espagne) et un peu en Amérique du Sud.

Centre de liaison et d'information des puissances maçonniques signataires de l'appel de Strasbourg (Clipsas). Association loi de 1901 du 22-1-1961. Fédère des obédiences « libérales » désireuses de préserver leurs spécificités face aux obédiences anglo-saxonnes « dogmatiques ». Chaque obédience peut exiger ou non la croyance en Dieu. **Adhérents :** 22 000 francs-maçons répartis en 41 obédiences dans 30 pays. **Pt :** Marc-Antoine Cauchie.

Association maçonnique intercontinentale libérale (Amil). Créée : mai 1996. **Siège :** Bruxelles. Grand Orient de Belgique, Grand Orient de France, Grande Loge traditionnelle et symbolique Opéra, Fédération française du droit humain, Grande Loge française du rite ancien et primitif de Memphis Misraïm, Grande Loge mixte de France et Grande Loge féminine de Suisse.

OBÉDIENCES FRANÇAISES ACTUELLES

■ **Grand Orient de France (GODF).** 16, rue Cadet, 75009 Paris. **Fondé** 1728, nom actuel depuis 1773, 1re réunion fbg Saint-Antoine dans la « petite maison » du duc de Chartres. **Nom :** ainsi appelé parce que « de l'Orient vient la Lumière ». **Devise :** « Liberté, Égalité, Fraternité. » **Grands maîtres** (depuis 1944) : *1944* Arthur Groussier (1863-1957) ancien vice-Pt de la Chambre des députés, ancien secr. général adjoint de la SFIO ; *45* Francis Viaud ; *48* Louis Bonnard ; *49* F. Viaud ; *52* Paul Chevallier ; *53* F. Viaud ; *56* Marcel Ravel ; *58* Robert Richard ; *59* M. Ravel ; *62* Jacques Mitterrand (1908-91) conseiller de l'Union française de 1947 à 58 (Union progressiste) ; *64* Paul Anxionnaz, ancien ministre, ancien député de la Marne (1946-51 et 56-58), secr. général du parti radical de 1945 à 48 ; *65* Alexandre Chevalier ; *66* P. Anxionnaz ; *69* J. Mitterrand ; *71* Fred Zeller ; *73* Jean-Pierre Prouteau (1930-98), secr. d'État chargé des PMI ; *75* Serge Behar ; *77* Michel Baroin (4-1930/5-2-1987, accident d'avion au Cameroun) ; *79* Roger Leray (1921-91) ; *81* Paul Gourdot (20-8-1930) ; *86* R. Leray ; *87* Jean-Robert Ragache (12-12-1939) ; *88* Christian Pozzo di Borgo (20-8-1944) ; *89* J.-R. Ragache ; *92* Gilbert Abergel (7-6-1949) ; *94* Patrick Kessel (30-12-1950) ; *95* (6-9) Christian Hervé (le convent ne l'a pas accepté, a suspendu ses travaux et confié la gestion du GODF à un exécutif provisoire) ; *96* (20-1) Jacques Lafouge (16-2-1933) ; *97* (5-9) Philippe Guglielmi (16-11-1951) ; *99* (2-9) Simon Giovannai (20-5-1949) ; *2000* (7-9) Alain Bauer (8-5-1962). **Conseil de l'ordre :** 35 membres ; élu par les délégués des loges locales et renouvelé chaque année par tiers. **Membres :** 43 900 (4 000 honoraires au 31-12-2000) dont environ 100 députés et sénateurs en majorité socialistes, plusieurs ministres. **Loges :** 1 000 présentes sur tous les continents. **Budget** (en 2000) : 50 millions de F.

Se classe dans le courant dit « adogmatique » pour la liberté absolue de conscience et se propose d'intervenir dans son époque pour promouvoir une société meilleure.

■ **Grande Loge de France.** 8, rue Puteaux, 75017 Paris. **Fondée** 1894. **Grands maîtres** (depuis 1944) : *1944* Jacques Dumesnil de Gramont ; *48* Georges Chadirat ; *50* J. Dumesnil de Gramont ; *52* Louis Doignon ; *55* Antonio Coen ; *56* Richard Dupuy (1914-85) ; *57* Georges Hazan ; *58* R. Dupuy ; *61* L. Doignon ; *63* R. Dupuy ; *69* Pierre Simon ; *71* R. Dupuy ; *73* P. Simon ; *75* R. Dupuy ; *77* Georges Marcou (17-2-1923) ; *78* Michel de Just (né 1934) ; *81* G. Marcou ; *83* Henri Tort-Nouguès (19-11-1921) ; *85* Jean Verdun (21-3-1931) ; *88* Guy Piau (6-5-1930) ; *90* Michel Barat (25-3-1948) ; *93* Jean-Louis Mandinaud (15-4-1928) ; *95* Jean-Claude Bousquet (né 1933) ; *96* Georges Komar (12-8-1930) ; *98* J.-C. Bousquet. **Membres** (en 2001) : 25 000. **Loges :** 678. **Rite :** écossais ancien et accepté.

■ **Grande Loge nationale française (GLNF).** 12, rue Christine-de-Pisan, 75017 Paris. **Fondée** 1913 par Édouard de Ribaucourt (1865-1936) sous le nom de *Grande Loge nationale indépendante et régulière*. Seule obédience française reconnue par la Grande Loge unie d'Angleterre et la maçonnerie anglo-saxonne pour sa « régularité » (respect de la règle des *landmarks* de la franc-maçonnerie universelle, caractérisée par sa croyance en Dieu et son apolitisme). Nom actuel depuis oct. 1948. Afrique noire francophone (Gabon, Côte d'Ivoire, Togo, Sénégal et Bénin en 1995), Espagne 1982, Portugal 1990, Madagascar, Maroc, Andorre et Djibouti 2000. Implantation en Thaïlande. **Grands maîtres :** *1913* É. de Ribaucourt, *19* C. Barrois, *29* H. de Mondehare, *33* G. Jollois, *38* M. Vivrel, *47* P. Chéret, *58* E. Van Hecke, *71* A.-L. Derosières (1905-82), *80* Jean Mons (1906-89), *89* André Roux (1927-92), *92* Claude Charbonniaud (né 22-1-1925, réélu 1998). **Membres :** 29 200 (15-1-2001). **Loges :** 1 318. **Rites :** écossais ancien et accepté, écossais rectifié, Émulation, français, d'York. Au sein de l'obédience fonctionne également un Grand Chapitre de l'Arche royale pour la France.

■ **Loge nationale française (LNF).** BP 154, 92113 Clichy Cedex. **Fondée** 26-4-1968 par 3 loges issues de la GLNF Opéra, et souscrivant à la *Charte de la maçonnerie traditionnelle libre.* Exclusivement consacrée à des travaux portant sur l'histoire et la tradition spirituelle de la maçonnerie, et à l'ésotérisme chrétien. **Rites pratiqués :** anglais Émulation, français traditionnel, écossais rectifié. **Membres :** 250. **Loges :** 15.

■ **Grande Loge féminine de France (GLFF).** 60, rue Vitruve, 75020 Paris. **Fondée** 1945 (*Union maçonnique féminine de France*), nom actuel depuis 1952. **Grande maîtresse :** *depuis septembre 2000* Marie-France Picart. **Membres :** 10 500. **Loges :** 335 (308 en France et 9 dans DOM-TOM, 18 en Espagne, Allemagne, Luxembourg, Hongrie, Pologne, Rép. tchèque, Maurice, Venezuela, Canada, Gabon, Congo, Togo, Bénin, Cameroun et Côte d'Ivoire). **Rites pratiqués :** écossais ancien et accepté (75 %), français (moderne, 1801, rétabli), écossais rectifié (5 loges), Adoption (1 loge).

■ **Grande Loge traditionnelle et symbolique Opéra (GLTS Opéra).** Ex-*Grande Loge nationale française Opéra* (GLNF). 9, place Henri-Barbursse, 92300 Levallois-Perret. **Fondée** 1958 par des dissidents de la GLNF. **Grand maître :** Guy Macquet. **Loges :** 153. **Membres :** 3 050. En relation avec les Grandes Loges et Grands Orients de France, d'Europe, d'Afrique et du Brésil. **Rites :** principalement écossais rectifié, mais plusieurs loges pratiquent d'autres rites : Émulation, français traditionnel, écossais ancien et accepté, d'York.

■ **Droit humain.** *Ordre maçonnique mixte international* 5, rue Jules-Breton, 75013 Paris. **Fondé** 1893 par la féministe Maria Deraismes (1828-94) et le Dr Georges Martin (1844-1916) sénateur de la Seine ; présent dans 70 pays. **Souverain grand commandeur, grand maître de l'Ordre :** Njördur P. Njardvik. **Grand commandeur de la Fédération française :** Camille Giudicelli (49, bd Port-Royal, 75013 Paris). **Ateliers :** 500. **Membres :** 13 500. **Rite :** écossais ancien et accepté.

■ **Grande Loge indépendante et souveraine des rites unis (GLISRU).** BP 1404, 59015 Lille Cedex. **Fondée** 1976 par René-Jacques Martin (1925-93). **Grand maître :** Christian Robert. **Loges :** masculines, féminines ou mixtes. **Rites :**

■ **Quelques maçons célèbres. Algérie :** *homme politique :* Abd-el-Kader. **Allemagne :** *écrivains :* Boehme, Fichte, Goethe, Heine, Herder, Klopstock, Lessing, Richter, Schiller, Wieland. *Empereurs :* Guillaume Ier, Frédéric III. *Politiques :* Abetz, Hardenberg, Stein, Stresemann. *Médecins :* Hahneman, Mesmer. *Militaires :* Blucher, Gneisenau. *Musiciens :* Jean-Chrétien Bach, Beethoven, Hummel, Meyerbeer. *Peintres :* Dürer, Zoffany. *Princes et rois :* Ernest de Hanovre, Georges V de Hanovre, Frédéric II de Prusse, Frédéric-Guillaume III de Prusse, Frédéric-Léopold de Prusse, Frédéric Ier de Wurtemberg. **Amérique latine :** *politique :* Simon Bolivar. **Argentine :** *politique :* San Martin. *Pt :* Urquiza. **Autriche :** *musiciens :* Haydn, Mozart. **Belgique :** *roi :* Léopold Ier. **Brésil :** *empereur :* Pierre Ier, Ferraz de Campos Salels. **Burkina Faso :** *Pt :* Blaise. **Canada :** *politique :* Diefenbaker. **Chili :** *Pts :* O'Higgins, Allende. **Colombie :** *Pts :* Bolivar, Mosquera y Arboleda, Toro. **Costa Rica :** *Pt :* J. M. Castro. **Côte d'Ivoire :** *Pt :* Konan. **Danemark :** *rois :* Frédéric VII, Christian IX, Frédéric VIII, Christian X. **Espagne :** *écrivain :* Blasco Ibanez. *Politiques :* Aranda, Arguelles, Ferrer, Riego. *Peintre :* Gris. **Finlande :** *musicien :* Sibelius. **France :** *acteur :* Gémier. *Affaires :* Citroën, Patrick le Lay, L. Lumière, Oberkampf, J.-L. Pétriat, Schueller, Bon Taylor. *Architectes :* Brongniart, Soufflot. *Chansonniers :* Béranger, Bruant, Clément, P. Dac, E. Pottier. *Chanteurs :* Joséphine Baker, Léo Ferré. *Cirque :* Zavatta. *Corsaire :* Surcouf. *Écrivains :* d'Alembert, Baudelaire, Brisson, Chamfort, Chateaubriand, Chatrian, J. Claretie, Condorcet, Constant, Diderot, Dumas, Dumézil, Erckmann, Garat, Guénon, Lacépède, Laclos, Lamartine, Lavisse, Littré, Macé, Maine de Biran, Maistre, Mallarmé, Montesquieu, Nerval, Pauwels, Prévost, Proudhon, Quinet, Sade, Saint-Martin, Saint-Pierre, Saint-Simon, Stendhal, J. Vallès, Verne, Voltaire, Zola. *Explorateurs :* Brazza, David Neel. *Famille Bonaparte :* Napoléon (voir col. b), Joséphine, Eugène de Beauharnais, Joseph, Jérôme, Joachim Murat, Caroline, Louis, Lucien. *Graveur :* Denon, Moreau le Jeune. *Ingénieurs :* Eiffel, Montgolfier. *Médecins :* Cabanis, Dupuytren, Esquirol, Guillotin, Marmottan. *Militaires :* Augereau, Bazaine, Beurnonville, Bourbaki, Brune, Bugeaud, Cambronne, Caulaincourt, Dumouriez, Exelmans, Gallieni, Grouchy, Hoche, Joffre, Junot, Kellermann, Kléber, Lannes, Lasalle, Lauriston, Lefebvre, MacDonald, Magnan, Masséna, Miollis, Molitor, Moncey, Moreau, Mortier, Ney, Oudinot, Pérignon, Pichegru, Poniatowski, L. Richelieu, Sérurier, Soult, Suffren. *Musiciens :* Boieldieu, Méhul, Rouget de Lisle. *Peintres :* Gérard, Greuze, Robert, Toulouse-Lautrec, C. et H. Vernet. *Philosophe :* Helvétius. *Photographe :* Nadar. *Politiques :* voir col. b. *Pts :* Doumer, Doumergue, Faure, Grévy. *Rois :* Louis XV, XVI (Marie-Antoinette), XVIII, Charles X. *Savants :* Arago, Bougainville, Sadi Carnot, Chaptal, Lalande, Laplace, Laugier, Monge, Pilâtre de Rozier, Pingre, Raspail. *Sculpteurs :* Bartholdi, David d'Angers, Houdon, Rude. *Sportifs :* Roger Bambuck. **Gabon :** *Pts :* M'ba, Bongo. **G.-B. :** *acteur :* Hardy. *Dandy :* Brummell. *Écrivains :* Burns, Byron, Carlyle, Doyle, Gibbon, Jerome, Kipling, Lytton, Pope, Scott, Sheridan, Wallace, Wilde. *Explorateurs :* Burton, Scott. *Féministe :* Annie Besant. *Politiques :* Churchill, Rhodes. *Médecins :* Fleming, Jenner. *Militaires :* Abercromby, Alexander, Auchinleck, French, Nelson, Wellington. *Peintres :* Hogarth, I. Jones. *Rois :* Henri VII, Jacques VI, Guillaume III, George IV, Guillaume IV, Édouard VII, Édouard VIII, George VI. **Grèce :** *rois :* Georges Ier, Constantin Ier, Georges II. **Hawaii :** *rois :* Kamehameha IV, Kamehameha V, David Kakana. **Hongrie :** *politiques :* Andrássy, Kossuth. *Musicien :* Liszt. **Inde :** Aga Khan III. **Irlande :** *cinéma :* Todd. *Écrivains :* Goldsmith, Swift, Wilde. *Politique :* O'Connell. **Israël :** *PM :* Begin. **Islande :** *Pt :* Björnsson. **Italie :** *alchimiste :* Cagliostro. *Cinéma :* Cervi. *Écrivains :* Alfieri, Casanova. *Politiques :* Crispi, Garibaldi, Manin, Mazzini. *Musiciens :* Cherubini, Geminiani, Puccini, Spontini, Rossini. **Mexique :** *politique :* Juarez. **Norvège :** *explorateur :* Amundsen. *Roi :* Haakon VII. **Pays-Bas :** *roi :* Guillaume II. **Pologne :** *roi :* Stanislas II. **Portugal :** *Pt :* Machado. **Russie :** *écrivain :* Pouchkine. *Politiques :* Bakounine, Kerenski, Lénine. **Saint Empire :** *empereur :* François Ier. **Sénégal :** Diagne Blaise. **Suède :** *rois :* Adolphe, Frédéric, Gustave IV, Gustave V Adolphe, Gustave VI Adolphe. **Suède-Norvège :** *écrivain :* Swedenborg. *Rois :* Charles XIII, Charles XIV (Bernadotte), Oscar Ier, Charles XV Louis, Oscar II. **Suisse :** Dunant (fondateur de la Croix-Rouge). *Médecin :* Jung. **Tchad :** *Pt :* Idriss. **Tchécoslovaquie :** *politique :* Masaryk. *Pt :* Beneš. *Peintre :* Mucha. **USA :** *acteur :* J. Wayne. *Armurier :* Colt. *Astronautes :* Aldrin, Cooper, Eiselle, Glenn, Grissom, Mitchell, Schirra, Stafford. *Aviateur :* Lindbergh. *Cinéma :* Borzage, Cantor, DeMille, Edwin, D. Fairbanks, Gable, Griffith, Hardy, Jolson, Lloyd, Mix, Murphy, Powell, Rogers, Wayne, Wyler, Zanuck, Zukor. *Cirque :* Buffalo Bill, Houdini. *Constructeurs d'automobiles :* Chrysler, Ford. *Écrivains :* Twain, Yates. *Explorateurs :* Byrd, Peary. *Politiques :* Burton, Dewey, Franklin, Goldwater, Madison. *Indiens :* J. Brant, C. Carson. *Militaires :* Bradley, Clark, Jellicoe, D. MacArthur, Marshall, Pershing. *Musiciens :* L. Armstrong, C. Basie, D. Ellington, L. Hampton. *Pts :* Washington, MacKinley, Monroe, Jackson, Polk, Buchanan, Lincoln, A. Johnson, Garfield, Th. Roosevelt, Taft, Harding, F.D. Roosevelt, Truman, L. Johnson, Nixon, Ford. *Sportifs :* Dempsey. *Divers :* Davy Crockett. **Venezuela :** *politique :* Miranda.

☞ Danton, Pie IX, lord Baden-Powell, le Dr Zamenhof n'ont pas été maçons. L'appartenance de Beethoven, Rameau, Condorcet (il était membre de la Sté olympique, composée uniquement de maçons), Napoléon, Mirabeau, Robespierre et du Mis de Sade reste discutée.

■ **Politique et maçonnerie. 1725** ou **1726** France, émigrés fidèles à la cause des Stuarts, tels les grands maîtres Philippe, duc de Wharton (1698-1731), et Charles Radcliffe, Cte de Derwentwater (1693-décapité en 1746). **1736** interdite. **1738** Louis-Antoine de Pardaillan de Gondrin, duc d'Antin (1707-43), est élu grand maître. **1743** Louis de Bourbon-Condé, Cte de Clermont (1709-71). **1755** dite alors *Grande Loge anglaise de France,* devient *Grande Loge de France ;* se donna des ordonnances générales tirées des Constitutions d'Anderson. **1762** une tendance réformatrice apparaît ; 22 loges à Paris, 220 en province. **1767** Grande Loge de France interdite. **1771-89** Anne de Montmorency-Luxembourg, duc de Luxembourg (1737-1803) élu grand administrateur général. **1774** le Grand Orient de France reconnaît les ateliers créés par des femmes : « loges d'adoption ». La Dchesse de Bourbon en devient la grande maîtresse. **1789** 700 loges en France, environ 50 000 maçons (nobles et bourgeois, riches et cultivés sont en majorité). Sont (ou seront) maçons : Bailly, Calonne, Cambacérès, Lazare Carnot, Couthon, Desmoulins, Fouché, Guillotin, La Fayette, Lakanal, Marat, Mirabeau, Philippe Égalité (duc d'Orléans, grand maître), Sieyès, Saint-Just, Talleyrand. La plupart des loges seront fermées sous la Terreur. **Premier Empire** l'Ordre accueille Brune, Cavaignac, Guizot, Hoche, Kellermann, Lannes, Masséna, Murat, Ney, Soult... **1818** Élie Decazes (1780-1860) souverain grand commandeur du Suprême-Conseil. **1848** Isaac-Adolphe Crémieux (1796-1880), Louis Blanc. **1849**-*13-4 :* 1re Constitution du Grand Orient ; l'art. 1er affirme que la franc-maçonnerie, « institution éminemment philanthropique, philosophique et progressive, a pour base l'existence de Dieu et l'immortalité de l'âme ». **Second Empire** grands maîtres du Grand Orient : **1852** Pce Lucien Murat (1803-78) ; **1862**-*11-1* par décret de Napoléon III, Mal Bernard Pierre Magnan, sénateur, grand veneur (1791-1865) ; **1865** Gal Mellinet : sénateur (1791-1894), révision constitutionnelle au Grand Orient rappelant que « l'existence de Dieu, l'immortalité de l'âme et la solidarité humaine » restent des principes fondateurs, mais ajoutant la liberté de conscience comme « un droit propre à chaque homme ». **1870-4-9** gouvernement provisoire : il y a 7 maçons sur 12 membres. **1871 à 1914** influence grandissante. **1877** nouvelle rédaction adoptée « considérant les conceptions métaphysiques comme étant du domaine exclusif de l'appréciation individuelle de ses membres, (la franc-maçonnerie) se refuse à toute affirmation dogmatique ». Parmi les maçons : Blanc, Blanqui, Bourgeois (Pt du Conseil), Combes, Félix Faure (Pt de la République), Jules Favre, Jules Ferry, Gambetta, Louise Michel, Camille et Eugène Pelletan, Reclus, Schœlcher, Viviani. F. Babaud-Laribière (avocat, 1819-73) grand maître. **1899** 8 ministres sur 11 et 150 députés sont maçons. **1901** *juin* rôle déterminant dans la fondation du parti républicain radical et radical-socialiste : G. Mesureur, H. Brisson, L. Bourgeois sont maçons. **1904-05** *affaire des fiches :* l'état-major du ministre de la Guerre (Gal Louis André, non maçon) demande aux loges locales du Grand Orient de signaler les officiers cléricaux allant régulièrement à la messe (25 000 fiches seront établies) ; un employé des loges, le franc-maçon Bidegain, en communique des copies au *Figaro* qui les publie le 27-10-1904. A la Chambre, le député nationaliste Guyot de Villeneuve révèle, fiches en main, le système de délation. Le Gal André doit démissionner et 35 députés maçons se désolidarisent du ministère Combes (les loges avaient violé les statuts de l'Ordre en travaillant pour un organisme d'État). **1908** 48 % des délégués au comité exécutif du parti radical sont maçons (73 % des sénateurs, 53 % des députés radicaux, 41 % des militants). **1922** la « 22e condition » édictée par la IIIe Internationale oblige les membres du PCF à opter entre parti et maçonnerie : A. Marty et M. Cachin démissionnent de la maçonnerie, L.-O. Frossard quitte le PCF dont il était secrétaire général. **1920-1930** Blum, Laval, Herriot, Daladier, Caillaux ne sont pas maçons. Doumergue (Pt de la Rép. en 1924) l'avait été avant 1914. A. Briand, C. Chautemps, Th. Steeg, Klotz, Renoult, Dalimier sont maçons. A la SFIO : M. Sembat, J. Longuet ; socialistes dissidents : A. Varenne, P. Renaudel, E. Frot, M. Viollette. **1934** l'affaire Stavisky rejaillit sur la maçonnerie : 3 000 maçons démissionnent. **1936** il y a 91 députés maçons (soit 15 % des députés). *Front populaire,* ministres maçons : Salengro, Monnet, Moutet à SFIO ; Viollette et Ramadier à l'USR ; Rucart, Zay, Chautemps radicaux. **1940**-*10-7 :* 98 maçons sur 569 députés ont voté les pleins pouvoirs à Pétain. *-13-8* une loi de Vichy dissout les loges et interdit les sociétés secrètes ; les archives des loges sont saisies ; une exposition antimaçonnique est organisée au Petit Palais à Paris. **1941**-*11-8* loi ordonnant la publication des noms des dignitaires et l'expulsion des maçons de la fonction publique. Pierre Brossolette, Félix Éboué, Jean Moulin étaient maçons. 540 maçons furent fusillés, 989 furent déportés. **1945** sont maçons SFIO : Gouin, Ramadier, Mollet, Jacquet (préfet de police), Baylot ; radicaux : André Marie, A. Morice, Martinaud-Déplat, Monnerville, Caillavet, Anxionnaz, Mendès France. **1958-68** il n'y a pas de maçon au gouvernement, hormis Philippe Dechartre (secrétaire d'État au Travail) et R. Boulin à la Santé. **1965** le Grand Orient soutient Mitterrand à la présidentielle. **Années 70** des projets de loi sur insémination artificielle, divorce par consentement mutuel, greffe d'organes, droit des homosexuels, internement psychiatrique, euthanasie ont été étudiés dans les loges. **1974-81** ministres maçons : Robert Boulin, J.-P. Prouteau, S. Poniatowski. **1981** Michel Vauzelle dir. ajoint du cabinet du Pt. **Depuis 1981** ministres maçons : François Abadie, Michel André, Roger Bambuck, Didier Bariani, Jean-Michel Baylet, Christian Bergelin, Louis Besson, Laurent Cathala, André Cellard, André Delelis, Alain Devaquet, Roland Dumas, Henri Emmanuelli, Georges Fontès, Joseph Franceschi, André Henry, Charles Hernu, Edmond Hervé, Pierre Joxe, André Labarrère, André Laignel, Jack Lang, Georges Lemoine, Guy Lengagne, Martin Malvy, Jean-Pierre Masseret, Jacques Mellick, Louis Mexandeau, Lucette Michaux-Chevry (ex-sœur), Christian Nucci, Christian Pierret, Jean Poperen, Paul Quilès, André Rossinot, Yvette Roudy, Michel Roussin, Jean-Pierre Soisson, Olivier Stirn, René Teulade, Kofi Yamgnane. La Fraternelle des parlementaires regroupe 172 députés (dont Olivier Stirn), sénateurs et conseillers économiques et sociaux. Avant le 16-3-1986, ils étaient 220. Il y a des *maçons de droite* [comme ceux du Cercle des amis du 25 mars (CA 25, créé 1982 par référence au 25-3-1977, date d'élection de Chirac à la mairie de Paris, 1 000 membres) ; ceux de l'Atelier Montesquieu ; des partisans de Barre (2 000 ?) (Fraternelle maçonnique UDF « Club de la Rue de Poitiers », Pt André Rossi)] ; et des *maçons de gauche.* On trouve de nombreux maçons dans la police, les assurances, la poste et la justice.

français, écossais ancien et accepté, écossais rectifié, Memphis Misraïm, opératif de Salomon, anglais ancien, écossais philosophique.

■ **Grande Loge mixte de France.** 23-25, rue Pétion, 75011 Paris. **Créée** 1982. Se réfère à la Grande Loge mixte française de 1913 et prône le principe de laïcité comme éthique de société. **Grand maître :** Odile Henry. **Loges :** 73 (1 600 membres), féminines, masculines et mixtes. **Membres :** 1 350. **Rite :** français, mais accepte la pluralité des rites.

■ **Grande Loge mixte universelle.** 27, rue de la Réunion, 75020 Paris. **Fondée** 1973. **Loges et triangles** mixtes. **Grande maîtresse :** Eddie Muller. **Membres :** 1 000. **Rite :** français, écossais ancien et accepté. Se réclame de la liberté absolue de conscience, défend l'idéal laïque.

■ **Ordre initiatique et traditionnel de l'Art royal (Oitar).** 25, rue Boyer, 75020 Paris. **Fondée** 1974. **Grand Maître :** Nicolas Antelmi. **Loges :** environ 50, masculines, féminines et, essentiellement, mixtes. **Membres :** 1 000. **Rite :** opératif de Salomon, établi en 9 degrés.

■ **Grande Loge traditionnelle.** Visakha Sarl, 126, rue Nationale, 75013 Paris. **Fondée** 1988, loge fondatrice de l'Étoile d'Orient. **Loges :** 45, masculines, féminines et mixtes. **Membres :** environ 1 000. **Rites :** Hérédom, Cerneau.

La franc-maçonnerie et l'Église catholique

■ **XVIIIe s.** La *maçonnerie spéculative anglaise,* créée par des membres du clergé protestant, excluait, dès 1723, athées et libertins. Elle considère toujours que la présence de la Bible sur l'autel et l'obligation de prêter serment sur le Livre saint [la croyance au « Grand Architecte de l'Univers » (expression non biblique, désignant le Dieu Créateur) et en sa volonté révélée] sont les *landmarks* (« bornes », marques distinctives) de la maçonnerie. En pays musulman, aux Indes ou en Extrême-Orient, les protestants peuvent prêter serment sur le livre sacré de leur confession. **1738**-*4-5 :* 1re bulle papale condamnant et excommuniant les francs-maçons (*In Eminenti* de Clément XII) en raison du secret de leurs assemblées et « pour d'autres motifs justes et raisonnables de Nous connus ». Selon Alec Mellor (né 1907), ces motifs n'étaient pas d'ordre doctrinal (car la maçonnerie ne fut pas condamnée comme hérétique), mais de nature politico-religieuse, le St-Siège protégeant les Stuarts, détrônés et réfugiés à Rome, mais ne voulant pas détacher les Écossais du Nord, partisans des Stuarts quoique protestants, du prétendant Charles-Édouard (qui préparait le débarquement de 1745 et qui aurait restauré le catholicisme en Angleterre). M.-P. Chevallier, au contraire, pense que le pape a craint de voir dans la maçonnerie une résurgence du jansénisme et du quiétisme. La bulle, n'ayant pas été enregistrée par le Parlement de Paris, ne fut pas applicable en France, mais rendit la vie maçonnique précaire en Espagne, au Portugal, en Amérique latine et dans les États italiens. **1751** bulle *Providas* de Benoît XIV, aussi peu explicite (mais il est douteux que les idées du XVIIIe s. et la philosophie des « Lumières » soient visées car l'offensive antireligieuse des encyclopédistes n'a pas été déclenchée). **1776** bulle *Inscrutabili* de Pie VI condamnant les idées du XVIIIe s. : la franc-maçonnerie n'est pas nommée.

■ **XIXe s. 1821** encyclique *Ecclesiam* de Pie VII. **1865**-*26-10* Pie IX reproche à Mgr Darboy d'avoir donné l'absoute au Mal Magnan, grand maître du Grand Orient, en présence d'insignes maçonniques posés sur le cercueil. **1873** encyclique *Et si multa* de Pie IX, condamnant moins la maçonnerie que les *carbonari* et autres sectes politiques secrètes qui noyautaient les loges. **1877** après la Belgique, la Hongrie et divers pays d'Amérique du Sud, le Grand Orient de France décide de supprimer de sa Constitution l'article 1er imposant la croyance en Dieu et en l'immortalité de l'âme. La rupture devient alors définitive entre Français et Anglo-Saxons (elle restera moins nette entre la « Masonry » et les obédiences continentales ou sud-américaines, qui ont pourtant eu les mêmes problèmes). **1884**-*20-8* encyclique *Humanum genus* de Léon XIII reprochant à la maçonnerie l'anticléricalisme militant, le positivisme et le rationalisme adoptés officiellement par le Grand Orient. Cette encyclique s'explique aussi par les tendances de la maçonnerie italienne de l'époque, visant à détruire le pouvoir temporel des papes et escomptant la destruction à plus ou moins longue échéance du catholicisme.

☞ En raison des condamnations de l'Église, la maçonnerie prend souvent, en pays catholique, des formes différentes de la « Masonry » britannique : un certain mysticisme ésotérique, plus ou moins orthodoxe, s'y est introduit au XVIIIe s. et s'y maintiendra parfois avec le caractère « catholique » de certains grades (écossais trinitaires par exemple) dans lequel certains ont voulu voir, à tort, la main des jésuites. A l'inverse, dès 1750, il y eut sur le continent une maçonnerie inspirée par l'*Aufklärung* allemande (philosophie des Lumières ou anti-obscurantisme) de Christian Thomasius (1655-1728), qui deviendra libérale et « nationale » au XIXe s.

La maçonnerie sud-américaine jouera un rôle important dans les guerres d'indépendance, bien des maçons italiens seront des apôtres de l'unité italienne, les loges tchèques et hongroises joueront un rôle capital dans la renaissance de leur pays.

■ **XXe s.** **1915**-*27-5* le canon 2 335 de Benoît XV excommunie les francs-maçons : « Sont frappés d'excommunication *latae sentenciae* (par le fait même) tous ceux qui donnent leur adhésion à une secte maçonnique ou à des sociétés secrètes qui se livrent à des complots contre l'Église ou des pouvoirs civils légitimes. » **1961**-*18-3* pour la 1re fois depuis 2 siècles, un ecclésiastique, le père Michel Riquet, jésuite, entre officiellement pour prononcer une conférence dans un temple maçonnique français (loge Volney du Grand Orient à Laval, Mayenne ; le vénérable Marius Lepage est suspendu ; il démissionnera en 1963). **1974**-*11-9* la Sacrée Congrégation de la doctrine de la foi (ex-Saint-Office), sous la signature du cardinal Seper, dit que le canon 2 335 ne viserait que les catholiques faisant partie d'associations agissant contre l'Église, ce qui n'est pas explicitement le cas de la « Masonry » anglo-saxonne ni de la GLNF. Cependant, il reste toujours interdit aux clercs, religieux et membres des instituts séculiers de faire partie d'une association maçonnique quelle qu'elle soit, sauf dispense individuelle délivrée par l'évêque du lieu. **1983** le nouveau Code de droit canon (canon 1184) ne mentionne pas les francs-maçons parmi ceux auxquels on doit refuser des funérailles à l'Église. Il ne maintient pas l'excommunication prévue par l'ancien canon 2 335. Le nouveau canon 1 374 prévoit simplement que « doivent être punis d'une juste peine ceux qui donnent leur nom à une association qui se livre à des complots contre l'Église ; les promoteurs ou dirigeants d'une telle association seront punis par l'interdit ». *-26-11* la Congrégation pour la doctrine de la foi rappelle l'interdiction pour les catholiques de s'inscrire dans une loge, ceux qui s'y inscrivent « sont en état de péché grave et ne peuvent accéder à la sainte communion ». **1985**-*22-2* l'*Osservatore Romano* rappelle cette interdiction. Les 5 obédiences françaises signent en commun avec les Églises un appel à la fraternité contre le racisme. **1987** colloque maçon-catholique à Toulouse. *-13-7* le synode général de l'Église d'Angleterre, par 394 voix contre 52, qualifie la franc-maçonnerie d'hérétique et juge la pratique maçonnique incompatible avec l'appartenance à l'Église chrétienne.

Pamphlétaires adversaires de la maçonnerie

■ **XVIIIe s.** **Angleterre :** de 1717 à 1730, plusieurs libelles, appelés *exposures* (divulgations), reprochent aux maçons : ivrognerie, homosexualité (à cause de l'exclusion des femmes), papisme (à cause de la grande maîtrise du duc de Norfolk, qui était catholique, en 1729-30). De nombreuses processions burlesques sont organisées à Londres avec des ornements maçonniques. **France :** de 1742 à la Révolution, les antimaçons sont surtout membres du parti antiphilosophique. Après 1797, ils sont antirévolutionnaires. Reproche principal : les francs-maçons ont ourdi la Révolution [voir le pamphlet du jésuite Augustin de Barruel (1741-1820) : *Mémoires pour servir à l'histoire du jacobinisme,* 5 vol., publié à Londres en 1797-99].

■ **XIXe s.** **Anglophobes :** dénoncent la collusion de la franc-maçonnerie et de l'Intelligence Service. **Antisémites :** soulignent les ressemblances entre la symbolique maçonnique et celle du Temple de Jérusalem. **Ésotéristes :** cherchent à démontrer le caractère luciférien de la maçonnerie [Satan (Lucifer, l'Ange de lumière) serait adoré par les hauts grades, les grades inférieurs n'en sauraient rien]. L'ordre maçonnique doit réparer l'injustice et la condamnation de Lucifer. *Les Francs-Maçons* (1867) de Mgr de Ségur (1820-91) : les francs-maçons sont unis par le secret de la haine du Christ qui expie sur la croix le meurtre d'Hiram. Pour d'autres, les francs-maçons se livrent à des messes noires et à des cérémonies sacrilèges. Pamphlet principal : *les Mystères de la franc-maçonnerie dévoilés* de Gabriel Jogand-Pagès, dit Léo Taxil (1854-1907), qui prétendait détenir ses informations de Diana Vaughan, ex-grande prêtresse du palladisme [haute maçonnerie luciférienne ; le chef du culte palladiste était l'Américain Albert Pike (33e degré), le diable lui apparaissant chaque vendredi à 15 h] ; il dévoila son imposture en avril 1897.

■ **XXe s.** Les thèmes du XIXe s. sont repris mais on dénonce surtout l'arrivisme et le « copinage ». Principal écrivain : Roger Mennevée (1885-1973) ; principal historien : Bernard Faÿ, *la Franc-Maçonnerie française et la préparation de la Révolution* (thèse : les idées révolutionnaires sont les idées maçonniques) ; principal organisme : Ligue française antimaçonnique, fondée en 1910 par Paul Copin Albancelli (1851-1939).

■ **Ordre de la Rose-Croix (Amorc).** **Nom :** Amorc signifie « Ancien et Mystique Ordre de la Rose-Croix ». **Symbole :** croix dorée ayant une rose rouge en son centre, la croix représentant le corps de l'homme et la rose symbolisant son âme en voie d'évolution. **Nature :** mouvement philosophique, initiatique et traditionnel mondial, non sectaire et non religieux, ouvert aux hommes et aux femmes, sans distinction de race, de religion ou de rang social. **Devise :** « La plus large tolérance dans la plus stricte indépendance. » **But :** perpétuer les enseignements se rapportant aux mystères de l'univers, de la nature et de l'homme lui-même, que les rose-croix se sont transmis à travers les siècles. **Tradition :** *origines :* anciennes écoles de mystères d'Égypte vers 1500 av. J.-C. (règne de Thoutmôsis III). Organisation fixée vers 1350 av. J.-C. (règne d'Akhenaton, considéré comme le fondateur du monothéisme). D'Égypte, l'Ordre s'est répandu en Grèce (Thalès et Pythagore), en Italie (Plotin), puis dans l'Europe du Moyen Age par le biais des alchimistes et des Templiers. Les penseurs de la Renaissance et les spiritualistes de l'époque moderne contribuent à son extension. *1er document écrit mentionnant la Rose-Croix :* « Fama Fraternitatis », imprimé en Allemagne en 1614. Se réfère à Christian Rosenkreutz, personnage légendaire du XIVe s., symbolisant la résurgence de l'Ordre, qui a toujours fonctionné depuis sa création selon des cycles d'activité d'environ 108 ans, suivis d'une période de sommeil d'une durée analogue. Au XVIIIe s., il existait un lien étroit entre Rose-Croix et franc-maçonnerie ; les deux organisations sont aujourd'hui indépendantes, même si l'un des grades maçonniques est celui de « Chevalier Rose-Croix ». **Enseignement :** des monographies sont adressées chaque mois à tous les membres, s'échelonnant sur 12 degrés, chaque degré étant consacré à l'étude d'un thème majeur (matière, conscience, vie, ontologie, guérison mystique, phénomènes psychiques, âme humaine, alchimie spirituelle, symbolisme universel, traditions ésotériques du passé, etc.). Les rose-croix peuvent aussi se réunir dans des « organismes affiliés » qui perpétuent la tradition orale de l'Ordre : pronaos (entre 12 et 40 membres), chapitre (entre 40 et 60 membres) et loge (à partir de 60 membres).

Dans la juridiction francophone, il y a environ 350 organismes. Des conventions régionales, nationales ou mondiales sont organisées. **Structure actuelle :** réactivée en 1909 par Harvey Spencer Lewis. L'Amorc mondial comprend plusieurs juridictions, dirigées chacune par un grand maître et couvrant les pays d'une même langue : allemande, américaine, anglaise, espagnole, française, grecque, hollandaise, italienne, japonaise, nordique (Suède, Norvège, Finlande, Danemark, Islande), portugaise. Dans son ensemble, l'Ordre est dirigé par un conseil suprême formé par tous les grands maîtres et placé sous la présidence de l'Imperator : actuellement Christian Bernard (Français, né 1951). Imperator et grands maîtres sont élus pour 5 ans. **Membres :** environ 250 000 dans le monde et 30 000 dans la juridiction francophone. **Siège de la juridiction francophone :** château d'Omonville, 27110 Le Tremblay. L'Amorc parraine l'*université Rose-Croix internationale* (URCI), regroupant des rose-croix spécialisés (sciences, arts et littérature). *Expositions* de peinture ou sculpture aux salons de la Rose-Croix, *créés en 1892* (199 bis, rue Saint-Martin, 75003 Paris). **Publications :** *Rose-Croix*, revue trimestrielle, accessible aux non-membres. **Personnages célèbres :** Léonard de Vinci, Cornelius Agrippa, Paracelse, Rabelais, Francis Bacon, Jacob Boehme, Descartes, Pascal, Spinoza, Newton, Leibniz, Benjamin Franklin, le Cte de Saint-Germain, Cagliostro, Louis Claude de Saint-Martin [appelé le « Philosophe inconnu » et inspirateur de l'ordre Martiniste traditionnel fondé au début du siècle par le Dr Gérard Encausse († 1916), dit Papus, et parrainé de nos jours par l'Amorc], la baronne de Krüdener, Napoléon Ier, Faraday, Debussy, Erik Satie, Nicolas Rœrich, Édith Piaf, etc., auraient été membres de l'Ordre ou en contact direct avec lui.

☞ D'autres mouvements se sont réclamés des rose-croix.

■ **Ordre Martiniste.** *Fondé* en 1891 par le Dr Gérard Encausse (1865-1916), dit Papus, et Augustin Chaboseau (1868-1946). **Origines :** revendique un héritage initiatique issu de Louis-Claude de Saint-Martin (1743-1803, dit le Philosophe inconnu) disciple de Martinès de Pasqually (vers 1724-74), fondateur de l'ordre des Élus-Cohen, qui se présentait comme un système de hauts grades maçonniques et pratiquait une théurgie. Après la mort de M. de Pasqually, L.-C. de Saint-Martin rejeta la théurgie et se fit le promoteur d'une voie plus intérieure, dite parfois voie cardiaque. Joseph de Maistre, Ballanche, Balzac, Sénnancourt, Nerval, Beaudelaire furent sensibles aux idées de Saint-Martin. *1916* période de transition. *1931* Chaboseau instaure l'ordre Martiniste traditionnel, parrainé par l'Amorc. **Revue :** *Pantacle.* **Enseignement :** vise à perpétuer l'ésotérisme judéo-chrétien. D'autres groupes martinistes s'inscrivent dans le sillage de l'Ordre fondé par Papus dans l'ordre Martiniste de Philippe Encausse (fondé 1952, revue : *l'Initiation*).

Cercles et Clubs

☞ Pour découvrir la sélection **Quid** des meilleurs sites Internet sur les cercles et les clubs, rendez-vous sur **www.quid.fr**

Cercles

Principaux cercles

■ **Automobile-Club de France (ACF).** 6, place de la Concorde, 75008 Paris, depuis 1899 (hôtels de Pastoret et Moreau de Gabriel, 1755). *Fondé* 12-11-1895 par le Mis de Dion (1856-1946), le Bon de Zuylen de Nyevelt et Paul Meyan, comme une « Société d'encouragement à la locomotion automobile ». *Admission :* par parrainage. *Activités :* automobiles, sportives, culturelles, jeux. Restauration. *Cotisation annuelle :* 7 800 F (+ abonnement sportif éventuel 4 500 F). *Membres :* 1 940. *Pt :* Mis de Flers (né 30-4-1927). **Quelques créations de l'ACF :** *1895 :* 1er Automobile-Club au monde, 1re course automobile ; *1898 :* 1er Salon de l'automobile, 1re chambre syndicale des constructeurs ; *1900 :* 1er centre de contrôle technique ; *1905 :* 1er guide touristique ACF, 1re élaboration du code de la route ; *1974 :* création de « Mondial Assistance ».

■ **Cercle de l'Union interalliée.** 33, rue du Faubourg-St-Honoré, 75008 Paris (construit 1714, devenu l'hôtel Henry-de-Rothschild). *Fondé* 1917 par Cte Marc de Beaumont et Gal Foch pour accueillir les officiers et personnalités des nations alliées venus à Paris lors de l'entrée des USA en guerre. Association maintenue après la guerre pour créer entre les peuples les rapprochements nécessaires au maintien de la paix. *Admission :* par parrainage. *Cotisation :* 7 200 F (+ abonnement sportif éventuel : 5 500 F : piscine, solarium, squash, gymnastique, yoga, aérobic). *Membres :* 3 100. *Pt :* Pierre-Christian Taittinger (né 5-2-1926) depuis 1999 (1er Pt en 1917 vice-amiral Fournier, 2e en 1920 Mal Foch).

■ **Jockey-Club.** 2, rue Rabelais, 75008 Paris. *Fondé* 19-6-1834 par la Société d'encouragement pour l'amélioration des races de chevaux en France (fondée 11-11-1833). *Siège : 1834 :* 2, rue du Helder ; *1838 :* rue Drouot ; *1857 :* rue de Gramont ; *1863 :* 2, rue Scribe ; *1924 :* rue Rabelais. Sous Louis-Philippe, accueille libéraux, aristocrates, bourgeois « arrivés ». Sous le IInd Empire : on joue beaucoup et gros (un soir, le Bon de Plancy gagne 980 000 F puis les reperd). Cercle de tradition. Réservé aux hommes. Souci de la distinction et de l'élégance. *Admission :* présentation par 2 parrains au suffrage des membres permanents (1 vote contraire annule 5 votes favorables : il faut donc recueillir 84 % des voix pour être élu). *Droit d'entrée :* une demi-cotisation. *Cotisation annuelle :* 7 000 F. *Membres permanents :* environ 1 150 (*1852 :* 350 ; *1870 :* 748). *Pt :* duc de Brissac (né 19-2-1929) depuis le 27-4-1997. Le 1er fut lord Henry Seymour.

■ **Nouveau Cercle de l'Union (NCU).** 33, rue du Fbg-St-Honoré, 75008 Paris. *Né* de la fusion du Nouveau Cercle et du Cercle de l'Union, le 27-6-1983. *Pt :* Pce Gabriel de Broglie (né 21-4-1931). **Origines : Nouveau Cercle :** *1835* fondation du *Cercle agricole* (surnommé « la Pomme de Terre ») hôtel de Nesles ; *1916* fusion avec le *Cercle de la rue Royale,* prend le nom de Nouveau Cercle de la rue Royale ; *1946* fusion avec le *Cercle de l'Union artistique. Sièges successifs :* hôtel de Nesles : 2, rue de Beaune ; hôtel (construit spécialement sous le IId Empire) 288, bd St-Germain ; à l'Interallié : 33, Fbg-St-Honoré, depuis 1979. **Cercle de l'Union :** *fondé* 1828 à l'instigation du Pce de Talleyrand, pour grouper à Paris une élite française et étrangère. *Sièges : 1828 :* 19, rue du Mont-Blanc (chaussée d'Antin) ; *1829 :* 30, rue de Gramont ; *1856 :* 11, bd de la Madeleine ; *1948 :* l'Interallié. La plupart des membres font également partie de la Société d'histoire générale et d'histoire diplomatique. Attribution de 2 prix littéraires annuels (Histoire et Souvenirs). *Admission :* présentation par 2 parrains au suffrage des membres permanents (1 vote contraire sur 6 exprimés suffit pour l'ajournement). *Cotisation :* 7 200 F. *Membres :* environ 420. Les membres permanents font partie de l'Union Interallié (voir p. 595 b).

■ **The Travellers.** 25, av. des Champs-Élysées, 75008 Paris (hôtel de la Païva, construit 1855). Cercle privé, de rayonnement international. *Fondé* 1903. *Admission :* présentation par 2 parrains, dont un au moins de la même nationalité que le candidat. *Élection :* par le comité (1 Pt, 2 vice-Pts et 9 membres). *Droit d'entrée :* 8 000 F. *Cotisation :* 7 300 F. *Pt :* Claude Foussier (né 19-4-1925) depuis 29-9-1983. *Membres :* 700.

Quelques autres cercles

■ **Aéro-Club de France.** 6, rue Galilée, 75782 Paris Cedex 16. Association selon la loi 1901 *fondée* par le Mis de Dion (1856-1946). 1er aéro-club national créé dans le monde. Organise le Prix Deutsch de La Meurthe : 1re compétition pour ballons dirigeables. *1905 :* avec 6 autres aéro-clubs nationaux créent la Fédération aéronautique internationale. *1906 :* les commissaires de l'AéCF homologuent le 1er vol réalisé par Santos-Dumont sur son *14 bis* le 12-11. *1909 :* délivre les 1ers brevets de pilote au monde (Santos-Dumont, Blériot, les frères Wright). *1912 :* édite les 1ers règlements de sécurité. *1922 :* organise le 1er rallye aérien : « les 104 au km 104 ». *1931 :* fonde le « Club Roland-Garros » installé à Orly, à l'instigation duquel une école de pilotage sera créée à St-Cyr. *1997 :* organise la Coupe Zénith (Grand Prix du patrimoine) et le prix d'innovation technologique. *1998 :* centenaire. Exposition « champs d'aviation » (50 avions, 4 millions de vis. en 3 semaines). *Pt :* Gérard Feldzer. *Admission :* par parrainage. *Cotisation moyenne :* 350 F. Réunit les fédérations des sports de l'air au sein du **Conseil national des Fédérations.** A en charge l'homologation des records nationaux auprès de la FAI. Participe à la mise en place de programmes de promotion et d'éducation autour de l'aviation, pour les jeunes. Veille à la sauvegarde du patrimoine (en faisant notamment classer « monuments historiques » des avions qui sont menacés de disparition).

■ **Cercle Anglais.** 7 *bis,* avenue de la Fontaine-Trespouey, 64000 Pau. *Pt :* Maurice Jeantet (né 8-4-1933).

■ **Cercle Carpeaux.** 8, rue Scribe, 75009 Paris. *Pt :* Juan de Beistegui.

■ **Cercle Foch.** 33, avenue Foch, 75116 Paris. *Fondé* 1973 par le Bon Edmond de Rothschild (né 30-9-1926). *Pt :* Victor Sasson (né 13-8-1928). *Admission :* par parrainage. *Droit d'entrée :* 5 000 F. *Cotisation :* 8 100 F. *Membres :* 600.

■ **Cercle France-Amériques.** 9-11, avenue Franklin-Roosevelt, 75008 Paris, depuis 1927 (hôtel Le Marois). *Fondé* 1909 par Gabriel Hanotaux pour resserrer les liens entre la France et les Amériques. *Pt :* Philippe Guerlain. *Admission :* par parrainage.

■ **Cercle de la Mer.** Sur une péniche ancrée, port de Suffren, 75007 Paris. *Fondé* 1972. *Admission :* par parrainage. *Pt :* vice-amiral d'escadre Claude Corbier. *Membres :* 800.

■ **Cercle national des Armées.** 8, place St-Augustin, 75008 Paris ; immeuble construit 1927 par Le Maresquier. Cercle militaire réservé aux officiers (active, réserve, retraite) et personnels assimilés.

■ **Cercle républicain.** 5, avenue de l'Opéra, 75001 Paris. *Pt :* Guy Mateudi (né 7-7-1938).

■ **Cercle Saint-Germain-des-Prés.** 15, rue Princesse, 75006 Paris. *Fondé* 15-1-1981 chez Castel. *Pt :* François Bennaceur.

■ **Le Siècle.** 13, avenue de l'Opéra, 75001 Paris. *Pt :* Gérard Worms (né 1-8-1936). *Vice-Pts :* Jean-Claude Casanova (né 11-6-1934), Michèle Cotta (née 1937). *Secr. général :* Étienne Lacour (né 7-4-1947).

■ **Maison de la Chasse et de la Nature.** 60, rue des Archives, 75003 Paris. Hôtel Guénégaud. *Ouvert* 1967. *Fondateurs :* Jacqueline et François Sommer. *Pt :* Patrick Ricard (né 12-5-1945). *Membres :* 700 (Parisiens). *Dir. :* Jacques-François de Chaunac-Lanzac.

Clubs

☞ **Clubs politiques** (voir à l'Index).

■ **Académie de l'art de vivre.** 22, rue Legendre, 75017 Paris. *Fondée* 1961 par Pierre Benoît. *Membres :* 30. *Principales activités :* intellectuelles, artistiques, libérales, commerciales ou industrielles. *Pte d'honneur :* Brigitte Level (née 31-10-1918). *Pt :* Michel Cointat, ancien ministre.

■ **Académie des sports.** 9, rue de Chéroy, 75017 Paris. *Fondée* 1905. *Membres :* 50. *Principales activités :* réflexion sur les grands thèmes sportifs ; Prix national de l'éducation ; remise de palmarès. *Pt :* Alain Danet (né 24-6-1931).

■ **Agora.** Club féminin français, 18, rue Berthollet, 75005 Paris. *Fondé* en 1987 par Annick Thierry. Rassemble les membres sortants du Ladies' Circle (voir col. c), les épouses des membres du Club 41 et leurs amies. *Devise :* « Donner et tolérer. » *Pte :* Christine Mouillot, 14, rue Alexander-Taylor, 64000 Pau. **Agora International :** *fondé* en 1996 à Strasbourg par Annie Ferdinand. *Pays :* Australie, Belgique, Finlande, France, Italie, Pays-Bas, Roumanie, Rép. tchèque. *Pte :* Marie-Thérèse Montens, M. Noéstraat 155, 3054 Vaalbeek (Belg.).

■ **Ambassador Club International.** *Fondé* à Berne 1956. Club de contacts internationaux. Clubs locaux (un membre par profession) se réunissant au minimum 1 fois par mois. *Affiliés :* 4 000 dans 230 clubs dans 12 pays d'Europe et 2 outre-mer (Taïwan, Philippines). *Pt international :* Gerold Haenssler, CH-1807 Blonay ; *français :* Christian François, 06600 Antibes. *Secrétariat général :* Louis Thiede, Rusenberghade 12, CH-6004 Lucerne.

■ **Les Amitiés françaises.** 33, avenue Foch, 75116 Paris. *Pt :* Pce Paul Mourousy.

■ **Association des descendants de capitaines corsaires (ADCC).** Tour de la Grand-Porte, 35403 St-Malo Cedex. *Fondée* 1964. *Pt :* Hervé de la Choüé De La Mettrie. *Membres :* 560 (admission par « commission des preuves »).

■ **Centre des jeunes dirigeants d'entreprise (CJD).** 19, avenue George V, 75008 Paris. *Pte :* Louise Guerre. *Membres actifs :* 2 500.

■ **Club des Explorateurs.** 184, bd St-Germain, 75006 Paris. *Fondé* 1937 par l'éditeur Jean Lauga, Paul-Émile Victor, Théodore Monod, etc. *Pt :* Claude Collin Delavaud (né 29-4-1928). *Admission :* par parrainage. *Activités :* conférences, parrainage d'expédition. Nouvelles de l'exploration dans la revue *Acta Geografica.*

■ **Club des Habits rouges.** 133, rue du Fbg-St-Honoré, 75008 Paris. *Créé* 1921. Association nationale de cavaliers parrainée par S.A.R. la princesse Haya de Jordanie. *Admission :* par parrainage. *Devise :* « Tradition, Correction, Sportivité. » *Pt :* Pascal Martin-Lalande. *Membres :* 700.

■ **Club 41 français.** *Siège :* 18, rue Berthollet, 75005 Paris. *Fondé* 1961 à Brest par Maurice Fidelaire. Anciens de la Table ronde et leurs amis de plus de 40 ans. *Admission :* par parrainage. *Pt :* Jean-Louis Boileau. *Membres :* en France : 5 250 membres (270 clubs dans 16 régions). **Club 41 international :** *fondé* 1975 (18 pays). *Devise :* « Entente, amitié, tolérance, action. »

■ **Jeune Chambre économique française (JCEF).** 9-11, rue Alasseur, 75015 Paris. Affiliée à la *Jeune Chambre internationale,* créée 1915 par Henri Giessembier sous le nom d'« Association pour le progrès civique ». Nom actuel depuis 1944. *Membres :* 460 000 (en 1998, dans 105 pays). La JCEF, fondée en 1952 par l'éditeur Yvon Chotard (né 25-5-1921) et reconnue d'utilité publique le 10-6-1976, comptait, au 30-6-2000, 180 jeunes chambres locales et 4 000 membres en France et DOM-TOM dont 40 % de femmes. *Age moyen :* 33 ans. *Cotisation annuelle :* 850 F. *Buts :* promouvoir l'étude, favoriser la compréhension et susciter la solution des problèmes économiques, sociaux et culturels parmi les responsables et citoyens entreprenants de moins de 40 ans ; développer les qualités individuelles de ses membres ; favoriser le développement économique et la compréhension entre les peuples. Apolitique et non confessionnel.

■ **Kiwanis International.** *Siège :* 19, rue du Ménil, 92600 Asnières. Club service *fondé* en 1915 aux USA (Detroit) par Allen Browne, le 23-2-1963 en Europe (Vienne). *Nom :* d'origine indienne : « nous partageons nos compétences ». *Devise :* « Nous construisons. » *Règle d'or :* « Fais à autrui ce que tu voudrais qu'il te fasse. » Apolitique et philanthropique. Lutte contre les carences en iode qui touchent plus de 20 % de la population mondiale. *Membres :* 330 000 (dans 8 700 clubs dans 82 pays). *District :* France-Monaco, 5 600 membres (dans 260 clubs). *Cotisation annuelle :* 1 000 F. *Gouverneur du district France-Monaco :* Pierre Theureau du club de Tours Patrick Fillaire.

■ **Ladies' Circle International.** *Fondé* 1959. *Origine :* Grande-Bretagne et Irlande. Femmes de moins de 45 ans *Membres :* 18 000 dans 31 pays. **Ladies' Circle français :** *fondé* à Hirson, 19-6-1971, par Malou Coffin. *Devise :* « Amitié et service. » *Adresse :* Annick Lambert, 34, rue des Vosges, 21121 Fontaine-lès-Dijon. *Recrutement :* par parrainage. *Membres :* 400. *Clubs :* 30. *Réunion :* 1 à 2 fois par mois.

■ **Lions International.** 295, rue St-Jacques, 75005 Paris. *Origine :* 1er club créé *1917* aux USA par Melvin Jones (1879-1961) ; *1948* en France (Paris) par Doumé Casalonga. Lions signifie « Liberty, Intelligence, Our Nations' Safety » (Liberté et compréhension sont la sauvegarde de nos nations). Association d'hommes ou de femmes choisis pour leurs compétences professionnelles et leur rayonnement social. Ils mènent une réflexion éthique sur le devenir de la société et s'informent des réalités du monde actuel à l'occasion de débats animés par des conférenciers. *Devise :* « Nous servons. » *Réunions :* 2 fois par mois. *Admission :* cooptation avec parrainage de 2 membres. *Clubs* (au 1-11-1997) : 43 771. *Membres :* 1 429 556 (dans 185 pays) [en France : 1 183 clubs, 34 000 membres]. *Cotisation :* 1 000 F par an. *Pt international 2000-2001 :* Dr Jean Behar ; *France 2000-2001 :* Marc Teulon.

■ **Lyceum Club International. Fédération française.** 4, rue des Tilleuls, 21000 Dijon. *Fondée* 1963. *Clubs :* 12 (1er créé à Paris en 1906). *Membres :* 900. *Pte :* Françoise Feuillée. *Objet :* femmes s'intéressant aux arts, lettres, sciences, problèmes de l'évolution de la société et qui, par leur engagement personnel, favorisent la bonne entente et l'amitié aux niveaux national et international. *Admission :* cooptation avec parrainage de 2 membres. Association internationale à Zurich, 12 000 membres, 74 clubs dans 20 pays.

■ **Maxim's Business Club (MBC).** 3, rue Royale, 75008 Paris. *Fondé* 1968 par Paul Dupuy, Patrick Guerrand-Hermès, Jean Poniatowski et André-Pierre Tarbès. Club d'hommes et de femmes d'affaires. *Membres :* 850 au 31-12-2000. *Cotisation annuelle :* 3 800 F en 2000. *Droit d'entrée :* 5 000 F (plus de 35 ans), 2 000 F (moins de 35 ans).

■ **Mensa.** *Fondée* 1946 à Oxford par l'avocat R. Berrill et le Dr Ware. *Mensa* (latin *table*) symbolise la table ronde où tous sont assis sans ordre de préséance. Les candidats doivent subir un examen démontrant un niveau d'intelligence supérieur à celui de 98 % de la population [QI de 132 (échelle Stanford-Binet), ou 148 (échelle de Cattell)]. *Activités :* réunions, conférences, séminaires et congrès ; Sig (Special Interest Groups) ; Sight (service d'hospitalité et d'accueil) ; questionnaires nationaux et internationaux pour recueillir l'opinion des membres sur certains problèmes. *Membres* (en 2001) : environ 100 000 dont USA 43 000, G.-B. 40 000, Canada 2 500, Allemagne et Pays-Bas 1 500, Pologne, ex-Tchécoslovaquie et Yougoslavie environ 800, Australie 780, Belgique, Finlande et *France 650,* Autriche 450, Italie 400, Nlle-Zélande 260, Japon 250, Inde et Norvège 110, îles Anglo-Normandes 100, Israël 75, Malaisie 70, Suisse 50, Espagne 25). **Mensa France :** *siège social :* 20, rue Léonard-de-Vinci, 75116 Paris. *Pt :* Jacques Quintallet.

■ **Parisiens de Paris.** 115, rue de Vaugirard, 75015 Paris. *Pt :* Pierre-Christian Taittinger (né 5-2-1926).

■ **Richelieu international.** 1173, chemin Cyrville, suite 200, Ottawa (Ontario), Canada, K1J7S6. *Fondé* 1944 à Ottawa (1969 en France). Mixte. *Membres :* 8 000. *Clubs :* 420 dans 10 pays (Belgique, Burkina Faso, Canada, Colombie, France, Lux., Monaco, Sénégal, Suisse, USA). *Buts :* épanouissement de la personnalité et promotion de la francophonie, par le biais d'actions humanitaires, culturelles et sociales. *Devise :* « Paix et Fraternité. » *Cotisation annuelle :* environ 400 F. *Réunions :* 1 ou 2 par mois (dîners). *Admission :* parrainage.

■ **Rotary Club.** 40, bd Émile-Augier, 75116 Paris. Club international *fondé* par Paul Harris (avocat américain) en 1905 (1re réunion le 23-2 à Chicago ; les membres se réunissaient *par rotation* dans leurs bureaux, d'où le nom). *Admission :* cooptation, chefs d'entreprise ou responsables (femmes depuis 1989). Dans un même club il n'y a en principe qu'un membre par classification. Apolitique et aconfessionnel. *Devise :* « Servir d'abord. » *Programme :* 4 voies principales (l'action intérieure, professionnelle, d'intérêt public, internationale). *Réunions :* hebdomadaires. *Nombre* (en 1998) : 29 113 clubs (en France 910 ; le 1er en 1921), 1 201 595 rotariens (35 664 Français). Présent dans 180 pays, il fut interdit en Allemagne dès 1937, Autriche en 1938, Italie et Espagne de 1938 à 1977, France en 1940 (Vichy) ; reste interdit dans 30 pays dont Chine, Corée du Nord, Cuba, Iran, Irak, Yemen. **Fondation Rotary :** *créée* 1917 par Ach Klumph, *financée* par les contributions volontaires des rotariens ; *subventionne* des projets proposés par les clubs, finance des bourses d'échanges internationaux : *montant* (1995-96) : 49,6 millions de $ pour 978 bourses d'études et 929 subventions pour des actions humanitaires dans des pays en voie de développement [exemple : opération « Polio Plus » lancée 1985 avec l'OMS et l'Unicef : 246 millions de $ (à fin 1997) versés pour l'achat de vaccins]. **Inner Wheel :** *créé* 1924 en G.-B., devient *International Inner Wheel* en 1967. *Regroupe* épouses, compagnes, mères, veuves, sœurs, filles de rotariens. *Membres* (en 2001) : 104 000 dans 94 pays et 3 772 clubs (France : 3 500 membres dans 146 clubs). Voix consultative à l'Onu. *Devise :* « Amitié, Service. » **Rotaract :** *créé* Paris 1968 pour les 18 à 28 ans (enfants de rotariens ou non, recrutement par cooptation). Juridiquement indépendant du Rotary. *Clubs :* 5 527 (en France 85). *Membres :* 127 121 (1 300 Français) dans 100 pays.

☞ Le 11-1-1951, un décret du St-Office avait interdit aux clercs d'adhérer au Rotary et demandait aux laïcs de se plier aux décisions des évêques de leur diocèse (dans certains pays ils interdisaient l'appartenance au Rotary, auquel étaient reprochées l'indifférence laïque et l'infiltration maçonnique hostile à l'Église). En 1979, à Rome, lors de la Convention internationale du Rotary, Jean-Paul II prit la parole en séance plénière et encouragea les rotariens à développer leur action.

■ **Saint James Paris.** *Fondé* 1896. 43, avenue Bugeaud, 75116 Paris [dans l'hôtel construit en 1892 par Félicie Dosne († 1906), veuve d'Adolphe Thiers], hôtel (48 chambres) ouvert à tous et club privé. *Membres :* 750. *Membres parisiens :* droit d'entrée 5 500 F, cotisation 6 000 F/an.

■ **Skål Club** (initiales de 4 mots scandinaves signifiant « Bonheur, Santé, Amour, Longue Vie »). *Fondé* 1932 à Paris par Florimond Volckaert. Regroupe les professionnels du tourisme. *Association internationale,* fondée 1934. *Membres :* 30 000. *Clubs :* 600 dans 80 pays. **France :** 8, rue E. Renault, 94700 Maisons-Alfort. *Membres :* 1 000. *Clubs :* 31. *Pt :* Robert Vignes.

■ **Soroptimist International** (du latin : « sœurs pour le meilleur »). 11, rue Clément-Ader, 71100 Chalon-sur-Saône. *Fondé* 1921 à Oakland (USA) ; en France 1924. *Devise :* « Comprendre, Défendre et Entreprendre. » *Buts :* soutient : la promotion du statut de la femme ; le maintien d'un haut niveau de moralité ; le principe des droits de l'homme pour tous ; l'égalité, le développement et la paix, par le bon vouloir, la compréhension et l'amitié au niveau international. S'engage à servir au niveau des communautés locales, nationales et internationales, à participer activement à la prise de décision à tous les niveaux de la société. En qualité d'ONG, a 1 voix à l'Onu, l'Unesco et l'OMS. *Clubs dans le monde :* 3 135 dans 115 pays ; *en France :* 125 clubs, 3 320 membres. *Pte en France 2000-02 :* Maguy Ducarrouge.

■ **Table ronde française.** 18, rue Berthollet, 75005 Paris. *Fondée* 1926 par Louis Marchesi, membre du Rotary Club de Norwich (G.-B.), et, en France, en 1950 par Lucien Paradis. *Devise :* « Adopt, Adapt, Improve. » Rassemble des hommes de moins de 40 ans, de professions différentes, « pour promouvoir les plus hautes valeurs morales, professionnelles et civiques, et favoriser l'entente, la compréhension et la paix internationales, par l'amitié, la tolérance et la solidarité ». *Clubs* (en 2001) : 296. *Membres :* 3 600. *Réunions :* 2 fois par mois (dîners). *Admission :* parrainage. **Round Table International :** regroupe les clubs des Tables rondes de 40 pays et 55 000 membres.

■ **Zonta international.** Brigitte Martin, 11, rue de Miromesnil, 75008 Paris. *Créé* 1919 aux USA. Groupe des femmes responsables souhaitant faire usage de leurs capacités et des expériences qu'elles ont acquises pour contribuer à la solution des problèmes de l'heure. *Clubs :* 1 300 dans 71 pays. *Membres :* 34 000.

Clubs sportifs

■ **Cercle du bois de Boulogne** (dit **Tir aux pigeons**). Route de l'Étoile, 75116 Paris. Utilise un terrain appartenant à Paris, concédé par le conseil municipal pour l'encouragement des tirs en France (loyer annuel assis sur les recettes du Cercle). **Fondé** 1899. **Admission :** par parrainage. **Cotisation annuelle** (tir et piscine inclus) : ménage 5 900 F, individuel 5 000 F. **Activités :** tir aux pigeons d'argile et aux hélices (tir aux pigeons vivants interdit depuis 1976), piscine d'été, tennis. **Membres et enfants de membres :** 6 800. **Pt :** Cte Gérard de Gouvion-Saint-Cyr depuis 1983. **Dir. :** Arnaud de La Mettrie.

■ **Étrier (Sté équestre de l').** Route de Madrid aux Lacs, bois de Boulogne, 75116 Paris. **Fondé** 1-3-1895 par le duc de Brissac. **Activités :** école d'équitation et préparation à la compétition, concours officiels, écurie de propriétaires, poney-club (enfants de 4 à 12 ans). **Droit d'entrée :** 1 000 F. **Cotisation annuelle :** 1 000 F. **Adhérents :** 1 000. **Pt :** Jean-Claude Boulet.

■ **Golf de Morfontaine.** 60128 Mortefontaine. Club privé exclusivement réservé aux membres. **Golf créé** 1908 par le duc de Gramont. **Superficie :** 135 ha, 2 parcours : 18 trous (par 70) et 9 (par 35) de catégorie internationale. Practice sur herbe. **Membres :** 400. **Pt :** Michel Ecot.

■ **Golf de Saint-Cloud.** Parc de Buzenval, 60, rue du 19-janvier, 92380 Garches. Association sportive loi 1901. **Fondé** 1911 par M. Cachard. **Parcours :** vert (1913) 18 trous, jaune (1931) 18. **Admission :** par parrainage. **Cotisation annuelle** (en 2000) : membres actifs 14 300 F (ménages 24 880 F). **Membres :** environ 2 500. **Pt :** Gérard Thibaud. **Dir. :** Guy Courtin.

■ **Golf de Saint-Nom-la-Bretèche.** Hameau La Tuilerie-Bignon, 78860 Saint-Nom-la-Bretèche. **Fondé** 3-10-1957 par Daniel Féau. Golf privé par actions. Visiteurs admis en semaine, parrainés et classés. **Parcours :** 2 de championnat SSS 72 (Bleu 6 128 m, record 62 par Ramón Sota, Open de France 1965. Rouge 6 165 m, record 63, par B. Lane et B. Langer, Lancôme 1987). **Cotisation annuelle** (en 2001) : membres actifs : 14 600 F ; semainiers : 12 920 F. **Membres :** 1 600. **Pt :** Hervé Quelin. **Dir. :** Philippe Archambeaud.

■ **International Club du Lys.** Rond-point du Grand-Cerf, Domaine du Lys-Chantilly, 60260 Lamorlaye. **Fondé** 1964. **Superficie :** 125 ha. **Activités :** golf (2 × 18 trous), tennis (29 dont 2 couverts), piscine (50 × 50 m), cercle hippique. **Cotisation** (en 2001) : couple 25 740 F, individuel 14 400, enfant 6 200. **Membres :** 1 100. **Pt :** Michel Jacob depuis 23-3-1997. **Dir. :** Christophe Rondelé.

■ **Liberty Country Club.** 2, chemin de Neauphle, 78850 Thiverval-Grignon. **Fondé** 1987, acheté 1988 par la famille Bedel. **Superficie :** 10 ha. **Activités :** 17 tennis (dont 8 couverts), 4 squashs, 2 piscines, badminton. **Droit d'entrée** *1re année :* individuel 1 500 F ; couple 2 500 F. **Cotisation annuelle :** 1 750 F à 5 250 F.

■ **Paris Golf et Country Club.** 121, rue du L^t-C^{el}-de-Montbrison, 92500 Rueil-Malmaison. **Superficie :** 5 ha. **Activités :** golf (9 trous), fitness, piscines, 23 tennis. **Admission :** par parrainage. **Droit d'entrée :** 10 850 F (famille : 23 850 F). **Cotisation annuelle :** 14 400 F (8 250 F pour non-joueurs). **Membres :** 3 000 (enfants 25 %). **P-DG. :** Patrick Dalia.

■ **Polo de Paris.** Bois de Boulogne, 75016 Paris. Pelouse de Bagatelle (8 ha). **Fondé** 1892 par le Vte de La Rochefoucauld. **Sports :** tennis (17 courts), polo, équitation, piscine, practice de golf. **Admission :** par parrainage. **Membres :** 6 000. *Familles en 1892 :* 112 ; *2000 :* 2 720 (dont environ 30 jouent au polo et 1 600 au tennis). **Droit d'entrée :** 50 000 F. **Cotisation annuelle :** 5 250 F. **Pts successifs :** *1905* Mis de Ganay ; *1921* duc de Doudeauville ; *1940* duc Decazes ; *1950* Bon J. de Nervo ; *1975* Bon Élie de Rothschild (né 29-5-1917) ; *1983* Gal du Temple de Rougemont (1910-90) ; *1985* Bon Michel Petiet (1919-88) ; *1988* Cte de Fels (né 4-9-1919) ; *1994* Pierre-Christian Taittinger (né 5-2-1926) ; *1999 :* Jean-Luc Chartier (né 13-4-1944).

■ **Pyramides (les).** 16, avenue de St-Germain, 78560 Port-Marly. **Créé** 1986. 33 courts de tennis (5 couverts), 4 squashs, 2 piscines. **Membres :** 3 000. **Droit d'entrée :** 1 000 F (enfants 500) ; offert aux familles de 4 personnes minimum. **Cotisation annuelle :** 3 200 F à 8 200 F.

■ **Racing Club de France.** **Fondé** sur l'initiative d'élèves du lycée Condorcet qui, depuis 1880, pratiquaient la course à pied dans la « grande salle » de la gare St-Lazare. Rejoints par des élèves des lycées Monge et Rollin, ils créèrent au printemps 1882 le Racing Club et obtinrent de la ville de Paris l'autorisation d'utiliser chaque dimanche un terrain au bois de Boulogne. *1885* devient le Racing Club de France. *1886* obtint de la ville la concession de la Croix-Catelan au bois de Boulogne. Les installations du Racing Club de France ont accueilli les jeux Olympiques à deux reprises : en 1900 à la Croix-Catelan et en 1924 à Colombes. **Centres :** *siège social :* 5, rue Éblé, 75007 Paris. 2 piscines de 25 m (9 lignes d'eau), 3 terrains multisports couverts pour tennis, basket-ball, etc., escrime (16 pistes), judo (tatami 312 m²), sauna. *La Croix-Catelan :* bois de Boulogne, 75016 Paris (7,2 ha) ; 24 tennis terre battue, 25 en « dur », piscines de 50 m (10 lignes d'eau), 33 m (5 lignes d'eau), piste en herbe (480 m), parcours de décathlon, pelouse de culture physique, 4 courts de volley. *Stade de Colombes :* 12, rue François-Fabert, 92700 Colombes (18 ha) ; stade olympique, piste et aires de concours en « Tartan », salle de musculation, gymnase (15 × 70 m), 13 terrains de foot, 4 de rugby, 1 de basket. *Golf de la Boulie :* le Pont-Colbert, 78000 Versailles (106 ha) ; 2 parcours de 18 trous, 1 de 9, 1 practice, 2 puttings, 1 terrain de rugby, 4 de hockey (dont 2 en synthétique), 6 tennis terre battue, 1 en « dur ». *Tennis Saussure :* 154, rue de Saussure, 75017 Paris ; 3 courts couverts. **Droit d'entrée et,** entre parenthèses, **cotisation** (en 2001, en F) : La Croix-Catelan 10 000 à 30 000 F ; ménage 50 000 (2 090 à 8 460). *Golf de la Boulie :* 20 000 à 90 000 (4 570 à 16 580 selon sports et âge). *Éblé :* 2 000 à 4 000 (1 160 à 3 600 selon sports et âge). *Saussure :* (1 780 à 3 600). **Membres** *en 1882 :* 48 ; *85 :* 139 ; *95 :* 520 ; *1905 :* 1 200 ; *14 :* 2 200 ; *25 :* 5 000 ; *39 :* 9 000 ; *55 :* 15 000 ; *65 :* 20 000 ; *85 :* 21 000 ; *97 :* 20 000 ; *99 :* 22 000 (y compris sections sportives, golf et divers). **Pt :** Xavier de La Courtie (né 11-7-1938) depuis 19-12-1992.

■ **Stade français.** **Sièges successifs** à Paris : rue Louis-le-Grand ; 56, rue Saint-Lazare ; actuellement, 2, rue du C^{dt}-Guilbaud, 75016. **Fondé** 1880 sous le nom de Sté de gymnastique du lycée St-Louis (nom actuel depuis 13-12-1883). 1res activités : course à pied au Luxembourg et aux Tuileries (terrasse de l'Orangerie) avant d'obtenir la concession d'une piste et d'un tennis couverts au Champ-de-Mars après 1889. Cofondateur en 1887 de l'USFCA. En 1928, cofondateur (avec le Racing Club de France) du stade Roland-Garros. **Ont appartenu au Stade français :** Géo André, Marcel Bernard, François Dujardin, Guy Drut, Patrick El Mabrouk, Jean Galfione, Adolphe Jauréguy, René Lacoste, Émile Lesieur, Pierre Lewden, Maurice Lusien, Diran Manoukian, Sera Martin, Simone Mathieu, Micheline Ostermeyer, Marie-José Pérec. En 2000, a remporté le championnat de France de rugby (10e fois depuis 1893). **Installations :** *centre sportif Géo-André :* 2, rue du C^{dt}-Guilbaud, 75016, 6 tennis couverts, 6 squashs, dojo (300 m²), salle de 1 600 m² (basket, badminton, hockey, handball, tennis, volley). *La Faisanderie :* parc de St-Cloud, 10 ha, 36 tennis (19 en terre battue), piscine découverte (25 × 20, 8 lignes d'eau), sauna, rugby, hockey. *Haras Lupin :* Vaucresson, 25 ha, golf 9 trous, parcours de 2 077 m par 64, centre d'entraînement, practice de 60 tapis (dont 24 sous abri), bunkers, 1 zone d'approche de 10 000 m², 1 putting green de 2 000 m², terrains football 2, rugby 2, hockey en synthétique. *Courson-Monteloup* (91 680) : 120 ha, golf 36 trous, putting green 1 500 m². **Sports :** athlétisme, badminton, basket, escrime, football, golf, handball, hockey sur gazon, judo, natation synchronisée, rugby, ski, squash, tennis, triathlon, voile, volley-ball. **Droits :** variables selon sports. **Admission :** 75 à 3 000 F. **Cotisation annuelle :** 600 à 16 000 F. **Membres :** *1883 :* 34 ; *85 :* 120 ; *95 :* 372 ; *1914 :* 1 483 ; *35 :* 3 000 ; *74 :* 6 000 ; *80 :* 8 000 ; *89 :* 14 000 ; *98 :* 11 000 ; *2000 :* 12 000. **Pt :** Gille Morin (né 6-8-1950) depuis 1994.

■ **Yacht Club de France.** 41, av. Foch, 75116 Paris. **Fondé** 1867 sous les auspices du ministre de la Marine, l'amiral Rigault de Genouilly. Reconnu d'utilité publique en 1914. **But :** concourir au développement de la navigation de plaisance sous toutes ses formes. **Admission :** par 2 parrainages. **Membres titulaires :** 500. **Flotte :** 267 yachts, 207 à voile, 60 à moteur. **Pt :** Pierre-Paul Heckly.

Confréries gastronomiques

■ **Académie des gastronomes.** 18, av. de l'Opéra, 75001 Paris. **Fondée** 1928 par Curnonsky (Maurice Sailland, 1872-1956). **Membres :** 40 (recrutés par cooptation) et au maximum 10 membres libres. **Activités :** 1 déjeuner (membres) par mois et 6 dîners dont 2 grands dîners par an (avec invités). **Pt :** Michel Degroux-Ricard (né 17-7-1942) depuis 2000. **Édite :** dictionnaire et ouvrages culinaires.

■ **Académie internationale des gourmets et des traditions gastronomiques** (ex-Académie de gastronomie Brillat-Savarin). *Chancellerie :* 113, rue Danton, 92300 Levallois-Perret. **Fondée** 1955 par Jean Valby († 1999). **Membres académiciens :** 50. **Correspondants :** environ 1 200. **Pt :** Jean-Claude Petit (né 15-11-1928). **Revue :** *Bonne Table et Tourisme.*

■ **Cercle des gourmettes.** 84, avenue Kléber, 75116 Paris. **Fondé** 1929 par Mme Ettlinger († 1957). **Membres :** 30. **Pte :** Katherine Steiner depuis le 8-4-1999.

■ **Club des Cent.** 31, rue de Penthièvre, 75008 Paris. **Fondé** 4-2-1912 par Louis Forest. Déjeuner le jeudi. Manifestations diverses. **Membres :** 100. **Pt :** Éric Frachon (né 2-10-1926) depuis 1997.

■ **Club gastronomique Prosper-Montagné.** 45, rue St-Roch, 75001 Paris. **Fondé** 1949 par les amis de Prosper Montagné (1865-1948), créateur des cuisines centrales des armées françaises et écrivain gastronomique (directeur du *Larousse gastronomique*). **But :** défendre la gastronomie française et développer les grands établissements d'art culinaire. *Prix culinaire* annuel Prosper-Montagné. *Championnat des écaillers et coupe Léon-Beyer* pour vitesse d'ouverture de 100 huîtres et présentation d'un plateau de fruits de mer. *Diplôme* et *panonceau* « Maison de qualité » décernés aux établissements qui en sont dignes par leur loyauté, leurs efforts et la valeur de leurs produits ou de leur cuisine. A fondé l'*ordre de St-Fortunat* (patron des gastronomes). **Pt :** B. Chevereau.

■ **Confrérie de la chaîne des rôtisseurs.** 7, rue d'Aumale, 75009 Paris. **Fondée** 1950. **Membres :** 80 000 dans 120 pays. **Grand maître et fondateur :** Jean Valby. **Grand chancelier :** Robert Baty.

■ **Confrérie des chevaliers du Tastevin.** 21700 Nuits-St-Georges. **Fondée** 1934 par Camille Rodier et Georges Faiveley. **But :** mettre en valeur grands vins et cuisine de Bourgogne ; chapitres traditionnels au château du Clos de Vougeot (siège social : 21640 Vougeot) ; sélectionner les vins de Bourgogne pouvant porter le label de la confrérie (« tastevinage »). *Prix du Tastevin* (chaque année) : une œuvre littéraire, artistique, cinématographique ou musicale. **Grand maître :** Vincent Barbier (né 28-2-1951). **Grand connétable :** Louis-Marc Chevignard.

Clubs étrangers

■ **Les plus anciens** (Londres) : **La Court de Bonne Compagnie** mentionné en 1413 ; **Mermaid Club** (Club de la Sirène) *fondé* par sir Walter Raleigh à la Mermaid Tavern. *Membres :* Shakespeare, Ben Johnson. **1er à porter le nom de club : Rota Club** (1659). **Le plus ancien existant : White's** (mentionné en 1736). **Le plus fermé du monde : Bohemian Club,** Santa Rosa (Californie), *fondé* 1872 ; accueille les Américains les plus riches et quelques étrangers européens ou asiatiques ; *membres :* 2 235 (P-DG, chefs d'État, écrivains à gros tirages, représentant au total le 1/4 de la fortune privée aux USA) ; *liste d'attente :* 18 ans au minimum. *Cotisation :* 10 000 $ plus la prise en charge du déficit du club à la fin de l'année. *Activités :* fin juillet, les membres se retrouvent au Bohemian Grove (125 camps sont répartis sur 1 500 ha. 400 personnalités non membres peuvent être invitées chaque année).

LA FRANCE

GÉOGRAPHIE PHYSIQUE

☞ Pour découvrir la sélection **Quid** des meilleurs sites Internet sur la géographie physique, rendez-vous sur **www.quid.fr**

SITUATION, LIMITES

■ **France continentale. Position astronomique.** Entre 42°20′ et 51°5′ de latitude nord et s'étend de 5°56′ de longitude ouest à 7°9′ de longitude est. **Points extrêmes. Nord :** plage de Bray-Dunes près de Dunkerque (51°5′27″ de latitude nord). **Sud :** montagne de la Bague de Bordeillat, près de Prats-de-Mollo (42°20′). **Ouest :** pointe de Corsen, à l'ouest de Brest (4°47′47″ de longitude ouest). **Est :** embouchure de la Lauter, nord de l'Alsace (8°1′47″ de longitude est). **Distances maximales.** Nord-sud (Dunkerque-Prats-de-Mollo) 973 km ; est-ouest (Lauterbourg-pointe de Corsen) 945,5 km ; nord-ouest - sud-est (pointe de Corsen-Menton) 1 082 km.

☞ On peut inscrire la carte de France dans un *hexagone* (3 côtés terrestres et 3 maritimes).

■ **Centre géométrique du territoire continental. Cher. St-Amand-Montrond :** *colline du Belvédère* (tour Malakoff, construite en 1855 à l'initiative du duc de Mortemart) à 314 m. Point de rencontre entre le méridien 2°30′37″ de longitude est équidistant des méridiens 4°47′47″ ouest, pointe de Corsen, 8°01′47″ est, embouchure de la Lauter, et le parallèle 46°43′17″ de latitude nord (parallèles : 51°5′27″ nord, plage de Bray-Dunes, 42°20′00″ nord, montagne de Bordeillat). Du fait de la forme allongée de la Bretagne (pointe de Corsen) il est excentré vers l'ouest (plus proche de l'Atlantique que de la Suisse), et sa qualité de « centre géométrique » est contestée. **Bruères-Allichamps :** d'après Adolphe Joanne (1813-81, calculs effectués entre 1860 et 1870) le centre de la France est compris entre les 2 latitudes et les 2 longitudes entre lesquelles pourrait s'inscrire la plus petite figure homothétique de la France. Point situé entre 46°51′32″ et 46°40′02″ de latitude nord, et 0° et 0°10′33″ de longitude est. Si l'on suppose un quadrilatère construit avec 4 sommets et dans lequel tient la France, le centre sera l'intersection des 2 médianes. L'une de ces médianes se confond avec le méridien passant par 0°5′15″ de longitude est, et l'autre avec le parallèle situé à 46°45′47″ de latitude nord. Au centre du village, borne romaine découverte en 1757 dans un champ voisin. **Vesdun :** à *La Courcière* à 8 km de Saulzais, d'après Pierre Vermond (né 1830). Entre les *hameaux de « Frappon » et « la Presle »* d'après le général Gérin (né 1928) en 1957. A *300 m du point Gérin* d'après Georges Dumont (né 1914) en 1966. *Près du hameau de Mondan* d'après Puisségur (né 1910) en 1976. Dalle de 5 m de diamètre construite en 1984, ayant la forme de la France [sans la Corse mais avec les îles côtières, d'après Jean Denègre (né 1944) et Claude Pilkiewicz de l'Institut géographique national (IGN), qui ont calculé le centre de gravité de 36 452 chefs-lieux de communes affectés d'un coefficient correspondant à leur surface cadastrale terrestre]. **Allier. Chazemais :** d'après Georges Dumont en 1966. Même procédé mais en ajoutant la Corse. A 550 m au nord - nord-ouest de *Villevendret :* borne en pierre. **Nassigny :** selon l'IGN. Corse comprise. Monument érigé à la *brande de Murat.*

■ **Superficie. Totale :** 551 602 km², en comptant les 1 260 îles côtières (2 300 km²) et la Corse (8 747 km²) ; 550 986 en 1946 (avant l'annexion des territoires de Tende et de la Brigue) ; 528 400 de 1871 à 1918 (avant la récupération de l'Alsace-Lorraine) selon les mesures géodésiques de l'IGN (ne descendant pas au-dessous de l'arrondissement). 543 998,03 km² selon le cadastre (données disponibles pour l'ensemble de la France et pour chaque commune). Ce sont ces dernières données qui ont été retenues ici avec la définition suivante : sont comprises toutes les surfaces du domaine public et privé cadastrées ou non, à l'exception des lacs, étangs et glaciers de plus de 1 km² ainsi que les estuaires des fleuves. **Par rapport à l'Europe :** 5,5 %. Au 1er rang après la Russie (4 500 000 km²). En 1900 (528 400 km²), au 5e rang après : Russie, Union suédo-norvégienne (760 166), Autriche-Hongrie (622 269) et Empire allemand (540 496). **Par rapport aux terres émergées :** 0,4 %.

Altitude en mètres	Surface en km²	% de la France
0 à 100	135 524	25,4
100 à 250	192 301	36,4
250 à 500	110 453	20,4
500 à 1 000	64 730	11,0
1 000 à 2 000	28 830	5,3
+ de 2 000	8 425	1,5

■ **Altitude moyenne.** 342 m (Corse exclue 297 m). **Lieu habité le plus haut :** observatoire du pic du Midi 2 859 m (voir **Astronomie**, p. 51 b). **Communes habitées les plus hautes :** Tignes (Savoie) 2 100 m et St-Véran (Htes-Alpes) 2 040 m (église, clocher 207 m).

☞ Communes menacées par calamités naturelles [inondations 7 500 (dont 2 000 particulièrement, totalisant 2 millions d'habitants), mouvements de terrain 3 000, séismes 1 400 et avalanches 400].

FORMATION DU SOL FRANÇAIS

■ **Jusqu'à la fin du Primaire.** Seuls émergent quelques îlots dans les mers silurienne et dévonienne. A la fin du Carbonifère surgit la *chaîne hercynienne* qui dessine un V depuis le Massif central vers la Bretagne et la Cornouailles britannique d'une part, vers les Vosges et la Forêt-Noire d'autre part. Les montagnes des Maures et de l'Esterel appartiennent au système *tyrrhénien,* rattaché actuellement au bloc continental de l'Afrique. Les chaînes hercyniennes ont probablement atteint 3 000 à 4 000 m d'altitude. Des accidents tectoniques les ont fragmentées avant le début du Secondaire et n'en ont laissé que des plaques isolées. Une végétation exubérante se développe pour des raisons climatiques dans les dépressions lacustres et fluviales.

■ **Secondaire.** Des mers profondes recouvrent la moitié sud du pays où des couches épaisses de matériaux sont formées. Dans la moitié nord, les mers sont peu profondes : les régions sont successivement inondées et découvertes selon les mouvements du socle (principale avancée de la mer : au Liasique ; principal retrait : au Crétacé).

■ **Tertiaire.** Le plissement alpin qui se manifeste dans tous les continents affecte les terrains malléables du Sud (les Pyrénées se soulèvent à l'Éocène ; les Alpes et le Jura, au Pliocène) et le vieux socle primitif [Ardennes, Vosges, Morvan se soulèvent une 2e fois ; le volcanisme se développe dans le Massif central ; des fractures apparaissent, notamment en Alsace, séparant les Vosges de la Forêt-Noire (un volcan y naît également, le Kaiserstuhl, sur la rive droite du Rhin, en Allemagne)].

Profondeur (en mètres) **des cratères de quelques volcans éteints :** *Ardèche :* Jaujeac 250 ?, Coupe d'Ayzac 200 ?, Balmes de Montbrul (Montbrun) 150, Freycinet 120. *Haute-Loire :* Bar 40. *Puy-de-Dôme :* Vache 153, Louchadière 148, Montchié 104, Pariou 93, petit puy de Dôme 89, Nugère 82, puy de Dôme 76.

■ **Quaternaire.** Période glaciaire laissant des traces : érosion, dépôts de moraines. Les alluvions fluviales comblent les anciens golfes marins (Bassin parisien, Aquitaine, Sillon rhodanien, Alsace). A la fin du Quaternaire, la *fonte des glaces* relève de 50 m le niveau des mers : les rias bretonnes sont noyées.

CARTOGRAPHIE DE LA FRANCE

XVIe s. *Oronce Finé* (mathématicien français 1494-1555) crée *Totius Galliae descriptio.* Techniques mathématiques encore insuffisantes et méthodes d'arpentage trop coûteuses pour produire une bonne carte. **XVIIe s.** cartes de régions frontalières [exemple : travaux de *Jean de Beins* (1577-1651) : le Dauphiné avec passages et cols stratégiques, et plans des principales forteresses]. Sous Louis XIV, travaux topographiques précis conduits par Vauban. **1670** déterminations astronomiques sur le pourtour de la France et mesure d'un arc de méridien. Carte de l'abbé *Jean Picard* (1620-82) par mesure d'une base et observation des angles d'une chaîne de 13 triangles de Paris à Amiens. Méridienne prolongée au nord par *Philippe de La Hire* (1640-1718) et au sud par *Jean-Dominique* (1625-1712), puis *Jacques Cassini* (1677-1756). **1688** création du Dépôt de la guerre. **1696** organisation d'un corps d'ingénieurs des Camps et Armées, devenus 1726 « ingénieurs géographes des Camps et Armées ». **1718-19** cartes au 1/36 000 des Pyrénées par *Roussel* et *La Blottière.* **1735-43** *César-François Cassini de Thury* (1714-84) fils de Jacques, et l'abbé *Nicolas Louis de La Caille* (1713-62), vérifient la méridienne. **1744** carte en 18 feuilles des Triangles (19 bases et 800 triangles après achèvement des chaînes de triangulation primordiale et de la 1re chaîne perpendiculaire gravée en 1746-47). **1747**-*17-7* après la bataille de Lawfeld, Louis XV charge Cassini de Thury de dresser une carte générale du royaume à échelle de 1/86 400 (1 ligne pour 100 toises en 180 feuilles, chacune devant représenter un rectangle de 40 000 toises sur 25 000, environ 50 × 80 km). A sa mort, son fils *Jean-Dominique,* dit *Cassini IV* (1748-1845) continue le travail. Mais les cartes sont confisquées par la Convention en sept. 1793 et transférées à l'administration de la Guerre. L'équipe de graveurs est prise en charge par l'État. Il ne reste plus alors que 15 cartes à graver, dont 11 déjà prêtes. La compagnie associée se dissout en 1818. **1776-91** l'intendant *Louis-François Bertier de Sauvigny* (1737-89) établit le cadastre de la généralité de Paris. **1791** *Jean-Baptiste Delambre* (1749-1822) et *Pierre Méchain* (1744-1804) mesurent sur ordre de la Convention la méridienne de Dunkerque à Barcelone (travaux de 1792 à 1798). Ils complètent les travaux de Cassini et de La Caille en établissant la définition du mètre par rapport à la toise : 1 m = 0,513074 toise. **1802** commission de Topographie. Adoption du système métrique en topographie, du niveau de la mer comme référence pour les altitudes et codification des signes conventionnels. Le Dépôt de la guerre réalise la *carte de l'Empereur* en 1 exemplaire (420 feuilles au 1/100 000 couvrant une partie de l'Europe). **1807** Napoléon Ier décide la réalisation du *1er cadastre général* parcellaire de la France. **1824** adoption des échelles au 1/40 000 pour les levés et 1/80 000 pour la publication de la *carte d'état-major.* **1870-82** nouvelle mesure de la méridienne de France. **1889** création du service de Nivellement général de la Fr. **1900** 1re version en 10 couleurs de la Fr. au 1/50 000 (seulement région parisienne et frontières de l'Est). **1910** *1re carte Michelin de la France* au 1/200 000 (47 feuilles), achevée 1913. **1914-18** *plans directeurs* de guerre au 1/20 000 réalisés par les « Groupes canevas de tir ». **1922** cartes de Fr. au 1/50 000 et au 1/20 000. **1940** achèvement presque total de la triangulation primordiale entreprise en 1898. *-1-7 l'Institut géographique national (IGN)* remplace le service géographique de l'armée. **1976** série rouge (Fr. en 16 cartes au 1/250 000), verte (74 au 1/100 000), orange (1 100 au 1/50 000). **1978-89** série bleue (2 000 feuilles au 1/25 000). **1980** achèvement de la carte au 1/25 000 (4 000 feuilles). **1989** début de la Top 25. Système Trapu (Tracé automatique de perspectives urbaines). **1995** 1re feuille au 1/25 000 issue de la BD topographique.

Bases de données (BD) en cartographie numérique. **1986** achèvement de la BD altimétrique. L'IGN réalise, à l'aide des données existantes et des images Spot : *1°)* BD Carto (1988-93, précision décamétrique) : cartographie au 1/100 000, contenant réseaux routier, ferré, hydrographique, EDF, intersections de réseaux (ponts, tunnels...), limites administratives, objets isolés et équipements divers, occupation du sol et relief. Origine de Géoroute (base de données routières) en 1992, au service du système européen embarqué d'aide à la navigation Carminat (en option sur certains véhicules, indique les meilleurs itinéraires) ; *2°)* BD Topo (1991, précision métrique) : destinée à gérer l'espace, de la commune au département. Échelle au 1/25 000. Disponible en 3D sur CD-Rom vers 2010.

Cartes d'état-major (appelées ainsi parce que les relevés étaient faits par des officiers d'état-major). **Origine : 1818** création du « corps d'état-major » ; **1831** celui des ingénieurs géographes y est intégré. **Réalisations : 1821** 1re feuille (Paris) ; **1880** dernière (Corte) ; **1889** édition de la carte en 965 coupures « type 1889 » en quart de feuille. **Révisions :** 1re en 1883-1907, 2e en 1908-52. **Principales dérivées :** cartes au *1/320 000* (terminées 1886) en 33 feuilles en hachures ; *1/500 000* en 15 feuilles en couleurs du colonel Prudent ; *1/200 000* en 82 feuilles en couleurs (1880-88) ; au *1/100 000* du ministère de l'Intérieur (service vicinal) dressées à partir de 1878 en 5 couleurs ; *1/80 000* et *1/320 000* géologiques.

Cartes Taride. Origine : 1852 *Alphonse Taride* édite des itinéraires de promenade, puis le plan du métro parisien et des cartes scolaires. **1986** rachetées par Frédérique Ihmof (seul fabricant français de globes terrestres).

LE TERRITOIRE FRANÇAIS

■ **La République française** comprend : la **France métropolitaine :** France continentale et Corse ; **4 départements d'outre-mer :** Guadeloupe, Guyane, Martinique, Réunion, constituant également chacun une région depuis la loi du 31-12-1982 ; **4 territoires d'outre-mer :** îles Wallis-et-Futuna, Nlle-Calédonie et dépendances, Polynésie française, Terres australes et antarctiques françaises, ayant un statut particulier ; et **2 collectivités territoriales :** Mayotte et St-Pierre-et-Miquelon.

■ **Frontières** (longueur en km). 5 663. **Terrestres :** 2 970 [dont 1 750 montagneuses (Pyrénées 740, Alpes 660, Jura 350), 195 sur un fleuve (Rhin)]. 8 États limitrophes : Espagne 650, Belgique 620 (dont Nord 357, Ardennes 238, Meuse 24), Suisse 572 (dont Ht-Rhin 77), Italie 515 (dont Htes-Alpes 98), Allemagne 450 (dont Ht-Rhin 66), Luxembourg 73, Andorre 57, Monaco 4,5. [**Dom-Tom :** *Guyane* (Brésil 580, Suriname 520), *St-Martin* (Pays-Bas, absence de frontière matérialisée), *Antarctique* (Australie).]

Maritimes : 2 692 sans compter les découpures (dont Atlantique et Manche 2 075, Méditerranée 617), avec les découpures 5 500 (dont continent et Corse 4 200, estuaires 700, îles côtières 600). Plages 1 900. Marais et zones humides 1 300. Côtes rocheuses et falaises 2 300.

Dates de fixation des frontières actuelles. Nord et Nord-Est : 2e traité de Paris (20-11-1815, après Waterloo 18-6-1815), qui a maintenu ou modifié des frontières déjà tracées : du Nord, tr. d'Utrecht (11-4-1713) ; avec le Luxembourg, tr. de Rastadt (6-3-1714) ; annexion de la Lorraine, tr. de Vienne (2-5-1738, mais daté du 18-11). Le 13-3-1769, Choiseul et l'ambassadeur d'Autriche avaient signé à Versailles un traité régularisant le tracé et échangeant 29 enclaves autrichiennes en Fr. contre 14 enclaves françaises aux P.-Bas (accord définitif 1779). En 1772, traité similaire avec l'évêque de Liège [le 1er tr. de Paris (30-5-1814) accordait à la Fr. des limites plus favorables que celles de 1792 (pour le Nord, environ 1 000 km² de plus qu'au tr. d'Utrecht) ; le 2e tr. de Paris enlevait à la Fr. Bouillon, Philippeville et Marienbourg et tout le terrain nouvellement acquis. Lorsque les Belges se révoltèrent contre le roi de Hollande (25-8-1830), Talleyrand s'efforça sans succès, à la Conférence internationale de Londres (1830-31), de récupérer Bouillon, Philippeville et Marienbourg mais obtint le démantèlement de places fortes belges, telles que Mons et Philippeville.]

Est : le 1er traité de Paris (30-5-1814) laissait en outre à la France Sarrelouis, Sarrebruck et Landau. 2e tr. de Paris (20-11-1815) revenait aux frontières du tr. de Rastadt (6-3-1714), plus favorables que celles de 1792, ajoutant le territoire de Mulhouse acquis au tr. de Lunéville le 9-2-1801 (20 pluviôse de l'an IX).

☞ En 1998, fin du bornage sur 100 km d'une ligne théoriquement définie par le traité du 14-8-1925, ratifié en 1927 par le Parlement français et le Reichstag. La France devait entretenir les bornes frontières du Rhin jusqu'à la Sarre. Lorsqu'elles étaient doublées d'une route ou d'un cours d'eau, l'Allemagne devait en prendre sa part. 778 bornes ont été contrôlées et 130 redressées ou remplacées ; 65,06 ares ont été échangés.

Le Mundat, nom d'une forêt donnée à l'abbaye de Wissembourg au VIIIe s. par Pépin le Bref, avait obtenu d'Otton II une exemption fiscale : l'*immunitas*. Division après la chute de Napoléon : la nouvelle frontière suivait la Lauter, et la France perdait 2/3 de la forêt. En 1983, après la conférence de Dabo (Moselle) entre le chancelier Kohl et le Pt Mitterrand, le Mundat devint territoire allemand mais propriété française.

Centre-Est : avec la Suisse : le 2e traité de Paris (20-11-1815) laisse à la Fr. le Cté de Montbéliard mais lui enlève le demi-canton de Porrentruy, acquis au tr. de Lunéville le 9-2-1801, que lui laissait le 1er tr. de Paris. La frontière de la Franche-Comté date du 2e tr. de Nimègue (17-9-1678), celle du pays de Gex et du Val-Romeu du tr. de Lyon avec la Savoie (27-1-1601). Celle du Genevois, du Congrès de Vienne (9-6-1815).

Sud-Est : *Savoie :* tr. de Turin (24-3-1860) et plébiscite (22-4-1860) ; tr. de Paris du 10-2-1947 : la France annexe le Petit St-Bernard et le mont Cenis. *Dauphiné :* tr. de Romans (30-3-1349), avec des échanges de territoires ultérieurs, ramenant les frontières sur la crête (tr. d'Utrecht, 11-4-1713 : vallée de Barcelonnette à la France ; vallées d'Oulx et de Pignerol au Piémont) ; tr. de Paris du 10-2-1947 : annexion du plateau du mont Tabor et du massif du Chaberton. *Comté de Nice :* tr. de Turin (24-3-1860) et plébiscite (15-4-1860) ; tr. de Paris du 10-2-1947 : annexion des vallées de la haute Roya (avec Tende et La Brigue), de la Tinée et de la Vésubie (1 000 km²). *Avec Monaco* (février 1861).

Midi : *Pyrénées :* paix des Pyrénées [(7-11-1659), Llivia est rétrocédée à l'Espagne en 1660]. *Andorre :* en 1607, les droits du Cte de Foix, cosuzerain d'Andorre, passent à la couronne de France (Henri IV). Les traités définitifs, avec mise en place des bornes frontières, datent du 14-4-1862 pour l'Andorre, de 1856, 1862, 1863, 1866 et 1868 pour l'Espagne (avec un rectificatif du 14-6-1906 pour les bornes 579 et 580).

Corse : traité de Versailles (15-1-1768), la République de Gênes cède ses droits à Louis XV.

PARTICULARITÉS

■ **Enclaves étrangères. Principauté de Monaco** (1,5 km², 23 500 hab.) dans les Alpes-Maritimes.

Llivia (12 km², 1 200 hab. avec les hameaux de Sareja et Gorguja), enclave espagnole dans les Pyrénées-Orientales depuis le tr. des Pyrénées (7-11-1659) et la convention du 12-11-1660 qui cédait à la Fr. 33 villages catalans, sauf Llivia, ancienne capitale de la Cerdagne jusqu'au XIe s. et qui avait le titre de ville (« Llivia » vient de Julia Livia, femme de l'empereur romain Auguste ou de Julia Libyca, colonie de vétérans originaires de Cyrénaïque). Elle est reliée à l'Espagne par une route neutre de 4 km, isolée des chemins qui la traversent par des barrières gardées par la douane française ; elle ne peut être fortifiée par l'Espagne.

■ **Abbaye de Hautecombe** (Savoie). Abbaye cistercienne fondée au XIIe s., rebâtie au XVIIIe, restaurée en 1842-43, occupée par les bénédictins depuis 1922. A la suite de la cession, par le roi de Sardaigne, de Nice et de la Savoie à la France, des dispositions internationales stipulèrent que la Fr. s'engageait à respecter à perpétuité la destination religieuse de l'abbaye (protocole franco-sarde du 18-8-1860, arrangement du 4-8-1862, déclaration du 19-2-1863). Les lois sur les congrégations religieuses prononçant, en Fr., leur expulsion ne furent pas applicables aux religieux de Hautecombe, patronnés par la Maison de Savoie dont le chef possédait le droit de nomination de l'abbé, droit qu'Humbert II (roi d'Italie du 9-5 au 13-6-1946) a abandonné par testament. L'abbaye est terre française mais son affectation religieuse, étant garantie à perpétuité par suite des dispositions de droit international, la place néanmoins hors du champ d'application de certaines lois françaises. Les dépenses d'établissement sont à la charge de l'abbaye et des Monuments historiques. C'est un des lieux de sépulture de la Maison de Savoie. Humbert II y fut inhumé le 24-3-1983.

■ **Ile de la Conférence (ou île des Faisans).** Moins de 3 000 m² de superficie. Les représentants des communes riveraines s'y réunissaient pour conclure des accords de « faceries » (d'où viendrait le mot « faisans ») sur la pêche au saumon (communauté de pêche) dans la Bidassoa, et régler les questions d'intérêt local. Le 7-11-1659, les ministres de Louis XIV et de Philippe IV y signèrent le traité des Pyrénées (mariage du roi de France et de l'infante Marie-Thérèse d'Espagne). L'île était considérée comme propriété commune des royaumes d'Espagne et de France depuis le tr. de Bayonne du 2-12-1856 (complété par la convention du 27-3-1901 qui établit les droits de police et de justice), c'est un condominium de droit international. Le droit de police de ce territoire indivis (indivision perpétuelle, exceptionnelle en droit international) incombe à tour de rôle, tous les 6 mois, à la Fr. (du 12-8 au 11-2) et à l'Esp. (la Fr. est représentée par le capitaine de frégate commandant la station navale de la Bidassoa). Il y a en fait 2 îles : *l'île des Faisans* proprement dite, située contre la rive française (seule île concernée par le condominium de 1856 malgré une confusion de l'art. 9) et *l'île de la Conférence,* plus petite, située au sud de la 1re et au milieu de la rivière.

■ **Ondarrolle.** Hameau français et paroisse espagnole de la vallée des Aldudes, à 6 km du village français d'Arnéguy, en face du village espagnol de Valcarlos (dont il n'est séparé que par la Nive d'Arnéguy). Sur le plan religieux, il dépend du diocèse espagnol de Pampelune : mariages et enterrements sont célébrés à Valcarlos et les inhumations ont lieu en Espagne. Dès le Moyen Age, les habitants d'Ondarrolle allaient à l'église de Valcarlos ; on ne put ensuite faire coïncider (la coutume étant plus forte) frontières politiques et religieuses malgré des tentatives (bulle papale de 1566, accords franco-espagnols au XVIIIe s., concordat de 1801, concile de Vatican II…). En juin 1940, Ondarrolle resta en zone libre, Arnéguy en zone occupée.

■ **Pays Quint.** Depuis le traité franco-espagnol de Bayonne du 2-12-1856 (complété par la convention du 28-12-1858), c'est un territoire espagnol (bordant l'extrémité sud de la haute vallée du Baïgorry sur 2 à 6 km de profondeur) à statut particulier. Il est divisé en 2 régions ayant chacune leur statut : **1°) le Pays Quint du Sud :** territoire de faceries (communautés de pâturages) où les habitants de Baïgorry (territoire français) possèdent le fermage des herbes et des eaux ainsi que des privilèges douaniers. **2°) Le Pays Quint du Nord** où, malgré la souveraineté espagnole, l'exploitation des pâturages appartient à la France (habitants de la vallée du Baïgorry) grâce à un droit de bail perpétuel (anomalie exceptionnelle en droit international) ; l'Espagne n'a pas la compétence de disposition (elle ne peut modifier l'état des sols). Actuellement, la frontière du Pays Quint est clôturée sur 37 km, mais les Baïgorriens ont libre accès au territoire ; pour la douane française, les frontières politique et économique ne coïncident pas ; la Poste française distribue le courrier dans le territoire et les gardes civils espagnols assurent la police.

■ **Faceries de la frontière espagnole.** *Origine :* conventions passées entre « vallées » (ou paroisses) pyrénéennes voisines au Moyen Age : elles organisent la possession et la jouissance indivises de hauts pâturages situés sur leurs limites respectives ; ces faceries devinrent des traités politiques de neutralité et de non-belligérance par lesquels les vallées (souvent des « républiques ») se désolidarisaient des guerres franco-espagnoles (exemple le « Plan d'Arrem » de 1315, entre plusieurs vallées). Cette organisation, respectée ensuite par la France et l'Espagne, perdit son caractère politique au début du XVIIIe s. et reprit son caractère primitif de convention pastorale conservé jusqu'aujourd'hui. *Situation actuelle :* depuis le tr. de Bayonne du 2-12-1856 qui a en général respecté la démarcation fixée auparavant par convention, on distingue, outre le cas spécial du Pays Quint (voir ci-dessus), les *faceries locales* (durée limitée à 5 ans, mais renouvellement tacite), et 2 *faceries perpétuelles :* entre Cize et Aezcoa, entre Roncal et Baretous (depuis la sentence d'Anso de 1375, chaque 13 juillet, les habitants béarnais de Baretous offrent à leurs voisins navarrais de Roncal 3 génisses de 2 ans, saines et sans tache).

■ **Pays français désignés par un adjectif. Pays adjacents :** comtés flanquant le duché de Bourgogne. **Bas :** bas Languedoc (Gard et Hérault) ; nord-ouest et ouest de la Franche-Comté ; partie de Bourgogne. **Blanc :** Champagne crayeuse. **Conquis :** environs de Calais repris aux Anglais fin XIVe s., régions de Flandre et d'Artois conquises au XVIIIe s. **Fort :** environs de la Chapelle-d'Angillon (Cher). **Haut :** nord-ouest de la Lorraine. **Noir :** bassin houiller du Nord - Pas-de-Calais, certaines régions des massifs primaires (Mauges et Ségréen en Anjou). **Reconquis :** Ardrésis (1504) et Calaisis (1559). **Bon :** Jura. **Haut :** Cévennes (sud-est de la Lozère).

TERRAINS GÉOLOGIQUES ACTUELS

■ **Terrains précambriens.** *Massif armoricain, Massif central* et *Vosges.* Autrefois on leur donnait une vaste extension (tout l'ancien socle soulevé à l'époque hercynienne) ; actuellement on les réduit à quelques zones où le paysage ressemble à celui du pays de Galles (période algonquienne). Exemple : granites de Bretagne et du Cotentin.

■ **Terrains cambriens.** *Ardennes* (paysage aussi voisin de celui du pays de Galles) : roches métamorphiques ayant subi une recristallisation très poussée, peu de fossiles ; *Massif armoricain* (poudingues pourpres, ardoises rouges sans fossiles, arènes feldspathiques de la Sarthe) ; *Montagne Noire* (cambriens à fossiles de l'époque acadienne, ardoises jaune et violette).

■ **Terrains siluriens.** *Bretagne,* dépôts d'arènes ordoviciennes (vallée de la Laize), peu fossilifères ; *Montagne Noire* (trilobites fossiles de type scandinave et gallois, arènes sans fossiles et ardoises à fossiles de l'étage gotlandien, puis calcaires gris très fossilifères).

■ **Dévonien.** Séries de bandes étroites, mêlées à du carbonifère. *Massif armoricain* (orientées d'est en ouest dans le Cotentin, dans l'axe Brest-Laval à Angers, à Ancenis) ; *Massif central* (Allier et Morvan, et surtout dans vallée de la Loire aux calcaires zoogènes) ; *Vosges, Montagne Noire* et surtout *Pyrénées* [ardoises fossilifères, calcaires à nodules rouges et verts (marbres griottes ou de Campan)].

■ **Carbonifère.** *Massif armoricain :* occupe les mêmes synclinaux que le Dévonien, mais des accidents tectoniques l'ont fragmenté. Se prolonge jusqu'aux bassins de Laval et de Châteaulin. *Vallée de la Sarre et Vosges* (principaux fossiles : fleurs variées, insectes, arachnides). *Bassins de Commentry, de St-Étienne. Montagne Noire* (ardoises avec bancs calcaires, dépôts de sables et calcaires à fossiles contenant notamment de nombreux mollusques). *Corbières* et *Pyrénées* (notamment le massif de la Maladetta, période westphalienne).

■ **Permien.** *Bassin de Littry* (Calvados) : sables, arènes, poudingues, argiles de couleurs vives et calcaires dolomitiques. *Vallée de la Bruche :* ardoises rouges, riolite du Nideck. *Bassin d'Autun* et *Hérault :* ardoise bitumeuse. *Maures, Esterel* et *Alpes-Maritimes :* atteignent 900 m d'épaisseur (ardoises rouges et vertes ; porphyre bleu).

■ **Triasique.** Recouvre les terrains anciens du *Cotentin,* des *Ardennes* et des *Vosges* où les grès bigarrés (grès vosgiens), contenant des grains de silice cimentés, atteignent 400 m d'épaisseur. Les fossiles sont souvent des crustacés (d'eau douce). *Morvan, Massif central* et *basse Provence* (vastes dépôts de calcaires coquilliers). *Pyrénées* (arènes rougeâtres et dépôts salins du triasique supérieur).

■ **Jurassique.** *Normandie* et *seuil du Poitou* ; *Jura* et *Haute-Saône* ont des aspects analogues à la Souabe (Liasique supérieur). *Rebords du Massif central, Languedoc, vallée du Rhône.* A la période oolithique, d'importantes couches se sont déposées des *deux côtés de la Manche actuelle* ; terrains : calcaires marneux, contenant des céphalopodes fossiles. Nombreux autres dépôts : *Bassin parisien, Meurthe, Vosges, Causses, vallée du Rhône, Pyrénées,* etc. Tous ces sédiments sont d'origine marine.

■ **Crétacé.** Vaste sillon du *Dauphiné* au *Boulonnais,* se prolongeant en G.-B. Le Crétacé moyen notamment (Cénomannien) forme la majeure partie du *Bassin parisien :* calcaires marneux. En 1996, la découverte en Haute-Normandie d'algues fossilisées de 65 millions d'années (Maastrichtien) a confirmé l'existence d'une mer dans l'ouest du Bassin parisien. Autres dépôts : *Massif central, Pyrénées, Bretagne occidentale.*

■ **Éocène et Oligocène** (calcaire à nummulites). Vastes terrains en *Picardie* et *Normandie* (sables siliceux et marnes de Meudon). Sparnacien : littoral de la *Manche, Soissonnais, Champagne.* Lutécien : environs de *Paris* (la couche

Météo-France

Siège : 1, quai Branly, 75007 Paris. *Service central d'exploitation :* 42, av. G.-Coriolis, 31057 Toulouse Cedex (depuis sept. 1991). *Centre technique et du matériel* (Trappes, Yvelines). *École nationale de la météorologie* (Toulouse-Mirail). **Origine :** *1796* division météorologique de l'Observatoire de Paris, organisée par Lamarck. *1878* Bureau central météo. *1920* Office national de météo (ONM). *1945-21-11* devient Météorologie nationale. La *direction de la Météorologie* était une des directions du ministère des Transports. *1994-1-1* devient Météo-France, établissement public de l'État à caractère administratif. **Budget** (en 1997) : 1 835 millions de F, dont subvention de l'État 1 136, redevance aéronautique 400, recettes commerciales 211, autres produits 84. **Personnels civils** (au 1-1-1998) : 3 673 (techniques et contractuels 3 046, administratifs 359, ouvriers d'État 268). **Appareils :** métropole et outre-mer : 3 816 *pluviomètres* dont 95 télémesures ; 1 722 *thermohygromètres* sous abri (86 avec télémesure) ; 285 *ensembles anémomètre-girouette ;* 241 *héliographes* (mesure et enregistrement de la durée d'insolation) ; 92 *télémètres de nuages* (mesure de la hauteur de la base des nuages au-dessus du sol) ; 66 *stations automatiques* de surface ; 27 *calculateurs pour radiosondage ;* 24 *récepteurs de radiosondage ;* 18 *radiothéodolites ;* 31 *radars pour la mesure du vent ;* 17 *radars panoramiques* (nuages et pluie) ; 14 *récepteurs de satellites ;* 40 *pyranographes* [mesure et enregistrement du rayonnement ; 27 (rayonnement global), 13 (diffus)] ; 6 *pyrhéliomètres* (de mesure du rayonnement solaire venant directement du disque solaire) ; 20 *transmissomètres* (mesure de la transparence de l'atmosphère) ; 9 *calculateurs de visibilité aéronautique ;* 5 *rétrodiffusomètres* (mesure du pouvoir absorbant optique de l'atmosphère en vue d'apprécier la visibilité). **Publications :** *Annuaire météorologique de Lamarck* (11 vol., 1800-10), interrompu par ordre de Napoléon (choqué qu'un membre de l'Institut « s'amuse » à faire des prédictions) ; *Annales du Bureau central météorologique,* depuis 1879.

de gypse atteint 50 m à Montmartre). Autres sites : *Cotentin, Aquitaine,* rebords du *Massif central, Provence* (bassins d'Aix et d'Apt), nombreux mammifères fossiles. Oligocène : domine en *Beauce,* à *Fontainebleau,* dans l'*Étampois.* La *Limagne* est un ancien lac oligocénique à la faune lacustre et continentale. A *Manosque,* les fleurs fossilisées sont de type subtropical ; dans le *Quercy,* les gisements de phosphates de calcium contiennent de nombreux types de vertébrés.

■ **Néogène (Miocène et Pliocène).** Bien moins abondant que le Crétacé. Dépôts principaux : *Orléanais, Touraine, Maine* et *Anjou.* En *Armagnac,* le calcaire est d'origine lacustre et contient des mammifères fossiles. *Vallée du Rhône* (notamment colline de la Croix-Rousse à Lyon ; gisement de fossiles de vertébrés). La mer pliocène a laissé des dépôts en *Vendée* et en *Aquitaine* et dans la région basse du *Languedoc,* des *Pyrénées* au *Rhône.*

■ **Époque moderne.** *Principaux dépôts morainiques* (plateau sableux et caillouteux, tapissé d'argile) : les *Dombes,* golfe comblé par l'ancien glacier du Rhône ; *d'alluvions fluviales :* la *Limagne,* fossés tectoniques comblés par des débris végétaux (terre noire), coupés à l'est par des « varennes » sableuses et marécageuses, aujourd'hui changées en prairies. *Alluvions déposées par des vents :* dunes de la région landaise ; collines de lœss en Alsace.

☞ **Programme GéoFrance 3D** (1995-2005) réalisé par le Bureau de recherches géologiques et minières (BRGM) : 1re carte tridimensionnelle du sous-sol français sondé sur 10 km de profondeur.

Climat

☞ Dans l'ensemble, le climat français appartient au domaine tempéré (effet de la latitude, à mi-chemin entre le pôle et l'équateur).

Sous-types de climats. **1°) Atlantique** (ou maritime tempéré), du Cotentin aux Pyrénées, subdivisé en *armoricain* (humide, brumeux et froid) et *aquitain* (plus chaud et plus ensoleillé). **2°) Continental** atténué, du Cotentin à la vallée du Rhône, subdivisé en *parisien* (assez proche du climat atlantique, mais moins pluvieux), *auvergnat* (rude et froid à cause de l'altitude), *lorrain* (aux hivers froids et humides), *alsacien* (le plus typiquement continental : plus sec avec orages estivaux). **3°) Méditerranéen,** côtes sud et Corse. **4°) Alpestre,** Alpes et Pyrénées.

■ Pressions et vents

1°) Vents dominants ou océaniques (vents d'ouest). Du sud-ouest au nord-ouest en hiver [les centres de basses pressions passant généralement au nord (de la Manche au nord de l'Écosse)] : relativement tempérés ; du nord-ouest en été (les basses pressions se situant vers le sud-est du territoire) : relativement frais. Les températures extrêmes sont ainsi atténuées à chaque saison.

2°) Vents continentaux ou bise du nord. Affectent la partie la plus orientale du pays (à l'est d'une ligne Sedan-Toulon) et soufflent surtout en hiver et au printemps, quand les plaines nord-orientales de l'Europe sont nettement plus froides que l'Atlantique. Leur direction est initialement

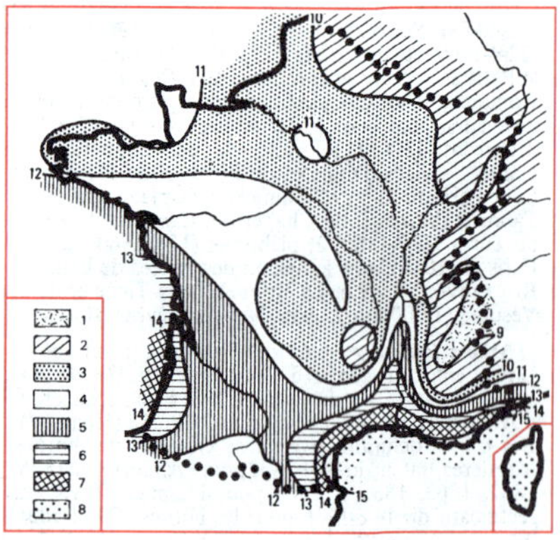

Température moyenne (année)
(1) < 10 °C. (2) 10 à 11 °C. (3) 11 à 12 °C. (4) 12 à 13 °C. (5) 13 à 14 °C. (6) 14 à 15 °C. (7) 15 à 16 °C. (8) > 16 °C.

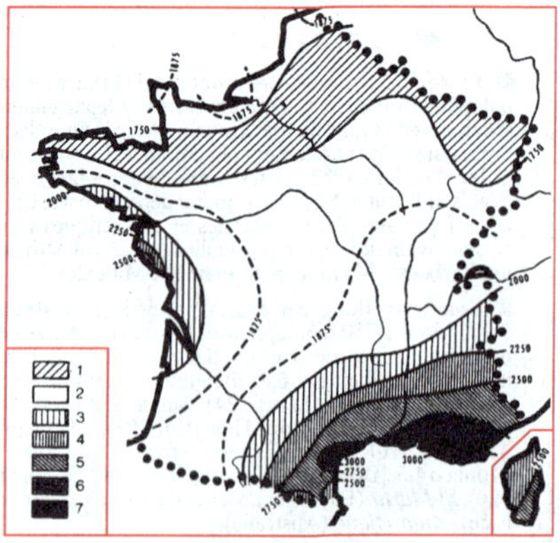

Durée moyenne d'insolation (année)
(1) < 1 750 h. (2) 1 750 à 2 000 h. (3) 2 000 à 2 250 h. (4) 2 250 à 2 500 h. (5) 2 500 à 2 750 h. (6) 2 750 à 3 000 h. (7) > 3 000 h.

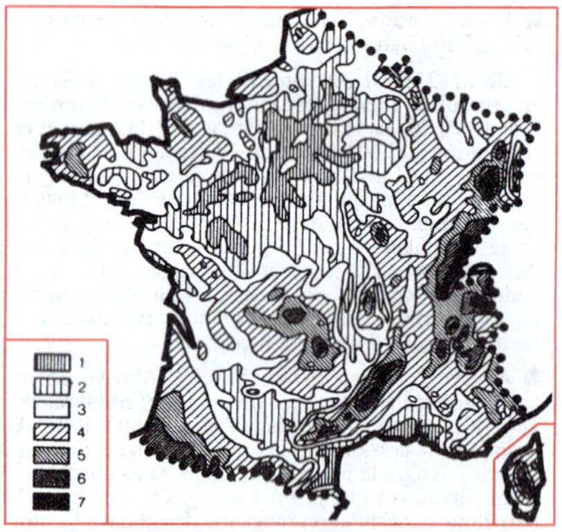

Hauteur moyenne des précipitations (année)
(1) < 600 mm. (2) 600 à 700 mm. (3) 700 à 800 mm. (4) 800 à 1 000 mm. (5) 1 000 à 1 200 mm. (6) 1 200 à 1 500 mm. (7) > 1 500 mm.

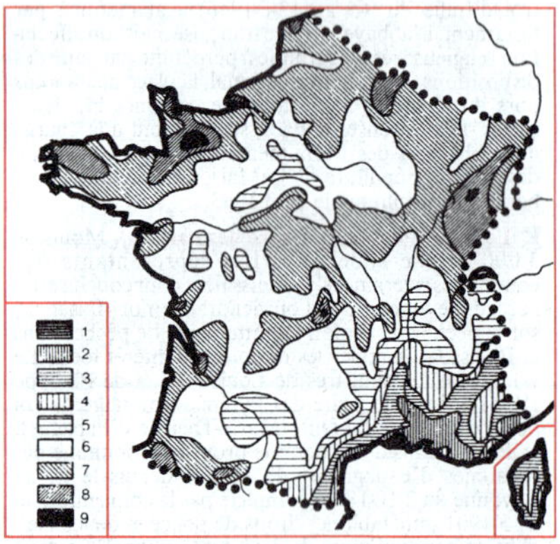

Nombre moyen de jours de précipitations (année)
(1) < 60 jours. (2) 60 à 80 j. (3) 80 à 100 j. (4) 100 à 120 j. (5) 120 à 140 j. (6) 140 à 160 j. (7) 160 à 180 j. (8) 180 à 200 j. (9) > 200 j.

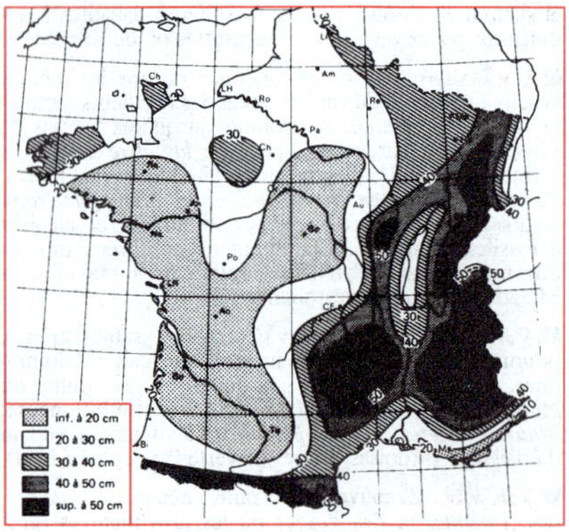

Épaisseur maximale de neige observée en moyenne une fois tous les 50 ans.

nord-est/sud-ouest. Ils sont ensuite fréquemment happés par le couloir Saône-Rhône et se ruent vers la Méditerranée, selon une direction nord-sud : le *mistral* qui atteint 200 km/h (mais jamais plus de 3 000 m d'altitude). La bise du nord est donc relativement rare dans l'ouest du pays.

3°) Vents locaux méditerranéens. Outre le *mistral* qui vient de régions éloignées, le Midi méditerranéen connaît une alternance de vents locaux ; chauds et humides venus de la mer, puis froids et secs soufflant de la terre, qui rappellent, sur une petite échelle, le mécanisme des moussons (mer située au sud d'un continent) : **Mini-mousson d'été :** l'*autan blanc* (en latin *altanus,* originaire du large) attiré par les basses pressions du Massif central surchauffé, il vient par le sud-est et déverse son eau sur les rebords des Cévennes (le mont *Aigoual* veut dire « mont de l'eau »). Il continue vers les vallées ouest du Massif central, toujours chaud, mais devenu sec et violent (effet de *fœhn*). **Mini-mousson d'hiver :** la *tramontane* (froide et sèche) descend du Massif central, attirée vers le sud par les basses pressions hivernales de la Méditerranée. Elle est souvent confondue avec le mistral, bien qu'elle soit moins violente.

4°) Vent de la Méditerranée vers l'Atlantique. L'*autan noir* n'est pas forcément estival (comme l'est l'*autan blanc*) ; il souffle d'est en ouest, chaque fois qu'une basse pression atlantique se produit dans le golfe de Gascogne : il amène la pluie entre Massif central et Pyrénées.

■ Records

■ **Enneigement. Faible : 1949, 1962, 1988-90. Fort : 1971-77** (surtout 1973), **1978-84** (surtout 1982), **1997.**

■ **Foudre.** Chaque année, plus de 1 500 000 impacts touchent le sol. **Dégâts** (par an) : 10 % des incendies, 2 000 têtes de bétail tuées, 50 personnes foudroyées, accidentées ou brûlées par un incendie qu'elle a provoqué, 250 clochers endommagés. **Coût :** plusieurs milliards de F.

■ **Grêle. Dégâts :** *en moyenne* 1 milliard de F par an ; *11-7-1984 :* 19 départements atteints, 256 communes sinistrées en Côte-d'Or (plus de 900 millions de F de dégâts). *11-8-1958 :* Strasbourg, grêlons (972 g le plus gros).

■ **Insolation annuelle. La plus forte :** 3 144 h à Toulon (1961). **La plus faible :** 1 243 h à Rostrenen (1958). **Paris :** *1988 :* 2 158 h ; *89 :* 1 812. **Brest :** *1959 :* 2 163 ; *89 :* 1 849. **Lyon :** *1949 :* 2 347 ; *89 :* 1 922. **Lille :** *1959 :* 1 945 ; *89 :* 1 688 ; *90 :* 2 016.

■ **Pluie. Records** (100 mm = 100 litres par m²) : **en 30 min** 88 mm à Bordeaux le 20-7-1883 ; **en 1 jour** 840 mm à la Llau (Pyr.-Or.) le 18-10-1940 ; **en 1 an** 4 017 mm au mont Aigoual (Gard) en 1913 ; **moyenne** (1951-80) : 800 mm.

1955-*janv.* inondations : région parisienne, province (Garonne, digues rompues sur 650 km). **1988**-*3-10* orage de 8 à 9 h : 228 l d'eau entre 6 h et 12 h à Nîmes-Courbessac ; dégâts 4 milliards de F, 45 000 sinistrés. **1992**-*22/24-9* pluies et crues en Vaucluse (Vaison-La-Romaine) Drôme, Ardèche 41 † (aucune mention claire des risques d'inondation lors des révisions du plan d'occupation des sols de Vaison, non respect des divagations de l'Ouvèze, nombreux permis de construire délivrés dans des zones autrefois classées inondables). **1993**-*oct.* inondations vallée du Rhône et Vaucluse (dégâts 500 millions de F ?) ; -*déc.* Nord et Est, Oise [le 26 : 6,29 m au barrage de Venette, près de Compiègne (record précédent 6,23 m en 1926)]. **1994**-*3-1* Sud-Ouest [Toulouse 6,5 l/m² (8,82 en 1974) ; -*8-1* Saintes 6,67 l/m² (dégâts 8 millions de F), record précédent 6,84 l/m² le 24-12-1982] ; -*4/5-11* Lozère, Aveyron (500 l/m² au mont Aigoual), Corse (220 l/m²). **1995**-*17/22-1* Bretagne [179 l/m² à Bignan (au lieu de 80)] et Ardennes ; -*févr.* Ile-de-France (Oise). **1996**-*28/29-1* Hérault (Puisseguier, lame de boue de 1,5 m de haut à la suite de précipitations de 200 mm, 4 †) et Aude. Mont Aigoual : 1 042 l/m² en janvier (record depuis 1816 ; orages violents dûs à des températures élevées) ; -*févr.* Val-d'Oise et Yvelines (vallées de l'Oise et de la Seine) ; -*sept.* Var (Cogolin, La Môle, Gassin). **1998**-*avril* 80 l/m². **1999**-*nov.* Aude et Pyr.-Or. 29 †. **2001**-*avril* Abbeville 129 l/m².

☞ **Communes à risques :** 1 sur 40 (10 % du territoire). **Coût annuel moyen pour les assurances :** 2 milliards de F.

PRÉCIPITATIONS, INSOLATION ET TEMPÉRATURES DANS QUELQUES VILLES DE FRANCE

Source : Mémorial de la Météorologie nationale, période 1961-1990 pour les précipitations et insolations.

Ville (département)	Alt. en m[1]	Précipitations – Hauteur moyenne (en mm) et nombre de jours (*en italique*)												
		Année	J	F	M	A	M	J	J	A	S	O	N	D
Abbeville (80)	70	731,5 *125,4*	59,2 *11,6*	48,3 *9,3*	55,0 *10,9*	48,1 *10,6*	53,6 *11,1*	61,8 *9,5*	57,4 *8,6*	57,0 *9,4*	68,0 *10,3*	71,8 *10,4*	81,2 *12,5*	70,2 *11,2*
Agen (47)	59	716,0 *111,5*	65,8 *10,9*	65,5 *10,4*	56,6 *10,4*	59,7 *11,0*	79,7 *10,8*	60,2 *8,3*	49,6 *6,4*	56,3 *7,3*	48,5 *7,5*	57,1 *8,3*	55,3 *9,7*	61,8 *10,4*
Ajaccio (20)	4	645,6 *74,6*	73,8 *8,9*	69,7 *8,7*	58,1 *8,3*	52,0 *7,2*	40,2 *5,7*	19,0 *2,8*	11,0 *1,3*	19,9 *2,4*	43,6 *4,3*	87,0 *7,3*	95,9 *8,6*	75,5 *9,1*
Alençon (61)	140	735,2 *119,4*	73,8 *12,8*	64,1 *11,1*	64,7 *11,8*	50,2 *9,4*	64,8 *11,0*	49,2 *7,9*	46,1 *6,9*	41,4 *7,3*	59,1 *7,8*	69,8 *10,0*	77,0 *11,4*	74,9 *12,0*
Angers (49)	57	617,8 *107,7*	61,6 *11,6*	53,8 *9,6*	54,7 *10,9*	43,3 *8,8*	55,7 *10,2*	40,3 *7,1*	40,9 *6,0*	42,1 *6,5*	44,4 *7,2*	58,3 *9,2*	64,5 *10,2*	58,2 *10,3*
Antibes (6)	74	778,5 *63,1*	81,7 *6,8*	84,6 *6,7*	72,2 *6,7*	62,7 *6,0*	47,1 *5,2*	33,4 *3,8*	13,0 *1,6*	29,2 *3,1*	58,3 *4,0*	110,2 *6,3*	107,8 *6,9*	78,4 *6,0*
Auxerre (89)	207	656,6 *115,8*	54,2 *11,2*	50,1 *9,8*	49,0 *11,1*	43,4 *9,2*	74,9 *11,9*	62,5 *9,2*	47,2 *7,0*	54,9 *8,0*	52,1 *7,7*	58,1 *9,0*	52,8 *10,5*	57,3 *11,1*
Bâle-Mulhouse (68)	267	721,7 *122,7*	53,9 *10,4*	50,5 *9,7*	49,5 *11,3*	58,5 *11,2*	76,3 *12,1*	73,6 *10,8*	62,9 *9,4*	79,9 *10,7*	54,7 *8,4*	49,2 *8,3*	58,1 *10,1*	54,5 *10,3*
Bastia (20)	10	749,3 *67,3*	61,6 *7,1*	88,0 *7,2*	74,9 *7,4*	66,3 *6,3*	43,2 *5,3*	31,5 *3,3*	15,0 *1,9*	33,9 *3,3*	51,2 *4,5*	106,9 *6,3*	87,6 *7,4*	89,1 *7,2*
Beauvais (60)	106	656,8 *115,1*	57,0 *11,2*	46,4 *9,1*	54,2 *10,7*	46,6 *9,6*	58,5 *11,0*	57,0 *8,3*	50,1 *7,9*	51,4 *7,6*	51,5 *8,7*	60,5 *9,0*	63,0 *11,1*	60,4 *11,0*
Belfort (90)	422	1 079,8 *142,2*	103,7 *13,6*	89,7 *11,7*	87,2 *13,6*	78,5 *12,4*	92,9 *13,2*	88,5 *11,5*	79,3 *9,9*	86,2 *10,8*	83,4 *9,6*	78,8 *10,4*	105,0 *12,2*	106,6 *13,3*
Belle-Ile (56)	37	685,2 *116,3*	81,7 *14,0*	67,1 *10,8*	59,8 *10,9*	43,8 *8,8*	53,8 *9,6*	32,3 *6,4*	32,9 *5,5*	34,5 *6,3*	52,6 *8,0*	70,0 *10,6*	75,7 *12,5*	80,9 *13,0*
Besançon (25)	307	1 108,5 *140,6*	91,1 *13,8*	81,8 *12,0*	83,5 *13,3*	91,6 *12,4*	111,4 *13,5*	100,1 *11,6*	80,5 *9,1*	86,9 *10,3*	93,2 *9,2*	85,8 *10,0*	103,7 *12,3*	99,0 *12,9*
Biarritz (64)	69	1 482,9 *143,1*	142,2 *14,0*	122,7 *13,4*	121,7 *13,0*	132,9 *14,3*	121,0 *13,3*	90,9 *10,3*	65,1 *8,2*	102,3 *9,7*	124,6 *10,0*	135,7 *10,7*	174,2 *13,0*	148,7 *13,1*
Bordeaux (33)	47	923,1 *125,4*	100,4 *13,1*	85,5 *11,5*	76,4 *11,7*	72,2 *11,2*	77,3 *11,1*	56,2 *8,5*	46,5 *6,7*	54,2 *8,3*	73,9 *9,0*	87,6 *10,1*	94,1 *11,9*	98,7 *12,3*
Boulogne-sur-Mer (62)	73	674,0 *118,6*	58,9 *11,9*	41,2 *8,6*	49,6 *10,5*	45,3 *9,5*	44,8 *9,1*	50,2 *8,2*	45,9 *7,6*	45,6 *7,8*	65,5 *10,0*	78,7 *10,7*	81,7 *12,9*	66,5 *11,8*
Bourg-St-Maurice (73)	865	970,9 *110,4*	96,9 *10,1*	97,7 *8,2*	85,8 *9,3*	61,0 *8,9*	68,0 *10,3*	74,7 *10,6*	74,2 *9,1*	73,7 *9,9*	63,3 *7,6*	73,8 *7,9*	94,8 *9,2*	107,1 *9,4*
Bourges (18)	161	722,5 *118,4*	60,5 *11,7*	58,7 *10,5*	60,1 *11,1*	51,7 *9,7*	80,8 *12,5*	56,9 *8,9*	51,8 *7,3*	59,4 *7,7*	61,2 *8,1*	59,0 *9,2*	59,4 *10,5*	63,1 *11,2*
Brest (29)	96	1 109,4 *155,3*	137,9 *17,9*	108,2 *14,3*	104,9 *15,0*	72,1 *12,1*	75,7 *11,9*	54,3 *8,9*	46,3 *8,1*	59,0 *9,7*	80,0 *10,2*	110,0 *13,5*	120,9 *16,2*	140,2 *17,4*
Caen (14)	64	710,8 *123,3*	63,5 *12,0*	57,6 *11,0*	56,3 *11,8*	45,6 *9,8*	58,4 *10,5*	52,3 *7,9*	47,7 *6,8*	46,5 *7,8*	61,4 *9,2*	67,7 *10,4*	84,9 *13,8*	69,0 *12,3*
Calvi (20)	57	700,9 *70,2*	77,6 *7,3*	70,4 *7,9*	63,8 *7,3*	62,3 *6,9*	41,1 *5,2*	25,9 *2,7*	11,8 *1,3*	25,7 *2,4*	53,8 *4,5*	80,3 *6,9*	103,7 *8,9*	82,2 *8,0*
Cambrai (59)	77	642,0 *120,0*	47,5 *11,2*	39,7 *9,0*	51,0 *11,2*	46,2 *10,3*	59,1 *10,9*	66,3 *10,1*	57,4 *9,0*	52,4 *8,5*	51,3 *8,7*	58,1 *9,2*	60,9 *11,1*	52,1 *10,9*
Cannes (6)	4	857,7 *64,5*	88,7 *6,9*	92,3 *6,9*	74,6 *6,4*	69,3 *6,2*	50,3 *5,2*	40,2 *4,1*	16,7 *1,9*	36,0 *3,1*	61,8 *4,2*	121,2 *6,3*	117,3 *7,0*	89,4 *6,3*
Cap-de-la-Hague (50)	3	688,5 *119,3*	75,9 *14,0*	58,0 *11,1*	57,0 *11,2*	43,5 *9,3*	45,3 *8,4*	39,8 *6,6*	34,1 *5,8*	40,6 *6,6*	57,4 *8,7*	70,4 *10,9*	87,7 *13,9*	82,6 *13,0*
Cap-Ferrat (6)	138	703,9 *62,2*	76,7 *6,6*	70,8 *6,3*	63,6 *6,1*	56,0 *6,1*	47,7 *5,3*	33,5 *4,1*	13,4 *1,8*	33,0 *3,3*	52,2 *3,8*	96,3 *5,8*	92,9 *7,3*	67,8 *5,6*
Carcassonne (11)	126	695,1 *93,9*	67,3 *10,0*	67,7 *9,4*	64,8 *9,6*	71,5 *9,7*	62,3 *8,5*	43,0 *5,9*	29,1 *4,5*	43,2 *5,4*	46,1 *5,6*	74,0 *7,5*	56,7 *8,5*	69,4 *9,3*
Chartres (28)	155	579,2 *107,9*	48,5 *10,5*	42,2 *9,3*	45,8 *10,8*	42,4 *8,9*	54,5 *10,5*	47,0 *7,9*	49,8 *7,3*	40,0 *6,4*	50,5 *7,7*	53,2 *8,6*	54,4 *10,1*	51,0 *10,0*
Châteaudun (28)	126	612,0 *109,1*	52,4 *10,7*	47,5 *9,8*	48,4 *10,7*	47,3 *9,1*	61,1 *10,7*	49,6 *7,4*	46,2 *6,8*	43,1 *6,7*	49,7 *8,0*	55,5 *8,9*	59,4 *10,5*	51,8 *9,8*
Châteauroux (36)	155	722,0 *115,3*	61,7 *11,0*	63,2 *10,4*	63,8 *11,1*	56,6 *10,3*	75,3 *11,9*	53,4 *8,1*	51,5 *6,6*	50,6 *7,7*	60,9 *7,5*	59,9 *9,1*	65,7 *11,0*	65,7 *11,1*
Clermont-Ferrand (63)	329	590,8 *89,6*	29,0 *6,6*	27,3 *6,6*	29,5 *6,7*	45,2 *8,9*	91,9 *11,7*	67,5 *8,3*	47,8 *6,4*	73,8 *7,8*	57,8 *6,8*	51,3 *6,9*	36,0 *6,3*	33,5 *6,6*
Cognac (16)	30	783,6 *118,0*	80,4 *12,4*	67,3 *10,6*	65,9 *11,2*	68,3 *10,9*	71,6 *11,2*	46,6 *7,6*	45,1 *6,4*	50,9 *7,0*	59,2 *8,2*	68,6 *9,2*	79,8 *11,5*	80,0 *11,8*
Colmar (68)	209	581,4 *103,7*	35,5 *7,8*	32,2 *7,3*	37,7 *9,1*	46,7 *9,6*	67,0 *11,3*	67,2 *9,5*	59,3 *8,2*	63,3 *9,9*	46,7 *7,3*	37,9 *7,2*	47,7 *8,2*	40,2 *8,3*
Dax (40)	31	1 233,0 *135,4*	124,3 *13,5*	116,8 *12,8*	101,0 *12,6*	108,0 *13,4*	95,1 *12,4*	81,0 *9,4*	51,4 *7,8*	77,7 *8,9*	95,2 *9,4*	116,5 *10,0*	136,0 *12,6*	130,1 *12,6*
Deauville (14)	144	870,1 *138,0*	72,5 *13,1*	57,9 *10,7*	66,4 *12,6*	54,6 *10,4*	68,0 *11,6*	65,6 *9,5*	63,0 *8,4*	63,9 *9,9*	79,8 *10,7*	91,0 *12,2*	105,1 *15,0*	83,3 *13,9*
Dieppe (76)	33	798,8 *128,7*	66,9 *12,2*	51,7 *10,0*	59,8 *11,9*	50,5 *10,5*	58,2 *10,7*	56,7 *9,1*	57,6 *8,3*	59,9 *8,6*	75,5 *10,5*	85,3 *10,3*	97,1 *14,0*	79,6 *12,6*
Dijon (21)	219	732,2 *115,1*	59,2 *11,1*	52,5 *9,3*	52,8 *10,5*	52,2 *9,6*	86,3 *11,7*	62,4 *9,2*	51,0 *7,4*	65,4 *8,3*	66,6 *7,9*	57,6 *8,7*	64,2 *10,5*	62,0 *10,9*
Dinard (35)	58	727,5 *128,0*	69,7 *13,4*	64,1 *11,6*	59,1 *11,7*	49,0 *10,1*	62,6 *11,1*	47,1 *7,8*	41,7 *6,7*	43,3 *7,7*	56,7 *9,3*	73,8 *11,4*	88,3 *14,0*	72,3 *13,2*
Dunkerque (59)	11	675,7 *118,5*	57,4 *12,3*	42,1 *8,6*	52,1 *10,4*	47,6 *9,7*	46,3 *9,3*	52,4 *8,1*	53,3 *7,9*	48,1 *7,7*	61,6 *9,4*	72,6 *10,5*	81,5 *12,9*	60,6 *11,7*
Embrun (5)	871	715,8 *83,0*	60,2 *6,3*	54,0 *6,5*	55,9 *6,8*	56,7 *7,3*	61,0 *9,5*	65,2 *8,4*	46,9 *5,8*	54,7 *6,0*	56,3 *5,8*	73,7 *6,9*	73,0 *6,9*	58,2 *6,8*
Grenoble[2] (38)	384	979,5 *110,4*	66,0 *10,6*	72,6 *9,8*	82,8 *10,2*	81,9 *10,4*	107,2 *11,5*	94,1 *9,4*	63,4 *6,4*	74,9 *8,1*	91,4 *6,8*	94,1 *9,1*	80,3 *9,0*	70,7 *9,0*
Ile-d'Ouessant (29)	27	665,2 *129,6*	86,7 *16,0*	71,4 *13,3*	58,9 *12,6*	41,5 *10,2*	42,2 *9,3*	32,0 *6,6*	32,1 *6,0*	34,7 *7,2*	50,1 *9,1*	64,5 *11,6*	73,1 *13,9*	83,2 *14,6*
Ile-d'Yeu-St-Sauveur (85)	32	709,3 *116,3*	83,0 *13,6*	68,2 *11,1*	59,2 *10,8*	46,1 *8,6*	54,7 *9,6*	37,7 *6,8*	36,3 *5,8*	36,9 *6,3*	50,3 *8,2*	75,3 *10,4*	81,3 *12,1*	80,3 *12,9*
Ile-de-Batz (29)	27	850,4 *139,7*	107,3 *16,9*	82,8 *12,9*	77,9 *13,2*	55,6 *11,3*	56,7 *10,3*	42,6 *7,9*	35,9 *7,0*	42,7 *8,0*	59,1 *9,2*	81,0 *11,6*	101,8 *15,7*	107,0 *15,7*
Ile-de-Bréhat (22)	25	722,8 *129,7*	85,0 *15,1*	69,5 *12,1*	62,5 *12,5*	45,0 *10,0*	56,0 *10,6*	39,6 *7,2*	36,1 *6,3*	36,3 *6,9*	51,5 *9,3*	69,0 *10,9*	88,7 *14,6*	83,5 *14,2*
Ile-de-Groix (56)	42	732,1 *118,0*	88,2 *14,2*	72,5 *11,5*	66,4 *11,0*	45,4 *8,7*	58,7 *9,8*	39,1 *6,5*	36,8 *5,7*	33,5 *6,3*	53,5 *8,5*	70,7 *10,7*	77,0 *11,9*	90,4 *13,0*
La Rochelle (17)	4	755,3 *114,9*	82,5 *13,0*	66,1 *10,7*	57,0 *10,9*	52,7 *9,3*	61,1 *10,2*	42,9 *6,6*	35,1 *5,8*	46,4 *6,6*	56,5 *8,0*	81,6 *10,2*	91,8 *12,0*	81,8 *11,7*
Langres (52)	463	877,1 *132,4*	80,0 *13,6*	70,7 *11,3*	70,0 *12,6*	60,2 *10,7*	83,9 *12,5*	72,4 *10,5*	56,5 *8,3*	72,1 *9,6*	76,1 *8,7*	73,3 *10,1*	80,5 *12,0*	84,3 *12,4*

Ville (département)	Insolation – Durée moyenne (en heures)													Températures – Sous abri, normales												
	Année	J	F	M	A	M	J	J	A	S	O	N	D	Année	J	F	M	A	M	J	J	A	S	O	N	D
Abbeville (80)	1 637,9	52,6	81,3	114,0	165,6	199,0	209,7	215,4	207,8	151,5	113,7	74,4	47,5	9,8	3,3	3,8	6,0	8,4	11,9	14,6	16,6	16,7	14,7	11,3	6,7	4,2
Agen (47)	1 984,3	75,1	100,7	159,3	181,7	207,5	233,9	277,3	240,2	207,7	148,3	88,5	65,9	12,6	5,1	6,7	8,6	11,3	14,8	18,2	20,8	20,2	18,0	14,0	8,6	5,6
Ajaccio (20)	2 737,3	134,3	140,8	187,7	225,8	281,2	320,7	365,0	332,6	263,0	212,0	149,0	128,0	14,8	8,6	9,0	10,1	12,4	15,7	19,1	21,9	22,1	19,9	16,7	12,6	9,6
Alençon (61)	1 679,6	53,7	77,8	129,7	167,7	195,2	212,6	230,6	205,8	166,8	117,3	71,8	50,6	10,4	3,6	4,4	6,7	9,1	12,5	15,7	17,7	17,4	15,2	11,5	6,9	4,4
Angers (49)	1 943,7	72,0	92,8	150,5	188,9	212,0	240,5	265,4	238,9	192,2	140,3	85,9	64,5	11,5	4,7	5,6	7,7	10,1	13,4	16,8	19,0	18,7	16,5	12,6	7,8	5,3
Antibes (6)	-	-	-	-	-	-	-	-	-	-	-	-	-	15,6	8,8	9,4	10,9	13,3	16,7	20,4	23,6	23,6	20,9	17,0	12,4	9,7
Auxerre (89)	1 757,8	53,3	85,8	126,1	166,9	191,6	222,3	254,9	223,7	180,7	126,3	71,2	55,0	10,8	2,9	4,2	6,7	9,7	13,4	16,7	19,1	18,7	16,0	11,9	6,4	3,5
Bâle-Mulhouse (68)	1 767,7	64,7	85,8	124,1	163,6	197,3	218,1	250,3	222,2	175,4	125,5	80,0	60,9	10,1	0,8	2,5	5,9	9,4	13,5	16,9	19,2	18,7	15,7	11,1	5,3	1,8
Bastia (20)	2 655,2	146,0	143,8	190,0	215,9	263,7	303,0	349,9	310,0	243,1	200,5	151,0	138,5	15,5	9,1	9,4	10,8	12,9	16,3	20,0	23,2	23,3	20,6	17,1	12,9	10,1
Beauvais (60)	1 649,9	54,0	81,2	122,1	164,9	195,7	209,2	221,1	208,4	160,5	114,9	70,7	47,2	9,9	2,9	3,7	6,0	8,7	12,3	15,3	17,4	17,3	14,8	11,1	6,2	3,7
Belfort (90)	-	-	-	-	-	-	-	-	-	-	-	-	-	9,3	0,3	2,0	5,2	8,6	12,7	15,9	18,2	17,7	14,8	10,4	4,7	1,2
Belle-Ile (56)	-	-	-	-	-	-	-	-	-	-	-	-	-	12,1	7,3	7,2	8,3	10,1	12,7	15,5	17,5	17,6	16,4	13,9	10,4	8,3
Besançon (25)	1 871,8	61,0	91,5	129,1	170,6	201,4	233,5	267,7	236,0	195,4	139,7	80,6	65,1	10,2	1,6	3,3	6,1	9,4	13,3	16,5	18,9	18,3	15,7	11,3	5,6	2,1
Biarritz (64)	1 935,4	96,1	109,0	159,0	169,3	196,6	212,5	235,0	213,4	191,9	154,3	106,3	92,0	13,7	8,1	9,0	10,0	11,7	14,6	17,3	19,8	19,9	18,6	15,6	11,0	8,5
Bordeaux (33)	2 083,6	86,3	108,8	161,9	189,7	211,1	242,2	276,3	248,7	207,1	165,4	103,2	83,0	12,8	5,8	7,1	8,8	11,3	14,6	17,8	20,2	19,9	17,9	14,0	9,1	6,4
Boulogne-sur-Mer (62)	-	-	-	-	-	-	-	-	-	-	-	-	-	10,2	4,1	4,2	6,1	8,2	11,7	14,3	16,4	16,8	15,2	12,2	7,8	5,2
Bourg-St-Maurice (73)	2 026,5	100,5	116,9	150,0	173,3	200,4	220,3	266,8	239,4	200,2	156,1	107,5	95,1	9,0	- 0,2	1,6	4,5	8,1	12,2	15,5	18,2	17,6	14,8	10,4	4,4	0,6
Bourges (18)	1 831,9	56,9	85,4	137,8	175,9	199,6	229,4	260,3	230,4	185,5	133,6	77,4	59,7	11,0	3,3	4,7	7,0	9,8	13,3	16,7	19,2	18,8	16,3	12,1	6,8	4,0
Brest (29)	1 748,9	63,6	87,9	126,5	174,9	211,9	215,8	226,6	206,2	168,0	123,6	80,4	63,3	10,9	6,3	6,4	7,5	9,0	11,6	14,2	16,2	16,3	15,0	12,4	8,9	7,3
Caen (14)	1 763,6	70,2	88,0	137,7	170,5	204,6	210,9	226,7	209,5	168,9	127,6	84,2	64,8	10,5	4,5	4,9	6,9	8,8	12,0	14,8	17,0	17,0	15,1	11,9	7,7	5,4
Calvi (20)	-	-	133,4	-	225,9	282,5	322,3	362,7	325,0	252,3	201,7	141,0	126,8	15,6	9,0	9,4	10,9	13,2	16,7	20,4	23,4	23,4	20,7	17,0	12,8	10,0
Cambrai (59)	-	-	-	-	-	-	-	-	-	-	-	-	-	9,8	2,5	3,3	5,8	8,6	12,4	15,3	17,3	17,3	14,8	11,1	6,0	3,4
Cannes (6)	-	-	-	-	-	-	-	-	-	-	-	-	-	14,6	7,9	8,6	10,1	12,5	15,8	19,3	22,1	22,1	19,7	16,1	11,6	8,8
Cap-de-la-Hague (50)	-	-	-	-	-	-	-	-	-	-	-	-	-	11,3	6,8	6,5	7,6	9,0	11,5	14,0	16,0	16,7	15,7	13,5	10,2	8,0
Cap-Ferrat (6)	-	-	-	-	-	-	-	-	-	-	-	-	-	15,8	9,7	9,8	11,2	13,2	16,4	19,9	23,2	23,4	21,0	17,6	13,3	10,7
Carcassonne (11)	-	-	-	-	-	-	-	293,6	256,4	216,6	160,8	111,1	90,8	13,5	5,9	7,2	9,1	11,7	15,3	19,1	22,1	21,5	19,0	14,8	9,6	6,7
Chartres (28)	1 748,8	56,3	81,7	134,4	172,2	200,7	219,8	241,3	216,5	175,9	125,8	74,5	49,6	10,3	3,1	4,0	6,4	9,1	12,6	15,8	18,0	17,8	15,4	11,4	6,5	3,8
Châteaudun (28)	1 818,1	60,1	86,3	138,9	178,0	207,0	228,5	250,8	226,7	183,1	130,7	75,7	52,2	103,3	2,9	4,0	6,4	9,1	12,7	15,9	18,2	17,9	15,5	11,4	6,3	3,6
Châteauroux (36)	1 652,8	47,4	75,6	121,2	149,5	180,6	201,5	235,3	203,0	165,4	122,9	62,9	48,4	11,0	3,4	4,7	6,9	9,7	13,2	16,5	19,1	18,7	16,3	12,1	6,9	4,0
Clermont-Ferrand (63)	1 907,1	78,3	95,8	142,0	166,4	188,8	223,7	265,5	232,9	201,7	144,4	92,5	75,3	10,9	3,1	4,6	6,8	9,5	13,2	16,7	19,3	18,8	16,3	12,1	6,8	3,5
Cognac (16)	2 024,9	80,0	103,9	153,3	184,5	204,9	239,6	276,4	248,3	199,4	159,0	96,8	78,8	12,5	5,4	6,7	8,5	11,1	14,4	17,8	20,2	19,7	17,6	13,7	8,6	5,9
Colmar (68)	1 723,5	53,3	83,0	127,7	165,2	199,5	222,8	245,7	221,9	175,8	117,4	68,1	52,4	10,2	0,9	2,6	6,1	9,7	13,8	17,1	19,3	18,8	15,8	10,9	5,3	1,9
Dax (40)	1 919,8	86,8	104,3	154,5	173,1	197,4	217,5	249,7	222,0	192,2	146,8	97,2	76,6	13,6	6,9	8,2	9,8	12,1	15,4	18,4	20,9	20,7	18,9	15,0	9,9	7,2
Deauville (14)	-	-	-	-	-	-	-	-	-	-	-	-	-	10,1	4,0	4,4	6,4	8,4	11,7	14,5	16,5	16,5	14,8	11,7	7,3	4,9
Dieppe (76)	-	-	-	-	-	-	-	-	-	-	-	-	-	10,2	4,4	4,7	6,4	8,3	11,5	14,0	16,1	16,4	14,9	12,1	7,8	5,3
Dijon (21)	1 831,1	53,1	88,4	140,3	177,8	204,4	234,9	266,2	229,4	193,7	121,4	67,7	53,8	10,5	1,6	3,6	6,5	9,8	13,7	17,2	19,7	19,1	16,1	11,3	5,6	2,3
Dinard (35)	1 852,9	68,4	95,7	142,8	185,7	220,6	224,0	240,2	220,1	176,2	130,9	82,6	65,9	10,9	5,4	5,8	7,4	9,2	12,1	14,8	16,9	17,0	15,5	12,4	8,5	6,2
Dunkerque (59)	-	-	-	-	-	-	-	-	-	-	-	-	-	10,5	4,3	4,4	6,4	8,6	12,0	14,8	17,0	17,4	15,7	12,5	8,0	5,4
Embrun (5)	2 505,5	148,2	153,6	206,0	207,8	224,3	260,7	304,0	275,0	235,7	198,7	148,0	143,5	10,0	1,2	2,7	5,5	8,7	12,7	16,2	19,3	18,8	15,9	11,4	5,6	2,4
Grenoble[2] (38)	2 030,7	86,4	94,1	140,6	176,5	202,3	244,7	295,4	252,9	208,2	148,0	99,9	84,6	10,4	1,8	3,6	5,9	8,8	13,2	16,6	19,5	18,9	15,8	11,6	5,9	2,7
Ile-d'Ouessant (29)	-	-	-	-	-	-	-	-	-	-	-	-	-	11,7	8,4	7,8	8,6	9,6	11,8	13,9	15,6	15,8	15,0	13,3	10,8	9,3
Ile-d'Yeu-St-Sauveur (85)	-	-	-	-	-	-	-	-	-	-	-	-	-	12,5	6,9	7,1	8,6	10,6	13,4	16,3	18,5	18,5	17,1	14,2	10,3	7,9
Ile-de-Batz (29)	1 738,1	59,1	85,0	127,3	172,5	215,8	210,7	234,3	211,5	167,6	121,2	75,1	55,1	11,4	7,3	7,2	8,2	9,5	11,8	14,1	16,0	16,3	15,3	13,2	10,1	8,4
Ile-de-Bréhat (22)	1 795,2	61,7	87,3	134,5	180,3	224,3	223,2	238,2	220,9	169,8	122,7	72,3	56,3	11,5	6,8	6,8	8,0	9,4	11,9	14,4	16,6	17,1	16,0	13,5	10,0	8,0
Ile-de-Groix (56)	-	-	-	-	-	-	-	-	-	-	-	-	-	12,0	7,0	7,0	8,3	10,1	12,8	15,5	17,5	17,6	16,3	13,7	10,1	8,1
La Rochelle (17)	2 250,4	83,5	111,2	173,8	212,3	238,7	272,1	304,6	277,5	217,9	167,1	106,8	85,0	12,7	5,9	6,9	8,7	11,1	14,3	17,5	19,8	19,6	17,8	14,2	9,4	6,6
Langres (52)	1 754,6	49,8	85,3	127,8	166,8	196,9	223,5	253,2	221,1	185,1	125,5	68,7	51,0	8,9	0,4	1,8	4,8	8,0	12,0	15,2	17,6	17,3	14,5	10,1	4,4	1,1

Nota. – (1) 1965-1990. (2) 1968-1990. (3) 1969-1990.

PRÉCIPITATIONS, INSOLATION ET TEMPÉRATURES DANS QUELQUES VILLES DE FRANCE *(suite)*

Précipitations – Hauteur moyenne (en mm) et nombre de jours *(en italique)*

Ville (département)	Alt. en m[1]	Année	J	F	M	A	M	J	J	A	S	O	N	D
Le Bourget (93)	51	647,3 *112,7*	54,3 *10,6*	46,1 *9,5*	53,5 *10,8*	46,5 *9,4*	63,3 *10,9*	57,8 *8,4*	53,6 *8,2*	51,6 *7,8*	53,8 *8,2*	55,5 *8,9*	55,8 *9,8*	55,6 *10,6*
Le Mans (72)	51	678,0 *113,9*	64,8 *11,4*	59,4 *10,5*	58,7 *11,4*	50,7 *9,30*	60,8 *10,0*	45,6 *8,0*	49,6 *7,1*	45,1 *7,2*	54,1 *8,0*	57,7 *9,2*	67,7 *10,6*	63,8 *11,3*
Lille (59)	47	686,7 *121,5*	51,1 *11,7*	41,4 *8,6*	56,3 *11,3*	48,2 *10,3*	59,5 *10,4*	63,4 *9,6*	60,4 *9,0*	55,7 *8,8*	58,1 *9,0*	64,0 *10,0*	66,9 *11,5*	61,8 *11,3*
Limoges [4] (87)	402	1 022,9 *135,4*	96,7 *13,9*	90,5 *11,9*	90,9 *13,1*	80,5 *11,6*	104,2 *14,0*	70,0 *9,4*	65,7 *7,9*	71,2 *7,9*	73,5 *9,7*	92,1 *11,5*	85,8 *11,3*	101,8 *13,3*
Lorient (56)	42	895,6 *130,9*	106,5 *15,2*	87,7 *12,4*	78,9 *12,4*	56,5 *10,1*	69,4 *10,9*	52,1 *7,6*	44,2 *6,9*	44,4 *7,5*	69,4 *9,3*	84,7 *11,7*	91,9 *13,0*	109,8 *14,0*
Lyon-Bron (69)	200	824,8 *107,5*	54,1 *10,4*	54,5 *9,3*	62,9 *9,7*	67,8 *9,6*	86,0 *10,9*	76,6 *8,2*	60,6 *6,8*	76,7 *8,2*	75,2 *7,3*	79,5 *8,5*	71,4 *8,9*	59,2 *9,8*
Mâcon (71)	216	841,4 *118,3*	66,3 *11,8*	60,9 *10,3*	58,7 *11,0*	69,4 *10,4*	85,9 *11,2*	74,7 *9,3*	58,1 *7,3*	77,1 *8,7*	75,7 *8,2*	71,7 *8,8*	72,7 *10,2*	70,4 *11,1*
Marignane (13)	6	544,4 *56,7*	47,2 *6,5*	54,0 *6,0*	43,7 *5,55*	47,9 *5,3*	42,3 *4,9*	27,8 *3,5*	13,7 *1,6*	29,3 *3,0*	46,7 *3,6*	77,6 *5,8*	58,4 *5,1*	55,8 *6,0*
Melun (77)	91	659,7 *116,7*	56,8 *11,0*	47,3 *10,1*	58,7 *11,5*	48,7 *9,9*	62,8 *11,5*	55,4 *8,4*	53,9 *7,6*	46,4 *7,6*	56,5 *8,4*	57,3 *9,5*	60,1 *10,9*	55,8 *10,4*
Metz (57)	190	765,6 *123,6*	63,5 *12,7*	57,7 *9,5*	63,1 *11,3*	53,5 *10,1*	68,9 *11,7*	72,0 *10,0*	61,5 *8,7*	62,5 *9,5*	59,7 *8,5*	63,5 *9,7*	66,6 *10,7*	73,0 *11,0*
Millau [1] (12)	715	757,3 *100,9*	70,6 *10,5*	58,1 *9,5*	56,8 *9,9*	65,2 *9,5*	75,2 *10,0*	57,2 *7,0*	45,4 *4,4*	56,1 *6,1*	59,4 *6,6*	87,1 *8,5*	57,7 *8,9*	68,5 *10,1*
Mont-Aigoual (30)	1 567	2 193,8 *138,0*	212,1 *13,5*	206,7 *13,2*	154,7 *12,5*	192,8 *12,9*	183,9 *12,9*	122,8 *9,9*	61,6 *6,6*	91,4 *7,2*	163,0 *9,8*	340,2 *12,7*	270,2 *13,3*	194,4 *13,4*
Mont-de-Marsan (40)	59	947,7 *126,0*	93,6 *12,0*	90,0 *12,1*	77,1 *11,7*	81,3 *12,9*	93,4 *12,9*	62,8 *8,6*	49,5 *6,8*	66,7 *8,1*	66,6 *8,2*	84,1 *9,7*	90,8 *11,3*	91,8 *11,7*
Montélimar (26)	73	913,3 *81,5*	67,4 *7,5*	74,7 *7,0*	71,4 *7,3*	73,3 *7,4*	88,7 *8,4*	56,3 *6,2*	35,3 *4,0*	69,6 *5,2*	107,8 *6,2*	121,8 *7,3*	79,9 *7,7*	67,1 *7,4*
Montpellier (34)	3	699,1 *59,5*	72,3 *6,7*	72,3 *5,4*	55,0 *5,7*	54,9 *5,9*	52,1 *5,2*	33,0 *3,7*	20,0 *2,4*	41,7 *3,5*	62,3 *3,9*	109,5 *6,5*	62,8 *4,8*	63,3 *5,5*
Nancy (54)	212	759,3 *124,5*	12,5 *62,8*	9,8 *56,6*	11,4 *58,5*	10,0 *51,6*	11,9 *71,3*	10,4 *75,1*	8,7 *59,0*	9,2 *66,7*	8,6 *62,7*	9,1 *59,4*	11,3 *64,8*	11,5 *70,9*
Nantes (44)	26	788,5 *117,6*	86,6 *12,8*	70,2 *11,0*	69,1 *11,1*	49,9 *8,9*	64,1 *11,0*	45,0 *7,7*	46,4 *6,7*	44,8 *7,0*	62,2 *8,4*	79,2 *10,4*	86,9 *11,1*	84,1 *11,5*
Nevers (58)	175	813,1 *125,1*	70,3 *12,6*	62,1 *11,1*	66,9 *11,6*	57,9 *10,6*	91,1 *12,8*	65,7 *9,1*	53,9 *7,0*	69,3 *8,9*	66,1 *7,8*	70,1 *9,7*	67,0 *11,6*	72,9 *12,2*
Nice (6)	4	767,4 *62,6*	82,7 *6,8*	76,4 *6,4*	70,5 *6,1*	62,2 *6,3*	48,6 *5,2*	35,8 *4,0*	15,6 *1,9*	31,3 *3,1*	54,4 *4,0*	108,2 *5,8*	104,2 *7,0*	77,5 *6,0*
Nîmes-Courbessac (30)	59	761,9 *67,3*	67,7 *6,9*	70,7 *6,4*	55,9 *6,7*	59,2 *6,7*	60,9 *5,8*	38,6 *4,8*	25,3 *3,1*	51,5 *3,8*	66,8 *4,7*	131,9 *6,7*	69,2 *5,5*	64,1 *6,2*
Orange (84)	53	693,4 *67,6*	44,4 *6,3*	57,5 *6,5*	61,1 *6,2*	58,9 *6,3*	72,4 *6,2*	43,6 *4,9*	27,8 *3,0*	56,3 *3,9*	67,6 *4,9*	97,4 *6,7*	57,7 *5,9*	48,9 *6,7*
Orléans (45)	125	637,2 *113,5*	55,2 *11,2*	49,7 *9,6*	51,8 *11,0*	47,9 *9,7*	65,8 *11,1*	47,5 *8,4*	52,4 *7,2*	45,3 *7,4*	49,3 *7,7*	57,9 *9,3*	60,1 *10,6*	54,3 *10,4*
Paris-Montsouris (75)	75	641,6 *111,6*	55,0 *10,7*	45,4 *9,5*	52,2 *10,7*	49,5 *9,7*	62,0 *10,5*	53,2 *8,4*	58,3 *7,9*	46,0 *7,0*	52,9 *8,0*	54,9 *8,8*	57,0 *10,1*	55,1 *10,4*
Paris-Orly (94)	88	615,4 *110,7*	51,9 *10,8*	44,8 *9,8*	50,8 *10,8*	46,6 *9,3*	57,8 *10,3*	50,5 *7,9*	50,1 *7,7*	46,5 *7,2*	52,0 *7,9*	53,2 *8,6*	58,1 *10,3*	53,1 *10,0*
Pau (64)	183	1 120,8 *129,6*	108,6 *12,1*	101,0 *12,0*	99,4 *12,1*	111,5 *14,1*	113,0 *12,9*	78,0 *9,5*	53,6 *7,8*	72,6 *8,9*	78,2 *8,5*	92,8 *9,4*	99,8 *10,8*	112,3 *11,5*
Perpignan (66)	42	572,4 *56,5*	50,6 *5,2*	44,8 *4,7*	43,5 *4,5*	55,9 *5,9*	50,1 *5,5*	28,3 *4,1*	17,1 *3,0*	32,0 *3,9*	47,3 *4,2*	89,8 *5,1*	58,6 *5,1*	54,4 *5,3*
Pointe-du-Raz (29)	72	693,4 *123,4*	83,3 *14,8*	72,8 *12,1*	61,6 *12,0*	44,9 *9,8*	49,4 *9,3*	33,9 *6,1*	28,3 *5,6*	35,9 *7,0*	51,2 *8,2*	72,5 *10,8*	74,6 *13,4*	85,1 *14,2*
Poitiers (86)	117	708,5 *112,8*	67,4 *11,7*	59,6 *10,3*	56,4 *10,5*	53,3 *9,7*	73,2 *11,8*	48,9 *7,2*	47,1 *6,9*	49,5 *7,0*	51,6 *7,5*	60,2 *8,8*	74,3 *10,7*	67,1 *10,7*
Reims (51)	91	604,2 *113,3*	43,6 *10,7*	42,2 *9,2*	50,8 *10,9*	43,4 *9,8*	59,8 *9,9*	58,8 *9,3*	52,2 *7,8*	49,4 *7,9*	49,5 *8,2*	51,5 *8,9*	53,1 *10,3*	49,8 *10,3*
Rennes (35)	36	648,8 *115,5*	62,7 *12,1*	56,9 *10,8*	53,1 *11,0*	43,7 *9,1*	63,6 *10,7*	46,1 *7,5*	39,3 *6,3*	41,3 *7,1*	47,9 *7,8*	62,1 *9,6*	69,2 *11,4*	63,0 *12,1*
Rouen [3] (76)	151	785,2 *130,9*	71,1 *12,5*	58,5 *10,3*	69,2 *13,1*	50,0 *10,1*	72,2 *12,4*	58,7 *9,8*	59,9 *8,9*	54,0 *8,4*	65,2 *9,6*	67,1 *10,2*	83,3 *13,2*	76,1 *12,5*
Saint-Dizier (52)	138	826,4 *132,1*	74,7 *13,4*	61,1 *10,9*	65,4 *12,5*	55,2 *10,9*	75,8 *12,3*	72,8 *10,5*	66,5 *8,9*	70,1 *9,3*	64,2 *9,2*	68,1 *9,9*	72,4 *12,0*	80,0 *12,2*
Saint-Étienne (42)	400	708,2 *98,9*	37,8 *7,7*	33,3 *7,4*	44,0 *8,2*	62,3 *9,5*	93,1 *11,7*	76,0 *9,0*	64,0 *7,3*	75,8 *8,0*	69,0 *7,2*	61,5 *7,5*	50,7 *7,7*	40,6 *7,7*
Saint-Nazaire (44)	344	741,3 *112,9*	81,3 *12,8*	68,3 *10,7*	59,3 *10,1*	48,9 *8,8*	65,3 *10,0*	42,6 *6,8*	38,0 *5,8*	39,6 *6,7*	58,0 *8,1*	78,6 *10,6*	81,9 *10,9*	79,5 *11,7*
Saint-Raphaël (83)	2	823,4 *64,6*	89,3 *7,1*	85,4 *7,0*	72,3 *6,5*	62,1 *6,2*	48,7 *5,4*	37,9 *4,0*	14,65 *1,6*	42,6 *3,1*	59,0 *4,3*	117,0 *6,3*	108,9 *6,8*	85,6 *6,2*
Salon-de-Provence (13)	59	593,8 *60,0*	49,7 *6,4*	56,7 *6,3*	47,5 *5,7*	52,7 *5,6*	46,9 *5,3*	32,2 *4,1*	18,9 *2,0*	36,7 *3,2*	50,3 *4,0*	88,6 *6,0*	59,3 *5,5*	54,1 *5,8*
Sète (34)	80	626,6 *57,2*	67,9 *6,0*	63,0 *5,5*	56,0 *5,5*	46,4 *5,2*	46,6 *4,9*	30,5 *3,8*	13,1 *2,3*	30,0 *3,3*	48,9 *3,7*	105,8 *6,5*	63,7 *5,0*	54,8 *5,6*
Strasbourg (67)	150	610,5 *111,3*	33,1 *8,5*	34,3 *7,9*	36,6 *9,2*	48,0 *9,5*	74,5 *11,8*	74,6 *11,1*	56,8 *9,6*	67,8 *10,2*	55,5 *8,0*	43,0 *8,0*	46,6 *8,7*	39,9 *8,9*
Tarbes (65)	360	1 099,6 *1265,5*	112,8 *11,4*	97,5 *11,4*	100,2 *11,9*	105,7 *12,9*	113,6 *13,2*	80,7 *9,8*	57,3 *7,7*	70,3 *9,0*	71,0 *8,5*	85,2 *9,4*	93,0 *10,3*	112,1 *10,9*
Toulon (83)	24	665,2 *59,7*	76,3 *6,9*	88,3 *7,1*	56,4 *6,1*	55,7 *5,8*	45,0 *4,7*	22,3 *2,6*	6,6 *1,2*	28,5 *2,4*	49,1 *3,9*	93,9 *5,9*	69,4 *6,2*	73,5 *6,9*
Toulouse-Blagnac (31)	151	655,7 *101,3*	55,1 *10,1*	55,2 *9,4*	57,5 *10,6*	64,4 *10,5*	73,1 *10,2*	57,8 *7,9*	41,0 *4,9*	47,4 *6,3*	47,7 *6,5*	51,5 *7,1*	48,8 *8,7*	55,9 *9,2*
Tours [1] (37)	108	683,7 *114,2*	63,3 *11,9*	61,6 *10,8*	54,3 *11,0*	51,4 *9,3*	67,5 *11,3*	47,5 *7,4*	53,0 *7,0*	40,9 *6,7*	54,3 *7,7*	61,0 *9,2*	63,0 *10,3*	65,9 *11,5*
Vichy (3)	249	790,3 *118,3*	52,1 *10,6*	48,5 *9,8*	51,0 *10,3*	62,9 *11,2*	107,6 *13,1*	79,4 *9,8*	60,6 *7,4*	75,4 *8,7*	77,0 *8,1*	64,7 *8,8*	56,9 *10,0*	54,4 *10,4*

Insolation – Durée moyenne (en heures)

Ville (département)	Année	J	F	M	A	M	J	J	A	S	O	N	D
Le Bourget (93)	1 749,5	55,6	87,5	129,4	172,8	201,4	218,8	239,1	221,1	172,3	125,8	75,2	50,6
Le Mans (72)	1 824,9	62,7	86,97	141,5	179,2	204,0	227,3	248,9	222,4	182,0	133,2	79,7	57,1
Lille (59)	1 600,3	51,3	80,9	115,0	162,5	198,5	206,8	205,0	200,9	152,6	115,1	66,9	45,0
Limoges [4] (87)	1 974,2	80,5	96,9	138,1	180,3	182,2	232,8	263,6	248,7	206,8	146,0	110,7	87,6
Lorient (56)	2 024,0	76,6	103,4	148,0	200,9	227,2	248,9	270,2	243,9	190,6	143,3	93,4	73,2
Lyon-Bron (69)	1 975,6	62,6	89,9	147,5	184,2	215,9	250,9	292,6	259,0	208,1	134,3	75,3	55,4
Mâcon (71)	1 924,7	56,1	87,8	146,5	185,9	211,6	249,3	288,9	250,2	202,8	124,5	68,6	52,5
Marignane (13)	2 835,5	150,0	155,5	215,1	244,8	292,5	326,2	366,4	327,4	254,3	204,5	155,5	143,3
Melun (77)	-	-	-	-	-	-	-	-	-	-	-	-	-
Metz (57)	1 638,1	43,2	81,1	122,4	163,1	202,4	213,1	238,5	209,1	162,6	104,0	55,6	43,0
Millau [1] (12)	2 163,4	95,3	109,4	159,2	180,0	206,3	254,0	311,7	273,9	214,8	154,8	107,3	96,8
Mont-Aigoual (30)	-	-	-	-	-	-	-	-	-	-	-	-	-
Mont-de-Marsan (40)	1 954,3	89,3	107,3	161,4	173,5	198,7	217,5	252,1	223,0	198,5	152,9	99,9	80,2
Montélimar (26)	2 497,9	112,9	127,5	187,6	220,3	260,9	298,2	345,4	305,4	240,5	176,7	118,4	104,1
Montpellier (34)	2 868,6	147,1	153,4	208,1	229,6	271,0	310,0	350,5	310,2	237,0	187,2	145,6	136,9
Nancy (54)	1 651,5	45,4	80,9	120,8	160,3	197,5	215,5	241,9	212,9	164,4	108,4	58,0	45,6
Nantes (44)	1 956,4	72,2	99,3	148,4	187,0	211,3	239,5	266,8	238,9	191,3	140,5	91,2	69,9
Nevers (58)	1 851,0	55,4	87,2	136,7	175,5	198,5	231,7	269,4	233,3	193,2	132,5	75,8	61,8
Nice (6)	2 693,8	150,3	151,8	202,3	226,9	269,8	295,7	340,2	306,8	238,7	205,0	155,5	150,9
Nîmes-Courbessac (30)	2 668,9	143,5	147,4	203,1	227,6	267,8	310,2	353,8	315,3	236,6	186,8	143,9	133,0
Orange (84)	2 595,3	132,0	137,1	192,5	230,4	264,6	298,9	345,3	310,7	237,6	187,1	135,2	123,8
Orléans (45)	1 804,5	58,5	85,2	134,7	176,6	206,7	230,4	252,2	225,0	180,3	129,5	74,6	50,7
Paris-Montsouris (75)	1 797,5	59,1	88,9	134,3	175,7	202,6	221,0	240,5	227,7	182,6	133,3	78,7	53,2
Paris-Orly (94)	-	-	-	-	-	-	-	-	-	-	-	-	-
Pau (64)	1 849,4	97,7	108,7	150,7	155,3	181,1	193,1	216,8	197,1	192,0	155,5	110,8	90,5
Perpignan (66)	2 506,0	147,5	153,2	206,2	214,2	240,1	270,6	313,9	270,7	217,7	182,3	147,7	141,9
Pointe-du-Raz (29)	-	-	-	-	-	-	-	-	-	-	-	-	-
Poitiers (86)	1 930,3	69,6	95,3	148,1	179,1	201,0	235,6	271,0	240,7	193,2	145,3	86,1	65,4
Reims (51)	1 728,9	50,3	86,1	129,4	171,7	206,9	220,0	235,0	216,3	170,6	121,6	71,9	49,0
Rennes (35)	1 851,2	69,5	93,7	142,8	180,4	210,2	226,1	245,5	219,0	180,5	134,0	84,0	65,7
Rouen [3] (76)	1 687,2	54,0	85,8	123,9	168,7	197,3	205,9	222,3	215,3	165,3	121,3	78,6	48,8
Saint-Dizier (52)	1 725,3	51,1	83,7	120,9	165,1	206,7	219,4	246,3	217,0	170,7	122,6	67,6	54,0
Saint-Étienne (42)	-	-	-	-	-	-	-	-	-	-	-	-	-
Saint-Nazaire (44)	-	-	-	-	-	-	-	-	-	-	-	-	-
Saint-Raphaël (83)	2 748,1	147,8	148,9	203,2	234,9	280,6	310,3	355,5	319,5	247,0	201,5	153,5	145,5
Salon-de-Provence (13)	-	-	-	-	-	-	-	-	-	-	-	-	-
Sète (34)	-	-	-	-	-	-	-	-	-	-	-	-	-
Strasbourg (67)	1 636,9	42,4	78,5	122,5	161,0	197,4	212,0	239,5	214,5	167,5	101,3	57,8	42,6
Tarbes (65)	1 912,7	108,8	118,8	155,6	157,2	181,3	191,5	215,5	196,4	194,5	164,4	124,4	104,4
Toulon (83)	2 899,3	155,3	158,2	217,6	252,1	301,5	329,3	373,8	334,9	259,9	210,3	158,7	147,6
Toulouse-Blagnac (31)	2 047,3	88,3	109,5	164,7	177,7	209,7	233,4	275,2	240,4	210,7	160,5	100,9	76,3
Tours [1] (37)	1 844,7	62,4	87,3	138,8	180,2	201,1	230,1	258,3	234,2	186,4	131,7	81,7	52,7
Vichy (3)	1 880,3	66,1	88,1	136,6	170,9	197,1	232,6	270,7	237,8	197,9	135,9	82,3	64,2

Températures – Sous abri, normales

Ville (département)	Année	J	F	M	A	M	J	J	A	S	O	N	D
Le Bourget (93)	10,8	3,5	4,4	6,8	9,7	13,3	16,4	!8,5	18,2	15,7	11,8	56,9	4,3
Le Mans (72)	11,1	4,1	5,0	7,2	9,8	13,3	16,7	18,8	18,3	16,0	12,1	7,3	4,8
Lille (59)	9,9	2,7	3,4	5,8	8,6	12,4	15,2	17,2	17,2	14,8	11,1	6,2	3,6
Limoges [4] (87)	10,9	3,6	4,9	6,8	9,0	12,7	16,1	18,7	18,4	16,1	12,0	7,2	4,9
Lorient (56)	11,4	6,0	6,3	7,8	9,7	12,5	15,4	17,4	17,2	15,6	12,6	8,8	6,9
Lyon-Bron (69)	11,4	2,6	4,5	7,2	10,3	14,3	17,9	20,8	20,0	17,1	12,5	6,7	3,2
Mâcon (71)	10,9	2,1	4,0	6,8	10,0	13,9	17,5	20,1	19,4	16,4	11,7	6,0	2,7
Marignane (13)	14,8	6,7	7,9	10,2	13,2	17,1	20,9	23,8	23,2	20,3	16,1	10,7	7,3
Melun (77)	10,6	3,0	4,2	6,7	9,6	13,3	16,4	18,5	18,2	15,6	11,7	6,6	3,8
Metz (57)	9,9	1,5	2,8	5,8	9,1	13,2	16,4	18,4	18,0	15,0	10,6	5,4	2,4
Millau [1] (12)	10,2	2,6	3,6	5,5	8,1	12,0	15,7	19,0	18,5	15,7	11,7	6,2	3,5
Mont-Aigoual (30)	4,5	- 1,8	- 2,0	- 0,8	1,6	5,6	9,5	12,8	12,4	10,1	6,2	1,5	- 0,7
Mont-de-Marsan (40)	12,9	5,8	7,1	8,9	11,4	14,9	18,1	20,7	20,2	18,1	14,1	9,0	6,2
Montélimar (26)	13,0	4,5	6,0	8,6	11,6	15,5	19,3	22,5	21,7	18,6	14,0	8,3	4,9
Montpellier (34)	9,3	2,2	3,3	4,9	7,8	11,2	14,6	17,1	16,7	14,2	10,6	5,9	2,8
Nancy (54)	9,2	1,2	2,6	5,5	8,8	12,8	16,0	18,0	17,7	14,8	10,4	5,1	2,1
Nantes (44)	11,9	5,4	6,2	8,1	10,4	13,6	16,9	19,1	18,7	16,8	13,1	8,6	6,0
Nevers (58)	10,3	2,8	4,2	6,3	9,1	12,7	16,1	18,3	17,8	15,3	11,3	6,2	3,4
Nice (6)	15,3	8,7	9,3	10,9	13,2	16,4	19,9	22,9	23,0	20,5	17,0	12,4	9,6
Nîmes-Courbessac (30)	14,4	6,3	7,7	9,9	12,8	16,6	20,5	23,7	23,0	20,0	15,4	10,0	6,9
Orange (84)	13,8	5,4	6,9	9,4	12,5	16,4	20,2	23,3	22,5	19,4	14,7	9,1	5,7
Orléans (45)	10,6	3,1	4,2	6,6	9,3	12,9	16,2	18,5	18,2	15,8	11,7	6,6	3,8
Paris-Montsouris (75)	11,7	4,1	5,2	7,8	10,6	14,3	17,4	19,5	19,2	16,7	12,7	7,7	5,0
Paris-Orly (94)	10,9	3,3	4,4	6,8	9,8	13,5	16,7	18,9	18,6	16,0	11,9	6,8	4,1
Pau (64)	12,7	6,2	7,2	8,8	11,1	14,4	17,5	19,9	19,5	17,8	14,1	9,3	6,6
Perpignan (66)	15,3	8,1	9,1	10,8	13,4	16,8	20,7	23,7	23,2	20,5	16,4	11,6	8,8
Pointe-du-Raz (29)	11,5	7,5	7,1	8,2	9,6	11,9	14,3	16,1	16,2	15,4	13,3	10,2	8,5
Poitiers (86)	11,2	4,2	5,4	7,3	9,8	13,3	16,6	19,1	18,6	16,3	12,4	7,3	4,7
Reims (51)	10,0	2,3	3,4	6,0	8,9	12,7	15,9	17,9	17,7	14,9	11,0	6,0	3,2
Rennes (35)	11,4	5,1	5,7	7,6	9,8	13,0	16,2	18,3	18,0	16,1	12,5	8,2	5,9
Rouen [3] (76)	9,8	3,3	3,6	5,9	8,2	12,0	14,8	17,1	17,0	14,5	10,9	6,4	4,1
Saint-Dizier (52)	10,5	2,5	3,8	6,4	9,5	13,5	16,7	18,7	18,3	15,5	11,5	6,2	3,3
Saint-Étienne (42)	10,4	2,4	4,0	6,1	8,8	12,9	16,4	19,1	18,6	16,0	11,7	6,3	3,0
Saint-Nazaire (44)	11,7	5,6	6,2	8,0	10,2	13,2	16,4	18,6	18,2	16,3	12,8	8,6	6,3
Saint-Raphaël (83)	14,4	7,7	8,5	10,1	12,5	15,7	19,4	22,1	22,0	19,4	15,8	11,3	8,3
Salon-de-Provence (13)	13,6	5,7	7,0	9,2	12,0	15,7	19,5	22,5	21,9	19,0	14,8	9,5	6,3
Sète (34)	14,7	7,4	8,4	10,3	12,8	16,4	20,2	23,0	22,5	20,0	16,0	11,0	8,2
Strasbourg (67)	10,0	0,9	2,5	6,0	9,6	13,8	17,0	19,1	18,6	15,5	10,6	5,2	1,9
Tarbes (65)	11,9	5,3	6,1	7,8	10,0	13,3	16,7	19,3	19,0	17,2	13,3	8,5	5,8
Toulon (83)	15,9	9,3	9,8	11,4	13,7	17,1	20,8	23,9	23,8	21,2	17,3	12,8	10,2
Toulouse-Blagnac (31)	12,9	5,4	6,8	8,7	11,3	14,8	18,4	21,3	20,8	18,5	14,4	8,9	5,9
Tours [1] (37)	11,2	4,2	5,1	7,3	9,6	13,2	16,5	18,9	18,6	16,1	12,3	7,1	4,8
Vichy (3)	10,5	2,9	4,3	6,4	9,1	12,8	16,3	18,8	18,3	15,8	11,8	6,5	3,3

Nota. – (1) 1965-1990. (2) 1968-1990. (3) 1969-1990. (4) 1973-1990.

Précipitations : *quantité moyenne* (par an, en milliards de m³) : 440 dont évapotranspiration 270, infiltration dans les nappes environ 100, rivières 70. *Année sèche :* 300 dont 60 dans les nappes.

■ **Pression** (réduite au niveau de la mer). **Maximale :** 1 050,2 mb : Paris (Observatoire) 6-2-1821 ; 1 049,5 mb : Paris-St-Maur 29-1-1905. **Minimale :** 947,1 mb : Boulogne-sur-Mer 25-12-1821.

■ **Sécheresses. Les plus longues :** Marseille 97 j (6-7/10-10-1906). Paris 55 j (21-1/16-3-1897) ; 34 j (20-2/26-3-1953). **Automnes et hivers secs : 1953-54, 1956-57, 1988-89** [du 1-9-1988 au 31-1-1989 : Toulouse 114 mm (normale 372), Nantes 213, Rennes 158], **1989-90** (début 1990 : 11 000 km de cours d'eau à sec), **1991-92. Janvier « sec » : 1964** : 17 mm ; **1976** : 29 ; **1989** : 22.

Années sèches : 1303. 1540. 1605. 1681. 1719. 1785. 1822. 1857. 1874. 1921 [pluies en mm : Le Mans 289 (normale 728), Nancy 200 (728), Paris 278 (600), Tours 392 (650)]. **1945. 1947. 1949. 1975. 1976 :** exceptionnelle, non par ses records (températures inférieures à celles de 1911 ; sécheresse moins prolongée qu'en 1921), mais par ses causes : **1°)** en déc. 1975, un anticyclone effectue un va-et-vient entre l'Écosse et l'Allemagne. Stationnant sur l'Écosse, il dirigeait sur la France des vents du nord ; stationnant sur l'Allemagne, il provoquait la remontée de l'air chaud du sud, d'où une succession de vagues de chaleur et de coups de froid (le dernier à la mi-mai). Cette circulation fit dériver les perturbations pluvieuses vers le nord ou les pays méditerranéens. **2°)** La frange polaire s'étant anormalement rétrécie et décalée vers le nord, l'anticyclone chaud constitué d'air tropical sec couvrant d'habitude le Sahara et les pays méditerranéens progressa jusqu'à l'Angleterre. Plus la chaleur gagnait les hautes couches de l'atmosphère, plus la masse chaude devenait stable et plus la situation s'aggravait. *Effets :* de déc. à août, pluies déficitaires surtout dans le Nord-Ouest ; en déc. 1975, janv., mai et juin 1976, déficits importants ; pour Ouest et Nord, sécheresse la plus importante du siècle ; du 1-12-1975 au 30-6-1976 pluies à Paris, 121 mm (moyenne : 304 mm ; probabilité d'un chiffre si bas : tous les 95 ans) et à Rennes : 136 (probabilité d'un chiffre si bas : tous les 110 ans). Fin sept., le coefficient de remplissage des barrages ne dépasse pas en moyenne 77 % (95 % en général). 109 000 ha de forêts détruits. **1978 :** du 15-8 à l'automne, bénéfique pour maïs et vigne ; printemps et début d'été assez humides d'où des incidences économiques moindres ; en nov., pluie : Montélimar 2,8 mm (record depuis 1921), Lyon 8,1 (depuis 1922), Toulouse 3,7 (depuis 1974). **1985 :** en sept. records de chaleur et d'ensoleillement (280 à 310 h de plus que la normale). **1986 :** été très sec. **1989 :** d'août 1988 à nov. 1989 sécheresse intense et longue. **1996** (Nord). **1997** (avril).

■ **Étés les plus chauds. 1604. 05. 12. 15. 19. 22. 23. 36. 37. 46. 52. 53. 54. 62. 66. 69. 76. 81. 84. 85. 91. 98.**

1704. 05. 06. 07. 12. 17. 18. 19. 23. 26. 29. 31. 36. 41. 42. 43. 48. 51. 54. 57. 59. 60. 61. 62. 64. 65. 67. 72. 73. 78. 83. 84. 85. 88. 90. 93. 95. 98. 99.

1802. 05. 11. 18. 22. 25. 26. 30. 35. 42. 46. 52. 57. 58. 59. 64. 70. 74. 76. 81. 84. 92. 93. 95. 99.

1900. 04. 06. 11 [seule année où le max. a dépassé 35 °C pendant 3 mois : juillet (35,7 °C), août (36,5 °C), sept. (35,8 °C) ; 32 j à Paris et 53 à Marseille au-dessus de 30 °C]. **13. 21. 23. 28. 33. 45. 47** (40,4 °C le 28-7). **49** (30,2 °C à Paris en avril). **50. 52. 55. 59. 61. 62. 64. 75. 76. 82. 83. 90. 95.**

■ **Hivers les plus durs. 1543-44. 1607-08. 15-16. 20-21. 40-41. 55-56. 57-58. 59-60. 62-63. 69-70. 76-77. 83-84** la mer gela sur plusieurs milles. **94-95.**

1708-09 Garonne, Rhône, Meuse gelés ; 1 400 000 † (froid, famine, épidémie). **15-16. 28-29. 39-40. 41-42. 75-76. 83-84. 88-89** Seine gelée à Paris du 26-11 au 20-1 ; 56 j de gelées consécutives ; mer gelée à Ostende. **94-95.**

1819-20. 22-23. 29-30 record de longueur : 15-11/28-2, 2 m de neige en Normandie. **37-38. 40-41. 44-45. 70-71. 79-80** record absolu du froid : 10-12 (1 h 10) – 25,6 °C à St-Maur ; – 33 °C à Langres ; – 28 °C à Orléans ; 30 cm de glace sur la Seine à Paris (– 23,9 °C). 2-1 débâcle, 3-1 le pont des Invalides s'écroule. **90-91. 92-93. 94-95.**

1905. 1916-17. 28-29 record du froid dans l'Est : 70 cm de glace sur le Rhin. **38-39. 39-40. 41-42** (28-12/4-3). **44-45. 46-47. 55-56** févr. exceptionnellement glacial, après un janv. tiède ; 30 j de gel consécutifs à – 20 °C ; 30 à 60 cm de neige à St-Raphaël et Antibes ; – 25 °C à Romilly, – 24,8 °C à Nancy, – 16,8 °C à Marignane, temp. moyenne à Paris-St-Maur – 4,2 °C. **62-63** (13-11/5/6-3). **70-71** (déc. 70-début janv. 71) ; autoroute près de Montélimar : 60 cm de neige ; – 23,2 °C à Strasbourg, – 22,4 °C à Lyon. **78-79** (31-12/1-1) la région parisienne est traversée très vite par un front froid et très neigeux : le 31-12 dans la journée, – 10 °C à l'aéroport du Bourget et + 13 °C à Orly ; quelques h après, – 10 °C à Orly. **84-85** (janv.) – 2 °C à Strasbourg (44 j), Paris (36 j), Lyon [29 j (– 18 °C le 7-1)] ; – 18,6 °C à Toulouse (16-1), 16,4 °C à Bordeaux (16-1). **85-86** (3 dernières semaines de janv. et 10/25-2) surmortalité : 6 100 †. **86** (févr.-mars). **87** (janv.-févr.-mars) – 18,5 °C à Strasbourg (11-1), – 13,6 °C à Toulouse (18-1), – 33 °C dans le Doubs (10/19-1). **91** (févr.). **96** (févr. ; déc.). **97** (janv.) – 22,1 °C dans l'Aube.

■ **Températures les plus élevées.** 44 °C Toulouse, Haute-Garonne (8-8-1923) ; 43,9 °C Entrecastaux, Var (8-7-1982) ; 42,8 °C Montpellier, Hérault (19-7-1904) ; 42 °C Bergerac, Dordogne (27-7-1947 et 12-7-1949) ; 41,6 °C Nîmes, Gard (9-8-1923) ; 41,6 °C Chaumont-sur-Loire, L.-et-C. et Vesoul, Hte-Saône (28-7-1921) ; 41,4 °C Angoulême, Charente (8-8-1923) ; 41,4 °C Tours, Indre-et-Loire (28-7-1947) ; 41,2 °C Grasse, A.-Mar. (17-7-1932) ; 41 °C Agen, Lot-et-G. (1-8-1947) ; 40,4 °C Paris, Montsouris (28-7-1947) ; 40,2 °C Châteauroux, Indre (28-7-1947) ; 40 °C Cazaux, Landes (30-6-1968) ; 39,8 °C Paris, St-Maur (28-7-1947) ; 38,8 °C Bordeaux, Gironde (21-7-1990).

■ **Les plus basses.** – 41 °C Mouthe, Doubs (17-1-1985) ; – 39,5 °C Combsfroide, Doubs (17-1-1985) ; – 39 °C Chapelle-des-Bois, Doubs (17-1-1985) ; – 36,7 °C Mouthe, Doubs (13-1-1968) ; – 35 °C Mouthe, Doubs (3-1-1971) ; – 33 °C Langres, Hte-Marne (9-12-1879) ; – 31 °C Granges-Ste-Marie, Doubs (2-1-1971) ; – 30 °C Nancy, M.-et-M. (8-12-1879) ; – 30 °C Morbier, Jura (13-1-1968) ; – 26,6 °C Commercy, Meuse (8-12-1879) ; – 26 °C Épinal, Vosges (8-12-1879) ; – 26 °C Gien, Loiret (9-12-1879) ; – 25,2 °C Luxeuil, Hte-Saône (13-1-1968) ; – 25,2 °C Romilly, Aube (6-1-1971) ; – 25 °C Limoges, Hte-V. (18-1-1893) ; – 25 °C Paris, St-Maur (10-12-1879) ; – 20,3 °C Luxeuil, Hte-Saône (7-2-1991).

■ **Tempêtes. 1839** Châtenay-en-France (Val-d'Oise) trombe de classe 5 sur l'échelle de Fujita, chiffrée de 1 à 12. **1896**-*10-9* Paris, trombe (large de 150 à 300 m) de niveau 2 (vents de 180 à 250 km/h). **1930**-*18/19-9* et *30* Bretagne. **1982** Massif central : 10 millions d'arbres abattus. **1984** Normandie, Picardie, Vosges : 3 millions. **1987**-*oct.* Bretagne, coût : 3,5 milliards de F. Normandie, 10 millions d'arbres abattus. **1990**-*25-1* (vent, pointe du Raz 167 km/h, Paris 158, Nancy 145), *3-2, 7-2, 8-2, 11-2, 12-2, 13-2, 26-2* au *1-3*. *Dégâts : du 1-1 au 1-3 :* plus de 7 milliards de F) ; *du 3-2 au 1-3 :* 8 millions d'arbres abattus (Paris : 6 000). **1998**-*8-1* St-Omer-Capelle (Pas-de-Calais), tornade (250 km/h) ; *-24/25-10* Paris et région parisienne (110 km/h) ; *-28/29-10* Est ; *19/20-12* Finistère (vent, pointe du Raz 170 km/h). **1999**-*26/27-12* **bois renversé** (en millions de m³), **forêts privées/publiques :** 120 dont Limousin 20/0,8, Aquitaine 15 à 20/0,7, Poitou-Charentes 10 à 15/1,2, Auvergne 8/1,2, Lorraine 7,4/0,21, Rhône-Alpes 5,3/0,95, Champagne-Ardenne 4 à 10/6, Normandie 2,5/0,85, Bourgogne environ 2/1,1, Ile-de-France 1,35/1,1, Centre environ 1/0,32, Franche-Comté 1,5/2,2, Alsace 1/5, Nord-Pas-de-Calais-Picardie 0,7/0,21, Bretagne 0,5/0,11, Pays de la Loire 0,5/0,11, Midi-Pyrénées 0,3/0,08, Languedoc-Roussillon 0,2/0,18.

■ **Vents.** 320 km/h au mont Ventoux le 15-2-1967.

Records récents

■ **1980. Juillet :** *soleil* 158,8 h (moyenne 247 h). *Pluie* 110,1 mm d'eau (au lieu de 57,4 mm) pendant 83,1 h réparties sur 18 j. *Température* moyenne 17,3 °C (au lieu de 19,1 °C). **1982.** *Soleil* 76 h en oct. (au lieu de 132 h). *Pluie* 104 mm en mai (au lieu de 57 mm). **1985. Janvier :** *pluie* 21 j (normale : 16 j). Min. – 18,2 °C le 17. **Mai :** *soleil* 146 h (au lieu de 225). **Septembre :** *pluie* 11 mm (5 j) au lieu de 50 mm. **1989. Octobre :** 24,8 °C le 22. **1990. Février :** Paris 18,5 °C le 20 (records précédents : 15,4 °C 1896, – 9,3 °C 1948, 21,4 °C 1960). *Le 24 :* Paris 20 °C, Lyon 21,4, Bordeaux 24,2, Tarbes 24,5, Biarritz 26. **Mars :** le 17 : 24 °C (21 °C le 17-3-1940), Caen 22,1, Rennes 21,9, Cherbourg 20,9 ; le 21 : Tarbes 28 °C, Toulouse, Perpignan 27 °C. **1994. Septembre :** Paris 6 °C le 19, Embrun 7,6 °C (record précédent : 11 °C en 1972) ; *neige :* Alpes dès 1 700 m. **1995. Janvier :** *pluie :* Bretagne 1 441/m² à 179 l/m² du 17 au 22, au lieu de 80 en janvier. **1998. Septembre :** Toulouse 16 °C.

Végétation

■ **Espèces.** 6 000, la plupart communes au domaine tempéré nord (atlantiques, continentales, méditerranéennes, alpines). 200 sont « endémiques » (n'existant pas ailleurs).

1°) Flore des plaines. 3 régions : **a) Régions atlantiques :** *1°) région aquitaine* (des Pyrénées aux Sables-d'Olonne) : espèces atlantiques, plus 162 méditerranéennes. *2°) Région armoricaine* (des Sables-d'Olonne au Cotentin) : terrains siliceux, climat plus froid. Possède 120 espèces méditerranéennes et 254 espèces atlantiques de moins que la région aquitaine. Arbres dominants : pin (sylvestre au nord, maritime au sud), genévrier, chêne (rouvre ou sessile sur terrains secs, pédonculé sur terrains humides, souvent mélangé de chêne pubescent méditerranéen), houx, hêtre, bouleau, charme, frêne. De nombreuses plantes atlantiques remontent les vallées de la Loire et de ses affluents, jusqu'au Berry, notamment : fougère grand-aigle, canche flexueuse, fétuque capillaire, luzule champêtre, digitale pourpre, millepertuis élégant, germandrée scorodoine. PRINCIPALES PLANTES DE LA LANDE ATLANTIQUE : *arbustes :* ajonc, genêt, bruyère, hélianthème ; *buissons :* en terrains secs, canche argentée, nard, lichen, mousse ; en terres humides, graminée, juncée, cypéracée, gentiane, sphaigne (Béarn : lande à ajonc, bruyère et fougère aigle nommée « touya »). **b) Régions continentales nord-européennes** (basses altitudes de l'embouchure de la Loire aux Vosges) : plantes des plaines nord-européennes, avec peu d'éléments hétérogènes : 78 espèces montagnardes, 7 atlantiques. La vigne est à peu près bannie. Selon les terrains, on peut avoir les *savarts* champenois (aspect steppique ; une graminée des steppes, *Stipa pennata,* s'y est maintenue), les *landes* gâtinaises (bruyère rose et ajonc), le *pâturage* (Normandie et Flandre), la *forêt à lichen* (Ouest), les céréales du Bassin parisien. ARBRES DOMINANTS : hêtre ; autres feuillus : charme, érable, chêne, frêne, aulne ; principaux conifères : sapin, épicéa, pin sylvestre. **c) Région rhodanienne :** climat voisin de celui des plaines continentales (étés chauds, hivers froids), mais les pluies y sont moins abondantes, même en automne, et le manteau végétal est moins fourni. Les espèces atlantiques sont rares, mais la flore méditerranéenne remonte vers le nord et se mêle aux espèces rhodaniennes jusqu'à Tournus. Les régions granitiques sont généralement couvertes de landes arbustives ou buissonneuses ; seul le châtaignier constitue encore de vastes forêts naturelles.

2°) Flore des basses montagnes (au nord des Alpes). Plus de la moitié de la France continentale : Massif central, plateau de Langres et Vosges, Ardennes. TYPES : **a) Ardennais** (pauvre en calcaire) : landes marécageuses ou fagnes peuplées surtout de saules. Sur les hauteurs, forêts de chênes pédonculés, hêtres, charmes, frênes, aulnes, bouleaux, sorbiers. **b) Lorrain :** terrains le plus souvent calcaires, les plantes calcifuges (ne supportant pas le calcaire) disparaissent. **c) Vosgien :** terrains en majorité siliceux et froids, espèces nord-européennes calcifuges ; sapin, épicéa, hêtre, charme, bouleau ; bouquets de châtaigniers (dans les collines sous-vosgiennes) ; myrtilles, fougères ; spirées, aconits. Sur les plus hauts sommets : chaumes (terrains dénudés), avec quelques hêtres buissonneux.

3°) Flore montagnarde (massif jurasso-alpin, Pyrénées). Comprend 1 157 espèces dont 600 seulement se retrouvent dans les Pyrénées. **a) Zone alpine :** au-dessus de 1 900 m (en moyenne ; varie selon la latitude), disparition des arbres et arbustes, remplacés par des pâturages en zone continentale, des pelouses tourbeuses (vert tendre) en Corse. Les plantes ont des souches ou des racines fixées dans les fissures des rochers. Entre 1 600 et 1 900 m, zone des aulnes nains (dans le lit des torrents). **b) Zone subalpine :** Midi et Corse. Zones des pins (1 000-1 600 m : pin aster à partir de 500 m, laricio à partir de 800-900 m) ; du châtaignier (400-1 000 m) ; du maquis (plantes xérophiles, arbres à feuilles persistantes au-dessous de 400 m).

4°) Flore méditerranéenne. Essentiellement xérophile (avec 2 végétations, au printemps et à l'automne) ; feuilles persistantes, avec repos estival. Sur 750 espèces méditerranéennes, la France en abrite 500, dont 129 ligneuses : chêne-liège et chêne vert (ou yeuse ; les « yeusaies » persistent jusqu'à 1 200 m au Mt Ventoux), pin d'Alep, pin parasol, cèdre de l'Atlas (importé) ; laurier, amandier, mûrier, figuier ; olivier d'Europe et lentisque, jadis abondants, ont disparu, mais des espèces importées sont devenues spontanées : châtaignier, olivier d'Asie, platane, oranger, citronnier, mimosa, eucalyptus, palmier, agaves et cactées. Arbustes, arbrisseaux et sous-arbrisseaux prédominent : sur les sols siliceux, ils forment le *maquis* (arbousiers, bruyère, lentisque, buis, garou, ajoncs, enchevêtrés de salsepareille) ; sur les sols calcaires, les *garrigues* [plantes plus petites, cistacées, sous-arbrisseaux : buis, chêne kermès, genévrier et labiées odorantes (romarin, lavande aux feuilles larges, thym)]. Parmi les fleurs printanières : ombellifères, astragales et plantes à bulbe (tulipes, jacinthes, crocus).

Montagnes

■ Alpes françaises

■ **Origine du nom.** Du ligure *alp,* pâturage. **Longueur :** environ 350 km. **Largeur :** de 50 à 60 km. **Superficie totale** (en km²) : France : 32 296, dont Alpes du Sud 20 291, du Nord 12 005 ; zone de montagne par département alpin : Isère 9 350, Alpes de Hte-Provence 6 195, Htes-Alpes 5 520, Savoie 5 317, Alpes-Maritimes 3 443, Hte-Savoie 3 337, Drôme 3 022, Var 1 206, Vaucluse 903. **Sommets** (voir p. 90 c).

■ **Divisions d'est en ouest. a) Chaîne centrale,** haute et massive, courant nord-sud, de la Suisse à la mer, et servant de frontière entre France et Italie ; elle s'incurve vers l'ouest en son milieu. **b) Une vingtaine de massifs secondaires s'articulant à l'est** sur la chaîne centrale, séparés entre eux par des vallées et limités à l'ouest par le sillon alpin. **c) Le Sillon alpin**, dépression tombant par endroits à 200 m d'alt., large de 10 à 20 km et courant du nord-est (Cluses) au sud-est. *Hte-Savoie :* rejoint les dépressions de l'Arve et la vallée de l'Arly par le col de St-Gervais (800 m d'alt.). *Savoie :* combe de Savoie, empruntée par l'Isère à la sortie de la Tarentaise. *Isère :* Grésivaudan (à 200 m d'alt.), vallée de l'Isère moyenne, remonte vers le sud par la vallée du Drac et culmine au col Bayard (Htes-Alpes) à 1 248 m ; canalise ensuite vers le sud le Buech et la Durance (A.-Hte-P.) ; au sud du Verdon, se dirige vers l'est, entre la montagne Ste-Victoire et le plateau de Valensole. *Var :* bassin de l'Argens, jusqu'à la mer, entre Maures et Esterel (massifs non alpins). **d) Une dizaine de « contreforts alpins »** à l'ouest du sillon alpin.

■ **Principaux massifs. a) Chaîne frontalière :** *massif du Mt-Blanc* (Hte-Savoie) : hautes vallées du Giffre, de l'Arve et de l'Arly ; *Grand-Paradis* ou *Iseran* (Savoie – ancienne-

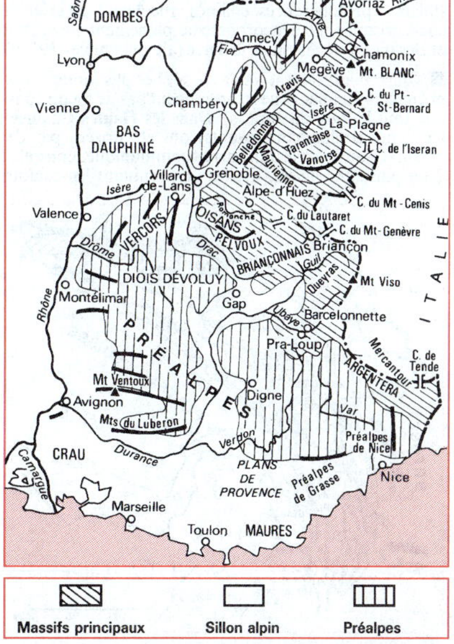

ment Alpes Grées) : hautes vallées de l'Isère et de l'Arc (Grand-Paradis en Italie) ; *Tabor* ou *Briançonnais* (Htes-Alpes – anciennement Alpes Cottiennes) : haute vallée de la Durance ; *Queyras* ou *Viso* : haute vallée de l'Ubaye (Mt Viso en Italie) ; *Argentière* ou *Larche* (A.-Hte-P.) : hautes vallées de l'Ubaye et de la Tinée ; *Mercantour* (A.-M.) : hautes vallées de la Vésubie et de la Roya. **b) Entre chaîne frontalière et Sillon alpin :** *Chablais* (Hte-Savoie), frontière franco-suisse, entre les vallées du Rhône et du Giffre ; *Beaufortain* (Savoie, entre vallée de l'Arly et Tarentaise ou vallée de la haute Isère) ; *la Vanoise* (Savoie) entre Tarentaise et Maurienne, ou vallée de l'Arc ; *Grandes-Rousses* (Savoie et Htes-Alpes), prolongé par la chaîne de Belledonne (Savoie et Isère) : entre Maurienne, Grésivaudan ou vallée de la moyenne Isère et vallée de la Romanche ; *Pelvoux* (Htes-Alpes) : entre Romanche, Durance et val Godemard ou vallée de la Séveraise ; *Champsaur* (Htes-Alpes) : entre val Godemard et vallée du Drac et de la Durance ; *le Parpaillon* (A.-Hte-P.) : entre Durance et Ubaye ; *la Blanche* ou *Mt-Pelat* (A.-Hte-P. et haut Var) : au sud de l'Ubaye : hautes vallées de la Bléone, du Verdon (nombreuses ramifications) ; *l'Argentera* (A.-M.) : entre le Var et la Roya. **c) A l'ouest du Sillon alpin :** *Faucigny* (Hte-Savoie) : entre Arve, Arly et Fier (lac d'Annecy), prolongé au sud par la chaîne du Reposoir ; *Bauges* (Hte-Savoie et Savoie) : entre lac d'Annecy et « combe de Savoie » prolongée par la dépression du lac du Bourget ; *Grande Chartreuse* (Isère), prolongée par les monts du Chat (Savoie) parfois classés parmi les jurassiens : haute vallée du Guiers ; *Vercors* (Isère) : entre Drac et Drôme ; *Laupouffre* (Drôme) : entre Drôme et Aygue ; *Lure* (A.-Hte-P.), prolongé par le Ventoux (Vaucluse) : au sud de la vallée de l'Aygue ; *plateau de Vaucluse* : Mt St-Pierre à 1 256 m ; *Luberon* (Vaucluse) : entre basse Durance et vallée du Coulon ; *Alpilles* (B.-du-Rh.) : entre basse Durance et delta du Rhône ; *Ste-Victoire, Étoile et Ste-Baume* (B.-du-Rh.) : entre basse Durance et Méditerranée.

JURA

Origine du nom. Du latin, construit par Jules César sur le celtique *juris,* hauteur boisée. **Longueur :** 300 km du sud-ouest au nord-est. **Largeur :** 80 km au maximum. **Superficie :** 5 840 km². Fait de lignes courbes, plus large au centre qu'aux extrémités, il a la forme d'une tranche de mandarine. **Étendue :** en France, sur 6 départements (Isère, Savoie, Ain, Jura, Doubs, Ht-Rhin) et en Suisse. Les deux « Jura » allemands (Jura souabe, Jura franconien), formés des mêmes roches calcaires que le Jura franco-suisse, sont des plateaux non plissés, ne faisant pas partie de la même chaîne montagneuse.

Nombre de plis. Isère 1, Savoie 3, Bugey 7, à la hauteur de Besançon 14, sud de Montbéliard 9, à Zurich (Suisse) 1. Ces plis, presque parallèles, forment des chaînons plus ou moins distants.

Profil d'est en ouest. a) Au sud d'une ligne Bourg-Genève (Juras savoyard et bugésien) : les plis forment des chaînons élevés et rapprochés entre eux (altitude maximale : 1 500 m), dominant des vallées encaissées (altitude moyenne : 450 m) ; distance moyenne d'un synclinal à l'autre : 5 km. **b) Au nord d'une ligne Bourg-Genève : 1°)** *les chaînons bugésiens se prolongent vers le nord-est* (nombre : 5 ou 6 ; alt. maximale : 1 700 m ; écartement moyen : 6 km ; alt. des vallées intermédiaires : 700 m). Cet ensemble constitue, à l'est du massif jurassien, les Hautes Chaînes que longe la frontière franco-suisse ; **2°)** *plus à l'ouest* des Hautes Chaînes : 5 ou 6 chaînons parallèles, au plissement moins prononcé, constituant un « plateau » à peine vallonné (largeur : 45 km ; alt. des chaînons : 900 m ; creux intermédiaires : 800 m ; écartement d'un synclinal à l'autre : 9 km). Le plateau jurassien ne se prolonge pas en Suisse et disparaît à la hauteur du Mt Terri ; **3°)** *sur le rebord ouest* du plateau, dominant la plaine de la Bresse et la dépression du seuil de Bourgogne, 1 ou 2 plis (ayant buté sur les vieilles roches cristallines du socle vosgien) constituent un rebord escarpé (falaises, protubérances, collines viticoles). Une crête du socle cristallin a été incorporée au plissement entre Dole et Besançon : le massif de la Serre (alt. maximale : 391 m).

Morcellement du système plissé. Les plis (anticlinaux) et creux (synclinaux) ne se prolongent pas de façon continue tout le long du Jura. **a) Dans les Hautes Chaînes :** les lignes de hauteurs (monts) ont été brisées par des cassures transversales qui ont fait communiquer entre elles 2 ou plusieurs vallées. **Cluses :** empruntant les couloirs des cluses, les rivières changent de vallées ; leurs cours dessinent des coudes brusques. Principaux éléments de chaînons isolés par des cluses : le *Clos du Doubs* (mi-français, mi-suisse, altitude : 919 m), le *Larmont* (alt. : 1 324 m) entaillé par la cluse de Pontarlier, le *Noirmont de Mouthe* (alt. : 1 240 m), la *Joux derrière* et la *Joux devant* (alt. : 1 138 m), le *chaînon du Reculet* (crêt de la Neige, alt. : 1 723 m), le *mont de la Chaux* (alt. : 969 m). Exemples dans le Bugey : cluses de l'*Albarine* coupant 4 chaînons, cluse de la *Sérine* (2 chaînons). **b) Sur le plateau central :** les masses compactes de calcaire ont été entaillées par des gorges qui les découpent en compartiments. Exemples : plateaux d'*Orchamps* (Mt Chaumont, alt. : 1 122 m), de *Nozeroy,* d'*Ornans* (entaillé par la Loue), *lédonien* (c.-à-d. de Lons-le-Saunier), de *Champagnole* (entaillé par l'Ain). **c) Sur le rebord occidental :** le *Lomont,* découpé par le Doubs, près de Baume-les-Dames ; le *Revermont,* entre l'Ain et la Valouze.

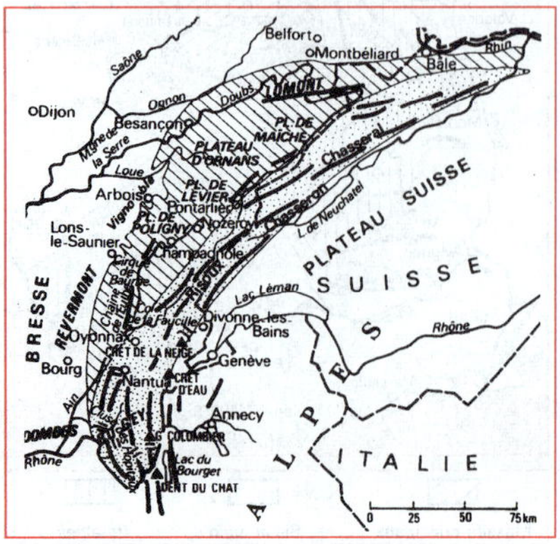

MASSIF CENTRAL

Situation. Séparé des Alpes par le *couloir Rhône-Saône ;* des hauteurs vosgiennes par le *détroit de Dijon ;* des reliefs armoricains par le *seuil du Poitou ;* du massif pyrénéen par le *col* ou *seuil de Naurouze.* **Altitude :** moy. 700 m, maximale 1 886 m. **Longueur :** maximale (nord-sud) 500 km. **Largeur :** maximale (est-ouest) : 350 km. **Superficie :** 86 000 km². **Étendue :** sur 22 départements : Indre, Cher, Nièvre, Creuse, Allier, Saône-et-Loire, Charente, Hte-Vienne, Corrèze, Puy-de-Dôme, Loire, Rhône, Lot, Cantal, Hte-Loire, Ardèche, Aveyron, Tarn, Lozère, Gard, Hérault, Aude.

Divisions d'ouest en est. a) Plateaux cristallins de l'ouest : longueur (nord-sud) : 350 km ; largeur (est-ouest) : moitié sud (jusqu'à la Dordogne) : 60 km ; moitié nord : 200 km. Croupes granitiques, végétation verdoyante (herbe). Arbres dominants : châtaignier, reboisements récents en résineux. **b) Chaos montagneux du centre :** région hétéroclite. Longueur (nord-sud) : 200 km (de Brioude à Moulins, un effondrement de plus de 150 km remplace la montagne : plaines du *Bourbonnais* et de *Limagne*). Largeur : tiers sud 100 km ; central : 150, dont 60 de plateaux cristallins ; nord : 60. Paysages différents selon les terrains : calcaires dénudés et déchiquetés dans le sud, aiguilles et cônes de basalte dans le centre et le nord, interrompus par des croupes granitiques. **c) Rebord surélevé de l'est** *(Cévennes)* : longueur (sud-ouest/nord-est puis sud/nord) : 550 km ; largeur : 70 km. Ligne de séparation des eaux Atlantique/Méditerranée.

Subdivisions (sud-nord) des plateaux cristallins occidentaux : extrémité sud : *ségalas de Vabre et de Sidobre* entre Cévennes et vallée de l'Agout ; *ségala de Lacaune entre Agout et Tarn* (point culminant du plateau occidental à 1266 m) ; *ségala du Rouergue* entre Tarn et Lot (alt. moyenne : 750 m ; maximale : 1 157 m) ; entre Lot et Dordogne, croupes granitiques de haute Auvergne (alt. : 500 m) ; entre Dordogne et Vienne, à l'ouest : *Mts du Limousin* (800 à 1 000 m) ; à l'est : *plateau de Millevaches* c.-à-d. de 1 000 vasques (1 000 sources) [alt. maximale : Mt Bessou, 984 m] ; au nord de la Vienne, *Mts de la Marche* (alt. maximale : puy d'Hyvernaresse, 854 m) ; au nord-est (haute vallée du Cher) : *collines de Combrailles* (alt. : 500 m).

Massifs centraux. a) Au sud entre Cévennes et vallée du Lot : sur 100 km de longueur nord-sud et sur 50 puis 100 km de largeur est-ouest (5 000 km²) : les *7 massifs des « Causses »,* c.-à-d. des calcaires, roches sédimentaires différentes des roches endogènes formant le reste du Massif central (soit le 12ᵉ de la surface totale) : dépôts marins du secondaire (comme ceux du Jura), non plissés, mais surélevés en même temps que les Cévennes, puis fracturés et fissurés. Épaisseur des masses calcaires : 400 à 600 m [alt. moy. : 800 m ; maximale : *causse Méjean* (322 km², 120 km de circonférence ; alt. : 1 000 m), 1 278 m]. **1°)** Entre Cévennes et la Dourbie : *causse du Larzac* (659 km², alt. : 904 m) ; **2°)** entre Dourbie et Trèvezel (vers l'est) : *causse Bégon* (alt. : 900 m) ; **3°)** entre Dourbie et Tarn (vers l'ouest) : *causse Noir* (déboisé, autrefois couvert de résineux,

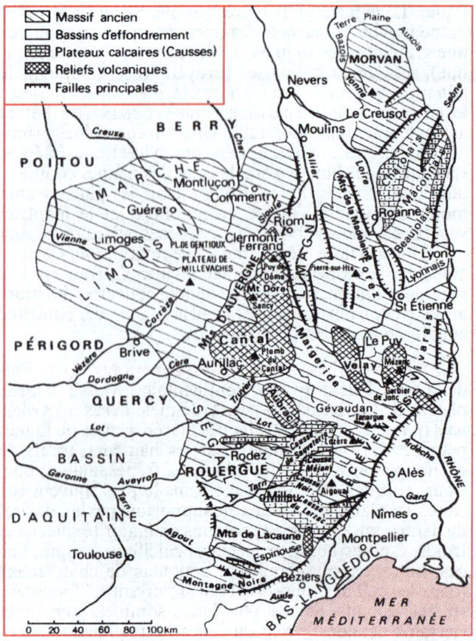

130 km², alt. moy. : 850 m, maximale : 1 178 m) ; **4°)** entre Jonte et Tarn (vers le nord-est) : *causse Méjean ;* **5°)** entre Tarn et Lot (vers l'est) : *causse de Sauveterre* (648 km², alt. maximale : 1 181 m) ; **6°)** entre Aveyron et Sauveterre : *causse de Séverac* (alt. : 1 000 m) ; **7°)** entre Aveyron et Dourdou (vers l'ouest) : *causse Comtal* ou *de Rodez* (360 km², alt. : 600 m). **b) Au nord de la vallée du Lot :** sur 150 km de longueur (nord-sud), enchevêtrement de massifs volcaniques et de restes du vieux plateau cristallin (relevés en même temps que les Cévennes).

Volcans. a) Groupe de l'ouest (orienté sud-nord) : longueur : 150 km (du Lot à la Sioule) ; largeur : 20 à 60 km. *Aubrac* (alt. maximale : 1 471 m), *Cantal* (alt. maximale : plomb du Cantal, 1 858 m), *Mont-Dore* (alt. maximale : puy de Sancy, 1 886 m), *puys d'Auvergne* (alt. maximale : 1 465 m au puy de Dôme). La « chaîne des puys » [improprement appelée « chaîne » (non plissée)] est un alignement sud-nord de volcans coniques (éteints) dont certains ont gardé leur cratère (puy de Pariou). **b) Groupe de l'est** (orienté transversalement nord-ouest/sud-est) : longueur (de l'Allier au Rhône) 120 km ; largeur 40 km. *Velay* (alt. maximale : Devès, 1 423 m), *Mézenc* et *du Mégal* (alt. maximale : Mt Mézenc, 1 776 m), *Coiron* (alt. maximale : roc de Gourdon, 1 061 m), coulée basaltique à l'extrême est, faisant déjà partie des Mts du Vivarais (Cévennes). **c) Entre les 2 groupes de volcans :** restes du socle cristallin ancien : *Mts de la Margeride* [(longueur : 100 km, largeur : 70 km, alt. maximale : signal de Randon, 1 554 m) ; orientés nord-ouest/sud-est ; leur extrémité sud-est est appelée le *« Toit de la France »,* car les ruisseaux qui y prennent leur source (à 8 km de Châteauneuf-de-Randon) se dirigent vers le Rhône (par le Chassezac, affluent de l'Ardèche), la Garonne (par le Lot), la Loire (par l'Allier)]. **d) Au nord du groupe est des volcans :** *Mts du Livradois* (vers l'ouest, entre Allier et Dore ; alt. maximale : N.-D. de Mons, 1 210 m) ; *Mts du Forez* (vers l'est, entre Dore et Loire ; alt. maximale : Pierre-sur-Haute, 1 640 m), prolongés vers le nord par *Mts Noirs* et *Mts de la Madeleine,* entre Allier et Loire (alt. maximale : le Montoncel, 1 292 m).

Description (sud-ouest/nord-est) du rebord cévenol. Le nom de *Cévennes* s'applique aux escarpements dominant les plaines du Languedoc, du Rhône et de la Saône, depuis le col ou seuil de Naurouze (Aude) jusqu'aux sources de la Cure (Nièvre), mais on tend actuellement à le restreindre aux régions du Gard et de l'Ardèche du sud, où vivent les protestants cévenols (80 km de long sur un ensemble de 550 km). **a) Du col de Naurouze à la vallée du Chamoux** (Aude) : *Montagne Noire* (1 210 m). **b) Du Chamoux à l'Orb :** *Mts du Minervois* (806 m) vers le sud et *chaîne du Saumail* au nord de l'Orb (alt. maximale : *Mts de l'Espinouze,* 1 126 m ; *massif du Caroux,* 1 093 m). **c) Entre Orb et Ergue :** *massif de l'Escandorgue,* coulée volcanique isolée (alt. : 866 m). **d) Entre Ergue et Hérault :** *garrigue de Lodève* (alt. : 848 m, 943 m dans la Séranne, vers le nord-est) : coulée calcaire rattachée au causse du Larzac. **e) Entre Hérault et Ardèche :** *massifs de l'Aigoual* (alt. maximale : pic de l'Aigoual, 1 567 m), *de la Lozère* (alt. maximale : signal de Finiels, 1 702 m) et *du Tanargue* (alt. maximale : croix de Bauzon, 1 549 m) ; région culminante des Cévennes, la plus arrosée de France (2,28 m au pic de l'Aigoual, dont le nom signifie « aqueux ») ; après le Tanargue, la direction du bourrelet des Cévennes devient sud-nord sur 300 km. **f) Entre Ardèche et Gier :** *Mts du Vivarais :* chaîne des Boutières (1 383 m), puis *massif du Mont-Pilat* (1 434 m). **g) Entre Gier et Furens :** *Mts du Lyonnais* (Mt Boussièvre, 1 004 m) ; **entre Furens et Crosne :** *Mts du Beaujolais* (alt. maximale : Mt St-Rigaud, 1 012 m, dernière hauteur cévenole dépassant 1 000 m vers le nord). **h) De la Crosne à la Dheune :** *Mts du Mâconnais* (vers l'est) et *du Charolais* (vers l'ouest). **i) Au nord de la Dheune** (hautes vallées de l'Yonne et de la Cure) : *massif du Morvan* (alt. maximale : le Haut Folin, 902 m).

☞ **Principaux cols** (alt. en m) : *pas de Peyrol* (Cantal) 1 589, *col de la Croix-St-Robert* (Puy-de-Dôme) 1 446, *col de Dyane* ou *Croix-Morand* (Puy-de-Dôme) 1 410, *col du Lioran* (Cantal) 1 276, *col de la Chavade* (Ardèche) 1 266, *col de la République* (Loire) 1 161, *col de Mézilhac* (Ardèche) 1 130, *col de l'Escrinet* (Ardèche) 787, *col de Noirétable* (Loire) 754.

PYRÉNÉES

Origine du nom. Contestée : **1°)** celtique *biren* ou *piren :* pâturage élevé ; **2°)** nom mythologique grec de *Pyréné :* nymphe aimée d'Hercule ; **3°)** dérivé du grec *pyrinos :* riche en froment (qui désignerait toute la Narbonnaise) ; **4°)** dérivé du grec *pyr,* feu, désignant le phare du port de Narbonne, puis Narbonne et la Narbonnaise.

Géologie. Chaîne édifiée au Tertiaire entre – 65 et – 40 millions d'années (M.a.). Bourrelet, né de la collision du socle européen avec la péninsule Ibérique. Celle-ci s'était détachée à partir de – 230 M.a. de l'hexagone français, par suite de l'ouverture du golfe de Gascogne (jusqu'alors, la Galice jouxtait la Bretagne) et, pendant 165 M.a., dériva vers l'est, parcourant un arc de cercle dont le centre se situait dans l'actuelle région parisienne. En abordant vers – 65 M.a. les côtes sud de l'Aquitaine (région de Port-Bou), elle a refermé un canal qui reunissait l'Atlantique à Thétys (l'actuelle Méditerranée). Cette région côtière se serait alors surélevée par suite du choc entre les 2 masses. **Altitude** maximale *en Espagne :* pic d'Aneto (3 404 m), *en France :* Vignemala (3 298 m) [voir p. 90 c]. **Longueur :** 450 km. **Largeur :** 90 à 150 km (en France : 50 à 80). **Superficie :** environ 55 000 km² dont 17 000 en France. **Étendue :** en France, sur 6 départements (Pyrénées-Atlantiques, Hautes-Pyrénées, Haute-Garonne, Ariège, Aude, Pyrénées-Orientales), en Espagne et en Andorre.

■ **Divisions du sud au nord. a) Chaîne frontalière :** bourrelet continu de roches anciennes, alt. : 2 000 m au centre [entre les cols du Somport (1 631 m) et de Puymorens (1 915 m), sur 200 km de long], maximale 3 404 m. Du col de Puymorens à la Méditerranée (partie est), le bourrelet est moins élevé et moins massif (col du Perthus, 290 m) ; du col du Somport à l'Atlantique (partie ouest), il disparaît sous les terrains prépyrénéens (par exemple au pic d'Orhy, alt. 2 017 m, synclinal perché de calcaire éocène) ou se réduit à quelques îlots sur 50 km de long ; il reparaît au Pays basque, avec des hauteurs modestes (la Rhune, 900 m). **Subdivisions :** les vallées [glaciaires entre Aspe et le val du Carol (Pyr.-Or.)] qui descendent du bourrelet axial ouest-est, selon une direction sud-nord, découpent la chaîne en une douzaine de chaînons de l'ouest à l'est : *massifs du Labourd* (900 m) et *des Aldudes* (1 459 m), entre Océan et Nive ; *des Arbailles* (2 759 m), entre Nive et Soule ; *de l'Anie* (2 504 m), entre Soule et gave d'Aspe ; *du Balaïtous* (3 144 m), entre gave d'Ossau et gave de Pau ; *de Néouvielle* (3 092 m) *et du Marboré* (3 253 m) comprenant cirque de Gavarnie, mont Perdu, hautes vallées du gave de Pau et de l'Adour, entre gave de Pau et vallée de la Neste (val d'Aure) ; *de la Maladeta* (3 404 m, en partie en Esp.), entre val d'Aure et Hte-Garonne (val d'Aran, en Esp.) ; *d'Aspet* (2 968 m), entre Garonne et Salat ; *d'Arize* (1 622 m) et *des Trois Seigneurs* (2 199 m), entre Garonne et Ariège ; *du Canigou* (2 785 m), entre Têt et Tech ; *des Albères* (1 275 m), entre Tech et Méditerranée. En outre, une partie du massif ancien se trouve isolée au milieu du plissement des Corbières, à 40 km au nord du bourrelet axial : le *Monthoumet* (alt. : 880 m). **b) Pré-Pyrénées :** région calcaire de 60 km de large sur 450 km de long, plissée entre la chaîne frontalière et les plaines aquitaines. **Zone des plateaux :** plis érodés (alt. moy. : 400 m), 4 régions ayant un caractère particulier : *plateaux de Lannemezan* (389 à 679 m) au nord du val d'Aure ; de *Plantaurel* (764 m) au nord de Foix ; de *Sault* (1 000 m) entre Ariège et Aude, prolongé au nord par le *Mirepoix* (621 m) ; le *Fenouillèdes* ou *Fenouillet* (926 m) entre Canigou et Corbières. **Massifs montagneux au nord-est :** *Petites Pyrénées* (900 m, dans l'Ariège) et *Corbières* (450 m, dans l'Aude), longs de 200 km et larges de 20 à 40 km.

☞ **Principaux cols** (alt. en m) : *brèche de Roland* (Htes-Pyr., non franchissable) 2 804, *port de Venasque* (Fr./Esp.) 2 448, *d'Envalira* (Andorre) 2 407, *col du Tourmalet* (Htes-Pyr.) 2 115, *de Puymorens* (Pyr.-Or.) 1 915, *de l'Aubisque* (Pyr.-Atl.) 1 709, *du Somport* (Pyr.-Atl.) 1 631, *de la Perche* (Pyr.-Or.) 1 577, *port de Peyresourde* (Htes-Pyr.) 1 569, *col d'Aspin* (Htes-Pyr.) 1489, *de Menté* (Hte-G.) 1 350, *du Portillon* (Hte-G.) 1 308, *de Portet d'Aspet* (Hte-G.) 1 057, *du Perthus* (Pyr.-Or.) 290.

Montagnes tyrrhéniennes

Appartiennent au massif hercynien de la « Tyrrhénide » qui avait soulevé la plate-forme continentale euro-africaine. Débris du socle africain.

■ **Maures** (c.-à-d. montagnes Noires, à cause des résineux). Dans le Var (60 km de long de Hyères à Fréjus ; 30 km de large) ; limites sud et est : Méditerranée ; nord : dépression de l'Argens ; ouest : vallée du Gapeau. **Divisions du nord au sud :** 3 crêtes parallèles soulevées en même temps que Pyrénées et Alpes : **1°)** entre vallées de l'Aille (affluent de l'Argens) et de la Giscle : long. 50 km, larg. 15 km, alt. maximale *La Sauvette,* 779 m ; **2°)** entre vallées de la Giscle et de la Môle : chaîne de la Verne, parallèle à la 1re (long. 35 km, larg. 10 km, alt. maximale 629 m) ; **3°)** entre la vallée de la Môle et la mer : chaînon littoral (40 km dont 10 forment la presqu'île de St-Tropez, larg. 8 km, alt. maximale *Les Pradels,* 524 m) ; **4°)** crête aux 3/4 submergée : presqu'île de *Giens,* îles d'*Hyères.*

■ **Esterel** (du latin *sterilis,* terre improductive). Dans le Var, à l'est des Maures dont il est séparé par la dépression de l'Argens ; entre Méditerranée et vallée de l'Endre, affluent de l'Argens. Long. (nord-sud) 20 km ; larg. (est-ouest) 15 km ; environ 300 km². Alt. maximale : *Mt Vinaigre* (616 m). Enchevêtrement de roches volcaniques, notamment de porphyres.

■ **Corse** (voir au chapitre **Régions**).

Vosges

■ **Origine du nom.** Peuplade gauloise : les *Voséges* ou *Voséguns* (celtique *Vo,* sous ; ligure *Sek* ou *Seg,* hauteur). **Situation :** système montagneux ancien (plissement hercynien, soulevé au Tertiaire par la poussée alpine), orienté du sud-ouest au nord-est entre la trouée de Belfort et la vallée de la Lauter (**longueur :** 170 km) ; limité à l'est par la plaine d'Alsace (cassure brusque), à l'ouest par le plateau lorrain (**largeur :** 30 km). **Étendue :** 7 départements : territoire de Belfort, Ht-Rhin, Bas-Rhin, Hte-Saône, Vosges, Meurthe-et-Moselle, Moselle.

■ **Description de l'ouest à l'est.** 2 chaînes parallèles : **a) Vosges cristallines** (long. : 90 km, de la haute vallée de l'Ognon à la vallée de la Bruche ; alt. : 1 000 m) : **1°)** *crête principale :* du ballon de Giromagny (1 149 m) au Struthof (959 m). Principaux sommets : ballon d'Alsace (1 247 m), Hohneck (1 362 m), Champ du Feu (1 004 m) ; **2°)** *crêtes secondaires :* entre Doller et Thur, col du Rossberg (1 196 m) ; entre Thur et Lauch, ballon de Guebwiller (1 424 m, alt. maximale des Vosges) ; entre Lauch et la Fecht, col du Petit Ballon (1 274 m) ; entre Andlau et l'Elm, col du Hohwald et du Mt Ste-Odile (823 m). **b) Vosges gréseuses** (long. : 80 km, de la vallée de la Bruche à celle de la Lauter ; alt. : 600 m) : **1°)** *crête principale :* se relie à la chaîne des Vosges cristallines par le chaînon du col de Saales (700 m) ; parcourt la moitié de la chaîne, de St-Dié à Saverne. Principaux sommets : Ormont, Donon (1 009 m) et Haut Barr (720 m) ; **2°)** *crêtes secondaires :* Grand Brocart (802 m), Mt Dabo (750 m). Au nord de Saverne : série de collines (basses Vosges).

☞ **Principaux cols** (alt. en m) : *col du Ballon* (Vosges) 1 178, *col de la Schlucht* (Vosges/Ht-Rhin) 1 139, *col du Bonhomme* (Ht-Rhin) 949, *col de Ste-Marie-aux-Mines* (Ht-Rhin) 772, *col du Schirmeck* (Bas-Rhin) 739, *col de Bussang* (Vosges) 731, *col du Donon* (Bas-Rhin) 727.

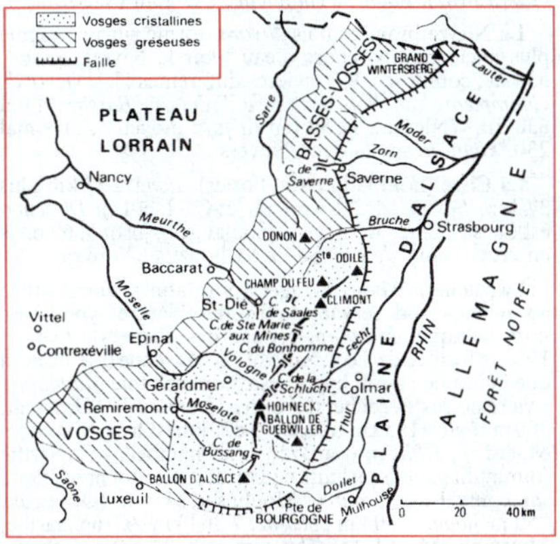

Fleuves

☞ **Le plus court : la Veule** (S.-M.) : 1 km. **Ligne de partage des eaux** (allant vers l'Océan ou vers la Méditerranée) : suit la crête des Alpes bernoises, du Jorat, du Jura, des hauteurs qui relient le Jura au plateau de Langres, des Cévennes, des Corbières et des Pyrénées centrales. La Seine baptise 66 communes (1 pour 12 km de cours), la Loire 67 (1 pour 15 km), le Rhône 17 (1 pour 31 km) et la Garonne 14 (1 pour 37 km). 63 départements ont pour nom une rivière ou un fleuve.

La Garonne

■ **Nom.** Du ligure *gar,* rocher et *onna,* source, à rapprocher du latin *unda,* onde, ou du basque *ingurune,* méandre.

■ **Statistiques. Sources** en Espagne, au *val d'Aran :* Garonne occidentale 1 430 m ; Garonne orientale 1 872 m (sur le versant sud du Mt Aneto) ; au lieu de devenir un affluent de l'Èbre, le torrent se perd dans un canyon souterrain de 4 km, et resurgit au nord des Pyrénées, au *Trou du Toro* [comme l'a démontré en 1931 Norbert Casteret (1897-1987), à l'aide de colorants]. A son entrée en France, 581 m d'alt. **Longueur :** 647 km, dont 596 en France (en comptant la Gironde ; sinon 575 et 524). **Bassin :** 84 811 km², dont 84 756 en France et 240 pour la seule Gironde (17 départements : Ariège, Hte-G., Htes-Pyr., Gers, T.-et-G., Tarn, Aude, Gironde, L.-et-G., Lot, Aveyron, Lozère, Ch.-M., Charente, Dordogne, Corrèze, Cantal). **Débit** (en m³/s) : moyen 200 (Toulouse : max. hiver 600, min. été 50), maximal 8 000. Barrage de Charlas (Hte-Garonne) à l'étude.

■ **Régime. Mixte :** pluies méditerranéennes d'hiver avec orages d'été dans les bassins des affluents est. **Montagnard** (fonte des neiges de mars à juin ; s'il pleut sur les plaines, les crues sont catastrophiques ; exemples : juin 1875, mars 1930) : maigre en août et septembre. Depuis 1955, Toulouse est protégée par des digues contre les inondations de mars-juin ; les villes en aval restent menacées.

■ **Description du cours.** Sud-est/nord-ouest jusqu'à Montréjeau (Hte-G. ; 100 km), descend rapidement des Pyrénées ; puis elle bute sur une colline faite de ses propres alluvions, qui lui barre le chemin de l'Atlantique (distant de 250 km) ; elle coule alors sud-ouest/nord-est jusqu'à Toulouse dans une vallée subpyrénéenne qui garde la direction de celle de la Neste. A partir de Toulouse (140 m d'alt.), lent écoulement en direction sud-est/nord-ouest, à travers les plaines du bassin aquitain dont 100 000 ha inondables. L'influence de la marée se fait sentir jusqu'à Bordeaux. Un estuaire de 72 km de long, la *Gironde* (déformation bordelaise du mot Garonne), s'élargit progressivement : 5 km en face de Blaye, 11 km en face de Talmont, 25 km entre la pointe de la Négade et la pointe de la Coubre, avec un rétrécissement entre Royan et la pointe de Grave (5 km). La Gironde est parfois considérée comme un bras de mer distinct de la Garonne et servant d'estuaire à 2 fleuves indépendants : Garonne et Dordogne (le bassin de la Garonne n'aurait en ce cas que 57 000 km²).

■ **Affluents. Rive gauche. La Neste** (nom générique des torrents pyrénéens, plus ancien que *gave*). *Sources multiples :* la Grande Neste ou Neste d'Aure (*source :* lac de Cap de Long, 2 250 m d'alt.) et la Petite Neste ou Neste de Louron (*source* au pied du pic du Midi de Génost à 2 479 m d'alt.) se réunissent à 700 m d'alt. à Arreau. *Long. :* 65 km. *Bassin :* 906 km². *Débit :* 13 m³/s [supérieur à celui de la Garonne au point de confluence (Montréjeau, Hte-G.), mais diminue de 7 m³ en alimentant le canal de Lannemezan].

La Gimone. *Source :* plateau de Lannemezan. *Long. :* 122 km. *Bassin :* 820 km² (Htes-Pyr., Hte-G., Gers, Tarn-et-G.).

La Save. *Source :* plateau de Lannemezan. *Long. :* 150 km. *Bassin :* 1 152 km² (Htes-Pyr., Gers, Hte-G.).

Le Gers (du latin *Egirtius,* où se retrouve l'ibéro-basque *aguirre :* lande, ou du basque *igeri*). *Source :* à 2,5 km de Lannemezan (Htes-Pyr.), alt. 660 m. *Long. :* 178 km (presque rectiligne sud-nord). *Bassin :* 1 230 km² (Htes-Pyr., Gers, L.-et-G.). *Débit :* maximal 9 m³/s, parfois à sec.

La Baïse (de l'ibéro-basque *ibaia,* fleuve). *Source :* plateau de Lannemezan, alt. 640 m. *Long. :* 185 km. *Bassin :* 2 910 km² (Landes, Htes-Pyr., Gers, L.-et-G.). *Débit* (en m³/s) : moyen 1 000. Sous-affluent : **la Gelise** (« eau glacée »), *source :* Lupiac, Gers, alt. 230 m ; *long. :* 92 km, rive gauche, abondante en été ; *bassin :* 1 485 km² (Gers, Landes, L.-et-G.).

Rive droite. L'Ariège (de *la Riège,* même racine que le latin *regare,* irriguer, se retrouvant dans le basque *erreka*). *Source :* le lac Noir, massif du Carlitte (Pyr.-Or., alt. 2 150 m), à la limite France-Andorre. *Long. :* 170 km. *Bassin :* 3 860 km² (Pyr.-Or., Ariège, Hte-G.). *Débit* (en m³/s) : moyen 48, minimal 14, maximal 1 100. Sous-affluent : **l'Hers** (de l'ibérique *ertz,* rochers, dont la racine sans doute ligure se retrouve dans *Hercynia :* Forêt noire), *source :* plateau du Chioula (Ariège), 1 500 m ; *long. :* 133 km ; *bassin :* 1 420 km² (Ariège, Aude, Hte-G.) ; *débit :* maximal 665 m³/s.

Le Tarn (du latin *Tanarus,* le Tanaro ; 2 racines ligures : *tan,* la falaise et *ar,* le fleuve). *Source :* Mt Lozère (alt. 1 575 m). *Long. :* 375 km. *Bassin :* 15 700 km². *Débit* (en m³/s) : moyen : Millau 55, Albi 98, Villemur 180. *Crues : exceptionnelle* 1 fois par siècle : 3 300 m³ ; *millénaire :* 5 400 à Albi et Montauban ; *mars 1603 :* 3 500, *juillet 1652 :* 5 000, *mars 1930 :* 6 000. *Canyon du Tarn :* long. 53 km, haut. maximale 600 m ; écartement des falaises au sommet : 1 500 à 2 400 m. Sous-affluents : **l'Agout** [du bas latin *ad-guttum,* déversoir ; peut-être fausse étymologie populaire d'un mot contenant la racine ligure *akw,* que l'on retrouve dans *Aquitaine*] (rive gauche), *source :* Mt de l'Espinouse, Hérault, alt. 1 100 m ; long. 180 km ; reçoit la Durenque, le Thoré (55 km), le Sor, le Gijou et le Dadou ; *long. :* 180 km (est-ouest) ; *bassin :* 3 465 km² (Hérault, Tarn) ; *débit* (en m³/s) : moyen 25, maximal 1 800 (le 1/3 des eaux du Tarn) ; **l'Aveyron** [du latin *aquarius* (voir Guiers p. 607 b) ; le *on* final est sans doute un augmentatif] (rive droite), *source :* causse de Sauveterre, près de Séverac-le-Château, alt. 900 m ; *long. :* 250 km ; *bassin :* 5 357 km² (Aveyron, Tarn, T.-et-G.) ; *débit* (en m³/s) : moyen 25, maximal 1 500. *Affluent du sous-affluent :* **le Viaur** [déformation de Varaïr (le petit Viaur s'appelant *le Varaïroun*), même racine préceltique que dans *Var*], *source :* plateau de la Tousque, au pied du Pal (1 157 m), dans l'Aveyron ;

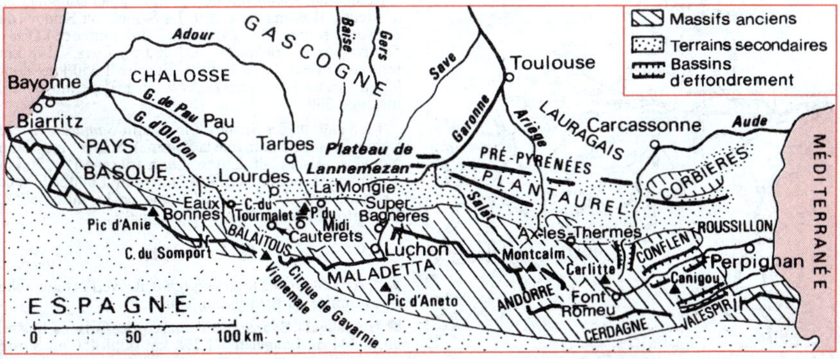

long. : 153 km ; *bassin* : 1 550 km² (Aveyron, Tarn) ; *débit* : moyen 6 m³/s, supérieur à celui de l'Aveyron au point de confluence (Laguépie, Tarn) : 4,8 m³/s.

Le Lot (du latin *Oltis* ; le fleuve s'appelle encore l'Olt dans son cours supérieur). *Source* : montagne du Goulet, Lozère, alt. 1 499 m. *Long.* : 481 km. *Bassin* : 11 254 km² (Lozère, Aveyron, Cantal, Lot, L.-et-G.). *Débit* (en m³/s) : moyen 60, maximal 4 000 (crues subites atteignant 15 m de haut). SOUS-AFFLUENT : **la Truyère** [du bas-latin *traucaria* : celle qui sort du trou, construit sur le ligure *trauk,* trou ; ou bas latin *trebucaria,* celle qui passe à Trebuc (hameau dont le nom signifie « chute » en occitan)] (rive droite), *source* : monts de la Margeride, Lozère, alt. 1 494 m ; *long.* : 160 km ; *bassin* : 3 250 km² (Lozère, Cantal, Aveyron) ; *débit* (en m³/s) : moyen 25, maximal 2 800 ; *confluent* : Entraygues-sur-Truyère (Aveyron).

La Dordogne (du celtique *Dorunia,* féminin dérivé du celtique ancien *dubro,* eau). *Source* : puy de Sancy (Puy-de-Dôme), dans les monts d'Auvergne, alt. 1 720 m. *Long.* : 490 km. *Bassin* : 23 870 km² (Puy-de-Dôme, Corrèze, Cantal, Lot, Dordogne, Gironde). *Débit* (en m³/s) : moyen 320, maximal 12 500. Rejoint l'estuaire de la Gironde, non le fleuve de la Garonne. SOUS-AFFLUENTS : **la Vézère** (rive droite) [nom probable : *Isara,* comme l'Oise et l'Isère], *source* : plateau de Millevaches en Corrèze, alt. 970 m ; *long.* 192 km ; *bassin* : 3 708 km² ; *débit* : moyen 50 m³/s ; **l'Isle** (rive droite), *long.* 235 km ; *bassin* : 7 700 km² (Hte-Vienne, Dordogne, Gironde ; portions du bassin en Corrèze, Charente, Ch.-M.) ; *débit* : moyen 90 m³/s, qui reçoit **la Dronne** (du celtique *dour,* la rivière) ; *long.* : 189 km. *Bassin* : 2 650 km² (Hte-Vienne, Dordogne, Charente, Ch.-M., Gironde).

La Loire

■ **Origine du nom.** Même racine que le celtique *liga,* lie, dans le sens d'« eau trouble ».

■ **Statistiques. Source :** Mt Gerbier-de-Jonc (Ardèche), alt. 1 408 m. **Longueur :** 1 012 km. **Bassin :** 117 812 km². **Départements traversés ou bordés :** 12 (Ardèche, Haute-Loire, Loire, S.-et-L., Allier, Nièvre, Cher, Loiret, L.-et-Ch., I.-et-L., Maine-et-Loire, L.-A.). Seul des 6 grands fleuves français dont le bassin soit entièrement en France. **Débit** (en m³/s) moyen 835 à Montjean (basse Loire), maximal 8 000, minimal 11 à Gien. *Plus grands débits instantanés observés depuis 1846* : 7 200 m³/s (juin 1856, sept. 1866), 7 000 (oct. 1846), 4 500 (déc. 1825), 4 300 (oct. 1907), 4 200 (oct. 1872). Entre Tours et Nantes (200 km) la Loire n'est franchie que par 21 ouvrages d'art.

■ **Régime. Très irrégulier :** lié à la pluviosité, en raison de l'imperméabilité du bassin versant et de l'absence de réserves en neige et nappes régulatrices. *En sept. 1991* : 190 millions de m³ ont été déversés dans la Loire pour soutenir son débit : ouverture exceptionnelle de l'ouvrage EDF de Fade-Besserve (23 m³/s). Les crues peuvent dépasser 6 000 m³/s à l'aval du confluent de l'Allier et les étiages peuvent tomber à moins de 30 m³/s au niveau de Gien. Les grandes crues (oct. 1846, juin 1856 et oct. 1866) ont été provoquées par une conjonction de pluies d'origine méditerranéenne sur le haut bassin et de pluies océaniques à l'aval. Entre la confluence de la Vienne et l'estuaire, le régime est de type océanique du fait des apports de la Vienne et de la Maine.

☞ Le *21-9-1980* (en 2 heures) : plus de 4,50 m à Brives-Charensac (Haute-Loire), avec un débit de 2 200 m³/s (débit toléré 674 m³/s). : 8 †.

■ **Description du cours.** Naissant à 150 km de la Méditerranée, la Loire s'en éloigne en coulant pendant 250 km vers le nord, à travers le Massif central ; elle y creuse 3 séries de gorges : *1°)* en amont de Coubon ; *2°)* entre la Voulte (Haute-Loire) et St-Rambert (Loire), en entrant dans l'ancien lac du Forez ; *3°)* à Neulise (Loire), en sortant du Forez. Entre Digoin (S.-et-L.) et Briare (Loiret), elle coule vers le nord/nord-ouest pendant 150 km, dans des plaines rattachées au Bassin parisien. Jusqu'au Quaternaire, elle continuait vers le nord, par la dépression actuelle du canal de Briare et la vallée du Loing, pour se jeter dans la Seine. Captée au Quaternaire par un affluent de la Cens, elle s'infléchit vers le nord-ouest et l'ouest jusqu'à Orléans pendant 100 km. Elle coule alors vers le sud-ouest. Après Angers, s'encaisse dans le Massif armoricain. L'influence de la marée se fait sentir jusqu'à Ancenis, à 87 km de l'embouchure.

■ **Aménagement du cours. XIIe s.** des digues de terre, ou levées, de 4,50 m (turcies) sont généralisées à l'ensemble du cours et surélevées jusqu'à 7,50 m. **1846**-*oct.* centaines de brèches ouvertes entre Briare et Tours ; on décide de réhausser ces levées de 0,50 m. **1856**-*juin* rupture en 160 endroits. **1866**-*oct.* crue ; on décide de créer des déversoirs et d'abaisser les digues de 1 à 2 m sur plusieurs centaines de mètres aux 13 endroits les plus sensibles (9 réalisés). **XXe s.** les déversoirs n'ont jamais servi (pas de crue grave). Les vals prévus pour être inondés lors des crues du fleuve ont été progressivement urbanisés. **1994**-*janv.* **plan Loire grandeur nature :** plan décennal approuvé. **Coût** (en millions de F) : 1 625 (État 480, Épala et collectivités territoriales 830, Agence de l'eau Loire-Bretagne 300, autres 15). **Objectifs :** entretien des rivières, soutien d'étiage (barrages, pour garantir un débit minimal toute l'année) et amélioration de la sécurité de la population, renforcement des dispositifs d'alerte de crues et interdiction de toute implantation en zone inondable, aménagement du lit. Destruction des barrages de Maisons-Rouges (sur la Vienne) et de St-Étienne-du-Vigan (sur le Haut-Allier). Port autonome de Nantes-St-Nazaire autorisé à s'étendre sur la zone de Donges-Est (au détriment d'une vasière riche en espèces naturelles, contre promesse de 15 500 ha de terrains pour le Conservatoire du littoral). **2000-2006** programme interrégional *Loire grandeur nature.* **Principaux ouvrages existants :** *Villerest* [1, 2] (Loire en amont de Roanne), 230 millions de m³, écrête les crues de la branche Loire et soutient les étiages. *Naussac* [1] (Lozère) sur le Donozau (affluent de l'Allier) 190. **Ouvrages prévus (mais annulés) :** *Veurdre* [2] (Nièvre, Allier), sur l'aval de l'Allier, devait écrêter les crues de la branche Allier et permettre de réduire, avec Villerest, la fréquence des crues catastrophiques jusqu'en Anjou, 31-7-1991 : annulé. *Chambonchard* (Allier [2], Creuse [1]), sur le Cher à 20 km en amont de Montluçon 80, devait soutenir les étiages, 31-7-1991 : annulé ; janv. 1994 : autorisé ; 12-12-1996 : déclaré d'utilité publique ; de nouveau annulé. Programme de relèvement des niveaux d'étiage en basse Loire (entre Angers et Nantes) ; agrandissement du port de St-Nazaire (Donges Est, 440 ha), protection contre les inondations à Brives-Charensac (Hte-Loire), salmoniculture (haut Allier). **Organismes :** *Épala (Établissement public d'aménagement de la Loire et de ses affluents)* créé 22-11-1983, regroupe 15 départements, 6 régions, 19 villes de plus de 30 000 hab., 10 syndicats intercommunaux. Pt : Éric Doligé (Pt du Conseil général du Loiret).

Nota. – (1) Soutien d'étiage. (2) Écrêtement des crues.

■ **Affluents. Rive droite. L'Arroux** [nom gaulois *aturavos,* diminutif du préceltique *atur,* rivière (voir Adour, Aar, signifie à peu près « la riviérette »)]. *Long.* : 120 km (Côte-d'Or, S.-et-L.), direction nord/sud. *Bassin* : 3 174 km². *Débit* : moyen 31 m³/s à Rigny, avec de fortes crues (1 575 m³/s). *Point de confluence* : Digoin (S.-et-L.).

La Nièvre [nom gaulois *Nivara,* formé sur une racine plus ancienne *niv,* cours d'eau (voir la Nive)]. *Long.* : 53 km ; composée de 3 rivières différentes : les *Nièvre de Champlemy, de Bourras et de Prémery. Bassin* : total 630 km² (Nièvre). *Débit* (en m³/s) : moyen 5, maximal 230. *Point de confluence* : Nevers.

La Cisse (nom latin *cista,* l'osier). *Long.* : 27 km plus 37 km. *Bassin* : 1 295 km² (L.-et-C., I.-et-L.). *Direction* est-ouest. *Débit* : 1,5 m³/s (à Coulanges), jusqu'à 60 m³/s en crue. *Points de confluence* : Chouzy et Vouvray.

La Maine ou **Maine d'Angers** (nom latin *mediana,* située au milieu, c.-à-d. servant de frontière ; autre hypothèse : nom celtique, *Ma-aïnn,* rivière des rochers). *Long.* : 10 km ; formée de 3 cours d'eau : **la Mayenne** (même nom que la Maine ; autre hypothèse, nom celtique *Maduaïnn,* rivière noire des rochers) ; *source* : à la Lacelle (Orne) alt. 300 m ; *long.* : 195 km ; *bassin* : 5 820 km² (Orne, Mayenne, M.-et-L.) ; *débit* : moyen 37 m³/s à Chambellay ; **la Sarthe** (diminutif gaulois ou latin, construit sur le mot préceltique *sar,* cours d'eau) ; *source* : Moulins-la-Marche (Orne), alt. 250 m ; *long.* : 280 km ; *bassin* : 7 864 km² (Orne, Sarthe, Mayenne, M.-et-L.) ; *débit* : moyen 34 m³/s à Spay ; *confluent* avec la Mayenne à Port-Mesley (M.-et-L.) ; reçoit l'Huisne 130 km ; **le Loir** (nom : doublet masculin de *Liger,* la Loire) se jette dans la Sarthe 4,5 km avant le *confluent* Sarthe/Mayenne ; *source* : Guignonville (E.-et-L.), alt. 160 m ; *long.* : 312 km ; *bassin* : 8 270 km² (Eure-et-Loir, L.-et-C., Sarthe, M.-et-L.) ; *débit* : moyen 33 m³/s. **Total pour la Maine :** *bassin* : 22 194 km² ; *débit* : moyen 128 m³/s, en crue : 1 500 m³/s. Les eaux de la Loire remontent la Maine lors des hautes eaux jusqu'à 12 km en amont d'Angers (inondations de longue durée).

L'Erdre [nom : *Arar* (voir Saône)]. *Source* : La Pouëze (M.-et-L.), alt. 85 m. *Long.* : 95 km, dont un fjord de 28 km. *Bassin* : 936 km² (M.-et-L., L.-A.). *Débit* : 2,5 m³/s. Forme 2 lacs appelés « plaines » : de la Poupinière (2 km²) ; de Mazerolles (3 km²).

Rive gauche. L'Allier. Le plus important des affluents de la Loire, considéré comme la branche mère du réseau hydrographique [nom latin *Elaver* (formé sur la racine ligure *el,* rivière), fleuve forestier ou servant au flottage du bois]. *Source* : Mt Moure de la Gardille (Lozère), alt. 1 503 m. *Long.* : 410 km. *Bassin* : 14 321 km² (Lozère, Ardèche, Hte-Loire, Allier). *Débit* (en m³/s) : moyen 140, maximal 4 500. Le cours de l'Allier (nord-sud) a imposé sa direction à celui de la Loire (*confluent* au Bec d'Allier, à 6 km de Nevers). SOUS-AFFLUENTS : **la Dore** (hydronyme préceltique ou celtique *Dor, Dur*), *long.* : 140 km (rive droite) ; *bassin* : 1 635 km² (P.-de-D., Hte-Loire, Loire) ; **la Sioule** [latin médiéval *Siccula ;* du nom de la chaîne des Puys (racine ligure *sekk*) dont elle est issue], *long.* : 150 km (rive gauche) ; *bassin* : 2 600 km² (P.-de-D., Allier ; portion de bassin en Creuse).

Le Beuvron (nom gaulois *bebros,* castor ; la vraie orthographe serait Bevron). *Source* : à 176 m (Sologne). *Long.* : 125 km. *Bassin* : 2 193 km² [(dont 779 pour son *affluent* le Cosson) Cher, Loiret, L.-et-C.]. *Débit* : 7 m³/s, crues modérées, absorbées par les étangs solognots. *Confluent* à Candé-sur-Beuvron (L.-et-C.).

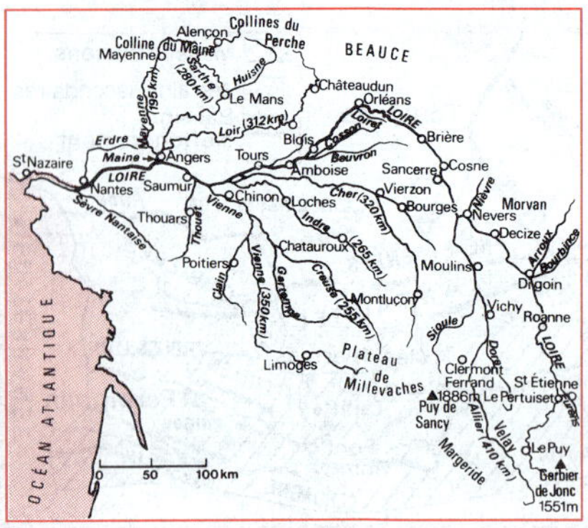

Le Cher [nom préceltique (ligure) *kar,* la pierre « rivière caillouteuse »]. *Source* à 762 m (Creuse). *Long.* : 367 km. *Bassin* : 13 688 km² (Creuse, P.-de-D., Allier, Cher, L.-et-C., Indre, I.-et-L.) dont 972 km² pour la Tardes considérée comme branche mère. *Débit* (en m³/s) : moyen 104 à Tours, maximal 1 350. *Se jette dans la Loire* à Villandry (I.-et-L.) ; autrefois, la rejoignait aussi à Tours par un canal artificiel de 2 km de long transformé en autoroute. Un ancien lit de 11 km, le Vieux-Cher, continue jusqu'à l'Indre, mais est considéré comme un bras de la Loire. *Confluent* à Meaulne (Allier). SOUS-AFFLUENTS : **la Tardes** (nom d'une localité traversée, de *Tarodunum* : le bourg de Taros), *long.* : 100 km ; *bassin* : 972 km² (Creuse, Allier), *débit* : moyen 9,5 m³/s à Évaux ; **l'Aumance** (du ligure *el,* arbre, et de l'indo-européen *man,* sourdre), *long.* : 74 km ; *bassin* : 986 km² (Allier) ; *débit* : moyen 8,1 m³/s à Hérisson, crues 600 m³.

L'Indre [nom latin *Ennara,* venu du ligure *Enn* ou *Inn,* fleuves d'Allemagne et *ar* (voir Aar, Samara, Isara)]. *Source* : Mts de St-Marien (Creuse), 504 m. *Long.* : 266 km. *Bassin* : 3 462 km² (Cher, Indre, I.-et-L.). *Débit* (en m³/s) : moyen 19, maximal 320. *Confluent* à Avoine (I.-et-L.). SOUS-AFFLUENT : **l'Igneray** (de Ligneray ou Ligneret, voir le Lignon ; même racine que le latin *limpidus* : limpide), *long.* : 32 km ; *bassin* : 170 km² ; *débit* : 2,5 m³/s.

La Vienne (nom latin *Vinganna,* en patois local Vignague, avec transcriptions variables, comme Vingenna et Vigenna ; du gaulois *venda,* brillante, et du ligure *onna ; Venda-onna,* rivière brillante). *Source* : plateau de Millevaches (Corrèze), alt. 850 m. *Long.* : 372 km. *Bassin* : 21 105 km² (Corrèze, Hte-Vienne, Charente, Vienne, I.-et-L.). *Débit* (en m³/s) : moyen 203, maximal 2 700 à Nouatre. *Confluent* à Candes-St-Martin (I.-et-L.). SOUS-AFFLUENT : **la Creuse** (branche mère du bassin ; nom celtique *croza,* marmite ou creuset), *long.* : 255 km ; *bassin* : 9 570 km² [Creuse, Indre, Vienne, I.-et-L., Hte-Vienne (eau de la Gartempe)] ; *débit* (en m³/s) : moyen 81, maximal 1 040 ; grossie de **la Gartempe** [porte le nom du village où elle prend sa source, dans la Creuse (anciennement Gard-Temple), réserve de chasse d'une commanderie de Templiers], *long.* : 190 km ; *bassin* : 3 922 km² (Creuse, Hte-Vienne, Vienne, Indre, I.-et-L.), *débit* (en m³/s) : moyen 23 à Montmorillon, maximal 400 ; reçoit **le Clain** ; *long.* : 125 km ; *bassin* : 2 965 km² (Charente, Vienne).

Le Thouet. *Source* : Gâtine de Poitou. *Long.* : 140 km. *Bassin* : 3 425 km² (D.-S., M.-et-L. ; portion du bassin dans la Vienne).

La Sèvre Nantaise [(nom latin *Sapara,* du ligure *sap,* buisson, fourré et *ar,* rivière) l'épithète *nantaise* la distingue de la Sèvre *Niortaise,* fleuve côtier (voir p. 608 c)]. *Source* : Gâtine poitevine, alt. 259 m. *Long.* : 136 km. *Bassin* : 2 356 km² (D.-S., Vendée, M.-et-L., L.-A.). *Débit* (en m³/s) : moyen 9,5 à Tiffauges, maximal 650.

La Meuse

■ **Origine du nom.** Du latin *Mosa,* du celto-germanique *mod* : la boue ; voir la Moder (rivière d'Alsace).

■ **Statistiques. Source :** Pouilly-en-Bassigny (Hte-Marne), alt. 403 m. **Longueur :** 938 km dont 488 en France (192 en Belgique, 258 aux Pays-Bas). **Bassin :** 33 000 km² dont 7 810 en France (Hte-Marne, Vosges, Meuse, Ardennes). **Débit** à la sortie de France (en m³/s) : moyen 150, minimal 20, maximal 1 800.

■ **Description du cours.** Dans l'ensemble sud-nord, avec un crochet sud-est/nord-ouest, entre Vaucouleurs et Mézières. Jusqu'au confluent de la Chiers (en amont de Sedan), rectiligne dans les alluvions du Bassin parisien, entre 2 lignes de côtes (plateaux du Barrois, Côtes de Meuse) ; après Mézières, sinueux et encaissé dans le massif ancien de l'Ardenne. Bassin très étroit pour sa longueur : 2 *affluents* ont été capturés au Quaternaire (rive droite *la Moselle,* capturée par la Meurthe aujourd'hui affluent et devenue tributaire du Rhin ; rive gauche *l'Aire,* capturée par l'Aisne et devenue tributaire de l'Oise). *Embouchures* : un des bras de la Meuse rejoint, en Hollande, un des bras du Rhin (ce qui l'a fait classer parfois comme tributaire du Rhin), mais le bras principal (*Haring Vliet*) se jette dans la mer du Nord 15 km plus au sud.

■ **Affluents. Rive droite. La Chiers.** *Source* : Differdange (Luxembourg), alt. 350 m. *Long.* : 144 km dont 14 km au Luxembourg. *Bassin* : 2 222 km² dont 144 km² au Luxembourg. *Débits* (en m³/s) : moyen, au confluent de la Meuse 31,4, maximal 210. **La Semois** ou **Semoy** (du nom de sa source : *Som Oize,* c'est-à-dire source de l'Oize). *Source* : Arlon (Belgique), alt. 360 m. *Long.* : 198 km (est-ouest) dont 24 en France. *Bassin* : 1 350 km² dont 92 en France (Ardennes). *Débit* (en m³/s) : moyen 26, maximal 600.

Rive gauche. La Sambre (nom latin *Samara* : rivière tranquille, même nom que la Somme). *Source* : massif du Nouvion (Aisne), alt. 230 m. *Long.* (ouest-est) : 190 km dont 85 en France. *Bassin* : 2 662 km² dont 1 000 en France (Aisne, Nord). *Débit* (en m³/s) : moyen 18, maximal 58. Rejoint la Meuse à Namur (Belgique).

Le Rhin

■ **Origine du nom.** Du gaulois *renos,* fleuve, l'orthographe *rh* est imitée du grec *rheein,* couler.

■ **Statistiques. Source :** lac Toma, col des Grisons, Suisse, alt. 2 344 m. **Longueur :** 1 298 km dont 456 en Suisse

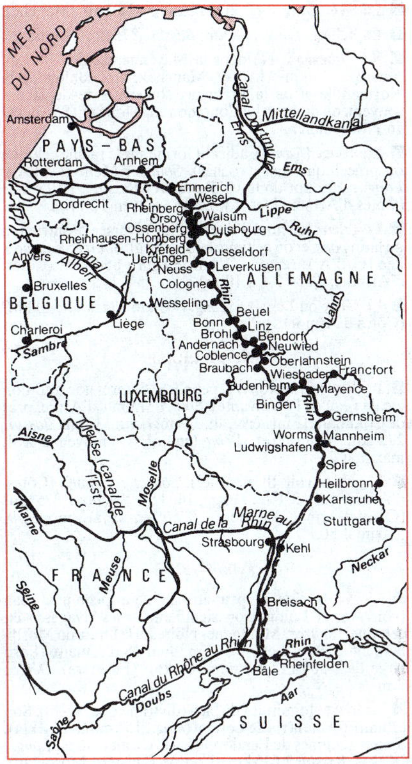

(41 km en commun avec le Liechtenstein), 666 en Allemagne (190 en commun avec la France) et 176 aux P.-Bas. **Bassin :** 116 000 km² [dont 25 000 en France (Terr. de Belfort, Ht-Rhin, Bas-Rhin, Moselle, M.-et-M., Vosges)]. **Débit** (en m³/s) : moyen 2 210, maximal 10 000. **Régime.** En Alsace, fleuve alpestre (deviendra mixte après le confluent avec le Main, rivière continentale) : hautes eaux en mai-juin, à la fonte des neiges ; basses en septembre ; parfois gelées en hiver (climat alsacien, quasi continental). **Description du cours.** Entre Bâle et Lauterbourg, quasi rectiligne sud-ouest/nord-est, au bas de la plaine d'Alsace, pente assez forte mais nombreux faux bras, drainés par le canal latéral.

■ **Affluents** (en France). **Rive gauche. L'Ill** (racine ligure *el* : rivière, fréquente en Europe). *Source :* Winkal, contrefort du Jura (Ht-Rhin), alt. 600 m. *Long. :* 222 km. *Bassin :* 4 760 km². *Débit* (en m³/s) : moyen 45, maximal 150. Coule à 10 ou 20 km du Rhin, dans la plaine alsacienne.

La Moselle (diminutif de *Mosa* : la Meuse). *Source :* col de Bussang, Vosges, alt. 725 m. *Long. :* 544 km, dont 313 en France. *Bassin :* 28 360 km², dont 11 415 en Fr. (Vosges, M.-et-M., Moselle). *Débit* (en m³/s) : moyen 150, maximal 2 500. *Cours :* sud-est/nord-est jusqu'à Toul où elle est capturée par un affluent de la Meurthe et fait un coude brusque vers l'est. Après Frouard, sud-nord jusqu'à la frontière allemande. SOUS-AFFLUENTS (rive droite) : **la Meurthe** (racine ligure *mor*, débris de roches, qu'on retrouve dans *moraine*), *long.* 160 km ; *bassin* 3 085 km² (Vosges, M.-et-M.) ; *débit* (en m³/s) : moyen 40, maximal 800 ; **la Sarre** (racine celtique, comme la Sarre, Morbihan) ; *sources :* au pied du Donon (Sarre Blanche et Sarre Rouge), alt. 700 m ; *long.* 240 km, dont 130 en France ; *bassin* (en France) : 2 250 km² ; *débit :* maximal 800 m³/s.

■ LE RHÔNE

■ **Origine du nom.** Du grec *Rhodanos,* utilisé par les Phocéens de Marseille ; racine indo-européenne sans doute rhétique (*rho/rhe* que l'on retrouve dans Rhe-nus, le Rhin), comprise par les Grecs ; en grec *rheein,* couler.

■ **Statistiques. Source :** massif du St-Gothard (Suisse). Un torrent, appelé *Rotten* (Rhône), sort à 2 200 m au pied d'un massif de 3 600 m. Il se jette dans un cours d'eau plus important qui a sa source à 1 753 m, au pied du pizzo Rotondo (3 192 m). Ce cours d'eau est parfois considéré comme le vrai Rhône supérieur et appelé *Gerenwasser.* **Longueur :** 812 km, dont 290 en Suisse ; mais l'ensemble Grand Rhône-Saône a 860 km, l'ensemble Grand Rhône-basse-Saône et Doubs 1 025 km. **Bassin :** 97 800 km², dont 90 630 en France [B.-du-R., Vaucluse, A.-Hte-P., Drôme, Htes-Alpes, Isère, Savoie, Ain, Hte-Savoie, Jura, Doubs, Hte-Saône, Terr. de Belfort (plus quelques ha dans le Ht-Rhin), Vosges, Var, Gard, Ardèche, Loire, Rhône, S.-et-L., C.-d'Or, Hte-Marne]. **Débit** (en m³/s) : moyen 1 800, minimal 250, maximal 6 000 (7 000 à Valence le 8-10-1993 et 10 572 à Beaucaire le 8-1-1994). **Régime. Mixte :** *alpestre* par le Rhône et ses affluents de la rive gauche (Isère, Durance) qui ont leurs sources dans les glaciers ; *tempéré atlantique ou semi-continental* par la Saône et le Doubs ; *méditerranéen* par l'Ardèche et le Gard. Au total, abondant toute l'année : fonte des neiges alpestres avec max. en mai-juin ; pluies d'automne avec 2ᵉ max. en oct. ; pluies d'hiver sur le bas Rhône, avec de violentes crues d'été en cas d'orage sur le Vivarais (les « coups » de l'Ardèche).

■ **Description du cours. Suisse :** emprunte une vallée glaciaire surcreusée (auge), de 165 km de long, orientée est-ouest et aboutissant au lac Léman, également d'origine glaciaire (prof. maximale : 309 m). **France :** *au sortir du Léman* coule plein sud, passant à travers les plis du Jura méridional (Bugey) : gorges profondes et même, entre Bellegarde (Ain) et Lucey (Savoie), disparition dans une crevasse (anciennes *« Pertes du Rhône »,* noyées depuis 1948 dans la retenue de *Génissiat*). *Au sortir du Jura,* coude dans la direction nord/nord-ouest qui est celle de la vallée du *Guiers* (phénomène de « capture », le Rhône se jetant primitivement dans l'Isère). Le cours du Guiers se poursuivait, au Quaternaire, en direction du lac ou de la mer de Bresse, entre Villefranche et Bourg, mais les alluvions glaciaires de la fin du Quaternaire l'ont dévié est/ouest. Il se fraye difficilement un chemin vers l'ouest jusqu'à Lyon où il tourne à 90° vers le sud, empruntant la *ria* maritime située entre Alpes et Cévennes que ses alluvions ont comblée. **Delta :** après le confluent avec le Gard, 2 bras : *Petit Rhône,* à l'ouest, 14 % du débit ; long. : 58 km ; appelé anciennement Rhône majeur, car il avait alors le débit le plus important, subdivisé à 16 km de la mer [sous-bras : *Rhône-Mort* (21 km), appelé canal de Peccais, puis *Rhône-Vif*] ; *Grand Rhône* (long. : 51 km). Le delta du Rhône avance vers le sud (moy. 67 m par an ; volume des alluvions : 21 millions de m³).

■ **Affluents. Rive gauche. L'Arve** (*Aturava,* forme féminine de *Aturavos :* l'Arroux). *Long. :* 102 km, dont 93,5 en France (Hte-Savoie) et 8,5 en Suisse. *Source :* col de Balme, alt. 2 204 m. *Bassin :* 2 060 km². *Débit* (en m³/s) : moyen 75, maximal 1 200. *Confluent* à Genève, Suisse. SOUS-AFFLUENT : **le Giffre** (forme régionale de *gypsière :* carrière) ; *long. :* 50 km ; *bassin :* 440 km² ; *débit :* moyen 20 m³/s.

Le Guiers (du latin *aquarius* : débouché des eaux) [formé du Guiers-Mort, Isère et du Guiers-Vif, Savoie]. *Long. :* 48 km. *Bassin :* 555 km² (Isère, Savoie). *Débit* (en m³/s) : moyen 18, maximal 150. *Confluent* à St-Genix-d'Aoste (Savoie).

Le Fier. *Long. :* 66 km. *Bassin :* 1 380 km² (Hte-Savoie, Savoie) ; sort d'un lac à 2 014 m d'alt. *Débit :* moyen 42 m³/s.

L'Isère [nom : hydronyme double, courant en Europe : Isar, Yser (voir Oise p. 608 a)]. *Source :* 2 400 m (Mt Iseran, Savoie). *Long. :* 290 km. *Bassin :* 12 140 km². *Débit* (en m³/s) : moyen 425, maximal 2 900. *Confluent* à Valence. SOUS-AFFLUENTS : **l'Arly,** torrent de 32 km ; *bassin :* 671 km² (Hte-Savoie, Savoie) ; **l'Arc** (adjectif celtique formé sur le radical ligure *ar,* voir Saône ou Arar), *long. :* 150 km ; *bassin :* 2 000 km² (Savoie) ; *débit* (en m³/s) : moyen 100, maximal 1 200. *Confluent* à St-Pierre-d'Albigny (Savoie) ; **le Drac** [déformation du celtique *Drau* : doublet de *Drave,* fleuve hongrois (*dorawa* : eau du torrent)], grossi de **la Romanche** (*source :* lac de l'Étoile), *long. :* 78 km ; *bassin :* 1 240 km² (Htes-Alpes, Isère, Savoie) ; *débit* (en m³/s) : moyen 150, maximal 1 800. *Confluent* à Grenoble (Isère).

La Drôme [*Drauma,* adjectif formé de *Drau* (voir Drac, ci-dessus)]. *Long. :* 102 km. *Source :* Le Laup (Drôme), 1 646 m. *Bassin :* 1 735 km² (Drôme). *Débit* (en m³/s) : moyen 15, maximal 800. *Confluent* à Livron.

La Durance (du celtique *dubro,* eau). *Source :* massif du Montgenèvre (Htes-Alpes), alt. 1 800 m. Indépendante jusqu'au Quaternaire (embouchure golfe de Fos), la Durance a été déviée ensuite vers le nord-ouest, d'Aix à Avignon, par suite de sa capture par un affluent du Coulon. *Long. :* 350 km (380 en comptant la Clairée comme branche mère). *Bassin :* 15 000 km² (Htes-Alpes, A.-Hte-Pr., Drôme, Var, B.-du-Rh., Vaucluse). *Débit* (en m³/s) : moyen 180, maximal 6 000, minimal 215 (débit « réservé » non naturel, l'essentiel du débit étant détourné vers l'étang de Berre à partir de Cadarache pour la production hydroélectrique). SOUS-AFFLUENTS : **l'Ubaye,** *long. :* 80 km ; *bassin :* 1 010 km² ; **le Buech,** *long. :* 90 km ; *bassin :* 1 490 km² (Drôme, Htes-Alpes, A.-M.) ; **la Bléone,** *long. :* 70 km ; *bassin :* 906 km² (A.-M.) ; **le Verdon** (probablement, nom de la vallée, « verdoyante »), *long. :* 175 km ; *bassin :* 2 270 km² (A.-M., Var) ; *débit* (en m³/s) : moyen 25, maximal 1 430.

Rive droite. La Valserine. *Long. :* 50 km ; *bassin :* 370 km² (Jura, Ain). **L'Ain** [anciennement *Ouain,* cas régime (féminin) de l'Oue, ou la Loue (voir le Loing), du latin *Odoanna* (voir Odet p. 608 c)]. *Source :* Nozeroy (Jura), alt. 750 m. *Long. :* 190 km (205 en comptant la Serpentine comme branche mère). *Bassin :* 4 183 km² (Jura, Ain). *Débit* (en m³/s) : moyen 125, maximal 2 200. *Confluent* à St-Maurice-de-Gourdans (Ain).

La Saône [appelée jusqu'au Iᵉʳ s. Arar (de *ar,* eau) ; puis Sauconna : « source sainte », du nom d'une de ses sources divinisées : *sawk* ou *sakw* est de la même racine que *sanctus* et *sacratus* en latin, *hagios* en grec]. *Source :* monts Faucilles (à Vioménil, forêt de Darney à 402 m, au pied du Méamont, Vosges, 472 m), alt. 396 m. *Long. :* 482 km (647 en comptant le cours du Doubs). *Bassin :* 29 580 km² (9 départements français : Vosges, Haute-Saône, Côte-d'Or, S.-et-L., Ain, Rhône, Jura, Doubs, Territoire de Belfort et 2 cantons suisses). *Débit* (en m³/s) : moyen 432, maximal 4 000. Au XXᵉ s. : 11 crues de plus de 6 m dont 1981, 1982 et 1983 : 6,65 m. *Cours :* nord-est/sud-ouest jusqu'à Chalon, en contrebas du plateau de Langres ; à Chalon, cours nord/sud de 200 km, dans le « couloir Saône-Rhône », ancienne ria maritime comblée au Quaternaire. SOUS-AFFLUENTS : **l'Ognon** (déformation de *Lignon,* hydronyme courant), *source :* ballon de Servance, Vosges, alt. 695 m ; *long. :* 185 km ; *bassin :* 2 250 km² (Hte-Savoie, Doubs, Jura, C.-d'Or) ; *débit* (en m³/s) : moyen 35, maximal 800 ; *coule* du nord-est au sud-ouest, parallèlement au Doubs dont il est distant de 8 à 15 km seulement ; **le Doubs** (du celtique *dub,* noir), *source :* près de Mouthe, Doubs, alt.

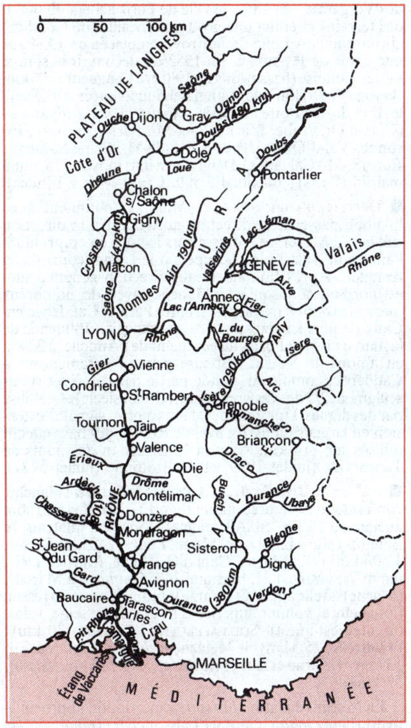

937 m ; *long. :* 457 km dont 430 en France ; *bassin :* 7 826 km² (Doubs, Jura, S.-et-L.) ; *débit* (en m³/s) : moyen 175, maximal 2 100 ; cours très irrégulier, dû à la traversée des monts du Jura : sud-ouest/nord-est au début, nord-est/sud-ouest à la fin, 2 anticlinaux parallèles mais en pente inverse ; entre eux, traversée de 2 cluses ; le « Saut du Doubs », à la frontière franco-suisse, 29 m de haut, reçoit la Loue (née d'une résurgence ; *long. :* 125 km, cascade de 10 m) ; **l'Ouche,** *long. :* 85 km ; **la Dheune,** *long. :* 65 km ; *bassin :* 1 050 km² (S.-et-L., C.-d'Or) ; **la Crosne.**

L'Ardèche (d'*Arctica* : la rivière aux ours). *Plusieurs sources,* notamment à la Croix de Bauzon (Ardèche), alt. 1 537 m, et dans la forêt de Mazan, près du col de la Chavade, alt. 1 271 m. *Long. :* 112 km. *Bassin :* 2 387 km² (Ardèche, Gard, Lozère). *Débit (en m³/s)* : moyen 65, maximal 7 900 (pente rapide, terrains imperméables, lit encaissé ; le niveau peut monter de 21 m en quelques heures). SOUS-AFFLUENT : **le Chassezac** (d'une localité arrosée : *Casatiacum,* domaine de Casatus, déformé en Catiasacum), *long. :* 75 km ; *bassin :* 560 km² (Lozère, Ardèche, Gard) ; *débit :* moyen 6 m³/s ; crues terribles.

Le Gard (du ligure *gar,* le rocher). *Sources* nombreuses : 5 ou 6 torrents de la Lozère, nommés les *Gardons,* alt. 1 100 à 1 200 m. *Long. :* 113 km pour la branche du Gardon St-Jean, 62 km pour le Gard réuni. *Bassin :* 2 200 km² (Lozère, Gard). *Débit :* moyen 32 m³/s ; crues subites de 7 000 m³/s.

■ **Aménagement** (Cie nationale du Rhône). 42 530 ha de terrains inondables concernés, dont 13 470 totalement protégés, 27 750 en partie et 1 130 sans changements. **1°) 18 ouvrages hydrauliques,** de Genève à Beaucaire, qui ne sont destinés ni à contenir, ni à limiter les crues. *Conséquences en période de hautes eaux :* navigation difficile, puis, au-delà d'un certain débit, interdite à la plaisance ; prod. d'électricité diminuée (la pente de chute au barrage baisse et réduit le rendement des turbines). Lorsque les débits dépassent 6 000 m³/s, les barrages au fil de l'eau laissent passer ce qu'ils reçoivent, car ils n'ont aucune capacité de retenue, même ceux de montagne (pleins dès septembre pour assurer la demande d'hiver). *Le barrage* de Serre-Ponçon (le plus grand de France, capacité 1,2 milliard de m³) ne contient la Durance à 6 000 m³/s que 60 h et ne pourrait tenir que 2 j en cas de crue de printemps. Un débit de 11 000 m³/s donnant 40 millions de m³ en 1 h équivaut après 100 h à la capacité de retenue des lacs Léman, de Serre-Ponçon et de Vouglans (Ain) réunis. **2°) Endiguements** sur 1/3 du cours. Calculés pour être insubmersibles en cas de crue millénaire (14 000 m³), sinon digues locales manquant d'entretien et champs d'inondation (Camargue et plaine entre Viviers et Pont-St-Esprit : 10 000 ha submergés en oct. 1993 et janv. 1994).

■ LA SEINE

■ **Origine du nom.** Seul le cours supérieur, semble-t-il, était appelé *Seine* [du latin *Sequana,* transcription faite par César du mot *(I)sicauna* ou l'on retrouve le nom de l'Yonne : Icauna ou Icaonna (les 2 rivières étaient sans doute considérées comme jumelles)] ; le cours inférieur était, pense-t-on, appelé Rhodos (comme le Rhône) à cause du nom de Rouen (*Rotomagus,* mais vraisemblablement *Rhodomagus*).

■ **Statistiques. Source :** à 1 800 m au sud-est de St-Germain-en-Feuille, rebaptisé St-Germain-Source-Seine (Côte-d'Or), alt. 471 m, source officielle près de la ferme des Vergerots ; en 1862, la ville de Paris acheta 40 000 F des terrains et édifia une grotte de rocaille (de Combaz) abritant une nymphe de Jaiffroy, remplacée en 1934 par une copie de P. Auban. En 1953 on découvrit la source sacrée gauloise (bassin long de 1,80 m). **Longueur :** 776 km. **Bassin :** 77 767 km², dont 40 en Belgique (source de l'Oise) ; le 1/7e du territoire français. *Départements drainés :* 14 (Côte-d'Or, Aube, Marne, S.-et-M., Paris, Yvelines, Essonne, Val-d'Oise, Hts-de-S., V.-de-M., Seine-St-Denis, Eure, S.-M., Calvados). **Débit** (en m³/s) : moyen 375, minimal 75 (Paris) ; maximal 2 500. **Crues** (voir à l'Index).

■ **Description du cours.** A Marcilly (confluent avec l'Aube), passe de la direction nord-ouest à la direction sud-est ; à Moret, se redresse vers le nord en empruntant l'ancien lit de la Loire, occupé par le Loing (cours d'eau résiduel). Après Fontainebleau, direction générale sud-est/nord-ouest jusqu'à la Manche, avec de nombreux méandres dont 8 très accusés, entre Paris et Caudebec-en-Caux (le plus sinueux des fleuves français). Influence de la marée jusqu'à Poses, au confluent de l'Andelle, à 22 km en amont de Rouen. Estuaire primitif commençant à Caudebec, comblé en grande partie par des vases (mais seulement 2/3 des vasières perdurent en 1 siècle) et stabilisé par des digues. Une ligne de falaises mortes signale l'extension en largeur du lit. En aval de Rouen, des bacs étaient utilisés sur 114 km, avant la construction des ponts de Tancarville (juillet 1959) et de Brotonne (juillet 1977).

■ **Affluents. Rive droite.** **L'Aube** [du latin *alba :* blanche, confondu avec le préceltique (ligure) *albis :* fleuve (nom ancien de l'Elbe en Allemagne)]. *Source :* plateau de Langres (Hte-Marne), alt. 516 m. *Long. :* 240 km. *Bassin :* 4 500 km² (Hte-Marne, Côte-d'Or, Aube, Marne). *Débit* (en m³/s) : moyen 25, maximal 348. *Confluent* à Marcilly (Marne) où elle apparaît comme la branche mère du réseau (longueur et volume supérieurs à ceux de la Seine, vallée orientée est-ouest). Sous-affluent : **l'Auzon** (30 km) ; **l'Huitrelle** (25,3 km) ; **le Meldançon**, *long. :* 28 km ; *bassin :* 137 km² (Marne et Aube) ; **le Ravet**, *long. :* 17 km ; *bassin :* 53 km².

La Marne (du latin *Matrona,* transcription approximative du ligure *matta :* pâturage buissonneux et *onna,* source, rivière). *Source :* à 5 km de Langres (Hte-Marne), alt. 381 m. *Long. :* 525 km. *Bassin :* 12 679 km² (7 départements : Hte-Marne, Meuse, Marne, Aisne, Seine-et-Marne, Seine-St-Denis, V.-de-Marne). *Débit* (en m³/s) : moyen 36, maximal 700. *Confluent* à Charenton (V.-de-M.). Sous-affluent : **l'Ourcq** [du gaulois *Auricos ;* racine du préceltique *atur* (voir Adour)], *long. :* 80 km ; *bassin :* 1 087 km² (Aisne, Oise, S.-et-M.) ; *débit :* réduit de moitié par le canal de l'Ourcq, 1 m³/s.

L'Oise (nom : doublet de Isère, Isar, Yser, etc., du latin *Isara,* racines ligures *is* ou *viz :* rivière et *ar :* cours d'eau). *Source :* en Belgique, près de Chimay (Hainaut). *Long. :* 330 km (dont 316 en France) et 420 km en comptant le cours de l'Aisne et de l'Aire, affluent et sous-affluent de l'Oise. *Bassin :* 16 667 km² (16 627 : Nord, Aisne, Oise, Val-d'Oise, Yvelines (40 : Belgique). *Débit* (en m³/s) : moyen 55, maximal 650. Sous-affluents : **l'Ailette** (du ligure *el,* voir Allier), *source :* à 2 km de Craonne, alt. 200 m ; *long. :* 63 km, *bassin :* 800 km² (Aisne) ; *débit :* 1 m³/s. *Confluent* à Manicamp (Aisne) ; **l'Aisne** (du latin *Axonna,* racine celtique *akw :* eau, du ligure *onna :* source, rivière), *source :* dans l'Argonne, alt. 240 m ; *long. :* 280 km (300 avec l'Aire) ; *bassin :* 7 752 km² (Meuse, Marne, Ardennes) ; *débit :* moyen 45 m³/s. L'Aisne a capturé un des affluents de la Meuse, **l'Aire** (féminin du ligure *ar,* voir Saône), *long. :* 131 km ; *bassin :* 1 000 km² (Meuse, Ardennes) ; *débit* (en m³/s) : moyen 3, maximal 100.

L'Epte [du latin *Icta,* hydronyme préceltique *ik,* avec diminutif (?) ; doublet de *iton* ou *icton :* petit cours d'eau de l'Eure]. *Source :* la fontaine d'Epte, à 5 km de Forges-les-Eaux, alt. 190 m. *Long. :* 117 km. *Bassin :* 872 km² (S.-M., Oise, Eure, Val-d'Oise). *Débit* (en m³/s) : moyen 9, maximal 35.

L'Andelle. *Long. :* 54 km.

Rive gauche. **L'Yonne** (du latin *Icauna* ou *Imgauna,* racine préceltique *Inka-onna*). *Source :* Mt Préneley (Nièvre, alt. 855 m). *Long. :* 293 km. *Bassin :* 10 887 km² (Nièvre, Yonne, S.-et-M., S.-et-L., C.-d'Or, Aube). *Débit* (en m³/s) : moyen 75, maximal 1 200. *Confluent* à Montereau où elle apparaît comme la branche mère du réseau ; le nom de la Seine (Is-Icauna) semble un diminutif du sien. Sous-affluents : **la Cure** (de l'indo-européen *kwr,* dont dérive aussi le latin *currere,* courir), *long :* 109 km ; *bassin :* 1 267 km² (S.-et-L., Nièvre, Yonne, C.-d'Or) ; *débit :* 1,6 m³/s ; **l'Armançon** (même étymologie qu'Aumance, voir p. 606 c), *long. :* 174 km ; *bassin :* 2 900 km² (C.-d'Or, Yonne) ; *débit :* 24 m³/s.

Le Loing [déformation de Louhain, cas régime de Loue (féminin), *Odoanna* (voir Ain et Odet) ; en latin *lupa :* la louve, fausse étymologie populaire]. Résidu de l'ancienne Loire coulant nord-sud et capté au Quaternaire. *Source :* Ste-Colombe-sur-Loing (Yonne). *Long. :* 160 km. *Bassin :* 4 150 km² (Yonne, Loiret, S.-et-M.). *Débit :* 0,8 m³/s.

L'Essonne (même nom que l'Aisne, *Axonna*). *Source :* double [l'*Œuf :* étang du Grand-Veau, près de la Neuville, Loiret (alt. 130 m) et la *Rimarde :* petit étang près d'Aulnay-la-Rivière, Loiret (alt. 182 m)]. *Long. :* 90 km. *Bassin :* 1 850 km² (Loiret, S.-et-M., Yv.). *Débit* (en m³/s) : moyen 8, maximal 30.

L'Eure (du latin *Atura ;* racine ligure *atur ;* voir Adour). *Source :* étang Rumieu, Perche, alt. 250 m. *Long. :* 225 km. *Bassin :* 5 500 km² (Orne, E.-et-L., Eure). *Débit* (en m³/s) : moyen 19, maximal 230. Sous-affluents : **l'Avre** (du gallo-latin *Avara,* de l'indo-européen *aw :* eau, et *ar,* comme dans *Arar :* la Saône et dans le nom voisin d'*Avaricum,*

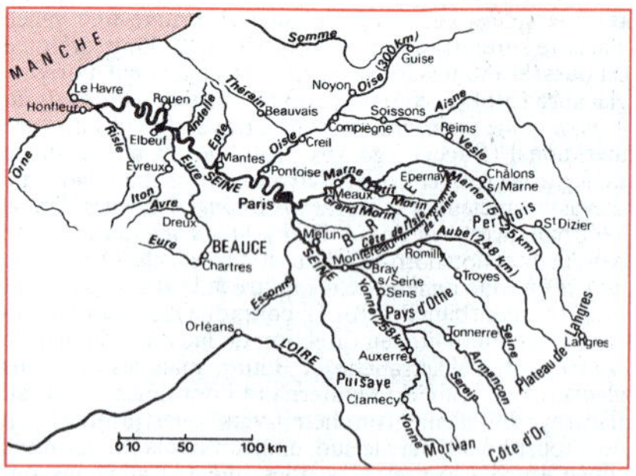

Bourges, située sur l'Avron) utilisée pour fournir de l'eau à Paris ; *source :* forêt du Perche (Orne), alt. 290 m ; *long. :* 72 km ; *bassin :* 980 km² (Orne, Eure, E.-et-L.) ; *débit* (en m³/s) : moyen 4, maximal 5 000 ; **l'Iton,** *long. :* 118 km ; *bassin :* 1 125 km² (Orne, Eure).

La Risle (du latin *Lirizina,* préceltique *Liri,* fleuve d'Italie). *Long. :* 140 km. *Bassin :* 2 310 km² (Orne, Eure). *Débit* (en m³/s) : moyen 10, maximal 330. Se jette dans l'estuaire de la Seine à Berville-sur-Mer (considérée parfois comme fleuve côtier).

■ Fleuves côtiers

Mer du Nord

■ **L'Escaut** (du germanique *Schelde,* racine ; *schalt,* communiquer). *Source :* XVIIe s. près de Ponchaux (hameau de Beaurevoir). XVIIIe s. au pied de l'abbaye de Prémont du Mont-St-Martin. Actuellement, à Gouy (Aisne, alt. 95 m). En amont dans le prolongement de la source, dans la vallée sèche, le canal des Torrents reçoit le Riot de la Ville venant de Bussigny. *Long. :* 430 km (dont Fr. 107, Belg. 233, P.-Bas 90). *Bassin :* 32 000 km² [dont Fr. 7 000 (Aisne, Nord ; et cours d'eau du P.-de-C.), Belg. 20 500, P.-Bas 4 500]. *Débit* (en m³/s) : moyen 25, maximal 230. Affluent : **la Lys** [du celtique *liga* (voir Loire) ; la forme française vient du flamand *Leye*]. *Source :* Lisbourg (P.-de-C.), alt. 180 m. *Long. :* 214 km (dont Fr. 85, frontière franco-belge 27, Belg. 88). *Bassin :* 3 910 km², dont Fr. 2 750. *Débit* (en m³/s) : moyen 9, maximal 230. Autrefois indépendante, elle recevait l'Yser à gauche et se jetait dans la mer du Nord à Terneuzen (P.-Bas). Actuellement capturée par l'Escaut à Gand (Belg.).

■ **L'Aa** (du germanique : eau). *Source :* vallon de Bourthes-les-Hameaux (125 m d'alt.). *Long. :* 80 km. *Bassin :* 1 215 km² (P.-de-C., Nord).

Manche

■ **La Liane.** *Long. :* 39 km. *Bassin :* 299 km² (P.-de-C.).

■ **La Canche** (du bas-latin *quantia :* caillouteuse ; racine ligure *kant :* rocher ; voir Cantal, Cancale, Cancaval, etc.). *Source :* Gouy-en-Ternois (P.-de-C.), alt. 150 m. *Long. :* 85 km. *Bassin :* 1 384 km² (P.-de-C.). *Débit :* à Brimeux 6,5 à 16,5 m³/s.

■ **L'Authie** (du latin : *altus,* haut). *Source :* Coigneux (Somme), *alt.* 98 m. *Long. :* 95 km. *Bassin :* 984 km² [plus 200 km² pour les marais du Marquenterre] (Somme, P.-de-C.). Limite entre la Somme et le P.-de-C. *Débit :* 4 m³/s.

■ **La Somme** (du celtique *samara :* la rivière tranquille ; voir Sambre). *Source :* Font-Somme Aisne, alt. 80 m. *Long. :* 245 km. *Bassin :* 5 530 km² (Aisne, Somme). *Débit* (en m³/s) : moyen 35, maximal 88. *Cours :* après Péronne, nombreux faux bras et ramifications dans une vallée spongieuse et tourbeuse. Affluent : **l'Avre picarde** (même nom que l'Avre, affluent de l'Eure), *long. :* 65 km ; *bassin :* 1 150 km² (Oise, Somme) ; *débit :* moyen 4,3 m³/s.

■ **La Bresle** (limite Normandie, Picardie ; Oise, Seine-Maritime, Somme ; se rejette au Tréport). *Long. :* 72 km.

■ **L'Arques** ou **Diepette** (pays de Caux). *Long. :* 6 km ; formé de **la Béthune**, *long. :* 52 km, *bassin :* 400 km² (S.-M.) ; de **la Varenne**, *long. :* 30 km ; *bassin :* 215 km² (S.-M.) ; et de **l'Eaulne**, *long. :* 40 km, *bassin :* 275 km² (S.-M.).

■ **La Risle.** Voir ci-dessus.

■ **La Touques.** *Long. :* 108 km. *Bassin :* 1 350 km² (Orne, Calvados).

■ **La Dives.** *Long. :* 100 km. Affluents : **la Vie**, *long. :* 87 km ; *bassin :* 400 km² (Orne et Calvados) ; **l'Ante**, *long. :* 24 km.

■ **L'Orne** (du ligure *Otorna :* rivière de Champagne ; racine *atur :* source). *Source :* Aunou près de Sées, plaine d'Alençon, alt. 200 m. *Long. :* 152 km. *Bassin :* 2 570 km² (Orne, Calvados). **Débit** (en m³/s) : moyen 13, maximal 300. Affluents : **le Noireau** (d'après la couleur de son lit), *long. :* 38 km ; *bassin :* 465 km² (Orne, Calvados) ; *débit* (en m³/s) : moyen 5, maximal 32. **L'Odon** (racine *Olt ;* voir Lot p. 606 a), *long. :* 50 km ; *bassin :* 180 km² (Calvados) ; *débit* (en m³/s) : moyen 1, maximal 30.

■ **La Vire** (déformation de l'Avire, du latin *aquaria ;* voir Aveyron et Guiers). *Source :* St-Sauveur-de-Chaulieu (Orne). *Long. :* 118 km. *Bassin :* 1 170 km² [3 080 en comptant les bassins tributaires de son estuaire (Calvados, Manche)]. *Débit* (en m³/s) : moyen 6, maximal 100.

■ **La Douve.** *Long. :* 84 km.

■ **La Sienne.** *Long. :* 72 km. *Bassin :* 525 km² (Calvados, Manche).

■ **La Sée.** *Long. :* 60 km. *Bassin :* 420 km² (Manche).

■ **La Selune.** *Long. :* 70 km. *Bassin :* 875 km² (Manche).

■ **Le Couesnon.** Né dans la Mayenne. *Long. :* 90 km. *Bassin :* 975 km² (I.-et-V., Manche) ; aux confins de la Normandie et de la Bretagne, son cours se déplaçant souvent, on disait : « Le Couesnon en sa folie mit St-Michel en Normandie. »

■ **La Rance** (*Rancia,* adjectif formé sur la racine celtique ou préceltique *ranc :* rocher). *Source :* Méné (C.-d'A.). *Long. :* 100 km dont 10 d'estuaire. *Bassin :* 1 195 km² (Côtes-d'Armor, I.-et-V.). *Débit :* moyen 12 m³/s.

■ **Le Trieux** [du nom d'une localité traversée (Pontrieux), du latin *pons,* et du celtique *treb :* bourg]. *Source :* Kerscoédec (C.-d'A.). *Long. :* 71 km. *Bassin :* 850 km² (Côtes-d'Armor). *Débit :* 4 à 10 m³/s.

■ **Le Guer** ou **Léguier.** *Long. :* 68 km. *Bassin :* 540 km² (Côtes-d'Armor).

Mer d'Iroise

■ **L'Élorn** (du breton *elo :* peuplier ; d'après une tradition locale : eau de l'épouvante). *Source :* monts d'Arrée, près de Commana (Finistère), alt. 344 m. *Long. :* 37 km. *Bassin :* 272 km² (Finistère). *Débit* (en m³/s) : moyen 2 à 4, maximal 7.

■ **L'Aulne** (voir Ill et Allier). *Source :* Lohuec (Côtes-d'Armor), alt. 326 m. *Long. :* 140 km. *Bassin :* 1 875 km² (Côtes-d'Armor, Finistère). *Débit* (en m³/s) : moyen 9, maximal 80.

Atlantique

■ **L'Odet** [racine *od,* peut-être indo-européen *wod :* eau (voir Ain et Loing) ; ou signifierait « les rivages » en celtique]. *Source :* Montagnes Noires, à la limite du Morbihan, alt. 250 m. *Long. :* 56 km, dont 18 d'estuaire (fjord large de 1 500 m). *Bassin :* 180 km² (Finistère). *Débit :* 7 m³/s.

■ **Le Blavet** [diminutif de bleu (du francique *blabo*)]. Son estuaire forme la ria de Lorient (*long. :* 15 km ; *larg. :* 2 km). *Source :* collines de Landevet (C.-d'A.), alt. 306 m. *Long. :* 140 km. *Bassin :* 2 615 km² (C.-d'A., Finistère, Morbihan). *Débit :* moyen 15 m³/s. Affluent : **le Scorff** (déversoir d'étang, en breton) ; *source :* collines de Mellionec (C.-d'A.), alt. 283 m ; *long. :* 78 km ; *bassin :* 490 km² (C.-d'A., Morbihan, Finistère) ; *débit :* maximal 50 m³/s ; *confluent* à Lorient (sous-ria prolongeant la ria de Lorient).

■ **La Vilaine** (de *Visnaine,* en latin *Vicinonia,* voir la Vienne : *Viciniaca*). *Source :* hauteurs de la Mayenne, alt. 153 m. *Long. :* 225 km. *Bassin :* 10 882 km² (Mayenne, Ille-et-Vilaine, Côte-d'Armor, L.-A., Morbihan). *Débit* (en m³/s) : moyen 80, maximal 800. A Redon commence la *Vilaine maritime* (50 km) sensible à la marée et navigable. Affluents rive gauche : **l'Ille** (I.-et-V.) (avant la construction du barrage d'Arzal), *long. :* 40 km, utilisée pour alimenter le canal d'Ille-et-Rance entre Vilaine et Manche ; rive droite : **l'Oust** (déformation de *oult*) ; *source :* plateau de Rohan, Côtes d'Armor, à 25 km de la Manche, alt. 320 m ; *long. :* 155 km ; *bassin :* 3 630 km² (C.-d'Armor, Morbihan, I.-et-V.) ; *débit :* moyen 25 m³/s, peu de crues. Sensible à la marée sur 1,5 km.

■ **La Sèvre Niortaise** (par opposition à la Sèvre Nantaise, affluent de la Loire ; baigne la ville de Niort). *Source :* font Bédoire (Deux-Sèvres), alt. 171 m. *Long. :* 150 km. *Bassin :* 35 800 km² (Deux-Sèvres, Vendée, Ch.-M.). Se jette dans l'anse de l'Aiguillon. Affluents rive droite : **l'Autise,** *source :* plateaux de Mezières et de la Boissière (Deux-Sèvres), alt. 200 m ; *long. :* 60 km ; *bassin :* 4 800 km² (Deux-Sèvres, Vendée) ; **la Vendée** (de *Vendes :* Slaves de l'Europe centrale qui auraient habité le Bas-Poitou) ; *source :* massif de l'Absie (Deux-Sèvres), alt. 259 m ; *long. :* 70 km ; *bassin :* 6 750 km² (Deux-Sèvres, Vendée).

■ **La Charente** (du ligure *car :* roche et *onna :* source). *Source :* à Chéronnac, près de Rochechouart (Hte-Vienne), alt. 300 m. *Long. :* 361 km. *Bassin :* 10 000 km² (Hte-Vienne, Vienne, Charente, Ch.-M., Dordogne, Deux-Sèvres). *Débit* (en m³/s) : moyen 95, maximal 300. *Barrage de la Trézenze* (projet : 150 millions de m³).

■ **La Seudre** [devrait être masculin : St-Laurent-du-Seudre ; nom d'une localité traversée, Seudre (Ch.-M.) : gaulois *Solodurum* comme Soleure (Suisse)]. *Source :* St-Genis (Ch.-M.), alt. 69 m. *Long. :* 60 km. *Bassin :* 855 km² (Ch.-M.). *Débit :* faible. *Estuaire* profond : baie de Seudre.

■ **L'Adour** (du ligure passé par l'ibéro-basque *aturra :* la source). *Source :* col du Tourmalet (Htes-Pyr.), alt. 1 931 m. *Long. :* 335 km. *Bassin :* 17 020 km² (Htes-Pyr., Pyr.-Atl., Gers, Landes). *Débit* (en m³/s) : moyen 150, maximal 1 500. *Affluents :* **les gaves** (en basque : *gabarra,* du celtique *gab :* ravin, du ligurique *ara :* cours d'eau) **de Pau** (180 km, débit moyen 82 m³/s) et **d'Oloron** [*débit* moyen 100 m³/s, formé des gaves d'Ossau (48,5 km) et d'Aspe (48 km)] ; **la Nive,** *long. :* 75 km ; *bassin :* 100 km² (Pyr.-Atl.).

Méditerranée

■ **Le Tech** (du gallo-romain *Tichis,* racine hydronymique très ancienne). *Source :* Roque-Couloum, (Pyr.-Or.), alt. 2 500 m. *Long. :* 79 km. *Bassin :* 937 km² (Pyr.-Or.). *Débit* (en m³/s) : moyen 5, maximal 4 500.

■ **Le** ou **la Têt** (du latin *Tetum,* cité par Pline ; origine inconnue). *Source :* Puig de Prigue, (Pyr.-Or.), alt. 2 810 m. *Long. :* 120 km. *Bassin :* 1 550 km² (Pyr.-Or.). *Débit* (en m³/s) : moyen 7,5, maximal 3 600.

■ **L'Agly** (adjectif latin *aquilinus :* peuplé d'aigles). *Source :* Pech de Bugarach (Aude), alt. 1 231 m. *Long. :*

80 km (103 en comptant la *Boulzanne*, 40 km, comme branche mère). *Bassin* : 1 105 km² (Aude, Pyr.-Or.). *Débit* (en m³/s) : moyen 0,6, maximal 1 800.

■ **L'Aude** (*Elita*, adjectif formé sur la racine ligure *el* : arbre). *Source* : lac d'Aude (Pyr.-Or.), alt. 2 377 m. *Long.* : 223 km. *Bassin* : 5 340 km² (Pyr.-Or., Ariège). *Débit* (en m³/s) : moyen 62, maximal 3 000.

■ **L'Orb** (du préceltique *Orobis*, voir *Orobia* : Orge dans l'Essonne). *Source* : le Bouviala (Aveyron), alt. 884 m. *Long.* : 145 km. *Bassin* : 1 400 km² (Aveyron, Hérault). *Débit* (en m³/s) : moyen 25, maximal 2 500.

■ **L'Hérault** (*Araris*, même nom que la Saône). *Source* : Mt Aigoual (Gard), alt. 1 567 m. *Long.* : 160 km. *Bassin* : 2 900 km² (Gard, Hérault). *Débit* (en m³/s) : moyen 50, maximal 4 000 (crues soudaines).

■ **Le Vidourle** (dérivé du radical *vendo*, voir Vienne). *Source* : St-Roman-de-Codières (Gard), alt. 525 m. *Long.* : 85 km. *Bassin* : 1 335 km² (Hérault, Gard). *Débit* (en m³/s) : moyen 3,5, maximal 1 500. *Crues records* : 6 cm/min (4-10-1958).

■ **L'Argens** (racines préceltique *ar* et celtique *gwenn*, blanc). *Source* : Seillon (Var), alt. 270 m. *Long.* : 116 km. *Bassin* : 2 678 km² (Var). *Débit* (en m³/s) : moyen 10, maximal 600.

■ **Le Var** (du ligure *ibar* : vallée). *Source* : Entraunes (A.-M.), alt. 1 800 m. *Long.* : 120 km. *Bassin* : 2 742 km² (A.-M.). *Débit* (en m³/s) : moyen 50, maximal 5 000. *Affluents* : **l'Esteron**, *long.* : 64 km ; *bassin* : 460 km² ; **la Vésubie**, *long.* : 48 km ; *bassin* : 377 km² dont 93 en Italie et 284 en France (A.-M., Var) ; **la Tinée**, *long.* : 72 km ; *bassin* : 759 km² (A.-M.) ; **le Cians**, *long.* : 25 km ; *bassin* : 172 km² (A.-M.).

■ **La Roya** (du latin *rubea*, rouge). *Source* : col de Tende (A.-M.), alt. 1 875 m. *Long.* : 60 km, dont 45 en Fr. *Bassin* : 560 km² dont 410 en Fr. (A.-M., rejoint la mer à Vintimille, Italie). *Débit* (en m³/s) : moyen 8,5, maximal 1 130.

Plans d'eau douce

■ **Plans d'eau naturels.** 1 618 de 10 ha au min., soit **151 lacs** (50 000 ha), dont (en ha) : partie française 23 900 du lac Léman (58 396), Le Bourget 4 462, Annecy 2 700, Aiguebelette 545, Raviège 403, St-Point 400, Paladru 390, Viam 189, Nantua 143, Gérardmer 117, Laffrey 110, Pierre-Châtel 101, Marceney et Larrey 100 ; **1 227 étangs** (130 000 ha), dont (en ha) : Cazaux et Sanguinet 5 800, Der 4 800, Biscarrosse et Parentis 3 450, Carcans 2 611 (avec Hourtin 3 620), Lacanau 2 000, Soustons 650, Gondrexange 650, Léon 450, Aureilhan 344, Duc (Ploermel) 240, Blanc 194, Vaux 177, Puits 150, la Gabrière 110, Landes 102, la Blissière 100 (sans compter étangs salés comme Berre 11 500, Thau 7 500...).

■ **Lacs de retenue électrique d'EDF.** 240, dont (en ha) : Serre-Ponçon 3 000, Ste-Croix 2 300, Pareloup 1 200, Vassivière 1 100, St-Étienne-Cantales 562, Grangent 500, St-Cassien 400, Guerlédan 400.

■ **Réseau artificiel** (canal du Centre). Torcy Neuf : 198 ha.

■ **Départements ayant la plus grande superficie de plans d'eau** (en km²). B.-du-Rh. 387, Ain 268, Gironde 251, Hérault 236, Htes-Alpes 210, Loire-Atlantique 177, Indre 125, Charente-Maritime 122.

☞ **Superficie en France des lacs, rivières et vasières littorales** (en km²) : entre 1 500 et 1 700 dont vallées inondables 700, marais arrière-littoraux d'eau douce 300, roselières, tourbières, landes humides 300, marais des régions d'étangs 150, méditerranéens 60, atlantiques endigués 30, prés salés 10.

Côtes

Généralités

■ **Définitions. Eaux territoriales :** s'étendent sur 12 milles à partir des lignes de base vers la mer. L'espace aérien, le sol et le sous-sol des eaux territoriales sont sous la souveraineté de l'État français. **Estran :** zone comprise entre les plus hautes et les plus basses mers. **Lais :** terres nouvelles formées par dépôts d'alluvions sur le rivage. **Laisse de basse mer :** ligne définie par la limite des plus basses mers. **Lignes de base :** tracées pour définir la limite des eaux territoriales. Constituées par une ligne brisée comprenant, selon la géomorphologie du rivage, les laisses de basse mer, les lignes droites et les lignes de fermeture de baie qui sont tracées par décret du ministre chargé des Transports. **Littoral :** bande large de plusieurs km qui comprend l'ensemble des cantons côtiers et, en mer, la largeur des eaux territoriales. **Rivage :** « sera réputé bord et rivage de la mer tout ce qu'elle couvre et découvre pendant les nouvelles et pleines lunes, et jusques où le grand flot de mars se peut étendre sur les grèves » (ordonnance d'août 1681, art. 1er). **Trait de côte :** ligne des plus hautes mers, délimite la ligne supérieure de l'estran. **Zone économique exclusive des 200 milles :** s'étend sur 188 milles au-delà des 12 milles des eaux territoriales ; les États riverains y exercent des droits privilégiés, voire exclusifs, dans certains domaines : l'exploration et l'exploitation des ressources naturelles, biologiques ou non, du fond de la mer, du sous-sol et des eaux adjacentes.

■ **Accès au rivage.** Le libre accès est un droit inaliénable.

Sentier du douanier. Origine : ordonnance sur la Marine de Colbert de 1681. *Art. 2* : « Faisons défense à toutes personnes de bâtir sur les rivages de la mer, d'y planter aucune pierre, ni laisser aucun ouvrage qui puisse porter préjudice à la navigation à peine de démolition des ouvrages, de confiscation des matériaux et d'amende arbitraire. » Colbert voulait favoriser la navigation et non permettre la libre circulation le long des rivages, cependant les chemins créés facilitent le passage du public.

1976-*31-12* loi instituant le droit de passage des promeneurs le long du bord de mer. *Servitude de passage* afin de favoriser la circulation des piétons le long du littoral et de permettre l'accès aux plages. 1 600 km environ de cheminement piétonnier sont ouverts au public. **1977**-*7-7* décret et **1978**-*20-10* circulaire complètent la loi. « Les propriétés privées sont grevées sur une bande de 3 m de largeur d'une servitude destinée à assurer exclusivement le passage des piétons. » 3 m à partir de la limite du domaine public maritime [depuis l'arrêt Kreitman du 12-10-1973 du Conseil d'État, la limite du Domaine public maritime (DPM) est fixée « au point jusqu'où les plus hautes mers peuvent s'étendre en l'absence de perturbations météorologiques exceptionnelles » (définition valable pour départements et territoires d'outre-mer)]. La loi exclut 15 m de terrain entourant les habitations construites avant le 1-1-1976, et les terrains attenant aux maisons entièrement clos par des murs. Le promeneur peut donc, en application de la loi, franchir grillages et clôtures légers qui sont dans la zone des 3 m, mais pas les murs seuls. **1979**-*26-6* décret : sont interdits toute construction nouvelle, camping ou caravaning, toute construction de logement sur le domaine public maritime, les clôtures entourant les plages en concession, les routes de lido ou de front de mer, le stationnement des voitures sur plages et dunes, à moins de 100 m d'un rivage. Lors des renouvellements des concessions de plages, les surfaces concédées seront réduites. Les plages de moins de 100 m en Méditerranée et de moins de 300 m ailleurs devront être librement accessibles. Les concessions n'y seront pas renouvelées.

Quelques chiffres

■ **Longueur des côtes. Totale :** *en ligne droite 1 600 km* (3 120 km en tenant compte des sinuosités) [mer du Nord et Manche 605 (1 120), Atlantique 390 (615), Méditerranée 605 (1 385) ; il n'y a que 2 péninsules fortement découpées : Cotentin et Bretagne] ; *des estuaires 4 458 km* (756) ; *des îles et des îlots 5 533 km* (582). **Répartition en km** (compte non tenu de l'urbanisation) : plages 1 948 (35 %), marais et vasières 1 316 (24 %), côtes rocheuses découpées 1 548 (28 %), falaises 721 (13 %).

■ **Recul des côtes.** 850 km du littoral français reculent de plus de 1 m par an. **Raisons :** **1°**) élévation lente du niveau de la mer (fonte de la calotte glaciaire antarctique) due au réchauffement de la basse atmosphère, expliqué par l'augmentation de sa teneur en gaz carbonique consécutive à l'utilisation croissante de combustibles fossiles (pétrole, gaz...) ; **2°**) exploitation des matériaux meubles des dunes et des plages destinés à la voirie et à la construction ; **3°**) disparition en Méditerranée des prairies à posidonies qui jouent un rôle de brise-lames mais sont sensibles au rejet en mer des matériaux solides et des polluants chimiques, notamment dans le Var. **Exemples :** *à l'est de Dunkerque* : recul de plus de 30 m entre 1947 et 1977 (le nouveau port de Dunkerque a entraîné des érosions de plus de 1 m par an). *Pays de Caux* : destruction des falaises calcaires de 800 000 à 900 000 m³ par an entre Antifer et la baie de Somme. *Bretagne* : rive sud de la baie d'Audierne, recul de 150 m entre 1952 et 1969. *St-Hilaire-de-Riez* (Vendée) : un ensemble Merlin, construit il y a 10 ans, est menacé par l'érosion maritime. *Côte d'Argent* : à l'entrée de la Gironde, reculs moyens de 18 m, parfois 35 (le phare de la Coubre a dû être plusieurs fois reconstruit). *Côte des Landes* : recul de 1 à 3 m par an. *Plage de Fréjus* : recul à l'ouest de 100 m au XIXe siècle.

■ **Occupation du littoral. Espaces urbanisés :** 51 % dont 960 km de façon dense et 1 844 km de zones de mitage (A.-M. 92 %, L.-A. 86 %, Nord 80 %, Bretagne 70 %) ; **non urbanisés :** 37 % des plages, 24 des marais et vases, 17 des côtes découpées, 22 des falaises, 30 des côtes rocheuses. *Sur une longueur continue de 2 000 m et sur une profondeur de 500 m au moins* : 1 272 km soit 23 %, dont Océan 21 %, Méditerranée 26 % (13 % sans la Corse). **Naturels continus** *sur 2 km de longueur et 2 km de profondeur* : 5,6 % dont Océan 230 km (152 dans les dunes d'Aquitaine), Méditerranée (hors Corse) 17,5 km, Bretagne et Normandie 0 km. *Composition* : zones sableuses (dunes essentiellement) 80 %, falaises 10 %.

Peuplement permanent : 5 270 000 hab. (en 1975, communes littorales) soit 10 % de la pop. sur 3 % du territoire, 35 % dans 5 grandes villes (Marseille, Nice, Le Havre, Toulon et Brest), 25 % dans 35 villes de 20 000 à 100 000 hab., moins de 8 % dans des communes de moins de 2 000 hab. **Non permanent :** l'été, la population double ou quadruple (L.-A., Vendée, Ch.-M., Gironde, Languedoc-Roussillon), ou même décuple dans des petites communes, et celles situées dans les zones les plus naturelles (Vendée, Gard, Somme).

Description

■ **1°) Mer du Nord.** De la frontière belge à Sangatte (60 km) : côte basse, sablonneuse, rectiligne, avec des dunes. De Sangatte au cap Gris-Nez (15 km) : falaises calcaires du Boulonnais (134 m de haut).

■ **2°) Manche.** Du cap Gris-Nez à Audresselles (7 km) : falaises calcaires du **Boulonnais.** D'Audresselles à Boulogne (10 km) : cordon littoral submergé. De Boulogne à Ault (80 km) : basse et sablonneuse (dunes du **Marquenterre,** 49 m). Estuaires : Authie, Canche, Somme ; dite **Côte d'Opale** (vers Le Touquet). D'Ault au Havre (120 km) : falaises de craie du **pays de Caux** (alt. maximale Mt Joli-bas, 140 m ; dénivellation maximale cap d'Antifer, 110 m), dite **Côte d'Albâtre** du Tréport au Havre. Du Havre à Honfleur (creux de 20 km de profondeur et de 14 km de large) : estuaire de la Seine, plat, envasé et endigué, laissant 2 lignes de falaises mortes au nord et au sud. De Honfleur à St-Vaast-la Hougue (110 km est-ouest, puis 35 km nord-sud), **« baie de la Seine » :** alternance de plages sablonneuses et de falaises basses et friables ; échancrures : estuaires de l'Orne, de la Vire (envasé) ; dite **Côte fleurie** (vers Deauville). De St-Vaast-la Hougue au cap de la Hague (50 km en ligne droite) : nombreuses sinuosités (pointes de Saire, de Barfleur) ; cap Lévy, **rade de Cherbourg ;** falaises cristallines (granitiques) de la presqu'île du Cotentin ; dite **Côte de Nacre** (Cherbourg).

De la Hague à Avranches (110 km) : **Côte de la Déroute :** profondeur maximale des eaux territoriales françaises (raz Blanchard, entre La Hague et Aurigny, 172 m). Falaises granitiques à l'ouest du Cotentin : Nez de Jobourg, pointe du Roc à Granville ; échancrures : baies de Barneville, d'Avranches. D'Avranches à Cancale (40 km) : **baie du Mont-Saint-Michel :** basse, rectiligne, envasée ; Mt-St-Michel : avancée granitique devenue insulaire. De Cancale au cap Fréhel (45 km en ligne droite) : très fortes découpures et échancrures : rias de la Rance, de l'Arguenon ; baie de la Frénaye, pointe du Grouin, de St-Cast ; nombreux îlots et récifs ; côte granitique appelée **Côte d'Émeraude** ou « baie des caps ». Du cap Fréhel à Paimpol (60 km nord-ouest en ligne droite ; 40 km nord-est/sud-ouest jusqu'au fond de la baie de St-Brieuc, puis 50 km à angle droit S.-E./N.-O. jusqu'au sillon de Talbert) ; **baie de Saint-Brieuc :** falaises moins hautes et moins découpées, entrecoupées de plages. De Paimpol à Trébeurden (55 km en ligne droite) : fortes découpures et échancrures : rias du Trieux et de Tréguier, pointe de l'Arcouest, sillon de Talbert, pointe du Château ; nombreux îlots et récifs, île de Bréhat ; **Côte des Roches :** chaînons granitiques attaqués par l'érosion ; **côte de granit rose** (Perros-Guirec). De Trébeurden à Roscoff (35 km en ligne droite) : **baies de Lannion et de Morlaix :** falaises rondes, galets et sables ; échancrures : rias de Morlaix, du Penz, île de Batz. De Roscoff à la pointe St-Mathieu (100 km en ligne droite ; d'abord 60 km est-ouest jusqu'à Argenton, puis 40 km nord-sud) ; **côte du Léon :** falaises granitiques déchiquetées ; échancrures : abers Wrac'h, Benoît, Ildut ; nombreux îlots, île d'Ouessant.

■ **3°) Atlantique.** De St-Mathieu à la pointe de Penmarc'h (70 km en ligne droite, 300 km avec les sinuosités) : **Côte des Promontoires** (Finistère) ; bras de mer : l'Iroise ; rade de Brest (superf. : 15 000 ha ; long. maximale : 23 km ; larg. maximale : 18 km ; pourtour : 70 km) ; **baie de Douarnenez** (larg. : à l'entrée 8 km, maximale : 16 ; profondeur : 20 km ; dite **Côte des Légendes**), séparée par la presqu'île de Crozon (pointes du Diable, du Toulinguet, de Pen-lui ; cap de la Chèvre) ; baie d'Audierne, au sud de la pointe du Raz (île de Sein) ; échancrures ; rias de l'Elorn (Brest) et de l'Aulne, falaises hautes et massives. De Penmarc'h à l'estuaire de la Vilaine (160 km) : côte sud de la péninsule armoricaine, basse et souvent sablonneuse ; échancrures profondes : estuaire de l'Odet (Quimper), du Blavet (Lorient), rivière d'Étel, golfe du Morbihan ; presqu'île de Quiberon. De la Vilaine à l'île de Noirmoutier (80 km en ligne droite ; 250 km en comptant les creux de la Loire et de la **baie de Bourgneuf**) : côtes de roches anciennes envasées par les alluvions de la Loire ; **« grand estuaire de la Loire » :** baie de La Baule, pointe de St-Gildas, goulet de Fromentine au fond de la baie de Bourgneuf, entre le continent et la pointe de la Fosse, île de Noirmoutier [« Marais breton », très envasé ; dite **Côte d'Amour** (La Baule)].

De Noirmoutier à Royan (220 km) : côtes de Vendée, basses, sablonneuses avec dunes ; îles d'Yeu, de Ré, d'Oléron ; îlots d'Aix ; échancrure : Marais poitevin, ancien golfe comblé par les alluvions de la Sèvre Niortaise ; embouchures de la Charente et de la Seudre ; pointes de Chassiron (île d'Oléron) et de la Coubre ; dite **Côte de Jade** (Les Sables-d'Olonne), **d'Argent** ou **de Beauté** (Royan). De la pointe de la Coubre à la pointe de la Négade (35 km) : estuaire de la Gironde : 80 km de long, la largeur diminue jusqu'à 5 km en face de Blaye. Pointe de Grave en face de Royan (long. : 10 km ; réduit la Gironde à un goulet de 5 km) : baie du Verdon, au sud de Grave. De la Négade à Biarritz (225 km) : **côte des Landes :** rectiligne, sablonneuse avec dunes (alt. maximale : 89 m) et étangs littoraux ; étang de Cazaux ; bassin d'Arcachon (à l'est du cap Ferret) ; estuaire de l'Adour (Bayonne) ; l'ancien lit de l'Adour, à Capbreton, a creusé un *gouf* (canyon sous-marin) de 1 500 m de profondeur à 50 km du rivage (*5 km* : 375 m ; *16 km* : 574 m ; *37 km* : 1 000 m). De Biarritz à la frontière espagnole (35 km) : falaises schisteuses et rectilignes ; **côte basque :** échancrures : baie de St-Jean-de-Luz, estuaire de la Bidassoa (du basque *bide oxoa* : chemin aux Ours).

■ **4°) Méditerranée.** De la frontière espagnole à Collioure (20 km) : **côte des Albères :** falaises et rochers des contreforts pyrénéens ; corniche découpée : cap l'Abeille, cap Béard ; échancrures de Port-Vendres et Collioure. De Collioure à Port-de-Bouc (230 km) : basse, alluviale, avec cordons littoraux et étangs ; échancrures : étangs de Leucate et de Vaccarès (Camargue), golfe de Fos (Camargue) ; promontoire : cap d'Agde, ancienne île volcanique englobée dans le littoral. Le delta du Rhône avance de 50 m par an. De Port-de-Bouc au bec de l'Aigle (60 km, en ligne droite ; 100 avec les sinuosités) ; côte marseillaise : falaises calcaires découpées (calanques) ; échancrures : étang de Berre (communiquant avec la mer par un chenal, dans l'étang de Caronte) ; rade de Marseille, avec les îles d'If, de Pomègues, de Ratonneau ; baie de Cassis ; promontoires : cap Couronne, cap Croisette avec l'archipel des îles du cap Croisette.

Du bec de l'Aigle à la frontière italienne (180 km, en ligne droite ; nombreux changements de direction) : **Côte d'Azur,** divisée en 4 parties : a) du bec de l'Aigle à Giens (45 km en ligne droite) : côte toulonnaise, de part et d'autre de la péninsule du cap Sicié (long. : 12 km) ; à l'ouest, baies de La Ciotat et de Bandol ; à l'est, rade de Toulon ; promontoire : cap Céret se détachant de la péninsule de Sicié (long. : 6 km) : contreforts des Alpes tombant à pic dans la mer (Mts de Toulon, 800 m) ; dite **Côte vermeille** (Canet), **d'Améthyste** (Stes-Maries), **des Calanques** (Sanary). b) De Giens à Fréjus (70 km, coupés par la péninsule de St-Tropez) : **côte des Maures :** massif cristallin ancien attaqué par l'érosion ; promontoires : presqu'île de Giens, cap Bénat ; les 6 caps de la péninsule de St-Tropez (notamment Camarat et St-Pierre), cap Magnat ; échancrures : baies de Cavalaire et de Pampelonne, golfe de St-Tropez, baie de Fréjus ; archipel d'Hyères. A l'est de la presqu'île de Giens, côte basse (16 km) le long de la plaine d'Hyères. c) De Fréjus au Var (50 km) : **côte de l'Esterel :** roches volcaniques (porphyre) tombant à pic dans la mer ; échancrures : golfe de La Napoule (Cannes) et golfe Juan, séparés par le cap de la Croisette et les îles de Lérins ; promontoires : pointe de l'Esquillon, péninsule du cap d'Antibes (6 km). d) Du Var à la frontière italienne (30 km) : **Riviera** niçoise : Alpes maritimes tombant dans la mer ; escarpements élevés (corniches) ; échancrures : baie des Anges (Nice), plaine côtière comblée par les alluvions du Var, rade de Villefranche ; promontoire : péninsule du cap Ferrat avec la presqu'île de l'Hospice (4 km) ; cap Martin.

■ Conservatoire du littoral et des rivages lacustres

■ **Statut.** *Créé* par la loi du 10-7-1975. Établissement public à caractère administratif. Compétence limitée aux cantons côtiers, aux communes riveraines des lacs et aux plans d'eau d'une superficie au moins égale à 1 000 hectares (Der-Chantecoq, forêt d'Orient, Grandlieu, Madine, Naussac, Grandval, réservoir de l'Aube, Vouglans, le Léman, Annecy, Le Bourget, Serre-Ponçon, Sainte-Croix-du-Verdon, Sarrans, Bort-les-Orgues, Pareloup et Vassivière), aux communes riveraines des estuaires et des deltas ainsi qu'à Mayotte. Concerne en métropole (itinéraire côtier de 5 500 km) 18 régions, 43 départements, 292 cantons et 2 380 communes (dont 1 046 littorales) et dans les 4 Dom, 102 cantons et 95 communes (dont 94 littorales) et, pour Mayotte, 17 communes.

■ **Mission.** Politique foncière de sauvegarde des espaces naturels et des paysages maritimes et lacustres. Par convention, la gestion des terrains acquis est confiée aux collectivités locales ou à des associations de protection de l'environnement. L'Office national des forêts apporte son concours technique pour les espaces boisés. Le conseil d'administration du Conservatoire définit les programmes d'acquisition après avis des conseils de rivage. Un terrain acquis ne peut être aliéné (sauf procédure exceptionnelle nécessitant une majorité qualifiée du conseil d'administration et un décret en Conseil d'État).

■ **Budget d'investissement** (en millions de F). **Crédit de paiement disponible :** *1990 :* 81 ; *91 :* 75 ; *92 :* 83 ; *93 :* 117 ; *94 :* 119 ; *95 :* 119 ; *96 :* 128 ; *97 :* 120 ; *98 :* 120 ; *99 :* 129 ; *2000 :* 118. Bénéficie aussi des concours des régions et départements et des particuliers (le Conservatoire est habilité à recevoir tous dons et legs : *Conservatoire du littoral-Fondation de France :* Corderie royale, BP 137, 17306 Rochefort-sur-Mer Cedex).

■ **Acquisitions.** *De 1975* (1re : 23-12) *à 1999 :* 60 200 ha concernant 432 sites et 795 km de rivages (11 % du rivage français), *coût :* 1 984 millions de F.

■ **Terrains acquis les plus étendus** (en ha). Les Agriates (Hte-Corse) 4 867, Côte bleue (B.-du-Rh.) 3 303, golfe de Ventilègne (Corse-du-Sud) 2 078, étang de Vic (Hérault) 1 354, Eccica (Corse-du-Sud) 1 297, marais d'Orx (Landes) 1 000, étang de Canet (Pyr.-Or.) 971, marais de Vigueirat (B.-du-Rh.) 960, les Combots d'Ansoine (Ch.-M.) 954, Crique et Pripri Yiyi (Guyane) 938, la plaine des Maures (Var) 879, les Éouvières (Var) 808, les Auzils (Aude) 708, marais de Brouage (Ch.-M.) 716, la Palissade (Arles, B.-du-Rh.) 702, cap Corse (Hte-Corse) 616, Senetosa (Corse-du-Sud) 603, pointe de Ceppo – étang du Loto (Hte-Corse) 521, anse Couleuvre (Martinique) 680, Roccapina (Corse-du-Sud) 504.

Géographie humaine

☞ Pour découvrir la sélection **Quid** des meilleurs sites Internet sur la géographie humaine, rendez-vous sur **www.quid.fr**

Population française

Caractéristiques

■ **Moyennes nationales. Taille (en cm). Hommes :** *1970 :* 170,1 ; *80 :* 171,6 ; *91 :* 173,1 (*20 à 29 ans :* 176,4 ; *70 a. et + :* 169 ; *ouvriers* 171,9, *cadres supérieurs* 175,6). **Conscrits :** *1840 :* 162 ; *1900 :* 165 ; *39 :* 166 ; *70 :* 172 ; *80 :* 174 ; *92 :* 176. Parmi les causes de cet accroissement, la bicyclette puis l'automobile (les jeunes, allant chercher plus loin leurs conjoints, réduisent les mariages consanguins). A Paris, les enfants des VIIIe et XVIe arrondissements (quartiers bourgeois) avaient en moyenne 2 à 4 cm de plus que ceux des XIIIe et XIXe [régime alimentaire plus équilibré, meilleure hygiène, travail moins dur, union des parents plus diversifiée (génotypes plus dissemblables)]. **Femmes :** *1939 :* 159 ; *70 :* 160,4 ; *86 :* 160,6 ; *91 :* 161,5 (*20 à 29 a. :* 163,8 ; *70 a. et + :* 158,9 ; *ouvrières* 160,8, *cadres* 162,2). **Tour de taille :** *1939 :* 88 cm ; *75 :* 86 ; *hanches : 1939 :* 93 cm ; *75 :* 96. **Nains :** *moins de 1,40 m :* 5 000 à 6 000 (voir aussi p. 121 c).

Poids moyen (en kg). **Hommes :** *1970 :* 72,2 ; *80 :* 72,2 ; *91 :* 73,7 (ouvrier 72,8 ; cadre supérieur 73,3) ; **femmes :** 60,6 (*20 à 29 a. :* 55,7 ; *50 à 59 a. :* 64,2) ; *80 :* 59,7 ; *91 :* 60,7 (ouvrière 62,5, cadre supérieur 57,8).

Yeux (en %). **Bleus ou gris-bleu,** entre parenthèses, **gris et,** en italique, **bruns ou noirs :** 31 (14) *55* [Nord-Est 41 (13) *46*. Paris et région parisienne 34 (9) *57*. Nord-Ouest 29 (20) *51*. Sud-Est 25 (11) *64*. Sud-Ouest 23 (14) *63*].

Cheveux. Roux : *1965 :* 0,6 % ; *72 :* 0,3 % (Moselle 5,4 %, Corse 3,1 %).

■ **Types par régions. Nord :** stature haute, cheveux et yeux très clairs, mésobrachycéphale. **Est :** stature très haute, cheveux et yeux foncés, mésobrachycéphale. **Sud :** stature faible, cheveux et yeux foncés, brachycéphale. **Noyau breton :** stature faible, cheveux plus ou moins clairs, yeux clairs, assez brachycéphale (voir p. 117 c). **Noyau basque :** stature haute, cheveux très foncés, yeux clairs, assez brachycéphale. **Bande pyrénéo-méditerranéenne :** stature moyenne, cheveux et yeux très foncés, mésodolichocéphale.

Population de la France
Évaluation provisoire au 1er janvier 2001
(source Insee)

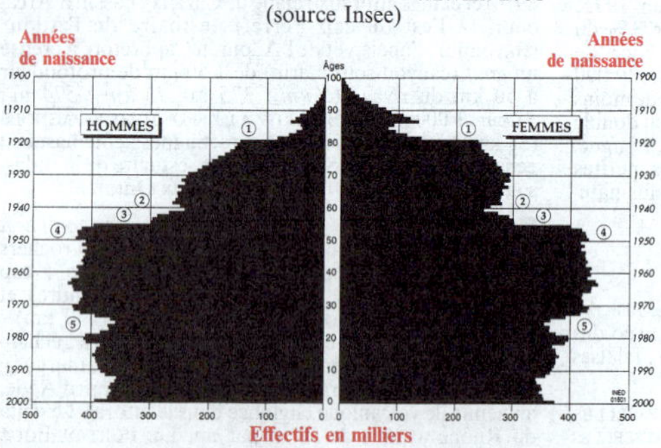

Nota. – (1) Déficit des naissances dû à la guerre de 1914-1918 (classes creuses). (2) Passage des classes creuses à l'âge de fécondité. (3) Déficit des naissances dû à la guerre de 1939-1945. (4) Baby-boom. (5) Fin du baby-boom.

Évolution

Évolution de la population

Années	Nombre	Années	Nombre
15000 av. J.-C.	50 000	1896 [1]	38 228 969 [2]
5000 av. J.-C.	500 000	1901 [1]	38 641 333 [2]
2500 av. J.-C.	5 000 000	1920	39 000 000
Sous César	6 700 000	1939	41 900 000
Clovis	12 200 000	1946	40 517 923 [2]
Charlemagne	8 800 000	1950	41 740 000
1226	16 000 000	1960	45 465 000
1345	20 200 000	1968	49 795 010 [2]
1357-1453	16 600 000	1970	50 770 000
1457	19 700 000	1980	53 731 400 [4]
1594	18 500 000	1990	56 614 493 [2]
1700	21 000 000	1999	58 518 748 [3]
1715	19 200 000	2000	58 744 113 [4]
1740	24 600 000	2001	59 039 713 [4]
1789	27 600 000	2010 [5]	61 061 000 [4]
1810	30 000 000	2020 [5]	62 734 000 [4]
1850	35 630 000	2050 [5]	64 032 000 [4]

Nota. – Le 1er document officiel valable date de 1794. (1) Sans l'Alsace-Lorraine. (2) Recensement. (3) Recensement février-mars. (4) Au 1-1. (5) Prévision (projection centrale).

■ Population totale

■ **Répartition de la population vivant en France** (en milliers, 1990). *Source :* Insee, sondage 1/20. **Total :** 56 634 dont Français 53 030 (dont Français de naissance 51 250, Français par acquisition nés en France 472, Français par acquisition nés hors de France 1 305). **Étrangers** (en milliers) : 3 607 dont nés hors de France 2 865 [dont Europe 1 226, Afrique 1 223 (Maghreb 1 017, Afrique noire 150), Asie 339, Amérique 71,3, ex-URSS 4,2, Océanie 2,4], nés en France 742 [ensemble des immigrés : 4 170 dont étrangers nés hors de France 2 865, Français par acquisition nés hors de France 1 305 [dont Europe 911, Afrique 222 (Maghreb 165, Afrique noire 34), Asie 133, Amérique 24, ex-URSS 14, Océanie 0,5].

Évolution

■ **Population française en % par rapport à l'Europe** (avec ex-URSS, puis Russie en 1996) **et,** entre parenthèses, **au monde.** *52 av. J.-C. :* 21,9 (2,7) ; *1340 :* 28,4 (4,9) ; *1550 :* 35,6 (4) ; *1650 :* 24,2 (4) ; *1750 :* 23,6 (3,2) ; *1800 :* 19 (3) ; *50 :* 17,5 (3,5) ; *1900 :* 13,8 (2,5) ; *50 :* 10,6 (1,7) ; *80 :* 11,1 (1,2) ; *90 :* 11,5 (1,1) ; *93 :* 11,6 (1) ; *98 :* 8 (1) ; *2000 :* 11,5 (0,9) ; *2025* (*prév.*) : 11,8 (0,7).

Population au 1-1-2001 (en milliers)

Age [1]	H [2]	F [3]	Age [1]	H [2]	F [3]
0	394	374,5	*54*	397,7	399,9
1	372,6	355,7	*50-54*	2 090,5	2 104
2	369,3	353,1	*55*	300,7	303
3	366,3	347,6	*56*	297,7	301,9
4	370,8	352,3	*57*	289,9	293,7
0-4	1 873	1 783,2	*58*	269,8	273,5
5	367,9	350,5	*59*	242,8	248,3
6	360,4	343,9	*55-59*	1 400,9	1 420,4
7	358	341,9	*60*	250,9	260,5
8	376	358,1	*61*	263,4	280,3
9	384,7	366,1	*62*	258,4	277,6
5-9	1 847	1 760,5	*63*	255	278,1
10	388	369,2	*64*	255,3	282,1
11	389,7	373,4	*60-64*	1 283	1 378,6
12	392,9	375,1	*65*	248,3	281
13	393,3	376	*66*	254	291,2
14	398,7	381,3	*67*	243	284,3
10-14	1 962,6	1 875	*68*	248,2	295,6
15	393,6	376,4	*69*	240,6	293,7
16	391,6	375,5	*65-69*	1 234,1	1 445,8
17	385,6	369,3	*70*	237,1	295,7
18	409,3	391,8	*71*	221,5	281
19	413,7	397,1	*72*	213,7	278,6
15-19	1 993,8	1 910,1	*73*	203	270,9
20	410,4	397,6	*74*	196,2	269,4
21	385,6	375,9	*70-74*	1 071,5	1 395,6
22	370,4	364,6	*75*	186,8	264,7
23	372,3	365,9	*76*	174,1	256,1
24	359,1	355,9	*77*	165,7	248,9
20-24	1 897,8	1 859,9	*78*	157	243,1
25	368,5	366,3	*79*	153,1	243,5
26	394,2	393	*75-79*	836,7	1 256,3
27	419,9	417,5	*80*	148	238,6
28	430,8	429,2	*81*	83,1	139,3
29	432,1	432,5	*82*	63,7	114,6
25-29	2 045,5	2 038,5	*83*	50,8	96
30	421,8	422,3	*84*	40,9	82,3
31	419,7	422,5	*80-84*	386,5	670,8
32	415,2	419,9	*85*	43,2	92,3
33	416,6	421,1	*86*	60,5	134,4
34	430,7	435,2	*87*	52,3	120
30-34	2 104	2 121	*88*	44,4	108,3
35	432,3	436,6	*89*	33,1	87,6
36	440,9	448	*85-89*	233,5	542,6
37	434,9	443,4	*90*	27,8	78,2
38	421,4	429,7	*91*	20,9	64,2
39	426,2	435,9	*92*	16,1	52,5
35-39	2 155,7	2 193,6	*93*	11,4	40
40	422,9	433,1	*94*	8,3	21,3
41	425,8	436,5	*90-94*	84,5	256,2
42	414,7	426,9	*95*	5,9	23,3
43	417,9	429,5	*96*	4,2	16,9
44	414,7	426,4	*97*	2,7	12,5
40-44	2 096	2 152,4	*98*	1,9	8,8
45	412	425,3	*99*	1,5	6,4
46	415,8	426,8	*95-99*	16,2	67,9
47	408,8	418,1	*100-104*	1,5	7,8
48	416	424,2	*05 ou +*	0,1	0,5
49	410,6	418			
45-49	2 063,2	2 112,4			
50	427,2	431,8	**Total**	**28 677,6**	**30 362,1**
51	423,5	427,8	*- de 20*	7 676,4	7 328,8
52	424,6	425,2	*20 à 64*	17 136,6	17 380,8
53	417,5	419,3	*65 ou +*	3 864,6	5 643,5

Nota. – Évaluation provisoire à partir du recensement de 1999. (1) En années révolues. (2) Hommes. (3) Femmes. **Centenaires.** *100-104 ans* 1 495 hommes, 7 823 femmes. *105 et +* 59 hommes, 479 femmes. *Source :* Insee.

RÉPARTITION PAR GROUPES D'AGES (EN %)

Moins de 20 ans (et + de 60 ans, en %). *1740 :* 42,1 (8,3) ; *1830 :* 40,6 (9,8) ; *1861 :* 35,8 (10,9) ; *1901 :* 34,2 (12,7) ; *1931 :* 30,1 (14,2) ; *1946 :* 29,6 (16) ; *2000 :* 25,6 (20,6) ; *2010 (prév.) :* 23,8 (23,1) ; *2020 (prév.) :* 22,5 (27,3) ; *2030 (prév.) :* 21,3 (31,1).

Comparaison des générations	Années de naissance		
	1800	1900	2000 [2]
Population [1] en millions	29,2	40,6	59
Effectif à la naissance en milliers	1 003	879	779
% de survivants à :			
1 an	77	84	99,6
5 ans	63	79	99,5
60 ans	32	54	96
70 ans	20	43	92
80 ans	6,8	26	88
90 ans	0,8	8	68
100 ans	0,004	0,4	12
Durée de vie moyenne en années	35	52	90
Nombre de centenaires	40	3 516	9 856 [3]

Nota. – (1) France métropolitaine dans ses frontières actuelles. (2) Les risques de décès de la génération 2000 sont basés sur l'hypothèse d'une poursuite de la baisse de la mortalité observée depuis vingt ans aux différents âges. (3) 150 000 prévus en 2050.

ACCROISSEMENT

■ **Accroissement annuel** (en milliers d'hab.). **Solde naturel (et migratoire) :** *1980 :* 253,3 (43,9) ; *85 :* 215,9 (38) ; *90 :* 236,2 (43,9) ; *95 :* 198 (40) ; *96 :* 198,6 (35) ; *97 :* 196,4 (40) ; *98 :* 204,1 (45) ; *99 :* 202,5 (45) ; *2000 :* 240,6 (55).

DENSITÉ

■ **Moyenne de la France** (en habitants par km²). *1789 :* 50 ; *1872 :* 68,46 ; *1901 :* 73,97 ; *11 :* 75,42 ; *36 :* 76,20 ; *75 :* 96 ; *80 :* 97,6 ; *90 :* 102,7 ; *98 :* 106,9. La population française vit sur 200 000 km² habitables, la densité moyenne est donc de 289 [en Italie, 25,5 millions d'Italiens (soit 43 %) vivent sur 25 % du territoire (densité 1 558)].

■ **Départements** (en milliers d'hab., 1999). **Les plus denses :** Paris 20 163. Hauts-de-Seine 8 136. Seine-St-Denis 5 854. Val-de-Marne 5 008. Val-d'Oise 887. Essonne 628. Yvelines 592. Rhône 485. Nord 444. Bouches-du-Rhône 360. Alpes-Maritimes 235. Belfort 225. Pas-de-Calais 216. Bas-Rhin 215. Seine-et-Marne 201. Ht-Rhin 200. Seine-Maritime 197. Loire-Atlantique 166. Hte-Garonne 165. Moselle 164. Loire 152. Var 150. Isère 147. Hérault 146. Hte-Savoie 143. Vaucluse 140. Meurthe-et-Moselle 136. Oise 130. Ille-et-Vilaine 128. Finistère 126. Calvados 116. **Les moins denses :** Yonne 44. Dordogne 42. Hte-Loire 42. Corrèze 39. Landes 35. Indre 34. Nièvre 33. Hte-Marne 31. Aveyron 30. Hte-Corse 30. Lot 30. Meuse 30. Corse-du-Sud 29. Ariège 28. Gers 27. Cantal 26. Creuse 22. Htes-Alpes 21. A.-Hte-Provence 20. Lozère 14.

NATALITÉ

■ **Naissances. Nombre total :** *1941 :* 300 000 ; *45 :* 640 000 ; *46 :* 833 000 ; *92 :* 743 658 ; *93 :* 711 610 ; *94 :* 710 993 ; *95 :* 729 609 ; *97 :* 726 768 ; *98 :* 738 080 [dont naturels 300 546 (40,7 % de l'ensemble), légitimes 437 534 (*du 1er rang :* 190 104, *2e et plus :* 247 430)] ; *99 :* 744 100 ; *2000 :* 778 900. **Naissances vivantes par sexe** (en 1997) : 373 157 garçons, 355 611 filles ; **mort-nés** (en 1997) : 1 874 garçons, 1 702 filles. Pour 100 filles vivantes, il y a 105,6 garçons et pour 100 filles morts-nées, 110,1 garçons. **Nés vivants, par nationalité des parents** (en 1997) : *légitimes* 435 920 dont de 2 parents français 365 399, de père français, mère étrangère 13 005, père étranger, mère française 16 038, de 2 parents étrangers 41 478. *Naturels* de mère étrangère 14 651 ; **par nationalité de la mère** (en 1997) : française 657 634 ; étrangère 69 134 dont marocaine 11 740, algérienne 10 566, portugaise 7 896, turque 6 680, tunisienne 3 155, espagnole 985, italienne 843, autres Afrique 12 439, autres Asie 6 128, autres UE 4 023, divers 4 679.

■ **Avortements enregistrés.** Voir à l'Index.

■ **Conceptions prénuptiales** (en %). *1957 :* 16 ; *65-67 :* 22,5 ; *72 :* 26,3 ; *80 :* 17,7. (*Maximum* pour les mariages célébrés entre 1924 et 1973 : Pas-de-Calais 24,4 ; Indre 24. *Minimum :* Alpes-de-Haute-Provence 8,8 ; Aveyron 9,6.)

■ **Naissances hors mariage** (en %). *1946-50 :* 5,4 ; *60 :* 6,2 ; *70 :* 6,4 ; *75 :* 8,5 ; *80 :* 11,4 ; *85 :* 19,6 ; *90 :* 30,1 ; *95 :* 37,6 (Allemagne 16,1, Danemark 46,5, G.-B. 33,6, Islande 61,2, Italie 8,1, Suède 53) ; *98 :* 40,7.

BILAN DÉMOGRAPHIQUE DEPUIS 1861

Années	Nombres					Taux pour 1 000				
	Population [1]	Mariages [2]	Nés vivants [2]	Décédés [2]	Excédent naissances sur décès [2]	Nuptialité [3]	Natalité [4]	Mortalité [5]	Accroiss. naturel [6]	Mortalité infantile [7]
1861-1865	37 700 000	301 800	1 005 000	861 700	+ 143 300	8	26,7	22,9	+ 3,8	330 [8]
1901-1905	40 900 000	312 000	883 500	801 000	+ 82 500	7,6	21,6	19,6	+ 2	142
1926-1930	41 100 000	339 400	748 100	690 000	+ 58 100	8,2	18,2	16,8	+ 1,4	94,1
1935-1937	41 900 000	279 800	629 800	643 400	– 13 600	6,7	15,2	15,5	– 0,3	71,4
1946-1950	41 100 000	397 400	860 100	537 200	+ 322 900	9,7	20,9	13,1	+ 7,8	63,4
1951-1955	42 800 000	313 800	814 100	538 600	+ 275 500	7,3	19	12,6	+ 6,4	43,3
1956-1960	44 800 000	311 400	816 900	521 700	+ 295 200	7	18,2	11,6	+ 6,5	31,7
1961-1965	47 600 000	333 000	856 700	532 600	+ 324 100	7	18	11,2	+ 6,8	24,5
1966-1970	49 900 000	363 300	846 500	548 200	+ 298 300	7,3	17	11	+ 5,9	20,1
1971-1975	52 100 000	401 100	832 500	555 200	+ 277 300	7,7	16	10,7	+ 5,3	15,4
1976-1980	53 288 000	354 300	752 000	545 800	+ 206 200	6,6	14,1	10,2	+ 3,8	11
1985	55 284 271	269 419	768 431	552 496	+ 215 935	4,9	13,9	10	+ 3,9	8,3
1990	56 709 500	287 100	762 400	526 200	+ 236 200	5,1	13,4	9,3	+ 4,1	7,3
1995	57 844 247	254 651	729 609	531 618	+ 197 991	4,4	12,6	9,2	+ 3,4	4,9
1996	58 025 989	280 072	734 338	535 775	+ 198 563	4,8	12,7	9,2	+ 3,4	4,8
1997	58 207 490	283 984	726 768	530 319	+ 196 449	4,9	12,5	9,1	+ 3,4	4,7
1998	58 397 788	271 361	738 080	534 005	+ 204 075	4,6	12,6	9,1	+ 3,5	4,6
1999 [9]	58 620 363	285 400	744 100	541 600	+ 202 500	4,9	12,7	9,2	+ 3,5	4,3
2000 [10]	58 891 913	304 300	778 900	538 300	+ 240 600	5,2	13,2	9,1	+ 4,1	4,4

Nota. – (1) Au milieu de la période ou de l'année. (2) Moyenne annuelle de la période, puis, à partir de 1976, moyenne annuelle. (3) Mariages pour 1 000 hab. (4) Nés vivants pour 1 000 hab. (5) Décédés pour 1 000 hab. (6) Accroissement naturel (excédent de naissances pour 1 000 hab.). (7) Taux rectifié : décédés de moins d'un an pour 1 000 nés vivants [taux non rectifié (calculé en rapportant le nombre de décédés de moins d'un an au nombre d'enfants nés vivants à l'état civil), auquel on ajoute aux deux nombres précédents le nombre d'enfants nés vivants et décédés avant la déclaration à l'état civil (ils sont légalement enregistrés avec les mort-nés)]. (8) 1801. (9) Recensement. (10) Résultat provisoire.

ÉVOLUTION DE LA POPULATION DE LA FRANCE MÉTROPOLITAINE DE 1950 A 2050 [1]

Année	Population au 1-1 (en milliers)	0-19 ans (en %)	20-59 ans (en %)	60 ans et + (en %)	20-64 ans (en %)	65 ans et + (en %)	Solde naturel de l'année (en milliers)
1950	41 647	30,1	53,7	16,2	58,5	11,4	+ 327,8
1990	56 577	27,8	53,2	19	58,3	13,9	+ 235,4
2000	58 744	25,6	53,8	20,6	58,4	16	+ 209,5
2005	59 983	24,7	54,3	21	58,8	16,6	+ 179,3
2010	61 061	23,8	53,1	23,1	59,2	17	+ 145,9
2015	61 975	23,2	51,5	25,3	57,9	19	+ 113,2
2020	62 734	22,5	50,2	27,3	56,5	21	+ 86,6
2025	63 377	21,8	48,9	29,3	55,2	22,9	+ 67,7
2030	63 927	21,3	47,6	31,1	53,8	24,9	+ 45,4
2035	64 326	20,9	46,3	32,8	52,6	26,6	+ 1,4
2040	64 468	20,6	45,9	33,5	51,5	28	– 56,2
2045	64 337	20,3	45,3	34,4	51,2	28,5	– 101,3
2050	64 032	20,1	44,8	35,1	50,7	29,2	– [2]

Nota. – (1) A partir de 2000. Scénario central : *indice conjonturel de fécondité :* 1,8 enfant par femme (niveau moyen observé depuis 25 ans), *âge moyen à la maternité :* augmente jusqu'à 30 ans en 2005 puis se stabilise ; en 2000, la descendance finale des générations de femmes ayant achevé ou presque leur vie féconde (1945 à 1955) est d'environ 2,1 enfants par femme, *quotients de mortalité (probabilité de décéder) :* baisse au rythme observé les 30 dernières années, *espérance de vie à la naissance* (en 2050) : hommes 84,3 ans (femmes 91 ans), *fin de la vie :* 115 ans, *solde migratoire annuel* (+ 50 000 personnes) : niveau moyen observé les dernières années, également réparti entre hommes et femmes, structure par âge correspondant à la moyenne observée en 1990-99. (2) Les projections s'arrêtent au 1-1-2050, le solde naturel au cours de 2050 n'est pas indiqué. *Source :* Insee (mars 2001).

■ **Familles. Répartition en % selon le nombre d'enfants** (en 1990) : *pas d'enfant :* 35 ; *1 :* 27,9 ; *2 :* 23,2 ; *3 :* 9,3 ; *4 :* 2,4 ; *5 :* 0,8 ; *6 :* 0,6. **Familles nombreuses :** il y eut une génération où les Gramont furent 12, les Rohan 13, les Croÿ 14, les Catinat et les Montgolfier 16, les La Rochefoucauld et les Carnot 18, Arnauld 19 ; le père de Marie Agnesi (mathématicienne) eut 23 enfants (3 mariages).

■ **Fécondité. Descendance finale des générations** (nombre effectif de naissances, par couple en âge de procréer au cours d'une génération) : *1670-89 :* 6,5 ; *1690-1719 :* 6,2 ; *1720-39 :* 6 ; *1740-69 :* 5,8 ; *1770-89 :* 5,5 ; *1790-1819 :* 4,6 ; *1851-55 :* 3,4 ; *70 :* 2,7 ; *1900 :* 2 ; *30 :* 2,6 ; *40 :* 2,4 ; *45 :* 2,2 ; *55 :* 2,1 ; *63 :* 2 ; *65 :* 1,9 ; *67 :* 1,8. Au-dessous de 2,08, une population n'assure plus son renouvellement.

Indice synthétique (nombre moyen de naissances par femme). *1950 :* 2,93 ; *60 :* 2,73 ; *70 :* 2,47 ; *80 :* 1,94 ; *90 :* 1,78 ; *93 :* 1,65 ; *95 :* 1,7 ; *96 :* 1,73 ; *97 :* 1,73 ; *98 :* 1,76 ; *99 :* 1,77 ; *2000 :* 1,89.

Age moyen de la mère à la naissance : *1960 :* 27,6 ans ; *70 :* 27,2 ; *80 :* 26,8 ; *90 :* 28,3 ; *95 :* 29 ; *2000 :* 29,4.

RECENSEMENT

☞ *Abréviation :* rec. : recensement.

■ **1ers recensements modernes.** *1665* Québec, *1749* Finlande, *1750* Suède, *1769* Norvège et Danemark, *1790* USA, *1801* G.-B.

■ **En France.** *Avant la Révolution,* il existe des évaluations tirées de l'état des « feux » ou des paroisses (sous saint Louis, Charles VI, Charles VIII), de l'état des provinces (Colbert). *1686 :* Vauban propose une « méthode générale et facile pour faire le dénombrement des peuples ». Il s'intéresse au sujet pour des raisons économiques, fiscales et politiques plutôt que scientifiques. *1746 :* Antoine Deparcieux publie la table de mortalité des rentiers. *1772 :* l'abbé Terray prescrit aux intendants de lui fournir, avec le concours des curés, des tableaux annuels du mouvement de la population qui ont été dressés jusqu'en août 1792. *22-7-1791 :* la loi prévoyant un rec. Préparé par Lucien Bonaparte et Chaptal, le recensement dit de l'an VIII prescrit par une circulaire du 16 floréal (16-5-1800) ; a lieu en 1801 (33 111 962 hab. dans les 98 départements de l'époque, dont 27 349 000 sur le territoire attribué à la France par le traité de 1815). Lucien Bonaparte a exigé des maires qu'ils fournissent un état de la population de leur commune, répartie entre hommes mariés, veufs, femmes mariées, veuves, garçons, filles et défenseurs de la patrie vivants. Dans quelques communes les maires font établir une liste nominative, dans d'autres ils utilisent le registre de population, resté théoriquement obligatoire ; la plupart du temps, ils se contentent d'évaluations approximatives, souvent au-dessous de la vérité. Puis (par l'ordonnance du 16-1-1822) on effectue un rec. tous les 5 ans (années terminées par 1 et 6) ; le 1er est effectué en 1831. A cause des guerres, le rec. de 1871 est reculé d'un an et il n'y en aura pas en 1916 et 1941. Après 1945, le recours aux enquêtes par sondage doit, pense-t-on, permettre d'effectuer un rec. tous les 10 ans ; mais un rythme plus rapide se révèle nécessaire dès 1946. On a depuis réalisé 7 rec. : 1954, 1962, 1968, 1975, 1982, 1990, 1999 (33e rec., initialement prévu pour 1997 et reporté pour raisons budgétaires : du 8-3 au 3-4). **Coût du recensement** (en millions de F) : *1975 :* 211,2 ; *82 :* 450 ; *90 :* 1 000 ; *99 :* 1 200 [115 000 agents recenseurs (dont 5 000 à Paris) encadrés par 3 600 délégués de l'Insee et recensant chacun environ 530 personnes].

Résultats : obtenus par comptabilisation des bulletins individuels, ils sont authentifiés par un décret et prennent, de ce fait, le nom de *population légale.* Avec doubles comptes, la population *comptée à part* (militaires, élèves internes) est comptée 2 fois : dans la commune où se trouve la caserne ou l'établissement, et dans celle de la résidence personnelle. De nombreux textes législatifs s'y réfèrent, notamment dans les domaines suivants : crédits aux départements et aux communes ; subventions de l'État aux collectivités locales ; élections municipales ; détermination du nombre des emplois communaux ; traitement et indemnités des fonctionnaires des collectivités locales ; règles d'adjudication des marchés ; plans et travaux d'urbanisme ; impôts et taxes ; législation des loyers ; hygiène, nombre d'officines de pharmacie.

Un *recensement complémentaire* peut être effectué dans les communes en forte expansion.

Prescriptions : *toute personne est obligée de répondre, avec exactitude, aux questions posées sous peine d'une amende de 100 F.* Les renseignements donnés sont utilisés pour établir des tableaux statistiques anonymes et ne peuvent servir en aucun cas à des fins fiscales ou pour un contrôle administratif quelconque. Tout participant aux opérations du recensement étant astreint au secret professionnel, l'Insee ne pourra communiquer aucun résultat individuel des questionnaires avant 100 ans. La Cnil (Commission nationale de l'informatique et des libertés) a autorisé l'Insee à vendre certaines analyses statistiques (20 millions de F gagnés avec le recensement de 1982) mais elle a exigé en avril 1989 des protections, interdisant notamment la diffusion de résultats portant sur des zones de moins de 5 000 hab.

■ **Prématurés.** 0,6 enfant sur 10 ; 43 000 environ par an (20 000 garderont des séquelles plus ou moins graves).

■ **Mortalité infantile.** **Décès à moins d'un an** (pour 1 000 nés vivants) **et,** entre parenthèses, **vrais mort-nés (mortinatalité)** [décès *in utero* de fœtus de plus de 6 mois, avant ou pendant l'accouchement] : *1930-32* : 29,50 ; *51-55* : 18,30 ; *61* : 16,50 ; *73* : 12,1 ; *80* : 10 (8,6) ; *85* : 8,3 (7,3) ; *90* : 7,3 (5,9) ; *95* : 4,9 (5,3) ; *98* : 4,6 (5) ; *2000* : 4,4 (n.c.). **Décès de la 1re semaine (mortalité néonatale précoce)** [y compris faux mort-nés, ayant respiré à la naissance mais décédés avant la déclaration à l'état civil (dans les 3 j au plus)] : *1960* : 14,5 ; *65* : 12,7 ; *70* : 10,2 ; *75* : 7,3 ; *80* : 4,4 ; *85* : 3,4 ; *90* : 2,5 ; *98* : 2,1. **Des 28 premiers jours (mortalité néonatale) :** *1960* : 17,6 ; *65* : 15,2 ; *70* : 12,6 ; *75* : 9,1 ; *80* : 5,8 ; *85* : 4,6 ; *90* : 3,6 ; *98* : 2,9. **Du 29e au 365e jour (mortalité post-néonatale) :** *1960* : 9,7 ; *65* : 6,7 ; *70* : 5,5 ; *75* : 4,6 ; *80* : 4,3 ; *85* : 3,7 ; *90* : 3,8 ; *95* : 2 ; *98* : 1,7.

☞ **Mortalité périnatale :** décédés la 1re semaine ou mort-nés ; **fœto-infantile :** à moins d'un an ou mort-nés.

ESPÉRANCE DE VIE

■ **Espérance de vie en années, hommes (et, femmes). A la naissance :** *1930* : 54,3 (59,3) ; *90* : 72,7 (80,9) ; *2000* : 75,2 (82,7) ; *2050 (prév.)* : 82,2 (90,4). **Selon l'âge** (en 1998) : *1 an* : 74,2 (81,7) ; *20 ans* : 55,5 (63) ; *40 ans* : 36,8 (43,6) ; *60 ans* : 20 (25,3).

☞ En 1750, 1 personne sur 300 vivait jusqu'à 90 ans ; en 1946, 2 hommes et 5 femmes sur 100 ; en 1991, 10 hommes et 26 femmes.

POPULATION URBAINE

Année	Urbaine	Rurale[1]
1806	5 454 821	23 652 604
1866	11 595 348	26 471 716
1911	17 444 948	22 096 052
1936	21 566 642	19 935 358
1954	23 946 000	18 829 445
1968	33 633 168	17 207 309
1975	36 003 922	16 654 331
1982	39 975 300	14 459 600
1990	41 897 759	14 717 396
1999	44 890 927	13 627 821

Nota. – (1) Communes de moins de 2 000 hab. agglomérées au chef-lieu.

■ **Part de la population urbaine** (en %). *1936* : 52,9 ; *54* : 57,3 ; *62* : 63,2 ; *68* : 70,1 ; *75* : 72,9 ; *82* : 73,4 ; *90* : 74 ; *99* : 75,5.

■ **Superficie du territoire urbain** (en km²). *1936* : 36 516 ; *54* : 41 142 ; *62* : 48 743 ; *68* : 68 880 ; *75* : 76 281 ; *82* : 73,4 ; *90* : 74 ; *99* : 75,5.

■ **Population par catégorie d'espace** (définition 1990, en %). **A dominante urbaine :** 76,7 dont aires urbaines 73,1 dont pôle urbains 60,2, couronnes périurbaines 12,9 ; communes multipolarisées 3,6 ; **rurale :** 23,3 dont rural sous faible influence urbaine 9,1, pôles ruraux 3,6, périphérie des pôles ruraux 2, rural isolé 8,6.

■ **Densité** (en habitants au km²) **et,** entre parenthèses, **nombre de communes** (en 1999). Villes-centres 1 153 (426), banlieues 715 (2 367), communes rurales des couronnes périurbaines 62 (7 203), communes urbaines des couronnes périurbaines 247 (691), communes rurales multipolarisées 57 (2 282), communes urbaines multipolarisées 183 (255).

■ **Aires urbaines (rec. 1999).** Ensemble de communes d'un seul tenant et sans enclave, constitué par : un **pôle urbain** (unité urbaine offrant au moins 5 000 emplois) ; une **couronne périurbaine** composée de communes rurales ou unités urbaines dont au moins 40 % de la population résidente possédant un emploi, travaille dans le reste de l'aire urbaine.

Nombre : 52 de + de 150 000 hab. : Paris 10 561 573 ; Lyon 1 597 662 ; Marseille-Aix-en-Prov. 1 398 146 ; Lille 1 108 447 ; Toulouse 917 312 ; Bordeaux 882 156 ; Nantes 674 115 ; Strasbourg 557 122 ; Nice 556 525 ; Grenoble 504 849 ; Rennes 483 795 ; Toulon 478 206 ; Rouen 470 120 ; Montpellier 445 724 ; Nancy 396 314 ; Tours 368 395 ; Valenciennes 368 279 ; Grasse-Cannes-Antibes 364 553 ; Clermont-Ferrand 351 949 ; Caen 345 919 ; Lens 325 625 ; Orléans 324 533 ; Dijon 312 199 ; Angers 309 372 ; Saint-Étienne 307 697 ; Le Havre 290 864 ; Mulhouse 274 977 ; Brest 274 593 ; Reims 272 620 ; Metz 269 413 ; Le Mans 268 523 ; Béthune 266 905 ; Dunkerque 263 191 ; Limoges 231 503 ; Amiens 220 370 ; Besançon 212 844 ; Avignon 211 954 ; Nîmes 209 292 ; Douai 208 793 ; Genève (CH)-Annemasse 207 177 ; Bayonne 206 766 ; Perpignan 204 659 ; Pau 194 459 ; Poitiers 187 768 ; Lorient 186 144 ; Annecy 179 702 ; Montbéliard 178 732 ; Thionville 175 989 ; Troyes 168 191 ; Saint-Nazaire 160 798 ; Valence 159 511 ; La Rochelle 156 727.

■ **Unités urbaines.** Agglomération de population définie comme un ensemble d'habitations telle qu'aucune ne soit séparée de la plus proche de plus de 200 m et abritant au moins 2 000 hab. : si elle s'étend sur plusieurs communes c'est une *agglomération urbaine,* sur une seule commune c'est une *ville isolée*. **Communes multipolarisées :** communes rurales et unités urbaines dont 40 % au min. de la population résidante ayant un emploi travaille dans plusieurs aires urbaines, sans atteindre ce seuil avec 1 seule d'entre elles, et qui forment avec elles un ensemble d'un seul tenant. **Espace urbain multipolaire :** ensemble d'un seul tenant d'aires urbaines et des communes multipolaires qui s'y rattachent ; *nombre : 1990* : 40 ; *99* : 59.

Nombre d'unités urbaines de + de 100 000 hab. (nombre de communes, population de l'unité dont, entre parenthèse, population de la commune donnant le nom de l'unité) : Paris (396) 9 644 507 (2 147 857), Marseille (38) 1 349 772 (807 071), Aix-en-Pr. (137 067), Lyon (102) 1 348 832 (453 187), Lille (63) 1 000 900 (191 164), Nice (50) 888 784 (345 892), Toulouse (72) 761 090 (398 423), Bordeaux (51) 753 931 (218 948), Nantes (20) 544 932 (277 728), Toulon (26) 519 640 (166 442), Douai (68) 518 727 (44 742), Lens (36 823), Strasbourg (20) 427 245 (267 051), Grenoble (34) 419 334 (156 203), Rouen (31) 389 862 (108 758), Valenciennes (61) 357 395 (42 343), Nancy (37) 331 363 (105 830), Metz (47) 322 526 (127 498), Tours (23) 297 631 (137 046), St-Étienne (17) 291 960 (183 522), Montpellier (11) 287 981 (229 055), Rennes (10) 272 263 (212 494), Orléans (19) 263 292 (116 559), Béthune (60) 259 198 (28 522), Clermont-Ferrand (17) 258 541 (141 004), Avignon (22) 253 580 (88 312), Le Havre (14) 248 547 (193 259), Dijon (15) 236 953 (153 813), Mulhouse (19) 234 445 (112 002), Angers (12) 226 843 (156 327), Reims (7) 215 581 (191 325), Brest (8) 210 055 (156 217), Caen (18) 199 490 (117 157), Le Mans (12) 194 825 (150 605), Dunkerque (11) 191 173 (72 333), Pau (47) 181 413 (80 160), Bayonne (20) 178 965 (41 778), Limoges (7) 173 299 (137 702), Pointe-à-Pitre (7) 171 773 (21 080), Les Abymes (63 290), Perpignan (11) 162 678 (107 241), Amiens (10) 160 815 (139 210), Saint-Denis (2) 158 139 (86 871), Nîmes (6) 148 889 (137 740), Saint-Nazaire (10) 136 886 (68 616), Annecy (15) 136 815 (52 100), Fort-de-France (4) 134 727 (94 778), Besançon (11) 134 376 (122 308), Thionville (12) 130 480 (42 205), Saint-Pierre (2) 129 238 (69 849), Troyes (17) 128 945 (62 612), Poitiers (8) 119 371 (87 012), Valence (9) 117 448 (66 568), Lorient (5) 116 174 (61 844), La Rochelle (8) 116 157 (80 055), Chambéry (18) 113 457 (57 592), Montbéliard (21) 113 059 (28 766), Genève (21) 106 673, Annemasse (27 659), Calais (7) 104 852 (78 170), Angoulême (16) 103 746 (46 324).

☞ « **Rurbains** » : vivent dans de petites communes rurales jusqu'à 30 km des grandes agglomérations où ils vont travailler (15 millions de personnes en 1995).

■ **Migrants interrégionaux** (entrants/sortants en milliers, 1990-99) : Alsace 122,5/106,4, Aquitaine 329,1/218,2, Auvergne 127,3/118,6, Basse-Normandie 138,7/143,7, Bourgogne 183,1/178,3, Bretagne 296,8/224,7, Centre 323,3/280,9, Champagne-Ardenne 116/157, Corse 31,6/22,9, Franche-Comté 90,6/103,4, Haute-Normandie 155,4/178,5, Ile-de-France 871,3/1 438,5, Languedoc-Roussillon 338,1/191,3, Limousin 85,1/71,9, Lorraine 139,6/197,3, Midi-Pyrénées 302,1/196,2, Nord-Pas-de-Calais 160/277,8, Pays de la Loire 325,8/268,9, Picardie 205,9/218,9, Poitou-Charentes 197,5/156,4, Provence-Alpes-Côte d'Azur 492,9/347,5, Rhône-Alpes 455,4/390,7.

☞ *Entre 1990 et 1999* : 27 830 000 personnes, résidant en métropole, ont changé de logement, soit près d'1 personne sur 2 ; les 2/3 ont changé de commune, 1/3 ont quitté leur département, 20 % sont partis pour une autre région.

LES FRANÇAIS A L'ÉTRANGER

■ **Nombre probable.** *1972 (1-1)* : 1 002 769 ; *82 (1-1)* : 1 039 556 ; *91 (1-1)* : 1 349 607 ; *95 (1-1)* : 1 713 999 ; *96 (1-1)* : 1 632 103 ; *97 (1-1)* : 1 671 426 ; *98 (1-1)* : 1 725 231 ; **1999 (1-1) :** 1 774 207 *dont immatriculés au consulat* 988 247 dont en Europe 516 338, Amérique 189 471, Afrique 156 685, au Proche-Orient 68 044, Asie et Océanie 57 709.

■ **Nombre d'immatriculés dans les ambassades et les consulats et de dispensés et,** entre parenthèses, **évaluation des non-immatriculés, en 1998. Europe occidentale : 500 472 (409 200)** dont Allemagne 93 292 (71 700), Andorre 2 477 (2 000), Autriche 4 343 (2 200), Belgique 69 610 (72 000), Chypre 913 (200), Danemark 2 849 (2 000), Espagne 48 656 (36 200), Finlande 1 165 (300), Grèce 7 492 (1 100), Irlande 2 692 (5 000), Islande 140 (30), Italie 33 105 (18 000), Luxembourg 13 447 (6 000), Malte 206 (60), Monaco 11 522 (500), Norvège 2 506 (700), Pays-Bas 11 476 (9 500), Portugal 9 327 (30 000), Royaume-Uni 67 572 (127 000), Suède 3 315 (1 850), Suisse 111 327 (22 500), Turquie 3 036 (350), Vatican 4 (10). **Europe de l'Est : 18 902 (5 870)** dont Albanie 81 (25), Arménie 684 (807), Azerbaïdjan 69 (30), Biélorussie 73 (5), Bosnie-H. 3 441 (80), Bulgarie 373 (50), Croatie 523 (400), Estonie 42 (20), Géorgie 75 (30), Hongrie 1 243 (700), Kazakhstan 182 (40), Lettonie 95 (10), Macédoine 82 (20), Ouzbékistan 109 (70), Pologne 4 608 (1 600), Roumanie 1 144 (250), Russie 2 717 (580), Slovaquie 241 (500), Slovénie 360 (100), Rép. tchèque 1 677 (1 000), Turkménistan 45 (30), Ukraine 284 (80), ex-Youg. 600 (100). **Amérique du Nord : 125 615 (235 300)** dont Canada 43 630 (80 500), USA 81 985 (154 800) ; **Centrale et du Sud : 63 856 (26 060)** dont Argentine 11 879 (6 000), Bolivie 743 (200), Brésil 13 669 (9 200), Chili 5 826 (600), Colombie 3 909 (400), Costa Rica 757 (800), Cuba 314 (60), Rép. dominicaine 1 042 (600), El Salvador 494 (70), Équateur 1 033 (250), Guatemala 622 (90), Haïti 1 713 (250), Honduras 265 (70), Mexique 9 532 (6 000), Nicaragua 342 (50), Panamá 377 (60), Paraguay 920 (300), Pérou 2 083 (300), Ste-Lucie 418 (50), Suriname 190 (40), Trinité 559 (70), Uruguay 2 248 (100), Venezuela 4 921 (500). **Afrique du Nord : 38 374 (14 650)** dont Lybie 343 (200), Maroc 25 554 (4 450), Tunisie 12 477 (10 000) ; **francophone : 102 219 (23 690)** dont Bénin 3 314 (800), Burkina Faso 2 593 (300), Burundi 138 (140), Cameroun 6 011 (680), Rép. centrafricaine 1 591 (70), Comores 1 204 (200), Congo 2 750 (120), Congo dém. 804 (300), Côte d'Ivoire 18 922 (2 000), Djibouti 3 749 (500), Gabon 10 079 (700), Guinée 2 576 (500), Madagascar 18 251 (6 650), Mali 3 780 (900), Maurice 5 226 (300), Mauritanie 1 686 (1 500), Niger 1 691 (200), Rwanda 195 (20), Sénégal 13 628 (7 500), Tchad 1 422 (110), Togo 2 609 (200) ; **non francophone : 12 014 (4 090)** dont Afrique du Sud 5 344 (2 440), Angola 1 084 (250), Botswana 82 (5), Cap Vert 149 (30), Éthiopie 494 (50), Ghana 429 (120), Guinée-Bissau 26 (20), Guinée équatoriale 150 (10), Kenya 899 (40), Lesotho 24 (10), Malawi 78 (20), Mozambique 317 (40), Namibie 171 (30), Nigéria 1 400 (500), Ouganda 140 (30), Seychelles 294 (10), Soudan 159 (350), Tanzanie 344 (50), Zambie 118 (5), Zimbabwe 312 (80). **Proche et Moyen-Orient : 69 086 (22 890)** dont Arabie s. 3 756 (1 000), Bahreïn 306 (50), Égypte 4 078 (310), Émirats A. U. 3 124 (250), Iraq 81 (30), Iran 688 (40), Israël 32 729 (15 000) [Jérusalem 8 005 (5 000)], Jordanie 674 (50), Koweït 638 (606), Liban 11 935 (800), Oman 389 (40), Qatar 498 (40), Syrie 1 910 (180), Yémen 275 (40). **Asie et Océanie : 57 709 (44 210)** dont Australie 12 409 (35 000), Bangladesh 122 (30), Birmanie 313 (10), Brunéi 140 (30), Cambodge 1 754 (300), Chine 8 048 (1 940), Corée du S. 971 (150), Fidji 96 (20), Inde 8 986 (1 630), Indonésie 2 169 (200), Japon 5 201 (1 300), Laos 782 (100), Malaisie 1 469 (150), Népal 164 (40), Nlle-Zélande 1 659 (700), Pakistan 512 (50), Papouasie 58 (20), Philippines 1 571 (200), Singapour 3 043 (300), Sri Lanka 223 (50), Taïwan 1 041 (400), Thaïlande 3 151 (700), Vanuatu 1 713 (300), Viêt Nam 2 114 (500). **Monde : 988 247 (785 960).**

Nombre au 1-1-1998. (*Abréviations* : d. : détachés, e. : expatriés). **Immatriculés et dispensés :** 960 939 dont *plus de 18 ans* 687 825 dont hommes 317 872 (d. 44 921, e. 272 951), femmes 369 953 (d. 22 748, e. 347 205). **Doubles nationaux :** 439 058 (d. 6 940, e. 432 118) dont *plus de 18 ans* 252 819 (d. 3 954, e. 248 865). **Catégories socioprofessionnelles (immatriculés et dispensés) :** actifs 454 558 dont hommes 263 734, femmes 190 824 (agriculteurs exploitants 2 029, artisans, commerçants, chefs d'entreprise 43 973, cadres, professions intellectuelles 126 440, professions intermédiaires 83 792, employés 121 541, ouvriers 19 530, retraités 47 268, actifs en recherche d'emploi 9 985), inactifs 506 381. **Secteur d'activité :** agriculture 6 206, industrie 49 927, bâtiment 6 302, tertiaire 392 123. **Agents des ambassades et services annexes :** 7 747 (agents du département 2 601, du poste d'expansion économique 764, des services culturels 1 369, autres 3 013), **militaires :** 23 087 (de carrière 12 455, appelés 5 776, CSN 4 856), **enseignants :** 30 157, **médecins :** 7 695, **personnel médical :** 10 809, **religieux :** 6 879. **Total :** 86 374.

■ **Population rapatriée admise au bénéfice de la loi du 26-12-1961** (évaluation au 31-12-1992). 1 482 977 dont Algérie 969 216, Maroc 263 628, Tunisie 180 222, Indochine 44 156, Afrique noire, Madagascar 15 573, Égypte 7 307, Vanuatu 2 402, Comores 363, Guinée 153, Djibouti 4. **Français musulmans rapatriés d'Algérie :** jusqu'à la signature des accords d'Évian, le 19-3-1962, les formations supplétives de l'armée française (harkis, moghaznis, groupes d'autodéfense, groupes mobiles de protection rurale) ont recruté au total 160 000 à 200 000 musulmans. Au 1-7-1965, on estimait que 20 000 d'entre eux, contraints à l'exil, avaient pu rejoindre la France, soit 55 000 personnes avec leurs familles. Ils se sont vu reconnaître la nationalité française, en application de l'ordonnance du 18-11-1962 (59 947 déclarations recognitives enregistrées entre 1962 et 1973, complétées par 3 654 demandes de réintégration entre 1968 et 1973). En 1968, selon le recensement, il y avait 138 458 Français musulmans rapatriés. Ils étaient en 1994 entre 200 000 et 250 000. **Départements où les rapatriés sont les plus nombreux :** B.-du-Rh. (189 101), Seine (108 134), A.-M. (106 074), Hérault (66 711), Hte-G. (62 146) et Var (57 126).

■ **Français rapatriés à la suite d'événements.** *1989* : 778 (dont Liban 517, Chine 215, Salvador 46) ; *90* : 3 425 (dont Gabon 1 641, Tchad 945, Iraq, Koweït 607, Rwanda 232) ; *91* : 2 464 (dont Zaïre 1 400, Émirats 321, Arabie saoudite. 281, Israël 259, Éthiopie 237, Jordanie 155, Qatar 135, Bahreïn 19, Libéria 15) ; *93-95* : Algérie 10 000.

☞ **Recours-France** (Rassemblement et coordination unitaire des Français rapatriés et de métropole) : *fondé* 18-12-1976 ; *Pt d'honneur* : Pierre Laffont (1913-1993) ; *Pt* : Guy Forzy (né 17-12-1925). Est à l'origine des lois votées en faveur des rapatriés (lois d'indemnisations du 2-1-1978 et du 16-7-1987, et lois d'amnistie du 3-12-1982 et du 8-7-1987).

ÉTRANGERS EN FRANCE

☞ Voir aussi **Étranger** à l'Index.

DONNÉES GLOBALES

■ **Principales évaluations. Insee** (à partir des recensements) **et ministère de l'Intérieur** (comptabilisant les titres de séjour en cours de validité et les enfants de moins de 16 ans des titulaires).

Étrangers dans les pays européens en millions et, entre parenthèses, % de la population, **en 1990 :** Allemagne 5,2 (8,2) ; Autriche 0,41 (5,3) ; Belgique 0,9 (9,1) ; Danemark 0,16 (3,1) ; Espagne 0,4 (1) ; *France* (en 1996) *4 (6,8)* ; G.-B. 1,8 (3,3) ; Grèce 0,07 (0,6) ; Irlande 0,1 (2,4) ; Italie 0,7 (1,4) ; Luxembourg 0,104 (27,5) ; P.-Bas 0,7 (4,6) ; Portugal 0,1 (1) ; Suède 0,4 (5,6) ; Suisse 1,1 (16,3).

■ **Erreurs et omissions. Causes :** absence des personnes seules lors du passage des agents recenseurs. Erreurs de déclarations (exemple : enfants de couples d'Algériens déclarés algériens par leurs parents, alors qu'ils sont également français). Décès et naturalisations non systématiquement transmis au ministère, départs ou retours vers pays d'origine pas toujours connus (les entrées sont enregistrées par l'Office national de l'immigration, mais pas pour toutes les nationalités ; il n'y a pas d'enregistrement des retours), l'étranger n'étant pas tenu de rendre son titre de séjour.

■ **Population résidant en France métropolitaine et à l'étranger** (en millions) **recensements 1999**, entre parenthèses, **1990**, en italique : **dont nés en France. Français de naissance :** 52,9 (51,28) *dont 51,34* (49,56)*/15,6/17,2* ; **immigrés :** Français par acquisition : 2,36 (1,78) *dont 800* (470)/1 560/1 310 ; étrangers : 3,26 (3,6) *dont 510* (740)/27,5/28,6.

■ **Personnes ayant une ascendance étrangère et vivant en France** (en 1997). *Selon l'Ined :* 12 millions (soit + de 20 % de la population) ; *selon Jean-Paul Gourévitch :* population qui veut s'installer en France 4 500 000 (8 % de la population), population devant être reconnue comme partie intégrante de la communauté nationale 7 000 000 (12 % de la population), ensemble de la population d'origine étrangère vivant en France 7 800 000 (13,5 %).

■ **Origine. Nombre d'étrangers** (selon l'Insee au 1-4-1990). **Maghreb et Afrique noire :** 46 % (Algériens 614 207, Marocains 572 652, Tunisiens 206 336, Sénégalais 43 692, Maliens 37 693, Zaïrois 22 740, Camerounais 18 037, Ivoiriens 16 711, Congolais 12 755, Malgaches 8 859, Mauritaniens 6 632, Égyptiens 6 341, Togolais 6 009, Béninois 4 304, Centrafricains 4 059, Gabonais 3 013). **Europe** (Portugais 649 714, Italiens 252 759, Espagnols 216 047, Turcs 197 712, Belges 56 129, Allemands 52 723, ex-Yougoslaves 52 453, Britanniques 50 422, Polonais 47 127, Grecs 6 091, Roumains 5 114, Suédois 4 805, Danois 3 544, Autrichiens 3 280). **Proche-Orient** (Libanais 20 953, Syriens 6 104, Israéliens 2 908). **Asie** [Laotiens 31 803, Japonais 10 901, Sri-Lankais 10 310, Pakistanais 9 796, Russes 9 239 (1989), Chinois 8 175 (1989), Indiens 4 579]. **Amérique** (Américains 24 236, Haïtiens 12 311, Chiliens 7 468, Canadiens 6 808, Brésiliens 6 301, Colombiens 3 761, Argentins 3 104).

■ **Nombre d'étrangers** (en milliers). **Selon le ministère de l'Intérieur :** *1975 :* 4 196 ; *80 :* 4 168 ; *81 :* 4 224 ; *82 :* 4 459 ; *90 :* 4 500 en situation régulière + 1 000 clandestins (2 000 à 3 000 selon certains) + 2 500 ayant acquis la nationalité française depuis 20 ans. **Selon le rapport Laurin,** en *1991 :* 4 700 en situation régulière (dont 60 saisonniers).

☞ **Clandestins** (en milliers) : *selon Jean-Claude Barreau,* ex-Pt de l'Office des migrations internationales (OMI), 500 ; *Gérard Moreau* (Populations et Migrations) 50 à 350 ; *rapport Laurin* 300 ; *Betco* (institut privé) 237 à 400 ; *Pasqua et Bariani* 500 ; *secr. général à l'Information* 300 à 1 000.

■ **Étrangers titulaires d'une autorisation de séjour** (au 31-12). *1993 :* 3 284 326 ; *94 :* 3 185 032 ; *95 :* 3 192 872 ; *96 :* 3 231 891 ; *97 :* 3 324 390 ; *98 :* 3 242 453 (dont Portugais 580 080, Algériens 540 275, Marocains 457 777, Italiens 212 023, Espagnols 175 195, Turcs 169 046, Tunisiens 159 599). **Nombre de 1ers titres délivrés par an** (selon le ministère de l'Intérieur) : *1993 :* 146 390 ; *94 :* 130 442 ; *95 :* 124 980 ; *96 :* 130 275 ; *97 :* 158 809 ; *98 :* 155 002. **Sexe.** Hommes : 55,84 %, **femmes :** 44,16 % (42,8 en 1982 ; 40,1 en 1975 ; 38,2 en 1962).

■ **Répartition de la population par régions.** Entre parenthèses, **% d'étrangers** (mars 1999) : Ile-de-France 10 951 136 (11,9), Rhône-Alpes 5 645 847 (6,5), Provence-Alpes-Côte d'Azur 4 506 253 (6,3), Nord-Pas-de-Calais 3 995 871 (3,3), Pays de la Loire 3 222 784 (1,3), Languedoc-Roussillon 2 996 357 (4,4), Aquitaine 2 908 953 (3,7), Bretagne 2 907 178 (1,1), Midi-Pyrénées 2 552 696 (3,9), Centre 2 439 962 (4), Lorraine 2 310 023 (5,5), Picardie 1 857 105 (3,3), Haute-Normandie 1 780 439 (2,7), Alsace 1 733 732 (7,4), Poitou-Charentes 1 640 453 (1,5), Bourgogne 1 610 407 (4), Basse-Normandie 1 422 436 (1,4), Champagne-Ardenne 1 342 202 (3,8), Auvergne 1 308 656 (3,3), Franche-Comté 1 117 257 (4,8), Limousin 710 792 (2,8), Corse 260 149 (9,9).

■ **Élèves étrangers dans le 1er degré en France métropolitaine et,** entre parenthèses, **en % du total.** *1975-76 :* 562 994 (7,7) ; *80-81 :* 655 776 (9,2) ; *84-85 :* 710 335 (10,6) ; *85-86 :* 697 213 (10,4) ; *90-91 :* 643 928 (9,6) ; *91-92 :* 627 734 (9,4) ; *94-95 :* 551 849 (8,4) ; *97-98 :* 424 798 (6,7) dont Algériens 67 972, Marocains 102 679, Tunisiens 32 691, autres Africains 52 208, Espagnols 4 492, Portugais 44 844, Italiens 4 246, autres Européens 14 204, Turcs 49 327, Cambodgiens, Laotiens, Vietnamiens 15 345, divers 36 790. **Dans le second degré.** *1975-76 :* 254 581 (5,1) ; *80-81 :* 307 417 (6) ; *85-86 :* 383 539 (7) ; *95-96 :* 357 514 (6,4) ; *97-98 :* 315 135 (5,7) dont Algériens 42 669, Marocains 93 934, Tunisiens 24 620, autres Africains 29 670, Portugais 39 162, Italiens 4 351, Espagnols 4 251, autres Européens 19 248, Turcs 27 839, Cambodgiens, Laotiens, Vietnamiens 10 818, divers 18 581. **Étudiants.** *1985-86 :* 131 979 (13,6) ; *89-90 :* 131 654 (11,8) ; *94-95 :* 134 418 (9,4) ; *95-96 :* 129 761 (8,9) ; *97-98 :* 121 624 (8,5) dont Europe 36 611 (All. 5 281, Italie 3 544, G.-B. 3 494, Espagne 3 384, Grèce 2 735, Portugal 2 729, Belgique 12 822, Luxembourg 1 112, Suède 869, P.-Bas 601, Irlande 583, Autriche 363, Danemark 320, Finlande 298), Asie 16 245 (Liban 2 491, Turquie 1 746, Iran 1 731, Corée du S. 1 610, Syrie 1 272, Chine pop. 1 127), Afrique 59 931 (Maroc 15 546, Algérie 15 300, Tunisie 4 763, Cameroun 3 423), Amériques 8 472 (USA 2 474, Brésil 1 237, Canada 1 008), Océanie 128, apatrides 237.

☞ 18 millions de Français (soit plus du tiers de la population), nés entre 1880 et 1980, descendent d'immigrants à la 1re, 2e ou 3e génération.

■ **Langue dans laquelle ont été élevés les parents et,** entre parenthèses, **langue qu'ils parlent d'habitude à leurs enfants** (en %). Enquête Insee-Ined 1992 : *français* (68), *autre* (en % de la pop. des parents) 16 (5). *Parlers gallo-romans* (occitan, franco-provençal, dialectes d'oïl) 7,5 (0,5) ; *créoles des DOM* (Antilles, Réunion) *et de l'île Maurice* 3,5 (0,5) ; *italien* (dont dialectes régionaux) 8,5 (1) dont corse 1 ; *espagnol* 8 (1,5) ; *portugais* 14 (6) ; *langues non romanes* 14 (4) dont alsacien 11 (4), breton 3 ; *germaniques et scandinaves* (anglais, allemand, néerlandais, danois) 5 (1) ; *slaves et balkaniques* 4,5 (1,5) dont polonais 2,5 (0,5) ; *arabe* 21 (10,5) ; *berbères* (kabyle, chleuh, dialectes) 3,5 (1) ; *turc* 2,5 (2,5) ; *vietnamien* 1,5 (0,5) ; *langues d'Afrique noire* 2,5 (0,5) ; *autres* 4 (1,5).

NAISSANCES ET ENFANTS

■ **Nombre moyen d'enfants par femme.** *Femmes françaises et,* en italique : *femmes étrangères :* **1975 :** 1,93, *3,33* (Algériennes 5,28 ; Tunisiennes 5,27 ; Marocaines 4,68 ; Portugaises 3,30 ; Espagnoles 2,60 ; Italiennes 2,12). **82 :** 1,91, *3,20* (Marocaines 5,23 ; Tunisiennes 5,20 ; Turques 5,05 ; Algériennes 4,29 ; Portugaises 2,17 ; Espagnoles 1,77 ; Italiennes 1,74). **96 :** 1,7 *2,1* (Turques 3,3 ; Tunisiennes 3,1 ; Marocaines 2,9 ; Algériennes 2,5 ; Portugaises 1,8). **97 :** 1,75 ; **98 :** 1,71 ; **99 :** 1,77.

■ **Enfants étrangers scolarisés (1997-98). Total :** 739 934 dont *1er degré* 424 798, *2d degré* 315 136. (6,7 % des effectifs du 1er degré) [1]. **Répartition par pays d'origine** (en %, 1992-93) : Maghreb 53,8 (dont Maroc 24,9 [3] ; Algérie 21,5 [3] ; Tunisie 7,5 [3]) ; autres pays d'Afrique francophone 6,8 [3] ; non francophone 1,7 [3] ; Portugal 13,1 ; autres pays de l'UE 6 ; Turquie 7,9 ; ex-Yougoslavie 1,1 [1] ; Sud-Est asiatique 4,7 ; autres 6 [2].

Nota. – (1) 1989-90. (2) 1990-91. (3) 1991-92.

NATURALISÉS ET ÉTRANGERS

NOMBRE ET % DEPUIS 1851

De 1851 à 1876, et depuis 1954 : population résidant en France. De 1881 à 1946 : population présente. A partir de 1954, les Algériens musulmans, encore juridiquement de nationalité française (en 1954 et 1962), sont comptés avec les étrangers. Les ressortissants des territoires de l'Union française sont comptés en 1954 avec les Français de naissance (autres recensements : avec les étrangers).

Année	Naturalisés		Étrangers	
1851	13 525	*0,04*	379 289	*1,06*
1866	16 286	*0,04*	655 036	*1,72*
1876	34 510	*0,10*	801 754	*2,17*
1901	221 784	*0,59*	1 037 778	*2,66*
1911	252 790	*0,64*	1 159 835	*2,93*
1921	254 343	*0,66*	1 532 024	*3,95*
1931	361 231	*0,88*	2 714 697	*6,58*
1936	516 647	*1,25*	2 198 236	*5,34*
1946	853 100	*2,14*	1 743 619	*4,38*
1954	1 068 121	*2,50*	1 765 298	*4,13*
1962	1 283 690	*2,76*	2 169 665	*4,67*
1968	1 320 000	*2,66*	2 621 088	*5,28*
1975	1 392 000	*2,65*	3 442 415	*6,54*
1982	1 421 000	*2,62*	3 714 000	*6,84*
1990	1 777 955	*3,14*	3 607 590 [1]	*6,4*

Nota. – (1) Dont 2 865 422 nés hors de France (dont CEE 38 %), 742 168 nés en France. *Source :* Recensements.

■ **Age. Répartition** (en %) **des étrangers et,** entre parenthèses, **des Français** (de naissance ou par acquisition) : *0 à 14 ans :* 21,1 (18,9) ; *15 à 24 :* 14,2 (15) ; *25 à 64 :* 56,9 (50,8) ; *65 ou plus :* 7,8 (15,2). 28 % des étrangers ont moins de 20 ans (27 % pour les Français). **% des moins de 20 ans par nationalité :** Italiens 8,6 ; Espagnols 10,8 ; Portugais 25,5 ; Algériens 27 ; Tunisiens 40,3 ; Marocains 45 ; Turcs 48. 44 % ont moins de 30 ans (43 % pour les Français). 64 % des moins de 20 ans sont nés en France (3,3 % pour les 20 ans ou plus, 20 % pour l'ensemble). 1/3 possèdent la nationalité française.

■ **Délivrance de titres de séjour en 1998.** 502 172 dont durée inférieure ou égale à 1 an 104 625, supérieure à 1 an 50 377. **Par nationalité :** Marocains 61 610, Portugais 52 961, Algériens 46 437, Italiens 24 871, Turcs 23 507, Espagnols 19 734, Tunisiens 19 503, Britanniques 15 816, Allemands 15 639, Chinois 11 329, Belges 10 377, Sénégalais 9 450, Américains (USA) 9 207, Maliens 8 489, Polonais 8 237, Japonais 7 692, Congolais 7 564, Zaïrois 7 389, Camerounais 7 048, Ivoiriens 6 203, Suisse 5 157. **Motifs des délivrances :** actifs non salariés 36 082 (29,8 %), regroupement familial 12 241, conjoints étrangers de Français 12 177, délivrances de plein droit 16 568, engagements de travail de moins de 1 an 10 207, étrangers parents d'enfant français 4 910, étudiants 69 921, membres de la famille 45 785, renouvellements de plein droit 56 275, renouvellements de plein droit CRA 10 ans 10 871, étudiants européens 21 291, salariés 142 536, visiteurs 41 521.

■ **Acquisition de la nationalité française** (naturalisation, réintégration, mineurs saisis par l'effet collectif [1]). **1979 :** 46 790 ; **80 :** 52 103 ; **81 :** 54 011 ; **82 :** 48 827 ; **83 :** 39 695 ; **84 :** 35 573 ; **85 :** 60 677 ; **86 :** 55 968 ; **87 :** 41 754 ; **88 :** 54 299 ; **89 :** 59 508 ; **90 :** 64 976 ; **91 :** 72 213 ; **92 :** 71 595 ; **93 :** 73 164 ; **94 :** 126 337 ; **95 :** 92 410 ; **96 :** 109 823 ; **98 :** 118 961 ; **99 :** 91 660 [dont par déclaration 24 091 (dont par mariage 24 088), par décret 67 569 (naturalisation 59 836 ou réintégration 7 733)].

Nota. – (1) Acquisition de la nationalité française pour les enfants mineurs, non mariés, légitimes ou naturels des nouveaux Français ou ceux adoptés plénièrement, justifiant la même résidence habituelle que le parent naturalisé ou résidant alternativement en cas de séparation ou de divorce.

■ **Origine par pays en 1999** (en % du total annuel hors effets collectifs) et, entre parenthèses, en 1985. Maghreb 47 (26,3), Europe 16,2 (45,5), Asie 18,4 (20,1).

■ **Français par acquisition recensés en 1990.** 1 777 955 dont Italiens 421 502, Espagnols 306 972, Polonais 160 399, Portugais 153 259, Algériens 112 069.

■ **Principales nationalités antérieures pour 67 569 acquisitions par décret en 1999** (y compris les mineurs ayant acquis la nationalité française par effet collectif). Maroc 17 870, Algérie 10 830, Turquie [1] 5 661, Tunisie 4 812, Portugal 3 213, Cambodge [1] 2 068, Viêt Nam 1 646, ex-Yougoslavie 1 448, Laos [1] 1 400, Sri Lanka [1] 1 374, Congo [1] (Rép. dém.) 1 190, Haïti [1] 1 128, Liban 1 075, Sénégal [1] 886, Madagascar [1] 465.

Nota. – (1) Pays n'admettant pas la double nationalité pour les ressortissants naturalisés Français.

Nombre de demandes de naturalisation ou de réintégration et, entre parenthèses, **nombre de décisions défavorables :** *1995 :* 43 707 (11 867) ; *96 :* 50 622 (14 698) ; *97 :* 58 797 (19 326) ; *98 :* 55 385 (18 445) ; *99 :* 67 368 (18 811). **Motifs des décisions défavorables** (en 1999) : *irrecevabilité :* 5 522 ; *ajournement :* 11 353 dont à 1 an 438, 2 ans 9 624, 3 ans 756, autres 535 ; *rejet :* 1 319 ; *classement sans suite :* 617.

Activités des naturalisés et réintégrés par décret (en %) : actifs occupés 56,1 ; élèves, étudiants 15,8 ; personnes sans activité prof. 12,7 ; chômeurs 10 ; indéterminés 3,2 ; retraités 2,1.

☞ Sur 91 660 acquisitions par décret et par déclaration (y compris les effets collectifs), 14 379 touchaient des ressortissants de pays dont la ou l'une des langues officielles est le français soit 16,3 % dont Liban 1 495, Sénégal 1 408, Congo (Rép. dém.) 1 312, Haïti 1 274, Madagascar 1 216, Cameroun 1 201, Côte d'Ivoire 1 051.

■ **Francisation.** Procédure dérogatoire à la règle de droit français sur l'immutabilité du nom (loi no 72-964 du 25-10-1972 modifiée). *Permet* à un étranger qui acquiert la nationalité française de modifier son nom et/ou son (ou ses) prénom(s) pour leur donner une consonance française si la consonance étrangère peut gêner son intégration dans la communauté française. Recours ouvert lors de la demande de naturalisation, de réintégration ou de la souscription de la déclaration d'acquisition de la nationalité française et dans l'année qui suit. Dans la procédure d'acquisition par décision de l'autorité publique, la francisation peut être accordée : concomitamment au décret portant naturalisation ou réintégration, ou dans un décret de francisation postérieur qui mentionne également les francisations accordées consécutivement aux acquisitions de la nationalité française par toute autre procédure. *Accordée* par décret publié au *Journal officiel. S'étend* de plein droit aux enfants mineurs bénéficiant de l'effet collectif lié à l'acquisition de la nationalité française du parent dont ils portent le nom et aux enfants mineurs déjà français à un autre titre. **Nombre de francisations accordées** (en 1999) : 8 887 dont du prénom 8,182, nom et prénom 444, nom 261.

Pertes de plein droit. Perd automatiquement la nationalité française, le Français majeur qui acquiert volontairement la nationalité de l'un des États (Italie, Belgique, Suède, Allemagne, Norvège, Luxembourg, Danemark, Autriche, Pays-Bas) qui a ratifié la convention de Strasbourg du Conseil de l'Europe du 6-5-1963 dans ses dispositions concernant la réduction des cas de pluralité de nationalités. Le loi no 64-1328 du 26-12-1964 a autorisé l'approbation de cette convention, ratifiée le 26-1-1965 et publiée par décret no 68-459 du 21-5-1968. Un 2e protocole additionnel du 2-2-1993, modifiant la convention de Strasbourg, est entré en vigueur avec l'Italie le 25-3-1995 et les Pays-Bas le 20-8-1996. Il tend à la conservation de la nationalité d'origine par le conjoint qui acquiert la nationalité de l'autre conjoint et par les migrants de la 2e génération dans l'État d'accueil, compte tenu du nombre important d'entre eux établis de manière permanente dans les États membres, afin d'y faciliter leur intégration. **Français ayant perdu la nationalité française au profit de la nationalité d'un pays signataire de la convention de Strasbourg,** selon les informations reçues en 1999 : 169 dont Allemagne 73, Belgique 26, Danemark 15, Italie 8, Luxembourg 36, Pays-Bas 0, Norvège 6, Suède 5.

Perte de la nationalité française à l'initiative des intéressés. Par déclaration (les procédures déclaratives de perte ou de répudiation relèvent du garde des Sceaux, ministre de la Justice) ou par décision de l'autorité publique. Tout Français qui possède une nationalité étrangère peut être autorisé, sur sa demande, par le gouvernement, à perdre sa nationalité ; s'il est mineur, il doit être représenté. Généralement accordée (la décision du gouvernement étant discrétionnaire) si l'on réside de manière définitive à l'étranger et si l'on possède une autre nationalité (art. 23.4 du Code civil). **Nombre de pertes** (en 1999) : 39.

IMMIGRATIONS ET MOUVEMENTS

Officiellement, les frontières françaises sont fermées à l'immigration de travailleurs permanents depuis 1974, mais, pour rendre étanches les 6 000 km de frontières de la France, il faudrait 100 000 hommes (la police de l'air et des frontières en compte 4 000). Le nombre des immigrés croît, du fait des regroupements familiaux et des régularisations, en moyenne, de 60 000 personnes par an. Il faut ajouter les clandestins et les réfugiés politiques (près de 30 000 par an ; voir p. 615 c).

ENTRÉES

Comprennent l'arrivée consécutive à une 1re immigration avec franchissement des frontières, le changement de statut des étrangers résidant légalement et la régularisation accordée à titre exceptionnel à des étrangers déjà présents en France de manière irrégulière.

■ **Immigration officielle.** **1984 :** 166 234 ; **86 :** 146 220 ; **88 :** 148 725 ; **89 :** 176 480 ; **90 :** 169 899 (selon l'OMI) [96 997 selon le Ht Conseil à l'intégration] ; **91 :** 160 781 (selon l'OMI) [102 483 selon le Ht Conseil] ; **92 :** 98 823 (111 222 selon le Ht Conseil) ; **93 :** 99 186 (116 161) ; **94 :** 69 290 (82 770 dont 21 372 de l'EEE) ; **95 :** 56 739 (68 289 dont 16 067 de l'EEE) ; **96 :** 55 593 ; **97 :** 80 877 (73 983 dont 22 623 de l'EEE) dont *travailleurs permanents* 5 237 (dont salariés 4 582), *bénéficiaires d'une autorisation provisoire de travail* 4 674, *travailleurs saisonniers* 8 766, *regroupement familial* 15 535, *demandeurs d'asile* 16 057 dont Europe (Roumanie 5 140, ex-Yougoslavie 1 021), Afrique [Algérie 876, Congo (ex-Zaïre) 1 187], Asie (Turquie 1 367, Chine 1 744, Laos, Cambodge, Viêt Nam 1 123).

■ **Entrées à caractère permanent** selon la Direction de la population et des migrations (DPM) : **1994 :** 91 500 ; **95 :** 77 000 ; **96 :** 75 000 ; **97 :** 102 417 ; **98 :** 116 903 (dont de l'espace économique européen 6 175, de pays tiers 110 728 [dont (en %) : Africains 63, Asiatiques 21,3, Américains 7,8, Européens (hors UE, ex-URSS incluse) 6] dont 45 773 « sans papiers » régularisés après la circulaire Chevènement du 24-6-1997 (dont du Maghreb 36,5 %, d'Afr. du Nord 36,5 %)].

■ **Regroupement familial** autour d'étrangers déjà établis en France, selon les règles définies par le décret de 1976 modifié en 1984 ; les familles des ressortissants de l'UE qui entrent librement en France ne figurent pas dans le dénombrement annuel, à quelques dizaines près (qui demandent l'aide de l'OMI). **1987 :** 26 769 ; **88 :** 29 769 ; **89 :** 34 594 ; **90 :** 36 949 ; **91 :** 35 625 ; **92 :** 32 665 ; **93 :** 32 435 ; **94 :** 20 646 ; **95 :** 14 360 ; **96 :** 13 889 ; **98 :** 21 690 [dont Afrique 14 895 (dont Maroc 5 719, Algérie 4 962, Tunisie 1 306), Asie 4 016, Amérique 1 386] dont conjoints 7 279 (hommes 1 465, femmes 5 814), enfants 6 608 (garçons 3 507, filles 3 101), ascendants 1, collatéraux 1 ; **99 :** 21 762. **Entrée des membres de familles de Français se produisant autour de nationaux,** au titre de l'article 15, 1er, 2e et 3e alinéas de l'ordonnance de 1945 modifiée ; les ressortissants communautaires sont pris en compte : **1984 :** 14 000 ; **90 :** 19 357 ; **91 :** 22 987 ; **92 :** 23 047 ; **93 :** 24 332. **94 :** 16 056 ; **95 :** 15 458 ; **96 :** 15 641 ; **97 :** 14 419 [dont Afrique 9 666, Asie 1 896, Europe 1 060, Amérique 1 363] dont conjoints 11 635 (hommes 4 982, femmes 6 653), enfants 520, ascendants 684, parents d'enfants français 2 802 (hommes 1 095, femmes 1 707) ; **98 :** 15 598 ; **99 :** 15 301.

■ **Visiteurs.** **1990 :** 8 627 ; **91 :** 8 648 ; **92 :** 4 759 ; **93 :** 4 926 ; **94 :** 5 160 ; **95 :** 6 352 ; **96 :** 8 905 ; **97 :** 15 127 ; **98 :** 16 889 ; **99 :** 8 538. **Réfugiés : 1990 :** 13 486 ; **91 :** 15 467 ; **92 :** 10 819 ; **93 :** 9 914 ; **94 :** 7 025 ; **95 :** 4 742 ; **96 :** 4 344 ; **97 :** 4 112 ; **98 :** 4 342 ; **99 :** 4 659 [dont Cambodge, Laos, Viêt Nam 677, Sri Lanka 655, Yougoslavie (Rép. féd.) 594, Turquie 375]. **Autres** (titulaires d'une rente d'accident du travail de + de 20 %) : **1990 :** 173 ; **91 :** 109 ; **92 :** 87 ; **93 :** 80 ; **94 :** 46 ; **95 :** 16 ; **96 :** 14 ; **97 :** 13.

■ **Total travailleurs et regroupement familial.** **1970 :** 293 737 (dont 212 785 travailleurs permanents) ; **71 :** 258 873 (177 377) ; **72 :** 194 604 (119 649) ; **73 :** 226 066 (153 419) ; **74 :** 132 500 (64 462 ; immigration des travailleurs permanents suspendue à partir de juillet) ; **75 :** 77 413 (25 591) ; **76 :** 84 320 (26 949) ; **77 :** 75 071 (22 756) ; **78 :** 58 476 (18 356) ; **79 :** 56 693 (17 395) ; **80 :** 59 388 (17 370) ; **81 :** 33 433, y compris 1 043 légalisations exceptionnelles et 21 084 régularisations exceptionnelles ; **82 :** 144 358 (96 962) ; **83 :** 64 250 (18 483) ; **84 :** 51 425 (11 804) ; **89 :** 53 240 (15 592) ; **90 :** 59 242 (22 393) ; **91 :** 61 232 (25 607) ; **92 :** 74 920 (42 255) ; **93 :** 64 323 (24 388) ; **94 :** 44 995 (18 349) ; **95 :** 31 716 (13 106) ; **96 :** 31 845 (11 456).

■ **Immigration temporaire.** **1990 :** 80 846 ; **91 :** [illegible] 802 ; **92 :** 56 408 ; **93 :** 50 966 ; **94 :** 46 533 ; **95 :** 40 442 ; **96 :** 38 239 ; **98 :** 45 798 ; **99 :** 62 548 dont **demandeurs d'asile** 30 907, **étudiants** 25 066, **bénéficiaires d'une autorisation provisoire de travail** 5 791, **stagiaires** 709.

■ **Immigration saisonnière.** Contrat de travail de 6 mois (parfois 8) valant autorisation de travail : voir Travailleurs saisonniers au chapitre **Travail**.

■ **Délivrances d'autorisations provisoires de séjour (APS), de cartes de séjour temporaire (CST) et de cartes de résidents (CR) en 1997.** 35 756, 148 366, 170 467 dont Europe 13 855 (dont CEE 314) [autres EEE 3], 23 746 (417) [100], 39 470 (253) [6]. Afrique 9 810, 51 318, 97 187. Asie 5 555, 30 383, 10 991. Amérique 356, 4 623, 3 301. Océanie 47, 680, 191.

Régularisation des « sans-papiers » : 1°) 26-8-1997, le gouvernement Jospin lance une vaste opération de régularisation. Une circulaire du 24-6, dite « Chevènement », précisait les conditions de cette régularisation pour 11 catégories de sans-papiers avec priorité aux conjoints, enfants, parents de personnes vivant régulièrement en France, voire aux familles étrangères « constituées de longue date en France ». **2°)** *La loi de 1998* sur l'immigration prévoit d'accorder un titre de séjour aux étrangers apportant la preuve de leur présence, même irrégulière, sur le territoire depuis 10 ans, ainsi qu'à ceux justifiant de « liens personnels et familiaux » en France.

Bilan (sept. 2000) : *Nombre d'étrangers régularisés :* selon l'Ined, 87 000 à 100 000 (ce dernier chiffre, calculé sur les premiers titres de séjour d'un an délivrés, englobe les étudiants). *Nombre de déboutés :* 47 000. 19 % étaient en France depuis + de 10 ans. **Principaux pays d'origine** (en %) : Algérie 14, Maroc 11, Chine 11, Ex-Zaïre 8, Mali 7, Tunisie 5.

■ **Proportion d'immigrés dans la population active occupée** (1999, en %) : agriculteurs exploitants 1,2 ; artisans, commerçants, chefs d'entreprise 6,6 ; cadres, professions intellectuelles supérieures 3,5 ; professions intermédiaires 2,8 ; employés 5,1 ; ouvriers 10,9 (qualifiés 9,4, non qualifiés 13,6) ; **ensemble 6,1**.

DÉPARTS

■ **Sorties « contraintes ».** **Expulsions pour motifs d'ordre public : 1990 :** 384 ; **91 :** 506 ; **92 :** 577 ; **93 :** 722 ; **94 :** 1 153 ; **95 :** 1 026 ; **96 :** 1 166. **Décisions de reconduite à la frontière ou mesures d'éloignement pour séjour irrégulier** (dont entre parenthèses, **exécutées**) : **1986 :** 12 364 (7 911) ; **87 :** 15 837 (9 160) ; **88 :** 15 665 (7 953) ; **89 :** 14 850 (6 994) ; **90 :** 18 238 (7 186) ; **91 :** 41 366 (8 473) ; **92 :** 53 155 (8 638) ; **93 :** 46 807 (8 695) ; **94 :** 44 800 (11 281) ; **95 :** 41 385 (10 058) ; **96 :** 43 861 (12 330).

Étrangers refoulés aux frontières (dont étrangers entrés irrégulièrement par la frontière et ceux interpellés à proximité de celle-ci par la police de l'air et des frontières) : **1990 :** 65 998 (11 426) ; **91 :** 60 368 (12 124) ; **92 :** 51 970 (12 359) ; **93 :** 61 020 (12 837) ; **94 :** 68 575 ; **95 :** 68 420 dont ex-Yougoslaves 11 668, Turcs 7 101, Marocains 6 746, Algériens 3 149, Roumains 2 990, Zaïrois 2 123.

■ **Sorties assistées.** **Aide publique à la réinsertion** (créée 1984) : concerne les salariés étrangers menacés de licenciement, dont l'employeur a conclu une convention avec l'OMI, ou âgés de plus de 45 ans et dont l'employeur a signé avec l'OMI une convention prévoyant l'attribution d'une rente, ainsi que des demandes d'emploi en cours d'indemnisation par le régime d'assurance chômage. **Conventions** *signées de 1984 à 1998 :* 4 147 (dont 3 « rentes réinsertion »). **Personnes concernées de 1984 à 1998 :** 73 593 dont travailleurs 32 862 ; membres des familles 40 731 (dont conjoints 11 741, enfants 28 990) [Algériens 24 546, Marocains 8 147, Tunisiens 5 198, autres Africains 2 165, Espagnols[1] 1 234, Portugais[1] 16 155, Turcs 11 663, ex-Yougoslaves 3 163, autres 1 322].

Nota. – (1) N'ont plus accès au dispositif depuis le 1-9-1986.

Réinsertion aidée des étrangers invités à quitter le territoire (créée 1991) : peut être sollicitée par les étrangers qui ont fait l'objet d'une décision de refus de délivrance ou de renouvellement de titres de séjour, ou d'une décision définitive de rejet du statut de réfugié par l'Ofpra, et qui ont été invités à quitter le territoire dans un délai d'un mois.

Bilan de 1991 au 31-12-1998 : 9 077 personnes reparties (dont 7 778 demandeurs) dont Roumains 3 150 (2 696), Africains du sud du Sahara 1 249 (187), Haïtiens 828 (759), Turcs 469 (399), Algériens 389 (291).

SOLDE NET DE L'IMMIGRATION

	Non-Algériens	Algériens[1]		Non-Algériens	Algériens
1964	100 000	43 802	**1973**	95 000	41 202
1965	100 000	9 281	**1974**	60 000	8 123
1966	90 000	35 568	**1975**	n.c.[2]	– 3 528
1967	82 000	11 286	**1976**	n.c.	– 37 046
1968	70 000	32 755	**1977**	n.c.	1 477
1969	125 000	27 328	**1978**	n.c.	1 633
1970	135 000	61 112	**1979**	n.c.	56 871
1971	110 000	36 840	**1980**	n.c.	86 401
1972	84 000	29 774	**1981**	45 223	99 124

Nota. – (1) *Entre 1955 et 1963 :* solde maximal ; *1963 :* 50 543 (dont 43 064 de plus de 17 ans).
(2) Le solde net de l'immigration pour les non-Algériens n'est plus comptabilisé que pour les ressortissants de l'Afrique noire francophone.

■ **Sorties « juridiques ».** **1998 :** 118 961 étrangers devenus Français, dont 23 789 par décret et déclaration et 25 549 par manifestation de volonté (jeunes de 16 à 21 ans).

■ **Solde migratoire.** **1990 :** 80 000 ; **91 :** 90 000 ; **92 :** 90 000 ; **93 :** 70 000 ; **94 :** 50 000 ; **95, 96, 97 :** 40 000.

Originaires des DOM. Citoyens français, ils peuvent venir librement en métropole. Souvent avec l'aide de *l'ANT (Agence nationale pour l'insertion et la promotion des travailleurs d'outre-mer)*. Sté d'État qui a remplacé le 12-2-1982 le *Bumidom (Bureau des migrations pour les DOM*, créé en 1963). 211 550 Martiniquais et Guadeloupéens, 92 354 Réunionnais et 12 198 Guyanais vivaient en France métropolitaine en 1990.

NATIONALITÉ DES ÉTRANGERS

ÉVOLUTION GLOBALE

■ **Total en milliers,** et entre parenthèses **% par rapport au total.** Entre crochets, **% des nationalités** (*Source :* recensements). **1851 :** 379 (1 % de la pop.). **1861 :** 506 (dont Belges 40,6 – Italiens 15,2 – Espagnols 6,9 – Suisses 6,9). **1866 :** 655 (1,7 %). **1872** (territoire de 1871) : 676 (Belg. 51,5 – It. 16,7 – Esp. 7,8 – Suisses 6,4) ; 65 000 Alsaciens-Lorrains, n'ayant pas encore opté pour la Fr. après le traité de Francfort (1871), sont comptés avec les Français de naissance. **1876 :** 801 (2 %). **1901** (territoire de 1871) : 1 037 (2,6 %) [It. 31,9 – Belg. 31,2 – All. 8,7 – Esp. 7,7 – Suisses 7]. **1911 :** 1 159 (2,9 %). **1921 :** 1 532 (3,95) [nationalités d'Europe 83 dont It. 29,4 – Belg. 22,8 – Esp. 16,6 – Suisses 5,9 – All. 5 – Pol. 3 ; nationalités d'Afr. 2,5]. **1931 :** 2 715 (6,6) [Europe 79 dont It. 29,7 – Pol. 18,7 – Esp. 13 – Belg. 9,4 – Suisses 3,6 ; Afr. 3,9]. **1936 :** 2 198 (5,3) [Europe 80 dont It. 32,8 – Pol. 19,2 – Esp. 11,6 – Belg. 8,9 – Suisses 3,6 ; Afr. 3,9]. **1946 :** 1 744 (4,4) [Europe [1] 88,7 dont It. 25,9 – Pol. 24,3 – Esp. 17,3 – Belg. 8,8 ; Asiatiques 4 ; Afr. 3,1 dont Alg. 1,3 – Marocains 0,9 – Tunisiens 0,1 ; Amér. 0,5 ; URSS 2,9]. **1954 :** 1 765 (4) [Europe [1] 79,1 dont It. 28,7 – Esp. 16,4 – Pol. 15,2 – Belg. 6,1 ; Afr. 13 dont Alg. 12 – Marocains 0,6 – Tunisiens 0,3 ; Amér. 2,8 ; Asiatiques 2,3 ; URSS 2]. **1962 :** 2 170 (4,6) [Europe [1] 72,2 dont It. 29 – Esp. 20,4 – Pol. 8,2 – Belg. 3,6 ; Afr. 19,7 dont Alg. 16,2 – Marocains 1,5 – Tunisiens 1,2 ; Amér. 4,1 ; Asiatiques 1,7 ; URSS 1,2]. **1968 :** 2 621 (5,3) [Europe [1] 71,6 dont Esp. 23,2 – It. 21,8 – Port. 11,3 – Pol. 5 ; Afr. 24,8 dont Alg. 18,1 – Marocains 3,2 – Tunisiens 2,3 ; Asiatiques 1,7 ; Amér. 1,1 ; URSS 0,7]. **1975 :** 3 442 (6,5) [Europe [1] 60,7 dont Port. 22 – Esp. 14,5 – It. 13,4 ; Afr. 34,6 dont Alg. 20,6 – Marocains 7,6 – Tunisiens 4,1 ; Asiatiques 3 ; Amér. 1,2 ; URSS 0,4]. **1982 :** 3 714 (6,8) [Europe [1] 47,6 dont Port. 20,8 – It. 9,1 – Esp. 8,7 ; Afr. 42,8 dont Alg. 21,6 – Marocains 11,7 – Tunisiens 5,2 ; Asiatiques 8 dont Turcs 3,4 ; Amér. 1,4 ; URSS 0,2]. **1990 :** 3 607 (6,4) [CEE 36] ; **1997 :** 3 324,4 [UE 38]. **1998 :** 3 242,5 (Europe 1 538,8, Afrique 1 418,8, Amérique 78 828, Asie 3 242,4).

Nota. – (1) Sauf URSS.

ÉTRANGERS PAR NATIONALITÉ

Algériens : *1940 :* 22 114 ; *54 :* 211 675 ; *62 :* 350 484 ; *68 :* 473 812 ; *72 :* 798 690 ; *75 :* 710 690 (+ 118 500 Français musulmans) ; *1-1-83 :* 805 355 ; *1-1-86 :* 820 900 ; *89 :* 725 049 ; *90 :* 614 207 (sans compter les harkis et leurs familles de nationalité française : 420 000 à 800 000) ; *98 :* 540 275. Selon l'accord franco-algérien du 27-12-1968, les porteurs d'une carte délivrée par l'*Office national algérien de la main-d'œuvre (Onamo)* pouvaient venir librement travailler en France (dans la limite de 35 000 par an en 1969, 1970, 1971 et 25 000 par an en 1972 et 1973). Le 20-9-1973 le gouvernement algérien a décidé d'interrompre l'émigration de travailleurs vers la France. La *population algérienne* en France devait être stabilisée en 3 ou 4 ans (au rythme précédent, il y aurait eu 2 500 000 de Nord-Africains en l'an 2000). **Allemands :** *1876 :* 59 028 ; *1901 :* 89 772 ; *11 :* 102 271 ; *21 :* 76 000 ; *31 :* 72 000 ; *36 :* 58 138 ; *46 :* 103 970 ; *54 :* 58 022 ; *60 :* 48 336 ; *68 :* 43 724 ; *75 :* 42 955 ; *80 :* 47 797 ; *90 :* 52 723 ; *98 :* 73 210. **Américains** (USA) : *1946 :* 10 769 ; *75 :* 20 915 ; *79 :* 23 188 ; *80 :* 21 665 ; *90 :* 24 236 ; *98 :* 26 084. **Argentins :** *1975 :* 2 090 ; *80 :* 3 045 ; *90 :* 3 104 ; *98 :* 2 663. **Arméniens :** *1975 :* 6 905 ; *80 :* 5 805 ; *82 :* 4 780 ; *98 :* 1 709. **Australiens :** *1975 :* 910 ; *80 :* 1 155 ; *90 :* 1 744 ; *98 :* 2 329. **Autrichiens :** *1975 :* 3 315 ; *80 :* 2 858 ; *90 :* 3 280 ; *98 :* 4 191.

Belges : *1851 :* 128 103 ; *61 :* 205 000 ; *72 :* 348 000 ; *86 :* 482 261 ; *1901 :* 323 390 ; *21 :* 348 946 ; *31 :* 72 000 ; *36 :* 195 447 ; *46 :* 145 947 ; *54 :* 106 828 ; *60 :* 89 757 ; *68 :* 65 224 ; *75 :* 55 945 ; *90 :* 56 129 ; *98 :* 61 113. **Béninois :** *1975 :* 3 460 ; *80 :* 4 259 ; *90 :* 4 304 ; *98 :* 4 542. **Brésiliens :** *1975 :* 2 940 ; *80 :* 3 568 ; *90 :* 6 301 ; *98 :* 7 660. **Britanniques :** *1851 :* 20 357 ; *1911 :* 40 378 ; *46 :* 19 736 ; *68 :* 18 760 ; *75 :* 24 850 ; *83 :* 43 119 ; *90 :* 50 422 ; *98 :* 65 353. **Bulgares :** *1975 :* 1 410 ; *80 :* 1 112 ; *90 :* 968 ; *98 :* 3 747. **Burkinabès :** *1975 :* 1 725 ; *80 :* 2 112 ; *90 :* 2 280 ; *98 :* 2 060.

Cambodgiens : *1975 :* 4 520 ; *82 :* 36 880 ; *90 :* 44 029 ; *98 :* 23 249. **Camerounais :** *1975 :* 8 275 ; *82 :* 14 118 ; *90 :* 18 037 ; *98 :* 18 609. **Canadiens :** *1975 :* 5 180 ; *80 :* 4 816 ; *90 :* 6 808 ; *98 :* 7 437. **Centrafricains :** *1975 :* 1 315 ; *80 :* 2 592 ; *90 :* 4 059 ; *98 :* 4 051. **Chiliens :** *1975 :* 2 360 ; *80 :* 6 443 ; *90 :* 7 468 ; *98 :* 4 493. **Chinois :** *1968 :* 5 000 ; *75 :* 3 115 ; *80 :* 5 514 ; *89 :* 8 175 ; *98 :* 25 011. **Colombiens :** *1998 :* 4 737. **Congolais :** *1975 :* 3 435 ; *80 :* 6 816 ; *90 :* 12 755 ; *98 :* 18 702. **Danois :** *1975 :* 1 695 ; *80 :* 2 045 ; *90 :* 3 544 ; *98 :* 4 913.

Pays de naissance de quelques célébrités. *Argentine :* Daniel Barenboïm (chef d'orchestre). *Bulgarie :* Sylvie Vartan (chanteuse). *Égypte :* Dalida (chanteuse). *Espagne :* Maria Casarès (actrice). *Grèce :* Hélène Ahrweiler (recteur de l'Académie de Paris). *Hongrie :* Christine Arnothy (écrivain) ; Jean Image (réalisateur de cinéma) ; Victor Vasarely (peintre). *Italie :* Yves Montand (chanteur, acteur) ; Lino Ventura (comédien). *Roumanie :* Émile-Michel Cioran (philosophe) ; Mircea Eliade (historien) ; Elvire Popesco (actrice). *Russie :* Marc Chagall (peintre) ; Serge Lifar (danseur) ; Zoé Oldenbourg (écrivain) ; Nathalie Sarraute (écrivain) ; Henri Troyat (écrivain, membre de l'Académie française) ; Léon Zitrone (journaliste).

Égyptiens : *1975 :* 2 615 ; *80 :* 3 239 ; *90 :* 6 341 ; *98 :* 6 548. **Espagnols :** *1861 :* 35 000 ; *72 :* 53 000 ; *1901 :* 80 485 ; *11 :* 105 760 ; *21 :* 255 000 ; *31 :* 351 864 ; *36 :* 253 599 ; *46 :* 302 201 ; *62 :* 441 658 ; *68 :* 706 184 ; *75 :* 497 480 ; *80 :* 429 987 ; *85 :* 286 000 ; *90 :* 216 047 ; *98 :* 175 195 ; *entrées : 1964 :* 66 269, *65 :* 49 865, *70 :* 15 738, *75 :* 3 892, *80 :* 604, *87 :* 200, *88 :* 300, *89 :* 300. **Éthiopiens :** *1975 :* 425 ; *80 :* 554 ; *98 :* 1 103. **Finlandais :** *1975 :* 725 ; *80 :* 837 ; *90 :* 1 552 ; *98 :* 2 798.

Gabonais : *1975 :* 2 070 ; *80 :* 2 301 ; *90 :* 3 013 ; *98 :* 4 289. **Ghanéens :** *1998 :* 2 964. **Grecs :** *1901 :* 2 902 ; *46 :* 16 184 ; *68 :* 9 000 ; *75 :* 9 580 ; *80 :* 9 516 ; *90 :* 6 091 ; *98 :* 6 443. **Guinéens :** *1975 :* 935 ; *80 :* 1 592 ; *90 :* 5 853 ; *98 :* 6 536. **Haïtiens :** *1975 :* 1 175 ; *80 :* 2 479 ; *90 :* 12 311 ; *98 :* 12 977. **Hongrois :** *1975 :* 5 705 ; *80 :* 4 879 ; *90 :* 2 736 ; *98 :* 2 557.

Indiens : *1975 :* 1 680 ; *80 :* 2 294 ; *90 :* 4 579 ; *98 :* 7 854. **Iraniens :** *1975 :* 3 300 ; *80 :* 13 193 ; *90 :* 15 209 ; *98 :* 13 759. **Iraqiens :** *1982 :* 2 400 ; *98 :* 2 331. **Irlandais :** *1975 :* 1 250 ; *80 :* 1 909 ; *90 :* 3 542 ; *98 :* 5 476. **Israéliens :** *1975 :* 3 985 ; *80 :* 3 787 ; *90 :* 2 908 ; *98 :* 3 046. **Italiens :** *1851 :* 63 307 ; *76 :* 165 313 ; *1901 :* 330 465 ; *11 :* 419 234 ; *21 :* 451 000 ; *31 :* 808 038 ; *36 :* 720 926 ; *46 :* 450 764 ; *54 :* 589 524 ; *60 :* 688 474 ; *68 :* 571 694 ; *75 :* 462 940 ; *82 :* 333 740 ; *85 :* 293 000 ; *90 :* 252 759 ; *98 :* 212 023 ; *entrées : 1955 :* 14 246, *56 :* 52 782, *57 :* 80 385, *58 :* 51 146, *59 :* 21 262, *60 :* 19 515, *72 :* 5 093. **Ivoiriens :** *1975 :* 6 645 ; *82 :* 12 213 ; *90 :* 16 711 ; *98 :* 18 858.

Japonais : *1975 :* 4 935 ; *80 :* 54 ; *90 :* 10 901 ; *98 :* 15 339. **Laotiens :** *1975 :* 1 605 ; *80 :* 31 846 ; *82 :* 33 480 ; *90 :* 31 803 ; *98 :* 13 951. **Libanais :** *1975 :* 3 870 ; *80 :* 13 752 ; *90 :* 20 953 ; *98 :* 14 937. **Libériens :** *1975 :* 155 ; *80 :* 54 ; *98 :* 341. **Luxembourgeois :** *1891 :* 31 248 ; *1926 :* 28 270 ; *46 :* 9 002 ; *54 :* 7 381 ; *60 :* 4 876 ; *68 :* 3 940 ; *75 :* 3 380 ; *80 :* 2 945 ; *90 :* 3 040 ; *98 :* 3 143.

Malgaches : *1975 :* 4 060 ; *80 :* 5 770 ; *90 :* 8 859 ; *98 :* 11 067. **Maliens :** *1975 :* 12 580 ; *80 :* 17 924 ; *90 :* 37 693 ; *98 :* 35 165. **Marocains :** *1946 :* 16 458 ; *54 :* 10 734 ; *62 :* 33 320 ; *66 :* 102 193 ; *68 :* 84 236 ; *75 :* 260 025 ; *80 :* 421 369 ; *85 :* 504 000 ; *90 :* 572 652 ; *98 :* 457 777 ; *entrées : 1980 :* 13 602, *87 :* 8 600, *89 :* 13 600. **Mauriciens :** *1980 :* 10 624 ; *90 :* 13 017 ; *98 :* 15 010. **Mauritaniens :** *1980 :* 4 383 ; *90 :* 6 632 ; *98 :* 8 320. **Mexicains :** *1975 :* 1 155 ; *80 :* 1 747 ; *90 :* 1 948 ; *98 :* 3 351. **Monégasques :** *1975 :* 1 100 ; *98 :* 2. **Néerlandais :** *1901 :* 6 615 ; *46 :* 10 580 ; *68 :* 10 600 ; *75 :* 10 935 ; *80 :* 10 600 ; *90 :* 17 881 ; *98 :* 22 557. **Néo-Zélandais :** *1975 :* 235 ; *80 :* 274 ; *98 :* 533. **Nigérians :** *1982 :* 688 ; *98 :* 1 492. **Nigériens :** *1975 :* 620 ; *80 :* 1 033 ; *90 :* 1 342 ; *98 :* 671. **Norvégiens :** *1975 :* 1 385 ; *80 :* 1 277 ; *90 :* 1 924 ; *98 :* 2 406.

Pakistanais : *90 :* 9 796 ; *98 :* 10 023. **Péruviens :** *1975 :* 740 ; *80 :* 803 ; *90 :* 2 340 ; *98 :* 3 293. **Polonais :** *1921 :* 45 766 ; *31 :* 507 811 ; *36 :* 422 694 ; *46 :* 423 470 ; *54 :* 281 384 ; *60 :* 176 749 ; *62 :* 177 181 ; *68 :* 131 668 ; *75 :* 93 655 ; *80 :* 73 302 ; *90 :* 41 127 ; *98 :* 31 867. **Portugais :** *1901 :* 719 ; *11 :* 1 262 ; *21 :* 10 788 ; *31 :* 48 963 ; *36 :* 28 290 ; *46 :* 22 261 ; *62 :* 50 010 ; *66 :* 270 972 ; *75 :* 758 925 ; *79 :* 873 944 ; *86 :* 751 300 ; *90 :* 649 714 ; *98 :* 580 080 ; *entrées : 1961 :* 6 716, *65 :* 47 330, *70 :* 88 634, *71 :* 64 328, *72 :* 30 473, *73 :* 32 082, *74 :* 37 727, *75 :* 23 436, *76 :* 17 919, *77 :* 13 265, *78 :* 7 406 (dont 368 travailleurs permanents et 7 038 membres de familles), *87 :* 400, *88 :* 600, *89 :* 900.

Roumains : *1975 :* 3 730 ; *80 :* 3 815 ; *90 :* 5 114 ; *98 :* 10 557. **Russes :** *1851 :* 9 238 ; *1901 :* 16 601 ; *11 :* 35 016 ; *75 :* 12 450 ; *80 :* 7 580 ; *90 :* 4 661 ; *98 :* 6 172. **Sénégalais :** *1955 :* 14 920 ; *60 :* 40 604 ; *72 :* 29 202 ; *82 :* 22 833 ; *90 :* 43 692 ; *98 :* 40 848. **Suédois :** *1975 :* 3 015 ; *80 :* 3 369 ; *90 :* 4 805 ; *98 :* 7 997. **Suisses :** *1851 :* 25 485 ; *91 :* 83 117 ; *1901 :* 72 042 ; *21 :* 90 000 ; *26 :* 123 119 ; *31 :* 98 000 ; *36 :* 79 000 ; *46 :* 53 526 ; *54 :* 47 779 ; *60 :* 40 604 ; *66 :* 37 248 ; *75 :* 28 085 ; *80 :* 23 747 ; *90 :* 22 137 ; *98 :* 20 635. **Syriens :** *1975 :* 3 010 ; *80 :* 3 891 ; *82 :* 3 640 ; *90 :* 6 104 ; *98 :* 4 258.

Tamouls (Sri-Lankais) : *1985 :* 10 000 ; *90 :* 10 310 ; *98 :* 24 153. **Tchadiens :** *1975 :* 880 ; *80 :* 1 057 ; *90 :* 1 418 ; *98 :* 1 181. **Tchèques :** *1975 :* 4 530 ; *80 :* 3 398 ; *90 :* 2 433 ; *98 :* 779. **Togolais :** *1975 :* 4 035 ; *80 :* 5 001 ; *90 :* 6 009 ; *98 :* 6 577. **Tunisiens :** *1946 :* 1 916 ; *54 :* 4 800 ; *62 :* 26 569 ; *68 :* 61 028 ; *75 :* 139 735 ; *80 :* 181 618 ; *85 :* 202 000 ; *90 :* 206 336 ; *96 :* 162 262 ; *98 :* 159 599 ; *entrées : 1975 :* 4 691, *80 :* 3 380, *86 :* 2 600, *89 :* 3 200. **Turcs :** *1901 :* 8 132 ; *48 :* 7 878 ; *54 :* 7 628 ; *60 :* 3 336 ; *68 :* 7 628 ; *72 :* 24 501 ; *75 :* 50 860 ; *80 :* 104 818 ; *85 :* 144 000 ; *90 :* 197 712 ; *98 :* 169 046 ; *entrées : 1973 :* 18 628, *75 :* 7 192, *80 :* 7 084, *86 :* 4 600, *89 :* 5 300. **Ukrainiens :** *1990 (est.) :* 6 000 à 12 000 ; *98 :* 2 169.

Vénézuéliens : *1975 :* 930 ; *80 :* 1 731 ; *90 :* 1 040 ; *98 :* 1 377. **Vietnamiens :** *1975 :* 11 380 ; *80 :* 34 483 ; *90 :* 33 743 ; *98 :* 20 709. **Yougoslaves :** *1948 :* 18 966 ; *54 :* 15 379 ; *60 :* 13 510 ; *62 :* 21 314 ; *66 :* 34 355 ; *68 :* 47 544 ; *72 :* 68 748 ; *75 :* 70 280 ; *80 :* 72 164 ; *82 :* 64 420 ; *90 :* 52 453 ; *98 :* 44 243 ; *entrées : 1970 :* 10 639, *73 :* 18 628, *74 :* 4 500, *75 :* 1 183, *80 :* 362, *89 :* 600.

Tsiganes en France : environ 280 000. Environ 97 % sont Français. 70 % sont analphabètes. 43 % sont sédentarisés (dans des conditions souvent mauvaises ; sur 10 000 aires de stationnement, 50 % sont très délabrées). 1/3 voyagent. 15 000 adultes sont baptisés par la Mission évangélique des Tsiganes. 5 000 fréquentent cette Église.

Réfugiés

■ **Nombre total. Années 1950 :** 300 000 ; **1988 (1-1) :** 179 306 ; **1993 (31-12) :** 138 269 ; **1999 (31-12) :** 108 102. **Provenance** (est. au 31-12-1999). **Afrique :** 14 462 (Afrique du Sud 29. Algérie 305. Angola 1 523. Burkina 35. Burundi 180. Cameroun 97. Rép. centrafricaine 65. Congo 267. Djibouti 31. Égypte 92. Éthiopie 290. Gambie 44. Ghana 842. Guinée 251. Guinée-Bissau 835. Libéria 159. Madagascar 41. Mali 111. Maroc 114. Mauritanie 1 513. Nigéria 148. Ouganda 37. Rwanda 675. Somalie 567. Soudan 245. Tchad 287. Togo 143. Tunisie 293. Rép. du Congo (ex-Zaïre) 5 048. Divers 83). **Amérique :** 2 638 (Bolivie 33. Chili 212. Colombie 265. Cuba 91. Guatemala 27. Haïti 1 567. Pérou 395. Divers 48). **Asie :** 68 265 (Afghanistan 1 119. Bangladesh 470. Cambodge 19 731. Chine 754. Inde 94. Iran 2 510. Iraq 1 558. Laos 11 667. Liban 81. Myanmar 58. Pakistan 125. Palestine 86. Sri Lanka 15 606. Syrie 174. Tibet 36. Viêt Nam 14 143. Divers 53). **Europe :** 21 945 (Albanie 685. Arménie 441. Azerbaïdjan 41. Biélorussie 38. Bosnie 994. Bulgarie 208. Croatie 48. Géorgie 163. Hongrie 87. Kazakhstan 39. Lettonie 40. Lituanie 25. Moldavie 36. Pologne 354. Roumanie 672. Russie 464. Slovaquie 42. Ex-Tchécoslovaquie 49. Turquie 10 567. Ukraine 367. Ex-URSS 594. Ex-Yougoslavie 2 241. Divers 67). **Apatrides :** 778. **Non spécifié :** 14.

■ **Demandeurs d'asile. Nombre :** *1972 :* 2 000 ; *76-80* (moy. annuelle) : 17 000 ; *81 :* 19 863 ; *82 :* 22 505 ; *83 :* 22 350 ; *84 :* 21 714 ; *85 :* 28 925 ; *86 :* 26 290 ; *87 :* 27 672 ; *88 :* 34 352 ; *89 :* 61 422 (dont Turcs 17 335, Zaïrois 7 417, Maliens 3 807, Sri Lankais 3 236) ; *90 :* 54 813 ; *91 :* 47 380 ; *92 :* 28 872 ; *93 :* 27 564 ; *94 :* 25 964 ; *95 :* 20 415 ; *96 :* 17 416 ; *97 :* 21 416 ; *98 :* 22 375 ; *99 :* 30 907. **Nombre de décisions** [1], et entre parenthèses, **% d'acceptation :** *1987 :* 26 628 (32,7) ; *88 :* 25 425 (34,6) ; *89 :* 31 170 (28,1) ; *90 :* 87 352 (15,4) ; *91 :* 78 442 (19,7) ; *92 :* 36 646 (28) ; *93 :* 35 489 (27,9) ; *94 :* 29 710 (23,6) ; *95 :* 29 096 (16,3) ; *96 :* 22 203 (19,6) ; *97 :* 24 167 (17) ; *98 :* 22 405 (19,4) ; *99 :* 24 151 (19,3). **Nouveaux admis :** *1990 :* 13 486 ; *91 :* 15 467 ; *92 :* 10 266 ; *93 :* 9 914 ; *94 :* 7 025 ; *95 :* 4 742 ; *96 :* 4 344 ; *97 :* 4 112 ; *98 :* 4 342 ; *99 :* 4 659. **Nombre de recours enregistrés par la Commission de recours des réfugiés (CRR) :** *1990 :* 50 771 ; *91 :* 53 615 ; *92 :* 26 060 ; *93 :* 19 179 ; *94 :* 16 954 ; *95 :* 17 364 ; *96 :* 13 622 ; *97 :* 13 635 ; *98 :* 13 484 ; *99 :* 15 691. **Annulation des décisions de l'Ofpra** (en %) : *1990 :* 4,3 ; *91 :* 5,9 ; *92 :* 8,1 ; *93 :* 8,3 ; *94 :* 5,8 ; *95 :* 5,4 ; *96 :* 5,2 ; *97 :* 6,2 ; *98 :* 8,9 ; *99 :* 9,1.

Nota. – (1) Les décisions peuvent porter sur des demandes déposées antérieurement à l'année.

☞ Voir à l'Index **Travailleurs étrangers**..

Histoire de France

☞ Pour découvrir la sélection **Quid** des meilleurs sites Internet sur l'Histoire de France, rendez-vous sur **www.quid.fr**

Abréviations : Cte : comte, déf. : défaite, emp. : empereur, Emp. : Empire, f. : fils ou fille, Fr. : France ou Français, g. : guerre, h. : homme, Mis : marquis, roy. : royaume, tr. : traité, vict. : victoire.

Préhistoire

☞ Le nom des époques est tiré du traitement des pierres utilisées : paléolithique [de paléolithe : pierre ancienne (taillée)], néolithique [de néolithe : pierre nouvelle (polie)].

Avant les Néandertaliens

■ **Vers – 1900000.** Traces d'occupation humaine (Europe centrale et du Sud). **Vers – 1800000.** Galets aménagés (Chilhac, Haute-Loire).

■ **Prépaléolithique (vers – 950000).** Glaciation de Günz. Faibles groupes humains (10-15 personnes), hominiens du type **Homo erectus** (« homme debout »), originaires du Tanganyika (Afrique) ; *taille :* 1,20 m ; *capacité crânienne :* environ 680 cm³. Savent tailler des galets (d'un seul côté), travailler les os, édifier des murettes. Chasseurs (gibier : éléphant méridional, baleines échouées, etc.). Viennent d'Afrique par le détroit de Gibraltar qui est une terre ferme à l'époque. **Site typique :** grotte du *Vallonnet* près de Roquebrune (Alpes-Maritimes).

■ **Paléolithique inférieur (vers – 650000).** Période interglaciaire Günz-Mindel. Les mêmes hominiens (appelés aussi **archanthropiens,** « anthropiens anciens ») occupent de nombreux sites [Préalpes de Provence, Roussillon, Tarn, Charente, vallée de la Somme où Abbeville a donné son nom à leur civilisation (*abbevillienne*)] ; ils chassent l'hippopotame et le machaïrode ou « tigre à dents de sabre » ; ils fabriquent des coups-de-poing ou « bifaces » avec des rognons de silex. *Habitat :* huttes, forges de Lunel-Viel (Hérault ; – 700000).

■ **Vers – 400000.** Glaciation de Mindel, puis période interglaciaire Mindel-Riss. D'autres hominiens, venus d'Asie (**pithécanthropes** de Java, **sinanthropes** de Chine) remplacent les Africains. **Site typique :** *Terra Amata* (Nice, Alpes-Maritimes), connu en 1958 ; sur une plage marine fossile, « fonds de cabane » correspondant à des huttes ovales de 8 à 15 m × 4 à 6 m au centre desquelles était allumé, dans une petite fosse creusée dans le sable, un foyer protégé par une murette de pierre. Sur 210 m³ : 21 niveaux successifs d'habitats ; près de 35 000 objets répertoriés. Ces foyers sont, avec ceux de *Choukoutien,* en Chine (– 500000 environ), et de *Vertesszöllos,* en Hongrie, les plus vieux connus.

■ **Vers – 280000.** Période interglaciaire Mindel-Riss et glaciation de Riss. Les **atlanthropes** *d'Afrique du Nord* (de 1,50 à 1,65 m ; orbites saillantes ; *habitat :* grottes) s'installent en Espagne et en France et passent en Angleterre (la Manche n'existant pas) ; ils apportent une nouvelle technique (africaine), des outils bifaces, d'un type *acheuléen* [de *St-Acheul* (Somme)] : le coup-de-poing est remplacé par un casse-tête en amande, à la pointe acérée, fixé au bout d'un manche, servant de hache. On a trouvé des poinçons en os dans la grotte du *Lazaret,* près de Nice. **Principaux sites :** Alpes de Haute-Provence, Ardèche, vallées de la Garonne, Vienne, Dordogne, Somme.

D'autres *archanthropiens* (se distinguant des populations africaines) vivent aussi en France ; exemple : *homme de la grotte de la Caune de l'Arago* (*Tautavel,* Pyr.-Or., connue depuis 1838 ; on y a trouvé 2 mandibules, un crâne le 22-7-1971, et un os iliaque en août 1978). *Civilisations : tayacien ancien* (voir col. c) et *acheuléen moyen,* outils sur éclats et galets (quelques bifaces).

■ **Vers – 100000.** Période interglaciaire Riss-Würm. Invasion, venue d'Asie, des **pré-sapiens.** *Capacité crânienne :* 1 470 cm³ ; pas d'arcades sourcilières proéminentes. Chasseurs *vivant* dans des grottes (gibier : rhinocéros, lions et ours des cavernes, hyènes). *Outillage :* peu perfectionné (grattoirs massifs taillés sur une seule face, pics, ciseaux, tarières). **Civilisations :** *tayacienne* [Les Eyzies-de-Tayac-Sireuil (Dordogne)] ; *acheuléenne* [subsiste par endroits (beaux outils de silex), attestée également en Angleterre (Swanscombe)] ; *moustérienne* (– 100000 à – 36000 ; Le Moustier, Dordogne ; industrie à éclats, parfois à lames ; *outil dominant :* le racloir).

Civilisation de Néandertal

■ **Paléolithique moyen (vers – 80000).** Glaciation de Würm. Migrations de peuples asiatiques (Java, Chine, Inde, Proche-Orient, Asie Mineure), les **néandertaliens :** 20 000 individus, en 2 vagues (l'une venue par le Danube, l'autre par l'Afrique et Gibraltar). *Taille :* 1,55 m, crâne aplati, *cerveau* 1 600 cm³, mâchoire puissante, sans menton. **Sites connus :** une trentaine en Europe et au Proche-Orient : *Néandertal* (Rhénanie, Allemagne), *La Chapelle-aux-Saints* (Corrèze), *La Quina, Le Moustier* (Dordogne). **Civilisation :** vivent dans des grottes (Poitou, Charente, Dordogne). Taille perfectionnée du silex selon la technique de *Levallois* (Levallois-Perret, Hts-de-S.) : l'artisan détache d'un coup sec, à partir d'un gros nucléus ovoïde tenu verticalement, un éclat long et triangulaire donnant des lames de toutes tailles : racloirs à peaux (en forme de tranche d'orange), pointes triangulaires, scies, burins, tarières, éclats à encoches, hachettes emmanchables. Chassent bison, aurochs, cheval (pottock), loup (technique : boules de pierres réunies par une longue courroie de peau), et surtout renne ; mammouth et rhinocéros velu sont piégés dans des fosses. *Sépultures :* les morts sont ensevelis dans des fosses de 1,40 m × 1 m × 0,30 m ; on pose à côté des corps des rations de viande, des objets en silex et un crâne de bison ; les funérailles s'accompagnent d'un repas pris en commun. **Disparition des néandertaliens** vers – 35000 [conflits (?) ; réchauffement vers – 40000, suivi d'un retour brutal de la glaciation (?)].

■ Paléolithique supérieur

■ **Paléolithique supérieur (vers – 33000).** Fin de la glaciation de Würm. De petits groupes néandertaliens subsistent, par exemple à *La Ferrassie* (Dord.). L'**homme de Cro-Magnon** (5 squelettes découverts en 1868 lors de la construction du chemin de fer dans un abri de Cro-Magnon, commune des Eyzies-de-Tayac, Dord.) repeuple les régions désertées. La 1re vague **(aurignaciens)** vient peut-être du Moyen-Orient (chaque tribu compte plusieurs milliers de membres) ; ils colonisent aussi Asie orientale et Amérique (passage par le détroit de Béring gelé). Ou, hypothèse non vérifiée, ils seraient des *Atlantes* ayant débarqué en Amérique, par l'ouest, en Europe (sud du Portugal) et en Afrique (Maroc) par l'est. Densité maximale au sud-ouest de la péninsule Ibérique et dans l'ouest du Maghreb. **Caractéristiques :** crâne volumineux (dolichocéphale, cerveau 1 550 à 1 750 cm³), front bombé, face large et basse, avec saillies du menton et du nez ; taille 1,71 m (Cro-Magnon) à 1,77 m (Grimaldi) ; avant-bras longs, jambes longues. Ce type se retrouve (légèrement métissé) à la fin de la période, chez les **magdaléniens ;** encore décelable actuellement. Exceptions : *homme de la combe Capelle* [Dord. (Néandertal)]. *Chanceladiens* [Chancelade, Dord. : petits (1,60 m), parfois comparés aux Esquimaux]. **Civilisation :** *taille de la pierre* au marteau de bois (principalement buis) ; éclats ensuite travaillés avec des pointes d'os. *Os de renne :* on enlève les tissus spongieux avec des grattoirs en pierre, pour obtenir des pointes de sagaies (15 cm de long), spatules, poinçons, lissoirs, flacons. Les objets sont fignolés et décorés. *Arc :* inventé vers – 15000. **Sites :** *Pincevent* (près de Montereau, Seine-et-Marne, découvert 1964). *Lascaux* (Dord., grotte découverte le 12-9-1940 ; 150 fresques, 1 500 gravures : dessins de – 21500). *Cosquer* (B.-du-Rh., grotte sous-marine découverte en 1985 par Henri Cosquer et explorée en 1991, – 25110 ± 350). *Gargas* (Htes-Pyr., explorée en 1906-07, – 24860 ± 460). *Chauvet* (Ardèche, près de Vallon-Pont-d'Arc) découverte 1994.

■ **Subdivisions du paléolithique supérieur :** *périgordien inférieur* (– 33000 ; Châtelperron, Allier). *Aurignacien* (– 30000 ; Aurignac, Haute-Garonne). *Périgordien supérieur* (– 20000 ; La Ferrassie, Dordogne). *Solutréen* (– 18000 ; Solutré, Saône-et-Loire) : chasseurs de chevaux ; artisanat en os de cheval. *Magdalénien* (– 15000 ; La Madeleine, Dordogne) : chasseurs de rennes et pêcheurs (harpon à pointe mobile) ; connaissent le rouge et le bleu, la musique (pipeaux).

■ Cultures postglaciaires

■ **« Épipaléolithiques » régionaux (vers – 10000).** Réchauffement. Disparition du renne et du phoque. Une civilisation *magdalénienne finale* se répand du sud-ouest français vers le nord-est plus froid.

■ **Romanelliens (– 10000 à – 8500).** Appelés aussi *microgravettiens* (grattoirs très courts, lames de canifs) : populations non cro-magniennes en Provence orientale ; **aziliens** (– 9000 à – 8500, Le Mas d'Azil, Ariège) : héritiers des magdaléniens, sous l'influence culturelle des *microgravettiens* : chassent le petit gibier et fabriquent de petites armes (microlithes). Ramasseurs d'escargots.

■ **Civilisations mésolithiques régionales (– 8000 à – 4000).** Héritières des dernières civilisations du magdalénien. Variétés locales : *montadien* (– 8000 à – 7000, Montade, B.-du-Rh.). *Castelnovien* (– 7500 à – 6000, Châteauneuf-les-Martigues, B.-du-Rh.) : domestication du mouton sauvage. A partir de – 6000, élevage du petit bœuf. *Sauveterrien* (– 7500 à – 3000, Sauveterre-la-Lémance, L.-et-G.) : emploi de l'arc, connu déjà en Afrique (chasse au lapin). *Tardenoisien* (– 7000 à – 3000, Fère-en-Tardenois, Aisne), 8 variétés locales : Belgique, Bassin parisien, Bretagne (notamment l'île d'Hoëdic, alors reliée au continent), Loire, Rhodanien, Aquitaine, Languedoc, Bas-Rhône (outils en trapèze et têtes de flèches tranchantes).

■ Civilisations néolithiques

■ **Vers – 6000 dans le Sud-Est, vers – 5700 à – 5500 dans l'Est.** Fin de la civilisation de la cueillette et de la chasse ; culture des céréales, domestication des animaux, poterie, tissage, polissage des instruments ; premiers villages, premiers tombeaux mégalithiques (tumulus, cairns, dolmens).

■ **Proto-néolithique (vers – 4000).** Civilisation du *rubané* (motif décoratif fréquent sur les poteries). Originaire des régions danubiennes, se retrouve en Alsace, Lorraine, Somme, Bassin parisien. Les côtes restent sous l'influence d'autres civilisations (Pologne et Allemagne du Nord).

■ **Néolithique moyen (– 3200 à – 2400).** *Chasséen* (Chassey, C.-d'Or) : sites en éperon, barrés par un fossé, habitations rectangulaires, étables rondes et enclos à bétail ; empierrage avec des galets fréquent. **Site typique :** *St-Michel-du-Touch* (Hte-G.) ; poteries à décor incisé, couteaux à tranchant convexe ; travail du bois de cerf. Dans l'Ouest, décor géométrique pointillé (style de Luxé, Charente).

■ **Néolithique final (vers – 2500).** Voir ci-contre.

■ **Potiers du Cardial (– 5600 à – 4000).** Classés parfois parmi les néolithiques, mais leurs outils sont mésolithiques (pierres taillées minuscules). Héritiers des mésolithiques castelnoviens, qui possédaient des récipients de vannerie et de cuir : les premiers pots auraient été des paniers enduits d'argile.

■ Protohistoire (préceltique)

Période entre la **préhistoire** [pour laquelle on dispose exclusivement de documents archéologiques (objets de fouilles)] et l'**histoire** pour laquelle on dispose de sources écrites ou de témoignages oraux. **L'âge des métaux,** classé primitivement dans la préhistoire, est considéré comme protohistorique.

■ Civilisations agricoles

■ **– 2500 à – 2000.** Colonisation du Nord par des défricheurs qui seraient venus du Proche-Orient. 3 axes différents : Caucase, plaines du Nord ; Balkans-Danube (le décor des céramiques est de type danubien) ; Méditerranée. Appartenant au type « méditerranéen gracile », ils sont appelés **SOM** (Seine-Oise-Marne), lieu de leur foyer territorial. Ils civilisent Alsace, Franche-Comté, Val de Loire. Leurs ustensiles sont également utilisés en Armorique (acculturation sans immigration). Pour certains, ce sont des *Armoricains* (ils ont introduit les chambres funéraires armoricaines dans le Bassin parisien). Mais en Haute-Normandie, il y a un peuplement de petits brachycéphales trapus, venus du Rhin supérieur. **Civilisation :** *villages :* nombreux (mêmes emplacements qu'aujourd'hui). *Cultures :* dans des clairières défrichées (arbres abattus avec des haches de pierre polie) ; céréales, légumes, fruits. Découpage des terrains en champs individuels qui se retrouvent dans le cadastre contemporain. *Habitations :* légères, en bois (peu de traces). *Industrie :* de type *campignien* (Campigny, Somme). *Armement :* flèches tranchantes, casse-tête, poignards [nucléus en silex erratiques de la région du Grand-Pressigny (Indre-et-Loire) : surnommés « livres de beurre » ; longueur max. : 40 cm ; fabrication industrielle (technique non retrouvée) ; découverte de plus de 130 lames en 1886 et 1971]. *Poteries :* gobelets à fond plat, décorés à coups d'ongle. *Sépultures :* collectives ; les morts ne sont pas brûlés, mais déposés dans des allées couvertes de type armoricain ou dans des tumuli à chambres multiples.

■ **Age du cuivre (vers – 2100).** Naissance de la métallurgie dans les Cévennes. Les premiers fondeurs ont peut-être été formés par des navigateurs méditerranéens qui recherchaient de nouveaux gisements de cuivre (l'ère a commencé en Syrie vers – 3600). Ils n'avaient pas de rapports avec les SOM, dont la civilisation n'a pas pénétré le sud de la France. *Civilisation type :* le *fontbuxien* (Fontbouisse, près de Sommières, Gard) ; découverte vers 1940 et appelée *civilisation des pasteurs des plateaux :* maisons en pierres sèches, rectangle arrondi, murs 1,50 m de haut, toit en bois à 2 pentes ; vases carénés ou sphéroïdes, décorés de cannelures ; colliers en perles de cuivre ; statues-menhirs aux flancs côtelés, avec des faces stylisées (hommes, chouettes).

■ **Chalcolithique (– 2350).** Premiers **« campaniformes »** [utilisant des gobelets en forme de cloche (en latin *campana*)], venus d'Espagne, voyagent avec des chevaux de bât ; ne se mêlent pas aux populations locales, mais forment de petites colonies de métallurgistes et de potiers. *Armement* en cuivre : poignards à languette, têtes de flèches, haches. *Céramique :* rouge vif ou noire, décorée au peigne fin ou à la cordelette ; jarres, tasses, bols, vases, écuelles, coupes. *Bracelets d'archer :* en pierre polie, passés sur le bras gauche pour caler l'arc, la main droite tirant la corde. L'archer est enterré avec son bracelet, d'où le 2e nom des campaniformes : *peuple aux bracelets d'archer.*

Types de monuments mégalithiques

■ **Menhir** [(du breton : *men,* pierre, et *hir,* longue ; au pluriel *menou hir*) ; ou *peulven* (au pluriel, *peulvened*). Pierre fichée dans le sol, poids de 2 à 200 t. Destination inconnue : symbole phallique, « perchoirs » des âmes, astronomie, etc. **Les plus hauts :** *Mané er Groach* (Locmariaquer, Morbihan) : 23,50 m [aujourd'hui en 4 morceaux totalisant 20,60 m : 350 t (un des morceaux a été réutilisé comme couverture d'un dolmen, dans l'île de Gavrinis, à 11 km)]. *Plesidy* (Côtes-d'Armor) : 11 m. *Louargat* (Côtes-d'Armor) : 10 m. *Champ Dolent* (Ille-et-Vilaine) : 9,50 m. *Kerloaz* (Plouarzel, Finistère) : 9 m.

Alignements. Menhirs dressés en lignes parallèles. *Carnac* (Morbihan) : 4 km, 2 935 menhirs (autrefois 8 km ?) ; comprend 2 enceintes et 3 alignements : Le Ménec : 1 169 menhirs sur 11 files et 1 100 m, Kermario : 1 029 sur 10 files et 1 200 m, Kerlescan : 594 sur 13 files et 800 m. *Kerzerho* (Erdeven, Morbihan) : 2,1 km, 1 129 menhirs.

Enceinte (improprement appelée *cromlech*). Série de menhirs : *de forme ovoïde,* souvent liée aux alignements (exemples : *Kermario* et *Le Ménec* à Carnac) ; *disposée en cercles tangents ;* 2 en France : *Er Lannic,* île du Morbihan, dont une partie est submergée, témoignant ainsi de la remontée du niveau des mers après le Néolithique et *grotte de la Caougno,* pic de St-Barthélemy, près de Luzenac (Ariège) ; *en cercles* apparemment *astronomiques :* en G.-B. (exemple : *Avebury,* 365 m de diamètre, le plus grand du monde, comportait 650 pierres dressées en 3 cercles) ; *formant des ensembles complexes : Stonehenge* (G.-B.), modifié au cours des siècles (31 m de diamètre, 125 pierres).

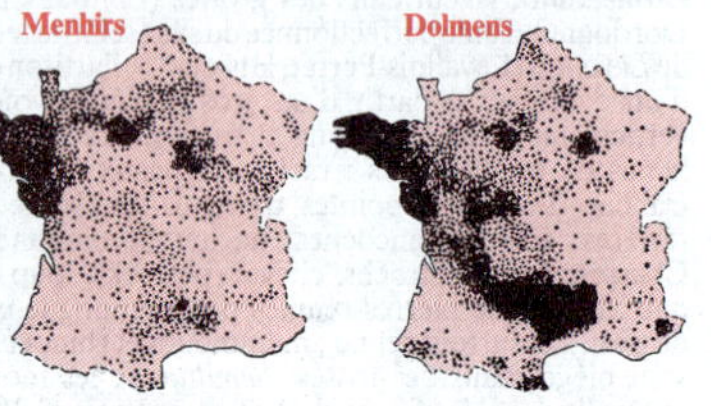

■ **Dolmen** (du bas-breton *dol* ou *taol,* table, et *men,* pierre ou du cornique *dewl men,* pierre formant abri). Sépulture collective matérialisant la puissance du groupe social. Types : *dolmens à couloir,* les plus anciens, surtout dans l'ouest de la France : chambre ronde ou carrée précédée d'un couloir plus étroit que la chambre ; parfois en pierres sèches, y compris la couverture de la chambre dite alors en encorbellement. *Barnenez* à Plouezoch (Finistère) ; *dolmens à allées couvertes* (chambres rectangulaires allongées, parfois précédées d'un court vestibule de même largeur que la chambre) ; *dolmens simples* (sans structure d'accès). Ils sont découverts, ou sans tumulus, ou à moitié enterrés. Les monuments bien conservés sont inclus dans un *cairn* avec enceintes ou bien sous tumulus [par exemple, le tumulus St-Michel à *Carnac* (Morbihan) représenterait 35 000 m³ de terre]. Le dolmen de *Gavrinis* (Morbihan) est orné de gravures géométriques. Parfois la dalle entre chambre et entrée est trouée (exemples : dolmen de *Conflans,* Yvelines, transporté à *Saint-Germain-en-Laye,* ou dolmen de *Trie-Château,* Oise).

Bagneux-Saumur (M.-et-L.), dolmen le plus grand d'Europe (chambre de 20 m de long). *Cueva de la Pastora* (Castillejo de Guzmán, Espagne), environ 30 m de long. *Antequera* (Andalousie, Espagne), plus de 25 m de long (une des pierres pèse 100 t). *Locmariaquer* (Morbihan) : pierres plates, dolmen en équerre de 28 m de long ; Mané-Rutual, table de 11,50 m sur 4,20 m et 0,50 m d'épaisseur, pesant 60 t. *Mettray* (I.-et-L.) 60 t. **La pierre la plus lourde** serait celle de *Gast* (Calvados), granit bleu 300 t (brisée), mais il n'est pas prouvé qu'il s'agisse d'un dolmen. Le 28-7-1979, près de la carrière d'Exoudun à Bougon (Deux-Sèvres), le préhistorien Jean-Pierre Mohen et le producteur Robert Clarke ont fait déplacer une masse de 32 t, tirée par 170 hommes et poussée avec des leviers de chêne par 30 autres.

■ **Monuments répertoriés en France. Dolmens et allées couvertes :** 4 500 dont Aveyron 487, Ardèche 400, Finistère 353, Morbihan 312, Lot 285, Gard 224, Lozère 213. **Menhirs isolés :** 2 208 dont Finistère 314, Morbihan 240, Loire-Atlantique 155, Ille-et-Vilaine 114, Vendée 100, Côtes-d'Armor 98, Corse 70, Yonne 69. **Cromlechs :** 106 dont Finistère 22, Ille-et-Vilaine 22, Morbihan 14, Oise 6, Dordogne 4, Maine-et-Loire 4. **Alignements :** 70 dont Ille-et-Vilaine 27, Finistère 17, Morbihan 12, Loire-Atlantique 2, Oise 2.

■ **Énigme de Glozel. Déroulement :** le 1-3-1924, un paysan, Émile Fradin (18 ans), présenta à la Sté d'émulation du Bourbonnais des briques cuites, découvertes dans le champ de son grand-père au hameau de Glozel (Ferrières-sur-Sichon, Allier), couvertes d'inscriptions utilisant un alphabet inconnu. Des archéologues en vue comme Salomon Reinach (1858-1932), Joseph Loth (1847-1934) et Émile Espérandieu (1857-1939) conclurent à leur authenticité [certains les datèrent du néolithique (– 8000) ; d'autres, comme Camille Jullian (1859-1933), les considérèrent comme des amulettes de sorciers gaulois]. Le *Journal des débats* ayant fait paraître le 13-5-1929 un article de la Sté préhistorique de France qualifiant le Dr Morlet (partisan actif de Glozel) d'« entrepreneur d'escroquerie » fut condamné (avec la Sté) le 26-9-1929, et en appel le 28-2-1930 (Riom), à 16 F d'amende avec sursis et 1 F de dommages et intérêts. Une plainte en escroquerie déposée par le Dr Regnault, Pt de la Sté préhistorique de France, contre Fradin aboutit à un non-lieu (ordonnance du juge d'instruction de Cusset du 26-6-1931, confirmée par arrêt de la cour d'appel de Riom du 30-7-1931). Fradin ayant déposé une plainte en diffamation contre Dussaud et le journal *Le Matin,* le 23-3-1932 le tribunal correctionnel de la Seine les condamna au franc de dommages et intérêts.

Invraisemblances : les Fradin auraient découvert fortuitement un four de verrier médiéval. Malgré l'acidité du sol, on a retrouvé des os « magdaléniens » taillés et gravés grossièrement ; ils étaient très frais malgré leurs 15 000 ans d'âge présumé. Des céramiques ont été confiées, en 1974, au laboratoire d'Édimbourg pour essais de datation par thermoluminescence ; ces expériences, reprises aux laboratoires de dosimétrie du CEA (Fontenay-aux-Roses et Gif-sur-Yvette) par H. François, G. Poutal et G. Valladas, ont donné des résultats peu significatifs en raison de nombreuses perturbations dues au comptage, à la nature et à la profondeur du sol d'enfouissement. Des objets identiques ont été datés de 700 av. J.-C. à 100 apr. J.-C., puis de 350 av. J.-C. au XVIIIe s. Les harpons en os (présentés comme datant de – 10000 av. J.-C.) ont des barbes arrondies et irrégulières les rendant inutilisables. Tous ont le même aspect.

Empire des Ligures

■ **– 1800.** *Origines :* habitants primitifs de l'Europe occidentale (peut-être parents des campaniformes ; comme eux, ils avaient des tombes individuelles et des maisons en bois) ; ou Indo-Européens (voir ci-dessous) détachés du groupe primitif de la Russie du Sud plusieurs siècles avant l'éclatement du groupe. *Pays colonisés :* on les retrouve là où le nom des fleuves contient la syllabe *ar,* et où le nom des localités se termine par *sk* (Allemagne, Suisse, France, Angleterre du Sud, Irlande, Italie du Nord et du Centre, Corse puis Italie du Sud et Espagne seront colonisées au millénaire suivant). *Apport culturel :* la charpente. *Sépultures :* sous la maison.

■ **Fin de l'empire des Ligures (– 1200 à – 1000).** *Vers – 1200* ils sont chassés d'Italie par les *Italiotes* (Indo-Européens) ; *vers – 1100* de Corse par les *Korsi,* rameau de l'ethnie étrusque (Thraco-Illyriens faisant partie des « Peuples de la mer ») ; *vers – 1000* d'Allemagne par les *Celtes.*

■ **Légende des villages lacustres.** Les Ligures construisaient des maisons de bois reposant sur plusieurs pieux, souvent sur le bord des lacs alpestres. Le niveau de ces lacs ayant monté depuis, ces pieux ont été submergés sous 3 ou 4 m d'eau, ce qui les a protégés jusqu'à nos jours, en les carbonisant (début de fossilisation). Au XIXe s., on a cru qu'il s'agissait de villages lacustres construits sur pilotis. Mais des plongeurs ont trouvé, entre ces pilotis, des foyers, avec des cendres.

Les Celtes

☞ Le nom des Celtes apparaît chez Hécatée de Milet (vers – 500) et Hérodote (vers – 450). Il viendrait de l'indo-européen *keletos,* rapide, ou *kel-kol,* habitant, colon. Les Celtes sont ensuite identifiés aux *Hyperboréens* (de l'Extrême-Nord) mythiques. Au IVe s. av. J.-C., ils occupent l'Europe d'est en ouest. Le mot *Galate* (« Ceux d'ailleurs » ou « Envahisseurs ») apparaît dans la littérature grecque en 279 av. J.-C. *Galli* apparaît pour la 1re fois en 168 av. J.-C. dans les *Origines* de Caton l'Ancien (traduction latine de « Galates »). Selon Plutarque, les Galates font partie de la race celtique correspondant aux Belges. Sous Auguste, ils habitaient les Alpes, les Pyrénées jusqu'à l'Océan, la forêt hercynienne. Dans César et Tacite, ils seraient des Germains. Au IIe s. apr. J.-C., Dion Cassius traduit Gaulois par Galates et Celtes par Germains. Galatie reste le nom de la province d'Asie Mineure où les Celtes ont fondé un royaume. D'après Amédée Thierry (1797-1873), les Gaulois avaient les cheveux blonds, le teint blanc, la taille haute, ils parlaient fort et travaillaient bien (description remise en question aujourd'hui).

■ **Vers – 2500** les *Indo-Européens* quittent le Kazakhstan (entre la Volga et l'Ienisseï), devenu trop sec, et fondent en Russie méridionale la civilisation de *Kurgan* (en russe, tertre) : ils construisent des positions fortifiées pour leurs aristocraties militaires (guerriers à cheval). **– 2300** les cavaliers du Kurgan ravagent le Proche-Orient ; ils détruisent Lerne (Grèce), Troie III en Asie Mineure, et reviennent au nord de la mer Noire avec leur butin. **– 2000** dislocation du groupe indo-européen : les futurs *Celtes* font partie du groupe des Occidentaux qui se dirigent vers la Baltique ; puis d'un sous-groupe, Italo-Celtes et Germains, avançant plus vers l'ouest. **– 1600** les *Celtes de Bohême* créent *la civilisation* **d'Unetice** et l'industrie européenne **du bronze.** Ils se différencient des autres Indo-Européens occidentaux : futurs *Italiotes,* restés longtemps leurs compagnons (groupe italo-celtique), et *Germains. Armement :* poignard de bronze triangulaire d'Unetice. *Sépultures :* guerrier enterré avec ses armes et objets en bronze sous un tumulus atteignant parfois 6 m de hauteur (d'où le nom de *civilisation* **des Tumuli**). **– 1250** naissance de la *civilisation* **des Champs d'urnes** en Europe centrale : vivant dans des clairières défrichées où il y a peu de place pour les grandes sépultures, les Celtes brûlent les cadavres et mettent leurs cendres dans des urnes regroupées dans des cimetières collectifs hors des villages (plus tard, ils reprendront l'usage des tumuli pour les chefs). **– 1200** premiers champs d'urnes celtiques en Allemagne du Sud puis en France.

■ **– 1000** les Celtes de l'Allemagne du Sud créent *la civilisation* **du fer,** dite de **Hallstatt** [bourgade proche de Salzbourg (Autriche) ; nécropole de *tumuli* (– 1000 à – 500) découverte en 1846 par un ingénieur des salines, Georges Ramsauer] : ils utilisent le minerai de Bohême, Bavière, Autriche. *Armement :* grande épée de fer, de Hallstatt I (– 1000 à – 700) ; après – 700, épée courte, de Hallstatt II ; mors de cheval en fer. **– 950** les Celtes chassent les Ligures d'Allemagne de l'Ouest, mais montagnes et rivières conservent leurs noms ligures. **– 800** pénètrent dans la France de l'Est où ils remplaceront les Ligures. Leurs tombeaux à tumulus apparaissent au milieu des « champs d'urnes ». **– 700** une partie des Celtes de la France de l'Est traverse l'Ouest français, de civilisation ligure, et va fonder l'Espagne celtique (civilisation hispano-hallstattienne de Galice). **– 600** *Ibères* en Aquitaine ; *Grecs* à Marseille. Le Sud est en relation avec les grandes puissances du bassin méditerranéen.

■ **– 500 à – 400** les Celtes occupent la Gaule au nord d'une ligne Carcassonne-Genève : ils fondent la *civilisation de* **La Tène** [village entre lacs de Bienne et de Neuchâtel (Suisse) ; site découvert en 1856 par le colonel Friedrich Schwab, et fouillé en 1881 par Emil Vouga ; on y a trouvé les 1res tombes contenant des chars à 2 roues]. *Écriture :* connue, peu utilisée (quelques inscriptions funéraires avec le nom du défunt). Leur culture et leurs traditions ont été transmises oralement ; les 1res transcriptions datent des XIe-XVe s. apr. J.-C. (faites en Irlande par des moines, qui disposaient sans doute de textes plus anciens sauvés des destructions vikings des VIIIe-IXe s.). *Architecture :* lieux cultuels et maisons en majorité en bois et terre [exceptionnellement en pierre, Entremont et Glanum (en Provence) ; en os humains, Ribemont-sur-Ancre (Somme)] ; Gournay-sur-Aronde (Oise), fossé rempli de 3 000 os d'animaux et de 2 000 armes volontairement tordues ou cassées. *Armement :* char de combat et casque. *Art gaulois ancien :* reproduction d'animaux. **– 387** *Ambicat* (« roi suprême »), chef des *Bituriges,* conquiert l'Italie du Nord (qui devient Gaule cisalpine). **– 385** il prend et pille Rome, sauf le Capitole, sauvé par les cris des oies sacrées. **– 278** les Gaulois conquièrent bassin du Danube et Balkans : fondation de Singidunum (Belgrade), suivie du pillage de la Grèce [notamment Delphes par 150 000 Gaulois sous le commandement de « Brennos » (nom commun signifiant « chef »)] ; ils fondent ensuite un empire durable en Thrace et Asie Mineure [la *Galatie* (c.-à-d. « pays des Galates », nom grec des Gaulois), près de la Phrygie]. **– 218** environ 25 000 Gaulois servent comme mercenaires dans l'armée carthaginoise d'Hannibal. Au IIe s. av. J.-C., des sites fortifiés *(oppida)* de 2 000 à 3 000 ha servent de capitales administratives, refuges, marchés saisonniers, centres artisanaux et lieux de culte. En Bourgogne, les *Éduens* (frères du peuple romain) intensifient les échanges : 500 000 à 1 000 000 d'amphores (contenance 25 l) par an en Gaule. Étain, cuir, bétail des îles Britanniques transitent par la Gaule. **– 192** *offensive romaine* en Gaule Cisalpine ; les Gaulois de la plaine du Pô sont soumis. **– 154** les Romains débarquent à Marseille qui les a appelés à l'aide contre les Celto-Ligures de la Basse-Durance. **– 125 à – 121** ils conquièrent [sur *Bituit* (roi des *Arvernes*), les tribus celto-ligures (*Salyens*) et plusieurs tribus gauloises (*Allobroges, Volques*)] un sixième environ du territoire gaulois, entre Espagne et Italie : la Province romaine. **– 120** monnaies d'argent aux motifs romains adoptées par Éduens, Séquanes, Helvètes, Lingons, Bituriges, Santons. **– 113** attaque germanique contre les territoires celtiques de la rive droite du Rhin : les *Helvètes* (bassin du Main) se replient au sud du Rhin (Suisse actuelle). **– 60** *Arioviste* (chef suève), appelé par les Séquanes, bat les *Éduens* [localisation actuelle : entre Aumur et Pleure, au sud de Dole (Jura)]. **– 58** les *Helvètes,* inquiets de la proximité des Germains, décident de s'installer en Saintonge (Charente-Maritime) ; cette migration déclenche la guerre contre Rome.

Institutions gauloises

■ **Gaule. Origine :** *Gallia* désignait les pays habités par les Celtes (*Galli* en latin). **Comprenait** (pour les Romains) : la France des frontières naturelles y compris Belgique, Suisse et rive gauche du Rhin (Gaule transalpine ou ultérieure), la majeure partie de l'Italie septentrionale (Gaule cisalpine ou Citérieure du Nord, divisée en Gaule cispadane au sud du Pô et Gaule transpadane au nord du Pô), puis, jusqu'à la fin de l'Empire romain, les Romains distinguèrent plusieurs Gaules : **vers – 200** les tribus celtiques cisalpines sont regroupées dans une province unique appelée *Gallia togata* (Gaule en toge). **– 118** *Gallia bracata* (Gaule en braies), annexée sous l'appellation *Provincia,* deviendra la « Narbonnaise » : rivages méditerranéens de la Transalpine. **Arrivée de César :** *Gallia comata* (Gaule chevelue, hirsute ou boisée), indépendante ; 3 parties : une habitée par les Belges, une par les Aquitains et une autre par ceux, dit César, qui s'appellent eux-mêmes les Celtes mais sont appelés les Gaulois ; en fait, Belges et Aquitains seront considérés comme des Gaulois tant que la Gaule durera. **– 51** la Gaule est déclarée province romaine (après les campagnes de César) ; l'ancienne *Provincia* lui est agrégée. **– 27** Auguste distingue 3 Gaules : Belgique, Celtique, Aquitanique ou Aquitaine. **Du milieu du Ier s. av. J.-C. à notre ère** les Gaules changent de dénomination : la *Celtique* devient Lyonnaise et sera partagée en Lyonnaise et Séquanaise ; l'*Aquitaine* perd sa partie méridionale au profit de la Novempopulanie (« neuf peuples ») ; une *Germanie* en 2 morceaux séparés est créée en Belgique ; la *Narbonnaise* forme 3 provinces (d'ouest en est : Narbonnaise Première, Viennoise et Narbonnaise Seconde). **IVe s.** 2 diocèses : des Gaules ou des Dix-Provinces (les 4 Lyonnaises, 2 Belgiques, 2 Germanies, la « Maxima Sequanorum » et les Alpes Grées et Pénines) ; de Viennoise ou des Sept-Provinces (Viennoise, 2 Aquitaines, Novempopulanie, 2 Narbonnaises et Alpes-Maritimes).

■ **Population.** 5 à 6 millions d'habitants (24 selon certains) divisés en tribus de 200 000 à 800 000 habitants.

■ **Formation tribale.** Héritée des Indo-Européens (environ 2000 av. J.-C.). Une aristocratie militaire (utilisant le cheval de combat) habite un tertre fortifié ; **2 types : 1°)** ceux qu'avaient occupés les Ligures, habitants antérieurs : *briga,* peut-être enlevés de force et repeuplés, peut-être alliés et assimilés ; nom des habitants devenu prénom : *Brixius, Brix* ou *Brice.* **2°)** Ceux qu'ont construits les Celtes : *durum* (c'est-à-dire « porte » ; germanique *thür*) ; nom des habitants devenu patronyme : Duran ou Durand. Cette aristocratie fait cultiver les plaines avoisinantes par des serfs [étrangers dont on a conquis le pays, mais que l'on n'a pas exterminés (*servus,* épargné)]. **2 types de villages serviles : 1°)** *commerçant : dunum* (angl. *town*) ; nom des habitants devenu patronyme : Dunan. **2°)** *Agricole : magos ;* nom des habitants devenu patronyme : Magan ou Mayen.

■ **Structure politique des tribus. Roi (rix) :** élu dans certaines familles aristocratiques ; c'est un chef militaire. En cas de conflit, il commande les cavaliers d'une tribu, qui portent un nom totémique : *Eburovici,* les gens de l'if ; *Epomandui,* les guerriers du cheval, etc. Chaque sous-tribu peut avoir son « petit roi », *regulus.* Une tribu a généralement 4 sous-tribus qui, en temps de guerre, se regroupent autour d'elle. En 52 av. J.-C., les *Arvernes* (roi : Vercingétorix) regroupent *Cadurques* (Cahors), *Gabales* (Gévaudan) et *Vellaves* (Velay).

Aristocratie : les lignées nobles non royales et les branches cadettes des lignées royales habitent des collines fortifiées et s'entourent de « clients » (c.-à-d. de protégés, débiteurs ou anciens serfs) qui leur sont unis par des liens de vassalité (origine de la féodalité). Les nobles font travailler leurs serfs dans des unités territoriales équivalant au canton actuel. En cas de surpeuplement, on défriche une zone forestière. Village de défricheurs : *iolos* (nom des habitants devenu prénom : Yolande). Les nobles n'obéissent pas au roi en temps de paix et l'institution royale tend à disparaître : au temps de César, il n'y avait qu'un seul statut, un roi tribal chez les *Sénons* (Sens) et un seul regulus sous-tribal chez les *Nitiobriges* (Agen).

Druides : aristocrates détachés du *durum* et vivant dans les *dunum, magos* et *iolos,* ils sont à la fois prêtres (culte des dieux naturels ; liturgie du *gui* toujours vert, symbole de l'immortalité de l'âme), éducateurs (mainteneurs des poèmes héroïques récités) et juges (ils prononcent la peine capitale : les exécutions sont rituelles et varient selon le crime ; par exemple, certains criminels voués au dieu Ésus sont pendus à un arbre et saignés à mort). Les *vates* (devins, savants, médecins) ont en charge l'exercice « pratique » de la religion. La littérature abondante, mais orale, est transmise par les *druides* et les *bardes* (poètes). L'alphabet grec est couramment utilisé.

Vie familiale : la famille comprend tous ceux qui vivent dans la maison du père. Le père a droit de vie et de mort sur ses enfants et sa femme. La femme est cependant respectée, ne serait-ce qu'en raison de la dot (argent, troupeau, meubles) qu'elle apporte.

Conseils tribaux : les druides de chaque tribu se rencontraient régulièrement, sans doute aux fêtes religieuses.

Grandes assemblées nationales : les Celtes ont gardé le souvenir de l'« Empire celtique » depuis le IVe s. av. J.-C. (ils occupaient presque toute l'Europe et une partie du monde méditerranéen). Chaque année, en dépit de leur morcellement politique, ils se réunissent au « nombril » (en grec *omphalos*) de chacune de leurs grandes unités nationales : Gaule, Espagne, Bretagne, Pannonie, Asie, etc. Pour la Gaule, le nombril était chez les *Carnutes* [vraisemblablement à Sodobriga (Suèvres, L.-et-C.)]. Les réunions étaient plus cultuelles que politiques, les participants étant en majorité des druides. Néanmoins, leur président jouait un rôle politique : il était considéré comme un empereur des Celtes (sans doute un noble de lignée royale, constamment réélu) ; c'était lui qui accréditait les ambassadeurs gaulois envoyés à Rome, en Grèce et dans les royaumes d'Orient. Tite-Live désigne comme « empereur des Celtes » un Biturige nommé *Ambicatus.*

Guerre des Gaules (58-50 av. J.-C.)

■ **Causes. 1°)** Impérialisme des Romains, notamment de Jules César, désireux de conquérir la Gaule riche en or (il est criblé de dettes). **2°)** Crainte des Gaulois devant les Germains : le chef suève Arioviste a franchi le Rhin en 61 av. J.-C. et a soumis la tribu gauloise des Éduens : le protectorat romain semble nécessaire à de nombreuses tribus. **3°)** Crainte des Romains devant les Germains : l'émigration des Helvètes vers la côte atlantique leur permettrait d'atteindre les Alpes. Une Gaule romanisée servirait de rempart.

Pour André Goudineau, César rêvait de devenir gouverneur dans la région du Danube lorsqu'il fut nommé gouverneur de la Gaule transalpine. Là, sa méconnaissance de ses adversaires et ses maladresses réunirent contre lui des peuples alors très divisés.

■ **Effectifs. Gaulois :** 3 millions sont mobilisés selon Diodore de Sicile [50 000 (en service, en 62)] : pertes

La Gaule à l'arrivée de César

1 000 000 †, 1 000 000 d'esclaves. **Romains :** la Xe Légion, 2 légions cisalpines, 3 légions illyriennes (36 000 hommes) et 4 000 cavaliers auxiliaires gaulois. *Après 57 :* 8 légions (48 000 hommes).

■ **Déroulement.** **59 César** nommé proconsul des 2 Gaules : cisalpine (plaine du Pô) et transalpine (Provincia). **58-juillet** il écrase les Helvètes à 27 km du mont Beuvray [*Bibracte*, Nièvre (capitale des *Éduens*), site fouillé depuis 1867, fouilles relancées en 1985 ; localisation actuelle : Montmort (S.-et-L.), oppidum de 135 ha], qui migrent vers la Saintonge ; **août** César occupe Besançon, capitale des *Séquanes* (Franche-Comté et Suisse romande) menacés par *Arioviste ;* **10 sept.** bataille de *Cernay* (Ht-Rh.) : *Arioviste* battu et blessé repasse le Rhin à la nage ; **oct.** les Helvètes atteignent la Bourgogne, sont arrêtés par César qui les rejette sur leur base de départ (226 000 † sur 336 000 d'après César : chiffre forcé). **Hiver 58-57** coalition des Belges contre César ; chef : *Diviciacos,* roi des *Suessions*

■ **Vercingétorix.** Né vers 72 av. J.-C. en Auvergne, † à Rome en 45 av. J.-C. Son nom signifie « Chef suprême des combattants » ; vers 1820, en Auvergne, une monnaie d'or à son nom a été découverte (profil de jeune homme, tête nue et imberbe). **1572** mentionné par Jacques Ribaud de La Chapelle dans la « première monographie » (publiée en 1834) ; **1579** par Jacques du Puys dans son *Recueil des antiquités gauloises et françaises* ; **1589** par Jean Villevault dans son *Discours mémorable au siège mis par César devant Gergovie* ; **1621** par Jacques Cassan dans *Dynasties ou Traités des anciens rois des Gaulois et des Français* ; **1828** par Amédée Thierry, frère d'Augustin, dans l'*Histoire des Gaulois.* **A la fin du XIXe s.** ignoré des plus grands écrivains (Victor Hugo dans *la Légende des siècles*), il est cité par Michelet, par Henri Martin (dans son *Histoire de France 1837-54*, il en fait son héros national) et par Camille Jullian (1901) qui le ramène au rôle qu'il a sans doute joué. Libéraux et républicains l'opposent à Clovis, roi des Francs. Aujourd'hui, il est à nouveau contesté : César, source unique, aurait imaginé un grand chef gaulois à sa taille pour se vanter de l'avoir vaincu. Il est un peu concurrencé par d'autres héros gaulois comme *Ambiorix* (chef des Éburons, révolté contre Rome, en 54 av. J.-C.), *Camulogène* (chef aulerque des Parisii, qui défendit Lutèce contre Labienus et qui fut tué en 52 av. J.-C.), *Brennus* (ou Brenn ; chef des Sénones qui prit Rome, vers 390 av. J.-C.).

Quelques représentations : 1865 *Vercingétorix vaincu :* statue en pied en cuivre repoussé d'Aimé Millet (1819-91) ; payée par Napoléon III sur sa cassette personnelle et exécutée par la maison Monduit et Béchet (hauteur 6,60 m, sur piédestal de 7 m, en granit de Saulieu et pierre de Pouillenay), hissée le 27-8-1865 sur le mont Auxois (Côte-d'Or) ; sur son passage, des femmes se signaient devant « saint Gétorix » représenté debout, tête nue, les 2 bras appuyés sur une épée. Sur le socle figure une adaptation des paroles que Vercingétorix prononça après la prise d'Avaricum par César : « La Gaule unie ne formant qu'une seule nation animée d'un même esprit peut défier l'univers. » « Napoléon III, empereur des Français, à la mémoire de Vercingétorix. » **1872** *Vercingétorix rendant ses armes à César :* tableau d'Alphonse de Neuville (1836-85). **1886** *Vercingétorix les armes à la main :* statue de François Mouly (1846-86). **1899** *Reddition du Vaincu :* tableau de Lionel Royer né 1852, Vercingétorix porte un casque ailé et la moustache tombante. **1901** un bronze est exposé au Salon de l'automobile à Paris. **1903**-11-10 statue équestre par Auguste Bartholdi (1834-1904) élevée place de Jaude (Clermont-Ferrand) haut. 4,60 m, long. 4,70 m, environ 5 t ; avec soubassement en granit : haut. 7,42 m, long. 5,04 m, larg. 13,29 m, avec piédestal que l'on comparera à celui d'une pendulette du II[d] Empire, stylobate en pierre de Ruons ; fûts en pierre d'Hauteville (haut. 3,17 m, diam. 0,56 m) ; bases et chapiteaux en porphyre vert (haut. 0,28 m à 0,37 m). Coût total : 98 678,30 F. Elle présente des anachronismes : casque et cuirasse de l'âge du bronze, épée de Hallstatt (du début de l'âge du fer), harnachement de cheval gallo-romain. Le cheval est au galop en position de saut.

■ **Alésia.** **Localisations : Côte-d'Or** (Alise-Sainte-Reine). Alésia y est localisée depuis le Ier s. *Du 20-4-1861 à déc. 1865,* Napoléon III fit entreprendre des fouilles (mt Auxois, 418 m, dominant la plaine de 160 m). *En 1904,* la Sté des sciences de Semur décida de sauvegarder Alésia. *En 1956,* on découvrit de nouveaux vestiges des fossés de César dans la plaine des Laumes. **Ain** (Izernore). **Doubs** (Alaise) le 10-11-1855 Alphonse Delacroix (architecte) persuade Ernest Desjardins (spécialiste de géographie antique), Jules Quicherat (1814-82, archéologue) et Georges Colomb [(1856-1945, dit Christophe) auteur de *la Famille Fenouillard* et du *Sapeur Camember* qui soutiendra aussi cette thèse dans *l'Énigme d'Alésia* (1922), *Pour Alésia contre Alésia* (1928), *la Bataille d'Alésia* (1950)] ; les fouilles entreprises de 1952 à 54 ont été décevantes. **Jura** [Salins-les-Bains et à Syam/Chaux-des-Crotenay (site de Cornu)] à 10 km de Champagnole d'après André Berthier (1962) [mais le relief semble trop montagneux, César parlant de « collines » (alors qu'il appellait la citadelle de Besançon une « montagne énorme », *mons ingens*)]. **Yonne** (Guillon) le site comporte un oppidum dominant la plaine de 120 m, avec une triple enceinte en pierres sèches, de 12 km de long, de 2 à 8 m de haut et de large.

(Soissons). Armée principale : les *Bellovaques* (Beauvais), 60 000 hommes. **57** expédition facile en Gaule Belgique ; **printemps** les *Éduens* pillent le territoire des *Bellovaques* qui se retirent de la coalition. Les *Suessions* sont battus à *Noviodunum* (Pommiers, Aisne) ; **fin juillet** bataille de la Sambre : César bat *Nerves* et *Atrébates ;* **sept.** César fait capituler les *Aduatuques* à Namur (?). Crassus (avec 1 légion) reçoit la soumission du Nord-Ouest (entre Loire et Seine). **56** les peuples du Nord-Ouest, sous la direction des *Vénètes* (Morbihan), rompent le traité passé avec Crassus ; **juin** César bat la flotte des Vénètes au nord de l'île du Pouliguen (actuellement marais salants) ; *Sabinus* bat *Virodorix*, chef des tribus de l'actuelle Basse-Normandie, et soumet leur pays. Crassus bat les Aquitains à Sos (L.-et-G.) ; **10 sept.** César rejoint Crassus en Aquitaine (occupation temporaire du pays) ; **oct.** raid punitif de César vers le pas de Calais (*Morins* et *Ménapes* avaient aidé les Vénètes). **55** offensive germanique sur le Rhin (tribus des *Usipètes* et des *Tenctères*) ; **début juin** bataille de Fort-St-André (Hollande) : ils sont écrasés ; César fait un raid sur la rive droite du Rhin ; **août-sept.** échec d'un raid de César en G.-B. (flotte détruite par la tempête). **54-juin/août** 2e raid en G.-B. (5 légions, 5 000 cavaliers éduens). Soumission des *Londini* (vallée de la Tamise) ; **oct.** révolte des *Éburons* qui massacrent une légion ; leur chef, *Ambiorix,* soulève des tribus belges : les lieutenants de César, *Sabinus* et *Cotta*, sont vaincus et tués à *Aduatuca* (Tongres, Belgique). *Quintus Cicéron* est assiégé à Charleroi par *Éburons, Aduatuques, Nerves ;* **nov.** César, parti d'Amiens, délivre Cicéron ; **début déc.** le légat *Labienus* bat et tue *Indutiomaros* (chef des *Trévires*) venu attaquer son camp près de Reims. **53** expédition contre les *Nerviens ;* **août** raid punitif contre *Ambiorix* et les *Aduatuques* (avec 10 légions, 60 000 hommes) : la Belgique du Nord-Est est ravagée, mais Ambiorix s'échappe. Nouvelle traversée du Rhin : brève expédition en Germanie. Supplice du chef senon *Acco* (responsable de la révolution de printemps).

52-janv. insurrection générale de la Gaule. Vercingétorix, confirmé à Bibracte dans son commandement puis chef des Arvernes, prépare un raid contre la Provincia ; **févr.** César lance un raid sur Brioude, désorganisant l'offensive arverne ; **mars** il rejoint ses alliés éduens (Bourgogne) ; **avril** campagnes de César au nord de la Gaule (pays de Loire, Armorique, Normandie, Picardie, Nord et Nord-Est), il y cherche matières premières et main-d'œuvre. Il prend Orléans (*Genabum*) ; Vercingétorix pratique la tactique de la terre brûlée au sud de la Loire, mais épargne *Avaricum* (Bourges) ; **mai** César prend *Avaricum ;* Vercingétorix soulève toute la Gaule. Raid de César contre l'Auvergne : siège de **Gergovie** [localisée à Merdogne (commune de Romagnat, P.-de-D., à 6 km au sud de Clermont-Ferrand) renommée Gergovie par Napoléon III le 11-1-1865 ; ou sur les côtes au nord de Clermont-Ferrand (camp gaulois) ; ou à Montferrand (grand camp de César), au puy de Chanturgue (petit camp) ; ou dans le Cantal à Chatecol près de Blesles] ; **début juin** victoire de Vercingétorix (700 Romains †, dont 46 centurions) : César lève le siège, les *Éduens* se rallient à Vercingétorix ; **mi-juin** victoire de *Labienus* (parti de Reims) à Lutèce, contre les *Parisii ;* **fin juin** César rejoint Labienus à Joigny (Yonne) ; **août** ils enferment Vercingétorix dans **Alésia ; sept.** famine. Une armée de secours (246 000 hommes, dont 8 000 cavaliers) sous la direction de *Commios,* roi des *Atrébates*, est battue par Labienus non loin d'Alésia (à Cisery, d'après B. Fèvre) ; **fin sept.** capitulation d'Alésia (les Gaulois, divisés et mal commandés, ne sont pas assez nombreux pour attaquer les Romains à revers) : d'après Dion Cassius, Vercingétorix (enfermé avec 80 000 hommes et 30 jours de vivres) se serait livré seul à César, pour tenter d'obtenir la grâce de la garnison (César ne le dit pas) ; Vercingétorix est emmené à Rome [il y sera exécuté (étranglé) après 6 ans de cachot, après avoir figuré au « triomphe » de son vainqueur]. Soumission des *Éduens.* **12 déc.** soumission des *Bituriges.* **51 janv.** soumission des *Carnutes.* **51-50** guérilla en Gaule. César lutte contre *Bituriges, Carnutes, Bellovaques, Éburons, Trévises*, bandes de *Dummacos*, de *Drappès* et de *Lucterios*. **Fin 50** le pays est pacifié : destruction d'*Uxellodunum* [localisations actuelles, dans le Lot : puy d'Issolud ou Capdenac-le-Haut, Murcens (près de Lauzès), Luzech]. **Bilan :** d'après Plutarque, César prit, en moins de 10 ans, plus de 80 villes en Gaule, soumit 300 tribus, combattit 3 millions d'hommes (1 million de †, 1 million d'esclaves). Vercingétorix avait échoué dans sa tentative de royaume gaulois centralisé, qui allait trop à l'encontre des habitudes ancestrales. César, au contraire, était resté dans la tradition gauloise : ses légionnaires permanents, qui avaient la promesse d'un établissement en terre (avec des esclaves), groupés dans une cité à eux, retrouvaient les privilèges de la caste militaire tribale. De plus, l'organisation impériale romaine faisait espérer le regroupement des nations celtiques sous un empereur commun (ce sont les Gaulois continentaux qui ont conduit César en Grande-Bretagne).

☞ Au XVIIe s., Honoré d'Urfé (1567-1625) évoqua la domination romaine sur la Gaule comme « un âge des ténèbres », voyant dans les Francs des libérateurs « issus » des anciens Gaulois. Au XVIIIe s., pour Henri Cte de Boulainvilliers (1658-1722), la noblesse d'épée descendait des Francs, héritiers légitimes du pouvoir, le tiers état (y compris les parlements) étant issu des Gaulois vaincus par les Francs. Au début de la Révolution, Sieyès enjoindra aux aristocrates de retourner d'où ils viennent.

Période gallo-romaine (50 av. J.-C.-481 apr. J.-C.)

■ **Avant J.-C.** **49** fin de l'indépendance de Marseille (favorable à Pompée, elle est prise par César). **13** la Gaule est divisée en 3 provinces : Aquitaine, Lyonnaise, Belgique. Lyon *(Lugdunum)* devient capitale des *« 3 Gaules ».* **10** *Auguste* soumet les peuplades alpines. **9** *Varus* essaie de conquérir la rive droite du Rhin, mais il est écrasé par *Arminius* (la frontière de la Gaule se fixe sur le Rhin).

■ **Après J.-C.** **21** révoltes de l'Éduen *Sacrovir* et du Trévire *Florus ;* ils sont écrasés à Autun par l'armée de Germanie (*Silius*). **68** soulèvement de *Vindex,* gouverneur d'Aquitaine, qui se rallie à Galba contre Néron ; battu à Besançon par *Virginius Rufus,* gouverneur de Germanie (20 000 Gaulois †), il se suicide. **70** avènement de la *Paix romaine,* qui durera jusqu'en 253 et permettra le développement de la civilisation gallo-romaine (routes, villes, arts plastiques, littérature). **177** Lyon, persécutions (évêque Pothin, Blandine). **208-211** campagnes de Bretagne. **250** les Francs franchissent le Rhin. **253** l'empereur *Gallien* (« Restaurateur des Gaules ») fait des provinces gauloises le centre politique et militaire de l'Empire romain (début de la période dite de l'Empire gaulois) et autorise officiellement le culte chrétien. **258-68** *Postumus,* empereur des Gaules, repousse les Francs. **276** raid des *Alamans* jusqu'aux Pyrénées. Victoire de l'empereur *Probus.* **283-311** 1re révolte des *Bagaudes* (du gaulois *badad* ou *bagad,* assemblée tumultueuse) : paysans gaulois, transformés en esclaves par l'organisation romaine [dans la Gaule celtique, les *dunans* (artisans) et les *magans* (agriculteurs) travaillaient pour les guerriers nobles sans leur appartenir]. **Vers 300** Dioclétien réunit l'ancienne *Provincia Romana* aux « 3 Gaules ». L'ensemble est divisé en 17 provinces. **313 édit de Constantin,** la Gaule est christianisée par fonctionnaires et magistrats romains. **356** l'empereur *Julien l'Apostat* fait de Lutèce la capitale militaire de l'Empire et la résidence impériale. Victoire sur les *Alamans* en Alsace : Brumath (356), Oberhausbergen (357). **375-83** *Gratien* transfère la capitale à Trèves. **Vers 390** *Théodose* la transfère à Arles. **406-20** *grandes invasions germaniques :* Vandales, Alains, Burgondes, Quades, Wisigoths.

■ **Institutions.** **La Civitas :** la Gaule devenue romaine a gardé ses structures : les tribus sont devenues des cités *(civitates),* beaucoup n'ont pas changé de nom : *Ambiani* : Amiens ; *Petrocorii* : Périgueux ; *Sagii* : Sées, etc.

Colonies : cités créées pour les immigrants (environ 100 000 arrivèrent en Gaule en 4 siècles d'occupation romaine), elles diffèrent peu des cités gauloises. Beaucoup de vétérans sont Gaulois ; les autres sont des Indo-Européens ayant les mêmes traditions ancestrales : Germains, Daces, Sarmates, Illyriens, etc. Il s'agit parfois d'une bourgade gauloise urbanisée ; parfois d'une ville neuve, entourée de *iolos* nouvellement défrichés, dans la tradition des nombreux *noviodunum.*

Organisation municipale : calquée sur celle de Rome et proche de celle des cités gauloises (tradition étrusco-italiote, indo-européenne). Une aristocratie terrienne, propriétaire d'exploitations agricoles, possède des résidences en ville et y compose un *sénat* (d'où le titre de *senior,* sénateur, qui donnera *seigneur,* propriétaire terrien).

Vie politique : comme à Rome, l'assemblée générale du *sénat* devient une cérémonie cultuelle et culturelle : célébration des dieux locaux et impériaux (Rome : empereurs divinisés, Jupiter Capitolin). Réunions de travail réservées aux *décurions* (de *decem,* dix ; c'est-à-dire 1 sénateur sur 10, en principe), magistrats municipaux ayant chacun leur spécialité (spectacles, ravitaillement, fisc, constructions, etc.). Les questions politiques sont en majorité d'intérêt local : vie culturelle du centre urbain, commercialisation des produits agricoles. A partir du IVe s., les grandes familles redoutent les coûteuses charges municipales, mais les fonctionnaires romains les leur imposent sous peine de sanctions.

Urbanisation : les villes, d'un type uniforme (théâtres, temples, forums, etc.), sont bâties en pierre, comme le faisaient les Crétois minoens, les Grecs et les Romains, et sont réunies par des routes. En 210, on ne fait plus de distinction entre colonies et cités.

Provinces : regroupées en cités. La capitale (*métropole*) abrite la *basilique* (réservée aux cérémonies officielles) et la *curie* (services administratifs). *A partir de 13 av. J.-C.* (Auguste), 4 provinces : Narbonnaise (Narbonne ; gouverneur : un proconsul) ; Lugdunaise (Lyon) ; Aquitaine (Saintes, puis Bordeaux) ; Belgique (Reims). Gouverneurs : des légats. *A partir de 300 environ* (Dioclétien), 17 provinces avec des gouverneurs militaires (les *duces*) et civils (les *praesides*) : *Narbonnaise 1re* (Narbonne), *2e* (Aix), *Viennoise* (Vienne), *Alpes-Maritimes* (Nice), *Alpes Grées* (Moutiers), *Aquitaine 1re* (Bourges), *2e* (Bordeaux), *Novempopulanie* ou *Aquitaine 3e* (Eauze), *Lugdunaise 1re* (Lyon), *2e* (Sens), *3e* (Tours), *4e* (Rouen), *Belgique 1re* (Trèves), *2e* (Reims), *Germanie 1re* (Mayence), *2e* (Cologne), *Séquanaise* (Besançon).

■ **Le christianisme romain.** Après Théodose le Grand (379-395), la hiérarchie administrative disparaît. Les métropoles deviennent politiquement des villes comme les autres : il n'y a plus ni *dux,* ni *praesides.* La Gaule retourne au régime des cités celtiques, quasi indépendantes les unes des autres. Dans ces villes christianisées, les conseils locaux sont des conseils de *prêtres* (*presbyteros,* prêtre, traduction grecque de *senior*) entourant le magistrat principal, l'*évêque* (qui prend souvent le titre de *defensor civitatis*).

EMPEREURS GAULOIS ET EMPEREURS DES GAULES

☞ D'après Maurice Bouvier-Ajam.

Abréviations : ass. : assassiné ; e. : empereur ; e. g. : empereur gaulois ; e. d. G. : empereur des Gaules ; ép. : époux, épouse ; G. : Gaule(s).

☞ Les *empereurs gaulois (e. g.)* sont des Gaulois proclamés empereurs par leurs compatriotes ou une grande partie d'entre eux. Les *empereurs des Gaules (e. d. G.)* sont des Romains ou des non-Gaulois, sujets de Rome, qui ont pris ou reçu ce titre.

■ **21 Sacrovir** et **Florus** se tuent. **68 Caïus Julius Vindex**, révolté, se suicide. **69** révolte. **70** *(janv.-mars)* : **Julius Sabinus** († 78), césar des Gaules : Ier empereur gaulois ; *(août)* préside une assemblée d'une république aristocratique des Gaules. Époque de la Batave Civilis et de la prophétesse germaine Velléda. **121** *(?)* **Caius Julius Aupex**, conservateur des Gaules. **124** *(?)* **Adrien**, restaurateur des Gaules. **138 Antonin**, Gallo-Romain. **186 Maternus**, soldat révolté. **192 Caracalla** (4 ans), protecteur symbolique de la Gaule.

257-267 2e Empire gaulois. **Salonin** fils de l'e. Gallien, associé en G., ass. vers 260 par Postumus son tuteur. **269** *(févr.-avril)* **Lélien** (usurpateur à Lyon, ass.), **Marius** (usurpateur à Cologne et Lyon, ass.), **Victorien** (ass. ; e. g.). **268 Marius Cassianus Latinus Postumus**, usurpateur ass. **268-70 Victoria Probus**, Pannonien, proclamé en G. avant d'être investi par le Sénat romain. **268-274 Tetricus II**, son fils, usurpateur en G. **270 Domitianus**, usurpateur à Lyon. **271-274 Caius Pius Esuvius Tetricus Ier**, usurpateur en G., sénateur déposé par Aurélien, ass. **276-279 Titus Aelius Proculus** († 281), **Bononus** se révoltent contre Probus (ass. 282). **282 Marcus Aurelius Carus**, Narbonnais, proclamé e. romain (ass. ou foudroyé à Ctésiphon 283). **283 Carin** (Marius Aurelius Carinus), fils de Carus, ass. près de la Morava. **285 Lélien**, e. bagaude. **Amandus**, e. bagaude. **287 Carausius**, e. g. (marin ménape, tué à Londres). **293 Constance Chlore** (Flavius Valerius Constantius Chlorus), Pannonien, césar des G. **306 Sévère** (Flavius Valerius Severus), devient Auguste en 306, capturé, tué ou suicidé en 307. **306 Constantin Ier**, son fils. **310 Maximien**, e. Auguste d'Occident 286, abdique 305 ; se révolte en Gaule du Sud en 310 contre son gendre Constantin (époux de Fausta), exécuté. **317 Crispus**, fils de Constantin Ier et de Minerve, césar en Gaule, exécuté 326. **337 Constantin II**, fils de Constantin Ier et de Fausta, tué 340. **353 Constance II**, seul empereur, † 361.

340 Constant. 350 Magnence, Lète, e. g., 353 se suicide. **353 Decentius**, son frère, e. d. G., se suicide. **355 Silvanus**, Lète franc, e. g., usurpe l'empire à Cologne, ass. 1 mois après ; *(oct.)* **Julien l'Apostat**, césar des G., nommé par l'e. romain Constance II, dit le Libérateur des G. **361** *(mai)* e. d. G., e. romain. **364 Salluste**, Gaulois, refuse l'empire. **375 Gratien**, e. romain d. G. : Gaule continentale, Britannia, Espagne. **Valentinien II**, demi-frère de Gratien, ass. 392. **383 Maxime**, e. d. G. **392 Eugène**, e. d. G., ass. 394.

407 Constantin le Petit, e. d. G. **408 Constant**, son fils, tué. **410 Julien**, son 2e fils, exécuté 411. **411 Jovin**, proclamé à Mayence, tué 413. **412 Maxime le Tyran**, proclamé en Espagne en 411, dernier e. d. G. **435-436 Tibaton**, dernier e. bagaude. **436 Eudoxe**, chef bagaude tué en 445. **452-464 Égidius**, comte romain, patrice des Gaulois. **455** *(9-7)*-**456** *(16-10)* **Avitus**, Gaulois, e. romain d'Occident. **464-476** (chute de l'Empire romain) **Syagrius**, fils d'Égidius, patrice des Gaulois. **476-486** *(juillet)* **Syagrius**, patrice de l'empire d'Occident. **486** fin de la Gaule romaine.

L'évêque (*episcopos*, c'est-à-dire inspecteur) est à la fois chef spirituel du centre urbain et responsable civil du territoire : il nomme dans les villes secondaires des *vicaires forains.* Seule la vie religieuse conserve l'organisation en provinces, avec un gouvernement central ; le pape de Rome nomme dans chaque métropole un *archevêque* qui a autorité sur les évêques des cités et qui les réunit en *conciles provinciaux.*

GRANDES INVASIONS

■ **Causes. 1°)** Décadence administrative et militaire de l'Empire romain après Théodose le Grand (voir p. 618 c). **2°)** Poussée vers l'ouest des peuplades germaniques, elles-mêmes poussées par Slaves et Asiatiques des plaines orientales de l'Europe, en pleine expansion démographique. **3°)** L'élément germanique était déjà puissant dans l'Empire romain (depuis le IIe s., installations de colons et de mercenaires ; depuis 382, colonisation de la Thrace par les Goths, avec la permission de Théodose le Grand).

■ **Déroulement en France. Francs** (Germains occidentaux dont le nom signifie « féroces »). Ils forment 2 groupes principaux : dans l'île des Bataves ou Bétuwe (embouchures du Rhin et de la Meuse) et en Toxandrie (Limbourg) : **1°) Francs Saliens :** installés depuis 358 (par l'empereur Julien) comme auxiliaires des armées romaines ; occuperont Tournai et Cambrai en 430, et obtiendront d'Aetius le statut de « fédérés » ; **2°) Francs Ripuaires,** sur la rive droite du Rhin, jusqu'à Mayence, ils ne franchiront le fleuve qu'en 410 (puis 423, 430, 440), et n'occuperont définitivement la vallée de la Moselle qu'en 454, après la mort d'Aetius. **Burgondes** (Germains occidentaux, orientalisés après un long séjour dans la Hongrie actuelle) prennent part, avec Vandales, Quades et Alains, à la « ruée » de 406. Ils franchissent le Rhin près de Worms et s'y fixent jusqu'en 435. En 436, vaincus par Aetius, ils obtiennent de coloniser la Suisse romande actuelle (nord du lac Léman).

Selon la *Chronique du pseudo-Frédégaire* (fin VIIe s.), Francion, fils de Friga, frère d'Énée, aurait, après la chute de Troie, fondé un royaume entre le Rhin et le Danube. Selon les *Gesta Regnum Francorum*, Anténor, chef troyen, ayant trahi le roi Priam et introduit le cheval dans les murs de Troie, aurait ensuite fondé Venise et Padoue, puis régné sur le royaume danubien de Sycambre ; *376* ses descendants, ayant vaincu les Alains, auraient été, en récompense, exemptés 10 ans du tribut dû à l'Empire, d'où leur nom signifiant « libre de tribut », puis, refusant de reprendre les paiements, auraient quitté leurs terres et fondé Lutèce. *Les Grandes Chroniques de France* (XIIIe s.) firent de Francion le fils d'Hector ou le fils d'un second mariage d'Andromaque. *Pendant la guerre de Cent Ans*, certains avancèrent que si Brutus le Troyen était bien l'ancêtre des Bretons, ceux-ci, chassés par les Saxons, s'étaient réfugiés en Bretagne française : les Anglais du XIVe s. n'étaient donc pas une race pure. *A partir de Philippe le Bel* (1268-1314), se référant à l'épisode des Alains et du tribut, on ajouta que les Francs n'ayant jamais été soumis à Rome, le royaume de France n'avait pas plus à faire allégeance à Rome qu'à l'Angleterre. *XVe s.* Louis XII choisit comme devise « Venger nos ancêtres troyens ». *1513* Jean Lemaire de Belges affirme que les Gaulois occupent le territoire français depuis les temps bibliques et se rattachent à la race de David. *XVIIe s.* le mythe troyen se poursuit (élan antiallemand).

La Gaule en 481

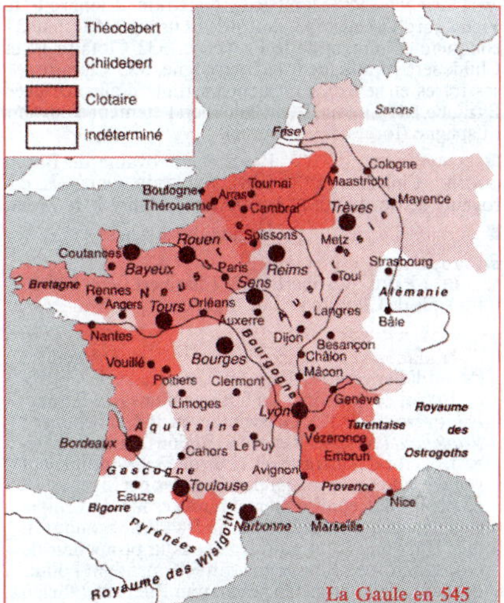

La Gaule en 545

Vandales (Germains orientaux) franchissent le Rhin en janv. 406 en face de Mayence, avec leurs alliés Quades et Alains, traversent la Gaule en la pillant, franchissent les Pyrénées en 408 et se dirigent vers l'Espagne du Sud. **Quades** (longtemps appelés **« Suèves »**, par confusion avec les Souabes, confédération de Germains occidentaux) : Germains orientaux, proches des Vandales, ils suivent ceux-ci jusqu'aux Pyrénées, puis conquièrent le León actuel. **Wisigoths** [nom venant du goth *wisu* : sage, vaillant ; branche des Goths, apparaît au IIIe s. entre Danube et Dniestr. Les Ostrogoths (*goths :* brillants), ayant fondé à l'est du Dniepr vers 350 un empire, furent soumis entre 375 et 453 par les Huns] vivaient en Thrace depuis 383 ; pénètrent par les Alpes en 410 et colonisent l'Aquitaine après avoir pillé l'Auvergne.

Alains (non germaniques, proches des Daces) « clients » des Vandales qu'ils suivront jusqu'en Afrique.

■ **Conséquences. 1°) Ethniques :** faibles ; les Germains étaient peu nombreux et leur passage fut rapide. **2°) Politiques :** le royaume wisigothique du Sud-Ouest et de Narbonnaise a brisé l'unité de « l'Empire gaulois », réduit aux territoires d'Aetius, entre Seine et Rhin ; les royaumes ultérieurs des Francs et des Burgondes achèveront la dislocation de cet empire. **3°) Religieuses :** les Germains orientaux ont importé l'arianisme (traces en Narbonnaise).

■ **Après les invasions. 416** *Wallia,* roi des Wisigoths, accepte le statut de « fédéré » en échange de terres au sud de la Loire. **423** *Aetius* le Silistrien (Durostorum vers 390/21-9-454), gouverneur de la Gaule. **432** *Mérovée* († vers 458), roi franc, fait la paix avec Aetius. **451 Attila** (« petit père » ; nain ; fils de Moundzouk ; né vers 395, † 453), roi des **Huns** vers 434 avec son frère Bleda à la mort de leur oncle Roas (ou Rugas), nommé en 408 G^al^ par Théodose II empereur d'Orient ; en 445 règne seul. Cavaliers, nomadisant depuis les steppes sibériennes, les Huns sont réputés cruels (d'après saint Grégoire de Tours, Attila est le « fléau de Dieu » et « l'herbe ne pousse plus où les Huns ont passé », car ils brûlent les récoltes sur pied) ; ils n'ont pas de tentes mais des chariots bâchés où vivent leurs familles ; ils ne sont pas barbares et sont d'habiles orfèvres, mais ils ignorent l'extraction du sel : pour saler leur viande, ils la mettent sous la selle de leurs chevaux, utilisant ainsi la sueur du cheval ; **-7-4** Attila pille Metz ; incité par le Vandale Genséric à attaquer le royaume wisigoth de Toulouse et appelé à l'aide par Honoria, sœur de Valentinien III, il envahit la Gaule, voulant récupérer ses sujets wisigoths qui se sont échappés d'Ukraine sans sa permission pour s'installer en Aquitaine et Espagne ; **juin** Attila devant Paris : *sainte Geneviève* (vers 422-vers 502) exhorte les habitants à se défendre, il est repoussé ; pille Reims et Troyes, prend Orléans (30-6) ; **début juillet** est vaincu par Aetius et par le roi wisigoth Théodoric (qui y meurt) à Campus Mauriacus [Moirey, commune de Dierrey-St-Julien (Aube) ; les Gallo-Romains ont parlé de la « région de Châlons » (*Campi Catalaunici*, traduit par *Champs catalauniques*)]. **452** Attila dévaste l'Italie du Nord, revient en Pannonie. **453** il meurt (apoplexie) la nuit de ses noces avec Ildiko. **454** *Aetius* assassiné de la main de l'empereur Valentinien III. **457** *Aegidius* († 464) gouverne la Gaule. **464** *Syagrius* († 486), son fils, gouverne la Gaule entre Loire et Somme (capitale Soissons). Après la chute du dernier empereur de Rome (Romulus Augustule), l'empereur de Byzance lui reconnaît le titre de *« roi des Romains ».*

☞ Le nom **Gaule** (Gallia) a subsisté après la fin de l'Empire romain d'Occident (476). Au traité de Verdun (août 843), le nom de **Francia occidentalis**, pays des Francs occidentaux, le remplace.

ÉPOQUE MÉROVINGIENNE

FRANCS

■ **Roi franc.** Élu par un groupe de *leudes* (guerriers nobles ayant fait serment d'allégeance au roi dans un lieu saint) ; il est le fils aîné du roi défunt. Lors de son intronisation, il est porté sur un bouclier par 4 leudes (on dit à tort « hissé sur le pavois » car le pavois, bouclier des mercenaires originaires de Pavie, date du XVe s.).

■ **Noblesse franque.** Armée professionnelle, aux ordres directs du roi. Elle ne monte pas à cheval et ne possède pas de serfs. Peu formée à l'agriculture, elle a le goût de la chasse. Les récompenses que le roi lui accorde pour services de guerre consistent surtout en terrains de chasse.

■ **Religion.** A leur arrivée en Gaule romaine (migration pacifique au cours du IVe s., comme auxiliaires des Romains), ils sont païens (on ignore leurs croyances primitives). Après le baptême de Clovis (486 ou 496 ou 504), ils deviennent catholiques et introduisent dans leur « loi salique » des articles protégeant l'Église. Les leudes catholiques fournissent aux chefs religieux des auxiliaires militaires et civils, les comtes et vicomtes.

■ **Immunités franques.** *Entre 450 et 500 :* les rois francs Childéric Ier et Clovis Ier s'attribuent à titre personnel les domaines appartenant directement à l'ancien Empire romain et appelés « domaines du fisc ». Ces propriétés royales ont le privilège de l'immunité (comtes et vicomtes qui administrent les territoires des cités et des *pagi* ne peuvent y pénétrer). *Après 500 :* les rois francs accordent l'immunité à des seigneurs particuliers qui échappent à leur tour au contrôle des comtes et vicomtes. Sont immunisés : les évêques dans les domaines ecclésiastiques, les abbés dans les domaines monastiques, les plus puissants des leudes francs qui ont acquis des biens privés par mariage avec l'héritière de *villae* gallo-romaines, par usurpation d'un bien foncier gallo-romain, ou par défrichement d'une terre nouvelle. A côté des comtes, qui administrent les territoires au nom du roi, se développe une classe d'immunistes qui deviendront les grands « feudataires » ou « seigneurs féodaux » (de l'allemand *feod,* champ, domaine ; et du français *fief*).

■ **Cour des rois.** Dite *palatium* (palais). Elle comprend plusieurs centaines de personnes (famille, grands familiers, conseillers du roi, *leudes* et *antrustions* qui font partie de la suite personnelle du roi). Les domestiques assurent le service personnel du roi et les charges administratives ; ils dépendent d'un *major domus* (majordome). Les *palatins* (« seigneurs résidant au palais ») ou *optimates* [« aristocrates » (ancien titre romain, donné aux généraux et ambassadeurs)] portent une ceinture d'or. Autres officiers : *majordome* [« gérant de la maison (royale) » plus tard « maire du palais » (jouant un rôle politique)] ; *échanson* [« celui qui verse » (du francique *skankjo*, et de l'allemand *schenken*) : primitivement serviteur qui sert à boire, puis officier chargé de l'approvisionnement en vin] ; *sénéchal* (« doyen des officiers », du germanique *siniss-chalk*) ; *maréchal* (« responsable des chevaux », du germanique *maris-schalk*) ; *connétable* (du latin *comes-stabuli*) qui s'occupe aussi des écuries ; *référendaire* [le futur « chancelier », chargé de ce qui doit être rapporté (du latin *referre*, rapporter)] ; *camérier* [chargé d'installer le trésor dans les appartements privés (du latin *camera*, chambre)]. Le *comte du palais* (du latin *comes*, compagnon) rend la justice.

La cour suit le roi d'une *villa* à l'autre (demeure campagnarde en bois ; par exemple : Berry-Rivière, à l'ouest de Soissons), de préférence près d'un terrain de chasse. Mais il y avait toujours une ville capitale, titre peut-être honorifique : Paris (VIIe s.), Soissons, Orléans, Chalon-sur-Saône, Reims, Metz.

Les Mérovingiens d'Augustin Thierry. Augustin Thierry (1795-1856), s'inspirant de l'*Histoire des Francs* de Grégoire de Tours (15 livres écrits entre 575 et 592 ; continués jusqu'en 641 par Frédégaire, puis, jusqu'en 720, par un anonyme), a fait paraître de 1833 à 1837, dans *La Revue des Deux Mondes*, sous le titre *Nouvelles Lettres sur l'Histoire de France*, des adaptations modernisées des chroniques mérovingiennes. Elles furent publiées en 1840 sous leur titre définitif : *Récits des Temps mérovingiens*. Ces récits sont centrés sur les luttes pour le pouvoir que se sont livrées les 4 fils de Clotaire Ier : Chilpéric, Sigebert, Gontran, Caribert, et leurs femmes : Brunehaut, Frédégonde, Galswinthe. Souvent repris par les historiens du XIXe s., notamment Henri Martin (1810-1883), ils ont fait naître la croyance en une « époque barbare », où les égorgements étaient une pratique quotidienne.

Les historiens du XXe s. considèrent plutôt les temps mérovingiens comme une période de décadence administrative, héritée du Bas-Empire romain, avec une prépondérance de l'économie rurale et une importance accrue du clergé dans la vie sociale. L'intégration des nouveaux venus germaniques ne s'est pas faite sans difficultés, mais l'époque ne se signale pas par une immoralité particulière.

Autres peuplades germaniques

■ **Monarchie burgonde.** Fondée aux Ve-VIe s. en Suisse romande puis dans le bassin du Rhône, cherchant à imiter l'Empire romain, elle deviendra un royaume franc descendant jusqu'à la Durance que les empereurs germaniques revendiqueront du XIIe au XVIIe s., mais dont les comtes de Provence exerceront les droits régaliens.

■ **Monarchies wisigothique et ostrogothique.** Germains orientaux, venus des plaines du sud-est européen ; cavaliers, divisés en seigneurs et serfs, ayant gardé la structure sociale des Indo-Européens (proches des anciens Celtes). Les rois sont ariens, puis catholiques. La noblesse, puissante et solidement implantée en Espagne et en Septimanie (futur marquisat de Gothie), demeure arienne et se rallie aux musulmans après 720.

Nota. – Francs (Saliques et Ripuaires), Burgondes (sujets du roi Gondebaud, auteur de la loi « Gombette ») et Wisigoths ont eu du VIe au IXe s. un système juridique spécial : ils étaient jugés devant les tribunaux gallo-romains selon les lois coutumières de leur peuplade.

Principaux événements

☞ ép. : épouse ; fr. : frère de ; N. : de nom inconnu.

La France a été plusieurs fois divisée en royaumes : Austrasie, Neustrie, Orléans, Paris, Aquitaine et Bourgogne. Cette coutume serait d'origine germanique ou imiterait celle des empereurs romains postérieurs à Dioclétien (voir **Italie** dans le chapitre **États**).

■ **Vers 396** rois dits « chevelus ». **Vers 413 Théodemir** (Trèves) † 418. **Vers 428 Clodion le Chevelu** († vers 447), fils de Pharamond (dont l'existence est contestée), considéré jusqu'au XIXe s. comme le 1er des « rois de France », car les historiens admettaient que la civilisation et la langue française avaient été introduites en Gaule par les Francs. **Vers 451-456/7 Merovech (Mérovée)** 1er roi des Francs, parent de Clodion ; *ép. N.* **Vers 456/8-481/2 Childéric Ier**, roi des Francs (vers 436/Tournai vers 481-482). En vieux francique *Hilde-Rik*, puissant à la guerre, fils de Mérovée ; *ép. Basine femme du roi de Thuringe* dont il eut 4 enfants, dont Clovis. Déposé, restauré vers 458 ; 463/4 assiège Paris. Sépulture découverte à Tournai le 27-5-1653 ; à sa mort plusieurs dizaines d'étalons furent sacrifiés et enterrés dans des fosses rayonnantes à 20 m environ de la tombe. Un anneau sigillaire, figurant la silhouette du roi avec de longs cheveux tressés, a été retrouvé à son doigt.

■ **481/2** (selon Grégoire de Tours) **Clovis Ier** (Tournai 466/Paris 27-11-511) [son nom **Clodovech** ou, en vieux francique, *Hlod-Wig*, illustre à la guerre (en germano-latin *Hludovicus*) est un doublet de « Louis »]. Fils de Childéric Ier. Lui succède à 15 ans. *Ép. 1°) N.* (concubine) 1 enfant : Théodoric Ier ; *2°)* 492/4 *Clotilde* [ou *Chrotechildis* (vers 470/Tours 3-6-544 ou 548, monastère St-Martin de Tours) fille de Chilpéric II, roi des Burgondes, et nièce du roi burgonde Gondebaud ; catholique, elle sera canonisée par Pélage II] dont 6 enfants. – Roi des Francs Saliens de Tournai, il commande environ 5 000 guerriers. **486** il bat Syagrius (*Soissons* 486), exécuté 487. St Remi, évêque de Reims, voulait récupérer un vase pillé à Reims, Clovis accepta mais lors du partage du butin à Soissons avec ses soldats, le vase lui échappa ; Clovis le réclama hors part. Un soldat, frappant le vase sans le casser, s'y opposa en criant. Le 1-3-487, lors d'une inspection, Clovis lui arracha sa hache mal tenue et le frappa à mort avec la sienne en disant « Ainsi as-tu fait à Soissons avec le vase. » **496** bat les Alamans, rejetés rive droite du Rhin (*Tolbiac*, aujourd'hui Zülpich près de Cologne). **496** ou **498** ou **499** (?)-25-12 il est baptisé à Reims par saint Remi (avant Tolbiac, il aurait promis au Dieu de Clotilde de se faire baptiser s'il gagnait). Remi lui dit : *Depone colla, Sicambes*, ce qui ne veut pas dire « Baisse la tête, fier Sicambre » comme le dit la légende, mais « Dépose tes colliers » (abandonne amulettes et marques extérieures des anciennes croyances). **500** bat les Burgondes qui deviennent tributaires (*l'Ouche*). **507** à *Vouillé* (Vienne), bat et tue Alaric II. **508** à Tours, reçoit un message d'Anastase, empereur d'Orient, le félicitant de sa victoire et lui conférant les insignes du consulat (tunique de pourpre et chlamyde). **508-509** revers en Provence (qui redevient romaine) et en Septimanie (restituée aux Wisigoths).

■ **Partage du royaume de Clovis en 4 royaumes (511-524).** Considéré par les évêques comme le successeur des empereurs, Clovis, comme Dioclétien (292), répartit, à sa mort, ses territoires entre 2 *césars* et 2 *augustes*, chargés de gouverner ensemble. Reims et Austrasie : **Théodoric (Thierry Ier)** [vers 485-534, Metz], *ép. Suavégothe* (vers 516/17) (Pcesse burgonde). Orléans : **Clodomir** ou **Chlodomer** (vers 494/5 - 25-6-524), *ép.* (514 ou 21) *Gondioque* (sans doute Pcesse burgonde). Paris : **Childebert Ier** (vers 497/Paris 23-12-558), *ép.* (avant 541) *Ultrogotha*, † sans enfants mâles. Soissons (Neustrie) : **Clotaire Ier le Vieux** ou **Chlothachar** (vers 497/Compiègne 29-11-561), *ép. 1°)* (vers 517) *Ingonde* (ou *Ingundis*) ; *2°)* (524) *Gondioque* (ou *Gontheuque*), veuve de Chlodomir ; *3°)* (531) *sainte Radegonde* (ou *Radegundis*, 518-87) fille de Bertaire (Berthachar), roi des Thuringiens (fonde à Poitiers le monastère de Ste-Croix et sera couronnée « mère de la patrie française » par Léon XIII le 14-8-1887) ; *4°)* (vers 532) *Ingonde* ; *5°) Arnegundis* (ou *Aregonde*), sœur d'Ingonde ; *6°) Chunsina* ; *7°) N.* ; *8°)* (555) *Vulderade* (ou *Waldrada* ou *Waldrade*) fille de Wacho, roi des Lombards et veuve de Théodebald d'Austrasie, répudiée.

523 lutte franco-burgonde. *Sigismond*, roi des Burgondes, exécuté. **524-25-6** *Clodomir* tué au combat de *Vézeronce* (Isère) [ses domaines sont annexés par ses frères, au détriment de ses fils ; les 2 aînés (10 et 7 ans) sont tués par Clotaire ; le dernier, *Clodoald* (*saint Cloud*, vers 522-vers 560) devient moine].

■ **3 royaumes (524-555).** Reims et Austrasie : **Théodoric (Thierry Ier)**, devenu aussi roi de Thuringe en 531. **533 Théodebert (Thibert Ier)**, son fils (vers 504-548, écrasé par un arbre ou tombé de cheval à la chasse), titré roi d'Austrasie, 1er Mérovingien à avoir fait frapper des monnaies à son effigie ; *ép. 1°)* (533) *Deoteria*, noble gallo-romaine ; *2°)* (540) *Wisigardis*, fille de Wacho, roi des Lombards, princesse gépide ; *3°)* (540/7). **548 Thibaut Ier** ou **Théodebald** (vers 535-553), fils de Théodebert. Sous la régence de sa tante Théodechildis ; *ép.* (vers 554) *Waldrada* (Wultrade), princesse lombarde. Orléans et Paris : **Childebert Ier**, roi d'Orléans jusqu'à 532 ; co-roi de Bourgogne 534, *ép. Ultrogotha*, Pcesse lombarde. Neustrie : **Clotaire Ier le Vieux**, roi d'Orléans 532 ; co-roi de Bourgogne 534. **530-37** conquête commune de la Provence. **532** Clotaire Ier et Childebert Ier attaquent la Bourgogne. **535** Clotaire Ier, ses frères et neveux concluent un traité d'alliance avec Byzance. **541** Clotaire Ier et Childebert Ier tentent d'envahir l'Espagne (forcés de se retirer).

■ **2 royaumes (555-58).** Paris et co-royauté de Bourgogne : **Childebert Ier** († 558). Neustrie, Orléans, co-royauté de Bourgogne, Austrasie : **Clotaire Ier le Vieux.**

■ **558-61 Clotaire Ier** roi unique des Francs.

■ **4 royaumes (561 mort de Clotaire Ier-567 mort de Caribert Ier) :** Paris : **Caribert Ier** ou **Charibert** (vers 520-567, Paris), fils de Clotaire Ier et d'Ingonde ; *ép. 1°) Ingelberge* (ou *Ingoberga* ou *Ingeburge*, 519-589), la seule ép. légitime, dont 1 fils † en bas âge et 3 filles dont Aldeberge mariée au roi de Kent ; *2°) Méroflède* (ou *Mirefleur* ou *Mirofledis*) ; *3°) Theodechildis* ; *4°) Marcova*, sœur de Méroflède [1er roi excommunié (il avait pour maîtresses 2 sœurs en même temps)]. Ne laisse que des filles ; États partagés entre ses frères. Orléans et Bourgogne : **saint Gontran** ou **Guntchramn**, ou **Gunthschramn**, ou **Gunthramn** (vers 545/4 - 28-3-592), fils de Clotaire Ier, canonisé [d'abord excommunié par saint Germain (pour ses nombreuses concubines), puis vénéré, à partir du VIIe s., comme un saint, pour sa piété et ses largesses envers l'Église] ; *en union avec Veneranda. Ép. 1°)* (556) *Maractrudis* ; *2°)* (vers 566) *Austregildis* dite *Bobilla* (548-580). Austrasie : **Sigebert Ier** (535-assassiné à Vitry en 575 sur ordre de Frédégonde) fils de Clotaire Ier et d'Athanagilde ; *ép.* (566) *Brunehaut* (ou *Brunehilde*) (543/50-613) fille du roi des Wisigoths. Soissons : **Chilpéric Ier** (vers 539/84-assassiné lors d'une chasse entre 27-9 et 9-10-584 sur ordre de Frédégonde) fils de Clotaire Ier et d'Haregonde ; *ép. 1°)* (vers 549) *Audovère* (assassinée 580 sur ordre de Frédégonde) dont 3 fils : Théodebert, Mérovée [qui épousera, en 576, sa tante Brunehaut (voir encadré col. b) et qui sera étranglé en 578], Clovis (assassiné) ; *2°)* (564) *Galswinthe* (Pcesse wisigothe, étranglée 568, sœur de Brunehaut) ; *3°)* (568) *Frédégonde* (vers 545-97) son ancienne concubine.

■ **3 royaumes (567 mort de Caribert Ier-592 mort de Gontran) :** Orléans et Bourgogne : **Gontran**, qui deviendra roi de Paris en 584 (à la mort de Chilpéric Ier). Austrasie : **Sigebert Ier**. **575 Childebert II** (2-3-570/28-3-596, empoisonné), fils de Sigebert et Brunehaut ; *ép. Faileube* (ou *Faileuba*). Soissons et Paris : **Chilpéric Ier** ; à sa mort en 584, le royaume de Paris va à Gontran. **584 Clotaire II le Jeune** ou **Chlothachar** (584-18-10 ou 4-1-629) fils de Chilpéric Ier et de Frédégonde.

■ **2 royaumes (592 ou 593 mort de Gontran-595 mort de Childebert II) :** Austrasie, Orléans, Paris, Bourgogne : **Childebert II**, qui recueille l'héritage de son oncle Gontran. Soissons : **Clotaire II le Jeune** (voir ci-dessous).

■ **3 royaumes (595 ou 596 mort de Childebert II-612 mort de Théodebert II) :** Austrasie : **Théodebert** ou **Thibert II** (585-612, assassiné), fils de Childebert II ; *ép. 1°)* (608) *Bilichilde* (assassinée 610 par son époux) ; *2°)* (610) *Théodechilde* (ou *Théchilde*, ou *Théodechildis*). Bourgogne, Paris, Orléans : **Thierry II** (ou Théoderic, 587-613), fils de Childebert II ; *ép. 1°)* (607) *Ermenberge* (fille du roi wisigoth Witteric), répudiée au bout d'un an ; *2°) en union avec des concubines.* Soissons : **Clotaire II le Jeune.**

■ **2 royaumes (612 mort de Théodebert II-613 mort de Thierry II) :** Bourgogne, Paris, Orléans, Austrasie : **Thierry II** ou **Théoderic**, qui recueille l'héritage de son frère Théodebert II. Soissons : **Clotaire II le Jeune.**

■ **2e réunification (613 mort de Thierry II-634 partage). 613 Clotaire II le Jeune** (584/18-10-629), roi unique pour Neustrie, Bourgogne et Austrasie ; recueille l'héritage de ses 2 cousins germains (fils de son oncle Childebert II) et de Sigebert II (vers 601-613), roi de Bourgogne et d'Austrasie en 613 ; *ép. 1°) Adaltrude* ; *2°) Berthe* (ou *Bérétrude* ou *Bertrada*, † 618/619) ; *3°)* (618) *Sichildis*. 20-1/8-4-623 il désigne son fils Dagobert roi des Francs, sous la pression de l'aristocratie d'Austrasie. **628** il lui lègue sa triple couronne. **629 Dagobert Ier** (vers 604 ou 610/11-639), fils de Clotaire II et de Berthe ; sera le 1er souverain enterré à St-Denis (la chanson « Le Bon Roi Dagobert » date de 1750) ; *ép. 1°)* (625) *Gomêtrude* (ou *Gomatrudis*) ; *2°)* (630) *en union avec Ragnétrude* (ou *Ragintrudis*, ou *Ragnetrudis*, ou *Ragentrude*) ; *3°)* (629/630) *Nanthilde* (ou *Nanthechildis*, ou *Nanthildis*, † vers 642) ; *4°) Vulfégonde* ; *5°) Berthilde.* Domaine : de la Garonne à la Weser. Principaux ministres : *saint Éloi* (Chapelat vers 588/Noyon 1-12-660) orfèvre de Clotaire II, évêque de Noyon en 661 (après la mort de Dagobert) ; *saint Ouen* (Sancy vers 610-Clichy vers 684) évêque de Rouen en 641 ; *Pépin le Vieux de Landen* (vers 580-640) maire du palais d'Austrasie, tige des Carolingiens. **637** soumet les Gascons. **638** impose sa suzeraineté au chef breton Judicaël.

■ **3e partage (635-656). 2 royaumes :** Neustrie et Bourgogne : **634 Dagobert Ier**. **639 Clovis II** ou **Chlodovech** (vers oct. 635-nov. 657), fils de Dagobert Ier et de Nanthilde, *ép.* (648) *sainte Bathilde* (ou *Bathildis*, ou *Baldechildis*) régente de Neustrie pour Clotaire III († 680, monastère de Chelles). Austrasie : **634 Sigebert III** (9-10-630 ou 19-1-631/1-2-656), fils de Dagobert Ier et de Nanthilde ; *ép. Himnechilde.* Son père l'ayant nommé fictivement roi à 3 ans, il règne sous la tutelle des maires du palais, Pépin le Vieux et Grimoald. Sigebert III et Clovis II sont considérés comme les 2 premiers *rois fainéants.*

■ **3e réunification (656 mort de Sigebert III-660).** Neustrie, Bourgogne, Austrasie : **656 Clovis II** recueille l'héritage de son frère Sigebert II en écartant le fils de celui-ci, le futur saint Dagobert II, âgé de 4 ans. **Childebert II** dit **l'Adopté** (fils de Grimoald, maire du palais), adopté par Sigebert III. **657 Clotaire III** (ou **Chlothachar** ; vers 652/10-3 ou 9-5-673), fils de Clovis II et de sainte Bathilde ; 656 reçoit fictivement la couronne austrasienne de son oncle Sigebert III ; 657 hérite des autres royaumes francs.

■ **4e partage (663 décidé par Clotaire III-675 mort de Childéric II). 2 royaumes :** Neustrie et Bourgogne : **Clotaire III. 673** 10-3/15-5 **Thierry III** ou **Théodaric** (vers 12-4 ou 2-9-651/St-Vaast d'Arras 1-691), 3e fils de Clovis II et de sainte Bathilde, frère de Clotaire III ; *ép. Clotilde* (ou *Rothilde* ou *Chrothéchildis* ou *Chrothildis* ou *Doda*, † 694/9), régente pour son fils aîné jusqu'au 5-6-692 au moins. Austrasie : **662** 18-10/9-12 **Childéric II** (vers 649 ou 653/675, assassiné avec son épouse par Bodilo dans la forêt de Lognes), 4e fils de Clovis II et de Bathilde, frère de Clotaire III, règne sous la tutelle de Himnechilde (veuve

Rivalité entre Brunehaut et Frédégonde. *Frédégonde* (Montdidier vers 545-Paris 597), maîtresse de Chilpéric Ier (roi de Soissons), lui fait répudier sa 1re femme, Audovère, puis sa 2e, Galswinthe, en 568, et l'épouse ; *Brunehaut* (vers 543-Renève 613 ; 566 femme de Sigebert Ier, roi d'Austrasie, et sœur de Galswinthe) veut venger sa sœur. Frédégonde fait assassiner Sigebert Ier et Brunehaut épouse alors Mérovée, fils de Chilpéric Ier, mais il sera tué en 578. En 584, Frédégonde fait tuer Chilpéric Ier et gouverne sous la protection de Gontran, roi de Bourgogne. En 586, pendant l'office de Pâques, elle aurait fait poignarder Prétextat (ancien évêque de Rouen) pour avoir marié Mérovée et Brunehaut. Quand Gontran meurt en 592, Frédégonde reprend, contre Brunehaut, la lutte que celle-ci mène au nom de ses petits-fils, Thibert (en Austrasie) et Thierry II (en Bourgogne). En 596, Brunehaut est battue à *Latofao* [ou Leucofao ? identifié avec Laffaux ou avec Bois-du-Fays (Aisne)]. En 613, les Austrasiens livrent Brunehaut à Clotaire II (fils de Frédégonde) qui la fait mourir, à 80 ans, en l'attachant par la chevelure, un pied et un bras à la queue d'un cheval sauvage. La guerre entre Austrasiens (à l'est) et Neustriens (à l'ouest), commencée en 568, se poursuivra jusqu'en 719.

de Sigebert III) et du maire du palais Wulfoald ; *ép.* (vers 668) *Bilichilde* (ou *Bilichildis*, ou *Bilithildis*, † 675) fille de Sigebert III.

■ **4e réunification (675 mort de Childéric II-676).** NEUSTRIE, BOURGOGNE, AUSTRASIE : **Thierry III.**

■ **5e partage (677 décidé par Thierry III-679). 2 royaumes :** NEUSTRIE et BOURGOGNE : **Thierry III** donne en 677 l'Austrasie à son cousin germain Dagobert. AUSTRASIE : **676 saint Dagobert II** (652/6 -23-12-679, assassiné sur ordre d'Ébroïn), fils de Sigebert III ; *ép. 1°) Mathilde* († 670) ; *2°) Gisèle.* **679** *Ébroïn* († vers 681, maire du palais de Neustrie) fait exécuter *saint Léger* (évêque d'Autun, maire du palais de Bourgogne) et unifie les 2 mairies (roi en titre : Thierry III). Dictature du maire du palais (vers 680) *Pépin le Jeune* ou *de Herstal* [(vers 653/Jupille 16-12-714), petit-fils de Pépin le Vieux ou de Landen (vers 580-640), fils d'Anségide et de Begga].

■ **5e réunification (679-717).** NEUSTRIE, BOURGOGNE, AUSTRASIE : **679 Thierry III** reprend la couronne austrasienne après l'assassinat de son cousin Dagobert II. **680** Ébroïn (avec Thierry III) bat Pépin à *Latofao* [Bois-du-Fays (Aisne)] et est assassiné peu après. **687** à *Testry* (ou *Tertry*), Pépin bat *Berthaire,* successeur d'Ébroïn, et unit les mairies du palais des 3 royaumes. Il prend le titre de *dux et princeps Francorum,* réside à Herstal, puis à Jupille (Belgique). Les rois *(fainéants)* ne sont plus que rois de Neustrie, et les *maires du palais* (Austrasiens) gouvernent les 3 royaumes. **690 Clovis III** ou **Chlodovechou** (vers 682-695, près Compiègne), fils de Thierry III et de Clotilde. *Pépin le Jeune* dirige le royaume. **695** (13-4) **Childebert III** (683/14-4-711, près de Compiègne) fils de Thierry III et de Clotilde ; *ép. Ermenchildis.* Sous la tutelle de Pépin le Jeune. **711 Dagobert III** (vers 697/98-3-9 au 31-12-715), fils de Childebert III ; *ép. N.* Sous la tutelle de Pépin le Jeune. **715 Chilpéric II** (vers 670/Noyon 13-2-721), fils de Childéric II et de Bilichilde ; *ép. N.* Charles Martel s'empare de lui puis l'abandonne et fait reconnaître contre lui Clotaire IV.

■ **6e partage (717-719). 2 royaumes :** NEUSTRIE et BOURGOGNE : **Chilpéric II,** contraint de céder en 717 la couronne austrasienne à son cousin germain, Clotaire IV, protégé de Charles Martel. AUSTRASIE : **717 Clotaire IV** ou **Chlothar** (684-719), fils de Thierry III, désigné par Charles Martel, opposé à Chilpéric II.

☞ **Charles Martel** [(vers 688/Quiercy-sur-Oise 12-10-741), fils naturel de Pépin le Jeune, maire du palais d'Austrasie (714) à la mort de son père, au détriment des enfants ; légitimes son surnom (de marteau) évoquait son énergie ; *ép. 1°) Rotrude* (ou *Chrotrud*, † 724) ; *2°)* (741) *Swanahilde* (ou *Sonichilde*, de la famille des ducs de Bavière)]. Écarté par Plectrude, la veuve de Pépin, il prend le pouvoir de force (714), bat les Neustriens révoltés (*Soissons* 719), les Frisons (724), les Bavarois (725), les Saxons (724-38) et, appelé par Eudes, prince d'Aquitaine, les Arabes [*Poitiers* 17 ou 25-10-732 (l'émir Abd el-Rahman est tué) et *étang de Berre* 738]. Le pape Grégoire II lui propose le titre impérial.

■ **6e réunification (719-751).** NEUSTRIE, BOURGOGNE, AUSTRASIE : **719 Chilpéric II** reprend sa couronne austrasienne à la mort de son rival Clotaire IV. **721** 30-1/13-5 **Thierry IV** ou **Théodoric** (vers 713-737), fils de Dagobert III ; *seul roi* sous la tutelle de Charles Martel. **737-43 interrègne :** Charles Martel et ses fils au pouvoir. **743-51 Childéric III** (vers 714-754, dernier Mérovingien), fils de Chilpéric II ; *ép. Gisèle* (?) dont il eut Théodoric ou Thierry, mort sans postérité. Déposé par Pépin le Bref maire du palais en 751, après consultation du pape, il est tonsuré rituellement (les guerriers francs tressaient leurs cheveux en nattes ; les évêques et les moines avaient le crâne rasé) et enfermé à l'abbaye de St-Bertin (22-12-751/23-1-752).

CAROLINGIENS (751-987) (maison des Pippinides)

■ **751 Pépin le Bref** [Jupille (Belgique) vers 714/St-Denis 24-9-768], fils cadet de Charles Martel et de Rotrude ; *ép.* (vers 749) *Bertrade de Laon* [dite *Berthe au Grand Pied* car elle avait un pied plus long que l'autre, (726/Choisy-au-Bac 783)] fille de Caribert, Cte de Laon [selon une légende, elle aurait été enlevée et une servante aurait pris sa place ; Pépin l'aurait retrouvée dans une forêt au cours d'une chasse ; inspire un roman en vers au trouvère Adenet le Roi (1275)]. **741** à la mort de Charles Martel, partage le pouvoir avec son frère aîné Carloman. Il reçoit Neustrie, Bourgogne et Provence. **747** Carloman se fait moine. Pépin soumet les Germains de la rive droite du Rhin (Saxons, Alamans, Bavarois) et leur fait rendre hommage à *Childéric III* (roi en titre). **751** proclamé roi des Francs (il dépose Childéric III pour incapacité). **752**-*nov.* ou *Noël* est sacré à Soissons par l'ensemble des évêques de la Gaule (saint Boniface, évêque de Mayence, étant présent ?) ; le soutien du pape Zacharie lui avait été acquis contre la promesse d'intervenir contre les Lombards qui occupaient Italie et Empire byzantin ; Constantin V, empereur de Byzance, suzerain en titre du pays, était incapable de les chasser. Il est sacré à St-Denis une 2e fois avec ses 2 fils, Carloman et Charlemagne, par le pape Étienne II (le 27-7 (?)-754) qui le proclame patrice des Romains. **754** et **756** en Italie, enlève aux Lombards l'exarchat de Ravenne et la Pentapole qu'il donne à la papauté. **752-57** prend la Septimanie aux musulmans. **760-68** reprend l'Aquitaine.

■ **768 Carloman** (vers 751/Samoussy 4-12-771), fils de Pépin le Bref et frère cadet de Charlemagne ; patrice des Romains 754 ; roi des Francs ; roi en Bourgogne et Austrasie 768 ; *ép. Gerberge,* fille de Didier, roi des Lombards ; en 771, elle se réfugie chez son père avec ses enfants que Charlemagne fait enfermer dans un monastère. Règne conjointement avec Charlemagne.

■ **Période carolingienne (752-987). Renaissance impériale :** Charlemagne et son fils, Louis le Pieux, qui reçoivent des mains du pape la couronne impériale, tentent de reconstituer l'Empire romain d'Occident sur le modèle de l'empire de Byzance, avec une cour, une administration et une alliance étroite avec l'Église. Dans chaque cité, l'évêque et le comte collaborent et se surveillent. Ils sont contrôlés dans les territoires frontières *(marches)* par un *marquis* qui a l'autorité sur les comtes de la province et, sur les autres territoires, par des envoyés, les *missi dominici* (de la *cour* d'Aix-la-Chapelle). Les propriétés personnelles de l'empereur sont administrées par des prévôts *(praepositi).* Tous les immunistes ont également leurs prévôts, chargés de faire rentrer les revenus (essentiellement agricoles). **Essor économique :** fondé sur l'administration centralisée : ordres écrits, rapports, comptes remplacent les ordres oraux. On multiplie les centres d'instruction (« école du palais », monastères) en faisant appel aux Anglo-Saxons, bons latinistes ; aux juifs (de culture arabe, venus d'Espagne) ; aux Byzantins, spécialistes du beau manuscrit. Un essor culturel s'ensuit : littérature, philologie, sciences, arts décoratifs, architecture, industrie textile. Son financement est assuré surtout par la vente des esclaves (prisonniers de guerre) : chaque été, les raids en territoires germaniques ou slaves rapportent de nombreux sujets. Malgré les bonnes relations avec le monde arabe (Haroun al-Rachid), un rescrit de 779 interdit la vente d'esclaves aux musulmans. **Naissance des grandes dynasties féodales :** les comtes des plus grandes cités et les marquis de certaines provinces commencent à créer des dynasties locales, en principe sujettes de l'empereur (jusqu'à 843) puis du roi (après 843), mais en fait trop puissantes pour leur obéir. Tels sont : les comtes d'Autun (qui dominent la Bourgogne, futur duché), de Flandre, de Vermandois, de Roumois, d'Anjou, de Poitou, de Toulouse, et le marquis de Bretagne. *Au traité de Verdun (843),* la France occidentale est séparée du reste de l'Empire carolingien. Soumise en principe à la suzeraineté des empereurs, elle s'affirmera indépendante dès la fin du IXe s. : « Le roi de France est empereur en son royaume. »

■ **768 Carolus Magnus, Karl der Grosse, Charles (Ier) le Grand,** dit **Charlemagne** (Ingelheim 2-4-742/Aix-la-Chapelle 28-1-814, inhumé dans la cathédrale), fils aîné de Pépin le Bref et de Bertrade de Laon ; sacré patrice des Romains à St-Denis (28-7-754). Aucune miniature carolingienne ne le représente avec une barbe, mais le poète de *la Chanson de Roland* (publiée au XIXe s.) l'a imaginé comme un patriarche de la Bible (la barbe étant un insigne de dignité chez les Hébreux) et il est traditionnellement appelé « l'empereur à la barbe fleurie » c'est-à-dire « blanche ». Il mesurait plus de 1,90 m. *Roi de Neustrie, Austrasie* et *Aquitaine occidentale* à Noyon (9-10-768), et de *Bourgogne, Provence, Septimanie* et *Aquitaine orientale* après la mort de son frère Carloman ; *roi des Lombards* (après les avoir battus) et *patrice de Rome* (3-4-774) ; *ép. 1°)* (768, morganatique) *Himiltrude* (ou *Chimiltrudis*, ou *Amautru*) dont Pépin le Bossu (769-811), relégué dans un couvent ; *2°)* (769) *N.,* fille de Desiderius, répudiée 770/1 ; *3°)* (771) *Hildegarde* (758/30-4-783), fille de Gérold Ier, Cte franc, petite-fille par sa mère du duc d'Alémanie, Godefroy, dont 9 enfants ; *4°) en union avec N. ; 5°)* (783) *Fastrée* (ou *Fastrada*, † 10-8-794), fille du Cte Rodolphe de Franconie, dont 2 filles ; *6°)* (794/96) *Liutgardis* (ou *Liedgarde*, ou *Liégeard*, † 4-6-800), fille d'un Cte alaman ; *7°) Madelgardis* (ou *Mathalgarde*) dont 2 filles. Concubines : *8°) Gerswinde ; 9°)* (800) *Régine* (ou *Régina* ou *Reine*) ; *10°)* (806) *Adelinde.*

– **768**-*juin* Waïfre, roi des Gascons, exécuté (l'Aquitaine n'est pourtant pas soumise). **772** et **775** campagne contre les Saxons. **774** bat les *Lombards* (annexe leur royaume et ceint le 5-6-774 la couronne de fer). **778** bat les *Bavarois.* **778-811** bat les *Arabes* d'Espagne ; création de la marche d'Espagne en bordure des Pyrénées, mort de *Roland* le 15-8-778 à *Roncevaux.* **785-99** bat les *Saxons*, les frontières franques sont sur l'Elbe et la Baltique. **796** bat les *Avars.* **Vers 796** prend pour capitale Aix-la-Chapelle. **799** expédition en Italie pour aider le pape. **800**-25-12 est couronné à Rome par le pape Léon III, selon la titulature officielle : « Charles très pieux Auguste, couronné par Dieu, Grand et Pacifique Empereur des Romains, vie et victoire ». **805** révolte des Saxons : 10 500 familles déportées en France méridionale. **806** Charlemagne divise son empire en 3 royaumes : *Aquitaine*, *Francie* (Charles), *Italie* (Pépin, puis Bernard fils de Pépin). Charles meurt avant son père et Louis reçoit 2 parts. **809** occupe Dalmatie et Vénétie. **812** paix entre empires d'Occident et d'Orient.

CHARLEMAGNE

■ **Canonisation de Charlemagne.** En 1165, le pape Pascal III (antipape) donne son assentiment. Le pape légitime de l'époque (Alexandre III) et ses successeurs n'ayant pas formulé d'objection, elle peut être considérée comme valide bien que Benoît XI eût estimé qu'on ne devait parler que du *bienheureux Charlemagne* (son nom ne figure pas au martyrologe romain). Le culte, célébré en Belgique et Allemagne, sera, en 1475, introduit en France dans l'Université par Louis XI (fête le 28-1) ; en 1661, l'université de Paris prendra Charlemagne comme patron (fête célébrée désormais dans toutes les écoles).

■ **Descendants de Charlemagne.** Il apparaît 500 fois dans l'ascendance de St Louis, plus de 1 million de fois dans celle de Henri IV. Selon le généalogiste Otto Forst de Battaglia, les Carolingiens en ligne féminine auraient été 2 000 en 1200, 200 000 en 1500, et plus de 20 millions au XXe s.

■ **Insignes et vêtements légendaires.** Transférés en 1424 d'Aix-la-Chapelle à Nuremberg, et en 1769 à Vienne, ils comprennent couronne, manteau, sceptre et glaive impérial, son sabre, une aube, la tunique de pourpre, la dalmatique ornée d'aigles, l'étole, 2 ceintures, les gants et sandales de son couronnement, son livre d'Évangiles et un reliquaire.

■ **Monument de Charlemagne.** *Paris :* près de Notre-Dame, Charlemagne à cheval avec Roland et Olivier (bronze des frères Rochet, 1882).

■ **Talisman de Charlemagne.** Ampoule contenant une relique de la Vraie Croix (don du calife de Baghdad, Haroun al-Rachid), enchâssée dans une monture en or ornée de pierres précieuses. Retrouvé dans le tombeau de Charlemagne en l'an mille ; d'abord conservé à Aix-la-Chapelle puis donné, en 1804, à l'impératrice Joséphine par l'archevêque de Cologne et le chapitre d'Aix-la-Chapelle qui, après la chute de Napoléon, cherchèrent à le récupérer sous prétexte que le St-Siège n'avait pas donné son autorisation. La reine Hortense, après en avoir hérité, le léguera en 1837 à son fils, le futur Napoléon III qui l'offrira en cadeau de mariage à l'impératrice Eugénie. En 1919, celle-ci le léguera à la cathédrale de Reims (donation contestée en 1927 par le chapitre d'Aix-la-Chapelle).

■ **Tombeau de Charlemagne.** Ouvert à plusieurs reprises. *An mille :* on aurait trouvé Charlemagne assis sur un siège de marbre, revêtu de ses insignes et ornements impériaux, tenant un sceptre et les Évangiles. Ce siège servira de trône aux 37 empereurs du St-Empire couronnés à Aix-la-Chapelle. *1165*-29-12 Frédéric Barberousse fait transférer le corps dans un nouveau sarcophage en marbre blanc (un côté, formé d'un bas-relief romain, montre l'enlèvement de Proserpine) qui est placé sur l'autel (ce qui était alors le signe de la canonisation). *1356* la dépouille est transférée dans une châsse d'or et d'argent. *1804* -8-9 (ou 1-8 ?) la châsse est ouverte en présence de Napoléon et Joséphine. Napoléon se fait remettre l'humérus droit qui sera gardé au Louvre, dans un reliquaire. *1815* les Alliés reprennent l'os en laissant le reliquaire. *1906* la châsse est ouverte sur ordre de Guillaume II.

■ **Trône de Charlemagne.** Venant du trésor de l'abbaye de St-Denis, il est au cabinet des Médailles de la Bibliothèque nationale : en bronze doré, montants en X terminés par des têtes de panthères (fin VIIIe s.), accoudoirs (2e moitié du IXe s.) décorés de palmettes, dossier (2e moitié du IXe s.) surmonté de petites têtes humaines (XIIe s.) ; attribué à Dagobert (de 629 à 639) par Suger (1081-1151), abbé de St-Denis, il aurait en fait appartenu à Charlemagne.

☞ « Faire Charlemagne » : se dit d'un joueur qui se retire du jeu avec tout son gain, sans donner de revanche. Allusion à Charlemagne qui garda ses conquêtes jusqu'à la fin, sans en rendre une seule.

■ **814 Louis Ier le Pieux, le Débonnaire** ou **le Romain** (Casseuil-sur-Garonne 778/Ingelheim 20-6-840), 3e fils de Charlemagne et de Hildegarde. [Si l'on comptait les 3 Clovis mérovingiens (dont le nom est une forme de Louis = Hlodovicus), il serait appelé Louis IV.] Son nom *de bonne aire* le distinguait d'un 2e Louis de *pute aire* (d'obscure naissance), fils naturel de Charlemagne et d'une servante. (Vers 793) *en union avec N. Ép. 1°)* (vers 794) *Ermengarde* († 3-10-818) ; *2°)* (févr. 819) *Judith* (ou *Iuditha*, ou *Yutha*, ou *Iudith*, vers 805/19-4-843), fille du Cte de Bavière, Welft.

– A la dignité de *roi d'Aquitaine* (778-814), sacré à Rome par Adrien Ier (15-4-781), associé à son père comme *empereur* (11-9-813), *empereur d'Occident* (814), couronné à Reims (5-10-816 par le pape Étienne V), seul 814-833, déposé par ses fils (7-10-833), restauré (févr. 835). **817** pour maintenir la cohésion de l'Empire par l'*ordinatio imperii* Louis Ier partage entre ses 3 fils légitimes ses 2 royaumes en 3 sous-royaumes (*Aquitaine :* Pépin Ier ; *Bavière :* Louis le Germanique ; *Centre,* avec la couronne impériale : Lothaire Ier). **823** naissance d'un 4e fils, Charles (futur Charles le Chauve) de son 2e mariage. **829** Louis Ier revient sur le partage de 817 et veut l'apanager. **833**-*juin* au Lügenfeld, les 3 fils aînés s'emparent de leur père. *-7-10* le font déposer par l'archevêque de Reims. **835**-*févr.* à Metz, Louis Ier restauré par ses fils Pépin Ier et Louis qui sont jaloux de Lothaire.

☞ A partir de 814, les souverains sont empereurs et rois sans qu'il soit dit de quoi (sauf en Aquitaine : Pépin Ier et II sont rois des Aquitains). Longtemps la liste des rois commença à Charlemagne, considéré comme le roi des Francs, Charles Ier. Actuellement, on commence cette liste à Louis le Débonnaire, ce qui fait de Charles le Chauve un Charles Ier et non plus un Charles II.

■ **840 Lothaire Ier** ou **Hlotar** (795/Prüm 28 ou 29-9-855), fils aîné de Louis Ier et d'Ermengarde. *Ép.* (oct. 821) *Ermengarde* (ou *Ermangardis* ou *Ermengeart*) († 20-3-851), fille du Cte d'Alsace ; (851) *en union avec Doda ;* (851/3) *en union avec N.* – A la dignité de *roi de Bavière* (814), associé à son père *empereur* (817), *roi d'Italie* (820), sacré et couronné à Rome (5-4-823) par le pape Pascal Ier, associé (825-829, 830-831), empereur seul (30-6-833), démis et simple roi en Italie (834), seul empereur et forcé d'abandonner la Francie de l'Ouest (ou France) dès 840, moine à Prüm (855).

– **841**-*25-6* Lothaire Ier et Pépin II d'Aquitaine battus à *Fontenoy* (en Puisaye, Yonne). **842**-*14-2* **Serments de Strasbourg :** Charles le Chauve et Louis le Germanique

Invasions sarrasines (720-739 et 830-990)

☞ Sarrasin vient du bas latin *sarracenus* (nom d'une peuplade d'Arabie), issu de l'arabe *charqryin,* pluriel de *charbi* (oriental).

711 l'Espagne wisigothique, officiellement catholique mais avec de fortes minorités juives et ariennes, accueille les musulmans venus d'Afrique du Nord (dits « arabes » mais en majorité berbères). **720** ils occupent la Septimanie (capitale Narbonne), ancienne province wisigothique (Gothie). **721** ils attaquent Toulouse [le duc d'Aquitaine, Eudes († 735), repousse al-Samah, gouverneur musulman d'Espagne : 3 750 musulmans †]. **724-25** ils pillent la vallée du Rhône jusqu'à Autun. **Vers 730** Eudes s'allie à un émir aragonais, Othman ben Abi Nassa, contre le sultan musulman Abd el-Rahman ; Othman est vaincu et Abd el-Rahman attaque l'Aquitaine. **732**-*juin,* il conquiert Bordeaux, assiège Poitiers et marche sur Tours ; *-17* ou *-25-10* il est vaincu et tué par Charles Martel (et Eudes) à Moussais-la-Bataille (Vienne), à 20 km de Poitiers (la cavalerie lourde des Francs écrase sa cavalerie légère). **732-39** offensives des musulmans de Narbonnaise contre Provence et vallée du Rhône. **739** Pépin, fils de Charles Martel, et Liutprand, roi des Lombards, les écrasent devant Marseille et les rejettent sur la Narbonnaise.

A partir de 800 raids maritimes des musulmans fixés en Espagne et Afrique du Nord. Les États carolingiens, trop étendus, ne peuvent résister à la fois aux raids normands (voir ci-dessous) et aux raids sarrasins. **838** et **842** raids sur Marseille ; **842** et **850** sur Arles. **869** installation d'une base en Camargue. **870-90** les Vikings supplantent les Sarrasins. **890** fondation de la base sarrasine de La Garde-Freinet (Var). **972** capture de saint Mayeul, abbé de Cluny, sur la route du Mont-Genèvre. **983** Guillaume, Cte de Provence, prend La Garde-Freinet. **990** fin de la domination en Provence. **Jusqu'au XIIIe s.** les raids se poursuivent (Lérins 1047, 1107, 1197 ; Toulon 1178, 1197).

Invasions normandes (810-911)

■ **Nom.** *Nortmanni,* hommes du Nord. Eux-mêmes s'appelent *Vikings,* guerriers de la mer (du vieil anglais *wicing* désignant des pirates, et du scandinave *vikingr*, participant aux expéditions maritimes).

■ **Causes. 1°)** Pression démographique en pays scandinave (Norvégiens, Suédois, Danois forment alors un seul peuple). **2°)** Attaque de Charlemagne contre la péninsule danoise en 808 : il est arrêté par une ligne de fortifications et les « Vikings » contre-attaquent sur les côtes franques et anglo-saxonnes.

■ **Effectifs.** Raids de 300 à 400 hommes montés sur 30 à 40 *snekkja* (navires légers) ; ils installent des bases fortifiées (par exemple l'île de Jeufosse, près de Mantes, en 856) où ils créent des armées terrestres avec cavalerie et matériel de siège.

■ **Opérations. 1°)** Milliers de *levées de tribut* sur les villes et les États (*danegeld,* payé presque annuellement à partir de 845), *enlèvements* de personnes (vendues comme esclaves ou qui payent rançon), *pillages* de monastères. **799** premier raid en France, à Noirmoutier. **841** Rouen incendiée. **2°)** *Armées normandes équipées sur place :* **856**-*8-4* prise d'Orléans, *-27-12* de Paris. **858** Charles le Chauve échoue dans une attaque de l'île de Jeufosse. **861** prise de Paris. **866**-*15-9* de *Brissarthe :* Hasting bat et tue Robert, Cte de la Marche, et Renoul, duc d'Aquitaine. **873** Charles le Chauve et Salomon de Bretagne reprennent Angers. **881** victoire de *Saucourt-en-Vimeu* (Louis II et Carloman : 8 000 Normands †). **883** bataille de *Reims* (Carloman) indécise. **885-86** Siegfried assiège Paris, défendu par le Cte Eudes (Charles le Gros paye 7 000 livres de rançon). **889** Eudes paye rançon pour Paris. **890** il est battu à *Noyon* et **891** à *Valenciennes.* **896** les Normands créent une base à l'embouchure de la Seine. **903** ils prennent Tours. **910 Rollon** (Hrolf, vers 860/vers 933) attaque *Paris,* mais est repoussé. **911** il assiège *Chartres* (repoussé par l'évêque Gouteaume ; 7 000 †) ; *traité de Saint-Clair-sur-Epte :* Charles le Simple cède le Cte de la Basse-Seine à Rollon qui accepte le baptême et devient vassal du roi de France (il refuse par orgueil le cérémonial de l'hommage, consistant notamment à baiser le pied du suzerain ; il délègue à sa place un seigneur, en lui recommandant de ne pas s'incliner trop : selon la légende, celui-ci s'incline si peu qu'il fait tomber le roi à la renverse, en lui soulevant le pied très haut). **924** le roi Raoul cède Bessin et Hiesmois à Rollon, **933** remet Cotentin et Avranchin à Guillaume Longue Épée. **939** Vikings expulsés de leur dernier camp fortifié de Trans, près de Dol (fin de la présence viking en Bretagne). **942-996** règne de Richard Ier, duc de Normandie.

■ **Chanson de Roland.** Composée par un clerc anonyme entre 1100 et 1125. Pour certains, il s'agit d'une œuvre de fiction, destinée à recruter des combattants français pour la croisade contre Saragosse (1110-18) menée par le roi d'Aragon, Alphonse Ier le Batailleur (vers 1073/7-9-1134). Pour d'autres, l'auteur a utilisé des récits oraux, traditionnels d'Andorre et d'Ariège, remontant aux temps carolingiens. Elle a fait naître la « légende de Roland » (*Roland* a un ami aussi chevaleresque que lui, *Olivier ;* il est trahi par *Ganelon ;* son épée s'appelle *Durandal* ; en cherchant à la briser, il entaille les Pyrénées ; il souffle dans un cor en ivoire d'éléphant, pour appeler Charlemagne à son secours). **Le cor (ou olifant)** était une marque distinctive de commandement. En ivoire massif et sculpté, il fut longtemps la propriété de l'abbaye de l'île Barbe (St-Rambert, Rhône) et fut transféré à l'archevêché à la suppression de l'abbaye (1741). En 1791, il fut donné à la famille du Mont-d'Or (qui prétendait descendre de Roland) ; elle le donnera en 1829 au Cte de Chambord.

■ **Bataille de Ronceveaux.** L'historien Éginhard (vers 770-840) raconte dans sa *Vie de Charlemagne* (vers 820) que l'armée de Charlemagne, après un raid manqué au sud des Pyrénées, se repliait par un col pyrénéen (non nommé), quand son arrière-garde fut attaquée par des « Vascons » qui pillèrent les chariots et tuèrent de nombreux soldats francs, notamment le sénéchal Éginhard, le Cte du Palais Anselme, le préfet des Marches de Bretagne, Hruotland ou Roland. En 1130, à la suite d'une vision en songe de l'évêque de Pampelune, Sancho de la Rosa, le terrain du combat fut localisé à Orréaga, lieu-dit près du col d'Ibañeta, entre haute et basse Navarre. Tradition conservée, notamment par les Basques, qui se proclament les descendants des « Vascons » et considèrent la victoire remportée sur les troupes carolingiennes comme un fait d'armes national (ils organisent chaque année un pèlerinage au monument d'Orréaga).

D'autres estiment : *1°)* que Sancho de la Rosa a donné arbitrairement à Orréaga le nom de *Roncevaux,* qui n'est pas dans Éginhard, mais dans la *Chanson de Roland* (orthographié Rencesvals) ; *2°)* que *Vascon* désigne non seulement les Basques, mais tous les habitants de la Vasconie, région allant de l'Èbre à la Garonne ; *3°)* que *la Chanson de Roland* situe les Rences vals (*Roza valles,* selon d'autres sources) au pied du col de « Ciser » (*Sisera,* selon d'autres sources), qui semble correspondre au port de Siguer (Andorre) ; *4°)* qu'elle ne désigne jamais les adversaires de Roland comme des Vascons, mais comme des « Sarrasins », qui au VIIIe s. occupaient la Vasconie.

contre Lothaire (prêtés en français par les soldats de Charles : c'est le 1er document écrit en français). **843**-*8-8* **traité de Verdun** [élaboré dans l'île d'Ancelles (île des Chamillons) de St-Roman-des-Iles et signé à Verdun-sur-Meuse. 1ers pourparlers en Bourgogne puis à Metz, Coblence, Thionville] : partage l'empire carolingien entre **Lothaire,** qui reçoit la *Lotharingie* [bandes de terres (Italie, Provence, Bourgogne, est de la France actuelle) de la mer du Nord aux États de l'Église] ; **Louis le Germanique,** la *Francie orientale* (est du Rhin avec Saxe et Thuringe) ; **Charles le Chauve,** la *Francie occidentale* (ouest de l'Escaut, Meuse, Rhin et Saône). **847** constitution du duché de France, donné à *Robert le Fort* (vers 800/Brissarthe 15-9-866), ancêtre des Capétiens (voir p. 623 b).

☞ **Aquitaine : Pépin** ou **Pippin Ier** (vers 803/Poitiers 13-12-838), 2e fils de Louis Ier, a l'Aquitaine et les marches des Pyrénées dès 814, comme roi 817. *Ép.* (sept. 822) *Ringarde* (ou *Ringardis,* ou *Hringart*) fille de Théodebert, Cte de Madrie. **830** et **833** participe aux révoltes de ses frères. **834** se réconcilie avec Louis Ier par haine de Lothaire Ier. **Pépin** ou **Pippin II** (vers 823/Senlis apr. 864) fils de Pépin Ier. **839** proclamé roi des Aquitains contre Charles le Chauve auquel Louis Ier voulait donner ses États. **841** allié de Lothaire, battu à Fontenoy. **843** traité de Verdun, dépouillé de l'Aquitaine. **845** reconnu par Charles le Chauve qui prend Toulouse (849) ; **852** capture Pépin II qui s'évade et s'allie aux Normands ; **864** la reprend. Pépin II jugé et condamné à mort par la diète de Pitres (peine commuée), devient moine-prisonnier à Senlis. Sans postérité.

☞ **Bavière : Louis le Germanique** (vers 805/Francfort-sur-le-Main 28-8-876), 3e fils de Louis Ier et d'Ermengarde. **817** obtient dans le partage la Bavière et l'est de l'Empire (Germanie). **840** s'allie avec Charles le Chauve contre Lothaire Ier. **875** battu à l'élection impériale par Charles le Chauve.

Charles II le Chauve ou **Ier** (voir p. 621 c) (Francfort-sur-le-Main 13-6-823/Avrieux 6-10-877), 4e fils de Louis Ier, duc de Souabe (829), *roi d'Aquitaine* (839), *roi en Francie de l'Ouest* (843, traité de Verdun), couronné à Orléans (6-6-848), *roi de Lorraine* (couronné 869) *et de Bourgogne* (entre à Vienne 24-12-870), *empereur* (25-12-875 couronné à Rome par Jean VIII), *roi des Lombards* (5-1-877 Pavie). Par son *capitulaire de Kiersy* [Quierzy-sur-Oise (Aisne), résidence impériale], 14/16-6-877, rend les charges comtales héréditaires. *Ép. 1°)* (13-12-842) *Ermentrude* (ou *Ermentrudis,* ou *Ermentru,* vers 27-9-830/6-10-869), fille du Cte d'Orléans ; *2°)* (12-10-869, validé 22-1-870) *Richilde* (ou *Richildis,* ou *Richeut,* † après 910 mais avant 3-2-911), fille du Cte d'Ardenne, Bivin ; couronnée impératrice (877) par Jean VIII.

■ **Allemagne. 855** à la mort de Lothaire Ier, ses États sont partagés entre ses 3 fils : *Louis II* (empereur et roi d'Italie), *Charles* (roi de Provence) et *Lothaire II* (roi de Lotharingie).

Louis II (vers 822/près de Brescia 12-8-875), fils aîné, roi d'Italie (844), associé au trône (850), empereur d'Occident (855-75), prend Bari aux Sarrasins (871). Une fille, *Ermengarde,* qui épouse Boson, roi de Provence. **875** remplacé par Charles le Chauve comme empereur.

Lothaire II (vers 825/Plaisance 8-8-869), 2e fils, roi de Lotharingie (855-69), s'allie avec son frère Louis, puis avec son oncle Charles le Chauve. A la mort de son frère, Charles de Provence (863), réunit Lyon, Arles et Vienne à ses États. *Ép. Teutberge,* répudiée (862) pour ép. *Waldrade* sa concubine [approuvé par les conciles d'Aix-la-Chapelle 862 et Metz 863 ; mais le pape Nicolas Ier le force (865), sous peine d'excommunication, à reprendre sa 1re femme].

Empire d'Occident à la mort de Charlemagne (814)

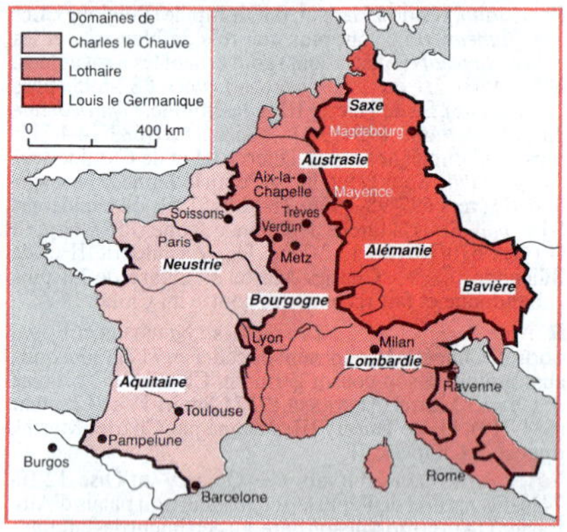

Le partage de Verdun (843)

870 traité de Mersen, Charles le Chauve et **Louis le Germanique** se partagent la Lotharingie. *876* mort de Louis le Germanique, ses États sont partagés entre ses 3 fils : **Carloman** (828/Öttingen 880 ; fils aîné, roi de Bavière 865, roi d'Italie 877-79 ; le pape lui refusant le titre impérial, il doit céder l'Italie à son frère Charles ; père d'*Arnoul de Carinthie*) ; **Louis le Jeune** (vers 830/Francfort 20-1-882) 865 roi de Saxe, Thuringe et Franconie ; *876*-8-10 *Andernach,* bat son oncle Charles le Chauve et prend la Lorraine ; *879* prend la Bavière à son frère Carloman ; *879-880 traité de Verdun-Ribemont :* se fait donner la Lotharingie occidentale) ; **Charles II le Gros** (voir p. 623 a), roi d'Alémanie 865, hérite de l'Italie et de l'Allemagne à la mort de ses frères ; empereur 881-87, réunifie les États de son père, régent de France 884, recrée l'empire de Charlemagne ; déposé pour incompétence par la diète de Tribur en novembre 887.

887-899 Arnoul de Carinthie (vers 850/Ratisbonne 8-12-899), fils naturel de Carloman, roi de Carinthie 877-899 ; roi de Germanie 887, empereur d'Occident 896-899.

900-911 Louis IV l'Enfant (893/Ratisbonne 24-9-911), roi de Germanie à 7 ans, après la mort de son frère aîné *Zwentibold* (août 900). Dernier Carolingien à régner sur la Germanie. A sa mort, le trône n'est pas offert à Charles III le Simple. **919** Henri Ier l'Oiseleur crée une nouvelle dynastie.

■ **France. 843-877 (Charles II le Chauve,** voir col. b).

877 Louis II le Bègue ou **le Fainéant** (1-11-846/Compiègne 10-4-879), seul fils survivant de Charles le Chauve et d'Ermentrude. Maladif. *Roi en Neustrie* (856), *roi d'Aquitaine* (en mars 867), sacré et couronné à Compiègne (8-12-877) puis à Troyes (7-9-878 par le pape Jean VIII). *Traité de Fouron* (nov. 878) confirme le partage de la Lorraine en 870. *Ép. 1°)* (mars 862) *Ansgarde* (ou *Ansgardis,* † 2-11-880 ou 881 ou 882), répudiée 866 ; *2°)* (après 872/75) *Adélaïde* (ou *Adelaïs*) de Paris (vers 855/60).

879 Louis III (863-5/St-Denis 5-8-882), fils de Louis II et d'Ansgarde. Sans postérité. Partage de la royauté (879-882). Couronné *roi* avec *Carloman II* (son frère) à Ferrière-en-Gâtinais (10-4-879), *roi en Neustrie* et *roi d'Austrasie* (880).

879 Carloman II (867/Les Andelys 6 ou 12-12-884, accidentellement à la chasse en forêt de Bézu près des Andelys), fils de Louis II et d'Ansgarde. Sans postérité ; *roi* avec *Louis III : d'Aquitaine, de Bourgogne* (879) et *de Septimanie* (880-82), puis *seul : roi de Francie occidentale* (882) ; *fiancé* (1-9-878) à la fille de Boson, roi de Provence.

884 Charles II le Gros (839/Reichenau 13-1-888), fils de Louis le Germanique et d'Emma. *Roi de Souabe* (876-87), *d'Italie* (879, couronné janv. 880), *empereur* (881-87, couronné à Rome 12-2-881). **885**-*juin* reçoit à Ponthion le serment de ses sujets. **887**-*11-11* déposé pour incompétence par la diète de Tribur ; *ép.* (862) *Richarde* († vers 900), fille d'Erchanger Cte d'Alsace, dont il eut Carloman († 876).

888-98 crise dynastique. Eudes (voir col. b) : ancêtre des Capétiens, est élu roi de France, couronné le 29-2-888 à Compiègne par Gautier, archevêque de Sens. Guy de Spolète, son compétiteur, s'était fait sacrer le 29-1-888 par l'archevêque de Reims. **893** soutient les partisans de Charles le Simple. Eudes redonne à sa mort la couronne à un Carolingien, Charles III le Simple.

893 Charles III le Simple [c'est-à-dire « le Loyal », ne jouant pas double jeu] (17-9-879/Péronne 7-10-929), fils posthume de Louis II le Bègue et d'Adélaïde non officiellement reconnue ; *roi* avec *Eudes* (893-98, sacré et couronné à Reims 28-1-893 par l'archevêque Foulques), puis *seul* le 28-12-898 à la mort d'Eudes [reprend en 911 (extinction des Carolingiens de l'Est) le titre de *rex Francorum,* abandonné depuis 814], déposé (922-927), roi (927), renonce (928). *Ép. 1°)* (907) *Frédéruna* (ou *Frérone*, † 10-2-917) ; *2°)* (avant 919) *Edviga* (ou *Eadgyfa*, ou *Ogive*) *d'Angleterre* († après 951), fille du roi Édouard Ier d'Angleterre.

922-936 crise dynastique. 922-*29-6* mécontents de la préférence accordée par Charles III aux Lotharingiens, les seigneurs français couronnent à Reims **Robert Ier** (voir col. b), frère d'Eudes. **923**-*15-6* Charles attaque Robert à Soissons et le tue ; -*13-7* les seigneurs français couronnent à Soissons le gendre de Robert, **Raoul de Bourgogne** (voir col. b) : celui-ci a un rival, son beau-frère Herbert de Vermandois. **922-29** Herbert garde Charles en otage ; il l'utilise pour lutter contre Raoul. **925** Charles est dépouillé de la Lotharingie par Henri Ier l'Oiseleur [roi de Germanie, duc des Saxons († 936)]. **926** invasion hongroise. **933** le roi de Bourgogne, Rodolphe II, annexe la Provence et fonde le *« royaume d'Arles »,* de Bâle à la Méditerranée.

☞ Après 911, le titre de roi des Francs sera parfois repris en Germanie, puis disparaîtra avec l'empereur Henri IV (1050-1106) ; le roi de la Francie de l'Ouest, ou France, assume le titre de roi des Francs.

936 Louis IV d'Outre-Mer ou **Hludowic** (G.-B. 10-9-921/Reims 10-9-954, chute de cheval), fils de Charles III et d'Edviga ; sacré et couronné à Laon (19-6-936) ; *ép.* (939) *Gerberga de Saxe* (913/14-5-5-984), fille d'Henri Ier l'Oiseleur († 936). – Élevé *outre-mer* depuis 926 à la cour d'Athelston du roi d'Angleterre, frère de sa mère, il doit lutter contre Hugues de Vermandois : le pape prend parti pour lui et excommunie Hugues.

954 Lothaire IV ou **Hlothar** (Laon 941/Compiègne 2-3-986), fils de Louis IV et de Gerberga, associé au trône dès 946 ; élu roi par une assemblée de Grands et d'évêques (12-11-954), aussitôt sacré et couronné à Reims (12-11-954) ; *en union avec N. ; ép.* (966) *Emma* (vers 948-50/après 988), fille de Lothaire (Basonide) roi d'Italie. **978**-*avril* assemblée de Laon : Lothaire décide d'attaquer la Lotharingie ; -*mai/juin* prend Aix-la-Chapelle ; au retour, échoue devant Metz ; -*oct.* Otton II prend Laon, brûle Compiègne et prend Montmartre, puis est repoussé par *Hugues Capet.* **980**-*mai* Otton II et Lothaire se réconcilient à Margut-sur-Chiers. **981**-*mars* Hugues Capet rencontre Otton II à Rome et fait alliance avec lui. **982**-*juillet* les Byzantins battent Otton II au cap Colonne. **983**-*déc.* Otton II meurt à Rome. Otton III (3 ans) est couronné à Aix-la-Chapelle. **985**-*mars* Lothaire prend Verdun et fait prisonnier le comte Godefroid de Verdun.

986 Louis V le Fainéant (surnom donné sous les Capétiens sans raison) ou **Hludowic** (vers 966/Compiègne 21-5-987, d'une chute de cheval), fils de Lothaire IV et d'Emma ; associé à son père (978) ; sacré et couronné à Compiègne (8-6-979). *Ép.* (979 ou 982) *Adélaïde* (ou *Adelaïs*, ou *Aélis, Azalaïs*) *d'Anjou,* veuve d'Étienne Ier, Cte de Gévaudan (945/50-1010 ou 1026). Sans postérité. – A sa mort, les nobles, réunis à Senlis, écartent son oncle Charles, duc de Basse-Lorraine, sur intervention d'Adalbéron († 988), archevêque de Reims et chancelier du royaume (adversaire des Carolingiens ; menacé par Louis V d'un procès en haute trahison) et élisent roi *Hugues Capet*, le 1-7 à Noyon.

Dynastie capétienne directe (987-1328)

■ **Origine du nom.** *Capet :* surnom [dû sans doute à la *cappa* (demi-manteau de saint Martin), déjà relique d'État sous les Mérovingiens et les Carolingiens] donné par les chroniqueurs du début du XIe s. à Hugues Ier le Grand († 956), à son fils le roi Hugues II Capet († 996) et au roi Hugues III le Grand († 1026, avant Robert II le Pieux, dont il était le fils aîné). Vers 1200, on parla de Capétiens, mais ce ne fut jamais une appellation officielle. Le roi, ses enfants, ceux du dauphin et ceux du fils aîné du dauphin sont *de France*, seul nom de famille possible pour celui qui a contracté un « mariage saint et politique » avec la couronne, le royaume et la nation. Louis XIV instaura officiellement dans certains textes le terme de *Maison de Bourbon* (1er texte : traité de Montmartre du 6-2-1662) pour éliminer les Courtenay, descendants de Louis VI.

■ **Ancienneté.** Jusqu'en 1958, on ne faisait pas remonter la généalogie des Capétiens plus haut que Robert le Fort, père d'Eudes, roi de France de 888 à 898. On connaît aujourd'hui ses ancêtres : ce sont les comtes de Wormsgau et Oberrheingau, qui étaient certainement alliés aux Carolingiens par les femmes, et très probablement aussi aux Mérovingiens d'une branche cadette. Leur liste a paru après l'analyse du cartulaire de l'abbaye St-Nazaire de Lorsch (près de Worms), fondée vers 764 par Williswinte, veuve d'un comte robertien. ASCENDANCE : **Lambert,** référendaire de Dagobert Ier, roi de Neustrie ; vivant le 8-4-630. **Robert,** son fils, maire du palais de Clovis II, chancelier de Clotaire III entre 639 et 675. **Lambert,** son fils (n.c.). **Robert Ier,** son fils, duc en Hesbaye (Liège) mort vers 764. **Turimbert,** son fils (descendance inconnue). **Robert II,** son fils (descendance inconnue). **Robert III,** son fils, administrateur royal à Hornbach († vers 834). **Robert le Fort** (vers 800-66), Cte d'Angers et de Tours, abbé laïc de Marmoutier.

■ **Rois frères.** Les 3 branches des Capétiens qui ont régné en France ont fini par les règnes successifs de 3 frères : *de 1314 à 1328,* les 3 derniers Capétiens directs (Louis X, Philippe V, Charles IV) ; *de 1559 à 1589,* les 3 derniers Valois (François II, Charles IX, Henri III) ; *de 1774 à 1830,* les 3 derniers Bourbons (Louis XVI, Louis XVIII, Charles X).

■ Rois robertiens antérieurs à Hugues Capet

■ **888 Eudes** ou **Odo** (vers 860/La Fère 1-1-898), fils de Robert le Fort ; *ép.* (vers 882) *Théodrada* (ou *Thierrée,* de la famille des Ctes de Troyes) dont 1 fils Guy (cité 903). – Cte de Paris et de Troyes 882 ; duc de France confirmé par Charles II le Gros. Défend Paris contre les Normands (885-887) ; couronné à Reims quelques mois après avoir été sacré et couronné à Compiègne. Eudes, qui semble avoir été l'homme de confiance de Charles II le Gros pour le royaume occidental, fut élu après la mort de celui-ci et reconnu (888) par le roi (puis empereur) Arnoul, seul Carolingien adulte à être alors sur un trône. Charles III le Simple ayant été couronné et sacré le 28-1-893, un arrangement eut lieu avec Eudes (897), les 2 élections étant considérées légitimes.

■ **922 Robert Ier** ou **Rodbert** (vers 865/à la bataille de Soissons 15-6-923), frère d'Eudes et 2e fils de Robert le Fort ; élu roi des Francs par les nobles et les évêques ; consacré à Reims par l'archevêque Gauthier, son parent (30-6-922) ; *ép. 1°) N. ; 2°)* (après 893) *Béatrice* (ou *Béatrix*) *de Vermandois.* – Reconnu par le pape Jean X et Henri Ier l'Oiseleur (roi de Germanie).

■ **923 Raoul** ou **Rodolphe, duc de Bourgogne** († Auxerre 14/15-1-936), fils de Richard Cte d'Autun, puis duc de Bourgogne ; élu roi, sacré le 13-7 à Soissons ; *ép.* (911 ou 919) *Emma* († 934), fille de Robert Ier et de Béatrice de Vermandois. – *Roi* avec *Charles le Simple* jusqu'en 929, puis *gouverne seul.* Reconnu par Henri Ier l'Oiseleur et Rodolphe II roi de Bourgogne de 912 à 937.

■ Capétiens directs

■ **987 Hugues** ou **Hugo Capet** (probablement à Orléans, capitale du duché de France, vers 941/« les Juifs » près de Prasville, E.-et-L., 24-10-996), fils d'Hugues le Grand [† 956, fils de Robert Ier et beau-frère de Raoul, surnommé le *faiseur de rois* car il laissa 2 fois la Couronne à des Carolingiens ; il avait pour conseiller Gerbert d'Aurillac (vers 938-1009), archevêque de Reims en 991 qui deviendra le 1er pape français (Sylvestre II) en 999] et d'Hathude ou Hedwige (fille de Henri Ier l'Oiseleur, roi de Germanie) ; Cte de Paris, duc de France (956), suzerain d'Aquitaine et de Bourgogne (956) ; *ép.* (vers 970) *Adélaïde* (*Aélis* ou *Adelaïs*) *d'Aquitaine* ou *de Poitiers* (vers 945-1006), fille de Guillaume III (dit Tête-d'Étoupe) duc d'Aquitaine, descendante de Charlemagne.

– Il est proposé comme roi à l'Assemblée de Senlis fin mai 987 ; aurait été *élevé sur le pavois* (rite qui se maintiendra au sacre des rois de Navarre) ; élu roi à Noyon le 1-6 ; sacré à Reims (ou à Noyon ?) par l'archevêque Auberon ou Adalbéron († 988) le 3-7 ; **987**-*juillet* rend Verdun à l'empereur, en échange de sa reconnaissance ; -*25-12* associe au trône son fils Robert. Adalbert de Périgord refusant de lever le siège de Tours, Hugues Capet lui écrit que les comtes ne sont que des fonctionnaires du pouvoir royal ; Adalbert répond que ce sont les ducs et les comtes qui l'ont élu roi. Ainsi résumé : « Qui t'a fait comte ? Qui t'a fait roi ? » **989** concile de Charroux instituant la *« paix de Dieu ».* **991**-*29-3* capture à Laon du dernier Pce carolingien, Charles de Basse-Lorraine († au cachot à Orléans vers 995).

■ **996 Robert II le Pieux** (Orléans vers 970/Melun 20-7-1031), fils de Hugues Capet et d'Adélaïde d'Aquitaine ; d'abord duc de Bourgogne, associé au trône et sacré du vivant de son père à Orléans (25 ou 30-12-987), roi seul (24-10-996). *Ép. 1°)* (988) *Suzanne* (ou *Rosala*) *de Provence* (950/60/7-2-1003, répudiée en 989, religieuse), fille de Bérenger, roi d'Italie ; veuve d'Arnoul II (dit le Jeune), Cte de Flandre, elle apporte Boulogne-sur-Mer ; *2°)* (996) *Berthe de Bourgogne* [sa maîtresse et sa cousine, née vers 964, fille de Conrad le Pacifique, duc de Bourgogne, et de Mathilde de France (fille de Louis IV), veuve (995) d'Eude, Cte de Chartres, Tours et Blois (5 enfants dont 4 fils, l'un était filleul de Robert), répudiée 998 ou vers 1003] ; *3°)* (vers 1003) *Constance de Provence* († juillet 1032, Melun) fille de Guillaume Ier, Cte d'Arles.

– **997** roi excommunié pour bigamie. **1000** *Terreurs de l'an Mille* mentionnées pour la 1re fois en 1590, légende née d'une citation pieuse, souvent faite dans les formules des chartes de donation et rappelant la vanité des biens de ce monde (saint Paul, IIe épître aux Corinthiens, I, 22), établie aux XVIIIe s. (William Robertson, Anglais, 1721-93) et XIXe s. (Jules Michelet, Français, 1798-1874) : les chrétiens auraient cru à une fin du monde inéluctable, 1 000 ans après la venue du Christ. **1002-14** Robert conquiert le duché de Bourgogne. **1017**-19-6 à St-Corneille-de-Compiègne, Robert associe au trône **Hugues le Grand** (1007/17-9-1025), fils qu'il a eu de Constance. **1019** Robert s'allie avec Baudoin IV de Flandres. **1022** 14 hérétiques (clercs ou nobles) brûlés à Orléans. **1023** réunion des comtés de Blois et de Champagne qui encercleront 200 ans le domaine capétien. **1025**-*17-9* Hugues meurt ; son frère cadet, **Henri**, est associé au trône. **1027** l'empereur d'Allemagne hérite de la Bourgogne transjurane.

■ **1031 Henri Ier** (1008/Vitry-aux-Loges près d'Orléans 4-8-1060), 3e fils de Robert II et de Constance ; duc de Bourgogne (vers 1017), associé et sacré à Reims (?) (14-5-1027), roi (juillet 1031) ; *fiancé à Mathilde* († 1034), fille de Conrad le Salique, roi de Germanie (elle mourut avant d'arriver en France) ; *ép. 1°) Mathilde* († vers 1044), nièce de Henri II, empereur d'Allemagne ; *2°)* (14-5-1049 ou 19-5-1051) *Anne de Russie* [(vers 1024-vers 1075), dite *Anne de Kiev*, fille de Jaroslaw Ier Wladimirowitch, grand-duc de Russie (Pce de Kiev) et d'Ingegerd de Norvège, 4 enfants dont Philippe Ier.

– **1031-39** *guerre civile :* Henri Ier, aidé du duc de Normandie, Robert le Magnifique, bat les grands féodaux (avec le Cte Eudes II de Blois † 15-11-1037). **1041** *trêve du seigneur* interdisant les duels du mercredi soir au lundi matin. **1047** il aide Guillaume le Bâtard (ou le Conquérant), duc de Normandie, à battre ses vassaux révoltés (bataille de *Val-ès-Dunes*). **1053** rupture de l'alliance franco-normande. **1054** battu par Guillaume le Conquérant à *Mortemer.* **1059**-*23-5* il associe au trône son fils **Philippe Ier**.

■ **1060 Philippe Ier** (1052/château de Melun, entre 29 et 31-7-1108), fils d'Henri Ier et d'Anne de Russie, roi à 7 ans. Il est nommé Philippe en souvenir de Philippe de Macédoine (vers 382-336 av. J.-C.) dont sa mère prétendait descendre ; associé et sacré à Reims (23-5-1059) ; *ép. 1°)* (1071) *Berthe de Hollande* (vers 1055/94, répudiée 1091), fille de Florent Ier, Cte de Hollande ; *2°)* (15-5-1092) *Bertrade de Montfort* (vers 1070/Fontevrault 1118, sacrée 1097, fille de Simon Ier de Montfort) qu'il avait enlevée à son mari Foulques le Réchin, Cte d'Anjou.

– **1060/4-8-1066** sa mère Anne, la *1re régente* de France [remariée en 1062 avec Raoul de Péronne, Cte de Crépy, elle se retire à la mort de celui-ci et repart en Russie], gouverne avec Baudouin V, Cte de Flandre (oncle et tuteur du roi, † 1067). **1066** Guillaume, duc de Normandie, conquiert l'Angleterre. **1068** Philippe Ier annexe le Gâtinais. **1071**-*21-2* vaincu au *mont Cassel* par Robert le Frison, Cte de Flandre. **1077** Guillaume fait la paix avec Philippe Ier et renonce à conquérir la Bretagne. **1081** Philippe Ier battu à Yèvres-le-Châtel par un vassal révolté, Hugues du Puiset. **1082** annexe le Vexin. **1098-99 Ire croisade** (voir p. 626 a). **1095, 1097, 1100** excommunié (levée en 1104) pour bigamie, mariage invalide avec Bertrade. **1101** rachète la vicomté de Bourges. **1105** absous.

■ **1108 Louis VI le Gros** ou **le Grand, le Chassieux, l'Éveillé, le Justicier, le Batailleur** (vers 1081/Paris 1-8-1137), fils de Philippe Ier et de Berthe de Hollande ; d'abord Cte de Vexin et Cte de Vermandois, associé (vers le 25-12-1101), roi (29/31-7-1108), sacré à Orléans par l'archevêque de Sens (3-8-1108) ; *ép. 1°)* (1104) *Lucienne de Rochefort* (répudiée 23-5-1107), fille de Gui le Rouge, Cte de Rochefort ; *2°)* (1115) *Alix* (ou *Adélaïde*) *de Savoie* ou *de Maurienne* († Montmartre 1154), fille de Humbert II, Cte de Maurienne, remariée avec le connétable Mathieu de Montmorency.

– **1109-13** *1re guerre de Gisors :* Henri Ier, duc de Normandie et roi d'Angleterre, a occupé indûment Gisors, clef du Vexin, et a refusé l'hommage féodal. Il prend part aux luttes féodales contre Louis VI. **1111-18** guerre contre Hugues du Puiset (baron révolté ; château rasé en 1118). **1112-15** *émeutes de Laon,* constitution d'une commune avec « charte municipale ». **1114** début de la guerre contre Thomas de Marle, sire de Coucy (durera jusqu'en 1130). **1116-20** *2e guerre de Gisors.* **1119**-*20-8* Brémule (Gaillardbois, Eure), Henri Ier bat Louis VI. **1123-24** *3e guerre de Gisors.* **1124** l'empereur d'Allemagne Henri V envahit la Champagne, attaque Reims, mais doit battre en retraite. **1127** Mathilde, fille de Henri Ier roi d'Angleterre, épouse Geoffroi V d'Anjou, surnommé Plantagenêt. **1129**-14-4 (ou 2-10 ?) **Philippe** (né 29-8-1116), fils de Louis VI et d'Alix de Savoie, associé au trône et sacré à Reims ; **1131**-*13-10* se tue à Paris en tombant de son cheval qui a été gêné par un cochon.

■ **1137 Louis VII le Jeune** ou **le Pieux** (vers 1120/Paris 18-9-1180), fils de Louis VI et d'Alix de Savoie ; associé et sacré à Reims (25-10-1131), roi (1-8-1137), couronné duc d'Aquitaine à Poitiers (8-8-1137) comme époux d'Éléonore, couronné roi de France à Bourges (25-12-1137), couronné pendant le sacre de Constance, sa 2e femme, à Orléans (1154). *Ép. 1°)* (1137) *Éléonore* (ou *Aliénor*) *d'Aquitaine* ou *de Guyenne* (Belin ou Nieul 1122/Fontevrault 31-3-1204), fille de Guillaume X (dernier duc d'Aquitaine), sacrée Dchesse d'Aquitaine (8-8-1137), apporte Guyenne, Gascogne, Poitou, Marche, Limousin, Angoumois, Périgord, Saintonge ; répudiée (18-3-1152) pour inconduite [en 1148, elle aurait été la maîtresse de son oncle Raymond de Guyenne ou de Poitiers, Pce d'Antioche (vers 1110/Fons Murez 30-6-1149)], motif officiel : Louis VII et Éléonore ayant un ancêtre commun, Robert le Pieux, étaient cousins au 12e degré (6e degré canonique) ; leur mariage, célébré sans dispense de consanguinité, est annulé le 21-3-1152 par le concile de Beaugency. Éléonore épousera le 18-5-1152

FÉODALITÉ

■ **Origine. 1°)** *Système de répartition de la propriété* (IVe-Ve s.) : beaucoup de possesseurs des grands domaines gallo-romains *(latifundia)* ont conservé leurs biens familiaux après les invasions. Les guerriers germaniques sont devenus leurs voisins ou leurs gendres ; les dépossessions ont été exceptionnelles. **2°)** *Système de gouvernement :* l'*immunité* mérovingienne : chaque propriétaire exerce sur sa terre des droits gouvernementaux (justice, impôts, sécurité), quitte à payer certaines redevances à l'autorité centrale ou à fournir certaines prestations. **3°)** *Système de relation sociale :* le *patronat* romain et la *Treue* germanique, issus de vieilles coutumes indo-européennes ; une caste de nobles (cavaliers, possesseurs des chevaux) dispose héréditairement des services d'une caste de travailleurs, non combattants.

> **Droit de « cuissage ».** Jeu de mots sur *droit de « quitage »*, c.-à-d. *d'affranchissement*. Un serf qui mariait sa fille en dehors du domaine seigneurial devait payer 3 sous au seigneur. *Cérémonial :* le serf remet sa fille au seigneur qui la tient par la main ; il paye alors les 3 sous, et le seigneur lui rend sa fille qui est remise au marié. Le terme de *quitage* s'étant perdu, le reste n'a plus été compris. On trouve certains textes révélant peut-être des abus. Mais les allusions à un « droit de cuissage », en vertu duquel un seigneur pouvait déflorer toutes les mariées de son fief, ne remontent qu'au XVIIIe s. (Voltaire et, après lui, Beaumarchais). La légende a dû se former en Espagne, le droit de déflorer les vierges d'une tribu étant reconnu à certains caciques sud-américains.

■ **Bénéfice.** Au Bas-Empire et sous les premiers royaumes germaniques en Gaule, les patrons (appelés *seniores,* car membres des sénats locaux) cessent de payer en argent les services de leurs protégés (la monnaie s'étant raréfiée). Ils leur donnent à la place une terre (champs et maison), non en propriété, mais en *tenure* (VIe s. : 15 ans, tenure « précaire » ; VIIe s. : viagère de fait ; VIIIe s. : viagère de droit et héréditaire de fait ; Xe s. : héréditaire par obligation, les cultivateurs deviennent des *manants,* c'est-à-dire des permanents de père en fils : ils sont « attachés à la glèbe »). Un tenant roturier n'a pas normalement à rendre le service militaire ; il doit la taille (redevance) et la corvée (travail non rétribué en dehors de la tenure).

■ **Diversité des régimes.** La base des obligations de chaque sujet envers la société féodale est le contrat individuel. Les obligations de la corvée varient d'une paroisse à l'autre : en principe, il s'agit d'entretenir pour rien chemins et ouvrages d'utilité publique. Mais le nombre d'heures, de journées, d'hommes requis par famille, de distances à parcourir, de fourniture de chevaux, etc. dépend d'un contrat initial débattu d'homme à homme, puis sanctionné par une coutume.

■ **Vassalité.** Équivalent du système du bénéfice, mais toujours réservée aux nobles (on l'appelait *recommandation* jusqu'au XIe s.). Le *vassal* doit à son suzerain l'assistance (c.-à-d. surtout ses conseils en affaires), l'aide financière (dans quelques cas), le service militaire (fonction essentielle de la noblesse ; « noble » se traduit en latin par *miles :* soldat). 3 modalités : *ost* (40 jours de campagne par an) ; *chevauchée* (participation à des raids ponctuels exécutés en une journée) ; *garde* (au château seigneurial). Un seigneur important est un chevalier *banneret,* car il a une bannière autour de laquelle manœuvrent les vassaux de son ost. Un vassal peut avoir des arrière-vassaux, nobles également, les *vavasseurs (vassi vassorum).* La mobilisation des roturiers vivant au service d'un noble s'appelle l'*arrière-ban ;* elle est exceptionnelle. Les *serfs* furent affranchis à différentes époques selon les domaines (sous Louis VI, Louis VII, Louis X le Hutin le 3-7-1315).

■ **Hiérarchie des fiefs nobles.** Un fief implique à la fois *bénéfice* et *hommage :* un noble reçoit en « mouvance », des mains d'un seigneur suzerain, une portion de ses terres, avec la seigneurie sur les manants qui la cultivent ; il peut à son tour donner en « arrière-fief » la totalité ou une partie de ce bien. Symboliquement, le suzerain remet au vassal une motte de terre prise dans un de ses champs. *Fiefs non fonciers :* peuvent consister en redevances (exemples : péage sur un pont, droits banaux sur un four, un moulin ou un champ de foire). *Bénéfices ecclésiastiques :* dîmes sur les récoltes des paroissiens (on les appelle de « mainmorte », car ils reviennent toujours au supérieur ecclésiastique à la mort du bénéficiaire).

■ **Fiefs ecclésiastiques.** L'Église possédait de nombreuses terres : biens fonciers des évêques et des curés de paroisse ; domaines agricoles des monastères. La plupart étaient laissées en *emphytéose* à leurs tenants (bail pratiquement perpétuel, avec de faibles redevances, mais avec de nombreuses corvées). Les domaines ecclésiastiques pouvaient être « nobles » s'ils avaient appartenu primitivement à des maisons seigneuriales. Les dignitaires ecclésiastiques avaient les mêmes obligations que les seigneurs (comme vassaux et comme suzerains). Ils ne commandaient pourtant pas leurs contingents armés, laissant cette fonction à des *vidames* héréditaires. *Exceptions :* certains évêques étaient comtes, c'est-à-dire chefs militaires, comme à Rodez, Cahors, Laon.

■ **Chevalerie.** L'Église s'efforça dès le Xe s. de moraliser la féodalité, en donnant aux vassaux le sens de la loyauté envers leur seigneur ; aux suzerains, celui de la générosité et de la justice envers leurs vassaux. La *félonie,* rupture du lien personnel, fut considérée comme le pire péché pour un noble. La guerre féodale fut réglementée par des lois ecclésiastiques : *trêve de Dieu* (1027), interdisant de se battre pendant le carême et l'avent ; *paix de Dieu* (concile de Charroux, Bourgogne 989, généralisée 1027), interdisant de porter les armes contre les roturiers. La cérémonie de l'*armement du chevalier* comportait un serment (acte religieux) de loyauté envers le seigneur et de générosité envers les non-combattants.

Henri II Plantagenêt (Le Mans 5-3-1133/Chinon 6-7-1189) Cte d'Anjou, duc de Normandie, puis (1154) roi d'Angleterre [qui, de 1173 à 1189, la fera enfermer à Winchester, sans la répudier pour ne pas perdre l'héritage poitevin. A la mort de Henri II, elle reprendra le gouvernement de ses fiefs et soutiendra son fils préféré, Richard Cœur de Lion. Régente quand Richard part en Terre sainte, elle réunira (1193) sa rançon et, en 1194, obtiendra que Richard se réconcilie avec son frère Jean sans Terre]. *2°)* (1154) *Constance de Castille* († 4-10-1160), fille d'Alponse VII, roi de Castille. *3°)* (30-11-1160) *Adèle* (ou *Aelis*) *de Champagne* (vers 1140/4-6-1206, Paris), fille de Thibaut II, Cte de Champagne.

– **1142-43** *guerre franco-champenoise :* Louis VII attaque le Cte Thibaut II ; **1142** il incendie Vitry-en-Perthois (1 300 †). **1147-49 IIe croisade** (voir p. 626 a) : Louis VII y participe ; Suger (vers 1081-1151), abbé de St-Denis, est régent ; le trésor royal est confié aux Templiers.

RIVALITÉS FRANCO-ANGEVINES
dites 1re guerre de Cent Ans (1159-1299)

■ **Causes. 1°) Féodales :** rivalité des 2 maisons d'Anjou (Plantagenêts) et de France (Capétiens) ; de nombreuses autres maisons féodales se mêlent à la lutte : Toulouse, Bretagne, Champagne, Flandres. **2°) Politiques :** les Capétiens sont rois de France et cherchent à unifier le royaume ; les Angevins sont rois d'Angleterre et cherchent à briser la puissance royale française. Mais les rois de France sont les suzerains des Anglais : toute attaque anglaise contre la France est une « félonie ».

■ **Effectifs.** Variables selon les époques et selon les coalitions ; maximum à Bouvines (1214) : 15 000 Français contre 20 000 coalisés.

■ **Opérations. 1°) Entre Louis VII (roi de France) et Henri II (roi d'Angleterre) : 1159**-*juillet* offensive d'Henri II contre le Cte de Toulouse, vassal de Louis VII. Louis VII s'enferme à Toulouse et fait reculer Henri II ; *-oct.* offensive d'Henri II en Beauvaisis, prise et démantèlement de *Gerberoy* (Oise). **1173**-*23-6* les fils de Henri II (Richard Cœur de Lion et Jean sans Terre), révoltés contre leur père, sont soutenus par Louis VII qui met le siège devant *Verneuil* (Eure) ; *-23-7* il est forcé de lever le siège ; *-oct.* Henri II reconquiert le Poitou sur Éléonore (qui a pris parti pour ses fils). **1174**-*mars* offensive de Louis VII en Normandie (siège de *Rouen*) ; *-sept.* Henri II bat Louis VII à Rouen ; *-30-9 paix de Montlouis* (statu quo).

2°) Entre Philippe Auguste (roi de France) et Henri II (roi d'Angleterre) : 1188-*juin* Philippe attaque en Berry, puis prend *Châteauroux* et *Vendôme ;* Henri II prend *Dreux,* échoue devant *Mantes ; -automne* Philippe fomente une révolte générale des vassaux de Henri II au nord de la Loire. **1189**-*4/11-6* prend le Maine ; *-12-6 Le Mans ; -2-7 Tours ; -4-7 paix d'Azay-le-Rideau* (Henri II renonce au Berry et à l'Auvergne) ; *-6-7* Henri II meurt à Chinon ; *-18-7* Philippe rend les conquêtes faites sur Henri II à Richard Cœur de Lion, son héritier (ils partiront ensemble pour la Terre sainte).

3°) Entre Philippe Auguste et Richard Cœur de Lion [1157-99] (roi d'Angleterre) : 1194-*12-5* rentrant de captivité, Richard attaque Normandie et Touraine, occupées par Philippe (avec la complicité du frère de Richard, Jean sans Terre) ; *-juin* Richard reprend *Verneuil* et *Loches ; -3-7* Richard victorieux à *Fréteval* (Philippe mis en fuite). **1196** Richard construit Château-Gaillard. **1197**-*avril* Philippe attaque en Normandie, prend *Aumale.* Richard attaque en Beauvaisis ; *-sept.* Baudouin de Flandres s'allie à Richard et attaque l'Artois ; Philippe capitule à *Ypres ; -8-10* Baudouin prend *St-Omer* et *Aire.* **1198**-*28-9* Richard écrase Philippe à *Courcelles* près de Gisors ; *-oct. Vernon :* Mercadier bat Philippe (cavalerie française détruite). **1199**-*13-1 trêve de Vernon* (Philippe garde Gisors) ; *-6-4* Richard meurt. Jean sans Terre, son frère, lui succède. Armand V de Limoges, vassal révolté, est mortellement blessé au siège de *Châlus* (Hte-Vienne) [il sera enterré à Fontevraud, cœur à Rouen].

4°) Entre Philippe Auguste et Jean sans Terre (dit aussi Cœur de poupée, roi d'Angleterre) : 1199-*15-8* offensive française en Normandie (*Conches* prise) et Maine (siège *du Mans,* échec). **1200**-*22-5 traité du Goulet :* Philippe reçoit Évreux, Issoudun. **1202**-*25-3* Philippe, condamné pour « félonie » (il a enlevé la fiancée de Hugues de Lusignan, son vassal), doit céder à son neveu, Arthur Ier duc de Bretagne (Nantes 29-3-1187/3-4-1203, égorgé à Rouen), Anjou, Maine, Touraine, Normandie ; Philippe attaque en Normandie, Arthur attaque en Touraine ; *-juillet* à *Mirebeau* (près de Loudun), Jean fait prisonnier Arthur Ier. **1204**-*6-3* Philippe enlève *Château-Gaillard ; -avril-mai* conquiert la Normandie ; *-août* rallie le Poitou. *Convention de Chinon* signée par la reine Bérangère [Pcesse de Navarre (1160/70-1230) qui avait épousé (24-5-1191) Richard Cœur de Lion (1157-99)]. **1205**-*juin* Philippe conquiert l'Ouest et la Bretagne. **1206**-*6-10 trêve :* Jean cède Normandie, Maine, Touraine, Anjou. **1214** coalition : Angleterre, Flandres et Allemagne contre France ; *-févr.* Jean débarque à La Rochelle avec 15 000 h. ; *-2-7* Louis, fils de Philippe-Auguste, bat Jean à *La Roche-aux-Moines ; -15-7* se rembarque ; *-27-7* à *Bouvines* (Nord) Philippe bat les alliés de Jean : Flamands, impériaux, Boulonnais et les contingents anglais (l'empereur Otton perd l'aigle impériale que Philippe envoie à son rival Frédéric de Hohenstaufen ; Fernand de Flandres et Renaud de Dammartin-Boulogne prisonniers) ; *épisodes célèbres :* les contingents des communes reculent devant l'infanterie teutonique : le roi, jeté à bas de son cheval, est délivré par des chevaliers français (le porte-oriflamme Galon de Montigny leur a fait des signaux de détresse) ; les fantassins brabançons refusant de se rendre sont exterminés par les chevaliers de Thomas de St-Valéry ; *-18-9 trêve de Chinon :* Jean paie 60 000 livres, renonce à Anjou, Maine, Touraine, Poitou, garde Aquitaine ; Bretagne vassale de France. **1216**-*avril,* Louis de France (futur Louis VIII), fils de Philippe, nommé roi d'Angleterre par les barons révoltés, débarque et prend *Londres* (juillet) ; *-19-10* Jean meurt ; Henri III, son fils mineur, protégé du pape Honorius III, suzerain du royaume anglais, est proclamé roi ; Louis se rembarque (janvier 1217).

5°) Entre Philippe Auguste et Henri III (roi d'Angleterre) : 1217-*avril* Louis redébarque en Angleterre ; mais il est battu à *Lincoln ; -août* sa flotte (Eustache le Moine)

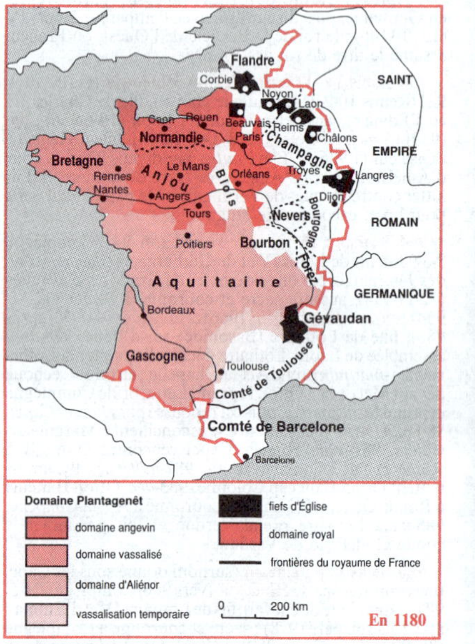

En 1180

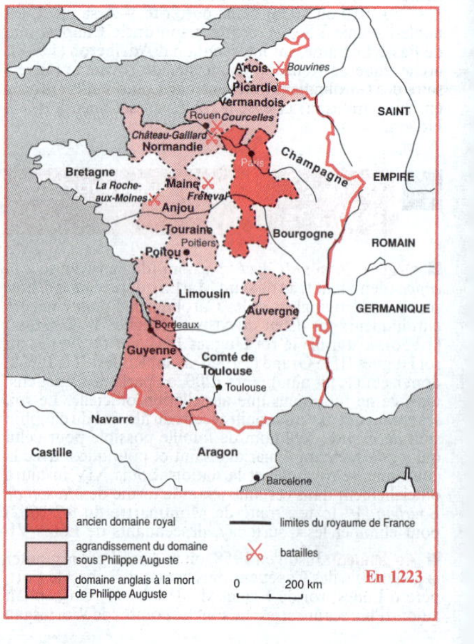

En 1223

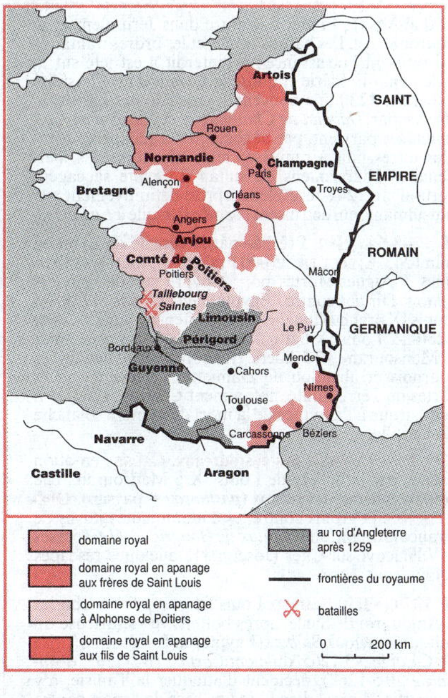

est détruite devant Douvres ; *-11-9 traité de Lambeth :* Louis renonce au trône anglais contre 10 000 marcs. **1221** renouvellement de la trêve de Chinon.

6°) **Entre Louis VIII (roi de France) et Henri III (roi d'Angleterre) : 1224** les barons poitevins (Hugues de Lusignan) se rallient à Henri III ; *du 5-7 au 3-8* Louis VIII assiège *La Rochelle* qui capitule ; reprend *Poitiers* ; *-sept.* conquiert l'Aquitaine, échoue devant Bordeaux. **1225** Richard de Cornouailles (frère d'Henri III) reprend *La Réole* et les places aquitaines.

7°) **Entre Louis IX (St Louis, roi de France) et Henri III (roi d'Angleterre) : 1227**-*janv.* Richard de Cornouailles attaque Chinon ; trêve négociée par Blanche de Castille et Thibaut de Champagne. **1229**-*janv.* Pierre Mauclerc, duc de Bretagne, se rallie à Henri III ; *-mai* débarquement anglais à Tréguier. **1230** Henri III prend *Nantes.* **1231**-*juin* victoire de Mauclerc à *Fougères* ; *-4-7* trêve. **1241** les barons poitevins se rallient à Henri III. **1242** Louis IX attaque le Poitou ; *-21-7* bat à *Taillebourg* les Anglo-Poitevins (Henri III et le Cte de la Marche). Louis IX et quelques chevaliers force le pont sur la Charente. Henri III demande une suspension d'armes et va se réfugier à *Saintes* (quelques tués sur le pont) ; *-22-7* Louis IX attaque Saintes, les Anglais s'enfuient (Henri III perd son trésor et se rembarque à Blaye). Louis IX les poursuit jusqu'à Cartelègue mais, malade, s'arrête. *Conséquence :* Louis IX rallie la noblesse saintongeaise et poitevine. **1259** *traité de Paris,* constitution du duché de Guyenne (au sud de la Charente) vassal du roi de France [raisons : hostilité des Bordelais à l'annexion par le roi de France (ils vendaient leurs vins en Angleterre depuis 100 ans) ; or les Parisiens faisaient venir les leurs de Bourgogne par l'Yonne et du Bourbonnais ou de Touraine par la Loire et le Loing].

8°) **Entre Philippe le Bel (roi de France) et Édouard Ier (roi d'Angleterre) : 1286**-*5-6* Édouard prête hommage pour la Guyenne. **1292** incidents navals entre Anglo-Gascons et Français au large de La Rochelle. **1293**-*5-1* Édouard accusé de « félonie », 6 villes gasconnes occupées. **1294** le Cte de Richemont concentre des troupes anglaises à Bordeaux. **1295**-*janv.* il conquiert *Blaye, La Réole, Bayonne, St-Sever* ; *-mars/sept.* Charles de Valois, frère de Philippe, les reprend. **1296** trêve. **1297**-*27-1* le Cte de Flandres, Guy de Dampierre, se rallie à Édouard ; *-13-8* Robert d'Artois bat à *Furnes* Guy et Édouard qui s'enferment dans Gand. **1298**-*juin traité de Montreuil-sur-Mer :* Isabelle de France devra épouser le futur Édouard II.

■ **Conséquences. 1°)** Français et Anglais deviennent « ennemis héréditaires » (hostilité surtout entre marins). **2°)** Les Plantagenêts héritent par les femmes des droits sur la couronne de France (d'où la « 2e guerre de Cent Ans »).

■ **1180 Philippe II Auguste** ou **Dieudonné, le Magnanime, le Conquérant, le Fortuné, Philippe de Gonesse** (Gonesse 21-8-1165/Mantes 14-7-1223), fils de Louis VII et d'Adèle de Champagne ; il est associé au trône car Louis VII est atteint de gâtisme ; sacré à Reims (1-11 ou 1-12-1179) il se saisit du sceau de France, ce qui équivaut à proclamer la déchéance de son père, fait saisir les châteaux qui constituent le douaire de sa mère ; *ép. 1°)* (28-4-1180) contre la volonté de sa famille et des grands féodaux, *Isabelle de Hainaut* (1170/15-3-1190), fille de Baudouin V, Cte de Hainaut et de Flandre ; elle apporte l'Artois en dot et est couronnée à St-Denis (25-5-1180) par l'archevêque de Sens, l'archevêque de Reims ayant refusé ; *2°)* (14-8-1193) *Ingeburge* (ou *Isambourg*) *de Danemark* (1176/Essonne 2-9-1226), fille de Valdemar le Grand, roi de Danemark ; sacrée (15-8-1193) par l'archevêque de Reims ; 5-11-1193 mariage cassé (non consommation), son frère Knut VI, roi du Danemark, se plaint, cassation annulée le 13-3-1196 ; *3°)* (1-6-1196) *Agnès de Méranie* († 1201), fille de Berthold IV, duc de Méranie ; 6-12-1199 le concile de Dijon frappe Philippe Auguste d'interdit à cause de ce mariage irrégulier ; 1200 elle est répudiée, 15-1 Innocent III jette l'interdit sur le royaume ; Agnès laisse 2 enfants au roi ; -sept. Philippe Auguste reprend officiellement Ingeburge mais la laisse en prison jusqu'en 1212.

– **1180**-18-9 roi seul à la mort de son père. **1181**-8-5 isole Philippe d'Alsace, Cte de Flandres, meneur d'une ligue féodale, et lui impose la paix. **1185** acquiert Arras et Vermandois. **1186** le duc de Bourgogne se soumet. **1187** *guerre franco-anglaise* et trêve d'Issoudun. Accord Philippe Auguste/Frédéric Barberousse. **1189** guerre avec Henri II d'Angleterre (voir p. 624 b). **1189-92 IIIe croisade** (voir p. 626 a). **1190** Philippe Auguste s'embarque pour la Terre sainte ; création des *baillis* (Vermandois, Senlis, Orléans, Bourges, Sens) qui contrôlent les prévôts du domaine royal ; -15-3 la reine Isabelle meurt en donnant naissance à des jumeaux († 3 jours après). **1191**-déc. Philippe Auguste rentre en France. **1192** envahit la Normandie. **1193**-févr. hommage de Jean sans Terre pour ses fiefs. **1194-99** *guerre contre l'Angleterre* (voir p. 624 b). **1200**-15-1 fondation officielle de l'université de Paris ; -22-5 *traité du Goulet* avec Jean sans Terre. **1202-04 IVe croisade** (voir p. 626 b). **1207** Raymond de Toulouse excommunié. **1208**-15-1 légat Pierre de Castelnau assassiné. Début de la *croisade contre les albigeois* (voir à l'Index). **1213**-12-9 Pierre II, roi d'Aragon, allié des Albigeois, vaincu et tué à *Muret* [raisons de son intervention : comme Cte de Barcelone, il était en principe vassal du roi de France ; tant que celui-ci régnait à Paris, le comté de Barcelone était en fait une province du royaume d'Aragon. Avec un sénéchal capétien à Carcassonne, il risquait de retomber dans la « mouvance » française] ; -nov. rencontre de Vaucouleurs entre Pce Louis et Frédéric II de Hohenstauffen. **1214** *Bouvines* (voir p. 624 c). **1216**-16-6 le pape Innocent III meurt ; -19-10 Jean sans Terre meurt. **1217-21 Ve croisade** (voir p. 626 b). **1218**-25-6 Simon IV de Montfort meurt devant Toulouse. **1219** Philippe Auguste intervient dans la guerre contre les albigeois. **1222**-août Raymond VI de Toulouse meurt.

☞ **Grands fiefs réunis à la Couronne par Philippe Auguste :** *1195* comté d'Alençon, *1198* terre d'Auvergne, *1199* comtés d'Artois, *1200* d'Évreux, *1203* de Touraine, du Maine, d'Anjou, *1205* duché de Normandie, *1206* comtés de Poitou, *1215* de Vermandois, de Valois.

■ **1223 Louis VIII le Lion pacifique** ou **Cœur de Lion, de Montpensier** (Paris 3 ou 5-9-1187/château de Montpensier 8-11-1226), fils de Philippe Auguste et d'Isabelle de Hainaut ; couronné roi d'Angleterre à Londres (21-5-1216) bien qu'il n'en ait jamais pris le titre dans les actes officiels, roi de France (14-7-1223), sacré à Reims (6-8-1223) *1er roi capétien qui n'ait pas été associé à la Couronne du vivant de son prédécesseur. Ép.* (23-5-1200) *Blanche de Castille* (Palencia, 4-3-1188/Paris, 26 ou 27-11-1252, inhumée à l'abbaye de Maubuisson), fille d'Alphonse VIII de Castille, sacrée et couronnée à Reims (6-8-1223), *régente* 1226-36 et 1249-52 (VIIe croisade) dont 11 enfants [dont Philippe (1209-18), Louis IX, Robert († 8-2-1250 à Mansourah) Cte d'Artois, Jean (1219-26) Cte d'Anjou et du Maine, Alphonse (11-11-1220/21-8-1271) Cte de Poitou (24-6-1240) qui épouse (1239) Jeanne fille et héritière de Raymond VII, Cte de Toulouse (sans postérité), Charles (1220-85) Cte d'Anjou et de Provence, roi de Naples (1265) qui épouse (21-1-1246) Béatrice de Provence].

– **1224-25** offensive contre l'Aquitaine anglaise (voir col a). **1226**-26-1 le cardinal de St-Ange, légat du pape Honorius III qui veut détourner Louis de ses projets anglais, remet à Louis VIII les domaines toulousains d'Henri de Montfort ; -12-9 Louis VIII prend Avignon, puis le Languedoc.

■ **1226 Louis IX (Saint Louis)** [Poissy 25-4-1214/Tunis 25-8-1270], fils de Louis VIII et de Blanche de Castille ; 1er roi de France à avoir connu son grand-père ; roi à 12 ans, sacré à Reims (29-11-1226). *Ép.* (27-5-1234) *Marguerite de Provence* (1221/Paris 21-12-1295), sacrée le même jour, fille de Raymond Bérenger V, Cte de Provence ; ils auront au moins 11 enfants [Blanche (1240-43) ; Isabelle (1241-71), mariée le 6-4-1255 à Thibaut IV Cte de Champagne et roi de Navarre (Thibaut II) sans postérité ; Louis (1244-60) ; Philippe III ; Jean († 10-3-1248) ; Jean Tristan, Cte de Nevers (1250/3-8-1270 devant Tunis, sans postérité) épouse 1266 Yolande de Nevers († 1280) ; Pierre, Cte d'Alençon, de Blois et de Chartres (1251-84) ; Blanche (1252-1320), mariée 1269 à Ferdinand de la Cerda († 1275), fils d'Alphonse X, roi de Castille ; Marguerite (1254-71), mariée à Jean Ier, duc de Brabant († 1270) ; Robert Cte de Clermont (1256/7-2-1317), marié à Béatrix de Bourbon (tige des Bourbons) ; Agnès (1260-1327), mariée 1279 à Robert II (vers 1249-† 1305), duc de Bourgogne].

– **1226**-8-11 *régence de Blanche de Castille.* **1227-59** lutte contre Henri III d'Angleterre (voir col. a). **1227**-déc. tentative d'enlèvement de Louis IX à Montlhéry (échec grâce aux milices parisiennes). **1228-29 : VIe croisade** (voir p. 626 b). **1229** Blanche de Castille et Thibaut IV de Champagne s'allient (1201-53) contre les ligues féodales ; -26-2 *traité de Paris,* annexion du Languedoc ; constitution du comté de Toulouse pour Alphonse de Poitiers. **1236**-25-4 Louis IX déclaré majeur (en fait sa mère gouvernera jusqu'en 1242). **1242** victoires de *Taillebourg* et de *Saintes* sur les Anglais. **1244**-16-3 prise du château de *Montségur,* fin de la résistance *albigeoise.* **1248-54 VIIe croisade** (voir p. 626 c). **1249** Louis IX part en Terre sainte, Blanche de Castille régente jusqu'en 1252. **1251**-avril-juin troubles en France, quand Blanche écrase la révolte des *Pastoureaux* (bandes de paysans formées pour aller délivrer Louis IX en Égypte, mais qui se livrèrent au pillage). **1254**-avril Louis IX rentre. **1258**-11-5 *traité de Corbeil :* Louis IX renonce à la Catalogne, Jacques Ier d'Aragon au comté de Toulouse. **1259**-28-5 *traité de Paris* entre Louis IX et Henri III : Normandie, Touraine, Maine, Anjou, Poitou cédés à la France qui rend à l'Angleterre Limousin, Périgord, Quercy, Saintonge, Agenois, à la charge d'en prêter foi et hommage lige au roi de France et de tenir le tout avec la Guyenne, à titre de duc d'Aquitaine et de pair de France. **1261** abolition du duel judiciaire. **1270 VIIIe croisade** (voir p. 626 c), Louis IX part pour Tunis le 1-7 (avant de partir, il nomme régents du royaume Mathieu de Vendôme, abbé de St-Denis, et Simon sire de Nesle) ; -25-8 meurt à Tunis de dysenterie bacillaire (et non de peste comme le dit la tradition) ; les cœurs et corps de Louis IX et de son fils Jean Tristan († le 3-8) furent ramenés à Paris le 21-5-1271 ; ses entrailles furent déposées à Palerme (abbaye de Monreale). [Il fut canonisé dès 1297 par le pape Boniface VIII.]

☞ **Grands fiefs réunis à la Couronne sous Saint Louis :** *1229* comté de Carcassonne, vicomté de Beziers, comtés de Nîmes, *1240* du Perche, *1245* de Mâcon, *1261* de Boulogne.

■ **1270 Philippe III le Hardi, le Doux** ou **le Débonnaire** (Poissy 1-5-1245/Perpignan 5-10-1285), fils de Louis IX et de Marguerite de Provence ; roi (25-8-1270 devant Tunis, rentre à Paris 31-5-1271), sacré à Reims (12-8-1271). *Ép. 1°)* (28-5-1262) *Isabelle d'Aragon* (1243/28-1-1271 victime d'une chute de cheval), fille de Jacques Ier, roi d'Aragon [dont il eut Louis († 1276) ; Philippe le Bel ; Charles (1270-1325, voir p. 628 a), Cte de Valois et d'Alençon, investi des comtés de Valois et Alençon le 28-2-1285, puis Cte d'Anjou et du Maine le 16-8-1290 (par mariage avec Marguerite, fille aînée de Charles II, roi de Sicile) ; Robert († en bas âge)] ; *2°)* (21-8-1274) *Marie de Brabant* (Louvain 13-5-1254/Murel 10-1-1321 ; sacrée le 24-6-1275 à la Ste-Chapelle de Paris), fille de Henri III le Débonnaire, duc de Brabant [dont il eut Louis († 1319), Cte d'Évreux, investi du comté d'Évreux le 7-10-1298, puis du comté de Longueville et autres, et fait pair en 1317 (son fils Philippe devint roi de Navarre par sa femme, Jeanne de France, fille unique de Louis le Hutin) ; Marguerite († 1317), mariée à Édouard Ier, roi d'Angleterre ; Blanche († 1305), mariée à Rodolphe III, duc d'Autriche, puis roi de Bohême].

– **1271** annexe le comté de Toulouse. **1276**-7-8 rivalité à la Cour entre la reine Marie et la coterie du favori Pierre de la Brosse (né vers 1230, chirurgien de Louis IX qui accuse Marie d'avoir empoisonné Louis, fils aîné de Philippe III et d'Isabelle d'Aragon ; Pierre sera pendu sans jugement le 30-6-1278). **1282**-30-3 *Vêpres siciliennes :* massacre des troupes de Charles d'Anjou, roi de Naples, en Sicile (8 000 † ?) commencé le lundi de Pâques à l'heure des vêpres ; -8-5 le roi d'Aragon, responsable du massacre, est excommunié ; Philippe III nommé roi d'Aragon par le pape Martin IV. **1285**-15-6 avec une armée de croisés (20 000 cavaliers, 80 000 fantassins), il franchit les Pyrénées au col de Mangana ; -5-10 meurt de la malaria ; son armée, décimée par la malaria, se retire.

☞ **Grands fiefs réunis à la couronne sous Philippe III :** *1271* (hérite de son oncle Alphonse de Poitiers) comtés de Toulouse, Poitou, Auvergne, *1274* (achat) de Nemours, *1283* Perche et comté d'Alençon, *1284* (achat) de Chartres.

■ **1285 Philippe IV le Bel** (Fontainebleau, 1268/29-11-1314, des suites d'une chute de cheval à la chasse), fils de Philippe III et d'Isabelle d'Aragon ; roi (5-10-1285), sacré à Reims (6-1-1286). *Ép.* (16-8-1284) *Jeanne de Navarre* (Bar-sur-Seine 1273/château de Vincennes 2-4-1305), fille et héritière (conserve l'administration personnelle de ses États) de Henri Ier (1284-1316), roi de Navarre, Cte de Champagne et de Brie [dont 7 enfants : Louis X (1289-1316) ; Isabelle (1292-1357), mariée le 22-1-1309 à Édouard II, roi d'Angleterre (1284-1327) ; Marguerite (née avant 1294, morte jeune) ; Philippe V (1294-1322) ; Charles IV (1295-1328) ; Robert (1297-1308) ; Blanche]. *1er roi de France à porter également le titre de roi de Navarre mais seulement du vivant de sa femme* (la loi salique n'existant pas en Navarre).

– **1286-98** rivalités avec l'Angleterre (voir col. a). **1295**-7-3 *traité de Lagny :* les marchands italiens obtiennent la liberté de circulation et de commerce. **1296**-24-2 le clergé se plaint au pape Boniface VIII qui publie la bulle *Clericis laicos* et interdit, sous peine d'excommunication, à tous les dignitaires ecclésiastiques d'accorder des revenus à une puissance laïque sans l'autorisation du St-Siège, et à tous les dignitaires laïques de tenter d'extorquer ces revenus. Philippe interdit d'exporter l'or et l'argent. -20-9 Boniface VIII publie la bulle *Ineffabilis amor* avertissant Philippe qu'il allait perdre l'affection et la confiance de son peuple. Après accord, Boniface VIII reconnaît à Philippe le droit de lever sur le clergé français un impôt modéré en cas d'urgence. **1299** *traité de Montreuil* avec Édouard Ier d'Angleterre. **1300** soulèvement albigeois. **1301**-12-7 l'évêque de Pamiers, Bernard Saisset (vers 1232 – vers 1311) qui accuse Philippe d'être un « faux-monnayeur » (de 1295 à 1306, il a fait frapper des monnaies démonétisées de 50 %), est arrêté et comparaît le 24-10 à Senlis pour rébellion et lèse-majesté ; il en appelle à Boniface VIII qui conclut à son innocence et ordonne à Philippe de le libérer (en *1302* convoque à Rome le clergé français à un concile et lance la bulle *Ausculta fili* affirmant la supériorité du pouvoir spirituel). **1302**-11-2 Philippe fait jeter la bulle au feu et la remplace par un résumé tendancieux sur la collation des bénéfices ecclésiastiques ; -10-4 *1re réunion des états généraux* (clergé, noblesse, représentants des communes ; les députés de la noblesse et du tiers se retirent pour délibérer, ceux du clergé restent dans la salle des séances) que Philippe a convoqués à N.-D. de Paris

LES CROISADES (1096-1291)

☞ On dit « passer outre-mer », « prendre la croix », « servir la croix ». On parle de « pèlerinages » (plus tard de reconquête). Le pouvoir est alors disputé en Orient (les Turcs n'ont pris Antioche aux Byzantins que 15 ans auparavant). Les régions sont peuplées de chrétiens. Les 1ers croisés ignorent l'islam et parlent de « païens », de « Turcs », parfois de « Sarrasins », de « Mèdes » ou de « Perses », voyant en eux des ennemis, mais non des infidèles à convertir ou à exterminer.

■ **1096-99 (Ire).** **Prêchée** le 27-11-1095 au concile de Clermont par le pape Urbain II qui désignera pour chef l'évêque Adhémar de Monteil. **CAUSES : 1°)** désir de la papauté de sauver l'Empire chrétien d'Orient, menacé de destruction par les Turcs depuis 1071 (désastre de *Manzikert*) et 1078 (prise de Jérusalem par les Turcs Seldjoukides qui restreignent les pèlerinages). **2°)** Désir des puissances italiennes (dont la papauté) de briser la domination arabo-musulmane en Méditerranée. **3°)** Existence d'un potentiel militaire inemployé depuis la création de la « chevalerie » (conception religieuse du métier des armes). **4°)** Expansion démographique [il y avait cependant assez de terres, plus fertiles que la Palestine, à défricher en Aquitaine (d'où part une des plus importantes armées)]. **5°)** Commerce [pourtant en Palestine il n'y avait pas de ville comparable à Damas ou au Caire, les caravanes d'épices aboutissaient alors à Constantinople ou en Égypte (pour les marchands italiens, la perte de la Terre sainte, en 1291, ne sera pas une catastrophe)]. Les croisés n'étaient pas que des cadets de famille : Godefroi de Bouillon était duc de Basse-Lorraine, Raymond de St-Gilles était Cte de Toulouse. **OPÉRATIONS : croisade du peuple :** 2 expéditions avec des bandes de pèlerins sans valeur militaire : *Pierre l'Ermite* (Amiens 1050 ?/Neufmoutier 8-7-1115) et *Gauthier sans Avoir* [† Civitot (Ghemlik) 1096 ou 97] arrivent à Constantinople (1-8-1096), battus à Nicée (1096) ; **1096**-*15-8* départ des croisés armés ou **croisade des barons** (4 500 chevaliers, 30 000 fantassins, 60 000 à 100 000 auxiliaires civils et pèlerins non combattants dont beaucoup de femmes) : **1°)** Français du Nord, Lorrains et Allemands [(*Godefroi de Bouillon* (voir encadré p. 627 a), *Robert II de Jérusalem*, Cte de Flandres (vers 1065/Meaux 5-10-1111)] à pied par la vallée du Danube. **2°)** Occitans [*Raymond de St-Gilles*, Raymond IV Cte de Toulouse (Toulouse 1042/Tripoli 28-2-1105) et *Adhémar de Monteil* (évêque du Puy, † Antioche 1-8-1098), légat du pape] à pied par la Dalmatie. **3°)** Normands de Sicile [*Bohémond Ier* Pce de Tarente (vers 1057/Canossa 1111) et son neveu *Tancrède* († Antioche 12-12-1112)] par mer, de Bari à Durazzo, puis à pied par la Macédoine. **4°)** Normands et Français du Centre [*Étienne de Blois* (vers 1097-1154, roi d'Angleterre 1135-54), *Hugues de Vermandois* (frère du roi Philippe Ier, 1057/18-10-1101), *Robert Courteheuse* duc de Normandie (vers 1054/Cardiff 3-2?-1134)] rejoignent Bohémond à Bari (à pied par les Alpes). Point de jonction (mai 1097) : Constantinople. **1097**-*26-6* prise de *Nicée* (rendue aux Byzantins) ; *-1-7 Dorylée* (Bohémond et de Bouillon battent Gilidj Arslan ; 50 000 Turcs †) ; *-21-10* début du siège d'Antioche. **1098**-*2-6* prise d'*Antioche* ; *-3-6* siège des chrétiens dans Antioche par l'émir de Mossoul ; *-28-6* victoire de *Kerbogah* (30 000 Syriens †) : délivrance d'Antioche. **1099**-*13-1* les croisés partent d'Antioche, devenue capitale de la « princée » de Bohémond ; *-15-7* ils prennent *Jérusalem* (40 000 musulmans et juifs †) ; *-août* G. de Bouillon bat les Égyptiens à *Ascalon*. **1101**-*sept.* des renforts nivernais et aquitains sont anéantis à *Héraclée*. **1104** prise d'*Acre* (renommée St-Jean-d'Acre).

■ **1147-49 (IIe).** **Prêchée** par St Bernard (1090-1153) à Vézelay le 31-3-1146. **CAUSES : 1°)** émotion causée par la chute d'Édesse (reprise par l'atabeg de Mossoul Zenghi, le 23-12-1144). **2°)** Obligation pour Louis VII de faire un acte pénitentiel en expiation du massacre de Vitry (1142). **EFFECTIFS :** 70 000 Français (Louis VII), 65 000 Allemands (Conrad III). **Itinéraire** par la vallée du Danube jusqu'à Constantinople. **OPÉRATIONS : 1147**-*nov.* l'armée allemande de Conrad est battue à *Dorylée*. **1148**-*6-1* les Français battus à *Pisidie* ; *-mars* embarquement des Français à *Adalia* sur des vaisseaux grecs ; *-été* échec franco-allemand devant Damas (l'offensive sur Édesse est annulée). **1149** retour ; résultats nuls ; les croisés ramènent un nouvel arbre, le prunier, d'où l'expression « se battre pour des prunes ».

■ **1189-92 (IIIe).** **Ordonnée** par le pape Grégoire VIII. **CAUSE :** émotion suscitée en Occident par les succès de Saladin [(Takrit, Mésopotamie, 1137/Damas 4-3-1193), aventurier kurde au service du roi de Damas, Nured Din, qui avait pris possession de l'Égypte en 1169 ; 1171-93 sultan d'Égypte et 1174-93 de Syrie] après sa victoire d'*Hattin* (4-7-1187) sur Gui de Lusignan (époux de Sibylle, reine de Jérusalem) et sa prise de Jérusalem (2-10-1187) ; du royaume de Jérusalem, il ne reste que Tyr défendue par Conrad de Montferrat (Piémontais), de la principauté d'Antioche, qu'Antioche, du comté de Tripoli, Tripoli, Tortose et le Krak des Chevaliers]. **EFFECTIFS :** 100 000 Allemands [*Frédéric Ier Barberousse* (Waiblingen vers 1112/10-6-1190)], voie terrestre par Constantinople et l'Asie Mineure ; 30 000 Français [*Philippe Auguste* (1165/14-7-1223)] ; 20 000 Anglais [*Richard Cœur de Lion* (8-9-1157/6-4-1199)], embarqués à Aigues-Mortes. **OPÉRATIONS : 1190**-*17-5* Frédéric écrase les Turcs à *Konya* ; *-10-6* il se noie dans le Cydnos en Cilicie (mais le bruit se répand qu'il dort caché dans des montagnes et se réveillera un jour pour ressusciter la grandeur de l'Empire). Son armée se disperse ; *-juillet* Philippe Auguste et Richard Cœur de Lion se retrouvent à Vézelay ; les Français s'embarquent à Gênes avec le duc de Bourgogne, les Ctes de Flandre (Philippe d'Alsace vers 1136-40/1-7-1191), Blois, Troyes, Sancerre, Dreux, Nevers, Ponthieu et Perche. Richard part de Marseille avec une escorte impressionnante. En Sicile, le mauvais temps retarde la navigation. Richard pille Messine, négocie avec le roi de Sicile le litige de sa succession. Philippe Auguste se pose en médiateur et redéfinit ses droits et ceux de Richard son vassal, sur Vexin, Berry et Aquitaine. *Traité de Messine* signé. Puis Richard occupe et rançonne Chypre. Philippe Auguste, parvenu le 1er à Acre, y met le siège. 2 familles se disputent alors le royaume de Jérusalem : le seigneur de Tyr, Conrad de Montferrat soutenu par Philippe Auguste, et Gui de Lusignan (qui régnera plus tard sur Chypre) soutenu par Richard. **1191**-*10-6* Richard et Philippe Auguste reprennent *St-Jean-d'Acre* ; *-fin juillet* le Cte de Flandre étant mort devant Acre (le 1-7), Philippe Auguste repart pour régler la succession de ce grand vassal ; *-7-9 Arzuf*, Richard bat Saladin. **1192** *Jaffa*, Ascalon repris ; *-3-9 traité de Jaffa* entre Richard et Saladin : trêve de 3 ans, Jérusalem est laissée aux musulmans ; admission des pèlerins sans armes.

■ **1202-04 (IVe).** **Inspirée** par Innocent III et **prêchée** par Foulques de Neuilly. **CAUSES :** désir de reprendre les Lieux saints ; volonté d'Henri VI, fils de Frédéric Ier Barberousse, de poursuivre la croisade de son père. **EFFECTIFS** (simples chevaliers) : 20 000 Allemands, débarqués à Acre dès 1197, se rembarquent en 1198 ; 30 000 Français, 5 000 Flamands, 5 000 Italiens concentrés à Venise (doivent s'embarquer sur les vaisseaux vénitiens ; objectif initial : l'Égypte). **Chefs :** *Boniface de Montferrat* († 1207), *Baudouin de Flandre* (1171-vers 1206) et *Geoffroi de Villehardouin* (vers 1150-60/vers 1213). **OPÉRATIONS : 1202**-*24-11* délivrance de *Zara* (Dalmatie, aujourd'hui Zadar en Croatie), port vénitien assiégé par les Hongrois (service rendu comme équivalent des 85 000 marcs d'or dus pour le transport). **1203**-*printemps* le prétendant byzantin *Isaac l'Ange* se rend à *Zara* et propose 35 000 marcs pour la prise de Constantinople ; les croisés acceptent : les chrétiens romains de Terre sainte voient dans les Byzantins des alliés des musulmans et les Vénitiens veulent dominer économiquement la mer Noire ; *-17-7* prise de *Constantinople ; Isaac rétabli sur le trône byzantin.* **1204**-*févr.* Isaac meurt : Alexis V Doukas, qui le remplace, refuse l'aide promise par Isaac pour l'expédition d'Égypte ; *-12-4* croisés et Vénitiens décident alors de prendre *Constantinople*, la pillent et y mettent un empereur latin (Baudoin de Flandres, couronné le 9-5 ; voir **Turquie** dans le chapitre **États**).

☞ **1212 Croisade des enfants** (en fait, humbles exaltés, puérils dans leur désir de délivrer Jérusalem sans armes ni préparation). **CAUSE :** indignation contre le détournement de la IVe croisade. **DÉROULEMENT : 1°)** *croisade française* (quelques centaines d'enfants) : *conduite* par Étienne, un jeune berger de Cloyes (près de Vendôme), sur les routes de Normandie, Picardie, Ile-de-France. On a dit qu'ils avaient été vendus comme esclaves à Bougie et Alexandrie (en fait, leur troupe, affamée, a dû se disperser en Ile-de-France). **2°)** *Croisade allemande* (plusieurs milliers) : *prêchée* par Nicolas de Cologne, gagne Gênes par les Alpes, mais ne trouve pas de navires. Certains croisés s'y fixent, d'autres vont s'embarquer à Pise ou Brindisi. Nicolas, avec un groupe important, va à Rome se faire relever du vœu de croisade. La plupart meurent de faim sur le chemin du retour.

■ **1217-21 (Ve).** **CAUSE :** renouveau de ferveur chrétienne dû aux papes (Innocent III, idée reprise par Honorius III qui l'annonce en 1215 au concile de Latran). **EFFECTIFS :** au moins 200 000 (en majorité des croisés) : Autrichiens et Hongrois *(André II de Hongrie)*, Danois et Frisons, Français et Anglais. **Chefs :** *Jean de Brienne*, roi de Jérusalem (voir encadré p. 627 b) et *Léopold VI* (1176/28-7-1230), duc d'Autriche. **OPÉRATIONS :** transport par mer jusqu'à Acre. **1217 à 1218** (croisade hongroise) : échec des Hongrois au *mont Tabor*, réoccupation et fortification de *Césarée* et du *mont Carmel*. **1218 à 1221** campagne de *Damiette* (Égypte) : **1218**-*24-8* débarquement et début du siège ; **1219**-*5-11 Damiette* prise d'assaut ; **1220** négociations : le légat Pelage refuse d'échanger Damiette contre Jérusalem ; **1221**-*12-7* croisés vaincus à *Mansourah* ; *-sept.* évacuation de *Damiette* sans conditions.

■ **1228-29 (VIe).** **MENÉE** par l'empereur *Frédéric II de Hohenstaufen* (voir encadré p. 627 b), qui avait reçu par mariage le titre de roi de Jérusalem (il avait embarqué en 1227 à Brindisi puis, débarqué 2 jours plus tard, avait été excommunié). **1229** il signe le *traité de Jaffa* avec les sultans d'Égypte et de Damas : Jérusalem, Bethléem, Nazareth, Sidon sont rendus aux chrétiens, les musulmans gardent le « Temple » (mosquée d'Omar et d'al-Aqsa) ; Frédéric II entre dans Jérusalem et se couronne roi. Les barons francs et les ordres militaires lui refusent l'obéissance ; « l'interdit » est jeté sur la ville ; *-mai* Frédéric II quitte le Levant dans l'hostilité générale. **1230** une nouvelle « croisade des barons », *dirigée par Thibaud de Champagne* et *Richard de Cornouailles,* parvient, par négociation, à récupérer d'autres terres puis à renverser leurs alliances : les mercenaires kharezmiens du sultan d'Égypte saccagent Jérusalem. **1244** Jérusalem reprise définitivement par musulmans, qui détruisent l'armée franque à *La Forbie*.

■ **1248-54 (VIIe).** **Prêchée** par le concile de Lyon en juin 1245. **EFFECTIFS :** 25 000 Français *(Louis IX)* embarqués à Aigues-Mortes pour Chypre sur des navires génois. Dirigée contre l'Égypte. **OPÉRATIONS : 1249**-*7-6* Louis IX prend *Damiette* ; *-20-11* offensive sur *Le Caire.* **1250**-*8-2* Louis IX battu à *Mansourah* ; *-6-4* prisonnier à Mansourah ; *-2-5* libéré (rançon de 500 000 livres tournois et abandon de Damiette) ; relève les villes fortes de Terre sainte, notamment *Césarée.* **1254**-*avril* rembarque à l'annonce de la mort de sa mère, Blanche de Castille.

☞ **1251 Croisade des pastoureaux.** **CAUSE :** émotion causée par la défaite de Louis IX à Mansourah ; elle soulève surtout des ruraux (*pastourou* = paysan). **OPÉRATIONS :** pogroms contre les communautés juives de France (Joseph, dit le *Maître de Hongrie*) ; *-11-6* écrasés à Villeneuve-sur-Cher (Joseph †) ; quelques rescapés rejoindront Acre.

■ **1270 (VIIIe).** **CAUSE :** Louis IX et son frère Charles d'Anjou, roi de Sicile, après l'offensive victorieuse du sultan mamelouk *Baïbars* (Égypte) en Terre sainte (prise de *Césarée* 5-3-1265, du *mont Carmel* 16-3-1265, d'*Antioche* 20-5-1268), décident d'attaquer la Tunisie, d'y convertir l'émir et d'en faire une base de départ contre Égypte ou Constantinople, en demandant un armistice à Baïbars. **OPÉRATIONS : 1267**-*mars* Louis IX à Aigues-Mortes ; va en Sardaigne où il révèle le but de l'expédition. **1270**-*18-7* débarquement à *Tunis.* Épidémie de peste ; *-25-8 mort de Louis IX ; -nov.* les Français se retirent avec l'accord de l'émir de Tunis. **1271** les survivants débarquent à Acre ; *-23-3* chute du *Krak des Chevaliers.* **1271-91** Baïbars, puis Spinola, enlèvent les dernières places fortes de Terre sainte : Beyrouth, Tripoli (1289), Sidon, Tyr. **1274** le pape Grégoire X réunit à Lyon un concile où paraissent les Mongols et les Byzantins ; décision d'une autre croisade (préparée en 6 ans). **1291** à partir de Chypre, opérations combinées avec les Mongols (celles entre 1299 et 1302 ne reçurent aucun secours de l'Occident). **1334** la chrétienté cherche à contrecarrer l'expansion turque menaçant la mer Égée et les Balkans. Un accord permet la visite des Lieux saints aux pèlerins qui trouvent un couvent de frères mineurs. **1364** Jean le Bon est le dernier souverain à annoncer son intention de se croiser.

QUELQUES PRÉCISIONS

Conversions et mariages mixtes. Ils furent très rares, mais les Latins épouseront des chrétiennes de Syrie et plus souvent des Arméniennes.

Ententes avec les Arabes. Elles furent nombreuses. Des émirs se soumirent aux chefs latins (serments d'allégeance, tribut). Les Francs bénéficièrent des divisions de l'adversaire.

Massacres commis par les croisés. Exécutés dans le feu de l'action, après une pénible guerre de siège, et non par fanatisme religieux. Auparavant, les Égyptiens, quoique musulmans, avaient agi de même avec les Turcs après leur avoir pris Jérusalem.

Massacres des juifs. Des rumeurs prétendaient les juifs alliés des sultans pour détruire les églises de Jérusalem. En fait, on massacra non seulement des juifs mais aussi des bourgeois des villes, et les évêques s'efforceront à chaque fois de protéger les juifs.

Perte de la Terre sainte. Due aux dissensions entre les Francs : rivalités entre barons, templiers et hospitaliers ; querelles dynastiques après la mort de Baudouin VI. Saladin reconquiert la Palestine et la Syrie, empêchant les Francs de profiter des divisions de leurs ennemis. Il aurait fallu des renforts constants, qui ne vinrent pas.

Pillages. Les « pauvres gens », partis sans préparation ni argent, se plaignaient de n'être ni secourus ni nourris, en tant que pèlerins, par les autres chrétiens. En Rhénanie, si une ville leur fermait ses portes, ils l'attaquaient.

Relations Francs/Byzantins. Ambiguës, souvent conflictuelles. Les Grecs considèrent les Francs comme des mercenaires. Les Francs se méfient des Grecs. Ils gardent les territoires qui auraient dû leur être rendus et saccageront Constantinople en 1204 en accusant l'empereur grec d'avoir pactisé avec Saladin. Ils estiment d'ailleurs qu'ils récupèrent des terres prises par les Grecs à leurs aïeux, les Troyens. Les Arméniens, traités en hérétiques par Byzance, voient souvent dans les croisés des libérateurs.

pour obtenir l'approbation de l'opinion publique. La bulle est brûlée publiquement. Philippe, applaudi, proclame l'indépendance du pouvoir royal ; -11-7 *Courtrai (bataille des Éperons d'or),* 20 000 Flamands battent 50 000 Français : début des guerres flamandes qui se termineront par la sécession de la Flandre (XVe s.) ; -1-11 les évêques français se rendent à Rome au concile (malgré l'interdiction de Philippe) ; -18-11 Boniface VIII réaffirme dans la bulle *Unam sanctam* la suprématie du pape sur les rois ; il envoie en France un légat, le cardinal Jean Le Moine, mais Philippe [conseillé par Guillaume de Nogaret (vers 1260-avril 1313, devenu chancelier à la mort de Pierre Flote)] ne cède pas. **1303**-janv. Boniface VIII convoque à Rome une assemblée du clergé français ; -14-6 *États généraux réunis au Louvre :* chargent Nogaret d'organiser un concile général

Fiefs chrétiens de Terre sainte

Royaume de Jérusalem (1099-1291)

■ **Rois de Jérusalem. 1099 Godefroi de Bouillon** (Baisy 1061/Jérusalem 18-7-1100), duc de Basse-Lorraine (1082-95), fils d'Eustache II comte de Boulogne, chef des croisés lorrains, élu roi par l'assemblée des seigneurs le 22-7-1099. Refuse le titre, disant qu'il ne saurait porter une couronne d'or là où le Christ avait porté une couronne d'épines ; n'est qu'avoué du St-Sépulcre (1099-1100, défenseur des biens de l'Église).

1100 Baudouin Ier (1058/El Arich 2-4-1118), son frère, Cte d'Édesse (1098-1100). Protecteur du St-Sépulcre et roi de Jérusalem (1100). Conquiert Césarée, Tripoli, Acre (1104), Beyrouth (1109), Sidon (1110). Échoue devant Ascalon.

1118 Baudouin II (vers 1070/31-8-1131), son cousin, Cte de Rethel, Cte d'Édesse (1100-18). Conquiert Tyr (1124). Prisonnier des Turcs (1124-28).

1131 Foulques V (1095/Ptolémaïs 1143), son gendre, Cte d'Anjou (1109-1131), abdique sa couronne comtale en épousant (1129) *Mélisende*, fille de Baudouin II.

1143 Baudouin III (1129/Beyrouth 10-2-1163), son fils. Perd Édesse le jour de son couronnement (Noël 1144) ; échoue contre Damas (1148) ; prend Ascalon (1153) et Césarée (1159). *Ép.* 1158, *Théodora,* nièce de l'empereur Manuel Comnène, sans postérité.

1163 Amauri Ier (1135-74), son frère. Tente de conquérir l'Égypte (1166-67). Battu par Saladin (1170), recherche l'alliance byzantine en épousant la nièce de l'empereur Isaac Comnène (1167).

1174 Baudouin IV le Lépreux (1160/16-3-1185), son fils. Mineur à son avènement, déjà atteint de la lèpre, laisse la régence à Milon de Planès. Bat Saladin dans la Beke (1176), à Ramleh (25-11-1177), est battu à Sidon (1178), perd la forteresse du Gué de Jacob (1179), bat Saladin à Tibériade (1182) ; marie (1180) sa sœur Sybille († 1191), veuve de Guillaume de Montferrat Cte de Jaffa, à Gui de Lusignan à qui il délègue la régence (1183).

1185 Baudouin V (vers 1179/Acre sept. 1186), son neveu, fils de Sybille et de Guillaume, couronné à 7 ans ; régence de son grand-oncle, le Cte de Tripoli, qui conclut avec Saladin une trêve de 4 mois pour ravitailler le pays, ruiné par la famine. Meurt au bout de 7 mois pendant la famine, peut-être empoisonné.

1186 Gui Ier de Lusignan (vers 1129/Chypre 1194), son beau-père. 2e époux de Sybille (vers 1150-1190). Prend la couronne malgré les barons. Battu et pris par Saladin à Hattin (1187). Perd Jérusalem. Libéré (1188) contre rançon. Laisse en 1192 la couronne de Jérusalem à Conrad de Montferrat contre celle de Chypre, achetée 100 000 besants.

1192 Isabelle Ire (1169-1205), fille d'Amauri Ier et sœur de Sybille, et **Conrad de Montferrat** (?/assassiné 28-4-1192), roi consort (ancien beau-frère de l'empereur byzantin Isaac l'Ange, et seigneur de Tyr depuis 1188) ; elle l'a épousé dès son couronnement, en faisant casser son mariage avec Onfroi de Toron. **Henri II de Champagne** (?-1197) qu'elle épouse et qui, replié à Acre, refuse le titre de roi de Jérusalem ; avec les croisés de la IVe croisade, rompt la trêve avec Saladin ; perd Jaffa et meurt (tombe par la fenêtre du château d'Acre). **Amauri II de Lusignan** (vers 1130/Acre 1205) qu'elle épouse. Frère de Gui de Lusignan, est roi de Chypre (Amauri Ier, depuis 1194) ; reconquiert Beyrouth et Giblet (1197-98) avec les croisés allemands mais ne peut empêcher le détournement de la IVe croisade vers Constantinople.

1205 Jean de Brienne (vers 1175/Constantinople mars 1237) qui, à la mort d'Amauri II, a épousé Marie de Montferrat, fille d'Isabelle Ire et de Conrad, héritière du royaume (1209). 1210 couronné roi de Jérusalem à Acre. 1212 mort de Marie, il devient régent de leur fille Yolande. 1217 à la tête de la Ve croisade avec André II roi de Hongrie. Yolande épouse en 1225 l'empereur Frédéric II, qui prend le titre de roi de Jérusalem. Jean rejoint alors Constantinople dont il est régent (1229), puis empereur (1231).

1225 Frédéric II de Hohenstaufen (voir encadré p. 626 b) [Iési 26-12-1194/Fiorentino 13-12-1250], son gendre, roi de Sicile (1197), empereur germanique (1220). Prend la couronne à Jérusalem en 1229 (cérémonie laïque car excommunié), en vertu d'un traité passé avec Malik al-Kalil. Puis cède le gouvernement du pays à Richard Filangieri qui laisse les musulmans reprendre Jérusalem (1244) et l'anarchie s'installer.

☞ **Survivance du titre de roi de Jérusalem.** Disputé entre : *1°)* les *Lusignan* qui, en 1239, se firent confier la « garde » de la couronne par la noblesse chypriote (sans préjudice des droits des Hohenstaufen), la reine Alix, veuve de Hugues Ier de Chypre (1205-21), étant petite-fille du roi Amauri II. Joint au titre de Chypre, celui de Jérusalem a passé aux Savoie ; *2°)* les *Hohenstaufen,* descendants de Frédéric II. *Charles Ier de France,* roi de Sicile qui règne sur St-Jean-d'Acre [1277-86 (royaume détruit 1291)] leur acheta le titre. Les ducs d'Anjou issus des rois Valois prétendaient à la Sicile et à Jérusalem. Le roi René (1409-80) a une fille, Yolande, dont le fils, René II (1451-1508), duc de Lorraine, arborera les armes de Jérusalem. Les ducs de Lorraine qui lui succéderont donneront François Ier, empereur élu des Romains : depuis, les empereurs d'Autriche se diront rois de Jérusalem. Le pape, suzerain, en ayant investi le roi des Deux-Siciles Charles de Bourbon, futur Charles III d'Espagne, le duc de Calabre est actuellement le seul roi de Jérusalem possible.

■ **3 grands fiefs vassaux.** *Comté d'Édesse* (1098-1144), *« princée » d'Antioche* (1098-1268), *comté de Tripoli* (1102-1289) ; **2 autres royaumes non vassaux** créés fin XIIe s. : *Chypre* (1192-1489) et *Petite-Arménie* ou *Cilicie* (1198-1375).

Empire latin de Constantinople (1204-61)

■ **Empereurs.** Voir **Turquie** au chapitre **États**.

■ **3 grands fiefs vassaux.** *Royaume de Thessalonique* (1204-24), *« princée » de Morée* (c'est-à-dire du Péloponnèse : 1205-1428), *duché d'Athènes* (1205-1436).

Autres fiefs

■ **Crète.** Possession vénitienne de 1206 à 1669.

■ **Rhodes.** Terre souveraine des Chevaliers de St-Jean-de-l'Hôpital de 1309 à 1522.

---

pour juger le pape ; -août Nogaret passe en Italie avec 300 hommes et s'entend avec les Sciarra Colonna, neveu et frère de 2 cardinaux déposés et exilés pour leur opposition au pape ; -7-9 *attentat d'Anagni* (ville natale de Boniface VIII, à 60 km à l'est de Rome où il se réfugia à 86 ans). Reçu par Boniface VIII, Sciarra Colonna l'arrache de son siège (il l'aurait souffleté de son gantelet de fer). Nogaret le somme d'abdiquer mais Boniface VIII garde le silence. Nogaret, qui devait le conduire à Lyon, hésite 2 jours. Les habitants d'Anagni se soulèvent. Colonna et Nogaret s'enfuient. Boniface VIII est reconduit à Rome où il est fêté ; -11-10 il meurt ; -22-10 Benoît XI, son successeur, est élu : il lève les excommunications (sauf pour Nogaret, les Sciarra Colonna et 13 autres assaillants). **1304**-7-7 Benoît XI meurt (empoisonné par des figues apportées par une inconnue ?) ; -18-8 bataille de *Mons-en-Pévèle :* 80 000 Flamands battus (6 000 † dont Guillaume de Juliers, leur chef). **1305** *paix d'Athis :* annexion de la Flandre gallicane, Lille, Douai et Béthune ; -5-6 Bertrand de Got, archevêque de Bordeaux, élu pape sous le nom de Clément V (Philippe le Bel ayant acheté les électeurs). **1306** confiscation des biens des juifs et des marchands lombards. **1308**-24-3 *états généraux de Tours :* manifestation contre les templiers ; -nov. Charles de Valois (frère de Philippe) battu à l'élection impériale. **1309** les papes à Avignon (*Avignon* appartenant à la famille d'Anjou-Provence, protectrice des papes contre les empereurs gibelins ; était entourée du Comtat Venaissin, appartenant aux papes depuis 1274. Clément V, qui était allé au concile de Vienne en 1307, jugea prudent de ne pas rentrer en Italie ; son successeur Clément VI achètera en 1348 la ville d'Avignon à la Ctesse Jeanne d'Anjou-Provence). **1311**-13-1 Philippe de Poitiers (fils de Philippe IV et futur Philippe V), battu à l'élection impériale. **1314** scandale des brus de Philippe le Bel : *Marguerite de Bourgogne,* femme de Louis (futur Louis X) et *Blanche de Bourgogne,* femme de Charles (futur Charles IV), convaincues d'adultère, sont arrêtées le 9-4 ; en mai, leurs amants, les frères Philippe et Gauthier d'Aulnay, sont émasculés, tirés aux chevaux, décapités puis pendus au gibet à Pontoise ; les princesses sont tondues et enfermées à Château-Gaillard près des Andelys [Marguerite y meurt étranglée ou de froid (?) en 1315 ; Blanche accepte l'annulation de son mariage et se retire à l'abbaye de Maubuisson où elle meurt en 1326]. La 3e bru (*Jeanne de Bourgogne,* femme de Philippe, futur Philippe V) est acquittée faute de preuves : elle vivra tour de Nesle et mourra en 1329. [Selon une légende, datant de 1471, c'est dans la tour de Nesle que les 3 brus royales recevaient des amants et, après 3 jours de débauche, les faisaient noyer dans la Seine, cousus dans un sac ; seul *Buridan,* maître de philosophie, repêché par ses étudiants, en aurait réchappé : né en 1300, il avait 14 ans en 1314 et ne pouvait alors être professeur (philosophe nominaliste pesant si bien le pour et le contre qu'il ne pouvait conclure, il a été comparé à un âne pressé par la faim et la soif, se laissant mourir plutôt que de choisir entre un seau d'eau et une mesure d'avoine)]. -1-8 *états généraux de Paris :* dans la cour du Palais de justice, le roi voulant des subsides pour la guerre des Flandres.

☞ **Grands fiefs réunis à la Couronne sous Philippe le Bel :** *1303* comtés de la Marche, *1307* d'Angoulême, de Bigorre, *1310* de Lyon.

Controverse sur Philippe le Bel. De nombreux historiens [dont Renan (1858)] lui ont reproché malhonnêteté en finances, mauvaise foi, rapacité, cruauté (envers les templiers et ses brus), machiavélisme envers le pape, brutalité envers Flamands et juifs. Ils lui reconnaissent : sang-froid, lucidité, obstination, capacité de dissimuler. Actuellement, on tire un bilan favorable de son règne [enrichissement, agrandissement du domaine royal, indépendance face aux grands féodaux et à la papauté, création d'institutions quasi démocratiques (états généraux)].

■ **1314 Louis X le Hutin** (de *hustin :* bruit, querelle), **le Méchin, le Noiseux** ou **le Querelleur** (Paris 4-10-1289/château de Vincennes 5-6-1316), fils aîné de Philippe IV et de Jeanne de Navarre ; Cte de Champagne et de Brie, roi de Navarre (1304-14 à Pampelune à la mort de sa mère) et roi de France (29-11-1314), sacré à Reims (24-8-1315). *Ép. 1°)* (21 ou 23-9-1305) *Marguerite de Bourgogne* [1290, répudiée (1314), enfermée à Château-Gaillard pour sa mauvaise conduite, morte 1315], fille de Robert II, duc de Bourgogne et d'Agnès de France (fille de Louis IX) dont il eut JEANNE II (28-1-1311/6-10-1349 Conflans), reine de Navarre (1328-49), mariée 5-5-1318 à Philippe, Cte d'Évreux (1305/16-9-1343) ; *2°)* (19-8-1315) *Clémence d'Anjou et de Hongrie* (1293/13-10-1328 ; sacrée à Reims le 24-8-1315), fille de Charles Ier, roi de Hongrie (dont Jean Ier, posthume).

– **1315**-11 ou 30-4 exécution d'*Enguerrand de Marigny* (né 1260), pendu aux fourches patibulaires de Montfaucon, qu'il avait fait élever ; ancien favori de Philippe le Bel (haï par la haute noblesse et notamment par Charles de Valois, frère de Philippe le Bel, parce qu'il s'était enrichi comme garde du Trésor : Louis X l'a laissé accuser de sorcellerie et de trahison, Enguerrand ayant été le plus sévère accusateur de la Pcesse Jeanne, certainement innocente) ; -11-7 Louis X affranchit (moyennant paiement) les serfs du domaine royal. **1316**-5-6 mort de Louis X, la reine Clémence, étant enceinte : son beau-frère (Philippe le Long, Cte de Poitiers) se déclare régent (on admet qu'il sera roi si la reine met au monde une fille).

■ **1316 Jean Ier le Posthume** (15-11-1316/Paris 19-11-1316), fils de Louis X et de Clémence de Hongrie, né 5 mois

■ **Les Templiers. Organisation financière :** 10 provinces : 3 en Orient (Antioche, Jérusalem, Tripoli), 7 en Europe (Angleterre, Aragon, France, Hongrie, Poitou, Portugal, Pouille). Chacune est divisée en commanderies ou maisons (début XIVe s. : environ 9 000 maisons en Occident). *Opérations financières exécutées par le Temple* (activités venant de l'inviolabilité reconnue aux établissements religieux, de la confiance envers la dignité religieuse et de la sécurité offerte par les maisons de l'Ordre, véritables châteaux forts) : gestion de châteaux, fermes et domaines, prêts (assortis de garanties ; le Temple se porte caution ; même les infidèles demandent sa garantie lorsqu'ils traitent avec les Francs), séquestre (on consigne entre ses mains des sommes dont la propriété est contestée ou qui représentent la valeur d'une chose litigieuse), paiements de rentes (temporaires, viagères, perpétuelles) pour son compte ou celui de ses clients. Le Temple effectue aussi des opérations financières pour l'Angleterre, l'Espagne, le Saint-Siège, etc. ; il dispose d'importantes ressources que le roi, qui laisse courir des bruits divers sur le Temple, voudrait récupérer.

Déroulement du procès : 1307-24-8 le pape Clément V annonce l'ouverture d'une enquête demandée par le grand maître Jacques de Molay (1243-1314) ; -13-10 Molay et 60 templiers français sont arrêtés sur ordre du roi et enfermés dans les prisons royales, ou consignés dans leurs locaux ; -19-10 au 24-11, 138 comparaissent sous l'accusation de mœurs obscènes, sodomie, hérésie, idolâtrie, pratiques de messes noires ; -22-11 Clément V ordonne l'arrestation des templiers dans tous les pays (certains, comme Castille et Portugal, accepteront tardivement) ; -déc. Molay et d'autres dignitaires révoquent leurs aveux (faits par peur de mauvais traitements) devant les 2 cardinaux envoyés par Clément V. **1308**-févr. Clément V suspend la procédure inquisitoriale ; -mai à Tours, états du royaume convoqués par les conseillers royaux ; Pierre du Bois, député, reproche à Clément V de faire semblant, en parlant de punir le reniement des templiers, non leur bougrerie ; -juillet Clément V décide que des conciles provinciaux jugeront, en tant que personnes, les templiers. L'Ordre sera, lui, jugé en tant qu'institution par des commissaires pontificaux. Un concile général se prononcera, *in fine,* sur le sort à réserver au Temple. Clément V se réserve le jugement des dignitaires. Le roi conserve la garde des prisonniers. **1310**-mai Philippe de Marigny, frère d'Enguerrand, archevêque de Sens, convoque un concile provincial qui condamne à mort 54 templiers (brûlés le 12-5 sous les murs de Paris). D'autres templiers sont brûlés dans d'autres régions. **1311**-oct. concile de Vienne. La majorité des pères conciliaires (même français) souhaite entendre des templiers qui se sont présentés pour défendre la milice. **1312**-22-3 le roi menace d'entrer dans Vienne avec son armée ; -3-4 Clément V publie la bulle *Vox in excelsis* abolissant l'ordre du Temple. Les biens de l'Ordre échappent à Philippe. **1314** Jacques de Molay, Hugues de Pairaud, Geoffroi de Gonneville, Geoffroi de Charney sont condamnés à la prison perpétuelle, mais Molay et Charney rétractent leurs aveux et sont brûlés sur un bûcher le 18 ou 19-3. On dit que Molay assigna le pape Clément V et Philippe le Bel à comparaître avant un an devant Dieu (le pape mourut le 20-4 et le roi le 29-11).

☞ **Trésor des templiers :** serait réparti dans plusieurs caches en France (on cite souvent la forteresse de Gisors, Eure). Les trésors découverts vers 1891 à *Rennes-le-Château* (Aude) par le curé Saunières, et comportant notamment des pièces d'or datant de Saint Louis et un calice du XIIIe s., auraient en partie appartenu aux templiers. Les objets les plus précieux, trouvés dans un sarcophage de l'époque carolingienne, remonteraient aux albigeois et auraient été mis à l'abri vers 1212, à l'arrivée des croisés de Simon de Montfort.

après la mort de son père. Sans postérité. *Roi de France et de Navarre.* On a prétendu qu'il avait été assassiné par sa tante Mahaut d'Artois, ou qu'il y aurait eu substitution (pour le protéger des ambitions du Cte de Poitiers) avec l'enfant de sa nourrice (Marie de Carsi) et d'un Italien, Guccius Miri, né le même jour. En 1356, un *Giannino de Guccio*, recueilli par les Baglioni, apparut à Sienne se disant Jean Ier ; le gouvernement de Sienne le reconnut et le roi Louis Ier de Hongrie (neveu de la reine Clémence) lui donna une armée avec laquelle il pénétra en Provence où il fut battu par Jeanne de Naples, Ctesse de Provence, en 1361 ; il mourut en captivité à Naples en 1363.

■ **1316 Philippe V le Long, le Grand, le Beau, le Borgne** ou **le Débonnaire** (1294/Longchamp 3-1-1322), 2e fils de Philippe IV le Bel et de Jeanne de Navarre ; d'abord Cte de Poitou, régent (5-6-1316), puis roi (19-11-1316), sacré à Reims (9-1-1317). *Ép.* (1307) *Jeanne de Bourgogne* (1292/Roye 21-1-1329), fille d'Otton IV Cte de Bourgogne et de Mahaut, Ctesse d'Artois, accusée d'adultère, reléguée un an à Dourdan, puis rentrée en grâce, dont il eut LOUIS (8-2-1316/† à 7 mois) ; JEANNE († 1347), Ctesse de Bourgogne et d'Artois, mariée 1318 à Eudes IV († 1350), duc de Bourgogne, aïeul du duc Philippe, surnommé de Rouvres († 1346) ; MARGUERITE (1310-82), mariée à Louis II de Crécy († 1346), Cte de Flandre ; ISABELLE († 1345), *mariée 1°)* à Guigues VIII (1310-33), dauphin de Viennois et Cte d'Albon, *2°)* à Jean, baron de Faucogney, sans postérité ; BLANCHE († 1358), religieuse. *Roi de France* comme tuteur de sa nièce Jeanne (fille de Louis X et de Marguerite de Bourgogne) *et de Navarre.* Pour lui fut invoqué pour la 1re fois le principe de masculinité, appelé en 1358 *loi salique* (en fait, Jeanne avait été écartée du trône après la mort de son demi-frère Jean Ier, car elle passait pour adultérine).

– **1317**-2-2 réunion des états généraux à l'occasion des prétentions de Charles, Cte de la Marche, et d'Eudes IV, duc de Bourgogne, pour remplacer Philippe V par Jeanne. Milices non nobles (les baillis recensent les manants aptes au service militaire). **1318** les habitants de Sens votent la suppression de la commune ; d'autres villes l'imiteront (réaction contre les dynasties bourgeoises accaparant l'administration). **1320** fin de la guerre en Flandre. *États généraux de Pontoise :* affaire des monnaies. **1321**-juin *États généraux de Poitiers :* monnaies, poids et mesures, aliénation du domaine royal, croisades.

■ **1322 Charles IV le Bel** (1294/château de Vincennes 1-2-1328), 3e fils de Philippe IV le Bel et de Jeanne de Navarre ; Cte de la Marche (3-6-1313), roi (3-1-1322), sacré à Reims (11-2-1322). *Ép. 1°)* (1308) *Blanche de Bourgogne* (1296/abbaye de Maubuisson août 1326), fille d'Otton IV, Cte de Bourgogne et de Mahaut, Ctesse d'Artois ; enfermée à Château-Gaillard 1314, séparée pour cause de parenté par sentence du pape Jean XXII du 19-5-1322 (en fait répudiée) ; morte religieuse à Maubuisson [dont il eut : PHILIPPE (né 1314, mort jeune), JEANNE (1315-21)] ; *2°)* (21-9-1322) *Marie de Luxembourg* (1304-24), fille de l'empereur Henri VII [dont il eut 1 enfant : LOUIS (né 25-3-1324, mort jeune ; sa naissance provoqua la mort de sa mère)] ; *3°)* (5-7-1325) *Jeanne d'Évreux* (1310/Brie-Comte-Robert 4-3-1371), fille de Louis, Cte d'Évreux, dont 3 enfants : JEANNE (née 1326, morte jeune), MARIE (née 1327, morte 1341), BLANCHE [née posthume 1-4-1328/8-2-1345, qui épouse 18-1-1345 Philippe (fils de Philippe VI, voir ci-dessous)]. *Roi de France* et, comme tuteur de sa nièce Jeanne [(1311-49), fille du roi Louis X], *roi de Navarre :* à sa mort en 1328, la Navarre n'étant pas régie par la loi salique, Jeanne, 16 ans, reprend la couronne ; son mari Philippe Cte d'Évreux (1305-43) devient roi de Navarre.

– **1323** incidents franco-anglais en Guyenne (le roi d'Angleterre Édouard II n'ayant pas prêté hommage comme seigneur de Guyenne et de Ponthieu). **1324**-1-7 Charles de Valois envahit la Guyenne anglaise ; -22-9 prend La Réole puis le Bazadais. **1325** le pape Jean XXII (le Français Jacques Duèze) tente de faire élire Charles IV empereur d'Allemagne ; mais Louis de Bavière s'assure le trône impérial. **1326** *états généraux de Meaux :* noblesse et clergé, sur la reprise de la guerre avec l'Angleterre, assemblées provinciales pour le Tiers. **1327**-31-3 Isabelle de France, devenue régente d'Angleterre, cède à la France les conquêtes de Charles de Valois (son fils, Édouard III, consent à prêter hommage).

DYNASTIE CAPÉTIENNE DES VALOIS (1328-1589)

VALOIS DIRECTS (1328-1498)

■ **1328 Philippe VI de Valois le Vrai catholique, le Fortuné, le Roi salique** ou **le Roi trouvé** (1293/Nogent-le-Roi 22-8-1350), fils de Charles de France [(1270-1325) 3e fils de Philippe III le Hardi et d'Isabelle d'Aragon, il était Cte de Valois, d'Anjou et du Maine, d'Alençon, de Chartres et du Perche, roi titulaire d'Aragon et de Valence, Cte de Barcelone (1284-95) par investiture du pape, empereur titulaire de Constantinople par son mariage (28-1-1301) avec *Catherine de Courtenay* (1274-1307), seule fille et héritière de Philippe de Courtenay, empereur de Constantinople] et de Marguerite d'Anjou et de Sicile († 1299). *Régent* à la mort de Charles IV car la reine Jeanne est enceinte, il devient roi (1328) à la naissance de l'enfant (car c'est une fille, Blanche, voir ci-dessus) ; sacré à Reims (29-5-1328). *Ép. 1°)* (juillet 1313) *Jeanne de Bourgogne* (1293/12-12-1349, fille de Robert II, duc de Bourgogne), dont il eut JEAN II, duc de Normandie, son successeur ; MARIE († 23-9-1333), mariée 8-7-1332 à Jean de Brabant

Le royaume en 1328 à l'avènement de Philippe VI de Valois

(1300/15-10-1355), duc de Limbourg ; LOUIS (né et † 17-1-1328) ; LOUIS (8-6-1330, † 15 jours après) ; PHILIPPE (1-7-1336/1-9-1375), duc d'Orléans et de Touraine, Cte de Valois, marié 18-1-1345 à Blanche (1-4-1328/8-2-1345), fille posthume de Charles IV le Bel, sans enfants légitimes ; *2°)* (11-1-1350) *Blanche de Navarre* (37 ans de moins que lui : 1330/5-10-1398), 2e fille de Philippe III d'Évreux, roi de Navarre [dont il eut JEANNE, dite Blanche (née posthume 1351/15-9-1371)].

– **1328**-20-8 expédition de Flandres, pour soutenir Louis Cte de Nevers contre ses sujets révoltés ; -23-8 victoire de *Cassel* (12 000 Flamands † sur 15 000). **1329** *Robert III d'Artois* (1287-1342), beau-frère du roi, héritier de l'apanage d'Artois mais dépossédé par un jugement de 1315 [favorable à sa tante paternelle Mahaut (?-1329)], réclame son héritage avec des documents falsifiés et fait mourir par le poison Mahaut, puis sa fille Jeanne. Menacé d'arrestation, il s'enfuit en Angleterre (il conseillera à Édouard III d'attaquer la France), banni le 8-4-1332 ; tué 1342. **1333, 1343, 1347** états provinciaux. **1337-1347** rivalités avec l'Angleterre (voir p. 630 b). **1338** régence de la reine Jeanne. **1341**-7-9 le Conseil des pairs de France attribue le duché de Bretagne à Charles de Blois (vers 1319/29-9-1364), parent du roi. **1344**-11-4 Humbert II, *dauphin du Viennois,* choisit pour héritier le fils aîné du roi de France, à condition qu'il porte le titre et les armes de *Dauphin.* **1346** *états généraux* (le 2-2 à Paris pour la langue d'oïl, le 15-2 à Toulouse pour la langue d'oc). Des « aides » (impôts exceptionnels) sont votées. **1347-48** *épidémie de peste noire* (bubonique), 25 millions de † en Europe, dont 10 millions en France (50 % de la population).

☞ **Fiefs réunis à la Couronne sous Philippe VI :** *1328* comtés de Champagne, de Brie, de Valois, d'Anjou, du Maine, *1329* de Chartres, *1349* Dauphiné du Viennois, comté de Montpellier (racheté en avril au roi d'Aragon).

■ **1350** (22-8) **Jean II le Bon (le Brave)** [près du Mans 26-4-1319/Londres 8-4-1364], fils de Philippe VI et de Jeanne de Bourgogne. Duc de Normandie (1332) ; duc de Guyenne (1345) ; sacré à Reims (26-9-1350). *Ép. 1°)* (23-7-1332) *Bonne de Luxembourg* (20-5-1315/11-9-1349), fille de Jean Ier l'Aveugle, roi de Bohême, dont il eut 9 enfants : CHARLES V, LOUIS Ier (Vincennes 23-7-1339/Bari 20-9-1384) duc d'Anjou, JEAN (30-11-1340/Paris 15-6-1416) duc de Berry, PHILIPPE II le Hardi (Pontoise 17-1-1342/Halle 27-4-1404) duc de Bourgogne, JEANNE DE FRANCE (24-6-1343/3-11-1373) qui (12-2-1352) *ép.* Charles II Le Mauvais [(1333/1-1-1387 des suites de brûlures dans une couverture), Pce du sang (petit-fils de Louis Ier Cte d'Évreux, frère de Philippe le Bel), roi de Navarre par son père ; son surnom de « Mauvais » lui fut donné par les Navarrais], MARIE (1344-1404) *épouse* (4-6-1364) Robert Ier, duc de Bar (27-8-1342/1411), AGNÈS (1345-49), MARGUERITE (1347-1356), religieuse au prieuré de Poissy, ISABELLE (1-10-1348/11-9-1372) *épouse* (juin 1360) Jean-Galéas Visconti [(15-10-1351/3-9-1402), Cte de Vertus et depuis 1er duc de Milan ; *2°)* (19-2-1350) *Jeanne, Ctesse de Boulogne et d'Auvergne* (8-5-1326/29-9-1360), fille de Guillaume XII, Cte de Boulogne et d'Auvergne, veuve (1345) de Philippe de Bourgogne (1323-46) Cte de Nevers [elle en avait eu Philippe de Rouvres (1346-61), dernier duc de la 1re branche de Bourgogne] qui eut 3 enfants morts jeunes.

– **1351-56** rivalités avec Angleterre (voir p. 630 b). **1354**-8-1 assassinat du connétable Charles d'Espagne (Charles de la Cerda, favori du roi) par *Charles le Mauvais* mis en prison ; ses amis furent décapités (en nov., il se ralliera au roi d'Angleterre). *Étienne Marcel* (1315-58) devient prévôt des marchands de Paris ; -22-2 *traité de Mantes.* **1355**-2-12 *états généraux* à Paris, ils votent la *Grande Ordonnance* (28-12) limitant les pouvoirs royaux, sur le modèle de la Grande Charte anglaise (votée également à Toulouse le 24-3-1356 par les états de langue d'oc et publiée en nov. 1357). **1356**1-3 *états généraux :* vote de nouveaux impôts. -19-9 Jean II le Bon fait prisonnier à *Poitiers* avec 5 princes de son sang (emmené en Angleterre le 11-4-1357, sa captivité en Angleterre durera 4 ans 1 mois et 6 jours ; voir p. 630 b) ; -15-10 le dauphin Charles (devenu le « lieutenant du roi », à cause de la captivité de son père) convoque les états généraux à Paris, environ 800 délégués dont 400 pour le Tiers état : Étienne Marcel se trouve à la tête des bonnes villes. Robert Le Coq (vers 1310-1368), évêque de Laon (1351), représente le parti de Charles le Mauvais (de Navarre), Jean de Craon, archevêque de Reims, parle au nom du clergé et Philippe d'Orléans au nom de la noblesse ; -26-10 Jean de Craon demande : destitution et arrestation des hommes qui ont ruiné l'État (liste des noms), libération de Charles le Mauvais arrêté le 5-4 sur ordre de Jean II, dissolution du Grand Conseil dont les membres ont trahi. A sa place, les états proposent un organisme de 28 membres (4 prélats, 12 chevaliers et 12 bourgeois) et offrent en contrepartie un subside de 5 millions de livres ; -31-10 le dauphin refuse ; -3-11 clôture brusquée. **1357**-5-2 *états généraux à Paris :* aboutissent à la grande ordonnance de mars 1357. **1358**-janv. Étienne Marcel (appuyé par Charles le Mauvais) se rend maître des rues de Paris ; -22-2 le peuple fait irruption dans la chambre du dauphin et tue en sa présence les maréchaux de Champagne (Jean de Conflans) et de Normandie (Robert de Clermont) ; -14-3 le dauphin prend le titre de régent ; -25-3 il réunit une assemblée de nobles à Paris et obtient des « aides » sans états généraux ; -4-5 convocation des états généraux à Compiègne ; -mai révolte paysanne (*Jacquerie :* 5 000 à 6 000 hommes menés par Bonhomme le Sot) écrasée par Charles le Mauvais et Étienne Marcel ; -21 ou 22-5 à St-Leu-d'Esserent (près de Creil), des paysans révoltés contre la fiscalité tuent 9 cavaliers ; -9-6 les Parisiens assiègent Meaux, mais Gaston Phébus (Cte de Foix) et Jean de Grailly (captal de Buch) les battent et incendient Meaux ; -10-6 à Mello, Charles le Mauvais fait prisonnier Guillaume Carle (auquel il avait demandé une entrevue) puis écrase les jacques ; ils ont fait quelques centaines de victimes (la répression en fera environ 20 000) ; -28-6 au 19-7 le dauphin (régent) concentre une armée pour faire le siège de Paris ; -20-7 il renonce, ordonne la dislocation de son armée et décide de se retirer dans le Dauphiné ; -31-7 Étienne Marcel exécuté par Jean Maillard, partisan du dauphin ; -4-8 le dauphin reste à Paris ; -10-8 lettre de rémission générale pour tous les fauteurs de troubles. **1360**-8-7 Jean II le Bon rentre en France en vertu du traité de *Brétigny ;* il reste 3 mois à Calais, jusqu'au 25-10 (arrivée du 1er paiement de la rançon), laissant en otages à Londres, puis à Calais, ses 2 fils (les ducs d'Anjou et de Berry), le duc d'Orléans, Louis de Bourbon et Pierre d'Alençon ; -5-12 *ordonnance de Compiègne* établissant l'impôt et créant le *franc ;* -13-12 Jean II le Bon rentre à Paris. **1360-61** *épidémie de peste.* **1361**-nov. Jean II le Bon réunit le duché de Bourgogne à la Couronne après la mort de son beau-fils. **1363**-31-3 le pape Urbain V le nomme capitaine général des armées chrétiennes pour la croisade. **1364**-14-1 son fils, Louis d'Anjou, s'étant évadé de Calais, Jean II le Bon retourne en Angleterre pour régler les problèmes dus à cet affront, au paiement incomplet de sa rançon et à la prochaine croisade ; il obtient que les Pces du sang repartent avec lui, mais il meurt le 8-4 à Londres. Il a déprécié 85 fois la monnaie (perte de 70 % de sa valeur).

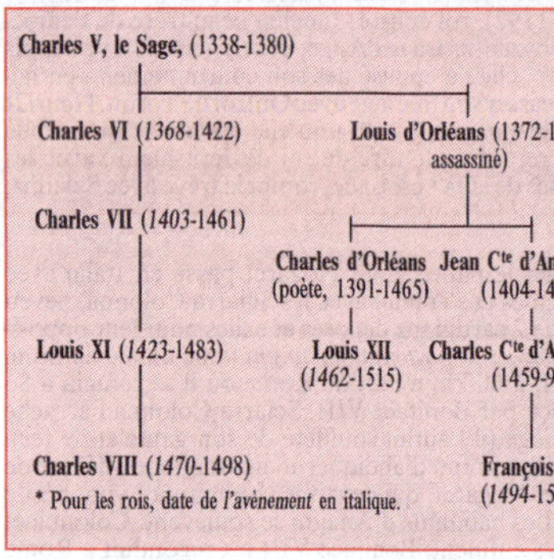

■ **1364** (8-4) **Charles V le Sage, le Savant** ou **le Riche** (Vincennes 21-1-1338/Beauté-sur-Marne 16-9-1380), fils aîné de Jean II le Bon et de Bonne de Luxembourg. Investi *dauphin du Viennois* (16-7-1349, 1er à porter le titre). Duc de Normandie (7-12-1355) ; lieutenant général du roi (1356) ; régent (14-3-1357) pendant la captivité de Jean le Bon ; sacré à Reims (19-5-1364). *Devise : Recte et fortiter* (« Avec justice et courage »). *Ép.* (8-4-1350) *Jeanne de Bourbon* (3-2-1338/6-2-1378), fille de Pierre Ier, duc de Bourbon, dont il eut 8 enfants dont CHARLES VI (voir p. 629 a) ; LOUIS, duc d'Orléans [(Paris 13-3-1372/assassiné Paris 23-11-1407).

– **1357-80** rivalités avec Angleterre (voir p. 630 b et c) ; **1365**-12-4 *traité de Guérande,* mettant fin à la *« guerre des deux Jeanne »* (Bretagne). **1366**-janv.-mars intervention française en Esp. (Du Guesclin fait triompher la dynastie des *Trastamare,* qui deviendra l'alliée de la Fr.). **1369**-19-6 Marguerite de Flandre (13-4-1350/21-3-1405) épouse Philippe II le Hardi (1342/1404), 4e fils de Jean II le Bon, duc de Bourgogne (fondement de l'Empire bourguignon du XVe s.). **1369** *états généraux de Paris :* approbation de la guerre contre l'Angleterre. **1370**-2-10 Du Guesclin (voir encadré p. 631 b), connétable. **1378**-janv. visite de l'empereur Charles IV à Paris ; -avril début du *grand schisme :* élection du pape Urbain VI et en sept.

de Clément VII ; -déc. confiscation du duché de Bretagne. **1380**-29-6 Louis, duc d'Anjou, frère de Charles V, adopté par la reine Jeanne de Naples, devient héritier du royaume napolitain : il garde ses droits de prince français, notamment le droit à la régence ; -16-9 sur son lit de mort, Charles V abolit les *fouages* (impôt sur chaque foyer paysan).

☞ **Grands fiefs réunis à la couronne sous Charles V :** *1365* comté d'Auxerre, *1375* duchés de Valois, d'Orléans, *1380* comté de Ponthieu.

■ **1380** (16-9) **Charles VI le Bien-Aimé, le Fou** ou **l'Insensé** (Paris 3-12-1368/21-10-1422), fils de Charles V et de Jeanne de Bourbon ; sacré à Reims (4-11-1380). *Ép.* (17-7-1385) *Isabeau de Bavière* (Munich 1371/Paris 24-9-1435), fille d'Étienne II, duc de Bavière-Ingolstadt, et de Taddée Visconti, dont 12 enfants : CHARLES (26-9/28-12-1386) ; JEANNE (14-6-1388/1390) ; ISABELLE (9-11-1389/13-9-1409) qui ép. 1°) (4-11-1396) *Richard II,* roi d'Angleterre (Bordeaux 6-1-1367, † en prison en Angleterre à Pontefract Castle 14-2-1400) ; couronnée reine d'Angl. (8-1-1397), emprisonnée, elle est veuve sans que son mariage soit consommé ; 2°) (5-6-1406) *Charles d'Orléans* [24-11-1394/4-1-1465 (voir p. 633 b)] ; JEANNE (24-1-1391/27-9-1433) qui épouse (28-7-1397) *Jean VI duc de Bretagne* (24-12-1389/La Touche 28-8-1422) ; CHARLES (6-2-1392/13-1-1401), duc de Guyenne, puis dauphin ; MARIE (24-8-1393/19-8-1438 de la peste), religieuse à Poissy 8-9-1397 ; MICHELLE (12-2-1395/8-7-1422) qui ép. 1409 *Philippe III le Bon,* duc de Bourgogne (Dijon 31-8-1396/Bruges 15-6-1467) sans postérité ; LOUIS (22-1-1397/18-12-1415), duc de Guyenne, puis dauphin, qui ép. 1404 *Marguerite de Bourgogne,* fille aînée de Jean, duc de Bourgogne, sans postérité ; JEAN (31-8-1398/4 ou 5-4-1417 d'un abcès à l'oreille), duc de Touraine et de Berry, dauphin, marié 29-6-1406 à *Jacqueline de Bavière* (Le Quesnoy 25-7-1401/Teilingen 9-10-1436), fille unique de Guillaume IV de Bavière, Cte de Hainaut et de Hollande, sans postérité ; CATHERINE (27-10-1401/3-1-1438) [qui ép. 1°) (2-6-1420) *Henri V roi d'Angleterre* (Monmouth 16-9-1387/Vincennes 31-8-1422) dont Henri VI, roi d'Angleterre ; 2°) secrètement (vers 1429) *Owen Tudor* (décapité 4-2-1461) dont Edmond, Cte de Richmond, père de Henri VII, roi d'Angleterre] ; CHARLES (22-2-1403), Cte de Ponthieu, qui deviendra Charles VII (voir col. c) ; PHILIPPE (10-11-1407/1407).

☞ **Favorite de Charles VI : ODINETTE** ou **ODETTE DE CHAMPDIVERS** dite la *Petite Reine* (vers 1384-1424) dont *Marguerite de Valois* (vers 1407-58), 1428 légitimée, qui épouse (1433) Jean III de Harpedanne, seigneur de Belleville de Montaigu ; postérité jusqu'en 1587.

– **1380**-oct. la *régence* est confiée à son oncle Louis Ier (1339-1384), duc d'Anjou, frère de Charles V, et la *tutelle* au duc de Bourgogne Philippe II le Hardi (1342-1404, son oncle, frère de Charles V) et à Louis II duc de Bourbon (4-8-1337/19-8-1410) : d'où des tiraillements ; Clisson devient connétable ; -14-11 les *états généraux* suppriment les « aides », mais des subsides spéciaux sont votés au début déc. et les fouages sont rétablis en mars 1381. **1382-1422** rivalités avec l'Angleterre (voir p. 630 c). **1382**-24-2 révolte contre les impôts, notamment à Rouen (révolte de la *Harelle*), où la répression est sévère ; -1-3 à Paris, où les émeutiers s'arment des maillets en plomb destinés à la défense des remparts (d'où le surnom de *Maillotins*) ; en Languedoc (révolte des *Tuchins* ou « maquisards », qui vivent dans les touches ou touques, « bosquets »). **1383**-3-1 répression des Maillotins. Loi martiale à Paris, suppression de la prévôté des marchands, les impôts sont fixés sans vote des états ; -28-2 le dernier prévôt des marchands, *Jean des Marès,* est exécuté (cause du ralliement des Parisiens au roi d'Angleterre en 1420). **1384**-20-9 Louis Ier d'Anjou meurt. **1387**-8-4 Louis de Touraine (bientôt d'Orléans), frère de Charles VI, épouse Valentine Visconti, héritière du Milanais, cause des futures guerres d'Italie. Clisson, arrêté par le duc Jean IV de Bretagne, est libéré contre 100 000 F et des places fortes. **1388**-3-11 Reims, *Charles VI renvoie ses oncles,* les ducs d'Anjou, de Berry et de Bourgogne, et gouverne personnellement. **1389**-janv. retour au pouvoir des *Marmousets* (petites gens), anciens conseillers de Charles V dont Olivier de Clisson ; Jean et Bureau de La Rivière, Jean le Mercier (spécialiste des finances), Jean de Montagu, Nicole du Bosc (Pt de la Chambre des comptes), Pierre de Villaines (dit « le Bègue ») ; ils promulguent des ordonnances, réformant l'administration royale (ils forment un Grand Conseil recruté par cooptation) ; -27-1 rétablissent la prévôté des marchands ; -5-2 la cooptation est étendue aux magistrats (parlementaires, juges, baillis, etc.). **1389**-août Louis II (Toulouse 7-10-1377/Angers 29-4-1417, cousin de Charles VI), duc d'Anjou, devient roi de Naples. -23-8 Paris, sacre d'Isabeau. **1392**-13-6 Pierre de Craon (vers 1345-vers 1409), serviteur de Jean IV de Bretagne, tend, à Paris, un guet-apens à Clisson qui est blessé ; Craon s'étant réfugié en Bretagne, Charles VI organise une expédition. -4-8 Charles VI *est atteint de folie* [(à Parigné-le-Polin, près du Mans, il tue 4 cavaliers de sa suite) ; de 1392 à sa mort : 44 accès de 3 à 9 mois, 43 rémissions de 3 à 6 mois] ; **1393**-28-1 *régence* de son frère *Louis* (1372-1407), duc d'Orléans [avec ses oncles *Jean* (1340-1416), duc de Berry, lieutenant général qui cherche surtout à s'enrichir, et *Philippe II le Hardi,* duc de Bourgogne, chargé des affaires politiques], début de la rivalité entre Orléans et Bourgogne ; *bal des Ardents* [hôtel St-Pol, Paris : au cours d'un charivari (lors du 3e mariage de Catherine, veuve d'Hainceville, dame d'honneur et amie de la reine), le roi et 5 seigneurs déguisés en sauvages, couverts de poils, s'enflamment (imprudence du duc Louis d'Orléans avec

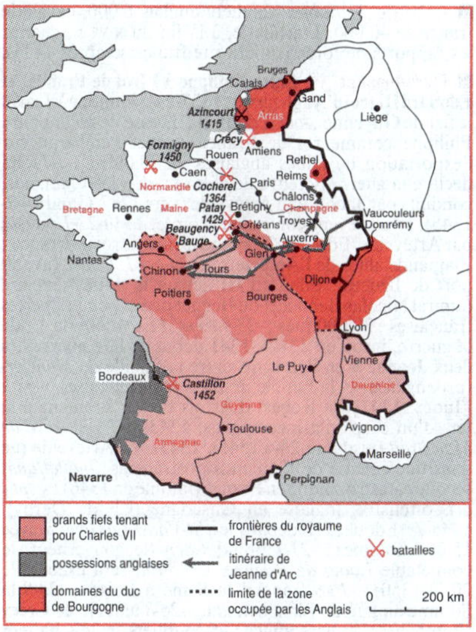

Le royaume à l'avènement de Charles VII (1422)

une torche), 4 †]. **1394**-17-9 lettres patentes enjoignant aux juifs de quitter le royaume avant Noël. **1396**-24-3 Charles VI nommé souverain de Gênes par le doge Antonio Ier Adorno. **1399**-été Louis II d'Anjou expulsé de Naples. **1399-1402** épidémie de peste. **1400** *Jean Le Meingre,* dit *Boucicaut* (Tours vers 1366/Yorkshire 21-6-1421), gouverneur de Gênes (1401-07), conquiert île d'Elbe, Savoie et Monaco. **1404**-26-4 mort de Philippe II le Hardi, duc de Bourgogne ; son fils, *Jean sans Peur* (Dijon 28-5-1371/Montereau 10-9-1419, assassiné), devenu duc de Bourgogne, prônant des réformes bien vues de l'Université et du parlement, s'oppose à son oncle Louis, duc d'Orléans, qui, soucieux des intérêts italiens de sa femme Valentine Visconti, défend le pape d'Avignon Benoît XIII. **1405**-août l'armée de Jean sans Peur menace Paris ; Louis d'Orléans, la reine Isabeau et le dauphin Louis partent, mais Jean ramène le dauphin à Paris et s'y établit en maître ; -oct. la paix se fait, le duc de Berry se rallie au parti d'Orléans. **1407**-20-11 Jean et Louis communient côte à côte après s'être juré une alliance éternelle ; -23-11 Jean fait assassiner Louis d'Orléans ; démasqué, il avoue et quitte Paris. **1408** il y revient en héros ; -9-4 la reine se réfugie à Melun ; -23-9 il bat les Liégeois à Hasbain. **1409** Boucicaut chassé de Gênes par une émeute populaire ; -9-3 *paix de Chartres :* dans la cathédrale, le roi pardonne à Jean venu s'excuser du meurtre de Charles d'Orléans ; -17-10 Jean de Montagu, surintendant des Finances et grand maître de la maison du roi, est arrêté sur ordre de Jean sans Peur et décapité.

Armagnacs et Bourguignons. **1410**-15-4 *ligue de Gien,* naissance du parti armagnac ; *chef :* Bernard VII, Cte d'Armagnac (assassiné à Paris 28-5-1418), dont la fille Bonne d'Armagnac a épousé en 1410 le nouveau duc d'Orléans, Charles (1394-1465), fils de Louis ; -2-11 *paix de Bicêtre.* **1411** *guerre civile entre Armagnacs et Bourguignons* (se prolongera jusqu'en 1435 : *traité d'Arras*) ; -juillet assemblée de notables ; -23-10 Jean sans Peur revient à Paris et rétablit la prévôté des marchands, les privilèges de la Marchandise de l'eau, « achète » l'alliance des bouchers et des petits artisans. **1412**-22-8 *paix d'Auxerre* confirmée par *paix de Chartres.* **1413**-30-1 *états généraux* à l'hôtel Saint-Pol. -27-4 l'Écorcheur (partisan des Bourguignons) *Simon Caboche* prend Paris ; -26-5 *ordonnance cabochienne,* instituant une monarchie constitutionnelle ; -28-7 *paix de Pontoise* entre Armagnacs et Bourguignons (annulée en sept. par les Armagnacs) ; -2/4-8 les Parisiens s'insurgent, Caboche est tué, Bernard VII d'Armagnac établit une dictature (massacres et bannissements). **1414**-21-5 Soissons prise aux Bourguignons (et pillée). -4-9 préliminaires de paix à Arras (entre Charles VI et Jean sans Peur). **1415**-23-2 *paix d'Arras* publiée à Paris ; -13-8 Anglais débarquent en Normandie ; -25-10 Français écrasés par Henri V d'Angleterre à *Azincourt.* -18-12 † du dauphin Louis de Guyenne. -29-12 Bernard d'Armagnac connétable. **1416**-avril complot bouguignon déjoué. **1417**-5-4 Senlis, † du dauphin Jean de Touraine. Exécution de *Louis de Boisredon,* familier de la reine (cousu dans un sac et jeté dans la Seine). -13-4 Charles (3e dauphin) est régent. **1418**-mai Paris révolté contre Armagnacs. -28/29-5 Perrinet Leclerc ouvre ses portes aux Bourguignons qui vont massacrer les Armagnacs [522 † la 1re nuit (28/29-5) ; 80 000 † (dont Juvénal des Ursins) de juin à sept. ; beaucoup † du choléra] ; -29-5 le dauphin Charles, sauvé par Tanguy du Chastel, quitte Paris (se réfugie à Bourges, reviendra en 1437) ; -14-7 Paris, entrée triomphante de la reine Isabeau et de Jean sans Peur. -16-9 *traité de St-Maur-des-Fossés* entre le dauphin et Jean sans Peur : les meurtriers du duc d'Orléans et les massacres commis à Paris en 1418 ne seront pas punis ; -21-9 le dauphin Charles établit le siège de son parlement à Poitiers ; -26-12 devient officiellement régent. **1419**-19-1 Henri V d'Angleterre entre dans Rouen (Normandie entière conquise) ; -8/13-7 *paix de Pouilly-le-Fort,* près de Melun, entre le dauphin Charles et Jean sans Peur ; -10-9 *sur le pont de l'Yonne à Montereau,* entrevue entre le dauphin Charles et Jean sans Peur, qui est assassiné par Tanguy du Chastel (en présence du dauphin) ; son fils unique, Philippe III le Bon (Dijon 31-7-1396/Bruges 15-6-1467), devient duc de Bourgogne et s'allie aux Anglais. **1420**-20/21-5 *traité de Troyes* (Henri V d'Angleterre/Charles VI) ; voir p. 632 a. -1-12 états réduits réunis à Paris à l'hôtel de St-Pol pour ratifier le traité de Troyes. **1421**-8-1 la reine et les Anglais déclarent le dauphin Charles déchu de ses droits. **1422**-31-8 Henri V d'Angleterre meurt ; -21-10 Charles VI meurt.

■ **1422** (21-10) **Charles VII le Victorieux, le roi de Bourges** ou **le Bien servi** (Paris 22-2-1403/Mehun-sur-Yèvre 22-7-1461), 5e fils de Charles VI et d'Isabeau de Bavière (Henri V d'Angleterre le disait fils de Louis, duc d'Orléans). D'abord Cte de Ponthieu, puis duc de Touraine (15-7-1416), dauphin (13-4-1417 après la mort de Jean son 4e frère aîné), duc de Berry (17-5-1417), lieutenant général (6-11-1417), régent (26-12-1418) ; sacré et couronné à Reims (17-7-1429). *Ép.* (2-6-1422) *Marie d'Anjou* (1404/29-11-1463), fille de Louis II, roi de Jérusalem et duc d'Anjou, et de Yolande d'Aragon, dont il eut 12 enfants dont LOUIS XI (voir p. 632 c) ; CATHERINE (1439/13-9-1466) qui épouse (19-5-1440) *Charles le Téméraire* (Dijon 10-11-1433/Nancy 5-1-1477), Cte de Charolais, fils de Philippe III duc de Bourgogne ; JACQUES (1432/2-3-1437) ; PHILIPPE (4-2/11-6-1436) ; MARGUERITE (1437/24-7-1438) ; JEANNE (7-9-1438/26-12-1446) ; MARIE (7-9-1438/14-2-1439) ; YOLANDE (23-9-1434/29-8/1478) qui épouse (1452) *Amédée IX, duc de Savoie* (Thonon 1-2-1435/Verceil 30-3-1472) ; JEANNE (4-5-1434/1482) qui épouse (1452) *Jean II, duc de Bourbon* ; MADELEINE (1-12-1443/1486) qui épouse (1462) *Gaston de Foix* († 23-11-1490) ; CHARLES (28-12-1446/24-5-1472) duc de Berry puis duc de Normandie (1465), dépossédé, duc de Guyenne (1469), se joint en 1464 à Charles le Téméraire pour faire la guerre à son frère (Louis XI).

CONTROVERSE SUR LE MOYEN AGE

■ **Origine.** L'expression *Moyen Age* (1640), contre laquelle s'éleva Régine Pernoud (1909-98), vient de l'italien *medio evo,* époque intermédiaire. La date admise comme *fin du Moyen Age* (1453) correspond à la fin de la guerre de Cent Ans et à la destruction de l'Empire romain d'Orient (prise de Constantinople par les Turcs 29-5-1453).

■ **Défauts reprochés au Moyen Age par les historiens du XIXe s. Idées :** dogmatisme religieux étroit, se fondant sur une philosophie purement formelle. **Structures sociales :** oppression des classes pauvres (serfs) par les seigneurs, guerriers, et par l'Église, propriétaire et éducatrice. **Sécurité des biens et des personnes :** inexistante, à peine compensée par une justice seigneuriale expéditive. **Guerres :** incessantes (guerres privées des châtelains ; guerres féodales des grands barons). **Institutions :** inconsistantes, sauf l'Église qui règne despotiquement ; *État :* volatilisé en des centaines de terres suzeraines, sans moyens pour se structurer. **Moyens de transport :** à peu près nuls, ce qui réduit les échanges à de petits trafics locaux. **Finances :** multiplication des monnaies locales, pratique généralisée de l'usure et du troc. **Arts :** ignorance des règles académiques dans les arts plastiques, négligence du confort et de l'habitabilité en architecture, barbarie et naïveté de la musique. **Lettres :** pédantisme et futilité des ouvrages faits par les lettrés, grossièreté des œuvres populaires, rudesse et incorrection de la langue.

■ **Défense du Moyen Age. Idées :** chrétiennes et bibliques, elles gardent, grâce à l'Église romaine, de nombreux traits gréco-latins. Elles restent néanmoins imprégnées de traditions (celtiques et préceltiques) et accueillent de nombreux éléments arabes et orientaux. **Structures sociales :** se ramènent au patronat romain et à la *Treue* (fidélité personnelle) germanique, mais sont marquées par l'égalitarisme évangélique (tout baptisé est le frère d'un baptisé). **Sécurité des biens et des personnes :** difficile, mais recherchée dans le lien féodal : le fort protège le faible. **Guerres :** inévitables en l'absence d'un arbitre incontesté (empereur, roi, seigneur régalien), elles sont régentées par des règles [paix et trêve de Dieu, droit d'asile, quarantaine-le-roi (institution attribuée à Philippe Auguste ou Louis IX en 1245) imposant une trêve de 40 jours avant de déclencher une guerre privée] qui les rendent moins désastreuses. **Institutions :** se ramènent à des *coutumes* ayant conservé ce qui avait structuré les sociétés celtiques, germaniques et romaines. **État :** la tradition impériale de Rome, toujours vivante à Byzance, reste l'idéal : le machiavélisme (prince subordonnant tout à l'intérêt de l'État) est souvent de règle. **Moyens de transport :** la navigation n'a jamais cessé d'être active et prospère. **Finances :** la production est surtout agricole, mais l'artisanat crée la richesse : le commerce et la spéculation n'ont jamais disparu. **Arts :** architecture, orfèvrerie, miniature, sculpture atteignent à une grande perfection ; la tapisserie et les arts ménagers sont florissants. **Lettres :** le latin est une langue vivante et pittoresque, les chefs-d'œuvre littéraires abondent ; les lettres françaises à partir du XIe s. (langues d'oc et d'oïl) ne paraissent « barbares » que si l'on ignore les dialectes employés. La poésie est remarquable.

☞ **Favorites de Charles VII : Agnès Sorel** (Fromenteau vers 1422/près de Jumièges 9-2-1450, peu après la naissance de son 4e enfant, peut-être empoisonnée par le dauphin), dame de Beauté [château de Beauté-sur-Marne (V.-de-M.)] dont 4 filles dont *Marie de Valois* [(1443-44/avant 1473) qui épouse (1458) Olivier de Coëtivy († avant 1480) sénéchal de Guyenne, dont postérité] ; *Charlotte de Valois*, bâtarde de France [Raures (E.-et-L.) 31-5-1446/1-6-1477 qui épouse (1462) Jacques de Brézé († 1494), Cte de Maulévrier, Mal et grand sénéchal de Normandie, qui la surprit en flagrant délit d'adultère et la tua avec Pierre de La Vergne son amant ; Charlotte fut mère de Louis de Brézé († 1531) qui, veuf, épousa Diane de Poitiers, maîtresse de Henri II] ; *Jeanne de Valois*, bâtarde de France [(vers 1448/après 1467) qui épouse (1461) Antoine de Bueil († après 1506) Cte de Sancerre, amiral ; N. (fille † 3-2-1450 à 6 mois)]. **Antoinette de Maignelay**, dame de Villequier (vers 1430/après 1461).

– **1422-35** avec l'aide du personnel royal (acquis aux Bourguignons), Jean Plantagenêt, duc de Bedford (20-6-1389/Rouen 19-9-1435, 3e fils de Henri IV d'Angleterre et frère cadet de Henri V d'Angleterre), régent, gouverne le royaume au nord de la Loire au nom de son neveu Henri VI d'Angleterre (Windsor 6-12-1421/Londres 21-5-1471, proclamé roi de France à St-Denis le 19-11-1422), les lois et coutumes d'après le traité de Troyes restant celles du royaume de France (seuls les chefs militaires sont anglais). **1423-53** rivalités avec Angleterre (voir p. 632 a). **1429**-8-3 convaincu par Jeanne d'Arc d'être bien le fils de Charles VI, Charles VII (que les Anglais surnomment « le roi de Bourges » par dérision) accepte de se faire sacrer à Reims (17-7) par l'archevêque Renaud de Chartres, son chancelier, et de reconquérir son royaume. **1430-44** ravages des Écorcheurs (soudards non payés). **1431**-16-1 Henri VI d'Angleterre (9 ans) couronné roi de France à Notre-Dame de Paris par le cardinal de Winchester, son oncle. **1435**-21-9 *paix d'Arras* entre Charles VII et Philippe III le Bon, duc de Bourgogne : Charles VII regrette le meurtre de Montereau (1419), Philippe obtient les comtés de Mâcon et d'Auxerre, les villes d'Amiens, Abbeville et St-Quentin, le Ponthieu, Boulogne-sur-Mer et ne doit plus hommage pour le comté de Flandre et l'Artois. **1436**-13-4 les troupes de Charles VII entrent dans Paris. **1437**-12-11 Charles VII entre solennellement à Paris.

– **1438**-*7-7 Pragmatique Sanction de Bourges* (voir à l'Index). **1439**-oct. *états généraux à Orléans* : permanence des armées et des aides ; -2-11 *grande ordonnance royale sur l'armée*, supprimant les armées seigneuriales : les troupes (sauf garnisons fixes des châteaux) relèveront du roi, le budget militaire royal sera alimenté par une *taille permanente* ; *Chambre des comptes* créée. **1440**-janv./mars : la haute noblesse se révolte contre la suppression des armées seigneuriales. Le dauphin prend contre son père la tête de la praguerie (nom inspiré par la guerre des Hussites à Prague, terminée 1436) ; elle est matée par le connétable de Richemont ; -26-10 *exécution de Gilles de Rais* (voir encadré p. 632 a). **1444**-juillet/août le dauphin (futur Louis XI) aide l'empereur Frédéric à vaincre les révoltés bâlois (26-8 victoire de *Farnsbourg*). **1445**-9-2 prise de Metz à la demande du roi René Ier le Bon (Angers 16-1-1409/Aix-en-Provence 10-7-1480), duc de Bar, de Lorraine, d'Anjou, Cte de Provence, roi de Naples. **1447**-1-1 le dauphin exilé en Dauphiné [pour avoir comploté contre son père avec Antoine de Chabannes (1408-88)] ; -oct. Charles d'Orléans, en possession de la vicomté d'Asti, essaie en vain de conquérir le Milanais. **1448**-15-2 *états généraux à Bourges*. **1450**-6-4 François II (23-6-1435/9-9-1488), duc de Bretagne, fait exécuter son frère et rival Gilles (étouffé entre 2 matelas). **1451**-31-7 *Jacques Cœur arrêté* ; -30-8 le dauphin Louis, compromis dans le complot, s'enfuit à Louvain. **1456**-7-7 procès en réhabilitation de Jeanne d'Arc ; -31-5 Jean II (2-3-1409/1476) est arrêté [condamné à mort 10-10-1458 ; peine commuée en prison à vie au château de Loches ; libéré et rétabli dans ses biens (11-10-1461) par Louis XI]. **1457** *Dauphiné* réuni à la Couronne. **1458**-11-5 le duc de Calabre (Jean d'Anjou) reconquiert Gênes.

☞ **Grands fiefs réunis à la Couronne sous Charles VII :** *1434* comtés de Valentinois et de Comminges.

« Guerre de Cent Ans » (1337-1453)

■ **Causes. 1°)** *Séquelles des rivalités franco-angevines* : le roi d'Angleterre doit au roi de France l'hommage-lige pour le duché de Guyenne (Édouard III y répugne) ; le roi de France peut saisir les terres de son vassal pour des questions de dettes (par exemple, Puymirol en 1336) ; les seigneurs de Guyenne poussent leur suzerain à s'affranchir de la tutelle royale française. **2°)** *Question des Flandres* : Louis de Nevers (vers 1304/Crécy 26-8-1346), devenu en 1322 Cte de Flandre, est l'allié du roi de France, mais les Flamands, utilisateurs de la laine anglaise, sont de cœur avec les Anglais et contre la France **3°)** *Question dynastique* : Édouard III (17 ans), fils d'Isabelle de France (fille de Philippe le Bel), serait, selon le droit anglais, héritier de la couronne de France ; il ne rejette pas la « loi salique », inventée sous les règnes de ses 3 oncles Louis X, Philippe V et Charles IV, et dont profite son cousin germain, Philippe de Valois (35 ans) qui s'est proclamé régent ; il admet qu'une femme ne puisse régner en France, mais prétend qu'une fille de roi peut transmettre à ses fils les droits à la Couronne (elle en est « le pont et la planche »). **4°)** *Rôle des grands barons* : ils prennent parti pour Philippe de Valois, cousin germain de Charles IV : *a)* ils ne veulent pas d'un roi étranger ; *b)* ils préfèrent un roi moins puissant au riche duc de Guyenne, possesseur du royaume anglais. **5°)** *Intervention de Robert d'Artois* († 1342) : pour récupérer son apanage, confisqué par les Valois, il pousse Édouard III à revendiquer la couronne de France.

■ **Effectifs.** *Variables* : archers anglais 6 000, cavalerie française 40 000. L'artillerie, à la fin du XIVe s., change les rapports de force (supériorité française après 1435).

■ **Déroulement. 1°) Entre Philippe VI (roi de France) et Édouard III (roi d'Angleterre) : 1337**-*24-5* Philippe VI saisit le fief de Guyenne ; *-oct.* Édouard III cesse de reconnaître Philippe comme roi de France et met l'embargo sur l'exportation de laines anglaises en Flandre ; *-1-11* lui déclare la guerre (« lettre de défi ») ; *-déc.* les Flamands, conduits par Jacob Van Artevelde (vers 1287/Gand 24-7-1345), se soulèvent contre leur comte. **1340**-*23-1* poussé par Artevelde, Édouard III prend le titre de roi de France ; Flamands alliés de l'Angleterre ; *-24-6* à *L'Écluse* (avant-port de Bruges), Édouard III détruit la flotte française (amiral Nicolas Béhuchet ou Buchet pris et pendu), pertes françaises : 30 000 tués ; *-23-9 trêve d'Esplechin* (la 1re de la guerre, jusqu'en 1342). **1341** début de la **« guerre des deux Jeanne »** en Bretagne, entre la famille de *Montfort* (proanglaise) et la famille de *Blois* (profrançaise), voir à l'Index. **1342**-*juin* Robert d'Artois tué en Bretagne à la tête d'un corps d'armée anglais. **1343**-*19-1 : 2e trêve de Malestroit* (jusqu'au 24-6-1345). **1345**-*24-7* Artevelde tué dans une émeute de Flamands profrançais ; *-juillet/août* récolte catastrophique en France (famine en 1346) ; *-sept./oct.* offensive anglaise en Gascogne (Cte de Derby). **1346**-*7-6* Édouard III débarque à *St-Vaast-La Hougue* avec 15 000 hommes ; *-21-7* prend *Caen* (le gouverneur, le connétable *Raoul de Brienne, Cte d'Eu*, sera exécuté le 20-11-1350) ; *-16-8* franchit la Seine à Poissy ; *-23-8* la Somme au gué de Blanchetagne ; *-26-8* **bataille de Crécy** (Ponthieu) : archers anglais et coutiliers gallois battent arbalétriers génois et cavalerie française [*pertes* : 1 542 chevaliers français † dont 11 de haute noblesse (roi de Bohême, Cte d'Alençon, duc de Lorraine, Cte de Flandres, de Savoie, etc.) ; 2 300 archers génois (pertes des milices françaises inconnues) ; Anglais : pertes insignifiantes]. *Épisodes célèbres : 1°)* les Anglais ont gardé au sec les cordes de leurs arcs pendant un orage, tandis que les Génois ont laissé se mouiller les cordes de leurs arbalètes (les arcs ont une portée très supérieure) ; *2°)* Édouard III fait tirer des canons (les Génois se débandent) ; *3°)* les coutiliers (à pied) tuent les chevaux, puis poignardent leurs cavaliers tombés à terre ; *4°)* Philippe VI, arrivé de nuit au château de la Broye, demande : « Ouvrez, c'est l'infortuné roi de France. » **1347**-*4-8* **Calais capitule** (les Français, affaiblis par les souffrances du siège, périront en 1348 de la *peste noire* ; la ville, repeuplée d'Anglais, restera anglaise 211 ans, jusqu'en 1558). *Épisodes célèbres : 1°)-27-7* Philippe VI arrive à Sangatte (2 km de Calais) avec une armée de chevaliers : incapable de percer les lignes anglaises, il offre à Édouard III (qui refuse) un combat singulier ; l'armée de secours se retire ; *2°)-3-8* Édouard III décide de passer la population au fil de l'épée ; puis il accepte de décapiter seulement 6 otages [les *« bourgeois de Calais »* : Eustache de Saint-Pierre (1287-1371), Jean d'Aire, Pierre et Jacques de Wissant, Jean de Fiennes, Andriens d'Ardes] ; *3°)-4-8* les otages arrivent sur le lieu de l'exécution, en chemise et la corde au cou, mais la reine d'Angleterre [Philippine de Hainaut (vers 1314/15-8-1369)] obtient leur grâce (ils seront envoyés en Angleterre, puis libérés contre rançon) ; *-28-9* trêve générale (jusqu'en sept. 1355).

2°) Entre Jean II le Bon (roi de France) et Édouard III (roi d'Angleterre) : 1351-*25-3 combat de Ploërmel*, dit *combat des Trente* (combat sur défi) : Jean IV de Beaumanoir († 1366/7), seigneur de Josselin, avec 29 chevaliers bretons, bat Richard Bemborough avec 19 Anglais, 6 Allemands, 4 Bretons [15 † (camp français 3, camp anglais 12 dont Bemborough), les autres sont faits prisonniers ; « Bois ton sang, Beaumanoir, et la soif te passera » aurait dit Geoffroy de Blois à Beaumanoir blessé]. **1354**-*nov. Charles le Mauvais* (voir p. 628 b) se rallie à Édouard III. **1355**-*sept./oct.* offensive du *Pce Noir* [Édouard, Pce de Galles, gouverneur à vie d'Aquitaine (Woodstock 15-6-1330/Westminster 8-6-1376), fils aîné d'Édouard III] en Gascogne et Languedoc (avec 8 000 Gallois et Irlandais débarqués à Bordeaux), prise de Carcassonne, échec devant Narbonne. **1356**-*5-4* capture de Charles le Mauvais à Rouen (ses terres sont confisquées) ; *-juin/juillet* offensive anglaise : duc de Lancastre en Normandie et Pce Noir en Berry ; *-19-9 Poitiers*, près de Nouaillé, le Pce Noir (avec 7 000 hommes, dont 2 500 Anglais et 4 500 Gascons, commandés par le captal de Buch) bat 15 000 cavaliers français, commandés par Jean II le Bon qui est fait prisonnier [rançon fixée à 3 millions d'écus d'or (12 t) payables en 6 annuités].

3°) Entre Charles V [d'abord dauphin et régent pendant les captivités de son père à Londres (1356-60 et 1363-64), puis roi de France (1364)] et Édouard III (roi d'Angleterre) : 1357-*4-1* offensive de Philippe de Navarre, frère de Charles le Mauvais, contre la Beauce (Chartres prise) ; *-23-3 trêve de Bordeaux* (de 2 ans) ; *-7-11* Étienne Marcel libère Charles le Mauvais qui occupe Rouen. **1358** Charles le Mauvais, allié à Étienne Marcel (qui sera tué le 31-7), écrase la *jacquerie* d'Ile-de-France (15 000 jacques tués à Clermont-en-Beauvaisis, 10-6), fait occuper Paris par des Anglo-Navarrais (8-7) ; *-2-8* le dauphin Charles, régent, reprend Paris, Charles le Mauvais est repoussé devant Amiens par le connétable de St-Pol. **1359** *le Grand Ferré* (chef de paysans) lutte contre les Anglais ; *-24-3 traité de Londres* (signé par Jean II le Bon) : Édouard III récupère l'empire des Plantagenêts (plus le Ponthieu, Montreuil, Calais, Boulogne) en toute souveraineté (sans être vassal du roi de France), conditions rejetées par le dauphin régent Charles et les États le 25-6 ; Édouard III prend le titre de « roi de France et d'Angleterre » ; *-18-6 Du Guesclin* (voir p. 631 b) reprend Melun à Charles le Mauvais ; *-oct.* offensive d'Édouard III qui cherche à prendre Reims (ville du sacre) ; les Français se replient en pratiquant la terre brûlée ; *-déc.* Édouard III échoue devant Reims (défendue par Gaucher de Châtillon). **1360**-*hiver* les Anglais pillent la Bourgogne ; *-7-4* Édouard III menace Paris (prend Châtillon, Issy, Vanves, Vaugirard) ; *-12-4 « lundi noir »* : les chevaux de l'armée anglaise sont tués par des grêlons ; *-8-5 traité de Brétigny* (ratifié 14-6 et à Calais le 24-10 par Jean II le Bon et Édouard III, voir p. 628 b) : Édouard renonce à la couronne de France ; l'hommage dû par la Guyenne est supprimé ; Jean devra une rançon de 3 millions d'écus d'or payables en 6 ans et cède à Édouard, en toute souveraineté personnelle, l'Aquitaine (aux limites de l'ancien duché d'Éléonore) ; l'Angleterre garde Calais, Guines et le Ponthieu. Contre paiement de 400 000 écus, Jean est immédiatement libéré. Le solde de la rançon est gagé par des otages (dont 2 fils de Jean, son frère Philippe d'Orléans, des princes, barons et bourgeois). **1362** *2e peste noire* en Angleterre ; *-6-4 Brignois*, les *grandes compagnies* anglo-navarraises (15 000 h.) écrasent l'armée royale. **1363**-*6-9* Charles le Mauvais reprend la guerre. **1364**-*7-4* Du Guesclin prend Mantes ; *-16-5* bat Jean III de Grailly (1321-76), captal de Buch, à *Cocherel* ; *-29-9 Auray*, Jean de Montfort bat Charles de Blois qui est tué, Urbain V excommunie les *grandes compagnies*. **1365-66** Du Guesclin les emmène en Espagne et fait couronner (18-4-1366) Henri II le Magnifique, Cte de Trastamare (1333/30-5-1379) roi de Castille. **1365**-*12-4 traité de Guérande* : fin de la guerre de succession de Bretagne ; Jeanne de Penthièvre renonce au duché en faveur des Montfort. **1367**-*3-4* Du Guesclin est battu et pris à *Najera* par le Pce Noir et Pierre Ier le Cruel [(Burgos 30-8-1334/Montiel 23-3-1369), roi de Castille et de León, rival de Henri II de Trastamare son frère bâtard] ; *-déc.* prisonnier à Bordeaux, il fixe le prix de sa rançon : 100 000, puis 60 000 florins (somme énorme) ; les rois de France et de Castille la paient (libéré 1368). **1368**-*18-11 Charles V rompt le traité de Brétigny*, en agissant comme suzerain des seigneurs devenus vassaux du roi d'Angleterre, qui ont fait appel en dernier ressort devant son parlement [le détachement total de la souveraineté française devait avoir lieu quand les « actes de renonciation », fief par fief, seraient rédigés et scellés officiellement ; or les notaires avaient pris (volontairement) du retard]. **1369** *3e peste noire* en Angleterre (catastrophe économique) ; *-janv.* soulèvement du Quercy et du Rouergue contre le Pce Noir ; *-15-1 Montalzat* : Français battent Anglais ; *-14-3 Montiel* : Castillans et Du Guesclin battent Pierre Ier le Cruel (qui sera pris et tué le 23-3 par Henri II de Trastamare) ; *-avril* soulèvement du Poitou et du Ponthieu ; *-juin* soulèvement de Montauban, de Tarbes, et du Périgord ; *-sept./oct.* offensive du duc de Lancastre en Artois ; *-30-11* confiscation de la Guyenne ; *-déc.* offensive du sénéchal poitevin *Jean Chandos* (?/Mortemer près de Poitiers 1-1-1370) contre le Limousin. **1370**-*11-8* Charles V reprend *Limoges* ; *-août/sept. Robert Knolles* (1325-1407), avec 1 600 chevaliers et 2 500 archers, débarque à Calais et menace Paris (prise de *Villejuif* 25-9) ; faute de vivres, il se replie vers la Bretagne ; *-14-9* Pce Noir prend *Limoges* d'assaut (3 000 civils massacrés) ; *-4-12 Du Guesclin* (connétable depuis le 2-10), *Olivier de Clisson* [(1336-1407), partisan des Montfort (en 1364, à leurs côtés, il perdit un œil à la bataille d'Auray), rallie le camp français] et *Jean de Vienne* (1341/Nikopol 28-9-1396) écrasent à *Pontvallain* (près du Mans) Knolles et Granson. **1371**-*janv.* le Pce Noir se réfugie en Angleterre ; *-sept.* alliance de Jean de Montfort (chef d'un des camps bretons) et d'Édouard III, débarquement anglais à Brest. *Traité de Vernon*. Paix avec le roi de Navarre. **1372** Du Guesclin et Clisson conquièrent la Bretagne ; *-juin bataille navale de La Rochelle* : 20 galères castillanes détruisent l'escadre anglaise de Pembroke ; *-7-8* Du Guesclin prend *Poitiers* ; *-23-8* prend *La Rochelle*. **1373**-*21-3* victorieux à *Chizé* ; *-25-7* le duc de Lancastre débarque à Calais ; *-oct.* il est battu à Sens par Clisson ; *-déc.* se replie sur Bordeaux après avoir pillé l'Auvergne. **1374** Du Guesclin attaque en Guyenne ; Jean de Vienne en Basse-Normandie. **1375** Édouard III signe une trêve de 2 ans, ne conservant que Calais, Brest, Bordeaux, Bayonne. **1375-76** création de l'artillerie royale. **1377**-*21-6* Édouard III meurt.

4°) Entre Charles V (roi de France) et Richard II (roi d'Angleterre) : 1377-*juin* raid franco-castillan sur le port anglais de Rye (pris et détruit) ; *-juillet* prise de *Yarmouth* ; *-août* Jean de Vienne prend *Douvres* ; *-oct.* Louis d'Anjou et Du Guesclin enlèvent 134 forteresses et villes de Guyenne (Bordeaux est isolée). **1378**-*4-1* alliance de Charles V et de l'empereur d'Allemagne Charles IV ; *-25-4* Du Guesclin capture à Bernay Charles le Mauvais ; *-avril/juin* conquête des fiefs normands de Charles le Mauvais (Évreux, Carentan, Mortain, Avranches, Pont-Audemer, etc.) et de Montpellier (pris par Jean de Bueil) ; *-fin août* victoire navale de *Cherbourg* : Jean de Vienne bat Lancastre. **1380**-*13-7* Du Guesclin meurt (maladie, pendant le siège de *Châteauneuf-de-Randon*) ; *-19-7* Buckingham débarque à Calais, ravage Ile-de-France et Chartrain ; *-30-8* Jean de Vienne prend *Gravesend*, port anglais ; *-16-9* mort de Charles V ; les Anglais n'ont plus que 5 villes françaises : Calais, Cherbourg, Brest, Bordeaux, Bayonne.

5°) Entre Charles VI (roi de France) et Richard II (roi d'Angleterre) : 1382-*oct.* les Flamands (Philippe Van Artevelde, né à Gand 1340) se rallient aux Anglais ; *-27-11 Roosebecke* : Clisson (avec 30 000 archers et 10 000 cavaliers) bat Artevelde qui est tué (40 000 hommes, dont 9 000 Gantois) ; 25 000 Flamands tués. **1383**-*mars* les Anglais débarquent à Calais et occupent la Flandre (Dunkerque, Bergues, Cassel) ; *-août/sept.* Charles VI reconquiert la Flandre (*trêve de Leulinghem* : statu quo jusqu'en mai 1385). **1384** les Gantois font allégeance à Richard II d'Angleterre ; *-28-8* Gand est prise et pillée par Charles VI et Philippe le Hardi. **1386**-*mai/juin* une flotte franco-bourguignonne est concentrée à *L'Écluse* pour débarquer en Angleterre ; *-sept.* attaque de corsaires anglais (partis de Calais) sur Cassel et Bourbourg ; la flotte de Clisson est

■ Quelques personnages

■ **Bayard** (Bayard 1476/sur les bords de la Sesia 30-4-1524). Pierre Terrail, seigneur de Bayard en Dauphiné, surnommé le *Chevalier sans peur et sans reproche*. Choisi à Marignan (1515) pour armer chevalier François Ier. Sa vie fut écrite par son écuyer (sans doute Jacques de Mailles) qui signait le *Loyal Serviteur.* Épisodes célèbres : pont du Garigliano (oct. 1503), Bayard interdit, seul, le passage à une escouade de cavalerie ; Bayard, mourant de ses blessures, reproche au connétable de Bourbon sa trahison.

■ **Bourbon (Charles III 8e duc de,** Montpensier 17-2-1490/Rome 6-5-1527). Connétable de Bourbon. Fils de Gilbert, Cte de Montpensier, dauphin d'Auvergne et de Claire de Gonzague. *1505* épouse Suzanne de Bourbon-Beaujeu, fille de Pierre et d'Anne de Beaujeu (voir p. 632 c), et devient le seigneur le plus riche d'Europe (duc de Bourbon, Auvergne, Châtellerault, etc.). *1509* victorieux à Agnadel. *1515*-12-1 connétable ; victorieux à Marignan. *1521* mort de Suzanne qui avait testé en sa faveur (mais Louise de Savoie, mère de François Ier, cousine germaine de Suzanne et fille de Marguerite de Bourbon, sœur de Pierre de Beaujeu, conteste cet héritage, alléguant les clauses du contrat de mariage de Suzanne qui prévoyait, si elle mourait sans enfant, le retour des domaines à la Couronne). *1522* Anne de Beaujeu meurt et lui lègue ses biens. François Ier, conseillé par Duprat, considérant qu'il s'agissait d'un « apanage » qu'Anne avait reçu de son père, saisit le legs pour sa mère Louise. *1523* le Parlement casse le testament de Suzanne et attribue l'héritage à Louise : le connétable perd tous ses biens, *sauf* le fief de Montpensier. Furieux contre les Valois, il se rallie à Charles Quint (9-10-1524), espérant devenir son beau-frère et recevoir la couronne de Naples. Il bat François Ier à Pavie (1525) ; abandonné par le roi d'Espagne, il décide alors de prendre Rome d'assaut pour obliger le pape à le nommer roi de Naples, mais il est tué pendant l'attaque. Ses mercenaires (Allemands luthériens) pillent la ville pour le venger.

■ **Cœur (Jacques,** Bourges vers 1395/Chio 25-11-1456). Fils d'un riche pelletier de St-Pourçain (Allier) établi à Bourges. *1418* fondeur de monnaie à Bourges (condamné pour fabrication de monnaie trop légère, puis gracié 1429). *1432* fonde une société pour le commerce avec le Levant (séjour en Syrie 1435). *1436* directeur des Monnaies à Paris. *1438* « commis au fait de l'argenterie » au Louvre, c.-à-d. directeur des services financiers. *1439* « grand argentier du roi », c.-à-d. ministre des Finances. *1441* commissaire auprès des états du Languedoc. Fonde des comptoirs commerciaux en Turquie, Asie, Afrique. *1442* entre au conseil du roi, anobli. *1447* visiteur général des gabelles pour le Languedoc. *Vers 1447* envoie son neveu, l'amiral Jean de Villages, négocier un traité commercial avec le Soudan d'Égypte. *1448-49* ambassadeur auprès des 2 papes rivaux, Félix V et Nicolas. *1450*-9-2 mort d'Agnès Sorel : désigné comme exécuteur testamentaire, est accusé de l'avoir empoisonnée. *1451*-31-7 arrêté : procès instruit par son ennemi Jacques de Chabannes [accusé aussi d'avoir : vendu des armes aux Sarrasins ; exporté du cuivre et de l'argent (qu'il troquait contre de l'or) ; ramené un enfant de 14 ans (initiative d'un de ses capitaines qu'il avait désavouée) ; embarqué de force des rameurs sur ses galères ; porté atteinte à l'honneur du souverain en exigeant 2 000 écus des envoyés du duc de Bourbon venus demander la main de la Pcesse Jeanne, fille de Charles VII ; commis des excès dans l'exercice de ses fonctions de commissaire aux états de Languedoc ; profité de sa position de banquier du roi et banquier du Trésor, spéculé sur la valeur des monnaies]. *1453*-13-1 torturé, n'avoue rien ; -23-5 condamné à restituer 100 000 écus, à une amende de 300 000 écus, à la confiscation de ses biens et à l'amende honorable ; -5-6 ses biens sont vendus à l'encan. *1454*-octobre enfermé à Poitiers. *1455*-janvier réfugié à Beaucaire ; s'enfuit à Rome. *1456* amiral des galères du pape (meurt à Chio 25-11, lors d'une croisade contre les Turcs). Louis XI le réhabilitera.

■ **Coligny (frères).** Fils du Cte de Châtillon et de Louise de Montmorency, ils étaient les neveux du connétable Anne de Montmorency, chef des catholiques. *1561*-avril **Odet de Coligny,** dit le **cardinal de Coligny** (Châtillon 1517/Hampton Court 1571), frère de l'amiral : évêque de Beauvais, cardinal (1534), abjure en 1561 le catholicisme pour épouser Isabelle d'Hauteville, dame de Loré, avec qui il vivait maritalement. *1564-69* habite avec sa femme son palais épiscopal, portant le titre de Cte de Beauvais. *1569* exilé à Londres, *1571* y meurt empoisonné. **Gaspard de Châtillon, sire de Coligny** (Châtillon 16-2-1519/Paris 24-8-1572) : amiral de France (1552), héros de Cérisoles (1544) et St-Quentin (1557), gouverneur de Picardie (1555), se rallie à la Réforme (vers 1558), chef de la tendance modérée des huguenots depuis 1559, avait comme objectif le départ massif des protestants français vers le Nouveau Monde (Brésil 1555, Floride 1562 et 65). *1562* avec son oncle Montmorency, il reprend Le Havre aux Anglais. *1569* après la mort de Condé à Jarnac, il commande les armées protestantes qu'il sauve du désastre. *1570* obtient la paix (dite « avantageuse ») de St-Germain. *1570 à 72* pousse Charles IX vers un compromis, ce qui déclencha la St-Barthélemy (voir encadré p. 636). *1572*-24-8 assassiné puis pendu. **François de Coligny-Andelot** (Châtillon 1521/Saintes 1569) : *1560* chef extrémiste des huguenots. *1562* conquiert Orléans et recrute en Allemagne des mercenaires luthériens. *1563* sauve la Normandie. *1567-68* dirige le soulèvement ; meurt de blessures anciennes ou empoisonné.

■ **Du Guesclin (Bertrand,** la Motte-Broons vers 1320/Châteauneuf-de-Randon 13-7-1380). *1341* de petite noblesse bretonne, combat dans le parti français (Charles de Blois). *1350* au service du roi de France. *1359* fait prisonnier. *1364* Cte de Longueville ; armé chevalier ; chargé de saisir les fiefs normands de Charles le Mauvais ; pris par Chandos à *Auray,* libéré contre rançon de 100 000 livres ; -16-5 *victoire de Cocherel. 1367*-3-4 fait prisonnier à la bataille de *Navarette* par le Prince Noir. Sa rançon (400 kg d'or) fut réunie par souscription ; y participèrent : Jeanne de Penthièvre (veuve du duc de Bretagne), Jeanne de Kent (l'épouse du Pce Noir, avec 30 000 florins d'or), des officiers anglais, Charles V (la moitié de la somme grâce à une taxe levée en Languedoc) mais pas les fileuses, comme le dit la légende. *1368*-17-1 libéré. *1369* connétable de Castille et duc de Molina ; -14-3 victoire de *Montiel. 1370*-2-10 connétable de France ; remporte de nombreux succès. *1378* resté Breton de cœur, désapprouve le rattachement de la Bretagne au domaine royal et tombe en disgrâce pour avoir combattu mollement le duc Jean IV, allié des Anglais. *1379*-septembre Charles V l'envoie en Auvergne. *1380*-13-7 meurt de maladie pendant le siège de Châteauneuf-de-Randon près du Puy-en-Velay, où l'on enterre ses entrailles dans l'église des Cordeliers. Il a un autre tombeau (vide) au Mans, où les bourgeois voulaient garder le corps, mais, par ordre de Charles V, il fut enseveli à St-Denis, dans la crypte des rois de France. Charles VI, en 1389, lui a fait de nouvelles funérailles solennelles.

■ **Dunois (Jean,** Cte de Longueville et Dunois, dit le Bâtard d'Orléans, Paris 23-11-1402/L'Hay 24-11-1468). Fils naturel de Louis, duc d'Orléans, frère de Charles VI, et de Mariette d'Enghien (épouse d'Aubert Le Flamenc, chambellan du duc). Élevé avec ses demi-frères par la Dchesse (née Valentine Visconti, voir p. 633 b). *1418* prisonnier des Bourguignons (relâché 1420). *1421* combat pour le dauphin Charles à Baugé ; reçoit seigneurie de Valbonnais, en Dauphiné. *1422* épouse *Marie Louvet,* fille du favori du Dauphin (disgraciée 1425). *1427* revient aux armées. *1429-31* compagnon de Jeanne d'Arc. *1432* enlève Chartres aux Anglais. *1439* fait Cte de Dunois ; épouse *Marie d'Harcourt. 1443* enlève Dieppe, fait duc de Longueville. *1444* négocie avec Anglais trêve de Tours. *1446-48* avec Bourguignons. *1449* conquiert Normandie. *1451* Guyenne. *1453* négocie fin guerre de Cent Ans. *1465* prend part à la guerre de « la Ligue du bien public ».

■ **Guises.** Descendants par les femmes de la maison capétienne d'Anjou-Provence (René II de Lorraine, père de Claude, était le fils de Yolande d'Anjou, fille du roi René), ils ne peuvent rivaliser avec les Bourbons pour la succession au trône de France. **Claude de Lorraine** (Condé 20-10-1496/Joinville 12-4-1550), fait **1er duc** de Guise en 1528. **Jean de Guise** (9-4-1498 / 18-5-1550), cardinal de Lorraine, son frère. Enfants de Claude Ier : **François Ier de Lorraine** (né Bar 17-2-1519) dit *le Balafré* (blessé 1549 au siège de Boulogne), **2e duc,** *conservateur de la patrie,* défenseur de Metz 1552, conquérant de Calais 1558, de Rouen et de Dreux 1562, abattu à St-Mesmin au cours du siège d'Orléans le 18-2-1563 par un huguenot, Jean Poltrot de Méré (vers 1535-écartelé 1563) ; il épouse 4-12-1549 Anne d'Este (16-11-1531/17-5-1607), fille d'Hercule II, duc de Ferrare, 7 enfants dont 3 fils † jeunes. **Charles** (1524-74) **cardinal de Lorraine,** ministre sous François II et Charles IX, représentant de la France au concile de Trente. Enfants de François Ier : **Henri Ier de Lorraine, 3e duc** (né 31-12-1550), également surnommé *le Balafré* (à cause d'une blessure à la joue d'une balle d'arquebuse à la bataille de Dormans 10-10-1575) ; lieutenant général du royaume 4-8-1588, chef de la Ligue ; cherche à détrôner Henri III en se posant comme l'héritier direct des Carolingiens, par les Lorrains ; tué sur l'ordre du roi Henri III le 23-12-1588 à Blois au pied du lit du roi (son corps fut brûlé) ; il épousa 4-10-1570 Catherine de Nevers (1548/11-5-1633), fille de Henri Ier de Clèves, duc de Nevers, et de Marguerite de Vendôme ; veuve d'Antoine de Croÿ, Pce de Porcien († 5-5-1567) qu'elle avait épousé le 4-10-1560 ; dont 14 enfants (dont 3 fils et 4 filles † jeunes). **Catherine** (19-7-1552/6-5-1596) épouse 4-2-1570 Louis III de Bourbon, duc de Montpensier (10-6-1513/23-9-1582). **Charles** (23-3-1554/4-10-1611), **duc de Mayenne** depuis 1575, épouse 6-8-1576 Henriette de Savoie-Villars, fille du duc Honoré Ier († 14-10-1611). **Louis II de Guise, cardinal de Lorraine** (6-7-1555/24-12-1588, assassiné à Blois le lendemain de la mort de son frère le duc Henri Ier), archevêque de Reims depuis 1574, cardinal depuis 1578. **Charles de Lorraine 4e duc** (20-8-1571/30-9-1640) épouse 6-1-1611 Henriette de Joyeuse (8-1-1585/25-2-1656), fille de Henri, duc de Joyeuse. Faillit être élu roi par la Ligue (1593) puis se soumit à Henri IV. **Louis III, cardinal de Guise** (22-1-1575/21-6-1621), archevêque de Reims en 1605, cardinal 1615. **Claude de Lorraine-Guise, duc de Chevreuse** depuis 1612 (5-6-1578/24-1-1657) épouse 1622 Marie de Rohan-Montbazon (1600/13-8-1679), fille d'Hercule de Rohan, duc de Montbazon. **Renée de Guise** (1585/13-6-1626), abbesse à Reims depuis 1602. **Jeanne de Guise** (1586/8-10-1638), abbesse à Jouarre. **Louise de Guise** (1588/30-4-1631) épouse 24-7-1605 François de Bourbon, duc de Conti (19-8-1558/3-8-1614). **François** (7-2-1589/1-6-1614), chevalier de Guise, de Malte.

Si le titre de duc de Guise s'éteignit en 1675 (au 7e duc François-Joseph), la maison de Lorraine-Guise se poursuivit dans la descendance de René de Lorraine-Guise (1536-66), marquis d'Elbeuf, fils cadet du 1er duc de Guise, jusqu'à Charles-Eugène (1751-1825), 6e et dernier duc d'Elbeuf, prince de Lambesc. Le titre de duc de Guise fut repris en 1688 par les Condé puis passa aux Orléans (1832). Camille Bartoli avança, en 1977, que le *Masque de fer* aurait été le 5e duc de Guise.

■ **L'Hospital (Michel de,** Aigueperse 1504 ou 1505/Bellebat 13-3-1573). Fils de médecin, docteur en droit. *1537* épouse la fille du lieutenant criminel Morin et obtient une charge de conseiller au parlement de Paris. *1547* chancelier du Berry. *1553* membre du conseil privé. *1555* 1er président de la Chambre des comptes. *1560*-avril chancelier de France. *1561* tente d'éviter les guerres civiles par une réforme de l'Église et de la justice, mais le colloque qu'il organise à Poissy ne donne pas de résultats. *1568* écarté de la cour.

■ **Jeanne d'Arc.** Née le 6-5-1412 à Domrémy (Vosges) dans le fief de Neufchâteau, ancienne terre lorraine devenue champenoise en 1220. Dite *la Pucelle d'Orléans* (nom apparaissant pour la 1re fois en 1555). Fille de Jacques d'Arc de Vouthon, laboureur, époux d'Isabelle (dite Romée parce qu'un lointain parent était allé à Rome). Elle et ses frères ont reçu des armoiries (écu d'azur, 2 lys d'or, une épée au milieu). Certains ont vu en elle une fille naturelle de la reine Isabeau de Bavière [le 10-11-1407, Isabeau accoucha officiellement d'un fils nommé Philippe et mourut peu après ; elle aurait eu cet enfant de Louis d'Orléans (son beau-frère, assassiné le 23-11-1407). Tous deux, craignant une vengeance de Charles VI quand il reviendrait à la raison, auraient décidé de soustraire à sa vengeance l'enfant à naître, et de lui substituer un enfant mort (le véritable enfant, une fille, aurait été caché en province chez les d'Arc). Ainsi, Jeanne aurait été la demi-sœur de Charles VII (par Isabeau) et de Dunois (par Louis), d'où ses rapports confiants avec eux, d'où la haine du duc de Bourgogne] ; cette thèse est réfutée par tous les historiens. *1424* 1re vision. *1425* à 13 ans, éveil de sa vocation (délivrer la France au nom de l'archange St Michel). *1428*-13-5 Robert de Baudricourt, capitaine de la cité de Vaucouleurs, l'éconduit. *1429*-janv. elle le revoit et il accepte de la faire accompagner jusqu'à Chinon pour voir le roi ; -23-2 arrive à Chinon ; -4-3 intervient à *Ste-Maure,* près de Tours, venue en 11 jours avec 6 hommes donnés par le sire de Baudricourt ; -8-3 reçue par Charles VII, se déclare envoyée de Dieu pour lui révéler qu'il est fils de Charles VI et héritier de France, elle l'engage à se faire couronner à Reims ; -15-4 elle est nommée chef de l'armée de Charles VII ; -29-4 rejoint Dunois dans Orléans ; -7-5 blessée dans l'assaut, prend le fort des Tourelles qui commande le débouché du pont sur la rive gauche. *1430*-23-5 blessée et capturée par les Bourguignons à Compiègne ; -24-12 vendue aux Anglais (10 000 livres).

Procès : le tribunal siège du 9-1 au 30-5-1431 ; le 27-3 s'ouvre la 2e partie, le jugement. *Chefs d'accusation :* refus de reconnaître l'autorité de l'Église, port de l'habit d'homme prétendument ordonné par Dieu, visites des saints Michel, Catherine et Marguerite dans lesquels le tribunal voit plutôt des démons (charges les plus graves) ; utilisation idolâtre du nom de Jésus ; prétention de connaître l'avenir grâce aux voix et certains péchés regardés comme mortels, tels que le départ secret du domicile parental à l'âge de 17 ans ou un combat mené un jour de fête religieuse. *Conclusion des théologiens de l'université de Paris :* la jeune fille est idolâtre, invocatrice du démon, schismatique et apostate. Jeanne lance un *appel au pape* mais le 24-5 Cauchon prononce la sentence. Elle abjure alors et se soumet à l'Église (châtiment commué en prison à perpétuité). Mais deux jours plus tard, elle revient sur son abjuration et réclame de nouveau son habit d'homme ; -28 et 29-5, *procès de relaps* (retour à l'hérésie après l'abjuration) : excommuniée, Jeanne est condamnée au bûcher ; le 30-5, elle est brûlée vive à Rouen. *Pt du tribunal :* Pierre Cauchon (près de Reims 1371/Rouen 18-12-1442 en se faisant la barbe), évêque de Beauvais (diocèse où elle avait été capturée), conseiller du duc de Bedford, rallié à la couronne d'Angleterre, considérait la rébellion contre le pouvoir punissable comme un crime.

Après sa mort : *1449* prise de Rouen. *1450*-15-2 Charles VII ordonne la révision du procès. *1450-2-5/ 1452*-10-5 Calixte III (pape de 1455 à 58) prescrit un procès en nullité. *1453*-7-11 il s'ouvre à N.-D. de Paris. *1456*-7-7 Rouen, la condamnation est annulée, souvent qualifiée de réhabilitation. Calixte III excommunie Cauchon († en 1442) et fait jeter son corps à la voirie. *1818* la maison de Jeanne est acquise par le département et transformée en musée. *Vers 1890* une basilique est construite à l'endroit où elle allait prier. *1894*-27-1 Jeanne déclarée vénérable. *1909* béatifiée. *1920*-9-5 canonisée ; -10-7 une loi fit de sa fête, le 14-5, une fête nationale (célébrée le 2e dimanche du mois de mai). La proposition de loi disait : « Ainsi tous les partis peuvent réclamer Jeanne d'Arc. Mais elle les dépasse tous. Nul ne peut la confisquer. C'est autour de sa bannière radieuse que peut s'accomplir aujourd'hui, comme il y a 5 siècles, le miracle de la réconciliation nationale. » Une cérémonie publique est organisée chaque année, à Paris, place des Pyramides. Une gerbe est déposée par le représentant de l'État. Les édifices publics sont pavoisés.

☞ **Fausses Jeanne d'Arc :** au moins 4 aventurières se firent passer pour Jeanne d'Arc à partir de 1439 (à Poitiers, au Mans, à Cologne, etc.) dont Pierronne,

Catherine de la Rochelle et la plus célèbre, Claude (ou Jeanne) des Armoises (apparue en Lorraine vers 1436, elle se fit passer pour Jeanne d'Arc et épousa le 7-11-1436 Robert des Armoises) qui se fit reconnaître par le frère et la mère de Jeanne, commit de nombreuses escroqueries, mais, protégée par le roi René de Lorraine-Provence, mourut riche et anoblie en 1449 ou 58 à Jaulny (M.-et-M.) ; elle est inhumée à Pulligny.

■ **Rais (Gilles, baron de,** Champtocé 1404/Nantes 26-10-1440). Petit-neveu de Du Guesclin. Compagnon de Jeanne d'Arc. *1429* maréchal. *Vers 1434* retiré à Tiffauges (Vendée). *1440* arrêté le 15-9, comparaît devant la justice civile du duc et du parlement de Bretagne pour félonie [refus d'obéir au duc de Bretagne, son suzerain, dans l'affaire de la prise du château (et des assassinats d'enfants)] et devant le tribunal ecclésiastique (évêque de Nantes) pour hérésie, sorcellerie avec évocation des démons, viol de l'immunité de l'Église et sodomie. Le procès ecclésiastique mentionne 140 morts, le procès civil 200 et plus. Sous la menace de la torture, Gilles de Rais avoue ; il sera pendu et brûlé à Nantes, sur l'île de Biesse, le 26-10. La légende a fait de lui *Barbe-Bleue.* Certains voient dans son procès un complot : *politique* (Rais est condamné par le tribunal de Nantes, partisan des Anglais), *juridique* (le tribunal ecclésiastique est composé de ses débiteurs), *crapuleux* (le duc de Bretagne, Jean V, veut prendre ses biens).

■ **Sully (Maximilien de Béthune,** Rosny 13-12-1560/Villebon 22-12-1641). Baron (puis marquis 1601) de Rosny, duc et pair (1606) de Sully. Surintendant des Finances (1598). Maréchal de France (1634). Principal ministre d'Henri IV, redressa les finances, présenté longtemps comme très populaire. En fait, imbu de sa noblesse, il méprisait la bourgeoisie et dédaignait la misère du peuple. Démissionne 26-1-1611 ; retiré 31 ans, après sa disgrâce, dans son château de Villebon (E.-et L.) et de Sully (Loiret). Il est le véritable auteur du mot historique : « Paris vaut bien une messe. » Huguenot, il a poussé Henri IV à se convertir, mais a lui-même refusé d'abjurer, acquérant ainsi chez les protestants une renommée d'héroïsme.

détruite par la tempête à l'embouchure de la Tamise. **1388** le duc de Gueldre déclare la guerre à Charles VI ; *-18-8* trêve (renouvelée pour 3 ans le 18-6-1390). **1389** Charles VI attaque la Gueldre, son armée fond sur le chemin du retour. **1393**-*18-6 trêve* prévue pour 28 ans [Richard II (rendra Cherbourg le 21-1-1394) est fiancé à Isabelle de France (fille de Charles VI), le parti belliciste anglais le détrônera en 1399 et donnera le trône à Henri IV de Lancastre (Bolingbroke 3-4 ou 30-5-1367/Westminster 20-3-1413 ; fils de Jean de Gand (1340-3/4-2-1399), 4e fils d'Édouard III qui épousa en 1359 Blanche (25-3-1345/12-9-1369), héritière des Lancastres)].

6°) Entre Charles VI (roi de France) et Henri V (roi d'Angleterre) : 1414-*août* Henri V (Monmouth 16-9-1387/Vincennes 31-8-1422, fils d'Henri IV de Lancastre), roi d'Angleterre depuis 1413, revendique officiellement la couronne de France (étant Lancastre, il n'a aucun droit héréditaire). **1415** il dénonce la trêve de 1396 ; *-13-8* il débarque au cap de la Hève (13 000 h.) ; *-19-8 prise de Honfleur ; -25-10 Azincourt,* les Français attaquent les Anglais qui partaient se rembarquer à Calais : Henri V (13 000 h.) bat Clisson (avec 45 000 h.), pertes 8 000 Français † (dont 1 700 prisonniers égorgés) représentant l'élite sociale et politique du royaume, 1 500 Anglais. **1416**-*août bataille navale de Harfleur* (les Anglais battent les Franco-Génois). **1417**-*1-8* Henri V débarque à Trouville ; *-4-9 Caen* prise (population évacuée ; quartier général anglais) ; *-oct. Argentan* et *Alençon* prises. **1418**-*22-8 Cherbourg* prise. **1419**-*20-1 Rouen* capitule (assiégée depuis le 29-7 par 45 000 Anglais ; Alain Blanchard, chef des défenseurs, exécuté) ; *-25-12* Philippe le Bon (1396-1467), duc de Bourgogne (fils de Jean sans Peur, assassiné 10-9), signe avec Henri V *le traité d'Arras :* Henri V doit recevoir Guyenne, Gascogne, Normandie sans hommage. **1420**-*21-5 traité de Troyes* ratifié, Charles VI (fou) et Isabeau de Bavière reconnaissent Henri V pour leur fils (il épousera leur fille Catherine le 2-6) et héritier, les 2 couronnes de France et d'Angleterre sont réunies à perpétuité (art. 24) ; *-1-12* Henri V et Charles VI entrent à Paris. **1421**-*3-1* le dauphin Charles (futur Charles VII) est déclaré « banni du royaume » ; *-22-3 Jean Stuart* († 1424 à Verneuil) Cte de Buchan (petit-fils de Robert II Stuart, roi d'Écosse), Écossais antianglais, au service du dauphin] bat et tue au *Vieil-Baugé* le duc Thomas de Clarence (né 29-9-1389, 2e fils de Henri IV d'Angleterre) et reconquiert l'Anjou ; *-juin* avec 30 000 h., prend *Dreux, Épernon, Beaugency, Meaux.* **1422**-*avril* les Anglais prennent *Meaux* (trêve de fait jusqu'en juillet 1423) ; *-31-8* Henri V meurt à 35 ans, à Vincennes, régence du *duc de Bedford* ; *-21-10* Charles VI meurt.

7°) Entre Charles VII (roi de France) et Henri VI (roi d'Angleterre) : PRINCIPAUX CHEFS MILITAIRES ralliés à Charles VII : *La Hire* (Étienne de Vignolles, 1390-1443) ; *Jean Poton,* sire de Xaintrailles (vers 1400-61, maréchal 1454) ; Arthur III (1393/26-12-1458), Cte de Richemont, duc de Bretagne (1457), connétable de France (1425). **1423**-*31-7 Cravant-sur-Yonne* : Anglais-Bourguignons écrasent les Écossais de Charles VII (3 000 †) ; *-30-11* Lathie prend Compiègne par surprise. **1424**-*17-8 Verneuil-sur-Avre,* Bedford (10 000 hommes) bat et capture le duc d'Alençon (14 000 h.), 7 000 Français et Jean Stuart sont tués ; *-28-9* début du siège du *Mont-St-Michel* par les Anglais (résistera 30 ans, ravitaillé par mer). **1426**-*6-3* échec de Richemont à *St-James-du-Beuvron ; -5-9* Dunois délivre *Montargis.* **1428**-*7-10* Salisbury assiège Orléans défendue par Dunois. **1429**-*12-2 bataille « des Harengs »* au *Rouvray,* près d'Angerville : le Cte de Clermont attaque Falstaff qui commande un convoi de vivres anglais (avec les harengs du carême), il est repoussé et a plus de 2 000 † ; *-8-5 délivrance d'Orléans,* les Anglais lèvent le siège ; *-15-6 délivrance de Meung ; -12-6 reprise de Jargeau,* capture de Suffolk ; *-17-6 prise de Beaugency ; -18-6 Patay,* Jeanne d'Arc bat Falstaff (4 000 Anglais † ou pris) ; *-10-7 prise de Troyes ; -17-7 sacre de Charles VII à Reims ; -juillet/août* de nombreuses places se rallient à Charles VII dont Beauvais et Laon ; *-8-9* Jeanne d'Arc, blessée, échoue devant *Paris* (garnison bourguignonne) ; *-21-9 à Gien,* démobilisation de l'armée royale : Jeanne d'Arc continue la guerre avec des forces réduites. **1430**-*23-5* elle est blessée et capturée par les Bourguignons à *Compiègne* (trêve de fait entre Angleterre et France jusqu'en sept. 1435), voir encadré p. 631. **1431**-*30-5* Jeanne d'Arc brûlée à Rouen. **1432**-*5-3* le duc de Bretagne se rallie à Charles VII. **1435** *-28-10 traité d'Arras :* Philippe, duc de Bourgogne, quitte l'alliance anglaise ; il se rallie à Charles VII et il est dégagé à titre personnel de toute vassalité (mais ses descendants redeviendront vassaux de la couronne de France) ; il reçoit les *villes de la Somme* (rachetables). **1435-44** ravages des *écorcheurs* (mercenaires déserteurs). **1436**-*13-4 libération de Paris* (la garnison anglaise obtient des émeutiers le droit de se replier sur Rouen). **1437**-*12-11* Charles VII entre à Paris. **1441** *prise de Pontoise.* **1442** offensive dans le Sud-Ouest. **1443**-*avril* raid anglais contre Angers (échec).

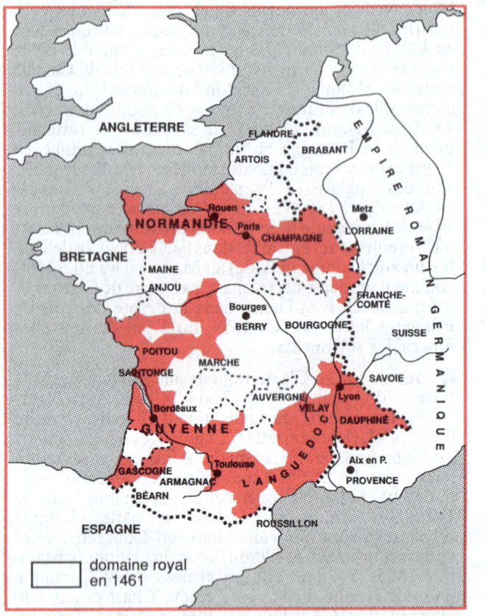

La France sous Louis XI

1444-*28-5 trêve anglo-française signée à Tours ;* les Anglais gardent Bordelais, Maine, Normandie, Calais. **1448**-*juin* rupture (les Anglais n'ayant pas évacué Le Mans) : Dunois et Brézé prennent Le Mans ; *-juillet* offensive en Normandie (*prise de Rouen,* 29-10). **1449**-*17-7* une assemblée autorise Charles VII à mener la guerre à outrance. **1450**-*15-4 Formigny,* Clermont et Richemont battent Thomas Kyrielle (sur 6 000 Anglais : 3 774 †, 1 200 prisonniers ; pertes françaises : 12 †) ; *-juillet/oct.* les Français conquièrent la Normandie. **1451** attaquent en Guyenne (Dunois : 6 000 hommes ; amiral Jean le Boursier : escadre hispano-rochelaise) ; *-23-6 prennent Bordeaux,* puis 2 ans d'interruption des combats. **1453**-*17-7* à *Castillon,* Jean de Bueil bat 8 000 Anglais (artillerie française des frères Bureau) ; pertes anglaises : 4 000 † (Talbot, 83 ans, est tué) ; *-août/sept.* les Français reprennent le Bordelais, *fin de la guerre de Cent Ans sans traité.*

1475-*29-8 traité de Picquigny* entre **Louis XI** (roi de France) et **Édouard IV** (roi d'Angleterre). Pour certains (notamment Jean Favier) la guerre de Cent Ans, se terminant ce jour-là, aura duré 137 ans, 10 mois et 22 jours (26 ans et 3 mois d'hostilités, compte tenu des trêves).

■ **1461** (22-7) **Louis XI le Prudent** ou **l'Universelle Aragne** (araignée) [Bourges 3-7-1423/Plessis-lez-Tours 30-8-1483], fils de Charles VII et de Marie d'Anjou. Né dauphin (1440 gouverneur du Dauphiné), sacré à Reims (15-8-1461). 1er roi de France envers lequel on a usé du terme de Majesté. *Ép. 1°)* (24-6-1436) *Marguerite d'Écosse* (1425/Châlons-en-Champagne 16-8-1445), fille de Jacques Ier, roi d'Écosse ; *2°)* (14-2-1451, mariage consommé 1457) *Charlotte de Savoie* (1445/1-12-1483), fille de Louis II, duc de Savoie dont il a 8 enfants dont LOUIS († 1458 en bas âge) ; JOACHIM (14-8-1459/† en bas âge) ; CHARLES VIII (voir p. 633 a) ; FRANÇOIS (1472-73), duc de Berry ; LOUISE (1461/† bas âge) ; ANNE [dite la Dame de Beaujeu (Genappe avril 1461/Chantelle 14-11-1522). *1470* vicomtesse de Thouars. *1474* ép. à 12 ans *Pierre II,* sire de Beaujeu, duc de Bourbon (1-12-1438/10-10-1503), frère du duc de Bourbon (Pce du sang). *1482* Louis XI lui confie la garde et le gouvernement de Charles VIII (mais non la régence). *1483-91,* régente choisie par son père, gouverne avec son mari. *1488* à la mort de son père, son mari devient duc de Bourbon. *1491* laisse le pouvoir à Charles VIII. *1503* veuve, gouverne le Bourbonnais au nom de sa fille Suzanne] ; JEANNE [(23-4-1464/4-2-1505) qui épouse le 8-9-1476 *Louis,* duc d'Orléans, futur Louis XII].

☞ **Favorites de Louis XI : PHÉLISÉ REGNARD,** veuve de Jean Pie ; Louis XI la mariera à Charles de Seillons puis à Grâce d'Archelles. **MARGUERITE DE SASSENAGE,** veuve d'Amblard de Beaumont, seigneur de Montfort (vers 1449-71) dont : *Guyette* († après 11-3-1502), légitimée ; *Jeanne* (1447/56-1519), dame de Mirebeau, légitimée le 25-2-1466, qui épousera (1466) Louis († 1487) bâtard de Bourbon (fils de Charles Ier, duc de Bourbon) Cte de Roussillon, amiral, dont postérité ; *Marie* (vers 1449-51/vers 1470), légitimée en 1467, qui épousera (1467) Aymar de Poitiers († après 9-9-1510) dont Isabeau qui épousera Louis de Saint-Priest, dont postérité.

– **1461**-juillet perte de Gênes ; -15-8 Louis XI rentré en France est sacré à Reims ; -sept./oct. Dunois, Brézé, Chabannes, Bueil, etc. sont révoqués et exilés. Louis XI occupe le Roussillon [comme gage d'un emprunt fait par Jean II roi d'Aragon (1398/19-1-1479), prise de Perpignan (7-1-1462)]. **1463**-12-9 rachète les 5 « villes de la Somme » St-Quentin, Péronne, Corbie, Amiens, Abbeville, cédées à titre précaire en 1435. **1465**-1-3 *Ligue du bien public* (révolte nobiliaire) ; -4-3 *Charles, duc de Berry,* frère du roi, rejoint les révoltés (ducs de Bretagne, Bourbon, Bourgogne) ; -16-7 *Montlhéry,* Louis XI et Galeazzo Sforza (1444/Milan 26-12-1476 assassiné) battent le *Cte de St-Pol* [Louis de Luxembourg-Ligny (1418/décapité 19-12-1475)] et *Charles le Téméraire* (alors Cte de Charolais) et les empêchent de prendre Paris ; -5-10 *traités de Conflans* et -29-10 *de St-Maur-des-Fossés,* Charles devient duc de Normandie. **1466**-janv. Louis XI lui reprend le duché de Normandie (les armes à la main) et lui donne en échange le Roussillon. **1466-67** Louis XI soutient Jean de Calabre qui tente de conquérir la Catalogne. **1467** nouvelle coalition nobiliaire (Bretagne, Charles le Téméraire, Jean d'Alençon, Charles). **1468**–1/14-4 *états généraux à Tours* ; -20-9 Louis XI pousse les Liégeois à se révolter contre le Pce-évêque Louis de Bourbon, protégé du duc de Bourgogne ; -sept. *paix d'Ancenis* signée avec François II, duc de Bretagne ; -9-10 *entrevue de Péronne :* Louis XI, arrivé avec une mince escorte, rencontre Charles le Téméraire qui le reçoit courtoisement ; mais Charles apprend que les Liégeois se sont rebellés au cri de « Vive le roi de France ! » (Louis XI escomptait que la révolte n'éclaterait qu'après son départ de Péronne) et, en colère, enferme Louis XI dans le donjon ; -11-10 il l'oblige à signer le *traité de Péronne.* Louis XI doit donner en apanage à son frère Champagne et Brie et participer à la guerre contre ses alliés les Liégeois. Louis XI rusera : pour ne pas manquer à son serment, il se fera interdire par une assemblée de notables de céder la Champagne. **1470**-juillet/sept. Louis XI intervient dans la guerre civile anglaise, soutenant Warwick contre Édouard IV (Warwick sera battu et tué à Barket 14-4-1471). **1472**-févr. nouvelle coalition [Bourguignons, Anglais, grands féodaux français : Charles, Jean V d'Armagnac, Jean II d'Aragon, François II de Bret, Jean II (duc d'Alençon) arrêté, condamné à mort 18-7-1474, peine commuée en prison au Louvre, † 1476)] ; -24-5 mort de Charles ; la joie de Louis XI cause un scandale ; -27-6/22-7 *Jeanne Hachette* (Jeanne Lainé, 1456-?) défend Beauvais. **1475**-6-7 Édouard IV débarque à Calais avec 14 000 archers et 15 000 hommes d'armes pour soutenir Charles le Téméraire ; -29-8 il signe une trêve de 7 ans avec Louis XI qui, à Picquigny, a accepté de lui payer 75 000 écus plus 50 000 par an). **1476** Charles le Téméraire battu par les Suisses le 2-3 à *Grandson* et le 22-6 à *Morat* (13 000 †). **1477**-5-1

■ **Jugement sur Louis XI.** Constamment révolté contre son père Charles VII, et chef du parti des grands seigneurs, Louis XI entreprend dès son couronnement de ruiner la féodalité. Ses principaux adversaires sont son frère Charles (1446-72 duc de Guyenne, de Berry et de Normandie), son beau-frère Charles le Téméraire (voir col. c), le duc François II de Bretagne (23-6-1435/9-9-1488), le duc Jean II d'Alençon (1415-en prison 1474). Par la force et la ruse, il les vaincra l'un après l'autre. N'aimant pas Paris, il habitait volontiers le val de Loire (notamment Plessis-lez-Tours). Dévot, il devint en vieillissant de plus en plus superstitieux. Encensé par Philippe de Commynes (1447-1511), ancien conseiller du duc de Bourgogne et couvert de largesses (1468). Caricaturé par le romancier anglais sir Walter Scott (1771-1832) dans *Quentin Durward* (1823) et après lui par bien des historiens. Réhabilité en 1927 par Pierre Champion puis, en 1971, par l'Américain Paul Murray Kendall.

Bilan : il a augmenté le royaume de 4 provinces « terres d'Empire » (Franche-Comté, Roussillon, Cerdagne, Provence) et a fait rentrer dans le domaine royal 4 apanages (Picardie, Artois, Bourgogne, Anjou). Création des parlements de Bordeaux et Dijon. Développement du commerce international. Amélioration des routes, création de la poste royale, fondation des 1res imprimeries et des manufactures de soie.

☞ Les « *cages* » dans lesquelles il enfermait les prisonniers politiques ayant tenté de s'évader mesuraient 2,60 m × 2,60 m et 2,25 m de hauteur. Le cardinal Jean La Balue (Angles-sur-l'Anglin vers 1421/Ancône 1491), de mœurs peu édifiantes, emprisonné en avril 1469 (pour avoir intrigué avec Charles le Téméraire), ne fut pas enfermé dans une cage mais longtemps retenu en prison ; il put, pendant son séjour, consacrer 10 h par j à des études juridiques et théologiques, et conserva la disposition des bénéfices de son évêché d'Évreux.

battu à *Nancy* (avec 10 000 h.) par René II d'Anjou duc de Lorraine (avec 20 000 h.), meurt après la bataille (7-1) [on retrouvera son corps à demi mangé par les loups]. La France récupère la Bourgogne, mais non la Flandre et l'Artois qui demeurent hors du royaume [Louis XI avait fiancé son fils de 8 ans (le futur Charles VIII) à Marie de Bourgogne (Bruxelles 13-2-1457/Bruges 27-3-1482), fille unique du Téméraire (dot de la fiancée : Flandre, Artois, Hainaut, duché de Bourgogne) ; -4-5 Louis XI, entré en Artois, s'empare d'Arras où il fait exécuter plus de 100 bourgeois et fait faucher par 4 000 hommes tous les champs entre Douai et Valenciennes pour obliger ces 2 villes à capituler ; -29-8 Marie épouse Maximilien d'Autriche et reprend sa dot (le duché de Bourgogne, étant un apanage français, subit un sort différent)]. **1479**-7-8 Louis XI, qui veut prendre Flandre et Hainaut, est battu à *Guinegatte* par Maximilien. **1480**-10-7 le dauphin Charles hérite de la Provence à la mort de son grand-oncle René d'Anjou. **1482**-23-12 *traité d'Arras* avec Maximilien : Louis XI obtient la Bourgogne et la Picardie, Maximilien la Flandre et les Pays-Bas.

☞ **Grands fiefs réunis à la Couronne sous Louis XI :** *1465* duchés de Berry, *1468* de Normandie, *1474* de Guyenne, *1477* de Bourgogne, comtés de Boulogne, de Padirac, de la Marche, *1480* duché d'Anjou, *1481* comtés du Maine et de Provence.

■ **1483** (30-8) **Charles VIII l'Affable** ou **le Bon Roi** (Amboise 30-6-1470/8-4-1498, après avoir heurté le linteau d'une porte), fils de Louis XI et de Charlotte de Savoie (fut *roi de Sicile et de Jérusalem* : conquête de Naples 1495). Né dauphin (on a dit qu'il y avait eu substitution d'enfant : à une fille mourante, on aurait substitué le fils d'une maîtresse de Louis XI ou celui d'un boulanger) ; sacré à Reims (30-5-1484) ; 1483-91 sous la régence de sa sœur Anne de Beaujeu (voir p. 632 c) jusqu'à son 2e mariage. *Ép. 1°)* (22-6-1483) *Marguerite d'Autriche* [(1480-1530), fille de l'empereur Maximilien Ier (1459-1519) ; nommée Madame la Dauphine puis « la Petite Reine », elle est élevée à la cour de France ; mariage annulé (le traité d'Arras de 1482 prévoyait que l'union pourrait être dissoute avant que Marguerite ait 12 ans) ; désignée désormais par l'expression « notre chère et très aimée cousine », elle retourne auprès de son père après le *traité* franco-impérial *de Senlis* (23-5-1493), qui prévoyait sa restitution avec sa dot territoriale, et jure le 12-6-1493 solennellement être déchargée de tout lien de mariage avec le roi de France ; elle épousera en 1497 l'infant d'Espagne Juan (1478-97) puis en 1501 le duc Philibert de Savoie, qui décédèrent rapidement, lui laissant la charge de s'occuper de son neveu Charles de Gand, le futur Charles Quint] ; *2°)* (6-12-1491) *Anne* (Nantes 25-1-1477/Blois 9-11-1514 ; taille : 1,43 m) *Desse de Bretagne* (1488), Ctesse de Montfort (-l'Amaury) et d'Étampes, capétienne, fille de François II, duc de Bretagne (elle avait épousé par procuration Maximilien d'Autriche le 19-12-1490 mais le mariage fut annulé pour vice de forme) dont 6 enfants : CHARLES-ORLAND (10-12-1492/16-12-1495) ; N. (mort-né août 1493) ; N. (mort-né mars 1495) ; CHARLES (8-9/2-10-1496) ; FRANÇOIS (mort-né 1497) ; ANNE (mort-née 1498) ; veuve, se remarie (8-1-1499) avec Louis XII (voir ci-contre).

– **1484**-5-1 au 14-3 *états généraux* à Tours : les ordres ne siègent pas séparément, ils souhaitent voter les impôts et former un conseil du roi. **1485-88 Guerre folle** *contre Anne de Beaujeu* : CAUSE : coalition entre grands féodaux français (chef : duc d'Orléans, futur Louis XII ; but : régime aristocratique), Maximilien d'Autriche (fiancé à Anne de Bretagne, héritière du duché), François II de Bretagne, Henri VII d'Angleterre. DÉROULEMENT : **1485** 1er soulèvement, échec. **1486** invasion autrichienne repoussée en Picardie. **1487**-févr. soulèvement de la Guyenne (reconquise mars) ; -avril échec de Charles VIII et La Trémoille devant Nantes. Gênes se donne à Charles VIII. **1488** Charles VIII exerce réellement le pouvoir ; -avril offensive de La Trémoille en Bretagne ; -27/28-7 victoire de *St-Aubin-du-Cormier* (duc d'Orléans prisonnier, sera libéré 28-6-1491) ; -19-8 *traité du Verger* signé à Sablé : pas de mariage d'Anne de Bretagne sans le consentement du roi ; -9-9 François II de Bretagne meurt. **1490**-19-12 Anne épouse Maximilien par procuration. **1491**-août/nov. assiégée dans Rennes par La Trémoille, elle capitule ; -6-12 épouse Charles VIII (s'engage, en cas de veuvage sans postérité, à épouser son héritier). **1492**-3-11 *traité d'Étaples* : les Anglais, qui assiègent Boulogne, acceptent de se retirer pour 745 000 écus payables en 15 ans. Christophe Colomb découvre l'Amérique. **1493**-19-1 *traité de Barcelone* avec Ferdinand et Isabelle, rois de Castille et d'Aragon : Charles VIII leur remet Roussillon et Cerdagne pour les empêcher de soutenir Ferdinand, roi de Sicile. Maximilien envahit la Franche-Comté ; -23-5 *traité de Senlis* (Marguerite est restituée à son père Maximilien, le 3-6, avec sa dot, Artois, Franche-Comté, Charolais). **1494** rétablissement officiel du prêt à intérêt ; institution des foires de Lyon et de Nantes (où les Espagnols ouvrent une Bourse). **1494-97 guerre d'Italie** (voir ci-dessous). **1496** la chancellerie de Bretagne remplacée par un conseil de 6 membres (6 mois à Nantes et 6 à Vannes).

■ **Guerres d'Italie (1494-1559). CAUSES. 1°) Directes :** les Valois (Charles VIII) ont hérité les droits de la maison de Provence-Anjou-Naples par les testaments du roi René Ier (22-7-1474) et de son neveu Charles, Cte du Maine (10-12-1481). **2°) Indirectes :** ils ont hérité les droits sur le Milanais des Visconti [par Valentine (voir col. b) ép. de Louis Ier d'Orléans]. Les revendications des Orléans-Visconti ont déjà provoqué plusieurs guerres sous Charles VII et Louis XI, sans qu'ils interviennent directement. **EFFECTIFS :** *Charles VIII* réunit 36 000 h. (16 000 cavaliers, 20 000 fantassins, dont 10 000 mercenaires suisses et allemands et 4 000 Bretons) et une forte artillerie. Ses adversaires de la ligue de Venise (1495) ont 49 000 h., dont 15 000 cavaliers. *Louis XII* n'a que 1 000 cavaliers et 6 000 fantassins, mais ses alliés vénitiens ont 15 000 h. dont 10 000 Suisses. *François Ier* (en 1515) a 30 000 h. dont 6 000 cavaliers et une forte artillerie (en 1525), 1 500 cavaliers et 30 000 fantassins dont 14 000 Suisses et 6 000 Allemands. Les Espagnols lui opposent 22 500 h. dont 13 000 Allemands (1 800 cavaliers). *Henri II* a 50 000 h. environ (40 000 fantassins, 12 000 cavaliers en 1554).

1re guerre d'Italie (1494-97). 1494-*25-1* mort de Ferdinand Ier, roi de Naples (né 1423 Valence) ; Charles VIII prend officiellement le titre de roi de Naples et de Jérusalem ; *-sept./déc.* traversée de l'Italie sans combat ; *-31-12* entrée à Rome. **1495**-*15-1* le pape confie la tutelle du St-Siège à Charles VIII ; *-1-3 ligue de Venise* contre Charles VIII : pape, empereur, Milan, Espagne, Venise ; *-12-5* Charles VIII entre à Naples (prise sans combat) ; *-20-5* il repart pour la France avec 9 000 h. et laisse à Naples un vice-roi, Gilbert de Montpensier (3 000 fantassins, 500 cavaliers) ; *-6-7 Fornoue,* Charles VIII s'ouvre le passage avec 9 000 h. contre 30 000 h. du Mis de Mantoue (pertes : 1 000 Français, 2 000 alliés), on parlera de la *furia francese* ; *-9-10* prise de *Verceil* (Louis d'Orléans, futur Louis XII, renonce au Milanais et évacue Novare ; la syphilis (mal de Naples) décime l'armée. **1496**-*17-12* offensive espagnole contre Naples (*Gonzalve de Cordoue*, dit le Grand Capitaine, 1453/1-12-1515, vice-roi de Naples 1504). **1497**-*15-2* reddition des Français de Naples.

Les Valois indirects (1498-1589)

■ Valois-Orléans

Les enfants de Charles VIII étant morts en bas âge, la Couronne revient aux Valois-Orléans en raison de leur filiation : **Louis de France** (Paris 13-3-1372/assassiné 23-11-1407), duc de Touraine (1386) puis d'Orléans (1392), 3e fils de Charles V et de Jeanne de Bourbon ; *ép.* (8-4-1387) *Valentine Visconti* [(1366/14-12-1408) sa cousine germaine, fille de Jean-Galéas (1351-1402 ; duc de Milan 1396) et d'Isabelle de France (fille du roi Jean II le Bon) d'où Louis XII tirera ses droits sur le Milanais] ; il fut l'amant de la reine Isabeau (femme de Charles VI, son frère) et de sa cousine Jacqueline de Bavière (femme de Jean sans Peur qui, le haïssant, sans doute pour cette raison, le fit assassiner dans un guet-apens rue Vieille-du-Temple) ; Valentine prendra après la mort de son mari la devise « Rien ne m'est plus, plus ne m'est rien » ; Louis avait pour enfant naturel Dunois (voir p. 631 b) et, selon certains, Jeanne (fille d'Isabeau) → **Charles Ier d'Orléans** (Paris 24-11-1394/Amboise 4-1-1465), duc d'Orléans, duc de Milan, qui *ép. 1°)* (5-6-1406) *Isabelle de France* (9-11-1389/13-9-1409), fille de Charles VI et d'Isabeau de Bavière, veuve de Richard II d'Angleterre (1367-1400) ; *2°)* (1410) *Bonne d'Armagnac* (1399-1435) ; *3°)* (26-11-1440) *Marie de Clèves* (19-9-1426/juillet 1486), dont Marie (1457-93), Louis XII (qui suit), Anne (1464-91). Fait prisonnier à Azincourt (1415), vivra de 1415 à 1439 en Angleterre puis à Calais (1439), libéré le 5-11-1440 contre rançon de 200 000 écus d'or. Ses poèmes, retrouvés en 1740, furent publiés en 1778. Marie se remariera avec un de ses amants, le sire de Rabodanges.

■ **1498** (8-4) **Louis XII, le père du peuple** (nom donné par les états généraux de 1506 à la suite de la rupture du traité de Blois et de son vivant à cause de sa mansuétude fiscale) ou **le Juste** (Blois 27-6-1462/Paris 1-1-1515). *Emblème :* porc-épic (faire sentir sa puissance à ses ennemis). Devise : *Cominus et eminus,* « De près et de loin ». *Roi* de Naples et de Jérusalem, *duc* de Milan ; *duc Louis II d'Orléans* (1465 à la mort de son père), chef de la Guerre folle ; sacré à Reims (27-5-1498). *Ép. 1°)* [par contrat 19-5-1464 et 28-10-1473, en personne 8-9-1476 (il a 11 ans, elle 9)] *Jeanne de Valois* ou *de France* (23-4-1464/Bourges 4-2-1505), fille de Louis XI (l'oblige à l'épouser pour éteindre la maison d'Orléans), mariage annulé 17-12-1498 par le tribunal ecclésiastique de Tours pour qu'il puisse épouser Anne de Bretagne, veuve de Charles VIII [motifs donnés : non-consommation (Jeanne était contrefaite), manque de consentement (Louis XII s'était marié sous la menace)] ; Jeanne se retirera à Bourges et y fonda en 1501 l'ordre de la Vierge-Marie, dit de l'Annonciade, dont elle prit l'habit sans faire de vœux (le roi lui avait donné le duché de Berry avec plusieurs domaines et 12 000 écus de pension) ; elle sera béatifiée 18-6-1742 et canonisée 28-5-1950. *2°)* (8-1-1499) *Anne* (Nantes 25-1-1477/Blois 9-1-1514) *Desse de Bretagne* et veuve de Charles VIII (elle avait 14 ans de plus que lui mais ce mariage permettait de garder la Bretagne qui conservait une administration distincte) dont il eut 4 enfants : CLAUDE DE FRANCE [(Romorantin 13-10-1499/Blois 20-7-1524) ; d'abord fiancée (12-8-1501) à Charles d'Autriche (futur Charles Quint), elle épouse (18-5-1514) son cousin François (futur François Ier)] ; N. mort-né (21-1-1503) ; RENÉE [(Blois 25-10-1510/Montargis 12-6-1575) qui épouse (28-6-1528) Hercule d'Este (4-4-1508/3-10-1560) futur duc de Ferrare sous le nom d'Hercule II], 1540 ralliée à la Réforme ; N. mort-né (janv. 1512). *3°)* (9-10-1514) *Marie d'Angleterre* (18-3-1496/Wenthorpe 24-6-1533), fille d'Henri VII, roi d'Angleterre [veuve, elle se remarie (3-3-1515) avec son amant, Charles Brandon, duc de Suffolk (1484-1545) et repart en avril pour l'Angleterre].

– **1498-1510** le cardinal *Georges d'Amboise* (1460-1510) administre le royaume. **1499**-mars ordonnance codifiant les coutumes. **1499-1504 2e et 3e guerres d'Italie** (voir ci-dessous). **1504**-sept. *traité de Blois :* Louis XII donne Milanais, Gênes, Bourgogne en dot à Claude, fiancée à Charles Quint ; -22-9 Charles Quint s'engage à donner sous 3 mois l'investiture du Milanais (dot de Claude) à Louis XII : les duchés de Bretagne et de Milan, Gênes et ses dépendances, les comtés d'Asti et de Blois, le duché de Bourgogne, la vicomté d'Auxonne, l'Auxerrois, le Mâconnais et Bar-sur-Seine, sous réserve « que le roi et la reine n'aient pas d'enfants mâles ». **1506** Louis XII malade ; il convoque les *états généraux à Tours,* qui annulent le traité de Blois et le 14-5 le proclament « père du peuple ». **1508-13 4e guerre d'Italie** (voir ci-dessous). **1512** tentative de faire déposer le pape Jules II par un concile profrançais réuni à Pise. Échec (excommunication des membres du concile). **1513**-10-8 au *cap St-Matthieu,* Hervé de Portzmoguer (né vers 1470) amiral de Bretagne, dit *Primauguet,* coule avec la *Cordelière* en faisant sombrer avec elle le navire anglais le *Kent ;* -16-8 *Guinegatte,* Henri VIII d'Angleterre bat les Français (*journée* dite *des Éperons* : la cavalerie française s'est enfuie au galop), occupe Thérouanne, puis Tournai. **1515**-1-1 Louis XII meurt.

☞ **Grands fiefs réunis à la Couronne sous Louis XII :** *1498* duchés d'Orléans et de Valois, titres de Louis XII.

2e guerre d'Italie (1499-1500). 1499-*9-2* alliance de Louis XII et Venise pour reconquérir le Milanais contre *Ludovic Sforza le More* (1451/17-5-1508), rival des Visconti ; *-août/oct.* Milanais conquis [pour Louis XII par le condottiere *Giangiacomo Trivulce* (It., 1448-1518)], Ludovic s'enfuit. Louis XII entre à Milan le 6-10. **1500**-*févr.* Ludovic reprend Milan et Novare sur le gouverneur ; *-10-4* contre-offensive de La Trémoille : Ludovic capturé dans Novare (après la reddition de ses mercenaires suisses) et interné à Loches où il mourra.

3e guerre d'Italie (1500-04). 1500-*1-11 traité* (secret) *de Grenade :* Louis XII reçoit Naples, laisse à l'Espagne Pouilles et Calabre. **1501** Louis XII conquiert le royaume de Naples avec l'aide de Ferdinand d'Aragon ; *-juin* occupe Naples. **1503**-*avril* offensive espagnole ; *-28-4* (Gonzalve de Cordoue) bat à *Cerignola* Louis d'Armagnac (duc de Nemours) ; Louis d'Ars se retranche dans Venise ; *-oct.* au *Garigliano :* une armée de secours française (Trivulce avec 1 000 cavaliers, 6 000 fantassins), Gonzalve arrêté. **1504** Français et Espagnols ne peuvent s'entendre sur le partage du royaume de Naples ; les Français sont chassés ; *-1-1* reddition de *Gaète,* les Français sont rapatriés par mer ; *-31-3 trêve de Lyon.*

4e guerre d'Italie (1508-13). 1508-*10-11 paix de Cambrai :* Louis XII et Maximilien s'allient contre Venise (adhésion du pape Jules II, mars 1509). **1509**-*14-5 Agnadel,* Louis XII (avec Bayard) bat 40 000 Vénitiens (Alviano), 400 Français et 9 000 Vénitiens †. **1510**-*24-2* Jules II se rallie à Venise et recrute 6 000 Suisses. **1511**-*20-1* prend *Mirandole ;* contre-offensive française : Jules II se replie sur Rome ; *-4-10* il constitue la *Sainte Ligue* contre la France (Louis XII excommunié) et recrute 10 000 Suisses. **1512** la Ligue attaque Brescia ; *-19-2* Gaston de Foix [né 1489, duc de Nemours, neveu de Louis XII (fils de sa sœur Marie), Cdt en chef de l'armée d'Italie surnommé le *Foudre d'Italie* pour sa bravoure et sa campagne éclair] la délivre ; *-11-4 Ravenne,* Gaston de Foix, victorieux, est tué en poursuivant l'ennemi ; *-juin* La Palice évacue l'Italie. **1513**-*mai* contre-offensive française, prise d'Alexandrie ; *-6-6 Novare,* 24 000 Suisses battent La Trémoille et Trivulce (8 000 Français †) ; *-sept.* offensive suisse en Bourgogne ; *-13-9 traité de Dijon :* La Trémoille cède Milan et Asti (Louis XII refuse la ratification).

■ Valois-Angoulême

☞ Louis XII n'ayant pas d'héritier mâle, la Couronne revient aux Valois-Angoulême en raison de cette filiation : **Jean II d'Orléans** (1400/30-4-1467), Cte d'Angoulême et de Périgord, 3e fils de Louis de France et de Valentine Visconti (voir col. b) *ép.* (1449) *Marguerite de Rohan* († 1496), dont → **Charles d'Orléans** (1459/1-1-1496) Cte d'Angoulême ; *ép.* (16-2-1488) *Louise de Savoie* (11-9-1476/22-9-1531), régente (1515 et 1523 ; 1525-26 captivité de François Ier) Desse d'Angoulême (1515), de Bourbon (1527), qui eut 2 enfants : *Marguerite d'Angoulême* [(Angoulême 11-4-1493/Odos-en-Bigorre 21-12-1549), reine de Navarre, auteur de *l'Heptaméron* (publié 1558), qui épouse 1°) 2-12-1509 Charles IV, dernier duc d'Alençon (1489-1525, † de chagrin après Pavie), 2°) 24-1-1527 Henri d'Albret (18-4-1503/29-5-1555), roi Henri II (Navarre) dont elle eut Jeanne d'Albret (1528-72), mère de Henri IV] et *François Ier* (qui suit).

■ **1515** (1-1) **François Ier, le père et restaurateur des lettres, le Grand Colas, le Bonhomme Colas** ou **François au Grand Nez** (Cognac 12-9-1494/Rambouillet 31-3-1547), Cte d'Angoulême (1-1-1496), puis duc de Valois, d'Orléans et de Romorantin (1498), duc de Milan (1515) ; sacré à Reims (25-1-1515). Il mesurait 1,95 m environ. *Emblème :* salamandre. *Devise ; Nutrisco et extinguo* (« Je me nourris et je m'éteins »). *Ép. 1°)* (18-5-1514) *Claude de France* (Romorantin 13-10-1499/Blois 20-7-1524), Desse de Bretagne et de Milan, fille de Louis XII et d'Anne de Bretagne (ex-fiancée de Charles Quint, laide, boiteuse, délaissée) ; dot : duché de Bretagne, comtés de Blois, Coucy, Ast, Montfort, droits sur le duché de Milan ; sacrée à St-Denis (10-5-1517) ; *surnom :* la Bonne Reine ; en souvenir de cela, elle donna son nom à la prune. 7 enfants dont : LOUISE (19-8-1515/21-9-1518) ; CHARLOTTE (23-10-1516/8-9-1524) ; FRANÇOIS [(28-2-1518/10-8-1536, mort, a-t-on dit, empoisonné par un verre d'eau que lui donna le Cte Montecuculi, Ferrarais, quand il jouait à la paume dans le château de Tournon) accordé dès 1518 à Marie (2 ans), fille de Henri VIII, roi d'Angleterre ; otage en Espagne (du 17-3-1526 au 1-7-1530), duc de Bretagne à la mort de sa mère] ; HENRI II [(31-3-1519/10-7-1559) voir col. b] ; MADELEINE [(10-8-1520/2-7-1537) qui épouse (1-1-1537) *Jacques V*, roi d'Écosse (Linlithgow 10-4-1512/Falkland 14-12-1542)] ; CHARLES [(22-1-1522/9-9-1545) duc d'Angoulême, duc de Châtellerault puis duc d'Orléans (1536)] ; MARGUERITE [(5-6-1523/14-9-1574) épouse (9-7-1559) *Emmanuel-Philibert, duc de Savoie* (8-7-1528/30-8-1580)]. *2°)* (7-8-1530) [mariage prévu par les traités de Madrid (1526) et Cambrai (1529)] *Éléonore d'Autriche* (14-11-1498/Talavera 17-2-1558), fille de Philippe le Beau, archiduc d'Autriche et roi de Castille et de Jeanne la Folle, sœur aînée de Charles Quint, veuve en 1521 de Manuel Ier le Grand roi de Portugal (1469-1521), épousé en 1519 ; sacrée à St-Denis (1531), veuve (1547), se retire en Flandre (1548), puis en Espagne (1555).

☞ **Favorites de François Ier** : une **DAME INCONNUE** dont il aura *Nicolas d'Estouteville*, sire de Villeconnin (1545-1567 Constantinople) ; **FRANÇOISE DE FOIX**, Ctesse de Châteaubriant, sœur de Lautrec, Lescun et Lespare [1495/Châteaubriant 16-10-1537, tuée, dit-on, par son mari (Jean de Montmorency-Laval), qui la fit saigner par 2 chirurgiens] ; **ANNE DE PISSELEU** (Fontaine-Lavaganne 1508-Heilly 1580), duchesse d'Étampes, fille d'honneur de Louise de Savoie ; *1526* rencontre le roi ; *1534* ép. Jean de Brosses, fils du duc de Penthièvre fait duc d'Étampes et gouverneur de Bretagne ; *1547* reléguée en ses terres ; **LA « BELLE FÉRONNIÈRE »** (femme de l'avocat Jean Féron).

– **1515-16 5e guerre d'Italie** (voir ci-contre). **1516**-13-8 Noyon, *traité* signé avec l'archiduc Charles d'Autriche (devenu roi d'Aragon en janvier à la mort de son grand-père Ferdinand, et comme il gère la Castille à la place de sa mère Jeanne la Folle, il s'intitule roi des Espagnes) ; François Ier lui donne sa fille, Louise (1 an), en mariage avec pour dot les droits de la France sur Naples. -18-8 *concordat de Bologne* (signé par Léon X) abolissant la Pragmatique Sanction ; -19-12 approuvé par le concile de Latran : le pape récupère les *annates* et peut refuser l'investiture des évêques et archevêques. **1516** Léonard de Vinci arrive à la Cour. **1517** fondation du port du Havre ; -11-3 à *Cambrai*, accord François Ier/empereur Maximilien ; -21-3 réforme de la monnaie (interdiction des pièces de « mauvais aloi »). **1518**-22-3 le Parlement enregistre le *concordat* par lit de justice (ordre exprès du roi) après 3 ans de résistance. **1519**-28-6 échec de François Ier à l'élection impériale (Charles Quint d'Espagne est élu ; il succède à son père Maximilien, † le 12-1). **1520**-7-6 *camp du Drap d'or*, entre Guines (place anglaise) et Ardres (place française), entrevue de François Ier avec Henri VIII d'Angleterre (luxe inouï, pas de résultats ; essaie d'obtenir une alliance). **1521-26 6e guerre d'Italie** (voir ci-contre). **1523**-9-10 le connétable de Bourbon se rallie à l'Espagne et gagne Besançon (sera condamné pour trahison, voir p. 631 a). **1525**-24-2 François Ier prisonnier à *Pavie* ; gardé 24/26-2 à Pavie ; 27-2/15-5 Crémone ; 26-5 Gênes ; 8-6 embarque à Portofino, fait escale à Monaco, Villefranche, Nice, Toulon et arrive, le 17-6, à Palamos (Espagne) ; reçu somptueusement, il est enfermé ensuite à Madrid, du 15-8-1525 au 11-3-1526. Louise de Savoie régente ; -28-4 Marguerite embarque à Aigues-Mortes pour l'Espagne pour négocier sa libération ; -nov. abdique en faveur de son fils François (édit non appliqué car contraire aux lois du royaume). **1526**-15-3 est échangé au milieu de la Bidassoa contre ses fils (François 8 ans et Henri 7 ans, qui resteront captifs 4 ans, jusqu'au remariage de leur père avec Éléonore, sœur de Charles Quint) ; -juillet négociations franco-turques (1re alliance d'un royaume chrétien avec un État musulman). **1526-29 7e guerre d'Italie** (voir ci-contre). **1527**-12-8 *Semblançay* (Jacques de Beaune, seigneur de, né 1445), ancien ministre des Finances, condamné pour malversations et pendu. **1528**-3-8 prise de Cambrai. **1529**-avril *grande rebeyne* (émeute de subsistance) à Lyon contre vie chère et pain rare. **1531** confiscation des biens du connétable de Bourbon ; alliance avec des Pces protestants allemands. **1532**-août les états de Bretagne réclament le rattachement à la France (traité d'union signé 3-9 au Plessis-Macé). **1534**-20-4 *Jacques Cartier* part explorer le nord de l'Amérique (5-9 rentre à St-Malo) ; -24-7 prise de possession du Canada ; création d'une armée nationale [6 000 h. recrutés dans les 7 provinces principales (légions provinciales)] ; -18-10 *affaire des placards* [affichés dans plusieurs villes et notamment à Paris et Amboise où se trouvait le roi (même sur la porte de sa chambre)] intitulés *Articles véritables sur les horribles abus de la messe royale*. François Ier prend position contre la Réforme, début de la répression. **1535**-19-5 : 2e départ de Jacques Cartier, découvre les bouches du St-Laurent (retour 16-7-1536). François Ier interdit l'imprimerie sous peine de pendaison et ordonne la fermeture des boutiques de librairie. **1536** alliance François Ier/Soliman contre Charles Quint, en même temps que le traité de paix et de commerce (de « capitulations ») octroyant aux sujets des 2 souverains la liberté de trafiquer librement entre eux et leur assurant la sauvegarde de leurs biens et de leurs personnes. **1536-42 8e guerre d'Italie** (voir ci-contre). **1539**-10-8 *ordonnance de Villers-Cotterêts* (voir à l'Index). **1539**-déc./**1540**-janv. Charles Quint séjourne à Chambord, puis à Paris. **1541** *Philippe de Chabot* (vers 1492-1543), amiral, condamné pour malversations à la prison perpétuelle ; absous par François Ier et réintégré. **1542**-juillet François Ier déclare la guerre à Charles Quint. **1543**-1-6 Chabot meurt, l'*amiral d'Annebaut* au pouvoir (en réalité le pouvoir appartient à la favorite, la *Desse d'Étampes*). **1543-45 9e guerre d'Italie** (voir ci-contre). **1544** *édit de Fontainebleau*, fin de la répression contre les novateurs. **1545**-avril massacre de centaines (ou milliers ?) d'« hérétiques » vaudois en Provence. **1546**-7-6 paix avec l'Angleterre.

☞ **Fiefs réunis à la Couronne sous François Ier** : *1515* comté d'Angoulême (érigé pour sa mère en duché qui reviendra à la Couronne à la mort de celle-ci en 1531), *1523* duché de Bourbonnais, comtés d'Auvergne, de Clermont, de Forez, de Beaujolais, de la Marche, *1525* duché d'Alençon, comtés du Perche, d'Armagnac, du Rouergue, *1531* dauphiné d'Auvergne.

5e guerre d'Italie (1515-16). L'empereur a réinstallé sur le trône de Milan en 1512 Maximilien Sforza (1490-1530), fils de Ludovic Le More, sous la protection de 15 000 mercenaires suisses. François Ier augmente la taille, engage le domaine royal, emprunte aux villes et aux particuliers, fait fondre sa vaisselle d'or. Il signe des traités avec Henri VIII d'Angleterre, l'archiduc Charles d'Autriche, Venise, le duc de Gueldre, le duc de Lorraine ; *-26-6* annonce son départ pour l'Italie (confie la régence à sa mère). Retrouve son armée à Grenoble : 10 000 cavaliers français et allemands, 30 000 fantassins dont quelques milliers de mercenaires gascons (artillerie, commandée par Galiot de Genouillac, comprenant 72 grosses pièces et de nombreux fauconneaux, pièces légères aisées à manier). *Adversaires :* le duc de Milan [Maximilien Sforza (1490-1530)], le roi Ferdinand d'Espagne, l'empereur Maximilien et le pape Léon X. Les Suisses, mercenaires du duc de Milan, barrent les débouchés des cols du Mont-Cenis, du Mont-Genèvre, seuls réputés praticables pour une armée depuis la France ; mais un paysan indiquera le chemin du col de Larche, que 1 200 prisonniers du maréchal Trivulce déblaient. **1515**-*25-3* François Ier promet aux Vénitiens de reprendre l'offensive contre Suisses et Milanais ; *-fin juillet* il franchit le col de Larche ; *-13-9* (16 h) *au 14-9* (11 h) *Marignan* (Melegnano) : François Ier et Alviano (Vénitien) écrasent les Suisses grâce à une artillerie supérieure (14 000 Suisses et 2 500 Français et Vénitiens †) ; *-15-9* reprise de Milan ; *-13-10 traité de Viterbe :* François Ier reçoit Milanais, Parme, Plaisance ; Maximilien Sforza perd son duché, reçoit une pension, vient vivre en France ; *-16-10* François Ier entre à Milan. **1516**-*13-8 traité de Noyon* confirme le traité de Viterbe. *-29-11 paix de Fribourg* ou *« paix perpétuelle » :* les Suisses n'attaqueront plus jamais ni la France ni Milan.

6e guerre d'Italie (1521-26). **1521**-*mars* offensive française de Lautrec [Odet de Foix, Vte de (1485/Naples 6-8-1528)] ; *-27-4 La Bicoque*, Lautrec battu par Prospero Colonna, 2 000 † ; *-17-11* perte de Milan. Henri VIII déclare la guerre à la France : ravage les côtes bretonnes et normandes et attaque la Picardie. **1522**-*3-5* perte de Crémone et de Gênes. **1523**-*sept.* offensive française (Guillaume Gouffier seigneur de Bonnivet, amiral de France) : *siège de Milan.* **1524**-*3-4* contre-attaque de Charles de Lannoy : Bonnivet blessé ; *-29-4 Bayard tué.* Siège de Milan levé (troupes malades) ; *-30-6* le connétable de Bourbon attaque la Provence, bombarde Marseille, prend Aix ; *-oct.* François Ier (avec Bonnivet et 32 000 h.) passe le Mont-Genèvre ; *-20-10* reprend Milan. **1525**-*24-2 bataille de Pavie :* Bourbon et Lannoy anéantissent les Français : La Palice (Jacques de Chabannes, Mal de France, gouverneur de Bourbonnais, Auvergne, Forez, Beaujolais et Lyonnais) tué, Bonnivet tué ; *François Ier* prisonnier. **1526**-*14-1 traité de Madrid :* l'Espagne reçoit Bourgogne, Tournai ; la France abandonne ses droits sur Milanais (donné à Bourbon) ; suppression de la suzeraineté française sur Flandre et Artois ; François Ier sera libéré (le 15-3 et ses 2 fils resteront en otages).

7e guerre d'Italie (1526-29). **1526**-*22-5 ligue de Cognac* (Angleterre, France, pape Clément VII, Vénitiens, Pces allemands contre l'Espagne). **1528**-*févr.* Lautrec (25 000 h.) reconquiert Milanais et Gênes ; *-avril-mai* il attaque Naples avec le Gal et amiral génois *Andrea Doria* (Oneglia 30-11-1468/Gênes 25-11-1560) ; *-juillet* Doria se rallie au roi d'Espagne ; *-15-8* l'armée française est atteinte de la peste (Lautrec † le 16-8) ; capitulation des survivants ; *-sept.* Doria reprend Gênes. **1529**-*1-6* défaite et capitulation de l'armée française du Milanais à Landriano ; *-3-8 paix de Cambrai* [ou *paix des Dames :* appelée ainsi car elle fut conclue par Louise de Savoie (mère de François Ier) et Marguerite d'Autriche (tante de Charles Quint)] : François Ier récupère Bourgogne, Boulogne, villes de la Somme, Ponthieu ; cède Flandre et Artois sans suzeraineté ; renonce à ses droits sur Milan, Asti, Naples (ses fils seront libérés le 1-7-1530 contre rançon de 2 millions d'écus d'or, dont 1 241 175 payés comptant).

8e guerre d'Italie (1536-42). **1536**-*2-6* Charles Quint attaque la Provence ; *-14-9* Montmorency délivre les Alpes et envahit le Piémont (au duc de Savoie). **1537** conquiert tout le pays ; *-18-6 paix de Nice :* François Ier garde 2/3 du Piémont ; Charles Quint 1/3 du Piémont et le Milanais. **1538**-*14/15-7 entrevue d'Aigues-Mortes* entre François Ier et Charles Quint. **1540**-*oct.* Charles Quint donne le Milanais à son fils Philippe.

9e guerre d'Italie (1543-45). **1543**-*29-6* François Ier s'allie à Soliman, pacha de Turquie ; *-juillet* une escadre franco-turque (*Barberousse*) prend Nice, mais la citadelle résiste. **1544**-*14-4 Cérisoles*, duc d'Enghien (21 ans) bat Mis del Vasto ; *-8-7* les Français évacuent le Piémont pour défendre la Champagne [prise de Château-Thierry (le 24-7 Charles Quint l'incendie) et d'Épernay] ; *-15/16-9 paix de Crépy-en-Laonnois* avec Charles Quint : François Ier renonce à Milanais, Naples, Aragon, Flandre et Artois, Charles Quint renonce à Bourgogne et dépendances, Charles d'Orléans, fils de François Ier, épousera une fille de Charles Quint ou de Ferdinand Ier et recevra en dot Franche-Comté ou duché de Milan. **1545**-*9-9* † de Charles d'Orléans, le traité de Crépy devient caduc.

■ **1547** (31-3) **Henri II** (St-Germain-en-Laye 31-3-1519/Paris, au château des Tourrelles, 10-7-1559), 2e fils de François Ier et de Claude de France ; détenu en Espagne du 17-3-1526 au 1-7-1530, duc couronné de Bretagne (1532), dauphin (10-8-1536), sacré à Reims (26-7-1547), protecteur des libertés germaniques (1552). *Devises : Plena est æmula solis* (« L'émule du soleil est pleine »), *Donec totum impleat orbem* (« Jusqu'à ce qu'elle remplisse le monde entier »). *Emblème* (de Diane de Poitiers) : croissant sur des montagnes avec les 2 devises. *Ép.* (28-10-1533) *Catherine de Médicis* (Florence 13-4-1519/5-1-1589, Blois), fille unique et héritière de Laurent II de Médicis (1-1-1449/8-4-1492), duc d'Urbin, et de Madeleine de la Tour d'Auvergne, petite-nièce de Léon X, cousine de Clément VII, Ctesse de Boulogne et d'Auvergne, sacrée à St-Denis (10-6-1549) ; stérile jusqu'en 1544, elle fut menacée de répudiation ; régente 1552, 1559, 1574, dont il eut 10 enfants dont : FRANÇOIS II (voir p. 635 a) ; ÉLISABETH [(Fontainebleau 2-4-1545/Madrid 3-10-1568, en couches) qui épouse (1560) *Philippe II* roi d'Espagne (21-5 ou 5-2-1527/13-9-1598)] ; CLAUDE [(12-11-1547/21-2-1575) qui épouse (22-1-1559) *Charles III*, duc de Calabre, duc de Lorraine (1543-1608)] ; LOUIS [(13-2-1549/24-10-1550), duc d'Orléans] ; CHARLES IX ; HENRI III ; MARGUERITE [qui épouse *Henri de Navarre* (futur Henri IV)] ; HERCULE puis FRANÇOIS [(18-3-1555/10-6-1584 tuberculeux), duc d'Alençon (1566), d'Anjou (1576), de Brabant (19-2-1582)] ; VICTOIRE (24-6/17-8-1556) ; JEANNE, sa jumelle († 24-6).

☞ **Favorites de Henri II** : **JANE STUART** (vers 1520/après 1553), veuve de lord Malcolm, 3e baron Fleming of Leviston, dont : HENRI, bâtard d'Angoulême (1551/tué en duel 2-6-1586), grand prieur de France, gouverneur de Provence, amiral. **FILIPPA DUCI** (vers 1520-?) dont DIANE DE FRANCE [(Paris 1538/Paris 3-2-1619) 1548 légitimée, 1563 Desse de Châtellerault, 1576 d'Étampes, puis 1582 d'Angoulême, sans postérité] ; qui épousera : 1°) 1553 Horace Farnèse, duc de Castro († 18-7-1553), 2°) 1557 François, duc de Montmorency (1530-78), Mal de France. **NICOLE DE SAVIGNY** (1535-90) dont HENRI DE SAINT-RÉMY (1557-1621), bâtard de Valois, baron de Fontette, dont postérité [notamment Jeanne de La Motte-Valois (voir p. 647 c, affaire du Collier)]. **DIANE DE POITIERS** (née 9-1-1500), fille de Jean de Poitiers, seigneur de St-Vallier ; 29-3-1515 épouse Louis de Brézé (1459/23-7-1531), Cte de Maulévrier, Gd sénéchal de Normandie, dont elle a plusieurs enfants ; 1538 chargée de veiller sur Diane (fille de Filippa Duci), elle devient la maîtresse du dauphin Henri (elle a 19 ans de plus que lui) ; 1548 Desse de Valentinois ; 1559 se retire, doit échanger Chenonceau contre Chaumont ; 1564 retirée à Limoux ; 26-4-1566 meurt à Anet (construit pour elle par Philibert Delorme).

– **1547**-2-4 Henri II disgracie les conseillers de son père : *Anne de Montmorency* (15-3-1493/11-11-1567), maréchal (1522), Gd maître de France et gouverneur du Languedoc (1526), connétable (1538), 1er duc (1551), influence la favorite *Diane de Poitiers* ; -10-7 dernier duel autorisé par un roi de France : devant Henri II et la cour, sur le plateau de St-Germain, Guy de Chabot, Bon de Jarnac (1509-1584), gouverneur d'Aunis dès 1545, sur le point de succomber, frappe au jarret (coup inattendu) François de Vivonne, seigneur de La Châtaigneraie (né 1520), qui mourra dans la nuit alors que, escorté de 300 gentilshommes portant ses couleurs, blanc et incarnat, il avait fait préparer, aux frais du roi, un banquet pour fêter sa victoire [*coup de Jarnac :* dommage causé à un adversaire de façon imprévue et décisive] ; -13-9 lettres patentes créant la *marine française* (vaisseaux ronds dans l'Atlantique, galères en Méditerranée) ; -déc. création de la *censure* sur les textes imprimés. **1547-56 10e guerre d'Italie** (voir p. 635 a). **1550**-mars les Anglais restituent Boulogne à la France. **1551**-juin *édit de Châteaubriant* contre les protestants. **1552**-15-1 *traité de Chambord :* la France s'allie aux princes protestants d'Allemagne, révoltés contre Charles Quint, en échange des Trois-Évêchés *(Metz, Toul et Verdun)* qui sont occupés en avril-mai ; -3-5 échec d'un raid contre Strasbourg ; -nov./déc. François [2e duc de Guise (Bar 15-2-1519/St-Mesmin 18-2-1563 ; 1549 blessé au siège de Boulogne d'où son surnom : le « Balafré »)] résiste à Metz contre Charles Quint. **1554**-janv. échec d'une offensive française contre Belgique. **1555** mission au Brésil : émigrants volontaires, protestants, commandés par Villegaignon (ancien chevalier de Malte), aidé d'André Thévet (capucin, géographe du roi) ; ils s'installent dans la baie (futur Rio de Janeiro) : Thévet y restera 3 mois, baptisant le pays la « France antarctique ». -2-5 *Antoine de Bourbon* (père du futur Henri IV) devient roi de Navarre. **1556-59 11e guerre d'Italie** (voir p. 635 a). **1557**-7-6 *Marie Tudor*, reine d'Angleterre, épouse de Philippe II, déclare la guerre à Henri II ; -juillet *édit de Compiègne :* punit de mort l'hérésie ; 6 dames nobles sont exécutées pour protestantisme. **1558**-6-1 François de Guise prend *Calais* (cédée au *traité du Cateau-Cambrésis* le 3-4-1559 par l'Angleterre contre 500 000 écus). **1559** *édit d'Ecouen* contre les protestants. -30-6 tournoi organisé à Paris, rue St-Antoine, à l'occasion des mariages de Marguerite de Valois et d'Élisabeth de France, *Gabriel de Lorges*, Cte de Montgomery (né vers 1530), fils du capitaine des gardes écossais, affronte le roi (les lances se brisent, le tronçon de celle de Montgomery soulève la visière d'Henri II et entre dans son œil) ; -9-7 le mariage de Marguerite a lieu ; -10-7 Henri II meurt (André Vésale et Ambroise Paré n'ont pu le sauver ; on avait même fait décapiter 4 criminels, emprisonnés au Châtelet, sur lesquels l'on étudia sans succès). Montgomery, poursuivi par la vindicte de Catherine de Médicis, se réfugie en G.-B., devient protestant, revient commander les huguenots (1562), prend Orthez (1569) ; condamné à mort, il sera décapité à Paris le 27-5-1574. Catherine de Médicis adopte le deuil en noir comme en Italie et ne le quittera que pour les mariages de ses enfants.

☞ **Fiefs réunis à la Couronne sous Henri II :** *1547* duché de Bretagne, *1555* les Trois-Évêchés : Metz, Toul, Verdun, *1558* comtés de Calais, d'Oye.

10e guerre d'Italie (1547-1556). 1547-*oct.* Henri II s'allie avec le pape Paul III. **1550** *Charles de Brissac* (1505-63, maréchal de France) gouverneur du Piémont, prend l'offensive en Milanais. **1552**-*26-2* Henri II exige Milan, Asti, Naples et Sicile ; *-26-7* Sienne ralliée à la France est occupée par *Monluc* [Blaise de Lasseran Massencome, seigneur de Monluc (vers 1500/26-8-1577) combattant à Pavie 1525, Cérisoles 1544, défend Sienne 1554-55, lieutenant général de Guyenne 1565 (répression du protestantisme), maréchal de France 1574 ; blessé au siège de Rabastens (devra porter un masque toute sa vie) et réformé 1570, auteur de *Commentaires* (parus 1592)]. **1553** escadre franco-turque occupe Corse. **1554-55** siège de Sienne par le Mis de Marignan (17-4-1555 Monluc capitule). **1556**-févr. *trêve* (de 5 ans) *de Vaucelles :* la France garde le Piémont.

11e guerre d'Italie (1556-59). 1556-*août* offensive espagnole contre le pape Paul IV (duc d'Albe prend Ostie et Agnani). Henri II intervient, Rome n'étant pas comprise dans la trêve de Vaucelles ; *-25-11* François, 2e duc de Guise, chargé de conquérir Naples. **1557**-*31-1 déclaration de guerre ; -5-4* offensive de Guise depuis Rome contre Naples ; *-15-5* échec à Civitella, rappel de Guise en Fr. ; *-10-8 bataille de St-Quentin :* Emmanuel-Philibert (1528-80), duc de Savoie, bat le connétable de Montmorency qui est fait prisonnier avec le Cte de Montpensier et le maréchal de St-André ; Cte de Soissons tué. **1559** *traité du Cateau-Cambrésis :* signé avec Angleterre 2-4, Espagne 3-4 ; Henri II rend Milanais, Montferrat, Piémont et Corse ; garde Calais, Metz, Toul et Verdun.

■ **1559** (10-7) **François II** [Fontainebleau 19-1-1544/Orléans 5-12-1560, d'une méningite encéphalique due à une otite suppurée ; sa mort paraissant suspecte, on accusa Catherine de Médicis, Marie Stuart, Ambroise Paré (proche des protestants) et son valet de chambre de l'avoir empoisonné], fils d'Henri II et Catherine de Médicis ; duc de Bretagne, dauphin (31-3-1547), officiellement *roi d'Écosse* (1558 par mariage avec Marie Stuart) puis, à la mort de Marie Tudor, *roi d'Angleterre et d'Irlande* (17-11-1558), sacré à Reims par le cardinal de Lorraine (18-9-1559). *Devises : Spectanda fides* (« C'est ainsi qu'on doit respecter la foi »), *Lumen rectis* (« La lumière est dans la droiture »). *Ép.* (24-4-1558) *Marie Ire Stuart* [(Linlithgow 8-12-1542/exécutée 8-2-1587 à Fotheringhay en Angleterre ; fille de Jacques V, roi d'Écosse et de Marie de Lorraine (1515-60), sœur des Guises et veuve de Louis d'Orléans duc de Longueville (ép. 1534, veuve 1537), reine d'Écosse à la mort de Jacques V (14-12-1542), amenée à 6 ans en France ; veuve, elle se remariera 1°) 29-7-1565 avec Henry Stuart (né 7-12-1545, catholique, son cousin), lord Darnley, duc d'Albany puis roi consort d'Écosse, assassiné par son favori [10-2-1567 dont elle aura son seul enfant : Jacques VI d'Écosse (1566-1625), qui deviendra en 1602 Jacques Ier d'Angleterre]), 2°) 15-5-1567 James Hepburn comte de Bothwell, duc d'Orkney (1536-1578), assassin de Darnley.

– **1559**-10-7 François II charge sa mère *Catherine de Médicis* du gouvernement : elle renvoie *Montmorency*, exile *Diane de Poitiers* et confie le gouvernement aux Guises : *François de Guise* (affaires militaires), *cardinal de Lorraine* (affaires civiles) ; -12-12 *Antoine Minard*, Pt au Parlement, catholique très zélé, est assassiné à Paris ; -23-12 Anne du Bourg (né vers 1520), conseiller au Parlement, diacre, accusé de calvinisme, décapité. **1560**-17-3 **conjuration d'Amboise :** les calvinistes veulent soustraire François II à l'influence des Guises et porter au pouvoir Louis Ier, Pce de Condé (1530-69) ; *Godefroy de Barri, seigneur de La Renaudie* (?/17-3-1560, Périgourdin rallié au calvinisme) masse 500 cavaliers dans les bois de Château-Renault pour attaquer Amboise ; trahis par des Avenelles (ami de Barri), ils sont cernés et anéantis, environ 100 se réfugient au château de Noisay et se rendent contre la vie sauve. Le lendemain, ils seront pendus et décapités ; La Renaudie est tué au combat, son cadavre sera pendu au pont d'Amboise, puis décapité. La répression dure plusieurs semaines (1 200 exécutés) ; -20-5 *Michel de L'Hospital,* chancelier de France.

■ **1560** (5-12) **Charles IX (Charles-Maximilien,** St-Germain-en-Laye 27-6-1550/Vincennes 30-5-1574), fils de Henri II et de Catherine de Médicis ; titré duc d'Angoulême à sa naissance, puis duc d'Orléans à la mort de son frère Louis (24-10-1550), sacré à Reims (15-5-1561). 1573-oct. commence à cracher le sang (tuberculeux). *Ép.* (26-11-1570) *Élisabeth d'Autriche* [(Vienne, 5-7-1554/22-1-1592), fille de Maximilien II, empereur, et de Marie fille de Charles-Quint ; devenue veuve, elle fut renvoyée auprès de son frère et refusera d'épouser Philippe II d'Espagne (veuf d'Anne d'Autriche, sa sœur)] dont Marie-Élisabeth (27-10-1572/9-4-1578). – Charles IX laissa un traité incomplet sur la chasse au cerf (publié en 1625).

☞ **Favorite de Charles IX : Marie Touchet** (vers 1549/Paris 28-3-1638) [(anagramme : *je charme tout*), dame de Belleville ; 1566 maîtresse ; après la mort de Charles IX, elle épousera (20-10-1578) François de Balzac d'Entragues, dont elle aura 2 filles : Catherine Henriette (maîtresse de Henri IV, voir p. 637 b) et Marie Mise d'Entragues (qui vécut 10 ans avec Bassompierre)] dont N. (né 1572, † jeune) et Charles, bâtard de Valois (28-4-1573/24-9-1650), chevalier de Malte et grand prieur de France, Cte d'Auvergne et de Lauraguais (juin 1589), relevé de ses vœux (1589) ; duc d'Angoulême (janv. 1620), il épousera : *1°)* 1591 Charlotte de Montmorency, Ctesse de Fleix († 15-8-1636), dont 3 fils : Henri († 8-1-1668, dément), Louis Emmanuel duc d'Angoulême [(1596/13-11-1653) dont 3 fils † jeunes et 1 fille], François Cte d'Alès († 19-9-1622), puis *2°)* 25-2-1644 Françoise de Nargonne (1621-1713).

– **1560**-21-12 Charles IX ayant 10 ans, *Catherine de Médicis* est nommée gouvernante de France par le Conseil privé ; Antoine de Bourbon, roi de Navarre (père de Henri IV) est lieutenant général du royaume. **1560**-13-12/**1561**-31-1 *états généraux d'Orléans* (grande ordonnance d'Orléans : élections et délibérations séparées pour les 3 ordres) puis -août *de Pontoise* ; -9-9/14-10 *colloque de Poissy* : assemblée de théologiens envoyés par Catherine et Michel de L'Hospital en vue d'un rapprochement entre catholiques (cardinal de Lorraine) et réformés (Théodore de Bèze) : échec ; -16-11 *massacre de Cahors :* environ 30 † protestants (auraient insulté les catholiques). **1562**-17-1 *édit de St-Germain* accordant aux réformés la liberté de culte hors des villes closes et en présence des officiers royaux ; -1-3 *massacre de Wassy* (voir p. 636 a). **1563**-janv. *édit* dont le 39e article ordonne de dater les actes publics et particuliers en commençant l'année au 1-1 [-4-8 confirmé par une déclaration donnée par le roi à Roussillon en Dauphiné (avant cet édit, l'année commençait à Pâques)] ; -4-3 *paix d'Amboise* ; le Parlement refuse d'abord de l'enregistrer, la considérant « au désavantage de l'honneur de Dieu, de la religion catholique et de l'autorité du jeune roi ». Catherine doit ajouter au traité qu'il ne s'agit que d'une paix provisoire jusqu'à la majorité du roi. [Catherine révèle un complot : Montmorency et son neveu Turenne devaient enlever Charles IX et la reine à St-Germain. Le principal agent de liaison des conjurés, Joseph de Boniface, seigneur de La Mole, favori du duc d'Alençon, devait être nommé Lt général du royaume après que les états généraux auraient déchu Charles IX ; *23-2* La Mole et son complice Annibal de Coconas (né vers 1535) sont arrêtés. La Mole nie tout, mais Coconas parle ; *30-2* La Mole, torturé, avoue. On découvre des lettres de Côme Ruggieri, astrologue en titre de la reine. Accusé d'avoir voulu envoûter Charles IX, Ruggieri est condamné aux galères ; *mars* gracié par Catherine ; *30-4* La Mole est décapité. Dans la nuit, Marguerite de Navarre (qui avait aimé La Mole) et la Desse de Nevers (maîtresse de Coconas) font enlever les corps et les inhument.] -17-8 Charles IX déclaré majeur à 13 ans par le parlement de Rouen. Les Anglais doivent évacuer Le Havre et abandonner Calais contre rançon (traité de Troyes). **1564-66** *tour de France de la reine et du jeune roi.* **1565** Catherine rencontre Fernando Alvarez de Toledo, duc d'Albe (Piedrahita 29-10-1507/Lisbonne 11-12-1582) en vue d'une alliance contre les hérétiques : sans résultat. **1566** *assemblée de Moulins* (grande ordonnance du 12-2 de Michel de L'Hospital réorganisant l'administration : le domaine royal est inaliénable, le droit de remontrance des parlements est réglementé, des maîtres de requête effectuent des contrôles dans tout le territoire, les *Grands Jours* provinciaux sont institués, les parlements voient une limitation de leurs prérogatives en faveur du pouvoir royal). **1567**-sept. Nîmes, journées de la *Michelade :* plusieurs catholiques massacrés. **1567-78 2e et 3e guerres de Religion** (voir p. 636 b). **1571**-11-4 signature du contrat de mariage de Marguerite de Valois (sœur de Charles IX) et de Henri de Navarre ; -12-9 retour de Gaspard de Coligny à la cour ; -7-10 victoire des Espagnols sur les Turcs à *Lépante*, enthousiasme en France. **1572**-31-3/1-4 les Gueux occupent Brielle (Hollande) ; -19-4 alliance défensive franco-anglaise contre l'Espagne ; -9-6 mort de Jeanne d'Albret, mère de Henri de Navarre ; -7-7 Henri de Navarre arrive à Paris ; -17-7 le contingent huguenot, levé en soutien de Louis de Nassau enfermé dans Mons, est écrasé ; -9/10-8 le Conseil rejette le projet de Coligny d'intervention militaire aux Pays-Bas ; -16-8 édit fiscal frappant les procureurs ; -18-8 Henri de Navarre épouse Marguerite de Valois ; le Parlement boude les cérémonies officielles ; -22-8 attentat contre Coligny ; -24-8 massacre de la *St-Barthélemy* (voir encadré p. 636) ; complot pour porter le duc d'Alençon frère de Charles IX au pouvoir à la place de Charles IX ; -29-8 Catherine écrit à Philippe II d'Espagne pour lui demander la main de l'infante Isabelle (5 ans, fille de la reine Élisabeth fille d'Henri II et sœur de Charles IX) pour le duc d'Anjou. Philippe II refuse. Catherine reprendra les négociations matrimoniales entre Élisabeth et le duc d'Alençon. **1573-74 4e guerre de Religion** (voir p. 636 c). **1574**-30-5 Charles IX meurt à 24 ans (moins 28 j), empoisonné (?).

■ **1574** (30-5) **Henri III** (Fontainebleau 19-9-1551/St-Cloud 2-8-1589), dernier Valois, 3e fils de Henri II et de Catherine de Médicis ; prénommé Édouard Alexandre à cause de son parrain Édouard VI d'Angleterre et de son oncle Alexandre Ier duc de Florence, prend le nom de Henri (1566) ; duc d'Orléans (8-12-1560), puis d'Anjou (1567), élu *roi de Pologne* (7-7-1572) et *grand-duc de Lituanie* (11-5-1573) par la diète polonaise d'élection (40 000 nobles) ; 19-8-1573 une délégation polonaise de 10 ambassadeurs et 250 gentilshommes vient le chercher ; 23-9 ils repartent sans lui ; Henri est peu pressé de partir (la santé de Charles IX, atteint de la tuberculose, est chancelante), mais Charles IX exige son départ (déc. 1573). **1574**-18-2 Henri arrive à Cracovie ; -21-2 y est sacré ; ayant 23 ans, il refuse d'épouser Anne Jagellon (1523-96), 47 ans et laide, sœur de Sigismond II Auguste dernier de la dynastie (elle épousera Étienne Bathory) ; -17-6 apprend la mort de Charles IX ; -18-6 s'enfuit, rejoint Oświęcim (Auschwitz) et promet de revenir dans les 9 mois [son emblème (3 couronnes : France, Pologne et celle qu'il espérait obtenir après sa mort) explique sa devise : *Manet ultima caelo,* « La dernière se trouve au ciel »] ; il quitte la Pologne, rejoint la France, passe par Venise (23-6 au 27-7), Lyon (6-9 ; y convoque un congrès : Catherine est pour la guerre afin de le détourner de sa maîtresse, Marie de Clèves) ; -21-12 remplacé comme roi de Pologne. **1575**-13-2 sacré à Reims par le cardinal de Guise, évêque de Metz (parce que Louis de Lorraine, nommé archevêque de Reims, n'était pas encore prêtre) ; il garde les armes de Pologne et de Lituanie, se titre roi de France et de Pologne jusqu'à sa mort. *Ép.* (15-2-1575) *Louise de Lorraine-Vaudémont-Nomény* (30-4-1553/29-1-1601 à Moulins), fille de Nicolas, Cte de Vaudémont, duc de Mercœur ; délaissée, vit retirée jusqu'en 1589 ; sans postérité.

☞ **Favorites d'Henri III :** *Louise de La Béraudière du Rouhet* qui le déniaise ; *plusieurs d'Estrées ; Renée de Rieux de Châteauneuf* [*surnom :* « la Belle », née vers 1550, fille de Jean de Rieux, fille d'honneur de Catherine de Médicis en 1564-71 ; ép. Antinotti (Florentin qu'elle poignarde en 1577, jalouse), puis un capitaine de galères italien (que le roi fait Bon de Castellane)] ; brèves aventures : *Mlles de La Mirandole ; de Pont ; de Stavay ; Marie de Clèves* [épouse du Pce de Condé, Henri de Bourbon ; il cherche à faire rompre son mariage pour l'épouser, mais elle meurt en couches (30-10-1574) sans qu'il l'ait revue ; il s'évanouit en apprenant à Lyon la nouvelle et oblige la cour à prendre le deuil] ; *sera soupçonné* d'avoir eu, dans sa jeunesse, des relations incestueuses avec sa *sœur Marguerite.*

☞ **Favoris d'Henri III,** dits *mignons,* désignant un homme de cour en faveur : *Mis François d'O* (1535-94) surintendant des Finances 1578 ; *Henri de Saint-Sulpice* (cousin de Quélus) *; Joachim d'Inteville ; Jacques de Lévis* [Cte de Quélus, † à 24 ans le 29-5-1578 (blessé en duel le 28-4 par Charles de Balzac d'Entragues)] ; *Paul de Caussade de Saint-Mégrin* (assassiné 1578) ; *François Maugiron* (tué en duel 28-4-1578) ; *François d'Espinay Saint-Luc* (grand maître de l'artillerie d'Henri IV tué au combat) ; *Anne de Châteauneuf-Randon,* Bon d'Arques [né 1561, duc et pair (1581) de Joyeuse, amiral ; épouse sept. 1581 Marguerite de Lorraine (demi-sœur de la reine Louise, femme d'Henri III), 1584 gouverneur d'Alençon, assassiné à Coutras après la bataille qu'il venait de perdre, 20-10-1587] ; *Livarot ; Jean-Louis de Nogaret de La Valette* [né 1554, duc d'Épernon (1580), épouse Marguerite de Foix-Candale (très riche), † 13-1-1642 disgracié à Loches] ; *Roger de Saint-Lary* (vers 1565 Mis puis 1620 duc de Bellegarde, grand écuyer, maréchal, amant de Gabrielle d'Estrées, † disgracié en 1646).

– **1574**-30-5/5-9 régence (sans en prendre le titre) de Catherine de Médicis. **1575** intrigues du duc d'Alençon (frère d'Henri III) ; invasion (en sept.) à l'est par Condé et le Cte palatin Jean-Casimir avec 15 000 reîtres ; troubles dans le centre, fomentés par Bussy, amant de Marguerite de Navarre. **1576 5e guerre de Religion** (voir p. 636 c) ; -2-2 Henri de Navarre part pour Alençon, Saumur, Thouars ; -13-6 abjure le catholicisme ; -6-12 *états généraux de Blois :* la *taille* est levée [sur chaque « feu » (maison familiale), impôt unique, proportionnel aux ressources]. **1577 6e guerre de Religion** (voir p. 636 c). **1578** Henri III crée l'ordre du St-Esprit (voir à l'Index). -28-4 duels : Maugiron (tué), Quélus (percé de 19 coups d'épée, † le 29-5), Livarot (blessé) contre Charles de Balzac d'Entragues (dit *le bel Entraguet*, blessé), François d'Aydie, seigneur de Ribérac († le 29-4), Georges Schomberg (tué). **1578-79** conférence de Nérac entre les cours de France (catholique) et de Navarre (protestante). **1579**-28-2 *édit de Nérac* accordant aux protestants (pour 6 mois) 3 places de sûreté en Guyenne et 11 au Languedoc. **1580 7e guerre de Religion** (voir p. 636 c) ; -22-8 *François duc d'Alençon* (Monsieur, frère de Henri III) élu souverain des Pays-Bas, s'installe à Cambrai. **1584**-10-6 il meurt à Château-Thierry, léguant son fief à Henri III (Jean de Montluc, gouverneur). **1585**-7-7 *traité de Nemours* entre Henri III et Henri de Guise : Henri III prend la tête de la lutte contre les protestants, donne des places de sûreté aux ligueurs et révoque les édits de tolérance. **8e guerre de Religion** (voir p. 636 c) ; -9-10 les Espagnols (Cte de Fuentes) reprennent Cambrai. **1588**-21-7 *édit d'union :* le roi doit être catholique ; le duc de Guise est lieutenant général du royaume ; -16-10 *états généraux de Blois :* refus de subsides ; -23-12 duc de Guise assassiné au château de Blois dans le passage

Charles X. Cardinal Charles de Bourbon (La Ferté-sous-Jouarre 22-12-1523/9-5-1590), 4e fils de Charles de Bourbon duc de Vendôme [(2-6-1489/25-3-1537), chef et aîné de la famille de Bourbon depuis 6-5-1527], frère cadet d'Antoine de Bourbon (22-4-1518/17-11-1562), le père d'Henri IV ; évêque de Rouen. Le 31-12-1584, à Joinville, un traité secret ratifié par le pape, entre les ducs de Guise et de Mayenne, M. de Maineville, représentant du cardinal de Bourbon (3e dans l'ordre de succession) d'une part, et l'ambassadeur d'Espagne Mendozo d'autre part, reconnaît le cardinal comme l'héritier de la Couronne ; les conjurés établissent en outre « une Ste Ligue perpétuelle pour la conservation de la religion catholique ». Après l'assassinat du duc de Guise (23-12-1588), la Ligue reconnaît le cardinal comme roi, sous le nom de Charles X, et prononce la déchéance d'Henri III le 1-8-1589 (mais Henri III gardait Charles X emprisonné). Après l'assassinat d'Henri III, le 2-8-1589, la Ligue fit reconnaître le cardinal comme Charles X (le parlement de Paris ratifia le 3-3-1590) ; mais le cardinal, prisonnier à Fontenay-le-Comte, mourut 2 mois après (le 9-5-1590) sans avoir fait acte de souveraineté, et ayant reconnu Henri IV ; les monnaies frappées à son effigie, les actes pris en son nom, par le duc de Mayenne notamment, le furent sans son accord.

La Ligue songea alors à **Charles de Bourbon** (30-3-1562/30-7-1594), cousin germain d'Henri IV, fils de Louis Ier de Bourbon, Pce de Condé, voué à l'Église comme cardinal. On avait envisagé de lui faire épouser l'infante Isabelle, fille de Philippe II, petite-fille d'Henri II, par sa mère Élisabeth de Valois.

menant au cabinet du roi par les « Quarante-Cinq » (garde personnelle du roi commandée par le capitaine Du Guast), sur ordre de Henri III qui aurait dit « Dieu qu'il est grand, encore plus grand mort que vivant ! » On trouva dans sa poche une lettre commençant par « Pour entretenir la guerre civile en France, il faut 700 000 livres tous les mois... » ; -24-12 assassinat du cardinal Louis de Lorraine, son frère. **1589** -5-1 *Catherine de Médicis meurt ;* Paris se soulève ; la Sorbonne déclare les Français déliés de leur serment envers le Pce, et la municipalité confie le pouvoir à un conseil de 40 membres ; la plupart des grandes villes prêtent contre Henri III le « serment d'union » ; le duc de Mayenne, frère de Guise, est nommé lieutenant général ; -30-4 Henri III rencontre Henri de Navarre à Plessis-lès-Tours ; -1-8 Henri III, alors sur sa chaise percée, est poignardé à St-Cloud par le moine dominicain Jacques Clément (22 ans, il avait été manœuvré par la Ligue ; profès au Studium generale de l'ordre des Frères prêcheurs à Paris) ; Henri III retire le couteau et blesse au front Clément [qui est tué sur place par La Guesle et Bellegarde qui le jettent par la fenêtre ; *-4-8* procès, son corps est écartelé puis brûlé] ; Henri III meurt le 2-8 à 2 h du matin, après avoir fait venir Henri de Navarre et exigé des seigneurs présents qu'ils lui prêtent serment.

Guerres de Religion (1560-98)

1re guerre de Religion (1562-63) : chefs protestants : *Gaspard II amiral de Coligny* (1519-72), *Louis Ier Pce de Condé* (1530-69), *Antoine de Bourbon* (1518-62) ; **catholiques :** *Anne Ier connétable de France duc de Montmorency* (1493-1567), *François 2e duc de Guise* (1519-63), *Jacques d'Albon* (1505-62). **1562**-*1-3 massacre de Wassy :* 300 protestants surpris dans une grange par des archers du duc de Guise, lors d'une cérémonie illégale (car la grange était à l'intérieur de la ville), en train d'écouter un prêche (60 à 74 †, 200 blessés) ; Catherine de Médicis se réfugie à Fontainebleau et écrit 4 fois à Condé de venir la défendre, mais il craint un piège. Guise, Montmorency, St-André viennent enlever la cour ; *-30-3* début de la guerre ; *-12-4* massacre à Sens ; *-29/30-4* à Lyon, le baron des Adrets (1513/2-2-1586), protestant, laisse piller les églises ; *-19-12 Dreux,* Condé battu et prisonnier, victoire de Guise. **1563**-*18-2* duc de Guise assassiné par le protestant Poltrot de Méré (peut-être sur ordre de Coligny) devant Orléans (voir encadré p. 631 b) ; *-19-3 paix (édit d'Amboise) :* liberté de conscience, culte réformé autorisé : dans les maisons des seigneurs hauts justiciers (pour leur famille et leurs sujets) ; dans les maisons des seigneurs ayant fief (pour leur seule famille) ; dans une ville par bailliage, sénéchaussée ou gouvernement tenant lieu de bailliage ; dans les faubourgs ; interdit dans Paris.

2e guerre de Religion (1567-68) : chefs protestants : *Louis Ier Pce de Condé, Frédéric III Électeur palatin* (1515-76) ; **catholique :** *1er duc de Montmorency.* **1567**-*26/28-9* début de la guerre (surprise de Meaux, échec d'un coup de main protestant pour s'emparer du roi) ; *-10-11 bataille de St-Denis :* Condé et Coligny tentent d'enlever Paris ; Montmorency les attaque par surprise, avec la garnison catholique de Paris, depuis Aubervilliers (est tué à 74 ans au cours de l'assaut, mais les protestants se replient). **1568**-*23-3 paix de Longjumeau* et *édit de Paris* confirme l'édit d'Amboise du 19-3-1563 (et La Rochelle reconnue comme place huguenote).

3e guerre de Religion (1568-72) : chefs protestants : *Louis Ier Pce de Condé, Coligny, Guillaume de Nassau* (1487-1559) ; **catholiques :** *duc d'Anjou* (futur Henri III), *Henri 3e duc de Guise* (1550-88), *Gaspard de Saulx seigneur de Tavannes* (1509-73, maréchal de France). **1568**-*23-8* début de la guerre. **1569**-*13-3 Jarnac,* défaites protestantes (la plupart des prisonniers protestants seront tués) ; *-25-6 La Roche-la-Belle,* Coligny bat le duc d'Anjou ; *-3-10 Moncontour* 6 000 † protestants, duc d'Anjou bat Coligny. **1570**-*8-8 paix de St-Germain (édit du 15-8) :* les protestants obtiennent liberté de conscience et exercice du culte dans les lieux où il était pratiqué avant la guerre, c.-à-d. dans les faubourgs de 2 villes par gouvernement et dans les demeures des seigneurs hauts justiciers ; 4 villes de sûreté leur sont accordées pour 2 ans (La Rochelle, Cognac, Montauban, La Charité). **1572**-*24-8* **massacre de la St-Barthélemy** (voir encadré col. a et b) ; le Pce de Condé [Henri Ier (1552-88)] et Henri de Navarre (futur Henri IV) abjurent.

4e guerre de Religion (1573-74) : chefs protestants : *François de la Noue* [1531-91 (rallié au roi 14-3-1573)], *Gabriel de Lorges Cte de Montgomery* (vers 1530-74) ; **catholiques :** *François duc d'Alençon* [frère d'Henri III, dit « Monsieur » (18-3-1554/10-6-1584)], *Armand de Gontaut* [1er duc de Biron (1524-92)]. **1573** siège de *La Rochelle ; -24-6* levée du siège ; *-6-7 paix de La Rochelle ; 11-7 édit de Boulogne :* rétablit la liberté du culte pour les seigneurs hauts justiciers et retire les garnisons royales de La Rochelle, Nîmes, Montauban. **1574**-*29-5* trêve de 7 mois au Languedoc ; *-26-6* Montgomery (pris à Domfront) exécuté.

5e guerre de Religion (1576) : chefs protestants : *Henri Ier de Bourbon 2e Pce de Condé* (1552-88, voir p. 642 a), *Jean-Casimir Cte palatin du Rhin* (1-3-1543/6-1-1592), *Henri de La Tour d'Auvergne duc de Bouillon et Vte de Turenne* (1555-1623) ; **catholiques :** *François duc d'Anjou (Monsieur) [depuis 1576, avant duc d'Alençon] 1er duc de Mayenne.* **1576**-*6-5 paix de Beaulieu-lès-Loches* ou *de Châtenoy* ou *de Monsieur* (73 articles) : Monsieur reçoit Anjou, Maine, Touraine, Berry ; liberté des cultes dans Paris et les villes closes ; chambres de justice mi-parties (moitié catholiques, moitié protestantes). 8 places fortes de sûreté aux réformés, sans garnison royale ; condamnation de la St-Barthélemy ; réhabilitation de Montgomery ; Henri III versera 12 millions de livres à Jean-Casimir, Cte palatin, et à ses reîtres.

6e guerre de Religion (janvier-septembre 1577) : chefs protestants : *Henri Ier de Bourbon 2e Pce de Condé, François de Coligny* [(1557-91) fils de l'amiral] ; **catholiques :** *duc d'Anjou* (futur Henri III), dit *Monsieur Henri Ier, 3e duc de Montmorency* (1534-1614) d'abord connu sous le nom de Damville, catholique tolérant. **1577**-*1-5* Monsieur prend La Charité ; *-1-6* enlève Issoire ; *-15-9 paix de Bergerac, -17-9* promulguée par l'*édit de Poitiers :* mêmes clauses qu'à Beaulieu (1576) mais le culte catholique est rétabli dans les lieux à majorité protestante ; dissout la Ligue et la Confédération protestante.

7e guerre de Religion (1580) : chefs protestants : *Henri Ier de Bourbon 2e Pce de Condé, Henri de Navarre* (futur Henri IV) ; **catholiques :** *Jacques de Goyon, Mal de Matignon* (1525-97). **1580**-*30-5* Henri de Navarre prend Cahors ; *-26-11 paix de Fleix :* confirme l'*édit de Nérac* du 18-2-1579 (en accordant les 14 places pour 6 ans au lieu de 6 mois).

8e guerre de Religion (1585-98) : chef protestant : *Henri de Navarre* (futur Henri IV) ; **catholiques :** *Anne de Joyeuse* (1561-87, voir Anne de Châteauneuf-Randon p. 635 c), *Henri duc de Guise* (1550-88, dit « le Balafré »). **1586-87** *guerre des Trois Henri,* Henri III (royaliste) et Henri de Navarre (protestant), Henri de Guise (Ligue). **1587**-*20-10 Coutras,* Joyeuse [environ 6 000 h. (dont 2 000 seront tués dont 400 gentilhommes)] battu par Henri de Navarre (environ 6 000 h. ; moins de 50 tués ; bonne artillerie). Joyeuse tué ; Condé mortellement blessé ; *-24-11 Auneau,* Henri de Guise bat les mercenaires allemands. **1588**-*9-5* contre les ordres de Henri III, Henri de Guise revient à Paris ; les Parisiens y voient une atteinte à leur privilège de se défendre eux-mêmes ; *-12-5 journée des Barricades :* Paris s'insurge contre Henri III qui y a fait rentrer ses compagnies suisses (4 000 h.) et 2 000 gardes ; des chaînes sont tendues dans les rues, des barriques entassées comme obstacles ; *-13-5* Henri III quitte Paris et n'y reviendra plus ; *-23-12* Henri de Guise assassiné, voir p. 635 c ; *-24-12* cardinal Louis de Lorraine, son frère, assassiné. **1589**-*janv.* Henri III s'allie à Henri de Navarre ; *-30-4* se rencontrent à Plessis-lès-Tours, assiègent Paris ensemble ; *-1-8* Henri III assassiné, ses soldats catholiques abandonnent Henri de Navarre (devenu le roi Henri IV) ; *-6-8* Henri IV doit lever le siège de Paris. La guerre finira en 1598.

■ **La Saint-Barthélemy. Causes :** Coligny, devenu le principal conseiller du roi Charles IX, le pousse à attaquer l'Espagne en Flandre et à y fonder une république calviniste. Le parti proespagnol [la reine mère Catherine de Médicis, le duc d'Anjou (frère du roi, futur Henri III) et les Guises qui ont quitté ostensiblement la cour] est décidé à tuer Coligny avant les hostilités. **1572**-*printemps,* les « Gueux » de Hollande, avec Guillaume le Taciturne, se révoltent contre leur gouverneur espagnol, le duc d'Albe. Charles IX laisse quelques volontaires huguenots entrer aux Pays-Bas et s'emparer de Mons. *-18-8* Henri de Navarre épouse Marguerite, la sœur de Charles IX ; le parlement de Paris est en grève et boude les cérémonies officielles (le 16-8 Charles IX avait cru pouvoir imposer un édit fiscal frappant les procureurs). Soutenu par l'armée, la milice bourgeoise, le Parlement et l'Hôtel de Ville, Henri de Guise, isolé, exige qu'on lui livre l'état-major huguenot (représentant une menace pour la sécurité des Pays-Bas). L'ambassadeur d'Espagne annonce la rupture des relations diplomatiques et menace Charles IX d'envahir la Picardie (l'armée du duc d'Albe est à 250 km de Paris). Charles IX laisse faire les Guises, sacrifie Coligny et ses amis, détourne sur les huguenots la vindicte publique.

Déroulement : 1572-22-8 *à 11 h du matin,* un capitaine gascon, Nicolas de Louviers, sire de Maurevert, se met en embuscade rue Béthisy et blesse Coligny de 2 coups d'arquebuse (le meurtre aurait été commandité par Catherine de Médicis soutenue par Mme de Nemours, veuve du duc François de Guise tué le 18-2-1563 par le huguenot Jean Poltrot de Méré) ; après l'attentat, Coligny refuse de quitter Paris et demande justice contre les Guises : Charles IX nomme une commission d'enquête et demande, en vain, aux Guises (Henri et son oncle Claude, duc d'Aumale) de s'éloigner de Paris (ils sortiront par une porte et rentreront par une autre) ; **-23-8** une délégation huguenote (Henri de Navarre, Condé) se présente au Louvre pour exiger la punition de l'assassin et de ses complices. Charles IX se rend au chevet de Coligny qui lui conseille de se « défier de sa mère ». Il lui reste à faire justice, ce qui lui aliénerait les Guises, l'Espagne, la papauté et les catholiques, ou à ne rien faire, ce qui pousserait les huguenots dans une guerre civile contre un pouvoir injuste. Rentré au Louvre, Charles IX répète les propos de Coligny à sa mère qui décide avec les Guises de massacrer les chefs militaires huguenots : Coligny ne pourra s'échapper. *Après 23 h,* Charles IX, convaincu par Albert de Gondi (futur Mal de Retz), accepte. Le duc d'Anjou espère récupérer Marie de Clèves si Condé, époux de celle-ci, était tué. L'opération est confiée aux gardes du corps des Guises et à ceux du roi, renforcés des milices du prévôt des marchands (signe de ralliement : croix blanche au chapeau, écharpe blanche au bras). **24-8** *à 3 h du matin,* le tocsin sonne à St-Germain-l'Auxerrois, paroisse des Guises ; *à 5 h du matin,* un groupe commandé par le duc de Guise, le duc d'Aumale et le duc d'Angoulême (frère naturel du roi) égorge Coligny dans son lit et jette le cadavre dans la cour (son corps sera traîné dans les rues par des enfants et mutilé) ; un messager du duc d'Anjou (pris de remords), venu tout décommander, arrive trop tard ; *à 7 h du matin,* lorsque Guise arrive faubourg St-Germain, les protestants prévenus s'enfuient à cheval. Guise et sa suite les poursuivront en vain plusieurs heures en criant : « le roi commande » ; en son absence, gardes royaux et milice en armes, qui ont peut-être compris que le roi ordonnait un massacre, se déchaînent. *Vers midi,* le roi défend de tuer davantage et publie une lettre disant sa responsabilité. Catherine pense que les huguenots survivants contribueront à abaisser les partisans des Guises, en s'aidant des modérés. Pour approuver le massacre des protestants, on sonne les cloches des églises. **-25-8** on apprend qu'une aubépine a refleuri au cimetière des Sts-Innocents, ce qui apparaît, en plein mois d'août, comme un signe divin. Charles IX va vénérer l'aubépine. Un gentilhomme de sa suite, suspect d'hérésie, est égorgé des mains de la foule. Charles s'écrie : « Ah ! si c'était le dernier huguenot ! » On y voit un ordre et le massacre reprend (on tuera par conviction, sadisme, intérêt). **-26-8** Charles IX affirme devant le Parlement endosser la responsabilité du massacre car il voulait couper court à un complot huguenot dirigé contre lui. **-28-8** il ordonne l'arrêt du carnage à Paris, mais celui-ci commence en province notamment à Orléans, Meaux, Bourges, Saumur, Angers, Lyon, Troyes, Rouen, Toulouse, Gaillac, Bordeaux (les massacres dureront jusqu'au 30-8).

Rendue responsable du massacre de la St-Barthélemy (qu'elle aurait combiné avec le duc d'Albe pendant l'entrevue de Bayonne, 1565), Catherine avait, en fait, une seule politique : maintenir ses fils sur le trône. Elle a éliminé Coligny à la St-Barthélemy, car il était devenu dangereux pour la monarchie, mais, voulant garder un contrepoids à la puissance des Guises, elle a fait épargner les Bourbons (Henri de Navarre et Condé se convertirent), comme elle a fait éliminer les Guises (catholiques). Tant qu'elle ne pouvait abattre un adversaire, elle se mettait de son côté, d'où sa réputation de perfidie. Henri IV lui a rendu hommage pour sa ténacité.

Nombre de victimes : incertain. *Pour tout le royaume :* de 2 000 à 100 000 [selon Jean-Auguste de Thou : 30 000, selon le *Martyrologe des calvinistes* (imprimé en 1582) : 15 168 † désignés et 786 † nommés]. *A Paris :* de 1 000 à 10 000 [selon le livre de comptes de l'Hôtel de Ville de Paris : 1 100 sépultures et selon le *Martyrologe :* 10 000 † désignés en gros et 468 † désignés en détail (total des † par lieu de massacre) et 152 † nommés]. Selon Denis Crouzet : 5 000 à 8 000 (dont 2 000 à 3 000 à Paris).

■ **La Sainte Ligue.** Dirigée par des nobles depuis 1576 (Mal d'Humières, gouverneur de Picardie), elle avait été fondée par des bourgeois (Toulouse 1563, Angers 1565, Dijon 1567, Bourges et Troyes 1568) dont les préoccupations étaient surtout religieuses. Le 12-2-1577 un formulaire la constituant fut signé à Péronne. Les bourgeois parisiens, les premiers, s'organisèrent en mouvements politiques (1587), sous la direction des « Seize Quartiers » [en fait 225 hommes, quadrillant 16 quartiers (13 dans la ville, rive droite, 2 dans l'université, rive gauche, 1 dans la Cité)] et se rallieront au duc de Guise, au cardinal de Bourbon ou à l'infante d'Espagne, bien résolus à ne pas avoir un roi huguenot.

☞ Le terme fut auparavant utilisé plusieurs fois : **ligue de Cambrai :** *créée* 10-12-1508 sur l'initiative du pape Jules II ; réunit contre Venise Louis XII, l'empereur Maximilien, Ferdinand roi d'Aragon, les ducs de Ferrare et de Mantoue. **Sainte Ligue :** *créée* 4-10-1511 ; reconduit l'objectif de la ligue de Cambrai en s'adjoignant les Suisses et Henri VIII d'Angleterre. **Sainte Ligue** ou **ligue de Cognac :** *créée* 22-5-1526 contre Charles Quint par le pape Clément VI, François Ier, Henri VIII et des Pces Italiens. **Sainte Ligue :** *créée* par Pie V contre les Turcs après la prise de Chypre en 1570.

DYNASTIE CAPÉTIENNE DES BOURBONS (1589-1792)

☞ La Couronne revient aux Bourbons en raison de cette filiation : **Robert de France** (1256/7-2-1317), Cte de Clermont (1269), 6e fils de St Louis épouse (1272) *Béatrice de Bourgogne* (vers 1258-1310), dame de Bourbon → **Louis Ier** (vers 1280-1342), Cte de Clermont (1315), Cte de la Marche et 1er duc de Bourbon (1327) épouse (1310) *Marie de Hainaut* (†1354) → **Jacques Ier** (vers 1314-62) son 3e fils, Cte de la Marche (1342) épouse (1355) *Jeanne de Châtillon* († 1371) → **Jean Ier** (vers 1337-93), Cte de la Marche (1361) et de Vendôme (1364) épouse (1364) *Catherine de Vendôme* († 1411) → **Louis II** (vers 1376/14-12-1446), Cte de Vendôme, épouse (1424) *Jeanne de Montfort-Laval* († 18-12-1468) → **Jean II** (1429/6-1-1477), Cte de Vendôme (1466) et seigneur de la Roche-sur-Yon (par mariage), épouse (1454) *Isabelle de Beauvau* (1436-74) → **François** (1470/14-10-1495), Cte de Vendôme (1477), épouse (1487) *Marie de Luxembourg St-Paul* (1472/1-4-1546) → **Charles** (2-6-1489/25-3-1537) Cte, puis (1515 par François Ier) duc de Vendôme, chef de la branche de la maison de Bourbon à la mort 6-5-1527 de son cousin Charles (1490-1527, comte de Montpensier, 8e duc de Bourbon connétable de Bourbon, époux en 1505 de Suzanne de Bourbon, fille unique de Pierre II et sa cousine) épouse (1513) *Françoise d'Alençon* († 14-9-1550) → **Antoine** (né 22-4-1518) ; *1537* duc de Vendôme ; *1555*-25-5 roi de Navarre à la mort de son beau-père ; *1560* lieutenant général du royaume, revient au catholicisme, combat les protestants, soumet Blois, Tours et Rouen ; *1562*-7-11 mortellement blessé au siège de Rouen. *Épouse* (20-10-1548) *Jeanne III d'Albret* [Pau 7-1-1528/Paris 9-6-1572, phtisique ou empoisonnée, a-t-on dit, par une paire de gants imprégnés d'un poison (?) ; Charles IX ordonna une autopsie qui fit penser à une pleurésie], fille de Henri II d'Albret, roi de Navarre, et de Marguerite d'Angoulême, sœur de François Ier, dont : *1°)* Henri, duc de Beaumont (21-9-1551/20-8-1553) ; *2°)* Louis-Charles, Cte de Marle (19-2-1553/1557) ; *3°)* Henri IV ; *4°)* Madeleine (12/25-4-1556) ; *5°)* Catherine (7-2-1559/13-2-1604) qui épousa (31-1-1599) Henri duc de Bar (8-11-1563/31-7-1624) devenu en 1608 Henri II duc de Lorraine.

HENRI IV LE GRAND (1553-1610)

■ **1589** (2-8) **Henri IV le Grand,** et dans la légende **le Vert Galant** (à cause de ses liaisons) [Pau 13-12-1553/Paris 14-5-1610, assassiné] ; d'abord Cte de Viane, Pce de Navarre, gouverneur et amiral de Guyenne (26-12-1561/1-1-1562), *roi de Navarre* sous le nom de Henri III (9-6-1572), généralissime des religionnaires (1580), *roi de France et de Navarre* (2-8-1589). Unit à perpétuité tous ses biens à la Couronne (édit de juillet 1607).

☞ *Juron favori :* « ventre saint-gris » (pou en langage populaire). *Mots connus :* « Ralliez-vous à mon panache blanc ; vous le trouverez toujours au chemin de l'honneur et de la victoire » ; « Paris vaut bien une messe », sans doute dû à Sully (à Ivry) ; « Si Dieu me fait la grâce de vivre 18 mois ou 2 ans, je veux qu'il n'y ait paysan qui ne mette le dimanche une poule en son pot », dit au duc de Savoie.

Ép. 1°) [(1572) par contrat au Louvre 17-8, en personne à Paris 18-8] *Marguerite de Valois* (St-Germain-en-Laye 14-5-1553/Paris 27-3-1615), fille de Henri II et de Catherine de Médicis, sœur des 3 rois précédents [1578 rejoint au château de Nérac son époux Henri de Navarre (enfui de la Cour en févr. 1576) ; 1582 (31-3) repart pour Paris (habite l'hôtel de Navarre) ; 1583 (8-8) chassée de la Cour par Henri III qui lui reproche ses intrigues avec la Ligue (« tient » une cour à Nérac), s'arrête à Jarnac ; 1584 (13-4) retrouve son mari ; 1585 (19-3) se retire à Agen dont elle est souveraine, fuit en Auvergne, soutient une révolte des ligueurs (Lignerac et d'Aubiac, son amant) ; Agen se révoltant, elle s'échappe ; sera enfermée à Usson 18 ans. Mariage annulé par Clément VIII (17-12-1599), motifs avancés : *a)* défaut de consentement de Marguerite (menacée par son frère Charles IX), *b)* dispense pour consanguinité (non indiquée à la reine : elle aurait exigé un consentement spécial) ; elle conserve les titres et rang de reine et devient « la reine Marguerite » ; rentre à Paris en 1605 (habite l'hôtel de Sens, puis se fait construire un hôtel rive gauche). Elle avait aimé le duc de Guise, La Mole, Antragut, Du Guast, d'Aubiac, Lignerac, Villars, Bussy d'Amboise, Jacques de Champvallon (grand écuyer de son frère, ancien duc d'Alençon devenu duc d'Anjou) ; plusieurs de ses amants furent assassinés et exécutés (2 d'entre eux furent tués dans ses bras) ; elle écrivit des poésies et mémoires (1628) ; dite *la Perle de Valois* et *Margot* (par Alexandre Dumas 1845)] ; *2°)* [(1600) par contrat le 26-4, par procuration 5-10 à Florence, en personne à la cathédrale St-Jean de Lyon 17-12] *Marie de Médicis,* dite *la Florentine* (Florence 26-4-1575/Cologne en exil 3-7-1642), fille de François II (né 1541), grand-duc de Toscane et de Jeanne, archiduchesse d'Autriche ; 6 enfants dont : LOUIS XIII (27-9-1601/14-5-1643, voir p. 638 a) ; ÉLISABETH [(Fontainebleau 22-11-1602/Alcazar de Madrid 6-10-1644), dite Madame, qui épouse 25-11-1615 *Philippe* (1605-65), *Pce des Asturies,* (roi d'Espagne, 1621-65)] ; CHRISTINE [(Louvre 12-2-1606/Turin 27-12-1663), dite la Petite Madame, Madame Chrétienne, (1615) Madame, (1619) Madame Royale, qui épousera (10-2-1619) *Victor-Amédée, Pce de Piémont,* duc de Savoie ; 1637, veuve, régente de Savoie pour son fils Charles-Emmanuel II jusqu'en 1663] ; N. [(Fontainebleau 16-4-1607/St-Germain-en-Laye 17-11-1611), duc d'Orléans, dit Monsieur (1610)] ; GASTON duc d'Orléans (voir encadré p. 643 a) ; HENRIETTE-MARIE [(Louvre 26-11-1609/Colombes 10-9-1669 ; 16-11 Bossuet prononce son oraison funèbre) dite Petite Madame, Madame Henriette, (1619) Madame, qui épousera (1625) *Charles Ier* (Dumfermline 19-11-1600/Londres 30-1-1649), roi d'Angleterre].

☞ **Favorites d'Henri IV** : **DIANE D'ANDOINS** (1554-1621), dite la « Belle Corisande » (nom de l'héroïne de l'*Amadis de Gaule,* roman à la mode), qui épousa (1568) Philibert de Gramont, Cte de Guiche (1552-80), maîtresse d'Henri IV de 1573 au 10-12-1587. **FRANÇOISE DE MONTMORENCY** (1562-?), Bonne de Fosseux, dite « la Fosseuse », fille de Pierre de Montmorency, baron de Fosseux, fille d'honneur à 13 ans de Marguerite de Valois, épousa François de Broc, Bon de Cinq-Mars, dont 1 fille mort-née (1581). **GABRIELLE D'ESTRÉES** [(vers 1571/10-4-1599, en couches, éclampsie) ; d'après Agrippa d'Aubigné empoisonnée ; d'après Michelet, l'instigateur du crime serait Ferdinand de Médicis qui voulait marier sa nièce à Henri IV ; mais, à l'autopsie, l'estomac est en bon état et Henri IV ne fait pas ordonner d'enquête (le roi prend le deuil : en noir, puis violet pendant 3 mois)], fille du Mis de Cœuvres, gouverneur de Paris et de l'Ile-de-France, maîtresse du duc de Bellegarde, mignon d'Henri III auquel Henri IV la prend ; elle épousa (juin 1592) Nicolas d'Amerval, seigneur de Liancourt, baron de Bessais, gouverneur de Chauny (mariage annulé 25-12-1594), 1594 Mise de Monceaux, 1595 Desse de Beaufort, 1595 de Verneuil ; dont : CATHERINE-HENRIETTE (11-11-1596/20-6-1663), légitimée 1597, qui épousa (1619) Charles II de Lorraine, duc d'Elbeuf (1596-1657) ; CÉSAR, duc de Vendôme (1594-1665), légitimé 1595 (voir encadré p. 643 c) ; ALEXANDRE (né 19-4-1598) légitimé 1599, chevalier de Vendôme, grand prieur de France ; 1604 chevalier de Malte ; 1615 ambassadeur à Rome ; 1626, à son retour arrêté et emprisonné à Vincennes (y meurt 8-2-1629). **CATHERINE HENRIETTE DE BALZAC D'ENTRAGUES** [(Paris 1579/Orléans 9-2-1633), maîtresse en 1599 ; fille de d'Entragues, gouverneur d'Orléans, et de Marie Touchet (maîtresse de Charles IX), 1599 Mise de Verneuil], elle extorque le 1-10-1599 à Henri IV une promesse de mariage signée au cas où elle aurait un enfant mâle (détruite par Sully) ; dont 2 enfants : HENRI DE BOURBON (27-10-1601/Verneuil 28-5-1682) duc de Verneuil, légitimé 1603, 1608 évêque de Metz (l'administre 1621, se démet 1652) ; 1663 duc et pair, 1665 ambassadeur en Angleterre, 1666 gouverneur du Languedoc, qui épousa (1668, après s'être démis de ses bénéfices) Charlotte Séguier (1622-1704), fille du chancelier, gouverneur du Languedoc, veuve de Maximilien-François de Béthune duc de Sully sans postérité ; GABRIELLE-ANGÉLIQUE (21-1-1603/29-4-1627 en couches) de Bourbon, Mlle de Verneuil, légitimée 1622, qui épousa (12-12-1622) Bernard de Nogaret de La Valette), (1592-1661) 2e duc d'Épernon d'où postérité. **JACQUELINE DE BUEIL** [(vers 1580-1651) 1604 Ctesse de Moret, qui épousa : *1°)* (1604) Philippe de Harlay, Cte de Césy (mariage annulé 18-7-1607), *2°)* (1617) René du Bec, Mis de Vardes] dont ANTOINE DE BOURBON (9-5-1607/1-9-1632), Cte de Moret, légitimé 1608, abbé de Savigny, St-Étienne de Rouen, St-Victor de Marseille, Signy ; sans postérité. **CHARLOTTE DES ESSARTS** [(vers 1580/8-7-1651), Ctesse de Romorantin, « Mlle de La Haye », qui épousa : *1°)* secrètement 4-2-1611 Louis de Lorraine (22-1-1575/21-6-1621), dit *le cardinal de Guise ; 2°)* 24-11-1630 François de L'Hospital († 20-4-1660), maréchal de France] dont JEANNE-BAPTISTE DE BOURBON (avant 11-1-1608/16-1-1670), légitimée 1608, religieuse à Chelles, coadjutrice de Fontevrault (1624) ; MARIE-HENRIETTE DE BOURBON (1608/9-10-2-1629) abbesse de Chelles (1627).

– **1589**-5-8 le parlement de Bordeaux est le 1er à reconnaître Henri IV comme roi ; -15/27-9 *Arques,* Henri IV bat le duc de Mayenne. **1590**-14-3 *Ivry,* Henri IV (qui a dit à ses 2 000 cavaliers et 8 000 fantassins : « Ralliez-vous à mon panache blanc ! ») bat le duc de Mayenne ; -9-7 prend St-Denis ; -été : les ultras que la Ligue a placés à la tête des 16 quartiers de la capitale imposent la terreur. **1591**-3-1 Henri IV *bloque* Paris, déclenchant la famine. *Journée des Farines :* pour prendre Paris, Henri IV déguise ses soldats en paysans conduisant des chevaux et des chariots chargés de farine ; malgré la faim régnant chez les assiégés, la ruse échoue, en dépit de l'appui militaire de l'électeur de Brandebourg [il est battu par Alexandre Farnèse, duc de Parme (Espagne) qui libère Rouen et met une garnison dans Paris] ; -15-11 les Seize pendent 3 magistrats (dont Barnabé Brisson, 1er Pt du parlement de Paris) après un simulacre de jugement. Les cours souveraines (Parlement, Cour des aides, Chambre des comptes) se mettent en grève. Mayenne rentre à Paris, prend le contrôle de la Bastille, remet en selle le Parlement ; -4-12 ses troupes arrêtent une vingtaine d'extrémistes (4 sont pendus). **1592** intervention du duc de Savoie, qui est battu par Lesdiguière [François de Bonne (St-Bonnet 1-4-1543/Valence 28-9-1626), duc de Lesdiguière 1611, connétable 6-7-1622] en Dauphiné. Bataille d'*Aumale :* Henri IV contre le duc de Parme [reçoit un coup dans les reins (seule blessure sérieuse de toute sa vie)]. **1592-96** *révolte des croquants* (paysans) [la ville de Crocq en Limousin (Creuse) en est le centre, ou ceux qui croquent les pauvres, ou croc (seule arme des paysans), les 1ers de Crocq ?], Limousin. **1593**-*11-1 états généraux de la Ligue* à Paris au Louvre, (128 députés) : au nom de la règle de catholicité, ils remettent en cause la « loi salique », mais prennent ombrage du ton d'autorité du légat pontifical et de l'ambassadeur espagnol (le duc de Feria), qui veulent faire offrir la couronne de France à Philippe II pour sa fille l'infante Isabelle ; -avril Henri IV demande aux 12 représentants des ligueurs de rencontrer ses 8 délégués à *Suresnes ;* -5-5 ils concluent que le seul obstacle à la reconnaissance du roi est sa religion ; -17-5 Henri IV fait savoir par l'archevêque de Bourges qu'il est prêt à se convertir ; -28-6 le Parlement vote l'*arrêt du président Le Maistre* (Henri IV, successeur légitime d'Henri III, ne deviendra roi légitime que s'il se fait catholique), exclut les femmes de la succession royale (mesure visant l'infante Isabelle, petite-fille de Henri II). -25-7 Henri IV abjure à St-Denis entre les mains de Renaud de Beaune, archevêque de Bourges, et de 12 prélats ; -31-7 trêve avec la Ligue. **1594**-27-2 Henri IV sacré à Chartres (Reims est encore aux mains de la Ligue) ; -22-3 Charles, comte de Cossé-Brissac [(vers 1550-1621), ligueur, 1594 gouverneur de Paris nommé par le duc de Mayenne, rend Paris à Henri IV contre 1 695 000 livres ; fait duc (1612) par Louis XIII] ; -nov. le duc de Guise se rallie à Henri IV (lui, sa famille et ses gens reçoivent 629 600 écus) ; -27-12 Henri IV blessé (coupure à la lèvre) par *Jean Châtel* (né 1575, ancien élève des Jésuites) ; -29-12 Châtel est écartelé ; les *Jésuites* sont bannis du royaume. **1595**-16-1 Henri IV déclare la guerre à Philippe II d'Espagne ; -6-6 *Fontaine-Française,* Henri IV et Biron (900 cavaliers) battent Mayenne et l'Espagnol Velasco (2 000 cavaliers, 10 000 fantassins) ; -17-9 le pape Clément VIII absout Henri IV ; -nov. Mayenne se soumet. **1596**-31-1 *traité de Folembray :* confirme soumission de Mayenne. Sully administre les Finances ; -8-3 *François de La Ramée* est brûlé place de Grève (il s'était prétendu fils de Charles IX). **1597** soumission des derniers ligueurs. -11-3 les Espagnols prennent Amiens par surprise ; -25-9 Henri IV la reprend.

GUERRE FRANCO-SAVOYARDE (1600-01)

■ **Causes.** Le duc de Savoie, Charles-Emmanuel Ier (Rivoli 12-1-1562/Savigliano 26-7-1630), contraint par la paix de Vervins à céder à la France le marquisat de Saluces et la Bresse, cherche à gagner du temps et conspire contre Henri IV avec le Mal de Biron.

■ **Forces en présence.** 7 000 Français commandés par Sully et Henri IV ; des garnisons savoyardes dans toutes les grandes places. **1600** résistance de Bourg-en-Bresse ; -16-11 Sully prend *Montmélian ;* -16-12 le *fort Ste-Catherine* (au sud de Genève). **1601**-janv. tout le duché est occupé. -16-1 *traité de Lyon :* la France abandonne le marquisat de Saluces mais reçoit Bresse, Bugey, Valromey et pays de Gex.

1598-mars Henri IV en Bretagne ; soumission de Philippe de Lorraine (1558-1602, beau-frère d'Henri III), du duc de Mercœur, gouverneur de Bretagne, ligueur (il obtient 4 295 350 livres). [Les traités accordent des sommes importantes (en secret), des dons en espèces, des postes lucratifs et prestigieux aux ligueurs ; La Chatre voulut la confirmation de la dignité de maréchal, le gouvernement de l'Orléanais pour lui, celui du Berry pour son fils ; d'Elbeuf obtint le gouvernement de Poitiers, Guise le gouvernement de Provence, etc. En 1592, le duc de Mayenne, chef des Guises, essaya d'obtenir 13 provinces et gouvernements pour ses partisans (demandés à titre héréditaire), exigeant que chaque gouverneur ait la liberté de nommer les édiles des villes, les magistrats, les archevêques, évêques et abbés ; les gouverneurs devraient disposer librement des garnisons, à l'entretien desquelles seraient affectés certains impôts directs, les taillons et les tailles des provinces.] Sully surintendant des Finances. -30-4 **édit de Nantes** [(95 articles plus 56 articles particuliers) enregistré par les parlements de Paris le 25-2-1599, Grenoble 27-9, Dijon 19-1-1600, Toulouse 19-1, Bordeaux 7-2, Aix 11-8, Rennes 23-8, Rouen 5-8-1609] : le catholicisme est religion d'État, mais il reconnaît aux protestants la liberté de conscience et de culte dans les « églises de fiefs » dont le seigneur haut-justicier est protestant, dans 2 lieux par bailliage et dans les endroits où existait, en 1596-97, un culte public ; 150 places de refuge (dont 66 gouvernées par des protestants) leur sont accordées pour 8 ans ; les protestants seront jugés au civil et au criminel par des tribunaux composés pour moitié de protestants. -2-5 *paix de Vervins* avec l'Espagne : retour au *statu quo* du traité du Cateau-Cambrésis (1559). **1599**-10-4 Gabrielle d'Estrées meurt ; liaison avec Henriette d'Entragues ; -mai Sully grand voyer. Remise de 20 millions d'arriérés sur les tailles ; création de la maîtrise des digues, confiée au Hollandais Humphrey Bradley ; -13-11 Sully, grand maître de l'artillerie ; -17-12 mariage de Henri IV avec Marguerite de Valois annulé. **1600** Olivier de Serres (1539-1619) crée l'industrie de la soie (élevage du ver à soie) ; -juillet guerre de Savoie (voir encadré ci-dessus). -17-12 Henri IV épouse Marie de Médicis. **1601**-6-1 *paix de Lyon :* le duc de Savoie cède Bresse, Bugey, Valromey, Gex. **1602**-avril/juillet complot de Biron (exécuté 31-7) ; -16-9 *traité de Soleure* renouvelant alliance avec les cantons suisses. **1603**-9-8 *traité de Hampton Court* avec Angleterre ; -3-9 rappel des Jésuites. **1604**-7/12-12 création de la *paulette* à l'instigation du financier Charles Paulet, secrétaire au Parlement : en payant chaque année une taxe égale au 1/60 de la valeur vénale de la charge, les détenteurs la rendent héréditaire. **1605-42** construction du canal de Briare. **1605** *(à partir de)* augmentation de la flotte. *-1-2* le Parlement condamne pour crime de lèse-majesté les comtes d'Auvergne et d'Entragues à la peine de mort, et la marquise de Verneuil à l'internement dans une abbaye ; *-2-2* le roi gracie les condamnés : Auvergne restera enfermé à la Bastille, Entragues est assigné à résidence sur ses terres et la marquise de Verneuil est libérée. **1606** prise de possession du Canada ; -mars expédition de Henri IV contre le duc de Bouillon révolté ; -2-4 Bouillon capitule à Sedan. **1607** Béarn réuni à la France. **1608** Philippe Guillery exécuté à La Rochelle. Ses 2 frères, Mathurin et Guillaume, avec 500 hommes, pillent le Bas-Poitou. **1609** préparatifs pour la conquête des Pays-Bas et de la Rhénanie. **1610**-13-5 *couronnement et sacre* de Marie de Médicis à St-Denis ; -14-5 *Henri IV assassiné* à Paris, rue de la Ferronnerie, par *Jean-François Ravaillac* [(Touvre, Charente, né 1578, valet de chambre, clerc, maître d'école), déclaré coupable le 27-5-1610, condamné à mort (supplice place de Grève : son bras, qui avait frappé le roi, fut plongé dans du soufre en feu ; ses pectoraux furent arrachés par des tenailles ; sur ses bras, cuisses et épaules, on déversa du plomb fondu, de l'huile et de la résine bouillantes ; sur ses plaies on appliqua de la cire et du soufre brûlants ; puis Ravaillac fut écartelé, la foule tirant sur les cordes pour aider les chevaux ; Ravaillac ne dénonçant pas ses complices, l'écartèlement reprit et la foule lui arracha les membres à l'aide d'épées, couteaux et bâtons ; puis les lambeaux du corps furent portés dans divers quartiers et brûlés)]. Déséquilibré, Ravaillac aurait agi pour le parti espagnol et autrichien qui craignait l'attaque des Pays-Bas. Sont compromis : le *duc d'Épernon*, ancien favori d'Henri III (sa maîtresse, *Charlotte du Tillet*, connaissait Ravaillac et lui donnait de quoi vivre ; le duc espérait prendre le pouvoir sous la régence de Marie de Médicis, mais se brouilla avec elle), la *Mise de Verneuil* (maîtresse délaissée d'Henri IV) et *Marie de Médicis*, manœuvrée par le parti espagnol et le parti italien à la cour (la veille, elle avait été couronnée reine, ce qui lui assurait la régence). Les dossiers de cette affaire brûleront en 1618 dans un incendie.

☞ **Tentatives d'attentats précédentes : 1593**-27-8 Pierre Barrière, dit La Barre (exécuté 31-8 roué sur une croix et écartelé, poing brûlé, bras et jambes rompus) ; Ridicauwe (dominicain flamand). **1594**-27-12 Jean Châtel (voir col. b). **1595** 2e tentative de Ridicauwe. **1596** Jean Guédon (exécuté 16-2). **1597** un tapissier de Paris. **1598** Pierre Ouin (chartreux). **1599** François Langlet (capucin anglais). **1600** Nicole Mignon. **1602** Julien Guédon (frère de Jean).

☞ **Grands fiefs réunis à la Couronne sous Henri IV :** *1589* vicomté de Béarn, royaume de Navarre, comtés d'Armagnac, de Foix, d'Albret, de Bigorre, duché de Vendôme.

Le « bon roi Henri » a-t-il été populaire ? Henri IV a été populaire en Béarn et auprès des Béarnais émigrés à Paris qu'il a couverts de faveurs. Le peuple a reconnu sa bravoure, mais lui a reproché d'avoir acquis la paix au prix d'énormes concessions faites aux huguenots par l'édit de Nantes. Sa politique économique a passé pour brouillonne et la répartition capricieuse des bénéfices ecclésiastiques lui a valu de nombreux ennemis. Ses allures rustiques, son goût effréné pour les femmes et son humeur joviale ont choqué ses contemporains, habitués depuis Henri II à une stricte étiquette de cour. Son culte date de la fin du XVIIIe s. et du début du XIXe s. (sous la Restauration, on adopte pour hymne officiel le *Vive Henri IV*).

LOUIS XIII LE JUSTE (1601-43)

■ **1610** (14-5) **Louis XIII le Juste** (Fontainebleau 27-9-1601/St-Germain-en-Laye 14-5-1643) fils de Henri IV et de Marie de Médicis. Dauphin de France. *Cte de Barcelone* (1641), roi à 9 ans sous la tutelle de sa mère (14-5-1610), sacré à Reims (17-10-1610). *Ép.* (par contrat 20-8-1612, par procuration à Burgos 18-10, en personne à Bordeaux 25-11-1615) *Anne d'Autriche* (Valladolid 22-9-1601/Louvre 20-1-1666) fille de Philippe III d'Espagne (1578-1621) ; après une fausse couche (16-3-1622) et une grossesse non aboutie (1630) elle eut 2 enfants dont : LOUIS XIV (1638-1715) [voir p. 639 b] ; PHILIPPE (1640-1701), duc d'Orléans (voir encadré p. 643 a).

☞ **Favorites de Louis XIII : MARIE DE HAUTEFORT** (15-2-1616/1-8-1691) ; Louis XIII la remarqua en mars 1630 ; supplantée de 1635 à 1637, en faveur de mai 1637 à nov. 1639 ; en 1646 épouse le maréchal Charles de Schomberg, duc d'Halluin (1601/6-6-1656). **LOUISE ANGÉLIQUE MOTIER DE LA FAYETTE** (vers 1616-65) ; de 1635 à mai 1637 (entrée le 19-5 au couvent de la Visitation, deviendra mère Angélique).

■ MARIE DE MÉDICIS AU POUVOIR (1610-17)

1610-14-5 Louis XIII devient roi ; 16-5 sa mère, Marie de Médicis, proclamée régente [du 15-5-1610 au 2-10-1614 (minorité de Louis XIII) et en 1629], écarte les conseillers de Henri IV et mène une politique antiprotestante, entourée de l'ambassadeur d'Espagne, du nonce et du père Pierre Cotton (1564-1626), jésuite. **1611**-26-1 disgrâce de Sully ; licenciement de l'armée réunie par Henri IV et Sully. Influence de *Concino Concini*, Cte della Penna [dit le *Maréchal d'Ancre* (Florence 24-11-1569/Paris 24-4-1617), escroc et débauché, venu en France en 1600 avec Marie de Médicis, 1er maître d'hôtel de Marie en 1605, 1er écuyer 10-1-1608, entré au conseil des Finances le 12-7-1610, Mis d'Ancre (acheté) 16-9-1610, lieutenant général en Picardie, Mal de France 18-11-1613] et de son épouse (mariage 12-7-1601) *Dianora Dori,* dite *Léonora Galigaï* [(Florence 19-5-1568/décapitée 8-7-1617, fille d'un menuisier et d'une blanchisseuse, renia son père et prétendit descendre des Galigaï, illustre famille ; sœur de lait de la reine]. Concini accumule les richesses (2 millions de livres, armée privée de 7 000 hommes ; achat envisagé du comté de Montbéliard) ; -30-4 *traité de Fontainebleau* avec l'Espagne : Louis XIII épousera Anne d'Autriche, sa sœur Élisabeth épousera le roi d'Espagne ; -mai/sept. assemblée des protestants à Saumur : ils prennent des mesures de défense. **1614**-10-2 les princes commencent à se retirer de la cour ; -avril révolte de la noblesse (Condé, Longueville, Mayenne, Vendôme, etc.) contre la régente ; -15-5 celle-ci les couvre d'or et promet la convocation des états généraux à Sens *(traité de Ste-Menehould)* ; -9-8 manifeste d'Henri de Condé ; -2-10 majorité de Louis XIII (il n'a aucun pouvoir, Concini les détenant tous) ; -27-10 ouverture des *états généraux* à Paris dans la salle de Bourbon (jusqu'au 23-2-1615) ;

Psychologie de Louis XIII. Il y a chez lui un déséquilibre attribué parfois à l'épilepsie : impulsivité, timidité et bégaiement, mysticisme, scrupules. Son conflit avec sa mère s'expliquerait par le traumatisme subi lors de l'assassinat de son père (il avait 9 ans ; sa mère fut soupçonnée de complicité). Il éprouva de la répulsion pour sa femme, l'infante Anne d'Autriche : leur nuit de noces (il avait à peine 15 ans), en présence de témoins, a sans doute été un échec, d'où une longue inhibition. Ses 5 favoris successifs : *Luynes* [Charles d'Albert, duc de Luynes (5-8-1578/15-12-1621), connétable, grand fauconnier (30-10-1616), duc et pair], *Claude de Baradès, François de Barradat* (1621 à 1626), *Claude de Rouvroy de Saint-Simon* (1607-93, qu'il fit duc et pair en 1635), *Cinq-Mars* (voir p. 639 b), ont souvent été appelés ses « mignons », mais son homosexualité n'est pas prouvée. On a parlé de son impuissance, ce qui pose le problème de la légitimité de Louis XIV. On estime actuellement qu'il était capable de procréer, mais que, tuberculeux, il se sentait trop épuisé pour avoir une vie sexuelle normale.

Barcelone a appartenu à l'Empire carolingien puis à la Francie de l'Ouest ou France, indépendante entre 986 et 1025. Le traité de Corbeil (1258) ratifia cette situation. Le principat de Catalogne se donna à Louis XIII en 1640, qui l'accepta en 1641. Les actes de Louis XIII et de Louis XIV ajoutaient après la titulature normale : Cte de Barcelone, de Roussillon et de Cerdagne. En 1652, les Espagnols reprirent Barcelone, et le vice-roi résida à Perpignan puis à Puigcerda jusqu'en 1659. À la paix des Pyrénées, Louis XIV renonça à Barcelone. Roussillon et Cerdagne restèrent français.

séances aux Grands-Augustins ; le Tiers demande l'abolition des pensions, la noblesse celle de la *paulette* ; les discussions n'aboutissent pas. **1615**-août nouvelle rupture avec les Grands ; -nov. soulèvement protestant ; -25-11 Louis XIII épouse à Bordeaux Anne d'Autriche (13 ans) garante de la politique antiprotestante, Philippe IV, alors infant d'Espagne, épouse à Burgos Élisabeth, sœur de Louis XIII. **1616** révolte nobiliaire (notamment le duc de Vendôme) contre Concini ; -févr./mai révolte de Condé apaisée par des concessions nouvelles (*paix de Loudun* 3-5) ; -1-9 Condé continue ses intrigues, Marie de Médicis le fait arrêter ; pillage de l'hôtel d'Ancre ; -25-11 Richelieu nommé secrétaire d'État aux Affaires étrangères et à la Guerre. **1617**-janv./avril révolte des princes ; -24-4 avec son favori, le *duc de Luynes* (voir encadré col. a), Louis XIII fait abattre Concini à coups de pistolet, dans la cour du Louvre, par le *baron de Vitry* [Nicolas de L'Hospital (1581/Nandy 28-9-1644, capitaine des gardes du corps ; 1631 gouverneur de Provence, 1631-43 jeté à la Bastille par Richelieu car en conflit avec le cardinal de Sourdis sur l'expédition contre les îles de Lérins, dédommagé : duc et pair, mais † peu après] ; son corps, enterré à St-Germain-l'Auxerrois, est exhumé par la foule, pendu puis dépecé et brûlé sur le Pont-Neuf ; -3-5 Marie de Médicis est exilée et emprisonnée à Blois ; -9-5 procès intenté à sa mémoire (arrêt rendu le 8-7) ; accusation de « lèse-majesté divine et humaine » pour : atteintes à l'autorité du roi et à son État ; signatures de traités et négociations secrètes avec les puissances étrangères ; faiblesse de l'artillerie et autres violations ; détournement à son profit des finances publiques ; judaïsme (lettre de Concini et son épouse à leur médecin Montalto, d'origine juive) ; possession d'un livre judéo-espagnol ; sacrifice d'un coq selon un rite juif ; sorcellerie. Louis XIII avait promis à Luynes les biens de Concini acquis en France, mais ils étaient au nom de sa femme, Leonora Galigaï, aussi fut-elle accusée de sorcellerie et décapitée le 8-7. Luynes reçut le marquisat d'Ancre en Picardie (qui reçut le nom d'Albert), la terre et le château de Lésigny-en-Brie, l'hôtel parisien de la rue de Tournon (pillé par la foule parisienne en sept. 1616 et reconstruit). -15-6 Louis XIII ordonne à Richelieu de retourner à Luçon, son diocèse.

■ LOUIS XIII SANS RICHELIEU (1617-24)

1617-20 la noblesse, fidèle à Marie de Médicis, se révolte. Chef : le *duc de Bouillon*, Pce de Sedan (Henri de La Tour d'Auvergne 15-10-1555/25-3-1623, voir p. 642 a). **1619**-25-1 Louis XIII a, pour la 1re fois, des relations avec sa femme ; -22/23-2 Marie de Médicis s'enfuit de Blois par la fenêtre pour Angoulême et rejoint d'Épernon ; -4-5 se soumet ; -12-5 *traité d'Angoulême* avec Marie de Médicis, qui reçoit le gouvernement d'Angers et de l'Anjou ; -5-9 *Couzières,* entrevue Louis XIII/Marie de Médicis ;

■ **Cardinal de Richelieu (Armand, Jean du Plessis,** Paris 9-9-1585/4-2-1642), fils de François du Plessis (1548-90 ; grand prévôt de France en 1578). **1603**-*oct.* nommé, par Henri IV, évêque de Luçon (« l'évêché le plus crotté de France »), investi (18-12-1606), intronisé à Rome (17-4-1607), arrive à Luçon (15-12-1609). **1605** son frère Alphonse (1582-1653) ayant renoncé à l'archevêché de Lyon pour entrer à la Grande Chartreuse, reçoit les ordres pour conserver ce bénéfice dans la famille. **1614**-*oct.* délégué du clergé du Poitou aux états généraux de Paris. Plaît à Concini et à Marie de Médicis. **1615**-*nov.* grand aumônier de la reine Anne d'Autriche. **1616**-*25-11* secrétaire d'État aux Affaires étrangères et à la Guerre. **1617**-*24-4* renvoyé ; *-3-5* accompagne Marie de Médicis exilée à Blois ; *-15-6* exilé à Coussay ; *-26-10* à Luçon. **1618**-*7-4* à Avignon. **1619**-*7-3* rappelé d'Avignon ; *-27-3* à Angoulême. **1622**-*9-8* élu proviseur de la Sorbonne ; *-5-9* cardinal (intronisé 12-12-1622 à Lyon). **1624**-*29-4* entre au Conseil du roi ; *-août* principal ministre. **1626** grand maître et surintendant de la Navigation, crée une flotte de guerre française. **Bilan :** impose la monarchie absolue aux nobles (ruine du pouvoir féodal), parlements (suppression du droit de remontrance politique 1641), protestants (suppression de leur organisation militaire 1629). Lutte contre l'Espagne et son alliée l'Autriche des Habsbourg, mais ne déclare la guerre qu'en 1635 et ne fait pas de grandes conquêtes militaires. Ses grands succès furent surtout politiques : sécession du Portugal (1640), annexion temporaire de la Catalogne (1641). *Fortune :* à sa mort, 20 millions de livres. Il légua à la Couronne des monuments, des palais, des œuvres d'art, et 1 500 000 livres au roi afin que « certaines affaires d'État ne fussent pas gâchées par les longueurs ordinaires des finances ». Son tombeau (église de la Sorbonne) fut violé à la Révolution ; ses restes furent dispersés ; sa tête recueillie par un bonnetier fut remise dans le tombeau le 25-12-1866.

-sept./avril 1620 l'assemblée protestante de Loudun interdit aux religieux catholiques leurs villes de sûreté ; -20-10 Condé libéré (9-11 proclamé innocent). **1620** révolte des Pces et de Marie de Médicis ; -7-8 *« drôlerie » des Ponts-de-Cé* (M.-et-L.) : les troupes royales (Créqui) dispersent celles de Marie de Médicis (600 †) ; -10-8 *traité d'Angers* confirmant le traité d'Angoulême ; rebelles amnistiés réintégrés dans leurs offices et emplois, reine proclamée innocente, reçoit 300 000 livres au comptant (et 300 000 un an plus tard) ; -sept. Louis XIII entre en Béarn avec une armée et fait appliquer l'édit de tolérance ; -25-12 assemblée des protestants à La Rochelle proclamant l'union des provinces réformées de France, Louis XIII et Luynes assiègent *Montauban* (échec ; siège levé 10-11). **1621**-18-4 Louis XIII reprend la lutte contre les protestants : les armées royales prennent Saumur, St-Jean-d'Angély (23-6), mais échouent devant Montauban (du 18-8 au 18-11) ; l'expression « faire les 400 coups » viendrait des coups tirés alors ; -25-4 *traité de Madrid :* les Espagnols s'engagent à restituer la Valteline, vallée alpestre qu'ils ont occupée pour protéger les catholiques contre les Grisons protestants ; -22-9 le duc de Mayenne meurt ; -15-12 Luynes meurt. *Gouvernement d'Henri II de Bourbon, Pce de Condé* (1588-1646) : enlève Montpellier aux protestants. **1622**-28-1 Louis XIII rentre à Paris ; -21-3 reprend l'offensive contre les protestants. Vincent de Paul nommé aumônier des galères ; -11-5 *Royan* prise par forces royales ; -oct. Louis XIII confie la direction des affaires aux Brûlart ; -9-10 Condé part pour l'Italie ; -18-10 *paix de Montpellier,* les protestants ne gardent que 2 grandes villes fortifiées : La Rochelle et Montauban. Évêché de Paris érigé en archevêché. **1623**-7-2 *traité de Paris :* ligue France-Venise-Savoie contre l'Espagne (en vue de rétablir les Grisons dans leurs droits sur la Valteline). **1624**-janv. disgrâce des Brûlart ; le Mis de La Vieuville (vers 1582-1653), surintendant des Finances, devient ministre dirigeant.

■ LOUIS XIII ET RICHELIEU (1624-42)

1624-13-8 Richelieu (entré au Conseil le 29-4) fait arrêter *La Vieuville* et devient principal ministre ; programme : éliminer le protestantisme français, mettre au pas la haute noblesse, lutter contre les Habsbourg d'Espagne et d'Autriche ; -26-11 entrée en Valteline de François-Annibal *d'Estrées,* frère de Gabrielle (voir p. 637 a) [(1573-Paris 1670) évêque de Noyon, devenu 1626 maréchal, 1636-48 ambassadeur à Rome, 1648 duc] avec 500 cavaliers, 3 000 fantassins, payés 1 200 000 livres par les Hollandais, ennemis de l'Espagne : conquiert et donne aux Suisses la route Milan-Tyrol *(traité de Monzon,* 5-3-1626). **1625**-janv. soulèvement protestant mené par les Rohan ; -févr. Soubise prend l'île d'Oléron. -11-5 Charles Ier, roi d'Angleterre, épouse Henriette, sœur de Louis XIII ; -1-11 assemblée des Églises protestantes à Millau. **1626**-5-2 *paix de La Rochelle* avec les protestants. La ville fait sa soumission, reçoit un commissaire royal, rend aux ecclésiastiques les biens qui leur ont été pris ; -6-2 édit contre les duels. **1626-27** assemblée des notables à Paris, aux Tuileries. **1627**-22-6 : 2 duellistes, *François de Bouteville Cte de Montmorency* (né 1600, 22 duels à 28 ans ; s'est battu le 12-5 en plein jour place Royale contre le baron de Beuvron) et son cousin *François de Rosmadec Cte des Chapelles* sont exécutés. **1627-29 guerre contre les huguenots** (voir p. 639 a). **1629-32 guerre de la Succession de Mantoue** (voir p. 639 b). **1629**-28-6 *édit de grâce d'Alès* mettant fin aux soulèvements des protestants dans le Midi ; -15-9 Louis XIII et Marie de Médicis se réconcilient ; -21-11 Richelieu nommé « principal ministre ». **1630**-3-1 Louis XIII et Monsieur se réconcilient ; -févr./mars insurrection des *Lanturlus* en Bourgogne ; -22-9 Louis XIII malade à Lyon ; -29-9 reçoit l'extrême-onction ; -30-9 un abcès intestinal crève : il est guéri ; -13-10 *traité de Ratisbonne* avec l'empereur qui s'engage à faire évacuer Mantoue ; -11-11 *journée des Dupes* [Marie de Médicis obtient de Louis XIII, malade, le renvoi de Richelieu, mais Louis XIII change d'avis et exile Marie à Compiègne ; *Michel de Marillac* (né 1563, garde des Sceaux), incarcéré († en prison 1632)] ; **1631**-23-1 *traité de Bärwald* avec le roi de Suède, Gustave-Adolphe ; -30-1 Monsieur quitte le royaume ; -31-3 *traité d'alliance* avec le duc de Savoie ; -mai fondation de *la Gazette* de Renaudot ; -30-5 *traité de Munich* avec l'Électeur de Bavière contre la maison d'Autriche ; -19-6 *traité de Cherasco* avec l'empereur et le duc de Savoie ; le duc de Nevers entre en possession du Montferrat et de Mantoue ; -19-7 Marie de Médicis

■ **Conspiration de Chalais. Conjurés :** Desse de Chevreuse (1600/12-8-1679), amie de la reine ; son amant, Henri de Talleyrand, Cte de Chalais (1599/Nantes 19-8-1626) ; les Vendôme, bâtards de Henri IV ; le Mal d'Ornano (1581/2-9-1626), gouverneur de Monsieur (Gaston d'Orléans, frère du roi et héritier présomptif de la couronne). **Objectif :** assassiner Richelieu. **1626** *-4-5* d'Ornano, ayant été arrêté par ordre du roi (il mourra le 2-9 en prison), les conjurés envisagent de se rendre chez Richelieu (alors à Fleury, près de Fontainebleau) et, sous couvert d'une bagarre, de l'assassiner. Mais la conjuration est éventée : Chalais se confesse au roi et Monsieur fait amende honorable. Cependant, les conjurés veulent que Monsieur remplace Louis XIII ; *-13-6* Louis XIII les fait arrêter et, pour amadouer son frère qui voulait s'enfuir, il lui octroie le duché d'Orléans et le mariage le *5-8* à la richissime Mlle de Montpensier ; *-19-8* Chalais, incarcéré à Nantes, est décapité [pour gagner du temps et obtenir la grâce de Chalais, Monsieur avait soudoyé le bourreau qui s'était enfui. Mais Louis XIII fait exécuter Chalais par un condamné à mort auquel, pour cela, on a promis la vie sauve (il s'y reprendra à 20 fois)].

Grandes révoltes paysannes : 1358 grande jacquerie. **1458** révolte des pitauts (Aquitaine, Périgord, Limousin). **1561** troubles de l'Agenais. **1579-80** troubles de la région du Rhône. **Décennie 1590** Limousin, Périgord (croquants), Comminges, Velay, Bourgogne (les Bonnets rouges), Normandie et Perche (les Gauthiers), Bretagne. **1624** croquants du Quercy : les révoltés n'ont rien contre les seigneurs (qui prennent parfois leur parti) ni le roi, mais ils en veulent à ses « mauvais conseillers » (Richelieu, Bouthillier, Bullion, Sublet de Noyers, etc.), ses courtisans, les collecteurs des impôts, les soldats pilleurs. **1636/37**-*1-6* plus de 1 000 croquants tués à La Sauvetat-du-Dropt (Périgord). **1637** 700 à 800 croquants du Périgord regagnent la forêt de Vergt. **1641** Madaillan (gentilhomme, un des chefs croquants de 1637) propose à Greletti (paysan aisé du Périgord) de participer à un complot contre Richelieu puis le dénonce. Greletti, monté à Paris, se défend ; Madaillan est arrêté et décapité ; *-19-12* sans avoir été vaincus, les croquants de Greletti déposent les armes.

s'enfuit aux Pays-Bas, à Bruxelles, Londres puis Cologne ; -sept. *édit de Vandœuvre :* Louis XIII promet de réunir les états tous les ans, les élus, remplacés par les commissaires royaux, répartiront les tailles. **1632**-3-1 malgré l'interdiction de Louis XIII, Monsieur épouse secrètement Marguerite de Lorraine ; -10-5 maréchal Louis de Marillac (né 1573, frère de Michel) exécuté à Toulouse (fraudes sur la fourniture des vivres) ; -juin *traité de Liverdun* imposé au duc de Lorraine ; -11-6 Monsieur rentre en France et obtient l'aide de *Henri II, 4e duc de Montmorency* [15-4-1595/30-10-1632, amiral de France 1612-26 (Richelieu lui rachète sa charge), maréchal 1630] ; avec 3 000 cavaliers allemands, ils veulent prendre le Languedoc ; -6-7 *pacte de Turin :* la France acquiert Pignerol ; -1-9 Monsieur et Montmorency battus à *Castelnaudary* par Schomberg ; -30-10 *Montmorency,* jugé à Toulouse, décapité ; sa femme Marie des Ursins (1600-66) entre chez les visitandines de Moulins ; -6-11 Monsieur s'enfuit à Bruxelles. **1633**-25-9 prise de *Nancy* (le duc Charles III de Lorraine, beau-frère de Monsieur, accepte une garnison française jusqu'au traité de paix avec l'Allemagne). **1634** *père Joseph* [François Joseph Le Clerc du Tremblay (Paris 4-11-1577/Rueil 18-12-1638) ; capucin 1599, depuis 1624 collaborateur de Richelieu, surnommé *l'Éminence grise*, cardinal 1638] ministre d'État ; 1ers débarquements français au Sénégal ; -25-2 Gal Wallenstein assassiné sur ordre de l'empereur ; -avril/mai les forces royales occupent plusieurs villages de Lorraine ; -18-8 *Urbain Grandier* (né 1590), curé de Loudun, est brûlé vif pour sorcellerie (17 ursulines se disant possédées du démon l'ont accusé). St Vincent de Paul (24-4-1581/27-9-1660) et Ste Louise de Marillac fondent les Filles de la Charité ; -5/6-9 *Nordlingen*, les Suédois commandés par Bernard de Saxe-Weimar (16-8-1604/18-7-1639), fils du duc Jean III, battus par les Impériaux. **1635**-janv. *Académie française fondée ;* -8-2 *traité de Paris* avec la Hollande contre l'empereur ; -28-4 *traité de Compiègne* avec le chancelier suédois Oxenstierna ; -19-5 Louis XIII déclare la guerre à l'Espagne et donc à Philippe IV, frère de sa femme (voir guerre de Trente Ans, p. 641 b) ; -11-7 *traité de St-Germain* avec Bernard de Saxe-Weimar. **1636** conspiration de Monsieur et du Cte de Soissons qui, finalement, empêcheront Montrésor et son cousin Saint-Ibar, qui ont proposé de tuer Richelieu, de passer à l'acte ; -mai révolte des campagnes contre la fiscalité ; -15-8 les Espagnols prennent Corbie et arrivent jusqu'à Pontoise ; -nov. Monsieur s'enfuit à Blois ; -11-11 délivrance de Corbie assiégée. **1637**-7-1 représentation du *Cid* de Corneille au théâtre du Marais à Paris. **1638** saint Vincent de Paul fonde l'œuvre des Enfants trouvés ; -10-2 lettre patente officialisant le *vœu de Louis XIII* (formulé à Noël 1635) consacrant la France à Dieu sous la protection spéciale de la Vierge ; des processions seront faites à perpétuité le 15-8 de chaque année après vêpres ; -15-3 *traité de Hambourg* avec Suède contre Autriche ; -5-9 *naissance du dauphin* (futur Louis XIV) [après 22 ans de mariage sans enfant : on a dit qu'en raison d'une tempête (5-12-1637), Louis XIII aurait dormi au Louvre chez la reine, avec laquelle il était brouillé depuis 13 ans (on a cité d'autres dates : du 23 au 28-11, le 30-11 ou début déc.)] ; -18-12 mort du *père Joseph,* cardinal depuis peu. **1639**-18-7 mort de Bernard de Saxe-Weimar, en oct. son armée se vend à Louis XIII qui prend l'Alsace ; -4-12 les *va-nu-pieds* (car ils récoltent pieds nus le sel dans la baie du Mt-St-Michel) de Normandie en révolte depuis le 16-7 (révolte qui s'étend à toute la Normandie : exécution à Avranches d'un officier de justice de Coutances) sont battus sous les murs d'Avranches par Jean de Gassion (1609-47, Mal de camp) avec 4 000 hommes. **1640**-10-8 capitulation d'*Arras* devant les troupes royales ; -sept. prise de Turin et soumission du Piémont. **1641**-21-2 *édit* limitant le droit de remontrance du Parlement ; -février alliance France/Portugal contre l'Espagne ; -22-12 mort de Sully. **1642** complot contre Richelieu pour faire cesser la guerre franco-espagnole : *Cinq-Mars* (voir ci-contre) ; -4-2 Richelieu meurt ; -5-12 Mazarin entre au Conseil du roi. **1643**-14-5 Louis XIII meurt d'une péritonite le jour anniversaire de son avènement et de la mort de Henri IV.

☞ **Grands fiefs réunis à la Couronne sous Louis XIII :** *1615* comté d'Auvergne, *1642*-24-9 principauté de Sedan (abandonnée par le duc de Bouillon).

■ **Guerre contre les huguenots (1627-29). Causes : 1°)** prise d'armes de Henri duc de Rohan (1579/13-4-1638 qui en 1605 épouse la fille de Sully) en Languedoc (5 500 hommes) ; **2°)** alliance du maire de La Rochelle, Jean Guiton (1585-1654), avec les Anglais [George Villiers Ier duc de Buckingham (20-8-1592/23-8-1628, assassiné par J. Felton, fanatique puritain)]. **Déroulement : 1°) La Rochelle : 1627**-*27-6* débarquement anglais à l'île de Ré (Buckingham, 100 cavaliers, 5 000 fantassins) ; *-11-7* rembarquement ; *-13-11* arrivée de Louis XIII et Richelieu (25 000 h.) ; *-fin novembre* digue construite entre Ré et la côte (longueur 1 500 m, largeur 8 m), résistance avec Jean Guiton. **1628**-*28-10* capitulation (famine, 15 000 †). **2°) Raid en Italie** (voir **guerre de la Succession de Mantoue,** ci-dessous). **1629**-*mars/avril* l'armée de La Rochelle passe les Alpes ; *-début mai* revient en Languedoc. **3°) Campagne en Languedoc : 1629**-*17-5* prise de Privas ; *-9-6* d'Alès ; *-28-6* **paix d'Alès :** reddition de Rohan, démantèlement des places protestantes, suppression des assemblées politiques et de la liberté de culte ; *-juillet* soumission de Montauban.

■ **Guerre de la Succession de Mantoue (1629-32). Causes :** Vincent II de Gonzague (1594/26-12-1627) a désigné comme héritier un Français, Charles Ier de Gonzague-Nevers (1580-1637), son neveu, mais Charles-Emmanuel Ier, duc de Savoie (12-1-1562/26-7-1630), revendique le Montferrat, fief féminin, avec l'appui de l'Espagne. **Déroulement : 1628** Charles-Emmanuel conquiert le Montferrat et bloque Charles de Nevers dans Casal. **1629**-*6-3* Louis XIII et Richelieu, avec l'armée de La Rochelle, forcent le *pas de Suse* en Piémont ; *-18-3* délivrent Casal ; *-avril trêve de Suse ; -oct.* attaque (espagnole) contre Montferrat et Mantoue. **1630**-*23-3* Richelieu prend d'assaut Pignerol (savoyard) ; *-17-5* Louis XIII prend Chambéry, puis conquiert la Savoie ; *-6-7* **traité secret de Turin** (négociateur : Mazarin) : la Savoie donne Pignerol à la France contre Albe (mantouane) que Louis XIII paya 494 000 écus à Nevers ; *-10-7* Montmorency et Effiat battent Charles-Emmanuel à *Veillane ; -18-7* les Espagnols prennent *Mantoue ; -20-7* La Force prend *Saluces ; -29-10* Créqui prend *Pignerol.* **1631**-*16-4* **traité de Cherasco :** l'empereur donne l'investiture de Mantoue et Montferrat à Charles de Nevers. **1632**-*29-3* **traité de St-Germain :** reconnaît l'annexion de Pignerol.

Complot de Cinq-Mars. Henri Coiffier de Ruzé, Mis de Cinq-Mars [(né 1620), second fils du Mis d'Effiat (Mal après avoir vaincu les troupes du duc de Savoie)]. **1638** protégé par Richelieu, il est nommé grand maître de la garde-robe. Amant de Marion Delorme (1611/2-7-1650), courtisane, il se lie avec 2 ennemis de Richelieu : Louis d'Astarac, Mis de Marestang et Vte de Fontrailles († 1677), et Auguste-François de Thou (né 1607, parlementaire en semi-disgrâce). Richelieu, pour contrebalancer l'influence de Marie de Hautefort (créature de la reine), qui veut devenir la maîtresse en titre de Louis XIII, pousse Cinq-Mars auprès de lui. **1639** Louis XIII s'en entiche et le nomme grand écuyer. Pour épouser Marie de Gonzague de Clèves, Pcesse de Mantoue, Cinq-Mars veut obtenir un duché-pairie ; Richelieu s'y opposant, Fontrailles et de Thou le persuadent d'entrer dans une cabale ourdie par Gaston d'Orléans ; Marie de Gonzague [aînée des 3 filles de Charles de Gonzague, duc de Nevers et de Mantoue, et de Catherine de Lorraine ; sera reine de Pologne] et la reine Anne d'Autriche l'y poussent. Les conjurés négocient alors un traité avec Philippe IV d'Espagne qui occuperait Sedan, s'appuierait sur les protestants cévenols et la noblesse auvergnate et verserait une pension de 150 000 écus à Gaston, et de 40 000 écus à Frédéric-Maurice de la Tour d'Auvergne (1605-52), frère de Turenne, duc de Bouillon, et à Cinq-Mars (Cinq-Mars devant se charger d'assassiner Richelieu). **1642**-févr. Louis XIII, en voulant aux Habsbourg qui ont accepté d'aider les Catalans révoltés contre Philippe IV et souhaitent annexer le Roussillon, prend le titre de Cte de Barcelone, rejoint l'armée et quitte Fontainebleau ; Richelieu, rongé d'ulcères, voyage séparément. Cinq-Mars manquera plusieurs occasions de l'assassiner, notamment à Lyon (où il n'ose pas). Ces atermoiements feront échouer la conspiration. Sentant le vent tourner, Anne d'Autriche fait remettre à Richelieu une copie du traité avec Philippe IV qui prévoyait la restitution des places conquises depuis le début de la guerre. Louis XIII fait arrêter Cinq-Mars, de Thou et leurs complices. Monsieur dévoile tout et Richelieu charge le chancelier Séguier du procès. Cinq-Mars et de Thou soutiennent que la copie du traité avec l'Espagne est un faux ; mais, en privé, Cinq-Mars donne à Séguier des précisions. Le conseiller Laubardemont fait croire à Cinq-Mars que de Thou a tout avoué et lui promet sa grâce s'il signe les aveux qu'il a faits à Séguier ; Cinq-Mars accepte ; -3-7 Cinq-Mars arrêté ; -3-9 Richelieu arrive à Lyon ; prisonniers enfermés à la forteresse de Pierre-Encize ; -12-9 Cinq-Mars et de Thou sont exécutés place des Terreaux à Lyon [le bourreau, un remplaçant, doit frapper 2 fois la tête de Cinq-Mars (elle tombe à terre aux pieds d'un spectateur qui la rejettera sur l'échafaud) ; pour de Thou, il frappe 5 fois] ; le duc de Bouillon sauve sa tête en cédant sa principauté de Sedan.

Louis XIV

■ **1643** (14-5) **Louis-Dieudonné XIV le Grand** (nommé ainsi par la Ville de Paris en 1680 après la paix de Nimègue) ou **le Roi-Soleil** (1662 devise choisie : *Nec pluribus impar*) [(St-Germain-en-Laye 5-9-1638/Versailles 1-9-1715), roi à 4 ans 8 mois et 9 jours, régna 72 ans 3 mois 18 jours, dont 30 ans de guerre], mesurait 1,84 m (5 pieds 8 pouces selon La Grange-Chancel) et non 1,68 m (dimension d'une armure offerte par la Rép. de Venise) ; fils de Louis XIII et d'Anne d'Autriche. Ancêtres du roi à la 10e génération : 510 dont Français 145, Espagnols 133, Portugais 50, Allemands 43, Italiens 41, Slaves 36, Anglais 35, Autrichiens 14, Lorrains 8, Savoyards 5. *Cte de Barcelone* (1643-52) ; roi sous la tutelle de sa mère (18-5-1643), déclaré majeur le 7-9-1651, sacré à Reims (7-6-1654). *Ép. 1°)* par contrat en l'île des Faisans (ou de la Conférence) 7-11-1659, par procuration à Fontarabie 3-6-1660, en personne à St-Jean-de-Luz 9-6-1660, *Marie-Thérèse d'Autriche* [(l'Escurial 20-9-1638/Versailles 30-7-1683), infante d'Espagne, sa cousine germaine, fille de Philippe IV (1605-65), roi d'Espagne, et d'Élisabeth de France (1602-44)], enterrée à St-Denis, cœur dans l'église du Val-de-Grâce, Paris ; dont 6 enfants (voir ci-dessous) ; *2°) Françoise d'Aubigné,* Mise de Maintenon [née à Niort 27-11-1635, en prison où son père Constant d'Aubigné († 31-8-1647), huguenot, était enfermé par lettre de cachet pour intelligence avec l'Angleterre/St-Cyr 15-4-1719], petite-fille d'Agrippa d'Aubigné ; enfance à la Martinique, revient en France en 1647, orpheline et ruinée ; mise chez les ursulines (Niort puis Paris). Abjure (1649) ; sans un sou, épouse (4-4-1652) un paralytique : l'auteur comique Paul Scarron (1610-60) qui a 25 ans de plus qu'elle ; tient un salon littéraire brillant ; 1661 pensionnée par Anne d'Autriche ; devient (1669) gouvernante des bâtards (légitimés en 1673) de Louis XIV, nés de Mme de Montespan ; puis en 1674 maîtresse du roi, dame des seigneuries de Maintenon et du Parc (par achat 27-12) ; 1680 2e dame d'atours de la Dauphine ; elle épouse secrètement le roi (en hiver 1683/84 selon St-Simon, entre le 4-8 et le 11-10-1683 selon Mme de Caylus, dans la nuit du 9 au 10-10-1683 selon Marcel Langlois, le 12-6-1684 selon Lavallée, en 1685 ou 1686 selon Mlle d'Aumale et en 1697 selon Louis Hastier) ; elle rend austère la vie de la cour ; déplore les violences infligées aux protestants ; est hostile à la politique gallicane ; soutient le clan Colbert contre Louvois ; fait la carrière de Villars ; se trouve les dernières années du règne de Louis XIV à la tête d'un parti dévot (on a dit qu'elle a inspiré la décision du roi donnant aux légitimés le droit de succéder à la couronne en cas d'extinction des Pces du sang) ; fonde (juin 1686) la maison d'éducation de St-Cyr. Mise de Maintenon et du Parc (mai 1688) ; se retire à St-Cyr après la mort de Louis XIV (1715). Inhumée dans la chapelle de l'école [*1793* sa tombe est profanée, son squelette traîné sur une claie et enfoui dans un coin du cimetière. *1802* ses restes sont retirés et inhumés au milieu de la cour de l'école. *Quelques années plus tard* le monument, gênant, est démoli ; les ossements sont placés dans une cassette dans l'économat de l'école. *1837* la cassette est scellée dans un petit monument dans la chapelle de l'école. *1940* transportée de St-Cyr à Versailles].

☞ **Enfants légitimes** (du 1er mariage) : **Louis** (Fontainebleau 1-11-1661/Meudon 14-4-1711, de la petite vérole), nommé de son vivant *Monseigneur le Dauphin* et après sa mort le *Grand Dauphin* (pour le distinguer de son fils) ; *ép. : 1°)* 28-1-1680 à Munich par procuration, 7-3 à Châlons en personne, Marie-Anne Christine, Desse de Bavière, fille de l'Électeur de Bavière et d'Adélaïde de Savoie, sœur de Louis XIIII (28-11-1660/20-4-90) dont 3 enfants ; *2°)* secrètement vers 1694 Marie-Émilie Joly de Choin (1663/14-4-1732), fille d'honneur de la Pcesse de Conti. *Enfants de Louis et de Marie de Bavière :* LOUIS DUC DE BOURGOGNE, surnommé le *Second Dauphin* (Versailles, 6-8-1682/18-2-1712, de la variole), dauphin en 1711 [qui épouse (15-9-1696) par contrat à Turin, (7-12-1697) en personne à Versailles, Marie-Adélaïde, Pcesse de Savoie (Turin 6-12-1685/Versailles 12-2-1712 de la variole) dont 3 enfants : *Louis,* duc de Bretagne (25-6-1704/13-4-1705, de convulsions) ; *Louis* (8-1-1707/8-3-1712 de la rougeole), duc de Bretagne, dauphin le 8-3-1712 ; *Louis XV* (1710-74) voir p. 644 c] ; PHILIPPE, DUC D'ANJOU, roi d'Espagne (Philippe V le 2-10-1700) [Versailles 19-12-1683/Madrid 9-7-1746], désigné par Charles II († 1700) comme héritier par sa grand-mère Marie-Thérèse, arrière-petit-fils de Philippe IV [qui épouse *1°)* (3-11-1701) Marie-Louise, Pcesse de Savoie († 1714) dont postérité ; *2°)* (24-12-1714) Élisabeth Farnèse, Pcesse de Parme et de Plaisance (Parme 25-10-1692/Madrid 11-7-1766), nièce du dernier duc, dernière de la famille ; 1731 apporte aux Bourbons les duchés de Parme et de Plaisance] ; CHARLES, DUC DE BERRY (Versailles 31-8-1686/Marly 4-5-1714) [qui épouse (6-7-1710) Louise Élisabeth d'Orléans, dite *Mademoiselle,* fille de Philippe II, duc d'Orléans, dont 3 enfants : *N.* († en naissant avant terme 1711) ; *Charles* duc d'Alençon (26-3/16-4-1713) ; *Marie Louise Élisabeth* (16/17-6-1714). **Anne Élisabeth**, dite *Madame* (18-11/27-12-1662). **Marie-Anne,** dite *Madame* (16-11/26-12-1664). **Marie-Thérèse,** dite *Madame* (2-1-1667/1-3-1672). **Philippe** (5-8-1668/10-7-1671), duc d'Anjou. **Louis François** (14-6/4-11-1672), duc d'Anjou.

☞ **Négresse de Moret :** religieuse noire († 1732 ou 1745 ?), connue sous le nom de sœur Louis-Marie-Thérèse, qui vécut au couvent des bénédictines de Moret (S.-et-M.) et reçut la visite des plus hauts personnages de la Cour ; elle se croyait fille de Louis XIV ; on a dit qu'il s'agissait de Marie-Anne, née le 16-11-1664, d'apparence noire à sa naissance (en fait sans doute cyanosée) et qu'on lui aurait substitué une autre fille (enterrée à St-Denis le 16-11-1664).

☞ **Favorites de Louis XIV : LOUISE FRANÇOISE DE LA BAUME LE BLANC** (Tours, 6-8-1644/6-6-1710), fille de Laurent de La Vallière, Lt du gouverneur d'Amboise ; 1661 orpheline, placée comme demoiselle d'honneur de Henriette d'Orléans, devient la maîtresse du roi, 1667 Desse de La Vallière et de Vaujours, 1674 se retire chez les carmélites à Paris, 1675-3-6 profession de foi sous le nom de Louise de la Miséricorde (reçoit des mains de la reine le voile des Carmélites) ; dont : **CHARLES** (19-12-1663/15-7-1666) ; **PHILIPPE** (7-1-1665/† jeune) ; **MARIE-ANNE DE BOURBON** [dite *Mlle de Blois* (2-10-1666/3-5-1739) 1667 légitimée, Desse de La Vallière, qui épouse (15-1-1680) Louis Armand de Bourbon, Pce de Conti (4-4-1661/9-11-

1685) sans postérité] ; **Louis de Bourbon** [(2-10-1667/8-11-1683), **Cte de Vermandois,** amiral, 1669 légitimé]. **Françoise Athénaïs de Rochechouart, M^{ise} de Montespan** (Lussac-les-Châteaux 5-10-1641/Bourbon-l'Archambault 27-5-1707), fille de Gabriel de Rochechouart, duc de Mortemart, P^{ce} de Tonnay-Charente, 1er gentilhomme de la chambre du roi ; connue sous le nom de *Mlle de Tonnay-Charente ;* 1660 fille d'honneur de la reine, 1663 épouse Henri-Louis de Pardaillan de Gondrin († 1-12-1701), Mis de Montespan [dont elle se séparera en 1674 ; 1 fils : Louis Antoine de Pardaillan de Gondrin, Mis de Montespan, Mis puis duc d'Antin (1665-1736)] ; 1666-67 conquiert le roi, 1670 favorite officielle, 11-4-1679 brevet de surintendante de la maison de la reine donnant rang de duchesse, 15-3-1691 se retire chez les Dames de St-Joseph à Paris puis en province ; elle sera soupçonnée : d'avoir participé pendant des années à des cérémonies magiques pour capter puis garder le cœur du roi, de lui avoir fait avaler des poudres aphrodisiaques, d'avoir célébré au moins 4 ou 5 messes noires accompagnées de sacrifices d'enfants, d'avoir accepté de servir nue d'autel à l'abbé Guibourg (?), d'avoir voulu empoisonner le roi et Mlle de Fontanges ; dont **1 fils** (mars 1669-72) ; **Louis Auguste de Bourbon** [(St-Germain-en-Laye 31-3-1670/Sceaux 14-5-1736), 1673 **duc du Maine,** duc d'Aumale et légitimé 20-12-1673, qui épouse (19-8-1692) Louise-Bénédicte de Bourbon, Mlle de Charolais (1676/Paris 23-1-1753), fille d'Henri Jules de Bourbon, P^{ce} de Condé, dont il eut 7 enfants (dont 4 morts jeunes, sans alliance)] ; le 29-7-1714, un édit le déclare apte à succéder au trône en l'absence de P^{ce} du sang ; **Louis César** [(20-6-1672/10-1-1683), **Cte de Vexin,** légitimé 20-12-1673, abbé de St-Denis et St-Germain-des-Prés] ; **Louise Françoise** [(1-6-1673/Palais-Bourbon 16-6-1743) **Mlle de Nantes,** légitimée 20-12-1673, qui épouse (1685) Louis III (10-10-1668/4-3-1710) duc de Bourbon, P^{ce} de Condé, dont 9 enfants (voir p. 642 b)] ; **Louise Marie Anne** [(12-11-1674/Bourbonne 15-9-1681) **Mlle de Tours,** légitimée 1676] ; **Françoise Marie** [(Maintenon 9-2-1677/Paris 1-2-1749) **Mlle de Blois,** légitimée 1681, qui épouse (18-2-1692) Philippe II d'Orléans, régent, voir p. 645 b] ; **Louis Alexandre de Bourbon** [**Cte de Toulouse** (Versailles 6-6-1678/Rambouillet 1-12-1737), légitimé 1681, 1683 amiral, 1689 gouverneur de Guyenne et 1695 de Bretagne, qui épouse (22-2-1723) Marie-Victoire Sophie de Noailles, M^{ise} de Gondrin (1688-1766), veuve de Pardaillan d'Antin, Mis de Gondrin dont il eut : *Louis de Bourbon* (Rambouillet 16-11-1725/Bizy 4-3-1793), duc de Penthièvre (1734 amiral de France, grand veneur, gouverneur de Bretagne) qui épouse 1744 Charlotte Aglaé d'Orléans dont il aura 7 enfants ; héritier de tous les bâtards légitimés de Louis XIV, homme le plus riche de France]. **Claude de Vin des Œillets** (vers 1637-38/18-5-1687), fille de Nicolas de Vin (Devintz ou Devis) comédien du roi dont : **Louise de Maisonblanche** (vers 1676/12-9-1718), qui épouse (1696) Bernard de Prez, seigneur et B^{on} de La Queue-les-Yvelines. **Marie-Angélique de Scorraille de Roussille, D^{esse} de Fontanges,** (Cropières 1661/Port-Royal 28-6-1681 après un accouchement d'une « hydropisie de poitrine », on parla d'empoisonnement), fille de Jean Rigaud de Scorraille, Cte de Roussille en Limousin et d'Anne-Éléonore de Plas ; oct. 1678 fille d'honneur de Madame ; 1679 maîtresse du roi ; avril 1680 qualifiée D^{esse} dont : **1 fils** (1681 mort-né). **Françoise d'Aubigné, M^{ise} de Maintenon,** épousée en 2es noces (voir p. 639 c).

Gouvernement de Mazarin (1643-61)

Dans son testament, Louis XIII avait nommé Mazarin Pt du Conseil de régence (Louis XIV n'ayant que 4 ans 8 mois 9 j) ; le 18-5-1643 le Parlement casse ce testament comme « contraire aux lois fondamentales du royaume », car la monarchie est successive et non héréditaire : dès qu'un roi (ou une régente) est au pouvoir, il n'a pas à tenir compte des volontés du roi précédent. Donc Anne d'Autriche, mère de Louis XIV et régente du 18-5-1643 au 7-9-1651, nomme Mazarin 1er ministre.

– **1643-48** participation à la **guerre de Trente Ans** (voir p. 641 b) ; opposition systématique du Parlement aux édits financiers (ils sont chaque année amendés ou rejetés). **1643** *Michel Particelli sieur d'Emery* (Lyon vers 1595-Paris 1650) contrôleur des Finances puis surintendant (18-7-1647/9-7-1648) ; réforme des impôts (taxe des aisés, taxe du toisé 1644) ; *cabale des Importants :* membres de la grande noblesse [chefs : le duc de Beaufort (1616-69, voir encadré p. 642 a), Guise, Vendôme, duc d'Épernon, duchesses de Chevreuse et de Montbazon] qui essaient de remplacer Mazarin par Châteauneuf, ancien garde des Sceaux. Beaufort est embastillé en sept., les autres exilés en province. **1648-53 la Fronde** (voir p. 641 c). **1649** d'Emery de nouveau min. des Finances ; -22-9 émeute des rentiers de l'Hôtel de Ville. **1650** « disette monétaire » qui affectera l'Europe jusqu'en 1730 (chute de 80 % des envois d'or péruvien en Espagne). **1651**-6-2 Mazarin part en exil ; -7-9 Louis XIV déclaré majeur. **1651-52 peste,** Mazarin a été accusé de l'avoir introduite (1 000 000 de †, dont à Rouen 17 000). **1652**-28-1 Mazarin rejoint le roi à Poitiers ; -18-8 : 2e exil de Mazarin ; -21-10 Louis XIV rentre à Paris. Colbert intendant de Mazarin. **1653**-3-2 retour triomphal de Mazarin ; -10-7 enregistrement de la bulle pontificale *Augustinus,* condamnant le jansénisme. **1654**-7-6 sacre de Louis XIV à Reims ; -décembre *Nicolas Fouquet* surintendant des Finances (voir encadré p. 642 c). **1655**-13-4 lit de justice ; Louis XIV, selon la légende, dit : « L'État, c'est moi. » **1655-59 guerre franco-espagnole** (voir p. 641 c) ; paix des Pyrénées (7-11-1659). **1660**-2-2 Monsieur (Gaston d'Orléans, oncle du roi) meurt, le Petit Monsieur (Philippe, frère du roi), devient duc d'Orléans ; -3 et 9-6 Louis XIV épouse Marie-Thérèse d'Autriche ; -26-8 entrée solennelle de Louis XIV et Marie-Thérèse à Paris. *Cabale des Dévots* (compagnie du St-Sacrement) contre Mazarin. **1661**-févr. dispersion des Solitaires de *Port-Royal* (jansénistes) ; -9-3 Mazarin meurt (il lègue tous ses biens à Louis XIV et met hors la loi le cardinal de Retz, chef de la Fronde).

■ **Mazarin [Jules** (Giulio Mazzarini), Pescina, Italie 14-7-1602/Vincennes 9-3-1661 (néphrite, œdème pulmonaire, urémie)], clerc tonsuré (1re tonsure 18-6-1632), non-prêtre. Capitaine dans l'armée pontificale, puis diplomate. **1630**-*29-1* mandé par le pape à Lyon, propose une trêve France/Espagne à Richelieu (elle sera effective le 26-10). **1631** contribue à la paix de Cherasco. **1632-34** vice-légat à Avignon. **1634-36** nonce à la Cour de France. **1639** naturalisé. **1640** nommé cardinal « de la couronne de France ». **1642** *-5-12* Premier ministre. **1643-51** choisi comme successeur par Richelieu mourant, il gouverne la France pendant la régence d'Anne d'Autriche, puis reste 1er ministre avec un pouvoir presque absolu jusqu'à sa mort [on a souvent affirmé l'existence d'un mariage secret avec Anne d'Autriche ; la reine a toujours nié, disant que Mazarin « n'aimait pas les femmes » (parrain de Louis XIV, il ne pouvait, aux yeux de l'Église, épouser Anne) ; peut-être, à partir de 1652, ont-ils été amants]. Quelques mois avant sa mort, Mazarin envisagea de se faire ordonner car il cherchait à se faire élire pape ; s'intéressant surtout aux Affaires étrangères, il remporta des succès diplomatiques (traités de Westphalie 1648 et des Pyrénées 1659). Impopulaire, on a recensé (1648-53) plus de 5 000 *mazarinades* libellées contre lui ; enrichi par 18 ans de gouvernement, il bâtit à ses frais le palais où siège actuellement l'Académie et où il a son tombeau.

Nièces (les « Mazarinettes ») : 2 filles de sa sœur Margarita Martinozzi : *Anne-Marie* [1637-72, qui épouse Armand de Bourbon, P^{ce} de Conti (1629-66), voir encadré p. 642 b] et *Laure* (1640-87) ; 5 filles de sa sœur Jeronima Mazzarini († 1656) épouse Lorenzo Mancini : *Laure* (1636-57 en couches), 1651 épouse Louis de Vendôme duc de Mercœur, voir encadré p. 643 c ; *Olympe* [(1638-1708), qui épouse Eugène de Savoie, Cte de Soissons (d'où P^{ce} Eugène de Savoie, 18-10-1663/21-4-1736), *1665* exilée de la cour, *1679* compromise dans l'affaire de la Voisin, s'exile en Flandres] ; *Marie* [(1639-1706), aimée de Louis XIV qui demanda sa main en 1659 ; Mazarin refuse (l'éloigna de la cour le 22-6-1659) ; elle épouse (1661) le P^{ce} Onofrio Colonna] ; *Hortense* (1646-99), qui épouse 1661 Armand de La Porte, fils du M^{al} de La Meilleraye (duc de Mazarin) [1631-1713] ; *Anne-Marie* (1649-1714, qui épouse 1662 le duc de Bouillon).

Neveux : Mancini : *Paolo* (1636-52, tué pendant la Fronde) ; *Filippo* (1639-1707, créé duc de Nevers 1670) ; *Lorenzo* (1642-58, † accident.).

■ **Colbert (Jean-Baptiste,** Reims 29-8-1619/Paris 6-9-1683, colique néphrétique), fils de Nicolas Colbert de Vandières (Reims 1590-Paris 1661, marchand drapier, bourgeois de Reims, lui-même fils d'un contrôleur des gabelles anobli en 1595). **1648**-*13-12* ép. Marie Charron. Commis dans les services de la guerre de Michel Le Tellier. Conseiller d'État. **1651** présenté à Mazarin. **1652** gère sa fortune privée. **1657** achète baronnie de Seignelay (Auvergne). **1659** chargé de veiller à la gestion des Finances de l'État (fait un rapport en oct. sur les malversations de Fouquet). **1661**-*sept.*/**1683** intendant des Finances. **1662-83 :** *1663* fonde l'Académie des inscriptions et belles-lettres. *1664* surintendant des Bâtiments et Manufactures. *1665-déc.* contrôleur général des Finances. *1666* fonde l'Académie des sciences et l'Académie de France à Rome et *1667* l'Observatoire de Paris. Élu à l'Académie française. *1668* secrétaire d'État à la Maison du roi et *1669* à la Marine. Construit une flotte de guerre de 276 bâtiments et crée le *colbertisme* (la puissance politique, militaire et économique d'un pays dépend de la masse monétaire dont il dispose : l'essentiel est donc de gagner de l'argent par tous les moyens ; autre nom : mercantilisme national). Seigneur et marquis de Seignelay. Contrôlant les dépenses du ministère de la Guerre, il mécontentera Louvois, qui le dessert auprès de Louis XIV. Il risquait d'être disgracié quand il mourut, *1683-6-9,* rue des Petits-Champs. Enterré à St-Eustache (tombeau par Coysevox et Tuby ; il y resterait ses jambes, le reste fut transféré dans les catacombes en 1787).

Enfants : *6 fils* dont *Jean-Baptiste Colbert, Mis de Seignelay* (1651/3-11-1690), secrétaire d'État à la Marine (1669), lui succédera à la Maison du roi (1683). *3 filles* mariées à des ducs (Chevreuse, Beauvillier, Mortemart).

Frère : *Charles Colbert, Mis de Croissy* (1625/28-7-1696), Pt du conseil souverain d'Alsace (1657), ambassadeur à Londres (1670-74), secrétaire d'État aux Affaires étrangères (1679) ; son fils *Jean-Baptiste Colbert, Mis de Torcy* (Paris, 14-9-1665/2-9-1746), secrétaire d'État aux Affaires étrangères.

Louis XIV et Colbert (1662-83)

1661-16-3 Colbert (recommandé à Louis XIV par Mazarin avant de mourir) intendant des Finances ; -10-3 Louis XIV annonce qu'il gouvernera en personne ; -5-9 il fait arrêter Fouquet ; -30-9 Strasbourg réunie à la France. **1661-87** construction de Versailles. **1662**-27-10 Louis XIV achète Dunkerque et Mardik aux Anglais. **1662-64** procès de Fouquet. **1664**-mai Compagnie des Indes orientales créée. **1665** Philippe IV, roi d'Espagne, meurt ; outre son fils de 4 ans, Charles II (1661-1700), 2 prétendants à sa succession : Louis XIV et l'empereur d'Allemagne. **1665** les parlements perdent leur titre de « cours souveraines » pour celui de « cours supérieures ». **1665**-31-8/**1666**-31-1 derniers *Grands Jours (en Auvergne) ;* tribunal d'exception pour punir les excès des seigneurs ; 12 000 plaintes ; procès criminels : 1 360 (692 condamnés dont 23 à mort). **1665-67 guerre anglo-hollandaise.** Colbert fait construire une flotte de guerre en prévision de la guerre contre l'Espagne. **1666**-20-1 la reine Anne d'Autriche (mère de Louis XIV) meurt ; -22-1 Louis XIV fait de St-Germain sa résidence principale ; François-Michel de Louvois (1639-91), fils de Michel Le Tellier, succède à son père comme ministre. **1667** *code Louis* ou ordonnance de procédure civile ; -mars/avril création d'une lieutenance générale de police (Gabriel Nicolas de La Reynie, 1625/14-6-1709) ; -juillet faveur de Mme de Montespan. **1667-68 guerre de Dévolution** (voir p. 643 a). **1668**-2-5 *traité d'Aix-la-Chapelle.* **1669**-janv. occupation de la Lorraine ; -juin *expédition de Candie* (Crète) contre les Turcs (échec ; le duc de Beaufort tué). **1670** ordonnance criminelle. Hôtel des Invalides créé ; -avril/juillet soulèvement en Vivarais ; -1-6 alliance de Douvres France/Angleterre. -30-6 *Henriette d'Angleterre* (26 ans, sœur du roi Charles II d'Angleterre, D^{esse} d'Orléans, qui a eu pour amants le P^{ce} de Rohan, le Cte de Guiche, le Mis de Vardes, le duc de Buckingham, Louis XIV) meurt, sans doute d'une péritonite, mais des contemporains ont cru à un empoisonnement (coupables présumés : l'entourage du chevalier de Lorraine exilé en Italie, mignon de « Monsieur », mari d'Henriette) ; Louis XIV n'a pas admis la thèse du poison. Oraison funèbre de Bossuet. **1671** la guerre de Hollande se prépare, que Colbert n'approuve pas. Influence de Louvois (31 ans). **1672-78 guerre de Hollande** (voir p. 643 c). **1673** rôle des parlements réduit à l'enregistrement des édits ; ordonnance sur le commerce. -19-2 Molière meurt. **1673-79 affaire des Poisons** [*1673* Jean Amelin, dit la Chaussée, roué vif pour avoir empoisonné les 2 frères de la M^{ise} de Brinvilliers ; -nov. mort du Cte de Soissons, rumeur d'empoisonnement contre la Ctesse (née Olympe Mancini). *1676*-10-7 Marie-Madeleine, fille de Dreux d'Aubray (Paris 1630/16-7-1676), épouse 1651 d'Antoine Gobelin, Mis de Brinvilliers, accusée d'avoir empoisonné son père et ses 2 frères et attenté à la vie de sa sœur ; condamnée, elle reconnaît ses crimes, fait amende honorable, puis est décapitée et brûlée. *1679*-7-4 *Chambre ardente* (dite *Cour des Poisons*) créée à l'Arsenal [tiendra 210 séances pendant plus de 3 ans, lancera 319 décrets d'arrestation (ou de « prise de corps »), fera incarcérer 194 personnes, prononcera 104 jugements (dont 36 condamnations à mort dont 34 exécutées, 4 aux galères, 34 à des peines de bannissement ou d'amende et 30 acquittements)] recherchant les clients éventuels de la M^{ise} : la Ctesse de Soissons est exilée ; la M^{ise} de Montespan, maîtresse du roi, est disgraciée : elle avait acheté des aphrodisiaques destinés au roi. *1682*-16-7 Louis XIV met fin à l'enquête et le 13-7-1709, après la mort (le 14-6) de La Reynie (né 1625), il fera brûler les dossiers pour éviter que le scandale n'éclabousse la cour. *Principale accusée :* la Voisin (Catherine Deshaye, épouse Monvoisin) née 1640, arrêtée 12-3-1679, brûlée en place de Grève le 22-2-1680 après avoir subi la question ; sa fille, Marie-Marguerite, mettant en cause Mme de Montespan, est enfermée à Belle-Ile. **1673-93** Louis XVI s'oppose à Rome (affaire de la Régale). **1674** fondation d'une caisse des emprunts ; -27-11 Louis de Rohan (né 1635, fils adultérin de la P^{cesse} de Guémené et du Cte de Soissons) arrêté le 11-9 : ils avaient prévu, avec Gilles du Hamel d'Hatréaumont (né 1627, dit Latréaumont, fils d'un conseiller à la chambre des comptes à Rouen) d'enlever le dauphin et si possible le roi, de soulever la Normandie, de livrer aux Espagnols le port de Quillebeuf, de convoquer les états généraux et de « réformer l'État ». Guillaume du Chesne, chevalier de Préaux, M^{ise} de Villars, Affinius Van den Enden exécutés. **1675** révolte du *papier timbré* (voir encadré p. 641 a) ; -avril/sept. révolte des *Bonnets rouges* en Bretagne (amnistiés 5-2-1676). **1678** constitution des *Chambres de réunion* (commissions d'experts en droits féodaux, chargés de délimiter les territoires acquis en 1648, 68, 78). **1680** ferme générale créée ; -21-10 fondation de la Comédie-Française. **1681** début des *dragonnades* antiprotestantes (voir p. 540 b) ; -28-6 D^{esse} de Fontanges (20 ans), ancienne maîtresse de Louis XIV, meurt ; on a parlé d'empoisonnement (vengeance de Mme de Montespan disgraciée ?) : thèse aujourd'hui écartée ; -8-7 *traité secret entre Louis XIV et Charles III de Gonzague-Mantoue :* contre une pension de 60 000 livres, le duché de Mantoue devient protectorat français (avec droit de garnison à Casal, occupée le 30-9), *négociateur :* le Cte Mattioli (peut-être le « Masque de fer ») ; -août ordonnance sur la marine marchande ; -30-9 *Strasbourg,* annexée par décision de la chambre de réunion d'Alsace (à Brisach) ; -5-10 *Alger* bombardée par Petit-Renaud (représailles contre piraterie barbaresque sur les côtes provençales). -18-10 le Divan (Turquie) déclare la guerre à la France. **1682**-3-2 traité de commerce avec le sultan du Maroc Moulay Ismaïl (liberté commerciale pour la France) ; -19-3 *déclaration des 4 Articles* soustrayant le clergé français à l'autorité du pape (rétractation : 1693) ; -5 et -6-5 installation de la cour à Versailles ; -25-7 Duquesne bombarde Cherchell ; -15-8, 30-8 et 3-9 bombarde Alger ; -30-8 édit chassant les sorciers(es) du royaume. **1683**-26/27-6 Duquesne bombarde Alger ; -30-7

Le refus de l'impôt

■ **Gabelle.** Impôt sur le sel, créé par Philippe VI en 1340, la plus grosse ressource du fisc royal, n'est pas uniforme : des pays *rédimés* ont fait un versement forfaitaire (Poitou, Saintonge, Aunis, Angoumois, Gascogne, Périgord, Marche, Limousin, Guyenne, comté de Foix, Bigorre, Comminges) ; des *provinces franches* en ont été dispensées : *1°)* par acte gracieux, lors de leur annexion à la France (Cambrésis, Flandre, Hainaut, Bretagne, Béarn), *2°)* à cause de leur façade maritime, rendant le contrôle impossible (Boulonnais, Calaisis, côtes de l'Aunis et de la Saintonge, côte du Poitou).

Dans les pays de grande gabelle (Ile-de-France, Picardie, Champagne, Orléanais, Perche, Normandie non côtière, Maine, Anjou, Touraine, Berry, Bourbonnais, Bourgogne), on doit acheter une quantité raisonnable de sel par an (« sel du devoir ») soit 9 livres, portée à 11 livres 3/4 par personne. Des émeutes s'ensuivent, notamment en Bretagne (greniers à sel pillés à Fougères et à Rennes ; 7 000 émeutiers ; 6 000 hommes de troupe engagés dans la répression). *Dans les pays de petite gabelle* (Languedoc, Provence, Roussillon, Rouergue, Gévaudan, partie de l'Auvergne, Bresse, Bugey, Dombes, Lyonnais), il n'y a pas de sel du devoir. *Dans les pays de quart-bouillon* (Normandie côtière), on a le droit de faire bouillir de l'eau de mer. *Dans les pays de saline* (producteurs de sel), on peut acheter directement le sel aux salines d'Etat (Franche-Comté, Alsace, Trois-Évêchés, Rethélois, Clermontois).

Les *faux-sauniers* font le commerce clandestin du sel depuis les pays où il est le moins cher vers les pays où il est le plus cher. En 1675, le faux-saunage est défini comme un crime.

■ **Révolte du papier timbré.** **1675** à Bordeaux (du 27 au 30-3) ; Rennes (18-4) ; représailles en sept. : les maisons des meneurs sont rasées. Près de Morlaix (50 paroisses) en juin (meneur : le notaire Le Balp) : le duc de Chaulnes écrase la révolte en août.

Bilan du règne de Louis XIV

1°) Il a recueilli l'héritage espagnol : jusqu'en 1715, il gouverne Espagne et Amérique du Sud ; les galions du Pérou débarquent à St-Nazaire.

2°) Il a échoué dans la défense du catholicisme anglais : la défaite des Stuarts en 1688 marque le début d'une « 3e guerre de Cent Ans » (1688-1815), que la France perdra.

3°) Il s'est vengé de la Fronde : les nobles sont presque constamment mobilisés (une des raisons des guerres incessantes a été le désir d'envoyer les nobles au feu), sinon, ils sont gardés à la cour, dotés de riches pensions, mais contraints à des dépenses encore supérieures, réduits ainsi à la merci du roi ; ce ne sont plus que des courtisans. Les parlementaires perdent le pouvoir administratif et politique au profit des « officiers » royaux.

4°) Les frontières du Nord-Est ont avancé sur certains points de 200 km : Franche-Comté/Alsace, ligne Meuse/mer du Nord. Les forteresses de Vauban ont été efficaces et peu coûteuses.

5°) Il a créé un type de monarchie (absolue) qui deviendra au XVIIIe s. le « despotisme ». Mais, obsédé par les questions de décorum et d'étiquette, il n'a pas orienté l'absolutisme vers l'efficacité politique.

6°) Il a répandu en Europe le prestige de la culture classique française : Versailles va pendant un siècle servir de modèle (voir à l'Index).

7°) Le peuple (rural à 90 %) est resté pauvre (forte mortalité, famines fréquentes). Mais un certain progrès s'est accompli (infrastructures, annexion de territoires plus riches, début des manufactures et du commerce maritime).

Fortunes comparées

Actif et, entre parenthèses, **passif** (en livres, en sept. 1661). *Mazarin* à sa mort : 35 144 891 (1 421 000) ; *Fouquet* lors de son arrestation : 15 442 473 (15 531 725) ; *Abel Servien* Mis de Sablé (1593-1659), surintendant des Finances avec Fouquet : 4 306 944 (2 000 000).

la reine Marie-Thérèse meurt ; -6-9 Colbert meurt ; son fils, Seignelay, le remplace à la Maison du roi et Le Pelletier aux Finances ; -26-10 l'Espagne déclare la guerre à la France.

■ Louis XIV sous l'influence de Mme de Maintenon (1684-1715)

1684-mai Duquesne bombarde Gênes (aux 3/4 détruite par 10 000 bombes). *Motif :* on y avait construit 17 galères pour la flotte espagnole. **1685**-mars Code noir ; -15-5 le doge de Gênes présente ses excuses à Versailles ; 1-10 Pierre Corneille meurt ; -18-10 l'**édit de Fontainebleau** révoque l'**édit de Nantes** conseillé à Louis XIV par le chancelier Le Tellier, Louvois [(voir encadré p. 642 c), jugé sévèrement après le XVIIIe s., il fut alors très populaire en France] et le père La Chaise. De 1685 à 1688, le départ en exil des protestants est contrarié aux frontières ; il sera massif ensuite (200 000 à 300 000 ; *conséquences :* essor démographique et économique du Brandebourg en Prusse ; renforcement de l'armée de Guillaume d'Orange par 700 officiers huguenots). -31-10 Le Tellier meurt. **1686**-18-11 Louis XIV est opéré d'une fistule anale ; -11-12 Pce de Condé meurt. **1688** milice royale créée. **1689** milice des gardes-côtes. **1688-97 guerre de la Ligue d'Augsbourg** (voir p. 644 a). **1689-93** cabale : la confrérie secrète des *Michelins,* conduite par Mme Guyon et Fénelon (gouverneur du duc de Bourgogne), tente de s'emparer de l'esprit de Mme de Maintenon, et par elle, de celui du roi (en font partie les membres du parti dévot, le duc et la duchesse de Beauvillier, le duc de Chevreuse, le duc de Chaulnes, la duchesse de Béthune-Charost, la Pcesse d'Harcourt, Seignelay, l'abbé de Langeron). **1690**-6-9 pour financer les dépenses de guerre, Louis XIV fait porter son argenterie (2 505 687 livres) à la Monnaie pour y être fondue. -3-11 Seignelay meurt. **1691**-16-7 Louvois meurt. **1693**-avril ordre de Saint-Louis créé ; -juin Louis XIV cesse de paraître à la guerre. **1693-94** mauvaises récoltes (2 étés pourris) : famine. **1695**-18-1 impôt de la capitation établi. -13-4 La Fontaine meurt. **1696**-14-4 Mme de Sévigné meurt ; -10-5 La Bruyère meurt. **1699**-21-4 Racine meurt. **1700**-1-11 Charles II, roi d'Espagne, meurt. Philippe d'Anjou, petit-fils de Louis XIV, devient roi d'Espagne [« Il n'y a plus de Pyrénées », aurait dit Louis XIV (en fait l'ambassadeur d'Espagne)] : **guerre de la Succession d'Espagne** (1701-13), voir p. 644 b. **1702 guerre des camisards** (voir p. 644 c). **1704**-12-4 Bossuet meurt. **1706**-23-5 *Ramillies :* perte des Pays-Bas. **1707**-30-3 Vauban, disgracié en février, meurt. **1708**-11-7 *Audenarde,* Vendôme battu ; France envahie. **1709**-janvier « grand hiver » : - 20 à - 25 °C le 13 à Paris ; environ 100 000 † ; misère et révolte en province ; -29-10 expulsion des moniales de *Port-Royal.* **1710**-14-10 le *dixième* nouvel impôt frappant nobles et roturiers. **1711**-13-3 Boileau meurt ; -14-4 le *grand dauphin* meurt. **1712**-12 et 18-2 mort de la duchesse et du duc de Bourgogne (2e dauphin) ; -18-3 mort du duc de Bretagne (3e dauphin) ; -24-7 *Denain,* victoire de Villars. **1713**-11-4 *traité d'Utrecht.* **1714**-6-3 *de Rastadt ;* -30-12 vallée de Barcelonnette réunie à la France. **1715**-7-1 Fénelon meurt. Visite de l'ambassadeur perse Mehemet Rezabeg ; -1-9 Louis XIV meurt à Versailles ; sur le trajet menant à St Denis, le peuple manifeste parfois sa joie.

☞ **Grands fiefs réunis à la Couronne sous Louis XIV :** *1659* comtés d'Artois, de Flandres, *1665* de Nevers, *1678* de Bourgogne, *1700* principauté d'Orange, *1707* comté de Dunois, *1712* duché de Vendôme.

Guerre de Trente Ans (1618-48)
(Période française 1635-48)

■ **Antécédents.** **1°) Période palatine** contre les princes protestants allemands (1618-24) ; **2°) danoise** (1624-29) ; **3°) suédoise** (dès 1630) ; **4°) française** (1635-48) : Richelieu veut affaiblir les Habsbourg.

■ **Occasion.** **1634** les Espagnols des Pays-Bas occupent l'évêché de Trèves qui s'était placé sous protectorat français ; *-1-11* alliance franco-suédoise. **1635** les Pces allemands signent la *paix de Prague ;* seuls restent en lutte contre les Habsbourg d'Autriche : les Suédois (Oxenstierna) ; contre les Habsbourg d'Espagne : les Hollandais ; *-19-5* la France déclare la guerre à l'Espagne. **1636** l'empereur déclare la guerre à la France.

■ **Armée française.** 20 880 cavaliers, 135 000 fantassins plus armée (germano-suédoise) de Bernard de Saxe-Weimar (voir p. 639 a) : 6 000 cavaliers, 12 000 fantassins.

■ **Opérations.** **1635**-*mai* échec d'une attaque sur les Pays-Bas [victoire stérile d'*Avein* (20-5) ; rapatriement par mer]. **1636**-*avril* Henri II de Bourbon Pce de Condé (voir p. 642 a) échoue en Franche-Comté ; *-15-8* les Espagnols prennent *Corbie ; -14-11* les Français la reprennent. **1637** le duc de Rohan évacue la Valteline et les Grisons. **1638** Bernard de Saxe-Weimar conquiert l'Alsace [il meurt le 8-7-1639 et son armée est prise en main par le Mal de *Guébriant* (2-11-1602/tué 24-11-1643 à Rottwell)]. **1639** défection des alliés italiens (Mantoue, Parme, Savoie) et perte de l'Italie du Nord. **1640** *Turin* prise et traité de protectorat imposé à Christine de Savoie ; *Arras* prise ; Châtillon conquiert l'Artois. **1641** échec d'une occupation de la Catalogne révoltée contre Madrid ; Henri d'Escoubleau de Sourdis (1593-1645 ; archevêque de Bordeaux en 1628, puis chef militaire) battu à *Tarragone.* **1642**-*17-1* à *Kempen,* Guébriant bat les impériaux Lamboy et Mercis ; *-avril* Roussillon conquis ; *-9-5 Perpignan* capitule ; -juin victoire sur les beaux-frères de Christine de Savoie (Thomas et Maurice) ; *-nov.* Silésie, Saxe conquises, le Suédois Torstenson envahit la Bohême. **1643**-*18/19-5* de 3 h à 10 h du matin, *Rocroi :* Louis II de Bourbon, Pce de Condé (voir p. 642 b), anéantit l'infanterie du général Melon de Breganza (tués : 8 000 Espagnols, 2 000 Français). **1643-46** conquêtes de Thionville, Gravelines, Courtrai, Mardryck, Furnes, Dunkerque. **1644**-*mai* Turenne évacue *Fribourg ; -10-8* Condé victorieux à *Fribourg.* **1645**-*5-5* Turenne vaincu à *Marienthal* par Mercy ; *-3-8* Condé et Turenne victorieux à *Nordlingen* (Mercy tué) ; *Trèves* prise. **1648**-*17-5 Zusmarshausen,* Turenne et le feld-maréchal suédois Carl-Gustav von Wrangel (1613-76) battent Raimondo Cte Montecuculli (1609-80, Italien) ; Wurtemberg et Bavière conquis, menaces sur Vienne ; *-20-8 Lens* Condé bat les Espagnols (archiduc Léopold).

Conclusion. **Traités de Westphalie** à Osnabrück (6-8-1648) et Münster (8-9-1648) : 2 traités diplomatiques, 1 Constitution germanique. France garde Alsace (moins Strasbourg), Brisach, Pignerol ; son annexion des Trois-Évêchés est confirmée ; Suisse et Provinces-Unies sortent de l'Empire germanique.

La Fronde (1648-53)

■ **Nom.** Donné par dérision [arme d'enfants (les révoltés n'ont pas pu ébranler sérieusement la monarchie)].

■ **Fronde parlementaire (1648-49).** **Causes : 1648**-*janv.* le Parlement refuse d'enregistrer l'*édit du tarif* (octroi sur tout ce qui entre dans Paris) ; *-avril édit du rachat :* les parlementaires des cours souveraines sont privés pendant 4 ans de leur traitement ; ils ne le récupéreront qu'en rachetant leur charge au prix qu'elle valait lors de l'institution de la paulette (voir p. 637 c) ; *-13-5 édit d'union :* le Parlement s'engage à se réunir au Grand Conseil, à la Cour des comptes et à la Cour des aides pour délibérer des affaires de l'État ; *-15-6 Déclaration des 27 Articles :* suppression des intendants, interdiction des impôts non approuvés par le Parlement, garantie de la liberté individuelle. **Déroulement : 1648**-*26-8* arrestation du conseiller *Pierre Broussel* (vers 1575-1654), meneur du Parlement avec Louis Charton et Blancmesnil ; *-26/29-8* émeutes en sa faveur, journées des barricades à Paris ; *-29-8* la régente libère Broussel et s'enfuit à Rueil. **1649**-*5-1* la Cour se replie à St-Germain, fait assiéger Paris par Condé ; *-11-3 paix de Rueil,* Parlement et bourgeois se soumettent ; *-18-8* la Cour rentre à Paris.

■ **Fronde des princes (1651-53).** **Causes :** les grands seigneurs tiraient la majeure partie de leurs revenus de leurs « gouvernements » (délégation de l'autorité royale dans une province). La création des intendants par Richelieu avait dévalué leur charge et ils voulaient profiter du changement de ministres pour supprimer les intendances. **Chefs :** *Gaston d'Orléans,* oncle du roi, et sa fille, *la Grande Mademoiselle ; cardinal de Retz ;* Pces du sang : *Condé, Conti* (son frère), *Longueville, duc de Beaufort ;* Desse *de Chevreuse* et sa fille, maîtresse de Condé. **Déroulement : 1650**-*18-1* Mazarin fait arrêter Condé, Conti, Longueville ; *-mars* l'armée royale (la reine, Louis XIV, Mazarin) assiège Bordeaux (soulevé à cause de la mévente des vins ; la Pcesse de Condé est à la tête des insurgés) ; *-juin* Turenne, avec une armée espagnole, attaque Guise ; *-1-10* Bordeaux capitule ; *-15-12 Rethel,* Duplessis-Praslin bat Turenne. **1651**-*7-2* le duc de Beaufort *soulève les Halles,* bloque la reine au Palais-Royal ; *-févr./déc.* Mazarin s'enfuit en Allemagne (Brühl près de Cologne) ; *-août,* rupture entre Beaufort et Condé ; *-sept.* Louis XIV est déclaré majeur. Condé, gouverneur de la Guyenne, prend les armes ; Louis XIV le bat à Poitiers ; **1652**-*janv.* Turenne, chef de l'armée royale ; Condé recrute une armée espagnole ; *-28-1* Mazarin rejoint Louis XIV à Poitiers. Le Parlement met sa tête à prix (50 000 écus). *-1-4 Bléneau,* Condé bat Turenne puis est battu à *Gien ; -2-7 faubourg St-Antoine,* Turenne bat Condé, mais la Grande Mademoiselle fait tirer le canon de la Bastille sur les troupes royales et sauve l'armée de Condé ; *-4-7* anarchie à Paris : incendie de l'Hôtel de Ville et du palais Mazarin ; *-août* Mazarin s'enfuit à Bouillon, près de Cologne ; *-août/oct.* Turenne assiégé à Villeneuve-St-Georges par Condé avec des mercenaires wurtembergeois ; *-16-10* Condé quitte Paris. *-21-10* Paris ouvre ses portes à Louis XIV ; *-26-10* Mazarin rappelé. **1653**-*3-2* Mazarin rentre ; cardinal de Retz arrêté ; Gaston d'Orléans et la Grande Mademoiselle exilés à Blois. **1654**-*27-3* Condé condamné à mort par le Parlement [combattra la France jusqu'au traité des Pyrénées (1659)].

Guerre franco-anglo-espagnole (1655-59)

■ **Causes.** Les Pces frondeurs (dont Condé) utilisaient des troupes espagnoles ; Angleterre-Espagne : rivalité coloniale. **1655**-*avril* l'Angleterre conquiert la Jamaïque ; *-déc.* l'Espagne lui déclare la guerre. **1657**-*23-3* Mazarin et Oliver Cromwell signent un traité d'alliance.

■ **Opérations.** **1657**-*mai/oct.* les Franco-Anglais assiègent et prennent *Mardyck* (remis à Cromwell). **1658**-*14-6 Les Dunes,* Turenne bat les Espagnols (Don Juan d'Autriche, Condé) ; *-25-6* prend *Dunkerque* (remise à Cromwell) ; *-juillet/oct.* Turenne conquiert la Flandre et Ypres.

■ **Conclusion.** **1659**-*7-11* **traité des Pyrénées** (négociateurs : Mazarin, Luis de Haro) [ou *traité de l'île des Faisans* car signé dans une île de la Bidassoa (délimitait la frontière) ; en espagnol « Isla de la Facienda » (en espagnol moderne « hacienda », domaine du fisc : on y pêchait les saumons réservés à l'administration royale) ; depuis le XXe s., appelée « île de la Conférence » et on y élève des faisans] : l'Espagne cède à la France : Philippeville, Marienbourg, Avesnes, Roussillon et Cerdagne, Artois (moins Aire et St-Omer), Gravelines, Bourbourg, St-Venant, Landrecies, Le Quesnoy, Thionville, Montmédy. Louis XIV épousera l'infante Marie-Thérèse (son père devra verser 500 000 écus d'or le jour du mariage). Mazarin l'avait choisie car elle pouvait acquérir des droits sur la Couronne espagnole, mais, pour piquer au vif Philippe IV d'Espagne, père de Marie-Thérèse, il avait feint de rechercher pour Louis XIV Marguerite de Savoie (fille de Christine de France, régente de Savoie). **1660**-*5-6* Louis XIV et Philippe IV se retrouvent à l'île des Faisans ; *-9-6* Louis XIV épouse Marie-Thérèse à St-Jean-de-Luz.

QUELQUES PERSONNAGES

■ **Artagnan (sieur d').** Charles de Batz (ou de Montesquiou, nom de sa mère Françoise de Montesquieu), né 1611 ; *ép. Anne-Charlotte de Chanlecy* (2 fils prénommés Louis) ; capitaine, lieutenant de la 1re Cie des mousquetaires. *1661* Nantes : arrête Fouquet, le garde à Angers, puis à la Bastille et à Pignerol. *1662*-25-4 Mal de camp. *1670* réprime révolte populaire dans le Vivarais. *1673*-23-6 tué au siège de Maastricht (Louis XIV adopta ses 2 fils et s'occupa de leur éducation) ; héros des *Trois Mousquetaires* (1844), de *Vingt Ans après* (1845) et du *Vicomte de Bragelonne* d'Alexandre Dumas.

■ **Bart (Jean,** Dunkerque, 21-10-1650/27-4-1702). Fils d'un armateur ; *1666-72* sert dans la marine hollandaise de Ruyter contre l'Angleterre ; *1672* au service de la France comme corsaire (guerre contre la Hollande : 81 prises de guerre) ; *1689* capturé par les Anglais, s'évade de la prison de Plymouth et traverse la Manche à la rame ; *1690* se distingue à Beachy Head ; *1691* chef d'escadre ; *1694* opère avec quelques navires (force ainsi le blocus de Dunkerque le 29-6 et récupère un convoi de blé dont les Hollandais s'étaient emparés) ; -4-8 anobli ; créé chevalier de St-Louis. *1696*-19-6 victoire navale sur les Hollandais, prend ou brûle 80 navires. *1697* chef d'escadre. *1702* meurt de pleurésie au début de la guerre de Succession d'Espagne, alors qu'il préparait l'attaque de la Hollande.

■ **Beaufort (François de Bourbon-Vendôme, duc de,** Paris 16-1-1616/Candie, Crète 25-6-1669). Petit-fils de Henri IV et de Gabrielle d'Estrées ; fils de César de Vendôme (voir p. 643 c). *1630* sert en Savoie, puis *1635* en Picardie ; *1642* compromis dans la conspiration de Cinq-Mars, se réfugie en Angleterre ; *1643* devient un des chefs de la cabale des Importants ; enfermé à Vincennes, s'évade (1648). Commande les troupes du cardinal de Retz, gouverneur de Paris ; devient à Paris le héros de la Fronde (surnommé *le Roi des Halles*) ; *1650*-1-6 grand maître, chef et surintendant de la navigation et du commerce de France ; *1653* se soumet au roi ; *1661* se consacre à la marine ; *1664* fait campagne contre les corsaires barbaresques ; *1665* bat les Barbaresques (combat naval près de Tunis puis à Alger) ; *1669* va secourir les Vénitiens, attaqués par les Turcs à Candie, comme généralissime des troupes chrétiennes ; est tué le 25-6 ; on ne retrouvera jamais son corps (certains ont supposé qu'il était « l'homme au masque de fer »).

■ **Bouillon (Henri de la Tour d'Auvergne, Vte de Turenne, duc de,** 15-10-1555/25-3-1623), Mal de France, calviniste. *1592* épouse Charlotte de La Marck († 1594), héritière du duché de Bouillon et de la Pté de Sedan ; -9-3 maréchal. *1594 épouse Élisabeth de Nassau* (fille de Guillaume le Taciturne) dont 2 fils *Frédéric-Maurice duc de Bouillon* (22-10-1604/9-8-1652, un des chefs de la Fronde, devra abandonner sa principauté de Sedan en 1642) et *Henri IV Turenne*.

■ **Catinat (Nicolas,** Paris 1-9-1637/25-2-1712). Avocat devenu officier de Turenne, *1680* Mal de camp, *1688* Lt général, *1690-93* Cdt en chef de l'armée de Piémont, force le duc de Savoie à la paix (victoires de Staffarde, 18-8-1690, et de la Marsaille 4-10-1693) ; *1693*-mars Mal de France, *1701* commande l'armée d'Italie, battu par le Pce Eugène à Carpi. *1702* disgracié, finit sa vie dans son château de St-Gratien (Val-d'Oise).

■ **Condé. Louis Ier de Bourbon** (Vendôme 7-5-1530/13-3-1569), Pce de Condé [titre pris avant 1557, origine Condé-sur-Escaut (Nord) ou Condé-en-Brie (Aisne) seigneuries qu'il possédait], duc d'Enghien ; 7e fils de Charles, duc de Vendôme ; *épouse 1°)* (22-6-1551) *Éléonore de Roye* (24-2-1535/23-7-1564) ; *2°)* (8-11-1565) *Françoise d'Orléans* († 11-6-1601). Calviniste, à la tête des huguenots. Rival des Guises. *1560* condamné à mort (comme l'un des instigateurs de la conjuration d'Amboise, sauvé par François II). *1562* perd la bataille de Dreux. *1567* reprend les armes. *1569*-13-3 battu à Jarnac, se rend ; assassiné par Robert de Montesquiou, capitaine des gardes du duc d'Anjou.

Henri Ier de Bourbon (La Ferté-sous-Jouarre 29-12-1552/empoisonné à St-Jean-d'Angély 5-3-1588), fils du 1er mariage de Louis Ier et de E. de Roye, deuxième Pce de Condé, duc d'Enghien, gouverneur de Picardie, dit *Monsieur le Prince* ; s'allie à son cousin, Henri de Navarre ; *1569* reconnu comme chef de parti par les calvinistes avec Henri, roi de Navarre ; *1572* abjure après la Saint-Barthélemy, puis revient au protestantisme ; *1573* gouverneur de Picardie ; *1574*-juillet proclamé par l'assemblée de Millau ; *1575*-janv. protecteur de l'association du clergé et des catholiques paisibles avec les Églises réformées du royaume, se rapproche de Henri de Navarre ; *épouse 1°)* (4-12-1572) *Marie de Clèves* († en couches 30-10-1574) ; *2°)* (16-3-1586) *Charlotte Catherine de La Trémoille* († 28-8-1629).

Henri II de Bourbon (St-Jean-d'Angély 1-9-1588/Paris 26-12-1646), son fils du 1er mariage, 3e Pce de Condé, 1er Pce du sang (17-11-1595) et 1er pair de France, duc d'Enghien, dit *Monsieur le Prince*, gouverneur de Guyenne ; élevé par Henri IV dans le catholicisme ; *épouse* (1609) *Charlotte Marguerite de Montmorency* (11-5-1594/2-12-1650, fille de Henri Ier, duc de Montmorency). S'exile à Bruxelles pour mettre sa femme à l'abri de Henri IV (qui en était épris), revient sous la régence ; *1614* et *1616* se révolte ; enfermé (1616-1619) à Vincennes puis dévoué à Louis XIII ; gouverneur du Berry et du Bourbonnais, *1631* de Bourgogne, *1635* de Lorraine ; *1643*-12-5 grand maître de France. A la mort de Louis XIII, chef du Conseil de Régence, hérite d'une grande partie des biens confisqués à son beau-frère Henri de Montmorency (exécuté 1632) dont Chantilly. Selon Boislile, se prenait pour un sanglier.

Louis II de Bourbon (Paris 8-9-1621/Fontainebleau 11-12-1686), dit **le Grand Condé**, 4e Pce de Condé, duc de Bourbon (duché donné en échange du duché d'Albret le 26-2-1661), d'Enghien, de Montmorency, de Châteauroux, de Bellegarde et de Fronsac, 1er Pce du sang (1646 à la mort de son père Henri II) ; appelé du vivant de son père « duc d'Enghien » puis après sa mort « Pce de Condé » et « Monsieur le Pce ». *1640* se signale devant Arras ; *épouse* (1641) *Claire Clémence de Maillé-Brézé* (25-2-1628/16-4-1694), nièce de Richelieu, folle, dont 3 enfants (voir ci-dessous). En vain, il essaiera de faire casser ce mariage pour épouser sa maîtresse Marthe de Vigean ; *1642* commande l'armée de Picardie ; enlève Fribourg, Philipsbourg, Mayence ; *1643* commande l'armée des Pays-Bas, -18-5 victorieux à Rocroi, -10-8 prend Thionville ; *1644* rejoint Turenne en Allemagne. *1645* remporte avec lui la bataille de Nordlingen (3-8) ; *1646 campagne de Flandre*, conquiert Dunkerque ; *1647* échoue devant Lérida (Catalogne) ; *1648* après la paix de Westphalie, désœuvré, il se jette dans la Fronde ; *1649*-janv. met le siège devant Paris, fait signer la Paix de Rueil, puis retourne à la Fronde ; *1650*-janv. arrêté, 13 mois en prison à Vincennes, pour se venger prend la tête de la Fronde des princes ; *1652* prend Paris mais il est battu par Turenne le 2-7 au combat du faubourg St-Antoine, chassé par le peuple parisien, il rejoint le 5-9 l'armée espagnole qu'il commandera contre les troupes royales (chef : Turenne) jusqu'au traité des Pyrénées (1659) où il reçoit le pardon de Louis XIV ; *1660* amnistié, il cherche à se faire nommer roi de Pologne (échec : Michel Wisniowiecki est élu à sa place en 1669). *1668* reprend du service comme chef des armées de Louis XIV, conquiert la Franche-Comté ; *1672*-12-6 blessé au passage du Rhin, remporte encore plusieurs victoires, notamment Seneffe (11-8-1674) sur le Pce d'Orange ; *1675* remplace Turenne en Alsace, puis perclus de goutte, se retire dans son château de Chantilly. Bossuet prononce son oraison funèbre.

Descendants du Grand Condé et de son épouse Claire-Clémence de Maillé-Brézé : HENRI-JULES DE BOURBON (29-7-1643/1-4-1709), duc d'Enghien, 5e Pce de Condé, anorexique [s'imagine être un chien (et se met à aboyer), un lièvre ; une chauve-souris], épouse Anne de Bavière dont 10 enfants dont *Marie-Thérèse* (1666-1732), épouse Pce de Conti ; *Louis III de Bourbon* 6e Pce de Condé (10-10-1668/4-3-1710), Monsieur le duc, épouse (24-7-1685) Mlle de Nantes, bâtarde de Louis XIV et de la Mise de Montespan [dont 9 enfants dont *Louis-Henri de Bourbon*, 7e Pce de Condé (18-8-1692/27-1-1740), chef du Conseil de régence de Louis XV. 1723 1er ministre. 1726 exilé à Chantilly, Monsieur le duc de Bourbon, *épouse 1°)* Marie-Anne de Conti (1689-1720), *2°)* Caroline de Hesse dont *Louis-Joseph de Bourbon* (9-8-1736/3-5-1818), 8e Pce de Condé, 1792 émigre à Worms, forme l'armée de Condé, épouse 1°) Charlotte de Rohan-Soubise, 2°) Marie-Catherine de Brignole, Pcesse de Monaco, dont du 1er mariage *Louis-Henri-Joseph de Bourbon,* Pce de Condé (13-4-1756/St-Leu 27-8-1830 pendu à une espagnolette, voir p. 670 a), Monsieur le duc de Bourbon épouse (24-4-1770) Bathilde (9-7-1750/10-1-1822), fille de Louis-Philippe d'Orléans, dont *Louis-Antoine-Henri de Bourbon,* duc d'Enghien (1772-fusillé sur ordre de Napoléon 1804) ; *Charles de Bourbon* (1700-60), Cte de Charolais ; *Louis de Bourbon* (1709-71), Cte de Clermont] ; *Louise-Élisabeth* (1693-1713), épouse Pce de Conti. *Louise-Bénédicte*, Mlle de Charolais (1676-1753), épouse duc du Maine (fils de Louis XIV et de Mme de Montespan) ; *Marie-Anne* (1678-1718), épouse (1710) Louis-Auguste duc de Vendôme. LOUIS DE BOURBON (1652-53), dit le duc de Bourbon. MLLE DE BOURBON (1657-60).

■ **Conti.** Branche cadette de la maison de Condé (Conti : bourg de la Somme acquis par Louis Ier de Condé en 1551 par mariage). **Armand de Bourbon,** Pce de Conti (11-10-1629/Pézenas 21-2-1666). Fils d'Henri II de Condé et frère du Grand Condé, il est entraîné avec lui dans la Fronde par leur sœur, la Dsse de Longueville. *1650-51* arrêté et enfermé au Havre. *1654* épouse *Anne-Marie Martinozzi* (1637-72, nièce de Mazarin) ce qui le réconcilie avec la cour ; *1655-57* prend part aux campagnes (Catalogne et Italie), puis se convertit au jansénisme et finit dévot à Pézenas.

François Louis de Bourbon, Pce de Conti (Paris, 30-4-1664/21-2-1709) son second fils épouse Marie-Thérèse de Condé, fille d'Henri-Jules [dont *Marie-Anne* (1689-1720) qui épouse Louis-Henri de Condé ; *Louis-Armand* (1695-1727), dit le Singe vert, qui épouse Louise-Élisabeth de Condé (1693-1775) dont *Louis-François* (1717-1776), dit le grand Conti, qui épouse Louise-Diane d'Orléans (1716-36), fille du Régent ; et *Louise-Henriette* (1726-59), qui épouse Louis-Philippe d'Orléans (1725-85). *1688-97* brillant combattant de la guerre de la Ligue d'Augsbourg ; *1697* élu roi de Pologne, il est évincé du trône par Auguste II ; gouverneur du Languedoc ; *1709* Cdt en chef dans les Flandres.

■ **Duguay-Trouin** (René Trouin, sieur du Guay, dit) (St-Malo 10-6-1673/Paris 27-9-1736). Fils d'un riche armateur. *1688* corsaire contre les Anglo-Hollandais ; *1694*-12-5 prisonnier des Anglais, s'évade de Plymouth ; *1697* capitaine de frégate dans la marine royale ; *1707* prend une flotte de 64 navires ; *1709*-mai anobli (ayant pris au combat 300 navires marchands et 20 de guerre) ; *1711*-sept. conquiert Rio de Janeiro en 11 jours ; *1715* chef d'escadre ; *1728* lieutenant général ; *1731* commande une escadre destinée à protéger le commerce français des Barbaresques.

■ **Duquesne (Abraham,** Dieppe 1610/Paris 2-2-1688). Louis XIV érige en marquisat de Quesne sa terre du Bouchet près d'Étampes. Bon d'Indret. *1617* mousse à 7 ans sur le bateau de son père (corsaire). *1637-43* guerre contre les Espagnols ; *1643* sert la Suède ; *1644* vice-amiral ; *1647* chef d'une escadre française. *Épouse* (1650) *Gabrielle de Bernières* (dont 4 fils) et vit dans le domaine des Moros (Finistère) ; *1661* Colbert le rappelle au service ; *1663* campagne contre les corsaires algériens ; *1669* lieutenant général des armées navales ; *1672* relevé de son commandement après la défaite de Solebay ; *1673* lutte dans la Manche contre Ruyter et Tromp ; *1674* commande l'escadre de la Méditerranée ; *1675* vainqueur des Espagnols à Stromboli ; *1676* bat Ruyter à Alicudi, à Agosta (29-4, Ruyter †), anéantit les escadres hollandaises et espagnoles à Palerme (22-6) ; n'est pas nommé amiral (car, protestant, il refuse d'abjurer) ; *1679* campagne contre les Turcs ; *1681* bat à Chio la flotte de Tripoli ; *1682-83* bombarde Alger ; *1684* bombarde Gênes, obligeant le Doge à s'humilier ; *1688* meurt d'apoplexie ; *1701* son fils Henri, resté protestant, s'établit à Genève.

■ **Fouquet (Nicolas,** Paris, 27-1-1615/23-3-1680). Fils de François Fouquet armateur breton ; conseiller d'État et maître des requêtes, vicomte de Vaux, enrichi par le commerce avec le Canada, il achète (1650) la charge de procureur général au parlement de Paris et devient l'ami de Mazarin en 1648. *1653* nommé surintendant général des Finances, charge qu'il partage d'abord avec Abel Servien ; *1656-59* fait construire le château de Vaux. (*1659*-21-2 seul surintendant), il s'enrichit et peut acheter le marquisat de Belle-Isle. Colbert prouve au roi ses nombreuses malversations ; *1661*-17-8 Louis XIV, fastueusement reçu à Vaux, le fait arrêter pour crimes d'État et de lèse-majesté le 5-9 à Nantes par d'Artagnan ; *1664*-20-12 après un procès commencé le 14-11, en partie falsifié par Colbert, il est condamné, pour abus, malversations et lèse-majesté, au bannissement et à la confiscation de ses biens (22 juges : 9 votent la mort, 13 le bannissement que, le -22-12, Louis XIV transforme en prison perpétuelle) ; -27-12 part pour la forteresse de Pignerol où il est interné ; *1680*-23-3 il y meurt. Certains ont prétendu qu'il avait été empoisonné à Chalon-sur-Saône par des agents de Le Tellier et de Colbert. Il a été considéré comme l'un des « Masques de fer » possibles. Devise : *Quo usque non ascendet ?* « Jusqu'où ne montera-t-il pas ? » Emblème de la famille : un écureuil (*fouquet* en vieux français).

■ **Lionne (Hugues de,** Mis de Bercy, Grenoble 11-10-1611/Paris 1-9-1671). Diplomate ; *1631* accompagne Servien en Italie ; *1641* collaborateur de Mazarin ; *1659*-23-6/oct. 1er secrétaire d'État (dirige les Affaires étrangères) ; *1663*-20-4 secrétaire d'État (achète charge 900 000 livres au Cte de Brienne). Succès diplomatiques : mariage espagnol (1647), ligue du Rhin (1657), paix des Pyrénées (1659), achat de Dunkerque (1662), traités de Breda (1667), d'Aix-la-Chapelle (1668), alliance avec Charles II d'Angleterre (1671). Sa femme, Paule Payen (1630-1704), épousée en 1645, fut célèbre pour ses aventures galantes.

■ **Longueville (Henri II d'Orléans duc de** 1595-1663). Famille issue de Dunois (voir à l'Index) gouverneur de Picardie puis de Normandie. *1626* conspire contre Richelieu. Est membre du Conseil de régence. *1642*-2-5 épouse Anne-Geneviève de Bourbon Condé (29-8-1619/15-4-1679), sœur du Grand Condé, maîtresse de Maurice de Coligny (tué en duel déc. 1643), de 1647 à 1651 de François de La Rochefoucauld (l'auteur des *Maximes*), Turenne (?), duc de Nemours.

■ **Louvois (François Michel Le Tellier, Mis de,** Paris 13-1-1641/Versailles 16-7-1691). Fils du ministre Michel Le Tellier, seigneur de Chaville (16-4-1603/31-10-1685) ; *1662*-24-2 reçoit la signature, associé à son père au secrétariat d'État à la Guerre ; partage avec lui la responsabilité de ministre de la Guerre (Le Tellier fixé à Paris ; Louvois souvent aux armées) ; *1668*-24-12 surintendant des Postes ; *1672* ministre d'État, admis au Conseil ; exerce l'intérim des Affaires étrangères ; *1677* son père (nommé chancelier 29-10) lui laisse la Guerre ; *1679* commande de fait la diplomatie (organise les annexions appelées « réunions »). Responsable des provinces-frontières : Flandres, Alsace, Franche-Comté ; *1683* achète la charge de surintendant des bâtiments, arts et manufactures que possédait Colbert († 1683) ; *1689* après la chute de Mayence disgracié (sur intervention de Mme de Maintenon) ; *1691* sa mort soudaine en sortant de chez elle fit croire à un empoisonnement. L'autopsie montra qu'il avait succombé à une « attaque d'apoplexie pulmonaire ».

■ **Luxembourg (François-Henri de Montmorency-Bouteville, duc de,** Paris 8-1-1628/Versailles 4-1-1695). Fils posthume du duelliste décapité sous Louis XIII (voir p. 638 c). *Épouse* (1661) *l'héritière de la maison de Luxembourg* dont il prend le nom (reconnu duc et pair par le roi). Aide de camp de Condé, combat en Flandres ; *1648* maréchal de camp ; participe à la Fronde ; *1650* déc. enfermé à Vincennes ; combat dans l'armée espagnole contre Louis XIV jusqu'en 1659. *1659* paix avec la cour ; amnistié après le traité des Pyrénées ; *1668* conquiert la Franche-Comté ; *1672* commande en chef l'armée de Hollande ; *1675* nommé Mal ; *1677* prend part aux batailles de Valenciennes, de Cassel (gagnée par le duc d'Orléans) et de St-Denis ; *1679* impliqué dans l'affaire des Poisons, passe 14 mois à la Bastille, retrouve un commandement pendant la guerre de Succession d'Espagne. Victoires : Fleurus 1690, Steinkerque 1692, Neerwinden 1693. Surnommé *le Tapissier de Notre-Dame* (on y exposait les drapeaux qu'il avait pris à l'ennemi).

■ **Mademoiselle (la Grande),** Anne-Marie Louise d'Orléans, D^{esse} de Montpensier (Paris, 29-5-1627/5-4-1693), dite. Fille de Gaston d'Orléans (*le Grand Monsieur*), cousine germaine de Louis XIV. Une des plus riches héritières d'Europe. Prend part à la Fronde avec son père (dont elle est la conseillère) et sauve l'armée de Condé au combat du faubourg St-Antoine (2-7-1652) en lui ouvrant les portes de Paris. Cette intervention brise son projet d'épouser Louis XIV (elle avait 11 ans de plus que lui, mais possédait l'immense fortune des Bourbon-Montpensier). *1652*-21-10 exilée à St-Fargeau (Yonne) jusqu'en 1657. *1669* (42 ans) s'éprend du Cte de Lauzun [(Antoine Nompar de Caumont La Force, 1633-1723) que Louis XIV fait enfermer à Pignerol 9 ans, pour éviter le mariage] ; *1681* épouse Lauzun, Louis XIV ayant accepté à condition de léguer au duc du Maine (fiancé à la P^{cesse} d'Orléans) la principauté des Dombes et le comté d'Eu ; *1685* maltraitée par son mari, s'en sépare et finit sa vie dans la dévotion.

■ **« Masque de fer »** († Paris 19-11-1703). Prisonnier non identifié, portant un masque de velours noir muni d'articulations en fer quand il devait paraître devant une personne étrangère à son service, surveillé par le même officier [Bénigne Dauvergne (1647-1708), dit M. de St-Mars, gouverneur de Pignerol puis (1690) de la Bastille] dans 3 lieux de détention successifs : Pignerol (1679-87), île St-Honorat de Lérins (4-9-1687/98), Bastille (18-9-1698/1703). Enterré au cimetière St-Paul, sous le nom de *Marchioly* (âgé de 45 ans environ), ce qui a fait penser au Cte Mattioli [1er négociateur du traité de protectorat entre la France et Mantoue (conclu 1681, après 3 ans de discussions), coupable d'avoir révélé le début des pourparlers aux Espagnols ; attiré dans un guet-apens, incarcéré à Pignerol de 1679 à 1694, puis à Ste-Marguerite où il mourut]. Certains (comme Voltaire) en ont fait un jumeau de Louis XIV, d'autres, le bâtard de Louis XIV, le duc de Beaufort, le Cte de Vermandois, le père Jacques de La Cloche, le duc de Monmouth (bâtard de Charles II d'Angleterre), Fouquet, Eustache Danger (ou d'Angers) dit à tort Dauger d'où une fausse identification avec Dauger (ou D'Oger) de Cavoye [(avis d'Alain Decaux) né 30-8-1637, valet arrêté à Calais en juillet 1669 ; incarcéré à Pignerol et détenant un secret ; vers 1675 mis au service de Fouquet qu'il aurait empoisonné (peut-être à l'instigation de Colbert, d'après Maurice Duvivier)], etc.

■ **Orléans. Gaston-Jean-Baptiste, duc d'Orléans** (Fontainebleau 25-4-1608/Blois 2-2-1660). Frère de Louis XIII, 3e fils d'Henri IV, duc d'Anjou jusqu'en 1626. Titre officiel à la cour : *Monsieur* (on l'appelle *Grand Monsieur*, pour le distinguer de son neveu, frère du roi). *Épouse 1°)* (6-8-1626) *Marie de Bourbon, D^{esse} de Montpensier* († 4-6-1627 en couches) dont il eut Anne Marie Louise (D^{esse} de Montpensier, dite la *Grande Mademoiselle,* voir ci-dessus) ; *1629* veut épouser Marie de Gonzague, fille du duc de Mantoue (n'y arrive pas) ; *2°)* (13-1-1632 secrètement, reconnu plus tard) *Marguerite de Lorraine* (22-7-1615/3-4-1672) dont il eut : Marguerite [(28-7-1645/17-9-1721), qui épousera (1661) Côme III de Médicis (1642-1723) grand-duc de Toscane en 1670] ; Élisabeth [(26-12-1646/17-3-1696), D^{esse} d'Angoulême, qui épouse (15-5-1667) Louis de Navarre, duc de Guise (1650-71)] ; Françoise Madeleine [(13-10-1648/14-1-1664), qui épouse (1663) Charles-Emmanuel II, duc de Savoie 1634-75, duc 1638-75, son cousin germain] ; N. [duc de Valois (17-8-1650/10-8-1652)] ; Marie Anne (9-11-1652/17-8-1656). Complote contre Richelieu, abandonne ses complices (Ornano, Chalais 1626, Montmorency 1632, Cinq-Mars et de Thou 1642), est sauvé car frère du roi. *1642* Richelieu mort, il se réconcilie avec Louis XIII. Prend part aux campagnes de 1644, 45, 46 (sièges de Gravelines, Courtrai, Bergues). Lieutenant général du royaume pendant la minorité de Louis XIV ; *1648-52* chef de la Fronde ; *1652* se soumet, livrant à Mazarin ses partisans (sauf Condé qui rejoint l'armée espagnole), exilé jusqu'à sa mort dans son château de Blois.

Philippe, duc d'Orléans (St-Germain-en-Laye 21-9-1640/St-Cloud 9-6-1701). Frère de Louis XIV, 2e fils de Louis XIII, appelé Monsieur comme frère du roi, duc d'Anjou (1640-60), puis d'Orléans à la mort sans héritier mâle de son oncle Gaston. Mazarin, chargé de son éducation, s'efforcera d'affaiblir sa personnalité pour éviter à Louis XIV les ennuis que Louis XIII avait connus avec Gaston. *Vers 1656,* il le fait initier à l'homosexualité par son neveu Filippo Mancini. Philippe restera homosexuel (favori : le chevalier de Lorraine), mais eut plusieurs enfants. *Épouse 1°)* (31-3-1661) *Henriette d'Angleterre* (Exeter 6-6-1644/St-Cloud 30-6-1670), fille du roi Charles Ier Stuart et de Marie-Henriette de France (sœur de Louis XIII), dont il eut Marie-Louise [(27-3-1662/12-2-1689), qui épouse (9-11-1679) Charles II d'Espagne (6-11-1661/1-11-1700)], Philippe Charles [(16-7-1664/8-12-1666), duc de Valois] ; N. [(mort-née 9-7-1665)], N. [(mort-né sept. 1667)] ; Anne-Marie [(27-8-1669/26-8-1728), qui épouse (1689) Victor-Amédée II, roi de Sicile puis de Sardaigne, duc de Savoie (14-5-1666/Moncalieri 31-10-1732)] ; *2°)* par procuration à Metz (16-11-1671) et en personne à Châlons le 21-11 *Élisabeth Charlotte de Bavière,* dite *Liselotte* (qui écrivit 90 000 lettres), *P^{cesse} Palatine,* fille de Charles-Louis, Électeur palatin du Rhin (Heildelberg 27-5-1652/St-Cloud 8-12-1722, d'une crise d'étouffement) dont il eut Alexandre Louis [(2-6-1673/16-3-1676), duc de Valois] ; Philippe II, duc d'Orléans (*le Régent* : voir p. 645 b) ; Élisabeth Charlotte [(13-9-1676/23-12-1744) qui épouse (1698) Léopold Ier, duc de Lorraine et de Bar (11-9-1679/27-3-1729)]. *1677* à Cassel, il se révèle un grand chef militaire, écrasant le P^{ce} d'Orange. Mais Louis XIV, jaloux, lui retire tout commandement.

■ **Tourville (Anne-Hilarion de Cotentin, Cte de,** Tourville 24-11-1642/Paris 28-5-1701). A 11 ans chevalier de Malte. *1667* dans la marine ; *1689* vice-amiral, commande la flotte d'invasion d'Irlande ; *1690*-10-7 bat l'amiral anglais Herbert à *Beachy Head* ; *1691*-mai, écrasé à La Hougue (pour avoir obéi aux ordres de Louis XIV) ; *1692* nommé M^{al} de France après sa défaite ; *1693* victorieux au cap St-Vincent.

■ **Turenne (Henri de La Tour d'Auvergne, vicomte de,** Sedan 11-9-1611/Sasbach 27-7-1675), 2e fils du 2e mariage du duc de Bouillon. *1643*-16-5 M^{al} de France ; *1648-51* amoureux de la D^{esse} de Longueville, chef militaire de la Fronde ; *1651*-6-3 Louis XIV lui pardonne ; il espère recevoir le titre de connétable, mais à cause de son protestantisme, il ne sera que M^{al} général (5-4-1660) ; *1652*-7-4 bat Condé à Bléneau ; -2-7 au faubourg St-Antoine. *1654*-25-7 bat Espagnols et Condé à Arras et *1658*-14-6 aux Dunes ; *1668* sa femme, Charlotte de Caumont (huguenote convaincue), meurt ; -23-10 il se convertit au catholicisme ; *1674* pratique au Palatinat la politique de la « terre brûlée ». Provoqué en duel par l'Électeur palatin, il refuse, par ordre du roi, le combat singulier ; *1675*-27-7 tué à Sasbach (Bade) par un boulet (conservé aux Invalides) tiré au hasard par un artilleur nommé Koch qui sera anobli par l'empereur. Un monument sera élevé en souvenir, en 1781, dans une enclave française. Inhumé à St-Denis. *1793* exhumé (tombe profanée), son squelette est exposé dans le cabinet national d'Histoire naturelle (Jardin des Plantes). *1796* indigné, Dumolard, député, demande le transfert au musée des Monuments français dans le couvent des Augustins. *1800* transféré, sur ordre de Bonaparte, aux Invalides. Son cœur, placé dans la chapelle des Carmélites, rue St-Jacques (Paris), sera rendu en 1814 au Cte de La Tour d'Auvergne [depuis il est conservé dans un coffret de plomb enchâssé dans un cartel de style Louis XIV à St-Paulet (Aude)].

■ **Vauban (Sébastien Le Prestre de,** St-Léger de Fourcheret 1-5-1633/Paris 30-3-1707). Petite noblesse bourguignonne, sans fortune ; *1651* cadet au régiment de Condé (contre la cour) ; *1653* prisonnier, passe au service de Mazarin ; *1655* ingénieur du roi ; dirigera presque tous les sièges ; *1656* capitaine d'infanterie ; *1659* épouse Jeanne d'Osnay ; *1674* brigadier général ; *1676* maréchal de camp ; *1678*-4-1 commissaire général des fortifications ; construira 33 forteresses et en aménagera 300 sur côtes et frontières avec des lignes rasantes, moins vulnérables à l'artillerie. Créera des ports et travaillera au canal des Deux-Mers ; *1680* gouverneur de Douai ; *1683* de la forteresse de Lille ; *1688* lieutenant général. Se brouille progressivement avec le roi ; *1689* critique la révocation de l'édit de Nantes ; *1695* lieutenant-général de la marine ; *1702* chute de Landau fortifiée par lui (reprise 1703, reperdue 1704), il envisage de remplacer les villes fortifiées par des camps retranchés regroupant plusieurs forteresses ; *1703* M^{al} de France mais disgracié ; *1704* commandant des 4 places de Flandre. *1707 Projet d'une dîme royale* [(écrit 1695-98) : envisage la suppression de l'exemption fiscale des nobles, saisi par la police ; publié sans autorisation ; condamné par le Conseil du roi le 14-2 ; disgrâce ; 30-3 Vauban meurt ; restes dispersés à la Révolution, mais, en 1808, Napoléon fait déposer son cœur aux Invalides]. On disait : « Ville assiégée par Vauban, ville prise ; ville défendue par Vauban, ville imprenable. »

■ **Vendôme. César de Bourbon** (Coucy 7-6-1594/Paris 22-10-1665) fils aîné d'Henri IV et de Gabrielle d'Estrées, duc de Vendôme (1598), de Mercœur, de Beaufort, de Penthièvre et d'Étampes, P^{ce} de Martigues ; *1595*-janv. légitimé ; appelé d'abord *César* puis *Monsieur. Épouse* (par procuration 16-7-1608, en personne 7-7-1609) *Françoise de Lorraine* (Mlle de Mercœur, 1592/8-9-1669), fille unique et héritière de Philippe Emmanuel de Lorraine, duc de Mercœur et de Penthièvre, gouverneur de Bretagne. *1609-30* gouverneur de Bretagne, seconde Louis XIII dans la guerre contre les protestants, puis, avec Gaston d'Orléans, complote contre Richelieu ; impliqué dans la *conspiration de Chalais* ; *1626-30* enfermé à Vincennes ; relâché, privé de gouvernement, voyage jusqu'en 1643, participe à la *cabale des Importants* ; *1651* gouverneur de Bourgogne, surintendant général de la navigation ; passe au service des Hollandais ; *1653* rétablit la paix en Guyenne ; *1655* met en fuite la flotte espagnole près de Barcelone.

Louis Ier de Vendôme (Paris 10-1612/Aix-en-Provence 6-8-1669), son fils, appelé du vivant de son père duc de Mercœur. *1649* vice-roi et commandant militaire de Catalogne ; *1665* duc de Vendôme ; *1667*-7-3 cardinal de Vendôme, est entré dans les ordres après la mort de sa femme ; légat de Clément IX en France). *Épouse* (1651) *Laure Mancini* (1636-57) dont il eut 3 enfants :

Louis-Joseph II (Paris 1-7-1654/Vinaros, Espagne 11-6-1712 inhumé à l'Escorial), duc de Penthièvre jusqu'en 1669 († de son père), puis duc de Vendôme, de Mercœur, d'Étampes et de Beaufort, P^{ce} d'Anet et de Martigues. *1669* gouverneur de Provence ; *1678* M^{al} de camp (se distingue aux sièges et prises de Luxembourg (1684), Mons (1691), Namur (1692) ; *1688* lieutenant général ; *1694* G^{al} des galères de France ; *1695-97* G^{al} et vice-roi en Catalogne, délivre Barcelone ; *1702-06* commande armées d'Italie, *1705* bat P^{ce} Eugène à Cassano ; *1708* accusé de la défaite d'Audenarde en Flandre (le responsable était, en fait, le duc de Bourgogne, petit-fils du roi). Disgracié en France, *1710* appelé en Espagne par Philippe V dont il sauve le trône par des victoires (notamment Villaviciosa (10-12-1710) ; *1709-12* Philippe V le nomme généralissime et le déclare P^{ce} du sang avec, le 23-3-1712, titre d'Altesse ; sera inhumé au panthéon des Infants, à St-Laurent de l'Escurial). *Épouse* (1710) *Marie-Anne de Bourbon-Condé,* Mlle d'Enghien (1678-1718, fille de Henri Jules, P^{ce} de Condé) qu'il quitte au bout de 3 mois ; sans postérité.

Philippe de Vendôme (Paris, 23-8-1655/24-1-1727) dit *le Grand prieur de Vendôme* ou *le chevalier de Vendôme. 1666* entre à l'ordre de Malte ; *1669* participe au siège de Candie ; *1691* maréchal de camp ; *1693* grand prieur de France et lieutenant général ; *1705* disgracié à la suite de la bataille de Cassano ; *1711* revient en France et vit au Temple ; la maison de Vendôme s'éteint avec lui.

Jules César de Vendôme (27-1-1657/28-7-1660).

■ **Villars (Claude Louis Hector, duc de,** Moulins 8-5-1653/Turin 17-6-1734). Fils de diplomate. *1671* entre dans l'armée ; *1674* colonel de cavalerie ; *1683* ambassadeur à Vienne ; *1690* M^{al} de camp ; *1693* lieutenant général ; *1697-99* ambassadeur à Vienne ; *1702* victorieux à Friedlingen (nommé M^{al} par ses soldats ; titre confirmé par Louis XIV) ; *1703*-20-9 victorieux à Hochstaedt ; *1704* pacificateur des Cévennes ; *1705* duc ; *1708* campagne dans le Piémont ; *1709*-11-9 blessé à Malplaquet (semi-victoire) ; pair de France ; *1712*-24-7 victorieux à Denain, sauve la monarchie. Pt du Conseil de la Guerre, puis ministre du Conseil de régence ; *1714* Académie française ; *1715* joue un rôle important aux armées ; *1733* maréchal général, C^{dt} en chef en Italie à 80 ans.

■ **Villeroi (François de Neufville, duc de,** Lyon 7-4-1644/Paris 18-7-1730). Fils du gouverneur du roi (Paris, 14-10-1598/28-11-1685) ; élevé avec Louis XIV, reste son ami ; *1693* M^{al} de France ; remplace Luxembourg à la tête des armées. Sans cesse vaincu [Chiari 1701 ; Crémone 1702 (prisonnier) ; Ramillies 1706]. Louis XIV lui retire son commandement ; *1714*-sept. ministre d'État et chef du Conseil royal des Finances ; Louis XIV puis le nomme par testament gouverneur de Louis XV et ministre du Conseil de régence ; *1722* exilé ; *1724* retour à Paris.

Guerre de Dévolution (1667-68)

■ **Causes.** Au traité des Pyrénées, Marie-Thérèse, épouse de Louis XIV, avait renoncé à ses droits contre une dot de 500 000 écus, mais celle-ci n'ayant pas été payée, Louis XIV fait valoir les droits de son épouse sur l'héritage de Philippe IV, roi d'Espagne († en 1665). Marie-Thérèse est fille d'un 1er lit, or, selon le droit coutumier des Pays-Bas, les immeubles apportés en mariage par l'un des époux deviennent la propriété des enfants du 1er lit si père ou mère se remarient. Louis XIV réclame donc la *dévolution* des Pays-Bas (thèse contestable en droit public) et de la Franche-Comté (thèse insoutenable).

■ **Effectifs.** *Flandres :* Français (Turenne) 50 000 h. (Aumont) 8 000 h. ; Espagnols (Marcin) 20 000 h. *Franche-Comté :* Français (Condé) 15 000 h. ; Espagnols 2 000 cavaliers, 6 000 miliciens.

■ **Opérations. 1667**-*10/19-2* Franche-Comté conquise ; -*mai/sept.* Flandres conquises jusqu'à Alost (prise de Charleroi 5-6, Tournai 24-6, Douai 6-7, Courtrai 18-7, Lille 28-8 après 9 j de siège : garnison 240 †, Lillois 109 † ; 3 318 boulets tirés) ; *-31-7* Hollande, *traité de Breda* sous la médiation du roi de Suède entre France/Angleterre, Angleterre/Danemark, Angleterre/Hollande) ; *-31-8* Créqui bat Marsin (le père) à Gand.

■ **Conclusion. 1668**-*2-5* **paix d'Aix-la-Chapelle** sur médiation (menaçante) des Provinces-Unies. La France restitue Franche-Comté, reçoit 11 villes des Pays-Bas : Charleroi, Binche, Ath, Douai, Tournai, Audenarde, Lille, Armentières, Courtrai, Bergues, Furnes et le fort de la Scarpe.

Guerre de Hollande (1672-78)

■ **Causes. 1°)** Ressentiment de Louis XIV pour la médiation menaçante des Hollandais lors de la guerre de Dévolution. **2°)** Ressentiment des Hollandais pour la non-participation de Louis XIV à la guerre contre l'Angleterre en 1666-67.

■ **Effectifs.** *Hollande :* 32 000 h. en 1669 et 80 000 h. en 1672 (levées réclamées par de Witt). *Brandebourg* (allié des Hollandais) : 20 000 h. *France :* 120 000 h. *Bavière* (alliée) : 18 000 h.

■ **Opérations.** Condé (40 000 h.), Turenne (80 000 h.) se rejoignent devant Maastricht. **1672**-*12 et 13-6 passage du Rhin* à gué à Tolhuis ; *-14-6* raid de cavalerie jusqu'à Muyden (10 km d'Amsterdam) ; *-19-6* ouverture des écluses de Muyden et inondation de la Hollande ; *-20-6* émeutes, *Jean de Witt* assassiné, remplacé par Guillaume II d'Orange 20-8. **1673**-*févr.* Turenne bat les Brandebourgeois en Westphalie ; *-7/14-6* les flottes anglo-françaises sont repoussées par Ruyter au banc de Schoonveldt ; *-12/29-6* siège et prise de *Maastricht* par Louis XIV [*-23-6* d'Artagnan y est tué (voir à l'Index)] ; *-18-6* ouverture de négociations à Cologne ; *-30-8* les Hollandais obtiennent l'alliance de l'empereur (30 000 h.), Espagne et Lorraine (16 000 h.) : pourparlers rompus ; *-7-9* Louvois prend *Trèves ; -14-9* Espagnols et Hollandais reprennent *Naarden.* **1674**-*19-2* traité de paix Angleterre/Hollande ; *-avril* début de la campagne d'Alsace ; *-mai/juin* Louis XIV et Vauban conquièrent la Franche-Comté ; *-4-6* Turenne refuse d'évacuer l'Alsace ; *-16-6* bat les impériaux (duc de Lorraine, Cte de Capara à Sintzheim) ; *-juin* occupe le *Palatinat* et, des paysans ayant tué des soldats, incendie 2 villes et 25 villages ; *-11-8* à *Seneffe,* Condé victorieux [pertes : Français 8 000 † ; alliés (Pce d'Orange, Hollandais ; Monterey, Espagnols ; Cte de Souche, Lorrains) 12 000 †] ; *-oct.* Orange reprend Grave, dernière ville de Hollande occupée par les Français ; *-4-10* bataille indécise d'*Entzheim* (Turenne 30 000 h., contre l'Électeur de Brandebourg 57 000 h.). **1675**-*janv.* Turenne en *Alsace* (campagne d'hiver : par surprise, il prend tous les camps d'hiver des impériaux ; bataille principale : *Turckheim,* 5-1) ; *-févr.* Louis XIV obtient l'alliance de Suède et Pologne (Jean III Sobieski) contre le Brandebourg ; *-27-7* Turenne tué à *Sasbach.* Montecucculi conquiert l'Alsace ; *-11-8* Allemagne, bataille de *Consarbruck :* Créqui battu ; *-sept.* Condé reconquiert l'Alsace (manœuvres, aucune bataille). **1676**-*8-1* bataille indécise de *Stromboli* (Ruyter, Hollande : 36 vaisseaux, 19 galères ; Duquesne, France : 30 vaisseaux, 10 brûlots, 24 galères) ; *-22-4 Agosta,* Duquesne victorieux (Ruyter tué) ; *-2-6* victoire de *Palerme* (Duquesne). **1677**-*28-2* Louis XIV prend Valenciennes ; *-11-4 Cassel,* Philippe d'Orléans frère de Louis XIV avec Luxembourg et D'Humières (30 000 h.) bat le Pce d'Orange (30 000 h.) : 3 000 †, 4 000 prisonniers ; *-17-5* Cambrai prise ; *-14-11* Créqui prend Fribourg ; *-déc.* Estrées prend Tobago. **1678**-*10-1* alliance Angleterre/Hollande ; *-janv.* repli de la flotte de Duquesne ; *-févr.* offensive de Louis XIV en Flandres (120 000 h.) ; *-12-3* prise de *Gand ; -25-3* d'*Ypres.*

■ **Conclusion. 1678 traités de Nimègue** (Pays-Bas), *-10-8* **France/Provinces-Unies** qui récupèrent leurs places perdues et obtiennent l'abrogation d'un tarif douanier établi 11 ans plus tôt ; *-17-9* **Espagne/France :** l'Espagne, battue, récupère Gand, Audenarde, Charleroi, mais cède la Franche-Comté et une ligne Cambrai-Valenciennes-Maubeuge, plus St-Omer et Cassel. **1679**-*5-2* **France/empereur :** Louis XIV rend Philipsbourg et la Lorraine (sauf Nancy) à l'Empire et garde Fribourg et Longwy. Campagnes contre Brandebourg, Danemark et Saxe, restés en dehors des traités : *-30-6* passage de la *Weser* (Créqui) ; *-29-6* paix signée avec Brandebourg (*Nimègue*) ; *-31-8* Charles II d'Espagne épouse Marie-Louise d'Orléans ; *-oct.* conquête de l'*Oldenbourg* (Créqui) ; *-nov.* paix avec Danemark et Saxe (*Fontainebleau*) : statu quo territorial, subventions payées par la France.

Guerre de la Ligue d'Augsbourg (1688-97)

■ **Causes. 1°) Luxembourg :** décrété français par la Chambre de réunion de Lorraine. **1683**-*31-8* ultimatum à l'Espagne ; *26-10* déclaration de guerre. **1684**-*4-6* Créqui prend Luxembourg ; *-10-8* trêve de Ratisbonne. **2°) Palatinat : 1685**-*26-5* mort de l'Électeur Charles. Louis XIV réclame pour sa belle-sœur, la Pcesse Palatine, Oppenheim, Simmern, Kaiserslautern, Sponheim (l'agressivité de Louis XIV s'explique par la guerre austro-turque : l'empereur, assiégé dans Vienne, ne peut agir sur la rive gauche du Rhin). **1686**-*9-7 Ligue d'Augsbourg :* l'empereur, délivré des Turcs, signe à Augsbourg un traité d'alliance avec l'Espagne. S'y joignent : Suède, Bavière, Franconie, Saxe, Palatinat. **3°) Cologne : 1688**-*3-6* mort de l'archevêque-électeur. Louis XIV veut faire élire le cardinal de Fürstenberg évêque de Strasbourg ; *-6-9* le pape nomme Joseph-Clément de Bavière, frère de l'Électeur. **4°) Angleterre :** le roi catholique, Jacques II Stuart, a un fils (Jacques III). **1688**-*20-6* son gendre, Guillaume d'Orange, protestant, stathouder de Hollande, décide de le renverser ; *-14-11* s'embarque ; *-20/21-12 :* 1re fuite de Jacques II. **1689**-*10-7 La Boyne* Guillaume bat les jacobites.

■ **Effectifs. Français :** 100 000 h. plus 25 000 miliciens, 12 compagnies de canonniers ; flotte : 219 vaisseaux de ligne, 45 galères. *Principaux généraux :* Lorges, Boufflers, Catinat, Luxembourg ; *amiraux :* Tourville, Château-Renault, Forbin, Jean Bart, Duguay-Trouin ; ministre de la Marine, depuis le 3-11-1690 : Louis Phélypeaux de Pontchartrain. **Alliés :** *principaux généraux :* le margrave Louis de Bade, Guillaume III, le duc de Lorraine.

■ **Opérations. 1688**-*30-9* occupation de l'archevêché-électorat de Cologne (et d'Avignon, représailles contre le pape) ; *-oct./nov.* conquête de la rive gauche du Rhin sauf Coblence ; *-18-10* l'empereur déclare la guerre ; *-29-10* reddition de Philipsbourg au dauphin ; *-15-11* débarquement hollandais en Angleterre (son armée compte 700 officiers huguenots). Jacques II fuit. **1689**-*23-2* Guillaume II et Marie proclamés roi et reine ; *-mars/juin destruction du Palatinat* par le Mal de Tessé, sur ordre de Louvois : Mannheim (presque entièrement détruit), Heidelberg, Spire, Worms, Oppenheim, Brangen sont incendiés ou dévastés, les habitants n'ont eu que quelques jours pour évacuer ; Trèves devait être brûlée, mais Louis XIV, furieux, fait donner le contrordre (épisode célèbre : il frappe Louvois à coups de pincettes) ; but : empêcher les armées impériales de « vivre sur le pays » pendant que l'armée française attaquait l'Angleterre (aucune attaque impériale n'eut lieu dans ce secteur entre 1689 et 1697) ; *-22-3* débarquement en *Irlande* (Château-Renault avec Jacques II) ; *-15-4* Louis XIV déclare la guerre à l'Espagne ; *-17-5* l'Angleterre déclare la guerre à la France. **1690**-*juin Drogheda* (Irlande) Jacques II battu fuit en France ; *-1-7 Fleurus* (Pays-Bas) : Luxembourg (40 000 h.) bat Pce de Waldeck (48 000 h.) ; *-10-7 bataille de Béveziers (Beachy-Head)* [Tourville (70 vaisseaux, 4 122 canons, 28 000 marins) bat l'amiral anglais Arthur Herbert, Cte de Torrington (1647/14-4-1716) [56 vaisseaux, 3 850 canons, 23 000 h.] ; 9 vaisseaux détruits et 12 incendiés plus loin) ; 20 000 coups de canons tirés] ; *-18-8 Staffarde* (Italie) : Catinat bat Victor-Amédée de Savoie. **1691**-*8-4* Louis XIV prend *Mons.* **1692**-*29-5 Barfleur,* bataille dite de *La Hougue :* Tourville (44 vaisseaux, 21 000 marins, 3 114 canons) battu par Edward Russel Cte d'Oxford (1651-1727) et Anglo-Hollandais (42 647 marins, 7 154 canons) ; *pertes anglaises :* 2 vaisseaux, 2 000 †, 3 000 blessés ; *françaises :* 1 700 † ou blessés graves, 22 vaisseaux atteignent St-Malo, 2 Le Havre, 5 rentrent à Brest ; 15 poursuivis par Russel ; 3 s'échouent le 31-5 ; Louis XIV renonce au projet de débarquement en Anglettetre ; *-5-6* prise de Namur ; *-3-8 Steinkerque :* Luxembourg bat Guillaume d'Orange (1 300 prisonniers). **1693**-*28-6 Lagos* ou cap St-Vincent (Espagne) : Tourville (72 vaisseaux) bat Rook et Vandergoes (22 vaisseaux, 200 navires marchands) : 82 navires coulés ; *-29-7 Neerwinden :* Luxembourg (66 000 h.) bat Guillaume d'Orange (qui aurait dit de la France : « l'insolente nation ») et Maximilien II Emmanuel de Bavière (50 000 h.) : 15 000 prisonniers ; *-13/15-8* Villeroi fait bombarder Bruxelles (5 000 maisons détruites) ; Guillaume d'Orange reprend Namur ; *-14-10 La Marsaille* (Italie) : Catinat bat Victor-Amédée de Savoie (6 000 †, 2 000 prisonniers). **1696** *paix de Turin :* la Savoie quitte la coalition ; la France restitue ses conquêtes, la fille du duc doit épouser le duc de Bourgogne.

■ **Conclusion. 1697 traités de Ryswick [1°)** 20-9 avec Hollande ; **2°)** 20-9 (1 heure après) avec Espagne ; **3°)** 21-9 avec Angleterre ; **4°)** 30-10 avec l'empereur] : la France restitue la Lorraine, sauf Sarrelouis et Longwy, ses conquêtes sur la rive droite du Rhin (garde Strasbourg) ; rend Luxembourg à l'Espagne, Pignerol à la Savoie ; reconnaît le changement dynastique en Angleterre.

Guerre de Succession d'Espagne (1701-13)

■ **Causes. 1700**-*1-11* Charles II (né 6-11-1661) meurt à Madrid, dernier Habsbourg d'Espagne ; *-11-1* Louis XIV [dont la femme, Marie-Thérèse (1638-83), était la sœur aînée de Charles] accepte le testament de Charles II appelant Philippe d'Anjou, petit-fils de Louis XIV, à lui succéder ; *-16-11* le déclare à l'ambassadeur d'Espagne ; *-4-12* Philippe d'Anjou part de Versailles ; *-24-12* proclamé roi à Madrid sous le nom de Philippe V. **1701**-*3-2* Louis XIV donne des lettres patentes conservant au roi d'Espagne et à ses enfants mâles le droit de succéder à la Couronne de France ; les alliés prévoient de démembrer la succession espagnole (après avoir remporté des avantages, ils songeront à détrôner Philippe V). L'empereur d'Allemagne Léopold Ier (1640-1705), qui a épousé en 1666 Marguerite Thérèse (1651-73), 2e sœur de Charles II, ne se résigne pas à perdre ses droits. Angleterre et Hollande (alliées) redoutent la fusion des monarchies espagnole et française. En outre, l'Angleterre redoute l'appui donné par Louis XIV aux Stuarts (influence de Mme de Maintenon, circonvenue par la femme de Jacques II).

■ **Chefs principaux. France :** *Louis XIV* dirige les armées et les flottes espagnoles et françaises ; les généraux n'osent pas prendre de décisions et envoient des messagers à Versailles ; les ordres arrivent souvent trop tard. **Alliés :** « Triumvirat » *Heinsius* (Hollande), *Eugène de Savoie-Carignan* dit *le Pce Eugène* (Paris 18-10-1663/Vienne 21-4-1736, fils d'Olympe Mancini) [Empire], *John Churchill 1er duc de Marlborough* (Angleterre ; 24-6-1650/16-6-1722, qu'on a cru mort dans les lignes françaises lors de la bataille du 11-9-1709).

■ **Effectifs. Français : 8 armées** (en 1706) : Villeroi, Marsin (Ferdinand, Cte de, 1656-1706), La Feuillade [(François d'Aubusson, duc de) 1625-91, Mal], Noailles (3e duc 1678-1766), Tessé (1651-1724), Vendôme (Louis-Joseph, duc de, 1654-1712), Berwick [James Stuart Fitz-James, duc de (Moulin 21-8-1670/Philipsbourg 12-6-1734) fils naturel de Jacques II et d'Arabella Churchill, sœur de Marlborough, maréchal de France], Villars (voir p. 643 c) ; ministre de la Guerre : Chamillart (Michel, 10-1-1652/14-4-1721) ; Mal Gal des logis de l'armée : Chamlay (Jules Louis Bolé, Mis de ; 1650-1719).

■ **Déroulement. 1701**-*6-2* Louis XIV fait occuper Pays-Bas espagnols : les Hollandais craignent pour leur sécurité ; *-9-7 Carpi* (Italie) Pce Eugène bat Catinat ; *-1-9 Chiari* (Italie) : Pce Eugène repousse le duc de Savoie, Villeroi et Catinat. **1702**-*15-5* l'Angleterre, la Hollande et l'empereur déclarent la guerre à la France et l'Espagne (en vertu du traité de La Haye, dit de la *Grande Alliance,* 7-9-1701) ; les princes allemands y participent, sauf les Électeurs de Cologne et de Bavière. Autres alliés de Louis XIV : Savoie (jusqu'au 8-11-1703), Portugal (jusqu'au 27-12-1703) ; *-15-8 Luzzara* (Italie) : Vendôme bat Pce Eugène ; *-14-10 Friedlingen* (Souabe) : Villars bat Pce de Bade. **1703**-*20-9 Höchstadt* (Allemagne) : duc de Bavière et Villars battent Cte de Stirum ; *-15-11 Spirback* (Allemagne) : Tallard bat Pce de Hesse (depuis roi de Suède). **1704**-*9-3* l'archiduc Charles débarque à Lisbonne. *-août* Angleterre prend Gibraltar ; *-13-8 Höchstädt* ou *Blenheim* (Allemagne) : Pce Eugène et Marlborough battent l'Électeur de Bavière, Marsin et Tallard (fait prisonnier, son fils est tué). **1705**-*16-8 Cassano* (Milanais) : Vendôme bat Pce Eugène (blessé). **1706**-*19-4 Calcinato* (Italie) : Vendôme bat Cte de Reventlau ; *-23-5 Ramillies* (Pays-Bas) : Marlborough bat Villeroi ; *-28-6 Madrid :* Charles se proclame roi d'Espagne ; *-24-8 Velez-Malaga :* victoire navale ; *-7-9 Turin* (Piémont) : Pce Eugène bat duc d'Orléans (blessé), Marsin tué ; *-9-9 Castiglione* (Italie) : Cte de Medavi bat Pce de Hesse ; *-12-9* après le départ de Philippe V, archiduc Charles proclamé roi. **1707**-*25-4 Almansa* (Espagne) : Berwick bat Anglais et Portugais. **1708**-*11-7 Audenarde* (Pays-Bas) : Marlborough bat Vendôme ; *sept./oct.* Anglais prennent Minorque ; *23-10/9-12* Lille perdue ; *-29-12* Gand perdue. **1709**-*29-7* Tournai perdue. *-11-9 Malplaquet* (Pays-Bas) : Marlborough et Pce Eugène battent Villars (blessé au genou) et Boufflers. **1710**-*20-8 Sarragosse* (Espagne) : Staremberg bat Mis de Bay ; *-10-12 Villaviciosa* (Espagne) : Vendôme bat Staremberg. **1711**-*17-4* Joseph Ier (Vienne 26-7-1678) meurt de la variole à Vienne ; *-8-10* l'Angleterre abandonne ses alliés (préliminaires de Londres) ; *-12-10* Charles VI, frère de Joseph Ier, élu empereur ; rupture de la coalition car on craint la reconstitution de l'empire de Charles-Quint. **1712**-*17-7* Flandre : suspension d'armes franco-anglaise ; *-24-7 Denain* (Flandre) : Villars bat les alliés.

■ **Conclusion. 1713**-*11-4* **traité d'Utrecht ; 1714**-*7-3* **traité de Rastadt** et *-7-9* **traité de Baden :** France cède Terre-Neuve, Acadie, baie d'Hudson à l'Angleterre, 4 villes de Flandres aux Pays-Bas. Philippe V renonce à la couronne de France, conserve celle d'Espagne, cède Gibraltar, Minorque à l'Angleterre. Autriche reçoit Pays-Bas, Milanais, Naples, Sardaigne. Duc de Savoie reçoit Sicile.

Guerre des camisards (25-7-1702/12-5-1704)

■ **Cause. 1661-1740** les huguenots des Cévennes, commandés par Jean Cavalier (1681-1740, fils d'un boulanger), prennent parti pour les Anglais et Hollandais, protestants. **Nom :** viendrait de *camisade,* attaque nocturne pendant laquelle les soldats portaient sur leur armure une chemise blanche pour mieux se reconnaître.

■ **Effectifs. Protestants** 1 500 à 4 000 h. **Armée royale et supplétifs** 60 000 h. (généraux : Mal La Baume Montrevel ; après avril 1704 Mal de Villars (1653-1734).

■ **Début. 1702**-*24-7* abbé du Chayla, inspecteur des missions en Cévennes, assassiné au Pont-de-Montvert ; *-automne,* révolte généralisée. **Victoires protestantes : 1702**-*24-12 : Mas Rouge,* contre le gouvernement d'Alès. **1703**-*17-1 : Sauve.* **1704**-*13-3 : Devoir de Martignargues.* **1705**-*12-4 : Plan-de-Fontmort.* **Défaites protestantes : 1703**-*10-2 : Vagnas* (décisive) ; *-30-4 : La Tour-du-Billot ;* **1704**-*16-4 : Nages* (1/3 des camisards tués, Cavalier réduit à négocier) ; *-12-5 armistice du pont d'Avène ; -16-5* Villars offre à Cavalier un brevet de colonel et un régiment dans l'armée royale. Cavalier ne recrute que 97 anciens camisards et déserte le *26-8* (rejoint l'Angleterre, devient en 1735 Gal de l'armée anglaise). 470 villages cévenols ont été détruits par l'armée (« grand brûlement des Cévennes »).

Louis XV le Bien-Aimé (1710-74)

■ **1715** (1-9) **Louis XV le Bien-Aimé,** surnom donné après sa maladie de 1744 (Versailles 15-2-1710/10-5-1774). Arrière-petit-fils de Louis XIV, 3e fils de Louis duc de Bourgogne. D'abord duc d'Anjou, 2-9-1715/16-2-1723 ; dauphin 8-7-1712 ; roi à 5 ans, sacré à Reims (25-10-1722), majeur le 16-2-1723 ; 25-11-1721 *fiancé* à Marie-Anne-Victoire (31-1-1718/15-1-1781) fille de Philippe V d'Espagne ; renvoyée le 5-4-1725 car trop jeune, elle épousera 19-1-1729 Joseph Ier (roi du Portugal en 1750). *Ép.* (1725, par contrat à Versailles, par procuration à Strasbourg 15-8, en personne à Fontainebleau 5-9) *Marie Leszczyńska* son aînée de 7 ans [(Breslau 23-6-1703/Versailles 24-7-1768), fille unique de Stanislas Ier (Lwow 20-10-1677/Lunéville 23-2-1766), élu roi de Pologne (12-7-1704) et de Catherine Opalinska († 19-3-1747)] dont 10 enfants : **Élisabeth** [(Versailles 14-8-1727/6-12-1759), dite Madame Première, Madame Infante, l'Infante Desse, qui épouse (25-10-1739) *Philippe* (1720/18-7-1765), *infant d'Espagne* qui deviendra duc de Parme, ils auront 3 enfants : Isabelle de Parme (31-12-1741/27-11-1763), qui épousera 6-10-1670 l'archiduc d'Autriche Joseph [(Vienne, 13-3-1741/20-2-1790), empereur Joseph II le 27-3-1734] ; Ferdinand (20-10-1751/9-10-1802), duc de Parme et de Plaisance ; Marie-Louise de Parme (9-12-1751/2-1-1819), qui épousera Charles IV d'Espagne (12-11-1748/19-1-1819, roi d'Espagne 1788-1808)]. **Henriette,** jumelle d'Élisabeth [(Versailles, 14-8-1727/10-2-1752), dite Madame Seconde, 1737 Madame Henriette, 1739 Madame, 1746 Madame Henriette, 1748 Madame]. **Marie Louise** [(Versailles 28-7-1728/Versailles 19-2-1733), dite Madame Troisième, 1733 Madame Louise]. **Louis** [(Versailles 4-9-1729/Fontainebleau 20-12-1765), dauphin, qui épousera *1°)* (13-12-1744 par contrat, le 18-12 par procuration au Buen Retiro à Madrid, le 13-1-1745 en France et le 23-2 en personne à Versailles) *Marie-Thérèse, infante d'Espagne* (Madrid 11-6-1726/27-7-1746 en couches), fille de Philippe V (1683-1746) roi d'Espagne : dont Marie Thérèse dite *Madame* (Versailles 19-7-1746/27-4-1748) ; *2°)* (9-1-1747 par contrat, le 10-1 par procuration à Dresde et le 9-2 en personne à Versailles) *Marie Josèphe de Saxe* (Dresde 4-11-1731/Versailles 13-3-1767), fille de Frédéric Auguste III, roi de Pologne et électeur de Saxe, et de Marie-Josèphe d'Autriche, ils auront 7 enfants : Marie Zéphyrine, dite *Madame* (Versailles 26-8-1750/2-9-1755) ; Louis Joseph Xavier (Versailles 13-9-1751/22-3-1761), duc de Bourgogne ; Xavier Marie Joseph (Versailles 8-9-1753/22-2-

1754), duc d'Aquitaine ; LOUIS XVI (voir p. 647 b) ; LOUIS XVIII (voir p. 667 c) ; CHARLES X (voir p. 668 c) ; CLOTILDE MARIE ADÉLAÏDE (23-9-1759/Naples 7-3-1802, déclarée vénérable par Pie VII 10-4-1808), elle épousera (6-9-1775) Charles-Emmanuel IV (Turin 24-5-1751/Rome 6-10-1819), duc de Savoie, qui deviendra Pce de Piémont puis Charles-Emmanuel IV, roi de Sardaigne (1796-1802, abdique en faveur de son frère et entre chez les jésuites en 1815) ; ÉLISABETH PHILIPPINE MARIE HÉLÈNE (Versailles 3-5-1764/guillotinée Paris 10-5-1794), dite Madame Élisabeth, emprisonnée au Temple (où elle éduque ses neveux) 13-8-1792]. **Philippe** ou **Philippe-Louis**, duc d'Anjou (Versailles, 30-8-1730/7-4-1733). **Marie Adélaïde** [(Versailles 23-3-1732/Trieste 27-2-1800), dite Madame Quatrième, 1733 Madame Troisième, 1737 Madame Adélaïde, 1755 Madame, 1759 Madame Adélaïde]. **Victoire** [Louise, Marie, Thérèse, Victoire (Versailles 11-5-1733/Trieste 7-6-1799), dite Madame Quatrième, 1745 Madame Victoire ; élevée à Fontevrault, très pieuse, émigre avec Adélaïde]. **Sophie** [(Versailles, 27-7-1734/3-3-1782), dite Madame Cinquième, 1745 Madame Sophie]. **Thérèse** [(Versailles 16-5-1736/abbaye de Fontevrault 28-9-1744), dite Madame Sixième]. **Louise Marie** [(Versailles 15-7-1737/couvent des Carmélites, Saint-Denis 23-12-1787), dite Madame Septième, 1738 Madame Louise ; en religion Thérèse de St-Augustin, abbesse du carmel de Saint-Denis].

☞ **Favorites de Louis XV** : 4 sœurs (sur 5), filles de Louis III de Mailly, Mis de Nesle et de Mailly, Pce d'Orange : **Louise-Julie de Mailly-Nesle**, Ctesse de Mailly (16-3-1710/Paris 30-3-1751), épouse 1726 son cousin Louis-Alexandre, Cte de Mailly, 1733 maîtresse, 1736 favorite, 1739 supplantée par Pauline, 1741 en grâce, 1742 renvoyée de la Cour à la demande de sa sœur Marie-Anne ; **Pauline Félicité de Mailly-Nesle**, Ctesse de Vintimille (1712-41), maîtresse de Louis XV [elle épouse (28-9-1739) Jean-Baptiste, Cte de Vintimille (1720-77)] mère de Charles de Vintimille [(2-9-1741/14-2-1814), dit le *Demi-Louis* (car il ressemblait beaucoup à Louis XV), Mis du Luc, qui épousera (1764) Adélaïde de Castellane (1747-70), dont postérité] ; **DIANE ADÉLAÏDE DE MAILLY-NESLE**, Desse de Lauraguais (1713-60) ; **MARIE-ANNE DE MAILLY-NESLE**, Mise de La Tournelle, Dchesse de Châteauroux (1717/8-12-1744). **Mise DE POMPADOUR** (Jeanne puis Antoinette Poisson, 29-12-1721/Versailles 15-4-1764), fille de François Poisson, financier véreux exilé 1725 ; épouse 9-3-1741 Charles-Guillaume Le Normant d'Étioles dont Alexandrine (1744-54), élevée en princesse et anoblie Mlle de Crécy. *1745-26-2* présentée à la Cour, maîtresse du roi. *1752* honorée du tabouret et des prérogatives de duchesse. *1756* dame du palais de la reine. *1757* cabale, quitte Versailles quelque temps. Jeanne Bécu, dite Jeanne de Vaubernier, **Ctesse DU BARRY** (Vaucouleurs 19-8-1743/Paris, guillotinée 8-12-1793), fille naturelle d'Anne Bécu (couturière) et de Jean-Baptiste Gomard de Vaubernier. Vie modeste à Paris. Prostitution sous le nom de Mlle Lange. *1768*-mars/avril maîtresse du roi auquel Jean, comte du Barry (dont elle a été la maîtresse), l'a présentée. Louis XV lui fait épouser le 22-7, Guillaume du Barry (frère de Jean). *1769-22-4* présentée à la Cour. Elle avait dit un jour à Louis XV : « La France, ton café fout le camp ! » ; mot apocryphe : son valet s'appelait La France. *1774-4-5* se retire de la Cour (à Rueil, puis à l'abbaye de Pont-aux-Dames, puis à St-Vrain). *1776* de nouveau libre. *1792* voyage en Angleterre pour y cacher ses diamants (arrêtée au retour et condamnée à mort). *1793-8-12* guillotinée à Paris pour avoir dissipé les trésors de l'État, conspiré contre la République et porté le deuil de Louis XVI ; elle supplia : « Encore un moment, messieurs les bourreaux. » **MARIE-LOUISE O'MURPHY** (21-10-1737/17-1-1815), Mlle de Morphise, fille de Daniel Moerfy d'origine irlandaise [elle épouse : *1o)* (1755) Jacques Pelet de Beaufranchet (1731-57), *2o)* (1759) François Nicolas Le Normand [Cte de Flaghac (1725-83)], *3o)* (1798) Louis-Philippe Dumont (1765-1853), député du Calvados à la Convention (divorce 1798)] mère d'AGATHE LOUISE DE SAINT-ANTOINE DE SAINT-ANDRÉ [(20-6-1754/2-9-1774) qui épousera (1773) René-Jean-Mans de La Tour du Pin (1750-81), Mis de la Charce]. **FRANÇOISE DE CHÂLUS** (1734-1821), Desse de Narbonne-Lara [fille de Gabriel de Châlus, seigneur de Sansac, elle épousera (1749) J.-F., duc de Narbonne-Lara († 1806 sans postérité)] mère de PHILIPPE [(Parme 28-12-1750/Paris 10-5-1834), duc de Narbonne-Lara qui épouse 1771 (par contrat 3-1, religieusement 5-2) Antoinette Françoise Claudine de La Roche-Aymon] et de LOUIS, Cte de Narbonne-Lara [(24-8-1755/17-11-1813) qui épousera (1782) Marie Adélaïde de Montholon dont postérité]. **MARGUERITE CATHERINE HAYNAULT** (11-9-1736/17-3-1823), fille de Jean-Baptiste Haynault, entrepreneur de tabac [elle épouse (1766) Blaise d'Arod, Mis de Montmélas] mère d'AGNÈS LOUISE DE MONTREUIL [(baptisée 1760/2-9-1837), qui épousera (1788) Gaspar d'Arod (1747-1815), Cte de Montmélas, dont postérité] et d'ANNE LOUISE DE LA RÉALE [(20-2-1763/30-4-1831), qui épousera (1780) Cte de Geslin (1753-96)]. **LUCIE MADELEINE D'ESTAING** (1743-1826), sœur naturelle de l'amiral d'Estaing [elle épousera (1768) François, Cte de Boysseulh] mère d'AGNÈS LUCIE AUGUSTE (14-4-1761/4-7-1822), qui épousera (1777) Charles Vte de Boysseulh (1753-1808) et d'APHRODITE LUCIE AUGUSTE [(8-3-1763/22-2-1819) qui épousera (1784) Louis Jules, Cte de Boysseulh (1758-92)]. **ANNE COUPPIER DE ROMANS** (1737-1808) Bonne de Meilly-Coulonge (fille d'un bourgeois, Jean Joseph Roman Coppier) ; liaison avec le roi de 1754 à 65 [elle épousera (1772) Gabriel Guillaume de Siran († 1784), Mis de Cavanac] mère de LOUIS AIMÉ DE BOURBON (1762-87), dit l'abbé de Bourbon seul légitimé en 1762. **LOUISE JEANNE TIERCELIN DE LA COLLETERIE** (1746-79), dite Mme de Bonneval, mère de BENOÎT LOUIS LE DUC (7-2-1764/vers 1837, abbé). **IRÈNE DU BUISSON DE LONGPRÉ** († 1767), fille de Jacques du Buisson, seigneur de Longpré [elle épousera (1747) Charles François Filleul, conseiller du roi] mère de JULIE FILLEUL [(15-7-1751/30-5-1822), qui épousera *1o)* (11-1-1767) Abel François Poisson (1725-81), Mis de Vandières, de Marigny, de Ménars, etc., frère d'Antoinette, Mise de Pompadour ; *2o)* (1783) François de La Cropte, Mis de Bourzac († 1804) dont elle divorcera en 1793]. **CATHERINE ÉLÉONORE BERNARD OU BÉNARD** (1740/23-6-1769), fille de Pierre, écuyer de la bouche du roi [épouse (1768) Joseph Starot de Saint-Germain (1728-94)] mère d'ADÉLAÏDE DE SAINT-GERMAIN [Ctesse de Montalivet (23-1 ou 13-1 ou 13-2-1769/10-3-1850), qui épousera (1797) Jean-Pierre Bachasson (1766-1823) Cte de Montalivet]. **MARIE THÉRÈSE FRANÇOISE BOISSELET** (1731/1-9-1800) [épouse (1771) Louis-Claude Cadet de Gassicourt], mère de CHARLES LOUIS CADET DE GASSICOURT [(23-1-1769/21-11-1821), qui épouse (8-1-1789) Madeleine Félicité Baudet (1775-1830) dont postérité (divorce 1798)].

La Régence (1715-23)

■ **Le Régent** (voir **Généalogie**, p. 716). **Philippe d'Orléans** (Saint-Cloud 2-8-1674/Versailles 2-12-1723), duc d'Orléans (1701), de Valois, de Chartres, de Nemours et de Montpensier, Pce de Joinville ; appelé duc de Chartres jusqu'à la mort de son père en 1701, puis duc d'Orléans ; 1691 participe à la prise de Mons ; 1692 à celle de Namur, blessé au combat de Steinkerque ; 1693 se distingue à Neerwinden ; écarté de l'armée jusqu'en 1706 puis commande l'armée d'Italie ; blessé à Turin ; passe en Espagne et conquiert les royaumes de Valence, d'Aragon et la Catalogne (1707-08). *Ép.* (18-2-1692) *Françoise Marie de Bourbon* (9-2-1677/1-2-1749), dite Mlle de Blois, fille légitimée de Louis XIV et de Madame de Montespan dont 8 enfants.

Enfants légitimes : N. D'ORLÉANS (17-12-1693/17-10-1694) ; MARIE LOUISE ÉLISABETH [(20-8-1695/21-7-1719) épouse (6-7-1710) Charles (Versailles 31-6-1686/Marly 4-5-1714), duc de Berry, d'Alençon et d'Angoulême, 3e fils du grand dauphin (1661-1711)] ; LOUISE ADÉLAÏDE [(13-8-1698/20-2-1743) religieuse] ; CHARLOTTE AGLAÉ [(22-10-1700/19-1-1761), épouse (21-6-1720) François III d'Este, Pce héréditaire de Modène puis duc de Modène (2-7-1698/22-2-1780)] ; LOUIS Ier [(Versailles 4-8-1703/Paris 4-2-1752) duc d'Orléans, voir p. 716] ; LOUISE ÉLISABETH [(11-12-1709/16-6-1742), dite Mademoiselle de Montpensier, puis 1720 Mademoiselle, épouse à 12 ans, le 16-11-1721 par procuration et le 20-1-1722 en personne, Louis (25-8-1707/31-8-1724), Pce des Asturies après Louis Ier, roi d'Espagne] ; PHILIPPE ÉLISABETH [(18-12-1714/21-5-1734), accordée avec l'infant don Carlos par contrat (26-11-1722) et renvoyée en France mai 1725] ; LOUISE DIANE [(26-6-1716/26-9-1736) épouse Louis François de Bourbon (1717-76), Pce de Conti].

Enfants naturels : **D'ÉLÉONORE** (fille du concierge du garde-meubles), il eut, à 14 ans, UNE FILLE, née vers 1688 et mariée à Henri de Charencey ; **DE FLORENCE PELLERIN** (vers 1660/† avant 26-7-1716, fille d'un cabaretier et danseuse à l'Opéra de Paris) : CHARLES [(5-4-1698/10-5-1764), dit *l'abbé de St-Albin,* 1721 évêque et duc de Laon puis 1723 archevêque et duc de Cambrai] ; **DE MARIE LOUISE MADELEINE VICTOIRE LE BEL DE LA BOISSIÈRE, DITE MLLE DE SÉRY** (1684-1748, titrée **CTESSE D'ARGENTON** en févr. 1709, fille d'honneur de la Desse d'Orléans et mariée en 1713 au chevalier Forbin d'Orléans) : JEAN PHILIPPE [(28-8-1702/16-6-1748), dit le chevalier d'Orléans, légitimé 1706, Gal des galères de France en juin 1716, grand prieur de France] ; **DE CHARLOTTE DESMARES** (1682/12-9-1753, tragédienne, nièce de la Champmeslé, elle avait été auparavant la maîtresse du Dauphin) : PHILIPPE ANGÉLIQUE, dite Mlle DE FROISSY [(vers 1702/15-10-1785), légitimée 22-4-1722 épouse (12-9-1718) le Cte de Ségur].

☞ **Autre favorite du Régent : MLLE D'ARENCOUR**, Desse de Phalaris.

Portrait : *traditionnel :* débauché, libertin, immoral, indolent, organisateur de « soupers » orgiaques avec ses Roués (surnom donné à ses compagnons) ; livré à un favori méprisable, l'abbé Guillaume Dubois, son ancien précepteur devenu son compagnon d'armes ; désireux de s'emparer de la couronne royale ou, à défaut, de celle d'Espagne. *Critique :* acharné au travail, ami de la liberté et admirateur des libertés anglaises, porté à l'ivrognerie et à la paillardise, mais veillant à éviter les scandales ; peu dévot (par réaction contre Louis XIV), mais bien disposé envers les jansénistes (qu'il a tirés de prison) ; ami des arts (style « rocaille »).

– **1715**-2-9 le *testament de Louis XIV* organisant la régence pour son arrière-petit-fils, Louis XV (5 ans), est lu en public : Philippe d'Orléans s'impose en face de son rival le duc du Maine (fils légitimé de Louis XIV, il a la tutelle, la garde et l'éducation) ; -12-9 le parlement casse le testament et confie la régence à Philippe d'Orléans « pour exercer pleinement l'autorité royale » ; -15-9 en échange, le parlement retrouve le droit de remontrance. Chaque ministre est remplacé par une assemblée de magistrats et de grands seigneurs, compétente pour les affaires du ministère (inefficacité, perte de temps) : système abrogé le 16-9-1718, sauf pour le Conseil de régence composé des conseillers privés du Régent, notamment l'*abbé Guillaume Dubois* (voir encadré p. 646 a). **1716**-2-5 création de la *Banque générale* et de la *Cie d'Occident* (Law). **1717** séjour à Paris du tsar Pierre Ier le Grand (Moscou 9-6-1672/St-Pétersbourg 8-2-1725). **1718**-22-8 les princes légitimés perdent la qualité de Pce du sang. Fondation de La Nouvelle-Orléans (capitale de la Louisiane 1721). Conspiration de *Cellamare* (voir encadré col. c). **1719**-9-1 déclaration de guerre à l'Espagne. **1720** *peste de Marseille* (20-6 à oct. 1721) : 85 000 † en Provence ; -vers juin début de la banqueroute de Law ; -4-12 la *bulle Unigenitus* (antijanséniste) est enregistrée malgré l'opposition des parlements. **1721**-28-11 Louis-Dominique *Cartouche* (né 1693, chef de brigands opérant dans la région parisienne, arrêté 14-10) roué vif en place de Grève ; avant de mourir, dénonce des complices (dont, certains, de la cour). **1723**-10-8 mort du cardinal Dubois ; le Régent devient PM (le roi étant majeur à 13 ans) ; il meurt le 2-12.

■ **Bilan de la Régence.** A amorcé le redressement économique de la France : la paysannerie s'est enrichie, une nouvelle classe de chefs d'entreprises est née ; gros travaux d'infrastructure (canal de Montargis, port de Lorient, routes) ; mise en valeur de la Louisiane. Mais la politique antiespagnole (ayant permis l'anéantissement de la marine de guerre espagnole) aura des conséquences funestes dans la lutte contre l'Angleterre : la perte en 1763 du Canada, de la Louisiane et de l'Inde s'explique par l'affaiblissement des Bourbons d'Espagne.

Guerre de la Quadruple-Alliance

■ **Causes.** **1o)** Hostilité dynastique entre les Bourbons-Anjou (Philippe V d'Espagne) et les Bourbons-Orléans (le Régent). **2o)** Ambition du ministre espagnol, le cardinal *Giulio Alberoni* (21-3-1664/16-6-1752), voulant récupérer les domaines espagnols d'Italie perdus au traité d'Utrecht. **3o)** Volonté anglaise d'affaiblir les Bourbons en profitant de leurs dissensions. **Préparation : 1717**-4-1 triple alliance ou Alliance de La Haye (Angleterre, Pays-Bas, France) signée à La Haye contre l'Espagne ; **1718**-*2-8* adhésion de l'empire d'Autriche attaqué par Alberoni en Italie.

■ **Opérations. 1717**-*juillet* les Espagnols conquièrent Sardaigne et Sicile. **1718**-*juillet/août* tentative espagnole de fomenter une guerre civile en Bretagne [l'ambassadeur d'Espagne Antonio del Giudice, duc de Giovenazzo, Pce de *Cellamare* (1657-1733) obtient l'appui du duc et de la Desse du Maine, du duc de Richelieu, du Pce de Conti, du cardinal de Polignac qui sont exilés ; 4 conjurés bretons sont pris en 1719 et exécutés en avril 1720 : Mis de Pontcallec, Talhouët, Montlouis, du Couëdic (les principaux coupables : Le Gouvello, Kérantré, Lambilly)] ; *-oct.* les Anglais détruisent la flotte espagnole à *Syracuse.* **1719**-*9-1* Philippe V, poussé par sa seconde femme, Élisabeth Farnèse, et par son conseiller Alberoni, ambitionne le trône de France pour l'un de ses fils au cas où Louis XV disparaîtrait et entre en guerre avec la France. Berwick attaque l'Espagne par le Guipúzcoa (avril), la Navarre (juin), Urgel (oct.) ; *-nov.* Philippe V renvoie Alberoni. **1720** il adhère à la Quadruple-Alliance. **1721** Louis XV (11 ans) est fiancé à la fille de Philippe V, Marie-Anne-Victoire (3 ans).

■ **Bilan.** Retour à la politique du bloc franco-espagnol de Louis XIV, mais l'Espagne a perdu son escadre de Méditerranée.

Système de Law

■ **John Law.** Écossais (Édimbourg 16-4-1671/Venise 29-3-1729), fils d'un riche orfèvre, venu en France en 1695 à la suite d'un duel ; publie en 1705 les *Considérations sur le numéraire et le commerce ;* vers 1710 se fixe à Paris ; apprécié par le futur Régent. Après sa faillite, vivra 9 ans dans la misère à Venise.

■ **Principes.** *Remplacer les pièces d'or et d'argent par du papier-monnaie* qui circule plus vite (une somme qui a circulé 2 fois plus vite égale une somme double). *Création d'une banque d'État* (capital 6 millions ; 1 200 actions) ouvrant des crédits illimités, garantis par des entreprises (coloniales, commerciales, agricoles, financières, fiscales).

■ **Déroulement.** *1716-2-5* autorisé par le Régent à fonder une banque privée (1718 banque d'État) ; création d'entreprises (par actions), dites sociétés filles et petites-filles de la Banque générale, drainant les capitaux nécessaires à la banque d'émission (d'énormes dividendes sont promis). *1719-déc.* plus-value de 40 % sur les dividendes. *1720-janv.* Law contrôleur général des Finances ; *-févr.* effondrement des actions ; causes : spéculation à la baisse des 4 frères Pâris, fils d'un aubergiste de Moirans (Antoine, Moirans 1688-Sampigny 1733 ; Claude, dit *La Montagne,* nom de l'auberge paternelle, Moirans 1684-Dauphiné 1745 ; Joseph, dit *Pâris-Duverney,* Moirans 1684-Paris 1770 ; Jean, dit *de Montmartel,* Mis de Brunoy, Moirans, 1690-1766) qui provoquent une panique et le découragement des actionnaires qui touchaient des dividendes de 2 % par rapport au prix payé ; *-17-7* la banque suspend ses paiements, les actions tombent à 50 livres et les billets à 0 (ils sont brûlés) ; *-déc.* Law s'enfuit en Belgique.

■ **Bilan.** A ruiné de nombreuses personnes, mais a relancé les entreprises (boom économique durable) et a permis aux paysans de se libérer de leurs dettes. *Billets en circulation* (en millions) : *1718 (déc.)* : 12 ; *1719 (24-12)* : 1 000 ; *1720* : 2 922.

Louis XV avant Choiseul

1723-3-12 le **duc de Bourbon** (Louis-Henri de Condé, voir p. 642 b) est Premier ministre à la mort du Régent ; sa maîtresse, la Mise de Prie, Jeanne-Agnès Berthelot de Pléneuf (1698-1727, épouse 1713 le Mis de Prie, ambassadeur à Turin 1713-19, 1719 maîtresse, exilée lors de sa disgrâce ; se suicide) gouverne en son nom : elle confie les Finances à Pâris-Duverney, partisan des dévaluations. **1725**-5-9 Louis XV épouse Marie Leszczyńska. *Motif :* l'infante d'Espagne Marie-Anne est trop jeune et Louis XV ne peut l'épouser avant d'avoir 23 ans (or, s'il mourait sans enfants, le trône irait au duc d'Orléans, fils du Régent,

Quelques personnages

■ **Fleury (André-Hercule de,** Lodève 22-6-1653/Issy 29-1-1743). Fils d'un receveur des tailles. *1677* aumônier de la reine. *1683* du roi. *1698* évêque de Fréjus. *1714* précepteur de Louis XV. *1726-43* ministre d'État. *1726-20-8* cardinal. *1717* Académie française.

■ **Dubois (cardinal Guillaume,** Brive 6-9-1656/Versailles 10-8-1723). Fils d'un apothicaire pauvre de Brive-la-Gaillarde (Corrèze). Études à Paris (payées en étant domestique) ; secrétaire du curé de St-Eustache. *1683-juin* prend le *petit collet* (homme d'Église sans prêtrise) et devient précepteur du duc de Chartres le futur Régent (chargé de chercher les mots dans le dictionnaire latin). *1687* gouverneur intérimaire du duc à la mort de St-Laurent (2-8), puis en titre (3-9). *1689* chanoine honoraire d'Orléans. *1690* abbé commendataire d'Airvault. *1691* prend part avec son élève au siège de Mons. *1692* pousse son élève à épouser une « légitimée » : Mlle de Blois. *1692-93* secrétaire du duc de Chartres ; l'accompagne en Flandre (combat vaillamment à Steinkerque 3-8-1692). *1693* abbé commendataire de St-Just. *1694-96* combattant en Flandre, près du duc. *1698* négociateur à Londres avec Camille d'Hostun, Cte de Tallard, puis duc d'Hostun (Lyon 14-2-1652/Paris 30-3-1728) maréchal de France. *1702* secrétaire des commandements du duc d'Orléans. *1706-07* combattant en Italie (bataille de Turin 7-9-1706). *1716* nommé conseiller d'État d'Église par le duc devenu Régent. Missions diplomatiques. *1717* négociateur à Londres, conclut le traité d'alliance contre l'Espagne. *1718* ministre des Affaires étrangères. *1720-14-4* archevêque de Cambrai (ordonné prêtre la veille) ; *-4-12* fait enregistrer la bulle *Unigenitus*. *1721-16-7* cardinal. *1722-janv.* membre du Conseil de Régence ; *-22-8* Premier ministre. Il meurt relativement pauvre (800 000 livres).

■ **Chauvelin (Germain-Louis de,** Paris 1685-1762). Avocat au parlement de Paris. Homme de confiance de Fleury. *1727* garde des Sceaux. *1727-37* secrétaire d'État aux Affaires étrangères ; exil en province.

■ **Maupeou (René Nicolas de,** Paris 25-2-1714/Le Thuit 29-8-1792). Ancienne noblesse de robe. *1743-57* 1er Pt du parlement de Paris. *1763-68* vice-chancelier et garde des Sceaux. *1768-16-9* chancelier de France (ami des Jésuites exilés). *1769* appelle l'abbé Terray aux Finances. *1770* déc. fait renvoyer Choiseul. *1771-3-1* forme le *triumvirat* avec Terray et d'Aiguillon ; *-23-2* réussit le « coup d'État royal » contre le Parlement. *1774-30-8* chassé par Louis XVI, se retire dans ses terres en Normandie.

■ **Belle-Isle (Charles-Louis Auguste Fouquet, duc de,** Villefranche-de-Rouergue 22-9-1684/Paris 26-1-1761). Petit-fils de Fouquet. Sert dans l'armée et la diplomatie. *1726* assure la Lorraine à la France. Participe à la guerre de Succession d'Autriche. *1741* maréchal. *1748* duc et pair. *1758-61* ministre de la Guerre.

■ **Richelieu (Louis François Armand de Vignerot du Plessis, duc de,** Paris, 13-3-1696/8-8-1788). Petit-neveu du cardinal, jeune, porte le titre de duc de Fronsac. *1711* embastillé à 15 ans pour 14 mois (s'est montré trop empressé auprès de la Dsse de Bourgogne). *1713* aide de camp de l'armée de Villars. *1715* duc à la mort de son père. *1716* embastillé pour duel et *1719* car compromis dans la conspiration de Cellamare. *1721* pair. *1722* gouverneur de Cognac. *1725-29* ambassadeur à Vienne. *1738* maréchal de camp. Prend part aux guerres de Louis XV (faisant fortune en 1757 : pillage du Hanovre). *1757* disgrâce car refuse le mariage de son fils avec la fille de Mme de Pompadour. *1780* 3e mariage avec la veuve d'un lieutenant général irlandais (84 ans). Très populaire.

■ **Saxe, Maurice de** [(Goslar 26-10-1696, Chambord 30-11-1750), fils naturel d'Auguste II de Saxe (roi de Pologne) et de la Ctesse Aurore de Königsmark] combat contre la France (avec le Pce Eugène) aux Pays-Bas, contre les Suédois, les Turcs (1717) au service de la France (1720) duc de Courlande (1726) empêché par Catherine Ire d'y aller revient servir en France (1743), vainqueur à Fontenoy (1745), Raucoux (1746), Lawfeld (1747).

■ **Terray, dit l'abbé** (Boën 1715/Paris 18-2-1788). Sans vocation et libertin ; sa fille naturelle, Lucile, épousera Camille Desmoulins, journaliste révolutionnaire. *1736* conseiller clerc au parlement de Paris (spécialiste des finances de l'Église). *1770*-3-1 contrôleur général des Finances qu'il régit 5 ans avec vigueur (réductions des taux de rentes, augmentation des impôts directs et indirects : surnommé « Vide-gousset »). Aussi intendant général des bâtiments et directeur des Beaux-Arts. *1774* remplacé par Turgot.

ennemi des Condé). On écarte successivement les 17 princesses sélectionnées comme dignes d'être l'épouse du roi, et l'on retient Marie, fille de Stanislas Leszczyński (1677-1766, roi de Pologne déchu), pauvre, timide et ne cherchant pas à s'immiscer dans les affaires du royaume. **1726**-11-6 disgrâce (1er acte d'autorité de Louis XV depuis 1715) du duc de Bourbon (exil de Pâris-Duverney et de la Mise de Prie) ; -15-6 l'abbé *Fleury* (voir encadré ci-dessus) entre au Conseil (il le préside d'office) ; il stabilise le cours des monnaies en fixant la quantité de métal contenu dans les pièces. **1727** acquisition du comptoir de *Mahé* (Indes) ; Mgr Soanen, évêque de Senez, adversaire de la bulle *Unigenitus*, est déposé et exilé. **1729**-4-9 naissance du dauphin Louis († 20-12-1765), fin de la rivalité dynastique franco-espagnole : installation des Bourbons d'Espagne (branche cadette) à Parme et en Toscane. **1731** ordonnance sur les donations. **1732**-28-1 fermeture du cimetière *St-Médard* [où la foule venait voir des miracles sur la tombe du diacre janséniste François de Pâris, dit le diacre Pâris (Paris, 1690/1-5-1727) ; les convulsionnaires continuèrent à se donner en spectacle ailleurs jusqu'après 1745]. Fleury oblige les parlements à enregistrer la bulle *Unigenitus*. **1735** ordonnance sur les testaments. **1736**-30-9 Stanislas Leszczyński confie à la France l'administration du duché de Lorraine. **1737**-20-2 disgrâce de *Chauvelin* [Germain-Louis de (1685-1762) garde des Sceaux et secr. d'État aux Affaires étrangères] ; le *Mal de Belle-Isle* devient le chef du parti antiautrichien. **1738** loi sur la simplification de la procédure ; -2-5 *traité de Vienne :* Louis XV arbitre l'Europe. **1744** Louis XV tombe malade à Metz pendant un sermon ; guéri, il est surnommé le *Bien-Aimé*. **1745**-fév. début de la liaison de Louis XV avec la Mise de Pompadour [les nobles lui sont hostiles ; elle régentera : Finances, Guerre, Affaires étrangères (avec les conseils de Pâris-Duverney). Elle fait disgracier en 1745 Philibert Orry (1689-1747) qui sera remplacé par Jean-Baptiste Machault d'Arnouville (13-12-1701/13-7-1794)] et en 1749 par Jean-Frédéric Maurepas (9-7-1701/21-12-1781)] ; -mai *création du vingtième,* impôt sur tous les biens (5 %), même nobles (forte opposition du clergé) ; opposition du Parlement. *Secret du roi :* la Couronne des Polonais est proposée au Pce de Conti, cousin de Louis XV qui exige le secret sur la campagne électorale de Conti menée à l'insu de ses ministres, par quelques diplomates de confiance [Louis XV ne peut soutenir officiellement cette candidature car embourbé dans la guerre de Succession d'Autriche : il négocie avec Auguste III (17-10-1696/5-10-1763, électeur de Saxe) le retrait de la Saxe de la coalition adverse] ; l'affaire n'aboutira pas : Auguste III mourra 18 ans après ; le secret survivra jusqu'en 1774. **1748**-18-10/20-11 *traité d'Aix-la-Chapelle*. **1749** *impôt du vingtième* étendu à tous les revenus. **1750** le clergé refuse de payer la contribution réclamée par Machault (1 500 000 livres), démission du chancelier d'Aguesseau ; -30-11 maréchal Maurice de Saxe meurt. **1751**-23-12 Louis XV exempte le clergé du 20e. **1752** Mme de Pompadour fait entrer au Conseil l'abbé François de Pierre *de Bernis* (22-5-1715/Rome 2-11-1794, poète, académicien 1744, cardinal 1758), partisan de l'alliance autrichienne [la guerre contre l'Angleterre (à cause du Canada et de l'Inde) paraît inévitable ; il faut trouver un allié continental]. **1754** *Charles Godeheu* abandonne aux Anglais les territoires indiens conquis par Dupleix. **1755**-26-5 exécution (strangulation) à Valence de **Louis Mandrin** (né St-Étienne-de-St-Geoirs vers 1725), chef des faux-sauniers et des contrebandiers opérant en Dauphiné et Savoie [il s'était rendu populaire en attaquant fermes générales et greniers à sel, mais en respectant (dans l'ensemble) les propriétés privées] ; -31-8 Bernis négociateur à Vienne. **1756**-16-1 Frédéric II de Prusse s'allie à l'Angleterre *(traité de Whitehall)* ; -1-5 la France s'allie avec l'Autriche *(traité de Jouy-en-Josas)* : pour la 1re fois depuis 1498, un roi de Fr. est allié avec un Habsbourg *(renversement des alliances)*. Création de la manufacture de Sèvres (porcelaines tendres, puis dures 1770). **1757**-5-1 Louis XV blessé par *Robert-François Damiens* (né 9-1-1715) d'un coup de couteau à la poitrine [28-3 Damiens sera écartelé en place de Grève (les chevaux s'y prirent plus de 60 fois) et brûlé (« la journée sera rude », avait-il dit le matin) ; conséquences : Louis XV, prétextant avoir perdu l'affection de ses sujets, renvoie le 1-2 ses 2 ministres réformateurs : Jean-Baptiste Machault d'Arnouville et Marc-Pierre d'Argenson].

Controverse sur Louis XV

■ **Thèse traditionnelle.** Adonné aux plaisirs, paresseux, inconstant (incapable de mener une guerre à terme), dépensier, il ruina la France ; mort haï du peuple, enterré sous les huées.

■ **Thèse de l'école Gaxotte.** Intelligent et consciencieux ; sensuel, mais veillant à ce que ses liaisons ne nuisent pas à son gouvernement (il gardait discrètement, dans le *parc aux Cerfs* à Versailles, des filles jeunes, aux parents consentants : elles ignoraient la personnalité de leur amant et on les mariait à des courtisans en cas de grossesse). L'influence des maîtresses officielles (Pompadour puis du Barry) était en fait superficielle. Le roi menait sa politique en secret et ressemblait aux « despotes éclairés » de son temps, en étant plus libéral et plus généreux. Moderniste et réformateur, il lutta contre les parlementaires rétrogrades, conservateurs des privilèges féodaux (Voltaire a approuvé Maupeou). Louis XV s'est aliéné le monde des *Lumières* car il jugeait sévèrement l'anglomanie et la prussomanie des « philosophes » : snobisme et affairisme. Seule plaie de son règne : l'incapacité des généraux français (son meilleur Gal fut un Allemand : le Mal de Saxe), la haute noblesse « militaire » s'étant, depuis Louis XIV, muée en noblesse courtisane. Louis XV a toujours fourni à ses généraux des armées suffisantes (exemple : 160 000 hommes pour la guerre de Sept Ans, de quoi conquérir l'Allemagne). Perte des colonies : un repli provisoire en attendant la nouvelle flotte de Choiseul. L'élimination des parlements par Louis XV (« révolution royale » ou « coup d'État royal ») aurait sans doute sauvé l'Ancien Régime si Louis XVI avait poursuivi la politique de Louis XV (voir p. 650 a).

■ **Thèse de l'école Paul del Perugia.** Louis XV a été victime de sa bonté (il attendit jusqu'à 1771 pour frapper les parlementaires ennemis de la monarchie) et de sa piété (les dévots abusaient de sa crainte de l'enfer ; ils obtenaient de lui des faveurs en expiation de ses péchés contre la chasteté ; mais, insatiables, ils se sont alliés aux antimonarchistes pour salir sa réputation).

☞ **Le cabinet noir** (appelé aussi « *Secret du roi* ») : employant 32 personnes, il fut successivement dirigé par Louis-François de Bourbon, Pce de Conti (Paris 13-8-1717/Paris 2-8-1776), Jean-Pierre Tercier (1704-67) et Charles-François, Cte de Broglie (20-8-1719/St-Jean-d'Angély 16-8-1781). Il comprenait un service de renseignements (rapports oraux du Lt de police, interception des lettres privées) et un service de correspondance avec l'étranger permettant une diplomatie parallèle. Son existence n'a été découverte que la semaine précédant la mort du roi. Il a fonctionné en secret plus de 20 ans.

■ Louis XV et Choiseul (1757-70)

1757-mars **Étienne-François de Choiseul** (28-6-1719/8-5-1785) Cte de Stainville, lieutenant-Gal 1748, ambassadeur à Rome 1753, duc 1758) est envoyé à Vienne poursuivre la politique de Bernis. **1758**-oct. Bernis disgracié (il voulait traiter avec Frédéric II et abandonner l'alliance autrichienne) ; -3-10 Choiseul remplace Bernis aux Affaires étrangères [il sera Premier ministre de fait jusqu'en 1770, avec 3 autres portefeuilles : Postes, Guerre (1761), Marine (1763) ; il crée une flotte de guerre]. **1761**-15-8 *pacte de famille* entre les Bourbons (France, Espagne, Naples, Parme) : réalise les vues de Louis XIV sur la succession d'Espagne (chaque État devient solidaire des 3 autres). **1762**-8-3 **Jean Calas** (né Lacabarède, 19-3-1698), commerçant protestant de Toulouse, déclaré coupable de la mort (13-10-1761) de son fils aîné qui se disposait à abjurer, condamné à la torture et au supplice de la roue ; -9-3 exécuté (Mme Calas est acquittée), réhabilité (9-3-1765) à la suite d'une campagne de Voltaire (*Essai sur la tolérance,* 1763) ; son fils s'était suicidé ; -23-4 le parlement de Paris *supprime la Compagnie de Jésus* [motifs : « perverse, pernicieuse, séditieuse, attentatoire », etc. ; raisons réelles : alliance entre jansénistes (dévots, mais gallicans) et philosophes (irréligieux) contre les Jésuites antigallicans, antijansénistes (« ultramontains »)]. **1763**-10-2 *traité de Paris* achevant la guerre de Sept Ans (1756-1763), la France perd Canada et Louisiane. **1764**-15-4 Mme de Pompadour meurt ; -5-6 le parlement de Rennes [procureur général : Louis-René de La Chalotais (6-3-1701/12-7-1785) dresse un réquisitoire contre le *duc d'Aiguillon* (31-7-1720/1-9-1788), gouverneur de Bretagne ; -16-7 rupture entre Aiguillon et Parlement (début de la *guerre parlementaire*, qui amènera la fin de l'Ancien Régime) ; -nov. Louis XV doit exiler les Jésuites. **Vers 1765** *pacte de famine :* nom donné à un accord que Louis XV aurait signé avec certains financiers pour maintenir le pain à un prix élevé. **1766**-23-2 mort (accidentelle) de Stanislas Leszczyński (tombé dans sa cheminée) et annexion de la Lorraine ; -28-2 *Jean-François Lefebvre, chevalier de La Barre* (Abbeville 1747-Abbeville 1766), accusé de blasphèmes, de chansons infâmes, de profanation et de ne pas s'être découvert lors d'une procession de la Fête-Dieu (juillet 1765), est condamné par le présidial d'Abbeville à avoir la langue coupée, le poing tranché et le corps réduit en cendres ; -5-6 le parlement de Paris lui accorde d'être décapité avant d'être brûlé ; -1-7 exécuté et brûlé avec un exemplaire du *Dictionnaire philosophique* portatif de Voltaire et plusieurs ouvrages licencieux (Voltaire prendra sa défense et il sera réhabilité le 16-11-1793 par la Convention) ; dans cette affaire, un autre condamné, d'Etallonde de Morival, s'échappera en Prusse. **1768**-mars/avril début de la liaison de Louis XV et de Jeanne Bécu (future *Ctesse du Barry*) ; -15-5 Gênes cède la Corse à la France ; -16-9 Maupeou devient chancelier. **1769** l'académie de Besançon ouvre un concours pour un nouvel aliment végétal [lauréat : Antoine Augustin *Parmentier* (Montdidier 17-8-1737/Paris 17-12-1813) ; pomme de terre découverte pendant sa captivité au Hanovre en 1757, connue en Europe, mais délaissée en France]. **1770** établissement d'un monopole royal sur les grains ; -16-5 le dauphin Louis (futur Louis XVI) épouse Marie-Antoinette d'Autriche [aboutissement de la politique de Bernis soutenue à Paris par Florimond, Cte Mercy d'Argenteau (Liège, 1727-Londres, 1794), ambassadeur d'Autriche 1780-90] ; -6-6 le duc d'Aiguillon obtient l'appui de la Ctesse du Barry contre les parlementaires bretons ; -juillet-août Louis XV sévit contre parlementaires provinciaux.

■ « Révolution royale » (1770-74)

1770-2-11 édit (rédigé par le chancelier Maupeou le 23-10) supprimant le pouvoir politique des parlements ; -23-11 *disgrâce de Choiseul* (qui veut déclarer la guerre à l'Angleterre à propos de l'incident anglo-espagnol des îles Malouines ; se retire à Chanteloup) ; -7-12 édit de discipline, démission d'une grande partie des parlements. **1771**-3-1 ministère Maupeou (triumvirat), avec abbé Terray : contrôleur général des Finances, et duc d'Aiguillon : ministre des Affaires étrangères ; -20-1 arrestation et exil de tous les magistrats rebelles ; dispersion du parlement de Paris ; -23-2 nomination d'un nouveau Parlement, dont les membres ne sont plus propriétaires de leur charge (surnommé *Parlement Maupeou*). **1772** Louis XV laisse s'accomplir le 1er partage de la Pologne qui profite surtout à son alliée, l'Autriche (il évite un partage de la Suède, projeté par François II et Catherine de Russie). **1773** échec du projet de mariage entre Louis XV et Mme du Barry, long procès d'annulation du mariage avec Guillaume du Barry ; la Ctesse joue officieusement le rôle de reine de France. **1774**-10-5 Louis XV meurt de la petite vérole, dans l'indifférence.

Guerre de Succession de Pologne (1733-38)

■ **Causes. 1°)** *Désir de la reine* Marie Leszczyńska de remettre son père, Stanislas Leszczyński (1677-1766), sur le trône de Pologne à la mort du roi Auguste II (1-2-1733). **2°)** *Volonté d'abattre l'Autriche* (chef du parti antiautrichien : Germain de Chauvelin, secrétaire d'État aux Affaires étrangères) ; Fleury est pacifiste, mais a la main forcée. **Opérations. 1733**-*24-9* environ 20 000 Russes (alliés de l'Autriche) chassent Stanislas réélu roi 12 j auparavant ; *-26-9* traité d'alliance avec Espagne et Sardaigne ; *-12-10* déclaration de guerre à l'Autriche. **1734**-*mai* le corps de débarquement français à Dantzig (2 000 h. sous-équipés) est anéanti : Stanislas s'enfuit ; *-juin-sept.* les Franco-Espagnols conquièrent le royaume de Naples. **1735**-*27-1* Stanislas renonce à la Pologne ; *-3-10* préliminaires de Vienne. **1738**-*18-11* **traité de Vienne :** Stanislas renonce à la Pologne, mais reçoit la Lorraine qui doit devenir française à sa mort ; François de Lorraine, époux de Marie-Thérèse d'Autriche, devient grand-duc de Toscane ; don Carlos de Bourbon, fils de Philippe V d'Espagne, devient roi des Deux-Siciles.

Guerre de Succession d'Autriche (1740-48)

■ **Causes. 1°)** *Charles VI empereur Habsbourg meurt sans héritier mâle* (oct. 1740), laissant ses biens héréditaires à sa fille Marie-Thérèse, par la *Pragmatique Sanction* (1713). Mais elle a des rivaux : Auguste III de Saxe ; Charles-Albert de Bavière (succession entière) ; roi de Sardaigne (Milanais) ; Philippe V roi d'Espagne (Autriche, Hongrie, Bohême) ; Frédéric II roi de Prusse (Silésie). **2°)** *L'Angleterre est décidée à conquérir les colonies françaises et si possible espagnoles* ; une guerre entre Habsbourg et Bourbons est de son intérêt. **Coalitions.** Autriche-Hongrie alliée à Angleterre, Hollande, Russie contre Prusse, alliée à France, Espagne, Sardaigne, Bavière [l'Électeur Charles-Albert est élu empereur le 24-1-1742 (Charles VII)] et Saxe.

■ **Opérations en Europe. Effectifs français :** 40 000 hommes (Belle-Isle) en Bavière, 30 000 hommes (Maillebois) contre le Hanovre anglais. **1740**-*déc.* Frédéric II occupe la Silésie. **1741** Belle-Isle occupe la Bohême, mais doit l'évacuer (résistance dans Prague du colonel Chevert, 1742). **1742**-*11-6 traité de Breslau :* défection de Frédéric II qui reçoit la Silésie ; *-déc.* Marie-Thérèse reprend la Bohême, puis (1743) la Bavière. **1743** débarquement anglais au Hanovre : *-27-6* Georges III bat Noailles à *Dettingen ; -juillet* défection de Charles VII de Bavière ; *-nov.* de Savoie et Saxe. **1744** Charles de Lorraine franchit le Rhin et envahit l'Alsace (Louis XV part à sa rencontre mais tombe malade à Metz). **1745**-*20-1* l'empereur Charles VII meurt ; son fils renonce à l'empire ; *-11-5 Fontenoy,* Maurice de Saxe (voir encadré p. 646 a), hydropique, porté dans une voiture d'osier (50 000 h.), bat le duc de Cumberland (50 000 h.) : 9 000 Anglais † ; *-oct.* le prétendant Stuart conquiert l'Écosse (battu à *Culloden* le 16-5-1746) ; *-2-12* Frédéric II promet sa voix à Charles de Lorraine en échange de la Silésie ; Marie-Thérèse confirme l'abandon de la Silésie *(traité de Dresde).* **1746**-*21-2* Maurice de Saxe prend *Bruxelles ; -10-6* Maillebois battu à *Plaisance :* perte de l'Italie, invasion de la Provence ; *-11-10 Raucoux,* Maurice de Saxe bat Charles de Lorraine. **1747**-*2-2 Antibes,* Belle-Isle bat les Austro-Sardes et les rejette en Italie ; *-2-7 Lawfeld,* Maurice de Saxe bat Cumberland ; *-19-7 l'Assiette* (Piémont) : Belle-Isle ne peut envahir l'Italie (il est tué ; 4 000 Français †) ; *-16-9 Berg-op-Zoom,* les Français envahissent la Hollande.

■ **Opérations coloniales et navales. Effectifs français :** 50 vaisseaux de ligne, 19 frégates. **1744**-*22-2 bataille de Toulon* (indécise) : La Bruyère de Court contre Matthews et Hawke. **1745**-*6-7 bataille de Mahé* (Indes) : La Bourdonnais contre Peyton (indécise). **1746**-*12-9* La Bourdonnais prend *Madras* ; *-13-10* sa flotte est détruite par un ouragan ; *-19-10* il propose de rendre Madras aux Anglais pour 11 millions de livres [accusé de trahison par Dupleix (directeur de la Compagnie des Indes) ; embastillé 1749, acquitté 1751]. **1748** Dupleix attaqué dans Pondichéry par Boscawen (30 navires, 8 000 h.) résiste jusqu'à la signature de la paix.

■ **Conclusion.** *Reconnaissance de la Pragmatique Sanction :* reçoit Espagne, duché de Parme et Plaisance. **1748**-*janv. congrès d'Aix-la-Chapelle :* Frédéric II garde la Silésie. La France rend les Pays-Bas et Madras, reçoit l'île du Cap-Breton et Louisbourg au Canada ; s'engage à éloigner le prétendant Stuart qui, arrêté à l'Opéra, sera reconduit à la frontière ; la France a « travaillé pour le roi de Prusse », on dira : « Bête comme la paix. »

Guerre de Sept Ans (1756-63)

■ **Causes. 1°)** *L'Angleterre* veut conquérir l'Inde et l'Amérique du Nord. **2°)** *L'Autriche* veut reprendre la Silésie à Frédéric II. **3°)** Le *parti prussien,* puissant à Versailles à cause des subventions payées par Frédéric II aux « philosophes », s'effondre lorsque Mme de Pompadour passe dans le camp autrichien. **4°)** *La Russie* est décidée à attaquer Frédéric II.

■ **Europe. Effectifs français :** 160 000 hommes plus 24 000 à la disposition de l'Autriche (en Bohême). **Opérations : 1755**-*28-8* Frédéric II attaque la Saxe (qui capitule) ; *-15-10* incorpore les Saxons à l'armée prussienne. **1756**-*16-1 traité de Westminster :* neutralité en Angleterre et Prusse ; *-1-5 traité de Versailles :* alliance Autriche-France. **1757**-*6-5* Frédéric II bat François de Lorraine devant *Prague ; -18-6* est battu par Daun à *Kollin,* doit évacuer la Bohême ; *-26-7 Hastenberck,* d'Estrées bat Cumberland ; conquête du Hanovre par le M^{al} de Richelieu ; *-8-9* Cumberland capitule à *Closterseven* (Richelieu ne désarme pas l'armée anglo-hanovrienne qui reprendra la lutte en 1758 sous les ordres du duc de Brunswick) ; *-5-11 Rossbach,* Frédéric II (20 000 h.) bat Soubise et Hildburghausen (G^{al} des contingents impériaux, 60 000 h.) ; *-5-12 Leuthen,* Frédéric II bat Charles de Lorraine (22 000 prisonniers) et reconquiert Silésie. **1758**-*13-7 Sundershausen,* Soubise bat Brunswick ; *-23-8 Crefeld :* Brunswick (40 000 h.) écrase Clermont (70 000 h.) ; *-25-8 Zorndorff,* Frédéric II contre Russes (bataille indécise) ; *-oct.* repousse les Autrichiens en Saxe ; *-10-10 Lutzelberg,* Soubise bat Brunswick. **1759**-*13-4 Bergen,* Broglie (34 000 h.) bat Brunswick (40 000 h.) ; *-1-8 Minden,* Brunswick bat Broglie et Contades ; *-12-8* Frédéric II écrasé à *Kunersdorf* (20 000 † sur 50 000 h.) par Autrichiens et Russes réunis qui n'exploitent pas la victoire. **1760**-*10-6 Korbach,* Broglie et Saint-Germain battent Brunswick ; *-16-7 Cassel,* Brunswick bat Broglie ; *-oct.* Russes et Autrichiens prennent et pillent Berlin ; *-16-10 Clostercamp,* Castries bat Brunswick [la nuit précédant la bataille, le *chevalier d'Assas* (Nicolas, né au Vigan, 20-7-1733), capitaine au régiment d'Auvergne, tombe aux mains des Hanovriens ; il est tué en criant « A moi Auvergne, voilà l'ennemi ! » L'armée française, avertie, passe à la contre-attaque ; Louis XVI créera, au profit de son frère aîné François, baron d'Assas (1722-99), et de ses 2 fils, une pension perpétuelle et héréditaire de 1 000 livres en oct. 1777] ; *-3-11 Torgau,* Frédéric II bat Daun. **1761**-*16-7 Villingshausen,* Brunswick bat Soubise (100 000 h.) et Broglie (50 000 h.). **1762**-*5-5* défection de l'armée russe (rappelée par Pierre III, tsar depuis le 5-1) ; *-21-7 Burkersdorf,* Frédéric II reconquiert la Silésie. *Johannisberg,* Soubise et d'Estrées battent Brunswick.

■ **Guerre navale et coloniale. Effectifs anglais :** *en 1756 :* 345 vaisseaux de ligne, *1760 :* 422 ; **français :** 63 vaisseaux. **1754**-*28-5* un parlementaire français, Jumonville, tué par les Anglais à Fort Duquesne (Ohio) ; les Français détruisent *Fort Necessity.* **1755**-*10-6* attentat de Boscawen (amiral anglais) près de *Terre-Neuve* (3 navires de guerre français attaqués, 2 capturés) ; *-juin/juillet* l'amiral anglais Hawk capture 300 bateaux de commerce. **1756**-*17-8* La Galissonnière (marine) et Richelieu (armée) prennent *Minorque*. L'amiral anglais Byng, repoussé à Mahón, sera fusillé le 4-3-1757. **1757** *Plassey : -4-2* Clive bat Souradja (Indien allié des Français) ; *-juin* conquiert le Bengale ; *-juin/août* nombreux débarquements anglais sur les côtes de France (île d'Aix, St-Malo) ; *-27-7* Anglais enlèvent *Louisbourg* au Canada. **1759**-*17-2* Thomas, Cte de *Lally,* Bon de Tollendal (13-1-1702/9-5-1766), échoue devant Madras ; *-21-6* Wolfe (10 000 h.) débarque à Québec ; *-31-7* Montcalm (16 000 miliciens) les repousse ; *-13-9 Québec* pris ; *-17-9* capitulation française ; *-sept.* la flotte française (amiral d'Aché) évacue l'Inde. **1760** Lally bloqué dans Pondichéry [capitule 17-1-1761 ; condamné à mort par le parlement de Paris le 6-5-1766, exécuté 9-5 ; action en révision commencée en 1778 grâce à Voltaire, stoppée 1779 ; son fils Gérard, Mis de Lally-Tollendal (5-3-1751/11-3-1830), a été élu député de la noblesse aux états généraux]. **1762**-*août* les Anglais prennent La Havane.

■ **Conclusion. Traité de Paris** (**10-2-1763**) entre France, Espagne, Angleterre. *Pertes françaises :* Inde (sauf 5 comptoirs), Canada, Ohio, rive gauche du Mississippi, Sénégal, Antilles (sauf St-Domingue, Martinique, Guadeloupe). *L'Espagne* cède la Floride à l'Angleterre et reçoit la Louisiane française. **Traité d'Hubertsbourg** (**15-2-1763**) entre France, Prusse, Autriche et provinces allemandes : Frédéric II garde la Silésie.

Louis XVI (1774-92)

■ **1774** (10-5) **Louis-Auguste XVI** (Versailles 23-8-1754/Paris 21-1-1793, guillotiné), petit-fils de Louis XV et Marie Leszczyńska. D'abord duc de Berry, dauphin (20-10-1765), roi (10-5-1774), sacré à Reims (11-6-1775). *Ép.* (19-4-1770 par procuration à Vienne et le 16-5 en personne à Versailles) *Marie-Antoinette « de Lorraine »,* P^{cesse} royale de Hongrie et de Bohême, archiduchesse d'Autriche (Vienne 2-11-1755/Paris 16-10-1793, guillotinée, cendres transportées en 1815 à St-Denis), 4e fille de François Ier († 1765), empereur (élu des Romains) d'Autriche, et de Marie-Thérèse (Vienne, 13-5-1717/Vienne, 29-11-1780), reine de Hongrie et reine de Bohême. Elle se refusera au roi jusqu'au 20-7-1777.

Enfants : Marie-Thérèse Charlotte [(19-12-1778/19-10-1851), inhumée église Ste-Marie-de-l'Annonciation à Castagnavizza (près de Goritz) actuellement Kostanjevica (Slovénie) ; dite Madame fille du roi ou Madame Royale ; emprisonnée au Temple (13-8-1792), en sort le 17-12-1795, quitte la France le 25, échangée (contre des déportés, ambassadeurs et ministres détenus en Autriche ; décret du 30-6-1795), vit en exil à Vienne, puis à Mitau en Lettonie (où elle épouse le 10-6-1799 son cousin, Louis d'Artois, duc d'Angoulême, né 6-8-1775), à Varsovie et à Londres ; revient en France en 1814, la quitte à nouveau en 1830 et prend le titre de Ctesse de Marnes, vit en G.-B., à Prague, à Venise, à Frohsdorf où elle meurt d'une pneumonie. Certains ont prétendu à une substitution avec Louise-Catherine Lambriquet (née 1776), fille naturelle de Louis XVIII et de Marie Philippine Noirot, épouse de Jacques Lambriquet, et que la vraie Madame Royale était une femme, dite la Ctesse des Ténèbres († 25-11-1837), inhumée sous le nom de Sophie Botta (58 ans). En fait, cette dernière aurait été Marie-Ange Daniels (femme du Gal Barthelemy, enlevée en 1807 à Paris par le Hollandais Cornelius Van der Valck, secrétaire à la légation de France, qui, sous le nom de Vavel de Versay, s'installa avec elle au château d'Eishausen (Saxe-Meiningen)] ; Louis-Joseph Xavier François (Versailles, 22-10-1781/4-6-1789 au château de Meudon ; dauphin, dernier prince enterré à St-Denis, exhumation 12/25-10-1793) ; Louis XVII (voir p. 652 b) ; Sophie Hélène Béatrix (9-7-1786/Versailles 19-6-1787 ; dite Madame Sophie).

Caractère : Louis XVI est considéré par une partie de sa cour, notamment par Choiseul, comme *imbécile* (handicapé cérébral). D'après ses frères et cousins, cette imbécillité aurait justifié un conseil de régence (comme jadis la folie de Charles VI). Il semble que le parti de Marie-Antoinette (soutenue par sa mère, l'impératrice d'Autriche, et par l'ambassadeur d'Autriche, Mercy d'Argenteau) ait fait écarter cette solution. En réalité, Louis XVI [plutôt grand pour l'époque (1,76 m), ce qui le faisait passer pour un « grand dadais »] était un timide maladif (ricanant et se dandinant) et un myope qui ne reconnaissait pas les gens et qui, d'après l'écrivain et homme politique anglais Thomas Paine (1737-1809), buvait beaucoup.

■ De 1774 a 1789

– **1774**-10-5 roi à la mort de Louis XV ; -12-5 exil de Mme du Barry ; -août rappel des parlements qui refusent la réforme ; -24-8 « Saint-Barthélemy » des ministres ; -30-8 disgrâce de Maupeou ; remplacé par *Maurepas* [Louis XVI avait choisi d'Arnouville, mais sa tante, Mme Adélaïde, l'a obligé à le changer] ; *Turgot*, intendant de Limoges, remplace (24-8) l'abbé Terray ; *Vergennes,* ambassadeur en Suède, remplace d'Aiguillon ; -13-9 édit sur la liberté du commerce des grains ; -12-11 annulation de la réforme judiciaire de Maupeou (1771) et *rappel du parlement de Paris* (une des causes principales de la chute de la monarchie) ; -9-12 le Parlement adresse des remontrances à Louis XVI qui les accepte. **1775**-mai *guerre des farines :* émeutes à Paris et dans quelques villes (augmentation du prix du pain) ; -21-7 *Malesherbes* min. de la Maison du roi ; -21-8 *Saint-Germain* [Claude-Louis, Cte (1707-78)] min. de la Guerre. **1776**-janv. 6 édits préparés par Turgot remplacent la *corvée* par une *taxe additionnelle,* suppriment maîtrises et jurandes, contribution unique sur les biens nobles et roturiers ; -12-3 lit de justice enregistrant ces édits ; -12-5 Turgot disgracié ; Malesherbes démissionne ; -11-8 *Clugny* rétablit la corvée ; -22-10 *Necker* remplace Clugny. **1777**-29-6 Necker contrôleur général des Finances lance un emprunt (600 millions). **1778** mémoire secret de Necker au roi : il faut créer, en pays d'élection, des assemblées régionales élues pour diminuer les pouvoirs des parlementaires (1er essai : Berry). **1779**-été dysenterie dans l'Ouest, 175 000 †. **1780** suppression de la torture ; -27-2 constitution d'une *ligue des Neutres* qui reconnaît la liberté de navigation (avec l'appui de Vergennes et malgré l'hostilité anglaise) ; -déc. la dette atteint 1 milliard. **1781**-20-4 le Cte de Provence communique aux parlementaires le mémoire secret de Necker sur les assemblées provinciales. Offensive du Pt d'Aligre contre Necker ; -19-5 *Necker renvoyé.* **1783** *Calonne* aux Finances, emprunt (305 millions) ; -21-10 1re ascension à bord d'une montgolfière (Pilâtre de Rozier et Mis d'Arlandes). **1783-84** hiver exceptionnel, qui détruit les semis de blé. **1785-86 affaire du Collier :** Jeanne de Valois, Ctesse de La Motte (Fontenette, 1756-Londres, 1791) avec l'aide de Guiseppe Balsamo, dit Alexandre Cte de Cagliostro (Palerme, 8-6-1743/Rome, 28-8-1795), persuade Louis P^{ce} de Rohan-Guéméné, cardinal de Rohan, P^{ce}-évêque de Strasbourg et grand aumônier de France (Paris, 25-7-1734/Ettenheim, 17-2-1803), qui voulait s'attirer les faveurs de Marie-Antoinette, d'acheter à crédit un collier (647 diamants, 2 800 carats) de 1 600 000 livres que Marie-Antoinette lui remboursera secrètement ; il remet le collier à un pseudo-officier de Marie-Antoinette qui revend les diamants au détail ; les bijoutiers Böhmer et Bassenge lui réclament la somme ; comme il est insolvable, ils adressent la facture à la reine ; procès devant le parlement de Paris : Jeanne de La Motte (condamnée 31-5-1786 à être fustigée de verges, marquée au fer le 20-6-1786 et détenue à perpétuité à la Salpêtrière) s'évade en 1787 et meurt à Londres (défenestrée) en août 1791 ; avec ses complices, Rohan (arrêté 15-8-1785, acquitté 31-5-1786 par 26 voix contre 22) est privé de ses charges et exilé à La Chaise-Dieu par le roi ; *Cagliostro,* enfermé à la Bastille, est acquitté et banni du royaume. Marie-Antoinette est déconsidérée. **1785-88** expédition de *La Pérouse* vers le nord-ouest de l'Amérique (voir à l'Index) : échec. **1786**-mars introduction des moutons *mérinos* ; -juillet plan de réforme financier et administratif de Calonne : une assemblée de notables sera substituée aux parlementaires (qui refuseraient certainement d'enregistrer l'édit) ; -27-9 *traité de commerce Eden-Rayneval* France/Angleterre, libre-échangiste, mal accueilli par les industriels français. **1787**-22-2/25-5 réunion de l'**Assemblée des notables** que Louis XVI avait convoquée le 29-11-1786 [137 membres des 3 ordres divisés en 7 bureaux (dont chacun présidé par un prince du sang)] réclamant l'enregistrement par le Parlement des réformes de Calonne (il a annoncé un déficit de 80 millions) ; -18-4 Calonne disgracié ; -23-4 Louis XVI capitule devant les notables ; **Loménie de Brienne** contrôleur général des Finances ; -25-5 les notables se séparent après avoir arrêté 6 articles que Louis XVI adopte : 1°) emprunt de 6 millions de rentes viagères assignées sur les tailles ;

La France en 1789

..... Limite de gouvernement
--- Limite de généralité
• Chef-lieu de gouvernement
• Chef-lieu de généralité
• Siège du parlement
Pays d'élection
Pays d'état
Limite entre pays de droit écrit (au sud) et pays de droit coutumier (au nord)

2°) établissement d'assemblées provinciales pour la répartition égale des impôts ; 3°) suppression de la corvée en nature ; 4°) suppression d'un grand nombre de droits sur les traites et gabelles ; 5°) reculement des barrières aux frontières ; 6°) établissement d'un conseil des finances ; -juin : édit créant les assemblées provinciales. Le Parlement enregistre l'édit sur les grains et sur l'établissement des assemblées paroissiales et provinciales, mais rejette la « *subvention territoriale* » qui impose terres nobles et privilégiées ; -6-8 Louis XVI fait enregistrer la subvention par lit de justice ; -14-8 le Parlement, qui a mis Calonne en accusation, est exilé à Troyes : émeutes à Paris ; -19-9 Parlement rappelé à Paris : rentrée triomphale ; -19-11 Louis XVI lui impose, au cours d'une séance royale, d'enregistrer un nouvel emprunt de 420 millions sur 5 ans. Le duc d'Orléans prend publiquement parti contre Louis XVI ; -20-11 il est exilé. **1788**-janv. Adrien Duport (1759-98) crée le parti des « nationaux », opposé à la distinction entre les 3 ordres [*30 membres,* dont Talleyrand et Montesquieu (clergé), La Fayette (noblesse), Dupont de Nemours (tiers)] ; -29-1 *édit de tolérance* en faveur des protestants (leurs actes de naissance, de mariage et de décès sont reconnus valables) ; -29-4 le Parlement réclame le partage des pouvoirs politiques entre roi, Parlement et états généraux ; -mai/14-9 réforme judiciaire de Chrétien-François Lamoignon, qui enlève au Parlement son droit de remontrance ; -3-5 le Parlement déclare les « droits de la nation » ; -4-5 Louis XVI tente de revenir à la politique de Maupeou ; -5-5 Brienne tente en vain de faire arrêter 2 opposants en pleine séance [Jean-Jacques Duval

Guerre de l'Indépendance américaine (1775-83)

■ **Causes.** 1°) *Révolution des colons anglais d'Amérique du Nord,* qui ont la sympathie des « philosophes », leur idéologie s'inspirant de Montesquieu et de Rousseau. 2°) *Désir des Bourbons de France et d'Espagne de prendre leur revanche sur le traité de Paris (1763),* en utilisant la flotte créée par Choiseul.

■ **Participation française. 1775** Bonvouloir, lieutenant déguisé en marchand, va en Amérique observer la situation des rebelles. **1776**-*4-7* les Américains proclament leur indépendance. La France leur fournit des armes. Beaumarchais sert d'intermédiaire. Le Cte de Broglie imagine devenir généralissime en Amérique. Des officiers partent pour l'Amérique ; plusieurs reviennent sans avoir trouvé d'emploi (les Américains ne réclament que quelques spécialistes du génie). *-5-7* Silas Deane, agent officieux, arrive à Paris. *-18-12* Franklin nommé commissaire par le Congrès avec Silas Deane et Arthur Lee. **1777** La Fayette part avec *La Victoire* (commandée par Lasseray) et 19 passagers dont 7 seront acceptés dans l'armée américaine [dont Kalb (Allemand au service de la France), Bédaulx (Suisse), Price (un Américain vivant en France)...]. *-Août* environ 250 officiers français ou canadiens ont rejoint les insurgés. **1779** 25 658 h. embarqués de France. **1780** 4 650 h. plus 11 régiments dans les colonies (la plupart embarqués en 1775).

■ **Opérations.** 1°) *En Amérique du Nord* (voir **États-Unis** à l'Index). 2°) *Sur mer :* principaux marins français : d'Estaing, Suffren, Latouche-Tréville, La Motte-Picquet, Guichen, de Grasse. **1778**-*27-7 bataille d'Ouessant :* Orvilliers (Fr.) avec 27 vaisseaux, contre Keppel (G.-B.) ; indécise. **1778-79** campagne décevante de d'Estaing sur les côtes américaines (Delaware, puis Rhode Island). **1779-81** les Franco-Espagnols assiègent en vain Gibraltar. **1781** de Grasse bloque Yorktown ; capitulation anglaise. **1782**-*fin août* Suffren prend *Trinquemalé* (Indes).

■ **Conclusion.** *Traité de Versailles* (3-9-1783) : la France ne récupère ni la Louisiane ni le Canada (opposition de Washington), mais ses comptoirs d'Inde et du Sénégal. Elle obtient St-Pierre-et-Miquelon et le droit de pêche à Terre-Neuve. L'Espagne récupère Minorque et la Floride, mais non Gibraltar.

d'Espréménil (1745/22-4-1794, guillotiné) et le Cte de Monsabert (1763-1814), conseillers au parlement de Paris ; ils se livrent le 6-5] ; -8-5 Louis XVI tient un lit de justice à Versailles ; il y fait enregistrer de nouveaux édits qui diminuent l'autorité du Parlement et qui ordonnent l'établissement d'une cour plénière, la création de grands baillages etc. ; émeutes à Pau, Toulouse, Dijon, Rennes et surtout Grenoble (les magistrats protestent le 20-5 contre la cour plénière ; condamnés à l'exil, ils sont soutenus le 7-6 par la population qui jette des tuiles sur les forces armées : *journée des tuiles*) ; -13-6 les parlementaires grenoblois cèdent et quittent la ville ; les nationaux y réunissent une assemblée régionale illégale ; -5-7 Louis XVI annonce la convocation des états généraux, sans précision de date ; -13-7 grêle catastrophique ; -21-7 réunion à *Vizille* de l'assemblée régionale (légale) du Dauphiné, qui réclame la double représentation du tiers état et le vote par tête aux futurs états généraux (formule préconisée par les nationaux) ; elle invite les autres assemblées régionales et états provinciaux à ne voter aucun impôt avant la convocation des états généraux (ce qui équivaut à une grève des impôts) : dépression de Louis XVI (crises de larmes) ; -8-8 il supprime la cour plénière et convoque les états généraux le 1-5-1789 ; -15-8 transfert du Parlement à Troyes ; -16-8 l'État suspend les paiements (banqueroute) ; -25-8 **Necker,** contrôleur général des Finances, succède à Brienne ; -26-8 Brienne brûlé en effigie à Paris ; -27/31-8 émeutes réprimées par le M^al^ de Biron ; -23-9 Louis XVI rétablit les parlementaires dans leurs droits (rentrées triomphales dans leur siège en oct.) ; -5-10 arrêt du conseil convoquant une *2e Assemblée de notables* (elle sera, le 12-12, congédiée sans avoir rien fait d'important) pour éviter la convocation des états généraux ; clergé et noblesse ont renoncé à leurs privilèges fiscaux ; -27-12 Louis XVI maintient le principe des états généraux et décide que le tiers état aura un nombre de représentants égal à celui des représentants de la noblesse et du clergé réunis.

1789-24-1 lettres royales fixant les modalités des élections ; -fév.-mai *élections des représentants aux états généraux* (participation variable, faible à Paris : 1 706 votants sur 50 000 inscrits ; forte en Bretagne) ; -18-4 émeutes à Paris, rue de Montreuil (le duc d'Orléans est soupçonné de les avoir fomentées) ; -26-4 proclamation des états généraux ; -27/28-4 saccage de la manufacture *Réveillon,* faubourg St-Antoine (rumeur de baisse de salaires), la troupe tire, 35 à 300 † ; -4-5 procession des états généraux à Versailles ; -5-5 **ouverture des états généraux** [1 139 députés élus par 615 bailliages et sénéchaussées, dont clergé 291 (curés 206), noblesse 270 (dont 90 libéraux), tiers état 578 (dont 200 avocats, 3 ecclésiastiques, 11 nobles)] dans l'hôtel des Menus-Plaisirs à Versailles ; -6-5 les députés du tiers prennent le nom de *Commune* ; -4-6 mort du dauphin (Louis né 1781) ; -13-6 quelques prêtres les rejoignent ; -16-6 Jérôme Legrand (député du Berry) propose aux représentants de se constituer en *Assemblée nationale* ; -17-6 le tiers état refuse le vote par ordre et se proclame **Assemblée nationale** ; -19-6 le clergé décide de se joindre à lui le lendemain pour la vérification définitive des pouvoirs ; la noblesse proteste auprès du roi ; pour empêcher la réunion du 20-6, on ferme les Menus-Plaisirs sous prétexte d'aménagements ; -20-6 environ 600 députés se regroupent au *Jeu de paume* grâce à l'indication du docteur Joseph Guillotin ; le tiers état décide de ne pas se séparer avant d'avoir pu donner une Constitution au royaume ; Bailly, doyen d'âge, met au point le *serment du Jeu de paume* et le lit debout sur une table ; il n'y aura qu'un seul opposant, Martin d'Auch ; -23-6 les députés du tiers, sommés de se réunir par ordre, refusent ; Mirabeau répond au Mis Henri-Evrard de Dreux-Brézé (1766-1829 ; 1793-10-8 émigre, 1797 rentre, 1815 reprend ses fonctions), grand maître des cérémonies, envoyé par le roi : « Nous sommes ici par la volonté du peuple, nous n'en sortirons que par la force des baïonnettes » ; -24-6 ils sont rejoints par la majorité du clergé ; -25-6 par 47 nobles (dont le duc d'Orléans) ; -27-6 Louis XVI cède et demande à la noblesse et au clergé de se réunir au tiers ; il ordonne de concentrer des troupes autour de Paris.

■ Monarchie non absolue (9-7-1789/1-10-1791)

1789-9-7 l'Assemblée nationale prend le nom d'**Assemblée nationale constituante** ; -11-7 Louis XVI, pressé par ses frères et Marie-Antoinette, renvoie Necker, appelle Louis-Auguste Le Tonnelier, **Bon de Breteuil** (7-3-1730/2-11-1807), et nomme *Joseph-François Foulon* (Saumur 25-6-1715/Paris 22-7-1789) contrôleur des Finances ; le peuple redoute la disette et les bourgeois la banqueroute : manifestation à Paris : les électeurs parisiens s'emparent de l'Hôtel de Ville et y installent le comité permanent de la **Commune** (120 membres), qui décide de prendre les gardes-françaises comme force armée (au Palais-Royal, appartenant au duc d'Orléans, où la police ne peut pénétrer, Camille Desmoulins harangue la foule, lui donne comme signe de ralliement une feuille verte et l'entraîne vers la Bastille) ; -13-7 les gardes s'emparent de 28 000 fusils et de 20 canons aux Invalides ; -14-7 **prise de la Bastille** [*garnison :* 32 Suisses et 82 invalides ; *gouverneur :* Mis Bernard de Launay (né 1740) ; *assaillants :* 800 à 3 000 gardes-françaises, sans officiers, Pierre Hulin ; voulant s'emparer de poudre et de munitions, ils franchissent le pont-levis de l'Avance, puis la cour du gouvernement, et mettent leurs canons en batterie ; après 4 heures de tir, la garnison capitule malgré Launay. PERTES : *assaillants :* environ 100 † et 115 blessés ; *garnison :* 30 à 98 † dont 5 massacrés après la reddition (Launay traîné en place de Grève et assassiné ; son adjoint, Losme ; 2 officiers : Person et Miray ; le prévôt des marchands Jacques de Flesselles, né 1721, sa tête est promenée sur une pique dans les rues) ; *prisonniers*

L'**Assemblée nationale constituante** (droite conservatrice : 290 membres ; centre monarchiste modéré : 300 ; gauche : 550) entreprend de rédiger une Constitution limitant le pouvoir du roi. En juillet, elle s'empare du pouvoir exécutif en créant, à l'initiative de Volney, un *comité des rapports* qui supervise les décisions des ministres et du roi, et un *comité des recherches* assurant à ses côtés la police générale du royaume. A partir du 10-8-1791, elle prend des décrets « au nom du Roi », ayant déjà la même force juridique que les textes promulgués par la future Constitution, qui sera achevée le 14-9-1791 (le roi, arrêté le 22-6-1791 à Varennes, suspendu provisoirement par l'Assemblée le 23-6, restait, en principe, « absolu »). Parallèlement, la **Commune de Paris** exerce plusieurs des pouvoirs souverains en province et dans la capitale.

délivrés : 7 (4 escrocs ayant falsifié une lettre de change : Jean Bechade, Bernard Laroche, Jean La Corrège, Jean-Antoine Pujade), 2 malades mentaux (Tavernier et le Cte de Whyte de Malleville), 1 jeune prodige (le Cte de Solages enfermé pour inceste). Les assassins vont boire au café de Foy au Palais-Royal, déposant sur une table les têtes de Launay et de Flesselles]. En juin 1790, les assaillants (dont 1 femme) recevront le titre honorifique de vainqueurs de la Bastille ; -15-7 *Te Deum* à N.-D. ; le départ du Cte d'Artois et des Condés donne le signal d'une 1re vague d'émigration ; -16-7 Louis XVI rappelle Necker ; **création de la 1re Commune de Paris** (maire : Jean-Sylvain Bailly ; 60 commissions électorales de districts ; une assemblée permanente de leurs délégués), fin de la police royale [les pouvoirs du *L^t^ de police* sont dévolus à l'assemblée permanente ; ceux des *commissaires de police* aux comités de districts (dévolution confirmée par une loi du 4-8)] ; -17-7 Louis XVI vient à l'Hôtel de Ville où il est forcé d'arborer la cocarde tricolore ; du 20-7 au 6-8 la **Grande Peur** rayonne simultanément dans les campagnes à partir de 6 centres (Estrées-en-Beauvaisis, Romilly, St-Florentin, La Ferté-Alais, Nantes, de Ruffec jusqu'au Languedoc, de Louhans jusqu'en Provence) : émeutes paysannes, peut-être provoquées par les patriotes, réclamant l'abolition des droits seigneuriaux sur les récoltes ; plusieurs centaines de châteaux pillés, notamment en Maine et Picardie ; -20-7 rappel de **Necker** ; -21-7 Foullon (que le peuple croit chargé de l'intendance de l'armée rassemblée autour de Paris) est arrêté à Viry-Châtillon, ramené pieds nus à Paris, pendu puis (la corde ayant cassé) décapité en place de Grève le 22-7 (sa tête est promenée en ville) ; -22-7 son gendre, Louis Bertier de Sauvigny (intendant de Compiègne), est massacré place de l'Hôtel-de-Ville ; -22/23-7 **insurrection de Strasbourg** ; -28-7 Necker rentre à Paris ; -29-7 la Constituante crée sa propre police : le *Comité de recherches* ; -30-7 création, à la Commune de Paris, d'un conseil de 120 représentants (2 par districts) remplaçant l'assemblée permanente des délégués ; **Nuit du 4 août** : *abolition des privilèges,* la noblesse effrayée par la « Grande Peur », accepte sous l'impulsion de Louis-Marie vicomte de Noailles (1756-1804), soutenu par le duc d'Aiguillon, la suppression des droits féodaux pour sauver ses droits de propriété ; le lendemain, on rédige la liste des renonciations : les droits féodaux sur les personnes sont abolis, les droits sur les terres sont déclarés rachetables ; Louis XVI refusant de sanctionner ces décrets qui dépossèdent clergé et noblesse, il faudra les émeutes d'oct. pour l'y contraindre [décret d'application pris le 15-3-1790 : sont abolies les servitudes personnelles (mainmorte, corvée, droit de justice, péage, chasse, pêche) ; doivent être rachetées les redevances foncières *réelles* reposant sur d'anciens contrats : cens, rentes, casuels, droits de mutation (abolis 17-7-1793)] ; -10-8 décret (imposant aux soldats et aux officiers de prêter serment « à la Nation, au Roi et à la Loi ») voté à l'initiative de Mounier ; a été étendu aux électeurs des assemblées primaires puis aux milices ; -13-8 Louis XVI agrée le titre de « Restaurateur de la liberté française » ; on chante le *Te Deum ;* -23-8 liberté des opinions religieuses décrétée ; -24-8 liberté de la presse ; -26-8 **Déclaration des droits de l'homme et du citoyen** ; -11-9 vote à la Constituante : 673 pour le veto relatif au roi se rangeant à gauche du Pt, 325 contre le veto relatif se rangeant à droite ; -1-10 banquet des gardes du corps qui acclament la reine et foulent aux pieds (dit-on) la cocarde ; -5/6-10 journées de colère contre la Cour ; -6-10 Louis XVI ramené aux Tuileries à Paris par la foule (comprenant environ 6 000 femmes venues le 5 de Paris à Versailles envahir le palais, *chef :* Hulin, devenu C^dt^ des gardes nationaux, ex-gardes-françaises : 2 gardes du corps tués) ; -10-10 l'Assemblée décrète que Louis XVI sera titré roi des Français (titre pris le 6-11) ; -12-10 l'Assemblée s'installe à Paris dans la grande salle de l'archevêché pendant qu'on prépare la salle du Manège aux Tuileries (1re séance 9-11) ; -15-10 le duc d'Orléans part pour l'Angleterre ; -21-10 la municipalité crée son propre *Comité de recherches* (qui reçoit les dénonciations) ; -2-11 décret de l'Assemblée *nationalisant les biens du clergé* (principal opposant : l'abbé Maury) ; -3-11 *décret supprimant les parlements :* les parlementaires parisiens (très populaires en mai 1788 pour leur opposition à Louis XVI) se dispersent dans l'indifférence ; lettres patentes de Louis XVI promulgant différents décrets votés par l'Assemblée depuis août 1789, et notamment l'abolition des droits féodaux (4-11 août), la Déclaration des droits de l'homme, les 1ers articles constitutionnels, la loi martiale contre les attroupements...

☞ **Droits abolis. Sans indemnités :** *les droits de féodalité dominante,* c.-à-d. exercés par tout seigneur sur ses terres en vertu de coutumes féodales : *servage* (impôts levés sur les serfs uniquement : *chevage* ou taxe par tête, et *formariage,* quand on épouse), *mainmorte* (les terres d'un fief ecclésiastique devant obligatoirement retourner à la sei-

Les ducs d'Orléans de 1723 à 1793

■ **Louis Ier** (Versailles 4-8-1703/Paris 4-2-1752), très pieux, hébraïsant, appelé d'abord duc de Chartres, puis, après la mort de son père le Régent (2-12-1723), duc d'Orléans. *1719* gouverneur du Dauphiné. *Ép.* (13-7-1724) *Augusta de Bade* (10-11-1704/8-8-1726) dont Louis-Philippe Ier, qui suit ; Louise Marie d'Orléans (5-8-1726/14-5-1728).

■ **Louis-Philippe Ier** (Versailles 12-5-1725/Ste-Assise 18-11-1785), appelé d'abord duc de Chartres, puis, à la mort de son père, duc d'Orléans. *1744* lieutenant général. *Ép. 1°)* (17-12-1743) *Louise Henriette de Bourbon,* dite *Mademoiselle de Conti* (20-6-1726/9-2-1759) dont N. (13-7-1745/14-12-1745, dite Mademoiselle) ; dont **Louis Philippe Joseph**, duc d'Orléans ; **Bathilde** [(9-7-1750/10-1-1822) qui épouse (24-4-1770) Louis Henri Joseph de Bourbon, P^ce^ de Condé (1756-1830, voir p. 642 b), séparée de son mari 1780]. *2°)* (23-4-1773) secrètement, Mme de Montesson [*Charlotte Jeanne Bérault de La Haye de Riou* (4-10-1738/5-2-1806)].

■ **Louis-Philippe**, dit **Philippe Égalité** (St-Cloud 13-4-1747/Paris 6-11-1793), à sa naissance duc de Montpensier, *1752*-7-2 à la mort de son grand-père, duc de Chartres, *1785*-18-1 à celle de son père, duc d'Orléans. *Ép.* (5-4-1769) *Louise Marie Adélaïde de Bourbon* (13-3-1753/23-6-1821), arrière-petite-fille de Louis XIV et de Madame de Montespan, dite *Mademoiselle de Penthièvre* (séparés 25-7-1792) dont N. (mort-née 10-10-1771) ; **Louis-Philippe** (6-10-1773/26-8-1850), qui deviendra roi de France en 1830 (voir p. 669 c) ; **Antoine** (3-7-1775/Salthill, Angl. 18-5-1807), duc de Montpensier ; **Adélaïde** [(23-8-1777/31-12-1847), dite Mademoiselle de Chartres (1777), d'Orléans (1782), Mademoiselle (1783/1812), Madame Adélaïde (1830)] ; **N.** (23-8-1777/6-2-1782), dite Mademoiselle d'Orléans ; **Louis Charles** (7-10-1779/Malte 30-5-1808).

1771-72 exilé sous Maupeou à cause de la Fronde. *1776* gouverneur du Poitou. *1777*-4-1 lieutenant général. *1778* commande malheureusement aux îles d'Ouessant ; grand maître de la franc-maçonnerie. *1787* participe à l'Assemblée des notables. *1789* élu aux états généraux ; vote les grandes réformes de la Constituante, soutient les aspirations libérales ; réunit les opposants au Palais-Royal et organise les journées des 5/6 octobre ; -15-10 part à Londres, La Fayette l'ayant obligé à s'exiler. *1790*-juillet rentre de sa mission à Londres. Amiral. *1791* tente de se faire nommer roi après Varennes : la fusillade du Champ-de-Mars naît d'une rivalité entre Danton (qui a réclamé le « remplacement » de Louis XVI) et La Fayette (entraîné par Bailly, rallié à la reine). *1792*-mai volontaire (garde-marine) à l'armée du Nord ; il renonce pour lui et ses descendants au droit de succession à la couronne de France, au nom d'Orléans, au titre de P^ce^ ; inscrit pour les élections sous le nom d'Orléans, on lui demande de prendre un nom de famille, il n'en connaît pas et demande à la Commune de choisir pour lui, celle-ci choisit *Égalité* ; élu député de Paris à la Convention, il prend, le 15-9, le nom de *Philippe Égalité. 1793*-janv. vote la mort de Louis XVI, son cousin ; -févr. compromis par la fuite de son fils Louis-Philippe et de Dumouriez ; -10-2 déclare au club des Jacobins être le fils du cocher Lefranc, amant de sa mère ; -6-4 arrêté par la Commune, il perd ses moyens d'action, ses biens étant mis sous séquestre. Danton, membre du Comité de salut public, le fait envoyer à Marseille comme membre de la famille Capet (est acquitté par le tribunal local) ; -sept. Billaud-Varenne, entré au Comité, le fait inscrire sur la liste des Girondins (avec qui il n'a aucun rapport) ; -6-11 ramené à Paris, jugé et guillotiné dans la journée.

Personnages du règne de Louis XVI

■ **Calonne (Charles-Alexandre de,** Douai 20-1-1734/Paris 30-10-1802). Noblesse de robe, protégé de Vergennes. Intendant à Metz, puis à Lille. *1783*-10-1 contrôleur général du Trésor. *1784-86* émet 3 emprunts (environ 300 millions). *1785* se contente d'un « don gratuit » de 18 millions (sur les finances de l'Église) ; accusé de complicité avec elle. *1786*-juillet propose un vaste plan de réformes. *1787*-13-2 mort de Vergennes ; -2-3 mis en échec devant les notables ; -18-4 congédié (exil en Angleterre ; rappelé par Bonaparte en 1802).

■ **Loménie de Brienne (Étienne Charles,** Paris 9-10-1727/Sens 16-11-1794). Cadet de famille entré dans les ordres sans vocation. *1752* prêtre. *1760* évêque de Condom. *1763* archevêque de Toulouse. *1787* Pt de l'Ass. des notables ; -mai contrôleur général des Finances ; échoue dans la réforme des services financiers. *1788*-août renvoyé du ministère, nommé archevêque de Sens, puis cardinal. *1789* fait partie des évêques libéraux. *1791* prête le serment de la Constitution civile du clergé, déchu par le pape du cardinalat. Évêque constitutionnel de l'Yonne. *1793* emprisonné, souvent maltraité par les sans-culottes. *1794*-18-1 brutalisé toute une nuit, est retrouvé mort le lendemain.

■ **Malesherbes (Chrétien Guillaume de Lamoignon,** Paris 6-12-1721/Paris 22-4-1794). *1744* conseiller au parlement de Paris. *1750* premier Pt de la Cour des aides (succède à son père le chancelier). *1750-68* directeur de la librairie. *1771* opposé à Maupeou : exilé à Pithiviers. *1775-76* min. de la Maison du roi. *1787-88* rappelé aux affaires, rôle modeste. *1792*-13-12 défenseur de Louis XVI dans son procès. *1793*-déc. arrêté comme suspect. *1794* guillotiné en même temps que sa fille et ses petits-enfants.

■ **Maury (Jean Siffrein,** Valréas 26-6-1746/Rome 11-5-1817). *1784* Académie française. *1789* aux états généraux, partisan de l'absolutisme. *1792* émigré. *1794* cardinal ambassadeur du Cte de Provence auprès du pape. *1804* rentre. *1810-14* archevêque de Paris.

■ **Necker (Jacques,** Suisse, protestant, Genève 30-2-1732/Coppet 9-4-1804). Ministre de la Rép. de Genève. *Épouse* (1764) Suzanne Churchod (Crassier 1739-Coppet 1794) qui anime son salon. Père de Mme de Staël. *1747* commis chez le banquier Vernet. *1765* s'établit banquier. *1772* prête de l'argent à l'abbé Terray et s'introduit dans les milieux financiers de Paris (ambitionne de lui succéder). *1774* évincé par Turgot ; polémique avec lui sur la liberté du commerce des grains (Turgot pour ; Necker contre). *1776* directeur général du Trésor. *1777*-29-6 contrôleur général des Finances ; adopte le système des emprunts (490 millions en 4 ans). *1780* économies dans la Maison du roi ; en butte aux attaques des antiphilosophes. *1781*-févr. se justifie dans son *Compte rendu au roi* (immense succès) ; -19-5 démission, rentre à Genève. *1787* polémique avec Calonne sur brochure (il aurait truqué les chiffres de 80 millions) ; exilé en Suisse. *1788*-25-8 rappelé aux Finances. *1789*-11-7 congédié (exilé à Bâle) ; -20-7 rappelé après les émeutes. *1790*-18-9 démissionne et retourne en Suisse.

■ **Turgot [Anne-Robert,** B^on^ de L'Aulne (ou l'Eaune), Paris 10-5-1727/Paris 20-3-1781]. *1752* conseiller au parlement de Paris. *1753* maître des requêtes. *1761*-7-4 intendant à Limoges, lié avec les physiocrates (écrit des ouvrages d'économie). *1774*-20-7 secrétaire à la Marine. -24-8 contrôleur général des Finances ; succède à l'abbé Terray (évince Necker, grâce à l'appui de l'abbé de Véry, confesseur de Mme de Maurepas). Programme : création de richesses et économies, mais ni banqueroute, ni impôts nouveaux, ni emprunts ; -13-9 décrète la liberté du commerce des grains (polémique avec Necker). *1776*-mars/avril émeutes (renchérissement des grains) ; -12-5 congédié, remplacé par Necker, retourne à ses études.

■ **Vergennes (Charles Gravier,** Cte de, Dijon 28-12-1717/Versailles 13-2-1787). Noblesse de robe, neveu de l'ambassadeur Chavigny. *1740* diplomate. *1755-68* ambassadeur à Istanbul. *1771-74* en Suède. *1774*-juin aux Affaires étrangères. *1776* contribue à faire tomber Turgot. *1777* prépare la coalition contre l'Angleterre. *1779* médiateur au traité de Teschen qui amène le 2e partage de la Pologne. *1781* contribue à faire tomber Necker. Meurt en charge pendant les négociations sur le 2e partage de la Pologne.

les 60 districts (chacune a 1 Pt, des secrétaires et 1 commissaire de police élu, avec 16 adjoints chargés de le contrôler) ; un maire (Bailly) ; un bureau de 16 administrateurs ; un conseil municipal de 32 membres, 1 procureur, 2 substituts] ; -22-5 décret : le droit de guerre et de paix appartient à la nation et non au roi ; -9-6 l'Assemblée nationale fixe la liste civile du roi à 25 millions (comme il l'a fixée lui-même), le douaire de la reine à 4 millions ; -12-6 *Avignon* annexée ; -13/15-6 à Nîmes, les milices protestantes massacrent plusieurs centaines de catholiques ; -19-6 l'Assemblée vote *l'abolition de la noblesse héréditaire,* de ses titres et de ses armoiries ; -3-7 Mirabeau se rallie à la monarchie ; -12-7 **Constitution civile du clergé ;** -14-7 **fête de la Fédération** (anniversaire de la prise de la Bastille) au Champ-de-Mars ; y participent : la famille royale, l'Assemblée, 100 000 gardes nationaux en uniforme venus des départements, 260 000 spectateurs sur des gradins, 200 000 autour ; 300 prêtres (ceints de l'écharpe tricolore) entourent l'évêque d'Autun, Talleyrand, qui dit la messe sur l'autel de la patrie ; La Fayette fait répéter par la foule le serment fédératif : « Nous jurons de rester à jamais fidèles à la nation, à la loi et au roi, de maintenir de tout notre pouvoir la Constitution décrétée par l'Assemblée nationale et acceptée par le roi et de protéger conformément aux lois la sûreté des personnes et des propriétés, la circulation des grains et des subsistances dans l'intérieur du royaume, la prescription des contributions publiques sous quelque forme qu'elle existe, et de demeurer unis à tous les Français par les liens indissolubles de la fraternité » ; -25/26-7 *émeute royaliste* à Lyon réprimée par la garde nationale ; -10-8 plusieurs milliers de gardes nationaux du Vivarais (hostiles aux protestants révolutionnaires) se rassemblent au *camp de Jalès* (Ardèche) : Bastide Malbosc ramène le calme ; -12-8

Les 3 ordres

■ **Clergé.** Seul ordre tenant des assemblées régulières pour discuter de ses affaires (entre autres du don gratuit fait au roi). Disposant de l'immunité fiscale, il « consent » à voter des subsides dont il conserve la répartition et l'administration. Il a la préséance sur les 2 autres ordres. **Officialités :** tribunaux de l'Église (jugent les affaires disciplinaires des clercs et les causes spirituelles se rattachant à l'administration des sacrements et au mariage). **Effectifs :** 130 000 dont *clergé régulier* 60 000 (20 000 religieux, 40 000 religieuses), *clergé séculier* 70 000 [haut clergé (archevêques, évêques, chanoines de collégiales) 10 000, bas clergé (curés, vicaires) 60 000]. **Service public :** les clercs ont des fonctions, ils tiennent l'état civil, contrôlent l'enseignement et l'assistance aux indigents. **Richesse :** propriété foncière : 3 milliards de livres (revenus : 90 ou 130 millions), dîme (portion des récoltes ou des troupeaux) sur propriétés nobles ou roturières (120 millions par an).

■ **Noblesse. Effectifs :** 300 000. S'acquiert par naissance (un 20e des nobles remonte au XIVe ou XVe s., certains prétendent descendre des Francs) ou anoblissement (lettres d'anoblissement données, souvent vendues, par le roi, ou acquises par l'exercice de certaines charges militaires, financières ou municipales). Elle jouit des pensions du roi (6 % du budget de l'État). En province, les hobereaux (ou *noblesse d'épée*) vivent chichement de revenus de propriétés terriennes ou seigneuries. *Noblesse de robe :* magistrats des cours de justice ayant acheté leur office (jusqu'à 50 000 livres). **Privilèges** *honorifiques :* port de l'épée, banc réservé à l'église, 1re place à l'offrande lors de la messe et sépulture dans le chœur de l'église ; *judiciaires :* exemptés en 1re instance (prévôts, juges royaux inférieurs) car placés sous la juridiction des baillis et sénéchaux ; au criminel, ils sont jugés par le parlement et échappent aux peines infamantes ; condamnés à mort, ils sont décapités et non pendus ; *fiscaux :* échappent à la plupart des impôts directs (exemple de la taille personnelle). **Richesse** *foncière :* un 5e de la propriété terrienne ; commerce maritime, plantations aux colonies, participation aux entreprises métallurgiques.

■ **Tiers état.** 95 % de la population. Les bourgeois participent aux honneurs des cités ou à leurs assemblées. Certains possèdent des privilèges ou achètent des charges anoblissantes. **Artisans, commerçants :** plus de 1 million. **Capitalistes :** environ 100 000 vivent du revenu de capitaux prêtés à l'État, à l'Église ou aux villes, de revenus de terres, seigneuries ou immeubles. 40 fermiers généraux (en 1780) qui perçoivent la plupart des impôts indirects. Tous les 6 ans, ils réunissent un capital nécessaire au bail qu'un prête-nom passe pour eux avec le roi. **Banquiers :** l'Église ayant condamné le prêt à intérêt, ce sont souvent des protestants et rarement des juifs. La plupart sont d'origine étrangère. **Intellectuels et professions libérales :** environ 200 000. **Paysans :** 85 % de la population ; 35 % sol leur appartient (près des grandes villes : 1 à 2 % ; dans le Nord : 30 ; Limousin : 55 ; Béarn : 98), mais ils n'ont que la propriété utile, le seigneur conservant la propriété éminente lui donnant des droits sur les hommes et les biens fonciers. *Paysans sans terres* (brassiers, journaliers, manouvriers) : de 20 à 75 %. **Salariés et ouvriers des villes :** se louent à des maîtres artisans ou travaillent en manufacture. **Pauvres :** 4 à 5 millions. *Rébellions antiseigneuriales* fréquentes depuis 1765 (exemples : en 1788 et 1789). *Troubles de subsistance* (vie chère) : 1752, 1768, 1770, 1775, 1784-85, 1788-89. Marchés ou transports sont pillés, les produits sont vendus à un prix imposé par les insurgés.

■ **Les assignats.** *1789*-14-12 création. *1790*-1-4 : 1re émission échelonnée sur 5 ans, sur un capital de 400 millions, la *caisse de l'extraordinaire,* alimentée par la vente des biens du clergé ; valeur de l'émission : billets de 500 et 1 000 livres par bon, intérêt de 5% ; -avril cours forcé : intérêt réduit à 3 %, coupures de 200 et 300 livres, -sept. coupures de 50 livres ; -29-9 maximum de l'émission porté à 1 200 millions ; -8-10 et 18-11 intérêt supprimé (l'assignat devient un simple papier-monnaie) ; *1791*-6-5 cours forcé : coupures de 5 livres ; *1792*-4-1 coupures de 25 et 50 sols ; *1794*-juillet circulation fiduciaire : 6 milliards ; -déc. 11 ; *1795*-oct. 18 ; *1796*-janv. 39 (l'assignat de 100 livres vaut 1 sou) ; -18-7 cessent d'avoir cours.

gneurie en cas de décès du tenant, les héritiers doivent payer pour conserver la tenure), *droits de chasse* (seul le seigneur peut chasser sur les terres du fief), *de colombier* (seul le seigneur a le droit d'élever des pigeons), *de déshérence* (tout bien possédé sur le fief revient au seigneur en cas de décès sans héritiers du possesseur), *de bâtardise et d'aubaine* (dans certaines provinces, les aubaines, c.-à-d. les gens venus d'ailleurs, et les bâtards, étaient assimilés à des serfs ; ils payaient donc chevage et formariage), *d'épave* (toute épave localisée sur le fief appartient au seigneur), *la corvée* (obligation de fournir un certain nombre d'heures de travail sur le domaine, c.-à-d. le château et les terres en dépendant immédiatement) et *la taille* (pratiquement disparue à l'échelon seigneurial, la taille royale, c.-à-d. l'impôt sur les personnes, s'était généralisée dans tout le royaume), *les banalités* (obligation d'utiliser, exclusivement et moyennant redevance, certains moyens de production appartenant au seigneur : four à chaux, pressoirs, forges, carrières, animaux reproducteurs, abattoirs, lavoirs, etc.), *les péages* (sur les ponts et certains tronçons de route). **Avec indemnités :** *les droits de « féodalité contractante »,* c.-à-d. résultant d'accords particuliers passés entre les seigneurs et leurs tenants [*cens* et *rentes, lods* et *ventes, mutations* et certaines banalités (*fours à pain, moulins*)].

1790-15-1 division de la France en 83 départements ; -4-2 Louis XVI va à l'Assemblée nationale : s'engage à maintenir la Constitution ; -13-2 suppression des ordres religieux ; -19-2 Thomas de Mahy, *Mis de Favras* (né à Blois 26-3-1744, lieutenant des Suisses du Cte de Provence), accusé d'avoir préparé l'enlèvement de Louis XVI pour le mettre à la tête d'une armée contre-révolutionnaire, est pendu place de Grève ; -28-2 suppression du monopole des grades ; -15-3 des droits seigneuriaux personnels ; -21-5 **création de la 2e Commune de Paris** [48 *sections* remplaçant

■ **La monarchie pouvait-elle se réformer ?** Il y avait 2 solutions possibles : **1°)** **le « despotisme éclairé »** tel qu'il existait en Autriche (Marie-Thérèse, Joseph II), Prusse (Frédéric II), Russie (Catherine II), Espagne (Charles III) ; solution choisie par Louis XV et Maupeou en 1771. *Obstacle :* l'ancienneté et la puissance de la noblesse française (la noblesse espagnole est très pauvre ; les noblesses d'Europe orientale, presque exclusivement rurales, ont cédé devant leurs monarchies ; Napoléon pourra, en 1804, créer un despotisme monarchique français grâce à la disparition du corps nobiliaire, due à l'émigration). Louis XV en imposait suffisamment à ses gentilshommes pour devenir, au-dessus d'eux, un « despote éclairé » (mais il est mort moins de 3 ans après sa « révolution » de 1771). Avec Louis XVI, l'échec était certain. **2°)** **La monarchie constitutionnelle** de type anglais (un Parlement élu, mais tenant ses pouvoirs d'une charte royale, contrôle finances et pouvoir exécutif). Cette solution cherchée en 1787-89, la plus à la mode après les analyses de Montesquieu, supposait un monarque incontesté conférant aux corps intermédiaires un pouvoir légitime. Ce sera le cas en 1814 : Louis XVIII pourra « octroyer » une charte constitutionnelle, étant alors la seule autorité valable dans le pays (la seule reconnue par les puissances occupantes).

Nancy : 300 soldats du régiment des *Suisses de Châteauvieux,* dont la solde a été volée, se mutinent et pillent la caisse de leur corps, -31-8 ils sont matés par Bouillé et 5 000 h. ; -4-9 un conseil de guerre suisse juge les révoltés [leur chef est roué vif, 23 sont pendus, 29 fusillés, 41 (envoyés aux galères de Brest) seront amnistiés le 15-3-1792 par l'Assemblée et ramenés triomphalement à Paris le 15-4, leur « bonnet rouge de galérien » devenant un emblème révolutionnaire] ; -7-9 décret sur l'organisation judiciaire et suppression des parlements (fixée au 30-9) ; -18-9 *Necker démissionne,* s'estimant incapable de maintenir l'ordre dans la rue (les gardes nationaux, membres des sections en armes, y font la loi) ; -21-9 le drapeau tricolore (bleu, blanc, rouge) remplace officiellement le drapeau blanc ; -10-11 Calonne arrive à Turin et devient « 1er ministre » de l'émigration ; -26-11 l'Assemblée vote la *loi du serment* obligeant les prêtres ayant un ministère à jurer fidélité à la Constitution (qui n'existe pas encore) ; -16-12 à Aix, des bandes armées massacrent des notables royalistes emprisonnés ; -22-12 1re loi contre les émigrés ; -26-12 Louis XVI accepte la Constitution civile du clergé (voir **Religions,** p. 528 b).

1791-26-1 mise en application de la loi du serment [la majorité des prêtres la refusent, notamment en Vendée (75 %) ; les « réfractaires » sont, en principe, révoqués et remplacés par des « jureurs » (mais ceux-ci sont en nombre insuffisant)] ; -20-2 *2e camp de Jalès* convoqué après le massacre de catholiques à Uzès (le 13-2) ; -21-2 départ des tantes de Louis XVI pour Rome ; elles sont arrêtées à Arnay-le-Duc (puis autorisées par l'Assemblée nationale à poursuivre leur route) ; -21-2 début de discussion au Parlement du décret sur l'émigration ; -28-2 le peuple démolit les parapets du donjon de Vincennes ; quelques nobles (dits « les chevaliers du poignard »), venus aux Tuileries pour défendre Louis XVI contre d'éventuels agresseurs, sont désarmés par La Fayette ; -5-3 décret : fermiers généraux supprimés ; -10-3 par le bref *Aliquantum,* le pape Pie VI condamne la Constitution civile du clergé ; -17-3 loi supprimant maîtrises et jurandes ; -20-3 l'Assemblée nationale déclare (à la municipalité royaliste) Arles en état de rébellion ; -28-3 décret constitutionnel non soumis à la sanction royale : le roi n'aura pas la permission de s'éloigner de plus de 20 lieues du siège de la Constituante ; -29-3 l'armée départementale des Bouches-du-Rhône entre à Arles et fait régner la terreur ; -2-4 Mirabeau meurt (voir p. 655 c) : la Constituante se fixe un deuil de 8 jours ; -13-4 Pie VI condamne la Constitution civile du clergé et porte des sanctions canoniques contre évêques et prêtres jureurs ; -18-4 Louis XVI empêché par la garde nationale et le peuple de se rendre à St-Cloud faire ses pâques ; -3-5 effigie de Pie VI brûlée au Palais-Royal ; -31-5 torture abolie, *guillotine adoptée ;* le Cte d'Artois s'installe à Coblence ; -5-6 décret ôtant au roi le droit de faire grâce ; -14-6 *loi « Le Chapelier »* (Isaac, Rennes 12-6-1754/Paris 22-4-1794, guillotiné) : suppression des corporations (voir à l'Index) ; -20/25-6 **fuite de Varennes** combinée par Mercy d'Argenteau, ambassadeur d'Autriche, et exécutée par le Cte suédois *Axel de Fersen* [(Stockholm 4-9-1755/Stockholm 20-6-1810) ; officier des dragons de la garde suédoise, venu en France 1773-74 ; a participé à la guerre d'Amérique ; en 1783 colonel du Royal-Suédois (régiment français) ; on le soupçonna d'avoir été l'amant de Marie-Antoinette ; après Varennes, il quitte Paris ; ambassadeur auprès de Louis XVI à Bruxelles ; rentre en Suède en 1794 : feld-maréchal ; accusé sans preuve d'avoir empoisonné le prince royal, Christian-Auguste duc d'Augustenborg, il fut massacré au cours des funérailles]. La reine, Fersen, Louis XVI et ses enfants s'enfuient vers la Lorraine pour rejoindre la garnison royaliste de Nancy (Mis de Bouillé) ; Fersen conduit la berline jusqu'à Bondy ; partis des Tuileries vers minuit, le 20-6, ils arrivent à Somme-Vesle et à 20 h sont à Ste-Menehould : des hussards de Bouillé sont là, mais la population, méfiante, les désarme ; le maître de poste, Jean-Baptiste Drouet, qui n'avait pas reconnu Louis XVI grâce à son effigie sur les assignats, comme il l'a prétendu, mais avait été alerté par le maître de poste de Châlons et mandaté par la municipalité de Ste-Menehould, part à la poursuite de la berline, la dépasse avant Varennes et organise un piège ; Louis XVI est arrêté à 23 h ; -22-6 à 5 h du matin, Bayon, aide de camp de La Fayette, arrive à Varennes et fait ramener la berline à Paris sous escorte ; le Cte et la Ctesse de Provence, partis 1 h après le roi sous le nom de Cte et Ctesse de Lille, prennent la route de Mons ; la Constituante retire provisoirement le pouvoir exécutif à Louis XVI pour le confier aux ministres ; -23-6 la Constituante envoie Latour-Maubourg, Pétion et Barnave à Varennes pour accompagner Louis XVI à son retour ; -25-6 Louis XVI rentre à Paris ; -26-6 il s'explique devant 3 commissaires désignés par la Constituante : le 18-4, outrages et menaces ont été faits à sa famille et à lui-même ; des écrits qui cherchent depuis à provoquer des violences et des insultes restent impunis ; il a cru, dès lors, qu'il n'y avait pas de sûreté ni même de décence pour sa famille et pour lui-même à rester à Paris ; ne pouvant publiquement quitter Paris, il a résolu de sortir de nuit et sans suite ; jamais son intention n'a

CAUSES DE LA RÉVOLUTION

■ **I. Révolution « parlementaire » (1788-89) :** les parlementaires ne sont ni contre l'absolutisme ni contre l'hérédité, mais ils veulent que le roi partage ses pouvoirs absolus et héréditaires avec une oligarchie parlementaire formant des assemblées souveraines et de droit divin (le royaume devenant aristocratique au lieu de monarchique). Louis XV les avait vaincus en 1771, mais Louis XVI a rétabli leur situation en 1774. En 1788, en lui refusant tout emprunt et en préconisant la grève de l'impôt (Vizille), ils essayent d'obtenir de lui le partage de l'autorité royale.

■ **II. « Insurrection des curés » (1788-89) :** 60 000 curés, recteurs, desservants, vicaires, prêtres habilités, etc. se répartissent un revenu très inférieur à celui qui va aux évêques, abbés, chanoines nobles ; ils réclament une forte augmentation de la « portion congrue » et une réduction importante des hauts revenus ecclésiastiques ; ils veulent profiter des élections aux états généraux pour faire aboutir cette réforme (211 curés élus contre 48 évêques). De nombreux curés admettent la théorie du presbytérat (hérité des 72 disciples) égal collectivement à l'épiscopat (hérité des 12 apôtres). Le roi passe pour ultramontain (curés et évêques veulent en majorité l'obliger à s'émanciper de Rome). Les cahiers du clergé recommandent souvent aux élus de se considérer comme « des représentants de la nation plutôt que comme les ministres d'une religion ».

■ **III. Révolution nobiliaire (1789-91) : 1°)** *les nobles sont solidaires des parlementaires* pour revendiquer un partage des pouvoirs absolus du roi. **2°)** *Endettés, ils réclament de nouvelles sources de revenus :* charges, pensions et surtout profits de guerre ; Louis XVI étant peu dynamique, beaucoup envisagent un changement dynastique (un frère du roi, le duc d'Orléans ou le Pce de Condé) : l'émigration sera la suite de la révolution nobiliaire (appel aux monarchies étrangères, surtout autrichienne, russe, anglaise). **3°)** *Action de La Fayette :* il passe (à tort) pour républicain à cause de sa dévotion à Washington ; son idéal est plutôt de rendre la noblesse populaire en la chargeant de faire triompher le libéralisme. Rôle essentiel dans 3 événements : édit de tolérance (1787), convocation des états généraux (1789), *Déclaration des droits de l'homme* (1789, inspirée par le *Bill of Rights* américain).

■ **IV. Révolution bourgeoise (1789-92) : 1°)** *désir du tiers état* de participer aux privilèges des parlementaires et de la noblesse, par la création d'assemblées *électives.* **2°)** *Désir d'acquérir des domaines fonciers,* en se partageant les terres d'Église. **3°)** *Idéologie « patriote »* (mot forgé vers 1750), ouverte aux idées de *libertés,* notamment de la presse et professionnelle (destruction des corporations).

■ **V. Révolution populaire (1792-94) : 1°)** *mépris pour Louis XVI et haine pour Marie-Antoinette (l'« Autrichienne »).* On dit le roi impuissant : les grossesses de la reine sont attribuées à des adultères (même le Cte de Provence, frère de Louis XVI, est de cette opinion). De fait, Louis XVI était atteint d'un phimosis. On a prétendu qu'il avait été opéré en nov. 1776. En réalité, l'opération n'a jamais eu lieu et l'illégitimité des naissances royales est parfois admise. **2°)** *Hostilités contre noblesse, clergé et bourgeoisie* (formant à elle seule le tiers état) qui ont commencé une révolution orientée vers le maintien des privilèges. **3°)** *Idéologie républicaine* de certains « patriotes », disciples de Rousseau. **4°)** *Misère* [plusieurs récoltes déficitaires, arrêt des investissements (par manque d'argent liquide) ; augmentation du coût de la vie, « guerre des farines »]. **5°)** *Chez les paysans* (80 ou 85 % de la population) : mentalité opposée aux dîmes, droits féodaux, privilèges ecclésiastiques, ayant provoqué historiquement les « jacqueries » (la *Grande Peur* de juillet-août 1789 est une « jacquerie » antiseigneuriale et antiecclésiastique). Mais le sentiment religieux des paroisses neutralise en de nombreux points les tendances sociales.

■ **VI. Déchristianisation :** pour des historiens comme Jean Dumont (*les Prodiges du sacrilège,* 1984), les révolutionnaires n'étaient opposés ni au pouvoir absolu, ni à la richesse, ni à la noblesse, mais à la religion catholique (idées de Voltaire ou Diderot).

RÔLE DE LA FRANC-MAÇONNERIE

■ **Partisans du rôle joué.** *Principaux arguments :* **1°)** le duc d'Orléans, grand responsable des révolutions « parlementaires » et « nobiliaires » qui ont abouti à la révolution républicaine de 1792, était franc-maçon (grand maître) ainsi que La Fayette, son principal lieutenant. Autres francs-maçons célèbres de l'époque : Marat, Grouchy, Talleyrand, Le Chapelier, Condorcet, Laclos, Sieyès, Bailly, Pétion, Guillotin, Brissot, Desmoulins, Danton, Hébert. **2°)** Les loges ont été l'ossature des clubs révolutionnaires qui ont forcé la main aux assemblées élues et ont mené la France à la République, puis à la Terreur. **3°)** Le Directoire, puis le Consulat, qui ont créé l'Empire, sauveur de l'acquis révolutionnaire, étaient aux mains de francs-maçons notoires (dont plusieurs Bonaparte).

■ **Adversaires.** *Principaux arguments :* **1°)** le duc d'Orléans était grand maître de la franc-maçonnerie, mais son ambition était personnelle : il voulait monter sur le trône. **2°)** Les francs-maçons ont bénéficié de la liberté de la presse et de l'expression qui a caractérisé la société française de 1789 à 1792 ; ils ont été ensuite les victimes de la Terreur au même titre que les non-maçons. **3°)** Le Code civil napoléonien contient très peu de références à la *Déclaration des droits de l'homme,* qui était d'inspiration maçonnique.

L'ÉMIGRATION

■ **Origine.** Départ vers l'étranger (à partir du 16-7-1789, date de l'émigration du Cte d'Artois, frère de Louis XVI, et de ses fils les ducs d'Angoulême et de Berry, des Condés et des Conti) de nobles, suivis de prêtres « réfractaires », de soldats des armées royales restés fidèles à leurs officiers, de bourgeois désireux de rejoindre à l'étranger l'élite de la noblesse, et de nombreux gens du peuple. Le Cte de Provence (autre frère de Louis XVI) n'émigra que le 20-6-1791. Considérée longtemps comme un mouvement contre-révolutionnaire, l'émigration a été rapprochée des grandes révoltes nobiliaires, telles que la « Ligue du bien public » ou la « Fronde ». En 1789-90, en effet, de nombreux nobles se sont regroupés à l'étranger par opposition à Louis XVI et dans l'espoir d'obtenir, grâce à une victoire militaire, un régime aristocratique où la noblesse héréditaire jouerait un rôle politique essentiel. **Effectifs.** Mal déterminés : en 1825, on a liquidé 25 000 dossiers représentant 67 250 chefs de famille, ce qui correspond à 250 000 ou 300 000 personnes, dont 1/3 du tiers état (soit 1 Français sur 100) ; 60 % d'hommes adultes (dont 1/3 d'ecclésiastiques) ; 40 % de femmes et d'enfants.

■ **Répartition géographique.** Les régions frontières (Bas-Rhin, Var) sont les plus touchées par l'émigration populaire (plus de 20 000 paysans catholiques du Bas-Rhin passent en Allemagne). En Vendée, très peu de nobles ont émigré : ils ont encadré les insurgés.

■ **Division politique.** *1ers émigrés* (de 1789-90) divisés en « purs » (ultraroyalistes groupés autour du Cte d'Artois) et en partisans de Louis XVIII, plus souples, qui tenteront (vainement) de négocier une restauration avec Bonaparte. *2nds émigrés* (de 1792) qui ont fui la République mais sont restés fidèles à la monarchie constitutionnelle (appelés « constitutionnels », ils sont tenus pour suspects par les autres).

■ **Armées.** *Armée de Coblence,* dite « *des Princes* » (les frères du roi) : 10 000 combattants ; *armée du duc de Bourbon* (1756-1830), formée plus tard : 9 000 ; *armée de Worms,* dite *du Pce de Condé* (1736-1816, père du duc de Bourbon) : 6 000. Les 2 premières se sont dispersées après Valmy. La 3e s'est maintenue, jusqu'en 1801, à la solde de l'Angleterre (armée à cocarde noire, exterminée en 1795 à Quiberon) puis du tsar.

■ **Sièges de la Cour en exil.** Principaux centres de ralliement des émigrés (1789-90) : Piémont (*Turin*), puis la Rhénanie (*Coblence*). Après la déposition de Louis XVI (10-8-1792), ses 2 frères reçoivent du roi de Prusse une maison à *Hamm-sur-la-Lippe* en Westphalie ; de là, le Cte de Provence, devenu Lt général du royaume à la mort de Louis XVI, se rend à *Vérone* (Rép. de Venise) ; il y est proclamé roi de France (16-6-1795) après la mort de Louis XVII (8-6-1795), mais en est chassé le 14-4-1796 ; il retourne en Allemagne, à *Blankenburg* (au duc de Brunswick), jusqu'en février 1798 ; puis à *Mitau* (aujourd'hui Jelgava, Lettonie), dans le palais du duc de Courlande (hôte du tsar, jusqu'en 1807), puis à *Varsovie* et de nouveau à *Mitau*. Menacé par l'avance de Napoléon après Eylau et Friedland (1807), il s'embarque pour l'Angleterre le 3-9-1807 ; il y restera, au château de *Hartwell,* jusqu'à la Restauration de 1814.

■ **Retours.** Jusqu'en 1794, les émigrés, rentrés clandestinement en France ou faits prisonniers au cours des conquêtes en Belgique, Hollande, Allemagne, Suisse, Italie, étaient exécutés. A partir de thermidor (juillet 1794), il leur est interdit de revenir ; ceux qui rentrent sont reconduits à la frontière. Le 9-1-1795, la *loi Laurenceaux* autorise le retour de 40 000 paysans du Bas et du Haut-Rhin. Les nobles restés en France organisent dès lors pour leurs parents émigrés un trafic de faux « certificats de résidence », attestant que les intéressés n'avaient jamais quitté la France et permettant leur radiation de la liste des émigrés. A partir de 1801, Bonaparte prend 20 mesures aboutissant à une *amnistie* quasi générale : en 1802, 40 % des émigrés étaient rentrés. Environ 25 000 nobles en Angleterre, USA, Russie, ne rentreront qu'après la Restauration de 1814.

été de sortir du royaume ; des logements, pour recevoir toute la famille, étaient préparés à Montmédy (place fortifiée permettant, près des frontières, de s'opposer à toute invasion...).

-Juin-sept. **gouvernement du triumvirat :** Antoine Barnave (21-9-1761/29-11-1793, guillotiné), Alexandre de Lameth (Paris 28-10-1760/Paris 18-3-1829), Adrien Duport (Paris 24-2-1759/Appenzell 6-7-1798) ; -1-7 *1er manifeste républicain :* Thomas Paine (Thetford 29-1-1737/New York 8-6-1809, écrivain et politique anglais), Achille du Chastellet, Condorcet, Jean-Pierre Brissot (Chartres 15-1-1754/31-10-1793, chef du parti des Brissotins), Nicolas Bonneville ; -9-7 *décret enjoignant aux émigrés de rentrer* en Fr. sous peine de payer une triple imposition ; -15-7 décret déclarant Louis XVI suspendu de ses fonctions jusqu'à ce qu'on lui ait présenté l'acte constitutionnel ; -17-7 *massacre du Champ-de-Mars :* les Cordeliers organisent une manifestation pour faire abolir la royauté, Bailly (maire de Paris) et La Fayette (Cdt de la garde nationale) font décréter la loi martiale et demandent le « remplacement » de Louis XVI (pétition rédigée par Danton, et peut-être inspirée par le duc d'Orléans) ; vers 17 h, les troupes arrivent et ripostent aux manifestants (qui lancent des pierres) : environ 400 blessés, et de 12 à 40 † ; -30-7 abolition des ordres de chevalerie ; -juillet-août **plébiscite à Avignon** et dans le Comtat Venaissin [150 000 votants : 102 000 pour la Fr., 17 000 contre, 31 000 abstentions (résultats confirmés le 18-8 par l'assemblée électorale de Bédarrides)] ; -27-8 **déclaration de Pillnitz** (voir p. 658 c) ; -14-9 *Avignon annexé* (Carpentras reste fidèle au pape et la guerre éclate entre les 2 villes) ; au moment de se séparer, la Constituante rend ses pouvoirs à Louis XVI, qui de nouveau prête serment à la Constitution ; -30-9 séparation de l'Assemblée constituante. Ses membres n'étant pas autorisés à se présenter, leurs principaux orateurs deviendront orateurs des clubs : Jacobins, Feuillants, Cordeliers.

■ Monarchie constitutionnelle (1-10-1791/10-8-1792)

1791-1-10 première réunion de l'**Assemblée législative** [*à droite :* 264 Feuillants (partisans du *statu quo*) ; *au centre :* 345 constitutionnels (indépendants sans doctrine précise) ; *à gauche :* 136 députés généralement Jacobins, dominés par Brissot et Condorcet (les Brissotins) ; *à l'extrême gauche :* quelques républicains inscrits au club des Cordeliers] ; élue au *suffrage censitaire* (il faut justifier d'un minimum de 3 jours de travail pour être électeur) *et indirect* (4 300 000 citoyens actifs désignent 43 000 électeurs qui élisent 745 députés) ; décide que Louis XVI est « roi des Français » ; -14-10 Louis XVI ordonne aux émigrés de rentrer en France ; -16-10 *Avignon :* Lécuyer, patriote, assassiné ; nuit du 16 au 17 une foule conduite par Jourdan qui lui ouvre le Palais des papes, massacre 60 prisonniers royalistes jetés du haut de la tour de la Glacière ; -8-11 décret : les biens des princes français seront séquestrés ; les émigrés, rassemblés au-delà des frontières, seront condamnés à mort s'ils ne sont pas rentrés avant le 1-1-1792 ; -13-11 loi accordant la citoyenneté française à tout sujet juif qui aura prêté le serment civique ; -17-11 Pétion maire de Paris (procureur : Manuel ; substitut : Danton) ; -25-11 création du *Comité de surveillance* (futur Comité de sûreté générale) ; -29-11 décret privant de traitement et de pension les prêtres qui ne font pas le serment civique ; -19-12 Louis XVI oppose son veto : le décret est malgré tout envoyé par la Législative dans les départements et appliqué localement. Les clubs mènent campagne contre le droit de veto.

1792-1-1 décret d'accusation contre les princes émigrés ; -20/24-1 troubles à Paris ; épiciers pillés sous prétexte d'accaparement du sucre et du café ; -9-2 biens des émigrés déclarés biens nationaux ; -3-3 Simonneau, maire d'Étampes, massacré pour n'avoir pas voulu diminuer le prix du pain dans sa commune ; -20-4 déclaration de guerre à l'empereur François II, roi de Hongrie et de Bohême (12-2-1768/2-3-1835, neveu de Marie-Antoinette) ; -24-5 Pétion, maire de Paris, utilise pour la 1re fois le mot *citoyen* au lieu de *monsieur* dans un texte officiel ; -27-5 loi « *du 2e veto* » (ou « *décret Guadet* ») contre les prêtres réfractaires (ils pourront être déportés hors du royaume sur plainte de 20 citoyens actifs) ; Louis XVI met son veto, mais le décret est appliqué malgré tout dans 53 départements sur 83 ; -8-6 décret du min. de la Guerre, Servan, ordonnant la formation près de Paris d'un camp de 20 000 gardes nationaux, recrutés dans les départements pour célébrer la Fédération (d'où leur nom de *fédérés*) et prêts à intervenir en cas d'invasion ennemie ou de trahison des généraux et de la Cour ; -9/11-6 pétition des *Huit Mille* [tentative d'utiliser contre la gauche l'intervention des *pétitionnaires* (8 000 gardes nationaux parisiens, modérés, viennent protester contre le camp de 20 000 « brigands ») ; le 12-6, s'appuyant sur eux, Louis XVI, qui a mis son veto, renvoie les ministres Joseph Servan (1741-1808, min. de la Guerre), Roland et Clavières (remplacés le 13-6 par Mourgues, Dumouriez et Beaulieu)] ; -10-6 *monsieur* et *madame* sont remplacés par *citoyen* et *citoyenne ;* -13-6 famille royale molestée : Louis Legendre (Paris 1752/Paris 13-12-1797, ancien boucher) coiffe Louis XVI d'un bonnet rouge ; -19-6 décret : les titres de noblesse seront brûlés ; -20-6 **Tuileries envahies** par les sections protestant contre le veto royal ; Louis XVI maintient son veto contre les décrets sur les prêtres réfractaires et sur le camp des fédérés ; -28-6 La Fayette, ayant quitté le front sans autorisation, vient protester ; il a prévu de replier son armée sur Compiègne où Louis XVI pourrait se rendre ; mais Louis XVI, qui ne l'aime pas, refuse ses services (comme ceux de Bertrand de Moleville et de Montmorin qui voulaient l'emmener en Normandie ; il pensait que les armées prussiennes arriveraient à temps pour le sauver sans qu'il ait à devoir son salut à un homme ou à une faction) ; -7-7 *baiser Lamourette* à l'Assemblée législative [après un discours d'Adrien Lamourette (évêque constitutionnel, Frévent 31-5-1742/Paris 11-1-1794, guillotiné), les députés s'embrassent et se réconcilient (1 j)] ; -8-7 *3e camp de Jalès :* cernés par les républicains, les catholiques sont égorgés (200 †). Les princes avaient nommé le Gal Thomas de Conway chef de l'armée catholique du Midi (sera tué), avec pour adjoint le Cte de Saillins qui prendra le titre de général de l'armée chrétienne et royale de l'Orient ; -11-7 décret proclamant la *patrie en danger ;* -30-7 : 500 volontaires marseillais, partis à pied de Marseille le 2-7, arrivent à Paris ; -1-8 publication à Paris du *manifeste de Brunswick* [écrit le 25-7, signé par le duc Charles-Guillaume-Ferdinand de Brunswick (9-10-1735/10-11-1806), Gal en chef des armées de Frédéric-Guillaume de Prusse, rédigé par Geoffroi de Limon († 1799), émigré orléaniste, et Pellenc, ancien secrétaire de Mirabeau] ; le roi de Prusse et le duc de Brunswick somment le peuple français de rendre au roi sa liberté et menacent Paris d'une « vengeance exemplaire en livrant la ville à une exécution militaire et à une subversion totale » ; les sections parisiennes demandent la déchéance de Louis XVI (la section des Quinze-Vingts donne à l'Assemblée jusqu'au 9-8 pour se décider) ; -3-8 Pétion demande au nom de la Commune la déchéance du roi ; -9-8 *Commune révolutionnaire* de Paris, contrôlée par Danton, Marat, Robespierre ; l'Assemblée se sépare à 18 h sans se prononcer sur la déchéance du roi et renvoie les pétitions à une commission extraordinaire ; vers 20 h, les sections les plus avancées (faubourg St-Antoine et Théâtre-Français) invitent les autres à envoyer des commissaires à l'Hôtel de Ville ; à minuit, le tocsin sonne ; aux Tuileries, le Cdt de la garde nationale, Gailliot (Mis de Mandat), insiste auprès du maire Pétion pour qu'il vienne de toute urgence le retrouver ; -10-8 à 2 h, Mandat est convoqué à l'Hôtel de Ville, destitué, puis massacré ; *Danton,* substitut du procureur de la Commune légale de Paris et agissant comme chef d'une commune insurrectionnelle de Paris (le maire, Pétion, demeurant caché), fait prendre d'assaut les *Tuileries* par la section du faubourg St-Antoine [environ 12 000 h. et 5 000 provinciaux dont les Marseillais, sous la direction de Claude Fournier (1745-1825, dit « l'Américain », exploitant expulsé de St-Domingue) ; ils rentreront à Marseille le 20-10, conduits par le futur conventionnel girondin Charles Barbaroux (Marseille 6-3-1767/Bordeaux 25-6-1794, avocat, guillotiné)] ; le palais est défendu par 1 100 Suisses, 2 000 gardes nationaux (en partie gagnés aux républicains), 900 gendarmes (peu sûrs) avec artillerie et 150 gentilshommes volontaires (sur 2 000 convoqués) : soit 1 800 défenseurs sûrs, contre 17 000 assaillants. Vers 7 h, les fédérés marseillais se présentent dans la cour du Carrousel avec certains bataillons de la garde nationale ; sur les instances de Roederer [Pierre-Louis, Cte (15-2-1754/17-12-1835)] et malgré l'avis de la reine, Louis XVI et sa famille se réfugient à l'Assemblée qui, après avoir siégé toute la nuit, commence une nouvelle séance ; aussitôt, les gardes nationaux fraternisent entre eux ; les Suisses entament alors la fusillade ; vers 10 h, les sectionnaires de l'est de Paris contre-attaquent et envahissent le palais ; Louis XVI donne l'ordre aux Suisses de cesser le feu et de regagner leurs casernes à Courbevoie ; en chemin, ils sont massacrés : 786 † (dont 156 le 2-9 dans la prison de l'Abbaye) ; *autres défenseurs tués :* environ 20 ; *assaillants :* 98 †, 270 blessés. La Constitution interdit à l'Assemblée législative de délibérer en présence du roi ; on installe Louis XVI dans la loge grillagée du journal *le Logographe* [la nuit, il est avec sa famille logé dans l'ancien couvent des Feuillants près du Manège (siège de l'Assemblée)] ; l'Assemblée législative prononce la suspension du roi par 250 voix et 550 abstentions sur 800 votants.

■ Dictature de la Commune 10-8/20-9-1792

1792-10-8 les 180 sectionnaires, au pouvoir à l'Hôtel de Ville depuis la veille, introduisent 108 membres supplémentaires (6 par sections) dont Robespierre, Hébert, Fouquier-Tinville ; -11-8 la Législative remet les pouvoirs à un **Conseil exécutif provisoire** de 6 membres [anciens ministres girondins (Roland, Clavière, Servan), jacobins (Danton, Monge, Lebrun)] : Danton, à la fois substitut de la Commune et ministre de la Justice, y exerce tous les pouvoirs ; -12-8 statues des rois renversées et brisées ; -13-8 la famille royale est transférée au Temple ; -15-8 soulèvements en Vendée (voir p. 659 b) ; -16-8 décret : majorité à 21 ans ; la Commune, érigée en assemblée souveraine, crée 6 comités exécutifs, dont le *comité de surveillance* (où Marat entrera le 2-9), qui a des pouvoirs dictatoriaux. Il envoie des commissaires en province pour contacter les comités locaux ; -17-8 création du *tribunal criminel* (Pt : Robespierre qui démissionne aussitôt) pour juger les crimes commis le 10-8 ; *guillotine* dressée place du

Procès et mort de Louis XVI

■ **Procès. 1792-15-10** Pierre Bourbotte, député de l'Yonne, réclame le 1er la mise en jugement de Louis XVI et demande sa mort et celle « des prisonniers du Temple ». **-16-11** Jean Mailhe, député de Hte-Garonne, est désigné par le « comité de législation » pour présenter un rapport sur la procédure à suivre. **-3-12** Robespierre déclare : « Vous n'avez point une sentence à rendre pour ou contre un homme, mais une mesure de salut public à prendre, un acte de providence nationale à exercer... Louis doit mourir, parce qu'il faut que la patrie vive... » **-6-12** sur proposition de Marat, la Convention vote sans débats que tous les scrutins du procès auront lieu par *appel nominal* et *à voix haute*. **-11-12** ouverture du procès ; acte d'accusation préparé par Lindet ; Louis XVI prend comme avocats François Tronchet (1726-1806), Guillaume de Lamoignon de Malesherbes (1721-guillotiné le 22-4-1794) et Romain de Sèze (1748-1828). **-26-12** Louis XVI appelé à la barre. **1793-17-1** Louis XVI est condamné à mort : *3 questions* ont été posées [le **15-1 :** *Louis Capet, ci-devant roi des Français, est-il coupable de conspiration contre la liberté publique, et d'attentats contre la sûreté de l'État ?* Sur 749 conventionnels dont 721 présents : 692 oui, 29 abstentions avec motivations ; *Le jugement sera-t-il soumis à la ratification du peuple réuni dans les assemblées primaires ?* 720 présents : 287 oui, 424 non, 9 abstentions ; le **16-1 :** *Quelle peine sera infligée à Louis Capet ?* (Danton fait décréter que l'arrêt sera rendu à la simple majorité) 721 votants (majorité absolue : 361) : 288 votent la détention ou le bannissement, 46 la mort avec sursis, 26 la mort en demandant la discussion sur le sursis, 361 la mort immédiate] ; pour l'exécution de la peine : APPEL NOMINAL : vote commencé le **17-1** *à 20 h* [sur 745 membres, 721 votants (1 †, 6 malades, 2 absents sans cause, 11 par commission, 4 dispensés) : majorité : 361] : pour la mort 366, détention jusqu'à la fin de la guerre et bannissement après la paix 319, fers 2, mort avec clause restrictive 34 [possibilité de commutation 1, discussion sur l'époque de l'exécution (amendement Mailhe) 23, sursis jusqu'à l'expulsion des Bourbons 8, jusqu'à la paix (époque à laquelle la mort pouvait être commuée et réservant le droit d'exécution en cas d'invasion par une puissance étrangère, dans les 24 h de l'irruption) 2]. La mort a donc été votée à une majorité de 5 voix (en réalité, 12 votes pour la mort étaient nuls : Robert, député de Paris, non-Français ; 4 députés non inscrits ; 4 suppléants n'ayant pas le droit de vote ; 3 députés ayant voté après s'être récusés). **-18-1** nouveau décompte nominal demandé par des modérés, résultat porté au procès-verbal : votants 721, majorité absolue 361, mort sans condition 361, avec l'amendement de Mailhe 26, avec diverses modalités de sursis 44, pour d'autres peines (détention, bannissement, fers) 290. Vergniaud, ajoutant aux 361 votes inconditionnels les 26 favorables à l'amendement Mailhe, annonça 387 pour la mort. Morisson (de La Bassetière), seul député royaliste de la Vendée, ne vota pas (juger le roi est sacrilège). **-19-1** NOUVEL APPEL NOMINAL : *Sera-t-il sursis à l'exécution du jugement de Louis Capet ?* Vote terminé le **20-1** *à 2 h du matin :* sur 690 suffrages, 310 pour, 380 contre. Louis XVI écrit à la Convention pour réclamer un délai de 3 jours (afin de se préparer à la mort), et la permission de communiquer librement avec sa famille ; ce délai lui est refusé, mais il peut faire ses adieux à sa famille et se confesser à un prêtre insermenté, l'abbé Henry Edgeworth de Firmont (Edgeworth, Irlande 1745/Mitau 22-5-1807, 1796 passe en Angleterre et s'attache au Cte de Provence). *A 18 h,* Lepeletier de St-Fargeau (député régicide, né 29-5-1760) est assassiné par un ancien garde du roi, chez Février, restaurateur du Palais-Royal ; son corps est transporté au Panthéon.

☞ Le pointage des votes a donné lieu à de nombreuses discussions à la Convention et suscite encore des controverses.

■ **Exécution. -20/21-1** dans la nuit, le long du trajet que prendra Louis XVI, prennent place 12 000 hommes des sections ; sur la place de la Révolution : 80 000 gardes nationaux et gendarmes et 84 pièces d'artillerie. **-21-1** Louis XVI est exécuté à 10 h 22, place de la Révolution (actuellement place de la Concorde) par Henri Sanson, sur l'échafaud dressé entre la statue de Louis XV et l'avenue des Champs-Élysées ; il veut parler au peuple mais les tambours de la garde nationale [commandés par Antoine-Joseph Santerre (Paris 16-3-1752/Paris 6-2-1809)] couvrent sa voix.

☞ Selon *le Moniteur,* son confesseur l'aurait exhorté : « Fils de Saint Louis, montez au ciel. » Le Bon de Batz (1754-1822) avait prévu d'enlever Louis XVI sur le chemin du supplice, il aurait fait remplacer la voiture du maire Chambon (qui devait emmener Louis XVI) par celle du ministre des Finances Clavière, un ami ; 300 hommes devaient surprendre la garde nationale, mais le projet fut éventé.

■ **Enterrement.** Le cadavre est transporté à l'ancienne église de la Madeleine où 2 vicaires assermentés assurent un service funéraire. La Convention ayant refusé qu'il soit inhumé à Sens auprès de son père, Louis XVI est enterré au cimetière de la Madeleine, jeté au fond de la fosse sur un lit de chaux vive. Le cimetière (fermé) sera acheté le 25-3-1794 par Olivier Desclozeaux, magistrat, qui le fit clôturer jusqu'à la Restauration ; le corps de Marie-Antoinette sera exhumé le 18-1-1815 et celui de Louis XVI le 19 ; ils seront mis en bière le 20 et transportés le 21 à St-Denis. A l'endroit où les corps avaient été ensevelis, Louis XVIII fit élever (de 1816 à 1826) la chapelle St-Louis, dite expiatoire. Quand l'église de la Madeleine fut reconstruite en 1862, le cimetière attenant fut transféré à 300 m, au couvent des bénédictines de la Ville-l'Évêque (il abritait les corps des Suisses massacrés le 10-8-1792 et les guillotinés place de la Révolution : Charlotte Corday, Madame Élisabeth, Philippe Égalité, Madame du Barry, etc.).

Carrousel (6 exécutions à partir du 21-8) ; -20-8 La Fayette quitte la France avec son état-major : un décret du 19-8 l'avait mis en accusation et remplacé par Dumouriez ; -23-8 le maréchal Nicolas Luckner (comte ; Cham 12-1-1722/Paris 4-1-1794, guillotiné ; 1791 maréchal ; 1792 commande l'armée du Nord) est remplacé par Kellerman ; Dillon destitué ; -25-8 Durozoi, journaliste condamné à mort, est exécuté ; La Porte, intendant de la liste civile, est condamné et exécuté ; -26-8 décret : déportation de tout ecclésiastique non assermenté dans les 15 j ; -28-8 *conspiration de l'œillet* d'Alexandre Gousse ou Gonsse (dit le chevalier de Rougeville) avec Michonis (fonctionnaire de police) ; 2 œillets sont remis à la reine contenant chacun un billet, l'un annonçant que le chevalier reviendrait apporter de l'argent pour « soudoyer » la garde, l'autre contenant le plan d'évasion ; mais l'alerte est donnée et Rougeville s'enfuit en Belgique ; -29-8 le tribunal criminel décrète perquisitions nocturnes à domicile et *arrestations des suspects* (12 000 emprisonnements) ; -30-8 la Législative décrète la suppression de la Commune, mais, menacée d'une insurrection par le procureur Louis-Pierre Manuel (Montargis 1751/Paris 14-11-1793, guillotiné), retire son décret ; décret consacrant le divorce comme principe ; -31-8 la Commune organise sur le Champ-de-Mars des levées de volontaires pour défendre *Verdun* (assiégé depuis le 29-8 par les Prussiens) : 1 800 h. partent chaque jour, équipés par ses soins ; -2-9 Verdun se rend ; le commandant de la place, Nicolas Joseph Beaurepaire (Coulommiers 1740/Verdun 2-9-1792, officier), se tue en sortant du conseil de guerre où la résolution de se rendre a été prise (les honneurs du Panthéon lui sont accordés le 12-9) ; -2/5-9 **massacres de Septembre** (voir col. c) ; -9-9 les 51 prisonniers d'Orléans (dont le duc de Brissac, des archevêques, des ministres, etc.), envoyés à la Haute Cour nationale, sont rappelés à Versailles et massacrés à leur entrée dans le parc ; -11/17-9 *vol au garde-meuble des joyaux de la couronne* par plusieurs bandes de voleurs (certains seront condamnés à 15 ou 16 ans de réclusion) ; sur 30 millions de livres, on en récupérera 17. A l'époque, diverses factions politiques s'accusent réciproquement d'être à l'origine ou complices du vol (Mme Roland accuse Danton et Fabre d'Églantine ; Fabre d'Églantine accuse les Girondins ; Marat accuse les aristocrates et Marie-Antoinette) ; d'Allonville (écrivain royaliste) prétendra que Danton aurait fait enlever les joyaux (en maquillant le fait par un vol de truands), puis Billaud-Varennes en aurait emporté la plus grande partie pour acheter la retraite de Brunswick ; Napoléon y crut ; -20-9 création de la *carte civique* (obligatoire ; délivrée par le Pt de la section, signée par les secrétaires ; appelée « certificat de civisme » et devant être présentée à toute réquisition ; accompagnée dans certains cas d'un certificat de non-suspicion et d'un certificat de non-émigration). Décret de l'Assemblée législative enlevant à l'Église la tenue de l'état civil pour la confier aux municipalités. Décret instituant le divorce. *Victoire de Valmy* (voir p. 658 c).

Ire République 22-9-1792/18-10-1804

☞ Voir **Institutions** p. 726 c.

Convention

☞ La France vit sous le régime du gouvernement d'Assemblée. Les Pts de l'Assemblée, renouvelés tous les 15 jours, ont un pouvoir disciplinaire sur les débats, mais n'ont ni rôle représentatif, ni pouvoir exécutif.

La Convention comprend 745 députés (comme dans l'Assemblée législative), puis 903 [élection de députés supplémentaires, arrivée des élus des colonies et des départements nouvellement formés (Vaucluse, Mont-Blanc, Alpes-Maritimes, Mont-Terrible). Le 2-6-1793 il n'y aura plus que 686 députés inscrits officiellement. L'absentéisme est fréquent [certains votes auraient été acquis par moins de 100 voix (sinon 50) et certaines séances comptent moins de 20 députés]. La Convention se tient aux Tuileries dans la salle du Manège, puis à partir du 10-5-1793 dans la salle des Machines.

Convention girondine

1792-21-9 fin de la Législative, *entrée en fonctions de la Convention nationale :* 200 Girondins (droite), 140 Montagnards [gauche ; il y a une extrême gauche, formée du « triumvirat » : Claude Basire (1764-94, guillotiné), François Chabot (St-Geniez 22-10-1759/Paris 5-4-1794 ; capucin défroqué, un des rédacteurs du « catéchisme des sans-culottes », extrémiste, malversations ; guillotiné) et Antoine Merlin, dit Merlin de Thionville (Thionville 13-9-1762/Paris 14-9-1833, avocat, député)], 160 centristes qui se rallieront aux Montagnards. Sur 749 conventionnels, on compte 15 cultivateurs et 1 ouvrier. 1er décret rendu (pris sur la proposition de Collot d'Herbois et de Grégoire) : « la Convention nationale décrète à l'unanimité que la royauté est abolie en France » ; -22-9 Billaud-Varenne fait décréter que les actes publics porteront la date de l'an Ier de la République ; -25-9 décret : la République française est une et indivisible ; -28-9 Gal Anselme (27-10-1740/17-9-1814) prend Nice et le fort Montalban ; -2-10 comité de Sûreté générale créé ; -10-10 les titres de *monsieur* et *madame* sont remplacés par *citoyen* et *citoyenne ;* -23-10 décret bannissant à perpétuité les émigrés et condamnant à mort ceux qui rentreraient en France ; -6-11 Dumouriez bat les Autrichiens à *Jemmapes* (voir p. 653 a) ; -19-11 décret : la République aidera les peuples qui voudront se rendre libres et poursuivra la guerre en faveur de « tous les peuples qui voudraient recouvrer la liberté » [ce mouvement généreux tournera à la conquête ; Nice et la Savoie seront annexés en nov. 1792 et janv. 1793, les pays rhénans et Bâle en mars 1793 ; à la demande de Joseph Cambon (10-6-1756/15-2-1820), ils subiront confiscations et impositions pour financer la guerre ; le conflit s'étendra à l'Europe entière ; les 1ers mois de 1793, la Convention déclarera la guerre à l'Angleterre, à la Hollande, à l'Espagne et aux P^{ces} italiens (voir p. 659 a)] ; -20-11 découverte, dans un mur des Tuileries, de *l'armoire de fer* [où Louis XVI gardait des papiers compromettants (correspondance avec Mirabeau, La Fayette, Talon, Dumouriez, etc.)] ; -27-11 la *Savoie*, qui le 21-11 a demandé sa réunion à la France, est annexée (département du Mt-Blanc) ; -2-12 dissolution de la « Commune des sections » [Pétion remplacé par le Girondin Chambon, à la tête d'une « Commune provisoire », formée de 12 commissaires (4e Commune)] ; -3-12 décret : Louis XVI sera jugé par la Convention ; -26-12 la Suisse reconnaît officiellement la République française. **1793**-14-1 Basseville (Nicolas Jean Hugon de, né 1753), ambassadeur à Rome, sorti en carrosse avec ses laquais portant la cocarde, est attaqué par la foule et poignardé dans l'ambassade où il s'est réfugié ; le peuple de Rome met le feu à l'Académie française de peinture.

1793 (21-1) **Louis XVII** (27-3-1785 Versailles, présumé mort au Temple le 8-6-1795), 2e fils de Louis XVI, duc de Normandie, dauphin de Fr. (4-6-1789), P^{ce} royal (14-8-1791), enfermé au Temple (13-8-1792). On a dit qu'il aurait été le fils d'Axel de Fersen. **1793-21-1 reconnu roi de France** par sa mère, sa sœur et sa tante [proclamé le 28-1 à Hamm en Westphalie par le Cte de Provence (qui devient régent), le 29-1 à Villingen en Souabe par le P^{ce} de Condé ; le 11-5 reconnu par les chefs de l'armée catholique et royale à Parthenay ; par Grande-Bretagne, Sardaigne, Espagne, Autriche, Prusse et Russie] ; -1-7 arrêté du Comité de salut public ordonnant qu'il soit séparé de sa mère et placé dans un appartement isolé et mieux défendu de la tour du Temple ; -3-7 séparé de sa famille ; confié au cordonnier Antoine Simon (guillotiné 27-7-1794) et à sa femme Marie-Jeanne († 1819) jusqu'au 19-1-1794 (où il est isolé), puis le 29-7 à Jean-Jacques Christophe Laurent auquel le 8-11 est adjoint Jean-Baptiste Gomin, puis le 3-3-1795 à Étienne Lasne. **1795**-8-6 il meurt d'une péritonite ulcérocaséeuse d'origine hématogène au cours d'une tuberculose disséminée chronique (son frère aîné était mort de spondylite tuberculeuse, ou mal de Pott, et sa sœur Sophie était morte à 11 mois, tuberculeuse et rachitique) ; -9-6 autopsié ; -10-6 son cercueil est déposé dans la fosse commune du cimetière de la rue St-Bernard près de l'église Ste-Marguerite [Louis XVII serait mort au Temple le 4-1-1794 (selon Edmond Dupland) ; le 3 ou 4-6-1795 et aurait été inhumé dans l'enclos du Temple près de la tour (selon Marina Grey)] ; le 16-6, Louis XVIII est proclamé roi.

☞ **Cœur de Louis XVII :** une autopsie fut faite le 21 prairial par 3 médecins et 1 chirurgien, Philippe-Jean Pelletan († 1829) ; celui-ci subtilisa le cœur qui fut dérobé chez lui par un élève et restitué par la veuve de ce dernier, il fut donné en 1828 à l'archevêque de Paris (depuis 1821), Mgr Hyacinthe Louis de Quélen (Paris 18-10-1778/Paris 31-12-1839). En février 1831, lors du sac de l'archevêché de Paris, le reliquaire le contenant fut brisé et le cœur jeté ; le fils de Pelletan, le docteur Philippe-Gabriel († 1879), le retrouva et le laissa à un notaire pour qu'il soit transmis au Cte de Chambord [confié par Édouard Dumont au Cte de Maillé de la Tour-Landry, représentant de Charles XI (don Carlos, duc de Madrid, 1848-1909), chef de la maison de Bourbon ; Maurice Pascal apporta le cœur à Venise (2-7-1895). Des petites-filles de celui-ci le remirent à St-Denis (10-4-1975). 19-4-2000 une expertise de l'ADN du cœur prouve qu'il s'agit bien du dauphin.

☞ **Le mystère du Temple :** s'appuie sur le fait que le rapport d'autopsie (9-6-1795) et l'examen du squelette exhumé 2 fois (1846 et 5-6-1894) font état d'un cadavre de 1,47 m et 1,65 m (alors que Louis XVII mesurait 1,15 ou 1,20 m) et âgé (de 15 à 20 ans) [alors que Louis XVII, né en 1785, avait 10 ans]. En fait, il est certain que le squelette (mélange d'os de diverses personnes) n'était pas celui de l'enfant mort au Temple, qui a été inhumé dans une fosse commune (on est allé rechercher des ossements près de l'église Ste-Marguerite, à des dizaines de mètres du trottoir de la rue St-Bernard, sous laquelle elle se trouve actuellement). On a dit que la D^{esse} d'Angoulême ne croyait pas à la mort de son frère au Temple.

De nombreux comploteurs, semble-t-il, ont essayé, entre le 3-7-1793 et le 8-6-1795, de s'emparer de Louis XVII. Il s'agissait de royalistes [comme Joseph Cte de Puisaye (1755-1827, officier, dirige l'expédition de Quiberon) ou Mrs Atkins] désireux de rétablir la monarchie, ou de républicains (comme le conventionnel Chaumette et peut-être Barras qui, en juin 1795, déclara que Louis XVII avait été enlevé par la Commune) désireux d'avoir un gage en cas d'échec de la Révolution. On a retrouvé des indices d'au moins 4 substitutions possibles d'enfants. Selon certains, on aurait perdu la trace de Louis XVII après son départ du Temple [lieu de refuge : Livradois ou Velay (P.-de-D., Hte-Loire)]. Selon d'autres, Louis XVII se serait manifesté mais n'aurait pas été reconnu par Louis XVIII [motifs supposés : 1°) Louis XVIII était désireux de garder la Couronne ; 2°) il n'était pas convaincu de l'authenticité du prétendant ; 3°) [le plus vraisemblable] il ne croyait pas à la légitimité du dauphin, à cause des adultères supposés de Marie-Antoinette ; il appelait déjà le précédent dauphin « le fils d'Henri de Coigny » (1737-1821, officier, émigré, 1814 rentre, maréchal de France, gouverneur des Invalides) et avait tenté, en 1789, de faire écarter du trône le futur Louis XVII, persuadé qu'il était le fils de Fersen]. Après l'assassinat au château de Vitry-s/Seine du financier Francis Gaspard du Petit-Val (né 1747) le 20-4-1796 avec sa belle-mère, 2 parents et 2 domestiques, certains soutinrent qu'il aurait hébergé Louis XVII. **1816**-18-1 loi ordonnant qu'un monument commémorant la mémoire de Louis XVII soit édifié dans l'église de la Madeleine (commande confiée à Lemot, sculpteur, jamais exécutée) ; -12-2 Decazes, ministre de la Police, fait rechercher la sépulture de Louis XVII. L'ordre d'exhumation, donné pour fouiller le cimetière Ste-Marguerite, sera suivi d'un contre-ordre. Les 21 janvier et 16 octobre, jours anniversaires de l'exécution de Louis XVI et Marie-Antoinette, sont jours de deuil officiel, mais pas le 8 juin, jour anniversaire de la mort de Louis XVII. **1825**-8-6 (30 ans après le décès officiel de Louis XVII) bal aux Tuileries.

☞ Dans un roman, *le Cimetière de la Madeleine* (1800), J.-J. Regnault-Warin imagine l'évasion de Louis XVII (Felzac, un agent de Charette, s'introduit au Temple avec la complicité de Cyprien, l'assistant du Dr Desault ; tous deux substituent à Louis XVII un enfant du même âge qu'ils ont drogué à l'opium et dissimulé à l'intérieur d'un cheval de bois).

Massacres de Septembre

■ **Causes : 1°)** les orléanistes [Marat (longtemps tenu pour l'unique responsable), Danton, Fabre d'Églantine, François Robert] veulent créer un effet de terreur, les troubles étant favorables au duc d'Orléans, présenté comme une planche de salut. Ils choisissent de faire tuer des prisonniers dont la mort a moins de conséquences. Danton, min. de la Justice, dira après Valmy : « J'ai voulu que la jeunesse parisienne arrivât en Champagne couverte d'un sang qui m'assurât de sa fidélité. J'ai voulu mettre entre eux et les émigrés un fleuve de sang. » **2°)** Les ennemis de l'Église (notamment Stanislas Fréron, imprimeur de *l'Orateur du peuple,* et de nombreux Girondins, dont Gorsas) veulent l'extermination des prêtres non-jureurs : ceux-ci sont présentés aux « volontaires » comme un danger moral pour les épouses laissées à l'arrière du front ; la prison de l'Abbaye leur est fréquemment désignée comme objectif. **3°)** Les boutiquiers ou artisans des « sections » croient à l'arrivée prochaine des Prussiens. Ils tiennent à éliminer des pillards éventuels (notamment les enfants ou jeunes délinquants).

■ **Massacre de la P^{cesse} de Lamballe** [née Marie-Thérèse, Louise de Savoie-Carignan (née à Turin le 8-9-1749) ; ép. 1767 Louis de Bourbon-Penthièvre, P^{ce} de Lamballe († 1768) ; 1774 surintendante de la maison de la reine dont elle reste l'amie]. **1792**-*10-8* incarcérée à la Grande Force. *-3-9* devant un tribunal improvisé, refuse de jurer haine au roi, à la reine et à la royauté ; elle est massacrée : son corps mutilé est dispersé, sa tête (fichée sur une pique) est portée en triomphe jusqu'au Temple ; en chemin, les émeutiers s'arrêtent chez un barbier qui lave la chevelure, la frise et la poudre pour rendre le trophée plus reconnaissable ; puis on fait « boire » la tête dans un cabaret ; on refusera de laisser entrer les émeutiers arrivés ivres au palais ; la tête sera inhumée au cimetière des Enfants-Trouvés à Paris.

■ **Statistiques. Prisons parisiennes :** *tueurs :* 50 % sont des « volontaires » (parisiens ou provinciaux, notamment marseillais) ; 50 % des « sectionnaires » (petite bourgeoisie parisienne) ; *victimes :* 1 395 † dont (en %) militaires 6, politiques non-prêtres 5, prêtres 17 (total 223 dont 191 béatifiés le 17-10-1926, 187 canonisés comme martyrs), prisonniers de droit commun 72 (total 974, dont 37 femmes et environ 300 enfants ou adolescents) ; *% des incarcérés tués :* Bernardins 96/97, St-Firmin 80/83, Châtelet 79/82, Carmes 71/76, Abbaye 58/75, Conciergerie 50/70, Bicêtre 39/41, Grande Force 39/41, Salpêtrière 12. L'écrivain *Jacques Cazotte* (1719-92), commissaire de la Marine, est sauvé par sa fille qui le couvre de son corps ; les égorgeurs, touchés, le libèrent ; repris plus tard, il sera condamné à mort et guillotiné le 25-9-1792. Le *Mis de Sombreuil* (1720-juin 1794), ancien gouverneur des Invalides (1786), est sauvé par les supplications de sa fille [Marie (1714-1823) ; la légende dira qu'elle trinqua avec les bourreaux dans un verre taché de sang ou même qu'elle dut accepter de boire un verre de sang], mais, réemprisonné fin 1793, sera guillotiné le 10-6-1794. **Prisons de province :** à Versailles, Meaux, Reims, Orléans, Lyon : environ 300 †.

Faux dauphins

☞ Certains ont pensé qu'ils auraient été des enfants formés systématiquement au rôle de « faux dauphins » par des comploteurs décidés à leur faire prendre la place de Louis XVII au Temple.

■ **Charles Guillaume Naundorff** (1783?-Delft 1845). Évadé du Temple (le 10-6-1795, selon ses partisans, ou entre les 28 et 30-3, comme il l'écrivit le 28-8-1833 à l'archevêque de Paris). **1803** se marie, selon Xavier de Roche, sous le nom de Louis Capeto à Marie de Vasconcellos (dont postérité). **1809** commis voyageur en horlogerie, il apparaît à Berlin. **1812** il s'établit à Spandau, sous la protection du conseiller Le Coq, ancien chef de la police, à qui il a confié son « secret ». **1814** écrit à la D^{esse} d'Angoulême. **1818**-19-11 épouse Jeanne Einert (15 ans ½, fille d'un négociant prussien luthérien), quitte Spandau pour Brandebourg. **1820**-27-3 écrit au P^{ce} de Hardenberg (31-5-1750/26-11-1822), chancelier d'État de Prusse (qui ne répond pas), pour lui demander les papiers confiés à Le Coq ou lui faire établir un passeport au nom du duc

Victimes de la Révolution

■ **Bilan global des différentes guerres civiles.** 600 000 à 800 000 †. Statistiques incertaines, beaucoup d'archives ayant été détruites en 1871.

■ **Exemples de bilans dressés par des particuliers. Par le bourreau Charles Sanson** dans ses « Mémoires » : pour la période du 14-7-1789 au 27-10-1795 : mis à la lanterne, tués dans les châteaux 400. Suites des guerres civiles 32 000. Massacres de Septembre 3 400. *Guillotinés 13 800.* Exterminations en Vendée et chouannerie 180 000. Républicains tués par les chouans 87 000. Famine et peur 7 000. Émigrés morts à l'étranger ou guillotinés 14 000. Fusillés, mitraillés, noyés en province 18 500. Massacres aux colonies 50 000. Jacobins mis à mort dans le Midi 14 600. Famille royale (le roi, la reine, la sœur du roi, Philippe Égalité, le dauphin) 5. Morts aux armées 290 000. **Par Louis-Marie Prudhomme** (1752-1830) dans « Histoire générale et impartiale de la Révolution » (1797) : *guillotinés 18 613* dont nobles 1 278, femmes 750, femmes de laboureurs et d'artisans 1 467, religieuses 350, prêtres 1 135, hommes non nobles de divers états 13 663. *Femmes mortes de frayeur ou par suite de couches prématurées* 3 748. *Morts de la Vendée* 337 000 (dont femmes 15 000 ; enfants 22 000). *Victimes à Lyon* 31 000, *à Nantes de Jean-Baptiste Carrier* (Yolet, 16-3-1756/Paris, 16-12-1794, guillotiné) 32 000 (dont enfants fusillés 500, noyés 1 500, femmes fusillées 264, noyées 500, prêtres fusillés ou noyés 760, nobles noyés 1 400, artisans noyés 5 300).

■ **Autres estimations. Nombre de guillotinés à Paris :** *du 21-1-1793 au 9-9-1795* : 2 794 dont 1 376 du 10-6 au 28-7-1794 (de la loi de prairial au 9 thermidor). *Maximum quotidien* : *7-7-1794* : 68 ; *29-7-1794* (11 thermidor) : 70. [Selon *René Sédillot* (1987) : 2 639 dont 1 862 entre mars 1793 et juillet 1794.] *Age* : de 16 à 93 ans (Louis XVI : 39). **En province :** 42 000 dont 17 000 après un procès ; par exemple : *Orange* : 332 [aussi par fusillade, le rendement de la guillotine étant insuffisant (le 28-5-1793 : 16 guillotinés pour 45 fusillés)] ; *Bayonne* (1794) : 62 ; *Bordeaux* : 298 ; *Arras* : 391 ; *Rennes* : 267. 25 000 par décision administrative (rebelles, émigrés ou déportés rentrés clandestinement). Dans 6 départements : aucune exécution, dans 31 : moins de 10. **Répartition en %** : *condamnés à mort* : Ouest 52, Sud-Est 19. *Victimes* : aristocrates 2, adversaires politiques 8 à 18, roturiers, affairistes, escrocs 80 à 90.

■ **Exécutions hors guillotine.** A Paris, pendant la dictature de la Commune (tribunal criminel du 17-8-1792) et dans les départements insurgés. **Armes blanches et massues :** *Paris* (août-sept. 1792) : 1 395 † dont 420 ne purent être identifiés (cadavres mutilés ou brûlés). *Bois de Beaurepaire en Vendée* (déc. 1793) : 300 femmes, etc. (le 17-1-1794 Turreau prescrit les exécutions à la baïonnette pour épargner les munitions). **Canonnade** (les canons sont chargés à la mitraille) : *Lyon* (plaine des Brotteaux, du 4-12 au 27-12-1793) : 1 876 exécutions. **Fusillade :** *Toulon* (du 20-12 au 25-12-1793) : 800 exécutions. *Noirmoutier* (mai 1794) : 1 200 prisonniers exécutés avec d'Elbée. *Angers* (1794) : environ 3 000 [dont 800 aux *Ponts-de-Cé* (corps jetés à la Loire)]. *Nieuport* (Belgique, 17-6-1794) : 1 200 émigrés exécutés par Pichegru (encore républicain). *Auray* (1795) : 952, etc. **Noyade :** *Nantes* (du 3-10 au 31-12-1793) : 4 800, dont 2 000 la semaine de Noël [maximum le 23-12 : 800 (« *mariages républicains* » : noyades par couples nus, 1 homme lié à 1 femme)].

☞ **Le 17-10-1926 :** 10 constituants ont été béatifiés, dont 1 archevêque (d'Arles, Mgr du Lau) et 2 évêques [François-Joseph de la Rochefoucauld-Bayers (né 1735, évêque de Beauvais) et son frère Pierre-Louis (né 1744, évêque de Saintes)] assassinés aux Carmes le 2-9-1793.

Principaux leaders de la Convention

☞ *Abréviations :* guill. : guillotiné ; suic. : suicidé.

■ **Période girondine.** *Du 21-9-1792 au 31-5-1793 : Jacques-Pierre Brissot* (17-1-1754/31-10-1793 guill.), *Étienne Clavière* (1735-93 suic.), *Armand Gensonné* (10-8-1758/31-10-1793 guill.), *Élie Guadet* (20-7-1758/17-6-1794 guill. à Bordeaux), *Maximin Isnard* (16-11-1751/12-3-1825), *Pierre Tondu, dit Lebrun-Tondu* (1754-93 guill.), les époux *Roland* [Jean-Marie (18-2-1734/11-11-1793 suic.) et Manon, née Philippon (17-3-1754/8-11-1793 guill.)], *Charles de Valazé* (1751-93 suic.), *Pierre Vergniaud* (21-10-1753/31-5-1793 guill.).

■ **Période montagnarde.** *Du 31-5-1793 au 27-7-1794 (9-10 thermidor an II) :* les leaders sont surtout les membres du Comité de salut public (voir p. 651 b), également : *Camille Desmoulins* (voir p. 654 c), *Pierre-Joseph Cambon* (1756-1820) membre du Comité des finances et l'évêque *Henri Grégoire* (1750-1831) membre du Comité de l'instruction publique.

■ **Période thermidorienne.** *Du 27/28-7-1794 au 23-9-1795 (4 brumaire an IV) :* Le Centre (Marais) domine avec *Régis de Cambacérès* (1753-1824), *François Boissy d'Anglas* (1757-1826), *Jean-Lambert Tallien* (1767-1820), *Paul, vicomte de Barras* (1755-1829).

☞ **Sort des conventionnels :** sur 749 : 56 guillotinés, 27 † de mort violente, 15 † fous. Les bourreaux sont jugés après Thermidor (16-12-1794) : 91 acquittés ; 4 guillotinés : Carrier, Pinard, Grandmaison, Le Bon (à Amiens).

Guillotine

■ **Origine. XIIe-XIIIe s.** utilisée à Naples, en Hollande, en Allemagne. **XVe-XVIe s.** en Italie (*mannaia*), Angleterre (*Halifax gibet*), Écosse (*maiden*). **1789**-*10-10* le Dr Joseph Guillotin (Saintes, 28-5-1738/Paris, 26-3-1814), député du tiers état, propose à la Constituante un mode de décapitation épargnant au condamné les lenteurs et les maladresses du bourreau. **1791**-*30-5* discours de Robespierre pour démontrer le caractère injuste et non dissuasif de la peine capitale ; *-1-6* l'Assemblée refuse d'abroger la peine de mort ; *-3-6* sur rapport de Le Peletier de Saint-Fargeau, l'Assemblée vote l'art. 3 du Code civil : « Tout condamné à mort aura la tête tranchée. » La machine fut remaniée par le Dr Antoine Louis, secrétaire de l'Académie de chirurgie (on la surnomma Louison ou petite Louisette), et fut améliorée par Tobias Schmidt (facteur de pianos allemand ; il tentera de déposer un brevet mais le ministre de l'Intérieur le refusera le 24-7-1792).

■ **Surnoms.** Petite chatière, Petite Louison, Raccourcisseuse patriotique, Demander l'heure au vasistas, Éternuer dans le sac.

■ **Guillotine sèche :** nom donné à la déportation.

■ **Nombre.** Fixé par un décret du 13-6-1793 : 1 par département.

■ **1res expériences.** *1792-17-4* sur 3 cadavres.

■ **Lieux d'exécution à Paris.** *25-4-1792 place de Grève* : Nicolas Jacques Pelletier, voleur, 1er exécuté ; *-21-8 (au 10-5-1793) : place du Carrousel* Louis David Collonot d'Angremont (1re exécution politique) ; [sauf *13-10* : devant le *Garde-meuble* (ministère de la Marine), les voleurs des diamants de la Couronne sont décapités devant l'endroit où ils commirent leur forfait] ; *-11-11 Champ-de-Mars* Jean-Sylvain Bailly. *21-1-1792 place de la Révolution* (aujourd'hui place de la Concorde) : le transfert de Louis XVI, à cet endroit ouvert, semblait moins risqué qu'au Carrousel, place plus étroite et fermée ; *jusqu'au 8-5* place du Carrousel ; *-8-5 (ou 17-5 ?) au 8-6-1794 place de la Révolution*, puis déplacée en raison de l'installation des députés dans la salle des machines du château des Tuileries ; *-9-6 au 13-6-1794 place St-Antoine* (actuellement place de la Bastille) ; *-14-6-1794 barrière du Trône renversé* (aujourd'hui place de la Nation) : 1 306 condamnés politiques exécutés jusqu'au 29-7-1794 (9 thermidor), enterrés dans les 2 fosses du jardin de Picpus, dont 1 109 hommes (dont 579 gens du peuple, 178 gens d'épée, 136 gens de robe, 108 gens d'église, 108 ex-nobles), 197 femmes (123 femmes du peuple, 51 ex-nobles, 23 religieuses).

de Normandie. **1822** se fixe à Brandebourg. **1824**-18-9 comparaît en justice pour usage de fausse monnaie (accusation non fondée). Se présente comme un P^ce^ de sang royal français. **1826**-30-11 condamné à 15 coups de fouet [*poena extraordinaria* (pour s'être rendu « indigne de la confiance du juge »)] et à 3 ans de prison (l'enquête ordonnée sur lui n'a pu remonter au-delà de 1809). **1828**-27-4 libéré, horloger à Crossen ; convainc le commissaire Pezold († 1832), chargé de sa surveillance, qu'il est Louis XVII. Prend le titre de duc de Normandie. **1831**-1/18-8 annonce dans le *Leipziger Zeitung* qu'il est le dauphin évadé du Temple ; -28-8 *le Constitutionnel*, journal français, diffuse l'information ; convainc le juge d'Albouys, de Cahors, qui le fait venir à Paris où il arrive en mai 1832. Sera hébergé successivement par Albouys, Morel de St-Didier, Marco de St-Hilaire, Rigal, puis, durant 1 an et demi, par l'ex-berceuse du dauphin Mme Rambault ; étonne une vingtaine d'anciens courtisans de Versailles par la précision de ses « souvenirs ». Mgr de Forbin Janson (1785-1844), évêque de Nancy, lui propose de s'engager dans les ordres pour devenir pape ; mais Naundorff lui rappellera, après 3 jours de réflexion, qu'il est marié et père de 6 enfants. Martin (Thomas Ignace, 1783-1834), le visionnaire de Gallardon, lui ayant déclaré qu'il est bien le dauphin, des souscriptions s'organisent en Beauce : curés, fermiers, dévotes rassemblent 4 millions de F en 4 mois ; Naundorff se constitue une cour, nomme des aides de camp, des officiers d'ordonnance, un ministère (comprenant quelques femmes jeunes et jolies), crée un journal pour défendre ses intérêts. Il écrira à la duchesse de Berry (pour l'épouser, s'engageant à adopter le duc de Bordeaux et à le reconnaître comme dauphin), puis à la duchesse d'Angoulême. **1834**-28-1 victime d'une tentative d'assassinat (6 coups de poignard). Se rend à Paris pour le procès de Richemont, autre faux dauphin. **1836** saisit le tribunal de la Seine d'une demande d'annulation de l'acte de décès de 1795 et assigne la D^esse^ d'Angoulême et le Cte d'Artois (Charles X) à comparaître pour qu'on lui restitue les biens revenant à Louis XVII ; le procès n'aura pas lieu ; -15-6 le gouvernement de Louis-Philippe le fait arrêter ; -10-7 il est expulsé vers l'Angleterre. **1838**-16-11 : 2e attentat à Londres (balle dans le bras gauche) ; une explosion provoquée par des inconnus met le feu à son laboratoire ; emprisonné pour dettes. **1843**-3-11 condamné par le pape Grégoire XVI pour avoir écrit *la Doctrine céleste.* **1845** le gouvernement hollandais lui achète ses découvertes pyrotechniques ; -25-1 arrive à Delft ; -30-6 directeur des Ateliers de pyrotechnique ; -10-8 y meurt : acte de décès rédigé au nom de « Charles-Louis de Bourbon, duc de Normandie : Louis XVII, connu sous le nom de Charles-Guillaume Naundorff, fils de Louis XVI et de Marie-Antoinette » ; enterré à Delft (mêmes indications sur sa tombe malgré les protestations du gouvernement français). **1850**-29-8 la famille d'Angoulême, le duc de Bordeaux et sa sœur la D^esse^ de Parme assignent sa veuve et ses descendants devant le tribunal civil de 1re instance de la Seine. **1851** -2 et -30-5 Jules Favre défend sa veuve (déboutée 5-9). **1872**-3-4 sa veuve, ses descendants, Amélie, Marie-Antoinette, Louis-Charles, Marie-Thérèse, Adelberth et Ange-Emmanuel font appel du jugement de 1851 et assignent le Cte de Chambord devant la cour d'appel de Paris. Jules Favre ne demande plus à la cour de proclamer « que Naundorff avait été le fils de Louis XVI, mais de reconnaître que les présomptions en faveur de cette filiation étaient suffisantes pour qu'il y ait lieu d'ordonner une enquête ». Mais la cour ne voit en Naundorff qu'« un aventurier hardi, d'un profond esprit de combinaison et d'astuce, capable d'une fourberie habile pour jouer un grand rôle ou faire lucrativement des dupes... ». Un des enfants Naundorff, Charles-Edmond, alors en froid avec sa famille, ne s'étant pas joint à elle lors du procès de 1872, n'avait pu lui-même être débouté, ce qui permettra à ses descendants de relancer l'affaire. **1891**-août Christine Schönlau, veuve de Charles-Édouard, obtient la modification des actes de naissance de ses enfants et la reconnaissance du nom de « Bourbon ». **1910** nouvelle plainte de ses descendants. **1943** André Castelot propose au professeur Locard, directeur du Laboratoire de police scientifique de Lyon, d'analyser une mèche de cheveux prélevée sur la tête de Naundorff le jour de sa mort à Delft, en 1845, et une du dauphin. *La Gerbe* publie que Locard a observé dans les 2 mèches la même et rarissime excentration du canal médullaire. **1950** on ouvre le cercueil de Naundorff. Le corps est celui d'un homme décédé à 60 ans, âge « qu'aurait eu » Louis XVII. **1951** nouvelle expertise de Locard : les cheveux ne présentent pas la particularité remarquée en 1943. **1954**-7-7 la cour d'appel de Paris (saisie du procès opposant certains héritiers Naundorff aux P^ces^ de Bourbon-Parme, au Cte et à la Ctesse Roger de La Rochefoucauld, descendants de Charles X défendus par Me Maurice Garçon) confirme le jugement du 5-6-1851, concluant que si les circonstances de la détention et de la mort de Louis XVII étaient troublantes, les preuves n'étaient pas suffisantes pour annuler l'acte de décès du 8-6-1795. On a avancé que Naundorff aurait été le fils illégitime de Louis-Joseph de Bourbon, 8e P^ce^ de Condé (1736-1818) et d'une demoiselle Naundorff à son service (vers 1785). **1998**-2-6 les chercheurs Jean-Jacques Cassiman (Louvain) et Olivier Pascal (Nantes) annoncent que les restes de Naundorff ne peuvent être identifiés comme ceux de Louis XVII, fils de Marie-Antoinette. Possédant 2 morceaux d'humérus et 1 mèche de cheveux venant de l'exhumation de 1950, ils ont comparé l'ADN mitochondrial (qui se transmet uniquement par les femmes) à celui des cheveux de Marie-Antoinette et de ses 2 sœurs, et répété l'expérience avec l'ADN de 2 descendants vivants, en ligne féminine des Habsbourg-Lorraine : la reine Anne de Roumanie et son frère, le prince André de Bourbon-Parme. Les survivantistes affirment qu'il n'est pas certain que l'os de Naundorff déposé à la police judiciaire des Pays-Bas (dans un récipient non scellé) soit celui analysé. **2000**-*19-4* une expertise de l'ADN du cœur momifié, conservé à la basilique de St-Denis, prélevé au cours de l'autopsie de l'enfant mort au Temple prouve qu'il s'agit bien du dauphin.

Descendance : Naundorff et ses enfants ayant pris le nom de Bourbon en Angleterre, les Naundorff furent reconnus comme tels aux Pays-Bas lors de naturalisations (1865) et du jugement du tribunal d'arrondissement de Maastricht (20-5-1891) ; pour les descendants établis sous ce nom en France en 1898, la justice française ne put que constater le fait et leur confirmer l'usage légal de ce nom (9e chambre du tribunal correctionnel de la Seine, 12-11-1913). Naundorff eut avec Jeanne Einert : 5 GARÇONS : *Charles-Édouard* (23-7-1821/1866), dit Charles X, sans postérité ; *Louis-Charles* (1831-99), dit Charles XI, sans postérité ; *Charles-Edmond* et *Adalbert* (ou *Adelberth*, voir ci-dessous) ; *Ange-Emmanuel* (1843-78, Cte de Poitiers, sans postérité). 4 FILLES : *Jeanne-Amélie* (31-8-1819/1892, qui épouse Abel de Laprade) ; *Marie-Antoinette* († 1893, qui épouse *1°)* Sébastien Guillaume Van der Horst, *2°)* M. Daymonaz) ; *Marie-Thérèse* (qui épouse M. Leclercq) ; *N...*

Naundorff se serait aussi marié au Portugal et aurait eu une autre descendance.

DESCENDANCE DE CHARLES-EDMOND (1833-83), « Cte d'Anjou » (marié religieusement avec Christine Schönlau le 22-5-1872 à Maastricht) : *9 garçons* dont *5 garçons : 1°) Auguste Jean* (Jean III) [(1872-1914) dont Henri (1899-1960, Henri V, « duc de Bourgogne ») sans postérité] ; *2°) Charles Louis Mathieu* [(1875-1944, « duc de Berry ») dont Charles Edmond (né 1929) (Charles XII) (« Cte de Poitiers » dont Hugues (né 29-12-1974)] ; *3°) Louis-Charles* (1876-?) ; *4°) Abel-Louis-Charles* (1877-?) ; *5°) Louis-Charles Edmond* [(1878-1940, « duc d'Aquitaine ») dont René Tschoeberlé (1898-1979), reconnu le 20-2-1940, devenu René de Bourbon].

DESCENDANCE D'ADALBERT OU ADELBERTH (1840-87, « Cte de Provence ») : *5 garçons : 1°) Louis Charles*

Quelques personnages de la Révolution et de l'Empire

☞ **Famille Bonaparte** (voir encadré p. 662).

■ **Augereau, duc de Castiglione (Pierre-François-Charles,** Paris 21-10-1757/La Houssaye 12-6-1816). Bas peuple parisien. *1774* simple soldat. *Vers 1780* chassé de l'armée, sert dans un régiment russe (blessé à Ismaïloff contre les Turcs). *1792* volontaire dans la garde parisienne. *1793* L^{t}-colonel, puis G^{al} de division. *1795* armée de Bonaparte. *1796* se distingue en Italie, notamment contre l'armée pontificale. *1797* sauve la République par le coup d'État de fructidor (approuvé par Bonaparte) ; membre du Conseil des Cinq-Cents. *1799* bien que jacobin, se rallie à Bonaparte le 19 brumaire. *1801* refuse d'aller au *Te Deum* du Concordat. *1804* M^{al} de France. *1807* se distingue à Eylau. *1808* créé duc de Castiglione. *1813* se brouille avec Napoléon après Leipzig. *1814* livre Lyon sans combat à Schwarzenberg ; injurie Napoléon sur le chemin de l'île d'Elbe ; rallié à Louis XVIII, pair de France. *1815* écarté aux Cent-Jours ; se retire sur ses terres.

■ **Bailly (Jean-Sylvain,** Paris 15-9-1736/12-11-1796). Fils du garde des tableaux du roi, fait de la littérature et de l'astronomie. *1785* appartient aux 3 Académies (française, beaux-arts, sciences). Orateur larmoyant, surnommé le « Pleureur ». *1789-3-6* élu Pt de l'Ass. nat. Pt des états généraux ; *-23-6* auteur principal du coup d'État (Jeu de paume). *-16-7* élu maire de Paris ; se rallie à Louis XVI (surtout à la reine) : passe pour avoir favorisé leur départ pour Varennes. *1791-25-6* fait proclamer la loi martiale, pour le retour du roi ; *-12-11* haï, il démissionne de la mairie. *1793-5-9* arrêté à Melun ; *-15-10* témoigne en faveur de Marie-Antoinette ; *-10-11* condamné à mort ; *-12-11* exécuté près du Champ-de-Mars (« lieu de son crime »), à l'angle du quai et de l'avenue de La Bourdonnais.

■ **Barras (Paul, vicomte de,** Fos-Amphoux 30-6-1755/Paris 29-1-1829). Capitaine de l'armée royale, officier aux Indes, quitte l'armée. Député du Var à la Convention. *1793* conventionnel régicide ; *-déc.* épure cruellement Toulon. *1794* ennemi de Robespierre, il assure le succès du 9 thermidor en prenant le commandement des sections modérées. *1794-99* grâce à plusieurs tirages au sort favorables, seul directeur resté en charge sans interruption ; protège Bonaparte et lui fait réussir son *coup d'État du 18 brumaire.* Il comptait sur lui pour rétablir les Bourbons avec qui il était en contact depuis 1797. Mais Bonaparte le laisse sans fonctions ni dignités sous l'Empire. *1816* seul régicide à ne pas être inquiété par les Bourbons.

■ **Bernadotte (Jean-Baptiste,** Pau 26-1-1763/Stockholm 8-3-1844). Fils d'un avocat béarnais. *1780* s'engage. *1789* sergent-major. *1792* C^{el}. *1793* G^{al} de brigade. *1794* G^{al} de division (un des vainqueurs de Fleurus). *1796* G^{al} de corps d'armée avec Jourdan ; rejoint Bonaparte en Italie avec 20 000 h. *1797* chargé de porter au Directoire les drapeaux pris à l'ennemi. *1798-avril* ambassadeur à Vienne, suscite une émeute car arbore le drapeau tricolore ; épouse Désirée Clary (1774-1860), belle-sœur de Joseph Bonaparte (et ex-fiancée de Napoléon). *1799* ministre de la Guerre, reproche à Bonaparte, revenu d'Égypte, d'avoir « déserté ». *1800* envoyé en Vendée, empêche le débarquement de Quiberon. *1806* réconcilié avec lui, nommé M^{al} et P^{ce} de Pontecorvo. *1805-09* prend part à plusieurs campagnes, s'entend mal avec Napoléon. *1810-20-8* élu P^{ce} royal de Suède (par reconnaissance, pour avoir fait relâcher 1 600 mercenaires suédois prisonniers en 1806). *1811* rompt avec Napoléon qui a occupé la Poméranie suédoise. *1812* s'allie à la Russie. *1813* un des vainqueurs de la bataille de Leipzig. *1814-avril* vient à Paris. Songe à succéder à Napoléon (proposition par le tsar comme roi de France, refus des autres souverains alliés et de Talleyrand). *1818* roi de Suède, sous le nom de Charles XIV (1818-44).

■ **Berthier, P^{ce} de Neuchâtel et de Wagram (Louis-Alexandre,** né Versailles 20-2-1753). Noblesse récente (père cartographe, anobli 1763). *1778-81* combat en Amérique. *1789* major-général de la garde nationale à Versailles. *1792* M^{al} de camp destitué par Dumouriez. *1795* G^{al} de division. *1796* chef d'état-major de Bonaparte en Italie ; début de liaison avec une Milanaise, Giuseppina Visconti. *1800-07* min. de la Guerre. *1804* M^{al} de France (1er de la liste). *1805* major général de la Grande Armée. *1806* P^{ce} souverain de Neuchâtel (enlevé au roi de Prusse). *1807* vice-connétable. *1808* épouse Marie-Élisabeth de Bavière, nièce du roi de Bavière (sans rompre avec la Visconti). *1809-mars* C^{dt} provisoire de la Grande Armée (Napoléon étant en Espagne), se révèle incapable ; *-15-8* P^{ce} de Wagram. *1814-1-6* se rallie aux Bourbons qui le font pair et capitaine de la garde royale, doit rendre Neuchâtel à la Prusse (contre une pension de 25 000 F). *1815* aux Cent-Jours, se réfugie à Gand puis à Bamberg chez son beau-père ; *-1-6* meurt [tombé par la fenêtre (suicide ?)].

■ **Brune (Guillaume,** né Brive 16-3-1673, fils d'un avocat). *1790* typographe et journaliste [*le Journal de la Cour et de la Ville,* puis *la Bouche de fer* (feuille ordurière, inspirée par les Cordeliers, proche de Danton et Marat)]. *1791* commissaire civil en Belgique. *1793* G^{al} de brigade, chargé avec Fréron de la répression en Vendée, puis à Bordeaux et dans le Midi (« Compagnons de Jéhu » exterminés). *1796* s'illustre à Arcole. *1798* ambassadeur en Suisse. *1799* C^{dt} en chef en Hollande, vainqueur à *Bergen* des Anglo-Russes. *1800* rétablit l'ordre en Vendée, puis envoyé en Italie. *1803-05* ambassadeur à Constantinople (nommé M^{al} de France 1804). *1807-14* disgracié pour avoir parlé de « l'armée française » au lieu de « l'armée de S.M. impériale ». *1815* rallié aux Bourbons, mais pendant les Cent-Jours, C^{dt} militaire en Provence ; *-2-8* reconnu à Avignon, est mis à mort par les royalistes.

■ **Carnot (Lazare,** né Nolay 13-5-1753). Officier du génie maintenu au grade de L^{t} comme roturier ; fréquente Robespierre à Arras. *1790* membre du club jacobin d'Aire-sur-Lys ; député du Pas-de-Calais à la Législative, puis à la Convention (vote la mort du roi). *1792-août* mission à l'armée du Rhin ; *-sept.* à l'armée des Pyrénées. *1793-juin* à l'armée du Nord ; *-juillet* au Comité de salut public ; responsable des armées ; *-23-8* obtient la levée en masse. Surnommé le 28-5 lors d'une séance de la Convention l'« Organisateur de la Victoire ». *1795-5-3* quitte le Comité ; *-nov.* membre du Directoire ; élu au Conseil des Cinq-Cents. *1797* se rallie aux royalistes. *1798* doit s'exiler après le coup d'État de fructidor. *1800* min. de la Guerre. *1802-07* rentré en France après le 18 brumaire, siège au Tribunat (s'oppose au Consulat à vie et à l'Empire) ; tenu à l'écart par Napoléon qui le sait trop populaire. *1814* défend Anvers contre Bülow ; rallié à Louis XVIII ; puis de nouveau à Napoléon (min. de l'Intérieur pendant les Cent-Jours). Après Waterloo, essaye de devenir Pt d'une nouvelle république ; exilé comme régicide. *1823-2-8* meurt à Magdebourg. *1889* restes déposés au Panthéon.

■ **Cloots (Jean-Baptiste du Val de Grâce, baron de,** dit **Anacharsis,** né Gnadenthal 24-6-1755). Sujet prussien, fils du Bon de Gnadenthal, ayant francisé son nom en Val-de-Grâce, neveu du philosophe hollandais Cornelius De Pauw. Élevé à la française, étudiant en philosophie à Paris, devient militant athée. *1776* hérite 100 000 livres de rente. *1789-août* entre au club des Jacobins. *1789-90* parcourt la Bretagne, répandant les idées jacobines. *1790-19-6* (anniversaire du Jeu de paume) organise à la Législative une manifestation internationale ; prend le titre d'« Orateur du genre humain » ; élu député de l'Oise à la Convention, vote la mort du roi et l'élimination des Girondins. Annexionniste et belliciste. *1793-déc.* dénoncé par Camille Desmoulins, avec Hérault de Séchelles, comme un agent ennemi jouant la politique du pire ; organise le culte de la Raison, se brouillant avec Robespierre, théiste ; arrêté comme étranger, incarcéré à St-Lazare. *1794* jugé et guillotiné le 24-3 avec les hébertistes.

■ **Danton (Georges-Jacques,** né Arcis-sur-Aube 26-10-1759). *1787* avocat au Conseil du roi, il fréquente noblesse et grande bourgeoisie libérale ; il tente de faire proclamer le « remplacement » du roi dès l'arrestation de Varennes. *1791* poursuivi par La Fayette, il s'enfuit en Angleterre 6 semaines grâce à l'appui du Marseillais Charles Barbaroux (6-3-1767/Bordeaux 25-6-1794) [touche des subsides anglais] ; *-déc.* procureur adjoint de la Commission de Paris. *1792-10-8* joue un rôle capital dans l'émeute qui renverse Louis XVI ; entre au Conseil exécutif ; ministre de la Justice du gouvernement provisoire ; il autorise les massacres de Septembre et instaure la Terreur ; *-sept.* il démissionne pour rester député de Paris à la Convention qu'il domine par son éloquence. *1793-janv.* vote la † du roi ; *-6-4* fait décider la création du Comité de salut public ; *-juin* fait tomber les Girondins et remplace le gouvernement d'Assemblée par celui du Comité exécutif ; *-10-7* il en est exclu par Hérault de Séchelles, annexionniste et belliciste, encore allié aux robespierristes ; il entre alors en lutte avec ce comité, en recherchant, comme les hébertistes, l'appui de la Commune, mais s'oppose aux hébertistes par une politique de paix à tout prix ; *-sept.* négocie avec Mercy d'Argenteau, ancien ambassadeur d'Autriche, réfugié à Bruxelles, la libération de Marie-Antoinette (on lui offre une grosse somme, il promet son appui, mais n'a plus aucun pouvoir) ; *-nov.* revient à la Convention. *1794-19-3* prend le parti de Pache, maire de Paris, qui vient d'abandonner Hébert ; il est soupçonné de préparer à son tour une insurrection de la Commune contre la Convention (chef militaire : Westermann) ; *-29/30-3* arrêté ; *-2-4* tribunal révolutionnaire. Condamné après un procès illégal et le 5-4 guillotiné. Dit au bourreau : « Tu montreras ma tête au peuple, elle en vaut la peine. » On sait actuellement qu'il aurait été également payé par le duc d'Orléans. Après la mort de celui-ci (6-11-1793), il était soupçonné d'aspirer à la « régence ». Il songeait, disait-on, à offrir la Couronne de France au duc d'York, qui aurait épousé Madame Royale.

■ **David (Louis,** né Paris 30-8-1748). Peintre, rallié à la Révolution (1791), auteur du *Serment du Jeu de paume.* Élu de Paris à la Convention. *1793* vote la mort du roi et se rallie à Robespierre. Ordonnateur des grandes fêtes nationales (Être suprême). *1794-2-8* (15 thermidor) arrêté puis relâché pour travailler à ses toiles dans son atelier. *1795-22-5* arrêté de nouveau après l'émeute « crêtoise » de prairial ; *-26-10* (4 brumaire) amnistié, se rallie à Bonaparte et devient le peintre officiel de l'Empire. *1815* exilé comme régicide. *1825-29-12* meurt à Bruxelles.

■ **Davout, duc d'Auerstaedt, P^{ce} d'Eckmühl (Louis Nicolas,** Annoux 10-5-1770/Paris 1-6-1823). Noblesse bourguignonne (d'Avoust), élève de l'école militaire royale. *1792* élu commandant du 2e bataillon des volontaires de l'Yonne. *1793* G^{al} ; participe aux campagnes : Belgique (1793), Rhin (1795-97), Égypte (1798-99) et Italie (1800). *1801* épouse la sœur du Gal Leclerc (devient beau-frère de Pauline Bonaparte). *1804-mai* M^{al} de France. *1805* se distingue à Austerlitz. *1806-14-6* vainqueur des Prussiens à Auerstaedt. *1808* duc d'Auerstaedt. *1809* P^{ce} d'Eckmühl. *1813* assiégé dans Hambourg (capitule sur ordre de Louis XVIII le 31-5-1814). *1815* Cent-Jours, min. de la Guerre ; *-3-7* C^{dt} en chef, signe une convention avec les Alliés (repli au sud de la Loire). *1819* pair de France.

■ **Desmoulins (Camille,** né Guise 2-3-1760). Bourgeoisie de robe ; condisciple de Danton et Robespierre à Louis-le-Grand. *1789* avocat à Paris, élu aux états généraux (tiers état), d'abord partisan de Mirabeau ; *-nov.* fonde le journal *les Révolutions de France et de Brabant* (nov. 1789-juill. 1791). Membre du club des Cordeliers. *1792* rallié à Danton, qui le nomme après le 10 août secrétaire général du min. de la Justice et le fait profiter des subsides anglais (18 000 livres remises par le banquier Perrégaux). Élu député de Paris à la Convention, siège à la Montagne, s'oppose au bellicisme des Girondins ; mais leur mise à mort le bouleverse. *1793-sept.* accuse Hérault de Séchelles (belliciste et annexionniste) d'être un agent ennemi jouant la politique du pire ; *-30-10* lance le journal *le Vieux Cordelier,* où il défend la politique de Danton contre le Comité de salut public ; *-déc.* chassé du Comité de salut public. *1794-mars* condamne l'épuration sanglante des *enragés* ou hébertistes ; *-5-4* guillotiné avec les dantonistes ; *-13-4* sa femme Lucile (née 1771, épousée 29-12-1790) guillotinée, était la fille naturelle de l'abbé Terray (1715-78), ministre de Louis XV.

■ **Gal Dumouriez (Charles François du Périer,** dit, Cambrai 25-1-1739/Turville Park, Angl. 14-3-1823). *1757* volontaire à 18 ans. *1763* capitaine réformé ; missions diplomatiques à Madrid et Lisbonne. *1768* missions en Corse, Pologne et Suède, emprisonné à la Bastille (avait détourné des fonds). *1775* colonel, chargé des travaux du port de Cherbourg. *1788* M^{al} de camp. *1792-février* lieutenant G^{al} ; *-15-3* ministre des Affaires étrangères. Remporte avec Kellerman la victoire de Valmy (aurait négocié avec Brunswick le retrait des Prussiens) ; *-6-11* victorieux à Jemmapes. *1793-2-2* conquiert Hollande ; refuse de se rendre à la Convention (hostile) ; *-18-3* battu à Neerwinden ; négocie avec Autrichiens ; leur livre le ministre de la Guerre Beurnonville et 4 représentants en mission venus l'arrêter, évacue la Belgique mais ne peut convaincre ses troupes de marcher sur Paris pour établir une monarchie constitutionnelle ; *-5-4* se livre aux Autrichiens. *1800* pension de l'Angleterre ; conseillera Wellington en Espagne. *1814* Louis XVIII refuse de lui pardonner ses manœuvres orléanistes ; finit sa vie en exil en Angleterre (près de Londres).

■ **Duroc, duc de Frioul (Géraud de Michel du Roc,** dit **Michel,** né Pont-à-Mousson 25-10-1772). Noblesse d'épée. Élève officier de l'armée royale (artilleur). *1797* capitaine, aide de camp de Bonaparte. *1799* prend part au coup d'État du 18 brumaire. *1800* G^{al} de brigade. *1804* M^{al} de France. *1805* grand M^{al} du Palais (ami de l'Empereur). *1808-13* missions diplomatiques (notamment paix de Vienne 1809). *1808* duc de Frioul. *1813-22-5* tué par un boulet avant la bataille de Bautzen.

■ **Fouché, duc d'Otrante (Joseph,** La Martinière 29-5-1759/Trieste 26-12-1820). Confrère de l'Oratoire (non ordonné), professeur à Niort, Arras, Nantes, au collège de Juilly. *1792* élu député de Nantes à la Convention. Vote la mort du roi. *1793-nov.* épure cruellement Lyon. *1794* menacé par Robespierre, organise avec Barras le « 9 thermidor ». *1795-août* arrêté, puis amnistié. *1799-juillet* min. de la Police, aide Bonaparte à devenir consul, le soutiendra jusqu'en 1810. *1809* duc d'Otrante. *1813* gouverneur des Provinces illyriennes. *1814* fortune considérable, espère pouvoir se rallier aux Bourbons. *1815* min. de la Police pendant les Cent-Jours. Après Waterloo, Pt du gouvernement provisoire, reste du 9-7 au 19-9 à la Police, puis, nommé ambassadeur à Dresde, démissionne. *1816* exilé comme régicide, se retire à Trieste ; ses descendants, protégés par Bernadotte, sont devenus des ducs suédois.

■ **Fouquier-Tinville (Antoine,** né Hérouel 10-6-1746). Fils de paysans picards. *1773-83* procureur au Châtelet ; révoqué pour inconduite, devient commis dans les bureaux de la police. Organise, sous la direction de Danton, l'émeute du 10 août ; nommé aussitôt directeur du jury d'accusation, puis substitut. *1793-10-3* accusateur public du tribunal criminel ; chargé, 17 mois, des causes importantes, notamment Marie-Antoinette, Philippe Egalité, les 22 députés girondins, Hébert, Danton, Camille Desmoulins, qu'il envoie à l'échafaud. *1794-28-7* (10 thermidor) il « constate l'identité » de Robespierre (contre lequel il n'a pas à requérir, puisqu'il s'agit d'un hors-la-loi) et l'envoie à l'échafaud. *1795-7-5* guillotiné après 41 jours de procès.

■ **Grégoire (Henri** dit **l'abbé Grégoire,** Vého 4-12-1750/Paris 28-5-1831). *1774* prêtre. *1788* défend les Juifs dans un écrit. *1789* député de Nancy du clergé aux états généraux (l'un des 1ers à œuvrer pour la réunion des 3 ordres, prêta le serment du Jeu de paume) ; *-14-7* préside la séance où les députés se déclarent en permanence ; *-4-8* propose l'abolition du droit d'aînesse. *1790-juillet* vote la Constitution civile du clergé ; *-nov.* 1er à prêter le serment civique. Élu évêque de Blois. Évêque constitutionnel du Loir-et-Cher. Élu député à la Convention, appuie l'abolition de la royauté. *1794-févr.* fait décréter l'abolition de l'esclavage. *1795/98* membre du Conseil des Cinq-Cents. *1797* et *1801* réunit 2 conciles nationaux. Membre du Conseil des Cinq-Cents. *1800* membre du Corps législatif. *1801* sénateur. Refuse d'accepter le Concordat et renonce à son évêché. *1814* un des 1ers à proposer la déposition de l'Empereur mais maintenu en disgrâce par la Restauration et exclu de l'Institut. *1819* élu député de l'Isère, est invalidé. *1831* Mgr de Quélen, archevêque de Paris, interdit de lui administrer les sacrements et lui refuse une sépulture chrétienne (il est pourtant administré mais refuse de renier son serment à la Constitution civile du clergé). *1989-12-12* transfert de ses cendres au Panthéon.

■ **Hébert (Jacques,** Alençon 15-11-1757/24-3-1794). Fils d'un orfèvre parisien, débute à 16 ans dans la presse clandestine ; emprisonné, condamné au bannissement, puis acquitté en appel. *1786* commis au théâtre des Variétés. *1789* nombreux pamphlets populaciers. *1790-juillet* fonde *le Père Duchesne*, journal extrémiste. *1793-24-5* arrêté par les Girondins ; *-14-7* libéré par une émeute populaire. Après la mort de Marat, est l'idole des sectionnaires parisiens ; *-oct.* lance une campagne contre Marie-Antoinette (l'accuse d'inceste avec son fils). Ses campagnes de presse imposent au Comité de salut public : levée en masse, greniers d'abondance, lois des suspects, épuration, gouvernement révolutionnaire, etc. ; *-oct.-nov.* Camille Desmoulins le présente comme complice de Hérault de Séchelles et des « agents étrangers ». *1794-4-3* il tente de remplacer la Convention par la Commune, et le Comité de salut public par un Tribunal suprême, avec Pache, maire de Paris, comme « grand juge » mais celui-ci se dérobe ; *-24-3* guillotiné ; *-13-4* sa veuve, la « mère Duchesne », est exécutée.

■ **Hérault de Séchelles (Marie Jean,** dit **Hérault Séchelles,** né Paris 20-9-1759). Noble, avocat au parlement de Paris, devenu Feuillant, puis Girondin, belliciste et annexionniste. Député à l'Ass. législative et à la Convention. *1793-10-7* membre du Comité de salut public, dirige les Affaires étrangères, essayant de déclencher la guerre contre les 2 neutres : États-Unis et Suisse ; *-sept.* Camille Desmoulins dénonce sa collusion avec les révolutionnaires étrangers vivant à Paris (notamment Cloots, hébertiste), l'accusant de mener la politique du pire et de rechercher une défaite ; *-déc.* contraint de démissionner. *1794* arrêté avec Cloots ; *-5-4* guillotiné à Paris avec Danton et Camille Desmoulins.

■ **Hoche (Lazare,** né Versailles 24-6-1768). Palefrenier aux écuries royales. *1784* garde-française. *1793* G^{al} de division à 25 ans, C^{dt} de l'armée de Moselle, ennemi du G^{al} royaliste Pichegru qui le fait mettre en prison en 1794 ; libéré en juillet, à la tête de l'armée de Vendée ; accusé d'avoir trahi sa parole en accordant une capitulation aux émigrés débarqués à Quiberon le 21-7-1795 (en majorité des officiers de la marine royale) puis en les livrant, après leur reddition, aux tribunaux révolutionnaires d'Auray qui les mirent à mort ; s'est toujours défendu d'avoir accordé une capitulation écrite (son adjoint, Rouget de Lisle, ancien officier du roi, avait persuadé Sombreuil de rendre son épée à Tallien) ; lui-même n'aurait promis à personne la vie sauve. Par la suite il ne pourra obtenir l'appui de la marine, demeurée royaliste, et échouera dans ses tentatives de débarquement en Irlande (fin 1796). *1797-févr.* commande l'armée de Sambre-et-Meuse. *-Juillet* min. de la Guerre ; commande l'armée d'Allemagne ; sollicité par Barras pour faire un coup d'État républicain ; amène des troupes à La Ferté-Alais ; dénoncé par Pichegru, il renonce ; *-18-9* meurt tuberculeux à 29 ans à Wetzlar (Allemagne). Ses descendants, devenus royalistes, ont en 1871 refusé le transfert de son corps au Panthéon. Souvent cité, avec Marceau, comme symbole des vertus militaires de la Ire République.

■ **Junot, duc d'Abrantès (Andoche,** né Bussy-le-Grand 23-10-1771). Fils d'un magistrat. *1792* volontaire dans le bataillon de la Côte-d'Or (surnommé la « Tempête »). *1793* siège de Toulon, aide de camp de Bonaparte, qui le surnomme « sergent la Tempête », campagne d'Égypte. *1796* blessé à la tête à Lonato, devient psychopathe. *1799* gouverneur de Paris, épouse Laure de Saint-Martin Permon (1784-1838, mémorialiste). *1801* G^{al} de division. *1804* gouverneur de Paris. *1805* ambassadeur à Lisbonne. *1807* G^{al} en chef de l'armée du Portugal. Occupe le pays, gouverneur du Portugal. *1808* duc d'Abrantès ; *-21-8* battu à Vimeiro ; *-30-8* capitulation de *Sintra*. *1810* blessé (au visage). *1812* disgracié après la campagne de Russie (aliénation mentale). *1813-29-7* se suicide à Montbard en se jetant par la fenêtre.

■ **Kellermann, duc de Valmy (François,** Strasbourg 28-5-1735/Paris 23-9-1820). Hussard alsacien, volontaire pendant la guerre de Sept Ans, un des rares généraux roturiers de l'Ancien Régime. *1788* (53 ans) M^{al} de camp. *1789* se rallie à la Révolution. *1791* C^{dt} de l'armée d'Alsace. *1792-mars* lieutenant général, commande l'armée du Centre. Offensive en Sarre, puis retraite jusqu'à Valmy (20-9, considéré comme le « vainqueur »). Affecté à l'armée de la Moselle, échoue devant Mayence et passe en jugement (acquitté). *1793-août* réprime l'insurrection de Lyon ; *-oct.* emprisonné 13 mois pour mollesse lors du siège de Lyon. *1794-8-11* acquitté (après thermidor). *1795-97* C^{dt} de l'armée des Alpes, il rend service à Bonaparte. *1804* M^{al}, sénateur. *1808* duc de Valmy. *1814* rallié aux Bourbons. Siège à la Chambre des pairs.

■ **Kléber (Jean-Baptiste,** né Strasbourg 9-3-1753). *1776-82* officier dans l'armée autrichienne. *1782* se tourne vers l'architecture. *1789* dans la garde nationale. *1792* lieutenant-colonel d'un bataillon de volontaires alsaciens. *1793* célèbre par sa bravoure au siège de Mayence. Général. Commande l'avant-garde des « Mayençais » contre les Vendéens, refuse d'être G^{al} en chef. *1794* armée de Sambre et Meuse. *1798* campagne d'Égypte ; *-juillet* blessé à Alexandrie. *1799-22-8* commandant en chef de l'Égypte après le départ de Bonaparte, essaie de négocier une évacuation honorable. *1800-14-6* assassiné au Caire par un janissaire, Souleïman el-Alepi.

■ **La Fayette (Gilbert Motier, Mis de,** Chavagnac 6-9-1757/Paris 20-5-1834). Noblesse auvergnate. Libéral et franc-maçon, dévoué au duc d'Orléans ; à 16 ans, épouse Mlle de Noailles (fille du duc d'Ayen), prend part à la guerre d'Indépendance américaine et devient populaire. Député de la noblesse de Riom aux états généraux. *1789-15-7* C^{dt} de la garde nationale ; *-17-7* fait adopter la cocarde tricolore ; influent à la cour, préconise une monarchie constitutionnelle garantissant les libertés. *1791-juin* après la fuite de Louis XVI à Varennes, accrédite la thèse de l'enlèvement du roi ; *-30-6* lieutenant général, à la tête des armées chargées de repousser l'invasion étrangère ; *-17-7* fait tirer au Champ-de-Mars sur des « pétitionnaires » demandant le « remplacement » de Louis XVI ; devient impopulaire. *1792-20-4* prend la tête de l'armée du Nord et négocie avec les Autrichiens : en échange d'un armistice, il emmènera son armée à Paris pour rétablir la monarchie constitutionnelle ; *-19-7* décret d'accusation, passe chez les Autrichiens ; prisonnier jusqu'en sept. 1797. *1802-03* facilite la cession aux États-Unis de la Louisiane, y acquérant de vastes domaines. Refuse le poste (américain) de gouverneur de la Louisiane. Sous le Consulat et l'Empire, reste à l'écart de la politique, reçoit de nombreux Anglais dans son château de la Grange. *Cent-Jours* membre de la Chambre des représentants, provoque l'abdication de Napoléon. *1818* député de la Sarthe ; à la tête de l'opposition libérale. *1825* voyage triomphal aux États-Unis. *1827* député de Meaux. *1830-29-7* commandant de la garde nationale ; chef de l'opposition libérale, fait triompher Louis-Philippe, refusant la présidence d'une nouvelle République. *1831-34* dans l'opposition.

■ **Lannes, duc de Montebello (Jean,** né Lectoure 11-4-1759). Fils d'un garçon d'écurie ; apprenti teinturier. *1792* s'engage dans un bataillon de volontaires du Gers. *1796* exploits en Italie. *1797* G^{al} de brigade. *1799* en Égypte, G^{al} de division. *1800* commande l'avant-garde en Italie ; *-9-6* bat les Autrichiens à Montebello. *1804* M^{al} (le seul qui ait tutoyé l'empereur). *1808* duc de Montebello. *1809-févr.* prend Saragosse ; *-22-5* blessé mortellement à Essling (amputé des 2 jambes, † 31-5). *1810* enseveli au Panthéon.

■ **La Tour d'Auvergne (Théophile Malo Corret de,** 1743-1800). *1784* capitaine ; *1793-95* commande une colonne infernale dans les Pyrénées-Orientales ; *1800* 1er grenadier de la République ; tué à Oberhausen, cœur aux Invalides, corps au Panthéon en 1889.

■ **Lefebvre, duc de Dantzig (François-Joseph,** Rouffach 25-10-1755/Paris 14-10-1820). Fils de soldat. *1773* engagé dans les gardes-françaises. *1788* sergent, épouse une blanchisseuse, Catherine Hubscher [(1753-1835) dite « Madame Sans-Gêne »]. Passe dans la garde nationale parisienne. *1792* capitaine. *1794* G^{al} de division. *1795* C^{dt} de l'armée de Sambre-et-Meuse, blessé. *1799* candidat des Cinq-Cents au Directoire (échec). *1800* Pt du Sénat (jusqu'à 1814). *1804-mai* M^{al} d'Empire. *1807-24-5* prend Dantzig, créé duc de Dantzig. *1809* commande l'armée bavaroise à Wagram. *1814* pair de France. *1815* pair de l'Empire ; destitué après Waterloo. *1819* réintégré.

■ **Marat (Jean-Paul,** né Boudry, Suisse 24-4-1743). *1767* médecin à Londres. *1777-juin* à Paris ; médecin des gardes du corps du C^{dt} d'Artois. Un de ses livres, le *Plan de législation criminelle,* est mis au pilon sur ordre du procureur Brissot. *1789-12-9* fonde *l'Ami du peuple,* subventionné par le duc d'Orléans : s'oppose aux bourgeois, notamment aux Brissotins (Girondins). *1789-oct.-nov.* emprisonné à cause de son intransigeance. *1790* et *92* exilé quelques mois à Londres. *1792-sept.* dans son journal, devenu *Journal de la République française,* il défend les institutions républicaines. Député de Paris à la Convention. *1793-13-7* vers 7 h 15, assassiné dans sa baignoire par une jeune Normande, Marie-Anne, *Charlotte de Corday d'Armont* (ou d'Armans) [née 27-7-1768, arrière-petite-nièce de Corneille], guillotinée 17-7 [Legros, charpentier, prit sa tête par les cheveux et la gifla 2 fois (il fut condamné à 8 j de prison)] ; le corps fut examiné, les médecins proclamèrent qu'elle était vierge. Marat, inhumé dans les jardins des Cordeliers, fut, le 21-9-1794, transféré au Panthéon dont il fut retiré le 14-2-1795 (inhumé au cimetière Ste-Geneviève).

■ **Marceau (François Séverin Marceau-Desgraviers dit,** né Chartres 1-3-1769). Simple soldat de l'armée royale. *1789* garde national. Chef du 1er bataillon des volontaires d'Eure-et-Loir. *1792* défend Verdun. *1793* en Vendée ; *-nov.* G^{al} de l'armée républicaine, après plusieurs victoires sur les Vendéens ; G^{al} de brigade et C^{dt} en chef de l'armée de l'Ouest, remporte les victoires du Mans (13-12-1793) et de Savenay. *1794* aux armées de Sambre-et-Meuse. *1796-19-9* blessé par un chasseur tyrolien, le lendemain de la bataille d'Altenkirchen, † 21-9 (1889 transféré au Panthéon).

■ **Marmont, duc de Raguse (Auguste Viesse de,** Châtillon-sur-Seine 20-7-1774/Venise 2-3-1852). Petite noblesse, fils d'officier. *1793* L^{t} ; s'attache à Bonaparte (siège de Toulon). *1796* devient son aide de camp en Italie, puis en Égypte. *1806* conquiert la Dalmatie. *1808* duc de Raguse. *1809* M^{al}. *1811* campagne du Portugal, *1812* d'Espagne ; vaincu par Wellington aux Arapiles (blessé), *1813* d'Allemagne. *1814-30-3* conclut un cessez-le-feu pour ses troupes à Belleville (à l'insu de Mortier qui défendait La Villette et de Moncey qui défendait Clichy) avec l'autorisation du roi Joseph ; *-4-4* chef du 6e corps d'armée (ramené de Belleville à Essonnes, au terme d'une capitulation), rejoint Talleyrand et le M^{al} autrichien Schwarzenberg à Paris, ses troupes passant dans les lignes russes. Considéré comme un traître (on parlera de *ragusade*), il expliquera qu'il avait négocié la veille avec Schwarzenberg la reddition de son corps ; mais, allant négocier à Paris l'abdication conditionnelle de Napoléon, il a donné un contre-ordre dont son remplaçant, le Gal Souhan, n'a pas tenu compte. Tenu à l'écart des postes importants. Sous Louis XVIII, pair et major général de la garde royale. *1830-juillet* G^{al} en chef, réprime la révolution ; escorte Charles X à Cherbourg ; s'exile volontairement à Vienne.

■ **Masséna, duc de Rivoli, P^{ce} d'Essling (André,** Nice 6-5-1758/Paris 4-4-1817). Niçois, né Sarde. Mousse. *1775* s'engage dans la marine ; ne peut être officier (roturier). *1789* quitte le service ; tient une épicerie à Antibes ; volontaire dans le bataillon du Var. *1793* G^{al} de brigade (participe à la bataille de Loano, 23-11-1795). *1796-98* victorieux de Diego, Lodi, Rivoli (sous le commandement de Bonaparte). Surnommé l'« Enfant chéri de la Victoire » ; s'enrichit par des rapines en Italie. *1799* G^{al} en chef en Suisse ; écrase les Russes à Zurich (25-9). *1800-avril/juin* défend Gênes contre les Autrichiens, permettant la victoire de Marengo. Napoléon le jalousait. *1804* M^{al}. *1806* conquiert le royaume de Naples. *1808* duc de Rivoli. *1809* campagne d'Allemagne. *1810* P^{ce} d'Essling. *1811* campagne du Portugal. *1812-13* défaites en Espagne, disgracié (retraite au château de Rueil). *1814* rallié aux Bourbons.

■ **Mirabeau [Honoré Riqueti, Cte de,** né Le Bignon (Loiret) 9-3-1749]. Noblesse provençale, d'origine italienne. Neveu de l'économiste Victor de Mirabeau (1715-89). Franc-maçon, publie des ouvrages politiques, dont *la Monarchie prussienne* (1787), un éloge du Grand Frédéric écrit sous sa direction par des rédacteurs appointés. Avocat, bon orateur. *1789* élu aux états généraux par le tiers état de Provence (la noblesse l'a refusé, à cause de ses condamnations). Devient le porte-parole du tiers. *-23-6* auteur du coup d'État « du Jeu de paume », qui transforme les états généraux en Constituante. Ne peut être ministre, la Constituante ayant décidé (7-11-1789) que ses membres ne pourraient l'être (mesure le visant personnellement). *1790-mai* se rallie secrètement à Louis XVI (dont il reçoit de fortes sommes). *1791-févr.* Pt de l'Assemblée ; *-avril* avant de mourir, conseille au roi de s'enfuir en province et de reconquérir Paris par les armes ; *-2-4* meurt (usé par le travail) ; on parle d'orgie, de poison ; *-3-4* autopsie devant 56 témoins concluant à la mort naturelle ; *-4-4* funérailles devant 300 000 personnes au Panthéon (son corps en sera retiré le 21-9-1794 quand Marie-Joseph Chénier aura découvert sa collusion avec la cour).

■ **Moreau (Jean,** né Morlaix 14-2-1763). Avocat. *1791* commande un bataillon de volontaires bretons de l'armée du Nord. *1793* G^{al}. *1794* victorieux des Autrichiens en Belgique ; *-juillet* se brouille avec la République (père guillotiné à Brest) et se rallie secrètement à Pichegru (royaliste) tout en combattant les Autrichiens. *1794-95* conquête de la Hollande. *1796* commande l'armée de Rhin et Moselle. *1798* inactif. *1799-avril* commande l'armée d'Italie. *1800* l'armée du Rhin ; *-3-12* victorieux à Hohenlinden, Bonaparte le suspecte. *1803-04* compromis dans le complot royaliste de Pichegru et Cadoudal ; part en exil, restera 8 ans aux États-Unis (agriculteur à Morrisville, Pennsylvanie). *1813* conseiller militaire du tsar Alexandre ; *-26-8* blessé à ses côtés à Leipzig (les 2 jambes emportées par un boulet) ; meurt le 2-9. Louis XVIII le nommera M^{al} de France à titre posthume. Enterré à Ste-Catherine de St-Pétersbourg puis transféré à Bordeaux (cimetière de la Chartreuse).

■ **Ney, duc d'Elchingen, P^{ce} de la Moskova (Michel,** né Sarrelouis 10-1-1769). Fils d'un tonnelier. Clerc de notaire. *1788* s'engage. *1794* capitaine. *1796* se distingue à la campagne d'Allemagne ; G^{al} de brigade. *1799-28-3* prend Manheim, G^{al} de division. Désapprouve le coup d'État du 18 brumaire. *1802* ambassadeur en Suisse, épouse une amie de Joséphine, Aglaë Auguié. *1804* M^{al}. Surnommé le « Brave des braves ». *1808* duc d'Elchingen. *1809-11* en Espagne et Portugal. *1812* P^{ce} de la Moskova, sauve les débris de la Grande Armée en Russie. *1813* campagne d'Allemagne. *1814* à la tête des généraux mécontents, force Napoléon à abdiquer. Nommé pair. *1815-mars* chargé d'arrêter Napoléon ; *-18-3* se rallie à lui, mais combat mollement en Belgique, n'exploitant pas la victoire de Ligny et commettant des erreurs à Waterloo ; *-24-7* proscrit, se cache. *-3-8* arrêté au château de Bessonies (Lot). Cour martiale refuse de le juger ; *-6-12* condamné à mort par la Chambre des pairs (au 2e appel, 128 pairs pour la mort, 17 pour la déportation, 5 pairs s'abstiennent, 19 furent récusés pour des raisons diverses et 34 furent cités absents) ; *-7-12* fusillé au terre-plein de l'Observatoire (1853 statue de Rude à cet endroit). Louis XVIII refusa sa grâce (la D^{esse} d'Angoulême l'aurait supplié de se montrer inflexible) [voir **Ney** à l'Index]. Un immigrant irlandais, Peter Stewart Ney († 15-11-1846), arrivé en 1819 à Brownsville (Caroline du Sud, USA) où il devint instituteur, prétendait être le M^{al} Ney [Wellington, franc-maçon comme lui, aurait favorisé son évasion après une exécution truquée (les soldats visèrent haut, il portait une vessie remplie de sang de cheval qu'il fit éclater et s'écroula ; ramassé et conduit à l'hôpital, on lui substitua le corps maquillé d'un mort de la veille)]. Sa tombe (à Statesville) indique : « Né en France, soldat de la Révolution française sous Napoléon Bonaparte ».

■ **Pichegru (Jean-Charles,** né Les Planches 16-2-1761). Fils d'un paysan ; répétiteur à Brienne, a comme élève Bonaparte. *1780-83* volontaire dans l'artillerie pendant la guerre d'Amérique. *1789* commande un bataillon de volontaires du Gard. Combat dans l'armée du Rhin. *1792-9-10* adjudant à Besançon, Pt d'un club, élu L^{t}-C^{el}. *1793-22-8* G^{al} de brigade ; de division ; *-27-10* en chef de l'armée du Rhin ; *-24-12* vainqueur à Wissembourg. *1794-8-2* G^{al} en chef de l'armée du Nord. *1794-95* conquiert Belgique et Hollande. *1795-20-1* prend la flotte hollandaise bloquée par les glaces à Texel. *1795-96* C^{dt} en chef contre les Autrichiens, il se rallie aux royalistes et se fait battre volontairement. *1796-janv.* contraint de quitter l'armée ; *-avril* élu Pt des Cinq-Cents (conservateur). *1797-12-4* déporté en Guyane après le coup d'État républicain de fructidor (4-10-1797). *1798-juin* s'évade, se réfugie à Londres où il fait équipe avec Cadoudal. *1803* secrètement à Paris ; dénoncé, emprisonné au Temple. *1804-6-4* retrouvé étranglé (sur ordre de Bonaparte ?).

■ **Robespierre (Maximilien de,** né Arras 6-5-1758). Avocat au Conseil d'Artois, juge au tribunal épiscopal. *1789* élu député de l'Artois du tiers aux états généraux ; défend des thèses démocratiques d'origine rousseauiste. *1789* élu. *1791-mai* fait passer dans la Constitution l'article affirmant le *droit de pétition,* qui paralysera les assemblées. Orateur du club des Jacobins sous la Législative, préconise l'élection d'une convention au suffrage universel. *1792* membre de la Commune insurrectionnelle après le 10-8, devient, avec Danton, l'un des chefs de la Montagne à la Convention (il utilise les « sections », multiplie les interventions de *pétitionnaires,* favorables à ses thèses). *1794-8-5* institue le culte de l'*Être suprême* et s'en nomme le chef, cumulant ainsi pouvoirs religieux et politique ; *-10-5* remplace le maire Pache par Fleuriot-Lescot qui lui est dévoué et qui renonce à faire de la Commune un contre-pouvoir opposé à la Convention. Sa dictature est sanglante. Surnommé l'« Incorruptible ». Renversé par des conventionnels qui craignaient pour leur vie ; *-28-7* au matin, se tire un coup de pistolet dans la mâchoire, guillotiné le même jour à 18 h.

■ **Saint-André Jeanbon (André Jeanbon,** dit, Montauban 25-2-1749/Mayence 10-12-1813). Pasteur protestant de Montauban. *1789* fonde la Sté populaire pour répandre les idées nouvelles. Élu à la Convention, vote la mort du roi. *1793-juillet* entre au Comité de salut public ; *-sept.* chargé des affaires de la Marine, envoyé à Brest pour la réorganiser. *1794-1-6* participe à la bataille où sombra le *Vengeur.* En mission à Toulon lors du 9 thermidor. *1795-97* consul à Alger, puis *1798-1801* à Smyrne. *1803-13* préfet du Mont-Tonnerre (Mayence).

■ **Saint-Just (Louis,** Decize 25-8-1767/28-7-1794). Fils d'un paysan, ancien soldat. Étudiant en droit à Reims. *1789* se trouve à Paris ; *-juillet* L^{t}-C^{el} de la garde nationale. *1791-juin* escorte la voiture du roi lors du retour de Varennes ; *-sept.* élu à la Législative (invalidé car trop jeune). *1792-sept.* élu député de l'Aisne à la Convention ; siégeant à la Montagne. *1793* joue un grand rôle dans la condamnation à mort du roi (13-11 réclame sa mort) et dans la rédaction de la Constitution ; *-avril* au Comité de salut public, en est le porte-parole auprès de la Convention ; théoricien de la Terreur ; *du 16-10-1793 au 4-1-1794* missions aux armées, prend Bitche et délivre Landau. *1794-28-4* fait gagner par des offensives à outrance les batailles de Courtrai et de Fleurus. Reste silencieux du 8 au 10 thermidor (épuisé nerveusement ?), provoque la chute des robespierristes. Guillotiné le 28-7.

■ **Savary, duc de Rovigo (René,** Marcq 26-4-1774/Paris 2-6-1833). *1789* engagé au *Royal-Normandie. 1793* capitaine ; aide de camp de Desaix en Égypte et à Marengo, puis de Bonaparte. *1801* colonel de la gendarmerie consulaire, chef de la police secrète. *1804-20-3* G^{al} chargé de l'exécution du duc d'Enghien. *1805* G^{al} de division. Campagne d'Allemagne. *1808* pousse Ferdinand VII d'Espagne à abdiquer à Bayonne ; créé duc de Rovigo. Campagne d'Espagne. *1810* ministre de la Police (remplaçant Fouché). *1812* dépassé lors de la conspiration de Malet. *1815* (Cent-Jours) inspecteur général de la gendarmerie ; *-15-7* suit Napoléon sur le *Bellérophon. 1816* prisonnier des Anglais, s'évade (réfugié en Turquie à Smyrne) ; *-25-12* condamné à mort par contumace. *1819* rentre en France ; jugement cassé : réfugié à Rome. *1831-16-12/1833* C^{dt} en chef de l'armée d'Algérie.

■ **Sieyès [abbé** (prononcer si-yès), **Emmanuel Joseph Cte Sieyès,** dit **l'abbé Sieyès,** Fréjus 3-5-1748/Paris 20-6-1836]. Ecclésiastique (1775 chanoine de Tréguier, 1787 grand vicaire de l'évêque de Chartres). *1789* député du tiers état, rédige le serment du « Jeu de paume » ; travaille à la rédaction des Constitutions. Élu dans 3 départements à la Convention, vote la mort du roi et se « déprêtrise » selon le rite officiel. *1795-mars* membre du Comité de salut public ; *-avril* Pt de la Convention ; refuse d'entrer au Directoire (contre la Constitution de l'an III). Pt du Conseil des Cinq-Cents. *1798* ambassadeur à Berlin. *1799-16-5* entre au Directoire. Prépare le coup d'État du 18 brumaire ; consul provisoire le 19 brumaire. Pt du Sénat sous l'Empire. *1809* Cte d'Empire. *1815-30* exilé comme régicide.

■ **Soult, duc de Dalmatie (Nicolas,** dit **Jean de Dieu,** St-Amans-la-Bastide 29-3-1769/idem 26-11-1851). Fils d'un notaire ; volontaire à 16 ans au Royal Infanterie. *1791* sous-L^{t}. *1793* capitaine. *1794* G^{al} de brigade. *1799* remplace Lefebvre, blessé, comme C^{dt} en chef de l'armée de Sambre-et-Meuse ; G^{al} de division, adjoint de Masséna à Zurich et à Gênes. *1802* présenté au 1er consul par Masséna ; colonel de la garde consulaire. *1804* M^{al} d'Empire, C^{dt} en chef du camp de Boulogne. *1806* gouverneur de Vienne. *1807* gouverneur de Berlin, duc de Dalmatie. *1808-14* C^{dt} en chef en Espagne et Portugal ; bat en retraite jusqu'à Toulouse (dernière bataille 7-4-1814). *Restauration* pair et min. de la Guerre. *1815* chef d'état-major de Napoléon à Waterloo, se révèle incapable ; banni par Louis XVIII. *1819* réintégré comme M^{al}. *1830-31* min. de la Guerre de Louis-Philippe. *1832-34, 1839-40* et *1840-47* Pt du Conseil. *1838* mission diplomatique à Londres. *1847* se démet de la présidence pour raison de santé ; Louis-Philippe lui donne le titre de maréchal général de France (exceptionnel).

■ **Talleyrand-Périgord (Charles Maurice de,** né Paris 13-2-1754 ; boiteux à la suite d'un accident dans son enfance). *1770* entre au séminaire de St-Sulpice car, bien que l'aîné, il ne peut être militaire à cause de son pied. *1775* obtient l'abbaye St-Denis près de Reims. *1779* prêtre à 25 ans. *1780* agent général du clergé de France. *1789-4-1* sacré évêque ; *-15-3* intronisé dans la cathédrale d'Autun, s'éloigne de son diocèse à Pâques ; député du clergé aux états généraux, il ne participe pas ouvertement à l'élaboration de la Constitution civile du clergé (se contentant de s'y rallier avec 3 autres évêques le lendemain). *1790-14-7* fête de la Fédération, célèbre la messe au Champ-de-Mars. *1791-13-1* démissionne de son évêché d'Autun ; vit comme un laïc ; *-24-1* sacre les 1ers évêques constitutionnels : Expilly (évêque Finistère) et Marolles (évêque Aisne). *1792-fév.-mars* mission à Londres muni d'un laissez-passer de Danton, puis revient comme adjoint de l'ambassadeur Chauvelin. *1794* émigre ; indésirable en Angleterre, se réfugie en Amér. du Nord. *1796-sept.* Mme de Staël, son amie, organise son retour ; rayé de la liste des émigrés, rentre à Paris, via Hambourg. *1797-juillet* min. des Relations extérieures du Directoire. *1799-juillet* démissionne ; rencontre Bonaparte. *18 brumaire* min. des Aff. étrangères, (cherche une paix durable). *1802-juin* relevé de l'excommunication et rendu à l'état laïc. *1803* à la demande de Bonaparte, épouse sa maîtresse Mme Grant [Catherine-Noël Worlée (ou Verlée, née à Tranquebar 21-11-1762)] ; *-7-5* (17 floréal an XI) achète la « terre de Valençay, Luçay et Veuil » 1 600 000 F. Grand chambellan. *1806* P^{ce} de Bénévent. *1814* se rallie aux Bourbons qui lui reconnaissent son titre de P^{ce} de Bénévent et le chargent de négocier le traité de Vienne. *1815-9-7* Pt du Conseil ; *-23-9* démissionne ; vit maritalement avec sa nièce (épouse de son neveu, Edmond de Périgord) la D^{esse} de Dino (1793-1862, née Dorothée de Courlande, P^{cesse} de Sagan). *1830* récompensé de sa fidélité aux Orléans par de hautes fonctions, notamment l'ambassade de Londres (arrêté en 1834). *1838-17-5* meurt à Paris après avoir reçu les derniers sacrements de l'abbé (futur Mgr) Dupanloup (son fils naturel ?). Auguste Charles Cte de Flahaut de la Billarderie (Paris 21-4-1785/Paris 2-9-1870), était son fils, né d'Adèle Filleul [(1761-1836), mariée à 18 ans au Cte de Flahaut († 1793), maîtresse du futur Louis-Philippe en 1792-98, rentrée à Paris en 1798 et mariée en 2es noces au Mis de Souza Bothelo (min. du Portugal)].

■ **Tallien (Jean Lambert,** né Paris 23-1-1767, fils d'un maître d'hôtel du marquis de Bercy). Clerc de procureur, commis, prote d'imprimerie. *1790* fonde la Sté fraternelle du faubourg St-Antoine. *1791* dirige le journal-affiche, placardé 2 fois/semaine à Paris, *l'Ami du citoyen. 1792* secrétaire-greffier de la Commune de Paris ; *-sept.* député à la Convention, siège à la Montagne. *1793-janv.* vote la mort du roi ; membre du Comité de sûreté générale ; en mission à Bordeaux, fait tomber de nombreuses têtes, s'enrichit en vendant des grâces ; devient l'amant d'une Espagnole, Thérésa Cabarrus (née 1773 à Carabanchel Alto près de Madrid, père banquier, 1789 épouse Davis, Cte de Fontenay, 1793 divorce, 1794-déc. ép. Tallien, maîtresse du banquier Ouvrard, 1802 divorce, 1805 ép. Cte de Caraman, futur P^{ce} de Chimay, 1835 meurt à Chimay). Dénoncé, rappelé à Paris, suspect aux yeux des robespierristes (Thérésa est emprisonnée), il organise le coup d'État du 9 thermidor qui abat Robespierre et sauve Thérésa (surnommée « Notre-Dame de Thermidor »). *1795-juin* commissaire de la Convention en Bretagne ; il accompagne Hoche à Quiberon et fait fusiller les prisonniers. Siège au Conseil des Cinq-Cents. Accompagne Bonaparte en Égypte. Pris par les Anglais. *1802* libéré, puis tombe dans l'oubli. Napoléon le nomme consul à Alicante ; ayant contracté la lèpre, il quitte ce poste. *1820-16-11* meurt dans la misère.

■ **Vidocq (Eugène-François,** Arras 25-7-1775/ Bruxelles 1857). Père boulanger. Vole la caisse de ses parents, s'enfuit et revient implorer leur pardon. A la Révolution, s'engage, déserte, rejoint les Autrichiens ; condamné à la bastonnade, se réfugie comme déserteur belge sous le drapeau français (désertant à nouveau). S'engage dans le bataillon de volontaires d'Arras, parcourt la Belgique avec joueurs et escrocs et arrive à Paris (vols, escroqueries...). Condamné à 8 ans de travaux forcés pour faux. S'évade après 6 ans au bagne de Brest ; devient colporteur, tailleur... *1810* à la tête d'une brigade « de sûreté », composée de condamnés libérés (en 1 an, met la main sur plus de 700 forçats évadés ou en rupture de ban). *1818* gracié ; *appointements :* 5 000 F par an, plus profits illicites et secrets. *1825* remplacé par Coco-Lacour qui avait des antécédents semblables. *1827* démission ; fonde une fabrique de papiers gaufrés et de carton à St-Mandé dont les employés sont d'anciens forçats ; se ruine (il aurait spéculé sur la braise des boulangers de Paris). *1832* rentre dans la police. *1836* fonde, rue des Bons-Enfants, puis galerie Vivienne, un bureau d'informations pour le commerce et de renseignements secrets pour les familles ; à 2 reprises, poursuivi pour escroquerie, son bureau doit fermer. Désirant reprendre son poste dans la police, organise un vol, en avertit le préfet, puis découvre la bande qui est arrêtée ; mais, soupçonné, il est recongédié et la brigade de sûreté est dissoute. *1848* après la Révolution, offre ses services à Lamartine qui les refuse. Se retire en Belgique, y meurt (*Mémoires :* Paris, 4 vol., 1828 ; assez romancés ; a inspiré à Balzac le personnage de Vautrin dans *Splendeurs et Misères des courtisanes*).

(1866-1940, « P^{ce} de Sannois ») sans postérité mâle ; *2°) Henri* [(1867-1937, « duc de Normandie ») dont Louis (1908-75, « Cte de Boulogne, duc de Normandie ») dont *a)* Charles Louis (né 1933, « duc de Guyenne, duc de Berry », technicien retraité de Renault) dont Philippe (1953-55), Michel-Henri (né 1957, « duc de Normandie ») dont Charles-Michel (né 1976, « duc de Bourgogne ») ; André-Louis (né 1977) ; Marc Édouard (né 1986)] ; Jean-Edmond (né 1960, « duc de Vendôme ») ; *b)* Henri-Emmanuel (né 1935, « duc d'Anjou ») dont Guillaume (né 1957), Henri (né 1966) ; *3°) Ange-Emmanuel* (1869-1938, « Cte de Poitiers ») sans postérité ; *4°) Jean-Louis-Marie* (1870-70) ; *5°) Charles-Ferdinand* (1871-73).

☞ *La Légitimité* (1er numéro 21-1-1883, lancé par l'abbé Berton, curé de Chantecoq, Loiret) a soutenu cette cause jusqu'en 1940. L'association *Institut Louis XVII,* 3, rue des Moines, 75017 Paris, publie un bulletin trimestriel depuis le 4e trimestre 1990. Chaque année, le 12-6, les *naundorffistes* font célébrer une messe commémorative de l'« évasion » du dauphin en 1795.

■ **Autres faux dauphins. Alday** Marc (Perpignan 27-4-1789, Italie 30-12-1873), tapissier. **Aubudon** Jean-Jacques (Saint-Domingue 26-4-1785, USA 27-1-1851), célèbre naturaliste, fils naturel de Jean Aubudon et d'une créole nommée Rabin ; **Benoît** Pierre [† 22-8-1852 à Buenos Aires (Argentine), officier dans la marine impériale, établi à Buenos Aires en 1818], homme de science, naturaliste. **Brosseau** Pierre, au Canada. **Bruneau** Mathurin (Vezins, M.-et-L., 10-5-1774), fils de sabotier ; *1806* canonnier sur la *Cybèle ; 1806*-4-10 déserte en Amérique ; *1815*-9-12 débarqué à St-Malo sous l'identité de Charles de Navarre, incarcéré à Rouen ; après une proclamation au peuple français, transféré à la Conciergerie où, après son procès, son imposture est dévoilée ; *1818*-17-2 condamné à 7 ans de prison et 7 200 F d'amende, écroué le 25-5-1821 au Mont-St-Michel où il meurt le 26-4-1822. **Carmouse** Jacques (Tarbes 22-7-1778, Paris 19-12-1813), tailleur. **Diebitch** Hans de [Gross-Lews (Silésie) 13-5-1778/1831 du choléra] ; *1821* feld-maréchal russe. **Dufresne** Auguste-Charles (Paris 20-2-1785/17-3-1860), aliéné, ancien agent de change ; *1818*-18-2 se présente comme Louis XVII aux Tuileries ; il porte le signe du St-Esprit tatoué sur sa cuisse par le pape. **Dumonteil** Félix (enterré à Dammarie-les-Lys ou † à Montpellier 16-12-1871 ?). **Du Petit-Val** Alexandre-Gaspard († 10-4-1801), fils du banquier François du Petit-Val (assassiné le 19-4-1796 avec sa belle-mère, 2 amis, 3 femmes de chambre) à Vitry-sur-Seine, il aurait été en fait confié à la garde de Du Petit-Val. **Fantin** († 1855) patronyme Louis-Georges St-André. **Fontolive,** maçon lyonnais vers 1830, puis garçon de salle à Bicêtre. **Fruchart** Louis-Célestin-Joseph (Merville, Nord, 30-1-1791/Pas-de-Calais 1853) ; *1813* chef du maquis en Flandres. **Père Fulgence** (Glenac, Morbihan, 9-11-1785/28-2-1869) ; *1811* ordonné prêtre à Vannes ; *1830* abbé de la Trappe (Belle Fontaine) ; ne prétendra pas lui-même être le dauphin. **Goulard** Charlemagne, faux dauphin supposé par la police. **Hazzlitt** Charles, cité par le *Chicago Tribune,* 1887-88. **Hervagault** Jean-Marie (St-Lô 21-9-1781/8-5-1812) ; *1798*-24-5 arrêté près de Châlons comme vagabond ; *1799*-17-8 arrêté à Vire et condamné à 4 ans de prison ; *1806* libéré, puis incorporé dans l'infanterie coloniale à Belle-Isle ; *1808*-8-11 embarqué sur la *Cybèle* ; *1809*-10-3 déserte, -19-8 incarcéré à Bicêtre, y meurt. **Junt,** ancien secrétaire d'ambassade. **Labroissière** Claude-Antoine (Fresnes 24-9-1788/Gentilly 26-12-1823), ouvrier fou. **Ligny-Luxembourg** Jean († 1867 en Russie), *1800* à 15 ans, aurait été remis par Joséphine à son père adoptif Charles de Luxembourg. **Loritz** Simon (Landau, Bas-Rhin, 1-11-1787-?) capitaine, devenu fou. **Louvel** Louis (Versailles 7-10-1783/Paris exécuté 8-6-1820), meurtrier du duc de Berry le 13-2-1820. **Louis** M. aux Seychelles. **Maillard d'Angoulême** Léon-Louis (1773-Paris 24-8-1853), *1795*-juin arrêté car ressemblant au dauphin. **Martin,** ancien clerc de notaire. **Maurice (Louis-Charles de Bourbon)** *1843* se fait passer pour le dauphin. **Mazel** Louis, garçon d'écurie à l'hôtel de France à Auch. **Mèves** Auguste († 9-5-1859), 1830, prétendant britannique. **Millet** Léon, dit le Roi blanc. **Morin de Guérivière** Alexis (Maubeuge 7-9-1779/Charenton 10-1-1847). *1795*-7-6 confié par son père à Ojardias, un voiturier auvergnat, puis à un papetier de Thiers. **Persat** Victor (Ennezat, P.-de-D., 10-12-1790/St-Maurice 18-11-1878). *1824* remet, à la Chambre des représentants de Washington, un mémoire sur l'évasion de Louis XVII. **Philippe** Louis, dit **de la Roche** († Savanay 9-1-1872). **Poncelet** Paul Gérard (Cambrai 2-10-1780/Bicêtre 21-4-1860), tailleur à Londres, se révèle en 1815. **Richemont,** baron de (1786-1853). *1818*-12-4 arrêté à Mantoue ; *1819* à Roanne ; s'évade ; arrêté près de Modène ; emprisonné à Milan ; *1825* employé à la préfecture de Rouen sous le nom d'Hébert ; *1826* condamné à 3 mois de prison pour banqueroute ; *1828*-2-2 adresse une pétition à la Chambre des pairs ; *1831* publie les « Mémoires du duc de Normandie, fils de Louis XVI, par lui-même » ; *1833*-30-8 écroué à Ste-Pélagie ; *1835*-4-11 condamné à 12 ans de détention pour escroquerie ; -19-8 s'évade ; *1840* amnistié ; écrit une nouvelle version de ses mémoires, incohérente ; *1849* assigne en revendication d'héritage la D^{esse} d'Angoulême (plainte classée) ; *1853*-10-8 meurt à Gleizé (Rhône) chez la Ctesse d'Apchier, sa protectrice ; ses partisans font graver sur sa tombe : « Ci-gît Louis-Charles de France, fils de Louis XVI et de Marie-Antoinette, né à Versailles le 27-3-1785, mort à Gleizé le 10-8-1853 » ; *1859*-12-9 acte de décès annulé et rectifié par le tribunal de Villefranche, pierre tombale retournée sur ordre de Persigny, ministre de l'Intérieur. **Pagot** 13-2-1883 un fou, échappé de la maison du Dr Blanche, s'introduit à la Chambre des députés et affirme être Louis XVII. **Persat** Victor (10-12-1790/1878) blessé à la tête durant la campagne de Russie. **Rion** colonel James de, aux États-Unis. **Rotano,** frère Louis, 1820-30 passe pour être Louis XVII. **Roume** Joseph-Vincent (St-Jean-de-Marvejols 31-7-1777/Uzès 12-4-1832), cordonnier puis huissier ; *1820*-25-2 demande gîte et couvert à Louis XVIII. **Roux** François-Laurent, dit duc de Normandie ; *1833*-19-8 arrêté à Lyon. **Savalette de Langes,** dite Henriette Jenny Savalette de Langes († Versailles 6-5-1858), homme déguisé en femme. **Thomas** Henry Antoine (né Paris 18-10-1792). **Trévison** Joseph, horloger à Zara (Yougoslavie). **Varney,** ami d'un journaliste du *Figaro*. **Williams** Eléazar (fils de Thomas Williams), pasteur de l'Église épiscopale, métis de père anglo-américain et d'une Iroquoise ; la presse en parle en 1853. **Vincent** (frère, † 1873).

–**1793**-1-2 la Convention déclare la guerre à Angleterre et Hollande ; -4-2 *comté de Nice* annexé (département des Alpes-Maritimes) ; chômage et disette favorisent les *enragés :* Jacques Roux (prêtre), Leclerc (journaliste), Varlet (orateur) réclament égalité politique, civile et sociale, impôts sur les riches, prix fixes pour denrées de 1re nécessité, peine de mort contre accapareurs ; -14-2 les Montagnards reprennent la Commune de Paris [maire : Jean-Nicolas Pache, procureur : Pierre-Gaspard Chaumette (24-5-1763/13-4-1794, guillotiné), substitut : Hébert (voir p. 655 a) ; sous le nom de « *triumvirat* », ils font de la municipalité un foyer d'insurrection (5e Commune, dominée par un « comité central des 33 sections » siégeant à l'archevêché), et interviennent constamment dans la salle de la Convention] ; -21-2 la loi de l'amalgame, imaginée par Louis Alexis Dubois de Crancé (18-10-1747/29-6-1814), fusionne les hommes dans une même demi-brigade : les régiments de ligne (les « culs blancs ») et les bataillons de volontaires (les « bleuets ») ; -24-2 décret de la Convention prescrivant une levée de 300 000 h. : « tous les citoyens français de 18 à 40 ans accomplis, non mariés ou veufs sans enfants, sont en état de réquisition permanente » ; pendant l'hiver, l'armée de Dumouriez a « fondu » de 400 000 hommes à 228 000 (ancien droit militaire permettant aux soldats de rentrer chez eux après une campagne) ; -2/30-3 annexions : Pté de Salm (23-3 convertie en département du Mont-Tonnerre), fragments du Palatinat et du duché de Deux-Ponts ; -7-3 canton de *Porrentruy* (partie catholique de l'ancien évêché de Bâle, annexé ; département du Mont-Terrible) ratifié par la Convention le 27-3 ; la Convention déclare la guerre à l'Espagne ; -8-3 loi : « tout émigré est banni à perpétuité, ses biens confisqués ; tout émigré capturé sera exécuté » ; -10-3 formation du *« Tribunal révolutionnaire »* (décrétée sur demande des sections de Paris, présentée par Chaumette, procureur de la Commune) qui portera ce nom officiellement le 8 brumaire an II : juridiction d'exception destinée à juger rapidement « tous attentats contre la liberté, l'égalité, l'unité, l'indivisibilité de la République, la sûreté intérieure et extérieure de l'État... » ; « Soyons terribles pour dispenser le peuple de l'être », déclare Danton, auteur principal du projet ; -19-3 les biens des condamnés à mort sont déclarés nationaux ; Dumouriez, replié en Belgique, négocie avec Frédéric Josias duc de Saxe-Cobourg (Cobourg 26-12-1737/Cobourg 26-2-1815 ; feld-maréchal autrichien, commande l'armée coalisée des Pays-Bas) le rétablissement d'une monarchie constitutionnelle au profit de Louis XVII ; -21-3 des comités de surveillance révolutionnaires sont institués dans chaque commune ou section ; -26-3 le *Comité de salut public* commence à siéger ; -28-3 un tribunal révolutionnaire est établi ; -1-4 Dumouriez fait emprisonner puis livrer aux Autrichiens les envoyés de la Convention [Pierre Riel, Mis Beurnonville, ministre de la Guerre), les commissaires Armand Camus (2-4-1740/2-11-1840), François Lamarque (2-11-1753/13-5-1839), Nicolas Marie Quinette (16-9-1762/14-6-1821) et Jean-Henri Bancal des Issarts (23-11-1750/27-5-1826)] et tente, en vain, de lancer ses troupes sur Paris ; -5-4 il franchit les lignes autrichiennes (voir p. 659 a) ; -6-4 un décret limite les membres du Comité de salut public à 9, renouvelables tous les mois ; -9-4 des *représentants du peuple* sont envoyés en mission aux armées ; -14-4 le parti de la Gironde fait décréter d'accusation Marat (le 24-4 le parti anarchiste le fait absoudre) ; -18-5 le parti de la Gironde fait établir une commission extraordinaire pour maintenir l'ordre dans le parti terroriste ; -20-5 la Convention ordonne un emprunt forcé d'1 milliard levé sur les riches [en avril, on avait institué une taxe spéciale sur les riches et décrété le 11-4 le cours forcé des assignats, puis le 4-5, le 1er maximum du prix des grains et farines, malgré l'opposition girondine (en mars, la Gironde avait fait voter la peine de mort contre quiconque proposerait la loi agraire)] ; -29-5 une insurrection réactionnaire triomphe à Lyon (voir **guerre fédéraliste** p. 660 a) ; -30-5 Marie-Joseph *Chalier* (Beaulard 1747/Lyon 16-7-1793, guillotiné), chef des Montagnards lyonnais, arrêté.

Pouvoir exécutif exercé collectivement (« Comité de salut public » de 9 conventionnels). 6-4-1793 : *Bertrand Barère de Vieuzac* (Tarbes 10-11-1755/Paris 15-1-1841), *Jean-François Delmas* (Toulouse 3-1-1751/6-10-1798) éliminé 10-7, *Jean-Jacques Bréard* (11-10-1751/2-1-1840) démissionnaire 5-6, *Pierre-Joseph Cambon* (Montpellier 10-6-1756/Belgique exil 15-2-1820) éliminé 10-7, *Jean Debry* (1760-1834) immédiatement remplacé par *Robert Lindet* (2-5-1746/16-2-1825), *Georges Danton* (1759-94, guillotiné) éliminé 10-7, *Louis Guyton de Morveau* (1737-1816) démissionnaire 10-7, *Jean-François Delacroix* (3-4-1753/5-4-1794, guillotiné) éliminé. 10-7, *Jean-Baptiste Treilhard* (Brive 3-1-1742/Paris 1-12-1810) démissionnaire 12-6. **10-7-1793 :** 2 maintenus : *Barère* et *Lindet.* 7 nouveaux : *Jean Bon-Saint-André* (1749-1813) [1], *Thomas de Gasparin* (Orange 27-2-1754/7-11-1793 pneumonie) remplacé 27-7 par *Maximilien de Robespierre* (1758-94, guillotiné), *Georges Couthon* (Orcet 22-12-1755/Paris 5-4-1794, guillotiné), *Marie-Jean Hérault de Séchelles* (1759-94, guillotiné) démissionnaire 29-12, *Pierre-Louis Prieur de la Marne* (Sommesous 1-8-1756/Bruxelles 30-5-1827) [1], *Louis-Antoine de Saint-Just* (1767-94, guillotiné), *Jacques Thuriot* (1753-1829) démissionnaire 20-9-1793. **14-8-1793 :** adjonction de *Claude Prieur de la Côte-d'Or* (Auxonne 22-12-1763/Dijon 11-8-1832) et de *Lazare Carnot* (1753-1823). **6-9-1793 :** adjonction de *Jean-Nicolas Billaud-Varenne* (La Rochelle 23-4-1756/Haïti 13-6-1819) et de *Jean-Marie Collot d'Herbois* (Paris 19-6-1749/Cayenne 8-6-1796) déporté.

Nota. – (1) Membres itinérants en surplus [10e et 11e membres du « Grand Comité » ayant fonctionné du 29-12-1793 au 9 thermidor (27-7-1794)].

Convention montagnarde

1793-31-5 *mise en accusation des Brissotins* (Girondins) ; -2-6 la Convention, encerclée par sans-culottes et partie de la garde nationale, vote l'arrestation de 29 députés girondins (dont Brissot, Vergniaud, Pétion, Barbaroux, Lanjuinais) et de 2 ministres (Lebrun et Clavières) : 21 seront guillotinés le 31-10 ; 9 évadés, dont Buzot, Barbaroux, Pétion, tentent de soulever la province et sont tués ou se suicident. Mme Roland sera guillotinée le 8-11, son mari (non-député) se suicidera le 10-11 ; -6-6 *Marseille,* début de l'insurrection ; -17-6 la noblesse est privée de ses droits féodaux qui sont définitivement abolis ; *-juillet* les Girondins marseillais assiègent Avignon, fidèle aux Jacobins ; ils achèvent Agricol *Viala* (13 ans, fauché par une balle, une hache à la main) d'une balle dans la tête ; c'est ce qu'expose à Robespierre un oncle de l'enfant. En fait, Viala, qui avait 16 ans, a sans doute été tué d'une balle perdue. -13-7 *Marat* assassiné (voir p. 655 b) ; -17-7 abolition sans compensation de tous les droits féodaux ; -23-7 perte de Mayence (voir p. 659 a) ; le Comité de salut public rappelle les généraux vaincus [Biron, Custine (guillotiné 27-8)], envoie Kellermann assiéger Lyon et entreprend la guerre à outrance en Vendée ; voir **1re guerre de Vendée** p. 659 b ; sur proposition de Robespierre, on diffère l'application de la Constitution nouvelle jusqu'à la paix ; -1-8 la Convention décide de détruire les sépultures royales à St-Denis. Les sculptures sont entreposées au muséum du Louvre et au dépôt provisoire des Petits-Augustins, futur musée des Monuments français. 18 cercueils sont vidés. Puis la Convention ordonne d'exhumer les corps des princes et princesses pour récupérer le plomb des cercueils pour couler les balles. -12-10 on creuse 2 fosses : l'une pour les Bourbons, l'autre pour les dynasties précédentes que l'on referme le 25-10. 52 rois, 32 reines et plus de 70 grands du royaume sont exhumés. Les cercueils ont fourni près de 9 t de plomb, 11 couronnes, 11 sceptres, 4 mains de justice, quelques agrafes de manteau et la quenouille en bois de la reine Jeanne, épouse de Charles V. -1-8 loi pour la répression en Vendée ; -2-8 Marie-Antoinette quitte le Temple pour un cachot de la Conciergerie ; -8-8 au 9-10 siège de *Lyon ;* -10-8 la Constitution de l'an III (présentée le 24-6) est acceptée ; -19-8 la Convention prescrit la levée en masse (le 23-8 levée en masse : réquisition pour le service armé des célibataires de 18 à 25 ans, les autres citoyens pouvant être requis pour les fabrications de guerre) ; -25-8 Carteaux (Jean-Baptiste, 1751-1813) entre à *Marseille ;* -27/29-8 perte de Toulon livré aux Anglais ; -27-8 Gal Custine destitué le 22-7 condamné à mort, exécuté le 28-8 (3-1 son fils condamné à mort) ; -28-8 la Convention décrète un emprunt d'1 milliard sur les riches ; -17-9 *loi des suspects* (permet d'arrêter « tous ceux qui doivent être considérés comme défavorables au régime nouveau ») ; -18-9 *Bordeaux,* terreur avec Tallien ; -26-9 décret fixant la liste des juges et des jurés composant les 4 sections du Tribunal révolutionnaire (réorganisé le 5-9, la Constituante ayant auparavant adopté l'institution anglaise des 2 jurys, d'accusation et de jugement ; le jury d'accusation est supprimé, la procédure simplifiée, tout appel ou recours en cassation exclu) ; -27-9 *loi du maximum* (fixant un prix plafond pour des produits courants autres que le grain : les hausses illicites sont punies de mort) ; -1-10 décret enjoignant d'exterminer les brigands de Vendée ; -5-10 décret abolissant l'ère vulgaire et ordonnant que l'ère des Français comptera de la fondation de la République (qui a eu lieu le 22-9-1792) ; -7-10 Gorsas, mis hors la loi le 28-7, est arrêté et est le 1er député condamné à mort ; -9-10 républicains entrent à Lyon ; -10-10 la Convention décrète : « Le gouvernement provisoire de la France est révolutionnaire jusqu'à la paix » ; -14/16-10 **procès de Marie-Antoinette** [défenseurs : Guillaume Tronson du Coudray (Reims 18-11-1750/Guyane 27-5-1798, déporté à Sinnamary, Guyane) et Claude Chauveau-Lagarde (21-1-1756/28-2-1841)] ; chefs d'accusation : 1°) manœuvres en faveur « des ennemis extérieurs de la République » ; 2°) complot pour allumer la guerre civile ; -16-10 condamnée à mort à 4 h du matin, Marie-Antoinette est exécutée à 12 h 15 place de la Révolution (ensevelie à côté de Louis XVI) ; -17-10 *Wattignies,* Jourdan bat le P^{ce} de Cobourg ; -31-10 : 21 membres de la Convention condamnés à mort et exécutés (dont Brissot, Gensonné, Vergniaux ; Valazé se tue) ; -6-11 *exécution de Philippe Égalité* ; -7-11 la *Vendée* est renommée *Vengé* ; 10-11 établissement du *culte de la Raison* (non officiel : Robespierre n'y participe pas), fête (consacrée à la Raison) organisée à Notre-Dame, à laquelle assiste la Convention ; -19-11 les biens des accusés sont déclarés nationaux, même avant le procès (pour empêcher les donations entre vifs faites par les accusés sûrs d'être mis à mort) ; -24-11 adoption du *calendrier révolutionnaire ;* -4-12 décret de la Convention organisant le gouvernement révolutionnaire et fixant la Constitution provisoire de la République pendant la durée de la guerre ; -6-12 *liberté des cultes* proclamée ; -8-12 mort en Vendée de *Joseph Bara* [né Palaiseau 1779, 14 ans, palefrenier, abattu par des voleurs de chevaux près de Cholet (7-12-1793) : Robespierre organisera son culte, comme celui d'une victime de la barbarie royaliste ; son transfert est prévu pour le 28-7 (10 thermidor) mais n'aura pas lieu ; le 28-12 au Panthéon] ; -19-12 Dugommier reprend *Toulon* abandonnée par les Anglais ; fin du mouvement fédéraliste.

1794-4-2 *esclavage aboli* dans les colonies ; -15-2 adoption comme *drapeau national* du pavillon de marine : bleu-blanc-rouge ; nuit du 13 au 14-3, arrestation de 21 *ultrarévolutionnaires* ou *hébertistes* du club des (nouveaux) Cordeliers (partisans de la Commune contre la Convention) : 19 exécutions le 24-3, dont celles d'Hébert et Cloots.

Dictature de Robespierre

1794-29-3 Condorcet, arrêté dans une auberge, meurt en prison (s'empoisonne) ; -30-3 sous la pression de Billaud-Varenne et Collot d'Herbois (Robespierre hésite encore), le Comité se retourne contre l'opposition de droite compromise dans l'affaire de la Cie des Indes (la nuit, les dantonistes sont arrêtés) ; -1-4 décret de la Convention suspendant le Conseil exécutif provisoire et nommant pour le remplacer 12 commissions ; -2-4 *arrestation des « dantonistes »* ou « vieux Cordeliers » ; -5-4 Danton, Camille Desmoulins, Hérault de Séchelles, Fabre d'Églantine, Basire et Chabot guillotinés ; -13-4 Chaumette, Dillon, Gobel (ancien évêque constitutionnel de Paris), Lucile Desmoulins et la veuve d'Hébert guillotinés ; -16-4 décret : aucun ex-noble ne peut habiter Paris ; -7-5 décret proclamant la foi de la nation en l'*Être suprême* et en l'immortalité de l'âme [Robespierre institue 4 fêtes républicaines commémoratives (21-1, 31-5, 14-7, 10-8) et une fête de l'Être suprême et de la Nature (Pentecôte 1794, le 20 prairial)] ; -8-5 Antoine-Laurent Lavoisier (né 26-8-1743 ; membre de l'Académie des sciences à 24 ans), chimiste, guillotiné à Paris à l'issue du procès des fermiers généraux ; il avait découvert l'oxygène et l'hydrogène, la synthèse de l'eau, étudié respiration et transpiration et mis au point la nouvelle nomenclature chimique. On a dit que lorsqu'il témoigna le désir de ne monter à l'échafaud que 15 j plus tard afin de compléter des expériences utiles à la République, Pierre-André Coffinhal (7-2-1754/guillotiné 6-8-1794), Pt du Tribunal révolutionnaire, lui répondit (1792-17-8) : « La République n'a pas besoin de savants (ou de chimistes) » ; -10-5 *Mme Élisabeth*, sœur de Louis XVI, guillotinée ; nomination d'un *nouveau maire de Paris* (Fleuriot-Lescot) et d'une nouvelle municipalité entièrement robespierriste (la Commune perd son influence politique) ; -22-5 attentat manqué d'Admirat contre Robespierre et Collot d'Herbois ; -23-5 de Cécile Renault contre Robespierre ; -28-5 à *Bédoin* (Vaucluse), un arbre de la liberté est abattu : 63 hommes et femmes de 19 à 74 ans exécutés ; Bédoin brûlé ; -8-6 *fête de l'Être suprême* célébrée au jardin des Tuileries et au Champ-de-Mars (mise en scène ordonnée par David ; Robespierre, à la tête de l'Assemblée, officie comme un pontife et met le feu à un mannequin symbolisant l'Athéisme qui, une fois consumé, laisse apparaître une statue de la Sagesse) ; -10-6 (22 prairial) *loi de prairial* permettant d'exécuter tout accusé sans audition de témoin ou interrogatoire, sur simple *preuve morale* (1 376 exécutions en vertu de ce texte) ; -15-6 : 1re manœuvre pour ridiculiser Robespierre : Marc Vadier (1736-1828), membre du Comité de sûreté générale, lit un rapport prouvant que la fête de l'Être suprême a été organisée en liaison avec un groupe d'illuminés se réunissant rue de la Contrescarpe [le chartreux dom Gerle (1736-1801), les prophétesses Suzanne Labrousse (1747-1821) et Catherine Théot (1716/1-9-1794 à la Conciergerie, visionnaire)] qui saluait Robespierre comme le Messie. Gerle et Catherine sont arrêtés (lui sera libéré après thermidor, elle mourra en prison) ; -16-6 : 2e manœuvre pour ridiculiser Robespierre : on exécute, revêtus de chemises rouges (tenue des condamnés pour parricide), une simple d'esprit, Cécile Renault (20 ans), accusée d'avoir voulu poignarder Robespierre (le 23-5), et 52 autres condamnés considérés comme ses « complices » ; l'opinion publique est choquée de la mégalomanie du « tyran » (qui n'a rien fait pour interdire la mascarade) ; -26-6 **victoire de Fleurus** (voir p. 659 a) ; -17-7 place du Trône, 16 religieuses du carmel de Compiègne sont guillotinées (la 1re, sœur Constance, est une novice) ; « conspirations » des prisons : au Luxembourg (jugements 7, 9 et 10-7-1794, 146 condamnés à mort), Bicêtre (16-6-1794), Carmes (23-7-1794), St-Lazare (24-7-1794 dont 38 guillotinés) ; -25-7 : 25 guillotinés (dont André Chénier) ; -26-7 : 25 guillotinés (dont 1 père pris pour son fils et la P^{cesse} de Monaco) ; 27-7 : 24 (dont 2 montreurs de marionnettes).

9 thermidor (27-7) coup d'État contre Robespierre. Causes : 1°) les abus de la loi de prairial (les conventionnels eux-mêmes ne sont pas à l'abri) ; **2°)** le 8 thermidor (26-7) Robespierre refuse la conciliation et attaque ses adversaires sans les nommer ; la peur réunit les opposants [représentants en mission rappelés pour malversations (Tallien, écroué depuis le 31-5 et sa maîtresse Thérésa Cabarrus, Barras, Fouché...), les dantonistes et hébertistes survivants, les membres du Comité de sûreté générale et du Comité de salut public (Carnot, Billaud, Collot d'Herbois...)] ; le 9 thermidor, à 11 h du matin, Robespierre monte à la tribune pour désigner les épurés ; les modérés, avec Tallien, l'empêchent de parler ; après 11 interruptions, 2 modérés (Louchet et Lozeau) demandent la mise en accusation de Robespierre, de son frère Augustin, de Couthon, de Saint-Just et de Lebas ; à 17 h 30, les sections populaires (constituant la Commune révolutionnaire) se soulèvent en faveur de Robespierre et de ses amis, elles les libèrent et les transfèrent à l'Hôtel de Ville [chef des émeutiers : François Hanriot (3-12-1759/28-7-1794)] ; à 18 h, la Convention met Robespierre « hors la loi » (il peut être exécuté sans jugement) ; vers 19 h 30, environ 3 000 h. des sections sont réunis place de Grève, Coffinhal les emmène délivrer les robespierristes (ils sont déclarés hors la loi et n'osent pas lancer contre l'Assemblée les sectionnaires qui se dispersent alors) ; 10 thermidor (28-7) à 2 h du matin, les forces de la Convention débouchent place de Grève et pénètrent dans l'Hôtel de Ville à la suite du gendarme Charles-André Merda [(né 10-1-1773) sous l'Empire : 1807 baron ; 1808 colonel ; 1812 tué à la Moskowa] ; Lebas se tue ; Augustin de Robespierre se jette par la fenêtre et Maximilien de Robespierre se tire un coup de pistolet dans la mâchoire (Merda tira sur lui, s'en vanta ensuite et reçut un pistolet d'honneur et un brevet d'officier). Tous sont emmenés aux Tuileries.

Réaction thermidorienne (28-7-1794/23-9-1795)

1794-28/31-7 Robespierre et 103 robespierristes exécutés dont, le 28 au soir, les 2 Robespierre, St-Just, Couthon, Hanriot, Dumas ; Fleuriot-Lescot, maire de Paris, Payan et d'autres sont guillotinés sans jugement sur la place de la Révolution (suivis de leurs partisans) ; -21-8 explosion de la *poudrière de Grenelle* attribuée aux robespierristes (400 †) ; -31-8 des commissions remplacent la Commune de Paris, leur Pt est élu chaque mois à l'assemblée, la majorité appartient à la « Plaine » qui professe un républicanisme modéré et bourgeois. La Montagne se réduit à quelques courageux obstinés qui forment la « Crête » et sont dits « Crêtois » ; le jacobinisme est pourchassé, notamment par la « jeunesse dorée » excitée par Louis-Stanislas Fréron (Paris 17-8-1765/Saint-Domingue 15-7-1802), Tallien (voir encadré p. 656 c), Antoine-Christophe Merlin, dit Merlin de Thionville (Thionville 13-9-1762/Paris 14-9-1833) : les « muscadins » vont, en chantant le *Réveil du peuple*, commettre des violences au club des Jacobins qui ferme le 12-11 ; le 16-12 Carrier (voir p. 653 c), conventionnel, est guillotiné ; -24-12 *suppression du maximum*, qui avait paralysé le commerce.

1795-17-2 *paix de la Jaunaie* (Vendée) ; -1-4 *journée du 12 germinal an III :* émeute jacobine fomentée par les Crêtois ; la foule envahit la Convention ; seuls les Crêtois restent en séance ; mais la salle est évacuée par la troupe, aidée des muscadins (sectionnaires royalistes) : 20 Crêtois arrêtés ; Bertrand Barère de Vieuzac (Tarbes 10-9-1755/15-1-1841), Marc Guillaume Vadier (1736-1828), Jean-Nicolas Billaud-Varenne (1756-1819), Collot d'Herbois sont condamnés à la déportation en Guyane ; -5-4 *traité de Bâle*, fin de la guerre avec la Prusse ; -10/11-4 terroristes désarmés ; -7-5 Fouquier-Tinville et 15 juges sont guillotinés ; -16-5 *paix avec Autriche* ; -20/22-5 *journées des 1, 2 et 3 prairial an III :* 2e émeute jacobine, la foule s'empare de l'Assemblée le 20, met à mort le conventionnel Féraud, nomme Pt le Crêtois Soubrany, et une commission crêtoise qui amnistie les déportés de germinal (trop tard : ils ont déjà embarqué à Oléron), le retour à la taxation, etc. Les soldats de Menou et Murat, appelés par Tallien, rétablissent l'ordre : 12 députés crêtois sont arrêtés ; -31-5 suppression du Tribunal révolutionnaire ; -8-6 mort officielle de Louis XVII au Temple (voir p. 652 b) ; -17-6 la plupart des députés inculpés se poignardent en sortant du tribunal : Ernest-Joseph Duquesnoy (né 7-5-1749), Jean-Marie Goujon (né 13-4-1766) et Gilbert Romme (né 1750) se tuent, Pierre Bourbotte (né 5-6-1763), Jean-Michel Duroy (né 22-12-1753) et Pierre Amable Soubrany (né 17-9-1752) se blessent et seront guillotinés ; -24-6 *début 2e guerre de Vendée ;* le Cte de Provence, prenant, à l'annonce de la mort de son neveu Louis XVII, le nom de Louis XVIII, adresse aux Français un manifeste où il promet le rétablissement de l'Ancien Régime ; -26-6 débarquement d'émigrés à Carnac et à Quiberon ; -22-7 *traité de Bâle* avec l'Espagne ; -23-8 décret : dissolution de tous les clubs ; -23-9 proclamation de la nouvelle Constitution (Directoire) ; -1-10 incorporation au territoire national de la rive gauche du Rhin ; -5-10 (13 vendémiaire an IV) les sections royalistes et modérées de Paris se soulèvent ; dispersées au canon, devant l'*église St-Roch*, par Bonaparte, adjoint de Barras, Cdt des forces de l'intérieur ; -16-10 exécution à Amiens du conventionnel *Joseph Le Bon*, robespierriste, ancien oratorien (né Arras 29-9-1765), bourreau d'Arras en 1794 ; -26-10 *fin de la Convention*, qui aura siégé 3 ans et 35 jours. Décret d'amnistie pour les délits révolutionnaires.

Directoire (23-9-1795/9-11-1799)

■ **Directeurs (fonctions de chefs d'État exercées collectivement). 1795** (1-11) *Jean-François Rewbell* ou *Reubell* (Colmar 8-10-1747/23-11-1807) ; *Paul Barras* (voir p. 654 a) ; *Louis-Marie La Révellière-Lépeaux* (Montaigu 25-8-1753/Paris 27-3-1824) ; *Louis-François Letourneur* (Granville 15-3-1751/Laeken 4-10-1817, Gal 1798, préfet 1800-06, Cour des comptes, exilé 1816 comme régicide) ; *Lazare Carnot* (voir p. 654 b) remplace l'abbé Sieyès qui, élu, refusa. **1796** (juin) *François de Barthélemy* [(Aubagne 20-10-1747/Paris 3-4-1830) *1797* déporté après le 18 fructidor ; *1798* s'évade de Guyane ; *1800* sénateur ; *1808* comte ; *1815* pair, ministre ; *1816* marquis] remplace Letourneur, éliminé par le sort. **1797** [4-9 (18 fructidor an V)] *Philippe-Antoine Merlin de Douai* [(Arleux 30-10-1754/Paris 26-12-1838) sous l'Empire, procureur, conseiller d'État, comte ; 1815-30 exilé Pays-Bas] et *Nicolas-Louis F. de Neufchâteau* (1750-1828) remplacent Barthélemy et Carnot (proscrits). **1798** [15-5 (20 floréal an VI)] *J.-Baptiste Treilhard* (Brive 3-1-1742/Paris 1-12-1810) remplace Neufchâteau, éliminé par le sort. **1799** [16-5 (21 floréal an VII)] *l'abbé Sieyès* remplace Rewbell, éliminé par le sort [18-6 (30 prairial an VII)] ; *Louis Gohier* (Semblançay 27-2-1746/Montmorency 29-5-1830) consul à Amsterdam sous l'Empire ; remplace Treilhard, dont l'élection vient, après 13 mois, d'être annulée ; *Roger Ducos* (Montfort, Landes, 25-7-1747/Ulm 17-3-1816) et le *Gal Jean-François Moulin* [(Caen 14-3-1752/Pierrefitte 12-3-1810) baron en 1810] remplacent La Révellière-Lépeaux et Merlin de Douai, contraints de démissionner.

Composition au 18 brumaire : *Barras, Sieyès, Gohier, Roger Ducos, Moulin.*

☞ Voir **Institutions** p. 727 b.

■ **Événements. 1795**-4-11 le « Directoire exécutif » (formé 1-11) s'installe au Luxembourg ; -21-12 échange de *Madame Royale*, fille de Louis XVI, contre le ministre Beurnonville et les 4 commissaires livrés le 1-4-1793 à l'Autriche par Dumouriez. **1796**-26-1 **2e guerre de Vendée** (voir p. 660 c) ; -19-2 la planche aux assignats est solennellement brûlée place Vendôme (l'assignat valait moins cher que le papier) ; -23-2 Bonaparte nommé Cdt en chef de l'armée d'Italie ; -18-3 création du mandat territorial (papier monnaie) retiré de la circulation le 16-7 ; -11-4 *Montenotte*, victoire de Bonaparte en Italie ; -8/10-5 découverte du complot des *babouvistes*, qui sont arrêtés [François-Noël, dit Gracchus Babeuf (né à St-Quentin 23-11-1760), et Darthé seront exécutés le 26-5-1797 à Vendôme] ; -15-5 *traité de Paris avec le roi de Sardaigne* ; -19-8 *traité de St-Ildefonse*, alliance de l'Espagne ; -9/10-9 machination policière contre les derniers partisans des babouvistes : attirés dans la plaine de Grenelle, ils sont chargés par les dragons (20 †, 132 prisonniers, dont 31 seront fusillés le 2-11) ; -19-9 *Altenkirchen*, Gal Marceau (27 ans) blessé à mort ; -10-10 *traité de Paris avec le roi de Naples ;* -21-10 les Anglais évacuent la Corse ; -5-11 *traité de paix avec le duc de Parme ;* -15/17-11 victoire *d'Arcole*. **1797**-15-1 : 1re réunion des *« théophilanthropes »* (amis de Dieu et des hommes) à Paris (34, rue St-Denis) ; -4-2 suppression du *mandat territorial* qui s'était effondré (la livre de pain valait 35 livres en assignats, 1 livre 3 sous et 4 deniers en mandats territoriaux, et 3 sous en numéraire) ; -19-2 *traité de Tolentino* avec le pape [cession d'Avignon, de 30 millions de livres-or et d'œuvres d'art par l'armistice de Bologne (23-6-96) : 100 statues ou tableaux, 500 manuscrits, entreposés depuis 1815 à la pinacothèque de Bologne] ; -21-3 début des *élections* (portent sur 1/3 des députés aux conseils des Cinq-Cents et des Anciens) ; royalistes (clichyens) obtiennent 200 sièges sur 216 à pourvoir ; -17-4 *Pâques véronaises :* à Vérone (République vénitienne), à la suite d'exactions commises par les Français, révolte : environ 100 blessés français de l'hôpital sont massacrés ; Bonaparte déclare la guerre à Venise ; -20-5 Pichegru, élu Pt des Cinq-Cents, vote la liberté des cultes à l'intérieur des églises, l'abrogation des mesures contre les réfractaires, la réintégration des émigrés dans la fonction publique ; -15-8/12-11 concile national des évêques assermentés ; -4-9 *(18 fructidor an V)* coup d'État du directeur Barras, aidé du Gal Augereau, contre la majorité royaliste et modérée des assemblées (Cinq-Cents et Anciens) ; seuls les républicains gardent leur mandat ; -18-9 Hoche meurt ; sont condamnés à la déportation en Guyane : 2 directeurs (Barthélemy qui est arrêté et Carnot qui s'est réfugié en Suisse), 11 membres du Conseil des Anciens [dont Barbé-Marbois, Jean-Étienne Portalis (Le Besset 1-4-1746/Paris 25-8-1807), Guillaume-Alexandre Tronson-du-Coudray (Reims 18-11-1758/Sinnamary, Guyane 27-5-1798)], 42 membres du Conseil des Cinq-Cents (dont Pichegru), plusieurs journalistes, différents particuliers ; -17-10 *traité de Campo-Formio ;* -9-12 congrès des nations européennes à *Rastadt ;* -27-12 Gal Léonard *Duphot* (né 21-9-1769) assassiné à Rome dans une émeute : rupture avec le pape. **1798**-28-1 annexion de *Mulhouse ;* -21-2 traité d'alliance avec la République cisalpine ; -26-3 *traité de Genève ;* -11-5 les directeurs, pour assurer leur majorité, font casser les élections (trop jacobines) ; -19-5 l'expédition d'Égypte quitte Toulon ; -juin Barthélemy et Pichegru s'évadent de Guyane ; -1-8 Nelson détruit la flotte française à *Aboukir ;* -5-9 loi Jourdan organisant le service militaire obligatoire ; -9-9 célébration du décadi (jour férié révolutionnaire : 1 j/10) rendue obligatoire (le peuple ne s'y habitue pas : suppression le 7 thermidor an VIII, 26-7-1800) ; -oct./déc. fin de la domination française à *Haïti ;* -6-10 insurrection contre-révolutionnaire dans le Sud-Ouest. **1799**-12-3 *la France déclare la guerre à l'Autriche*, qui a autorisé les troupes russes à traverser son territoire ; le congrès de *Rastadt* est interrompu ; -28-4 en en revenant, 2 plénipotentiaires français, Claude Roberjot (né 1753) et Antoine Bonnier d'Alco (né 1750), sont assassinés par des hussards autrichiens qui pillent leurs voitures ; le 3e, Jean Debry (1760-1834), survit à 14 coups de sabre [on soupçonnera le Bon de Thugut (31-3-1736/28-5-1818), min. des Affaires étrangères autrichiennes, d'avoir voulu récupérer les preuves de négociations gênantes] ; -12-7 décret de levée en masse (voir guerres, ci-contre) ; -août soulèvements : Ouest, Normandie (Frotté), Bretagne (Cadoudal), Anjou (Bourmont, d'Andigné, Suzannet), Midi, vallée de la Garonne et Rhône ; début **3e guerre de Vendée** (voir p. 660 c) ; -6/10-8 échec des royalistes pour reprendre Toulouse ; -29-8 Pie VI meurt à Valence ; -9-10 *Bonaparte rentre d'Égypte* et débarque à Fréjus ; -17/20-10 il complote avec 2 directeurs sur 5, Sieyès et Ducos ; -9-11 *(18 brumaire an VIII)* il paye un 3e directeur (Barras) pour qu'il quitte Paris (il ne reste plus que 2 directeurs, Gohier et Moulin, et ils n'ont plus d'autorité constitutionnelle) ; -10-11 son frère Lucien (majorité républicaine) convoque le Conseil des Cinq-Cents (dont il est Pt) à St-Cloud ; lorsque les députés veulent mettre Bonaparte hors la loi, il prend prétexte d'une bagarre pour appeler dans la salle les grenadiers de Murat, partisans de Bonaparte (il en a le droit d'après le règlement) ; sur son ordre, les grenadiers font évacuer la salle ; le Conseil des Anciens, constatant la « retraite » des Cinq-Cents et la dissolution du Directoire, nomme une commission exécutive provisoire ; Lucien réunit en pleine nuit quelques membres des Cinq-Cents, retrouvés dans St-Cloud et Boulogne, et leur fait approuver le texte voté par les Anciens ; les 5 directeurs sont remplacés par 3 « membres du Conseil exécutif » : Bonaparte, Sieyès, Ducos.

Guerres extérieures (1792-97)
(appelées aussi **« guerres de la 1re coalition »**)

■ **Causes. Du côté français : 1°)** le roi et la reine attendent la victoire de leur neveu, roi de Bohême, François II, empereur d'Allemagne ; la cour est persuadée que les armées françaises ne tiendront pas devant la coalition européenne et que l'autorité militaire, donnée à un état-major de tendance réactionnaire, permettra au roi de ressaisir le pouvoir ; le 9-12-1791 le ministère Feuillant a comme min. de la Guerre (de déc. 1791 à mars 1792) Louis Cte de Narbonne-Lara (24-8-1755/17-11-1813) qui est un belliciste. **2°)** Les « Brissotins » (futurs Girondins) veulent démontrer que les Bourbons ont fait une erreur en choisissant l'alliance autrichienne depuis 1756 : ils veulent conquérir les Pays-Bas sur l'Autriche, au lieu de les attendre d'un échange amiable. **3°)** Après l'institution de la république (sept. 1792), l'armée révolutionnaire mènera une guerre idéologique tendant à l'abolition des monarchies hors de France. **Du côté des coalisés :** inquiétude devant les risques courus par la monarchie en France. Léopold II (empereur élu des Romains, roi de Germanie, archiduc d'Autriche, frère de Marie-Antoinette) et Frédéric Guillaume II (roi de Prusse) [réunis du 25 au 27-8-1791 à *Pillnitz* (Saxe)] déclarent leur volonté de mettre Louis XVI en état « d'affirmer les bases d'un gouvernement monarchique » et leur résolution « d'agir promptement, d'un mutuel accord avec les forces nécessaires pour obtenir le but proposé et commun ».

■ **Effectifs français. Armée de terre :** *1792* environ 80 000 h. et un nombre insuffisant d'officiers (troupes sujettes aux paniques ; par dérision, on les surnommait « vaincre ou courir »). *1793-juillet* (après levée de 300 000 h.) 471 290 h. ; *-16-8* (après levée en masse : célibataires et veufs sans enfants) 645 195 h. ; *-fin 1793 :* 1 million. **Flotte :** *1792* néant. *1793-nov.* (action de Jeanbon Saint-André) 12 vaisseaux, 5 frégates, 3 corvettes.

■ **Déclenchement. 1792**-*25-1* l'Assemblée législative somme Léopold II [(Vienne 5-7-1747/Vienne 1-3-1792), empereur d'Allemagne depuis févr. 1790] de désavouer la déclaration de Pillnitz ; *-7-2* traité d'alliance Prusse/Autriche à Berlin : chaque État fournira 40 000 h. pour une guerre éventuelle contre la France ; *-1-3* Léopold II meurt ; son fils, François II (12-11-1768/2-3-1835), plus hostile à la Révolution, lui succède ; *-5-4* François II refuse l'ultimatum de la France (disperser tous les rassemblements d'émigrés) ; *-20-4* Louis XVI déclare la guerre au roi de Hongrie et de Bohême.

■ **Opérations. I. Jusqu'à l'alliance espagnole (1792-96) : 1792**-*févr.-mars* le Mal Luckner [Nicolas, Cte (né 12-1-1722 à Cham en Bavière) au service de Bavière, Hollande, Hanovre puis France 1763, Bon 1778, Cte 1784, Mal 28-12-1791] pénètre aux Pays-Bas, prend Menin et Courtrai ; *-29-4 défaite de Baisieux :* Luckner bat en retraite (destitué sept. 1793, sera guillotiné le 4-1-1794) ; le Gal Dillon (Théobald, chevalier de, 22-7-1745/1792) est massacré et mutilé le 22-4 à Quiévrain par ses soldats qui le soupçonnaient de trahison (ils seront condamnés à mort), son corps est au Panthéon ; *-août siège de Longwy* par 60 000 Prussiens, 20 000 Autrichiens et plusieurs milliers d'émigrés (se rendent le 23 après 18 h de bombardement) ; *-2-9* les Prussiens prennent *Verdun* (assiégé depuis le 29-8) ; *-11-9* avancent en Argonne ; *-20-9* revers à **Valmy :** Dumouriez, qui remplace La Fayette, établit une ligne de défense en Argonne (avec 47 000 hommes, il se retire sur le plateau de Valmy) ; Brunswick, qui croit facile de battre l'armée républicaine, se retourne dans sa marche vers Paris pour l'attaquer [*effectifs:* 52 000 Français contre 70 000 coalisés (34 000 Prussiens, 30 000 Autrichiens, 6 000 émigrés) ; *pertes :* Français : 150 † et 260 blessés ; coalisés : 160 h. hors de combat] ; *-21-9* début de la retraite des coalisés, rendue catastrophique par la dysenterie (30 000 Prussiens atteints, dont 3 000 †). Goethe, témoin oculaire, écrit : « En ce lieu et à cette heure commence une ère nouvelle de l'histoire du monde. » On a dit que Brunswick s'était laissé acheter : on trouvera dans sa succession, en 1806, plusieurs beaux diamants de la Couronne de France ; *-22-9 conquête de la Savoie* par les Français ; *-28-9 prise de Nice ; -sept.* offensive de Custine (Adam Philippe, Cte de, Metz 4-2-1740/28-8-1793) en Rhénanie ; *-30-9* prend Spire ; *-21-10* prend *Mayence ; -22-10* prend *Mannheim ; -27-10* Dumouriez entre en Belgique ; Custine prend Francfort-sur-le-Main (28-11 sera livré aux Prussiens par des Hessois ; Français égorgés) ; *-6-11*

Jemmapes : Dumouriez bat le feld-maréchal autrichien. Joseph de Croix, Cte de Clerfayt (14-10-1733/Vienne 21-8-1798) [plus de 50 000 † français et 18 000 † autrichiens (bataille la plus sanglante de l'époque)] ; *-nov.-déc.* conquête de Belgique et Sarre. **1793-*1-2* la France déclare la guerre à la Hollande** et *7-3* **à l'Espagne.** Sont ainsi *coalisés* contre la France : Autriche, Prusse, Angleterre, Hollande, Espagne, Deux-Siciles, Portugal, États de l'Église, Sardaigne ; *-25-2* Dumouriez prend Bréda (Hollande) ; Frédéric duc de Saxe-Cobourg (Cobourg 26-12-1737/26-2-1815, feld-maréchal autrichien) contre-attaque, défait les troupes françaises dispersées en Belgique, reprend Aix-la-Chapelle et Liège dans les 1ers jours de mars ; *-18-3* **Neerwinden :** Cobourg assisté du Gal Mack et de l'archiduc Charles bat les Français (en nombre supérieur mais inexpérimentés) qui se débandent. Dumouriez abandonne Hollande et Belgique (Mayence est assiégée et capitule en juillet) ; *-5-4* Dumouriez et le duc de Chartres (futur roi Louis-Philippe) passent aux Autrichiens et leur livrent la Belgique (son chef d'état-major, Macdonald, empêche les troupes de les suivre) ; Brunswick repousse Custine, reprend la Rhénanie et assiège Mayence ; *-23-7* Kléber capitule à Mayence (rentre en Fr. avec ses troupes à la condition qu'elles ne reprennent pas les armes contre les coalisés) ; la Convention les envoie dans l'Ouest ; *-27/29-8 Toulon* livrée aux Anglais ; *-8/20-9* campagne de Jean Nicolas Houchard (né Forbach 24-1-1738) dans le Nord ; *-8-9* il bat Frédérick duc d'York et d'Albany (16-8-1763/5-1-1827), général anglais, à *Hondschoote ;* mais est chassé de Menin ; destitué, puis guillotiné à Paris le 15-11-1793 ; *-13-10* Dagobert Sigmund Cte von Wurmser (Strasbourg 7-5-1724/Vienne 21-8-1797), feld-maréchal autrichien, force les lignes françaises à *Wissembourg ; -16-10 Wattignies :* Jourdan (successeur de Houchard) et Carnot battent Clerfayt (département du Nord reconquis) ; *-19-12* Gal Dugommier [Jacques François Coquille, dit (1-8-1736/20-11-1794, tué à la Montagne Noire, Espagne) remplaçant de Jean-François Carteaux (1751-1813), artiste peintre, nommé Gal après la prise des Tuileries] reprend *Toulon* aux Anglais (capitaine Bonaparte, chef de l'artillerie). **1794**-*févr.* l'amiral anglais John Jervis Cte de Saint-Vincent (Meaford 9-1-1735/Rochetts 14-3-1823) occupe la *Corse* (19-6 le roi d'Angleterre George III est proclamé roi de Corse) ; *-30-4* les Alliés prennent *Landrecies ; -18-5* victoire de Moreau et Souhans à *Tourcoing :* département du Nord reconquis pour la 2e fois ; *-1-6* au large d'Ouessant, les Anglais [30 vaisseaux de 1er rang, commandés par l'amiral anglais Richard Howe (19-3-1726/5-8-1799)] s'opposent aux Français [26 bâtiments disparates, amiral français Louis Cte de Villaret de Joyeuse (Auch 1750-Venise 1812)] sans pouvoir intercepter (à cause de la brume) un convoi de blé américain de 200 navires allant vers la Fr. On a dit que le *Vengeur* aurait sombré en refusant de se rendre ; en fait, les Anglais sauvèrent 260 marins ; *-26-6* **Fleurus :** Jourdan bat l'Autriche (1er emploi de ballon captif, *l'Entreprenant,* en observation) ; *-15-6/31-7* reconquête de la Belgique ; *-août* offensive en Guipúzcoa ; *-sept.* en Belgique et Rhénanie ; *-sept./déc.* en Hollande (armée Pichegru). **1795**-*23-1* **Le Helder,** les cavaliers de Pichegru capturent la flotte hollandaise bloquée dans les glaces ; *-févr.* offensive en Catalogne ; *-14-2* Pichegru prend *Groningue* et occupe la Hollande (16-5 sera alliée de la Fr.) ; *-5-4 traité de Bâle :* la Prusse se retire de la coalition ; la France maintient provisoirement l'occupation de la rive gauche du Rhin ; *-16-5 traité de paix de Paris* avec Provinces-Unies des Pays-Bas ; stathouderat aboli ; cession de la Flandre hollandaise, etc. ; *-17-6 prise de Bilbao et de Vitoria ; -22-7 traité de Bâle :* l'Espagne se retire de la coalition (s'alliera à la France) ; évacuation des pays basques espagnols par Bon Adrien Jannot de Moncey (Palise 31-7-1754/Paris 20-4-1842 ; maréchal 1804, duc de Conegliano 1808), l'Espagne cède à la France la moitié de St-Domingue ; *-oct.* offensive autrichienne en Rhénanie (Wurmser reprend Mannheim 21-12) ; *-23-11 Loano* (Italie), Masséna (voir p. 655 c) et Barthélemy Scherer (18-12-1747/19-8-1804) battent l'Autriche (Devins) et conquièrent la Riviera jusqu'à Savone ; *-déc.* Carnot organise 3 armées : Rhin-et-Moselle (Pichegru, puis Moreau), Sambre-et-Meuse (Jourdan, puis Hoche), Italie (Bonaparte). **1796**-*10-4* Bonaparte attaque en Italie, partant de Savone : *12-4 victoires de Montenotte* et *15-4 de Dego* sur les Autrichiens ; *14-4 de Millesimo* et *21-4 de Mondovi* sur les Sardes ; *28-4 armistice de Cherasco :* la Sardaigne se retire de la coalition ; *-10-5 victoire de Beaulieu au pont de Lodi* (sur l'Adda) sur les Autrichiens ; *-15-5* entrée dans Milan ; *Altenkirchen,* Kléber et Lefebvre battent le Pce Ferdinand de Wurtemberg ; *-4-6 traité de Paris* avec la Sardaigne (cède Nice et la Savoie).

II. **Après l'alliance espagnole (1796-97) :** maîtrise de la Méditerranée rendant possible la campagne d'Italie. Le Directoire espérait aussi contrôler la mer du Nord avec l'alliance hollandaise ; mais la flotte hollandaise est détruite à *Camperdown* le 11-10-1797. **1796**-*18-6* l'Espagne s'allie à la France par le *traité de San Ildefonso* (déclare la guerre à l'Angleterre 8-10) ; *-24-6* Moreau passe le Rhin (près de Strasbourg), s'empare de Kehl ; *-29-6* prise de Milan ; *-15-7* début du siège de *Mantoue,* clé de l'Italie du Nord (*durée :* 6 mois 1/2 ; 60 000 † du paludisme) ; *-3-8* Quasdanovitch battu à *Lonato ;* Wurmser entre à Mantoue ; puis *5-8* battu à *Castiglione*, *-7-8 traité de Paris :* le duc de Wurtemberg cède la principauté de Montbéliard ; *-22-8 traité de Paris :* le margrave de Bade cède plusieurs seigneuries ; *-24-8 Bamberg,* l'archiduc Charles bat Jourdan ; *-3-9 Altenkirchen,* Marceau vaincu et tué ; *-4-9* Wurmser battu à *Roveredo ;* puis *8-9* à *Bassano* (s'enferme dans Mantoue) ; *-10-10* les Deux-Siciles se retirent de la coalition ; *-22-10* l'Anglais Jervis évacue la Corse et se replie sur Gibraltar ; *-25-10* Moreau vaincu en Forêt-Noire ; *-15/17-11 Arcole,* Bonaparte bat Josef Alvinczy Bon von Baberek (1-2-1753/25-11-1810 ; feld-maréchal autrichien) ; prise difficile du pont de bois sur l'Alpone. **1797**-*9-1* archiduc Charles prend *Kehl ; -14/16-1 Rivoli,* Bonaparte avec Masséna bat Alvinczy ; *-17-1* Provera capitule à *La Favorite ; -2-2* Wurmser capitule à *Mantoue* (l'Autriche perd l'Italie du Nord) ; *-19-2 traité de Tolentino :* le pape cède Avignon, Comtat, Ferrarais, Bolonais et Romagne ; *-16-3 Tagliamento,* Bonaparte bat l'archiduc Charles ; *-mars/avril* offensive de Bonaparte vers l'Autriche (victoire du Tarvis 24-3 ; prises de Trieste 24-3, Klagenfurt 29-3, Ljubljana 1-4) ; *-9-4* insurrection des provinces vénitiennes : 300 Français malades massacrés dans les hôpitaux de Vérone ; *-15* ou *18-4* l'Autriche signe les préliminaires de *Leoben ; -avril* offensive en Rhénanie ; *-27-4* Vérone se rend aux Français ; *-20-5* Gal Baraguey-d'Hillier entre dans Venise ; *-22-5* Gênes se révolte contre son Sénat ; *-mai/juin* destruction de la république de Venise (prises de Venise 16-5, de Corfou 28-6) ; *-14-6* devient « *République ligurienne* » ; *-9-7* fédération de Milan ; *République cisalpine* proclamée (comprend Lombardie autrichienne, Bergamasque, Bressan, Cremasque et autres portions de l'État de Venise, Mantoue et Mantouan, Modénois, Massa et Carrara) ; *-27-7* Bolonais, Ferrarais et Romagne lui sont réunis ; *-17-10* **traité de Campoformio :** l'Autriche cède la rive gauche du Rhin et reçoit la moitié de la Vénétie. Belgique cédée à la France, Lombardie autrichienne à la République cisalpine. Les États de la république de Venise sont partagés entre la France (Corfou, Zante, Céphalonie, Saint-Maure, Cerigo, îles dépendantes, Albanie) et l'Autriche (Istrie et Dalmatie, îles de l'Adriatique, ville de Venise avec États de Terre-Ferme, jusqu'à l'Adige, au Tartaro et au Pô) ; la Rép. cisalpine (reste des États de Terre-Ferme) ; *-26-10* Valteline, Chiavenne, Bormio réunis à la Rép. cisalpine.

■ Guerres civiles

1re guerre de Vendée (1793-94)

■ **La Vendée militaire.** Entre la Loire au *nord,* l'Atlantique de Paimbœuf aux Sables-d'Olonne à l'*ouest,* les 2 lignes idéales : Les Sables-d'Olonne/Fontenay-le-Comte/Parthenay au *sud,* et Parthenay/Thouars/Angers à l'*est.* 4 départements (Loire-Inférieure, Maine-et-Loire, Vendée proprement dite et Deux-Sèvres) comptant 765 300 à 775 800 habitants. Il y eut 156 000 à 195 000 † par massacre ou épidémie, soit 22,7 % des habitants.

■ **Causes. 1°)** Le peuple du bas Poitou (appelé plus tard « vendéen ») a été formé à une piété catholique fervente par la prédication de saint Louis Grignion de Montfort (1673-1716), puis par les missionnaires « mulotins » (prédicateurs ruraux) ; il est révolté par la Constitution civile du clergé (1res émeutes religieuses en mai 1791 à St-Christophe-de-Ligneron). En 1792, le 15-8 en Vendée, des paysans de Moncoutan se soulèvent et prennent pour chef Gabriel Baudry d'Asson [22-8 prennent Châtillon (actuel Mauléon) ; 24-8 sont écrasés à *Bressuire* (les soldats républicains arborent en cocarde les oreilles de leurs victimes)]. **2°)** Les nobles vendéens n'ont pas émigré (par suite de l'absence de jacqueries) ; d'abord constitutionnalistes, ils se rebellent après l'exécution de Louis XVI (21-1-1793), encadrent militairement leurs métayers et les forment à la « guerre de chicanes » (guérilla). **3°)** Intervention financière et militaire des Anglais ; ceux-ci furent d'abord favorables à la Révolution, qui affaiblissait la France de Louis XVI, mais appuyèrent ensuite les émigrés quand la Révolution devint conquérante.

■ **Effectifs. Armée vendéenne** appelée par ses chefs le 12-6-1793 *Grande Armée catholique et royale,* 80 000 à 100 000 h., en 4 armées : pays de Retz et bas Bocage (Charette) ; Centre et haut Bocage (les 2 Sapinaud et Gal de Royrand, 71 ans) ; Mauges (Cathelineau, Elbée, Bonchamps, Stofflet) ; Poitou dite Grande Armée (La Rochejaquelein, Marigny, Lescure). L'armée n'était pas permanente : les paysans rejoignaient leurs seigneurs pour des opérations ponctuelles, puis retournaient à leurs champs ; seuls demeuraient auprès des chefs quelques centaines de mercenaires (cavaliers, déserteurs de l'armée républicaine). Les effectifs varient ainsi : 25 000 h. s'emparent de Bressuire le 3-5-1793 ; 6 000, le 16-5, attaquent Fontenay-le-Comte (échec) et 30 000 l'enlèvent, le 25-5, puis partent en masse et La Rochejaquelein doit évacuer la ville. **Armées bleues** (20 000 à 60 000 h.) organisées (mai 1793) en 2 armées : *côtes de Brest* [Gal Anne-François-Augustin Cte de La Bourdonnaye (Guérande 18-7-1745/Dax 6-10-1793) à Nantes, Gal Jean-Baptiste Cte de Canclaux (2-8-1740/27-12-1817, emprisonné oct. 1793, secondera Hoche à Quiberon, ambassadeur à Naples 1796-98, inspecteur de la cavalerie, sénateur, Cte d'Empire 1808, pair 1814)] et *côtes de La Rochelle* [Gal Marc Antoine Malleret, Bon de Verteuil (17-9-1718/20-2-1801) puis Gal Louis de Gontaut, duc de Lauzun et de Biron (13-4-1747/31-12-1793 guillotiné) et Gal Jean-François Berruyer (6-1-1738/17-4-1804) à Angers].

■ **Opérations. Grande guerre : 1793**-*10-3* Vendée, plusieurs révoltes lors du recensement pour la levée en masse des 300 000 h. (décidée par décret du 21-2), notamment dans le Choletais, à Challans et à St-Florent ; *-11-3* prise de *Machecoul ; -12-3* le chevalier Sapinaud de Bois-Huguet (1736-93, † au combat) prend la tête des insurgés ; *-13-3* Cathelineau prend *Chemillé* (rejoint le lendemain par Stofflet) ; *-14-3* les Vendéens prennent *Cholet* (2 batailles : 14-3 Cathelineau, 17-10 Stofflet) et *La Roche-sur-Yon* ; ralliement de Charette ; *-15-3 La Roche-Bernard* et *Clisson* prises ; *-17-3* ralliement d'Elbée ; *-19-3 Noirmoutier* conquise ; décret ordonnant la condamnation à mort de tous les insurgés. *-21-3* ralliement de Bonchamps, occupation totale des *Mauges ;* Gal Macé (3 000 h.) défait à *Pont-Charrault ; -22-3 Chalonnes* prise ; *-24-3 Pornic* (300 Vendéens prisonniers exécutés) ; *-25-3 forêt de Vezins,* la troupe de Crouzat massacre 1 200 Vendéens ; *-27-3/22-4* représailles, 150 à 160 Bleus fusillés, mais d'Elbée sauve 400 prisonniers Bleus ; *-avril* conquête du littoral sauf Les Sables-d'Olonne ; *-18-4 Bois-Grolleau,* Cathelineau et Stofflet battent Berruyer ; *-2-5* La Rochejaquelein prend *Bressuire ; -5-5* 20 000 Vendéens prennent *Thouars ; -25-5 Fontenay-le-Comte* prise ; *-9-6 Saumur* prise sur Menou [Gal Jacques François Bon de Menou (3-9-1750/13-8-1810)] ; des milliers de prisonniers sont relâchés après avoir été tondus ; *-juin* conquête de la rive droite de la Loire ; *-12-6* Cathelineau généralissime Vendéens (tué à Nantes 29-6) ; *-23-6* environ 40 000 Vendéens prennent *Angers ; -29-6 Châtillon-sur-Sèvre,* Charette bat François Westermann [(Molsheim 5-9-1751/Paris 5-4-1794, guillotiné), ancien grand bailli de la noblesse d'Alsace, exécuté comme dantoniste] ; échec devant *Nantes,* retraite sur Angers (Cathelineau blessé ; † 4-7) ; *-juillet* les républicains prennent *Angers, Ancenis, Saumur* (Gal bleu : Rossignol ; chef chouan : Elbée qui succède à Bonchamps, † 14-7 ; adjoint : Stofflet) ; *-5-7* les Vendéens reprennent *Châtillon-sur-Sèvre* (capitale politique de la Vendée) ; *-1-8* 15 000 h. de l'armée du Rhin capitulent à Mayence : ne devant plus combattre la coalition, ils sont affectés en Vendée ; décret de la Convention (renouvelé le 1-10-1793) ordonnant l'anéantissement des « brigands » de Vendée et l'incendie de leurs repaires ; *-2-8* Bertrand Barère de Vieuzac (10-9-1755/15-1-1841) ordonne à Kléber d'exterminer la population ; *-5-8* Vendéens battus devant *Saumur ; -5-9* Elbée vainqueur à *Chantonnay ; -16-9* Charette battu à *Montaigu ; -18-9* Antoine Santerre (Paris, 16-3-1752/6-2-1809, républicain) battu à *Coron ;* Duhoux (républicain) battu à *Pont-Barré ; -19-9* Charette et Bonchamps, réunis près de *Torfou,* écrasent l'avant-garde de Marceau (5 000 h., commandés par Kléber) ; *-21-9* Charette bat Beysser à *Montaigu ; -22-9* fausse manœuvre de *St-Fulgent* [les Blancs devaient exterminer les Mayençais à Clisson, mais Lescure fit remettre cette bataille (décisive) pour aller enlever un convoi à St-Fulgent ; les Mayençais purent se refaire à Nantes] ; *-9-10* début des offensives de 5 *colonnes républicaines* en direction de *Châtillon-sur-Sèvre* (Westermann), *Bressuire* (Chalbos), *Clisson* (Kléber), *Le Luc* (Cordelier), *étang de Drillais* (Huché : 4 000 † le 27-2-1794) ; *-13-10* Charette prend Noirmoutier [la garnison, commandée par Wieland (exécuté 6-1-1794 par les Bleus), se soumet] ; *-16-10* les Bleus prennent Chatillon, capitale de la Vendée militaire ; *-17-10* Bonchamps écrasé à *Cholet,* blessé, meurt le 18-10 (Elbée, blessé, est transporté à Noirmoutier) ; La Rochejaquelein (21 ans) devient Gal en chef vendéen.

Virée de Galerne (vent du nord, nom donné au pays au nord de la Loire) **: 1793**-*18-10* environ 100 000 Vendéens, dont de nombreux civils, passent la Loire à St-Florent-le-Vieil et se réfugient au nord de la Loire, malgré l'opposition de La Rochejaquelein [avant la bataille de Cholet, le Pce de Talmont, à la tête de 4 000 chouans, avait été chargé d'enlever Varades, sur la rive droite, pour permettre aux Vendéens de fuir en cas de défaite] ; *-21-10* La Rochejaquelein prend *Laval ; -26-10* il bat Westermann à *Entrammes* (10 000 †) ; *-3-11* mort de Lescure, blessé à Cholet ; *-4-11* les Vendéens prennent *Fougères* [permettait d'attaquer Rennes ou Granville ; un conseil de guerre décide de marcher sur Granville pour y recevoir l'aide des Anglais (Francis Rawdon Hastings, Cte de Moira, 1754-1826, ayant sa base à Jersey)] ; *-7-11* la Convention retire son nom à la Vendée et lui donne celui de *Vengé* ; *-12-11* les Vendéens prennent *Avranches ; -14-11* échec devant *Granville :* retraite vers la Loire ; *-20-11* les Vendéens battent Rossignol à *Antrain ; -4/5-12* échouent devant *Angers,* se retirent en désordre sur la Sarthe vers Le Mans ; *-13-12* les Vendéens, défaits près du Mans, se retirent vers Laval ; *-23-12* vaincus à *Savenay* (15 000 † sur 18 000 h. ; prisonniers, hommes ou femmes, fusillés). Westermann dira au Comité de salut public : « Il n'y a plus de Vendée ! Suivant les ordres que vous m'avez donnés, j'ai écrasé les enfants sous les pieds des chevaux, massacré les femmes qui, au moins pour celles-là, n'enfanteront plus de brigands. Je n'ai pas un prisonnier à me reprocher. J'ai tout exterminé ! » **Exécutions : 1794**-*3-1* environ 6 000 républicains prennent *Noirmoutier ;* les Vendéens capitulent ; Haxo leur promet la vie sauve, mais les conventionnels feront exécuter les prisonniers et rebaptisent l'île « île de la Montagne » ; *-6-1* Elbée fusillé à Noirmoutier ; *-27-1* Pce de Talmont guillotiné à Laval ; *-5-2* abbé Jean-Louis Guillot de Folleville (pseudo-évêque d'Agra) guillotiné à Angers ; *-janv./févr.* 15 000 chouans exécutés à Angers, Laval, Saumur [dont à Angers 3 000 exécutions pour raisons religieuses (assistance quotidienne à la messe, port des bannières aux processions, etc.) ; 99 béatifiés par Jean-Paul II en févr. 1984] ; *-17-2 Drillais* 4 000 † ; *-4-3* environ 2 000 †.

Guerre sauvage : ORGANISATION DE LA RÉPRESSION : Louis-Marie *Turreau* de Garambouville [(Évreux 4-7-1756/Conches 10-12-1816) futur ambassadeur de l'Empire aux États-Unis (1803-11), Bon de Linières (1812), prêtera serment à Louis XVIII (1814) ; fait chevalier de St-Louis, il accueillera la Desse d'Angoulême en Vendée, en mars 1815] ; nommé le 22-11-1793 Cdt en chef de l'armée de l'Ouest, il prend son commandement le 26-12. **1794**-*janv./juillet* passées de 5 à 12, les colonnes républicaines (*colonnes infernales*) pratiquent la « terre brûlée » et exécutent environ 160 000 civils (aucun document ne permet d'affirmer que Turreau ait ordonné le massacre systématique de la population, ses ordres visent les « brigands trouvés les armes à la main ou convaincus de les avoir prises », y compris « les filles, femmes et enfants qui seront dans ce cas » ; on fera de même pour « les personnes seulement suspectes » ; les généraux Cordelier et Huché laissent leurs subordonnés juger, dans le feu de

Principaux chefs vendéens

Bonchamps (Charles, Mis de, né à Juvardeil 10-5-1760), Lt en Inde et en Amérique, blessé à Cholet, transporté sur la rive droite à St-Florent le 17-10-1793, admiré pour sa foi religieuse (ordonne avant de mourir d'épargner 5 000 prisonniers bleus, meurt le 18-10). **Cathelineau** (Jacques, né au Pin-en-Mauges 5-1-1759), dit le *Saint de l'Anjou*, tisserand colporteur, élu Cdt en chef de l'armée catholique et royale le 12-6-1793, meurt à St-Florent-le-Vieil le 14-7 (15 j après avoir été blessé à Nantes) ; sa famille sera anoblie en 1817 ; son fils Jacques, rallié à la Desse de Berry, sera tué le 27-5-1832 par les gendarmes de Louis-Philippe. **Charette de La Contrie** (François-Athanase, Bon de, Couffé 17-4-1763/29-3-1796, fusillé à Nantes), ancien officier de marine ayant participé à la guerre de l'Indépendance américaine ; mars 1793, choisi comme chef par les paysans de Machecoul. **Elbée** (Maurice Gigot d', Dresde 1752/94, fusillé), officier émigré, élu généralissime le 19-7-1793 après la mort (4-7) de Cathelineau ; blessé le 17-10 à Cholet, emmené à Noirmoutier, y sera capturé et exécuté dans un fauteuil (car il ne tenait pas debout) le 7-1-1794. **La Rochejaquelein** (Henri du Vergier, Cte de, né à La Durbelière 30-8-1792), officier ; gouverneur de Saumur le 12-6-1793 ; généralissime le 18-10 (à 21 ans) ; tué au combat près de Nouaillé le 28-1-1794. Il avait dit : « Si j'avance, suivez-moi ; si je recule, tuez-moi ; si je meurs, vengez-moi. » **Lescure** (Louis-Marie de Salgues, Mis de, dit le *Saint du Poitou*, né à Bressuire 13-10-1766) châtelain de Clisson et chef des combattants poitevins ; épouse Victoire de Donnissan (qui se remariera avec La Rochejaquelein, futur auteur de *Mémoires*) ; emprisonné à Bressuire, libéré le 2-5-1793 par les insurgés, rejoint l'armée ; blessé le 10-10 près de Cholet, est emporté outre-Loire ; le 3-11 tué près de Fougères. **Marigny** (Bernard de, né 1754), officier de marine, Cdt en chef de l'artillerie vendéenne (mai 1793) ; chef d'une armée de partisans en Vendée (avril 1794) ; vainqueur à Clisson ; accepte de collaborer avec Charette et Stofflet (mai 1794) ; sommé de renoncer à son commandement en chef et de reprendre sa place à la tête de l'artillerie, il refuse et fait sécession (juin 1794) ; capturé par Stofflet et exécuté le 10-7-1794 (graves dissensions entre Vendéens après sa mort). **Sapinaud de La Rairie** (vers 1760/10-8-1829), ancien officier au régiment de Foix, chef de l'armée du Centre ; il reprend les armes en 1815 ; pair de France. **Stofflet** (Jean-Nicolas, né Lunéville 3-2-1753), soldat puis garde-chasse du Cte de Colbert-Maulévrier, chef angevin après la mort de La Rochejaquelein (1794) ; trahi le 24-2-1796, fusillé à Angers le 26.

Principaux chefs chouans

Becdelièvre (Anne-Christophe, Mis de, 1774-95), émigré dans l'armée de Condé, revenu dans l'Ouest comme major général des armées du nord de la Loire, sous les ordres de Scépeaux (déc. 1794-juillet 1795) ; blessé mortellement au combat d'Oudon. **Bourmont** (Louis-Auguste, Cte de, 2-9-1773/27-10-1846), officier aux gardes-françaises, émigré dans l'armée des Pces en 1791 ; débarqué en Bretagne 1795 combat avec les Vendéens, prend le Mans 1795, nommé par le Cte d'Artois Cdt du Maine et de l'Anjou, et chef d'état-major de Scépeaux ; nommé Mal de camp à Londres 1797 ; Cdt en chef des chouans 1799 ; compromis en 1801 lors de la séquestration du sénateur Clément de Ris et incarcéré au Temple ; évadé 1805 ; rallié à Napoléon 1807 ; Gal de division en 1814, le 15-6 il passe à l'ennemi avant Waterloo ; 1823 commande en Espagne ; 1829 min. de la Guerre ; Cdt en chef de l'expédition d'Alger en 1830, Mal de France le 14-7 ; compromis dans la révolte vendéenne (Desse de Berry) en 1832 ; condamné à mort par contumace, devient portugais et Cdt en chef de l'armée portugaise ; amnistié 1834. **Cadoudal** (Georges, né à Kerléano 1-1-1771, guillotiné), fils d'un meunier, royaliste, mais hostile à l'aristocratie, il constitue une chouannerie plébéienne ; 1793 participe à la guerre de Vendée ; 1797 dissout ses troupes ; 1799 nouveau soulèvement, essaye de faire fusiller le Cte de Puisaye (voir plus bas) qu'il soupçonne de trahison ; Bonaparte l'admirait et lui offrit les galons de colonel (refus) ; 1800 réfugié à Londres ; 1803 retour clandestin ; 1804 soupçonné, sans doute à tort, d'avoir monté la conspiration de la machine infernale ; complote avec Pichegru une attaque contre le palais consulaire, suivie de l'exécution du 1er consul (arrêté 9-3 à Paris, 25-6 exécuté place de Grève). Famille anoblie par Louis XVIII. **Cormatin** (Pierre Dezoteux, Bon de, 1753-1812), émigré, venu d'Angleterre en 1794 et nommé Gal en chef, se préoccupe de conclure la paix avec Hoche ; jugé sévèrement par les historiens chouans. **Cottereau** (les « Frères chouans ») : Jean (St-Berthevin, Mayenne, 30-10-1757/2-2-1794, † au combat) ; François, † d'une blessure infectée ; Pierre, l'aîné, fait prisonnier et guillotiné à Laval en juin 1794 ; René, le cadet, surnommé *Faraud* († 1846) ; 2 sœurs : Perrine 18 ans et Renée 15 ans, guillotinées le 25-4-1794. **Frotté** (Louis, Cte de, né à Verneuil 1755), protestant, 1792 émigré à Londres ; 1795 revient clandestinement ; Lt général et chef de la chouannerie normande [rive gauche de la Seine (rive droite, le chef est un autre protestant, François de Mallet)] ; plusieurs campagnes victorieuses ; 1797-98 commande 1 500 h. dans la forêt d'Halouze : les « gentilshommes de la Couronne » ; 1799 avec 11 000 h. conquiert régions d'Alençon et Mortain ; 1800-28-1 pris dans un guet-apens (à cause d'un faux sauf-conduit de Bonaparte) ; -18-2 fusillé. **La Rouërie** (Armand Taffin, Mis de, 1751-93) 1787 chef du parti antirévolutionnaire breton ; 1791 reçoit, à Coblence, la mission de coordonner la résistance nobiliaire en Bretagne en contact avec Londres ; 1793-30-1 meurt de pneumonie durant une mission clandestine à Laguyomarais. **Puisaye** (Joseph-Geneviève, Cte de, Mortagne 6-3-1755/Hamersmith 1827), ancien chef des insurgés fédéralistes, organise la chouannerie d'Ille-et-Vilaine ; 1795 dirige l'expédition de Quiberon, soupçonné de complicité avec les républicains, rejoint la flotte anglaise et se fait naturaliser Anglais. **Scépeaux** (Marie-Paul, Mis de, 1769-1821) respecte la trêve qu'il signe avec Hoche ; se fait radier de la liste des émigrés, devient inspecteur général des armées impériales ; Mal de camp sous la Restauration. **Tinténiac** (chevalier, ?-1795), aide de camp de La Rouërie, passe en Angleterre, devient l'agent de liaison entre Pitt et les Vendéens ; 1793-juillet il débarque à St-Malo et organise en Vendée l'expédition de Granville (échec) ; 1795 rejette la paix de La Mabilais, prend part au combat de Quiberon, débarque avec 4 000 chouans (repliés sur Houat) à la pointe St-Jacques, près de Vannes, bat Hoche, ne peut prendre Josselin et est tué à Coëtlogon.

l'action, des individus à sauver et de ceux à exécuter) ; *-28-1* La Rochejaquelein tué entre Cholet et Nuaillé ; *-28-2 massacre des Lucs* par la colonne Cordelier (564 † dont 107 enfants, 200 femmes et filles de plus de 8 ans ; selon certains, 300 à 500 † en 1 année, ou même en quelques semaines ; en octobre 1993 un monument commémoratif fut inauguré en présence d'Alexandre Soljenitsyne) ; *-20-3* aux *Clouzeaux*, Charette bat le Gal Nicolas Haxo (né 7-6-1749) qui, blessé, refuse de se rendre et se tue d'un coup de pistolet ; *-mai* fin des « colonnes infernales » ; *-13-5* Turreau suspendu ; *-17-5* cesse ses fonctions ; *-20-5/8-9* Cdt à Belle-Isle-en-mer ; *-28-9* arrêté ; *-19-11* libéré ; *-19-12* acquitté par un tribunal militaire (il n'a fait qu'exécuter les ordres) ; *-2-12* amnistie accordée par la Convention ; *-16-12* Charrier guillotiné à Paris. **1795**-*17-2 paix de La Jaunaie* signée par Charette et Canclaux [libre exercice du culte ; remboursement des bons signés par l'armée vendéenne (ne seront jamais remboursés, même sous la Restauration)] ; *-2-5 paix de St-Florent* (Stofflet se soumet).

Guerre fédéraliste (1793-94)

■ **Causes.** Les Jacobins ont anéanti la minorité des Girondins (dits « Brissotins ») qui voulait une fédération de départements. Plusieurs villes et régions de province, hostiles à la centralisation jacobine, prennent les armes.

■ **Opérations. 1793**-*29-5* profitant du mouvement fédéraliste, les royalistes, encouragés par la proximité des États savoyards du roi de Sardaigne, beau-père du Cte d'Artois, prennent la tête d'une insurrection réactionnaire qui se rend maîtresse de *Lyon ; -15/20-6* les Girondins prennent Marseille, Toulon, Bordeaux. A *Caen*, les Montagnards sont arrêtés et la Normandie se soulève (12-7), l'armée girondine est formée (généraux : Wimpffen et Puisaye ; chefs civils : Brissot, Lanjuinais, Buzot, Valadé, Pétion) ; *-13-7* Puisaye battu à *Pacy-sur-Eure* par Brune (voir p. 654 a) ; *-16-7* gouvernement fédéral local à *Lyon,* Joseph Chalier (Jacobin, né 1747) guillotiné ; *-27-7* l'armée de la Convention reprend *Avignon ; -31-7* dispersion des fédéralistes bordelais ; *-9-8* début du siège de *Lyon ; -19-8* Carteaux bat les fédéralistes près de Salon ; *-22-8* Lyon bombardée ; *-25-8* Carteaux entre à *Marseille* (rebaptisée *Ville-sans-nom*) ; *-27/29-8* les royalistes triomphent à *Toulon* et livrent à la flotte anglaise de l'amiral Samuel Hood (12-12-1724/27-1-1816) la ville et l'escadre française ; un contingent espagnol de don Juan de Longara participe à l'opération ; *-9-10 Lyon capitule* [sur le rapport de Barère, les maisons des riches devront être détruites (il n'y eut que quelques démolitions place Bellecour), Lyon portera le nom de *Ville-Affranchie*, le département de Rhône-et-Loire sera divisé en 2], répression avec Couthon, Fouché, Collot d'Herbois : 15 000 †. Fouché ordonne la 1re canonnade à mitraille : 64 jeunes gens tués plaine des Brotteaux (1 683 Lyonnais seront tués ainsi) ; *-15-12* Dugommier secondé par Bonaparte, reprend *Toulon* (plus de 1 000 exécutions ; déportation des habitants). **1794**-*janv.* Fréron achève l'épuration de *Marseille* (400 exécutions).

1re guerre des Chouans (1793-96)

☞ **Les Chouans** [*Chat-Huant :* surnom d'un des chefs, Jean Cottereau (dit Jean Chouan, dont le grand-père avait le cri de la chouette comme signal de ralliement du temps où il était faux-saunier)] se distinguent des Vendéens par leurs motivations (devise : *Dieu et mon pays* au lieu de *Dieu et mon roi*) et leur localisation (au nord de la Loire) ; ils ont pourtant combattu à leurs côtés pendant la « Virée de Galerne » et la 2e guerre vendéenne.

■ **Effectifs. Chouans :** 40 000 h. en Anjou-Touraine, peut-être plus en Bretagne (Cadoudal), mais rarement rassemblés. **Républicains** (armée des côtes de Brest) : 30 000 h. employés contre les Vendéens (au sud de la Loire). **1794**-*21-8* Hoche, libéré de prison le 4-8, prend le commandement de l'armée des côtes de Cherbourg et, le 9-11, celui de l'armée des côtes de Brest.

■ **Opérations. 1792**-*15-8* à *St-Ouen* (Mayenne) constitution du 1er groupe de réfractaires armés, sous le commandement de Jean Chouan. **1793**-*10-3 :* 1ers troubles publics armés à *St-Florent-le-Vieil* (M.-et-L.) à l'occasion de la levée des 300 000 h. ; *-mi-mars* les mutins sont organisés militairement (principaux combats : *la Baconnière, Port-Brillet, Andouillé, Le Pertre*) ; Scépeaux combat sur la rive gauche avec son beau-frère Bonchamps ; *-oct./déc.* de nombreux chouans prennent part à la *« Virée de Galerne »,* notamment les Frères chouans et les Morbihannais de Cadoudal ; *-10-12* défaite *du Mans ; -déc.* après le désastre des Vendéens à *Savenay,* les chouans restent sur la rive droite (Cadoudal dans le Morbihan ; Scépeaux en M.-et-L.). **1794** captivité de Cadoudal à Brest ; le Cte de Silz, chef des chouans bretons ; *-2-2* Jean Cottereau tué au combat. **1795**-*27-1* Pce de Talmont guillotiné à Laval ; *-20-4 accords de La Prévalaye* (château près de Rennes) et *23-4 paix de La Mabilais* (ferme la plus proche de Rennes) entre Hoche et Scépeaux (Cadoudal, évadé de Brest, et les chefs du Morbihan la refusent ; Cormatin, chef d'état-major de Puisaye, Boishardy, chef des chouans des côtes du Nord, l'acceptent) ; *-25-5* Hoche fait arrêter Cormatin ; *-12-6* reprise de la guérilla, Scépeaux prend *Segré ; -17-6* environ 500 chouans s'emparent de la poudrerie de Pont-de-Buis près de Châteaulin ; *-25/28-6 :* 1re division des Émigrés débarque baie de **Quiberon** : de nombreux chouans les rejoignent [environ 3 700 émigrés (chefs : Puisaye, Sombreuil, d'Hervilly) transportés par les Anglais (avec 1 000 chevaux, 17 710 uniformes d'infanterie, 5 000 de cavalerie, 30 000 fusils, 12 pièces de campagne, 600 barils de poudre et 600 caisses de munitions, 60 000 paires de souliers, des vivres en quantité)] ; prises de Ste-Barbe, Mendon, Landévant, Auray ; *-27-6* Hoche à Vannes ; *-28-6* Cadoudal prend *Auray ; -28/30-6* Hoche rassemble des renforts ; *-29-6* il reprend Auray ; *-3-7* les royalistes prennent Fort-Penthièvre (Fort Sans-Culotte) mais sont bloqués dans la presqu'île ; *-15-7* arrivée de la 2e division des Émigrés (Sombreuil) ; *-16-7* son lieutenant, Jean Humbert, perce les lignes de Quiberon (1 200 émigrés † ; 1 800 regagnent la flotte) ; *-19/20-7* Fort-Penthièvre livré ; *-22-7* reddition des survivants avec Sombreuil en échange de la vie sauve, mais ils seront fusillés à Vannes et Auray sur ordre de Hoche du 28-7 au 2-9 [Hoche ayant quitté Vannes le 24-7 pour poursuivre « l'armée rouge » (de la couleur des uniformes anglais) de Cadoudal] ; *-12-9* le Cte d'Artois arrive dans les parages de l'île d'Houat, renonce à débarquer à Noirmoutier, va à l'île d'Yeu ; *-18-11* il en part. **1796**-*31-3* Frotté échoue devant *Tinchebray ; -7-4* victoire des chouans à *Locminé ; -12-4 suspension d'armes* entre Scépeaux et Hoche (rive droite de la Loire, de Nantes à Blois) ; *-mai* entre Cadoudal et Hoche (Bretagne) ; *-juin/juillet* soumission des chefs chouans ; Frotté passe en Angleterre. **Forces en présence.** *Émigrés* 5 437, *chouans* environ 12 000, *républicains* 13 000.

■ **Causes de l'échec.** Dualité de commandement : Hervilly [Louis-Charles, Cte d' (1756-Londres 1795), monarchiste constitutionnel] conteste les pouvoirs de Puisaye absolutiste]. Puisaye veut profiter de l'avantage initial pour soulever d'autres régions. Hervilly veut renforcer la position de Quiberon. **Procès de Quiberon :** condamnations à mort 750 (émigrés, chouans, prêtres réfractaires, etc.), exécutions 748, peines de détention ou d'amendes 200, acquittements 2 900, jeunes gens de la réquisition envoyés à l'armée 200, libérés sans jugement (vieillards, femmes, enfants et chouans détenus à Vannes) 3 500, décès (prisons, hôpitaux) 500 (chiffres donnés sous toutes réserves). Presque tous les nobles, prêtres, émigrés ont été exécutés.

☞ Le 15-10-1829, 2 chapelles commémoratives seront inaugurées par la Desse de Berry ; au *Champ des Martyrs* (marais de Kerzo) et à la *chartreuse d'Auray.*

2e guerre de Vendée (1795-96)

■ **Opérations. 1795**-*24-6* Charette, qui n'a jamais déposé les armes après la paix de La Jaunaie (17-2-1795), va à Belleville ; *-25-6* dirige de nouvelles guérillas parce qu'on n'a pas tenu les promesses qu'on lui a faites, dira-t-il (Stofflet, brouillé avec lui, observe la paix signée avec Hoche à St-Florent-le-Vieil le 2-5) ; *-26-6* débarquement d'émigrés à Carnac et Quiberon ; *-sept.* Stofflet, contacté par des agents du Cte d'Artois, se réconcilie avec Charette. **1796**-*26-1* Stofflet reprend les armes ; *-23-2* pris à Chemillé ; *-24-2* exécuté ; *-23-3* Charette pris à la Chabotterie (St-Sulpice) ; *-29-3* fusillé à Nantes ; *-avril* dernières guérillas ; *-4-6* Sapinaud (désormais seul en Vendée) se soumet au Gal Duthil à Nantes.

3e guerre de Vendée (1799-1800)

■ **Opérations.** Guérillas. **Chefs :** Charles d'Autichamp (Angers, 8-8-1770/6-10-1859) en Anjou, Pierre Constant de Suzannet (1771/22-6-1815 mort de ses blessures au combat du 20-6) en basse Vendée en liaison avec Cadoudal et Bourmont (voir **2e guerre des Chouans** ci-dessous).

2e guerre des Chouans (1799-1800)

■ **Opérations. 1799**-*août* Cadoudal réunit les chouans bretons au camp de Beauchêne ; Bourmont est envoyé de Londres pour prendre le commandement de Maine, Perche, Chartrain, Vendômois ; *-sept.* Cadoudal attaque Vannes et s'empare de *Sarzeau ; -23-9* Frotté rentre en Normandie ; *-15-10* Bourmont prend *Le Mans ; -20/21-10* les chouans prennent *Nantes ; -nov. coup d'État du 18 brumaire :* Bonaparte au pouvoir ; *-déc.* Cadoudal, avec 800 chouans, occupe l'estuaire de la Vilaine pour recevoir armes et munitions anglaises ; *-17-12* armistice de *Pouancé.* **1800** Cadoudal à 15 000 h. ; *-25/26-1* il est battu par Brune à *Grand-Champ* et à *Elven ; -4-2* Bourmont signe la paix avec Bonaparte (pays de la Loire) ; *-9-2* Cadoudal signe la paix avec Brune à *Theix ; -12-2* Cadoudal signe la paix au château de Beauregard, près de Vannes ; *-18-2* Frotté exécuté ; *-mars* Cadoudal, menacé d'arrestation, passe en Angleterre ; *-déc.* il échoue dans une attaque de *Brest.* **1802** Bonaparte, à la paix d'Amiens, demande aux Anglais de lui livrer Cadoudal (refus).

■ **Bilan des guerres de Vendée et de la Chouannerie. Vendée militaire :** *117 000* † (selon Reynald Secher). **Ensemble Vendée-Chouannerie :** *400 000* † (selon René Sédillot) ; *plus de 600 000* † (selon Hoche, Pierre Chaunu) dont soldats républicains 18 000, chouans 80 000, civils exécutés 210 000, † de froid et de faim 300 000, dont plus de 100 000 enfants ; *400 000* † (selon A. Casanova) dont 220 000 Vendéens et 180 000 Bleus. **Pertes civiles des Vendéens :** femmes et enfants massacrés sur place, exécutés en captivité (noyades de Carrier à Nantes : 4 800 † en automne 1793, liés 2 par 2 dans des galiotes coulées dans la Loire) ou morts de misère en déportation ; la Convention avait exclu la région vendéenne des lois de la guerre : prisonniers et blessés étaient fusillés ; des cadavres furent envoyés à des tanneries de peau humaine, à Meudon et aux Ponts-de-Cé. Dans ses *Mémoires* (1824), Turreau affirme que les Vendéennes exécutées étaient des combattantes, habillées en hommes.

■ ÉTAT DE LA FRANCE (1799)

Société. Frénésie de plaisirs (par réaction contre les années d'austérité et de terreur) dans les milieux riches : goinfrerie, excès des *muscadins* (mot forgé en 1792 par le conventionnel Chabot, pour désigner les jeunes royalistes lyonnais, utilisant de riches parfums au musc) et des *merveilleuses* (épithète ironique pour les élégantes : employée aussi au masculin, ainsi qu'*incroyables,* pour les « muscadins »). Brigandage généralisé (à l'origine, bandes monarchistes). **Économie.** Commerce et industrie ruinés (à Paris, production réduite de 62 %, à Lyon de 85 %) ; ports de Marseille et Bordeaux fermés ; forêts domaniales pillées. Réseau routier détruit ; le service des diligences n'est plus assuré. **Finances.** Dévaluation de 99,966 % ; les caisses de l'État sont vides, fonctionnaires et soldats sont payés avec 10 ou 12 mois de retard ; les rentes ne sont pas versées. Il n'y a pas de budget établi (chaque administration dépense au jour le jour). **Libertés.** Suspendues après le 18 fructidor (4-11-1796) : la presse modérée est supprimée ; 1 700 prêtres réfractaires emprisonnés à Rochefort.

CONSULAT (13-12-1799/18-5-1804)

☞ Le 19 brumaire an VIII, le Conseil des Anciens décrète qu'il n'y a plus de Directoire (art. 1er), le remplace par une « Commission consulaire exécutive » de 3 membres : *Sieyès* (3-5-1748/20-6-1836), *Roger Ducos* (Montfort, Landes 25-7-1754/16-3-1816 accident à Ulm), ex-directeurs, et *Bonaparte* qui porteront le nom de consuls de la République française. Le 22 frimaire, Bonaparte présente, au nom de la Commission consulaire, le projet de Constitution aux 2 Conseils, des Cinq-Cents et des Anciens, réunis au Luxembourg, qui la ratifient.

Consulat décennal. 13-12-1799 (22 frimaire an VIII) : trois consuls : *Bonaparte,* 1er consul, *Jean-Jacques de Cambacérès* (1753-1824), *Charles-François Lebrun* (1739-1824). Voir **Institutions** p. 727 a.

1799-15-12 (24 frimaire) proclamation des consuls aux Français : « ... La Constitution est fondée sur les vrais principes du gouvernement représentatif, sur les droits sacrés de la propriété, de l'égalité, de la liberté... la révolution est fixée aux principes qui l'ont commencée : elle est finie » ; -25-12 décret de mise en vigueur de la Constitution ; -26-12 création du Conseil d'État. **1800**-17-1 suppression de 60 des 73 journaux politiques parisiens ; -7-2 résultats du référendum proclamés (3 011 007 oui, 1 562 non) ; -13-2 création de la *Banque de France ;* -14-2 soumission de *Cadoudal ;* -17-2 loi sur l'organisation administrative (création des préfets) ; -19-2 Bonaparte s'installe aux Tuileries ; -20-2 lettre du Cte de Provence, futur Louis XVIII, à Bonaparte, lui offrant le titre de connétable s'il rétablit la monarchie ; -3-3 *clôture de la liste des émigrés ;* -18-3 loi sur l'organisation judiciaire ; -14-6 victoire de *Marengo ;* -2-7 Bonaparte revient aux Tuileries ; -12-8 début des travaux du Code civil ; -7-9 réponse de Bonaparte au Cte de Provence (refus) ; -1-10 *2e traité de St-Ildefonse :* l'Espagne rend la Louisiane à la France, en échange de Parme ; amnistie pour de nombreux émigrés ; -9-11 *complot* de *Joseph Ceracchi* [sculpteur italien (né 1751), avec 4 complices dont le peintre *Jean-Baptiste Topino-Lebrun* (né 1769), élève de David, et l'officier corse *Joseph Arena* (né 1771), qui projette de poignarder Bonaparte à l'Opéra ; arrêté dans le couloir de la loge, il est condamné à mort et sera exécuté avec ses complices le 31-1-1801] ; découverte de la conspiration de Margadel (dit Joubert, fusillé 19-12-1800, qui organisait les vols de diligences autour de Paris) ; -24-12 (20 h 30) *explosion de la* **« machine infernale »** *rue St-Nicaise :* un tonneau de poudre rempli de clous saute au passage de la voiture de Bonaparte qui aurait dû être arrêtée par un embarras de voitures, mais le cocher ivre a foncé sans ralentir : il y a 10 †, 20 blessés, 46 maisons détruites ; 130 Jacobins seront déportés aux Seychelles, par sénatus-consulte du 5-1-1801 ; l'attentat est dû aux chouans Jean-François Carbon (né 1756, dit le Petit François) et Pierre St-Réjant (né 1768) ; arrêtés 15 jours après, ils seront condamnés le 6-4-1801 et guillotinés le 20-4 (revêtus de la chemise rouge des parricides) ; le chevalier de Limoëlan, chef du complot, en réchappera.

1801-31-1 Demerville, Arena, Ceracchi et Topino-Lebrun condamnés à mort et exécutés ; -3-2 *paix de Lunéville* avec l'Autriche ; -16-7 concordat avec le pape (signature) ; -22-11 réunion du Corps législatif ; départ pour *St-Domingue* de l'expédition du Gal Leclerc, beau-frère de Bonaparte. **1802**-18-1 élimination des membres du Tribunat hostiles à Bonaparte ; -25-1 Bonaparte élu Pt de la Rép. italienne ; -8-4 promulgation du *concordat* et de ses *articles organiques* (voir à l'Index) ; -26-4 *amnistie* pour les émigrés qui rentreront avant le 23-9 ; -1-5 loi sur l'instruction publique, créant notamment les lycées.

Consulat bidécennal. 8-5-1802 (18 floréal an X) *Bonaparte, Cambacérès, Lebrun ;* -8-5 Bonaparte nommé 1er consul pour 10 années supplémentaires ; Toussaint Louverture se rend au Gal Leclerc ; -19-5 création de la *Légion d'honneur ;* -20-5 *esclavage* rétabli dans les colonies ; -24-5 protestation du pape contre les articles organiques (rejetée par Bonaparte, ainsi que les suivantes, remises par le cardinal Caprara) ; -7-6 Toussaint Louverture pris à St-Domingue ; -29-7 Bonaparte plébiscité **1er consul à vie.**

Consulat à vie. 2-8-1802 (14 thermidor an X) *Bonaparte ;* -4-8 nouvelle Constitution, avec une loi électorale favorisant Bonaparte ; -26-8 île d'Elbe réunie à la France ; -11-9 Piémont réuni à la France ; -13-9 suppression du ministère de la Police générale (créé 2-1-1796) et éviction de Fouché ; -20-9 Bonaparte s'installe à St-Cloud, avec une cour consulaire ; -9-10 Parme et Plaisance occupés par les Français après la mort du dernier duc, don Ferdinand ; -2-11 Gal Leclerc meurt à St-Domingue de la fièvre jaune, son armée est décimée ; -23-11 Bonaparte nommé médiateur de la Confédération suisse. **1803**-25-2 *recez* (ou recès) de l'Empire allemand (voir à l'Index) ; -28-3 création du *franc germinal* à l'effigie de Bonaparte ; -30-4 la France cède la Louisiane aux États-Unis (voir à l'Index) ; -11-5 *déclaration de guerre à l'Angleterre* (la paix ne sera plus jamais rétablie avant 1815) ; -30-11 *Rochambeau* évacue *St-Domingue.*

1804-févr. complot de *Cadoudal* (débarqué en août 1803 en Normandie, arrêté 9-3, exécuté 25-6 avec 11 complices), Pichegru, Moreau (condamné 10-6-1804 à 2 ans de prison pour non-dénonciation de malfaiteurs lors de l'attentat ; sera conduit à Cadix et embarqué pour les USA, voir p. 655 c) ; -15-3 *duc d'Enghien* (Louis de Condé, né 1772) enlevé à Ettenheim en territoire allemand par le Gal Armand de Caulaincourt, Mis de l'Ancien Régime, futur duc de Vicence (Caulaincourt 9-12-1773/Paris 19-2-1827) et exécuté le 21-3 (après jugement d'un tribunal militaire présidé par le Gal Pierre Hulin et contrôlé par le Gal Savary, chargé de l'exécution immédiate du condamné dans les fossés de Vincennes). *Raisons : 1°)* Cadoudal, au cours de son interrogatoire, avait révélé qu'un « prince » devait prendre la tête des conjurés chouans dès la mort du 1er consul (il s'agissait du Cte d'Artois qui avait promis de venir, sans en avoir l'intention). *2°)* Bonaparte a su qu'Enghien n'était pas le Pce en question, mais il a appliqué la règle corse de la vendetta permettant de tuer les parents d'un adversaire. *3°)* Fouché (régicide) et Talleyrand ont poussé Bonaparte à tuer un Bourbon pour lui faire rejoindre le camp des régicides. *4°)* Enghien avait en Alsace un réseau d'agents antirépublicains, ce qui suffisait à le faire condamner pour complot ; -21-3 *Code civil* adopté ; -6-4 suicide (suspect) de *Pichegru* à la prison du Temple ; -30-4 le tribun Jean-François Curée (1755-1835), ancien conventionnel, propose la création d'un empire héréditaire (3-5 proposition adoptée par le Tribunat).

GUERRES DE LA 2e COALITION (1798-1801)

■ **Causes. 1°)** L'Angleterre n'a pas pris part aux traités de paix de Bâle et Campoformio qui ont mis fin à la 1re Coalition (voir p. 658 a) ; restée en guerre, elle cherche des alliés : Turquie (19-9-1798), Naples et Sardaigne (6-12), Russie (18-12), Autriche (12-3-1799), Portugal, États d'Afrique du Nord (mars 1799). **2°)** Bonaparte veut combattre les Anglais en Méditerranée (Égypte, sur la route de l'Inde). Cela implique l'entrée en guerre des puissances méditerranéennes. **3°)** La Russie se méfie de l'annexion par la France des îles Ioniennes, base de départ vers Constantinople.

■ **Effectifs.** *France* 230 000 h. (Égypte 60 000, Italie 45 000, Rhénanie 40 000, Suisse 40 000, Danube 45 000) ; *Autriche* 155 000 (Bavière 75 000, Vénétie 60 000, Tyrol 20 000) ; *Russie* 75 000 ; *Turquie* 45 000 (Albanie 15 000, Égypte 30 000).

■ **Opérations. 1798**-*19-5* la flotte française quitte Toulon ; *-30-5 :* 4 000 Anglais, débarqués à Ostende, sont battus (2 000 prisonniers) ; *-10/13-6* prise de Malte ; *-1/3-7* d'Alexandrie ; *-21-7* victoire des *Pyramides* et occupation du Caire (voir **Égypte**) ; *-1-8* Horatio Nelson (29-9-1758/21-10-1805, amiral anglais) anéantit la flotte de l'amiral François de Brueys (né 11-2-1753) à *Aboukir :* 13 vaisseaux anglais contre 13 français : 9 français, 2 anglais détruits, Brueys tué ; *-12-9* la Turquie déclare la guerre à la France ; *-24-9* le Corps législatif décrète une levée de 200 000 h. ; *-10-10* la flotte de l'amiral Waren bat une flotte française sur les côtes d'Irlande (5 navires perdus) ; *-23-10* le Gal Richemont, gouverneur des îles Ioniennes, chargé de conquérir l'Albanie turque, est écrasé à *Préveza* (4 000 †, Richemont prisonnier) ; *-24-11* Français attaqués par les Napolitains sur leur territoire romain ; *-29-11* les Napolitains occupent Rome ; *-4-12 Civita-Castellana,* Macdonald bat les Napolitains ; *-6-12* la France déclare la guerre à Naples et Sardaigne ; *-9-12* le roi de Sardaigne renonce au Piémont et se retire en Sardaigne ; *-déc.* Barthélemy Joubert (14-4-1769/15-8-1799, blessure mortelle à Novi) occupe le Piémont, Jean Championnet (14-4-1762/9-1-1800) conquiert l'Italie (*Rome* 15-12, *Naples* 31-12). **1799** *-8-10* Bonaparte débarque à Fréjus (Kléber Cdt en chef de l'armée d'Égypte). **Europe :** *-15-1* les lazzaroni prennent Naples ; le Gal autrichien Mack von Lieberich (24-8-1752/22-10-1828) passe du côté français (reçu comme prisonnier de guerre) ; *-23-1* Championnet met en fuite les lazzaroni et prend Naples : on y établit la *République parthénopéenne ;* *-12-3* la France déclare la guerre à Autriche et Toscane ; *-22-3* Jourdan est battu près de Stockach en Souabe ; *-30-3* Kray (Gal autrichien) bat les Français sur l'Adige et près de Vérone ; *-8-4* rupture du congrès de *Rastadt ;* *-27-4* offensive russe (Souvarov) en Italie du Nord ; *-19-6* Macdonald, battu par les Austro-Russes, se retire vers Gênes ; *-20-6* Turin se rend aux Austro-Russes ; *-21-6* l'armée royaliste napolitaine, commandée par le cardinal Fabrizio Ruffo (16-9-1744/13-12-1827), rentre à Naples ; *-30-7* Mantoue capitule : l'Italie est presque entièrement reconquise par les Alliés ; *-15-8 Novi,* Français battus par Austro-Russes (Gal Joubert tué) ; *-27-8* débarquement des Anglo-Russes en Hollande (battus par Brune au *Helder,* capitulent à *Alkmaar* 6-10) ; *-18-9 Mannheim,* Français battus par Autrichiens ; *-19-9 Bergen,* Brune bat les Anglo-Russes ; *-26-9* Masséna bat Souvarov, puis Korsakov à *Zurich.* **1800**-*1-3* l'amiral russe Ouchakoff prend les îles Ioniennes qui forment, le 21-3, la *république des Sept-Iles Unies :* Céphalonie, Corfou, Cythère, Ithaque, Leucade, Pascos, Zante) sous la protection de la Russie et de la Turquie [1807 (Tilsitt) rendues à la France, 1809 occupées sauf Corfou par les Anglais (voir à l'Index)] ; *-5-5* Moreau bat les Autrichiens à *Stockach ;* *-mai* Masséna résiste dans Gênes ; *-14/20-5* Bonaparte franchit le *Grand-St-Bernard ;* *-4-6* Masséna capitule à *Gênes* (retraite sur Nice autorisée) ; *-14-6 Marengo,* Bonaparte bat Michael Bon Melas (Radeln 12-5-1729/Elbeteinitz 31-5-1806, général autrichien), Desaix est tué ; *-19-6 Hochstaedt,* Moreau bat Kray ; *-28-6* l'Autriche signe un cessez-le-feu pour l'Italie ; *-sept.* l'armée de Suisse (Macdonald) conquiert Vorarlberg et Tyrol ; *-3-9* les Anglais conquièrent *Malte ;* *-3-12 Hohenlinden,* Moreau bat l'archiduc Jean (12 000 †, 25 000 prisonniers) ; *-16-12* Bonaparte propose Malte au tsar Paul Ier qui se retire de la coalition (assassiné 23-3-1801) ; *-18-12* Autriche signe armistice à *Steyer* (traité définitif de *Lunéville* 9-2-1801 : l'Italie, sauf Venise, est laissée sous influence française ; cession définitive de la rive gauche du Rhin, avec compensation pour les princes allemands : la rive droite). **1801**-*22-2* Espagne s'allie à la France contre Angleterre ; *-21-3* **traité d'Aranjuez :** l'Espagne cède à la France les duchés de Parme, Plaisance, Guastalla [y sera réuni après la mort de don Ferdinand, dernier duc (en oct. 1801)] ; le Pce de Parme reçoit la Toscane avec le titre de roi d'Étrurie ; *-28-3* **traité de Florence :** le roi des Deux-Siciles cède à la France Porto-Longone, Elbe, Degli Presidi et Piombino ; *-2-9 Menou capitule* en Égypte (son armée est rapatriée par la flotte anglaise) ; *-29-9* **traité de Badajoz :** France/Portugal ; *-1-10* **traité de St-Ildefonse :** l'Espagne rend la Louisiane à la France ; *-4-10* **traité de Paris :** Espagne/Russie ; *-8-10* **traité de Paris :** France/Russie : îles Ioniennes sous protectorat russe (*Rép. des Sept-Iles unies*) ; *-9-10* ouverture de négociations franco-anglaises à Amiens. **1802** *-27-3* **traité d'Amiens :** France/Espagne/République batave/Angleterre (Méditerranée à la France ; océan Indien à l'Angleterre ; océan Atlantique indivis ; frontières du Rhin reconnues ; l'Angleterre rend ses conquêtes sauf la Trinité, ses possessions hollandaises et Ceylan ; la république des Sept-Iles est reconnue ; Malte doit être restituée à l'ordre de St-Jean-de-Jérusalem ; ne le sera pas).

Ier EMPIRE (18-5-1804/6-4-1814)

■ NAPOLÉON Ier

☞ *Abréviation :* Nap. : Napoléon.

1804 [18 mai (28 floréal an XII)] Bonaparte, revêtu de la « dignité impériale héréditaire », devient **Napoléon Ier**. Le Sénat proclame l'Empire par sénatus-consulte (unanimité moins 5 voix) ; -19-5 18 maréchaux nommés ; -20-5 décret lu dans les rues de Paris ; -fin mai plébiscite sur l'hérédité (et non sur la dignité impériale, déjà décrétée) ; -7-6 Eugène de Beauharnais installé comme vice-roi d'Italie à Milan ; la Saint-Napoléon devient une fête officielle fixée au 15-8, anniversaire de l'Empereur ; -10-7 le ministère de la Police générale est rétabli au profit de Fouché (titulaire jusqu'en juin 1810) ; -28-8 abandon du plan de conquête de l'Angleterre ; -2-12 *sacre* de Nap. [Pie VII accepte de venir à Paris pour le *sacrer,* mais Nap. se couronne lui-même et couronne sa femme Joséphine (épousée religieusement, sans témoins, la veille à 6 h dans le salon des Tuileries) ; il jure sur l'Évangile l'irrévocabilité de la vente des biens nationaux (anciens biens fonciers de l'Église). L'Angleterre est la seule nation européenne à n'avoir jamais reconnu le titre impérial de Nap. ; à Ste-Hélène, il sera appelé le « Gal Bonaparte »]. **1805**-19-5 création de la dignité de Mal ; -26-5 Nap. (proclamé roi d'Italie le 18-3) couronné roi d'Italie à Milan ; -9-9 calendrier républicain supprimé à partir du 1-1-1806 ; -21-10 défaite de *Trafalgar* (décisive) ; -2-12 victoire d'*Austerlitz ;* -26-12 *traité de Presbourg.*

■ **Crises économiques. 1802-03** crise agricole (subsistance). **1805-07** financière (déflation : rareté des arrivées d'or américain et financement de la guerre). Solution : rafle de monnaie en Autriche et Allemagne. **1810-11** industrielle (rareté des matières premières). **1811-12** agricole (subsistance : baisse de la main-d'œuvre agricole). **1812-15** financière (déflation). Les milieux boursiers poussent le 30-3-1814 à la signature de l'armistice (par Marmont) et le 31-3 à la capitulation de Paris (la Bourse remonte).

Napoléon Ier

☞ *Abréviation :* Nap. : Napoléon.

■ **Nom.** Sur son acte de baptême (21-7-1771) figurent le nom Bonaparte (et non Buonaparte) et le prénom Napoleone [forme pseudo-latine de « Nabulione » (sa mère l'appelle *Nabulione*), venant sans doute d'*Anabulione,* c.-à-d. St Nicolas revêtu d'un *anabolium* (en avril 1814, la presse royaliste a rappelé que Napoléon se nommait en réalité Nicolas) ; ou sobriquet désignant les Napolitains établis hors de la ville]. Jusqu'en 1796, Napoléon signera Buonaparte (Napoleone Buonaparte, acte de son 1er mariage). Empereur, il signe Napoléon, Nap., N. La Saint-Napoléon fut introduite pour le satisfaire. D'un Néopolis, martyr d'Alexandrie, compagnon de St Saturnin, on fit Napoléon. Après Austerlitz, le Tribunat avait émis le vœu que l'anniversaire de l'Empereur fût officiellement célébré. Un décret du 19-2-1806 stipula que la fête de St-Napoléon et celle du rétablissement de la religion catholique en France seraient célébrées le 15-8, anniversaire de la naissance de l'Empereur et de la signature du Concordat par Pie VII. Le cardinal Giambattista Caprara (Bologne 29-5-1733/Paris 21-7-1810, 1801 nonce à Paris) ratifia cette décision le 3-3-1806. La Saint-Napoléon fut fêtée la 1re fois le 15-8-1806 ; Louis XVIII y mit fin le 16-7-1814 ; Napoléon III la réinstitua en 1852, non comme celle d'un saint, mais comme celle de l'anniversaire de la naissance de Napoléon Ier. En 1806, la Ville de Paris le déclare « Napoléon le Grand ». Les membres de la famille impériale perdirent leur nom de Bonaparte de 1804 à 1814, puis lors des Cent-Jours. **Surnoms.** *Le petit caporal* (Las Cases ajoute que Bonaparte fut nommé sergent après Castiglione). Il aurait reçu une délégation de soldats venus lui proposer d'être leur caporal d'honneur. Le *Tondu :* à cause de ses cheveux courts après le Directoire ; les soldats portaient les cheveux longs noués avec un catogan noir. *Maigrelet. Père la Violette. Jean de l'Épée.*

■ **Naissance. 1769**-*15-8* à Ajaccio, Corse. Pour son mariage avec Joséphine, il utilisa l'acte de baptême de Joseph, son frère, daté du 8-1-1768. Conçu en nov. 1768 à Corte [on l'a dit fils de Louis-Charles Cte de Marbeuf (Rennes 1712-Bastia 1786), G^{al}, 1768 chargé d'occuper la Corse cédée par les Gênois, gouverneur de Corse jusqu'en 1781].

■ **Santé.** « Infatigable » (journées entières à cheval, nuits entières sans dormir, brèves siestes) ; mais il souffrait sans doute d'une hépatite chronique (teint jaune depuis sa jeunesse) d'origine paludéenne. **Taille.** 1,682 m (5 pieds, 2 pouces, 4 lignes selon le rapport d'autopsie d'Antommarchi).

■ **Grands traits psychologiques.** Aristocrate, orgueilleux de son ascendance et ambitionnant avant tout la gloire de sa maison (opinion de Chateaubriand). Volonté implacable (ébranlée fréquemment par ses ennuis de santé) ; autorité naturelle, sens du commandement ; imagination ; sûreté du coup d'œil ; intelligence synthétique et analytique, servie par une mémoire exceptionnelle ; don de la simulation et sens du théâtral. *Failles :* non-respect de la personne et de la vie humaines (« qu'est-ce qu'un homme après tout ? ») ; croyance excessive en la bassesse des hommes (peur, servilité, cupidité) ; avec l'âge, mégalomanie et confusion mentale (poursuites d'objectifs inconciliables). Superstition (parfois optimiste, parfois pessimiste) ; préjugés d'aristocrate génois (aversion pour Venise, mépris pour les Espagnols et les Orientaux, hostilité envers l'Allemagne et le protestantisme, ignorance des valeurs plébéiennes) ; complexe du gentilhomme de petite noblesse (fascination devant les grandes familles).

■ **Carrière. 1774-78** élève des jésuites à Ajaccio. **1778** avec l'aide de Marbeuf, boursier ainsi que Joseph au collège d'Autun. **1779-84** à l'école militaire de Brienne. **1784** reçu au concours de l'École militaire de Paris (1 an d'études). **1785**-*sept.* L^{t} d'artillerie en second à La Fère (Aisne). **1785-91** L^{t} d'artillerie à Valence, Lyon, Douai, Auxonne, et de nouveau Valence. Séjours en Corse. Élu L^{t}-colonel de la garde nationale d'Ajaccio. Prend la tête du mouvement révolutionnaire. Se heurte à Paoli. **1792-93** tente sa fortune en Corse (indépendantiste) ; évincé par les paolistes. **1793**-*juin* se réfugie en France avec sa famille (pauvreté) ; capitaine d'artillerie à Nice ; dans l'armée du Gal Carteaux chargée de réduire les Marseillais ; rencontre Robespierre ; devient Jacobin ; il les défend dans le « souper de Beaucaire » ; *-sept.* commande l'artillerie au siège de Toulon ; *-22-12* G^{al} de brigade (grâce à son rôle brillant à Toulon). **1794**-*juillet* emprisonné par les thermidoriens, puis libéré ; un an sans emploi (refuse un commandement en Vendée). **1795** se lie avec Barras et prépare un plan de conquête de l'Italie du Nord ; *-5-10* (journée de vendémiaire) fait échouer une émeute royaliste ; *-16-10* nommé par Barras G^{al} de division ; *-26-10* C^{dt} en chef de l'armée de l'Intérieur. **1796** liaison avec Joséphine de Beauharnais ; *-2-3* nommé par Barras C^{dt} en chef de l'armée d'Italie ; *-9-3* épouse Joséphine de Beauharnais ; *-11-3* part pour l'Italie, grands succès. **1797** *-29-6* crée la *République cisalpine* (qu'il gouverne sans titre, depuis Mombello) ; *-4-9* (18 fructidor) par l'intermédiaire d'Augereau (qu'il a envoyé à Paris) rétablit une république jacobine ; *-17-10 traité de Campoformio ;* *-26-10* G^{al} en chef de l'armée d'Angleterre ; *-26/30-11* négociateur à Rastadt (récupère Mayence) ; *-15-12* à Paris. **1798**-*5-3* G^{al} en chef de l'armée d'Égypte ; *-19-5* s'embarque à Toulon. **1798-99** (date incertaine) est reçu dans la franc-maçonnerie à Memphis (crée la loge *Isis*). **1799**-*22-8* quitte son armée (confiée à Kléber) ; s'embarque pour la France ; *-9-10* débarque à Fréjus ; *-17-10* arrive à Paris, contacte Barras en vue d'un coup d'État ; *-9-11* C^{dt} des troupes de Paris ; *-10-11* coup d'État « du 18 brumaire » ; Consulat. **1804** empereur.

Souverain de l'île d'Elbe (1814-15). 1814-*4-5* débarque à Porto-Ferraio ; *-29-5* Joséphine meurt à la Malmaison ; *-déc.* Napoléon décide de rentrer en Fr. **1815**-*févr.* Fleury de Chaboulon, sous-préfet de Reims, combine à Paris [avec Hugues Maret, duc de Bassano (Dijon 22-7-1763/Paris 13-5-1839)] son retour ; *-26-2* Napoléon quitte l'île d'Elbe.

Les Cent-Jours (21-3/23-6-1815) : voir p. 666 c.

Dernières années (1815-21). 1815-*15-7* il aurait voulu aller en Amérique ; il s'embarque sur le navire anglais *Bellerophon* en rade de Rochefort, part avec Bertrand, Gourgaud (part en mars 1818), Montholon, Las Cases (part en nov. 1816) ; *-26-7* en rade de Plymouth ; *-7-8* passe sur le *Northumberland ; -16-10* arrive à Ste-Hélène ; est aux Briars l'hôte de la famille Balcombe du 18-10 au 10-12 ; *-10-12* s'installe à Longwood. **1816**-*17-4* arrivée du gouverneur, sir Hudson Lowe (28-7-1769/10-7-1844, général anglais), qui remplace Mark Wilks chargé de sa surveillance (exercée de façon pointilleuse). **1821**-*17-3* fait son testament ; *-5-5* meurt (on l'a dit empoisonné par les Anglais ou par Montholon) ; *-9-5* enterré avec les honneurs militaires dans la vallée « du Géranium ». **1840**-*12-5* la Chambre vote le retour des cendres (budget de 1 million) ; *-15-10* exhumé à Ste-Hélène ; corps ramené sur la *Belle-Poule* par le P^{ce} de Joinville (fils du roi Louis-Philippe) ; *-15-12* déposé aux Invalides. **1858**-*18-3* Drummond-Hay, gouverneur de Ste-Hélène, promulgue une ordonnance (ratifiée le 7-5 par la reine Victoria) transférant à Napoléon III et ses héritiers Longwood avec 1 ha de terres adjacentes et le val Napoléon (vallée du Tombeau) 13,38 ha. 178 656 F sont versés au Trésor britannique. **1861**-*31-3* corps placé dans la crypte des Invalides.

Parents de Napoléon

■ **Père.** Charles-Marie de Buonaparte (Ajaccio 29-3-1746/Montpellier 24-2-1785), ancienne et modeste noblesse florentine, ayant obtenu le patriciat d'Ajaccio valable pour la noblesse de France. **Mère.** Maria Letizia Ramolino (Ajaccio 27-8-1749 ou 1750/Rome 2-2-1836), titrée *Madame Mère* (23-3-1805). Mariée en juin 1764. 13 enfants dont 5 morts en bas âge. 1815 vit à Rome.

Épouses de Napoléon

■ **Joséphine Tascher de la Pagerie** [Trois-Ilets (Martinique) 23-6-1763/La Malmaison 29-5-1814 ; fille d'un L^{t} d'infanterie et de marine ; 1779 vient en France] veuve d'Alexandre Vte de Beauharnais (Fort-Royal, Martinique, 28-5-1760/Paris 23-6-1794, guillotiné), G^{al} en chef de l'armée du Rhin, épousé le 13-12-1779 (elle a 16 ans). Arrêtée, libérée le 6-8-1794. *1795*-oct. rencontre Bonaparte. Obtient que Barras (son amant) le nomme G^{al} en chef en Italie. Mariage civil 9-3-1796, religieux 2-12-1804 (la veille du sacre, béni par le cardinal Fesch). *1804* Impératrice des Français. *1805* reine d'Italie. *1809*-30-11 répudiée pour stérilité ; -16-12 mariage civil annulé par sénatus-consulte [l'un des témoins n'étant pas majeur (l'aide de camp Le Marois, 19 ans)] ; garde le titre « Impératrice-reine couronnée » ; reçoit le château de Navarre près d'Évreux, l'Élysée, qu'elle devra échanger contre le château de Laeken (Belgique), un douaire de 3 millions ; se retire à la Malmaison (750 ha). *1810*-10-1 mariage religieux annulé par l'officialité métropolitaine de Paris [motif officiel (d'ordre « externe » selon les exigences de Napoléon) : le curé de la paroisse n'était pas présent à la bénédiction nuptiale ; motif réel : manque de consentement de l'Empereur (normalement irrecevable, car il y avait eu « simulation »)], garde le titre impérial 1810-14. **Descendance** de son 1er mariage : Eugène et Hortense (voir col. c).

■ **Marie-Louise, archiduchesse d'Autriche** (Vienne, 12-12-1791/18-12-1847, inhumée aux Capucins de Vienne), fille de l'empereur d'Autriche François Ier. *1810* mariage (par procuration le 11-3, civil à St-Cloud le 1-4 et religieux, salon Carré du Louvre, le 2-4). Impératrice des Français. *1810* reine d'Italie. *1813* régente (peu de pouvoirs, lettres patentes du 30-3-1813, prorogées par décret 2-11-1813, confirmées 23-1-1814) puis 1814 (ne participe pas aux affaires). *1814*-avril rentre en Autriche. *1816*-avril faite par traité D^{esse} de Parme, Plaisance et Guastalla avec qualification de majesté impériale (traité de Fontainebleau 11-4-1814), vit à Parme de 1816 à sa mort. **Remariages :** *1°) 1821*-sept. Gal Adam Cte von Neipperg (Vienne 8-6-1775/Parme 22-2-1829, Autrichien, borgne, portait un bandeau noir) dont elle était la maîtresse depuis la 29-9-1814 [il avait épousé le 4-2-1805 la Ctesse Thérésia Pola (Trévise, 2-4-1778/Schwaigern, 23-4-1815)] ; *2°)* 17-2-1834 Charles Cte de Bombelles (Paris 6-11-1785/Versailles 30-5-1856), émigré [il avait épousé le 4-11-1816 Caroline de Poulhaziez (Nice 15-5-1792/Vienne 18-12-1819)], grand maître des cérémonies de la cour d'Autriche. **Descendance :** *de Napoléon :* Napoléon II ; *de Neipperg :* adultérins, non légitimés par le mariage subséquent (voir ci-dessus) : Albertine de Montenuovo (1817-67, qui épousera en 1835 le Cte Louis San Vitale) ; Mathilde (née 1818, morte en bas âge) ; Guillaume de Montenuovo (1819-95, G^{al} et P^{ce} autrichien 1854).

Enfants de Napoléon

■ **Fils légitime.** *De Marie-Louise :* Napoléon François, **Napoléon II** (1811-32) : voir encadré p. 667 a.

■ **Beaux-enfants. Eugène de Beauharnais** (Paris 3-9-1781/Munich 21-2-1824) *1798-99* aide de camp de son beau-père en Italie et en Égypte (blessé à St-Jean-d'Acre, ramené en Fr. avec lui en oct. 1899). *1800* chef d'escadron. *1802* colonel. *1804* G^{al} de brigade ; *1805*-1-2 archichancelier de l'Empire ; P^{ce} de l'Empire et altesse sérénissime. *Du 7-6-1805 à 1814* vice-roi d'Italie. *1806-3-3* adopté par Napoléon, il devient P^{ce} Eugène-Napoléon de Fr. *1807-17-12* P^{ce} de Venise. *1810-1-3* grand-duc héréditaire de Francfort (compensation pour le divorce de sa mère) ; *-9-4* duc de Navarre. *1815*-2-6 pair héréditaire d'Empire. *1817*-14-1 son beau-père le fait duc de Leuchtenberg et P^{ce} d'Eichstädt (titres bavarois, altesse royale « ad personam », altesse sérénissime à titre héréditaire et 1er P^{ce} à titre héréditaire en Bavière après la maison royale). *Épouse* (14-1-1806) **Augusta de Bavière** (Munich, 21-6-1788/13-5-1851, fille de Maximilien Ier Joseph, roi de Bavière) dont 6 enfants dont : Joséphine de Leuchtenberg (14-3-1807/14-3-1876 ; qui épousera 19-6-1823 Oscar Ier Bernadotte, Paris 4-7-1799/Stockholm 8-7-1859, futur roi de Suède) ; Eugénie (23-12-1808/1-9-1847) qui épousera 22-5-1826 Frédéric Guillaume (16-2-1801/3-9-1869) P^{ce} régnant de Hohenzollern-Hechingen du 13-9-1838 au 7-12-1849 ; Auguste duc de Leuchtenberg [8-12-1810/28-3-1835, qui épousera 26-1-1835 Marie II (Rio 4-4-1819/Lisbonne 15-11-1853), reine du Portugal] ; Amélie (31-7-1812/26-1-1873) 2e femme (1829) de l'empereur du Brésil Pedro Ier (1798-1834) ; Théodelinde (13-3-1814/1-4-1857) qui épousera 8-2-1841 Guillaume (6-7-1810/17-7-1869) duc d'Urach (28-5-1867), Cte de Wurtemberg, remarié 16-2-1863 à Florestine de Monaco ; Caroline (15-1/25-6-1816) ; Maximilien, duc de Leuchtenberg (2-10-1817/19-10-1852) ép. Marie (5-8-1819/8-2-1876) fille du tsar Nicolas Ier dont 7 enfants dont *Nicolas* (1843-91), 4e duc marié morganatiquement à Nadedja Annenkova (17-7-1840/24-5-1891) dont duc (par oukase du 23-11-1890) Nicolas (17-10-1868/2-3-1928) qui eut 4 fils titrés ducs et 5 filles duchesses ; *Eugène* (26-1-1847/18-8-1901) 5e duc ; *Georges* (16-2-1852/3-5-1912) 6e duc, ép. 1°) Thérèse (17-3-1852/6-4-1883) D^{esse} d'Oldenbourg, dont *Alexandre* (31-10-1881/26-9-1942) 7e duc. 2°) Anastasie de Montenegro (23-12-1867/15-11-1935) dont *Serge* (3-7-1890/1974) 8e duc.

Hortense de Beauharnais, dite **la reine Hortense** (Paris 10-4-1783/Arenenberg 5-10-1837), reine de Hollande 1806-10, puis Ctesse de Saint-Leu avec 400 000 F de rente ; créée 1814 D^{esse} de St-Leu par Louis XVIII ; 1815 exil en Suisse à Arenenberg. **Descendance :** *de son mari Louis* (frère de Napoléon Ier) voir p. 664 a ; *de sa liaison avec Auguste Charles Cte de Flahaut de la Billarderie* (Paris, 21-4-1785/2-9-1870), fils naturel de Talleyrand et de la Ctesse de Flahaut : Charles duc de Morny (Paris, 22-10-1811/10-3-1865), branche éteinte en 1940.

■ **Fille adoptive : Stéphanie de Beauharnais** (1789-1860) cousine issue de germain des précédents, adoptée le 3-3-1806. *Épouse* (7/8-4-1806) **Charles-Louis-Frédéric de Bade** (1786-1816). Le 26-5-1828 apparaît à Nuremberg **Gaspard Hauser** (16 ans) ; certains le reconnaissent (dont, non officiellement, le roi de Bavière) comme l'enfant de Stéphanie, né le 29-9-1812 et déclaré mort le 16-10. On prétend que la Ctesse de Mochberg (1768-1820), 2e épouse de son arrière-grand-père (le P^{ce} héritier), l'avait fait disparaître (car il descendait de la 1re épouse) pour favoriser l'accession au trône de son propre fils Leopold (1790-1852), devenu grand-duc en 1830 après la mort de son cousin Louis (1763-1830), successeur de Charles son neveu en 1811. En 1875, le gouvernement badois, pour contrer cette hypothèse, présenta divers documents et fit exhumer le cadavre du P^{ce}. En 1996, une comparaison génétique entre son empreinte et celle de 2 descendants directs de Stéphanie a révélé 7 différences fondamentales.

■ **Maîtresses et enfants naturels. Éléonore Denuelle de la Plaigne** [3-9-1787/30-1-1868, qui *épouse 1°)* 13-1-1805 Jean-François-Honoré Revel (1773-1835) dont elle divorce en 1806 ; *2°)* Pierre-Philippe Augier († 1812) ; *3°)* 23-3-1814 Cte de Luxbourg († 10-7-1856), officier au service du roi de Bavière] ; mère de Charles Léon, dit le Cte Léon (13-12-1806/14-4-1881) qui eut de Françoise Jonet (14-1-1831/12-3-1899), épousée le 2-6-1862, 5 enfants. **Marie Walewska** [Paris, 7-12-1786/11-12-1817, qui *épouse 1°)* 1804 Cte Walewski († 1814) ; *2°)* 1816 Philippe-Antoine d'Ornano (1784-1863)] ; mère d'Alexandre, Cte Walewski (Walewice 4-5-1810/Strasbourg 27-10-1868 ; voir p. 673 c). **Mlle George [Marguerite-Joseph Weimer,** dite (Bayeux, 1787-1867) actrice Paris 1802-07, en Russie 1808-13, à Paris 1812-17]. **Giuseppina Grassini** (1773-1850). **Émilie Levert** (1788-1843). **Carlotta Gazzani** (1789-1827). **Charlotte, Ctesse de Kielmansegge. Adèle, Ctesse Duchâtel. Charlotte Rigaud de Vaudreuil, Ctesse de Walsh Serrant,** etc. (Jean Savant a dénombré 51 maîtresses dont 12 dames de la Cour et 14 actrices).

■ **Oncle de Napoléon. Cardinal Joseph Fesch** (Ajaccio 3-1-1763/Rome 13-5-1839) demi-frère de Letizia (sa mère, Angela-Maria Pietra-Santa, s'était remariée avec un officier suisse servant dans un régiment français, Franz Fesch, après la mort de son 1er mari, Jean-Jérôme Ramolino). *1793* diacre à Ajaccio. *1802* archevêque de Lyon. *1803* cardinal. *1804-06* ambassadeur à Rome. *1805* grand aumônier de l'Empire, comte et sénateur. *1811* disgrâce. *1811-14* se retire à Lyon. *1814* à Rome.

■ **Frères et sœurs de Napoléon. Napoléon** (né et † 1765).

Marie-Anne (Corte, 3-1-1767/? 1767).

Joseph (Corte 7-1-1768/Florence 28-7-1844), baptisé *Nabulione ;* il reçut le prénom de *Joseph* après le baptême de son frère Napoléon (le futur Empereur). Voulait être avocat. *1796* ambassadeur à Rome ; député du Golo au Conseil des Cinq-Cents. *1802* sénateur. *1804* P^{ce} français ; *-19-5* Grand électeur de l'Empire. *1806* G^{al} de division ; *-30-3* décret faisant « Joseph-Napoléon de France » roi de Naples et de Sicile ; on dira *des Deux-Siciles* (abdique 8-7-1808). *Du 7-6-1808 au 11-12-1813* roi d'Espagne. *1814-28-1* lieutenant général de l'Empire et C^{dt} en chef de la garde nationale ; *-30-3* quitte Paris, se retire en Suisse, achète Prangins. *1815-2-6* pair de France. Pendant les Cent-Jours, Pt du Conseil des ministres pendant l'absence de Napoléon. *De 1815 à 1832* aux USA (Bordentown, New Jersey) sous le nom de Cte de Survilliers. *1832* en Angleterre. *1837* aux USA. *1839* à Londres. *1844* à Florence. *Épouse* (1-8-1794) **Julie Clary** (Marseille, 26-12-1771/Florence, 7-4-1845), sœur de Désirée, dont : ZÉNAÏDE [(Paris, 8-7-1801/Naples, 8-8-1854) qui épousera (29-6-1822) Charles-Lucien Bonaparte, 2e P^{ce} de Canino (fils de Lucien), son cousin germain (voir col. b)] ; CHARLOTTE [(Mortefontaine, 31-10-1802/Sarzane, Italie, 3-3-1839 en couches) qui épousera (10-11-1826) Napoléon-Louis (Paris, 18-12-1804/Forli, Italie, 17-3-1831, P^{ce} français 1804, P^{ce} royal de Hollande 1809-13), son cousin germain, fils de Louis] : sans postérité.

Marie-Anne (Ajaccio, 14-7/déc. 1771).

Fille (née et morte 1773).

Lucien (Ajaccio 21-3-1775/Viterbe 29-6-1840). Élève à Autun et Brienne. *1795* emprisonné pour jacobinisme. *1797* député du Liamone (Corse) au Conseil des Cinq-Cents. *1799-oct.* Pt des Cinq-Cents ; *-9-11* (*18 brumaire*) aide Napoléon ; *-24-12* min. de l'Intérieur. *Du 6-11-1800 à oct. 1801* ambassadeur à Madrid. *1802* au Tribunat ; *-oct.* sénateur. *1803-26-1* membre de l'Institut. Se brouille avec Napoléon à cause de son remariage (Napoléon voulait qu'il épouse la reine d'Étrurie). *1804-avril* part pour Rome. *1808-février* châtelain de Canino près de Viterbe. *1810-août* part pour les USA, mais pris en mer par les Anglais, résidence surveillée en Angleterre. *1814* rentre à Rome ; *-18-8* fait P^{ce} de Canino et de Musignano par le pape Pie VII. *1815-22-3* Napoléon le fait P^{ce} français ; *-2-6* pair de France. *Épouse* **1°**) (4-5-1794) **Catherine-Éléonore,** dite **Christine Boyer** (6-7-1794/Paris, 14-5-1800, fille d'un aubergiste, veuve de Jean Jauberthon, banquier) dont 4 enfants : CHARLOTTE [(St-Maximin, 22-2-1795/Rome, 6-5-1865) qui épousera : 1°) (27-12-1815) Mario Gabrielli P^{ce} de Prossedi (Rome, 6-12-1773/18-9-1841) dont postérité ; 2°) (1842) Settimio Centamori, sans postérité] ; N. (né et † 13-3-1796) ; VICTOIRE-GERTRUDE (née et † 9-7-1797) ; CHRISTINE [(Paris, 19-10-1798/Rome, 19-5-1847) qui épousera : 1°) (28-3-1818) Cte Posse (11-6-1782/été 1831) mariage dissous 1823 ; 2°) (20-7-1824) lord Dudley-Coutts Stuart (1803-54)]. **2°**) (26-10-1803) **Alexandrine de Bleschamp** (Calais, 23-2-1778/Sinigaglia, Italie, 12-7-1855, fille de Charles Jacob, dit de Bleschamp, et veuve d'Hippolyte Jauberthau) dont 10 enfants : CHARLES-LUCIEN, P^{ce} de Canino et de Musignano (Paris, 24-5-1803/29-7-1857) 1815 P^{ce} français. 1848-49 un des chefs de la république romaine ; ornithologue ; va vivre aux USA près de son beau-père, fait des recherches d'histoire naturelle. 1848 en Italie. 1850 à Paris. Épousera (29-6-1822) sa cousine germaine Zénaïde Bonaparte (8-7-1801/8-8-1854), fille de Joseph ; séparés (6-2-1854) par décret de Napoléon III, ils auront 12 enfants : *Joseph-Lucien* (12-2-1824/2-9-1865) ; *Alexandrine* (6-7-1826/5-1828) ; *Lucien-Louis* (15-11-1828/19-11-1895, cardinal) ; *Julie* (6-6-1830/28-10-1900) qui épousera (30-8-1847) Alessandro del Gallo, Mis Di Roccagiovine (15-3-1826/30-11-1892) ; *Charlotte* (4-3-1832/10-9-1901) qui épousera (4-10-1848) Pietro Cte Primoli Di Foglia (5-7-1821/30-12-1883) ; *Léonie* (18-9-1833/14-9-1839) ; *Marie-Désirée* (18-3-1835/28-8-1890) qui épousera (2-3-1851) Paolo Cte Campello Della Spina (18-5-1829/21-3-1917) ; *Augusta* (9-11-1836/29-3-1900) qui épousera (1-2-1856) Placido Gabrielli, P^{ce} de Prossedi (9-11-1832/3-9-1911, son cousin germain, sans postérité) ; *Napoléon-Charles* (5-2-1839/11-2-1899) qui épousera (26-11-1859) la P^{cesse} Cristina Ruspoli (25-7-1842/12-2-1907, dont 3 filles) ; *Bathilde* (26-11-1840/9-6-1861) qui épousera (14-10-1856) Louis de Cambacérès (22-8-1832/22-8-1868) ; *Albertine* (12-3-1842/3-6-1842) ; *Charles-Albert* (22-3-1843/6-12-1847). LETIZIA (Milan 1-12-1804/Florence 15-3-1871) qui épousera (4-3-1821) sir Thomas Wyse (9-12-1791/15-4-1862) dont postérité (s'appelant Bonaparte-Wyse). JOSEPH (Rome 14-6-1806/15-8-1807). JEANNE (Rome 22-7-1807/Jesi, Italie, 22-9-1829) qui épousera (juin 1825) Mis Honoré Honorati (vers 1800/20-7-1856). PAUL-MARIE (Canino 3-11-1808/Spetsaï 7-9-1827). S'engage dans la marine britannique, participe à la guerre d'Indépendance grecque, tué. LOUIS-LUCIEN (Thorngrowe 4-1-1813/Fano 3-11-1891) député de la Corse et de la Seine 1848 et 1849, sénateur 1852, linguiste et chimiste, qui épousera (4-10-1833) Maria-Anna Cecchi (27-3-1812/17-3-1891) séparés 1850, sans postérité. PIERRE-NAPOLÉON (Rome 11-9-1815/Versailles 7-4-1881) 1831 combat dans les Romagnes ; 1837 tue un garde-chasse (condamné à mort, peine commuée en 15 ans de prison, puis expulsé des États pontificaux) ; part en Amér. du Sud (Colombie) puis en Égypte ; 1848 député d'extrême gauche de la Corse, tue le journaliste Victor Noir 1870 (acquitté par

MAISON IMPÉRIALE DES BONAPARTE (PRINCES NAPOLÉON)

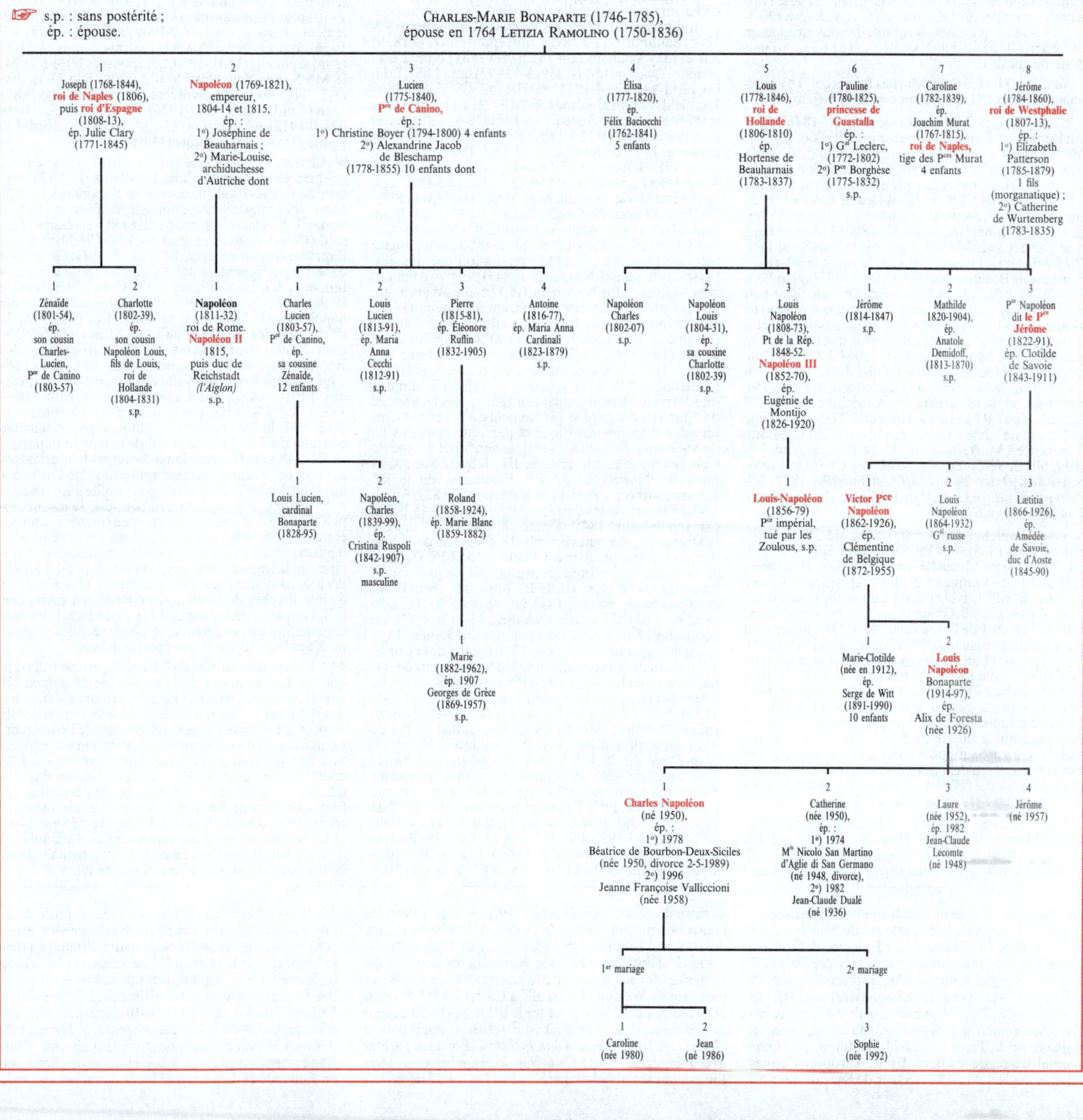

la Haute Cour siégeant à Tours ; voir p. 672 b) ; il épousera (2-10-1867, union non autorisée par Nap. III) Éléonore Ruflin (1-7-1832/13-10-1905, fille d'un fondeur de cuivre et d'une brodeuse) dont 2 enfants réputés bâtards : *Roland* [(19-5-1858/14-4-1924) qui fit des voyages scientifiques et qui épousera (6-11-1880) Marie Blanc (22-12-1859/1-8-1882, son père François avait fondé la Sté des bains de mer de Monaco)] dont Marie (27-7-1882/21-9-1962), femme de lettres, psychanalyste, qui épousera (21-11-1907) le Pce Georges de Grèce et de Danemark [(24-6-1869/25-11-1957, amiral, 2e fils du roi Georges Ier (marié sans son accord, perdra tous ses droits de Pce grec)] et *Jeanne* (25-9-1861/21-7-1910) qui épousera (21-3-1881) Christian Mis de Villeneuve-Esclapon (8-8-1852/3-4-1931). ANTOINE (31-10-1816/1877) qui épousera (9-7-1839) Maria-Anna Cardinali (24-2-1823/9-10-1879) sans postérité. MARIE-ALEXANDRINE (10-10-1818/20-8-1874) qui épousera (29-7-1836) Vincenzo Valentini, Cte Di Laviano (5-4-1808/10-7-1858). CONSTANCE (30-1-1823/5-9-1876), religieuse.

Marie-Anne, dite **Élisa** (Ajaccio 3-1-1777/Villa Vicentina, Italie, 6-8-1820). *18-5-1804* Pcesse. *18-3-1805* Desse de Lucques et Pcesse de Piombino [elle est seule souveraine, mais son mari Félix Baciocchi (Félix Ier) prendra le nom et le titre de Pce de Piombino et jouira des nom et prérogatives de Pce français]. *Du 3-3-1809 au 1-2-1814* Gde-Desse de Toscane, titre donné avec le gouvernement général de Toscane, divisé en départements (français depuis la suppression du royaume d'Étrurie). *Après 1814* Ctesse de Compignano. Vit à Bologne, puis en Allemagne. *Épouse* (1-5-1797) **Félix Baciocchi** [1] [(Ajaccio 18-5-1762/Bologne 27-4-1841) *1804* Gal de brigade et sénateur. *1805-24-6* Pce de Lucques et de Piombino. *1809* Gal commandant la 29e division militaire à Florence] ; séparés en 1805, ils auront 5 enfants : 3 † en bas âge ; ÉLISA-NAPOLÉONE [(3-6-1806/3-2-1869), Pcesse Baciocchi, qui épousera (janv. 1825) Filippo Camerata-Passionei di Mazzoleni (13-8-1805/18-4-1882), séparés en 1832 ; elle partira pour l'Autriche en 1830, projetant d'enlever son cousin, le duc de Reichstadt, et de le faire proclamer empereur ; elle aura un fils : *Napoléon* (20-9-1826/4-3-1853, qui se suicidera faute de pouvoir épouser une actrice)]. FRÉDÉRIC-NAPOLÉON (1814-33, † d'une chute de cheval).

Nota. – (1) Le Cte Félix Marnès Baciocchi, 1er chambellan de Nap. III, était le neveu du Pce Félix.

Louis (Ajaccio 2-9-1778/Livourne 25-7-1846) *1794* suit Bonaparte comme aide de camp en Italie et Égypte. *1803* Gal de brigade. *1804* de division ; *-19-5* Pce français et connétable de l'Empire. *1806* Gal de l'armée du Nord ; *-5-7* roi de Hollande (désapprouve le blocus, abdique 1-7-1810), devient Cte de Saint-Leu et renonce à ses dignités de Pce français et connétable en faveur de son fils (devenu l'aîné). *Du 3-3 au 1-2-1809* Gd-duc de Berg et de Clèves (après Murat), *Après 1814* Cte de Saint-Leu. *1815-2-6* pair de France. *Épouse* (sur ordre le 3-1-1802) **Hortense de Beauharnais** (Paris 10-4-1783/Arenenberg 5-10-1837), belle-fille de Napoléon (Desse de Saint-Leu le 30-5-1814) dont 3 enfants : NAPOLÉON-CHARLES [(Paris 11-10-1802/La Haye 5-5-1807) ; passa pour être le fils de Nap. Ier (c'est pour cette raison que Louis refusa que Nap. Ier l'adopte en 1804), 1806-07 Pce royal de Hollande]. NAPOLÉON-LOUIS [(Paris 18-12-1804/Forli 17-3-1831 de la rougeole ; on l'a dit abattu par les *carbonari* pour avoir fui devant les Autrichiens) 1804 Pce français, 1807 Pce royal de Hollande, 1809-13 Gd-duc de Berg et de Clèves, épousera (10-11-1826) Charlotte Bonaparte (Mortefontaine 31-10-1802/Sfzane 3-3-1839, fille de Jérôme), sans postérité]. CHARLES-LOUIS-NAPOLÉON [(Paris 20-4-1808/Chislehurst 9-1-1873) 3-7-1810 proclamé roi Louis II de Hollande, devenu Napoléon III (voir p. 671 b)].

Marie-Paulette, dite **Pauline** (Ajaccio 20-10-1780/Florence 9-6-1825) *1804* Pcesse française. *Épouse* **1°)** (14-6-1797) **Charles-Victor-Emmanuel Leclerc** [(Pontoise 17-3-1772/St-Domingue 2-11-1802), frère d'Aimée (épouse du Mal Davout) et de Louise (épouse du Gal Louis Friant). 1797 Gal de brigade. 1799 de division. 1801 Cdt en chef de l'expédition de St-Domingue où il meurt de la fièvre jaune] dont 1 fils : DERMID (1798-1804). **2°)** (6-11-1803) **Camille Borghèse**, Pce de Sulmona et de Rossano [(Rome 15-7-1775/Florence 10-4-1832), 30-3-1806 Pce et duc de Guastalla, 1807 Gal de brigade, 1808 de division] ; elle cède la principauté de Guastalla au royaume d'Italie contre une compensation financière et en conservant le titre le *24-5-1806* ; le Pce, altesse impériale *de facto,* fut gouverneur général des départements français au-delà des Alpes du 16-2-1808 à avril 1814. *De 1807 à 25* elle vit séparée de lui, ayant de nombreux amants. *1814* rejoint l'île d'Elbe. Sans postérité.

Marie-Annonciade, dite **Caroline** (Ajaccio 25-3-1782/Florence 18-5-1839) *1804-18-5* Pcesse française, dite après 1814 Ctesse de Lipona (anagramme de *Napoli*), se retire au château de Baimburg près de Vienne. Élève ses enfants. *1815-21-5* renonce au royaume des Deux-Siciles pour elle et sa descendance. *1830* retourne en Italie. *Épouse* (20-1-1800) **Joachim Murat** [(La Bastide-Murat 25-3-1767/Pizzo, exécuté 13-10-1815), fils d'un aubergiste. 1796 chef d'escadron, 1797 Gal de brigade, 1799 de division (en Égypte), 1804 gouverneur de Paris, -mai Mal d'Empire, député du Lot au Corps législatif, 1-2-1805 Pce et Gd amiral de Fr., 15-3-1806 décret Gd-duc de Berg et de Clèves, 1808 des Deux-Siciles (en fait n'ayant que la terre ferme avec Naples et pas la Sicile), 1814 reconnu par les Autrichiens, roi de Naples (Ferdinand de Bourbon étant roi de Sicile)] dont ACHILLE (ou Napoléon-Achille, 1801-47 ; duc de Clèves, puis Pce royal de Naples, il ne devait hériter du royaume qu'après sa mère si celle-ci survivait à Joachim). LETIZIA-JOSÉPHINE (1802-59, Mise Pepoli, Ctesse de Castiglione). LUCIEN-NAPOLÉON-CHARLES [(1803-78) Pce des Deux-Siciles, altesse royale, nommé par Napoléon Pce de Pontecorvo (décret du 5-12-1812) mais son père refusa ce titre pour son fils ; ép. miss Frazer. 1848 revient en France, député à la Constituante et à la Législative ; rallié à Louis-Napoléon. 1849 ambassadeur à Turin. 1852 sénateur. 1853 prince]. LOUISE-JULIE-CAROLINE (1805-89, Ctesse Rasponi).

Jérôme (Ajaccio 15-11-1784/Massy 24-6-1860, corps aux Invalides près de celui de Napoléon) ; *19-9-1806* Pce français et contre-amiral. *14-3-1807* Gal de division. *Du 8-12-1807 au 26-10-1813* roi de Westphalie (reconnu par le traité de Tilsit). *1816-août* s'installe en Autriche sous le nom de Cte puis Pce de Montfort (château en Wurtemberg), puis en Italie. *1848-11-10* réintégré Gal de division ; *-23-12* gouverneur des Invalides. *1850-1-1* Mal de France. *1852-26-1* sénateur ; *-28-1* Pt du Sénat ; *-2-12* réintégré Pce français ; *-28-12* gouverneur honoraire des Invalides. *Épouse* **1°)** (24-12-1803) **Elizabeth Patterson** [(Baltimore 6-11-1785/4-4-1879), mariage déclaré nul en 1805 pour cause d'absence d'autorisation maternelle (il avait moins de 25 ans) et de clandestinité ; jusqu'en 1814, Napoléon lui fera servir une rente annuelle de 60 000 F] ; descendance (non dynaste) : JÉRÔME-NAPOLÉON [(Camberwell 7-7-1805/Baltimore 17-6-1870) qui épousera (3-9-1829) Susan-May Williams (2-4-1812/15-9-1881) dont 2 fils : *Jérôme-Napoléon* (5-11-1830/4-4-1893) dont 1 fille, Louise (7-11-1873/22-1-1923, mariée au Cte de Moltke-Huitfield) et 1 fils, Jérôme (26-2-1872/10-11-1945) sans postérité ; *Charles-Joseph* (9-6-1851/28-6-1921) marié sans postérité]. **2°)** (22-8-1807) **Pcesse Catherine de Wurtemberg**, Desse de Souabe et de Teck (St-Pétersbourg 21-11-1783/Lausanne 29-11-1835) ; dont : JÉRÔME DE MONTFORT (Trieste 24-8-1814/Florence 12-5-1847, colonel d'infanterie, sans alliance). MATHILDE, dite la Pcesse Mathilde (Trieste 26-5-1820/Paris 2-1-1904), qui épousera (1-11-1841) Anatole Demidoff (Moscou 5-4-1813/Paris 29-4-1870), Cte en 1837, Pce de San Donato (près de Florence) en 1840 ; séparation par décision personnelle du tsar Nicolas Ier (1847) ; d'abord fiancée vers 1835 au futur Napoléon III, son cousin germain, elle devient la maîtresse de maison à l'Élysée (1848) et n'envisage plus de l'épouser ; elle vit maritalement (jusqu'en 1869) avec le sculpteur Alfred Cte de Nieuwerkerke (1811/16-1-1892) [directeur des musées impériaux (1852-70), surintendant des Beaux-Arts (1863-démissionne 5-9-1870), sénateur ; se réfugie à Londres puis vit en Italie où il meurt] ; en 1853, après le mariage de Nap. III, elle perd sa prééminence à la cour et tient un salon littéraire, artistique et politique dans sa villa de St-Gratien (Val-d'Oise) et dans son hôtel 24, rue de Courcelles ; influente sous la IIIe République ; sans postérité. NAPOLÉON, dit Pce NAPOLÉON, dit le Pce Jérôme, surnom : Plon-Plon [(Trieste 9-9-1822/Rome 17-3-1891, refuse les derniers sacrements) 1845 banni car républicain, 1848 député de la Corse (siège à l'extrême gauche, anticlérical), 1849 député de la Sarthe, min. plénipotentiaire à Madrid, 1852 Pce français et sénateur, 1852-56 héritier présomptif jusqu'à la naissance du fils de Nap. III, le Pce impérial ; républicain et opposant de gauche, 1853 Gal de division, 1858-59 min. de l'Algérie et des Colonies, 1870-1-11 Cte de Moncalieri à titre personnel par diplôme italien, 1871 conseiller général de la Corse, 1876 député de la Corse, 1879 exclu de la succession impériale, en faveur de son fils Victor, par le testament du Pce impérial, il persistera à se poser en prétendant jusqu'à sa mort] épouse (30-1-1859) *Pcesse Clotilde de Savoie* (Turin 2-3-1843/Moncalieri 25-6-1911, fille de Victor-Emmanuel II, roi de Sardaigne, puis d'Italie) dont 3 enfants : *Victor Pce Napoléon,* dit le Pce Victor (Meudon 18-7-1862/Bruxelles 3-5-1926), 1879 reconnu comme prétendant à la place de son père. 1886 expulsé de France. Épouse (14-11-1910) la Pcesse Clémentine de Belgique, Desse de Saxe, Pcesse de Saxe-Cobourg-Gotha (Laeken 30-7-1872/Nice 8-3-1955, fille de Léopold II, roi des Belges) dont *Pcesse Marie-Clotilde Napoléon* [(Bruxelles, 20-3-1912) qui épouse le 17-10-1938 le Cte Serge de Witt (Moscou 30-12-1891/1990) dont 10 enfants] et *Louis Napoléon* (Bruxelles 23-1-1914/2-5-1997, voir ci-dessous). *Pce Louis Napoléon* [(Meudon 16-7-1864/Prangins 14-10-1932) Gal-major dans l'armée impériale russe, sans alliance]. *Pcesse Laetitia Napoléon* [(Paris 20-12-1866/Moncalieri 25-10-1926) qui épouse (11-9-1888) le Pce Amédée de Savoie, duc d'Aoste (1845-90), roi d'Espagne sous le nom d'Amédée Ier (1870-73), fils de Victor-Emmanuel II, roi de Sardaigne et d'Italie, frère du roi d'Italie Humbert Ier]. **3°)** (1840 ou 19-1-1853, mariage morganatique) **Justine Pecori-Giraldi** (1811-1903) alliée précédemment le 31-3-1829 au Mis Louis Bartolini-Baldelli (1803-37).

FAMILLE IMPÉRIALE EN 2001

Nota. – Le nom officiel de la famille Bonaparte est devenu Napoléon en 1804 (Pce Louis Napoléon ayant fait enregistrer ses enfants à l'état civil avec le patronyme Napoléon Bonaparte). Son fils, le Pce Charles, a fait rectifier son nom de famille en Napoléon (décision du procureur de la République de Paris du 14-12-1998).

■ **Ascendance : Jérôme Bonaparte** (1784-1860) roi de Westphalie (1807-13), frère de Nap. Ier → **Pce Napoléon** (1822-91), *chef de la famille impériale* en 1879 [après la mort du Pce impérial, fils de Napoléon III (1856-tué par les Zoulous en 1879)] → **Pce Victor** (1862-1926) → **Pce Louis** (Bruxelles, 23-1-1914/Prangins, Suisse, 2-5-1997 ; enterré à Ajaccio). *1926* chef de la maison impériale. *1932* étudiant en lettres à Louvain. *1934* études en sciences sociales à Lausanne. *1938* comme Cte de Montfort, gagne le grand prix automobile de Berne. *1939-40* combattant dans la Légion étrangère sous le nom de Louis Blanchard. *1942* capturé par les Allemands (en tentant de passer en Espagne), interné à Foix, Bordeaux, puis Paris, assigné à résidence, rejoint le maquis sous le nom de Louis Monnier. *1944-28-8* blessé, nommé sergent ; *-5-9* Lt. *1945* démobilisé lieutenant à l'armée de Lattre (sous le nom de Louis de Montfort) ; capitaine de réserve. *1946* chevalier, officier (1979) de la Légion d'honneur puis commandeur, croix de guerre 1939-45. *1950* après l'abolition de la loi d'exil de 1886, vit officiellement à Paris. *Épouse* (16-8-1949) **Alix de Foresta** (4-4-1926) dont 4 enfants : CHARLES (voir ci-dessous). CATHERINE [sa jumelle (19-10-1950) qui épousera 1°) (4-6-1974) le Mis Nicolo San Martino d'Aglie di San Germano (3-7-1948) dont elle divorcera, puis 2°) (13-10-1982) Jean-Claude Dualé (3-11-1936) dont postérité]. LAURE [(8-10-1952) qui épousera (23-12-1982) Jean-Claude Lecomte (15-3-1948)]. JÉRÔME (14-1-1957).

■ **Charles Pce Napoléon** (né 19-10-1950) docteur en sciences économiques (Paris 1-Sorbonne), 1973 direction de la Prévision (ministère de l'Économie), 1977 Idet-Cegos : ingénieur-économiste, consultant international, 1981 Datar : chargé de mission, secrétaire général du Comité de décentralisation, 1986 Crédit lyonnais : directeur secteur affaires, 1996 EGT : P-DG d'une Sté de service. Pt fondateur de l'Association pour la promotion et la défense de l'image de la Corse, Président de la Sté française d'Histoire napoléonienne (Souvenir napoléonien). *Épouse* **1°)** civilement (19-12-1978) la **Pcesse Béatrice de Bourbon-Deux-Siciles** (16-6-1950) dont 2 enfants : CAROLINE (24-10-1980) et JEAN (St-Raphaël 11-7-1986) ; divorce le 2-5-1989 ; **2°)** (28-9-1996) **Jeanne Françoise Valliccionni** (26-3-1958 ; divorcée d'Erik Jean Louis Langrais) dont SOPHIE (18-4-1992). Le 27-5-1996 par testament rendu public le 2-12-1997, le Pce Napoléon « autorisé par le sénatus-consulte du 7-11-1852, le statut de la famille impériale du 21-6-1853 et la Tradition à désigner dans certaines hypothèses, notamment par application de l'article 4 du statut, l'héritier dynaste dans la famille impériale... » a désigné pour successeur son petit-fils, Jean-Christophe. Charles a contesté la décision de son père. Il aurait écrit, le 16-6-1996, que ses opinions républicaines et démocratiques l'avaient déjà inscrit en dehors des principes de la dignité impériale, avant même qu'il ait été décidé, sans droit, de l'en exclure. Il revendique la qualité de chef de la maison impériale en invoquant le fait que la Constitution de 1958 a *ipso facto* remplacé les constitutions antérieures et que le sénatus-consulte de Napoléon III est d'une époque révolue.

☞ Le sénatus-consulte du 20-4-1870, article 6 déclare que : « Les membres de la famille de Napoléon III appelés éventuellement à l'hérédité et leur descendance des deux sexes font partie de la famille impériale. Ils ne peuvent se marier sans l'autorisation de l'empereur. Le mariage fait sans cette autorisation emporte privation de tout droit à l'hérédité, tant pour celui qui l'a contracté que pour ses descendants. Néanmoins, s'il n'existe pas d'enfants de ce mariage, en cas de dissolution pour cause de décès, le prince qui l'aurait contracté recouvre ses droits à l'hérédité. L'empereur fixe les titres et les conditions des autres membres de sa famille. Il a pleine autorité sur eux ; il règle leurs devoirs et leurs droits par des statuts qui ont force de loi. »

1806-26-2 Nap. décide de construire l'arc de triomphe de l'Étoile ; 31-3 Joseph Bonaparte roi de Naples ; -22-4 l'amiral de Villeneuve se suicide ; -10-5 création de l'université impériale ; -5-6 Louis Bonaparte roi de Hollande ; -12-7 création de la *Confédération du Rhin* [protecteur : Nap. Pt de la Diète : le Pce-évêque de Ratisbonne Karl von Dalberg (8-2-1744/10-2-1817)] ; -4-8 publication du catéchisme impérial (« Dieu a établi Napoléon notre souverain, l'a rendu à son image sur la Terre ») ; -21-11 institution du *blocus* continental (décret signé à Berlin) : ports européens fermés aux navires anglais ; -11-12 l'électeur de Saxe devient roi et entre dans la Confédération ; -19-12 entrée à Varsovie (souveraineté indirecte sur la Pologne). **1807**-1-6 création du 1er duc d'Empire (Mal Lefèvre, duc de Dantzig) ; -7-7 *traité de Tilsitt,* alliance avec Russie [annexion des îles Ioniennes (projet d'empire oriental)] ; *-8-7* Jérôme Bonaparte roi de Westphalie (installé à Cassel 7-12) ; -9-7 paix avec la Prusse ; -29-7 décret sur le théâtre ; -17-10 expédition de Junot au Portugal (qui refuse d'appliquer le blocus) ; -27-10 *traité de Fontainebleau :* Portugal partagé avec l'Espagne ; -13-11 *Code Napoléon* appliqué aux territoires annexés ou administrés ; -23-11 et 17-12 *décrets de Milan :* aggravation du blocus continental, fin de la navigation neutre (tout navire visité par les Anglais est considéré comme anglais). **1808**-1-1 Nap. rentre d'Italie (il a traversé la France, sous le nom de Cte de Venise) ; -2-2 *occupation de Rome ;* -1-3 création de titres de noblesse ; -18-3 entrée des Français (Murat) en Espagne ; -22-7 capitulation de Dupont à *Bailén* ; du 27-9 au 14-10 entrevue d'*Erfurt* (Nap. et le tsar Alexandre Ier devant un « parterre de rois ») ; Nap., désirant en finir en Espagne et voulant affermir l'alliance franco-russe, est disposé à laisser les mains libres au tsar en Finlande et dans les provinces danubiennes ; mais les

Allemands et les Autrichiens, invités également, ne viennent pas ou se font représenter ; -12-10 traité : la Russie s'engage seulement à combattre aux côtés de la France si l'Autriche l'attaque. **1809**-17-5 annexion des États pontificaux ; -12-10 Frédéric Staps tente d'assassiner Nap. à Vienne ; -14-10 *paix de Vienne* (annexion des provinces illyriennes) ; Metternich devient chancelier d'Autriche (politique : s'allier à Nap., pour l'abattre au bon moment) ; -16-12 *annulation du mariage civil* de Nap. ; -24-12 les Anglais évacuent Flessingue et l'île de Walcheren ; -27-12 Walcheren réunie à la France.

1810-10-1 *annulation du mariage religieux* avec Joséphine (voir encadré p. 662 b) ; -5-2 décret sur l'imprimerie et l'édition ; -6-2 le tsar répond évasivement à une demande en mariage pour sa sœur Anne (15 ans) avec Napoléon ; -7-2 Nap. demande en mariage Marie-Louise d'Autriche ; -17-2 Rome réunie à la France ; création du titre de *roi de Rome* (porté par Nap.) ; -10-3 le 5 % est à 83,90 F (maximum sous l'Empire) ; -2-4 Nap. *épouse Marie-Louise* (la noblesse de l'Ancien Régime se rallie) ; -1-7 bal à l'ambassade d'Autriche à Paris : incendie (nombreux † dont Pauline Schwartzenberg, femme de l'ambassadeur) ; -9-7 royaume de Hollande transformé en département français ; -21-8 Bernadotte roi de Suède ; -12-11 annexion des villes hanséatiques ; -10-12 d'une partie du royaume de Westphalie. **1811**-11-1 annexion du duché d'Oldenbourg (appartenant à un cousin du tsar) ; -16-2 Ernest de La Sahla, projetant de tuer Nap., arrive à Paris ; il est arrêté peu après (sera libéré par les Alliés en 1814) ; -20-3 *naissance du roi de Rome* (fils de Nap.) ; -17-6 ouverture d'un *concile à Paris* pour trouver un arrangement avec le pape emprisonné (échec). **1812**-15-1 création de l'industrie sucrière (betterave) ; -17-4 tentative de paix vers l'Angleterre (échec) ; -9-5 Nap. part de Paris ; -9/21-5 *congrès de Dresde* réunissant les rois soumis à Nap. ; le pape transféré à Fontainebleau (en vue d'une réconciliation éventuelle) ; -22-6 début de la *campagne de Russie* (régence de Marie-Louise) ; -juillet épidémie de typhus, va détruire la Grande Armée ; -23-10 **conjuration du Gal Malet** [Claude François de Malet (né Dole 28-6-1754) noble périgourdin devenu républicain, membre de la société secrète des Philadelphes, Gal en 1799, destitué 1807, essaie de rétablir la république en s'emparant de la préfecture de la Seine et du gouvernement militaire de Paris au moyen de faux documents (dont un sénatus-consulte annonçant la mort de Nap. en Russie) ; reconnu par le gouverneur, le Gal Hullin, il l'abat d'un coup de pistolet, mais se fait arrêter par la garde ; fusillé à Paris le 29-10 avec 13 complices (dont le Gal Victor de Lahorie (né à Javron 5-1-1766), Malet l'avait nommé préfet de police ; amant de la mère de Victor Hugo)] ; -25-11 passage de la *Berezina ;* -5-12 Nap. quitte son armée ; -18-12 il arrive à Paris. **1813**-25-1 *pseudo-concordat de Fontainebleau* entre Nap. et Pie VII (récusé par le pape) ; -mars dissolution de la Confédération du Rhin ; -21-6 défaite de *Vitoria* et perte de l'Espagne ; -16/19-10 défaite de *Leipzig* et perte de l'Allemagne ; -19-10 le Pce Josef Poniatowski (né Varsovie 7-5-1763, maréchal de France 16-10-1813) se noie dans l'Elster ; -1-12 *Francfort,* manifeste des Alliés contre Nap. Ier ; -12-12 *traité de Valençay :* Nap. rétablit les Bourbons d'Espagne ; -29-12 fin de la « médiation » de Nap. en Suisse. **1814**-11-1 défection de Murat ; -13-1 Pie VII libéré ; -28-1 Joseph, Lt général de l'Empire (Marie-Louise régente) ; -4-2/19-3 *congrès de Châtillon-sur-Seine* (chef-lieu de canton de la Côte-d'Or) : représentants des puissances coalisées et le Gal Armand de Caulaincourt (duc de Vicence ; Caulaincourt 9-12-1773/Paris 19-2-1827) pour conclure un traité honorable ; Caulaincourt veut comme base le traité de Francfort qui reprend les frontières naturelles de la France, mais les coalisés n'acceptent que les limites d'avant 1792 ; -19-3 *défaite* d'*Arcis-sur-Aube* (décisive) ; -24-3 Nap. voit pour la dernière fois Marie-Louise et son fils qui quittent Paris le 29-3 ; arrivent à Blois (à la préfecture) le 2-4 ; -30-3 à 2 h Paris capitule, Alexandre Ier (qui loge chez Talleyrand) et les Alliés déclarent ne plus vouloir de Nap. et de sa famille ; -1-4 le Sénat (60 présents sur 170) élit un *gouvernement provisoire* (5 membres dont Talleyrand Pt) ; le conseil municipal de Paris (13 membres sur 24) et le conseil général de la Seine demandent le retour des Bourbons ; -2-4 le Sénat proclame la *déchéance* de Nap. qui est votée le 3-4 par le Corps législatif (80 membres présents sur 300) ; -4-4 défection de Marmont (voir p. 655 b) ; -5-4 Nap. abdique en faveur de son fils ; Alexandre Ier refuse Nap. II avec une régence de sa mère ; -6-4 Nap., au courant, signe son acte d'*abdication* (pour lui et ses enfants) à Fontainebleau ; le Sénat (66 présents) fait connaître sa Constitution appelant à régner le Cte de Provence ; -11-4 **traité de Fontainebleau :** Nap. garde le titre impérial, reçoit l'île d'Elbe et 2 millions par an (jamais versés) ; Marie-Louise reçoit les duchés Plaisance, Parme et Guastalla (Nap. II devient Pce de Parme).

Rapports avec le Saint-Siège. 1809-*17-5* annexion des États pontificaux ; *-10-6* Nap. excommunié (sans être nommé) ; *-6-7* Pie VII arrêté à Rome par le Gal Radet ; interné à Savone ; Nap. exige que les cardinaux du Sacré Collège fixent leur résidence à Paris et leur alloue une pension annuelle de 30 000 F (la majorité accepte, 4 refusent). **1810**-*2-4* mariage religieux de Nap. et Marie-Louise : sur 27 cardinaux, 16 absents (3 trop âgés se font excuser et 13, qu'on appellera les « cardinaux noirs », n'ont pas voulu donner l'impression d'accepter le divorce) ; *-3-4* Nap. refuse de les recevoir ; *-4-4* leurs biens sont séquestrés, leur pension est supprimée, porter la pourpre leur est interdit ; *-10-6* arrêté de police dispersant les « cardinaux noirs » dans des villes éloignées. **1812** Pie VII arraché de Savone (le 10-6) ; reçoit le viatique au mont Cenis (le 14-6) ; est à Fontainebleau (le 20-6). **1813**-*1-1* Nap. cherchant un arrangement envoie à Fontainebleau un chambellan le complimenter ; *-19-1* Nap. et Marie-Louise lui rendent visite ; *-25-1* Pie VII signe les préliminaires d'un traité (*concordat de Fontainebleau*), mais exige d'avoir près de lui le collège des cardinaux (Nap. cède après avoir réclamé un bref condamnant la conduite des 13 cardinaux) ; *-26-1* les « cardinaux noirs » rentrent d'exil ; *-24-3* Pie VII se rétracte. **1814**-*13-1* Pie VII libéré ; *-24-5* rentre à Rome.

Guerres de la 3e Coalition (1803-05)

■ **Causes. 1°)** L'Angleterre n'a pas évacué Malte comme l'exigeait le traité d'Amiens (raison officielle : annexion du Piémont par Bonaparte contrairement au traité d'Amiens). **2°)** Prusse et Russie craignent comme elle une hégémonie française en Europe. **3°)** L'Angleterre ne peut admettre que les Français occupent la Hollande (en plus de la Belgique annexée). **4°)** L'Autriche cherche à récupérer l'Italie du Nord ; elle signe une convention avec l'Angleterre (6-11-1804), lui promettant 235 000 h. **5°)** Nap. a une alliée : l'Espagne [qui a déclaré la guerre à l'Angleterre en déc. 1804 (motif : les Anglais ont capturé 4 galions)].

■ **Effectifs français.** Depuis 1805, le contingent annuel est fixé par l'Empereur. Le 28-8-1805, l'armée d'Allemagne comptait 592 000 h. (infanterie 440 000, cavalerie 77 000, artillerie 23 000, génie, train, pontonniers, etc. 28 000, gendarmerie 16 000, garde 8 000).

■ **Opérations. 1804** concentration à *Boulogne* de l'armée d'invasion d'Angleterre [10 000 h. et 2 400 navires (appelée « Grande Armée », par opposition aux corps d'Italie et d'Espagne)] ; 70 navires anglais croisent au large et harcèlent la côte. **1805**-*mars/août* échec du plan de Nap. prévoyant la concentration dans la Manche des escadres françaises de la Méditerranée (Villeneuve), de l'Atlantique (Ganteaume), et de la flotte espagnole (Frederico duc de Gravina, 1756/Cadix 9-3-1806, amiral espagnol) : Villeneuve et Gravina, qui ont lâché Nelson aux Antilles, se heurtent le 22-7 au cap Finistère à l'amiral anglais Robert Calder (repliés à Cadix où ils sont bloqués par Nelson) ; *-28-8* l'armée d'invasion d'Angleterre est détournée vers l'Autriche ; *-20-10* Nap. fait capituler Mack à *Ulm* (27 000 prisonniers dont 18 Gaux) ; *-21-10* Villeneuve et Gravina écrasés par Nelson à *Trafalgar* (18 vaisseaux franco-espagnols sur 33 pris ou coulés, Nelson tué, Villeneuve fait prisonnier ; relâché en 1806, craignant la colère de Nap. se suicidera le 22-4) ; *-31-10* offensive franco-italienne sur l'Adige ; *-13-11* Nap. entre à Vienne ; *-19-11* offensive en Bohême ; *-2-12 bataille d'Austerlitz* [actuellement Slavkov-n-Brno (République tchèque) ; après un brouillard intense, le soleil se leva à 8 h] ou des *Trois Empereurs* (Nap. avec 65 000 h. bat les empereurs d'Allemagne et de Russie avec 90 000 h. : 15 000 †, 20 000 prisonniers ; *pertes françaises :* 800 †, 7 000 blessés) ; *-26-12* **traité de Presbourg** (actuellement Bratislava) : *l'Autriche cède à la Bavière :* Tyrol et Trentin ; *au Wurtemberg :* Brisgau et Souabe ; *à la France :* Vénétie, Istrie, Dalmatie, Cattaro. Le tsar ne traite pas.

Guerres de la 4e Coalition (1806-07)

■ **Causes. 1°)** Lors de la création de la Confédération du Rhin (le 12-7), Nap. propose de rendre au roi d'Angleterre le Hanovre, occupé par la Prusse. La reine Louise de Prusse (10-3-1776/19-7-1810) pousse son mari (Guillaume III de Prusse) à rejoindre la Russie et l'Angleterre (qui n'ont pas fait la paix). L'Autriche, ruinée par sa contribution de 50 millions de F (traité de Presbourg), reste neutre. **2°)** La Turquie, inquiète de la présence russe en Adriatique, s'allie à Nap. et déclare la guerre à la Russie le 24-12-1806.

■ **Opérations. 1806**-*5-3* l'amiral russe Séniavine occupe *Cattaro ; -1-10* ultimatum prussien ; *-14-10 Iéna,* Nap. avec 80 000 h. bat Friedrich Ludwig Pce de Hohenlohe (31-1-1746/15-2-1818), Gal prussien, avec 50 000 h. ; *Auerstaedt,* Davout avec 26 000 h. bat le roi de Prusse avec 70 000 h. ; *-27-10* Nap. entre dans Berlin ; *-oct./nov.* anéantissement de l'armée prussienne ; occupation des États prussiens (sauf Prusse orientale) et de la Pologne. **1807**-*janv./févr.* Bastien Sébastiani (10-11-1722/20-7-1851), ambassadeur de France à Constantinople, repousse une escadre anglaise qui a forcé les Dardanelles ; *-7-2 bataille d'Eylau* (indécise : 20 000 † français sur 60 000 h. ; 26 000 † prusso-russes sur 88 000 h.) ; *-14-5 prise de Dantzig,* dernière place prussienne ; *-14-6 Friedland,* Nap. avec 26 000 h. (1 800 †) bat Levin Cte Bennigsen (10-2-1745/3-10-1826), Gal russe, avec 70 000 h. (30 000 † et prisonniers) ; *-1-7* bataille navale du *Mt Athos* (Séniavine détruit 8 navires turcs).

■ **Conclusion. 1807**-*7-7* **traité de Tilsit** (accepté par la Prusse le 9-7) : la Prusse perd ses territoires à l'ouest de l'Elbe, et rend les terres polonaises acquises en 1792-95 (grand-duché de Varsovie). La Russie s'allie à Nap. Prusse et Russie adhèrent au *blocus.* Projet de partage de la Turquie : la France retrouve Cattaro et reçoit les îles Ioniennes.

Guerre d'Espagne (1808-14)

■ **Causes.** Nap. voulait annexer l'Espagne à son système en mariant son frère Lucien à une fille du roi Bourbon, Charles IV (12-11-1748/19-1-1819). Lucien ayant refusé, il choisit la solution du « roi intrus » (1er projet : Murat, puis : Joseph). Mais le 2-2-1808, Rome est occupée : le clergé espagnol, fidèle au pape, soulèvera le peuple en faisant connaître l'excommunication de Nap. (les Français sont appelés « les Infidèles »).

■ **Opérations. 1808**-*18-3* Murat (chef des troupes qui doivent en principe opérer au Portugal) fait pression sur Charles IV pour qu'il s'enfuie en Amérique ; *-19-3* Charles IV abdique à Aranjuez en faveur de son fils Ferdinand VII (13-10-1784/29-9-1833) ; *-23-3* Murat occupe Madrid ; *-30-4* Ferdinand VII et Charles IV comparaissent devant Nap. à *Bayonne* ; *-2-5 Dos de Mayo,* insurrection des Madrilènes contre Murat (1 200 † français, 2 500 † espagnols) ; *-10-5 traité de Bayonne :* Ferdinand VII et Charles IV abdiquent *-7-7* Nap. nomme son frère Joseph roi d'Espagne (Murat devient à sa place roi des Deux-Siciles) ; *-juin-juillet* développement de la guérilla ; *-23-7* capitulation de Dupont à *Bailén* (ses troupes seront exterminées sur l'îlot de Cabrera, îles Baléares) ; *-31-7* Wellington débarque au Portugal ; *-1-8* Joseph Bonaparte évacue Madrid ; *-30-8* capitulation de *Cintra :* Junot battu à *Vimeiro* (Portugal) est ramené avec ses troupes à Quiberon par la flotte anglaise ; *-3-11* offensive de la Grande Armée, commandée par Nap. ; *-10-11* prend *Burgos ; -30-11* force le col de *Somo-Sierra ; -3-12* capitulation de *Madrid :* Joseph remis sur le trône. **1809**-*17-1 Nap. rentre à Paris,* laissant le commandement à Soult, Moncey et Lannes ; *-24-2* Lannes prend *Saragosse* (50 000 † espagnols) ; *-29-3* victoire de Soult à *Oporto ;* les Anglais fortifient les lignes de *Torres Vedras ; -26-9* Soult Cdt en chef : *-19-11* vainqueur à *Ocaña* (30 000 † espagnols). **1810**-*1-2* Victor prend *Séville ; -6-3* Masséna lève le siège de *Torres Vedras* et évacue le Portugal. **1811**-*11-3* Soult prend *Badajoz ; -3-5 Fuentes de Onoro* (Masséna bat Wellington). **1812**-*9-1* Suchet prend *Valence ; -21-7* Wellington bat Marmont aux *Arapiles (Salamanque)* ; *-11-8* entre à *Madrid.* **1813** offensive de Wellington (80 000 h.) ; *-21-4* il bat Joseph à *Vitoria* et le *8-9* il prend *St-Sébastien ; -12-12* **traité de Valençay :** les Bourbons sont rétablis sur leur trône.

Guerres de la 5e Coalition (1809)

■ **Cause.** L'Autriche veut profiter de la guerre d'Espagne pour prendre sa revanche sur la France et sur la Bavière.

■ **Effectifs.** *France* 280 000 h. (sans l'Espagne) ; *Autriche* 300 000 h.

■ **Opérations. 1809**-*12-3* offensive autrichienne en Bavière ; *-12-4* occupation de Munich ; *-19/23-4* contre-

L'Empire à son apogée (1811)

■ **Départements :** (130) *dont incorporés :* en 1802 Piémont (5), Valais (1), 1805 Gênes (3), 1808 Parme (1), Toscane (3), 1810 États de l'Église (2), Hollande (8), nord de la Westphalie (4), 1811 Oldenbourg (1). Voir liste ci-contre. *Rattachés sans être départementalisés* (8-2-1810) : Catalogne, Aragon, Navarre, Biscaye, détachés du royaume d'Espagne. **Provinces Illyriennes** (1809) : **1°)** *anciennes possessions vénitiennes* à l'est de l'Adriatique ; autrichiennes depuis le traité de Campoformio (1797), cédées à Napoléon en 1805 : Frioul, Istrie, Dalmatie, Raguse, bouches de Cattaro ; *capitale :* Zara. **2°)** *Territoires enlevés à l'Autriche par le traité de Schönbrunn* (14-10-1809) : Croatie, Carinthie, Carniole. 6 provinces civiles, sur le modèle des départements français, mais non départementalisées : Carniole, Carinthie, Istrie, Croatie civile, Dalmatie, Raguse ; 1 province militaire : Croatie militaire ; *capitale :* Laybach (Ljubljana).

■ **États satellites de l'Empire :** *Suisse* (dont Napoléon est médiateur, 1803) ; *royaume d'Italie* (dont Napoléon est roi, avec Eugène de Beauharnais comme vice-roi, 1805) ; *Confédération du Rhin* [dont Napoléon est protecteur, 1806, et qui réunit 16 États en 1806, puis 29 après 1807, dont le royaume de Westphalie (Jérôme Bonaparte) et le duché de Varsovie (roi de Saxe)] ; *royaume de Naples* (à Joseph Bonaparte, 31-3-1806, puis Joachim Murat, 15-7-1806) ; *République des îles Ioniennes* (1807).

☞ Le Mal français Bernadotte, devenu Pce héritier de Suède en 1810, n'a pas été l'allié de Napoléon. Autriche et Prusse lui ont fourni des contingents (34 000 et 20 000 h.) en 1812 contre la Russie.

Départements nouveaux sous la Révolution et l'Empire

1793 : *Vaucluse, Mont-Blanc* (Savoie et Hte-Savoie actuelles), *Mont-Terrible* (chef-lieu Porrentruy ; réparti en 1800 entre Doubs et Ht-Rhin). **1795 :** *Lys* (Bruges), *Escaut* (Gand), *Jemmapes* (Mons), *Deux-Nèthes* (Anvers), *Dyle* (Bruxelles), *Meuse-Inférieure* (Maastricht), *Ourthe* (Liège), *Sambre-et-Meuse* (Namur), *Forêts* (Luxembourg). **1798 :** *Sarre* (Trèves), *Rhin-et-Moselle* (Coblence), *Mont-Tonnerre* (Mayence), *Roër* (Aix-la-Chapelle), *Léman* (Genève). **1802 :** *Doire* (Ivrée), *Sésia* (Verceil), *Pô* (Turin), *Stura* (Coni), *Marengo* (Alexandrie). **1805 :** *Montenotte* (Savone), *Gênes* (Gênes), *Apennins* (Chiavari). **1808 :** *Arno* (Florence), *Méditerranée* (Livourne), *Ombrone* (Sienne), *Taro* (Parme). **1810 :** *Simplon* (Sion), *Tibre* (Rome), *Trasimène* (Spolète). **1811 :** *Bouches-de-l'Escaut* (Middelbourg), *Bouches-du-Rhin* (Bois-le-Duc), *Bouches-de-la-Meuse* (La Haye), *Yssel-Supérieur* (Arnhem), *Zuiderzee* (Amsterdam), *Bouches-de-l'Yssel* (Zwol), *Frise* (Leuwarden), *Ems-Occidental* (Groningue), *Lippe* (Munster), *Ems-Supérieur* (Osnabrück), *Ems-Oriental* (Aurich), *Bouches-du-Weser* (Brême), *Bouches-de-l'Elbe* (Hambourg). **1812** (26-1) départements de Catalogne (statut particulier) : *Bouches-de-l'Ebre* (Lerida), *Montserrat* (Barcelone) fusionnés 7-3-1813, *Sègre* (Puycerda), *Ter* (Gérone) fusionnés 7-3-1813. Les provinces Illyriennes étaient découpées en intendances.

offensive de Nap. [victoires de *Tengen, Abensberg, Landshut, Eckmühl* (22-4), *Ratisbonne* sur l'archiduc Jean ; pertes autrichiennes 60 000 h.] ; *-12-5* prise de *Vienne ; -22-5* bataille d'*Essling* (indécise, 16 000 † français dont Lannes ; 27 000 † autrichiens) ; *-5-7* d'*Enzersdors* (15 000 Français franchissent le Danube) ; *-5/6-7* de *Wagram* (Nap. avec 150 000 h. et 600 canons bat archiducs Charles et Jean avec 180 000 h. : 18 000 † français, 32 000 † autrichiens) ; *-12-7* **armistice de Znaïm** avec Autriche ; *-30-7* débarquement anglais sur l'île de *Walcheren* (Zélande) [échec] ; *-14-10* **traité de Vienne** ou de **Schönbrunn** : l'Autriche perd 300 000 km² et 3 500 000 habitants (Galicie à Varsovie, Illyrie à la France).

Guerres de la 6e Coalition (1812-14)

■ **Causes.** **1°)** En 1812, le tsar Alexandre est ulcéré par l'annexion de l'Oldenbourg, fief appartenant à son cousin. **2°)** La Russie souffre du blocus continental. **3°)** Elle a fait la paix avec la Turquie (traité de Bucarest). **4°)** Napoléon est tenté par la conquête de la Russie. **5°)** En 1813, les États germaniques ont compris que l'Empire français est touché à mort.

■ **Effectifs.** *Russie :* 350 000 h. *Napoléon :* 700 000 h. dont Français 300 000, Autrichiens 38 000, Prussiens 20 000. Engagés en Russie : 400 000 (dont 125 000 Français), mais le typhus et les désertions ont fait perdre 150 000 h.

■ **Opérations. 1°) Campagne de Russie (1812-13). 1812**-*28-6* prise de *Vilna ; -29-7* arrivée à Vitebsk ; *-17-8* prise de *Smolensk ; -7-9 bataille de la Moskova,* appelée *Borodino* par les Russes [Nap. avec 130 000 h. bat Koutouzov (Michel Golenistchev, 16-9-1745/28-4-1813, feld-maréchal russe ; Pce de Smolensk en 1812) et Bagration (Pce Pierre, Géorgien, 1765-7-9 blessé à la Moskova, † 24-9-1812) avec 100 000 h. : 58 000 † russes, 20 000 † alliés ; blessés : 25 000 Russes, 10 000 alliés (13 000 blessés russes † faute de soins ; la plus sanglante bataille napoléonienne)] ; *-14-9 prise de Moscou ;* évacuée sur ordre du gouverneur (depuis 1812) le Gal Fédor Cte Rostopchine (23-3-1765/30-1-1826), sauf pour les prisonniers de droit commun à qui il avait promis la réhabilitation s'ils mettaient le feu (le 18-9) : 2/3 de la ville sont brûlés ; le reste est pillé par les Français (Rostopchine avait agi seul : le tsar a toujours considéré les Français comme les auteurs de l'incendie) ; *-19-10* début de la retraite ; *-23-10* Nap. ordonne à Édouard Adolphe Mortier [1807 duc de Trévise (Le Cateau-Cambrésis 13-2-1768/Paris dans l'attentat de Fieschi, 28-7-1835), maréchal en 1804] de faire sauter le Kremlin, ordre exécuté en partie ; *-17/25-11* passage de la *Berezina* par 65 000 h. sur le pont construit par les sapeurs du Gal Jean-Baptiste Éblé (21-12-1758/31-12-1812, malade) ; Nap. ordonne la destruction du pont alors que 12 000 traînards sont sur la rive droite, Éblé désobéit et en sauve encore 4 000 ; *-3-12 :* 29e bulletin de la Grande Armée : « Le froid, qui avait commencé le 7, s'accrut subitement, et du 14 au 16 le thermomètre marqua – 16 et – 18 °C ; plus de 30 000 chevaux périrent en peu de jours ; notre cavalerie se trouva toute à pied ; notre artillerie et nos transports se trouvaient sans attelage ; il fallut abandonner et détruire une bonne partie de nos pièces et de nos munitions de guerre et de bouche » ; *-5-12* Murat quitte l'armée (Cdt : Pce Eugène) ; *-16-12* Eugène ramène environ 100 000 hommes à l'ouest du Niémen [pertes globales 532 000 h. (dont typhus : 450 000), 1 200 canons] ; *-29-12* capitulation du Gal Hans, Cte Yorck von Wartenburg (26-9-1759/4-10-1830), commandant un corps auxiliaire prussien non ratifié ; Gal Kleist remplace Yorck ; *-30-12* les Prussiens pactisent avec les Russes (déclarent la guerre à la France le 17-3-1813).

2°) Campagne d'Allemagne (1813). Effectifs : *sur le Rhin,* 240 000 h. dont 150 000 Français (dont beaucoup de « Marie-Louise », conscrits des classes 1814 et 1815, non formés), 600 canons, cavalerie insignifiante (60 000 chevaux perdus en Russie). *Pce Eugène :* 100 000 h. dont 60 000 occupent les places fortes prussiennes ; le typhus tuera 60 % des effectifs. **Opérations :** *-avril* offensive vers Dresde ; *-2-5 victoire de Lutzen,* Nap. bat les Prussiens ; *-21-5 Bautzen,* Nap. bat les Russes ; *-29-5* prise de *Hambourg ;* les Prusso-Russes repassent l'Oder ; *-4-6 armistice de Pleiswitz* (cessez-le-feu) ; *-12-7 congrès de Prague* (Metternich décide l'empereur d'Autriche à se déclarer contre Nap.) ; *-11-8* l'Autriche déclare la guerre (effectifs alliés 1 million d'h., dont 40 000 Suédois) ; *-27-8* victoire de *Dresde :* Nap. bat Autrichiens, Prussiens, Russes (27 000 † coalisés, 12 000 prisonniers) ; Gal Moreau blessé à mort (amputé des 2 jambes, meurt le 2-9) ; *-29/30-8 Kulm,* Vandamme et Hasco battus et prisonniers ; *-21-9* décret appelant 300 000 jeunes gens sous les drapeaux ; *-12-10* la Bavière abandonne l'alliance française ; *-16/19-10 Leipzig* ou *bataille des Nations* [185 000 Français contre 300 000 coalisés (dont Bernadotte) avec 1 500 canons : 20 000 † français, 38 000 prisonniers, anéantissement évité grâce au Gal Louis Antoine Cte Drouot (Nancy 11-1-1774/24-3-1847), chef de l'artillerie, surnommé le « Sage de la Grande Armée »] ; *-23-10* évacuation de l'Allemagne ; *-30-10* combat de *Hanau* contre les Bavarois : 45 000 Français repassent le Rhin ; *-15-11* la Hollande rappelle Guillaume d'Orange.

3°) Campagne de France (1814). Effectifs : *chiffres traditionnels :* coalisés 350 000 h. dont *Blücher* [Gebhard Leberecht, Pce Blücher von Wahlstatt (16-12-1742/12-9-1819), feld-maréchal prussien] 70 000, *Schwarzenberg* [(Karl Philippe, Pce de) duc de Krumau ; 15-4-1771/15-10-1820] 130 000, Nap. 50 000 h. *D'après Jean Savant :* coalisés 140 000 h., Nap. 160 000. *31-12-1813/1-1-1814* 2 armées ennemies envahissent la France : Schwarzenberg, entrant par la Suisse et le Haut-Rhin, menace les vallées du Doubs et de la Saône ; Blücher, franchissant le Rhin, se dirige sur la Meuse. **Batailles :** *-27-1 St-Dizier* (Gal russe Landskoi, avec 2 000 h., battu) ; *-29-1 Brienne* (indécise) ; *-1-2 La Rothière* (Français battus) ; *-10-2 Champaubert* [Gal Olsouviev battu (perd 4 000 h. sur 5 000, Français 200)] ; *-11-2 Montmirail* (Gal russe Sacken battu) ; *-12-2 Château-Thierry ; -14-2 Vauchamp ; -17-2 Mormant* (Victor et Gérard repoussent Wittgenstein) ; *-18-2 Montereau ; -24-2 Troyes ; -7-3 Craonne* (indécise) ; *-9-3 Laon* (Nap. et Marmont battus par Yorck) ; *-21-3 Arcis-sur-Aube* [Schwarzenberg (80 000 h.) perd 4 000 h. contre Nap. (28 000 h. ; pertes : 3 000 h.) ; défaite décisive] ; *-31-3 capitulation de Paris ;* Nap. se replie sur Fontainebleau ; *-1-4* le chirurgien Gal Percy sauve 12 000 blessés russes et prussiens (réquisitionne les abattoirs de Paris ; les transforme en hôpitaux) ; *-6-4* **Nap. abdique ;** *-23-4* **armistice** entre Cte d'Artois et coalisés : reddition des 54 places qui résistent encore ; abandon des conquêtes de la République et de l'Empire ; livraison à l'Angleterre des navires se trouvant dans les ports étrangers aux colonies et à Malte.

4°) Autres campagnes. Espagne (voir p. 665 c) : **1813**-*7-10* Wellington entre en France à Hendaye ; **1814**-*2-2* le duc d'Angoulême le rejoint à Urugne, il se rendra à St-Jean-de-Luz sous le nom de Cte de Pradel (le 19-3 le Cte Lynch entre à Bordeaux mais de Bordeaux rallie la ville à Louis-Philippe, le duc d'Angoulême arrive l'après-midi) ; *-27/28-2 Orthez,* Wellington bat Soult ; *-10-4* entre à Toulouse. **Italie : 1814**-*11-1* Murat s'allie aux Autrichiens contre le Pce Eugène ; *-2-3 victoire de Parme* (Eugène bat Murat et Bellegarde) ; *-avril* offensive austro-napoléonienne ; *-16-4* convention de Mantoue. **Suisse : 1813**-*30-12* les Autrichiens occupent Genève. **1814**-*janv.* pillent la Bresse ; *-26-2* battus devant Lyon par Augereau ; *-mars* occupent Lyon.

Régime transitoire

1814 (31-3) **gouvernement provisoire** (5 membres nommés par le Sénat) : **Pierre Riel, Mis de Beurnonville** [(Champignolle 10-5-1752/Paris 23-4-1821) *1792* général. *1793*-4-2 ministre de la Guerre ; -1-4 envoyé par la Convention arrêter Dumouriez ; *-3-4* prisonnier des Autrichiens. *1795*-3-11 libéré (échangé contre la fille de Louis XVI). *1796*-14-3 armée du Nord. *1799*-28-11 ambassadeur en Prusse. *1802*-16-9 en Espagne. *1805-12* sénateur. *1808*-28-5 comte. *1814*-4-6 pair. *1815*-21-3 suit Louis XVIII à Gand. *1816*-3-7 maréchal de France] ; **Emmeric, duc de Dalberg** (Mayence 30-5-1773/Herrnsheim 27-4-1833) ; **François Arnail, Cte de Jaucourt** [(Tournan-en-Brie 14-11-1757/Presles 5-2-1852) protestant ; *1803* sénateur, suivit Louis XVIII à Gand. *1815* ministre de la Marine)] ; **l'abbé François-Xavier, duc de Montesquiou-Fezensac** (Marsan 13-8-1756/Cirey-sur-Blaise 4-2-1832, abbé de Beaulieu) ; **Charles Maurice de Talleyrand-Périgord, Pce de Bénévent** (1754-1838). Cessent leurs fonctions le 14-4-1814.

Monarchie
1re Restauration (avril 1814-mars 1815)

■ Louis XVIII

1814 Louis XVIII le Désiré (Versailles 17-11-1755/Tuileries 16-9-1824), frère de Louis XVI. *Cte de Provence, Monsieur (1774), duc d'Anjou, d'Alençon et de Brunoy, Cte du Maine, du Perche et de Senonches. Épouse* (14-5-1771) *Marie-Louise de Savoie* (Turin 2-9-1753/Hartwell 13-11-1810) ; sans postérité. Enterrée cathédrale Santa Maria de Cagliari, chapelle Santo-Lucifero. Dès 1772, il porte une perruque (perte des cheveux). Le 20-6-1791, il émigre sous le nom de Michel Foster (passeport britannique) en Belgique puis, le 7-7, à Coblence où il rejoint son frère le Cte d'Artois (All.) ; 1792-déc. Liège (Belgique), Hamm (Westphalie) ; 1793-21-1 se proclame régent à la mort de Louis XVI ; 1793-déc. à Vérone (Italie) ; Riegel, Dilligen (All.), 1796 Blankenberg (duché de Brunswick dont il est expulsé en févr. 1798), 1798 Mitau (Courlande), 1801 Dresde, puis 1801-04 Varsovie (Pologne), 1804 Mitau puis G.-B. en 1807 (Gosfield Hall) et Hartwell de 1809 à 1814. Forcé par moments de porter incognito le titre de Cte de l'Isle (de l'Isle-Jourdain, en Armagnac, comté qui lui appartenait en propre) souvent déformé en Cte de Lille. À la mort de Louis XVII, il est proclamé roi de France, le 16-6-1795 (camp de Mülheim), et publie le 24-6 un manifeste promettant le retour à l'Ancien Régime. Après thermidor et surtout sous le Directoire, il entretient un bureau secret financé par l'Angleterre (conspiration Brottier, missions de Despomelles et Dandré) et parvient à toucher les Gaux Mathieu Dumas (cercle des Clichyens) et Pichegru.

☞ **Favorite de Louis XVIII : Zoé Talon, Ctesse du Cayla** (Le Boullay-Thierry 1785-St-Ouen 1852), fille d'Omer Talon [Lt civil au Châtelet en 1789, qui aurait reçu la confession de Thomas de Mahys, Mis de Favras, 1744-90 (mêlé à un complot contre La Fayette et accusé d'avoir négocié, pour le Cte de Provence, un emprunt de 2 millions de F destiné à l'évasion de Louis XVI, le Cte de Provence l'aurait alors fait interner pour le remplacer)] ; elle obtient de Louis XVIII le château de St-Ouen, l'hôtel d'Humières, le domaine de Benon (près de La Rochelle), la présidence de la manufacture royale des Gobelins. On s'est demandé si Zoé possédait la confession de Favras et si elle avait ainsi marchandé le crédit qui fut le sien.

– **1814**-11-2 le duc d'Angoulême débarque à St-Jean-de-Luz ; -11-3 Louis XVIII proclamé roi à Bazas ; -12-3 le duc d'Angoulême entre à Bordeaux aux côtés de William Carr, Vte de Beresford (2-10-1768/8-1-1854, Gal anglais) avec quelques milliers d'h. : le maire de Bordeaux, Jean-Baptiste Lynch, lui remet les clefs de la ville ; -4-4 *gouvernement provisoire du Cte d'Artois* (futur Charles X), *« lieutenant général du roy » ;* -6-4 Napoléon abdique ; Louis XVIII appelé par le Sénat ; -11-4 traité France/Prusse : les Prussiens demandent 270 millions de F d'indemnité de guerre, mais Louis XVIII et son conseil refusent (l'intervention de l'empereur de Russie Alexandre Ier oblige le roi de Prusse à retirer sa demande) ; -12-4 *entrée du Cte d'Artois* à Paris (Napoléon à Fontainebleau essaie de s'empoisonner ; le poison, trop vieux, n'agit pas) ; -13-4 rétablissement du drapeau blanc et de la cocarde blanche ; -20-4 *adieux de Napoléon* à sa garde (Fontainebleau) ; il part pour l'île d'Elbe avec 1 000 h. ; Louis XVIII, quittant Hartwel, fait son entrée solennelle à Londres ; -21-4 le duc de Berry arrive à Paris ; -23-4 armistice avec les coalisés ; convention : évacuation du territoire ; la France n'est tenue à aucune obligation vis-à-vis de l'étranger, mais ses charges personnelles vont lourdement peser sur l'avenir ; elle doit compter avec l'arriéré laissé par l'Empire (Napoléon avait créé un déficit de 500 millions de F) ; Joseph-Dominique Bon Louis [(Toul 13-11-1755/Brie-sur-Marne 26-8-1837) prêtre assermenté constitutionnel, excommunié, défroqué. *1791* émigre en Angleterre. Revient sous le Consulat. Fonctionnaire au ministère de la Guerre. Trésorier de la Légion d'honneur. *1811* maître des requêtes à la section financière du Conseil d'État. Baron. *1814-15, 1818-19* et *1831-32* ministre des Finances] reconnaît les dettes ; Louis XVIII, la Desse d'Angoulême, le Pce de Condé, le duc de Bourbon quittent Londres ; -24-4 Louis XVIII débarque à Calais ; -26-4 Marie-Louise quitte la France ; -2-5 Louis XVIII octroie la Charte constitutionnelle *(acte de St-Ouen)* ; -3-5 Louis XVIII entre à Paris ; -12-5 licenciement de 300 000 soldats et mise en *demi-solde* de 12 000 officiers (20 000 en 1815, ils constitueront jusqu'en 1848 la masse des militants bonapartistes ; les plus jeunes seront en général réintégrés en 1830 par Louis-Philippe et prendront part à la conquête de l'Algérie) ; -13-5 *ministère :* **Charles Dambray** (1760-1829) chancelier de France, Talleyrand ministre des Affaires étrangères, duc de Montesquiou-Fezensac ministre de l'Intérieur, Gal Pierre Dupont de l'Étang (Chabanais 14-7-1765/Paris 9-3-1840) min. de la Guerre ; -29-5 Joséphine meurt à la Malmaison ; -30-5 *traité de Paris :* la France revient à ses frontières de 1792, mais garde une partie de Savoie, Sarre et Hainaut ; -4-6 réunion du Corps législatif et du Sénat : la Charte est promulguée solennellement ; -nov. (jusqu'au 9-6-1815) *congrès de Vienne* (voir encadré p. 668). **1815**-3-1 Talleyrand conclut un traité secret avec Autriche et Angleterre contre Prusse et Russie ; -17-2 dissolution de l'Université de France, remplacée par 17 universités particulières ; -26-2 *Napoléon s'embarque* à l'île d'Elbe sur le brick *l'Inconstant,* avec 5 autres navires et 1 200 h. ; -1-3 il *débarque au golfe Juan* [Talleyrand, d'accord avec les congressistes de Vienne, l'aurait manœuvré pour ce coup de tête, afin de l'abattre définitivement ; la nouvelle est connue à Paris le 5-3 dans l'après-midi ; Fouché, ayant la faveur de Napoléon (ou du duc d'Orléans), déclenche « la conspiration du Nord » : des généraux commandant dans le Nord et dans l'Aisne (Drouet d'Erlon, les frères Lallemand, Lefebvre-Desnouettes) tentent de s'emparer du dépôt d'armes de La Fère et de faire marcher leurs soldats sur Paris, en leur faisant croire qu'une insurrection y a éclaté, mais Mortier, envoyé par Louis XVIII à Lille, fait échouer le complot : Lefebvre-Desnouettes et les frères Lallemand s'enfuient (ils se réfugieront aux États-Unis)] ; -4-3 Napoléon atteint Digne ; -7-3 à *Laffrey,* un bataillon du 5e de ligne barre la route ; Napoléon offre sa poitrine au feu : « S'il en est un qui veuille tuer son général, son empereur, il le peut » ; les soldats l'acclament ; à *Vizille,* le Gal Charles de La Bédoyère (né 17-6-1786) lui amène son régiment, le 7e de ligne (Nap. le fera Gal de division et pair, sera fusillé le 19-8-1815 au retour de Louis XVIII) ; Napoléon atteint Grenoble à 21 h (on enfonce les portes) ; son débarquement est connu en Autriche ; -10-3 il est à Lyon (que le Cte d'Artois et le duc d'Orléans ont quitté le matin) ; -13-3 il supprime la cocarde blanche ; à Vienne, l'empereur d'Autriche François Ier, l'empereur de Russie Alexandre Ier, le roi de Prusse Frédéric-Guillaume III, Wellington et Talleyrand lancent une proclamation commune (œuvre de Talleyrand) déclarant « Buonaparte » hors la loi (le 25-3, ils renouvellent le pacte de Chaumont du 9-3, prétendant ne faire la guerre qu'à Napoléon et non à la France) ; -14-3 à *Lons-le-Saunier,* Ney se rallie à Napoléon ; -15-3 à Austin ; -17-3 à *Auxerre* (où Ney se jette dans ses bras) ; -20-3 à 0 h 45, Louis XVIII quitte Paris (s'arrête à Abbeville et à Lille les 22 et 23) puis part pour *Gand* (les royalistes chanteront « Rendez-nous notre père de Gand ») ; *Antoine de La Valette* (Paris, 14-10-1769/15-2-1830) s'empare « au nom de l'Empereur » de la direction des Postes et arrête l'expédition des journaux ; -21-3 Napoléon arrive à 21 h aux Tuileries.

Ier Empire restauré
Les Cent-Jours (1815)

☞ *Abréviation :* Nap. : Napoléon.

1815 (20-3) **Napoléon Ier restauré.** -21-3 Nap. Ier obtient l'alliance de Murat ; -27-3 le Conseil d'État le relève de sa déchéance et annule son abdication ; -31-3 **gouvernement provisoire** nommé par le Sénat [**Emmeric, duc de Dalberg** (Mayençais, donc Français à l'époque (1773-1833), **Pierre, Mis de Beurnonville** (1752-1821), **abbé François-Xavier de Montesquiou-Fezensac** (1756-1832), **Pce Charles Maurice de Talleyrand-Périgord, Pce de Bénévent** (1754-1838)] ; -17-4 Grouchy nommé Mal ; -22-4 *Actes additionnels* à la Constitution de l'Empire ; -31-5 *traité de Vienne* mettant Nap. *hors la loi* ; -1-6 *champ de Mai* à Paris

■ **Napoléon II** (Napoléon-François-Joseph-Charles, né aux Tuileries, 20-3-1811). 1,90 m, fils de Napoléon Ier et de Marie-Louise ; **de 1811 à 1814** *Pce impérial et roi de Rome.* **1814**-*24-1* Napoléon le voit pour la dernière fois. *-29-3* quitte Paris et va à Blois le 2-4. *-4-4* Nap. Ier abdique en réservant ses droits. *-6-4* Nap. Ier renonce à la couronne pour lui et ses descendants. Nap. II part avec sa mère en Autriche où on l'appelle Franz. **1815**-*22-6* Nap. Ier abdique en sa faveur (sans effet). Devenu, en exil (1815-18), *Pce de Parme.* **1818**-*18-7* créé *duc de Reichstadt* par son grand-père, l'empereur François (château à 65 km de Prague) ; lieutenant-colonel d'un régiment d'infanterie hongrois en garnison à Vienne ; à la cour, il prend rang après les archiducs. **1830** son nom est acclamé à Paris ; on parle de le faire roi de Pologne ou de Belgique. **1832**-*22-7* il meurt (tuberculeux) à 22 ans, à Schönbrunn à la suite d'un refroidissement au cours d'une parade. Sans postérité [sa 1re aventure connue : Ctesse Camerata Napoleone Baciocchi (née 1806, épouse 1825 du Cte Philippe Camerata)]. **Inhumé** à Vienne dans le caveau des Habsbourg (crypte des Capucins).

En nov. 1938, Benoist-Méchin, partisan d'un rapprochement avec l'Allemagne, suggéra à Otto Abetz la restitution du corps de Nap. II ; Hitler accepta, mais Mussolini, qui revendiquait la Corse, s'y opposa. En 1940, Abetz reprit le projet : les cendres de Nap. II furent ainsi transférées à Paris, par ordre de Hitler, le 15-12-1940, et déposées aux Invalides près du tombeau de Nap. ; sont restés à Vienne son cœur (église des Augustins), ses entrailles (cathédrale St-Étienne).

☞ Son surnom **« l'Aiglon »** a été créé en 1852 par Victor Hugo, dans le poème *Napoléon II.*

au Champ-de-Mars (présentation des dignitaires de l'Empire) ; à Bamberg (Bavière), suicide de Berthier ; -2-6 plébiscite (pour les « Actes additionnels ») : 1 532 457 oui, 4 799 non ; -3-6 réunion de la Chambre des députés ; -12-6 à 4 h Nap. quitte Paris pour l'armée.

☞ **Résistance :** mars, le duc et la Desse d'Angoulême traversent la Vendée (où le Gal Turreau les accueille) pour se rendre à Bordeaux. Le 9-3 ils apprennent le retour de Napoléon. Le duc d'Angoulême part vers le Languedoc et la Provence animer la résistance ; la Desse reste à Bordeaux. -3-4 la Desse d'Angoulême (après avoir tenté de soulever Bordeaux contre le Gal Clauzel) s'embarque pour l'Angleterre, y arrive le 19-4 ; -16-4 le duc d'Angoulême (qui a tenté de résister à Brune et à Grouchy) est arrêté à Pont-Saint-Esprit et embarqué à Sète pour l'Espagne.

Guerres de la 7e Coalition (1815)

■ **Effectifs.** *Français :* 420 000 h. dont 120 000 utilisables immédiatement. *Coalisés :* 500 000 h. dont utilisables : Russes 150 000 [Mikhaïl Pce Barclay de Tolly (27-12-1761/26-5-1818, feld-maréchal russe) et Ferdinand Cte Winzingerode (1770/17-6-1818)], Autrichiens 210 000 (Schwarzenberg, voir p. 660 a) [*Belgique :* 120 000 Prussiens (Blücher, voir p. 660 a), 88 000 Anglais (Wellington, voir p. 668 a), 20 000 Hollandais ; *Italie :* Murat 40 000 h. ; Autrichiens 70 000 h.].

■ **Opérations. Belgique : 1815 :** *-15-6* offensive de Nap. sur Charleroi ; *-16-6 Ligny,* bataille indécise : Blücher se replie en bon ordre ; *Quatre-Bras* bataille livrée par Ney ; *-18-6 Waterloo,* Wellington (77 000 h.) rejoint par Blücher (88 000 h.) bat Nap. (74 000 h.) privé du corps de Grouchy [33 000 h. ; qui était chargé de poursuivre Blücher, et ne réussit à retenir qu'une partie de ses troupes (25 000 h. de Thielmann)] ; *pertes alliées :* 15 000 h. ; *françaises :* 30 000 h., dont 7 000 prisonniers ; 11 h 35 : 1ers coups de canon tirés ; pour la 1re fois au cours des guerres napoléoniennes, l'armée française, après un 7e assaut tenté en vain contre les lignes de Wellington vers 18 h, s'est débandée aux cris de « Nous sommes trahis ! » ; cette panique s'explique par la désertion, le 14-6, à l'ennemi (prussien) du Gal français *Louis de Bourmont* qui avait obtenu le commandement de la 6e division (il n'est pas sûr qu'il ait communiqué à Blücher le plan français, bien que Nap. l'en eût accusé dans le *Mémorial de Ste-Hélène*) ; impressionnés, les soldats répandirent le bruit de la trahison de plusieurs Gaux, notamment de Soult (voir p. 656 b), Dominique Vandamme (Cassel 5-11-1770/15-7-1830), Dhérin (celle de Grouchy, admise sous la Restauration, n'a pas été évoquée le jour de la bataille) ; les 1ers « sauve-qui-peut » furent poussés à 16 h à l'aile droite de l'armée française au village de La Haye, attaqué inopinément par Blücher et défendu par la 4e division française [son chef, le Gal Durutte (agressé en 1813 à Leipzig par les alliés saxons), est peut-être à l'origine de la panique générale], selon la garde commandée par le Gal *Pierre Cambronne* [(St-Sébastien 26-12-1770/Nantes 29-1-1842) aurait répondu « merde » aux Anglais qui lui demandaient de se rendre] a tenu ses lignes ; *-21-6* Nap. rentre à Paris, entre 6 et 8 h à l'Élysée (la rente 5 % est à 53 F) ; il tente de s'empoisonner (sauvé par des lavages d'estomac, pratiqués par le pharmacien Charles-Louis de Gassicourt, fils naturel de Louis XV) ; *-22-6* avant midi, Napoléon **abdique** pour la 2e fois à Paris **en faveur de Napoléon II,** son fils de 4 ans (alors en Autriche avec sa mère) ; *-23-6* l'acte d'abdication paraît, la Chambre et les pairs reconnaissent Nap. II, mais créent une **Commission de gouvernement de 5 membres élus : 3** par la Chambre des représentants (au 1er tour : *Carnot* par 324 suffrages, et *Fouché* par 293 sur 511 ; au 2e tour : le Gal *Grenier*) et **2** par la Chambre des pairs (*Caulaincourt* et *Quinette*) ; la Commission se réunit aux Tuileries et Fouché est désigné comme Pt sur la proposition du Gal Grenier ; approuvée par Caulaincourt et Quinette ; *-24-6* Louis XVIII rentre en France à Bavay ; *-25-6* Nap. se retire à la Malmaison ; *-29-6* à 16 h Nap. Ier quitte Paris, couche à Rambouillet le 1-7 et le 2-7 à Niort ; *-2-7* loi concernant les droits de la nation française, reconnaît Nap. II (publiée le 6-7) ; *-3-7* convention militaire livrant Paris aux Alliés ; à 8 h Nap. à Rochefort (préfecture maritime) ; *-4/12-7* l'armée française se retire derrière la Loire avec son matériel ; *-4-7* à midi, on remet aux alliés St-Denis, St-Ouen, Clichy et Neuilly ; *-5-7* Montmartre ; *-6-7* toutes les barrières ; *-7-7* Wellington déclare à Fouché que les Alliés ne reconnaissent que Louis XVIII (début avril, Louis XVIII avait vu secrètement Fouché et lui avait offert la Police), l'empereur Alexandre Ier propose le duc d'Orléans, mais Wellington et Metternich, accrochés au principe de la légitimité et au mythe de la seule révolte militaire, finissent par convaincre Alexandre Ier de restaurer Louis XVIII ; Talleyrand (qui aurait été à Gand) rentre à Paris ; Blücher, en entrant à Paris, demandera une contribution de guerre de 100 millions de F (Alexandre Ier la fait réduire à 10) ; il voudra faire sauter le pont d'Iéna (Louis XVIII menace de s'y rendre) ; diplomates et Gaux allemands veulent changer les noms de rues qui leur déplaisent, ils revendiquent tableaux, statues, musées.

Italie : *-20-3* offensive de Murat dans les États de l'Église ; *-6-4* Murat enlève Florence aux Autrichiens ; *-2/3-5* Murat écrasé à *Tolentino* (30 000 † ou prisonniers sur 40 000 h.).

Vendée : *-15-3* soulèvement général ; *-1-6* débarquement anglais dans le Marais vendéen ; *-4-6 Les Marthes,* Estève bat les royalistes, La Rochejaquelein (frère) tué ; *-26-6* armistice *(convention de Cholet).*

Haute Alsace : *-2-7* le Gal Joseph Barbanègre (22-8-1772/7-11-1830), commandant Huningue, demeuré fidèle au régime impérial, subit le feu des Austro-Suisses ; *-26-7* il bombarde *Bâle* (grosses destructions) ; *-14-8* nouveau bombardement de Bâle ; *-22-8* l'archiduc Jean, avec 20 000 h., assiège et bombarde *Huningue ; -26-8* Barbanègre capitule et va rejoindre les armées françaises au sud de la Loire.

Principauté de Waterloo : érigée le 3-6-1817 par Guillaume Ier, roi des P.-Bas, pour Arthur Wellesley, duc de Wellington, Ciudad Rodrigo et Vittoria, feld-maréchal de ses armées. Non-souveraine. 1 000 ha. près de Waterloo (Nivelles, Vieux-Genappe, etc.). Transmissible par les mâles, elle appartient au 8e duc de Wellington, titré Pce de Waterloo, qui touche les revenus des fermages versés par les fermiers quasi propriétaires (fermage héréditaire), mais ne peut vendre leur fonds.

Monarchie
2e Restauration
(8-7-1815/7-8-1830)

Louis XVIII (22-6-1815/16-9-1824)

■ **1815** (8-7) **Louis XVIII rentre à Paris ;** -9-7 Napoléon quitte Rochefort sur la *Saâle* pour l'île d'Aix ; -12-7 Lyon capitule ; -15-7 Napoléon Ier s'embarque à l'île d'Aix sur le *Bellerophon* ; *Terreur blanche* contre jacobins et bona-

Bilan de l'Empire

■ **Démographie. Population de la France :** *1789 :* 27 000 000 ; *1815 :* 29 400 000 [accroissement 9 % (en Angleterre 23 %)]. **Proportion des hommes :** *1806 :* 1 000 hommes pour 1 034 femmes ; *1815 :* 1 000 h. pour 1 059 femmes ; 14 % de femmes célibataires. **Natalité** (‰) : *1789 :* 36 ; *1813 :* 29 ; *1815 :* 32 (en Angleterre 37). **Mortalité :** hors combat, stable, sauf *1814* (typhus 100 000 † civils). **Pertes militaires :** 430 000 à 2 600 000 †. D'après J. Bourgeois-Pichat : 860 000 ; Jean Tulard : 1 million (470 000 †, 530 000 disparus) dont Russie (1812) 300 000, Allemagne (1813) 250 000, la plupart morts du typhus. *Batailles les plus sanglantes :* Borodino (1812) : pertes russes 50 000 (dont 15 000 †), françaises 30 000 (9 000 à 10 000 †) ; Leipzig (1813) : pertes françaises 50 000 (dont 20 000 †), alliées 60 000.

■ **Domaine culturel et artistique. Objets d'art :** les guerres ont restreint les industries de luxe (ébénisterie, orfèvrerie) et provoqué l'exil de nombreux artistes (Fragonard, Vigée-Lebrun, etc.). Lors de la paix d'Amiens (1802), de nombreux objets d'art, achetés par des Anglais, partent pour la Grande-Bretagne. **Style Empire** (voir p. 464 a). **Destructions de monuments médiévaux :** commencées sous la Révolution, elles se poursuivent sous le Consulat et l'Empire : *Paris :* le Temple, St-André-des-Arts, St-Jean-en-Grève, St-Thomas du Louvre, le Grand Châtelet, le séminaire St-Sulpice, l'abbaye St-Victor, les couvents des Feuillants, Célestins, Cordeliers, Capucines, Carmes ; *province :* St-Pierre d'Angoulême, château comtal à Troyes, abbayes de St-Jean-des-Vignes à Soissons, St-Martin à Nevers, St-Germain à Auxerre, St-Sernin à Toulouse et surtout Cluny, en 1810. **Constructions de style Empire :** voir p. 430 a. **Littérature :** période stérile. Napoléon préférait les œuvres de style néoclassique, sans originalité, pour éviter les créations subversives. Les 3 grands écrivains de l'époque : Mme de Staël, Chateaubriand, Benjamin Constant étaient de l'opposition. Malgré de sévères lois restreignant sa liberté, le théâtre reste vivant (notamment le mélodrame : Caigniez, Pixérécourt).

■ **Économie. Grands travaux publics :** *ports :* Cherbourg, mais surtout Anvers qui a mobilisé presque tout le budget de la marine. *Routes alpines :* Simplon, Mont-Cenis, Montgenèvre ; améliorées et prolongées (notamment corniche Nice-Gênes-La Spezia). *Routes en étoile autour de Paris. Total :* 219 impériales, 1 165 départementales. **Agriculture :** betterave (culture lancée 1812 par Delessert ; à cause du blocus, la canne n'arrive plus) : le prix du sucre tombe de 99 %. Pastel (introduit dans le Midi, pour compenser l'indigo, devenu introuvable). Tabac, vigne et élevage des bêtes à viande progressent. Ver à soie, lin, chanvre, sylviculture, céréales régressent. *Production agricole :* + 48 % entre 1789 et 1814.

■ **Industrie. Sidérurgie :** les forges se développent, grâce à l'industrie de l'armement (notamment Wendel à Hayange), elles utilisent encore le bois comme combustible. Les *Peugeot* (de Montbéliard), devenus français en 1790, créent l'industrie de l'acier. **Textile :** développement des filatures de coton, par suite de la prohibition des tréfilés anglais [Paris (établissement *Richard Lenoir*), Lille, Roubaix, Tourcoing, Mulhouse, Rouen]. Développement de la laine dû aux machines cardeuses, fileuses, finisseuses. *Soie :* Jacquard parvient, à la fin de l'Empire, à faire adopter son métier à tisser (progrès sensibles sous la Restauration). **Chimie :** à Paris, création de l'usine de *Javel* (eau de Javel) et de l'usine à gaz du Gros-Caillou. En province : *St-Gobain* (soude). **Total de la production industrielle :** elle retrouve en 1809 son niveau de 1789. En 1811 crise, baisse. **Commerce :** déclin maritime (*1789 :* 2 000 navires long-courriers, *1801 :* 1 500, *1812 :* 179). Nantes, Bordeaux, Marseille sont victimes du blocus continental. La contrebande, active, profite à Strasbourg et à Lyon. La navigation fluviale est délaissée.

■ **Encaisse-or.** *1812 :* 82 millions de F ; *1814-mars :* 9 ; *1814-avril :* 2. **Déficit budgétaire cumulé.** *1814 :* 1 300 ou 1 640 millions (évaluation de Louis Corvetto : 500 à 600). **Dette publique à long terme.** *1815 :* 1 272 millions. **Revenu national.** PIB (sans les services) : *1789 :* 4 milliards ; *1812 :* 5,7. **Progression.** *1796-1815 :* 3 % par an.

■ **Influence à l'étranger. Europe :** la France qui, au XVIIIe s., n'avait plus qu'un seul ennemi (l'Angleterre), se retrouve en 1815 avec presque toute l'Europe contre elle : Portugal, Espagne, Suisse, Hollande, Allemagne, Autriche, Russie, Suède. Seules Italie et Belgique restent politiquement fidèles à Napoléon (sentimentalement mais non politiquement : Pologne). Italie, Espagne, Allemagne et Russie vont rejeter la culture française, même si le Code civil napoléonien se maintient (Allemagne, Italie, Espagne, Belgique et Hollande). Dans les États de l'Église (ex-départements de Trasimène et de Rome), la structure administrative reste en place. La laïcisation ne disparaît nulle part. La carte de l'Allemagne est modifiée. Les coutumes féodales ont disparu. **Hors d'Europe :** l'Angleterre réalise son projet du XVIIe s. : chasser l'Espagne et le Portugal de leurs possessions américaines (succès rendus possibles par l'occupation française de la péninsule Ibérique et la rupture des communications entre Europe et Amérique). Les républiques sud-américaines restent hispanophones, mais l'influence maçonnique y est forte et les Anglais y dominent économiquement (en Argentine, vers 1900, 85 % des capitaux investis seront anglais).

■ **Institutions.** Napoléon a rétabli les corps centralisés de la monarchie (enregistrement, domaines, impôts directs, hypothèques, caisses d'escompte, postes, eaux et forêts, haras, écoles vétérinaires, archives, cartographie, poudres) et 6 classes de charges vénales (notaires, avoués, greffiers, huissiers, courtiers, agents de change) ; il a créé (surtout pendant le Consulat) des organismes nécessaires à un État centralisé : administrations, préfectures, municipalités ; Conseil d'État, Cour des comptes, Corps législatif et Sénat, Code civil avec tribunaux hiérarchisés, Banque de France, Institut de France. Pendant un siècle et demi, on a considéré comme positive cette centralisation. Mais, sous des chefs d'État plus faibles, elle est tombée dans le « caciquisme » administratif, chaque administration ignorant ou combattant les autres. Des entités ont disparu (*1905 :* Église concordataire ; *1919 :* franc germinal ; *1968 :* Université). Et l'idée de « décentralisation » (antinapoléonienne) s'est imposée ; on a critiqué la soumission du pouvoir judiciaire (nomination et avancement des magistrats dépendent du gouvernement). **Dynastie :** les Napoléonides ont encore régné de 1852 à 1870 (IIe Empire). Actuellement, les Bonaparte se trouvent sur un pied d'égalité avec les anciennes maisons souveraines (plusieurs alliances). **Noblesse :** échec ; sur 3 600 familles anoblies par Napoléon, il en restait 167 (4 %) en 1987.

■ **Territoire.** Légèrement agrandie en 1814, par rapport à 1789, la métropole se retrouve en 1815 légèrement rapetissée (Avignon et Mulhouse compensant à peu près certaines rectifications de frontières défavorables). Mais Napoléon perd la Louisiane (qui aurait pu faire de la France au XIXe s. la 1re puissance mondiale) et plusieurs îles : St-Domingue (55 % de la production mondiale de sucre), Tobago, Ste-Lucie, Dominique, Maurice et Rodrigues, Seychelles.

Congrès de Vienne

Souverains présents. Empereurs : *Russie* (Alexandre Ier, 1777-1825) ; *Autriche* (François II, 1768-1835). **Rois :** *Prusse* (Frédéric-Guillaume III, 1770-1840) ; *Bavière* (Maximilien-Joseph Ier, 1756-1825) ; *Wurtemberg* (Frédéric Ier, 1754-1816) ; *Danemark* (Frédéric VI, 1768-1839).

Diplomates. Angleterre : Henry Robert Stewart, vicomte Castlereagh (1769-1822) et le Gal Arthur Wellesley, duc de Wellington (1769-1852). **Autriche :** Clément, P^{ce} de Metternich (1773-1859). **Espagne :** Pedro Gómez Havelo, Mis del Labrador (1775-1852). **France :** Charles-Maurice de Talleyrand-Périgord (1754-1838). **Prusse :** Charles-Auguste, P^{ce} de Hardenberg (1750-1822), Guillaume, Bon de Humboldt (1767-1835). **Russie :** Antoine Capo d'Istria (Grec, 1776-1831), Robert, Cte de Nesselrode (1780-1862) et André Razoumovski (1752-1836). **St-Siège :** cardinal Hercule Consalvi, secr. d'État (1757-1824). *Secr. général du congrès :* Friedrich von Gentz (Autrichien, 1764-1832).

Sujet des négociations. Refaire la carte de l'Europe en fixant, notamment, les frontières des anciens États, et en réglant le sort des États nouvellement créés en Italie et Pologne. **Problèmes secondaires :** navigation sur Danube et Rhin ; traite des Noirs ; sort des Juifs ; préséance entre agents diplomatiques.

Comité directeur. Les 4 grandes puissances signataires du traité d'alliance de Chaumont (14-3-1814), Angleterre, Autriche, Prusse, Russie, prétendent le constituer seules. Mais Talleyrand, aidé par l'Espagnol Labrador, forme contre elles une ligue des petites puissances qui bloque les négociations. Les 4 grandes consentent alors à admettre la France comme 5e membre du comité, à égalité avec ses anciens ennemis (décision due surtout à lord Castlereagh, qui redoute les ambitions de la Prusse et de la Russie).

Déroulement. 1815-*3-1* Metternich, Castlereagh et Talleyrand signent un traité ; la France retrouve sa place dans un concert européen où vont s'opposer ses anciens vainqueurs jusqu'au retour de Napoléon de l'île d'Elbe. *-9-6* le travail des commissions particulières, qui avait abouti à la signature de traités séparés (Prusse/Russie, Prusse/Saxe, Prusse/Pays-Bas, Angleterre/Autriche/Russie, Prusse/Hanovre, etc.), est repris dans l'*acte final du congrès* [121 articles et 17 pièces annexes (traités, protocoles, arrangements)] : la *Russie* garde la Finlande (prise à la Suède en 1809) et la Bessarabie (enlevée à la Turquie) et contrôle le duché de Varsovie ; l'*Angleterre* conserve Malte, Ceylan, Le Cap ; la *Prusse* accroît son ancien territoire ; l'*Autriche* recouvre provinces illyriennes, Tyrol et royaume lombard-vénitien ; Hanovre, Bavière, Wurtemberg, Bade s'agrandissent ; la *Suède* reçoit la Norvège (enlevée au Danemark) ; la *Hollande* annexe la Belgique pour constituer un royaume des Pays-Bas ; la *« neutralité perpétuelle »* de la Suisse est proclamée. Les décisions prises vont à l'encontre des peuples ; l'unité de l'*Italie* (soumise à l'influence de l'Autriche exécrée par les libéraux) et celle de l'*Allemagne* restent en suspens ; la *Pologne* reste morcelée (royaume soumis à la Russie et république de Cracovie contrôlée par l'Autriche) ; la *Belgique* catholique et protectionniste est réunie à une Hollande protestante, libre-échangiste et parlant une autre langue.

Politique de Talleyrand. Il est P^{ce} de Bénévent, ancienne terre pontificale enclavée dans le royaume de Naples, aux mains de Murat qui s'appuie sur l'Autriche. Ferdinand IV (1751-1825), roi de Naples dépossédé (mais qui a gardé la Sicile), offre à Talleyrand d'échanger la principauté de Bénévent contre un titre ducal napolitain. Talleyrand adopte cette stratégie : **1°)** *éliminer Murat* [en 1815, des agents provocateurs poussent Napoléon et Murat à se lancer dans l'aventure sans issue du « retour de l'île d'Elbe » (les Cent-Jours : mars-juin). Murat est fusillé le 13-10-1815] ; **2°)** *faire admettre le principe de la légitimité* [les territoires ayant changé de statut depuis 1791 doivent revenir à leurs souverains légitimes et Ferdinand récupérera les territoires dans lesquels le Bénévent est enclavé ; conséquence favorable pour la France : elle récupère ses colonies ; défavorable : le projet russo-prussien d'installer en Rhénanie le roi de Saxe (dépouillé de son royaume au profit de la Prusse) échoue ; la Prusse s'installe sur le Rhin] ; **3°)** *faire admettre le principe de la « suppression des enclaves »* (le pape devrait ainsi donner le Bénévent à Ferdinand IV, ce qui rendrait possible l'octroi du titre ducal). En vertu de ce 3e principe, la France bénéficie en 1814 de rectifications de frontières en Belgique, dans la vallée de la Sarre, à Landau-Germersheim (Palatinat bavarois) et dans la vallée du Rhône (annexion d'Avignon, enclave pontificale jusqu'à 1791) ; mais, après Waterloo, la France est privée de ses enclaves d'avant 1792 (sauf Avignon que le cardinal Consalvi a réclamé en vain pour le St-Siège). Consalvi refuse de livrer le Bénévent à Ferdinand. Celui-ci cède et crée Talleyrand duc sans réclamer en échange sa principauté (en 1817, le titre ducal sera fixé sur l'îlot de Dinai, pour le neveu et la nièce de Talleyrand).

Traité secret franco-anglais. Talleyrand (orléaniste et de formation libérale) s'entend avec Castlereagh pour briser la coalition de Chaumont du 9-3-1814 et défendre l'Europe, au besoin par les armes, contre les ambitions éventuelles de Prusse, Russie, Autriche. Cet accord sera dénoncé (1823) après l'assassinat du duc de Berry (1820) et à la conclusion de la Sainte-Alliance (28-9-1815) : la France rejoint les 3 puissances conservatrices. L'accord reprendra vie en 1830 (France et Angleterre formant le groupe des « puissances libérales »), grâce à Talleyrand, ambassadeur de Louis-Philippe à Londres, qui, à propos de l'indépendance belge, met fin au principe de « légitimité ».

partistes ; environ 100 000 arrestations, 45 mamelouks massacrés à Marseille ; Brune (que l'on tient pour un ancien « septembriseur », responsable de la mort de Mme de Lamballe) tué à Avignon ; -18-7 arrestation d'Antoine de La Valette (voir p. 666 c ; il s'évadera, le 12-5-1816, vêtu des vêtements de sa femme venue lui rendre visite, et sera gracié en 1820) ; -2-8 Gal *Charles de La Bédoyère* (voir p. 666 c) condamné à mort (fusillé 19-8) ; -7-8 Napoléon (arrivé à Torbay le 24-7, puis à Plymouth le 27-7) quitte le *Bellerophon* pour le *Northumberland ;* -15-8 le Gal Jean-Pierre Ramel (Cahors 1768-Toulouse 1815), blessé à Toulouse par les « verdets » (terroristes royalistes), meurt le 17-8 ; -août **élections :** *Chambre « introuvable »* [surnom donné par le roi : majorité *ultraroyaliste* (terme forgé par Jean-Marie Duvergier de Hauranne, 1798-1881, député libéral de Rouen) partisane d'une sévère répression, antirépublicaine et antibonapartiste, chef : le Cte d'Artois] dissoute 5-9-1816 ; -2-9 les « *jumeaux de La Réole* » (G^{aux} César et Constantin de Faucher, nés à La Réole 1760) fusillés à Bordeaux pour rébellion ; -6-9 **Armand Emmanuel du Plessis, duc de Richelieu** [(Paris, 25-9-1766/17-5-1822), *1790* émigre ; dans l'armée russe, se distingue contre les Turcs ; refuse les offres de Napoléon ; *1803-14* gouverneur de la province d'Odessa ; *1814* rentre en France ; *1815-sept.* Premier ministre et ministre des Affaires étrangères ; *1820-21* idem ; *1821-déc.* démission] **PM et ministre des Aff. étrangères** ; -18-9 Longwy se rend ; -26-9 **traité de la Ste-Alliance** signé à Paris entre Prusse, Autriche, Russie (transformée en *Quadruple-Alliance* avec l'Angleterre le 20-11, et en *Pentarchie* avec la France en oct. 1818), antirévolutionnaire ; -20-11 **2e traité de Paris** signé par Richelieu ; frontières de 1790 ; armée d'occupation (150 000 h.) : Autriche, Angleterre, Russie, Prusse 30 000 h. chacune, Bavière 10 000 h., Danemark, Saxe, Wurtemberg 5 000 h. chacun ; le long d'une ligne, séparation du Pas-de-Calais, Nord, Ardennes, Moselle, Haut-Rhin, Bas-Rhin ; *charges financières de la France* (en millions de F) : 2 500 dont indemnité de guerre 700, entretien des troupes étrangères 633, paiement aux sujets des puissances alliées 500, arriéré 650 ; *6 emprunts émis* (de mai 1816 à 1823) : le 1er : 57,26 F, le dernier : 89,55 F ; *rentes inscrites au Grand Livre :* rentes émises par voie d'emprunt (soit 91,83 millions de F représentant un capital de 1 334 millions), aux puissances étrangères (36,66 millions de F représentant un capital de 733 millions) + 100 millions de F de contribution forcée, aggravations d'impôts, etc. ; *cours de la rente 5 % : 1815 (1-12) :* 52,30 F ; *1818 :* 75,57 F ; *1824 :* + de 100 F ; -6-12 M^{al} Ney (voir p. 655 c) condamné à mort pour s'être rallié à Napoléon ; exécuté le 7-12. **1816**-2-4 Louis XVIII reçoit le visionnaire Thomas Martin de Gallardon ; -4-5 Grenoble, mouvement insurrectionnel [Jean-Paul Didier (1758-exécuté 1816)] ; -2-7 naufrage de la *Méduse* (voir à l'Index) ; -27-7 Gal Régis Mouton-Duvernet (né 1769) exécuté à Lyon ; -5-9 Chambre dissoute ; -oct. élections favorables aux « constitutionnels » (160 élus sur 262 sièges). **1817**-5-2 lois électorales ; -12-2 sur libertés individuelles et le 28-2 sur presse ; -juin mouvements insurrectionnels à Sens, le 4 à Nogent et le 8 à Lyon ; -oct. conspiration de l'*Épingle noire*.

1818-30-9 ouverture des négociations d'Aix-la-Chapelle entre Richelieu et alliés ; -30-11 évacuation des troupes étrangères ; -26-12 **ministère de Jean-Joseph Mis Dessolles** [(Auch 3-7-1767/Montluchet 3-11-1828) G^{al} ; *1799* campagne d'Italie ; *1800* disgrâce ; *1808-10* Espagne ; *1814* rallié aux Bourbons ; major-général des gardes nationales] ; *1818-19* Pt du Conseil en titre, laisse gouverner **Élie duc Decazes** [(St-Martin de Laye 28-9-1780/Decazeville 24-10-1860) avocat ; *1806* juge au tribunal de la Seine ; *1807* conseiller de Louis de Hollande ; *1811* conseiller à la cour d'appel de Paris ; *1814* rallie les Bourbons ; *1815-7-7* préfet de police de Louis XVIII, puis ministre ; *1818* pair ; *-déc.* ministre de l'Intérieur (en fait Pt du Conseil) ; *1819-nov.* officiellement Premier ministre ; *1820-15-2* démission, rendu responsable de l'assassinat du duc de Berry, accusé en pleine Chambre, doit se retirer, mais Louis XVIII le nomme ambassadeur à Londres et duc français (il était déjà, par mariage, duc danois) ; *1820-21* ambassadeur à Londres ; Chambre des pairs ; *1825* fonde, avec sa fortune personnelle, Decazeville ; *1834* grand référendaire sous Louis-Philippe]. **1819**-5-3 pour briser l'opposition de la Chambre, 60 nouveaux pairs. **1820**-13-2 duc de Berry assassiné par Louis Louvel (né 1783), ouvrier sellier républicain (condamné à mort le 6-6, guillotiné le 7) qui voulait éteindre la branche aînée des Bourbons ; -15-2 Decazes démissionne (la D^{esse} d'Angoulême et les ultras lui reprochent d'avoir laissé commettre le crime) ; -20-2 (à déc. 1821) **ministère Richelieu ;** -29-9 naissance du duc de Bordeaux, futur Henri V. **1821**-5-5 **Napoléon Ier meurt à Ste-Hélène** ; -14-12 Cte de Villèle (voir col. c) min. des Finances.

1822-1-1 *conspiration de Saumur :* poussé par la Charbonnerie, le Gal Jean-Baptiste Berton (15-6-1769/5-10-1822) rencontre les *4 sergents de La Rochelle* [Bories (26 ans qui a fondé l'association secrète des Chambres de la liberté), Goubin (20 ans), Pommier (25 ans) et Raoul (24 ans)] et tente une insurrection libérale ; -24-2 tentent de prendre Saumur, échec ; -24-6 nouvelle tentative prévue (Sirejean exécuté 2-5 ; les 4 sergents exécutés 21-9 ; Gal Berton guillotiné 5-10) ; -sept. **ministère Villèle :** Jean-Baptiste Cte de Villèle [(Toulouse, 14-4-1773/13-3-1854) *1788* marin aux Indes et Antilles ; *1793* se retire à l'île Bourbon ; *1799* épouse une créole, fait fortune en exploitant ses domaines ; *1807* rentre en France, principal chef des ultras ; *1820* ministre sans portefeuille dans le cabinet Richelieu ; *1821-26-7* démission ; *-14-12* ministre des Finances ; *1822-août* titré comte par Louis XVIII ; *-sept.* Pt du Conseil, pair de France] ; -20-10 **congrès de Vérone** [empereur d'Autriche, empereur de Russie, roi de Prusse, Chateaubriand (France), Hardenberg (Prusse), Metternich (Autriche), Nesselrode (Russie), Wellington (Angleterre)] : l'intervention française contre les libéraux d'Espagne est décidée, l'Angleterre refuse et rompt avec la Ste-Alliance ; -28-12 Chateaubriand ministre des Affaires étrangères. **1823**-3-3 Jacques-Antoine Manuel (1775-1827), député libéral, expulsé de la Chambre ; -avril expédition d'Espagne pour abattre le libéralisme espagnol ; -31-8 prise du *Trocadéro* par le duc d'Angoulême. **1824**-24-2 élection : *Chambre « retrouvée »* (415 conservateurs, dont 264 fonctionnaires sur 430 élus) ; -15-8 censure rétablie ; -16-9 Louis XVIII meurt (hydropique, les 2 jambes gangrenées) ; -20-10 obsèques à St-Denis.

■ Charles X (16-9-1824/2-8-1830)

■ **1824** (16-9) **Charles X** (Versailles 9-10-1757/Goritz, Autriche, 6-11-1836 du choléra), frère de Louis XVI et de Louis XVIII. *Cte d'Artois, duc d'Angoulême, de Berry, d'Auvergne, de Châteauroux,* puis *Monsieur* (1795) ; en exil, il vivra sous le nom de *Cte de Ponthieu.* Il émigre 16-7-1789 à Turin (de sept. 1789 à juillet 1791, porte le titre de Mis de Maisons) puis à Bruxelles, Coblence, Liège et Hamm (qu'il quitte en août 1794 comme Cte de Ponthieu), 1795 tente un débarquement à l'île d'Yeu ; puis en Grande-Bretagne ; du 28-1-1793 à 1814 lieutenant général du royaume ; du 13-5-1814 au 30-9-1818 colonel général des gardes nationales (15-5-1814 colonel général des Suisses). **Épouse** (Versailles 16-11-1773) *Marie-Thérèse de Savoie* (Turin 31-1-1756/Gratz 2-6-1805) dont postérité (voir ci-dessous).

Enfants de Charles X : Louis-Antoine de Bourbon, duc d'Angoulême (Versailles 6-8-1775/Goritz, Autriche, 3-6-1844). *1789-13-7* en émigration, va à l'école d'artillerie de Turin. *1792-6-6* rejoint l'état-major général des P^{ces}. *1794-juillet* rejoint l'armée de Condé jusqu'au licenciement du 30-4-1801. *1797* se rend à Blankenburg et en Écosse près de son père. *1798-29-11* au service de la Russie, puis du roi des Deux-Siciles. *1799-10-6* épouse (Mitau) *Marie-Thérèse de France,* dite *Madame Royale* (Versailles 19-12-1778/Frohsdorf 19-10-1851), sa cousine germaine, fille de Louis XVI et de Marie-Antoinette. *1801-avril/mai* chargé du licenciement de l'armée de Condé ; vit en Écosse et en Angleterre. *1814-févr.* avec l'armée de Wellington en Espagne ; rentre en France, C^{dt} de l'armée royale sous Paris ; *1815* tente de s'opposer au retour de Napoléon, fait prisonnier par Grouchy, libéré après 6 j ; il est à Gand pendant les Cent-Jours. *1823* commande l'armée royale envoyée au secours de Ferdinand VII roi d'Espagne. *1824* dauphin (à la mort de Louis XVIII). *1830-2-8* sans postérité, il renonce à la Couronne. *-23-8* arrive en exil en Angleterre et prend le titre de *Cte de Marnes* (-la-Coquette). *1836-6-11* (à la mort de son père) prend le titre de roi (Louis XIX, 1836-44). **N. d'Artois,** dite **Mademoiselle** (5-8-1776/5-12-1783). **Charles-Ferdinand d'Artois, duc de Berry** (Versailles, 24-1-1778/14-2-1820 assassiné par Louvel). *Épouse* (17-6-1816) *Marie-Caroline des Deux-Siciles* (Naples 5-11-1798/Brünnsee, Autriche, 17-4-1870) dont postérité (voir ci-dessous). **N. d'Artois,** dite **Mademoiselle d'Angoulême** (6-1/22-6-1783).

Enfants du duc de Berry : d'un 1er mariage secret ou d'une liaison assez officielle avec l'Anglaise **Amy Brown** (Angleterre 8-4-1783/Couffé, L.-A., 7-5-1876) : 2 filles nées en Angleterre pendant l'exil : **Charlotte** (13-7-1808/13-7-1886), légitimée 10-6-1820, Ctesse d'Issoudun ; *épouse* (1-10-1823) *Ferdinand de Faucigny-Lucinge,* P^{ce} de Cystria (1789-1866) ; **Louise** (19-12-1809/26-12-1891), légitimée 10-6-1820, Ctesse de Vierzon ; *épouse* (16-6-1827) *Bon Athanase de Charette* (1796-1848). Quelques heures avant sa mort, le duc de Berry les fit appeler pour les recommander à la D^{esse} de Berry, avec qui elles resteront très liées. Avec **Marie-Caroline des Deux-Siciles : Louise-Isabelle** (13-7/14-7-1817). **Louis** (13-9-1818, † 2 h après). **Louise d'Artois,** dite **Mademoiselle** [(Élysée 21-9-1819/Venise 1-2-1864), Ctesse de Rosny après 1830 ; *épouse* (10-11-1845) *Charles III de Bourbon* (14-1-1823/27-3-1854, duc de Parme) ; régente de Parme après l'assassinat de son mari en 1854, quitte Parme et meurt à Venise]. **Henri V d'Artois,** dit *l'Enfant du miracle* par Lamartine [posthume, Paris, Tuileries, 29-9-1820/Frohsdorf, Autriche, 24-8-1883 (le duc d'Orléans exprimera des doutes sur sa légitimité)] ; à la naissance *duc de Bordeaux* (titre donné en hommage à la ville qui fut en mars 1814 la 1re à se rallier aux Bourbons) ; proclamé roi par Charles X (2-8-1830) sous le nom de *Henri V* (reconnu roi par le duc de Modène et l'empereur de Russie), il ne se considérera pas comme roi avant la mort de Louis XIX (le duc d'Angoulême) le 3-6-1844 ; en 1839, il prend le titre de Cte de Chambord [le château, appartenant à la P^{cesse} de Wagram (veuve du M^{al} Berthier), ayant été mis en vente en 1819, le conseil municipal de Caen (inspiré par le Cte Adrien de Calonne) avait demandé au roi le 11-10-1820 d'autoriser les conseils municipaux de France à s'assembler et à voter les sommes nécessaires pour son acquisition « afin que, premier apanage de Henri-Dieudonné, il devienne un gage et comme un lien d'amour entre lui et le peuple qu'il doit gouverner un jour » ; mais les libéraux (Paul-Louis Courier) s'y opposant et la famille royale et le gouvernement étant réticents, une souscription publique avait été lancée par une commission à laquelle Chambord fut adjugé

1 542 000 F le 5-3-1821] ; en 1841, il réside au château de Kirchberg (à 50 km de Vienne et à 8 km de Wiener-Neustadt acheté en 1836 par le duc de Blacas et racheté en 1839 au Gal Yermoloff) ; il devient boiteux après un accident de cheval ; en 1842, à Londres, il est reçu dans une maison louée à Belgrave Square (2 000 royalistes viendront lui rendre hommage) ; entre le 28-11-1843 (à Londres) et le 12-1-1844 (à Frohsdorf, Autriche) il vécut à Venise (palais Cavalli). *Épouse* (16-11-1846) *Marie-Thérèse d'Este-Modène* (Modène 14-7-1817/Goritz 25-3-1886) sans postérité. Le 8-6-1871, les lois d'exil (du 19-4-1832 contre la branche aînée et du 26-5-1848 contre les Orléans) étant levées, il réside (du 3 au 5-7) à Chambord sous le nom de *Cte de Mercœur* et repart pour l'Autriche ; refusant d'adopter (1873) le drapeau tricolore et le projet de Constitution orléaniste libérale, il fait échouer les projets de restauration sur le point d'aboutir (voir à l'Index) ; il meurt le 24-8-1883, villa Boeckman, à Frohsdorf (Autriche) et est enterré au couvent de Castagnavizza [Kostanjevica, à 6 km de Goritz, aujourd'hui divisée entre l'Italie (Gorizia) et la Slovénie (Nova Gorica)] dans la crypte où sont également enterrés Charles X, le duc et la D^{sse} d'Angoulême, le Cte et la Ctesse de Chambord, Louise (D^{esse} de Parme) sœur du Cte de Chambord, le duc de Blacas.

– **1824 ministère Villèle** (suite) ; -27-9 entrée de Charles X à Paris ; -20-10 funérailles de Louis XVIII ; **1825**-17-3 *indépendance de St-Domingue* (150 millions pour les colons rapatriés) ; -20-4 loi rétablissant le crime de *sacrilège* ; -28-4 *« milliard des émigrés »* remboursé sous forme de rentes à 3 % aux familles nobles qui n'ont pas récupéré leurs biens fonciers vendus sous la Révolution comme « biens patrimoniaux » ; principaux bénéficiaires : duc d'Orléans (510 000 F annuels), La Fayette (en contrepartie, les biens patrimoniaux étaient garantis à leurs propriétaires, ce qui fit monter leur valeur de 25 %) ; -29-5 **sacre de Charles X** à Reims ; -28-11 mort du Gal Max-Sébastien Foy (né 3-2-1775) : funérailles suivies par 100 000 personnes (manifestation d'opposition aux Bourbons). **1827**-12-3 *loi sur la presse* [antilibérale, dite *loi de Justice et d'Amour* par le garde des Sceaux Charles-Ignace Cte de Peyronnet (9-10-1778/2-1-1854)] ; -17-4 la Chambre des pairs la modifie tellement que Villèle la retire : Paris illuminé ; -avril dissolution de la garde ; -20-5 la *girafe* donnée par le vice-roi d'Égypte Méhémet-Ali (13-10-1826) arrive à Marseille et le 30-6-1827 atteint Paris à pied (elle mourut dans la ménagerie du Muséum de Paris en 1845, son corps naturalisé se trouve dans l'escalier du muséum d'Histoire naturelle de La Rochelle) ; -24-6 rétablissement de la censure ; -4-10 intervention en Grèce ; -20-10 *Navarin*, flotte turco-égyptienne (Ibrahim Pacha) détruite par escadre anglo-franco-russe (amiral français Henri de Rigny, 1782-1835) protégeant les insurgés grecs ; -5-11 Chambre dissoute ; -17-11 élections : victoire des libéraux ; -19/20-11 troubles à Paris.

1828-5-1 démission de Villèle ; **Jean-Baptiste Silvère Gaye Vte de Martignac** [(Bordeaux 20-6-1778/Paris 3-4-1832) ; avocat puis magistrat ; *1821* député], ministre de l'Intérieur et président du Conseil de fait.

1829-8-8 **ministère Jules Auguste Armand P^{ce} de Polignac** [(Versailles 14-5-1780/Paris 29-3-1847) ; *1789* en émigration ; aide de camp du Cte d'Artois (Charles X) ; participe à la conspiration de Cadoudal ; condamné à 2 ans de prison, non libéré ; s'évade en 1813 ; *1814* pair de France ; *1823-29* ambassadeur à Londres] ministre des Affaires étrangères ; -17-11 reçoit le titre de président du Conseil. **1830**-16-3, 221 députés libéraux votent une *adresse*, de Pierre-Paul Royer-Collard (contre 181 voix ultras), demandant l'observation de la règle du jeu parlementaire ; -16-5 Chambre dissoute ; -25-5 la flotte part pour Alger ; -3-7 *élections* : la majorité libérale s'accroît de 53 voix ; -4-7 *prise d'Alger* (voir à l'Index) ; -26-7 *ordonnances* publiées dans *le Moniteur* (*1re* : censure rétablie ; *2e* : Chambre dissoute ; *3e* : loi électorale modifiée ; *4e* : élections fixées en sept.) ; -27/29-7 *les Trois Glorieuses*, insurrection.

La guerre civile de 1830

☞ **Selon la Charte :** *article 13* « au roi seul appartient la puissance exécutive » ; *art. 14* « le roi est le chef suprême de l'État » ; *art. 57* « toute justice émane du roi » ; *art. 15* « la puissance législative s'exerce collectivement par le roi, la Chambre des pairs et la Chambre des députés des départements » ; *art. 19* « les Chambres ont la faculté de supplier le roi de proposer une loi sur quelque objet que ce soit ». **Entre 1814 et 1830** la France fait l'expérience du parlementarisme ; le droit de pétition, d'amendement, la responsabilité collective du gouvernement devant la Chambre des députés passent peu à peu dans la pratique. **1829** cette pratique « libérale » de la Charte est considérée comme « révolutionnaire » par Charles X et ses ministres [Polignac (Affaires étrangères), Bourmont (Guerre), La Bourdonnaye (Intérieur)] ; *-août* le ministère Polignac formé veut résister à un dérapage parlementaire ; *-nov.* La Bourdonnaye démissionne. **1830**-*juillet* Polignac à Paris ; Bourmont dirige le corps expéditionnaire français en Algérie.

■ **Causes.** Tentative de Charles X de gouverner par ordonnances (c'est-à-dire sans le Parlement : l'art. 14 de la Charte de 1814 l'y autorise). En fait, Charles X aurait pu gagner la partie contre le libéralisme maçonnique en instituant le suffrage universel. Les citadins, libéraux et républicains, étaient environ 10 fois moins nombreux que les paysans (conservateurs et bien encadrés par le clergé paroissial).

■ **Effectifs.** *Troupes royales* à Paris (C^{dt} : Marmont) : 10 000 h. *Insurgés* [anciens gardes nationaux (dissous le 24-7-1827, mais ayant conservé leurs armes, ils se reformèrent à partir du 29-7, jouant le rôle de maintien de l'ordre)] : 20 000 h. ; républicains (ayant pillé les armureries) : environ 5 000 h. **Pertes** [au 29-7 à midi (évacuation de Paris)] : *insurgés* : 1 800 † ; *troupes* : environ 200 †.

■ **Opérations. 1830**-26-7 quelques groupes crient « Vive la Charte ! A bas les Bourbons ! » dans les jardins du Palais-Royal ; parmi les manifestants, de nombreux ouvriers typographes, à la rue depuis la fermeture de leurs ateliers (l'une des ordonnances ayant supprimé la liberté de la presse) ; -27-7 apprenant la saisie par la police du matériel de certains journaux comme *le Constitutionnel, le Temps, le National*, qui ont paru le 26 malgré les ordonnances, les manifestants protestent ; les troupes royales patrouillent ; attaquées par des jets de projectiles, elles ripostent l'après-midi (les tués sont exposés sur des brancards et promenés dans les rues de Paris) ; 2 compagnies passent aux émeutiers (5e de ligne) ; -28-7 constructions de barricades dans la matinée : 28, boulevard des Italiens, rue de Richelieu, place de Grève, place des Innocents, rive gauche, aux Gobelins ; le dépôt d'armes et de munitions des Invalides est pris d'assaut, Marmont forme 4 colonnes pour les déblayer ; à 17 h il reçoit l'ordre de tenir Louvre et Tuileries la nuit et s'y fait bloquer par des barricades (environ 500 civils et 150 soldats tués) ; -29-7 les troupes, en partie découragées et mal approvisionnées, sont employées à la défense des principaux monuments publics, en particulier le Louvre et les Tuileries à 13 h 30 (ils seront pourtant pris d'assaut l'après-midi) ; dans la soirée, les troupes se retirent en bon ordre par la barrière de l'Étoile ; le duc d'Angoulême, C^{dt} en chef, évacue Paris (Charles X est à St-Cloud) ; 15 h le **duc de Mortemart** [(1787-1875), chargé par Charles X de former un nouveau ministère qui comprendrait 2 membres de l'opposition modérée : le Bon Gérard et Casimir Perier] se perd entre St-Cloud et Paris et se montre incompétent ; -30-7 à 6 h retrait des ordonnances, 8 h Thiers et Mignet font placarder un manifeste orléaniste ; 10 h la garde nationale est rétablie (C^{dt} : La Fayette) ; elle occupe l'Hôtel de Ville et y fait hisser le drapeau tricolore ; l'après-midi une délégation de députés est officiellement chargée de proposer la lieutenance générale du royaume au duc d'Orléans ; -31-7 il accepte et à 11 h se rend à l'Hôtel de Ville ; -30/31-7 à St-Cloud, dans la nuit, Charles X, Marmont et Polignac attendent vainement des nouvelles de Mortemart : les 10 000 h. restés fidèles aux Bourbons (plusieurs milliers se sont battus dans Paris la veille) ont le sentiment de ne pas être commandés et se montrent de plus en plus hésitants (l'intendance ne suit pas : en quittant les Tuileries, le 29-7, Polignac a oublié d'emporter le trésor royal et Charles X se retrouve sans ressources) ; craignant une attaque en masse des ponts de Sèvres et de St-Cloud, Charles X décide le départ pour Versailles dans la nuit, le duc d'Angoulême restant sur place, jusqu'au lendemain matin, avec l'infanterie de la garde ; -31-7 à 3 h, Charles X monte en voiture avec, à sa gauche, sa belle-fille (la D^{sse} de Berry en costume de chasse, 2 pistolets à la ceinture), ils sont précédés par la voiture du duc de Bordeaux et de sa sœur, Mademoiselle ; à 7 h, ils arrivent à Trianon où l'ancien Conseil des ministres, officiellement dissous le 30, se réunit ; Polignac propose de déplacer le siège du gouvernement à Tours ; en fin de matinée, le duc d'Angoulême arrive ; face aux insurgés, les troupes ont refusé de faire feu ; au même moment, 6 bataillons de gardes suisses, attaqués dans le parc de St-Cloud, déposent les armes ; à 17 h, Charles X et la cour (environ 1 000 personnes et 8 000 soldats) quittent le Trianon pour Rambouillet ; Charles X nomme officiellement L^{t} général du royaume le duc d'Orléans qui refuse ; -2-8 Charles X, impressionné par le M^{al} Nicolas de Maison (19-12-1771/13-2-1840), orléaniste, qui lui signale une offensive de 100 000 Parisiens (partis 30 000, ils arriveront en fait à moins de 1 000) abdique, ainsi que son fils (le duc d'Angoulême), et nomme régent le duc d'Orléans en le chargeant de proclamer roi Henri V (son petit-fils, le duc de Bordeaux) ; l'armée royale (12 832 h.) se replie ; -3-8 Charles X reçoit 4 commissaires, envoyés par le duc d'Orléans (dont Odilon Barrot parlant de la masse des patriotes que La Fayette vient de rassembler et qui marchent sur Rambouillet), et part vers 23 h ; ce jour-là il fait consulter par le G^{al} de La Rochejaquelein le visionnaire Thomas Martin qui lui aurait répondu : « Dieu a rejeté Charles X parce qu'il s'est emparé d'un trône qu'il savait ne pas lui appartenir » ; -4-8 Charles X se replie vers Cherbourg [d'après certains historiens, le duc d'Orléans a envoyé à Charles X, à l'étape du Merlerault à Cherbourg, le C^{el} Caradoc (ou Cradock) pour lui demander de lui confier Henri V « afin de l'amener à Paris où le duc d'Orléans ferait valoir ses titres » ; la D^{esse} de Berry refusera et le duc d'Orléans aurait dit alors : « Il ne me reste plus qu'à me dévouer. »] ; -16-8 Charles X s'embarque pour l'Angleterre sur un paquebot américain, le *Great Britain* sous pavillon tricolore [l'escadrille, battant pavillon tricolore et commandée par Dumont d'Urville, est composée du *Charles Carrol* (un autre paquebot américain destiné à transporter la suite des P^{ces}) et de 2 bâtiments de guerre français] ; -23-8 Charles X débarque en Angleterre, s'installe à Lullworth (Dorset). Du 20-10-1830 au 17-9-1832 réside à Holyrood (ancien palais des rois d'Écosse où ses créanciers ne peuvent le poursuivre). Du 22-12-1832 au 26-5-1836 il est à Prague [au Hradschin (ancienne résidence des rois de Bohême où il est l'hôte de l'empereur d'Autriche ; l'été, la famille se transporte au château du Butschirad, près de Prague, appartenant au grand-duc Léopold de Toscane qui l'a offert à Charles X comme résidence d'été)], puis à Toplitz et Kirchberg. Le 21-10-1836 il est à Goritz (château de Graffenberg) en Autriche (actuellement Italie) où il meurt du choléra le 6-11-1836. Inhumé dans la crypte du couvent de Castagnavizza (Kostanjevica).

■ **La guerre civile pouvait-elle être gagnée ? a) Militairement :** le rapport des forces était favorable au roi ainsi que la position de ses troupes (les insurgés ayant quitté les rues de Paris pour le plateau des Yvelines, la cavalerie aurait pu les balayer). Mais le Gal Maison, C^{dt} de l'armée royale, haut dignitaire maçonnique (grand officier du Grand Orient, grand trésorier du Suprême Conseil), a agi en faveur de Louis-Philippe. **b) Psychologiquement :** le duc d'Angoulême, devenu le roi Louis XIX, avait le droit de tenir pour nulles les décisions de son père, Charles X, et de garder la couronne au lieu de la transmettre à son neveu, Henri V. Ayant servi comme G^{al} (notamment lors de l'expédition d'Espagne en 1823), il aurait pu disperser les insurgés et reprendre Paris, mais il a abdiqué (confiant envers le duc d'Orléans ou par faiblesse).

Monarchie de Juillet

Louis-Philippe (9-8-1830/24-2-1848)

☞ *Abréviation :* Louis-Philippe : L.-Ph.

■ **1830** (9-8) **Louis-Philippe Ier** (Paris 6-10-1773/Claremont, G.-B., 26-8-1850), duc de Valois (1773-85), de Chartres (1785-93), d'Orléans (1793-1830), fils de Louis-Philippe duc d'Orléans (voir encadré p. 643). *1790-2-11* il entre au club des Jacobins. *1792-7-5* devient M^{al} de camp et *11-9* L^{t} général ; il est à Valmy et à Jemmapes. *1793-avril* il déserte avec Dumouriez et émigre en Suisse sous le nom de Chabaud-Latour et enseigne au collège de Reichenau. *1795* voyage à Hambourg et en Scandinavie avec des amis sous le nom de Muller (en 1838 il enverra son buste à une personne qui l'avait reçu ; le buste fut placé au cap Nord ; enlevé par les Allemands en 1940, il a été remplacé par une copie en marbre donnée par l'État français) ; à Muonio, il laisse enceinte Agneta Walbom qui aura un fils, Éric, qui prit plus tard le nom de Koestrom (nom de son oncle). *1797-99* aux États-Unis. *1800* en Angleterre où il rend hommage à Louis XVIII. *1801-07* à Twickenham. *1809* après son mariage, vit en Sicile. *1814-mai* entre à Paris déguisé en agent anglais ; *-12-5* reçu aux Tuileries par Louis XVIII qui le reconnaît comme « le G^{al} d'Orléans », il est proche du trône : entre lui et Louis XVIII (sexagénaire, veuf et impuissant), il n'y a que le Cte d'Artois (futur Charles X, presque sexagénaire et qui ne se remariera pas), le duc d'Angoulême (dont le mariage vieux de 15 ans est resté stérile) et le duc de Berry (lié par un mariage morganatique l'écartant du trône ainsi que toute éventuelle descendance masculine) ; *-15-5* C^{el} général des hussards ; *-17-5* L^{t} général ; pair de France. *1815-7-3* Louis XVIII l'envoie à Lyon où il doit se mettre à la disposition du Cte d'Artois ; il y arrive le 9, en part le 10 quand Napoléon arrive, le 12 il est à Paris et en part le 16 pour commander l'armée du Nord. *1815-17* exil en G.-B. *1817* revient. *1824-21-9* créé Altesse Royale, ainsi que sa femme et ses enfants. *Épouse* (25-11-1809 à Palerme) *Marie-Amélie de Bourbon* [(Caserte 26-4-1782/Claremont 24-3-1866) fille de Ferdinand IV, roi des Deux-Siciles] dont postérité (voir ci-dessous). A son abdication (24-2-1848), L.-Ph. prit le titre de *Cte de Neuilly* [du nom de son château près de Paris (pillé et incendié en 1848)].

Descendants de Louis-Philippe : Ferdinand Philippe (Palerme 3-9-1810/Sablonville, près de Neuilly, 13-7-1842 ; il se brise les reins en sautant d'un cabriolet dont le cheval s'était emballé), **duc de Chartres** jusqu'en 1830, puis **duc d'Orléans.** 1825 C^{el} du 1er régiment de hussards. Combat en Belgique contre les P.-Bas (1831-32), puis en Algérie (1835, 1839, 1840). Épouse (30-5-1837) *Hélène de Mecklembourg* (24-1-1814/18-5-1858) dont : Louis Philippe d'Orléans, Cte de Paris (1838-94, voir p. 716) et Robert d'Orléans, duc de Chartres (1840-1910, voir p. 716). **Louise** (Palerme 3-4-1812/Ostende 11-10-1850) épouse (9-8-1832) *Léopold Ier*, roi des Belges (Cobourg 16-12-1790/Bruxelles 10-12-1865). **Marie** (Palerme 12-4-1813/Pise 2-1-1839) épouse (17-10-1837) *Alexandre, duc de Wurtemberg* (20-12-1804/28-10-1881). **Louis, duc de Nemours** (Tuileries 22-10-1814/hôtel des Réservoirs, Versailles, 26-6-1896) 1831-32 fait les campagnes de Belgique contre les Pays-Bas, 1-7-1834 M^{al} de camp, 1836-37 participe en Algérie aux expéditions contre Constantine et 1841 contre Abd el-Kader, 11-11-1837 L^{t} général, 1848 en Angleterre, 1871 rentre en France, 9-3-1872 G^{al} de division hors cadre, 3-2-1831 élu et proclamé roi des Belges par le Congrès belge mais, le 17, son père refuse. Épouse

■ **L'Affaire Maria-Stella. 1824**-*29-5* **Maria-Stella** [(née le 17-4-1773 à Modigliana, Toscane), fille de Lorenzo Chaiappini (geôlier) et de Vicence Diligenti] obtient de la cour ecclésiastique de Faënza une vérification de son état civil à la suite d'une lettre que son père lui avait adressée avant de mourir lui disant qu'il y avait eu, à sa naissance, substitution d'enfant (un garçon contre une fille) au profit d'un Cte de Joinville. **1830** Maria-Stella dépose une requête en *exequatur* devant le tribunal de la Seine en vue de faire rendre exécutoire en France cet arrêt ; *-16-6* sa demande est déclarée irrecevable car 1°) « un jugement rendu en pays étranger contre un Français ne peut être exécuté en France sans que la question soit de nouveau examinée et jugée par des tribunaux français » ; 2°) « la demanderesse ne justifie ni de sa descendance, ni du domicile du Cte de Joinville » [Maria-Stella épousera : 1°) le Bon de Newborough (P^{ce} de Galles du Nord), 2°) le Bon Ungern-Sterneng (neveu du 1er ministre du tsar Alexandre, dont elle aura un fils)].

☞ Aujourd'hui l'arrêt serait exécutoire selon la convention franco-italienne du 3-6-1930 sur l'exécution des jugements en matière civile et commerciale (ayant fait l'objet du décret du 22-11-1933) dont l'article 38 fait remonter l'application à 1760 (avant la naissance de Maria-Stella et de Louis-Philippe, soit 1773).

(27-4-1840) *Victoria Augusta de Saxe-Cobourg et Gotha* (14-2-1822/Claremont 10-11-1857) dont : GASTON, Cte D'EU (Neuilly 28-4-1842/sur le Massilia 28-8-1922, tige des Orléans et Bragance) voir à l'Index ; FERDINAND, DUC D'ALENÇON (Neuilly 12-7-1844/Belmont, Angl., 29-6-1910) épouse (28-9-1868) Sophie, Desse en Bavière, sœur de Sissi, fiancée à Louis II de Bavière (Munich 22-2-1847/4-5-1897, brûlée vive dans l'incendie du Bazar de la Charité à Paris, inhumée à Dreux) dont Emmanuel, duc de Vendôme (18-1-1872/1-2-1931) qui épouse (12-2-1896) Henriette de Belgique (30-11-1870/28-3-1948) dont Philippe, duc de Nemours (4-4-1905/10-3-1970), et Louise qui épouse Alphonse Pce de Bavière ; MARGUERITE (16-2-1846/24-10-1893) épouse le 15-1-1872 Wladyslaw, Pce Czartoryski (3-7-1828/23-6-1894) ; BLANCHE (28-10-1857/4-2-1932). **Françoise** (28-3-1816/21-5-1818). **Clémentine** (3-6-1817/16-2-1907) épouse (21-4-1843) *Auguste, Pce de Saxe-Cobourg Gotha*, duc en Saxe (13-6-1818/26-7-1881). **François Ferdinand, Pce de Joinville** [(Neuilly 14-8-1818/Paris 16-6-1900), 1839 capitaine de vaisseau, 1840 ramène les restes de Napoléon de Ste-Hélène, 1844 expédition au Maroc, 1846 vice-amiral, 1848 exil en Angleterre, 1870 revient sous un nom d'emprunt (colonel Lutherod) et combat avec la Ire armée de la Loire, 1871-76 élu à l'Assemblée nationale, 1886 loi sur les princes, exclu de la marine] épouse (1-5-1843) *Françoise de Bragance* (2-8-1824/27-3-1898), fille de dom Pedro Ier, empereur du Brésil. **Charles Ferdinand, duc de Penthièvre** (1-1-1820/Neuilly 25-7-1828). **Henri Eugène, duc d'Aumale** [(Paris 16-1-1822/Zucco, Sicile, 7-5-1897), 1842 (oct.) Mal de camp, 16-5-1843 prend la smala d'Abd el-Kader, 1845 (oct.) lieutenant général, 21-9-1847/3-3-1848 gouverneur général de l'Algérie, 1848 exil en Angleterre (à Claremont, à Twickenham) et en Sicile, 1871 élu à l'Assemblée nationale et 30-12 à l'Académie française, 1872 (mars) réintégré Gal de division en activité, 1873 Pt du conseil de guerre chargé de juger Bazaine, 1879 inspecteur Gal des corps d'armée, 1883 retrait d'emploi, 1886 (23-6) rayé des cadres, 1887 expulsé, 1889 autorisé à revenir ; légua à l'Institut le domaine de Chantilly (hérité du Pce de Condé) ; publia en 1869 l'*Histoire des Pces de Condé pendant les XVIe et XVIIe siècles*] épouse (25-11-1844) *Marie Caroline des Deux-Siciles* (26-4-1822/6-12-1869) dont : LOUIS PHILIPPE, Pce DE CONDÉ (15-11-1845/24-5-1886, lors d'une expédition en Australie) ; HENRI, DUC DE GUISE (11-9/10-10-1847) ; FRANÇOIS (11-1/15-4-1852) ; FRANÇOIS (5-1-1854/25-7-1872) ; N. (mort-né 15-6-1861) ; N. (mort-né 6-1864). **Antoine, duc de Montpensier** [(Neuilly 31-7-1824/San Lucar, près de Séville, 4-2-1890), 1848 réfugié en Espagne, 1859 infant d'Espagne, il devient Gal espagnol, 1868 est banni d'Espagne, 1870, vainement candidat au trône d'Espagne] épouse (10-10-1846) *Louise* [(30-1-1832/1-2-1897), infante d'Espagne, sœur de la reine Isabelle II] dont : ANTOINE (23-2-1866/24-12-1930), infant d'Espagne, créé duc de Galliera 1895 par le roi d'Italie.

– **1830**-30-7 adhère au drapeau tricolore ; -31-7 Lt général du royaume ; -6-8 Bérard propose à la Chambre des députés de nommer roi le duc d'Orléans ; -7-8 proposition votée par 219 voix sur 252 ; -9-8 vote de la *Charte rénovée* (liberté de la presse, abolition de la censure ; initiative des lois reconnue également à la Chambre ; le catholicisme n'est plus religion d'État ; suppression des justices exceptionnelles) ; le duc d'Orléans prête serment et est nommé « roi des Français » ; -27-8 mort inexpliquée du *Pce Louis de Condé* [né 13-4-1756, père du duc d'Enghien (fusillé 1804), oncle de Louis-Philippe, fils de Louis Pce de Condé (1736-1818), ancien chef de l'armée des émigrés ; sa fortune (123 millions de F ; léguée par testament – discuté – du 30-8-1829) revenant au duc d'Aumale (son petit-neveu et filleul), la famille d'Orléans fut soupçonnée de crime ; on a dit qu'il était mort accidentellement au cours d'une partie de plaisir avec sa maîtresse, la Bonne de Feuchères (Sophie Dawes, vers 1795-1840, ancienne prostituée, liaison nouée vers 1811 à Londres, qu'il fit épouser en 1818 par un officier de la garde royale) ; son valet le trouve pendu par le cou (à l'aide de 2 mouchoirs noués, les pieds reposant sur le sol) à l'espagnolette de la fenêtre de sa chambre au château de St-Leu (Val-d'Oise)] ; -2-11 **Jacques Laffitte** (banquier, Bayonne 24-10-1767/Paris 26-5-1844) Pt du Conseil ; -25-12 *procès des ministres* de Charles X signataires des ordonnances du 25-7-1830 : 4 sont condamnés à la prison perpétuelle et à la mort civile [Polignac (voir p. 669 a), Charles-Ignace Cte de Peyronnet (1778-1854), Victor de Chantelauze (1787-1859), Cte de Guernon-Ranville (1787-1866)] et conduits le 30-12 au fort de Ham ; 3 sont condamnés par contumace [Bon d'Haussez (1778-1854), Bon Capelle (1775-1843), Cte de Montbel (1787-1861)]. **1831**-17-2 Louis-Philippe refuse pour son fils, le duc de Nemours (élu 2-2 roi par le Congrès belge), la Couronne de Belgique (indépendante depuis 4-10-1830) ; motif : crainte de mécontenter l'Angleterre ; -3-2 émeute anticléricale (des légitimistes ayant fait célébrer à *St-Germain-l'Auxerrois* une messe à la mémoire du duc de Berry) : l'*archevêché de Paris* et l'église St-Germain sont saccagés ; -13-3 **Casimir Perier** (Grenoble 21-10-1777/Paris 16-5-1832) Pt du Conseil et min. de l'Intérieur ; -11-7 une escadre franco-anglaise installe à Lisbonne dom Pedro de Bragance (libéral) qui chassera en 1834 Miguel II (conservateur) ; -oct. complot bonapartiste visant à soulever les garnisons de l'Est éventé ; -18-10 pairie héréditaire abolie ; -21/22-11 *insurrection des canuts* (ouvriers de la soie) à Lyon (les patrons refusent d'établir un salaire minimal) : 40 000 ouvriers en armes, 20 000 soldats (Mal Soult) ; ordre rétabli le 5-12 ; tués : 171 civils et 170 soldats (600 arrestations) ; -23-12 abrogation du deuil du 21-1 (commémorant la mort de Louis XVI). **1832**-23-2 occupation d'*Ancône* (États de l'Église) en représailles contre Metternich qui a occupé Bologne ; -3-3 échec d'un complot légitimiste dit de la *rue des Prouvaires* ; -mars/mai *épidémie de choléra* à Paris (18 402 † en 180 j, dont Casimir Perier † 16-5) ; -30-4 la *Desse de Berry*, mère d'Henri V (voir p. 668 c), se considérait comme régente (bien que Charles X ait déclaré aux puissances qu'il assumait la régence jusqu'à la majorité de son petit-fils) et débarque à Marseille ; -début mai ne parvenant pas à soulever le Languedoc, gagne la Vendée ; -mai/juin suscite des troubles en Vendée (du 3 au 4-6 prise d'armes du Cte de Charette, neveu du chef vendéen, à La-Chaise-en-Vieille-Vigne) ; -5/6-6 émeute à Paris ; -22-7 le *duc de Reichstadt* meurt (voir encadré p. 667 a) ; -6-11 la Desse de Berry [dénoncée par Deutz pour 500 000 F (voir p. 553 c)] arrêtée à Nantes (cachée derrière une cheminée, doit sortir à cause de la chaleur) et internée à Blaye sous la surveillance de Bugeaud [Thomas Robert Bugeaud, Mis de la Piconnerie, duc d'Isly (Limoges 15-10-1784/Paris 10-6-1849, † du choléra) ; *1804* vélite de la garde impériale ; *1806* sous-lieutenant ; guerre d'Espagne ; *Cent-Jours* rallié à Napoléon ; *Restauration* demi-solde ; *1830* reprend du service ; *1831* député d'Excideuil (Dord.) ; *1832* chargé de garder la Desse de Berry ; *1836* en Algérie ; *1841-févr./1847-sept.* gouverneur d'Algérie ; *1844-14-8* remporte sur les Marocains la victoire d'Isly ; *1848-févr.* à la tête de l'armée de Paris] ; elle doit révéler une grossesse ; le 22-2-1833 elle dit avoir conclu un mariage secret le 14-12-1831 avec un Italien, le Cte Lucchesi-Palli (sa fille Anna naît dans sa prison le 9-5-1833) ; elle aura de lui 4 autres enfants : Clémentine 1835, Francesca 1836, Isabelle 1838, Adrinolphe 1840 ; déconsidérée, elle est libérée le 9-6 par L.-Ph., mais sera écartée de la cour de Charles X, à Goritz ; -11-10 **Mal Soult** (voir p. 656 b) Pt du Conseil ; -30-11 *intervention en Belgique* en faveur des insurgés (Mal Gérard) ; -23-12 prise d'Anvers.

1833-28-6 loi Guizot sur l'enseignement primaire. **1834**-9/11-4 combats à Lyon à propos de la loi contre les associations ; -13/14-4 massacre de la *rue Transnonain* à la suite d'une émeute fomentée par la Sté des droits de l'homme (19 † ou blessés) ; -18-7 **Mal Gérard** [Étienne Maurice, Cte Gérard (4-4-1773/14-4-1852) ; *1815* exil pendant 2 ans ; *Restauration* député de l'opposition ; *1830* ministre de la Guerre ; maréchal ; *1831* commande l'expédition de Belgique ; *1838* Cdt en chef de la garde nationale] Pt du Conseil ; -10-11 **Maret** [Hugues Bernard Maret, duc de Bassano (Dijon 22-7-1763/Paris 13-5-1839) ; avocat au parlement de Bourgogne ; *1792* ambassadeur à Naples ; sur la route, enlevé par les Autrichiens ; libéré en 1795 ; *1800* secrétaire des consuls ; *1804* ministre secrétaire d'État ; accompagne Napoléon partout ; *1809* duc de Bassano ; *1811-13* ministre des Affaires étrangères ; *1815-20* exil ; *1831* pair de France] Pt du Conseil ; -18-11 **Mal Mortier** [Édouard Mortier, duc de Trévise (13-2-1768/28-7-1835, dans l'attentat de Fieschi) ; *1789* engagé dans la garde nationale ; *1804-mai* maréchal ; *1806* campagne d'Allemagne ; *1807* duc de Trévise ; *1809* campagne d'Espagne ; commande la jeune garde en Russie, quitte Moscou le dernier ; *1814-30-3* défend la barrière de St-Denis ; *1816-19* député du Nord ; *1819* pair de France ; *1830-31* ambassadeur en Russie ; grand chancelier de la Légion d'honneur] Pt du Conseil.

1835-16-3 **duc de Broglie** [Achille Victor, duc de Broglie (Paris 1-12-1785/25-1-1870) ; missions diplomatiques sous Napoléon ; plusieurs fois ministre ; contribue à l'abolition de l'esclavage ; *1851* se retire ; *1855* membre de l'Académie française] Pt du Conseil ; -28-7 *attentat de Fieschi*, 18 tués dont le Mal Mortier, 23 blessés dont Fieschi ; fin de la politique libérale [3 exécutions : Giuseppe Fieschi (né 13-12-1790 à Murato, Corse), Morey, Pépin décapités le 19-2-1836]. **1836**-**24**-**2 Adolphe Thiers** (voir p. 675 a) Pt du Conseil ; -26-6 *Louis Alibaud* (né 1810), républicain, tire un coup de fusil sur Louis-Philippe (exécuté 11-7) ; -6-9 **Cte Molé** [Louis Mathieu (Paris 24-1-1781/Champlâtreux 24-11-1855) ; maître des requêtes au Conseil d'État ; préfet de Côte-d'Or ; directeur général des Ponts et Chaussées ; *1813* ministre de la Justice ; *1815-18* rallie les Bourbons ; ministre de la Marine ; *1830-août/nov.* des Affaires étrangères ; *1836-sept./mars 1839* Pt du Conseil ; *1840* Académie française ; *1848-51* député de la Gironde ; *1851* condamne le coup d'État] Pt du Conseil ; -30-10 *Strasbourg*, Louis-Napoléon Bonaparte (voir p. 671 a) soulève le 4e régiment d'artillerie avec la complicité du Cel Vaudrey qui, à 6 h, proclame le rétablissement de l'Empire ; mais le Gal Voirol refuse son concours ; Louis-Napoléon est arrêté par le 46e de ligne ; ses complices seront acquittés le 18-1-1837 par un jury alsacien ; -6-11 *Charles X meurt* à Goritz ; -9/10-11 Louis-Napoléon emmené à Paris puis à Lorient pour être expédié en rade de Rio de Janeiro ; y demeure à bord 4 mois prisonnier puis est débarqué à New York ; -27-12 *Meunier* tire un coup de pistolet sur L.-Ph. (il sera gracié). **1838**-17-5 Talleyrand meurt ; -11-10 intervention en *Argentine* contre le dictateur Rosas (antifédéraliste) qui institue le monopole commercial de Buenos Aires, brimant les négociants français ; la flotte française bloquera le Rio de la Plata jusqu'en 1849 ; -25-10 les Français évacuent *Ancône* (Italie) ; -nov. ils débarquent à *Veracruz* (Mexique) pour obliger le gouvernement à payer ses dettes aux négociants français (dont un pâtissier : *« guerre des gâteaux »*).

1839-31-3 **Mal Soult** Pt du Conseil ; -12-5 émeutes déclenchées par Barbès et Blanqui (prise de la préfecture, de l'Hôtel de Ville, du marché St-Jean) ; les gardes nationaux contre-attaquent et capturent Blanqui.

1840-20-2 la Chambre rejette une dotation demandée par le roi pour le mariage du duc de Nemours ; -24-2 **Adolphe Thiers** Pt du Conseil ; -6-8 *Boulogne*, complot de Louis-Napoléon (voir p. 671 c) : il débarque avec 56 h. (dont plusieurs agents secrets orléanistes) et 475 000 F ; les officiers orléanistes de la garnison empêchent le ralliement des troupes ; les conjurés essayent de se rembarquer, mais ils ont 1 tué, 1 noyé et plusieurs blessés ; Louis-Napoléon est capturé (il sera enfermé au fort de Ham dont il s'échappera le 25-5-1846) ; -22-10 attentat de *Darmès* contre Louis-Philippe (condamné à mort 29-11-1841) ; -29-10 **Mal Soult** Pt du Conseil mais **François Guizot** [(Nîmes 4-10-1787/Val Richer 12-10-1874) ; études à Genève ; *1805* rentre à Paris ; *1812* professeur d'histoire à la Sorbonne ; *1814* secrétaire général du ministère de l'Intérieur ; *Cent-Jours* à Gand ; *2e Restauration* ministre de l'Intérieur et de la Justice ; *1820-févr.* redevient professeur ; *1822* cours suspendu car attaque le gouvernement ; écrit des livres d'histoire ; *1830-janv.* député de Lisieux ; ministre de l'Intérieur ; *1832-37* de l'Instruction publique ; *1840* ambassadeur à Londres ; *-oct.* ministre des Affaires étrangères ; *1840/1848-23-2* chef effectif du gouvernement ; s'exilera en Belgique puis Angleterre ; *1849* rentre en France] est le vrai chef du gouvernement ; -15-12 transfert des cendres de Napoléon aux Invalides (voir p. 656 b) ; -20-12 condamnation de Lamennais (auteur de *Paroles d'un croyant*). **1841**-25-4 protectorat sur Mayotte (océan Indien) ; -5-5 prise de possession des îles de *Nossi-Bé* et *Nossi-Komba* (océan Indien) ; -13-7 signature à Londres de la *convention des Détroits* (fermés à tout navire de guerre) ; -13-9 *Quenisset* tire et blesse le duc d'Aumale (gracié). **1842**-8-5 *accident du chemin de fer de St-Germain* (55 † dont l'amiral Dumont d'Urville) ; -11-6 création du réseau des chemins de fer ; -13-7 *mort accidentelle du duc d'Orléans*, fils de L.-Ph. ; -9-9 prise de possession de *Tahiti*. **1843**-1-3 « Enrichissez-vous » dit Guizot à la Chambre ; -16-5 Algérie, le duc d'Aumale prend la *smala d'Abd el-Kader* (23 000 h. dont 5 000 combattants, enlevés par 500 cavaliers) ; -2-9 visite de Victoria, reine d'Angleterre, à Paris ; -sept./déc. occupation de comptoirs africains : Assinie, Grand-Bassam, côte du Gabon. **1844**-févr. *Tahiti, George Pritchard* (1796-1883, missionnaire anglican) pousse la reine Pomaré à rejeter le protectorat fr. ; -mars l'amiral Dupetit-Thouars l'expulse ; -juillet la presse anglaise réclame la guerre contre la Fr. ; Guizot promet une indemnité ; -fin août apaisement (l'indemnité ne sera jamais payée) ; -juillet/sept. campagne contre le Maroc qui soutient Abd el-Kader (voir à l'Index) ; -14-8 *Isly*, Bugeaud bat les Marocains ; -10-9 convention de Tanger (Abd el-Kader expulsé du Maroc). **1845**-22-9 *Sidi-Brahim* (Algérie), Fr. battus (450 †). **1846**-16-4 à Fontainebleau, un ancien garde forestier, *Pierre Lecomte*, tire 2 coups de fusil sur le roi, sans l'atteindre ; -22-5 Louis-Napoléon s'évade de Ham. **1847**-18-8 le duc de Choiseul-Praslin tue sa femme ; -26-9 **Guizot** Pt du Conseil ; -23-11 soumission d'Abd el-Kader.

RÉVOLUTION DE FÉVRIER 1848

■ **Causes.** **1°)** Immobilisme du gouvernement (Louis-Philippe démoralisé depuis la mort de son fils aîné, le duc d'Orléans, le 13-7-1842 ; Guizot sans imagination). **2°)** L'opposition républicaine à laquelle on avait volé sa victoire de 1830 exploite les scandales [corruption du Pt de la Cour de cassation Teste, et du Gal Cubières ; assassinat de la Desse de Choiseul-Praslin par son mari (18-8-1847)]. **3°)** *Les réunions étant interdites*, les républicains organisent une campagne de *banquets* (autorisés) : 70 en 1847 (17 000 participants) ; *le recours au suffrage universel* (qui aurait sauvé les Bourbons en 1830) ne pouvait aider les Orléans (beaucoup de paysans étaient légitimistes, le bonapartisme était implanté dans le peuple).

■ **Déroulement.** **1848**-31-1 interdiction du banquet de la 12e légion de la garde nationale (prévu le 22-2) ; **-21-2** défilé de protestation décidé par Louis Blanc et Ledru-Rollin ; **-22-2,** *10 h* attroupement à la Madeleine, puis à la Concorde ; *16 h* 1res barricades ; *24 h* occupation des pavillons de l'octroi ; **-23-2 Molé** Pt du Conseil ; les troupes quadrillent Paris ; nombreuses barricades ; *8 h* assaut contre celle de la rue Quincampoix : 16 soldats † ; *12 h* la garde nationale est convoquée ; *14 h* elle prend parti pour l'émeute ; renvoi de Guizot ; *22 h* fusillade boulevard des Capucines (52 civils †, 95 blessés) ; Bugeaud Cdt en chef, **Thiers** (voir p. 675 a) 1er ministre ; **-24-2** *3 h* Bugeaud décide d'envoyer 4 colonnes depuis le Carrousel : les émeutiers évacuent les barricades sans combat et les reforment derrière la troupe (exception : barrière de Montmartre, forte barricade que l'armée n'attaque pas) ; seul point de combat : place de la Bastille [la brigade du Gal Duhot (1788-1858), encerclée, met rapidement la crosse en l'air : Duhot se replie sur Vincennes] ; *8 h* Thiers exige le cessez-le-feu ; *10 h* la troupe pactise avec l'émeute ; Thiers propose la retraite sur St-Cloud (son plan, qui sera appliqué en 1871 contre les communards, consistait à évacuer et à encercler Paris, puis à le reconquérir comme une place forte ennemie avec la troupe de métier) ; L.-Ph. refuse ; *12 h* abdique en faveur de son petit-fils [le Cte de Paris, 10 ans (la Desse d'Orléans est régente mais l'Assemblée refuse : république déjà proclamée)] ; il aurait sauvé la dynastie s'il avait laissé la couronne à l'un de ses cadets, le duc d'Aumale ou le Pce de Joinville ; *13 h* les Tuileries prises et pillées ; *15 h* les émeutiers envahissent la Chambre, molestent la régente, nomment un **gouvernement provisoire :** Dupont de l'Eure, Ledru-Rollin, Arago, Marie, Lamartine ; *17 h 30* un **2e gouvernement** (radical et socialiste) se forme à l'Hôtel de Ville : Louis Blanc, Marrast, l'éditeur Laurent Pagnerre, Flocon et l'ouvrier Albert ; *20 h* les 2 gouvernements fusionnent et *Lamartine proclame la république* ; -25-2 soumission des fils du roi (Aumale et Joinville) qui commandent l'armée et la flotte en Algérie ; -26-2 L.-Ph. (réfugié à Dreux) part pour l'Angleterre, la reine Victoria met à sa disposition la résidence de Claremont où il mourra le 26-8-1850.

■ **Pertes.** Insignifiantes sur les barricades (non-combativité des troupes) [10 † à la brigade Duhot].

IIe RÉPUBLIQUE (25-2-1848/7-11-1852)

■ **1848** (24-2) **Gouvernement provisoire** : *Jacques-Charles Dupont de l'Eure* (Le Neubourg 27-2-1767/Rouge-Perriers 3-3-1855), *Alphonse de Lamartine* (Mâcon 21-10-1790/Paris 28-2-1869), *Adolphe Crémieux* (Nîmes 30-4-1796/Paris 10-2-1880), *François Arago* (Estagel 26-2-1786/Paris 2-10-1853), *Alexandre Ledru-Rollin* (voir encadré col. b), *Louis-Antoine Garnier-Pagès* (Marseille 16-2-1803/Paris 31-10-1878), *Pierre-Thomas Marie* (1795-1870), *Armand Marrast* (St-Gaudens 5-6-1801/Paris 11-3-1852), *Louis Blanc* (voir encadré col. b), *Ferdinand Flocon* (Paris 1-11-1800/Lausanne 15-5-1866), *Alexandre Martin* dit « l'ouvrier Albert » (1815-95).

1848-26-2 création des *ateliers nationaux* [chantiers non spécialisés (terrassements ouverts aux chômeurs : salaire 2 F par j)] ; bientôt 40 000 volontaires dont de nombreux provinciaux ; on ne sait à quoi les employer ; -29-2 abolition des titres de noblesse ; -2-3 fixation de la journée de travail à 10 h (pour l'imposer effectivement aux employeurs, nombreux mouvements de grève) ; -5-4 le 5 % est à 50 F (il était à 116,10 F) ; -27-4 *esclavage aboli* aux colonies ; -27/30-4 insurrection à Rouen et Limoges ; -4-5 *Assemblée constituante* élue au suffrage universel ; proclame la république.

■ **Commission exécutive** de 5 membres : Arago, Garnier-Pagès, Lamartine, Ledru-Rollin et Marie nommés le 6-5 ; remplace le gouvernement provisoire ; -15-5 les émeutiers envahissent l'Assemblée (on la déclare dissoute), Raspail, Barbès, Blanqui sont arrêtés ; -13-6 Louis-Napoléon élu à des partielles par 4 départements ; -23-6 *suppression des ateliers nationaux* (trop coûteux) ; -23/26-6 émeutes ; **Gal Louis-Eugène Cavaignac** [(Paris 15-10-1802/Ourne 28-10-1857), polytechnicien ; *1832* à cause de ses convictions républicaines, envoyé à l'armée d'Afrique ; *1848* Gal de division et gouverneur d'Algérie ; député à la Constituante ; *1848*-15-5 ministre de la Guerre ; *1852* député de Paris, refuse de prêter serment à Napoléon III] ; -26-6 reçoit les pleins pouvoirs et réprime l'insurrection [le 26-6 Mgr Denis Affre (né à St-Rome-de-Tarn le 27-9-1793), venu devant les barricades pour essayer de rétablir la paix, est blessé par une balle d'un soldat et meurt 28-6 ; armée 800 †, garde nationale 800 †, insurgés 4 000 † ; 11 000 prisonniers, 4 300 déportés] ; -12-11 nouvelle *Constitution.*

■ **1848** (10-12) **Louis-Napoléon Bonaparte élu Pt de la Rép.** par 5 658 755 voix contre Cavaignac 1 448 007, Ledru-Rollin 370 117, Raspail 36 290, Lamartine 17 910, Changarnier 4 790 ; **vice-Pt :** *Cte Georges-Henri Boulay de la Meurthe* [(1797-1858), fils du conventionnel régicide Antoine-Claude-Joseph Boulay de la Meurthe (19-2-1761/4-2-1840), ministre d'État pendant les Cent-Jours] ; -20-12 Louis-Napoléon prête serment et s'installe à l'Élysée. **1849**-7-3/2-4 procès des chefs émeutiers de juin (Barbès, Blanqui, Raspail, Marie-Joseph Sobrier condamnés) ; -avril/mai constitution d'un corps expéditionnaire destiné à soutenir le Piémont contre les Autrichiens (mais le Piémont capitule avant sa mise en route) ; -26-5 installation de l'*Assemblée législative* ; -juin/20-2-1850 épidémie de choléra (Paris 600 † par jour) ; -1-6 envoi d'un corps expéditionnaire dans les *États de l'Église*, pour soutenir le pape contre les républicains romains ; -11-6 Ledru-Rollin met le gouvernement en accusation pour viol de la Constitution (elle interdit de faire la guerre aux peuples) ; -12-6 l'accusation est rejetée ; -13-6 émeutes à Paris ; -15-6 à Lyon ; -3-7 les Français occupent *Rome,* rétablissant Pie IX. **1850**-13-2 Thiers déclare devant l'Assemblée législative que « la République est le gouvernement qui nous divise le moins ». -15-3 *loi Falloux* votée (voir **Enseignement** à l'Index) ; -31-5 loi restreignant le suffrage universel [3 ans de résidence au lieu de 6 mois pour voter : ouvriers journaliers et main-d'œuvre mobile éliminés (40 % des électeurs)] ; -26-8 Louis-Philippe meurt ; -sept. négociations orléanistes-légitimistes pour un parti unique.

1851-2-12 **coup d'État présidentiel** [exécutants : Morny (voir p. 667 a), Charlemagne Émile de Maupas (Bar-sur-Aube 8-12-1818/Paris 19-6-1888) préfet de police depuis oct. 1851, Persigny (voir p. 673 b), Gal Armand de Saint-Arnaud (Paris 20-8-1801/en mer Noire 24-9-1854)]. **Bilan :** POUR L'ARMÉE : *selon Du Casse :* 25 † (dont 1 officier), 184 blessés (dont 17 officiers) ; *selon Louis Garros :* 200 à 250 †. POUR LES CIVILS : *selon Maupas :* 175 † (dont 116 † sur place, 59 chez eux), plus 8 « curieux » † (des passants), 115 blessés (total 298) ; *selon « le Moniteur »* (du 30-8-1852) : 380 † ; *selon le correspondant du « Times » à Paris :* environ 1 200 † ou blessés, civils et militaires. *Résistance* généralement spontanée en province, mais limitée localement et de courte durée ; exemples : Angers, Bédarieux (près de Béziers, jusqu'au 10-12), Béziers (fusillade, 70 †), Bonny-sur-Loire (1 gendarme †), Châtillon-sur-Seine, Clamecy (Nièvre, pouvoir autonome plusieurs semaines), Dijon, Lyon, Mâcon, Marseille, Montargis (plusieurs †), Nancy, Nantes, Nîmes, Orléans, Poligny, St-Amand, Strasbourg, La Suze, Var (1 631 exilés ou « transportés »). -4-12 résistance armée (300 †, 6 642 arrestations, 9 530 déportés en Algérie, 2 804 internés, 1 545 expulsés, 5 000 coupables placés sous surveillance). -11-12 Victor Hugo s'exile en Belgique ; -21/22-12 Louis-Napoléon élu pour 10 ans (7 439 216 oui, 646 737 non) après un plébiscite au suffrage universel. **1852**-10-2 expulsion de 70 députés. -14-1 *nouvelle Constitution ;* -22-1 **Xavier de Casabianca** (1797-1881) min. d'État ; -23-1 confiscation des biens de la famille d'Orléans au profit d'œuvres sociales ; -24-1 rétablissement des titres de noblesse ; -17-2 censure pour la presse ; -2-3 élections au Corps législatif ; -30-7 **Achille Fould** (voir p. 673 a) min. d'État ; -9-10 discours de Napoléon à la chambre de commerce de Bordeaux : « L'Empire, c'est la paix. »

QUELQUES PERSONNAGES DE LA IIe RÉPUBLIQUE

Barbès, Armand (Pointe-à-Pitre 1809/La Haye 26-6-1870). Fils de riches propriétaires terriens de la Guadeloupe, élevé en France. *1827* au Parti républicain (clandestin) ; chef de l'opposition républicaine. *Vers 1830* souvent en prison pour des affaires. *1839 -12-5* prend part au soulèvement manqué ; blessé, arrêté, condamné à mort, puis gracié (détention perpétuelle) par Louis-Philippe sur intervention de Victor Hugo. *1848* libéré ; *-févr.* élu député de l'Aude ; *-15-5* organise le soulèvement socialiste qui s'empare de l'Hôtel de Ville. *1849* arrêté, condamné à la prison perpétuelle (à Bourges). *1854* gracié, refuse la grâce de Napoléon III ; exilé de force en Espagne (1854-56), puis en Hollande où il meurt.

Blanc, Louis (Madrid 28-10-1811/Cannes 6-12-1882). Père inspecteur des Finances de Joseph Bonaparte en Espagne ; mère, née Pozzo di Borgo, ruinée par la révolution de 1830. Renonce à la diplomatie ; clerc de notaire et précepteur. Journaliste. *1839* fonde la *Revue du progrès* (républicaine) et devient théoricien socialiste (*De l'organisation du travail* 1840, *le Droit au travail* 1848). *1848-févr.* des ouvriers l'imposent au gouvernement provisoire, il fait proclamer la république. Devenu ministre, il organise la commission du Luxembourg [réunissant patrons et ouvriers (Pt le 28-2)] et crée les ateliers nationaux, conséquence de la proclamation du droit au travail ; *-4-5* éliminé du gouvernement, ne prend pas part à un soulèvement manqué le *15-5* mais, accusé par Marrast de complicité, il doit s'enfuir à l'étranger en juin ; il vit à Londres jusqu'en 1871, correspondant du *Temps* sous le nom de Weller. *1871-8-2* élu député de la Seine, il rejoint Bordeaux, siège à l'extrême gauche mais refuse de s'allier aux communards. *1876* fonde *l'Homme libre.*

Blanqui, Louis Auguste (Puget-Théniers 1-2-1805/Paris 1-1-1881). Fils d'un conventionnel de Puget-Théniers, Girondin rallié à Napoléon. *Vers 1825* carbonaro. *1829-29-4* blessé lors du soulèvement républicain. *1830* blessé lors de la révolution de Juillet. *1832* inculpé dans le procès des 15. *1834-avril* arrêté lors de l'insurrection de la rue Transnonain. *1836* arrêté dans l'affaire des poudres. *1838* fonde avec Barbès la Société des Saisons. *1839-12-5* dirige l'insurrection (blessé, condamné à mort, sa peine est commuée en prison perpétuelle sur intervention de la Desse d'Orléans qui vient de mettre au monde le Cte de Paris). *1848-févr.* libéré, crée avec Barbès la *Sté républicaine centrale ; -mars/avril* dirige les manifestations ouvrières ; tente de s'emparer du pouvoir le *15-5* (attaque de l'Hôtel de Ville), incarcéré. 10 ans de prison. *1859* libéré par l'amnistie mais condamné, pour complot contre l'empire, à 4 ans de prison (1861/64). *1864/70* exilé. *1865* s'évade ; exil en Belgique. *1870* rentre à Paris, constitue une armée révolutionnaire de 4 000 h. ; *-31-10* tente un coup de main sur l'Hôtel de Ville. *1871-mars* arrêté ; ne participe pas à la Commune ; *-mai* condamné à mort et gracié (détention perpétuelle). *1879* amnistie ; *-30-4* élu député socialiste (de nouveau prisonnier à Clairvaux). Siège à l'extrême gauche jusqu'à sa mort. Il a passé 37 ans en prison.

Ledru-Rollin, Alexandre Auguste (Paris 2-2-1807/Fontenay-aux-Roses 31-12-1874) ; *1830* avocat à Paris ; *1841* élu du Mans, extrême gauche ; *1848* part active à la campagne des banquets ; *-févr.* ministre de l'Intérieur du gouvernement provisoire ; *-mai* membre de la Commission exécutive ; *-déc.* candidat à la présidentielle. *1849-mai* élu député dans 5 départements ; *-13-6* échec de son appel au peuple à l'insurrection, exil en Angleterre. *1871* rentre en France.

Raspail, François (Carpentras 29-1-1794/Arcueil 8-1-1878). *1812* professeur de théologie, chassé pour s'être rallié à Napoléon. *1815* séminariste à Avignon. *1816* vient à Paris. Fait sa pharmacie, s'affilie au Parti républicain clandestin. *1830* blessé à la révolution (ne se rallie pas à Louis-Philippe). *1832* emprisonné comme membre de la Sté des amis du peuple. *1834* fonde le journal *le Réformateur*. *1840* après le procès de Marie Lafarge, démontre qu'un cadavre peut contenir de l'arsenic sans qu'il y ait eu empoisonnement. *1841* publie des traités de vulgarisation médicale. *1848-févr.* proclame la république à l'Hôtel de Ville ; *-25-2* fonde *l'Ami du peuple ; -15-5* prend part à l'occupation du Palais-Bourbon. *1849-24-4* arrêté, condamné à 6 ans de prison. *1853-63* banni en Belgique. *1859* amnistié. *1863* député. *1874* condamné à 2 ans de prison pour son *Almanach et Calendrier météorologique*. *1876* député de Marseille. *1877* réélu.

SECOND EMPIRE (2-12-1852/4-9-1870)

☞ *Abréviations :* Nap. : Napoléon, L. Ph. : Louis-Philippe.

■ NAPOLÉON III

■ **1852** (7-11) un *sénatus-consulte* (ratifié les 20 et 21-11 par un plébiscite : 7 800 000 oui, 280 000 non) proclame **Louis-Napoléon empereur des Français** sous le nom de **Napoléon III**. Le 1-12 le Pt du Sénat apporte à St-Cloud les résultats du référendum et salue le nouvel empereur. Le 2-12 le Sénat proclame les résultats (date officielle du début du règne). Surnommé « Badinguet » (apparu dans une chanson en 1853) : en picard *étourdi*, surnom d'un maçon de Ham, ou tiré de la légende d'un dessin de Gavarni parlant d'« Eugénie, la femme à Badinguet ».

Vie. Naissance le 20-4-1808 aux Tuileries. Son père, Louis, roi de Hollande, déclara qu'il n'était pas de lui et rompit avec sa femme (Hortense de Beauharnais). *Pères putatifs le plus souvent cités :* l'amiral hollandais Charles-Henri Verhuell (Doetichem 1764/Paris 25-10-1845, ambassadeur à Paris) ; Adam de Bylandt-Hastelcamps (écuyer d'Hortense) ; le Mis de La Woestine (1786-1870) [thèse adoptée par Jean Savant] ; le Cte de Villeneuve, 1er chambellan d'Hortense. Cependant Hortense n'a pas admis la naissance adultérine de Louis, alors qu'elle a avoué celle du duc de Morny (voir encadré p. 673 a). Selon d'autres sources, Nap. III ressemblait beaucoup au roi Louis ainsi qu'au Cte de Castelvecchio, fils naturel du roi Louis. **Carrière. 1815** en exil avec sa mère. **1817** en Suisse à Arenenberg avec sa mère. **1829** élève de l'école d'artillerie de Thoune (Suisse). **1830**-11-12 expulsé de Rome où il complote. **1831**-février participe à la révolte italienne (qui échoue) contre les Autrichiens ; -17-3 son frère Napoléon Louis meurt de la rougeole ; -20-3 Hortense rejoint Louis Napoléon ; -20-4 ils partent d'Ancône avec un passeport anglais ; -21-4 rentrent à Paris ; -23-4 ils sont reçus par le roi Louis-Philippe ; -6-5 ils arrivent à Londres ; -août en repartent, passent par Boulogne et la Malmaison et rejoignent Arenenberg. **1832**-14-4 naturalisé Suisse. **1835** capitaine d'artillerie du canton de Berne. Citoyen d'honneur de Thurgovie. **1836**-30-10 suscite un complot à Strasbourg (voir p. 670 b) ; -21-11 expulsé vers l'Amérique (exil au Brésil, puis aux États-Unis). **1837**-4-8 rentré à Arenenberg (sa mère étant malade) ; -26-9 part volontairement pour l'Angleterre quand L.-Ph. exige son expulsion en massant 25 000 h. à la frontière. **1840**-6-8 débarque à Boulogne, arrêté, jugé par la Cour des pairs, condamné à la prison perpétuelle, enfermé au fort de Ham (voir p. 664 b). **1846**-25-5 s'en évade, déguisé en maçon, rejoint l'Angleterre. **1848**-26-2 rentre en Fr. quand la république est proclamée ; -juin élu député par 3 départements et -août par 5 ; -10-12 élu Pt de la Rép. **1851**-2-12 coup d'État. **1852**-1-12 devient empereur. **1873**-9-1 meurt à Camden Place à Chislehurst (G.-B.) ; enterré le 9-1-1888 à Farnborough (Hampshire) dans l'abbaye St-Michel construite par Eugénie.

Épouse, civilement le 29-1-1853 à 20 h et religieusement à Notre-Dame le 30-1, *Eugénie de Guzmán Portocarrero* (Grenade 5-5-1826/Madrid 11-7-1920), fille du Cte de Montijo et connue sous le nom de Mlle de Montijo, Ctesse de Téba, Espagnole par son père (3 fois grand d'Espagne), Irlandaise par sa mère [Marie Emmanuelle Kirkpatrick de Closeburn y Grevigné (1794-1879)]. Nap. III l'épousa au moment où l'on négociait son mariage avec la nièce de la reine Victoria (il avait compté faire d'Eugénie sa maîtresse, mais celle-ci avait exigé le mariage ou rien). Après la naissance du Pce impérial, elle fit chambre à part, laissa à son mari toute liberté dans ses liaisons féminines et se passionna de plus en plus pour la politique (expédition du Mexique, intervention à Rome de 1867, guerre de 1870 à propos de la succession d'Espagne). *Régente* en 1859 (guerre d'Italie), 1865 (voyage de Nap. III en Algérie), 1870 (guerre), elle luttera pour assurer la couronne à son fils le Pce impérial. A la mort de celui-ci (1-6-1879), elle renoncera à toute activité politique. Parfois nommée veuve Bonaparte par l'administration républicaine, alors que son mari ne porta pas ce nom lors de leur mariage.

Enfant. Louis Napoléon, dit le **Pce impérial ; 1856**-16-3 né aux Tuileries ; -14-6 baptisé à Notre-Dame (parrain : le pape, marraine : la reine de Suède ; étaient représentés). **1870**-28-7 il part avec Nap. III pour Metz ; -2-8 participe à l'attaque de Sarrebruck ; -4-9 réfugié en Belgique ; -6-9 débarque à Douvres et gagne Hastings (Angleterre) où sa mère le rejoint le 9. **1872**-17-11 entre à l'école d'artillerie de Woolwich. **1874**-16-3 : 8 000 Français viennent à Chislehurst pour sa majorité (à 18 ans). **1875**-19-2 sort sous-Lt (7e sur 34). **1878**-juillet/août voyage en Scandinavie. **1879**-27-2 lassé de l'exil, part rejoindre en Afr. du Sud l'armée anglaise qui lutte contre les Zoulous ; -1-6 tué par les Zoulous de 17 coups de lances à Istelizi (ou Itelezi), Afr. du Sud ; -11-7 son corps est ramené en Angleterre ; -12-7 enterré à Camden Place, en 1888 transféré à Farnborough.

☞ **Favorites de Napoléon III : DÉSIRÉE-ÉLÉONORE-ALEXANDRINE VERGEOT** [1820/4-8-1886, qui épousa 1858 Pierre-Jean-François Bure (1807/14-2-1882)] qui eut : *Alexandre-Louis-Eugène Bure,* Cte d'Orx (25-2-1843/1910) et *Alexandre-Louis Ernest Bure,* Cte de Labenne (13-3-1845/82, qui aura un fils, Georges-Henri-Louis, 20-3-1880/10-12-1884). **ELIZABETH-ANN HARYETT**, dite **miss HOWARD** (Brighton 1823/Beauregard 9-4-1865), fille d'un bottier ; actrice ; *1846* enrichie par un ancien amant [le major Francis Mountjoie Martyn (1809-74)], aide financièrement Louis-Nap. à Londres ; devient sa maîtresse. *1849* s'installe à côté de l'Élysée (rue du Cirque) et paraît aux soirées privées sans jouer de rôle officiel ; *1853* abandonnée ; Nap. lui rembourse 4 millions de F, lui donne le domaine de Beauregard et un titre comtal ; *1854* épouse sir Clarence Trelawny ; son fils, *Martin Constantin Haryett* (16-8-1842/1907), qu'elle a eu du major Martyn, en hérite en 1866 ; la famille de Beauregard, noblesse de l'Ancien Régime, ayant fait opposition à la création du titre de Ctesse de Beauregard, miss Howard fut Ctesse non titrée, et son fils, Cte de Béchevêt. **Mme HUGENSCHMIDT** (née Élisabeth Hauger, lingère aux Tuileries qui en 1856 avait épousé Christophe Hugenschmidt) qui eut : *Arthur Christophe Hugenschmidt* (22-12-1862/7-9-1929, médecin de l'impératrice en exil à Farnborough), célibataire. **MARGUERITE BELLANGER** qui eut : *Charles Lebœuf* (24-2-1863/11-12-1941), reconnu par Julie Lebœuf (1840-86). **VIRGINIA OLDOINI,** Ctesse Verasis di Castiglione [(Florence 22-3-1835 ou 1837/Paris 28-11-1899), surnommée « la divina contessa » ; *1854* mariée à un écuyer du roi de Piémont, présentée à Nap. III le 17-2-1856, devient sa maîtresse en 1857 ; *1859* en correspondance avec Cavour, accusée d'espionnage ; *1862* est renvoyée en Italie, revient à Paris, y vivra en demi-mondaine (obtenant de ses amants jusqu'à 1 million de F par nuit), et y mourra]. **Valentine Haussmann** (1850-1908) qui eut : *Jules Hadot* (1865-1937).

– **1852**-3-12 Angleterre, Prusse, Russie, Autriche reconnaissent l'empire par un protocole secret (prenant acte des déclarations pacifiques de Nap. III). Nap. III, après avoir signé un décret d'annexion de la Belgique à la France, y avait renoncé sur le conseil d'Achille Fould et des financiers. **1853**-22-1 Nap. annonce son mariage aux bureaux du Sénat et du Corps législatif réunis aux Tuileries ; -29-1 Nap. III épouse Eugénie ; -23-6 Haussmann (voir p. 673 a) préfet de la Seine. -sept. occupation de la Nouvelle-Calédonie ;-oct. (à fin 1853) choléra à Paris (fera 143 478 † en France) ; -30-11 Sinope (Turquie) : la flotte russe coule la flotte turque. **1854**-27-3 France et G.-B. déclarent la guerre à la Russie ; -10-4 alliance France/G.-B. ; -5-5 **guerre de Crimée** (voir col. b) ; rétablissement du livret ouvrier. **1855**-26-1 le Piémont s'allie à la France pour la guerre de Crimée ; -28-4 *Giovanni Pianori* [1827-1855 (guillotiné) : cordonnier italien (carbonaro)] tire 2 coups de pistolet sur Nap. III aux Champs-Élysées ; -15-5 ouverture de *l'Exposition universelle ;* -23-11 visite à Paris de Victor-Emmanuel II du Piémont (14-3-1820/9-1-1878). **1856**-16-3 naissance du P^{ce} impérial (nom envisagé : roi d'Alger, à cause des projets d'un royaume arabe en Algérie) ; -1/5-6, inondations (Midi, Touraine). **1857**-3-1 assassinat à St-Étienne-du-Mont de *Mgr Sibour* (né 4-4-1792), archevêque de Paris (depuis 1848), par l'abbé Jean Verger (frappé d'interdit par l'archevêque, dément opposé au dogme de l'Immaculée Conception, sera exécuté) ; -21-6 élections (seulement 5 opposants républicains élus sur les 8 députés de Paris : Jules Favre, Ernest Picard, Émile Ollivier, Louis Hémon, Alfred Darimon et 2 républicains à Lyon et Bordeaux) ; -15-7 mort de Béranger ; -28-10 mort du Gal Cavaignac ; -28-11 réouverture des Chambres. **1858**-14-1 devant le 21, rue Le Peletier attentat d'*Orsini* visant le cortège impérial se rendant à l'Opéra [8 †, 142 blessés ; 1er attentat par un explosif chimique : 5 bombes (2 grosses, 2 moyennes, 1 petite) chargées de poudre au fulminate de mercure, dont 3 explosèrent (la 1re en avant de la voiture, la 2e sous l'attelage, la 3e sous la voiture)] ; Felice Orsini (né à Meldola 18-12-1819) et son complice Joseph-André Pieri seront guillotinés le 13-3 ; -19-2 loi de sûreté générale ; -20-5 *1er traité de Tien-tsin* avec la Chine [ouverture aux missionnaires et aux négociants européens de 6 ports supplémentaires : Taïwan et Tamsoui (Formose), Kioung-tchéou (Hainan), Nankin, Tchao-tchéou (Kouang-toung) et Tang-tchéou (Chan-toung)] ; -20-7 Nap. III rencontre le 1er ministre piémontais Camillo Cte de Cavour (10-8-1810/6-6-1861) à *Plombières.* **1859** -26-1 *traité d'alliance franco-piémontais ;* **guerre d'Italie** (voir **guerre austro-franco-sarde** col. b). **1860**-23-1 *traité de libre-échange* avec l'Angleterre (droits de douane fixés en fonction de la valeur des produits) ; -24-3 *traité de Turin :* la Fr. reçoit la Savoie et le comté de Nice (plébiscites 15-4 et 23-4) ; -30-8 débarquement français au *Liban* (protection des chrétiens maronites contre les Druses) ; le corps expéditionnaire rembarque le 5-6-1861 ; -21-9 **campagne de Chine :** corps expéditionnaire français (8 000 h.) commandé par le Gal Charles Cousin-Montauban Cte de Palikao [(Paris 24-6-1796/Versailles 8-1-1878) *1859*-déc. embarque à Toulon pour se joindre aux 12 000 Anglais de sir Hope Grant ; *1860*-mai le plus gros des troupes débarque près de Shanghai ; -22-8 forts de Pei-ho pris ; -23-8 Tien-tsin occupé ; négociations ratées ; corps franco-anglais décide de marcher sur Pékin] ; -9/11-9 Anglais (3 000 h.) se mettent en marche ; -10-9 Français avec un peu moins de 3 000 h. ; -18-9 à Tchang-Kiaoutang, battent les Chinois (25 000 h.) ; à Palikao, 30 000 Chinois battus (pertes françaises : 20 h.) ; la route de Pékin est libre ; -6-10 le corps expéditionnaire, après pillage (sac) du palais d'Été, arrive à Pékin ; -28-10 *2e traité de Tien-tsin* (ouverture confirmée des ports chinois au commerce ; protection des missions catholiques)] ; -23-11 **Alexandre Walewski** min. d'État. -24-11 droit d'adresse accordé au Corps législatif. **1861**-31-10 *Convention de Londres* prévoyant d'envoyer un corps franco-anglo-espagnol (9 000 h.) au Mexique. **1862-67 guerre du Mexique** (voir Mexique à l'Index). **1862** annexion d'Obock sur la mer Rouge ; *traité économique avec Madagascar.* **1863** échec de la médiation de Nap. III dans la guerre de Sécession américaine ; -31-5 élections : progrès républicain (Thiers élu à Paris) ; -5-6 *traité de Huê :* basse Cochinchine annexée (Saïgon prise en 1859, My Tho, Biên Hoa) ; -23-6 **Auguste Billault** (1805-63) min. d'État ; -11-8 protectorat sur Cambodge ; -18-10 **Eugène Rouher** (voir encadré p. 673 b) min. d'État ; -19-10 chute du *Géant,* ballon lancé le 18-10. **1864**-12-1 rétablissement du droit de grève (non violente) ; -17-1 Nap. III fait échouer un projet anglais d'intervention en faveur du Danemark, attaqué par Prusse et Autriche (*guerre des Duchés :* le Danemark capitule le 1-8) ; -févr./mars organisation de l'opposition parlementaire (républicaine et anticléricale) sur le modèle anglais (leaders : Ferry, Gambetta, Carnot, Garnier-Pagès) ; -25-5 octroi du droit de grève et de coalition ; -12-8 création de la *Croix-Rouge internationale* (convention de Genève) ; -automne : Nap. III atteint de lithiase (coliques néphrétiques violentes et fréquentes). **1865**-10-3 mort du duc de Morny, Pt du Corps législatif (l'influence de l'impératrice Eugénie devient prépondérante) ; -avril insurrection en petite Kabylie ; -mai *Eugénie régente* pendant un voyage de Nap. III en Algérie ; -4/11-10 entrevue de *Biarritz* avec Bismarck (Nap. III soutiendra la politique anti-autrichienne de la Prusse). **1866**-3-5 Thiers déclare devant le Corps législatif, à propos du péril prussien, qu'il n'y a plus une seule faute à commettre ; -7-6 début de la guerre austro-prussienne (Nap. III laisse battre l'Autriche à Sadowa 3-7) ; -26-7 *traité de Nikolsbourg :* la Prusse peut réorganiser l'Allemagne (défaite diplomatique française, la politique de Nap. III étant celle des « 3 Allemagnes », indépendantes les unes des autres : Prusse, Autriche, États princiers ou royaux). **1867**-20-1 les députés reçoivent le droit d'interpellation ; -1-4/oct. *Exposition universelle ;* -11-5 *conférence de Londres :* Nap. III se voit refuser le Luxembourg (compensation demandée pour Sadowa) qui devient indépendant et neutre ; -6-6 attentat de *Berezowski,* au bois de Boulogne, contre le tsar venu pour l'Exposition : brouille avec la Russie ; -29-10 les Français débarquent à *Civitavecchia,* pour empêcher Garibaldi de prendre Rome ; -3-11 *Mentana,* les troupes françaises et pontificales battent les garibaldiens.

1868-1-2 vote du *projet Niel* réorganisant l'armée ; -9-3 loi sur la presse (abolition de l'autorisation préalable et des avertissements) ; -juin liberté de réunion rétablie ; dans le 1er n^{o} de *la Lanterne* (du 1-6-1868), Henri Rochefort écrit : « La France contient, dit l'Almanach Impérial, 36 millions de sujets sans compter les sujets de mécontentement. » **1869**-16-3 Paris, place de la Sorbonne, explosion de 23 kg de poudre de picrate de potasse chez un fabricant de produits chimiques, plusieurs † ; -24-5 *élections :* progrès républicains ; -6-7 abolition de l'autorisation pour les réunions non politiques ; -17-7 **Jean de Forcade la Roquette** (1820-74) min. d'État ; -28-9 incendie dans le port de Bordeaux, 16 à 21 navires brûlés ; -27-10 Émile Ollivier, chef du Tiers Parti (républicains ralliés) ; -17-11 *inauguration du canal de Suez* (voir à l'Index) ; -8-12 ouverture du concile au Vatican. **1870-2-1 Émile Ollivier** min. d'État (voir p. 673 b) ; -12-1 manifestations antibonapartistes pour l'enterrement de *Victor Noir* [(Yvan Salmon, dit ; né à Attigny 27-7-1848), journaliste abattu le 10-1 à Auteuil par le P^{ce} Pierre Bonaparte, cousin de Nap. III (envoyé par son confrère Paschal Grousset au domicile du P^{ce} pour y arranger les conditions d'un duel, il aurait eu une attitude menaçante ; le P^{ce} est acquitté en Haute Cour le 21-3)] ; -8-5 *plébiscite* (7 358 000 oui, 1 572 000 non), sur la libéralisation de la Constitution (le Sénat 2e chambre législative) ; -17-7 Ollivier **déclare la guerre à la Prusse** (déclaration notifiée le 19-7, voir col. c) ; -20-7 Louis-Anatole Prévost-Paradol [(né 3-8-1829) journaliste, écrivain libéral, rallié à l'Empire 1807, ambassadeur à Washington] se suicide en apprenant la déclaration de guerre à la Prusse ; -28-7 impératrice *Eugénie nommée régente ;* Nap. III part (avec le P^{ce} impérial) pour Metz prendre le commandement de l'armée du Rhin ; -9-8 **Gal Charles Cousin-Montauban** Pt du Conseil, min. de la Guerre [un comité de défense de Paris (Gal Jules Trochu) fonctionne avec 3 députés et 2 sénateurs] ; -12-8 Bazaine commandant en chef ; -30-8 Nap. III fait prisonnier à Sedan par les Allemands ; -4-9 Jules Favre, Gambetta, Jules Ferry (avec le Gal Trochu, gouverneur de Paris) renversent la régente et **proclament la république ;** -8-9 Eugénie, partie le 4 des Tuileries [aidée par le dentiste américain Thomas Evans (1823-97), arrive à Hastings (G.-B.) où elle retrouve son fils, le P^{ce}]. **1871**-6-3 Nap. III, libéré, arrive à Douvres et s'établit à Camden Place (Chislehurst, à 20 km de Londres). **1873** un complot est prévu pour le faire rentrer, mais il veut se faire opérer (calcul de vessie) et meurt le 9-1 des suites de l'opération.

Guerre de Crimée (1854-55)

■ **Causes. 1°)** Désir de l'Angleterre de contrer les ambitions russes au Caucase et au Moyen-Orient. **2°)** Désir de Nap. III de remporter des victoires contre les coalisés de 1815 (en s'alliant avec les uns, contre les autres). **3°)** Désir de l'Église catholique de ne pas perdre le protectorat des chrétiens latins de Turquie (occasion de divers traités France/Turquie, notamment en 1690 et 1740), que le tsar orthodoxe Nicolas Ier cherche à acquérir depuis 1850.

■ **Effectifs.** *Alliés :* 75 000 h. [Fr. 30 000 avec M^{al} de Saint-Arnaud (voir encadré p. 673 c) qui, atteint du choléra, est évacué et remplacé par le Gal Canrobert, puis par le Gal Pélissier (Aimable Pélissier, duc de Malakoff, Maromme 6-11-1794/Alger 22-5-1864) ; Anglais 25 000 ; Piémontais 15 000 ; Turcs 5 000]. *Russes :* 40 000 h. puis 100 000 à partir de sept. 1854. **Pertes :** Russes 110 000 h., Français 95 000 h., Anglais 20 000 h.

■ **Opérations. 1854**-*29-4* débarquement anglo-français à Varna (Bulgarie) ; *-20-9 l'Alma,* Saint-Arnaud et lord Raglan (Fitzroy Bon Raglan ; 30-9-1788/Sébastopol 28-6-1855) battent Alexandre, P^{ce} Menchikov (11-9-1787/2-5-1869) ; *-17-10* début du siège de *Sébastopol ; -20-10 Balaklava,* victoire franco-anglaise ; *charge de la brigade légère* de lord Cardigan (James Cte de Hambleden ; 16-10-1797/Deene Park 28-3-1868) : sur 661 h., 102 †, 127 blessés, 58 prisonniers ; *-5-11 Inkerman,* Bosquet bat Menchikov. **1855**-*25-4* à une dépêche inaugurant le câble Balaklava-Varna est ajouté : « Tout va bien », signé Canrobert ; *-16-8 pont de Traktir,* sortie des assiégés repoussée ; *-8-9* Mac-Mahon prend le fort de *Malakoff* et s'y maintiendra : « J'y suis, j'y reste ! » ; *-10-9* prise de *Sébastopol* après 350 jours de siège. **1856**-*30-3 traité de Paris :* la Russie renonce à s'agrandir aux dépens de la Turquie (la mer Noire est neutralisée, le Danube est internationalisé).

Guerre austro-franco-sarde (1859)

■ **Causes. 1°)** Ambition de la maison de Savoie de s'agrandir en Italie. **2°)** Volonté des carbonari italiens de détruire les États de l'Église. **3°)** Sympathie de Nap. III pour les « nationalités européennes » et désir d'obtenir Nice et la Savoie en laissant à la maison de Savoie la possibilité de prendre la Lombardie occupée par l'Autriche. **4°)** Action personnelle de la Ctesse *de Castiglione* (voir p. 671 c).

■ **Effectifs.** Alliés : *France* 120 000 h. (débarqués à Gênes), *Sardes* 40 000, Autriche : 180 000, puis 270 000.

■ **Opérations. 1859**-*20-5 Montebello,* Forey bat Stadion (Autr.) ; *-30-5 Palestro,* Victor-Emmanuel II et C^{el} de Chabron (3e régiment de zouaves qui, en courant sans tirer, prennent à la baïonnette les batteries autrichiennes) battent Gyulay (Autrichien) ; *-4-6 Magenta,* Nap. III avec Mac-Mahon bat Gyulay ; *-8-6* Napoléon et Victor-Emmanuel entrent à Milan ; *-24-6 Solferino,* Nap. III bat François-Joseph ; pertes : Autrichiens 22 000 h., Français et Sardes 17 000 h. ; *-17-7 armistice de Villafranca ; -10-11 traité de Zurich.* La France reçoit la Lombardie, mais la remet au Piémont. L'Autriche garde la Vénétie.

Guerre franco-allemande de 1870-71

■ **Causes. 1°)** *Volonté de Bismarck de mener une guerre victorieuse contre la Fr., pour cimenter l'unité allemande avec l'empereur prussien et protestant* [le chef d'état-major allemand, Moltke, connaît l'absence de préparation de l'armée française, due : *a)* à l'expédition du Mexique qui a désorganisé l'administration militaire, *b)* au rejet de la loi Niel par la Chambre, *c)* à la faiblesse de l'artillerie française (canons se chargeant par la bouche), *d)* aux traditions tactiques de l'armée d'Afrique, impropres à une guerre européenne (fantassins lourdement chargés, bivouacs en plein air, dispositifs resserrés), *e)* au vieillissement et au manque de valeur des généraux ; Moltke et Bismarck décident de déclencher la guerre en juillet (motif : le 1-8, le traité d'alliance militaire avec la Bavière devient caduc ; ils savent que Louis II refusera de le renouveler)]. **2°)** *Volonté de l'impératrice Eugénie de mener une guerre victorieuse pour assurer l'accession au trône du P^{ce} impérial (14 ans)* [Nap. III, malade, est proche de sa fin (les Français, sauf Thiers, sont convaincus de la supériorité de leurs armées, victorieuses depuis la Crimée, 1854-55, le Mexique passant pour une victoire)]. **3°)** *Bellicisme des garibaldiens :* les partisans de la République italienne savent qu'une guerre obligerait la Fr. à rappeler les troupes envoyées à Rome pour soutenir le pape. Ils poussent à la guerre sur le Rhin pour dégarnir l'État pontifical. **4°)** *Affaire de la succession d'Espagne* (sensible pour Eugénie, Espagnole) : *1870-21-6* Léopold de Hohenzollern-Sigmaringen (cousin catholique du roi de Prusse) est candidat au trône d'Espagne, vacant depuis 1868 ; *-6-7* Antoine, duc de Gramont (14-8-1819/17-1-1880), ministre des Affaires étrangères depuis 17-5-1870, annonce au Corps législatif que la France fait opposition ; *-12-7* retrait de Léopold, notifié par son père, le P^{ce} Antoine ; *-13-7* Gramont demande que ce retrait soit garanti par son suzerain, le roi de Prusse (à cause du précédent roumain de 1866 : Charles de Hohenzollern était devenu roi de Roumanie malgré une renonciation antérieure) ; le roi de Prusse (alors à Ems), blessé par cette demande, décide de ne plus recevoir l'ambassadeur français (à Berlin depuis nov. 1864) Vincent Cte Benedetti (Bastia 29-4-1817/Paris 28-3-1900) et fait envoyer à 15 h 10 par le conseiller diplomatique Abeken un télégramme à Bismarck lui relatant le dernier entretien avec Benedetti. Bismarck, voulant exploiter ce qui n'était qu'un incident diplomatique, « abrège » cette dépêche d'Ems, faisant ainsi apparaître le refus d'audience comme un affront fait à la France [le roi avait autorisé Bismarck à publier la dépêche, mais Bismarck adressa le texte tronqué aux journaux (dont *la Gazette de l'Allemagne du Nord*)] : la France s'indigne, Napoléon III, l'impératrice et une majorité de ministres sont déterminés à la guerre ; *-15-7* le texte exact de la dépêche n'est communiqué ni au Sénat ni au Corps législatif ; *-19-7* Emile Ollivier, porté par l'opinion publique, déclare la guerre.

■ **Forces. Allemandes :** *confédération de l'Allemagne du Nord :* 972 434 h. (dont 765 000 h. exercés) ; *du Sud :* Bavière 221 304 h., Wurtemberg 29 238, Bade 14 000. **Françaises :** 600 000 h. instruits + 200 000 h. « mobiles » de la garde nationale.

■ **Effectifs. 1re partie** (jusqu'à la capitulation de Metz) : *France* 350 000, *Prusse* 450 000. **2e partie** (après Metz) : à Paris : *Fr.* 400 000 (soldats 131 000 ; mobiles 70 000), *All.* 250 000 ; en province : *Fr.* 600 000, *All.* 350 000 (1 003 485 All. entrent en France dont 780 723 en août 1870). **Marine :** *française* 339 bâtiments (dont 45 cuirassés) ; *allemande* 5 cuirassés. La flotte all. se réfugie dans la baie de la Jade. La marine fr. fournit à l'armée de terre 30 000 h., 2 300 canons, 100 mitrailleurs.

■ **Opérations. 1re partie : 1870** *du 1-8 au 28-10* **armée Mac-Mahon** (170 000 h.) : *-4-8* défaites de *Wissembourg* [Kronprinz bat Gal Abel Douay (tué)] ; *-6-8* bataille de *Froeschwiller* (Alsace, appelé Woerth par les Allemands, rencontre non préparée par les adversaires et connue sous le nom de *charge de Reichshoffen*) ; la brigade Michel (8e cuirassiers) tente de reprendre Morsbronn ; sur 800, il n'en réchappe que quelques dizaines ; puis la division Bonnemains (1re, 2e, 3e, 4e cuirassiers), en réserve près de Reichshoffen, charge à Morsbronn et Woerth, Elsasshausen (hameau de Woerth) ; *-16-8* repli sur Châlons-sur-Marne ; *-17-8* Gal Trochu nommé gouverneur de Paris ; *-25-8* offensive (prévue par Montmédy ; 140 000 h.) pour rejoindre Bazaine sous Metz ; *30-8* défaite de *Beaumont* (Failly), retraite sur Sedan ; *-31-8/1-9 Bazeilles,* les troupes de marine arrêtent les Bavarois puis se rendent, faute de munitions (dernière cartouche tirée par le capitaine Aubert, de l'auberge Bourgerie entourée de 600 ennemis †) ; *-1/2-9* défaite de *Sedan :* *-1-9* Mac-Mahon, blessé, cède son commandement à Auguste Ducrot (G^{al} ; 24-2-1817/16-8-1882) qui ordonne la retraite, mais le Gal Emmanuel de Wimpffen (13-9-1811/Paris 1884), produisant une lettre de service lui conférant le commandement en cas d'indisponibilité de Mac-Mahon, décide de repasser à l'offensive ; il se coupe de sa ligne de communications et présente le flanc à la moitié des forces ennemies ; le Gal Margueritte est blessé à mort († le 3-10 à Beauraing, Belgique) ; « Oh ! les braves gens » dira le roi de Prusse, Guillaume Ier, parlant des chasseurs d'Afrique du Gal de Galliffet ; *-2-9* **capitulation de Sedan**

Quelques personnages du Second Empire

Bazaine (François-Achille, M^{al}, Versailles 13-2-1811/Madrid 23-9-1888). Officier sorti du rang. *1831* à 20 ans, engagé dans l'armée, Légion en Algérie. *1835-38* volontaire dans l'armée libérale espagnole, capitaine à titre espagnol. *1838* réintégré dans l'armée française (Algérie). *1850* C^{el}. *1852* épouse une Algérienne. *1854* G^{al} de division en Crimée. *1855* gouverneur de Sébastopol. *1859* commande une division à Solferino. *1862 guerre du Mexique*. *1863* prend Puebla ; *-7-6* entre à Mexico ; *-juillet* G^{al} en chef ; suicide de sa femme, affaire d'adultère. *1864* M^{al}. *1865* épouse une Mexicaine et essaye d'être chef d'État au Mexique. *1867* rappelé en France ; privé d'honneurs militaires 6 mois. *1869* C^{dt} de la garde impériale. *1870* C^{dt} armée du Rhin ; *-6-8* laisse écraser Frossard à Forbach (par jalousie) ; *-12-8* à la tête de l'armée du Rhin (Napoléon III, malade, laisse faire) ; *-18-8* capitule à Metz ; *-27-10* se rend. *1873-6-10 procès ; -10-12* condamné à la dégradation et à mort par le conseil de guerre (Pt : duc d'Aumale) pour avoir capitulé à Metz ; le conseil signe un recours en grâce et Mac-Mahon (Pt de la Rép.) commue la peine en 20 ans de détention. *1874-9/10-8* s'évade du fort Ste-Marguerite. Finit sa vie en Espagne.

Canrobert (François, M^{al}, St-Céré 27-6-1809/Paris 28-1-1895). *1848* C^{el}. *1853* G^{al} de division. *1854-sept* remplace St-Arnaud en Crimée. *1856-18-3* M^{al} ; guerre d'Italie. *1870-18-8* se distingue à St-Privat. Fait prisonnier à Metz avec Bazaine.

Fould (Achille, Paris 17-11-1800/Tarbes 5-10-1867). Banquier. *1842* député. *1849-52* ministre des Finances. *1852-nov.* fonde le Crédit mobilier. *1852-60* ministre d'État. *1858* membre du Conseil privé. *1861-67* ministre des Finances.

Haussmann [Eugène, B^{on} (titre de son grand-père paternel, le Bon Dentzel, qu'il a repris de lui-même), Paris, 27-3-1809/11-1-1891]. Protestant alsacien. *1831* avocat. *1832* sous-préfet. *1848* rallié à Louis-Napoléon. *1849* préfet du Var. *1850* de la Gironde. *1851* fait triompher le coup d'État à Bordeaux. *1853-22-6* préfet de la Seine ; remodèle Paris (immeubles nouveaux, larges avenues). *1857* sénateur. *1870-5-1* destitué par Émile Ollivier. *1877-81* député bonapartiste de la Corse. Sa fille, Valentine (1843-1901), aurait été la maîtresse de Napoléon III avant 1865.

Mathilde (P^{cesse}). Voir encadré p. 664 b.

Morny [Charles Auguste Demorny, duc de, St-Maurice-en-Valois 15 ou 16 ou 17-9-1811/Paris 10-3-1865, déclaré le 22-10 à Paris comme né le 21-10, d'Auguste Demorny, propriétaire à St-Domingue († 5-4-1814) et de Louise-Émilie Coralie Fleury sa femme]. Demi-frère de Napoléon III [fils de la reine Hortense et de Charles Cte de Flahaut (21-4-1785/2-9-1870), G^{al} et aide de camp de Napoléon Ier, lui-même présenté comme un fils de Talleyrand, mais plus vraisemblablement fils du ministre britannique William Windham (1750-1810)]. Élevé par sa grand-mère (Adélaïde Filleul Ctesse de Flahaut ; remariée 1802 au Bon de Souza, ambassadeur du Portugal à Paris). *1830* sous-L^{t}. *1833* liaison avec Fanny Le Hon, fille du banquier Mosselmann et épouse du Cte Le Hon (ambassadeur de Belgique). *1835, 1836, janv. 1837* campagnes en Algérie. *1837-13-1* Légion d'honneur pour exploits militaires ; *-avril* achète la sucrerie de Bourdon (près de Clermont-Ferrand). *1838-mai* démissionne de l'armée ; fait des affaires (avec les capitaux de Fanny Le Hon) ; administrateur des mines de la Vieille-Montagne (propriété de Mosselmann). *1839* conseiller général. *1842-9-9* élu député du Puy-de-Dôme. *1849* réélu à l'Ass. législative. *1851-2-12* chargé de l'exécution du coup d'État : prend possession du ministère de l'Intérieur. *1852* député du P.-de-D. *1853* tente d'empêcher la guerre de Crimée. *1854-nov.* Pt du Corps législatif. Spéculateur, achète des terrains aux Champs-Élysées et plaine Monceau. Soutient les Pereire. *1856-57* ambassadeur à St-Pétersbourg. *1856-17-8* assiste au sacre du tsar Alexandre II. *1857-19-1* épouse la P^{cesse} Sophie Troubetskoï ; Fanny Le Hon demande un dédommagement de 3,5 millions de F (Napoléon III en verse une partie). *1859-16/18-5* la gestion du Grand Central est controversée ; fonde la station de Deauville. *1862-10-7* fait duc de Morny. *1864* son influence et son habileté le placent au-dessus des scandales. *1865-10-3* meurt ; funérailles nationales à la Madeleine, enterré au Père-Lachaise ; laisse à sa femme 600 000 F de rente. Alphonse Daudet l'a décrit dans *le Nabab* (sous le nom du duc de Mora), Balzac en a fait Marsay et Zola le Cte de Marsy dans *Les Rougon-Macquart*.

Napoléon (P^{ce}). Voir encadré p. 664 b.

Ollivier (Émile, Marseille 2-7-1825/St-Gervais 20-8-1913). Avocat marseillais. Épouse *1°)* Blandine († 1862), née de la liaison de Liszt et de Marie d'Agoult ; *2°)* Marie-Thérèse Gravier. *1848* commissaire de la République du Var et des B.-du-Rh., puis préfet à Marseille et *1849* à Chaumont. *1857* 1 des 5 députés (républicains) de la Seine ; *1870-2-1* chef de l'opposition républicaine, se rallie à l'empire, devient chef du gouvernement (min. d'État) ; *-7-4* élu à l'Académie française au fauteuil de Lamartine ; *-9-8* renversé ; exil en Italie. *1873* rentre d'exil, exige de lire son discours de réception (probonapartiste à l'Académie) tel qu'il avait été rédigé. L'Académie refuse. Il y siégera jusqu'à sa mort sans avoir été reçu.

Persigny [Gilbert Fialin, St-Germain-l'Espinasse, Loire, 11-1-1808/Nice 14-1-1872 (**duc de,** 1863)]. Aide de camp de Louis-Napoléon. Prend part aux tentatives de Strasbourg et de Boulogne, condamné à 20 ans de détention, commués en résidence forcée à Versailles. *1848* député de la Loire. *1851-2-12* s'empare de l'Assemblée nationale. *1852 (22-1)-54* ministre de l'Intérieur ; *-mai* épouse Églé de la Moskowa (petite-fille de Ney). *1855-60* ambassadeur à Londres. *1860-63* ministre de l'Intérieur ; opposé à l'impératrice. *1864* retraite politique.

Rouher (Eugène, Riom 30-11-1814/Paris 3-2-1884). Avocat à Riom (P.-de-D.). *1848-avril* député républicain du P.-de-D. sous la IIe Rép. *1849-31-10* au *24-1-1851*, puis *10-4* au *26-10-1851* ministre de la Justice ; se rallie à Louis-Napoléon et approuve le coup d'État du 2-12-1851 et *3-12* redevient min. de la Justice. *1852-janv.* démission du ministère de la Justice (contre la confiscation des biens des Orléans). *1852-55* conseiller d'État. *1855-63* ministre du Commerce, de l'Agriculture et des Travaux publics. *1863-juin* Pt du Conseil d'État ; *18-10* ministre d'État. *1867-69* (empire libéral) chef des bonapartistes conservateurs, garde un grand ascendant sur Napoléon III et reçoit le surnom de « vice-empereur ». *1869-12-7* démissionne après la victoire électorale des libéraux, et devient le *20-7* Pt du Sénat. *1870-sept.* exil en Angleterre. *1871* rentre en France ; battu aux élections. *1872-76* député bonapartiste de Bastia. *1876-81* de Riom. *1879* retraite ; se désolidarise du nouveau prétendant à la mort du P^{ce} impérial.

Saint-Arnaud (Armand Jacques dit Achille Le Roy de, M^{al}, Paris 20-8-1798/en mer Noire 29-9-1854). *1817-20* garde du corps du roi. *1822-26* volontaire pour la Grèce. *1825-26* détenu pour dettes à Ste-Pélagie. *1831-22-2* réintégré dans l'armée (sous-L^{t}), attaché au M^{al} Bugeaud. *1833* gardien de la D^{esse} de Berry à Blaye. Protégé par la D^{esse}, fait une carrière rapide (C^{el} 1844, G^{al} 1848, C^{dt} en chef en Kabylie 1851). *1851-26-7* appelé à Paris ; *-26-10* ministre de la Guerre avec mission de préparer le coup d'État. *1852-2-12* M^{al}, grand écuyer et sénateur. *1854-11-3* C^{dt} en chef de l'expédition de Crimée ; *-20-9* victorieux à l'Alma. Atteint du choléra, est évacué et meurt le *29-9* sur le *Berthollet*.

Walewski (Alexandre Colonna, Cte, Walewice 4-5-1810/Strasbourg 27-10-1868). Fils naturel de Napoléon Ier et de Marie Walewska, cousin germain de Napoléon III. *1812-5-5* St-Cloud, décret : titré Cte de l'Empire avec un majorat (revenu annuel 170 000 F). *1814-janv.* Napoléon donne des instructions pour qu'on lui assure une rente de 50 000 F et lui fait acheter un hôtel au 48, rue de la Victoire (137 500 F) ; va avec sa mère à l'île d'Elbe voir Napoléon. *1817-11-12* Marie meurt ; Théodore Laczynski (frère de Marie) désigné tuteur. *1827* à Paris. *1830* révolution ; a des idées libérales ; *-déc.* chargé par Sébastiani, ministre des Affaires étrangères, d'une mission auprès des insurgés polonais ; s'engage dans l'armée polonaise. *1832* retour à Paris. *1833-août* capitaine dans la « Légion étrangère » (qui ne porte pas encore ce nom) ; *-3-12* naturalisé Français. *1834-sept.* muté aux chasseurs d'Afrique. *1837* directeur des Affaires arabes à Oran ; quitte l'armée et se lance dans la politique. *1848-22-2* ministre de France à Copenhague. *1849-21-1* ambassadeur à Florence ; *1850* à Naples ; *1851* à Madrid, puis à Londres. *1852-18-11* assiste aux funérailles de Wellington. *1853* chargé d'obtenir la restitution du testament de Napoléon (déposé en 1821 à la cour anglaise). *1855-26-4* sénateur ; *-6-5-1855 au 3-1-1860* ministre des Affaires étrangères. *1856* Pt du Conseil de Paris. *1858* au Conseil privé. *1860-23-11* ministre d'État. *1860-63* ministre des Beaux-Arts. *1862-21-7* pose la 1re pierre de l'Opéra (terminé 1875). *1865* député au Corps législatif [Pt (1865-67) après le décès de Morny ; l'opposition dira : « Chassez le naturel, il revient au galop ! »]. *1867* sénateur. *1868* membre libre de l'Académie des beaux-arts. *Épouse* 1°) 1-12-1831 à Londres lady Catherine Montagu (Londres, 7-10-1808/30-4-1834) dont il eut 2 enfants qui n'ont pas vécu ; 2°) 4-6-1846 à Florence Marie-Anne de Ricci [(née le 18-7-1823) qui aurait été, quelque temps, la maîtresse de Napoléon III ; elle épousera en 2de noces le 20-1-1872 Joseph d'Alessandro (né 16-12-1843)] dont une descendance en ligne féminine [dernier mâle : Charles, 2e Cte Walewski (4-4-1848/2-10-1916), L^{t}-C^{el} d'infanterie, mort sans enfant]. Entre ses 2 mariages, il eut une liaison avec Rachel, tragédienne (28-2-1821/3-1-1858 ; Elizabeth-Rachel Félix, fille d'un colporteur israélite, Jacob Félix, et d'Esther Hayer) dont 1 fils Alexandre (Marly-le-Roi 3-11-1844/Turin 20-8-1898), consul général de France, que Walewski reconnut et fit élever après la mort de Rachel avec les enfants nés de son 2^{d} mariage. Les Walewski actuels en descendent.

[Français : 15 000 † ou blessés, 91 000 prisonniers, 3 000 internés en Belgique, 10 000 repliés à Paris, 400 canons, 1 200 chevaux pris ; Allemands : 10 000 † ou blessés sur 250 000 h. (Napoléon III, qui accompagne Mac-Mahon, est fait prisonnier : interné à Wilhelmshoehe [ancienne résidence de son oncle Jérôme (Bonaparte), roi de Westphalie] près de Cassel jusqu'au 19-3-1871, il rejoint ensuite sa femme et son fils à Chislehurst] ; *-27-9 Strasbourg* capitule (après 2 mois et demi de siège). **Armée Bazaine** (150 000 h.) : *-6-8* défaite de *Forbach-Spicheren* [Lorraine : Frossard, non soutenu par Bazaine, décroche devant Steinmetz († ou blessés : 4 000 Fr., 5 000 Prussiens) ; les Prussiens entreront dans Nancy le 15] ; *-12-8* retraite sur Metz ; *-14-8* combats de *Borny* (indécis) [l'avant-garde de von der Goltz accroche l'arrière-garde du 3e corps français] et *16/18-8* de *Gravelotte* (indécis) [Steinmetz et le roi Guillaume attaquent sans succès Frossard ; on dira : « La pluie tombe comme (la mitraille) à Gravelotte » ; mis hors de combat : 19 000 Allemands, 13 000 Français] ; *-16-8 Rezonville* (pour les Allemands Mars-la-Tour, ou Vionville), Bazaine (130 000 h., 430 canons) bat Alvensleben (66 000 h., 246 canons) mais ne le poursuit pas et se replie sur *Verdun* pour se ravitailler ; *-18-8* défaite de *St-Privat* : le P^{ce} de Wurtemberg et le P^{ce} royal de Saxe (220 000 h.) battent les Français (125 000 h.) ; Canrobert (38 000 h.), non soutenu par Bazaine, se replie sur *Woippy* († et blessés : 20 000 Prussiens, 13 000 Fr. ; 5 000 prisonniers) ; Bazaine s'enferme dans *Metz* ; *-9-9 Laon* capitule ; *-23-9 Toul* capitule ; *-28-10* **reddition de Metz** sans conditions [173 000 prisonniers dont 3 maréchaux, 1 570 canons. On accusera Bazaine d'avoir tenté de conserver son armée intacte, sans combats, pour servir d'arbitre entre les républicains et la famille impériale ; il ambitionnait la régence. Bismarck lui a permis d'envoyer des émissaires à Londres pour contacter Eugénie (durée des tractations : 1 mois, pendant lequel l'armée de Metz a usé ses subsistances) ; puis il a exigé la reddition] ; *-4-11* début du siège de *Belfort* (103 jours).

2e partie : siège de Paris (par 180 000 Allemands) : 1870-*19-9* défaite de *Châtillon* ; *-21-10* victoires de *Bougival* et *28-10* du *Bourget* (repris *30-10* par les Prussiens) ; *-28-11/3-12* défaite de *Champigny* [(Gal Ducrot) pertes : 8 000 Fr., 5 000 All.]. **1871**-*5-1* début du bombardement (durée 1 mois) : 10 000 projectiles, en moyenne 60 † ou blessés chaque jour ; *-20-1* défaites de *Montretout* et *Buzenval* [(Vinoy) pertes : 4 070 Français dont Henri Regnault, peintre tué le 19-1 à Buzenval, 511 Allemands] ; *-28-1* Paris demande l'armistice ; *-29-1* 133e et dernier jour du siège. Il est sorti de Paris, pendant le siège, 65 ballons (dont 47 frétés par l'administration des Postes, et 7 par celle des Télégraphes, 1 par le ministre de l'Instruction publique, 1 par celui des Travaux publics et 9 par des particuliers). Ces 65 ballons emportèrent 164 personnes, 381 pigeons, 5 chiens, des appareils, de la dynamite et 10 675 kg de courrier postal.

Province. Armée de la Loire (100 000 h.) : **1870**-*13-10* perte d'*Orléans* ; *-18-10* prise et incendie de *Châteaudun* ; *-2-11* levée en masse ; *-9-11* victoire de *Coulmiers* (Gal Louis d'Aurelle de Paladines, 9-1-1804/17-12-1877) ; les Bavarois quittent Orléans ; *-28-11 Beaune-la-Rolande*, P^{ce} Charles de Prusse bat G^{al} d'Aurelle de Paladines : 3 000 Fr., 800 Prussiens † ; *-2/4-12* défaite de *Loigny* (à 12 km de *Patay*), *Orléans* perdu ; *11-12* défaite de *Villarceau* [Gal Antoine Chanzy (Nouart 18-3-1823/Châlons-sur-Marne 4-1-1883)]. **1871**-*11-1* défaite du *Mans* (Chanzy). **Armée du Nord** [Gal Louis Faidherbe, nommé 18-11-1870 (Lille 3-6-1818/Paris 28-9-1889), 45 000 h.]. **1870**-*23-11* combat de *Pont-Noyelles* (indécis). **1871**-*3-1 Bapaume*, Faidherbe bat Gal August von Goeben (Stade 10-12-1816/Coblence 13-11-1880) ; *-19-1* défaite de *St-Quentin*. **Armée de l'Est : 1870**-*8-11 Verdun* capitule ; *-14-11* siège de *Belfort* [résistance jusqu'au 16-2 du C^{el} Pierre-Philippe Denfert-Rochereau (St-Maixent 11-1-1823/Versailles 11-5-1878)] ; *-18-12* bataille de *Nuits* (indécise). **1871**-*9-1 Villersexel*, Gal Charles Bourbaki (Pau 22-4-1816/Bayonne 22-9-1897), avec 120 000 h., bat Schmeling ; *-18-1* défaite d'*Héricourt* : *-24-1* de *Baume-les-Dames* ; *-27-1* à Besançon, Bourbaki tente de se suicider ; exclu de l'armistice par Jules Favre à cause de ses convictions bonapartistes, l'armée de Bourbaki passe en Suisse le 1-2.

Rôle de la marine. *Escadres : Baltique* (vice-amiral Bouët-Willaumez, 17 navires) et *mer du Nord* (vice-amiral Fourichon, 14). 1 division de gardes-côtes surveille la Manche ; *1871-2-8* Bouët-Willaumez entre en Baltique ; *-7-8* l'amiral Rigault de Genouilly, ministre de la Marine, décide que les marins non embarqués seront dirigés sur Paris aux ordres de l'amiral de La Roncière ; 15 000 marins participent à la défense de Paris ; en province, la marine participe aussi aux opérations ; *-11-8* Fourichon, après avoir protégé les transports de troupe venant d'Algérie, arrive devant Heligoland, bloque la flotte prussienne et les ports de Brême et de Hambourg ; *-29-9* en raison des défaites d'Alsace, les projets de débarquement sont annulés et l'escadre rentre à Cherbourg (après Sedan, les 2 escadres réunies en 1 escadre du nord assurent la protection du littoral et la liberté des communications dans la Manche et l'Atlantique) ; *-sept.* le contre-amiral Jauréguiberry commande les lignes de défense de Carentan ; *-nov.* il passe à l'armée de la Loire ; *-déc. 1870/janv. 1871* après la bataille de Coulmiers, promu vice-amiral, il commande le 21e corps et combat autour d'Orléans et du Mans.

■ **Conclusion. Armistice de Versailles (28-1-1871,** Jules Favre et Bismarck) : l'armée de Paris (131 000 h. de ligne), déclarée prisonnière de guerre, reste à Paris désarmée (la garde nationale conserve ses armes pour 21 jours, le temps d'élire une assemblée représentative destinée à nommer un gouvernement habilité à négocier la paix). **Préliminaires de paix signés à Versailles (26-2-1871** par Thiers et Bismarck) : *-7-3* l'empereur Guillaume Ier, Bismarck et l'état-major de Moltke quittent Versailles pour Berlin, en laissant une armée d'occupation de 500 000 h., dirigée par le G^{al} von Fabrice. *-16-3* le gouvernement français accepte de prendre à sa charge les frais d'entretien de ces troupes (1,75 F par homme et 2,50 F par cheval). Le sud du Bassin parisien est évacué rapidement, 21 départements restent occupés, ainsi que les forts du nord et de l'est de Paris. Bismarck proposera l'aide de troupes allemandes pour mater la Commune, mais Thiers refusera les pourparlers à Bruxelles (28-3 au 24-4). Ultimes négociations menées

ESSOR INDUSTRIEL DU IIe EMPIRE

Domaine social : Napoléon III préconise l'association du capital et du travail, crée les Stés de secours mutuel, l'Inspection du travail. *1854* il encourage le 1er système de retraite ouvrière. *1870* (3-7) il fait présenter un texte la rendant obligatoire, mais la guerre survient. L'idée sera reprise 75 ans après. *1864* la suppression du délit de coalition rendra licite le droit de grève (d'où naîtra le syndicalisme français). Il rompt avec le protectionnisme et assure, par le libre-échange, l'essor de l'industrie et du commerce. En Algérie, il refuse l'antagonisme colons/indigènes.

Chemins de fer : *1848 :* 1 322 km de voies ; *1855 :* 3 248 ; *1859 :* 9 000 ; *1870 :* 18 000. **Créations de banques :** Comptoir d'escompte (1848), Crédit foncier (1852), Sté générale (1858), Crédit lyonnais (1863). **Escompte de la Banque de France :** *1852 :* 1,8 milliard ; *1854 :* 3 ; *1869 :* 6,3. **Mécanisation de l'industrie :** machines à vapeur : *1850 :* 5 322 ; *1860 :* 14 936 ; *1870 :* 27 958. **Production de charbon :** *1848 :* 7 600 000 t ; *1869 :* 12 200 000 t. **Principales industries :** métallurgie (procédé Bessemer 1855), textiles (machines à tisser Schlumberger 1855), chimie (prod. industrielle de l'acide sulfurique et du carbonate de soude), confection (machine à coudre Thimonnier 1851-57).

le 6-5 par Jules Favre, min. des Aff. étr. et Pouyer-Quertier, min. des Finances. **Traité de Francfort (10-5-1871) :** la France perd l'Alsace (moins l'arrondissement de Belfort et un territoire de 10 km de rayon autour, en reconnaissance de l'héroïsme de la résistance du colonel Denfert-Rochereau), le nord de la Lorraine [département de la Moselle (moins Briey, dont les richesses sont encore inconnues) et 2 arrondissements de la Meurthe : Sarrebourg et Château-Salins (1 447 466 ha, 1 694 communes, 1 600 000 habitants)] et doit verser 5 *milliards de francs ;* 50 000 à 100 000 Alsaciens-Lorrains optent pour la France et quittent l'Alsace-Lorraine ; *-16-9 libération du territoire* (la dette de 5 milliards est payée par des emprunts à 6 %, 4 900 millions souscrits dès le 1er emprunt du 27-6-1871) ; les sommes dégagées sont converties en or et en devises étrangères avec l'aide de banques européennes favorables à Thiers (coût total de la guerre de 1870-71 évalué à 15 592 468 626 F). **1873**-*13-9* dernières troupes d'occupation quittent Verdun.

■ **Causes de la défaite française. 1°) Militaires : a)** l'effort de guerre prussien a été considérable depuis 1864. L'armée prussienne victorieuse du Danemark (1864) et de l'Autriche (1866) possède une excellente artillerie et de gros effectifs (450 000 h. contre 350 000 Fr.) ; **b)** l'armée française aurait dû être modernisée par le projet du Mal Adolphe Niel (Muret 4-10-1802/Paris 13-8-1869, ministre de la Guerre en 1867, qui fit adopter le fusil chassepot et la « garde mobile »), mais la Chambre le rejeta le 19-12-1866.

2°) Politiques : avant Sedan : l'opposition républicaine souhaite une défaite des armées impériales, sachant que l'Empire n'y résisterait pas. La capitulation de Sedan a été accueillie par les applaudissements de la gauche à la Chambre. **Après Sedan : a)** *à Paris :* les « modérés », qui ont pris le pouvoir, préfèrent une victoire allemande, même avec une amputation du territoire, à une victoire du peuple de Paris (patriote mais révolutionnaire) : la résistance de Trochu et de Ducrot à Paris a semblé être un trompe-l'œil (baroud d'honneur en attendant une capitulation due à la famine ; refus de percer) ; **b)** *en province :* les Français sont divisés entre royalistes, républicains et bonapartistes. Bismarck en profite, il accule Bazaine à la capitulation, lui laissant croire pendant 2 mois que la Prusse est prête à s'entendre avec l'impératrice Eugénie (réfugiée à Londres). Le *4-11-1870* il menace Thiers de négocier avec le Cte de Chambord ; il fait droit le *28-1-1871* à la demande de Jules Favre, faisant exclure de l'armistice l'armée Bourbaki (bonapartiste) afin de l'anéantir.

3°) Diplomatiques : par suite des incohérences de sa diplomatie, Nap. III n'a gagné aucun allié : l'Autriche, qui avait pardonné Solferino et Magenta, lui en voulait de ne pas l'avoir aidée contre la Prusse à l'époque de Sadowa, la Russie lui en voulait à cause de la guerre de Crimée, l'Angleterre à cause du lâchage du Danemark en 1864 et le Piémont à cause du retour du corps expéditionnaire français à Rome.

4°) Questions de personnalités : *avant Sedan :* Napoléon III souffrait de la vessie : il n'avait plus la force de donner des ordres (par exemple, il ne voulait pas de Bazaine comme chef de la Ire armée, mais ne s'est pas opposé à sa nomination). *Après Sedan :* Gambetta et Freycinet (voir col. b) qui ont pris en main, à partir du 7 octobre, la direction des opérations, étaient militairement incapables : les défaites décisives subies autour d'Orléans (du 9-11 au 3-12-1870) sont dues à leur impéritie. *Thiers,* opposé en 1870 à la déclaration de guerre, comprend que son heure est venue, que la défaite va renforcer son prestige et assurer sa prise de pouvoir ; il est prêt à beaucoup de concessions pour obtenir la consécration par le suffrage universel.

■ **La guerre pouvait-elle être gagnée ? 1°) En août/septembre 1870 : a)** *l'armée de Metz* pouvait remporter une victoire éclatante le 16-8 (jour de Gravelotte). Une armée allemande isolée sur la rive gauche de la Moselle était opposée à 2 armées françaises disposant des réserves d'artillerie de la place-forte ; une attaque le long de la rivière aurait amené sa capitulation, mais Bazaine ordonne le repli sur Metz ; **b)** *la marche de Mac-Mahon sur Metz* par les Ardennes aurait pu amener l'écrasement des 2 armées assiégeant Metz. Mais Mac-Mahon était lent et hésitant, et la presse dévoila son plan (la censure n'existait pas). Sur 130 000 † Allemands, 78 000 ont été tués avant le 4-9, dont 64 000 en août.

2°) Après Sedan : a) *à Paris :* la « percée » des 2 armées de Paris à travers les lignes très peu fournies (il s'agissait d'un blocus plus que d'un siège) était possible. Les Parisiens avaient pour eux le nombre, et leurs ateliers avaient en quelques semaines créé une bonne artillerie (1 362 pièces de remparts, 602 pièces de campagne). Si Ducrot avait attaqué vers l'ouest, avec résolution, il aurait pu prendre à revers les Allemands opérant en Normandie ; **b)** *en province :* Gambetta a rejeté les offres de service du capitaine Louis Rossel (promu colonel), évadé de Metz et futur ministre de la Guerre de la Commune ; bon stratège, celui-ci aurait pu gagner la bataille de Coulmiers-Orléans-Artenay (9-11/3-12-1870) avant que les forces libérées par la capitulation de Metz aient pu être engagées dans la bataille (la délivrance de Paris aurait eu des conséquences stratégiques et psychologiques). Mais Gambetta, se méfiant de la jeunesse de Rossel, a préféré Freycinet qui a conduit les armées au désastre.

3°) Autres erreurs : *Bazaine* capitule à Metz (surtout pour raisons politiques). *Faidherbe,* ayant battu les Allemands à Bapaume le 3-1-1871, n'ose pas attaquer les assiégeants de Péronne qu'il pouvait mettre en déroute ; il s'arrête à 16 km de la place, qui capitule le 9-1, et le 19 se laisse écraser à St-Quentin. *Gambetta* refuse à Kératry (nommé 22-10-1870 Cdt des forces de Bretagne) armes et vivres pour les 80 000 Bretons du camp de *Conlie* et refuse leur évacuation (craignant un réveil chouan).

4°) Armistice prématuré : *Jules Favre* [(Lyon 21-3-1809/Versailles 19-1-1880) : avocat ; *1848-51* député républicain de Paris ; *1857* est l'un des 5 républicains élus au Corps législatif dans la Seine ; *1870-sept.* min. des Affaires étrangères] était résolu, le 23-1-1871, à mettre fin coûte que coûte aux hostilités pour éviter à Paris une prise de pouvoir révolutionnaire. Or, le plus dur de la guerre était passé (l'hiver avait coûté des milliers de morts par pneumonie). Les Allemands, écœurés par la résistance de la nation, étaient prêts à une paix blanche pour éviter une 2e année de guerre. Le moral de l'armée allemande était au plus bas à cause de pertes très lourdes : 129 610 † ou disparus, dont 6 251 officiers (12 854 « disparus » étaient des prisonniers mis à mort par les francs-tireurs) ; généraux : 5 †, 20 blessés ; colonels : 27 †, 51 blessés. La plupart des généraux étaient pour un repli sur l'Allemagne, en cas de résistance prolongée des Français qui eurent moins de tués que les Allemands (120 000 contre 130 000).

IIIe RÉPUBLIQUE (4-9-1870/13-7-1940)

☞ *Abréviation :* Ass. nat. : Assemblée nationale.

DE 1870 A 1914

■ **1870** (du 4-9 au 12-1-1871) **gouvernement de la Défense nationale. Pt Gal Trochu** [Louis Jules Trochu (Le Palais 12-3-1815/Tours 7-10-1896) ; général ; campagnes d'Algérie, Crimée, Italie ; *1866-67* Gal de division affecté au ministère de la Guerre ; *1867* publie une étude sur l'armée française et dénonce son impréparation ; *1870-17-8* gouverneur de Paris]. **1870**-9-9 création de la *délégation gouvernementale de Tours* (Crémieux) ; -19/20-9 *entrevue de Ferrières* (château d'Alphonse de Rothschild en S.-et-M.) : Bismarck reçoit Jules Favre (min. des Aff. étrangères) qui offre une indemnité contre la fin des combats ; mais Bismarck exige une partie de l'Alsace et de la Lorraine ; -oct. élection d'une commune à Paris ; -7-10 *Gambetta* quitte Paris en ballon, atterrit à Montdidier (Somme), gagne Tours en train ; il devient min. de l'Intérieur et de la Guerre (Freycinet étant adjoint pour la Guerre) ; -3-11 les Parisiens *plébiscitent le gouvernement « de la Défense nationale » :* 321 373 oui 53 584 non ; -2/4-11 tentative de paix à Versailles (Thiers-Bismarck) : échec ; -3-11 le gouvernement Gambetta se replie sur *Bordeaux.*

■ **1871** (12-1) **gouvernement de l'Assemblée nationale** (réunie à Bordeaux). -18-1 Guillaume Ier (22-3-1797/9-3-1888) proclamé empereur d'Allemagne dans la galerie des Glaces à Versailles ; -19-1 *Trochu,* qui avait promis que « jamais le gouverneur de Paris ne capitulerait », démissionne de son poste de gouverneur (il capitulera comme chef du gouvernement) ; -22-1 *émeutes à Paris* (5 †) ; -28-1 Favre signe un armistice de 21 j ; -29-1 dernier jour (133e) du siège de Paris ; -6-2 Gambetta démissionne du gouvernement ; -8-2 *élections générales* (majorité monarchiste et bonapartiste) ; -17-2 réunion au *Grand-Théâtre de Bordeaux* de l'Assemblée nat. : **Thiers élu** par acclamation **« chef du pouvoir exécutif » ;** Clemenceau s'associe à la protestation des députés alsaciens-lorrains (émise par Émile Keller) contre l'abandon éventuel de leurs provinces ; -19-2 (au 24-5-1873) **Armand Dufaure** (voir p. 677 a), vice-Pt du Conseil ; la Chambre, réunie à Bordeaux, nomme une commission de 15 membres chargés de traiter de la paix ; -21-2 1re entrevue ; -28-2 Thiers signe avec Bismarck les *préliminaires de la paix ;* -1-3 l'Ass. nat. les ratifie par 546 voix contre 107 ; *occupation* symbolique des quartiers ouest de Paris par les Prussiens (en échange Thiers obtient de conserver Belfort), les députés d'Alsace-Lorraine quittent l'Ass. nat. ; Jules Grosjean lit leur protestation ; -3-3 la garde nationale de Paris s'organise en *fédérations ;* les gardes nationaux s'appellent désormais *les fédérés ;* -8-3 Thiers supprime la paie des gardes nationaux ; -10-3 *pacte de Bordeaux :* le régime politique ne sera pas défini avant la réorganisation du pays ; -19-3 le gouvernement se retire à Versailles et confie sa défense à Mac-Mahon ; -20-3 Thiers, puis l'Assemblée nat. arrivent à Versailles ; -mars/mai la Commune (voir ci-dessous) ; -8-7 *l'Union* publie le manifeste du Cte de Chambord (voir p. 668 c) du 5-7 proclamant son attachement au drapeau blanc, « l'étendard de François Ier, d'Henri IV et de Jeanne d'Arc [...] reçu comme un dépôt sacré du vieux roi mon aïeul mourant en exil ; il a toujours été pour moi inséparable du souvenir de la patrie absente, il a flotté sur mon berceau, je veux qu'il ombrage ma tombe. » ; -3/5-7 le *Cte de Chambord* rentre en France, réside à Chambord ; -10-8 *loi Rivet* définissant les pouvoirs de Thiers ; -30-8 l'Assemblée s'attribue le pouvoir constituant (proposition Rivet).

GOUVERNEMENT INSURRECTIONNEL (18-3/28-5-1871)

■ **Causes. 1°)** Le peuple de Paris est sous-alimenté depuis 5 mois (consommation d'absinthe quintuplée). **2°)** Indignation de la garde nationale devant : *a)* la capitulation de Jules Favre (29-1) qui pourtant lui laissait ses armes ; *b)* les préliminaires de Thiers (26-2) qui l'obligeait à livrer ses canons (18-3) ; *c)* la suppression de la solde des gardes nationaux (unique ressource des ouvriers mobilisés) ; *d)* l'annulation du moratoire des effets de commerce et des loyers (obligeant les ouvriers sans ressources à payer brusquement leurs dettes). **3°)** Développement de la propagande révolutionnaire, grâce à l'entière liberté de la presse et des réunions (clubs). **4°)** Thiers est décidé à gagner en 1871 la bataille contre le peuple de Paris qu'il a perdue en février 1848. **5°)** Bismarck (antirévolutionnaire) pousse à écraser un mouvement armé populaire à prétentions socialistes.

■ **Fédérés. Effectifs :** 234 bataillons (garde active 80 000 h., garde sédentaire 113 000 h.). **Délégués à la guerre :** 3-4/1-5 *Gustave Cluseret* (Paris 13-1-1823/La Crau 23-8-1900) Gal de l'armée nordiste américaine, min. de la Guerre de la Commune ; 1/9-5 *Louis Rossel* (St-Brieuc 9-9-1844/Satory 28-11-1871, fusillé, colonel) ; 11/25-5 *Charles Delescluze* (Dreux 20-10-1809/25-5-1871, † au combat). **Chefs militaires :** *Jaroslaw Dombrowski* (1836/23-5-1871, † au combat) quartier-maître de l'armée russe ; *Gustave Flourens* (Paris 4-8-1838/Chatou 3-4-1871, fait prisonnier, tué d'un coup de sabre) ; *Charles Lullier,* Lt de vaisseau (1838-91/destitué le 25-3-1871). **Autres personnages :** *Louise Michel* (Vroncourt-la-Côte 29-5-1830/Marseille 10-1-1905, institutrice puis révolutionnaire, 1873 déportée à Nouméa, amnistiée 1880) ; *Jules Vallès* (1833-85, condamné à mort par contumace, écrivain) ; *Félix Pyat* (Vierzon 4-10-1810/St-Gratien 3-8-1889, membre de la commission des Finances) ; *Raoul Rigault* (1846-71, fusillé, préfet de police) ; *Prosper-Olivier Lissagaray* (Auch 1839/Paris 1901, journaliste) ; *Eugène Varlin* (1839-71, fusillé, commissaire aux subsistances).

☞ *Le Temps des Cerises* [1867 d'Antoine Renard (musique) et Jean-Baptiste Clément (1836 ou 1837-1903, maire de Montmartre de mars à mai 1871)] fut leur « hymne ».

■ **Versaillais. Effectifs :** 130 000 h. jusqu'au 16-4 puis 170 000. **Chefs militaires :** Cdt en chef : *Mac-Mahon* (voir p. 675 a) ; de l'infanterie : *Joseph Vinoy* (1800-80) ; de la cavalerie : *Galliffet* [Gaston Mis de (Paris, 23-1-1830/8-7-1909)].

■ **Déroulement. 1871**-*2/9-3* les fédérés enlèvent 26 canons aux Gobelins et les emmènent à l'école des Frères à la Maison-Blanche ; *-15-3* la loi sur les échéances, promulguée à Bordeaux, rapproche les commerçants de la Commune ; *-18-3* soulèvement à Paris ; 40 000 h. de l'armée de Paris sont chargés de récupérer les 417 canons que détient la garde nationale ; à Montmartre, le Gal Lecomte attend 800 chevaux pour emmener 171 canons ; après 4 h d'attente, ses hommes se laissent endoctriner par des révoltés ; les Gaux Lecomte et Clément Thomas sont exécutés par les fédérés ; *-20-3* Thiers abandonne Paris et gagne Versailles ; le comité central siège à l'Hôtel de Ville ; *-26-3* élection d'un conseil communal (90 membres, dont 71 révolutionnaires) qui s'installe le *-28-3* à l'Hôtel de Ville et prend le nom de *Commune de Paris ; -2-4* premiers combats à Courbevoie ; *-3-4* les fédérés tentent une marche vers Versailles mais sont arrêtés par le canon du Mt Valérien ; le Gal Émile Duval (né 1840) est pris et fusillé avec son chef d'état-major ; *-4-4* les versaillais attaquent Neuilly, prennent Courbevoie et Châtillon ; *-5-4* arrestation de 74 otages par les communards dont Mgr Georges Darboy (16-1-1813/24-5-1871 ; dès 1863, archevêque de Paris) ; *-1-5* institution d'un comité de salut public ; *-9 et 14-5* les versaillais prennent les forts de Vanves et d'Issy. *-16 et 24-5* massacre des otages. *-21-5* 70 000 versaillais entrent à Paris par le bastion du Point-du-Jour, dégarni, et la porte de St-Cloud ; *-22/28-5 « semaine sanglante » :* Paris conquis rue par rue ; *-23-5* incendies par les « Communards » : Hôtel de Ville, Quai d'Orsay, Tuileries, Légion d'honneur, Cour des comptes, Palais de justice, bibliothèque du Louvre ; *-24-5* otages fusillés dont Mgr Darboy ; *-24/26-5* 424 fédérés prisonniers fusillés au parc Monceau et à Montmartre ; *-26-5* rue Haxo, 52 otages (dont 11 prêtres, 35 gardes ou gendarmes, 3 mouchards) tués par insurgés (1er tué : l'abbé Planchat par une jeune fille) ; *-27-5* prise du Père-Lachaise ; *-28-5* chute de la dernière barricade, rue Ramponeau.

■ **Bilan.** *Massacrés par les fédérés :* 484 dont 66 otages. *Pertes militaires des versaillais :* 877 †, 266 disparus, 6 454 blessés. *Répression :* 400 000 dénonciations écrites. *Pertes des insurgés :* de 20 000 à 35 000 (selon Rochefort) [selon d'autres 100 000 (dont 3 500 fusillés sans jugement dans Paris, 1 900 le furent cour de la Roquette, plusieurs centaines au « mur des Fédérés » du Père-Lachaise)]. *Fédérés prisonniers* plus de 40 000 (faute de place, ils sont internés sur des pontons et dans les forts côtiers) ; *condamnés* 10 137 [à mort 93 dont 23 exécutés ; aux travaux forcés

251 ; à la déportation dans une enceinte fortifiée 1 169 ; à la déportation simple (Algérie ou Nlle-Calédonie) 3 417 ; à la réclusion 1 247 ; à un emprisonnement de plus d'un an 1 305 ; à moins d'un an 2 054 ; mineurs en maison de correction 55] ; acquittés 2 445 ; non-lieux 22 727.

■ **Conséquences.** Paris doté d'un régime municipal spécial (pas de maire avant 1977) ; les Parisiens sont considérés (jusqu'en 1914) par les provinciaux comme de dangereux anarchistes (état de siège maintenu jusqu'en 1876, avec autorisation préalable pour les journaux, censure des théâtres, couvre-feu pour cafés et restaurants) ; l'artisanat parisien est décimé ; la propagande officielle a interdit toute apologie de la Commune jusqu'à la 1re Guerre mondiale. Depuis 1917, les révolutionnaires étrangers ont exalté son souvenir (notamment la « commune hongroise » de 1927).

■ **1871** (31-8) **Adolphe Thiers** [(Marseille 15-4-1797/St-Germain-en-Laye 3-9-1877). Fils d'un aventurier condamné pour escroquerie. *1818* avocat à Aix ; *1821-sept.* journaliste et écrivain à Paris (*Histoire de la Révolution française* 1823-27) ; *1830* cofondateur du *National ;* Conseiller d'État ; *-oct.* député d'Aix. Sous-secrétaire d'État aux Finances. *1832* et *34-36* min. de l'Intérieur ; *1833* Académie française ; *1836-févr./août* Pt du Conseil et min. des Aff. étrangères ; il est chassé du pouvoir parce que belliciste, redevient historien (*Histoire du Consulat et de l'Empire,* 1840-48) ; *1840 févr./29-10* Pt du Conseil et min. des Aff. étrangères ; *1848* il tente de sauver la monarchie, *-23-2* forme un gouvernement ; *-juin* élu député dans 4 départements ; *1848-49* il se rallie à Louis-Napoléon ; *1850-févr.* devient républicain ; *1851-2-12* arrêté, exilé en Suisse. *1852* rentre. Silencieux 11 ans. *1863-mai* élu député de Paris, *1869* réélu ; *1870-juillet/sept.* s'oppose à la guerre ; *1871-17-2* élu par l'Assemblée chef du pouvoir exécutif ; **-31-8 nommé Pt de la Rép.** par décret de l'Assemblée (voté par 533 voix contre 38). Après sa présidence, il est en *1876* député de la Seine et le *24-5-1877* il prend parti contre Mac-Mahon (manifeste des 363). Il meurt pendant la campagne électorale].

1872-14-5 *M^{al} Bazaine* arrêté (voir encadré p. 673) ; -27-7 loi sur le service militaire porté à 5 ans : remplacement supprimé ; -26-9 discours de Gambetta annonçant la venue de « couches nouvelles » comprenant bourgeois et ouvriers. **1873**-28-4 *Désiré Barodet* (1823-1906), maire radical de Lyon, destitué, élu à Paris contre un candidat de Thiers ; -24-5 Thiers, battu par 360 voix contre 344 sur l'« ordre du jour Ernoul » [Edmond Ernoul (1829-99), député monarchiste de la Vienne] réclamant une « politique résolument conservatrice », démissionne.

■ **1873** (24-5) **M^{al} de Mac-Mahon élu Pt de la Rép.** [Edme-Patrice, Cte de Mac-Mahon, duc de Magenta (Sully, S.-et-L. 13-6-1808 / La Forest, Loiret 17-10-1893). Noblesse légitimiste d'origine irlandaise (*1828* saint-cyrien ; *1830* expédition d'Alger ; *1848* G^{al} ; *1855* se distingue à Malakoff ; *1856* duc) ; *1859* M^{al} ; *1861* ambassadeur en Prusse ; *1864* gouverneur d'Algérie ; *1870* prisonnier à Sedan ; *1871* chef nominal de l'armée des versaillais ; s'entend avec le duc de Broglie pour occuper la présidence de la République et restaurer la monarchie]. Élu Pt le 24-5 à Versailles au 1er tour par 391 voix (1 à Grévy, 300 abstentions). **1873**-25-5 (au 16-5-1874) **Albert, duc de Broglie** (1821-1901) vice-Pt du Conseil ; gouverne en fait ; -5-8 le Cte de Paris reçu à Frohsdorf (Autriche) se réconcilie avec le Cte de Chambord ; -13/16-9 fin de l'occupation allemande (5 000 h. quittent Verdun) ; -10-10 Bazaine condamné. -30-10/12-11 *échec de la restauration monarchique :* légitimistes et orléanistes avaient la majorité absolue à l'Assemblée nationale mais malgré plusieurs démarches, dont celle de Charles Chesnelong le 14-10, ne purent convaincre le *Cte de Chambord* de renoncer au drapeau blanc ; Chambord confirma sa position dans une lettre ouverte à Chesnelong, datée du 27-10, publiée dans *l'Union* du 30-10 ; il voulait se présenter à l'Assemblée nat., appuyé sur le bras de Mac-Mahon, le 12-10-1873, et s'y faire acclamer comme roi (mais Mac-Mahon refusa) ; du 9 au 21-11, il réside à Versailles (sous le nom de Cte de Mercœur) chez le Cte de Vanssay, mais ne peut rencontrer Mac-Mahon ; l'Assemblée n'ayant pas voté le rétablissement de la monarchie mais instauré, le 20-11, le *septennat présidentiel,* il quitte Versailles ; *-déc.* Mac-Mahon refuse de recevoir le Cte de Chambord ; **1874**-15-3 *traité de Hué :* Tonkin protectorat français ; -22-5 (au 10-3-1875) **Gal Ernest Courtot de Cissey** vice-Pt du Conseil ; -4-10 élections cantonales : succès des républicains. **1875**-10-3 (au 23-2-1876) **Louis-Joseph Buffet** (1818-98) vice-Pt du Conseil ; -5-6 inauguration du palais Garnier (Opéra). **1876**-20-2 et -5-3 élections favorables aux républicains (360 élus) ; -9-3 (au 2-12-1876) **Armand Dufaure** Pt du Conseil ; -4-5 discours de Gambetta : « Le cléricalisme, voilà l'ennemi » ; -8-6 retour en France (à Dreux) des cendres de Louis-Philippe ; -17-12 (au 17-5-1877) **Jules Simon** Pt du Conseil. **1877**-16-5 *crise du Seize Mai,* Mac-Mahon renvoie Jules Simon (prétexte : désaccord à propos de la loi sur les délits de presse ; *raison profonde :* les catholiques réclament une intervention contre le gouvernement italien qui s'oppose au pape ; les républicains la refusent) ; la Chambre vote le 22-6 un ordre du jour de défiance par 363 voix contre 158 ; -17-5 (au 19-11) **Albert, duc de Broglie** Pt du Conseil ; -25-6 *dissolution de la Chambre ;* -3-9 Thiers meurt ; -14 et 28-10 élections, les républicains obtiennent encore 327 sièges ; -23-11 (au 30-11) **Gal Gaëtan de Grimaudet de Rochebouët** (1813-99) Pt du Conseil ; -13-12 (au 30-11-1879) **Armand Dufaure** Pt du Conseil ; -15-12 message de Mac-Mahon au Sénat définissant les attributions du Pt de la Rép. : le régime devient parlementaire. **1878**-3-3 *traité de San Stefano* (voir à l'Index) ; -1-5 *3e Exposition universelle* de Paris. **1879**-5-1 les républicains ont la majorité au Sénat ; -30-1 Mac-Mahon démissionne, Dufaure ayant été exclu du gouvernement par le Gal Jean-Louis Borel (1819-84), ministre de la Guerre le 13-1.

■ **1879** (30-1) **Jules Grévy élu Pt de la Rép.** [François-Jules, dit Jules (Mont-sous-Vaudrey, 15-8-1807/9-9-1891). Fils d'un paysan franc-comtois. *1837* avocat (républicain) au barreau de Paris ; *1848* élu à la Constituante ; *1849* élu à l'Ass. législative ; *1851-2-12* arrêté ; libéré, il redevient avocat ; *1868* élu au Corps législatif ; *1869* député (républicain) de Paris ; *1871* député du Jura ; *-16-2* Pt de l'Assemblée à Bordeaux, il confie le pouvoir exécutif à Thiers ; vote l'amendement Wallon ; *1871-73* Pt de l'Ass. nat. ; *1876-79* il est Pt de la Chambre]. Élu par le Congrès à Versailles le 30-1-1879 au 1er tour par 563 voix (Chanzy 99, Gambetta 5, Gal de Ladmirault 1, duc d'Aumale 1, Gal de Galliffet 1).

1879-30-1 (au 30-11-1879) **Armand Dufaure** reste Pt du Conseil ; -31-1 1er vote des Chambres, revenues de Versailles à Paris : le *14 Juillet* fête nationale et *la Marseillaise* hymne national ; -21-2 la Chambre prend parti pour la démolition des Tuileries (qu'on aurait pu restaurer) ; -1-6 mort du P^{ce} impérial, tué au Zoulouland ; -4-12 (au 26-12-1879) **William Henri Waddington** (1826-94) Pt du Conseil ; -28-12 (au 19-9-1880) **Charles de Freycinet** (1828-1923) Pt du Conseil. **1880**-29-3 décret expulsant les jésuites dans les 3 mois ; opérations de police contre de nombreuses maisons religieuses (jésuites, dominicaines) ; -29-5 Lesseps entreprend le percement du canal de *Panamá* (voir à l'Index) ; -11-7 *amnistie* des communards ; -23-9 (au 13-11-1881) **Jules Ferry** (1832-93) Pt du Conseil ; -7-10 *Duplice :* alliance Allemagne/Autriche. **1881**-avril 30 000 Français passent la frontière algéro-tunisienne et 8 000 débarquent à Bizerte ; -12-5 *traité du Bardo : Tunisie sous protectorat* (17-4 raid de 500 Kroumirs en Algérie, 5 Français tués) ; -30-5 *loi sur la liberté de réunion ;* -16-6 *vote des lois scolaires* (gratuité et caractère obligatoire de l'enseignement primaire, création des écoles normales d'instituteurs) ; -29-7 *loi sur la liberté de la presse ;* -14-11 (au 27-1-1882) **Léon Gambetta** (1838-82) Pt du Conseil (grand ministère). **1882**-27-1 (au 29-7) **Charles de Freycinet** Pt du Conseil ; -29-3 *laïcité de l'enseignement ;* -18-5 fondation de la *Ligue des patriotes* (Paul Déroulède) ; -20-5 formation de la *Triple-Alliance* (Allemagne/Autriche/Italie) contre la Fr. ; -7-8 (au 22-1-1883) **Charles Duclerc** (1812-88) Pt du Conseil ; -20-12 Eugène Bontoux (1820-1905), accusé dans l'affaire du *krach de l'Union générale,* condamné à 5 ans de prison et à 3 000 F d'amende [15-3-1883 peine réduite à 2 ans (l'Union générale, créée en 1877, était une Sté financière prospère mais, attaquée par la spéculation, elle eut des difficultés de trésorerie (non insurmontables) en 1881 ; au moment où Bontoux arrivait à la renflouer, le garde des Sceaux, Gustave Humbert (1822-84), le déclara en faillite et le fit arrêter (motif supposé : Bontoux, député conservateur, était un ami de Mac-Mahon, il avait été invalidé de façon suspecte, le 14-10-1877) ; Bontoux a remboursé son passif sur sa fortune personnelle et a écrit en 1888 un livre dénonçant l'injustice d'Humbert] ; -31-12 Gambetta meurt. **1883**-29-1 (au 18-2) **Armand Fallières** (1841-1931) Pt du Conseil ; -21-2 (au 30-3-1885) **Jules Ferry** Pt du Conseil ; -7-7 visite des P^{ces} d'Orléans (Cte de Paris, duc de Nemours, duc d'Alençon) au Cte de Chambord à Frohsdorf ; -24-8 à 7 h 27, mort du Cte de Chambord ; le Cte de Paris le notifie aux chancelleries étrangères mais n'assiste pas aux obsèques, la Ctesse de Chambord lui refusant la 1re place au profit des Bourbons-Parme et d'Espagne ; -25-8 *protectorat français en Annam ;* traité de Hué. **1883-85** expédition de *Madagascar.* **1884**-22-3 *liberté syndicale ;* -5-4 *loi sur les communes ;* -27-7 rétablissement du *divorce* (loi Naquet) ; -sept./oct. grève des mineurs *d'Anzin* (40 000 grévistes, 46 j de grève) ; -9-12 composition du Sénat modifiée (voir à l'Index) ; -18-12 déclaration de guerre à la *Chine* [qui a attaqué Tuyên-Quang (15 000 Chinois assiègent 400 légionnaires et 165 tirailleurs annamites commandés par le *C^{dt} Marc Edmond Dominé* (1848-1921) ; ils résistent plus de 100 j et sont délivrés le 3-3-1885 par la brigade Giovanelli ; 6 000 Chinois † ; parmi les morts français, le *sergent Jules Bobillot* (1860-85)]. **1885**-28-3 défaite de *Lang Son* (200 Fr. tués ou blessés) ; -29-3 la nouvelle arrive à Paris, causant la chute de Jules Ferry le 30-3 ; -6-4 (au 29-12) **Henri Brisson** (1835-1912) Pt du Conseil ; -1-6 funérailles nationales de *Victor Hugo ;* -17-12 *Madagascar :* protectorat français ; -28-12 **Grévy réélu Pt de la Rép.** *(1er tour)* 457 voix (Brisson 68, Freycinet 14, A. de La Forge 10). **1886**-7-1 *Gal Boulanger* min. de la Guerre ; -7-1 (au 3-12) **Charles de Freycinet** Pt du Conseil ; -13-5 la fille aînée du Cte de Paris, Marie-Amélie, épouse Charles duc de Bragance (fils du roi Louis Ier de Portugal) et héritier du trône, réception à l'hôtel Galliera (aujourd'hui hôtel Matignon) où il habite ; *le Figaro* dira : « C'est tout le personnel de la future monarchie qui a été passé en revue » ; -23-6 *loi d'exil :* expulsion des princes (Bourbons et Bonaparte) ; -12-12 (au 18-5-1887) **René Goblet** (1828-1905) Pt du Conseil. **1887**-janv. troubles à *Decazeville ;* -20-4 *affaire Schnaebelé* [Guillaume (1831-1900), commissaire de police du poste frontière de Pagny-sur-Moselle ; attiré en territoire allemand par son homologue, Gautsch, au sujet du service, arrêté et incarcéré comme espion ; on croit, en Fr., que l'arrestation a eu lieu en territoire fr. ; -23-4 le Pt du Conseil et Boulanger demandent l'envoi d'un ultimatum à l'Allemagne et la mobilisation ; Grévy préfère un règlement à l'amiable ; Bismarck accepte ; -30-4 Schnaebelé relâché] ; -18-5 Gal Boulanger, min. de la Guerre, renvoyé ; -25-5 incendie de l'Opéra-Comique, 100 † ; -30-5 (au 4-12) **Maurice Rouvier** (voir p. 678 a) Pt du Conseil ; -sept. découverte d'un *trafic de décorations* [Daniel Wilson (1840-1919) gendre de Grévy, député d'I.-et-L. depuis 1876, a ouvert à l'Élysée, où il loge, une officine où l'on peut obtenir la Légion d'honneur en payant ; après une violente campagne de presse, le 17-11 la Chambre autorise l'ouverture d'une action judiciaire contre Wilson ; -19-11 discours de Clemenceau faisant tomber le ministère ; -2-12 Sénat et Chambre votent une double résolution demandant la démission de Grévy qui se soumet (Wilson, condamné à 2 ans de prison le 23-2-1888, sera acquitté en appel et réélu député en 1893 et 1898)].

Boulangisme (1886-89)

■ **Causes. 1°)** Discrédit de la république parlementaire, du fait notamment du trafic des décorations à l'Élysée. **2°)** Désir de revanche, fomenté dans l'opinion publique par la bourgeoisie conservatrice accusée d'avoir signé le traité de Francfort (1871) par crainte de la Commune parisienne. **3°)** Engouement des foules, surtout à Paris, pour un beau cavalier.

■ **Le personnage. Georges Boulanger** (Rennes 29-4-1837/Ixelles 30-9-1891), brillant combattant d'Algérie, Italie, Cochinchine ; G^{al} à 43 ans (1880), chef du corps expéditionnaire en Tunisie (1884-85) ; condisciple de Clemenceau au lycée de Nantes, se rallie à lui en 1886, abandonne le duc d'Aumale qui a fait sa carrière militaire. Se pose en « G^{al} républicain ». Ambitieux, il vise la présidence à vie d'une république nationaliste. Les monarchistes, notamment la *D^{esse} d'Uzès* (Paris 10-2-1847/Dampierre 3-2-1933 ; née Marie-Clémentine de Rochechouart-Mortemart ; veuve d'Emmanuel de Crussol, duc d'Uzès ; très riche) qui alimente son budget, le soutiennent pour qu'il renverse le régime, la restauration ayant ses chances après lui ; Boulanger garde néanmoins des partisans à gauche : *Henri Rochefort* (1831-1913), *Alfred Naquet* (1834-1916). Principal propagandiste : *Paul Déroulède* (1846-1914) qui le surnomme « Gal Revanche ». Les républicains, connaissant son manque d'intelligence et de caractère, l'ont vu avec satisfaction à la tête de la droite (monarchistes, bonapartistes, conservateurs) et le contrôlent par sa maîtresse *Marguerite de Bonnemains,* qui travaillait pour la police.

■ **Déroulement. 1886**-*7-1/mai* Boulanger, min. de la Guerre, se rend populaire dans l'armée par des réformes (fusil Lebel, guérites tricolores, création des troupes coloniales, incorporation des séminaristes, « les curés sac au dos », etc.) ; *-14-7* revue à Longchamp (il est acclamé) ; *-oct.* parution du journal *la Revanche* (frontispice : portrait de Boulanger) faisant campagne pour la reconquête de l'Alsace-Lorraine. **1887** *-20/30-4* affaire Schnaebelé (voir col. b) : Boulanger veut mobiliser ; *-18-5* renvoyé du ministère de la Guerre (remplacé le 30-5 par Maurice Rouvier) ; *-22-5 :* 39 000 électeurs votent pour lui lors d'une partielle (non éligible, bulletins nuls) ; *-28-6* affecté à Clermont-Ferrand ; y part en juillet ; *-8-7* manifestation à la gare de Lyon ; *-14-10* est mis aux arrêts ; *-nov.* création du *parti boulangiste* (Bon de Mackau, 1832-1918). **1888**-*14-3* Boulanger mis en non-activité ; *-4-6* élu député du Nord ; *-13-7* duel à l'épée avec Charles Floquet, Pt du Conseil (Boulanger est blessé). **1889**-*27-1* élu à une partielle de Paris [245 000 voix contre 162 000 au radical Édouard Jacques (1828-1900 ; élu député de la Seine 1889)] : la foule marche sur l'Élysée où le Pt Carnot fait ses malles, mais Marguerite de Bonnemains empêche Boulanger de prendre le pouvoir ; *-1-4* elle s'enfuit avec lui à Bruxelles, lui faisant croire qu'il va être arrêté ; *-14-8* Boulanger condamné par contumace à la détention perpétuelle dans une enceinte fortifiée (complot contre la sûreté de l'État) ; s'enfuit ; *-22-9 et 6-10* élections : échec du boulangisme (38 sièges sur 571). **1891**-*16-7* mort de Marguerite de Bonnemains ; *-14-8* suicide de Boulanger sur sa tombe à Ixelles (Belgique).

■ **Conséquence.** Le nationalisme revanchard continue, dans les milieux de droite, sans leader qualifié. Il ne pourra jamais renverser la république radicale, même à l'occasion de l'affaire Dreyfus.

■ **1887** (3-12) **Sadi Carnot** (Limoges 11-8-1837/Lyon 25-6-1894, assassiné) **élu Pt de la Rép.** Fils d'Hippolyte Carnot, ministre ; petit-fils de Lazare Carnot, Cte d'Empire. En *1857* il est reçu major à Polytechnique ; *1863* ingénieur des Ponts et Chaussées (major) ; *1871* élu à l'Ass. nat. ; *1876* député de Beaune ; *1880* min. des Travaux publics ; *1881* vice-Pt de la Chambre ; *1885* min. des Finances ; *1886* des Travaux publics ; forcé à démissionner pour avoir demandé des économies. Élu Pt le 3-12-1887 au 2e tour.

1887-12-12 (au 30-3-1888) **Pierre Tirard** Pt du Conseil. **1888**-3-4 (au 14-2-89) **Charles Floquet** Pt du Conseil ; -15-10 *1er emprunt russe* souscrit à Paris. **1889**-4-2 faillite de la Cie du canal de *Panamá ;* -12-2 *scrutin d'arrondissement* rétabli ; -22-2 (au 1-3-1890) **Pierre Tirard** Pt du Conseil ; -1-4 Boulanger fuit à Bruxelles ; -5-5 Jean-Nicolas Perrin tire, sans l'atteindre, sur Sadi Carnot ; -6-5 inauguration de la *tour Eiffel (Exposition universelle) ;* -15-7 *service militaire* réduit de 5 à 3 ans ; -22-9 et -6-10 élections : *échec du boulangisme.* **1890**-7-2 Philippe, duc d'Orléans (1869-1926), fils du Cte de Paris, arrive clandestinement à Paris pour faire son service militaire ; arrêté et condamné le 12-2 à 2 ans de prison (surnommé à cause de cette aventure « le P^{ce} Gamelle », il est reconduit à la frontière suisse le 6-6) ; prise de *Ségou* par le C^{el} Louis Archinard (11-2-1850/8-5-1932), C^{dt} supérieur au Soudan (destruction de l'Empire d'Ahmadou) ; -17-3 (au 19-2-1892) **Charles de Freycinet** Pt du Conseil ; -12-11 *toast d'Alger,* début du *ralliement* des catholiques aux républicains [sur l'ordre de Léon XIII, le cardinal Charles Lavigerie (Bayonne 31-10-1825/Alger 25-11-1892), archevêque d'Alger depuis 1867, porte un toast à la République et fait jouer *la Marseillaise* au cours d'un banquet d'officiers de marine de l'escadre de Méditerranée]. **1891**-1-5 *fusillade de Fourmies :* la troupe tire sur les grévistes qui défilent pour le 1er Mai (9 † dont 1 enfant de 11 ans, 30 blessés), 2 des organisateurs du défilé sont emprisonnés : Culine et Paul Lafargue (Santiago de Cuba 15-1-1842/Draveil 26-11-1911, gendre de Karl Marx, fondateur du parti ouvrier français), élu député du Nord le 25-10 ; -23-7 visite à *Cronstadt* (Russie) d'une escadre française (le tsar écoute, tête nue, *la Marseillaise*) ; -27-8 accord diplomatique franco-russe (consultations en cas de menaces extérieures). **1892**-11-1 *lois Méline* (retour au protectionnisme agricole) ; -27-2 (au 28-11) **Émile Loubet** Pt du Conseil ; -11-3 début des *attentats anarchistes* à Paris ; -17-8 convention militaire franco-russe ; -sept. début du *scandale de Panama* (voir à l'Index); -6-12 (au 30-3-1893) **Alexandre Ribot** Pt du Conseil. **1893**-4-4 (au 25-11) **Charles Dupuy** (voir p. 677 a) Pt du Conseil ; -2-7 Nuger, le cousin d'un étudiant, est tué (porte-allumettes en fonte, reçu à la tempe, lancé par policier en fuite) ; -3/4-7 manifestation étudiante : déprédations par des voyous ; -7-7 Bourse du travail fermée ; -16-8 *Aigues-Mortes*, affrontements entre travailleurs, 7 Italiens † ; en Italie, vague d'hostilité envers la Fr. ; -13-10 escadre russe visite Toulon ; -3-12 (au 22-5-1894) **Jean Casimir-Perier** (1847-1907) Pt du Conseil et min. des Aff. étrangères ; -11/12-12 *1re loi* antianarchiste dite *« scélérate »* sur les « appels au meurtre et au pillage » [adoptée le 9-12 à la Chambre (par 413 voix sur 476 votants) et le 12-12 au Sénat à l'unanimité (263 votants)] ; *2e loi* votée en même temps que la 1re : punit de 2 à 5 ans la fabrication ou la détention illégale d'explosifs ; -18/19-12 *3e loi « scélérate »* sur les « associations de malfaiteurs » (votée par 464 députés contre 39 et tous les sénateurs) ; -22-12 Dreyfus condamné à la déportation. **1894**-10-1 prise de *Tombouctou* (Afr.) par le Lt-colonel Bonnier, intérimaire du Cel Louis Archinard (Le Havre 11-2-1850/Villiers-le-Bel 8-5-1932) ; -30-5 (au 15-1-1895) **Charles Dupuy** Pt du Conseil ; -24-6 *Carnot*, venu à Lyon visiter l'Exposition internationale et coloniale, est blessé mortellement d'un coup de poignard († 25-6 à 0 h 38) par Santo Hieronimus Caserio (né à Motta-Visconti, Lombardie 8-9-1873, condamné à mort 2/3-8, refuse de solliciter sa grâce, exécuté 16-8) pour venger Vaillant ; en représailles, des magasins italiens sont pillés (1 220 personnes appréhendées, 500 jugées en 2 semaines) ; -16-8 bombe, dégâts devant le consulat de France à Ancône (Italie).

■ **1894** (27-6) **Jean Casimir-Perier** [(Paris, 8-11-1847/11-3-1907) fils d'un ministre de l'Intérieur ; petit-fils du Pt du Conseil de Louis-Philippe. Équipe un bataillon de mobiles dans l'Aube et sert en *1870* comme capitaine. *1876* député de Nogent-sur-Seine (centre gauche). *1885* député de l'Aube ; Pt de la Chambre. *1893* Pt du Conseil, crée le ministère des Colonies. **Élu Pt de la Rép.** au 1er tour par 451 voix sur 851 [Brisson 195, Dupuy 97, Gal Février 53, Arago 27 ; (accepte après beaucoup d'hésitations)] ; la gauche lui reproche violemment sa fortune]. **Charles Dupuy** reste Pt du Conseil ; -26-7 *5e loi « scélérate »* contre les anarchistes (sur la propagande par le fait) votée par 269 députés contre 163 (150 abstentions) ; -28-7 votée par 205 sénateurs contre 34. **1895**-14-1 Casimir-Perier démissionne, se plaignant de ne pas être informé de la situation politique par ses ministres. Devenu Pt de la Cie des mines d'Anzin, il se retire de la vie politique.

Attentats anarchistes (1892-94)

■ **Causes.** **1°)** Souvenirs de la Commune de Paris [la militante révolutionnaire Louise Michel (1830-1905), rentrée de Nlle-Calédonie en 1880, est la théoricienne des anarchistes français]. **2°)** Hostilité envers les partis organisés de gauche (marxistes) qui veulent créer un État socialiste. **3°)** Haine et mépris pour la bourgeoisie affairiste, au pouvoir depuis 1877.

■ **Déroulement.** **1891**-*20-12* 4 bombes sur le seuil de Berthelot, juge d'instruction. **1892**-*1-3* explosion hôtel Sagan ; -*11-3* bombe de *Ravachol* [François Claudius dit Richard, dit Léon Léger (St-Chamond 14-10-1859) légitimé en 1862 par son père Kœnigstein] chez le Pt de la cour d'assises Benoît ; -*15-3* attentat, caserne Lobau ; -*27-3* bombe de Ravachol au domicile du substitut Bulot ; -*30-3* Ravachol arrêté [condamné aux travaux forcés par la cour d'assises de Paris le 26-4 puis condamné à mort le 11-7 par la cour d'assises de la Loire pour assassinats, vols et violation de sépulture, il est guillotiné à Montbrison (11-7)] ; -*25-4 François Meunier* provoque une explosion (6 blessés dont 2 mourront) au restaurant Véry où avait été arrêté Ravachol (Meunier sera le 28-7-1894 condamné aux travaux forcés à perpétuité) ; -*8-11* bombe déposée par *Émile Henry* (19 ans) au siège des mines de Carmaux (11, av. de l'Opéra), transportée au commissariat de police rue des Bons-Enfants (5 †). **1893** -*13-11 Léauthier* poignarde Georgewith, min. de Serbie (blessé) ; il sera condamné le 24-2-1894 aux travaux forcés à perpétuité ; -*16-11* Marseille, attentat contre la résidence du Gal Voulgrenant ; -*9-12 Auguste Vaillant* (Mézières 28-12-1861/Paris 4-2-1844) lance une bombe à 16 h 02 dans la Chambre des députés : « La séance continue » dira Charles Dupuy, Pt du Conseil [*le Crapouillot* a dit en 1935 que Vaillant était téléguidé par le policier Puyrabaud, chargé de faire adopter les lois « scélérates », utiles à la répression ; sa bombe aurait été fabriquée à la préfecture de police : chargée de clous, elle avait fait 57 blessés légers (dont 18 députés dont l'abbé Lemire, catholique libéral) ; Vaillant, condamné à mort par la cour d'assises de la Seine le 11-1-1894, sera guillotiné le 4-2-1894]. **1894**-*18-1* et *9-2* bombes à Neuilly : pas de blessés ; -*12-2 Émile Henry* jette une bombe gare St-Lazare à l'intérieur du café « Terminus » : 1 †, 20 blessés (condamné à mort 26-4, exécuté 24-5) ; -*20-2* 2 bombes dans 2 hôtels (rue St-Jacques et faubourg St-Martin) ; -*15-3 Pauwels* (Belge) déchiqueté par la bombe qu'il allait déposer à l'église de la Madeleine ; -*4-4* explosion au restaurant Foyot (l'écrivain Laurent Tailhade perd un œil) ; -*11-4* bombe chez le juge de paix d'Argenteuil ; -*11-5* bombe devant un hôtel, avenue Kléber ; -*22-5* bombe chez l'abbé Garnier, avenue Niel ; -*24-6* Pt Carnot tué à Lyon (voir col. a). **Dernières manifestations de l'anarchie : 1910** exécution de Liabeuf ; **1911**-*21-12* garçon de recettes de la Sté générale tué ; **1912** extermination de la *bande à Bonnot* [20 accusés, Jules Joseph Bonnot (Pont-de-Roi 1876/Choisy-le-Roi 29-4-1912, abattu par la police avec son complice Dubois), 4 condamnés à mort 27-2-1912 : Eugène Dieudonné, Raymond Callemin, André Soudy et Monier].

■ **1895** (17-1) **Félix Faure** (Paris 30-1-1841/Paris 16-2-1899) **élu Pt de la Rép.** Fils d'entrepreneur ; apprenti tanneur en Touraine, puis ouvrier aux tanneries du Havre ; y crée une maison de commerce. *1870* Cdt d'un bataillon de mobiles. *1881* député du Havre (Union républicaine) ; *1883-85* sous-secr. d'État au Commerce et aux Colonies. *1888* leader de l'anti-boulangisme. *1894* min. de la Marine et des Colonies. Le 17-1-1895, il est élu Pt de la Rép. au 2e tour par 430 voix (Henri Brisson, radical, 361) ;

Principaux personnages de la IIIe République

☞ *Abréviations* : Ac. fr. : Académie française. AE : Affaires étrangères. AN : Assemblée nationale. Cons. gén. : conseiller général. Cons. mun. : conseiller municipal. D : député. EM : état-major. Gouv. : gouvernement. Int. : Intérieur. IP : Instruction publique. Lic. : licencié. M : ministre. Pt C : président du Conseil. Pt Ch : président de la Chambre. Pt R : président de la République. Rep. : représentant. S : sénateur. Secr. gén. : secrétaire général. SS : sous-secrétaire d'État. TP : Travaux publics.

Légende : ■ : fut Pt de la République ; * : fut Pt du Conseil après 1875 ou vice-Pt (titre donné jusqu'en 1875).

***Barthou,** Louis (Oloron-Ste-Marie 25-8-1862/Marseille 9-10-1934). Avocat. D Basses-Pyrénées. M TP 1894-95. M Int. 1896-98. M TP 1906-09. **Pt C 22-3/9-12-1913.** Fait voter le service militaire de 3 ans. M AE 1917. Ac. fr. 1918. M Justice 1922. Pt de la Commission des réparations 1922-26. M Justice 1926-29. M Guerre 1930. M AE 1934. Proposa un pacte de l'Est. Tué lors de l'attentat contre le roi Alexandre Ier de Yougoslavie (voir p. 686 a).

***Blum,** Léon (Paris, 9-4-1872/30-3-1950) [père mercier et négociant en textiles]. 1895 lic. droit et philosophie. 1896 épouse Lise Bloch. 1907 auditeur puis maître des requêtes au Conseil d'État. 1902 adhère au PS. Journaliste : 1904 collabore à *l'Humanité*. 1919-28 D Seine. 1929-40 D Aude. **Pt C 4-6-1936/21-6-1937.** 1936 épouse Thérèse († janvier 1938). *1937* vice-Pt C (3e cabinet Chautemps) ; prend parti contre le Mal Toukhatchevski, victime de Staline. **Pt C 14-3/26-3-1938.** Joue un grand rôle (accords Matignon, non-intervention en Espagne). 1939 pris au dépourvu par le pacte germano-soviétique et inconscient de l'agressivité hitlérienne et de la faiblesse française, ne sut pas prévoir le désastre de juin 1940. 10-7-1940 vote contre les pleins pouvoirs à Pétain ; le -15-9 arrêté et interné à Chazeron puis en nov. à Bourassol. 17-10-1941 condamné à la prison à vie puis transféré le 22-11 au fort de Portalet. Son livre, *À l'échelle humaine*, écrit pendant sa captivité (1941-42), est devenu l'ouvrage de base de l'humanisme socialiste. 9-2-1942 jugé à Riom (procès ajourné). 31-3-1943 emmené de Bourassol à Aulnat puis le 3-4 à Buchenwald entre le camp et le village des SS ; -30-6 rejoint par Jeanne Reichenbach (née Levylier-Humbert, sa compagne depuis 1940) qu'il épouse le 5-9. En avril 1945, est transféré à Flossenburg, puis Dachau puis Niederhoff (Tyrol) ; libéré le 4-5 ; rentre en France le 14-5. *Sous la IVe République* défendra l'alliance avec les USA (politique « atlantique »). **Pt du gouvernement provisoire 18-12-1946/21-1-1947.** La Chambre lui refuse l'investiture le 22-11-1947 par 9 voix (300 au lieu de 309). 1947 chef de la délégation française à l'Unesco. 31-8/12-9-1948 **Vice-Pt** dans le gouvernement Marie.

***Bouisson,** Fernand (Constantine 16-6-1874/Antibes 28-12-1959) [père industriel ; tannerie familiale à Aubagne (B.-du-Rh.)]. SFIO 1909-34. Cons. mun. et maire d'Aubagne. Cons. gén. B.-du-Rh. 1907-20. D B.-du-Rh. 1909-40. Maire de La Ciotat 1938-41. 2 fois commissaire Transports maritimes et Marine marchande 1918 et 1919. **Pt C 1-6/4-6-1935.** Pt Ch 1927/4-6-1936. Vote la délégation des pouvoirs constituants au Mal Pétain (10-7-1940) et se retire de la politique.

***Bourgeois,** Léon (Paris 21-5-1851/Oger 29-9-1925). Avocat puis préfet. D Marne 1888. **Pt C 1-11-1895/23-4-1896.** Pt Ch 1902-06. M de nombreuses fois. Philosophe du radicalisme. 1920 prix Nobel de la Paix. Un des promoteurs de la SDN.

***Briand,** Aristide (Nantes 28-3-1862/Paris 7-3-1932) [père hôtelier (mais il est peut être le fils naturel of un baron)]. En 1891, passe en correctionnelle pour une affaire de mœurs [acquitté en appel (mais ses adversaires de l'Action française lui reprocheront ce fait toute sa vie)]. Lic. droit, avocat parti ouvrier français puis parti socialiste (1901 secr. général du PS ; 1905 socialiste indépendant). D Loire 1902-19 ; Loire-Inférieure 1919-32. 2 fois M (IP et Cultes 1906 ; Justice et Cultes 1908). **Pt C 24-7-1909/27-2-1911, 21-1/22-3-1913.** 3 fois **Pt C et M Int., Pt C et M AE, 29-10-1915/20-3-1917, 16-1-1921/15-1-1922, 28-11-1925/17-7-1926, 29-7/22-10-1929.** M Justice 1914. 4 fois M AE 1925 (2 fois), 1926, 1928. 6 fois M AE 1929-32. Surnommé « l'Arrangeur », a cherché des solutions de compromis : en 1906 avec l'Église sur la question des biens ecclésiastiques (refus du pape Pie X) ; en 1925-32 avec l'Allemagne sur le problème des réparations et du désarmement (voir **traité de Locarno** p. 685 a). 1926 prix Nobel de la paix avec Stresemann. Son idéal pacifiste, sa foi en la Sté des Nations (« l'esprit de Genève », qui a abouti au pacte Briand-Kellog d'août 1928, mettant la guerre hors la loi) l'a fait surnommer « le Pèlerin de la paix ». Battu par Paul Doumer le 13-6-1931 à l'élection présidentielle.

***Brisson,** Henri (Bourges, 31-7-1835/14-4-1912). D 1871. Extrême gauche, anticlérical, réclama l'amnistie des communards. Pt Ch 1881, 1894, 1904, 1906-12. **Pt C 6-4/29-12-1885, 28-6/25-10-1898.** Dreyfusard.

***Broglie,** Albert duc de (Paris, 13-6-1821/19-1-1901). Diplomate à Madrid et Rome jusqu'en 1848. Études sur l'Église et l'Empire romain au IVe s. 1856-66. Ac. fr. 1862. D orléaniste 1871. Ambassadeur à Londres 1871-72. Lutte contre Thiers. **Vice-Pt C 25-5-1873/16-5-1874. Pt C 17-5/5-11-1877.** S jusqu'en 1885. Publia des ouvrages historiques.

***Buffet,** Louis Joseph (Mirecourt 26-10-1818/Paris 7-7-1898). Avocat. M Agriculture et Commerce 1848-49, 1851. M Finances 1870. D 1871. Pt AN 1873. **Vice-Pt C 10-3-1875/23-2-1876.**

***Caillaux,** Joseph (Le Mans 30-3-1863/Mamers 21-11-1944) [père Eugène S Sarthe, M TP 1874-76, M Finances 1877, ingénieur Chemins de fer]. Lic. droit, reçu à l'inspection des Finances 1888. Professeur. Parti radical (Pt en janvier 1914). D Sarthe 1898-1919. S Sarthe 1925-40. 3 fois M Finances 1899, 1906, 1911. **Pt C et M Int. 27-6-1911/11-1-1912.** 4 fois M Finances 1913, 1925, 1926, 1935. Passe pour la plus brillante intelligence de sa génération. De gauche, mais également financier, il est en 1911 pour une entente avec l'Allemagne. Le 16-3-1914, sa femme Henriette (1874-1943) tira 6 coups de revolver dont 4 atteignirent Gaston Calmette (né 30-7-1858, directeur du *Figaro*) dans le bureau de celui-ci [Calmette s'était procuré des lettres de Caillaux (sujets financiers, diplomatiques, politiques et privés) notamment une lettre écrite en 1901 à Mme Gueydan sa maîtresse, devenue sa 1re épouse ; le 14-3-1914, *le Figaro* publiait cette lettre et donnait à entendre qu'il publierait aussi des lettres de Caillaux à une autre maîtresse, devenue sa 2e épouse ; Caillaux estimait ce chantage monté par les bellicistes pour écarter du gouv. une personnalité « germanophile », il croyait que *le Figaro* détenait les 3 télégrammes (dits les « verts d'Agadir ») échangés entre l'ambassade d'Allemagne à Paris et la chancellerie à Berlin et reproduisant ses conversations secrètes de 1911 avec l'Allemagne ; le procès ouvre le 20-7, Mme Caillaux est acquittée le 29-7, mais son mari restera impopulaire]. Ennemi personnel de Clemenceau et de Poincaré. En 1914 mobilisé, puni de 8 jours d'arrêt pour avoir envoyé un télégramme à sa femme avec indication d'origine. En permission, il est menacé dans un restaurant ; le gouv. l'envoie en mission au Brésil en déc. 1914 ; arrêté le 14-1-1918 (pour avoir négocié une paix séparée avec Autriche et Bavière). Condamné par le Sénat constitué en Haute Cour de justice le 23-4-1920 à 3 ans de prison (couverts par la détention préventive), 10 ans de privation de droits civiques et 5 ans d'interdiction de séjour pour correspondance avec l'ennemi. Revient aux affaires avec l'appui de Painlevé (1925-26), mais ne peut vaincre l'hostilité de la droite.

■ ***Carnot,** Sadi. **Pt R 1887-94** (voir p. 675 c).

■ ***Casimir-Perier,** Jean. **Pt C 3-12-1893/22-5-1894. Pt R 1894-95** (voir col. a).

***Chautemps,** Camille (Paris 1-2-1885/Washington 1-7-1963) [père D Seine 1889-97, Hte-Savoie 1897-1905 ; S Hte-Savoie 1905-18 ; vice-Pt du Sénat ; M Colonies 1895, Marine 1914]. Docteur droit, avocat Grande Loge de Fr. Parti radical. D I.-et-L. 1919-28. L.-et-C. 1929-34. S L.-et-C. 1934-40. M Justice 1925, 3 fois M Int. 1924, 1925, 1926, 1932-33. M d'État 1936-37. **Pt C** et **M Int. 21-2/25-2-1930.** M IP 1930, 4 fois M Int. (1932, 1933). **Pt C** et **M Int. 26-11-1933/27-1-1934.** M TP et M d'État 1936. **Pt C (sans portefeuille) 29-6-1937/14-1-1938** et **18-1-/10-3-1938,** 3 fois **vice-Pt C (1938, 1940,** cabinet Pétain). Le 10-7-1940 vote la délégation des pouvoirs constituants au Mal Pétain qui l'envoie (nov. 1940) en mission officieuse aux USA où il demeurera jusqu'à sa mort. En 1947, condamné pour « actes contraires à la Défense nationale » à 5 ans de prison, à l'indignité nationale à vie et à la confiscation de ses biens (par contumace). Amnistié en 1954.

***Clemenceau,** Georges (Mouilleron-en-Pareds 28-9-1841/Paris 24-11-1929 ; enterré couché, et non debout comme il a été dit, à Colombier, Mouchamps, Vendée) [père médecin]. Surnommé « le Tigre » par Urbain Gohier en 1908 (lancé dans *Fantasio*, repris par *l'Œuvre* du 6-1-1910). Épouse : Mary Plummer (Américaine). Études de médecine à Nantes 1858, puis Paris 1860.

Externe des hôpitaux 1861-62. Emprisonné 4 mois à Mazas pour avoir proclamé la République sur la place de la Bastille 1863. Interne provisoire des hôpitaux de Paris, thèse de doctorat 1865. Part pour l'Amérique. Médecin 1869 (exercera jusqu'en 1885). 1872 incarcéré 15 j à la Conciergerie (affaire de duel). Journalisme : *le Temps, la Justice* (fondateur en 1880), *l'Aurore, la Dépêche, le Bloc, l'Homme libre* (suspendu 29-9-1914), *l'Homme enchaîné*... Fondateur du parti radical-socialiste. Maire du XVIIIe Paris 5-9-1870/27-3-1871. Cons. mun. 1875. Représentant de l'AN 8-2/27-3-1871. D Seine 1876-85. D Var 1885-93. Proclame à la Chambre le 29-1-1891 : « La révolution est un bloc. » Compromis dans l'affaire de Panama (1892), il est battu aux élections de 1893 et écarté de la vie politique [on l'accuse notamment de toucher de l'argent anglais ; on lui reproche d'être l'ami de Cornelius Herz (grand officier de la Légion d'honneur, mais qui se révèle malhonnête), on forge contre lui le faux Norton] ; revient au 1er plan lors de l'affaire Dreyfus. S Var 1902-20. M Int. 1906. **Pt C** et **M Int. 25-10-1906/20-7-1909.** De 1906 à 1909, brise plusieurs grèves ; crée le ministère du Travail. Ennemi de Poincaré, il est dans l'opposition au début de la guerre. **Pt C** et **M Guerre 16-11-1917/20-1-1920.** Exerce des pouvoirs très étendus que Poincaré ne cherche plus à limiter, se contentant de lui écrire des reproches. Adversaire de toute paix de compromis, il imposera, pour épargner des vies humaines, l'armistice à Poincaré avant d'avoir rejeté l'armée allemande hors de Fr. (surnommé « le Père la Victoire »). 1918 est élu par acclamation à l'Ac. Fr. Le 19-2-1919 Émile Cottin, anarchiste de 23 ans, tire sur lui 10 coups de revolver (il reçoit une balle au bas de l'omoplate droite). Cottin, condamné à mort, sera gracié. Partisan du démantèlement de l'empire austro-hongrois, il laisse, au traité de Versailles, Lloyd George et Wilson l'emporter sur plusieurs points (la Sté des Nations, l'étendue de l'occupation de la Ruhr, le sort des provinces de l'Empire ottoman). Le 17-1-1920 il est battu par Deschanel à l'élection présidentielle (son anticléricalisme est une des causes de son échec). Se retire et voyage. A la fin de sa vie, il rédige *Grandeur et Misère d'une victoire*, défendant, contre Poincaré et le Mal Foch, son action politique de 1917-19 et évoquant le risque du réarmement allemand en raison de l'abandon des garanties du traité de Versailles et des complaisances de Briand.

***Combes,** Émile (Roquecourbe 6-9-1835/Paris 25-5-1921). 1860 se destine à la prêtrise ; docteur en théologie (thèse sur Thomas d'Aquin). 1866 perd la foi. Études de médecine. Médecin à Pons (Ch.-M.). Un des chefs du radicalisme. Pt du Sénat 1894-95. M IP 1895-96. **Pt C 7-6-1902/18-1-1905** (anticlérical) ; démissionne à la suite de l'« affaire des fiches ».

***Courtot de Cissey,** Gal Ernest (1810-82). Gal de division 1870. Élu à l'AN 1871. 3 fois M Guerre 1871-76. **Vice Pt C 22-5-1874/10-3-1875.**

***Daladier,** Édouard (Carpentras 18-6-1884/Paris 10-10-1970) [père boulanger]. 1er à l'agrégation d'histoire. Professeur. Franc-maçon. Parti radical (Pt 1927-30, 1935-38 et 1957-58). Maire de Carpentras 1912. D Vaucluse 1919-40 (surnommé « le Taureau du Vaucluse »). 7 fois M [Colonies 1924, Guerre 1925, 1932-34 et 1936-mai 1940, IP 1925, TP (3 fois 1930-32)]. **Pt C** et **M Guerre 31-1/18-10-1933.** 2 fois M Guerre 1933. **Pt C** et **M AE 30-1/7-2-1934.** 3 fois M Guerre 1937, 1938. **Pt C** et **M Défense nat. et Guerre 11-4-1938/20-3-1940.** M Guerre et M AE (cabinet Reynaud). 1940-sept. arrêté par Vichy. 1942-févr. jugé à Riom. 1943-mars/1945-avril déporté en Allemagne. Réélu D Vaucluse 1946-58. Maire d'Avignon 1953-58. Se retire au début de la Ve Rép., mais anime jusqu'à la fin de sa vie des manifestations antiélectorales.

■ **Deschanel,** Paul. **Pt R** 17-1/21-9-1920 (voir p. 684 b).

■ **Doumer,** Paul. **Pt R** 1931-1932 (voir p. 685 c).

■ ***Doumergue,** Gaston. **Pt C 9-12-1913/9-6-1914. Pt R 1924-1931. Pt C 9-2/8-11-1934** (voir p. 685 a).

***Duclerc,** Charles (1812-88). SS Finances, puis M 1848. **Pt C 7-8-1882/22-1-1883.**

***Dufaure,** Jules Armand (Saujon 4-12-1798/Rueil 27-6-1881). Avocat à Bordeaux. D Charente-Inférieure 1834. M TP 1839-40. Vice-Pt Ch 1845, M I 1848. Ac. fr. 1864. D Charente-Inférieure 1848, 1876. 2 fois M Int. **Vice-Pt C 19-2-1871/24-5-1873** et **23-2/9-3-1876.** M Justice 1871 et 1875. 1er M républicain du Mal de Mac-Mahon. **Pt C 5-3/2-12-1876** et **13-12-1877/4-2-1879.**

***Dupuy,** Charles (Le Puy 5-11-1851/Ille-sur-Têt 23-7-1923). Professeur de philosophie. D Haute-Loire 1885. Pt Ch 1893-94. **Pt C 4-4/25-11-1893, 30-5-1894/15-1-1895, 1-11-1898/12-6-1899.** S 1900-23.

■ ***Fallières,** Armand. **Pt C 29-1/18-2-1883. Pt R 1906-1913** (voir p. 678 c).

■ **Faure,** Félix. **Pt R 1895-1899** (voir p. 676 c).

***Ferry,** Jules (St-Dié 5-4-1832/Paris 17-3-1893) [père avocat]. Droit. 1855 avocat. Journalisme : articles politiques dans *la Presse, le Courrier de Paris, le Temps, la Tribune, la Revue politique, l'Éleveur*. Adepte du positivisme 1859. Franc-maçon 1875. Pt de la Gauche républicaine 1873-77. D Paris 1869. Représentant AN Vosges 1871-76. D Vosges 1876-89. Secr. du gouv. de la Défense nat. 4-9/15-11-1870. Préfet de la Seine 15-11-1870/5-6-1871 (poste cumulé avec la mairie de Paris depuis le 16-11-1870). Ambassadeur à Athènes 12-5-1872/24-5-1873. M IP févr. 1879 – nov. 1881 et janv.-août 1882. **Pt C 23-9-1880/13-11-1881** et **22-2-1883/30-3-1885.** Échec à la présidence de la Rép. 1887. Pt du Sénat 1893. Considéré comme le chef des « opportunistes », en réalité républicain de gauche, décidé à enlever l'éducation à l'Église catholique. De 1880 à 83, crée l'enseignement laïc. A partir de nov. 1883 (laissant l'IP à Armand Fallières) prend en main les AE : tente de détourner vers les conquêtes coloniales l'ardeur militaire des Français, jusque-là surtout antiallemande. Il y est encouragé par Bismarck. La défaite de *Lang Son* (Tonkin, 28-3-1885) brise sa carrière. Le 10-12-1887 est blessé au Palais-Bourbon par Auburtin qui tire 3 balles sur lui. 1891 S des Vosges. 1893 févr. Pt du Sénat.

***Flandin,** Pierre-Étienne (Paris 12-4-1889/St-Jean-Cap-Ferrat 13-6-1958) [père D Yonne 1893-98 et 1902-09. S Inde française 1909-20]. Droit. Avocat. Parti républicain démocratique et social. D Yonne 1914-40. 2 fois SS Aéronautique 1920. Vice-Pt Ch 1928 et 1929. 2 fois M Industrie 1929-30. 4 fois M Finances 1931, 1932. M TP 1934. **Pt C (sans portefeuille) 8-11-1934/1-6-1935.** M d'État 1935. M AE 1936. Rallié au Mal Pétain en 1940, M d'État (et vice-Pt du C) après la chute de Laval 13-12-1940/9-2-1941, en 1942 il rejoint l'Afr. du Nord. Emprisonné le 20-12-1943, désigné pour être fusillé en 1944, est sauvé sur intervention de Churchill. Condamné à l'indignité nationale en 1946, est relevé de cette peine, mais demeure inéligible. Réanime *l'Alliance démocratique* qui soutient le gouvernement Pinay en 1952.

***Floquet,** Charles (St-Jean-Pied-de-Port 2-10-1828/Paris 18-1-1896). Avocat. Député de Paris 1871. Pt C de Paris 1876 et Pt Ch 1885-93. **Pt C 3-4-1888/14-2-1889.** Duel 13-7-1888 avec Boulanger (blessé). 1894-96 S.

***François-Marsal,** Frédéric (Paris, 15-3-1874/28-3-1958). M Finances 1920-21, 1924. **Pt C 8/13-6-1929.**

***Freycinet,** Charles (Foix 14-11-1828/Paris 14-5-1923). Polytechnique, ingénieur des Mines. S Seine 1876-1920. M TP 1877-79. Programme de grands travaux. **Pt C 28-12-1879/19-9-1880, 27-1/29-7-1882, 7-1/3-12-1886, 17-3-1890/19-2-1892.** Après avoir pris Boulanger comme M Guerre 1886, s'opposa au boulangisme. M Guerre 1888-93 et 1898-99. Ac. fr. 1891.

***Gambetta,** Léon (Cahors 2-4-1838/Ville-d'Avray 31-12-1882) [père immigrant italien, épicier à Cahors]. Opte pour la nationalité française en 1859. Petit séminaire. Lic. droit. 1860 avocat. Journaliste, fonde *la Revue politique* en 1868, en nov. 1871 avec Brisson et Challemel-Lacour *la République française*. 1871-févr. élu D dans 9 départements, choisit le Bas-Rhin. Franc-maçon. M Int. (gouvernement de Défense nationale) 4-9-1870/6-2-1871. Rep. AN Bas-Rhin 8-2/1-3-1871 puis Seine 2-7-1871/1876. D Seine 1876-82. Pt Ch 1879-81. **Pt C** et **M des AE 14-11-1881/27-1-1882.** Un des leaders de l'opposition républicaine sous l'empire, seul homme de gauche, après Sedan, à penser qu'une victoire serait plus profitable à la Rép. qu'une défaite. Remuant mais brouillon : le Gal allemand von der Goltz verra en lui l'un des responsables de la défaite des armées de la Défense nationale. Domine par son éloquence les 1res années de la IIIe Rép. mais, au pouvoir, se révèle peu capable. Prêt à enterrer l'esprit de revanche, il en fut détourné par Juliette Adam (nationaliste). Blessé à la main en réparant son pistolet (on a dit que la balle avait été tirée par sa maîtresse Léonie Léon), sa blessure était presque cicatrisée le 8-12-1882 mais, après être resté longtemps alité, il fut saisi de douleurs abdominales ; n'ayant pas été opéré, il mourut le 31-12 de 2 perforations internes (obsèques nationales civiles, enterré à Nice).

***Goblet,** René (Aire-sur-la-Lys, 26-9-1828/13-9-1905). Bâtonnier puis procureur général à Amiens. Siège avec les radicaux modérés. 1882 M Int. M IP 1885-86. **Pt C 12-12-1886/18-5-1887.** M AE 1888-89.

■ **Grévy,** Jules. **Pt R 1879-1887** (voir p. 675 b).

***Herriot,** Édouard (Troyes 5-7-1872/St-Genis-Laval 26-3-1957, 28-3 cérémonie célébrée par le cardinal Gerlier, 30-3 obsèques officielles) [père sous-lieutenant]. Normalien (boursier depuis 1887). 1893 1er à l'agrégation de lettres. Docteur ès lettres. Professeur à Nantes (1895) puis Lyon (1896). Fonde la section lyonnaise de la Ligue des droits de l'homme (1898). Cons. municipal de Lyon (1904), adjoint au maire. Radical (Pt du parti 1919-26, 1931-35, 1945-56). Maire de Lyon (1905-57). S Rhône 1912-19. D Rhône 1945-57. M TP 1916-17. **Pt C** et **M AE 14-6-1924/10-4-1925.** Pt Ch (avril 1925-juillet 1926). **Pt C 19/21-7-1926.** M IP 1926-28. **Pt C** et **M AE 3-6/14-12-1932.** Pendant son voyage en URSS (août 1933), Pierre Gaxotte, journaliste à *Je suis partout*, suggéra un canular : dire que Herriot avait reçu le grade de Cel de l'Armée rouge ; la « nouvelle » est téléphonée à la presse et Herriot n'arrivera jamais à dissiper complètement cette légende. 4 fois M d'État (1934-36). Pt Ch 1936-42. S'abstient lors du vote des pleins pouvoirs à Pétain. 30-9-1942 assigné à résidence à Brotel sa propriété, puis fin nov. à Évaux. 1943 livré aux Allemands (interné à Vittel, puis à Maréville). 17-8-1944/25-4-1945 interné en Allemagne avec sa femme. 1946 Ac. fr. Pt AN 1947-53, Pt d'honneur 1954. Se présente comme un « Français moyen » (créateur de l'expression), ce qui le rend populaire. Considérant toujours Pierre Laval comme « un membre de la famille républicaine », il perdra de sa popularité après 1945.

Jaurès, Jean (Castres 3-9-1859/Paris 31-7-1914). [2 cousins Jaurès amiraux Charles (1808-70) et son frère Benjamin (1823-89)]. Taille : 1,67 m. Normalien 1878, agrégé de philosophie, professeur au lycée d'Albi, puis à la faculté de Toulouse 1881-85. D Tarn à 26 ans (sans étiquette) 1885. Rejoint le socialisme. 1889 battu, 1893 élu, 1898 battu, 1902 réélu. Fonde 1904 *l'Humanité* qui rallie les socialistes au dreyfusisme. 1906 succès électoral (74 sièges socialistes). Pacifiste, antimilitariste (auteur de *l'Armée nouvelle*, qui a fait scandale), il est accusé de germanophilie, notamment par Péguy. Abattu d'un coup de feu au Café du Croissant, 16, rue Montmartre à Paris, 4 j avant la déclaration de guerre, le 31-7-1914 à 21 h 40, par un nationaliste, Raoul Villain [(1885-1936) acquitté le 23-3-1919, mais assassiné aux Baléares le 15-9-1936, pendant la guerre civile espagnole, par des miliciens anarchistes qui l'auraient tué sans savoir ce qu'il s'agissait, ou par le Français Jean Coryn (1908-84) engagé dans les Brigades internationales]. 1924 Jaurès au Panthéon.

***Laval,** Pierre. **Pt C 26-1-1931/16-2-1932, 6-6-1935/22-1-1936** (voir p. 685 c).

■ **Lebrun,** Albert. **Pt R 1932-1940** (voir p. 685 c).

***Leygues,** Georges (Villeneuve-sur-Lot 26-10-1857/Saint-Cloud 2-9-1933). Avocat, journaliste, politicien. D républicain 1885. M IP 1894 et 1899-1902 ; réforme l'enseignement secondaire. Pt de l'Union démocratique 1904. M Colonies 1906. M Marine 1917-20. **Pt C 24-9-1920/11-1-1921.** M Marine 2 fois (1926-31 et 1932-33).

■ ***Loubet,** Émile. **Pt C 27-2/28-11-1892. Pt R 1899-1906** (voir p. 678 a).

■ ***Mac-Mahon,** Mal Patrice de, duc de Magenta. **Pt R 1873-1879** (voir p. 675 a).

Mandel, Georges (Chatou 5-6-1885/Fontainebleau 7-7-1944). Fils de 2 commerçants israélites, Edmond Rothschild et Hermine Mandel, prend en 1903 le patronyme de sa mère (pour éviter l'homonymie avec les banquiers, sans lien de parenté avec lui). Journaliste. Chef de cabinet de Clemenceau 1917-20. D Gironde 1919-24, 1928-40. M PTT 1934-36. M Colonies 1938-40. M Int. 5-6-1940. Attaqué par la gauche (pour son train de vie dispendieux) et la droite (surtout pour son judaïsme). En juin 1940 il fait arrêter, pour intelligence avec l'ennemi, plusieurs anciens cagoulards, dont Thierry de Ludre (1903-40, abattu par son gardien) ; s'embarque le 21-6-1940 sur le *Massilia* (voir à l'Index) ; arrêté au Maroc du 27 au 30-6 puis le 18-7, obtient un non-lieu le 7-9, mais est transféré le 12-9 à Chazeron (P.-de-D.), le 1-1-1941 à Vals (Ardèche), en nov. au fort de Portalet (Pyr.-Atl.), le 20-11 au fort du Hâ (Bordeaux, Gironde), le 22-11 au camp d'Orianienbourg (Allemagne), en mai à Buchenwald ; rapatrié par avion le 7-7-1944 à la Santé ; les Allemands le remettent à 7 miliciens fr. qui, pour venger l'assassinat de Philippe Henriot, le tuent en forêt de Fontainebleau (Mansuy tirera).

***Méline,** Jules (Remiremont 20-5-1838/Paris 20-12-1925). Avocat. D Vosges 1872. Crée le Mérite agricole 1884. Fait instituer le double tarif douanier 1892. **Pt C 29-4-1896/15-6-1898.** Traité du 28-9-1896 (il fait reconnaître par l'Italie le protectorat français sur la Tunisie). Lance la formule du « retour à la terre » 1905. M Agriculture 1915-16.

■ ***Millerand,** Alexandre. **Pt C 20-1/24-9-1920. Pt R 1920-24** (voir p. 684 b).

***Monis,** Ernest (1846-1929). D républicain modéré de la Gironde 1885-89. S Gironde 1891-1920. M Justice 1899. **Pt C 2-3/23-6-1911.** M Justice 1913.

***Painlevé,** Paul (Paris, 5-12-1863/29-10-1933, d'une crise cardiaque alors qu'il prononce un discours à la Chambre). Mathématicien. Professeur à Polytechnique 1905. M IP 1915-16. M Guerre mars-sept. 1917. **Pt C 12-9/16-11-1917** (renversé par Clemenceau), **17-4/22-11-1925.** Pt Ch 1924-25. M Guerre 1925-29 ; prend les 1res décisions concernant la ligne Maginot. 2 fois M Air 1930-31 et 1932-33.

***Paul-Boncour,** Joseph (St-Aignan 4-8-1873/Paris 28-3-1972) [père médecin]. Docteur en droit. Avocat. Ac. sciences morales et politiques. SFIO. D L.-et-C. 1909-14, Seine 1919-24, Tarn 1924-31. S L.-et-C. 1931-40. M Travail et Prévoyance sociale 1911, M Guerre 1932. **Pt C** et **M AE 18-12-1932/28-1-1933.** 4 fois M AE 1932-34 et 1938. M. Défense nat. 1934, d'État 1936. M. de la SDN 1936. Vote contre la délégation des pouvoirs au Mal Pétain (10-7-1940). Conseiller de la République 1946-48.

***Pétain,** Mal Philippe. **Pt C 17-6/12-7-1940.** Chef de l'État 1940-44 (voir p. 687 c).

■ ***Poincaré,** Raymond. **Pt C 14-1-1912/21-1-1913. Pt R 1913-1920. Pt C 15-1-1922/8-6-1924, 23-7-1926/26-7-1929** (voir p. 684 c).

***Reynaud,** Paul (Barcelonnette 15-10-1878/Paris 21-9-1966) [père négociant au Mexique, rentré en France]. Taille : 1,60 m. HEC, docteur en droit. Avocat. Parti républicain démocratique et social. D Basses-Alpes 1919-24, Paris 1928-40. 2 fois M Finances 1930 et 1938. M Colonies 1931. 2 fois M Justice 1932 et 1938. **Pt C** et **M AE** (et **Guerre à partir du 18-5-1940**) **21-3/16-6-1940.** Nommé ambassadeur à Washington par le Mal Pétain 17-6-1940, décide de rester en Fr. et de regrouper à Port-Vendres les adversaires de l'armistice, pour créer éventuellement un gouvernement provisoire à Alger. Blessé dans un accident de voiture (où est tuée sa maîtresse et inspiratrice, la Ctesse Hélène de Portes), il ne joue aucun rôle lors du changement de régime (Vichy, 10-7-1940). Emprisonné par Vichy sept. 1940 ; interné au fort de Portalet oct. 1941 ; déporté à Oranienburg nov. 1942 ; libéré mai 1945. D Nord à l'Assemblée constituante 1946 puis à l'AN 1946-62. M Finances 1948, M d'État 1950, M États associés 1953, délégué au Conseil de l'Europe 1949-55. Rallié au Gal de Gaulle, Pt du comité consultatif constitutionnel août 1958. Rompt avec lui lors du référendum de 1962 et perd son siège de D. Soutient Lecanuet aux élections de 1965.

***Ribot,** Alexandre (St-Omer 7-2-1842/Paris 13-1-1923). Bourgeoisie protestante. Avocat puis magistrat. Ac. des sciences morales et politiques 1903. Ac. fr. 1906. D P.-de-C. 1878-1909. S P.-de-C. 1909-23. 4 fois **Pt C 6-12-1892/30-3-1893, 26-1/28-10-1895** et **M Finances 9/12-6-1914, 20-3/12-9-1917 ;** 3 fois M AE 1890-92, 1892-93, 1917 ; 2 fois M Finances 1895, 1914-17 ; M Int. 1893 ; M Justice 1914. Considéré par certains comme un des acteurs les plus importants de la guerre 1914-18 (au pouvoir pendant les grands événements de 1917) ; il semble, en réalité, être un homme de Clemenceau, ayant accepté d'assurer la transition entre Briand et lui, mais obéissant à celui-ci, notamment pour le rejet des offres de paix autrichiennes. Le 23-10-1917, il est chassé des AE (soupçonné de s'être vendu aux Italiens, ne se défend pas, pour couvrir Clemenceau).

***Rochebouët,** Gal Gaëtan de Grimaudet de (Angers 16-3-1813/Paris 24-2-1899). Compagnon de Mac-Mahon. **Pt C 24-11/24-11-1877.** Après la démission de Broglie, constitue un ministère de non-parlementaires, mais la Chambre refuse d'entrer en rapport avec le nouveau gouvernement.

***Rouvier,** Maurice (Aix-en-Provence 17-4-1842/Neuilly 7-6-1911). D 1871-1903. S 1903-11. 7 fois M Finances. **Pt C 30-5/4-12-1887, 24-1-1905/7-3-1906.** Compromis dans le scandale de Panama 1892. Fit voter la loi de séparation de l'Église et de l'État 1905.

***Sarraut,** Albert (Bordeaux 28-7-1872/Paris 26-11-1962) [père Omer maire de Carcassonne et directeur du *Radical du Midi ;* frère Maurice (Toulouse, 22-9-1862/2-12-1943, assassiné par la Milice) directeur de *la Dépêche* (Pt du parti radical socialiste)]. Avocat et propriétaire viticulteur. Ac. des sciences morales et politiques. D Aude 1902-24. 2 fois gouverneur général de l'Indochine 1911-14 et 1916-19. Ambassadeur à Ankara mars 1925-juillet 1926. Parti radical. S Aude 1926-40. 3 fois SS (Int. 1906-09, Guerre 1909). 13 fois M (2 fois IP 1914, 8 fois Colonies 1920-24 et 1932-33, Int. 1926-28, Marine 1930 et 6-9-1933). **Pt C** et **M Marine 26-10/23-11-1933 ;** M Marine 27-11-1933, Int. 1934, **Pt C** et **M Int. 24-1/30-5-1936,** 2 fois M d'État 1937 et 1938 ; 2 fois M Int. 1938 ; M Éducation nat. 1940. Vote la délégation des pouvoirs au M^al Pétain. Déporté en Allemagne 1944-45. Membre, puis (1951) Pt de l'Assemblée de l'Union française.

***Sarrien,** Ferdinand (Bourbon-Lancy 25-10-1840/Paris 28-11-1915). D radical 1876. **Pt C 14-3/19-10-1906.**

Sembat, Marcel (Bonnières-sur-Seine 19-10-1862/Chamonix 5-9-1922) [père postier]. Droit. Journaliste. Directeur de *la Petite République* (socialiste) 1890-97. Parti socialiste révolutionnaire. Membre du comité révolutionnaire central depuis 1881. D Paris (socialiste indépendant) 1893-1922. Parti SFIO 1904. Leader de *l'Humanité* 1904. Dignitaire du Grand Orient. M TP 1914-16. Hostile à la guerre, aux expéditions coloniales et aux missions catholiques. Auteur en 1913 du pamphlet « Faites la paix, sinon faites un roi ». Rallié aux minoritaires au congrès de Tours 1920.

***Simon,** Jules (Lorient 31-12-1814/Paris 8-6-1896). Normalien agrégé de philosophie 1839. Professeur. Ouvrages philosophiques 1844-45. D Côtes-du-Nord 1848. Gauche modérée, refusant de prêter serment à Napoléon III. Opposant à l'empire, élu au Corps législatif 1863. Fait partie du « groupe des Cinq ». M IP sept. 1870-mai 1871. Démissionne (opposition des cléricaux). Directeur du journal *le Siècle* 1874. S inamovible 1875, Ac. fr. 1875. **Pt C 12-12-1876/17-5-1877.** Épuration préfets et magistrats.

***Steeg,** Théodore (Libourne 19-12-1868/Paris 1-12-1950). D radical-socialiste 1904. Gouverneur général Algérie 1921. Résident général Maroc 1925-29. **Pt C 13-12-1930/27-1-1931.** M Colonies 1938. M de Blum 1938.

***Tardieu,** André (Paris 22-9-1876/Menton 15-9-1945) [père avocat]. Lettres et droit. Secr. des AE (reçu 1er en 1898). Inspecteur de l'administration. Journaliste 1903-14. Professeur. Parti républicain démocratique et social. D Seine-et-Oise 1914-24 ; Belfort 1926-36. M Régions libérées 1919-20, TP 1926-28, Int. 1928-30. **Pt C** et **M Int. 2-11-1929/17-2-1930.** 2 fois M Agriculture 1931. M Guerre 1932. **Pt C** et **M AE 20-2/10-5-1932.** M d'État et vice-Pt C 9-2/8-11-1934. 1917-18 commissaire spécial aux USA. Plénipotentiaire à la Conférence de la Paix 1918-19. Républicain de droite, lié à la finance, domine la législature 1928-32, inventant la politique des investissements créateurs d'emplois et de richesses. Battu par la gauche aux élections de 1932, il ne peut réaliser son programme de lutte contre la crise économique. Impopulaire (allure désinvolte, autoritarisme). Frappé d'hémiplégie en 1934, se retire à Menton jusqu'à sa mort.

■ **Thiers,** Adolphe. **Pt R 31-8-1871/24-5-1873** (voir p. 675 a).

***Tirard,** Pierre (Genève 27-9-1827/Paris 4-11-1893). Maire du IIe arrondissement de Paris 1870. D Seine 1871. Plusieurs fois M Commerce ou Finances. **Pt C 12-12-1887/30-3-1888, 22-2-1889/1-3-1890.** Lutte contre le boulangisme, aidé de Constans (M Int.). Après la fuite de Boulanger en Belgique, il fait passer en Haute Cour des chefs du mouvement.

***Viviani,** René (Sidi Bel Abbès 8-12-1863/Le Plessis-Robinson 7-9-1925). Avocat des cheminots. D socialiste du Ve arrondissement de Paris 1893-1902. Loi autorisant les femmes à exercer la profession d'avocat 1899. Participe à la fondation de *l'Humanité* de Jaurès 1904, passe de la SFIO au parti républicain socialiste. Réélu D en 1906 (qui, dans un discours il se félicite que « ses amis et lui-même eussent éteint dans le ciel des étoiles qui ne se rallumeraient plus »). 1er titulaire du ministère du Travail (1906-10). Désapprouve l'attitude combative prise par Briand lors de la grève des cheminots oct. 1910. M IP (cabinet Doumergue) 1913. **Pt C 13-6-1914/29-10-1915.** M Justice oct. 1915-sept. 1917. Représente la France à la Sté des Nations 1920-21. S oct. 1922 ; paralysé à cause d'une attaque d'apoplexie.

***Waddington,** William Henry (St-Rémi-sur-Avre 11-12-1826/Paris 13-1-1894). Archéologue et numismate. Républicain, protestant d'origine anglaise. Membre de l'Ac. des inscriptions 1865. D 1871. S 1876. Partisan de Thiers. M AE (second cabinet Dufaure) 1877-janv. 1879. **Pt C** et **M AE 4-2/26-12-1879.** Ambassadeur à Londres 1883-93.

***Waldeck-Rousseau,** Pierre (Nantes 2-12-1846/Corbeil 10-8-1904) [père avocat]. Avocat. Franc-maçon (?). D I.-et-V. 1879-89. S Loire 1894-1904. Pt du groupe de l'Union républicaine 1882. Candidat à l'élection présidentielle de 1895. 2 fois M Int. (1881-82 et 1883-85). Anticlérical et libéral, détient le record de longévité ministérielle de la IIIe République. Crée la législation sociale française (inspirée par Millerand, alors socialiste). Auteur de la loi de 1901 (qui, dans son idée, devait permettre aux religieux de s'intégrer à la société républicaine), débordé par les combistes, anticléricaux extrémistes. **Pt C 22-6-1899/3-6-1902.**

Zay, Jean (Orléans 6-8-1904/Molles 20-6-1944) [père israélite, alsacien, réfugié en Fr. 1871, rédacteur en chef du *Progrès du Loiret.* Mère protestante]. Élevé dans le protestantisme. Journaliste au *Progrès du Loiret.* Avocat 1928. Radical socialiste. Membre du Grand Orient 1926. D Loiret 1932-40. SS à la présidence du Conseil 1936. M. Éducation nat. 1936-39. Haï par la droite pour avoir écrit en 1924 une *Ode au drapeau* antimilitariste. Auteur en 1937 d'une loi créant l'Éna (votée après guerre). Mobilisé 1939. S'embarque sur le *Massilia* en juin 1940. Arrêté au Maroc, emprisonné à Marseille puis à Riom comme déserteur. Publication illégale en 1942 de ses carnets secrets : haine accrue. Extrait de sa cellule le 20-6-1944 et abattu à Molles par 4 miliciens.

surnommé « le Pt Soleil » à cause de son ostentation, il est militariste, prorusse et antidreyfusard.

1895-26-1 (au 28-10) **Alexandre Ribot** Pt du Conseil ; juin visite de l'escadre française à Kiel ; -23/28-9 CGT créée ; -1-10 nouveau traité de protectorat français à *Madagascar ;* -oct. émeutes de mineurs grévistes à *Carmaux ;* -1-11 (au 23-4-1896) **Léon Bourgeois** Pt du Conseil (sur 11 ministres, 9 francs-maçons). **1896**-29-4 (au 15-6-1898) **Jules Méline** Pt du Conseil ; -6-8 *annexion de Madagascar ;* -28-9 l'Italie reconnaît le *protectorat français sur la Tunisie ;* -5/9-10 *Nicolas II en Fr.* **1897**-4-5 incendie du Bazar de la Charité (voir à l'Index) ; -août *Félix Faure en Russie,* alliance franco-russe. **1898**-7-2 procès d'Émile Zola ; -26-3 *loi Bérenger* [René Bérenger (Valence 22-4-1830/Alincourt 29-8-1915), surnommé « le Père la Pudeur »] sur l'outrage aux bonnes mœurs ; -28-6 (au 25-10) **Henri Brisson** Pt du Conseil ; -13-10 grève des cheminots : échec (1re tentative de grève générale révolutionnaire) ; -1-11 (au 12-6-1899) **Charles Dupuy** Pt du Conseil ; -4-11 à la suite d'un ultimatum anglais, le capitaine Jean-Baptiste *Marchand* (Thoissey 22-11-1863/Paris 13-1-1934) reçoit l'ordre d'évacuer *Fachoda* (aujourd'hui Kodok, Soudan) [conséquences : l'Angleterre réalise son projet de colonisation nord-sud de l'Afrique ; la France renonce à son empire est-ouest (Dakar-Djibouti) ; mais l'*Entente cordiale* devient possible, et l'Angleterre laissera à la France le Maroc contre l'Égypte (l'opinion publique ne comprend pas et reste anglophobe)]. **1899**-janv. les écrivains François Coppée (1842-1908) et Jules Lemaître (1853-1914) fondent la *Ligue de la patrie française* (extrême droite) ; -16-2 Faure meurt à l'Élysée après avoir reçu sa maîtresse *Marguerite Steinheil,* née Japy (Beaucourt 1869/Hove 20-7-1954), héroïne du *drame de l'impasse Ronsin :* 31-5-1908 retrouvée ligotée sur son lit alors que son mari et sa mère sont morts ; acquittée en nov. 1909.

■ **1899** (18-2) **Émile Loubet** (Marsanne, Drôme, 31-12-1838/La Bégude-de-Mazenc, Drôme, 20-12-1929) **élu Pt de la Rép.** Fils de paysans ; avocat (républicain) sous l'Empire. *1870* maire de Montélimar ; franc-maçon, proche de la petite bourgeoisie. *1876* député. *1885* sénateur. *1892* Pt du Conseil. *1896* Pt du Sénat [en 1906, après sa présidence, il se retire de la vie politique, mais reste membre du « *Comité Mascuraud* » (Comité républicain du commerce et de l'industrie) dont le rôle électoral est important]. Élu Pt au 1er tour le 18-2-1899 par 483 voix (contre Méline 274, Cavaignac 23, Deschanel 10).

1899-18-2 Loubet, élu Pt de la Rép. par les radicaux et les « révisionnistes » (dreyfusards) contre Méline, est accueilli par des injures gare St-Lazare ; **Charles Dupuy** reste Pt du Conseil jusqu'au 12-6 ; -23-2 *Paul Déroulède* (Paris 2-9-1846/Nice 30-1-1914), voulant une république plébiscitaire, essaye d'entraîner vers l'Élysée (après les obsèques de Félix Faure) les troupes qui ont défilé (leur chef, le Gal Roget, refuse) ; il est arrêté (condamné par la Haute Cour à 10 ans de bannissement puis gracié en 1905) et acquitté en cour d'assises ; -29-5 *conférence internationale de La Haye* (interdiction des gaz asphyxiants) ; -4-6 au champ de courses d'Auteuil, le Bon *Cristiani* (qui sera condamné à 4 ans de prison) défonce à coups de canne le chapeau de Loubet (à cause de son appui aux dreyfusards) ; -22-6 (au 3-6-1902) **Pierre Waldeck-Rousseau** Pt du Conseil ; -9-9 *2e procès Dreyfus* à Rennes [du 12-8 au 20-9 Paul Déroulède et Jules Guérin sont retranchés (pour échapper à une arrestation) au 51, rue de Chabrol, siège du Grand Occident de Fr. (rite antijuif), dit alors *Fort-Chabrol,* où, avec un groupe d'hommes, ils résistent à la police ; ils se rendent le 20-9]. **1900**-janv. *Exposition universelle* à Paris ; -juillet/sept. expédition internationale en Chine *(guerre des Boxers) ;* la France y participe ; -2-8 le chah de Perse est agressé par François Salsou [(anarchiste de 24 ans) ; son arme s'enraye ; condamné aux travaux forcés à perpétuité le 10-11, il mourra quelques mois plus tard de tuberculose] ; -22-9 banquet des maires ; -24-12 Théophile Delcassé (Pamiers 1-3-1852/Nice 22-2-1923) obtient le retrait italien de la Triple-Alliance. **1901**-21-1 mort de la reine Victoria ; -27-2 grève des dockers de Marseille ; -avril visite des flottes italienne (à Toulon) et fr. (à Naples) ; -21/23-6 parti radical socialiste fondé ; -1-7 loi sur la liberté d'association ; -7-9 les puissances renoncent à démembrer la Chine ; -18-9 le *tsar Nicolas II en Fr.* (à Compiègne). **1902**-24-3 parti socialiste fondé ; -avril/mai élections : succès du « bloc des gauches » ; -27-4/11-5 élections ; -8-5 Martinique : éruption de la montagne Pelée (30 000 †) ; -20-5 *Loubet en Russie ;* succès du « *Bloc* » anticlérical ; -7-6 (au 18-1-1905) **Émile Combes** (voir p. 677 a) Pt du Conseil ; -10-7 alliance défensive fr.-italienne ; -9-8 P^ce Henri d'Orléans (né 15-10-1867) meurt à Saïgon ; -30-9 tension, à propos du Maroc, avec l'Espagne qui envoie des navires de guerre devant Tanger. **1903**-1-5 *Édouard VII d'Angleterre* à Paris ; -1/19-7 *1er Tour de France ;* -6/9-7 *Loubet à Londres ;* -22-8 *Thérèse Humbert* condamnée avec son mari à 5 ans de réclusion pour faux et escroquerie fondés sur un héritage imaginaire [Thérèse (née Daurignac en 1856, fille de Guillaume Daurignac, fils naturel reconnu à 38 ans par sa mère) avait épousé en sept. 1878 Frédéric Humbert (député de S.-et-M. de 1885 à 1889), fils de Gustave (sénateur et min. de la Justice en 1894), voisin de campagne ; en 1882, elle répand le bruit qu'elle a hérité de Robert Henry Crawford, son père adultérin († 1880) 100 millions de F/or en actions françaises au porteur, mais que 2 neveux, Henry et Robert Crawford, lui disputent son héritage, car son père avait fait un testament en faveur d'elle et de ses neveux Crawford le même jour (pendant 20 ans, une procédure sera montée par elle-même) ; sur cet héritage, elle emprunta et vivra fastueusement ; mais un huissier (venu à la demande d'un créancier) ouvre le coffre censé contenir les justificatifs de l'héritage et le trouve vide ; les Humbert seront arrêtés à Madrid où ils s'étaient enfuis] ; -14-10 *Victor-Emmanuel III d'Italie à Paris.* **1904**-mars *écoles congréganistes interdites ;* -5-3 *procès de Dreyfus révisé ;* -8-4 convention franco-anglaise, concrétisant l'*Entente cordiale* [Delcassé la croit dirigée contre l'Allemagne, alors que les Anglais cherchent à paralyser l'alliance franco-russe (le Japon, allié de l'Angleterre, s'apprête à attaquer la Russie, mais serait battu si l'Indochine française prenait part à la lutte ; Delcassé laissera écraser les Russes)] ; -23-4 Loubet se rend à Rome, *la France rompt avec le Vatican ;* -7-7 loi interdisant d'enseigner aux membres des congrégations, même autorisées ; -4-12 Gabriel Syveton (né en 1864) qui, le 4-11, a giflé le Gal André à la Chambre, est retrouvé mort asphyxié (suicide ou accident de cheminée au gaz). **1905**-18-1 Combes démissionne à cause du *scandale des fiches* du Gal André (29-3-1838/18-3-1913 ; ministre de la Guerre donnant des renseignements sur les opinions politiques et religieuses des officiers), fournies par le Grand Orient ; -24-1 (au 7-3-1906) **Maurice Rouvier** Pt du Conseil ; -16-2 loi réduisant le service militaire à 2 ans ; -26-4 fondation de la SFIO (Section française de l'internationale ouvrière) ; -30-4 Édouard VII en visite à Paris ; -6-6 *démission de Delcassé* (ministre des Affaires étrangères) *imposée* par l'Allemagne (conséquence de l'affaire de *Tanger* : lors d'une escale, le 31-3, Guillaume II avait soutenu contre la Fr. l'indépendance du Maroc) ; -14-9 Pierre Savorgnan de Brazza (né à Rome 26-1-1852, naturalisé 1874) meurt à Dakar (voir à l'Index) ; -9-12 *séparation de l'Église et de l'État* (voir à l'Index).

■ **1906** (18-1) **Armand Fallières** (Mézin, L.-et-G. 6-11-1841/Loupillon, L.-et-G. 22-6-1931) **élu Pt de la Rép.** au 1er tour par 449 voix (contre Doumer 371). Fils d'un greffier ; études à Angoulême ; avocat à Nérac. *1876* député (anticlérical). *1882* min. de l'Intérieur. *1883* Pt du Conseil ; proposition de loi expulsant de France les P^ces héritiers des anciennes familles régnantes. *1883-85* min. de l'Instruction Publique, *1887* de l'Intérieur (lutte contre le boulangisme), *1890* des Cultes (fait condamner l'archevêque d'Aix à 3 000 F d'amende pour outrages envers le gouvernement) ; sénateur. *1899* Pt du Sénat ; préside la Haute Cour jugeant Déroulède. A partir de 1913, après sa présidence, cultive ses vignes dans sa terre du Loupillon jusqu'à sa mort.

L'AFFAIRE DREYFUS (1894-1906)

■ **Déroulement. 1894**-*fin sept.* une femme de ménage fr. de l'ambassade allemande, travaillant pour le SR (Service des renseignements) français, découvre un *bordereau* prouvant la trahison d'un officier de l'état-major français ; *-14-10* le Gal *Mercier,* min. de la Guerre, met en cause un capitaine juif, *Alfred Dreyfus* [(Mulhouse 8-10-1859/12-7-1935), stagiaire à la section statistiques (nom officiel du contre-espionnage)] : il lui fait faire une dictée et conclut à sa culpabilité (similitude des écritures) ; *-15-10* Dreyfus incarcéré au Cherche-Midi ; *-19-12* ouverture du procès ; *-22-12* condamné à la déportation à vie dans une enceinte fortifiée (ni lui ni son avocat n'ont eu en main le dossier secret sur lequel il a été condamné). **1895**-*5-1* dégradé de l'École militaire ; *-21-2* Dreyfus embarqué à bord du *Ville-de-Saint-Nazaire* [*12-3-1895/9-6-1899* en Guyane (12-3 arrive en rade des îles du Salut ; 15-3 incarcéré à l'île Royale ; 13-4 à l'île du Diable)] ; *-1-7* colonel Georges *Picquart* (Strasbourg 6-9-1854/Amiens 19-1-1914), nommé à la tête du SR. **1896** découvre que 2 pièces d'un « dossier secret » communiqué au jury militaire qui a condamné Dreyfus sont sans valeur, notamment un billet de l'attaché militaire italien Panizzardi à son collègue Schwartzkoppen portant mention : « ce canaille de D... » (on sait actuellement qu'il s'agissait d'un cartographe nommé Dubois) ; *-5-8* il en avertit le G^{al} de *Boisdeffre,* chef de l'état-major général ; *-26-10* Picquart est envoyé en Tunisie ; *-6-11* Bernard Lazare publie une brochure : « Une erreur judiciaire : la vérité sur l'affaire Dreyfus. » **1897**-*15-11* Mathieu Dreyfus (1858-1931), frère d'Alfred, accuse le *C^{dt} Ferdinand Walsin Esterhazy* (Autriche 1847/Angleterre 1923) d'être l'auteur du bordereau. **1898**-*11-1* Esterhazy, qui a demandé à être jugé, est acquitté (il se révèle néanmoins qu'il fait de l'espionnage) ; *-13-1 Émile Zola* publie dans *l'Aurore* l'article « J'accuse » (titre de Clemenceau) ; *-23-2* Zola est condamné (à l'unanimité) par la cour d'assises de la Seine à 1 an de prison ferme et 3 000 F d'amende ; *-2-4* l'arrêt est cassé ; *-4-6* création de la Ligue des droits de l'homme pour défendre Dreyfus (idée lancée le 20-2 par le sénateur Ludovic Trarieux) ; *-18-7* Zola est recondamné aux mêmes peines (il s'est enfui en Angleterre) ; *-31-8* suicide en prison du *colonel Hubert Henry* (né à Pogny 1846, arrêté le 30-8), auteur d'un faux daté d'oct. 1896 et rajouté au dossier de Dreyfus pour couper court à toute révision. Les antidreyfusards concluent à un crime politique et *la Libre Parole* ouvre une souscription pour sa femme. **1899**-*3-6 cassation du jugement* (motif : non-remise à la défense du « dossier secret ») ; *-7-8 Dreyfus,* rejugé à Rennes ; *-9-8* est condamné à 10 ans de réclusion (il est reconnu coupable avec circonstances atténuantes) ; *-19-9 gracié.* **1906**-*12-7* la Cour de cassation (précisant qu'il ne restait rien des accusations) *annule sans renvoi* le jugement de Rennes : « prononcé par erreur » ; Dreyfus est réintégré, il est nommé C^{dt} et fait chevalier de la Légion d'honneur (décoré le 21-7-1906), L^{t}-colonel (en 1918) ; Picquart, réintégré (vote à la Chambre 432 voix contre 32), est nommé G^{al} et min. de la Guerre de Clemenceau (de 1906 à 1909). **1908**-*4-6* lors du transfert des cendres de Zola († le 29-9-1902) au Panthéon (voté par la Chambre des députés le 13-7-1906), Louis-Anthelme Gregori, journaliste, tire 2 coups de revolver sur Dreyfus et le blesse au bras droit (11-9 Grégori sera acquitté).

■ **Conséquences. 1°) Psychologiques :** « dreyfusards » et « antidreyfusards » s'accusent des plus graves forfaits (déni de justice, haine raciale, violation des droits de l'homme, d'une part ; trahison, antipatriotisme, complot contre l'armée, d'autre part). Sous l'influence de Charles Maurras et de *l'Action française* (créée en 1899), l'antidreyfusisme se transforme chez beaucoup de gens de droite en « antisémitisme d'État ». **2°) Politiques :** des opportunistes (radicaux modérés) révisionnistes (dreyfusards), rallient la gauche. *a) Présidence de la République :* 18-2-1899 Jules Méline, modéré, est battu par Émile Loubet, radical (279 voix contre 483). *b) Gouvernement :* 22-6-1899 Charles Dupuy, modéré, est remplacé par Waldeck-Rousseau, radical. Les radicaux puis le « Bloc des gauches » s'installent au pouvoir pour 20 ans. **3°) Militaires :** l'armée sort affaiblie de la crise. Les officiers sont divisés en dreyfusards et « antidreyfusards » (nombreux duels). Des antidreyfusards sont écartés des postes importants. Le SR est supprimé et ses fonctions sont confiées à la police civile (qui sera surclassée par le SR allemand).

☞ Des centaines d'ouvrages ont été écrits sur l'affaire et ses à-côtés. Certains avancent des noms pour le responsable du bordereau (Schwartzkoppen pour intoxiquer le SR, Henry, etc.). D'autres, que le SR ou l'état-major ont voulu intoxiquer les services allemands et dans ce but ont sacrifié Dreyfus qu'ils savaient innocent. En 1995, le nouveau chef du service historique de l'armée a dénoncé la conspiration militaire de l'état-major contre un innocent, montée avec obstination dans des circonstances suspectes. J.-F. Deniau, dans *le Bureau des secrets perdus*, avance que Dreyfus aurait accepté son sort pour garder le secret d'une mission d'intoxication montée par les services de renseignements français (dont Esterhazy aurait été un agent) afin de détourner l'attention des Allemands de l'invention et de la mise en production du canon de 75. Ses descendants soulignent que Dreyfus n'a jamais rien laissé entendre de tel. Or, il aurait pu évoquer cette mission héroïque après la guerre de 1914-18. Pour Jean-Denis Bredin, l'hypothèse ne repose sur aucun document mais sur 2 formules employées par Dreyfus lors de son procès ou recueillies par ses gardiens.

Une statue de Dreyfus a été installée par Pierre-Lafue dans le jardin des Tuileries en 1988, puis près du site de l'ancienne prison militaire du Cherche-Midi, où il fut incarcéré. Le ministre de la Défense Alain Richard a dévoilé, le 2-2-1998, sous l'un des porches de l'École militaire, une plaque qui sera apposée dans la cour Desjardins, où Dreyfus fut réhabilité le 21-7-1906 : « En hommage à Alfred Dreyfus (1859-1935). Dans cette enceinte le 5-1-1895, le capitaine Alfred Dreyfus était dégradé pour un crime de haute trahison qu'il n'avait pas commis. Dans ce lieu, le 21-7-1906, après avoir été réintégré dans l'armée et promu au grade supérieur, le chef d'escadron Alfred Dreyfus était fait chevalier de la Légion d'honneur. "La vérité est en marche, et rien ne l'arrêtera." » (phrase qui achevait le manifeste de Zola dans *l'Aurore*).

1906-18-1 Fallières est élu Pt de la Rép. contre le modéré Paul Doumer (449 voix contre 371) ; **Maurice Rouvier** reste Pt du Conseil jusqu'au 7-3 ; -févr./mars affaire des *Inventaires* dans les églises (1 catholique †) ; -14-3 (au 19-10) **Ferdinand Sarrien** Pt du Conseil ; -8-4 *conférence d'Algésiras* (ouverte le 16-1) [par 10 voix contre 3 (Allemagne, Autriche, Maroc) la Fr. obtient un droit « spécial » au Maroc] ; -10-5, 1 100 † dans explosion minière à *Courrières* (P.-de-C.) ; -13-7 *Dreyfus réhabilité* ; -31-8 Fr., Grande-Bretagne et Russie signent la *Triple-Entente ;* -25-10 (au 20-7-1909) **Georges Clemenceau** Pt du Conseil. **1907**-mai/juin agitation chez les viticulteurs du Languedoc (voir Marcelin Albert à l'Index). Impôt progressif sur le revenu (projet Caillaux) repoussé au Sénat. **1908** grèves fréquentes et violentes, notamment à *Villeneuve-St-Georges* (27/30-6) : 4 † et *Draveil* (juillet) ; -juin l'État rachète la Cie des chemins de fer de l'Ouest ; *Fallières en visite en Angleterre et Russie* ; -1-8 Clemenceau fait arrêter les dirigeants de la CGT ; -25-8 affaire des déserteurs de Casablanca. **1909**-9-2 arbitrage de la Cour de La Haye après le vote d'Algésiras (accord franco-allemand sur le Maroc) ; -mars grève des postiers (600 révoqués) ; -avril/mai échecs de grève générale ; -20-7 Clemenceau renversé à l'occasion d'un débat sur la marine nationale ; -24-7 (au 27-2-1911) **Aristide Briand** Pt du Conseil et min. de l'Intérieur et des Cultes. **1910**-janv. *Paris inondé* ; -23-8 instruction de l'*affaire Henri Rochette* (né 1878 ; condamné 26-7-1912 à 3 ans de prison et de nouveau 24-3-1934 à 3 ans de prison) ; -25-8 le pape Pie X condamne le *Sillon* de Marc Sangnier (Paris, 3-4-1874/28-5-1950, socialiste chrétien) ; -10/18-10 grève des cheminots (révocations, mobilisation de certaines compagnies, appel sous les drapeaux) ; -13-10 (de 19 h à minuit) manifestation après l'exécution à Barcelone de l'anarchiste *Francisco Ferrer* (né 1859) : 1 policier † à Paris ; -2-11 accord franco-allemand à Berlin. **1911**-17-1 à la Chambre des députés, Auguste Gisolme, ancien magistrat révoqué jadis par Briand, tire sur celui-ci 2 balles (l'une atteint Mirman à la jambe) ; Gisolme sera interné dans un asile ; -2-3 (au 23-6) **Ernest Monis** Pt du Conseil ; 10-3 troupes françaises à Fès et Meknès ; -21-5 un corps expéditionnaire français investit Fès, l'Espagne envoie des troupes à Larrache et El-Ksaar ; -27-6 (au 11-1-1912) **Joseph Caillaux** Pt du Conseil ; -1-7 l'Allemagne envoie la canonnière *Panther* devant *Agadir* pour protéger les maisons allemandes contre les tribus ; -21-8 *la Joconde* volée (retrouvée en Italie le 10-12-1913, revient au Louvre le 31-3-1914) ; -4-11 accord franco-allemand sur Maroc et Congo [la France a les mains libres au Maroc ; l'Allemagne reçoit en échange le « bec de canard » (250 000 km^2 entre Cameroun et fleuve Congo, coupant en deux l'Afr.-Équatoriale fr.)]. **1912**-11-1 Caillaux démissionne ; -14-1 (au 21-1-1913) **Raymond Poincaré** Pt du Conseil et min. des Aff. étrangères ; -30-3 *Convention de Fès :* la France obtient un protectorat sur le Maroc ; -14-4 le *Titanic* coule ; -29-4 *Jules Joseph Bonnot* tué (voir p. 676 c) ; -10-7 loi électorale (scrutin de liste avec représentation proportionnelle) ; -23-7 traité d'assistance navale avec l'Angleterre ; -août Poincaré à St-Petersbourg.

■ **1913** (17-1) **Raymond Poincaré** (Bar-le-Duc, 20-8-1860/15-10-1934). Père ingénieur des Ponts et Chaussées. Licencié droit et lettres. Avocat. Académie fr. *1909.* Jeunesse républicaine. *1887-1903* député de la Meuse. *1903-13* et *1920-34* sénateur. *1895* min. de l'Instruction publique. *1893-94* et *1906* min. des Finances. Du *14-1-1912 au 21-1-1913* Pt du Conseil et min. des Affaires étrangères. **Du 17-1-1913 au 18-2-1920, Pt de la Rép.** *1920 févr.-mai* Pt de la commission des réparations. *Du 15-1-1922 au 8-6-1924* Pt du Conseil et min. des Affaires étrangères, Pt du Conseil et min. des Finances *(du 23-7-1926 au 26-7-1929).* Partisan de la revanche, il acquiert une réputation d'énergie, sauf auprès de Clemenceau qui dénonce sa pusillanimité. La façon dont il a poussé le gouvernement russe, en juillet 1914, à faire preuve de fermeté lui a valu le surnom de « Poincaré-la-Guerre ». Pendant la guerre, il s'efforce de respecter la Constitution (maintien du pouvoir exécutif sous le contrôle du Parlement).

1913-17-1 Poincaré est élu Pt de la Rép. par 483 voix devant le radical Jules Pams (14-8-1835/12-5-1930 ; propriétaire du papier à cigarettes Job ; min. de l'Agriculture depuis 1911) 296 voix, et Édouard Vaillant (Vierzon 26-1-1840/Paris 18-12-1915 ; socialiste ; 1871 membre de la Commune ; exilé jusqu'en 1880 ; 1893 député de Paris) 69 voix ; -21-1 (au 22-3) **Aristide Briand** Pt du Conseil ; -22-3 (au 9-12) **Louis Barthou** Pt du Conseil ; -3-4 atterrissage forcé d'un zeppelin allemand à Lunéville ; -13-4 *Nancy,* rixe entre touristes all. et fr. dans une brasserie ; -15-5, 1re du *Sacre du Printemps* de Stravinsky : disputes entre spectateurs, la police intervient ; -7-8 service militaire de 3 ans ; -nov. incidents de *Saverne* entre Alsaciens francophiles et soldats allemands ; -9-12 (au 9-6-1914) **Gaston Doumergue** Pt du Conseil et min. des Aff. étrangères. **1914**-16-3 Henriette Caillaux (femme de Joseph) tue Gaston Calmette [(voir p. 676 c) ; procès 20-7] ; -avril-mai législatives, victoire de la gauche ; -2-6 (au 13-6) **Alexandre Ribot** Pt du Conseil ; -13-6 (au 29-10-1915) **René Viviani** Pt du Conseil ; -28-6 assassinat à *Sarajevo* (Bosnie) de l'archiduc François-Ferdinand, héritier d'Autriche ; -15-7 vote de l'impôt sur le revenu ; -16/30-7 *Russie :* visite de Poincaré ; -25-7 *Russie :* mobilisation régionale (13 corps d'armée) et de la flotte (mer Noire et Baltique) ; -28-7 l'Autriche déclare la guerre à la Serbie ; -30-7 à 16 h, *Russie :* mobilisation générale ; *en France :* Lahovary (ambassadeur de Roumanie) et Lardy (min. de Suisse) présentent à Philippe Berthelot [(Sèvres 9-10-1866/Paris 22-11-1934) ; *1913-20* directeur des Aff. politiques ; *1920-21* et *1924-32* secrétaire gén. aux Aff. étrangères] une proposition conciliatrice dont les a chargés l'ambassadeur autrichien, le Cte Szecsen ; Berthelot répond qu'« il est trop tard » et n'en parle pas au gouvernement ; -31-7 à 19 h, *Allemagne :* état de danger de guerre (Kriegsgefahrzustand) décrété ; l'Allemagne demande à la Russie (qui refuse) de suspendre sa mobilisation et propose à la France de rester toutes les deux neutres ; Jean Jaurès assassiné par Raoul Villain (voir p. 677 c ; en juillet, le parti socialiste, en majorité, avait voté une motion appelant, en cas de menace de guerre, à la grève générale ouvrière « simultanément et internationalement organisée dans les pays concernés ») ; Poincaré, au Conseil des ministres, propose de créer un incident de frontière pour obliger l'Allemagne à déclarer la guerre ; -1-8 l'Allemagne déclare la guerre à la Russie, à 16 h ; *France :* ordre lancé de mobilisation générale ; 16 h 23 télégramme de George V d'Angleterre remis au chancelier Theobald Bethmann-Hollweg (29-9-1856/1-1-1921, chancelier depuis juillet 1909) proposant à l'Allemagne de rester neutre, en garantissant une France neutre ; 17 h 30 *Allemagne :* ordre lancé de mobilisation générale ; vers 17/18 h Guillaume II, apprenant la teneur du télégramme de George V, ordonne à Moltke de faire marcher l'armée vers l'est uniquement ; Moltke répond : « Techniquement, c'est impossible » ; entre 18 et 19 h, dans la gare de « Trois-Vierges » (Luxembourg), 60 soldats allemands mettent hors de service le télégraphe (Moltke, feignant une erreur, leur enjoint de revenir) ; 19 h 02 Guillaume II répond à George V : « Pour des raisons techniques, ma mobilisation doit progresser contre 2 fronts, est et ouest, comme elle est préparée ; cela ne peut être contremandé parce que, je le regrette, votre télégramme est arrivé trop tard ; mais, si la France m'offre une neutralité qui doit être garantie par la flotte et l'armée britanniques, je m'abstiendrai d'attaquer la France et j'emploierai mes troupes ailleurs... » ; 23 h George V (cédant aux pressions bellicistes) répond qu'« il doit y avoir quelque malentendu » ; Guillaume II ordonne alors à Moltke de marcher sur le Luxembourg. Churchill avait déjà lancé l'ordre immédiat de mobilisation de la flotte sans l'autorisation de son gouvernement ; -3-8 l'Allemagne déclare la guerre à la France et à la Serbie ; -4-8 l'Angleterre entre en guerre contre l'Allemagne ; Poincaré prône *l'Union sacrée* dans son message au Parlement.

1914-18 histoire intérieure : 1914-5-8 moratoire sur les loyers ; cours forcé des billets ; -20-8 Pie X meurt ; -26-8 Millerand min. de la Guerre ; entrée de 2 socialistes au gouvernement : Jules Guesde (Paris 11-11-1845/St-Mandé 28-7-1922) et Marcel Sembat (19-10-1862/5-9-1922) ; -5-11 Angleterre et Fr. déclarent la guerre à la Turquie ; -2-9/6-12 le gouvernement se réfugie à Bordeaux ; -6-9 cours martiales rétablies. **1915**-18-5 Albert Thomas min. de l'Armement ; -5/8-9 *Zimmerwald* (Suisse) : congrès socialiste contre la guerre ; -17-10 la Fr. déclare la guerre à la Bulgarie ; -29-10 (au 20-3-1917) **Aristide Briand** Pt du Conseil et min. des Affaires étr. (Viviani min. de la Justice et Gallieni de la Guerre). **1916**-16-3 Gallieni, malade, démissionne († 27-5) ; -13-12 Lyautey min. de la Guerre (Guesde et Sembat sont écartés). **1917**-20-3 (au 12-9) **Alexandre Ribot** Pt du Conseil et Paul Painlevé min. de la Guerre ; -31-8 Louis Malvy (Figeac 1-12-1875/Paris 9-6-1949), min. de l'Intérieur, démissionne, attaqué par Daudet et les nationalistes ; -19-9 (au 16-11) **Paul Painlevé** Pt du Conseil ; le gouvernement refuse de donner aux socialistes des sauf-conduits pour la Conférence de Stockholm (Thomas démissionne) ; -16-11 (au 20-1-1920) **Georges Clemenceau** Pt du Conseil et min. de la Guerre ; -7-12 les USA

Guerres des Balkans. 1912-*8-10* le roi de Monténégro déclare la guerre à la Turquie ; *-15-10* Serbie, Bulgarie, Grèce déclarent la guerre à la Turquie ; *-3-12* armistice. **1913**-*3-2* la guerre reprend, la Turquie refusant Andrinople aux Bulgares ; *-30-5* préliminaires de paix à Londres : la Turquie cède à la Ligue balkanique Macédoine et Crète. L'Albanie devient un État indépendant. La Bulgarie réclame la Macédoine. Serbie, Grèce puis Roumanie déclarent la guerre à la Bulgarie ; la Turquie reprend les armes. *-10-8* Bulgarie battue : traité de Bucarest. L'Autriche est mécontente du soutien russe aux Serbes (les Serbes sont furieux de n'avoir pu ni annexer l'Albanie, ni obtenir un accès à l'Adriatique).

déclarent la guerre à l'Autriche. **1918**-janv., offensive allemande sur la Somme ; -14-2 *Paul Bolo* (dit « Bolo Pacha ») condamné à mort (fusillé le 17-4) : il avait reçu des fonds allemands pour acheter *le Journal*, quotidien destiné à la propagande ennemie ; -mai grève ; -6-8 *Louis Malvy* condamné à 5 ans de bannissement pour avoir méconnu les devoirs de sa charge de min. de l'Intérieur ; -11-11 armistice (voir la suite de l'histoire intérieure p. 684 b).

PREMIÈRE GUERRE MONDIALE (1914-18)

☞ Dite la *« Grande Guerre » :* expression employée pour la 1re fois devant Stéphane Lauzanne (journaliste) par le Gal Joffre en août 1912. Il citait le titre d'un ouvrage publié en Allemagne par le Gal Falkenhausen : *La Grande Guerre d'aujourd'hui.*

LES DÉBUTS

■ **Causes. 1°) Rivalités européennes** (Russie contre Autr. au sujet des Balkans ; Fr. contre All. au sujet de l'Alsace-Lorraine ; All. contre Fr. et Angl. au sujet des colonies ; Angl. contre All. au sujet du réarmement naval ; It. contre Autr. au sujet des provinces « irrédentes » ; Autr. contre Serbie au sujet des Slaves du Sud, etc.).

2°) Crainte des conséquences financières de la « course aux armements » : depuis 1901, chacune des grandes puissances européennes dépense de 1 à 2 milliards de F annuels pour s'armer ; la tentation est venue d'utiliser ces armes pour réduire (après une victoire) les budgets des armées et des marines.

3°) Croyance générale en une guerre courte : la Fr. surestime la puissance russe (« le rouleau compresseur ») ; Poincaré pense reconquérir l'Alsace-Lorraine en quelques semaines ; les All. pensent écraser l'armée française en 1 mois grâce au « *plan Schlieffen* » (voir col. b) ; les Autr. pensent liquider la Serbie en 8 jours ; le chef d'état-major russe Ianushkevitch croit prendre les All. de vitesse s'il peut mobiliser avant eux et charge Sergeï Sazonov (29-7-1860/Nice 23-12-1927, min. des Affaires étr.) d'arracher au tsar l'ordre de mobilisation générale le 30-7 à 16 h, effective le 31-7.

4°) Bellicistes : *l'été 1914, il y a simultanément au pouvoir, en Europe, plusieurs bellicistes :* Leopold Cte Berchtold [(Vienne 18-4-1863/Pereszyne 21-11-1942), 1912-15 ministre des Affaires étrangères] en Autr., Iswolsky et Sergeï Sazonov [(18-6-1927), ministre des Affaires étrangères] en Russie, Poincaré en France, Nicolas Pachitch (Zajecar 18-12-1845/Belgrade 10-12-1926 ; 1910-18, PM serbe) en Serbie. Le chancelier allemand Bethmann-Hollweg, longtemps considéré comme un médiocre s'étant laissé entraîner dans la guerre sans l'avoir voulue, aurait été, selon l'historien allemand Fritz Fischer, un expansionniste et un belliciste convaincu.

5°) L'Angleterre [sir Edward Grey (Londres. 25-4-1862/7-9-1933) ; 1905-16 ministre des Affaires étrangères] préfère la neutralité (ce qui pousse l'All. à la guerre), mais, après l'invasion allemande en Belgique, verra dans la violation de la neutralité belge un *casus belli.*

■ **Déclarations de guerre. 1914**-28-7 *Autriche* à Serbie ; -1-8 *Allemagne* à Russie, -3-8 à France, Serbie ; -4-8 *Grande-Bretagne* entre en guerre ; -5-8 *Autriche* à Russie ; -6-8 *Serbie* à Allemagne ; -12-8 *France* et *Grande-Bretagne* à Autriche ; -20-8 les Allemands entrent à Bruxelles ; -22-8 *Autriche* à Belgique ; -23-8 *Japon* à Allemagne ; -25-8 *Autriche* à Japon ; -1-11 *Russie* à Turquie ; -2-11 *Serbie* à Turquie ; -5-11 *Grande-Bretagne* et *France* à Turquie. **1915**-23-5 *Italie* à Autriche, -21-8 à Turquie ; -25-9 *Bulgarie* à Serbie ; -15-10 *Grande-Bretagne* à Turquie, -16-10 à Bulgarie ; -17-10 *France* à Bulgarie ; -19-10 *Italie* et *Russie* à Bulgarie. **1916**-9-3 *Allemagne* à Portugal ; -15-3 *Autriche* à Portugal ; -17-8 *Roumanie* à Autriche ; -27-8 *Italie* à Allemagne ; -30-8 *Turquie* à Roumanie ; -1-9 *Bulgarie* à Roumanie ; -28-10 *Allemagne* à Roumanie. **1917**-6-4 *USA* à Allemagne ; -29-6 *Grèce* à Allemagne, -2-7 à Turquie, Autriche, Bulgarie ; -7-12 *USA* à Autriche.

■ **Plans de campagne. France :** *« Plan XVII »,* élaboré par Joffre en 1914, mais reprenant les idées d'offensive « à outrance » du colonel, puis Gal Louis de Grandmaison (1861-1915, tué au combat), professeur à l'École de guerre : la victoire dépend de la supériorité des forces morales [des soldats résolus, armés de baïonnettes, l'emportent sur des adversaires retranchés et mieux armés, mais moins vaillants ; ces théories étaient battues en brèche, depuis avril 1913, par le capitaine Bellanger, observateur militaire de la guerre des Balkans, qui avait compris l'efficacité de l'ensemble défensif : tranchées, barbelés, mitrailleuses. Bellanger était soutenu par le Gal Estienne (futur créateur des chars d'assaut) et le colonel Pétain. Le Gal Charles Lanrezac (Pointe-à-Pitre 31-7-1852/Neuilly-sur-Seine 18-1-1925) chantonnait : « Attaquons, attaquons, comme... la lune. » Mais la tendance Grandmaison prévalait chez les officiers d'état-major]. *Offensives prévues :* par le plateau lorrain vers Sarrebourg, puis le Palatinat ; par la trouée de Belfort vers le Rhin. Joffre, persuadé à tort que les Allemands n'utiliseraient pas tout de suite leurs troupes de réserve, avait calculé qu'ils ne pourraient en même temps mener une grande offensive en Belgique et repousser les assauts français en Lorraine ; or l'aile marchante allemande disposa d'une supériorité de 3 contre 1. **Allemagne :** *« Plan Schlieffen »* [du nom du Gal Alfred von Schlieffen (Berlin, 28-2-1833/4-1-1913), plan élaboré à partir de 1898, mis au point en 1905 (voir col. a), et modifié par Moltke] : supériorité du feu (mitrailleuses, artillerie lourde, gros effectifs) ; pour éviter la ligne Séré de Rivières, réalisée dans les années 1880, prévoyait d'utiliser les Hauts de Meuse et les Hauts de Moselle séparés par la travée des Charmes ; 27 corps d'armée devaient violer la neutralité belge et déborder l'aile gauche des Français. Les Français connaissaient le plan depuis 1904 (vendu 60 000 F par « le Vengeur », correspondant anonyme (peut-être le Gal Friedrich von Bernhardi). Après la bataille de la Marne, les All. adopteront à leur tour la tactique des masses profondes attaquant à la baïonnette (bataille de l'Yser) et sacrifieront 4 corps de volontaires à Dixmude.

La guerre était-elle évitable ? Caillaux assurait que sans le meurtre de Calmette par sa femme (voir p. 676 c), il aurait été Pt du Conseil à la place de Viviani, homme sans caractère qui a laissé agir Poincaré. Caillaux pensait faire entrer Jean Jaurès dans son gouvernement et empêcher Poincaré de se rendre en Russie [il estimait qu'Iswolsky avait soutenu à fond la Serbie contre l'Autr. (ce qui a déclenché la guerre par réaction), Poincaré lui ayant promis son soutien].

D'après les marxistes, les milieux financiers internationaux ont poussé à la guerre, pour affaiblir et dominer le prolétariat des belligérants. D'après Caillaux, les banques étaient, au contraire, pacifistes, redoutant un conflit mondial (ruine des monnaies, crise des échanges, suprématie financière des USA).

STRATÉGIE

■ **1914. Guerre de mouvement sur 2 fronts :** les All. veulent éliminer les Fr. pour se retourner ensuite contre les Russes (ils redoutent la guerre sur 2 fronts) ; ils espèrent que les Autr. pourront contenir les Russes pendant que l'armée all. triomphera à l'ouest. Cette stratégie échoue : **1°)** les Fr. résistent à l'ouest [ils sont renforcés par Belges et Angl. ; ils gagnent la bataille *de la Marne* (sept.) puis celle des Flandres (Dixmude, Ypres, nov.)]. **2°)** Les Autr. sont écrasés par les Russes qui ont envahi leur territoire et menacé la Silésie all. **3°)** Les Russes, fidèles à la parole donnée aux Fr., ont attaqué la Prusse-Orientale all. sans avoir achevé leur concentration. Ils ont été battus à *Tannenberg* (Prusse orientale) et aux *lacs Mazures,* mais Guillaume II, affolé, a exigé qu'on prélève 2 corps d'armée à l'ouest pour sauver Kœnigsberg (ce qui a soulagé les Fr. pendant la Marne).

Théâtre secondaire : la Serbie : les Autr., qui avaient monté une « expédition punitive », sont battus par les Serbes et doivent, eux aussi, creuser des tranchées (bataille du *Roudnik,* 13-12-1914).

Changement de doctrine des Allemands (hiver 1914-1915) : Falkenhayn décide de rester sur la défensive à l'ouest et de porter tous ses efforts contre les Russes qui manquent de munitions. En mars-avril, Fr. et Angl. attaquent les *Dardanelles* (Turquie) pour pouvoir ravitailler la Russie par la mer Noire. Échec [cause vraisemblable : la mauvaise volonté des Angl. (voir encadré p. 683 : *occasions perdues*)]. Les Russes sont battus à *Gorlice* (1/3-5-1915) par les All. et perdent de vastes territoires (Pologne, Lituanie, Courlande).

■ **1915. Massacres inutiles :** Joffre, incapable d'aider les Russes directement, décide de lancer des offensives locales (il espère immobiliser ainsi de gros effectifs all.). En Artois, Champagne, Vosges, il perd 600 000 h. sans entamer l'ennemi. **Ouverture de nouveaux fronts** voulue par les Alliés pour éviter l'obligation de percer les lignes allemandes en Fr. : **1°)** *23-5,* entrée en guerre de l'It. (mais le front austro-italien se stabilise immédiatement comme celui de l'ouest) ; **2°)** *nov.-déc.,* Aristide Briand (Pt du Conseil depuis oct.) décide d'ouvrir un *front dans les Balkans (Salonique).* RAISONS : a) la Serbie vient d'être écrasée, mais une partie de son armée s'est réfugiée à Corfou ; b) les troupes franco-angl. des Dardanelles peuvent être utilisées en Grèce, au lieu d'être gaspillées en Turquie ; c) les Bulgares sont entrés en guerre aux côtés de l'All. le *25-9 :* s'ils sont battus dans une guerre de mouvement, la Turquie est isolée, l'Autr. prise à revers. L'idée de Briand est critiquée par l'état-major français (et par Clemenceau) ; le front de Salonique sera immobilisé, comme ceux de l'ouest et d'Italie.

■ **1916. Nouveau changement allemand :** *Verdun :* Falkenhayn, ayant fait reculer les Russes loin des frontières all., espère vaincre à l'ouest : il attaque à Verdun en février. La résistance française est vigoureuse ; les All. subissent de lourdes pertes. **Nouvelles théories sur la guerre industrielle :** à partir de Verdun, les états-majors sont convaincus que la victoire s'obtiendra par la supériorité des armements (bombardements massifs, chars d'assaut, aviation). Les All. croient en la guerre sous-marine (le blocus sous-marin devant paralyser l'industrie de guerre anglaise) ; les états-majors alliés croient au blocus (la pénurie en matières 1res devant ruiner l'industrie de guerre allemande).

Diversions : 1°) *entrée en guerre de la Roumanie :* provoquée par Briand qui cherche à ranimer le front du sud-est (déception : les Roumains sont vite immobilisés par les Austro-Allemands et Turcs). **2°)** *Offensive du Gal Alexeï Broussilov* (Tiflis 19-8-1853/Moscou 17-3-1926) en Bukovine : déclenchée en juillet, elle doit soulager la pression all. sur Verdun. Succès limité, qui épuise définitivement l'armée russe. **3°)** *Offensive anglo-française sur la Somme (sept.-oct.) :* conçue par les Angl., pour démontrer que la « rupture » était possible grâce à la supériorité du matériel. Échec coûteux en vies humaines. Mais rupture momentanée obtenue sans être exploitée ; les états-majors persistent à croire en une percée décisive due à la supériorité en matériel lourd.

■ **1917. Priorité de la politique sur la stratégie : 1°)** *les Alliés obtiennent l'intervention des USA :* le potentiel économique naval américain doit permettre d'écraser l'All. **2°)** *Les Allemands jouent la carte révolutionnaire russe* contre la Russie tsariste et obtiennent l'effondrement du front oriental (Russie et Roumanie éliminées). **3°)** *Nombreuses tentatives de paix* (voir encadré p. 683).

Manifestations attardées des anciennes stratégies : 1°) défaite de Nivelle au *Chemin des Dames* (offensive le 16-4-1917, 27-5 rupture du front par les Allemands) : nouvelle tentative de percée ; échec sanglant qui démoralise l'armée fr. et déclenche des mutineries (se borne désormais à attendre les Amér.). **2°)** *Offensive des Anglais en Palestine :* « guerre de mouvement » à partir de l'Égypte (et également en Mésopotamie). Vise à obtenir (à longue échéance) un effondrement de la Turquie, compensant l'effondrement russe.

■ **1918. Guerre totale (à outrance) :** menée par des chefs aux pouvoirs dictatoriaux (Clemenceau en Fr. avec Foch, généralissime des armées alliées depuis le 26-3 ; Hindenburg, Ludendorff en All., ayant de fait le commandement de toutes les armées des « Empires centraux »). Vise l'écrasement de l'adversaire grâce à la supériorité en armement et en effectifs. – **Les Allemands,** n'ayant plus que le front de l'ouest à supporter après l'élimination des Russes et des Roumains, espèrent vaincre, début 1918, avant que l'armée amér. soit opérationnelle. *3 percées réussies* (St-Quentin, Mt Kemmel, Chemin des Dames) : aucune n'est décisive. RAISONS : *a)* les effectifs allemands ont fondu, et la victoire à l'est n'a pas permis de récupérer plus de 30 divisions, à cause de la nécessité d'occuper d'immenses territoires (la cavalerie est restée en Russie, ce qui a empêché l'exploitation des percées) ; *b)* les soldats sont affaiblis par la famine ; *c)* les Alliés gardent la supériorité en avions, chars, artillerie ; *d)* les Amér. ont été jetés dans la bataille plus tôt que prévu et s'y sont bien comportés (juillet 1918). – **Les Alliés,** *sur le front ouest :* Foch n'essaye pas de faire des manœuvres stratégiques : il *martèle* d'obus le front allemand, successivement dans tous les secteurs. La seule manœuvre prévue pour la capture, sur le champ de bataille, de l'armée allemande prise à revers (attaque au sud-est de Metz en direction du Luxembourg), a été retardée jusqu'au 14-11-1918. L'armistice est intervenu avant. *Salonique :* Franchet d'Esperey réussit la percée et conquiert les Balkans, réalisant le plan de Briand. Mais il doit s'arrêter sur ordre de Clemenceau (ennemi politique de Briand) alors qu'il prend l'Autr.-Hongrie à revers. *Au Moyen-Orient :* les Anglais de Mésopotamie et Palestine réussissent une percée et contrôlent les territoires arabophones de Turquie.

■ **Guerre navale (1914-18).** – NAVIRES DE SURFACE : **1°) succès alliés :** en 1914-15 les corsaires all. (chargés de détruire le trafic entre Angl., Belg., Fr. et leurs colonies) sont éliminés (principale bataille : les *Falkland,* déc. 1914) ; en 1916, dans la mer du Nord, les navires de guerre allemands tentent de briser le blocus pour rejoindre les mers libres. Ils sont refoulés (bataille du *Jutland* 31-5), après un combat où les Angl. ont eu des pertes plus lourdes que les leurs. **2°) Succès allemands :** en juillet-août 1914, 2 cuirassés allemands commandés par l'amiral von Souchon [le *Goeben* (croiseur de bataille, 10 canons de 280 mm, 12 de 150), et le *Breslau* (croiseur léger de 4 550 t, 12 canons de 105 mm)] traversent la Méditerranée et rejoignent Constantinople ; au passage, ils arborent le pavillon russe, puis au dernier moment le pavillon allemand ; le 4-8, le *Breslau* tire 135 coups de 105 mm sur Bône (peu de dégâts), le *Goeben* 35 coups de 150 mm sur Philippeville [(20 †) ; la pièce no 21 (190 mm) de 1878 tire 4 coups vers le navire (1er tir d'artillerie français de la guerre)]. Pour éviter le sort prévu pour des navires belligérants dans un port neutre (sortir des eaux territoriales sous 48 h ou subir leur désarmement et l'internement des équipages), ils seront vendus fictivement à la Turquie (qui entre en guerre le 1-11) et placés sous pavillon ottoman, mais avec leurs équipages d'origine. Supérieurs aux navires russes, ils suffiront, jusqu'en 1918, à interdire tout trafic en mer Noire, empêchant la victoire russe sur la Turquie et provoquant la défaite roumaine. Le *Breslau* sautera en 1918 dans un champ de mines anglaises. Le *Goeben,* échoué, sera remorqué le 27-1 jusqu'à Constantinople, refondu en 1928-30 à St-Nazaire/Penhoët et renommé *Yavuz Sultan Selim,* restera turque jusqu'en 1960.

– GUERRE SOUS-MARINE : (en 1917, les *U-Boote* allemands coulent 3,5 fois plus de navires que les Angl. n'en construisent) : 3 750 000 t contre 1 110 000. A partir de 1918, la construction navale amér. compense les pertes (3 millions de t contre 2).

– RAVITAILLEMENT DE LA RUSSIE : l'échec des Dardanelles en 1915 (voir p. 681 b) a coupé la meilleure voie et a été la cause première de l'effondrement russe. *Voies de remplacement : Mourmansk* [accordé par voie ferrée au réseau russe seulement en févr. 1917 (à partir de janv. 1916, il y a une liaison ferroviaire Arkhangelsk-Petrograd)], *l'Iran et la Caspienne* (au sud) jusqu'en 1917. A partir de 1917, les Amér. ravitaillent la Russie à travers le Pacifique (Vladivostok, puis le Transsibérien), mais trop tard.

DÉROULEMENT

■ **Commandants en chef. Français :** *1914 : Joseph Joffre* (Rivesaltes 12-1-1852/Paris 3-1-1931 ; reçu 14e à Polytechnique, sorti 33e sur 136 ; 28-7-1911 Gal ; 1914 Cdt en chef des armées du Nord et Nord-Est ; 1915 Cdt en chef des armées ; 26-12-1916 Mal ; 14-2-1918 élu à l'Académie française). *12-12-1916 : Georges Nivelle* (Tulle 15-10-1858/Paris 22-3-1924 ; polytechnicien). *15-5-1917 : Philippe Pétain* (24-4-1856/23-7-1951). [*Autres généraux : Édouard de Castelnau* (St-Affrique 24-12-1851/Montastruc 19-3-1944). *Marie Eugène Debeney* (Bourg-en-Bresse, 5-5-1864/8-9-1943). *Auguste Dubail* (Belfort 13-4-1851/Paris 7-1-1934). *Louis Félix Franchet d'Esperey* (Mostaganem 25-5-1856/Amancet 8-7-1942 ; 1921 Mal ; 1934 Académie française). *Joseph Gallieni* (St-Béat 24-4-1849/Versailles 27-5-1916 ; st-cyrien ; 1921 Mal à titre posthume). *Henri Gouraud* (17-11-1867/16-9-1946 ; st-cyrien ; amputé d'un bras en juin 1915). *Charles Lanrezac* (31-7-1852/18-1-1925 ; Mis de Cazerbal). *Joseph Maunoury* (1847-1923). *Maurice Sarrail* (6-4-1856/23-3-1929)]. **Anglais :** *5-8-1914 : John Denton Pinkstone French*, 1er Cte d'Ypres (Ripple 28-9-1852/Deal 21-5-1925). *31-12-1915 : Douglas Haig* 1er Cte Haig (Édimbourg 19-6-1861/Londres 30-1-1928). **Américain :** *13-6-1918 : John Pershing* (Linn Country 13-9-1860/Washington 15-7-1948). **Armées alliées :** *26-3-1918 : Ferdinand Foch* (Tarbes 2-10-1851/Paris 20-3-1929 ; polytechnicien, artilleur ; 7-8-1918 Mal ; 1918 Académie française). **Allemands :** *3-8-1914 : Helmuth von Moltke* (Gersdorff 25-5-1848/Berlin 18-4-1916). *14-9-1914 : Erich von Falkenhayn* (Burg Belchau 11-11-1861/Lindstedt 8-4-1922). *28-8-1916 : Paul von Hindenburg* (Poznan 2-10-1847/Neudeck 2-8-1934) avec *Erich Ludendorff* (Kruszewnia 9-4-1865/Munich 20-12-1937). **Italiens :** *Luigi Cadorna* (Pallanza 4-9-1850/Bordighera 21-12-1928 ; 1923 Mal). *8-11-1917 : Armando Diaz* (Naples 5-12-1861/Rome 29-2-1928 ; 1920 Mal et duc de la Victoire).

■ **1914. A L'OUEST** : *-2-8* les All. pénètrent au Luxembourg et en Belgique ; *-17-8* le dernier fort de Liège se rend ; *-19-8* la Ire armée du Gal Dubail et la IIe du Gal de Castelnau attaquent à l'est de la Moselle vers Sarrebourg et *Morhange*, mais les All. devancent l'attaque, Castelnau ordonne la retraite vers le Grand-Couronné ; *-20-8* Bruxelles occupée ; *-20/28-8* Lorraine, 40 000 Fr. † (dont 27 000 le 22-8) ; les All. les rejettent vers Nancy ; *-21/23-8* **bataille de Charleroi** [Lanrezac sauve son armée de l'anéantissement en se repliant malgré l'ordre de Joffre ; il sera révoqué le 3-9] ; chute de Namur et de Mons ; *-25-8* Joffre renonce au *plan XVII* ; il renforce son aile gauche ; plus de 162 généraux ou colonels commandant une brigade ont été « limogés » (nommés à des postes dans des villes de l'arrière, comme Limoges) ; *-26-8* Gallieni (1849/27-5-1916), en retraite depuis le 24-4-1914, est nommé gouverneur de Paris ; *-29-8* **Guise :** Lanrezac bat Bülow (5 800 All. †, l'armée de Kluck se dirige vers l'est de Paris, au lieu de Rouen, pour soutenir Bülow) ; *-2-9* avant-garde de Kluck à Senlis (50 km de Paris) ; le gouvernement français quitte Paris pour Bordeaux ; *-4-9 pacte de Londres :* les Alliés s'interdisent toute paix séparée ; *-6/13-9* **la Marne** [les All. sont arrêtés devant Meaux (44 km de Paris) et au sud de Senlis. *Vaincus :* Kluck, avancé trop loin au sud-est de Paris (jusqu'à Coulommiers), est attaqué de flanc par Gallieni ; Bülow, qui bat en retraite quand Kluck remonte vers Paris. *Vainqueurs :* Joffre qui a décidé les Angl. (French) à contre-attaquer ; Gallieni qui a eu l'idée de la manœuvre ; Franchet d'Esperey (successeur de Lanrezac) qui a foncé entre Kluck et Bülow ; Foch qui a arrêté les Saxons en Champagne (*marais de St-Gond*) ; *taxis de la Marne* (1 100 chauffeurs réquisitionnés ont conduit, près de Nanteuil-le-Haudouin, 5 000 h. de la 7e DI ; le Trésor public a versé 70 102 F à la Cie de taxis G7 appartenant au Cte André Walewski, petit-fils de Napoléon Ier, qui eut l'idée de l'opération)] ; *-9/10-9 dernière charge de cavalerie française :* le 2e escadron du 16e dragons, commandé par le Lt de Gironde, attaque une escadrille d'avions allemands au sol : Gironde est tué, le sous-Lt Paul de Villeneuve (1892-1960) prend le commandement ; *-14-9* rétablissement de l'aile droite allemande sur l'Aisne, Joffre ayant stoppé à Sissonne (Aisne) la contre-offensive française [*controverse : 1o)* le Gal René Chambe accuse Joffre d'avoir manqué une occasion et le Gal Conneau (chef de la cavalerie) d'avoir été inactif ; *2o)* Conneau et Joffre répliquent que les chevaux étaient fourbus ; *3o)* Liddell Hart estime que c'était la faute de Joffre (il avait envoyé le corps de Conneau jusqu'à Liège entre le 4 et le 10-8)] ; *-sept.-oct.* **« course à la mer » ;** guerre des tranchées ; *-5-10* Joseph Frantz sur biplan Voisin abat (47 cartouches tirées avec une carabine) un Taube (1re victoire aérienne de la guerre) ; *-16-10/-1-11* **bataille de l'Yser** (Dixmude) ; *-déc.* **Ire bataille de Vimy :** échec français devant Vimy et N.-D.-de-Lorette.

A L'EST : *-5-8* les Russes entrent en Pologne ; *-7-8* les Serbes entrent en Bosnie ; *-août* offensive russe : Paul Rennenkampf (Estonie 17-4-1854/Taganrog mai 1918) au nord sur le Niémen, Alexandre Vassilievitch Samsonov (1859/Willenberg 30-8-1914) au sud sur le Narew ; *-19/20-8* **bataille de Gumbinnen :** les All. se replient ; *-26/29-8* **Tannenberg** dans la région de Gilgenburg et d'Ortelsburg (dure 3 j) ; Hindenburg, assisté de Ludendorff, arrête les Russes (90 000 prisonniers, Samsonov se suicide) ; *-3/11-9* **Lemberg** (victoire russe sur l'Autr.) ; *-5/15-9* **bataille des lacs Mazures** (Rennenkampf se retire derrière le Niémen) ; *-29-9* les Russes entrent en Hongrie ; *-29-10* la Turquie attaque navires russes et français en mer Noire ; *-3-11* la flotte alliée bombarde les Dardanelles ; *-7-11* les Serbes reculent ; *-15-11* retraite russe en Pol. ; *-6-12* **Lódź :** défaite russe.

AUTRES THÉÂTRES D'OPÉRATION : *-8-8* les Alliés prennent le Togo (allemand), Samoa (en Océanie) ; *-24-8/7-11* les Jap. prennent Kiao-Tcheou (Chine) aux All. ; *-30-9* les Australiens prennent la Nlle-Guinée (allemande) ; *-1-11 Coronel* (Pacifique) : une escadre all. dirigée par l'amiral Cte Maximilien von Spee (Copenhague 22-6-1861/Falkland 8-12-1914) coule les croiseurs *Monmouth* et *Good Hope*.

■ **1915. A L'OUEST** : *-24-1* **Dogger Bank :** victoire navale angl. ; *-4-2* décret de Guillaume II sur guerre sous-marine ; *-16-2* offensive fr. vers la Champagne (percée de Vouziers sur 800 m) ; *-17-2/9-4* **bataille des Éparges** (au sud-est de Verdun), crête reprise par les Français ; *-avril* offensive allemande en *Flandres ; -22-4* vers 17 h à Steenstrate, sur l'Yser, *1er emploi des gaz asphyxiants* sur le front occidental ; *-7-5* torpillage du **Lusitania** (1 198 Anglais tués ainsi que plusieurs Canadiens en civil, en route pour l'Angleterre où ils devaient s'enrôler, et 128 Américains. On sait depuis 1972 que le *Lusitania* était un « croiseur auxiliaire armé », avec 12 canons de 6 pouces et plus de 4 200 caisses de cartouches à fusils) ; *-23-5* **l'Italie déclare la guerre à l'Autriche ;** *-mai/sept.* offensive fr. en Champagne et Artois ; *-9-5 au 17-6* **2e bataille de Vimy,** *en Artois :* le Gal d'Urbal avance de 2,5 km (pertes : 95 000 † et 63 blessés) ; *-juillet-sept.* Argonne, échec de l'offensive all. ; *-sept.* **3e bataille de Vimy :** échec. *-25-9* en Champagne : *1re attaque française avec des obus à gaz ; -1-11 offensive en Artois et Champagne* (échec).

A L'EST : *-janv.* avance russe en Turquie ; *-févr./sept.* **bataille des Dardanelles** [tentative de prendre Constantinople pour assurer la liaison entre Occidentaux et Russes ; longues tractations entre Alliés : les Angl. craignant de livrer les détroits aux Russes, les All. profitent du délai pour fortifier les Dardanelles] ; *-25-4 Gallipoli :* débarquement de l'ANZAC (Australian-New Zealand Army Corps) avec 21 000 hommes : 8 000 « Kiwis » (Néo-Zélandais) et 13 000 « Aussies » (Australian Imperial Force) ; à 4 h 29, mission : attaquer les Turcs par le nord (Fr. et Angl. débarquant au sud), mais les Turcs résistent [*pertes françaises :* 50 000 †, 95 000 blessés, 100 000 malades (les rescapés débarqueront à Salonique en oct. et formeront l'armée d'Orient) ; Australiens : 7 594 † ; Néo-Zélandais : 2 431 †] ; *-22-6* avance allemande en Russie ; *-5-8* les All. prennent Varsovie et le *-26-8* Brest-Litovsk ; *-5-10* débarquement allié à *Salonique ; -8-10* les All. occupent Belgrade ; *-oct.* l'armée italienne a 300 000 h. hors de combat ; *-nov.* retraite serbe devant les Bulgares ; *-8-12 les troupes franco-angl. évacuent Dardanelles et Gallipoli ; -12-12* retraite franco-anglaise en Serbie.

■ **1916. A L'OUEST** : *-4-1* offensive allemande en Champagne ; *du 21-2 au 15-12* **bataille de Verdun :** [offensive all. confiée au Kronprinz, pour le prestige de la monarchie ; *objectif :* Verdun, « cœur de la Fr. » (les All. pensent que l'armée française se laissera saigner à blanc pour défendre la ville ; ils ont 1 250 canons : 1 tous les 25 m de front ; au 15-7, ils avaient tiré 21 millions d'obus de calibre de plus de 120) ; *-21-2* : 7 h 15 début de la préparation d'artillerie (2 millions d'obus tirés) ; 16 h 45 : 80 000 Allemands déferlent en 3 vagues sur 7 km de front, les Français résistent, notamment au *bois des Caures* où le Cel Émile Driant (11-9-1855/22-2-1916) est tué ; -10-4 ordre du jour de Pétain : « Courage, on les aura ! » ; *chefs français : 26-2* Pétain ; *30-4* Nivelle ; *12-12* Guillaumat ; *pertes* (50 à 65 % des effectifs) : *Fr.* 221 000 †, 216 000 blessés ; *All.* 500 000 †, blessés ou disparus. *Voie sacrée :* route nationale de Bar-le-Duc à Verdun, par Souilly (75 km) : 11 500 camions, avec 8 500 h. et 3 000 officiers assurent les convois (par semaine : 50 000 t de munitions, 90 000 h.), 1 camion toutes les 14 secondes ; *principaux forts :* Douaumont, enlevé le 25-2 par surprise par les All. [repris (dit la propagande) et reperdu 22/25-5, échec de l'offensive Mangin 22-24-5, repris définitivement le 24-10] ; Vaux assiégé 9-3/7-6 (le Cdt Raynal capitule), évacué par All. 2-11 ; Souville : résistance, victoire le 22/30-6 ; 21-6 les Allemands prennent Thiaumont, Fleury et Froideterre ; 11/12-7 les Allemands attaquent Souville ; 15/18-12 reprise de la crête du Poivre] ; *-9-3 l'All. déclare la guerre au Portugal* (qui a saisi les navires allemands dans ses ports en févr.) : une division portugaise sera intégrée aux forces anglaises des Flandres en 1917-18 ; *-1-5* Kienthal (Suisse) : 2e conférence socialiste ; *du 31-5 au 1-6* **bataille navale du Jutland** (voir p. 680 c) ; *-20-6* le sous-lieutenant Anselme Marchal jette des tracts sur Berlin, mais doit se poser en Pologne (panne) après 1 410 km sans escale (record mondial) ; *-12-7* 1er emploi par les All. de l'*ypérite* (près d'Ypres) : 3 000 intoxiqués (2 †) ; *-juillet-oct.* **offensive de la Somme** [24-6 début du pilonnage ; 30-6 environ 1 500 000 obus tirés dont 375 000 le 30-6 ; 1-7 à 7 h 28, les Alliés attaquent sur un front de 25 km, 60 000 soldats britanniques se dirigent vers les lignes all. (pensant à tort que les obus alliés avaient écrasé les positions all.) ; le soir, sur 320 000 soldats engagés : 20 000 † et 40 000 blessés ou disparus ; pertes all. : environ 6 000 h., 2 000 prisonniers ; les Anglo-Fr. ne peuvent percer les lignes allemandes entre Péronne et Bapaume ; *pertes* à la fin de l'offensive : Fr. 200 000, Angl. 400 000, All. 300 000 ; -15-9 les Angl. utilisent les *1ers chars d'assaut ;* Joffre est limogé (on lui reproche de ne pas avoir attaqué à Verdun, lorsque les All. occupaient des positions non fortifiées)] ; *-27-8 l'Italie déclare la guerre à l'All. ; -21-11* Charles Ier empereur d'Autr. ; *-12-12* Nivelle remplace Joffre ; *-15-12 1re tentative de paix négociée.*

A L'EST : *-4-6* offensive russe du Gal Broussilov ; *-13-6* les Arabes prennent La Mecque aux Turcs ; *-9/21-6* blocus allié de la Grèce ; *-août/déc.* invasion de la Roumanie ; *-9-10* gouv. Eleutherios Venizélos à Salonique ; *-6-12* les All. occupent Bucarest.

Répressions en 1917 : condamnations prononcées par le Conseil de guerre : 50 900 dont 38 315 au titre des armées (moyenne des autres années 34 643) ; désertions 2 656 cas jugés (moy. autres années 1 437) ; mutineries 1 121, incarcérations 986, condamnations à mort (mai à oct.) 412 dont 219 commuées et 55 exécutées, dont pour *crimes de droit commun* 8, *crimes militaires* dans les unités troublées 25, *isolés* 22 (dont quelques-uns seulement se rattachent aux actes de rébellion). 121 régiments d'infanterie, 23 bataillons de chasseurs, 7 régiments d'infanterie coloniale, 7 régiments d'artillerie et 1 régiment d'infanterie territoriale ont été affectés par des troubles. Sur 110 divisions, 8 % ont été très touchées, 20 % assez. Les armées concernées [IVe (Anthoine), Xe (Duchêne), VIe (Maistre)] avaient été durement engagées pour la conquête du mont Cornillet, du plateau de Californie ou de la ferme d'Hurtebise. Le plus souvent, les hommes refusèrent de remonter en ligne. Le 11-11-1922, un monument dédié aux victimes innocentes des conseils de guerre était inauguré à Riom (P.-de D.). Le 5-11-1998, le 1er ministre Lionel Jospin a déclaré à Craonne (Aisne) souhaiter leur réintégration dans la mémoire collective nationale.

■ **1917. A l'Ouest** : *-30-1* l'All. annonce aux Neutres qu'elle torpillera tous les bateaux au large des côtes anglaises, françaises et italiennes ; *-3-2* USA rompent relations diplomatiques avec l'All. ; *-25-2 opération Alberich :* les All. évacuent une poche ciblée et se retirent sur la « ligne Hindenburg ». Ludendorff est averti des objectifs de l'offensive Nivelle par des documents trouvés sur le corps d'un officier français tué le 15-2 ; *-2-4* **entrée en guerre des USA** [*-4-4 :* 82 sénateurs contre 6 votent la guerre (le 6-4 : 373 représentants contre 50)] ; *-9-4* les 4 divisions canadiennes avancent de 8 km, prennent *Vimy,* font environ 10 000 prisonniers, mais auront 11 285 † ; *1re défaite du Chemin des Dames* [des milliers de † en 15 j, démoralisation ; *vaincu :* Nivelle (offensive mal conçue)] ; *-10-4* offensive sur le front de l'Aisne, préparation d'artillerie ; *-13-4* offensive de Franchet d'Esperey vers St-Quentin, échec. *-16-4* nouvelle offensive ; *-à partir du 2-5 : mutineries :* 250 cas de sédition, dans 68 divisions ; 30 000 mutins ou manifestants (dont 2 000 h. à la 41e DI ; durée maximale : Missy-aux-Bois, 4 j) ; *-15-5 Pétain remplace Nivelle ; -19-5* il met fin aux offensives inutiles ; *-13-6* Gal Pershing arrive à Boulogne ; *-28-6* St-Nazaire, arrivée de la 1re division américaine (14 500 h. dits « Sammies ») ; *-juillet/nov.* **bataille des Flandres ;** *-11-9* Guynemer abattu ; *-17/26-10* succès local au Chemin des Dames **(victoire de La Malmaison) ;** *-19-10* sur 13 zeppelins envoyés sur Londres, 1 seul y parviendra ; *-24/25-10* **défaite italienne à Caporetto :** recul de 100 km ; *-8-11* Diaz remplace Cadorna comme Cdt en chef italien.

A l'Est : *-12-3* mutinerie de Vyborg (Russie) ; *-14-3* 1er soviet, à Moscou ; *-15-3* le tzar Nicolas II abdique ; *-mars/avril* offensive britannique au Sinaï, stoppée à Gaza ; *-16-4* retour de Lénine ; *-juin* Grèce : Constantin Ier abdique ; *-29-6* **la Grèce** (PM Venizélos) **déclare la guerre à l'All. ;** *-31-10* victoire anglaise en Palestine (le Gal Edmund Allenby (Brockenhurst 23-4-1861/Londres 14-5-1936) perce les lignes turques à Ber-sheeba) ; *-2-11 « déclaration Balfour »* sur le Foyer national juif ; *-7-11 Lénine et Trotski au pouvoir en Russie* ; *-9-11* Allenby prend *Jérusalem ; -26-11 armistice germano-russe ; -9-12 armistice de Focşani* All./Roumanie ; *-15-12 armistice de Brest-Litovsk* All./Russie.

■ **1918. A l'Ouest** : *-30/31-1* les gothas bombardent pour la 1re fois Paris et sa banlieue : 250 bombes (75 †) ; *-mi-mars* les All. ont 192 divisions, dont 40 ramenées de l'est à l'ouest, face à 172 divisions alliées (dont 99 d'infanterie et 6 de cavalerie françaises) ; *-21/23-3 offensive « Michaël » :* les All. avancent depuis St-Quentin au-delà de Montdidier ; en direction d'Amiens, la route leur est barrée de justesse ; *-23-3/9-8* Paris bombardé par la *Grosse Bertha* (voir à l'Index) ; *-26-3* **Foch nommé coordinateur des armées alliées** (*conférence de Doullens :* Poincaré, Clemenceau, Pétain, lord Milner, Douglas Haig) ; *-29-3* vendredi saint, à 15 h 30 un obus tombe sur l'église St-Gervais (Paris) : 88 † ; *-9-4 2e grande offensive dans les Flandres :* les All. avancent de 15 km dans le nord-ouest ; le *-2-5* les pouvoirs de Foch sont renforcés et étendus au front italien ; *-27-5 3e grande offensive :* rupture provoquée ; **2e défaite du Chemin des Dames** (60 000 Fr. prisonniers) ; les All. sont à 75 km de Paris ; *-9-6* offensive de Ludendorff en Lorraine ; *-15-7 offensive en Champagne* (Friedensturm : bataille pour la paix) : les troupes d'assaut allemandes sont nombreuses et bien équipées, mais les autres divisions, les « Stellungstruppen » (troupes de rassemblement), sont mal équipées [23 000 camions (à roues de fer) contre 100 000 camions à pneus en caoutchouc des Alliés] ; *pertes allemandes :* 951 000 † entre mars et juin (selon les statistiques officielles) ; *-15/17-7* victoire défensive en *Champagne ; -18-7* au nord de l'Ourcq, la Xe armée (Mangin), couverte par 200 chars lourds, avec 146 chars légers en réserve, progresse de 8,5 km (20-7 les Fr. font 17 000 prisonniers) et au sud, la VIe (Degoutte) progresse d'environ 7 km ; **2e victoire de la Marne** [l'armée allemande a 8 millions d'h. hors de combat sur 14 millions mobilisés ; à l'ouest : 187 divisions « squelettiques » (17 en réserve) soit 3 800 000 h., dont 500 000 fantassins, en face de 205 divisions (103 en réserve), plus de 6 000 000 d'h. (102 françaises, 60 britanniques, 29 américaines, 12 belges, 2 portugaises, 2 italiennes) ; seuls les Fr. ont incorporé la classe 19 ; 50 000 All. de la classe 19 sont au front, 200 000 de la classe 20 sont mobilisés ; les Fr. ont plus de chevaux pour l'artillerie de campagne] ; *-4-8* le terrain perdu depuis le 27-5 a été repris ; *-8-8 journée noire de l'armée allemande :* offensive franco-britannique autour du « saillant de Moreuil » entre Albert et Montdidier [324 chars lourds et 96 chars légers rapides anglais, plus 90 chars français (avance : 12 km)] : environ 30 000 prisonniers allemands ; *-1-9* les Amér. réduisent la poche de *St-Mihiel* ; Ludendorff se replie sur la *ligne Hindenburg* (allant de la région lilloise à l'Argonne, enfoncée en sept.-oct. par les Alliés) ; *-4-10* armistice immédiat demandé par le chancelier allemand Max de Bade ; *-9-10* Wilson demande avant tout l'évacuation des pays occupés ; *-14-10* il exige une capitulation militaire ; *-20-10* texte des clauses de l'armistice arrêté à la conférence interalliée de Versailles : 72 h sont laissés aux All. pour donner une réponse ; *-24/27-10* **victoire italienne à Vittorio Veneto ;** *-oct./nov.* épidémie de **grippe espagnole** (environ 400 000 † en Fr.) ; *-3-11 armistice austro-hongrois de Villa-Giusti ; -5-11* recul allemand, prise de *Guise ;* les Alliés se disent prêts à ouvrir des négociations sur la base des *14 points ; -7-11* le gouvernement all. demande au Mal Foch de recevoir ses délégués ; *-9-11* Guillaume II abdique ; *-11-11* Augustin-Joseph Trébuchon, agent de liaison, dernier mort officiel, est tué à 10 h 50 à Dam-le-Mesnil (enterré à Vrigne-Meuse).

A l'Est : *-3-3* **traité de Brest-Litovsk** (Russie-All.) : l'All. annexe Pologne et pays Baltes, occupe l'Ukraine et en exploite les ressources économiques, mais récupère peu de troupes pour le front occidental, étant donné les vastes territoires à occuper ; *-15-9* l'armée de Salonique passe à l'offensive ; *-18-9* Allenby conquiert toute la Palestine (prise de Nazareth) ; *-29-9* **armistice avec la Bulgarie ;** *-30-10* **armistice de Moudros avec la Turquie.**

■ **Armistice de Rethondes. 1918**-*11-11* (1 561e j de guerre) signé entre 5 h 20 et 5 h 30 du matin (cessez-le-feu à 11 h sonné en 1re ligne par le clairon Delaluque) dans un wagon-restaurant (le 2419 D) aménagé en salle de réunion, sur une ligne reliée à la gare de Rethondes, mais sur la commune de Compiègne [le wagon servira plus tard aux réunions franco-allemandes de Trèves, au voyage de Foch à Spa, à celui du Pt Millerand (le 8-12-1920) à Verdun ; exposé aux Invalides, se détériore ; en 1927, un Américain finance sa restauration et son installation à Rethondes où un pavillon d'exposition est construit ; sert à nouveau le 22-6-1940 pour l'armistice ; transféré à Berlin puis mis sur une voie de garage, les SS le feront sauter à Ohrdurf (Thuringe) en 1944 ; copie à Rethondes] ; *clauses principales :* évacuation de France, Belgique, Luxembourg pour le 26-11 (entrée des Fr. à Metz 19-11, Strasbourg 22-11), de la rive gauche du Rhin au 10-12 ; constitution d'une Pologne indépendante avec accès à la mer ; l'All. renonce à l'annexion de l'Autriche germanophone. Les Angl. exigent l'abandon des colonies et la livraison de la flotte de guerre (qui sera sabordée par son chef l'amiral Ludwig von Reuter (Guben 9-2-1869/1943), à *Scapa Flow* en Écosse le 21-6-1919 : les Angl. l'auraient laissé faire pour être débarrassés définitivement de 10 cuirassés d'escadre, 5 croiseurs de bataille, 9 croiseurs légers, 46 torpilleurs).

Une offensive franco-américaine prévue pour le 14-11 devait prendre Metz, descendre la Moselle jusqu'au Rhin et obliger les All. de Belgique à se rendre sans conditions. Foch l'annula en imposant l'armistice : l'armée all. a pu repasser le Rhin « invaincue » ; *– motifs : 1°)* Foch se méfiait de Pétain, auteur du plan d'offensive [il fallait une avance rapide (30 à 40 km par j), or Pétain était lent et n'aurait pas mené l'aile marchante beaucoup plus vite que le centre] ; *2°)* il se considérait comme généralissime d'une coalition internationale devant obéissance à l'Angleterre et aux USA autant qu'à la Fr. ; *3°)* mal renseigné sur l'All., il ignorait l'effondrement imminent de l'armée ennemie, mais savait l'armée française incapable de faire la guerre en 1919 [crise d'effectifs (115 000 † depuis le 18-7)].

■ Traités

■ **Signatures. 1919 : traité de Versailles** (28-6 signature avec l'Allemagne dans la galerie des Glaces). Sur la base des *« 14 points » de Wilson*, qui affirment notamment le principe des nationalités : la Sarre germanophone ne sera pas donnée à la Fr. qui a pourtant besoin du charbon sarrois, et Dantzig germanophone ne sera pas donné à la Pologne qui a besoin d'un débouché maritime, Memel germanophone ne sera pas donné à la Lituanie (qui l'annexera unilatéralement en 1923) ; ils deviendront des territoires autonomes, sous l'autorité de la Sté des Nations. Wilson refuse de détacher la Rhénanie de l'All. : simple zone d'occupation, elle devra être évacuée par les Fr. quand l'All. aura payé les réparations. Wilson craint qu'un traitement trop sévère ne fasse basculer l'All. dans le camp du bolchevisme. Ratifié par la France le 15-10 le traité entre en vigueur le 10-1-1920. Une commission interalliée en surveille l'application (elle sera supprimée en 1927). **Traité de St-Germain** (10-9, avec l'Autr.). **Traité de Neuilly** (27-11, Bulgarie). **1920 : traité de Trianon** (4-6, Hongrie). **Traité de Sèvres** (10-8, Turquie). **Traité de Rapallo** (12-11, Italie-Yougoslavie).

☞ Le Sénat américain ayant refusé de ratifier le traité de Versailles le 20-11-1919, les USA signèrent des traités séparés en 1921 : 25-8 avec l'All., 28-8 avec l'Autr., 29-8 avec la Hongrie.

■ **Conséquences géographiques.** L'Allemagne perd 1/8 de son territoire et 1/10 de sa population de 1914. **1°) 3 empires sont démembrés :** *a) Russie* (occidentale) : 5 États nouveaux créés [Finlande, Estonie, Lettonie, Lituanie, Pologne (qui comprend aussi des territoires allemands et autrichiens)], Bessarabie annexée à la Roumanie ; *b) Autriche-Hongrie :* 5 États : Autriche, Hongrie, Pologne, Tchécoslovaquie, Yougoslavie (Serbie agrandie) ; Transylvanie annexée à la Roumanie ; Tyrol et Trentin à l'Italie ; *c) Turquie* arabophone : 5 États (Iraq, Liban, Palestine, Syrie, Transjordanie) [l'Asie Mineure devait être démembrée, mais Mustapha Kemal Atatürk a fait échouer ce projet en 1920-22]. **2°) Une nation indépendante est supprimée en faveur d'un ensemble plus vaste :** le Monténégro, annexé à la Serbie à l'intérieur de la Yougoslavie. **3°) 5 belligérants obtiennent des agrandissements territoriaux :** *France* (Alsace-Lorraine ; droits spéciaux en Sarre, sous le contrôle de la SDN pour 15 ans) ; *Belgique* (Eupen et Malmédy) ; *Italie* (Trentin, Tyrol, Trieste, îles et ports dalmates) ; *Roumanie* (Bessarabie, Transylvanie, Bukovine) ; *Grèce* (Thrace bulgare ; les gains sur la Turquie seront reperdus en 1922). **4°) 1 non-belligérant** (*Danemark*) **reçoit le Schleswig** [allemand (principe des nationalités)]. **5°) Les colonies allemandes sont réparties entre les vainqueurs :** *2 annexions :* la partie du Congo donnée aux Allemands en 1911 redevient française ; l'Afrique-Orientale allemande devient colonie britannique. Le reste forme des « *mandats* » confiés par la Sté des Nations aux vainqueurs : *France* (partie du Togo et du Cameroun) ; *Belgique* (Rwanda-Urundi) ; *Afr. du Sud* (sud-ouest africain) ; *G.-B.* (partie du Togo et du Cameroun) ; *Australie* (Nlle-Guinée) ; *Japon* (îles du Pacifique). **6°) Des entorses sont faites au principe des nationalités :** Europe : *a)* les Autrichiens se voient refuser le droit de devenir Allemands ; *b)* dans les territoires changeant de souveraineté, il y a de nombreuses minorités nationales : Tchécoslovaquie (All., Hongrois) ; Pologne (All., Ukrainiens), Yougoslavie (All., Hongrois, Albanais), Belgique (All.), Roumanie (Hongrois, All., Bulgares, Ukrainiens), Italie (All., Yougoslaves), Autriche (Hongrois). Extrême-Orient : le territoire allemand de Kiao-Tcheou, peuplé de Chinois, est donné au Japon (raison principale du rejet par le Sénat américain du traité négocié par Wilson). En principe, ces minorités reçoivent des garanties pour leurs droits culturels, politiques, religieux. En fait, la 2de Guerre mondiale va naître du « problème des minorités ».

■ **Réparations. Montant fixé à Versailles :** 269 milliards de marks-or (52 % à la France), soit 400 milliards de F-or, ce qui dépasse de beaucoup la totalité de la fortune all. Les Anglais estimaient qu'on ne pouvait pas demander à l'All. plus de 75 milliards. L'indemnité de 1871 (5 milliards) représentait 5 mois du revenu nat. Sur la même base, l'indemnité demandée à l'All., en 1919, aurait été de 12 à 13 milliards de marks-or. **Discussions : de 1920 à 1921** accord difficile entre Alliés : Clemenceau trouve faible le chiffre britannique. On se répartit donc un pourcentage de sommes non encore fixées (52 % à la France). En janv. *1921* on admet le principe de 42 annuités (montant non précisé) ; -30-4 Conférence de Londres : montant fixé à 132 milliards de marks-or, plus 5 milliards correspondant au montant de la dette contractée par la Belgique en raison de la violation de sa neutralité.

Paiement en annuités fixes de 2 milliards en or et d'une somme variable correspondant à 26 % des exportations. Le gouvernement allemand a 6 jours pour accepter ces clauses sous peine de l'occupation de la Ruhr. Le ministre allemand de la Reconstruction et des Réparations, Walter Rathenau, signe avec Loucheur, ministre des Régions libérées, les accords de Wiesbaden (7-10-1921) qui précisent le montant des réparations à verser pour la reconstruction en France de ces régions. Été 1921 : Clemenceau accepte la somme de 85,8 milliards (1/10 de la créance française). **1923 à 1929** rupture de l'entente entre Alliés : les Allemands payant mal, les Français occupent la Ruhr, malgré les Anglais. Les Américains, en échange de l'évacuation de la Ruhr, proposent (1924) le plan de *Charles Dawes* (Marietta 27-8-1865/Evanston 23-4-1951) : les Allemands paieront des annuités variables selon leur prospérité économique. **1929-30 le** Pt américain, Hoover, veut garantir le paiement des dettes interalliées (la Fr. doit 32 milliards). Il remplace le plan Dawes par le plan d'*Owen Young* (Van Hornesville 27-10-1874/Saint Augustine 11-7-1962), signé le 7-6-1929 : 59 annuités (jusqu'en 1967) au lieu de 42, dont 37 pour réparations et 22 pour dettes interalliées. Les Allemands paient les dettes interalliées en remettant aux USA des obligations. **1930-32** Hoover, voulant sauver le pouvoir d'achat allemand (afin que l'All. achète en Amér.), impose le *moratoire,* c.-à-d. la remise *sine die* des paiements allemands. **1932**-juin/juillet *conférence de Lausanne :* elle annule les dettes allemandes (mais les Amér. ne cessent de réclamer le paiement des dettes interalliées).

■ **Bilan.** La France a reçu environ 5 milliards de F, soit 2 % de sa créance.

■ Quelques chiffres

■ **Pays belligérants.** 35 (Alliés 30), dont **Europe** 14 [*Alliés* 10 : France, Angleterre, Belgique, Russie, Serbie, Monténégro (1914) ; Italie (1915) ; Portugal, Roumanie (1916) ; Grèce (1917) ; *Empires centraux* 4 : Allemagne, Autriche, Turquie (1914) ; Bulgarie (1915)]. **Amérique** 13 [*Alliés* 13 : Canada, Terre-Neuve (dominions, 1914) ; USA, Panama, Cuba, Bolivie, Uruguay, Brésil, Équateur (1917) ; Guatemala, Nicaragua, Costa Rica, Honduras (1918)]. **Asie** 5 [*Alliés* 4 : Japon (1914 : s'est emparé des positions allemandes d'Extrême-Orient) ; Hedjaz (1916) ; Chine (en guerre nominalement), Siam (1917) ; *Empires centraux* 1 : Turquie (1914)]. **Océanie** *Alliés* 2 : Australie, Nouvelle-Zélande (dominions, 1914). **Afrique** *Alliés* 1 : Libéria (1917) + dépendances des Alliés européens.

■ **Effectifs. 1914**-*15-8 :* **France** 93 divisions [57 actives, 25 de réserve, 11 territoriales (dont aviation : 321 pilotes, 4 021 autres)]. **Allemagne** 94 divisions (Ouest, 77 ; Est, 17). **Autriche-Hongrie** 94 divisions. **Belgique** 7 divisions. **Grande-Bretagne** 5 divisions. **Russie** 99 divisions d'infanterie + 42 de cavalerie. **Serbie** 11 divisions (1 division d'infanterie = 12 bataillons). **1918 : front français** *mars :* 172 divisions allemandes + 2 autrichiennes ; 99 divisions françaises (dont aviation : 6 417 pilotes, 68 588 autres) + 58 britanniques (+ 1 200 avions) + 12 belges + 2 portugaises + 3 américaines. *11 nov. :* 181 divisions allemandes ; 211 alliées (104 françaises + 60 britanniques + 30 américaines + 12 belges + 2 portugaises + 2 italiennes + 1 polonaise). *Total :* chevaux 1 214 000, fusils-mitrailleurs 89 168, mitrailleuses 44 276, canons 26 692, avions 6 186, chars 3 000. **Macédoine** 17 divisions austro-germano-bulgares ; 28 alliées (8 françaises + 4 britanniques + 6 serbes + 9 grecques + 1 italienne). **Front italien** *sept. :* 61 divisions autrichiennes ; 58 alliées (51 italiennes + 2 françaises + 3 britanniques + 1 américaine + 1 tchèque). **Mésopotamie** 240 000 Britanniques. **Palestine** 210 000 Britanniques + 7 000 Français ; 30 000 Turcs. **Effectifs alliés sur l'ensemble des fronts le 1-11-1918 :** 9 355 500 (*France 2 834 000,* G.-B. 2 335 000, Italie 2 194 500, USA 1 805 000, Belgique 185 000).

■ **Matériel. 1914**-*15-8 :* **avions en ligne** 174 allemands, 150 français, 66 britanniques, 24 belges. **Artillerie lourde** 308 pièces françaises, 548 allemandes. **Mitrailleuses** 2 200 françaises, 2 450 allemandes (dont 2 250 à l'Ouest). **1918 : avions en ligne** *(oct./nov.) :* 3 600 français, 1 760 britanniques, 800 italiens, 740 américains. **Sous-marins allemands :** *1914 :* 15 ; *entrés en service 1914-18 :* 343 ; *en construction au 11-11-1918 :* 226 ; *pertes de guerre :* 178 ; *sabordés :* 14 ; *remis aux Alliés :* 176.

■ **Occasions de victoires décisives perdues.** **Par les Alliés : 1°) 1914**-*août : défense de Liège.* Le plan all. Schlieffen reposait sur une occupation rapide de Liège, nœud ferroviaire et routier. Si Joffre avait envoyé, dès le 3 août, l'armée Lanrezac à Liège par chemin de fer, l'armée all., embouteillée autour d'Aix-la-Chapelle, était battue. **2°)** *-Sept. :* après la victoire de la Marne, l'encerclement et la destruction de l'armée von Kluck auraient entraîné la capture de l'armée von Bülow et la défaite all. ; Maunoury venant de l'ouest était à 5 km de La Ferté-Milon ; Franchet d'Esperey, venant du sud-est, à 6 km. Faute de cavalerie, les 2 avant-gardes ne se sont pas vues, et ont laissé l'armée von Kluck s'écouler par cet étroit couloir. **3°) 1915**-*févr. : bataille navale des Dardanelles.* Les cuirassés franco-anglais ont pénétré de plus de 20 km dans le détroit, canonnant les forts turcs. Ils ont subi de lourdes pertes, mais les derniers forts turcs n'ont plus de munitions. Rien ne peut empêcher les escadres alliées d'atteindre Constantinople. Pourtant, l'amiral anglais De Robeck (Cdt en chef) ordonne la retraite (à la stupéfaction des Turcs). Les Anglais ont souvent été accusés de mauvaise foi (les Russes ont dit que les Anglais préféraient une défaite à une victoire qui aurait donné Constantinople à la Russie). **4°)** *-3-5 : percée stérile de Vimy.* Au cours de l'offensive d'Artois (Foch), le 33e corps (Pétain), attaquant dans le secteur de Souchez, perce les lignes allemandes et conquiert la crête stratégique de Vimy, 12 km plus loin. Quand Pétain avertit Foch, celui-ci refuse de le croire, et n'envoie pas de troupes pour exploiter ce succès. Une contre-attaque all. a lieu le lendemain. **5°) 1916**-*8-7 : percée stérile de Biaches.* Au cours de l'offensive de la Somme (Foch), le 1er corps d'armée colonial (Berdoulat) crève le front allemand sur 8 km et atteint la Somme à Biaches (près de Péronne). Foch demande à Joffre d'exploiter cette brèche, de prendre Péronne et d'encercler les Allemands de la rive gauche. Joffre refuse, car Péronne, d'après son plan, doit être enlevée par les Anglais. Berdoulat reçoit l'ordre de s'arrêter. Les Anglais ne perceront jamais. **6°) 1918**-*oct. : invasion manquée de la Hongrie.* Franchet d'Esperey, ayant obligé la Bulgarie à capituler le 29-9, décide de foncer sur Belgrade d'où il peut attaquer la Hongrie. Clemenceau lui ordonne d'obliquer vers le nord-est et d'occuper la Roumanie. L'Autriche capitulera le 3-11 (devant l'Italie). **Par les Allemands : 1°) 1914**-*août : encerclement manqué de Charleroi.* Le plan de marche allemand prévoyait l'encerclement et la destruction de l'aile gauche (Ve armée, Lanrezac, 350 000 h.), que Joffre avait alignée sur la rive sud de la Sambre, face au Nord, de Charleroi à Namur. Pendant que la IIe armée allemande (von Bülow) l'attaquait de front sur la Sambre, en marchant nord-sud, la IIIe armée allemande (von Hausen), marchant est-ouest, devait franchir la Meuse à Dinant (à 30 km au sud de Namur) et attaquer Lanrezac de dos. Le *-23-8,* Hausen passe le fleuve. Lanrezac a reçu de Joffre l'ordre de ne pas bouger, et la manœuvre all. est sur le point de réussir. Mais Lanrezac, désobéissant à Joffre, bat en retraite par le sud-ouest de Charleroi. Quand Hausen rejoint Bülow, les Français se sont repliés sur la haute Oise. Ce repli *(23-8)* avait découvert les Anglais (Gal French) qui tenaient, 40 km plus à l'ouest, la position de Mons (où ils avaient arrêté Kluck). En lançant toutes ses forces vers l'ouest, dans le flanc anglais, Bülow aurait écrasé French entre lui et Kluck, mais il met son aile gauche à la poursuite de Lanrezac. **2°) 1918**-*mars/avril : non-exploitation de la victoire du Gal Oskar von Hutier* (27-8-1857/5-12-1934) *en Picardie.* Après la défaite britannique, à St-Quentin, les Allemands avaient conquis 1 000 km² de terrain en 3 j, fait 90 000 prisonniers et ouvert la route de Paris entre les Anglais (à l'ouest) et les Français (à l'est) : Ludendorff estimera qu'il aurait pu gagner définitivement la guerre alors que les Américains n'étaient pas encore en ligne ; il aurait fallu que Hutier, au lieu de s'attarder devant Montdidier, fonce sur Compiègne et Paris. Le *24-3* Hutier, pour des raisons inconnues (beuveries de ses soldats, bombardements aériens français ?), ne s'engouffre pas dans cette brèche de 20 km de large. Elle sera bouchée le *28* par Debeney. Normalement, Paris devait être pris en 5 j.

■ **Négociations de paix avortées. 1°) 1914**-*déc. :* battu par les Russes en Galicie et par les Serbes au sud du Danube, l'empereur d'Autriche François-Joseph propose à Guillaume II de mettre fin à la guerre, désormais impossible à gagner. Guillaume II contacte Nicolas II, mais l'état-major all. refuse tous pourparlers. **2°) 1915**-**16 :** le *18-10-1915,* le Cte Hans Törring zu Jettenbach, beau-frère bavarois du roi des Belges Albert Ier, propose par lettre à celui-ci un armistice séparé. Albert Ier envoie à Zurich le professeur Émile Waxweiler, qui rencontre 3 fois Törring (nov. 1915, janv. et févr. 1916). Mis au courant, lord George Curzon of Kedleston (11-1-1859/20-3-1925) fait échouer la négociation ; les Alliés promettent en compensation une « large indemnisation » à la Belgique (déclaration de Sainte-Adresse, 14-2-1916). **Pourparlers avec l'Autriche : 1916**-*21-11* Charles Ier devient empereur d'Autriche. Sa femme, l'impératrice, est la sœur des Pces Sixte et Xavier de Bourbon-Parme, officiers dans l'armée belge ; *-30-11* il les charge de faire connaître aux Alliés ses désirs de paix ; Sixte invite à déjeuner l'ambassadeur Jules Cambon (5-4-1845/16-9-1935, secrétaire général des Aff. étrangères) ; *-4-12* les 2 Pces contactent le Gal Gouraud, en Champagne ; *-15-12* leur mère, la Dsse de Parme, écrit au roi des Belges Albert Ier, lui demandant de les rencontrer en Suisse ; *-25-12* Albert Ier consent. **1917**-*23-1* Cambon donne aux 2 Pces des passeports diplomatiques ; *-28-1* leur mère leur transmet le désir de paix de Charles Ier ; *-13-2* le Cte Erdödy les contacte à Neuchâtel et leur transmet ce qu'accepterait Charles : Alsace-Lorraine rendue à la Fr. avec les frontières de 1814, Constantinople laissée aux Russes ; *-2-3* le roi d'Espagne, Alphonse XIII, donne sa garantie à l'attaché militaire français à Madrid, le Gal Joseph Denvignes, qui transmet au ministre de la Guerre, le Gal Lyautey ; *-5-3* les Pces contactent Poincaré qui le *8-3* donne son accord à Sixte qui repart pour la Suisse avec son frère ; *-19-3* les Pces revoient Erdödy à Neuchâtel ; *-22-3* ils sont à Vienne ; *-24-3* Charles Ier met ses propositions par écrit (demandant qu'elles restent secrètes) ; *-30-3* Sixte apporte la lettre à Poincaré, mais entre-temps Briand a été renversé : Ribot est aux Aff. étrangères ; *-31-3* il rencontre Clemenceau (jusqu'au-boutiste), qui le convainc de rompre les pourparlers ; *-19-4* il rencontre Giorgio Sonnino (1847-1922), min. des Aff. étrangères italien, qui veut annexer un territoire autrichien important (quelques mois auparavant, il avait contacté l'Autriche pour une paix séparée, se contentant du Tyrol italophone) ; *-20-6* Ribot prévient Sixte que les pourparlers sont inutiles, Denvignes (redevenu colonel) est rappelé de Madrid ; *-22-7* violant ses engagements, Ribot montre à Sonnino les lettres de Charles Ier ; *-12-10* il en parle à la Chambre : rupture avec Sixte. **Pourparlers avec l'Allemagne : 1917**-*début janv.* le représentant à Bruxelles du ministère allemand des Aff. étrangères, le Bon von der Lancken, contacte chez la Pcesse de Mérode (avec l'approbation du cardinal Mercier, qui a la confiance d'Albert Ier) les barons belges Coppée père et fils ; il leur laisse entendre que l'Allemagne est prête à céder sur l'Alsace-Lorraine en échange de compensations en Lituanie et Courlande (russes) ; *-23-1* Coppée père contacte au Havre le Cte Charles de Broqueville [11-12-1860/5-9-1940, PM de juin 1911 à mai 1918 (le gouv. belge est réfugié depuis 1914 à Ste-Adresse)] ; *-17-8* Coppée fils rejoint son père au Havre et contacte Briand, lui proposant d'aller en Suisse rencontrer Lancken ; *-3-9* Broqueville reçoit Briand à dîner et donne sa garantie à la mission des Coppée ; *-13-9* Briand contacte Painlevé, Pt du Conseil depuis le 19-9 ; *-21-9* Lancken arrive en Suisse ; *-22-9* Poincaré demande à Albert Ier confirmation des pourparlers, il l'obtient ; *-23-9* Ribot, min. des Aff. étrangères, notifie à Briand l'interdiction d'aller en Suisse ; *-24-9* Coppée fils prévient Lancken de l'échec (celui-ci quitte la Suisse le 25-9) ; *-12-10* Ribot, interpellé à la Chambre par Georges Leygues, est contraint à la démission. Pour se justifier, il présente comme liées les 2 négociations autr. et all. alors qu'elles étaient séparées.

Raison de l'échec des pourparlers : on a souvent mis en cause l'Italie, mais en fait elle était prête à de larges concessions. *Explication retenue actuellement :* influence de Clemenceau sur Ribot. Une paix négociée aurait empêché Clemenceau d'accéder au pouvoir (il devient Pt du Conseil en nov. 1917) et d'appliquer sa politique jusqu'au-boutiste.

■ **Autres propositions de paix faites vers la même époque.** Le Pt américain Wilson, le roi d'Espagne Alphonse XIII (qui transmet à Vienne une proposition de paix séparée entre Angleterre et Autriche), le pape Benoît XV, le congrès socialiste de Stockholm.

■ **Dépenses de guerre** (en milliards de F-or). **Prix total de la guerre :** au moins 2 500. « **Dépenses globales de guerre** » (du 1-8-1914 au 31-12-1918) : Allemagne 231, *France 156,* USA 114, Autriche-Hongrie 100, Russie 92, Grande-Bretagne 80, Italie 58, Turquie 49, Belgique 42, Grèce 2,5. **Dommages de la guerre :** *France 160,* Italie 120, G.-B. 100, Russie 83, Roumanie 35, Belgique 30, Serbie 10, USA 4. D'autres éléments n'apparaissent pas dans le budget : en Allemagne, par exemple, les allocations aux familles des mobilisés ont été en majeure partie à la charge des budgets locaux.

■ **Tués ou disparus.** *France :* pour 100 h. actifs, 10,5 † (Allemagne 9,8, Autriche 9,5, Italie 6,2, Grande-Bretagne 5,1, Russie 5, Belgique 1,9, USA 0,2). Si les autres pays avaient eu proportionnellement autant de morts que la France, les USA en auraient eu 3 200 000, la Grande-Bretagne 1 500 000, l'Allemagne 2 700 000.

Tués, par rapport à la population et, entre parenthèses, **par rapport aux mobilisés** (en %) : *France 3,55 (17,3),* Italie 1,53 (10,8), Grande-Bretagne 1,36 (11,6), Belgique 0,5 (10), Portugal 0,14 (4,18), USA 0,04 (1,4), Roumanie et Serbie (n.c.).

■ **Pertes dues aux gaz. Intoxiqués :** 1 360 000 (dont 500 000 Russes) ; **tués :** 94 000 (dont 56 000 Russes) ; soit 1 % des morts de la guerre.

■ **Pertes aériennes. Aviateurs : Allemands** 4 578 † au combat, 1 800 par accident ; **Anglais** 6 166 † au combat ou par accident, 3 312 disparus ou prisonniers ; **Français** 1 945 pilotes et observateurs † au combat ou par accident, 1 461 disparus, 2 922 blessés. **Appareils :** allemands 3 128, *français 3 000,* anglais 4 000.

Raids aériens (grands). *Sur Londres* (13-6-1918) : 14 avions allemands, 162 †. *Sur l'Allemagne* (juillet-nov. 1918) : 550 t de bombes († indéterminés).

☞ **« As de l'aviation »** (titre décerné aux pilotes ayant abattu au moins 5 appareils). **Nombre de victoires : Français :** *René Fonck* [(27-3-1894/Paris 18-6-1953) ; apprenti mécano, Cdt de l'escadrille des Cigognes] 75 victoires (et 52 non homologuées). *Georges Guynemer* (né Paris 24-12-1894 ; escadrille des Cigognes) 53 [abattu en combat au-dessus de Poelkapelle (Belgique) le 11-9-1917 par le Lt allemand Kört Wissemann, 26 palmes ; cité à l'ordre de la Nation, son nom figure sur une plaque de marbre au Panthéon. Son avion, un Spad, et son corps, atteint d'une balle dans la tête, furent repérés en 1923 dans le no man's land de Poelkapelle (Belgique) par un sous-officier qui prit sa carte d'identité et l'envoya à sa mère. Une stèle de 11 m fut dressée sur les lieux]. *Charles Nungesser* (Paris 5-3-1892/Atlantique Nord, 8 ou 9-5-1927) 45. *Georges Madon* (1892-1923) 41. **Allemands :** *Manfred von Richthofen* (dit « le Baron rouge », 2-5-1892/21-4-1918, abattu à Vaux-sur-Somme par des Australiens ; la RAF a soutenu qu'il avait été abattu par le capitaine canadien Roy Brown, pilote d'un Camel) 80 avions anglais. *Ernst Udet* (26-4-1896/17-11-1941, suicidé, partisan des avions à réaction, il se sentait incompris du haut commandement qui dissimula son suicide en accident lors d'un vol d'essai de prototype) 62. *Theo Osterkamp* 59. *Erich Loewenhardt* 53. **Américains :** *Edward Rickenbacker* 26. *Raoul Lufbery* (tué 19-5-1918) 20. **Anglais :** *Edward Mannock* 73. *James McCudden* 54. **Canadiens :** *W. Bishop* 72. *Collishaw* 60. *MacLaren* 54. **Africains du Sud :** *Beauchamp-Proctor* 54.

Nationalités	Mobilisés	Morts et tués	Blessés	Prisonniers
Alliés				
Belgique	267 000	13 716	44 686	34 659
France	*8 410 000*	*1 357 800*	*3 595 000*	*510 000*
G.-B.	8 904 467	908 371	2 090 212	191 652
Grèce	230 000	5 000	21 000	1 000
Italie	5 615 000	650 000	947 000	600 000
Japon	800 000	300	907	3
Monténégro	50 000	3 000	10 000	7 000
Portugal	100 000	7 222	13 751	12 318
Roumanie	750 000	335 706	120 000	80 000
Russie	12 000 000	1 700 000	4 950 000	2 500 000
Serbie	707 343	45 000	133 148	152 958
USA	4 734 991	116 516	204 002	4 500
Total	*42 568 801*	*5 188 631*	*12 129 706*	*4 121 090*
Empires centraux				
Allemagne	11 000 000	1 773 700	4 216 058	1 152 800
Autr.-Hong.	7 800 000	1 200 000	3 620 000	2 200 000
Bulgarie	1 200 000	87 500	152 390	27 029
Turquie	2 850 000	325 000	400 000	250 000
Total	*22 850 000*	*3 386 200*	*8 388 448*	*3 629 829*
Total général	65 418 801	8 574 831	20 518 154	7 750 919

■ **Pertes maritimes. Marine marchande** (en milliers de t) : *Alliés et neutres :* 12 700 [dont G.-B. 7 760, Norvège 1 174, *France 878,* Italie 830, USA 395, Grèce 343, Danemark 241, Norvège 207, Hollande 198, Russie 180, Espagne 165, Japon 113, Portugal 100, Belgique 83] dont par sous-marins 11 135, mines 1 000, corsaires 564. **Marine de guerre** (en milliers de t) : *Alliés :* Grande-Bretagne 7 760, Italie 846, *France 109,* USA 31. *Empires centraux :* Allemagne 200, Turquie 60, Autriche-Hongrie 15.

■ **Pertes civiles.** Environ 13 millions de † dont Arménie 1 500 000, surmortalité due aux famines et aux déportations 6 000 000, civils tués au combat ou par bombardement 800 000, victimes de la grippe espagnole de 1917-18 : 4 700 000.

■ La guerre et la France

■ **Blessés.** 3 595 000 (la moitié 2 fois et plus de 100 000 3 ou 4 fois). **Invalides** *permanents d'au moins 10 % :* 1 100 000, *amputés* 56 000, *mutilés fonctionnels* 65 000 ; (*invalides en 1922 :* 1 117 874 ; *38 :* 1 005 000). **Enfants d'invalides :** *1924 :* 692 315 ; *25 :* 838 058 ; *26 :* 1 025 663.

Blessés de la face : 15 000 (dits Gueules cassées). En 1921, une *Union des blessés de la face* sera fondée à l'initiative de 2 anciens de la Ve division du Val-de-Grâce [appelée « service des baveux » (beaucoup n'avaient plus de lèvres ni de mâchoire)]. Elle fit, grâce à une souscription ouverte en 1925, aménager pour eux le château de Moussy-le-Vieux, en Seine-et-Marne. En 1931, une tombola fut organisée. En 1933, les Gueules cassées furent associées pour 1/10 à la Loterie nationale. L'association est restée le principal actionnaire de la Française des Jeux.

■ **Bombardements de Paris. Par avion :** *30-8-1914 au 22-5-1915 :* 46 projectiles (+ banlieue 12). *Du 30/31-1 au 14/15-3-1918 :* 295 projectiles. **Par zeppelin :** *le 21-3 et le 29/30-3-1916 :* 24 projectiles (+ banlieue 369). **Par canon longue portée (Bertha) :** *du 23-3* (à 7 h 20, un engin éclate devant le 6 du quai de Seine) *au 9-8-1918 :* 183 projectiles (+ banlieue 120) ; voir à l'Index. Le 23-3-1918, un obus tombe sur l'église St-Gervais, 88 †. **Bilan total** (Paris et banlieue) : *projectiles* 1 049 (avions et zeppelins 746, canons 303) ; *tués* 522 (avions et zeppelins 226, canon 256) ; *blessés* 1 223 (603 et 620).

■ **Coût de la guerre** (en milliards de F-or). *Dépenses de guerre* 160. *Dommages subis* 34, *usure du patrimoine* 10, *créances sur l'étranger* 8, *réduction du stock d'or* 3 (soit 15 mois du revenu nat. de 1913, soit 11 ans d'investissements). *Prix alimentaires :* + 150 % de 1914 à 1917.

■ **Destructions.** 13 départements sinistrés (superficie dévastée : forêts 4 856 km², terres cultivables 20 720 km²), 812 000 immeubles détruits en tout ou partie, 54 000 km de routes, des milliers de ponts et des km de voies ferrées à refaire.

■ **Étrangers dans l'armée française 1914-18. Volontaires :** 30/40 000, d'environ 40 nationalités : *Polonais* et *Tchèques* (quelques centaines, dont le peintre František Kupka ; puis, à la fin de la guerre, 12 000 qui auront leurs unités autonomes), *Italiens* (1914 : 5 000, dont « Légion » commandée par le Cel Garibaldi), *Espagnols* (1914 : environ 1 000), *Suisses* (1914 : 1 500), *Américains* [1914 : environ 200 ; 1916-16-4 : escadrille « La Fayette » (N 124), commandée par le capitaine Thénault, constituée avec 7 pilotes américains].

☞ Une loi du 5-8-1914 accorda la citoyenneté française aux engagés qui le demandaient (exemple : Apollinaire, d'origine italo-russe, sera naturalisé en mars 1916). On refusera d'engager Ilya Ehrenbourg (tuberculose) et Modigliani (inaptitude physique).

■ **Matériel français.** Artillerie : **1914 :** *canons de 75 à tir rapide (modèle 1897) :* 15-18 coups/min ; portée 3 000-4 000 m (max. 6 000 m) ; emploi : destruction du personnel et neutralisation de l'artillerie adverse. *Pièces de 80 à 90 (modèle 1877),* canons de montagne de 65, canons longs et courts de 150 et 120, matériel Rimailho à tir rapide de 155, mortiers de 220 et 270. **1915 :** artillerie de tranchée : *mortiers* de 58, 150, 240 (transportés sur chariots), 340 (bombes en acier de 195 kg). **1916 :** *artillerie lourde* pour la destruction des tranchées : *canons* de *95,* de *100* (modèle 1913), de *14 cm,* de *155* Schneider, *155* Filloux ; canons courts : *155* (modèles 1890, 1892 et Schneider) ; *à pied :* canons longs : *95, 120, 155, 90* sur affût ; courts : *120, 155, 220* sur plate-forme ; *lourde à grande puissance* (sur voie ferrée) : obusiers de *370* et *400,* canons de *200, 293* et *370* Filloux. **1917 :** obus de *75* à explosif.

Aviation : **avions aux armées :** *1914 :* 216 ; *15 :* 800 ; *16 :* 1 500 ; *17 :* 2 600 ; *18 :* 3 600. **Dirigeables :** *1914 :* 5 en service, 7 en commande (*1916 :* l'armée cède les 7 à la marine). **Ballons captifs :** *1914 :* aucun ; *15 :* 75 ; *16 :* 1 500.

Cavalerie : **1914 :** sabres, lances, mousquetons. **1915 :** mousquetons avec baïonnette, fusils-mitrailleurs, grenades (pour les régiments à pied : mêmes armes que l'infanterie).

Infanterie : **1914 :** *fusil Lebel* modèle 1886, à magasin et à répétition (chaque homme porte 210 cartouches) ; *mitrailleuses* St-Étienne. En 1914, les All. utilisent les mitrailleuses en 1re ligne ; *-mars* les Français qui en ont davantage les conservaient en soutien à l'arrière. **1915 :** *pistolet* automatique, *fusil* à chargeur de 3 cartouches, *canons* de 37 sur trépied et voiturette (obus pleins, portée 2 km), *mortiers* Stokes, *mitrailleuses* Hotchkiss [(modèle 1914, 450 coups min, voir à l'Index) ; *1-1-1918 :* 25 000 Hotchkiss, 18 000 St-Étienne], *fusils-mitrailleurs* (construction : 400 par j) : balles de fusil de 86, chargeurs circulaires de 20 cartouches ; *fusils VB* (lance-grenades) : 88 cartouches par grenadier.

■ **Mobilisés.** Sur 8 410 000 h., 8 030 000 de la métropole (20,2 % de la population, 75 % des h. de 20 à 35 ans), 149 522 Algériens, 14 204 Marocains, 38 521 Tunisiens, 181 000 tirailleurs de l'Afrique-Occidentale et Équatoriale, 30 500 Indochinois, 41 000 Malgaches. **Effectifs :** *15-8-1914 :* 92 838 officiers, 3 781 000 soldats ; *1-1-1917 :* 115 074 officiers, 5 026 000 soldats (infanterie 2 106 575 ; artillerie 899 845 ; cavalerie 166 422 ; génie 185 110 ; aéronautique 59 275). *Démobilisation : 30-9-1919 :* 900 000 h. ; *1-1-1920 :* 794 000 (dont métropolitains 510 000, Nord-Africains 164 000, coloniaux 120 000).

Nota. – En août 1914, l'état-major escomptait 13 % de réfractaires ; il n'y en eut que 1,5 %.

■ **Morts. Civils :** 210 000 (dont des anciens militaires) + 400 000 de la grippe espagnole de 1918.

Militaires : total : 1 357 800 (dont 252 900 disparus et 18 222 † en captivité). Par année (chiffres officiels) : *1914 :* 301 000 ; *15 :* 349 000 ; *16 :* 252 000 ; *17 :* 164 000 ; *18 :* 235 000. Par bataille : *frontière et Marne :* 250 000 ; *Artois-Champagne :* 232 000 ; *Verdun :* 221 000 ; *Somme :* 104 000 ; *Chemin des Dames :* 78 000 ; *offensives allemandes de 1918 :* 107 000 ; *offensives Foch :* 131 000. En additionnant Verdun et Somme (1916), on obtient 325 000 (contre 252 000 officiels pour l'année 1916) ; en additionnant les 2 batailles de 1918 : 238 000 contre 235 000.

Nota. – Un nombre indéterminé de blessés et de malades, morts ailleurs que dans les hôpitaux militaires, ne furent pas comptabilisés comme tués.

Pourcentage des morts ou disparus par rapport aux mobilisés : *officiers* 22 (infanterie 29 ; aviation 21,6 ; cavalerie 10,3 ; génie 9,3 ; artillerie 9,2). *Hommes de troupe et sous-officiers* 15,8 (infanterie 29,9 ; cavalerie 7,6 ; génie 6,4 ; artillerie 6 ; train 3,6 ; aviation 3,5). *Grandes écoles,* environ 20 % [promotion 1913 Polytechnique : 46 tués sur 230 ; École normale supérieure (Lettres) : 28 %] ; les élèves servirent comme Lts d'infanterie.

Fusillés (pour désertion, mutinerie...) : *en 1934, le Crapouillot* a parlé de 1 637 exécutés (*1914 :* 215 ; *15 :* 442 ; *16 :* 315 ; *17 :* 528 ; *18 :* 136).

■ **Pertes navales. Marine de guerre :** 4 cuirassés, 5 croiseurs, 15 contre-torpilleurs, 8 torpilleurs, 14 sous-marins, 5 canonnières ou chasseurs, 6 croiseurs auxiliaires, 70 chalutiers, dont près de la moitié coulés au cours de dragages de mines. **Marine marchande :** 50 % de la flotte [52 paquebots (total 284 000 t), 189 cargos (460 000 t), 74 grands voiliers (160 000 t), 373 petits voiliers (46 000 t)].

■ **Prisonniers.** 557 000 (18 222 moururent en captivité, soit 3,93 %).

■ **Production de guerre française (de 1914 à 1918). Avions :** 51 000, moteurs avions 95 000. **Chars :** Schneider 400, St-Chamond 400, F.T. Renault 3 000. **Obus de 75 :** *1914 :* 10 000 ; *15 :* 150 000 ; *16 :* 200 000 ; *17 :* 230 000 ; *18 :* 230 000 ; **de 155 :** *15 :* 3 600 ; *16 :* 30 000 ; *17 :* 40 000 ; *18 :* 40 000 ; **de 220 :** *15 :* 460 ; *16 :* 2 000 ; *17 :* 3 500 ; *18 :* 3 500. **Fournitures aux Alliés :** 25 000 moteurs, 10 600 avions (dont 4 000 aux USA), 7 000 canons (dont 4 000 aux USA), 400 chars (dont 240 aux USA). **Fabrication d'armement** (au 1-11-1918) : entreprises privées 15 500, arsenaux 10. **Effectifs :** 1 688 000 dont 494 000 mobilisés affectés spéciaux, 425 000 ouvriers, 426 000 femmes, 132 000 jeunes, 110 000 étrangers, 61 000 coloniaux, 40 000 prisonniers de guerre.

■ **Restrictions. 1917**-*janv. :* sur charbon, sucre, pommes de terre ; menus de restaurants à 2 plats ; pâtisseries fermées 2 j par semaine, théâtres et cinémas 4 j sur 7 ; suppression de pain frais, trains rapides, bains publics. *Avril :* plus de viande aux menus du soir ; boucheries fermées à 13 h. **1918**-*janv. :* cartes de pain (300 g par j), suppression du pétrole, de la circulation automobile privée. *Mai :* boucheries fermées 3 j sur 7 ; eau chaude dans les hôtels 2 j sur 7.

■ **Veuves avec orphelins.** 600 000 (dont remariées en *1923 :* 140 000 ; *27 :* 262 500 ; *34 :* 280 000). **Enfants de veuves :** *1920 :* 760 000.

L'ENTRE-DEUX-GUERRES (1919-39)

ÉTAT DE LA FRANCE EN 1919

1°) Prestige international. Fait figure de vainqueur et de protectrice des petits États européens : Pologne, Tchécoslovaquie, Roumanie, Yougoslavie.

2°) Démographie. Malgré le retour de l'Alsace-Lorraine (1 700 000 h.) la population a diminué (39 millions au lieu de 39,5 en 1914) ; début de l'immigration massive (Polonais, Russes, Italiens, Belges) ; le peuplement des colonies est interrompu.

3°) Économie. La fortune nationale tombe de 302 à 227 milliards de F (perte des créances sur Russie, Autriche-Hongrie, États balkaniques, Turquie). Le potentiel économique créé pendant la guerre doit permettre une reconstruction rapide ; de nombreuses industries en sortiront modernisées (exemple : houillères du Nord).

4°) Monnaie. Le franc germinal, qui n'avait pas bougé depuis 1801, cesse en 1917 d'avoir une couverture-or. Entre octobre 1917 et avril 1919, grâce à la « solidarité monétaire » entre Alliés (avances, ouvertures de crédit), il maintient à peu près sa parité malgré les dépenses de guerre. En avril 1919, l'Angleterre ferme le compte d'avances qui maintenait la stabilité des changes. Le franc commence à plonger.

5°) Situation politique. La droite antirépublicaine a perdu la partie : *a)* les nationalistes sont reconnaissants à la République d'avoir « gagné la guerre » sans voir qu'elle a épuisé la nation ; *b)* l'électorat traditionnel de la droite, le paysannat catholique, a été décimé.

6°) Mœurs politiques. Anciens combattants et victimes de guerre sont frustrés : ils sont mal indemnisés et haïssent les « embusqués », profiteurs de guerre. Les députés ne sont plus considérés comme des législateurs, mais comme des intermédiaires (décorations, pensions, postes, avancements, indemnisations, mutations) ; leur réélection dépend de leur efficacité. La vie politique se réduit à résoudre des problèmes locaux ou des problèmes personnels (conséquence : inertie).

7°) Mutations dans la société. *a) Femmes :* elles ont occupé pendant la guerre de nombreux emplois réservés jadis aux hommes ; elles sont devenues majoritaires (1 million de veuves de guerre, plusieurs millions de non-mariées). *b) « Les Années folles » :* l'euphorie qui a suivi la fin des hostilités se traduit par une démoralisation de la bourgeoisie, une plus grande exigence du prolétariat, un renoncement de l'intelligentsia.

■ **Poincaré** (début de présidence : voir p. 679 b). **1919** -19-1 Versailles, ouverture conférence de la paix ; -25-1 loi sur les *conventions collectives ;* -9-2 1er vol commercial Paris/Londres sur *Goliath ;* -19-2 Clemenceau blessé par Émile Cottin (anarchiste, condamné à mort, sera gracié) ; -19-3 *le Sénat américain rejette le traité de Versailles* [Clemenceau avait accepté la garantie anglo-amér. contre toute attaque all. en échange d'une renonciation à la rive gauche du Rhin. Aussi, après le refus américain, les Français tenteront-ils de réveiller l'autonomisme des Rhénans (catholiques, antiprussiens, ayant gardé le Code Napoléon jusqu'en 1906) ; ils y renonceront après le massacre de *Pirmasens* du 12-2-1924 (voir p. 685 a)]. L'opinion française a été insensible au retrait des garanties : pour elle, l'Allemagne n'était plus un danger. -2-4 journée de travail fixée à 8 h ; -6-4 : 150 000 manifestants contre l'acquittement (29-3) de Raoul Villain, l'assassin de Jaurès : 2 †, 10 000 arrestations ; -19-4 *1res mutineries des marins français en mer Noire* (André Marty, Charles Tillon) ; -28-4 fondation de la SDN (Sté des Nations) ; -1-5 manifestation interdite ; *-21-6* Scapa Flow : sabotage de la flotte allemande (voir p. 682 b) ; -28-6 *traité de Versailles* (voir à l'Index) ; -14-7 défilé de la Victoire (Paris) ; -10-9 *traité de St-Germain-en-Laye :* Alliés/Autriche ; -12-10 levée de l'état de siège et de la censure ; -1/2-11 CFTC fondée ; -27-11 *traité de Neuilly* avec Bulgarie ; -16/30-11 élections, victoire du « Bloc national » (voir à l'Index) ; -8-12 1re réunion de la Chambre « bleu horizon ». **1920**-10-1 *traité de Versailles et pacte de la SDN* entrent en vigueur ; -16-1 fin du blocus de la Russie soviétique par les Alliés ; -16/17-1 Clemenceau, Pt du Conseil, démissionne ; -18-1 Poincaré nomme **Alexandre Millerand** (1859-1943) Pt du Conseil.

■ **1920** (17-1) **Paul Deschanel** [(Shaerbeck, Belg. 13-2-1855/Paris 28-4-1922 des suites d'une pleurésie). **Élu Pt de la Rép.** [734 voix (Jonart 66, Clemenceau 56, L. Bourgeois 6, Mal Foch 2)]. Fils d'un enseignant, exilé sous l'Empire pour ses idées républicaines et devenu député de la Seine en 1876. Sous-préfet de Dreux à 22 ans en 1877, de Brest en 1879, de Meaux en 1881. Député d'E.-et-L. en 1885 et de Nogent-le-Rotrou en 1889 (constamment réélu). En 1896, il est vice-Pt, puis en 1898 Pt de la Chambre (battu 1902, réélu 1912). 1899 élu à l'Académie fr. Sujet au syndrome d'Elpénor (le 24-5-1920, il tombe en pyjama du train présidentiel, près de Montargis), il prend plusieurs semaines de repos ; son état s'aggravant, il quitte l'Élysée le 21-9. Après une cure dans une clinique à Rueil (sept.-déc.), il est élu sénateur d'E.-et-L. le 9-1-1921].

– **1920-20-1** (au 23-9) **Alexandre Millerand** est confirmé Pt du Conseil par Deschanel ; -9-2 une liste de 330 criminels de guerre est remise au gouvernement all. (en tête : Guillaume II, Hindenburg, Ludendorff). Refus du gouvernement all. Un tribunal international se réunit à Leipzig (Pt : le procureur général français Matter) ; faute d'accusés, il se disperse ; -23-4 Caillaux condamné à 3 ans de prison (voir p. 676 b) ; -1-5 grève des cheminots (20 000 révocations) ; -4-6 *traité de Trianon* avec Hongrie ; -25-6 loi instaurant une taxe sur le chiffre d'affaires ; -juillet congrès de Lille : scission entre CGT et CGTU (communiste) ; -16-7 *conférence de Spa,* fixe les % des Alliés dans les réparations dues par l'Allemagne ; -21-7 départ d'une mission militaire (Weygand) pour Varsovie ; -juin/août appui militaire français (Weygand) à la Pologne et à la Russie ; -10-8 *traité de Sèvres* avec la Turquie.

■ **1920** (24-9) **Alexandre Millerand** (Paris 10-2-1859/Versailles 6-4-1943). **Élu Pt de la Rép.** au 1er tour par 695 voix sur 892 (Delory 69, bulletins blancs 106). 1,77 m. Père drapier. Avocat puis journaliste. Académie des sciences morales. Franc-maçon. Député de la Seine 1885-1920. Min. du Commerce, de l'Ind. et des PTT (1899-1902), des Travaux publics (1909-10), de la Guerre (1912-15). Pt du Conseil et min. des Aff. étrangères du 20-1 au 24-9-1920. Socialiste depuis 1899, il entre dans le gouvernement « bourgeois » (Waldeck-Rousseau) et provoque une scission entre socialistes réformistes (Jaurès) et inconditionnels de l'opposition (Guesde, Blanqui). Ayant quitté le parti socialiste en 1905, il avait évolué vers la droite (répression des grèves en 1910) par nationalisme. Il démissionne le 11-6-1924 et deviendra sénateur de l'Orne 1925-27 et 1927-40.

– **1920-24-9** (au 16-1-1921) **Georges Leygues** (1857-1933) Pt du Conseil ; -6-11 début du procès *Landru* (arrêté le 12-4-1919) ; -25/31-12 *congrès de Tours,* scission entre communistes et socialistes. **1921**-16-1 (au 15-1-1922) **Aristide Briand** Pt du Conseil ; -25/29-1 *conférence de Paris* sur les réparations ; -28-1 inhumation du Soldat inconnu ; rapport de Keynes : « Les conséquences économiques de la paix » ; -27-2 ouverture de la *conférence de Londres* sur les réparations (échouera) ; -mars : des troupes françaises et belges occupent des villes de la Ruhr pour obtenir le paiement des réparations ; -16-5 rétablissement des relations diplomatiques avec le Vatican ; -25-6 Syrie, attentat manqué contre le Gal Gouraud ; -20-7 scission CGT ; -6-10 *accords de Wiesbaden* sur les réparations ; -21-10 *traité d'Ankara* Turquie. Fin occupation Cilicie ; -29-10 ouverture *conférence de Washington ;* -3-12 pacte à 4 (Japon, USA, G.-B. et France) établissant pour 10 ans un *statu quo* dans les « possessions insulaires » du Pacifique. Le Japon s'engage à ne pas fortifier Formose, les Pescadores et Sakhaline, les USA promettent de ne pas établir de bases à Guam ni aux Philippines. **1922**-5/12-1 *conférence de Cannes* (sur réparations), Lloyd George/Briand pour la réduction de la dette allemande ; -15-1 (au 8-6-1924) **Raymond Poincaré** Pt du Conseil ; -6-2 *accords de Washington* (sur les armements navals, expireront le 31-12-1936). *Limitations qualitatives : navires de ligne :* au maximum 35 000 t de déplacement et pièces de 406 ; *porte-avions et croiseurs :* 27 000 et 10 000 t ; *canons :* 203 mm au maximum. *Limitations quantitatives* (en tonnage) : navires de ligne et porte-avions : G.-B. 135 000 t ; USA 135 000 t ; Japon 81 000 t ; France 60 000 t ; Italie 60 000 t. Se basent non sur les « besoins » français, estimés à 350 000 t de navires de ligne, mais sur les armements « existants », la France ayant dû pendant la guerre sacrifier ses armements maritimes à ses fabrications pour l'armée de terre. Jusqu'en 1936, la France n'utilisera pas le tonnage qui lui a été alloué et s'opposera à toute limitation « globale » des flottes de guerre. Elle refusera l'interdiction des sous-marins réclamée par la G.-B. appuyée par le sénateur Rootes et toute limitation les concernant. Le Japon a consenti une réduction de 70 % de son tonnage de grands bâtiments en service, en construction ou en projet. -4-2 le Japon renonce « aux droits et aux intérêts » allemands, que le traité de Versailles lui avait accordés dans le Shantung. -6-2 il adhère au traité des « 9 puissances » destiné à faire respecter « la souveraineté, l'indépendance, l'intégrité territoriale et administrative de l'État chinois », et au principe de la « porte ouverte » économique ; -25-2 *Landru* exécuté ; -10-4 *conférence de Gênes ;* -16-4 *traité de Rapallo* All./Russie soviét. ; -12-7 l'All. demande un moratoire au paiement des réparations ; -27-10 Mussolini arrive au pouvoir en Italie après la « marche sur Rome » ; -18-11 Marcel Proust meurt. **1923**-2-1 ouverture de la *conférence de Paris* sur les réparations ; -7-1 la *Croisière noire* arrive à Tombouctou ; -11-1 *occupation de la Ruhr* par Français et Belges [cause : la dévaluation all. qui rend les paiements en marks dérisoires (les Français croient la dévaluation volontaire)]. Malgré l'opposition anglaise, les techniciens français, belges et italiens exploitent les richesses de la Ruhr dont le produit alimente les réparations [le Gal Jean-Marie Degoutte (18-4-1866/30-11-1938), Cdt militaire français, expulse 145 000 agitateurs allemands] ; -22-1 *Marius Plateau,* royaliste, chef des Camelots du roi, assassiné par Germaine Berton (née 1902 ; acquittée en déc.) ; -oct. Millerand tente de créer un régime présidentiel (en participant à la lutte électorale) ; -14-10 Évreux : banquet-discours de Millerand pour la politique du bloc national ; -25-11 *Philippe Daudet,* fils de Léon, est retrouvé mort (assassiné ?) ; -27-12 sud de la Sicile, corps du commandant du *Dixmude* (dirigeable disparu 22-12) retrouvé. **1924**-14-1 *comité Charles Dawes* pour les réparations ; -31-1 socialistes et radicaux forment le « Cartel des gauches » ; -12-2 *massacre de Pirmasens :* 40 autonomistes rhénans (profrançais) sont exterminés par des nationalistes allemands venus de la rive droite du Rhin : les troupes françaises laissent faire ; -10-3 ayant obtenu un prêt de 100 millions de $ de la banque américaine Morgan, Poincaré fait intervenir la Banque de France sur le marché des changes (succès) [le $ redescend à 15 F (*janv. 1923 :* le $ cotait 15 F ; *janv. 1924 :* 20 F, *début mars :* 29 F) la livre sterling redescend à 65 F (*le 14-1-1924* elle était à 98 F, le *8-3* à 122,60 F)] ; -26-3 Poincaré démissionne (gouvernera jusqu'au 8-6) ; -11-5 : législatives : succès du *Cartel des gauches ;* -8-6 (au 13-6) **Frédéric François-Marsal** (1874-1958) Pt du Conseil ; -11-6 Millerand, en butte à l'hostilité maçonnique, démissionne.

■ **1924** (13-6) **Gaston Doumergue** [(Aigues-Vives, Gard, 1-8-1863/18-6-1937). Fils de viticulteurs protestants. 1885 avocat à Nîmes. 1890 magistrat en Indochine. 1893 juge de paix en Algérie ; élu député de Nîmes (radical-socialiste). Min. des Colonies (1902-05), du Commerce (1906 et 1909-10), de l'Instruction publique (1906-09). 1910 sénateur du Gard. 1913-14 Pt du Conseil et min. des Aff. étrangères. 1914-17 min. des Colonies (organise la conquête du Togo et du Cameroun allemands). 1923 Pt du Sénat]. **Le 13-6-1924** il est **élu Pt de la Rép.** (515 voix Painlevé 309, Camelinat 22, du Cartel des gauches). 1931 se retire à Tournefeuille (Hte-G.). 1934 il redevient Pt du Conseil après les émeutes du 6-2 au 8-11.

– **1924**-14-6 (au 10-4-1925) **Édouard Herriot** (radical-socialiste), Pt du Conseil, soutenu par la SFIO, se heurtera au « mur de l'argent » ; -16-7 ouverture de la *conférence de Londres* sur le plan Dawes (accepté 15-8 pour 5 ans) ; -1-9 *plan Dawes adopté* [en avril, Poincaré, pour des raisons monétaires (veut l'appui des banques anglaises pour le franc), a laissé le soin de faire payer les réparations à ce comité international d'experts] ; -10-9 soulèvement d'*Abd el-Krim* au Maroc ; -28-10 la Fr. reconnaît l'URSS ; -31-10 entrée en application du *plan Dawes* ; -1-12 1er n° de *la Révolution surréaliste.* **1925**-3-1 loi d'amnistie en faveur de Caillaux ; -22-2 par « manque de crédits », ambassade de Fr. au Vatican fermée ; -10-4 Herriot démissionne ; -17-4 (au 22-11) **Paul Painlevé** Pt du Conseil ; -23-4 *conférence de San Remo,* reconnaissant les droits des Arméniens ; rue Damrémont, 4 membres des *Jeunes Patriotes,* sortant d'une réunion politique, tués par balles par des opposants communistes ; -29-4 exposition des *Arts déco* inaugurée ; -juillet début du soulèvement des Druzes en Syrie ; -25-6 la *Croisière noire* arrive à Tananarive ; -25-7/1-8 *évacuation de la Ruhr ;* -22-8 Pétain à Casablanca *(guerre du Rif) ;* -24-9 Lyautey, gouverneur général du Maroc, démissionne ; -16-10 *pacte de Locarno* (France, Angleterre, Italie, Allemagne) : l'Allemagne reconnaît ses frontières avec la Belg. et la Fr. mais refuse d'étendre le pacte à la Tchécoslovaquie et la Pologne ; -11-11 Georges Valois (Alfred Georges Gressent dit, 1878-† déporté 1945) fonde le *Faisceau* (1er parti se réclamant du fascisme en Fr.) ; -28-11 (au 17-7-1926) **Aristide Briand** Pt du Conseil. **1926**-25-5 Shalom Schwartzbard tue à Paris *Simon Petlioura* (né à Poltava 17-5-1879, homme politique responsable, selon l'assassin, de la mort d'environ 100 000 Juifs en Ukraine en 1918) ; -26-5 fin de la guerre du Rif, reddition d'*Abd el-Krim ;* -19-7 (au 21-7) **Édouard Herriot** Pt du Conseil ; -20/23-7 effondrement du franc ; -23-7 (au 26-7-1929) **Raymond Poincaré**, Pt du Conseil, forme un gouvernement d'union comprenant 5 anciens Pts du Conseil (Barthou, Briand, Herriot, Leygues, Painlevé) ; -7-8 la Fr. adhère au *Gold Exchange Standard ;* -10-8 Caisse autonome d'amortissement créée (pour résorber la dette) ; -sept. 106 sous-préfectures supprimées ; -17-9 *Thoiry* (Ain), entrevue Briand/Stresemann (min. des Affaires étrangères allemand) ; -30-9 *cartel de l'acier* entre sidérurgistes français, belges, luxembourgeois et allemands ; -20-12 Pie XI met à l'index *l'Action française.* **1927** -mars les dernières troupes françaises quittent la Sarre ; -mai, agitation autonomiste en Alsace ; -21-5 Charles Lindbergh (4-2-1902/26-8-1974) vole de New York au Bourget sur le *Spirit of Saint Louis ; -13-6 Léon Daudet, directeur de l'Action française*, arrêté (s'évade de la Santé le 28-6) ; -10-9 les 4 « mousquetaires » du tennis (Borotra, Lacoste, Cochet et Brugnon) gagnent la coupe Davis ; -6-11 Caillaux critique la politique financière de Poincaré, les radicaux cessent de participer au gouvernement ; -11-11 traité d'alliance franco-yougoslave ; **1928**-31-3 service militaire ramené à 1 an ; début de la ligne Maginot ; -22/29-4 *législatives :* succès de la droite, les radicaux rompent l'union nationale, retournant à l'opposition ; -7-6 succès de Poincaré sur le plan financier et le marché des changes ; -24-6 *franc Poincaré :* pour favoriser les exportations et réduire les dettes de l'État, Poincaré rétablit la convertibilité officielle à 20 % du franc germinal, ruinant des millions de petits épargnants ; -30-6 *Firminy,* catastrophe minière, 51 † ; -13-7 *loi Loucheur* (sur les constructions d'immeubles sociaux) ; -du 23-7 au 8-8, le franc remonte de 18 % et la livre tombe de 250 à 125 F ; -20-8 loi sur la *naturalisation,* très libérale (voir à l'Index) ; -27-8 *pacte Briand-Kellog* (voir p. 676 b) ; Frank Billings Kellog (22-12-1856/22-12-1937, secr. d'État américain, prix Nobel de la Paix 1929) met la guerre hors la loi ; -4-12 Marthe Hanau (1886-1937), créatrice en 1925 de la *Gazette du Franc,* arrêtée (accusée d'avoir détourné plus de 100 millions de F ; condamnée en oct. 1930 à 2 ans de prison et en appel à 3 ans en juillet 1934, elle s'empoisonne à la prison de Fresnes le 19-7-1937). Attirés par la stabilité du « franc Poincaré », les capitaux affluent en France, créant une reprise économique (investissements, travail à la chaîne, assurances sociales) ; les records de production seront battus en 1929, la modernisation restant cependant insuffisante (majorité de petites entreprises). **1929**-21-1 *train bleu* « Calais-Méditerranée-Express » inauguré ; -20-3 le Mal Foch meurt ; -6-5 *Alain Gerbault* achève le tour du monde à la voile en solitaire ; -7-6 *plan Young* remplace plan *Dawes* pour les réparations (voir col. a) ; -12-7 Louis-Lucien *Klotz* (1868-1930), ancien min. des Finances de Clemenceau (qui déclarait : « l'Allemagne paiera »), condamné pour chèques sans provision à 2 ans de prison (libéré au bout de 2 mois) ; -26-7 Poincaré démissionne pour être opéré de la prostate ; -29-7 (au 22-10) **Aristide Briand** Pt du Conseil ; -5/31-8 *1re conférence de La Haye* sur les réparations ; -5-9 à la SDN, Briand propose la constitution des États-Unis d'Europe ; -24-10 USA, *« Jeudi noir »,* début de la crise économique ; -24-11 Clemenceau meurt ; -2-11 (au 17-2-1930) **André Tardieu** Pt du Conseil. **1930**-3/20-1 2e *conférence de La Haye* sur les réparations ; -26-1 disparition à Paris du Gal russe exilé *Koutiepoff* (enlevé par les Russes et embarqué à Villers-sur-Mer sur un canot qui l'a déposé au large sur un cargo soviétique) ; -21-2 (au 25-2) **Camille Chautemps** Pt du Conseil ; -2-3 (au 4-12) **André Tardieu** Pt du Conseil ; -mars inondations de la Garonne ; -10-3 *centenaire de l'Algérie française ; -29-3 plan Young* ratifié par la Fr. ; -16-4 retraite du combattant créée ; -22-4 *Londres :* accord naval (expirera 22-4-1930) entre G.-B., Japon et USA fixant l'importance des flottes ; France et Italie le refusent ; -30-4 loi sur *Assurances sociales* ; -13-5 1re liaison aéropostale Atlantique Sud ; -30-6 *fin de l'évacuation de la Rhénanie* 5 ans avant la date fixée, en application du plan Young ; -2-9 *Costes et Bellonte :* 1er vol direct Paris/New York ; -nov. scandale de la banque *Oustric* (fondée 1919), en faillite [Albert Oustric (né 1887) arrêté le 21-11-1930, condamné le 19-1-1933 à 1 an de prison et 5 000 F d'amende, acquitté le 26-5 avec André Benoît (en cour d'assises, pour corruption de fonctionnaire)] ; -13-12 (au 27-1-1931) **Théodore Steeg** Pt du Conseil. **1931**-3-1 le Mal Joffre meurt ; -30-1 (au 16-2-1932) **Pierre Laval** Pt du Conseil ; -6-5/15-11 *Exposition coloniale* à Paris.

■ **Le Cartel des gauches (1924-27). Programme :** 1°) *Laïcité renforcée :* fin du concordat en Alsace-Lorraine ; rupture avec le Vatican. 2°) *Amnistie* aux grévistes et aux mutins de la mer Noire. 3°) *Progrès social :* journée de 8 h, assurances sociales, enseignement secondaire gratuit. 4°) *Équilibre financier :* réduction des dépenses (notamment de la politique étrangère : frais d'occupation, aide militaire aux petits États alliés, mandats) ; projet d'impôt sur le capital. 5°) *Retour à l'irresponsabilité présidentielle :* Millerand est chassé et remplacé par Doumergue. **Difficultés et échecs.** 1°) *Action des catholiques* contre la politique religieuse (agitation en Alsace). 2°) *Fuite des capitaux* menacés par la taxation des grosses fortunes (« faire payer les riches »). 3°) *Les petits épargnants cessent de souscrire aux bons du Trésor* [le gouvernement doit faire appel aux avances de la Banque de France dont Herriot « crève le plafond » : il est renversé]. 4°) *Panique financière :* la livre monte à 250 F. Doumergue appelle Poincaré ; jusqu'aux élections de 1928, la Chambre (de gauche) soutient un ministère « d'union nationale », orienté vers la droite.

La crise de 1929

■ **Quelques causes.** *Développement incontrôlé du crédit* (exemples : USA et Allemagne) *et de la spéculation boursière* (aux USA). *Surproduction* et surinvestissement industriels (l'accroissement de la consommation est plus faible que celui de la production), surproduction agricole (les pays « neufs » augmentent fortement leur production alors que l'Europe a rétabli la sienne). *Parités monétaires mal évaluées* (par exemple, livre surévaluée) en raison du souci de rétablir le système de l'étalon-or tel qu'en 1914 et des politiques commerciales protectionnistes. *« Exportation » de la crise* favorisée par le poids accru de l'Amérique dans l'économie mondiale.

■ **Chronologie. 1929 : USA :** *lundi 21-10 :* 6 millions de titres vendus à la Bourse de New York. *Jeudi noir 24-10 :* effondrement des cours et panique des petits porteurs. *Mardi 29-10 :* plus de 350 banques font faillite. Chute des prix. **Fin 1929 :** le Canada limite ses règlements en or ; l'Argentine et l'Uruguay les suspendent. **1930 :** dévaluation (de 9 à 50 % : pays américains, Australie et Nlle-Zélande). **1931**-*mai :* faillite de l'Osterreichische Kreditanstalt de Vienne (la plus grande banque autrichienne) ; contrôle des changes en Espagne ; série de faillites en Europe centrale, Allemagne, France (+ 59 % en un an) et G.-B. ; *-juillet :* fermeture de la Bourse et contrôle des changes en Allemagne ; *-21-9 :* dévaluation de la livre et abandon de l'étalon-or en G.-B. ; *-jusqu'en déc. :* dévaluations (Suède, Norvège, Finlande, Portugal, Autriche, Japon) ; extension du contrôle des changes (Europe centrale...). **Fin 1931 – début 1932 :** hausse des tarifs douaniers en G.-B. De nombreux pays contingentent les importations ; accords régionaux préférentiels (31-7/20-8 conférence d'Ottawa : « préférence impériale » entre pays du Commonwealth). **1933 :** *-12-6/27-8 conférence économique et monétaire à Londres* (66 pays réunis par la SDN) : échec ; *-mars :* embargo sur l'or aux USA ; *-avril :* dollar détaché de l'or. **1934**-*30-1* dollar dévalué de 41 %. **1935**-*mars :* dévaluation du F belge ; *-mai :* France : sorties d'or (plus de 4 milliards en 3 semaines) ; déflation du gouvernement Laval (10 % de réduction des dépenses publiques, hausse des impôts, baisse autoritaire de certains prix, des intérêts, de la rente) ; *-oct. et nov. :* France : sorties d'or (plus de 4,7 milliards).

■ **Principales mesures. Monétaires :** contrôle des changes, abandon de l'étalon-or, dévaluation [destinée à concurrencer l'étranger sur les marchés extérieurs (la livre flotte à partir de 1931 ; le dollar est dévalué le 31-1-1934)], création de zones monétaires (dollar, sterling). **Commerciales :** élévation des droits de douane, contingentement des importations, puis politique de « dumping ». **Production :** limitation de la production et destruction des stocks ; puis grands travaux (Allemagne, puis USA avec le « New Deal » de Roosevelt) et armement pour réduire le chômage. *Prix :* fixation de prix-plafond, baisses autoritaires (en G.-B. et en Fr.). **Déflation :** notamment en G.-B. et Fr. (réduction des dépenses budgétaires, de certains salaires et revenus, augmentation des impôts). **Inflation :** généralisée à partir de 1936, notamment en France, où le Front populaire cherche à relancer la consommation par des hausses salariales (accords de Matignon) et par des soutiens aux prix agricoles (Office national interprofessionnel du blé, du vin, du bétail). La relance est fragile et incomplète (dans les pays dictatoriaux, elle est forte, car elle s'appuie sur un développement de l'industrie des armements : mais elle conduira à la guerre).

Autres mesures prises en France par le Front populaire : nationalisation des chemins de fer (l'arrêt du trafic provoqué par la faillite des réseaux privés aurait ruiné l'économie). Réforme de la Banque de France (oct. 1936) : elle est chargée de gérer le Fonds de stabilisation des changes, pour régulariser les rapports entre le franc et les monnaies étrangères ; par des avances au Fonds, elle permet des opérations déficitaires à court terme, mais soutenant, à long terme, l'ensemble de l'économie.

■ **Statistiques. Bourse : USA** (indice de New York) : *7-9-1929 :* 379 ; *19-10 :* 348 ; *2-11 :* 275 ; *9-11 :* 254 ; *16-11 :* 221. En 10 semaines, les actions baissent de 41 %. **G.-B.** (base 100 : *août 1929*) : *1931 (août) :* 31. **France** (base 100 : *1913*) valeurs françaises : *1929 :* 507 ; *1931 (sept.) :* 269 ; *1935 :* 186.

Commerce international : *indice* (base 100 : *1929*) *en 1932 et,* entre parenthèses, *en 1937 :* produits alimentaires 89 (93,5) ; matières premières 81,5 (108) ; produits manufacturés 59,5 (87). *Variations en volume* (en %) : France – 25 importations, – 46 exportations ; Allemagne – 30, – 40 ; autres pays – 16, – 14 ; monde entier – 18, – 18.

Investissements bruts privés : USA : *1929 :* 15,8 milliards de $ (15,4 % du PNB) ; *1932 :* 0,9 (1,5 % du PNB).

Baisses des prix : *gros* (par rapport à 1929 indice 100) : *1932 :* Allemagne 70 ; USA et *France 68 ;* G.-B. 67 ; *1935 : France 79 ;* G.-B. 52 ; USA 48 ; Japon 29. *Détail entre 1930 et 1935 : en France,* SGF (34 articles) : 29,3 %.

Production industrielle (*1929*, base 100) *1932 :* Japon 98 ; G.-B. 84 ; *France 72 ;* Italie 67 ; Allemagne 58 ; USA 54. *En 1937,* G.-B. 124 ; Allemagne 116 ; Japon 171 ; USA 92 ; *France 83.*

Chômage (en millions) : USA : *1930 (oct.) :* 4,6 ; *31 (oct.) :* 7,8 ; *32 (oct.) :* 11,6 ; *33 :* + de 13 (27 % de la pop. active). Allemagne : *1933 :* 6. G.-B. : 3.

■ **1931** (13-6) **Paul Doumer** (Aurillac, 22-3-1857/6-5-1932). Fils d'un cheminot ; orphelin dès l'enfance. Apprenti graveur à Paris, passe son bac en travaillant seul. 1877 professeur de math. à Mende. 1880 journaliste à Laon. 1887 maire. 1888 député (radical) de Laon. 1890 de l'Yonne. 1895-96 min. des Finances. 1897-1902 gouverneur de l'Indochine. 1902 député de Laon. 1905 Pt de la Chambre. 1912 sénateur de Corse. 1914-1918 : 4 de ses fils morts pour la Fr. 1921-22 et 1925-26 min. des Finances. 1927 Pt du Sénat. **Le 13-6-1931** il est **élu Pt de la Rép.** [1er tour 442 voix, Briand 401, se retire, ulcéré (il y aurait eu un conflit entre 2 tendances maçonniques) ; 2d tour 504 (Marraud 334)].

– **Pierre Laval** (1883-1945), Pt du Conseil depuis le 26-1, est maintenu ; -14-6 naufrage du *St-Philibert* entre Nantes et Noirmoutier : 452 † ; -6-7 *moratoire Hoover :* le Pt américain suspend pour 1 an le paiement des dettes de guerre de l'Allemagne ; -13-7 l'Allemagne suspend ses paiements internationaux. **1932**-12-2 arrivée à Pékin de la *Croisière jaune* (voir à l'Index). -20-2 (au 10-5) **André Tardieu** Pt du Conseil ; -7-3 Briand meurt ; -6-5 Doumer, inaugurant la vente des écrivains anciens combattants, est assassiné par un émigré russe, sans doute fou, Paul Gorguloff (né 1895, exécuté 14-9-1932).

■ **1932** (10-5) **Albert Lebrun** [(Mercy-le-Haut 29-8-1871/Paris 6-3-1950, pneumonie). Polytechnicien et ingénieur. 1900 député (modéré) de M.-et-M. 1911-14 min. des Colonies. 1917-20 min. du Blocus et des Régions libérées. 1920 sénateur. 1931 Pt du Sénat, 1932 réélu. **Le 10-5-1932 élu Pt de la Rép.** au 1er tour [633 voix, Paul Faure (socialiste) 114, Paul Painlevé 12, Marcel Cachin (communiste) 8].

– Du 3-6 (au 14-12) **Édouard Herriot** Pt du Conseil ; -8-5 élections : succès de la gauche ; -16-5 incendie à bord du paquebot *Georges-Philippard :* 50 † (dont le journaliste

Albert Londres) ; -9-7 *accords de Lausanne* (fin des réparations). Dette allemande ramenée à 3 milliards de marks (en bons à 6 %) ; -29-10 lancement du paquebot *Normandie* ; -29-11 pacte de non-agression avec URSS ; -18-12 (au 31-1-1933) **Joseph Paul-Boncour** Pt du Conseil. **1933**-30-1 Berlin : Hitler chancelier ; -31-1 (au 18-10) **Édouard Daladier** Pt du Conseil ; -7-6 Rome, *pacte à Quatre* (It., All., G.-B., Fr.) pour gérer le nouvel ordre mondial ; -12-6 *conférence* économique mondiale de Londres ; -14-10 l'Allemagne quitte la conférence (sur le désarmement) et la SDN ; -26-10 (au 23-11) **Albert Sarraut** Pt du Conseil ; -7-11 *1er tirage de la Loterie nationale* ; -26-11 (au 30-1-1934) **Camille Chautemps** Pt du Conseil ; -28-11 Henri de *Bournazel* (né 21-11-1898) tué au Maroc ; -déc. escroquerie des faux bons de Bayonne (239 millions de F) d'Alexandre *Stavisky* (Ukraine 20-11-1886/suicidé 8-1-1934, en fuite à Chamonix) ; Tissier, directeur du Crédit municipal de Bayonne, arrêté ; -23-12 *Lagny*, accident de chemin de fer : 190 †. **1934**-7-1 Dalimier (ministre) démissionne ; du 11 au 27-1 manifestations à Paris (dont le 22-1 organisée par les fonctionnaires et le 23-1 par l'Action française) ; -26-1 Eugène Raynaldy (min. de la Justice), compromis dans l'affaire du banquier Sacazan, démissionne ; -27-1 manifestation à Paris ; Chautemps démissionne ; -30-1 (au 7-2) **Édouard Daladier** Pt du Conseil ; -3-2 Jean Chiappe (Ajaccio 3-5-1870/accident d'avion en Méditerranée 27-11-1940), préfet de police favorable à la droite, nommé résident général au Maroc, Adrien Bonnefoy-Sibour (préfet de S.-et-O.) nommé à la préfecture de police, Thomé (directeur de la Sûreté générale) nommé administrateur de la Comédie-Française, Pressard (procureur de la Rép. de la Seine) nommé conseiller à la Cour de cassation ; 3 ministres, désapprouvant cette réorganisation, démissionnent : Jean Fabry (ami de Chiappe), François Piétri (parent du préfet) et Gustave Doussain ; -6-2 le soir, *manifestation à Paris* : 40 000 pers. [des invitations à manifester avaient été lancées séparément par des associations d'anciens combattants indignés contre les communistes, les « voleurs » (les députés complices de Stavisky) et le départ de Chiappe]. La plupart devaient se dérouler près du Palais-Bourbon, les Jeunesses patriotes étaient convoquées à l'Hôtel de Ville ; l'Action française tente d'entraîner les manifestants vers le Palais-Bourbon pour mettre en fuite les députés et provoquer une crise de régime, mais les Croix-de-Feu (Cel de La Rocque) refusent de les appuyer ; la police, sans directives, tire sur la foule [17 † dont 14 manifestants (4 de l'Action française, 2 des Jeunesses patriotes, 1 de Solidarité française, 7 non engagés politiquement et 1 policier), 1 435 blessés (dont 65 manifestants, 780 policiers et soldats)] ; Eugène Frot (1893-1983), min. de l'Intérieur, sera accusé par *l'Action française* et *l'Humanité* d'avoir fait tirer sur les manifestants (ce qu'a infirmé la commission d'enquête) ; -7-2 manifestation de Camelots du roi et Jeunesses patriotes : heurts entre communistes et police (3 manifestants †) ; à 14 h, Daladier démissionne ; -8/9-2 (au 8-11) **Gaston Doumergue** Pt du Conseil (15-2 obtient la confiance par 402 voix contre 125) ; -9-2 contre-manifestation communiste (4 †) ; -12-2 grève générale ; manifestation : 100 000 personnes de Vincennes à la Nation (4 †) ; -20-2 *Albert Prince* (1883-1934), magistrat ayant enquêté sur l'affaire Stavisky, trouvé écrasé par un train à la Combe-aux-Fées près de Dijon [thèse officielle : suicide (le 27-12-1944, l'inspecteur principal Bonny, avant d'être exécuté pour collaboration, aurait déclaré que Prince détenait des documents compromettants et avait été assassiné)] ; -9-10 roi *Alexandre Ier de Yougoslavie* assassiné à Marseille par un Oustachi, Kerim, abattu sur place [3 complices seront, le 13-2-1936, condamnés aux travaux forcés à perpétuité, l'ancien député croate Ante Pavelitch (Bradina 14-7-1889/Madrid 28-12-1959) et Lyon Kvaternik condamnés à mort par contumace] ; Louis Barthou, min. des Aff. étrangères, atteint par des balles de la police, mal soigné, décédera ; -8-11 (au 31-5-1935) **Pierre-Étienne Flandin** (1899-1958) Pt du Conseil ; -1-12 *Hélène Boucher* (aviatrice, née 1908) † dans un accident ; -déc. *présidence du Conseil* créée, avec ses services administratifs, et s'installe à l'hôtel Matignon.

1935-13-1 *la Sarre* vote son rattachement à l'Allemagne ; -15-3 service militaire de 2 ans ; -16-3 service militaire allemand rétabli (protestations en France, G.-B., Italie) ; -11/14-4 *accords de Stresa* (France, G.-B., Italie) garantissant l'indépendance de l'Autriche ; -15-5 *traité d'assistance mutuelle franco-soviétique* sans clauses militaires ; -10-5 *traité soviéto-tchécoslovaque* ; -29-5 voyage inaugural du *Normandie* ; -1-6 Flandin démissionne ; -1-6 (au 4-6) **Fernand Bouisson** Pt du Conseil ; -6-6 (au 22-1-1936) **Pierre Laval** Pt du Conseil, soutenu par les communistes ; -18-6 *pacte naval anglo-allemand* : l'Allemagne peut construire une flotte égale à 35 % de la flotte du Commonwealth ; -3-7 André Citroën (né Paris 9-2-1878) meurt ; -14-7 500 000 manifestants de gauche à la Bastille ; -16-7 *décrets-lois de Laval* : baisse des dépenses et traitements des fonctionnaires (– 10 %) ; -3-10 *début de la guerre d'Éthiopie* ; -18-10 France et Angleterre votent les sanctions contre l'Italie à la SDN (Autriche, Hongrie, Suisse s'abstiennent) ; -12-12 accord Laval/Samuel Hoare proposant médiation Italie/Négus, mais le 13-12 la nouvelle est publiée prématurément ; Hoare démissionne. **1936**-12-1 programme de rassemblement populaire (socialistes et communistes) publié ; -17-1 jugement de l'*affaire Stavisky* : 11 acquittements et 16 condamnations ; -22-1 opposition violente de la gauche, Laval doit se retirer ; -24-1 (au 30-5) **Albert Sarraut** Pt du Conseil ; -13-2 obsèques de Jacques Bainville : Blum, agressé par Jean Filliol et des militants de l'Action française, est blessé au visage ; décret dissolvant les organisations de l'Action française ; -7-3 *entrée des troupes allemandes en Rhénanie* [le Gal Gamelin renonce à toute riposte ; le Gal Maurin, min. de la Guerre, est pour une mobilisation générale, Flandin est pour

■ **Affaire Salengro.** **1936**-20-8 l'hebdomadaire nationaliste *Gringoire* reprend une révélation (faite en 1923 par le PC et le 14-7-1936 par *L'Action française*) : Roger Salengro (né Lille 1890, min. de l'Intérieur de Léon Blum) a été condamné pour désertion à l'ennemi en 1915. Une commission militaire, présidée par le Gal Gamelin, réexamine les dossiers des conseils de guerre de l'époque : le 7-10-1915, Salengro, autorisé à sortir des tranchées pour ramener le corps d'un camarade, n'est pas revenu ; accusé de désertion, jugé par contumace pendant qu'il était prisonnier en Allemagne, il est acquitté le 20-1-1916 par 3 voix contre 2 (mais une inscription erronée, « condamné » au lieu de « jugé », a entraîné des témoignages discordants) ; le 13-11, 427 députés (contre 63) reconnaissent l'inanité de l'accusation ; le 17-11, Salengro se suicide au gaz.

l'envoi de 2 corps d'armée ; -12-3 Gamelin estime l'armée allemande à 295 000 soldats (il n'y en avait que 35 000 à 60 000)] ; -25-3 *Londres*, traité naval France, G.-B., USA (plus de limitations quantitatives, mais qualitatives des nouvelles unités) ; -10-4 1re grève, près d'Amiens, avec occupation des lieux (La Boutellerie) ; -17-4 Thorez à Radio-Paris : « Nous te tendons la main, catholique » ; -26-4/3-5 victoire du *Front populaire* aux élections (voir col. c) ; -12-5 *début des grèves « sur le tas »* [avec occupation d'usines ; le 1er cas a été fortuit (au Havre) ; les ouvriers ont attendu jusqu'au matin le résultat des négociations entre délégués syndicaux et patrons ; le lendemain, les grévistes de Latécoère à Toulouse les imitent (*raison* : crainte du lock-out, permettant de recruter des « jaunes », pris parmi les sans-travail)] ; -1-6 les grèves s'étendent (usines, hôtels, magasins, imprimeries, transports), spontanées, sans consignes syndicales, pour obtenir les avantages sociaux promis [12 142 grèves (dont 8 941 sur le tas) touchant 1 830 000 ouvriers] ; -4-6 (au 21-6-1937) **Léon Blum** Pt du Conseil (1er ministère français dirigé par un socialiste) ; 6 vice-Pts du Conseil, présidant chacun un groupe de travail, 3 femmes sous-secr. d'État, 10 min. (Défense nat. : Édouard Daladier ; Éducation nat. : Jean Zay ; Finances : Vincent Auriol ; Intérieur : Roger Salengro), 6 sous-secr. socialistes. Exhortation à reprendre le travail : échec ; 7/8-6 **Accords de Matignon** : réunion à l'hôtel Matignon de Blum, des chefs syndicaux et du patronat (discussions pour chaque branche de l'industrie entre délégués syndicalistes et patronaux, sous l'arbitrage d'un min., d'un sous-secr. d'État ou d'un haut fonctionnaire) : accords sur semaine de 40 h (loi 12-6), congés payés, conventions collectives, droit syndical. Hausse des salaires de 7 à 15 % ; -11-6 Thorez : « Notre but reste le pouvoir des soviets, mais ce n'est pas pour ce soir... alors il faut savoir terminer une grève » ; -18-6 vote des *accords* ; loi sur les congés payés votée à l'unanimité (592 votants), promulguée le 20-6 (au *JO* le 26-6) ; *-20-6 ligues de droite dissoutes* ; -28-6 Doriot fonde le Parti populaire français (PPF) ; -début juillet, il reste 100 000 grévistes qui occupent 1 000 entreprises ; -2-7 scolarité obligatoire jusqu'à 14 ans ; -14-7 manifestation triomphale ; -15-7 : 50 000 grévistes dans 350 entreprises ; -17-7 **début de la guerre civile espagnole** ; -début août : fin des grèves ; -1-8 Berlin : ouverture des jeux Olympiques ; -11-8 nationalisation des entreprises travaillant pour la défense nat. (la production chute par endroits de 75 %) ; -16-8 création de l'Office des céréales ; -25-8 service militaire porté de 1 à 2 ans ; -31-8 chemins de fer nationalisés ; -16-9 Cdt Jean Charcot (né Neuilly-sur-Seine 15-7-1867) sombre avec le *Pourquoi-pas ?* ; -oct. début de l'aide franco-soviétique à l'Espagne républicaine [politique menée secrètement pour ne pas pousser à la révolte les cadres de l'armée française (ils savent que sur 14 000 officiers espagnols, 5 000 ont été fusillés, et que 260 seulement ont rallié l'Espagne républicaine)] ; -1-10 dévaluation ; -16-10 1res nationalisations de l'industrie aéronautique ; -1-11 Mussolini, dans un discours à Milan, parle de *l'axe Rome-Berlin* ; -17-11 *suicide de Salengro* ; -19-11 accord syndicats-patronat-gouvernement sur conciliation et arbitrage obligatoires avant la grève [de janv. à juin 1937, sur 3 496 conflits, 2 929 réglés par conciliation, 567 soumis à arbitrage (275 positifs, 292 grèves)] ; -4-12 *les communistes retirent leur soutien au gouvernement du Front populaire* (n'y participent pas) ; -6-12 *Jean Mermoz* (né Aubenton 9-12-1901) disparaît au-dessus de l'Atlantique à bord du *Croix-du-Sud* ; -18-12 loi sur la liberté de la presse, aggravant les peines frappant la diffamation (suite de l'affaire Salengro) ; -31-12 loi sur l'arbitrage et la conciliation obligatoires en cas de grève.

1937-24-1 accord France/Turquie sur Alexandrette ; -13-2 Blum annonce une « pause sociale » dans les réformes ; -9-6 assassinats des Rosselli (voir p. 687 b) ; -11-7 Lisieux, le cardinal Pacelli (futur Pie XII) inaugure la basilique ; -16-3 *Clichy* : 1 000 communistes et socialistes attaquent le cinéma Olympia où sont réunis (sur invitations des Croix-de-Feu) 400 femmes et 10 enfants pour une œuvre de bienfaisance avec présentation du film *la Bataille* (5 militants de gauche †, 200 blessés dont 107 civils) ; 2 000 coups de feu tirés ; -24-4 *la Belgique abandonne l'alliance française* ; -24-5 au 25-11 *Exposition internationale de Paris* ; par suite de grèves répétées, inaugurée avant d'être achevée ; -21-6 *Blum démissionne* (le Sénat lui refuse les pleins pouvoirs pour l'augmentation des impôts, la diminution des dépenses, le contrôle des changes) ; -22-6 (au 10-3-38) **Camille Chautemps** Pt du Conseil ; -30-6 franc flottant ; -21-7 franc dévalué ; -14-8 *Shanghai* : les Japonais bombardent la concession fr. ; -31-8 SNCF créée ; -11-9 attentats à Paris (voir **Cagoule** p. 687 b) ; -21-9 *le Gal Miller*, Russe exilé, disparaît : enfermé dans une caisse qui aurait été chargée au Havre sur le *Maria-Ouliovna*, cargo soviétique (le Gal Skobline, impliqué, disparaît ; la chanteuse Plevitskaïa, sa femme, condamnée à 20 ans de travaux forcés, mourra en prison en 1940) ; -15-12 1res arrestations de cagoulards.

1938-27-1 Villejuif, explosion lors d'un transfert d'un arsenal clandestin des cagoulards (14 †) ; -9-3 chute de Chautemps ; -12-3 Hitler envahit l'Autriche *(Anschluss)* ; -13-3/8-4 **Léon Blum** Pt du Conseil (2e ministère). Vague de grèves ; Blum réclame l'impôt sur le capital et le contrôle des changes ; il est renversé par le Sénat ; -10-4 (au 20-3-1940) **Édouard Daladier,** Pt du Conseil, gouverne par décrets-lois ; Paul Reynaud aux Finances ; -mai début de la crise des *Sudètes* ; -24-9 rappel des réservistes ; -29/30-9 *accords de Munich* (All., Fr., G.-B., It.) : la Tchécoslovaquie doit céder le territoire des *Sudètes* à l'Allemagne ; -1-10 Daladier arrive au Bourget (de l'aérodrome à Paris, il est acclamé) ; -3-10 la Chambre fr. ratifie l'accord de Munich par 535 voix contre 75 [ont voté *non* : 73 communistes et 2 non-communistes : Georges Bouhey, socialiste (né 1898), Henri de Kérilis, républicain national (1889-1958)] ; -28-10 incendie des Nouvelles Galeries à Marseille : 74 † ; -30-10 *fin officielle du Front populaire* (Daladier rompt avec les communistes, qui ont refusé de voter en faveur des accords de Munich) ; -7-11 Herschel Grynszpan (né en 1921, juif polonais dont les parents avaient été persécutés en Allemagne) assassine à Paris un conseiller de l'ambassade d'Allemagne, Ernst von Rath, qu'il prend pour l'ambassadeur (il sera exécuté) [en représailles : *Nuit de cristal* (9/10-11-1938) en Allemagne (voir à l'Index] ; -12-11 décret prévoyant des centres spéciaux pour étrangers indésirables. -13-11 la semaine de 48 h (dont 8 payées au tarif « heures supplémentaires ») est rétablie ; -30-11 grève générale, contre les décrets Reynaud, échoue ; -6-12 Paris, signature du traité de bonne entente France/Allemagne ; -22-12 l'Italie dénonce les accords signés avec la France en 1935.

LE FRONT POPULAIRE (1936-38)

■ **Formation.** **1934**-*8-2* création d'un « front commun » antifasciste après les émeutes du 6-2 ; regroupe les militants communistes et socialistes, qui se recrutent en nombre parmi les chômeurs (412 000 chômeurs totaux en nov. 1934 et 465 000 en mars 1936 ; 600 000 partiels) ; *-12-2* manif. de la gauche à Vincennes (environ 100 000 pers.) en réponse au 6-2 ; grève générale ; *-27-7* pacte d'unité d'action PC/SFIO. **1935**-*12-6* les radicaux rejoignent le front commun pour les municipales (nombreux gains de mairies, notamment en banlieue parisienne) ; *-14-7* défilé de l'Union ; serment du *Rassemblement populaire* à la Bastille (500 000 participants) avec socialistes (Blum), communistes (Thorez), radicaux (Daladier) ; *-12-10* Marcel Cachin crée l'expression *Front populaire* (les socialistes parleront de *Rassemblement populaire* jusqu'au 5-6-1936). **1936**-*10-1* publication d'un programme commun ; *du 26-4 au 3-5* accord électoral entre les 3 partis qui remportent 358 sièges [SFIO 146 (avant, 97), radicaux 116 (154), PC 72 (10)] contre 222 ; *-5-6* vote de confiance pour Blum (384 voix contre 210).

■ **Programme.** Dissolution des ligues d'extrême droite, défense de l'école laïque et des droits syndicaux ; publication des bilans de la presse quotidienne ; réforme de la Banque de France (nationalisation des actions des « 200 familles »). Pas de déflation ni de dévaluation : grands travaux, fonds de chômage, semaine de 40 heures.

■ **Bilan entre 1936 et 1938** (d'après Alfred Sauvy). **Production** : revenue au niveau de la crise (la production industrielle française baisse de 4 à 5 %, celle de l'Allemagne monte de 17 %), consommation maintenue, investissements en recul, prix en hausse, franc en baisse de 57 % ; or : perte de 1 380 t. **Pouvoir d'achat** : maintenu pour les ouvriers au travail, en recul pour les fonctionnaires ; maintien pour la masse des salaires et les retraites ; amputation importante des revenus mobiliers et fonciers. **Loisirs** : congés et semaine de travail réduite. **Emploi** : en 1936, la France comptait 20 800 000 actifs et 400 000 demandeurs d'emploi. En réduisant de plus de 10 % la durée du travail, le gouvernement escomptait la création de 2 000 000 d'emplois. En fait, le nombre d'actifs tombera à 19 400 000 et le nombre de chômeurs atteindra 864 000.

■ **Quelques chiffres.** **Horaires de travail :** *début juin 1936 (établissements d'au moins 100 personnes) en % : 48 h et +* : 67,32 ; *40 à 48 h* : 20,16 ; *40 h* : 5,6 ; *– de 40 h*

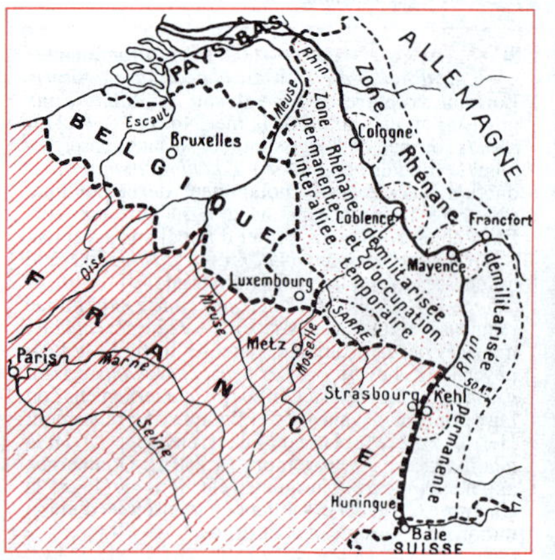

et + de 32 h : 4,46 ; *32 h et –* : 2,46. **Durée moyenne du travail :** *1935 :* 44 h 9/10 ; *1936 :* 46 h (45 h 8/10 en juin) ; *1937 :* 40 h 5/10 (39 h 7/10 en juin) ; *1938 :* 38 h 8/10. **Demandes d'emploi non satisfaites** *juin 1936 :* 459 368 ; *juin 1937 :* 346 916. **Indice d'activité** (effectifs multipliés par la durée du travail) *juin 1936 :* 69,6 ; *juin 1937 :* 64,9.

1939-févr. 900 000 républicains espagnols se réfugient en Fr. ; -15-3 Hitler occupe la *Tchécoslovaquie,* Mussolini l'*Albanie ;* -19-3 le gouvernement (Daladier) reçoit le droit de gouverner par *décrets-lois ;* -22-3 Hitler annexe *Memel* (la ville de Memel-Klaïpeda, germanophone, avec un territoire de 150 × 20 km lituanophone) ; -4-5 « Mourir pour Dantzig ? » titre d'un article de Marcel Déat dans *L'Œuvre* ; -5-5 **Lebrun réélu Pt** par 506 voix [Bedouce 151, Cachin 74, Justin Godard 57, Herriot (non candidat) 53, Fernand Bouisson 16, François Pietri 10, blancs ou nuls 6] ; -22-5 *axe Berlin-Rome (pacte d'Acier) :* Allemagne et Italie se prêtent mutuellement assistance pour acquérir « l'espace vital » nécessaire à leurs peuples (Europe orientale et centrale pour l'Allemagne, régions méditerranéennes et Afrique orientale pour l'Italie) ; -24-7 le *Code de la famille* est promulgué ; -23-8 *accord germano-soviétique :* présenté comme *« pacte de non-intervention »,* il contient des clauses secrètes stipulant un partage de la Pologne ; -27-8 suppression des journaux communistes ; 1-9 mobilisation générale ; -2-9 Chambre et Sénat votent à mains levées à l'unanimité, selon le *Journal officiel,* un crédit extraordinaire de 69 milliards (ce qui signifie implicitement que la guerre va être déclarée). Daladier déclare à certains de ses membres inquiets qu'il n'est pas question de déclencher les hostilités sans leur assentiment. Au Sénat, Laval demande la parole, on la lui refuse. Les 74 parlementaires communistes ont voté pour et applaudi Daladier (Staline les préviendra seulement le 27-9 que le pacte du 23-8 était une alliance militaire avec le Reich).

Politique extérieure de 1924 à 1939

☞ La France, qui avait eu une politique extérieure énergique (occupation de la Ruhr, 1923), s'engage dans des *concessions unilatérales.*

Vis-à-vis de la G.-B. *1924* retrait inconditionnel des troupes d'occupation de la Ruhr. *1929* acceptation inconditionnelle du plan américain Young (qui a l'appui britannique), privant la France des réparations allemandes sans la délivrer des dettes interalliées. *1935* acceptation de l'accord naval anglo-allemand, qui permet à Hitler de reconstituer une flotte de guerre ; répudiation des *accords de Stresa* (qui assuraient un front commun anglo-franco-italien) contre les violations allemandes du traité de Versailles. *1936* acceptation du refus anglais d'intervenir contre la remilitarisation de la Rhénanie par Hitler. *1938* appui donné à la politique du 1er ministre anglais Chamberlain face à Hitler (concessions unilatérales en Tchécoslovaquie, entraînant son annexion par l'Allemagne). *1939* docilité en face du retournement anglais vis-à-vis de l'Allemagne (déclaration de guerre du 3-9-1939, malgré la capitulation de Munich d'oct. 1938).

Vis-à-vis de l'Allemagne. *1924* abandon des Rhénans francophiles, exterminés par les hitlériens. *1929-32* renonciation aux réparations. *1935* non-participation à la campagne plébiscitaire en Sarre (triomphe nazi). *1936* passivité (imposée par l'Angleterre) devant la réoccupation de la Rhénanie par l'Allemagne. *1938* passivité devant l'annexion de l'Autriche (mars) et de la Tchécoslovaquie (oct.). *1939* passivité devant la liquidation en Espagne du *Frente popular,* due en partie à l'aide germano-italienne.

Vis-à-vis des USA. Acceptation du refus de leur garantie contre les agressions allemandes sans contrepartie (elle devait pourtant compenser la renonciation de la France à un État-tampon sur le Rhin en 1921) ; de la fin des paiements allemands (la France ne dénonce pas ses dettes envers l'Amérique, 1929-32).

Vis-à-vis de la « Petite Entente » européenne [née des traités Tchécoslovaquie/Yougoslavie contre Hongrie (14-8-1920), Tchécoslovaquie/Roumanie (avril 1921), Roumanie/Yougoslavie (juin 1921), Pologne/Roumanie (3-3-1921). La France conclut une alliance avec Pologne (19-2-1921), Tchécoslovaquie (25-1-1924), Roumanie (1926), Yougoslavie (11-11-1927)]. La France leur reconnaît le droit de rechercher les alliances qu'elles veulent avec d'autres grandes puissances (Roumanie et Yougoslavie rejoindront le camp de l'Axe). La Pologne, qui s'était rapprochée de l'Allemagne nazie en 1936-38, obtiendra en 1939 (grâce à l'Angleterre) l'entrée en guerre de la Fr. à ses côtés. Un traité franco-tchèque est signé. Mais en 1925, dans le cadre des accords de Locarno, Chamberlain refuse de garantir les frontières des pays de l'est de l'Europe. Il ne donne la garantie britannique qu'à la France pour des frontières que l'Allemand Streseman a reconnues solennellement. Cependant, pour calmer Pologne et Tchécoslovaquie, Briand leur donne la garantie française, croyant qu'elle ne jouerait que dans le cadre d'une intervention collective des membres de la SDN.

Vis-à-vis de l'Italie fasciste. *1935* abandon à Mussolini de 104 000 km² (bande d'Aozou au Tchad) contre la promesse (non tenue) de s'opposer à l'Anschluss autr. *1937* passivité dans la guerre italo-éthiopienne (non-application des sanctions ; reconnaissance de « l'Empire italien »). *1939* passivité lors de l'annexion de l'Albanie.

■ **Raisons de l'effondrement diplomatique français.** 1°) **L'horreur de la guerre :** les anciens combattants français (de 1914-18) pensent que, comme eux, les anciens combattants allemands ne veulent plus de guerre. Les Français croient, quand Hitler parle de guerre, qu'il bluffe ; sinon, que le peuple allemand le chassera.

Les ligues

Ligue de l'Action française (monarchiste), fondée le 14-1-1905 (voir à l'Index). **Jeunesses patriotes (J. P.)** d'abord section des jeunes de la **Ligue des Patriotes,** formée en ligue indépendante par Pierre Taittinger (1887-1965, député de Paris) en 1924 ; nommée *Anti-libéraux* en 1936. 300 000 adhérents (défilent en imperméable bleu et béret basque). **Croix-de-Feu : 1927** anciens combattants titulaires de la croix de guerre, nationalistes, regroupés par Maurice Hanot dit d'Hartoy. **1930** les briscards (6 mois en 1re ligne) s'y joignent. **1930** le Cel François de La Rocque (Lorient 6-10-1885/Paris 28-4-1946, officier de carrière, quitte l'armée en 1928 ; 9-3-1943 arrêté et déporté) y adhère, en devient Pt le 14-2-1932. **1933** Ligue des volontaires nationaux. **1934**-*6-2* refuse la prise de pouvoir armée, fait échouer le putsch. **1936** 20 élus, 49 apparentés ; *-juin* dissoute ; devient Parti social français. *Adhérents : 1930 :* 9 000 ; *36 :* 400 000. **Francistes** (chemises bleues) : mouvement fasciste fondé en sept. 1933 par Marcel Bucard (St-Clair-sur-Epte 7-12-1895/19-3-1946, fusillé) ; subventionné par Mussolini. Dissous en juin 1936 (Bucard en prison). 1938, se reforme : *Parti unitaire français d'action socialiste et nationale.* Peu après, interdit à nouveau. 1941 recréé : *Parti franciste.* **Solidarité française :** lancée 1933 par le Cdt Jean-Renaud avec l'appui financier de François Coty [pseudonyme de Spoturno (né 3-5-1874 à Ajaccio/25-7-1934), parfumeur enrichi (possédait 3 milliards de F en 1930) ; acheta *Le Figaro* en 1922, puis *le Gaulois,* lança le 1-5-1928 *l'Ami du peuple* (800 000 ex.) mis en liquidation le 8-12-1933 (déficit 450 millions de F) ; meurt 25-7-1934, ruiné (par son divorce et la crise américaine)] ; ses adhérents (300 000) se rallient en majorité aux francistes. **Front paysan** (chemises vertes ; insigne : faux et fourche entrecroisées sur gerbe de blé) : regroupent 3 mouvements d'agriculteurs (Bloc professionnel, Bloc agraire, Bloc de défense paysanne), créé en 1934 par Henri Dorgères (H. d'Halluin, dit, 1897-1985). **Comités de défense paysanne :** 60 fédérations. **Parti populaire français :** fondé en juin 1936 (après dissolution des ligues) par Jacques Doriot, avec d'anciens communistes regroupés autour du journal *l'Émancipation nationale* de Doriot à St-Denis ; se disant néo-socialistes, se rallieront aux hitlériens en juin 1941. Organe officiel : 1937 *la Liberté,* puis le *Cri du peuple.*

La Cagoule

Cagoule : sobriquet lancé dans *l'Action française* par Maurice Pujo. **1935**-*9-12* des dissidents de l'Action française (dont Eugène Deloncle (Brest 20-6-1890/Paris 7-1-1944 tué par la Gestapo), Jean Filliol, Aristide Corre, Jean Bouvyer, Michel Bernollin et Paul Bassompierre) fondent le *Parti national révolutionnaire* (siège : 31, rue Caumartin, Paris). **1936** le Gal d'aviation Edmond Duseigneur crée, avec son ami le duc Pozzo di Borgo, l'*Ucad* (*Union des comités d'action défensive :* déclarée à la préfecture de police, 3 000 à 5 000 membres). L'*Osarn* [*Organisation secrète d'action révolutionnaire nationale,* plus tard transformée en *Csar (Comité secret d'action révolutionnaire)*] établit des rapports avec l'Ucad. Le Csar organisa des assassinats : *-24-10* Léon J.-B. Maurice ; **1937**-*23-1* Dimitri Navachine ; *-8-2* Maurice Juif ; *-16-5* Laetitia Toureaux (?) ; *-9-6* 2 frères italiens antifascistes : Carlo Rosselli (né 1889) et Nello (né 1900), assassinés par Jean Filliol et Fernand Jakubiez (corps retrouvés en Normandie le 11-6) ; *-août* plasticage de l'aérodrome de Toussus-le-Noble ; *-11-9 :* 2 bombes explosent à Paris [placées par René Locuty (cagoulard) et Méténier] à 22 h 15 : *1°)* 4, rue de Presbourg (Confédération générale du patronat français), 4 étages s'effondrent, tuant 2 agents en faction ; *2°)* 45, rue Boissière, siège de l'Union des industries métallurgiques. Pour rallier l'armée, Deloncle et Duseigneur annoncent qu'un putsch communiste est prévu le 15/16-11 (l'Usarm est mobilisée mais Deloncle ne l'utilise pas). **1938**-*14-7* arrestation de membres du complot. **1948**-*oct.* 48 accusés (et 13 en fuite dont Locuty et Filliol) jugés pour l'assassinat de Marx Dormoy ; Jakubiez, passé aux aveux sur l'assassinat des Rosselli, sera condamné aux travaux forcés à perpétuité (Méténier et Jacques Corrèze à 20 ans de détention) ; 7 autres à des peines ne dépassant pas 5 ans ; seuls les contumaces furent condamnés à mort.

2°) **L'obsession monétariste :** les dirigeants français sont préoccupés par l'effondrement du franc (cours forcé du franc-papier 1917), qui n'avait pas bougé depuis 116 ans, même après des désastres comme Waterloo (1815) et Sedan (1870). (Poincaré a ainsi renoncé à la politique de force en Ruhr-Rhénanie, dans l'espoir d'avoir l'appui des banques anglo-américaines, pour soutenir le franc). Ils croyaient l'Allemagne dans une situation monétaire encore plus catastrophique, après l'effondrement du mark de 1923 et l'abandon de la référence-or pour définir le mark hitlérien. Ils l'imaginaient incapable de faire la guerre. Ils admettaient que le plus sûr moyen de maintenir la paix (même au prix de concessions politiques) était de travailler à la prospérité du camp anglo-américain, qui possédait la plus grande partie des réserves d'or mondiales.

3°) **La servitude pétrolière :** l'état-major français sait qu'une guerre moderne exigera entre 12 et 30 millions de t de pétrole par an (au lieu de 6 en temps de paix). Or l'Angleterre est maîtresse de la production (90 % du pétrole importé en France est britannique) et du transport (la Fr. possède en 1936-38 seulement 40 pétroliers, jaugeant au total 242 000 t). Aucune guerre ne peut donc être envisagée sans la permission de l'Angleterre.

4°) **Le communisme international :** pour la droite, l'ennemi no 1 est l'URSS [*raisons politiques :* le bolchevisme fait peur aux possédants ; *financières :* un effondrement du régime soviétique amènerait à une renégociation sur les « emprunts russes » (confisqués par les soviets)]. L'espoir de voir Hitler attaquer l'URSS a empêché les Français de contrer sérieusement le militarisme allemand. Hitler a d'ailleurs habilement joué cette carte : à Munich, notamment, il a présenté la Tchécoslovaquie comme un « porte-avions soviétique » au cœur de l'Europe (Daladier a hésité à jouer la carte militaire soviétique contre Hitler).

5°) **L'influence de Briand :** même après sa mort (7-3-1932), sa doctrine (pacifisme, arbitrage, désarmement) est appliquée, notamment par Alexis Léger (en littérature : Saint-John Perse 1887-1975), secrétaire général du ministère des Affaires étrangères ; il ne voulait rien d'irréparable entre France et Allemagne, espérant, après une réconciliation, voir naître une union fédérale européenne.

■ **La France en guerre. 1939**-3-9 la **France déclare la guerre à l'Allemagne** (voir p. 688 b) ; -6-9 arrestation à Arras du député communiste Quinet pour distribution de tracts contre la guerre (déclarée 3 j plus tôt) ; -10-9 Reynaud dit au Sénat : « Nous vaincrons parce que nous sommes les plus forts » ; -21-9 arrestation de 2 députés communistes ; -26-9 dissolution du PC ; -1-10 les députés communistes écrivent à Herriot (Pt de la Chambre) pour réclamer des négociations de paix (35 arrestations ; -4-10 Thorez mobilisé s'enfuit en Russie) ; -20-10 dissolution du parti national breton. **1940**-30-1 Marty (communiste) déchu de la nationalité française ; -20-2 déchéance de 60 députés communistes sur 67 ; -29-2 Marcel Cachin, sénateur communiste, déchu ; carte d'alimentation instituée ; boucheries fermées 3 j par semaine ; -20-3 Daladier démissionne après vote de confiance à la Chambre (239 voix pour, 1 contre et 300 abstentions) ; -21-3 (au 16-6) **Paul Reynaud** Pt du Conseil, Daladier ministre de la Défense nationale, de Gaulle sous-secr. d'État ; -28-3 Reynaud signe avec l'Angleterre un traité interdisant de conclure une paix séparée ; *-16-5* archives du Quai d'Orsay brûlées ; rappel au Liban du Gal Weygand (généralissime le 19-6) ; -18-5 le Mal Pétain entre au gouvernement (vice-Pt du Conseil) ; -10-6 **l'Italie déclare la guerre à la Fr. et la G.-B.** ; -12-6 **repli du gouvernement sur Tours** (11-6, Paris déclaré ville ouverte, évacué) ; -14-6 **repli du gouvernement à Bordeaux ;** -15-6 Weygand, généralissime, refuse d'ordonner le cessez-le-feu comme Reynaud lui a demandé ; -16-6 à 20 h, Reynaud démissionne ; -16/17-6 Churchill propose la fusion totale des empires français et britannique (refus français) ; -16-6 à 23 h, **Mal Pétain** Pt du Conseil déclare qu'il faut demander l'armistice ; -17-6 appel aux Français de Pétain : « Je fais à la France le don de ma personne » ; -20-6 2e allocution de Pétain : « J'ai été avec vous dans les jours glorieux, je resterai avec vous dans les jours sombres » ; -18-6 le cuirassé *Richelieu* part pour Dakar ; -20/21-6 affaire du *Massilia* (voir encadré ci-dessous) ; -23-6 Ronald Campbell, ambassadeur d'Angleterre, quitte Bordeaux ; -25-6 allocution radiodiffusée de Pétain : « Je hais les mensonges qui ont fait tant de mal » ; -25-6 l'armistice (signé avec l'Allemagne le 22-6, l'Italie le 24-6) entre en vigueur (voir p. 689 c) ; -30-6 **transfert du gouvernement à Clermont-Ferrand ;** -2-7 à **Vichy ;** -3-7 un conseil national breton se tient à Pontivy ; -4-7 *rupture des relations diplomatiques avec la G.-B.* (en raison de Mers el-Kébir) [20-7 le personnel de l'ambassade de France quitte Londres] ; -9-7 une résolution tendant à la révision de la Constitution est votée par 592 députés contre 3 (Roche, Biondi, Margaine) et 229 sénateurs contre 1 (Mis de Chambrun) ; -10-7 l'Assemblée nationale (députés et sénateurs réunis au casino de Vichy) accorde les pouvoirs constituants à Pétain, 80 votent contre [23 sénateurs (14 gauche démocratique, 7 SFIO, 2 non-inscrits) ; 57 députés (29 SFIO, 13 radicaux et radicaux-socialistes, 6 Gauche indépendante, 3 ex-communistes, 2 démocrates populaires, 2 Alliance des républicains de gauche et radicaux indépendants, 1 républicain d'action sociale, 1 non-inscrit)], 17 abstentions ; le Pt Lebrun s'incline et laisse le pouvoir à Pétain sans démissionner ; il sera déporté en Allemagne en 1944-45.

■ **Affaire du Massilia. Déroulement :** *1940-20-6* embarquement au Verdon sur le *Massilia* de 26 députés hostiles à Laval [départ organisé par Édouard Barthe, questeur de la Chambre (1882-1949)]. **Raisons :** accompagner à Casablanca Camille Chautemps, nommé délégué en Afr. du Nord. Une note de Darlan précisait que ce voyage n'était pas une mission officielle. Devinant un piège, de nombreux députés (dont É. Herriot et Louis Marin) refusent de partir. **Parlementaires embarqués :** 1 sénateur (Tony Révillon), 23 députés civils (dont Daladier, Delbos, Mandel, Le Troquer) et 3 députés mobilisés : Jean Zay, Mendès France, Pierre Viénot. L'équipage refuse 24 h d'appareiller, par hostilité envers le Parlement. *-21-6* départ. *-24-6* à 7 h 30 le *Massilia* arrive à Casablanca ; les parlementaires civils sont gardés à vue ; les militaires sont arrêtés et inculpés d'abandon de poste. *-18-7* les parlementaires, sauf Mandel, peuvent regagner la France.

Seconde Guerre mondiale (1939-45)

☞ Appelée *« drôle de guerre »* pour la période septembre 1939/mai 1940 par Roland Dorgelès dans un article paru en octobre 1939 ; *Funny War, Phony War* par les Anglais ; *Sitzkrieg* (guerre « assise ») par les Allemands ; *Phoney War* (guerre « bidon ») par les Américains.

Causes

■ **Situation générale. 1°) Volonté de l'Allemagne hitlérienne** de prendre sa revanche sur le traité de Versailles (1919). En partageant la Pologne avec Staline, par le traité secret du 23-8-1940, Hitler poursuit son plan (il se réserve d'attaquer l'Ukraine, le moment venu). **2°) Idéologies conquérantes des nazis allemands,** des fascistes italiens (et des impérialistes japonais). **3°) Faiblesse des démocraties occidentales,** notamment de la France affaiblie par la guerre de 1914-18 ; elle encourage les puissances totalitaires à attaquer. **4°) Méfiance de l'URSS** (Staline) à l'égard des démocraties occidentales ; il craint leur hostilité et préfère les voir éliminées par Hitler.

■ **Affaire tchécoslovaque.** Hitler désire annexer le « quadrilatère de Bohême » qui commande l'Europe centrale et permet, notamment, la conquête de la Pologne (2 armées allemandes attaqueront la Pologne par le sud en sept. 1939, venant de Bohême et de Slovaquie). Mais il cache son plan : il assure ne réclamer que la protection des 3 500 000 Allemands de Tchécoslovaquie ayant pour leader un professeur de gymnastique nazi, Konrad Henlein (1898-suicidé 1945), et appelés *Sudètes* (ils sont nombreux dans les monts Sudètes, au sud de la Silésie). *Les accords de Munich* (30-9-1938) lui donnent satisfaction. *Raisons :* **1°)** les démocraties reconnaissent un droit des « minorités » à disposer d'elles-mêmes ; **2°)** le 1er ministre anglais, Neville Chamberlain, n'imagine pas qu'après avoir défendu la minorité sudète, Hitler puisse opprimer une minorité tchèque ; **3°)** Daladier, transfuge du Front populaire, a besoin des voix de la droite pour gouverner. Or, pour celle-ci, la Tchécoslovaquie est une création de la maçonnerie anti-habsbourgeoise et de Clemenceau, l'ennemi de la droite ; **4°)** le Gal Gamelin ne croit pas que les Tchèques puissent résister à l'Allemagne qui occupe l'Autriche et tient 3 côtés du quadrilatère bohémien.

■ **Affaire polonaise. 1°)** Chamberlain, outré par l'occupation de la Bohême le 15-3-1939, sait désormais que Hitler est décidé à conquérir l'Europe. **2°)** L'Angleterre donne sa garantie à la Pologne et la confirme le 25-8-1939. **3°)** La France est poussée par elle à ne plus accorder de concessions.

Défenses

■ **Ligne Maginot.** *1925 projetée* par Paul Painlevé (1863-1933). *1927*-30-9 création d'une Commission d'organisation des régions fortifiées (Corf) ; *-oct.* le Conseil supérieur de la guerre se prononce pour le système mixte que Pétain préconise. *1929 à 1936 construction d'une ligne fortifiée* (approuvée 17-1-1929 ; crédits de 2 900 millions de F votés le 14-1-1930) sous l'impulsion d'André Maginot [(Paris, 17-2-1877/7-1-1932), haut fonctionnaire, blessé au front et amputé de la jambe droite, min. de la Guerre 1922-24 et du 3-11-1929-32]. *Tracé :* 140 km (de Montmédy à Huningue, frontière suisse) ; 2 tronçons de 70 km sur un front total théorique de 760 km de la Suisse à la mer du Nord. Frontières nord et nord-est, 58 ouvrages (dont 22 « gros » avec artillerie), Alpes 50 ouvrages (dont 23 avec artillerie) ; 410 casemates d'infanterie pour réserves locales et observatoires isolés ; 152 tourelles à éclipse et 1 536 cloches fixes ; 339 pièces d'artillerie ; plus de 100 km de galeries souterraines. En 1932, le Conseil supérieur de la guerre avait refusé de continuer la ligne jusqu'à la mer. Il considérait (après des aménagements réalisés de 1935 à 1939) les Ardennes comme infranchissables.

En 1939, la « ligne » avait vieilli : superstructures des forts non protégées contre des parachutistes, tourelles armées de canons de 75 et non d'armes antichars, ou antiaériennes, modernes. *De sept. 1939 à mai 1940,* Gamelin massa une trop importante partie de ses forces derrière la ligne Maginot. Mais il ne constitua pas, à l'abri de ce rempart, une masse de manœuvre qui eût pu tomber, du sud au nord, sur les arrières de Guderian. *Actuellement,* l'armée n'utilise que les casemates de Hochwald où est installé le système de surveillance « Strida ». Les autres ouvrages sont vendus depuis 1970 (la 1re vente aux enchères eut lieu le 23-6-1970) et il en reste environ 10 encore ouverts au public.

■ **Ligne Siegfried** ou **Westwall (mur de l'Ouest).** *Construite de 1937 à 1939* par l'organisation Todt (inachevée en sept.). *Tracé :* d'Aix-la-Chapelle à la Suisse, 15 à 20 ouvrages au km² ; total : 23 000 casemates en profondeur sur 30 km. *But :* freiner l'avance française le temps de permettre à la Wehrmacht de battre la Pologne.

Mobilisation

■ **Sur le plan technique. 1939**-*24-8* appel dans un ordre donné selon âge, profession et qualification militaire ; *-1-9* mobilisation générale. La SNCF achemine 5 200 trains vers le Nord-Est ; *-10-9* tout est en place ; chaque division d'active engendre 3 nouvelles divisions : 1 d'« active » avec 1/3 des officiers de carrière et 55 % de soldats accomplissant leur service ; 1 de « série A » avec 23 % d'officiers d'active ; 1 de « série B » avec 3 officiers d'active par régiment, des réservistes âgés, mal entraînés, qui n'avaient fait qu'un an de service.

Quelques questions

Pourquoi n'a-t-on pas bombardé la Ruhr au début de la guerre ? Les Anglais l'auraient voulu, ils possédaient une aviation stratégique dont les Allemands n'avaient pas l'équivalent, et ne redoutaient pas leurs représailles. Mais les Français les craignaient sur le Nord, la Lorraine et Paris (régions industrielles), faute de DCA et de protection aérienne. Les Anglais proposèrent alors, au moins, de poser des mines dans le Rhin ; le gouvernement français s'y opposa par crainte de représailles aériennes. (Quelques-unes furent cependant lancées et détruisirent des barrages de péniches devant Trèves.)

La France aurait-elle pu répliquer à l'invasion allemande en Pologne ? Paul Reynaud a proposé, le 5-10-1939, une attaque par la Belgique, mais cela posait un problème politique. Il aurait donc fallu attaquer entre Rhin et Moselle contre la « ligne Siegfried » (supposée redoutable) avec une puissante artillerie (nécessaire contre le béton), mais on tarda à la mettre en place. Il semble que les autorités, militaires et civiles, n'aient pas voulu prendre le risque d'une attaque au début d'une guerre prévue longue et coûteuse. Les Allemands ont lancé contre la Pologne 58 divisions en 4 j, sans avoir achevé leur mobilisation ; il a fallu aux Français une semaine pour faire progresser 10 divisions sur quelques km. Gamelin ne disposait pas des moyens mécaniques nécessaires pour une offensive.

Les sabotages communistes. Ils auraient été nombreux (notamment aux usines Farman) et auraient causé la mort de 15 pilotes sur des Morane 406. Des communistes furent condamnés à mort (dont 3 fusillés le 22-6-1940 à Bordeaux).

■ **Sur le plan moral.** Quelques condamnations de la « guerre juive » par des extrémistes de droite ou de la « guerre du capitalisme » par des extrémistes de gauche ; déserteurs : un millier par les Pyrénées ; 5 000 000 de mobilisés, communistes compris (malgré les sanctions prises contre le parti), rejoignent sans enthousiasme leur unité.

■ **Sur le plan économique.** Presque tous les hommes valides étant mobilisés, usines et ateliers sont privés de main-d'œuvre alors qu'il n'y a pas de fusils pour chaque mobilisé ; les effectifs de la métallurgie tombent de 1 000 000 à 550 000, Renault de 30 000 à 8 000 ; la plupart des cadres partent comme officiers de réserve. Les Gaux craignent de dégarnir leurs secteurs (tout en se plaignant d'une insuffisante dotation en armes et munitions), on aura du mal à rappeler des armées d'about 500 000 « spécialistes » et ensuite 2 000 000, qui seront mis en affectation spéciale.

■ **1re déclaration de guerre. 1939**-*3-9* G.-B., Australie, Nlle-Zélande, France à l'Allemagne. *-6-9* Afrique du Sud à l'Allemagne. *-9-9* Canada à l'Allemagne. **1940**-*10-6* Italie à G.-B. et France. *-11-6* France à l'Italie. **1941**-*7-12* Japon à USA, Australie, Canada, Nlle-Zélande, Afrique du Sud ; G.-B. à Finlande, Hongrie, Roumanie. *-11-12* Allemagne et Italie aux USA. **1945**-*14-7* Italie au Japon.

Pays envahis par l'Allemagne. 1939 Pologne ; **1940** Danemark et Norvège, Hollande, Belgique, Luxembourg, France zone occupée, îles Anglo-Normandes ; **1941** Yougoslavie, Grèce, Crète ; **1942** Égypte (nord-ouest), France (zone sud) ; **1941-43** URSS (à l'ouest d'une ligne Leningrad-Voronej-Stalingrad-Caucase) ; **1943 :** Tunisie.

Pays neutres ayant échappé à l'invasion en Europe. Espagne, Irlande, Portugal, Suède, Suisse, Turquie.

Opérations 1939-40

1939-*29-8* la Slovaquie est occupée par les Allemands. Pologne sommée d'envoyer un plénipotentiaire avant le 30-8 au soir. *-31-8* 13 h, Lipski (ambassadeur polonais à Berlin) sollicite une audience de Ribbentrop ; reçu à 19 h 45 : on lui dicte un ultimatum. 21 h, la radio allemande annonce que la Pologne refuse les conditions allemandes. *-1-9* Dantzig : le Gauleiter Forster proclame son rattachement à l'All. (Hitler entérinant l'annexion) ; *-2-9* au matin, prétextant des attaques polonaises (en fait des condamnés allemands déguisés en soldats polonais), notamment contre le poste-émetteur de *Gleiwitz,* les Allemands pénètrent en Pologne. Mussolini accepte la médiation française que Georges Bonnet [(Bassilac 23-7-1889/Paris 18-6-1973), min. des Affaires étrangères (avril 1938 à sept. 1939)] sollicite. Mais l'Angleterre fait échouer la tentative en exigeant que les Allemands se retirent de Pologne. *-3-9* **la Fr. et la G.-B. déclarent la guerre à l'All.** (G.-B. : 11 h ; Fr. : 17 h) ; *-8/9-9* 9 divisions des Ve et VIe armées françaises avancent en Sarre de 8 km, occupent une quarantaine de villages désertés (12-9 ordre d'arrêter l'avance ; 21-9 ordre de repli ; 4-10 repli total) ; *-10-9 le Canada déclare la guerre à l'All. ; -12-9* débarquement en France du corps expéditionnaire britannique (158 000 h.) ; *-17-9* entrée des Russes en Pologne ; *-27-9* Varsovie capitule ; *-6-10* reddition des derniers combattants polonais à Koch ; *-10-11* les Français évacuent Forbach ; *-30-11* l'URSS attaque la Finlande (voir **Finlande** dans le chapitre États) : Fr. et G.-B. se considèrent comme alliées des Finlandais [conséquences : leurs états-majors se détournent de la guerre contre l'All. pour envisager des actions contre la Russie ; d'abord par le nord (refus des Scandinaves), puis par la Syrie vers le Caucase (réticence des « alliés » turcs, de l'Iran et de l'Irak craignant des représailles). L'opération RIP (Russie industrie pétrolière) voulait priver l'Allemagne du pétrole (900 000 t) et de l'essence pour avions (100 000 t) de Bakou ; durée prévue des bombardements : 2 mois et demi puis 1 mois avec des Leo-45 (rayon 2 000 km) et des Glenn-Martin (rayon 1 400 km qu'il fallait augmenter)] ; *-13-12 Rio de la Plata :* le commodore Henry Harwood avec 3 croiseurs [l'Ajax (G.-B.), l'Achilles (G.-B.), l'Exeter (G.-B.)] traque l'*Admiral-Graf-von-Spee* (cuirassé de poche allemand de 14 000 t) qui, endommagé, se réfugie à Montevideo (Uruguay) mais, le pays étant neutre, repart le 17-12 se saborder dans les eaux neutres ; *-20-12* son commandant, le capitaine Langsdorf, se suicide.

■ **Pays en guerre. 1940 Norvège** *-16-2* l'*Altmark,* croiseur auxiliaire allemand, naviguant dans les eaux norvégiennes avec des prisonniers anglais à bord, est pris à l'abordage par le destroyer angl. *Cossack* qui délivre les prisonniers ; création à Paris du corps expéditionnaire de Norvège ; *-19-2* Norvège, Danemark, Suède proclament leur neutralité dans le conflit soviéto-finlandais et interdisent leur territoire aux troupes alliées ; *-12-3* les Alliés décident d'envoyer 13 000 h. à Narvik (Norvège) pour soutenir les Finlandais ; *capitulation finlandaise* (traité de Moscou, signé 12-3, ratifié par la Finlande 16-3) ; *-mars-avril* massacre d'officiers polonais à *Katyn* (voir à l'Index) ; *-9-4* l'All. devance les Alliés qui ont retardé leur débarquement en Norvège (prévu le 5-4) ; voulant défendre la « route du fer » (minerai suédois transitant vers l'All. par Narvik), puis éventuellement la Suède et les côtes baltiques, ils occupent le *Danemark* et la *Norvège* (Oslo, Bergen, Egersund, Kristiansand, Stavanger, Trondheim, Narvik) ; *Narvik :* flottille all. détruite, le Gal allemand Dietl est isolé, mais le Gal anglais Mackesy refuse toute opération terrestre ; *-15-4* débarquement anglo-français en Norvège ; *-1-5* le Gal français Émile Béthouart (½ brigade de chasseurs alpins, 1 ½ brigade de légionnaires, 1 brigade polonaise) et le Gal norvégien Fleicher attaquent à *Foldvik ; -13-5* Auchinleck remplace Mackesy et fait front vers le sud pour stopper les All. venus de Namsos ; *-28-5* ordre d'évacuation à cause de la défaite en Fr. ; *-29-5 au 2-6* la Légion chasse les All. de Narvik et d'Ankenes ; *-7-6* rembarquement sans réaction allemande.

Ouest *-10-5* parachutistes allemands sur Pays-Bas (Maastricht) et Belgique (fort d'Eben-Emaël), Vroenhoven et Weldwezelt pour s'assurer des ponts sur Meuse et canal Albert ; *bombardements :* Anvers, Calais, Dunkerque, Boulogne, Lille, Nancy, Valenciennes, Pontoise, Lyon, Colmar, Clermont-Ferrand (148 †) ; *-12-5* les All. envahissent le Luxembourg ; *-12/14-5* Dinant, percée du front français ; *-13/14-5* Monthermé, les All. franchissent Meuse et Semois. Percée du dispositif français malgré la bataille de la Roche-aux-Sept-Villages ; *-13/15-5* Hannut, 1re grande bataille de chars de la guerre ; l'infanterie française prend position sur la Dyle ; Sedan, les blindés allemands franchissent la Meuse ; *-14/15-5* Gembloux, les Français arrêtent momentanément les All. ; *-14-5* Rotterdam bombardée, 1 147 † ; *-15-5* à 9 h 15 *l'armée hollandaise capitule ; -17/20-5 Moncornet* et *Crépy-sur-Serre :* le Cel de Gaulle (4e division cuirassée) arrête la progression allemande ; *-19-5 Weygand* remplace Gamelin ; les Allemands à Abbeville ; *-20-5* à Péronne et Cambrai ; Ironside apporte à lord Gort [chef du BEF (British Expeditionary Force)] l'ordre de se retirer vers Amiens et de prendre position sur la gauche de l'armée française ; *-21-5* conférence d'Ypres, introuvable à son PC, lord Gort n'y assiste pas ; Léopold consent à occuper la ligne de la Lys quoique cela le contraigne à étirer l'armée belge sur 100 km ; les Allemands à Amiens et Arras. *-25-5* à Calais ; *-24/26-5* arrêt des panzers ; *-26-5* Léopold avertit Weygand et Gort que les limites de résistance de son armée sont atteintes et réclame une contre-attaque immédiate des Anglais entre l'Escaut et la Lys au moment où Gort, sur un télégramme de Londres, prépare son rembarquement sans prévenir le roi des Belges, mais en le priant de se replier sur l'Yser pour le couvrir ; *-27-5* à la demande de Léopold, l'amiral Keyes envoie un télégramme à Gort (non reçu) pour l'avertir que l'armée belge ne peut tenir plus d'un jour ; à 17 h, il envoie un 2e télégramme à Gort et un message chiffré à Londres pour avertir de l'effondrement de l'armée belge et de la demande de cessation des hostilités. Léopold, qui a déclaré à ses soldats : « Quoi qu'il arrive, mon sort sera le vôtre », décline l'offre de Churchill de se réfugier en Angleterre ; *-28-5* à 0 h 30 après 18 jours de combats, *capitulation de la Belgique* [225 000 prisonniers : 145 000 Flamands (libérés aussitôt), 80 000 Wallons (internés ; encore 66 000 captifs fin 1943)] ; *-28-5/4-6* Flandre, bataille de Lille (1-6 reddition de la ville) ; *-28-5/2-6 rembarquement de Dunkerque* à la suite de la bataille des plages (Bray-Dunes, Zuydcoote, Malo-les-Bains, Loon-Plage et fort de Leffrinc-Koucke) [du 26-5 au 3-6 : *évacués :* 342 618 (dont 338 682 sur G.-B. et 3 936 sur Cherbourg et Le Havre) ; par bateaux français : 48 474 ; *blessés :* Britanniques 58 584 ; Alliés 814 ; *pertes anglaises :* disparus, tués, capturés 68 111 ; avions 180, canons 2 472, véhicules 75 000, navires 500 000 t ; *allemandes :* 156 avions] ; *-3-6* Paris bombardé (254 †) ; *-6-6* Gal de Gaulle nommé sous-secr. d'État à la Défense nationale ; fronts de l'Aisne, de la Somme rompus ; raid isolé d'un avion de l'aéronavale française sur Berlin ; *-9-6* de Gaulle va en Angleterre demander le renvoi en France de troupes britanniques et d'une partie de la RAF ; *-9/14-6* bataille de Champagne ; *-10-6* le gouvernement quitte Paris ; **l'Italie déclare la guerre à la France** (du 10-6 au 25-6 : 180 000 Fr. repoussent 500 000 It. *Pertes françaises :* 38 †, 150 disparus, 42 blessés ; *italiennes :* 631 †, 3 400 blessés, 1 140 prisonniers) ; *-11/12-6* St-Valéry-en-Caux, le groupement franco-britannique capitule devant Rommel ; *-11/14-6* Argonne : barrage de l'Argonne et de la vallée de la Meuse face au nord ; combats à Verdun ; *-11-6* Reims occupée ; Conseil suprême présidé par Reynaud et

Commandement supérieur 1939-45

Allemagne : 1939-41 *Fedor von Bock* (1880-1945) ; **1941-43** et **1944** *Günther von Kluge* (1882-1944, se suicide alors qu'il rentre en Allemagne le 18-8) ; **1938-41** *Walter von Brauchitsch* (1882-1948) ; **1942-45** *Gerd von Rundstedt* (1875-1953) ; **1941-42** (Afrique) et **1943-44** *Erwin Rommel* [1891/se suicide le 14-10-1944 ou meurt des blessures reçues le 17-7 (attaque aérienne de sa voiture)] ; **1939-45** (état-major) *Wilhelm Keitel* (1882-1946) ; *Karl Doenitz* [(1891-1980) 1939-juin 1942 sous-marins, 1943-45 Kriegsmarine] ; *Albert Kesselring* [(1885-1960) ; **1941-42** Luftwaffe de Méditerranée, 1942-45 Italie, mars-mai 1945 Fr. de l'Ouest] ; *E. Milch* (1892-1972).

France : 1939 *Maurice Gamelin* (1872-1958) ; **18-5-1940** *Maxime Weygand* (1867-1965) ; **1943-44** (front d'Italie) *Alphonse Juin* (1888-1967) ; **1944-45** (Normandie) *Philippe de Hauteclocque, dit Leclerc* (1902-47) ; *Jean de Lattre de Tassigny* [(1889-1952) Rhin et Danube].

Grande-Bretagne : 1939-40 *lord John Gort* (1886-1946) ; **1940-42** (bataille aérienne d'Angleterre) ; *Hugh Dowding* (1882-1970) ; **1943-45** forces navales : *Bruce Fraser* (1888-n.c.) ; terrestres : *Bernard Law Montgomery* (1887-1975 ; créé Vte d'El-Alamein ; Afrique 1942 ; France 1944 ; Allemagne 1945). *John Vereker, lord Gort* (1886-1946 ; France 1939-40). *Archibald Wavell* (1883-1950 ; 1940-41 Moyen-Orient ; 1942-45 Indes). *Harold Alexander* [(1891-1969) C^{dt} en chef allié en Afr. du Nord, créé 1er Cte de Tunis].

Japon : 1940-45 (état-major) *Hideki Tojo* (1884-1948) ; **1941-43** (forces navales) *Isoroku Yamamoto* (1884/17-4-1943, tué en vol par les Américains).

URSS : 1941-45 *Simon Timochenko* (1895-1974) ; **1942-45** *Gueorgui Joukov* (1896-1974) ; **1943-45** *Ivan Koniev* (1897-1973). *Boris Chapochnikov* [(1882-1945) 1941-42 chef d'état-major général]. *Nikolaï Vatoutine* (1901-44). *Constantin Rokossovski* (1896-1968). *Andreï Teresnenko* (1892-n.c.).

USA : 1941-45 Pacifique : *Douglas MacArthur* (1880-1964) ; forces navales : *Chester Nimitz* (1885-1966) ; état-major : *George Marshall* (1880-1959) ; **1942-45** Europe : *Dwight Eisenhower* (1890-1969). *Mark Clark* [(1896-1984) ; Italie].

Autres officiers généraux

Allemagne : *Heinz Guderian* (1888-1954) spécialiste des blindés : bat les Français (mai 1940), est battu devant Moscou (déc. 1941), chef d'état-major (juillet 1944-mars 45). *Walter Model* (1891-1945, suicidé) M^{al}, arrête les Russes devant les Carpathes (août 1944), C^{dt} en chef du front de l'Ouest (1944-45). *Erich von Lewinski von Manstein* (1887-1973) auteur du plan d'attaque par les Ardennes (mai 1940), front sud en Russie (mars 1943), destitué mars 1944. *Hermann Goering* (voir à l'Index). *Friedrich Paulus* (1890-1957) C^{dt} à Stalingrad (prisonnier). *Wilhelm von Leeb* (1876-1956) C^{dt} en chef du groupe d'armées Nord (1941-42), échoue devant Leningrad.

France : *Charles Huntziger* (25-6-1880/12-11-1941, † accident d'avion dans le Gard) C^{dt} de la IIe armée devant Sedan (mai 1940), G^{al} en chef de l'armée d'armistice (1940-41). *Kœnig, Catroux, Giraud, Larminat* (voir encadré p. 699). *Jean de Goislard de Monsabert* (1887-1985) commandant d'un des 2 corps d'armée de la Ire armée (1944-45). *Émile Béthouart* (1889-1982) en Norvège (mai 1940) ; 1942 nov. dirige un putsch contre Noguès ; 1943 chef d'état-major de la Défense nationale à Alger ; débarque en Provence comme C^{dt} de l'autre corps d'unité de la Ire armée (1944-45). *Augustin Guillaume* (1895-1986) C^{dt} des tabors marocains.

Grande-Bretagne : *Henry Maitland Wilson* (1881-1964), Grèce (1941), Syrie (1941), commandement suprême allié en Méditerranée (1944-45).

Japon : *Tomoyuki Yamashita* (1885-1946, pendu) conquérant de Singapour (15-2-1942), surnommé le « Tigre de Malaisie », défenseur des Philippines (1944-45), criminel de guerre.

URSS : *Simion Boudienny* (1883-1973) cavalier, battu en Ukraine (juillet 1941). *Fiodor Tolboukhine* (1894-1949). *Kliment Vorochilov* (1881-1969) commande le front du nord (juin-sept. 1941), organisateur des réserves en Sibérie.

USA : *George Smith Patton* (1885-1945) C^{dt} de la VIIe armée (Sicile 1943) et de la IIIe armée (France-Allemagne 1944-45). *Omar Nelson Bradley* (1893-1982) C^{dt} de la Ire armée (juin 1944) puis du 12e groupe d'armées américaines en Allemagne (1945). *Matthew Ridgway* (1895-1993) C^{dt} des troupes aéroportées (Normand 1944).

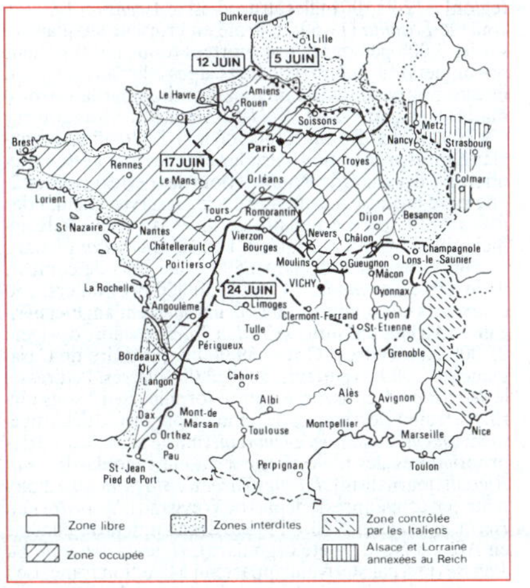

5 juin. Début de la bataille de France, les Allemands passent à l'offensive sur la Somme. *12 juin.* L'ordre de retraite générale est donné aux armées fr. *17 juin.* Demande d'armistice. *24 juin (à 24 h).* Arrêt des hostilités.

Churchill à *Briare* au château du Muguet ; le gouv. envisage une résistance en Bretagne, le *« réduit breton »*, impossible à organiser ; *-12-6* au matin, de Gaulle envoyé à Rennes pour organiser le *réduit breton* : le soir, 1re réunion houleuse à Cangé (près de Tours) où Reynaud parle du *réduit breton*, Weygand parle de traiter ; ne pouvant maintenir un front continu, Weygand ordonne le repli général des armées ; *-14-6* **Paris déclarée « ville ouverte »** par le gouvernement. Repli des armées sur la Loire et vers la Bourgogne. Attaques allemandes sur la Sarre. Offensive *Tiger* d'Erwin von Witzleben (4-12-1881/8-8-1944) sur la ligne Maginot avec 1 000 canons : échec ; *-15-6* de Gaulle, sur le contre-torpilleur *Milan,* quitte Brest pour Plymouth ; la flotte française bombarde Gênes (installations pétrolières de Vado) ; *-15-6* Reynaud propose à Weygand (qui refuse) d'ordonner le cessez-le-feu ; *-15/17-6* Loire, défense des passages et des ponts de la Loire de Mer (Loir-et-Cher) à Gien ; *-15/18-6* marais de St-Gond, bataille de chars à Champaubert et Mondement ; *-16-6* Londres, de Gaulle demande des moyens de transport pour continuer la lutte en Afr. du Nord ; au téléphone, il fait accepter par Reynaud le projet d'union franco-britannique présenté par Jean Monnet et accepté par Churchill ; quand il rentre à Bordeaux, à 21 h 30, il apprend que Reynaud a démissionné. A minuit, *Pétain* demande l'armistice ; Baudoin, min. des Affaires étrangères, demande à Lequerica, ambassadeur d'Espagne, de s'entremettre ; *-16/19-6* évacuation de St-Nazaire [dont 40 000 Anglais (6 000 mourront noyés ou brûlés)] ; *-17-6* Metz, Dijon, Besançon, Orléans occupées ; discours de Pétain à la radio à 12 h 30 ; une phrase (« Il faut cesser le combat ») sera interprétée comme un ordre par nombre de combattants ; l'ambassadeur des USA vient voir Darlan pour le convaincre d'envoyer la flotte aux USA ; de Gaulle prend l'avion du Gal Spears pour Londres avec le Lt Geoffroy de Courcel (19-9-1912/9-12-1992) ; sa famille s'embarque à Brest sur un cargo ; les All. sont à Briare sur la Loire ; *-18-6* Colmar, Cherbourg, Caen, Le Mans, Nevers occupées ; à partir de 16 h 30, 162 bateaux (guerre et commerce) quittent Brest [dont 2 cuirassés, 5 croiseurs, 15 sous-marins (dont le *Surcouf*), 5 torpilleurs, 2 contre-torpilleurs, 10 avisos, 9 patrouilleurs, 7 dragueurs, 7 remorqueurs et 14 autres bâtiments de petit tonnage]. 19 h, 4 sous-marins de 1 500 t en réparation *(Ouessant, Agosta, Achille, Pasteur)*, 1 porte-avions en construction (*Le Clemenceau*) ; 1 aviso, 2 dragueurs, 2 patrouilleurs et 1 torpilleur *(Le Cyclone)*, hors d'état de prendre la mer, sont sabordés ; 20 h (ou 22 h), **appel du Gal de Gaulle** sur la BBC. L'ambassade des USA apporte à Darlan une lettre de Roosevelt : « Si la flotte tombe aux mains des Allemands, la préservation de l'Empire français, la restauration de l'indépendance française seront compromises, l'amitié et la sympathie des USA seront perdues ». Darlan répond qu'il n'a pas de leçon à recevoir. Lord Alexander, ministre de la Marine britannique et l'amiral Pound, chef d'état-major, viennent voir Darlan pour lui demander d'envoyer la flotte en G.-B. *-19-6* Nancy, Rennes, Vichy, Roanne occupées ; les All. franchissent la Loire ; *-19 au 21-6* résistance des 2 000 *cadets de Saumur* (élèves officiers, instructeurs, bataillon de marche des élèves officiers et d'infanterie de St-Maixent) sur un front de plus de 30 km de Gennes à Montsoreau ; 3 h 30, le *Jean-Bart* (cuirassé de 33 000 t, 247 × 33 m, inachevé) quitte St-Nazaire et rejoint (avec 1 seule hélice, à 4 ou 5 nœuds) Casablanca le 22-6 ; *-19-6* les panzers de Rommel atteignent Cherbourg ; la Loire ne peut être tenue ; repli vers le sud. Les forces de l'Est sont isolées ; bataille autour de Toul ; les All. franchissent le Rhin au nord-est de Colmar. Une partie des troupes de haute Alsace passe en Suisse après l'arrivée des panzers de Guderian à Pontarlier ; Bordeaux bombardée ; *-20-6* Strasbourg, Brest, Tours, Montluçon, Thiers, Riom occupées ; départ des plénipotentiaires français pour négocier l'armistice ; *-21-6* Laval, et une délégation de parlementaires, parvient à dissuader le Pt Lebrun de partir pour l'Afr. du Nord ; Cholet, Lyon, Vienne occupées ; 3 divisions françaises résistent à 19 divisions italiennes ; *-21/22-6* St-Nazaire, Lorient occupées ; *-22-6* **armistice** signé, à 18 h 35, avec l'All. à Rethondes [par le Gal Huntziger (Fr.) et le M^{al} Keitel (All.) ; entre en vigueur à 0 h 35 le 25-6] ; selon l'art. 8, la flotte doit être désarmée sous le contrôle de l'Allemagne ou de l'Italie et les ports de désarmement seront pour chaque navire le port d'attache du temps de paix. Or, si Toulon est en zone libre, Brest, Cherbourg et Lorient sont en zone occupée. Les Français demandent aux Allemands et aux Italiens de modifier l'article 8 ; *-24-6* armistice avec l'It. à Rome (Huntziger/Badoglio), à 19 h 15 ; les It. occupent Menton ; *-29-6* les Italiens acceptent que les bâtiments français présents en Méditerranée soient désarmés à Toulon et en Afrique du Nord ; *-30-6* les Allemands acceptent aussi. Churchill ne le saura pas ; *-3-7* ligne Maginot évacuée sur ordre.

■ Causes de la défaite

■ **On ne peut invoquer une supériorité allemande** *en effectifs* (2 000 000 d'h. contre 2 000 000), *en chars* (2 800 contre 3 000), *sur mer* [unités : All. 104, Alliés 514 (Angl. : 13 navires de bataille, 50 croiseurs, 6 porte-avions ; Fr. : 7 navires de ligne, 18 croiseurs, 51 destroyers, 77 sous-marins)]. **On peut invoquer chez les Allemands : 1°) une supériorité en avions** de bombardement (1 562 contre 292) et en avions de chasse (1 016 contre 777) : les All. ont la maîtrise du ciel ; **2°) un esprit offensif** (50 % de moins de 25 ans contre 35 % dans l'armée française : 51 divisions actives contre 33) ; **3°) une meilleure coordination :** aviation, artillerie, blindés se sont entraînés à opérer ensemble (les Fr. ne conçoivent pas la liaison blindés-avions) ; **4°) de grandes unités blindées** (10 divisions panzers + 4 motorisées contre 3 divisions cuirassées françaises et 3 légères mécaniques ; 2 200 chars sont concentrés entre Longuyon et la mer, contre 1 520), sur 50 bataillons de chars français, 20 sont groupés, 30 éparpillés ; **5°) une artillerie bien équipée** en canons antichars (11 200 contre 4 350) et pièces de DCA (9 000 contre 1 227) ; **6°) l'erreur de l'état-major français** qui a cru que Hitler reprenait le plan Schlieffen de 1914 et qu'il fallait avant tout bloquer son aile droite ; Gamelin a adopté le 10-5-1940 le système du cordon linéaire, sans masse de manœuvre de réserve, sans points fortifiés en profondeur ; le 13/14-5, les panzers de Guderian franchissent les Ardennes là où on ne les attend pas ; **7°) un commandement uni** face à un manque de concertation (ni état-major commun franco-angl., ni interarmes français) ; ainsi le plan de contre-attaque de Gamelin et Weygand ne sera pas appliqué en mai, faute d'accord entre Anglais, Belges et Français. Gamelin n'a pas réagi après la percée de Sedan (les blindés aventurés vers Amiens pouvaient être coupés par une contre-attaque nord-sud ou sud-nord) ; **8°) la paralysie des voies de communication** par 11,5 millions de civils réfugiés (le commandement allemand a provoqué cet exode à dessein) ; **9°) la faible motorisation des troupes d'intervention française :** la moitié des forces envoyées en Belgique a été transportée par trains ou autobus réquisitionnés à la hâte ; **10°) l'absence de communications radio** dans l'armée française.

■ Armistice

■ **Circonstances. 1°) Illusions de Pétain et de Weygand :** *Weygand* espérait qu'un armistice sauverait de la captivité une bonne partie des effectifs. *Pétain* a cru que l'affaire serait aussi bonne que le 11-11-1918. Or Hitler n'avait pas de parole et imaginait de démembrer la France : l'Alsace-Lorraine reviendrait à l'Allemagne, un *État thiois* (germanique) serait créé dans les provinces de l'ancienne *Lotharingie* (créée en 843) : Nord, Pas-de-Calais, Ardennes, Meuse, Meurthe-et-Moselle, Vosges, Hte-Saône, Doubs, Jura. Il a dès le début voulu obtenir plus que ce qui était prévu par l'armistice, il a annexé l'Alsace-Lorraine, créé une zone interdite, imposé des frais d'occupation disproportionnés, voulu des facilités en Afrique du Nord. **2°) En juin 1940, Pétain a cru la défaite anglaise imminente :** presque tout le monde y croyait alors en France et Roosevelt, Staline, Mussolini, Pie XII, des Anglais comme Richard Austin Butler le croyaient aussi. Il voulait donc s'accommoder le moins mal possible d'une victoire allemande sur l'Angleterre. **3°) L'esprit de capitulation était général en France :** *a)* les civils réfugiés (au moins 10 000 000, plus 1 500 000 Belges), mal logés, mal nourris, voulaient revenir chez eux ; *b)* les militaires, qui avaient eu 130 000 tués en 1 mois, étaient scandalisés d'être envoyés au massacre pour rien ; ils pensaient, comme Weygand, que l'armistice leur éviterait la captivité ; *c)* la presse rappelle la résistance de Gambetta en 1870-71, qui s'est soldée par une paix encore plus désavantageuse (5 milliards de F d'indemnités au lieu de 2 milliards et l'Alsace-Lorraine perdue au lieu de l'Alsace seule).

■ **Controverses. L'armistice a-t-il sauvé l'Angleterre ?** *Pour certains,* l'armistice a sauvé l'Angleterre en empêchant les Allemands de prendre l'Afrique du Nord et Dakar (ils seraient passés par l'Espagne). *Pour d'autres,* Franco aurait refusé le passage aux Allemands et ceux-ci n'auraient pu s'installer en Afrique du Nord [empêchés par la flotte anglo-française et par l'aviation réfugiée en Afrique du Nord (700 appareils)].

Sans l'armistice, le sort de la France eût-il été plus mauvais ? *Pour les pétainistes,* la Fr. a moins souffert de l'occupation allemande que les pays qui n'avaient pas signé d'armistice (nombre relatif des déportés, des exécutés, des calories de rations alimentaires, des tonnages réquisitionnés, etc.). *Pour d'autres,* si la Fr. avait eu un Gauleiter, l'occupation aurait été plus difficile pour l'All. qui aurait dû se passer de l'aide administrative française.

■ **Clauses militaires.** L'armée française dite *d'armistice* est réduite à 95 000 soldats (garde mobile : 180 officiers, 6 000 h. ; autres unités : 3 584 officiers, 84 516 h.). Pas de motorisation sauf 8 automitrailleuses par régiment de cavalerie, pas d'artillerie sauf des 75 attelés, puis, ultérieurement, des batteries de DCA contre les raids anglais. Pas d'aviation jusqu'en juillet 1941 (ensuite, autorisation de fabriquer 600 avions en zone sud, à condition de fabriquer 3 000 avions pour les Allemands en zone nord).

■ **Organisation du territoire.** *En 1871 :* les Allemands avaient occupé 25 départements ; *en 1914 :* 7. **Zone libre** (246 618 km^2, soit 45 % du territoire) : *34 départements inoccupés, 17 inoccupés partiellement ;* 13 à 17 millions d'hab. (33 % de la population active) ; *en %* : vignes 77, fruits 64, ovins 60, p. de t. 42, bovins 35, terres labourables 33, avoine 19, betteraves 4, pêche 3, blé 2,6. **Zone occupée** (304 368 km², soit 55 % du territoire) : 42 départements totalement occupés, 17 occupés partiellement [13 par les Allemands, 4 par les Italiens (Alpes-Maritimes, Basses-Alpes, Hautes-Alpes, Savoie)] ; 23 à 29 millions d'hab. (67 % de la pop. active) ; abrite la majeure partie du potentiel économique du pays. Les Allemands, violant l'armistice, créent en zone occupée : 1°) **une zone interdite** (rattachée à la Kommandantur de Bruxelles) **au nord et au nord-ouest** où le retour des réfugiés est interdit : une organisation allemande, l'*Ostland*, y organisera jusqu'au 17-2-1943 l'installation de colons, venus des pays baltes, dans les terres restées sans propriétaires. *Implantation maximale* : Ardennes (380 communes sur 503) : 2 500 propriétaires expulsés, 110 000 ha confisqués. 2°) **Une zone interdite de l'Est** comprenant : *Alsace-Lorraine* [annexée de fait malgré les protestations de Vichy (l'allemand y devient obligatoire le 29-7-1941) : 130 000 Alsaciens-Lorrains, considérés comme citoyens allemands, serviront dans l'armée allemande à partir de 1942], *Ardennes, Meuse, Meurthe-et-Moselle, Vosges, Doubs, Jura, Belfort*. 3°) **Une zone côtière interdite.**

■ **Ligne de démarcation.** *-22-6* mentionnée dans l'armistice. Matérialisée (de façon discontinue) par herses, barbelés, barrières fixes et mobiles, guérites (de couleur rouge, noir, blanc), parfois par des mines, séparée par un « no man's land » (de quelques centaines de m de largeur) de la ligne française. Suit une partie du Doubs, de la Saône (80 km), de l'Allier (55 km), du Cher [150 km, de Vierzon à Bléré (I.-et-L.)], coupant en 2 Civray-sur-Cher, Vierzon et le château de Chenonceau qui l'enjambe.

Contrôle allemand : 1940-*juillet* contrôle des militaires ; *-15-7* Commission allemande d'armistice de Wiesbaden : les Français réclament la libre circulation des personnes, biens, valeurs, transmissions téléphoniques, télégraphiques, postales entre les 2 zones ; *-16-7* les Allemands interrompent le trafic postal ; *-1-8* cartes postales ordinaires autorisées ; *-30-9* ordonnance allemande interdisant aux Juifs qui ont quitté la zone occupée d'y revenir ; *-25-10* décret imposant le laissez-passer pour tout étranger, juif ou non, désirant entrer en zone libre ; *-25-11* communication possible par téléphone entre les 2 zones ; *-1-12* les Allemands exigent l'échange d'un groupe de communes [Bléré (I.-et-L.) et Selles-sur-Cher (L.-et-C.)] contre Plaimpied, St-Just et Le Subdray (Cher) ; *-13-12* Pétain ayant renvoyé Laval, les Allemands interdisent le passage aux fonctionnaires, puis aux hommes de 18 à 45 ans ; *-16/17-12* Abetz, violant la convention d'armistice, passe la ligne avec une escorte militaire allemande et se rend à Vichy. **1941**-*15-3* bureau central de laissez-passer *(Ausweis)* créé à Paris ; *-15-4* amélioration du régime des laissez-passer. Autorisation pour un unique passage le plus souvent accordée. Voyage aller-retour rarement autorisé (jusqu'au 1-6-1941) ; *-28-4* des douaniers allemands remplacent la Wehrmacht. Bureau français de laissez-passer créé à Moulins ; *-9-5* accord Darlan/Allemands : ligne ouverte aux marchandises et valeurs ; *-1-9* laissez-passer spéciaux pour la Foire de Paris du 16 au 18-9. **1942**-*11-11* les All. envahissent la zone libre ; *-18-11* postes de surveillance français supprimés. **1943**-*1-3* ouverture officielle. Les All. maintiennent des points de passage principaux, peu contrôlés (Orthez, Mont-de-Marsan, Langon, Montpont, La Rochefoucault, Jardres, Fleuré, Vierzon, Bourges, Moulins, Digoin, Paray-le-Monial, Chalon-sur-Saône, Seurre, Parcey et Nantua) ; *-3-3* relations postales rétablies.

De l'armistice à 1945

☞ *Abréviation* : division : div.

■ **1940**-*30-6* les derniers éléments de la ligne Maginot cessent le combat ; *-3-7* (6/8 h) **Mers el-Kébir** (Algérie) : **opération Catapult** craignant que les Allemands ne s'emparent de la flotte française, Churchill, ignorant que les navires français se sont mis hors de portée des Allemands et ne tenant pas compte de l'ordre de sabordage donné par Darlan en cas de tentative allemande, décide le 27-7 de détruire la flotte française [*croiseurs de bataille : Dunkerque* (lancé à Brest oct. 1935) ; *Strasbourg* (lancé à St-Nazaire déc. 1936), long. 214 m, larg. 31 m, 26 500 t standard, 8 canons de 330 mm, 16 de 130, 8 antiaériens de 37, 32 mitrailleuses de 13,2, catapulte pour 2 hydravions de reconnaissance Loire-Nieuport de 130 ; *Provence* (lancé à Lorient juin 1915) ; *Bretagne* (lancé à Brest nov. 1915) long. 166 m, larg. 27 m, 22 189 t standard, 10 canons de 340 mm, 14 de 138,8, antiaériens de 75, 12 mitrailleuses de 13,2, équipage 1 133 h.] ; *Pertes : Dunkerque* (210 †), *Provence* (3 †) touchés, *Bretagne* chaviré (1 012 †). Il envoie le *Force H* [amiral James Somerville (1882/2-3-1949)] : le *Hood* et l'*Ark Royal* (porte-avions tout neuf), 2 cuirassés, 2 croiseurs et 11 destroyers. A l'aube, le capitaine de vaisseau Holland (C^dt l'*Ark Royal*, ancien attaché naval à Paris, francophile, parlant français) remet à l'aide de camp de l'amiral Marcel Gensoul (12-10-1880/30-12-1973) qui refuse de le recevoir, un ultimatum expirant à 12 h 30 laissant à la flotte 4 options : rallier un port britannique et continuer la guerre aux côtés de la G.-B. ; rallier un port britannique d'où les équipages seront ensuite rapatriés ; rallier avec équipages réduits un port des Antilles où les bâtiments seront démilitarisés ou placés sous contrôle américain pour la durée des hostilités après rapatriement de leurs équipages ; saborder les navires. A 8 h 45, Gensoul avertit par un message tronqué (ne mentionnant pas l'option « Antilles ») l'Amirauté repliée à Nérac ; 10 h 56 (Darlan est à Clermont-Ferrand), message reçu par l'amiral Le Luc qui ordonne de répondre à la force par la force ; 12 h 30 Darlan est joint et approuve ; 15 h 30 il rejoint Vichy. L'usage de la radio étant interdit par l'armistice, passe par le câble Marseille-Alger ; ne transmet le second message de Gensoul de 12 h 20 qu'après l'ouverture du feu. Cependant Somerville repousse l'ultimatum de 12 h 30 à 14 h. Gensoul reçoit Holland à bord du *Strasbourg*. Somerville interdit l'appareillage des bateaux français et à 13 h 30 fait mouiller par avions des mines magnétiques pour bloquer le port puis il repousse encore l'ultimatum à 17 h 30 ; Churchill, excédé, ayant décidé qu'on en finisse, l'escadre anglaise ouvre le feu de 17 h 54 à 18 h 12. A 17 h 55, Gensoul donne l'ordre d'appareiller et d'ouvrir le feu, mais seul le *Strasbourg* (5 †) réussit à s'échapper ; 18 h 38 Somerville se lance à sa poursuite... à 22 nœuds alors que le *Hood* pourrait en donner 30 ; 19 h 20, 6 avions de l'*Ark Royal* lancent 24 bombes sur le *Strasbourg*, aucune n'atteint son but. 20 h 20 Somerville abandonne la poursuite et envoie 6 avions torpilleurs (les 6 torpilles manquent le but) ; *-6-7* nouveau raid anglais, *le Dunkerque* touché regagnera Toulon en 1942 ; 12 avions de l'*Ark Royal* lancent leurs torpilles. 2 coulent un chalutier (accouplé au *Dunkerque*) qui explosent (150 †) ; *-8-7 Dakar*, attaque anglaise contre le *Richelieu* qui est immobilisé par une torpille ; *-14-7 Alexandrie*, accord avec l'amiral Cunningham et l'amiral René Godfroy (10-1-1885/17-1-1981), la Force X française (cuirassé *Lorraine*, 4 croiseurs, 3 torpilleurs) est désarmée ; en mai 1943, se mettra sous les ordres du gouvernement d'Alger ; *-15-7* début de l'opération *Otarie* (plan d'offensive allemande en G.-B.) : 1 722 chalands, 1 161 navires à moteurs, 475 remorqueurs, 155 grands transporteurs ; *-7-8* accords Churchill-de Gaulle ; *-26-8* le Tchad rallie les FFL ; *-7-9* Weygand délégué général en AFN ; *-23/25-9* tentative anglo-française libre de débarquement à *Dakar*, échec (défenseurs tués : militaires 100, civils 84) ; *-25/26-9* raids de représailles sur Gibraltar par l'aviation vichyssoise basée en Algérie ; *-28-10* l'Italie attaque la *Grèce* ; *-12-8/31-10* bataille aérienne d'Angleterre ; *-8-11* raid anglais sur Munich pour essayer de tuer Hitler ; *-15-11* raid allemand de représailles sur *Coventry* (voir à l'Index).

■ **Bataille aérienne d'Angleterre (12-8 au 31-10-1940).** Les Allemands, qui ont 2 700 avions en 1re ligne, 1 000 en réserve, veulent détruire aérodromes et avions de chasse anglais. *-15-8* JOURNÉE RECORD : 1 786 sorties all. ; *pertes allemandes* : 73 avions ; *anglaises* : 34. *-7-9* les Allemands commencent à bombarder des grandes villes jour et nuit (300 avions le matin sur Londres, 250 la nuit). *-17-9* Hitler repousse le débarquement prévu en G.-B. les *20/21* puis, le *12-10*, il y renonce pour l'année. **Bilan général** : 537 pilotes britanniques † et 356 blessés ; 14 621 civils † et 20 292 blessés ; 915 avions anglais perdus (1 905 avions neufs construits). 1 733 avions allemands détruits (2 662 équipages perdus). *Nombre total de sorties aériennes* : Allemands 27 560 ; Anglais 65 218.

■ **1941**-*11-1* raid de Jean Colonna d'Ornano (né à Alger 1895) sur *Mourzouk* (Fezzan) où il est tué ; *-21/23-1* les Anglais prennent *Tobrouk* (Libye) ; *-1-2 Benghazi* ; *-2-3* les Allemands occupent la *Bulgarie* ; Leclerc prend *Koufra* (sud Libye) et demande à ses officiers de jurer de ne déposer les armes que « lorsque nos couleurs flotteront à nouveau sur Strasbourg et Metz délivrées » ; *-3-4* Rommel reprend *Benghazi* ; *-5-4* les Anglais prennent *Addis-Abéba* ; *-6-4* les Allemands envahissent *Yougoslavie et Grèce* ; *-8-4* Legentilhomme et Monclar prennent *Massaoua* (Érythrée) ; -13-4 les Allemands occupent *Belgrade* ; *-27-4 Athènes* et le *Péloponnèse* ; les Anglais rembarquent ; *-10-5* **Rudolf Hess** atterrit en Angleterre (voir à l'Index) ; *-20-5* les Allemands attaquent *la Crète* (troupes aéroportées) ; -24-5 le *Bismarck* [41 700 t (50 153 t en pleine charge, 251 × 36 m, tirant d'eau 9,90 m, 30 nœuds, 8 canons de 380 mm, 12 de 150, 16 de 105, 16 de 37, 12 de 20, 109 officiers et 1 562 hommes)] coule le *Hood* [41 200 t (45 200 t en pleine charge, 262 × 33,60 m, tirant d'eau 8,70 m, 32 nœuds, 8 canons de 380 mm, 12 de 140, 4 de 120, 4 de 102)] au large de l'Islande (1 416 †, 4 survivants) ; *-26-5* le *Bismarck* attaqué par 5 croiseurs (Renown, Sheffeld, Rodney, King George V, Dorsetshire) et avions torpilleurs du porte-avions Ark Royal, coule à 950 km au large de Brest ; devenu une épave, se saborde (1 977 †, 110 survivants) ; son épave a été retrouvée en 1989 à 4 600 m de profondeur) ; *-28-5 protocole de Paris* (voir p. 698 c) ; *-30-5 Irak*, fin de l'insurrection anti-britannique ; *-31-5* les Anglais (16 500 h.) évacuent la *Crète* ; *-mai-nov. siège de Tobrouk* par Allemands et Italiens ; *-22-6* l'All. attaque l'*URSS* (voir p. 698 c) ; *-14-8* **charte de l'Atlantique** (signée à bord du *Potomac* dans l'océan Atlantique par Roosevelt et Churchill) définissant les 8 principes « sur lesquels ils fondent leurs espoirs en un avenir meilleur pour le monde et qui sont communs à la politique nationale de leurs pays respectifs » ; *-9-9* début du siège de *Leningrad* ; *-27-9* : 25 000 Italiens faits prisonniers à *Gondar* (Éthiopie) ; *-7/8-12* (7 h 40) **Pearl Harbor**, le Japon attaque la flotte américaine (voir encadré p. 693) ; *-11-12* l'Allemagne et l'Italie déclarent la *guerre aux USA*.

■ **Affaire de Syrie (juin-juillet 1941). Raisons : 1°)** le gouvernement de Vichy a autorisé en mai 1941 les Allemands à faire transiter des appareils de la Luftwaffe vers l'Iraq en révolte contre les Britanniques ; **2°)** désir de la Fr. libre de récupérer un nouveau territoire et l'armée (30 000 h.) du G^al vichyste Fernand Dentz (Roanne 16-12-1871/Fresnes 13-12-1945) ; **3°)** empêcher les pétainistes de livrer les ports libanais et syriens aux Allemands ; **4°)** pour l'Intelligence Service liquider la présence française au Proche-Orient (37 563 cadres français seront expulsés de Syrie-Liban en août 1941). **Déroulement** : *1941-8-6* troupes britanniques et éléments des FFL envahissent la Syrie ; *-17-6* résistance du Gal Dentz ; Pétain et Darlan refusent l'aide des Stukas ; *-21-6* Legentilhomme (FFL) prend Damas ; *-14-7 armistice de St-Jean-d'Acre* : Dentz et 23 000 h. peuvent rentrer en Fr. (2 000 h. rejoignent les gaullistes). **Pertes : vichystes** : *armée de terre* : 1 036 † ou disparus (dont 76 officiers, 256 sous-officiers, 701 h.) ; *aviation* : 65 † ou disparus (dont 20 officiers), 58 avions (dont 24 en combat aérien) ; *marine* : 69 † ou disparus sur les bâtiments, 1 contre-torpilleur et 1 sous-marin coulés ; *aéronautique navale* : 25 † ou disparus (dont 7 officiers), 14 avions (dont 9 au combat). **FFL** : 187 † ou disparus (dont 12 officiers), 409 blessés. **Britanniques** : 1 500 † ou disparus, 27 avions, 3 destroyers gravement avariés.

■ **1942**-*21-1 Malte* mise temporairement hors de combat par la flotte aérienne de Kesselring (1885-1960) basée en Sicile ; *-22-1* Rommel prend *Aghedabia* ; *-29-1 Mechili, Benghazi, Derna* ; *-14-2* les cuirassés allemands *Scharnhorst* et *Gneisenau* et le croiseur *Prinz-Eugen* sortent de Brest et gagnent les fjords norvégiens ; -27-2 Bruneval (à 2 km au sud du cap d'Antifer) : *opération Biting* : 70 commandos britanniques (1 †, 4 disparus) détruisent le radar *Freya* et repartent avec les pièces essentielles du radar *Würzburg W-110* (mal connu) ; *-27/28-3* **St-Nazaire**, coup de main allié : *opération Chariot* avec 611 h. (dont Royal Navy 345, commandos 257 ; C^dt : Beattie) ; 1 h 34, le *Campbeltown* [*1919* lancé aux USA (*ex-Buchanan*) ; *1940* cédé aux Anglais], déguisé en torpilleur allemand et portant 24 charges explosives (au total 5 t), percute la porte (long. 52 m, épaisseur 17 m, formée de caissons) de *la forme Joubert* et s'immobilise ; les commandos débarquent ; les purges ouvertes, les charges réglées pour 9 h 30 n'explosent que vers 11 h 35, pulvérisant les Allemands qui sont montés à bord ; hors d'état, il ne sera pas réparé avant 1948. *Bilan : Alliés* 169 †, 200 capturés ; *All.* 42 †, 127 blessés + 150 h. tués par l'explosion ; *-27-5/11-6* **Bir-Hakeim** (Libye), les Fr. (G^al Kœnig avec 3 273 h.) résistent 14 j face à 3 divisions germano-italiennes, échappent à l'Afrika Korps allemand (Gal Rommel) et rejoignent les Britanniques ; *-30-5* : 1 000 avions anglais (40 perdus) bombardent *Cologne* : 1 455 t de bombes, 250 usines endommagées, 477 † ; -20-6 Rommel prend *Tobrouk* ; *-30-6* Rommel entre en Égypte à la hauteur de *Marsah-Matrouh* ; *-28-7/31-1-1943* **siège de Stalingrad** (voir encadré p. 686) ; *-19-8* **Dieppe**, coup de main allié [*opération Jubilee* : sur 6 086 soldats alliés, 4 384 † ou blessés (2e division canadienne 836 †, commandos anglais 132 †, Royal Navy 550 †, 1 500 prisonniers), 34 navires coulés, les 28 blindés mis à terre atteints ; 106 avions détruits (contre 170 allemands). Hitler récompense Dieppe pour sa sagesse en libérant des prisonniers de la région] ; *-12-9* à 100 milles au nord-est d'*Ascension*, l'*U-156* coule le *Laconia* (19 695 t, armé en croiseur auxiliaire) : sur les 3 000 personnes transportées (dont 1 800 Italiens prisonniers), il y aura 1 111 rescapés : le sauvetage fut interrompu par un avion américain qui bombardait le sous-marin allemand ; *-23-10/3-11* **El-Alamein** : Montgomery (195 000 h.) bat Rommel (60 000 h.) [*-23-10* offensive anglaise après préparation d'artillerie (échec) ; *-24-10* contre-offensive des chars de Rommel (lourdes pertes) ; *-28-10* 2e offensive anglaise sur un autre axe (réserves allemandes fixées) ; *-2-11* percée anglaise sur un 3e axe : repli de Rommel, qui continuera jusqu'en Tunisie (*pertes anglaises* : 13 560 †, blessés et disparus, 500 chars hors de combat, 97 avions ; *allemandes* : 4 000 †, 30 000 prisonniers, 550 chars hors de combat)] ; *-8-11* **débarquement anglo-américain en Afrique du Nord** [*opération Torch* : escadre d'Alger : 25 000 h., escadre d'Oran : 39 000 h. ; escadre de Casablanca : 35 000 h. (pertes fr. 500 †, 2 000 blessés, 1 cuirassé, le *Jean-Bart*, 1 croiseur, 4 contre-torpilleurs, 12 sous-marins détruits) ; le « comité des cinq » a préparé le débarquement : *Jacques Lemaigre-Dubreuil* (marié à la fille d'un des propriétaires des huiles Lesieur ; a été cagoulard), *Jean Rigault* (journaliste), *Jacques Tarbe de St-Hardouin* (diplomate, en congé après le départ de Weygand), *Sylvestre Van Hecke* (colonel en 1940, directeur des chantiers de jeunesse en Afr. du Nord ; a été cagoulard), *Henri d'Astier de La Vigerie* (journaliste ayant appartenu à l'Action française ; a été cagoulard et monarchiste) ; l'empire colonial se rallie aux Anglo-Américains ; Darlan qui se trouve par hasard à Alger traite avec les Américains (Pétain le désavoue mais le contre-amiral Auphan lui envoie un télégramme chiffré donnant l'accord du maréchal)] ; *-11-11 zone libre occupée* (voir p. 700 a) ; *-12-11* les troupes allemandes arrivent en Tunisie [l'amiral français Esteva (1880-1951) les laisse s'installer sur ordre de Pétain] ; *-19-11* les parachutistes allemands attaquent les positions du Gal Barré à Medjez el-Bab ; *-27-11 sabordage de la flotte à Toulon* (60 navires, environ 200 000 t) ; *-8-12* en Tunisie, les Allemands internent la garnison de Bizerte et s'emparent de l'escadre Derrien (3 torpilleurs, 9 sous-marins, 3 avisos).

■ **1943**-*13-1* Hitler reconnaît la défaite de Stalingrad et proclame la guerre totale ; *-14/24-1* **conférence de Casablanca (ou d'Anfa)** : Roosevelt, Churchill) : Roosevelt impose le principe de la reddition sans conditions de l'Allemagne (il redoute le retour des ambiguïtés de 1918 et veut rassurer Staline. Giraud et de Gaulle se rencontrent ; *-26-1* arrivée de la colonne Leclerc à Tripoli (Libye), venant du Tchad ; *-31-1* **chute de Stalingrad** (voir à l'Index) ; *-19-4* soulèvement du *ghetto de Varsovie* ; *-14-2* **Tunisie**, les Allemands arrêtent les Alliés et occupent à la frontière libyo-tunisienne la *ligne Mareth* (longueur 30 km, construite avant 1939) ; *-26-3* ils l'évacuent ; *-12-4* Montgomery prend *Soûsse* ; *-30-4* opération *Mincemeat* : le cadavre du major Martin lâché d'un sous-marin échoue à Huelva (Espagne) ; les documents qu'il porte font croire aux Allemands que les Alliés attaqueront en priorité Sardaigne et Péloponnèse ; un débarquement en Sicile serait un leurre ; *-8-5* prend *Tunis* et *Bizerte* ; *-9-5 Zaghouan*, 22 000 Allemands se rendent aux Français ; *-12-5* Giraud à Tunis ; *-13-5*

Allemands et Italiens capitulent (250 000 prisonniers, 100 canons, 250 chars) ; au défilé, à Tunis, l'armée d'Afrique passe en tête des Alliés ; les FFL, refusant de défiler avec elle, passent derrière les Anglais. *Effectifs de l'armée française victorieuse* (mai 1943) : 50 000 h., dont 16 000 opérationnels (indigènes 66 %, légionnaires étrangers 16 %, Français de souche 18 %) ; *pertes françaises en Tunisie :* 2 156 †, 10 276 blessés, 7 007 disparus ; *-18-5/3-6 conférence de Hot Springs* (USA) sur l'alimentation et l'agriculture mondiales après la guerre ; *-1-7 1er bombardement massif de la Ruhr ; -5/12-7 Koursk* (Ukraine) : échec des blindés allemands ; *-10-7* **débarquement allié en Sicile** ; *-25-7 Mussolini destitué, Mal Pietro Badoglio* (1871-1956) nommé 1er ministre ; *-31-7/10-8* les Allemands relèvent les troupes italiennes d'occupation dans le Midi ; *-3-9* la VIIIe armée américaine débarque en Calabre (Palmi) ; *-8-9* **capitulation de l'Italie** ; *-9-9* la Ve armée américaine débarque à Salerne et à Tarente (*opération Avalanche*) ; Kesselring organise 2 lignes de défense : *Bernhard* et en arrière *Gustav* ; *-12-9* **débarquement des Français en Corse** ; *-13-9* le sous-marin *Casabianca* et les torpilleurs *Fantasque* et *Terrible* débarquent le bataillon de choc à Ajaccio ; *-12-4* le commando Skorzeny libère Mussolini à Gran Sasso ; *-1/2-10* les tirailleurs marocains du 1er corps d'armée prennent le col de Teghime, ouvrant la route de Bastia ; *-4-10* Bastia libérée ; *pertes françaises :* 75 †, 239 blessés, 12 disparus ; *italiennes :* 250 †, 550 blessés ; *allemandes :* 200 †, 400 à 600 blessés, 226 prisonniers aux mains des Français, 125 capturés par les Italiens ; 50 avions allemands détruits et 10 endommagés, 13 bateaux coulés et 2 endommagés ; *-13-10* **l'Italie déclare la guerre à l'Allemagne** ; *nov. 1943 à fév. 1944, Ankara :* le turc Elyesa Bazana (né 1904 à Pristina, Kosovo), valet de chambre à l'ambassade britannique (nom de code *Cicéron*), fournit à Moyzisch, attaché d'ambassade allemand, des photos de documents secrets contre 700 000 livres turques ; *-6-11* les Russes reprennent *Kiev ; -11-11* le maquis défile à *Oyonnax ; -28-11/1-12* **conférence de Téhéran** (Churchill, Roosevelt, Staline) étudie la possibilité de l'ouverture d'un « 2e front » en Normandie ; *-26-12* le *Duke of York* (croiseur britannique) détruit le *Scharnhorst* (32 500 t) qui coule à 19 h 45 (1 803 †, 36 survivants).

■ **1944**-*17/22-1* 1re bataille de *Cassino ; -21-1 Anzio,* opération *Shingle* (60 000 h., 5 000 véhicules), débarquement de 35 000 h. en 24 h (tête de pont élargie de 5 km sur 3) ; *-24-1/18-2* 2e offensive sur *Cassino ; fin janvier* Norvège, lac de Tinn, résistance coule ferry-boat transportant 14 t d'eau lourde ; *-30-1* **conférence de Brazzaville**, de Gaulle réunit les représentants de l'Empire français ; bataille du *Belvédère* [Gal Gandoët (1902-95)] ; *-1-2* création officielle des FFI ; *-15-2* les Américains bombardent l'abbaye du *mont Cassin :* 453 t de bombes [à la demande du Gal Freyberg (Néo-Zélandais), qui croit que l'abbaye abrite une défense allemande] ; *-17-2* les Allemands s'installent dans les ruines ; *-18-2 opération Jéricho* [attaque aérienne britannique contre prison d'Amiens pour faire évader des résistants (bilan : Allemands : 20 †, 70 blessés ; prisonniers français : 95 †, 87 blessés ; 2 avions britanniques détruits ; quelques Fr. condamnés à mort évadés ; 60 agents de la Gestapo démasqués)] ; *-15/23-3* 3e offensive sur *Cassino,* bombes lancées par 800 avions (1 200 t) ; *-25-3* combat des *Glières* (voir p. 702 c) ; *-31-3* début de la maladie cardiaque de Roosevelt ; *-2-4* massacre d'*Ascq* (voir p. 701 a) ; *-10-5* prise de *Sébastopol ; -11-5* victoire du Gal Juin sur le *Garigliano* (lignes allemandes percées) ; *-17-5* les Allemands, craignant d'être tournés, évacuent le *mont Cassin ; -4-6 Rome* prise par Alliés et Fr. ; de décembre 1943 à juillet 1944, en 8 mois de combat, le corps expéditionnaire français en *Italie* a perdu 389 officiers, 974 sous-officiers, 5 888 hommes de troupe (au total : 7 251 †, 20 913 blessés, 4 200 disparus) ; *-6-6* **débarquement en Normandie** (voir encadré ci-contre). *-9-6 massacre de Tulle* (voir p. 701 a) ; *-20-6* combats du *mont Mouchet,* puis de *la Truyère,* Hte-Loire (voir p. 702 c) ; *-10-6 Oradour-sur-Glane* (voir p. 701 a) ; *-12-6* offensive soviétique en Biélorussie ; *-13-6 1er V1 sur Londres ; -17/19-6* **île d'Elbe,** tenue par une garnison allemande et italienne de 2 300 h., prise par Ire armée française (223 †) ; *-7-6/19-11* ports artificiels installés dont *Arromanches* (Mulberry) : brise-lames, 60 à 70 navires coulés au large dont le *Courbet,* 147 caissons Phoenix de 1 600 à 6 000 t (60 × 17 m ; hauteur 18 m) ; *-juillet : combats du Vercors* (voir p. 702 c) ; *-8-7* attaque américaine sur *La Haye du Puits ; -8/18-7* bataille de *St-Lô ; -18/20-7* « opération *Goodwood* » : attaque de blindés (Montgomery) à l'est de *Caen* (libérée ensuite) ; *-20-7* **attentat contre Hitler** : à 12 h 42, une bombe explose à son grand quartier général, à Wolfschanze (la « Tanière du Loup ») près de Rastenburg (Prusse-Orientale) ; placée par le colonel Claus von Stauffenberg (né 5-11-1907), elle blesse Hitler ; von Stauffenberg certifie à Paris que Hitler est mort : « Nous tenons Berlin. Allez-y » ; le Gal Heinrich von Stülpnagel (2-1-1886/30-8-1944, pendu), Cdt de la Wehrmacht en Fr. depuis févr. 1942, assisté de son Lt Caesar von Hofacker, ordonne d'arrêter les responsables SS en commençant par le Brigadeführer Karl Oberg et le Standartenführer Helmut Knochen ; à 22 h, 1 407 officiers SS sont arrêtés sans résistance ; à Paris, ayant appris l'échec de l'attentat, Stülpnagel veut continuer ; il décide de fusiller les principaux responsables SS, mais des difficultés surgissent : le Mal von Kluge, qui avait laissé faire au début, se rallie à Hitler ; la Kriegsmarine et la Luftwaffe décident de délivrer les SS ; à *Berlin,* Stauffenberg et 3 de ses amis sont fusillés ; à 1 h du matin, Hitler parle à la radio ; à *Paris,* les SS libérés font arrêter les comploteurs ; Hofacker sera exécuté le 20-12 ; Stülpnagel, révoqué, laissé d'abord en liberté, tente de se suicider ; resté aveugle, il est soigné, condamné et pendu le 30-8 ; von Kluge (rappelé en Allemagne) se suicidera le 18-8 après avoir adressé un télégramme de fidélité au Führer ; Rommel, prédécesseur de Kluge avant d'être blessé le 17-7, est acculé le 14-10 au suicide par Hitler qui avait appris sa participation au complot mais renoncé à le faire juger en raison de sa popularité ; *-25/29-7* la IIIe armée américaine attaque vers *Avranches ;* 7 divisions allemandes (dont 2 blindées) encerclées près de Roncey ; *-30/31-7* les All. se replient à l'est vers *Mortain ;* le Gal Patton perce leurs lignes. Les Amér. se répandent vers la Bretagne, la vallée de la Loire, Le Mans et Orléans ; *-31-7 percée d'Avranches ; -31-7/5-8 opération Bluecoat :* Britanniques et Canadiens attaquent vers *Vire ; -1-8* débarquement en Normandie de la 2e DB du Gal Leclerc ; *insurrection de Varsovie* (voir à l'Index) ; *offensive soviétique victorieuse en Roumanie ; -6-8/2-9* bataille de *St-Malo* (prise par Américains) ; *-6-8/19-9 Brest* encerclée par la IIIe armée américaine et libérée ; *-7/8-8 opération Totalize :* les Canadiens attaquent vers *Falaise ;* stoppés par les Allemands qui anéantissent 60 chars. *Opération Lüttich :* contre-attaque allemande (divisions blindées anéanties par l'aviation) sur *Mortain ; -12-8* Alençon prise par 2e DB ; *-13/14-8* combats d'Argentan, Bourg St-Léonard, Sées ; *-14-18/8 opération Tractable :* Cabaduebs (4e DB) et Polonais (1re DB) foncent vers le sud pour rejoindre Américains et Français remontant depuis Argentan, et tentent de refermer sur les Allemands la poche de Mortain-Falaise (17-8 Falaise prise par 2e DB canadienne) ; *-19/22-8- Chambois :* fermeture de la poche de Falaise. *Mont-Ormel :* 50 000 Allemands prisonniers, 100 000 échappés.

Débarquement allié en Normandie (6-6-1944).

■ **Nom de code.** *Overlord* (suzerain) [une opération d'intoxication (*Fortitude*) fut également montée pour persuader les Allemands que le débarquement principal aurait lieu dans le pas de Calais].

■ **Forces en présence. Alliés :** *« Jour J » (6-6) :* 5 divisions débarquées par mer, 3 aéroportées, 90 000 h. : Américains, Britanniques, Canadiens et 177 Français [intégrés à la 1re Special Service Brigade britannique, commandée par le Gal Simon Fraser (lord Lovat, 1911-95) qui, le 6-6 à 12 h, accompagné du cornemuseur Bill Millin († 1995) jouant *Blue Bonnets Over the Border,* ira relever les troupes qui tiennent le pont Pegasus sur l'Orne]. *Jours suivants :* 39 divisions (200 000 h.) ; 9 000 navires dont de guerre 138 gros, 221 petits, 1 000 dragueurs, 4 000 péniches ; 3 200 avions (174 escadres). *Fin juin :* 850 000 h., 150 000 véhicules, 600 000 t d'approvisionnement. **Allemandes :** *« Jour J » :* 50 000 h. (dont 50 % de volontaires étrangers) entre Seine et Mt-St-Michel. *Jours suivants :* 300 000 h.

■ **Déroulement.** *-5-6* à 22 h, *opération Neptune :* 5 forces d'assaut en convois (6 939 navires) quittent l'Angleterre, 130 000 h. 1 division d'assaut par plage et 2 forces de « suite immédiate » par secteur (Américains : U et O, Britanniques et Canadiens : G, J et S) ; *-6-6* **opérations de débarquement :** 0 h 05, *préparation aérienne :* bombardement des batteries côtières du Havre à Cherbourg. *Divisions aéroportées :* 82e et 101e américaines (15 500 h., 1 662 avions, 512 planeurs ; missions : assurer une tête de pont à l'ouest du Merderet ; prendre Ste-Mère-Église, Beuzeville, Pont-l'Abbé ; neutraliser les issues de la plage d'Utah) ; 6e britannique (7 990 h., 733 avions, 355 planeurs ; missions : neutraliser l'espace entre Orne et Dives ; prendre la batterie de Merville et les ponts désignés). 0 h 10, parachutage des éclaireurs. 0 h 20 à 0 h 40, « opérations commandos » par les planeurs de la 6e aéroportée sur les ponts (dont le pont *Pegasus Bridge* sur l'Orne) et sur la batterie de Merville. 1 h à 2 h 30, vagues successives américaines et anglaises. 3 h 20, arrivée du matériel lourd et des renforts par planeurs. 4 h 30, prise de Ste-Mère-Église par la 82e division US (505e régiment ; le comité des fêtes accroche tous les ans au clocher un mannequin nommé Big Jim en souvenir de John Steele, blessé au pied, resté 45 min suspendu dans le vide avant d'être fait prisonnier par 2 soldats allemands). *Bombardement naval :* 5 h 50, tir sur les positions allemandes jusqu'à l'approche des péniches et bateaux de débarquement ; *aérien :* 6 h (1 333 bombardiers, 5 316 t de bombes) ; arrêté 5 min avant « l'Heure H ». *Débarquement des troupes :* 6 h 30, « Heure H » pour les Américains [unités *Utah* (plage de la Madeleine à Ste-Marie-du-Mont) et *Omaha*]. 7 h 10, le 2e bataillon de Rangers attaque la pointe du Hoc. 7 h 30 « Heure H » pour les Britanniques (*Gold* et *Sword*). 8 h, « Heure H » pour les Canadiens (*Juno*) ; vagues successives des unités d'assaut, de déminage, d'artillerie, etc.

■ **Objectifs fixés.** *Utah :* tête de pont entre Quinéville et Ste-Marie-du-Mont ; jonction avec 82e et 101e aéroportées. *Omaha :* atteindre la ligne Isigny-Trévières-Vaucelles ; neutraliser la batterie de la pointe du Hoc. *Gold :* atteindre la nationale 13 et prendre Bayeux ; faire la jonction avec la 3e division canadienne à l'est et les troupes américaines à l'ouest. *Juno :* assurer une tête de pont en profondeur comprenant les hauteurs de Caen et Carpiquet. *Sword :* prendre Caen ; faire la jonction avec la 6e division aéroportée ; à la fin du « Jour J », plus de 135 000 h. ont débarqué. Les objectifs désignés n'ont pas tous été atteints et la situation est précaire à *Omaha.*

■ **Pertes totales.** *Alliés* 30 000 à 40 000 † [dont le 6-6 : *Américains* 3 400 † et disparus, 3 180 blessés ; *Anglais* environ 3 000, *Canadiens* 946 (dont 335 †)], *Allemands* 150 000 (dont le 6-6 : 4 000 à 9 000 †), 70 000 prisonniers.

■ **Dates de libération. 1944**-*8-6* Bayeux (16-6 de Gaulle y prononce son 1er discours), *-10-6* Isigny, *12-6* Carantan, *27-6* Cherbourg, *9-7* Caen, *18-7* St-Lô, *29-7* Coutances, *30-7* Avranches, *4-8* Rennes, *6-8* Vannes, Redon, Vitré, Laval, *7-8* St-Brieuc, *8-8* Morlaix, *9-8* Quimper, St-Malo, Le Mans, *11-8* Nantes, Angers, *12-8* Alençon, *13-8* Quimperlé, *17-8* Dreux, Chartres, Orléans, *18-8* Draguignan, *19-8* Argentan, *20-8* St-Étienne (1-9 arrivée d'armée d'Afrique), *22-8* Aix-en-Provence, *23-8* Marseille, *24-8* Cannes, Grasse, Grenoble, *25-8* Paris, *26-8* Avignon, Arles, Tarascon, *27-8* Bordeaux, Toulon, Montélimar, *29-8* Nîmes, *30-8* Rouen, Reims, *31-8* Montpellier, Béziers, Narbonne, Valence, *1-9* Rouen, Amiens, Reims, *2-9* Nice, Chambéry, *3-9* Lille, Lyon, *4-9* Maubeuge, *5-9* Lille, *6-9* Les Sables-d'Olonne, *7-9* Lons-le-Saunier, *8-9* Beaune, Chalon-sur-Saône, *10-9* Besançon, *11-9* Dijon, *12-9* Le Havre, *15-9* Nancy, *17-9* Brest (reddition), *21-9* Boulogne-sur-Mer, Menton, *2-10* Calais, *20-11* Metz, Belfort, Mulhouse, *23-11* Strasbourg. **1945**-*8-5* La Rochelle, Lorient, *-11-5* St-Nazaire.

■ **Débarquement allié en Provence (opération Dragoon, 15-8-1944).** 2 200 navires et péniches [1 261 navires (1 850 000 t) dont 6 % français : 500 navires de guerre dont 34 français, le cuirassé *Lorraine* et 8 croiseurs (*Georges-Leygues, Émile-Bertin, Gloire, Jeanne-d'Arc, Malin, Fantasque* et *Terrible,* 3 contre-torpilleurs transformés, en 1943 aux USA, en croiseurs légers) qui assurent entre 16 et 25 % de l'appui feu ; dans le ciel, 2 000 avions environ (contre 230 allemands)] ; la VIIe armée (Gal Alexander Patch, 23-11-1889/21-11-1945) comprend 3 divisions américaines, 1 div. aéroportée anglo-américaine, 7 div. françaises sous les ordres de De Lattre (1re DMI, div. motorisée d'infanterie, ancienne 1re DFL : Gal Brosset ; 2e div. d'infanterie marocaine : Gal Dody ; 3e div. d'infanterie algérienne : Gal de Monsabert ; 4e div. marocaine de montagne : Gal Sevez ; 1re div. blindée : Gal du Vigier ; 5e div. blindée : Gal de Vernejoul ; 9e div. d'infanterie coloniale : Gal Magnan ; total : 250 000 h.)]. De 0 h à 1 h 50 : des commandos de sabotage débarquent [l'adjudant-chef Texier est tué à 0 h 30 (1er tué du débarquement)]. A 1 h 30, débarquement sur les îles d'Hyères de 3 régiments de la *First Special Service Force (« Sitka Force »)* américano-canadienne (colonel amér. Edwin E. Walker) : 650 h. sur Port-Cros (île libérée le 17-8 à 15 h) et 1 300 h. sur l'île du Levant. A 1 h 55, opérations de diversion (nom de code : *Ferdinand*) lancées par le *Special Operations Group* (capitaine H. C. Johnson) : 5 C-47 amér., venus d'Ajaccio, larguent 300 mannequins sur les collines de La Ciotat ; à l'ouest, le destroyer amér. *Endicott* (capitaine J. D. Bulkeley), accompagné de vedettes, pénètre dans la zone de surveillance du radar allemand de La Ciotat et simule un convoi de 20 km de long sur 12 de large. A 4 h 30, début des parachutages de la 1re div. aéroportée anglo-amér. (*Rugby Force*) du Gal Robert Tryon Frederick (37 ans) ; 535 avions de transport et 406 planeurs, venus de Rome, larguent ou déposent entre Draguignan et Fréjus 9 730 h., 213 canons, 221 jeeps, 350 t de matériel et 30 t de rations. A 8 h, débarquement à Cavalaire et à Ste-Maxime, à 8 h 30 et 15 h 34 à St-Raphaël : faible résistance allemande. A 17 h 30, St-Tropez est libéré par les parachutistes américains et FFI de la brigade des Maures (Patch installe son PC à l'hôtel Latitude 43). A 18 h, les Américains occupent un triangle de 40 km de base, du cap Nègre à St-Aygulf, sur 20 km de profondeur. *-16-8* à 20 h30, débarquement de la Ire armée française, avec la *Garbo Force* de De Lattre.

■ **Libération de Paris (du 18-8 au 25-8-1944). Forces en présence :** *allemandes :* 16 000 à 20 000 h. (beaucoup d'administratifs), 80 chars, 60 canons, 60 avions environ ; le Gal Dietrich von Choltitz [9-11-1894/4/5-11-1966, nommé le 9-8 Cdt de la garnison allemande à la place du Gal Heinrich von Stülpnagel] dispose d'environ 16 000 h., 17 blindés, 1 bataillon mobile avec 17 automitrailleuses, 2 compagnies bicyclistes armées de mitrailleuses légères, 1 canon (68 obus) et 1 régiment de protection ; *FFI :* le 19-8, elles disposent, dans la région parisienne, de 4 mitrailleuses dont 1 sans trépied, 20 fusils-mitrailleurs, 83 mitraillettes, 562 fusils et 825 revolvers (à Paris même : 600 armes légères). **Déroulement :** *-18-8* fusillade du pont des Arts (*début de l'insurrection*) ; *-19-8* police parisienne en grève ; *-21/22-8* trêve [négociée par l'entremise de Raoul Nordling (1882-1962), consul de Suède], signée entre insurgés et Choltitz ; *-22/25-8* combats de rue [rupture de la trêve, décidée par le Comité parisien de libération et par le colonel FTP Henri Rol-Tanguy (né Morlaix 1908) commandant les FFI de l'Ile-de-Fr.] ; *-22-8* sur l'insistance de De Gaulle, Eisenhower, Cdt suprême allié, dit à Bradley de pousser la 2e DB (Leclerc) sur Paris ; *-24-8* le capitaine Raymond Dronne (1908-91) entre le 1er à la tête d'un détachement de la 2e DB par la porte de Gentilly et rejoint l'Hôtel de Ville ; *-25-8* Choltitz, siégeant à l'hôtel Meurice, capitule après avoir refusé d'exécuter l'ordre de Hitler de brûler Paris. Le texte de la capitulation est mis au point et signé à 14 h 45 à la préfecture de police (dans la salle de billard de l'appartement de fonction du préfet) par Leclerc en tant que « Cdt des forces françaises » de Paris et par Choltitz, chef du *« Gross Paris » ;* ils vont ensuite gare Montparnasse, QG de la 2e DB ; là, Kriegel-Valrimont exige que le texte de la capitulation porte aussi la signature de Rol-Tanguy au nom des FFI ; Leclerc accepte (de Gaulle, arrivant quelques minutes plus tard, reprochera à Leclerc d'avoir accepté : l'autorité ne se divise pas) ; *-26-8* les troupes de De Gaulle défilent à pied de l'Étoile à la Concorde ; *Magnificat* chanté à N.-D. de Paris en présence de De Gaulle, des coups de feu sont tirés ; *-31-8* transfert du siège du *gouvernement provisoire* d'Alger à Paris. **Bilan :** les chiffres sont différents selon les auteurs (Massiet, 1945 ; Dansette citant les statistiques des hôpitaux de Paris, 1958 ; *La Résistance par ceux qui l'ont faite,* 1964 ; Charles Tillon, 1967 ; le Gal de Boissieu, 1981). **Pertes françaises :** *2e DB :* 130 †, 319 blessés [selon le *JO* du 7-5-1947, la 2e DB aurait compté entre le 24-8 (marche sur Paris) et le 27-8 (combats au nord de la ville) 71 †, 225 blessés et 21 disparus] ; *FFI :* 901 †, 1 455 blessés ; *Parisiens :* 1 483 † ; **allemandes :** 2 788 †, 4 911 blessés, plus de 10 000 prisonniers (selon Rol-Tanguy, au 7-9, les FFI ont pris ou détruit 35 chars, 7 automitrailleuses, 19 canons).

Fin août : *-20-8 St-Genis-Laval* (Rhône) 120 personnes brûlées vives par les Allemands. *-25-8 Maillé* (I.-et-L.) 126 personnes massacrées par les Allemands. *-24/26-8* et *-4/6-9* libération de Briançon.

■ **Septembre à décembre.** *-2-9 1re réunion du gouvernement provisoire à Paris ;* les Alliés libèrent la Belgique ; *-3-9* la 1re armée française atteint Lyon ; *-5-9* Anglais entrent à Bruxelles ; *-6-9* prennent Anvers, Breda ; *-8-9* 1er V2 sur l'Angleterre (voir V2 à l'Index) ; *-12-9* Le Havre (S.-M.) libéré par Canadiens ; jonction à Montbard (C.-d'Or) des troupes alliées débarquées en Normandie (IIIe armée de Patton) et en Provence (VIIe armée de Patch) ; *-13-9* Alliés entrent en Allemagne ; *-16-9* libération de Thionville ; *-19-9* de Modane ; *-21-9* de Boulogne (P.-de-C.) par les Canadiens ; de Menton ; *-17/27-9* **Arnhem** (P.-Bas) : *opération Market-Garden :* Montgomery tente de passer du Rhin inférieur (Lek) à Arnhem en jetant sur chaque pont une division parachutée pour ouvrir la voie aux blindés (au total : 5 000 avions larguent 2 500 planeurs, 33 000 h.) ; seuls les 2 premiers ponts [Eindhoven (par la 101e div. aéroportée) et Rhin supérieur (Waal) à Nimègue (par la 82e div.)] sont enlevés : la 1re division aéroportée britannique (Gal Urquhart), encerclée autour du pont d'Arnhem (« un pont trop loin », dira le Gal Urquhart), tiendra 8 j (Arnhem ne sera pris que le 14-4-1945) ; la division perd 1 500 h. et 6 450 prisonniers ou blessés (2 200 h. ont pu être évacués). En raison des marécages, les blindés ne peuvent s'écarter des routes ; du 18 au 27-9 le brouillard empêche les renforts de décoller d'Angleterre ; présence de blindés non soupçonnée (9e et 10e divisions de Panzers SS) ; *-4/17-10* 1re bataille des Vosges : au sud de Gérardmer, de Monsabert, par mauvais temps, atteint les cols sans pouvoir déboucher vers l'Alsace ; *-14/23-10* combats de Mortagne ; *-22-10* **capitulation de Varsovie,** les Allemands battent les insurgés ; *-31-10* et *-1-11* Baccarat prise par Leclerc ; *-2-11 opération Dogface :* offensive américaine vers Saverne ; *-12-11 Tromsø* (Norvège), cuirassé allemand *Tirpitz* détruit par aviation anglaise (1 215 †) ; *-12/22-11* combats de Saverne ; *-14-11* offensive de la 1re armée française vers Belfort ; *-18/24-11* début de la percée vers le Rhin ; *-19/26-11* Monsabert prend cols de Bussang et d'Oderen ; *-20-11* de Lattre libère Belfort ; *-22-11* Américains libèrent Metz ; *-23-11* à 7 h, Strasbourg investie par la 2e DB ; *-24/30-11* manœuvre de Burnhaupt : Montbéliard, Belfort et Mulhouse libérés ; *-16/26-12* **contre-attaque allemande dans les Ardennes** (250 000 h. soutenus par 1 000 chars ; avance de 70 km) : les Américains résistent à Bastogne (Belgique, 3 000 hab., carrefour ferroviaire et routier que les Allemands veulent enlever pour assurer des ponts sur la Meuse et prendre Anvers d'où les Alliés reçoivent 80 000 t de ravitaillement par jour), à St-Vith et au Luxembourg ; il fait – 30 °C, l'aviation alliée ne peut intervenir car le brouillard masque tout à 10 m ; une dizaine de commandos allemands, en uniformes américains, sème le désordre dans l'armée des renforts alliés.

■ **Mur de l'Atlantique. Origine :** 13-8-1942, pour empêcher un débarquement, Hitler charge l'organisation Todt (génie) de créer une ligne fortifiée des Pays-Bas à l'Espagne pour le 1-5-1943. 15 000 blockhaus prévus. 4 zones construites : Norvège (2), Pas-de-Calais, îles anglo-normandes. **Réalisation au 6-6-1944 :** *au large :* mines. *Plages :* mines, obstacles immergés à marée haute avec charge explosive ; « hérissons tchèques » (rails entrecroisés), « grilles belges » (tétraèdres en béton de 2 m de hauteur), murailles de béton antichars, villas transformées en blockhaus, barbelés, blockhaus sur le front de mer. *A l'intérieur :* mines, inondations, « asperges de Rommel » (poteaux de 3 à 4 m) avec explosifs, contre les planeurs. **Bilan :** batteries mal équipées [2 ont été utilisées le 6-6-1944 : Longues (calibre 152 mm), Ste-Adresse (170 mm)]. Pour ne pas dépendre de ports fortifiés (difficiles à prendre), les Alliés avaient créé des ports artificiels. Les Allemands ont pu se réfugier dans les *« poches » de l'Atlantique* à Royan jusqu'au 15-4-1945 (attaque de la 2e DB française), Lorient, St-Nazaire, La Rochelle, Rochefort, Dunkerque, jusqu'à l'armistice.

■ **Mur du Sud (Südwall). Côtes méditerranéennes :** 550 canons entre Marseille et Agay. **Bilan :** pulvérisé par l'aviation, les roquettes (30 000) et l'artillerie de marine (16 000 obus) le 15-8-1944 entre 3 h 50 et 8 h.

Armistices : *-11-9* russo-bulgare, *-12-9* russo-roumain, *-19-9* russo-finlandais ; *-28-10* Alliés-Bulgarie.

■ **1945**-*4/5-1* la RAF britannique bombarde Royan (bombes explosives 1 576 t, incendiaires 13 t ; 442 † + 47 Allemands) ; *-5/24-1* 2e bataille de Strasbourg. *Opération Nordwind :* contre-offensive allemande. De Gaulle obtient des Américains qu'ils renoncent à évacuer Strasbourg ; *-10-1/15-3* Bitche prise ; *-16-1* le saillant allemand des **Ardennes** est réduit (bilan : *Allemands :* 24 000 †, 63 000 blessés, 16 000 prisonniers ; *Alliés :* 8 000 †, 48 000 blessés, 21 000 prisonniers) ; *-17-1* les Russes prennent *Varsovie ; -20-1* **armistice avec la Hongrie** *; -20-1/9-2* réduction de la poche de Colmar (2-2 Colmar prise ; 6-2 Neuf-Brisach prise) ; *-27-1* libération d'*Auschwitz ; -1-2 Budapest* prise ; *-du 4 au 11-2* **conférence de Yalta** (Crimée) entre Churchill, Roosevelt (malade) et Staline ; prévue en octobre 1944, retardée par l'élection présidentielle américaine : **1°)** L'Allemagne sera divisée en 4 zones d'occupation administrées par les Alliés ; dissolution de l'armée allemande, démontage d'usines, réparations (Staline refuse 6 fois d'admettre la France dans la commission de contrôle ; à la 7e demande formulée par Eden, il cède). **2°)** Les positions acquises par l'URSS seront reconnues, les frontières occidentales de la Pologne seront fixées par le traité de paix, la ligne *Curzon* sera sa frontière à l'est. **3°)** L'URSS interviendra contre le Japon. **4°)** Projet de conférence à San Francisco en avril 1945 pour créer une Organisation des nations unies (Churchill et Eden arrivent à faire reconnaître à la France un droit de veto et une place parmi les 5 Grands). **5°)** Les Soviétiques réfugiés dans les territoires occupés par les Anglo-Américains seront renvoyés en URSS [2 800 000 seront livrés ; 800 000 exécutés sur-le-champ ; environ 1 500 000 déportés en Sibérie (exception : 60 000 Arméniens réfugiés en Californie)] ; *-6-2 Colmar* libérée (pertes : Alliés 2 137 †, 10 151 blessés, 6 500 victimes du gel ; Allemands : environ 22 000 † et autant de prisonniers) ; les Fr. bordent le Rhin du nord de Bâle à Strasbourg ; *-13-2 Dresde* bombardée [800 bombardiers lourds anglais (bombes de 2 et 4 t, 650 000 bombes incendiaires), 450 forteresses volantes ; on a parlé de 135 000 † (dont 10 000 Français), chiffres revus par une commission d'historiens mandatés par la ville de Dresde (35 000 † dont 25 000 identifiés) ; centre historique détruit ; motifs invoqués : saper le moral des civils allemands et désorganiser une possible résistance à l'occupation soviétique] ; *-27-2* Calais bombardée par un aviateur anglais s'entraînant au tir réel (il a confondu Calais avec Dunkerque alors occupée), plus de 127 † ; *-7-3* Rhin franchi à *Remagen ; -15/18-3* combat de Lauterbourg et d'Haguenau ; *-31-3/2-4* la 1re armée française franchit le Rhin à Gemersheim et Spire ; *-3/5-4 Karlsruhe* prise ; *-5-4* intervention de Pie XII, pour obtenir un

GUERRE GERMANO-RUSSE (1941-45)

☞ *Abréviation :* div. : division.

■ **Causes. 1°)** Hitler voit dans les plaines à blé de l'Est *l'espace vital* idéal pour la race allemande. **2°)** Il veut détruire le « judéo-bolchevisme » [avant le 23-8-1939, le pacte de « non-agression » avec l'URSS lui permettrait d'abord de liquider les Occidentaux]. **3°)** La résistance anglaise d'oct.-déc. 1940 lui fait reprendre ses projets d'attaque : il suppose que la résistance britannique est motivée par une collusion secrète anglo-soviétique : *a)* le potentiel économique de l'URSS lui permettrait de frapper encore plus fort l'Angleterre ; *b)* par le Caucase, il prendrait les Anglais à revers au Proche-Orient. **4°)** Il décide d'attaquer sans attendre car il pensait peut-être que Staline se croyait tranquille (tant que les combats dureraient à l'ouest, l'Allemagne redouterait une guerre sur les 2 fronts), à moins qu'il n'ait été inquiété par des préparatifs de Staline et par les approches de celui-ci vers la Roumanie d'où l'Allemagne tirait son pétrole. Mais la campagne des Balkans retarde son projet de 2 mois.

Directive 32 dictée par Hitler le *11-6-1941 :* 3 groupes d'armée se rejoindraient à Bassora (Iraq) ; *3 opérations : 1°)* partant de Tripolitaine, Rommel avec l'Afrika Korps prendrait Tobrouk, foncerait sur Le Caire puis bloquerait le canal de Suez remontant à travers Sinaï et Palestine ; *2°)* von Bock partirait de Bulgarie, franchirait le Bosphore et avancerait à travers l'Anatolie ; il franchirait les cols du Taurus, rejoindrait l'Afrika Korps de Rommel à la hauteur d'Alep ; *3°)* List escaladerait le Caucase, s'emparerait de l'espace entre mers Noire et Caspienne, traverserait Iraq et Iran pour atteindre le golfe Persique. Cette triple offensive couperait les routes terrestres et maritimes reliant l'Angleterre aux Indes et la priverait des effectifs et des matières premières indispensables à la poursuite de la guerre (l'Allemagne disposant du pétrole), permettrait à l'Allemagne de bénéficier des ressources énergétiques de Bakou, Mossoul, Kirkouk et Âbâdân, couperait l'approvisionnement de l'URSS par les USA (transitant par les 2 ports iraniens de Khorramchahr et de Bendar-Abbas).

■ **Déclaration de guerre. 1941**-*21/22-6* l'Allemagne envahit l'URSS (*opération Barberousse*) ; *-24/26-6* Finlande et Slovaquie déclarent la guerre à l'URSS.

■ **Déroulement. 1°) Victoires initiales des Allemands : 1941**-*juin/déc.* Staline, quoique averti par Churchill et par l'espion Richard Sorge (1895/pendu à la prison de Tokyo 7-11-1944 ; Allemand devenu Soviétique en 1924) en poste au Japon, a été surpris. Selon Victor Suvorov, il envisageait d'attaquer l'Allemagne le 6-7 et avait réuni des chars rapides (pour les autoroutes allemandes) et des parachutistes. Son armée, destinée à l'offensive, n'était pas prête pour la défensive. Les blindés allemands encerclent des millions de combattants mais aucun plan d'ensemble n'a été suivi, aucun objectif stratégique n'a été atteint. Le contre-espionnage soviétique trompe les Allemands sur les pertes soviétiques : Hitler croit avoir mis hors de combat 200 div. soviétiques au lieu de 60, toutes les autres ayant été reformées et renforcées. Les partisans résistent sur les arrières allemands en raison de la brutalité de l'occupation. **2°) Défaites de l'automne 1941 :** les blindés allemands reçoivent seulement le *30-9* l'ordre d'atteindre Moscou ; mais l'hiver arrive en oct.-nov., la poussière, la boue et le gel vont jouer leur rôle. Le *5-12,* les Soviétiques contre-attaquent près de Moscou, les Allemands reculent de 250 km. **3°) Offensive allemande par le sud : 1942**-*juillet/déc.* Hitler renonce à attaquer sur l'ensemble du front et décide de percer au sud pour remonter en 1943 par la vallée de la Volga et prendre Moscou à revers. Ses armées s'élancent le *12-7* entre Koursk et la mer d'Azov : leur aile gauche est stoppée à Voronej ; leur aile droite bat les Soviétiques dans la boucle du Don et atteint la Volga au sud de Stalingrad le *4-9.* Hitler lance vers le Caucase la moitié des effectifs de l'aile droite, qui atteignent Ordjonikidze en *octobre.* L'autre moitié (Gal Paulus) est stoppée à Stalingrad le 10-9. **4°) Défaite de Stalingrad : 1942**-*18-11* les Soviétiques lancent leur contre-offensive sur les arrières allemands de Stalingrad (300 000 h. encerclés). Hitler ordonne à Paulus (nommé Mal) de résister jusqu'à la mort. **1943**-*31-1* Paulus capitule ; ses 300 000 h. sont hors de combat [dans la poche de Stalingrad, les Allemands ont perdu 147 200 h. et 91 000 sont prisonniers (dont 2 500 officiers, 24 généraux et le Mal Paulus) ; 42 000 blessés ou malades ont été évacués par avion depuis le début de l'encerclement]. Les Soviétiques reconquièrent le S.-E. jusqu'à l'Ukraine. **5°) Dernières offensives allemandes : 1943**-*mars* von Manstein profite d'une avance trop rapide des Russes pour contre-attaquer en Ukraine : il reprend Kharkov le *15-3,* Bielgorod le *21-3* et rejette les Russes à l'est du Donetz le *31-3.* Le *5-7,* il décide de prendre le saillant de Koursk en tenaille avec toutes ses réserves blindées (*opération Citadelle*). Ses 2 colonnes sont stoppées par les blindés soviétiques. Le *12-7,* d'autres blindés soviétiques percent le front au nord de Koursk et prennent Orel (victoire décisive : les Allemands n'auront plus jamais l'initiative). **6°) Offensives russes vers l'ouest : 1943**-*23-8* les Allemands perdent Kharkov, *25-9* Smolensk, *6-11* Kiev ; **1944**-*6-1* Berditchev, *23-2* Krivoi-Rog, *10-4* Odessa, *9-5* Sébastopol ; *fin avril* les Soviétiques attaquent les frontières roumaine et polonaise. **7°) Conquête de l'Europe orientale : 1944** le débarquement en Normandie du *6-6* immobilise de gros effectifs allemands. Les Soviétiques attaquent vers Roumanie (Bucarest prise *1-9*), États baltes (Vilna prise *16-7,* Tallinn *24-9,* Riga *13-10*), Pologne (Varsovie atteinte *1-8*), Bulgarie (l'URSS déclare la guerre le 6-9 à la Bulgarie qui, 5 h après demande l'armistice, entre à Sofia le *18-9*), Yougoslavie (Belgrade prise *19-10*), Hongrie (attaque de Budapest *6-12*). Armistice avec la Finlande *4-9.* **1945** l'Allemagne est atteinte le *12-1* (Tcherniakowski conquiert la Prusse orientale) ; la Vistule est franchie le *22-2* (Dantzig capitule le *29-3*), l'Oder le *12-3.* Berlin est investi en avril, la Tchécoslovaquie et l'Autriche sont occupées début mai.

■ **Armistices soviétiques. 1944 :** avec Roumanie *12-9,* Finlande *19-9,* Bulgarie *28-10,* **1945 :** avec Hongrie *20-1.*

■ **Effectifs. 1941 sur le front de l'Est au 22-6 :** *Allemands :* 180 divisions dont 20 blindées (300 chars chacune), 3 200 avions + 56 div. alliées (Finlande 14, Roumanie 22, Hongrie 8, Italie 12) ; *Soviétiques :* 150 div., 50 brigades blindées de 200 chars, 20 div. de cavalerie, 6 000 avions. **1942 mai** (offensive vers la basse Volga) : *All. :* 240 div. (Allemagne 179, Hongrie 13, Roumanie 22, Italie 10, Slovaquie 1, Espagne 1, Finlande 14) ; *Soviétiques :* ils ont (sans doute) reconstitué leurs effectifs de 1941, mais perdent 600 000 h., 4 500 chars, 6 000 canons entre le 28-6 et le 15-8-1942. **1942 automne, en basse Volga :** 150 div. (avec 5 000 chars). **1943 bataille de Koursk (12/17-7) :** *All. :* 900 000 h. (38 div. dont 17 blindées), 10 000 canons, 2 700 chars, 2 000 avions ; *Soviétiques :* 1 300 000 h., 20 000 canons, 3 600 chars, 2 400 avions. **Novembre :** *Soviétiques :* 380 div. dont 51 blindées [2 à 3 fois supérieures à celles de la Wehrmacht (maximum réuni par le général von Manstein à Rostov le 15-11-1943 : 15 000 h., 1 500 chars). Les divisions allemandes de Panzers n'ont plus que 100 à 150 chars]. **1944 :** *Allemands :* 400 div. réduites à quelques centaines d'hommes ; *Soviétiques* (juillet) : 430 div., 70 brigades motorisées, 110 div. blindées, 20 div. de cavalerie (total : 8 millions d'h.). **1945 (12-1) :** *Allemands :* 170 div., + 20 en Yougoslavie et 35 div. blindées réduites à 100 chars.

☞ Plus de 2 000 000 de Russes se rangèrent aux côtés des Allemands. *En 1943 :* certaines divisions allemandes comprenaient jusqu'à 20 % d'auxiliaires russes (les *Hiwis*). Il y eut 2 div. SS russes et, *en avril 1945,* 2 div. de l'armée Vlassov. Le 15e SS Kosaken-Kavalerie-Korps comprenait plusieurs milliers de cosaques (du Don, Terek, Kouban, etc.) commandés par le Gal SS Helmut von Panwitz.

■ **Traités d'alliance conclus par l'URSS contre l'Allemagne. Clauses :** durée 20 ans ; alliance contre l'Allemagne et ses alliés, jusqu'au traité final, sans paix séparée, alliance éventuelle après la guerre en cas de nouvelle agression allemande ; coopération amicale et assistance technique après la guerre. **Dates : 1942**-*26-5* URSS/G.-B. **1943**-*12-12* URSS/Tchécoslovaquie. **1944**-*10-12* URSS/France. **1945**-*11-4* URSS/Yougoslavie ; *-21-4* URSS/Pologne.

■ **Aide à l'URSS.** *Total* (1942-45 ; USA, G.-B., Canada) : 22 000 avions, 12 000 chars, 345 000 t d'explosifs, 385 000 camions (par mer : 2 600 navires et 17,5 millions de t). Aide américaine : 11 milliards de $.

cessez-le-feu séparé entre Occidentaux et Allemands ; *-9-4 Vienne* prise ; *-12-4 Roosevelt meurt* ; *-14/18-4* poche de *Royan* (4 500 combattants allemands) libérée (pertes françaises : 364 †, 13 disparus) ; *-14/20-4* pointe de Grave (3 400 combattants allemands) libérée (pertes françaises : 197 †, allemandes 600 †) ; *-17-4* offensive russe contre *Berlin ; -21-4* armée de Lattre prend *Stuttgart ; -25-4/25-6* **conférence de San Francisco** ; création des Nations unies ; *-25-4* jonction américano-russe à *Torgau* (All., sur l'Elbe) ; *-26-4* Français prennent *Constance ; -28-4 Mussolini* (arrêté 27-4) *exécuté* (voir à l'Index) ; *-29-4* capitulation à *Caserte* des troupes allemandes d'Italie ; *-30-4* (15 h 30) *Hitler se suicide* ; *-2-5 Berlin* capitule ; *-4-5* Montgomery reçoit la capitulation de l'amiral von Friedeburg et du Mal Busch (commandant les forces du Nord) du nord-ouest de l'Allemagne, de Hollande et du Danemark ; le capitaine Touyeras, Cdt la 31e batterie du XI/64e régiment d'artillerie, avec un détachement d'infanterie, arrive au Berghof (villas d'Hitler, Goering, Bormann et autres dignitaires hitlériens), sur l'Obersalzberg, à 5 km de Berchtesgaden, et fait prisonnière la garnison ; *-5-5* plante le drapeau français sur le « nid d'aigle » (refuge dominant de 1 000 m le cirque de Berchtesgaden) ; les Américains délivrent les internés du château d'Itter en Autriche (Borotra, Daladier, François-Poncet, Gamelin, Jouhaux, Reynaud) ; *-7-5* à 2 h 41 **capitulation allemande** signée *au QG d'Einsenhower à Reims* dans une école technique, sur une table de ping-pong de 6 × 2,40 m, par Gal Alfred Jodl (All., 10-5-1890/16-10-1946, exécuté) l'amiral von Friedeburg, le major Wilhem Oxenius, Gal Bedel Smith (Amér., 1895-1961), Gal Susloparov (Russe), Gal François Sevez (Fr., 1891-1948) ; nouvelle répandue par l'« Associated Press » dans l'après-midi ; *-8-5* à 15 h proclamation officielle de la capitulation dans les pays occidentaux ; en vigueur à 23 h 01 ; *-9-5* de 0 h 06 à 0 h 45 *capitulation signée au QG soviétique à Karlhorst près de Berlin* par le Gal Wilhem Keitel (All., 22-9-1882/16-10-1946, pendu), l'amiral von Friedeburg (qui se suicidera en mai 1945), le Gal Stumpf (Luftwaffe ; qui se suicidera en mai 1945), le Mal Joukov (Soviétique), le Mal Arthur Tedder (11-7-1890/3-6-1967, Britannique représentant Eisenhower) [et, à titre de témoins, le Gal de Lattre (Fr., 3-11-1889/11-1-1952), le Gal Carl Spaatz (Amér., 26-6-1891/14-7-1974)] ; l'acte de capitulation de Berlin parle de « haut-commandement suprême de l'Armée rouge » (au lieu de « haut-commandement soviétique »), précisant que les Allemands doivent cesser leurs opérations et remettre toutes leurs armes et tout leur matériel aux Alliés (art. 6 : l'acte est rédigé en anglais, russe et allemand, mais seuls les textes anglais et russe sont considérés comme authentiques) ; *-19-4* à 16 h, reddition de la poche de *Lorient ; -11-5* à 7 h à Bouvron, de celle de *Saint-Nazaire* (1 800 km^2, 25 000 h., 414 canons, 78 anti-chars, 169 DCA, 124 000 civils enfermés) assiégée par 12 000 hommes mal équipés ; *-5-6* **Berlin, conférence des chefs alliés** (Eisenhower, Montgomery, Joukov, de Lattre de Tassigny) : la France obtient une zone d'occupation en Allemagne ; *-26-6* signature de la Charte de l'Onu à San Francisco ; *-17-7/2-8* **conférence de Potsdam** (Churchill puis Attlee, Staline, Truman) qui organise l'occupation de l'Allemagne (désarmement, dénazification, démocratisation, contrôle de l'économie, etc.) ; *-4-9* Londres, **réunion du Conseil des ministres** des Affaires étrangères de Chine, France, G.-B., URSS et USA ; *-15-12* Moscou, **conférence** réunissant les ministres des Affaires étrangères de G.-B., URSS et USA.

Traités terminant la guerre

1°) Capitulations. Avec URSS : *1944* Roumanie (12-9) ; Finlande (19-9) ; Bulgarie (28-10) ; *1945* Hongrie (20-1). **Avec URSS et Alliés occidentaux :** *1945* Allemagne (Reims 7-5), ratifié (Berlin 8-5). **Avec Alliés occidentaux :** *1945* Japon (2-9, voir encadré ci-contre). **2°) Actes diplomatiques. 1947**-*10-2 traité de Paris :* Italie, Roumanie, Bulgarie, Hongrie, Finlande. **1951**-*8-9 traité de San Francisco :* Japon et 48 pays alliés. **1952**-*27-4 traité de Taïpei :* Chine nationaliste et Japon. **1954**-*23-8 accords de Paris :* constitution de la Rép. fédérale d'Allemagne ; rétablissement des responsabilités diplomatiques (entrée en vigueur 1-1-1955). **1955**-*20-9 traité de Moscou :* l'URSS confère la souveraineté à la Rép. démocratique d'Allemagne ; *-15-5 traité de Vienne* ou *du Belvédère* ou « *d'État* » avec l'Autriche : URSS, USA, G.-B. et France mettent fin à l'occupation. **1956**-*19-10 traité de Moscou :* URSS et Japon.

■ **Poursuites contre les criminels de guerre. Zone d'occupation américaine en Allemagne :** plusieurs milliers d'accusés (liste du Gal Taylor, 570 cas retenus, 177 affaires jugées, 14-4-1949). 24 condamnés à mort, 20 à la détention perpétuelle, 98 aux travaux forcés, 35 acquittements. **Anglaise :** 700 000 cas examinés, 937 affaires jugées, 230 condamnés à mort, 24 à la détention perpétuelle, 423 aux travaux forcés, 260 acquittés. **Française :** 2 027 affaires jugées (plus certaines affaires d'Allemands jugés en Fr.). 104 condamnés à mort, 44 à la détention perpétuelle, 1 475 aux travaux forcés, 404 acquittements. **Soviétique** (évaluation de J.A. Marting) : 185 000 exécutions.

■ **Procès de Nuremberg** (voir à l'Index).

■ Quelques chiffres

Matériel

■ **Guerre aérienne. Avions en ligne : Allemagne :** *1939 :* 2 700 ; *40 :* 3 200 à 4 500 ; *44 :* 16 000. **France :** *mai 1940 :* 700 (en 1re ligne et en réserve immédiate sur 1 400 appareils). **G.-B. :** *1939-45 :* 20 000. **Pologne :** *1939 :* 400. **USA :** *1942-45 :* 135 000.

Production annuelle : Allemagne : *1936 :* 2 880 ; *37 :* 4 320 ; *38 :* 6 500 ; *39 :* n.c. ; *40 :* 10 800 ; *41 :* 11 800 ; *42 :* 15 600 ; *43 :* 25 500 ; *44 :* 39 800 ; *45 :* 8 000. **G.-B. :** *1939 :* 7 000 ; *40 :* 15 000 ; *41 :* 20 100 ; *42 :* 23 671 ; *43 :* 26 263 ; *44 :* 29 220. **France :** *1934 :* 80 ; *35 :* 423 ; *36 :* 569 ; *37 :* 423 ; *38 :* 445 ; *39 :* 2 125 ; *40 (1er semestre) :* 1 554. **Italie :** *1940 :* 3 257 ; *41 :* 3 503 ; *42 :* 2 813 ; *43 :* 1 930. **Japon :** *1941-45 :* 65 000. **URSS :** *1942 :* 8 000 ; *43 :* 18 000 ; *44 :* 30 000. **USA :** *1940 :* 6 028 ; *41 :* 19 445 ; *42 :* 47 675 ; *43 :* 85 433 ; *44 :* 95 272. **Total 1940-45 :** *Allemagne* 92 600 ; *G.-B.* 96 500 ; *Japon* 59 000 ; *USA* 296 000.

Bombardements aériens (en milliers de t) **sur l'Allemagne** (et territoires occupés) **et,** entre parenthèses, **sur l'Angleterre :** *1940 :* 10 (37) ; *41 :* 30 (22) ; *42 :* 40 (3) ; *43 :* 120 (2) ; *44 :* 650 (9) ; *45 :* 500 (1).

Tonnage lancé par les Alliés (1939-45, en milliers de t) : Allemagne 1 350, France 583, Italie 367, Autriche, Hongrie, Balkans 181, Belgique, Pays-Bas 89.

Pertes civiles (nombre de morts en 1939-45 à la suite de bombardements alliés) : Hambourg 55 000, Berlin 49 000, Dresde 35 000 (et non 100 000), Cologne 20 000, Magdebourg 15 000.

Pertes aériennes : Allemagne : *avions déclarés détruits par les Alliés* 113 569 (dont par G.-B. 7 911, USA 50 658, URSS 55 000) ; or la Luftwaffe n'a jamais eu plus de 60 000 appareils. *Pertes pendant la bataille de France :* 1 123 (dont 200 pendant la bataille de la Somme). **URSS :** 106 652. **Australie :** 7 160. **Canada :** 2 389. **France :** 2 100 dont 647 appareils au combat (332 chasseurs, 165 bombardiers, 159 avions de reconnaissance et d'observation), 143 par accidents [tués : au combat 569, par accident 162]. **G.-B. :** 35 500 (dont 16 385 au combat, le reste par accident) et 79 281 †. **Italie :** 5 272. **Japon :** 49 485. **Nlle-Zélande :** 684. **USA :** 59 296 (dont 10 000 bombardiers et 8 400 chasseurs sur l'Europe).

☞ **As de l'aviation. Afrique du Sud :** St-John Pattle 51 victoires († 1941), Adolf Gybert Malan 31. **Allemagne :** Gal Adolf Galland (19-3-1912/96) 104 (front ouest), Erich Hartmann 352. Hans Joachim Marseille (1912-42) 158 dont 16 en 1 jour, Werner Mölders 115, Walter Nowotny 258, Hans-Ulrich Rudel (1917-83) 3 navires de guerre, 70 péniches de débarquement, 519 chars. **Canada :** George Beurling 31. **Finlande :** E. Juutilainen 94. **France :** *Normandie-Niémen* (total collectif) : 273 victoires [dont Marcel Albert 23, Roland de La Poype 16, Jean-Louis Tulasne (1912-43) 14, P. Pouyade 10] ; *Français de la RAF :* 33 ; *Forces aériennes françaises libres :* 675 dont Pierre Clostermann (né 1921) 33 ; campagnes de 1939-40 et 1944-45 : Edmond Marin La Meslée (1912-45) 16. **G.-B. :** John Johnson (né 1916) 38, John Braham 29. **Japon :** Hiroyoshi Nishizawa 87 (107 ?). **Pologne :** S. Skalski (dans la RAF) 22. **Roumanie :** Pce C. Cantacuzène 60. **URSS :** Ivan Kojedoub 62, Alexandre Pokrychkine (né 1913) 59. **USA :** Richard Bong († 1945) 40, Thomas MacGuire († 1945) 38, David McCampbell 34.

■ **Guerre navale. Pertes navales : Allemagne** *(1939-février 1945) :* environ 1 100 navires (dont 781 sous-marins), dont par des navires de surface 246, par des avions basés à terre 247. [A bord d'un sous-marin allemand capturé (*U-110*), les Anglais s'étaient emparés, en 1941, d'un décodeur *Enigma* dont le mathématicien anglais Allan Turing (1912-54) découvrit le fonctionnement, ils repérèrent alors la position des *U-Boote*.] **Alliés :** 23,4 millions de t (dont 14,6 par sous-marins soit 2 775 navires, 2,8 par aviation, 1,4 par mines) dont (en millions de t) *de 1939 à 1942 :* 17,86 (10,71 construites) ; *de 1943 à 1945 :* 5,49 (31,75 construites). **France** *(de sept. 1939 à mai 1945) :* 4 cuirassés (*Bretagne* 3-7-1940 ; *Provence* 27-11-1942 ; *Dunkerque* 27-11-1942 ; *Strasbourg* 27-11-1942) ; 1 transporteur d'avions ; 4 croiseurs lourds ; 6 légers ; 26 contre-

Guerre dans le Pacifique

■ **Déroulement. 1941**-*7-12* (le *8* à Hawaii) **Pearl Harbor** île Oahu (Hawaii) [à 5 500 km du Japon, 3 500 de Los Angeles], code du déclenchement de l'opération Tora Tora Tora (Tigre) : les Japonais attaquent la flotte américaine en 2 vagues avec 360 avions (*1re :* 7 h 40-8 h 35 ; *2e :* 8 h 45-9 h 45) ; *pertes américaines :* navires atteints 18 (8 cuirassés, 3 croiseurs, 3 destroyers, 4 navires auxiliaires) ; 14 seront remis en état ; sur 475 avions, 188 sont détruits et 63 endommagés, 2 403 † ; *pertes japonaises :* 29 (ou 30 ?) avions, 5 petits sous-marins, 55 † (une *3e vague* aurait pu détruire installations de réparations et stocks de carburant ; la guerre eût duré 2 ans de plus) ; *-10-12* les avions japonais coulent le *Prince of Wales* et le *Repulse* (anglais) ; les Japonais débarquent à Luçon ; *-12-12* à Guam ; *-16-12* à Bornéo ; *-20-12* aux Philippines ; 1er engagement entre l'aviation japonaise et les « Tigres volants » [aviateurs américains volontaires en Chine (Gal Claire Lee Chennault, 6-9-1890/27-6-1958)] ; *-25-12* les Japonais prennent Wake et Hong Kong ; *-31-12* dominent 8 millions de km^2, 450 millions d'individus. **1942**-*janv.* les Japonais prennent les Philippines et le *15-1* Singapour (Gal Percival capitule) ; *-25-1* Thaïlande déclare la guerre aux USA et G.-B. ; *-26-1* Japonais débarquent aux îles Salomon ; *-19-2* envahissent Bali et bombardent Port Darwin (victoires navales de l'amiral Nagumo avec 5 porte-avions, 4 cuirassés, 3 croiseurs, 8 destroyers) ; l'amiral Ozawa, avec 1 porte-avions, 6 croiseurs, 8 destroyers, rejoint Ceylan ; 300 avions de Nagumo bombardent Colombo et Trincomalee (11-4) coulant les croiseurs lourds *Dorsetshire* et *Cornwall,* le porte-avions *Hermès,* le destroyer *Vampire* et la corvette *Hollyhock* ; l'escadre d'Ozawa bloque Calcutta, isole la Birmanie, coule ou capture 112 000 t de navires marchands ; la flotte de l'amiral anglais Somerville se réfugie aux Maldives, puis l'amiral Nagumo reçoit l'ordre de revenir dans la mer de Chine ; *-20-2* Japonais débarquent au Timor portugais ; *-27/28-2* à Java ; *-2-3* à Mindanao ; *-9-3* les Indes orientales néerlandaises capitulent ; *-12-3* Japonais prennent Corregidor (Philippines) ; *-9-4* Bataan (Philippines) : capitulation du Gal Wainwright (36 800 prisonniers) ; *-15-4* MacArthur commandant en chef du Pacifique ; *-18-4* raid sur Tokyo [Lt-Cel James Doolittle (1896-1988) décolle du Hornet avec 16 B-25 à 1 030 km du Japon] ; *-1-5* les Japonais prennent Mandalay ; *-4-5* attaque anglaise contre *Diégo-Suarez* (Madagascar) pour éviter que les Japonais de Birmanie utilisent l'île comme base [*-7-5* repli français ; *-oct.* offensive contre Majunga ; *-5-11* capitulation française (500 Français †, dont l'aviateur Assolant)] ; *-6-5* les Japonais prennent l'îlot de *Corregidor* (long. 5 km, larg. 1,5 km, alt. 160 m) à l'entrée de la baie de Manille (Philippines) : 11 500 prisonniers américains ; *-7-5* Gal Wainwright capitule aux Philippines ; *-7/9-5* défaite navale japonaise (*mer de Corail*) ; *-15-5* les Américains capitulent à *Mindanao ; -4-6* défaite japonaise à *Midway* [*pertes japonaises :* 4 porte-avions, 1 croiseur lourd, 332 avions, 3 500 h. (dont pilotes chevronnés) ; *américaines :* 1 porte-avions (*Yorktown*), 1 destroyer, 147 avions, 300 h.] ; *-7-6* Japonais prennent îles Aléoutiennes ; *-7-8* Américains débarquent à Guadalcanal ; *-8/9-8* 1re bataille navale des îles Salomon (à Savo) ; *-23/24-8* 2e bataille ; *-oct.* 3e. **1943**-*8-2* Américains reprennent *Guadalcanal* (îles Salomon) : contre-offensive américano-australienne en Nlle-Guinée ; *-27-3* MacArthur à la tête du SCAP (Supreme Command of Allied Power) ; *-18-4* amiral Yamamoto tué (avion abattu) ; *-30-6* Américains reprennent Rendova (îles Salomon) ; *-9-9* Huon, échec japonais (Nlle-Guinée) ; *-20/-23-11* Tarawa (bataille aérienne). **1944**-*4-2* Américains reprennent *Kwajalein* (îles Marshall ; 50 survivants japonais sur 12 000 h.) ; *-17/20-2* Américains prennent *Eniwetok* (îles Marshall ; aucun Japonais survivant sur 3 000 h.), *-févr.* les *îles Carolines* et *-15-6 Saipan* (îles Mariannes ; aucun survivant japonais sur 32 000 h.) ; *-17-10* Américains débarquent aux *Philippines ; -22/27-10 Leyte,* défaite navale japonaise. **1945**-*12-2/1-3* Américains reprennent *Corregidor* [*pertes japonaises :* 6 000 h. (seuls 21 soldats se rendent armés), 197 †, 1 022 blessés] ; *-3-3* Manille reprise ; *bombardements des villes japonaises* pour réduire le potentiel industriel [*9-3* superforteresses bombardent *Tokyo* (250 000 maisons incendiées, 100 000 †) ; *-12-3* Nagoya ; *-14* et *-20-3* Osaka ; *-14-3* Kobé (B-29 décollés des Mariannes déversent 10 100 t de bombes incendiaires) ; *-13-4* Tokyo (327 B-29) ; *-14-4* (109 B-29) ; *-15-4* Kawasaki (194 B-29 anéantissent 9,3 km^2) ; *-14-5* Nagoya (529 B-29) ; *-16-5* (468 B-29) ; *-23-5* Tokyo (562 B-29) ; *-25-5* (502 B-29) ; *-29-5* Yokohama (517 B-29) ; *-1-6* Osaka (521 B-29) ; *-5-6* Kobé (531 B-29) ; *-7-6* Osaka (458 B-29) ; *-15-6* (516 B-29)] ; *-19-2/17-3 Iwo Jima* (île du Pacifique) : Américains 6 000 †, Japonais 23 706 †, 216 capturés ; *-1-4/10-6 Okinawa* [île de 100 × 20 km ; conquise après 82 j de lutte ; *pertes japonaises :* 110 000 h. (11 000 se sont rendus ; dont aviateurs 4 615, marines 2 630, armée de terre 1 985), *américaines :* 12 500 †, 36 600 blessés (dont marines 4 900, armée de terre 2 700)] ; *-3-5* Rangoon reprise ; *-juin* sous-marins américains pénètrent dans la mer du Japon ; *-26-7* ultimatum anglais, américain et chinois au Japon sur sa capitulation sans condition ; *-6-8* **Hiroshima :** 1re bombe atomique américaine ; *-8-8* l'URSS déclare la guerre au Japon ; *-9-8* **Nagasaki :** 2e bombe A (voir à l'Index) ; *-10-8* Mongolie déclare la guerre au Japon ; *-14-8* **capitulation japonaise ;** *-19-8* **capitulation sur le front russe ;** *-22-8* Soviétiques prennent Port-Arthur (Liu-chouen) ; *-28-8* Japon, débarquement des Américains ; entrée à Tokyo ; **agression soviétique** (l'URSS a dénoncé le pacte de neutralité signé pour 5 ans à Moscou le 13-4-1941 qui, même dénoncé, aurait dû rester valide jusqu'au 13-4-1946) ; *-2-9* **reddition japonaise** baie de Tokyo, à bord du *Missouri* (cuirassé 54 000 t, mis en service juin 1944, désarmé 31-3-1992) ; *-3-9* Gal Yamashita capitule à Baguio (Philippines) ; *-8-9* MacArthur entre à Tokyo ; *-19-9* Singapour capitule. *Bilan du 9-8 au 9-9 : Japonais* 80 000 †, 594 000 prisonniers (peu rentreront), *Soviétiques* 8 000 †, 22 000 blessés ; Staline a obtenu l'occupation de la Mandchourie et du nord de la Corée, mainmise sur Kouriles, sud de Sakhaline et péninsule de Liao-toung avec Port-Arthur.

■ **État du Japon lors de la capitulation. Avions :** 10 000 (dont 2/3 pilotés par des kamikazes ; utilisés contre les navires américains lors du débarquement). **Troupes :** 2 350 000 soldats retranchés, 4 000 000 en réserve, 28 000 000 de civils réquisitionnés (hommes 15-60 ans, femmes 17-45), armés, s'il le faut, « de pieux en bambou et d'arcs ». **Navires de guerre en état de naviguer :** 2 porte-avions (dont 1 endommagé), 3 croiseurs endommagés, moins de 10 destroyers, 59 sous-marins. **Destructions :** *immobilières :* Kobé-Osaka 57 %, Tokyo-Yokohama 56, Nagoya 52 (2 millions d'édifices détruits au Japon) ; *grandes usines* aéronautiques détruites à 96 %. Les Américains avaient calculé que l'invasion pouvait entraîner la mort de 1 000 000 des leurs (et entre 10 et 20 millions de Japonais).

☞ **Structures politiques : 1941**-*17-12* Japonais occupent Timor (Portugal) ; **1943**-*1-8* Birmanie indépendante s'allie au Japon ; *-14-10* Philippines indépendantes (Pt Laurel) s'allient au Japon ; *-21-10* Chandra Bose, chef du gouvernement provisoire de l'Inde libre.

Militaires	Effectifs (maximum)	Morts (au combat, 1939-45)
Alliés		
Afrique du Sud	140 000	6 840
Australie	680 000	23 365
Belgique	650 000	7 760
Canada	780 000	37 476
Chine	5 000 000	2 200 000
Danemark	25 000	3 006
France	*4 300 000*[1]	*210 671*
Grèce	414 000	73 700
Inde	2 150 000	24 338
Norvège	45 000	1 000
Nouvelle-Zélande	157 000	10 033
Pays-Bas	410 000	6 238
Pologne	1 000 000	320 000
Royaume-Uni	5 120 000	244 723
URSS	12 500 000	7 500 000[5]
USA	12 364 000	291 557[2]
Yougoslavie	500 000	410 000
Axe		
Allemagne-Autriche	10 200 000	3 850 000[3]
Bulgarie	450 000	10 000
Finlande	250 000	82 000
France (volontaires)	*n.c.*	*14 500*
Hongrie	350 000	140 000
Italie	3 750 000	77 494[4]
Japon	6 095 000	1 219 000
Roumanie	600 000	300 000

Nota. – (1) Dont *ralliés aux Français libres* de Londres 80 400 (terre 62 100 ; marine de guerre 8 800 ; marine marchande 6 000 ; air 3 500). (2) Dont (en %) Europe 60, Méditerranée 20, Pacifique 20. (3) En 1945, sur *le front de l'Est,* 2 250 000 militaires de la Wehrmacht étaient portés manquants (prisonniers libérés depuis 520 000 ; décédés dans des camps 550 000 ; disparus 1 180 000). (4) Dont 17 490 *du côté des Alliés.* (5) Selon d'autres sources : 13 600 000 (dont 8 500 000 au combat, 2 500 000 à la suite de leurs blessures, 3 300 000 morts en captivité). 1 000 000 de Soviétiques ont combattu sous l'uniforme allemand ; au 8-5-1945 ils étaient encore 700 000.

torpilleurs ; 25 torpilleurs ; 7 légers ; 1 croiseur sous-marin (*Surcouf* 18-2-1942 heurté par un cargo près de Panama : 131 †) ; 31 sous-marins de 1re classe ; 20 de 2e classe ; 6 poseurs de mines ; 1 frégate ; 3 corvettes ; 12 avisos de 1re classe ; 16 de 2e classe ; 52 autres petits bâtiments de surface ; 7 croiseurs auxiliaires (navires marchands armés) ; 67 petits navires auxiliaires (caboteurs et chalutiers armés). *Pertes des FNFL :* marine de guerre 11 dont le *Surcouf*, marine marchande 26. **Japon :** *marine de guerre :* 550 navires (1,74 million de t sur 1,94) ; *marine marchande :* 8,14 millions de t (*1941-42 :* 1 ; *1943 :* 1,8 ; *1944 :* 3,84 ; *1945 :* 1,5).

Pertes de la marine marchande (en millions de tonnes et, entre parenthèses, en navires) : G.-B. 21,2 (4 786), Japon 8,6 (2 346), Allemagne 7,1 (1 595), USA 3,5 (578), Norvège 1,7 (427), Pays-Bas 1,2 (286), Italie 1,2 (467), Grèce 0,9 (262), Panama 0,5 (107), Suède 0,5 (204).

■ **Guerre terrestre. Chars en ligne détruits. Allemagne :** *1940 :* 2 600 (dont 1 500 français) ; *45 :* 3 500. **Anglo-américains :** *1944 :* 6 000. **France :** *1940 :* 2 300. **URSS :** *1942-44 :* 12 000.

Production annuelle moyenne : Allemagne : 5 056. **France :** *1934 :* 3 ; *35 :* 50 ; *36 :* 467 ; *37 :* 482 ; *38 :* 403 ; *39 :* 1 059 ; *40 (1er semestre) :* 854. **G.-B. :** 4 500 (avec Empire 8 611). **Italie :** 1 500. **Japon :** 500. **URSS :** 24 500 (maximum : *en 1944 :* 30 000). **USA :** 20 000 (maximum : *en 1943 :* 29 500).

Pertes humaines civiles et militaires

■ **Total.** Environ 38 millions de morts (dont 5,7 de déportés raciaux et 4 à 5 de déportés politiques en Allemagne).

■ **Pertes civiles. Allemagne :** 3 810 000 (dont par bombardements anglais et américains 635 000). *Civils allemands disparus dans les territoires orientaux :* environ 1 200 000 (depuis, décès enregistrés : 124 000 ; rapatriés des pays de l'Est 520 000 ; rapatriés en instance 240 000 ; civils non encore retrouvés environ 175 000). **Belgique :** 80 000. **Bulgarie :** 10 000. **Finlande :** 8 000. **France :** 330 000 ou 412 000 (dont 182 000 déportés). **G.-B.** (et colonies) : 150 000 (dont par bombardement en Angleterre 51 509 dont : 6 184 par V1 et 2 754 par V2). **Hongrie :** 300 000. **Italie :** 380 000. **Japon :** 600 000. **Pays-Bas :** 205 000. **Pologne :** 5 500 000. **Roumanie :** 160 000. **Tchécoslovaquie :** 405 000. **URSS :** 10 000 000. **Yougoslavie :** 1 400 000.

☞ *Selon certains, il y eut 9 millions de morts* de 23 nations (victimes civiles et déportés morts dans les camps de concentration). Sur 8 295 000 Juifs qui se trouvaient en 1939 dans les pays occupés par les nazis, 5,5 à 6 millions furent tués pour raison raciale entre 1940 et 1945. *Selon d'autres, il y eut 6 millions de morts* (dont 3 millions de Juifs). Selon Marcel Ruby (*le Livre de la déportation*, 1995), *il y eut 4 341 008 † sur 5 463 537 déportés* (941 008 † sur 2 063 537 envoyés en camp de concentration et 3 400 000 † sur 3 400 000 envoyés en camp d'extermination). Voir également **Israël** à l'Index.

Camps de déportation

■ **Quelques dates. 1933**-*30-3* ouverture de Dachau ; *-1-10* Eicke en fixe le règlement. **1934**-*30-6* le camp SA d'Oranienburg devient camp national. **1935**-*15-9* lois antisémites de Nuremberg. **1936**-*12-7* ouverture de Sachsenhausen. **1937**-*9-8* de Buchenwald. **1938**-*juillet* construction de Mauthausen ; *-22-9* création de Flossenbürg. **1939**-*janv.* Hitler annonce qu'une guerre signifierait l'extermination des Juifs d'Europe ; *-13-5* 1er convoi vers Ravensbrück. **1940**-*mars* essais de gazage à Brandebourg ; *-14-6* 1er convoi de Polonais vers Auschwitz ; *-19-7* SS désignés pour garder les camps ; *-28-8* classification des camps par Heydrich ; *-13-10* ordonnance de Frank sur la création de ghettos en Pologne ; *-22-10 :* 7 500 Juifs expulsés d'Allemagne (Palatinat, Bade, Sarre) internés au camps de Gurs (Pyr.-Atl.). **1941**-*18-2* création de Buna-Monowitz (accord avec I.G. Farben) ; *-3-9* 1er gazage en masse à Auschwitz I ; *-7-12* décret *Nacht und Nebel* (« Nuit et Brouillard »). **1942**-*13-1 :* 5 000 tsiganes de Łódź tués à Chelmno ; *-20-1 conférence de Wannsee* sur la « solution finale de la question juive » ; *de mars au 17-10-1944* opération Reinhard pour éliminer Juifs polonais ; *-27-3* mise en service de la chambre à gaz de Mauthausen ; *-19-7* Himmler ordonne l'extermination des Juifs du gouvernement général (Pologne) ; **1944**-*26-11* destruction des chambres à gaz d'Auschwitz et de Stutthof. **1945**-*27-1* libération d'Auschwitz ; *-11-4* de Buchenwald et Dora ; *-15-4* de Bergen ; *-19-4* de Flossenbürg ; *-28-4* de Dachau et de Ravensbrück.

■ **Camps. Nombre :** 203 dont 12 camps principaux de concentration et 6 d'extermination.

Camps de concentration. Allemagne : Bergen-Belsen : à 65 km au nord de Hanovre ; *1914-18* ouvert pour des prisonniers de guerre. *1941* reconstruit par des prisonniers de guerre français et réservé aux prisonniers de guerre russes. *1943-avril* mis à la disposition des SS. *1945-mars* Anne Frank y meurt ; *-15-4* libéré par les Britanniques ; *-20-5* rasé au lance-flammes par les Britanniques à cause du typhus (300 000 déportés, 170 000 †). **Buchenwald :** au nord-est d'Erfurt. *1937-9-8* en service. *1943-27-6* arrivée du 1er grand convoi de Français. *1945-11-4* libéré par les Américains (250 000 déportés, 56 545 †). **Dachau :** à 20 km au nord-ouest de Munich. *1933-30-3* 1er camp ouvert par les nazis pour les politiques. *1939* agrandissement. *1940* réouverture. *1945-28/30-4* libéré par les Américains (250 000 déportés dont 12 493 Français, 70 000 †). **Dora-Mittelbau :** au nord-ouest de Buchenwald près de Nordhausen (*Dora :* « Deutsche Organisation Reich Arbeit »). *1943-août* créé par un commando de Buchenwald pour aider à installer, dans une usine souterraine, le centre d'essais des V 1 et V 2 replié de la côte balte. *1944-28-10* devient autonome. *1945-11-4* libéré (60 000 déportés, 15 000 à 20 000 †). **Flossenbürg :** à 120 km au nord-est de Nuremberg et à 5 km de la frontière tchèque. *1938-22-9* ouverture pour les opposants des pays conquis (Tchèques) ; *-4-5* les 1ers détenus arrivent de Dachau ; ils exploitent une carrière de pierre, travaillent dans les usines d'armement (Messerschmitt). *1944* reçoit des conjurés du 20-7. *1945-19-4* libéré par les Américains (100 000 déportés, 73 296 † dont 4 371 Français). **Neuengamme :** au sud-est de Hambourg, sur l'Elbe. *1938-13-12* environ 100 détenus venant de Sachsenhausen arrivent pour construire le camp et travailler dans une briqueterie-tuilerie. *1939-4-6* autonome (catégorie 2 : détenus pouvant être rééduqués). *1945-avril* détenus évacués sur Lübeck et embarqués sur 4 bateaux bombardés le 2-5 par les Anglais (106 000 déportés dont 13 000 Français, 55 000 † dont 7 000 à 8 000 Français). **Ravensbrück :** à 80 km au nord de Berlin. 1er camp de femmes et d'enfants. *Fin 1938* environ 500 détenus de Sachsenhausen viennent construire le camp. *1939-13-5* 1res déportées allemandes et autrichiennes louées comme main-d'œuvre à des agriculteurs ou à des entreprises. *1945-28-4* libéré par les Russes (123 000 déportées dont 10 000 Françaises, 60 000 à 70 000 †). **Oranienburg-Sachsenhausen :** faubourg d'Oranienburg à 30 km au nord de Berlin. *De mars 1933 à février 1935* ancienne brasserie transformée en centre de détention pour politiques. *1936-12-7* environ 50 prisonniers venant d'Esterwegen commencent à construire le camp ; nombreux commandos extérieurs ; QG de l'inspection générale de tous les camps. *1945-21-4* évacuation (204 537 déportés dont 8 000 à 9 000 Français, 100 167 †). **Autriche : Mauthausen :** à 25 km à l'est de Linz, sur le Danube. Seul camp de catégorie 3 (traitement le plus rigoureux). *1938* décidé pour les Autrichiens ; des prisonniers de droit commun, venant de Dachau pour construire un camp et exploiter la carrière de granit, travaillent aussi dans les usines d'armement de toute l'Autriche. *1945-7-5* libéré par les Américains (320 000 déportés, 195 000 † dont 8 203 Français). **France : Struthof :** à 8 km et sur la commune de Natzwiller ; à 60 km au sud-ouest de Strasbourg (Bas-Rhin). Seul camp de France, construit en Alsace annexée pour enfermer les opposants français. *1941-21-5* arrivée de 150 prisonniers de droit commun venant de Sachsenhausen pour construire le camp. *1944-août/sept.* détenus évacués vers Dachau ; *-23-11* libéré par les Américains qui trouvent le camp vide (30 000 déportés, 11 000 †). **Pologne : Gross-Rosen** (Silésie) : à 60 km au sud-ouest de Wroclaw (Breslau). *1940-mai* 98 Polonais de Sachsenhausen y installent un commando pour construire un camp. *1941-automne* autonome ; il est destiné aux Polonais. Exploite une carrière de granit. *1945-5-5* libéré par les Russes (70 000 à 200 000 déportés, 40 000 †). **Stutthof** (Prusse-Orientale) : à 2 km de la Baltique et 36 km à l'est de Dantzig. *1939-août* créé, surtout destiné aux Polonais. *1945-25-1* évacuation, les Russes ne trouvent que 385 détenus (120 000 déportés, 85 000 †).

Camps d'extermination. Pologne : Auschwitz-Birkenau : à 30 km au sud de Katowice. 3 camps : *Auschwitz I :* camp de concentration destiné aux politiques décidé le *27-4-1940* par Himmler ; *4-5*-début de sa construction ; *14-6* 1er convoi de Polonais ; *Auschwitz II-Birkenau* (camp d'extermination construit *octobre 1941* à 3 km au nord-ouest de Auschwitz I) ; *Auschwitz II-Monowitz* (camp de travail construit l'été 1942, industrie d'armement et usine de caoutchouc). *1945-27-1* libéré par les Russes 1 200 000 †. D'autres chiffres ont circulé : *Nuit et brouillard* (film d'Alain Resnais, en 1955 ; conseillers : Henri Michel et Olga Wormser) : 9 000 000 ; *document officiel de la Rép. française* (Office de recherches des crimes de guerre en 1945) : 8 000 000 ; *selon Raphaël Feigelson :* 7 000 000 ; *Tibère Kremer* (préfacier de Miklos Nyiszli, en 1951) : 6 000 000 ; *le Monde* (du 20-4-1978) : 5 000 000 dont 90 % de Juifs ; *Henry Mandelbaum* (en 1945) : 4 500 000 ; *document soviétique du 6-5-1945* (utilisé par le tribunal de Nuremberg) : 4 000 000 (nombre inscrit sur le monument d'Auschwitz-Birkenau ; rectifié en 1995, par 1 500 000) ; *Miriam Novitch* (en 1967) : 4 000 000 (dont 2 700 000 Juifs) ; *rabbin Moshe Weiss* en 1991 : plus de 4 000 000 (dont 3 000 000 Juifs) ; *Rudolf Höss* (ancien Cdt du camp d'Auschwitz) en 1946 : 3 000 000 (jusqu'au 1-12-1943) ; *Rudolf Vrba* (procès Eichmann) en 1961 : 2 500 000 ; *Léon Poliakov* (en 1951), *Georges Wellers* (en 1973), *Lucy Dawidowicz* (en 1975) : 2 000 000 de Juifs gazés ; *Yehuda Bauer* (dir. de l'Institute of Contemporary Jewry, université hébraïque de Jérusalem, en 1989) : 1 600 000 (dont 1 352 980 Juifs) ; *Lech Walesa :* 1 500 000 ; *Georges Wellers* (en 1983) : 1 471 595 (dont 1 352 980 Juifs) ; *Raul Hilberg* (en 1985) : 1 250 000 (dont 1 000 000 de Juifs) ; *Gerald Reitlinger* (*The Final Solution*, en 1953) : 850 000 ; *Jean-Claude Pressac* (*Die Krematorien von Auschwitz*, en 1994) : 630 000 à 710 000 dont 470 000/550 000 gazés ; *Faurisson* (« révisionniste ») : 150 000 en tout (dont environ 100 000 Juifs, la plupart morts du typhus). **Belzec :** entre Lublin et Lvov. Décidé à Wannsee (comme Sobibór et Treblinka) le *20-1-1942*, pour exterminer les Juifs de Lvov et de Galicie ; camp d'extermination immédiate, il n'est pas rattaché au système des camps ; ouvert *de mars à déc. 1942* (550 000 †). **Chelmno :** entre Łódź et Poznań ; camp d'extermination immédiate ; ouvert *du 8-12-1941 au 11-11-1943*, il reprendra au printemps 1944 jusqu'à l'arrivée de l'armée rouge (200 000 †). **Maïdanek :** à 2 km au sud de Lublin ; *1941-juillet* début de la construction ; jusqu'en *mai 1942* camp de prisonniers, ensuite camp d'extermination ; *1944-23-7* évacué par les SS après transfert de 17 000 détenus vers Auschwitz ; libéré par les Russes (400 000 †). **Sobibór :** à 8 km au sud de Włodawa ; *fin 1941* construit pour exterminer les Juifs de Lublin ; *mai 1942* ouverture ; *14-10 1943* révolte des déportés ; *oct. 1943* fermé il est détruit (250 000 †). **Treblinka :** à 60 km au nord-est de Varsovie ; *printemps 1941* camp pénitentiaire près d'une carrière de sable et de gravier, fonctionne jusqu'au 23-7-1944 ; bombardé le 24-8. À 3 km, camp d'extermination pour les Juifs de Varsovie et Radom : construit *fin mai 1942,* ouvert *du 23-7-1942 au 17-11-1943 ;* révolte des détenus *le 2-8-1943* (700 †, 12 évadés, 15 gardes †) ; ensuite détruit (800 000 †). **Pays-Bas : Bois-le-Duc** (1942). **Pays Baltes : Kaunas, Riga** (1942).

■ La guerre et la France

☞ Les statistiques données par les différents auteurs sont souvent imprécises et contradictoires.

■ **Alsaciens. Réfugiés en France :** 520 000 (à partir de 1939). Environ 250 000 sont rentrés en Alsace-Lorraine occupée en 1940, dont 40 000 (surtout Lorrains) ont été réexpulsés en 1941. **Incorporés de force à partir du 25-8-1942,** dits les *« Malgré nous »* (origine du mot : en 1920, 2 Mosellans, André Bellard et Henri Pincemaille, enrôlés de force dans l'armée all., avaient fondé l'*Association des Malgré nous*) : sur 200 000 mobilisables, 40 000 ont « déserté », 135 000 (65 000 Bas-Rhinois, 40 000 Haut-Rhinois et 30 000 Mosellans) sont partis (Russie, pays Baltes, Hongrie, Bohême, Berlin). Une partie d'entre eux ont été fait prisonniers dont 10 000 à Tambov à 470 km au sud-est de Moscou, 93 000 sont rentrés (le dernier en avril 1945, d'URSS), 40 000 ont été tués ou ont disparu dont 17 000 † en captivité en URSS (certains après le 8-5-1945). Près de 35 000 ont été blessés ou sont restés invalides.

En 1981, l'Allemagne a accepté le principe d'une indemnisation (250 millions de marks répartis 1984-86). Il restait 80 000 survivants ou ayants droit.

Nota. – 12 000 Luxembourgeois et 8 700 Belges furent aussi incorporés de force.

■ **Armée française. 1939-40** incorporera 600 000 h. originaires de l'Empire français (dont d'Afrique du Nord 350 000, d'Afrique noire 100 000) ; plus de 25 000 seront tués en 1940. **1942-45** reconstituée, comprend 550 000 h. (dont Européens d'Afrique du Nord 168 000, tirailleurs du Maghreb et d'Afrique noire 173 000) ; plus de 20 000 mourront pour la France.

■ **Bombardements alliés.** *1942 :* 488 (2 713 †, 6 663 blessés, 10 000 immeubles détruits) ; *1943 :* 788 (7 458 †, 13 578 blessés, 35 250 immeubles détruits) ; *1944 :* 7 444 (36 000 †, 48 500 blessés, 13 500 immeubles détruits). Au total, 60 000 à 69 000 civils † pendant la guerre.

■ **Budgets militaires** (en milliards de F), **années** (en gras), **crédits votés et** (entre parenthèses) **dépenses réelles. 1933 :** 12,5 (13,4) ; **34 :** 11,3 (11,6) ; **35 :** 12,9 (12,8) ; **36 :** 12,8 (15,1) ; **37 :** 18,8 (21,6) ; **38 :** 22,2 (29,2) ; **39 :** 38,9 (93,7).

■ **Déportés raciaux.** 120 000 (dont 8 000 enfants) dont 3 000 rescapés. *D'après G. Wellers :* 86 000 ; *d'après Serge Klarsfeld :* 75 721 Juifs sont morts en déportation [22,94 % du total (330 000) résident en Fr. en 1939] : 14 669 étaient Français d'origine ou naturalisés [19,37 % des victimes (4,44 % des 330 000 Juifs et 8,89 % des 165 000 Juifs français ou naturalisés)], 61 052 étrangers ou apatrides [80,62 % des victimes (18,50 % des 330 000 Juifs et 37 % des 165 000 Juifs étrangers ou apatrides)] ; 67 000 passeront par Drancy du 22-6-1942 au 17-8-1944 (moins de 2 000 revindront). Tous les enfants déportés (6 029, 11 000 selon Serge Klarsfeld entre le 27-3-1942 et le 22-8-1944) sont morts. À noter qu'il y eut aussi en Fr. des morts par exécution, mauvais traitements et camps de concentration, surtout dans le Roussillon.

■ **Mouvement dit « des révisionnistes ».** **1948** *Maurice Bardèche* (1909-98, beau-frère de Brasillach) publie *Nuremberg ou la terre promise.* **1950** *Paul Rassinier* [(1906-67), membre du PC 1922 (exclu 1932), de la SFIO 1934, munichois 1938, opposé à la guerre 1939, résistant et déporté 1943 à Buchenwald et Dora, député SFIO de Belfort 1946] publie *le Mensonge d'Ulysse.* **1978** *Robert Faurisson* (né 25-1-1929, professeur de lettres et sciences humaines à l'université de Lyon-II) reprend et publie avec le concours de *Pierre Guillaume* (ultra-gauche, dir. des éditions La Vieille Taupe), *Jean-Gabriel Cohn-Bendit* (né 14-4-1936, frère de Daniel) et *Serge Thion* (né 1942, sociologue au CNRS) les thèses révisionnistes parlant des « prétendues chambres à gaz hitlériennes » et du « prétendu génocide des Juifs » qui « forment un seul et même mensonge historique ». **1985**-*15-6* Nantes, thèse de doctorat d'*Henri Roques* (né 10-11-1920) : un témoignage jugé capital (le rapport de l'officier SS Gerstein) n'a aucune valeur scientifique (mention très bien) ; soutenance annulée 3-7-1986 sous pression du min. de la Recherche et de l'Ens. supérieur (Alain Devaquet), annulation confirmée par le tribunal administratif (janv. 1988) et le Conseil d'État (févr. 1992) ajoutant l'annulation de la thèse à celle de la soutenance, alléguant des irrégularités administratives imputables à l'université de Nantes [Michel de Boüard (1909-89, membre du PCF de 1942 à 60, déporté à Mauthausen, membre de l'Institut et ancien doyen de la faculté des lettres de Caen) avait défendu la thèse de Roques]. **1990**-*13-7* la loi Fabius-Gayssot empêche de propager la contestation des crimes contre l'humanité. **1996** Roger Garaudy (né 1913, communiste 1933-70) poursuivi pour *les Mythes fondateurs de la politique israélienne,* condamné en févr. 1998 à 120 000 F d'amende. **1997** plusieurs enseignants révoqués dont Vincent Reynouard (*le Massacre d'Oradour : un demi-siècle de mise en scène*) et Serge Thion.

☞ **Quelques révisionnistes :** *Allemagne :* Wilhelm Stäglich, Günther Deckert (condamné et empris. nov. 1995-nov. 2000), Germar Rudolf (exilé) ; *Australie :* Frédéric Toben ; *Canada :* Ernst Zündel, condamné en 1985 et 1988, jugements cassés par la Cour suprême ; *Espagne :* Enrique Aynat ; *G.-B. :* David Irving ; *Italie :* Carlo Mattogno ; *Suisse :* Jurgen Graf (exilé), Mariette Paschoud ; *USA :* Arthur Butz, Fred Leuchter, Mark Weber.

■ **Épuration** (voir p. 702 c).

■ **« Évadés de France » par l'Espagne.** **Évasions :** sur 1 000 000 de tentatives, 33 000 ont réussi (dont 18 540 en 1943). Selon la Confédération des évadés de France, 1 860 évadés ont été remis par l'Espagne aux autorités de Vichy avant le 8-11-1942 ; 2 120 ont été capturés par les Allemands et déportés ; 320 sont morts dans les Pyrénées (accidents de montagne ou tués par les Allemands), 130 sont morts en détention en Espagne. **Prisons en Espagne :** 30 (dont le camp de Miranda). *Engagés :* 23 000 évadés de France. *Morts pour la Libération :* 9 500.

■ **Exode.** *Au cours de l'exode,* sur 8 000 000 de réfugiés dans la zone sud, il y eut 1 200 000 étrangers venus de Hollande, Belgique et Luxembourg. Les Allemands refusèrent l'accès des territoires occupés à environ 40 000 réfugiés juifs (des Polonais et des Allemands ayant fui la Belgique et les Pays-Bas).

■ **Internés politiques dans les camps.** De 1939 à 1946 la France a interné 60 000 personnes (Espagnols, Allemands, Juifs, communistes, tsiganes...). **Principaux camps :** *Rieucros* (Ariège) 1er camp ouvert début 1939 (dernier fermé au printemps 1946) ; *Milles* (près d'Aix-en-Prov.) où furent internés Leon Feuchtwanger, Max Ernst, Hans Bellmer... ; *Gurs* (Pyr.-Atl.) : 1 067 y sont morts. *1942-avril* « Espagnols rouges » (communistes internés par le gouvernement Daladier en 1939) ; environ 25 000 Juifs. *1944 :* 4 500 (surtout trafiquants du marché noir).

■ **Internés résistants.** 110 000 (45 000 sont revenus).

■ **Juifs.** **Nombre total en France :** *1939 (sept.) :* 300 000 [dont 180 000 Français (dont autochtones 110 000, naturalisés Français 70 000) ; étrangers et apatrides 120 000]. *1940 (sept.) :* 350 000 [dont venus de Belgique, Hollande, Luxembourg 40 000, de Bade et du Palatinat (déportés par les nazis en zone Sud) 6 500]. *1941 (juillet) :* 340 000 [dont 287 962 recensés et 52 000 non recensés (dont internés dans des camps français + groupes de travailleurs étrangers 35 000, prisonniers de guerre 12 000, réfractaires au recensement 5 000)] dont 60 % de Juifs français (2/5 par filiation et 2/5 par naturalisation) et 40 % d'étrangers et apatrides. **Juifs étrangers en France :** *en 1939 :* nombre 120 000 ou 150 000, dont 90 000 arrivés avant 1933 et 55 000 depuis [soit 0,35 % de la population française (6 % du nombre total des étrangers)]. La plupart des réfugiés politiques et raciaux étaient entrés illégalement. Certains furent internés avant le déclenchement de la guerre. *En sept. 1939,* la police arrêtera 15 000 ressortissants « ennemis » (en majorité Allemands et Autrichiens) qui seront internés dans les camps des Milles (B. du Rh.), puis, en mai, de Gurs (Pyr.-Atl.), du Vernet (Ariège) et de St-Cyprien (Pyr.-Or.). Environ 50 % furent libérés dans les 3 mois suivants. *En mai 1940,* les arrestations reprendront ; sur 40 000 civils internés dans les camps du sud de la France, il y avait 70 % de Juifs. *Après juin 1940,* 30 000 Juifs étrangers, incorporés dans l'armée française en tant qu'engagés volontaires, furent démobilisés, internés ou enrôlés d'office dans des groupes de travailleurs étrangers (GTE).

■ **Livraisons de l'industrie française à l'Allemagne.** *Véhicules :* 116 917 (Renault 32 877, Citroën 32 248, Peugeot 22 658, Ford 10 620, Berliet 2 389). *Avions :* 1 540 (moteurs 4 138, hélices 4 144, pièces : des millions).

■ **Mines.** 370 000 ha minés, 100 millions de mines enfouies. DÉMINAGE (en 1945) : *mines terrestres :* au moins 15 millions enterrées ; *marines :* des centaines de milliers ; *obus non explosés :* 17 millions ; 500 000 ha dangereux. Sur 3 200 démineurs français (500 †) et sur 50 000 prisonniers allemands (plus de 2 500 tués). Plus de 500 civils tués par des explosions entre 1944 et 50.

■ **Morts et disparus.** **Militaires :** *1939-40 :* 123 079. *Prisonniers † en Allemagne :* 45 000. *Armée de libération et Forces françaises libres :* 54 929 [dont *FFL* environ 11 700 (terre 8 600 ; marine de guerre 1 000 ; marine marchande 1 500 ; air 600) ; *armée d'Italie :* 7 251 (officiers 389 ; sous-officiers 974 ; hommes du train 5 888)]. **FFI :** 8 000. **Alsaciens et Mosellans** (tués dans la Wehrmacht) : 40 000. **Autres Français engagés dans la Wehrmacht :** 2 000 (?).

Civils (330 000 000) : 412 000 dont *victimes de bombardements alliés* 67 078, *d'opérations terrestres* 58 000, *otages fusillés par les Allemands* 29 660 (selon le procureur Dubost, le 24-1-1946) ; 200 000, dont 75 000 du parti communiste (chiffres du PCF en 1945) ; 498 avant le 1-6-1942 et 254 entre le 1-6-1942 et le 25-8-1944 (selon l'ambassadeur d'Allemagne Abetz, en juillet 1949) ; 1 845 (selon Rousseau et Céré dans *Chronologie du conflit mondial*) ; 1 811 (chiffres du bureau du PPF à Nancy, le 29-8-1944) ; 23 000 massacrés [selon Henri Frenay (1905-89 ; au ministère des Prisonniers et Déportés 1944-45). *Fusillés au mont Valérien* (Suresnes, Hts-de-S.) :1 007 (dont 174 Juifs) du 1-1-1941 au 15-6-1944 selon Serge Klarsfeld (et non 4 500 comme l'indique une plaque). **Déportés :** 222 000 [(83 000 raciaux, 65 000 politiques) chiffres du *JO* du 24-2-1962 : DÉPORTÉS *résistants :* 16 702 vivants, 9 783 † ; *politiques :* 13 415 vivants, 9 325 †. INTERNÉS *résistants :* 9 911 vivants, 5 759 † ; *politiques :* 10 117 vivants, 2 130 †].

Condamnés pour collaboration et exécutés par la Résistance : 105 000 selon Saint-Paulien, citant le min. de l'Intérieur Adrien Tixier (févr. 1945) ; 97 000 selon François Mitterrand (28-5-1948) ; 9 000 à 15 000 selon Henri Amouroux (1991).

■ **Pertes économiques dues à l'occupation.** **Bilan global :** 1 500 milliards de F (valeur 1938) dont par spoliation 452, destructions et autres dommages 670, dommages en Alsace-Lorraine et autres zones particulières 127, coût du travail en Allemagne 200 (selon A. Piatier, *la France sous l'Occupation*). **Indice de la production industrielle :** *1939 :* 100 ; *1941 :* 68 ; *1942 :* 62 ; *1943 :* 56 ; *1944 :* 43. En 1941-42 l'Allemagne prélèvera environ 34 % de cette production déjà réduite et en 1943-44 elle en prélèvera environ 38 %. **Destructions.** **Immeubles :** 460 000 rasés, 1 900 000 lézardés (Caen rasée à 78 %, Le Havre à 82 %). **Immeubles détruits :** *de sept. 1939 au 22-6-1940 :* 832 114 (312 394 partiellement). *Sans-abri :* 1 million. **Ponts :** 9 300 [dont routiers 6 500, ferroviaires 2 800 (reconstruction 1 000 par an, soit 3 ponts de plus de 40 m par j)]. **Camions et remorques :** 160 000 sur 430 000 en 1939 (parc reconstruit 1947 : 450 000). **SNCF :** 20 % des actifs : lignes 4 870 km, appareils voies 14 000, blocks 11 620 km, bâtiments 4 000 000 de m², ponts et viaducs 2 600, tunnels 70, caténaires 980 km, sous-stations de traction électrique 20, gares 960, grands triages 24, locomotives 7 000 (+ 7 000 endommagées), locomotives électriques 11 (+ 140 endommagées), voitures de voyageurs 16 000 (+ 3 000 endommagées), wagons de marchandises 315 000 (+ 60 000 endommagés) [RECONSTRUCTION : *nov. 1946* (achats en Amérique) : 10 350 locomotives, 275 000 wagons, 13 800 voitures ; 30 000 km de lignes sur 37 200 rouverts. *1947 :* toutes les voies, 2 422 viaducs, 3 500 000 m² de bâtiments]. **Navigation :** 8 200 km de canaux (sur 9 000), 220 remorqueurs (sur 500), 7 600 chalands (sur 13 800). *Ports maritimes :* destruction quasi totale, 1 096 grosses épaves dans chenaux (Marseille : capacité réduite des 2/3).

Frais d'occupation : fixés le 8-8-1940 à 20 millions de marks soit 400 millions de F par jour (ramenés à 300 au 11-5-1941, remontés à 500 au 11-11-1942). Au total 620 866 millions de F furent versés. [Ces frais représentaient l'entretien (22 F par j et par h) de 18 millions d'h., alors que 300 000 h. suffisaient à occuper la France. En outre, le mark étant évalué arbitrairement à 20 F français, les Allemands achetaient les produits français au 1/5 de leur valeur réelle.]

Endettement de l'État (en milliards de F) : *1939 :* 445 ; *1944 (fin) :* 1 680.

■ **Prisonniers de guerre français.** **Capturés :** 1 845 000 [*en 1939-40* (au 25-6-1940) : pris au combat : 2 650 000 ; internés : 1 830 000 ; *1941/43 :* 15 000]. A la suite des décès ou disparitions [51 000 dont 37 054 décès répertoriés (soit 3,7 % de l'effectif de 1945)], des libérations et évasions, ils n'étaient plus que 1 490 000 (fin 1940), 1 216 000 (en 1941), 1 109 000 (en 1942), 983 000 (en 1943), 956 101 (en juin 1944, dont 221 443 travailleurs libres).Ils ont pu jusqu'en 1944 envoyer de l'argent en France et, à partir de juin 1942, devenir travailleurs libres (voir col. c). Environ 5 000 épousèrent des Allemandes et restèrent en Allemagne après 1945. Environ 80 000 s'évadèrent entre juin 1940 et nov. 1942, la plupart se réfugièrent en zone libre où, après l'occupation de la zone libre (nov. 1942), ils furent soumis au même régime que les hommes de leur classe d'âge. **Internés en Suisse :** 30 000.

Bilan du 17-11-1947 (du secrétariat d'État aux Anciens Combattants) : *prisonniers transférés en Allemagne :* 1 580 000 ; *évadés :* 70 000 ; *rapatriés :* anciens combattants 59 359 [1], pères et soutiens de famille 18 731 [1], service de santé 32 740, malades, blessés 183 381, militaires de carrière libérés pour encadrement 1 422 [1], sauveteurs 232 [1], services rendus 81, spécialistes 14 490 [1], relève 90 747 [1], Alsaciens-Lorrains 7 681, Dieppois 1 580, administration publique 17 751 (dont, semble-t-il, 10 000 libérés en France) [1], veufs 123 [1], cas humanitaires 273, récompense 8, cultivateurs 18 127 [1], cheminots 1 710 [1], ingénieurs agronomes 381 [1], divers et indéterminés 81 076, mission de propagande 4.

Nota. – (1) Rapatriements dus à l'action de Vichy.

■ **Prisonniers allemands en France.** *En 1945 :* 661 000, dont 440 000 livrés par les Américains (le *1-10-1945,* 200 000 inaptes furent récupérés par les Américains). *Décédés 1944-46 :* 22 885 (soit 3,05 % des captifs) dont 2 500 à 3 000 victimes du déminage [dont lors d'un accident à Asnières-en-Besson 132 (28 Français tués aussi)]. *Causes de décès* (en %) : sur 1 837 cas identifiés, maladies 68,3, accidents de déminage 8,7, du travail 8,1, tués par balles (évasion)/morts des suites de leurs blessures 4,7, suicides 1,3 (causes inconnues 8,9).

■ **Rations alimentaires.** Correspondaient à 1 700 calories par j environ. **Catégorie A** (de 22 à 70 ans, non travailleurs de force, ni cultivateurs) : *octobre 1940, par jour :* pain 250 g, matières grasses 15 g ; *par semaine :* viande 180 g, fromage 40 g ; *par mois :* sucre 500 g ; *avril 1941, par jour :* pain 240 g ; *par semaine :* viande 250 g, fromage 75 g ; *par mois :* vin 3 l, matières grasses 550 g, sucre 500 g, riz 200 g, pâtes 250 g. **Autres catégories : E** moins de 3 ans, **J1** (3 à 6 ans), **J2** (6 à 13 ans), **J3** (13 à 21 ans), **T** (21 à 70 ans, travailleurs de force), **C** (21 à 70 ans, cultivateurs), **V** (plus de 70 ans) : les rations étaient calculées différemment (du lait pour E, J et V, du vin pour T, etc.). La sous-alimentation a fait progresser tuberculose, rachitisme et caries dentaires ; l'espérance de vie a baissé de 8 ans.

■ **Travailleurs. En Allemagne.** **Volontaires : 1°)** *« désignés » :* partis entre automne 1940 et juin 1942 : 153 000. **2°)** *Autres :* 34 652. Nombreux retours plus ou moins licites avant juin 1942. Il en resta 43 000 en Allemagne. **STO (Service du travail obligatoire)** voir p. 698 a : travailleurs partis avec la « relève » à partir de juin 1942 : total cumulé 70 000 (été 1942), 240 000 (déc. 1942), 490 000 (mars 1943), 670 000 (août 1943), 723 000 (juillet 1944). *Départs par périodes : du 1-6 au 31-12-1942 :* 240 386 ; *du 1-1 au 31-12-1943 :* 456 000 ; *du 1-1 au 30-5-1944 :* 34 244. **Relève :** conditions stipulées entre Laval et les nazis en juin 1942 : 3 travailleurs volontaires contre le retour d'1 prisonnier de guerre (chiffres effectifs : 723 162 travailleurs entrés en Allemagne : 111 000 prisonniers et malades rapatriés ; 197 000 prisonniers transformés en travailleurs libres). Leur dénomination officielle est « personnes contraintes au travail en pays ennemi » (ou « occupées par l'ennemi »). Les anciens travailleurs en Allemagne se sont vu refuser le 13-2-1978, par la cour d'appel de Paris, le droit de s'appeler « déportés du travail ». Les cours d'appel de Limoges (19-4-1990) et de Toulouse (29-11 et 4-12-1989) n'ayant pas interdit cette dénomination ont vu leurs 3 arrêts cassés le 31-1-1992 par la Cour de cassation. Le 19-11-1980 le groupe communiste avait déposé une proposition de loi pour faire adopter la formule « victimes de la déportation du travail » rappelant que 60 000 travailleurs forcés moururent en Allemagne (dont 15 000 exécutés pour actes de résistance) ; 50 000 sont revenus tuberculeux. Entre 1945 et 1980, 25 % sont morts de handicaps divers.

Employés en France par les Allemands. *1940-41 :* 2 000 ; *6-6-1944 :* 558 000 [dont l'organisation Todt (créée en 1933 par l'ingénieur Fritz Todt, 4-9-1891/8-2-1942, accident d'avion) 251 000, Wehrmacht 65 000, Luftwaffe 137 000]. En outre, les accords conclus, le 17-9-1943, entre le min. français Bichelonne et le min. allemand Speer avaient prévu que certaines entreprises (les usines « S ») et les mines devaient être assimilées à des entreprises allemandes, ce qui permettait à 1 917 294 travailleurs français d'être maintenus sur leurs lieux de travail.

ÉTAT FRANÇAIS

☞ Le 1-7-1940 le gouvernement s'installe à Vichy (voir p. 687 c). Le Conseil d'État a déclaré que la zone Sud, avant son invasion en 1942, était un « territoire contrôlé par l'ennemi ».

■ **1940** (10-7) **M^al Philippe Pétain** (Cauchy-à-la-Tour 24-4-1856/23-7-1951). Père agriculteur. Études au collège des jésuites et dominicains. St-Cyr. 1876 sous-L^t. 1914 colonel, -27-8 G^al de brigade, -14-9 de division, -28-10 de corps d'armée. 1915-21-6 G^al d'armée. 1917-29-4 chef d'état-major, -15-5 remplace Nivelle (C^dt en chef armées du Nord et Nord-Est). Vainqueur de Verdun, restaure le moral des troupes. 1918-19-11 M^al de France. 1920 vice-Pt du Conseil supérieur de la guerre. 1922 inspecteur général de l'armée. 1925-26 au Maroc. 1929 Action française. 1931 inspecteur de la défense aérienne. 1931 élu à l'Académie française. 1934 à l'Académie des sciences morales et politiques. 1935-1/4-7 min. de la Guerre, -9-2/9-11 min. d'État. 1939-mars ambassadeur en Espagne. 1940-18-5 min. d'État et vice-Pt du Conseil (cabinet Reynaud), Bordeaux -16-6 Pt du Conseil ; **chef de l'État français du 10-7-1940 au 20-8-1944,** jour où il est emmené de force à Belfort, puis à Sigmaringen (Allemagne). 26-4-1945 regagne volontairement la France par la Suisse ; 23-7 au 15-8 procès ; 15-8, défendu par le bâtonnier Fernand Payen, Jacques Isorni (1911-95) et Jean Lemaire, il est condamné (14 voix contre 13) à mort (peine commuée le 17-8 par de Gaulle en détention à vie), à l'indignité nationale et à la confiscation de ses biens. Transféré au fort du Portalet (août-nov. 1945), puis le 14-11 au fort de la Pierrelevée à l'île d'Yeu, il meurt villa Luco (Port-Joinville, île d'Yeu) le 23-7-1951. Le 19-2-1973 : un commando dirigé par Henri Massol (35 ans, qui se livrera) enlève le cercueil qui sera retrouvé le 21-2 dans un garage à St-Ouen, il sera réinhumé.

■ Organisation

■ **Révolution nationale.** Nom donné par Pétain dans son message du 8-10-1940 à l'action de Vichy, tendant à créer un nouvel ordre moral : rejet des mensonges, de l'égoïsme, de l'esprit de jouissance, du goût des loisirs, exaltation des vertus traditionnelles et des notions de travail, famille, patrie ; interdiction des grèves (selon une *Charte du travail*) ; création des Chantiers de la jeunesse ; promulgation du *statut des Juifs*.

■ **Armée de l'armistice. France :** l'armistice permet à la France de garder une armée de 100 000 h. (dont officiers 4 000, sous-officiers 15 000), nombre identique à celui accordé à l'Allemagne par le *traité de Versailles* de 1919. Le maintien sous les drapeaux de la 3e fraction de la classe 1938 et de la 1re fraction de la classe 1939 est autorisé. *Effectifs* métropole : 170 000 h. [dont 100 000 h. de l'armée proprement dite, dont gendarmerie nationale 40 000, travailleurs coloniaux 15 000, DAT (unités de guet) 10 000, gardes mobiles 6 000, pompiers de Paris 5 000]. *Engagés :* il faut être Français, avoir moins de 27 ans, être non-juif (9 officiers généraux juifs ont été exclus de l'armée), jouir de ses droits civils, n'avoir pas encouru de condamnations graves. Les engagements étant insuffisants, il manquait, fin 1942, 30 000 h. Les écoles de St-Cyr (où il y aura 3 promotions : 1940-41, 1941-42, 1942) et de St-Maixent sont repliées à Aix-en-Provence (à la caserne Miollis). L'École de l'Air reste à Salon-de-Provence, l'École navale est repliée à Dakar, à Toulon, puis à Clairac (L.-et-G.). En *novembre 1942*, lors du débarquement en Afrique du Nord (voir p. 700 a), les régiments reçoivent l'ordre de quitter leurs casernes, suivi d'un contre-ordre. De Lattre de Tassigny résiste au contre-ordre. Le *11-11*, à 7 h du matin, les troupes allemandes pénètrent en zone libre. *-13-11* Pétain appelle au calme (attente d'ordres qui ne viendront jamais). *-29-11* l'armée de l'armistice est démobilisée sur injonction d'Hitler à Pétain (26-11). Les hommes sont renvoyés dans leurs foyers, les officiers et sous-officiers sont mis en *congé d'armistice* et répartis dans les administrations civiles, Génie rural, Éducation nationale, Chantiers de la jeunesse. Certains rejoindront la Légion tricolore ou LVF (voir p. 697 a), d'autres les GMR, gendarmerie, pompiers ou milice française (voir col. c, p. 697 b et 698 a). **Afrique du Nord :** 137 000 h. (dont 12 000 de l'armée d'armistice repliés en AFN) ; **outre-mer :** 142 000 h. (dont A.-O.F. 65 000 h., Indochine 63 000, Madagascar et Djibouti 14 000).

■ **Centres de jeunesse urbains et ruraux.** *Créés* le *12-7-1940* pour lutter contre le chômage et l'oisiveté provoqués par la guerre et la défaite.

■ **Chantiers de la jeunesse. Origine : 1940**-*juin* après l'armistice, des contingents de la classe 1939/3 et 1940/1, qui ont été mobilisés en mai et qui n'ont pas eu le temps de gagner les dépôts ou en ont été chassés par l'invasion, tentent de rejoindre à pied les casernes qui leur ont été (parfois) indiquées. Ils ont été oubliés dans les clauses de l'armistice. *-2-7* le Gal Picquendar (2e sous-chef de l'état-major général), en accord avec le Gal Weygand (ministre de la Défense) et le Gal Colson (secrétaire d'État à la Guerre), demande au Gal Jean de La Porte du Theil (1884-1976) de les regrouper avant qu'ils ne se transforment en délinquants. *-3-7* Pétain, par une loi, crée les « Groupements de jeunesse », devenus en sept. « Chantiers de la jeunesse » (nom trouvé par Robert Laviale, un jociste, pour rassurer les commissions d'armistice allemande et italienne). La Porte du Theil est nommé commissaire général. **1941**-*28-3* statut signé (le *15-5-1944* le temps passé sera validé comme service militaire) ; **1944**-*4-1* La Porte du Theil révoqué (5-1 arrêté par les Allemands et déporté) ; Émile Bernon (lieutenant-colonel d'aviation) directeur par intérim. Les Chantiers se transforment en unités de travailleurs ; *-févr.* Émile Loubet directeur ; *-10-6* loi n° 314 dissout les Chantiers à compter du 15-6. **Composition :** *cadres supérieurs :* commissaire général (assimilé à un G^{al}), commissaire régional (colonel), commissaire général ou régional adjoint (colonel), commissaire chef de groupement (colonel) ; *cadres moyens :* adjoint (capitaine ou chef de bataillon), assistant (capitaine ou L^{t}), chef de groupe (L^{t}), assistant (sous-lieutenant ou aspirant) ; *cadres subalternes :* commis (sous-officier), apprenti commis (sous-officier), chef d'atelier (sergent-chef), chef ouvrier (maître ouvrier), moniteur (sous-officier), chef d'équipe (caporal). **Tenues de sortie :** « vert forestier » sinon souvent disparates. Les chefs ne portent pas de « grades » mais des « insignes de fonctions » sur la poitrine. **Mobilisés :** *juillet 1940 :* 86 740 (inaptes 2 775) ; appelés *(1941-44) :* 329 100 (inaptes 20 952) ; total (aptes) 392 113 [il y aura 500 †, 172 accidentellement (9 noyades)].

Chantiers en zone Nord : extension prévue en 1941-42. Mais les Allemands ont plutôt besoin de main-d'œuvre et craignent surtout la présence de milliers de jeunes à proximité des massifs forestiers propices à la constitution de maquis. En 1943, de petits détachements viendront, notamment en sept., pour participer au déblaiement des ruines de Nantes après 2 bombardements qui firent plus de 1 000 †.

Chantiers de la marine : *créés* en janv. 1941 pour réunir les inscrits maritimes dans des centres spéciaux afin de relever le niveau des équipages de la flotte de commerce. Instituteurs des académies, séminaristes du littoral et scouts marins sont autorisés à se porter volontaires (destinés à l'encadrement). **Nombre :** simultanément 800 (dont 400 en métropole). **Devise :** « Honneur et Patrie. »

■ **Compagnons de France. Nom :** emprunté aux compagnons du Tour de France. **1940**-*25-7 fondés* en zone Sud par Henri Dhavernas (inspecteur des Finances et commissaire général par intérim des scouts de France en 1939-40 ; Pt). Étienne de Crÿy (1er vice-Pt), Georges Demay (secrétaire) et Philippe Lavagne (trésorier). Dhavernas et son équipe convoquent en forêt de Randan (près de Vichy), pour un « camp-élaboration », les associations politiques, éducatives, confessionnelles : 46 dirigeants (dont 8 femmes) viennent. Les scouts, l'Association catholique de la jeunesse de France, l'Union chrétienne des jeunes gens (protestants), les Auberges de jeunesse, les Frontistes (de Gaston Bergery), les jeunes du Parti populaire français, du Parti social français de La Rocque, de la CGT ou du Parti socialiste, signent la *charte de Randan* pour former des jeunes afin de reconstruire matériellement et moralement la France dans le respect de la personnalité de chacun. *-29-11* les jeunes de l'Empire français [créés 30-11-1938 par Jean Daladier (fils du Pt du Conseil), jeunes de 14 à 19 ans], les rejoignent. **Chantiers ouverts :** 230 [tâches civiques, travaux agricoles, de forestage, carbonisation, terrassement (routes, stades...)]. *Travail :* 6 h, puis éducation physique et éducation générale. **Tenue :** chemise à poches et pattes d'épaule, culotte et béret bleu foncé porté à droite. **Cri de ralliement :** chef : « A moi, compagnons ! » ; réponse : « France ! » **Devise :** « Unis pour servir. » **1941** 30 000 compagnons. *-18-5* C^{dt} : Guillaume de Tournemire (élu par 18 voix contre 3) ; dirige 200 Cies (artisanales, autonomes, itinérantes), 13 camps-écoles et une Cie itinérante (créée par Robert Marjolin) chargée d'organiser des « coups compagnons » (saccage des permanences de mouvements collaborationnistes, de restaurants et de bordels). **1942**-*nov.* Dhavernas quitte le mouvement (rappelé aux Finances à Vichy puis à Paris). Après l'invasion de la zone Sud et l'instauration du STO, le mouvement perd nombre de ses garçons. Tournemire entre dans le réseau de Résistance « Alliance » de Marie-Madeleine Fourcade et crée ses *compagnons druides*. **1943**-*5-10* Tournemire, menacé d'arrestation, passe à la clandestinité. **1944**-*15-1* décret de *dissolution* (*JO* du 21-1).

■ **Conseil national.** *Créé* par la loi du 24-1-1941 : « Émanation des forces vives de la nation. » **Membres** (désignés par décret du chef de l'État le *23-1-1941*) : 188 puis 192 (4 musulmans désignés le *22-3-1941* pour représenter l'Algérie). Doit s'occuper de la réorganisation de l'administration, et de la Constitution. **1941**-*4-11* : 20 nouveaux membres remplacent 17 démissionnaires. Ne sera jamais réuni en assemblée. **Secrétaire général :** vice-amiral d'escadre Fernet. Travaille avec 7 commissions. **Insigne du Conseil :** francisque gallique (aux dimensions de la décoration) appliquée sur un écu d'argent, rectangulaire, motifs de vermeil, 50 × 30 mm.

■ **Délégué général du gouvernement de Vichy dans les territoires occupés. 1940**-*10-6* Léon Noël ; *-23-8* G^{al} de La Laurencie ; *-17-12* Fernand de Brinon.

■ **Division SS Charlemagne.** *Créée* en brigade le 12-11-1944. A regroupé, *fin oct. 1944*, LVF, SS français, miliciens et doriotistes réfugiés, Kriegsmarine et NSKK. *Début 1945*, comprend 7 000 Français. Presque anéantie en *mars et avril 1945* en Poméranie. Un groupe échappé (environ 300) participa à la défense de Berlin sous les ordres du G^{al} SS Krukenberg. *Du 1er au 8-5-1945*, une compagnie participa à la défense de Dantzig.

■ **École des cadres d'Uriage.** *Créée* 12-8-1940 par le capitaine de cavalerie Pierre Dunoyer de Segonzac ; appelée d'abord École nationale des cadres de la jeunesse (ou le Centre de formation des chefs supérieurs de la jeunesse française). S'installe au château de la Faulconnière (près de Gannat, Allier), puis le *1-9* au château de St-Martin d'Uriage (Isère). **Instructeurs :** 25 d'origines diverses. **Directeur du bureau des études :** Hubert Beuve-Méry (5-1-1902/6-8-1989, qui deviendra directeur du « Monde »). *Stages : 16-9-1940 :* 1er ouvert pour les volontaires de 20-25 ans ; se succèdent de quinzaine en quinzaine, puis toutes les 3 semaines (sont devenus obligatoires pour ceux reçus à un concours de la fonction publique). **Conférences :** des conférenciers (comme Paul Claudel) viennent compléter la formation intellectuelle. L'œuvre du gouvernement de Pétain est étudiée et commentée. **Uniforme et insigne :** instructeurs permanents : blouson de ski gris, short ou culotte de cheval. *27-12-1942* Laval *supprime* l'École par décret. Quelques cadres s'engagent dans le Vercors.

■ **Équipes nationales.** *Créées* pour faire participer les volontaires de 12 à 25 ans à la protection et au secours des populations menacées ou éprouvées par les bombardements, l'évacuation... Commandées par le secrétaire général de la Jeunesse, elles sont mises à la disposition des pouvoirs publics. **Éléments organiques :** *main :* formée de 5 équipiers ou équipières ; *section :* 3 à 6 mains ; *groupe :* 2 à 4 sections ; *ban :* unité géographique et administrative, peut correspondre à un arrondissement, une grande ville ou un secteur d'une grande ville ; *équipe :* cadets ou cadettes 12-14 ans, pionniers ou pionnières 14-17 ans, volontaires 17-25 ans. **Devise :** « Unis pour combattre. » **Appel collectif :** « Jeunesse ! » ; réponse : « France ! » **Salut individuel :** bras droit à l'horizontale, avant-bras à la verticale, paume à gauche. **Emblème :** croix celtique, empruntée à la Jeunesse légionnaire d'Algérie [symbolise l'union de la civilisation chrétienne (croix) et des traditions celtiques (anneau)]. **Uniforme :** bleu marine : chemise, béret basque incliné à gauche, cravate noire en signe de deuil, pantalon ou culotte (*en été :* chemise col ouvert, manches relevées) ; *chefs :* béret, chemise et cravate, pantalon fuseau, guêtres blanches.

■ **Gardes des communications.** *Créés* **1941**-*23-1* en zone libre ; encasernés et en tenue, rattachés au secrétariat d'État aux Communications ; *-28-10* passe en zone Nord. **1942**-*28-5* sous l'autorité du secrétariat général de la Police, par l'intermédiaire d'une Direction de la garde des communications. **1943**-*avril* une milice (de 18-50 ans) est formée par les communes riveraines des voies ferrées (sont exemptés : boulangers, médecins et employés des chemins de fer) ; *-15-7* toutes les communes sont concernées. **Uniforme :** bleu national, écusson « GC ».

■ **Garde de Paris. 1940**-*14-6* les Allemands entrent à Paris ; la garde républicaine, désarmée, reste sur place (officiers et cavalerie peuvent conserver leur sabre). La « Musique » suit le P^{t} de la Rép. à Bordeaux puis à Vichy où elle devient (loi n° 700 du 17-7-1942) la « Musique de la garde personnelle du chef de l'État ». La légion est rattachée au préfet de police et perd son caractère militaire et ses rapports avec la gendarmerie nationale. Décision non mise en vigueur par le gouvernement français (qui considère la légion comme un élément essentiel de la gendarmerie). La garde républicaine devient garde de Paris (nom qu'elle avait avant le 4-9-1870). **1943**-*18-2* décret : la garde de Paris est démilitarisée et remise sous l'autorité du préfet de police. **Uniforme :** celui de la garde républicaine. **Insigne :** bouclier rond avec les mots « Garde de Paris ».

■ **Garde personnelle du chef de l'État** (dite **Garde du Maréchal**). *Créée* le 19-8-1942, *-27-8* reçoit son drapeau, entre en fonctions le *1-10*. **Effectifs :** 420 h. **Musique :** celle de la garde républicaine de Paris. **1943** forme définitive (sous les ordres du C^{el} Barre). **Administrée** par la direction générale de la gendarmerie nationale. *-21-2* devient *légion de la garde personnelle du chef de l'État* (559 officiers). **Uniforme :** 1942-44 celui de la garde républicaine de Paris ; tenue de gala : bicorne « en colonne » (pointe en avant, au contraire des gendarmes du XIXe s.).

■ **Garde mobile.** *Créée* 24-2-1848 en recrutant de jeunes Parisiens (ex-émeutiers sans ressources). *Regroupe* 24 bataillons de 15 000 h. et sera plus tard rattachée à la gendarmerie. **1940**-*17-11* décret : les légions de la garde républicaine mobile sont rattachées à l'armée. **Effectifs :** 9 300. **Directeur général :** Gal Perré. **1943**-*15-4* rattachée au ministère de l'Intérieur. Les légions deviennent régiments.

■ **Gendarmerie nationale. 1942**-*2-6* Paris, une *section de gendarmerie des territoires occupés* assure la liaison avec la commission d'armistice ; elle dépend de la *Direction générale de la gendarmerie* et est rattachée au secrétariat d'État à la Guerre, puis au chef du gouvernement. **1943** *-9-1* les légions de gendarmerie prennent les noms des provinces.

■ **Groupes mobiles de réserve (GMR).** *Créés* par décrets des 23-4 et 7-7-1941. **Origine :** 1937, 6 unités de « réserve mobile » organisées en Seine-et-Oise. Appartiennent à la police en uniforme qui regroupe aussi les gardiens de la paix. *Exercent* leurs attributions dans une région et dans certains cas sur un point quelconque du territoire national (les gardiens de la paix exercent uniquement dans la ville où ils ont été nommés). **Effectifs :** 6 931 h., *juin 1944 :* 11 617 h. en 64 groupes. **Uniforme :** tenue et grades des gardiens de la paix. **Insigne :** tête de lion rugissant en bronze au milieu du bras gauche.

■ **Groupes de protection.** *Créés* en 1940 par le C^{el} Georges Groussard. *Adjoint :* François Méténier (ancien cagoulard). **Centre d'information et d'études (CIE)** créé par Groussard ; charge le C^{el} Heurteaux de constituer des équipes de 2 ou 3 hommes pour donner des renseignements précis sur les agissements de la Gestapo et des autorités militaires allemandes. **Uniforme :** veste de cuir, culotte de cheval ou pantalon, casque des troupes blindées avec bourrelet, chèche autour du cou et au bras gauche un brassard blanc avec lettres « GP ».

■ **Jeunesse et montagne (JM).** *Mis en place* le 2-8-1940 à la demande du G^{al} d'aviation d'Harcourt (secrétaire général à la Famille et à la Jeunesse depuis la veille) pour regrouper les engagés de l'armée de l'air démobilisés. *A sa tête :* capitaine Jacques Faure. **Devise** de Guynemer : « Faire face » et un présentez-armes inversé et sans fusil. **Stage :** 8 mois. **1943**-*2e semestre,* noue des liens avec la Résistance. **1944**-*30-1 dissoute.*

■ **Légion française des combattants (LFC). Origine :** 11-11-1939. **1939**-*12-11* l'UF (Union fédérale d'Henri Pichot) et l'UNC (Union nationale des combattants de Jean Goy ; 850 000 h. ; plutôt à droite) se rapprochent ; *Légion des combattants français* créée par Henri Pichot. *-3-12* la Confédération nationale des anciens combattants et victimes de guerre devient la *Légion française des combattants. Secrétaire général :* Georges Rivollet (ancien ministre des Pensions). **1940**-*juillet* Xavier Vallat (vice-Pt de la Chambre des députés ; avocat catholique ; maurrassien ; ayant perdu pendant la guerre de 1914-18 un œil et une jambe), secrétaire général aux Anciens Combattants, reprend l'idée. *-30-8* loi créant la *Légion française des combattants* [reconnue d'utilité publique ; une ordonnance allemande du 22-9 (entérinée 27-8) interdit la Légion en zone occupée]. **1941**-*18-11* devient la *Légion française des combattants et des volontaires de la Révolution nationale.* Les *Amis de la Légion,* créés 26-2-1941, disparaissent. On distingue légionnaires combattants et légionnaires volontaires. **Membres :** *nombre* (avec son annexe de volontaires pour la révolution nationale) : en zone Sud 1 200 000 + outre-mer 350 000 (dont Afrique du Nord 150 000). *Conditions :* il faut prouver qu'on a été combattant au front, être présenté par 2 parrains, prêter serment et payer une cotisation annuelle. **Direction :** créée le 14-9 ; *Pt :* M^{al} Pétain ; *vice-Pts :* Jacques Péricard (armée de terre ; † 18-3-1944 dans une embuscade), C^{dt} Lapébie (puis C^{dt} Fouillarde ; marine), C^{el} Heurteaux (air) ; *dir. général :* Pierre Héricourt (puis mars 1941 François Valentin : en juin quitte la Légion, rejoindra la Résistance ; ne dépend plus du secrétariat des Anciens Combattants ; 18-4-1942 refuse le poste de ministre que lui offre Laval ; 9-6 se retire ; Raymond Lachal lui succédera) ; *délégué général :* Loustaunau-Lacau (puis nov. 1940 Émile Meaux).

Comité de rassemblement pour la révolution nationale constitué en janvier 1941. **Jeunesse de France et d'outre-**

mer (JFOM)** créée en avril 1941 par Pugibet, et reprise par Jean-Marcel Renault (ancien pilote de chasse). **Institut national de formation légionnaire** créé le 6-1-1942 (soutient la *charte du travail* promulguée 4-10-1941). **Groupes légionnaires d'entreprises (GLE)** éditent « La Voix ouvrière » à Lyon (n° 1 en août 1942). Laval nomme Joseph Darnand délégué permanent de la Légion auprès du chef du gouvernement. À cette époque, Benoist-Méchin crée la *Légion tricolore*. Les légionnaires sont invités à s'en faire les sergents recruteurs. **1943**-1-4 rupture Milice/Légion.

Service d'ordre légionnaire (SOL). Origine : 1940. *Créé* par Marcel Gombert. Jeunes volontaires pour des missions d'ordre et de protection. **1941**-*août* devient Service d'ordre légionnaire. *-Fin d'année* plusieurs SOL informels créés (outre Alpes-Maritimes avec Darnand, Haute-Savoie et Haute-Garonne). **1942**-*12-1* officialisé au niveau national ; formation spécifique ; dépendant de la Légion des combattants. Joseph Darnand (assisté d'un adjoint, C. Crozier) prend le titre d'inspecteur général ; secrétaire général : Noël de Tissot (nommé 13-3-1942). **1943**-*5-1* se transforme en Milice (voir ci-dessous). **Manifestations : 1942**-*21-2* Nice (défilé aux flambeaux ; *22-2* prestation de serment de 2 000 SOL aux arènes de Cimiez) ; *-3/4-6* Annecy ; *-11/12-7* Lyon ; *-3/4-10* Marseille. **Missions :** repérer les foyers de propagande antigouvernementale ; déceler et suivre les symptômes d'agitation ; réprimer les menées antigouvernementales ; garantir en toutes circonstances le fonctionnement des pouvoirs publics. *-29-5-1942* Jean Filliol propose à Laval de remplacer tous les légionnaires partis en zone Nord et d'installer Joseph Darnand et le SOL à Paris ; Laval s'en méfie (composé d'anciens GP et cagoulards, qui l'ont arrêté en déc. 1940 et ont tenté de le tuer en août 1941). Les Allemands leur préfèrent des collaborationnistes fascisants. **Conditions de recrutement :** être français, avoir entre 20 et 45 ans, ne pas être juif ni avoir été membre d'une Sté secrète, être légionnaire ou volontaire de la Révolution nationale, présenter une certaine aptitude physique, être volontaire pour ce service, avoir une formation politique de révolutionnaire national, recevoir l'agrément du chef communal légionnaire et du chef département SOL, avoir accompli un stage probatoire de 1 à 3 mois et avoir souscrit à l'engagement SOL. **Texte de l'engagement :** « Je m'engage sur mon honneur à servir le chef de la Légion, à consacrer tous mes efforts au triomphe de la Révolution nationale et de ses idéaux selon les ordres donnés par mes chefs et la discipline librement acceptée du SOL. » Certains SOL démissionnent ou s'en éloignent. En Tunisie, *après le 8-11-1942*, des SOL, des compagnons de France et des PPF s'engagent dans la phalange africaine (certains seront tués). **Programme en 21 points :** *contre* égoïsme bourgeois, apathie, scepticisme, routine, influence, individualisme, ancienneté, anarchie, légalitarisme, vaine liberté, démagogie, démocratie, trust, capitalisme international, tutelle de l'argent, condition prolétarienne, dissidence gaulliste, bolchevisme, lèpre juive, franc-maçonnerie païenne, oubli des crimes ; *pour* solidarité humaine, enthousiasme, foi, esprit d'initiative, mérite, esprit communautaire, valeur, discipline, vraie liberté, autorité, métier, corporatisme français, primauté du travail, justice sociale, unité française, nationalisme, pureté française, civilisation chrétienne, châtiment des responsables. **Hymne :** chant des cohortes (qui sera repris par la Milice). **Uniforme :** *porté en service et sur ordre :* béret basque avec écusson tissé, chemise kaki (bleu foncé en Hte-Savoie), brassard avec lettres « SO », cravate noire, pantalon bleu marine ou noir de type ski ; *en civil :* insigne en métal noir et argent à la boutonnière. **Effectifs du SOL :** fin 1942 : 32 000 h. selon Darnand (en fait, pour zone Sud 17 888). *Hiérarchie d'une unité départementale :* chef de main (1 chef et 4 SOL), de dizaine (2 mains), de trentaine, de centaine (ou centurie), de cohorte (3 centaines + 1 groupement de 25 membres). **École des cadres :** St-Cyr-au-Mont-d'Or (près de Lyon).

■ **Légion des volontaires français (LVF).** Association *créée* 7-7-1941 (selon loi 1901) par Déat, Doriot, Constantini et Bucard. Le gouvernement voulut en faire une force gouvernementale et créa le 18-7-1942 la *Légion tricolore* pour la remplacer (les Allemands refusèrent, elle sera dissoute le 28-12-1942). Le 5-10-1941, ils prêtent serment à Hitler. La LVF sera reconnue d'utilité publique le 11-2-1943. **Chefs :** *1941 :* colonel Labonne (68 ans). *1943-30-11 :* Gal Puaud. **Aumôniers :** Mgr Jean Mayol de Lupé (1873-1955) condamné en 1947 à 15 ans de réclusion. **Uniforme :** allemand avec écusson tricolore. **Effectifs :** de juillet 1941 à mai 1943, engage 6 429 volontaires sur 19 788 candidats. En mai 1943, compte 2 317 h. (soldats + officiers). *Dissoute* en août 1944.

■ **Maintien de l'ordre. 1941**-*16-2* le *secrétariat général pour la Police* dédouble le *secrétariat général pour l'Administration et la Police* créé en juillet 1940. *-19-4 préfets régionaux* créés (seront aidés plus tard par des *intendants de police*). *-23-4* les maires des villes de plus de 10 000 hab. de la zone Sud perdent la disposition des forces de police qui passent au *secrétariat général pour la Police* qui les nomme, et sous l'autorité du *secrétariat d'État à l'Intérieur* qui les rétribue. École nationale de police instituée. Groupes mobiles de réserve (voir p. 696 c). *-13-5* le préfet régional devient responsable du maintien de l'ordre. *-1-6* arrêté : organise la Direction générale de la police nationale. **Effectifs** au 10-6-1944 **autorisés et**, entre parenthèses, **réalisés :** 130 590 (122 617) dont gendarmerie 41 202 (36 606), corps urbains 36 209 (29 183), préfecture de police de Paris 19 824 (17 392), GMR 12 259 (11 617), gardes des communications 8 490 (7 033), gardes 6 048 (5 840), sapeurs-pompiers de Paris 3 734 (5 493 ; police en uniforme seulement), garde de Paris 2 824 (2 758).

■ **Milice française. Origine :** *créée* par décret le 5-1-1943, donnant son autonomie au SOL sous le nom de *Milice nationale. Le 30-1* une loi reconnaît la *Milice française* d'utilité publique et approuve ses statuts (*JO* du 31-1). Le *1-4* séparation définitive d'avec la Légion des combattants. **Rôle :** réaliser la Révolution nationale, y compris par le maintien de l'ordre (rôle de vigilance, de propagande, de sécurité). Les Allemands se méfient de la Milice (elle ne sera armée qu'en nov. 1943). Laval voulait disposer d'une force pour neutraliser la menace des collaborationnistes parisiens, satisfaire les Allemands en palliant les carences des forces de l'ordre, affaiblir la Légion des combattants et contrôler l'aile « révolutionnaire » du régime. **Dirigeants :** *chef nominal :* Pierre Laval ; *secrétaire général :* Joseph Darnand (voir encadré p. 699 a) assisté d'une équipe d'extrême droite (sauf son adjoint Francis Bout de l'An : professeur, arrière-petit-fils d'un enfant trouvé un 31-12 et nommé par l'Assistance publique Sylvestre Bout de l'An ; secrétaire général adjoint de la Milice le 30-1-1943). **Encadrement :** militaires en congé d'armistice, professions libérales, petits patrons, combattants de 1939-40 [dont la formation, politique et policière, est effectuée dans les écoles de cadres d'Uriage (zone Sud, où elle a repris les locaux de l'école précédente) et d'Auteuil (zone Nord)]. *1er chef :* Pierre-Louis de La Ney du Vair (né 8-2-1907 en Louisiane/mort à Berlin ? ; remplacé oct. 1943 par Jean de Vaugelas, puis A. Giaume). *Chant d'Uriage :* « l'Épaulette ». **Recrutement :** intégration des membres du SOL, puis Jeunesse de France et d'outre-mer (JFOM). Défections nombreuses. A l'inverse de la Légion des combattants ou du SOL, on ne réclame pas un certificat d'ancien combattant et on accepte tout le monde (souvent des dévoyés). Une partie des miliciens de zone Sud est monarchiste, maurrassienne, d'Action française ; les plus jeunes sont souvent « fascistes », venus des francistes, PPF, RNP ; beaucoup sont des artisans, fonctionnaires ou représentants des classes moyennes. **Effectifs** (au 30-6-1943) : 35 000 dont 15 000 francs-gardes permanents (encasernés, soldés) et bénévoles (qui ne répondent que sur convocation). 2 mains forment une dizaine, 3 dizaines une trentaine, 3 trentaines une centaine, plusieurs centaines une cohorte, plusieurs cohortes un centre.

Avant-Garde : *regroupe* les jeunes de la Milice (surtout pour la zone Sud). **1943**-*sept.* 1er camp près du lac d'Aiguebelette (Savoie). *-15-12* assistent à Paris à la veillée autour du cercueil de l'Aiglon. **Drapeau :** bleu avec un disque rouge et *gamma* blanc. **Devise :** « Servir et Combattre. » **Uniforme** *de la Milice :* bleu foncé des chasseurs alpins de l'armée de l'Armistice (créé en 1941 et présenté au public en 1942), puis une vareuse transformée (franc-garde permanente : tenue bleue, parfois kaki ; bénévole : presque toujours kaki en raison de manque de tissu), *gamma* sur le béret (porté à droite pour les hommes, à gauche pour les officiers), ou le calot (surtout pour les miliciennes), brassard sur la chemise (jamais sur la vareuse).

Évolution : 1943-*24-4* Marseille, Paul de Gassowski 1er milicien abattu par la Résistance ; les miliciens vont chercher à obtenir des armes des Allemands (Sipo/SD), malgré les ordres de Darnand. *-2-6* franc-garde permanente créée au camp des Calabres (près de Vichy) : 250 h. en zone Sud sous les ordres du C[dt] Charbonnier et du C[el] de St-Antonin (ont quelques armes prêtées par la police, les GMR ou la gendarmerie). *-13-7* Darnand démissionne. *-14-7* Pétain refuse sa lettre de démission. Les chefs de la Milice veulent conserver leur mission politique et ne pas s'engager dans la répression. Des accords Darnand/résistance anticommuniste sont tentés (Darnand, toujours maurrassien, n'aime pas les « Boches »). Pierre Cance (un des chefs de la Milice) rencontre à Genève le C[el] Groussard qui connaît Darnand, mais leurs avis divergent. Darnand se tourne vers Londres (il y connaît d'anciens maurrassiens ou cagoulards), mais se heurte à une fin de non-recevoir. *-22-7* loi autorisant les Français à s'engager dans la Waffen-SS. *-Août* Darnand prête serment à Hitler, à l'ambassade d'Allemagne à Paris, et est nommé *SS-Obersturmführer*. *-Sept.* 2 centaines aident aux déblaiements des bombardements de Nantes avec des jeunes des mouvements JEN, JFF, JNP, JF et Chantiers de la jeunesse ; c'est la 1re fois que la Milice apparaît en zone Nord. *-Automne* 200 à 300 miliciens ont rejoint les Waffen-SS pour se battre contre les Russes. *-11-10* : 11 chefs de la Milice s'engagent dans la Waffen-SS. **Attentats :** 70 à 80 miliciens (hommes et femmes) ont été tués dans des attentats, notamment le 28-11 au palais des Fêtes de Nice (2 †, 9 blessés graves). Darnand annonce aux résistants des représailles (les 1res ont eu lieu à Annecy les 23 et 24-9). *-2-12* Maurice Sarraut (né 22-9-1869, patron de *la Dépêche de Toulouse*) assassiné à Toulouse à l'instigation de miliciens de la Haute-Garonne. *-Déc.* René Bousquet (secrétaire général à la Police), ayant fait arrêter les auteurs et complices, est remplacé par Joseph Darnand (secrétaire général au Maintien de l'ordre). Philippe Henriot nommé secrétaire d'État à l'Information. **1944**-*11/12-1* assassinat de Victor Basch (81 ans, ancien Pt de la Ligue des droits de l'homme) et sa femme Hélène (81 ans) : commando dirigé par Joseph Lécussan (?) et Henri Gonnet. *-27-1* la Milice est autorisée à passer en zone Nord ; elle est dirigée par intérim par Max Knipping (ancien pilote de ligne, capitaine de réserve), puis par Gaucher. Dans la région de Marseille, elle monte une trentaine composée de Nord-Africains. Certains actes antiguérilla isolés sont mis au compte de la Milice, mais il s'agit d'autres formations, habillées de bleu foncé (comme le Selbstschutz). *-20-1* loi permettant à la Milice de présider des cours martiales (la 1re siège à Marseille début février) : constituées de 3 juges (ni magistrats ni même parfois miliciens), et sans défenseurs (les condamnés à mort sont immédiatement exécutés par des GMR ou des gardes). *-6-6* débarquement en Normandie. *-7-6* Darnand, par radio, mobilise les forces du maintien de l'ordre et la franc-garde bénévole. La franc-garde compte 6 280 h. pour la zone Sud (dont permanents 1 540), francs-gardes en zone Nord 415. *-13-6* Darnand nommé secrétaire d'État à l'Intérieur. *-2-7* la franc-garde bénévole et permanente d'Ile-de-France prête serment dans la cour des Invalides en présence de Darnand et d'officiels allemands [reçoit son drapeau ; défile sur les Champs-Élysées suivie des miliciennes et des jeunes de l'Avant-Garde en stage à La Chapelle-en-Serval (nord de Paris)]. *-13-7* mutinerie à la prison de la Santé (50 mutins dont 28 exécutés et 22 acquittés). Fuyant l'avancée des Alliés en France les miliciens partent pour Nancy et Belfort. **1945** 6 000 miliciens (et leur famille) se réfugient en Allemagne, où ils sont dispersés entre la brigade Charlemagne, les services d'espionnage, la garde du pouvoir de Sigmaringen, le travail en usine et le camp d'Heuberg [12-11-44 encore sous l'uniforme de la franc-garde, ils prêtent serment à Hitler devant le Gal Krukenberg, le Gal Puaud, Léon Degrelle (chef du rexisme belge) et Darnand (en *Sturmbandführer*, chef de bataillon)]. Beaucoup disparaîtront en Poméranie, ou seront faits prisonniers et conduits au camp soviétique de Tambow. D'autres finiront la guerre à Berlin, sous les ordres d'un capitaine de 24 ans. Un autre groupe suit Darnand (dont les Allemands n'ont pas voulu, lui reprochant d'être avant tout un politique) et se poste autour de Tirano (environ 600 h. vont combattre les partisans italiens). A Bolzano, Bout de l'An rassemble les miliciens pour dégager Darnand encerclé à Tirano par les partisans italiens (ne réussira pas) ; Darnand se rend aux Italiens (25-6 sera arrêté par les Anglais et livré à la police française). -5-5 Bout de l'An part pour la vallée de la Pusteria, s'y cache (demeuré en Italie après la guerre, y mourra en 1977).

■ **Police. Organisation : 1941**-*23-3* divisée en *régions* (plusieurs départements ; dirigées par un préfet régional, un intendant de police délégué du préfet), *districts* (représentés en principe par un département ; dirigés par un préfet départemental, un commissaire chef de district), *circonscriptions* (une ou plusieurs communes). La police de sûreté est divisée en police nationale et police régionale ; elle est dirigée et administrée par le secrétaire général à la Police, assisté d'un directeur général de la police nationale. *Pour Paris et la Seine :* services de police sous l'autorité

Mesures anti-juives

■ **Quelques dates. 1940**-*3-10* **statut des Juifs** (art. 1er : est regardée comme Juive toute personne issue de 3 grands-parents de race juive, ou de 2 grands-parents de la même race, si son conjoint lui-même est Juif). *-4-10 décret des Juifs étrangers :* pourront être internés dans des camps spéciaux, par décision du préfet. *7-10* les *Juifs d'Algérie* (français depuis le décret Crémieux de 1870) perdent la nationalité française. **1941**-*29-3* création du **Commissariat général aux questions juives (CGQJ),** commissaire : Xavier Vallat (6-5-1942 Darquier de Pellepoix à la demande des Allemands ; 27-2-1944 Ch. du Paty de Clam). *-14-5* sous la pression allemande, en application de la loi du 4-10-1940, Vichy accepte d'emprisonner les Juifs de la zone occupée (la préfecture de police de Paris arrête 3 747 Juifs étrangers, dont 3 430 polonais, qui sont internés à Pithiviers et à Beaune-la-Rolande). *-2-6* **2e statut des Juifs** (éliminés des professions libérales et commerciales et de l'enseignement supérieur). *-22-7* loi dépossédant les Juifs de leurs biens meubles et immeubles (« aryanisation économique ») ; le *Commissariat général aux affaires juives* confie 52 025 entreprises juives à 7 423 administrateurs provisoires, obligatoirement non juifs (en mars 1941 les comptes bancaires juifs avaient été bloqués) ; loi interdisant aux Juifs de sortir entre 20 h et 6 h du matin, de posséder TSF, bicyclette et téléphone, d'entrer dans un lieu public, de changer de résidence. *-20-8* à Paris, la police municipale sous contrôle allemand arrête 4 232 Juifs hommes dont 1 500 français (internés à Drancy). *-29-11* en France, dissolution des œuvres juives regroupées dans une *Union générale des israélites de France (UGIF)*. *-12-12* les feld-gendarmes assistés de policiers français arrêtent 743 notables juifs de Paris en représailles à des attentats contre des militaires allemands (internés au camp de Compiègne, amende de 1 milliard de F imposée à la communauté juive). *-15-12* à Drancy 53 Juifs internés sont exécutés au mont Valérien. **1942**-*29-5* les Allemands imposent aux Juifs de plus de 6 ans de porter l'*étoile jaune* (à partir du 7-6), Vichy refuse que l'ordonnance soit appliquée en zone libre. *-15-6* Dannecker réclame la déportation de 100 000 Juifs français, 3 convois de 1 000 personnes chacun doivent partir chaque semaine pour les camps. *-16/17-7 rafle du Vel d'Hiv* (plaques 1, rue Nélaton inaugurées 19-7-1986) [4 500 policiers arrêtent 12 352 Juifs (3 118 hommes, 5 119 femmes, 4 115 enfants)]. 4 992 célibataires ou couples sans enfants sont internés à *Drancy ;* parents et enfants enfermés au Vel d'Hiv jusqu'au *20-7* sont transférés à *Pithiviers* ou à *Beaune-la-Rolande ; -19 et 22-7* les 1ers convois d'adultes partent pour Auschwitz ; *17-8* départ des enfants séparés de leurs parents ; 62 convois quittent Drancy du 22-6 au 17-8 soit 63 000 Juifs, 11 convois partent vers d'autres camps. *-15-8* Juifs apatrides de zone libre remis aux Allemands. *-11-12* en France, les Juifs doivent faire apposer le tampon « Juif » sur leurs pièces d'identité. **1944**-*23/24-3* à *Voiron* (Isère) 1 adulte et 17 jeunes de 7 à 21 ans arrêtés (18 † à Auschwitz). *6-4* à *Izieu* (Ain) 7 adultes et 44 enfants juifs (de 3 à 13 ans) arrêtés (41 † à Auschwitz) [voir p. 694 b].

du préfet de police (relevant du ministre secrétaire d'État à l'Intérieur). Police anticommuniste. **Évolution : 1941**-*19-7* Pierre Pucheu (secrétaire d'État à l'Intérieur) renforce la police anticommuniste créée par décret du 26-12-1939 de Daladier et, de fait le SPAC (Service de police anticommuniste) ; deviendra en juin 1942 le SRMAN (Service de répression des menées antinationales). **Corps urbains :** le 23-4-1941 les gardiens : fonctionnaires municipaux (sauf dans les villes où existe une police d'État) ; deviennent agents de l'État et relèvent du préfet. **École nationale de police :** créée à St-Cyr-au-Mont-d'Or (dans les anciens locaux de l'École des cadres du service d'ordre légionnaire) ; *1er directeur :* contre-amiral Charles-Edmond Ven le 16-6. **Femmes agents :** *au printemps 1944* des surveillantes auxiliaires de police ou femmes gardiens de la paix : sans armes, munies d'un sifflet et d'un carnet de contraventions, effectuent le service de la rue, la surveillance des marchés et de la circulation.

■ **Pompiers de l'air.** *Créés* juin 1943 par Cel Carayon. **Base :** aérodrome d'Aulnat (Clermont-Ferrand).

■ **Progrès social français (PSF).** Voir PSF à l'Index.

■ **Secours national.** *Créé* en 1914 pour aider les victimes civiles. **1939**-*19-10* reconstitué. *-29-11* organisé. **1940**-*26-7* regroupe Sté de secours aux blessés militaires, Association des dames françaises, Union des femmes de France. *-4-10* loi le plaçant sous l'autorité du Mal afin de compléter l'action des pouvoirs publics et coordonner l'action des œuvres privées. Seul qualifié pour lancer des appels à la générosité, peut déléguer ces actions caritatives à des œuvres (en nombre limité) comme Armée du Salut ou Croix-Rouge française (créée par l'État français). **Financement :** d'abord par le produit net des « tranches » de la *Loterie nationale* ; à partir de la saison 1941, *prélèvement additionnel progressif* [de 1 % (pour gains inférieurs à 1 500 000 F) à 8 % (au-delà de 15 000 000 de F)] sur les recettes des jeux dans les casinos ; *dons ; legs ; vente des bons de solidarité* [de 0,50 F à 5 000 F ; sur voie publique ; imposés d'autorité, par exemple dans les restaurants de luxe (10 % de la note)] ; *vente des portraits du Mal* (6 000 000 vendus en zone Sud, 10 000 000 en zone occupée). **Organisation :** siège : 21, rue Lafitte (Paris) ; localement appelé « Entraide d'hiver du Mal » ; 40 000 personnes (dont 35 000 bénévoles) employées en permanence, 2 entrepôts (Paris et Gannat), 400 camions ; une autre section ravitaille cantines, cuisines d'entraide (Paris 170, banlieue 180), exemples : gâteaux caséinés, bonbons vitaminés pour les enfants ou graines pour les jardins familiaux.

■ **Service civique rural.** *Créé* par une loi du 10-3-1941 ; **organisé** par une loi du 31-12-1941. Les jeunes gens de 17 à 21 ans peuvent être requis pour moissons, vendanges et récoltes de betteraves dans des exploitations de leur choix. **Catégories intéressées :** écoliers, lycéens, étudiants (pour 4 à 6 semaines de juillet à octobre ou novembre), salariés en congé, chômeurs et réfugiés.

■ **Service interministériel de protection contre les événements de guerre (Sipeg).** *Créé* par décret le 12-2-1943 (*JO* du 17-3).

■ **Service du travail obligatoire en Allemagne (STO).** *Créé* par la loi du 16-2-1943 se référant à celle du 4-9-1942 (utilisation et orientation de la main-d'œuvre) : **Art. 1 :** toute personne du sexe masculin de plus de 18 ans et de moins de 50 ans et du sexe féminin, célibataire, de plus de 18 ans et de moins de 50 ans, peut être assujettie à effectuer tous travaux que le Gouvernement jugera utiles dans l'intérêt supérieur de la nation. **Art. 2 :** sera effectué par année d'âge en fraction d'année d'âge. **Art. 3 :** le Service pourra être accompli dans l'emploi occupé à la date de l'appel si celui-ci est conforme aux besoins du pays. **Art. 8 :** tout Français ou ressortissant français du sexe masculin, résidant en France, de plus de 18 ans et de moins de 50 ans et dont l'aptitude physique aura été médicalement constatée, devra pouvoir justifier d'un emploi utile aux besoins du pays. **Art. 9 :** toute personne visée à l'article précédent qui ne fournira pas cette justification pourra être assujettie à un travail qui lui sera désigné par les services dépendant du secrétariat d'État au travail. **Art. 12 :** toute personne qui enfreint la présente loi ou les mesures prises pour son application sera passible d'un emprisonnement de 6 jours à 5 ans et d'une amende de 16 F à 30 000 F (doublée en cas de récidive). Les jeunes de la zone Sud, en stage dans les Chantiers appartenant à la classe 42, sont aussi visés.

■ **Unités de jeunes travailleurs (UJT).** *Pour* volontaires de 17 à 21 ans sans spécialité. **Nombre :** 19.

■ **Autorité militaire allemande.** *A Paris :* est représentée par le **Militärbefehlshaber (MBH),** assisté d'un état-major et d'une administration militaire. *Pour les départements du nord de la France :* le Militärbefehlshaber est à Bruxelles. Les Kommandanturen relayent l'autorité du MBH et leurs zones varient souvent. Le *Gross-Paris* couvre 4 départements. 5 000 à 6 000 Allemands surveillent l'exécution des ordonnances (des troupes d'occupation). Ils appartiennent à la Feldgendarmerie (comprenant parfois des Français) ou à la Geheime Feldpolizei (GFP, police secrète de campagne). A Paris, une centaine de policiers du *Reichssicherheitshauptamt* (RSHA) sont installés depuis 1940 sous les ordres de Helmut Knochen. En mai 1942, Karl Oberg, délégué de Himmler, reçoit la direction de toutes les polices allemandes. Des unités spéciales [police de sécurité (Sipo) ou de renseignements (SD) dite à tort Gestapo], souvent appelées Sipo/SD, regroupent environ 30 000 agents français rémunérés.

■ **Gestapo (Geheimestaatspolizei,** « police d'État en civil »). Emploie en France 15 000 Allemands (téléphonistes compris), 40 000 auxiliaires français (dont nombre d'anciens truands) et une brigade nord-africaine (150 h.). Destinée à s'occuper des ressortissants allemands elle n'est pas, en principe, directement engagée contre la Résistance française. *Polices allemandes antirésistance :* prévôté militaire *(Feldgendarmerie),* prévôté militaire en civil *(Geheimfeldpolizei),* service de sécurité (*Sicherheitsdienst* ou *SD*) qui dépendait de Heinrich Himmler, min. de la Police.

■ Quelques dates

1940-11-7 *actes constitutionnels : n° I* (Pétain déclare assurer les fonctions de chef de l'État) ; *n° II* (fixe ses pouvoirs) ; *n° III* (ajourne les Chambres). -12-7 (au 13-12) **Pierre Laval** vice-Pt du Conseil. -15-7 Lebrun quitte Vichy. -24-7 en *Alsace-Lorraine,* les frontières douanières sont reportées aux limites de 1914 (7-8 Robert Wagner est nommé *Gauleiter* d'Alsace) ; paquebot *Meknès* coulé par vedette allemande (383 †) ; -2-8 *de Gaulle condamné à mort* par contumace par le tribunal militaire de la 13e région, siégeant à Clermont-Ferrand, pour trahison, atteinte à la sûreté de l'État, désertion à l'étranger ; -3-8 le trafic ferroviaire reprend entre les 2 zones ; -7-8 Arthur Groussier (1863-1957), Pt du Grand Conseil de l'ordre du *Grand Orient,* annonce que l'ordre se dissout volontairement ; -14-8 loi interdisant les *sociétés secrètes* [vise surtout la franc-maçonnerie qui prendra part à la Résistance (60 000 membres fichés, 6 000 poursuivis, 989 déportés, 549 fusillés)] ; -16-8 création de comités d'organisation dans l'industrie et le commerce ; -27-8 1res livraisons aux Nazis d'Allemands réfugiés en zone libre. -30-8 *compromis franco-japonais* à Tokyo, la France accordera au Japon (en lutte avec la Chine) des facilités de transit en Indochine ; -sept. rétablissement des relations postales entre les 2 zones : *cartes familiales* avec formules imprimées (remplacées le 1-8-1941 par des cartes de 7 lignes en blanc ; lettres autorisées en mars 1943) ; -3-9 loi autorisant les internements sans jugement ; -7-9 *Weygand nommé délégué général en Afrique du Nord ;* -8-9 Daladier, Reynaud, Gamelin en résidence surveillée au château de Chazeron (P.-de-D.) ; -12-9 Mandel interné à Chazeron ; -15-9 départements du Nord et du Pas-de-Calais annexés à la Belgique allemande ; -16-9 Blum interné à Chazeron ; -22-9 attaque de Lang Son et entrée des Japonais en *Indochine ;* -23-9 *cartes de pain et de viande* instituées ; -23/25-9 *Dakar,* attaque anglaise. -24-9 cour martiale créée à Gannat [condamnera à mort par contumace les généraux Catroux (10-4-1941), Larminat (11-7-1941), Le Gentilhomme (25-9-1941) ; suspendue 10-11-1941] ; -25-9 cartes postales familiales entre les 2 zones ; -26-9 Auriol (libéré 20-3-1941), Marx Dormoy, Jules Moch internés à Pellevoisin (Indre) ; -27-9 ordonnance allemande : *statut des Juifs* en zone occupée ; -3-10 **1er statut des Juifs en zone libre ;** -8-10 Pétain annonce la *Révolution nationale* ; -22/25-10 Louis Rougier en mission secrète à Londres ; -22-10 **Montoire-sur-le-Loir** (gare, à 90 km de Paris, proche d'un tunnel utilisable en cas d'attaque aérienne), **entrevue Hitler-Laval ;** -23-10 *entrevue Franco-Hitler* à Irún ; -24-10 **Montoire-sur-le-Loir entrevue Pétain-Hitler :** Pétain demande une baisse des frais d'occupation, un assouplissement de la ligne de démarcation. Les Allemands diffusent la photo de la poignée de main Hitler-Pétain et exigent des concessions unilatérales au nom de la « collaboration » ; -29-10 Pétain confie à Laval les Affaires étrangères ; -oct.-déc. Laval relance la négociation (avec le Gal allemand Warlimont) : en échange des concessions refusées à Pétain, il offre une offensive française contre le Tchad (occupé par les gaullistes) : refus des Allemands ; -30-10 *1er discours de Pétain « J'entre aujourd'hui dans la voie de la collaboration » ;* -9-11 *rencontre Laval-Göring,* dissolution des syndicats ouvriers et patronaux ; -11-11 manifestations d'étudiants parisiens à l'Arc de triomphe [3 blessés, 100 arrestations (libération rapide, sur intervention de Vichy)] ; -14-11 Gal Laure, secrétaire gén. du chef de l'État, Daladier, Blum et Gamelin emprisonnés à Bourrassol ; -16-11 expulsion de 70 000 Lorrains ; -27-11 avion de Jean Chiappe (nommé haut-commissaire en Syrie et Liban) piloté par Henri Guillaumet, abattu par avion de chasse italien entre Sardaigne et Afrique ; -1-12 *acte constitutionnel n° VI* proclamant la déchéance des parlementaires ; -2-12 loi créant *la corporation paysanne ;* -12-12 Abetz informe Laval qu'Hitler (souhaitant une réconciliation) a décidé de remettre à la France les cendres de l'Aiglon le 14-12 aux Invalides ; Laval téléphone à Vichy ; Pétain refuse devant la brusquerie de l'invitation de venir présider la cérémonie ; Laval transmet la réponse à Abetz qui insiste ; -13-12 Laval retourne à Vichy et rencontre à 15 h Pétain qui accepte d'aller à Paris ; 20 h Conseil des ministres : Pétain demande aux ministres de remettre leur démission ; Laval signe, croyant que Pétain voulait remplacer Belin (ministre du Travail) ; Pétain se retire puis revient : « les démissions de Laval et Ripert (Éducation nationale) sont seules acceptées » ; il explique à Laval qu'il ne sait jamais, quand celui-ci va à Paris, quelles mauvaises nouvelles l'attendent à son retour, qu'il fait obstacle à son installation à Versailles et qu'il inspire les articles de Déat dans *l'Œuvre* ; Laval lui réplique qu'il ne peut empêcher les Allemands de prendre des décisions souvent désagréables, qu'il a essayé de faciliter son installation à Versailles (différée par les Allemands) et qu'il n'inspire pas les articles de Déat ; Laval et son épouse, sous escorte policière, regagnent leur propriété de Châteldon ; **Pierre-Étienne Flandin** (1884-1958) vice-Pt du Conseil, décision inspirée par le chargé d'affaires américain Robert Murphy (28-10-1894/9-1-1978) ; -15-12 les *cendres de l'Aiglon* sont transférées aux Invalides ; -17-12 Abetz, à Vichy, exige la libération de Laval et repart avec lui à Paris ; Laval apprend qu'Alibert a fait croire à Pétain qu'il voulait l'attirer à Paris dans un guet-apens pour le séquestrer ; Pétain lui propose le ministère de l'Agriculture ou celui de la Production industrielle, Laval refuse et rentre à Châteldon ; -18-12 Fernand de Brinon, délégué général du gouvernement pour les territoires occupés (à Paris), remplace Gal de La Laurencie ; -23-12 Paris : J. Bonsergent fusillé (a bousculé un soldat allemand) ; -25-12 *rencontre Hitler-Darlan* à La Ferrière-sur-Epte.

1941-4-1 le *Journal officiel de la République française* devient celui de l'*État français ;* -19-1 *entrevue Pétain-Laval* à La Ferté-Hauterive (Allier) ; -22-1 création du *Conseil national* (assemblée consultative de notables) ; -24-1 à Paris, Déat et Deloncle fondent le Rassemblement national populaire (RNP) ; -27-1 obligation du serment au chef de l'État pour les hauts fonctionnaires ; -9-2 Flandin démissionne. -10-2 (au 18-4-1942) **amiral Darlan** vice-Pt du Conseil et min. des Affaires étrangères ; -23-2 : 1er meeting au RNP ; -26-2 *accord Weygand-Murphy :* les USA fourniront pétrole, blé, charbon ; au printemps, à Nice, Darnand fonde le SOL (Service d'ordre de la Légion), future Milice ; -14-4 obligation du serment étendue à la magistrature et à l'armée ; -18-4 la France se retire de la SDN ; -19-4 création de 15 *préfectures régionales ;* -1-5 exposé de la future *charte du travail* (participation ouvrière aux entreprises ; publiée le 26-10) ; -9-5 *traité de Tokyo,* la France cède au Siam des territoires au Laos et en Cochinchine, et autorise le Japon à utiliser le port de Haiphong ; -11-5 *entretien Darlan-Hitler* à Berchtesgaden ; -11/12-5 l'indemnité d'occupation passe de 500 à 300 millions de F par j ; -27-5 au -10-6 *grèves des mineurs* du Nord et du Pas-de-Calais, organisées par Auguste Lecœur ; -28-5 *protocole de Paris* signé entre les Gaux Huntziger (Fr.) et Warlimont (All.) et resté lettre morte car rejeté par Vichy ; prévoit la collaboration militaire en Afr. du Nord, en échange de 83 000 prisonniers ; -2-6 nouveau **statut des Juifs ;** -22-6 attaque allemande contre l'URSS (Hitler se présente comme le défenseur de l'« Europe » contre le stalinisme) ; -30-6 Vichy rompt ses relations diplomatiques avec l'URSS ; -juillet *guerre de Syrie* (voir à l'Index) ; -4-7 *création de la LVF* ; -18-7 Pierre Pucheu, secr. d'État à l'Intérieur, François Lehideux à la Production industrielle ; -26-7 Marx Dormoy (né 1-8-1888) est assassiné (bombe placée sous son lit d'hôtel) par 4 collaborateurs à Montélimar où il est en résidence surveillée ; -29-7 Vichy, protocole avec Japon pour la « défense en commun » de l'Indochine ; -1-8 serment exigé de tous les militaires ; -11-8 suppression de l'indemnité parlementaire à partir du 1-10-1941 ; -12-8 Pétain parle au casino de Vichy sur le « vent mauvais » qui se lève, dénonçant la Résistance ; -15-8 Drancy devient un camp d'internement pour les Juifs ; -21-8 : *1er attentat communiste* à Paris [Pierre Georges, dit *colonel Fabien* († 1944), tue dans la station de métro Barbès l'enseigne de vaisseau allemand Alfons Moser], en représailles, 20 détenus seront fusillés ; -du 22-8 au 15-9 : 6 Allemands tués par l'OS (communiste) ; -23-8 (antidatée au 14-8) création des *sections spéciales* dans les cours d'appel, chargées de juger en flagrant délit les crimes politiques (les services de police compétents sont les *bureaux des menées antinationales*) [1er jugement rendu le 27-8 : 3 condamnés à mort (exécutés 28-8), Lucien Sampaix condamné à perpétuité] ; -27-8 *Paul Collette* [ouvrier ajusteur de Caen, membre, avant guerre, du PS français ; engagé dans la LVF pour approcher les chefs de la collaboration, tire 5 balles et blesse Laval et Déat passant en revue les volontaires de la LVF, dans la cour de la caserne Borgnis-Desbordes à Versailles ; Collette sera condamné à mort par un tribunal d'exception (peine commuée en travaux forcés à perpétuité par Pétain) et sera détenu dans plusieurs prisons françaises avant d'être déporté en Allemagne, il mourra à 75 ans, le 5-1-1995] ; -29-8 *Honoré d'Estienne d'Orves* (capitaine de frégate, né 5-6-1901) chef du 2e bureau de la Fr. libre, débarqué en France en déc. 1940, arrêté le 22-1, est fusillé par les Allemands au mont Valérien avec 2 membres de son réseau ; -29-9 : 3 communistes exécutés à la Santé dont Jean Cathelas (député) ; -2-10 attentats à l'explosif contre 7 synagogues parisiennes (représailles d'Eugène Deloncle, chef de la Cagoule) ; -15-10 Blum, Daladier, Reynaud, Gamelin incarcérés au fort du Portalet (prison préventive, par décision d'un « Conseil de justice politique » nommé par Pétain) ; seront déportés en Allemagne en 1944 ; *Paris,* les Allemands arrêtent 5 académiciens des sciences (dont Paul Langevin) ; -20-10 *Nantes*, attentat (Marcel Bourdarias, Spartaco, Brustheim) : Lt-Cel allemand Holz tué ; en représailles : exécutions à Nantes le 21-10 ; -22-10 *Châteaubriant* 27 dont Guy Môquet (17 ans, fils de Prosper, député communiste), Charles Michels (député de Paris), J.-P. Timbaud (dirigeant cégétiste) ; *Paris* 5 ; -21-10 *Bordeaux,* le conseiller de guerre Reimers est tué par 2 cyclistes ; -24-10 50 otages exécutés au camp de Souges-Mérignac ; -12-11 Huntziger tué (accident d'avion) ; -20-11 Hitler obtient le *renvoi de Weygand* (qui commande en Afrique), *Chatel* (gouverneur Gal de l'Algérie), *Gal Juin* (commandant en chef en AFN), *Gal Barreau* (en A.-O.F.) ; -1-12 *entrevue Goering-Pétain* à St-Florentin (Yonne) ; -7-12 *1er convoi de déportés français vers l'Allemagne ;* -15-12 Gabriel Péri (né Toulon, 9-2-1902) député communiste de S.-et-O. fusillé au mont Valérien par Allemands ; -18-12 *suppression de fait de la « zone interdite »* (les Allemands retirent leurs troupes de la ligne de démarcation, faute d'effectifs) ; -31-12 Gamelin, Daladier, Blum transférés à Bourrassol.

■ **Procès de Riom. Accusés :** Gal Gamelin, Édouard Daladier et Léon Blum (anciens Pts du Conseil), Guy La Chambre (ancien ministre de l'Air), Jacomet (contrôleur général) estimés responsables de la défaite. **Juge :** *Cour suprême de justice* instituée par l'acte constitutionnel n° V du 30-7-1940. **Déroulement :** *1942-19-2* ouverture ; *-11-4* une loi relative à l'organisation de la Cour suspend les débats qui ne reprendront pas. Hitler s'était opposé le 15-3 à la poursuite du procès (qui devait être celui des responsables de la déclaration de guerre, non de la défaite française) ; les accusés sont réincarcérés au fort du Portalet.

1942-22-1 Hitler refuse le plan de Darlan [1°) l'Allemagne signe la paix et libère les prisonniers ; 2°) la France

QUELQUES PERSONNALITÉS

☞ **Daladier, Flandin, Reynaud,** voir p. 677.

■ **Abetz (Otto,** All., 26-3-1903/5-5-58). Enseignant, marié à une Française (Suzanne de Bruyker), protégé de Baldur von Schirach. *1934* membre de la Hitlerjugend, chargé des questions françaises. *1940*-13-6 représentant officiel de la Wilhelmstrasse (Affaires étrangères) à Paris ; -3-8 ambassadeur auprès des autorités militaires d'occupation. *1944*-25-8 quitte Paris. Arrêté. *1949* condamné à 20 ans de travaux forcés. *1954*-avril libéré. *1958*-5-5 tué dans un accident de voiture.

■ **Bonnard (Abel,** 19-12-1883/Madrid 31-5-1968). Écrivain. *1932* Académie française. *1936* se lie avec Abetz et adhère au nazisme. *1940* collabore à *la Gerbe, Je suis partout, la NRF*. *1942* min. de l'Instruction publique de Vichy, réside à Paris, crée à la Sorbonne une chaire d'« histoire du judaïsme » et une chaire d'« études raciales » (antisémites). *1944* replié en Allemagne (Sigmaringen). *1945* part en Espagne dans l'avion de Laval. *1958* revient en France. *1960* condamné à 10 ans de prison, gracié (retourne en Espagne).

■ **Brinon (Fernand de,** 16-8-1885/15-4-1947). Journaliste financier. *1935* fonde le comité France-Allemagne et devient l'ami d'Abetz. *1940*-18-12 délégué du gouvernement de Vichy auprès d'Abetz à Paris. *1942*-nov., secrétaire d'État, délégué du gouvernement en zone occupée. S'enrichit en favorisant les contrats entre industriels français et hommes d'affaires allemands. *1944* replié en Allemagne ; -sept. fait partie du gouvernement de Sigmaringen. *1945*-mai arrêté en Bavière. *1947*-15-4 fusillé au fort de Montrouge.

■ **Catroux (Georges,** Limoges 29-1-1877/Paris 21-12-1969). Fils de colonel, élève du prytanée de La Flèche, officier de l'armée coloniale (Maroc, Levant, Algérie). *1939* gouverneur général de l'Indochine. *1940*-juin prié de rentrer en France, s'arrête à Singapour et rejoint la France libre. *1941-45* C^{dt} des forces françaises libres de Syrie et du Liban. *1941* haut commissaire au Levant ; -10-4 condamné à mort par contumace à Gannat. *1943-44* gouverneur général de l'Algérie. *1945-48* ambassadeur à Moscou. *1954* grand chancelier de la Légion d'honneur. *1956*-févr. ministre résident en Algérie, renonce devant l'hostilité des pieds-noirs. *1962* juge à la Cour de justice militaire.

■ **Darlan (François,** Nérac, L.-et-G. 2-8-1881/Alger 24-12-1942). Fils d'un député du Lot-et-Garonne [min. de la Justice 1897-98 (radical et franc-maçon)]. *1901* École navale. *1914-18* combat comme artilleur. *1926-34* et *36-39* chef de cabinet du min. de la Marine, Georges Leygues. *1929* contre-amiral. *1932* vice-amiral. *1937*-1-1 chef d'état-major de la marine. *1939*-6-6 amiral de la flotte. *1940*-16-6 min. de la Marine ; 7-3 anti-Anglais après Mers el-Kébir, reste lié avec les « synarchistes » pro-amér. *1941*-févr. vice-Pt du Conseil et min. des Affaires étrangères et de l'Intérieur ; -3-5 négocie avec Abetz et -11-5 avec Hitler. *1942*-18-4 remplacé par Laval (reste C^{dt} en chef des forces armées) ; -nov. venu voir son fils gravement malade à Alger, il est surpris par le débarquement allié ; se fait reconnaître chef de l'Empire français d'Afrique ; 24-12 assassiné (enterré à Alger, transféré à Oran, le 29-4-1964 ; voir p. 698 c).

■ **Darnand (Joseph,** Coligny, Ain 1897-1945). Apprenti ébéniste. *1915* (18 ans) engagé volontaire, 7 fois cité. *1918* adjudant ; -13-7 les renseignements des prisonniers qu'il capture sont précieux pour la 2e victoire de la Marne. *1921* (sous-L^{t}) quitte l'armée, crée une entreprise de transport à Nice. *1936* adhère au PPF de Doriot. *1938* incarcéré comme cagoulard (non-lieu). *1939-40* chef de corps francs (L^{t}, officier de la Légion d'honneur), prisonnier évadé. *1940*-juillet chargé par Pétain de constituer la Légion fr. des Anciens Combattants. *1941* crée le SOL (Service d'ordre de la Légion). *1943*-13-12 secr. général au Maintien de l'ordre, commande la Milice ; opérations contre les maquisards. *1944*-13-6 min. de l'Intérieur ; -sept. se réfugie en Allemagne avec les miliciens et leur famille. Fait partie de la Commission gouvernementale de Sigmaringen. *1945*-août opérations contre les maquisards en Italie du Nord. Arrêté à Milan ; -3-10 condamné à mort par la Hte Cour ; -10-10 fusillé au fort de Châtillon.

■ **Déat (Marcel,** Guérigny, Nièvre 7-3-1894/San Vito, Italie 5-1-1955). Fils de petit fonctionnaire. *1914* reçu à Normale ; mobilisé comme simple soldat. *1918* finit la guerre comme capitaine (5 citations, Légion d'honneur). *1919* entre à Normale, agrégé de philo. *1920* militant SFIO. *1926* député socialiste de la Marne, *1928* battu, *1932* élu à Paris, provoque une scission du Parti socialiste. *1933* fonde avec Adrien Marquet et Renaudel une tendance réformiste de la SFIO, le Parti socialiste de France. *1935* chef de cabinet d'Albert Sarraut. *1936*-26-1 (à 1948) ministre de l'Air ; -3-5 battu par un communiste (professeur de philosophie). *1939*-avril élu à Angoulême, déclenche une campagne contre la guerre (publie dans *l'Œuvre* du 4-5 un article « Mourir pour Dantzig ? »). *1940*-10-7 vote les pleins pouvoirs à Pétain ; -sept. va résider à Paris, Pétain ayant refusé de créer un « parti unique » dont il aurait été le chef. *1940-44* dirige *l'Œuvre*, journal collaborationniste. *1941*-févr. fonde le Rassemblement national populaire. *1943*-10-3 échappe à un attentat. *1944*-17-3 min. du Travail à Vichy ; -17-8 réfugié en Allemagne ; -29-8 reçu par Hitler. Crée la Commission gouvernementale française de Sigmaringen, transformée (janvier 1945) en « Comité français de libération ». *1945*-mai réfugié à Gênes puis à Turin ; vivra dans un couvent jusqu'à sa mort (tuberculose), sous le nom de Leroux ; -juin condamné à mort par contumace.

■ **Doriot (Jacques,** né à Bresles, Oise, 26-9-1898 dit le Grand Jacques, 1,86 m). Fils d'un forgeron du Morvan, d'origine italienne. *1915* ouvrier métallurgiste à La Courneuve. *1916* militant des Jeunesses socialistes. *1917-20* mobilisé, choisit le PC après la scission de Tours. *1923* secr. général (sous le nom de Guyot) des Jeunesses communistes. *1923-24* condamné 6 fois pour agitation antimilitariste (total : 34 mois de prison). *1924*-11-5 alors qu'il est en prison, élu député de la Seine ; -11-9 envoie un télégramme de félicitations au rebelle Abd el-Krim (cosigné de P. Sémard, secr. général du PC). *1928-29* plusieurs fois emprisonné. *1931*-1-2 maire de St-Denis, populaire, en rivalité avec Thorez. *1934*-août exclu du PC. *1936*-3-5 réélu député ; -28-6 fonde le Parti populaire français. *1937*-25-5 révoqué de ses fonctions de maire de St-Denis (irrégularités dans sa gestion) ; -20-6 démissionne de son mandat de député ; -3-12 le Conseil d'État annule sa révocation. *1941* membre du Conseil national, réside à Paris, dirige *le Cri du Peuple*, lancé le 19-10-1940 ; -août s'engage dans la LVF comme sergent, deviendra *Oberleutnant*. *1945*-janv. crée à Sigmaringen un « Comité français de libération » ; -22-2 tué : sa voiture est mitraillée par un avion non identifié près du lac de Constance en Allemagne (ses ambitions politiques portaient ombrage à la Gestapo).

■ **Gabolde (Maurice,** 1891-1977). Mutilé de la guerre de 1914-18 (jambe amputée). *1939* procureur général à Chambéry. *1940* Pt de la cour de justice de Riom. *1941*-janv. procureur de la Rép. à Paris. *1943*-mars ministre de la Justice, crée le bureau des menées antinationales. *1944-45* à Sigmaringen. *1945* part en Espagne, dans l'avion de Laval. *1946*-13-3 condamné à mort par contumace ; était professeur de français à Barcelone.

■ **Gamelin (Maurice,** Paris, 20-9-1872/18-4-1958). *1891* st-cyrien. *1902-11* officier à l'état-major de Joffre, *1914* chef de cabinet de Joffre, *1916* chef du 3e bureau au GQG. Après la disgrâce de Joffre (1916), commande une brigade puis une division. *1925-27* campagne du djebel Druze (Syrie). *1930* membre du Conseil supérieur de la guerre. *1938* chef d'état-major de la Défense nationale, *1939-40* généralissime des armées anglo-françaises. *1940*-début mai Reynaud (Pt du Conseil) décide de le remplacer, mais l'offensive allemande du 10-5 se déclenche avant ; -19-5 remplacé par Weygand ; -sept. emprisonné (sera jugé à Riom en 1942, puis livré aux Allemands). *1943-45* déporté en Allemagne.

■ **De Gaulle (Charles),** voir p. 707 a.

■ **Giraud (Henri,** Paris 18-1-1879/Dijon 11-3-1949). *1939* C^{dt} de la VIIe armée ; *1940*-15-5 de la IXe armée. -18-5 prisonnier. *1942*-3 ou 17-4 s'évade de la forteresse de Königstein (Saxe) ; -4-5 lettre de « soumission » à Pétain ; -nov. rejoint l'Afr. du Nord dans un sous-marin anglais. Se rallie à Darlan ; -13-11 C^{dt} en chef des troupes d'Afr. ; -24-12 Darlan assassiné, il lui succède comme haut-commissaire en Afr. *1943*-24-1 accepte de rencontrer de Gaulle à Casablanca ; -31-5 l'accueille à Alger ; -3-6 le prend comme co-Pt du CFLN ; -31-7 commandant en chef des forces françaises. *1944*-8-4 évincé par lui du comité ; -28-8 blessé dans un attentat et rentre dans la vie privée.

■ **Hardy (René,** 1917-87). *1943*-7-6 arrêté puis relâché par les Allemands, sans en avoir prévenu la Résistance, fut soupçonné d'avoir, avec sa maîtresse Lydie Bastien (20-8-1922/25-2-1994), livré Moulin (*1947* : 1er procès, acquitté ; *1950* : acquitté).

■ **Juin (Alphonse,** Bône, Algérie 16-12-1888/Paris 27-1-1967). Fils d'un gendarme. *1911* sort major de St-Cyr (même promotion que de Gaulle). *1912-14* campagne du Maroc. *1915* blessé en Champagne (perd l'usage du bras droit), retour au Maroc. *1918* capitaine, aide de camp de Lyautey. *1938* G^{al} de brigade. *1939*-déc. commande la 15e division d'infanterie motorisée. *1940*-30-5 à Lille, fait prisonnier. *1941*-juin libéré à la demande de Vichy ; -nov. remplace Weygand en Afr. du Nord. *1942*-8-11 se rallie aux Américains. *1942-43* commande les troupes françaises de Tunisie, *1943*-24-8/*1944* le corps expéditionnaire français (CEF d'Italie. *1944*-1-2 avec 2 divisions prend le Belvédère ; -mai perce le front allemand sur le Garigliano et -juin prend Rome. Voulait attaquer Vienne depuis l'Italie, mais le corps français est affecté en juillet-août au débarquement de Provence. *1945-47* chef d'état-major. *1946-51* C^{dt} en chef en Afr. du Nord (en même temps résident général au Maroc 1947-51). *1951*-29-3/*1956*-1-10 C^{dt} en chef des forces de l'Otan (secteur Centre-Europe). *1952*-7-5 maréchal. *1952* élu à l'Académie française. *1961*-avril hostile à la politique gaulliste de « l'Algérie algérienne », mais refuse de soutenir le putsch. *1962* mis à la retraite.

■ **Kœnig (Pierre,** Caen 10-10-1898/Neuilly-sur-Seine 2-9-1970). Engagé volontaire à 17 ans. Officier de la Légion étrangère. *1940*-juin rejoint de Gaulle. *1942* commande la 1re brigade des Forces françaises libres ; -3-6 Bir Hakeim ; -nov. compagnon de la Libération. *1944* délégué du gouvernement d'Alger auprès d'Eisenhower (C^{dt} suprême interallié), C^{dt} supérieur des forces françaises en G.-B. ; -1-6 C^{dt} des FFI ; -oct. gouverneur militaire de Paris. *1945*-juillet/*1949* C^{dt} en chef des troupes d'occupation françaises en Allemagne. *1950* vice-Pt du Conseil de la guerre, puis inspecteur général des forces françaises en Afrique. *1951-58* député RPF (Bas-Rhin). *1954*-août ministre de la Défense nationale (gouv. Mendès France), en désaccord avec le projet de la CED, démissionne. *1955* ministre de la Défense (gouv. Edgar Faure), démissionne (hostile au retour de Mohammed V au Maroc). *1956* réélu député du Bas-Rhin. *1958* ne se représente pas. *1970*-2-9 meurt. *1984*-6-6 M^{al} de France à titre posthume.

■ **Larminat (Edgard de,** Alès 29-11-1895/Paris 1-7-1962). *1940* chef d'état-major au Levant, se rallie à de Gaulle. *1940-41* commissaire général de l'Afr. française libre. *1941-42* participe aux campagnes de Libye, *1944* d'Italie, de Provence. *1944-45* commande forces fr. devant les poches de l'Atlantique. *1951* chargé des négociations pour la CED. *1962* appelé à juger des accusés des événements d'Algérie, se suicide parce qu'il s'estime « incapable d'accomplir physiquement et mentalement » son devoir de P^{t} de la Cour militaire de justice, poste qu'il avait accepté 1 mois plus tôt.

■ **Lattre de Tassigny (Jean de,** Mouilleron-en-Pareds, Vendée 3-2-1889/Paris 11-1-1952). St-cyrien. *1914-18* cavalier, puis fantassin (termine la guerre comme C^{dt} à 29 ans) ; 5 blessures, 8 citations. *1921-26* sert au Maroc. École de guerre. *1933-34* état-major du Gal Weygand (soupçonné d'avoir participé à l'émeute du 6-2-1934). *1935*-juin colonel. *1937* C^{dt} du 151e régiment d'infanterie à Metz. *1939* G^{al} de brigade (le plus jeune à l'époque). *1940* commande la 14e division d'infanterie. *1941* C^{dt} des troupes de Tunisie. *1942* C^{dt} de la division militaire de Montpellier refuse de se rendre aux Allemands, arrêté pour abandon de poste et tentative de trahison. *1943*-9-1 condamné à 10 ans de prison ; -3-9 s'évade, prend le maquis et rejoint Londres, puis 22-12 Alger. *1944*-août débarque en Provence. *1944-45* chef de la Ire armée française (Rhin et Danube). *1945*-juillet inspecteur général de l'armée, puis C^{dt} en chef de l'armée d'occupation française en Allemagne. *1948* C^{dt} en chef des forces terrestres de l'Union occidentale. *1948-50* relations difficiles avec M^{al} Montgomery (C^{dt} en chef). *1949* C^{dt} en chef des forces terrestres de l'Otan. *1950* Indochine, haut-commissaire et C^{dt} des forces françaises, *1951* son fils Bernard y est tué, *1952* très affecté et atteint d'un cancer de la hanche, il meurt. M^{al} à titre posthume.

■ **Laval (Pierre,** Châteldon, Puy-de-Dôme 28-6-1883/15-10-1945). Père boucher-cafetier. Voiturier ; autodidacte ; licencié d'histoire naturelle et de droit. *1907*-9-11 prête le serment d'avocat. *1909*-20-10 épouse Jeanne Clausat (de Châteldon) dont 1 fille Josée (1-4-1911/1992, qui épouse le Cte René de Chambrun). *1913*-24-6 avocat en titre. *1914-19, 1924-27* député de la Seine. *1923-44* maire d'Aubervilliers. *1925*-17-4/28-10 min. des Travaux publics et des Affaires d'Alsace-Lorraine. *1925*-28-11/*1926*-8-3 sous-secrétaire d'État à la présidence du Conseil. *1926*-9-3/18-7 min. de la Justice. *1927-36* sénateur de la Seine. *1930*-2-3/12-12 min. du Travail. *1931*-26-1/16-2-1932 Pt du Conseil. *1931*-13-6/*1932*-13-1 min. de l'Intérieur. *1932*-13-1/19-2 des Affaires étrangères. 21-2/3-6 du Travail. *1934*-9-2/13-10 des Colonies. *1934*-13-10/*1935*-9-10 des Aff. étrangères. *1935*-7-6/*1936*-23-1 Pt du Conseil et min. des Aff. étrangères. *1936-44* sénateur du Puy-de-Dôme. *1940*-23-6 nommé min. d'État par Pétain ; -12-7/13-12 vice-Pt du Conseil (6-9 chargé de l'Information et de la coordination des différents ministères, 25-10 secrétaire d'État aux Aff. étrangères). *1941*-27-8 blessé dans un attentat à Versailles. *1942*-19-4/*1944*-20-8 chef du gouvernement, min. de l'Intérieur, des Aff. étrangères et de l'Information. *1944*-18-8 emmené à Belfort ; -9-9 en Allemagne (à Sigmaringen, puis en déc. à Wilflingen). *1945*-22-4 la Suisse refuse de l'accueillir ; -2-5 part en avion de Bolzano (Italie) avec sa femme, à 14 h atterrit à Barcelone (Espagne) ; vers minuit, ils sont conduits à la forteresse de Montjuich (y résideront jusqu'au 30-7) ; l'Espagne, qui a décidé de ne pas accueillir de « hauts réfugiés politiques », demande au pilote allemand interné avec lui de le conduire dans le pays qu'il choisira ; Laval, qui préfère être remis au gouvernement français, est autorisé à prolonger son séjour pour terminer son plan de défense ; -31-7 doit partir à 15 h ; s'envole pour Innsbruck (zone d'occupation américaine en Autriche) où les Américains le remettent aux Français qui l'arrêtent ; -1-8 transféré à Paris où il arrive à 19 h 30 ; -23-8/6-9 instruction de son procès ; -4-10 procès ; -9-10 condamné à mort ; -15-10 tente de s'empoisonner le matin de son exécution ; ranimé par les médecins, il est fusillé dans la prison de Fresnes à 12 h 52.

■ **Leclerc (M^{al},** Belloy-St-Léonard, Somme 22-11-1902/28-11-1947, né Philippe de Hauteclocque, dit). Noblesse picarde. *1922* st-cyrien ; officier de cavalerie ; combat au Maroc ; instructeur à St-Cyr. *1938* École de guerre. *1940* capitaine ; -mai prisonnier à Lille ; -25-7 s'évade, rejoint de Gaulle à Londres (prend le pseudonyme de Leclerc) ; -fin août nommé C^{dt}, rallie le Cameroun à la France libre ; -nov. conquiert le Gabon ; C^{dt} militaire de l'Afr.-Équatoriale française, mène l'offensive contre la Libye. *1941*-mars prend Koufra. *1943*-26-1 rejoint l'armée britannique à Tripoli ; -févr./mars prend part à la campagne de Tunisie. *1944*-avril entraîne au Maroc la 2e division blindée envoyée en G.-B. ; -1-8 débarque en Normandie ; -22-8 déborde l'aile gauche all., prend Argentan ; -25-8 Paris (reçoit la capitulation du G^{al} von Choltitz) ; -23-11 affecté à la VIIe armée américaine, prend Strasbourg. *1945*-26-3 franchit le Rhin ; -4-5 prend Berchtesgaden ; -août en Indochine ;

-2-9 Cdt en chef des forces d'Extrême-Orient, signe pour la France sur le cuirassé américain *Missouri* l'acte de capitulation du Japon. *1946*-18-3 occupe Hanoi ; conseille de négocier avec Hô Chi Minh ; inspire l'accord Sainteny/Hô Chi Minh de mars reconnaissant l'autonomie du Viêt Nam ; refuse, sur l'avis de De Gaulle, le poste de haut-commissaire en Indochine proposé par Léon Blum (Pt du Conseil) ; -juillet inspecteur général des forces d'Afr. du Nord. *1947*-28-11 meurt au Sahara à 60 km de Colomb-Béchar [accident d'avion : 13 † (12 identifiés dont lui et le Cel Fouchet)]. *1952*-26-5 Mal à titre posthume.

☞ En 1936, Iris XVI, son cheval alezan le désarçonne, Hauteclocque a un talon cassé, boite et marche avec une canne. Le 14-6-1940, à St-Cyr, Iris, ayant tué un soldat allemand, est fusillé par un peloton de 12 hommes.

■ **Moulin (Jean,** Béziers 20-6-1899/8-7-1943). Père professeur de lettres, franc-maçon, dreyfusard, militant radical, adjoint au maire de Béziers. *1926*-20-11 sous-préfet d'Albertville (le plus jeune de France) ; *1930*-16-1, de Châteaulin ; *1932*-déc. Chargé de mission au cabinet de Pierre Cot (sous-secr. aux Affaires étrangères) ; *1933*-oct. au cabinet de Pierre Cot (ministre de l'Air) ; *1933*-10-6 sous-préfet de Thonon ; *1934*-26-2 rattaché à la préfecture de la Seine ; -1-7 secr. général de la préfecture d'Amiens ; *1936*-juill. chef de cabinet de Pierre Cot (ministre de l'Air) ; participe à l'action du Front populaire et à l'aide à l'Espagne républicaine ; *1937*-2-3 préfet de l'Aveyron (Rodez) [le plus jeune de France] ; *1938*-janv./mi-avril chef de cabinet de Pierre Cot (ministre du Commerce et de l'Industrie) ; *1939*-21-2 préfet d'Eure-et-Loir (Chartres). *1940*-7-6 refuse de signer une déclaration accusant de crimes de guerre les troupes coloniales (tente de se suicider avec un rasoir la nuit du 17/18-6) ; -2-11 mis en disponibilité par Vichy car franc-maçon. *1941*-12-9 à Lisbonne ; -25-10 à Londres, voit de Gaulle ; -14-12 délégué du Comité national français pour la zone libre ; -31-12 du Comité national pour la zone Sud, parachuté dans les Alpilles (Eygalières). *1942*-11-7 mis à la retraite par Vichy après avoir refusé sa réintégration. *1943*-26-1 unifie les 3 réseaux de résistants de la zone Sud (Combat, Libération, Franc-Tireur) en MUR (Mouvement uni de la Résistance) ; crée le Directoire de la Résistance, obtenant le ralliement des communistes (il envoie Fernand Grenier à Londres, comme délégué permanent de leur parti) ; -9-2 ouvre à Nice la galerie Romanin (nom qu'il utilise pour signer ses dessins) pour couvrir son activité clandestine ; -21-2 membre du Comité national français (CNF), avec rang de ministre, représentant permanent de De Gaulle pour les 2 zones : est chargé de créer un Conseil de la Résistance. Se heurte aux chefs des MUR car il exige leur intégration à la France combattante [s'oppose à leur financement par les Alliés, à la remise en cause du commandement de l'AS (Armée secrète) et à l'« action immédiate » préconisée alors que naissent les maquis] et leur demande la reconnaissance des partis. En zone Nord, veut étendre l'AS (ce qui l'oppose aux FTP). Méfiant à l'égard du PC, il est mis, par Pierre Brossolette, devant le fait accompli d'un comité de coordination des mouvements auquel participe le Front national ; 27-5 1re réunion du CNR (Conseil national de la Résistance) dont il est le 1er Pt à Paris ; -21-6 arrêté par les Allemands chez le Dr Dugoujon à Caluire (Rhône), emprisonné au fort de Montluc (Lyon) ; 25-6 identifié, torturé lors d'un interrogatoire dirigé par *Klaus Barbie,* chef de la Gestapo à Lyon [né Bad Godesberg 25-10-1913, 1931 membre des Jeunesses nazies, 1935 des SS, 1945 sous le nom d'Altmann se réfugie au Pérou, puis 1972 en Bolivie, 7-2-1983 extradé vers la France (le Pt Pompidou avait officiellement demandé son extradition mais la Cour suprême bolivienne avait demandé 5 000 $, ce qu'il avait refusé), écroué à Lyon, inculpé de crime contre l'humanité, 4-7-1987 condamné à perpétuité, † à Lyon 25-9-1991] ; meurt le 8-7 vers 2 h gare de Metz au cours de son transfert dans un train pour l'Allemagne. *1946*-26-11 homologation posthume au grade de Gal de brigade au titre du réseau Action. Son corps (supposé) est renvoyé à Paris où il est incinéré le 9 au Père-Lachaise ; ses cendres ont été transférées au Panthéon le 19-12-1964.

■ **Muselier (Émile,** 1882-1965). *1917-18* membre des cabinets de Painlevé et de Clemenceau. *1939*-9-10 vice-amiral ; -21-10 mis à la retraite, ingénieur dans une Sté réquisitionnée par la Défense. *1940*-23-6 quitte Marseille pour Londres ; Cdt des Forces aériennes et navales libres. *1941*-2/10-1 emprisonné par les Britanniques (faussement accusé d'avoir renseigné Vichy lors de l'expédition de Dakar). *1942*-3-3 démissionne du CNFL, remplacé par l'amiral Auboyneau. S'opposera à de Gaulle.

■ **Pétain (Philippe),** voir p. 695 c.

■ **Thierry d'Argenlieu (Georges,** Brest 7-8-1889/Le Relecq-Kerhuon 7-9-1964). Officier de marine. *1920* entre dans l'ordre des Carmes sous le nom de Louis de la Trinité ; *1939* supérieur de la Province des carmes de Paris ; -sept. mobilisé à Cherbourg (capitaine de corvette). *1940*-juin prisonnier, s'évade ; -juillet rejoint de Gaulle à Londres ; -sept. blessé lors de l'expédition contre Dakar. *1941-43* haut-commissaire pour le Pacifique. *1943* contre-amiral ; -5-8 Cdt en chef des forces navales françaises libres. *1945*-sept. amiral haut-commissaire et Cdt en chef en Indochine. *1947* rendu responsable des défaites, rappelé à Paris. Jusqu'en *1958* grand chancelier de l'ordre de la Libération. *1958-64* au couvent des carmes d'Avon.

■ **Weygand (Maxime,** Bruxelles 21-1-1867/Paris 28-1-1965). On l'a dit fils du roi Léopold II de Belgique et d'une de ses amies, de l'empereur Maximilien du Mexique et de la fille d'un jardinier mexicain, de l'impératrice Charlotte (épouse de Maximilien et sœur de Léopold II) et d'un inconnu (ou du Gal belge Van der Smissen, attaché à la cour du Mexique), ou du négociant de Marseille David de Léon Cohen et d'une Belge, Thérèse Denimal. *1885* entre à St-Cyr à titre étranger. *1888-18-10* reconnu par François-Joseph Weygand qui lui donne un nom et une nationalité ; naturalisé et nommé officier de l'armée française. *1914* chef d'état-major de Foch. *1916* Gal. *1918*-mars major-général des armées alliées. *1920* bat les armées soviétiques en Pologne. *1923-24* commande l'armée du Levant. *1930* chef d'état-major. *1931* inspecteur général de l'armée et généralissime ; Académie française. *1935* à la retraite, administrateur de la Cie du canal de Suez. *1939* Cdt en chef en Syrie. *1940*-19-5 généralissime, remplace Gamelin après la défaite de Sedan ; refuse d'obéir à Reynaud qui voulait une capitulation militaire sans armistice ; -16-6 ne s'entendant pas avec Pétain (étant l'héritier spirituel de Foch, adversaire de Pétain) il se rapproche cependant de lui, et devient son ministre de la Guerre (juin-sept 1940), car il espère sauver de la captivité, grâce à un armistice, les unités dont la retraite vers le Sud a été coupée par les Allemands (mais les Allemands leur feront déposer les armes en vertu de l'armistice, et les garderont prisonnières) ; -7-9 (à nov. 1941) délégué général en Afr. du Nord, il entreprend d'y renforcer le potentiel militaire. *1941*-17-7 gouverneur général de l'Algérie ; -20-11 rappelé sur intervention des Allemands. *1942*-12-11 enlevé par les Allemands et -20-11 déporté en Allemagne. *1945*-mai libéré, hospitalisé au Val-de-Grâce (au lieu d'être mis en prison préventive), accusé de complot contre la sûreté de l'État, il comparaît 18 fois. *1948*-6-5 obtient un non-lieu.

l'aide contre l'URSS, mais reste hors de la guerre germano-américaine] ; -3/4-3 les Anglais bombardent Boulogne-Billancourt (usines Renault) ; -26-3 *rencontre Pétain-Laval* en forêt de Randan (P.-de-D.) ; -15-4 renvoi *sine die* du procès de Riom ; -17-4 le *Gal Giraud* s'évade de la forteresse allemande de Königstein, Darlan commandant en chef ; -19-4 (au 20-8-1944) **Pierre Laval chef du gouvernement, ministre de l'Intérieur, de l'Information et des Affaires étrangères.** Pétain le rappelle au pouvoir malgré les démarches américaines (il lui avait fait croire que les Allemands exigeaient son retour) ; il forme un ministère collaborateur [2 venus de Paris (Bonnard : Éducation nationale ; Benoist-Méchin) et 4 de Vichy (Bridoux, Bichelonne, Marion, Platon)] ; -19-4 *acte constitutionnel n° XI ;* Pétain abandonne ses pouvoirs à Laval ; -5-5 *Madagascar,* débarquement anglais à Diego Suarez (5-11 armistice franco-angl.) ; -11-5 *rencontre Goering-Laval* à Moulins ; -17-6 Pétain reconnaît l'échec de sa « Révolution nationale » ; -22-6 *accord sur la relève* (voir p. 695 c) entre Laval et le plénipotentiaire général pour l'Emploi de la main-d'œuvre Fritz Sauckel (27-10-1894/16-10-1946, pendu) ; Laval déclare : « Je souhaite la victoire de l'Allemagne parce que, sans elle, le bolchevisme, demain, s'installerait partout » ; -8-7 Anglais occupent Mayotte ; -16/17-7 à Paris, **rafle du Vél' d'hiv'** (voir encadré p. 697 c) ; -16-7 projet de *Légion tricolore* ; -28-7 des FTP tue le Gal Schaumburg, bombe lancée sur sa voiture [groupe *Misrak Manouchian,* arménien ; 23 membres *(Affiche rouge)* pris fin 1943 et fusillés en 1944, ils avaient commis près de 60 attentats faisant 150 †] ; -29-7 *accord Oberg-Bousquet sur la police ;* -6-8 Pétain reçoit à Charmeil le Cte de Paris ; -11-8 1er train de prisonniers libérés par la relève ; -15-8 otages fusillés au mont Valérien ; -17-8 1er bombardement américain sur l'Europe : 12 B 17-E volant à 7 500 m d'altitude larguent 16 t sur Rouen-Sotteville (gare de triage), 140 † ; -19-8 après le raid anglo-canadien sur **Dieppe** (voir p. 690 c), Pétain propose de charger l'armée française de la défense des côtes ; -25-8 mobilisation des Alsaciens-Lorrains dans la Wehrmacht ; -31-8 Mgr Saliège, évêque de Toulouse, proteste contre la politique raciale de Vichy ; -4-9 recensement (pour envoi éventuel en Allemagne) des hommes de 18 à 65 ans et des femmes célibataires de 21 à 35 ans (Sauckel aurait voulu, pour les hommes, de 16 à 60 ans, et les femmes de 18 à 45 ans) ; -5-9 Rouen bombardée ; -10-9 débarquement britannique à Madagascar ; -20/22-9 à Romainville 116 otages exécutés ; -30-9 Herriot en résidence surveillée à Brotel (20-11 transféré à Évaux, 5-4-1943 à Vittel, 31-7 à Nancy, 11-11 à Ville-Evrard) ; -4-11 l'escadre fr. mouille en rade des Salins d'Hyères ; -5-11 Darlan vient voir son fils Alain hospitalisé (poliomyélite) ; -7-11 revient à Toulon ; -8-11 **débarquement anglo-américain en Afrique du Nord ;** -9-11 *Laval rencontre Hitler* à Berchtesgaden ; -10-11 Hitler, qui l'a convoqué, le reçoit à Munich (dans sa résidence sur le Königsplatz) ; -11-11 Allemands et Italiens occupent la zone Sud (laissant aux Italiens Alpes-Maritimes, Var, Htes-Alpes, Isère, Drôme, Savoie, Hte-Savoie ; les Juifs s'y réfugient et sont protégés par Mussolini jusqu'au 4-9-1943). L'armée d'armistice est dissoute ; la garde personnelle de Pétain est réduite à 3 000 h. ; l'amiral de Laborde, invité 2 fois par Darlan à rejoindre l'Afrique avec l'escadre de Toulon, refuse ; 19 h Laborde fait mettre bas les feux ; -12-11 la Luftwaffe occupe les aéroports voisins de Toulon ; Léon Jouhaux (leader de la CGT) interné à Évaux-les-Bains (le 31-3-1943, il sera pris en charge par la Gestapo, puis le 7-5 déporté au château d'Itter) ; -14-11 le Cte de Paris écrit à Laval, condamnant la désobéissance de Darlan ; -15-11 Pétain destitue Darlan ; -17-11 Pétain interdit à Laval de constater l'état de guerre avec les USA ; -18-11 *Laval reçoit les pleins pouvoirs* ; 20 bataillons d'infanterie, venus renforcer les 14 la défense du périmètre fortifié de Toulon sont retirés sur ordre des Allemands ; -19-11 *Tunisie,* 1ers coups de feu tirés à Medjez el-Bab par le détachement Le Coulteux de Caumont contre troupes allemandes ; -20-11 *Weygand déporté* en Allemagne ; -22-11 *Alger,* accords Clark-Darlan (coopération franco-américaine) ; Boisson (gouverneur général) avertit Darlan de son ralliement [l'Afrique-Occidentale française se range librement sous ses ordres (estimant ainsi rester fidèle à son serment à la personne du Mal) avec 100 000 h., 1 demi-brigade de Légion étrangère, 1 bataillon d'infanterie coloniale, 1 régiment motorisé de chasseurs d'Afrique, 4 groupes d'aviation de bombardement, 2 groupes de chasse, 1 cuirassé (*Richelieu*), 3 croiseurs lourds, 2 croiseurs légers, 12 sous-marins, 1 escadrille d'avions torpilleurs, des appareils de surveillance côtière] ; -27-11 *Toulon,* à 4 h 30 attaque des blindés allemands ; 5 h 29 l'amiral de Laborde ordonne de saborder la flotte conformément aux stipulations du télégramme secret de Darlan du 24-6-1940 et aux instructions de l'amiral Auphan du 11-11-1942 ; à 8 h 30 *sabordage de la flotte* [225 000 t, 61 unités dont les cuirassés *Strasbourg* et *Dunkerque* et le contre-torpilleur *Volta* (43,78 nœuds)], 5 sous-marins s'échappent : il reste à la France 240 000 t de navires de guerre dont l'escadre d'Alexandrie (internée par les Anglais) ; -28-11 Sud-Africains débarquent à la Réunion ; -29-11 armée d'armistice dissoute ; -1-12 Darlan crée à Alger le *Conseil impérial* ; -4-12 le régime de Vichy se maintient dans les colonies grâce à Darlan ; -8-12 le Cte de Paris (parti du *Maroc espagnol*) arrive secrètement à Alger ; -24-12 vers 15 h 30 *Darlan est assassiné* par Fernand Bonnier de La Chapelle (né 1922), étudiant monarchiste [de Gaulle, désireux de se débarrasser de Darlan, aurait laissé croire au Cte de Paris qu'il rétablirait la monarchie ; le Cte aurait laissé à 5 fidèles le soin d'éliminer Darlan ; Bonnier aurait reçu l'assurance qu'il aurait la vie sauve ; arrêté sur place, condamné le soir même à 20 h par une cour martiale, il est fusillé le 26-12 à 7 h (Giraud refusant de surseoir à l'exécution) ; l'OSS Carlton Coon, proche du SOE anglais, aurait aussi agi] ; -26-12 *Giraud haut-commissaire en Afrique du Nord ; Marcel Peyrouton* (1887-1983), ancien min. de l'Intérieur de Vichy, *gouverneur général de l'Algérie ;* -28/29-12 Alger, attentat contre Murphy et Boisson ; -31-12 : 150 000 travailleurs sont partis en Allemagne.

1943-1-1 *École des cadres d'Uriage* fermée ; -5-1 *création de la Milice ;* -13-1 Sauckel demande 250 000 travailleurs français (150 000 spécialistes, 100 000 manœuvres) ; -25-1 *Marseille :* Vieux-Port évacué et détruit ; -30-1 milice française instituée en zone Sud ; -17-2 le gouvernement mobilise les classes 40, 41, 42 pour le STO (170 000 effectivement partis) ; *suppression de la ligne de démarcation* entre les 2 anciennes « zones » ; -15-3 *Algérie :* régime de Vichy aboli ; -avril/déc. Coco Chanel (amoureuse d'un Allemand) propose à Walter Schellenberg, chef des services de renseignements SS (qui accepte), de négocier une paix séparée avec Churchill, mais ne peut, par l'ambassade d'Angleterre à Madrid, prendre contact avec lui ; -1-4 ration hebdomadaire de viande : 120 grammes ; -5-4 Léon Blum, Édouard Daladier, Georges Mandel, Paul Reynaud et Gal Gamelin livrés aux Allemands ; -24-4 1er attentat contre un milicien ; -30-4 *Laval voit Hitler* à Berchtesgaden ; -31-5 Yvon Delbos (ancien min. des Affaires étr.) transféré en All. ; -14-6 l'amiral Georges Robert (31-1-1875/2-3-1965), haut commissaire de Fr. aux Antilles, démissionne sous la pression populaire (ayant, au préalable, ordonné l'échouage de certains bâtiments, dont le *Béarn*) ; -30-6 André François-Poncet transféré en All. ; -6-8 Paris (ambassade d'Allemagne), réunion Sauckel, Brinon, Bichelonne, Laval : Sauckel demande 500 000 h. ; -3-9 Gal de Lattre de Tassigny s'évade de sa prison française et rejoint la France libre ; -8-9 les Allemands occupent les 8 départements occupés par l'Italie ; -16-9 Nantes bombardée (712 †) ; -23/24-9 un bombardier anglais Lancaster, rentrant d'une mission, s'écrase sur les magasins du Louvre à Paris (les 3 aviateurs sont tués, pas de victime civile) ; -24-11 *Toulon* bombardé (450 †) ; -13-12 Darnand, secrétaire général au Maintien de l'ordre ; -18-12 Pétain répond à une lettre de Ribbentrop (du 29-11) : « Je précise que les modifications de la loi seront soumises avant publication aux autorités d'occupation » ; -31-12 Laval fait entrer des collaborateurs au gouvernement : Brinon, Henriot (Information et propagande), Darnand (Maintien de l'ordre), Gabolde ; la France doit engager 1 000 000 de travailleurs pour travailler en France, et envoyer en Allemagne 500 000 ouvriers ; Laval refuse ; à 19 h, épuisé, il a une syncope.

1944-7-1 la Gestapo exécute, à son domicile parisien, *Eugène Deloncle* [(né Brest 20-6-1890), chef de la Cagoule, antirépublicain, il avait fondé en 1937 le Comité secret d'action révolutionnaire (Csar ou Cagoule, voir encadré p. 687 b), mis en prison par Daladier de 1938 à 1940, rallié à Darlan, il collaborait avec l'amiral allemand Canaris, favorable aux Alliés] ; -20-1 cour martiale instituée ; -15-2 la côte méditerranéenne devient zone interdite (évacuation de Marseille le 15-3) ; -18-2 20 Mosquitos (Cdt Irving Smith 21-5-1917/16-2-2000) bombardent la prison d'Amiens (260 s'échappent, plusieurs sont tués) ; -15/18-2 24 militants FTP-MOI [Main-d'œuvre immigrée, dirigée par le poète arménien *Misrak Manouchian* (arrêté 16-11-1943)] jugés par tribunal militaire allemand. -21-2 23 condamnés (dont 12 Juifs d'Europe centrale), fusillés au mont Valérien (une *affiche rouge* en représentera 10). On a reproché au PCF d'avoir refusé de déplacer en province les combattants qu'elle savait exposés à Paris ; -3-3 et -10/18/21-4 bombardements alliés de Villeneuve-St-Georges, Juvisy, Noisy-le-Sec et gare de La Chapelle (1 113 †, plusieurs milliers de blessés) ; -17-3 Marcel Déat min. du Travail et de la Solidarité nationale ; -22-3 Pierre Brossolette (né 1903) meurt à La Pitié (Paris) ; -24-3 *Voiron*, 17 juifs de 7 à 21 ans arrêtés par la Gestapo puis déportés : aucun ne reviendra ; -2-4 **Ascq** (Nord), les SS de la division *Hitlerjugend* tuent 86 personnes ; -3-4 à 22 h 44, attentat contre un train (ni morts, ni blessés) ; -21-4 Paris La Chapelle bombardée (641 †) ; -26-4 *Pétain à Paris* (accueil enthousiaste), à *Rouen* ; mai : 1 284 attaques aériennes, 66 500 t de bombes (-1-5 Cambrai 350 †, Troyes 103 † ; -19-5 Tours 133 †, Orléans 103 † ; -22-5 Orléans 172 †, Lorient 600 † ; -27-5 Marseille 2 000 †, Avignon 525 † ; -7-5 Pétain à Voisins ; -30/31-5 Rouen et Nantes 1 345 †) ; -6-6 **débarquement allié en Normandie** (voir encadré p. 691 b) ; -9-6 **Tulle**, les Allemands accusant les FTP (qui avaient le 7-6 occupé la ville) d'avoir exécuté 40 blessés pendent 99 otages en représailles, (le 5-7-1944, le C[dt] Heinrich Wulff et l'adjudant Hoff, accusés d'y avoir participé, seront condamnés à 10 ans de travaux forcés pour le premier, et aux travaux forcés à perpétuité pour le second, peine réduite le 27-5-1952 à 5 et 10 ans d'interdiction de séjour ; libérés 1955) ; -10-6 **Oradour-sur-Glane** (Hte-Vienne), massacre de 644 habitants dont 246 femmes et 207 enfants (6 de moins de 6 mois) par les 120 h. de la 3e compagnie du 4e régiment Der Führer de la 2e division SS *Das Reich* [13-2-1953 sur 65 survivants 21 sont jugés à Bordeaux : 7 Allemands : [1 sous-officier condamné à mort (peine commuée), 5 à 10 et 12 ans de prison, 1 acquitté], 14 Alsaciens [2 engagés : volontaires dont 1 condamné à mort (peine commuée), 1 libéré en 1958 ; 12 « malgré-nous » à 5 et 8 ans de prison (amnistiés le 18-2, loi votée à l'Assemblée nationale par 319 voix contre 211 et 83 abstentions]. Le Gal Lamerding, commandant la division, condamné à mort par contumace, mourra dans son lit en 1971 ; le L[t] commandant la compagnie, Heinz Barth, arrêté en déc. 1981, condamné à perpétuité en 1983 en All. de l'Est, sera libéré pour raisons médicales le 10-7-1997] (motif : se venger de l'enlèvement d'Helmut Kämpfe, officier SS et de la mort d'un officier payeur) ; selon Robin Mackness (en 1987) des maquisards auraient la veille pris 600 kg d'or aux Allemands ; le village aurait pu être confondu avec un autre Oradour : Oradour-sur-Vayres (à 26 km au sud-ouest), Oradour-Fanais (30 km au nord-ouest) ou Oradour-St-Genest (34 km au nord) ; -13-6 *Darnand* min. de l'Intérieur ; -15-6 Chantiers de la jeunesse supprimés ; -20-6 *Jean Zay*, ancien ministre du Front populaire, enlevé de la prison de Riom, est assassiné par 4 miliciens venus de Vichy [Cordier sera abattu par des résistants ; Maret tiendra un salon de thé à Buenos Aires ; Millou en fuite ; Develle se réfugiera en Allemagne, puis en Italie (dans un couvent) et en Amér. du Sud, il sera arrêté en 1948, et révélera où le corps a été jeté (condamné en 1953, il se verra accorder des circonstances atténuantes)] ; -28-6 des résistants *exécutent Philippe Henriot* (né 7-1-1889, secr. d'État à la Propagande depuis le 6-1-1944), funérailles le 30-6 à N.-D. de Paris ; -29-6 *Rillieux-la-Pape* : 7 otages juifs fusillés par la Milice ; -2-7 2 551 déportés partent en train de Compiègne vers l'Allemagne, 1 537 arrivent vivants à Dachau le 5-7 (moins de 200 en reviendront) ; -7-7 la Milice exécute *Georges Mandel* (ancien min. de l'Intérieur de Paul Reynaud) ; -12-7 *Vichy*, dernier conseil des ministres ; -10-8 Laval à Paris ; -16 et 17-8 *cascade du bois de Boulogne* : 35 jeunes résistants sont fusillés par les Allemands [20 FTP, 12 jeunes chrétiens combattants de la région parisienne et 3 de l'Organisation civile et militaire de la jeunesse (OCMJ)] ; -12/18-8 tentative de constitution d'un régime démocratique [-12-8 Laval vient chercher Herriot, détenu par les Allemands dans un pavillon de l'hôpital psychiatrique de Maréville (près de Nancy), le ramène à Paris ; -13-8 à 9 h, il obtient d'Abetz que la présidence de la Chambre des députés et ses dépendances (occupées par les Allemands) soient libérées pour qu'Herriot s'y installe] ; -15-8 2 576 hommes, 665 femmes sont emmenés de Paris à Buchenwald ; 22 h, Abetz annonce à Laval que le G[al] von Choltitz (gouverneur militaire allemand) a donné l'ordre de ne pas défendre Paris ; -16-8 Amédée Bussière (préfet de police) prévient Laval que Déat, Brinon et Darnand sont partis pour l'Allemagne après avoir été reçus par le G[al] SS Oberg ; ils ont présenté le plan Laval-Herriot comme une trahison de Laval et ont obtenu d'Oberg qu'il téléphone à Himmler ; celui-ci ordonne l'arrestation d'Herriot, l'enlèvement et la déportation de Laval et du gouvernement français vers l'Allemagne ; -17-8 les Allemands arrêtent Herriot ; départ de Bobigny du dernier wagon emmenant des internés de Drancy [51 otages dont Marcel Bloch-Dassault, la famille Kohn, la P[cesse] Galitzine (le 21-8, une trentaine d'otages réussiront à s'évader en sautant du wagon)] ; -19-8 Laval est transféré à la préfecture de Belfort (avant d'être contraint de quitter Paris par la force, il a passé ses pouvoirs au préfet de la Seine René Bouffet, au préfet de police Bussière, au Pt du Conseil général de la Seine Victor Constant et au Pt du conseil municipal Pierre Taittinger) ; -20-8 *St-Genis-Laval*, 100 hommes, femmes, enfants sont massacrés par la Gestapo ; -21-8 Pétain, le Gal Debeney, l'amiral Bléhaut et le Dr Ménétrel, forcés le 20-8 de quitter Vichy, arrivent à Belfort ; -24-8 Pétain est transféré au château de Morvillars pour lui éviter le bruit ; à *Maillé* (I.-et-L.) les Allemands exécutent 124 habitants ; -25-8 Hitler invite Laval à venir le voir ; Laval refuse ; -1-9 Marion, Déat, Brinon, Darnand, Doriot sont reçus par Hitler ; -4-9 *Brinon chef d'une commission gouvernementale* pour la défense des intérêts français en Allemagne ; désavoué par Pétain et Laval [ce gouvernement s'installe à Sigmaringen le 8-9 (le véritable chef des collaborateurs en exil est alors Doriot jusqu'au 22-2-1945)]. La plupart des Français membres d'organisations pro-allemandes rejoignent les Waffen-SS (lourdes pertes militaires en Poméranie en mars-avril 1945) ; -6-9 les Allemands évacuent Belfort ; Laval transféré à Sigmaringen y arrive le 9-9 ; Pétain arrive le 10-9 [ainsi que son épouse, son docteur-secrétaire Bernard Ménétrel, l'amiral Bléhaut, le Gal Bridoux, Charles Rochat (secrétaire général du ministère des Affaires étrangères)] ; -26-10 Sigmaringen, 1re émission d'*Ici la France* ; -4-11 Constance, reparution du *Petit Parisien* ; -13-12 Ribbentrop veut déporter Laval en Silésie : mesure levée sur intervention du sculpteur Arno Breker ; Abetz révoqué. **1945**-6-1 Comité de la libération française fondé en Allemagne par Doriot ; -22-2 Doriot abattu par un avion ; -févr. Laval à Wilflingen suivi de Charles Rochat, Gabolde (ministre de la Justice), Mathé (secr. d'État à l'Agriculture). -16-4 Laval se présente à la frontière suisse ; -27-4 Pétain s'y présente ; -2-5 des combattants SS Français se battent encore à Berlin.

France libre (1940-44)

Origine

■ **1940**-16-6 rentré de Londres à Bordeaux, de Gaulle (qui était sous-secrétaire d'État à la Guerre du ministère Reynaud) apprend que Reynaud a démissionné et que Pétain a constitué un nouveau ministère dont il ne fait pas partie. Refusant de reconnaître celui-ci, nommé pour demander l'armistice, il décide de repartir ; -17-6 rejoint Londres dans l'avion du G[al] anglais Spears, avec le Lt Geoffroy de Courcel ; -18-6 lance aux Français « l'appel du 18 juin » à la BBC de Londres ; -24-6 ramené au grade de colonel et mis à la retraite par mesure disciplinaire ; du 24 au 26-6 5 bateaux amènent en G.-B. 124 Sénans (habitants de l'île de Sein qui sera occupée le 2-7 par les Allemands) qui constituent le quart des effectifs de De Gaulle ; -27-6 de Gaulle prend le titre de **chef des Français libres** et affirme que le ministère Pétain, bien qu'établi dans les formes constitutionnelles, n'est pas un gouvernement régulier, mais une simple autorité de fait, parce que sous la dépendance de l'ennemi ; -28-6 reconnu par un communiqué du gouvernement britannique comme **chef de tous les Français libres** ; -4-7 condamné par le tribunal militaire de Toulouse à 4 ans de prison et 1 000 F d'amende ; -14-7 1re manifestation officielle : de Gaulle passe en revue 800 soldats ; -2-8 de Gaulle condamné à mort et à la confiscation de ses biens par un tribunal de Vichy.

Organisation

■ **Comité français national provisoire (France libre).** *Reconnu* par la G.-B. le 28-6-1940 [de Gaulle est reconnu comme « chef de tous les Français libres, où qu'ils soient, qui se rallient à vous pour défendre la cause alliée » (précise le 7-8-1940 Churchill dans une lettre]. -7-8 **accord avec le gouvernement britannique ;** de Gaulle constitue une force de volontaires et crée un organisme civil avec les services administratifs nécessaires ; la G.-B. assure provisoirement le paiement des dépenses engagées ; -27-10 **l'ordonnance n° 1 de Brazzaville,** « au nom du peuple et de l'Empire français », organise l'exercice des pouvoirs publics dans les territoires libérés du contrôle de l'ennemi. Un **Conseil de défense de l'Empire** (consultatif) est créé. Les pouvoirs administratifs appartenant normalement aux ministres seront exercés par des directeurs de service nommés par le chef des Français libres (art. 6). Des *hauts-commissariats* sont créés pour l'Afrique libre (ordonnance du 12-11-1940) et le Pacifique (ordonnance du 2-8-1941).

■ **Comité national français** (24-9-1941 au 5-6-1943). **1941**-24-9 *créé* par ordonnance à Londres. Reconnu 24-10-1941 par Belgique, Pologne et Tchécoslovaquie ; 9-7-1942 reconnu par USA ; 13-7-1942 par G.-B. (comme symbole de la résistance française à l'Axe) ; 26-9-1942 reconnu par l'URSS. Composé de commissaires nationaux nommés (par décret) par de Gaulle et responsables devant lui. Les commissaires forment un Conseil des ministres et gèrent un département administratif [Pleven (Économie, Finances, Colonies) ; Dejean (Aff. étr.) ; Cassin (Justice, Instruction) ; Le Gentilhomme (Guerre) ; Valin (Air) ; Diethelm (Travail, Information, Action en métropole) ; Catroux (sans portefeuille) ; d'Argenlieu (sans portefeuille) ; Muselier (Marine)]. **1942**-14-7 le mouvement de la France libre prend le nom de **France combattante** ; -22-7 prend acte de l'adhésion des groupements de la Résistance intérieure et symbolise ainsi l'union des efforts de la France libre et de la France captive.

■ **Comité français de la Libération nationale (CFLN)** [du 3-6-1943 au 3-6-1944]. **1943**-3-6 *créé* à Alger par ordonnance à la suite d'un accord entre de Gaulle et Giraud (qui commandait une partie des troupes françaises d'Afr. du Nord combattant avec les Alliés). « Pouvoir central français unique » devant exercer ses fonctions jusqu'à la Libération. Présidé alternativement par Giraud et de Gaulle. *Membres* : 7 puis 14. Reconnu le 26-8-1943 par l'URSS comme le représentant de la République française et le 27-8 par G.-B. et USA comme administrant les territoires français d'outre-mer qui reconnaissent son autorité. La France libre a un gouvernement, une administration, des territoires, une représentation diplomatique (« Représentants de la Fr. libre »), des forces armées, une flotte de commerce, une monnaie et des timbres-poste, etc. Elle délivre les passeports. Elle a ses ressources propres (en particulier l'or du Gabon) ; -4-8 Giraud nommé G[al] des forces militaires (depuis 22-6-1943, était C[dt] en chef pour l'Afrique du Nord et l'A.-O.F., de Gaulle commandant les autres territoires de l'Empire), son rôle sera progressivement réduit ; -15-9 de Gaulle nomme Émile Bollaert délégué général en France occupée ; -17-9 **Assemblée consultative provisoire** créée (séance inaugurale 3-11) ; membres désignés par les différents groupements de la résistance métropolitaine et extra-métropolitaine, et par les membres du Sénat et de la Chambre des députés se trouvant hors du territoire occupé (en majorité communistes, du fait de la déportation en Algérie des parlementaires communistes) ; -2-10 décret maintenant encore les 2 Pts ; mais, tout en exerçant effectivement le commandement militaire, Giraud cesse d'exercer ses fonctions de Pt ; -9-11 de Gaulle seul Pt ; -16-11 2 communistes nommés au CFLN : L. Midol (Production industrielle) et E. Fajon (Hygiène et Santé) ; -16-12 le CFLN (donc de Gaulle) assure la direction générale de la guerre et l'autorité sur l'ensemble des forces terrestres, navales et aériennes. **1944**-30-1 **conférence de Brazzaville** (voir à l'Index) ; -3-3 *Alger*, procès Pucheu (exécuté à Hussein Dey, 20-3) ; -3-4 au CFLN : François Billoux, commissaire d'État, Fernand Grenier à l'Air. -4-4 de Gaulle, chef des armées ; -8-4 Giraud nommé inspecteur général des armées fr., et à ce titre conseiller militaire du gouvernement (refuse, est mis à la retraite). -1-6 Kœnig nommé C[dt] en chef des FFI ; -3-6 le CFLN devient le Gouvernement provisoire de la République française (GPRF), voir p. 704 a.

Quelques dates

Ralliements de territoires

1940-*23-6* **domaines français de Ste-Hélène ;** à la même époque, personnel et installations du canal de **Suez,** puis *-20-7* **Nouvelles-Hébrides.** *-26-7* **Côte d'Ivoire.** *-13-8* **Tchad** : René Pleven à Lagos (Nigéria) propose au gouverneur du Tchad, Félix Éboué [Cayenne (Guyane) 26-12-1884/Le Caire 17-5-1944], de ravitailler le Tchad en échange du ralliement à de Gaulle ; *-26-8* Éboué et Pleven proclament le ralliement. **Cameroun** : *-15-8* les gaullistes de Douala se replient à Victoria (Cameroun anglais) ; *-23-8* le colonel Leclerc (de Hauteclocque) et le C[dt] de Boislambert se rendent à Victoria ; *-26-8* avec 25 réfugiés gaullistes, ils occupent les bâtiments publics de Douala ; *-27-8* ils proclament le ralliement. **Congo français :** *-16-8* le colonel de Larminat arrive à Léopoldville (Congo belge) et contacte les gaullistes de Brazzaville (capitaine Delange, médecin-général Sicé) ; *-27-8* envoie un ultimatum au gouverneur général Husson ; *-28-8* Delange et Sicé, avec un bataillon de tirailleurs du Tchad, font prisonnier Husson et remettent Brazzaville à Larminat ; *-31-8* les gaullistes contrôlent Pointe-Noire. *-2-9* **Tahiti et dépendances** (après le plébiscite du 1-9 : 5 564 voix pour le ralliement, 18 contre). *-9-9* **établissements français de l'Inde.** *-20-9* **Nlle-Calédonie.** *-30-9* **Oubangui-Chari** : -sept. la garnison refuse, mais se rallie sans combat. *-Août/sept.* **Sénégal :** *expédition de Dakar* : tentative faite pour éloigner les Allemands de Dakar, nécessaire pour surveiller l'Atlantique, assurer un territoire à la France libre et récupérer l'or des Banques de Fr., Belgique, Pologne, stocké à Bamako (échec) ; *-14-8* les croiseurs *Georges-Leygues* et *Montcalm* (Vichy) arrivent à Dakar où se trouve le cuirassé *Richelieu* ; *-23-9* une escadre anglaise (2 cuirassés et 1 porte-avions) débarque les commandos gaullistes de Thierry d'Argenlieu à Rufisque, ils sont repoussés ; *-24-9* le 2e débarquement gaulliste est repoussé à Rufisque ; *-24* et *-25-9* l'escadre anglaise bombarde Dakar (100 militaires et 84 civils † ; 182 militaires et 197 civils blessés ; 2 sous-marins fr. coulés ; un cuirassé anglais torpillé) ; retraite anglaise. *Conséquences :* Churchill rend de Gaulle responsable de l'échec (des indiscrétions gaullistes auraient provoqué l'envoi des croiseurs) et propose à Catroux, qui refuse, de le remplacer. De Gaulle décide de s'implanter au Gabon. **Gabon :** *-29-8* ralliement à Larminat ; *-30-8* arrivée à Libreville du sous-marin *Sidi-Ferruch* qui rétablit le régime de Vichy ; *-sept.* offensive de Leclerc depuis le Congo ; *-oct.* les pétainistes résistent à Lambaréné ; *-8-10* le sous-marin *Poncelet* (Vichy) coulé ; *-9-10* le *Savorgnan-de-Brazza* (France libre) coule le *Bougainville* (Vichy) ; *-7-11* Leclerc débarque à Mondah ; *-10-11* les gaullistes prennent Libreville (suicide du gouverneur, le Gal Masson) et *du 12 au 14-11* à Port-Gentil : la majorité des fonctionnaires refusent le ralliement et sont internés. **1941**-*10-7* **Syrie** et **Liban.** *-24-12* **St-Pierre-et-Miquelon** [débarquement de Muselier, plébiscite (pour 783, contre 14, bulletins blancs ou nuls 215)]. **1942**-*19-5* **Wallis-et-Futuna.** *-28-11* **Réunion.** *-14-12* **Madagascar et dépendances.** *-28-12* **Côte française des Somalis.** **1943**-*11-3* **Guyane** (à l'administration de Giraud). *-13-7* Antilles.

☞ Soit au total 14 millions de citoyens, sujets ou protégés français.

■ **1940**-*18-7* à la BBC (Londres) 1re des 1 000 interventions de Maurice Schumann. *Du 23 au 25-9* échec sur Dakar (voir encadré ci-dessus) ; participation à la campagne d'Égypte et de Libye. **1941**-*6-1* 1er agent parachuté en zone occupée ; *-14-1* le « V » devient signe de ralliement des résistants antinazis ; *-23-6* 1er parachutage de matériel sur la Fr. par les services anglais ; *-8-12* la Fr. libre déclare la guerre au Japon. **1942**-*8-11* débarquement allié en Afr. du Nord ; les Anglo-Américains traitent avec Darlan (assassiné le 24-12, voir encadré p. 699 a), auquel succède Giraud. **1943**-*22-1* de Gaulle arrive à Casablanca et rencontre Giraud à Anfa ; tentatives de rapprochement de Gaulle/Giraud. *-2-2* Gadhames (Tunisie), jonction des troupes d'AFN (Gal Delay) et des forces de Leclerc. *-30-5* de Gaulle arrive à Alger. *-31-5* ralliement de la flotte d'Alexandrie (amiral Godfroy, cuirassé *Lorraine*, 4 croiseurs, 3 contretorpilleurs, 1 sous-marin). *-1-6* Peyrouton, gouverneur de l'Algérie depuis 19-1-1943, démissionne. *-3-6 création du Comité français de la Libération nationale (CFLN).* Catroux gouverneur de l'Algérie. *-28-6* Boisson, gouverneur d'A.-O.F., démissionne. *-21-10* les mesures antisémites de Vichy sont abolies et le décret Crémieux rétabli. *-1-12* Flandin, Peyrouton, Boisson mis en résidence surveillée (18-12 arrêtés). **1944**-*1-2* création des FFI ; *-20-3* exécution à Hussein Dey près d'Alger de *Pierre Pucheu* (né Beaumont/Oise 27-6-1899), ancien min. de l'Intérieur de Vichy, rallié au Gal Giraud (motif officiel : il aurait désigné aux Allemands les otages de Châteaubriant ; autre raison : déconsidérer Giraud, qui l'avait fait venir en Afrique). *Participation à la guerre :* armée d'Afrique (Giraud), France combattante, puis unification.

Effectifs

☞ La plupart des Français présents en Angleterre en juin 1940 demandèrent à être rapatriés en France. *Nombre de rapatriés (du 17-6 au 31-12-1940) :* marins militaires 21 000, de commerce 2 000, hommes de troupe 8 000, civils 200.

■ **Évolution.** **1940**-*juillet :* environ 3 000 h. dont 2 000 à Londres, 600 en Égypte, 300 en Côte-de-l'Or. **Forces terrestres.** **1940**-*10-8 : 1re brigade libre :* 2 331 h. dont 407 fusiliers marins et environ 1 300 anciens légionnaires de Narvik ; du *18-6*-**1940** au *31-7*-**1943** : 54 873 soldats volontaires auront rejoint la France libre, dont 7 581 auraient été tués au 6-5-1945 (en tout 10 219 †).

Forces navales libres. **1940**-3-7 : 400 h., dont 10 officiers ; *-nov.* : 3 000 h. ; **1941** : 3 500 h. dont 270 officiers (Afrique 960) ; 1 cuirassé ancien, le *Courbet,* 2 contre-torpilleurs, 1 torpilleur, 4 sous-marins, 57 petits bâtiments de surface. **Marine marchande.** 57 bateaux (300 000 t) dont 19 perdus, 4 000 h. dont 1 000 ont péri en mer. **1943**-*3-8* fusion avec forces maritimes d'Afr. du Nord [qui comprend 7 000 h., 40 bateaux ; 2 bataillons de fusiliers marins, 1 flottille d'aéronavale (avait perdu 1 039 h. et 10 bateaux)].

■ **Bilan global.** **Forces terrestres :** en tout 31 900 soldats français libres ; 5 200 tués ou disparus entre le 18-6-1940 et le 31-7-1943 firent 248 572 prisonniers ; 68 batailles gagnées. **Navales** (FNFL) : 9 800 marins ; 1 000 tués ou disparus ; 80 bâtiments dont 20 perdus. **Aériennes** (FAFL) : 3 500 volontaires ; 563 aviateurs non rentrés ; 316 avions ennemis officiellement détruits.

■ **Bureau central de renseignements et d'action (BCRA).** *Origine :* 1-7-1940 Service de renseignements (SR) ; Cel Dewavrin (devenu Cel Passy) ; oct. 1940 devient le BCRA avec Passy et Jacques Soustelle. 17-1-1942, devient BCRAM (Bureau central de renseignements et d'action militaire), puis, à la Libération, la Direction générale des études et recherches (DGER). Agents secrets, personnel des réseaux homologués par Londres, agents en pays étrangers : 3 600 hommes et femmes dont 800 ont été torturés, fusillés ou sont morts déportés.

☞ Plusieurs réseaux ne travaillaient pas pour le BCRA mais pour le SOE (Special Operation Executive) anglais dirigé par Hugh Dalton puis lord Selborne. Commandé par sir Frank Nelson, sir Charles Hambro puis le major général Colin Gubbins, le SOE disposait d'une section française (dirigée à partir de novembre 1941 par le colonel Maurice Buckmaster) qui contrôlait 45 réseaux dont Prosper qui fut sacrifié pour faire croire aux Allemands à un débarquement allié dans le Pas-de-Calais le 9-9-1943 (opération Cockade ; 1 000 membres arrêtés dont 400 moururent en détention).

■ **Femmes.** Des milliers ; beaucoup à titre civil ; 7 000 furent déportées, 6 furent faites Compagnons de la Libération (voir à l'Index) ; 2 reposent dans la crypte du mont Valérien : Bertie Albrecht (Marseille 1893/Fresnes juin 1943), Renée Lévy (fusillée à Cologne en avril 1943).

■ **Parmi les 1ers ralliés à de Gaulle à Londres en 1940.** **18-6 :** *René Cassin* (Bayonne 5-10-1887/Paris 20-2-1976, prof. à la faculté de droit de Paris, 1968 prix Nobel de la paix) ; *René Pleven* (1901-93, futur commissaire aux Finances et Pt du Conseil) ; *Jean Marin* (1909-95, Yves Morvan, journaliste) ; *Jean Oberlé* (1900-61, journaliste) ; **19-6 :** *Christian Fouchet* (1911-75, aviateur, futur min.) ; **20-6 :** *Pierre-Olivier Lapie* (né 1901, député) ; **21-6 :** *Maurice Duclos* (colonel Saint-Jacques) ; **23-6 :** *amiral Émile Muselier* ; **28-6 :** *Gilbert Renault, dit le colonel Rémy* (1904-84) ; **29-6 :** 3 officiers revenus de Narvik : *capitaine Pierre Kœnig, colonel Raoul Magrin-Vernerey* (1892-1964, futur Gal Monclar), *capitaine André Dewavrin* (né 9-6-1911/19/20-12-1998, futur colonel Passy) ; **30-6 :** *Maurice Schumann* (1911-98, journaliste) ; **début juillet :** *Gal Paul Legentilhomme* (1884-1975, commandant les troupes de Djibouti), et *colonel Edgard de Larminat* (commandant celles de Syrie) ; **25-7 :** *capitaine Philippe de Hauteclocque* (futur *Mal Leclerc,* voir encadré p. 699 c) ; **sept. :** *Gal Georges Catroux* ancien gouverneur de l'Indochine, voir encadré p. 699 a) ; **fin 40 :** *Jacques Soustelle* (1912-1990, ethnologue). **Membres de la Résistance en 1941.** **21-10 :** *Jean Moulin* (voir encadré p. 700 a). **En 1942.** **28-3 :** *Emmanuel d'Astier de la Vigerie* (1900-69, journaliste) ; *Pierre Brossolette* ; **24-7 :** *André Philip* (voir p. 783 c) ; **17-9 :** *Christian Pineau* (1904-95, futur min.). **18-9 :** *Félix Gouin,* député SFIO. **En 1943.** **20-2** *Fernand Grenier* (9-7-1901/12-7-1992, député communiste, futur min.) ; **27-6** *Henri Queuille,* soc. ancien ministre ; **9-7** *André Philip.*

Résistance française

■ **Action psychologique.** Presse clandestine (tracts recopiés à la main, puis ronéotypés). Le 11-2-1941, démantèlement du 1er réseau (celui du musée de l'Homme dirigé par Paul Rivet). En 1943, la police de Vichy signale 5 000 perquisitions, 1 600 arrestations, 500 000 journaux passés au pilon. **Principaux titres :** ZONE SUD : *Combat, Franc-Tireur, Libération ;* ZONE NORD : *Défense de la France, le Populaire* (socialiste), *l'Humanité* et *France d'abord* (communistes), *Témoignage chrétien* (progressiste), *l'Université libre* (enseignants).

■ **Actions directes** puis regroupements.

Organisation

■ **Mouvements.** ZONE SUD : **Mouvement de libération nationale,** Henri Frenay (1905-88) et Chevance, août 1940 (devenu 1941 « Combat ») ; **Libération Sud,** Emmanuel d'Astier de la Vigerie (1900-69), créé nov. 1940 ; **Franc-Tireur,** créé 1941 : les 3 fusionnent début 1943 en **Mouvement uni de la Résistance (MUR)** et début 1944 se fondent dans le **Mouvement de libération nationale (MLN),** Jean Moulin (voir encadré p. 700 a). ZONE NORD : **Mouvement du musée de l'Homme** (juillet 1940 ; 1941-23-7 : membres exécutés), **Organisation civile et militaire (OCM), Libération Nord, Front national, Ceux de la Résistance** (créé 2-6-1942), **Ceux de la Libération, Défense de la France,** Pierre Brossolette [né à Paris le 15-6-1902 (normalien reçu 2e au concours d'agrégation d'histoire derrière Georges Bidault en 1925, journaliste SFIO, chroniqueur à Radio-PTT) arrêté le 3-2-1944 avec Émile Bollaert à Plogoff, emprisonné à Rennes le 5 (identifié le 19-3 par une mèche blanche dont la teinture avait passé), transféré à la Gestapo (siège : 84, av. Foch à Paris) où, le 22-3, en se laissant glisser par une fenêtre du 5e sur le balcon du 4e, il se jette dans le vide pour ne pas parler sous la torture, et meurt à l'hôpital de la Pitié vers 22 h ; incinéré au Père Lachaise]. SUR LE PLAN MILITAIRE : **Organisation de résistance de l'armée (ORA)** mise sur pied par des officiers de l'armée d'armistice en 1941, constituée le 31-1-1943 avec le Gal Aubert Frère (Grévillers, P.-de-C. 1881/Struthof arrêté 13-6-1943 ou 16-6-1944), l'**Armée secrète** [créée 9-10-1942 ; chefs : Gal de corps d'armée Charles-Antoine Delestraint (né 12-3-1879, arrêté 9/10-6-1943, tué à Dachau 23-4-1945), puis Gal Dejussieu (dit Pontcarral)], **Francs-Tireurs Partisans français (FTPF)** d'obédience communiste avec Charles Tillon (créés mars 1942) : les 3 constituent des maquis.

☞ **Réseau Saint-Jacques.** 1er réseau de la France libre créé en zone occupée par Maurice Duclos (Saint-Jacques). Fondé 4-8-1940 au cap Romain (St-Aubin/Mer). *Mission :* évaluer les forces allemandes en Normandie (crainte d'invasion de l'Angleterre). *Pôles : 1°)* 8, place Vendôme où eut lieu la 1re émission radio clandestine entre Paris et Londres en avril 1941. *2°)* Charles de Guy (adjoint de Saint-Jacques), organisateur du sous-réseau. *3°)* caserne du Pce-Eugène (place de la République) avec le chef d'escadron Verines. Réseau décimé en août et octobre 1941 (trahison). **Alliance** 1940-7-10, réseau créé par Loustaunau-Lacau ; 1941-4-4 rattaché à l'Intelligence Service ; 26-11 démantelé.

■ **Conseil national de la Résistance (CNR).** **Créé** mai 1943 avec Jean Moulin (27-5 1re réunion, 48, rue du Four, Paris). **Composition : 8 représentants de mouvements de Résistance :** *Ceux de la Libération* (Roger Coquoin, puis André Mutter), *Ceux de la Résistance* (Jacques Lecompte-Boinet), *Front national* [Roger Ginsburger (dit Pierre Villon), puis Pierre Dumont], *Libération-Nord* (Charles Laurent, puis Henri Ribière), *OCM* (Jacques-Henri Simon), *Combat* (Henry Frenay, Marcel Degliame, Claude Bourdet), *Franc-Tireur* [Eugène Petit (dit Claudius), Pierre Lévy, Avinin], *Libération-Sud* (Pascal Copeau, Emmanuel d'Astier de La Vigerie, Pierre Hervé) ; **6 mandataires de partis :** *communiste* (André Mercier, puis Auguste Gillot), *socialiste* (Daniel Mayer), *radical-socialiste* (Marc Rucart, puis Paul Bastid), *démocrate populaire* (Georges Bidault, puis à la Libération André Colin), *Alliance démocratique* (Joseph Laniel), *Fédération républicaine* (Jacques Debû-Bridel) ; **2 délégués de syndicats :** *CFTC* (Gaston Tessier), *CGT* (Louis Saillant). Compte tenu des renouvellements liés aux arrestations et aux départs pour Alger, le nombre de « conseillers » clandestins est de 25 au total. **Chefs :** du 15-5 au 21-6-1943, jour de son arrestation, *Jean Moulin* (sept. délégué général de De Gaulle) ; 30-8-1943 *Georges Bidault* (1899-1983) élu par les membres du Conseil ; 10-9-1944 *Louis Saillant* (1910-74). **Réunions :** 1 fois par semaine (lieu différent chaque fois, par prudence). **Commissions :** du Travail, de la Guerre, de l'Économie, des Aff. étrangères, etc. (correspondant aux départements ministériels). **Programme** adopté à l'unanimité 15-3-1944. *Plan d'action immédiate :* organise des Comités de la Libération [comités locaux sous la direction des Comités départementaux de la Libération (CDL)]. Prescrit que l'état-major national des FFI donne l'ordre aux formations de harceler l'ennemi, en distribuant les armes des dépôts et coordonnant action militaire et action de résistance de la masse de la nation. Ne recevant pas d'instructions d'Alger jusqu'au printemps 1944, le CNR remplit peu à peu les attributions militaires initialement confiées par le CFLN aux comités de coordination des mouvements de Résistance [comités constitués dans les 2 zones en mars 1943 sous la présidence de Jean Moulin et qui disparurent au bénéfice du Comac (Comité d'action)]. *Mesures dès la Libération du territoire :* établissement du gouvernement provisoire, nationalisation des grands moyens de production, développement des coopératives, amélioration du régime du travail et un plan complet de sécurité sociale, rajustement des salaires, assainissement de la monnaie, extension des droits politiques, sociaux et économiques des populations indigènes et coloniales, etc.

■ **Forces françaises de l'Intérieur (FFI).** **Créées** par ordonnance du CFLN le 1-2-1944 (les différents mouvements de résistance avaient des groupes paramilitaires), comprennent l'AS (Armée secrète), les FTP (Comité militaire national des Francs-Tireurs Partisans) créés par Charles Tillon 28-3-1942, l'ORA (Organisation de résistance de l'armée). Relèvent, d'une Commission d'action du CNR (Comidac), puis du Comac (Comité d'action), avec Pierre Villon (Pt), Valrimont (vice-Pt des MUR), de Vogüé (représentant des mouvements de la zone Nord). -1-6-1944 sont placées sous le commandement du Gal Kœnig. *Aumônier général :* Père dominicain Raymond Bruckberger (10-4-1907/4-1-1998).

■ **Effectifs.** **1943** *(oct.) :* 20 000 (pour la plupart réfractaires au STO) ; *autres estimations :* Guillain de Bénouville 10 000 ; services allemands 130 000 ; Marie Granet et Henri Michel 75 000 (en comptant les affiliés aux réseaux clandestins). **1944** *(mars) :* 30 000 à 40 000, *(juillet) :* 200 000. **Implantations principales :** Alpes (les mieux équipés : matériel de l'armée).

Opérations

■ **De 1940 à fin 1941.** Surtout le fait d'équipes débarquées sur les côtes depuis l'Angleterre (BCRA). **Fin 1941.** Actions individuelles en zone Nord (sabotages, attentats).

■ **Principales opérations. Alpes.** **Les Glières** (près d'Annecy, à 1 500 m d'altitude) *1944-23* et *-25-3 :* 467 h., venus principalement du 27e bataillon de chasseurs alpins, attaqués par une division allemande de montagne et des miliciens (12 000 h.), sont anéantis (102 † dont leur chef, le capitaine Anjot), 2 à 10 Allemands sont tués ; *-1-5 :* le maquis réoccupe le plateau. **Le Vercors** (près de Grenoble, à 1 000 m d'alt.) *1943-avril :* 350 h. ; *-13-11 :* 1er parachutage d'armes. *1944-avril :* 1ers accrochages avec la Milice ; *-mai :* 500 h., *-juin :* 3 000 h. ; *-13-6 :* attaqués par 1 500 Allemands ; *-15-6 :* par 4 000 Allemands avec artillerie (St-Nizier évacué) ; *-25* et *-28-6 :* nombreux parachutages (2 160 conteneurs) ; *-19-7 :* attaqués par 10 000 Allemands ; *-21-7 :* 40 planeurs atterrissent (les maquisards, croyant à des renforts alliés, les laissent atterrir et sont anéantis) ; en tout 460 † (134 civils, 326 résistants) en 1943-44 (combats, accidents, maladies). **Massif central.** **Mont Mouchet** [massif de la Margeride (confins du Cantal, P.-de-D., Hte-Loire, Lozère)] : 10 000 h. *1944-5-4 :* 2 500 h., avec 2 points d'appui proches (la Truyère 15 000 h., St-Genès 2 000 h.), parachutages de bazookas, mitrailleuses, fusils-mitrailleurs ; *-2-6 :* attaque allemande (15 000 h.), décrochage vers la Truyère. *-20-6 :* 2e attaque (20 000 h.), le maquis se disperse (350 maquisards †, pertes allemandes : plus de 3 000 h.). **Jura** (Ain). *1943 :* des groupes clandestins se forment dans les montagnes, entourant Chevillard ; *-11-11 :* Oyonnax : défilé militaire avec drapeau. *De nov. 1943* à *février 1944 :* harcèlement par la Milice (miliciens infiltrés) ; *-février :* offensive des troupes de montagne allemandes, camps dispersés (les maquisards de l'Ain ont évité de se concentrer) ; *-juin* (piste d'Izernore) : début des parachutages massifs. **Bretagne.** *1941-janv. :* 1res activités. I.-et-V., C.-du-Nord, Finistère, Morbihan forment la subdivision M 13 de la région de Résistance M (ouest de la Fr.) ; délégué militaire régional : V. Abeille ; chef de l'Armée secrète : Gal Audibat ; seront pris par les Allemands. *1944-5-6 :* ordre de Londres de commencer les sabotages sur une grande échelle, des cadres arrivent de Londres (Cdt Bourgoin). 2 bases constituées, « Shamwest » (C.-du-Nord) et « Dingson » (Morbihan), sont détruites par les Allemands ; les maquisards sont repris en main par des « Jedburghs » parachutés ; *-1-8 :* après la percée d'Avranches, le Gal Patton leur fixe 2 objectifs : Lorient et Quiberon [aucun ne fut atteint, mais leur importance avait disparu, la bataille ayant changé de terrain (poche de Falaise)] ; ils bloquent les « poches allemandes de l'Atlantique » en Bretagne (Lorient et St-Nazaire) ; *-13-9 :* les FFI brestois guident les blindés américains ; au sud de la Loire, les maquisards surveillent les « poches » de La Rochelle et de Royan-Le Verdon.

Épuration

Bilan global

■ **Personnes touchées par des mesures d'épuration.** De 1 500 000 à 2 000 000 (990 000 arrêtées, ne serait-ce que quelques jours ou semaines ; 150 000 selon P.-H. Teitgen), et des centaines de milliers victimes de sanctions professionnelles ouvertes (limogeages) ou déguisées (retraites anticipées, retards dans l'avancement).

■ **Affaires instruites.** **Par les cours de justice et chambres civiques :** 158 000 dont 110 500 viennent en jugement. *Condamnés* (du 1-11-1944 au 31-12-1945) : *à mort* 7 040 dont 4 397 par contumace (3 784 exécutions) ; *aux travaux forcés à perpétuité* 2 722, *à temps* 10 434 ; *à l'emprisonnement* 26 529 ; *à la dégradation nationale* 57 852. **Par les comités d'épuration professionnels :** 300 000 ; **administratifs :** 120 000 peines prononcées.

■ **Emprisonnés.** *1944 :* 250 000. *45 (vers juin) :* 60 000. *47 (1-1) :* 20 000. *48 (1-1) :* 15 585 (loi d'amnistie partielle en 1947). *50 (1-1) :* 4 791. *51 (janv.) :* 4 000. *52 (oct.) :* 1 570 (loi d'amnistie en 1951). *56 :* 62 (loi d'amnistie en 1953). *58 :* 19. *64 :* 0 (prescription de 20 ans). **Exécutés.** 105 000 de juin 1944 à février 1945 (selon Adrien Tixier, socialiste, min. de l'Intérieur) ; 68 000 [selon Jean Pleyber (*Écrits de Paris*)] ; 50 000 dans le Midi, de Nice à Toulouse (selon la sécurité militaire amér.) ; de 30 000 à 40 000 [selon Robert Aron (*Histoire de la Libération*)] ; 11 590 avec ou sans jugement au titre de la collaboration avant ou après la Libération [selon Fr. Mitterrand (alors garde des Sceaux)] ; 10 842 dont 5 675 avant la Libération (selon les *Mémoires* du Gal de Gaulle) ; 9 673 dont 5 234 avant la Libération (selon une enquête partielle auprès des préfets) ; de 10 000 à 15 000 (selon Henri Amouroux). **Recours en grâce présentés au Gal de Gaulle.** 2 071 (1 303 furent acceptés).

☞ Les Pts de la République (de Vincent Auriol à de Gaulle) ont octroyé un certain nombre de grâces indivi-

L'INDIGNITÉ NATIONALE

■ **Origine.** L'ordonnance du 26-8-1944, remplacée par celle du 26-12-1944 prévoit un crime d'un genre nouveau, l'indignité nationale, et une peine nouvelle de caractère politique, la dégradation nationale.

■ **Éléments constitutifs du crime.** Est coupable du crime d'indignité nationale tout Français qui aura, postérieurement au 16-6-1940, soit sciemment apporté en France ou à l'étranger une aide directe ou indirecte à l'Allemagne ou à ses alliés, soit porté atteinte à l'unité de la nation ou à la liberté des Français, ou à l'égalité entre ces derniers ; l'adhésion à certains groupements (Milice, LVF, PPF, etc.), la participation à certains actes (expositions en faveur de l'Allemagne ou de ses doctrines) ou l'exercice de certaines fonctions (emplois supérieurs dans les services de propagande, au commissariat aux Questions juives) relèvent notamment du crime d'indignité nationale. **Juridictions compétentes :** *l'indignité pouvait être prononcée comme peine accessoire* par la Haute Cour de justice ou les cours de justice compétentes pour des actes de collaboration punis par les textes de droit commun, *ou à titre principal* par les chambres civiques (1 magistrat judiciaire et 4 jurés tirés au sort ; audiences publiques) rattachées aux cours de justice, pour les actes de collaboration non punis par les textes de droit commun. *Elle pouvait être suspendue* si le condamné se réhabilitait par des actions de guerre ou de résistance. **Voie de recours :** pourvoi en cassation pour le motif d'atteinte aux droits essentiels de la défense (le pourvoi n'est pas suspensif).

■ **Peine encourue.** L'indignité nationale est punie de la peine de la dégradation nationale (peine nouvelle, infamante, de nature essentiellement politique) de 5 ans à la perpétuité. *Conséquences :* exclusion du droit de vote, inéligibilité, élimination de la fonction publique, perte du rang dans les forces armées et du droit à porter des décorations, exclusion des fonctions de direction dans les entreprises, les banques, la presse et la radio, de toutes fonctions dans des syndicats et organisations professionnelles, des professions juridiques, de l'enseignement, du journalisme, de l'Institut, interdiction de garder ou porter des armes. Le tribunal peut ajouter des interdictions de séjour et la confiscation de tout ou partie des biens. Le versement des retraites est suspendu. **Personnes frappées de 1944 à 1951 :** 49 723 de dégradation nationale (dont 3 578 par les cours de justice et 46 145 par les chambres civiques), 3 184 peines suspendues ; 4 évêques démis de leur siège ; 96 des 151 députés SFIO exclus.

duelles, soit lors de l'épuration, soit après, dont bénéficièrent les chefs SS Karl Oberg et son adjoint Helmut Knochen (condamnés à mort en 1954, graciés par René Coty en 1958 et libérés en 1962 par de Gaulle, à la veille de la signature du traité de coopération franco-allemande, le 22-1-1963).

■ BILAN DE L'ÉPURATION JUDICIAIRE

CONDAMNÉS PAR LA HAUTE COUR DE JUSTICE

☞ *Créée* par ordonnance du 18-11-1944 (dernier procès : 1960, Abel Bonnard). *Pt de la Commission d'instruction :* Pierre Bouchardon ; *procureur général :* André Mornet [en 1941 (Pt honoraire à la Cour de cassation), avait accepté de faire partie de la Cour suprême de justice de Riom où sa candidature n'avait pas été retenue ; avait aussi accepté la vice-présidence d'une commission chargée de réviser les naturalisations postérieures à août 1927].

■ **Bilan.** 108 affaires. 41 non-lieux prononcés par la commission d'instruction (dont 34 après 1945). 8 actions publiques éteintes par décès de l'accusé : **amiral Platon** (19-9-1886/exécuté par FFI 28-8-1944), **Pierre Boisson** [né 1894, gouverneur général de l'A.-O.F., † 16-12-1948], **Ludovic-Oscar Frossard** (5-3-1889/11-2-1946, communiste puis SFIO, 1935-36 ministre du Travail), **Yves Chatel, Jean Bichelonne** (1904/21-12-44), **Joseph Barthélemy** (9-7-1874/13-6-1945), **Henri Moysset** (26-3-1875/1-8-1949, ministre d'État), **Pierre Cathala** (22-9-1888/27-7-1947). 1 renvoi pour incompétence : **Georges Cayrel** (commissaire général) renvoyé 28-11-1945 devant la cour de Bordeaux (non-lieu). 18 condamnations à mort. 25 à des peines de travaux forcés ou de prison (dont 3 par contumace). 14 à l'indignité nationale uniquement (plusieurs aussitôt relevées pour « faits de résistance »). 3 acquittements : **Gal Auguste Laure** (1881-1957, secr. gén. du chef de l'État) le 2-7-1948. **Félix Olivier-Martin** (secr. gén. à la Jeunesse) le 28-6-1949. **Marcel Peyrouton** (1-7-1887/6-11-1983, gouverneur gén. de l'Algérie, min. de l'Intérieur) le 23-12-1948.

☞ *Abréviations :* c. : contumace ; c.b. : confiscation des biens ; d.n. (v.) : dégradation nationale (à vie) ; i.n. (v.) : indignité nationale (à vie) ; m : condamné à mort ; min. : ministre ; p. : prison ; p. com. : peine commuée ; secr. gén. : secrétaire général ; s.É. : secrétaire d'État ; t.f. : travaux forcés.

■ **Condamnés à mort.** EXÉCUTÉS : **Joseph Darnand** (secr. gén. au Maintien de l'ordre, m 3-10-1945, exécuté 10-10). **Pierre Laval** (voir encadré p. 699 c). **Fernand de Brinon** (né 16-8-1885, s. É. délégué du gouvernement en zone occupée, m 6-3-47, exécuté 15-4). NON EXÉCUTÉS : **Raphaël Alibert** (17-2-1887/5-6-1963, min., s. É. à la Justice) m (c.) 7-3-43, d.n. (v.), c.b. **Jacques Benoist-Méchin** (1-6-1901/24-2-1983, s. É. vice-Pt du Conseil) m (c.) 6-6-47, d.n. (v.), c.b., p. com. en t.f. à perpétuité (6-8-47), puis à 20 ans, libération conditionnelle en nov. 1954. **Abel Bonnard** (19-12-1883/Madrid 31-5-1968, min. de l'Éducation nationale) 4-7-47 m, d.n. (v.), c.b. ; p. com. en 10 ans de détention déjà accomplis en 1960. **René Bonnefoy** (secr. gén. à l'Intérieur) 18-7-46, d.n. (v.), c.b. (c.), 15-3-55, 5 ans i.n. **Gal Bridoux** (24-6-1888/1955, secr. d'État à la Guerre), m (c.), arrêté mai 1945 en All., s'évade du Val-de-Grâce 6-6-1947, réfugié en Espagne 18-12-1948. **Louis Darquier de Pellepoix** (19-12-1897/29-8-1980, commissaire gén. aux Questions juives) m. (c.) 10-12-47, d.n. (v.), c.b., non rentré d'exil. **Georges Dayras** (11-1-1894/26-6-1968, secr. gén. Justice) 15-3-46, p. com. en t.f., libéré en 1951. **Marcel Déat** (min. du Travail, voir encadré p. 699 a) m 19-6-45, d.n., c.b. (c.), non rentré d'exil. **Gal Henri-Fernand Dentz** (16-12-1881/Fresnes 13-12-1945), m 20-4-45 (p. com. en détention à perpétuité) pour avoir combattu les forces britanniques et gaullistes au Levant. **Maurice Gabolde** (1891-1972, min., s. É. à la Justice, voir encadré p. 699 b) m 13-3-46, d.n. (v.), c.b. (c.), non rentré d'exil en Espagne. **Jacques Guérard** (4-11-1897/24-6-1977) (secr. gén. près du Conseil) m 25-3-47, d.n. (v.), c.b. (c.), p. com. **Amiral Jean de Laborde** (29-11-1878/1977, C^dt^ en chef des Forces de haute mer) m 28-3-47 pour avoir laissé saborder la flotte de Toulon qu'il commandait, p. com. en détention à perpétuité, d.n. (v.), c.b., gracié 9-6-47. **André Masson** (commissaire gén. aux Prisonniers) m (c.) 3-7-48, non rentré d'exil. **Philippe Pétain** (M^al^, chef de l'État) m 15-8-45, d.n., c.b., non exécuté en raison de son âge. **Charles Rochat** (1-6-1892/17-3-1955, secr. gén. aux Affaires étrangères) m 18-7-46, d.n. (v.) c. puis 5 ans de d.n. et enfin relevé en raison des faits résultant des débats et du dossier.

■ **Condamnés à d'autres peines. Jean Abrial** (1879-1962, amiral, s.É. à la Marine) 14-8-46, 10 ans de t.f. (p. com. en 5 ans de p.), d.n. (v.), 2-12-47 liberté conditionnelle. **Armand Annet** (4-11-1894/6-4-1982, gouverneur gén. de Madagascar) 21-3-47 d.n. (v.) **Gabriel Auphan** (4-11-1894/16-4-1982), amiral, s.É. à la Marine) 14-8-46 t.f., d.n. (v.), c.b. (c.), 19/20-7-55, 5 ans de p. avec sursis et 5 de d.n., relevé immédiatement. **Paul Baudouin** (18-12-1894/11-2-1964, min., s.É. aux Affaires étr.) 3-3-47, 5 ans t.f. (p. com. en 4 ans de p.), d.n. (v.), c.b. **Jean Berthelot** (1897-1985, s.É. aux Communications) 10-7-46, 2 ans de p., 10 000 F d'amende, 10 ans d'i.n. **Henri Bléhaut** (22-11-1889/8-12-1962, amiral, s.É. à la Marine et aux Colonies) 1-6-49, 10 ans de p., d.n. (v.) (c.), 18-3-55 relaxé des fins de la poursuite. **René Bousquet** (né Montauban 11-5-1909 ; préfet, puis secr. gén. à la Police) [*avril 1942* signe avec Oberg (chef de la Gestapo en France) les accords autorisant la livraison par la police française des Juifs étrangers. *1949-23-6* condamné en Haute Cour à 5 ans de d.n. (condamnation aussitôt relevée pour « faits de résistance »). *1950* proche d'Albert Sarraut (Parti radical, ancien Pt du Conseil de la IIIe Rép.) ; entre à la Banque d'Indochine. *1958* élections législatives : battu sous l'étiquette radicale. *1962* administrateur de *la Dépêche du Midi* (quotidien radical de Toulouse). *1965* soutient la candidature de Mitterrand. *1972* se brouille avec Évelyne Baylet (propriétaire de *la Dépêche*) et se consacre à la banque. *1978* son rôle dans *la rafle du Vél d'hiv* est rappelé dans « l'Express » (interview de Darquier de Pellepoix). *1991-mars* inculpé de crime contre l'humanité. *1993-8-6* assassiné à Paris, avant d'avoir été renvoyé devant la justice, par un déséquilibré (Christian Didier, condamné à 10 ans de réclusion criminelle)]. **Yves Bouthillier** (1901-77, s.É. aux Finances) 9-7-49, 3 ans de p., d.n. **Jules Brévié** (1889-1964, G^al^, s.É. aux Colonies) 21-3-47, 10 ans de p. (p.com. en 7 ans) d.n. (v.), c.b. **Eugène Bridoux** (1888-1955, G^al^, s.É. à la Guerre) 18-12-48 d.n. (v.) (c.) non rentré d'exil. **Gaston Bruneton** (commissaire gén. à la Main-d'œuvre en Allemagne) 22-7-48, 4 ans et 6 mois de p., 10 ans de d.n. **Pierre Caziot** (1876-1953, min., s.É. à l'Agr. et au Ravitaillement) 19-3-47 d.n. (v.), confiscation de la moitié des biens. **Paul Charbin** (1877-1956, s.É. au Ravitaillement) 11-7-46. 10 ans de d.n. **François Chasseigne** (1902-77, s.É. au Ravitaillement) 16-6-48, 10 ans de t.f., d.n.(v.). **Camille Chautemps** (1885-1963, min. d'É. auprès du gouvernement) 25-3-47, 5 ans de p., c.b. (c.), d.n.(v.). **Jacques Chevalier** (1882-1962, s.É. à l'Éducation nat. et à la Famille) 12-3-46, 20 ans de t.f. (p. com. en 4 ans de p.), i.n.(v.). **Paul Creyssel** (né 1895, secr. gén. à la Propagande, min. de l'Information) 25-6-48, 4 ans de p., 10 ans de d.n. **Georges Delmotte** (1888-1969, G^al^, secr. gén. Défense terrestre) 3-6-49, 2 ans de p., d.n.(v.). **Jean Pierre Esteva** (Reims, 1880-1951, amiral, résident gén. en Tunisie) p. (v.), décédera après avoir été remis en liberté. **Pierre-Étienne Flandin** (1889-1958, min. des Aff. étrangères) 26-7-46, 5 ans d'i.n. ; relevé pour actes de résistance. **Robert Gibrat** (1904-80, s.É. aux Communications) 12-3-46, 10 ans d'i.n. **Georges Hilaire** (né 1900, secr. gén. à l'Intérieur puis aux Beaux-Arts) 7-3-47, 5 ans de p., d.n.(v.), c.b. (c.) 25-1-55 relaxé des fins de la poursuite. **Jean Jardel** (24-11-1897/10-12-1981, secr. gén. du chef de l'État) 14-3-47 d.n.(v.). **Hubert Lagardelle** (8-8-1874/20-9-1958, s.É. au Travail) 17-7-46 t.f. à perpétuité (gracié 31-7), i.n.(v.), c.b. **Henry Lémery** (9-12-1874/26-4-1972, min. des Colonies) 22-3-47, 5 ans d'i.n. ; relevé pour faits de résistance. **Antoine Lemoine** (1888-1962, s.É. à l'Intérieur) 30-6-48, 5 ans de d.n. ; relevé pour faits de résistance. **Paul Marion** (1899-1954, s.É. à l'Information) 14-12-48, 10 ans de p., d.n.(v.), gracié 1953. **Adrien Marquet** (1884-1955, min., s.É. à l'Intérieur) 29-1-48, 10 ans d'i.n. **André Marquis** (amiral, préfet maritime de Toulon) 10-8-45, 5 ans de p., d.n.(v.). **Pierre Mathé** (1882-1956, commissaire gén. à l'Agriculture et au Ravitaillement) 27-5-48, 5 ans d'i.n. **Charles Noguès** (13-8-1876/20-4-1971, G^al^, résident gén. au Maroc) 28-11-47, 20 ans de t.f., d.n., c.b. (c.), 22/26-10-56 i.n. et relevé immédiatement. **André Parmentier** (dir. gén. de la Police, secr. gén. à l'Intérieur) 8-7-49 : 5 ans ; relevé pour faits de résistance. **Joseph Pascot** (commissaire gén. aux Sports) 26-5-49, 5 ans d'i.n. ; relevé pour faits de résistance. **François Piétri** (8-8-1882/17-8-1966, min., s.É. aux Communications, ambassadeur à Madrid) 4-6-48, 5 ans d'i.n. (c.). **Georges Robert** (31-1-1875/2-3-1965, amiral, haut-commissaire aux Antilles) 14-3-47, 10 ans de t.f. (peine remise à la demande de la Haute-Cour ; libéré 6 mois après), d.n.(v.), relevé 1957. **Xavier Vallat** (23-12-1891/6-1-1972, commissaire gén. aux Questions juives) 10-12-47, 10 ans de p., d.n.(v.). **Jean Ybarnegaray** (16-10-1883/25-4-1956, min., s.É. à la Famille et à la Jeunesse) 18-3-46 d.n., relevé pour faits de résistance.

■ **Non-lieux.** CHARGES INSUFFISANTES : **Jacques Barnaud** (1893-1962, délégué gén. aux Relations économiques franco-allemandes) 27-1-49. FAITS NON ÉTABLIS : **Félix Michellier** (1885-† ?, amiral, commandant la flotte au Maroc) 2-7-47. FAITS DE RÉSISTANCE : **Louis Achard** (1908-53, s.É. au Ravitaillement) 13-6-46. **René Belin** (1898-1977, min. de la Production industrielle et du Travail) 27-1-49. **Jean Bergeret** (1895-1956, G^al^, s.É. à l'Aviation) 25-11-48. **Max Bonnafous** (1900-75, s.É. à l'Agriculture et au Ravitaillement) 20-12-48. **Émile Boyez** (secr. gén. à la Main-d'œuvre et au Travail) 29-1-48. **Jérôme Carcopino** (1881-1970, s.É. à l'Éducation nat.) 11-7-47. **Louis Colson** (1875-1951, G^al^, min. de la Guerre) 28-3-46. **Victor Debeney** (G^al^, secr. gén. du chef de l'État) 19-9-45. **Jean Decoux** (5-5-1884/Paris 20-10-1963, amiral, gouverneur gén. de l'Indochine) 17-2-49. **Vincent Di Pace** (secr. gén. aux PTT) 22-5-47. **Jean Fatou** (secr. gén. aux Colonies) 4-7-47. **André Février** (1885-1961, min. du Travail et des Communications) 5-9-45. **Charles Frémicourt** (1877-1967, min. de la Justice) 18-2-47. **Maurice Gaït** (né 1909, commissaire gén. à la Jeunesse) 18-11-47. **Paul Gastin** (G^al^, secr. gén. à la Défense aérienne) 17-2-49. **Raymond Grasset** (1892-1968, Dr, s. É. à la Famille et à la Santé publique) 18-12-47. **Jean Jeannekein** (1892-† ?, G^al^, s.É. à l'Aviation) 27-2-49. **Georges Lamirand** (1899-1994, secr. gén. à la Jeunesse) 25-7-47. **Jean de La Porte du Theil** (1884-1976, G^al^, commissaire gén. aux Chantiers de jeunesse) 18-11-47. **François Lehideux** (30-1-1904/21-6-1998, s.É. à la Production industrielle) 17-2-49. **Amaury de L'Épine** (directeur du Comité d'organisation de l'auto) 4-7-47. **Jacques Le Roy Ladurie** (1902-88, s.É. à l'Agriculture et au Ravitaillement) 12-12-45. **Émile Mireaux** (1885-1969, s.É. à l'Éducation nat.) 23-1-47. **Paul Moniot** (G^al^, s.É. à l'Aviation) 17-2-49. **Robert Moreau** (commissaire gén. aux Prisonniers) 30-1-47. **François Musnier de Pleignes** (secr. gén. aux Anciens Combattants) 8-5-47. **Charles du Paty de Clam** (commissaire gén. aux Questions juives) 19-6-47. **Maurice Pinot** (commissaire gén. aux Prisonniers) 5-9-45. **Charles Pomaret** (1897-1984, min. de l'Intérieur puis du Travail) 13-6-46. **Georges Portmann** (1890-† ?, secr. gén. à l'Information) 19-6-47. **Jean Prouvost** (Roubaix 1885/Yvoy-le-Marron 18-10-1978, secr. gén. à l'Information) 11-7-47. **Bertrand Pujo** (1878-1964, G^al^, min. de l'Air) 25-11-48. **Louis Ripert** (s.É. à l'Éducation nat.) 2-5-47. **Albert Rivaud** (s.É. à l'Éducation nat.) 23-1-47. **Albert Rivière** (1891-1958, min. des Colonies) 5-9-45. **Frédéric Roujou** (secr. gén. au Travail) 29-1-48. **Georges Scapini** (1893-1976, aveugle, député, ambassadeur de Pétain auprès de prisonniers) 14-11-49 (c.) ; 23-6-1952 acquitté par tribunal militaire ; plus tard, sous le ministère Pinay, est autorisé à porter le titre d'ambassadeur de France. **Robert Schuman** (1886-1963, sous-s.É. à la Présidence du Conseil) 5-12-45. **Robert Weinmann** (commissaire gén. à la Main-d'œuvre) 29-1-48. **Maxime Weygand** (min., s.É. à la Défense nat., voir encadré p. 700 c) 6-5-48.

COURS DE JUSTICE LOCALES

☞ **Créées** par ordonnance du 26-6-1944. **Nombre :** 90, puis 30 (en janvier 1946) et 25 (en janvier 1947), la dernière (Paris) fermera en août 1949.

■ **Bilan.** Environ 140 000 affaires. 41 000 non-lieux prononcés en cours d'instruction et 41 000 dossiers renvoyés devant les chambres civiques. 57 000 affaires jugées. 6 763 condamnations à mort dont 4 397 par contumace et 779 exécutées. 2 777 peines de travaux forcés à perpétuité. 10 434 à temps. 26 529 peines de prison à temps. 3 678 à la dégradation nationale uniquement (la plupart des autres condamnations en étaient assorties). 6 724 acquittements.

■ **Cas célèbres.** EXÉCUTÉS : **Georges Suarez** (fusillé 15-12-1944, directeur d'« Aujourd'hui »), **Paul Chack** (né 1876, ancien officier de marine, écrivain, m 18-12-1944 pour avoir souhaité publiquement la victoire allemande et publié des tracts, fusillé 9-1-1945), **Robert Brasillach** [né 31-3-1909, écrivain, m 19-1-45 pour intelligence avec les Allemands, fusillé au fort de Montrouge 6-2-45 ; on a dit que de Gaulle ne l'aurait pas gracié parce qu'il avait cru reconnaître sur une photo Brasillach en uniforme allemand (or c'était Doriot)], **Marcel Bucard** (né 7-12-1895, chef des francistes, fusillé 19-3-1946), **Jean Luchaire** (né Sienne, Italie 21-7-1901 ; directeur des « Nouveaux Temps » quotidien lancé 1-11-1940, m 23-1-46 ; fusillé fort de Châtillon 23-2), **Jean Hérold** dit **Jean Hérold-Paquis** (né Arches 4-2-1912, fusillé fort de Montrouge 11-10-1945), **Paul Ferdonnet** (le « Traître de Stuttgart », 1901/fusillé 4-8-1945), **C^dt^ de Messine, Max Knipping, Georges Radici, Jean Bassompierre** (1914/dernier milicien fusillé 21-4-1948). GRACIÉS : **Lucien Rebatet** (pseudonyme François Vinneuil, né 15-11-1903, m 23-11-46, gracié 12-4-47, libéré 16-7-52, † 24-8-1972), **Claude Jeantet** (12-7-1902/1982, t. f. à perpétuité, libéré 1951), **Algarron, Pierre-Antoine Cousteau** (1906-58, frère aîné du C^dt^, journaliste à « Paris-Soir » et « Je suis partout », gracié 1946, libéré 1954), **Robert de Beauplan** (« l'Illustration »), **Henri Béraud** (1885-1958, écrivain, m 29-12-44 pour ses articles, p. com. en t. f. à perpétuité, libération conditionnelle 1950), **Martin de Brey** (« l'Écho de Nancy »), **Pierre Brumel** (« le Petit Ardennais », m (c.)], **Delion de Launois** (la « Gerbe »). CONDAMNÉS À PERPÉTUITÉ : **Louis Auphan** (« l'Action française »), **Bunau-Varilla** (« le Matin »), **Alain Laubreaux** [alias Michel Daxiat,

9-10-1899/Madrid 15-7-1968, « Je suis partout », m (c.)], **Claude Maubourguet** (né 18-12-1921, « Je suis partout » et « Combats », t. f. à perpétuité, libéré 1950). **Charles Maurras** (Martigues 20-4-1868/St-Symphorien-lès-Tours 16-11-1952, philosophe inspirateur de l'Action française, 27-1-45 réclusion à perpétuité pour avoir mené une campagne contre la Fr., exclu de l'Académie française, mais non remplacé, 1952 gracié peu avant sa mort), **Georges Claude** (24-9-1870/22-5-1960, physicien, 26-6-45 réclusion à perpétuité pour propagande en faveur de l'Allemagne, p. com. en détention à perpétuité, libéré fin 49), **Maurice Pujo** (1872-1955 « l'Action française »).

Chambres civiques

☞ *Créées* par ordonnances des 26-8 et 26-12-1944.

■ **Bilan.** 115 000 affaires jugées (dont 41 000 renvoyées par les cours de justice). 95 000 condamnations à l'indignité nationale, 50 000 travaux forcés ou à la prison, 70 000 déchéances civiques ; 120 000 condamnations administratives (42 000 officiers, 28 750 fonctionnaires, 7 039 cheminots, 5 000 agents d'EDF, 170 commissaires de police, 18 membres du Conseil d'État, 334 magistrats).

■ **Emprisonnés célèbres.** *Arletty* (1898-1992 ; arrêtée sept. 1944 pour sa liaison avec un officier allemand ; après 2 mois de prison, mise en résidence surveillée pendant plus de 1 an et demi), *Jean de Castellane, Alice Cocea, Alfred Fabre-Luce* (1899-1983), *René Fonck, Pierre Fresnay, Jean Giono* (incarcéré 5 mois à St-Vincent-les-Forts ; 2-2-1945 libéré), *Sacha Guitry* (1885-1957 ; 29-8 au 24-10-1944), *Abel Hermant* (1862-1950), *Ginette Leclerc, Germaine Lubin, Charlotte Lysès* (de la Comédie-Fr.), *Mary Marquet* (de la Comédie-Fr.), *Dita Parlo, Hervé Pleven* (frère du ministre, † en prison), *Albert Préjean, Louis Renault* [Paris 1877-1944 (mort à Paris le 24-10 des sévices subis en prison)], *Georges Ripert* (1880-1958), *Tino Rossi* (le 8-10-1944, libéré janvier 1945), *Pierre Taittinger* (1887-1965).

Gouvernement provisoire de la République française

■ **1944** (3-6) **1er gouvernement provisoire de la République française (GPRF). Gal de Gaulle, chef du GPRF.** Gouvernement de fait [à Alger (ancien CFLN)] dont l'autorité s'étend sur l'ensemble du territoire français -9-6 FFI dans l'armée fr. et commissaires de la Rép. dans les départements ; pendaisons de Tulle par la division *Das Reich* ; -14-6 de Gaulle est en Normandie ; -16-6 Bayeux, 1re ville de Fr. libérée ; -17-6 de Gaulle à Alger ; -28/30-6 en Italie, -30-6 à Rome, voit Pie XII ; -1/22-7 *conférence internationale de Bretton Woods* : création du Fonds monétaire international (FMI) ; -5/10-7 de Gaulle aux USA ; -11/12-7 au Canada ; -6/12-7 à Washington et New York ; -11-7 de Gaulle reconnu *de facto* par les Alliés ; -31-7 « percée d'Avranches » ; -9-8 *Alger* : ordonnance rétablissant la légalité républicaine ; -15-8 débarquement de Provence ; Albert Chichery enlevé et exécuté (ministre du Commerce du 5 au 16-6 puis au 12-7-1940) ; -19-8 soulèvement de Paris ; -20-8 de Gaulle à Cherbourg ; du 21-8 au 7-10 *Washington, conférence de Dumbarton Oaks* sur l'organisation de l'Onu et le Conseil de sécurité ; -25-8 accords Eden/Massigli/Eisenhower/Kœnig sur administration civile dans la France libérée [les USA avaient prévu d'administrer tous les pays d'Europe par l'*Amgot* (*Allied Military Government of Occupied Territories*) dont relèveraient droit de battre monnaie, pouvoir judiciaire, désignation et révocation des fonctionnaires, transports ; de Gaulle refusa] ; -26-8 de Gaulle à Paris (y installe le GPRF) ; -10-9 décret fixant la **composition du gouvernement provisoire :** *Pt :* Charles de Gaulle ; *ministre d'État :* Jules Jeanneney ; *Justice :* François de Menthon (30-5-45 Pierre-Henri Teitgen) ; *Affaires étrangères :* Georges Bidault ; *Intérieur :* Adrien Tixier ; *Guerre :* André Diethelm ; *Marine :* Louis Jacquinot ; *Air :* Charles Tillon ; *Économie nationale :* Pierre Mendès France (6-4-45 René Pleven) ; *Finances :* Aimé Lepercq (16-11-44 René Pleven) ; *Production industrielle :* Robert Lacoste ; *Agriculture :* Tanguy Prigent ; *Ravitaillement :* Paul Giacobbi (16-11-44 Paul Ramadier ; 30-5-45 Christian Pineau) ; *Colonies :* René Pleven (16-11-44 Paul Giacobbi) ; *Éducation nationale :* René Capitant ; *Travail et Sécurité sociale :* Alexandre Parodi ; *Transports et Travaux publics :* René Mayer ; *PTT :* Augustin Laurent (27-6-45 Eugène Thomas) ; *Information :* Pierre-Henri Teitgen (30-5-45 Jacques Soustelle) ; *Prisonniers, Déportés, Réfugiés :* Henri Frenay ; *Santé publique :* François Billoux ; *Afrique du Nord :* Gal Catroux ; *Reconstruction et Urbanisme :* à partir du 16-11-44 Raoul Dautry. -14-9 de Gaulle à Lyon ; -15-9 à Marseille ; -16/18-9 à Toulouse ; -5-10 *droit de vote des femmes ;* -9-10 remise en service du port du Havre ; -11-10 ordonnance élargissant la *composition de l'Assemblée consultative provisoire :* 296 membres (représentants de la Résistance métropolitaine 148, Corse et Résistance extra-métropolitaine 28, anciennes assemblées parlementaires 60, territoires d'outre-mer 12) ; -23-10 URSS, G.-B., USA reconnaissent l'autorité du GPRF en matière administrative ; -28-10 GPRF dissout les *Milices patriotiques* (créées été 1943 par le PCF sous le nom de *Milices ouvrières* ; effectifs juillet 1944 à Paris : 3 000, fin août : 30 000) ; mais le PCF rejette cette mesure et appelle au renforcement de ces structures devenues les *Gardes civiques républicaines* ; -1-11 Churchill à Paris ; du 9 au 20-11 *emprunt de la Libération* ; -17-11 Leclerc entre dans Metz ; -23-11 à Strasbourg ; -24-11 de Gaulle part pour Moscou (24-11 Tunis ; 25-11 Le Caire ; 26-11 Téhéran ; 27-11 Bakou ; 30-11 Stalingrad ; 1-12 Moscou) ; -27-11 Thorez rentre d'URSS ; -1-12 manifestations : 70 000 personnes à Paris ; -10-12 traité d'alliance (pacte défensif) franco-soviétique (à Moscou) ; -13-12 nationalisation des houillères du Nord ; -16-12 de Gaulle rentre à Paris ; -18-12 nationalisation de la Marine marchande ; -30-12 ordonnance sur financement des Assurances sociales (maladie, maternité, vieillesse).

1945-16-1 nationalisation des usines Renault ; Berliet placé sous séquestre ; du 21 au 23-1, au comité central du PCF, Thorez déclare que « les groupes armés irréguliers » doivent disparaître, ce qui condamne les milices ; du 4 au 12-2 *conférence de Yalta* entre Roosevelt, Staline, Churchill (de Gaulle n'est pas invité) ; -6-2 Brasillach fusillé ; -22-2 création des *comités d'entreprise* dans les entreprises de plus de 100 employés ; -4-3 Alliés sur le Rhin ; -9-3 l'Indochine est contrôlée par le Japon ; -5-4 Mendès France, en désaccord avec Pleven sur la politique économique à suivre, démissionne ; -12-4 USA, Roosevelt meurt ; -14-4 Paris : 1re arrivée de déportés de Buchenwald ; -19-4 les Russes entrent dans Berlin ; -25-4 jonction américano-russe sur l'Elbe à Torgau ; du 25-4 au 26-6 *conférence de San Francisco* et signature le 26-6 de la charte des Nations unies ; -26-4 Pétain se constitue prisonnier à son retour en Fr. ; -29-4 et -13-5 *municipales :* victoire de la gauche ; 1er vote des femmes ; -4-5 échange des billets de 50 à 5 000 F ; -7-5 **l'Allemagne capitule** sans conditions à Reims ; -8-5 cérémonie semblable à Berlin ; -8 et -10-5 *Algérie,* émeutes (Sétif, Guelma), répression ; -14-5 Blum rentre de captivité ; -24-5 nationalisations annoncées : crédit, charbon, électricité ; -29-5 *nationalisation* de Gnome et Rhône (devient la Snecma) ; -30-5 *Syrie* (Damas), émeutes antifrançaises ; -22-6 *École nationale d'administration* (Ena) fondée ; -23-6 les zones d'occupation en Allemagne sont délimitées ; -mai/juin crise franco-anglaise en Syrie et au Liban ; -26-6 Air France *nationalisé ;* -30-6 *blocage des prix* par ordonnance ; nouveaux billets de 5 000 F pour lutter contre le marché noir ; -16-7 USA, 1re bombe atomique expérimentée à Alamogordo (Nouveau-Mexique) ; du 17-7 au 2-8 *conférence de Potsdam* pour compléter les accords de Yalta et organiser l'occupation de l'Allemagne ; du 23-7 au 15-8 *procès de Pétain ;* -25-7 la Ire armée française est dissoute (elle a fait 250 000 prisonniers, a eu 14 000 † et 42 000 blessés) ; -30-7 l'Assemblée consultative adopte (par 230 voix contre 1) le projet d'impôt de solidarité ; -3-8 dernière séance de l'Assemblée consultative ; -6-8 1re bombe atomique américaine, sur Hiroshima ; -8-8 l'URSS déclare la guerre au Japon ; -9-8 2e bombe atomique américaine, sur Nagasaki ; -14-8 l'empereur Hirohito annonce la capitulation japonaise ; -15-8 Pétain condamné à mort (peine commuée) ; -16-8 Leclerc Cdt en chef en Indochine ; Thierry d'Argenlieu haut-commissaire ; -25-8 Bao Dai, empereur d'Annam, abdique ; -22/26-8 Washington, entretiens de Gaulle/Truman ; -28-8 de Gaulle annonce que les FFI, intégrées à l'armée française par ordonnance le 9-6-1944, seront prises en charge par le ministère de la Guerre, et que le Comac (qui avait affirmé qu'il détenait « le pouvoir de décision sur toutes les formations armées de la Résistance, à l'exclusion de toute hiérarchie ») doit disparaître ; -2-9 signature de la **capitulation du Japon ;** à Hanoi, Hô Chi Minh proclame l'indépendance du Viêt Nam ; -20-9 décret obligeant tout volontaire à s'engager pour la durée de la guerre, à déclarer identité et passé militaire à des commissions de 5 officiers (dont 1 seul officier FFI) ; -23-9 militaires français à Saigon (violents incidents) ; -4/9-10 *procès de Laval* (exécuté 15-10) ; du 4 au 19-10 ordonnance instituant la *Sécurité sociale* ; loi sur le fermage ; -10-10 Darnand exécuté ; -21-10 *élections : 1°)* référendum rejetant la Constitution de 1875 et maintenant un gouv. provisoire ; *2°)* élection d'une Assemblée qui, du fait de ce rejet, est constituante ; -24-10 *naissance officielle de l'Onu* ; -6-11 : 1re séance de l'Assemblée constituante au Palais-Bourbon ; -13-11 **2e gouvernement provisoire. Gal de Gaulle, Pt du GPRF.** -15-11 de Gaulle remet son mandat à l'Assemblée (désaccord sur les ministères à confier aux communistes) ; -18-11 *Bulgarie :* le Front patriotique (gouvernemental) obtient 75 % des suffrages (l'opposition n'a pas présenté de liste) ; -20-11 début du *procès de Nuremberg* (voir à l'Index). -21-11 *composition du gouvernement : Pt et Défense nationale :* de Gaulle ; *Armées :* Edmond Michelet ; *Armement :* Charles Tillon (communiste) ; *min. d'État :* Vincent Auriol, Francisque Gay, Louis Jacquinot, Maurice Thorez (communiste) ; *Justice :* Pierre-Henri Teitgen ; *Intérieur :* Adrien Tixier ; *Affaires étrangères :* Georges Bidault ; *Agriculture et Ravitaillement :* Tanguy Prigent ; *Reconstruction et Urbanisme :* Raoul Dautry ; *Travaux publics et Transports :* Jules Moch ; *Éducation nationale :* Paul Giacobbi ; *Colonies :* Jacques Soustelle ; *Finances :* René Pleven ; *Travail :* Ambroise Croizat (communiste) ; *PTT :* Eugène Thomas ; *Information :* André Malraux ; *Production industrielle :* Marcel Paul (communiste) ; *Population :* Robert Prigent ; *Économie nationale :* François Billoux (communiste). -29-11 *Yougoslavie :* République fédérale populaire proclamée ; -5-12 *Albanie :* le Front patriotique d'Enver Hodja obtient 93 % des voix ; -2-12 *nationalisation* des 5 plus grandes banques (Banque de France, Crédit lyonnais, Sté générale, BNCI, Comptoir nat. d'escompte) ; -5-12 la France refuse la création (préconisée par les USA) d'un gouvernement central allemand ; -21-12 *nationalisation du Crédit* ; -22-12 création du *commissariat au Plan* (Jean Monnet) ; -26-12 *dévaluation* du franc, création du CFA et du CFP ; création du *commissariat à l'Énergie atomique* (CEA) ; -27-12 réorganisation de la *Haute Cour de justice :* Louis Noguères remplace le Pt Mongibeaux ; -28-12 carte de pain rétablie. **1946**-1-1 les socialistes demandent une réduction de 20 % du budget militaire : de Gaulle décide de quitter le pouvoir ; -6-1 il prend 6 j de vacances à l'Éden-Roc, au cap d'Antibes ; -20-1 contre le « régime des partis », il démissionne.

■ **1946** (23-1) **Félix Gouin** [(Paypin, B.-du-Rh. 4-10-1884/Nice 25-10-1977) ; fils d'instituteurs laïques ; *1907-53* avocat à Marseille. *1924-40,* député socialiste d'Aix-en-Provence. *1940-10-7* vote contre les pleins pouvoirs à

■ **Les Trente Glorieuses** (ou *la Révolution invisible de 1946 à 1975*). Ouvrage de Jean Fourastié faisant le bilan du développement français.

Comparaisons en France en 1946 et, entre parenthèses, **en 1975 : population** totale : 40,5 millions (52,6) ; active 20,5 (21,8) [dont primaire (agriculture et pêche) 36 % (10), secondaire (industrie et bâtiment) 32 (38,6), tertiaire (autres travaux) 32 (51,4)]. **Taux d'activité :** 51,4 % (41,4), adolescents de plus de 14 ans poursuivant des études 650 000 (4 millions). **Durée annuelle moyenne du travail** dit à temps complet : 2 100 h (1 875). **Logements** construits au cours des 7 années précédant le recensement (1940-45 exclus) : 450 000 (4 millions). **Voitures particulières** en circulation : 1 million (15 300 000). **Mortalité infantile** (pour 1 000 nés vivants) : *1945-46 :* 84,4 ; *1975 :* 13,8. **Durée de vie moyenne** *1933-38 :* hommes 55,9 (femmes 61,6), *1946-50 :* 61,9 (69,1). **Espérance de vie** à 60 ans : hommes 15,3 (16,4), femmes 18,1 (21,4). **Niveau de vie de la nation** (1938 : 100 ; revenu national réel moyen par tête) 87 (320). **Pouvoir d'achat du salaire horaire** moyen des femmes de ménage (1939 : 100) 125 (420).

Durée de travail nécessaire pour acheter 1 kg d'aliments usuels : pain 24 min (10 min), sucre 45 (13), beurre 7 h (1 h 25), poulet 8 h (45 min).

Équipements : eau froide courante dans l'appartement 37 % (97,2 %), salle de bains ou douche 5 (70,3) ; pour 100 hab. : téléphones 5 (25), réfrigérateurs 3 (91).

■ **Artistes. Mis à l'index** (le 4-9-1945 par le Front national des arts) : Derain, Despiau, Dunoyer de Segonzac, Friesz, Oudot, Vlaminck, etc.

■ **Écrivains et journalistes. Mis à l'index** en sept. et oct. 1945 par le Comité national des écrivains : des dizaines dont : De l'Académie française : Pierre Benoit, Abel Bonnard, Henry Bordeaux, Maurice Donnay, Abel Hermant (condamné à la réclusion à perpétuité, libéré 1948), Edmond Jaloux, Charles Maurras, Jean-Louis Vaudoyer, Gal Weygand. *4 seront exclus :* Pétain et Maurras (remplacés après leur mort) ; Abel Bonnard et Abel Hermant (remplacés). De l'Académie Goncourt : Jean Ajalbert, René Benjamin (exclu), Sacha Guitry (exclu), Jean de La Varende (démissionnaire). Divers : colonel Alerme, Paul Allard, René Barjavel, Jacques Benoist-Méchin, Henri Béraud (condamné à mort puis gracié), Georges Blond, Robert Brasillach (fusillé), Alexis Carrel, Louis-Ferdinand Céline, Paul Chack (fusillé 9-1-1945), Jacques Chardonne, Alphonse de Châteaubriant, André Demaison, Pierre Dominique, Pierre Drieu La Rochelle (1893/15-3-1945 suicide), Alfred Fabre-Luce, Jean de Fabrègues, Bernard Fay, Paul Fort, André Fraigneau, Jean Giono, Bernard Grasset, Marcel Jouhandeau, Jean de La Hire, Henri Massis, Anatole de Monzie, Paul Morand, Lucien Rebatet, Raymond Recouly, Jules Rivet, André Thérive, R. Vallery-Radot, etc.

☞ Des centaines de journalistes passèrent en cour de justice et 4 furent fusillés. *Jean Fontenoy* (1899-1945), d'extrême gauche, dirigea un temps le quotidien collaborationniste *la France au travail* ; il fonda avec Deloncle le MSR, fut membre du directoire du RNP de Déat et s'engagea dans la LVF ; il se suicida en avril 1945.

☞ **Paul Touvier** (3-4-1915/17-7-1996) : *1943* chef de la Milice à Chambéry ; *-oct. 1943/sept. 1944* à Lyon. *1945* condamné à mort par contumace. *-28-12* condamné à 1 an de prison par défaut pour vol par le tribunal correctionnel de Chambéry. *1946-10-9* condamné à mort par contumace, à la dégradation nationale et à la confiscation des biens pour trahison par la cour de justice de Lyon. *1947-4-3* condamné à mort par contumace, à la dégradation nationale pour intelligence avec l'ennemi par la cour de justice de Chambéry. *-3-7* arrêté. *-9-7* s'évade. *1949-20-6* condamné à 5 ans de prison par défaut, 10 ans d'interdiction de séjour pour vol à main armée par le tribunal correctionnel de Lyon. *1971-23-11* gracié. *1981-27-1* mandat d'arrêt lancé. *1989-24-5* arrêté. *1991* libéré pour raison médicale. *1992-13-4* jugé (non-lieu : accusation de crime contre l'humanité non retenue) ; *27-11* l'arrêt est partiellement cassé. *1993-2-6* renvoyé devant la cour d'assises des Yvelines ; *-21-10* la Cour de cassation rejette le pourvoi de la défense. *1994-20-3* condamné à la réclusion à perpétuité (complicité dans l'assassinat de 7 otages juifs le 29-6-1944 à Rillieux-la-Pape).

Jean Leguay (né 29-11-1909) : ancien délégué en zone occupée de René Bousquet (voir p. 703 b) ; inculpé le 12-3-1979 de crimes contre l'humanité pour son rôle dans l'organisation de la rafle du Vél' d'hiv' en juillet 1942 ; † 2-2-1984 sans avoir été jugé.

Maurice Papon (né Gretz-Armainvilliers 3-9-1910, fils de notaire) : *1942-44* secr. général de la préfecture de la Gironde ; joue un rôle dans le départ de plusieurs convois de juifs vers les camps ; *1958-67* préfet de police de Paris ; *1968-78* député ; *1978-81* min. du Budget ; *1983* inculpé ; *1987* procédure annulée ; *1988* et *1992* inculpé à nouveau ; *1998-2-4* condamné à 10 ans de prison par la cour d'assises de Versailles (laissé en liberté, se pourvoit en cassation).

Pétain. *1943* Pt de l'Ass. consultative d'Alger. *1944* Pt de l'Ass. consultative de Paris. **Élu Pt du gouvernement provisoire.** *-12-6* démissionne (automne, atteint par le *scandale des vins,* affaire politico-judiciaire dans laquelle sont impliqués des membres de son entourage : est accusé d'avoir provoqué la pénurie de vin par des manœuvres frauduleuses). *1946-58* député des Bouches-du-Rhône. *1946-23-6* vice-Pt du Conseil (gouv. Bidault) et min. d'État (gouv. Blum). *1947-28-1* à nouveau vice-Pt du Conseil (gouv. Ramadier). *1958* se retire de la politique].

1946-29-1 Gouin présente un **gouvernement tripartite (communistes-socialistes-MRP)** ; -30-1 *Hongrie* : instauration de la République ; -8-2 troupes fr. au Tonkin ; -25-2 semaine de 40 h rétablie ; du 4 au 10-3 Français et Anglais évacuent Syrie et Liban ; -5-3 discours de Churchill à Fulton (Missouri) devant Truman : « Un *rideau de fer* est tombé sur l'Europe » (expression qu'il avait utilisée le 12-5-1945 dans un télégramme secret à Truman) ; -6-3 *accords Sainteny/Hô Chi Minh* ; -8-3 Leclerc à Haiphong ; -28-3 *nationalisation* gaz et électricité ; -13-4 *loi Marthe-Richard* interdisant les « maisons closes » ; -19-4 au 13-5 à *Dalat*, conférence franco-vietnamienne (échec) ; -24-4 création des délégués du personnel (loi 16-5) ; -25-4 *nationalisation* des assurances et -26-4 des bassins houillers (Charbonnages de Fr.), extension de la Sécurité sociale à tous les salariés ; -5-5 *projet de Constitution rejeté par référendum* ; -28-5 Washington, *accords Blum-Byrnes* : la France obtient un crédit de 1,4 million de $ et l'annulation de 2,85 millions de dettes contre l'ouverture de son marché aux produits américains (annexe concernant la diffusion en France des films américains) ; -2-6 *élection d'une 2e Assemblée constituante* : succès MRP ; stabilité PC ; recul SFIO ; -12-6 Conseil national du patronat français (CNPF) créé ; -16-6 discours de De Gaulle à *Bayeux* (sur les institutions). Onu : le *plan Baruch* (américain) sur la « mondialisation » de l'énergie nucléaire est rejeté par l'URSS.

■ **1946-24-6 Georges Bidault** [(5-10-1899/Moulins 27-1-1983). Père directeur d'assurances. Marié (27-12-1945) à Suzanne Borel, sans enfants. Agrégé d'histoire. *1943*-30-8 Pt du Conseil national de la Résistance (remplaçant Jean Moulin). *1945, 46, 51, 56, 1958-30-11* député de la Loire. *1944-10-9/48* min. des Affaires étrangères. *1949-mai* Pt du MRP. *1949-oct. à 1950-juin* Pt du Conseil. *1951-52* Vice-Pt et min. de la Défense nationale. *1953-54* min. des Affaires étrangères. *1958-juin* fondateur du mouvement Démocratie chrétienne. *1958-oct.* Pt du bureau provisoire du Rassemblement pour l'Algérie française. *1962-5-7* immunité parlementaire levée, poursuivi pour complot contre la sécurité de l'État. *1963-mars/1967-juillet* réfugié au Brésil, *1967-juillet* en Belgique. *1968-juin* rentré en France]. **Élu Pt du gouvernement provisoire** par 384 députés (les communistes se sont abstenus, 30 % d'abstentions). **Gouvernement tripartite (PC, SFIO, MRP)** ; -6-7 au 14-9 *Fontainebleau*, conférence sur l'Indochine (compromis) ; -29-7 hausse des salaires de 18 % (le 3-8 fonctionnaires plus 25 %) ; -1-9 *Grèce* : le Parti communiste déclenche la guerre civile ; -1-10 *Allemagne :* fin du procès de Nuremberg (voir à l'Index).

IVe RÉPUBLIQUE (1946-1958)

■ **1946**-13-10 projet de Constitution adopté par référendum (publié *JO* 27-10), dissolution de l'Assemblée constituante ; -10-11 *législatives* (PCF 28,6 %, SFIO 17,9, MRP 26,3) ; -23-11 la marine française bombarde Haiphong ; -24-11 et 8-12 élections du Conseil de la République (succès MRP) ; -27-11 *plan Monnet* de modernisation et d'équipement pour 4 ans ; -28-11 Bidault démissionne. 1re séance de l'Assemblée nationale.

■ **-3-12 Vincent Auriol** (voir ci-dessous), **élu Pt de l'Assemblée nationale**, a provisoirement les pouvoirs de chef de l'État ; -5-12 Bidault chargé de constituer un nouveau gouvernement n'obtient pas la majorité (240 voix seulement).

■ **-12-12 Léon Blum** (voir p. 676 a), **nommé chef du gouvernement provisoire,** investi par 544 voix contre 2, constitue 16-12 le 1er gouvernement socialiste homogène ; formation de transition qui ne durera que jusqu'à l'élection du 1er Pt de la IVe République. Blum, min. des Affaires étrangères ; Jules Moch, min. de l'Intérieur, fonde les CRS ; -19-12 coup de force vietnamien à Hanoi ; début de la *guerre d'Indochine ;* Hanoi, massacre de plusieurs milliers de Français ; Guadeloupe, Antilles, Guyane, Martinique deviennent des départements. -24-12 Constitution entre en vigueur après la séance inaugurale du Conseil de la République. **1947**-2-1 baisse autoritaire des prix de 5 % (de janvier à juillet, hausse des prix de 90 %) ; -3-1 commissariat au Plan ; -7-1 1er plan d'équipement.

PRÉSIDENCE DE VINCENT AURIOL

■ **1947** (16-1) **Vincent Auriol** élu Pt de la République. [(Revel, Hte-G. 27-8-1884/Paris 1-1-1966). Fils d'un boulanger. *1905* étudiant en droit, socialiste. *1914* député de Muret, réélu en 1918. *1920* au congrès de Tours, choisit le camp socialiste. *1936-4-6 à 1937-juin* min. des Finances. Auteur du *franc flottant* (dévaluation du 23-9-1936, loi adoptée le 1-10). *1937-22-6 au 17-1-1938* min. de la Justice. *1938-13-3/8-4* min. de la Coordination des services de la présidence du Conseil. *1940-10-7* vote contre les pleins pouvoirs à Pétain ; *-sept.* arrêté. *1941-août* assigné à résidence. *1942-oct.* vit dans la clandestinité. *1943-oct.* rejoint Londres en avion. *1944* à l'Assemblée consultative d'Alger, est Pt de la commission des Finances. *1945-21-11* min. d'État chargé des rapports avec l'Assemblée. *1946-31-1 et 14-6* Pt des 2 assemblées constituantes, *-3-12* Pt de l'Assemblée nationale. *1947-14-1* réélu Pt de l'Assemblée nat. *-16-1* **élu Pt de la République.** *1954* ne se représente pas. *1958* membre du Conseil constitutionnel, *1960-25-5* cesse d'y siéger pour marquer son opposition à l'évolution constitutionnelle de la Ve République. Se retire dans le Midi].

1947-16-1 Blum démissionne. -17-1 (au 21-11) **Paul Ramadier Pt du Conseil** [(La Rochelle 17-5-1888/Rodez 14-10-1961). Avocat, *1904* militant socialiste ; *1913* franc-maçon ; *1919* maire de Decazeville. *1928-40, 1946-51, 1956-58* député SFIO de l'Aveyron. *1933* quitte SFIO. Avec Marcel Déat fonde l'Union socialiste et républicaine. *1945* redevient SFIO. *1936-37* sous-secr. d'État aux Travaux publics. *1938-janv./mars et -avril/août, 1940* min. du Travail. *1940* refuse les pleins pouvoirs à Pétain. Résistant dans le Rouergue. *1944-45* min. du Ravitaillement. *1946-déc./1947-janv.* min. de la Justice. *1948-sept./1949-oct.* min. de la Défense. *1956-févr./1957-mai* min. des Affaires économiques. *1952-55* Pt du BIT à Genève.] **1947**-19-1 *Pologne*, le bloc démocratique, contrôlé par les communistes, obtient 90 % des sièges à pourvoir ; -28-1 Herriot est Pt de l'Assemblée nationale, Ramadier Pt du Conseil de la République ; -10-2 **traité de Paris** avec Italie, Hongrie, Roumanie, Bulgarie, Finlande (voir p. 693 a) ; -24-2 baisse autoritaire des prix de 5 % ; -4-3 *traité de Dunkerque* avec G.-B. (alliance et assistance mutuelle) ; -du 10-3 au 24-4 *conférence de Moscou* (des 4 ministres des Aff. étrangères) : échec ; -12-3 le Pt Truman s'engage dans *la guerre froide ;* offre à l'Europe occidentale un soutien économique et militaire contre le communisme : *doctrine du containment* ; *-21-3* communistes refusent de voter les crédits militaires pour l'Indochine ; -30-3 insurrection *malgache ;* -7-4 création du RPF (gaulliste) ; -21-4 accord charbonnier avec USA et G.-B. ; du 25-4 au 16-5 grèves aux usines Renault ; -4-5 les communistes votent sur le gel des salaires contre le gouvernement Ramadier dont ils font partie ; -5-5 **éviction des ministres communistes** et fin du tripartisme ; -6-5 le Conseil national du parti socialiste entérine cette décision par 2 529 mandats contre 2 125 ; -25-5 réquisition du personnel en grève de Gaz de France et d'EDF ; -5-6 à l'université d'Harvard, le **Gal Marshall** (secr. d'État américain) annonce son plan d'aide à l'Europe (European Recovery Program, ERP), invitant les pays européens à s'unir pour reconstruire leurs économies ; -du 5 au 27-6 nombreuses grèves ; de juin à oct. plus de 5 semaines de grèves dans entreprises nationalisées (Citroën, magasins, métallurgie, presse, etc.) ; -2-7 l'URSS rejette le plan Marshall ; -11-7 à la demande de l'URSS, la Tchécoslovaquie revient sur sa décision d'y participer ; -31-8 *Hongrie,* les communistes obtiennent 21,5 % des voix ; *Pologne,* du 22 au 27-9 conférence de Sklarska-Poreba : mise en cause du « crétinisme parlementaire » du PCF par les partis frères et constitution du *Kominform* (déclaration des Neuf) ; -19 et 26-10 élections municipales ; -12-11 violentes manifestations du PCF devant la mairie de Marseille (Me Carlini, RPF, a été, le 10, élu maire par 26 voix contre 25 au communiste Cristofol) ; -nov./déc. grèves « insurrectionnelles » ; -19-11 *Pologne-Hongrie,* les partis d'opposition sont dissous ; Ramadier démissionne.

1947-24-11 (au 24-7-1948) **Robert Schuman Pt du Conseil** [(Luxembourg 29-6-1886/Scy-Chazelles 4-9-1963). *1919-40* député de Moselle. *1940-mars/juillet* sous-secrétaire d'État. Emprisonné et déporté. *1942* s'évade. *1946-juin/nov.* min. des Finances. *1947-24-11 à 1948-24-7* et *1948-31-8 au -12-9* Pt du Conseil. *1948-juillet/1953-janv.* min. des Affaires étrangères. *1955-févr./1956-janv.* min. de la Justice. Pt du Mouvement européen. *1958-60* Pt du Parlement européen. *1958* réélu député. *1962* abandonne la politique]. **1947**-25-11/15-12 *conférence des 4* (ministres des Aff. étrangères) à Londres : échec ; -29-11 au 3-12 l'Assemblée nationale siège sans désemparer, obstruction communiste contre les mesures prises contre les grèves : les députés communistes sont expulsés ; -3-12 près d'*Agny* (Nord), déraillement (sabotage de la voie par des commandos communistes croyant que le train convoyait des gardes mobiles venus mater la grève des mineurs) : 16 † (ce jour-là, 15 autres sabotages, 6 déraillements) ; -5-12 rappel jusqu'au 15-2-1948 de 30 000 h. de la classe 1946/2 qui avaient été libérés le 26-11 ; -8-12 obsèques du Gal Leclerc (tué 28-11 dans un accident d'avion) ; -9-12 fin des grèves, recul de la CGT ; perte de plus de 23 millions de journées de travail dans l'année ; -15/19-12 scission au sein de la CGT et fondation de la CGT-FO [dirigée par Léon Jouhaux (Paris, 1-7-1879/28-4-1954, 1951 prix Nobel de la Paix)] ; -24-12 appel pour une *troisième force,* signé par 32 hommes politiques. **1948**-1-1 entrée en vigueur du GATT et du Benelux ; -25-1 échange obligatoire des billets de 5 000 F (dévaluation de 80 %) ; -30-1 *Inde,* Ghandi assassiné ; -16-2 *accord Bidault-Caffery* signé (facilités accordées à l'armée américaine en France) ; *Corée :* République populaire de Corée du Nord proclamée ; -25-2 *Tchécoslovaquie (coup de Prague) :* les communistes prennent le pouvoir ; -17-3 *pacte de Bruxelles* (plan Marshall entre en vigueur le 3-4) ; -20 et 27-3 élections cantonales (gaullistes : 31 % des voix) ; -avril-nov. 11,9 millions de journées de travail perdues ; -7-4 création des 8 *igames* (inspecteurs généraux de l'Administration en mission extraordinaire) ou « super-préfets » (Paris, Lille, Rennes, Bordeaux, Toulouse, Marseille, Dijon, Metz) ; -12/13-4 congrès constituant la CGT-FO ; -16-4 création à Paris de l'OECE (*Organisation européenne de coopération économique*) par la conférence des Seize réunie depuis le 16-3 ; -15-5 Ben Gourion proclame la *naissance de l'État d'Israël ;* -22-5 décret Poinso-Chapuis habilitant les associations familiales à répartir des subventions pour l'éducation (les associations laïques protestent) ; -juin, grève à Clermont-Ferrand ; -19-6 les communistes s'abstiennent dans le vote d'investiture de Georges Bidault (688 voix pour) ; réforme monétaire dans la zone d'occupation occidentale allemande : *1re crise de Berlin* (blocus du 24-6 à mai 1949) ; -26-6 le Kominform condamne Tito ; -1-7 début d'application du *plan Marshall ;* -19-7 gouvernement Schuman mis en minorité sur les crédits militaires ; -24-7 Schuman démissionne.

1948-26-7 (au 31-8) **André Marie Pt du Conseil** [(Honfleur 3-12-1897/Barentin 12-6-1974) ; avocat ; *1928* député de Seine-Inférieure. *1933-34* plusieurs fois sous-secr. d'État. Résistant, déporté. *1947-48* garde des Sceaux. *1951-54* ministre de l'Éducation nationale]. **1948**-11-8 *procès de la Cagoule* (voir encadré p. 687 b).

1948-31-8 (au 12-9) **Robert Schuman Pt du Conseil ;** -12-9 démission.

1948-12-9 (au 27-10-1949) **Henri Queuille Pt du Conseil** [(Neuvic d'Ussel, 31-3-1884/15-6-1970). Médecin. Maire de Neuvic d'Ussel depuis 1912. *1914-35* député de Corrèze. *1935-40* et *1946-58* sénateur de Corrèze, radical-socialiste. *1943* rejoint de Gaulle à Londres. *1924-25, 1926-28, 1930, 1932-34, 1938-40* min. de l'Agriculture. *12-9-1948 au 27-10-1949* et *10-3 au 10-7-1951* Pt du Conseil. *1954* écarté de l'Élysée à cause de sa mauvaise santé]. **1948**-4-10 au -18-11 grèves (mines, métallurgie, chemins de fer) : échec ; intervention de l'armée pour dégager les puits ; -10-10 Jules Moch dénonce un complot du Kominform contre le plan Marshall ; -17-10 dévaluation de 17 % ; -23-10 rappel des classes 1947/2 et 1948/1. **1949**-22-1 *Chine :* les communistes prennent Pékin ; -24-1 procès en diffamation intenté par *Victor Kravchenko* (1905/se suicide 24-2-1966 à New York, désespéré de l'intervention américaine au Viêt Nam) au journal communiste *les Lettres françaises,* à son directeur Claude Morgan et au journaliste André Wurmser qui, s'appuyant sur un article d'un prétendu Sim Thomas (journaliste américain qui n'existait pas) mais rédigé en fait par André Ullmann, journaliste français, soutenaient que le livre de Kravchenko *J'ai choisi la liberté* (paru en France le 1-5-1947, prix Sainte-Beuve 1947, qui atteindra 503 000 exemplaires de 1947 à 1955) était un faux : Morgan et Wurmser furent condamnés chacun à 5 000 F d'amende et à 50 000 F de dommages et intérêts (peine que la cour d'appel, tout en confirmant le fond du jugement, ramènera, un an plus tard, au franc symbolique) ; -25-1 *Moscou :* URSS, Bulgarie, Hongrie, Pologne, Roumanie, Tchécoslovaquie créent le *Comecon* (Conseil d'assistance économique mutuelle) ; -28-1 *Conseil de l'Europe* créé ; -8-2 *Hongrie :* le cardinal Josef Mindszenty (29-3-1892/6-5-1975), accusé de trahison, condamné à la prison à perpétuité ; -13-2 André Marie, garde des Sceaux, accusé de collaboration économique, démissionne ; -mars, *accords Bao Dai/Auriol :* Cochinchine rattachée au Viêt Nam ; -25/28-3 *1er Congrès mondial des partisans de la paix* (Pt Joliot-Curie) ; -30-3 essence en vente libre ; -4-4 *pacte Atlantique* (signature de l'Otan ; entrera en vigueur le 24-8) ; -24-4 *Chine :* les communistes prennent Nankin (capitale de Tchang Kaï-chek) ; -12-5 *levée partielle du blocus de Berlin ;* -25-5 *Chine,* les communistes prennent Shanghai ; -juin *Chandernagor* vote son rattachement à l'Inde ; -juillet Joseph Joanovici (né Kichinev, Bessarabie, 20-2-1902/1965) trafiquant, collaborateur, faux résistant, condamné à 5 ans de prison ; -8-7 la France entre au Conseil de l'Europe ; -13-7 Pie XII excommunie « tous les membres et sympathisants » des partis communistes ; -14-7 1re bombe atomique russe (annoncée par Truman le 23-9) ; -27-7 la Fr. entre à l'Otan ; -11-8 Strasbourg : ouverture du *Conseil de l'Europe ;* -20-8 *Laos* dans l'Union française ; -19-9 *dévaluation* du franc de 22,4 % (la dernière avant 1957) ; -oct. haut-commissariat au Ravitaillement supprimé ; -1-10 *Chine* proclamée République populaire ; -7-10 *RDA* proclamée ; -27-10 Queuille démissionne.

1949-28-10 (au 24-6-1950) **Georges Bidault Pt du Conseil ;** -3-11 prime exceptionnelle de 3 000 F pour salaires de moins de 15 000 F ; -8-11 *Paris :* accords franco-cambodgiens ; -7-12 création de la Conférence internationale des syndicats libres (CISL), distincte de la Fédération syndicale mondiale (FSM) procommuniste ; -8-12 le gouvernement nationaliste chinois (Tchang Kaï-chek) se réfugie à Taïwan. **1950**-janv. **affaire des généraux :** un rapport a été communiqué au Pt du Conseil (le Gal Revers est limogé) ; -28-1 Viêt Nam, Laos, Cambodge : États associés ; -févr./avril, grèves (11,7 millions de journées de travail perdues) et violences (1 † à Brest) ; -11-2 mise en place du Smig (salaire minimum interprofessionnel garanti) ; -14-2 *traité d'amitié, d'alliance et d'assistance mutuelle* entre Chine et URSS ; -du 2 au 8-3 loi sur le sabotage (bagarre à la Chambre à la suite de l'intervention des communistes contre la politique indochinoise) ; -18-3 **appel de Stockholm** lancé par le mouvement de la paix pour interdire l'arme atomique ; -28-4 Joliot-Curie, communiste, haut-commissaire à l'Énergie atomique, est révoqué ; -9-5 *Plan Robert Schuman :* « pool européen du charbon et de l'acier » ; -24-6 Bidault démissionne ; -25-6 (au 27-7-1953) **guerre de Corée.**

1950-2-7 (au 4-7) **Henri Queuille Pt du Conseil ;** -4-7 démission. **1950**-12-7 (au 28-2-1951) **René Pleven Pt du Conseil** [(Rennes 15-4-1901/Paris 13-1-1993). Père officier. Docteur en droit. *Diplômé* des Sciences po. *1929-39* directeur général pour l'Europe de l'Automatic Telephone Company. *1940-juin* rejoint de Gaulle, *-juillet* secr. général de l'Afrique-Équatoriale française ; fait partie des comités de Londres et d'Alger. Commissaire aux Finances et à l'Économie, aux Colonies, aux Affaires étrangères. *1944-févr.* Pt de la Conférence africaine de Brazzaville ; *-sept.* min. des Colonies du gouv. provisoire. *1974-76* Pt du conseil régional de Bretagne. *1948-76* Pt du conseil général des Côtes-du-Nord. *1945-69* député des Côtes-du-Nord. *1951-72* cofondateur et Pt du Celib. *1945* min. des Finances et de l'Économie nationale. *1949-oct, 1952-54* min. de la Défense. *1958-69* délégué à l'Assemblée européenne. *1958-14/31-5* min. des Affaires étrangères. *1969-73* min. de la Justice. *1950-12-5 à 1951-28-2* et *1951-11-8 à 1952-7-1* directeur politique du *Petit Bleu des Côtes-du-Nord*]. **1950**-3/8-10 défaite de *Cao Bang* (Indochine) ; -10-10 service militaire porté à 18 mois ; -19-10 le second maître de la Marine *Henri Martin* condamné à 5 ans de réclusion pour avoir distribué des tracts contre la guerre d'Indochine ; acquitté du chef de sabotage ; -26-10 Pleven propose un projet de Communauté européenne de défense (CED) ; -11-11 Thorez à Moscou ; -25-11 procès de David Rousset (qui a parlé des camps soviétiques) contre *Les lettres françaises* (journal communiste) qui l'ont diffamé (jugement 12-1-1951, confirmé en appel en 1953) : Pierre Daix et Claude Morgan condamnés à 100 000 F de dommages et intérêts ; -28-11 Jules Moch traduit en justice par l'Assemblée nationale pour l'affaire des généraux ; -6-12 le Gal de Lattre de Tassigny haut-commissaire en Indochine ; -26-12 Gal Alphonse Juin (Bône 16-12-1888/Paris 27-1-1967) somme le sultan du Maroc de désavouer l'Istiqlāl. **1951**-9-1 manif. communiste contre Eisenhower en France (échec) ; -15-2 conférence sur la CED à Paris ; -19-2 le Shape, commandement de l'Otan, s'installe en France ; -28-2 Pleven démission.

1951-10-3 (au 10-7) **Henri Queuille Pt du Conseil ;** -15-3 *Iran :* nationalisation des pétroles ; -20-3 Gal Juin C^dt en chef « Centre-Europe » de l'Otan ; -18-4 *traité de Paris : Communauté européenne du charbon et de l'acier* (Ceca) instituée ; -17-6 *législatives :* les gaullistes ont 118 sièges sur 625 ; -9-7 *fin officielle (sans traité) de la guerre* entre l'Allemagne et 39 États alliés, dont la France ; -10-7 Queuille démissionne ; -23-7 Pétain meurt à l'île d'Yeu ; -7 et 14-8 *cantonales :* progrès de la droite ; -8-9 Smig à 100 F (anciens) à Paris.

1952-11-8 (au 7-1-52) **René Pleven Pt du Conseil ;** -8-9 *traité de San Francisco* entre le Japon et 48 États alliés, dont la France ; -10-9 début des négociations de paix en Corée (à Panmunjon) ; -21-9 *loi Barangé* (allocations scolaires à l'enseignement privé) ; -12-12 **plan Schuman** de modernisation et d'équipement (1952-56) ratifié ; -19-12 découverte du gaz de Lacq. **1952**-6-1 Gal Salan, C^dt en chef par intérim en Indochine ; -7-1 Pleven démissionne ; -11-1 Gal de Lattre de Tassigny meurt (funérailles nationales 16-1) ; -17-1 *émeute à Bizerte* (Tunisie) ; -18-1 *Bourguiba,* chef du Néo-Destour, relégué à l'île de Ré.

1952-20-1 (au 29-2) **Edgar Faure** (voir col. b) **Pt du Conseil ;** -29-2 il démissionne.

1952-6-3 (au 23-12) **Antoine Pinay Pt du Conseil** [(St-Symphorien-sur-Coise, Rhône 30-12-1891/St-Chamond, Loire 13-12-1994). Père fabricant de chapeaux. Marié à Marguerite Fouletier, 3 enfants. *1919-48* directeur tanneries Fouletier. *1928-77* maire et *1934* conseiller général de St-Chamond. *1936-38, 1946-48* député et *1938-40* sénateur de Loire. *1940-juillet* vote les pleins pouvoirs à Pétain. *1941* nommé membre du Conseil national. Résistant. *1945* relevé de son inéligibilité. *1946* membre 2e Constituante. *1948-sept./1949-oct.* secr. d'État aux Affaires économiques. *1949-79* Pt du Conseil général de la Loire. *1950-juillet/1952-févr.* min. des Travaux publics. *1955-févr./1956-janv.* min. des Affaires étrangères. *1958-juin/1960-13-1* min. des Finances et des Affaires économiques. *1973-74* (démission) médiateur]. **1952** vote de confiance par 324 voix (206 contre et 89 abstentions) ; 1er gouvernement de droite depuis la guerre ; -2-4 Matthew Ridgway (3-3-1895/26-7-1993) remplace Eisenhower à la tête du Shape ; -22-4 USA, 1re bombe atomique tactique expérimentée dans le Nevada ; -26-4 et 3-5 recul gaulliste aux municipales ; -6-5 de Gaulle interdit aux députés gaullistes de participer aux activités de l'Assemblée ; -8-5 le Gal Juin devient M^al ; -20-5 emprunt Pinay ; -27-5 traité de Paris créant la **Communauté européenne de défense (CED) ;** -28-5 manifestation contre Gal Ridgway, accusé d'avoir utilisé des armes biologiques en Corée [1 †, 718 arrestations, dont Jacques Duclos arrêté en possession de pigeons (que l'on crut) voyageurs ; sera pour cela inculpé d'atteinte à la sûreté de l'État ; libéré le 1-7)] ; -5-6 découverte des corps de la famille Drummond (*affaire Dominici* voir à l'Index) ; -23-7 *Égypte :* le roi Farouk abdique ; le Gal Neguib prend le pouvoir ; -3/4-9 Marty et Tillon condamnés par le PCF ; -2-10, *1re bombe atomique britannique* expérimentée aux îles Montebello (Australie) ; -25-10 barrage de *Donzère-Mondragon* inauguré ; -28-10 l'Assemblée vote l'*amnistie* des faits de collaboration ; -1-11 *1re bombe H américaine* (à Bikini) ; -23-12 Pinay démissionne ; -30-12 André Marty exclu du PCF ; Charles Tillon relevé de ses responsabilités au sein du Parti.

1953-8-1 (au 21-5) **René Mayer Pt du Conseil** [(Paris 4-5-1895/13-12-1972). Conseiller d'État. Un des fondateurs d'Air France. Homme d'affaires, cousin des Rothschild. *1925* membre du cabinet de Pierre Laval. *1928-40* administration des chemins de fer du Nord et de la banque Rothschild Frères. Protégé par Laval. *1940-42* demeure en France. Rejoint le Gal Giraud en Algérie (commissaire aux communications en 1942). *1946-56* député radical de Constantine. *1947-48* et *1951-52* min. des Finances. *1948-49* min. de la Défense. *1949-50* min. de la Justice. *1955-57* Pt de la Haute Autorité de la Ceca]. **1953**-5-3 *Staline meurt ;* remplacé par Beria-Khrouchtchev-Malenkov ; -10-4 Thorez en France ; -1-5 grèves : 4 millions de journées perdues (au 15-8) ; -3-5 recul du RPF aux élections municipales (de Gaulle rend leur liberté à ses élus) ; -8-5 Gal Navarre, C^dt en chef en Indochine ; -16-5 Jean-Jacques Servan-Schreiber et Françoise Giroud lancent *l'Express ;* -21-5 Mayer démissionne ; du 21-5 au 26-6 crise ministérielle record, 38 j avant l'investiture de Laniel ; -juin, les enfants *Finaly* en Israël ; construction du barrage de Tignes ; -26-5 le RPF se transforme en URAS (Union des républicains d'action sociale) ; -17-6 *RDA :* émeutes ouvrières (état de siège) ; -19-6 USA : *les époux Rosenberg* (savants américains condamnés le 6-4 pour espionnage atomique) sont exécutés.

1953-26-6 (au 12-6-1954) **Joseph Laniel Pt du Conseil** [(Vimoutiers 12-10-1889/Paris 8-4-1975). *1932-58* député du Calvados. *1940-mars/juin* sous-secr. d'État aux Finances. *1943* représentant de la droite au Conseil national de la Résistance. *1953-23-12* battu par Coty à la présidentielle]. **1953**-juillet enquête parlementaire sur le *trafic des piastres* (voir à l'Index) ; -14-7 manifestation : défilé de Nord-Africains (7 †) ; -27-7 **fin de la guerre de Corée ;** du 4 au 26-8 grève générale des services publics ; -12-8 *1re bombe H soviétique* expérimentée ; -15-8 *Maroc,* la France remplace le sultan Mohamed V (1909-61) par Ben Arafa (voir à l'Index). -7-9 *URSS :* Khrouchtchev 1er secrétaire du PC ; -23-10 **accords de Paris :** traité provisoire mettant fin à l'état de guerre entre Allemagne, France, G.-B., USA ; -20-11 les 1res unités de parachutistes sont envoyées à Diên Biên Phu ; -29-11 Pierre Poujade (né St-Céré, Lot 1-12-1920) fonde l'UDCA (Union pour la défense des commerçants et artisans). **1954**-12-1 *USA,* John Foster Dulles (25-2-1888/24-5-1959) expose la doctrine des « représailles massives » (menace du nucléaire).

Présidence de René Coty

■ **1954** (7-1) **René Coty** [(Le Havre, 20-3-1882/22-11-1962). Père directeur d'établissement d'enseignement libre. *1902* avocat au Havre. *1907* conseiller municipal. *1914-18* engagé comme homme de troupe. *1923-35* député de Seine-Inférieure. *1935-40* sénateur. *1940-10-7* vote les pleins pouvoirs à Pétain. Membre du Conseil de la République. *1944* arrêté par les FFI, est relâché. *1945* relevé d'inéligibilité. *1946* député. *1947-48* min. de la Reconstruction. *1948* sénateur. *23-12-1953* est **élu Pt de la République** après 13 tours de scrutin. *1958* se retire au Havre. *1962* membre du Conseil constitutionnel, critique l'élection du Pt au suffrage universel, et meurt d'une crise cardiaque].

1954-janv. (au 12-6) **Joseph Laniel Pt du Conseil** réinvesti par Coty. -22-1 : 1er tiercé (mis au point par André Carrus) ; -25-1 *conférence des 4* (vainqueurs de la guerre) à Berlin ; -1-2 appel de l'*abbé Pierre* pour les sans-logis ; -mars/juin, Lecœur exclu du PC ; -8-3 attaque massive du Viêt-minh sur Diên Biên Phu ; -23-3 *Chiffonniers d'Emmaüs* fondés par l'abbé Pierre ; -10-4 TVA instaurée ; -7-5 **chute de Diên Biên Phu ;** -12-6 Laniel démissionne.

1954-17-6 (au 5-2-1955) **Pierre Mendès France Pt du Conseil** [(Paris, 11-1-1907/18-10-1982). *Origine du 2e patronyme :* francisation de Franco (Franco de Mendez), nom judéo-espagnol donné par les Turcs aux réfugiés hispano-portugais parlant une « lingua franca ». *Père* confectionneur. Marié 1°) 26-12-1933 à Lily Cicurel (2 fils) ; 2°) 2-1-1971 à Marie-Claire Servan-Schreiber (née 3-4-1921, divorcée du Cte Jacques Claret de Fleurieu). *1926* avocat (le plus jeune de France). *1928* docteur en droit (idem). *1932* député (idem) radical de l'Eure. *1938-mars/avril* sous-secrétaire d'État au Trésor. *1939-40* aviateur en Syrie, *-juin* embarqué à Bordeaux sur le *Massilia. -31-8* arrêté pour désertion. *1941-mai* condamné à 6 ans de prison au procès de Riom, s'évade en juin. *1942-1-3* rejoint Londres, officier d'aviation. *1943-nov./1944* commissaire aux Finances de De Gaulle à Alger, puis Paris. *1944-sept.* min. de l'Économie nationale, *1945-5-4* démissionne (motif : pour tarir l'inflation, il voulait l'échange des billets de banque et le blocage des comptes bancaires, de Gaulle refuse). *1946-nov./1958* député radical de l'Eure. *1947-58* gouverneur du FMI. *1953-3/4-6* investiture refusée pour la présidence du Conseil]. **1954** investi par 419 voix contre 17 (143 abstentions). Pour la 1re fois sous la IVe Rép. les communistes votent l'investiture, mais par avance Mendès a dit qu'il refuserait le décompte de leurs voix pour sa majorité (18-6 également min. des Affaires étrangères) ; -0-7 *conférence de Genève* sur l'Indochine ; -21-7 **accords de Genève** sur l'Indochine ; du 31-7 au 3-8 Mendès France à *Carthage* (discours sur l'autonomie interne de la Tunisie) ; -10-8 pouvoirs spéciaux accordés à Mendès France ; -13-8, 1res mesures contre l'alcoolisme ; les min. gaullistes (contre la CED) démissionnent ; -23-8 accord de Paris sur la Sarre (signé par Adenauer) ; -30-8 CED rejetée à l'Assemblée nationale ; les min. gaullistes reviennent au gouvernement ; -10-9, 65 % des échanges libérés ; du 28-9 au 3-10 *conférence de Londres ;* la RFA est admise à l'Otan ; -12-10 l'Ass. nationale ratifie les accords de Londres ; -23-10 création de l'UEO ; -1-11 **début de la guerre d'Algérie** (voir à l'Index) ; -20-11 accords franco-tunisiens ; -28-11 *procès Gaston Dominici :* condamné à mort (meurtrier présumé de la famille Drummond) ; -30-11 révision constitutionnelle (réforme du Conseil de la Rép.) votée. **1955**-26-1 *Jacques Soustelle* nommé gouverneur général de l'Algérie ; -février début du *poujadisme* (voir Poujade à l'Index) ; grand rassemblement au palais des Expositions ; -5-2 Mendès France renversé [par 319 voix contre 273 (prend la parole après la fin de son mandat, ce qui paraît scandaleux). *1956-1-2* min. d'État sans portefeuille dans le cabinet Guy Mollet, démissionne 23-5. Contre le traité de Rome. *1958-69* opposant au régime gaulliste. *1961* rejoint le PSU. *1967* député à Grenoble, battu en 1968. *1968-2-5* cautionne par sa présence la manifestation gauchiste de Charlety, se dit prêt à assurer le pouvoir ; *-juin* battu aux législatives. *1969* soutient Gaston Defferre à la présidentielle. *1971* atteint d'un cancer. *1973* se retire de la politique].

1955-23-2 (au 24-1-1956) **Edgar Faure Pt du Conseil** [(Béziers 18-8-1908/Paris 30-3-1988). Père médecin. Marié 1°) 12-10-1931 à Lucie Meyer (fondatrice de la revue *la Nef),* 2 enfants ; 2°) 5-12-1980 à Marie-Jeanne Vuez. *1962* agrégé droit romain et histoire du droit. Diplômé langues orientales. *1929* avocat. *1945-46* procureur général adjoint français au tribunal de Nuremberg. *1947-70, 1983-88* maire de Port-Lesney, *1971-77* Pontarlier. *1949-67* conseiller général du Jura, *1967* Doubs. *1974-88* Pt du conseil régional de Franche-Comté. *1946-58* député radical-socialiste du Jura ; *1959-66* sénateur du Jura et *1967-80* du Doubs, *à partir de 1978* RPR. Ministre *IVe Rép. :* Budget (1949-51), Justice (1951-52), Finances (févr. 1952, 1953-54, juin 1954-janv. 55, 14/31-5-1958), Affaires étrangères (20-1/5-2-1955) ; *Ve République :* Agriculture (1966-68), Éducation nationale (juillet 1968-juin 69), Affaires sociales (1972-73). Pt du Conseil (23-2-1955/24-1-1956). *1973-78* Pt de l'Ass. nationale. *1979-84* député européen. Œuvres dont : *la Disgrâce de Turgot* (1961), *l'Ame du combat, Pour un nouveau contrat social* (1973), *Avoir toujours raison, c'est un grand tort* (1982), *Si tel est mon destin ce soir* (1984) ; romans : *M. Langois n'est pas toujours égal à lui-même,* et des policiers signés Edgar Sanday. Académie française (1978)]. **1955**-18 au 24-3 *Bandung,* conférence afro-asiatique (29 pays) ; -2-4 loi sur état de siège en Algérie ; -14-5 *pacte de Varsovie* (voir à l'Index) ; -15-5 *traité de paix avec l'Autriche* ; -1/3-6 *conférence de Messine* (6 min. des Affaires étrangères de la Ceca pour l'extension des compétences de la Communauté) ; -3-6 autonomie interne de la *Tunisie* ; entrée triomphale de Bourguiba à Tunis ; -juillet/août émeutes au Maroc ; -24-8 rappel des soldats des classes 52 et 53 ; maintien de la classe 54 ; *l'Humanité* saisie ; -15-9, 3e semaine de congés payés chez Renault ; -27/30-9 à l'Onu : débat sur l'Algérie ; -23-10 *accords de Paris* sur la Sarre et l'All. fédérale (qui recouvre sa souveraineté et adhère à l'Otan) ; la *Sarre* vote son retour à l'Allemagne (423 000 voix contre 201 000) ; -5-11 *La Celle-Saint-Cloud :* accord Pinay-Mohamed V pour son retour au Maroc ; -17-11 scrutin d'arrondissement adopté ; -2-12 Faure dissout l'Ass. nationale (il sera exclu du RPR) ; -8-12 *Front républicain* lancé par Guy Mollet, Mendès France, Mitterrand, Chaban-Delmas. **1956**-2-1 *législatives :* succès du Front républicain ; slogan poujadiste (52 sièges aux poujadistes) : « Sortez les sortants » ; -janvier/mars invalidation de 11 députés poujadistes remplacés (anticonstitutionnellement) par 5 socialistes, 3 radicaux, 1 MRP, 2 modérés.

1956-30-1 (au 21-5-1957) **Guy Mollet Pt du Conseil** [(Flers 31-12-1905/Paris 3-10-1975). Professeur d'anglais. Militant socialiste. *1945* maire d'Arras. *1946* député du Pas-de-Calais. *1946-47* et *1950-51* ministre d'État. *1951* vice-Pt du Conseil. *1958-juin à 1959-janv.* ministre d'État dans le gouvernement de Gaulle. *1962* passe à l'opposition]. **1956**-29-1 Gal *Catroux* (partisan de la décolonisation) ministre de l'Algérie ; -31-1 Jules Moch préconise une Algérie avec 2 entités nationales (départements français et République algérienne) ; projet repoussé par Mollet ; -6-2 Mollet insulté à Alger ; Catroux démissionne ; *Robert Lacoste* (Azerat 5-7-1898/Périgueux 9-3-1989) le remplace (du 9-2-1956 au 15-4-1958) ; du 14 au 25-2 *URSS :* XXe Congrès du PC à Moscou (Khrouchtchev présente, le 24-2, en séance secrète, un rapport sur les crimes de Staline) ; -3-3 **Maroc indépendant** dans l'interdépendance ; -12-3 Assemblée nat. (dont PC) vote pouvoirs spéciaux en Algérie ; -20-3 **Tunisie indépendante** ; -12-4 soldats disponibles rappelés ; -20-5 **affaire des fuites** : François Mons, accusé d'avoir permis de prendre connaissance des secrets militaires, et André Baranès, accusé d'être un agent communiste, sont acquittés ; René Turpin, accusé d'avoir transmis des secrets concernant la défense nationale, est condamné à 6 ans de prison ; Roger Labrusse, inculpé d'avoir répercuté des renseignements sur Baranès, est condamné à 4 ans ; -23-5 Mendès France (min. d'État) démissionne ; -28-5 établissements français de l'Inde cédés ; -6-6 *le Monde* publie le « rapport Khrouchtchev » ; -19-6 *loi-cadre Deferre* sur l'émancipation de l'Afrique noire et de Madagascar ; -23-6 loi-cadre sur les territoires d'outre-mer ; -28-6 *Poznań* (Pologne) : émeutes contre la politique salariale du gouvernement ; du 29-6 au 2-7 congrès SFIO à Lille « contre les rebelles et contre les ultras du colonialisme » ; -19-7 *Brioni* (Italie), rencontre Nasser, Nehru et Tito ; création du *mouvement des non-alignés* ; -26-7 Nasser nationalise le canal de Suez ; -30-9, *1ers attentats FLN ;* -7/14-10 le Parti radical éclate ; -22-10, 5 dirigeants du FLN arrêtés (dont Ben Bella et Aït-Ahmed ; avion détourné par les autorités françaises), voir **Algérie** dans le chapitre **États** ; -24-10 Alain Savary (voir p. 783 c), secr. d'État aux Affaires étrangères, démissionne ; -29-10 *Égypte :* les Israéliens pénètrent dans le Sinaï ; la **2e guerre israélo-arabe** commence ; -nov. *Hongrie :* intervention russe à Budapest ; manifestation anticommuniste en France (7-11 siège du PC à Paris incendié) ; -1-11 *Hongrie* (Imre Nagy) se retire du pacte de Varsovie ; -4-11 les Soviétiques occupent Budapest ; -5 et 6-11 **expédition franco-anglaise de Suez** (voir **Égypte** dans le chapitre **États**) ; -22-12 France et G.-B. évacuent Suez. **1957**-7-1 *Gal Massu* responsable du maintien de l'ordre à Alger ; -16-1 *attentat au bazooka* à Alger contre le Gal Salan [son chef d'état-major, le C^dt Rodier, est tué ; *assassins :* Philippe Castille et Michel Frechoz ; *instigateur :* René Kovacs, médecin algérois (les activistes de l'Algérie française voulaient remplacer Salan par le Gal Cogny, plus énergique) ; Kovacs met en cause, sans apporter de preuves, Michel Debré, Pascal Arrighi, Jacques Soustelle ; l'enquête n'aboutit pas] ; du 4 au 15-2 l'Onu discute sur l'Algérie ; le FLN provoque une grève générale ; -mars, déclarations du Gal Jacques Pâris de Bollardière dans *l'Express* (demande à être relevé de son commandement) ; -25-3 *traité de Rome* (Marché commun et Euratom) ; -27-3 Gal Pâris de Bollardière dénonce la torture en Algérie ; -21-5 Mollet démissionne ; -23-5 Mendès France quitte la présidence du Parti radical ; -29-5 massacre de Melouza par le FLN (315 †).

1957-12-6 (au 30-9) **Maurice Bourgès-Maunoury Pt du Conseil** [(Luisant 19-8-1914/Paris 10-2-1993). Résistant. *1946* député. *1957-sept./1958-avril* ministre de l'Intérieur]. **1957**-15-9 barrage électrifié à la frontière algéro-tunisienne ; -24-9 *fin de la bataille d'Alger ;* -30-9 Bourgès-Maunoury démissionne ; -4-10 *1er satellite artificiel russe* (Spoutnik) ; -nov. à 58 gaz de Lacq en service.

1957-6-11 (au 11-4-58) **Félix Gaillard Pt du Conseil** à 38 ans (le plus jeune) [(Paris 5-11-1919/10-7-1970 au large de Jersey, accident de plaisance, naufrage). Résistant. *1946-70* député de Charente. *1957* ministre des Finances.

1958-61 Pt du Parti radical]. **1958**-janv. les USA prêtent 650 millions de $ à la France ; -1-1 début officiel de la CEE ; -5-2 loi-cadre sur l'Algérie ; -8-2 *Sakhiet Sidi-Youssef* (Tunisie) bombardé par la France ; -13-3 la police manifeste devant le Palais-Bourbon ; -15-4 les Anglo-Saxons proposent leurs bons offices en Tunisie ; Bidault renonce à former un gouvernement ; -13-5 *émeutes en Algérie* et constitution d'un gouvernement de salut public (voir **Algérie**).

1958-13-5 (au 28-5) **Pierre Pflimlin** **Pt du Conseil** [(Roubaix, Nord, 5-2-1907/27-6-2000). Père directeur de filature. Docteur en droit. *1933* avocat (1964 démissionne). *1945* conseiller municipal de Strasbourg, député. *1959-83* maire de Strasbourg. *1951-70* conseiller général à Haguenau ; *1971-76* de Strasbourg. *1951-60* Pt du conseil général du Bas-Rhin. *1945-46* membre des 2 Constituantes. *1946-71* député du Bas-Rhin. *1956-59* Pt national du MRP. *1946* sous-secr. d'État à la Santé publique et à l'Économie nationale. *1948-51* min. de l'Agriculture. *1951-52* du Commerce. *1952* min. d'État chargé du Conseil de l'Europe. *1952-53* min. de la France d'outre-mer. *1955-56* des Finances, et *1957-58* des Affaires économiques et du Plan. *1958-59* min. d'État. *1962* min. d'État chargé de la Coopération. *1970-77* Pt du port de Strasbourg. *1973-83* conseil régional d'Alsace. *1959-67, 1979-89* député européen. *1963-66* Pt de l'Assemblée consultative du Conseil de l'Europe. *1979-84* vice-Pt Assemblée européenne puis Pt en 1984-87. ŒUVRE : *Mémoires d'un Européen* (1991)]. **1958**-14-5 Massu appelle de Gaulle ; -15-5 de Gaulle « prêt à assumer les pouvoirs de la République » ; -19-5 conférence de presse de De Gaulle : « Pourquoi voulez-vous qu'à 67 ans je commence une carrière de dictateur ? » ; -22-5 visite de Pinay à de Gaulle ; -24-5 la Corse échappe au contrôle du gouv. ; -26-5 rencontre secrète de Gaulle-Pflimlin à St-Cloud ; défilé antifasciste de la Nation à la République ; -28-5 Pflimlin démissionne ; -29-5 le Pt Coty demande au Parlement d'investir de Gaulle.

1958-1-6 (au 8-1-1959) **Gal Charles de Gaulle** **Pt du Conseil** (329 voix contre 224) ; -2-6 l'Assemblée lui vote les pleins pouvoirs en Algérie et pour 6 mois en métropole ; -3-6 rédaction d'une nouvelle Constitution confiée au gouvernement ; les Assemblées se séparent ; du 4 au 7-6 de Gaulle en Algérie : « Je vous ai compris ! » (Alger 4-6), « Vive l'Algérie française » (Mostaganem 7-6). -17-6 *emprunt Pinay* à 3,5 % indexé sur l'or (il rapporte 324 milliards de F) ; -20-6 de Gaulle contre le transfert des cendres de Pétain à Douaumont ; -28-9 *référendum* sur la Constitution (oui : 79,2 %).

Ve RÉPUBLIQUE (DEPUIS LE 28-9-1958)

☞ De 1958 à 1962, voir **Algérie** dans le chapitre **États**.

PRÉSIDENCE DE RENÉ COTY (suite)

■ **1958** (28-9) **René Coty** (reste Pt de la Rép.), le **Gal de Gaulle** étant **Pt du Conseil** (depuis le 1-6-1958) ; -1-10 fondation de l'UNR ; 2/5-10 de Gaulle en Algérie ; *Plan de Constantine* lancé (3-10) ; -29-10 Jean XXIII élu pape ; -23 et 30-11 *législatives* au scrutin uninominal à 2 tours : succès gaulliste ; **-21-12 de Gaulle est élu Pt de la République** par un collège restreint de 80 000 notables (il reste chef du gouv. et prendra ses fonctions le 8-1-1959) ; -27-12 création de l'accord monétaire européen ; et -28-12 du *franc lourd.* **1959**-1-1 : 1re réduction (10 %) des droits de douane du Marché commun ; révolution castriste à Cuba ; -6-1 *décret Berthoin* (collèges d'enseignement général créés ; scolarité obligatoire jusqu'à 16 ans).

PRÉSIDENCE DU Gal DE GAULLE

■ **1959** (8-1) **Charles de Gaulle** [(Lille 22-11-1890/Colombey-les-Deux-Églises 9-11-1970). Père professeur. *Le 6-4-1920* épouse Yvonne Vendroux (22-5-1900/8-11-1979) dont 3 enfants : *Philippe* (28-12-1921, amiral), *Élisabeth* (15-5-1924) qui a épousé en 1946 Alain de Boissieu (né 1914, Gal 1962), *Anne* (trisomique, 1-1-1928/8-2-1948). *1911-1-10* sous-Lt. *1912* sort de St-Cyr. *1916-mars* fait prisonnier à Douaumont, incarcéré à la forteresse d'Ingolstadt. *1919* attaché à l'armée polonaise. *1921* professeur à St-Cyr. *1924* sort de l'École de guerre. *1925-27* cabinet de Pétain. *1927-29* Trèves. *1929-31* Levant. *1931* rappelé par Pétain. *1939-25-12* colonel. *1940* commande la 4e division cuirassée ; *-25-5* Gal de brigade (à titre temporaire) ; *-6-6* sous-secr. d'État à la Défense nationale ; *-17-6* rejoint Londres ; fonde *la France libre* ; *1943-30-5* s'installe à Alger. *1944-3-6* chef du GPRF ; *-14-6* rentre en France. *1945-13-1* élu par l'Assemblée constituante Pt du gouvernement provisoire. *1946-20-1* démission. *1947-7-4* fonde le RPF. *1958-1-6/1959-8-1* Pt du Conseil. *1958-21-12* **élu Pt de la République ;** *1959-8-1* est intronisé Pt de la République et de la Communauté (il démissionne de son poste de Pt du Conseil). *1969-28-4* démission. *1969 du 10-5 au 16-5* il voyage en Irlande, puis *1970 du 3 au 26-6* en Espagne. *1970-9-11* il meurt à Colombey-les-Deux-Églises (Hte-Marne) où il s'était retiré]. ŒUVRES : *la Discorde chez l'ennemi* (1924), *le Fil de l'épée* (1932), *Vers l'armée de métier* (1934), *la France et son armée* (1938), *Mémoires de guerre* (2 vol.), *Mémoires d'espoir* (2 vol.).

1959-8-1 (au 14-4-62) **Michel Debré** **Premier ministre** [(Paris 15-1-1912/2-8-1996). Père Robert (1882-1978) médecin (pédiatre), grand-père rabbin, frère d'Olivier (15-4-1920/1-6-1999, peintre). Marié le 19-12-1936 à Anne-Marie Lemaresquier (4 fils dont *Bernard* né le 30-9-1944, chirurgien et *Jean-Louis* son jumeau, magistrat).

OAS (ORGANISATION ARMÉE SECRÈTE)

■ **Organisation.** *Fondée* février 1961 par Pierre Lagaillarde (né 15-5-1931), réfugié en Espagne. *1er chef : Cel Yves Godard, 2e : Gal Raoul Salan* (ancien Cdt en chef en Algérie) d'avril 1961 au 20-4-1962 (*adjoint : Gal Edmond Jouhaud*, ancien chef d'état-major de l'armée de l'Air), *3e : Georges Bidault* (1899-1983) [désigné comme remplaçant par Salan le 1-4-1962 (?) sans avoir été averti ; ne fera aucun acte de chef de l'OAS], *4e : capitaine Pierre Sergent* (30-6-1926/15-9-1992), Pt du Conseil nat. de la Révolution. **Principaux responsables.** **OAS-Algérie-Sahara :** *Gal Salan* ; chef d'état-major : *Gal Paul Gardy* ; adjoint : *Cel Godard* ; organisation-renseignement-opération (ORO) : *Dr Jean-Claude Pérez* [ancien membre de l'Oraf, mouvement contre-terroriste, impliqué dans l'« affaire du bazooka » (remplacé 1-1-1962 par le capitaine *Jean-Marie Curutchet*, né 1930)] ; organisation des masses : *Cel Jean Gardes* ; action politique et propagande : *Jean-Jacques Susini* (30-7-1933/1995). L'Algérie-Sahara divisée en 3 zones : *Oranie :* Gal Jouhaud puis Cel Dufour et Gal Gardy [directoire révolutionnaire de 5 membres : capitaine Sergent, Christian Léger, Denis Baille, Jean-René Souètre (né 1930), Curutchet] ; *Alger :* Cel Vaudrey (1912-65) ; *Constantine :* Cel Château-Jobert (né 3-2-1912), lié à Martel, le « chouan de la Mitidja ». **OAS-métro :** *Gal Vanuxem* (dit *Verdun*) ; chef d'état-major : *capitaine Sergent* ; France-Mission III : *André Canal* (dit *le Monocle,* né 1915 ; arrêté à Paris 4-5-1962). **OAS-Madrid :** *Cel Antoine Argoud*, deviendra l'adjoint de Georges Bidault.

■ **Attentats.** **Métropole :** *total* du 25-4-1961 au 15-6-1962 : 751 (6 †, 37 blessés). **Algérie :** *total des victimes :* 2 500 civils français, 18 500 musulmans (dont 3 000 immigrés en métropole).

■ **Répression anti-OAS en 1962.** 635 arrestations (sur 1 200 membres identifiés), 223 jugements (acquittements 117, prison avec sursis 53, ferme 38), 4 condamnations à mort suivies d'exécutions [*3 OAS :* Lt Roger Degueldre (né 1925, fusillé 6-7-1962), Claude Piegts (vendeur ; né 1934, fusillé 7-6-1962), sergent Albert Dovecar (né 1937, fusillé 7-6-1962) ; *1 non-OAS :* Bastien-Thiry], voir encadré p. 708 b.

AFFAIRES LIÉES AUX ÉVÉNEMENTS D'ALGÉRIE

■ **Procès des barricades.** 2-3-1961. *Pierre Lagaillarde* condamné à 10 ans de prison. *Marcel Ronda* à 3 ans et *Jean-Jacques Susini* à 2 ans avec sursis. 11 accusés et 1 par contumace, acquittés.

■ **Procès du putsch militaire du 22-4-1961.** **Condamnations : 1961** à mort par contumace : **Gal Raoul Salan** [(Roquecourbe 10-6-1899/3-7-1984) ; *1917* engagé ; fait St-Cyr ; carrière en Indochine ; armée Weygand en Afrique du Nord ; *1944-45* commande la 14e DI de l'armée de Lattre ; *1945* retour en Indochine ; *1946-6-1/1953-8-5* commandant en chef ; *1953* inspecteur général en chef de la Défense du territoire ; *1956* Cdt en chef en Algérie ; *1958* délégué général du gouvernement en Algérie ; *-déc.* inspecteur général de la Défense ; *1959-févr.* gouverneur de Paris ; *1960-juin* retraite ; *-sept.* se réfugie en Espagne ; *1961-21-4* participe au putsch ; clandestinité ; chef de l'OAS ; condamné à mort par contumace ; *1962-20-4* arrêté à Alger ; *-23-5* condamné à la détention perpétuelle à Tulle ; *1968-15-6* libéré], **Gal Edmond Jouhaud** [(Oran 2-4-1905/4-9-1995) ; *1926* aviateur à la sortie de St-Cyr ; *1955* major général de l'armée de l'air ; *1958-59* chef d'état-major ; *1960* inspecteur général de l'armée de l'air ; opposé à l'indépendance de l'Algérie, se fait mettre en disponibilité et se retire en Algérie ; *1961-avril* un des protagonistes du putsch : passe dans la clandestinité ; chef de l'OAS : condamné à mort par contumace ; *1962-25-3* arrêté ; *-13-4* condamné à mort ; *-28-11* peine commuée en détention perpétuelle ; *1967-23-12* libéré], **Gal Gardy** (11-8-1901/27-10-1975 accident de la route), **colonels Antoine Argoud** [enlevé 25-2-1963 à Munich par les services spéciaux ; ramené en France (condamné à mort par contumace le 1-6-1961 pour sa participation au putsch, puis à la détention criminelle à perpétuité en nov. 1963 ; libéré le 15-6-1968)], **Broizat, Jean Gardes** (né 4-10-1914), **Yves Godard** (21-12-1911/3-7-1975), **Lacheroy.** *-31-5* **Gal Maurice Challe** [(5-9-1905/18-1-1979) ; *1959* Cdt en chef en Algérie ; *1960* Cdt du secteur Centre-Europe de l'Otan ; *1961-févr.* démissionne car fidèle à l'Algérie française ; *-22-4* dirige le soulèvement ; se constitue prisonnier : 15 ans de détention ; *1966* gracié] et **Gal André Zeller** (1899-1979) 15 ans de détention ; libérés 1966. *-5-6* **Cdt Hélie de Saint-Marc** 10 ans. *-6-6* **Gal Pierre Bigot** 15 ans. *-19-6* **Gal Jean Nicot** 12 ans. *-20-6* **Gal Gouraud** 7 ans. **Gal Petit** 5 ans.

Docteur en droit, diplômé sciences politiques. *1935* auditeur puis *1942* maître des requêtes au Conseil d'État. *1944-45* commissaire régional de la Rép. à Angers. *1947* secr. général aux Affaires allemandes et autrichiennes. *1966-89* maire d'Amboise. *1948-58* sénateur I.-et-L. *1963-88* député de La Réunion. *1958-59* min. de la Justice. *1966-68* de l'Économie et des Finances. *1968-69* des Aff. étrangères. *1969-73* de la Défense nationale. *1949* fondateur de *l'Écho de la Touraine* et *1957* du *Courrier de la colère. 1951-70, 1976-92* conseiller général d'Amboise (démissionne). Délégué à l'Ass. parlementaire européenne et à l'Ass. consultative du Conseil de l'Europe. *1979-80* député européen. *1974* maître des requêtes honoraire au Conseil d'État. *1981* candidat à la présidence de la Rép. (1er tour : 1,66 % des voix). ŒUVRES : dont *la Mort de l'État républicain* (1947), *Ces princes qui nous gouvernent* (1957), *Une certaine idée de la France* (1972), *le Gaullisme* (1978), *Peut-on lutter contre le chômage ?* (1982), *Mémoires* (4 tomes 1984-95), *Entretiens avec le Gal de Gaulle : 1961-69* (1993), *Combattre toujours : 1969-93* (1994). *1988* élu à l'Académie française]. **1959**-31-1 1er *satellite américain* (Explorer) ; -4-3 de Gaulle reçoit Adenauer (chancelier allemand) ; -26-3 la France reconnaît la ligne Oder-Neisse ; -29-4 de Gaulle : « L'Algérie de papa est morte » ; 11-5/5-8 conférence des min. des Affaires étrangères des 4 Grands à Genève (échec) ; -23-6 Boris Vian meurt ; -5-7 *Sarre* rattachée à la RFA ; -30-7 drapeau européen adopté ; -16-9 de Gaulle se dit favorable à l'*autodétermination de l'Algérie* [les députés nord-africains, conduits par Bidault, quittent la majorité (9 démissionnent de l'UNR) et forment le Rassemblement pour l'Algérie française] ; certains parlementaires (Le Troquer) sont impliqués dans l'affaire de mœurs des *Ballets roses* ; -22-9 1er câble sous-marin Europe-USA ; -oct. Tixier-Vignancour et Le Pen accusent Mitterrand d'avoir préparé l'*attentat de l'Observatoire* ; -17-10 l'Ass. nationale approuve la déclaration de De Gaulle par 441 voix contre 23 et 28 abstentions ; -2-12 rupture du barrage de *Malpasset* (405 ou 433 †) ; -24-12 *loi Debré* sur l'enseignement privé.

1960-1-1 mise en circulation du **franc lourd ;** -4-1 *traité de Stockholm* créant l'Aele ; Albert Camus et Michel Gallimard tués (accident de voiture) ; -13-1 Wilfrid Baumgartner (1902/1-6-1978) remplace Antoine Pinay aux Finances ; -19-1 Massu limogé en Algérie ; du 24 au 31-1 **journées des barricades** à Alger [24-1 manifestation (en faveur de Massu) dispersée par les gendarmes (22 †), les émeutiers dressent des barricades ; -29-1 de Gaulle obtient du Parlement des pouvoirs spéciaux : le Gal Challe et le gouverneur Delouvrier quittent Alger pour Reghaia (base de départ de la répression) ; -2-2 reddition de Pierre Lagaillarde, chef des insurgés] ; -2 et 3-2 le gouvernement obtient les pleins pouvoirs ; -5-2 Messmer, ministre des Armées ; *-11-2* Amiens, 35 000 paysans manifestent, 218 blessés ; -13-2 **1re bombe atomique française** à Reggane (Sahara) ; -19-2 l'Onu proclame le droit à l'autodétermination du peuple algérien ; -3 et 5-3 de Gaulle en « tournée des popotes » évoque une « Algérie algérienne » ; -20-3 Jacques Foccart secr. général du gouvernement pour la Communauté ; du 22-3 au 3-4 Khrouchtchev en France ; -25-4 Soustelle (favorable aux émeutiers d'Alger) est exclu de l'UNR ; -1-5 *URSS :* un avion espion américain U-2 est abattu ; -5-5 Khrouchtchev l'annonce (Francis Powers, le pilote, condamné le 19-8 à 10 ans de prison, sera échangé le 9-2-1962 contre l'espion soviétique Rudolf Abel) ; -16-5 échec du sommet de Paris sur le statut de Berlin ; -25-5 Auriol annonce qu'il ne siégera plus au Conseil constitutionnel, car le régime s'oriente « vers un système de pouvoir personnel et arbitraire » ; -8-6 « guerre des choux-fleurs », les agriculteurs occupent la sous-préfecture de Morlaix ; -25 et 29-6 *entretiens de Melun* avec des rebelles algériens ; -29-6 *Cuba :* Castro nationalise les raffineries de pétrole ; Washington suspend ses importations de sucre cubain ; Castro décide la saisie des biens américains ; -sept. *rapport Jacques Rueff* (1896-1978) sur l'expansion économique ; -5-9 procès des « porteurs de valises » (intellectuels, membres du *réseau Jeanson*, soutiens du FLN) ; -25-9 15 nouveaux États francophones à l'Onu ; -14-12 l'OCDE remplace l'OECE (qui gérait le plan Marshall).

1961-8-1 *référendum sur l'autodétermination en Algérie :* 73 % de oui (69 % en Algérie) ; -7-4 *Évian*, début des pourparlers ; l'OAS est contre l'indépendance de l'Algérie ; -12-4 *Youri Gagarine* (Soviétique) dans l'espace ; du 21 au 26-4 **putsch en Algérie** (Gaux Raoul Salan, Maurice Challe, André Zeller, Edmond Jouhaud) ; -23-4 selon l'art. 16 de la Constitution, de Gaulle prend les pleins pouvoirs ; -20-5 début de la **Conférence d'Évian ;** du 28 au 31-5 procès Challe et Zeller ; -30-5 Kennedy, Pt des USA, et sa femme Jackie à Paris ; -13-6 rupture des pourparlers d'Évian (à cause du Sahara) ; du 19 au 22-7 *bataille* de *Bizerte* (voir à l'Index) ; -12-8 construction du *mur de Berlin* ; -1-9 nouvelle vague d'attentats de l'OAS ; -8-9 *attentat contre de Gaulle à Pont-sur-Seine* ; -17-10 : 25 000 manifestants algériens à Paris (chiffres officiels : 11 538 Algériens appréhendés, 6 †, blessés : 44 Algériens et 13 policiers ; selon *le FLN :* 200 † et 400 disparus ; [d'après *Jean-Luc Einaudi* (20-5-1998) : « au minimum 200 †, vraisemblablement 300 » (Maurice Papon lui intentera un procès en diffamation envers un fonctionnaire mais le tribunal relaxera Einaudi le 26-3-1999). Selon le *rapport du 6-1-1998 de Dieudonné Mandelkern* (conseiller d'État) : 7 † certains et 25 possibles (le rapport rappelle, qu'en 1961, furent tués, à Paris, 22 policiers ou harkis dont 16 en août-sept., 50 Algériens en sept. et 90 en oct.). D'après le *rapport du 5-5-1999 de Jean Geronimi* (avocat général à la Cour) : 48 noyés la nuit du 17 au 18-10-1961 (évaluation vraisemblablement inférieure à la réalité), *bilan 1961 :* 246 † dont 74 non identifiables (288 selon registres de l'Institut médico-légal)] ; -18-10 : 4 000 manifestants algériens ; -20-10 manif. de musulmanes (1 000 appréhendées) et d'enfants.

1962-9-1 Valéry Giscard d'Estaing ministre des Finances ; -de janvier à juin *attentats de l'OAS* en métropole [dont 18 dans la nuit du 17 au 18-1 ; -22-1 bombe au ministère des Aff. étrangères ; -24-1 : 13 attentats (dont un chez la mère d'Henri Krasucki)] ; -7-2 Boulogne-Billancourt, 18 *bis,* av. Victor-Hugo : attentat au rez-de-chaussée de l'immeuble où habite André Malraux au 2e étage : Delphine Renard (4 ans) défigurée ; -8-2 manifestation anti-OAS organisée par PC, PSU et 6 syndicats (CET, CFTC, Fen, Unef, Sgen, SNI) : vers 19 h 30, 9 †, dont 7 du PC, étouffés à l'entrée du métro *Charonne* ; plusieurs milliers de personnes aux obsèques ; -7-3 reprise des pourparlers d'Évian (de Gaulle ayant cédé sur le Sahara) ; -18-3 **accords d'Évian ;** -19-3 cessez-le-feu en Algérie ; -25-3 Jouhaud arrêté à Oran ; -26-3 Alger, *fusillade de la rue d'Isly* (44 †,

Mai 1968

■ **Causes de la crise.** *Malaise universitaire :* insuffisance des possibilités d'accueil (*1939-40 :* 60 000 inscrits, *1955-65 :* 150 000, *1967-68 :* 605 000), médiocre adaptation aux besoins et à la préparation aux emplois [malgré la création des IUT (1967-68 : plus de 90 000 étudiants)], mécontentements catégoriels chez les jeunes enseignants (« assistants » dans l'enseignement supérieur, PEGC dans le secondaire), projets hésitants sur orientation et sélection.

■ **Leaders du mouvement.** *Daniel Cohn-Bendit* (né 4-4-1945), de nationalité allemande, interdit de séjour en Fr. de mai 1968 à 1978 ; *Alain Geismar* (né 17-7-1939), secr. général du SNE-Sup [fondateur de la Gauche prolétarienne (dissoute 27-5-1970) ; sera condamné à 18 mois de prison le 22-10-1970] ; *Jacques Sauvageot* (né 1949), Pt de l'Unef depuis le 21-4-1968.

■ **Chronologie. Janvier :** agitation dans les lycées, manifestations dans les universités de Nanterre et de Caen. **Mars :** *-22* Nanterre, tour administrative occupée par des étudiants révolutionnaires menés par Cohn-Bendit : Nanterre fermée jusqu'au 1-4. **Avril :** plusieurs manif. **Mai :** *-2 Pompidou part pour l'Iran ;* incidents à Nanterre, cours suspendus ; *-3 la police fait évacuer la Sorbonne ;* barricades au quartier Latin ; *-4* cours suspendus à la Sorbonne ; *-5 :* 4 manifestants condamnés à 2 mois de prison ferme ; *-6* manif. contre les condamnations (20 000 étudiants), bagarres (600 blessés) ; *-7* bagarres toute la nuit ; *-10/11 nuit des barricades* (400 blessés, 188 véhicules endommagés ou incendiés, notamment rue Gay-Lussac) ; *-11 Pompidou rentre d'Iran,* fait libérer les manifestants arrêtés ; *-13* défilé de la place de la République à Denfert-Rochereau (200 000 participants selon la police) ; la police évacue la Sorbonne, les étudiants l'occupent ; *-14 de Gaulle part pour la Roumanie ; -15* occupation des usines Renault à Cléon, et de l'Odéon ; *-18 de Gaulle rentre de Roumanie ; -19* de Gaulle : « La réforme oui, la chienlit non » ; *-20* la grève s'étend (6 000 000 de grévistes) ; *-22* bagarres ; *Cohn-Bendit* expulsé ; *-23* bagarres ; *-24* de Gaulle annonce un référendum sur la participation ; bagarres (500 blessés) ; *-25* ouverture des *négociations de Grenelle* avec les syndicats (conclues par un accord le 27-5) ; un commissaire de police tué à Lyon ; *-27* meeting au stade *Charlety, protocole de Grenelle* rejeté par les ouvriers de Renault et de Citroën ; *-28 retour clandestin de Cohn-Bendit ;* Mitterrand propose un gouv. Mendès France de transition ; démission d'Alain Peyrefitte (min. de l'Éducation nat.) acceptée ; *-29* de Gaulle, parti secrètement par hélicoptère à 11 h 30, voit Massu à *Baden-Baden* et rentre à Colombey ; défilé de la gauche ; *-30* de Gaulle parle à 16 h 30 à la radio, reporte le référendum et *dissout la Chambre ;* une *manif. gaulliste* sur les Champs-Élysées suit de 18 h à 21 h (800 000 personnes) ; *-31* la police rouvre les bureaux de poste. **Juin :** *-1er* l'essence revient ; *-5/7* reprise du travail ; *-6* les CRS occupent l'usine Renault de Flins ; *-10* un lycéen se noie lors des ratissages de la police près de Flins ; *-11* un ouvrier est tué à Montbéliard ; *-11/12* manif. et barricades ; *-12* dissolution de mouvements d'extrême gauche ; *-14* la police *fait évacuer l'Odéon,* puis la *Sorbonne* le 16 ; *-17* Renault vote la reprise du travail ; *-20* reprise chez Citroën, Peugeot, Berliet ; *-23/30 élections :* succès gaulliste.

■ **Conséquences. 1°) Politiques :** *a) renvoi de Pompidou,* rendu responsable par de Gaulle du développement de la révolte (de Gaulle voulait employer la manière forte dès le 11-5) ; *b) affaiblissement de De Gaulle* qui a renvoyé Pompidou sans deviner que la compréhension de celui-ci envers les émeutiers l'avait rendu plus populaire que lui ; *c) affaiblissement international de la France :* la Ve République passait depuis 1962 (victoire sur l'OAS) pour un modèle de stabilité ; Mai 68 lui fait perdre sa crédibilité. **2°) Financières :** les concessions faites par Pompidou aux syndicats, pour séparer les ouvriers des étudiants, ont provoqué une baisse du franc : la dévaluation, repoussée par de Gaulle en nov. 1968, deviendra inévitable en août 1969. **3°) Sociologiques :** *a) transformation de l'enseignement :* l'université napoléonienne, centralisée et uniformisée, visant à former, par sélection, des officiers et des fonctionnaires, est condamnée. Principes de l'université nouvelle : démocratisation, décentralisation et autonomie (les effectifs triplent dans le secondaire et décuplent dans le supérieur). Bilan après 20 ans : multiplication de diplômés insuffisamment formés ; problèmes budgétaires insolubles ; *b) accélération du processus de déchristianisation :* la hiérarchie catholique, décontenancée par les événements, a souvent pris le parti des révoltés ; *c) la contestation se développe* dans tous les domaines (administration, entreprises, éducation).

■ **Rôle de l'OAS.** D'anciens activistes de l'Algérie française ont aussi cherché à déstabiliser le régime et à obtenir de De Gaulle une amnistie pour les putschistes de 1961 encore internés à Tulle. Le 29-5, à Baden-Baden, le Gal Massu obtint de De Gaulle une promesse d'amnistie.

126 blessés) ; -8-4 *référendum* sur la ratification des accords d'Évian ; -11 au 13-4 procès *Jouhaud ;* -14-4 des ministres MRP quittent le gouvernement ; Debré démissionne.

1962-14-4 (au 21-7-1968) **Georges Pompidou** (voir col. c) **Premier ministre ;** -20-4 *Salan arrêté ;* -4-5 Robert MacNamara, théorie des *représailles graduées ;* -1-7 accords FLN/OAS en Algérie ; -3-7 la France reconnaît l'*indépendance de l'Algérie ;* -14-8 tunnel sous le mont Blanc achevé ; -22-8 **attentat contre de Gaulle au Petit-Clamart** (voir encadré ci-contre) ; -9-9 *Chine :* un avion U-2 américain est abattu ; -20-9 de Gaulle annonce un référendum sur l'élection du Pt de la République au suffrage universel ; Monnerville (Pt du Sénat) accuse de « forfaiture » ; -5-10 motion de censure : Pompidou démissionne ; -10-10 de Gaulle dissout l'Assemblée ; -11-10 concile Vatican II ; -22-10 *blocus de Cuba* par les USA (du 22 au 31-10 crise de Cuba, voir à l'Index) ; -28-10 *référendum* sur l'élection du Pt de la Rép. au suffrage universel (62,25 % de oui) ; 18/25-11 *élections législatives :* succès UNR-UD ; -22-11 Coty meurt ; **-22-11** (au 8-1-1966) **2e gouvernement Pompidou ;** -28-11 Jouhaud gracié. **1963**-14-1 de Gaulle rejette la candidature anglaise au Marché commun ; -15-1 Khrouchtchev renonce au traité de paix séparée avec la RDA ; fin de la 2e crise de Berlin ; -22-1 traité de coopération France-Allemagne ; -3-6 Jean XXIII meurt (Paul VI, élu 22-6, lui succède) ; -20-6 accord signé sur le *téléphone rouge* entre Moscou et Washington ; -juillet rupture sino-soviétique ; -10-8 *Georges Pâques* (1914-93, diplomate à l'Otan) démasqué ; -22-11 *Pt Kennedy assassiné* à Dallas (Texas). **1964**-18-1 intervention militaire au Gabon ; -27-1 *la Fr. reconnaît la Chine communiste* et rompt avec Formose (Taïwan) ; -1-3 grève des Charbonnages de Fr. ; -4-3 les mineurs sont réquisitionnés ; -16/19-3 de Gaulle au Mexique ; -20-3 création de *21 régions économiques ;* -17-4 de Gaulle opéré de la prostate ; -juillet la Fr. abandonne Mers el-Kébir ; -7-7 *Georges Pâques* condamné à la détention perpétuelle pour trahison au profit de l'URSS (libéré 1970) ; -11-7 *Thorez meurt* à Odessa ; -14-10 Brejnev remplace Khrouchtchev ; -16-10 1re bombe atomique chinoise. **1965**-24-1 *Winston Churchill* meurt ; -7-2 1ers raids aériens américains sur Viêt Nam du Nord ; -11-2 de Gaulle pour le retour à l'étalon-or ; -7-3 1res unités de combat américaines débarquent à Danang (Viêt Nam) ; -11-3 la Fr. sort du Gold Exchange Standard ; -14 et 21-3 *municipales :* 30 % d'abstentions, la gauche progresse ; -1-7 la Fr. quitte le Conseil des ministres de la CEE ; du 16-8 au 22-9 guerre indo-pakistanaise ; -29-10 **enlèvement à Paris de Mehdi Ben Barka** (né 1920), leader de l'opposition marocaine, son cadavre n'a jamais été retrouvé ; [les débats de la cour d'assises de Paris, clos le 5-6-1967, n'ont pas permis d'établir les responsabilités du colonel Leroy-Finville, chef d'études du Sdece, et du Gal Oufkir, min. de l'Intérieur du Maroc (condamné par contumace à la détention perpétuelle), d'Antoine Lopez, inspecteur à Air France, travaillant pour le Sdece, condamné à 8 ans (libéré 1971), de Louis Souchon (1916-92), officier de police, chef du Groupe des stupéfiants, condamné à 6 ans (libéré 1969) ; il est possible que Ben Barka ait succombé à une rupture de vertèbres due au déplacement de l'appareil orthopédique qu'il portait] ; -8-12 dernière séance de *Vatican II ;* **-19-12 de Gaulle réélu Pt de la République** après ballottage. **1966**-3/15-1 La Havane : la *Tricontinentale* (conférence des 3 continents) réunit plus de 500 délégués de gouvernements ou mouvements révolutionnaires d'Afrique, Asie et Amér. latine ; **-8-1** (au 1-4-1967) **3e gouvernement Pompidou ;** -7-3 de Gaulle annonce : « La France quitte le commandement intégré de l'Otan » ce qui est fait le 9-3 ; les USA replieront leurs bases françaises en Belgique, Espagne et Italie ; -avril Krivine fonde la « Jeunesse communiste révolutionnaire » (trotskiste) ; -18-4 *Chine :* lancement de la « Révolution culturelle » ; du 20-6 à juillet de Gaulle en URSS ; -2-7 *1er essai atomique à Mururoa ;* -9-8 un télétype relie l'Élysée au Kremlin ; -1-9 à *Phnom Penh,* de Gaulle demande aux USA d'évacuer le Viêt Nam ; -14-9 Giscard d'Estaing fonde les Républicains indépendants. **1967**-10-1 Giscard d'Estaing dit « oui mais » à de Gaulle ; -février *Chine :* fin de la Révolution culturelle ; -5 et 12-3 *élections législatives* (1 siège de majorité pour la coalition gaulliste ; Giscard d'Estaing arbitre) -18-3 naufrage du *Torrey Canyon* en Bretagne (marée noire), voir à l'Index ; **-6-4** (au 30-5-1968) **4e gouvernement Pompidou ;** -21-4 *Grèce :* les « colonels » établissent une dictature ; -25-4 *Régis Debray* arrêté en Bolivie ; -26-4 le gouvernement décide de légiférer par ordonnances ; -28-4 Edgard Pisani (ministre de l'Équipement) démissionne ; -27-5 *Nigéria :* sécession du *Biafra* (guerre de 30 mois) ; du 5 au 10-6 *Israël :* guerre des Six-Jours ; -17-6 *Chine :* 1re bombe H ; -25-6 Rocard secrétaire national du PSU ; -30-6 signature à Genève du *Kennedy Round* (ouvert 4-5-1964) : baisse des droits de douane de 40 % sur les produits industriels de 50 pays ; du 23 au 26-7 de Gaulle au Canada (24-7 à Montréal, lance à la foule « Vive le Québec libre ! ») ; sa visite à Ottawa est ajournée ; -27-7 rentre à Paris ; du 6 au 12-9 de Gaulle est à Varsovie ; devant la Diète, il parle de l'Europe « de l'Atlantique à l'Oural » ; -8-11 *Bolivie :* mort de Che Guevara ; -15-11 service militaire réduit à 12 mois ; -27-11 de Gaulle : « Israël est un peuple sûr de lui et dominateur » ; -17-12 loi Neuwirth sur la régulation des naissances. **1968**-22-1 le *Pueblo,* patrouilleur américain, est capturé par la marine nord-coréenne dans la mer du Japon ; -9-3 le Gal Charles Ailleret (né 26-3-1907) est tué à la Réunion (accident d'avion) ; -15-3 après 2 paniques sur l'or (déc. puis mars), le Pool de l'or de Londres suspend ses opérations ; -4-4 *USA :* Martin Luther King (pasteur) assassiné ; **Mai 1968** (voir encadré ci-contre) ; -13-5 Paris, début des pourparlers USA/Nord-Viêt Nam ; du 14 au 18-5 de Gaulle en Roumanie ; -27-5 *accords de Grenelle ;* **-31-5** (au 21-7) **5e gouvernement Pompidou ;** -1-7 *traité de non-prolifération des armes nucléaires* signé à Londres, Moscou, Washington ; -21-7 Pompidou démissionne.

1968-21-7 (au 16-6-69) **Maurice Couve de Murville Premier ministre** [(Reims 24-1-1907/24-12-1999). Marié (1932) à Jacqueline Schweisguth (peintre : Véra Fabre). Licencié ès lettres, docteur en droit, sciences politiques. *1932* inspecteur des Finances. *1940* directeur des Finances extérieures. *1943* révoqué par Vichy. A Alger, se rallie à de Gaulle. Commissaire aux Finances du CFLN. *1945* ambassadeur à Rome. *1945-50* directeur des affaires politiques aux Affaires étrangères. *1950-54* ambassadeur au Caire. *1954* délégué de la France à l'Otan. *1955* ambassadeur à Washington, *1956-58* à Bonn. *1958-juin/1968* min. des Affaires étrangères. *1968-mai à juillet* min. des Finances. *1968, 1973-86* député de Paris. *1973-92* conseil régional Ile-de-Fr. *1986-95* sénateur de Paris. ŒUVRES : *Une politique étrangère 1958-69* (1971), *le Monde en face* (1989)]. **1968**-20/21-8 Tchécoslovaquie : intervention des armées du Pacte de Varsovie ; -24-8 *1re bombe H française ;* -28-8 intervention militaire française au Tchad ; -5-11 *USA :* Nixon élu Pt ; -7-11 loi d'orientation de l'enseignement supérieur (Edgar Faure, min. de l'Éducation nat.) ; -23-11 de Gaulle refuse de dévaluer le franc ; -25-11 contrôle des changes (supprimé depuis le 4-9) rétabli. **1969**-3-1 *embargo sur les livraisons d'armes à Israël ;* -17-1 Pompidou, à Rome, se porte candidat à la présidence ; -mars, le couple Pompidou est mis en cause dans *l'affaire Marcovic ;* -4/6-3 *négociations rue de Tilsitt* avec les syndicats (échec) ; -avril/mai agitation des commerçants (Nicoud arrêté) ; -27-4 *référendum sur la régionalisation* (victoire des *non :* 54 %) [voir référendum à l'Index] ; -28-4 de Gaulle se retire.

1er intérim d'Alain Poher

■ **1969** (du 28-4 au 19-6) **Alain Poher** (Pt du Sénat) **Pt de la Rép. par intérim** [(Ablon-sur-Seine 15-4-1909/9-12-1996). Père ingénieur. Ingénieur civil des Mines. Licencié droit. Diplômé sciences politiques. *1945* et *1977-83* maire d'Ablon. *1974-83* Pt de l'Association des maires de Fr. *1946* administrateur civil 1re classe et chef de cabinet du min. des Finances. *1946-48* et *1952-68* sénateur de la S.-et-O. *1968* sénateur du Val-de-M. Union centriste. *1948-5-9 au -20-11* secr. d'État aux Finances. *1948-nov.* secr. d'État au Budget. *1954-57* Pt de l'Assemblée parlementaire européenne. *1957-11-11 au 1958-14-5* secr. d'État à la Marine. *1958* député européen. *1966-69* Pt du Parlement européen. *1968-oct.* Pt du Sénat (réélu jusqu'en oct. 1992)]. *1969-28-4* il prend ses fonctions ; -13-5 il annonce sa candidature à l'élection présidentielle ; -1-6 1er tour, a 23,3 % des voix ; -15-6 2d tour 41,78 % ; -16-6 Couve de Murville démissionne.

Présidence de Georges Pompidou

■ **1969** (20-6) **Georges Pompidou** [(Montboudif, Cantal, 5-7-1911/Paris 2-4-1974). Fils d'instituteur. Marié (29-10-1935) à Claude Cahour, 1 fils adoptif *Alain* (né 1942, biologiste). *1931-34* normalien, agrégé de lettres. *1935* professeur. *1944* au cabinet de De Gaulle. *1946* maître des requêtes au Conseil d'État. *1946-49* directeur du Commissariat au tourisme. *1947-54* collabore avec de Gaulle. *1954-58* à la banque Rothschild. *1958-1-6 au 1959-8-1* directeur du cabinet de De Gaulle (Pt du Conseil). *1959-62* à la banque Rothschild. *1962-14-4 au 1968-21-7* Premier min.]. *1969-15-6* **élu Pt de la République** avec 58,22 % des voix (2d tour).

1969-20-6 (au 7-7-72) **Jacques Chaban-Delmas Premier ministre** [(né à Paris 7-3-1915). Chaban était son nom de résistant. Père administrateur de sociétés. Marié à 1°) Odette Hamelin (3 enfants), divorcé, 2°) Marie-Antoinette Geoffray née Iôn (1 enfant), veuf, 3°) *1971* Micheline Chavelet. Sciences-Po. Licencié en droit. DES économie politique et droit public. *1933* journaliste à *l'Information. 1943* délégué militaire du Gouvernement provisoire à Alger. *1944* Gal de brigade. Compagnon de la Libération. *1945* inspecteur des Finances. *1947 à 1995-juin* maire de Bordeaux. *1974-79, 1985-88* Pt du conseil régional d'Aquitaine. *1946* député de Gironde. Ministre IVe Rép. : *1954-55* Travaux publics, *1956-57* d'État, *1957-58* Défense nationale. *1958-69, 78-81, 86-88* Pt de l'Assemblée nationale, depuis 1996 Pt d'honneur. *1974* candidat à la présidence de la Rép. (mai 1974 : 15,10 % des voix). *Sports :* tennis (finaliste double messieurs championnat de France 1965,

■ **Principaux attentats contre le Gal de Gaulle. 1961 (8-9) Pont-sur-Seine** (Aube) : explosion d'une bouteille de gaz remplie de plastic, au passage de la voiture. « Germain » (Bastien-Thiry ?) chef du commando ; *condamnations* (8-9-1962) : Henri Manoury 20 ans de réclusion, Martial de Villemandy et Bernard Barbance 15, Jean-Marc Rouvière et Armand Belvisi 10. **1962 (23-5) opération Chamois :** de Gaulle devait être abattu sur le perron de l'Élysée par un tireur visant du 1er étage du 86, rue du Fbg-St-Honoré ; **(25-5) aux Pouzets,** près d'Argenton-sur-Creuse (explosif pas encore déposé, fil électrique découvert avant le passage du train présidentiel) ; **(22-8) Petit-Clamart :** voiture criblée de balles. *Condamnations : à mort :* Lt-colonel Jean-Marie Bastien-Thiry (né Lunéville 10-10-1927) le 4-3-1963 (fusillé le 11 au fort de Montrouge), Alain Bougrenet de La Tocnaye et Jacques Prévost (peine commuée en réclusion perpétuelle) ; *réclusion à perpétuité :* Gérard Buisine, Pascal Bertin ; *prison :* Henri Magade 15 ans, Laslo Varga 10, Constantin 7, Ducasse 3. Tous libérés en 1968 seront amnistiés par la loi du 31-7. **1963 (15-2) complot de l'École militaire** (inspirera *Chacal,* livre de Frederick Forsyth) ; projet d'assassinat à l'École de guerre, dirigé par Georges Vatin (dit « la Boiteuse » ; 1923-94), fuira en Suisse (condamné à mort par contumace, se réfugiera au Paraguay). **1964 (14-8) Mt-Faron,** près de Toulon, bombe dans une potiche, ne saute pas (déclencheur trop faible) ; découverte le 28-8, quand les terroristes tentèrent de la détruire (attentat d'abord projeté près de la tombe de Clemenceau, à Mouchamps, Vendée).

vainqueur double messieurs vétérans internationaux de France 1970), rugby (ancien international), golf. Œuvres : *l'Ardeur* (1975), *la Dame d'Aquitaine* (1987), *Montaigne* (1992), *Mémoires pour demain* (1997)]. **1969**-11/13-7 la SFIO prend le nom de Parti socialiste ; -21-7 *2 astronautes américains* (Armstrong et Aldrin) *sur la Lune ;* -8-8 dévaluation ; -1-9 *Gabrielle Russier*, professeur, condamnée pour détournement de mineur, se suicide ; *Libye :* Kadhafi prend le pouvoir ; -24-12 *5 vedettes* quittent clandestinement Cherbourg pour Israël (en 1965, Israël avait commandé 2 séries de 6 vedettes rapides aux chantiers Amiot, 5 étaient déjà parties courant 1968, 1 les 30/31-12-1968, 1 les 4/5-1-1969). **1970** manif. de commerçants ; -8-1 *Biafra* (Nigeria) : cessez-le-feu (échec de la sécession) ; -1-5, 1er défilé syndical unitaire depuis 1947 ; -8-5 un commando maoïste distribue dans des bidonvilles de la nourriture volée chez Fauchon ; -mai/juin procès de Le Dantec et Le Bris (*la Cause du Peuple*), attentats ; -23-5 René Capitant meurt ; -4-6 loi *anticasseurs* ; -15-6 Henri Queuille meurt ; -19-6 *plan Rogers* pour un cessez-le-feu au Proche-Orient ; -3-7 Charles Tillon exclu du PCF ; -10-7 Félix Gaillard meurt (naufrage) ; -1-9 François Mauriac meurt ; -2-9 Gal Kœnig meurt ; -23-9 Bourvil meurt ; -28-9 *Égypte :* Nasser meurt ; -9-10 Jean Giono, Edmond Michelet meurent ; -10-10 Édouard Daladier meurt ; -20/22-10 Geismar condamné à 18 mois de prison ; -2-11 *St-Laurent-du-Pont* (Isère), incendie du dancing le « Cinq-Sept », 145 † ; -9-11 *de Gaulle meurt* à 19 h ; -12-11 Paris, messe à N.-D. de Paris en présence de Pompidou, Chaban-Delmas et 85 personnalités étrangères ; obsèques à Colombey-les-Deux-Églises (15 h). **1971**-janv. ministère de l'Environnement créé ; -9-3 violente manifestation d'Ordre nouveau à Paris ; -23-3 *Bruxelles :* manif. contre politique agricole commune (1 †, 140 blessés) ; -5-6 saccages au quartier Latin, passivité de la police ; -11 au 13-6 *congrès d'Épinay :* renouveau du PS ; Mitterrand en devient le 1er Secrétaire ; -3-7 scandale de la *Garantie foncière* [Robert Frankel, André Rives-Henry concernés (condamnation en 1974)] puis du *Patrimoine français* (André Roulland, Claude Lipsky, Victor Rochenoir) ; -27-7 *Portugal :* Salazar meurt ; -25 au 30-10 Brejnev en France ; -25-10 Chine populaire admise à l'Onu. **1972**-19-1 *le Canard enchaîné* publie la déclaration de revenus de Chaban-Delmas, exempté d'impôts ; -22-1 G.-B., Irlande et Danemark admis dans CEE ; -26-2 *Pierre Overney,* maoïste, tué à la porte des usines Renault à Billancourt par un vigile, Jean-Antoine Tramoni (qui sera tué 23-3-1977) ; -4-3, 200 000 personnes à ses obsèques ; -8-3 *Robert Nogrette* (63 ans, cadre Renault) enlevé par des gauchistes, relâché 2 j après ; -10-3 au 8-5 grève du Joint français (St-Brieuc) ; -23-4 référendum sur entrée de la G.-B. dans la CEE ; -24-4 serpent monétaire européen ; -22-6 accord CEE et Aele ; -27-6 : *Programme commun* de gouvernement signé par PC et PS ; -7-7 Chaban-Delmas démissionne.

1972-7-7 (au 28-5-1974) **Pierre Messmer Premier ministre** [(né à Vincennes 20-3-1916). Père industriel. Docteur en droit. Diplômé en langues orientales. *1938* élève administrateur des colonies. *1940* rejoint FFL. *1945* prisonnier du Viêt-minh. *1946* secr. général du comité interministériel de l'Indochine. *1950* administrateur en chef de la France d'outre-mer. *1952* gouverneur de Mauritanie et *1954-56* de la Côte d'Ivoire. *1956-janv. à avril* directeur du cabinet de Gaston Defferre (ministre de la France d'outre-mer). *1956-58* haut-commissaire au Cameroun, *1958* en Afrique-Équatoriale française puis de *1958-juillet à 1959-déc.* en Afrique-Occidentale française. *1971-89* maire de Sarrebourg. *1970-82* conseiller général. *Depuis 1978* Pt du conseil régional de Lorraine. *1968-88* député de Moselle, UDR, RPR. *1960-69* min. des Armées. *1971-72* chargé des Tom. *1978* Pt du conseil régional de Lorraine, réélu 79. *1979-80* député européen. *1988* élu à l'Académie des sciences morales et politiques. *1999* à l'Académie française. Œuvres : *Mémoires* (1992), *Afrique, les Français s'en vont* (1999)]. **1972**-*sept. Gabriel Aranda* (chargé de mission près d'Albin Chalandon, ministre de l'Équipement) dénonce des compromissions ; -5-9 *Munich :* jeux Olympiques ; coup de main de l'OLP (athlètes israéliens pris en otage ; 18 † dont 11 Israéliens, 5 Palestiniens et 2 Allemands) ; -5-10 *Jean-Marie Le Pen* fonde le Front national ; -17-12 *Georges Marchais* secrétaire général du PCF ; -21-12 *traité fondamental* entre les 2 États allemands. **1973**-1/12-1 Pompidou voit Brejnev à Minsk ; -17-1 *traité de Paris* (fin de la guerre USA/Viêt Nam) ; -9-2 relations diplomatiques établies avec la RDA ; -mars, manif. lycéennes contre loi Debré (supprimant sursis longs) ; -29-3 derniers militaires américains quittent le Viêt Nam ; -8-4 *mort de Picasso ;* -juin Ligue communiste révolutionnaire et Ordre nouveau dissous ; -11-9 *Chili :* Pinochet prend le pouvoir ; -6/22-10 *Israël :* guerre du Kippour ; -19-10 vote de la *loi Royer* sur le commerce ; -3-12 micros découverts au *Canard enchaîné*. **1974**-14-2 émetteur ORTF de Pré-en-Pail détruit par Front de libération de Bretagne ; -20-3 plan de lutte contre l'inflation. -2-4 *Pompidou meurt* à 21 h à son domicile, quai de Béthune à Paris (atteint depuis 1972 de la maladie de Kahler ou de Waldenström).

2e intérim d'Alain Poher

■ **1974** (du 2-4 au 27-5) **Alain Poher** (Pt du Sénat) **Pt de la Rép. par intérim ;** -2-4 **Pierre Messmer** reste **Premier ministre** (jusqu'au 28-5-1974) ; -11-4 René Dumont, candidat à l'élection présidentielle, fonde mouvement écologiste ; Arlette Laguiller (Lutte ouvrière) 1re femme candidate ; -25-4 *Portugal :* « révolution des Œillets » ; -16-5 *Inde :* 1re bombe atomique ; -5 et 19-5 *élection présidentielle.*

Présidence de Valéry Giscard d'Estaing

■ **1974** (27-5) **Valéry Giscard d'Estaing** [(Coblence, All., 2-2-1926). Père inspecteur des Finances, membre de l'Institut (Edmond Giscard de sa naissance en 1894 au décret du 17-6-1922 l'autorisant, ainsi que son frère René, à relever le nom de d'Estaing et à s'appeler légalement Giscard d'Estaing) ; Lucie-Madeleine d'Estaing (1769-1844), dernière du nom, était leur arrière-grand-mère. *1952-17-12* marié à Anne-Aymone Sauvage de Brantes (née 10-4-1933) ; 4 enfants : *Valérie-Anne* (1-11-1953, épouse Gérard Montassier, divorcée et remariée à Bernard Fixot), *Henri* (17-10-1956), *Louis-Joachim* (20-10-1958), *Jacinte* (1960, épouse Philippe Guibout, divorcée). *1946-48* Polytechnique, *1949-51* Ena, *1954* inspecteur des Finances. *1954-juin à déc.* directeur adjoint au cabinet d'Edgar Faure. *1956-62, 67-69* député du P.-de-D. *1958-74* conseiller général de Rochefort-Montagne. *1959-8-1 à 1962-avril* secr. d'État au Budget. *1962-9-1/1966-8-1* min. des Finances et des Affaires économiques. Pt de la Fédération des Républicains indépendants (créée sept. 1966). *1967-avril à 1968-mai* Pt de la commission des Finances (Assemblée nationale). *1969-juin à 1974-mai* min. de l'Économie et des Finances. *1970* Pt du Conseil de l'OCDE. *1967 à 74* maire puis conseiller municipal de Chamalières (jusqu'en 1977). *1974-19-5* **élu Pt de la Rép.** (50,8 % des voix au 2d tour). Œuvres : *Démocratie française* (1976, tirage : 1 185 000 exemplaires) ; *Deux Français sur trois* (1984) ; *le Pouvoir et la Vie* (1988) ; *le Passage* (1994, roman) ; *Dans 5 ans, l'an 2000* (1995)].

1974-27-5 (au 25-8-76) **Jacques Chirac Premier ministre** (voir p. 712 a) ; -9-6 J.-J. Servan-Schreiber, min. des Réformes, démissionne (contre essais nucléaires) ; -3-7 immigration suspendue ; -5-7 majorité à 18 ans ; -19-7 mutinerie à la prison de Clairvaux ; -8-8 *USA :* Pt Nixon démissionne (affaire du Watergate) ; -15-9 *Paris :* attentat au drugstore St-Germain-des-Prés (2 †, 34 blessés) ; -9-10 1re réunion du Conseil européen des chefs d'État ; -14-10 loi d'indemnité (90 % du salaire pendant 1 an en cas de licenciement économique) ; -28-11 *loi Veil* autorise IVG (interruption volontaire de grossesse) ; -4-12 Brejnev en visite à Paris ; -14-12 Chirac, secr. général de l'UDR ; aéroport Charles-de-Gaulle inauguré. **1975**-13 au 19-1 *Orly :* attentats contre des avions israéliens (Illich Ramirez Sanchez, dit Carlos, sur le point d'être arrêté, tue 3 policiers) [voir Carlos à l'Index] ; -13-3 manif. des lycéens contre *réforme Haby ;* -10 au 12-4 Giscard en Algérie ; -25-4 J. Duclos meurt ; -30-5 *Viêt Nam :* communistes prennent *Saigon* (50 000 réfugiés vietnamiens en Fr.) ; -5-6 *canal de Suez rouvert,* après 8 ans de fermeture ; -13-6 Bernard Cabanes (AFP), homonyme du directeur du *Parisien libéré,* tué (attentat) ; -1-7 *Lyon :* « états généraux » de la prostitution ; -3-7/25-8 *conférence d'Helsinki* (voir à l'Index) ; -6-7 *Comores* indépendantes ; -22-8 *Aléria* (Corse) : 2 gendarmes tués ; E. Siméoni arrêté ; -28-8 émeutes à Bastia ; -3-10 Guy Mollet meurt ; -14 au 19-10 Giscard en URSS ; -20-11 *Espagne :* Franco meurt ; Juan Carlos devient roi. **1976**-8-1 *Chine :* Zhou Enlai (Premier ministre depuis 1949, meurt) ; -3 au 9-3 manif. dans l'Hérault, -4-3 : 2 † à Montredon, Aude ; -14-3 le franc sort du serpent monétaire ; -23-6 loi sur plus-values ; -24-7 Mgr Lefebvre suspendu ; *Italie :* nuage de dioxine sur Seveso ; -28-7 Christian Ranucci exécuté (voir à l'Index) ; -25-8 Chirac démissionne.

1976-27-8 (au 13-5-81) **Raymond Barre Premier ministre et ministre de l'Économie et des Finances** [(né 12-4-1924 à St-Denis-de-la-Réunion). Père négociant. Marié *1954-19-11* à Eva Hegedüs (origine hongroise, mariée 8-10-1943 à Michel Tutot avec qui elle arrive en France en 1945, divorcée 26-10-1953), 2 fils. Sciences-Po., agrégé de droit. Directeur de cabinet de J.-M. Jeanneney (*1959* min. de l'Industrie et du Commerce, *1959-62* de l'Industrie). *1978, 1981, 1986, 1988, 1993, 1997* député du Rhône. *1986-91* conseiller régional Rhône-Alpes. *1967-72* vice-Pt français de la Commission unique des communautés européennes. *1975-31-1* min. du Commerce extérieur. Professeur à Paris I (sciences éco.) et à Sciences-Po. *1988* candidat à la présidence de la Rép. (1er tour 16,54 % des voix). *1995* maire de Lyon. *2001* élu Académie des Sc. morales et politiques. Œuvres : ouvrages d'économie politique, *Une politique pour l'avenir* (1982), *Réflexions pour demain* (1984), *Question de confiance* (1987), *Au tournant du siècle* (1988)]. **1976**-9-9 *Mao Tsé-toung* meurt ; -22-9 *plan d'austérité* de Raymond Barre ; -2-11 bombe contre immeuble de *J.-M. Le Pen ;* -5-12 Chirac fonde le RPR ; -24-12 *Pce Jean de Broglie* (1921-76) député, ancien négociateur d'Évian, assassiné ; dettes de 7 460 000 F lors de son décès [Michel Poniatowski, ministre de l'Intérieur et de la Police, mis en cause pour négligence ; procès du 4-11 au 24-12-1981 : 10 ans de prison pour Pierre de Varga (1920-95) (libéré 17-5-1984), Guy Simoné (libéré en mai 1983) et Frèche (tueur, libéré depuis), 5 ans pour Tessèdre, Patrick Allenet de Ribemont, inculpé 14-1-1977, est incarcéré pendant 1 mois 1/2, non-lieu 21-3-1980 (en 1995, la Cour européenne des droits de l'homme condamnera la France à lui verser 2,1 millions de F)]. **1977**-7-1 Paris, *Abou Daoud* (terroriste OLP à Munich en 1972) est interpellé puis relâché ; -31-1 *centre Pompidou* ouvert ; -13 et 20-3 *municipales :* majorité de gauche ; Chirac devient maire de Paris ; -mai *2e plan Barre ;* réforme Haby (collège unique) condamnée par FEN ; -5-6 *Pierre Maître,* participant à un piquet de grève CGT, tué à Reims (assassin présumé : Claude Lecomte) ; -31-7 Creys-Malville, manifestation contre surgénérateur projeté, 1 † ; -4-9 : 1ers SS-20 déployés en URSS ; -14-9 *éclatement de l'Union de la gauche ;* -2-10 *Laïd Sebaï,* gardien de l'Amicale des Algériens en Europe (Paris) assassiné par « groupe Delta » ; -4-12 *Centrafrique :* Bokassa sacré empereur ; -19-12 attentat épicerie Fauchon. **1978** -6-1 CNIL créée ; -23-1 enlèvement (durant 64 j) du baron *Édouard-Jean Empain* (né 1937, P-DG de Schneider) ; -févr. UDF (Union pour la démocratie française) fondée ; -12 et 19-3 *législatives :* gauche battue ; -16/17-3 naufrage de l'*Amoco Cadiz,* marée noire (voir à l'Index) ; -18-3 *François Duprat*, écrivain, du Front national, est tué (voiture piégée) ; -19-4 libéralisation des prix ; -27-4 *Afghanistan :* coup d'État communiste ; -4-5 *Henri Curiel* [né au Caire (13-9-1914) d'une riche famille juive égyptienne, 1950 expulsé d'Égypte, entré clandestinement en Fr. 1951 soutien du FLN, 1963 statut d'apatride (soupçonné d'être agent du KGB)] est tué : assassinat revendiqué par « groupe Delta » ; -mai, intervention française au Zaïre (reprise de *Kolwezi ;* libération des prisonniers européens) ; -26-6 Versailles, attentat (FLB) au château, dégâts plus de 5 millions de F ; -6-8 *Paul VI* meurt ; -26-8 *Jean-Paul Ier* élu pape ; -28-9 il meurt ; -16-10 *Jean-Paul II* élu ; -déc. difficultés à la manufacture de Saint-Étienne ; -2-12 Bazar de l'Hôtel de Ville à Paris : attentat (1 †) ; -6-12 *appel de Cochin (hôpital) :* Chirac contre la politique européenne de Giscard. **1979**-13-1 Paris : des « autonomes » pillent plus de 80 magasins quartier St-Lazare ; -16-1 *Iran :* révolution islamiste, le chah est renversé ; -févr. les troupes fr. évacuent 3 700 civils du Tchad ; -mars, entrée du franc dans le système monétaire européen ; -16-3 Jean Monnet meurt ; -23-3 Paris, manif. des sidérurgistes contre suppression de 20 000 emplois ; -26-3 Washington, *traité de paix Égypte-Israël ;* -26/27-3 *2e choc pétrolier ;* -26/28-4 Giscard en URSS ; -7-6 élection au Parlement européen au suffrage universel ; -27-6 le *Canard enchaîné* publie le revenu imposable de Giscard pour 1978 (1 055 523 F dont salaires et avantages en nature 342 098, revenus mobiliers 180 565, fonciers 303 806, investissements en actions 181 962, avoir fiscal 47 092) ; -1-7 *Simone Veil* Pte du Parlement européen ; -20-9 assassinat et enterrement solennel de *Pierre Goldman* (gauchiste, juif, ancien condamné de droit commun) ; -6-10 Brejnev annonce le retrait de RDA de 20 000 h. et de 1 000 chars ; -10-10 début affaire des diamants (*le Canard enchaîné* évoque une plaquette de diamants donnée en 1973 à Giscard par Bokassa, alors Pt de Centrafrique) ; -29-10 *Robert Boulin* (né 26-7-1929), min. du Travail, se suicide (étang de Hollande, Yvelines) après une campagne de presse concernant un terrain à Ramatuelle (Var) qu'il avait acheté à Henri Tournet (condamné par contumace à 15 ans de prison, le 15-11-1980, pour faux en écritures publiques) ; -2-11 *Jacques Mesrine* abattu ; -27-12 *Afghanistan :* intervention militaire russe. **1980**-10-1 affrontements à Ajaccio (3 †) ; -31-1 heurts violents à Plogoff ; -1-2 *Joseph Fontanet* assassiné († 2-2) ; -6-3 Marguerite Yourcenar 1re femme élue à l'Académie fr. ; -4-5 Tito meurt ; -27-5 Plogoff, 100 000 manifestants ; du 30-5 au 2-6 *Jean-Paul II* à Paris (1re visite d'un pape depuis 1805) ; -juin Bernard Kouchner fonde *Médecins du monde* ; -sept. le mot « Beur » entre dans *Le Robert* ; -3-10 rue *Copernic* à Paris : attentat contre la synagogue [4 † dont 3 non-juifs, 35 blessés ; on soupçonne des Palestiniens FPLP (Selim Abou Salem)] ; -7-10 : 200 000 manifestants contre l'attentat. De 1975 à 80 : 100 synagogues, 20 cimetières profanés. En 1980 : 235 incidents antijuifs dont 75 graves. -15/22-10 Giscard voyage en Chine. **1981**-janv. *USA :* Reagan Pt ; -24-1 Mitterrand annonce sa candidature à la présidence de la République ; -3-2 Chirac annonce la sienne ; loi sécurité et liberté en application ; -11-2 *Corse :* 3 autonomistes condamnés à 4 ans de prison ; -12-2, 46 attentats en Corse ; -2-3 Giscard annonce sa candidature ; -4-4 Paris, 1re Gay Pride (10 000 manifestants) ; -26-4 et 10-5 *élection présidentielle*, 2d tour : **Mitterrand est élu Pt ;** -11-5 chute du franc (Bourse – 20 %).

☞ Après avoir été battu en 1981, **Giscard d'Estaing** devient membre de droit du Conseil constitutionnel. Conseiller général de Chamalières (P.-de-D.) [1982-88]. Député UDF (P.-de-D.) [1984-89 et depuis 1993]. Pt du Conseil régional d'Auvergne depuis 1986. Parlementaire européen (1989-97). Pt de la commission des Affaires étrangères de l'Assemblée nationale (1987-89 et 1993-97). Pt de l'UDF (1988-96).

Présidence de François Mitterrand
1er septennat

■ **1981** (21-5) **François Mitterrand** (Jarnac, Charente 26-10-1916/Paris 8-1-1996), 1,72 m et 80 kg le 20-5-1981. Père : Joseph, agent de la Cie des chemins de fer de Paris à Orléans, puis vinaigrier et Pt de la Fédération des syndicats de fabricants de vinaigre. *27-10-1944* marié à Danielle Gouze (née 28-10-1924) ; ils auront 2 fils : *Jean-Christophe* et *Gilbert ;* [hors mariage, il a eu 1 fille : *Mazarine* Pingeot (née déc. 1974) reçue à l'agrégation de philosophie le 11-7-1997 (18e sur 73) ; le 10-11-1993 Paris-Match avait publié sa photo]. 3 frères : Robert (22-9-1915, polytechnicien, ingénieur), Jacques (21-5-1918, Gal d'aviation), Philippe (1921-92, exploitant agricole, maire de St-Séverin en Charente), et 4 sœurs. **1925**-*oct.* interne au collège religieux St-Paul d'Angoulême (jusqu'à son bac). **1934**-*oct.* Paris : droit et Sciences-Po ; habite 104, rue de Vaugirard (foyer tenu par des pères maristes). **1935**-*février,* participe aux manif. de l'Action française (« contre l'invasion métèque » à l'Université) ; *-mars* adhérent des Volontaires nationaux (créés par le dirigeant des Croix-de-Feu, le Cel de La Rocque). **1936**-*janvier* participe aux manifestations des étudiants de droite pour la démission du professeur de droit Gaston Jèze ; *-4-7* publie son 1er article dans *l'Écho de Paris* (quotidien de droite). **1937**-*juillet* diplômé de Sciences-Po. (section générale) ; *-sept.* service militaire dans l'infanterie coloniale (2e classe), a refusé d'être élève-officier. **1939**-*printemps* avec plusieurs amis, voit le Cte de Paris en Belgique ; *-sept.* guerre : sur la ligne Maginot (sergent-chef). **1940**-*mai* fiançailles avec Marie-Louise Terrasse, future Catherine Langeais (rompues janvier 1942) ; *-14-6* blessé, fait prisonnier (Stalag). **1941**-*5-3* s'évade ; *-27-3* repris ; *-28-11* évasion ratée ; *-10-12* 3e évasion réussie (rentre en France). **1942**-*15-1* à Vichy ; à la Légion des combattants, rédige des fiches sur les « antinationaux » gaullistes et communistes ; *-avril* démissionne, ayant le sentiment « de ne servir à rien » ; *-juin* au Commissariat au reclassement des prisonniers de guerre (dirigé par Maurice Pinot) : favorisera la fourniture de faux papiers pour aider les évasions ; *-15-10* reçu par Pétain avec plusieurs responsables du Comité d'entraide aux prisonniers rapatriés de l'Allier ; *-nov.* publie un article, « Pèlerinage en Thuringe », évoquant sa captivité, dans *France, revue de l'État nouveau* (dirigée par Gabriel Jeantet, ayant appartenu à la Cagoule). **1943**-*13-1* démissionne du Commissariat au reclassement (après révocation de Pinot par Laval) ; *-13-2* participe à une réunion à l'initiative d'Antoine Mauduit (d'où naît un *comité de lutte* tentant de fédérer les mouvements de résistance des prisonniers de guerre) ; *-printemps* décoré de la francisque (nº 2 202) ; *-15-11* devenu *Morland* dans la Résistance, part en avion pour Londres puis Alger ; *-2-12* Alger : reçu par de Gaulle. Prend contact avec Giraud. Revient à Londres, voit Waldeck Rochet. **1944**-*24-2* rentre en France ; *-12-3* les mouvements de prisonniers fusionnent en MNPGD (Mouvement national des prisonniers de guerre et déportés) dont il devient Pt (malgré l'opposition de Michel Cailliau, neveu de De Gaulle) ; *-mai* secrétaire général désigné par le gouv. provisoire d'Alger pour assurer l'intérim du département ministériel des Prisonniers de guerre ; *-20-8* Paris s'empare du siège du commissariat général aux Prisonniers de guerre ; *-25-8* avec des dirigeants de la Résistance, accueille de Gaulle à l'Hôtel de Ville ; *-1-9* Henri Frenay, commissaire général aux Prisonniers, Déportés et Réfugiés, puis ministre de la même fonction, lui propose le poste de secrétaire général du ministère : il refuse ; rejette également l'un des 4 sièges auxquels a droit le MNPGD à l'Assemblée consultative provisoire. **1945**-*janvier* rédacteur en chef de *Votre Beauté* [revue du groupe l'Oréal, dirigé par Eugène Schueller (ancien financier de la Cagoule)]. **1946**-*2-6* élections, 2e Assemblée constituante : sa liste (Seine-Nord-Ouest) RGR (Rassemblement des gauches républicaines), qui regroupe UDSR (Union démocratique et socialiste de la Résistance) et Parti radical, n'obtient aucun siège ; *-10-11* élu député de la Nièvre à la tête d'une liste « Unité et action républicaine » ; s'apparente à l'UDSR. **1947**-*28-1* ministre des Anciens Combattants (gouvernement Ramadier) ; *-nov.* idem (gouv. Schuman). **1948** *-24-7* secrétaire d'État à l'Information (gouv. Marie, Schuman en sept. et Queuille de sept. 1948 à oct. 1949). **1949**-*20-3* conseiller général de Montsauche (Nièvre ; jusqu'en 1981). **1950**-*12-7* ministre de la France d'outre-mer (gouv. Pleven ; de juillet 1950 à juillet 1951). Négocie avec Félix Houphouët-Boigny, leader du parti nationaliste RDA (Rassemblement démocratique africain). Déclare à Tananarive : « L'évolution des Malgaches doit se faire au sein de la République. » **1951** réélu député de la Nièvre. **1952**-*janvier* min. de la France d'outre-mer (gouv. Edgar Faure) ; *-juin* min. délégué au Conseil de l'Europe (gouv. Joseph Laniel). **1953**-*2-9* opposé à la politique menée au Maroc et en Tunisie, démissionne du gouv. Laniel ; *-nov.* Pt de l'UDSR. **1954** avocat à Paris (démissionne mai 1995) ; *-18-6* min. de l'Intérieur (gouv. Mendès France) ; *-juillet, affaire des fuites :* est accusé de fournir au PC des informations sur les réunions du Conseil supérieur de la défense nationale (en 1956 enquête et procès le disculperont) ; *-oct.* voyage en Algérie ; *-1-11* Algérie : insurrection ; *-5-11* déclare qu'il est impossible de « concevoir une négociation » autre que « la guerre » ; *-12-11* déclare à l'Assemblée que « l'Algérie, c'est la France ». **1955**-*3-2* Mendès France renversé. **1956**-*2-1* min. de la Justice (gouv. Mollet) ; réélu député de la Nièvre. **1957**-*21-5* Mollet renversé. **1958**-*1-6* accuse de Gaulle d'avoir pour « compagnons » non plus « l'honneur et la patrie » mais « le coup de force et la sédition » ; *-28-9 référendum sur la Constitution :* préconise le « non » ; *-23/30-11* battu aux législatives. **1959**-*26-3 à 1981* maire de Château-Chinon (Nièvre) ; *-26-4* sénateur de la Nièvre ; *-15/16-10* échappe à Paris à un attentat (en sautant par-dessus la grille dans les jardins de l'Observatoire ; sa voiture est criblée de balles) ; *-22-10* Robert Pesquet (ex-député RPF puis poujadiste 1956-58) affirme être l'auteur de cette fusillade qu'il aurait mise au point avec Mitterrand ; *-24-10* Mitterrand reconnaît que Pesquet l'a averti d'un projet d'attentat, mais n'admet pas l'avoir organisé (dépose une plainte en diffamation) ; *-25-11* son immunité parlementaire au Sénat est levée par 175 voix (dont 20 socialistes sur 51) contre 27 (dont 11 communistes sur 14 et 15 socialistes) ; *-8-12* inculpé d'outrage à magistrat ; *-29-12* Pesquet arrêté pour avoir pris part à un attentat au plastic commis le 5-2-1958 au Palais-Bourbon (libéré pour raison de santé après grève de la faim ; en août 1963 sera condamné par contumace à 20 ans de réclusion par la Cour de sûreté de l'État pour avoir commandé dans le Calvados un réseau OAS sous le nom de Lenormand). **1961**-*janvier/février* Mitterrand en Iran et en Chine ; *-août* en Guinée avec Mendès France. **1962**-*19-5* témoin de la défense au procès Salan (chef de l'OAS) ; *-25-11* élu, au 2d tour, député de la Nièvre. **1963** crée la « Ligue pour le combat républicain » qui, en mai, fusionne avec le Club des Jacobins : Comité d'action institutionnelle (CAI) créé. **1964**-*6/7-6* prend la tête de la Convention des institutions républicaines (CIR) qui regroupe plusieurs clubs de gauche. **1965**-*9-9* annonce sa candidature à l'élection présidentielle ; *-10-9* la Fédération de la gauche démocrate et socialiste (FGDS) regroupe SFIO, PR et CIR ; *-5 et 19-12 présidentielle :* battu (voir tableau p. 755) ; *-9-12* élu Pt de la FGDS. **1966**-*5-5* désigne un contre-gouvernement. *La loi nº 66-409 du 18-6-1966* amnistie certaines infractions (dont celle de l'art. 222 du Code pénal réprimant le délit d'outrage à magistrat) ; *-8-8* ordonnance du juge Sablayrolle : non-lieu pour l'information ouverte du chef de tentative d'homicide volontaire (Mitterrand interjette cette ordonnance, ne voulant pas reconnaître qu'il s'agissait d'un attentat « bidon ») ; ordonnance du juge Alain Simon : non-lieu dans l'information ouverte contre Mitterrand, inculpé d'outrage à magistrat ; *-28-11* ordonnance confirmée (Mitterrand débouté et condamné aux frais et dépens ; aucune preuve n'est apportée que Pesquet ait voulu tuer Mitterrand, qu'il ait fait mitrailler sa voiture alors qu'il la savait vide et qu'il ait délibérément participé à un attentat simulé) ; Mitterrand se pourvoit en cassation (puis se désistera). **1967**-*30-5* arrêt : l'ordonnance du juge Sablayrolle est définitive ; *-5/12-3 législatives :* la FGDS a 116 sièges. **1968**-*24-2* FGDS et PC : *déclaration commune constatant leur entente sur institutions et politique économique et sociale ; -28-5* après l'annonce par de Gaulle d'un référendum sur la participation, Mitterrand propose la mise en place d'un « gouvernement provisoire de gestion » dirigé par Mendès France ; annonce qu'il sera candidat à l'élection présidentielle anticipée ; *-30-5* de Gaulle dissout l'Ass. nationale ; *-30-6 législatives :* Mitterrand réélu au 2d tour (la FGDS n'a que 57 sièges) ; *-7-11* abandonne la présidence de la Fédération de la gauche. **1969**-*27-4* de Gaulle démissionne ; *-1/15-6* élection présidentielle, Mitterrand ne se présente pas [Defferre (candidat SFIO) obtient 5,01 % des voix au 1er tour]. **1971**-*11/13-6* congrès d'Épinay (ex-SFIO, Convention des institutions républicaines, divers clubs) : un nouveau PS est créé (Mitterrand 1er secr. le 16-6). **1972**-*26-6* PS et PC signent le *Programme commun de la gauche ; -28-6* congrès de l'Internationale socialiste à Vienne : Mitterrand affirme que son objectif est de « refaire un grand parti socialiste sur le terrain occupé par le PC ». **1974**-*2-4* Pt Pompidou meurt ; *-5-5 présidentielle :* 1er tour : Mitterrand 43,24 % des voix ; *-19-5* 2d tour : 49,19 % ; *Giscard élu.* **1977**-*22-9* PC, PS, MRG ajournent l'actualisation du Programme commun (accord impossible sur les nationalisations). **1978**-*17-9* Rocard critique Mitterrand et PS : « Un certain archaïsme politique est condamné. » **1979**-*6/8-4* congrès de Metz : l'alliance Mitterrand/Chevènement l'emporte. **1980**-*19-10* Rocard annonce sa candidature à l'élection présidentielle ; *-8-11* Mitterrand annonce la sienne. Rocard se retire. **1981**-*24-1 Créteil :* congrès extraordinaire du PS : 83,66 % pour Mitterrand comme candidat ; adopte les « 110 propositions » qui serviront de programme (Jospin 1er secr.) ; *-8/17-2* voyage en Chine. *-10-5* **élu Pt de la République** (au 2d tour avec 51,75 % des voix) ; *-21-5* intronisé (cérémonie au Panthéon).

☞ **Œuvres :** *Aux frontières de l'Union française* (1953) ; *la Chine au défi* (1961) ; *le Coup d'État permanent* (1964) ; *Technique économique française* (1968) ; *Ma part de vérité* (1969) ; *Un socialisme du possible* (1971) ; *la Rose au poing* (1973) ; *la Paille et le Grain* (1975) ; *Politique I* (1977) ; *l'Abeille et l'Architecte* (1978) ; *Ici et maintenant* (1980) ; *Politique II* (1982) ; *Mitterrand par lui-même* (1992) ; *Mon testament* (1995) ; *l'Allemagne et la France* (1996). **Décorations :** officier de la Légion d'honneur ; croix de guerre 39-45 ; rosette de la Résistance. **Sports :** tennis, tennis de table, golf, marche. **Patrimoine** (communiqué officiel de mai 1981) : résidence principale : 22, rue de Bièvre, Paris Ve (immeuble en copropriété dont M. et Mme Mitterrand possèdent pour leur usage 166 m²) ; résidence secondaire : à Latche dans les Landes, 10 ha dont 7 plantés de pins, et un étang de 1,3 ha à Planchez-en-Morvan (Nièvre). Compte en banque au Crédit lyonnais à Paris pour les dépenses courantes, livret A de Caisse d'épargne, 75 actions de Sicav (Crédit lyonnais) d'un montant global de 9 000 F. Mme Mitterrand possède en indivision avec ses frères et sœurs une maison héritée de ses parents en 1971, à Cluny (S.-et-L.). Mitterrand a contracté un emprunt pour le financement de sa résidence principale (reste à rembourser 280 000 F). Revenus : essentiellement de son indemnité parlementaire et de ses droits d'auteur.

1981-21-5 (au 31-6-1983) **Pierre Mauroy Premier ministre** [(né Cartignies, Nord 5-7-1928). Père instituteur. *12-5-1951* marié à Gilberte Deboudt (1 fils). *1952* professeur de l'enseignement technique. *1950-58* secr. national des Jeunesses socialistes. À la SFIO du Nord (secr. général depuis 1961, au bureau politique en 1963, secr. général adjoint en 1966 et au comité exécutif de la FGDS 1965-1968). *Depuis 1973* maire de Lille. *1967-1973* conseiller général du Cateau. *1974-81* Pt du conseil régional du Nord-Pas-de-Calais. *1973-81 et 1986-92* député du Nord. *1979-80* député européen. *1988-92* premier secr. du PS. *Depuis 1989* Pt Communauté urbaine de Lille. *Depuis 27-9-1992* sénateur du Nord et Pt de l'Internationale socialiste. ŒUVRES : *Héritiers de l'avenir* (1977), *C'est ici le chemin* (1982), *A gauche* (1985), *Parole de Lillois* (1994), *Léo Lagrange* (1997)]. **1981**-22-5 Ass. nationale dissoute ; -3-6 Smic : plus 10 % à compter du 1-6, minimum vieillesse : plus 20 % ; -14 et 21-6 *législatives* (victoire de la gauche : 49,2 %) ; -21-6 *1re Fête de la musique.* -22-6 (au 22-3-1983) **2e gouvernement Mauroy ;** -1-7 allocations : aux handicapés plus 20 %, familiales plus 25 %, logements plus 25 % (et plus 25 % le 1-12) ; -20/21-7 *Ottawa :* 7e sommet des pays industrialisés ; -4-8 suppression de la Cour de sûreté de l'État ; -11-8 immigrés clandestins (environ 300 000) autorisés à régulariser leur situation jusqu'au 15-1-1982 ; campagne pour *Knobelspiesse* (en prison) ; -sept. J. Baudrillart dans *Libération* parle d'*état de grâce* en faveur des socialistes ; -18-9 l'Ass. nationale vote *l'abolition de la peine de mort* (loi 9-10) ; -22-9 TGV inauguré ; -24-9 coup de force arménien au consulat de Turquie (1 †, 3 blessés et 40 employés pris en otages) ; -2-10 loi autorisant les *radios locales* sans publicité ; -4-10 *franc dévalué* de 3 % (avec réévaluation du mark et du florin de 5,5 %) ; -6-10 *Égypte :* Anouar el-Sadate assassiné ; -8-10 *blocage des prix* pendant 6 mois ; -22 et 23-10 *sommet de Cancún* (22 chefs d'État souhaitent « un nouvel ordre économique mondial ») ; -23/25-10 congrès du PS à Valence : met l'accent sur la nécessité de lutter contre les oppositions à un changement qu'il veut radical et rapide ; -26-10 : 2 bombes (toilettes du Fouquet's et drugstore Publicis) ; -29-10 bombe au cinéma Berlitz (3 blessés) ; *-fin oct.* plus de 2 millions de chômeurs ; -5-11 bombe à la consigne gare de Lyon ; -9-11 loi autorisant la création des radios privées locales ; -12-11 Christian Chapman, chargé d'affaires américain, échappe à un tueur (Libye accusée) ; -16-11 bombe à la consigne gare de l'Est : 3 blessés (groupe arménien Orly) ; -20-11 bombe au restaurant McDonald's, bd St-Michel (1 blessé) ; -29-11 Jacques Delors, ministre des Finances, demande une *pause* dans les réformes ; -1/13-12 Mitterrand à Alger ; -13-12 *Pologne :* coup d'État, Gal Jaruzelski au pouvoir ; -15-12 loi « anticasseurs » abrogée ; -20-12 bombe au siège de Botrans, Sté de transports (Charles Martel) ; -23-12 *emprunt d'État :* 10 milliards de F à 16,20 % ; 4 bombes explosent dont l'une contre le concessionnaire Rolls-Royce (Action directe) ; -30-12 loi créant un impôt sur les grandes fortunes. **1982**-14-1 ordonnances sur les 39 h et les contrats de solidarité ; -17-1 *législatives partielles :* succès de l'opposition ; -18-1 accords franco-soviétique, puis -3-2 franco-algérien sur le gaz ; Charles Ray, Lt-colonel attaché militaire des USA, tué (Palestinien) ; -11-2 Mitterrand reçoit Chirac (maire de Paris) qui approuve son programme de grands travaux ; -11/12-2 *Corse :* 1 légionnaire tué ; -13-2 loi sur *nationalisations* promulguée ; -24-2 naissance du 1er bébé éprouvette français ; -3-3 *loi de décentralisation ;* -4-3 *René Lucet,* ancien directeur de la Caisse maladie des B.-du-Rh., se tue de 2 balles ; -3/5-3 Mitterrand en Israël ; -14/21-3 *cantonales :* 64 Pts de conseils généraux de gauche contre 36 de droite ; -19-3, 2 CRS tués à St-Étienne-de-Baïgorry (Pays basque) ; -29-3 bombe dans le TEE, le *Capitole,* près de Limoges [5 † dont la sœur de J.-P. Fourcade (ancien min. des Finances) et 27 blessés], attentat non revendiqué ; -1-4 Paris : bureaux dépendant de l'ambassade d'Israël mitraillés ; Joëlle Aubron et Mohand Hamami (Action directe) arrêtés quelques j plus tard ; -3-4 *Yacov Barsimantov,* 2e secrétaire de l'ambassade d'Israël, tué par une jeune femme ; du 14 au 18-4 Mitterrand au Japon (1re visite d'un chef d'État français) ; -15-4 les préfets transmettent leur pouvoir exécutif aux Pts des conseils régionaux ; -22-4 voiture piégée, 33, rue Marbeuf, devant les locaux du journal libanais pro-iraqien *Al Watan al-Arabi,* 1 femme †, 63 blessés (2 diplomates syriens expulsés) ; -28/30-4 Mitterrand au Danemark ; -1/31-5 guerre des *Malouines* (G.-B./Argentine) ; -14/26-5 Mitterrand en Afrique ; -28-5 coups de feu contre la Bank of America (Action directe) ; -4-6 *St-Cloud :* attentats d'Action directe contre l'école américaine, -5-6 contre bureaux du FMI ; -4/6-6 *sommet des pays industrialisés à Versailles ;* -11-6 plan de rigueur ; -12-6 2e *dévaluation du franc ;* du 13-6 au 1-11 blocage des prix et salaires ; -21-6 Salaheddin Bitar, ancien Premier ministre syrien, assassiné ; -22-6 *loi Quilliot :* droits et obligations des bailleurs et locataires ; -22/24-6 Mitterrand en Espagne ; -29-6 remaniement ministériel ; -juillet/déc. *lois Auroux* (conditions de travail dans les entreprises) ; délit d'homosexualité supprimé du Code civil ; -7/9-7 Mitterrand en Hongrie ; -21-7 *Paris :* bombe bd St-Michel (groupe Orly) : 15 blessés ; suppression des tribunaux permanents des forces armées ; -23-7 *Fadl Dani,* nº 2 de l'OLP, tué (voiture piégée) ; -24-7 *Paris :* bombe au pub St-Germain : 2 blessés (groupe Orly) ; -28-7 dissolution du *SAC (Service d'action civique)* ; -5-8 *Lyon :* attentat arménien consulat de Turquie (4 blessés) ; -7 et 8-8, 2 attentats (Action directe) visant des objectifs juifs (dégâts matériels) ; -8 et 24-8 : 1re assemblée régionale élue en Corse ; -9-8 Paris : fusillade au restaurant juif Goldenberg, *7, rue des Rosiers* (6 †, 22 blessés) ; -11-8 *rue de La Baume* contre établissements israéliens (Action directe) : 1 blessé grave ; -12-8 1 voiture explose devant l'ambassade d'Iraq (dégâts matériels) ; -21-8, 2 policiers † par la bombe qu'ils désarmaient avenue de La Bourdonnais ; -23-8 arrivée à Beyrouth du contingent français ; -1 et 2-9 Mitterrand en Grèce ; -14-9 emprunt d'État de 10 milliards de F, -15-9 de 4 milliards de F auprès des banques internationales ; -17-9 *Paris :* une voiture explose rue Cardinet devant le lycée Carnot (51 blessés) ; -20-9 envoi d'une 2e force multinationale à *Beyrouth ;* -11-10 Mitterrand en Afrique ; -18-10 *Mendès France meurt ;* -11-11 *Brejnev meurt ;* Andropov le remplace ; -24/30-11 Mitterrand en Égypte, puis en Inde ; -24-11 réintégration dans la réserve des officiers condamnés (affaires d'Algérie) ; -8-12 remaniement ministériel ; -17-12 Chadli Bendjedid (Pt algérien) à Paris.

1983-10-1 *Nlle-Calédonie :* 2 gendarmes tués ; -22-1 *Orly :* bombe désamorcée près des bureaux de Turkish Airlines ; -26-2 bombe désamorcée avant une fête israélite ; -13-3 attentat *Marseille* (1 enfant de 11 ans †) ; -22-3 attentat *Paris :* agence de voyages spécialisée dans voyages en Turquie (1 †, 4 blessés) ; -22-4, 15 jeunes propalestiniens occupent le musée de la Légion d'honneur ; -31-5 bombe dans les mairies des Xe et XXe arrondissements (par Antillais) ; -27-8 *Berlin* (Maison de Fr.) : 1 †, 23 blessés (Asala) ; -6 et 13-3 *municipales :* remontée de la droite ; *fin de l'« état de grâce » ;* -21-3 : 3e *dévaluation du franc* (depuis 1981) de 2,5 %. -22-3 (au 17-7-1984) **3e gouvernement Mauroy ;** -25-3 : 2e plan de rigueur ; -5-4 expulsion de 47 diplomates et ressortissants soviétiques accusés d'espionnage ; -28/31-5 *sommet de Williamsburg :* déclaration sur la sécurité et sur un nouveau « Bretton Woods » ; -9 et 10-6 Conseil atlantique à Paris (1re fois depuis 1966) ; -15-7 *Orly :* attentat arménien contre Turkish Airlines : 8 † (Asala) ; -8-8 opération *Manta* (Tchad) ; -14/15-8 *Jean-Paul II* à Lourdes ; -31-8 *Boeing sud-coréen* abattu par Soviétiques (269 †) ; -30-9 *Marseille :* attentat (Asala) palais des Congrès (1 † et 26 blessés) ; -4-10 sommet franco-africain à Vittel ; -5-10 annulation procédure contre 3 Irlandais présumés terroristes (arrêtés à Vincennes 28-8-1982) ; -23-10, 58 soldats français, 239 américains sont tués au *Liban* (attentat) ; -25-10 *Grenade :* intervention américaine ; -7/10-11 Chadli Bendjedid, Pt algérien en voyage officiel en Fr. ; -17-11 raid de Super-Étendard de l'Aéronavale sur *Baalbek* (Liban) ; -19-11 *Paris :* attentat au restaurant de l'Orée du Bois (33 blessés). -21-12 *le Canard enchaîné* dévoile l'affaire des *avions renifleurs* (d'oct. 1976 à 1979, Erap a acheté un prétendu procédé de détection géodésique, présenté par le Cte de Villegas et Aldo Bonussoli ; coût : 740 à 790 millions de F) ; -23-12 *Paris :* attentat au restaurant Le Grand Véfour (12 blessés) ; -31-12 *Marseille :* gare St-Charles attentat (2 †, 34 blessés) ; *TGV Marseille-Paris* attentat près de Tain-l'Hermitage : 2 † et 20 blessés (Organisation de la lutte arabe). **1984**-25-1 *Châtillon :* Snias (attentat : dégâts matériels) ; -8-2 *Paris :* Khalifa Ahmed Mubarak, ambassadeur des Émirats arabes, blessé ; -4-3 *Versailles :* 500 000 *manifestants pour l'enseignement libre ;* -19 et 20-3 des producteurs de porcs dévastent la sous-préfecture de Brest ; -19-3 *Marseille :* attentat antiarménien (2 blessés) ; -21/29-3 Mitterrand aux USA ; -31-3 le contingent français quitte Beyrouth ; -4-4 conférence de presse, Mitterrand : « Je me suis trompé. » ; -25-4 Paris : 150 000 manifestants pour l'enseignement laïque ; -3-5 *Alfortville :* attentat antiarménien (13 blessés) ; -17-6 *élections européennes ;* -20/23-6 Mitterrand en URSS, y défend Sakharov ; -24-6 Paris : 1 400 000 *manifestants pour l'enseignement libre ;* -14-7 Alain Savary démissionne après l'abandon de son projet de loi sur l'enseignement ; *-17-7* Mauroy démissionne.

1984-19-7 (au 20-3-1986) **Laurent Fabius Premier ministre** (le plus jeune de France) [(né Paris 20-8-1946). Père André († 29-11-1984), antiquaire. *1981-17-4* marié à Françoise Castro, 2 fils. Sciences-Po. Normale supérieure (entré 52e). Agrégé lettres. *1971-73* Éna (entré 12e, sorti 2e). *1973* auditeur au Conseil d'État. *1974* rejoint le PS (conseiller économique de Mitterrand). *1978* directeur du cabinet de Mitterrand. *1978-81* et *depuis 1986* député socialiste S.-M. Depuis *1979* secr. national du PS, chargé de la presse. *1981* maître des requêtes au Conseil d'État. *1981-83* min. délégué Budget. *1983-84* min. de l'Industrie et de la Recherche. *1981-82* Pt du conseil régional Hte-Normandie. *2000-mars*, min. des Finances. *1988-92* et *1997-2000* Pt de l'Ass. nationale. *1989-juin à 1992-avril* député européen. *1992-janv./1993-3-4* premier secr. du PS. *1995* maire de Grand-Quevilly. *2000-mars* min. de l'Éco. et des Fin. ŒUVRES : *la France inégale* (1975), *le Cœur du futur* (1985), *C'est en allant vers la mer* (1990), *les Blessures de la vérité* (1995)]. **1984** pas de ministres communistes ; -29-8 Chevènement, min. de l'Éducation nationale, abandonne toute réforme ; -31-8 et 1-9 Mitterrand au Maroc en voyage privé ; -17-9 accord franco-libyen sur « l'évacuation totale et concomitante du Tchad » ; -15-11 *Crète :* Mitterrand rencontre Kadhafi ; -5-12 *Hienghène (Nlle-Calédonie) :* 10 Canaques tués ; *-7-12* Roland Dumas (né Limoges 23-8-1922) remplace Claude Cheysson aux Affaires étrangères ; *-8-12* manifestation pour NRJ. **1985**-7/28-1 *Nlle-Calédonie :* état d'urgence ; -25-1 *René Audran,* directeur au ministère de la Défense, tué (Action directe) ; -28-1 *Paris :* Marks and Spencer, bd Haussmann (déjà plastiqué en 1976 et 81), attentat par un Tunisien, Habib Maamar, arrêté mai 1986 (1 vigile tué) ; -6/20-2 XXVe congrès PCF à St-Ouen : fin de l'Union de la gauche ; -mars *cantonales ;* -11-3 *Gorbatchev* secr. général du PC soviétique ; -13-3 Mitterrand aux obsèques de Tchernenko († 10/11) ; -29-3 *Paris :* cinéma Rivoli Beaubourg (V^{e} festival du film juif) attentat : 18 blessés ; -6-4 Henri Nallet min. de l'Agriculture remplace Rocard qui a démissionné (le 4-4) car hostile à la proportionnelle ; -13-4 *Paris :* attentat Banque Leumi (israélienne) ; attentat Office national d'immigration (Action directe) ; -2/4-5 *Bonn :* sommet des pays industrialisés, Mitterrand refuse de participer au projet IDS ; -15-6 *Paris :* fête de SOS Racisme à la Concorde ; -10/26-7 affaire *Greenpeace* (voir à l'Index) ; -11-11 *Paris :* bombe à l'archevêché, -7-12 attentat grands magasins, bd Haussmann : 35 blessés (groupe Abou Nidal), -20-12 *Fauchon* incendié (la présidente de la Sté et sa fille sont brûlées vives, le magasin avait déjà été victime en 1970 d'une razzia gauchiste) ; -21-12 *Paris* (XIXe arrondissement) : 1er *resto du cœur* inauguré par Coluche. **1986**-janvier Bérégovoy et le ministère de l'Économie et des Finances quittent le Louvre ; -3-2 *Paris :* bombe galerie commerciale du Claridge : 8 blessés (arabes) ; tour Eiffel : bombe (n'explose pas) ; -4-2 Gibert-Jeune, bombe (arabe), incendie (3 blessés) ; -5-2 Fnac Forum (groupe Abou Nidal) attentat : 9 blessés ; -17/19-2, 1er sommet francophone ; -27-2 : 9e attentat (depuis 1978) à la librairie d'extrême droite, rue de l'Abbé-Grégoire ; -13-3 Mitterrand inaugure la Cité des sciences de la Villette ; -16-3 *législatives* (droite 44 % des voix ; PS 30,8 ; FN 9,8 ; PC 9,7) et *régionales* ; -17-3 *TGV Paris-Lyon,* attentat (arabe) peu après le départ : 10 blessés ; -20-3 *Paris :* galerie Point-Show, Champs-Élysées, bombe (arabe) : 2 † (dont 1 auteur de l'attentat), 28 blessés.

1986-20-3 (au 10-5-1988) **première cohabitation, Jacques Chirac** (voir p. 712 a) **Premier ministre ;** -6-4 *franc dévalué ;* -15-4 attentat manqué contre Guy Brana, vice-Pt du CNPF (Action directe) ; -25-4 *URSS :* accident de *Tchernobyl ;* -26-4 *Lyon* : attentat (Arabes) dans bureaux de l'American Express ; -mai anonymat rétabli pour transactions sur l'or ; -27-4/6-5 sommet de Tokyo ; -7-5 Gaston Defferre meurt ; -4-6 scrutin uninominal à 2 tours rétabli. -9-7 *Paris* : préfecture de police attentat (Action directe) : 1 †, 22 blessés ; *Nlle-Calédonie :* statut modifié ; -juillet : affaire du *Carrefour du développement,* Christian Nucci, ancien min. socialiste de la Coopération, mis en cause (4-4 non-lieu et amnistie, mais le 25-9-1996 condamné à une amende de 600 000 F ; Yves Chalier, son chef de cabinet, à 500 000 F) ; -7-8 lois sur le terrorisme, lutte contre criminalité, délinquance, conditions de séjour des étrangers ; loi sur *privatisations ;* -4-9 *Paris* : RER attentat manqué ; -8-9 Hôtel de Ville : 1 †, 18 blessés ; -9-9 instauration de la peine de sûreté de 30 ans et de la procédure de comparution immédiate. Cours d'assises composées de magistrats ; garde à vue portée à 4 j ; -12-9 *La Défense* : cafétéria Casino : 41 blessés ; -14-9 *Paris* : pub Renault (Champs-Élysées) : 1 †, 1 blessé ; -15-9 préfecture de police : 1 †, 5 blessés ; -17-9 devant magasin Tati (rue de Rennes) : 7 †, 51 blessés [Arabes dont Fouad Ali Salah (né 10-5-1958 à Paris de parents tunisiens, il sera condamné avril 1992 à perpétuité)] ; -4/7-10 *Jean-Paul II* à Lyon ; -18-10, 101 Maliens expulsés de France ; -12-11 Code de la nationalité réformé ; -17-11 *Georges Besse,* P-DG de Renault, assassiné (Action directe) ; -23/27-11 et 4/5/6-12 manif. d'étudiants contre la *loi Devaquet* [5/6 Malik Oussekine tué (affrontement avec police)] ; -1-12 Mitterrand inaugure le musée d'Orsay ; -8/31-12, grèves (transports) ; -8-12 démission de Devaquet acceptée ; -10-12 *Paris,* manif. « Plus jamais ça », environ 300 000 personnes. **1987**-23-1 Conseil constitutionnel annule 2 textes gouvernementaux : temps de travail, Conseil de la concurrence ; -5-2 *TF1* privatisée ; -21-2 Jean-Marc Rouillan, Nathalie Ménigon, Joëlle Aubron, Georges Cipriani (Action directe) arrêtés ; -22-2 *accords du Louvre :* les pays industrialisés stabilisent les taux de change ; -28-2 *Georges Ibrahim Abdallah* condamné à la réclusion perpétuelle ; -27-6 *Sté Générale* privatisée (nationalisée en 1945) ; -30-6 *amendement Lamassoure* limite le droit de grève dans service public ; *Paribas* privatisé ; -4-7 *Klaus Barbie* condamné à perpétuité (voir à l'Index) ; -17-7 relations diplomatiques rompues avec Iran ; -5-9 *Cie financière de Suez* privatisée ; -13-9 référendum sur Nlle-Calédonie (voir à l'Index) ; -19-9 *New York :* « Lundi noir » : *krach boursier* après annonce du déficit du commerce extérieur américain (– 30 % en quelques jours) ; -14-10 Mitterrand inaugure le parc de la Villette ; -9-11 *affaire Luchaire* (vente d'armes à l'Iran) ; -9/13-11 Li Xiannian en France (1er chef d'État chinois en Fr.) ; -22-11 Max Frérot (Action directe) arrêté ; -30-11 Mitterrand inaugure l'Institut du monde arabe ; -22/23-12 Mitterrand à Djibouti. **1988**-4-3 pyramide du Louvre inaugurée ; -30-3 Edgar Faure meurt ; -22-4/5-5 *Ouvéa* (Nlle-Calédonie) : 4 gendarmes †, 27 personnes prises en otage (puis libérées), 2 militaires et 19 Canaques † ; -24-4 et 8-5 *présidentielle :* Mitterrand réélu (54,01 % des voix) ; entre 1981 et 1988 (1-9) il a pris la parole en public plus de 1 700 fois et a effectué 154 déplacements à l'étranger (60 visites officielles dans 55 pays, 70 voyages d'une journée, 18 conseils européens, 6 sommets).

2^{d} septennat

■ **1988** (8-5) **François Mitterrand Pt de la Rép. ;** -10-5 Chirac (Premier ministre) démissionne.

1988-12-5 (au 28-6-1988) **Michel Rocard Premier ministre** [(né Courbevoie, Seine 23-8-1930). Père Yves Rocard (22-5-1903/16-3-1992, professeur de physique, chercheur). Chef de troupe éclaireurs protestants (totem : « Hamster érudit »). Marié à 1°) Geneviève Pujol 2 enfants ; 2°) Michèle Legendre (née 1941) 2 enfants. Licencié ès lettres. Sciences-Po. Éna. *1958* inspecteur des Finances. *1965* secr. général de la Commission des comptes et des budgets économiques de la nation. *25-6-1967, 73* secr. national PSU. *1969* candidat à la présidence de la Rép. (1er tour : 3,61 % des voix). *1969-73, 78-81, 86 et 88* député des Yvelines. *1974-déc.* il quitte le PSU et s'inscrit au PS (membre du bureau exécutif févr. 1975-81 et depuis 1986, comité directeur depuis 1987). *1977-94* maire de Conflans-Ste-Honorine. *1981-83* min. d'État au Plan et à l'Aménagement du territoire. *1983-14-3* min. de l'Agriculture (démissionne 1985-4-4 car opposé à la proportionnelle aux législatives). *1993-6-4 au 1994-19-6* premier secr. du PS. *1994-12-6 au 1995-24-9* député européen. *1995-24-9* sénateur des Yvelines. ŒUVRES : dont *le PSU et l'Avenir socialiste de la France* (1969), *Des militants du PSU* (1971), *Questions à l'État socialiste* (1972), *le Marché commun contre l'Europe* (1973), *l'Inflation au cœur* (1975), *Parler vrai* (1979), *A l'épreuve des faits* (1986), *le Cœur à l'ouvrage* (1987), *Un pays comme le nôtre* (1989), *les Moyens d'en sortir* (1996)]. **1988**-14-5 *Assemblée* dissoute ; -5 et 12-6 *législatives :* succès de la gauche, tentative au centre ; -16-6 relations diplomatiques rétablies avec Iran ; -26-6 accords de Matignon (Rocard, Tjibaou, Lafleur). -29-6 **2e gouvernement Rocard.** -7-7 Dr Léon Schwartzenberg (min. délégué à la Santé) démissionne (à la suite de ses déclarations sur drogue et sida) ; -25-9 et 2-10 *cantonales :* plus de 50 % d'abstentions ; -6-11 référendum en Nlle-Calédonie (80 % de oui) ; -30-11 revenu minimum d'insertion (RMI) créé. **1989**-janv. controverse sur *délits d'initiés* (achat d'actions Triangle) par Péchiney ; (l'ancien chef de cabinet de Bérégovoy sera inculpé -7-11-1991) ; -mars *Salman Rushdie* condamné à mort par Iran (voir à l'Index) ; -9/10-3 Mitterrand en Algérie ; -12 et 19-3 *municipales ;* -29-3 *Grand Louvre* inauguré ; -2/4-5 Arafat à Paris ; -4-5 Tjibaou et Yeiwéné tués en Nlle-Calédonie ; -17-5 *loi Pasqua* (entrée et séjour des étrangers en Fr.) abrogée ; -24-5 *Paul Touvier* arrêté ; -16-6 affaire *Luchaire*, non-lieu ; -18-6 *élections européennes* ; -13-7 Opéra Bastille inauguré ; -14-7 *bicentenaire de la Révolution,* défilé devant 32 chefs d'État ; -14/15-7 sommet des pays industrialisés à Paris-La Défense (inauguration de la Grande Arche) ; -28-8 fin du *certificat d'études primaires* (créé 28-3-1882) ; -5-9 au 23-10 grèves aux usines Peugeot ; -nov. affaire du *foulard islamique* (collège de Creil) ; -9-11 **chute du mur de Berlin ;** -22-12 loi sur le financement des partis ; loi d'amnistie des délits politico-financiers et des assassinats politiques en Nlle-Calédonie. **1990**-1-1 *contrôle des changes supprimé ;* -15-1 limitation des dépenses électorales et clarification du financement des activités politiques ; -2-5 procès, affaire des *fausses factures Sormae* ; nuit du 8 au 9-5 *Carpentras :* profanation du cimetière juif (le 31-7-1995, 4 anciens skinheads avoueront) ; -10-5 réglementation du financement des législatives et présidentielles ; -19-5 *convention de Schengen* : libre circulation (biens et personnes) dans la CEE ; -28-7 *Anis Naccache* et 4 complices [condamnés à vie pour tentative d'assassinat contre Chapour Bakhtiar (18-7-1980)] graciés et expulsés ; -2-8 l'Iraq envahit le Koweït ; -août participation aux opérations dans le Golfe (jusqu'en mars 1991) ; -16-9 *Jacques Médecin,* maire de Nice, accusé de malversations, démissionne [extradé d'Uruguay le 16-11-1994, condamné à 2 ans de prison ferme (affaire Nice-Opéra) fera appel, mis en liberté le 27-9-1995] ; -oct. *Vaulx-en-Velin* (Rhône) agitation ; -3-10 réunification allemande ; -12-11 « Plan d'urgence » Jospin : lycéens dans les rues de Paris ; -16-11 motion de censure contre CSG (cotisation sociale généralisée) rejetée ; -22-11 Mme Thatcher (Premier ministre britannique) démissionne ; -9 au 10-12 *sommet de Maastricht* (institutions politiques de la CEE). **1991**-*17-1 guerre du Golfe* contre l'Iraq (voir à l'Index) ; -29-1 manif. contre la guerre ; -30-1 Chevènement (min. de la Défense) démissionne ; -3-4 cessez-le-feu définitif en Iraq ; Georges *Boudarel* [né 1926, professeur 1951-54, responsable politique dans le camp Viêt-minh 113 de prisonniers français (70 % de † soit + de 200)] est dénoncé (la Cour de cassation confirmera, le 1-4-1993, que ces agissements n'étaient pas dénonciables depuis la loi d'amnistie du 18-6-1986) ; -7-4 polémiques sur fausses factures et financement de la campagne de Mitterrand en 1987-88 ; -12-4 nouveau statut pour la Corse.

1991-15-5 (au 2-4-1992) **Édith Cresson Premier ministre** (1re femme à occuper ce poste en France) [(née Boulogne-sur-Seine 27-1-1934). Père Gabriel Campion, inspecteur des Finances. *1959-26-12* mariée à Jacques Cresson (qui a travaillé chez Peugeot), 2 filles. Diplômée HEC-JF, docteur en démographie. *1977* maire de Thuré, *depuis 1983* de Châtellerault. *Depuis 1982* conseiller général Châtellerault. *1981, 1986-88* député socialiste Vienne. *1981-83* min. de l'Agriculture. *1983-84* min. du Commerce extérieur et du Tourisme. *1984-86* min. du Redéploiement industriel et du Commerce extérieur. *1988-90* min. des Affaires européennes. Démissionne, désaccord avec Rocard. *1979-81* député européen. Depuis *1994-nov.* commissaire européen. *1990-91* P-DG de Schneider Industrie, service international. *1992-94* Pte de la Sté Sisie. *1994-99* commissaire européen (sciences, recherche, développement, éducation, formation). ŒUVRE : *Avec le soleil* (1976)]. **1991**-10-7 réglementation des « écoutes téléphoniques » ; -6-8 Suresnes : *Chapour Bakhtiar* (ex-Premier ministre d'Iran) assassiné (6-12-1994 Ali Vakili Rad, l'assassin, condamné à la réclusion criminelle à perpétuité) ; -29-9, 200 000 agriculteurs manifestent à Paris ; -28-11 nouveau statut pour les dockers (CGT contre) ; -19-12 service militaire à 10 mois. **1992**-18-1 publicité comparative autorisée ; Code de la consommation créé ; -22-3 *élections régionales ;* -22/29-3 *cantonales,* baisse de la gauche.

1992-2-4 (au 29-3-1993) **Pierre Bérégovoy Premier ministre** [(Déville-lès-Rouen 23-12-1925/1-5-1993). Père commerçant (né 26-8-1893 en Russie, officier arrivé en France en 1922, ouvrier, patron de café-bar). *1948* marié à Gilberte Bonnet, 3 enfants. Diplômé de l'École d'organisation scientifique du travail. *1941-42* ajusteur-fraiseur. *1942-50* cheminot, carrière à la Sdig (Sté pour le développement de l'industrie du gaz en France). *1978* chargé de mission de Gaz de France. *1979* membre du Conseil économique et social. *1958* fondateur du PSA et *1969* du comité directeur et du bureau exécutif du PS. *1983-93* maire de Nevers. *1985-93* conseiller général. *1986, 1988* député Nièvre. *1981-mai* secr. général de l'Élysée. *1982-84* min. des Affaires sociales. *1984-86, 1988-92* de l'Économie et des Finances. *Le 1-5-1993* se suicide à Nevers avec le revolver de son chauffeur]. **1992**-juin-juillet : barrages de routiers (contre permis à points) ; -juin/oct. affaire des *Maliens de Vincennes* (environ 700 personnes) ; -11-9 Mitterrand opéré d'un cancer de la prostate ; -20-9 *référendum pour le traité de Maastricht* (51,04 % de « oui ») ; -oct. *affaire du sang contaminé* (voir à l'Index) ; -1-11 *loi Évin* contre tabagisme. **1993**-21 et 28-3 *législatives :* succès de la droite.

1993-29-3 (au 10-5-1995) **Édouard Balladur Premier ministre, seconde cohabitation.** [(Né Smyrne, Turquie 2-5-1929). Origine : 1737, chrétiens du Nakhicevan, réfugiés en Turquie. Père à la Banque ottomane. S'établit en France en 1935. *1957* marié à Marie-Josèphe Delacour, 4 fils. Sciences-Po., licence de droit. *1952-57* Éna. *1957* Conseil d'État. *1967-68* membre du Conseil administratif de l'ORTF. *1964* chargé de mission puis *1966-68* conseiller technique de Pompidou. *1973-74* secr. général de l'Élysée. *PDG* de Stés (1968-80 Autoroute Tunnel routier sous le Mont-Blanc : indemnité de fonction : tous éléments confondus 4 000 F/mois en 1969, 8 195 F en 1980 ; *1968-73* Office national des forêts ; *1977-86* Générale de service informatique, filiale du groupe CGE ; *1980-86* Cie européenne d'accumulateurs). *1986, 88-93, depuis 25-9-95* député de Paris (RPR). *1984-88* conseiller d'État. *1986-88* min. des Finances. *1995* candidat à la présidence de la Rép. (1er tour 18,58 % des voix). ŒUVRES : *l'Arbre de mai* (1979), *Je crois en l'homme plus qu'en l'État* (1987), *Passion et Longueur de temps* (1989), *Douze Lettres aux Français trop tranquilles* (1990), *Des modes et des convictions* (1992), *Dictionnaire de la réforme* (1992), *l'Action pour la réforme* (1995). *Deux ans à Matignon* (1995)]. **1993**-1-5 Bérégovoy se suicide ; -mai affaire « Valenciennes/Olympique de Marseille » : Tapie mis en cause ; Bernard Attali (P-DG Air France) démissionne ; -8-6 René Bousquet (inculpé en juillet 1992 de crimes contre l'humanité) assassiné par Christian Didier (condamné 12-11-1995 à 10 ans de réclusion criminelle, libéré 24-2-2000) ; -21-10 à la suite de l'accord israélo-palestinien, Yasser Arafat à Paris ; -17-12 manif. contre révision de la loi Falloux, environ 700 000 personnes (projet cassé le 13-1-1994). **1994**-7-4 : 19 h, *François Durand de Grossouvre* (né 29-3-1918) se tire une balle dans la tête dans son bureau de l'Élysée (n'y exerçait plus de fonction, mais était encore Pt du Comité des chasses présidentielles) ; -6-6, 50e anniversaire du Débarquement en Normandie (5-6 ; 37 des 13 000 parachutistes vétérans sautent à Ste-Mère-Église ; le plus jeune a 68 ans, le plus vieux 83 ans). -14-8 *Carlos* arrêté (voir p. 802 b) ; -29-7 *lois sur la bioéthique :* respect du corps humain, don d'organes, assistance médicale à la procréation et diagnostic prénatal ; -sept. polémique sur les liens Mitterrand/René Bousquet ; 4-9 Waechter crée le *Mouvement écologique indépendant ;* Kouchner lance le *Mouvement Réunir ;* -8-9 *Jiang Zemin,* Pt chinois, en France ; -12-9 Mitterrand réitère son refus de « faire des excuses au nom de la France » pour les crimes commis par Vichy ; -20-9 circulaire de Bayrou réglementant le port des insignes religieux « ostentatoires » à l'école ; -27/30-9 *sang conta-*

miné par virus du sida (mises en examen Georgina Dufoix 27-9, Edmond Hervé et Laurent Fabius 30-9) ; -12-11 Michel Roussin (ministre de la Coopération) démissionne : on parle des factures de la région parisienne lorsqu'il était directeur de cabinet de Chirac, maire de Paris ; Bernard Debré le remplace ; -20-11 Philippe de Villiers lance le *Mouvement pour la France* (MPF) ; -11-12 Jacques Delors annonce (émission « 7/7 ») qu'il ne sera pas candidat à la présidentielle ; -14-12 le tribunal de commerce de Paris place en liquidation judiciaire Tapie et sa femme, à titre personnel (Tapie inéligible) ; -18-12 Paris (rue du Dragon), l'abbé Pierre et des militants de mouvements associatifs occupent un immeuble vide de la Cogedim. **1995**-13-1 Jean-Paul II suspend *Mgr Jacques Gaillot* (évêque d'Évreux depuis 1982), et le nomme évêque *in partibus* de Partenia (Mauritanie) ; -20-1 Balladur inaugure le *pont de Normandie* ; -21/26-1 Bretagne, Basse-Normandie : inondations (20 †) ; *-18/22-2* Pasqua demande à l'ambassadeur des USA le rappel de 5 agents de la CIA (dont 4 ont le statut diplomatique), accusés d'espionnage politique et économique depuis 1992 ; -2-3 ouverture du procès *Urba-Sagès-Blé* de St-Brieuc (Côtes-d'Armor), impliquant Emmanuelli [(1er secrétaire du PS et au moment des faits trésorier du PS) ; sera condamné le 15-5 avec Gérard Monate (Pt de la Sagès) à 1 an de prison avec sursis] ; -13/15-3 Fidel Castro en France pour 3 j ; -7-4 le tribunal de commerce de Marseille place l'OM en redressement judiciaire ; -14-4 accusé de subornation de témoin dans l'affaire OM-VA, *Jacques Mellick* (PS, député-maire de Béthune) condamné à 6 mois de prison avec sursis et 2 ans d'inéligibilité ; -20-4 *procès Noir-Botton* : Michel Noir, Michel Mouillot et Patrick Poivre d'Arvor condamnés à 15 mois de prison avec sursis (avec inégibilité pendant 5 ans pour les 2 premiers) ; -23-4 : *présidentielle : 1er tour* Jospin (23,30 % des voix) ; -3-5 *Alain Carignon* (maire RPR de Grenoble 1983) [incarcéré depuis 13-10-1994 (procès renvoyé au 25-9] mis en liberté [condamné 16-11-1995 à 5 ans de prison dont 3 ferme, 9-7-1996 par la cour d'appel de Lyon à 5 ans de prison dont 4 ferme, libéré 5-5-1998] ; -6-5 Miramas (B.-du-Rh.) 400 manifestants prennent la mairie (le 5, un lycéen algérien a été tué par un Italo-gitan) ; **-7-5 Chirac élu Pt de la République** 52,6 % des voix (Jospin 47,4 %) ; -8-5 cérémonies à Paris du *Cinquantenaire de la capitulation du IIIe Reich* : 70 chefs d'État et de gouvernement y assistent ; -15-5 affaire OM-VA : Tapie condamné à 2 ans de prison (dont 1 avec sursis) ; -16-5 Chirac démissionne de son mandat de maire de Paris.

☞ Mitterrand meurt le 8-1-1996 à 8 h 30 [le Dr Claude Gubler et Michel Gonod, dans *le Grand Secret* (livre interdit le 22-1) révéleront que son mal (cancer de la prostate généralisé aux os) a été décelé en nov. 1981, après des examens effectués le 7-11 au Val-de-Grâce. Les bulletins de santé publiés avaient été édulcorés]. Il aurait acquis pour 1 F en mai 1995 un are sur le Mt Beuvray (où Vercingétorix fut proclamé chef des Gaulois) pour s'y faire enterrer (il y renoncera et sera inhumé à Jarnac).

☞ **Bilan des 110 propositions de 1981 :** *Promesses non respectées* : réforme du Fonds monétaire international (ne dépendait pas que de Mitterrand) ; envolée du chômage ; durée du travail (réduite 39 h au lieu de 35 h) ; mandat présidentiel de 5 ans ; indépendance des magistrats ; droit de vote aux municipales pour les immigrés ; le comité d'entreprise n'a pas eu « un droit de veto » sur embauches, licenciements ou plans de formation ; abandon du « grand service public, unifié et laïque de l'Éducation nationale » en 1984, après les manifestations des défenseurs de l'école privée ; *Appliquées* : élargissement du secteur public par « nationalisation de 9 groupes industriels » de banques et de Stés d'assurances. Loi faisant entrer des salariés dans les conseils d'administration des Stés publiques ; relèvements du Smic et des prestations familiales ; généralisation de la 5e semaine de congés payés ; retraite à taux plein à 60 ans ; impôt sur les grandes fortunes ; égalité professionnelle femmes/hommes ; libéralisation télévision et radio ; représentation proportionnelle (seulement pour législatives de 1986) ; élection au suffrage universel des conseillers régionaux ; statut particulier pour la Corse ; abrogation de la peine de mort.

Présidence de Jacques Chirac

■ **1995** (17-5) **Jacques Chirac** (né 29-11-1932 à Paris) 1,89 m. Arrière-grand-père : François (1838-1916), aubergiste. Grand-père : Louis (1868-1937), directeur d'école à Brive, radical de gauche, vénérable de la Grande Loge. Père : François (1893-1968), travaille dans une banque qu'il quitte en 1936 pour le groupe aéronautique Potez (dont il dirigera une filiale). 1 sœur (1924-26). Marié le 16-3-1956 à Bernadette Chodron de Courcel (conseiller général de Corrèze depuis 1978, conseiller municipal de Sarran). Enfants : 2 filles : *Laurence* (née 1958) ; *Claude* [née 1962, a épousé en sept. 1992 Philippe Habert (1958-93) ; elle a un fils, Martin, né 1996, avec Thierry Rey] ; J. Chirac a adopté une réfugiée vietnamienne. Religion : catholique. Études : **1940** école communale de Ste-Féréole. **1943** lycée Hoche (St-Cloud). **1944** lycée Carnot, puis lycée Louis-le-Grand (Paris). Bac math-élém. (mention « assez bien »). **1950** à 18 ans, quitte sa famille et s'embarque à Dunkerque comme pilotin sur un cargo, le *Capitaine-St-Martin* ; 3 mois plus tard, cédant à l'injonction paternelle, entreprend une année d'« hypotaupe ». **1951** *sept.* entre à Sciences-Po. **1954** sort 3e sur 139 (mention « bien »). A la prière de son père, se présente au concours d'entrée à l'École nationale d'administration. Service militaire : au ministère de l'Air, puis à Saumur, comme élève officier de cavalerie. Soupçonné de communisme pour avoir signé et fait signer l'appel de Stockholm ; se voit refuser son rang de sortie (major) ; affecté comme 2e classe dans un régiment en Bretagne. Sur intervention du Gal Kœnig, est finalement reconnu major, nommé sous-lieutenant et affecté (à sa demande) en Algérie (6e régiment de chasseurs d'Afrique *1-4-1956*) ; blessé au visage. **Début 1957** promu lieutenant ; *-juin* rendu à la vie civile (malgré ses démarches pour se faire activer). **1959** sort 10e de l'Éna. Auditeur à la Cour des comptes. **1962** adjoint au conseiller pour les Affaires économiques, puis chargé de mission au Secrétariat général du gouvernement, responsable de l'Équipement, de la Construction et des Transports dans le cabinet Pompidou. **1965-94** conseiller référendaire à la Cour des comptes. **1965-77** conseiller municipal de Ste-Féréole (80 % des voix). **1966** Ussel (3e circonscription de la Corrèze), candidat aux législatives. **1967**-*12-3* élu député UD de Corrèze avec 537 voix d'avance sur son concurrent communiste ; *-8-5* secrétaire d'État aux Affaires sociales, chargé des problèmes de l'emploi (le plus jeune membre du gouvernement). **1968**-*27-2*/**1988** conseiller général de Meymac ; *-31-5* secrétaire d'État à l'Économie et aux Finances ; *-juin/août* député UDR de la Corrèze. **1971**-*7-1* ministre délégué chargé des relations avec le Parlement. **1972**-*5-7* ministre de l'Agriculture et du Développement rural. **1973**-*14-3*/*5-5* député de la Corrèze, ministre de l'Agriculture. **1974**-*1-3* ministre de l'Intérieur (3e ministère Messmer) ; *-2-4* à la mort de Pompidou, partisan d'une candidature d'union, s'oppose à Chaban-Delmas et soutient Messmer ; puis, après le retrait de Messmer, soutient Giscard auquel il rallie 43 parlementaires gaullistes ; *-27-5* Premier ministre (en reconnaissance du soutien apporté pendant la campagne présidentielle) ; *-14-12* secrétaire général de l'UDR (sans en avoir jamais été membre). **1976**-*26-7* remet sa lettre de démission au Pt Giscard ; *-25-8* démission effective, rendue officielle à 11 h 40 ; *-26-8* s'explique : « Je ne dispose pas des moyens que j'estime nécessaires pour assumer efficacement les fonctions de Premier ministre. » *-3-10* annonce son intention d'élargir le mouvement gaulliste (discours d'Égletons, baptisé « l'envol de l'Aigleton ») ; *-14-11* son suppléant ayant démissionné, réélu député avec 53,65 % des voix ; *-5-12* aux Assises nationales de l'UDR porte de Versailles (50 000 participants), naissance du RPR ; en est élu le 1er Pt (avec 96,52 % des voix). **1977**-*25-3* élu maire de Paris (jusqu'en 1995). Le Conseil d'État rejettera la requête d'élus socialistes et communistes de Paris et de la Corrèze qui prétendaient son élection au Conseil de Paris incompatible avec son mandat de conseiller général de la Corrèze. **1978**-*12-3* réélu député au 1er tour : 23 616 voix devant C. Audouin (PC) 10 717, B. Coustaud (PS) 7 423 ; *-26-11* hospitalisé plusieurs semaines à l'hôpital Cochin à Paris après un accident de la route en Corrèze (jambe cassée, vertèbres fracturées) ; *-6-12* publie *l'Appel de Cochin* (en partie rédigé par Pierre Juillet et René de Lacharrière) attaquant la politique européenne de Giscard : « On prépare l'inféodation de la France, on consent à l'idée de son abaissement. Comme toujours quand il s'agit de l'abaissement de la France, le parti de l'étranger est à l'œuvre avec sa voix paisible et rassurante. » Alain Peyrefitte (ministre de la Justice) écrit aux parlementaires RPR condamnant « ces propos outranciers » (est exclu du RPR 6 mois ; les ministres RPR se solidarisent avec lui). **1979**-*30-3* réélu Pt du RPR (97 % des mandats) ; *-10-6* élu au Parlement européen (liste Défense des intérêts de la France en Europe). **1980** démissionne de son mandat. **1980-86** membre de la commission de la Défense nationale à l'Assemblée nationale. **1981** *présidentielle : -2-2* annonce sa candidature (de sept. 1980 à février 1981, Guichard, Foyer, Chaban-Delmas étaient contre sa candidature ; Jean de Lipowski, Bernadette Chirac, Alain Juppé, Denis Baudouin la trouvaient prématurée ; Charles Pasqua, Claude Labbé, Bernard Pons étaient pour) ; *-26-4* 1er tour : 17,99 % des suffrages. Entre les 2 tours, déclare voter personnellement pour le Pt sortant, mais se refuse à donner des consignes de vote au RPR ; *-juin* réélu député de Corrèze. **1982**-*janvier* redevient Pt du RPR (poste abandonné avant l'élection présidentielle). **1986**-*16-3 législatives :* réélu député de Corrèze ; *-17-3* Premier ministre du Pt Mitterrand. **1988** *présidentielle :* battu (1er tour : 15,88 %, 2e tour : 37,53 %) ; *législatives :* député de Corrèze. **1993** réélu. **1994** quitte la présidence du RPR. **1995**-*7-5* **élu Pt de la République** (au 2d tour) avec 52,8 % des voix.

☞ **Œuvres :** *Un discours pour la France à l'heure du choix, la Lueur de l'espérance : réflexion du soir pour le matin* (1978) ; *Une nouvelle France : réflexion 1* (1994) ; *la France pour tous* (1995). **Patrimoine** (en F) : 7 570 444 dont **immobilier** 50 % [résidence secondaire à Bity (Corrèze) [1] 1 200 000, maison rurale à Ste-Féréole (Corrèze) [2] 385 000, appartement à Paris (6e) [2] 2 200 000] ; *valeurs immobilières :* 36 % dont comptes titres Chirac/BNP [1] 675, Bernadette Chirac/PEA Paribas [1] 614 140 [1], Banque Vernes [1] 1 532 250, Société Générale [2] 146 183, BNP [2] 400 980 ; *comptes bancaires courants :* 6 % dont compte dépôt Chirac/BNP [1] 294 824, Bernadette Chirac/Paribas [1] 413, Banque Vernes [1] 8 585, Société Générale [1] 275, BNP [1] 176 119 ; *placements divers :* 8 % dont bons de caisse [1] 560 000, parts de la GFA [1] 50 000.

Nota. – (1) Biens communs. (2) Biens propres. Établi par *Investir* à partir de la situation patrimoniale publiée au *JO* du 14-5-1995. Pas d'endettement ; meubles, meublants et objets d'art et de collection assurés pour une valeur de 750 000 F.

1995-18-5 (au 7-11-1995) **Alain Juppé Premier ministre** [(Mont-de-Marsan, Landes 15-8-1945). Père propriétaire agricole. Marié 1°) à Christine Leblond (2 enfants) ; 2°) 29-4-1993 à Isabelle Legrand-Bodin (1 fille, *Clara*). Sciences-Po., normalien, agrégé de lettres. *1970-72* Éna. *1972-76* inspecteur des Finances. *1978* entre à l'administration de la Ville de Paris. *1980* directeur financier de Paris. *1983-95* conseiller municipal RPR de Paris et maire adjoint de Paris. *1986, 88, 93* député RPR de Paris. *1984-89* député européen. *1986-88* min. délégué au Budget et porte-parole du gouvernement (1986). *1993-95* min. des Affaires étrangères. *1988-95* secr. général du RPR. *Depuis juin 1995* maire de Bordeaux. *1995-15-10*/*1997* Pt du RPR. *1997-1-6* député de la Gironde (RPR). Œuvres : *la Tentation de Venise* (1993), *Entre nous* (1996), *Montesquieu* (2000)]. **1995** gouvernement : 43 membres dont 12 femmes (record) ; -22-5 Jean Tibéri élu maire de Paris ; -8/9-6 Noisy-le-Grand (S.-St-D.) : des jeunes incendient 1 gymnase et 5 bâtiments scolaires après la mort, le 7, d'un jeune d'origine marocaine ; -11/18-6 : *municipales* ; -13-6 Chirac annonce la reprise limitée des essais nucléaires ; -3-7 les principaux membres d'*Action directe* sont condamnés à 30 ans de réclusion criminelle (32 attentats commis entre 1982 et 1986) ; -9-7 la Marine arraisonne le *Rainbow Warrior II* (de Greenpeace) dans la zone d'exclusion autour de Mururoa ; -14-7 guérilla urbaine à Athis-Mons et Grigny (Essonne) et à Sarcelles (V.-d'O.) ; manifestations Europe et pays du Pacifique contre essais nucléaires français ; -15-7 guérilla urbaine à Bron (Rhône) ; -16-7, 53e anniversaire de la rafle du Vél' d'hiv' : Chirac déclare « Oui, la folie criminelle de l'occupant a été secondée par l'État français. » ; -24-7 perquisition au siège du PR ; -25-7 *Paris :* bombe dans rame ligne B du RER (station St-Michel) ; 7 †, 60 blessés ; -1-8 *TVA* augmentée de 2 % ; -17-8 *Paris :* attentat place de l'Étoile : 17 blessés ; -25-8 *Alain Madelin,* min. de l'Économie et des Finances qui a mis en cause le système de retraite des fonctionnaires et souhaite que le gouvernement revienne sur les avantages acquis démissionne, Jean Arthuis (né 7-10-1944) le remplace ; -26-8 *tentative d'attentat* contre le TGV Lyon-Paris [Khaled Kelkal, 24 ans, exécutant présumé (empreintes digitales relevées sur la bonbonne de gaz) sera tué le 29-9 par des gendarmes lors d'une fusillade à Vaugneray (Rhône)] ; -1-9 la Marine arraisonne le *Rainbow Warrior II* et le *HV Greenpeace ; -2-9 Tahiti :* manifestation antinucléaire et indépendantiste ; -3-9 *Paris (XIe) :* attentat, 4 blessés ; -4-9 *Paris :* découverte d'une *bonbonne de gaz* remplie d'explosif dans une sanisette du XVe. Pour protester contre les essais nucléaires, un Espagnol détourne l'Airbus (Palma-Paris) d'Air Inter ; maîtrisé sur l'aéroport de Genève ; -5-9 *Fangataufa : 1er essai nucléaire* depuis 1991 ; -7-9 *Villeurbanne :* voiture piégée contre une école israélite, 14 blessés ; -8-9 *Papeete :* des indépendantistes mettent à sac aéroport et centre-ville ; -10-9 *législatives partielles :* sur 13 anciens ministres, seul Bernard Debré battu ; François Léotard en ballottage (élu le 17 au 2e tour avec 62,4 % des voix) ; -17-9 *législatives partielles :* Balladur (59,3 % des voix) et Sarkozy (60,4 %) élus le 24 au 2e tour (68,5 % et 75,9 %) ; -18-9 *Juppé* renonce à réduire les impôts et diffère la réforme fiscale ; -23-9 *sénatoriales :* 8 sièges repris par le PS ; Rocard et Badinter élus ; -27-9 la Marine arraisonne le *Vega,* voilier de Greenpeace ; -1-10 *Fangataufa :* 2e essai nucléaire ; -6-10 *Paris (XIIIe) :* attentat près du métro Maison-Blanche, le jour des obsèques de Khaled Kelkal (bonbonne de gaz remplie de boulons et de clous ; 13 blessés) ; -8-10 *explosion sur la voie ferrée* entre Marly-le-Roi et Louveciennes (Yvelines). *Législative partielle :* Madelin réélu 1er tour (61,09 % des voix) ; -10-10 *grève générale* du secteur public. Manifestations à Paris et en province ; -17-10 *Paris :* bonbonne de gaz dans rame ligne C du RER entre Musée-d'Orsay et St-Michel (24 blessés dont 5 graves) ; -20/21-10 visite de Boris Elstine ; -27-10 *3e essai nucléaire* à Mururoa ; -30-10 *Bordeaux :* journée d'action de la Confédération des commerçants, artisans, professions libérales et agriculteurs (CDCA) ; 4 000 personnes (incendie de 2 immeubles, 30 blessés et 81 arrestations) ; -1-11 *Laval :* émeutes ; un jeune, qui tentait de s'enfuir après avoir dérobé une arme de service, est tué par un policier. *Violences* à Vigneux-sur-Seine, Évry, Corbeil-Essonnes et Grigny. **1995**-7-11 (au 2-6-1997) **2d gouvernement Juppé** [32 membres dont 2 balladuriens (Alain Lamassoure et Jean-Claude Gaudin)] ; -9/11-11 grève à Air France et Air Inter contre le plan de redressement. *Bayrou,* ministre de l'Éducation nat., présente un plan d'urgence pour les universités ; -11-11, 10 000 sympathisants du Front national défilent à *Carpentras* pour demander réparation des accusations portées en 1990 contre le FN, après la profanation du cimetière ; -14-11 la grève des universités s'étend ; -15-11 Juppé présente son *plan de sauvetage de la Sécurité sociale* ; -21-11 *4e essai nucléaire.* Levée de l'immunité parlementaire de *Tapie* dans l'affaire de l'OM. Grève des étudiants ; -24-11 *manifestation* des fonctionnaires CGT et CFDT contre le plan Juppé ; -29-11 paralysie des lignes SNCF et RATP ; -30-11 *Paris :* manifestation des étudiants ; la grève des fonctionnaires gagne La Poste. Grève générale EDF-GDF, sans coupure. 11 gardés à vue après le saccage de locaux de la faculté de Jussieu ; -5-12 la France reprend sa place au comité militaire de l'Otan. *Manifestations* de la fonction publique (52 000 à 800 000 participants). Rejet de la motion de censure déposée par le PS. *Nantes :* magasins mis à sac par des casseurs ; -7-12 *manifestations* (700 000 à 1 300 000 participants) ; -12-12, 985 000 à 2 200 000 manifestants à Paris et en province pour le retrait du plan Juppé ; -16-12 manifestation contre le *plan Juppé.* Reprise progressive du travail (RATP, SNCF) ; -17-12 *les médecins libéraux* manifestent à Paris contre le « rationnement des soins » ; -23-12, 16 membres de l'*Ordre du Temple solaire,* dont 3 enfants, découverts calcinés dans le Vercors, au Puits de l'Enfer, près de St-Pierre-de-Chérennes ; -28-12 *5e essai nucléaire.*

1996-8-1 *Mitterrand,* 79 ans, meurt à 8 h 30 ; -10-1 après 33 jours de grève, les *traminots marseillais* reprennent le travail ; -11-1 deuil national, *Mitterrand* inhumé à Jarnac ; à Paris, messe à Notre-Dame devant 61 chefs d'État et de gouvernement ; -27-1 *6e essai nucléaire* à Fangataufa ; -29-1 Chirac annonce leur « *arrêt définitif* » ; -6-3 *manifestation silencieuse à Paris* « contre le terrorisme et pour la paix », à l'appel d'une dizaine de partis politiques et du Crif ; -24-3 *Paris :* 294 Africains en situation irrégulière,

Jacques Chirac
(*Photo :* La Documentation française. © Bettina Rheims).

réfugiés dans un gymnase après avoir occupé l'église St-Ambroise, sont délogés par les forces de l'ordre ; -12-5, 3e *« Marche pour la vie »,* à l'appel d'Aides et d'associations de lutte contre le sida (10 000 personnes, dont de nombreux ministres) ; -27-5 Reza Malzouman, vice-ministre iranien de l'Éducation sous le shah, assassiné ; -29-5 manifestation de plusieurs milliers de *policiers* à Paris ; -6-6 *grève* des transports (CGT et FO) ; -11-6 *Toulon :* 4 jeunes adeptes du culte satanique, ayant profané une tombe, sont incarcérés ; -13-6 Juppé abandonne le projet de loi Debré sur l'immigration ; -18-6 Bayrou présente la *réforme de l'enseignement supérieur ; Paris :* les infirmières abandonnent leur tente dressée le 3-10-1991, lors d'une manifestation, avenue de Ségur (prévue pour 48 heures, elle aura tenu 1 469 jours) ; -24-6 perquisition au siège du PCF ; -10-7 Bayrou présente la *réforme de l'éducation nationale ;* -20-7 *Marseille :* explosion (gaz), 13 †, plusieurs disparus ; -23-7 Julian Achurra Eguroola, alias Pototo, numéro 3 de l'ETA, arrêté ; -24-7 *Bastia :* incendie du palais de justice ; -17-8/2-9 vol orbital de Claudie André-Deshays, 1re spationaute française ; -23-8 *Paris :* la police évacue 300 Maliens sans papiers qui occupaient l'église St-Bernard depuis 55 jours ; -19-9 *Tours :* visite officielle de Jean-Paul II ; -22-9 *Reims :* célébration du 15e centenaire du baptême de Clovis ; -4-10 *Aix-en-Provence :* attentat à l'explosif contre la poste principale (FLNC) ; -5-10 *Bordeaux :* attentat contre la mairie (FLNC) ; -14-10 R. Hue et G. Marchais mis en examen ; -29-10 *Paris :* visite du dalaï-lama ; -30-10 selon « l'Express », *Charles Hernu* aurait été rémunéré par le KGB pendant 10 ans. *Tapie* déchu de son mandat de député européen ; -1-11 attentat à l'explosif attribué à Iparretarak. Jean-Christophe Cambadélis, secrétaire national du PS, mis en examen ; -2/14-11 *Cayenne* (Guyane) : affrontements lycéens/forces de l'ordre : 1 † ; -17/21-11 *routiers :* barrages filtrants et opérations « Escargot » ; -27-11 port du voile à l'école : le Conseil d'État confirme 23 mesures d'exclusion, en annule 6 ; -3-12 *Paris :* attentat à Port-Royal, ligne B du RER : 2 †, 30 blessés graves (2 mourront les 6 et 8) ; -5-12 mise en examen de Xavière Tibéri ; -6-12 de L.-Y. Casetta, RPR, et de X. Dugoin, Pt RPR du conseil général de l'Essonne ; -16-12 M. Arreckx, ancien sénateur du Var (PR), condamné à 2 ans de prison ; -18-12 : 20 ans de prison pour G. Huntz et J.-C. Lozano, 15 ans pour M. Navarro, accusés de l'assassinat de J.-C. Roseau ; -20-12 *J. Crozemarie,* ancien président de l'Arc, remis en liberté ; -23-12 *Paris :* attentat contre le siège de l'Insee. Le Floch-Prigent, ancien Pt de la SNCF, remis en liberté ; -24-12 lettre au Pt Chirac du GIA qui menace de « détruire » la France, et exige la libération de l'islamiste Abu Abdelhacq Layada, condamné à mort en Algérie, l'arrêt de tout soutien au pouvoir d'Alger et le paiement d'un tribut destiné à épargner la vie des Français vivant en Algérie. **1997**-3-1 *Tapie* écroué à la Santé ; -14-1 *rapport Mattei* sur l'encéphalopathie spongiforme bovine (ESB) ; -2-2 *Corse :* 56 attentats à l'explosif ; -9-2 *Vitrolles* (B.-du-Rh.) : liste FN de C. Mégret 52,48 % des voix ; bat la liste du maire PS sortant ; -16-2 C. Mégret élue maire ; -5-3 *Jean Tiberi* maire de Paris mis en examen ; -7-3 *Renault :* « Eurogrève » contre la fermeture de l'usine belge de Vilvorde ; -11-3 grève des internes des hôpitaux contre la réforme de l'assurance maladie ; -26-3 vote du projet de loi Debré sur l'immigration ; -3-4 *Paris :* manifestation des personnels hospitaliers et des internes contre le plan de réforme de la Sécurité sociale ; -9-4, 3e perquisition du juge Halphen au siège du RPR ; -15-4 suspension de la grève des internes (sauf à Paris) ; -21-4 J. Chirac annonce la dissolution de l'Assemblée nationale ; -23-4 le Conseil constitutionnel censure 2 dispositions de la loi Debré ; -24-4 grève de la SNCF ; -29-4 l'ancien ambassadeur du Zaïre, Ramazani Baya, condamné à 2 ans de prison avec sursis et 50 000 F d'amende pour avoir fauché avec sa voiture 2 adolescents à Menton le 23-11-1996 ; -2-5 *Lourdes :* Ph. Douste-Blazy, blessé au dos d'un coup de couteau par un déséquilibré, est hospitalisé jusqu'au 6 ; -6-5 *Pierre Suard*, ancien Pt d'Alcatel Alsthom (mis en examen 10-3-1995 pour surfacturation de France Télécom et abus de biens sociaux), condamné à 3 ans de prison avec sursis et 2 millions de F d'amende, fait appel ; -25-5 *législatives* (1er tour) : abstentions : 32,04 % ; droite : 36,16, gauche : 44,3 (dont PC 9,91), FN 15,06 ; -1-6, 2d tour (gauche : 319 sièges, droite 257, FN 1) ; -2-6 Alain Juppé démissionne.

1997-2-6 Lionel Jospin Premier ministre [(né Meudon, Hts-de-S. 12-7-1937). Père instituteur (militant SFIO). Mère sage-femme. Marié 1°) 1973 à Élisabeth Dannermüller (2 enfants), 2°) 1994 à Sylviane Agacinski (1 enfant d'un 1er mariage)]. Sciences-Po., Éna (1963-65). Adhère au PSU (1960). Secrétaire Affaires étrangères (1965-70). Professeur économie IUT Paris-Sceaux (1970-81). Conseiller de Paris XVIIIe (1977-86). 1er secrétaire du PS (1981-87 et depuis 1995). Député Paris XVIIIe (1981, cède son siège), Hte-G. (1986, réélu 1988, cède son siège 1997). Député européen (1984-88). Ministre de l'Éducation nationale (mai 1988/avril 1992). Ministre plénipotentiaire (1992). Conseiller général de Cintegabelle (Hte-G., depuis 1988). Conseiller régional Midi-Pyrénées (1992-97). SPORT : basket. ŒUVRE : *l'Invention du possible* (1991)]. **1997**-4-6 formation du *gouvernement. Affaire du Phocea :* en appel ; *Tapie* condamné à 18 mois de prison, dont 12 avec sursis pour fraude fiscale, et 30 mois de prison avec sursis pour abus de biens sociaux ; -9-6 l'ancien capitaine de gendarmerie P. Barril est gardé à vue dans le cadre d'une affaire de proxénétisme international ; -10-6 le gouvernement annonce la régularisation de 20 000 à 40 000 « sans-papiers » ; -17-6, 201 mises en examen dans les milieux pédophiles ; -21-6 *Bordeaux :* suicide d'un instituteur interpellé dans le cadre de l'opération antipédophile « Ado 71 » (4e suicide depuis le 18 ; 5e le 25) ; -23-6 condamnation en appel des 2 chanteurs du groupe NTM (Nique ta mère) à 2 mois de prison avec sursis et 25 000 F d'amende [en 1re instance, ils avaient été condamnés le 14-11-1996 à 6 mois de prison (dont 3 fermes) et à 6 mois d'interdiction d'exercer leur profession] ; -28-6 *Paris :* « Europride » rassemble 200 000 personnes ; -1-7 *J.-M. Boucheron,* ancien député-maire PS d'Angoulême rentré d'Argentine le 25-5, condamné à 4 ans de prison, dont 2 ferme, et à 1 million de F d'amende ; -4-7 *Marseille :* comptes de l'OM : *Tapie* condamné à 3 ans de prison, dont 18 mois ferme ; -4-9 *Christian Blanc,* Pt d'Air France, démissionne (le gouvernement refuse la privatisation) ; -30-9 les évêques des régions qui comptaient des camps d'internement présentent leurs excuses à la communauté juive pour la passivité de l'Église face à la politique antijuive de Vichy ; -8-10 *Bordeaux,* ouverture du procès de Maurice Papon ; -11-10 Paris et province : plusieurs dizaines de milliers de manifestants contre le gouvernement « mangeur d'allocations familiales » ; -30-10 *Jospin* à Moscou (jusqu'au 1-11) ; -2-11 *Thonon :* inaugurant un Mémorial des Justes, le Pt Chirac affirme « le gouvernement de Vichy s'est fait le complice, parfois zélé, de l'occupant » ; -2/10-11 grève des chauffeurs routiers (191 barrages sauf en Ile-de-France) ; -12-11 *Jospin* refuse de mettre sur le même plan communisme et nazisme : les députés UDF quittent la salle de l'Assemblée nationale ; -14-11 guérilla urbaine à la *Seyne-sur-Mer* (Var) (jusqu'au 16), après la mort d'un « jeune » sur une moto volée ; -16-11 *Paris : Georges Marchais* (77 ans), ancien secrétaire général du PC meurt ; -25-11 plusieurs millions de retraités manifestent pour défendre leur pouvoir d'achat ; -15/30-12 des chômeurs occupent des bureaux des Assedic, réclamant une prime de Noël de 3 000 F ; -19-12 violences à *Dammarie-les-Lys* (S.-et-M.) [Abdelkader (16 ans) ayant été tué, le 17, par un policier alors qu'il tentait de forcer un barrage] et dans le *quartier de la Duchère,* à l'ouest de Lyon (Fabrice Fernandez, ayant été tué dans un commissariat, le 18, d'un coup de fusil à pompe saisi sur l'un de ses demi-frères) ; -28-12 *violences,* banlieue de Strasbourg ; -29/30-12 à Toulouse, après la mort accidentelle d'un « jeune » au volant d'une voiture volée ; -30-12 *manifestations* de chômeurs à Paris et en province. **1998**-1-1 *Strasbourg :* 7 interpellations à la suite des violences du 31-12-1997 (53 voitures incendiées, 32 abribus et 21 cabines téléphoniques détruites) ; -5-1 : 4 condamnations à des peines de 9 mois à 2 ans de prison ferme ; -7-1 « Journée d'action » des chômeurs ; -14-1 *Jospin* ayant mis en cause l'attitude de la droite lors de l'abolition de l'esclavage en 1848, puis lors de l'affaire Dreyfus, l'opposition UDF-RPR quitte l'hémicycle et demande sa démission ; -23-1 avalanche aux Orres (Hautes-Alpes) au cours d'une randonnée à raquettes (11 † dont 9 collégiens, 21 blessés). -Février *Rocard* avance que Mitterrand « aimait s'entourer de gens un peu à la limite ». *Manifestation* d'instituteurs à Paris (le 3, grève et manifestations des enseignants du second degré) ; -6-2 *Corse : Claude Érignac* (préfet) assassiné à Ajaccio (remplacé le 11 par *Bernard Bonnet*) ; -14-2 à l'appel de l'*Union nationale des fédérations de chasseurs,* 150 000 à 200 000 manifestants à Paris et Bruxelles contre Dominique Voynet ; -4-3 *vote définitif* par l'Assemblée nationale du projet de loi Guigou sur la nationalité ; -7-3 : 50 « sans-papiers » occupent la cathédrale d'Évry (Essonne) ; -19-3 *Paris :* manifestations des professions paramédicales ; -22-3 *cantonales* (2e tour) ; -23-3 à la télévision, *Chirac* condamne les 5 présidents de région élus le 20 avec le soutien du FN (le 25, Jean-Pierre Soisson démissionne de la présidence de Bourgogne) ; -24-3 *Paris : Tony Blair* devant l'Assemblée nationale expose son « modèle » ; -27-3 *Bernard Harang,* Pt de la région Centre (UDF) élu le 20 grâce aux voix du FN, démissionne ; -28-3 des dizaines de milliers de personnes manifestent en France *contre le* FN ; -31-3 l'Assemblée nationale vote en seconde lecture le projet de loi Aubry sur les *35 heures* (294 voix contre 244) ; -10/11-4 dégâts provoqués par les producteurs de choux-fleurs sur les lignes SNCF du Nord-Finistère ; -17-4 *Charles Millon* lance « La Droite » ; 18 000 manifestants à Montpellier exigent la démission de Pt de la région Languedoc-Roussillon, *Jacques Blanc,* réélu le 20-3 avec les voix du FN ; -21-4 la *mission d'information parlementaire* sur le Rwanda entend Balladur et 3 de ses ministres, Juppé, Léotard et Roussin (le 22, Jean-Christophe Mitterrand) ; -25-4, *8e manifestation,* à Paris d'enseignants et de parents d'élèves de Seine-St-Denis (le 26, plusieurs dizaines envahissent RTL) ; -27-4 perquisition au cabinet du maire de Paris, Jean Tibéri (ancien secrétaire général du RPR et Pt du conseil général de l'Oise) ; -28-4 occupation de la Sorbonne ; -8/10-6 *Air France :* grève des pilotes (75 à 80 % des vols) ; -2-6 *Paris :* réunion constitutive de l'*Alliance* (Pt : Philippe Séguin) ; -13-6 *Éric Tabarly* (66 ans) se noie au large du pays de Galles, son corps sera retrouvé ; -20-6 : 17e *Gay Pride,* à Paris (35 000 à 100 000 participants) ; -12-7 finale *Coupe du monde de football :* la France bat le Brésil 3 à 0. -1-9 ouverture du procès Chalabi (138 prévenus) ; 2-9 Charles Millon et Jean-Pierre Soisson exclus du groupe parlementaire UDF. Ouverture d'une enquête judiciaire sur le fonctionnement de la Mnef ; -23-9 Jean-Yves Haberer, ancien Pt du Crédit lyonnais, mis en examen ; -27-9 élections sénatoriales. -1-10 Christian Poncelet élu Pt du Sénat ; -1/29-10 mouvement lycéen ; -4-10 manifestations à Paris et dans les grandes villes contre le Pacs ; -8-10 *Paris,* grève des transports à la suite d'agressions ; -15-10 journée d'action nationale des lycéens, 500 000 manifestants ; *Paris,* manifestation contre le Pacs, 130 000 personnes ; -11-11 *Paris :* 80e anniversaire de l'armistice de 1918 en présence d'Elizabeth II ; -27-11/11-12 grève des contrôleurs de la SNCF ; -5-12 Charles Pasqua quitte le RPR pour combattre le traité d'Amsterdam ; -13/16-12 *Toulouse :* violence urbaine. -14-12 Bruno Mégret crée un Front national « bis » ; -30-12 dernière cotation de la Bourse de Paris en francs français ; -31-12, 43 voitures incendiées dans la nuit à Strasbourg (80 dans tous le Bas-Rhin). **1999**-18-1 Congrès du Parlement à Versailles adopte le projet de révision constitutionnelle pour la ratification du traité d'Amsterdam ; -23/24-1 B. Mégret crée le Front national-Mouvement national (FN-MN), le 2-10 devient MNR ; -31-1 *Paris :* 100 000 manifestants contre le Pacs ; -9-2 avalanche vallée de Chamonix ; -22-2 1re cotation d'Air France en bourse ; -7-3 élections territoriales en Corse, progression des nationalistes. Incendie de la paillotte *Aria Marina* près d'Ajaccio ; -8-3 début du 33e recensement ; -9-3 la BNP lance une double offre publique d'échange sur la Société Générale et Paribas ; -7/14-3 Corse, élection Ass. territoriale : percée des indépendantistes. -9-3 la Cour de justice relaxe Laurent Fabius et Georgina Dufoix, condamne E. Hervé avec dispense de peine (affaire du « sang contaminé »). -15-3 grève et le 20 manifestation des enseignants à Paris ; -18-3 le Sénat rejette la loi sur le Pacs adoptée le 9-12-1998 par l'Assemblée nationale ; -23-3 Roland Dumas quitte pour « quelques temps » la présidence du Conseil constitutionnel ; -24-3 incendie dans le tunnel du Mont-Blanc, 41 † ; -19/20-4 *Corse :* incendie de la paillotte *Chez Francis* dans le golfe d'Ajaccio ; -1-5 traité d'Amsterdam en vigueur ; -3-5 Bernard Bonnet, préfet de Corse, en garde à vue et relevé de ses fonctions, incarcéré le 6 à la Santé ; -13-6 *élections européennes :* abstention 53,25 %, liste PS/PRG/MDC 21,9, RPF 13, RPR 12,8 ; -14-6 Charles Pasqua et Philippe de Villiers créent le Rassemblement pour la France (RPF) ; -19-6 mort du Cte de Paris ; *Paris : Gay Pride :* 100 000 participants ; *Corse,* conférence de presse de 20 hommes cagoulés annonçant la création du mouvement *Armata corsa* ; -28-6 Congrès à Versailles : révision constitutionnelle créant la Cour pénale internationale et prévoyant parité (hommes/femmes). -14-7 Chirac rejette une éventuelle réduction du mandat présidentiel à 5 ans proposée par plusieurs personnalités de l'opposition (Giscard d'Estaing, Bayrou). -27-7 loi sur la couverture maladie universelle. -12-8 suite aux sanctions prises par les USA contre des exportations agricoles de France et de l'UE en riposte à l'embargo sur les importations américaines de bœuf aux hormones, démontage à Millau (Aveyron) du chantier d'un MacDonald's à l'appel de la Confédération paysanne : J. Bové (fondateur) et 4 adhérents mis en examen et détenus (Bové libéré le 7-9). -6/7-9 Jospin en Corse. Attentats jours suivants. -23/24-9 Nîmes, somme franco-italien ; des agriculteurs détruisent un hypermarché Carrefour. -2-10 le Mouvement national de Mégret devient Mouvement national républicain (MNR). -13-10 loi créant le Pacs. -16-10 *Paris,* manif. pour l'emploi à l'appel du PCF (60 000 personnes). -20-10 Papon, devant se constituer prisonnier, annonce qu'il a choisi l'exil, il sera arrêté en Suisse dans la nuit du 21 au 22, remis aux autorités françaises et incarcéré à Fresnes. -23-10 La Droite (Charles Millon) devient Droite libérale chrétienne. -2-11 Strauss-Kahn, min. de l'Économie, démissionne (mis en cause dans l'affaire de la Mnef, le 4-12 sera mis en examen). -4-12 M. Alliot-Marie élue Pte du RPR (62 % des voix). -12-12 naufrage du pétrolier *Erika :* marée noire sur les côtes bretonne et vendéenne. -26/27-12 tempête.

☞ Voir également les chapitres **Dernière heure** et **D'un Quid à l'autre.**

INSTITUTIONS FRANÇAISES

☞ Pour découvrir la sélection **Quid** des meilleurs sites Internet sur les institutions françaises, rendez-vous sur **www.quid.fr**

SOUVERAINS ET CHEFS D'ÉTAT

Nombre de rois : 86 de Clovis à Louis-Philippe. Sous l'Ancien Régime, on comptait à partir de Pharamond, mais on oubliait les empereurs et rois associés (dont les noms figurent pourtant dans les diplômes), et on donnait Louis XVI, 66e roi de France. 5 rois francs, ou des Francs, ont eu le titre impérial (romain) : Charlemagne, Louis le Pieux, Lothaire, Charles II le Chauve, Charles le Gros.

Nombre d'empereurs des Français : 3 [Napoléon Ier, Napoléon II (reconnu par les Chambres et proclamé dans plusieurs villes), Napoléon III].

☞ Voir au chapitre **Histoire** les détails donnés sur les rois, leurs épouses, leurs enfants, leurs concubines, l'origine de leur famille.

☞ *Abréviations :* f. : fils ; s. f. : son fils ; s. fr. : son frère ; petit-f. : petit-fils ; art. : article ; v. : vers.

■ **Mérovingiens** (voir p. 619 c).

■ **Carolingiens** dits aussi **Pippinides. 751 Pépin le Bref** (714, Jupille/24-9-768, St-Denis) fils de Charles Martel (v. 676/12-10-741) ; **768 Charles (Ier) le Grand,** dit **Charlemagne** (742/28-1-814) s. f. ; **768 Carloman** (†771) s. fr. ; **813 Louis Ier le Débonnaire ou le Pieux** (778/20-6-840) f. de Charlemagne ; **817-840 Lothaire** (795/29-9-855) s. f. ; **817 Pépin Ier** († 838) ; **839 Pépin II** († après 864) ; **840 Charles II le Chauve** (ou Ier : voir **Charlemagne** p. 621 c) (13-6-823/6-10-877) f. de Louis Ier ; **855 Charles l'Enfant** († 866) ; **877 Louis II le Bègue** (1-11-846/10-4-879) f. de Charles II ; **879 Louis III** (864/5-8-882) s. f. ; **879 Carloman II** (866/12-12-884) s. fr. ; **884 Charles II le Gros** (839/13-1-888) s. fr. ; **898 Charles III le Simple** (17-9-879/7-10-929) f. de Louis II ; **936 Louis IV d'Outremer** (921/10-9-954) s. f. ; **954 Lothaire** (941/2-3-986) s. f. ; **986 Louis V le Fainéant** (v. 967/21-5-987) s. f.

■ **Capétiens** (voir p. 623 a).

Rois robertiens antérieurs à Hugues Capet. 888 Eudes (v. 860-898) f. de Robert le Fort ; **922 Robert Ier** (866-923) s. fr. ; **923 Raoul duc de Bourgogne** († 936).

Capétiens directs. 987 Hugues Capet (v. 941-996) petit-f. de Robert Ier ; **987 Robert II le Pieux** (v. 970-juillet 1031) s. f. ; **1017 Hugues le Grand** (1007/17-9-1025) s. f. ; **1026 Henri Ier** (1008/4-8-1060) s. f. ; **1059 Philippe Ier** (1052/v. 30-7-1108) s. f. ; **1100 Louis VI le Gros** (v. 1081/1-8-1137) s. f. ; **1129 Philippe** (29-8-1116/13-10-1131) s. f. ; **1131 Louis VII le Jeune** (v. 1120/18-9-1180) s. fr. ; **1179 Philippe II Auguste** (août 1165/14-7-1223) s. f. ; **1223 Louis VIII le Lion** (3 ou 5-9-1187/8-11-1226) s. f. ; **1226 Louis IX [St Louis]** (25-4-1214/25-8-1270) s. f. ; **1270 Philippe III le Hardi** (1-5-1245/5-10-1285) s. f. ; **1285 Philippe IV le Bel** (1268/29-11-1314) s. f. ; **1314 Louis X le Hutin** (4-10-1289/5-6-1316) s. f. ; **1316 Jean Ier** (14-11-1316/19 ou 20-11-1316) s. f. ; **1316 Philippe V le Long** (1294/3-1-1322) frère de Louis X ; **1322 Charles IV le Bel** (1294/1-2-1328) s. fr.

Valois. 1328 Philippe VI de Valois (1293/22-8-1350) son cousin ; **1350 Jean II le Bon** (26-4-1319/8-4-1364) s. f. ; **1364 Charles V le Sage** (21-1-1338/16-9-1380) s. f. ; **1380 Charles VI le Bien-Aimé ou le Fol** (3-12-1368/21-10-1422) s. f. ; **1422 Charles VII le Victorieux** (22-2-1403/22-7-1461) s. f. ; **1461 Louis XI le Prudent** (3-7-1423/30-8-1483) s. f. ; **1483 Charles VIII l'Affable** (30-6-1470/7-4-1498) s. f.

Valois-Orléans. 1498 Louis XII, le père du peuple (27-6-1462/1-1-1515) son cousin.

Valois-Angoulême. 1515 François Ier, le père et le restaurateur des lettres (12-9-1494/31-3-1547) son cousin ; **1547 Henri II** (31-3-1519/10-7-1559) s. f. ; **1559 François II** (19-1-1544/5-12-1560) s. f. ; **1560 Charles IX (Charles-Maximilien)** (27-6-1550/30-5-1574) s. fr. ; **1574 Henri III (Alexandre-Édouard)** (19-9-1551/2-8-1589) s. fr.

Bourbons. 1589 Henri IV le Grand (14-12-1553/14-5-1610) son cousin (lointain) ; **1610 Louis XIII le Juste** (27-9-1601/14-5-1643) s. f. ; **1643 Louis XIV le Grand** ou **le Roi-Soleil** (5-9-1638/1-9-1715) s. f. ; **1715 Louis XV le Bien-Aimé** (15-2-1710/10-5-1774) son arrière-petit-f. ; **1774 Louis XVI** (23-8-1754/21-1-1793) son petit-f. ; **1793 Louis XVII** (27-3-1785/8-6-1795) s. f.

■ **Ire République. Convention :** pouvoir exécutif collectif (« Comité de salut public » de 9 conventionnels). **Directoire :** fonctions de chef d'État exercées collectivement. **Consulat :** commission consulaire provisoire, consulat décennal, consulat bidécennal, consulat à vie.

■ **Premier Empire. 1804 (18 mai) Napoléon Ier** (15-8-1769/5-5-1821).

■ **Régime transitoire. 1814 (31 mars) gouvernement provisoire.**

■ **Première Restauration. 1814 Louis XVIII le Désiré** (17-11-1755/16-9-1824) frère de Louis XVI.

■ **Cent-Jours. 1815 Napoléon Ier ; 1815 Napoléon II** (20-3-1811/22-7-1832) s. f.

■ **Commission de gouvernement. 1815 (23-6/7-7) ; commission de 5 membres élus.**

■ **Seconde Restauration. 1815 (7-7) Louis XVIII ; 1824 Charles X** (9-10-1757/6-11-1836) s. fr.

■ **Monarchie de Juillet. 1830 (9-8) Louis-Philippe Ier** (6-10-1773/26-8-1850) duc d'Orléans, son cousin.

■ **IIe République. 1848 (24-2) gouvernement provisoire. 1848 (10-12) Louis-Napoléon Bonaparte** (20-4-1808/9-1-1873, neveu de Napoléon Ier) président de la République.

■ **Second Empire. 1852 (2-12) Napoléon III.**

■ **IIIe République. 1870 (du 4-9 au 12-1-1871). Gouvernement de la Défense nationale : Gal Louis Trochu** (1815-96). **Gouvernement de l'Assemblée nationale : 1870 (12-1) Adolphe Thiers** (1797/1877), chef du gouvernement exécutif. **Présidents de la République : 1871 Adolphe Thiers ; 1873 Mal Patrice de Mac-Mahon,** duc de Magenta (1808-93) ; **1879 Jules Grévy** (1807-91) ; **1887 Sadi Carnot** (1837-assassiné 1894) ; **1894 Jean Casimir-Perier** (1847-1907) ; **1895 Félix Faure** (1841-99) ; **1899 Émile Loubet** (1838-1929) ; **1906 Armand Fallières** (1841-1931) ; **1913 Raymond Poincaré** (1860-1934) ; **1920 (28-2/22-9) Paul Deschanel** (1855-1922) ; **1920 Alexandre Millerand** (1859-1943) ; **1924 Gaston Doumergue** (1863-1937) ; **1931 Paul Doumer** (1857-assassiné 1932) ; **1932 Albert Lebrun** (1871-1950).

■ **État français à Vichy. 1940-44 Mal Philippe Pétain** (24-4-1856/23-7-1951).

■ **France libre.** FRANÇAIS LIBRES **1940 (26-6) : Gal Charles de Gaulle** (23-11-1890/9-11-1970). COMITÉ FRANÇAIS DE LIBÉRATION NATIONALE **(3-6-1943) : Gal Charles de Gaulle et Gal Henri Giraud** (1879-1949).

■ **Gouvernement provisoire. 1944 (3-6/2-11-1945). Gal Charles de Gaulle.**

■ **IVe République. Gouvernements provisoires : 1945 (2-11/20-1-1946) Gal Charles de Gaulle ; 1946 (23-1/12-6) Félix Gouin** (1884-1977) ; **1946 (24-6/28-11) Georges Bidault** (1899-1983) ; **1946 (28-11/18-12) Vincent Auriol** (1884-1966) ; **1946 (18-12/16-1-1947) Léon Blum** (1872-1950). **Présidents de la République : 1947 (16-1) Vincent Auriol ; 1954 (16-1) René Coty** (20-3-1882/22-11-1962).

■ **Ve République. Présidents de la République : 1959 (8-1) Gal Charles de Gaulle ; 1969 (28-4/19-6,** par intérim) **Alain Poher** (17-4-1909/9-12-1996, Pt du Sénat) ; **1969 (16-6) Georges Pompidou** (5-7-1911/2-4-1974) ; **1974 (2-4/19-5,** par intérim) **Alain Poher** (Pt du Sénat) ; **1974 (19-5) Valéry Giscard d'Estaing** (né 2-2-1926) ; **1981 (21-5) François Mitterrand** (26-10-1916/8-1-1996) ; **1995 (17-5) Jacques Chirac** (né 29-11-1932).

PRÉSIDENTS DE LA RÉPUBLIQUE

QUELQUES CHIFFRES

■ **Nombre de présidents.** 21. **Ire République :** 0, **IIe :** 1, **IIIe :** 14, **IVe :** 2, **Ve :** 5 (Coty fut élu sous la IVe) + Pt intérimaire à 2 reprises (Alain Poher, Pt du Sénat).

■ **Age. Les plus jeunes :** Louis-Napoléon Bonaparte 40 ans. Jean Casimir-Perier 46. Valéry Giscard d'Estaing 48. Sadi Carnot 50. **Les plus vieux :** Paul Doumer 74 ans. Thiers 74. Grévy 72 (réélu à 79). De Gaulle 69 (réélu à 75 ans 28 j). Mitterrand 64 (réélu à 71 ans). René Coty 71.

■ **Démissionnaires.** Thiers, Mac-Mahon, Grévy, Casimir-Perier, Deschanel, Millerand, Coty, de Gaulle. **Déposé.** Lebrun. **Devenu empereur.** Louis-Napoléon Bonaparte (Napoléon III). **Mandat complet.** Grévy (1er mandat), Loubet, Fallières, Poincaré, Doumergue, Lebrun (1er mandat), Auriol, de Gaulle (1er mandat 1958-65), Giscard d'Estaing, Mitterrand (1er mandat 1981-88 ; 2e mandat 1988-95). **Morts en exercice.** *Assassinés :* Carnot, Paul Doumer. *De maladie :* Faure, Pompidou. **Records de pouvoir.** *Le plus longtemps :* Mitterrand 14 ans (5 110 j), de Gaulle 10 ans 3 mois (3 764 j), Grévy 8 ans 10 mois, Lebrun 8 ans 2 mois. *Le moins longtemps :* Casimir-Perier 6 mois 20 j, Deschanel 9 mois 4 j, Doumer 11 mois 25 j.

☞ **Pour en savoir plus,** consultez le *Quid des présidents de la République* (et des candidats), Éditions Robert Laffont.

RÉPUDIATIONS DE SOUVERAINES

N'ayant pas abouti. Bertrade, épouse de Pépin le Bref, *752* répudiée, mais reprise la même année sur menace d'excommunication du pape Zacharie. **Teutberge,** épouse de Lothaire Ier, *862* mariage déclaré nul par des évêques mais Hincmar, archevêque de Reims, proteste ; *867* Lothaire, *excommunié,* fait le pèlerinage de Rome et doit reprendre sa femme, en éloignant sa concubine *Waldrade.* **Ingeburge de Danemark,** 2e épouse de Philippe Auguste. **Ayant abouti en fait. Rosala de Provence,** *989* répudiée par Robert le Pieux qui épouse *Berthe de Bourgogne* (mariage béni par l'archevêque de Tours Archambaud). *998* Berthe et Robert *excommuniés* par le concile de Rome. *1003* Robert renvoie Berthe, mais ne reprend pas Rosala, devenue nonne (il épouse en 1007 *Constance d'Arles*). **Berthe de Hollande,** *1091* épouse de Philippe Ier. **En droit. « Désiderade »,** *771* 2e épouse de Charlemagne. Le pape Étienne III autorise un 3e mariage de Charles avec *Hildegarde,* fille du duc d'Alémanie (peut-être parce que *Himiltrude,* la 1re, était une concubine). **Éléonore d'Aquitaine,** *1152* épouse de Louis VII (voir p. 623 c). **Sainte Jeanne de France,** *1498* 1re épouse de Louis XII. **Marguerite de Valois,** *1599* 1re épouse d'Henri IV. **Joséphine Tascher de la Pagerie** (épouse en 1res noces d'Alexandre de Beauharnais), épouse de Napoléon Ier, répudiée (pour stérilité) le *30-11-1809.*

QUELQUES CHIFFRES

■ **Dans le monde. Règnes les plus longs :** *Pépi II,* pharaon d'Égypte, 94 ou 95 ans (2278-2183 av. J.-C.). *Guillaume III,* Taillefer (947-1037), Cte de Toulouse, 87 ans (950-1037). *Georges Ier* (1784-1860), Cte (1787-1807) puis Pce (1807-1860) de Schaumburg-Lippe (Basse-Saxe) 73 ans 9 mois et 8 j (1-2-1787/21-11-1860). *Alphonse Ier,* Henriquez (1107-85), Cte (1112-43) puis roi du Portugal (1143-85), 73 ans 7 mois et 6 j (30-4-1112/6-12-1185). *Charles-Frédéric* (1728-1811), margrave (1738-1803), Électeur (1803-06), puis grand-duc (1806-11) de Bade, 73 ans et 29 j (12-5-1738/10-6-1811). *Louis XIV* (1638-1715), 72 ans 3 mois et 18 j (14-5-1643/1-9-1715) [de 4 ans 8 mois et 9 j à 76 ans 11 mois et 26 j, dont 59 ans de règne personnel]. *Frédéric-Charles* (1725-1803), Cte de Bentheim (Wesphalie), 71 ans 7 mois et 21 j (29-6-1731/19-2-1803). *Jean II* (1840-1929), Pce de Liechtenstein, 70 ans 2 mois et 30 j (12-11-1858/11-2-1929). *François-Joseph Ier* (1830-1916), empereur d'Autriche, 67 ans et 354 j (2-12-1848/21-11-1916). *Ferdinand de Bourbon* (1751-1825), roi de Naples, 65 ans 2 mois et 29 j (6-10-1759/4-1-1825), sous le nom de Ferdinand IV (1759-1816) puis Ferdinand Ier (1816-25). *Louis XV :* 59 ans ; *Philippe Ier :* 48 ans ; *Childéric Ier :* 47 ans ; *Charlemagne :* 46 ans ; *Louis IX (Saint Louis) :* 44 ans ; *Louis VII, Philippe Auguste :* 43 ans ; *Charles VI :* 42 ans.

■ **En France. Règnes les plus courts :** *Louis XIX :* 20 minutes [mais il ne s'est pas considéré comme roi pendant ces instants, et a été roi en droit 8 ans (1836-44)] ; *Jean Ier le Posthume :* 5 j ; *Napoléon II :* empereur implicitement jusqu'à la fin de la commission de gouvernement (qui parle de l'empereur) : 15 j. **Régences les plus longues :** *Blanche de Castille :* 10 ans ; *Anne d'Autriche :* 8 ans. **Roi mort le plus vieux :** *Charles X,* à 79 ans et 11 mois, en exil.

■ **Morts hors de France. Rois :** *Louis IX (Saint Louis)* (1270) à Tunis, *Philippe III le Hardi* (1285) à Perpignan (roy. d'Aragon), *Jean le Bon* (1364) prisonnier à Londres, *Charles X* (1836) en exil en Autriche, *Louis-Philippe* (1850) en exil en Angleterre. **Empereurs** (en exil) : *Napoléon Ier* (île de Ste-Hélène), Napoléon II (Vienne), *Napoléon III* (Angleterre).

■ **Sang royal.** Louis XVI et ses frères, Louis XVIII et Charles X, étaient français pour 1/128. Louis XVII pour 1/256.

DESCENDANTS DES ANCIENS SOUVERAINS

■ **Loi d'exil.** La loi du 22-6-1886 (dite *loi d'exil*) interdisait aux chefs des familles ayant régné sur la France et à leurs fils aînés de séjourner ou de venir en France, et à tous les hommes de ces familles [Bourbons (y compris ceux d'Espagne, descendants de Philippe V), Orléans et Bonaparte] de servir dans l'armée française. Cette loi fut abrogée sur proposition de Paul Hutin-Desgrées, député (MRP) du Morbihan et adoptée par l'Assemblée nationale le 16-5-1950 par 314 voix contre 179, et par le Conseil de la République le 22-6 par 218 voix contre 84, promulguée le 24-6-1950, mais les princes de ces familles peuvent être expulsés de France s'ils troublent l'ordre public.

☞ Le terme de *maison de France* apparaît en 1277.

■ **Descendance des Mérovingiens et des Carolingiens.** Les Capétiens seraient la plus ancienne race royale du monde [si l'on ne compte pas les Bagration (Géorgie), à la filiation incertaine, et la dynastie japonaise, dont la filiation est légendaire, durant les premiers siècles de l'ère chrétienne]. Ils ont eu des liens nombreux avec Carolingiens et Mérovingiens et ont toujours prétendu descendre de Charlemagne, donc de Clovis (voir p. 623 a). 6 familles descendraient de Clovis par les mâles (de La Rochefoucauld, d'Aure puis de Gramont, de Comminges de Peguilhan, de Galard, de Luppé, de Montesquiou-Fezensac). Elles n'ont jamais prétendu à la couronne de France et n'ont pu prouver scientifiquement leur filiation. De même celles issues de Charlemagne par les femmes (Sohier de Vermandois et de Chaumont-Quitry).

Descendance des Capétiens

Bibliographie : État présent de la maison de Bourbon, t. 4 (1991, Le Léopard d'or).

Branche aînée des Bourbons

■ **Suite des « rois de France » depuis la mort de Charles X** (selon les légitimistes). **1836** Louis XIX Cte de Marnes [-la-Coquette] (ex-duc d'Angoulême, ex-dauphin, fils de Charles X). **1844** Henri V Cte de Chambord (1820-83) fils du duc de Berry († 1820, frère cadet de Louis XIX) petit-fils de Charles X. **1883** Jean III (1822-87) petit-fils d'un frère cadet de Ferdinand VII roi d'Espagne (celui-ci avait 1 seule fille, la reine Isabelle II d'Espagne qui, femme, ne pouvait transmettre les droits héréditaires français, mais avait épousé son cousin François d'Assise, fils d'un autre cadet, François de Paule). **1887** Charles XI, duc de Madrid (1848-1909) son fils. **1909** Jacques Ier duc d'Anjou et de Madrid (1870-1931) son fils. **1931** Charles XII, Alphonse duc d'Anjou et de San Jaime (12-9-1840/30-9-1936, renversé par un camion à Vienne) son oncle (frère de Charles XI et dernier roi d'Espagne de la branche carliste). **1936** Alphonse Ier (roi d'Espagne sous le nom d'Alphonse XIII, détrôné 1931 ; 17-5-1886/28-2-1941) son cousin. **1941** Henri VI, Jacques (Jaime) duc d'Anjou et de Ségovie (La Granja, Espagne 23-6-1908/St-Gall 20-3-1975 ; sourd muet de naissance) qui a fait acte de roi de France en prenant le titre de duc d'Anjou et les pleines armes de France (Rome 28-3-1946). *Épouse* (à Rome le 4-3-1933) *Mlle Emmanuelle de Dampierre* [née 8-11-1913, fille du vicomte (français) Roger de Dampierre, second duc romain de San Lorenzo, et de la Pcesse (italienne) Vittoria Ruspoli ; après divorce prononcé à Bucarest 6-5-1947 (enregistré à Turin 3-6-1949), elle épousera Antonio Sozzani (union non reconnue en Espagne ; séparée)] ; il se remariera civilement en 1949 avec une protestante, *Mme Charlotte Tiedemann* († 3-7-1979, ancienne chanteuse ; divorcée). De son 1er mariage il eut : *1°)* Alphonse (voir ci-dessous) ; *2°)* Charles-Gonzalve (Rome 5-6-1937/Lausanne 27-5-2000) qui a reçu de son père (21-9-1972) le titre héréditaire de duc d'Aquitaine, banquier. *Épouse 1°)* (25 et 30-6-1984) *Mercedes Licer* [née Valence, 15-10-1963] divorcé 31-1-1989, union annulée 28-10-1994. *2°)* (12-12-1992 et 16-9-1995) *Emanuela-Maria Pratolongo* [née 22-3-1960, fille de Vicenzo Pratolongo, armateur génois et de Sofia Hardouin di Gallese, des ducs de Gallese ; sans postérité légitime]. (Voir **Espagne**.)

■ **1975 Alphonse II de Bourbon, duc d'Anjou et de Cadix** [(Rome 20-4-1936/Beaver Creek, Colorado, USA – accident de ski (heurte un câble d'acier, fracture du crâne) 30-1-1989] porta le titre de duc de Bourbon et de Bourgogne du 25-11-1950 au 3-8-1975 ; reconnu en Espagne comme le duc de Cadix le 22-11-1972 ; succéda à son père le 20-3-1975, avec prise du titre de duc d'Anjou le 3-8 suivant ; de nationalité française confirmée par jugement (Montpellier 13-11-1987), avocat (non exerçant) au barreau de Madrid, ambassadeur d'Espagne à Stockholm (1969-72), banquier, Pt de l'Institut de culture hispanique (1973-77), Pt du Comité olympique espagnol, Pt d'honneur de l'Institut de la maison de Bourbon, du Mémorial de France à St-Denis, maire d'honneur de Jonage (Rhône), etc. *Épouse* (au Pardo, près de Madrid, le 8-3-1972) *Marie Carmen Martinez Bordiu y Franco* (Madrid 26-2-1951) fille du Mis de Villaverde et petite-fille du généralissime Franco [dont François, duc de Bourbon (Madrid 1973/Pampelune 7-2-1984, accident de voiture, conduite par son père) et Louis-Alphonse (voir ci-dessous)]. Après séparation (prononcée par le tribunal diocésain de Madrid) 16-11-1979, et divorce 10-4-1980 (mariage annulé 16-12-1986), Marie Carmen se remaria civilement 11-12-1984 avec Jean-Marie Rossi (antiquaire parisien d'origine italienne, divorcé de Barbara Hottinguer) dont elle fut la 3e femme avant de s'en séparer. Peu avant sa mort, Alphonse s'était fiancé à l'archiduchesse Constance d'Autriche.

■ **Louis XX : Mgr Louis-Alphonse, duc d'Anjou** (Madrid 25-4-1974), titré duc de Touraine puis 19-9-1981 duc de Bourbon et 2-2-1989 duc d'Anjou ; citoyen français par sa grand-mère (née Dampierre) ; banquier à Madrid. Bailli grand-croix d'honneur et de dévotion de l'Ordre de Malte (2000). Représentant de Louis XVI à la Société des Cincinnati de France (1994).

■ **Selon ses partisans. 1°)** La Couronne se transmet par ordre d'aînesse, de mâle en mâle appartenant à une même branche ; c'est seulement en cas d'extinction de la branche aînée qu'elle passe à l'aîné de la branche qui vient tout de suite après. Ainsi le roi Louis-Philippe n'est qu'un usurpateur. **2°)** Aux disciples du père Pierre Poisson (?-1744) cordelier, défenseur des droits du Régent (auteur vers 1720 d'un opuscule *La loy fondamentale de la succession à la couronne de France,* publié par Mgr Baudrillart en 1890), qui disent que les descendants de la branche aînée, étant espagnols, ne sauraient avoir de droits sur la couronne, ils répondent : « Les exigences de l'ordre successoral, qui est une des "lois fondamentales" du royaume, l'emportent sur des réalités contingentes, telles que la nationalité du prince capétien héritier » (elles l'ont emporté même sur l'appartenance *religieuse* d'Henri IV), et invoquent des précédents : Louis XII était roi de Naples et de Milan, François II roi d'Écosse et Henri III roi de Pologne ; de même, Philippe le Bel, Louis X le Hutin et Henri IV avaient été rois de Navarre (et même Napoléon III, qui était fils de Louis, roi de Hollande). **3°)** La couronne n'est pas un droit mais une charge (principe de « l'indisponibilité de la couronne ») ; elle ne peut appartenir à celui qui la porte, mais lui est seulement confiée par Dieu ; celui auquel elle échoit se trouve dans l'incapacité de la refuser.

Le 21-12-1988, le tribunal de grande instance de Paris avait tranché en faveur du duc d'Anjou et de Cadix (défendu par Jean Foyer) dans le procès intenté par Henri d'Orléans, comte de Mortain (représenté par Paul Lombard) et les Pces Ferdinand de Bourbon-Siciles et Sixte Henri de Bourbon-Parme (représentés par Jean-Marc Varaut) qui souhaitaient que la justice lui interdise de porter le titre de duc d'Anjou et d'user des armoiries de la maison de France (3 fleurs de lis d'or sur champ d'azur). Le jugement constatait que : « Les titres nobiliaires supprimés par les Révolutions de 1789 et de 1848 et rétablis par le décret du 28-1-1852 ne peuvent être régulièrement portés et ne peuvent être donnés à leurs titulaires dans les actes d'état civil qu'en vertu d'un arrêté d'investiture pris par le garde des Sceaux, en application de l'acte royal ou impérial qui les a, à l'origine, conférés. » Un titre de noblesse « ne peut être défendu contre toute usurpation que par celui qui en dispose lui-même dans les conditions rappelées, ou qui fait partie d'une famille à laquelle a été, de la même manière, reconnue cette distinction honorifique ». Or le titre de duc d'Anjou « a été concédé, en dernier lieu, par Louis XV à son 2e petit-fils Louis Stanislas Xavier (futur Louis XVIII) puis a été aboli par l'effet du décret de l'Assemblée nationale constituante du 19-6-1790. La survivance actuelle de ce titre ne pourrait être vérifiée que par le garde des Sceaux, éventuellement saisi. Dans ces conditions, Henri d'Orléans doit être déclaré irrecevable à agir en défense du titre de duc d'Anjou sur lequel il n'établit pas que lui-même ou sa famille aient des droits. Il doit en être de même quant à Ferdinand de Bourbon-Siciles et Sixte de Bourbon-Parme qui ne justifient pas davantage d'un intérêt à intervenir ». Pour le port des armoiries, « il n'appartient pas à une juridiction de la République d'arbitrer la rivalité dynastique qui sous-tend en réalité cette querelle héraldique comme l'ensemble de la procédure ».

L'arrêt de la cour d'appel de Paris (22-11-1989) confirma ce jugement en précisant que les pleines armes de France prises depuis plus de 100 ans par les aînés des Bourbons d'Espagne (depuis la mort de Henri V en 1883) ne peuvent être contestées au Pce Louis, nouvel aîné. Depuis la chute de Charles X, ce sont des armes privées, non étatiques, elles sont un attribut de la famille.

Validité des renonciations : par les traités d'Utrecht (1713-15), Louis XIV renonçait pour lui et son petit-fils Philippe V à la réunion des couronnes de France et d'Espagne, Philippe V abandonnait pour lui et ses descendants toute prétention à la couronne de France. Cependant, pour les partisans du duc d'Anjou, ces renonciations sont sans effet sur la succession capétienne : *1°)* Louis XIV, même agissant en tant que roi, ne pouvait modifier l'ordre successoral ; il essaya également de le faire en faveur des légitimés et on annula les dispositions ; *2°)* Philippe d'Anjou, n'étant pas roi de France, n'avait aucun titre pour disposer de la couronne française ; *3°)* les décisions en matière de succession relèvent des états généraux : le parlement de Paris n'est pas compétent pour les enregistrer ; *4°)* les juristes français (notamment le négociateur d'Utrecht, le Mis de Torcy) ont fait l'impossible pour accorder aux Anglais la séparation des couronnes de France et d'Espagne, tout en réservant les droits des Bourbons-Anjou à la succession capétienne ; *5°)* le traité d'Utrecht n'a pas mis fin à la guerre de Succession d'Espagne qui s'est terminée en 1714, par les traités de Rastatt (en français) et de Baden (en latin, à cause de la présence d'un légat du pape). Plusieurs clauses secrètes, signées entre le Mal de Villars et le Pce Eugène (St Empire), excluaient les Orléans de la succession et réservaient les droits des Pces d'Anjou-Espagne ; *6°)* quand la question des droits de Philippe V d'Anjou-Espagne s'est posée sérieusement (mauvaise santé du jeune Louis XV, unique héritier des Bourbons de France) entre 1715 et 1723, le peuple français était unanime à suivre les lois fondamentales et à faire appel à Philippe V contre le Régent (le Régent aurait eu en compensation la couronne d'Espagne, comme petit-fils d'Anne d'Autriche) ; *7°)* un édit de Louis XV (1717) prescrit qu'en cas d'extinction de la maison de France ou de Bourbon c'est à la nation de décider ; *8°)* Louis XVI a reconnu les Bourbons d'Espagne comme aînés, après lui, de la famille capétienne : le 12-10-1789, il a remis entre les mains de Charles IV, « chef de la seconde branche », sa protestation, contre les concessions arrachées par les révolutionnaires ; *9°)* la Constitution de 1791 ne rejetait pas les droits successoraux des Bourbons d'Anjou-Espagne, et ne fixait aucune règle relative à la nationalité des rois héréditaires (la Charte de 1814 refusait d'expliciter ce point, les « lois fondamentales » restant en vigueur telles qu'elles étaient jusqu'en 1789). Louis-Philippe, redoutant la compétition avec la branche carliste d'Espagne, fit pression sur Ferdinand VII pour qu'il maintînt la loi salique en Espagne. Celui-ci avait exclu du trône Isabelle, sa fille, et fait accéder au trône d'Espagne les carlistes, descendants mâles de Charles, son frère. Les carlistes étant sur le trône de Madrid, Louis-Philippe pouvait leur opposer le traité d'Utrecht mais, si les carlistes étaient privés du trône d'Espagne, ils représentaient une dynastie française mieux placée que la sienne ; *10°)* à la mort du Cte de Chambord (1883), le ralliement des monarchistes français à don Juan, Cte de Montizon (Jean III de France), aurait été unanime, si ce prince n'avait pas fait preuve de graves défauts de caractère : il avait déjà abdiqué ses droits espagnols en faveur de son fils don Carlos VII (Charles XI de France) ; *11°) les partisans du Cte de Paris* qui considèrent valables les renonciations de Louis XIV et de Philippe V sont en contradiction avec eux-mêmes en ne reconnaissant pas comme valable le fait que Philippe Égalité ait par 3 fois, pour lui et pour ses descendants, renoncé à la couronne. Il aurait même pris le patronyme d'Égalité pour montrer qu'il rejetait les droits des Bourbons (les orléanistes disent que ce patronyme lui a été imposé par les révolutionnaires, comme celui de Capet à Louis XVI).

Branche Orléans (cadette)

☞ **Lois de dévolution de la couronne de France** ou **Lois fondamentales du royaume.** La Couronne est héréditaire dans la maison capétienne de mâle en mâle par ordre de primogéniture. Les femmes sont exclues. Le prétendant doit être Français, enfant légitime. Son mariage doit être reconnu par le chef de la Maison. Il doit être catholique.

Le chef de la maison de France porte le titre de « Monseigneur » et son épouse celui de « Madame ». [Le 29-4-1909 un pacte de famille fut signé d'un côté par le *duc d'Orléans* († 1926 sans postérité), son frère, le *duc de Montpensier* († 1924 sans postérité), *son seul cousin germain subsistant* titré par lui duc de Guise [qui lui succédera en 1926 comme chef de famille (il n'a qu'un fils, né en 1908, le Cte de Paris) qui représente son père le duc de Chartres († 1910, qui n'avait pu assister à la réunion)], *les 2 cousins germains de son père* restés Français : le duc d'Alençon (fils cadet du duc de Nemours, chef de la branche cadette restée française dite de Nemours) et *son fils unique* titré duc de Vendôme par le duc d'Orléans [il n'eut qu'un fils, né 1905 (titré duc de Nemours par le duc d'Orléans) † 1970 sans postérité] ; le duc de Penthièvre (fils unique du Pce de Joinville) † 1919, d'un autre côté par le Cte d'Eu *frère aîné du duc d'Alençon* (sans descendance légitime) devenu brésilien par son mariage, en 1864, avec la Pcesse impériale du Brésil] et *ses 3 fils* (Pierre, Louis et Antoine) qui reconnaissaient qu'eux et leur descendance constituaient une maison distincte de l'ensemble des branches de la maison d'Orléans : les Orléans et Bragance, maison impériale du Brésil, en gardant leurs droits de successibilité à la couronne de France, mais en prenant la dernière place dans l'ordre de primogéniture.]

■ **Duc de Guise. Jean d'Orléans** (Paris 4-9-1874/Larache 25-8-1940). **1897** titré duc de Guise par Philippe, duc d'Orléans. **1899**-*30-10* épouse Isabelle d'Orléans (Eu 7-5-1878/Larache 21-4-1961) sa cousine germaine, sœur de Philippe duc d'Orléans. **1909** s'installe au Maroc (sous le nom d'Orliac, nom d'un tambour-major du duc d'Aumale). **1912**-*20-3 après la Convention de Fez* la maison de Larache revient au Maroc espagnol et le domaine de Maarif au Maroc français. **1914** cherche à servir dans l'armée (France, Belgique, G.-B. refusent), servira dans la Croix-Rouge. **1918** revient à Larache. *Étés* à Vineuil-St-Firmin (Oise) chez la duchesse de Chartres ou à Randan (près de Vichy) chez la Ctesse de Paris. **1926**-*28-3* mort du duc d'Orléans ; le duc de Guise, son neveu, devenu chef de la maison de France et son fils Henri sont condamnés à l'exil. *Mai* s'installent au manoir d'Anjou près de Bruxelles (château de Putdael entouré de 15 ha, d'abord loué par le duc d'Orléans en 1913, puis acheté 75 000 F en 1923 et rebaptisé, ruiné pendant la guerre de 1940).

■ **Henri d'Orléans Cte de Paris** (Le Nouvion-en-Thiérache, Aisne 5-7-1908/Cherisy, E.-et-L. 19-6-1999). Inhumé à la Chapelle royale St-Louis de Dreux (E.-et-L.). Également duc d'Orléans, de Valois, de Chartres, de Nemours et de Montpensier, dauphin d'Auvergne, Pce de Joinville et sénéchal héréditaire de Champagne, Mis de Coucy et de Folembray, Cte de Soissons, de Dourdan et de Romorantin, baron de Beaujolais, etc., Pce du sang de France. Fils du duc de Guise. *Épouse* (8-4-1931, palais d'Orléans à Palerme) Isabelle d'Orléans et Bragance (née Eu, S.-M., 13-8-1911), descendante du duc de Nemours. A la demande de sa femme, séparés de corps et de biens en févr. 1986. Il réussit ses 2 baccalauréats, puis suit des cours à la faculté des sciences de Strasbourg et à l'Université de Louvain (2 ans en sciences, 2 ans en droit), doctorat de droit. Parle français, allemand, anglais, arabe, espagnol, italien. **1929**-*5-7* titré Cte de Paris par son père. **1931** après son mariage, s'installe au manoir d'Anjou et achète le château d'Agimont près de Givet en Belgique. **1932**-*27-9* obtient son brevet de pilote. **1934**-*janv.* 1er numéro de *Question du jour,* revue trimestrielle [*avril 1936* après 9 numéros fusionne avec *Courrier royal* (1er numéro le 1-12-1934), devient le 1-5-1937 l'organe officiel de la maison de France]. **1936** publie *Essai sur le gouvernement de demain, le Prolétariat* (1937), *Programme* (1938). **1937**-*22-11* et -*4-12* au nom du duc de Guise désavoue l'Action française. **1938** dans *Le Figaro,* prend position en faveur d'un État juif. Maurras ordonne à ses fidèles de résilier leurs abonnements au *Courrier royal* (qui perd la moitié de ses lecteurs). -*21-10* se rend

Succession de la royauté française selon l'ordre de primogéniture mâle (théorie des légitimistes)

* Entre parenthèses : numéros d'ordre des rois carlistes. Entre crochets : numéros pour les légitimistes.

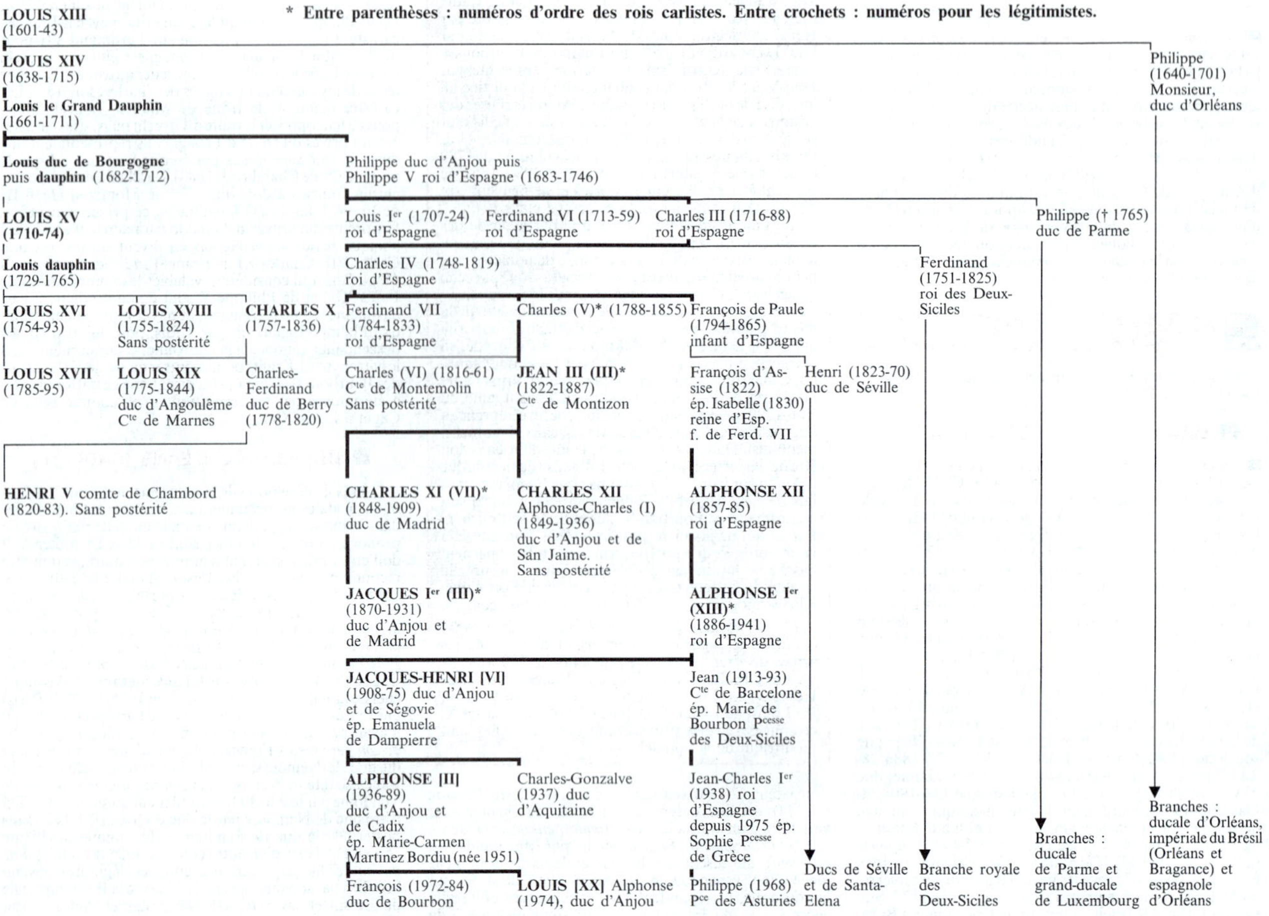

Maison d'Orléans (filiation du comte de Paris)

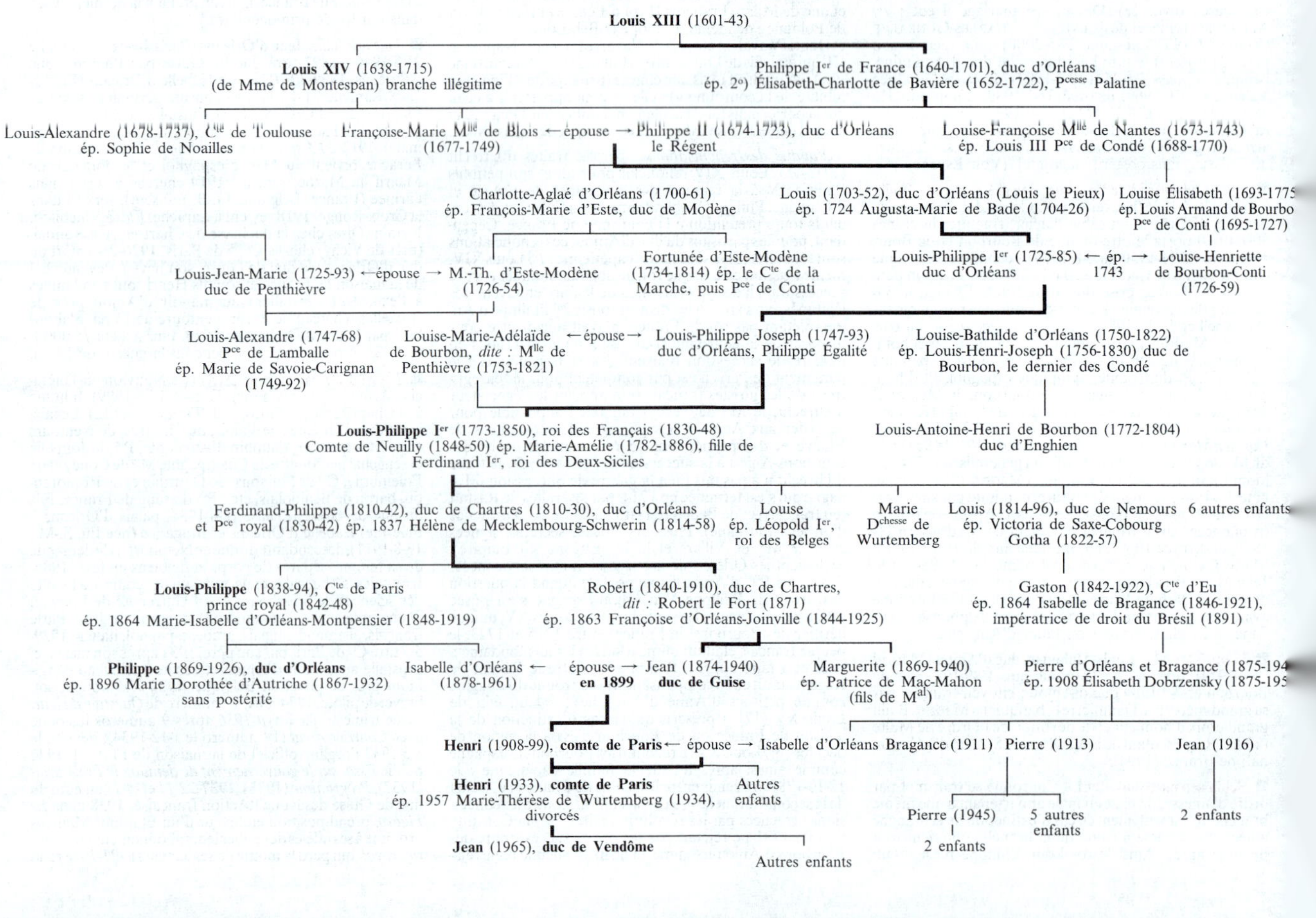

clandestinement à Magny-en-Vexin pour donner une conférence de presse contre les accords de Munich, puis rentre en Belgique. **1939**-*4-5* Pt Lebrun rejette sa demande de s'engager dans l'armée. -*17-9* nouvelle demande refusée. -*8-11* refus de la Grande-Bretagne. **1939**-*fin* le gouvernement français lui confie des missions secrètes auprès de Pie XII, Victor Emmanuel III d'Italie, Paul de Yougoslavie, Georges II de Grèce et Boris de Bulgarie. **1940**-*19-1* rentre à Bruxelles. -*21-3* Paul Reynaud l'autorise à s'engager comme 2e classe dans la Légion sous le nom d'Orliac. -*Avril* missions auprès de Léopold III de Belgique, puis Italie, Vatican et Yougoslavie. -*Juill.* démobilisé à Marseille. Se replie au Maroc où sont ses parents. -*24-8* mort du duc de Guise ; devient chef de la maison de France. S'installe à Rabat avec sa femme et Henri son fils aîné (les autres enfants les rejoignent en 1941). **1941**-*1-7* se définit comme prétendant. **1942**-*6-8* rencontre Pétain à Charmeil. -*7-8* Laval à Riom (qui lui propose le ministère du Ravitaillement, mais il refuse). -*8-8* rentre au Maroc. -*10-12* Alger, participe au complot contre Darlan. **1943**-*10-1* quitte Alger pour Rabat (maison vendue nov. 1942) et Larache. **1944**-*janv.* s'installe à Pampelune (Espagne) à l'hôtel, puis dans une maison louée. **1946**-*juill.* s'installe au Portugal, à Lisbonne, puis Cintra (Quinta do Anjinho, louée puis achetée). **1947**-*janv.* publie *Entre Français.* **1948**-*24-1* 1er numéro du *Bulletin d'information du bureau politique de Mgr le Cte de Paris*. **1950**-*24-6* loi d'exil abrogée ; votée le *16-5* par l'Assemblée nationale par 314 voix contre 179 (communistes et une partie de la SFIO) et le *22-6* par le Conseil de la République par 218 voix contre 84 (seule restriction, possibilité d'expulser le Cte de Paris s'il trouble l'ordre public). -*5-7* rentre en France et loge au Crillon. Installe des bureaux rue de Constantine, dans un hôtel particulier mis à sa disposition par Émile Moreau (ancien gouverneur de la Banque de France et ancien Pt de la Banque de Paris et des Pays-Bas). Delongraye-Montier et Longone supervisent la rédaction du *Bulletin* auquel collaborent Louis Franck (directeur général des Prix de 1947 à 62), François Bloch-Lainé (directeur du Trésor de 1948 à 52 et de la Caisse des dépôts), Maurice Lauré (futur Pt de la Sté générale), Joseph Roos (Pt d'Air France), etc. **1952**-*fin* achète le manoir du Cœur-Volant à Louveciennes. **1953**-*28-9* s'y installe. **1954**-*13-7* rencontre de Gaulle ; le verra plusieurs fois et croira en 1962 que de Gaulle l'envisage sérieusement comme successeur en 1965 (mais de Gaulle se représentera). **1967**-*18-1* cesse la publication du *Bulletin,* ferme ses bureaux de la rue de Constantine. Il s'occupe de Chantilly et de la fondation Condé (180 lits) dirigée depuis 1974 par Monique Friesz (alors 52 ans) qui deviendra sa dame de compagnie. **1968** infarctus. **1969**-*5-3* dépose aux Archives nationales les archives de la maison de Fr. **1971** s'installe rue de Miromesnil. **1977** infarctus. **1979** publie *Mémoires d'exil et de combat,* 140 000 ex. **1981** et **88** soutient Mitterrand. **1986** publie *Lettre aux Français,* **1987** *L'avenir dure longtemps.* **1991** opération à cœur ouvert. **1994** déménage aux Hespérides à Levallois-Perret, Monique Friesz (née 5-11-1922) l'y accompagne. **1995**-*1-3* le tribunal de grande instance de Paris déboute 5 de ses enfants qui voulaient lui interdire de vendre chez « Sotheby's » 450 objets qu'ils considéraient comme souvenirs de famille. **1998** s'installe à Cherisy près de Dreux.

Fortune : estimée en 1940 à environ 400 millions de F, en 1999 de 40 à 100. Ont été vendus : des immeubles à Neuilly, le manoir d'Anjou (le 28-4-1948 à la maison du Bon Pasteur), le château de Nouvion-en-Thiérache, le palais d'Orléans à Palerme, la Quinta au Portugal (en 1985), le Cœur-Volant (à la BNP en 1971), le château d'Eu (en 1960) [la Ctesse de Paris conservant le pavillon Montpensier, 120 ha de parc et 2 maisons], des objets d'art [exemples : portrait du duc d'Orléans par Ingres (15 millions de F), parures de diamants et saphirs de Marie-Antoinette (au Louvre, 5 millions de F), de la reine Marie-Amélie (en 1997, 5 millions de F), mobilier de la Quinta (en 1996 à Monaco, 14 millions de F)]. Après sa mort, vente de souvenirs les 30-10 et 14-11-2000.

Fondation Saint-Louis : 1974-*11-1* constituée à Amboise. **1975**-*18-3* inauguré. Prend la suite de la Sté civile du domaine de Dreux créée en 1886 par le Cte de Paris pour assurer la pérennité des biens de la maison de France en indivision. Comprend : château d'Amboise, ruines du château de Bourbon-l'Archambault, chapelle de Dreux, chapelle N.-D. de la Compassion porte Maillot [érigée en souvenir de la mort du duc d'Orléans (1810-42) fils aîné du roi Louis-Philippe], monuments du Pce de Condé à St-Leu et de Madame Adélaïde à Millibosc, archives de la maison de Fr., immeubles rue de Miromesnil et à Neuilly-sur-Seine, tableaux, bijoux, argenterie, etc. *Pt d'honneur :* l'actuel Cte de Paris mais ne peut y figurer. *Pt :* duc de Luynes.

☞ **Henri d'Orléans (16-1-1822/7-5-1897) duc d'Aumale,** 4e fils de Louis-Philippe, hérite en 1890 de la fortune du Pce Louis de Bourbon-Condé (né 1756), dernier duc de Bourbon, dont Chantilly, 13 000 ha de forêts de l'ancien duché de Guise, et d'une partie de la fortune des Pces de Conti (branche éteinte en 1814). **1848** doit s'exiler, vend Guise à la banque Sellière (13 millions de F). **1852**-*22-1* les biens des Orléans sont confisqués. **1853-55** le baron Sellière fait construire le Grand Château au Nouvion-en-Thiérache. **1871**-*8-6* loi d'exil abrogée, Aumale peut rentrer en France et récupérer Guise (la vente ayant été fictive). En **1940,** le château du Nouvion revient au Cte de Paris et à ses 3 sœurs, puis, à la suite d'un accord entre les 4 héritiers, au Cte de Paris et au Pce Michel de Grèce (fils de sa sœur Françoise). **1980**-*3-6* le Grand Château est vendu 1 million de F à la ville de Roubaix et en **1986** le Petit Château à la ville du Nouvion.

■ **Mgr Henri-Philippe d'Orléans, Cte de Paris** (14-6-1933 ; manoir d'Anjou, Belgique). *Ascendance sur 10 générations* (soit 512 quartiers ; 1 023 personnages) : issu du roi Louis-Philippe (1773-1848) 5 fois, « Monsieur » (1640-1701) 26, Louis XV (1710-74) 5, Louis XIV (1638-1715) 48, Louis XIII (1601-43) 74, Henri IV (1553-1610) 145. *Épouse 1°)* 5-7-1957 (divorcé le 3-2-1984, annulation refusée 2 fois) *Dchesse Marie-Thérèse de Wurtemberg* (12-11-1934) fille de Philippe duc de Wurtemberg et de la Dchesse, née Rosa d'Autriche (le Cte de Paris l'a titrée le 22-2-1984 à titre personnel Dchesse de Montpensier) : dont MARIE [(3-1-1959) qui épousera (29-7-1989) Gundakar de Liechtenstein (1-4-1949), dont : Léopoldine (27-6-1990), Marie-Immaculée (15-12-1991), Johann-Wenceslas (16-3-1993), Marguerite (10-1-1995), Gabriel (6-5-1998)], FRANÇOIS (7-2-1961, handicapé), BLANCHE (10-9-1962, handicapée) titrée Melle de Valois, JEAN (19-5-1965) duc de Vendôme (depuis 1987), fiancé 31-12-2000 à la Dchesse Tatjana d'Oldenbourg (née 11-11-1974) ; en 2001 fiançailles annulées. EUDES [(18-3-1968) duc d'Angoulême épouse (10-7-1999) Marie-Liesse de Rohan-Chabot (23-6-1969)] ; *2°)* 31-10-1984 *Micaëla Ana María Cousino y Quinones de Léon*, titrée Pcesse de Joinville le 31-10-1990 [30-4-1938 ; fille de Luis Massimiliano Cousino y Sebire et de doña Antonia María Micaëla Quinones de Léon y Bañuelos, 4e Mise de San Carlos ; divorcée (24-5-1966) de Jean Robert Bœuf (13-2-1934) épousé le 12-6-1961, dont elle avait eu 1 fils Alexis 1964]. **1948** autorisé à venir en France poursuivre ses études malgré la loi d'exil. **1953** titré Monseigneur par son père. **1957**-*30-6* titré Cte de Clermont. -*5-7* 1er mariage. -*1-9 à sept. 1959* service militaire en Algérie, termine sous-lieutenant. **1959** de Gaulle lui propose un poste au secrétariat de l'Élysée, refus ; -*oct.* s'engage dans l'armée pour 8 ans. **1959-62** affecté au secrétariat du ministère de la Défense à Paris. **1962-67** légion étrangère en Allemagne et en Corse. **1968**-*janv.* rendu à la vie civile, -*mars* au Crédit Lyonnais. **1972** à la Sté rhodanienne d'investissements internationaux à Genève. **1974** 1re exposition de peintures. **1980** crée le parfum *Lys bleu*. **1984**-*31-10* se remarie civilement. Son père désapprouvant le divorce et le remariage fait publier le même jour un communiqué l'écartant de la succession au trône ; mais le Cte de Clermont n'acceptant pas de transmettre ses droits de succession à son fils Jean, le Cte de Paris lui ôte le titre de Cte de Clermont, lui conférant celui de Cte de Mortain, et précise qu'à sa mort son 2e petit-fils Jean (François, l'aîné, étant handicapé), sera son successeur et relèvera le titre de Cte de Paris. -*1-1* le Cte de Clermont proteste contre cette décision par communiqué et décide de garder son titre. **1990**-*31-10* par lettre, son père lui redonne son titre de Cte de Clermont et le réintègre dans ses droits successoraux. **1994** publie *Désolé Altesse, c'est mon jour de congé* (livre de cuisine) et *Adresse au futur chef de l'État.* **1997** crée le parfum *Royalissime* et publie *La France survivra-t-elle à l'an 2000 ?* **2000** publie *le Passeur de miroir.* A la mort de son père, prend les titres de Cte de Paris, duc de France, sa femme étant Dchesse de France, Pcesse de Joinville.

Frères et sœurs (Pces et Pcesses). **Isabelle** (8-4-1932), *épouse* (à Dreux 10-9-1964) *Cte Frédéric-Charles de Schönborn-Buchheim* (30-3-1938) : dont DAMIEN (17-7-1965), VINCENT (28-11-1966), LORRAINE [3-1-1968 ép. 1997 Wilhelm von Spee (10-9-1963), Gustave (1998)], CLAIRE (7-10-1969), MELCHIOR (22-10-1977). **Hélène-Astrid** (17-9-1934) *épouse* 17-1-1957 *Cte Évrard de Limburg-Stirum* (31-10-1927) fils du Cte Thierry de Limburg-Stirum et de la Ctesse née - Pcesse Marie-Immaculée de Croÿ, dont : CATHERINE [(21-10-1957) qui épousera 18-11-1988 Ortis Galraô (6-7-1955), divorce en 1994 dont Céleste (12-12-1988), Orian (5-12-1993)], THIERRY [(24-7-1959) qui épousera (8-9-1990) Katia della Faille de Leverghem dont Gloria (23-9-1993)], LOUIS (16-6-1962) qui épousera (6-9-1996) Belen Lopez y Montero (25-12-1965), BRUNO (20-2-1966) qui épousera (22-7-1995) Christine de Lannoy (15-7-1967) dont Gaspard (16-11-1996). **François** (15-8-1935, tué en Algérie 11-10-1960, **duc d'Orléans** à titre posthume). **Anne** (4-12-1938) *épouse* 12-5-1965 *Pce Charles de Bourbon-Siciles* (16-1-1938) *duc de Calabre*, infant d'Espagne, fils de l'infant d'Espagne Alphonse de Bourbon (1901-64) duc de Calabre et de l'infante née Pcesse Alice de Bourbon de Parme, dont : CRISTINA (15-6-1966) qui épousera (15-7-1994) Pedro Lopez-Quesada y Fernandez-Urrutia (26-7-1963) dont Victoria (1997), MARIA PALOMA (5-4-1967) qui épousera (13-7-1996) archiduc Siméon d'Autriche (29-6-1958) dont Johannes (29-10-1997), PEDRO (16-10-1968) titré duc de Noto dont Jaime (1993, enfant naturel reconnu), INÈS (20-4-1971), VICTORIA (24-6-1976), Pcesses et Pce des Deux-Siciles. **Diane** (24-3-1940) *épouse* 21-7-1960 *Carl duc de Wurtemberg* (1-8-1936) frère de Marie-Thérèse (voir ci-dessus), chef de la maison de Wurtemberg, dont : FRÉDÉRIC (1-6-1961) qui épousera (13-11-1993) Pcesse Marie de Wied (27-12-1973) dont Wilhelm (13-8-1994), Maria-Amalia (12-3-1996), Sophie-Dorothée (19-8-1997), MATHILDE (11-7-1962) qui épousera (19-11-1998) Cte héritier Erich von Waldburg-Zeil (21-11-1962) dont Marie-Thérèse (4-10-1989), Élisabeth (31-12-1990), Marie-Charlotte (10-5-1992), Hélène (29-11-1993), Marie-Gabrielle (29-11-1996), ÉBERHARD (20-6-1963), PHILIPPE (1-11-1964) qui épousera (27-7-1991) Pcesse Marie-Caroline duchesse en Bavière (23-6-1969) dont Sophie (15-1-1994), Pauline (15-4-1997), MICHEL (1-12-1965), ÉLÉONORE-FLEUR (4-11-1977). **Michel** (25-6-1941) **Cte d'Évreux** (depuis 10-12-1976) *épouse* 18-11-67, sans l'autorisation du Cte de Paris, *Béatrice Pasquier de Franclieu* (24-10-1941), séparation (février 1994), dont CLOTILDE (28-12-1968) qui épousera (18-9-1993) Édouard Crépy (19-1-1969), dont Louis-Nicolas (4-8-1995), Charles-Édouard (13-7-1996), ADÉLAÏDE (11-9-1971), CHARLES-PHILIPPE (3-3-1973), FRANÇOIS (10-2-1982). **Jacques** (25-6-1941), son jumeau, **duc d'Orléans** (depuis 1969), *épouse* 3-8-1969 *Gersende de Sabran-Pontevès* (29-7-1942), fille de Foulques de Sabran-Pontevès, duc de Sabran, dont DIANE (24-6-1970), CHARLES-LOUIS [(11-7-1972) duc de Chartres qui épousera (28-6-1997) Ileana Manos (22-9-1970)], FOULQUES (9-7-1974) Cte d'Eu. **Claude** (11-12-1943), *épouse 1°)* 22-7-1964 *Pce Amédée de Savoie, duc d'Aoste* (27-9-1943), fils du Pce Aimon de Savoie, duc d'Aoste (1900-48) et de la Dchesse née Pcesse Irène de Grèce [divorcée 26-4-1982 (annulation 8-1-1987)], dont BIANCA [(2-4-1966) qui épousera (11-9-1988) Cte Giberto Arrivabene-Gonzaga (5-7-1961), dont : Viola (31-5-1991), Vera (18-8-1993), Mafalda (27-12-1997)], AIMON (13-10-1967), MAFALDA (21-9-1969) qui épousera (18-9-1994) Alessandro Ruffo di Calabria (4-11-1964), séparation juillet 1997) ; *2°)* 27-4-1982 *Arnaldo La Cagnina* (26-7-1929) divorce en 1995. **Chantal** (9-1-1946) *épouse* 28-7-1972 *Bon François-Xavier de Sambucy de Sorgue* (20-8-1943), dont AXEL (4-7-1976), ALEXANDRE (26-3-1978), KILDINE (5-5-1979). **Thibaut** (21-1-1948/23-3-1983), **Cte de La Marche** (depuis 10-12-1976), passe 14 mois en prison (inculpé 26-4-1980) pour complicité dans une tentative de vol, *épouse* 23-9-1972 *Marion Gordon-Orr* (4-9-1941 ; union non agréée par le Cte de Paris) dont ROBERT (6-9-1976), Cte de La Marche, LOUIS-PHILIPPE (1979-80).

Tantes du Cte de Paris. **Isabelle** (1900-83) *épouse 1°) Cte Bruno d'Harcourt* (1899-1930) ; *2°) Pce Pierre Murat* (1900-48). **Françoise** (1902-53) *épouse* 11-2-1929 *Pce Christophe de Grèce* (1889-1940) dont MICHEL (né 7-1-1939), écrivain. **Anne** (1906-86) *épouse* 5-11-1927 *Pce Amédée de Savoie, duc d'Aoste* (1898-1942).

■ **Branches cadettes issues des fils de Louis-Philippe. 1°) Du Pce Louis d'Orléans, duc de Nemours** (1814-96) : *branche d'Orléans et de Bragance,* héritière des droits impériaux du Brésil, *par le Pce Gaston d'Orléans* (1842-1922), Cte d'Eu, fils aîné (qui épousa Isabelle Pcesse héritière du Brésil) et branche de Nemours (éteinte en 1970) *par le Pce Ferdinand d'Orléans, duc d'Alençon,* son 2e fils [(1844-1910) qui épousa Sophie, Dchesse en Bavière (22-2-1847/† 4-5-1897 dans l'incendie du Bazar de la Charité)], dont Emmanuel, duc de Vendôme [(1872-1931), marié 1896 à Henriette de Belgique (1870-1948)], dont Charles Philippe, duc de Nemours (1905-1970) ; épouse en 1928 Marguerite Watson (1899-1993). **2°) Du Pce Antoine d'Orléans, duc de Montpensier** [(1824-90, a épousé 1846 Louise d'Espagne (1832-97)] : *branche des ducs de Galliera par Antoine d'Orléans,* 4e duc de Galliera 1895 (1866-1930), a épousé 1886 Eulalie d'Espagne (1864-1958), dont Alphonse d'Orléans, 5e duc de G. [(1886-1975) qui épousa 1909 Béatrice de Saxe-Cobourg-Gotha (1884-1966)], dont Alvare d'Orléans, 6e duc de G. (1910-97) dont petit-fils Alphonse d'Orléans, 7e duc de G. (né 1968).

☞ **Droits dynastiques en France :** les deux branches, étant composées de princes ayant une nationalité étrangère (brésilienne, espagnole), ne sont pas en principe reconnues comme dynastes par les orléanistes. Cependant le pacte de famille conclu le 26-4-1909 avait stipulé que les Orléans-Bragance, devenus étrangers en tant que maison impériale du Brésil, n'auraient aucun droit à la couronne de France sauf en cas d'extinction des Orléans français.

■ AUTRES DESCENDANTS

■ **Séville.** Viennent juste après la descendance d'Alphonse XIII sur le plan français. Un de ces dynastes a acquis la nationalité française, Albert qui n'a qu'un fils espagnol sans postérité. **Filiation :** *Louis XIV, Louis Grand Dauphin, Philippe V d'Esp., Charles III d'Esp., Charles IV d'Esp., infant François de Paule* (frère de François d'Assise, roi consort d'Espagne), *Henri Ier duc de Séville* (1823-70) qui fit un mariage inégal et dont la postérité n'est pas dynaste en Espagne [1], *François* son fils cadet (1853-1942) titré duc d'Anjou, qui proclama ses droits le 30-7-1894 devant les attitudes par trop espagnoles de la branche aînée des rois « carlistes » [2]. *François de Paule duc de Séville* [(1882-1952) a porté le titre de duc de Séville en épousant sa cousine germaine Henriette (4e Dchesse) héritière de Henri (2e duc 1848-94) morte en 1967]. *François de Paule* (16-11-1912/10-11-1995), colonel en retraite de l'armée espagnole, marié en 1res noces à Henriette Escasany (1925-62). **François de Paule de Bourbon et Escasany.** 5e duc de Séville, banquier (né 16-11-1943) ; *épouse* 1°) 7-7-1973 *Béatrice* (née 28-6-1947), *Ctesse de Hardenberg* (divorcés), dont 3 enfants dont François de Paule (né 21-1-1979) ; 2°) n.c. ; 3°) Maria Vargas Zuñiga (née 19-11-1958).

Nota. – (1) Il eut un autre fils, Albert, tige des ducs de Santa Elena. (2) Il eut 3 autres fils tous avec une descendance (titrée Mis de Balboa et Mis de Squilache).

■ **Sixte-Henri de Bourbon-Parme** (né 22-7-1940), célibataire, frère cadet d'Hugues-Charles duc de Parme devenu espagnol. Pt d'honneur de l'Institut « Cté de Foix », qui publie le bulletin de liaison *Foix-Andorre. Lettre de Parme :* mensuel créé depuis 1993 (27, rue de la Rose, 76000 Rouen) ; Sixte-Henri (ex-infant, duc de Aranjuez) fut soldat dans la bandera (légion étrangère espagnole). **Filiation :** *Louis XIV ; Louis Grand Dauphin ; Philippe V ; Philippe duc de Parme* (frère de Charles III d'Espagne) époux d'Élisabeth, fille de Louis XV ; *Louis duc de Parme,* roi d'Étrurie ; *Charles II duc de Parme ; Charles III duc de Parme* (1623-54) époux de Louise, sœur du Cte de Chambord ; *Robert duc de Parme* (1848-1907) ; *Xavier duc de Parme* (1889-1977).

■ **Jacques, Cte de Bourbon-Busset** (né 27-12-1912), de l'Académie française, ministre plénipotentiaire. Épouse le Ctesse née Laurence Ballande. 4 enfants : Hélène (1940, Ctesse Amaury de Poilloüe de St-Périer), Charles (1945), Robert (1947-80), Jean (1948). **Filiation :** *Saint Louis, Robert Cte de Clermont, Louis Ier duc de Bourbon, Pierre Ier duc de Bourbon* (dont le frère cadet Jacques Ier, Cte de la Marche, est l'ancêtre de Henri IV, et ainsi de tous les Bourbons et Orléans actuels) ; 3 générations. LOUIS DE BOURBON (1437-assassiné 1482) Pce-évêque de Liège (1455), ordonné 1466, sacré 1467, aurait épousé (avant d'être ordonné) Catherine d'Egmont, fille du duc de Gueldre dont seraient nés 3 fils. L'aîné, PIERRE (1464-1529) dit le bâtard de Bourbon, chambellan de Louis XII, épousa Marguerite d'Allègre, dame de Busset ; 2 générations. Ses descendants dont les C[tes] de Busset, puis de Bourbon-Busset, titrés, seront reconnus « cousins » par le roi (usage pour les bâtards capétiens). Leurs adversaires avancent qu'il n'y a aucune trace contemporaine de ce mariage, que *l'union* de Louis et Catherine *n'a pu avoir lieu : 1°)* l'évêque ne pouvait se marier du simple fait qu'il touchait un bénéfice ; *2°)* aucun témoignage n'existe ; *3°)* Catherine d'Egmont est morte non mariée ; *4°)* les fils revendiquèrent des armoiries de bâtards ; *5°)* un descendant dit avoir obtenu un arrêt du parlement de Paris, légitimant les Busset, mais cet acte n'a pas été retrouvé. Les Bourbon-Busset, qui seraient devenus les aînés des Capétiens à la mort de Henri III en 1589, ne firent pas valoir leur droit au trône.

Autres cas

■ **Freeman. Filiation prétendue :** *Charles X, duc de Berry* [(1778-1820) époux d'Amy Brown (1783-1876), le mariage n'a pas été prouvé]. *John Freeman* (1801 ?-66, qui n'aurait pas été son fils) marié à Sophie de Blonay (1823-98). *William Freeman* (1855-1907) marié à Marie-Janvière de Bourbon-Siciles. *John William Freeman*(1902-68) marié à Béatrice de Galard de Brassac de Béarn (fille du P[ce] de Béarn et Chalais). En 1945 et 1946, il obtint du tribunal de Thonon le droit de porter le nom de Bourbon, mais la cour d'appel de Chambéry (1-7-1952) puis la Cour de cassation (5-1-1956) lui défendirent d'employer cette identité sous laquelle il avait eu, entre-temps, des ennuis judiciaires pour d'autres faits. *Henry Freeman,* dit Henry de Bourbon (27-8-1929/30-11-1987), du 3e mariage d'Henry, condamné par le tribunal de la Seine (7-4-1964) pour usurpation du nom de Bourbon, débouté du droit de le porter par le tribunal de grande instance de Paris (1973), d'où *Antoine.*

■ **Bourbons des Indes.** Descendants soit : *1°) de Jean-Philippe de Bourbon* (alias Bourbon-Busset, né 5-10-1567, disparu en mer vers 1580) ; *2°) du 4e enfant* (né 1535) *du connétable de Bourbon* [qui, ayant dû s'exiler à la suite d'un duel, fut pris en mer par des pirates, débarqué en Égypte, repris par des Abyssins et serait passé en Inde vers 1560 (hypothèse la plus vraisemblable)] ; *3°) du fils* (né 1525) *du connétable et d'Alaïque,* P[cesse] indienne (ayant échoué dans la conspiration d'Amboise pour renverser les Valois, il serait parti pour l'Inde). A la 7e génération, il y eut un G[al] en chef (Salvador III) de Bhopal, à la 8e un ministre et régent de Bhopal (Balthazar † 1879), à la 13e Balthazar-Napoléon (né 29-7-1958) avocat à Bhopal. S'il était prouvé que ces Bourbons indiens descendent légitimement du connétable, ils seraient les aînés de la maison de Bourbon. Mais tout le monde savait qu'à la mort du connétable duc de Bourbon à Rome (1527), le 1er prince du sang fut Charles de Bourbon, Cte puis duc de Vendôme, grand-père d'Henri IV.

■ **« Charles-Louis de Bourbon, duc de Vendée »** (Alexandrie, 9-8-1897/24-10-1986), en réalité le peintre Georges Comnène, qui eut des « ennuis » pour ses « copies » de tableaux de maîtres. Il s'est voulu tour à tour roi d'Espagne, comme duc de Santiago-de-Compostelle, puis roi de France sous le nom de « Charles XII ». Se prétendit « fils secret » de don Carlos, duc de Madrid (1848-1909) [Charles XI de France, voir p. 715 a] et de Polyxène Asklepiadis (célibataire qui aurait ultérieurement épousé un Comnène : nom répandu chez des descendants probables d'esclaves des empereurs Comnène ayant régné sur Byzance au XIIIe s., la coutume voulant que les esclaves prennent le nom de leur maître). La seule preuve de cette « union » est une « confirmation » par « rescrit impérial de Son Altesse Impériale le prince Lascaris Comnène, chef de la Maison impériale de Byzance » (Eugenio Lascorz, Espagnol, né à Saragosse le 26-3-1886, † à Madrid le 1-6-1962, dont les droits « byzantins » sont nuls et la généalogie fortement contestée).

■ **Prétendants mystiques. Abbé Henri-Félix de Valois** (1860-1924), prétendant descendre du Masque de fer, et se déclarant le 15-7-1884 couronné roi de France dans le Ciel. **Charles de Gimel** (1891-1982) dit le Prétendant caché, le Lion de Juda, le Roi du Sacré-Cœur, ou duc de Normandie, † sans postérité. **Léon Millet** (né 1920) dit le Chevalier blanc ou le Roi blanc, se disait le Grand Monarque annoncé par les prophètes, se manifesta à Romans (1942-43). Il fut aidé un certain temps par le père Michel Collin (1905-74) de la congrégation du Sacré-Cœur de St-Quentin qui, à la mort de Jean XXIII, se proclama pape sous le nom de Clément XV et fut excommunié le 14-10-1963. **Gilles-Arthur de La Villarmois** (1897-1971). Le 15-8-1964, « Clément XV » monta à l'autel et le présenta à l'assistance comme Louis XIX, le futur roi qui allait consacrer la France au Sacré-Cœur. **Pierre Plantard** (né 1920). **Robert Barabino** (né 29-4-1923), de Barnier-Bernier, se disant P[ce] de Bourgogne et de Northumberland. **Antoine Ré** (né 8-4-1947), se disant descendant de Louis XVIII.

Symboles

☞ **Biblio. :** Hervé Pinoteau, *le Chaos français et ses signes.*

Emblèmes

■ **Ancien Régime. Fleurs de lis :** les Carolingiens, soucieux d'appuyer leur royauté sur l'enseignement biblique, auraient adopté les fleurs du roi Salomon. Or le *lis,* symbole de sainteté et de pureté, est, d'après la Bible, la fleur du roi Salomon et, d'après la tradition populaire chrétienne, celle de la Vierge Marie (au Xe s., les villes ayant Marie pour patronne avaient un lis dans leurs armes). Cependant, à cause de la forme du dessin, certains parlent d'iris stylisé choisi par Clovis et par Louis VII, devenu fleur de luce (Louis) puis de lis ou fer de l'ancien javelot gaulois. *1147* (sous Louis VII) *1re allusion à la fleur de lis comme symbole* de la dignité royale capétienne ; le vêtement du sacre de Philippe Auguste est semé de fleurs de lis dorées sur fond bleu (pour imiter les étoiles dans l'azur du ciel : le manteau est dit « cosmique »). En 1285, Philippe III réduit leur nombre à 3 sur le sceau royal, et au XIVe s., on dira que c'est en l'honneur des 3 personnes de la Trinité (mais dès 1228, de nombreux sceaux avaient déjà adopté cette disposition, pour des raisons pratiques). En 1377, une ordonnance de Charles V évoque le chiffre de 3 sur l'écu royal (cet écu sera appelé « France moderne » par opposition au semé ou « France ancien »). L'écu des rois de France demeurera ainsi jusqu'en 1830. Des fleurs de lis de couleurs différentes ont souvent été utilisées par des monarchies étrangères ou par des seigneuries françaises. Par exemple, elles servent d'armes parlantes à Florence (à cause de « fleur ») et à Lille (à cause de *lil,* « lis »). Un arrêt de 1697 interdit aux sujets du roi de France la fleur de lis d'or sur champ d'azur. Le 19-6-1790, un décret de l'Assemblée nationale constituante (sanctionné le 23-6 par lettres patentes de Louis XVI) abolit noblesse, titres, armoiries, livrées... Louis XVI, qui avait déjà changé de sceau en devenant roi des Français, garda cependant les armoiries du contre-sceau de majesté ; l'écu de France dans un cartouche, la couronne, les 2 colliers et les 2 anges. Les fleurs de lis figurent encore sur le sceau et le contre-sceau ; le comble du pavillon, le pavillon, le trône, le manteau royal, le sceptre et la couronne en sont ornés... Quand Louis XVI se rend à l'Assemblée constituante puis législative, il s'assoit sur un fauteuil recouvert de velours violet semé de fleurs de lis placé à côté du fauteuil du président.

Emblèmes personnels des rois. Charles VI : *lion* et *cosse de genêt ;* **son fils** le dauphin (précédant le futur Charles VII) : *cygne.* **Charles VII** et **Charles VIII :** *cerfs ailés.* **Louis XII :** *porc-épic,* avec pour devise *Cominus et eminus* (« De près et de loin »). **François Ier :** *salamandre* (emblème des Orléans-Angoulême depuis 1461), *Nutrisco et exstinguo* (« Je me nourris du feu et je l'éteins »). **Henri II :** *croissant de lune.* **François II :** *Soleil.* **Charles IX :** *colonnes* imitées de celles de Charles Quint, avec *Pietate et Justitia* (« Autant par la bonté que par la justice »). **Henri III :** *3 couronnes* (2 royales, 1 de palme), *Manet ultima cœlo donec totum compleat orbem* (« La troisième est au ciel avant de remplir le monde »). **Henri IV :** *2 sceptres et 1 épée, Duo praetendit unus* (« La 3e protège les 2 autres »). **Louis XIV :** *Soleil* (restera sur les étendards de cavalerie jusqu'en 1790), *Nec pluribus impar* (« Supérieur à tous »).

■ **Révolution. Bonnet phrygien ou bonnet rouge :** bonnet de laine rouge souvent porté par des gens du peuple à la fin de l'Ancien Régime (dit phrygien car, selon la légende, la Phrygie était un réseau d'esclaves). Puis les révolutionnaires épris de l'Antiquité classique le confondirent avec le bonnet (conique) d'affranchi porté à Rome par les esclaves récemment libérés. **1790** adopté après le décret du 19-6 abolissant noblesse et armoiries familiales, il remplaça les écussons sur les carrosses. **1791**-*mars,* on en met un au buste de Voltaire, dans le vestibule du « Théâtre national » (Comédie-Française, Odéon). **1792**-*février,* le girondin Jean-Antoine de Grangeneuve (1751-93) le met comme signe de ralliement révolutionnaire pour se rendre à l'Assemblée. *-20-6* invasion des Tuileries, Louis XVI accepte de s'en coiffer et la reine en coiffe le dauphin. *-15-8* un décret de la Législative l'impose comme sceau de l'État [figure de la Liberté, tenant à la main une pique surmontée d'un bonnet de la Liberté (ou bonnet rouge, la pointe, molle, retombant sur la nuque)]. *-26-9* sur proposition de Billaud-Varenne, le sceau est étendu, par décret, à tous les corps administratifs. **1793**-*6-11* la Commune en fait la coiffure officielle de ses membres. **1794**-*27-7* il disparaît comme coiffure après le 9 thermidor, mais continue à figurer sur le sceau de l'État, prenant, à partir de 1800, la forme « phrygienne » [la partie supérieure est orientée vers l'avant, mais en restant rigide, pour ressembler au cimier d'un casque (modèle copié sur une mosaïque de San Apollinare Nuovo de Ravenne)]. **IIe République,** les insurgés de juin 1848 mettent un bonnet rouge sur le blanc du drapeau tricolore. **IIIe République,** sert essentiellement comme coiffure de « Marianne ».

Cocarde tricolore : *origine du mot :* touffe de plumes de coq que les soldats croates de Louis XIV portaient à leur coiffure. Après l'adoption du tricorne (1701), les régiments adoptèrent la cocarde circulaire en ruban ; signe officiel d'appartenance à l'armée, elle était interdite aux civils. **1789**-*12-7* Camille Desmoulins, pour indiquer que le peuple était en armes (mobilisé en permanence), met une feuille de tilleul ronde à son chapeau. *-13-7* la milice bourgeoise (qui se crée spontanément à Paris, 48 000 hommes) prend une cocarde bleue et rouge (couleurs du blason de la Ville de Paris). *-15 au -17-7* des milliers de cocardes avec le blanc ajouté sont fabriquées. *-16-7,* La Fayette est mis à la tête de cette milice parisienne qui comprend de nombreux gardes-françaises en uniforme bleu, blanc, rouge (livrée du roi). *-17-7* Louis XVI reçoit de Bailly, maire, venu le haranguer dans la salle du trône, une cocarde tricolore qu'il met à son chapeau. *-27-7* la cocarde est créée pour la garde nationale de Paris, par le 4e bureau du Comité militaire provisoire de la Ville de Paris. La Fayette y fait mettre du blanc et remet une cocarde le 31-7 à la municipalité de Paris. **1790**-*22-5* Louis XVI supprime les cocardes régimentaires et impose à tous les soldats celle de la garde nationale. Cette cocarde, appelée dès lors « nationale » ou « de la liberté », sera portée par les civils voulant prouver leur patriotisme. **1792**-*3-7* un décret la rend obligatoire pour les civils allant à l'étranger. *-17-9* un décret interdit sous peine de mort le port de toute cocarde autre que la tricolore. **1793**-*3-4* la Convention rend le port obligatoire pour tous (le 21-9, pour les femmes). Les armées portèrent la cocarde jusqu'en 1814. **1814** supprimée à la Restauration. **1830** rétablie dans l'armée. **1871** figure sur le bonnet phrygien de la République.

■ **Empire. Aigle :** utilisée par les armées de l'Empire romain et figurant sur le blason des empereurs romains germaniques. Depuis Othon III (983-1003) présente sur certains insignes (le sceptre), bicéphale depuis 1415 (Sigismond), à une seule tête pour le roi des Romains. De 1280 à 1300, on représentera souvent Charlemagne avec des armoiries imaginaires (un écu parti ou mi-parti aux armes du Saint Empire et de la France : *d'or à l'aigle bicéphale de sable* et *d'azur semé de fleurs de lis d'or.* Napoléon l'adopta comme emblème de l'Empire français en lui gardant le style romain antique, avec un foudre orné d'éclairs en zigzag sous les pieds. Par décret du 21-8-1804, une aigle en bronze ciselé (oiseau de bronze ou de cuivre doré, la tête tournée sur la droite, le vol légèrement éployé, tenant dans la serre gauche un bâton sans foudre) fut placée sur la hampe des drapeaux de régiments (remplaçant la pique des armées républicaines qui avait remplacé la fleur de lis royale). Le pavillon personnel de Napoléon Ier, quand il naviguait, portait les armoiries impériales peintes sur la bande blanche centrale. En 1815, la fleur de lis fut rétablie. L'aigle de bronze fut rétablie sur la hampe des drapeaux des armées de 1852 à 1870 (second Empire).

Abeilles : insigne remplaçant la fleur de lis comme motif décoratif sur les tentures des bâtiments publics et figurant, à partir de 1812, sur les drapeaux de l'armée, puis en 1814-15 sur le drapeau de l'île d'Elbe. Napoléon les avait choisies comme motif décoratif du manteau impérial pour imiter Childéric Ier roi des Francs saliens († 481), dont le tombeau avait été découvert à Tournai en 1653 [son manteau royal s'était décomposé, mais on retrouva les centaines de cigales d'or qui l'avaient parsemé et qui furent prises pour des abeilles (la cigale, symbole indo-européen figurant l'immortalité de l'âme, était utilisée dans le mobilier funéraire)]. Le contenu du tombeau (armes, bijoux, talismans, anneau sigillaire, pièces de harnais, etc.) avait été offert en 1665 à Louis XIV par l'empereur Léopold en remerciement de son aide militaire dans la lutte et était conservé au Cabinet des médailles et antiques de la Bibliothèque royale (devenue nationale). En 1831, des voleurs s'emparèrent de la majeure partie du « trésor ». Quelques pièces furent retrouvées dans un sac jeté à la Seine (2 joyaux en forme d'abeille ont été retrouvés).

Violettes : sous la 1re Restauration (avril 1814/mars 1815), signe de ralliement des bonapartistes, symbolisant l'espoir de voir Napoléon revenir avec le printemps.

■ **République. Armoiries officielles :** la France n'en a plus depuis 1870. De 1947 à 1958, la IVe République arbora des armoiries officieuses. On a présenté comme symbole de la République le projet d'une commission *ad hoc* pour l'Onu du 3-6-1953, dessiné par Robert Louis : « D'azur au faisceau de licteur posé en pal sur deux branches de chêne et d'olivier passées en sautoir, le tout d'or, lié par un ruban du même, chargé de la devise Liberté, Égalité, Fraternité en lettres de sables » ; collier de la Légion d'honneur.

Coq : symbole de la vigilance et du peuple français, à cause du jeu de mots latin *Gallus,* gaulois, et *gallus,* coq. En 1601, à l'occasion de la naissance du futur Louis XIII, Henri IV fait couler une médaille sur laquelle on voit le dauphin tenir un sceptre et une fleur de lis ; à ses pieds un coq, symbole du royaume, pose la patte sur un globe terrestre. En 1612, lors des fiançailles de Louis XIII avec Anne d'Autriche, la place Royale à Paris est entièrement décorée de coqs (France) et de lions (Espagne). Souvent utilisé par les artistes, notamment à partir de 1659 : Colbert, désireux de créer en architecture un ordre français pour les chapiteaux des colonnes, mit au concours un motif de décoration utilisant des coqs au lieu des acanthes corinthiennes (le vainqueur en fut Le Brun : ses chapiteaux en bronze doré sont encore dans la galerie des Glaces à Versailles). En 1665, une médaille officielle fut frappée pour la délivrance du Quesnoy : le coq français met en fuite le lion espagnol. Dès lors, les adversaires des Français, et notamment les Hollandais, emploient le coq pour symboliser la France dans leurs caricatures et allégories. Il figure sur l'écu constitutionnel de 6 livres gravé par Augustin Dupré symbolisant le pays. L'idée de remplacer la fleur de lis par un coq avait été lancée en 1820 par le poète Pierre-Jean Béranger (1780-1857) dans la chanson *le Vieux Drapeau.* Sous Louis-Philippe, il figure sur la hampe des drapeaux de la Garde nationale puis réapparaît sur plaques et médailles des fonctionnaires, certains papiers administratifs, l'épée des militaires. En 1845, le maréchal Soult, ministre de la Guerre, le fait remplacer sur certaines coiffures par une couronne royale. L'opposition demande à Vallet de Viriville (médiéviste) de montrer comment le coq est notre emblème. Sur *le Départ des armées de la République* (connu sous le nom de *la Marseillaise*) de Rude, décorant l'arc de triomphe de l'Étoile et datant de 1836, les drapeaux sont surmontés d'un coq qu'ils n'avaient pas à l'époque. Le 26-2-1848, le gouvernement provisoire demande de reprendre pour emblème le coq gaulois et les 3 couleurs. Il figure sur le grand sceau de la République gravé par Jacques-Jean Barre [(1793-1855), graveur général de la Monnaie], adopté en avril 1848. Sous le II[d] Empire, l'aigle le remplace. En 1875, sous la III[e] République, il retrouve sa place sur la hampe des drapeaux et sur le grand sceau de l'État et ornera monnaies, timbres, cachets, insignes. En 1889, il figure au-dessus de l'écusson « RF », sur la grille du coq, jardin de l'Élysée. Il a été utilisé à partir de 1899 comme motif des pièces d'or de 20 F. Il est l'emblème des sportifs français dans les épreuves internationales.

Nota. – Le coq des clochers de France ne symbolise pas le peuple gaulois, mais probablement l'attente du soleil levant, salué par le chant du coq. La dévotion au Soleil levant, préchrétienne, mais transformée par saint Patrick en dévotion au « Soleil de justice » (c'est-à-dire au Christ), était restée vive chez les moines irlandais qui ont rechristianisé la Gaule aux VIe-IXe s. ; ils ont vers cette époque introduit les coqs de clocher sur le continent.

Faisceau de licteur : symbole remontant à la République romaine (les magistrats faisaient porter devant eux des verges attachées en faisceaux et servant à donner les bastonnades en public). Les licteurs portent les faisceaux sur l'épaule gauche qui rappellent leur rôle : capturer et attacher les coupables (lanières), les frapper (verges), leur trancher la tête (hache). Utilisé sous la Ire République par les artistes, pour symboliser l'union des 83 départements (généralement surmonté de la pique, arme des « sections » parisiennes, qui est coiffée du bonnet de la Liberté), sur certains timbres officiels (par exemple, sur le papier à lettres de Carnot, ministre de la Guerre). En 1848, et de nouveau après 1870, figure sur le sceau et le contre-sceau de la République tenu par une Liberté assise, œuvre de Jacques-Jean Barre.

Niveau triangulaire : avec un fil à plomb en son centre. Symbolise l'égalité (2e des idéaux républicains). La fraternité (symbolisée par des mains enlacées) est moins souvent représentée.

Initiales RF : adoptées le 15-2-1794 pour figurer sur les drapeaux de l'armée révolutionnaire. Remises à l'honneur en 1877 pour décorer les piques ornant les hampes des drapeaux et les écus de la France considérée comme État souverain (notamment vis-à-vis de l'étranger). Plusieurs projets de 1872 à 77 avaient proposé de remplacer les anciens symboles (fleurs de lis, coq, aigle) par des étoiles. Les lettres RF sont peintes en doré sur un fond tricolore ou parfois dorées, mais en relief ou en trompe-l'œil, sur un fond doré.

■ **Buste de Marianne.** Figure allégorique de la République (femme coiffée d'un bonnet phrygien). *Origine :* la 1re mention écrite du nom de Marianne pour désigner la République est apparue en octobre 1792, à Puylaurens (Tarn), dans la chanson en occitan du chansonnier Guillaume Lavabre, *la Garisou de Marianno* (la Guérison de Marianne). En 1797, ayant réprimé le coup d'État du 18 fructidor, le Directoire voulut trouver un nom plaisant pour la République. Lors d'une réception chez Mme Reubell [née Marie-Anne Mouhat (Colmar 2-1-1759/Sigolsheim, Alsace 8-2-1813)], Barras s'enquit de son prénom. « Parfait, dit-il, il est simple, il est bref et sied à la République, autant qu'il sied à vous-même. » Dans sa correspondance secrète avec les généraux hostiles à son ennemi Carnot, il désigna toujours son groupe sous le nom conventionnel de Marie-Anne. En 1811, Napoléon accorda à Marie-Anne Reubell une pension à vie de 6 000 livres. Ce surnom fut repris par une société secrète républicaine fondée sous la Restauration et réformée sous le IId Empire. En 1848, le ministère de l'Intérieur lança un concours et 2 Marianne furent retenues : une sage et grave, une combative et victorieuse. Elle commence à apparaître dans les mairies après 1877, remplaçant les bustes de Napoléon III. La « doyenne », dressée en plein air, serait la Marianne de Marseillan (Hérault) en 1878. Le modèle sera, après 1881, la statue monumentale du Triomphe de la République, place de la Nation à Paris, par Jules Dalou (1838-1902). Puis, il y eut de nombreux types réalisés ; exemples : par Jean-Antoine Injalbert (1933), Pierre Poisson, Georges Saupique (sous la IVe), Aslan [Brigitte Bardot (1969). Plus de 8 000 bustes réalisés par les ateliers de moulage du Louvre (1res mairies à l'avoir : de Thiron-Gardais (E.-et-L.), de Chamalières (P.-de-D. ; maire : Valéry Giscard d'Estaing). Mireille Mathieu (1978), Catherine Deneuve (14-10-1985), Inès de La Fressange (1994), Lætitia Casta (2000, 1er exemplaire mairie d'Antony)].

■ **Croix de Lorraine. Origine :** croix patriarcale à double traverse [traverse supérieure généralement plus courte, évoquant le titulus portant l'inscription INRI (*Iesus Nazarenus Rex Iudaeorum*)]. *Emblème pré-héraldique du royaume de Hongrie. Fin* XIIe s. figure sur plusieurs monnaies puis partie intégrante des armoiries royales. Un reliquaire de la vraie Croix d'origine byzantine, ayant cette forme, était conservé dans la chapelle du château comtal d'Angers. Aux XIVe et XVe s. les ducs Valois de la 2e maison d'Anjou l'utilisent sur des monnaies, des sceaux, des œuvres d'art. Elle figure sur la tapisserie de l'Apocalypse vers 1380. On parle de « croix d'Anjou » ou de « croix de Jérusalem ». René d'Anjou, devenu duc de Lorraine par mariage en 1431 l'introduit. Elle figure dans les armoiries (mais pas dans le blason) des ducs de Lorraine et sera, lors de la Ligue, le symbole des Guise. **France libre :** en 1940, l'amiral Thierry d'Argenlieu écrivit à de Gaulle qu'il fallait aux Français libres une croix pour lutter contre la croix gammée. Dans son ordre général no 2 du 3-7-1940, le vice-amiral Émile Muselier (1882-1965), nommé l'avant-veille au commandement des forces navales et aériennes françaises libres, créa, pour les forces ralliées à de Gaulle, un pavillon de beaupré (carré bleu avec, au centre, la croix de Lorraine en rouge par opposition à la croix gammée) et, pour les avions, une cocarde à croix de Lorraine. Muselier était d'origine lorraine et les armes du 507e régiment de chars que commandait le Cel de Gaulle au moment de la guerre comportaient une croix de Lorraine. Le symbole a été adopté ensuite par tous les Français libres et figure sur de nombreux insignes (insigne émaillé porté par de Gaulle) : ordre de la Libération, créé à Brazzaville le 16-11-1940, médaille de la Résistance, créée à Londres le 9-2-1942, médaille commémorative des Services volontaires dans la France libre, créée par décret le 4-4-1946 ; monuments, timbres créés sous les gouvernements du Gal de Gaulle (1940-46, puis 1958-69). En 1972, la croix de Lorraine a été choisie comme motif du mémorial Charles-de-Gaulle à Colombey-les-Deux-Églises (Haute-Marne). Elle ne figure pas sur les cachets officiels de la Ve République (qui ont conservé le motif de la Liberté assise avec faisceau de licteur).

■ **Emblèmes de Vichy. Francisque** (faite d'un fer de hache double découpé dans une cocarde tricolore et d'un manche figurant un bâton de maréchal). Emblème du Mal Pétain, elle figurait sur son fanion de voiture et sur le pavillon à la mer. Devenue un insigne politique officiel porté par ses partisans et créé par un arrêté de Pierre Pucheu (15-11-1941), elle pouvait être portée par tout le monde, mais sur un écu blanc. *Décoration de la francisque* (voir à l'Index). **Écu** (officieux) **de l'État français :** tricolore, avec au lieu de RF, les initiales dorées PP (le 1er P tourné vers la gauche) pour Philippe Pétain. Il y eut des projets d'armoiries officielles de l'État français.

DRAPEAUX

■ ANCIEN RÉGIME

■ **Oriflamme de St-Denis.** Bannière allongée, en soie légère, rouge uni, terminée par des queues [5, 3 ou 2 selon les exemplaires (car elle a souvent été refaite)]. Son nom est attesté pour la 1re fois dans la *Chanson de Roland* (1080) sous la forme *orie flambe* [du latin *aurea flammula,* petite flamme (c'est-à-dire bannière) dorée]. Il désigne la bannière de Charlemagne. Il semble que l'épithète « dorée » s'applique à la lance sur laquelle était fixée la « flamme » rouge. Mais la soie elle-même n'a jamais eu de motifs décoratifs dorés : elle était frangée de houppes vertes. La bannière rouge de Charlemagne était celle de la ville de Rome, remise au futur empereur par le pape Léon III en 796 (sa couleur est celle de la pourpre impériale romaine). Les rois carolingiens, puis capétiens, l'ont utilisée comme insigne de la dignité souveraine.

■ **A partir de 1124,** cette bannière impériale et royale a été remplacée (fortuitement, semble-t-il) par celle de *l'abbaye de St-Denis,* qui était également rouge (à cause du sang des martyrs) : le roi Louis VI, qui avait perdu son étendard à la bataille de Brémule en 1119, alla prendre sur l'autel de l'abbaye le *vexillum* rouge des avoués de St-Denis (les rois de France portaient ces titres, étant devenus comtes du Vexin sous le règne de Philippe Ier). Dès lors, la tradition s'établit (chaque fois que le roi convoquait sa noblesse pour une expédition militaire) d'aller chercher l'étoffe sur le reliquaire de St-Denis et de la brandir rituellement. On a dénombré 21 « levées d'oriflamme » entre 1124 et 1386 ; et encore plusieurs après la guerre de Cent Ans. A Azincourt (1415), l'oriflamme fut perdue et ne reparut jamais sur un champ de bataille bien qu'elle ait été levée une dernière fois sous Louis XI.

■ **Bannière des croisades.** Les rois de France utilisaient comme *gonfanon* (étendard de combat, fixé à une pique) l'oriflamme de St-Denis, et comme *fanions de commandement* (indiquant leur présence aux troupes) des pièces d'étoffe portées par des officiers : d'abord bannière héraldique de France, puis *pennon* lui aussi héraldique, puis *cornette blanche.* Depuis 1188, ils levaient la bannière que les croisés français avaient choisie comme signe de ralliement : une croix rouge sur un fond blanc. A la fin du XIIIe s., les Anglais prirent la croix rouge, dite de St-Georges, que les Français abandonnèrent pour la blanche au milieu du XIVe s. ; le parti anti-anglais (Armagnacs) qui soutenait Charles VII adopta la croix blanche, qui figura sur les enseignes des régiments d'infanterie jusqu'à la fin de l'Ancien Régime.

■ **Écharpes blanches.** Jusqu'à la Révolution, chaque régiment, bataillon ou escadron avait son drapeau, de couleurs, de dessin, de forme et de dimensions différents. La croix blanche de Charles VII et les fleurs de lis figuraient sur la majorité. Depuis la bataille de Fleurus (1690), où les artilleurs français avaient tiré sur des régiments d'infanterie française dont ils n'avaient pas identifié les couleurs, tous les drapeaux reçurent, comme signe distinctif commun, une écharpe blanche nouée au sommet de la hampe : le blanc a été de 1638 à 1790 la couleur du drapeau royal et du pavillon de marine. De 1814 à 1830, il a été aussi la couleur des drapeaux de l'armée royale.

■ APRÈS LA RÉVOLUTION

■ **Cocardes tricolores.** Créées le 26 ou 27-7-1789. L'Assemblée des représentants de la Commune adopta la 1re cocarde le 2-8-1789 (voir **Emblèmes** p. 718 a). Le roi de France portant de l'azur dans ses armoiries, le bleu semblait la couleur familiale des Capétiens (comme le rouge celle des Plantegenêts). Le bleu est aussi la couleur de la Vierge surtout à partir du XIIe s.

■ **Drapeaux tricolores. 1790**-*19-10* le député Jacques-François de Menou (1750-1810) propose à l'Assemblée nationale constituante que le pavillon blanc de la marine soit remplacé par le pavillon tricolore. Mirabeau appuie cette proposition. *-22-10* un décret de l'Assemblée décide que sur mer le pavillon national sera blanc avec un quartier tricolore, au lieu de l'écu aux armes royales de France. La cravate blanche des drapeaux de l'armée est remplacée par la cravate tricolore. *-24-10* ordonnance : *art. 1 :* le pavillon de beaupré sera composé de *3 bandes égales* et posées verticalement. La plus près du bâton sera rouge, celle du milieu blanche et l'autre bleue. *Art. 2 :* le pavillon de poupe (vaisseaux de guerre et bâtiments de commerce) portera dans son quartier supérieur le pavillon de beaupré ci-dessus décrit. Cette partie du pavillon sera exactement le 1/4 de la totalité et environnée d'une bande étroite dont la moitié sera bleue et l'autre rouge. Le reste du pavillon sera blanc. Pavillon de poupe 2 × 3. Cadre bleu-rouge de 3 unités contre une unité pour le liséré blanc. **1791 à 1794** les régiments d'infanterie conservent des drapeaux carrés à croix blanche. **1792**-*21-9* proclamation de la République ; de nombreux marins sont indignés de voir la livrée du « Tyran » occuper une place sur les pavillons. *-22-11* les fleurs de lis sont recouvertes par des losanges tricolores. **1794**-*15-2* (27 pluviôse an II) Jean Bon Saint-André, rentrant de Brest, rapporte à la Convention « qu'un drapeau qui n'était pas celui de la Révolution flottait encore sur nos vaisseaux ». Le peintre David, consulté, aurait proposé d'étendre les 3 couleurs du canton à l'ensemble du pavillon en les intervertissant « pour l'esthétique ». Un décret supprime le pavillon décrété par l'Assemblée nationale constituante. Le *pavillon national* sera formé des 3 couleurs nationales *disposées en 3 bandes égales* posées verticalement (le bleu attaché à la gauche, le blanc au milieu et le rouge flottant dans les airs). Sur le nouveau pavillon on peut lire les légendes « République française » d'un côté, « Discipline et soumission aux lois militaires » de l'autre. *Pavillon de beaupré* et *pavillon ordinaire de poupe* seront disposés de la même manière en observant proportions et grandeurs établies par l'usage (dont 2 × 3, encore en usage aujourd'hui). *La flamme* sera pareillement formée des 3 couleurs (1/5 bleu, 1/5 blanc et 3/5 rouge : proportions modifiées en 1838). Le pavillon national sera arboré sur tous les vaisseaux le 1er jour de prairial (20-5-1794). Ce pavillon de marine s'imposera progressivement à terre en tant que *drapeau national.* Les demi-brigades qui remplacent les régiments ont des drapeaux avec les couleurs tricolores disposées de façons diverses. *Les croix disparaissent sur les drapeaux militaires.*

Ier Empire. 1804 Napoléon attribue aux régiments d'infanterie le drapeau au carré central blanc avec les triangles des 4 angles alternativement bleus et rouges. *-5-12* pour l'armée, nouveaux drapeaux avec au-dessus de la hampe une aigle en bronze doré. *Sur l'avers,* « L'empereur des Français au (...) régiment de (...) », *au revers,* « Valeur et Discipline » avec le numéro du bataillon. Un corps de troupe doit avoir un effectif minimal de 1 200 h. à pied pour avoir droit à un drapeau, ou de 800 h. pour un étendard (règle ne s'appliquant pas aux écoles militaires). **1812** Napoléon leur donne un drapeau carré tricolore dont les couleurs sont disposées comme celles du drapeau national (à l'origine, pavillon de la marine de 1794). Au revers, liste des victoires auxquelles l'unité a participé.

Restauration. 1814 adoption du drapeau blanc découlant du pavillon repris par la marine. Il porte « Le Roi au régiment de (...) » entre 2 branches de chêne et laurier liées par un ruban rouge auxquelles étaient suspendus les ordres de St-Louis et la Légion d'honneur, au revers les grandes armes de France. Restera le signe de ralliement des royalistes jusqu'à 1904. **1830**-*1-8* ordonnance de Louis-Philippe, Lt général du royaume, reprenant le drapeau tricolore de 1794 avec les légendes « Le Roi des Français au régiment... » et « Honneur et Patrie », la hampe étant surmontée d'un coq gaulois. **1836** un tableau donne les dimensions et proportions des couleurs des pavillons (encore en vigueur) [marques distinctives et flamme dans la marine]. *Pavillon :* bleu 0,30, blanc 0,33, rouge 0,37. *Flamme de guerre :* 0,20, 0,20, 0,60.

IIe République. 1848-*5-3* arrêté du gouvernement provisoire : le pavillon et le drapeau national sont rétablis tels qu'ils ont été fixés par le décret du 27 pluviôse an II (15-2-1794) d'après les dessins du peintre David. *A l'avers,* « Unité Liberté Égalité Fraternité » entourant « République française » et « Régiment d'infanterie » ; *au revers,* « Valeur et Discipline » avec le foudre et le numéro aux angles. **1851**-*31-12* décret : « le Pt de la République, considérant que la République française avec sa nouvelle forme sanctionnée par le suffrage du peuple peut adopter sans ombrage le souvenir de l'Empire et les symboles qui en rappellent la gloire ; considérant que le drapeau national ne doit pas être plus longtemps privé de l'emblème renommé qui conduisit dans 100 batailles nos soldats à la victoire, décrète : art. I – L'aigle française est rétablie sur les drapeaux de l'armée... » **1852**-*10-5* Champ-de-Mars : distribution et bénédiction par Mgr Sibour des aigles et drapeaux. *Aigle :* réalisée par Auguste Barre, en bronze doré au mercure avec double couche à l'or moulu ; 2,4 kg, hauteur 20 cm, largeur aux ailes 24 cm, caisson : hauteur 5 cm, largeur 12 cm, chiffres de 2 cm, lettres de 1 cm ; les aigles portent sur le caisson, à l'avers, le no du corps, au revers l'indication de l'arme ; hampe : en frêne, peinte bleu foncé et vernie, avec un sabot de cuivre doré (hauteur pour drapeaux 2,10 m, étendards 1,70 à 1,80 m). *Soie :* double tricolore de 3 bandes égales, bleu côté hampe, franges d'or de 5 cm sur 3 côtés, rehaussées par une lézarde le long de la hampe, dans chaque angle, couronne de chêne et laurier noués par un ruban entourant les lettres LN en haut côté hampe et en bas côté flottant, numéro régimentaire en bas côté hampe et en haut côté flottant, à l'avers et au revers ; *à l'avers,* « Louis Napoléon au régiment d'infanterie de ligne » ; *au revers* sur la bande blanche en haut initiales RF et dessous noms de batailles avec millésimes (5 en général), cravate double en soie tricolore nouée à la hampe par lacet en soie blanche (drapeau 90 × 90 cm, étendards 60 × 60 cm, cravates de drapeau 100 × 20 cm de large, cravates des étendards 90 × 20 cm).

IId Empire. 1854 (ordre du 10-11-1853) soie tricolore : drapeau modèle 1812 ; *à l'avers,* « l'Empereur/Napoléon III/ Au... régiment d'infanterie de ligne » ; au revers, noms de batailles (millésimes entre parenthèses) ; sur

Les personnages inhumés au Panthéon

Ancien Régime. Construction d'une église Ste-Geneviève : 1744 à Metz, Louis XV fait le vœu, s'il guérit, de reconstruire l'ancienne église abbatiale qui était dédiée à Ste Geneviève. **1755** Jacques-Germain Soufflot commence les travaux. **1763** crypte achevée. **1764**-*6-9* devant la réplique en toile du futur portique, Louis XV pose la 1re pierre. **1780** Soufflot († 5-1) est remplacé par Brébion, Rondelet et Soufflot-le-Romain. **1785-90** dôme achevé par Rondelet. Longueur 110 m, largeur 82 m, hauteur 83 m ; la crypte et la galerie (dite « des Couronnes ») regroupent plusieurs tombeaux.

Révolution. Transformation en mausolée : 1791-*2-4 Mirabeau* (né en 1749) meurt, l'Assemblée nationale décide de lui dédier des « regrets universels ». *-3-4* une députation des sections de Paris demande la proclamation d'un « deuil public ». Le député Goupil cite l'exemple de l'Angleterre qui plaça les restes de Newton à Westminster et dont le Parlement prit le deuil. Le procureur général-syndic de la Seine, Claude-Emmanuel Pastoret (1756-1840 ; marquis 1817), à la tête d'une délégation, demande à l'Assemblée constituante que le nouvel édifice soit destiné à recevoir les cendres des grands hommes de l'époque de la liberté française. *-4-4* le décret est aussitôt voté (*art. 2 :* le corps législatif décidera seul à qui cet honneur sera décerné ; *art. 3 :* Mirabeau en est jugé digne). L'église Ste-Geneviève devient un mausolée, le Panthéon, et est transformée par Quatremère de Quincy, tours-clochers rasées, baies et portails latéraux murés. Le fronton représente la Patrie couronnant la Vertu tandis que la Liberté saisit par leur crinière 2 lions attachés à un char qui écrase le Despotisme, et qu'un Génie terrasse la Superstition, avec l'inscription : « Aux grands hommes, la Patrie reconnaissante » ; la croix du dôme qui occupe provisoirement la place d'une statue de sainte Geneviève est remplacée par une *Renommée* de Dejoux, de 9 m de hauteur, embouchant une trompette. Transfert de *Mirabeau :* la cérémonie dure 5 h devant plus de 300 000 personnes. *-11-7* transfert de *Voltaire* (1694-1778) mais le cercueil ne contenait pas ses restes [le 30-5-1778, Mgr de Barral, évêque de Troyes, s'opposant à son inhumation dans l'abbaye de Sellières (Aube), son neveu, l'abbé Mignot, le fit ensevelir dans un mur de fondation. En 1926, lors de l'installation du chauffage central, on découvrit dans un mur des ossements que l'on supposa être ceux de Voltaire]. **1792**-*12-9* décret décidant de transférer le Cdt *Nicolas-Joseph de Beaurepaire* (né en 1740), suicidé le 2-9 lors de la reddition de Verdun (transfert non exécuté). **1793**-*24-1* transfert du député *Le Pelletier de Saint-Fargeau* (né 1760), assassiné le 20-1 (pour avoir voté la mort de Louis XVI) ; il sera retiré du Panthéon le 14-2-1795, et inhumé, plus tard, au château de St-Fargeau (Yonne). *-21-9* Marie-Joseph Chénier démontre la collusion de Mirabeau avec la Cour et propose le transfert au Panthéon de Marat (né 1743, assassiné le 13-7 par Charlotte Corday) à la place de Mirabeau. **1794**-*21-9* transfert de *Marat* tandis que Mirabeau est réinhumé au cimetière de St-Étienne-du-Mont. *-11-10* transfert de *Jean-Jacques Rousseau* (1712-78). **1795**-*8-2* la Convention (avec effet rétroactif) décrète que les honneurs du Panthéon ne peuvent être accordés que 10 ans après la mort d'un citoyen. On peut ainsi retirer Marat qui est réinhumé au cimetière de St-Étienne-du-Mont.

Empire. Église et mausolée : 1806-*20-2* un décret rend la nef au culte sous le nom d'église Ste-Geneviève et consacre la crypte à la sépulture des « citoyens ayant rendu d'éminents services à la Patrie », dans « la carrière des armes ou dans celle de l'administration et des lettres ». 39 sont ainsi transférés. **Cercueils :** *Béguinot* (30-9-1808) [François-Barthélemy, Cte (1757-1808), Gal de division, sénateur]. *Bévière* (14-3-1807) [Jean-Baptiste-Pierre (1723-1807), membre de l'Assemblée constituante, notaire et maire à Paris]. *Bougainville* (Louis-Antoine, Cte de) 1729-1811, sénateur, vice-amiral, membre de l'Institut et du Bureau des longitudes. *Brissac* (Hyacinthe-Hugues-Timoléon de Cossé, Cte de) 1746-1813, ancien Mal de camp du roi, sénateur, chambellan de Madame, mère de l'Empereur. *Cabanis* (14-5-1808) [Pierre-Jean-Georges] 1757-1808, sénateur, membre de l'Institut. *Caprara* (Jean-Baptiste) 1733-1810, cardinal archevêque de Milan. *Caulaincourt* (1808) [Gabriel-Louis, Mis de] 1741-1808, sénateur. *Champmol* (1-12-1809) [Emmanuel Cretet, Cte de] 1747-1809, min. de l'Intérieur et min. d'État. *Choiseul duc de Praslin* (5-2-1808) [Antoine-César de] 1756-1808, sénateur. *Demeunier* (Jean-Nicolas, Cte) 1751-1814, sénateur de Toulouse. *Erskine* (Charles) 1743-1811, cardinal-diacre de Ste-Marie-dans-le-Portique. *Fleurieu* (Charles-Pierre Claret, Cte de) 1738-1810, sénateur, conseiller d'État, gouverneur des palais des Tuileries et du Louvre, membre de l'Institut. *Ham* (Ignace Jacqueminot, Cte de) 1754-1813, sénateur du Nord. *Laboissière* (14-4-1809) [Pierre Garnier, Cte de] 1755-1809, Gal de division, sénateur, chambellan de l'Empereur. *Lagrange* (Joseph-Louis, Cte) 1736-1813, sénateur, membre de l'Institut et du Bureau des longitudes. *Legrand* (Claude-Juste-Alexandre, Cte) 1762-1815, pair de France, lieutenant général des armées du roi. *Lepaige-Dorsenne* (François) 1753-1812, Gal de division, chambellan de l'Empereur, colonel des grenadiers à pied de la garde impériale. *Luynes* (23-5-1807) [Louis duc de] 1748-1807, sénateur. *Mareri* (Hippolyte-Antoine-Vincent) 1738-1811, cardinal-évêque de Sabine. *Massa* (Claude-Ambroise Régnier, duc de) 1736-1814. *Montebello* (Mal *Lannes,* duc de) 1769-1809. *Ordener* (Cte) 1755-1811, sénateur, gouverneur du palais de Compiègne. *Papin* (1809) [Jean-Baptiste] 1756-1809, sénateur. *Perrégaux* (22-2-1808) [Jean-Frédéric, Cte de] 1744-1808, sénateur. *Petiet* (27-5-1806) [Claude] 1749-1806, min. de la Guerre, sénateur. *Portalis* (29-8-1807) [Jean-Étienne] 1746-1807, min. des Cultes et membre de l'Institut. *Resnier* (12-10-1807) [Louis-Pierre-Pantaléon] 1759-1807, sénateur. *Reynier* (Jean-Louis-Ebenezer, Cte) 1771-1814, Gal en chef. *Rousseau* (Jean, Cte) 1738-1813, sénateur. *Saint-Hilaire* (6-7-1810) [Louis-Joseph-Vincent Leblond de] 1766-1809, Gal de division. *Songis* (Nicolas-Marie) 1761-1810, inspecteur général d'artillerie. *Thévenard* (Antoine-Jean-Marie) 1733-1815, vice-amiral, pair de France. *Treilhard* (Jean-Baptiste, Cte) 1742-1810, min. d'État, Pt du Conseil d'État. *Tronchet* (17-3-1806) [François-Denis] 1726-1806, sénateur d'Amiens. *Vien* (31-3-1809) [Joseph-Marie, Cte] 1716-1809, sénateur, membre de l'Institut, professeur-recteur des écoles spéciales des Beaux-Arts. *Viry* (François-Marie-Joseph-Justin) 1737-1813, sénateur, chambellan de l'Empereur. *Walther* (Frédéric-Henry, Cte) 1761-1814, Lt général, colonel des grenadiers à cheval de la garde impériale. *Winter* (Jean-Guillaume, Cte de) 1761-1812, vice-amiral. **Urnes (avec leurs cœurs) :** *Durazzo* (1809) [Jérôme-Louis-François-Joseph, Cte] 1740-1809, sénateur. *Hureau de Sénarmont* (Alexandre-Antoine, baron) 1769-1810, Gal de division. *Malher* (8-4-1808) [Jean-Pierre-Firmin] 1761-1808, Gal de division. *Morand de Galles* (1809) [Justin-Bonaventure, Cte] 1741-1809, sénateur. *Sers* (1809) [Pierre, Cte] 1746-1809, sénateur.

Restauration. 1814-*4-4* arrêté de Louis XVIII ordonnant de faire disparaître emblèmes, chiffres et armoiries rappelant l'Empire. **1822**-*3-1* l'église est inaugurée. Sur le fronton, nouvelle inscription (remplaçant « Aux grands hommes, la patrie reconnaissante ») : *DOM sub invocat. S. Genovefae. Lud. XV dicavit. Lud. XVIII restituit* (« Louis XV avait dédié cette église au seigneur sous l'invocation de sainte Geneviève. Louis XVIII la rétablit »). On relègue sous le péristyle les dépouilles de Voltaire et Rousseau, en dehors du périmètre qu'allait bénir l'archevêque de Paris, Mgr de Quélen. Selon une légende reprise dans le Larousse du XIXe s. et *les Misérables* de Victor Hugo, des ouvriers, conduits par un gentilhomme de la Chambre, auraient violé, de nuit, leurs tombes, mis leurs restes dans un sac qu'ils auraient vidé à la campagne. Une commission officielle a vérifié le 18-12-1897 que les cendres y étaient, conformément à la description faite en déc. 1821. **1829** transfert de *Soufflot,* l'architecte du Panthéon.

Monarchie de Juillet. 1830-*26-8* ordonnance : **redevient Panthéon. 1831**-*3-7* David d'Angers refait le fronton (inauguré en 1837) : la Patrie distribue des couronnes que lui tend la Liberté tandis que l'Histoire prend note. À gauche, les civils : Malesherbes, Mirabeau, Monge, Fénelon, Manuel, Carnot, Berthollet, Laplace, Louis David, Cuvier, La Fayette, Voltaire, Rousseau et Bichat ; à droite, les militaires : Bonaparte, des soldats de toutes armes, le grenadier Trompe-la-Mort, l'enfant qui battait la charge au pont d'Arcole et des polytechniciens. On remet l'inscription « Aux grands hommes... » Louis-Philippe fait graver, sur 4 tables de bronze, la liste des héros de Juillet (installées le 27-7-1831).

IIe République. 1848-*11-4* décret de Ledru-Rollin, min. de l'Intérieur du gouvernement provisoire, confie la décoration intérieure au peintre Chenavard (pas exécutée) ; *-juin* transformée en dépôt de cadavres. **1851**-*6-12* décret du Prince-Pt : **redevient église Ste-Geneviève** (basilique nationale). On enlève l'inscription « Aux grands hommes... », on remet une croix sur le dôme.

IIIe République. 1871-*2-4* la Commune scie la croix. **1873**-*juillet* une croix de pierre est remise. **1885**-*28-5* **redevient Panthéon. Transferts : 1885**-*1-6 Victor Hugo* (1802-85) écrivain. **1889**-*4-8 Lazare Carnot* (1753-1823), mathématicien conventionnel surnommé l'« Organisateur de la victoire ». *Théophile de La Tour d'Auvergne* (1743-1800), « 1er grenadier de France » (cœur aux Invalides). *Jean-Baptiste Baudin* (1811, tué sur les barricades le 3-12-1851). *François Marceau* (1769-96), Gal (1/3 de son corps, le reste est aux Invalides et à Chartres). **1894**-*29-6 Sadi Carnot* (1837/24-6-1894 assassiné), Pt de la République. **1907**-*25-3 Marcellin Berthelot* (1827-1907) et sa femme (1837-1907), chimiste et ancien min. des Affaires étrangères, meurt le 18-3, 15 minutes après sa femme. **1908**-*5-6 Émile Zola* (1840-1902), écrivain. Après la parade militaire, excités par Barrès et Léon Daudet, des membres de la ligue des Patriotes vocifèrent. Grégori (journaliste d'extrême droite) tire 2 balles sur Dreyfus, le blessant légèrement au bras. **1920**-*11-11 Léon Gambetta* (1838-82) [cœur, son corps est à Nice]. **1924**-*23-11 Jean Jaurès* (1859/31-7-1914 assassiné), fondateur de l'*Humanité.* Le jour de la cérémonie, l'Action française, pour protester contre le transfert, alla se recueillir sur la tombe de Marius Plateau [secrétaire général des camelots du roi, assassiné le 2-1-1923 par Germaine Berton (anarchiste de 20 ans)] au cimetière de Vaugirard et le Parti communiste suivit le parcours en ordre serré, ce qui inquiéta la droite. **1933**-*4-11 Paul Painlevé* (1863-1933), mathématicien, Pt du Conseil (1917 et 1925).

IVe République. 1948-*17-11 Paul Langevin* (1872-1946) et *Jean Perrin* (1870-1942), savants et résistants. **1949**-*20-5 Félix Éboué* (Cayenne 1884-1944), 1er Noir gouverneur des colonies [Guadeloupe puis Tchad 1938 (1er territoire rallié à la France libre 1940), puis A.-É.F en 1940]. *Victor Schœlcher* (1804-93), anti-esclavagiste, sénateur inamovible, et son père, *Marc* († 1832) [pour respecter le vœu de Victor de reposer auprès de son père]. **1952**-*22-6 Louis Braille* (1809-52) inventeur de l'alphabet pour aveugles.

Ve République. 1964-*19-12 Jean Moulin* (1899-1943) préfet (chef du CNR), discours de Malraux. **1987**-*5-10 René Cassin* (1887-1976) juriste, prix Nobel de la Paix. **1988**-*5-11 Jean Monnet* (1888-1979) qui fut un des « pères » de l'Europe. **1989**-*12-12 abbé Grégoire* (1750-1831, exhumé du cimetière Montparnasse). *Gaspard Monge* Cte de Péluse (1746-1818), mathématicien (exhumé du Père-Lachaise). *Condorcet* (Marie Jean Antoine Caritat, Mis de, 1743-94) mathématicien, philosophe, économiste, conventionnel ; un tombeau vide rappelle sa mémoire ; proscrit sous la Terreur ; arrêté 27-3-1794 et écroué à Bourg-Égalité (actuelle Bourg-la-Reine), meurt le 29-3 d'œdème pulmonaire (s'empoisonna ?) ; inhumé sous le nom (donné par ses geôliers qui ne l'ont pas reconnu) de Pierre Simon dans la fosse commune ; à la requête de sa famille, une rectification d'état civil du 12 ventôse an III lui rendit sa véritable identité ; le vieux cimetière fut exproprié en 1820, vendu puis bâti, et les os retrouvés transportés dans le nouveau cimetière rue de Bièvre (ossuaire à ciel ouvert de 7 m de côté). **1995**-*20-4 Pierre Curie* (1859-1906) et son épouse, *Marie Curie* (1867-1934), savants, prix Nobel. **1996**-*23-11 André Malraux* (1901-76), écrivain, ancien ministre. **2003** (prévu) *Hector Berlioz* (1803-69), musicien.

☞ **Il y a 2 femmes au Panthéon :** *Mme Berthelot,* morte le même jour que son mari, transférée avec lui (1907). *Marie Curie* (1995). **1 homme de couleur :** *Félix Éboué* (1949).

■ **Bilan des transferts. De 1791 à 1794** *11 décidés* dont *2 maintenus* (Voltaire 1791, Rousseau 1794), *3 inhumés puis retirés* (Mirabeau, Le Pelletier de St-Fargeau, Marat), *6 non exécutés* [*Descartes* († Stockholm 1650), inhumé de 1666 à 1802 dans l'église de l'abbaye de Ste-Geneviève (lycée Henri IV actuel), puis de 1802 à 1819 au musée des Monuments français, et depuis à St-Germain-des-Prés ; la Convention avait, le 2-10-1793, ordonné son transfert sur proposition de Condorcet et de Marie-Joseph Chénier. *Lt-Cel Beaurepaire,* défenseur de Verdun. *Fabre de l'Hérault,* délégué à l'armée des Pyrénées, tué à Port-Vendres (1793) ; décision prise sur proposition de Robespierre. *Gal Augustin Dampierre,* Cdt en chef de l'armée du Nord, successeur de Dumouriez (tué à Valenciennes en 1793 par un boulet). *Joseph Bara* (né 1779), tué à 14 ans, près de Cholet le 7-12-1793 en criant « Vive la République ». *Agricol Viala,* tué à 13 ans, près d'Avignon en 1793]. Ils auraient dû être transférés au Panthéon le 18-6 puis le 18-7 et enfin le 28-7-1794 (10 thermidor) mais la cérémonie fut décommandée le 9 thermidor. **Ier Empire** 42. **Restauration** 1 (Soufflot). **IIIe République** 11. **IVe République** 6. **Ve République** 9. **Total :** 71.

■ **Tentatives de transfert.** Plus de 20 tentatives ont échoué [refus de la veuve ou de la famille ; dispositions testamentaires contraires (comme pour Paul Doumer, Pt de la République, assassiné pendant son mandat le 6-5-1932) ; oppositions diverses ; manque d'intérêt des milieux politiques]. **1915**-*juin* pour raviver le patriotisme du pays, *Poincaré* (Pt de la Rép.) propose au Pt du Conseil Viviani de transférer le 14-7 au Panthéon les restes de Rouget de Lisle, mais il faut auparavant un vote des 2 chambres (qu'on n'a pas le temps d'obtenir). *-11-7* le Conseil des ministres entérine la décision d'exhumer le corps (qui le 13-7 est amené à l'Arc de triomphe puis déposé aux Invalides le 14-7 dans le caveau des gouverneurs où il est resté depuis) en attendant le vote (qui n'eut jamais lieu). **1920** *le Soldat inconnu* aurait d'abord dû être inhumé au Panthéon en même temps que le *cœur de Léon Gambetta* pour marquer le 50e anniversaire de la IIIe République. Mais le gouvernement, à l'instigation des organisations d'anciens combattants, décida de faire 2 cérémonies séparées le 11 nov. : 1°) en enterrant le Soldat inconnu sous l'Arc de triomphe et 2°) en déposant le cœur de Gambetta au Panthéon. **1934**-*19-10* funérailles nationales de *Poincaré* [(† 15-10), le corps est déposé à St-Honoré-d'Eylau le 16-10, puis sous la voûte du Panthéon le 18-10, à Notre-Dame de Paris le 20-10, et le 21-10 est enterré à Nubécourt (Meuse)]. **1945**-*janvier* les communistes demandèrent le transfert de l'écrivain *Romain Rolland* au nom de son engagement contre le fascisme (la famille refusa), les gaullistes proposèrent *Charles Péguy* (la famille refusa), puis le MRP proposa *Henri Bergson* pour représenter les Juifs et les autres victimes du régime de Vichy. **Après la guerre de 1939-45**, l'Association des écrivains combattants a obtenu que soient gravés sur les murs (au fond du chœur) le nom d'écrivains morts pour la France pendant la guerre de 1914-18 (soit 562 ; dont Alain-Fournier, Apollinaire, Péguy, Segalen ou Psichari) et pendant celle de 1939-45 (soit 197 ; dont Saint-Exupéry, Brossolette, Desnos, Bertie Albrecht, Saint-Pol Roux, Max Jacob).

bandes bleues et rouges un décor orné de haut en bas : couronne impériale, N entre 2 branches de chêne et laurier, aigle ; dans les intervalles : rosaces et palmes ; sur bande blanche, en haut et en bas, numéro régimentaire dans une couronne de chêne et de laurier ; pas de semis d'abeilles ; cravate tricolore brodée à chaque extrémité de couronnes et de feuilles de chêne et de laurier se terminant par un motif de style ; d'un côté indication de l'arme, de l'autre N brodé et couronné en galvano. **1856** la Garde impériale obtient des aigles en « galvano » (1,45 ou 1,55 kg).

Pavillons de marine. **1852** 1er règlement. *Pavillon impérial :* 9 × 13,5 m, hissé au grand mât lorsque l'Empereur est à bord, tricolore et parsemé d'abeilles avec, au centre, l'écusson impérial couronné. *Pavillon des princes et de la famille impériale :* hissé à la corne identique, avec seulement semis d'abeilles (8 × 10,50 m).

IIIe République. **1871**-*5-8* circulaire : la plupart des drapeaux ayant disparu (livrés à l'ennemi ou détruits pendant la guerre), ils sont remplacés, après la Commune, par des drapeaux provisoires en laine, sans franges ni cravate, bordés d'un ourlet, fixés à une hampe bleue surmontée d'un fer de lance en bois doré. **1880**-*14-7*, 423 emblèmes remis à Longchamp dont le modèle est toujours en vigueur.

France libre (1940-43). *1er pavillon de beaupré* des Forces navales françaises libres (FNFL). Créé par le vice-amiral Muselier et approuvé par de Gaulle. D'après l'ordre général no 2 du 2-7-1940, les bâtiments de guerre et de commerce des FNFL porteront à la poupe le pavillon national français et, à la proue, le pavillon carré bleu orné au centre de la croix de Lorraine en rouge. **1941**-*7-6* ce pavillon est remplacé par un 2e modèle (plus visible) utilisé par les bâtiments de guerre des FNFL. Le pavillon de beaupré des navires de commerce a les 4 angles bleus. Dans les territoires ralliés d'Afrique et d'Océanie apparurent des drapeaux tricolores (non officiels) chargés d'une croix de Lorraine dans le blanc. *Flamme nationale des Forces françaises libres :* seul emblème officiel à croix de Lorraine utilisé à terre : tricolore, rectangle allongé (sa longueur est 4 fois sa largeur). Créée par décret du 7-9-1940 du colonel de Larminat assumant depuis le 29-8 à Brazzaville les pouvoirs dans la partie de l'Afrique-Équatoriale française ralliée. La croix en rouge sur le blanc est posée verticalement dans le sens de la plus petite largeur. **1943** les FNFL deviennent les Forces navales en G.-B. (FNGB) ; *-22-10* décret, les bâtiments ayant fait partie des FNFL auront le droit de porter un pavillon de beaupré particulier : celui du 7-6-1941, mais rectangulaire (2 × 3).

Règlement actuel

La Constitution du 27-10-1946 (art. 2) déclarait : l'emblème national est le drapeau tricolore bleu, blanc et rouge à 3 bandes verticales d'égales dimensions. Pour les navires français, l'emblème est resté le pavillon de poupe tricolore bleu, blanc, rouge à 3 bandes verticales, la taille variant selon navires et circonstances. La Constitution du 4-10-1958 indique simplement (art. 2) que l'emblème national est le drapeau tricolore bleu, blanc, rouge.

■ **Armée de terre.** **Drapeau** (0,90 m de côté) : régiments d'infanterie, du génie, des transmissions et des écoles. **Étendard** (0,64 m) : corps de l'arme blindée et cavalerie, de l'artillerie, du train et de l'aviation légère de l'armée de terre, matériel.

L'emblème – réglementaire depuis août 1880 – est constitué d'un tablier à 3 bandes verticales : bleue, blanche et rouge. Il est fixé à une hampe en bois de 2 m terminée par une pique à 2 cartouches dont l'un porte RF et l'autre l'appellation du régiment. Une *cravate tricolore* à 2 pans est fixée à cette pique. *Inscriptions : à l'avers du tablier* « République française » et le nom du régiment (encadrés par 4 couronnes de feuilles de chêne et de laurier) ; *au revers* « Honneur et Patrie » et, au-dessous, une devise. *Exemples :* Polytechnique : « Pour la Patrie, les sciences, la gloire » ; St-Cyr : « Ils s'instruisent pour vaincre » ; Légion étrangère : « Honneur et fidélité » ; sapeurs-pompiers de Paris : « Dévouement et discipline » ou des noms de batailles. Le drapeau des Invalides porte l'inscription « Tous les champs de bataille ». Avant août 1880, drapeaux et étendards ne portaient que 4 inscriptions de bataille rappelant les combats où ils s'étaient illustrés depuis la Révolution. En 1926, on porta ce nombre à 8, en 1939-45 à 12 avec quelques exceptions (au maximum : 15 sur celui du 2e régiment d'infanterie coloniale).

Décorations portables : *françaises :* les cravates des emblèmes : Légion d'honneur [apparue en 1859 sur les drapeaux des corps qui se sont emparés d'un drapeau ennemi (le 2e régiment de zouaves fut le 1er décoré pour la prise d'un drapeau autrichien, le 4-6-1859, à Magenta)], croix de guerre et fourragères de 1914-18, épinglées (sur la cravate de l'emblème des corps qui s'étaient distingués), ordre de la Libération, médaille militaire (cas du RICM), et médaille des évadés (2e dragon : cas unique). *Étrangères :* sur admission jusqu'à la décision ministérielle du 29-12-1953 qui a invalidé cette mesure. Actuellement, les *2 drapeaux les plus décorés* sont ceux du RICM (17 citations), et du 3e régiment étranger d'infanterie (16).

Couleurs des fourragères : celles des rubans de la croix de guerre (pour 2 ou 3 citations à l'ordre de l'armée) ; médaille militaire (pour 4 ou 5 citations) ; Légion d'honneur (pour 6 à 8 citations) ; Légion d'honneur et croix de guerre (pour 9 à 11 citations) ; Légion d'honneur et médaille militaire (pour 12 à 14) ; double Légion d'honneur pour 15 et plus (ces fourragères n'ont jamais été attribuées). Il n'existe pas de fourragères aux couleurs du ruban de la croix de guerre 1939-45. Seule, celle aux couleurs du ruban de la croix de guerre 1914-18 avec une olive aux couleurs de la croix de guerre 1939-45, placée au-dessus du ferret, est réglementaire. Les fourragères aux couleurs du ruban de la Légion d'honneur et de la médaille militaire accordées pour la guerre de 1939-45 portent une olive semblable. Les unités ayant reçu des fourragères au titre des 2 guerres mondiales portent au-dessus du ferret un système d'olives qui permet de différencier l'origine des citations. La fourragère aux couleurs du ruban de la croix de guerre des TOE est toujours portée distinctement. Lorsque les citations permettent l'obtention d'une fourragère d'un niveau supérieur (médaille militaire ou Légion d'honneur), une olive aux couleurs du ruban de la croix de guerre des TOE est placée au-dessus du ferret.

■ **Marine nationale.** **Drapeau :** symbole de la patrie et de la personnalité morale de la formation à laquelle il est attribué. Carré à 3 bandes égales en largeur. La marine possède 11 drapeaux dont 8 en service, attribués à des unités combattantes ou formations spécialisées à terre d'un niveau équivalent à celui du régiment.

Pavillon : symbole de la patrie et marque de nationalité à bord des bâtiments. En mer, arboré au mât en tout temps. Au mouillage, pavillon de poupe (pavillon principal) et pavillon de beaupré sont arborés entre les couleurs du matin et celles du soir. *Modèles :* 16 suivant navires et circonstances. *Longueur* (battant) : 0,75 à 13,50 m. *Hauteur* (guindant) : égale aux 2/3 du battant. *Proportions des couleurs :* bleu 30/100 du battant, blanc 33/100 et rouge 37/100.

Flamme : en tête de mât en toutes circonstances. *Modèles :* 10 de 1 à 20 m de longueur, le battant valant 20 fois le guindant pour les plus petites, 133 fois pour les plus grandes. *Proportions des couleurs :* bleu 20/100 du battant, blanc 20/100 et rouge 60/100.

Fanion : on distingue : *fanion d'unité* (c'est le symbole de la personnalité morale de l'unité à laquelle il est attribué, celle-ci ne pouvant prétendre à un drapeau) et *fanion d'autorité* (c'est la marque de commandement arborée sur une voiture ou un aéronef au sol).

Marques : de commandement : *officiers généraux de marine* (amiraux) : pavillons carrés avec étoiles, bleu 30/100 du battant, blanc 33/100 et rouge 37/100. *Officiers supérieurs :* guidons (2 pointes) et triangle (1 pointe), le battant égal à 2 fois le guindant, bleu 23,5/100 du battant, blanc 26,5/100 et rouge 50/100. **Honorifiques :** pavillons carrés avec différents motifs marquant la présence à bord d'une personnalité de la Défense nationale ou d'un officier général extérieur à la marine (armées de terre et de l'air).

Cérémonial des couleurs (au mouillage uniquement) : on « envoie » (hisse) les couleurs à 8 h chaque matin ; on les rentre le soir au coucher du Soleil, ou à 20 h quand le Soleil se couche plus tard ; on ne les « amène » qu'en cas de reddition. Au moment de l'envoi des couleurs (matin et soir), la garde présente les armes, le factionnaire tire un coup de fusil à blanc. Les honneurs sont rendus au clairon (sonnerie « Au drapeau ») ou au sifflet de manœuvre (à roulette). **Salut aux navires :** les navires de commerce saluent les navires de guerre en rentrant et rehissant leur pavillon de poupe 3 fois de suite. Le navire de guerre rend le salut en « marquant » son pavillon (en le baissant et en le rehissant du 1/4 de sa hauteur). **Deuil :** mise en « berne » du pavillon.

Code international des signaux flottants : pavillons et guidons alphabétiques, flammes numériques, « substituts » triangulaires et autres signaux flottants sont hissés, marqués et amenés selon un code.

Atteinte au drapeau : l'art. 257 du Code pénal punit d'un emprisonnement de 1 mois à 2 ans et d'une amende de 500 à 30 000 F toute destruction ou dégradation volontaires d'un « objet destiné à la décoration publique et élevé par l'autorité publique ou avec son autorisation ». Dans le cadre d'une manifestation indépendantiste, elles peuvent être considérées comme une atteinte à la défense nationale. Commises par un militaire, elles sont réprimées par le Code de justice militaire (de 6 mois à 5 ans d'emprisonnement et, éventuellement, destitution ou perte du grade).

Hymnes nationaux français

■ **Ancien Régime.** Les airs officiels étaient des hymnes religieuses, choisies selon les circonstances. Ainsi, pour le départ de la flotte des croisés à Aigues-Mortes en 1248, l'hymne chantée a été le *Veni Creator.* Il était coutumier au cours d'une cérémonie publique (toujours religieuse) de chanter le motet *Domine Salvum Fac Regem* à l'arrivée du roi (il était également chanté à la fin de la messe). En 1686, lorsque Louis XIV vint inaugurer la maison d'éducation de Saint-Cyr, Mme de Maintenon fit chanter à ses élèves une adaptation française de ce répons, *Dieu protège le Roi* (musique de Lully). Cette hymne serait devenue, en sept. 1745, le *God Save the King* britannique [introduit par Mme de Maintenon à la cour des Stuarts à St-Germain-en-Laye, il aurait été chanté par les partisans de Jacques III Stuart, débarqué en G.-B. en août 1745, et adopté par leurs adversaires hanovriens. Le 19-7-1819, 3 dames de St-Cyr (Mmes Thibault de La Noraye, de Moutiers et de Palagny) ont attesté devant le maire de St-Cyr (qui a légalisé les signatures) que le motet était dans la tradition de St-Cyr (document publié en 1900). Au musée de Versailles, une horloge de la 1re moitié du XVIIIe s. donne en carillon l'air du *God Save the King*].

■ **Ire République.** Décret de la Convention du 26 messidor an III (14-7-1795). **Article 1.** « L'hymne patriotique intitulé *Hymne des Marseillais,* composé par le citoyen Rouget de Lisle, et le *Chœur de la Liberté,* paroles de Voltaire, musique de Gossec, exécutés aujourd'hui, anniversaire du 14 Juillet, dans la salle de ses séances, seront insérés en entier au *Bulletin* ». **Article 2.** « Les airs et chants civiques qui ont contribué au succès de la Révolution seront exécutés par les corps de musique des gardes nationales et des troupes de ligne. Le comité militaire est chargé de les faire exécuter chaque jour par la garde montante du Palais national. En conséquence, il y a lieu de se conformer à cette loi dans toutes les circonstances où les musiques militaires sont appelées à jouer un air officiel » (voir encadré p. 722).

Vers 1800, Napoléon demande à Rouget de Lisle un hymne. Le 2-2-1800, le *Chant des combats* est exécuté entre 2 actes d'un opéra (échec car mal interprété).

■ **Ier Empire.** Napoléon n'avait pas d'hymne national. Il faisait chanter par le clergé le répons *Domine Salvum Fac Imperatorem.* L'hymne *Veillons au salut de l'Empire* [utilisant sur une musique de Nicolas Dalayrac (1753-1809) la romance *Vous qui d'amoureuse aventure,* tirée de l'opéra-comique *Renaud d'Ast* (1787)] était souvent joué par ses musiques militaires, mais il n'était jamais chanté, les paroles étant « libertaires ». Le journaliste girondin Joseph-Marie Girey-Dupré (1769-93, guillotiné) les composa en prison et les chanta en montant à l'échafaud. Il avait eu comme collaborateur l'adjudant général Bois-Guyon, guillotiné quelques jours après lui [souvent confondu avec le médecin jacobin Adrien-Simon Boy (1764-95), organisateur de la Terreur à Strasbourg en 1793-94)]. Le mot *Empire,* figurant dans le titre, signifiait « État » et était couramment utilisé pour désigner le royaume de France depuis Louis XVI.

■ **Restauration.** 2 airs quasi officiels. **1°) Hors de la présence royale,** *Vive Henri IV ! :* air populaire du XVIe s., repris en 1774 par Charles Collé (1709-83) dans la comédie *la Partie de chasse d'Henri IV ;* harmonisé en 1826 (opéra-comique, même titre) par François-Henri Castil-Blaze (1784-1857). On évitait de jouer cet air devant les personnes royales, à cause de son refrain : « J'aimons les filles et j'aimons le bon vin. » **2°) Pour accueillir le roi ou des membres de la famille royale,** quand ils faisaient leur entrée dans une cérémonie publique, *Où peut-on être mieux qu'au sein de sa famille ?* [paroles de Jean-François Marmontel (1723-99), musique d'André Grétry (1741-1813)], tiré de la comédie musicale *Lucile* (1769). L'air fut exécuté pour la dernière fois au cours d'une cérémonie officielle le 15-4-1915 à La Panne (Belgique) lors de l'incorporation dans l'armée belge du prince Léopold, futur Léopold III (Grétry était belge, né à Liège). C'est le seul exemple attesté de l'exécution d'un hymne royaliste devant des autorités républicaines françaises.

■ **Louis-Philippe.** *La Parisienne* (1830), paroles de Casimir Delavigne (1793-1843), musique d'Esprit Auber (1782-1871) [« chant national »].

■ **IIe République.** *Le Chant des Girondins* (1847), extrait du drame *le Chevalier de Maison-Rouge* (1847), d'Alexandre Dumas et Auguste Maquet, musique d'Alphonse Varney (1811-79). Les 2 vers du refrain : « Mourir pour la patrie, C'est le sort le plus beau, le plus digne d'envie... », ont été empruntés à *Roland à Roncevaux,* chant composé à Strasbourg en 1792 par Rouget de Lisle.

■ **IId Empire.** *Partant pour la Syrie :* chant officiel, de son vrai titre *le Beau Dunois* (« Partant pour la Syrie » est le 1er vers), composé à Malmaison vers 1807-08 par la reine Hortense pour la ligne mélodique ou Drouet (1792-1873) [rythme, accompagnement : Dalvimore ; paroles : Alexandre de Laborde (1773-1842)], chanté à l'armée pendant la campagne de 1809 (donnant lieu à des variations pour divers instruments) ; après 1830, adapté pour musique militaire avec chœur ; sous le IIe Empire, hymne officiel ; titré *Choral du peuple* (1865), devient pas redoublé ou polka. Joué officiellement pour la dernière fois le 19-3-1871, quand Napoléon III quitta, pour l'Angleterre, Wilhelmshoëhe, près de Cassel (Prusse), où il était prisonnier.

■ **IIIe République.** *La Marseillaise.* **1877** commande d'un hymne à Charles Gounod (paroles de Paul Déroulède) : *Vive la France !* ; exécution le 30-6-1878 par Édouard Colonne ; mal accueilli.

■ **État français.** Hymne national : *La Marseillaise,* presque toujours suivie d'un hymne officieux, *Maréchal, nous voilà* [paroles d'André Montagard (1888-1963), musique de Montagard et Ch. Courtioux], créé officiellement en 1940, mais les auteurs avaient réutilisé une chanson intitulée *Voilà le Tour qui passe* dont les 2 premiers vers du refrain étaient : « Attention, les voilà ! les coureurs, les géants de la route. »

■ **Gouvernement de la France libre.** Hymne national : *La Marseillaise.* Officieux : *Le Chant de la Libération*

La Marseillaise

Origine. Le 24-4-1792, le Bon Frédéric de Dietrich (14-11-1712/28-12-1793, guillotiné), maire de Strasbourg, au cours d'une soirée demande un air. Claude-Joseph Rouget de Lisle (Lons-le-Saunier 10-5-1760/26-6-1836, enterré à Choisy-le-Roi, transféré le 10-3-1837 à Thiais, le 8-11-1861 au nouveau cimetière de Choisy-le-Roi, puis en 1915 aux Invalides, voir p. 720 c) le compose dans la nuit du 24 au 25. Le 25 à 10 h du matin il le joue au clavecin chez Dietrich, 4, cours de Broglie, devant 10 personnes, l'appelant « Hymne de guerre dédié au maréchal de Luckner ». Le 29-4, l'hymne (dont Dietrich a commandé une orchestration très simple) est joué sur la place d'armes par la garde nationale. Le chant intitulé *Chant de guerre pour l'armée du Rhin* (dédié au M[al] Luckner), imprimé à Strasbourg (entre mai et août 1792 sans nom d'auteur) se répand dans toute la France. François Mireur (1770/10-7-1798, G[al] en Égypte, reçu docteur en médecine à Montpellier, volontaire pour l'armée) venu à Marseille mettre au point la marche conjointe des volontaires de Montpellier et de Marseille, assiste le 22-6 au banquet civique que la ville de Marseille offre à ses 500 volontaires partant pour Paris ; il avait un exemplaire du chant ; un musicien, Vernade, le déclame. Le 23-6, le chant est publié dans le *Journal des départements méridionaux* sous le titre (modifié) de *Chant de guerre aux armées des frontières* sur l'air de Sargines [d'où une méprise car il existe 2 opéras de ce nom (un de Dalayrac, l'autre de Paër)]. Le 7-7 le *Chant de guerre pour l'armée du Rhin* est publié dans les *Affiches* de Strasbourg sans le nom de Rouget de Lisle. Le 30-7, les volontaires marseillais qui l'ont adopté comme chanson de marche le chantent à leur entrée dans Paris. Il sera baptisé par les Parisiens *la Marseillaise*. Le 27-8 la *Chronique de Paris* attribue les paroles à M. Rougez (capitaine du génie, en garnison à Huningue) ; l'air aurait été composé par un Allemand pour l'armée de Biron. En sept. le département de la guerre le fait imprimer sous le titre de *Marche des Marseillais*. Le 28-9 la Convention nat. décrète que *l'Hymne des Marseillais* sera chanté dans toute la République pour célébrer les triomphes de la liberté dans la Savoie, mais ne parle pas de l'auteur.

Contestations. On a dit que la mélodie était d'*Ignaz Pleyel* (1757-1831 ; ami de Rouget de Lisle, compositeur autrichien, 10 ans maître de chapelle à la cathédrale de Strasbourg, il l'aurait composée au château des C[tes] d'Andlau d'Itterswiller près de Bar, Bas-Rhin ; en fait, il séjournait alors à Londres) ou de *Jean-Frédéric Edelmann* (musicien à Strasbourg). En 1886, Arthur Loth l'attribua à *Jean-Baptiste Grisons* [Lens 1746/16-6-1815 ; chef de maîtrise à la cathédrale de St-Omer de 1775 à 1787 (la marche d'Assuérus de son oratorio *Esther*, composé en 1787, aurait la même mélodie)] mais Grisons ne l'a jamais revendiquée. D'autres ont parlé d'*Alexandre Boucher* (1778-1861), surnommé l'« Alexandre des violons » (il l'aurait écrite en 1792, à la demande du C[el] de la Salle qui devait se rendre à Marseille et voulait une marche pour la musique de son régiment). Enfin, on a constaté des similitudes avec le concerto pour clavecin et orchestre en *mi* bémol majeur de *Carl Philipp Emanuel Bach* (1714-88, fils de J.-S. Bach), avec un thème du 1er mouvement allegro maestoso du concerto pour piano et orchestre en *fa* majeur de 1786 de *Mozart* (1756-91) ou avec une musique d'Alayrac accompagnant une comédie de Jacques Boutet de Monvel (jouée 31-10-1789 à Versailles). En **1848** des journaux prétendirent que *la Marseillaise* pouvait être revendiquée par l'Allemagne. En **1861** le journal *Die Gartenlaube* affirma que Rouget de Lisle avait copié le *Credo* de la *Missa solemnis n° 4* (écrite en 1776 par le compositeur allemand Holtzmann, maître de chapelle dans le Palatinat) mais aucune preuve n'a été apportée. **1863**-*19-7* Fétis (directeur du Conservatoire de Bruxelles) annonce dans la *Revue et Gazette musicale* qu'il possède 2 exemplaires différents édités en 1793 et portant le titre : *Marche des Marseillais* (musique de Navoigille) avec Castil-Blaze qui attribue la musique à l'un des 2 frères Julien (dit Navoigille, 1743-1811), Fétis conclut que Rouget de Lisle n'en est pas l'auteur. *-2 et 16-8* un cousin de Rouget de Lisle répond dans la même revue que ces 2 exemplaires de *la Marseillaise*, indûment revêtus du nom de Navoigille, sont apocryphes et postérieurs à la création et à la 1re publication du chœur de Rouget de Lisle. Des articles passionnés paraissent dans *l'Opinion nationale* et *le Siècle* en faveur de Rouget de Lisle. Le tome VII de la *Biographie universelle des musiciens* paru en 1864 attribue *la Marseillaise* à Julien aîné (dit Navoigille). Le *7e couplet*, attribué successivement au poète Lebrun (1764-1811), à Louis Dubois (1793-1859), à Marie-Joseph Chénier (1729-1807) et à d'autres, semble être de l'abbé *Antoine-Dorothée Personneaux* († 1835) qui l'aurait composé pour la fête organisée à Vienne (Isère) le 14-7-1792 en l'honneur des Marseillais se rendant à Paris.

Évolution. **1792** François-Joseph Gossec (1734-1829) orchestre *la Marseillaise*. *-2-10* la fait triompher à l'Opéra de Paris, dans son spectacle avec chœur et orchestre : « Offrande à la liberté ». **1795** Étienne Méhul (1763-1817), chargé d'arranger pour plusieurs voix la musique, introduit des changements qui ont subsisté. **1830** Berlioz en donne une version difficile à exécuter. **1849** l'État achète au Salon 46 toiles sur le thème de *la Marseillaise* dont une huile sur toile (74 × 91 cm) représentant Rouget de Lisle chantant *la Marseillaise* à Strasbourg en 1792, peinte en 1849 par Isidore Pils (1813-75) [Strasbourg (musée des Beaux-Arts)]. **1887** *la Marseillaise* est transformée en marche militaire par une commission musicale nommée par le Gal Boulanger et présidée par Ambroise Thomas (1811-96). **1974**-*11-11* par ordre du Pt Giscard d'Estaing, elle est réarrangée d'après les partitions anciennes et réharmonisée avec un rythme différent [en particulier, la 2e note (*sol* dièse) de la version Ambroise Thomas est changée en *mi*]. **1981** on revient au rythme précédent.

Texte

1er couplet

Allons enfants de la patrie,
Le jour de gloire est arrivé !
Contre nous de la tyrannie
L'étendard sanglant est levé ! (bis)
Entendez-vous dans les campagnes,
Mugir ces féroces soldats ?
Ils viennent jusque dans vos bras
Égorger vos fils, vos compagnes !

Refrain

Aux armes, citoyens !
Formez vos bataillons !
Marchons ! Marchons ! [1]
Qu'un sang impur
Abreuve nos sillons !

6e couplet

Amour sacré de la patrie,
Conduis, soutiens nos bras vengeurs !
Liberté, Liberté chérie,
Combats avec tes défenseurs ! (bis)
Sous nos drapeaux, que la victoire
Accoure à tes mâles accents !
Que tes ennemis expirants
Voient ton triomphe et notre gloire ! [2]

7e couplet [3]

Nous entrerons dans la carrière
Quand nos aînés n'y seront plus ;
Nous y trouverons leur poussière
Et la trace de leurs vertus. (bis)
Bien moins jaloux de leur survivre
Que de partager leur cercueil,
Nous aurons le sublime orgueil
De les venger ou de les suivre !

Couplets inusités aujourd'hui

2e couplet

Que veut cette horde d'esclaves,
De traîtres, de rois conjurés ?
Pour qui ces ignobles entraves,
Ces fers dès longtemps préparés ? (bis)
Français ! pour nous, ah ! quel outrage !
Quels transports il doit exciter !
C'est nous qu'on ose méditer
De rendre à l'antique esclavage !

3e couplet

Quoi ! ces cohortes étrangères
Feraient la loi dans nos foyers !
Quoi ! ces phalanges mercenaires
Terrasseraient nos fiers guerriers ! (bis)
Grand Dieu ! par des mains enchaînées
Nos fronts sous le joug se ploiraient !
De vils despotes deviendraient
Les maîtres de nos destinées !

4e couplet

Tremblez, tyrans ! et vous, perfides,
L'opprobre de tous les partis,
Tremblez ! vos projets parricides
Vont enfin recevoir leur prix ! (bis)
Tout est soldat pour vous combattre.
S'ils tombent, nos jeunes héros,
La France en produit de nouveaux,
Contre vous tout prêts à se battre !

5e couplet

Français, en guerriers magnanimes,
Portez ou retenez vos coups !
Épargnez ces tristes victimes,
A regret s'armant contre nous. (bis)
Mais le despote sanguinaire,
Mais les complices de Bouillé [4]*,*
Tous ces tigres qui, sans pitié,
Déchirent le sein de leur mère !...

Couplet supprimé par Servan, min. de la Guerre

Dieu de clémence et de justice
Vois nos tyrans, juge nos cœurs.
Que ta bonté nous soit propice,
Défends-nous de ces oppresseurs...
Tu règnes au ciel et sur terre
Et devant Toi, tout doit fléchir,
De ton bras, viens nous soutenir.
Toi, grand Dieu, maître du tonnerre...

Nota. – (1) Sur l'original : « Marchez ! Marchez ! » (2) Dans la 1re version : « Et que les trônes des tyrans croulent au bruit de notre gloire ». (3) Dit « couplet des enfants » ; semble être une paraphrase de Rousseau évoquant dans la *Lettre à d'Alembert* certains rites grecs. (4) Le Mis de Bouillé [héros de la guerre d'Amérique (1776)] était passé à l'émigration et avait été mêlé à la fuite du roi à Varennes (voir p. 650 c).

(Le Chant des Partisans) [idée d'Emmanuel d'Astier de La Vigerie, auteur d'une *Complainte du Partisan ;* paroles écrites en 1943 à Londres par Joseph Kessel (1898-1979) et son neveu Maurice Druon (né 23-4-1918) ; musique d'Anna Betoulinsky (Anna Marly) d'après un chant serbe composé en 1914 par Gratchinovitch].

■ **IVe et Ve Républiques.** *La Marseillaise* (art. 2 de la Constitution du 27-10-1946 et de celle du 4-10-1958).

Fête nationale

■ **Adoption.** Le 6-7-1880, sur proposition de Benjamin Raspail, la Chambre adopta la date du 14 juillet comme fête annuelle nationale pour commémorer la prise de la Bastille (14-7-1789) et la fête de la Fédération (14-7-1790), qui en avait été le 1er anniversaire ainsi qu'une manifestation de la réconciliation nationale. Certains auraient préféré le 4 août, « symbole de l'abandon des privilèges ». Le 29-6, la discussion reprit au Sénat. Le projet fut adopté le 6-7 (décret paru au *Journal officiel* le 11-7).

■ **Défilé.** Du 14-7-1880 (le général de Galliffet est à la tête des troupes) à 1914, il se déroule à Longchamp. Le 1er défilé sur les Champs-Élysées aura lieu le 14-7-1915 à l'occasion du transfert aux Invalides des cendres de Rouget de Lisle. Le plus long fut celui de la Victoire le 14-7-1919 (plus de 6 heures).

Le 14 Juillet avant la IIIe République : *1790* discours du maire de Paris devant la Convention. *1796-99* remplacé par l'anniversaire du 9 thermidor (27-7). *1800* festivités et feu d'artifice sur le pont de la Révolution (Concorde). *1801* festivités (coïncidant avec la conclusion du Concordat, signé le 15). *1831* Eugène Planiol, Pt de la Sté des amis de l'Égalité, organise des fêtes nationales (avec plantations d'arbres de la Liberté) ; remplacées par l'anniversaire du 27-7 (révolution de 1830). *1848* choisi comme Fête des Travailleurs (banquets à 50 centimes par tête dans tout Paris) ; annulé à cause des émeutes de juin.

Fête de Jeanne d'Arc : instaurée le *10-7-1920* (loi adoptée à l'unanimité par la Chambre des députés et le Sénat) : fête du patriotisme (2e dimanche de mai, jour anniversaire de la délivrance d'Orléans ; les édifices publics doivent être pavoisés).

Histoire des institutions

☞ Périodes gauloise, gallo-romaine, mérovingienne et carolingienne voir **Histoire** p. 615 et suivantes.

☞ *Abréviations :* ass. : assemblée ; ch. : chambre ; Pt de la Rép. : président de la République.

Période capétienne

Royauté sacramentelle

Sacre

Lieu du sacre : à *Reims.* Hincmar (v. 806-882), archevêque de Reims de 845 à 882, joua un rôle dans ce choix : il tenait à légitimer le remplacement des rois mérovingiens et carolingiens. Or Clovis aurait été baptisé à Reims le jour de Noël 498 (ou 499 ?) dans le baptistère de la cathédrale par l'évêque Remi (v. 437/† v. 530). **1509** une bulle pontificale désigne Reims comme lieu des sacres. Sur 64 rois de France, 16 ont été sacrés hors de Reims : à *Chartres* Henri IV : 1594 (Reims étant alors aux mains de la Ligue) ; *Compiègne* Louis II : 877 ; Eudes : 888 ; Louis V : 979 ; Hugues (roi désigné qui n'a pas régné) : 1017 ; *Laon* Louis IV : 936 ; *Metz* (Carolingiens) ; *Noyon* Hugues Capet : 987 ; *Orléans* [Robert (futur Robert le Pieux) : 987 ; Louis VI (sacré par l'évêque de Chartres) : 1108 ; *Soissons* Charles le Chauve : 848 ; Raoul : 923.

☞ A l'origine, l'élévation d'un roi comprenait : son *élection* [qui devint vite symbolique (acclamations des vassaux présents)], son *onction* (à partir de Louis IX, l'onction précède les acclamations), puis son *couronnement.*

■ **Sacre et serment.** Jusqu'en 1165, on disait le *sacrement* d'un roi ; l'onction sacramentelle lui était conférée après qu'il avait fait un ou plusieurs serments (en latin *sacramentum*) ; elle faisait du roi une personne consacrée, appartenant à l'Église et jouant un rôle religieux dans les nations catholiques. C'est de cette façon qu'on explique aujourd'hui la « *loi salique* », c.-à-d. l'exclusion des femmes du trône de France : elles ne pouvaient être reines parce qu'elles ne pouvaient être prêtres. Jusqu'en 1430 (sacre de Charles VII à Reims, sous la protection de Jeanne d'Arc), le sacre signifiait que le roi élu (même avec élection symbolique) était agréé par l'Église. Après 1430, la conception a changé : le roi sacré doit être accepté comme roi, en vertu de son sacre même.

■ **Onction biblique.** Les 1ers sacres royaux ont été ceux des rois hébraïques : Saül, David et Salomon, tels qu'ils sont narrés dans la Bible (1er livre de Samuel). Le roi, devenant l'oint du Seigneur, est inviolable et saint. En contrepartie, il est le serviteur de l'Éternel, son Dieu. L'institution du sacre des rois francs du VIIIe s. (Pépin le Bref sacré une 1re fois en 751) est une copie de l'onction sainte des rois bibliques.

■ **Rois de France sacrés.** 12 Carolingiens (de 751 à 979 avec, en 922, un non-Carolingien, Robert, comte de Paris, ancêtre des Capétiens) ; puis 33 rois capétiens ; en 1804 un non-Capétien, Napoléon Ier Bonaparte. [Le sacre a été aussi donné par l'Église catholique aux empereurs d'Allemagne, aux rois d'Angl., d'Esp., du Portugal, de Pologne, du Danemark ; les empereurs de Russie ont réclamé l'onction (du patriarche de Moscou) à partir du XVIIIe s.]

■ **Caractère ecclésiastique de la royauté française.** L'onction reçue par les rois (et les empereurs) le jour de leur sacre leur donnait dans la hiérarchie ecclésiastique un rang spécial qui était assimilé tantôt à celui d'un diacre, tantôt à celui d'un sous-diacre, tantôt à celui d'un chanoine. L'empereur d'Allemagne était, dès son sacre, chanoine de la basilique du Latran et de la collégiale d'Aix. Le roi de France était 1er chanoine de Lyon, chanoine d'Embrun, du Mans, de Montpellier, St-Pol-de-Léon, Lodève, etc. Dans toutes ces cathédrales, il participait au chœur en surplis et en camail.

Lors des couronnements impériaux à Rome, l'empereur devait lire l'Évangile (fonction de diacre) ; l'épître (fonction de sous-diacre) devait être lue par le roi de Sicile ou, à défaut, par le roi de France.

Épée du sacre (remise à Louis le Débonnaire par le pape Serge II en 844, mais appelée couramment épée de Charlemagne, et officiellement épée de St-Pierre ou *Joyeuse,* c.-à-d. de fête) : bénie dans son fourreau puis placée nue sur l'autel, le roi la brandit, puis la remet au connétable chargé de la porter ; symbolise la puissance militaire du défenseur de l'Église (le pape se réservant le glaive spirituel). *Longueur actuelle :* 100,5 cm avec sa poignée ;

poignée d'or massif, longueur pommeau aux quillons : 17,5 cm ; *largeur entre les extrémités des quillons :* 22,6 cm (conservée au Louvre).

Vêtements : blancs (couleur du baptême et des ordinations), puis le violet (couleur des deuils à la cour) s'impose, la plupart des sacres se faisant pendant le deuil du roi précédent. **Chemise spéciale :** avec des fentes bordées d'or pour permettre de recevoir les onctions. **Tunique, dalmatique** et **manteau :** symboles des 3 ordres (sous-diacre, diacre, sacerdoce). Le roi était revêtu d'un manteau fermé à l'épaule droite par un fermail précieux.

■ **Déroulement du sacre.** Le cérémonial a évolué au cours des siècles.

Arrivée : le roi arrive à Reims 2 ou 3 jours avant, loge au palais archiépiscopal. La cathédrale est décorée de tapisseries et tapis lui appartenant ou venant des collections royales. Pour Louis XVI, on a dressé un décor théâtral néoclassique ; pour Charles X (29-5-1825), un décor gothique troubadour. La veille, le roi offre à la cathédrale un riche présent.

Jour du sacre : le matin, le chantre frappe à la porte de la chambre du roi. « Que demandez-vous ? » s'écrie le grand chambellan. L'évêque de Laon répond : « Le roi. » On lui répond : « Le roi dort. » Après une nouvelle demande et une réponse identique, l'évêque dit : « Nous demandons (prénom du roi) que Dieu nous a donné pour roi. » On lui ouvre alors la porte. Le roi, en chemise, met une robe pour aller à la cathédrale. Accompagné des évêques de Laon et de Beauvais et des chanoines, suivi des grands seigneurs, il rejoint le chœur.

Promesses et serments : l'archevêque lui demande de promettre de conserver aux églises et à leur clergé les privilèges canoniques (à l'origine, on demandait l'accord du peuple qui s'écriait : « Nous le voulons. Qu'il soit roi ») ; puis le roi prête les serments du royaume, la main sur les Évangiles : « Je promets au nom de Jésus-Christ, au peuple chrestien sujet à moy ces choses. Premièrement, que tout le peuple chrestien gardera à l'Église de Dieu en tout temps la vraye paix par vostre advis. Item, que je défendray toutes rapines et iniquités de tous degrés. Item, qu'en tous jugements je commanderay équité et miséricorde, afin que Dieu clément et miséricordieux m'octroye et à vous sa miséricorde. Toutes les choses susdites je confirme par serment. » Le roi ajoutera d'autres serments : *au XIIIe s. :* de chasser les hérétiques (Henri II ne le prêtera pas en 1547, Henri IV le prêtera en 1594) ; *sous Charles V* (1364) : de préserver souveraineté, droits et noblesse de la couronne et de ne pas les transférer ni les aliéner [depuis Philippe V, en 1318, les rois avaient pris l'habitude de révoquer les aliénations faites par leurs prédécesseurs ; en 1357, les états généraux avaient imposé à Charles, dauphin et régent pendant la captivité de son père, Jean II le Bon, à Londres, de promettre de n'aliéner ni la couronne, ni les domaines, ni les biens ; en 1360 (traité de Brétigny) Jean II le Bon dut abandonner aux Anglais ses droits sur certains territoires, puis il revint sur certaines clauses non encore ratifiées ; en nov. 1361 une charte stipule que ses successeurs devraient, lors de leur sacre, jurer de défendre l'inaliénabilité du duché de Normandie] ; *sous Louis XIV* (1654) : servent à respecter les statuts de l'ordre de St-Michel fondé par Louis XI en 1469 et du St-Esprit fondé par Henri III en 1578 (Henri IV et Louis XIII avaient prononcé ce serment à Reims le lendemain du sacre) ; *sous Louis XV* et *Louis XVI :* d'observer les règles du nouvel ordre de St-Louis, créé par Louis XIV en 1693 ; *sous Charles X :* de respecter la Charte constitutionnelle et l'ordre de la Légion d'honneur.

☞ *En 1651,* Louis XIV avait annoncé qu'il prononcerait un serment contre le duel lors de son sacre, mais il ne le fit pas.

Chausses et éperons : on ôte au roi son vêtement de dessus (longue robe de toile d'argent et mules) ; le grand chambellan lui enfile les chausses (longs bas de soie fleurdelisés d'or, souliers ou bottines) ; le duc de Bourgogne lui attache les éperons [symboles de la chevauchée, apportés du trésor de St-Denis par l'abbé (les éperons d'or remontant à la 2de moitié ou à la fin du XIIe s. sont conservés au Louvre)] et aussitôt après les lui ôte.

Onctions : l'archevêque mélange à un peu de baume (pris avec une aiguille d'or dans la sainte ampoule) du saint chrême (huile bénie le jeudi saint et utilisée pour les sacrements) ; le roi s'agenouille devant lui et prononce 3 longues oraisons et une « prière consécratoire » ; puis l'évêque fait les onctions avec le pouce en 7 endroits de la personne du roi : au-dessus du chef, à la poitrine, entre les épaules, aux épaules, à la jointure des bras. Après l'onction du roi, on lui enfile des **gants de soie** (apparus au sacre de Charles V en 1364) imprégnés d'huile sainte et brûlés après la cérémonie. Le chœur chante une antienne rappelant l'onction de Salomon par le prêtre Sadoc et le prophète Nathan ; l'archevêque passe un anneau au 4e doigt de la main droite du roi, il symbolise son mariage avec son royaume [c'est souvent un anneau orné d'une pierre du trésor royal ; Henri II et François II portèrent un gros diamant en pointe, Louis XIV un diamant de sa mère, Anne d'Autriche, Charles X, un anneau emprunté au cardinal de La Fare (le 1er gentilhomme de la chambre et l'intendant du garde-meuble n'ayant pu se mettre d'accord sur un anneau, on s'était trouvé sans anneau le jour du sacre)].

Sceptre du sacre ou **sceptre de Charles V :** agenouillé, le roi reçoit, en main droite, le sceptre signifiant qu'il est le conducteur du peuple. Le sceptre de Charles V (restauré depuis) mesurait environ 1,88 m et pesait 2,2 kg d'or. Au sommet, il portait une pomme d'or représentant 3 scènes de la légende de Charlemagne : St Jacques ordonnant à Charlemagne d'aller délivrer l'Espagne ; le miracle des lances fleuries de ceux qui allaient mourir au combat ; St Jacques arrachant au démon l'âme de Charlemagne.

> **Napoléon** avait souhaité voir présents à son sacre ce qu'il appelait les « honneurs de Charlemagne », reliant symboliquement le nouvel empire à l'ancien empire carolingien. Ils comprenaient éperons, épée, sceptre des anciens rois (qui furent restaurés et légèrement transformés pour en effacer au maximum les lis), une main de justice faite spécialement [main d'ivoire plus grande que l'ancienne (16,8 cm au lieu de 7 cm, à 2 doigts repliés comme l'ancienne, mais main gauche car on s'était inspiré de la gravure inversée de Montfaucon], et une couronne. La couronne, le sceptre et l'épée, présents (à titre symbolique), étaient tenus par 3 maréchaux. L'empereur et l'impératrice utilisèrent de nouveaux insignes dont certains ornés de joyaux de la couronne. La couronne, portée par le cardinal Bellisomi, sera aussi présente au couronnement de Napoléon comme roi d'Italie à Milan le 26-5-1805. Les « honneurs de Charlemagne » au complet serviront au sacre de Charles X le 29-5-1825.

Main de justice du sacre : en main gauche, le roi reçoit la verge ou main de justice [« mesure une coudée », sacrée, ou grande coudée : 52,5 cm plus 7 cm environ pour la main droite avec 3 doigts levés (pouce, index et médius) et 2 repliés], en ivoire de « corne de licorne » (défense de narval).

■ **Couronnement du roi.** Appel des pairs de France [*pairs ecclésiastiques :* archevêque-duc de Reims, 1er pair de France, évêques-ducs de Laon et de Langres et évêques-Ctes de Beauvais, de Châlons et de Noyon. *Pairs laïcs :* à l'origine, les grands feudataires (ducs de Bourgogne, de Normandie et d'Aquitaine, et les Ctes de Toulouse, de Flandre et de Champagne). Les fiefs ayant disparu, les Pces du sang ou grands seigneurs de la cour les représentent. Pour Philippe V le Long, il n'y eut que 2 pairs (Charles, Cte de Valois, son oncle, et Mahaut, Ctesse d'Artois, sa belle-mère, seule femme à avoir été pair de France). Pour Charles X, il n'y eut que 3 pairs laïcs : le dauphin, le duc d'Orléans (futur Louis-Philippe Ier) et le Pce de Condé]. L'archevêque prend la couronne sur l'autel et la pose sur la tête du roi toujours agenouillé ; les pairs y portent la main pour la soutenir symboliquement.

Couronnes : couronne « de Charlemagne » : utilisée de Louis VIII à Henri III (sauf pour Jean II le Bon qui utilisa la « sainte couronne » et pour Charles VII qui ne disposait pas du trésor de St-Denis lorsqu'il fut conduit à Reims par Jeanne d'Arc). Elle disparut sous la Ligue en 1590. **Couronne spéciale pour Henri IV :** les ligueurs occupant Reims et détenant le trésor de St-Denis, Henri IV dut se faire sacrer à Chartres par l'évêque de la ville, Nicolas de Thou, le 27-2-1594 ; il fut oint d'une huile sainte venant de Marmoutier ; on fut obligé de fabriquer de nouveaux habits royaux, 2 couronnes, l'une d'or, l'autre de vermeil, un sceptre et une main de justice (que le roi donnera plus tard à l'abbaye de St-Denis). **2e couronne** dite **« de Charlemagne » (couronne du sacre des reines) :** lourde et incommode, surtout pour des enfants comme Louis XIII (sacré à 9 ans), Louis XIV (à 15 ans et demi), Louis XV (à 12 ans) ; détruite en 1793. De Louis XIII à Louis XVI, 2 nouvelles couronnes furent réalisées à chaque sacre, l'une en or, la seconde de vermeil ; après la cérémonie, elles étaient données à l'abbaye de St-Denis. **3e couronne** dite **« de Charlemagne » de 1804 :** hauteur : 25 cm, base ovale, 18 sur 20,5 cm, créée par Vivant Denon qui s'est inspiré d'une gravure. Biennais, qui la réalisa, l'estima à 1 750 F-or (les gemmes ayant été fournies par l'État). Utilisée au sacre de Charles X (il ne restait plus de couronne de tradition : la 2e, ancienne couronne des reines, ayant été détruite en 1793, de même que les 5 couronnes d'or réalisées pour les sacres de Henri IV à Louis XVI). **Sainte couronne du royaume de France :** elle remonterait à Suger, abbé de St-Denis, ministre de Louis VI et Louis VII ; elle contenait une sainte épine [venant du butin pris à Aix-la-Chapelle en 978, par Lothaire et Hugues Capet (alors duc de France) à l'empereur Otton II] et des cheveux du Christ (ajoutés après) ; elle n'était pas destinée aux sacres, mais Jean II le Bon désira être couronné avec. Au XIVe s., appelée couronne de St Louis, sans doute par confusion, St Louis ayant acheté la couronne d'épines du Christ en 1239.

Intronisation : après bénédictions et oraisons, le roi est conduit au trône, entouré par les pairs qui soutiennent toujours symboliquement la couronne. L'archevêque ôte sa mitre et rend hommage au roi par un baiser en disant : « Vive le roi éternellement » ; les autres pairs en font autant ; la foule acclame le roi ; on lâche des colombes dans la cathédrale et on jette des médailles. Le trône est un fauteuil.

Messe : après l'hommage et plus tard le *Te Deum*, le grand chantre entonne le début de la messe que célèbre l'archevêque. A l'Évangile, on ôte sa couronne au roi, qui se lève du trône ; ensuite, le plus important des pairs ecclésiastiques, après l'archevêque de Reims, porte l'évangéliaire à baiser au roi, puis au célébrant ; à l'offertoire, le roi présente le pain et le vin, auxquels s'ajoutent 13 pièces d'or (plus tard, le pain sera remplacé par un pain doré et un pain argenté) ; le roi est conduit à l'offrande et ramené par les pairs soutenant toujours symboliquement la couronne, que le roi remet, l'épée du sacre est portée lame haute devant lui ; l'archevêque prononce la bénédiction du roi et du peuple. Après la messe, les pairs accompagnent le roi à l'autel où il communie par le pain et par le vin (privilège qu'il partage avec les prêtres). Le calice d'or dit « de St Remi », de la 1re moitié du XIIIe s., est conservé à la cathédrale de Reims. Après la communion, le roi change de couronne. Après le couronnement d'Henri II, on jettera au peuple, dans la cathédrale, des médailles d'or ou d'argent représentant le roi avec la date de son sacre et une main sortant des nuages, ou une colombe avec la sainte ampoule descendant du ciel sur la ville de Reims, et une devise.

Retour du roi : sur le chemin du retour, le roi se rend en pèlerinage à Corbény (Aisne, dans l'enceinte d'un monastère fondé par Charles le Simple en 906 pour y abriter les reliques de St Marcoul, données en dot par le roi à sa 1re épouse, Fréderonne, qui les légua à St-Remi à Reims). Il y touche les malades atteints d'*écrouelles* (dites aussi scrafules ; adénite tuberculeuse : atteignant surtout les ganglions lymphatiques du cou). Il pose la main sur la tête de chaque malade en disant : « Dieu te guérisse, le roi te touche. » Certains historiens estiment qu'Henri Ier « Beauclerc » (1100-35) a été le 1er *roi thaumaturge* (il avait des dons de guérisseur). Les rois d'Angleterre conservèrent cet usage jusqu'à la reine Anne (1702-14). En France, Philippe Ier (1060-1108), Louis VI ont touché les écrouelles pour imiter leur rival anglo-normand. St Louis remplaça le toucher par une bénédiction en signe de croix, pour montrer que le miracle venait de la puissance du Christ. Si l'Église, qui se méfiait de l'exaltation du pouvoir religieux des rois, n'a jamais reconnu officiellement leur don de miracle, les apologistes de la Couronne de France, notamment ceux qui soutenaient Philippe le Bel contre Boniface VIII, en ont souvent tiré parti. La 1re mention officielle du pèlerinage à Corbény, juste après le sacre, remonte à Charles VIII en 1484. A partir de Louis XIV, le toucher se déroulera à Reims dans le parc de l'abbaye de St-Remi (où Louis XIV fit transférer en 1654 les reliques de St Marcoul) ou à l'hôpital St-Marcoul. Louis XIV a touché 2 500 scrofuleux ; Louis XV : 2 000 ; Louis XVI : 2 400 ; Charles X : 121.

Enfin, après un arrêt à St-Denis, le roi fait son entrée solennelle à Paris où le corps de ville et le gouverneur l'accueillent. Il reçoit alors les compliments du Parlement, des cours souveraines, de l'Université et de l'Académie.

☞ A partir de Louis XIII (1610), le roi accordera des grâces à l'occasion du sacre. Louis XIV (1654) graciera environ 6 000 prisonniers (des milliers de malfaiteurs et de criminels étaient venus se faire emprisonner à Reims pour en bénéficier). Louis XV (1722) fit libérer moins de 600 prisonniers. Louis XVI (1775) : 112.

■ **Sacre des reines.** Le *1er sacre d'une reine de France* (Bertrade, épouse de Pépin le Bref, 754) s'expliquerait par sa qualité : descendante des Mérovingiens, elle recevait et transmettait à son époux, 1er roi carolingien, les droits de sa dynastie. Au Moyen Age, si le roi était déjà marié au moment de son sacre, la reine était sacrée et couronnée en même temps. Après le couronnement du roi, elle était ointe d'huile sainte sur la tête et la poitrine, puis recevait un sceptre plus petit, un autre sceptre ou verge et enfin

> **Sainte ampoule :** IXe s. (1re mention), Hincmar, archevêque de Reims, raconte dans son récit du baptême de Clovis par St Remi que, le chrême venant à manquer et comme il ne pouvait aller en chercher à cause de la foule, St Remi, levant les yeux et les mains au ciel, commença à prier en silence ; une colombe lui apporta alors dans son bec une petite ampoule pleine de saint chrême [Hincmar, ayant procédé à la translation des reliques de St Remi en 852, aurait retrouvé près du corps une fiole parfumée servant à l'embaumement selon la coutume romaine du Bas-Empire (peut-être a-t-il pensé à une origine extraordinaire ?)].
>
> La sainte ampoule était conservée à l'abbaye St-Remi à Reims, dans le tombeau du saint. En verre ou cristal, mesurant 42 mm de haut [diamètre 29 mm (16 mm pour le col)], elle était au centre d'un reliquaire-pectoral ovale, grand « comme une assiette », en or incrusté de pierreries, pendant à une chaîne. L'huile ressemblait à du baume congelé. Elle servit au sacre des rois de France de 496 à la Révolution (sauf pour Henri IV qui fut sacré à Chartres le 27-2-1594 avec l'huile de l'« ampoule de Marmoutier » qui servait à oindre les ducs d'Aquitaine).
>
> Le 9-9-1793, la Convention décréta la destruction de l'ampoule ; le 7-10, le conventionnel montagnard Philippe-Jacques Rühl (suicide 20-5-1795), ancien pasteur luthérien, se fit remettre l'ampoule par le curé de St-Remi de Reims, l'abbé Seraine, et la détruisit à coups de marteau sur les degrés du piédestal qui avait porté la statue de Louis XV à Reims. Il prétendit ensuite n'avoir détruit qu'une copie. L'abbé Seraine, prévenu la veille de l'arrivée de Rühl, avait prélevé une portion du baume ; un autre Rémois en avait, lors du bris, reçu des parcelles sur sa manche (restituées en 1819). Ces restes furent reconnus officiellement une 1re fois par un procès-verbal de J.-B. Dessain de Chevrières, procureur du roi, et une autre fois le 22-5-1825 par J.-B. de Latil, archevêque de Reims. Réduits en poudre et mêlés avec du saint chrême, ils furent placés dans une nouvelle sainte ampoule (petit vase de cristal de roche sur un petit pied d'or dont le col d'or, souligné par une ligne de pierres précieuses, est surmonté par une couronne royale) ; le reliquaire de vermeil qui la contient avait été commandé à Charles Cahier (orfèvre du roi) en 1820. Cette nouvelle ampoule servit au sacre de Charles X. Après la séparation de l'Église et de l'État (voir à l'Index), l'archevêque de Reims, Mgr Luçon, 10 jours avant son expulsion du palais archiépiscopal le 17-12-1906, transféra l'huile coagulée de l'ampoule dans une fiole scellée (conservée à Reims) ; quelques parcelles d'huile sont restées accrochées aux parois de l'ampoule (conservée au palais du Tau à Reims).

la couronne. Elle était ensuite intronisée, son trône étant installé au-dessous de celui du roi. Si le roi se mariait après le sacre, la reine était sacrée, selon les cas, à Reims, Orléans, Paris (Ste-Chapelle), St-Denis, Amiens ou Sens. Le roi se faisait parfois couronner une seconde fois (Louis VIII, Philippe Auguste). Le 19-5-1364 Charles V et Jeanne de Bourbon furent les derniers à être sacrés en une seule cérémonie. En 1492 Anne de Bretagne fut sacrée à St-Denis, comme par la suite 6 reines : Marie d'Angleterre, Claude de France, Éléonore d'Autriche, Catherine de Médicis, Élisabeth d'Autriche et Marie de Médicis (sacrée le 13-5-1610, veille de l'assassinat de Henri IV). La reine communiait également sous les 2 espèces et utilisait comme calice le « canthare de Bacchus », coupe dite « des Ptolémées ».

■ **Victoire des Capétiens sur les feudataires.** Entre le XIe et le XVIe s., les rois de France accumulent successivement tous les titres seigneuriaux du royaume (quelques exceptions, notamment comtés de Nevers et de Rethel). Ils acquièrent également des titres impériaux : dauphins du Viennois, comtes et marquis de Provence, etc. Théoriquement, ils devraient se comporter dans chaque province comme un seigneur féodal à la tête d'un territoire autonome. En fait, la fusion est presque toujours proclamée avec le domaine capétien. Même la Navarre, royaume étranger, fut réunie par Henri IV. Néanmoins, le roi continuait à se proclamer le « 1er gentilhomme du royaume » ; il affectait d'être au milieu des nobles le *primus inter pares*. François Ier s'intitulait dans sa correspondance avec la cour d'Espagne « roi de France, seigneur de Vanves et de Gonesse ».

■ **Applications de la loi salique.** Les Capétiens ont régné près de 4 siècles (987-1316) sans interruption de la filiation masculine. Le 1er roi mort sans fils légitime, Louis X le Hutin (1289-1316), laissait une fille, Jeanne, âgée de 4 ans. Si la coutume n'interdisait pas qu'un fief passe à une fille, on avait gardé le souvenir de la royauté franque qui ne passait jamais aux femmes (en 587, Gontran, roi de Bourgogne, avait laissé son trône à son neveu, non à sa fille). Jeanne aurait été sans doute proclamée reine, si la reine veuve, Clémence de Hongrie, n'avait pas été enceinte de 5 mois. Il fallait attendre pour savoir s'il allait naître un fils ou une fille. Le régent Philippe de Poitiers, frère de Louis X, en profita pour faire triompher le principe de l'exclusion des femmes [2 raisons : *1°)* son ambition personnelle ; *2°)* le fait que Marguerite de Bourgogne, mère de Jeanne, avait été condamnée pour adultère]. Le 3-11-1316 naquit Jean II le Posthume, mais il mourut quelques jours plus tard. Philippe prit le titre de roi et se fit couronner en hâte à Reims (11-1-1317). A sa mort (1322), il ne laissait que des filles et son frère Charles devint roi automatiquement : le principe était déjà admis. A la mort de Charles (1328), la couronne passa à Philippe VI de Valois, cousin germain du roi, qui rendit à Jeanne (mariée à Philippe Cte d'Évreux) la couronne de Navarre.

Le principe de masculinité fut invoqué aussi contre Édouard III d'Angleterre, fils d'Isabelle (1298-1358), sœur de Louis X et fille de Philippe le Bel, qui avait épousé en 1308 Édouard II (1284-1327), roi d'Angleterre. Édouard III fit acte de prétendant en 1340 et se proclama roi de France, titre dont firent état les souverains d'Angleterre jusqu'en 1801 (avec des interruptions).

☞ L'expression *loi salique* a été créée pendant la guerre de Cent Ans (on ne sait ni par qui, ni exactement à quelle date). Elle fut officialisée sous ce nom en 1593 [du nom d'un recueil des coutumes des Francs saliens écrit sous Clovis et comportant un titre qui exclut les femmes de la succession à la terre ancestrale *(terra salica)*].

■ **Régences.** Système existant en droit féodal [le régent (celui qui a la garde ou la tutelle des mineurs nobles), nommé le plus souvent garde ou baillistre, avait l'administration et la jouissance d'un fief pendant la minorité de l'héritier]. Le royaume de France a été confié à des régents ou régentes en cas de minorité ou d'absence du roi : croisades de St Louis (1248-52 et 1269-70), captivités de Jean Ier (1356-60) et de François Ier (1525-26). La mère du roi recevait généralement la régence, même quand le roi était majeur (exemple : Louise de Savoie, mère de François Ier, en 1525-26). Sinon, le règne devait être exercé par des proches.

Baudouin V de Flandre à la place d'Anne de Kiev, mère de Philippe Ier, en 1060 ; les oncles de Charles VI, réunis en un conseil de régence (1380-85 ; et de nouveau pendant les crises de folie du roi) ; la sœur de Charles VIII, Anne de Beaujeu (1483-85) ; et enfin *le Régent,* 1er Pce du sang, pendant la minorité de Louis XV (1715-22). Au XIXe s., Napoléon Ier (1812, 1814), Louis-Philippe (1848), Napoléon III (1870) ont confié la régence à la mère de l'héritier mineur. La tutelle du prince mineur et l'administration du royaume sont traditionnellement confondues. Seul Louis XIV a essayé de les dissocier par testament en 1715. Le Parlement a cassé sa décision.

■ **La maison de Bourbon,** dite **de France.** La famille des rois de France comprend tous les descendants de Hugues Capet, par les mâles, issus par des mariages canoniquement valables. **1277** elle est nommée « maison de France ». **1662**-*6-2* Louis XIV utilise officiellement le terme de « maison de Bourbon » au traité de Montmartre. **1717**-*juillet* le terme figure dans l'édit sur la successibilité de ses fils illégitimes. Dans le 1er pacte de famille, « maison de Bourbon » est employé. **1761**-*15-8* 2e pacte, « maison de France » figure dans l'exemplaire français (« casa de Borbón » dans l'exemplaire espagnol). **1789** les Pces issus de Henri IV, les Pces de Condé, de Conti et leurs proches, les descendants illégitimes de Louis XIV (Henri IV avait donné le nom de « Vendôme » à certains descendants illégitimes) portent le nom de « Bourbon ». **1799**-*24-6* Louis XVIII, en exil, écrit à Paul Ier, empereur de Russie, se disant « chef de la maison de Bourbon ». Le roi, le dauphin de France, les autres enfants du roi et ceux du dauphin, ainsi que les enfants du fils aîné du dauphin sont « de France ».

☞ Issus de Philippe de France, duc d'Anjou, devenu roi d'Espagne en 1700, les Pces espagnols, napolitains et parmesans ne peuvent être de France et prennent le nom de « Bourbon ».

Le roi et la famille royale : « Majesté » : en latin *majestas* (terme qualifiant la nature du pouvoir), liée à l'*imperium majus* [pouvoir supérieur à tous les autres, assigné à l'empereur *(majestas principis)*]. **Au Moyen Age** liée au pape et, **à partir du IXe s.,** à l'empereur ; **au XIIe s. :** au roi de France *(majestas regia)* : qui ne reconnaît aucune autorité supérieure dans l'ordre temporel ; le roi se proclame « empereur en son royaume ». Par extension, évoque la pompe entourant la dignité royale (roi trônant, revêtu des insignes royaux, comme sur le grand sceau dit « de majesté » à partir d'Henri Ier, ou sur les monnaies, ou tel qu'il se présente lors des lits de justice). *Sous François Ier :* le roi est qualifié de « Majesté » (appellation empruntée au St Empire romain et à l'Italie) et non plus de « roi nostre sire ». *Sous Henri II :* les actes publics remplacent l'expression « le roi notre sire » par « Sa Majesté ». *Sous Henri III :* le mot passe dans le langage courant. Le roi se dit « très chrétien » (formule adoptée dans ses lettres apostoliques par le pape Paul II), d'où « Sa Majesté Très Chrétienne » (devenu SMTC dans les traités). On dit au souverain « Votre Majesté » et l'on dit de lui « Sa Majesté ». Dans les actes, il est « très haut, très puissant et très excellent Pce N., par la grâce de Dieu, roi de France et de Navarre ». Le roi est fils aîné de l'Église. Il est investi de dignités ecclésiastiques : abbé, chef et protecteur du chapitre de St-Martin de Tours ; 1er chanoine de la cathédrale des Sts-Jean-Baptiste-et-Étienne de Lyon, Cte de Lyon ; de la cathédrale St-Julien du Mans ; de la cathédrale Notre-Dame d'Embrun ; de la cathédrale Notre-Dame d'Auch ; de St-Julien de Brioude, Cte de Brioude ; de la cathédrale N.-D. de Nancy (depuis Louis XV) ; abbé de St-Hilaire de Poitiers et 1er chanoine des collégiales de St-Martin d'Angers, N.-D. de Melun, St-Quentin de St-Quentin, N.-D. de Cléry. La reine était 1re chanoinesse, Ctesse du chapitre noble de Bourbourg.

Choix de la reine : en fonction d'intérêts diplomatiques et dynastiques. Au début, l'inceste, jusqu'au 7e degré, était interdit (par exemple, des cousines, trop proches ; on alla pour Henri Ier, en 1051, choisir une épouse à Kiev). Dès le XIe s., on demanda des dispenses. Au début du XIIIe s., l'Église réduisit l'interdit au 4e degré.

Enfants de France : princes capétiens, les enfants et petits-enfants des rois de France ; frères et sœurs du roi régnant, et les enfants des frères jouissaient aussi de ce titre. Leurs petits-enfants avaient seulement droit au titre de *Pces de sang*. Le 1er fils du roi portait le titre de *dauphin* depuis 1349 ; les princes nés après lui, outre le titre d'enfants de France, prenaient chacun celui de la principale terre de leur apanage (voir col. c). Le 1er *frère du roi* a été appelé *Monsieur* depuis le XVIe s., mais le titre n'a été officialisé qu'à partir de Gaston d'Orléans, frère de Louis XIII. De sa naissance à la mort de son oncle Gaston (1640-60), Philippe, frère de Louis XIV, a été appelé le *Petit Monsieur*. *Les filles de France* étaient appelées *dames,* même lorsqu'elles n'étaient pas mariées. Les filles, les sœurs du roi, la fille aînée du dauphin avaient le titre de *Madame*. La fille aînée du roi, ou à défaut du prince le plus rapproché du trône, n'ajoutait pas son nom de baptême après Madame (la femme du 1er frère du roi en faisant autant). Les filles du 1er frère du roi étaient dites *Mademoiselle*. La fille du 1er lit de Gaston d'Orléans, frère de Louis XIII, prit le titre de *Grande Mademoiselle,* car elle était fille du *Grand Monsieur* et nièce de Louis XIII (pour se distinguer des 3 *Mesdemoiselles,* filles de l'ancien *Petit Monsieur,* Philippe d'Orléans, et nièces de Louis XIV).

Fils de France : Monsieur (aîné) ; les autres : Monsieur, suivi du nom de leur apanage : Monsieur le duc de Bourgogne, Monsieur le duc de Berry. *Filles de France :* Madame (aînée) ; les autres : Madame, suivi du nom de l'apanage de leur mari. Les fils de France signent, comme le roi, de leur nom de baptême seul ; ils sont censés représenter le roi en personne. *Petits-fils et petites-filles de France* (petits-fils et petites-filles de rois) : rang accordé par Louis XIII à sa nièce, la Grande Mademoiselle, seule petite-fille de roi, pour qu'elle ne soit pas confondue avec les autres Pces du sang ; les enfants d'un fils de France (fils cadet du roi ou du dauphin) peuvent être qualifiés de petits-enfants (petit-fils, petite-fille) de France, avec le nom du fief principal de l'apanage qui sert de nom à la branche qui sort du fils de France. Les petites-filles de France sont, avant leur mariage, Mademoiselle (tout court pour l'aînée) ; pour les autres, Mademoiselle, suivi de leur titre. Au XVIIIe s., fils et filles de France ne prennent pas l'Altesse royale, se jugeant au-dessus. Un règlement du 12-3-1710 fixe rang et préséance des filles, petites-filles de France, et Pcesses du sang entre elles, ainsi que celui des épouses, fils, petits-fils et Pces du sang de France.

☞ Le nom « de France » est porté par le roi, ses enfants, les enfants du dauphin, et éventuellement ceux du fils aîné du dauphin.

Princes du sang : sont Pces du sang tous ceux, remontant de mâle en mâle à Hugues Capet par des mariages canoniquement valables, pouvant prétendre à la succession au trône. Ils sont titrés « Pces et Pcesses du sang », parfois « Pces et Pcesses du sang de France ». On leur donne de l'Altesse sérénissime. Les Pces du sang constituèrent peu à peu un rang plus élevé que celui des pairs, avec des privilèges, empruntés pour la plupart à celui des fils de France. *XIVe s.* les membres de la famille royale sont nommés « Princes des fleurs de lis ». Les dynastes, nommés du nom de leur branche, sont d'abord appelés les « Pces de notre lignage, du lignage de France, de notre sang... ». *1514* on gratifie du nom de 1er Pce du sang le futur François Ier pour qu'il en ait les privilèges. *1566* les Pces du sang passent avant les cardinaux. *1576-déc.* leur place hiérarchique est fixée par l'édit de Blois. *1711* dès 15 ans, ils ont voix délibérative au Parlement et aux Conseils.

Monarchie féodale

■ **Domaine royal.** Les rois capétiens sont suzerains de tous les seigneurs du royaume et ils sont par ailleurs eux-mêmes seigneurs du « domaine royal », c'est-à-dire principalement des anciennes terres domaniales romaines acquises personnellement par les rois francs. La suzeraineté sur le royaume les aide à agrandir leur domaine seigneurial ; leur fortune domaniale leur permet de s'imposer comme suzerains aux autres familles. Leurs vassaux leur doivent l'hommage.

Inaliénabilité du domaine : une fois acquise par un roi, une terre reste perpétuellement du domaine : quand elle est donnée en gage, pour dettes, les rois gardent un droit imprescriptible de rachat ; quand elle est donnée en *apanage* à un prince capétien, elle revient obligatoirement à la couronne après l'extinction de la famille apanagée. *Exception :* une terre du domaine peut être *échangée* définitivement contre une autre terre.

Administrateurs du domaine : les **prévôts** (du latin *praepositus :* préposé), qui existent depuis l'époque carolingienne. Les **baillis** (de *bailler :* administrer), pas toujours nobles, officiers itinérants jusqu'en 1190, fixés ensuite dans leur « bailliage » ; ils sont chargés de contrôler les prévôts et de centraliser les revenus domaniaux (ils sont en outre juges d'appel et chefs militaires). Les **sénéchaux** (du francique *siniskalk :* serviteur le plus âgé), toujours nobles, sont l'équivalent des baillis dans les fiefs qui ont été seigneuriaux avant d'entrer dans le domaine royal : devenant officiers du domaine capétien, ils ont gardé leur titre primitif de « sénéchal ».

Droits seigneuriaux du roi : dans le domaine royal, le roi est un seigneur ; il a des vassaux [exemple : les Montmorency ou les Montfort (Montfort-l'Amaury)] qui lui rendent hommage en tant que *duc de France* et non en tant que roi. A Paris, il est *comte* et nomme un vicomte pour gouverner le comté ; à Vincennes, il est *seigneur* (St Louis y rendait la justice, sous un chêne, aux tenants de ses terres, quand il y allait chasser). En vertu de ses droits seigneuriaux, St Louis a interdit, en 1246, les guerres féodales sur les terres du domaine royal.

Apanages (*adpanagium,* formé sur *adpanare,* « fournir du pain ») : fiefs donnés aux puînés, d'abord dans toute famille seigneuriale, puis, à partir de 1031, exclusivement aux cadets royaux (les Capétiens ne partageaient pas le royaume en parts égales, mais le réservaient à l'aîné). A partir de 1367 (Charles V), il est stipulé que tout apanage revient à la Couronne en cas d'absence d'héritier mâle chez l'apanagé. Les princes apanagés ne jouissent pas des droits régaliens (voir ci-dessous) que les grands feudataires ont généralement dans leurs domaines. Le roi se réserve l'autorité sur l'Église, la frappe des monnaies, les anoblissements, etc. *Derniers apanages constitués pour Cte de Provence :* 1771, reçoit duché d'Anjou, comtés du Maine, du Perche et de Senonches et 1774, duché d'Alençon ; *Cte d'Artois :* 1773, reçoit duchés d'Angoulême et d'Auvergne, comté de Limoges, duché de Mercœur puis, en échange de diverses terres d'Angoumois et Limousin, duchés de Berry et de Châteauroux, comté d'Argenton. La Constitution de 1791 remplaça l'apanage réel par une rente apanagère fixée par le corps législatif et attribuée aux puînés à 25 ans.

Droits féodaux du roi : comme suzerain de son royaume, dignité qui lui est conférée par le sacre à Reims, le roi doit pouvoir compter sur l'allégeance personnelle des grands feudataires, même possesseurs de domaines plus riches que les siens. *Domaines féodaux plus importants que ceux de la Couronne :* Flandre, Blois-Champagne, Normandie, Anjou-Maine-Touraine, Poitou-Aquitaine, Toulouse et même Barcelone. Les grands fiefs (sauf Flandre et Barcelone) finiront par être absorbés dans les biens de famille capétiens. Les droits féodaux du roi entrent en jeu, notamment, quand le roi refuse de consentir à certains mariages, confisque des biens pour félonie, rend des sentences arbitrales en cas de contestation entre héritiers. Le roi use également de son droit féodal pour l'*ost :* ainsi ses vassaux, notamment les villes seigneuriales, ont fourni des contingents à Philippe Auguste à Bouvines (1214). Comme chef suprême des armées féodales, Philippe Auguste avait interdit (vers 1200) d'attaquer les parents d'un seigneur avec qui l'on était en guerre privée, avant un délai de 40 jours *(quarantaine le roi)*.

■ **Droits régaliens.** Attachés à la fonction souveraine, c'est-à-dire en fait hérités de l'ancien Empire romain, le roi étant « empereur en son royaume » : droit de haute justice, de battre monnaie, de lever l'impôt, d'agir diplomatiquement. Le roi de France a dû partager ces droits avec les grands feudataires, avec les villes et avec certains seigneurs ecclésiastiques (comme en Allemagne où 340 seigneuries étaient souveraines à côté de l'empereur). Les Capétiens se sont employés à récupérer un à un tous ces droits ; *le dernier seigneur qui ait battu monnaie* a été le Pce de Dombes, à Trévoux (jusqu'en 1729) ; son fief était en principe « terre d'Empire ».

■ **Pairie.** Ensemble des grands vassaux de la Couronne, relevant directement du roi de France à qui ils prêtent hommage, mais exerçant sur leur fief des droits régaliens égaux au sien (*pair* veut dire « égal »). *1023 :* 1re mention. D'après la tradition, les pairs (12) remontaient aux 12 compagnons d'armes de Charlemagne. *XIe-XIIIe s. :*

6 pairs ecclésiastiques (1 archevêque-duc : Reims ; 2 évêques-ducs : Laon, Langres ; 3 évêques-comtes : Beauvais, Châlons, Noyon) ; 6 pairs laïques : Bourgogne, Champagne, Flandre, Guyenne, Normandie, Toulouse. *En 1227* ont été créées 3 pairies : Anjou, Artois, Bretagne. *De 1314 à 1400 :* 31. Le titre devient alors honorifique (il y aura 306 créations de pairies jusqu'à la Révolution). Les pairs conservent néanmoins le droit d'être jugés uniquement par la Cour des pairs (à partir du XIXe s., la grande chambre du Parlement), d'assister à toutes les séances des parlements avec voix délibératives et de n'être soumis en tant que juges seigneuriaux qu'à l'appel devant le Parlement. Plusieurs jugements de la Cour des pairs ont eu une grande importance historique : *28-4-1202* confiscation des fiefs de Jean sans Terre ; *5-5-1293* confiscation de la Guyenne, fief d'Édouard Ier ; *1297* confiscation de la Flandre.

■ Centralisation monarchique

■ **Rédaction des coutumes.** Jusqu'au XIIIe s., chaque province, et souvent pays, a sa propre justice, avec lois, procédures et juridictions particulières, dont l'*origine* remonte aux « lois personnelles » des envahisseurs germaniques. Ces coutumes seront codifiées entre 1254 (Vermandois) et 1586 (Normandie). Les *états provinciaux,* réunis spécialement en présence de délégués royaux, les ratifient, les *parlements* les enregistrent.

■ **Parlements. De Paris** (érigé en assemblée permanente, 1318). **Origine :** la *Curie royale (Curia regis)* regroupant conseillers et secrétaires du roi, prétendant remonter aux *Champs de Mars* (assemblées annuelles des leudes mérovingiens et carolingiens), en réalité date des Capétiens. Du IXe au XIIIe s., ils ont traité toutes les affaires du royaume et du domaine royal. A partir de St Louis, conseillers politiques et financiers s'organisent en corps distincts [Conseil et Cour des comptes ayant chacun sa chancellerie (son secrétariat)]. Les conseillers juridiques forment le Parlement qui tient des sessions à dates fixes (séparation de fait entre pouvoirs législatif et judiciaire).

Parlements provinciaux : Toulouse 1443, Grenoble 1456, Bordeaux 1462, Perpignan 1463 (supprimé 1493), Dijon 1490, Aix 1501, Rouen 1515, Lyon 1532-1696 (transféré à Trévoux 1697), Rennes 1551, Metz 1633, Artois 1641, Alsace 1657, Flandre 1668, Besançon 1676, Bastia 1768, Nancy 1775. Ils sont copiés sur le parlement de Paris : rendent la justice en appel et enregistrent les ordonnances royales.

■ **Ordonnances royales.** Réglementations établies par le roi pour l'administration générale du royaume et portant sur des questions politiques, économiques, commerciales et juridiques (droit public jusqu'au XVIIIe s. ; également droit privé à partir de 1731). Émanent du *pouvoir absolu* que détient le roi ; elles ne prennent leur force légale que lorsque le parlement compétent les a enregistrées ; or celui-ci oppose parfois une certaine résistance (*« droit de remontrance »* du parlement de Paris, limité à certains édits de 1673 et de 1715).

■ **Lois fondamentales du royaume.** Constitution coutumière réglant la transmission héréditaire de la couronne et des droits seigneuriaux de la famille capétienne sur son domaine. La succession au trône exige traditionnellement 3 conditions : *primogéniture* (le fils aîné, à l'exclusion des cadets) ; *masculinité* (un fils, à l'exclusion des filles ; si le roi n'a que des filles, le 1er des Pces du sang, c'est-à-dire le chef de la branche cadette la plus proche de la branche éteinte) ; *légitimité* (un fils légitime, à l'exclusion des bâtards, même légitimés). Elles sont à distinguer des 22 maximes fondamentales du royaume, mises au point en 1665 par le juriste Pierre de L'Hommeau, qui définissent les droits de la Couronne à l'encontre des sujets et des institutions françaises comme à l'encontre des nations étrangères.

■ **Chartes municipales.** Entre le XIe et le XIVe s., presque toutes les grandes villes et de nombreuses bourgades obtinrent des « chartes de franchise » qui les dispensèrent des liens de vassalité envers les seigneurs locaux (souvent un évêque, parfois aussi un feudataire). Comme il s'agissait d'un arrangement entre tenants de fiefs nobles, les chartes devaient obtenir la sanction royale. Il y eut *2 types de chartes : 1°) dans le domaine royal* [86 villes ayant reçu une charte copiée sur celle de Lorris (original perdu ; 1re rédaction conservée : 1155)] : le roi reste le seigneur, représenté par son prévôt, et chaque bourgeois devient individuellement son vassal ; la ville n'est pas personne morale, mais obtient des avantages fiscaux et juridiques (les bourgeois sont jugés par leur corporation) ; *2°) dans les grands fiefs et les seigneuries ecclésiastiques :* la ville prend rang de seigneur ; elle est un vassal du roi de France (personne morale) et elle a ses armoiries ; les bourgeois, vassaux de leurs villes, sont arrière-vassaux du roi de France (mais ils sont aussi administrateurs du fief urbain, lui fournissant maires, échevins, jurés).

■ **Conseil du roi.** Origine : l'ancienne *Curia regis,* réduite à ses responsables politiques et administratifs. Divisé en : *Conseil d'En-Haut* (3 à 7 membres, ayant à vie le titre de ministres d'État ; le secrétaire d'État aux Affaires extérieures en est membre de droit) : chargé des affaires étrangères ; *Conseil des Dépêches* (les mêmes membres plus les 3 autres secrétaires d'État) : affaires intérieures ; *Conseil des Finances* (le surintendant des Finances en est membre de droit) ; *Conseil des Parties* (le chancelier en est membre de droit) : affaires judiciaires. Les secrétaires d'État (Armée, Marine, Maison du roi et Affaires extérieures), le chancelier (garde des Sceaux) et le surintendant des Finances ne font donc pas équipe ensemble, comme dans les ministères actuels ; mais on les appelle couramment des « ministres » (étymologiquement, des « serviteurs ») du roi.

■ **Ministres.** Le titre de « principal ministre de l'État » fut accordé 6 fois : *Richelieu* (21-11-1629 à sa mort 4-12-1642), *Mazarin* (5-12-1642 à sa mort 9-3-1661), *cardinal Dubois* (22-8-1722 à sa mort 10-8-1723), *duc d'Orléans* (11-8-1723 à sa mort 2-12-1723), *duc Louis-Henry de Bourbon-Condé* (2-12-1723, congédié 11-6-1726), *Loménie de Brienne* (26-8-1787, démission 25-8-1788). Le *cardinal Fleury,* qui avait eu du 11-6-1726 à sa mort (29-1-1743) de grands pouvoirs, ne fut jamais Premier ministre en titre.

■ **Grands offices et grands officiers de la Couronne. Origine :** Henri Ier (1031-1060) remplace la charge de comte du palais par 4 officiers : **chancelier** (les chanceliers de France ont commencé en 720) ; St Boniface, archevêque de Mayence, a été archichancelier de Pépin en 752 ; [il y en eut 36 sous les Carolingiens, 106 (avec les gardes des Sceaux) sous les Capétiens] ; **de France :** inamovible (mais pas son office). Garde et contrôle les sceaux de France, les offices royaux et préside la justice du royaume ; ne porte pas le deuil lors du décès du roi. **Bouteiller :** apparu 1043. Pendant 1 siècle, l'office appartient à la famille de La Tour à Senlis. **XIe et XIIe s.** administre les vignobles du domaine, participe aux sessions de la cour en parlement, perçoit une redevance sur les abbayes de fondation royale. **XIIIe s.** juridiction sur brasseurs et marchands de vin de Paris et des principales villes du domaine, possession de maisons à Paris et en d'autres résidences royales. Les tonneaux de vin entamés les jours de grandes fêtes lui revenaient. **Sous Charles VII** office supprimé. **Connétable :** d'abord sorte de surintendant des écuries puis conseil du roi et commandant des armées. Inamovible et inviolable. Quand le roi prend le commandement de l'armée, le connétable a de droit le commandement de l'avant-garde. *Insigne :* épée d'armes au manche d'or émaillé de fleurs de lys. Au sacre du roi le connétable est à sa droite, l'épée nue à la main ; lorsque le roi fait son entrée dans une ville, le connétable marche devant, l'épée à la main et vêtu de velours bleu parsemé de fleurs de lys d'or ; dans les lits de justice et les états généraux, il est assis devant le roi, l'épée nue à la main. L'office prend la 1re place quand celui de sénéchal est supprimé. On en connaît 42 [1er vers 1060 : Aubry de Montmorency, sous Henri Ier ; dernier 1622 : François de Bonne (1543-1626), duc de Lesdiguière, sous Louis XIII]. 2 furent décapités : Raoul de Brienne (1320) pour complot (?), Louis de Saint Pol (1475) pour rébellion. 2 furent révoqués : Olivier de Clisson (1343) et Charles d'Albret (1412). **Grand pannetier. Chef du Conseil du Roi :** préside le Conseil privé. Dernier titulaire : Maupeou (1714-92) nommé en 1768, disgracié en 1774. **Garde des Sceaux :** commis par le roi pour suppléer le chancelier écarté ou privé des sceaux ; révocable. Office créé avril 1551 par Henri II quand le chancelier Olivier lui demanda de le décharger de ses fonctions pour raison de santé. -22-5 conféré à Jean Bertrand, 1er Pt au parlement de Paris. **Grand maître de France** (ou grand maître de la maison du Roi). **Grand chambellan** [ou grand chambrier (il y en eut 45 ; le 1er : Gauthier Ier de Villébéon élu 1174, † 1205, et le dernier : duc de Bouillon sous Louis XVI)]. **Amiral de France** (titre en 1322) : dignité d'amiral instituée par Saint Louis en 1270 pour Florent de Varennes (il y en eut 58 ; le dernier : Mgr le duc de Penthièvre † en 1793). **Maréchaux de France** (il y en eut 261 avant 1793 ; le 1er : 1185 Albéric Clément, et les derniers : Luckner et Rochambeau nommés en 1792). **Grand maître de l'artillerie** (créé 1601). **Grand écuyer** (remonte à Roger, maître de l'écurie de Philippe le Bel en 1294 ; il y en eut 45 ; le dernier : Pce de Lambesc).

■ **Grands dignitaires de la Cour. Grand maître de la garde-robe. Grand échanson. Grand pannetier. Grand écuyer tranchant. Grand prévôt de l'hôtel. Grand maréchal des logis. Grand maître des cérémonies de France. Grand veneur** (datant de 1231 ; il y en eut 38 ; le 1er : Geoffroi sous Louis IX ; le dernier : Pce de Lamballe sous Louis XV). **Grand fauconnier. Grand louvetier de France** (ou louvetiers ; il y en eut 28 ; le 1er : Gilles le Rougeau sous Philippe-le-Bel en 1308, et le dernier : Cte d'Haussonville sous Louis XVI ; mais la charge n'a été créée en titre d'office que sous Charles VIII). **Grands aumôniers** (remontent à 1486 : Charles VIII nomme Geoffroy de Pompadour son grand aumônier ; auparavant, ceux qui recevaient cette dignité se nommaient *chapelains du roi ;* nombre : 63 tant chapelains que grands aumôniers, depuis Fulrad, abbé de St-Denis, chapelain du roi Pépin en 756, jusqu'au cardinal de Rohan-Soubise, dit le Pce Louis, qui a donné sa démission en 1786).

☞ **Fous ou folles :** ont la liberté de tout dire. On connaît : *sous Charles V :* Thévenin ; *Louis XII ; François Ier :* Caillette, Triboulet ; *Henri II, François II, Charles IX :* Brusquet, Thoni ; *Henri III :* Sibilot ; *Henri III, Henri IV :* Mathurine ; *Henri IV :* maître Guillaume, Chicot ; *Louis XIII, Louis XIV :* Angoulevent, Angely. Troyes avait le privilège de fournir des fous au roi.

■ **États généraux.** Rassemblement de tous les vassaux du roi (tenus au devoir d'assistance, c'est-à-dire de conseil) quand une grande décision doit être prise, notamment une levée d'impôt. **Dates et lieux de convocation :** *1302* Paris (Philippe le Bel désire être soutenu dans sa lutte contre Boniface VIII) ; *1308* Tours ; *1314* Paris ; *1317* et *1320* Pontoise, transférés à Poitiers ; *1321* Orléans ; *1329, 1333* et *1343* Paris ; *1346* Paris (langue d'oïl) et Toulouse (langue d'oc) ; *1347* Paris ; *1356-57* Paris (langue d'oïl) et Toulouse (langue d'oc) ; *1413* Paris ; *1484* Tours ; *1560* Orléans ; *1561* Pontoise ; *1576-77* et *1588-89* Blois ; *1593, 1614* Paris et *1789* Versailles. *Sont membres des états :* les nobles [seigneurs laïcs ou ecclésiastiques (évêques et abbés) et les représentants des villes seigneuriales (appelés tiers état)]. En 1789, on avait oublié que le tiers état agissait comme vassal noble et on l'a considéré comme l'émanation « du peuple ».

■ **États provinciaux.** Assemblées régionales, maintenues dans certains grands fiefs anciens et dans les territoires annexés au domaine royal entre le XIVe s. et le XVIIe s. Elles ont gardé jusqu'à la Révolution, au moins en théorie, certains droits administratifs et fiscaux : impôts consentis et répartis à l'échelon de la province par les représentants des 3 ordres ; droit de remontrance ; droit de nommer des fonctionnaires provinciaux aux côtés des agents du roi. **Pays d'états** (en 1789) : Bretagne, Artois, Hainaut, Bourgogne, Provence, Languedoc, Navarre, Bigorre, Béarn, Nébouzan et les Quatre Vallées (en Comminges). Ils s'opposaient aux *pays d'élections* (voir ci-dessous) et aux *pays d'impositions* (Roussillon, Franche-Comté, Alsace, Lorraine, Corse), d'acquisition récente, où il n'y avait jamais eu d'élus, et où l'impôt était levé par les subdélégués de l'intendant royal.

■ **Fonctionnaires royaux. Élus :** officiers permanents chargés de lever les impôts, ils étaient à l'origine (en 1355) réellement élus pour prendre part aux états généraux, décider des contributions extraordinaires (aides), puis les récolter. En 1360, ils deviennent des fonctionnaires nommés (tout en gardant leur nom) et sont chargés de collecter les impôts dans une circonscription appelée « élection » (*1517 :* 96 élections ; *1575 :* 109 ; *1597 :* 146 ; *1662 :* 178, avec 4 000 agents, élus ou lieutenants des élus). Depuis 1577, elles sont regroupées en bureaux des finances qui deviendront les *intendances* ou *généralités.*

Pays d'élections : les territoires qui ont gardé ce nom jusqu'à la Révolution faisaient partie du domaine royal en 1360 et gardaient, depuis, les « élections » comme unités administratives et fiscales. Chaque élection était également le ressort d'un « tribunal d'élections ». *21 généralités formaient un pays d'élections :* Paris (22 circonscriptions et tribunaux), Amiens (6), Soissons (7), Orléans (12), Bourges (7), Moulins (7), Lyon (5), Riom (6), Grenoble (6), Poitiers (9), La Rochelle (5), Limoges (5), Bordeaux (5), Tours (16), Pau et Auch (6), Montauban (6), Champagne (12), Rouen (14), Caen (9), Alençon (9), Bourgogne et Bresse (4).

Projets d'assemblées régionales : les pays d'élections, contrairement aux pays d'états, n'avaient aucune assemblée à l'échelon régional pour voter leurs impôts et enregistrer les édits royaux (rôles laissés aux parlements dont ils dépendaient). Cette situation semblait injuste et des projets d'assemblées régionales élues pour chaque pays d'élections ont été faits notamment par Fénelon, Turgot, Necker. Louis XVI en a créé plusieurs en 1778 (notamment Berry, Haute-Guyenne) comprenant 12 ecclésiastiques, 12 nobles, 24 propriétaires roturiers. Mais les parlementaires, jaloux de leur pouvoir, ont fait opposition.

Trésoriers généraux : d'abord *« élus généraux »,* chargés d'inspecter le travail d'un groupe d'élus (1389), ils dépendent d'un bureau des finances qu'ils visitent depuis Paris. En 1390, 4 généralités (Paris, Rouen, Tours, Montpellier) remplacent les bureaux des finances, et « l'élu général » s'y installe en permanence. En 1552, ils deviennent *trésoriers du roi* et en 1586 *trésoriers de France,* charge vénale et héréditaire. En 1666, les intendants (voir ci-dessous) sont chargés à leur place d'inspecter les services financiers, comme les services administratifs et économiques, à l'intérieur de leurs généralités (qui gardent leur nom). Pour ne pas rembourser leurs charges aux trésoriers de France, le roi les maintient en les réduisant à un rôle d'apparat.

Baillis : anciens inspecteurs des « prévôts » du domaine royal (voir p. 724 c), ils sont devenus propriétaires de leur charge et réduits à un rôle d'apparat. Les « bailliages » continuent à exister après la création des « élections » (parfois même chef-lieu, mais circonscriptions différentes et se chevauchant) et sont soumis à l'inspection des intendants. 2 « lieutenants » du bailli y font le travail administratif : **lieutenant de robe longue,** chargé du contentieux et des affaires judiciaires de petite instance ; **lieutenant de robe courte,** chargé de la police (sa robe courte lui permet de monter à cheval).

Intendants : au XVe s., commissaires envoyés en inspection et choisis parmi les membres du conseil royal, ils faisaient des « chevauchées » dans un secteur que le roi leur confiait, vérifiant les comptes des *élus,* contrôlant l'administration des *baillis* et des *municipalités.* Vers 1600, ils prennent le nom d'intendants ; en 1666, se fixent dans les généralités où ils coiffent *trésoriers* ou *élus généraux.* En 1697, ils deviennent *intendants de police, de justice et des finances,* avec un droit d'inspection sur les parlements. Chaque généralité était divisée en *subdélégations ;* le subdélégué de l'intendant, rétribué par l'intendant sur ses propres appointements, avait un territoire administratif distinct des bailliages et des élections, mais résidait toujours dans l'un de leurs chefs-lieux.

Gouverneurs : fonctionnaires militaires, héritiers des *lieutenants généraux du roi,* créés au XIIIe s. pour représenter l'autorité du roi dans certaines provinces troublées, et devenus au XVe s. les *gouverneurs et lieutenants pour le roi.* Au XVIe s., leur autorité n'est pas seulement militaire, mais aussi politique et administrative (ils convoquent et tiennent en main les parlements provinciaux, servent d'intermédiaire entre roi et noblesse). Ce sont toujours de grands seigneurs. Sous Louis XIII, ils font preuve d'insubordination (notamment Montmorency et Épernon) et Richelieu réduit leur rôle à un commandement militaire. A partir de Louis XIV, les gouvernements (militaires) ne sont plus que des sinécures, données à des généraux à titre de récompense, et le plus souvent transmissibles de père en fils.

Circonscriptions : ne coïncident pas avec celles des généralités ; elles varient jusqu'au XVIIe s., puis se sont fixées : 34 grands gouvernements (aux revenus élevés), 7 petits (en italique, dans le texte). **Nord :** Flandre et

Hainaut (capitale Lille), *Dunkerque*, Artois (Arras), Picardie (Amiens), *Boulonnais* (Boulogne), Normandie (Rouen), *Le Havre*, Ile-de-France (Soissons), *Paris*. **Nord-Est :** Champagne (Troyes), *Metz et Verdun* (Metz), *Toul*, Lorraine (Nancy), Alsace (Strasbourg). **Est :** Franche-Comté (Besançon), Bourgogne (Dijon). **Sud-Est :** Lyonnais (Lyon), Dauphiné (Grenoble), Provence (Aix), Corse (Bastia). **Sud :** Languedoc (Toulouse), Roussillon (Perpignan), comté de Foix (Foix). **Sud-Ouest :** Guyenne et Gascogne (Bordeaux), Béarn (Pau). **Ouest :** Bretagne (Rennes), Maine (Le Mans), Anjou (Angers), *Saumur*, Poitou (Poitiers), Aunis (La Rochelle), Saintonge et Angoumois (Angoulême). **Centre :** Touraine (Tours), Orléanais (Orléans), Nivernais (Nevers), Berry (Bourges), Bourbonnais (Moulins), Auvergne (Clermont-Ferrand), Limousin (Limoges), Marche (Guéret).

Grands Jours : parlement en réduction commis par le roi pour juger les affaires pendantes dans une province. L'ordonnance de Blois de mars 1498 prévoyait la tenue périodique des Grands Jours (articles 72 et 73). Disposition rappelée dans l'ordonnance de Blois de 1579. **XVIe s.** 16 assises : 1519, Poitiers ; 1520, Monferrand ; 1531, Poitiers ; 1533, Tours ; 1534, Moulins ; 1535, Troyes ; 1539, Angers ; 1540, Moulins ; 1541, Poitiers ; 1547, Tours ; 1550, Moulins ; 1567, Poitiers ; 1579, Poitiers ; 1582, Clermont ; 1583, Troyes ; 1596, Lyon. **XVIIe s.** 2 : 1634 (Grands Jours de Poitiers) et 1665 (Grands Jours d'Auvergne).

Fin de l'Ancien Régime

■ **Pouvoir royal.** Il est *en principe* absolu : le roi nomme et révoque les ministres (pouvoir exécutif) ; il fait la loi en la promulguant par *lits de justice* quand le Parlement ne veut pas l'enregistrer (« C'est légal parce que je le veux » dira Louis XVI) ; il peut interner les sujets sans jugement (pouvoir judiciaire). En fait, il est limité par l'influence de la Cour et par la survivance des privilèges féodaux. Les courtisans font et défont les ministères, malgré les désirs du roi (Louis XV doit renvoyer Choiseul ; Louis XVI doit renvoyer successivement Turgot, Necker, Calonne, Brienne). Ils usent d'intrigues de couloirs, bons mots, pamphlets anonymes, chansons. Un ministre critiqué par la Cour se retire quasi automatiquement.

Principaux « partis » à la Cour sous Louis XVI : 1o) orléaniste (duc d'Orléans, chef de la franc-maçonnerie) ; *2o)* de la reine (Marie-Antoinette soutient une politique pro-autrichienne) ; *3o)* du comte de Provence (futur Louis XVIII) ; *4o)* du comte d'Artois (futur Charles X).

■ **Privilèges des gens de robe.** Parlementaires (parisiens et provinciaux) : membres des états provinciaux, magistrats des bailliages, élections, prévôtés, sénéchaussées ; juges seigneuriaux et ecclésiastiques. Ils sont propriétaires de leur charge et le roi ne peut les en priver. Les charges sont rarement revendues mais laissées en héritage aux fils des magistrats. D'où l'abaissement des limites d'âge : on pouvait succéder à son père dans une charge dès la mort de celui-ci, même avec des études incomplètes. Une décision administrative prise par les services royaux de Versailles ou par un intendant de province, portée devant un de ces magistrats, est pratiquement annulée (lenteur des procédures, chevauchement des juridictions). Les ordonnances royales sont pour la plupart enregistrées à prix d'argent : des agents royaux, appartenant à un parlement, proposent à leurs confrères des bénéfices en échange d'un vote favorable. Les charges sont ainsi très lucratives, et leur cote ne cesse de croître (une présidence vaut de 500 000 à 800 000 livres).

■ **Fermiers généraux.** Existent depuis 1681 : adjudicataires des rentrées d'impôts indirects sur les boissons (ou *aides*), le tabac, le sel (ou *gabelle*), les douanes [ou *traites* (réparties en 5 grandes fermes et 18 petites, couvrant tout le royaume, sauf les duchés de Lorraine et de Bar, qui formaient une ferme spéciale, et 5 provinces d'acquisition récente, *« réputées étrangères »* du point de vue de la fiscalité indirecte : Artois, Roussillon, Franche-Comté, Alsace, Corse)]. Groupés en une compagnie de 40 (60 à partir de 1775), les fermiers généraux s'engagent chaque année à verser au Trésor une certaine somme ; ils se remboursent ensuite sur les recettes des taxes (ils ne versent pas effectivement la somme mais l'inscrivent à un compte courant en « doit et avoir », effectuant ensuite tous les paiements du Trésor). **Montant des adjudications** (en millions de livres) : *1681* : 56 ; *1738* : 91 ; *1761* : 121 ; *1774* : 162 ; *1786* : 242. Le bénéfice moyen de chacun des 40 fermiers était de 300 000 livres par an.

■ **Privilèges de la noblesse.** Les nobles détiennent la puissance financière : possession d'une grande partie du sol (exemptée d'impôts), exclusivité pour les charges pensionnées : militaires (tous les grades élevés sont donnés aux nobles) ou civiles (charges fictives à la cour ou en province, notamment les « gouvernements », richement dotés).

■ **Privilèges seigneuriaux de l'Église.** L'Église possède environ 1/3 du sol national, exempté d'impôts. Ses revenus considérables sont versés à des bénéficiaires (évêques ou abbés) inamovibles. Les évêques sont tous nobles ; les abbés sont souvent des intellectuels ayant reçu le « petit collet », leur seule obligation est de demeurer célibataires. Le roi peut demander à l'Église de France de lui faire des « dons », mais ceux-ci doivent être votés par les assemblées du clergé.

■ **État des finances. Ressources directes :** *des pays d'élections* (voir p. 725 c) : elles sont absorbées par le paiement des pensions et le coût des charges inamovibles ; les domaines nobles et ecclésiastiques sont dispensés de l'impôt. Depuis 1778, les impôts exceptionnels sont consentis par les assemblées régionales élues (voir p. 725 c). A Grenoble où il n'y avait pas d'assemblée régionale (car il y avait un parlement), les « nationaux » en convoquent une de leur propre chef. Louis XVI accepte d'en revenir au vieux système des états du Dauphiné (qui rejetteront la demande d'impôts). *Des pays d'états* (voir p. 725 c) : les impôts doivent être *consentis* par les états provinciaux : ils sont maintenus à des chiffres traditionnels, ne correspondant plus aux besoins. **Spéculation boursière :** largement pratiquée par les ministres : dévaluations, banqueroutes partielles, agiotage. Permettra au régime de survivre jusqu'en 1789. **Recettes indirectes de la Ferme générale :** dépensées, à partir de 1786, avec 3 années d'avance. La Ferme n'assure plus les débits du Trésor.

■ **États généraux de 1789** (5-5-1789, dans la salle des Menus Plaisirs, à Versailles). Promis par Louis XVI (fin 1787) pour 1791 au plus tard. On avait hésité à les réunir à Paris, St-Germain, Compiègne, Soissons, Fontainebleau, Reims, Tours, St-Denis, mais il aurait fallu déplacer et loger la Cour (15 000 à 16 000 personnes) plusieurs mois hors de Versailles. Leur convocation aurait été décidée le 5-7-1788 pour instituer la *« subvention territoriale »* : impôt direct que payaient au roi toutes les terres, même nobles, ecclésiastiques ou privilégiées. La tradition exigeait un consentement spécial de tous les « vassaux du roi » pour un tel changement. Le 20-12-1788, le clergé et la noblesse de l'Assemblée des notables (2e session) ayant renoncé à leurs privilèges fiscaux (renonciation entérinée en janvier 1789 par les différents états provinciaux), cette convocation des états généraux devint superflue. Cependant Louis XVI et Marie-Antoinette, pour punir les ordres privilégiés de leur fronde, décidèrent le 27-12-1788 de les convoquer quand même, mais avec un tiers état doublé (comme pour les assemblées régionales de 1778).

Les représentants du tiers ne sont plus ceux des « villes nobles » (notion perdue) mais, comme pour les assemblées régionales de 1778 dans les pays d'élections, ceux des propriétaires non nobles, pour moitié urbains, pour moitié ruraux. Des nobles et des ecclésiastiques peuvent d'ailleurs être représentants du tiers.

■ **Fin de l'armée royale.** La tendance maçonnique l'emporta dans le corps des officiers après la guerre d'Amérique (1778-83), sous l'influence de La Fayette, franc-maçon et partisan du duc d'Orléans. Revendication principale : accès aux grades supérieurs des officiers de petite noblesse ; accès aux charges d'officiers pour les roturiers (les gardes-françaises, à qui incombait la protection du roi, se rallièrent au tiers état en juin 1789 ; ils prennent la Bastille, devenant la garde nationale, soldée).

■ **Vote d'une Constitution.** Les députés du tiers état se sont proclamés unilatéralement « *Assemblée nationale* » le 17-6-1789 (siège : 17-6/15-10 : hôtel des Menus Plaisirs, 20-6 : salle du Jeu de paume, 22-6 : église St-Louis). Ils sont rejoints par la majorité du clergé le 24-6, par 47 nobles (dont le duc d'Orléans) le 25-6, par tous les délégués nobles (ordre du roi) le 27-6. Ils prennent, le 9-7, le nom d'*Assemblée nationale constituante* [siège : 21-7-1789 : église St-Louis (dernière séance 15-10) ; 19-10/7-11-1789 : salle de l'archevêché à Paris ; 9-11-1789/3-9-1791 : salle du manège, château des Tuileries].

Monarchie constitutionnelle

Constitution du 3 septembre 1791

☞ Constitutions et actes constitutionnels de la France sont conservés aux Archives nationales dans une double armoire de fer depuis 1791.

1re Constitution française écrite. Elle comprend en tête la Déclaration des droits de l'homme et du citoyen adoptée le 26-8-1789 ; 17 articles précédés d'un préambule (art. 1er : égalité des droits ; art. 17 : la propriété est consacrée en tant que droit inviolable et sacré).

■ **Le roi** (titré roi des Français). Héréditaire, inviolable, irresponsable devant l'Assemblée, ne règne que par la loi ; il doit prêter serment de fidélité à la nation et à la loi. Jusqu'à 18 ans, il est mineur. Chargé de **l'exécutif,** il choisit les ministres en dehors de l'Assemblée (ils ne sont pas responsables devant elle), est le chef suprême des armées, nomme les ecclésiastiques. Il a un *veto* suspensif (il peut refuser de sanctionner des décrets, en déclarant qu'il les examinera, mais si les 2 législatures suivantes reprennent ces décrets dans les mêmes termes, la sanction royale est réputée donnée). Il peut annuler les actes des administrations des départements et des districts (qui sont élus). Il dispose d'une liste civile de 25 millions de livres. **Le pouvoir judiciaire** est aux mains de juges élus. Le 10-8-1792, le roi fut suspendu et enfermé au Temple. Les ministres furent élus par l'Assemblée législative pour exercer provisoirement l'exécutif.

■ **Assemblée nationale législative.** Indissoluble. **Élection :** élue pour 2 ans au suffrage indirect et restreint. **Électeurs** (décret du 22-12-1789) : les citoyens actifs, nés ou devenus français [25 ans au minimum, inscrits au rôle des gardes nationales, ayant prêté le serment civique, n'étant pas en état de domesticité, payant une contribution égale au prix de 3 j de travail, portée à 10 j en août 1791 (applicable dans les 2 ans)]. Ils constituaient les *assemblées primaires* qui élisaient des *électeurs du 2e degré* [propriétaires et usufruitiers d'un bien évalué à un revenu de 100 j de travail (villes de moins de 6 000 hab.), ou 150 j (campagne), ou 200 j (villes de plus de 6 000 hab.), ou locataires d'une habitation au revenu évalué à 50 j (villes de moins de 6 000 hab.), ou 100 j de travail (villes de plus de 6 000 hab.), ou fermiers et métayers de biens évalués à 400 j de travail], chargés d'élire eux-mêmes les députés, juges et administrateurs de district et de département.

Sur 26 millions supposés d'habitants, le décret du 28-5-1791 dénombre 4 298 360 citoyens actifs.

Députés : d'après la loi de déc. 1789, ils ne pouvaient être choisis que parmi les propriétaires fonciers payant une contribution égale à la valeur d'un *marc d'argent* (soit 244 grammes). En août 1791, on supprima le marc d'argent. *Nombre :* 247 attachés au territoire à raison de 3 par département, sauf Paris, 249 attachés à la population active (chaque département nommant autant de députés que de parts de 17 262 citoyens actifs), 249 attachés à la contribution directe.

Pouvoirs : l'Assemblée a seule le droit de proposer et de décréter les lois, de fixer les dépenses publiques, de statuer sur l'organisation de l'armée, de déclarer la guerre (sur la proposition du roi et sous réserve de sa sanction). **Fonctionnement :** l'Assemblée siégea du 1-10-1791 au 27-9-1792 salle du Manège aux Tuileries ; très vite, le roi entra en conflit avec elle (par exemple, elle s'assit le 14-9-1791, quand le roi prononça le serment constitutionnel ; irrité, le roi s'assit à son tour). Elle fut gênée par le *droit de pétition,* introduit dans le projet de Constitution en mai 1791, qui permettait de pouvoir adresser aux autorités constituées des pétitions signées individuellement [Robespierre (n'étant pas député) l'utilise à son profit].

Ire République

☞ **Convention nationale :** chargée de réorganiser les pouvoirs après la déposition du roi. Élue au suffrage universel en août-sept. 1792. Le 11-8, un décret avait supprimé les conditions de cens. Les électeurs du 1er degré devaient avoir 21 ans, ceux du 2e degré 25 ans et ne devaient pas être en état de domesticité. Les colonies eurent leurs députés [St-Domingue 18, Guadeloupe 4, Martinique 3, île de France (Maurice) 2, Inde française 2, Ste-Lucie, Tobago, Guyane, île Bourbon (la Réunion) 1]. La *Convention* siégea salle du Manège du 20-9-1792 au 9-5-1793, puis salle des Machines aux Tuileries du 10-5-1793 au 26-10-1795 (4 brumaire an IV). Elle abolit la royauté par décret le 21-9-1792, organisa le gouvernement révolutionnaire (loi du 14 frimaire an II) et prépara la Constitution du 24-6-1793, puis celle du 22-8-1795.

Constitution du 24 juin 1793

☞ **Constitution de l'an I.** Ratifiée par plébiscite le 9-8-1793, elle comprend 124 articles et ne sera jamais appliquée (le décret du 10-10-1793 décide que le gouvernement sera « révolutionnaire jusqu'à la paix »). **Électeurs :** tout Français de 21 ans est citoyen. Les citoyens domiciliés depuis 6 mois dans le canton se réunissent en *assemblées primaires* (200 à 600 membres), votent les lois et élisent les députés du Corps législatif à la majorité absolue (tous les ans le 1er mai). Ils élisent aussi des électeurs qui, réunis en *assemblées électorales,* nomment des administrateurs, des arbitres publics et des juges. L'art. 32 précise : « Le droit de présenter des pétitions aux dépositaires de l'autorité publique ne peut en aucun cas être interdit, suspendu, ni limité. »

■ **Chef de l'État. Conseil exécutif.** 24 membres choisis par le Corps législatif sur une liste présentée par les assemblées électorales de département (1 candidat par département) ; renouvelé par moitié tous les ans.

■ **Corps législatif.** Composé de 1 député (élu pour 2 ans) pour 40 000 individus. Propose les lois et rend les décrets. Les lois proposées sont réputées ratifiées par le peuple si, dans la moitié + 1 des départements, 1/10 des assemblées primaires de chacun d'eux ne réclame pas avant l'expiration d'un délai de 40 jours. S'il y a réclamation, les assemblées primaires sont convoquées pour être consultées.

☞ Voir p. 905 : Déclaration des droits de l'homme et du citoyen de 1793.

Constitution du 5 fructidor an III

☞ Dite thermidorienne ou du Directoire (22-8-1795). Adoptée par référendum. C'est la plus longue de toutes les Constitutions françaises avec 377 articles ; elle était précédée d'une *Déclaration des droits* (art. 1er à 22), complétée pour la 1re fois d'une *Déclaration des devoirs* (art. 1er à 9) *de l'homme et du citoyen. Article 1er :* la Déclaration des droits contient les obligations des législateurs, le maintien de la société demande que ceux qui la composent connaissent et remplissent également leurs devoirs. *Art. 2 :* tous les devoirs de l'homme et du citoyen dérivent de ces deux principes, gravés par la nature dans tous les cœurs : « Ne faites pas à autrui ce que vous ne voudriez pas qu'on vous fît. Faites constamment aux autres le bien que vous voudriez en recevoir. » *Art. 3 :* les obligations de chacun envers la société consistent à la défendre, à la servir, à vivre soumis aux lois et à respecter ceux qui en sont les organes. *Art. 4 :* nul n'est bon citoyen s'il n'est bon fils, bon père, bon frère, bon ami, bon époux. *Art. 5 :* nul n'est homme de bien s'il n'est franchement et religieusement observateur des lois. *Art. 6 :* celui qui viole ouvertement les lois se déclare en état de guerre contre la société. *Art. 7 :* celui qui, sans enfreindre ouvertement les lois, les élude par ruse ou par adresse, blesse les intérêts de tous, se rend indigne de leur bienveillance et de leur estime. *Art. 8 :* c'est sur le maintien des propriétés que reposent la culture des terres, toutes les productions, tout moyen de travail et tout l'ordre social. *Art. 9 :* tout citoyen doit ses services à la patrie et au maintien de la liberté, de l'égalité et de la propriété toutes les fois que la loi l'appelle à les défendre.

Électeurs : est *citoyen* tout Français ou naturalisé de 25 ans, inscrit sur le registre civique de son canton (il faut savoir lire et écrire, et exercer une profession), domicilié depuis 1 an et payant une contribution directe, foncière ou personnelle ; pas de conditions pour les Français ayant fait campagne pour la république. Les *assemblées primaires* se réunissent le 1er germinal de chaque année pour nommer les *membres* de *l'assemblée électorale* (1 pour 200 inscrits), le juge de paix et ses assesseurs, le Pt de l'assemblée municipale du canton et les officiers municipaux des communes de plus de 5 000 hab. L'*assemblée électorale* comprend l'ensemble des électeurs (élus par les assemblées primaires) de chaque département ; elle se réunit le 20 germinal de chaque année ; nomme les membres du Corps législatif (ceux du Conseil des Anciens puis ceux des Cinq-Cents) ; choisit les membres du Tribunal de cassation, les hauts jurés, les administrateurs du département, le président, l'accusateur public et le greffier du Tribunal criminel, les juges des tribunaux civils.

■ **Chef de l'État. Directoire** (5 membres d'au moins 40 ans, désignés pour 5 ans). Nommé par les Anciens d'après 1 liste de 50 noms préparée par les « 500 ». Chaque directeur préside 3 mois et assure les signatures et la garde des sceaux ; 3 membres présents pour une délibération valable. *Traitement :* annuel [équivalent de 500 t de froment (environ 125 000 F-or)].

■ **Ministres** (de 6 à 8, au minimum 30 ans). Ne forment pas un conseil et sont responsables de l'exécution des lois et des arrêtés du Directoire.

■ **Corps législatif.** Élu pour 3 ans (et renouvelé par tiers). Comprend *Conseil des Cinq-Cents* (au minimum 25 ans) ayant l'initiative des lois et *Conseil des Anciens* (250 membres, au minimum 40 ans, mariés ou veufs) votant les lois. *Traitement :* annuel (équivalent de 30 t de froment).

Le 19-9-1795, le 11e jour complémentaire de l'an III, la Convention nationale décrétait que le Conseil des Anciens tiendrait ses séances aux Tuileries (salle des Machines), et le Conseil des Cinq-Cents salle du Manège à titre provisoire puis au Palais-Bourbon. *Le 21-1-1798* (29 pluviôse an VI), le jour de la translation, les membres du Conseil ne sont admis qu'en « costume » (redingote bleu foncé ; ceinture tricolore garnie de franges et de cordelières d'or ; toque de velours bleu violet avec bandeau de taffetas couleur feu, noué à gauche par une ganse à 2 petits glands d'or ; plume tricolore) mais ils ne portent pas le manteau « écarlate » prévu car ces manteaux ont été saisis par la douane à Lyon comme étant de provenance anglaise. Après le discours d'inauguration, le Pt Bailleul plante les arbres de la Liberté ; le Conseil prête le serment de haine à la royauté et à l'anarchie. Le Palais-Bourbon s'appellera « palais national du Conseil des Cinq-Cents », la rue et la place de Bourgogne deviendront « rue et place du Conseil des Cinq-Cents ». La salle des séances est dédiée à la souveraineté du peuple français. Un exemplaire de la Constitution de l'an III est enfermé dans une boîte en plomb murée au pied de la tribune (il est tombé en poussière quand, plus tard, on ouvrit la caisse qui le renfermait). Aujourd'hui, il ne reste que la tribune des Cinq-Cents, au pied de laquelle « la Muse de l'Histoire gravant de son burin, sous les yeux de l'Immortalité, ce que la Renommée est prête à publier, avertit sans cesse les mandataires du peuple qu'ils subiront l'infaillible jugement de la postérité ». Les 19 et 20 brumaire, les conseils siègent à St-Cloud (Anciens : galerie du château ; Cinq-Cents : Orangerie).

Fonctionnement : 4 ans jusqu'au 9-11-1799 (coup d'État du 18 brumaire an VIII), mais les coups d'État en avaient faussé l'application.

Constitution du 22 frimaire an VIII

☞ Constitution du Consulat et du Ier Empire (13-12-1799). L'acte du 19 brumaire an VIII (10-12-1799) avait nommé une *commission consulaire* et chargé le Conseil des Anciens et le Conseil des Cinq-Cents de préparer cette nouvelle Constitution (95 articles), qui fut promulguée le 3 nivôse an VIII (24-12-1799) et ratifiée par le plébiscite du 18 pluviôse an VIII (7-2-1800).

Électeurs : le suffrage universel est rétabli. Les électeurs dressent des *listes de confiance communales* (1 désigné pour 10 électeurs). Les désignés établissent des *listes de confiance départementales* (1 pour 10), qui à leur tour élisent une *liste nationale* (1 pour 10) dans laquelle sont choisis les membres des assemblées.

■ **Gouvernement.** Composé de 3 **consuls** élus pour 10 ans (et rééligibles). *Siège :* Tuileries. Le *1er consul* propose seul les lois, les promulgue, fait des règlements, il nomme et révoque les membres du Conseil d'État, ministres, ambassadeurs et agents diplomatiques, officiers de l'armée de terre et de mer, membres des administrations locales et du ministère public ; nomme, sans pouvoir les révoquer, les juges de paix et juges de cassation. *Le 2e et le 3e consul* n'ont qu'une voix consultative.

■ **Assemblées. Conseil d'État :** nommé par le 1er consul, prépare les lois. **Tribunat** (100 membres, 25 ans au moins) : nommé par le Sénat, renouvelé par 1/5 tous les ans, discute les lois. *Siège :* Palais-Royal. **Corps législatif** (300 membres, 30 ans au moins) : nommé par le Sénat, renouvelé par 1/5 tous les ans, vote les lois sans les discuter. *Siège :* Palais-Bourbon. **Sénat conservateur** (80 membres inamovibles, 40 ans au moins) ; recruté par cooptation, gardien de la Constitution. *1804 :* les 29 membres nommés par les consuls compléteront leur nombre à 60 puis 80, en cooptant chaque année pendant 10 ans 2 nouveaux sénateurs choisis entre 3 candidats proposés par le Premier consul, le Corps législatif et le Tribunat. *Siège :* palais du Luxembourg.

Constitution du 18 floréal an X

☞ Consulat bidécennal (8-5-1802). Par un sénatus-consulte (86 articles), le Sénat « réélit le citoyen Napoléon Bonaparte consul de la République française pour les dix années qui suivront immédiatement les dix ans pour lesquels il a été nommé ». Le sénateur Augustin Lespinasse (1736-1816) avait proposé le consulat à vie.

Constitution des 14 et 16 thermidor an X

☞ Consulat à vie : Bonaparte ayant été proclamé consul à vie par le plébiscite du 10-5-1802, le Sénat consacre ce résultat (sénatus-consulte du 2-8). Bonaparte rédige un nouvel acte constitutionnel modifiant la Constitution du 22 frimaire an VIII (86 articles). Le Sénat en est saisi, le vote sans débat et publie le sénatus-consulte le 4-8-1802.

■ **Électeurs.** Le ministre des Finances dresse des listes en fonction des revenus des contribuables. Les collèges électoraux sont nommés à vie.

■ **Consuls. 1er consul :** pouvoirs renforcés (il a notamment le droit de grâce). **2e et 3e consuls** nommés à vie par le Sénat sur la présentation du 1er consul ; celui-ci peut présenter un citoyen qui lui succédera après sa mort et qui, après ratification du choix par le Sénat, prête serment ; si le 1er et le 2e candidats présentés ne sont pas acceptés, le 3e l'est nécessairement.

■ **Assemblées. Tribunat :** réduit (50 membres). **Sénat :** pouvoirs renforcés. *Réformes de l'an X et de l'an XII :* rajoutent aux membres du Sénat les princes impériaux, les grands dignitaires et les « citoyens que l'Empereur jugeait convenable d'élever à la dignité de sénateur ». **Conseil d'État** (maximum 50 membres) : les ministres y ont voix délibérative (s'ils sont sénateurs), sinon consultative.

■ **Conseil privé.** Composé de 2 conseillers d'État, de 2 grands officiers de la Légion d'honneur désignés pour chaque séance, et des consuls ; discute les projets de sénatus-consultes admis par le Sénat et donne son avis avant la ratification d'un traité ou d'une alliance.

Premier Empire

Constitution du 28 floréal an XII (18 mai 1804)

☞ Le 3-5-1804, le Tribunat admet que le Premier consul devienne empereur. Le 18-5-1804, le Sénat prend le sénatus-consulte organique (de 142 articles). Un plébiscite est organisé (voir p. 661 c).

■ **Empereur.** Le gouvernement de la République est confié à un empereur qui prend le titre d'empereur des Français. La justice se rend, au nom de l'empereur, par les officiers qu'il institue. Napoléon Bonaparte, 1er consul de la République, devient empereur des Français.

La **dignité impériale** est héréditaire dans sa famille, de mâle en mâle, par ordre de primogéniture, et à l'exclusion des femmes et de leur descendance. A défaut d'héritiers ou d'enfants adoptifs, sa succession doit être recueillie par son frère Joseph et sa descendance, et, à son défaut, par son frère Louis et sa descendance ; à leur défaut, l'empereur doit être nommé par un sénatus-consulte. Les **membres de la famille impériale,** dans l'ordre d'hérédité, portent le titre de *princes français,* et le fils aîné de l'empereur celui de *prince impérial.* Ils entrent au Sénat à 18 ans et ne peuvent se marier sans l'autorisation de l'empereur, sous peine de perdre leurs droits. En cas de minorité de son successeur (majeur à 18 ans), l'empereur désigne un *régent* d'au moins 25 ans ; si aucune désignation n'est faite, le régent est le prince le plus proche en degré par ordre d'hérédité ; si aucun des princes français n'a 25 ans, le Sénat choisit le régent parmi les grands dignitaires de l'Empire qui forment le Conseil de régence.

■ **Grands dignitaires de l'Empire.** Nommés à vie par l'empereur, ils ont les mêmes privilèges que les princes français et ont rang après eux. Ils forment le **Grand Conseil de l'Empereur,** sont membres du Conseil privé, et composent le Grand Conseil de la Légion d'honneur. **Grand électeur :** a fonction de chancelier pour les convocations du Corps législatif et des collèges électoraux et pour la promulgation des sénatus-consultes de dissolution. **Archichancelier de l'Empire :** a fonction de chancelier pour la promulgation des sénatus-consultes organiques et des lois, et de chancelier du palais impérial. Il préside la Haute Cour impériale, et, dans certains cas, les sections réunies du Conseil d'État et du Tribunat. **Archichancelier d'État :** a les mêmes fonctions vis-à-vis des membres de la diplomatie française, mais il n'a ni sceau, ni signature, ni charge de présider. **Architrésorier :** assiste au compte rendu annuel des ministres des Finances et du Trésor public, et vise les comptes des recettes et dépenses annuelles présentés à l'empereur. **Connétable :** assiste au compte rendu annuel du ministre de la Guerre et du directeur de l'administration militaire. **Grand amiral.**

■ **Assemblées. Sénat :** a la prééminence. **Tribunat :** divisé en 3 sections, ne peut plus se réunir que par sections et sera supprimé le 19-8-1807. **Corps législatif** (300 membres) : peut discuter les lois, mais sera très rarement convoqué.

☞ Napoléon fut déclaré déchu le 3-4-1814 par le Sénat et le Corps législatif et abdiqua par 2 déclarations (6 et 11-4-1814).

Restauration

Constitution des 6 et 7 avril 1814

☞ Le tsar Alexandre charge le Sénat de nommer un gouvernement provisoire et de rédiger une Constitution. Une commission de 5 sénateurs la rédige et elle est adoptée le 6-4. Elle comprend 29 articles. Elle a pour base la souveraineté nationale (le peuple appelle librement au trône Louis-Stanislas-Xavier de France).

■ **Le roi.** Il a des pouvoirs étendus ; il a également l'initiative des lois.

■ **Assemblées. Sénat :** 150 à 200 membres nommés à titre héréditaire par le roi ; l'art. 6 prévoit que les sénateurs actuels seront maintenus et que la dotation actuelle du Sénat et des sénatoreries leur appartiendra (ce qui déclencha les critiques ironiques des royalistes : on parla de constitution de rentes). **Corps législatif :** 300 membres choisis par les collèges électoraux pour 5 ans. Les membres actuels du Sénat et du Corps législatif demeurent membres de droit de leur assemblée. Le dernier article (29) prévoit que « la Constitution sera soumise à l'acceptation du peuple français » et que « Louis-Stanislas-Xavier sera proclamé roi des Français aussitôt qu'il aura juré et signé la Constitution ».

☞ Le 2-5-1814 (déclaration de St-Ouen), Louis XVIII fera des réserves sur un certain nombre d'« articles rédigés trop vite » et cette Constitution sénatoriale ne sera jamais appliquée.

Charte du 4 juin 1814

☞ Œuvre d'une commission composée de 9 sénateurs (dont Boissy d'Anglas), 9 députés, et l'abbé Xavier de Montesquiou-Fezensac (1756-1832), Jacques Beugnot (1761-1835), directeur de la police, Cte Antoine Ferrand (1751-1825), écrivain (Académie française 1816). *Octroyée* par Louis XVIII, dura 16 ans moins *les Cent-Jours,* fut appliquée du 4-6-1814 au 20-3-1815 (rentrée de Napoléon à Paris) et du 8-7-1815 (réinstallation de Louis XVIII aux Tuileries) au 2-8-1830 (abdication de Charles X).

■ **Le roi.** Il propose, sanctionne, promulgue la loi, nomme les ministres et peut dissoudre la Chambre des députés.

■ **Chambre des pairs. Siège :** palais du Luxembourg. **Nombre :** non limité. **1814 :** 150 (traitement annuel 36 000 F) choisis en grande partie parmi les membres du Sénat de l'Empire (53 exclus). Les membres de la famille royale et les princes du sang étaient pairs de droit. Cette Chambre des pairs siégea du 4-6-1814 au 20-3-1815. **1815** après les Cent-Jours, Louis XVIII élimina, le 24-7, 29 membres qui avaient siégé pendant les Cent-Jours. Le 19-8, il décida que la pairie serait héréditaire. Les pairs héréditaires avaient accès à la Chambre à 25 ans et aux délibérations à 30 ans. Ils durent, sauf les pairs ecclésiastiques, constituer des majorats devant produire un revenu minimal de 30 000 F pour les ducs, 20 000 F pour marquis et comtes, 10 000 F pour vicomtes et barons. **1819 :** 263. **1828 :** 341.

■ **Chambre des députés. Élections :** l'**ordonnance royale du 13-7-1815** réorganise les *collèges électoraux* [il faut, pour faire partie des collèges d'arrondissement ou de département, avoir 25 ans, mais les membres des collèges de départements doivent être choisis sur la liste des plus imposés. Les *collèges d'arrondissement* se réunissent d'abord et nomment un nombre de candidats égal à celui des députés à nommer dans le département ; les *collèges de département* choisissent sur cette liste la moitié des députés (la moitié plus un si le nombre des sièges est impair)] et abaisse l'âge minimal des députés à 25 ans. La **loi du 5-4-1817** institue un seul collège électoral, le *collège de département,* dont font partie les citoyens de plus de 30 ans, domiciliés dans le département et payant une contribution directe de plus de 300 F. La **loi du 9-6-1824** modifie le système (chambre renouvelable intégralement). Des dégrèvements d'impôts permettent de réduire les électeurs de 99 000 en 1824 à 81 200. Les ordonnances de 1830 les auraient réduits à 25 000 propriétaires fonciers. **Députés :** 300 membres élus pour 7 ans et renouvelables par tiers (intégralement après la loi du 9-6-1824). Pour être éligible, il faut avoir au minimum 40 ans et payer au minimum 1 000 F d'impôts directs ; s'il n'y a pas 50 éligibles réunissant ces 2 conditions dans le département, ce nombre doit être complété par les plus imposés payant au-dessous de 1 000 F. Une moitié de députés peut être choisie parmi les éligibles n'ayant pas leur domicile politique dans le département. La fonction de député est gratuite.

☞ **Fonctionnement : du 4-6-1814 au 20-3-1815,** la Chambre est composée des membres du Corps législatif de l'Empire (237 membres ; il n'est pas pourvu aux vacances). **Après les Cent-Jours,** on procède à des élections. *La 1re Chambre* (395 députés, dite *Chambre introuvable,* car composée d'une majorité royaliste importante) siège du 7-10-1815 à sa dissolution le 5-9-1816. Elle est alors renouvelée entièrement puis par 1/5 à la fin de chaque année jusqu'en 1823. **Après la dissolution du 5-9-1816,** on fixe le nombre des députés à 262 et l'âge de l'éligibilité passe de 25 à 40 ans. La *loi du 5-2-1817* supprime le suffrage à 2 degrés. La *loi du 29-6-1817* rétablit les collèges de département (qui nomment 172 députés) et d'arrondissement (qui nomment 258 députés). *24-12-1823* la Chambre est dissoute. *23-3-1824* nouvelle Chambre élue pour 7 ans, dissoute le 5-11-1827. *17-11-1827* nouvelle Chambre, dissoute le 16-5-1830. *23-6 et 3-7-1830* nouvelle Chambre élue ; elle appelle le 3-7 le duc d'Orléans et vote le 7-7 la déchéance des Bourbons par 219 voix contre 32 (est dissoute le 25-7 par Charles X ; rappelée le 29-7, offre le trône à Louis-Philippe le 7-8 et propose le texte de la nouvelle Charte le 9-8).

Cent-Jours

Acte additionnel aux Constitutions de l'Empire du 22 avril 1815

☞ Napoléon arrive à Paris le 20-3-1815. Ne pouvant faire désigner une Constituante, il appelle Benjamin Constant (1767-1830), longtemps son opposant (libéral), mais spécialiste des questions constitutionnelles ; celui-ci rédige le texte qui est approuvé par Napoléon, puis soumis au Conseil d'État. Cet acte additionnel (67 articles, dit parfois la Benjamine ou la Constantine), promulgué le 22-4-1815, est soumis au peuple par plébiscite le 1er juin.

■ **L'empereur** est rétabli.

■ **Chambres. Chambre des pairs :** héréditaires nommés par l'empereur, en nombre illimité. Les pairs prennent part aux séances à 21 ans, mais n'ont voix délibérative qu'à 25 ans. Les membres de la famille impériale sont pairs de droit. La Chambre siégea du 3-6 au 7-7-1815.

Chambre des représentants : 629 membres de 25 ans au minimum [606 nommés par les collèges électoraux (d'arrondissement 238, de département 368), 23 par le collège de département sur une liste d'éligibles dressée par la Chambre de commerce et la Chambre consultative]. Elle siégea du 3-6 au 7-7-1815. *Après Waterloo,* elle contraignit Napoléon Ier à abdiquer en faveur de son fils (22-6-1815) qu'elle reconnut sous le nom de Napoléon II (23-6). Elle constitua une *commission exécutive* de 5 députés présidée par Fouché, manifesta son hostilité aux Bourbons le 30-6, mais dut se retirer, ses membres ayant trouvé porte close le 8-7.

☞ L'acte additionnel disparut en fait le 22-6 (abdication de l'empereur) et en droit le 8-7, quand Louis XVIII fut réinstallé aux Tuileries. L'ordonnance royale du 12-7, qui dissolvait la Chambre des représentants, rétablit d'une façon effective la Charte suspendue par les Cent-Jours.

Monarchie de Juillet

Charte du 14 août 1830

☞ Les libéraux demandent une nouvelle Constitution. Une commission propose de modifier la Charte et présente ses travaux le 6-8 devant les Chambres des députés et des pairs. Après discussion, la Charte révisée est adoptée et, le 9-8-1830, Louis-Philippe prête serment à la Charte (70 articles) et est proclamé « roi des Français ». Le préambule de 1814 a disparu et ce *n'est plus une charte octroyée.* La notion de *souveraineté nationale* est rétablie. La religion catholique cesse d'être la religion de l'État, mais est celle de la majorité des Français. La Charte révisée de 1830 renforce le caractère parlementaire du régime : les séances des 2 chambres deviennent publiques ; elles ont le droit d'initiative en matière législative.

■ **Le roi.** Il partage avec les chambres l'initiative des lois ; nomme les ministres qui seront responsables : si la confiance fait défaut, le ministère se retire. En cas de conflit politique, le roi peut dissoudre la Chambre des députés.

■ **Chambre des pairs.** La Charte, amendée le 14-8-1830, et la loi du 29-12-1831 modifient son recrutement : le roi ne peut plus choisir les pairs que parmi des notabilités aux fonctions précisées ; l'hérédité est supprimée (29-12-1831) ; les majorats sont abolis en 1835 ; aucun traitement, pension ou dotation n'est plus attaché à cette dignité. La suppression de la pairie héréditaire tend à rendre les pairs plus dépendants du roi. Les nominations faites sous Charles X sont annulées ; de 1830 à 1848 seront désignés 235 généraux, 28 conseillers d'État, 40 magistrats, 30 ambassadeurs et 126 anciens députés. Victor Hugo sera nommé en 1845. **Nombre de pairs** (illimité) : *1830 :* 192 (94 nommés par Charles X) ; *1840 :* 301 ; *1844 :* 285 ; *1847 :* 322 ; *1848 :* 312.

■ **Chambre des députés.** 1re séance dans le nouvel hémicycle du Palais-Bourbon. **Nombre de députés :** 300 (30 ans au minimum) puis 549 (loi du 19-4-1831). Élus pour 5 ans. **Électeurs :** la *loi du 19-4-1831* abaissa le cens, abolit le double vote. Contribuables de 25 ans au moins, payant au moins 200 F d'impôts directs ; en 1832 : 172 000 électeurs ; en 1845 : 248 000. **Élections :** *5-7-1831* la Chambre élue avant la révolution de 1830 ayant été dissoute le 31-5-1831, *25-5-1834, 3-10-1837, 2-2-1839, 12-6-1842, 6-7-1846, 24-2-1848.*

☞ Le 24-2-1848, Louis-Philippe abdiqua en faveur de son petit-fils le Cte de Paris, mais la république fut proclamée par le décret du gouvernement provisoire du 26-2 et confirmée par l'acte du 4-5 rendu par l'Assemblée nationale élue au suffrage universel.

IIe République

☞ Le gouvernement provisoire organise l'élection d'une Assemblée constituante, qui a lieu le 23-4-1848 au suffrage universel direct. Elle siégera (salle provisoire, dite « de carton », cour d'honneur du Palais-Bourbon) du 4-5-1848 au 26-5-1849. Elle confie l'exercice du gouvernement le 9-5-1848 à une *commission exécutive* de 5 membres, chargée de nommer les ministres et désigne le 17-5 un *comité de Constitution* présidé par Cormenin (Louis, Vte de, 1778-1868). Le 28-6-1848, le pouvoir exécutif est délégué au *général Cavaignac* qui prend le titre de *Pt du Conseil* des ministres et est chargé de nommer le ministère. La Constitution définitive est promulguée par le Pt de l'Assemblée nationale. Elle affirme dans le préambule : Liberté, Égalité, Fraternité.

Constitution du 4 novembre 1848

■ **Président de la République. Age :** au minimum 30 ans ; doit avoir toujours été Français. **Élection :** tous les 4 ans au suffrage universel (hommes), à la majorité absolue et non immédiatement rééligible. L'Assemblée nationale vérifie l'élection ; si le candidat élu n'est pas éligible, ou si personne n'a obtenu la majorité absolue des suffrages exprimés et plus de 2 millions de voix, elle élit le Pt au scrutin secret et à la majorité absolue parmi les 5 candidats éligibles qui ont réuni le plus grand nombre de suffrages. **Pouvoirs :** le Pt peut faire présenter par ses ministres des projets à l'Assemblée nationale ; il promulgue les lois et veille à leur exécution. Il dispose de la force armée, mais ne la commande jamais en personne. Il ne peut ni céder un territoire, ni proroger, ni dissoudre l'Assemblée nationale, ni suspendre l'exécution des lois ou de la Constitution. Il nomme et révoque les ministres. Logé aux frais de l'État, il reçoit un traitement de 600 000 F. **Vice-Pt de la République.** Nommé par l'Assemblée nationale dans le mois suivant l'élection présidentielle, il est choisi sur une liste de 3 membres que le Pt présente.

■ **Assemblée nationale législative.** 750 membres (minimum 25 ans, élus pour 3 ans au suffrage universel, 9 000 000 d'électeurs). La *loi du 31-5-1850* modifia celle du 15-3-1849 (les listes électorales, dressées dans chaque commune par le maire assisté de 2 délégués nommés par le juge de paix, comprennent les citoyens ayant depuis 3 ans leur domicile dans la commune ou dans le canton ; les fonctionnaires publics, les représentants du peuple dans la ville où siège l'Assemblée, et les ministres des cultes ne sont soumis à aucune condition de domicile ; pour être élu au 1er tour, il faut obtenir 1/4 des voix des électeurs du département).

☞ L'Assemblée siégea du 28-5-1849 jusqu'à sa dissolution le 2-12-1851, présidée par André-Marie Dupin. Les 20/21-12-1851, un *plébiscite* délégua les pouvoirs constituants à Louis-Napoléon Bonaparte.

Constitution du 14 janvier 1852

☞ Rédigée (en quelques heures) par Eugène Rouher (1814-84) et Raymond Théodore Troplong (1795-1869) entre le 25-12-1851 et le 1-1-1852.

■ **Prince-président.** Élu pour 10 ans. Chef de l'État, il est responsable devant le peuple auquel il peut toujours faire appel ; il commande les forces militaires, déclare la guerre, fait les traités, nomme aux emplois publics, a le droit de grâce. Il fait les règlements, décrets d'exécution des lois, dont il a seul l'initiative et qu'il sanctionne et promulgue. Il peut proclamer l'état de siège. Il a le droit de présenter un citoyen pour lui succéder. Les ministres sont responsables devant lui seul.

■ **Assemblées. Conseil d'État :** 40 à 50 membres nommés par le Pt, prépare les lois et les soutient devant les chambres. **Corps législatif** (siégera dans l'hémicycle du Palais-Bourbon du 9-3-1852 au 4-9-1870) : 261 membres élus pour 6 ans (1 député pour 35 000 électeurs), sanctionne les lois. **Sénat :** 150 membres inamovibles, nommés à vie ; comprend des cardinaux, maréchaux et amiraux, membres de droit, et des « citoyens que le Pt de la République juge convenable d'élever à la dignité de sénateur ». Gardien de la Constitution, dispose d'un pouvoir constituant par sénatus-consultes qu'il ne peut exercer contre la volonté du chef de l'État ; les fonctions des sénateurs sont gratuites, mais le Pt de la République peut leur accorder, « en raison de services rendus et de leur position de fortune », une dotation personnelle n'excédant pas 30 000 F.

Second Empire

■ **Empire autoritaire. Constitution :** du 14-1-1852, plusieurs fois modifiée par des sénatus-consultes.

Sénatus-consulte du 7-11-1852 (confirmé par le plébiscite des 21/22-11-1852 dont les résultats sont solennellement proclamés par le préfet Berger sur la place de l'Hôtel de Ville) : rétablit l'empire. Le Pt de la République devient l'empereur Napoléon III. Il peut adopter les enfants et descendants légitimes des frères de Napoléon Ier dans la ligne masculine mais ces enfants adoptifs ne peuvent prétendre au trône que s'il n'a pas d'enfant mâle ; ses successeurs n'ont pas ce droit d'adoption. Il a le droit de régler sa succession par un décret s'il n'a pas d'enfants (ni d'adoptés). A défaut de ceux-ci et de successeurs en ligne collatérale, l'empereur est nommé par un sénatus-consulte, proposé par les ministres et les Pts du Sénat, du Corps législatif et du Conseil d'État, et ratifié par un plébiscite. Les *membres de la famille impériale* ne peuvent se marier sans l'autorisation de l'empereur (sinon, ils perdent leurs droits au trône, mais ils peuvent les recouvrer si leur femme meurt sans enfants).

Décret organique du 18-12-1852 : règle les droits des collatéraux à la succession au trône en choisissant la famille de Jérôme Bonaparte. **Sénatus-consulte du 25-12-1852 :** le *Sénat* ne peut avoir plus de 150 membres (nommés par l'empereur, ils ont une dotation annuelle de 30 000 F). Les *députés* reçoivent pour chaque mois de session une indemnité de 2 000 F. **Décret du 2-2-1861 :** publication des débats de l'Assemblée. **Décret du 31-12-1861 :** vote du budget par sections. **Sénatus-consulte du 18-7-1866 :** rappelle que la *révision* de la Constitution ne peut être discutée qu'au Sénat. La *session du Corps législatif* n'est plus limitée à 3 mois, et les *députés* reçoivent pour les sessions ordinaires une indemnité de 12 500 F. **Décret du 19-1-1867 :** donne au Sénat et au Corps législatif *le droit d'interpellation.* **Sénatus-consulte du 14-3-1867 :** donne au *Sénat* le droit de demander au Corps législatif, par une résolution motivée, de délibérer de nouveau sur une loi. **Sénatus-consulte du 8-9-1869 :** accroît les pouvoirs du Corps législatif qui reçoit l'initiative des lois. Le consentement du Sénat est nécessaire à l'élaboration des lois.

■ **Empire libéral. Sénatus-consulte du 20-4-1870 :** le projet de sénatus-consulte est déposé devant le Sénat le 28-3 et voté par lui le 20-4. Un plébiscite est organisé le 8-5. Le peuple ratifie le sénatus-consulte du 20-4, qui est promulgué le 21-5. **L'empereur** garde le droit de renvoyer les ministres responsables. Il ne préside plus le Sénat ni le Conseil d'État. Il ne peut nommer plus de 20 sénateurs en un an et le nombre des sénateurs ne peut excéder les 2/3 de celui des membres du Corps législatif. Le **Sénat** (palais du Luxembourg) n'a qu'une attribution, celle de discuter et de voter les projets de loi, concurremment avec le Corps législatif. Le **Corps législatif** est nommé pour au moins 6 ans. Le *droit de pétition* s'exerce auprès du Corps législatif et du Sénat. Le *droit d'amendement* n'est plus soumis au contrôle du Conseil d'État.

IIIe République

De 1871 à 1875

■ **Chef.** L'Assemblée nationale (en majorité monarchiste), élue le 8-2-1871. Siégera du 12-2-1871 au 11-3-1871 au Grand Théâtre de Bordeaux ; puis au château de Versailles du 20-3-1871 au 31-12-1875 (Opéra), puis du 8-3-1876 au 2-8-1879 (salle du Congrès). Le 17-2-1871, elle donne à Adolphe Thiers le titre de *chef du pouvoir exécutif de la république française.*

■ **Loi du 31-8-1871.** Votée par 491 voix pour et 94 contre. Nomme Thiers *Pt de la République* pour la durée de l'Assemblée. Celui-ci, responsable devant l'Assemblée et résidant dans la même ville qu'elle, promulgue les lois, assure et surveille leur exécution ; il peut être entendu par l'Assemblée après en avoir informé le président ; il nomme et révoque les ministres ; ses actes doivent être contresignés par un ministre. Le *Conseil des ministres* est responsable devant l'Assemblée. Un *décret du 2-9-1871* crée un *vice-Pt* chargé de convoquer et de présider le Conseil des ministres en cas d'absence ou d'empêchement du Pt de la République.

■ **Loi du 23-2-1872** [dite **loi Tréveneuc :** proposée par le Cte Henri de Tréveneuc (1834-93) ; le 25-7-1871, adoptée par 482 voix contre 75]. Vise à empêcher un coup de force du pouvoir exécutif contre le pouvoir législatif. Si l'Assemblée est dissoute illégalement ou si on l'empêche de se réunir, les *conseils généraux* sont convoqués de plein droit et chacun d'eux se réunit pour nommer 2 délégués. Les délégués doivent se réunir là où sont le gouvernement légal et les députés ayant échappé à la violence ; les délégués réunis de la moitié plus un des départements forment une *Assemblée nationale provisoire* à laquelle s'adjoignent les députés restés libres. Cette assemblée provisoire doit pourvoir à l'administration du pays jusqu'à ce que l'Assemblée soit reconstituée par la réunion de la majorité de ses membres sur un point quelconque du territoire ; si cette reconstitution est impossible, les électeurs doivent être convoqués dans le mois qui suit les événements. Les fonctionnaires doivent, sous peine de forfaiture, obéir à l'Assemblée provisoire ; en attendant que l'ordre soit rétabli, les conseils généraux exercent, chacun dans leur département, les fonctions administratives et politiques.

■ **Loi du 24-5-1872.** Réorganise le *Conseil d'État,* dont les membres sont élus par l'Assemblée, et rétablit le *Tribunal des conflits.*

■ **Loi du 13-3-1873** [ou **Constitution de Broglie** (duc de Broglie, chef des monarchistes) ou **loi des Trente :** commission de 30 membres. Chargée de présenter un projet de loi sur les attributions des pouvoirs publics et les conditions de la responsabilité ministérielle]. Le *Pt de la République* doit communiquer avec l'Assemblée par des messages. S'il désire prendre la parole dans la discussion d'une loi, il doit en informer l'Assemblée par un message ; la séance est alors suspendue, et, à moins d'un vote spécial, il ne sera entendu que le lendemain. Il doit promulguer les lois déclarées urgentes dans les 3 j, à moins que dans ce délai il demande à l'Assemblée, par un message motivé, une autre délibération.

■ **Loi du 20-11-1873.** Adoptée par 378 voix contre 310. Fixe les pouvoirs du maréchal de Mac-Mahon, désigné comme successeur de Thiers (qui a démissionné le 24-5-1873). *Été 1873 :* les tractations entre orléanistes et légitimistes n'ayant pas abouti, la perspective d'une monarchie s'est éloignée. Le duc de Broglie propose une solution d'attente permettant au temps de faire son œuvre, c.-à-d. au Cte de Paris de devenir, après la mort envisageable du Cte de Chambord (il ne mourra que le 24-8-1883), le seul prétendant, grâce à son acceptation des principes de 1789 pour restaurer une monarchie constitutionnelle. C'était aussi le temps qu'il fallait pour que le prince impérial (fils de Napoléon III) atteignît sa majorité (mais il fut tué au Zoulouland le 1-10-1879 à 23 ans). La loi du 20-11 prolonge ainsi les pouvoirs du Mal de Mac-Mahon (Pt de la République) pour 7 ans (régime du septennat). Elle avait pu être votée grâce au ralliement des républicains conservateurs du centre gauche qui imposent en contrepartie la nomination d'une commission de 30 membres pour l'examen des lois constitutionnelles.

■ **Amendement Wallon (29-1-1875).** Le retour en force des bonapartistes inquiétant républicains et monarchistes, la majorité conservatrice se disloque. De Broglie et beaucoup de députés du centre droit tentent de faire voter une loi sur le Sénat garantissant le caractère conservateur du régime et permettant de ne pas se prononcer sur la nature de celui-ci. D'autres se rapprochent de Thiers, considérant qu'une république conservatrice ferait l'affaire en attendant que le Cte de Paris puisse représenter une alternative valable. *A partir de janv. 1875,* ils tentent d'imposer une formule qui ferait de la république le régime définitif. *Le 28-1-1875,* Laboulaye propose un amendement : « Le gouvernement de la Rép. se compose de 2 chambres et d'1 Pt » ; il est rejeté par 359 voix contre 336. *Le 29-1,* le député du Nord Henri Wallon (Valenciennes 23-12-1812/13-11-1904), savant helléniste et membre de l'Institut, propose un nouvel amendement qui est adopté *le 30-1* par 353 voix contre 352. Le Pt de la République est élu à la majorité absolue des suffrages par Sénat et Chambre des députés réunis en Assemblée nationale. Il est nommé pour 7 ans, il est rééligible. Un 2e amendement donne « au Pt de la République » le pouvoir de dissoudre la Chambre des députés sur l'avis conforme du Sénat. La majorité républicaine se renforcera. Des références au Mal de Mac-Mahon seront remplacées dans les textes par l'expression « Pt de la République », impliquant que les lois définissent une fonction et non les prérogatives d'un individu donné.

Constitution de 1875

■ **Formulation. Loi du 24-2-1875 :** *sur l'organisation du Sénat* (le parti républicain était unanime contre l'institution d'une seconde chambre ; mais Gambetta fit accepter le Sénat, en le qualifiant de « Grand Conseil des communes françaises ») adoptée par 435 voix contre 254. **Loi du 25-2-1875 :** *sur l'organisation des pouvoirs publics* par 425 voix contre 254. **Loi du 16-7-1875 :** *sur les rapports des pouvoirs publics* par 520 voix contre 84. **Modifications. Loi du 19-6-1879 :** datée du 21-6, abroge l'art. 9 de la loi du 25-2-1875 qui fixait à Versailles *le siège du pouvoir exécutif et des 2 chambres* (ceux-ci seront ramenés à Paris par la loi du 22-7-1879). **Loi du 13/14-8-1884 :** supprime l'*inamovibilité des sénateurs,* spécifie que la forme républicaine du gouvernement ne peut faire l'objet d'une proposition de révision et que les membres des familles ayant régné sur la France sont inéligibles à la présidence de la Rép. **Loi du 10-8-1926 :** crée la *Caisse d'amortissement et de gestion des bons de la défense nationale.*

■ **Président de la République.** Élu pour 7 ans par les chambres réunies en Congrès. A l'initiative des lois, concurremment avec la Chambre des députés, et les promulgue. Nomme les ministres (le Conseil des ministres n'est mentionné qu'incidemment). Il dispose d'un certain choix (aucun parti n'a la majorité, ni de chef incontesté) mais ne peut imposer ses candidats [car l'usage s'est établi au Parlement qui confère le pouvoir au gouvernement avec la pratique de l'investiture (non prévue dans la Constitution)]. Le 8-6-1924, la Chambre des députés refusa d'entrer en relation avec François-Marsal (chef d'un gouvernement de minorité désigné par Millerand). Peut dissoudre la Chambre des députés après avis conforme du Sénat. Est irresponsable ; mais pour tout acte de sa fonction (présider une cérémonie, prononcer un discours, recevoir un ambassadeur), il y a un ou plusieurs ministres qui en portent la responsabilité. En *cas de vacance,* et jusqu'à l'élection du Pt, le Conseil des ministres exerce le pouvoir exécutif. Le Sénat se réunit de plein droit.

La **salle du Congrès** fut construite dans l'aile des Princes ou aile du Midi du château de Versailles, après la proclamation de la République en 1875, pour abriter l'Assemblée nationale ; les députés y siégèrent du 8-3-1876 au 2-8-1879. La loi du 22-7-1879 ayant refait de Paris la capitale politique de la France, les députés réintégrèrent le Palais-Bourbon. La salle devint le lieu de réunion en Congrès des 2 chambres du Parlement pour les élections du Pt de la République et les révisions constitutionnelles.

■ **Chambre des députés. Députés :** 25 ans au minimum, élus pour 4 ans au suffrage universel direct. *Nombre : 1876 :* 533 ; *81 :* 554 ; *85 :* 584 ; *1910 :* 597 ; *28 :* 612 ; *32 :* 615 ; *36 :* 617.

■ **Sénat. Siège :** 1875-79 opéra de Versailles, puis palais du Luxembourg. **Sénateurs :** 40 ans au minimum. *Nombre :* 300 dont 225 « élus par les départements et les colonies » (Martinique, Guadeloupe, Réunion et Indes françaises), pour 9 ans au suffrage universel indirect (au scrutin de liste départemental, par un collège d'environ 75 000 membres comprenant députés, conseillers généraux, conseillers d'arrondissement et délégués sénatoriaux élus par les conseils municipaux). 75 sénateurs inamovibles, désignés à vie, d'abord par l'Assemblée nationale puis par le Sénat lui-même ; la loi du 13/14-8-1884 les supprimera (le dernier inamovible : Émile-Louis-Gustave des Hayes de Marcère, né en 1828, min. de l'Intérieur en 1876, inamovible en 1883, mourut le 26-4-1918). Le nombre des délégués municipaux varie selon l'importance des communes. Le Sénat prend la forme, selon Gambetta, de « Grand Conseil des communes de France ». **Pouvoirs :** ne peut être dissous. Peut être constitué en *Haute Cour de justice, soit* sur accusation de la Chambre des députés pour juger le Pt de la République ou les ministres pour crimes commis dans l'exercice de leurs fonctions, *soit* sur convocation du gouv. pour juger les attentats contre la sûreté de l'État.

■ **Président du Conseil.** Les textes constitutionnels ne le mentionnent pas. Jusqu'au 9-3-1876, les Premiers ministres Dufaure, de Broglie, Cissey, Buffet portèrent officiellement le titre de *vice-Pt du Conseil.* Le 10-3-1876, Dufaure prit le titre de Pt du Conseil, qui fut dès lors adopté à tort car c'est le Pt de la République qui préside le Conseil. La présidence du Conseil fut légalisée et installée à *Matignon* par Flandin en déc. 1934 et déc. 1935. Auparavant le Pt du Conseil, également ministre (sauf Viviani le 3-8-1914), s'installait dans le ministère dont il était le titulaire.

■ **Défauts de la Constitution de 1875.** Le pouvoir exécutif est donné non au Pt de la République (échec de la tentative de Millerand, 1920-24, pour accroître son rôle) mais au *Conseil des ministres.* Or celui-ci est à la merci de la Chambre des députés (et des groupes officialisés, à partir de 1910, qui la composent), car la Chambre des députés est pratiquement indissoluble (sa dissolution devant être décidée à la fois par le Pt de la Rép. et le Sénat). Tout vote impliquant un défaut de confiance (même implicite) fait tomber le gouvernement, quels que soient l'occasion, le moment, la majorité, le nombre de présents (beaucoup de ministères furent renversés par surprise).

Par crainte d'être renversé, le Pt du Conseil se soumet aux volontés de la Chambre des députés et l'on a ainsi un gouvernement d'assemblée. Il n'y a pas d'arbitre en cas de conflit entre les 2 Chambres qui sont égales (mais toute loi de finances est d'abord discutée et votée à la Chambre des députés, et le Sénat a souvent peu de temps pour en discuter) : la *« navette »* entre députés et sénateurs peut retarder indéfiniment l'adoption des lois.

■ **Révision de la Constitution.** Par les deux chambres réunies en Assemblée nationale, dont le bureau est tenu par celui du Sénat (procédure utilisée pour la 1re fois le 21-6-1879).

État français (1940-44)

■ **Vote des pleins pouvoirs. 1940**-*6-7* une centaine de sénateurs se réunissent sous la présidence de Léon Bérard et sont réticents au projet Laval. Taurines, Paul-Boncour et Chaumier en font part à Pétain. Paul-Boncour propose ce texte : « La Constitution est suspendue jusqu'à la signature de la paix. Le Mal Pétain, chef du pouvoir exécutif, a pleins pouvoirs de prendre par décrets toutes les mesures qu'il jugera nécessaires et en même temps d'établir en collaboration avec les assemblées les bases d'une Constitution nouvelle. » *-7-7* les sénateurs anciens combattants adoptent le contre-projet élaboré par Paul-Boncour : « L'Assemblée nationale décide : **1 :** l'application des lois constitutionnelles des 24 et 25 février et du 16 juillet 1875 est suspendue jusqu'à la conclusion de la paix ; **2 :** Monsieur le Mal Pétain a tous pouvoirs pour prendre par décret ayant force de loi les mesures nécessaires au maintien de l'ordre, à la vie et au redressement du pays et à la libération du territoire ; **3 :** l'Assemblée nationale confie à Monsieur le Mal Pétain la mission de préparer, en collaboration avec les commissions compétentes, la Constitution nouvelle qui sera soumise à l'acceptation de la nation dès que les circonstances permettront une libre consultation. » Lebrun refuse de donner sa démission. *-8-7* on adopte le texte : « Le Pt de la Rép. française, sur le rapport du Mal de France, Pt du Conseil, vu l'art. 1er de la loi constitutionnelle du 25-2-1875, déclare : *article unique :* le projet de résolution dont la teneur suit sera présenté à la Chambre des députés par le Mal de France, Pt du Conseil, qui est chargé d'en soutenir la discussion. La Chambre des députés déclare qu'il y a lieu de réviser les lois constitutionnelles. Fait à Vichy le 8 juillet 1940, Albert Lebrun. » L'article 1er de la loi du 20-2-1875 était ainsi conçu : « Les chambres auront le droit par délibération séparée prise dans chacune à la majorité des voix, soit spontanément, soit sur la demande du Pt de la Rép., de déclarer s'il y a lieu de réviser les lois constitutionnelles. » *-9-7* Vincent Badie, député radical-socialiste de l'Hérault, propose un texte, la « motion des 27 » qui estiment indispensable d'accorder à Pétain tous les pouvoirs pour mener à bien une œuvre de salut public et de paix, « mais se refusent à voter un projet qui aboutirait inéluctablement à la disparition du régime républicain ». A 9 h 30, la Chambre des députés adopte un projet de résolution par 395 voix contre 3 (dont celle de Biondi, radical-socialiste). L'après-midi, le Sénat l'adopte par 229 voix contre 1 (Mis de Chambrun). *10-7* séance secrète de la Chambre et du Sénat sous la présidence de Valadier, vice-Pt du Sénat : « L'Assemblée nationale donne tous pouvoirs au gouvernement de la République sous la signature et l'autorité du Mal Pétain, Pt du Conseil, à l'effet de promulguer par un ou plusieurs actes la nouvelle Constitution de l'État français. Cette Constitution devra garantir les droits du travail, de la famille et de la patrie. Elle sera ratifiée par la Nation et appliquée par les assemblées qu'elle aura créées. La présente loi constitutionnelle, délibérée et adoptée par l'Assemblée nationale, sera exécutée comme loi de l'État. » Taurines défend son propre projet. Pétain n'était pas autorisé à promulguer la Constitution et devait collaborer avec les commissions des Assemblées. On discute plusieurs heures le texte à passer au vote. Vincent Badie veut prendre la parole, Jeanneney la lui refuse. *Scrutin :* 666 votants (effectif légal 850), majorité absolue : 334, pour l'adoption : 569, contre : 80, abstentions 17. Il manque 60 députés et 1 sénateur communistes, déchus de leurs mandats, le 20-1-1940, pour avoir refusé de condamner le pacte germano-soviétique. A la Libération (1944), la délégation à autrui du pouvoir constituant que la Constitution avait conféré à l'Assemblée nationale a été jugée comme abusive et irrégulière et toutes les décisions ultérieures prises en fonction de cette délégation furent donc entachées d'irrégularité.

■ **Actes constitutionnels. No 1 (11-7-1940) :** abroge l'art. 2 de la loi constitutionnelle du 25-2-1875 concernant la nomination du Pt de la République. « Nous, Philippe Pétain, maréchal de France, vu la loi constitutionnelle du 10 juillet 1940, déclarons assumer les fonctions de chef de l'État français... ». **No 2 (11-7-1940) :** définissant ses pouvoirs et commençant, comme tous les autres actes constitutionnels, lois et décrets qui suivirent par la formule : « Nous, Maréchal de France, chef de l'État français ». Fixe les pouvoirs du chef de l'État français et abroge les articles des lois constitutionnelles de la IIIe République incompatibles avec le nouveau régime, qui concentre les pouvoirs exécutif et législatif entre les mains du chef de l'État. **No 3 (11-7-1940) :** proroge et ajourne les chambres et abroge l'article 1er de la loi constitutionnelle du 16-7-1875 sur les sessions parlementaires. **No 4 (12-7-1940) :** relatif à la suppléance et à la succession du chef de l'État. Pierre Laval est cité nommément. **No 5 (30-7-1940) :** supprime l'institution du Sénat en Haute Cour de justice et institue une Cour suprême de justice. **No 4 *bis* (24-9-1940) :** modifie la majorité nécessaire, au Conseil des ministres, pour nommer le remplaçant éventuel de Laval. **No 6 (1-12-1940) :** sur la déchéance des sénateurs et députés. **No 4 *ter* (13-12-1940) :** prévoit la suppléance de Pétain, Laval n'est plus cité. **No 7 (27-1-1941) :** oblige les secrétaires d'État, hauts dignitaires de l'État, à prêter serment devant le chef de l'État. **No 4 *quater* (10-2-1941) :** modifie la succession du maréchal Pétain pour Darlan. **Nos 8 et 9 (14-8-1941) :** prestation de serment au chef de l'État dans l'armée et la magistrature. **No 10 (4-10-1941) :** prestation de serment pour tous les fonctionnaires. **No 11 (18-4-1942) :** relatif au chef du gouvernement, nommé par le chef de l'État et responsable devant lui. **No 12 (17-11-1942) :** permet au chef du gouvernement de promulguer lois et décrets. **No 4 *quinquies* (17-11-1942) :** redonne à Laval la succession du chef de l'État. **No 12 *bis* (26-11-1942) :** complète les fonctions du chef du gouv. **No 4 *sexies* (12-11-1943, non publié) :** prévoit, en cas de décès du chef de l'État, que le pouvoir constituant appartiendra au Sénat et à la Chambre des députés dont l'abrogation sera levée.

Projet (novembre 1943). **Chef de l'État** ou **Pt de la République :** élu pour 10 ans par le congrès national (Assemblée nationale et conseillers provinciaux). **Sénat :** membres désignés par le chef de l'État, élus au suffrage universel indirect. **Chambres des députés :** 500 membres élus au suffrage universel direct, à la majorité, à 1 tour. **Vote familial :** « Le père ou, éventuellement la mère, chef de famille de 3 enfants et plus, a droit à un double suffrage. » **Cour suprême de justice** et **conseillers municipaux** élus pour 6 ans. **Maires des grandes villes** non élus par le conseil municipal. **Conseil provincial** représentant les professions. **Conseil d'Empire.**

☞ La Constitution de 1875 n'avait pas été abrogée par la loi de révision du 10-7-1940, ni par les actes constitutionnels du gouvernement de Vichy : ceux-ci avaient procédé à des abrogations partielles et le gouvernement de Vichy considérait que, pour le reste, la Constitution continuait d'exister. La plupart des documents officiels substituèrent l'expression « État français » à « République française », mais la France restait en principe une république. 21-4-1944, ordonnance portant organisation des pouvoirs publics en France après la Libération, précise que le peuple français décidera souverainement de ses futures institutions, et prévoit la convocation d'une Assemblée nationale constituante. Du 3-6-1944 au 21-11-1945, un gouvernement de fait, le Gouvernement provisoire de la République française (reconnu par les Alliés le 23-10-1944) exerce le pouvoir. Le 9-8-1944, une ordonnance constate la nullité de l'acte dit « loi constitutionnelle » du 10-7-1940 et de tous les actes dits « actes constitutionnels », affirmant que rien, juridiquement, n'a pu mettre fin à la Constitution de 1875. Mais, pour la remettre en application, il aurait fallu reconstituer le Sénat et que le Pt Lebrun reprenne ses fonctions (écarté en 1940, il n'avait pas démissionné, et son mandat était toujours en cours). Le 21-10-1945 (date fixée pour tenir compte de la fin des hostilités et de la fin du rapatriement des déportés et des prisonniers de guerre), une assemblée est élue. Il est demandé le même jour, par référendum : 1°) de décider si cette assemblée doit être dotée du pouvoir constituant ou si elle doit simplement former la Chambre des députés prévue par les lois constitutionnelles de 1875, ces dernières n'ayant pas envisagé une telle hypothèse. S'il était répondu *oui* à la première question, une 2e question concernait l'étendue des pouvoirs de la nouvelle assemblée. A la question « Voulez-vous que l'assemblée élue ce jour soit constituante ? » 18,5 millions répondent *oui* (697 000 *non*) ; 2e : si la réponse est *oui,* la nouvelle assemblée doit-elle être souveraine (position du Parti communiste et des radicaux) ou ne disposer que de pouvoirs limités (position de De Gaulle, du MRP et de la SFIO) ? La majorité vote pour les pouvoirs limités. En conséquence, la loi du 2-11-1945 (*JO* du 3) portant organisation provisoire des pouvoirs publics limite le pouvoir constituant dans le temps (article 6 : les pouvoirs de l'Assemblée expireront le jour de la mise en application de la nouvelle Constitution et au plus tard 7 mois après sa 1re réunion), et quant à la procédure (article 3 : la Constitution sera soumise à référendum dans le mois suivant son adoption par l'Assemblée constituante). Le peuple, exerçant son pouvoir constituant, a ainsi abrogé la Constitution de 1875, et, en acceptant le projet (devenu la loi constitutionnelle du 2-11-1945 sur l'organisation des pouvoirs publics), y a substitué une Constitution provisoire.

IVe République

☞ *Abréviations :* abst. : abstentions ; Ass. nat. : Assemblée nationale.

Loi constitutionnelle du 2 novembre 1945

☞ L'Assemblée nationale constituante prépare une nouvelle Constitution ; le gouvernement provisoire promulgue le 2-11-1945 une loi constitutionnelle portant organisation provisoire des pouvoirs publics. **Art. 1er :** prévoit l'élection du Pt du gouvernement provisoire. Il gouverne et promulgue aussi les lois. **Art. 2 et 3 :** la future Constitution est élaborée par l'Assemblée élue et soumise ensuite au peuple par la voie du référendum. **Art. 4 et 5 :** organisent les pouvoirs législatifs et budgétaires de l'Assemblée. **Art. 6 :** dissolution automatique de l'Assemblée (à la mise en application de la nouvelle Constitution ou 7 mois après sa 1re réunion). **Art. 7 :** organise les cas où une nouvelle Assemblée constituante doit être élue (rejet du projet constitutionnel ou délai de 7 mois écoulés). **Art. 8 :** constitutionnalise les articles précédents.

■ **Assemblée nationale constituante.** **1re Assemblée élue le 21-10-1945** (586 membres), siège du 6-11-1945 au 26-4-1946. Élabore un projet de Constitution qui est repoussé par le référendum du 5-5-1946. **2e Assemblée élue le 2-6-1946** (522 membres), siège du 11-6 au 5-10-1946. Élabore un projet de Constitution [voté à l'Assemblée le 29-9 par 440 voix (communistes, socialistes, MRP) contre 106 (UDSR, radicaux-socialistes, paysans indépendants, PRL)] ; il est accepté par référendum le 13-10-1946.

Constitution du 27 octobre 1946

■ **Préambule.** Il réaffirme les libertés de la Déclaration des droits de 1789 (définies sous les auspices de l'Être suprême) et proclame des principes sociaux et économiques (égalité de l'homme et de la femme, garantie d'une aide par la nation à tous ceux qui ne peuvent vivre décemment, devoir de travailler, droit au travail, à l'action syndicale, droit de grève, nationalisation d'entreprises ayant le caractère d'un service public).

■ **Exécutif. Président de la République :** élu pour 7 ans (rééligible une seule fois) par les 2 chambres réunies en Congrès à Versailles (bureau de l'Ass. nat.). Irresponsable politiquement, il ne peut être renversé ni destitué par l'Ass. nat. (mais il est responsable en cas de haute trahison et peut être mis en accusation par l'Ass. nat.). *Pouvoirs :* signe et ratifie les traités, dispose de la force armée, préside le Conseil des ministres, promulgue les lois, adresse des messages à l'Ass. nat. Tous ses actes doivent être cosignés par le Pt du Conseil et par un ministre (sauf pour sa démission et la désignation du Pt du Conseil). En raison de l'instabilité gouvernementale et de la multiplicité des tendances à l'Ass. nat., les deux Pts, Vincent Auriol et René Coty, jouèrent un certain rôle, notamment au moment des crises ministérielles lorsqu'ils devaient choisir un nouveau Pt du Conseil ; ils donnèrent également leur avis sur de nombreuses questions importantes.

Gouvernement : le *Pt du Conseil,* chef du gouvernement, est investi par un vote de confiance de l'Ass. nat. au scrutin public et à la majorité absolue des députés [investi le 21-1-1947, Paul Ramadier accepta le 28 la discussion des interpellations sur la composition du gouvernement constitué le 22. Vincent Auriol lui téléphona pour l'en dissuader. Ramadier évoqua la souveraineté de l'Assemblée. Ainsi naquit la pratique de la « double investiture » qui entraîna la chute de Robert Schuman, investi le 31-8-1948 et renversé le 7-9 sur l'attribution des Finances à un socialiste, puis celle de Queuille dans les mêmes conditions en juillet 1950. Seul, Pierre Mendès France annonça dans son discours d'investiture qu'il refuserait de négocier avec les partis la formation du gouvernement (il ne fut pas imité). La *révision du 7-12-1954* revint à la formule de la IIIe République : le Pt du Conseil se présente avec son gouvernement devant l'Assemblée qui vote la confiance à la majorité simple]. Il pose la question de confiance (responsabilité collective des ministres devant l'Ass. nat.) après délibération du Conseil des ministres. Le Conseil des ministres peut décider la dissolution de l'Ass. nat. (décret du Pt de la Rép.) si 2 crises ministérielles surviennent (après les 18 premiers mois de la législature) en 18 mois (par refus de la confiance ou motion de censure). Il y eut 1 dissolution : le 29-11-1955, le gouvernement Edgar Faure fut battu par 318 voix contre 218 (la majorité constitutionnelle était de 312 voix), après que Mendès France eut été renversé le 5-2 par 319 voix contre 273 (le règlement de l'Assemblée, intervenu au printemps, prescrivait le vote personnel par scrutin public à la tribune lorsque la question de confiance était posée car le « calibrage » opéré par les « boîtiers » des groupes qui se concertaient avant de jeter dans l'urne leurs poignées de bulletins était devenu impossible). Le lendemain, le Conseil des ministres, où l'on vota exceptionnellement, décida la dissolution malgré les réticences du Pt de la Rép. René Coty ; le décret, signé le 1-12, parut le 2-12, les élections étant fixées au 2-1-1956.

■ **Législatif. Parlement :** composé de 2 assemblées. **Assemblée nationale :** *siège :* Palais-Bourbon ; élue au suffrage universel direct pour 5 ans (âge : 23 ans au minimum). *Membres :* 619 (dont députés métropolitains 544). *Pouvoirs :* vote seule la loi, a l'initiative des dépenses, investit le Pt du Conseil et peut renverser le gouvernement à la majorité absolue (vote de défiance quand le Pt du Conseil pose la question de confiance, motion de censure), peut élire jusqu'au 1/6 des membres du Conseil de la Rép. En fait, le gouvernement sera affaibli par le rôle accru des commissions (contrôle, débat sur les projets de loi amendés par elles, etc.).

> ■ **Reproches faits à la Constitution.** *Le Pt du Conseil,* dont le rôle est reconnu officiellement, est désigné par le Pt de la République, mais dépend ensuite exclusivement de l'Assemblée nationale, qui pratique sans entraves le « gouvernement d'assemblée ». La *dissolution* a pour effet de transformer en crises électorales les crises ministérielles. Le *Pt de la Rép.,* théoriquement sans pouvoir exécutif direct, devient grâce à sa stabilité le chef moral de l'exécutif, ce qui facilitera le passage du régime parlementaire au régime présidentiel.
>
> ■ **Statistiques. Présidences :** 2, dont 1 interrompue : René Coty abandonne ses fonctions au Gal de Gaulle le 8-1-1959, après la mise en place de la Ve République. **Ministères :** *nombre :* 25 en 12 ans. *Record de durée des crises :* 38 jours, mai-juin 1953. **Formations à l'Assemblée nationale :** 14 en 1947 (députés indépendants : 5), 18 listes électorales nationales en 1956 (candidats dans 30 départements) ; il y a souvent des groupements de circonstance, et généralement plus de groupes que de partis, bien que certains groupes réunissent des membres de plusieurs partis.

Conseil de la République : *siège :* palais du Luxembourg ; *élu* au suffrage universel indirect à 2 degrés (collectivités territoriales métropolitaines et d'Algérie, conseils et assemblées d'outre-mer, Ass. nat.) pour 6 ans, renouvelable par moitié tous les 3 ans (âge : 35 ans au minimum). *Membres :* 250 à 320. *La loi du 23-9-1948* rétablit l'ancien régime électoral du Sénat (surreprésentation des communes rurales). Les conseillers reprennent le nom de sénateurs. *Pouvoirs :* participe à l'élection du Pt de la Rép., élit 3 membres du Conseil constitutionnel, n'intervient pas dans la formation du gouvernement qui n'est pas responsable devant lui ; peut inviter le gouvernement à prendre certaines décisions ; ne participe pas au pouvoir législatif. Son droit d'initiative se limite à présenter des amendements aux textes transmis par l'Ass. nat. (celle-ci n'est pas tenue d'y donner suite), il donne son avis sur les textes votés par l'Ass. nat., dans un délai maximal de 2 mois, et l'Ass. nat. statue définitivement en 2e lecture.

■ **Assemblées consultatives. Conseil national économique :** *membres :* 169 (184 à l'origine) désignés pour 3 ans par les organisations professionnelles, syndicales et corporatives (plus quelques membres nommés par le gouvernement). **Assemblée de l'Union française :** *membres :* 260. **Conseil constitutionnel :** *membres :* 13. Peut être saisi par le Conseil de la Rép. sur demande du Pt de la Rép. et du Pt du Conseil pour contrôler la constitutionnalité d'une loi.

■ **Révision.** Décision sur l'initiative de l'Ass. nat. (majorité absolue), soumise au Conseil de la République (2e lecture à l'Ass. nat. dans les 3 mois) ; puis projet de loi de l'Ass. nat. voté comme une loi par le Parlement et soumis à référendum (sauf s'il est voté en 2e lecture de l'Ass. nat. à la majorité des 2/3, ou adopté par les 2 assemblées à la majorité des 3/5).

Révision par voie parlementaire du 7-12-1954 : limitation des sessions parlementaires, suppression de la majorité absolue pour l'investiture du Pt du Conseil, rétablissement de la navette entre les 2 ass. [Cette *navette* augmentait les pouvoirs du Conseil de la République : les textes sont discutés tant qu'il n'y a pas d'accord entre les 2 assemblées, mais dans une limite de 100 j (1 mois pour le budget, 15 j si urgence) après l'adoption en 2e lecture à l'Ass. nat.] Le Conseil de la République peut discuter en 1re lecture ses propres propositions de loi et les projets que le gouvernement peut lui soumettre directement.

Projet de révision de 1958 : modification du vote de défiance (quand le Pt du Conseil pose la question de confiance sur un texte, celui-ci est adopté sans vote s'il n'y a pas de motion de défiance) et de la dissolution (automatique, après les 18 premiers mois de la législature, si le gouvernement est renversé après une motion de censure ou de défiance, dans les 2 ans qui suivent l'investiture du Pt du Conseil, mais le Pt de la République peut s'y opposer dans des cas graves ; la dernière année, le Pt de la République peut dissoudre l'Ass. nat. sur la demande du Pt du Conseil et du Conseil des ministres).

Ve République

Constitution de 1958

■ **Origine.** A la suite des événements de mai 1958 en Algérie, le Gal de Gaulle forme un gouvernement qui reçoit la confiance de l'Ass. nat. le 1er juin. En vertu de la loi du 3-6-1958 qui modifie la procédure de révision constitutionnelle, le gouvernement de Gaulle élabore un projet de Constitution qui, après avoir été soumis au comité consultatif constitutionnel et au Conseil d'État, est soumis au peuple français qui l'approuve par le référendum du 28-9-1958 à une très forte majorité (voir encadré p. 775). Promulguée le 4-10 (*JO* du 5-10), la Constitution entre en vigueur immédiatement. Comprend, après le préambule et l'article 1er, 94 articles regroupés en 16 titres.

■ **Préambule et premiers articles.** Le peuple français proclame solennellement son attachement aux droits de l'homme et aux principes de la souveraineté nationale tels qu'ils ont été définis par la Déclaration de 1789, confirmée et complétée par le préambule de la Constitution de 1946. En vertu de ces principes et de celui de la libre détermination des peuples, la République offre aux territoires d'outre-mer qui manifestent la volonté d'y adhérer des institutions nouvelles fondées sur l'idéal commun de liberté, d'égalité et de fraternité et conçues en vue de leur évolution démocratique.

■ **Déclaration des droits de l'homme et du citoyen du 26-8-1789. Origine :** elle a servi de préface à la Constitution de 1791. **1789**-*9-7* Jean-Joseph Mourier, élu du Dauphiné, obtient du comité chargé du travail sur la Constitution de la faire précéder d'une déclaration des droits de l'homme. *-11-7* La Fayette présente une motion à l'Assemblée sur la nécessité d'une telle déclaration [il connaissait celles que plusieurs États d'Amérique du Nord (Virginie, Maryland, Massachusetts) avaient déjà inscrites en tête de leurs Constitutions]. *-20-7* l'abbé Sieyès (mandaté le 16-7 par le comité de travail) présente un projet. *-27-7* le député Target soumet un contre-projet en 31 articles. *-4-8* jour où sont abolis les privilèges, le Cte M. de Sinety [(4-6-1740/29-1-1811), député] propose une déclaration des droits de l'homme et des devoirs du citoyen. *-12-8* l'abbé Grégoire propose, en outre, qu'aucun peuple n'ait le droit de s'immiscer dans les affaires d'un autre peuple. *-19-8* projet en 24 articles déposé le 18-8 par Mirabeau (préféré à celui de Sieyès) adopté comme base de discussion par le 6e bureau de l'Ass. nat. (dit « comité des 5 »). *-20 au 26-8* le préambule et les 17 premiers articles adoptés par l'Assemblée. *-27-8* l'Assemblée décrète qu'« elle borne quant à présent la Déclaration des droits de l'homme et du citoyen aux 17 articles qu'elle a arrêtés » et qu'« elle va procéder sans délai à fixer la Constitution de la France pour assurer la prospérité publique, sauf à ajouter après le travail de la Constitution les articles qu'elle croirait nécessaires pour compléter la Déclaration des droits ». *-1-10* l'Assemblée décide de soumettre le texte à l'acceptation du roi Louis XVI à Versailles. *-5-10* le Pt rend compte à l'Assemblée de la réponse ambiguë du roi qui refuse de signer sur-le-champ. Le soir on décide que le roi doit répondre et accepter les textes immédiatement et sans ambiguïté. Le Pt et une députation retournent vers le roi et obtiennent sa signature sous la pression des émeutiers venus de Paris.

Texte : « Les représentants du peuple français, constitués en Assemblée nationale, considérant que l'ignorance, l'oubli ou le mépris des droits de l'homme sont les seules causes des malheurs publics et de la corruption des gouvernements, ont résolu d'exposer, dans une déclaration solennelle, les droits naturels, inaliénables et sacrés de l'homme, afin que cette déclaration, constamment présente à tous les membres du corps social, leur rappelle sans cesse leurs droits et leurs devoirs ; afin que les actes du pouvoir législatif et ceux du pouvoir exécutif, pouvant être à chaque instant comparés avec le but de toute institution politique, en soient plus respectés ; afin que les réclamations des citoyens, fondées désormais sur des principes simples et incontestables, tournent toujours au maintien de la Constitution et au bonheur de tous. – En conséquence, l'Assemblée nationale reconnaît et déclare, en présence et sous les auspices de l'Être suprême, les droits suivants de l'homme et du citoyen.

Article 1er : Les hommes naissent et demeurent libres et égaux en droits. Les distinctions sociales ne peuvent être fondées que sur l'utilité commune.

2 : Le but de toute association politique est la conservation des droits naturels et imprescriptibles de l'homme. Ces droits sont la liberté, la propriété, la sûreté et la résistance à l'oppression.

3 : Le principe de toute souveraineté réside essentiellement dans la Nation. Nul corps, nul individu ne peut exercer d'autorité qui n'en émane expressément.

4 : La liberté consiste à pouvoir faire tout ce qui ne nuit pas à autrui. Ainsi, l'exercice des droits naturels de chaque homme n'a de bornes que celles qui assurent aux autres membres de la société la jouissance de ces mêmes droits. Ces bornes ne peuvent être déterminées que par la loi.

5 : La loi n'a le droit de défendre que les actions nuisibles à la société. Tout ce qui n'est pas défendu par la loi ne peut être empêché, et nul ne peut être contraint à faire ce qu'elle n'ordonne pas.

6 : La loi est l'expression de la volonté générale. Tous les citoyens ont droit de concourir personnellement, ou par leurs représentants, à sa formation. Elle doit être la même pour tous, soit qu'elle protège, soit qu'elle punisse. Tous les citoyens, étant égaux à ses yeux, sont également admissibles à toutes dignités, places et emplois publics, selon leur capacité et sans autre distinction que celle de leurs vertus et de leurs talents.

7 : Nul homme ne peut être accusé, arrêté ni détenu que dans les cas déterminés par la loi et selon les formes qu'elle a prescrites. Ceux qui sollicitent, expédient, exécutent ou font exécuter des ordres arbitraires doivent être punis ; mais tout citoyen appelé ou saisi en vertu de la loi doit obéir à l'instant : il se rend coupable par la résistance.

8 : La loi ne doit établir que des peines strictement et évidemment nécessaires, et nul ne peut être puni qu'en vertu d'une loi établie et promulguée antérieurement au délit, et légalement appliquée.

9 : Tout homme étant présumé innocent jusqu'à ce qu'il ait été déclaré coupable, s'il est jugé indispensable de l'arrêter, toute rigueur qui ne serait pas nécessaire pour s'assurer de sa personne doit être sévèrement réprimée par la loi.

10 : Nul ne doit être inquiété pour ses opinions, même religieuses, pourvu que leur manifestation ne trouble pas l'ordre public établi par la loi.

11 : La libre communication des pensées et des opinions est un des droits les plus précieux de l'homme ; tout citoyen peut donc parler, écrire, imprimer librement, sauf à répondre de l'abus de cette liberté dans les cas déterminés par la loi.

12 : La garantie des droits de l'homme et du citoyen nécessite une force publique ; cette force est donc instituée pour l'avantage de tous, et non pour l'utilité particulière de ceux à qui elle est confiée.

13 : Pour l'entretien de la force publique, et pour les dépenses d'administration, une contribution commune est indispensable ; elle doit être également répartie entre tous les citoyens, en raison de leurs facultés.

14 : Les citoyens ont le droit de constater, par eux-mêmes ou par leurs représentants, la nécessité de la contribution publique, de la consentir librement, d'en suivre l'emploi, et d'en déterminer la quotité, l'assiette, le recouvrement et la durée.

15 : La société a le droit de demander compte à tout agent public de son administration.

16 : Toute société dans laquelle la garantie des droits n'est pas assurée, ni la séparation des pouvoirs déterminée, n'a point de Constitution.

17 : La propriété étant un droit inviolable et sacré, nul ne peut en être privé, si ce n'est lorsque la nécessité publique, légalement constatée, l'exige évidemment, et sous la condition d'une juste et préalable indemnité. »

Nota. – En 1791 Olympe de Gouges avait rédigé une déclaration des droits de la femme et de la citoyenne en 17 articles. Art. 1er : « La femme naît libre et demeure égale à l'homme en droits. »

■ **Préambule de la Constitution du 27-10-1946. Texte :** « Au lendemain de la victoire remportée par les peuples libres sur les régimes qui ont tenté d'asservir et de dégrader la personne humaine, le peuple français proclame à nouveau que tout être humain, sans distinction de race, de religion ni de croyance, possède des droits inaliénables et sacrés. Il réaffirme solennellement les droits et les libertés de l'homme et du citoyen consacrés par la Déclaration des droits de 1789 et les principes fondamentaux reconnus par les lois de la République.

Il proclame, en outre, comme particulièrement nécessaires à notre temps les principes politiques, économiques et sociaux ci-après :

La loi garantit à la femme, dans tous les domaines, des droits égaux à ceux de l'homme.

Tout homme persécuté en raison de son action en faveur de la liberté a droit d'asile sur les territoires de la République.

Chacun a le devoir de travailler et le droit d'obtenir un emploi. Nul ne peut être lésé, dans son travail ou son emploi, en raison de ses origines, de ses opinions ou de ses croyances.

Tout homme peut défendre ses droits et ses intérêts par l'action syndicale et adhérer au syndicat de son choix.

Le droit de grève s'exerce dans le cadre des lois qui le réglementent.

Tout travailleur participe, par l'intermédiaire de ses délégués, à la détermination collective des conditions de travail ainsi qu'à la gestion des entreprises.

Tout bien, toute entreprise, dont l'exploitation a ou acquiert les caractères d'un service public national ou d'un monopole de fait, doit devenir la propriété de la collectivité.

La Nation assure à l'individu et à la famille les conditions nécessaires à leur développement.

Elle garantit à tous, notamment à l'enfant, à la mère et aux vieux travailleurs, la protection de la santé, la sécurité matérielle, le repos et les loisirs. Tout être humain qui, en raison de son âge, de son état physique ou mental, de la situation économique, se trouve dans l'incapacité de travailler a le droit d'obtenir de la collectivité des moyens convenables d'existence.

La Nation proclame la solidarité et l'égalité de tous les Français devant les charges qui résultent des calamités nationales.

La Nation garantit l'égal accès de l'enfant et de l'adulte à l'instruction, à la formation professionnelle et à la culture. L'organisation de l'enseignement public gratuit et laïque à tous les degrés est un devoir de l'État.

La République française, fidèle à ses traditions, se conforme aux règles du droit public international. Elle n'entreprendra aucune guerre dans des vues de conquête et n'emploiera jamais ses forces contre la liberté d'aucun peuple.

Sous réserve de réciprocité, la France consent aux limitations de souveraineté nécessaires à l'organisation et à la défense de la paix.

La France forme avec les peuples d'outre-mer une Union fondée sur l'égalité des droits et des devoirs, sans distinction de race ni de religion.

L'Union française est composée de nations et de peuples qui mettent en commun ou coordonnent leurs ressources et leurs efforts pour développer leurs civilisations respectives, accroître leur bien-être et assurer leur sécurité.

Fidèle à sa mission traditionnelle, la France entend conduire les peuples dont elle a pris la charge à la liberté de s'administrer eux-mêmes et de gérer démocratiquement leurs propres affaires ; écartant tout système de colonisation fondé sur l'arbitraire, elle garantit à tous l'égal accès aux fonctions publiques et l'exercice individuel ou collectif des droits et libertés proclamés ou confirmés ci-dessus. »

■ **Art. 1er :** *texte nouveau* (loi constitutionnelle du 4-8-1995) [avant, était le 1er alinéa de l'art. 2] : La France est une République indivisible, laïque, démocratique et sociale. Elle assure l'égalité devant la loi de tous les citoyens sans distinction d'origine, de race ou de religion. Elle respecte toutes les croyances. *Texte ancien :* La République et les peuples des territoires d'outre-mer qui, par un acte de libre détermination, adoptent la présente Constitution instituent une Communauté. La Communauté est fondée sur l'égalité et la solidarité des peuples qui la composent.

2 : La langue de la République est le français (alinéa ajouté par la loi constitutionnelle du 25-6-1992). L'emblème national est le drapeau tricolore, bleu, blanc, rouge. L'hymne national est *la Marseillaise*. La devise de la République est « Liberté, Égalité, Fraternité ». Son principe est : gouvernement du peuple, par le peuple et pour le peuple.

3 : La souveraineté nationale appartient au peuple qui l'exerce par ses représentants et par la voie du référendum. Aucune section du peuple ni aucun individu ne peut s'en attribuer l'exercice. Le suffrage peut être direct ou indirect dans les conditions prévues par la Constitution. Il est toujours universel, égal et secret.

Sont électeurs, dans les conditions déterminées par la loi, tous les nationaux français majeurs des deux sexes, jouissant de leurs droits civils et politiques.

■ **Révisions de la Constitution de 1958. 4-6-1960** *loi constitutionnelle n° 60-525* modifiant les articles 85 et 86 : la révision des dispositions relatives à la Communauté peut intervenir par accord entre tous les États membres. **6-11-1962** *loi constitutionnelle n° 62-1292 :* le peuple français approuve par référendum le 28-10 (62,25 % des suffrages exprimés, 46,65 % des inscrits) le projet de loi présenté par le Pt de la Rép., prévoyant son élection au suffrage universel direct. Il était antérieurement élu par un collège électoral restreint d'environ 80 000 « grands électeurs » (parlementaires, conseillers généraux, maires et représentants des conseils généraux). D'après la plupart des juristes et le Conseil d'État (avis sur le projet de loi), le référendum est fait en violation de la Constitution : la décision de référendum du Pt de la Rép. a précédé la proposition du 1er min. ; le Pt de la Rép. a maintenu en fonctions le gouvernement alors que l'Assemblée nationale l'avait censuré (de Gaulle refuse le 6-10 la démission du gouvernement Pompidou et l'Assemblée nationale est dissoute le même jour) ; l'art. 11 (référendum) n'aurait pas dû être utilisé pour une modification de la Constitution à la place de l'art. 89, qui impose une intervention du Parlement. **30-12-1963** *loi constitutionnelle n° 63-1327 :* votée le 20-12 par le Congrès (Sénat et Assemblée nationale, à Versailles) par 557 voix contre 7, abstentions 167, modifie date et durée des sessions parlementaires (art. 28). **27-4-1969** *projet* créant des régions et modifiant le statut du Sénat rejeté par référendum. **29-10-1974** *loi constitutionnelle n° 74-904 :* votée le 21-10 par le Congrès (votants 764 ; suffrages exprimés 761 ; pour 488, contre 273, abstentions volontaires 3, non-votants 4), remplace le 2e alinéa de l'art. 61 par : « Aux mêmes fins, les lois peuvent être déférées au Conseil constitutionnel, avant leur promulgation, par le Pt de la République, le Premier ministre, le Pt de l'Assemblée nationale, le Pt du Sénat ou 60 députés ou 60 sénateurs. » **18-6-1976** *loi constitutionnelle n° 76-527 :* votée le 14-6 par le Congrès (par 490 voix contre 258 et 1 abstention), révise l'art. 7 précisant la procédure d'élection du Pt de la République en cas de décès ou d'empêchement d'un candidat. **25-6-1992** *loi constitutionnelle n° 92-554 :* votée le 23-6 par le Congrès ; 886 présents : 566 députés, 322 sénateurs ; 592 voix pour, 73 contre et 14 abstentions ; dont députés pour : 261 PS sur 271, 5 RPR sur 125, 79 UDF sur 89, 39 UDC sur 40, 14 non-inscrits sur 25 ; sénateurs pour : 20 Rassemblement démocratique et européen sur 23, 64 PS sur 66, 65 Union centriste sur 67, 43 Union des républicains et des indépendants sur 51, 2 non-inscrits sur 6, ajoute à la Constitution un titre « Des Communautés européennes et de l'Union européenne ». L'art. 2 ajoute : la langue de la République est le français et l'hymne national est *la Marseillaise*. Les art. 88-1 et 88-2 rendent le traité de Maastricht conforme à la Constitution. **27-7-1993** *loi constitutionnelle n° 93-952, JO* du 28-7 : votée le 19-7, modifiant ses titres VIII, IX, X et XVI (effectifs 896) : 833 voix pour, 34 contre [contre : 17 députés, 15 sénateurs communistes, 2 sénateurs RPR ; abstentions : 11 députés (1 UDF, 4 socialistes, 6 communistes), 8 sénateurs (2 RPR, 6 socialistes)]. L'art. 1er modifie l'art. 65C (voir **Conseil supérieur de la magistrature** p. 747 a) ; l'art. 2 abroge le second alinéa de l'art. 86C (voir **Haute Cour de justice** p. 747 a) ; l'art. 3 modifie la numérotation des titres X et XVI qui deviennent XI et XVII ; l'art. 4 insère un nouveau titre X (« De la responsabilité pénale des membres du gouvernement ») composé des art. 68-1 et 68-2 relatifs à la Cour de justice de la République ; l'art. 5 crée un art. 93, au titre des dispositions transitoires. Elle renvoie à 2 lois organiques d'application afférentes au CSM et à la saisine de la Haute Cour de justice. **25-11-1993** *loi constitutionnelle n° 93-1256 :* votée le 19-11. Sur 875 votants et 855 suffrages exprimés : 698 voix pour, 157 contre, 20 abstentions. **Députés :** RPR 257 (250 pour, 3 abstentions, 4 non-votants), UDF 215 (202 pour, 4 contre, 6 abstentions, 3 non-votants), PS 57 (2 pour, 53 contre, 2 non-votants), PC 23 (22 pour, 1 non-votant), *République et Liberté* 22 (13 pour, 4 contre, 5 abstentions), *non-inscrit* 1 (pour). **Sénateurs :** RPR 91 (89 pour, 2 non-votants), RI 47 (45 pour, 2 abstentions), *Union centriste* 64 (64 pour), *Rassemblement démocratique et européen* 24 (20 pour, 1 contre, 2 abstentions, 1 non-votant), PS 69 (3 pour, 57 contre, 2 abstentions, 7 non-votants), PC 15 [15 contre, 10 non-inscrits (9 pour, 1 contre)]. Texte ajouté, dans le titre VI (art. 53-1) : « La République peut conclure avec les États européens, qui sont liés par des engagements identiques aux siens en matière d'asile et de protection des droits de l'homme et des libertés fondamentales, des accords déterminant leurs compétences respectives pour l'examen des demandes d'asile qui leur sont présentées. Toutefois, même si la demande n'entre pas dans leur compétence en vertu de ces accords, les autorités de la République ont toujours le droit de donner asile à tout étranger persécuté en raison de son action en faveur de la liberté ou qui sollicite la protection de la France pour un autre motif. » Le pouvoir constituant affirme que, contrairement à ce qu'avait décidé le juge constitutionnel (mais conformément à ce qu'il avait déclaré le 25-7-1991), la France n'a pas l'*« obligation »* d'examiner les demandes d'asile déjà rejetées par un autre pays signataire des accords de Schengen, mais qu'elle en a la *« faculté »*. La loi constitutionnelle confirme l'interprétation de l'alinéa 4 du préambule de la Constitution de 1946, qui avait permis de ratifier la convention de Schengen. **4-8-1995** *loi constitutionnelle n° 95-880 :* votée le 31-7-1995 par le Congrès. 875 présents dont 559 députés, 316 sénateurs : 674 voix pour, 178 contre et 23 abstentions. **Députés :** RPR 253 (249 pour, 1 abstention, 3 non-votants), UDF 208 (197 pour, 3 contre, 6 abstentions, 2 non-votants), PS 56 (56 contre), *République et Liberté* 23 (12 pour, 5 contre, 5 abstentions, 1 non-votant), PC 23 (23 contre), *non-inscrits* 3 (2 pour, 1 non-votant). **Sénateurs :** RPR 92 (90 pour, 1 abstention, 1 non-votant), *Union centriste* 63 (59 pour, 2 contre, 1 abstention, 1 non-votant), RI 48 (40 pour, 1 contre, 6 abstentions, 1 non-votant), *Rassemblement démocratique et européen* 28 (18 pour, 8 contre, 2 abstentions), PS 67 (65 contre, 1 abstention, 1 non-votant), *non-inscrits* 8 (8 contre). Champ d'application du référendum étendu aux réformes relatives à la politique économique et sociale et aux services publics (art. 11) ; session parlementaire ordinaire unique (art. 28) ; régime de l'inviolabilité parlementaire modifié (art. 26) ; dispositions transitoires de la Constitution de 1958 relatives à la Communauté abrogées (art. 1er, 2, 77 à 87). **22-2-1996** *loi constitutionnelle n° 96-138 :* votée le 19-2-1996 par le Congrès (879 votants, 869 suffrages exprimés : 681 pour, 188 contre) ; financement de la Sécurité sociale (art. 34, 39 et 47-1). **20-7-1998** *loi constitutionnelle n° 98 :* votée le 6-7-1998 par le Congrès (885 votants, 858 suffrages exprimés : 827 pour, 31 contre) ; statut de la Nlle-Calédonie. **25-1-1999** *loi constitutionnelle n° 99 :* votée le 18-1-1999 par le Congrès (883 présents, 869 suffrages exprimés : 758 pour, 111 contre dont députés : 29 PCF sur 36, 10 Groupe Radical, 4 PS, 20 RPR, 2 UDF, 1 DL, 1 non-inscrit ; sénateurs : 14 PCF sur 16, 4 RI, 1 PS, 23 RPR, 2 non-inscrits) ; réforme préalable à la ratification du traité d'Amsterdam. **8-7-1999** *lois constitutionnelles* (votées le 28-6-1999) *n° 99-568* article 53-2 « la République peut reconnaître la juridiction de la Cour pénale internationale dans les conditions prévues par le traité signé le 18-7-1998 » ; *n° 99-569 (Parité)* ajoute à l'article 3 C : « La loi favorise l'égal accès des femmes et des hommes aux mandats électoraux et fonctions électives. », complète l'article 4 C : les partis politiques « contribuent à la mise en œuvre du principe énoncé au dernier alinéa de l'article 3 dans les conditions déterminées par la loi. ». **2-10-2000** *loi constitutionnelle n° 2000-964* mandat présidentiel réduit de 7 à 5 ans (voir encadré p. 732).

☞ **3 projets de révision,** votés par les assemblées, n'ont pas été soumis au Congrès (crainte du Pt qu'ils ne recueillent pas la majorité des 3/5 exigée) : **1°)** quinquennat en 1973 (voir encadré p. 732) ; **2°)** modification du statut des parlementaires suppléants d'un ministre (art. 25) non inscrite à l'ordre du jour du Congrès convoqué le 21-10-1974 ; **3°)** *19-1-2001* (convocation du Congrès prévue, puis reportée), **2 projets** relatifs au Conseil supérieur de la magistrature, et à la Polynésie et Nlle-Calédonie. **2 projets** votés par l'Assemblée nationale, tendant à permettre le recours au référendum en matière de libertés publiques, ont été rejetés par le Sénat en 1984.

■ **Interprétation de la Constitution.** D'après François Luchaire, Pr à la faculté de droit (né 1-1-1919). **1°) Charles de Gaulle :** prééminence du dialogue entre le chef de l'État et le peuple sur celui du gouvernement et du Parlement (utilisation de l'art. 16 en cas de crise ; responsabilités séparées du gouvernement et du Parlement ; institution de l'élection directe du Pt non prévue initialement ; démission du Pt en cas de référendum négatif ; Pt conçu comme arbitre et comme 1er responsable national ; non-concordance possible entre majorités présidentielle et législative ; recours fréquent au référendum). **2°) Valéry Giscard d'Estaing :** priorité à la sauvegarde des équilibres institutionnels ; pratiques prudentes des révisions (notamment : abandon du projet du quinquennat) ; prise en considération de la majorité législative dans la politique présidentielle [cependant, en mars 1978, bien que le RPR (148 sièges) ait eu plus de députés que les giscardiens (141), Giscard d'Estaing ne fit pas du RPR l'élément le plus important de la majorité (réponse : les gaullistes ne peuvent se plaindre d'une attitude « gaullienne »)] ; le Pt conçu comme protecteur des libertés. **3°) François Mitterrand :** a tenu compte, en mars 1986, du changement de majorité. *Le 30-11-1992,* dans une lettre adressée au Pt de l'Assemblée nationale, au Pt du Sénat et aux membres du Conseil constitutionnel, il plaida pour un mandat présidentiel de 6 ans au minimum, le renforcement des pouvoirs du Parlement, l'indépendance des magistrats (modification de la composition du Conseil supérieur de la magistrature), la réforme de la Haute Cour de justice (compétence réduite aux crimes de haute trahison commis par le Pt et aux crimes contre la sûreté publique commis par les ministres, les autres délits relevant du droit commun), le référendum étendu aux « garanties fondamentales des libertés publiques ».

Le Président de la République

Généralités

☞ Le chef de l'État (souvent qualifié de « détenteur du pouvoir suprême ») personnifie et représente l'État. Les Chartes de 1814 (art. 14) et de 1830 (art. 13), les Constitutions du 14-1-1852 (art. 6) et du 21-5-1870 (art. 14), l'acte constitutionnel n° 1 du 11-7-1940 (art. 4) l'ont officialisé. Les Constitutions de 1875, 1946, 1958 n'en parlent pas. La loi sur la liberté de la presse du 29-7-1881 réprime les offenses « envers les chefs d'État étrangers » (art. 36) en les distinguant des offenses au Pt de la Rép. (art. 26).

Élection

■ **Mode.** Élu pour 7 ans au suffrage universel direct, à la majorité absolue [loi constitutionnelle du 6-11-1962 ; durée ramenée à 5 ans (loi constitutionnelle n° 2000-964 du 2-10-2000)] : si celle-ci n'est pas atteinte au 1er tour, il y a un 2e tour 15 jours après. Seuls peuvent s'y présenter les 2 candidats qui (le cas échéant, après retrait des candidats plus favorisés) se trouvent avoir recueilli le plus grand nombre de suffrages au 1er tour. L'élection du nouveau Pt a lieu 20 jours au moins et 35 jours au plus avant l'expiration des pouvoirs du Pt en exercice. Chaque candidature doit être présentée par 500 élus, membres du Parlement, des conseils généraux, du conseil de Paris, des assemblées territoriales des territoires d'outre-mer, ou maires (dont des élus d'au moins 30 départements ou territoires d'outre-mer, sans que plus d'un dixième d'entre eux puissent être les élus d'un même département ou territoire d'outre-mer).

Pour pouvoir être candidat : il faut être Français ; avoir au moins 23 ans ; avoir satisfait aux obligations du service national : il suffit d'avoir répondu à l'appel sous les drapeaux (il n'est pas nécessaire d'avoir définitivement satisfait aux obligations du service actif – décision du Conseil constitutionnel du 17-5-1969 vis-à-vis d'Alain Krivine, à l'époque sous les drapeaux) ; n'être sous le coup d'aucune incapacité ou inéligibilité prévue par la loi : certaines condamnations (toutes les condamnations pour crimes, certaines condamnations pour délit comme la fraude électorale...), contumaces, faillis non réhabilités, majeurs en tutelle, citoyens pourvus d'un conseil judiciaire, débiteurs admis au règlement judiciaire. *Chaque candidat doit verser* au trésorier-payeur général de son domicile, agissant comme préposé de la Caisse des dépôts et consignations, un cautionnement de 10 000 F, avant l'expiration du 17e jour précédant le 1er tour.

■ **Campagne.** Ouverte le jour de la publication au *Journal officiel* (au moins 15 jours avant le 1er tour) de la liste des candidats. Prend fin à minuit le vendredi précédant le scrutin. *Durée :* 15 jours pour le 1er tour, 8 pour le 2e. *Déroulement :* surveillé par une commission nationale de contrôle de 5 membres (vice-Pt du Conseil d'État, 1ers Pts de la Cour de cassation et de la Cour des comptes et 2 membres cooptés). *Télévision/radio :* chaque candidat dispose, au 1er tour, de 2 h d'émission télévisée et de 2 h d'émission radiodiffusée. Compte tenu du nombre de candidats, la durée de ces émissions peut être réduite par la commission nat. de contrôle qui tire au sort l'ordre d'attribution des temps de parole. Au 2e tour, chaque candidat dispose de 2 heures d'émission radiodiffusée et de 2 heures d'émission télévisée. Ni le gouvernement ni aucune organisation publique ou privée ne peut utiliser indirectement la radio ou la télévision en faveur d'un des candidats. *Affichage :* chaque candidat ne peut faire apposer, sur des emplacements spéciaux, qu'une affiche énonçant ses déclarations et une autre annonçant ses réunions électorales et, s'il le désire, l'heure des émissions de télévision. Chacun ne peut faire envoyer aux électeurs, avant chaque tour, qu'un texte de ses déclarations.

Financement des frais de campagne par l'État (en millions de F) : *candidat obtenant – de 5 % des voix au 1er tour :* 7,2 ; *+ de 5 % :* 32,4 ; *présent au 2e tour :* 43,2 ; la loi organique du 23-1-1995 interdit les dons aux candidats venant des personnes morales (entreprises). Les dons des particuliers ne peuvent excéder 30 000 F. Le plafond des dépenses est abaissé de 120 à 90 millions de F pour les candidats du 1er tour, et de 160 à 120 millions de F pour ceux du 2e tour.

Sont pris directement en charge par l'État : le coût du papier, l'impression et la mise en place des bulletins de vote et des textes des déclarations ; le coût du papier, l'impression et les frais d'apposition des affiches, les dépenses occasionnées par les commissions. Outre ces facilités, l'État contribue aux frais de campagne des candidats en remboursant 100 000 F à chaque candidat ayant obtenu au moins 5 % des suffrages exprimés. **Candidats n'ayant pas obtenu 5 % des suffrages :** *1965 :* 2 sur 6 ; *69 :* 3 sur 7 ; *74 :* 9 sur 12 ; *81 :* 5 sur 10 ; *88 :* 4 sur 9 ; *95 :* 3 sur 9.

Situation patrimoniale (loi du 11-3-1988) : tout candidat doit remettre au Conseil constitutionnel une déclaration de sa situation patrimoniale. Seule celle du candidat élu sera publiée au *JO,* et une nouvelle déclaration devra être faite à la fin de son mandat.

Installation

■ **Date.** Jusqu'en 1981, le jour de l'expiration du mandat du prédécesseur. Sous la IIIe République, les assassinats de Carnot (1894) et de Doumer (1932) entraînèrent une vacance (2 et 4 j). Sous la IVe, Coty succéda, le 16-1-1954, à Auriol, installé le jour de son élection (16-1-1947) ; de Gaulle, installé pour la 1re fois le 8-1-1959, se succéda à lui-même le 8-1-1966. A sa démission, Pompidou, proclamé élu le 19-6-1969 par le Conseil constitutionnel, fut installé le 20. A la mort de Pompidou en 1974, Giscard d'Estaing, proclamé élu le 24-5, fut installé le 27-5 (voir **Intérim** p. 733 b). En 1981, le Conseil constitutionnel annonça les résultats de l'élection le 15-5, estimant que Mitterrand serait Pt à compter de la cessation des fonctions de Giscard d'Estaing (qui, en vertu de l'article 6 de la Constitution, devait avoir lieu au plus tard le 24-5-1981 à 0 h), faisant ainsi prévaloir, pour point de départ du septennat, la date de la proclamation de Giscard d'Estaing, le 24-5-1974, sur celle de son installation (le 27-5). En fait, le septennat de Mitterrand commença le 21-5-1981, date fixée en accord avec Giscard d'Estaing. En 1995, Jacques Chirac, proclamé élu le 13-5, fut installé le 17-5.

■ **Cérémonie. Accueil du président sortant :** en 1959, Coty resta aux côtés du Gal de Gaulle jusqu'à la cérémonie de la flamme à l'Arc de triomphe. En 1969, Poher quitta l'Élysée et Pompidou avant la cérémonie. En 1974, il accompagna Giscard d'Estaing à l'Arc de triomphe et revint à l'Élysée pour déjeuner avec lui. En 1981, Giscard quitta l'Élysée à pied, aussitôt après y avoir accueilli Mitterrand et avoir eu avec lui un entretien en tête-à-tête (transmission des pouvoirs confidentiels, notamment en matière d'utilisation de la force de dissuasion). En 1995, Mitterrand fait de même avec Chirac. Il quitte ensuite l'Élysée en voiture par la porte d'honneur pour rejoindre le siège du PS, rue de Solferino. **Installation officielle :** elle commence par la lecture des résultats (en 1959, par le Pt de la Commission constitutionnelle provisoire ; depuis, par le Pt du Conseil constitutionnel). En 1966 et 1981, il s'agit d'une 1re proclamation (même si l'annonce des résultats a déjà eu lieu, mais avec effet différé). Le 20-5-1969, Palewski précisa que les pouvoirs de Pompidou avaient pris naissance la veille (date de la proclamation). Le 27-7-1974, Frey précisa que, pour Giscard, il ne s'agissait que d'un rappel, la proclamation ayant eu lieu – en même temps que l'annonce – le 24-5 précédent. **Arrivée à l'Élysée :** le Pt reçoit (dans un petit salon) du grand chancelier de la Légion d'honneur *les insignes de grand-croix,* puis, dans une autre pièce, *le grand chancelier lui présente le collier de la Légion d'honneur :* « Monsieur le Pt de la Rép., nous vous reconnaissons comme grand maître de l'ordre national de la Légion d'honneur », 21 coups de canon tirés des Invalides annoncent l'événement. En 1981, le grand chancelier, le Gal de Boissieu (gendre de De Gaulle), ayant préféré démissionner plutôt que de participer à cette cérémonie, fut remplacé par le doyen des grands-croix, membre du Conseil national de l'ordre : le Gal Biard. *Le nouveau Pt rend hommage au drapeau des troupes (présentes à l'Élysée), aux morts pour la patrie* (tombe du Soldat inconnu à l'Arc de triomphe) [en 1981, Mitterrand est également allé au Panthéon rendre hommage à Victor Schœlcher, à Jean Jaurès et à Jean Moulin ; en 1947, Auriol était allé au mont Valérien pour un hommage aux morts de la Résistance], *au prédécesseur et au peuple de Paris* (visite à l'Hôtel de Ville).

■ **Amnistie.** Sous la Ve République, après une élection présidentielle, le gouvernement prend l'initiative de proposer au Parlement le vote d'une loi (après l'élection).

Statistiques. Sous Mitterrand en 1981. 6 233 libérations dont grâces : 4 775 le 14-7 ; amnisties : 1 437 le 4-8 ; grâces : 21 le 15-8. Du 1-7 au 1-9-1981, le nombre de détenus est passé de 39 852 à 30 850 (– 22,6 %). En 1988, le 22-7, 5 171 détenus condamnés auraient été libérés depuis juin : 2 863 auraient bénéficié de la grâce présidentielle et 2 308 de

Septennat et quinquennat

■ **Origine du septennat.** Loi du 20-11-1873 (voir p. 728 c).

■ **Évolution sous la Ve République.** *De Gaulle* pense que le septennat doit permettre au Pt de mener à bien les grands desseins de la Nation, d'assurer la continuité des pouvoirs publics et de rester à l'écart des luttes des partis. **1964** Gaston Defferre (FGDS), candidat à la présidentielle de 1965, est pour le quinquennat. **1968**-*24-2* accord PCF-FGDS pour le quinquennat. **1972**-*12-3* programme de gouvernement du PC : quinquennat renouvelable 1 seule fois. -*12-7* programme commun de la gauche : « quinquennat avec délai suffisant entre l'élection et celle des députés de l'Assemblée nationale, évitant toute simultanéité ». **1973**-*3-4* Pt *Pompidou* propose le quinquennat (message au Parlement) : Assemblée nationale (270 pour, 211 contre), Sénat (162 pour, 112 contre) approuvent. -*24-10* Pompidou n'étant pas sûr de recueillir la majorité des 3/5 nécessaires ajourne le Congrès. **1974** Giscard d'Estaing, candidat, est pour 5 ou 6 ans. **1981**-*24-1* programme de Créteil : 45e des 110 propositions : « à 5 ans renouvelable 1 fois ou limité à 7 ans sans possibilité d'être renouvelé ». **1984** dans *Deux Français sur trois,* Giscard d'Estaing recommande le sexennat (6 ans) renouvelable 1 fois, puis demande au 1er ministre, lors de la 1re cohabitation, de prendre l'initiative de proposer le quinquennat et, le 16-4-1994, lors de de la 2e cohabitation, demande l'organisation d'un référendum sur ce quinquennat. **1985**-*28-4* Mitterrand dit à Mourousi (TF1) « 7 ans, je suis en train de m'en apercevoir, c'est court ». **1988** Mitterrand postule pour un 2e mandat. « Pour ne pas être accusé de considérations personnelles, je ne prendrai pas l'initiative. Mais si une large majorité parlementaire et le gouvernement s'accordent sur une mesure de ce type, j'y souscrirai. » **1992**-*nov.* crée un comité consultatif chargé de proposer une révision de la Constitution dirigé par le doyen Georges Vedel (né 5-7-1970). Indique sa préférence pour un mandat « d'une durée plus longue que celui d'un député (5 ans) et au moins aussi longue que celle d'un maire ou d'un conseiller général (6 ans) ». **1995**-*mai* débat télévisé : Jospin (pour le quinquennat)/Chirac (« J'ai toujours dit que je n'étais pas contre le fait que le mandat dure 5 ans. En revanche, je suis contre l'ouverture de ce débat aujourd'hui... Si au cours du prochain mandat, un débat doit s'ouvrir et peut s'ouvrir, alors j'y serai tout à fait favorable »). **1999**-*11/12-7* dans *Le Monde* Giscard d'Estaing presse Chirac d'adopter le quinquennat dès l'an 2000. -*14-7* Chirac assure qu'il conduira sa « mission jusqu'à son terme » et que « le quinquennat, sous une forme ou sous une autre, serait une erreur ». **2000**-*9-5* Giscard d'Estaing dépose une proposition de loi constitutionnelle pour un quinquennat renouvelable une seule fois. -*5-6* Pt Chirac approuve au nom des « exigences modernes de la démocratie ». -*20/29-6* Assemblée nationale 466 voix pour, 28 contre, 9 abstentions. -*29-6* Sénat 228 pour, 34 contre, 8 abstentions. -*24-9* référendum (en %) : pour 73,21, contre 26,79, blancs ou nuls 16,09, abstentions 69,81.

■ **Arguments en faveur du quinquennat.** Depuis 1962, le Pt jouit de la plénitude du pouvoir ; il est naturel qu'il l'exerce moins longtemps. Le septennat n'était plus adapté à la vie moderne. La société change plus vite. L'information circule plus vite. Les comportements évoluent plus vite. Les dirigeants politiques s'usent plus vite. La cohabitation nuit au bon fonctionnement du régime. En faisant coïncider tous les 5 ans l'élection du Pt et celle des députés, on éliminerait cet inconvénient. Le Pt reviendrait plus souvent devant le peuple, source de son pouvoir. **Objections.** Le septennat tempérait la versatilité des Français ; il donnait au Pt plus de poids dans les relations internationales. Élu pour 5 ans, un Pt est tenté de se représenter. Le quinquennat fera évoluer la Ve République vers un régime présidentiel à l'américaine et supposerait la suppression du poste de 1er ministre, de la responsabilité du gouvernement devant l'Assemblée, du droit de dissolution du Pt.

Étaient pour le quinquennat : Oui *Michèle Alliot-Marie* (RPR), *Hervé de Charette* (UDF), *Valéry Giscard d'Estaing* (UDF), *François Hollande* (PS), *Alain Juppé* (RPR). **Oui, si :** *Édouard Balladur* (RPR) si « on précise que l'élection présidentielle doit avoir lieu à la même date que les législatives », *François Bayrou* (UDF) si « concomitance des élections présidentielle et législatives », *Jean-Luc Bennahmias* (les Verts) si « le référendum doit inclure aussi la question du cumul des mandats et de la proportionnelle », *Robert Hue* (PC) si « mandat des députés réduit à 4 ans », *Georges Sarre* (MDC) si « avec le régime présidentiel », *Philippe Séguin* (RPR) si « on supprime le droit de dissolution et la responsabilité du Premier ministre devant l'Assemblée ». **Contre :** *Raymond Barre* (UDF), *Jean-Marie Le Pen* [(FN) « pour un septennat non renouvelable, qui ne saurait se comprendre sans le rejet de toute cohabitation »], *Charles Pasqua* (RPF), *Christian Poncelet* (RPR), *Philippe de Villiers* (RPF).

■ **Durée du mandat présidentiel à l'étranger. 7 ans :** *Italie* (élu par Parlement et représentants des régions ; rôle honorifique), *Irlande* [élu au suffrage universel direct (mandat renouvelable 1 fois) ; rôle honorifique ; Premier ministre investi par Chambre des députés avec accord du Pt (5 ans)]. **6 ans :** *Autriche* [élu au suffrage universel (renouvelable 1 fois) ; Pt fédéral, rôle honorifique ; chancelier éligible que pour 2 mandats successifs], *Finlande* (élu au suffrage universel ; rôle honorifique). **5 ans :** *Allemagne* [élu pour 5 ans par Parlement (renouvelable 1 fois ; rôle honorifique ; chancelier élu par Bundestag pour 4 ans)], *Grèce* [élu par Chambre des députés (renouvelable 1 fois) ; dispose de certains pouvoirs contre-signés par le PM], *Portugal* [élu pour 5 ans au suffrage universel direct (renouvelable 1 fois) ; Pt (qui dispose de pouvoirs propres) et PM (investi par le Parlement pour 4 ans) mènent la politique du pays, le PM est responsable devant le Parlement]. **4 ans :** *USA* [élu au suffrage universel indirect (rééligible 1 fois) ; est aussi chef du gouvernement ; législature : 2 ans (Chambre des représentants)], *Russie* [élu au suffrage universel direct ; chef du gouvernement (législature 4 ans ; Chambre basse du Parlement)]. **Monarchies parlementaires :** *G.-B. :* Reine, rôle honorifique ; PM investi par Chambre des communes pour la législature (5 ans). *Espagne :* Roi ; rôle honorifique ; Pt du gouvernement investi par Assemblée nationale pour la législature (4 ans). *Suède :* Roi ; rôle honorifique ; PM investi par le Parlement pour la législature (4 ans). *Luxembourg :* Grand duc ; rôle honorifique ; ministres responsables individuellement et collectivement devant Chambre des députés (5 ans). *P.-Bas :* souverain, ne gouverne pas ; PM dirige la politique du pays, choisit et propose au souverain les ministres qui sont responsables devant les 2 Chambres (mandat de 4 ans). *Belgique :* Roi, rôle honorifique ; PM dirige la politique du pays ; ministres responsables devant le Parlement (mandat de 4 ans).

Palais nationaux et résidences présidentielles

■ **Palais de l'Élysée.** **1718** Louis XV donne le terrain provenant de la succession d'André Le Nôtre à Henri Louis de La Tour d'Auvergne, Cte d'Évreux, qui charge Armand-Claude Mollet de bâtir un hôtel. **1753** à la mort du Cte d'Évreux (né 1679), la M^{ise} de Pompadour achète l'hôtel, l'aménage avec Pierre Lassurance. **1764** *(15-4)* à sa mort le lègue à Louis XV qui s'en sert comme garde-meuble. **1774** Louis XV le vend au financier Nicolas Beaujon (1718-86). **1786** Beaujon le vend à Louis XVI, qui donne l'hôtel à Louise-Marie-Thérèse d'Orléans (1750-1822), D^{chesse} de Bourbon (arrière-petite-fille du Régent et mère du duc d'Enghien). La *Convention* met l'hôtel sous séquestre, puis à la disposition de l'Imprimerie nationale. Il sert ensuite de salle de ventes. **1797** rendu à la D^{chesse}, qui le loue à Nicolas Hovyn, qui en fait un établissement de plaisirs (danse et jeux, ouvert le 21-6-1797). **1798** *(19-3)* Hovyn l'achète au Directoire (qui avait déclaré l'Elysée bien national), puis le cède à Ribié Montreux de Marimeto, qui le cède au glacier Velloni. **1801** Ribié utilise le rez-de-chaussée et loue le 1er en appartements (l'un fut loué au père d'Alfred de Vigny). **1805** vendu à Murat. **1808** Murat, devenu roi de Naples, le cède à Napoléon. Joséphine s'y installe. Napoléon y séjourne (le palais s'appelle l'Élysée-Napoléon). **1809** après son divorce, il le donne à Joséphine, qui le garde 2 ans. **1812** Napoléon y séjourne souvent. **1814** le tsar Alexandre s'y installe. Louis XVIII le restitue à la D^{chesse} de Bourbon, puis le lui échange contre l'hôtel de Valentinois. **Cent-Jours** Napoléon s'y installe (y signe le 22-6-1815 sa 2e abdication dans le salon d'argent), Louis XVIII le donne au duc de Berry. **1820** *(14-2)* le duc est assassiné, la D^{chesse} abandonne l'Élysée. **De 1820 à 1848** inhabité. Après la révolution de 1848, appelé *Élysée national,* lieu de plaisirs, puis Louis-Napoléon élu Pt s'y installe jusqu'au 1-1-1852 (il ira aux Tuileries). **Second Empire** gros travaux, résidence officielle des souverains en visite. **1870** *(22-12) Élysée national.* **1872** Thiers y séjourne quelques mois. **1873** *(sept.)* Mac-Mahon s'y fixe. **1876** affecté au Pt de la Rép. : tous les Pts de la IIIe et de la IVe République y habiteront. **Ve République** de Gaulle y habite et se rend parfois à des week-ends à « la Boisserie » (sa propriété de Colombey-les-deux-Églises, Hte-Marne, achetée en 1934). Pompidou, Giscard et Mitterrand gardent leur appartement, où ils résident la plupart du temps, ainsi que leur maison de campagne (Pompidou : Cajarc et Orvilliers ; Giscard : Chanonat et Authon ; Mitterrand : Latché). Chirac s'y installe mais conserve le château de Bity (Corrèze).

■ **Locaux administratifs.** **Hôtel de Persigny** (14, rue de l'Élysée) : état-major particulier depuis 1958, et divers collaborateurs. **2 et 4, rue de l'Élysée :** secrétariat général pour la Communauté jusqu'en juin 1974, divers collaborateurs, restaurant. **11, quai Branly, au palais de l'Alma** (anciennes écuries de Napoléon III ; abritait les équipages présidentiels depuis la IIIe République, depuis la IVe République le Conseil supérieur de la magistrature, service du courrier).

■ **Hôtel Marigny** (23, avenue de Marigny). Ancien hôtel Rothschild construit par Alfred Aldophe de 1873 à 1876, acquis en 1972 par la présidence pour accueillir les personnalités étrangères plus commodément qu'au Grand Trianon (qui n'est pas une résidence présidentielle, bien que l'aile de Trianon-sous-Bois soit affectée à l'usage personnel du Pt et que certains appartements soient réservés aux hôtes étrangers). Sert aussi aux conférences de presse du porte-parole du gouvernement.

■ **Pavillon de Marly-le-Roi.** Bâti (1679-86) par J. Hardouin-Mansart, aménagé sous Jules Grévy (5 pièces).

■ **Château de Rambouillet.** Du XIVe s. ; remanié, résidence d'été depuis Félix Faure (1896). Abrite souvent des rencontres internationales.

■ **Souzy-la-Briche** (Essonne). Manoir fin XIXe s., église XIIe-XIIIe s. : domaine de plusieurs dizaines d'hectares (dont parc 14 ha). Offert en 1978 par Jean Simon.

■ **Fort de Brégançon** (Var). Résidence officielle de vacances ou de repos depuis 13-1-1968.

☞ **Le château de Vizille** (Isère), acheté par le ministre des Beaux-Arts en 1924 et transformé en résidence présidentielle, a été cédé au département de l'Isère en 1960.

la loi d'amnistie entrée en vigueur le 21-7 ; 600 étrangers auraient été libérés.

Sous Chirac. **Loi du 6-8-1995** portant amnistie de certains faits commis avant le 18-5-1995. **Amnistie de droit :** sont notamment amnistiés : *les contraventions de police* et, lorsqu'ils sont passibles de moins de 10 ans d'emprisonnement, *les délits commis* à l'occasion de conflits du travail ou à l'occasion d'activités syndicales et revendicatives de salariés ou d'agents publics ; de conflits relatifs aux problèmes de l'enseignement ; délits en relation avec des conflits de caractère industriel, agricole, rural, artisanal ou commercial ; avec des élections de toute autre nature, à l'exception de ceux en relation avec le financement de campagnes ou de partis politiques, etc. **Amnistie au quantum ou en raison de la nature de la peine :** *peines d'emprisonnement, ferme ou avec sursis probatoire,* inférieures ou égales à 3 mois sans sursis (en 1988 : 4 mois) ; *peines d'amende,* sous réserve du paiement de celles-ci, lorsqu'elles sont supérieures à 5 000 F ; *peines d'emprisonnement avec sursis* (simple, probatoire non-révoqué, peines mixtes) n'excédant pas 9 mois (en 1988 : 12 mois) ; *peines de substitution,* sous réserve, s'agissant d'un travail d'intérêt général, que celui-ci ait été effectué. **Amnistie par mesure individuelle :** le Pt de la République peut accorder l'amnistie des infractions n'entrant pas dans le champ d'application de l'amnistie de droit, d'une part, aux personnes de moins de 21 ans au moment des faits et aux personnes ayant servi de manière déterminante l'intérêt général (anciens combattants, résistants, scientifiques...). **Exclusions :** infractions qui portent atteinte à des valeurs sociales fondamentales, notamment celles liées au terrorisme, aux discriminations, aux violences sur mineurs de moins de 15 ans, à la corruption, au trafic de stupéfiants, à la contrefaçon, aux fraudes électorales, ainsi que les atteintes à la vie ou à l'intégrité de la personne commises à l'occasion de la conduite d'un véhicule, etc. Sont également exclues les actions de commandos anti-interruption volontaire de grossesse et les condamnations pour avortement illégal et pour « provocation, propagande ou publicité » en faveur de l'interruption de grossesse. **Effets :** la loi prévoit le principe du non-rétablissement des distinctions honorifiques, l'absence d'effet de l'amnistie sur les droits des tiers, l'interdiction du rappel des sanctions effacées par l'amnistie, l'absence d'effet sur la réduction des points affectant le permis de conduire.

■ **Journée de congé.** Pour les enfants des écoles, le jour de l'installation (décision du ministre de l'Éducation nationale), mesure traditionnelle sous la IIIe et la IVe République, abandonnée par de Gaulle et Pompidou, reprise 1974, 1981, 1988, abandonnée 1995.

■ **Rôle au sein de la Communauté franco-africaine.** Il en est le président et est représenté dans chaque État de la Communauté.

■ **Survivances historiques et honorifiques.** *Ordres :* le Pt nomme par décret les membres des 2 ordres nationaux (Légion d'honneur et Mérite), signe les promotions aux divers grades et peut autoriser le port de décorations étrangères. En fait, il suit les propositions des divers ministères à l'intérieur des « contingents » attribués. Il n'exerce de choix véritable qu'à l'intérieur du contingent qu'il s'est réservé lors de la répartition qu'il effectue tous les 3 ans. *Académie française :* le Pt est « protecteur ». Il se prononce sur l'élection de nouveaux membres (approbation résultant implicitement de l'audience qu'il accorde au nouvel élu).

■ **Titre de chanoine laïc (« ad honores ») porté par les chefs de l'État français.** *Chanoine de St-Jean-de-Latran* en vertu d'une fondation de Louis XI (1482) renouvelée par Henri IV, le 22-9-1604, qui donne à St-Jean-de-Latran l'abbaye de Clairac (diocèse d'Agen ; confisquée en 1791) ; restaurée sous forme de bourse par Napoléon III qui rétribue (1863) un remplaçant au chœur (supprimé en 1871).

En outre, ayant fondé ou doté des églises en France, ils s'inscrivent sur la liste des chapitres, voir p. 516 b et encadré p. 532 b.

☞ Le Pt est aussi **coprince d'Andorre** (voir à l'Index).

■ Intérim ou suppléance

■ **Intérim.** **Pendant l'exercice du mandat présidentiel :** après constatation par le Conseil constitutionnel, saisi par le gouvernement, le Pt du Sénat exerce provisoirement les pouvoirs du Pt de la Rép., mais il ne peut user du référendum ni dissoudre l'Ass. nat. La Constitution ne peut être révisée, le gouvernement ne peut être renversé, ni être tenu de démissionner. Si le Pt du Sénat est à son tour empêché, les fonctions de Pt sont exercées par le gouvernement. Il y a eu 2 vacances depuis 1958 : en 1969 (au départ du Gal de Gaulle), Alain Poher a exercé l'intérim (53 jours) tout en étant candidat ; il n'a pu de ce fait prendre d'initiatives politiques et s'est trouvé face à un gouvernement qui soutenait Pompidou, son rival. En 1974 (à la mort de Pompidou), Poher a exercé l'intérim 56 j ; n'étant pas candidat, il put exercer pleinement ses prérogatives constitutionnelles et prendre ainsi des initiatives diplomatiques. **Après l'expiration du mandat présidentiel :** cas possible si les élections ont dû être reportées en raison du décès ou de l'empêchement d'un candidat ; le Pt de la Rép. continue à exercer ses fonctions jusqu'à la proclamation de l'élection de son successeur.

Époque des élections : *avant le 1er tour :* si, dans les 7 jours précédant la date limite du dépôt des candidatures, une des personnes ayant, moins de 30 jours avant cette date, annoncé publiquement sa décision d'être candidate, décède ou se trouve empêchée, le Conseil constitutionnel peut décider de reporter l'élection ; si, après la date de limite du dépôt, un des candidats décède ou se trouve empêché, le Conseil prononce le report de l'élection ; *entre les 2 tours :* si l'un des 2 candidats les plus favorisés au 1er tour décède ou est empêché avant (ou après) les retraits éventuels, le Conseil déclare qu'il faut recommencer l'ensemble des opérations électorales.

Le Pt de la République, le Premier ministre, le Pt d'une des 2 assemblées, 60 députés ou sénateurs, ou 500 personnes qualifiées pour présenter un candidat, peuvent saisir le Conseil constitutionnel.

■ **Suppléance** (et non intérim) si le Pt de la Rép. est malade ou absent (à l'étranger). *Cas de suppléances par le 1er ministre :* Pompidou 22-4-1964 (de Gaulle opéré 17-4) et 30-9-1964 (de Gaulle en Amérique latine) ; Messmer 14-2-1973 (Pompidou malade) ; Bérégovoy 16-9-1992 (Mitterrand opéré 11-9) ; Balladur 20-7-1994 (Mitterrand opéré 18-7). *Lieu :* Matignon (sauf le 14-2-1973 : l'Élysée).

Le Pt de la République peut-il exercer d'autres fonctions politiques ?

La Constitution de 1958 (comme celles de 1848 et de 1875) ne le précise pas (celle de 1946 disait qu'il y avait incompatibilité), mais dans la pratique l'incompatibilité est la règle depuis 1848 (exception : Thiers resté député).

Sous la Ve République, Pompidou et Mitterrand ont renoncé à leur mandat de député, Giscard d'Estaing et Mitterrand à leur mandat de maire, Mitterrand à son mandat de conseiller général et de Pt du conseil général, mais Giscard d'Estaing est resté conseiller municipal jusqu'en 1977 et Mitterrand jusqu'en 1983.

Protocole en cours de mandat

Coups de canon protocolaires : lors de l'investiture du Pt, quand le grand chancelier de la Légion d'honneur lui passe au cou le grand collier de la Légion d'honneur, on tire 21 coups de canon. Lors de la réception officielle du Pt dans une ville de garnison (cérémonie militaire), on tire 101 coups de canon.

Déplacement en France : A son arrivée dans les communes où il s'arrête, le Pt reçoit les honneurs par le préfet ou le représentant de l'État dans la collectivité territoriale ou le territoire, le sous-préfet, le maire et ses adjoints ; les autorités qui l'ont reçu à son arrivée se trouvent à son départ pour le saluer.

Honneurs funèbres : civils et militaires ; participation des personnes et des corps figurant sur la liste des préséances, drapeaux en berne, honneurs militaires rendus par toute la garnison. Le déroulement peut varier dans les détails. Une décision gouvernementale prise en Conseil des ministres détermine la nature des funérailles dont les frais sont à la charge de l'État. Les *funérailles nationales* sont réglées dans le détail par des décisions du gouvernement.

Offense au Président : *délit de presse* (art. 26 de la loi du 29-7-1881), concerne la personne et non les fonctions du chef de l'État. **Outrage :** il peut être non public ou perpétré autrement que par écrit ou parole (gestes ou envoi d'objets).

■ Responsabilité

Le Pt n'est pas responsable des actes accomplis dans l'exercice de ses fonctions, sauf cas de *haute trahison* qu'aucun texte ne définit (il est alors jugé par la Haute Cour). Procédure qui n'a jamais été engagée (ni sous la IIIe, ni sous la IVe République). Si de Gaulle avait été accusé de haute trahison lors de la révision de la Constitution d'oct. 1962 pour violation de la Constitution (voir p. 731 b), la saisine de la Haute Cour aurait été techniquement impossible avant le référendum et, après l'adoption de celui-ci au suffrage universel, elle serait apparue comme une atteinte inadmissible à la souveraineté du peuple. En fait, le Pt peut engager sa responsabilité devant le peuple, soit en se démettant et en sollicitant aussitôt un nouveau mandat, soit en liant son maintien en fonctions au succès d'un référendum (démission de De Gaulle après l'échec du référendum du 27-4-1969). Ses actes doivent être soumis au contreseing du 1er ministre et des ministres responsables (art. 19) sauf certains actes (dissolution de l'Ass. nat., nomination du 1er ministre, décision de soumettre un texte au référendum, recours à l'art. 16).

Convoqué, l'été 1984, par la commission d'enquête de l'Ass. nat. sur l'affaire des « avions renifleurs », Giscard d'Estaing a interrogé le Pt Mitterrand (arbitre du fonctionnement régulier des pouvoirs publics) qui a répondu que la responsabilité du Pt ne peut être mise en cause devant le Parlement au-delà du terme de son mandat pour les faits qui se sont produits pendant qu'il l'exerçait. La convocation fut annulée.

Le 22-1-1999, à propos de la Cour pénale internationale, le Conseil constitutionnel a estimé que la responsabilité pénale du Pt ne peut être mise en cause que devant la Haute Cour de justice. Mais le 28-6-1999 une révision de la Constitution a admis que la Cour pénale internationale peut engager des poursuites contre le Pt. Le 11-1-2000 la cour d'appel de Versailles (Yvelines) a confirmé le principe de *l'irresponsabilité pénale au chef de l'État* pendant son mandat. Le militant écologiste Alain Brossault, s'est constitué partie civile dans l'instruction du juge Patrick Desmure relative au financement du RPR. L'arrêt précise que d'éventuelles poursuites pourront être engagées contre le Pt au terme de son mandat. La Constitution n'interdit pas au chef de l'État de témoigner devant un juge.

■ Pouvoirs

Art. 5. Le Pt de la Rép. veille au respect de la Constitution. Il assure, par son arbitrage, le fonctionnement régulier des pouvoirs publics ainsi que la continuité de l'État. Il est le garant de l'indépendance nationale, de l'intégrité du territoire, du respect des traités (avant la loi constitutionnelle du 4-8-1995 : accords de Communauté et traités).

a) Il nomme certaines personnalités. Emplois auxquels il pourvoit **seul** : *1er ministre* (et met fin à ses fonctions sur présentation par celui-ci de la démission du gouvernement) [art. 8]. *1/3 des membres du Conseil constitutionnel, 1/3 des membres du Conseil supérieur de l'audiovisuel.* **Contresigné** par le 1er ministre et, le cas échéant, les ministres responsables : les *autres membres du gouvernement* (le Pt met fin à leurs fonctions sur proposition du 1er ministre) ; *emplois civils et militaires de l'État* (art. 13) ; 3 *membres du Conseil constitutionnel dont son président* (art. 56) ; *1 membre du Conseil supérieur de la magistrature* (loi constitutionnelle du 27-7-1993, art. 1er modifiant l'art. 65 de la Constitution).

b) Il préside certains organismes. Le Conseil des ministres (art. 9) ; les Conseils et Comités supérieurs de la défense nationale, étant chef des armées (art. 15) ; le Conseil supérieur de la magistrature.

c) Il dirige la diplomatie. Négocie et ratifie les traités et est tenu informé des négociations internationales tendant à la conclusion d'un accord non soumis à ratification (art. 52) ; accrédite les ambassadeurs ; les ambassadeurs étrangers sont accrédités auprès de lui.

d) Il signe certains textes. Promulgue les lois dans les 15 j suivant leur adoption (art. 10) ; signe les ordonnances et les décrets délibérés en Conseil des ministres (art. 13).

e) Il est un organe d'arbitrage entre les pouvoirs publics. Peut demander au Parlement une nouvelle délibération sur une loi ou certains articles (art. 10) [faculté utilisée 2 fois : décrets du 13-7-1983 pour la loi sur l'Exposition universelle de 1989 ; du 9-8-1985 pour la loi sur l'évolution de la Nlle-Calédonie] ; peut soumettre au Conseil constitutionnel une loi ou un traité estimé inconstitutionnel (art. 54 et 61), ainsi le traité de Maastricht sur l'Union européenne lui a été soumis le 11-3-1992 ; peut, sur proposition du gouvernement pendant la durée des sessions ou sur propositions conjointes des deux assemblées, publiées au *Journal officiel*, soumettre au *référendum* tout projet de loi portant sur l'organisation des pouvoirs publics, sur des réformes relatives à la politique économique ou sociale de la Nation et aux services publics qui y concourent, ou tendant à autoriser la ratification d'un traité qui, sans être contraire à la Constitution, aurait des incidences sur le fonctionnement des institutions. Lorsque le référendum a conclu à l'adoption du projet de loi, le président de la République promulgue la loi dans les 15 jours qui suivent la proclamation des résultats de la consultation (en fait, le Pt a souvent décidé un référendum sans proposition du 1er ministre, celle-ci intervenant comme simple régularisation postérieure ; aucun référendum n'a été demandé par le Parlement) ; *peut prononcer la dissolution de l'Assemblée nationale* après consultation du 1er ministre et des Pts des assemblées ; les élections générales ont lieu 20 jours au moins et 40 au plus après la dissolution ; il ne peut être procédé à une nouvelle dissolution dans l'année qui suit ces élections (art. 12) ; il communique avec les assemblées par des messages qu'il fait lire et qui ne donnent lieu à aucun débat ; hors session, le Parlement est réuni spécialement à cet effet (art. 18).

Liste des messages : *de Gaulle* 15-01-1959 prise de fonctions ; 25-4-1961 mise en vigueur de l'art. 16 ; 20-3-1962 annonce des accords d'Évian ; 2-10-1962 référendum du 28-10-1962 ; 11-12-1962 message à l'Assemblée nouvelle. *Pompidou* 25-6-1969 prise de fonctions ; 5-4-1972 référendum sur l'élargissement de la CEE ; 3-4-1973 message à l'Assemblée nouvelle. *Giscard d'Estaing* 30-5-1974 prise de fonctions. *Mitterrand* 8-7-1981 prise de fonctions et message à l'Assemblée nouvelle ; 8-4-1986 message à l'Assemblée nouvelle ; 25-6-1986 100e anniversaire de la naissance de Robert Schuman ; 26-10-1988 référendum sur le statut de la Nlle-Calédonie ; 27-8-1990 et 16-1-1991 situation au Moyen-Orient. *Chirac* 19-5-1995 prise de fonctions ; 2-3-1999 ouverture du débat sur la ratification du traité d'Amsterdam.

Dissolution : le Pt a dissous 5 fois l'Assemblée depuis 1958 : *de Gaulle* : 9-10-1962, 30-5-1968 ; *Mitterrand* : 22-5-1981, 14-5-1988 ; *Chirac* : 21-4-1997.

f) Pouvoirs judiciaires. Il a le *droit de faire grâce* (art. 17) ; il est garant de l'*indépendance judiciaire* (art. 64). Appel des décisions du *Conseil des prises* (qui exerce son activité à l'occasion d'opérations de guerre) : le Conseil d'État, qui se prononce en assemblée générale administrative et prépare un projet motivé de décret soumis à la signature du chef de l'État.

Mariage : il peut dispenser des empêchements dus à la parenté et à l'alliance, autoriser des mariages posthumes ; jusqu'à la loi du 23-12-1970, il accorda des centaines de dispenses d'âge en vertu de l'article 145 du Code civil, mais cette prérogative fut alors transférée au procureur de la République du lieu de célébration du mariage.

g) Pouvoirs constituants (voir **Révisions de la Constitution** p. 731 b).

h) Pouvoirs spéciaux dans les circonstances exceptionnelles (art. 16). « Lorsque les institutions de la République, l'indépendance de la nation, l'intégrité de son territoire ou l'exécution de ses engagements internationaux sont menacées d'une manière grave et immédiate et que le fonctionnement régulier des pouvoirs publics constitutionnels est interrompu, le Pt de la Rép. prend les mesures exigées par ces circonstances après consultation officielle du 1er ministre, des Pts des assemblées ainsi que du Conseil constitutionnel. Il en informe la nation par un message. Ces mesures doivent être inspirées par la volonté d'assurer aux pouvoirs publics constitutionnels, dans les moindres délais, les moyens d'accomplir leur mission. Le Parlement se réunit de plein droit. L'Ass. nat. ne peut être dissoute pendant l'exercice des pouvoirs exceptionnels. » Les pouvoirs de l'art. 16 ont été utilisés une fois (23-4/30-9-1961) ; le Pt de la République dénia au Parlement le droit de débattre de problèmes étrangers à l'application des pouvoirs exceptionnels, et le Pt de l'Assemblée nat. décida qu'une motion de censure était irrecevable en cas de crise.

Services de la présidence

Effectifs de la présidence (au 31-12-2000). 922 (dont 423 militaires) dont maison du Président : 184 (dont 32 militaires), services : 738 (dont 391 militaires).

Collaborateurs personnels du Président. IIIe et IVe Républiques : d'abord un militaire, dédoublé à partir d'*Émile Loubet (1899-1906)*, avec la création d'un poste militaire et d'un poste civil. Le *secrétaire général* et peu de collaborateurs : 5 en 1958 (directeur du cabinet, directeur du secrétariat général, chef du service financier, adjoint au directeur de cabinet, chef du service de l'information). **Ve République :** en 1958, le titre de secrétaire général militaire disparaît ; un secrétaire général adjoint est créé sous Pompidou (1969-74) ; le Pt est entouré de 10 à 20 conseillers techniques et chargés de mission.

Secrétaires généraux de l'Élysée : 1947 *(20-1)* Jean Forgeot (10-10-1905) ; **1954** *(18-1)* Charles Merveilleux du Vignaux (22-8-1908) ; **1959** *(8-1)* Geoffroy de Courcel (11-9-1912/14-12-1992) ; **1962** *(20-1)* Étienne Burin des Roziers (11-8-1913) ; **1967** *(15-7)* Bernard Tricot (17-6-1920) ; **1969** *(28-4)* Bernard Beck (9-1-1914) [intérim d'Alain Poher] ; *(20-6)* Michel Jobert (11-9-1921) ; **1973** *(5-5)* Édouard Balladur (2-5-1929) ; **1974** *(3-4)* Bernard Beck (intérim d'Alain Poher) ; *(27-5)* Claude Pierre-Brossolette (5-3-1928) ; **1976** *(27-6)* Jean François-Poncet (8-12-1928) ; **1978** *(29-11)* Jacques Wahl (18-1-1932) ; **1981** *(21-5)* Pierre Bérégovoy (23-12-1925/1-5-1993) ; **1982** *(1-7)* Jean-Louis Bianco (12-1-1943) ; **1991** *(17-5)* Hubert Védrine (31-7-1947) ; **1995** *(17-5)* Dominique Galouzeau de Villepin (14-11-1953).

Autres collaborateurs (au 31-12-1999). *Chef de l'état-major particulier :* Gal Henri Bentegeat. *Conseiller du Pt :* Jérôme Monod (7-9-1930). *Directeur du cabinet :* Bertrand Landrieu (9-2-1945). *Secrétaire général adjoint :* Philippe Bas (20-7-1958). *Chargés de mission auprès du Pt de la Rép. :* Roger Romani (25-8-1934), Alain Devaquet (4-10-1942), Frédéric de Saint-Sernin (14-2-1958). *Conseiller à la présidence :* Michel Dupuch (1-9-1931). *Conseillers : diplomatique et Sherpa :* Jean-Marc Rochereau de La Sablière (8-11-1946) ; *social :* Frédéric Salat-Baroux (12-7-1963) ; *éducation et culture :* Roch-Olivier Maistre (11-11-1955) ; *économique :* Jean-François Cirelli (9-7-1958). *Porte-parole :* Catherine Colonna (16-4-1956). *Chef de cabinet :* Annie Lhéritier (31-5-1952). *Conseillers techniques :* 12. *Conseiller communication :* Claude Chirac (6-12-1962). *Chargés de mission : 9. Chef du secrétariat particulier :* Marianne Legendre. *État-major particulier : 5. Aides de camp : 2. Commandant militaire du palais :* colonel Jean-Pierre Vincent.

Courrier du Président. Courrier reçu : *1982-94 :* en moyenne 450 000 lettres et cartes de pétition par an (dont 240 000 hors pétition) [*1982 :* 600 000 ; *84 :* 690 000 ; *91 :* 860 000] ; *17-5-1995 au 31-12-2000* (Chirac) : 1 216 677 lettres (65 % pour des requêtes relatives à leur situation personnelle, + de 25 % abordant des thèmes d'intérêt général) ; en période exceptionnelle, le courrier augmente : de Gaulle reçut 210 000 lettres la semaine des « barricades » (janv. 1960), Giscard d'Estaing 250 000 la semaine qui suivit son élection (mai 1974), Mitterrand 84 000 concernant la guerre du Golfe (début janv. 1991), Chirac 6 200 000 pétitions concernant la reprise des essais nucléaires (du 17-5 au 31-12-1995). **Gestion du courrier :** 100 personnes employées.

Budget de la présidence (voir **Salaire** à l'Index).

Parc automobile de la présidence de la République (décembre 1998). *Citroën :* 2 SM (achetées en 1972), 2 XM Li, 6 Xantia SX 1,8 i, 2 utilitaires : 1 Master, 1 Jumper. *Peugeot :* 6 605 SL i, 6 406 ST 1,8 e. *Renault :* 4 Espace, 2 Express, 6 Safrane RTE 2,0, 5 Safrane RXT 2,5, 2 Safrane RT 2,2 i, 4 Clio, 1 minicar 17 places. Le Pt Chirac utilise une Safrane. Ces véhicules sont vendus après 4 ou 5 ans (kilométrage d'environ 90 000 km). En province, les préfectures visitées mettent une voiture à la disposition du Pt.

Le gouvernement

Premier ministre

Titre. Porté, en France, depuis la Constitution de 1958 (art. 8 et 21). Le chef du gouvernement fut appelé Pt du Conseil des ministres selon l'ordonnance du 9-7-1815 qui créa le terme pour Talleyrand, conservé ensuite sous les IIe et IIIe Républiques (Dupont de l'Eure en 1848 et Dufaure en 1876) et consacré en 1946 (art. 45 de la Constitution).

Les *Pts du Conseil* ont jusqu'en 1933 [sauf Poincaré (11-11-1928/27-7-1929)] exercé en même temps une fonction ministérielle (exemples : Affaires étrangères, Intérieur, Finances, Instruction publique). Ensuite ils furent souvent sans portefeuille, notamment de 1936 à 1938 et de 1947 à 1952. De Gaulle, dernier Pt du Conseil de la IVe, fut en même temps ministre de la Défense nat. Sous la Ve République, les Premiers ministres n'ont eu aucune fonction ministérielle sauf Raymond Barre, ministre de l'Économie et des Finances (1976-78).

Nomination. Par le Pt (art. 8, alinéa 1er). Il propose ensuite des ministres au Pt qui les nomme (art. 8, alinéa 2). Le 18-3-1986, Jacques Chirac a été appelé pour procéder à un tour d'horizon au sujet de la formation du gouvernement, formule permettant au Pt de subordonner la nomination effective de Chirac au caractère acceptable du gouvernement qu'il proposerait.

Pouvoirs. *Il dirige l'action du gouvernement ;* il est responsable de la défense nationale ; il assure l'exécution des lois ; il exerce le pouvoir réglementaire et nomme aux emplois civils et militaires (sous réserve des pouvoirs attribués au Pt de la Rép. ; art. 21) ; il peut déléguer certains de ses pouvoirs aux ministres ; il supplée, le cas échéant, le Pt de la Rép. dans la présidence des conseils et comités prévus à l'art. 15 ; il peut, à titre exceptionnel, le suppléer pour la présidence d'un Conseil des ministres en vertu d'une délégation expresse et pour un ordre du jour déterminé ; ses actes sont contresignés, le cas échéant, par les ministres chargés de leur exécution (art. 22). *Il peut proposer au Pt de la Rép. une révision de la Constitution* (art. 89). *Il est consulté par le Pt de la Rép.* en cas de dissolution de l'Assemblée (art. 12) ou d'utilisation de l'article 16 de la Constitution. *Il est, avec le gouvernement, responsable devant le Parlement* (art. 20).

Ordonnances (art. 38). « Le gouvernement peut, pour l'exécution de son programme, demander au Parlement l'autorisation de prendre par ordonnance, pendant un délai limité, des mesures qui sont normalement du domaine de la loi. Les ordonnances sont prises en Conseil des ministres après avis du Conseil d'État. Elles entrent en vigueur dès leur publication, mais deviennent caduques si le projet de loi de ratification n'est pas déposé devant le Parlement avant la date fixée par la loi d'habilitation. A l'expiration du délai mentionné au premier alinéa du présent article, les ordonnances ne peuvent plus être modifiées que par la loi dans les matières qui sont du domaine législatif. »

Ordonnances délibérées en Conseil des ministres non signées par le Pt de la Rép. : privatisation de 65 groupes industriels et financiers (16-7-1986), délimitation des circonscriptions électorales (24-9-1986), aménagement du temps de travail (10-12-1986).

Art. 49, alinéa 3. Lorsque le gouvernement, après délibération du Conseil des ministres, décide d'engager sa responsabilité sur le vote d'un texte, celui-ci est considéré comme adopté, sans que l'Assemblée ait eu besoin de l'approuver (sauf si une motion de censure est déposée dans les 24 h et votée par la majorité absolue des députés). **De 1958 à février 1995,** les gouvernements ont engagé 78 fois leur responsabilité (du fait des navettes parlementaires, il est fréquent qu'on utilise plusieurs fois le *« 49-3 »* sur un même texte). **Debré** *(1958-62) :* 1 fois sur la loi de finances pour 1960, 3 fois sur la loi de programmation militaire. **Pompidou** *(1962) :* collectif budgétaire concernant l'usine de Pierrelatte. *(1967-68) :* 1 seul (triple) sur les pouvoirs spéciaux (ordonnances sur la Sécurité sociale). **Barre** *(août 1976/mai 1981) :* 8 fois sur 4 textes (notamment la loi de finances pour 1980). **Mauroy** *(mai 1981/juillet 1984) :* 7 fois sur 5 textes (notamment pour faire passer en 1re lecture le projet de loi sur l'enseignement privé, abandonné par le Pt de la Rép.). **Fabius** *(juillet 1984/mars 1986) :* 4 fois sur 2 textes. **Chirac** *(mars 1986/mai 1988) :* 8 sur 7 textes. **Rocard** *(mai 1988/mai 1991) :* 28 sur 12. **Cresson** *(juin-déc. 1991) :* 8 sur 4. **Bérégovoy** *(avril 1992/mars 1993) :* 3 fois. **Balladur** *(mars 1993/mai 1995) :* 1 fois. **Juppé** *(mi-1995/juin 1997) :* 2 fois en 1re lecture : 10-12-1995 (réforme de la protection sociale), 20-6-1996 (statut de France Télécom).

Collaborateurs. Secrétariat général du gouvernement : *créé* en 1935. *1943 :* Louis Joxe, secrétaire général du Comité de libération nationale. *1946 (15-9) :* André Ségalat (10-8-1910). *1958 (28-1) :* Roger Belin (21-3-1916). *1964 (14-3) :* Jean Donnedieu de Vabres (9-3-1918). *1974 (9-8) :*

Résidences du Premier ministre

Hôtel Matignon. Œuvre de Jean Courtonne (1671-1739) ; commencé pour le Mal de Montmorency, achevé pour le Cte Jacques de Matignon (1689-1751) devenu Pce de Monaco. Habité par Talleyrand en 1810, puis par les princes de Bourbon-Espagne, ducs de Galliera. Ambassade d'Autriche de 1888 à 1914. Confisqué pendant la guerre et transformé en 1920 en tribunal d'arbitrage pour le traité de Versailles. En janv. 1935, remanié sous la direction de Paul Bigot (1870-1942) et mis à la disposition du Pt du Conseil (1er occupant : Léon Blum, 4-6-1936). Décoration style rocaille. Le jardin est le plus grand espace vert de Paris.

Château de Champs-sur-Marne (S.-et-M.). Construit de 1703 à 1707 par Jean-Baptiste Bullet (1662-1737) pour le financier Charles Renouard, dit La Touane († 1704), puis pour le financier Paul Poisson de Bourvalais (vers 1660-1719), embastillé en 1716 ; passe alors au duc de La Vallière, qui, à partir de 1757, le loue à Mme de Pompadour. Acheté en 1905 par le banquier Cahen d'Anvers, légué par son fils à l'État pour qu'il serve de résidence d'été aux Pts du Conseil. Depuis 1945, utilisé de préférence pour les hôtes étrangers du gouvernement.

☞ **La Lanterne** (Yvelines). Maison XVIIIe s. à la limite du parc de Versailles.

Jacques Larché (4-2-1920). *1975 (15-2) :* Marceau Long (22-4-1926). *1982 (30-6) :* Jacques Fournier (5-5-1929). *1986 (26-3) :* Renaud Denoix de Saint-Marc (24-9-1938). *1995 (12-4) :* Jean-Éric Schoettl (16-6-1947), intérim, puis Jean-Marc Sauvé (28-5-1949).

■ **Services généraux du Premier ministre.** *1980 :* 1 389 personnes (737 titulaires/652 contractuels) ; *1985 :* 1 880 (1 190/690) ; *1988 :* 1 496 (1 110/386).

LE GOUVERNEMENT

☞ Voir nombre, durée des ministères et liste chronologique des ministres à l'Index.

DIFFÉRENTES FORMATIONS

■ **Conseil des ministres. Nomination :** les membres (qui ont tous droit à l'appellation de « ministre » même s'ils sont secrétaires d'État) sont nommés par le Pt de la République sur proposition du Premier ministre (art. 8, alinéa 2). **Composition :** membres du gouvernement (1er ministre, ministres d'État, ministres) réunis sous la présidence du Pt de la Rép. Les secrétaires d'État n'y participent pas de plein droit. Habituellement exclus depuis 1969. **Présidence :** exceptionnellement, le 1er ministre peut le présider (art. 21 ; il faut une délégation expresse et un ordre du jour déterminé) ; il ne l'a fait que 4 fois (voir p. 727 a) ; aucune des délégations accordées au 1er ministre lors des voyages présidentiels à l'étranger pour réunir éventuellement le Conseil des ministres n'a été utilisée. **Séances :** généralement le mercredi matin à l'Élysée (il a siégé à Lyon le 11-9-1974, à Évry le 26-2-1975, à Marly-le-Roi les 17-12-1975, 14-12-1977, 13-12-1978 et à Lille le 1-12-1976). *Durée moyenne :* 3 h (record depuis 1945, en 1958, sous Félix Gaillard : 10 h). Un communiqué officiel est publié. **Rôle :** conseille le Pt, qui peut s'opposer à ses avis et inscrire à l'ordre du jour les décrets qu'il réserve à sa signature ; il coordonne l'action du gouvernement. En général, le *Conseil* entérine sans discussion textes ou décisions des *conseils restreints* ou *interministériels.*

■ **Conseil de cabinet.** Présidé par le 1er ministre, il n'est réuni qu'exceptionnellement ; ainsi, après la mort du Pt Pompidou (3-4-1974).

■ **Comités. Interministériels :** réunions présidées par le 1er ministre comprenant ministres et secrétaires d'État intéressés par une question. **Restreints** (sans existence légale) : réunis à la demande du Pt de la Rép. ou avec son autorisation pour préparer certaines affaires qui viendront devant un conseil restreint ou en Conseil des ministres ; fréquents au début de la Ve Rép., moins nombreux depuis 1971.

POUVOIRS ET RESPONSABILITÉ

■ **Pouvoirs.** Il détermine et conduit la politique de la nation. Il dispose de l'Administration et de la force armée (art. 20). Il peut proposer au Pt de la Rép. de soumettre un texte au référendum (art. 11).

■ **Responsabilité. 1°) Politique** (art. 49 et 50) : il est responsable devant l'Ass. nat. « Après délibération du Conseil des ministres, il engage devant l'Assemblée nationale la responsabilité du gouvernement sur son programme ou éventuellement sur une déclaration de politique générale. L'Assemblée nationale met en cause la responsabilité du gouvernement par le vote d'une motion de censure. Une telle motion n'est recevable que si elle est signée par un dixième au moins des membres de l'Assemblée nationale. Le vote ne peut avoir lieu que 48 heures après son dépôt. Seuls sont recensés les votes favorables à la motion de censure, qui ne peut être adoptée qu'à la majorité des membres composant l'Assemblée. Sauf dans le cas prévu à l'alinéa ci-dessous, un député ne peut être signataire de plus de 3 motions de censure au cours d'une même session ordinaire et de plus d'une au cours d'une même session extraordinaire. Il peut, après délibération du Conseil des ministres, engager la responsabilité du gouvernement devant l'Assemblée nationale sur le vote d'un texte. Dans ce cas, ce texte est considéré comme adopté, sauf si une motion de censure, déposée dans les 24 heures qui suivent, est votée dans les conditions prévues à l'alinéa précédent. Il a la faculté de demander au Sénat l'approbation d'une déclaration de politique générale. Si le vote obtient la majorité absolue des voix, le gouvernement est renversé ». **2°) Pénale :** « les membres du gouvernement sont pénalement responsables des actes accomplis dans l'exercice de leurs fonctions et qualifiés de crimes ou délits au moment où ils ont été commis ; ils sont jugés par la Haute Cour de justice de la République. Toute personne qui se prétend lésée par un crime ou par un délit commis par un membre du gouvernement dans l'exercice de ses fonctions peut porter plainte auprès d'une commission des requêtes. Cette commission ordonne soit le classement de la procédure, soit sa transmission au procureur général près la Cour de cassation aux fins de saisine de la Haute Cour de justice. Le procureur général près la Cour de cassation peut aussi saisir d'office la Haute Cour de justice sur avis conforme de la commission des requêtes. »

Nota. – Chaque membre du gouvernement peut démissionner (il reçoit alors sa rémunération pendant 6 mois). Il peut « être démissionné » par le Pt de la Rép. sur proposition du 1er ministre : ainsi Jean-Jacques Servan-Schreiber, nommé ministre de la Réforme le 28-5-1974 et écarté le 9-6-1974.

État de siège. Créé par la loi du 9-8-1849 (modifiée par les lois des 3-4-1878 et 27-4-1916). Décrété en Conseil des ministres ; au-delà de 12 j, ne peut être prorogé qu'avec l'accord du Parlement (art. 36). Implique l'attribution de pouvoirs de police exceptionnels aux autorités militaires en cas d'un péril national grave (politique ou militaire) ; peut être déclaré sur tout ou partie du territoire national.

État d'urgence. Créé par une loi du 3-4-1955 (modifiée par ordonnance du 15-4-1960). Décrété en Conseil des ministres, il doit préciser l'aire géographique concernée ; seule une loi peut autoriser sa prorogation au-delà de 12 j. Il est plus rigoureux que l'état de siège ; des pouvoirs de police exceptionnels sont accordés aux autorités civiles. Sous la Ve République, appliqué en 1960 (en Algérie), du 23-4-1961 au 15-7-1962 (territoire national – art. 16 également).

MINISTRES

■ **Ministres.** Un même ministère peut être confié à un ministre d'État, à un ministre délégué, à un ministre, à un secrétaire d'État (exemple : Défense, Construction, Information, Intérieur, Justice, Transports...).

Ministres d'État. Sous les IIIe et IVe Républiques : on nommait min. d'État de grands esprits pour qu'ils participent au gouvernement sans avoir la charge d'un ministère. La fonction acquit ainsi du prestige. En 1956, Guy Mollet donna le titre de « ministre d'État » à 2 ministres détenant un portefeuille : René Billières (Éducation nationale) et François Mitterrand (Justice), créant un degré supplémentaire dans la hiérarchie ministérielle. En 1957, le député ivoirien Félix Houphouët-Boigny fut nommé min. d'État par Bourgès-Maunoury. Nommé simple min. dans les gouv. suivants, il refusa de prendre ses fonctions, jugées inférieures, bien que la primauté hiérarchique des min. d'État ne figurât dans aucun texte. Les min. d'État sans portefeuille constituèrent alors une sorte de caution des partis coalisés au sein du gouvernement ; ainsi en 1958, dans le dernier gouvernement (de Gaulle) de la IVe République, les 4 min. d'État représentaient la SFIO (Guy Mollet), le MRP (Pierre Pflimlin), les indépendants (Louis Jacquinot) et l'UDSR (Félix Houphouët-Boigny). **Sous la Ve République :** le titre est devenu honorifique (préséance protocolaire, avec une rémunération légèrement supérieure) et est parfois conféré aux principales formations de la majorité [exemple : gouvernement Barre du 27-8-1976, Olivier Guichard (UDR), Michel Poniatowski (RI) et Jean Lecanuet (CDS)] ou à des personnalités que l'on veut honorer (André Malraux sous de Gaulle).

Ministres délégués. Titre créé en 1956 par Guy Mollet (Houphouët-Boigny, « ministre délégué à la présidence du Conseil »). Il permettait de donner la qualité de ministre à une personnalité, sans la nommer « ministre d'État », ce qui la mettait au-dessus des autres ministres. La pratique des « ministres délégués » s'est développée sans que la distinction avec la fonction de secr. d'État soit toujours très nette. En 1986, le Conseil d'État (qui n'a pas été suivi) proposait de réserver l'appellation de « ministre délégué » aux membres du gouv. placés directement sous l'autorité du 1er ministre, et celle de « secrétaire d'État » à ceux placés sous l'autorité d'un autre ministre.

■ **Secrétaires d'État.** Selon l'ordonnance royale du 9-5-1816, les ministres pouvaient être assistés par des « sous-secrétaires d'État ». Après 1945, le « secrétaire d'État » a progressivement remplacé le « sous-secrétaire d'État ». Il ne participe pas à l'élaboration de la politique gouvernementale et ne siège pas au Conseil des ministres. 3 sortes : autonomes, auprès du 1er ministre, auprès d'un ministre.

■ **Cabinet ministériel.** Comprend 1 directeur de cabinet (fonctions politiques), 1 chef de cabinet (fonctions administratives), 2 chefs adjoints de cabinet, 3 attachés de cabinet, 1 chef du secrétariat particulier, 2 ou 3 chargés de mission ou conseillers techniques et beaucoup de collaborateurs « officieux ».

Membres des cabinets. Nombre : *avant 1981 :* 300 à 400 (Daladier 351, Ramadier 405, Chaban-Delmas 332) ; *depuis 1981 :* sous Mauroy 500 ; Fabius 530 ; Chirac (1986) 424 (dont 164 énarques), (1987) 580 ; Rocard (1988) 700 (160 énarques ; moyenne 12,6 par cabinet) ; Cresson (1991) 654 (150 énarques) ; Bérégovoy (1992) 587 (144 énarques) ; Balladur 435 ; Juppé (I : 198, II : 277).

Proportion des fonctionnaires d'État (en %) : gouv. Fabius 68,7 ; Chirac 72,6 ; Rocard I 73,9 ; Rocard II 71,2 ; Cresson 66,7 ; Bérégovoy 64,4 ; Balladur 74,9 ; Juppé I 72,4 ; Juppé II 71,2. **Anciens des grandes écoles et,** entre parenthèses, **de l'Éna** (en %) : gouv. Fabius 32,7 (24,3) ; Chirac 45,4 (34,3) ; Rocard I 39,5 (28,2) ; Rocard II 36,2 (26,9) ; Cresson 29,5 (22) ; Bérégovoy 30,1 (22,4) ; Balladur 43,2 (32,4) ; Juppé I 49 (36) ; Juppé II 46 (30,3). **Représentants des grands corps administratifs dont,** entre parenthèses, **corps diplomatique** (en %) : gouv. Fabius 13,3 (5,6) ; Chirac 21,4 (6,9) ; Rocard I 15,5 (4,5) ; Rocard II 16,6 (5,3) ; Cresson 14,6 (5,1) ; Bérégovoy 12,2 (3,9) ; Balladur 19,5 (6,9) ; Juppé I 22 (7,3) ; Juppé II 20,5 (6,5).

GOUVERNEMENTS DEPUIS 1981

☞ *Abréviations :* PM : Premier ministre ; min. : ministre ; secr. : secrétaire.

■ **Mauroy I. 21-5/22-6-1981** (21-5 PM nommé, 23-5 min. nommés). **Membres :** 43 dont 6 femmes : 5 min. d'État, 25 min. et min. délégués et 12 secr. d'État. 39 membres du PS, 3 du Mouvement des radicaux de gauche et 1 du Mouvement des démocrates. 3 ministères créés : Solidarité nationale, Temps libre, Mer. **Modification :** aucune. Mauroy démissionne après les législatives des 14/21-6.

■ **Mauroy II. 22-6-1981** (PM nommé, 24-6 min. nommés)**/22-3-1983. Membres :** 43 : 5 min. d'État, 29 min. et min. délégués, 9 secr. d'État. 32 socialistes, 4 communistes, 2 radicaux de gauche et 1 Mouvement des démocrates. **Modifications :** 30-6, 18-8 et 9-12-1982.

■ **Mauroy III. 22-3-1983** (PM nommé, 23 et 25-3 min. nommés)**/17-7-1984** (modifications). Mauroy ayant démissionné, il est reconduit le soir même dans ses fonctions et annonce un « ministère de combat ». **Membres :** 43 : 14 min., 8 min. délégués, 20 secr. d'État. *24-3-1983* nomination de min. délégués et de 19 secr. d'État. **Modifications :** 5-10, 8 et 20-12-1983 et 19-6-1984.

■ **Fabius. 17-7-1984** (PM nommé, 20 et 24-7 min. nommés) **/20-3-1986.** A l'Économie, Pierre Bérégovoy remplace Jacques Delors qui, le 7-1-1985, devient Pt de la Commission des Communautés européennes, Pierre Joxe remplace à l'Intérieur Gaston Defferre, nommé min. d'État chargé du Plan et de l'Aménagement du territoire, Jean-Pierre Chevènement remplace Alain Savary à l'Éducation nationale. **Modifications :** 8-12-1984, 5-4, 22-5, 21-9 et 15-11-1985, 20-2 et 13-3-1986.

■ **Chirac II. 20-3-1986** (PM nommé, 21 et 26-3 min. nommés) **/10-5-1988. Membres :** 35 dont 25 participent régulièrement au Conseil des min. : le PM, 14 min. (dont 1 d'État), 10 min. délégués et 16 secr. d'État (le 26-3). **Age :** 5 *de 60 à 70 ans,* 11 *de 50 à 40,* 22 *de – de 50* (avant, 2 *de + de 70 ans,* 5 *de 60 à 70 ans,* 14 *de 50 à 60 ans,* 22 *de – de 50 ans*). **Partis :** RPR 20, UDF 18 (8 PR, 7 CDS, 2 Radicaux, 1 PSD), 3 sans parti. **Modifications :** 20-8 et 9-12-1986, 21-1, 29-9 et 20-10-1987.

■ **Rocard I. 10-5-1988** (PM nommé, 13-5 min. nommés)**/23-6-1988. Membres :** 27 (y compris le PM) dont 10 PS, 2 UDF [Michel Durafour (Fonction publique), Jacques Pelletier (Coopération)], 2 MRG [Maurice Faure (Équipement), François Doubin (délégué auprès du min. de l'Industrie)], 4 sans parti [Pierre Arpaillange (Justice), Roger Fauroux (Industrie), Jacques Chérèque (délégué auprès du min. de la Culture)] ; *15 secr. d'État* dont 8 PS, 1 UDF [Lionel Stoléru (Plan)], 6 sans parti [Brice Lalonde (Environnement), Roger Bambuck (Sports), Philippe Essig (Logement), Émile Biasini (Grands Travaux), Thierry de Beaucé (Relations culturelles), Bernard Kouchner (Insertion)]. 6 femmes (4 min., 2 secr.). Le 14-6-1988 démission après les élections législatives, mais le Pt lui demande de poursuivre jusqu'à l'installation de l'Assemblée nat. (démission effective 23-6 à 0 h). **Modification :** aucune.

■ **Rocard II. 23-6-1988** (PM nommé, 29-6 min. nommés)**/15-5-1991. Membres :** 49 (3 min. d'État, 17 min., 10 min. délégués, 17 secr. d'État). 25 PS, 3 MRG, 5 UDF dont 2 barristes (Jean-Pierre Soisson, Jean-Marie Rausch), 12 « techniciens » peu engagés dont Léon Schwarzenberg, Alain Decaux, Brice Lalonde et Bernard Kouchner [pour la 1re fois depuis 1958, la formation d'origine du PM (ici le PS) ne représente que la moitié du gouvernement]. 5 min. non repris : Georgina Dufoix, Catherine Trautmann, députés sortants battus, Louis Mermaz devenu Pt du groupe socialiste à l'Ass. nat. 7 sénateurs (dont 6 min., 1 secr.), 6 femmes (dont 3 min., 3 secr.). **Modifications :** 9-7-1988, 15 et 23-2 et 30-3-1989, 6 et 18-7, 3-10 et 22-12-1990, 30-1-1991.

■ **Cresson. 16-5-1991** (PM nommé, 17 et 18-5 min. nommés) **/2-4-1992. Membres :** 46 (PM, 5 min. d'État, 14 min., 10 min. délégués, 16 secr. d'État), 34 PS (dont 22 min., 12 secr. d'État), 1 MRG, 3 France unie, 1 Génération écologie (Lalonde), 7 divers. **Modifications :** 26-5 et 23-7-1991, 29-3-1992.

■ **Bérégovoy. 2-4-1992** (PM nommé, 3 et 5-4 min. nommés)**/29-3-1993. Membres :** 42 [1er ministre (PS), 3 min. d'État (PS), 13 min. (10 PS), 10 min. délégués (5 PS), 15 secr. d'État (12 PS)]. **Modifications :** 24-5, 4-6, 3-10 et 27-12-1992, 10-3-1993.

■ **Balladur. 29-3-1993** (PM et min. nommés)**/11-5-1995. Membres :** 30 [1er ministre (RPR), 4 min. d'État (1 RPR, 3 UDF), 19 min. (9 RPR, 10 UDF), 6 min. délégués (2 RPR, 4 UDF)]. **Modifications :** 20-7, 15 et 18-10 et 13-11-1994, 20-1-1995.

■ **Juppé I. 17-5-1995** (PM et min. nommés)**/7-11-1995. Membres :** 43 dont 11 femmes (record) [1er ministre (RPR), 26 min. (13 RPR, 12 UDF), 2 min. délégués (2 RPR), 14 secr. d'État (6 UDF, 5 RPR, 1 divers droite)]. **Modification :** 27-8-1995.

■ **Juppé II. 7-11-1995** (PM et min. nommés)**/2-6-1997. Membres :** 32 dont 4 femmes [1er ministre (RPR), 16 min. (9 UDF, 7 RPR), 11 min. délégués (8 RPR, 3 UDF), 5 secr. d'État (2 UDF, 2 divers droite, 1 RPR)]. **Modification :** aucune.

GOUVERNEMENT JOSPIN AU 17-5-2001

■ **27e gouvernement depuis 1958.** Formé 5-6-1997, remanié 28-7-1999 et 27-3-2000, avec d'autres « aménagements techniques ».

PM : Lionel Jospin[1] (12-7-37, Meudon, Hts-de-S.).

Ministres. Économie, Finances et Industrie : Laurent Fabius (20-8-46, Paris) [avant Dominique Strauss-Kahn (25-4-49) qui démissionne le 2-11-1999 puis Christian Sautter (9-4-40 S.-et-L.)]. **Emploi et Solidarité :** Élisabeth Guigou[1] (6-8-46, Marrakech) depuis 18-10-2000 [avant Martine Aubry[1] (8-8-50, Paris)]. **Garde des sceaux, ministre de la Justice :** Marylise Lebranchu[1] (25-4-1947, Loudéac, C.-d'A.) depuis 18-10-2000 (avant E. Guigou). **Inté-**

rieur : Daniel Vaillant [1] (19-7-47, Lormes, Nièvre) depuis 18-10-2000 [avant Jean-Pierre Chevènement (3-3-39, Belfort), dans le coma le 10-9-1998 à la suite d'une opération, reprendra son poste le 4-1-1999 (intérim J.-J. Queyranne)]. **Éducation nationale :** Jack Lang[1] (2-9-39, Mirecourt, Vosges). **Affaires étrangères :** Hubert Védrine[1] (31-7-47, St-Sylvain-Bellegarde, Creuse). **Défense :** Alain Richard[1] (29-8-45, Paris). **Équipement, Transports et Logement :** Jean-Claude Gayssot[4] (6-9-44, Béziers, Hérault). **Culture et Communication :** Catherine Tasca[1] (13-12-41, Dijon) [avant, Catherine Trautmann (15-1-51, Strasbourg)]. **Agriculture et pêche :** Jean Glavany[1] (14-5-49, Sceaux, Hts-de-S.) depuis le 20-10-98 [(avant : Louis Le Pensec (8-1-37)]. **Aménagement du territoire et Environnement :** Dominique Voynet[5] (4-11-58, Montbéliard, Doubs). **Relations avec le Parlement :** Jean-Jacques Queyranne [1] (2-11-45, Lyon) [avant Daniel Vaillant]. **Fonction publique et Réforme de l'État :** Michel Sapin[1] (9-4-52, Boulogne-sur-S.) [avant, avec en plus la décentralisation, Émile Zuccarelli[2] (4-8-40, Bastia)]. **Jeunesse et Sports :** Marie-George Buffet[4] (7-5-49, Sceaux, Hts-de-S.). **Recherche :** Roger-Gérard Schwarzenberg[7] (17-4-43, Pau, B.-P.).

Ministres délégués. Auprès du ministre des Affaires étrangères. Affaires européennes : Pierre Moscovici[1] (16-9-57, Paris). **Coopération et Francophonie :** Charles Josselin (31-3-38, Pleslan Trigavu, Côtes d'Armor) depuis 3-2000 (était avant secrétaire d'État). **Auprès de la ministre de l'Emploi et de la Solidarité. Famille et Enfance :** Ségolène Royal[1] (22-9-53, Dakar) [était jusqu'à 3-2000 à l'enseignement scolaire]. **Santé :** Bernard Kouchner [1] (1-11-29, Avignon) était secr. d'État à la Santé de 1997 au 2-7-1999 (nommé alors administrateur civil de l'Onu pour le Kosovo). **Ville :** Claude Bartolone[1] (29-7-51, Tunis). **Auprès du ministre de l'Éducation nationale. Enseignement professionnel :** Jean-Claude Mélenchon[1] (19-8-51, Tanger) (depuis 3-2000).

Secrétaires d'État. Auprès du ministre de l'Intérieur. Outre-mer : Christian Paul [1] (23-3-60, Clermont-Ferrand) avant Jean-Jack Queyranne. **Auprès de la ministre de l'Emploi et de la Solidarité. Handicapés et Personnes âgées :** Dominique Gillot [1] (11-7-49, Conflans-Ste-Honorine, Yvelines). **Droit des femmes et Formation professionnelle :** Nicole Péry[1] (15-5-43, Bayonne). **Économie solidaire :** Guy Hascoët[5] (29-2-60, Le Mans) depuis 3-2000. **Auprès du ministre de l'Équipement, des Transports et du Logement. Logement :** Louis Besson[1] (6-5-37, Barby, Savoie). **Tourisme :** Michelle Demessine[4] (18-6-47, Frelinghen, Nord). **Auprès du ministre de l'Économie, des Finances et de l'Industrie. Budget :** Florence Parly [1] (8-5-1963, Boulogne-Billancourt) depuis 3-2000. **Petites et moyennes entreprises, Commerce, Artisanat et Consommation :** François Patriat (21-3-43, Semur-en-Auxois) [avant Marylise Lebranchu]. **Industrie :** Christian Pierret[1] (12-3-46, Bar-le-Duc, Meuse). **Commerce extérieur :** François Huwart[7] (20-6-47, Nogent-le-Retrou, E.-et-L.) depuis 3-2000 [avant Jacques Dindoux (16-11-31)]. **Auprès du ministre de la Défense. Anciens combattants :** Jean-Pierre Masseret[1] (23-8-44, Cusset, Allier). **Auprès de la ministre de la Culture et de la Communication. Patrimoine et décentralisation culturelle :** Michel Duffour[4] (8-11-40, Paris) depuis 3-2000.

Nota. – (1) PS. (2) PRS. (3) MDC. (4) PC. (5) Verts. (7) PRG.

STATISTIQUES

■ **IIIe République. Présidences** (en ne tenant pas compte des remaniements des ministères) **les plus longues :** *3 ans 19 jours :* Poincaré (23-7-1926/27-7-1929). *2 ans 11 mois 17 j :* Waldeck-Rousseau (22-6-1899/7-6-1902). *2 ans 9 mois :* Clemenceau (25-10-1906/24-7-1909). *2 ans 7 mois 18 j :* Combes (7-6-1902/24-2-1905) ; **les plus courtes :** *3 j :* Herriot (19/21-7-1926). *4 j :* Bouisson (1/4-6-1935). *4 j :* Ribot (9/13-6-1914). *6 j :* François-Marsal (9/14-6-1924). *8 j :* Dufaure (18/25-5-1873). *9 j :* Reynaud (5/13-6-1940). **Présidents du Conseil l'ayant été le plus longtemps pendant leur carrière :** *Poincaré* 5 ans 6 mois 6 jours en 5 fois. *Briand* 5 ans 3 mois 6 jours en 11 fois. *Clemenceau* 4 ans 11 mois 5 jours en 2 fois.

■ **IVe République. Nombre de ministères : 1873** (25 mai) 9 ministères (Affaires étrangères, Justice, Intérieur, Finances, Guerre, Marine et Colonies, Instruction publique, Cultes et Beaux-Arts, Travaux publics, Agriculture et Commerce). *Le duc de Broglie* est vice-Pt du Conseil (la fonction et le titre de Pt du Conseil n'apparaîtront qu'en mars 1876) et min. des Affaires étrangères. 1 sous-secr. d'État (à l'Intérieur). **1936** ministère Léon Blum, *nombre record* de la IIIe République : 21 min., 14 sous-secr. d'État. Pour la 1re fois le ministère comprenait des femmes : 3 sous-secr. d'État (Éducation, Recherche scientifique, Protection de l'enfance). 3 min. d'État représentaient les 3 familles politiques du Front populaire. Il y avait un sous-secr. d'État à l'Organisation des loisirs (et aux Sports) confié à Léo Lagrange. **Présidences les plus longues :** *1 an 4 mois 15 j :* Mollet (1-2-1956/13-6-1957). *1 an 1 mois 16 j :* Queuille (12-9-1948/27-10-1949) ; **les plus courtes :** *2 j :* Queuille (2/4-7-1950). *13 j :* Schuman (31-8/12-9-1948). **Pt du Conseil l'ayant été le plus longtemps :** *Queuille* 1 an 7 mois 18 jours en 3 fois. **Durée moyenne des gouvernements :** moins de 7 mois. **1 Pt du Conseil est parti sans crise :** *Queuille* (le 10-7-1951 après les élections législatives, conformément à l'art. 45 de la Constitution). **6 ont été renversés dans les formes constitutionnelles après que la confiance leur eut été refusée à la majorité absolue :** *Bidault* (24-6-1950) sur l'application de la loi des maxima limitant l'initiative des dépenses des députés ; *Queuille II* (4-7-1950) sur la composition du ministère qu'il venait de former après avoir été investi le 30-6 ; *Pleven II* (17-1-1952) posa 8 questions de confiance sur la loi de finances et fut renversé au 1er vote ; *Mayer* (21-5-1953) sur sa politique financière ; *Mendès France* (4-2-1955) sur sa politique en Afrique du Nord ; *Faure* (29-11-1955) sur l'ordre du jour de l'Ass. alors décidé par celle-ci. **6 ont démissionné sans vote parlementaire :** *Ramadier* (19-11-1947) suite aux intrigues de Guy Mollet, secr. gén. de la SFIO (son propre parti) ; *Marie* (28-8-1948) divergences sur la politique économique et financière ; *Queuille I* (6-10-1949) après la démission du min. du Travail, Daniel Mayer ; *Pleven I* (28-2-1951) divisions de sa majorité sur la réforme électorale ; *Pinay* (22-12-1952) en apprenant que le MRP votera contre le budget à cause des allocations familiales ; *Pflimlin* (28-5-1958) pour laisser la place à de Gaulle. **7 autres se sont retirés après un vote négatif sans y être constitutionnellement obligés,** soit qu'ils n'aient pas posé la question de confiance, soit que la majorité absolue n'ait pas été atteinte : *Schuman I* (19-7-1948) ; *Schuman II* (7-9-1949) ; *Faure I* (29-2-1952) ; *Laniel* (12-6-1954) ; *Mollet* (21-5-1957) ; *Bourgès-Maunoury* (30-9-1957) ; *Gaillard* (15-4-1958).

Crises les plus longues : *38 j :* Mayer-Laniel (21-5/28-6-1953). *32 j :* Pleven-Queuille (10-7/11-8-1951). *28 j :* Gaillard-Pflimlin (16-4/14-5-1958). *21 j :* Bourgès-Maunoury-Gaillard (16-10/6-11-1957) ; **les plus courtes :** *1 j* Pflimlin-de Gaulle (31-5/1-6-1958). *3 j :* Schuman-Queuille (8-9/11-9-1948). Mollet-Bourgès-Maunoury (10-6/13-6-1957). **Nombre de membres du gouvernement :** De 22 (de Gaulle 1945) à 46 (Bourgès-Maunoury 1957), *ministres :* de 14 (Guy Mollet 1956 et Bourgès-Maunoury 1957) à 26 (Edgar Faure 1952), *secrétaires d'État :* de 0 (de Gaulle 1945) ou 1 (Bidault et Blum en 1946) à 25 (Bourgès-Maunoury) et 32 avec les *sous-secrétaires d'État. De Gaulle 1-6-1958 :* 16 (15 min., 1 secr. d'État) ; *7-6 :* 21 min. ; *8-7 :* 24 min. **Question de confiance :** 164 fois dont 1re législature (1946-51) 45, 2e (1951-56) 73, dernière (1956-58) 46. *Records :* Edgar Faure : 23 en un peu plus d'un mois (début 1952) ; Guy Mollet : 34 en presque 16 mois (1956-57).

■ **Ve République. Longévité des 1ers ministres** (durées en jours). *Pompidou* 2 278 (du 14-4-1962 au 10-7-1968), *Barre* 1 730 (du 25-8-1976 au 21-5-1981), ? *Jospin* (du 5-6-1997 à fin juin 2001 : 1 484). *Debré* 1 193 (du 8-1-1959 au 14-4-1962), *Mauroy* 1 152 (du 21-5-1981 au 17-7-1984), *Chaban-Delmas* 1 110 (du 20-6-1969 au 5-7-1972), *Rocard* 1 098 (du 10-5-1988 au 15-5-1991), *Chirac* 820 (du 27-5-1974 au 25-8-1976) + 781 (du 20-3-1986 au 10-5-1988), *Balladur* 780 (du 29-3-1993 au 18-5-1995), *Messmer* 691 (du 5-7-1972 au 27-5-1974), *Fabius* 613 (17-7-1984 au 20-3-1986), *Bérégovoy* 363 (du 2-4-1992 au 29-3-1993), *Couve de Murville* 345 (du 10-7-1968 au 20-6-1969), *Édith Cresson* 323 (du 15-5-1991 au 2-4-1992). **Démissions** (de 1959 à 1981) : *1 sur motion de censure* de l'Ass. nat. *Pompidou,* 6-10-1962. *12 pour d'autres raisons à la demande du chef de l'État* (en avril 1967 de Gaulle appelant Pompidou avant les législatives lui a demandé une lettre de démission en blanc, pour le cas ou la droite perdrait les élections) *ou du 1er ministre lui-même* (après des élections législatives ou présidentielles) ; *Chaban-Delmas,* malgré le vote de confiance de l'Ass. nat. du 23-5-1972 (368 voix contre 96), dut démissionner le 5-7 ; *Chirac* prit, le 26-7-1976, l'initiative de sa démission, rendue publique le 25-8. **De 1981 à 1997.** *Mauroy* a démissionné 2 fois (dont 1 après les législatives de juin 1981), *Fabius* 1 fois (après les législatives du 16-3-1986). *Chirac* 1 fois (9-5-1988) après la réélection de Mitterrand, *Rocard* 2 fois (23-6-1988 et après le 2e tour des élections législatives en mai 1991). *Cresson* 1 fois (1992). *Bérégovoy* 1 fois (après les législatives de mars 1993). *Balladur* 1 fois (après l'élection présidentielle de mai 1995). *Juppé* 2 fois (7-11-1995 et après le 2e tour des législatives en juin 1997). **Longévité des ministres :** *Robert Boulin* [au gouvernement du 24-8-1961 à sa mort 8-11-1979 : 14 ans, 11 mois (interruption 28-3-1973 au 27-8-1976) ; secr. d'État : Rapatriés, Budget, Finances ; ministre : Fonction publique, Agriculture, Santé, Relations avec le Parlement, Travail)]. *Robert Galley* [du 31-5-1968 au 20-5-1981 soit 13 ans ; record sans interruption ; ministre : Équipement, Recherche, PTT, Transports, Armées, Coopération]. *Pierre Messmer* (du 5-2-1960 au 27-5-1974 : 12 ans 9 mois, interruption du 22-6-1969 au 24-2-1971, ministre : Armées, DOM et TOM et 1er ministre).

Nombre de membres du gouvernement : DEBRÉ *8-1-1959 :* 26 (21 min., 5 secr.). **POMPIDOU** *1966 :* 27 (17 min., 10 secr.) ; *8-4-1967 :* 28 (21 min., 7 secr.) ; *31-5-1968 :* 28 (22 min., 6 secr.). **COUVE DE MURVILLE** *13-7-1968 :* 30 (18 min., 12 secr.). **CHABAN-DELMAS** *22-6-1969 :* 39 (19 min., 20 secr.) ; *mai 1972 :* 40 (20 min., 20 secr.). **MESSMER** *juillet 1972 :* 29 (19 min., 10 secr.) ; *avril 1973 :* 37 (21 min., 16 secr.) ; *1-3-1974 :* 28 (15 min., 13 secr.). **CHIRAC** *28-5-1974 :* 36 (16 min., 22 secr.) ; *12-1-1976 :* 41 (14 min., 27 secr.). **BARRE** *27-8-1976 :* 35 (17 min., 18 secr.) ; *mars 1977 :* 39 (14 min., 25 secr.). **MAUROY** *22-5-1981 :* 42 (30 min., 12 secr.) ; *23-6-1981 :* 43 (34 min., 9 secr.) ; *22-3-1983 :* 43 (24 min., 19 secr.). **FABIUS** *juillet 1984 :* 40 (20 min., 20 secr.). **CHIRAC** *21/23-3-1986 :* 40 (24 min., 16 secr.). **ROCARD** *10-5-1988 :* 41 (26 min., 15 secr.) ; *23-6-1988 :* 48 (31 min., 17 secr.). **CRESSON** *16/18-5-1991 :* 46 (30 min., 16 secr.). **BÉRÉGOVOY** *avril 1992 :* 42 puis 44 (26 min. puis 29, 15 secr.). **BALLADUR** *avril 1993 :* 29 (4 min. d'État, 19 min., 6 min. délégués). **JUPPÉ** *mai 1995 :* 41 (25 min., 2 min. délégués, 14 secr. d'État) ; *nov. 1995 :* 32 (16 min., 11 min. délégués, 5 secr. d'État). **JOSPIN** *juin 1997 :* 26 (14 min., 2 min. délégués, 10 secr. d'État) ; *mars 2000 :* 32 (15 min., 5 min. délégués, 12 secr. d'État). **Passages rapides au gouvernement :** *Léon Schwarzenberg,* 10 jours min. délégué auprès du min. de la Solidarité, de la Santé et des Affaires sociales, chargé de la Santé du 28-6 au 7-7-1988 (il doit démissionner). *Jean-Jacques Servan-Schreiber,* min. des Réformes, 13 jours (du 28-5 au 9-6) en 1974. *André Postel-Vinay,* secr. d'État chargé des Travailleurs immigrés du 8-6 au 22-7-1974 (démissionnaire pour cause de réduction budgétaire). *Bernard Tapie,* min. de la Ville, 52 jours, du 2-4 au 23-5-1992, il a démissionné afin d'assurer sa défense, en tant que personne privée, dans un procès auquel il était partie et revient au gouvernement (même poste) du 24-12-1992 au 29-3-1993.

■ **Ministres mis en examen qui ont démissionné. 1992**-*mai* Bernard Tapie (ministre de la Ville), mise en examen imminente. **1994**-*17-7* Alain Carignon (min. de la Communication) avant d'être mis en examen le 25 (renflouement du groupe de presse Dauphiné News par la Lyonnaise des Eaux). *-14-10* Gérard Longuet (min. de l'Industrie et du Commerce) mis en examen pour « recel d'abus de crédit » (construction de sa villa de St-Tropez) ; relaxé le 14-11-1997. *-12-11* Michel Roussin (min. de la Coopération) 2 jours avant d'être mis en examen (dossier des HLM de Paris) ; 13 mois plus tard, bénéficie d'un non-lieu.

■ **Membres du gouvernement qui ne sont pas parlementaires** (en %). **IVe République :** *de Gaulle* (1958) 39. **Ve République :** *Debré* (1959) 36. *Pompidou I* (1962) 31, *II* (1962) 35, *III* (1966) 25, *IV* (1967) 20,5. *Couve de Murville* (1968) 3,2. *Chaban-Delmas* (1969) 0. *Messmer I* (1972) 0, *II* (1973) 5,2, *III* (1974) 3,5. *Chirac* (1974) 24. *Barre I* (1976) 30,5, *II* (1977) 25,5, *III* (1978) 20. *Mauroy I* (1981) 30, *II* (1981) 23, *III* (1983) 18,5. *Fabius* (1984) 23. *Chirac* (1986) 24.

■ **Cohabitations.** *1831-32* **Louis-Philippe/Casimir Perier ;** *1848-49* **Louis-Napoléon** (Pce-Pt)/**Odilon Barrot** (monarchiste libéral) ; *1870-71* **Napoléon III/Émile Ollivier** (ancien opposant) ; *1877-79* **Mal de Mac-Mahon** (monarchiste)/**Chambre devenue républicaine ;** *1881-82* **Pt Jules Grévy/Gambetta ;** *1894-95* **Pt Jean Casimir-Perier/Charles Dupuy** (Pt du Conseil) ; *1917-20* **Pt Raymond Poincaré/Clemenceau ;** *1924* **Pt Alexandre Millerand/Assemblée ;** *1936-37* **Pt Albert Lebrun/Léon Blum** (Pt du Conseil, socialiste) ; *1958-59* **Pt René Coty/Charles de Gaulle** (Pt du Conseil) ; *1986-88* **Pt Mitterrand/Jacques Chirac** (1er ministre, RPR) ; *1993* **/Édouard Balladur** (1er ministre, RPR) ; *1997* **Pt Chirac/Lionel Jospin** (1er ministre, PS).

Réserves émises par le chef de l'État en Conseil des ministres (Ve République). **1re cohabitation (1986-88) : 1986**-*26-3* « il n'acceptera des ordonnances qu'en nombre limité » ; en matière sociale « il ne signera que les ordonnances qui présenteraient un progrès par rapport aux acquis » ; il ne signera pas une ordonnance sur la suppression de l'autorisation administrative de licenciement. *-9-4* il ne signera pas une ordonnance portant sur la privatisation d'entreprises nationalisées avant 1981. *-14-5* « mise en garde sur la réforme du statut de la Nlle-Calédonie » ; « désapprobation » à l'égard du projet de loi de suppression de l'autorisation administrative de licenciement. *-21-5* « profonde inquiétude » devant le projet sur la Nlle-Calédonie, susceptible de raviver les tensions entre les communautés. *-11-6* « extrêmes réserves » sur projets de loi relatifs à l'audiovisuel et aux conditions d'entrée et de séjour des étrangers. *-13-10* la composante sous-marine de la future force stratégique française ne devra pas être négligée. *-11-12* plusieurs mesures contenues dans le texte concernant le projet de réforme du Code de la nationalité « s'inspirent d'une philosophie qu'il ne partage pas » ; il qualifie, devant la presse, de « regrettable » l'entretien accordé par Léotard à Savimbi, chef de guérilla angolais ; l'expulsion de 101 Maliens « paraît contraire au droit ». *-19-11* prisons privées : il « n'approuve pas l'idée d'un transfert de souveraineté vers le privé ». **1987**-*18-2* désaccord sur la politique du gouvernement en Nlle-Calédonie.

2e cohabitation (1993-95) : 1993-*14-4* « [...] nombre de crimes et délits constatés en France en 1992 jamais aussi élevé [...] » ; il s'étonnera de cette analyse. *-10-5* mise en garde quant à la constitutionnalité de l'art. 1er de la réforme qui confie la détermination de la politique monétaire à la Banque de France et non au gouvernement. *-19-5* il émet une réserve sur le projet de loi sur les contrôles d'identité et la réforme du statut de la Banque de France. *-26-5* il souhaite voir maintenues dans le service public certaines entreprises que le gouvernement envisage de privatiser. **1994**-*22-6* il « met en garde » le gouvernement contre « le risque de restriction du droit de manifester », ainsi que l'usage de la vidéosurveillance en suggérant de suivre les recommandations de la Cnil.

■ **Premiers ministres** (**Ve République**). *Le plus âgé :* Couve de Murville 61 ans 5 mois 17 jours (1968) ; *le plus jeune :* Fabius 37 ans 10 mois 27 jours (1984).

■ **Age à leur 1re nomination. Ministres les plus jeunes : IIIe République :** Flandin 30 ans, Mandel 30, Barthou 32, Gambetta 32, Zay 32, Poincaré 33, La Chambre 34, Caillaux 35, Waldeck-Rousseau 35, Paul-Boncour 38, Chautemps 39. **IVe République :** Gaillard (sous-secr. d'État 27, secr. d'État 31, ministre 37, Pt du Conseil 38), Mitterrand 30, Arthaud 31, Tanguy-Prigent 35, Coste-Floret 36, Faure 36, Gaillard 38, Teitgen 38. **Ve République :** Giscard d'Estaing (secr. d'État 32, ministre 35), Chirac (secr. d'État 34, ministre 38), Fabius 34, Méhaignerie 38, Évin 39.

MINISTRES DEPUIS 1944

☞ Voir **les Présidents du Conseil** et **Premiers ministres** au chapitre **Histoire de France.**

■ **Affaires culturelles.** 1959-9-1 André Malraux (1901-76). 69-20-6 Edmond Michelet (1899-1970). 70-9-10 André Bettencourt (21-4-1919) [intérim]. 71-7-1 Jacques Duhamel (1924-77). 73-2-4 Maurice Druon (23-4-1918). **Affaires culturelles et Environnement : 1974**-27-2 Alain Peyrefitte (1925-99). **Culture : 1974**-27-5 Michel Guy (1927-90). 76-25-8 Françoise Giroud (21-9-1916). **Culture et Environnement : 1977**-29-3 Michel d'Ornano (1924-91). **Culture et Communication : 1978**-3-4 Jean-Philippe Lecat (29-7-1935). **Culture et Environnement : 1981**-22-5 Jack Lang (2-9-1939) [83-24-3 min. délégué]. **Culture et Communication : 1986**-20-3 François Léotard (26-3-1942). 88-28-5 Jack Lang (28-6 plus *Grands Travaux et Bicentenaire.* 91-16-5 + porte-parole du gouvernement). **Éducation nationale et Culture : 1992**-2-4 Jack Lang. **Culture et Francophonie : 1993**-30-3 Jacques Toubon (29-6-1941). **Culture : 1995**-18-5 Philippe Douste-Blazy (1-1-1953). **Culture et Communication : 1997**-3-6 Catherine Trautmann (15-1-1951). 2000-28-3 Catherine Tasca (13-12-2000).

☞ Le 26-1-1870, Maurice Richard (1832-88) était nommé min. des Beaux-Arts, sous l'appellation de min. des Lettres, Sciences et Beaux-Arts, du 15-5 au 10-8. Le 28-8 ses attributions passèrent au ministère de l'Instruction publique. En 1881, il y eut un ministère des Arts au sein du cabinet Gambetta.

■ **Affaires étrangères.** 1944-10-9 Georges Bidault (1899-1983). 46-16-12 Léon Blum (1872-1950). 47-22-1 Georges Bidault. 48-26-7 Robert Schuman (1886-1963). 53-8-1 Georges Bidault. 54-19-6 Pierre Mendès France (1907-82). 55-20-1 Edgar Faure (1908-88) ; -23-2 Antoine Pinay (1891-1994). 56-1-2 Christian Pineau (1904-95). 58-14-5 René Pleven (1901-93) ; -1-6 Maurice Couve de Murville (1907-99). 68-31-5 Michel Debré (1912-96). 69-22-6 Maurice Schumann (1911-98). 71-15-3 André Bettencourt (21-4-1919). 73-4-4 Michel Jobert (11-9-1921). 74-28-5 Jean Sauvagnargues (2-4-1915). 76-27-8 Louis de Guiringaud (1910-82). 78-29-11 Jean François-Poncet (8-12-1928). **Relations extérieures : 1981**-22-5 Claude Cheysson (13-4-1920). 84-7-12 Roland Dumas (23-8-1922). **Affaires étrangères : 1986**-20-3 Jean-Bernard Raimond (6-2-1926). 88-12-5 Roland Dumas (23-8-1922). 93-29-3 Alain Juppé (15-8-1945). 95-18-5 Hervé de Charette (30-7-1938). 97-3-6 Hubert Védrine (31-7-1947).

■ **Agriculture.** 1944-10-9 François Tanguy-Prigent (1909-70). 47-22-10 Marcel Roclore (1897-1966) ; -24-11 Pierre Pflimlin (5-2-1907). 49-2-12 Gabriel Valay (1905-78). 50-3-7 Pierre Pflimlin. 51-11-8 Paul Antier (20-5-1905) ; -21-11 Camille Laurens (1906-79). 53-28-6 Roger Houdet (1899-1987). 55-23-2 Jean Sourbet (1900-62). 56-1-2 André Dulin (secr. d'État) [1896-1973]. 57-17-6 Pierre de Félice (secr.) [1896-1978] ; -6-11 Roland Boscary-Monsservin (1904-89). 58-9-6 Roger Houdet. 59-27-5 Henri Rochereau (1908-99). 61-24-8 Edgard Pisani (9-10-1918). 66-6-1 Edgar Faure (1908-88). 68-10-7 Robert Boulin (1920-79). 69-16-6 Jacques Duhamel (1924-77). 71-8-1 Michel Cointat (13-4-1921). 72-7-7 Jacques Chirac (29-11-1932). 74-2-3 Raymond Marcellin (19-8-1914) ; -28-5 Christian Bonnet (14-6-1921). 77-30-3 Pierre Méhaignerie (4-5-1939). 81-22-5 Édith Cresson (27-1-1934). 83-22-3 Michel Rocard (23-8-1930). 85-4-4 Henri Nallet (6-1-1939). 86-20-3 François Guillaume (19-10-1932). 88-12-5 Henri Nallet. 90-2-10 Louis Mermaz (20-8-1931). 92-2-10 Jean-Pierre Soisson (9-11-1934). 93-29-3 Jean Puech (5-2-1939). 95-18-5 Philippe Vasseur (31-8-1943). 97-3-6 Louis Le Pensec (8-1-1937). 98-20-10 Jean Glavany (14-5-1949).

■ **Défense.** 1944-10-9 André Diéthelm [1] (1896-1954). 45-21-11 Edmond Michelet [2] (1899-1970). 46-24-6 Félix Gouin [3] (1884-1977) ; Edmond Michelet [4] ; -16-12 André Le Troquer [3] (1884-1963). 47-22-1 Paul Coste-Floret [1] (1911-79) ; Louis Jacquinot (Marine) [1898-1993] ; André Maroselli (Air) [1893-1970] ; 22-10 Pierre-Henri Teitgen [3] (1908-97). 48-26-7 René Mayer [3] (1895-1972) ; -11-9 Paul Ramadier [3] (1888-1961). 49-28/29-10 René Pleven [3] (1901-93). 50-12-7 Jules Moch [3] (1893-1985). 51-11-8 Georges Bidault [3] (1899-1983) ; Maurice Bourgès-Maunoury [3] (adjoint, 1914-93). 52-20-1 Georges Bidault [3] ; -8-3 René Pleven [3,7]. 54-19-6 Pierre Koenig [6] (1898-1970) ; Pierre Billotte [3] (1906-92, adjoint le 23-2-1955). 56-1-2 Maurice Bourgès-Maunoury [3]. 57-13-6 André Morice [6] (1900-90) ; -6-11 Jacques Chaban-Delmas [6] (7-3-1915). 58-14-5 Pierre de Chevigné [5] (16-6-1909) ; -1-6 Pierre Guillaumat [8] (1909-91). 60-5-2 Pierre Messmer [8] (20-3-1916). 69-22-6 Michel Debré [3] (1912-96). 73-4-4 Robert Galley [8] (11-1-1921). 74-28-5 Jacques Soufflet (1912-90). 75-1-2 Yvon Bourges (29-6-1921). 80-2-10 Joël Le Theule (1930-80) ; -22-12 Robert Galley [9]. 81-22-5 Charles Hernu (1923-90). 85-20-9 Paul Quilès (27-1-1942). 86-20-3 André Giraud (1925-97). 88-12-5 Jean-Pierre Chevènement (9-3-1939). 91-29-1 Pierre Joxe (28-11-1934). 93-29-3 François Léotard (26-3-1942). 95-18-5 Charles Millon (12-11-1945). 97-3-6 Alain Richard (29-8-1945).

Nota. – (1) Guerre. (2) Des Armées (Terre, Air, Mer). (3) Défense nationale. (4) Armée. (5) Forces armées. (6) Défense nationale et Forces armées. (7) A partir du 8-1-1953, Défense nationale et Forces armées. (8) Des Armées. (9) Défense et Coopération.

■ **Éducation nationale.** 1944-6-9 René Capitant (1901-70). 45-21-11 Paul Giacobbi (1896-1951). 46-26-1 Marcel Naegelen (1892-1978). 48-12-2 Édouard Depreux (1898-1981) ; -26-7 Yvon Delbos (1885-1956) ; -5-9 Tony Revillon (Michel Marie, 1891-1957) ; -11-9 Yvon Delbos. 50-2-7 André Morice (1900-90) ; -12-7 Pierre-Olivier Lapie (1901-94). 52-11-8 André Marie (1897-1974). 54-9-16 Jean-Marie Berthoin (1895-1979). 56-1-2 René Billères (29-8-1910). 58-14-5 Jacques Bordeneuve (1908-81) ; -1-6 Jean-Marie Berthoin. 59-8-1 André Boulloche (1915-78) ; -23-12 Michel Debré (par intérim) [1912-96]. 60-15-1 Louis Joxe (1901-91) ; -23-11 Pierre Guillaumat (1909-91). 61-20-2 Lucien Paye (1907-72). 62-15-4 Pierre Sudreau (13-5-1919) ; -15-10 Louis Joxe ; -7-12 Christian Fouchet (1911-74). 67-8-4 Alain Peyrefitte (1925-99). 68-31-5 François-Xavier Ortoli (16-2-1925) ; -13-7 Edgar Faure (1908-88). 69-23-6 Olivier Guichard (27-7-1920). 72-7-7 Joseph Fontanet (1921-80). 74-28-5 René Haby (9-10-1919). 78-5-4 Christian Beullac (1923-86). 81-22-5 Alain Savary (1918-88). 84-19-7 Jean-Pierre Chevènement (9-3-1939). 86-20-3 René Monory (6-6-1923). 88-12-5 Lionel Jospin (12-7-1937). 92-2-4 Jack Lang (2-9-1939). 93-29-3 François Bayrou (25-5-1951). 95-18-5 François Bayrou. 97-3-6 Claude Allègre (13-3-1937). 2000-28-3 Jack Lang (2-9-1939).

■ **Environnement.** 1971-7-1 Robert Poujade [1,2] (6-5-1928). 74-27-5 Gabriel Peronnet (1919-91). 76-12-1 Paul Granet [3] (20-3-1931). 78-3-4 Michel d'Ornano [4] (1924-91). 81-21-5 Michel Crépeau [2] (30-10-1930/30-3-1999) ; *du 22-5 au 24-6* Alain Bombard [3] (27-10-1924). 83-22-3 Huguette Bouchardeau [5] (1-6-1935). 86-20-3 Alain Carignon [1] (23-2-1949). 88-12-5 Brice Lalonde [3] (10-2-1946). 92-2-4 Ségolène Royal [2] (22-9-1953). 93-29-3 Michel Barnier [1] (9-1-1951). 95-18-5 Corinne Lepage [2] (11-5-1951). 97-3-6 Dominique Voynet [2] (4-11-1958).

Nota. – (1) Ministre délégué. (2) Ministre. (3) Secrétaire d'État. (4) Ministre de la Culture et de l'Environnement. (5) Secrétaire d'État puis ministre.

■ **Femmes.** 1974-16-7 Françoise Giroud (21-9-1916) : secr. d'État auprès du 1er ministre (Condition féminine). 78-11-9 Monique Pelletier (25-7-1926) : min. déléguée chargée de la Condition féminine. 81-4-3 Alice Saunier-Seïté (26-4-1925) : min. de la Famille et de la Condition féminine ; -21-5 Yvette Roudy (10-4-1929) : min. déléguée chargée des Droits de la femme. 88-12-5 Georgina Dufoix (16-2-1943) : min. déléguée auprès du min. des Affaires sociales et de l'Emploi, chargée de la Famille, des Droits de la femme, de la Solidarité et des Rapatriés ; -28-6 Michèle André (6-2-1947) : secr. d'État chargée des Droits de la femme. 91-16-5 Véronique Neiertz (6-11-1942) : secr. d'État aux Droits des femmes. 2000-28-3 Nicole Péry (15-5-1943) : secr. d'État aux Droits des femmes et formation professionnelle.

■ **Finances.** 1944-10-9 Aimé Lepercq (1889-1944) ; -14-11 René Pleven (1901-93). 46-26-1 André Philip (1902-70) ; -24-6 Robert Schuman (1886-1963) ; -18-12 André Philip. 47-22-1 Robert Schuman ; -24-11 René Mayer (1895-1972). 48-26-7 Paul Reynaud (1878-1966) ; -5-9 Christian Pineau (1904-95) ; -11-9 Henri Queuille (1884-1970). 49-12-1 Maurice Petsche (1893-1951). 51-11-8 René Mayer. 52-20-1 Edgar Faure (1908-88) ; -8-3 Antoine Pinay (1891-1994). 53-8-1 Maurice Bourgès-Maunoury (1914-93) ; -28-6 Edgar Faure. 55-20-1 Robert Buron (1910-73) ; -23-2 Pierre Pflimlin (5-2-1907). 56-1-2 **Affaires économiques :** Robert Lacoste (1898-1989) ; -14-2 Paul Ramadier (1888-1961). 57-13-6 Félix Gaillard (1919-70) ; -6-11 Pierre Pflimlin. 58-14-5 Edgar Faure ; -1-6 Antoine Pinay. 60-13-1 Wilfrid Baumgartner (1902-78). 62-19-1 Valéry Giscard d'Estaing (2-2-1926). 66-8-1 Michel Debré (1912-96). 68-31-5 Maurice Couve de Murville (1907-99) ; -13-7 François-Xavier Ortoli (16-2-1925). 69-16-6 Valéry Giscard d'Estaing. 74-28-5 Jean-Pierre Fourcade (18-8-1929). 76-27-8 Raymond Barre (12-4-1924) ; min. délégué Michel Durafour (11-4-1920), remplacé le 30-3-1977 par Robert Boulin (1920-79). 78-5-4 **Économie :** René Monory (6-6-1923) ; **Budget :** Maurice Papon (3-9-1910). 81-22-5 **Économie :** Jacques Delors (20-7-1925) ; **Budget :** Laurent Fabius (20-8-1946). 83-22-3 **Économie, Finances, Budget :** Jacques Delors. 84-19-7 **idem :** Pierre Bérégovoy (1925-93). 86-20-3 **Économie, Finances, Privatisation :** Édouard Balladur (2-5-1929). 88-12-5 Pierre Bérégovoy. 92-2-4 Michel Sapin (9-4-1952). 93-29-3 **Économie :** Edmond Alphandéry (2-9-1943) ; **Budget :** Nicolas Sarkozy (28-1-1955) [chargé de la Communication de juillet 1994 à mai 1995]. 95-18-5 **Économie et Finances :** Alain Madelin (26-3-1946) ; -25-8 Jean Arthuis (7-10-1944). 97-3-6 **Économie, Finances, Industrie :** Dominique Strauss-Kahn (25-4-1949). 99-2-11 Christian Sautter (9-4-1940). 2000-28-3 Laurent Fabius (20-8-1946).

■ **Intérieur.** 1944-9-9 Adrien Tixier (1893-1946). 46-26-1 André Le Troquer (1884-1963) ; -24-6 Édouard Depreux (1898-1981). 47-24-11 Jules Moch (1893-1985). 50-7-2 Henri Queuille (1884-1970). 51-11-8 Charles Brune (1891-1956). 53-28-6 Léon Martinaud-Deplat (1899-1969). 54-19-6 François Mitterrand (1916-96). 55-23-2 Maurice Bourgès-Maunoury (1914-93). 56-1-2 Jean Gilbert-Jules (1903-84). 57-6-11 Maurice Bourgès-Maunoury. 58-14-5 Maurice Faure (2-1-1922) ; -17-5 Jules Moch (1893-1985) ; -1-6 Émile Pelletier (1898-1975). 59-8-1 Jean-Marie Berthoin (1895-1979) ; -28-5 Pierre Chatenet (1917-97). 61-6-5 Roger Frey (11-6-1913/13-9-1997). 67-6-4 Christian Fouchet (1911-74). 68-31-5 Raymond Marcellin (19-8-1914). 74-27-2 Jacques Chirac (29-11-1932) ; -29-5 Pce Michel Poniatowski (16-5-1922). 77-30-3 Christian Bonnet (14-6-1921). 81-22-5 Gaston Defferre (1910-86). 84-19-7 Pierre Joxe (28-11-1934). 86-24-3 Charles Pasqua (18-4-1927). 88-12-5 Pierre Joxe. 91-29-1 Philippe Marchand (1-9-1939). 92-2-4 Paul Quilès (27-1-1942). 93-31-3 Charles Pasqua. 95-18-5 Jean-Louis Debré (30-9-1944). 97-3-6 Jean-Pierre Chevènement (9-3-1939). Du 3-9-1998 au 3-1-1999, intérim Jean-Jack Queyranne (2-11-1945). 2000-3 *Daniel Vaillant* (19-7-1949).

■ **Justice.** 1944-5-9 François de Menthon (1900-84). 46-26-1 Pierre-Henri Teitgen (1908-97) ; -18-12 Paul Ramadier (1888-1961). 47-22-1 André Marie (1897-1977). 48-26-7 Robert Lecourt (19-9-1908). 48-11-9 André Marie. 49-13-2 Robert Lecourt ; -28-10 René Mayer (1895-1972). 51-11-8 Edgar Faure (1908-88). 52-20-1 Léon Martinaud-Deplat (1899-1969). 53-28-6 Paul Ribeyre (1906-88). 54-19-6 Émile Hugues (1901-66) ; -3-9 Jean-Michel Guérin de Beaumont (1896-1955). 55-20-1 Emmanuel Temple (1895-1988) ; -23-2 Robert Schuman (1886-1963). 56-1-2 François Mitterrand (1916-96). 57-13-6 Édouard Corniglion-Molinier (1899-1960) ; -6-11 Robert Lecourt. 58-1-6 Michel Debré (1912-96). 59-8-1 Edmond Michelet (1899-1970). 61-24-8 Bernard Chenot (1909-95). 62-15-4 Jean Foyer (27-4-1921). 67-7-4 Louis Joxe (1901-91). 68-31-5 René Capitant (1901-70). 69-29-4 Jean-Marcel Jeanneney (13-11-1910) [intérim] ; -22-6 René Pleven (1901-93). 73-16-3 Pierre Messmer (20-3-1916) [intérim] ; -6-4 Jean Taittinger (25-1-1923). 74-28-5 Jean Lecanuet (1920-93). 76-27-8 Olivier Guichard (27-7-1920). 77-30-3 Alain Peyrefitte (1925-99). 81-22-5 Maurice Faure (2-1-1922). 81-23-6 Robert Badinter (30-3-1928). 86-19-2 Michel Crépeau (1930-99) ; -20-3 Albin Chalandon (11-6-1920). 88-12-5 Pierre Arpaillange (13-3-1924). 90-2-10 Henri Nallet (6-1-1939). 92-2-4 Michel Vauzelle (15-8-1944). 93-29-3 Pierre Méhaignerie (4-5-1939). 95-18-5 Jacques Toubon (29-6-1941). 97-3-6 Élisabeth Guigou (6-8-1946). 2000-18-10 Marylise Lebranchu (25-4-1947).

■ **Travail.** 1959-8-1 Paul Bacon (1-11-1907). 62-16-5 Gilbert Grandval (1904-1981). 67-7-4 Joseph Fontanet (1921-80). 73-2-4 Georges Gorse (15-2-1915). 74-27-5 Michel Durafour (11-4-1920). 76-25-8 Christian Beullac (1923-86). 78-3-4 Robert Boulin (1920-79). 81-21-5 Jean Auroux (19-9-1942). 83-22-3 Jack Ralite (14-5-1928). 84-17-7 Michel Delebarre (27-4-1946). 86-20-3 Philippe Séguin (21-4-1943). 88-12-5 Michel Delebarre ; -22-6 Jean-Pierre Soisson (9-11-1934). 91-17-5 Martine Aubry (8-8-1950). 93-29-3 Michel Giraud (14-7-1929). 95-18-5 Jacques Barrot (3-2-1937). 97-3-6 **Emploi et Solidarité :** Martine Aubry (8-8-1950). 2000-18-10 Élisabeth Guigou (6-8-1946).

☞ Voir également p. 735 c la liste du gouvernement.

MINISTRES COMMUNISTES DEPUIS 1945

FRANCE

Arthaud, René (20-9-1915), Santé publique (juin-déc. 1946). **Billoux,** François (1903-78), commissaire aux Régions libérées dans le gouvernement provisoire d'Alger ; Santé publique (sept. 1944-oct. 1945) ; Économie nat. (nov. 1945-janv. 1946) ; Reconstruction et Urbanisme (janv.-déc. 1946) ; Défense nationale (janv.-mai 1947). **Buffet,** Marie-George (1949), Jeunesse et Sports (1997). **Casanova,** Laurent (1906-72), Anciens Combattants et Victimes de guerre (janv.-déc. 1946). **Croizat,** Ambroise (1901-51), Travail et Sécurité sociale (nov. 1945-mai 1947). **Demessine,** Michelle (18-6-1947), secr. d'État au Tourisme (1997). **Duffour,** Michel (8-11-1940), secr. d'État au Patrimoine et décentralisation culturelle. **Fiterman,** Charles (28-12-1933), Transports (1981-84). **Gayssot,** Jean-Claude (6-9-1944), Équipement, Transports et Logement (1997). **Gosnat,** Georges (20-12-1914), sous-secr. d'État à l'Armement (août-déc. 1946). **Grenier,** Fernand (9-7-1901-12-8-1992), commissaire à l'Air dans le gouvernement provisoire d'Alger. **Lecœur,** Auguste (4-9-1911/26-7-1992), sous-secr. d'État à la Production industrielle (janv.-déc. 1946). **Le Pors,** Anicet (28-4-1931), Fonction publique et Réformes administratives (1981-84). **Marrane,** Georges (1888-1976), Santé publique (janv.-mai 1947). **Patinaud,** Marius (11-12-1910), sous-secr. d'État au Travail et à la Sécurité sociale (janv.-nov. 1946). **Paul,** Marcel (1900-82), Production industrielle (nov. 1945-déc. 1946). **Ralite,** Jack (14-5-1928), Santé (1981-83) ; Emploi (1983-84). **Rigout,** Marcel (10-5-1928), Formation professionnelle (1981-84). **Thorez,** Maurice (avril 1900-juillet 1964), min. d'État chargé de la Réforme adm. (nov. 1945-janv. 1946), vice-Pt du Conseil (janv.-déc. 1946), min. d'État (janv.-mai 1947). **Tillon,** Charles (3-7-1897/13-1-1993), Air (sept. 1944-oct. 1945), Armement (nov. 1945-déc. 1946), Reconstruction et Urbanisme (janv.-mai 1947).

AUTRES PAYS EUROPÉENS

Allemagne fédédérale : les communistes participent aux gouvernements jusqu'en 1948. **Autriche :** 1945 : 1 (Intérieur). 1945-47 : 1 (Énergie). **Belgique :** 1945-46 : 2. 1946-47 : 4 (Ravitaillement, Santé publique, Reconstruction, Travaux publics). **Danemark :** 1945 : 1. **Islande :** participent aux gouvernements de 1971 à 1974 et depuis 1978. **Italie :** participent aux gouvernements (1945-47) ; Justice (1945) ; participent aux gouvernements de régions depuis 1970. **Luxembourg :** 1945 : 1. **Norvège :** mai à sept. 1945 : 1. **Portugal :** ont participé aux gouvernements provisoires entre mai 1974 et juillet 1976. **St-Marin :** soutiennent l'exécutif depuis 1978.

LE PARLEMENT

☞ Voir **Élections** p. 759 a et **Liste des députés et des sénateurs** p. 743 c.

ASSEMBLÉE NATIONALE

■ COMPOSITION

■ **Élection.** Élue pour 5 ans au suffrage universel direct, scrutin majoritaire uninominal de circonscription. Le mandat peut être écourté en cas de *dissolution* prononcée par le Pt de la Rép. dans les conditions prévues à l'art. 12 de la Constitution. Les élections ont alors lieu 20 j au moins et 40 j au plus après la dissolution. L'Ass. nat. se réunit de plein droit le 2e jeudi suivant l'élection. Il ne peut y avoir de nouvelle dissolution dans l'année qui suit.

■ **Législature.** Durée de la chambre élue. S'achève le 1er mardi d'avril de la 5e année suivant l'élection précédente (écart de 5 ans 3 mois à 4 ans 3 mois). Au début de chaque législature, un recueil, dit le *barodet* [du nom de Désiré Barodet (1823-1906), instituteur, agent d'assurances, maire de Lyon, député de gauche de Paris en 1873, sénateur de la Seine en 1896], consigne programmes et engagements électoraux des nouveaux élus.

■ **Dissolutions de la Chambre depuis 1789** (faisant l'objet d'un décret ou d'une ordonnance). **Chambre des représentants :** 8-7-1815. **Chambre des députés :** 5-9-1816, 5-11-1827, 16-5 et 25-7-1830. **Assemblée constituante :** 26-6-1848. **Assemblée législative :** 2-12-1851. **Chambre des députés :** 16-5-1877. **Assemblée nationale :** *IVe République :* 30-11-1955 ; *Ve République :* 9-10-1962 (après le vote de la motion de censure du 5-10 contre Pompidou, à propos de l'organisation d'un référendum pour réviser le mode d'élection du Pt de la République), 30-5-1968 (pour dénouer la crise de mai), 22-5-1981 [après l'élection d'un Pt socialiste (Mitterrand)], 14-5-1988 (après la réélection de Mitterrand), 21-4-1997 sur l'initiative du Pt Chirac.

■ **Députés.** **Nombre : IIIe République : 1871 :** 767 ; **1875 :** 533 ; **1919 :** 626 ; **1924 :** 626 ; **1936 :** 618. **IVe République : 1946-58 :** 625. **Ve République : 1958 :** 555 ; **1962 :** 482 ; **1967 :** 487 ; **1973 :** 490 ; **1978 :** 491 ; **1981 :** 491 ; **1986 :** 577 ; **1993 :** 577 ; **1997 :** 577 [dont *métropole* 555 (tout département métropolitain a droit à 2 députés au minimum) ; *départements d'outre-mer* 15 (Guadeloupe 4, Guyane 2, Martinique 4, Réunion 5) ; *territoires d'outre-mer* 5 (Wallis-et-Futuna 1, Nlle-Calédonie 2, Polynésie 2) ; *Mayotte* 1, *St-Pierre-et-Miquelon* 1]. En 1997 : sur 577 députés, 187 étaient élus pour la 1re fois ; soit 32 % (38 % en 1981).

Femmes (au 1-1-2001) : 57 dont PS 37, RPR 7, UDF 5, Radical, Citoyen et Vert 3, PC 3, DL 2.

Moyenne d'âge : 1973 : 53 ans et 1 mois. **1981 :** 49 ans et 10 mois. **1988 :** 51 ans (PS 49 ans, UDC 51 ans et 1 mois, RPR 53 ans et 2 mois, UDF 53 ans et 4 mois, PC 53 ans et 10 mois, *non-inscrits* 48 ans et 4 mois). **1993 :** 52 ans et 1 mois. **1997 :** 53 ans et 6 mois (PS 50 ans et 2 mois, RPR et UDF 53 ans et 6 mois, Radical, Citoyen et Vert 54 ans et 4 mois, PC 54 ans et 9 mois). **2001 :** 55 ans (PS 54 ans, RPR 57 ans et 3 mois, UDF 57 ans et 11 mois, DL 56 ans et 3 mois, PC 58 ans et 1 mois, Radical, Citoyen et Vert 59 ans et 11 mois).

Métier d'origine (au 1-1-2000) : enseignants 127, professions libérales 101, fonctionnaires 106, cadres et ingénieurs 73, chefs d'entreprises 52, employés 30, exploitants agricoles 20, journalistes 13, ouvriers 3, divers 52. **Énarques :** 34.

En 1924 : exploitants agricoles 70, patrons de l'industrie et du commerce 85, professions médicales 37, avocats 143, ecclésiastiques 6, ouvriers 29, publicistes et journalistes 37, enseignants 42.

% de députés et, entre parenthèses, **% de la profession dans la population :** agriculteurs 3,8 (3,6), industriels et chefs d'entreprise 4,5 (0,9), ouvriers 0,7 (28,2), professeurs 15,4 (1,7) [*1981 :* 34, *86 :* 26, *88 :* 28].

☞ **Député élu sous un faux nom :** Jacques Ducreux (20-11-1912/1-2-1952 accident de voiture), député des Vosges ; s'appelait Tacnet, avait été journaliste à Vichy en 1942, puis s'était engagé dans les FFL.

■ **Groupes politiques** (1re mention officielle 1910). **Effectifs minimaux pour qu'un parti puisse être représenté par un groupe :** *1957 :* 28 ; *59 :* 30 ; *88* (1-7) *:* 20 (seuil abaissé pour permettre au PC, n'ayant plus que 27 élus, de continuer à disposer d'un groupe).

Situation au 1-1-2001 (apparentés entre parenthèses). **Sièges :** 577 dont PS 244 (10), *Pt :* Jean-Marc Ayrault (Loire-Atlantique) ; RPR 131 (7), *Pt :* Jean-Louis Debré (Eure) ; UDF 66 (5), *Pt :* Philippe Douste-Blazy (Htes-Pyrénées) ; DL 41 (2), *Pt :* Jean-François Mattei (Bouches-du-Rhône) ; PC 33 (2), *Pt :* Alain Bocquet (Nord) ; Radical, Citoyen et Vert : 30, *Pt :* Bernard Charles (Lot). *Non-inscrits :* 6. Les membres du gouvernement sont comptabilisés dans les effectifs des groupes pendant 1 mois après leur nomination, mais ils ne votent pas pendant cette période.

■ **Autres mandats détenus au 1-1-2000.** Maires 299, conseillers généraux 213 (dont Pts de conseils généraux 14), conseillers régionaux 61 (dont Pts de conseils régionaux 9), conseillers de Paris 14, députés européens 4, assemblées d'outre-mer 1.

■ **Nombre de chambres :** En 1970-71, sur 126 États dotés de chambres parlementaires, il y en avait 53 bicaméristes (2 chambres), 73 monocaméristes (1 chambre).

1 chambre : *Danemark* (2e chambre supprimée en 1953), *Finlande* (depuis 1906), *Grèce, Israël, Luxembourg* (mais le Conseil d'État a un rôle consultatif étendu), *Nlle-Zélande* (2e supprimée en 1950), *Turquie.*

2 chambres : bicaméralisme (ou **bicamérisme).** *Types : technique* (par exemple, la France) : la 2e chambre (ou chambre haute), le Sénat, a un rôle de réflexion. *Fédéral* (USA, ex-URSS, All.) : la 2e chambre (Sénat, Soviet des nationalités, Bundesrat) représente les intérêts politiques fondamentaux des États membres de la fédération et dispose des mêmes pouvoirs que la chambre qui représente les citoyens. *Ancien :* la 2e chambre représente les intérêts politiques et économiques d'une aristocratie ou d'une classe sociale en voie de disparition (Chambre des lords en G.-B.). *Économique et social :* la 2e chambre représente certains intérêts professionnels, économiques, sociaux ou corporatifs (Chambre des faisceaux, Italie fasciste ; projet français du 27-4-1969). **L'assemblée élue se divise en 2** (pour former la 2e, les élus désignent une partie d'entre eux : 1/3 en *Islande,* 1/4 en *Norvège*).

Pouvoirs de la seconde assemblée. Pratiquement nuls : *Canada* (nommée à vie), *G.-B.* (nommée à vie ; héréditaire). **Inférieurs :** *Allemagne* [1] (assemblée fédérale), *Autriche* [1] (fédérale), *France* [1], *Irlande* (nommée et désignée), *Pays-Bas* [1], *Suède* [1]. **Égaux :** *Australie* [2] (fédérale), *Belgique* [2], *Italie* [2], *Suisse* [2] (fédérale), *USA* [2] (fédérale).

Nota. – (1) Élection indirecte. (2) Élection directe.

■ **Vote. Allemagne :** vote au Bundestag personnel ou obligatoire. Amende : 75 marks (environ 250 F) par absence. Interdiction du cumul des mandats. **États-Unis :** procurations interdites dans les séances plénières de la Chambre des représentants et du Sénat. 2 systèmes : vote à main levée et vote avec carte magnétique. **G.-B. :** pour voter, les députés doivent franchir l'une des 2 portes qui encadrent le siège du Pt : celle des « yes » ou celle des « no ». **Italie :** vote secret. Aucun texte de loi, théoriquement, ne peut être approuvé s'il n'y a pas au moins 316 députés en séance (chiffre rarement atteint).

■ **Durée des législatures.** En général 4 ou 5 ans (*Australie* et *Nlle-Zélande* 3, *USA* 2).

■ Organisation

■ **Bureau.** Pt élu pour une législature, 6 vice-Pts (remplacent le Pt pour la direction des séances publiques et participent aux travaux de divers organes collectifs), 3 questeurs (sous l'autorité du bureau, assument collégialement la gestion administrative et financière), 12 secrétaires élus pour 1 an (assurent le contrôle des scrutins et certifient l'exactitude des procès-verbaux de séance).

■ **Président de l'Assemblée nationale.** Élu pour une législature, il dirige les débats en séance publique et certains organes importants (bureau de l'Assemblée, Conférence des Pts...), veille à la sûreté de l'Assemblée et, à cet effet, peut requérir la force armée. Il est chargé, par la Constitution, de nommer 3 des 9 membres du Conseil constitutionnel et de le saisir dans certains cas. Il doit être consulté par le président de la République préalablement à la dissolution de l'Assemblée et à la mise en vigueur de pouvoirs exceptionnels.

☞ *Fauteuil présidentiel :* celui de Lucien Bonaparte aux Cinq-Cents (1799), placé sur une tribune surélevée dominant celle des orateurs, qui domine elle-même le bureau des secrétaires des débats et est ornée d'un bas-relief de marbre blanc représentant *l'Histoire,* ses tablettes à la main, notant les paroles du législateur et *la Renommée* embouchant une trompette pour les diffuser. L'ensemble, d'environ 4 m de hauteur, est appelé depuis la IIIe République le *perchoir*.

Présidents depuis 1871. IIIe République : 1871-16-2 *Jules Grévy*[1] (1807-91) ; **1873**-4-4 *Louis Buffet* (1818-98) ; **1875**-15-3 *duc d'Audiffret-Pasquier* (1823-1905) ; **1876**-13-3 *Jules Grévy* ; **1879**-31-1 *Léon Gambetta* (1838-82) ; **1881**-3-11 *Henri Brisson*[3] (1835-1912) ; **1885**-8-4 *Charles Floquet* (1828-96) ; **1888**-4-4 *Jules Méline* (1838-1925) ; **1889**-16-11 *Charles Floquet ;* **1893**-16-1 *Jean Casimir-Perier* (1847-1907) ; **1893**-5-12 *Charles Dupuy*[3] (1851-1923) ; **1894**-2-6 *Casimir-Perier*[2] ; **1894**-5-7 *Auguste Burdeau*[4] (1851-94) ; **1894**-18-12 *Henri Brisson* ; **1898**-9-6 *Paul Deschanel* (1856-1922) ; **1902**-10-6 *Léon Bourgeois* (1851-1925) ; **1905**-10-1 *Paul Doumer* (1857-1932) ; **1906**-8-6 *Henri Brisson* ; **1912**-23-5 *Paul Deschanel* ; **1920**-12-2 *Raoul Péret* (1870-1942) ; **1924**-9-6 *Paul Painlevé*[3] (1863-1933) ; **1925**-22-4 *Édouard Herriot*[3] (1872-1957) ; **1926**-22-7 *Raoul Péret* ; **1927**-11-1 *Fernand Bouisson* (1874-1959) ; **1936**-4-6 *Édouard Herriot.* **IVe République : 1946**-3-12 (2e Assemblée constituante ; Assemblée nationale) *Vincent Auriol*[2] (1884-1966) ; **1947**-21-1 *Édouard Herriot*[1] (puis « Pt d'honneur ») ; **1954**-12-1 *André Le Troquer* (1884-1963) ; **1955**-11-1 *Pierre Schneiter* (1905-79) ; **1956**-24-1 *André Le Troquer.* **Ve République : 1958**-9-12 *Jacques Chaban-Delmas* (7-3-1915) ; **1969**-25-6 *Achille Peretti* (1911-83) ; **1973**-2-4 *Edgar Faure* (1908-88) ; **1978**-3-4 *Jacques Chaban-Delmas* ; **1981**-2-7 *Louis Mermaz* (20-8-1931) ; **1986**-2-4 *Jacques Chaban-Delmas* [au 1er tour : 271 voix ; André Labarrère (PS) : 207 ; Yann Piat (FN) : 36 ; Guy Ducoloné (PC) : 33 ; 2e tour : 282 voix sur 554 exprimées] ; **1988**-23-6 *Laurent Fabius* (20-8-1946), 41 ans (le plus jeune Pt depuis Gambetta) ; [1er tour : Fabius (PS) 276 voix, Chaban-Delmas (RPR) 263, Georges Hage (PC) 25, Yann Piat (FN) 4 ; 2e tour : Fabius 301, Chaban-Delmas 268] ; **1992**-22-1 *Henri Emmanuelli* (31-5-1945) [534 suffrages exprimés sur 541 votants : 1er tour : Emmanuelli (PS) 256 voix, Chaban-Delmas (RPR) 207, Huguette Bouchardeau (apparentée PS) 44, Hage (PC) 27 ; 2e tour : Emmanuelli 289, Chaban-Delmas 225, Bouchardeau 32] ; **1993**-2-4 *Philippe Séguin* (21-4-1943) [1er tour : Séguin (RPR) 266, André Labarrère (PS) 62, Hage (PC) 24, Dominique Baudis (centriste) 180, blancs ou nuls 13 ; 2e tour : Séguin 389, Labarrère 59, Hage 26, divers 5, blancs ou nuls 54 (44 députés, dont 25 suppléants, n'ont pas pris part au vote)]. **1997**-*12-6 Laurent Fabius* [1er tour : Fabius (PS) 263, Nicole Catala (RPR) 137, Gilles de Robien (UDF) 111, Guy Hascoët (Verts) 30 ; 2e tour : Laurent Fabius 292, Nicole Catala 223, blancs ou nuls 17] ; **2000**-*29-3 Raymond Forni* (20-5-1941) [(PS) 274, Nicole Catala (180)].

Nota. – (1) Démissionne. (2) Élu Pt de la République. (3) Devient Pt du Conseil. (4) Décédé.

■ **Vice-présidents (au 1-10-1999).** *Nicole Catala* (2-2-1936) [RPR], *Yves Cochet* (15-2-1946) [RCV], *Raymond Forni* (20-5-1941) [PS], *Patrick Ollier* (17-12-1944) [RPR], *Pierre-André Wiltzer* (31-10-1940) [UDF], *Philippe Houillon* (15-12-1951) [DL].

■ **Questeurs.** *Patrick Braouzec* (12-12-1950) [PC], *Henri Cuq* (12-3-1942) [RPR], *Bernard Derosier* (10-11-1939) [PS].

■ **Séances (statistiques). Jours :** *1985 :* 118 ; *86 :* 129 ; *87 :* 114 ; *88 :* 70 ; *89 :* 117 ; *90 :* 111 ; *91 :* 123 ; *92 :* 121 ; *93 :* 110 ; *94 :* 133 ; *95-96 :* 117 ; *96-97 :* 99 ; *97-98 :* 120 ; *98-99 :* 115. **Nombre de séances :** *1985 :* 239 ; *86 :* 277 ; *87 :* 273 ; *88 :* 147 ; *89 :* 246 ; *90 :* 234 ; *91 :* 273 ; *92 :* 256 ; *93 :* 251 ; *94 :* 300 ; *95-96 :* 223 ; *96-97 :* 182 ; *97-98 :* 269 ; *98-99 :* 295. **Heures :** *1985 :* 792 h 55 ; *86 :* 933 h 40 ; *87 :* 925 h 55 ; *88 :* 484 h ; *89 :* 834 h 55 ; *90 :* 849 h 10 ; *91 :* 953 h 20 ; *92 :* 921 h 50 ; *93 :* 860 h 25 ; *94 :* 996 h 25 ; *95-96 :* 946 h 15 ; *96-97 :* 772 h ; *97-98 :* 1 015 ; *98-99 :* 1 129 h 45 ; *99-2000 :* 984 h 30 (dont débats législatifs 688 h 55, budgétaires 154 h 55, questions 104 h 05).

Durée (records) : **IIIe République :** certaines séances dépassent 24 h (la 1re fois, ce fut en 1903, du 30 mars à 9 h 30 au 31 à 12 h 30, soit 27 h). **IVe République :** le 29-11-1947 : Robert Schuman dépose sur le bureau de l'Assemblée une série de textes dits de « défense publique ». Les communistes font obstruction 4 jours et 4 nuits (déposant amendements, contre-propositions, demandes de renvoi et exigeant à chaque instant des scrutins publics à la tribune). Le 1-12-1947 à 19 h 30 le député Raoul Calas (Hérault) évoque à la tribune le « glorieux régiment du 17e qui a refusé de tirer sur le peuple à Béziers en 1907 ». Le groupe communiste se lève et entonne l'hymne de Montehus, *Salut braves soldats du dix-septième !* Calas refuse de quitter la tribune. La séance est alors suspendue. A 6 h 15 Calas est évacué « manu militari ». **Ve République :** 20 h 45 de séance (17-11-1978 : discussion d'un budget de la loi de finances pour 1979).

■ **Bilan (1999-2000). Textes déposés :** 162 projets, 1 022 propositions. **Textes adoptés :** 98 projets, 43 propositions. **Amendements enregistrés :** 12 326, adoptés 4 182. **Engagements de responsabilité sur le vote d'un texte :** (art. 49, alinéa 3) 0. **Motions de censure :** (art. 49, alinéas 2 et 3) 0. **Questions orales :** sans débat 254. **Questions au gouvernement :** 762. **Questions écrites :** 16 058, réponses 13 779.

☞ **Réception de chefs d'État :** 4 ont pu prendre la parole à la tribune : Woodrow Wilson (Pt USA) en 1918 ; Juan Carlos (roi d'Espagne) 7-10-1993 ; William Clinton (Pt USA) 7-6-1994 ; Hassan II (roi du Maroc) 7-5-1996 ; Romano Prodi (Pt du Conseil, Italie) 19-11-1997 ; Tony Blair (P.M. de G.-B.) 24-3-1998 ; Abdou Diouf (Pt, Sénégal) 21-10-1998 ; Kofi Annan (secr. général, Onu) 8-12-1998 ; Gerhard Schröder (chancellier, Allemagne) 30-11-1999 ; Abdelaziz Bouteflika (Pt, Algérie) 2000.

■ Siège de l'Assemblée

■ **Paris. Palais-Bourbon :** construit au XVIIIe s. par Louise-Françoise de Nantes, Dchesse de Bourbon (1673-1743), fille légitimée de Louis XIV et de Mme de Montespan. **1722** début des travaux de l'*hôtel de Bourbon*, confiés à l'Italien Giardini († 1722) et approuvés par Hardouin-Mansart, puis à Lassurance († 1724). **1724** repris par Jean Aubert et Jacques Gabriel. Le Mis de Lassay (Armand de Madaillan de Lesparre, 1652-1738), son beau-frère (il avait épousé la sœur du duc de Bourbon) et ami, qui l'avait conseillé pour la construction, fit construire sur son ordre l'*hôtel de Lassay* à proximité du palais (1724-30). **1728** travaux achevés. **1743** à la mort de la duchesse, ses petites-filles (Louise-Élisabeth et Louise-Anne) en héritent ; ne peuvent le tenir. **1756** acheté par Louis XV. **1764** Louis XV le cède à Louis-Joseph de Bourbon, Pce de Condé (1736-1818, petit-fils de la duchesse), pour le prix du terrain et des glaces. **1765** agrandi et transformé par Louis-Joseph (Jacques-Germain Soufflot modifie dans le sens de l'austérité les conceptions d'origine de Mansart et de Gabriel). **1768** Louis-Joseph achète l'hôtel de Lassay. **1790** hôtel de Bourbon réquisitionné (Louis-Joseph ayant émigré de 1789 au 1-5-1814). **1791** hôtel de Lassay bien de la nation, l'ensemble s'appelle *Maison de la Révolution*. **1793** écuries et remises occupées par l'administration des convois de l'armée. **1794** *-mars* École centrale des travaux publics (future Polytechnique) dans l'hôtel de Lassay et commission des Travaux publics et bureaux de l'École des ponts et chaussées dans l'hôtel de Bourbon. **1795**-*18-9* décret affectant au Conseil des Cinq-Cents le Palais-Bourbon. **1795-98** construction d'une salle des séances, la 1re conçue en France pour servir durablement à une assemblée de législateurs. Inauguration 17-11-1798, 1re séance 21-1-1798. Cette salle est occupée sous le Consulat et l'Empire par le Corps législatif. A cette époque, Fontanes, Pt du Corps législatif, fait édifier l'actuelle façade nord du palais dans le style de l'église de la Madeleine. **1816** par un bail de 3 ans, Louis-Joseph loue l'hôtel à la Chambre des députés. **1827** son fils Louis-Henri de Bourbon, 8e Pce de Condé (1756-1830), vend le palais à la Chambre 5 250 000 F et habite l'hôtel de Lassay jusqu'à sa mort. **1829-32** construction par Jules de Joly d'une nouvelle salle (terminée le 21-11-1832, encore en usage, dite « hémicycle ») ; pendant les travaux, « salle de bois » (provisoire, installée dans le Jardin des 4 colonnes, sert du 27-2-1830 au 25-9-1832). **1848** Palais-Bourbon et hôtel de Lassay sont reliés par une 1re galerie. Les constituants, en raison de leur nombre, occupent une salle provisoire édifiée dans la cour d'honneur. **1860** reliés par une 2e galerie édifiée pour abriter les tableaux du duc de Morny, Pt du Corps législatif. **1879** redevient le siège de la Chambre des députés. **1932** salle Colbert. **1937** hôtel de la questure.

☞ **Superficie :** 34 812 m² ; **façade** sur la Seine (fronton dû à Jean-Pierre Cortot, achevé en 1841, monté en 1842, représente « la France entre la Liberté et l'Ordre public » ; **dépendances :** *101, rue de l'Université* (construit 1974), 4 083 m² (2 restaurants, 200 bureaux reliés au palais par une galerie souterraine) ; *233, bd St-Germain* (acquis 1983) 11 963 m² (bureaux, archives, services administratifs) ; **ex-hôtel Sofitel Bourbon :** *32, rue St-Dominique* (112 chambres, acheté le 1-3-1990 450 millions de F, soit 4 millions de F la chambre). **Total** (palais et dépendances) : 34 salles de réunion, 1 057 bureaux. **Population :** 3 000 personnes dont 577 députés ; 1 220 fonctionnaires dont 150 administrateurs de l'Ass. nat. (plus 80 adjoints), recrutés tous les 2 ans par un concours du niveau de celui de l'Éna, affectés dans les différents services et commissions ; 583 agents et huissiers, informaticiens, secrétaires, sténographes, secrétaires des débats et membres de divers corps de métier, 1 200 collaborateurs de députés. Chaque élu dispose d'un crédit mensuel pour rémunérer jusqu'à 3 assistants (depuis 1995) choisis par lui mais payés par l'Assemblée. **Visiteurs :** *1980 :* 32 400 ; *1995 :* 115 000 ; *1999 :* 130 914 ; *2000 :* 160 328.

Hôtel de Lassay : 1724 construit par le Mis de Lassay. **1738** passe à son fils, le Cte de Lassay ; puis **1755** à Louis-Léon de Brancas (époux d'une nièce du comte). **1768** acheté par Louis-Joseph de Bourbon, réaménagé (décoration glorifiant ses faits d'armes). **1794** travaux pour la transformation en école. **1797** l'école part au Muséum, devient la bibliothèque de l'Assemblée. **1804** travaux pour loger Fontanes, Pt du Conseil législatif (1803 obligation au Pt de loger sur place). **1830** mort de Louis-Henri de Bourbon, légué au duc d'Aumale, 4e fils de Louis-Philippe. **1832** Aumale le loue comme hôtel de la présidence. **1843** Aumale le vend à la présidence. **1845** démolition des petits appartements et construction du quai d'Orsay.

■ **Galeries et tribunes.** Plusieurs ouvertes au *public* (le jour des séances publiques, les 10 premières personnes se présentant à l'entrée ont droit à une place ; sinon demander une invitation à son député). *De la presse française et étrangère* (dernier étage, accueille parfois plus de 130 journalistes). *Des anciens parlementaires. Des invités, du Sénat, des ministres, des questeurs* (3 députés élus). *Des préfets. Des invités du Pt de la République :* lui-même n'a pas le droit de venir à l'Assemblée depuis 1873. *Du corps diplomatique. Des corps constitués.*

SÉNAT

☞ *Abréviations :* partis politiques voir à l'Index.

■ **Origine. 1795** Conseil des Anciens (conflits). **1799**-*13-12* Sénat conservateur, Constitution du 22 frimaire an VIII, 1re réunion 24-12. **1814-15** Restauration disparaît. **1852**-*14-1* Sénat (72 puis 150 membres nommés à vie). **1875** Sénat (300 membres dont 75 nommés à vie). *-22-2* vote (425 voix contre 254) consacrant la validité du mandat des sénateurs. **1946**-*27-10* Conseil de la République. **1948** conseillers appelés sénateurs.

COMPOSITION

■ **Élection.** Élu pour 9 ans au suffrage universel indirect, dans le cadre de chaque département, par un collège électoral (en 1999, environ 138 000 personnes) composé des députés, conseillers régionaux, conseillers généraux et délégués des conseils municipaux ou leurs suppléants, désignés en nombre variable selon l'importance de la population [les plus nombreux dans les collèges électoraux : **communes de – de 9 000 hab.** (délégués élus au scrutin majoritaire à 3 tours) : 1 délégué pour les conseils municipaux de 9 et 11 membres (communes qui ont jusqu'à 499 hab.), 3 pour 15 membres (communes de 500 à 1 499 hab.), 5 délégués pour 19 membres (communes de 1 500 à 2 499 hab.), 7 pour 23 membres (communes de 2 500 à 3 499 hab.), 15 pour 27 et 29 membres (communes de 3 500 à 8 999 hab.) ; **communes de 9 000 hab. et + :** tous les conseillers sont délégués de droit ; **communes de + de 30 000 hab.** (délégués élus à la proportionnelle aux + forts restes) : les conseillers municipaux élisent en outre des délégués supplémentaires à raison de 1 pour 1 000 hab. au-dessus de 30 000 hab.]. **De plus, sont délégués :** les députés, délégués des conseils municipaux, conseillers généraux et régionaux des départements).

Renouvellement : tous les 3 ans. Les sénateurs sont répartis en 3 séries à peu près égales A, B, C, déterminées par la liste alphabétique des départements. Une seule série est renouvelée à chaque élection sénatoriale, qui a lieu tous les 3 ans. En métropole, l'élection a lieu au scrutin uninominal ou plurinominal majoritaire à 2 tours dans les départements représentés par 1 à 2 sénateurs (pour être élu au 1er tour, il faut obtenir la majorité absolue des suffrages exprimés et un nombre de voix égal à 1/4 des électeurs inscrits ; majorité relative au 2e tour ; à égalité des voix, le plus âgé est élu) ; à la représentation proportionnelle avec répartition des sièges selon la plus forte moyenne (sans panachage ni vote préférentiel) dans ceux qui ont droit à 3 sièges de sénateurs ou plus (art. L. 294 et L. 295 du Code électoral). Les sénateurs des départements et territoires d'outre-mer, Nlle-Calédonie, Mayotte

Catégories représentées en %	IIIe R. (1930)	IVe R. (1949)	Ve R. (1987)	Ve R. (1992)	Ve R. (2000)
Prof. libérales et méd.	36	33,8	29	30	25
Agriculture	13,5	13,7	16	14	11
Industrie et commerce	12,3	12,9	15	13	11
Cadres sup. et hauts fonct.	15,7	13,7	n.c.	10,5	13
Enseignement	6,45	11,4	12	13	22
Employés, cadres moyens	–	5,9	n.c.	10	5,6
Ouvriers	–	3,5	n.c.	1,5	0,6
Retraités	–	–	–	8	10
Sans profession déclarée	–	–	–	–	4

et St-Pierre-et-Miquelon, sont soumis au même régime que les sénateurs métropolitains. Les 12 représentants des Français établis hors de France sont élus par les 150 membres élus du Conseil supérieur des Français de l'étranger (CSFE), à la représentation proportionnelle à la plus forte moyenne, sans panachage ni vote préférentiel.

Répartition des sièges par séries : *A :* 102 (Ain à Indre 95, Guyane 1, Polynésie française 1, Wallis-et-Futuna 1, Français hors de France 4). *B :* 102 (Indre-et-Loire à Pyrénées-Orientales 94, Réunion 3, Nlle-Calédonie 1, Français hors de France 4). *C :* 117 (Bas-Rhin à Yonne 62, Essonne à Yvelines et Paris 45, Guadeloupe 2, Martinique 2, Mayotte 1, Saint-Pierre-et-Miquelon 1, Français hors de France 4).

☞ **Élections du 27-9-1998 :** *série A* (102 sièges) + 2 élections partielles (Hte-Loire et Puy-de-Dôme). La représentation proportionnelle s'applique dans 2 départements (Bouches-du-Rhône et Gironde) et aux représentants des Français établis hors de France, soit 16 sièges. 104 sièges sont renouvelés (3 étaient vacants), 35 sénateurs ne se représentent pas, 53 sont réélus, 13 sont battus, 51 nouveaux sénateurs sont élus. *Collège électoral de la série A* 48 326 dont métropole 47 322 (45 796 délégués des conseils municipaux, 1 561 conseillers généraux, 644 conseillers régionaux, 178 députés). Conseil supérieur des Français de l'étranger 150.

■ **Représentativité.** La France rurale pèse un peu plus au Sénat que dans la vie réelle. *Raison juridique :* si l'Ass. nat. représente directement les citoyens, le Sénat, lui, représente aussi les collectivités territoriales (art. 24 de la Constitution). *Raison politique :* rôle modérateur de la 2e Chambre (comme en 1875 et 1946). La relative surreprésentation rurale est moins critiquée depuis que le souci écologiste et le besoin de sécurité donnent plus d'attrait aux petites et moyennes communes.

Une commune de 510 hab. dispose de 3 « grands électeurs », une de 256 000 hab. de 291 (elle est donc 5 fois moins représentée). La loi du 16-7-1976, en voulant tenir compte de l'augmentation de la population urbaine, a augmenté le nombre de sénateurs de 283 à 316. La loi du 18-6-1983 a porté de 6 à 12 le nombre des sénateurs représentant les Français établis à l'étranger.

■ **Nombre de membres.** *1959* (renouvellement total) : 309 ; *62 :* 274 ; *65 :* 274 ; *68 :* 283 ; *71 :* 283 ; *74 :* 283 ; *77 :* 295 ; *80 :* 305[1] ; *83 :* 318[1] ; *86 :* 320[1] ; *89 et 92 :* 322 (dont 321 [1] pourvus) dont métropole 296, DOM 8, TOM 2, Mayotte 1, St-Pierre-et-Miquelon 1, Nlle-Calédonie 1, Français établis hors de France 12.

Nota. – (1) Le siège du territoire des Afars et des Issas, devenu indépendant en 1977, n'est plus pourvu depuis la démission d'Amadou Barkat Gourat. **Liste des députés et des sénateurs** (voir p. 743 c).

■ **Groupes politiques** (au 1-1-2001). **Effectifs :** 322 sièges, 321 élus. *Communiste républicain et citoyen* [Pte Hélène Luc (V.-de-M.)] 17, *Rassemblement démocratique et social européen* [Pt Guy Cabanel (Isère)] (successeur de la gauche démocratique, créée avril 1892, qui eut plus de 150 membres entre 1918 et 1939) 23 (dont 1 rattaché) ; *Union centriste* [Pt Jean Arthuis (Mayenne)] 52 (dont 3 rattachés) ; *Républicains et Indépendants* [Pt Henri de Raincourt (Yonne)] 46 (dont 1 apparenté et 2 rattachés) ; RPR [Pt Josselin de Rohan (Morbihan)] 99 (dont 6 apparentés et 8 rattachés) ; *Socialiste* [Pt Claude Estier (Paris)] 77 (dont 3 apparentés). *D'aucun groupe* 7 [délégué : Philippe Admot (Aube)]. *Siège non pourvu* 1 (ancien territoire des Afars et des Issas).

■ **Répartition** (au 1-1-2001). **Total général :** 321, dont *professions agricoles* 35 ; *commerciales et industrielles* 33 (dont chefs d'entreprise 20, négociants 3, commerçants 2, retraités 7, artisan 1) ; *salariés* 44 (dont cadres divers 30, ingénieurs 8, employés 3, retraités 2, ouvrier 1) ; *médicales* 42 (dont médecins 20, vétérinaires 8, professeurs 3, pharmaciens 5, dentistes 2, chirurgiens 2, retraité 1, autre 1) ; *judiciaires et libérales* 40 (dont avocats 11, autres prof. libérales 13, journalistes 7, officiers ministériels 3, publiciste 1, retraités 5) ; *enseignants* 70 (dont secondaire 28, supérieur 14, primaire 10, retraités 13, autres catégories 5) ; *fonctionnaires et agents du service public* 43 (dont hauts fonctionnaires 27, retraités 9, cadre moyen 1, autres catégories 6) ; *sans profession déclarée* 4.

■ **Composition par âges** (en %, 1999). *35 à 50 ans :* 13 ; *51 à 60 a. :* 32 ; *61 à 70 a. :* 36 ; *71 à 80 a. :* 18 ; *+ de 80 a. :* 1.

■ **Femmes.** *1959 :* 5 ; *99 :* 19.

ORGANISATION

■ **Bureau.** Élu pour 3 ans ; 22 m. ; assiste le Pt dans l'organisation du travail parlementaire, la présidence des débats et l'administration de l'Assemblée. *Bureau élu 6-10-1998 : Pt :* Christian Poncelet (24-3-1928). *Vice-Pts :* Jean Faure (14-1-1937, UC), Gérard Larcher (14-9-1949, RPR), Paul Girod (27-6-1931, RDSE), Jacques Valade (4-5-1930, RPR), Guy Allouche (27-10-1939, PS), Jean-Claude Gaudin (8-10-1939, RI). *Questeurs :* Serge Mathieu (10-2-1936, RI), Claude Huriet (24-5-1930, UC), François Autain (16-6-1935, PS). *Secrétaires :* 12.

■ **Président.** Élu après chaque renouvellement (tous les 3 ans), nomme notamment 3 membres du Conseil constitutionnel. En cas de vacance ou d'empêchement du Pt de la République, il assume provisoirement l'intérim (voir p. 733 b).

Présidents depuis 1876. 1876-13-3 **duc Edme d'Audiffret-Pasquier** (1823-1905), orléaniste rallié à la République. **1879**-15-1 **Louis Martel** (1813-92), droite. **1880**-25-5 **Léon Say** (1826-96), centre gauche. **1882**-2-2 **Élie Le Royer** (1816-97), gauche rép. **1893**-24-2 **Jules Ferry** (1832-93), gauche rép., décédé en fonctions (17-3). 27-3 **Paul-Armand Challemel-Lacour** (1827-96), union rép. **1896**-16-1 **Émile Loubet** (1838-1929), gauche rép., élu Pt de la Rép. 18-2-1899. **1899**-3-3 **Armand Fallières** (1841-1931), gauche dém., élu Pt de la Rép. 17-1-1906. **1906**-16-2 **Antonin Dubost** (1844-1921), gauche rép., non réélu. **1920**-14-1 **Léon Bourgeois** (1851-1925), gauche dém. et radicale-soc., démissionnaire pour raison de santé. **1923**-22-2 **Gaston Doumergue** (1863-1937), gauche dém. et radicale-soc., élu Pt de la Rép. 13-6-1924. **1924**-19-6 **Justin de Selves** (1848-1934), union rép., non réélu, sénateur 9-1-1927. **1927**-14-1 **Paul Doumer** (1857-1932), gauche dém., élu Pt de la Rép. 13-5-1931. **1931**-11-6 **Albert Lebrun** (1871-1950), union rép., élu Pt de la Rép. 10-5-1932. **1932**-3-6 **Jules Jeanneney** (1864-1957), gauche dém. **1946**-27-12 **Auguste Champetier de Ribes** (1882/6-3-1947), proclamé élu comme le plus âgé au 3e tour (lui et Marrane avaient obtenu chacun 129 voix), non inscrit, décédé en fonctions. -18-3 **Gaston Monnerville** (Cayenne, Guyane, 2-1-1897/7-11-1991), rassemblement des gauches rép. et gauche dém. **1968**-2-10 à 3 h du matin, **Alain Poher** (Ablon-sur-Seine 17-4-1909/9-12-1996), UC, élu au 3e tour sans avoir été candidat aux 2 premiers. 265 votants : Poher 135, Pierre Garet (indépendant) 107, Georges Cogniot (communiste) 22. Poher sera réélu après chaque renouvellement triennal (toujours au 1er tour). **1971**-2-10 (265 votants) : 199 voix contre Cogniot (communiste) 26. **1974**-2-10 (268 votants) : 193 voix contre Pierre Giraud (socialiste) 70, 2 divers. **1977**-3-10 (287 votants) : 192 voix contre Marcel Brégégère (socialiste) 65, Fernand Lefort (communiste) 23, 1 divers. **1980**-2-10 (296 votants) : 193 voix contre Edgar Taihades (socialiste) 75, Hélène Luc (communiste) 24, 1 divers. **1983**-3-10 (311 votants) : 210 voix contre Edgar Taihades 96. **1986**-2-10 (313 votants) : 230 voix contre Tony Larue (socialiste) 62, Charles Lederman (communiste) 16, 1 divers. **1989**-2-10 réélu grâce au soutien du RPR. *1er tour* (2-10) : votants 319, blancs ou nuls 3, exprimés 316. Poher (UC) 115, Claude Estier (socialiste) 66, Philippe de Bourgoing (UREI) 50, Jean Arthuis (UC) 40, Jean François-Poncet (RDE) 21, Charles Lederman (communiste) 16 ; *non candidats :* Christian Poncelet (RPR) 2, Charles Pasqua (RPR) 2, Geoffroy de Montalembert (RPR) 1, Maurice Schumann (RPR) 1. *2e tour* (22 h 30) : votants 320, blancs ou nuls 1, exprimés 319, Poher 108, Estier 85, Pierre-Christian Taittinger (UREI) 66, René Monory (UC) 57 ; *non candidats :* G. de Montalembert, Philippe de Bourgoing, C. Poncelet 1. *3e tour* (2 h 35) : votants 320, blancs ou nuls 3, suffrages exprimés 317, Poher 127, Taittinger 111, Estier 79. **1992**-2-10 **René Monory** (né Loudun, Vienne, 6-6-1923) [*1er tour :* 315 voix dont Monory (UDF-CDS) 125, Charles Pasqua (RPR) 102, Claude Estier (socialiste) 72, Robert Vizet (communiste) 15 et Christian Poncelet (RPR, non candidat) 1. *2e tour :* 292 dont Monory 200, Estier 76, Vizet 16]. Le 1-10, les sénateurs appartenant aux 3 groupes de l'UDF avaient désigné Monory (Union centriste) comme candidat unique [*1er tour :* 47 voix sur 128 (Daniel Hoeffel 27, Pierre-Christian Taittinger 22, Jacques Larcher 16, J.-Pierre Fourcade 9, Marcel Lucotte 4 et 3 bulletins nuls). *2e tour :* Hoeffel, Larcher et Fourcade se retirent ; Monory 66, Taittinger (Républicains et Indépendants) 60]. **1995**-2-10 réélu au 1er tour [votants 315, suffrages exprimés 287, Monory 186, Estier 78, Hélène Luc (CRC) 18 ; *non candidats :* Pasqua 3, Poncelet 2]. **1998**-1-10 **Christian Poncelet** (né Blaise, Ardennes, 24-3-1928) [*1er tour :* 309 suffrages exprimés dont Christian Poncelet (RPR) 118 voix, René Monory (UC) 102, Claude Estier (socialiste) 72, Hélène Luc (CRC) 17. *2e tour :* 317 suffrages exprimés dont C. Poncelet 125, Daniel Hoeffel (UC) 109, C. Estier 83. *3e tour :* 283 suffrages exprimés dont C. Poncelet 189 voix, C. Estier 93, H. Luc (non candidate) 1].

☞ **Pts de la République qui n'ont pas été Pts du Sénat : IIIe Rép.** Poincaré, **IVe Rép.** Coty, **Ve Rép.** tous.

☞ Le Pt de la République n'a pas le droit de se rendre au Sénat.

■ **Doyen.** Kléber Malécot (Union centriste, Loiret, né 12-2-1915).

■ **Statistiques (année parlementaire 1999-2000).** 107 jours et 710 h 55 de séance publique, dont 488 h 15 de travaux législatifs, 81 h 25 de travaux de contrôle, 131 h 40 de débats budgétaires. 53 textes de loi définitivement adoptés (plus 61 conventions) parmi lesquels 98 (plus 30 conventions) en termes identiques par l'Assemblée nationale et le Sénat (91 par la navette et 7 textes par CMP) contre 16 « derniers mots » à l'Assemblée nationale. 6 textes définitivement adoptés avaient pour origine des propositions sénatoriales. 5 556 amendements déposés, 3 131 adoptés, dont plus de 47 % ont été retenus par l'Assemblée nationale, 184 questions d'actualité au gouvernement, 7 317 questions écrites, 3 questions orales avec débat, 257 questions orales sans débat, 4 déclarations gouvernementales suivies d'un débat.

Siège

■ **Palais du Luxembourg.** **1612**-*2-4* pour se construire une résidence, Marie de Médicis (1573-1642) achète (90 000 livres tournois), à Saint-Germain-des-Prés, le domaine du duc de Luxembourg qui comprend un hôtel (le Petit-Luxembourg, construit au milieu du XVIe s. pour Alexandre de la Tourrette, Pt de la Cour des monnaies en 1553. Racheté en 1564 par Jacqueline de Morainvilliers, veuve du conseiller au Parlement Robert de Harlay, l'hôtel échoit ensuite au duc François de Luxembourg, Pce de Piney, ami d'Henri III, puis d'Henri IV ; le duc fait passer le jardin de 2 à 8 ha), un jardin et des terres. **1615** la reine demande à Salomon de La Brosse de lui construire un palais à l'italienne. Corps de logis (89 m) sur jardin, flanqué de 2 pavillons, ailes en retour d'un seul étage, 2 pavillons d'angle sur la rue, un mur aveugle et un pavillon d'entrée, le tout formant une cour intérieure. **1615-22** construction (terminée par Marin de La Vallée). **1630**-*10-11* journée des Dupes, Marie de Médicis est exilée (biens sous séquestre). **1642**-*3-7* mort de Marie de Médicis, son testament indique que ses biens doivent régler ses dettes ; le palais, estimé à 1 170 000 livres, échoit dans l'acte de partage à Gaston d'Orléans (1608-60) et devient *le palais d'Orléans*. Exilé à Blois, Gaston le quitte en 1652 ; il appartient ensuite à sa fille, Anne, Dchesse de Montpensier, dite « la Grande Mademoiselle ». **1652-57** comme son père, elle est exilée. **1657** elle y habite. **1665** hérite de la moitié du palais, l'autre allant à la veuve de Gaston qui y vit jusqu'à sa mort en 1693. **1696** Louis XIV en hérite à la mort d'Élisabeth, fille de Gaston. **1710** à la mort de Louis XIV, le palais revient au régent Philippe d'Orléans qui le donne à sa fille Marie-Louise, Dchesse de Berry, qui l'occupe de **1715 à 1719**. Sert à loger des gens sur brevet du roi. **1733-36** gros travaux. **1750** 1er musée public de peinture dans la galerie Est [(actuelle annexe de la bibliothèque) ; *1780* fermé ; *1803* rouvert ; *1815* fermé car les Alliés récupèrent le butin des armées napoléoniennes ; *1818* le Cte Forbin, directeur des musées royaux, rouvre le musée, affecté aux artistes contemporains ; *1881* transfert du musée de l'aile Est dans l'Orangerie Ferou édifiée par Alphonse de Gisors près du Petit-Luxembourg ; *1884-86* on ajoute une salle d'exposition en retour d'équerre où on expose les peintures, les sculptures étant exposées dans l'Orangerie ; *1937* collections du musée transférées au musée d'Art moderne, quai de Tokyo]. **1778** octroyé comme « complément d'apanage » à Stanislas de Bourbon, Cte de Provence (1755-1824), frère de Louis XVI. Pendant 12 ans il en jouit et fait des travaux. **1791**-*20/21-6* émigre en Belgique ; le palais est saisi comme bien national. **1793** prison : « maison nationale de sûreté ». **1795** siège du Directoire. **1799**-*24-12* siège du Sénat conservateur (salon Boffrand). **1804** siège du Sénat, nombreux travaux (1800-04), Jean-François Chalgrin (nommé architecte du palais par le Cte de Provence en 1780) crée le 1er hémicycle et l'escalier d'honneur qui remplace la grande galerie. **1814** Chambre des pairs. **1834** à cause de l'augmentation du nombre des pairs, Thiers demande à Alphonse de Gisors, architecte de la Chambre des pairs, de faire un projet de salle des séances de 300 places et d'une nouvelle bibliothèque (travaux 1836-41). **1852** Sénat. **1879** retour du Sénat (qui siégeait à Versailles de 1875 à 79). **1889**-*oct.* annexe de la bibliothèque transformée en prison pour juger Paul Déroulède et les membres de la Ligue des patriotes. **1940-44**-*25-8* siège du grand état-major de la Luftwaffe West (chef : Mal Speerle qui loge au Petit-Luxembourg). **1944**-*nov.* **à 1945**-*3-8* Assemblée consultative provisoire. **1946** *juil.-oct.* conférence de la paix. *-Déc.* Conseil de la République. **1958** Sénat.

■ **Petit-Luxembourg.** **1612** acquis par Marie de Médicis qui y fait peu de travaux. **1627**-*28-6* elle le donne à Richelieu. **1639** Richelieu installé au palais Cardinal donne l'hôtel et toutes ses collections à sa nièce Marie de Vignerot, Dchesse d'Aiguillon, épouse d'Antoine de Combalet. A sa mort, il revient à Armand-Jean Vignerot. **1674** le Pce de Condé revendique l'hôtel car sa femme est une nièce de Richelieu. 30 ans de procès gagné par Condé. **1709-13** l'architecte Germain Boffrand rénove et agrandit l'hôtel pour Anne de Bavière, veuve d'Henri-Jules de Bourbon-Condé (état actuel de l'hôtel). **1735-41** appartient à Mlle de Clermont, sœur du duc de Bourbon. Puis il est loué : Pcesse de Savoie-Carignan, Cte de Mercy-Argenteau, Cte de Provence (1780-91). **Révolution** confisqué comme bien national. **1795** résidence des directeurs. **1799**-*11-11* **à 1800**-*févr.* résidence de Bonaparte. **1799-1804**-*mai* siège du Sénat. **Après 1804** logement des grands dignitaires de l'Empire. **1871** cour martiale pour juger les fédérés (exécutions dans les jardins). **1871-79** le préfet de la Seine y demeure (Hôtel de Ville détruit). **1940-44** occupé. Puis résidence du Pt du Conseil de la République. **1958** résidence du Pt du Sénat.

Statut des membres du Parlement

■ **Éligibilité.** Satisfaire aux conditions générales d'éligibilité, avoir au minimum 23 ans pour l'Assemblée nationale et 35 ans pour le Sénat. Le candidat doit : **1o)** faire une demande de candidature au préfet du département (en cas de difficulté, le préfet peut saisir, dans les 24 h, le tribunal administratif, qui statue dans les 3 jours) ; **2o)** la déposer à la préfecture en double exemplaire, au plus tard 21 jours avant l'ouverture du scrutin à l'Ass. nat. (8 j au Sénat) ; **3o)** verser une caution de 1 000 F à l'Ass. nat., 200 F au Sénat (remboursée s'il obtient 5 % au moins des suffrages exprimés) [*au Sénat :* 5 % des suffrages exprimés en cas de représentation proportionnelle, 10 % en cas de scrutin majoritaire]. Il ne peut se présenter que dans une seule circonscription (il ne lui est pas nécessaire d'avoir son domicile ou sa profession dans la circonscription choisie ou un lien quelconque avec elle).

Pour les législatives, nul ne peut être candidat au 2e tour s'il ne s'est pas présenté au 1er tour ni s'il a obtenu moins de 12,5 % des voix des électeurs inscrits ; si ce taux n'a été atteint par personne, celui qui a le plus grand nombre de voix peut se présenter. Les canditats du 1er tour peuvent se désister en faveur des canditats qui restent au 2e tour, ou simplement se retirer. Au Sénat, de nouvelles candidatures sont acceptées pour le 2e tour, en cas d'élection au scrutin majoritaire. Elles sont soumises aux mêmes règles que celles prévalant pour le 1er tour.

■ **Suppléants.** Élus (en même temps que députés et sénateurs) au scrutin majoritaire (colistier venant après le dernier candidat élu si représentation proportionnelle). Ils les remplacent en cas de décès, d'acceptation de fonction gouvernementale ou de nomination au Conseil constitutionnel, ou d'une mission de plus de 6 mois confiée par le gouvernement. Ils ne peuvent figurer que sur une seule liste de candidature ; s'ils ont remplacé un parlementaire nommé membre du gouvernement, ils ne peuvent, à l'élection suivante, faire acte de candidature contre lui. *De 1980 au 31-12-1999 :* 126 remplaçants sont devenus sénateurs (26 après nomination à des fonctions ministérielles, 67 après décès du titulaire, 17 après démission du titulaire, 12 après élection du sénateur à l'Ass. nat., 4 après nomination du sénateur au Conseil constitutionnel) ; il y a eu 39 élections partielles (15 après démission du titulaire dont 2 après nomination à des fonctions ministérielles, 11 après élection du sénateur à l'Ass. nat., 2 après nomination à des fonctions ministérielles, 7 après décès du titulaire, 2 après déchéance du titulaire et 2 après une annulation de l'élection par le Conseil constitutionnel).

■ **Inéligibilité (principaux cas).** Personnes ne souscrivant pas aux conditions générales pour être élues (voir p. 763 a), personnes dépendant d'un conseil judiciaire, médiateur de la République, préfets dans toute circonscription où ils exercent leurs fonctions ou les ont exercées depuis moins de 3 ans (sous-préfets et secrétaires généraux de préfecture depuis moins d'1 an) ; ne peuvent être élus dans toute circonscription où ils exercent leurs fonctions (ou les ont exercées depuis moins de 6 mois) : ingénieurs des ponts et chaussées, des eaux et forêts, du génie rural, directeurs des services agricoles, inspecteurs généraux des services vétérinaires, magistrats des cours d'appel et des tribunaux, membres des tribunaux administratifs, officiers des armées de terre, de mer, de l'air, exerçant un commandement territorial, fonctionnaires ayant une responsabilité au niveau départemental ou régional (exemples : directeur départemental de la police, commissaire de police, directeur régional de la Sécurité sociale, directeur des impôts…).

■ **Incompatibilités.** N'empêchent pas le candidat de se présenter, mais l'obligent, une fois élu, à faire un choix. Certaines entraînent le remplacement par le suppléant élu en même temps et dans les mêmes conditions pour les députés et les sénateurs élus au scrutin majoritaire, ou par appel au suivant de liste dans les départements où l'élection sénatoriale a lieu à la représentation proportionnelle. Pour tous les parlementaires élus au scrutin majoritaire, le remplacement se fait dans les seuls cas où l'élu est nommé ministre, membre du Conseil constitutionnel ou reçoit une mission temporaire prolongée au-delà de 6 mois. Le 27-1-1983, M. Guidoni (député socialiste de l'Aude) a été nommé « parlementaire en mission » et ambassadeur ; 1er cas, sous la Ve République, d'un parlementaire nommé ambassadeur et ne renonçant pas à son mandat (s'il y avait renoncé, une élection partielle aurait eu lieu). Au bout de 6 mois, sa mission étant prolongée, l'incompatibilité a joué et son suppléant l'a remplacé le 28-7-1983.

Principaux cas d'incompatibilité : mandat de sénateur (pour les députés), de député (pour les sénateurs), de membre du gouvernement, du Conseil économique et social, du Conseil constitutionnel, du conseil du gouvernement d'un Tom, fonctionnaire et magistrat, fonction conférée par un État étranger ou une organisation internationale, mandat de président ou membre de directoire, de président de conseil d'administration, de directeur général (ou adjoint) dans les entreprises nationales et établissements publics nationaux. La loi organique du 24-1-1972 a étendu le régime des incompatibilités entre l'exercice d'un mandat parlementaire et certaines activités professionnelles à caractère économique : P-DG ou directeurs généraux de Stés ou d'entreprises jouissant d'avantages financiers assurés par une personne publique, Stés ayant un objet exclusivement financier ou faisant publiquement appel à l'épargne, Stés travaillant pour le compte de l'État, Stés à but lucratif dont l'objet est l'achat ou la vente de terrains à bâtir, Stés de promotion immobilière, etc. La loi organique du 19-1-1995 interdit aux parlementaires l'exercice d'une fonction de conseil auprès d'entreprises publiques ou d'entreprises privées subventionnées en cours de mandat, si elle n'était pas précédemment la leur (sauf s'il s'agit d'une profession libérale soumise à statut).

Il est interdit aux parlementaires de faire ou de laisser figurer leur nom suivi de leur qualité de parlementaire sur une publicité (commerciale, industrielle ou financière) ; pour un avocat, d'exercer certains actes de sa profession.

Candidatures multiples : système utilisé sous la IIe Rép., le IId Empire et la IIIe République (jusqu'à la loi du 17-7-1889). *Furent ainsi élus dans plusieurs circonscriptions :* 1848 Lamartine (10 dép.), Louis-Napoléon Bonaparte (5) ; 1871 Thiers (26), Trochu (10), Gambetta (8) ; 1888 Boulanger (3).

Actuellement, nul ne peut simultanément être candidat dans plusieurs circonscriptions aux élections législatives et sénatoriales (art. L. 156 et L. 174 du Code électoral), mais un parlementaire peut se présenter à la faveur d'une élection partielle dans une autre circonscription que celle dont il est l'élu. De même, un député peut, avant la date normale d'expiration de son mandat, se faire élire en qualité de sénateur ou vice versa.

■ **Déclaration des comptes de campagne et du patrimoine.** Le candidat élu député doit déposer le compte de campagne dans les 2 mois suivant le tour de scrutin où l'élection a été acquise. A défaut, ou si son compte a été rejeté à bon droit par la Commission nationale des comptes de campagne et des financements politiques, le Conseil constitutionnel le déclare inéligible pendant 1 an et, par la même décision, démissionnaire d'office. Il peut aussi déclarer inéligible, pour la même durée, celui qui a dépassé le plafond des dépenses électorales. Dans les 2 mois qui suivent leur entrée en fonctions, les députés et les sénateurs doivent déposer auprès de la Commission pour la transparence financière de la vie politique (voir ci-dessous) une déclaration certifiée sur l'honneur indiquant tous leurs biens [depuis les élections législatives de juin 1988 (lois organiques du 11-3-1988 et du 19-1-1995)]. Mêmes formalités à l'expiration de leur mandat. Aucune publicité n'est donnée à ces déclarations (loi du 19-1-1995).

☞ **Commission pour la transparence financière de la vie politique :** *composition : 1o)* 3 membres de droit : vice-Pt du Conseil d'État, 1ers Pts de la Cour de cassation et de la Cour des comptes. *2o)* 6 membres titulaires et 6 suppléants, élus respectivement et à parité par l'assemblée générale du Conseil d'État, l'ensemble des magistrats du siège (hors hiérarchie de la Cour de cassation et la chambre du conseil de la Cour des comptes). Ils sont élus parmi les présidents de section ou conseillers d'États, les présidents de chambre ou conseillers à la Cour de cassation et les présidents de chambre ou conseillers maîtres à la Cour des comptes. *Compétence :* contrôle des patrimoines des ministres, des Pts des assemblées régionales ou départementales et des maires des villes de plus de 30 000 hab. (300 dossiers par an) ; début janv. 1995, contrôle étendu à environ 1 000 parlementaires, 500 maires et Pts d'exécutifs locaux (groupements de communes de plus de 30 000 hab.), 2 000 conseillers régionaux, généraux et adjoints aux maires de villes de plus de 100 000 hab., titulaires d'une délégation de signature, et à 4 000 dirigeants d'établissements publics industriels et commerciaux, de Stés d'économie mixte et d'OPHLM (7 500 dossiers par an).

■ **Cumul des mandats.** Le cumul des mandats de député et de sénateur est interdit (de même une personne remplaçante d'un sénateur ou d'un député perd immédiatement ce titre dès qu'elle est élue). En outre, les lois organiques du 30-12-1985 et du 5-4-2000 ont réglementé les cumuls : le mandat de député ou de sénateur est incompatible avec celui de représentant au Parlement européen. Tout député élu membre du Parlement européen cesse de ce fait même d'exercer son mandat de parlementaire national. En cas de contestation, la vacance du siège n'est proclamée qu'après la décision juridictionnelle confirmant l'élection. En l'attendant, l'intéressé ne peut participer aux travaux de l'Assemblée (article L.O. 137-1 du Code électoral). Le mandat de député ou de sénateur est incompatible avec l'exercice de plus d'un mandat local : conseiller régional, conseiller à l'Assemblée de Corse, conseiller général, conseiller de Paris, conseiller municipal d'une commune d'au moins 3 500 habitants (article L.O. 141 du Code électoral).

Nombre de mandats détenus : députés européens [en 1997] (81) : 1 (32), 2 (34), 3 (15). Députés [au 1-1-2001] (577) : 1 (64), 2 (287), 3 (226), 4 (0). Sénateurs [au 1-1-2001] (321) : 0 (52), 1 (119), 2 (150). Pts de conseils régionaux (26) : 1 (3), 2 (12), 3 (11). Pts de conseils généraux (99) : 1 (6), 2 (42), 3 (51). Conseillers généraux métropolitains (1681) : 3 (380). 94 % des députés et des Pts de conseil général, 90 % des Pts de conseil régional, 36 % des sénateurs et 60 % des députés européens détiennent au moins 2 mandats. Plus de 50 % des Pts d'assemblée départementale, 47 % des sénateurs, 46 % des députés et 42 % des Pts d'assemblée régionale en détiennent 3. 35 % des députés sous la IIIe République, 42 % sous la IVe.

■ **Indemnité** (voir **Parlementaire, salaire** à l'Index).

■ **Contentieux des élections.** Jugé par le Conseil constitutionnel. Jusqu'en 1958, le contrôle de l'élection était assuré par l'assemblée concernée ; cette pratique permit d'éliminer des parlementaires régulièrement élus mais politiquement contestés (en 1956, 11 députés poujadistes furent ainsi invalidés). **Statistiques** (voir p. 762 a).

■ **Nature du mandat.** Le parlementaire est investi d'un mandat national : bien qu'il soit l'élu d'une seule circonscription, il représente l'ensemble de la nation ; ainsi les élus alsaciens-lorrains restèrent juridiquement des élus de la nation française malgré l'annexion de ces provinces par l'Allemagne ; en revanche, l'ordonnance du 3-7-1962 mit fin au mandat des élus de l'Algérie, pour respecter la souveraineté du nouvel État. Les élus peuvent exercer leur mandat comme ils l'entendent sans se plier aux ordres de qui que ce soit (art. 27 de la Constitution : « tout mandat impératif est nul »). Le droit de vote des membres du Parlement est personnel. La loi organique autorise exceptionnellement la délégation de vote. Dans ce cas, nul ne peut recevoir délégation de plus d'un mandat. Le mandat est irrévocable (démission en blanc interdite). **Cessation :** *déchéance :* peut être prononcée notamment lorsque le parlementaire vient à être frappé d'une inéligibilité en cours de mandat. *Déchéance d'office :* un parlementaire qui refuse d'abandonner certaines fonctions ou activités incompatibles avec son mandat peut être déclaré démissionnaire d'office par le Conseil constitutionnel. Dans ces

Parlementaires et service national : en temps de paix, un parlementaire ne peut accomplir son service militaire pendant les sessions, sauf s'il y consent ; s'il fait son service militaire, il ne peut participer aux séances, mais peut voter par délégation. En cas de mobilisation, de guerre ou tension extérieure, les parlementaires appartenant à la disponibilité ou à la 1re réserve sont soumis aux obligations de droit commun, ceux qui demeurent en fonctions peuvent demander à être mobilisés sans démissionner.

Age moyen des sénateurs et, entre parenthèses, **des députés :** *1973* : 59 (53) ; *89* : 62 (51) ; *2000* : 63 (56).

deux cas, il est procédé à une nouvelle élection (élection partielle). *Décès, entrée au gouvernement comme ministre ou secrétaire d'État* ou *nomination au Conseil constitutionnel* : le parlementaire est remplacé par son suppléant, élu en même temps que lui (un secr. d'État, Jean-Michel Bailly, qui avait successivement renoncé à ses mandats de député, puis de sénateur, fut représenté par un suppléant dans chaque assemblée le 2-11-1971). *S'il quitte le gouvernement,* il ne recouvre pas son siège, sauf si son départ a lieu dans le mois suivant sa nomination (cas des ministres MRP en 1962).

■ **Immunités.** Principe posé par l'arrêté du 23-6-1789 de l'Assemblée nationale constituante. Le parlementaire est protégé pendant son mandat par 2 immunités : *l'irresponsabilité* (art. 26, alinéa 1er) : aucun ne peut être poursuivi, recherché, arrêté, détenu ou jugé à l'occasion des opinions ou votes émis par lui dans l'exercice de ses fonctions ; *l'inviolabilité* (art. 26, alinéas 2 et 3) : aucun ne peut faire l'objet, en matière criminelle ou correctionnelle, d'une arrestation ou de toute autre mesure privative ou restrictive de liberté qu'avec l'autorisation du bureau de l'assemblée dont il fait partie. Cette autorisation n'est pas requise en cas de crime ou flagrant délit ou de condamnation définitive ; la détention, les mesures privatives ou restrictives de liberté ou la poursuite d'un membre du Parlement sont suspendues pour la durée de la session si l'assemblée dont il fait partie le requiert.

Demandes de levées de l'immunité sous la Ve République. Parlementaires ayant fait l'objet d'une demande d'autorisation de poursuites, date du dépôt de la résolution. **Députés :** *1960* (6-12) Lagaillarde[a] ; *1961* (17-5) Lauriol[a] ; *1962* (19-6) Bidault[a] ; *1963* (15-2) Schmittlein[nd] ; *1964* (19-6) Fievez[nd] ; *1967* (20-6) Guidet[nd] ; *1972* (24-12) Bonhomme[nd] ; *1981* (11-12) Bladt[r] ; *1982* (26-4) Berson[r], (20-10) Pinard[r] ; *1985* (28-6 et 9-7) Juventin[c], (28-6 et 2-7) A. Vivien[c] ; *1986* (7-7) Freulet[c], (8-7) Laignel[c], (4-8) Bouvet[c] ; *1990* (28-11) Boucheron[c] ; *1992* (8 et 10-1) Farran[c], (3-12 et 20-12) Boucheron[a] ; *1993* (7-12) Tapie[a] ; *1994* (28-6) Tapie[a], (9-12) Baumet[c] ; *1995* (6-6) de Canson[c], (28-6) Fraysse[c]. Plus de demande de levées de l'immunité depuis la réforme constitutionnelle de 1995. **Sénateurs :** *1959* (29-10) Mitterrand[a] ; *1961* (7-12) Dumont[a] ; *1968* (25-11) Duclos[r] ; *1982* (13-7) Bénard[r] ; *1984* (22-8) Abadie[r] ; *1986* (28-11) Courrière[r] ; *1993* (2-7) Boyer[a] ; *1994* (28-7) Arreckx[a] (par le Bureau du Sénat), (10-12) Pradille[a], (14-12) Bécart[a] ; *1996* (19-6) Lafond[a], (26-9) Pradille[a] ; *1997* (27-3) Daunay[a], (23-4) Charasse[a], (12-11) Dugoin[a] ; *2000* (12-12) Dugoin[r].

Nota. – (a) accordée, (nd) non discutée, (r) rejetée, (c) caduque.

Demandes de suspension de poursuites ou de suspension de détentions présentées (jusqu'au 1-1-2000). 9 concernant 16 députés dont 2 rejetées : Lagaillarde (détention 1-6 et 15-11-1960) ; et 9 concernant 9 sénateurs (toutes acceptées).

■ **Costume.** Les députés à l'Assemblée nationale constituante jouissent de « la liberté du costume » légalisée le 15-10-1789. Un insigne fut créé le 12-7-1792 : tables de la loi, en émail blanc et lettres dorées (Droits de l'homme et Constitution), posées sur une étoile rayonnante en cuivre doré de 75 mm de diamètre. Par crainte qu'il fût considéré comme une « décoration personnelle », son usage fut limité à l'enceinte de l'Assemblée le 22-8-1792. Sous la Convention, les députés siégèrent jusqu'au Directoire en tenue de ville ou dans le costume des représentants du peuple en mission aux armées : ceinture tricolore et chapeau à 3 plumes (bleue, blanche, rouge) avec galon en or couvrant une partie de la cocarde. Sous le Directoire, un costume particulier fut créé pour les Conseils des Anciens et des Cinq-Cents (25-10-1795). **Insignes officiels :** portés par les députés dans les cérémonies publiques, lorsqu'ils sont en mission ou quand ils ont à faire connaître leur qualité : « baromètre » (décoration), écharpe tricolore, cocarde et médaille législative. **Décorations :** ils ne peuvent pas en recevoir, sauf pour fait de guerre.

Organisation intérieure du Parlement

■ **Groupes politiques.** Partis et groupes politiques sont reconnus par la Constitution (art. 4), mais le règlement de l'Ass. nat. précise qu'ils doivent comprendre au moins 20 membres pour profiter des facilités administratives (ils disposent d'un certain nombre de bureaux dans l'enceinte de l'Ass. nat.) et politiques consenties aux groupes (au Sénat, 15 membres). Ils élisent leur Pt, interviennent dans la présentation des candidatures aux organes collectifs de l'assemblée, ainsi que dans la désignation des orateurs pour les débats organisés ou les questions au gouvernement, prennent position sur les textes soumis ou à soumettre à l'assemblée, suivent la politique gouvernementale et décident de l'attitude politique qu'ils adoptent dans les commissions ou en séance publique.

■ **Conférences des présidents.** Dans chacune des 2 assemblées, comprennent : le Pt de l'assemblée, les 6 vices-Pts, les Pts des 6 commissions et des groupes, le rapporteur général de la commission des finances, le Pt de la délégation pour l'Union européenne et un représentant du gouvernement. *Rôle important :* elles décident de l'ordre du jour des travaux des assemblées.

■ **Commissions parlementaires. Permanentes :** nommées normalement à la représentation proportionnelle des groupes politiques, les commissions désignent elles-mêmes leur Bureau, composé d'un Pt, de vice-Pts, de secr. et du rapporteur général à la commission des finances. Chaque député ou sénateur ne peut appartenir qu'à une seule d'entre elles. Le Pt du Sénat ne fait partie d'aucune commission. *Assemblée nationale :* Affaires culturelles, familiales et sociales (145 membres) ; Affaires étrangères (73) ; Défense et Forces armées (73) ; Finances, Économie générale et Plan (73) ; Lois constitutionnelles, Législation et Administration générale de la République (73) ; Production et Échanges (142). *Sénat :* Affaires culturelles (52 membres) ; Affaires économiques et Plan (78) ; Affaires étrangères, Défense et Forces armées (52) ; Affaires sociales (52) ; Finances, Contrôle budgétaire et Comptes économiques de la nation (43) ; Lois constitutionnelles, Législation, Suffrage universel, Règlement et Administration générale (44). **Spéciales :** constituées sur l'initiative du gouvernement ou des assemblées parlementaires pour examiner un texte législatif (57 membres au maximum à l'Ass. nat., 37 au Sénat).

■ **Délégations.** Chargées d'informer les assemblées sur un domaine particulier. *Délégation (propre à chaque assemblée) pour l'Union européenne* (loi du 6-7-1979, modifiée par celles du 10-5-1990 et du 10-6-1994) : 36 députés et 36 sénateurs ; *pour la planification* (loi du 29-7-1982) : 15 députés et 15 sénateurs ; *aux droits des femmes et à l'égalité des chances entre les hommes et les femmes* (loi du 12-7-1999) : 36 députés et 36 sénateurs ; *à l'aménagement et au développement durable du territoire* (loi du 25-6-1999) : 15 députés et 15 sénateurs. *Délégation parlementaire pour les problèmes démographiques* (loi du 31-12-1979 relative à l'IVG) : 15 députés, 10 sénateurs.

Offices parlementaires d'évaluation : *des choix scientifiques et technologiques* (loi du 8-7-1983, modifiée par celle du 16-2-2000) : 18 députés, 18 sénateurs ; assisté d'un conseil scientifique de 24 membres. *De la législation* (loi du 14-6-1996) : 15 députés, 15 sénateurs.

■ **Séances. Publiques :** tribunes réservées au public (places en nombre limité). Les débats sont publiés au *Journal officiel.* Chaque assemblée peut siéger en comité secret à la demande du 1er ministre ou de 1/10 de ses membres. Aucun n'a été tenu depuis l'entrée en vigueur de la Constitution. La demande présentée le 19-12-1986 a été déclarée irrecevable (n'ayant pas été signée par 1/10 au moins des membres composant l'Assemblée).

■ **Sessions. Ordinaire :** le Parlement se réunit de plein droit en une session ordinaire annuelle qui commence le 1er jour ouvrable d'octobre et prend fin le dernier jour ouvrable de juin ; le nombre de jours de séance pour chaque assemblée au cours de la session ordinaire ne peut excéder 120 ; les semaines de séance sont fixées par chaque assemblée ; le 1er ministre (après consultation du Pt de l'assemblée concernée) ou la majorité des membres de chaque assemblée peuvent décider de la tenue de jours supplémentaires de séance ; les jours et horaires de séance sont déterminés par le Règlement de chaque assemblée ; une séance par mois est réservée par priorité à l'ordre du jour fixé par chaque assemblée. Précédemment, la durée était d'au moins 5 mois sous la IIIe République, 8 mois à partir de 1946 et 7 mois à partir de 1954 sous la IVe République (au-delà de ces délais, le gouvernement pouvait clore la session, mais il pouvait être renversé si la majorité des parlementaires était hostile à cette clôture) ; cette pratique de session quasi permanente fut considérée comme une des causes de l'instabilité gouvernementale ; sous la Ve République, jusqu'en août 1995, 2 sessions ordinaires par an ; la 1re, de 80 jours, s'ouvrait le 2 octobre, la 2e, de 90 jours maximum, le 2 avril (art. 28).

Extraordinaires : possibles à la demande du 1er ministre, ou de la majorité des membres de l'Assemblée nationale sur un ordre du jour déterminé, décrétées par le Pt de la République. En cas de session extraordinaire à la demande de l'Assemblée, la session ne peut dépasser 12 jours. *Nombre : de 1959 à 1969 :* 8 fois (soit 102 jours) ; *de 1969 à 1981 :* 10 fois dont 1 à la demande des députés (96 jours) ; *de 1981 à 1999 :* 43 fois (253 jours).

■ **Budget de l'Assemblée nationale** (en millions de F, 2001). **Fonctionnement :** *charges* 2 884 dont *personnel* 984,4 (charges de rémunération 763,5 ; sociales et diverses 220,9), parlementaires 1 579 (indemnités parlementaires 305,7 ; charges sociales 379 ; secrétariat parlementaire 799 ; autres charges 94,6), exceptionnelles et imprévues 22,8. *Produits divers* 21,7. Charges nettes de fonctionnement 2 862,2. **Investissement :** 124,3. **Total :** 2 986,6. **Du Sénat** (en millions de F, 2001). 1 666,5 dont : dépenses parlementaires 723,6 ; personnel 491,3 ; pensions et charges sociales 185,2 ; bâtiment 91 ; dépenses de matériel 93,1 ; dépenses de communication et d'audiovisuel 24,6 ; divers 57,6 ; jardin du Luxembourg : 57,1 ; musée du Luxembourg : 7 ; public Sénat : 41.

Pouvoirs législatifs du Parlement

Domaine de l'activité législative

■ **Loi ordinaire. Matières devant être réglées par la loi (art. 34) :** *la loi est votée par le Parlement. La loi fixe les règles concernant :* les droits civiques et les garanties fondamentales accordées aux citoyens pour l'exercice des libertés publiques ; les sujétions imposées par la défense nationale aux citoyens en leur personne et en leurs biens ; la nationalité, l'état et la capacité des personnes, les régimes matrimoniaux, les successions et libéralités ; la détermination des crimes et délits ainsi que les peines qui leur sont applicables ; la procédure pénale ; l'amnistie, la création de nouveaux ordres de juridiction et le statut des magistrats ; l'assiette, le taux et les modalités de recouvrement des impositions de toutes natures ; le régime d'émission de la monnaie. *La loi fixe également les règles concernant :* le régime électoral des assemblées parlementaires et des assemblées locales ; la création de catégories d'établissements publics ; les garanties fondamentales accordées aux fonctionnaires civils et militaires de l'État ; les nationalisations d'entreprises et les transferts de propriété d'entreprises du secteur public au secteur privé. *La loi détermine les principes fondamentaux :* de l'organisation générale de la défense nationale ; de la libre administration des collectivités locales, de leurs compétences et de leurs ressources ; de l'enseignement ; du régime de la propriété, des droits réels et des obligations civiles et commerciales ; du droit du travail, du droit syndical et de la Sécurité sociale. *Les lois de finances* déterminent les ressources et les charges de l'État dans les conditions et sous les réserves prévues par une loi organique. *Les lois de financement de la Sécurité sociale* déterminent les conditions générales de son équilibre financier et, compte tenu de leurs prévisions de recettes, fixent ses objectifs de dépenses, dans les conditions et sous les réserves prévues par une loi organique. *Des lois de programme* déterminent les objectifs de l'action économique et sociale de l'État.

■ **Ordonnances. Origine :** nom des décrets sous la Restauration et la monarchie de Juillet ; terme repris par le gouvernement de la France libre et, en 1958, lorsque de Gaulle devint Pt du Conseil. **Constitution de 1958 :** d'après l'art. 38, le Parlement peut autoriser le gouvernement à prendre par ordonnances des mesures relevant normalement du domaine de la loi. La *loi d'habilitation* fixe leur délai d'application et la date limite de dépôt du projet de loi de ratification. Les ordonnances entrent en vigueur dès leur publication, mais deviennent caduques si le projet de loi de ratification n'est pas déposé devant le Parlement dans le délai fixé. L'effet des ordonnances est celui des lois, mais elles sont assimilées à des règlements (donc soumises au contrôle du juge administratif) tant qu'elles n'ont pas été ratifiées par le Parlement. Le régime des ordonnances est comparable à celui des *décrets-lois* des IIIe et IVe Républiques.

Statistiques : *jusqu'en mai 1981 :* 15 recours à l'art. 38, notamment loi soumise à référendum du 8-4-1962 (fin de la guerre d'Algérie), loi du 31-10-1967 (mesures économiques et sociales, dont réforme de la Sécurité sociale) ; *depuis mai 1981 :* 9 (*81 :* 1 ; *82 :* 1 ; *83 :* 2 ; *84 :* 0 ; *85 :* 1 ; *86 :* 2 ; *87 et 88 :* 0 ; *89 :* 1 ; *90 :* 0 ; *91 :* 1 ; *92 à 94 :* 0 ; *95 :* 1 ; *96 :* 3 ; *97 :* 0 ; *98 :* 0 ; *99 :* 2). PS et PC avaient condamné le principe des ordonnances lorsqu'ils étaient dans l'opposition, mais Mauroy, Premier ministre socialiste en 1981, a utilisé 2 fois l'art. 38 : le 23-12-1981 (orientation sociale) et le 6-4-1982 (plan d'austérité).

■ **Ratification des traités internationaux.** Le Parlement intervient dans le domaine de la politique extérieure, en discutant et en votant les projets de loi d'autorisation de ratification des accords, conventions et traités internationaux (de paix, de commerce, qui concernent l'organisation internationale, les finances de l'État, l'état des personnes, qui modifient des dispositions de nature législative ou comportant des cessions, échanges ou adjonctions de territoires). Ces traités ne prennent effet qu'après ratification ou approbation par l'exécutif.

■ **Révision de la Constitution.** L'initiative appartient concurremment au Pt de la Rép., sur proposition du 1er ministre, et aux parlementaires. Les projets ou propositions de révision doivent être votés par les 2 assemblées en termes identiques. La révision est définitive après avoir été approuvée par référendum. Toutefois, le projet de révision d'initiative présidentielle n'est pas présenté à référendum lorsque le Pt de la République décide de le soumettre au Parlement convoqué en Congrès ; pour être approuvé, le projet doit alors réunir la majorité des 3/5 des suffrages exprimés.

■ **Déclaration de guerre.** Elle est autorisée par le Parlement (art. 35).

■ **État de siège.** Décrété en Conseil des ministres, sa prorogation au-delà de 12 jours ne peut être autorisée que par le Parlement (art. 36).

Procédure législative

■ **Initiative de la loi.** Elle appartient au Premier ministre et aux membres du Parlement (art. 39). Les *initiatives* du gouvernement s'appellent : *projets de lois ;* celles du Parlement : *propositions.* Le Parlement vote la loi, le Pt de la République la promulgue.

Projets de lois : concernent *soit la mise en œuvre de la politique du gouvernement* (projets de lois de finances, grandes orientations du gouvernement), *soit l'adaptation de la législation existante* sur des points particuliers. Mis au point lors de réunions interministérielles ; en cas de désaccord, l'arbitrage du 1er ministre est sollicité. Pour tous les projets (sauf projets de loi constitutionnelle), le Premier ministre est seul habilité à mettre en œuvre la procédure, ce qui implique son accord sur leur contenu. Tous les projets doivent être soumis à l'avis du Conseil d'État (voir p. 746 b), et au Conseil économique et social pour le Plan ou les projets de lois de programme à caractère économique ou social (art. 70). Après ces consultations, le Conseil des ministres peut délibérer sur le projet et en arrêter le texte définitif ; celui-ci est déposé sur le bureau de l'une ou l'autre des assemblées, au choix du gouvernement (sauf pour les lois de finances et les lois de financement de la Sécurité sociale, qui doivent être soumises en premier lieu à l'Assemblée nationale).

Propositions de lois : ne sont soumises à aucune règle de forme particulière. Sont irrecevables : celles qui ont pour conséquence d'augmenter une dépense ou de diminuer les ressources publiques, et celles qui ne relèvent pas du domaine de la loi, défini par l'art. 34 (alinéas 40 et 41). Si le bureau de l'assemblée saisie juge la proposition irrecevable, il refuse son dépôt. Sinon le gouvernement, ou tout député ou sénateur, peut soulever par la suite l'irrecevabilité au cours de la procédure (le Conseil constitutionnel a déclaré, le 20-7-1977, que l'irrecevabilité ne pouvait être invoquée directement pour la 1re fois devant lui). Depuis octobre 1995, une séance par mois est réservée, dans chaque assemblée, à l'examen des textes choisis par l'Assemblée (en général des propositions de loi).

■ **Examen et adoption des textes. Délais :** *lois organiques :* le projet ou la proposition de loi ne peut être soumis à la délibération et au vote qu'à l'expiration d'un délai de 15 jours après son dépôt. *Lois de finances :* l'Assemblée nationale doit se prononcer dans les 40 jours après le dépôt du projet. Le Sénat doit ensuite statuer dans les 20 jours. Les 10 derniers jours sont consacrés aux procédures de commission mixte paritaire et de navette. C'est donc dans les 70 jours après le dépôt du projet que le Parlement doit statuer. *Lois de financement de la Sécurité sociale :* l'Assemblée nationale doit se prononcer dans les 20 jours après le dépôt du projet. Le Sénat doit ensuite statuer dans les 15 jours ; les 15 derniers jours sont consacrés aux procédures de commission mixte paritaire et de navette. C'est donc dans les 50 jours après le dépôt du projet que le Parlement doit statuer.

Examen en commission : les textes sont examinés par la commission permanente compétente de l'assemblée saisie ou par une commission spéciale. La commission saisie désigne un rapporteur qui soumet ses conclusions à ses collègues. Le rapport conclut soit à l'adoption, soit au rejet du texte [le plus souvent à l'adoption avec modifications (amendements)]. Les commissions reflétant l'importance des différents groupes parlementaires, il y a de fortes chances pour que leurs propositions et leurs amendements soient repris en séance plénière.

Inscription à l'ordre du jour : le gouvernement peut faire inscrire les textes de son choix par priorité et dans l'ordre qu'il fixe, sauf lors de la séance mensuelle réservée par priorité à l'ordre du jour fixé par chaque assemblée (voir **Moyens d'action du gouvernement sur le Parlement** p. 743 b). La Conférence des présidents de chaque assemblée, qui établit chaque semaine l'ordre du jour de ses travaux, est informée des affaires inscrites ; elle peut faire des propositions sous la forme d'un ordre du jour complémentaire et de questions orales avec ou sans débat mais peut difficilement faire inscrire un texte contre la volonté du gouvernement.

Examen en séance publique : la discussion s'engage, pour les projets, sur le texte proposé par le gouvernement ; pour les propositions, sur le texte proposé par la commission saisie au fond. La discussion générale d'un projet de loi s'ouvre par l'intervention d'un représentant du gouvernement. Se succèdent ensuite le rapporteur de la commission et, le cas échéant, le(s) rapporteur(s) pour avis des commissions intéressées et les orateurs inscrits dans la discussion générale. La Conférence des présidents peut organiser la discussion générale et fixer sa durée globale. Le gouvernement peut intervenir à tout moment.

La discussion par articles, qui suit, traite d'abord des amendements de suppression, puis de modification. Le gouvernement peut demander un vote global de tout ou d'une partie d'un texte. *En cas d'opposition de l'assemblée à un texte de loi,* le gouvernement peut faire prévaloir son point de vue de 2 façons : par la procédure du vote bloqué ou, à l'Assemblée nationale uniquement (voir **Moyens d'action du gouvernement sur le Parlement** p. 743 b), en engageant sa responsabilité.

Après son adoption en 1re lecture par l'assemblée saisie en premier, le texte est examiné par l'autre assemblée. En général, on procède ensuite à des navettes entre les 2 assemblées jusqu'à l'adoption par celles-ci d'un texte identique. Mais le gouvernement peut, pour mettre un terme à la navette, en cas de désaccord entre les 2 assemblées, recourir à la procédure de conciliation (art. 45) : le 1er ministre peut décider, après 2 lectures par chaque assemblée ou, quand l'urgence a été déclarée, après une seule lecture, la réunion d'une *commission mixte paritaire* (CMP) composée de 7 députés (plus 7 suppléants) et de 7 sénateurs (plus 7 suppléants). Il notifie sa décision aux Pts des 2 assemblées qui constituent alors la commission mixte. Si la CMP parvient à élaborer un texte, celui-ci peut être soumis par le gouvernement à l'approbation des 2 assemblées ; si le texte est voté dans les mêmes termes par celles-ci, la loi est adoptée. Parfois, le gouvernement assortit d'amendements le texte élaboré par la CMP. Si celle-ci ne parvient pas à élaborer un texte, ou si le texte qu'elle élabore n'est pas adopté dans les mêmes termes par les 2 assemblées, le gouvernement peut demander à l'Assemblée nationale une nouvelle lecture du texte. Quand le texte est adopté par l'Assemblée nationale, le gouvernement le transmet au Sénat. Si celui-ci l'adopte, la procédure est terminée. Sinon, le 1er ministre peut demander à l'Assemblée nationale une dernière lecture afin de statuer définitivement. Le Conseil constitutionnel peut alors être saisi. S'il s'agit d'un projet de révision constitutionnelle, le gouvernement ne peut passer outre à l'opposition du Sénat. La navette se poursuit jusqu'à l'adoption d'un texte identique par les 2 assemblées. Il en est de même pour certaines lois organiques.

■ **Vote.** Il est personnel. **Scrutins secrets :** de droit pour le cas des nominations personnelles (élection du bureau, etc.). **Scrutins publics. Vote à main levée :** de droit en toutes matières sauf pour les désignations personnelles et lorsque le scrutin public est obligatoire ou demandé. Si le résultat du vote est douteux, l'épreuve est immédiatement renouvelée par assis et levé. Ces 2 modes de votations ont l'avantage de la simplicité et de la rapidité, mais ne permettent pas de prendre note de la façon dont ont voté chacun des membres des assemblées. **Scrutin public ordinaire :** la liste des parlementaires qui se sont prononcés pour ou contre, qui se sont abstenus ou qui n'ont pas pris part au vote est publiée en annexe au compte rendu officiel de la séance et figure donc au *JO*. Hors les cas où il est obligatoire, **le scrutin public ordinaire** ne peut être demandé que par le gouvernement, le Pt, un ou plusieurs présidents de groupes, la commission saisie au fond, ou encore 30 parlementaires dont la présence doit être constatée par appel nominal. **Scrutin public à la tribune :** organisé par décision de la Conférence des présidents lors du vote sur un projet ou une proposition de loi. Est de droit lors du vote du budget et lorsque le gouvernement demande l'approbation d'une déclaration de politique générale. Confère au scrutin une solennité particulière : tous les parlementaires sont, un par un, appelés à la tribune pour remettre leur bulletin de vote. À l'Assemblée nationale, le vote a lieu par procédé électronique, chaque député a devant lui un clavier de 3 touches : P (pour), C (contre), A (abstention). Le résultat apparaît en quelques instants sur des tableaux lumineux. Depuis le 28-9-1993, le Pt de l'Assemblée nationale a décidé de faire respecter strictement, pour tous les scrutins, la règle constitutionnelle du caractère personnel du vote. Chaque député ne peut voter qu'en son nom et, éventuellement, pour un (et un seul) de ses collègues dont il a reçu délégation. Le vote du député délégant est enregistré par la machine au moment du vote du député délégataire : celui-ci n'a pas à se déplacer.

Pour certains votes importants, la date du scrutin public sur l'ensemble du texte en examen est fixée par la Conférence des présidents à un jour et à une heure favorables, ce qui permet au plus grand nombre d'y participer.

■ **Promulgation.** Une fois adoptée, la loi est transmise au secrétariat général du gouvernement. Le Pt de la République promulgue les lois dans les 15 jours qui suivent cette transmission. Toutefois, avant l'expiration de ce délai, il peut demander au Parlement une nouvelle délibération. La loi peut être soumise au Conseil constitutionnel par le Pt de la République, le 1er ministre, les Pts des 2 assemblées, ou 60 députés, ou 60 sénateurs ; le Conseil doit statuer dans un délai d'un mois (8 jours en cas d'urgence, à la demande du gouvernement).

La promulgation donne force exécutoire à un texte législatif, mais elle ne garantit pas son application si, par exemple, le gouvernement ne prend pas les règles qui rendent le texte applicable en pratique (exemple de la loi Neuwirth sur la contraception promulguée en 1967 : certains des décrets d'application n'ont été publiés qu'en 1972 et 1973). Selon une circulaire du Premier ministre du 2-1-1993, la parution des décrets d'application doit intervenir au plus tard dans les 6 mois de l'adoption de la loi par le Parlement (en fait, 8 mois en moyenne pour la Xe législature).

Certains décrets d'application ne sont pas publiés : dans le cas de la loi du 11-1-1984 sur l'intégration d'agents contractuels dans la fonction publique, le Conseil d'État dut, en 1993, prononcer une astreinte contre l'État.

■ **Publication au *Journal officiel*.** Indispensable pour rendre un texte opposable (lui donner une valeur juridique obligatoire). L'opposabilité intervient un jour franc après réception du *Journal officiel* (ou du document où l'acte est inséré) au chef-lieu d'arrondissement.

■ Statistiques

☞ De 1959 à 2000, sur 2 654 lois, 1 814 (68,4 %) ont été adoptées avec texte identique après navette sans réunion de CMP (commission mixte paritaire), 537 (20,24 %) après intervention réussie de la CMP, 303 (11,41 %) après échec de la CMP, l'Assemblée nationale ayant le dernier mot.

■ **Lois adoptées par le Parlement sous la Ve République.** *Jusqu'au 31-12-2000 :* 3 931 lois, dont 3 032 (soit 77,13 %) adoptées dans le cadre d'une navette parlementaire « normale » (vote d'un texte identique par Assemblée nationale et Sénat). Il y a eu 899 réunions de commissions mixtes paritaires chargées de proposer un texte sur les dispositions restant en discussion et dans 556 cas (soit 61,84 %), les 2 assemblées ont adopté le texte élaboré par lesdites commissions. *1998-1999 :* 16 réunions (5 reprises de texte) ; *1999-2000 :* 20 r. (8 reprises) ; *2000-01 :* 23 r. (6 reprises).

■ **Dépôt des projets de loi devant le Parlement.** *1959 :* 103 (dont Assemblée nationale 81/Sénat 22) ; *81 :* 83 (51/32) ; *82 :* 125 (83/42) ; *83 :* 111 (65/46) ; *84 :* 111 (74/37) ; *85 :* 110 (90/20) ; *86 :* 75 (41/34) ; *87 :* 89 (58/31) ; *88 :* 64 (37/27) ; *89 :* 103 (52/51) ; *90 :* 94 (56/38) ; *91 :* 109 (65/44) ; *92 :* 92 (56/36) ; *93 :* 105 (53/52) ; *94 :* 110 (58/52) ; *95-96 :* 93 (55/38) ; *96-97 :* 104 (51/53) ; *97-98 :* 91 (44/47) ; *98-99 :* 95 (27/68) ; *99-2000 :* 79 (30/41).

Propositions de loi déposées par les membres du Parlement. Députés et, entre parenthèses, **sénateurs :** *1995-96 :* 263 (91) ; *96-97 :* 378 (93) ; *97-98 :* 322 (159) ; *98-99 :* 294 (211/83) ; *99-2000 :* 275 (255/20).

■ **Amendements déposés. À l'Assemblée nationale :** *minimum :* 711 (1962) ; *maximum :* 12 499 (1994). *Évolution* (amendements enregistrés et, entre parenthèses, adoptés) : *1990 :* 9 910 (2 275) ; *91 :* 8 503 (3 694) ; *92 :* 7 969 (3 921) ; *93 :* 12 187 (1 420) ; *94 :* 12 499 (2 364) ; *95/96 :* 11 732 (2 025) ; *96/97 :* 6 358 (1 845) ; *97-98 :* 10 709 (2 722) ; *98-99 :* 13 835 (3 742) ; *99-2000 :* 12 326 (4 182). **Origine des amendements enregistrés et,** entre parenthèses, **adoptés, en 1999-2000 :** gouvernement 653 (581), commissions 3 198 (2 773), RPR 2 491 (106) ; UDF 1 672 (99) ; DL 1 306 (35) ; PS 1 233 (393) ; PC 835 (96) ; RCV 897 (96) ; non-inscrits 59 (2).

Au Sénat : *minimum :* 576 (1969) ; *maximum :* 8 553 (1986). *Session ordinaire 1999-2000 :* 5 556 (dont par le gouvernement 358, les commissions saisies au fond 2 312, les sénateurs 2 886) dont 3 131 adoptés.

■ **Utilisation de la procédure du « vote bloqué ».** (Voir p. 743 b) **Assemblée nationale et,** entre parenthèses, **Sénat :** *1981 :* 0 (4) ; *82 :* 0 (0) ; *83 :* 1 (2) ; *84 :* 1 (0) ; *85 :* 1 (0) ; *86 :* 14 (80) dont 69 à propos du projet de loi relatif à la liberté de communication ; *87 :* 22 (3) ; *88 :* 7 (4) ; *89 :* 9 (2) ; *90 :* 23 (10) ; *91 :* 33 (7) ; *92 :* 10 (1) ; *93 :* 12 (13) ; *94 :* 8 (4) ; *95 :* 2 (3) ; *96 :* 3 (2) ; *97 :* 2 (1) ; *99 :* 5 (1) ; *2000 :* 3 (1).

■ **Textes publiés au *Journal officiel*.** Nombre de lois publiées au *JO Lois et décrets : 1998 :* 82 ; *99 :* 108 ; *2000 :* 80. Nombre de pages du *JO Lois et décrets : 1998 :* 20 360 ; *99 :* 20 208 ; *2000 :* 21 392.

Rapports entre gouvernement et Parlement

■ Moyens d'action du Parlement sur le gouvernement

■ **Questions orales.** Portent essentiellement sur des sujets d'intérêt local sauf pendant la période de la discussion budgétaire. Elles font l'objet des séances du mardi matin en alternance avec les séances consacrées à un ordre du jour fixé par l'assemblée. Chaque question donne lieu à une réponse du ministre interrogé, suivie éventuellement d'une 2e intervention de son auteur et d'une réplique du ministre. La Conférence des présidents décide leur inscription à l'ordre du jour ; elle organise le débat, qui ne peut donner lieu à aucun vote. L'orateur dispose de 7 minutes pour poser sa question et répliquer à la réponse du ministre. L'*interpellation* (à l'Assemblée nationale seulement, question orale avec débat suivie d'un vote mettant en jeu la responsabilité du gouvernement) est strictement réglementée : le député désirant interpeller le gouvernement doit en informer le Pt de l'Assemblée, en séance publique, et joindre à sa demande une motion de censure.

Questions orales posées et discutées à l'Assemblée nationale. Sans débat : *minimum* 56 (1988), *maximum* 493 (1995-96) dont 464 réponses (taux de réponse : 94 %). *1999-2000 :* 234. **Avec débat :** *minimum* 0 (1984-85, 1987-96), *maximum* 367 (1967) dont 72 réponses (20 %). **Au Sénat. Sans débat :** *minimum* 53 (1988), *maximum* 292 (1980). **Avec débat :** *minimum* 5 (2000), *maximum* 176 (1978).

■ **Questions écrites.** Adressées aux ministres dans le but d'obtenir des éclaircissements sur des points particuliers de la législation, ou de faire préciser un aspect de la politique du gouvernement. Ce dernier dispose de 2 mois pour y répondre. Les questions écrites et les réponses des ministres sont publiées chaque semaine au *Journal officiel.*

Questions écrites posées depuis 1959. Assemblée nationale : *minimum* 3 506 (1959), *maximum* 19 139 (1984). *1996-97 :* 11 592 questions publiées et 8 192 réponses (71 %). *1998-99 :* 15 521 questions et 13 721 réponses. *1999-2000 :* 16 058 questions et 13 779 réponses. **Sénat :** *minimum* 761 (1964), *maximum* 15 559 (1998). *1999 :* 8 132 posées et 6 996 réponses (83 %). *2000 :* 8 609 posées et 7 172 réponses.

■ **Questions** au gouvernement (depuis 1970). Le début des séances du mardi et du mercredi après-midi leur est réservé à l'Ass. nat., et 2 jeudis après-midi par mois au Sénat ; cette séance est télévisée en direct par France 3. Chaque groupe intervient à tour de rôle jusqu'à épuisement du temps imparti, compte tenu de son effectif, par la Conférence des Pts. Ce temps comprend à la fois questions des parlementaires et réponses du gouvernement : chaque parlementaire dispose de 2 min 30 pour poser sa question, et chaque ministre de 2 min 30 pour y répondre. Le nombre de questions accordé à chaque groupe politique est fonction de son importance numérique. En 2000, au Sénat, 184 questions appelées en 17 séances (présence du 1er ministre à 5 séances). En 1999-2000, à l'Ass. nat., 762 questions posées en séance.

■ **Commissions. Commissions permanentes :** peuvent contrôler l'action du gouvernement, soit en procédant à l'*audition des ministres,* soit en constituant des *missions d'information* pour recueillir l'information nécessaire ou contrôler la pertinence d'une législation. Les missions peuvent être propres à une commission ou communes à plusieurs. Elles se concluent par le dépôt d'un rapport. Sous la 10e législature (1993-97) : 13 missions d'information communes de l'Assemblée. L'Ass. nat. et le Sénat peuvent constituer des **commissions d'enquête** pour recueillir des éléments d'information sur des faits déterminés, à condition que ces faits ne donnent lieu à aucune poursuite judiciaire, ou pour examiner la gestion des services publics ou des entreprises nationales. Ces commissions d'enquête sont temporaires (6 mois au maximum). Depuis la loi du 20-7-1991, leurs auditions sont publiques (sauf décision d'appliquer le secret), et les personnes convoquées peuvent être condamnées à une peine de 2 ans de prison et une amende de 50 000 F en cas de non-comparution, refus de déposer ou de prêter serment. Lors de l'enquête sur les écoutes téléphoniques, Messmer (1er ministre) avait invoqué le secret de la défense nationale et aucun ministre ni haut fonctionnaire n'avait témoigné.

La loi du 20-7-1991 a supprimé la distinction terminologique entre enquête et contrôle parlementaires. Les investigations sont désormais menées par des commissions d'enquête pouvant porter soit sur des faits déterminés, soit sur la gestion des services publics et/ou des entreprises nationales.

Commissions d'enquête et de contrôle à l'Assemblée nationale : *1958-62 :* 1 ; *1962-67 :* 0 ; *1967-68 :* 0 ; *1968-73 :* 2 ; *1973-77 :* 9 ; *1978-81 :* 7 ; *1981-86 :* 3 ; *1986-88 :* 1 ; *1988-91 :* 5 d'enquête sur les privatisations effectuées depuis le 6-8-1986 [1] ; pollution de l'eau, politique nationale d'aménagement des ressources hydrauliques [1] ; viande bovine et ovine ; financement des partis politiques ; industrie automobile ; 2 de contrôle de la gestion du Fonds d'action sociale [1] ; 1ers cycles universitaires ; *1992-96 :* 11 dont presse et audiovisuel ; aménagement de la Loire ; lutte contre la mafia ; sida ; délocalisations ; SNCF ; Crédit lyonnais ; inondations ; sectes ; immigration clandestine ; aides à l'emploi ; *1998 :* droits de l'enfant ; tribunaux de commerce ; Superphénix : département protection et sécurité ; sectes ; *1999 :* régime étudiant de Sécurité sociale ; forces de sécurité en Corse ; *2000 :* sécurité alimentaire ; prisons françaises ; sécurité transport maritime.

Nota. – (1) Elles ont déposé leur rapport.

Commissions d'enquête et de contrôle du Sénat (exemples) : ORTF (1967), scandale des abattoirs de la Villette (1970-71), écoutes téléphoniques (1973), naufrage de l'*Amoco-Cadiz* (1978), gestion financière des sociétés de télévision (1979), industrie textile (1981), sécurité publique (1982), dette extérieure (1984), fonctionnement du service des postes (1985), événements étudiants de nov. et déc. 1986 (1987), opérations financières portant sur le capital des Stés privatisées (1989), gestion d'Air France (1991), services de maintien de l'ordre et de la sécurité des personnes et des biens du min. de l'Intérieur (1991), 2e cycle de l'enseignement public du 2e degré (1991), services de l'autorité judiciaire (1991), convention d'application de l'accord de Schengen (1991), système transfusionnel français (1992), quotas laitiers (1992), juridictions administratives (1992), présence en France de Georges Habache, dirigeant du FPLP (1992), situation financière de la SNCF (1993), politique énergétique de la France (1997), régularisation d'étrangers en situation irrégulière (1997), conséquence de la réduction du temps de travail (1997), devenir des grands projets d'infrastructures terrestres (1997), situation de personnels de l'Éducation nationale, sécurité en Corse (1999), situation dans les prisons (2000).

Missions d'information communes à l'Assemblée nationale (exemples) : Sécurité sociale (1995), service national (1996), encéphalopathie spongiforme bovine (1996-97), industrie automobile en Europe, place et rôle des femmes dans la vie publique, prévention et lutte contre les exclusions, Rwanda, axe Rhin-Rhône (1997-98), délinquance financière et blanchiment des capitaux, révision des « lois bioéthique » (1999-2000).

Missions d'information communes du Sénat (exemples) : sur l'incendie du CES Édouard-Pailleron [1975, une instruction judiciaire ayant interdit la constitution d'une commission d'enquête ; le Sénat a dû respecter la règle du secret (comme pour les commissions)], les personnels soignants non médecins des hôpitaux publics (1989), l'avenir du service public de La Poste et de France Télécom dans le nouveau contexte international (1990), les problèmes posés par l'immigration en France (1990), l'avenir de l'espace rural (1989-91), le déroulement et la mise en œuvre de la politique de décentralisation (1990-91), la mise en place et le fonctionnement de l'accord de Schengen (créée 1991-92), la mise en place et le fonctionnement des IUFM (1992), l'aménagement du territoire (1993-94), le fonctionnement du marché des fruits, des légumes et de l'horticulture (1993), la télévision éducative (1993), l'entrée dans la société de l'information (1997), la place et le rôle des femmes dans la vie publique (1997), le bilan de la décentralisation (1999), naufrage du navire « Erika » (2000).

■ **Discussion et vote du budget.** La discussion budgétaire est préparée par la commission des Finances et par les autres commissions saisies pour avis. Les rapporteurs (général et spéciaux) disposent de pouvoirs permanents d'investigation et de communication des documents portant sur l'exécution des budgets votés et la gestion des entreprises nationales. Le débat est l'occasion donnée aux parlementaires d'interroger publiquement tous les ministres sur la politique générale du gouvernement.

■ **Engagement de la responsabilité du gouvernement.** Lorsque le 1er ministre engage devant l'Ass. nat. la responsabilité du gouvernement sur son programme ou sur une déclaration de politique générale (après délibération du Conseil des ministres), un débat est organisé, sanctionné par un vote portant sur l'approbation du programme ou de la déclaration. Le gouvernement doit démissionner en cas de désapprobation. Dans la pratique, le gouvernement engage peu souvent sa responsabilité aussitôt après sa nomination, car c'est par le Pt de la Rép. qu'il est investi.

■ **Déclaration de politique générale du gouvernement.** A l'Ass. nat., il y a eu 27 déclarations de politique générale en application de l'art. 49, alinéa 1er de la Constitution sous la Ve République (du 8-1-1959 au 21-6-1997), dont 9 depuis avril 1986. Le 1er ministre peut demander au Sénat l'approbation d'une déclaration de politique générale (art. 49, alinéa 4 de la Constitution). Depuis 1958 : 11-6-1975 (Chirac) ; 5-5-77 et 11-5-78 (Barre) ; 15-4-86, 15-4-87 et 9-12-87 (Chirac) ; 29-6-88 (Rocard) ; 20-11-89 (Rocard, sur la France et l'évolution de l'Europe de l'Est, vote positif) ; 16-1-91 (Rocard, sur la politique au Moyen-Orient, vote positif) ; 15-4-93 et 15-12-93 (Balladur) ; 24-5-95, 16-11-95 et 8-10-96 (Juppé). Si le vote du Sénat est négatif, le gouvernement n'est pas obligé de démissionner.

■ **Motion de censure.** L'Assemblée nationale met en cause la responsabilité du gouvernement par le vote d'une *motion de censure* qui doit être signée par un dixième des députés au moins. Seuls les votes favorables à la motion de censure sont recensés. Si elle est adoptée par la majorité des membres composant l'Assemblée, le Premier ministre doit remettre au Pt de la République la démission du gouvernement. Les signataires de la motion ne peuvent en proposer plus de 2 autres au cours de la même session ordinaire, sauf en cas d'engagement de la responsabilité du gouvernement sur un texte.

Nombre de motions de censure sous la Ve République. En application de l'art. 49, alinéa 2 : 44 (du 5-5-1960 au 21-6-97) dont 10 sous la IXe législature : *1988-9-12 :* majorité requise 286 (pour 259) ; *1989-16-5 :* 289 (192) ; *-6-6 :* 289 (264) ; *1990-9-5 :* 289 (262) ; *-21-12 :* 288 (218) ; *1991-17-6 :* 289 (265) ; *-24-10 :* 289 (264) ; *1992-7-2 :* 289 (261) ; *-27-5 :* 289 (286) ; *-24-10 :* 286 (261), et 3 sous la Xe législature : *1994-13-4 :* 289 (87) ; *1995-5-12 :* 284 (88) ; *1996-15-6 :* 289 (96) ; *1998-29-4 :* 288 (253) ; *1999-25-5 :* 289 (252) ; **alinéa 3 :** 44 (du 27-11-1959 au 21-4-97) dont 8 sous la IXe législature : *1989-9-10 :* majorité requise 288 (159) ; *-23-10 :* 288 (240) ; *-19-11 :* 289 (284) ; *-20-11 :* 288 (254) ; *-21-12 :* 289 (265) ; *1991-17-6 :* 289 (265) ; *-18-11 :* 289 (264) ; *1992-17-12 :* 286 (257), et 3 sous la Xe législature : *1993-30-6 :* 289 (87) ; *1995-12-12 :* 287 (94) ; *1996-26-6 :* 289 (96).

Seule la motion du 5-10-1962, motivée par le projet concernant l'élection du Pt de la République au suffrage universel direct, avait permis à l'opposition de renverser le gouvernement Pompidou par 280 voix (PC 10, SFIO 43, Entente dém. 33, MRP 50, indépendants 109, UNR 3, non-inscrits 32) contre 200 (Entente dém. 4, MRP 7, Indépendants 12, UNR 173, non-inscrits 4).

Déclarations du gouvernement suivies d'un débat. En application de l'art. 132 du règlement de l'Ass. nat. Au cours de la Xe législature : 31. Au Sénat : *1989 :* 3 ; *90 :* 5 ; *91 :* 4 ; *92 :* 4 ; *93 :* 3 ; *94 :* 10 ; *95 :* 6 ; *96 :* 12 ; *97 :* 6 ; *98 :* 3 ; *99 :* 7 ; *2000 :* 4.

■ **Pouvoir électif.** Le Parlement désigne ses représentants aux ass. parlementaires européennes (Ass. parlementaire du Conseil de l'Europe, Assemblée de l'Union de l'Europe occidentale, Assemblée parlementaire de l'OSCE).

■ **Pouvoir juridictionnel.** Les 2 ass., statuant par un vote identique à la majorité absolue des membres les composant, peuvent, en cas de haute trahison, mettre en accusation le Pt de la Rép. devant la Haute Cour de justice (art. 68). En cas de crimes ou de délits commis dans l'exercice de leurs fonctions, les membres du gouvernement peuvent être jugés par la Cour de justice de la Rép. (voir p. 747 b), dont 12 des 15 membres sont des parlementaires : 6 députés et 6 sénateurs (art. 68-1 et 68-2).

☞ **Sonorisation et enregistrement télévisé des débats :** microphones pour le Pt, les orateurs, les membres du gouvernement et les rapporteurs des commissions. D'autres se trouvent dans les travées, à portée des députés. Ils sont reliés à des haut-parleurs dans l'hémicycle et à des diffuseurs dans le Palais-Bourbon (*idem* au Sénat). Caméras de télévision dans l'hémicycle et régie pour la diffusion (*idem* au Sénat). Les images sont réalisées par un service interne à chaque assemblée qui en est propriétaire. La loi du 30-12-1999 a prévu la création d'une chaîne parlementaire, diffusée gratuitement sur le Câble et par satellite ; émissions réalisées par 2 Stés de programmes indépendantes pour le Sénat (Public Sénat) et pour l'Assemblée nationale.

■ Moyens d'action du gouvernement sur le Parlement

■ **Moyens indirects.** *Les membres du gouvernement ont accès à l'Assemblée nationale et au Sénat. Ils sont entendus quand ils le demandent. Ils peuvent se faire assister par des commissaires du gouvernement* (art. 31). Le gouvernement inscrit d'office à l'ordre du jour des assemblées, dans l'ordre et aux dates qu'il a fixés, les affaires dont il demande la discussion.

Le gouvernement peut demander un « vote bloqué » (art. 44), c'est-à-dire que l'Assemblée se prononce par un seul et unique vote sur l'ensemble du projet ou de la proposition de loi ou sur un groupe d'articles en ne retenant que les amendements proposés ou acceptés par le gouvernement ; pour le Pt Giscard d'Estaing, le vote bloqué devait être utilisé modérément, surtout pour les textes essentiels engageant l'avenir.

Le Pt de la République, à la demande du 1er ministre ou de la majorité des députés, peut convoquer le Parlement en session extraordinaire (art. 29 et 30).

A l'Assemblée nationale, le gouvernement peut faire adopter un texte en engageant sa responsabilité sur le vote de ce texte (question de confiance) ; celui-ci est considéré comme adopté si une motion de censure n'est pas déposée dans les 24 h qui suivent l'engagement de responsabilité du gouvernement (art. 49, alinéa 3) et votée à la majorité des membres composant l'Assemblée. Cette procédure a été utilisée *plusieurs fois* au cours de la discussion de la loi budgétaire de 1980 à l'Assemblée nationale (hiver 1979-80) ; d'après certains, cette utilisation *répétée* est contraire à l'esprit de la Constitution : elle aboutirait à faire adopter des dispositions budgétaires sans discussion ni vote, et à attribuer indirectement au gouvernement des pouvoirs législatifs. Le principal bénéficiaire d'une telle manœuvre serait le Sénat (n'ayant pas le droit de renverser le gouvernement, il est tenu de discuter et de voter chaque article de la loi budgétaire – sauf à la rejeter en bloc par l'adoption d'une question préalable comme en 1992 – ce qui lui confère une autorité morale supérieure à celle de l'Assemblée). L'art. 49, alinéa 3 avait déjà été utilisé en 1977 à propos de l'élection des députés à l'Assemblée européenne, mais il s'agissait d'un recours unique et exceptionnel à cette disposition constitutionnelle.

Depuis 1958, aucun gouvernement n'a remis sa démission à la suite du dépôt d'une « question de confiance » (sous la IVe République, l'abus des « questions de confiance » avait favorisé l'instabilité gouvernementale et conduit à un contrôle, jugé excessif, du gouvernement par l'Assemblée nationale).

■ **Moyens directs.** Soumission de certains projets de loi à *référendum* (art. 11) ; *dissolution de l'Assemblée nationale* (art. 12) ; *application de l'article 16* (pouvoirs spéciaux) ; le Parlement se réunit alors de plein droit.

Parlement des enfants : *créé* 1994. *But :* offrir à 577 enfants en cours moyen 2e année, la possibilité de découvrir la fonction de législateur, en simuler l'exercice (propositions de lois élaborées et votées étant ensuite reprises par le Parlement).

« Parlement mondial des enfants » : en octobre 1999, 380 jeunes venus des États membres de l'Unesco furent réunis et adoptèrent un manifeste pour le XXIe s., message de paix, d'espoir et de foi dans les valeurs de la démocratie.

Liste des députés (D) et des sénateurs (S)

☞ *Légende :* **Députés : D ; GROUPES :** (1) socialiste. (2) RPR. (3) UDF. (4) Communiste. (5) Non-inscrit. (6) Radical, citoyen et Vert. (7) Démocratie libérale. **Sénateurs : S ; GROUPES :** (a) RPR. (b) Socialiste. (c) Communiste républicain et citoyen. (d) Républicains et indépendants. (e) Union centriste. (f) Rassemblement démocratique et social européen. (g) Non-inscrit.

☞ *Abréviations :* app. : apparenté ; Pt : Pt du groupe ; ratt. : rattaché.

■ France métropolitaine

Ain. D André Godin [1] (18-5-42) ; Lucien Guichon [2] (9-2-32) ; Charles Millon [5] (12-11-45) ; Michel Voisin [3] (6-10-44). **S** Jean-Paul Émin [d] (17-6-39) ; Jean Pépin [d] (23-11-39).

Aisne. D Jean-Pierre Balligand [1] (30-5-50) ; Jacques Desallangre [6] (6-9-35) ; René Dosière [1] (3-8-41) ; Odette Grzegrzulka [1] (1-3-47) ; Renaud Dutreil [3] (12-6-60). **S** Pierre André [a] (29-6-47) ; Paul Girod [f] (27-6-31) ; Jacques Pelletier [f] (1-8-29).

Allier. D Gérard Charasse [6] (26-3-44) ; François Colcombet [1] (1-9-37) ; Pierre Goldberg [4] (25-8-38) ; André Lajoinie [4] (26-12-29). **S** Bernard Barraux [e] (5-2-35) ; Gérard Deriot [e] (1-11-44).

Alpes-de-Haute-Provence. D Jean-Louis Bianco [1] (12-1-43) ; Robert Honde [6] (1-3-42). **S** Claude Domeizel [b] (16-5-40).

Alpes-Maritimes. D André Aschieri [6] (8-3-37) ; Charles Ehrmann [7] (7-10-11) ; Christian Estrosi [2] (1-7-55) ; Jean-Claude Guibal [2] (13-1-41) ; Jean-Antoine Leonetti [3] (9-7-48) ; Lionnel Luca [2] (19-12-54) ; Jacqueline Mathieu-Obadia [2] (30-1-35) ; Louise Moreau [3] (29-1-21) ; Rudy Salles [3] (30-7-54). **S** José Balarello [d] (25-12-26) ; Charles Ginesy [a] (12-5-22) ; Pierre Laffitte [f] (1-1-25) ; Jacques Peyrat [a] (18-10-31).

Ardèche. D Stéphane Alaize [1] (16-3-64) ; Jean Pontier [6] (13-11-32) ; Pascal Terrasse [1] (26-10-64). **S** Michel Teston [b] (20-7-44) ; Henri Torre [d] (12-4-33).

Ardennes. D Claudine Ledoux [1] (10-1-59) ; Philippe Vuilque [1] (29-1-56) ; Jean-Luc Warsmann [2] (22-10-65). **S** Maurice Blin [e] (28-8-22) ; Hilaire Flandre [a] (24-2-37).

Ariège. D Augustin Bonrepaux [1] (11-8-36) ; Henri Nayrou [1] (21-11-44). **S** Jean-Pierre Bel [b] (30-12-51).

Aube. D François Baroin [2] (21-6-65) ; Robert Galley [2] (11-1-21) ; Pierre Micaux [3] (26-10-30). **S** Philippe Arnot [g] [délégué] (25-8-45) ; Yann Gaillard [a] [app.] (9-10-36).

Aude. D Jacques Bascou [1] (31-3-53) ; Jean-Paul Dupré [1] (5-2-44) ; Jean-Claude Perez [1] (31-3-64). **S** Raymond Courrière [b] (23-8-32) ; Roland Courteau [b] (24-2-43).

Aveyron. D Jean Briane [3] (20-10-30) ; Jacques Godfrain [2] (4-6-43) ; Jean Rigal [6] (28-6-31). S Jean Puech [d] (22-2-42) ; Bernard Seillier [g] (12-7-41).

Bas-Rhin. D Émile Blessig [3] (27-5-47) ; Yves Bur [3] (10-3-51) ; Alain Ferry [3] [app.] (3-2-52) ; Germain Gengenwin [3] (8-5-36) ; Armand Jung [1] (13-12-50) ; François Loos [3] (24-12-53) ; Marc Reymann [3] (7-6-37) ; André Schneider [2] (3-1-47) ; Bernard Schreiner [2] (30-8-37). S Francis Grignon [e] (3-1-44) ; Daniel Hœffel [e] (23-1-29) ; Joseph Ostermann [a] (26-11-37) ; Philippe Richert [e] (22-5-53).

Bouches-du-Rhône. D Sylvie Andrieux [1] (15-12-61) ; Roland Blum [7] (12-7-45) ; Vincent Burroni [1] (1-10-47) ; Bernard Deflesselles [7] (16-10-53) ; Guy Hermier [4] (22-2-40) ; Christian Kert [3] (25-7-46) ; Marius Masse [1] (15-4-41) ; J.-Fr. Mattei [7] [Pt] (14-1-43) ; Roger Mei [4] (3-5-35) ; Renaud Muselier [2] (6-5-59) ; Jean-Bernard Raimond [2] (6-2-26) ; Jean Roatta [7] (13-12-41) ; Guy Teissier [7] (4-4-45) ; Léon Vachet [2] (29-12-32) ; Michel Vauzelle [1] (15-8-44) ; Michel Vaxès [4] (14-11-40). S Henri d'Attilio [b] (4-2-27) ; Robert Bret [c] (10-4-49) ; Jean-Claude Gaudin [d] (8-10-39) ; Francis Giraud [a] (4-7-32) ; Jean-Noël Guérini [b] (1-1-51) ; Jean-François Picheral [b] (26-2-34) ; André Vallet [f] (29-1-35).

Calvados. D Nicole Ameline [7] (4-7-52) ; Laurence Dumont [1] (2-6-58) ; Philippe Duron [1] (19-6-47) ; Louis Mexandeau [1] (6-7-31) ; Yvette Roudy [1] (10-4-29) ; Alain Tourret [6] (25-12-47). S Ambroise Dupont [d] (11-5-37) ; Jean-Léonce Dupont [d] (31-1-55) ; René Garrec [d] (24-12-34).

Cantal. D Yves Coussain [3] (15-5-44) ; Alain Marleix [2] (2-1-46). S Roger Besse [a] (18-8-29) ; Pierre Jarlier [e] (14-7-54).

Charente. D Jean-Claude Beauchaud [1] (21-9-36) ; Jérôme Lambert [1] (7-6-57) ; Marie-Line Reynaud [1] (17-7-54) ; Jean-Claude Viollet [1] (9-6-51). S Philippe Arnaud [e] (1-2-49) ; Henri de Richemont [a] (6-12-46).

Charente-Maritime. D Maxime Bono [1] (1-11-47) ; Dominique Bussereau [7] (13-7-52) ; Bernard Grasset [1] (23-12-33) ; Didier Quentin [2] (23-12-46) ; Jean Rouger [1] (10-4-40). S Claude Belot [e] [ratt.] (11-7-36) ; Jean-Guy Branger [e] (15-4-35) ; Michel Doublet [a] (26-9-39).

Cher. D Yves Fromion [2] (15-9-41) ; Yann Galut [1] (14-3-66) ; Jean-Claude Sandrier [4] (7-8-45). S Serge Lepeltier [a] (12-10-53) ; Serge Vinçon [a] (17-6-49).

Corrèze. D Jean-Pierre Dupont [2] (19-6-33) ; François Hollande [1] (12-8-54) ; Philippe Nauche [1] (15-7-57). S Georges Mouly [f] (21-2-31) ; Bernard Murat [a] (19-2-46).

Corse-du-Sud. D Roland Francisci [2] (31-1-38) ; José Rossi [7] [Pt] (18-6-44). S L.-F. de Rocca-Serra [d] (7-2-36).

Côte-d'Or. D Michel Étiévant [1] (12-12-32) ; Jean-Marc Nudant [2] (20-1-42) ; Robert Poujade [2] (6-5-28) ; Jean-Claude Robert [1] (14-6-47) ; François Sauvadet [3] (20-4-53). S Louis de Broissia [a] (1-6-43) ; Louis Grillot [d] (18-4-32) ; Henri Revol [d] (14-2-36).

Côtes-d'Armor. D Danielle Bousquet [1] (10-5-45) ; Didier Chouat [1] (24-4-45) ; Jean Gaubert [1] (3-3-47) ; Alain Gouriou [1] (25-8-41) ; Félix Leyzour [4] (22-7-32). S Gérard Le Cam [c] (24-2-54) ; Claude Saunier [b] (26-2-43) ; Pierre-Yvon Trémel [b] (9-8-46).

Creuse. D Jean Auclair [2] [app.] (3-5-46) ; Michel Vergnier [1] (25-11-46). S André Lejeune [b] (1-7-35) ; Michel Moreigne [b] (6-5-34).

Deux-Sèvres. D Jean-Pierre Marché [1] (17-10-36) ; Jean-Marie Morisset [3] (18-8-47) ; Dominique Paillé [3] (28-5-56) ; Geneviève Perrin-Gaillard [1] (13-5-47). S Michel Bécot [e] (10-10-39) ; André Dulait [e] (14-11-37).

Dordogne. D Michel Dasseux [1] (23-7-36) ; René Dutin [4] (18-12-33) ; Germinal Peiro [1] (15-9-53) ; Michel Suchod [6] (10-5-46). S Bernard Cazeau [b] (27-4-39) ; Xavier Darcos [a] [ratt.] (14-7-47).

Doubs. D Jean-Louis Fousseret [1] (23-12-46) ; Paulette Guinchard-Kunstler [1] (3-10-49) ; Joseph Parrenin [1] (16-5-41) ; Joseph Tyrode [1] (24-12-43) ; Roland Vuillaume [2] (12-4-35). S Georges Gruillot [a] (14-8-31) ; Jean-François Humbert [d] (17-10-52) ; Louis Souvet [a] (19-10-31).

Drôme. D Henri Bertholet [1] (26-1-46) ; Éric Besson [1] (2-4-58) ; Michel Grégoire [1] (27-10-56) ; Michèle Rivasi [1] [app.] (9-2-53). S Jean Besson [b] (1-7-48) ; Bernard Piras [b] (5-6-42).

Essonne. D Julien Dray [1] (5-3-55) ; Nicolas Dupont-Aignan [2] (7-3-61) ; Jacques Guyard [1] (19-11-37) ; François Lamy [1] (31-10-59) ; Pierre Lasbordes [2] (13-5-46) ; Franck Marlin [2] [app.] (30-9-64) ; Jean Marsaudon [2] (3-5-46) ; Yves Tavernier [1] (20-10-37) ; Georges Tron [2] (1-8-57) ; Pierre-André Wiltzer [3] (31-10-40). S Claire-Lise Campion [b] (27-7-51) ; Xavier Dugoin [a] (27-3-47) ; Paul Loridant [c] (22-4-48) ; Max Marest [a] (9-9-29) ; Michel Pelchat [d] (8-7-35).

Eure. D Jean-Louis Debré [2] [Pt] (30-9-44) ; François Loncle [1] (21-10-41) ; Hervé Morin [3] (17-8-61) ; Catherine Picard [1] (14-8-52) ; Alfred Recours [1] (19-3-45). S Joël Bourdin [d] (25-1-38) ; Jean-Luc Miraux [a] (17-4-53) ; Ladislas Poniatovski [d] (10-11-46).

Eure-et-Loir. D Marie-Hélène Aubert [6] (16-11-55) ; Jacky Jaulneau [1] (1-2-52) ; Gérard Hamel [2] (20-2-45) ; Georges Lemoine [1] (20-6-34). S Gérard Cornu [a] (6-2-52) ; Martial Taugourdeau [a] (14-12-26).

Finistère. D Yvon Abiven [1] [app.] (14-4-48) ; André Angot [2] (28-4-47) ; François Cuillandre [1] (5-2-55) ; Jean-Noël Kerdraon [1] (30-12-43) ; Jacqueline Lazard [1] (30-9-48) ; Gilbert Le Bris [1] (3-3-49) ; Charles Miossec [2] (25-12-38) ; Kofi Yamgnane [1] (11-10-45). S Yolande Boyer [b] (19-11-50) ; Alain Gérard [a] (2-12-37) ; Louis Le Pensec [b] (8-1-37) ; François Marc [b] (19-3-50).

Gard. D Damien Alary [1] (17-1-51) ; Alain Clary [4] (21-3-38) ; Alain Fabre-Pujol [1] (27-6-57) ; Patrick Malavieille [4] (10-10-62) ; Gérard Revol [1] (9-4-37). S Alain Journet [b] (25-6-41) ; André Rouvière [b] (29-4-36) ; Simon Sutour [b] (18-8-52).

Gers. D Claude Desbons [1] (7-10-38) ; Yvon Montané [1] (27-4-37). S Aymeri de Montesquiou [f] (7-7-42) ; Yves Rispa [a] [ratt.] (17-9-31).

Gironde. D Pierre Brana [1] (28-5-33) ; François Deluga [1] (18-11-56) ; Pierre Ducout [1] (12-12-42) ; Alain Juppé [2] (15-8-45) ; Conchita Lacuey [1] (30-9-43) ; Bernard Madrelle [1] (27-4-44) ; Noël Mamère [6] (25-12-48) ; Gilbert Mitterrand [1] (4-2-49) ; Michel Sainte-Marie [1] (18-8-38) ; Odette Trupin [1] (5-2-35) ; Jean Valleix [2] (23-4-28). S Gérard César [a] (19-12-34) ; Bernard Dussaut [b] (14-11-41) ; Philippe Madrelle [b] (21-4-37) ; Xavier Pintat [d] (15-3-54) ; Jacques Valade [a] (4-5-30).

Haut-Rhin. D Jean-Pierre Baeumler [1] (1-7-48) ; Jean-Marie Bockel [1] (22-6-50) ; Marc Dumoulin [5] (6-4-50) ; Francis Hillmeyer [3] (9-9-46) ; Gilbert Meyer [2] (26-12-41) ; Jean-Luc Reitzer [2] (29-12-51) ; Jean Ueberschlag [2] (29-5-35). S Daniel Eckenspieller [a] [app.] (15-12-31) ; Hubert Haenel [a] (20-5-42) ; Jean-Louis Lorrain [e] (12-3-48).

Haute-Corse. D Roger Franzoni [6] (1-2-20) ; Paul Patriarche [7] [app.] (19-11-34). S Paul Natali [a] (13-11-33).

Haute-Garonne. D Gérard Bapt [1] (4-2-46) ; Dominique Baudis [3] (14-4-47) ; Yvette Benayoun-Nakache [1] (2-12-46) ; Pierre Cohen [1] (20-3-50) ; Jean-Louis Idiart [1] (3-5-50) ; Françoise Imbert [1] (16-9-47) ; Patrick Lemasle [1] (18-5-52) ; Hélène Mignon [1] (26-6-34). S Bertrand Auban [b] (18-1-47) ; Maryse Bergé-Lavigne [b] (29-1-41) ; Jean-Pierre Plancade [b] (2-8-49) ; Gérard Roujas [b] (8-9-43).

Haute-Loire. D Jacques Barrot [3] (3-2-37) ; Jean Proriol [7] (25-11-34). S Adrien Gouteyron [a] (13-5-33) ; Guy Vissac [a] (31-12-33).

Haute-Marne. D François Cornut-Gentille [2] (22-5-58) ; Jean-Claude Daniel [1] [app.] (14-6-42). S Georges Berchet [f] (13-6-26) ; Jacques-Richard Delong [a] (14-8-21).

Haute-Saône. D Christian Bergelin [2] (15-4-45) ; Jean-Paul Mariot [1] (2-4-48) ; Jean-Pierre Michel [6] (5-8-38). S Bernard Joly [f] (26-10-34) ; Alain Joyandet [a] (15-1-54).

Haute-Savoie. D Bernard Accoyer [2] (12-8-45) ; Claude Birraux [3] (19-1-46) ; Bernard Bosson [3] (25-2-48) ; Jean-Marc Chavanne [5] (2-2-39) ; Michel Meylan [7] (27-1-39). S Jean-Paul Amoudry [e] (30-3-50) ; Jean-Claude Carle [d] (9-6-48) ; Pierre Hérisson [e] (12-6-45).

Haute-Vienne. D Daniel Boisserie [1] (8-6-46) ; Claude Lanfranca [1] (15-6-38) ; Marie-Françoise Pérol-Dumont [1] (26-5-52) ; Alain Rodet [1] (4-6-44). S Jean-Pierre Demerliat [b] (8-5-43) ; Jean-Claude Peyronnet [b] (7-11-40).

Hautes-Alpes. D Daniel Chevallier [1] (12-9-43) ; Patrick Ollier [2] (17-12-44). S Marcel Lesbros [e] (9-9-21).

Hautes-Pyrénées. D Philippe Douste-Blazy [3] [Pt] (1-1-53) ; Pierre Forgues [1] (17-6-38) ; Chantal Robin-Rodrigo [6] (4-8-48) ; S François Abadie [f] (19-6-30) ; Josette Durrieu [b] (20-3-37).

Hauts-de-Seine. D Olivier de Chazeaux [2] (13-3-61) ; Pierre-Christophe Baguet [3] (11-5-55) ; Jacques Baumel [2] (6-3-18) ; Jacques Brunhes [4] [Pt] (7-10-34) ; Patrick Devedjian [2] (26-8-44) ; Jacqueline Fraysse [4] (25-2-47) ; Jean-Pierre Foucher [3] (13-8-43) ; Jean-Jacques Guillet [5] (16-10-46) ; Janine Jambu [4] (18-11-42) ; Jacques Kossowski [2] [app.] (11-10-40) ; André Santini [3] (20-10-40) ; Nicolas Sarkozy [2] (28-1-55) ; Frantz Taittinger [2] (9-6-51). S Robert Badinter [b] (30-3-28) ; Denis Badré [e] (3-1-43) ; Charles Ceccaldi-Raynaud [a] (25-6-25) ; J.-P. Fourcade [f] (18-10-29) ; Roger Karoutchi [a] (26-8-51) ; Roland Muzeau [c] (5-11-51) ; Jean-Pierre Schosteck [a] (16-3-42).

Hérault. D Alain Barrau [1] (17-2-47) ; Georges Frêche [1] (9-7-38) ; Christine Lazerges [1] (21-11-43) ; François Liberti [4] (17-9-47) ; Bernard Nayral [1] (19-7-41) ; Gilbert Roseau [1] (1-8-42) ; Gérard Saumade [6] (3-5-26). S Gérard Delfau [f] (21-10-37) ; André Vezinhet [b] (7-9-39) ; Marcel Vidal [b] (7-3-40).

Ille-et-Vilaine. D Marie-Thérèse Boisseau [3] (25-8-40) ; Jean-Michel Boucheron [1] (6-3-48) ; René Couanau [3] (10-7-36) ; Edmond Hervé [1] (3-12-42) ; Alain Madelin [7] (26-3-46) ; Pierre Méhaignerie [3] (4-5-39) ; Marcel Rogemont [1] (3-1-48). S Michel Esneu [a] (18-7-43) ; Yves Fréville [e] (1-12-34) ; Patrick Lassourd [a] (3-9-42) ; Philippe Nogrix [e] (3-6-42).

Indre. D Jean-Paul Chanteguet [1] (9-12-49) ; Jean-Yves Gateaud [1] (17-12-49) ; Nicolas Forissier [7] (17-2-61). S Daniel Bernardet [e] (7-6-27) ; François Gerbaud [a] (10-4-27).

Indre-et-Loire. D Philippe Briand [2] (26-10-60) ; Yves Dauge [1] (26-1-35) ; Renaud Donnedieu de Vabres [3] (13-3-54) ; Jean-Jacques Filleul [1] (22-6-43) ; Marisol Touraine [1] (7-3-59). S James Bordas [d] (20-8-29) ; Jean Delaneau [d] (29-8-33) ; Dominique Leclerc [a] (17-3-44).

Isère. D Gilbert Biessy [4] (20-7-34) ; François Brottes [1] (31-3-56) ; Richard Cazenave [2] (17-3-48) ; Georges Colombier [7] (8-3-40) ; Michel Destot [1] (2-9-46) ; Louis Mermaz [1] (20-8-31) ; Didier Migaud [1] (6-6-52) ; Alain Moyne-Bressand [7] (30-7-45) ; André Vallini [1] (15-7-56). S Jean Boyer [d] (1-8-23) ; Guy-Pierre Cabanel [f] [Pt] (7-4-27) ; Charles Descours [a] (31-12-37) ; Jean Faure [e] (14-1-37).

Jura. D Jean Charroppin [2] (30-5-38) ; Jacques Pélissard [2] (20-3-46) ; André Vauchez [1] (24-4-39). S Pierre Jeambrun [f] (4-6-21) ; André Jourdain [a] (13-6-35).

Landes. D Jean-Pierre Dufau [1] (5-7-43) ; Alain Vidalies [1] (17-3-51). S Jean-Louis Carrère [b] (4-12-44) ; Philippe Labeyrie [b] (29-4-38).

Loir-et-Cher. D Michel Fromet [1] (4-8-45) ; Maurice Leroy [3] (2-2-59) ; Patrice Martin-Lalande [2] (2-12-47). S Jacques Bimbenet [f] (2-7-28) ; Pierre Fauchon [e] (13-7-29).

Loire. D Christian Cabal [2] (27-9-43) ; Jean-François Chossy [3] (4-5-47) ; Pascal Clément [7] (12-5-45) ; Gérard Lindeperg [1] (1-5-38) ; Yves Nicolin [7] (5-3-63) ; Bernard Outin [4] (26-1-44) ; François Rochebloine [3] (31-10-45). S Bernard Fournier [a] (13-9-46) ; Louis Mercier [e] (10-5-20) ; Lucien Neuwirth [a] (18-5-24) ; Guy Poirieux [d] (9-3-36).

Loire-Atlantique. D Jean-Marc Ayrault [1] [Pt] (25-1-50) ; Marie-Françoise Clergeau [1] (2-5-48) ; Claude Évin [1] (29-6-49) ; Jacques Floch [1] (28-2-38) ; Pierre Hériaud [3] (23-8-36) ; Michel Hunault [2] (14-2-60) ; Édouard Landrain [3] (1-7-30) ; René Leroux [1] (23-3-52) ; Serge Poignant [2] (1-11-47) ; Patrick Rimbert [1] (20-7-44). S François Autain [b] (16-6-35) ; Ch.-H. de Cossé-Brissac [d] (16-3-36) ; Luc Dejoie [a] (6-2-31) ; Marie-Madeleine Dieulangard [b] (19-7-36) ; Guy Lemaire [a] (6-6-38).

Loiret. D Jean-Louis Bernard [3] (31-3-38) ; Antoine Carré [7] (4-3-43) ; Jean-Paul Charié [2] (25-4-52) ; Xavier Deniau [2] [app.] (24-9-23) ; Éric Doligé [2] (25-5-43). S Louis Boyer [d] (13-11-21) ; Kléber Malécot [e] (12-2-15) ; Paul Masson [a] [ratt.] (21-7-20).

Lot. D Bernard Charles [6] [Pt] (16-4-48) ; Jean Launay [1] (24-7-52). S André Boyer [f] (14-5-31) ; Gérard Miquel [b] (17-6-46).

Lot-et-Garonne. D Jérôme Cahuzac [1] (19-6-52) ; Gérard Gouzes [1] (5-6-43) ; Alain Veyret [1] (16-12-53). S Jean François-Poncet [f] (8-12-28) ; Raymond Soucaret [f] (27-7-23).

Lozère. D Jacques Blanc [7] (21-10-39) ; Jean-Claude Chazal [1] (1-4-44). S Janine Bardou [d] (16-9-27).

Maine-et-Loire. D Roselyne Bachelot-Narquin [2] (24-12-46) ; Hervé de Charette [3] (30-7-38) ; Hubert Grimault [3] (7-5-29) ; Marc Laffineur [7] (10-8-45) ; Maurice Ligot [3] (9-12-27) ; Jean-Michel Marchand [6] (13-10-47) ; Christian Martin [3] (7-4-31). S Jean Huchon [e] (4-9-28) ; Jean-Paul Hugot [a] (2-4-48) ; Charles Jolibois [d] (4-10-28).

Manche. D René André [2] (3-7-42) ; Bernard Cazeneuve [1] (2-6-63) ; Alain Cousin [2] (8-4-47) ; Claude Gatignol [7] (20-11-38) ; Jean-Claude Lemoine [2] (28-4-31). S Jean Bizet [a] (30-8-47) ; Anne Heinis [d] (16-11-33) ; Jean-François Le Grand [a] (8-6-42).

Marne. D Bruno Bourg-Broc [2] (25-2-45) ; Charles de Courson [3] (2-4-52) ; Jean-Claude Étienne [2] (6-8-41) ; Jean Falala [2] (2-3-29) ; Philippe Martin [2] (28-4-49) ; Jean-Claude Thomas [2] (16-3-50). S Jean Bernard [a] (17-10-24) ; Jacques Machet [e] (16-12-23) ; Albert Vecten [e] (16-2-26).

Mayenne. D François d'Aubert [7] (31-10-43) ; Henri de Gastines [2] (6-7-29) ; Roger Lestas [3] (12-5-32). S Jean Arthuis [e] [Pt] (7-10-44) ; René Ballayer [e] (2-3-15).

Meurthe-et-Moselle. D Jean-Jacques Denis [1] (10-9-53) ; Jean-Paul Durieux [1] (7-11-29) ; Nicole Feidt [1] (8-2-36) ; Claude Gaillard [3] (15-8-44) ; François Guillaume [2] [app.] (19-10-32) ; Jean-Yves Le Déaut [1] (1-2-45) ; René Mangin [1] (24-11-48). S Jacques Baudot [e] (9-3-36) ; Jean Bernadaux [e] (23-2-35) ; Claude Huriet [e] (24-5-30) ; Philippe Nachbar [d] (26-9-50).

Meuse. D François Dosé [1] (7-10-47) ; Jean-Louis Dumont [1] (6-4-44). S Rémi Herment [e] (23-6-32) ; Michel Rufin [a] (12-8-20).

Morbihan. D Loïc Bouvard [3] (20-1-29) ; Jean-Charles Cavaillé [2] (17-12-30) ; François Goulard [7] (21-9-53) ; Aimé Kerguéris [7] (3-6-40) ; Jean-Yves Le Drian [1] (30-6-47) ; Jacques Le Nay [3] (19-11-49). S Christian Bonnet [d] (14-6-21) ; Henri Le Breton [e] (10-9-28) ; Josselin de Rohan [a] [Pt] (5-6-38).

Moselle. D Jean-Marie Aubron [1] (30-12-37) ; André Berthol [2] (10-11-39) ; Jean-Marie Demange [2] (23-7-43) ; Denis Jacquat [7] (29-5-44) ; Michel Liebgott [1] (15-2-58) ; Gilbert Maurer [1] (29-3-52) ; Roland Metzinger [1] (14-1-40) ; Gérard Terrier [1] (1-2-48) ; Aloyse Warhouver [6] (26-2-30) ; Marie-Joseph Zimmermann [2] (26-4-51). S André Bohl [e] (26-1-36) ; Roger Hesling [b] (19-8-31) ; Alain Hethener [a] [app.] (15-4-46) ; Gisèle Printz [b] (27-6-33) ; Jean-Marie Rausch [f] [ratt.] (24-9-29).

Nièvre. D Didier Boulaud [1] (4-9-50) ; Gaëtan Gorce [1] (2-12-58) ; François Perrot [1] (31-5-39). S Marcel Charmant [b] (26-7-44) ; René-Pierre Signé [b] (16-9-30).

Nord. D Dominique Baert [1] (24-10-59) ; Jean-Pierre Balduyck [1] (15-5-41) ; Christian Bataille [1] (13-5-46) ; Alain Bocquet [4] (6-5-46) ; Jean-Louis Borloo [3] [app.] (7-4-51) ; Alain Cacheux [1] (15-11-47) ; Marc-Philippe Daubresse [3] (1-8-53) ; Bernard Davoine [1] (15-1-41) ; Jean-Claude Decagny [3] (10-6-39) ; Marcel Dehoux [1] (4-9-46) ; Patrick Delnatte [2] (9-12-41) ; Jean Delobel [1] (31-1-33) ; Monique Denise [1] (22-5-41) ; Bernard Derosier [1] (10-11-39) ; Franck Dhersin [7] (18-6-62) ; Marc Dolez [1] (21-10-52) ; Brigitte Douay [1] (24-2-47) ; Yves Durand [1] (6-6-46) ; Georges Hage [4] (11-9-21) ; Thierry Lazaro [2] (27-9-60) ; André Lebrun [1] (25-7-46) ; Jean Le Garrec [1] (9-8-29) ; Patrick Leroy [4] (26-2-50) ; Bernard Roman [1] (15-7-52). S Guy Allouche [b] (27-10-39) ; Jacques Donnay [g] (7-1-25) ; Dinah Derycke [b] (1-4-46) ; André Diligent [e] (10-5-19) ; Alfred Foy [g] (11-1-34) ; Pierre Lefebvre [c] (11-9-38) ; Jacques Legendre [a] (2-12-41) ; Pierre Mauroy [b] (5-7-28) ; Paul Raoult [b] (26-11-44) ; Ivan Renar [c] (26-4-37) ; Alex Türk [g] (25-1-50).

Oise. D Jean-Pierre Braine [1] (14-11-38) ; Patrice Carvalho [4] (15-11-52) ; Lucien Degauchy [2] (11-6-37) ; Arthur

Dehaine [2] (20-6-32) ; Michel Françaix [1] (28-5-43) ; Béatrice Marre [1] (2-4-52) ; Yves Rome [1] (25-4-50). **S** Philippe Marini [a] (28-1-50) ; Michel Souplet [e] (3-4-29) ; Alain Vasselle [a] (27-6-47).

Orne. D Sylvia Bassot [7] (18-12-40) ; Yves Deniaud [2] (1-9-46) ; Jean-Claude Lenoir [7] (27-12-44). **S** Daniel Goulet [a] (28-10-28) ; Alain Lambert [e] (20-7-46).

Paris. D Martine Aurillac [2] (28-4-39) ; Édouard Balladur [2] (2-5-29) ; Serge Blisko [1] (6-1-50) ; Patrick Bloche [1] (4-7-56) ; Jean-Christophe Cambadèlis [1] (14-8-51) ; Christophe Caresche [1] (2-9-60) ; Nicole Catala [2] (2-2-36) ; Michel Charzat [1] (25-12-42) ; Laurent Dominati [7] (5-8-60) ; Tony Dreyfus [1] (9-1-39) ; René Galy-Dejean [2] (16-3-32) ; Gilbert Gantier [7] (28-11-24) ; Jean de Gaulle [2] (13-6-53) ; Claude Goasguen [7] (12-3-45) ; Jean-Marie Le Guen [1] (3-1-53) ; Pierre Lellouche [2] (3-5-51) ; Daniel Marcovitch [1] (31-1-45) ; Françoise de Panafieu [2] (12-12-48) ; Bernard Pons [2] (18-7-26) ; Georges Sarre [6] (26-11-35) ; Jean Tibéri [2] (30-1-35). **S** Jean-Yves Autexier [c] (5-1-50) ; Nicole Borvo [c] (8-12-45) ; Michel Caldaguès [a] (28-9-26) ; Jean Chérioux [a] (16-2-28) ; Bertrand Delanoë [b] (30-5-50) ; Jacques Dominati [d] (11-3-27) ; Claude Estier [b] [Pt] (8-6-25) ; Philippe de Gaulle [a] (28-12-21) ; Christian de La Malène [a] (5-12-20) ; Bernard Plasait [d] (20-6-40) ; Danièle Pourtaud [b] (23-10-51) ; Maurice Ulrich [a] (6-1-25).

Pas-de-Calais. D Jean-Claude Bois [1] (16-3-34) ; Marcel Cabiddu [1] (10-2-52) ; Gilles Cocquempot [5] (22-10-52) ; Jean-Pierre Defontaine [6] (4-2-37) ; Léonce Deprez [3] (10-7-27) ; Dominique Dupilet [1] (12-10-44) ; Albert Facon [1] (11-11-43) ; Catherine Génisson [1] (22-4-49) ; Serge Janquin [1] (5-8-43) ; Jean-Pierre Kucheida [1] (24-2-43) ; Michel Lefait [1] (20-5-46) ; Guy Lengagne [6] (11-7-33) ; Jean-Claude Leroy [1] (3-6-52) ; Bernard Seux [1] (1-3-47). **S** Jean-Luc Bécart [c] (23-8-47) ; Désiré Debavelaere [a] [app.] (18-2-24) ; Jean-Paul Delevoye [a] (22-1-47) ; Léon Fatous [b] (11-2-26) ; Roland Huguet [b] (17-10-33) ; Daniel Percheron [b] (31-8-42) ; Michel Sergent [b] (27-12-43).

Puy-de-Dôme. D Maurice Adevah-Pœuf [1] (27-3-43) ; Jean-Paul Bacquet [1] (11-3-49) ; Valéry Giscard d'Estaing [3] (2-2-26) ; Jean Michel [1] (28-1-49) ; Alain Néri [1] (1-5-42) ; Odile Saugues [1] (26-1-43). **S** Marcel Bony [b] (6-7-26) ; Michel Charasse [b] (8-7-41) ; Serge Godart [b] (25-3-36).

Pyrénées-Atlantiques. D Michèle Alliot-Marie [2] (10-9-46) ; Jean Espilondo [1] (11-1-48) ; Michel Inchauspé [2] (5-11-25) ; André Labarrère [1] (12-1-28) ; Martine Lignières-Cassou [1] (22-2-52) ; Pierre Menjucq [3] (26-9-39). **S** Louis Althapé [a] (6-11-47) ; Didier Borotra [e] (30-8-37) ; Auguste Cazalet [a] (7-9-38).

Pyrénées-Orientales. D Christian Bourquin [1] (7-10-54) ; Jean Codognès [1] (6-9-53) ; Henri Sicre [1] (26-6-35) ; Jean Vila [4] (21-12-41). **S** Paul Blanc [a] (29-1-37) ; René Marquès [e] (17-1-23).

Rhône. D Raymond Barre [3] [app.] (12-4-24) ; Jean Besson [2] (15-8-38) ; Jean-Paul Bret [1] (1-7-46) ; Henry Chabert [2] (3-10-45) ; Jacky Darne [1] (18-12-44) ; Martine David [1] (19-12-52) ; Jean-Michel Dubernard [2] (17-5-41) ; André Gérin [4] (19-1-46) ; Bernadette Isaac-Sibille [3] (30-3-30) ; Robert Lamy [2] (30-7-41) ; Gabriel Montcharmont [1] (7-4-40) ; Bernard Perrut [7] (24-1-57) ; Jean Rigaud [7] (15-11-25) ; Michel Terrot [2] (18-12-48). **S** Gilbert Chabroux [b] (27-12-33) ; Gérard Collomb [b] (20-6-47) ; Guy Fischer [c] (12-1-44) ; Emmanuel Hamel [a] (9-1-22) ; Serge Mathieu [d] (10-2-36) ; Michel Mercier [e] (7-3-47) ; René Trégouët [a] (15-10-40).

Saône-et-Loire. D André Billardon [1] (22-10-40) ; Didier Mathus [1] (25-5-52) ; Arnaud Montebourg [1] (30-10-62) ; Dominique Perben [2] (11-8-45) ; Jacques Rebillard [6] (24-2-54) ; Gérard Voisin [7] (18-8-45). **S** Jean-Patrick Courtois [a] (20-5-51) ; Jean-Paul Emorine [d] (20-3-44) ; André Pourny [d] [ratt.] (30-11-28).

Sarthe. D Jean-Claude Boulard [1] (28-3-43) ; Guy-Michel Chauveau [1] (25-9-44) ; François Fillon [2] (4-3-54) ; Jean-Marie Geveaux [2] (8-5-47) ; Pierre Hellier [7] (14-1-42). **S** Jacques Chaumont [a] (17-11-34) ; Marcel-Pierre Cleach [d] [ratt.] (16-1-34) ; Roland du Luart [d] (12-3-40).

Savoie. D Michel Bouvard [2] (17-3-55) ; Dominique Dord [7] (1-9-59) ; Hervé Gaymard [2] (31-5-60). **S** Roger Rinchet [b] (16-6-33) ; Jean-Pierre Vial [a] (17-2-51).

Seine-et-Marne. D Nicole Bricq [1] (10-6-47) ; Pierre Carassus [6] (8-5-43) ; Charles Cova [2] (9-12-31) ; Guy Drut [2] (6-12-50) ; Jacques Heuclin [1] (10-7-46) ; Christian Jacob [2] (4-12-59) ; Didier Julia [2] (18-2-34) ; Jean-Claude Mignon [2] (2-2-50) ; Daniel Vachez [1] (3-10-46). **S** Paul Dubrule [a] [ratt.] (6-7-34) ; Philippe François [a] (16-8-27) ; Jean-Jacques Hyest [e] (2-3-43) ; Jacques Larché [d] (4-2-20).

Seine-Maritime. D Pierre Albertini [3] (22-11-44) ; Jean-Claude Bateux [1] (26-5-39) ; Jean-Yves Besselat [2] (21-12-42) ; Pierre Bourguignon [1] (6-2-42) ; Christian Cuvilliez [4] (25-9-41) ; Paul Dhaille [1] (12-1-51) ; Gérard Fuchs [1] (18-5-40) ; Patrick Herr [3] (21-5-45) ; Patrick Jeanne [1] (11-2-48) ; Alain Le Vern [1] (8-5-48) ; Didier Marie [1] (19-5-60) ; Daniel Paul [4] (16-8-43). **S** Annick Bocandé [e] (23-4-46) ; Thierry Foucaud [c] (18-1-54) ; Patrice Gélard [a] (3-8-38) ; Marc Massion [b] (12-11-35) ; Charles Revet [d] (9-11-37) ; Henri Weber [b] (23-6-44).

Seine-Saint-Denis. D Jean-Claude Abrioux [2] (1-12-31) ; François Asensi [4] (1-6-45) ; Bernard Birsinger [4] (1-9-54) ; Patrick Braouezec [4] (11-12-50) ; Jean-Pierre Brard [4] [app.] (7-2-48) ; Alain Calmat [1] [app.] (31-8-40) ; Daniel Feurtet [4] (16-9-44) ; Muguette Jacquaint [4] (12-5-42) ; Bertrand Kern [1] (4-2-62) ; Bruno Le Roux [1] (2-5-65) ; Véronique Neiertz [1] (6-11-42) ; Michel Pajon [1] (30-6-49) ; Robert Pandraud [2] (16-10-28). **S** Danielle Bidard-Reydet [c] (8-12-39) ; Robert Calmejane [a] (19-5-29) ; Marcel Debarge [b] (16-9-29) ; Christian Demuynck [a] [ratt.] (24-7-47) ; Jacques Mahéas [b] (10-7-39) ; Jack Ralite [c] (14-5-28).

Somme. D Gautier Audinot [2] (6-10-57) ; Jacques Fleury [1] (24-9-41) ; Maxime Gremetz [4] (3-9-40) ; Francis Hammel [1] (11-12-50) ; Vincent Peillon [1] (7-7-60) ; Gilles de Robien [3] (10-4-41). **S** Fernand Demilly [f] (10-12-34) ; Marcel Deneux [e] (16-8-28) ; Pierre Martin [a] (27-9-43).

Tarn. D Thierry Carcenac [1] (19-12-50) ; Monique Collange [1] (18-12-46) ; Jacques Limouzy [2] (29-8-26) ; Paul Quilès [1] (27-1-42). **S** Roger Lagorsse [b] (5-4-30) ; Jean-Marc Pastor [b] (12-2-50).

Tarn-et-Garonne. D Roland Garrigues [1] (1-1-53) ; Jean-Paul Nunzi [6] (25-5-42). **S** Jean-Michel Baylet [f] (17-11-46) ; Yvon Collin [f] (10-4-44).

Territoire de Belfort. D Jean-Pierre Chevènement [7] (9-3-39) ; Raymond Forni [1] [Pt de l'Assemblée nat.] (20-5-41). **S** Michel Dreyfus-Schmidt [b] (17-6-32).

Val-de-Marne. D Pierre Aubry [2] [app.] (28-3-31) ; Claude Billard [4] (27-10-41) ; Gilles Carrez [2] (29-8-48) ; Laurent Cathala [1] (21-9-45) ; Michel Giraud [2] (14-7-29) ; Michel Herbillon [7] (6-3-51) ; Jean-Jacques Jegou [3] (24-3-45) ; Jean-Claude Lefort [4] (15-12-44) ; Henri Plagnol [3] (11-2-61) ; Joseph Rossignol [1] (17-9-52) ; René Rouquet [1] (15-2-46) ; Patrick Sève [1] (14-5-52). **S** Jean Clouet [d] (7-5-21) ; Serge Lagauche [b] (2-1-40) ; Lucien Lanier [a] (16-10-19) ; Hélène Luc [c] [Pte] (13-3-32) ; Jean-Marie Poirier [e] (1-12-29) ; Odette Terrade [c] (21-2-49).

Val-d'Oise. D Jean Bardet [2] (22-6-41) ; Jean-Pierre Blazy [1] (24-11-49) ; Yves Cochet [6] (15-2-46) ; Jean-Pierre Delalande [2] (21-7-45) ; Francis Delattre [3] (11-9-46) ; Philippe Houillon [7] (15-12-51) ; Robert Hue [4] (19-10-46) ; Raymonde Le Texier [1] (29-10-39) ; Jean-Pierre Pernot [1] (25-6-47). **S** Bernard Angels [b] (18-9-44) ; Marie-Claude Beaudeau [c] (30-10-37) ; Jean-Philippe Lachenaud [d] (22-11-39) ; Nelly Olin [a] (23-3-41).

Var. D Odette Casanova [1] (3-5-36) ; Jean-Michel Couve [2] (3-1-40) ; Robert Gaïa [1] (19-5-49) ; Jean-Pierre Giran [2] (9-1-47) ; François Léotard [3] (26-3-42) ; Guy Menut [1] (8-10-44) ; Arthur Paecht [3] (18-5-30). **S** Hubert Falco [d] (15-5-47) ; René-Georges Laurin [a] (2-5-21) ; François Trucy [d] (9-6-31).

Vaucluse. D André Borel [1] (5-7-35) ; Jean-Michel Ferrand [2] (31-8-42) ; Cécile Helle [1] (8-5-69) ; Thierry Mariani [2] (8-8-58). **S** Alain Dufaut [a] (2-1-44) ; Claude Haut [b] (22-12-44).

Vendée. D Dominique Caillaud [3] [app.] (20-5-46) ; Louis Guédon [2] (28-11-35) ; Jean-Luc Préel [3] (30-10-40) ; Joël Sarlot [7] (5-7-46) ; Philippe de Villiers [5] (25-3-49). **S** Philippe Darniche [g] (23-2-43) ; Louis Moinard [e] (31-10-30) ; Jacques Oudin [a] (7-10-39).

Vienne. D Jean-Pierre Abelin [3] (3-9-50) ; Alain Claeys [1] (25-8-48) ; Philippe Decaudin [1] (6-9-44) ; Arnaud Lepercq [2] (9-3-37). **S** René Monory [e] (6-6-23) ; Jean-Pierre Raffarin [d] (3-8-48).

Vosges. D Christian Franqueville [1] [app.] (14-5-49) ; Claude Jacquot [1] (30-1-48) ; Philippe Séguin [2] (21-4-43) ; François Vannson [2] (20-10-62). **S** Gérard Braun [a] [app.] (2-6-37) ; Christian Poncelet [a] [Pt du Sénat] (24-3-28).

Yonne. D Philippe Auberger [2] (15-12-41) ; Jean-Yves Caullet [1] (8-2-57) ; Jean-Pierre Soisson [7] (9-11-34). **S** Serge Franchis [e] (10-9-33) ; Henri de Raincourt [d] [Pt] (17-11-48).

Yvelines. D Franck Borotra [2] (30-8-37) ; Christine Boutin [3] [app.] (6-2-44) ; Pierre Cardo [7] (28-8-49) ; Henri Cuq [2] (12-3-42) ; Anne-Marie Idrac [3] (27-7-51) ; Pierre Lequiller [7] (4-12-49) ; Guy Malandain [1] (1-6-37) ; Jacques Masdeu-Arus [2] (7-8-42) ; Pierre Morange [2] (8-9-56) ; Jacques Myard [2] (14-8-47) ; Annette Peulvast-Bergeal [1] (21-8-46) ; Étienne Pinte [2] (19-3-39). **S** Nicolas About [d] [app.] (14-7-47) ; Jacques Bellanger [b] (25-6-31) ; Dominique Braye [a] [app.] (21-10-47) ; Alain Gournac [a] (13-9-43) ; Gérard Larcher [a] (14-9-49).

Outre-mer

Guadeloupe. D Léo Andy [1] [app.] (9-12-38) ; Philippe Chaulet [2] (28-7-42) ; Daniel Marsin [1] [app.] (13-11-51) ; Ernest Moutoussamy [4] [app.] (7-11-41). **S** Dominique Larifla [b] [app.] (6-7-36) ; Lucette Michaux-Chevry [a] (5-3-29).

Guyane. D Léon Bertrand [2] (11-5-51) ; Christiane Taubira-Delannon [1] [app.] (2-2-52). **S** Georges Othily [f] (7-1-44).

Martinique. D Camille Darsières [1] [app.] (19-5-32) ; Alfred Marie-Jeanne [6] (15-11-36) ; Pierre Petit [2] (22-1-30) ; Anicet Turinay [2] [app.] (18-4-45). **S** Rodolphe Désiré [b] [app.] (9-2-37) ; Claude Lise [b] [app.] (31-1-41).

Mayotte. D Henry Jean-Baptiste [3] (3-1-33). **S** Marcel Henry [e] (30-10-26).

Nouvelle-Calédonie. D Pierre Frogier [2] (16-11-50) ; Jacques Lafleur [2] (20-11-32). **S** Simon Loueckhote [a] (7-5-57).

Polynésie française. D Michel Buillard [2] (9-9-50) ; Émile Vernaudon [5] (8-12-43). **S** Gaston Flosse [a] (24-6-31).

La Réunion. D Huguette Bello [6] (24-8-50) ; Claude Hoarau [6] (28-4-42) ; Élie Hoarau [6] (8-7-38) ; Michel Tamaya [1] (19-12-44) ; André Thien Ah Koon [5] (16-5-40). **S** Edmond Lauret [a] (17-5-49) ; Lylian Payet [f] (3-6-45) ; Paul Vergès [c] (5-3-25).

Saint-Pierre-et-Miquelon. D Gérard Grignon [3] (16-4-43). **S** Victor Reux [a] (3-12-29).

Iles Wallis-et-Futuna. D Victor Brial [2] (9-4-66). **S** Robert Laufoaulu [a] [ratt.] (7-7-47).

Français a l'étranger

■ **Sénateurs représentant les Français établis hors de France.** Pierre Biarnès [b] (17-1-32) ; Paulette Brisepierre [a] (21-4-17) ; Jean-Pierre Cantegrit [e] [ratt.] (2-7-33) ; Monique Cerisier-ben Guiga [b] (20-6-42) ; Charles de Cuttoli [a] (15-8-15) ; Robert del Picchia [a] [ratt.] (10-11-42) ; Hubert Durand-Chastel [g] (8-8-18) ; André Maman [e] [ratt.] (9-6-27) ; Paul d'Ornano [a] [ratt.] (1-8-22) ; Guy Penne [b] (9-6-25) ; Xavier de Villepin [e] (14-3-26).

Autres organismes

Conseil constitutionnel

■ **Siège.** Palais-Royal, 2, rue de Montpensier, 75001 Paris. **Origine.** Constitution de 1958 (art. 56).

■ **Composition. Membres :** 9 nommés pour 9 ans (3 par le Pt de la Rép. ; 3 par le Pt du Sénat ; 3 par le Pt de l'Ass. nat.), dont le mandat n'est pas renouvelable. Le Pt de la Rép. nomme le Pt. **Membres de droit :** les anciens Pts de la Rép. *Coty* a siégé régulièrement jusqu'à sa mort (22-11-1962). *Auriol* s'est abstenu à partir du 25-5-1960 pour protester contre l'interprétation restrictive des compétences du Conseil, mais revint, le 6-11-1962, pour statuer sur le recours formé par Monnerville (alors Pt du Sénat) contre la loi référendaire modifiant le mode d'élection du Pt de la Rép. *De Gaulle* n'y vint jamais. *Giscard d'Estaing* s'est abstenu (il a été élu député à l'Ass. nat. le 23-9-1984, réélu les 16-3-1986 et 5-6-1988, élu au Parlement européen le 18-6-1989 et à l'Ass. nat. en 1993). *Mitterrand* s'abstint de participer aux réunions. **État** (au 15-4-2001). **Nommés par le Pt de la Rép. :** *J. Chirac :* Pierre Mazeaud (24-8-1929) 21-2-1998 ; Monique Pelletier (25-7-1926) 22-3-2000 ; Olivier Dutheillet de Lamothe (10-11-1949) 26-2-2001. **Par le Pt de l'Ass. nat. :** *Philippe Séguin :* Michel Ameller (1-1-1926) 23-2-1995. *Laurent Fabius :* Jean-Claude Colliard (15-3-1946) 21-2-1998. *Raymond Forni :* Pierre Joxe (28-11-1934) 26-2-2001. **Par le Pt du Sénat :** *René Monory :* Yves Guéna (6-7-1922) 3-1-1997 ; Simone Veil (13-7-1927) 10-2-1998. *Christian Poncelet :* Dominique Schnapper (9-11-1934) 26-2-2001. **Présidents.** *1959* Léon Noël (1888-1987). *1965* Gaston Palewski (1901-84). *1974* Roger Frey (11-6-1913/13-9-1997). *21-2-1983* Daniel Mayer (1909-96). *19-2-1986* Robert Badinter (30-3-1928). *22-2-1995* Roland Dumas (23-8-1922) 1-3-2000 [mise en examen le 29-4-1998 (affaire Elf, Christine Deviers-Joncourt), le 22-3-1999 se met en congé, démissionne le 29-2-2000]. *24-3-1999* Yves Guéna (6-7-1922) Pt par intérim, puis Pt.

Statut des membres. Membres nommés : devant le Pt de la Rép., ils prêtent serment de bien et fidèlement remplir leurs fonctions, de les exercer en toute impartialité dans le respect de la Constitution, de garder le secret des délibérations et des votes, et de ne prendre aucune position publique, de ne donner aucune consultation sur les questions relevant de la compétence du Conseil. S'ils ne respectent pas ces obligations, la majorité des membres du Conseil peut les déclarer démissionnaires d'office. Ils doivent avertir le Pt du Conseil des changements dans leurs activités extérieures. Pendant la durée de leurs fonctions, ils ne peuvent être nommés à aucun emploi public ni, s'ils sont fonctionnaires publics, recevoir une promotion au choix ; ils ne peuvent pas occuper, au sein d'un parti ou d'un groupement politique, un poste de responsabilité et, de façon générale, y exercer une activité inconciliable avec l'indépendance et la dignité de leurs fonctions. Ils ne peuvent pas exercer de mandat électif. La fin du mandat ne dépend d'aucune autorité extérieure. **Membres de droit :** sont dispensés de serment.

☞ 4 membres ont démissionné : Pompidou (1962), Chenot (1964), Michelet (1967), Dumas (2000).

■ **Rôle. Élections :** il veille à la régularité des élections présidentielles et des opérations de référendum, et en proclame les résultats. Il statue, en cas de contestation, sur la régularité de l'élection des députés et des sénateurs, et sur saisine de la Commission nationale des comptes de campagne et des financements politiques. Il prononce la déchéance ou la démission d'office des parlementaires dans les cas d'incompatibilité ou d'inéligibilité. **Lois et règlements :** il contrôle, avant leur promulgation ou leur mise en application, la conformité à la Constitution des lois organiques et des règlements des ass. parlementaires. Les lois ordinaires peuvent lui être déférées par le Pt de la République, le 1er ministre, le Pt de l'Ass. nationale, le Pt du Sénat ou, depuis oct. 1974 (voir p. 731 b), par 60 députés ou 60 sénateurs (voir tableau p. 746 a). Il doit alors statuer dans le délai d'un mois, qui peut, à la demande du gouvernement, être ramené à 8 jours. Il peut être saisi, par le Pt de la République, le 1er ministre, le Pt de l'Ass. nationale ou du Sénat et, depuis le 25-6-1992, par 60 députés ou 60 sénateurs, de la conformité à la Constitution des engagements internationaux. Il statue, à la demande du 1er ministre, sur la nature législative ou réglementaire des textes de forme législative intervenus depuis l'entrée en vigueur de la Constitution. De même si, au cours de la procédure législative, le gouvernement et le Pt de l'une des ass. parlementaires sont en désaccord sur la nature législative ou réglementaire d'une proposition ou d'un amendement, il lui revient de statuer. Il est consulté par le Pt de la République sur la réunion des conditions exigées pour l'application de l'article 16 de la Constitution (pouvoirs exceptionnels) et émet un avis sur chacune des

Législature	Nombre de décisions[1]	Sens de la décision[3] Conformité	Non-conformité partielle	Non-conformité totale	Non-lieu à statuer
I (1958-62)	2		2		
II (1962-67)	3		2		1
III (1967-68)	1	1			
IV (1968-73)	2		2		
V (1973-78)	22	13	5	2	2
VI (1978-81)	26	18	6	2	
VII (1981-86)	66	32	31	3	
VIII (1986-88)	26	11	14	1	
IX (1988-93)	48	24	22	1	1
X (1993-97)	50	25	24	1	
XI (1997-...)	12	5	6		1
Total au 15-1-1999	258[2]	129	115	10	5

Nota. – (1) Portant sur des lois ordinaires. (2) *Origine des saisines :* Premier ministre 15, Pt de l'Ass. nat. 3, Pt du Sénat 6, députés 201, ou sénateurs 134. (3) Au 15-1-1999, sur 340 décisions portant sur des lois (258 ordinaires et 82 organiques), 136 décisions de censure partielle ou totale.

mesures prises en vertu de cet article. Il constate, à la demande du gouvernement, l'empêchement du Pt de la République d'exercer ses fonctions.

☞ **1962** *élection du Pt de la Rép. au suffrage universel direct :* le Conseil émet un avis négatif (secret) ; 5 j après le référendum, le Pt du Sénat, Gaston Monnerville, le saisit pour qu'il déclare la loi adoptée contraire à la Constitution. Le Conseil déclare qu'il « n'a pas compétence pour se prononcer » sur un texte adopté par référendum. **1971**-*16-7 Raymond Marcellin, ministre de l'Intérieur, ayant fait interdire le journal gauchiste « La Cause du peuple »,* Simone de Beauvoir prit la tête d'une Association des amis de *La Cause du peuple* mais l'Intérieur veilla à ce que la préfecture refusât de lui délivrer le récépissé. Les gauchistes saisirent le tribunal administratif de Paris, qui leur donna raison. L'Ass. nat. vota alors une loi pour que l'on puisse refuser une déclaration d'association ; mais le Conseil constitutionnel saisi par Alain Poher, Pt du Sénat, s'appuyant sur le préambule de 1958, se référant à la Déclaration des droits de l'homme et du citoyen et au préambule de la Constitution de 1946, la déclare inconstitutionnelle. Selon *la loi Marcellin,* toute association est selon la loi de 1901 libre de se créer ; si la justice peut, le cas échéant, la réprimer *a posteriori*, la police ne saurait l'empêcher *a priori*. **1973**-*28-11 contraventions :* le Conseil décide contre la jurisprudence du Conseil d'État et de la Cour de cassation que seule la loi peut assortir les contraventions de peines de prison. *-27-12 contribuables :* le Conseil annule un article de la loi de finances privant les gros contribuables d'un moyen de preuve contre la taxation d'office : la discrimination est contraire au principe d'égalité devant la loi reconnu par la Déclaration des droits de l'homme. **1974**-*oct.* il suffit de 60 députés ou de 60 sénateurs pour déférer une loi au Conseil. **1982**-*16-1 nationalisations :* la droite les estime incompatibles avec l'art. 17 de la Déclaration de 1789 : « La propriété privée étant un droit inviolable et sacré, nul ne peut en être privé, si ce n'est quand la nécessité publique, légalement constatée, l'exige évidemment... » Insistant sur l'absence de nécessité publique, le Conseil réplique qu'il appartient au législateur et non au juge constitutionnel de définir la nécessité publique. Il ajoute « sauf erreur manifeste d'appréciation ». **1992**-*9-4 non-conformité du traité de Maastricht* à la Constitution sur 3 questions : la Constitution est revue avant la ratification par le référendum du 20-9, dont le Conseil proclame les résultats le 23-9. **1993**-*13-8 non-conformité partielle de la loi* relative à l'entrée et au séjour des étrangers en France, et à la maîtrise de l'immigration : le *19-11* le Congrès vote pour l'ajout à la Constitution d'un article consacré aux traités et accords internationaux. *-23-11* après la mise en cause du Conseil par É. Balladur (1er ministre), R. Badinter (Pt du Conseil) défend le rôle du gardien de la Constitution dans le débat sur la *hiérarchie des normes. -24-11* le Pt Mitterrand estime « la controverse close ». **1994**-*13-1 non-conformité partielle de la loi* relative aux conditions de l'aide aux investissements des établissements d'enseignement privés par les collectivités territoriales. *-29-7 non-conformité partielle de la loi* relative à l'emploi de la langue française. **1996**-*13-4 non-conformité partielle* du statut d'autonomie de la Polynésie française.

■ **Bilan (au 15-1-1999). Nombre total de décisions rendues :** 2 681 *dont élections au Parlement* 1 967 dont 643 décisions concernant des candidats battus pour un motif autre que celui du dépassement du plafond des dépenses de campagne), *contrôle de constitutionnalité des normes* 403, *questions touchant exclusivement à la répartition des compétences entre la loi et le règlement* 194 (au titre de l'irrecevabilité selon l'art. 41 de la Constitution, 11, de la procédure de déclassement de l'art. 37, alinéa 2a, 183), *contrôle de l'élection présidentielle* 74, *des opérations de référendum* 16 (dont 14 en la forme juridictionnelle), *décisions sur la situation de parlementaires en cours de mandat* 27, *décisions par lesquelles le Conseil a décliné sa compétence* en la forme juridictionnelle 5.

CONSEIL ÉCONOMIQUE ET SOCIAL

■ **Siège.** 9, place d'Iéna, 75775 Paris Cedex 16. Palais d'Iéna, ex-musée des Travaux Publics, construit 1937-46 par Auguste Perret (1874-1954). **1939** *aile d'Iéna* inaugurée. **1946** amphithéâtre achevé. **1954** réquisitionné pour loger l'Union française. **1959** attribué au Conseil. *Aile av. du Pt-Wilson.* **1957** projet Paul Vimond. **1960-62** construite. *Aile av. Albert-de-Mun.* **1992** projet Gilles Bouchez. **1993-95** extension à l'emplacement du pavillon des Phares et Balises (de Léonce Reynaud, 1867). **Origine.** *1925 :* Conseil national économique, modifié en 1936. *1946* Constitution : Conseil économique (art. 69, 70, 71). *1958* Constitution : Conseil économique et social (ordonnance 58-1360 du 29-12-1958 précisant composition et fonctionnement).

■ **Composition. Conseillers :** 200 puis 230 (27-6-1984) puis 231 (1990). Désignés pour 5 ans, d'au moins 25 ans, et appartenant depuis au moins 2 ans à la catégorie qu'ils représentent : 69 représentants des salariés désignés comme suit : 17 CFDT, 6 CFTC, 17 CGT, 17 CGT-FO, 7 Confédération française de l'encadrement CGC, 3 Unsa, 1 FSU et 1 salarié de l'agriculture et des organismes agricoles et agroalimentaires ; 27 représentants des entreprises privées non agricoles, désignés par accord entre Medef, CGPME et ACFCI dont 1 sur proposition des jeunes dirigeants d'entreprise ; 10 repr. des artisans ; 10 des entreprises publiques, désignés par décret ; 25 des exploitants agricoles ; 3 des professions libérales, désignés par l'UNAPL ; 10 de la mutualité, de la coopération et du crédit agricole ; 5 des coopératives non agricoles dont 2 des coopératives ouvrières de production, 2 des coopératives de consommateurs et 1 des Stés coopératives de HLM ; 4 de la mutualité non agricole, désignés par la FNMF ; 17 des activités sociales telles qu'associations familiales, logement, épargne, et 5 désignés sur proposition du Conseil national de la vie associative ; 9 des activités économiques et sociales des départements, territoires et collectivités territoriales à statut particulier d'outre-mer et de la Nouvelle-Calédonie ; 2 des Français établis hors de France et 40 personnalités qualifiées dans le domaine économique, social, scientifique ou culturel désignés par décret (selon l'usage par le PM 25, par le Pt de la République 15). 68 de ces conseillers sont nommés par le gouvernement. **Membres de section :** 72 nommés par décret pour 2 ans. **Bureau :** 19 membres (dont 1 Pt et 4 vice-Pts). **Sections :** 9 : Affaires sociales, Travail, Économies régionales et Aménagement du territoire, Cadre de vie, Finances, Relations extérieures, Activités productives, Recherche et Technologie, Agriculture et Alimentation. Problèmes économiques généraux et conjoncture. **Commission spéciale du Plan,** commissions temporaires. **Présidents.** Élus pour 2 ans et demi par l'ensemble des conseillers en assemblée plénière, à bulletins secrets. Majorité absolue aux 2 1ers tours, simple au 3e. *26-3-1947* Léon Jouhaux (1-7-1879/28-4-1954). *11-5-1954* Émile Roche (24-09-1893/25-10-1990). *1-9-1974* Gabriel Ventejol (16-2-1919/17-7-1987). *28-7-1987* Jean Mattéoli (né 20-12-1922). *28-9-1999* Jacques Dermagne (né 28-11-1937) ; membre du conseil exécutif du Medef, élu au 1er tour par 128 voix sur 230 contre André Roulet (FO), 91 voix.

■ **Rôle.** Favorise la collaboration des catégories professionnelles entre elles et assure leur participation à la politique économique du gouv. Conseille le gouv. dans l'élaboration de sa politique économique et sociale et contribue à l'information des assemblées parlementaires (Assemblée nationale et Sénat), mais il ne peut pas être saisi par elles. Le gouv. doit lui demander son avis sur « tout plan ou tout projet de loi de programme à caractère économique ou social » (article 70 de la Constitution). Toutefois, il ne peut pas examiner les lois de finances). Le gouv. peut consulter le CES sur les autres projets de loi ou de décret ainsi que sur « tout problème de caractère économique ou social ». En cas de saisine obligatoire, le CES doit exprimer un avis. En cas de consultation, le 1er ministre indique s'il sollicite un avis ou une étude. Le CES peut se saisir de questions entrant dans le champ de ses compétences, et sur lesquelles il voudrait attirer l'attention des pouvoirs publics. Il peut proposer des réformes dans le domaine de la politique économique et sociale. Il doit rédiger périodiquement une étude de conjoncture. Les avis doivent être soumis au vote des membres du Conseil, en assemblée plénière. Études (ou rapports) sont élaborés par la section compétente. Ils peuvent être soumis à l'Assemblée, et sont alors assortis d'un avis. Avis et études sont publiés au *JO.*

CONSEIL D'ÉTAT

■ **Siège.** Palais-Royal (depuis 1875), 75001 Paris.

■ **Histoire. Empire romain IIe s.** Sous l'empereur Hadrien, Conseil aux fonctions juridictionnelle (*auditorium*) et consultative (*consilium* ou *consistorium*). **1302** le Parlement se détache de la *Curia regis* pour régler les procès entre particuliers. Les litiges entre le roi et ses sujets sont réglés par les maîtres des requêtes et les conseillers (appelés au XVIe s. conseillers d'État). **1641**-*21-2 édit de St-Germain,* les Cours ordinaires ne peuvent prendre connaissance des « affaires d'État et d'administration ». **1738** règlement d'Aguesseau : unification de la procédure devant les diverses formations du Conseil. **1777** apparition, au sein du Conseil du roi, de comités des contentieux pour les finances. **1789** pour les départements [la juridiction de droit commun des intendants s'est superposée au XVIe s. à celle de nombreuses juridictions d'exception (ex. : la Cour des aides)]. **Révolution.** Abolition de la vénalité des offices. Suppression des juridictions d'exception, des intendants et de leurs subdélégués. Le Conseil du roi a un rôle politique de conseil des ministres. **1790** *loi des 16/24-8 :* fonctions judiciaires séparées des fonctions administratives ; *loi des 6/7/11-9 :* jugement des contentieux administratifs remis aux administrations ; *loi des 7/14-10 :* le roi règlera les conflits de compétences. **1799**-*13-12 Constitution du 22 frimaire an VIII (art. 52) :* crée le Conseil d'État. *-25-12 (4 nivôse) :* 1re séance au Palais du Luxembourg. **1814 Restauration** et **1830 :** n'a plus d'existence constitutionnelle, est éclaté en comités rattachés aux ministères, se réunit rarement en fonction plénière jusqu'en 1828. **1840** au Palais d'Orsay. **IIe République** Conseil d'État établi. **1849**-*3-3* loi lui donnant la justice déléguée (et non plus seulement retenue) ; il statue lui-même. *-28-10* loi créant un Tribunal des conflits paritaire. Concours de recrutement à l'auditorat créé. Devient un corps politique. **1851**-*2-12* décret (art. 5) : dissout le Conseil d'État. **1852**-*14-1* Constitution : rétabli. **IIIe République, 1872**-*24-5* loi donnant au Conseil d'État sa physionomie moderne. **1875** au Palais-Royal ; loi constitutionnelle : les conseillers seront nommés par décret en conseil des ministres. Déclin du rôle législatif, la consultation sur les projets de loi devenant facultative. Progrès du contentieux administratif. **1945** épuration. L'Éna remplace le concours à l'auditorat. *-31-7* ordonnance rétablissant la consultation obligatoire du Conseil sur les projets de loi. **1953** développement du contentieux administratif avec l'érection en tribunaux administratifs des conseils de préfecture.

■ **Composition.** Le 1er ministre est, es qualité, Pt du Conseil d'État mais n'exerce qu'exceptionnellement. Membres nommés par le Pt de la République en conseil des ministres (art. 13 de la Constitution). **Effectifs budgétaires et,** entre parenthèses, **en exercice :** *vice-Pt :* 1 (1). *Pts de section :* 6 (6). *Conseillers d'État :* en service ordinaire 82 (77), extraordinaire (« personnalités qualifiées dans les différents domaines de l'activité nationale » ; nommés pour 4 ans, ils ne peuvent exercer leurs fonctions que dans les sections administratives) : 12 (12). *Maître des requêtes :* 81 (80). *Auditeurs : 1re classe :* 24 (11), *2e classe :* 10 (5). **Total :** 216 ; 301 en ajoutant 14 maintenus, 68 en détachement, 5 hors cadre, 21 en disponibilité. **Retraite (âge) :** *1-3-1923 :* 75 ans ; *18-8-1936 :* 70 ; *30-12-1975 :* 68 ; *13-9-1984 :* 65 ; *23-12-1986 :* 68 [sur demande de l'intéressé, activité en surnombre de conseiller d'État, pas de Pt de section ; recul possible si, à 50 ans, avait encore au moins 3 enfants vivants à charge, d'1 an par enfant]. **Recrutement :** *auditeurs :* par le concours de l'École nationale d'administration. *Maîtres des requêtes :* 3/4 parmi les auditeurs, 1/4 parmi les fonctionnaires d'au moins 30 ans et ayant au moins 10 ans de service public. *Conseillers :* 2/3 parmi les maîtres des requêtes, 1/3 (ayant au moins 45 ans) à la discrétion du gouvernement.

■ **Organisation.** *Assemblée générale plénière* (Pts et conseillers, environ 105 m.) ; *ordinaire* (Pts et conseillers, environ 35 m.) ; *commission permanente* (20 m.). 4 sections administratives (Intérieur, Finances, Travaux publics, Sociale). 1 section du Rapport et des Études. 1 section du Contentieux divisée en 10 sous-sections avec 10 Pts, au-dessus Pt et 3 Pts-adjoints.

■ **Vice-Pt.** Assisté par le Secrétariat général, dépend du ministre de la Justice et du PM. **Vice-présidents depuis la loi du 24-5-1872 :** *1872* Odilon Barrot. *1874* Paul Andral. *1879* Faustin Hélie. *1855* Charles Ballot. *1886* Édouard Laferrière. *1898* Georges Coulon. *1912* Alfred Picard. *1913* René Marguerie. *1919* Henry Hébrard de Villeneuve. *1923* Clément Colson. *1928* Théodore Tissier. *1937* Georges Pichat. *1938* Alfred Porché. *1944* René Cassin. *1960* Alexandre Parodi. *1971* Bernard Chenot. *1979* Christian Chavanon. *1981* Marc Barbet. *1982* Pierre Nicolay. *1987* Marceau Long. *1995*-23-4 Renaud Denoix de Saint Marc (né 24-9-1938).

☞ Le statut des membres, les usages du corps, l'autonomie de gestion qui lui est reconnue sous l'autorité du vice-Pt assurent au Conseil d'État son indépendance.

■ **Fonctions. De conseil :** *il est consulté obligatoirement* par le gouv. sur ses projets de lois (art. 39 de la Constitution) et d'ordonnances (art. 38 et 92, prises sur autorisation du Parlement, pour exécution du programme du gouv.) ; les projets de décrets dits « en Conseil d'État » (réglementaires ou individuels, et portant sur les matières qui ne sont pas du domaine de la loi) ; les projets de décrets (art. 37) tendant à modifier une loi votée avant 1958 dans une matière relevant actuellement du domaine réglementaire ; les projets de décrets reconnaissant d'utilité publique les fondations et associations, certaines expropriations et certains alignements, etc. *Il peut être consulté* sur tous les autres projets de décrets du gouvernement et sur des demandes d'avis.

Juge administratif (contentieux) : il est : **1°)** JUGE EN 1er ET DERNIER RESSORT pour : *a) les recours en annulation* contre les décrets, les actes réglementaires des min. et les actes administratifs des min. pris obligatoirement après avis du Conseil d'État ; *b) les litiges relatifs à la situation individuelle des fonctionnaires* nommés par décret du Pt de la Rép. (art. 13 de la Constitution et ordonnance du 28-11-1958) ; *c) les recours dirigés contre les actes administratifs* dont le champ d'application s'étend au-delà du ressort d'un seul tribunal administratif ; *d) les litiges d'ordre administratif* nés dans les territoires non soumis à la juridiction des tribunaux administratifs et des conseils du contentieux administratif ; *e) les recours pour excès de pouvoir* dirigés contre les décisions administratives prises par les organismes collégiaux à compétence nationale ; *f) les recours en interprétation et en appréciation de légalité des actes* dont le contentieux relève du Conseil d'État. **2°)** JUGE D'APPEL : pour certains jugements des tribunaux administratifs, notamment en matière d'élections cantonales et municipales. 3°) JUGE DE CASSATION : des décisions des juridictions administratives statuant en dernier ressort (notamment les cours administratives d'appel).

Autres attributions : depuis le 1-1-1990, le Conseil d'État gère tribunaux administratifs (TA) et cours administratives d'appel (CAA). Le vice-Pt du Conseil d'État est ordonnateur principal du budget de ces juridictions et préside *le Conseil supérieur des TA et des CAA,* chargé de suivre la carrière de leurs membres et de proposer mutations et avancements au Pt de la Rép. Le Conseil exerce un contrôle sur le fonctionnement des TA par « la mission permanente d'inspection des juridictions administratives ». En cas de difficulté rencontrée dans l'exécution d'une décision du Conseil d'État rendue en sa faveur, un requérant doit s'adresser au Pt de la section du Rapport et des Études. Les décisions rendues par le Conseil d'État ne sont pas susceptibles de recours, sauf cas exceptionnels : recours en rectification d'erreur matérielle, en opposition, en tierce opposition, en révision.

CONSEIL SUPÉRIEUR DE LA MAGISTRATURE (CSM)

■ **Siège.** 15, quai Branly, 75007 Paris.

■ **Composition.** *6 membres élus à la formation des magistrats du siège :* Ivan Zakine, Jean-Claude Girousse, Henri Robert, Marie-Claude Bérenger, Philippe Delanbre, Michel Lernout. *6 membres élus à la formation des magistrats du parquet :* Charles Sodini, Christian Raysseguier, Jean-Paul Simonnot, Michel Joubrel, Jean-Paul Bazelaire, Marie-Christine Riboulleau. *4 membres communs aux 2 formations :* 1 nommé par le Pt de la Rép. : Claude Contamine ; 1 par le Pt de l'Assemblée nationale : Jacques Fournier ; 1 par le Pt du Sénat : Pierre Avril ; 1 par le Conseil d'État : Roger Errera. *Secr. administratif :* Marthe Coront-Decluzeau, *secr. administratif adjoint :* Bernard Lugan. La formation compétente en matière disciplinaire pour les magistrats du siège est présidée par le 1er Pt de la Cour de cassation, celle des magistrats du parquet par le procureur général près la Cour de cassation. Le Pt de la Rép. préside de droit le CSM mais le garde des Sceaux (vice-Pt) peut le suppléer.

■ **Rôle.** Assiste (art. 64) le Pt de la République dans sa mission de garant de l'indépendance de l'autorité judiciaire. Comprend 2 formations compétentes pour les magistrats du siège ou du parquet. Statue comme conseil de discipline, propose au Pt de la République les nominations des Présidents et premiers Présidents et donne son avis sur les nominations de magistrats.

☞ La réforme votée par l'Assemblée nationale le 6-10-1998 et par le Sénat le 18-11-1998 et qui devait être présentée au Congrès le 24-1-2000, a été reportée. Elle amendait le projet de loi Guigou et prévoyait que les procureurs généraux seraient réintégrés dans la catégorie des magistrats nommés sur avis conforme du CSM (au lieu du conseil des ministres).

HAUTE COUR DE JUSTICE

■ **Siège.** Pas de siège permanent. Traditionnellement accueillie au château de Versailles (cour des Princes).

■ **Composition.** 24 *juges titulaires* et 12 *juges suppléants élus* au scrutin secret et à la majorité absolue, en leur sein et en nombre égal, par l'Assemblée nationale et par le Sénat après chaque renouvellement général ou partiel de ces assemblées. D'après la loi organique du 2-1-1959, modifiée par celle du 23-11-1993, les candidats doivent obtenir la majorité absolue des suffrages exprimés, et non plus celle des membres composant chaque chambre, car cette condition n'était pratiquement jamais remplie à l'Assemblée nationale dont le règlement intérieur n'autorise pas dans ce cas la délégation de vote (permise au Sénat). *Pt et 2 vice-Pts :* après chaque renouvellement de la moitié de ses membres élus par la Haute Cour en scrutin secret et à la majorité absolue. *Ministère public :* exercé par le procureur général près la Cour de cassation, assisté du 1er avocat général et de 2 avocats généraux désignés par lui. *Instruction :* confiée à une commission de 5 magistrats titulaires (et 2 suppléants) désignés chaque année, parmi les magistrats du siège de la Cour de cassation, par son bureau. *Greffier :* le greffier en chef de la Cour de cassation.

Composition (au 1-3-1998) : *élus par le Sénat :* 12 titulaires (3 RPR, 3 PS, 2 RI, 2 UC, 1 RDSE, 1 CRC) + 6 suppléants. *Assemblée nationale :* 12 titulaires (5 PS, 3 RPR, 2 UDF, 1 CRC, 1 PC) + 6 suppléants. *Pt :* vacant. *Vice-Pts :* vacant, Michel Dreyfus-Schmidt (né 17-1-1932) [PS].

■ **Rôle.** Instituée par la Constitution du 4-10-1958, la Haute Cour avait à l'origine la mission de juger le Pt de la Rép. « en cas de haute trahison », ainsi que les membres du gouv. pour les « crimes ou délits commis dans l'exercice de leurs fonctions ». Depuis la révision de la Constitution du 27-7-1993, seuls peuvent être jugés par la Haute Cour de justice le Pt de la Rép et les ministres relevant de la Cour de justice de la République (voir col. b).

■ **Procédure.** La résolution de mise en accusation doit être votée à la majorité absolue des membres composant chaque assemblée puis signée du sixième au moins des députés ou des sénateurs. Déclarée recevable par le bureau de l'assemblée à laquelle elle a été soumise, elle est examinée par une commision spéciale (15 membres à l'Assemblée nationale et 30 au Sénat, désignés à la proportionnelle des groupes politiques), qui, en cas de vote conforme, la transmet au procureur général, aux fins de saisine de la commission d'instruction, qui renvoie l'affaire devant la Haute Cour qui se réunit pour juger. Les débats sont publics et les arrêts de la Haute Cour ne sont susceptibles ni d'appel ni de pourvoi en cassation.

COUR DE JUSTICE DE LA RÉPUBLIQUE (CJR)

■ **Siège.** 21, rue de Constantine, 75007 Paris. **Origine.** Institution créée lors de la révision constitutionnelle du 27-7-1993, limitant la compétence de la Haute Cour de justice au seul Pt de la République, après le refus, par le Parlement, d'étendre la mise en accusation des ministres impliqués dans l'affaire « du sang contaminé » à des incriminations non prescrites.

■ **Composition.** *Pt* (magistrat élu pour 3 ans par la Cour de cassation) : *1994* Louis Gondre (né 28-11-1926). *1997-6-2* Christian Le Gunéhec (né 22-8-1930). *2000* Henri Le Gall (né 2-2-1941). *Membres :* 6 députés et 6 sénateurs élus par leur pairs et 3 magistrats élus par la Cour de cassation. *2 Commissions :* des Requêtes et d'Instruction.

■ **Rôle.** Selon les articles 68-1 et 68-2 nouveaux de la Constitution, juge la responsabilité pénale des membres et anciens membres du gouvernement pour les crimes et délits qu'ils auraient pu commettre dans l'exercice de leurs fonctions ministérielles. La loi organique du 23-11-1993 précise son organisation et la procédure qui y est applicable. **Affaires traitées depuis sa création : 1°)** *8-7-1994 :* affaire « du sang contaminé » : L. Fabius, G. Dufoix et E. Hervé mis en examen. **2°)** *6-10-1994 :* Michel Gillibert (ancier secr. d'État aux Handicapés) mis en examen. **3°)** *10-7-1995 :* G. Dufoix (action prescrite). **4°)** *28-11-1996 :* M. Noir (ancien min. délégué au Commerce extérieur) [Commission des Requêtes]. **5°)** *26-3-1998 :* C. Allègre (Commission des Requêtes).

MÉDIATEUR DE LA RÉPUBLIQUE

■ **Siège.** 53, avenue d'Iéna, 75116 Paris. **Origine.** Institution *créée* par la loi du 3-1-1973, *complétée* par les lois du 24-12-1976 et du 13-1-1989, et *modifiée* par les lois du 6-2-1992 et du 12-4-2000.

■ **Composition. Médiateur** (nommé pour 6 ans par décret en Conseil des ministres). *1973*-1-2 Antoine Pinay (1891-1994). *1974*-21-6 Aimé Paquet (10-5-1913). *1980*-20-9 Robert Fabre (21-12-1915). *1986*-26-2 Paul Legatte (26-8-1916). *1992*-5-3 Jacques Pelletier (1-8-1929). *1998*-1-4 Bernard Stasi (4-7-1930). **Délégué général :** Jean Paraf (12-3-1949). **Secrétaire général :** Hervé Berteloite (13-5-1958). **Déléguée général adjoint :** Françoise Calavia (26-12-1949). **Délégué général adjoint, chargé de la médiation de proximité :** Robert Deville (30-1-1958). **Chef de cabinet, chargée de la communication :** Anne Morrier (11-9-1970). **Personnel** (au 1-1-2001) : 90 dont 12 *conseillers.* **Délégués du médiateur :** 230 installés à la préfecture, proximité (Maisons de Justice et du Droit, Maisons de Quartiers, bureaux de poste, Point d'Accueil multi-services...). *Mission :* aider ceux qui n'arrivent pas à résoudre seuls les problèmes qu'ils rencontrent avec une administration locale, un service public local ou tout organisme public local. Ils peuvent aussi les conseiller dans les démarches à suivre et les orienter vers les interlocuteurs compétents.

■ **Rôle.** Intervient lorsqu'il y a litige entre une personne physique ou morale et une administration de l'État, une collectivité territoriale, un établissement public ou tout autre organisme investi d'une mission de service public. S'efforce de régler les situations individuelles nées du fonctionnement défectueux d'un service public ou les difficultés résultant des conséquences inéquitables d'une décision administrative. L'organisme mis en cause doit être français. Le médiateur ne peut remettre en cause le bien-fondé d'une décision juridictionnelle mais il peut, parallèlement à la saisie de la justice, trouver une solution amiable au litige. Il est toutefois incompétent si l'affaire a fait l'objet d'un jugement, si le litige intéresse les relations des administrations avec leurs agents, si des démarches préalables n'ont pas été entreprises par le réclamant auprès de l'administration ou du service public mis en cause. Lorsqu'une juridiction est saisie ou s'est prononcée, le médiateur peut néanmoins faire des *recommandations* à l'organisme mis en cause. En cas d'inexécution d'une décision de justice, il peut adresser une *injonction.* Il agit par *recommandation* lorsqu'il s'agit de satisfaire un cas particulier et par *proposition de réforme* lorsqu'il s'agit d'améliorer le fonctionnement d'un organisme ou lorsque l'application de dispositions législatives ou réglementaires aboutit à des situations inéquitables. Il peut interroger les agents des services en cause et se faire communiquer tout document ou dossier relatif à l'enquête, engager une procédure disciplinaire ou saisir la juridiction répressive contre le responsable.

☞ On peut rattacher la fonction de médiateur à celle des *« Ombudsman »* (d'origine suédoise) à l'étranger. Leur désignation (de l'élection par le Parlement à la nomination par le chef d'État) ainsi que leurs pouvoirs et leur nombre varient selon les pays.

■ **Saisine.** Le médiateur peut être saisi par toute personne physique ou morale, française ou étrangère. Des démarches préalables doivent avoir été entreprises par le réclamant auprès de l'administration ou du service public mis en cause. Le recours au médiateur est gratuit. On doit transmettre les réclamations (signées) par l'intermédiaire d'un parlementaire en demandant formellement l'intervention du médiateur. La saisine n'interrompt pas les délais de recours notamment devant les juridictions compétentes.

■ **Statistiques. Budget** (en 2000) : 26 920 000 F. **Réclamations** (2000) : 51 189 (6 836 adressées au médiateur, 44 353 aux délégués départementaux). *Réclamations non conformes à la loi :* 46,3 % de l'ensemble des dossiers traités. Irrecevabilité : 73 % des réclamations non conformes (non respect de la procédure de saisine par un parlementaire : 55,6 % ; absence de démarches préalables auprès de l'administration en cause : 17,4 %). Incompétence : 27 % (litiges privés : 8,2 % ; entre agents publics et leur employeur : 9 % ; remise en cause d'une décision juridictionnelle : 5,2 % ; autres cas d'incompétence : 4,6 %). Sur 100 réclamations parvenues au médiateur, 50 sont directement recevables, 21 sont rejetées car non fondées juridiquement, 13 sont résolues par envoi d'informations au réclamant, 17 font l'objet d'une intervention auprès de l'administration concernée (issue favorable : 86,6 % ; durée moyenne 8,7 mois).

CONSEIL SUPÉRIEUR DES FRANÇAIS DE L'ÉTRANGER

■ **Siège.** 244, bd St-Germain, 75007 Paris. **Institué** 1948. Assemblée consultative. **Rôle.** Représente les Français établis hors de France auprès des pouvoirs publics français.

■ **Composition.** Depuis 1990, 150 membres élus pour 6 ans au suffrage universel direct et renouvelables par moitié tous les 3 ans, 21 personnalités désignées par le ministre et 12 sénateurs représentant les Français établis hors de France. Les membres élus forment le collège électoral pour cette élection directe (le Sénat n'ayant plus à en approuver le résultat). **Pt** : ministre des Affaires étrangères. **Assemblée plénière** 1 fois par an. **Bureau** permanent réuni 3 fois par an. **Commissions permanentes en 1999.** *4 :* affaires sociales ; affaires économiques, fiscales et financières ; enseignement, culture et information ; représentation et droits des Français de l'étranger. **Temporaire.** *1 :* anciens combattants.

GRANDS CORPS DE L'ÉTAT

■ COUR DES COMPTES

■ **Siège.** 13, rue Cambon, 75100 Paris RP. **Origine.** Loi du 16-9-1807, Code des juridictions financières, et décret nº 85-199 du 11-2-1985.

■ **Composition** (au 1-1-1998). 1 *premier Pt* [Pierre Joxe (28-11-1934)], 1 *procureur général,* 7 *Pts de chambre,* 101 *conseillers maîtres,* 1 *secrétaire général,* 2 *secrétaires généraux adjoints* (le secrétariat général assiste le premier Pt dans l'organisation du travail, l'administration et les relations extérieures de la Cour), 57 *conseillers référendaires,* 1 *premier avocat général,* 2 *avocats généraux,* 17 *auditeurs* de 1re et 2e classe, 9 *conseillers maîtres* en service extraordinaire, 35 *rapporteurs* choisis parmi les hauts fonctionnaires, 25 *conseillers maîtres ou référendaires* affectés en qualité de Pts des chambres régionales ou territoriales des comptes. **Recrutement :** *auditeurs :* anciens élèves de l'Éna. *Conseillers référendaires :* pour 4 nommés, 3 choisis parmi les auditeurs et 1 nommé au « tour extérieur » (choix du gouvernement). *Conseillers maîtres :* pour 3 nommés, 2 choisis parmi les conseillers référendaires et 1 au « tour extérieur ». *Pt de chambre :* parmi les conseillers maîtres.

■ **Rôle.** *Contrôle général* a posteriori *des finances publiques* (juridictionnel et de gestion), la Cour est la juridiction financière de droit commun compétente pour juger les comptes des comptables publics dont le jugement n'a pas été dévolu, en 1er ressort, aux chambres régionales et territoriales des comptes. Elle statue sur les appels formés contre les décisions autres que les jugements prononcés à titre définitif par ces dernières. *La Cour contrôle la gestion financière des administrations et dénonce les errements préjudiciables aux finances publiques* (elle s'assure du bon emploi des crédits, fonds et valeurs gérés par les services de l'État et par les autres personnes morales de droit public) ; *la Sécurité sociale, les comptes et la gestion des entreprises publiques et de leurs filiales,* et, sous certaines conditions, des *sociétés ou organismes de droit privé bénéficiant de concours financiers publics et des organismes faisant appel à la générosité publique.*

Rapport public : remis chaque année par le Pt au Pt de la Rép. et au Parlement avec les réponses des administrations intéressées. Il informe les autorités administratives en leur laissant la responsabilité des sanctions à prendre ou des réformes à accomplir (publié au *JO*). La publicité qui lui est donnée par la presse incite les administrations à corriger les erreurs. Depuis 1991, la Cour publie des rapports sur des enquêtes spécifiques plusieurs fois par an. Les fonctionnaires et agents ayant commis des irrégularités de gestion peuvent, sous certaines conditions, être déférés devant la Cour de discipline budgétaire et financière.

Exécution des lois de finances et contrôle de l'application des lois du financement de la Sécurité sociale : la Cour assiste le Parlement dans sa mission de contrôle de l'exécution des lois de finances en établissant, chaque année, *un rapport* en vue du règlement du budget de l'État pour l'exercice écoulé. Elle répond également aux demandes d'enquêtes qui lui sont présentées par les commissions des Finances de l'Ass. nat. et du Sénat. Elle a aussi pour

Hautes Cours depuis 1789

■ **Monarchie. Proclamation de l'Assemblée nationale du 23-7-1789. Tribunal spécial** créé pour les dépositaires du pouvoir coupables de crime de lèse-nation. *N'a jamais été constitué.* Compétence transférée à un tribunal ordinaire : le Châtelet de Paris, qui eut à juger le Lt général des Suisses et l'acquitta le 1-3-1790 ; compétence révoquée le 25-10-1790. **Décret de l'Assemblée nationale du 5-3-1791. Haute Cour provisoire** établie à Orléans. *Membres :* 15 juges désignés par divers tribunaux de la région d'Ile-de-France, à raison d'un par tribunal. *Affaires renvoyées : 1°) Trouard de Réolle*, conspiration contre la sûreté de l'État (non-lieu) ; *2°)* enrôlement pour l'armée des émigrés (amnistie) ; *3°)* soulèvement contre la loi constitutionnelle (amnistie) ; *4°)* organisateurs de la fuite à Varennes (amnistie) ; *5°)* conspiration (amnistie). *Supprimée :* par un décret du 20-9-1791. **Constitution du 3-9-1791. Haute Cour nationale :** *membres :* 4 grands juges tirés au sort parmi les 42 membres du Tribunal de cassation ; 24 hauts jurés tirés au sort parmi les citoyens élus à raison de 2 par département ; 4 grands procurateurs choisis par le Corps législatif parmi ses membres. *Justiciables :* ministres, agents principaux du pouvoir exécutif, juges pour forfaiture, auteurs de crimes contre la sûreté de l'État. *Infractions :* délits contre la sûreté nationale et la Constitution, attentats à la propriété et à la liberté individuelle, dissipation des deniers publics, attentats et complots contre la sûreté de l'État ou contre la Constitution. *Saisine :* décret d'accusation du Corps législatif. Pour éviter la pression populaire, elle doit siéger à 30 000 toises (environ 60 km) de Paris. Installée à Orléans le 4-2-1792. *Affaires renvoyées : 6-8-1792 : Delattre* (professeur à la faculté de droit de Paris, accusé d'avoir envoyé son fils rejoindre Calonne à Coblence) acquitté ; *-28-8 : Dulery* (capitaine général des Fermes, accusé d'intelligence avec l'armée ennemie) condamné à mort. Le 24-8, 500 à 600 patriotes armés ayant quitté Paris vers Orléans pour juger eux-mêmes les accusés, l'Assemblée ordonne le transfert des prisonniers à Versailles où le 9-9 les patriotes les massacrèrent (*Jean-Marie de Valdec de Lessart,* ministre des Affaires étrangères décrété d'accusation le 10-5 et *Charles-Xavier Franqueville d'Abancourt,* ministre de la Guerre du 23-7 au 10-8-1792 furent ainsi tués).

■ **Ire République. Convention.** Le procès de Louis XVI (11-12-1792/20-1-1793) se déroule devant elle bien qu'aucune loi ne lui en donne le droit. **Constitution du 5 fructidor an III (22-8-1795)** [complétée par les lois des 19 et 20 thermidor an IV]. **Haute Cour de justice :** doit siéger à plus de 120 km de Paris. Ne se forme qu'en vertu d'une proclamation du Corps législatif rédigée et publiée par le Conseil des Cinq-Cents. *Membres :* 5 juges élus en son sein par le Tribunal de cassation, après un 1er tirage au sort de 15 de ses membres, 2 accusateurs nationaux élus en son sein par le Tribunal de cassation, 16 hauts jurés tirés au sort parmi des élus des départements. Le Pt de la Haute Cour est élu par les 5 juges parmi eux. *Justiciables :* membres du Corps législatif, du Directoire exécutif. *Infractions :* trahison, dilapidation, manœuvres pour renverser la Constitution, attentat contre la sûreté intérieure de la République. *Saisine :* acte d'accusation dressé et rédigé par le Conseil des Cinq-Cents. *Procédure :* condamnation prononcée à la majorité des 4/5 ; décisions sans recours possible. *Affaires renvoyées : 1797-20-2* (à Vendôme) *Gracchus Babeuf* et ses complices dont *Drouet* qui avait fait arrêter Louis XVI à Varennes le 21-6-1791 et était membre de la Convention ; *-26-5* Babeuf et Darthé sont condamnés à mort et exécutés le 27 ; Drouet s'est évadé.

■ **Consulat. Constitution du 22 frimaire an VIII (13-12-1799). Haute Cour :** *membres :* juges choisis en son sein par le Tribunal de cassation, jurés pris sur une liste nationale. *Pt :* Cambacérès. *Compétence :* juge les ministres, tout acte de gouvernement déclaré inconstitutionnel par le Sénat, inexécution des lois et règlements d'administration publique, ordres contraires à la Constitution, aux lois et règlements. *Jamais réunie. Saisine :* décret du Corps législatif pris sur dénonciation du Tribunat.

■ **Ier Empire. Sénatus-consulte organique du 28 floréal an XII (18-5-1804). Haute Cour impériale :** *membres :* princes, titulaires des grandes dignités et grands officiers de l'Empire, grand juge ministre de la Justice, 60 sénateurs, 6 Pts des sections du Conseil d'État, 14 conseillers d'État, 20 membres de la Cour de cassation. *Pt :* archichancelier de l'Empire. *Ministère public :* procureur général nommé à vie par l'Empereur, assisté de 3 tribuns nommés annuellement par le Corps législatif sur une liste de 9 candidats présentés par le Tribunat, et de 3 magistrats nommés par l'Empereur. *Compétence : 1°)* délits personnels commis par les membres de la famille impériale, titulaires des grandes dignités de l'Empire, ministres et secrétaires d'État, grands officiers, sénateurs et conseillers d'État ; *2°)* crimes, attentats et complots contre la sûreté intérieure et extérieure de l'État, l'Empereur et son héritier présomptif ; *3°)* ordres contraires à la Constitution et aux lois de l'Empire donnés par les ministres et les conseillers d'État chargés spécialement d'une partie d'administration publique ; *4°)* prévarication et abus de pouvoir commis par certains hauts fonctionnaires ; *5°)* faits de désobéissance des Gaux de terre ou de mer ; *6°)* concussions et dilapidations des préfets de l'Intérieur dans l'exercice de leurs fonctions ; *7°)* forfaitures ou prises à partie d'une cour d'appel ou d'une cour de justice criminelle, ou des membres de la Cour de cassation ; *8°)* dénonciations pour cause de détention arbitraire et de violation de la liberté de la presse.

Acte additionnel aux Constitutions de l'Empire du 22-4-1815. Chambre des pairs : *compétence :* ministres, officiers supérieurs, pour tout fait contre la sûreté ou l'honneur de la nation, pairs en matière criminelle ou correctionnelle. *Jamais réunie.*

■ **Restauration. Charte du 4-6-1814. Chambre des pairs :** *compétence :* ministres, pour faits de trahison ou de concussion, crimes de haute trahison et attentats à la sûreté de l'État, pairs pour tout crime. *Saisine :* acte d'accusation et de renvoi de la Chambre des députés. *Procédure :* audiences publiques, délibérations à huis clos. *Affaires renvoyées : 1815 Mal Ney* (aurait dû passer en conseil de guerre, mais a invoqué sa qualité de pair de France) condamné à mort par 139 voix, 16 pour la déportation, 5 abstentions. *1820 Louvel,* assassin du duc de Berry, conspiration Nantil. **Charte du 14-8-1830. Chambre des pairs :** *compétence :* ministres, pour crimes de haute trahison et attentats à la sûreté de l'État, pairs pour tout crime. *Saisine :* acte d'accusation et de renvoi de la Ch. des députés. *Affaires renvoyées : 1°) 15-12-1830 : Polignac, Chantelauze, Peyronnet, Guernon-Ranville* (min. de Charles X, accusés d'avoir signé les ordonnances) condamnés le 21-10 à la détention perpétuelle avec mort civile pour Polignac, enfermés au fort de Ham, amnistiés en 1836 ; *2°) Cte de Kergorlay* (incitation au mépris et à la haine du gouv. du roi, et offense envers la personne du roi) ; *3°) Montalembert* (ouverture d'école libre sans autorisation) ; *4°) attentats* d'avril 1834, juillet 1835, juin et déc. 1836, oct. 1840, sept. 1841, 1846 ; *5°) procès des saisons* (complot) ; *6°) de Laity* (attentat à la sûreté de l'État) ; *7°) 1841 : Pce Louis-Napoléon Bonaparte* (accusé d'avoir voulu soulever la garnison de Boulogne) condamné à la prison à vie ; *8°) Gal Despans de Cubières* pour prévarication (min. de la Guerre du 31-3 au 12-5-1839 et du 1-3 au 29-10-1840) condamné à la dégradation civique et 10 000 F d'amende, réhabilité par Napoléon III le 17-8-1852) ; *Jean-Baptiste Teste* pour prévarication (min. des Travaux publics) condamné à 3 ans de prison, dégradation civique et 94 000 F d'amende, manque son suicide en prison, † 20-4-1852 ; *9°) duc de Praslin* (pair ayant tué sa femme ; voir à l'Index).

■ **IIe République. Constitution du 4-11-1848. Haute Cour de justice :** *membres :* 5 juges élus, en son sein, par la Cour de cassation, 36 jurés tirés au sort parmi des membres des conseils généraux (sauf des parlementaires), eux-mêmes tirés au sort dans chaque département. *Justiciables :* Pt de la Rép., ministres, toute personne prévenue de crimes, attentats ou complots contre la sûreté de l'État. *Saisine :* décret de l'Ass. nat., sauf en cas de haute trahison du Pt de la Rép. (acte contre l'Ass. nat.) pour laquelle la Haute Cour est convoquée par les juges qui en sont membres. *Procédure :* déclaration de culpabilité à la majorité des 2/3 du jury, décisions de la Haute Cour sans aucun recours. *Affaires renvoyées :* attentats du 15-5-1848, du 13-6-1849 et du 2-12-1851.

■ **IId Empire. Constitution du 14-1-1852** (complétée par les sénatus-consultes du 10-7-1852 et de 1858). **Haute Cour de justice :** *membres :* jurés tirés au sort parmi les conseillers généraux. *Justiciables :* ministres auteurs de crimes, attentats ou complots contre le Pt de la Rép. et la sûreté de l'État, crimes et délits commis par les Pces de la famille impériale, grands officiers de la Couronne, grands-croix de la Légion d'honneur, ambassadeurs, sénateurs et conseillers d'État. *Saisine :* décret du Pt de la Rép. *Affaires renvoyées :* complot de *févr. 1870. Mars 1870 : Pce Pierre Bonaparte* (cousin de l'empereur, accusé d'avoir tué le journaliste Victor Noir), acquitté le 27-3, doit verser 25 000 F de dommages-intérêts à la famille.

■ **IIIe République. Loi du 16-7-1875 sur les rapports des pouvoirs publics (art. 12). Sénat :** *justiciables :* Pt de la Rép. pour haute trahison, ministres, auteurs d'attentats contre la sûreté de l'État. *Saisine :* mise en accusation de la Chambre des députés pour le Pt de la Rép. et les ministres, décret de convocation du Pt de la Rép., pris en Conseil des ministres, pour les auteurs d'attentats contre la sûreté de l'État. *Affaires renvoyées : Gal Boulanger et Henri Rochefort* (« complot et attentat pour changer la forme du gouvernement »). Boulanger, traduit par défaut (il s'était réfugié en Belgique avec sa maîtresse, Mme de Bonnemains), sera condamné à la déportation en 1889 ; *Déroulède-Marcel Habert* (complot) ; *Louis Malvy,* ministre de l'Intérieur impliqué dans l'affaire du *Bonnet rouge* (hebdomadaire antimilitariste), accusé d'avoir mené des actions favorables à l'Allemagne, condamné le 6-8-1918 à 5 ans de bannissement ; à son retour d'Espagne, sera réélu député, Pt de la commission des Finances et du 13-3-au 8-4-1928 min. de l'Intérieur ; *Joseph Caillaux,* ministre (accusé d'avoir mené des tractations secrètes avec l'Allemagne) ; arrêté 14-1-1918, condamné pour attentat à la sûreté extérieure de l'État, le 23-4-1920, à 3 ans de prison, 10 ans de privation de droits civiques et 5 ans d'interdiction de séjour (1925, janv. amnistie, 17-4 redevient min. des Finances) ; *Raoul Péret* [(garde des Sceaux, accusé d'être l'avocat d'Oustric et de l'avoir aidé du temps où il était min. des Finances) traduit le 25-3-1931 par un vote, apparemment unanime, de la Chambre des députés, acquitté 23-7-1931] ; *René Besnard* (ambassadeur), *Gaston Vidal* (ancien sous-secr. d'État), *Albert Favre :* tous acquittés faute de preuves le 20-7.

☞ En **1892** Charles Baïhaud, ancien ministre des Travaux publics jugé par la cour d'assises de Paris (affaire de Panamá), condamné à 5 ans de prison, libéré 30-3-1896, réincarcéré du 11-12-1896 au 11-5-1897 pour qu'il paye ses dettes au Trésor.

■ **État français. Acte constitutionnel no V du 30-7-1940. Cour suprême de justice :** *composition : Pt :* Pt de la Chambre criminelle de la Cour de cassation. *Vice-Pt :* choisi parmi les membres ou anciens membres de la Cour de cassation. 5 conseillers dont 1 amiral, 1 avoué au tribunal de la Seine et 1 professeur de droit, membre de l'Institut. *Justiciables :* personnes ayant commis des crimes ou délits ou trahi les devoirs de leurs fonctions dans des actes ayant entraîné le conflit avec l'Allemagne. *Affaires renvoyées : Léon Blum, Édouard Daladier, Gal Gamelin, Guy La Chambre, Jacomet* et *Pierre Cot : oct. 1941* instruction terminée ; *-19-2-1942* début du procès à Riom ; *-11-4* ajourné.

■ **Gouvernement provisoire. Ordonnance du 18-11-1944. Haute Cour de la Libération :** *composition :* le 1er Pt et le Pt de la Chambre criminelle de la Cour de cassation, le 1er Pt de la cour d'appel de Paris, 24 jurés tirés au sort sur 2 listes établies par l'Assemblée consultative provisoire (une de 50 parlementaires en cours de mandat au 1-9-1940 et une de 50 autres personnes, en général, issues de la Résistance). *Affaires renvoyées : Mal Pétain, amiral Esteva, Gal Dentz, Joseph Darnand et Pierre Laval.* Prononcera au total 55 condamnations, notamment 18 peines de mort dont 3 exécutions (Brinon, Darnand et Laval), 5 commuées (Benoit-Méchin, Dayras, Dentz, Laborde, Pétain), 1 détention à perpétuité (Esteva) et 20 contumaces contre des accusés en fuite. Siège au Sénat jusqu'au 1-7-1949 : *André Parmentier* (préfet de Rouen) dégradé pour 5 ans. *Se réunit le* 23-3-1960 pour prononcer contre *Abel Bonnard* (ancien min. de l'Éducation de Vichy, réfugié en Espagne, condamné à mort par contumace le 4-6-1945) une peine de 10 ans de bannissement commençant à son départ en Espagne, sort donc libre. **Loi du 27-12-1945. Haute Cour :** *composition :* 27 membres dont 1 Pt et 2 vice-Pts élus par l'Ass. nat. constituante parmi ses membres, 24 jurés tirés au sort sur une liste de 96 membres de la même Assemblée, établie proportionnellement à l'importance de chaque groupe, et 8 suppléants. *Affaires renvoyées :* une cinquantaine.

■ **IVe République. Constitution du 27-10-1946** (complétée par la loi no 46-2386 du 27-10-1946). **Haute Cour de justice :** *composition :* 20 membres élus par l'Ass. nat. au début de chaque législature parmi ses membres à la représentation proportionnelle des groupes, 10 membres élus en dehors d'elle à la majorité absolue. *Affaires renvoyées :* les députés rejetèrent les demandes formulées : *1°)* par les députés communistes contre *Félix Gouin, Christian Pineau, Jules Moch* (« scandale du vin » : des collaborateurs de ministres de la SFIO étaient accusés d'avoir profité de la pénurie) ; *2°)* le 29-3-1950 contre *Henri Queuille* (Pt du Conseil) et *Paul Ramadier* (min. de la Défense) ; *3°)* le 5-5 et le 24-11-1950 contre *Jules Moch* (min. de l'Intérieur), dans « l'affaire des généraux » (rapport secret du *Gal Revers* parvenu au Viêt-minh).

■ **Ve République. Haute Cour de justice :** *composition* (voir p. 747 a). La Haute Cour n'a jamais eu à se réunir pour juger. Propositions de résolution portant mise en accusation devant la Haute Cour et suites données ; date ; auteurs de la proposition ; assemblée concernée [Assemblée Nationale (AN), Sénat]. *Michel Poniatowski* [(ancien min. de l'Intérieur) après la publication de documents avançant qu'il avait pu être informé de la menace visant Jean de Broglie, assassiné le 24-12-1976]. 15-4-1980 (Ballanger PC, Defferre PS ; AN) ; acceptée 17-4, rejetée par commission spéciale 20-1-1981. *Charles Fiterman et Jack Ralite* (pour leurs déclarations sur les jugements des tribunaux administratifs annulant les élections municipales dans plusieurs communes administrées par le PC). 23-6-1983 (Labbé RPR ; AN) ; déclarée irrecevable 30-6 et 7-7 ; rejetée 7-7. *Christian Nucci* [(ancien min. de la Coopération) qui est inculpé], 27-5-1987 (Pierre Messmer RPR ; AN) ; commission spéciale constituée ; adoptée par AN 7-10, Sénat 10-12 ; arrêt de la commission d'instruction mettant fin aux poursuites 4-4-1990. *Charles Pasqua* 2-6-1987 (Pierre Joxe PS ; AN) ; déclarée irrecevable 10-6. *Charles Pasqua et Robert Pandraud* (affaire du « vrai-faux passeport ») ; 11-6-1987 (Pierre Joxe PS ; AN), déclarée irrecevable 24-6. *Laurent Fabius* (ancien 1er ministre), *Georgina Dufoix* (ancien min. des Affaires sociales et de la Solidarité nat.) et *Edmond Hervé* [ancien secr. d'État chargé de la Santé (affaire « du sang contaminé »)] ; 7-10-1992 (Bernard Pons RPR ; AN) ; déclarée irrecevable 14-10. *Georgina Dufoix* et *Edmond Hervé ;* 13-10-1992 (Charles Millon UDF ; AN) ; déclarée irrecevable 14-10. *Georgina Dufoix, Laurent Fabius, Edmond Hervé ;* 12-11-1992 (Sourdille RPR, Huriet UC ; Sénat) ; acceptée 17-11, commission spéciale créée. Résolution concernant G. Dufoix et E. Hervé adoptée 10-12 ; rejet AN 16-12. *G. Dufoix, L. Fabius, E. Hervé ;* 18-12-1992 (L. Fabius PS, Henri Emmanuelli PS, Auroux PS, AN) ; acceptée 18-12 ; commission spéciale créé ; adoptée AN 19-12, Sénat 20-12 ; arrêt 5-2-1993 de la commission d'instruction constatant la prescription de l'action publique pour le délit de non-assistance à personne en danger, mais demande que la mise en accusation soit étendue à des incriminations non prescrites, telles qu'homicide involontaire et coups et blessures involontaires qui, figurant dans les 1res propositions sénatoriales de mise en accusation avaient été récusées par les députés. Cette demande n'a pas été accueillie par le Parlement, mais le dessaisissement de la Haute Cour est à l'origine de la réforme constit. du 27-7-1993 et de la création de la Cour de justice de la Rép.

mission de présenter, chaque année depuis 1996, un rapport au Parlement sur l'application des lois de financement de la Sécurité sociale. Il présente une analyse de l'ensemble des comptes de l'ensemble des organismes de Sécurité sociale soumis à son contrôle.

■ **Organismes siégeant à la Cour des comptes (et présidés par le 1er Pt de la Cour). Cour de discipline budgétaire et financière :** peut infliger une amende à tout auteur de fautes de gestion commises à l'égard de l'État et des collectivités publiques dans les conditions définies par la loi du 25-9-1948, modifiée par les lois du 31-7-1963 et du 13-7-1971. **Comité central d'enquête sur le coût et le rendement des services publics :** *créé* 9-8-1946. **Conseil des impôts :** *créé* 22-2-1971. *Mission :* constater la répartition de la charge fiscale et mesurer son évolution, compte tenu notamment des caractéristiques économiques et sociales des catégories de redevables concernés.

■ **Chambres régionales et territoriales des comptes.** *Créées* par la loi du 2-3-1982 (organisation précisée par la loi du 5-1-1988 et le Code des juridictions financières) ; *contrôlent depuis 1983 : communes, départements, régions et établissements publics relevant de ces collectivités ;* leurs jugements sont susceptibles d'appel devant la Cour des comptes. Les comptes des communes ou groupements de communes d'un maximum de 2 000 hab., et dont le montant des recettes ordinaires figurant au dernier compte administratif est inférieur à 2 millions de F, font l'objet d'un apurement administratif par les trésoriers-payeurs généraux ou les receveurs particuliers des finances.

Inspection générale des Finances

■ **Siège.** Ministère de l'Économie et des Finances. **Origine.** Inspection générale du Trésor créée 6-9-1801 ; nom actuel depuis 1816 (fusion avec l'inspection générale des Contributions directes et du Cadastre).

■ **Composition.** 32 *inspecteurs généraux des Finances,* 69 *inspecteurs* (4 classes : 1re classe, 2e, 3e et adjoints). **Recrutement :** à la sortie de l'Éna, 1/4 des inspecteurs de 2e classe et 1/5 des inspecteurs généraux sont nommés au « tour extérieur ».

■ **Rôle.** *Vérification* sur place de la gestion des services déconcentrés du ministère de l'Économie et des Finances ; de tous les comptables publics et de la comptabilité administrative des ordonnateurs secondaires ; des organismes soumis à son contrôle d'après les textes qui les régissent, de tous les établissements publics, semi-publics et entreprises soumis au contrôle économique et financier de l'État ; de tous les organismes publics ou privés, bénéficiant de concours financiers publics. *Audit :* de structures ou de procédures pour le compte d'organismes qui font appel à elle. *Évaluation :* de politiques publiques (décret publié au *JO* du 24-1-1990). *Enquête :* sur des problèmes économiques et financiers d'actualité.

Nota. – Les inspecteurs des Finances sont très souvent détachés dans les administrations publiques, les entreprises financières, industrielles ou commerciales du secteur public, ou les organismes internationaux.

Inspection générale de l'Administration

■ **Siège.** 15, rue Cambacérès, 75008 Paris. **Origine.** Remonte à 1781 (créée par Necker). **Composition.** 30 *inspecteurs généraux, 25 inspecteurs, 9 inspecteurs adjoints.* **Recrutement :** *inspecteur adjoint :* anciens élèves de l'Éna ; *inspecteurs :* 3 parmi les inspecteurs adjoints et 1 au tour extérieur « fonctionnaire » ; *inspecteurs généraux :* 7 parmi les inspecteurs, 1 au tour extérieur « fonctionnaire » et 2 au tour extérieur « gouvernement ».

■ **Rôle.** Contrôle supérieur sur tous personnels, collectivités publiques, services, établissements ou institutions relevant du ministère de l'Intérieur ou sur lesquels les préfets exercent leur contrôle, même s'ils sont soumis aux vérifications d'un autre corps d'inspection ou de contrôle spécialisé. Ses membres peuvent recevoir des lettres de mission signées du 1er ministre, du ou des ministres intéressés et du ministre de l'Intérieur concernant les personnels, collectivités publiques, services, établissements ou institutions relevant d'autres départements que celui de l'Intérieur. Elle réalise auprès de ces structures des missions de contrôle, d'audit et de conseil ; contrôle des organismes recevant des concours financiers publics, notamment en provenance de l'Union européenne. Elle participe à l'évaluation ministérielle ou interministérielle des politiques publiques et apporte une assistance technique, à leur demande, aux collectivités locales et organismes en relevant.

Contrôle général des armées

■ **Siège.** 14, rue St-Dominique, 75007 Paris. **Composition.** Une centaine de *contrôleurs généraux, contrôleurs* et *contrôleurs adjoints des armées.* **Recrutement :** par concours parmi les officiers et les membres des corps recrutés par la voie de l'Éna ou de Polytechnique.

■ **Rôle.** Assiste le ministre des Armées dans la gestion de son ministère en vérifiant, dans tous les organismes soumis à son autorité ou à sa tutelle, l'observation des lois, règlements et instructions ministériels ainsi que l'opportunité des décisions et l'efficacité des résultats au regard des objectifs fixés et du bon emploi des deniers publics.

Diplomatie

Généralités

■ **Origine du mot.** Dérivé lointain du grec *diploma,* feuille pliée en deux, c'est-à-dire les parchemins et, par suite, les actes officiels ou juridiques passés sur parchemin (le sens de « brevet universitaire » ne date que de 1829). Depuis le XVIIe s., on appelle « diplomatique » l'étude des documents historiques [en latin moderne, *res diplomatica* (Mabillon 1681)]. En 1726, le terme s'applique à l'étude des traités internationaux (traditionnellement rédigés sur parchemin) puis, à partir de Vergennes (1774), à l'art de les négocier. En 1791, par analogie avec *aristocratie,* on forge le terme « diplomatie » (légèrement méprisant), et en 1792 le terme « diplomate ». *Diplomatique* reprend le sens donné par Mabillon.

■ **Organisation.** Dans le passé, les rapports personnels entre les souverains avaient, à côté de la politique officielle de leur gouvernement, une grande influence sur les relations internationales (en 1900, il n'y avait que 3 républiques en Europe : France, Suisse et St-Marin). Les responsables des Affaires étrangères étaient peu nombreux et le secret était de règle. Les missions diplomatiques menaient les négociations. Les ambassadeurs recevaient des instructions générales leur permettant de manœuvrer au mieux des circonstances. Les 1ers ministres ou les ministres des Affaires étrangères se déplaçaient rarement et, s'ils le faisaient, leurs voyages consacraient seulement des résultats acquis avant leur départ.

■ **Diplomates et personnel.** Les missions extraordinaires revenant très cher, on envoyait au XVIIe s. des missions permanentes d'un rang inférieur. En 1815-18, les agents diplomatiques furent divisés en 4 classes.

Corps diplomatique : ensemble des chefs de mission accrédités auprès du même chef d'État. A sa tête se trouve le *doyen* (intermédiaire entre le corps diplomatique, dont il défend les intérêts, et le gouvernement du pays). En principe, le doyen est le chef de mission de la catégorie la plus élevée qui a remis ses lettres de créance à la date la plus ancienne ; mais, dans certains pays catholiques (dont la France), c'est traditionnellement le *nonce.*

Recrutement des diplomates : jusqu'en 1945, la majorité était recrutée par le *grand concours* [pour les attachés d'ambassade (8-10 par an) et, selon le rang, dans la proportion de 1/5 environ, les consuls suppléants] ou le *petit concours* [pour les attachés de consulat (12-15 par an, carrière consulaire), avec accession individuelle possible à la carrière diplomatique]. Depuis 1945, les 2 concours ont été supprimés. L'accession à la « carrière » a lieu notamment par l'Éna et par les concours de secrétaires d'Orient et de secrétaires adjoints des Affaires étrangères.

Missions diplomatiques : comprennent chef de mission, conseillers, secrétaires, attachés d'ambassade, courriers, attachés de Défense, attachés commerciaux, financiers, culturels, de presse, agricoles, etc.

On distingue : *les membres du personnel de la mission* (personnels diplomatique, administratif et technique, de service) ; *les membres du personnel diplomatique* (ayant la qualité de diplomate) ; *les agents diplomatiques* (chef de la mission et membres du personnel diplomatique) ; *les membres de la famille d'un diplomate.*

Ambassadeurs : avant 1945, seules les personnalités nommées à la tête d'une ambassade avaient la qualité d'*ambassadeur de France,* les titulaires de légation portaient le titre d'*envoyé extraordinaire* et *ministre plénipotentiaire.* Après 1945, la France éleva par réciprocité certaines de ses légations au rang d'ambassades. Les missions diplomatiques sont maintenant dirigées par des *ambassadeurs extraordinaires et plénipotentiaires* qui n'ont droit à ce titre que pendant la durée de leur mission. La dignité d'*ambassadeur de France* est conférée dans quelques cas (nombre fixé chaque année par la loi de finances) et seuls ceux qui l'ont reçue peuvent continuer à porter le titre d'ambassadeur, lorsqu'ils n'assument plus de fonctions diplomatiques.

■ **Fonctionnaires consulaires. Origine :** leur usage ne s'est généralisé qu'aux XVIe et XVIIe s. (surtout sous Louis XIV). Les consulats, qui dépendaient du min. de la Marine, relèvent depuis la Révolution du min. des Affaires étrangères. Lorsque, en 1799, les chefs de la République française prirent le titre de consuls, les consuls commerciaux devinrent des « agents pour les relations commerciales ». **4 classes :** *consuls généraux, consuls, vice-consuls* (terme technique français : « chancellerie détachée »), *agents consulaires* (délégués des consuls généraux ou des consuls dans certaines villes où la communauté française le justifie). On distingue les fonctionnaires consulaires de carrière et les fonctionnaires consulaires honoraires. **Rôle :** agent officiel d'un État, le consul exerce dans un territoire étranger déterminé l'autorité que l'État conserve sur ses ressortissants qui y sont établis. Il assure leur protection générale. Administrateur et observateur, il délivre passeports et visas, exerce les fonctions d'officier d'état civil et de notaire, intervient en matière de succession et pour la protection des incapables, fait représenter les ressortissants nationaux devant les tribunaux et transmet les actes judiciaires, contrôle et assiste les bâtiments de commerce nationaux et exerce la police à bord. Il s'informe sur l'évolution de la vie économique, favorise le développement des relations entre les 2 pays. Ses pouvoirs sont limités par l'État qui l'envoie et par l'État de résidence.

■ **Attaché.** L'usage de détacher dans les missions des officiers chargés d'étudier les questions militaires et d'assister aux manœuvres de l'armée apparaît sous l'Empire ; l'institution se régularisa et s'étendit surtout à partir de 1860 (attaché naval en 1885, attaché de l'Air en 1932).

☞ **Langue diplomatique** (voir à l'Index).

Privilèges et pièces diplomatiques

■ **Lettres de créance.** Lettres officielles dont est muni le nouveau chef de mission par son gouvernement ; elles sont placées sous une enveloppe scellée à la cire, en principe ouverte par le chef de l'État lors de sa présentation (y est jointe une copie pour le min. des Affaires étrangères).

Les chargés d'affaires avec lettres reçoivent des *lettres de cabinet* adressées par le ministre des Affaires étrangères à son collègue. Le consul est muni d'une *lettre de provision* (appelée aussi *patente* ou *commission consulaire*). L'Etat de résidence lui confère, par l'*exequatur,* le libre exercice des pouvoirs prévus et la jouissance des privilèges et immunités attachés à sa qualité. Il peut, à tout moment et sans avoir à motiver sa décision, déclarer le chef ou tout autre membre du personnel diplomatique de la mission *persona non grata,* ou décider que tout autre membre du personnel de la mission n'est pas acceptable.

■ **Immunités diplomatiques.** Ont existé de tous temps. La convention de Vienne du 18-4-1961 les a codifiées et complétées. Souvent désignées sous le terme d'*exterritorialité,* elles impliquent : **1°)** *l'inviolabilité personnelle* qui interdit toute mesure d'arrestation ou de détention et qui ne couvre que les agents diplomatiques et les membres du personnel administratif et technique non résidents (y compris leur famille). **2°)** *L'inviolabilité de la correspondance diplomatique :* les *valises* diplomatiques, qui ne peuvent contenir que des documents diplomatiques et des objets à usage officiel, ne doivent être ni ouvertes ni retenues. Elles sont accompagnées par un « courrier de cabinet ». **3°)** *L'inviolabilité de l'hôtel* ou *demeure privée* (demeure du chef de mission et des agents diplomatiques). **4°)** *L'inviolabilité des archives diplomatiques :* en cas de rupture diplomatique, les archives antérieures à la rupture sont inviolables (incertitude pour les archives postérieures).

☞ **Droit d'asile diplomatique :** pratique ne se référant explicitement à aucune convention internationale et qui conduit certains États, essentiellement en Amérique latine, à accepter de recueillir dans les locaux (inviolables) de leurs ambassades à l'étranger des personnes cherchant refuge pour des raisons politiques (voir **asile politique** à l'Index).

■ **Passeports diplomatiques.** Les fonctionnaires des carrières diplomatiques et consulaires sont titulaires d'un passeport particulier. En poste à l'étranger, ils reçoivent en outre une carte diplomatique, délivrée par les autorités du pays d'accueil, qui leur permet de justifier de leur qualité et de bénéficier des privilèges et immunités qui y sont attachés. Des *passeports de service* peuvent être donnés aux agents en mission qui n'ont pas droit au passeport diplomatique.

■ **Préséance officielle.** En France, dans une réunion officielle, le corps diplomatique est placé immédiatement après le chef de l'État, le 1er ministre et les Pts des assemblées élues. S'il s'agit des ambassadeurs pris individuellement dans une réunion officielle ou privée, ils doivent précéder toutes les autorités nationales, sauf le chef de l'État, le 1er ministre et le ministre des Affaires étrangères.

■ **Ambassades d'obédience.** Exigées autrefois des souverains catholiques par les papes. **Ambassades d'excuses.** Exemples : envoi par Gênes à Louis XIV (1685) ; par la G.-B. à Moscou (1709).

■ **Introducteur des ambassadeurs.** Charge fixe depuis 1585. *Depuis avril 1997 :* Frédéric Grasset (28-12-1942).

■ **Secrétaire général du Quai d'Orsay.** *1988* François Scheer (13-3-1934), démissionne à la suite de l'affaire Habache (voir à l'Index). *1992* (févr.) Serge Boidevaix (15-8-1928). *1993* (29-9) Bertrand Dufourcq (5-7-1933). *1998* (juil.) Loïc Hennekinne (20-9-1940).

Statistiques

■ **Personnel. Effectifs des fonctionnaires du ministère des Affaires étrangères** (au 1-1-2001) : catégorie A : 1 708 ; B : 1 126 ; C : 4 136. Enseignants et coopérants dans le secteur culturel et de coopération 1 272, dans le réseau de l'AEFE (Agence pour l'enseignement français à l'étranger) 6 232. **Total** (en 2001) : 15 706.

■ **Postes. 1816** *9 ambassades :* St-Siège, Espagne, Deux-Siciles, Angleterre, Autriche, Portugal, Russie, Sardaigne et Turquie. *14 autres ministres plénipotentiaires :* Bade, Bavière, Danemark, États-Unis, Hambourg, Hanovre, Hesse-Darmstadt, Provinces-Unies, Prusse, Suède et Norvège, Suisse, Toscane, Wurtemberg, Confédération germanique. **1914** *10 ambassades ; 49 ministres plénipotentiaires* dont 28 dirigent des légations ; *36 consulats généraux ; 77 consulats.* **1918 à 1940** *5 légations* transformées en ambassades : Bruxelles 1919, Rio de Janeiro 1919, Varsovie 1924, Buenos Aires 1927, Bucarest 1939. **1939** *16 ambassades.* **1948** *30 ambassades* (dont 14 anciennes légations). **1959** *15 ambassades ; 38 légations ; 27 consulats généraux ; 128 consulats.* **1961** *94 ambassades* et *hautes représentations ; 5 légations ; 70 consulats généraux* [Communauté] (58 + 12) ; *110 consulats* [Communauté] (82 + 28). **2001** *150 ambassades, 17 représentations permanentes, 4 délégations, 118 sections consulaires d'ambassades, 83 consulats généraux, 14 consulats et 7 chancelleries détachées.*

Ambassades ayant le personnel diplomatique le plus nombreux (en 2000). **Ambassades de France à l'étranger :** USA 184 ; Maroc 115 ; Allemagne 93 ; G.-B. 66 ; Russie

54. **Étrangères en France :** USA 125 ; Chine 84 ; All. 76 ; Russie 67 ; Japon 65 ; G.-B. 56 ; Canada 46 ; Égypte 44.

■ **Comparaisons internationales** (en 2000). **Ambassades bilatérales et,** entre parenthèses, **postes consulaires :** USA 161 (96), *France 149* [228 en intégrant les sections consulaires des ambassades], Allemagne 137 (83), Russie 136 (109), G.-B. 135 (77), Italie 118 (129), Japon 110 (80), Canada 81 (22).

■ **Nominations extérieures** [chiffres avancés par Bernard Destremau (Quai d'Orsay)]. **Nominations administratives** ou **« africaines »** et, entre parenthèses, **politiques :** de Gaulle 19 (7), Pompidou 3 (2), Giscard d'Estaing 9 (5), Mitterrand 10 (42).

■ **Visites** (en 2000). **Étrangers en France :** 7 d'État, 3 officielles, 25 visites de travail/ou non qualifiées de chefs d'État ; 4 officielles, 17 de travail/ou non qualifiées de 1er ministre ; 1 du secrétaire général de l'Onu. **Français à l'étranger :** *Pt de la Rép. :* 5 d'État, 3 non qualifiées, 15 manifestations internationales ou sommets européens et 5 non qualifiées ; *1er ministre :* 3 officielles et 3 non qualifiées ; *min. des Affaires étrangères :* 5 visites officielles et 7 de travail. **Participation de la France dans le cadre de l'UE :** 6 réunions ; **de l'UEO :** 3 ; sommets ou conférences internationales : 7 ; conférences intergouvernementales : 5.

ATTAQUES CONTRE DES DIPLOMATES FRANÇAIS

1974-16-9 *Jacques Sénard,* ambassadeur à La Haye, séquestré 5 j par un commando japonais. **1975**-23-3 *Jean Gueury,* ambassadeur à Mogadiscio (Somalie), séquestré 5 j par des indépendantistes djiboutiens. **1976**-4-5 *Michel Dondenne,* ambassadeur à San Salvador (El Salvador), séquestré 28 j par des révolutionnaires. **1980**-4-2 l'ambassade de Tripoli et le consulat de France de Benghazi (Libye) mis à sac par des militants islamiques (le personnel n'est pas molesté). **1981**-4-9 *Louis Delamare,* ambassadeur au Liban, assassiné. **1985** 2 membres du consulat retenus en otage 3 ans à Beyrouth. **1993**-28-1 *Philippe Bernard,* ambassadeur au Zaïre, victime d'un tir sur l'ambassade lors des troubles à Kinshasa. **1994** 3 membres du personnel tués à la suite de 2 attentats contre les représentations françaises à Alger et d'une prise d'otages à bord d'un avion d'Air France.

ADMINISTRATION LOCALE

☞ **Collectivités territoriales. Communes :** 36 772 [dont métropole 36 555 (au 1-1-1997), Dom 114, Tom 80, statut particulier 19]. **Départements :** 100 (métropole 96, Dom 4). **Régions :** 25 (métropole 21, Dom 4). **Territoires d'outre-mer :** 4. **Collectivités de statut particulier :** 2. **Collectivité territoriale de Corse** (loi du 13-5-1991). **Catégories :** selon *l'origine constitutionnelle* (art. 72 de la Constitution du 4-10-1958) : communes, départements, territoires d'outre-mer ; *législative :* Paris (loi du 31-12-1975), Mayotte (loi du 24-12-1976), régions (loi du 2-3-1982), St-Pierre-et-Miquelon (loi du 11-6-1985), provinces de Nouvelle-Calédonie (loi du 9-11-1988).

RÉGIONS

HISTOIRE DE L'IDÉE RÉGIONALE

■ **Sous la Révolution.** Les *Girondins,* hostiles à la prédominance de Paris sur la province, s'opposent aux *Montagnards* qui s'appuient sur une partie de la population parisienne. *1793,* une partie de la province se révolte (de la Normandie à Lyon, en passant par la Bretagne, Bordeaux, Marseille). Le 13-6, sur l'initiative de Buzot, Guadet et Barbaroux, une assemblée des départements réunis est convoquée à Rouen ; mais elle échoue en raison des dissensions entre républicains fédéralistes et royalistes. Les *Montagnards* triomphent et lèguent à leurs successeurs un régime très centralisé.

■ **XIXe et XXe s.** Les *libéraux* réagissent les premiers contre le centralisme napoléonien : *Benjamin Constant* (1767-1830), *Alexis de Tocqueville* (1805-59) [« l'Ancien Régime et la Révolution »] et *Félicité Robert de Lamennais* (1782-1854) qui écrit dans *l'Avenir.* Pour eux, la décentralisation doit être obtenue en assumant le respect des libertés locales, dans le cadre communal puis dans celui de la province ou région. Les institutions décentralisées permettront aux citoyens de prendre conscience de leurs intérêts, de former des administrateurs locaux capables de se vouer aux tâches d'intérêt national. Elles tempéreront l'individualisme de l'homme exacerbé par l'égalité qui nivelle, et freineront les tendances totalitaires du pouvoir central. *Pierre-Joseph Proudhon* (1809-65), dans « le Principe fédératif », défend le fédéralisme : un contrat lierait les circonscriptions territoriales au pouvoir central auquel elles abandonneraient certaines fonctions mineures. La nation serait répartie en provinces autonomes (12 ou 20). Le pouvoir central aurait un rôle moteur politique, les provinces un rôle administratif. *Auguste Comte* (1798-1857), avec le « Système de politique positiviste », prône une déconcentration plus qu'une décentralisation ; il y aurait 17 intendances (de 5 départements chacune), érigées en Républiques positivistes, dont les chefs seraient nommés et révoqués par le pouvoir central.

Pour la droite, représentée par *Charles Maurras* (1868-1952), seule la décentralisation peut desserrer le « corset » napoléonien et contribuer au renouvellement des cultures locales, et seule la monarchie peut la réaliser parce que l'absence de tout principe électif lui permet de régionaliser sans être menacée ; au contraire, dans un régime républicain, la décentralisation serait mortelle car la centralisation est la condition de la réélection de l'équipe au pouvoir (elle lui donne une emprise sur la vie locale). Selon *Maurice Barrès* (1862-1923), l'enracinement régional est indispensable à l'épanouissement de l'individu ; la nation est fondée sur la région et le nationalisme est fondé sur le régionalisme et sur la tradition.

Le *catholicisme social,* avec le père *Henri Lacordaire* (1802-61), *Charles de Montalembert* (1810-70) et *René de La Tour du Pin* (1834-1924), soutient que les institutions locales (de même que la famille et les organisations professionnelles) forment des corps intermédiaires protégeant l'individu face à l'État.

Les *socialistes,* avec *Louis Blanc* (1811-82), *Jules Guesde* (1845-1922) et *Jean Allemane* (1843-1935), soulignent l'importance des libertés locales et de la décentralisation, prônant un mutualisme régional et un syndicalisme régional (courants syndicalistes). Dans les années 1960, *Pierre Mendès France* (1907-82), *Gaston Defferre* (1911-86) et le club Jean-Moulin sont favorables à la région.

Selon Eugène Nolent, le mot « régionalisme » fut inventé en 1899 par Maurice Barrès et, selon Charles Brun, en 1874 par M. de Berluc-Perussis, poète provençal, animateur du Félibrige. Il apparaît vers 1892, année de la déclaration des félibres fédéralistes. Jusqu'à la création de la Fédération régionaliste française (1900-01), il restera un mot érudit.

■ **Organisations régionalistes. Programme de Nancy de 1865** (adopté par diverses tendances de l'opposition) : « Fortifier la commune, vivifier le canton, supprimer l'arrondissement, élargir le département. »

Fédération régionale française : créée en mars 1900 par *Charles Brun* (1870-1946) ; publie un manifeste en 1901 et lance *l'Action régionaliste* en février 1902 (dernier numéro en déc. 1961) ; prévoit 20 régions, chacune ayant une capitale et une assemblée (élue en partie au suffrage universel et par les organes professionnels), un préfet représentant l'État (tutelle de l'administration régionale et contrôle des services publics nationaux), un conseil consultatif et juridictionnel ; les départements seraient supprimés ; les arrondissements (rectifiés) et les communes auraient seuls des organes représentatifs (libertés plus grandes, exécutif collégial).

■ **Réalisations au XXe s. 1919**-*5-4* création de *17 groupements économiques régionaux* fondés sur les chambres de commerce, pour développer le commerce et l'industrie (« régions *Clémentel* »), administrés par un comité régional (2 délégués par chambre de commerce) ; préfets et sous-préfets siègent au comité avec voix consultative ; rôle restreint : pas de personnalité morale, base juridique insuffisante, peu de moyens financiers. **1922** création de 19 *régions économiques* douées de la personnalité morale et pourvues de larges attributions dans le domaine industriel et commercial. **1926** caractère interdépartemental donné aux conseils de préfecture. Des *syndicats de départements* sont créés ; échec 4 ans plus tard : hostilité des régionalistes (qui trouvent la mesure insuffisante) et des parlementaires (qui craignent la renaissance des anciennes provinces et sont favorables au cadre départemental pour des raisons électorales). **1930** loi du 9-1 : les départements peuvent constituer des groupements dotés de la personnalité morale, comportant un objet précis (dirigés par un conseil d'administration). **1938** décret-loi du 14-6 regroupant les chambres de commerce dans le cadre des régions économiques. **1941** loi du 19-4 : création de 18 *préfets régionaux* (12 en zone occupée et 6 en zone non occupée) assistés par 2 intendants (police et affaires économiques) qui restent avec des « préfets délégués » à la tête des autres départements. **1944**-*10-1* et *-3-6* ordonnances créant des *commissaires régionaux de la République,* avec des pouvoirs importants, pour permettre à la vie administrative, économique et sociale des régions de se poursuivre malgré l'isolement éventuel du siège des pouvoirs publics. **1948**-*21-3* loi créant des *Igame (inspecteurs généraux de l'Administration en mission extraordinaire)* pour maintenir l'ordre à la suite des grèves de déc. 1947 (depuis 1962, préfets de zone de défense). **1955**-*30-6* décret regroupant les départements dans les *régions de programme* qui serviront de cadre aux plans régionaux de développement économique et social et d'aménagement du territoire. **1960** décret n° 60-516 modifié du 2-6 créant 21 *circonscriptions d'action régionale,* non compris la région parisienne. **1964** décret n° 64-251 du 4-3 créant une administration régionale ; le préfet de région est secondé par une mission économique et assisté par la *conférence administrative régionale* et la *commission de développement économique régionale* (Coder). **1966** création de communes urbaines : Bordeaux, Lille, Lyon, Strasbourg. **1969**-*27-4* référendum sur la régionalisation repoussé par 53,17 % de non. 1re création volontaire d'une communauté urbaine à Dunkerque. **1970**-*9-1* la *Corse* est séparée de la « région » Provence-Alpes-Côte d'Azur. **1972** loi du 5-7 : la région devient un établissement public ; création des conseils régionaux (composés des parlementaires de la région, des maires des grandes villes et des représentants des conseils généraux pour 5 ans : ont un rôle consultatif sur le développement économique et social de la région) assistés d'un comité économique et social. **1975** création du Fonds européen de développement régional (Feder). **1982**-*2-3* loi Defferre (et décrets du 10-5) modifiée et complétée par la loi n° 82-623 du 22-7 transférant l'exécutif départemental et régional du département ou de la région aux Pts des assemblées élues, élargissant les possibilités d'intervention des collectivités locales en matière économique, prévoyant la suppression des tutelles administrative et financière, et de tout contrôle *a priori* sur les actes des autorités communales, départementales et régionales. Dom transformés en régions (voir p. 752 c). *-10-7* loi chargeant les chambres régionales des comptes du contrôle budgétaire, financier, juridique des collectivités locales. **1983**-*7-1 et 22-7* lois répartissant les compétences entre État et collectivités locales. **1984**-*26-1* loi sur le statut de la fonction publique territoriale : agents locaux intégrés dans le grade d'un cadre d'emplois. Peuvent avoir accès aux emplois auxquels ils ont vocation dans collectivités et établissements publics. **1985**-*10-7* loi prévoyant l'élection des conseillers régionaux à la représentation proportionnelle, dans le cadre départemental. *-30-9* 2 lois limitant le cumul des mandats électoraux et des fonctions électives. **1986** 1re élection au suffrage universel direct des conseillers régionaux. **1988**-*5-1* loi « d'amélioration de la décentralisation ». Précisant notamment les interventions économiques des collectivités locales et le champ du contrôle des chambres régionales des comptes. *-1-12* loi imposant aux départements la prise en charge des dépenses d'insertion (20 % des dépenses du RMI de l'État dans le département). **1989** création du Programme européen de développement local par la coopération transfrontalière (Interreg). **1990**-*15-1* loi relative à la limitation des dépenses électorales et à la clarification du financement des activités politiques. *-30-7* loi sur la révision des valeurs locatives. **1991**-*13-5* loi sur statut de la Corse qui constitue désormais une collectivité territoriale. Le Conseil constitutionnel a récusé la disposition de l'article 1 se référant à la notion de peuple corse. **1992**-*3-2* loi relative aux conditions d'exercice des mandats locaux, prévoyant un régime indemnitaire global pour les élus locaux, départementaux et communaux. Institue un droit à la formation. *-6-2* loi relative à l'administration de la République permettant à des régions limitrophes (4 au maximum), de créer une **« entente interrégionale »** sous la forme d'un établissement public créé par décret en Conseil d'État, après avis des conseils économiques et sociaux régionaux. Cette « entente » est administrée par un conseil composé de délégués élus des conseils régionaux et par un Pt. Elle exerce les compétences que les régions lui ont transférées et assure la cohérence de leurs programmes. Elle peut conclure des contrats de plan avec l'État. Une région ne peut appartenir qu'à une seule entente. Relance la coopération intercommunale (création des communautés de communes et de villes). Renforce les droits des élus au sein des assemblées locales. *-10-7* décret sur la répartition des attributions et des moyens entre différents échelons des administrations civiles de l'État. **1992-93** lois n° 92-125 du 6-2-1992 et du 4-2-1995 (art. 25) modifiant l'administration territoriale de l'État dans le sens d'une plus grande déconcentration. **1993**-*29-1* loi sur la prévention de la corruption et la transparence de la vie économique et des procédures publiques. **1994**-*27-12* loi Hœffel modifiant certaines dispositions du statut de la fonction publique territoriale. **1995**-*4-2* création des « pays » dans le cadre de la loi Pasqua. Loi prévoyant un transfert de compétences, de l'État vers les régions, en matière de transports collectifs d'intérêt régional. **1996** loi de finances définissant pour 1996, 1997 et 1998 la manière dont seront augmentées les dotations de l'État aux collectivités locales. **199**-*juillet* loi Voynet sur le statut des « pays ». Loi Chevènement sur la coopération intercommunale et institution de la taxe professionnelle unique (TPU) applicable obligatoirement à compter du 1-1-2002.

■ **Nombre.** 26 (dont 4 Dom). Le découpage a été contesté par Basse et Haute-Normandie, Provence-Alpes-Côte d'Azur, Rhône-Alpes, Bretagne, Pays de la Loire, Centre, Picardie, Champagne-Ardenne. **Superficie.** *Moyenne :* 24 725,7 km², *maximale :* 45 347,9 (Midi-Pyrénées), *minimale :* 8 280,2 (Alsace). **Population** (en 1990). *Moyenne :* 2 468 092 hab., *maximale :* 10 600 660 (région Ile-de-France), *minimale :* 249 737 (Corse). **Densité** (en 1990). *Moyenne :* 101,6 hab. au km², *maximale :* 887 (Ile-de-France), *minimale :* 29 (Corse).

☞ **Taille moyenne des régions dans 5 pays de l'UE** (superficie en km² et, entre parenthèses, population moyenne en millions d'hab.). Espagne 29 694 (2,3), *France 24 959 (2,5),* ex-Allemagne fédérale 23 508 (5,5), Italie 15 059 (2,9), Belgique 10 174 (3,2).

STATUT DE LA RÉGION

☞ **Collectivités territoriales** de plein exercice (depuis l'élection des conseillers régionaux au suffrage universel direct le 16-3-1986) ; avant (régime transitoire) : établissements publics (voir **loi du 2-3-1982,** p. 752 c).

■ **Compétence.** Définie par la *loi du 5-7-1972,* complétée par la *loi du 2-3-1982,* notamment études sur le développement régional, participation au financement d'équipements collectifs, interventions dans le domaine économique, coordination des investissements, etc. ; *lois des 7-1-1983 et 22-7-1983* fixant la nouvelle répartition de compétences entre État et collectivités locales : formation professionnelle continue et apprentissage, enseignement public (lycées), aides à la pêche côtière et aux entreprises de culture marine et ports fluviaux ; *lois spécifiques,* notamment *loi du 15-7-1982* d'orientation et de programmation pour recherche et développement technologique de la France et *loi du 2-7-1982* réformant la planification, *loi quinquennale n° 93-1313 du 20-12-1993* relative au travail, à l'emploi et à la formation professionnelle et *loi n° 97-135 du 13-2-1997* créant l'établissement public « Réseau ferré de France », ainsi que toute autre loi reconnaissant une compétence aux régions. Pour promouvoir son développement économique, social, sanitaire, culturel et scientifique, et l'aménagement de son territoire, la région peut engager des actions complémentaires de celles de l'État, des autres collectivités territoriales et des établissements publics situés dans la région. 3 ou plusieurs régions peuvent, pour l'exercice de leurs compétences, conclure des conventions ou créer des institutions d'utilité commune. Le conseil régional concourt à l'élaboration du plan national. Il élabore et approuve le plan régional, en respectant les orientations du plan national et les prescriptions de la loi.

■ **Ressources des régions.** La région, collectivité territoriale peut, depuis 1989, voter les 4 taxes directes locales : d'habitation, foncière sur les propriétés bâties, foncière sur les propriétés non bâties et professionnelle. Ces 4 taxes constituent la fiscalité directe de la région. Elle perçoit, exclusivement à titre obligatoire, la taxe sur les cartes grises et la taxe sur les permis de conduire. Elle peut instituer (à titre facultatif), en matière de droits d'enregistrement, la taxe additionnelle aux droits de mutation. À partir du 1-1-1987, les ressources fiscales que perçoivent les régions ont cessé d'être limitées par un plafond fixé par la loi.

Préfet de région

■ **Nomination.** Par décret du Pt de la Rép. pris en Conseil des ministres. Il est également préfet du département du chef-lieu de région.

■ **Attributions.** Placé sous l'autorité du Premier ministre et de chacun des ministres, il met en œuvre les politiques nationale et communautaire concernant le développement économique et social, et l'aménagement du territoire. Il anime et coordonne dans la région les politiques de l'État en matière culturelle, d'environnement, ainsi que celles relatives à la ville et à l'espace rural (loi du 6-2-1992). Informé des investissements publics nationaux concernant la région, il gère les crédits de l'État pour les investissements publics régionaux. Lui seul s'exprime au nom de l'État devant le conseil régional. Il a la charge des intérêts nationaux et du respect des lois. Il assure le contrôle administratif de la région et de ses établissements publics. Il dirige, sous l'autorité des ministres compétents, les services déconcentrés des administrations civiles de l'État dans la région et il est l'unique ordonnateur secondaire. Il préside de droit les *commissions administratives* qui intéressent les services déconcentrés de l'État dans la région, sauf celles dont la présidence est confiée statutairement à un magistrat de l'ordre judiciaire ou à un membre d'une juridiction administrative. Il préside la **conférence administrative régionale** réunissant les préfets des départements de la région, le secrétaire général placé auprès du préfet du département où est situé le chef-lieu de région, le trésorier-payeur général de région. La conférence peut faire appel aux chefs des services déconcentrés de l'État dans la région. **Pour la défense,** il est plus particulièrement chargé des problèmes de défense économique. Il prépare les différentes mesures relatives à la réunion et à la mise en œuvre des ressources et à l'utilisation de l'infrastructure. A cet effet, il dirige l'action des préfets de sa région. Il coordonne la préparation des mesures de prévention, de protection et de secours. Il peut bénéficier de délégations ou subdélégations des pouvoirs du préfet de zone de défense.

Le préfet de région siégeant au département-chef-lieu des 9 zones de défense (décret 91 664 du 14-7-1991) reçoit le titre et les attributions (sauf pour la zone de défense de Paris) de *préfet de zone de défense.*

■ **Collaborateurs. Secrétaire général** pour les affaires régionales (SGAR) ; **chargés de mission** choisis parmi des fonctionnaires administratifs ou techniques de catégorie A ; **chefs** ou **responsables** des services de l'État dans la région.

☞ **Trésorier-payeur général de la région :** à la tête de chaque groupement interdépartemental des trésoreries générales, il a succédé au *trésorier-payeur coordonnateur* institué en 1961. Consulté obligatoirement par le préfet dans 3 domaines : plan national de développement économique et social, investissements publics, aide à la décentralisation économique.

■ Assemblées régionales

Conseil régional

■ **Conseillers régionaux. Élection :** loi n° 85-692 du 10-7-1985 et décret n° 85-1236 du 22-11-1985. Élus pour 6 ans (en mars) au suffrage universel direct (rééligibles). Les conseils régionaux d'outre-mer ont été élus pour la 1re fois au suffrage universel le 16-2-1983 et renouvelés le 16-3-1986, ainsi que les conseils régionaux de droit commun, afin d'éviter les chevauchements de mandats et d'affirmer l'unité de la République. *Circonscription :* le département. *Candidature :* déclaration obligatoire. Dans les départements ayant 5 sièges ou moins à pourvoir, la liste doit comprendre 2 candidats supplémentaires pour pourvoir aux éventuelles vacances sans recourir à des élections partielles. Au dépôt de liste, versement d'un cautionnement de 500 F par siège à pourvoir. *Mode de scrutin* (réformé par la loi du 22-12-1998) : scrutin de liste à 2 tours à la représentation proportionnelle à la plus forte moyenne, mais avec une prime majoritaire à la liste arrivée en tête du 1er tour. *Conditions d'éligibilité :* être âgé de 21 ans ; en règle avec les obligations du service national ; domicilié dans la région ou, à défaut, y être inscrit au rôle de l'une des contributions directes au 1er janvier de l'année de l'élection ou devoir y être inscrit à cette date. Le préfet du département exerce un contrôle *a priori* de l'éligibilité. Le candidat tête de liste ou son mandataire dispose de 48 h pour contester le refus d'enregistrement devant le tribunal adm. **Inéligibilités :** les mêmes que pour les élections cantonales. Sont en outre inéligibles les fonctionnaires placés auprès du représentant de l'État dans la région et affectés au secrétariat général pour les Affaires régionales en qualité de secrétaire général ou de chargé de mission. Nul ne peut être candidat dans plus d'une circonscription électorale ni sur plus d'une liste. **Campagne, vote et résultats :** la propagande électorale est organisée comme pour les autres élections politiques. Les listes ayant obtenu plus de 5 % sont remboursées du cautionnement et de leurs dépenses officielles de propagande. **Mandat incompatible :** avec les fonctions de préfet, sous-préfet, secr. général et secr. en chef de sous-préfet et de membre des corps actifs de police (les titulaires de ces fonctions sont inéligibles lorsque ces dernières s'exercent dans tout ou partie du territoire de la région), fonctions d'agent salarié de la région, d'entrepreneur des services régionaux et d'agent salarié des établissements publics et agences créées par la région, de membre du Comité économique et social. **Cumul possible** (loi organique n° 85-1405 du 30-12-1985 et loi n° 85-1406 du 30-12-1985 tendent à le limiter) : député, sénateur, représentant au Parlement européen, conseil général, conseil de Paris, maire d'une commune de 20 000 hab. ou plus autre que Paris, adjoint au maire d'une commune de 100 000 hab. ou plus autre que Paris. Dispositions transitoires pour élus détenant au 31-12-1985 plus de 2 mandats électoraux ou fonctions électives incompatibles.

Remplacement des conseillers : les suivants de liste non élus sont appelés à remplacer les conseillers régionaux élus sur la même liste dont le siège devient vacant pour quelque cause que ce soit. Si ces dispositions ne peuvent être appliquées, le siège demeure vacant jusqu'aux prochaines élections. Si le tiers des sièges de conseillers régionaux élus dans un département vient à être vacant par suite du décès de leurs titulaires, on refait des élections générales dans ce département dans les 3 mois suivant la dernière vacance pour cause de décès.

Effectifs des conseils régionaux (loi du 31-12-1991) : 1 829 dont 158 outre-mer. *Nombre de conseillers par région :* le double de celui des parlementaires de la région (sauf Ile-de-France, Corse, Limousin, outre-mer). Chaque département bénéficie d'une attribution d'office de 1 siège, les autres sièges étant répartis proportionnellement à la population et au plus fort reste.

■ **Organisation.** Pt et vice-Pts (de 4 à 15 dans la limite de 30 % de l'effectif du conseil) élus par le conseil après chaque renouvellement intégral du conseil. *Séances :* se réunit, à l'initiative de son Pt, au moins 1 fois par trimestre, ainsi qu'à la demande de la commission permanente, ou du 1/3 de ses membres, sur un ordre du jour déterminé. En cas de circonstances exceptionnelles, il peut être réuni par décret. **Commission permanente :** *composition* décidée par le conseil après l'élection du Pt, et sous sa présidence. Si une seule candidature est déposée par poste à pourvoir, les nominations prennent effet immédiatement. Sinon les vice-Pts et les autres membres sont élus au scrutin de liste, à la représentation proportionnelle à la plus forte moyenne, sans panachage ni vote préférentiel. Les membres sont nommés pour la même durée que le Pt. *Attributions :* selon délégation du conseil. **Président** de l'organe exécutif de la région, il peut déléguer (par arrêté) l'exercice d'une partie de ses fonctions aux vice-Pts ou, en cas d'empêchement, à d'autres membres du conseil régional. Il prépare et exécute les délibérations du conseil régional. Il est l'ordonnance des dépenses de la région et prescrit l'exécution des recettes régionales. Il gère le patrimoine de la région, est le chef des services de la région. Il peut, pour la préparation et l'exécution des délibérations du conseil régional, disposer des services déconcentrés de l'État. Les agents d'État et départementaux affectés à l'exécution de tâches régionales sont mis à sa disposition et placés sous son autorité pour l'exercice de leurs fonctions. La coordination entre services régionaux et services de l'État dans la région est assurée par le Pt du conseil régional et le représentant de l'État.

Conseils régionaux élus le 15-3-1998

☞ **Légende :** *app.* apparenté, *div.* divers, *diss.* dissident, *Écol.* écologistes, *ext.* extrême, *d.* droite, *g.* gauche, *ADD* Association des démocrates, *CNIP* Centre national des indépendants et paysans, *CPNT* Chasse, pêche, nature et traditions, *FN* Front national, *GÉ* Génération écologie, *G. Pl.* Gauche plurielle (PS + PC + Verts + MDC + PRG), *LCR* Ligue communiste révolutionnaire, *LO* Lutte ouvrière, *MDC* Mouvement des citoyens, *MDR* Mouvement des réformateurs, *MEI* Mouvement des écologistes indépendants, *MPF* Mouvement pour la France, *PRG* Parti radical de gauche, *PC* Parti communiste, *PS* Parti socialiste, *RPR* Rassemblement pour la République, *UDF* Union pour la démocratie française, *UDF-AD* adhérents directs, *UDF-FD* Force démocrate, *UDF-PPDF* Parti populaire pour la démocratie française, *UDF-DL* Démocratie libérale, *UDF-rad.* Parti radical.

■ **Alsace.** *47 membres,* d. 19 (UDF 9, RPR 7, div. 3), FN 13, ext. d. 2, g. 9 (PS 8, Verts 1), MEI 1, div. 3. **Bas-Rhin** RPR-UDF 11, FN 7, G. Pl. 5, femmes 1, ext. d. 2, MEI 1. **Haut-Rhin** FN 6, UDF 4, RPR 4, div. g. 4, div. 2. **Aquitaine.** *85,* d. 28 (UDF 15, RPR 13), FN 9, g. 40 (PS 28, PC 8, Verts 3, div. 1), CPNT 8. **Dordogne** PS-PC 6, RPR-UDF 4, FN 1, CPNT 1. **Gironde** RPR-UDF 12, PS 12, FN 4, CPNT 3, PC 3, Verts 2. **Landes** PS 4, RPR-UDF 3, CPNT 1, PC 1, FN 1. **Lot-et-Garonne** PS-PC 4, RPR-UDF 3, FN 2, CPNT 1. **Pyrénées-Atlantiques** RPR-UDF 6, PS 6, CPNT 2, PC 2, FN 1. **Auvergne.** *47,* d. 21 (UDF 8, RPR 8, div. 5), FN 4, g. 21 (PS 11, PC 6, Verts 3, div. 1), GÉ 1. **Cantal** RPR-UDF 3, PS 2, div. g. 1. **Haute-Loire** RPR-UDF 4, G. Pl. 3, MEI 1. **Puy-de-Dôme** RPR-UDF 10, PS-PC 8, FN 2. **Bourgogne.** *57,* d. 22 (UDF 8, RPR 10, div. 4), FN 9, g. 24 (PS 15, PC 4, Verts 2, div. 3), CPNT 2. **Côte-d'Or** RPR-UDF 7, G. Pl. 6, FN 3, div. g. 1. **Nièvre** PS-PC 5, RPR-UDF 3, FN 1. **Saône-et-Loire** G. Pl. 8, RPR-UDF 7, FN 2, CPNT 2. **Yonne** G. Pl. 4, RPR-UDF 3, FN 3, div. d. 1, MPF 1. **Bretagne.** *83,* d. 37 (UDF-AD diss. 2, UDF 17, RPR 15, div. 3), FN 7, g. 35 (PS 25, PC 6, Verts 3, div. 1), ext. g. 1, LO 1, Écol. 1, CPNT 1. **Côtes-d'Armor** G. Pl. 7, RPR-UDF 6, FN 1, LO 1, CPNT 1. **Finistère** RPR-UDF 10, PS-PC 9, ext. g. 2, UDF-AD diss. 2. **Ille-et-Vilaine** G. Pl. 10, RPR-UDF 10, FN 2, div. d. 2. **Morbihan** RPR-UDF 8, G. Pl. 8, FN 2. **Centre-Val de Loire.** *77,* d. 29 (UDF 14, RPR 14, RPR diss. 1), FN 13, g. 32 (PS 20, PC 9, Verts 2, div. 1), LO 1, CPNT 1, Écol. 1. **Cher** G. Pl. 5, RPR-UDF 4, FN 2. **Eure-et-Loir** G. Pl. 5, RPR-UDF 4, FN 3, CPNT 1. **Indre** G. Pl. 4, RPR-UDF 2, FN 1, RPR diss. 1. **Indre-et-Loire** G. Pl. 7, RPR-UDF 7, FN 2, LO 1. **Loir-et-Cher** G. Pl. 1, RPR-UDF 4, FN 1. **Loiret** RPR-UDF 7, G. Pl. 7, FN 4. **Champagne-Ardenne.** *49,* d. 20 (UDF-rad. diss. 2, UDF 7, RPR 10, div. 1), FN 9, g. 17 (PS 12, PC 3, Verts 1, div. 1), LO 1, Écol. 1, CPNT 1. **Ardennes** PS-PC 5, RPR-UDF 4, FN 2. **Aube** PS-PC 4, RPR-UDF 3, FN 2, UDF-rad. diss. 1, CPNT 1. **Marne** RPR-UDF 7, G. Pl. 6, FN 3, div. d. 1, LO 1, Écol. 1. **Haute-Marne** RPR-UDF 3, G. Pl. 2, FN 2, UDF-rad. diss. 1. **Franche-Comté.** *43,* d. 16 (UDF 8, RPR 8), FN 9, g. 17 (PS 8, PC 1, Verts 3, div. 5), CPNT 1. **Doubs** RPR-UDF 6, G. Pl. 6, FN 4, div. g. 1, CPNT 1. **Jura** RPR-UDF 4, G. Pl. 4, FN 2. **Haute-Saône** RPR-UDF 4, PS-PC 3, FN 2. **Belfort** G. Pl. 3, RPR-UDF 2, FN 1. **Ile-de-France.** *205,* d. 83 (UDF-AD diss. 3, UDF-FD diss. 1, UDF 28, RPR 43, div. 8), FN 36, g. 86 (PS 43, PC 23, Verts 14, div. 6), LO 3, Écol. 1. **Paris** RPR-UDF 20, G. Pl. 17, FN 5. **Essonne** G. Pl. 10, RPR-UDF 7, FN 4. **Hauts-de-Seine** G. Pl. 10, RPR-UDF 10, FN 4, UDF-AD diss. 3. **Seine-et-Marne** RPR-UDF 8, G. Pl. 8, FN 4, LO 1. **Seine-St-Denis** G. Pl. 12, RPR-UDF 7, FN 6, LO 2. **Val-de-Marne** G. Pl. 11, RPR-UDF 9, FN 4. **Val-d'Oise** G. Pl. 9, RPR-UDF 7, FN 4, GÉ 1. **Yvelines** RPR-UDF 11, G. Pl. 9, FN 5, UDF-FD diss. 1. **Languedoc-Roussillon.** *67,* d. 22 (UDF 10, RPR 11, RPR diss. 1), FN 13, g. 31 (PS 20, PC 8, div. 3), CPNT 1. **Aude** PS-PC 6, UDF 2, FN 1, RPR diss. 1. **Gard** RPR-UDF 5, PS 5, FN 5, PC 3. **Hérault** RPR-UDF 8, PS 8, FN 5, PC 3. **Lozère** RPR-UDF 2, PS 1. **Pyrénées-Orientales** PS-PC 5, RPR-UDF 4, FN 2, CPNT 1. **Limousin.** *43,* d. 14 (UDF 4, RPR 10), FN 3, g. 24 (PS 15, PC 5, Verts 2, div. 2), CPNT 1, div. 1. **Corrèze** G. Pl. 7, RPR-UDF 5, CPNT 1, FN 1. **Creuse** G. Pl. 4, RPR-UDF 3, div. 1. **Haute-Vienne** G. Pl. 13, RPR-UDF 6, FN 2. **Lorraine.** *73,* d. 33 (UDF 7, RPR 11, RPR diss. 6, CNIP 4, div. 5), FN 13, g. 25 (PS 18, PC 4, Verts 1, div. 2), LO 1, CPNT 1. **Meurthe-et-Moselle** PS-PC 8, RPR-UDF 6, FN 4, RPR diss. 3, LO 1. **Meuse** RPR-UDF 4, PS-PC 2, FN 1. **Moselle** PS-PC 7, FN 6, UDF 4, div. d. 4, CNIP 4, RPR diss. 3, PRG 2, Verts 1. **Vosges** PS-PC 5, RPR-UDF 5, FN 2, CPNT 1. **Midi-Pyrénées.** *91,* d. 38 (UDF-FD diss. 3, UDF 15, RPR 15, div. 5), FN 8, g. 41 (PS 21, PC 9, Verts 2, div. 9), LCR 2, CPNT 2. **Ariège** PS-PC 4, RPR-UDF 2. **Aveyron** RPR-UDF 4, G. Pl. 4, UDF-FD diss. 2. **Haute-Garonne** G. Pl. 13, RPR-UDF 12, FN 4, LCR 2, CPNT 1. **Gers** RPR-UDF 4, PS-PC 3. **Lot** PS-PC 4, RPR-UDF 1, div. d. 1. **Hautes-Pyrénées** PS-PC 5, RPR-UDF 3, FN 1. **Tarn** G. Pl. 5, RPR-UDF 4, FN 2, CPNT 1, UDF-FD diss. 1. **Tarn-et-Garonne** RPR-UDF 4, PS-PC 3, FN 1. **Nord-Pas-de-Calais.** *113,* d. 35 (UDF 15, RPR 11, div. 9), FN 18, g. 50 (PS 26, PC 12, Verts 8, div. 4), LO 7, Écol. 1, CPNT 2. **Nord** PS-PC 25, UDF 15, FN 13, RPR 9, Verts 6, LO 4. **Pas-de-Calais** PS 12, RPR-UDF 11, FN 5, PC 5, Verts 3, LO 3, CPNT 2. **Basse-Normandie.** *47,* d. 22 (UDF-PPDF diss. 1, UDF 9, RPR diss. 1, RPR 10, div. 1), FN 6, g. 17 (PS 12, PC 2, Verts 1, div. 2), CPNT 2. **Calvados** RPR-UDF 10, PS-PC 8, FN 3. **Manche** RPR-UDF 6, PS-PC 5, FN 2, CPNT 1, Verts 1, UDF-PPDF diss. 1. **Orne** RPR-UDF 4, PS 3, FN 1, CPNT 1, RPR diss. 1. **Haute-Normandie.** *55,* d. 19 (UDF 8, RPR 8, div. 3), FN 10, g. 23 (PS 13, PC 5, Verts 3, div. 2), LO 2, CPNT 1. **Eure** RPR-UDF 6, PS-PC

> **Présidents du conseil régional**
>
> ☞ **Nombre total :** 26 dont en métropole 22 [dont UDF 11 (*avant les élections de 1998 :* 12), RPR 4 (7), div. d. 1, PS 8 (2), div. g. 1 (1), div. 1]. 11 présidents sortants ont été réélus après les élections du 15-3-1998.
>
> ■ **Liste au 1-2-2000. Alsace :** Adrien Zeller [4] (2-4-1940). **Aquitaine :** Alain Rousset [1]. **Auvergne :** Valéry Giscard d'Estaing [3] (2-2-1926). **Bourgogne :** Jean-Pierre Soisson [3] (9-11-1934). **Bretagne :** Josselin de Rohan [2] (5-6-1938). **Centre-Val-de-Loire :** Michel Sapin [1] (9-4-1952). **Champagne-Ardenne :** Jean-Claude Etienne [2] (6-8-1941). **Corse** (Pt de l'assemblée) : José Rossi [5] (18-6-1944). **Franche-Comté :** Jean-François Humbert [6]. **Ile-de-France :** Jean-Paul Huchon [1]. **Languedoc-Roussillon :** Jacques Blanc [8] (21-11-1939). **Limousin :** Robert Savy [1] (28-11-1931). **Lorraine :** Gérard Longuet [7] (24-2-1946). **Midi-Pyrénées :** Martin Malvy [1] (24-2-1936). **Nord-Pas-de-Calais :** Michel Delebarre [1] (27-4-1946). **Basse-Normandie :** René Garrec [5] (24-12-1934). **Haute-Normandie :** Alain Le Vern [1] (8-5-1948). **Pays de la Loire :** François Fillon [2] (4-3-1954). **Picardie :** Charles Baur [8] (20-12-1929). **Poitou-Charentes :** Jean-Pierre Raffarin [5] (3-8-1948). **Provence-Alpes-Côte d'Azur :** Michel Vauzelle [1] (15-8-1944). **Rhône-Alpes :** Anne-Marie Comparini [4] (1948), élue 9-1-1999 [après annulation de la désignation de Charles Millon [3] (12-11-1945), réélu 20-3-1998 au 2e tour par 93 voix sur 154 dont 35 voix des élus FN, quitte ensuite l'UDF pour fonder son propre parti, la Droite]. **Guadeloupe :** Lucette Michaux-Chevry [2] (5-3-1929). **Guyane :** Antoine Karam [9] (21-2-1950). **Martinique :** Alfred Marie-Jeanne [10] (15-11-1936). **Réunion :** Paul Vergès (5-3-1925) [11].
>
> *Nota.* – (1) PS. (2) RPR. (3) UDF. (4) UDF-FD. (5) UDF-DL. (6) UDF-PPDF. (7) UDF-PR. (8) Div. d. (9) PSG. (10) MIM (mouvement indépendantiste martiniquais). (11) PC.

5, FN 4, Verts 1, CPNT 1. **Seine-Maritime** PS-PC 15, RPR-UDF 13, FN 6, LO 2, Verts 2. **Pays de la Loire.** *93,* d. 50 (UDF-DL diss. 1, UDF-PPDF diss. 3, UDF diss. 2, UDF 17, RPR 17, div. 10), FN 7, g. 32 (PS 15, PC 5, Verts 5, div. 7), ext. g. 1, CPNT 3. **Loire-Atlantique** G. Pl. 12, RPR 11, UDF-PPDF diss. 3, FN 3, CPNT 2. **Maine-et-Loire** UDF 6, PS 4, RPR 4, div. g. 3, FN 2, UDF diss. 2. **Mayenne** UDF 4, G. Pl. 3, RPR2. **Sarthe** RPR-UDF 9, G. Pl. 5, FN 1, LO 1. **Vendée** RPR-UDF 8, PS-PC 5, FN 1, UDF-DL diss. 1, CPNT 1. **Picardie.** *57,* d. 19 (UDF 9, RPR 10), FN 11, g. 23 (PS 13, PC 7, Verts 1, div. 2), LO 3, CPNT 1. **Aisne** PS-PC 7, RPR-UDF 6, FN 3, LO 1. **Oise** PS-PC 8, RPR-UDF 7, FN 6, LO 1, Verts 1. **Somme** PS-PC 7, RPR-UDF 6, FN 2, CPNT 1, LO 1. **Poitou-Charentes.** *55,* d. 24 (UDF 9, RPR 11, div. 4), FN 5, g. 24 (PS 15, PC 4, Verts 3, div. 2), CPNT 2. **Charente** RPR-UDF 5, PS-PC 5, FN 1, CPNT 1. **Charente-Maritime** G. Pl. 8, RPR-UDF 6, FN 2, CPNT 1, MPF 1. **Deux-Sèvres** G. Pl. 5, RPR-UDF 4, FN 1, RPR diss. 1, div. g. 1. **Vienne** RPR-UDF 7, PS-PC 5, FN 1. **Provence-Alpes-Côte d'Azur.** *123,* d. 37 (UDF 19, RPR 16, div. 2), FN 37, g. 49 (PS diss. 4, PS 26, PC 14, Verts 2, div. 3). **Alpes-de-Haute-Provence** G. Pl. 2, RPR-UDF 2, FN 1. **Hautes-Alpes** RPR-UDF 2, G. Pl. 2. **Alpes-Maritimes** RPR-UDF 10, FN 9, G Pl. 9. **Bouches-du-Rhône** PS-PC 18, FN 15, RPR-UDF 12, PS diss. 4. **Var** G. Pl. 8, FN 8, RPR-UDF 7. **Vaucluse** PS-PC 6, FN 4, RPR-UDF 4. **Rhône-Alpes.** *157,* d. 60 (UDF 26, RPR diss. 3, RPR 27, div. 4), FN 35, g. 60 (PS 31, PC 12, Verts 8, div. 9), div. 1, CPNT 1. **Ain** RPR-UDF 6, G. Pl. 5, FN 3. **Ardèche** G. Pl. 4, RPR-UDF 3, FN 1, CPNT 1. **Drôme** G. Pl. 5, RPR-UDF 4, FN 3. **Isère** PS-PC 12, RPR-UDF 8, FN 6, RPR diss. 2, Verts 1. **Loire** PS-PC 8, RPR-UDF 7, FN 6, RPR diss. 1. **Rhône** RPR-UDF 17, G. Pl. 15, FN 11. **Savoie** G. Pl. 5, RPR-UDF 4, FN 2. **Hte-Savoie** RPR-UDF 7, G. Pl. 5, FN 3, div. d. 1, ind. 1.

CONSEIL ÉCONOMIQUE ET SOCIAL RÉGIONAL (CESR)

■ **Statut.** Lois des 5-7-1972 (création des régions), 2-3-1982 (décentralisation), 6-1-1986 (fonctionnement des régions). Assemblées consultatives placées auprès des conseils régionaux. **Composition.** 40 à 110 membres selon les régions dont au moins 35 % de représentants des entreprises et activités professionnelles non salariées et 35 % de représentants des organisations syndicales de salariés représentatives au niveau national, et de la Fédération de l'Éducation nationale ; au moins 25 % de représentants des organismes qui participent à la vie collective de la région ; au plus 5 % de personnalités concourant au développement de la région. **Désignation.** Par les organisations et organismes représentatifs, et constatée par les préfets de région. **Mandat.** 6 ans (Pt et bureau élus pour 3 ans). **Attributions. 1°)** Obligatoirement saisis pour avis par le Pt du conseil régional, sur le plan national et régional, sur les orientations du budget régional, les schémas directeurs régionaux, les orientations générales dans les domaines de compétence de la région ; **2°)** peuvent être saisis sur l'initiative du conseil régional sur tout sujet à caractère économique, social ou culturel ; **3°)** peuvent émettre leurs propres avis sur toute question entrant dans les compétences de la région.

■ **Fonctionnement.** Organisés le cas échéant en sections qui émettent des avis. Préparation des rapports et avis en commissions spécialisées avec l'aide d'un rapporteur choisi en leur sein, discussion et vote en séances plénières ouvertes au public. Les avis sont adoptés à la majorité des suffrages exprimés. **Moyens :** fixés par le Pt du conseil régional. Les services régionaux sont à sa disposition ; le personnel dont il dispose constitue le *cabinet du comité* (dirigé par un directeur, ou un chef de cabinet, ou un secr. général) comprenant un ou plusieurs chargés de mission. **Finances :** crédits figurant au budget des régions.

CHAMBRE RÉGIONALE DES COMPTES

■ **Nombre.** 26. **Effectifs.** 340 magistrats et 300 assistants inamovibles. **Rôle.** Intervient dans le cadre de la procédure du contrôle budgétaire lors de l'élaboration et de l'exécution du budget. Conseille le représentant de l'État et organise une procédure de conciliation préalable. **Mission.** Juridictionnelle, visant les comptables de droit ou de fait. Depuis 1984, elle juge en 1er ressort tous les comptes des collectivités locales et de leurs établissements publics, tels qu'ils lui sont soumis par leurs comptables respectifs. Appel possible devant la Cour des comptes.

■ **Procédures.** L'ordonnateur (en pratique, l'élu) ordonne les dépenses au comptable public (en pratique, le receveur) qui les paie. **Vérifications.** Le 1-11, chaque chambre établit son « programme annuel de vérification » (exemple : en Bretagne, 1 000 dossiers pour 14 magistrats). Avant l'instruction, elle informe l'élu par lettre. L'examen des comptes prend de 1 à 40 semaines (grandes villes). Si la chambre n'a pas relevé d'infraction, elle donne quitus des comptes. Si elle a relevé l'infraction d'un comptable public (ou d'un comptable de fait), elle enjoint celui-ci de produire la pièce manquante ou de rembourser (condamnation au « debet » parfois assortie d'une amende). Si après un 1er délibéré, la chambre conclut à l'erreur de gestion d'un élu, elle lui envoie une lettre « d'observation provisoire ». L'élu peut se faire assister d'un avocat. Si ses explications sont insuffisantes, au terme d'un 2e délibéré, la chambre lui adresse une lettre « d'observation définitive ». Lue à la séance publique qui suit sa réception (loi du 15-1-1990), elle alerte l'opinion. La Cour des comptes statue en appel. Les préfets peuvent aussi saisir la chambre régionale quand le budget d'une collectivité est en déséquilibre, ou après la plainte d'un créancier. La chambre émet alors un avis et propose des solutions.

DÉPARTEMENTS

HISTOIRE DU DÉPARTEMENT

■ **Origine. 1765** d'Argenson demande la division du royaume en départements [le mot signifiait *répartition fiscale* et aussi *division du gouvernement* (chaque ministre avait son « département ») ; il avait le sens de *circonscription territoriale* dans l'administration des Ponts et Chaussées (chaque sous-ingénieur avait son « département »)]. **1787** les assemblées régionales de la généralité d'Ile-de-France (très vaste) sont convoquées dans plusieurs « départements » différents. **1788** les cahiers de doléances des états généraux souhaitent la formation de circonscriptions uniformes et commodes avec un chef-lieu facilement accessible (le cahier du Puy, art. 42, parle de « départements »). **1789**-*août* avant d'élaborer la Constitution, la Constituante entreprend la réforme de l'administration locale : les troubles de juillet-août 1789 (la Grande Peur) ont, en effet, désorganisé le système généralité-subdélégation-seigneuries ; *-7-9* Sieyès demande la constitution d'un comité (6 membres) chargé de présenter un plan ; *-29-9* Thouret, au nom du comité, présente un 1er rapport. Projets en présence : remplacer la généralité par une circonscription commune à tous les services et dont la taille permette, de n'importe quel point, d'aller au chef-lieu et d'en revenir dans les 48 h à cheval, soit un rayon de 30 à 40 km ; remplacer la subdélégation par une circonscription de 15 km de rayon permettant un aller-retour dans la journée. Duport prévoit 70 départements d'étendue égale ; Lally-Tollendal propose un partage égalitaire d'après la population. Chaque département doit être divisé en 9 circonscriptions dénommées « communes », de 6 lieues de côté. Ces « communes » doivent être dotées d'un « corps de municipalité » héritant des anciens pouvoirs seigneuriaux ; *-fin sept.,* un 2e comité de constitution élabore une carte en partant d'un quadrillage (la France divisée en 9 grands carrés, eux-mêmes subdivisés en 9) dont l'initiateur paraît avoir été le géographe Robert de Hesseln, en 1780. Mirabeau s'élève contre ce découpage géométrique et propose 120 départements ; *-11-11* après une intervention de Target, l'Assemblée adopte l'ensemble du projet du 2e comité de Constitution ou projet *Thouret-Sieyès* mais, en rejetant la conception des grandes communes, on reviendra à l'échelon local traditionnel (municipalité de ville ou de village). Les départements (entre 75 et 85) devront former autant que possible des carrés de 18 lieues de côté en partant des diverses « régions » (en fait les anciennes provinces, parfois regroupées). Des « conférences » regroupant les députés de chaque région délimiteront ces départements. En cas de difficultés, on en référera au comité de constitution devenu « comité de division ». Un appel pourra être porté devant l'Assemblée. Le département sera lui-même subdivisé en 6 à 9 *districts* (dont la définition géographique est voisine de celle de la grande commune qu'envisageait le comité). Le district sera divisé en *cantons.* **1790**-*15-1* le chiffre de 83 départements est fixé ; *-26-2* l'Assemblée, synthétisant les décrets particuliers qu'elle avait antérieurement rendus sur la formation des divers départements et de leurs divisions internes, vote le texte « relatif à la division de la France » (sanctionné et promulgué le 4-3).

Le découpage respecte à peu près les données naturelles et historiques. Bretagne et Normandie sont découpées en 5 circonscriptions, Provence et Franche-Comté en 3 ; le Périgord se retrouve en grande partie dans la Dordogne, le Quercy dans le Lot, le Rouergue dans l'Aveyron, le Velay dans la Haute-Loire, la Touraine dans l'Indre-et-Loire, le Gévaudan dans la Lozère, le comté de Foix dans l'Ariège, le Bourbonnais dans l'Allier... Certains départements sont composites : exemples : Aisne, Oise (enchevêtrant Ile-de-France et Picardie), Charente-Maritime (Aunis et Saintonge), Haute-Vienne (Limousin, Marche, Guyenne et Poitou), Basses-Pyrénées (Pays basque, Béarn et Gascogne), Yonne (Orléanais, Bourgogne et Champagne).

■ **Nom.** Les 83 départements reçoivent du comité leur nom (on hésite : nom du chef-lieu, référence au nom de l'ancienne province, numérotage, etc.). 13 reçoivent des noms de montagnes, 4 des noms de situations géographiques, 60 des noms de rivières. **Changements de nom.** *Mayenne-et-Loire :* Maine-et-Loire (12-12-1791). *Charente-Inférieure :* Charente-Maritime (4-9-1941). *Seine-Inférieure :* Seine-Maritime (18-1-1955). *Loire-Inférieure :* Loire-Atlantique (9-3-1957). *Basses-Pyrénées :* Pyrénées-Atlantiques (10-10-1969). *Basses-Alpes :* Alpes-de-Haute-Provence (13-4-1970). *Côtes du Nord :* Côtes-d'Armor (27-2-1990).

■ **Chefs-lieux.** En décembre 1789, on avait estimé que certains chefs-lieux pourraient n'avoir qu'une partie des administrations, tel ou tel établissement (un siège de justice notamment) pouvant être abandonné à une autre localité.

Alternance des chefs-lieux : dans la moitié environ des départements, devant les prétentions de diverses localités, on pratiqua l'alternance (6 mois ou 1 an) pour le lieu de réunion des assemblées départementales. Notamment pour : *Ardèche :* Privas, Tournon, Annonay, Aubenas. *Ariège :* Foix, Pamiers, St-Girons. *Cantal :* St-Flour et Aurillac. *Creuse :* Guéret et Aubusson. *Dordogne :* Périgueux, Bergerac, Sarlat. *Gard :* Nîmes, Alès, Uzès. *Hérault :* Montpellier, Béziers, Lodève, Saint-Pons. *Jura :* Dole, Lons-le-Saunier, Poligny, Salins. *Maine-et-Loire :* Angers et Saumur. *Haute-Marne :* Chaumont et Langres. *Meuse :* Bar-le-Duc et Saint-Mihiel. *Haute-Saône :* Vesoul et Gray. *Tarn :* Castres et Albi. Cet usage dura 1 an. Il subsista jusqu'en 1794 en Ariège, dans le Cantal, le Gard, le Jura et en Haute-Saône.

Changements. **Pau** substitué à *Navarrenx* (fin 1790) [la Constituante avait laissé aux « électeurs » du département le choix du chef-lieu. Les députés des Basques avaient proposé St-Palais ; ceux du Béarn et de la Navarre, Navarrenx. Le 17-2-1790, le comité de la Constitution avait décidé que l'assemblée des électeurs se tiendrait à Navarrenx, plus central que St-Palais]. **Grasse** à *Toulon* (1793, Var). **Brignoles** à *Grasse* (1795, Var). **Montbrison** à *Feurs* (1795, Loire). **Draguignan** à *Brignoles* (1800, Var). **Marseille** à *Aix* (1800, B.-du-Rh.). **Albi** à *Castres* (1800, Tarn). **Vesoul** à *Gray* (1801, Hte-Saône). **Lille** à *Douai* (22-7-1803, Nord). **La Roche-sur-Yon** à *Fontenay* (26-5-1804, Vendée). **Mézières** à *Charleville* (1808, Ardennes). **La Rochelle** à *Saintes* (19-5-1810, Charente-Inférieure). **St-Étienne** à Montbrison (1855, Loire). **Coutances** (Manche) substitué à *St-Lô* détruit (entre le 6-6 et le 18-7-1944) jusqu'à sa reconstruction (1975). **Toulon** à *Draguignan* (4-12-1974, Var). **Créations. 1964 : Bobigny** (Seine-St-Denis), **Créteil** (Val-de-Marne), **Nanterre** (Hauts-de-Seine). **1966** (2-6) : **Évry** (Essonne), **Pontoise** (Val-d'Oise), **Versailles** (Yvelines).

STATISTIQUES

■ **Départements métropolitains.** **Nombres et changements de limites : 1790 :** 83. **1793 :** 88. **1791**-*14-9* le Comtat Venaissin et Avignon sont annexés et répartis entre *Drôme* et *Bouches-du-Rhône.* **1793** formation du *Vaucluse,* Corse divisée en 2 départements (*Golo* et *Liamone*), Montbéliard annexé et réuni au *Doubs,* Rhône-et-Loire scindé en *Rhône* et *Loire.* **1798** Mulhouse annexé, réuni au *Haut-Rhin.* **1801 :** 100. **1808**-*4-11 Tarn-et-Garonne* créé au détriment des circonscriptions limitrophes : Hte-Garonne, Lot, Aveyron, Gers et Lot-et-Garonne. **1810 :** 130. **1811**-*19-4 le Golo* (préfecture : Bastia) et *Liamone* (Ajaccio) sont réunis en un seul département (Corse ; Ajaccio). **1814 :** 87. **1815 :** 86 (suppression du Mt-Blanc). Les rectifications de frontières modifient 6 départements : *Nord, Ardennes, Moselle, Bas-Rhin, Ht-Rhin, Ain.* **1824**-*21-07* réunion à la *Mayenne* de l'enclave de Madré, et à l'*Orne* de l'enclave de St-Denis-de-Villenette. **1860 :** 89 (création de 3 départements : Savoie, Hte-Savoie, Alpes-Maritimes auquel, le 15-6, est annexée une fraction du Var). **1871 :** 87 [l'Allemagne annexe l'Alsace-Lorraine : perte du Bas-Rhin, du Ht-Rhin (moins Belfort), d'une partie de la Meuse et de la Moselle ; création du département de Meurthe-et-Moselle et du Territoire de Belfort]. **1919 :** 90 (récupération de l'Alsace-Lorraine : Bas-Rhin, Ht-Rhin, Moselle qui a des limites différentes de celles de 1870). **1947** Tende et La Brigue, détachés de l'Italie, sont rattachés aux *Alpes-Maritimes.* **1964** *Seine* et *Seine-et-Oise* sont découpées en 7 nouveaux départements : *Paris, Hts-de-Seine, Val-de-Marne, Seine-St-Denis, Val-d'Oise, Yvelines, Essonne.* **1967 :** 23 communes de l'Isère et 6 communes de l'Ain sont rattachées au *Rhône.* **1968 :** 95 (loi du 10-7-1964, entrée en vigueur le 1-1-1968). **1975 :** 96 (loi du 15-5-1975 : Corse divisée en Hte-Corse et Corse-du-Sud).

Départements d'outre-mer. Martinique, Guadeloupe, Guyane, Réunion (depuis 19-3-1946).

Collectivités territoriales à statut particulier. Mayotte, St-Pierre-et-Miquelon (19-7-1976).

Nota. – L'Algérie avait été divisée en 3, puis 4, puis 15 départements (13 + 2 départements du Sahara) avant 1962 (voir **Algérie** à l'Index).

■ **Population** (métropole, en 1999). **Nombre d'habitants** (en milliers) : **moyenne** (par département) : 609, 573 ; **départements les plus peuplés :** Nord 2 555, Paris 2 125, B.-du-Rh. 1 836, Rhône 1 579, P.-de-C. 1 442, Hts-de-S. 1 429, Seine-St-Denis 1 383, Yvelines 1 354, Gironde 1 287, S.-Mar. 1 239, V.-de-M. 1 227 ; **les moins peuplés :** Lozère 74, C.-du-Sud 115, Htes-Alpes 121, Creuse 124. **Densité** (en 1999). **Moyenne :** 107,6 hab. au km² ; **les plus fortes :** Paris 20 183, Hts-de-Seine 8 030, Seine-St-Denis 5 936, V.-de-M. 5 055, V.-d'O. 897 (de 210 à 639 pour 8 autres départements) ; **les plus faibles :** Lozère 14, A.-Hte-Pr. 20, moins de 50 pour 24 départements (voir aussi p. 811).

■ **Superficie** (en km²). **Moyenne métropole :** 5 666,3 ; **les plus fortes :** *outre-mer :* Guyane 83 533,90 ; *métropole :* Gironde 10 000,14, Landes 9 243. Dordogne 9 060, Côte-d'Or 8 763, Aveyron 8 735, Saône-et-Loire 8 575, Marne 8 162 ; **les plus faibles :** Paris 105, Hauts-de-Seine 176, Seine-St-Denis 236, Val-de-Marne 245, Belfort 609.

STATUT

DROITS ET LIBERTÉS DU DÉPARTEMENT (lois du 2-3-1982 et du 7-1-1983)

■ **Suppression des tutelles administratives et financières. Contrôle de légalité des actes et contrôle budgétaire.** Similaires à ceux exercés sur les actes des autorités communales, obligation de transmission, publication ou notification, liste des actes transmis, interventions économiques (sous réserve de la possibilité supplémentaire d'intervention en faveur des entreprises en difficulté), rôle des chambres régionales des comptes. Le préfet a la charge des intérêts nationaux, du respect des lois, de l'ordre public et du contrôle administratif. Sauf disposition contraire de la loi, il exerce les compétences précédentes du préfet en tant que délégué du gouvernement dans le département.

Nota. – Ces dispositions sont applicables aux établissements publics départementaux et interdépartementaux et aux établissements publics communs aux communes et aux départements, mais non aux établissements et services publics sanitaires et sociaux.

■ **Ressources.** **Aides de l'État :** *dotation globale de fonctionnement (DGF). Dotation générale de décentralisation (DGD)* : vise à compenser les charges transférées aux collectivités locales. *Dotation globale d'équipement (DGE)* : remplace depuis 1983 les subventions spécifiques d'investissement accordées au cas par cas. 2 parts au montant fixé chaque année par décret en Conseil d'État : l'une correspond aux dépenses directes d'investissement ; l'autre est réservée à l'équilibre rural et à l'aménagement foncier. *Dotation départementale d'équipement des collèges (DDEC)* : destinée à compenser la charge financière résultant du transfert par l'État aux départements de la responsabilité des collèges. **Recettes fiscales :** *impôts directs.* Les départements perçoivent, à titre exclusivement obligatoire en ce qui concerne la fiscalité directe : taxe foncière sur propriétés bâties et non bâties, taxe d'habitation, taxe professionnelle, redevance des mines. Le transfert de certains impôts a été prévu en contrepartie des nouvelles charges leur incombant : peuvent percevoir la vignette (sauf Corse où elle a été transférée à la région), taxe sur l'électricité, sur les remontées mécaniques, surtaxe de séjour, surtaxe sur les eaux. Droits d'enregistrement : taxe départementale de publicité foncière, taxe additionnelle aux droits de mutation. Urbanisme : peuvent percevoir taxe destinée au financement des conseils d'architecture, d'urbanisme et d'environnement et une taxe départementale des espaces naturels sensibles. Perçoivent, le cas échéant, une partie du versement pour dépassement du plafond légal de densité.

■ Préfet

■ **Histoire.** **1800**-*17-2* préfets créés par la loi du 28 pluviôse an VIII. -*11-3* charte de l'administration préfectorale (circulaire de Beugnot). **1808** *à partir du 1-3* Napoléon crée comtes ou barons préfets et sous-préfets qu'il veut honorer spécialement. **A partir de 1813** il anoblit tous les préfets et sous-préfets. **1814** nombreuses mutations, mais 32 préfets restent (219 sous-préfets sur 340 sont conservés). **1830**-*août* Guizot change 83 % des préfets et sous-préfets. **1848** mouvement analogue. -*25-2* préfets et sous-préfets deviennent commissaires de la République. **1873** *à partir du 24-5* mise en place de préfets et sous-préfets bien-pensants (orléanistes et cléricaux). **1877**-*mai* 62 préfets et presque tous les sous-préfets sont remplacés. **1941**-*4-4* le gouvernement de Vichy renforce les pouvoirs préfectoraux (après les révocations massives en application de la loi du 17-7-1940). **1944** *à la Libération*, des *commissaires de la République* sont nommés dans certains départements avec des pouvoirs exceptionnels. **1982**-*10-5* préfets et sous-préfets deviennent *commissaires* et *commissaires adjoints de la République* (lois sur la décentralisation). **1988**-*24-2* décret rétablissant l'appellation préfet et sous-préfet.

Nota. – Des **préfets de police** furent nommés le 8-3-1800 à Paris, Lyon, Marseille et Bordeaux ; préfecture de police de Paris seule maintenue. Actuellement, 6 **préfets délégués pour la sécurité et la défense** : Marseille, Lyon, Lille, Bordeaux, Metz, Rennes, et 1 préfet adjoint pour la sécurité : Corse-du-Sud et Haute-Corse.

Préfectures moins peuplées qu'une de leurs sous-préfectures. **Aisne :** Laon 26 265 hab. (Saint-Quentin 59 066, Soissons 29 453). **Allier :** Moulins 21 892 (Montluçon 41 362, Vichy 26 528). **Ariège :** Foix 9 109 (Pamiers 13 417). **Aude :** Carcassonne 43 950 (Narbonne 46 510). **Corrèze :** Tulle 15 553 (Brive-la-Gaillarde 49 141). **Finistère :** Quimper 63 238 (Brest 149 634). **Ht-Rhin :** Colmar 65 136 (Mulhouse 110 359). **Hte-Marne :** Chaumont 25 996 (Saint-Dizier 30 900). **Hts-de-Seine :** Nanterre 84 281 (Boulogne-Billancourt 106 367). **Jura :** Lons-le-Saunier 18 483 (Dole 24 949). **Manche :** Saint-Lô 20 090 (Cherbourg 25 370). **Marne :** Châlons-en-Champagne 47 339 (Reims 187 206). **Meuse :** Bar-le-Duc 16 944 (Verdun 19 624). **Morbihan :** Vannes 51 759 (Lorient 59 189). **Pas-de-Calais :** Arras 40 590 (Calais 77 333). **Saône-et-Loire :** Mâcon 34 469 (Chalon-sur-S. 50 124). **Seine-Maritime :** Rouen 106 592 (Le Havre 190 905). **Seine-et-Marne :** Melun 35 695 (Meaux 49 421). **Val-d'Oise :** Pontoise 27 494 (Argenteuil 93 961).

Préfectures moins peuplées qu'une autre commune du département. **Alpes-de-Hte-Provence :** Digne 16 064 hab. (Manosque 19 603). **Ardèche :** Privas 9 170 (Annonay 17 522, Aubenas 11 018). **Seine-St-Denis :** Bobigny 44 079 (Aubervilliers 63 136, Aulnay-sous-Bois 80 021, Le Blanc-Mesnil 46 936, Bondy 46 826, Drancy 62 263, Épinay-sur-Seine 46 409, Montreuil 90 674, St-Denis 85 832). **Val-de-Marne :** Créteil 82 154 (Vitry-sur-Seine 78 908).

Préfectures de moins de 30 000 hab. *Mt-de-Marsan* (Landes) 29 489. *Alençon* (Orne) 28 935. *Pontoise* (V.-d'O.) 28 661. *Laon* (Aisne) 26 265. *Chaumont* (Hte-Marne) 25 996. *Rodez* (Aveyron) 23 707. *Moulins* (Allier) 21 892. *Auch* (Gers) 21 838. *Le Puy* (Hte-Loire) 20 490. *Saint-Lô* (Manche) 20 090. *Cahors* (Lot) 20 003. *Lons-le-Saunier* (Jura) 18 483. *Vesoul* (Hte-Saône) 17 168. *Bar-le-Duc* (Meuse) 16 944. *Digne* (A.-Hte-Pr.) 16 064. *Tulle* (Corrèze) 15 963. *Guéret* (Creuse) 14 123. *Mende* (Lozère) 11 804. *Privas* (Ardèche) 9 170. *Foix* (Ariège) 9 109.

Sous-préfectures de plus de 70 000 hab. *Le Havre* (S.-M.) 193 259. *Reims* (Marne) 191 325. *Brest* (Finistère) 156 217. *Aix-en-Provence* (B.-du-Rh.) 137 067. *Mulhouse* (Ht-Rhin) 112 002. *Boulogne-Billancourt* (Hts-de-Seine) 107 042. *Argenteuil* (Val-d'Oise) 95 416. *St-Denis* (S.-St-D.) 86 871. *Calais* (P.-de-C.) 78 170. *Dunkerque* (Nord) 72 332. *Béziers* (Hérault) 71 428.

Source : recensement de 1999.

■ **Statut et carrière.** **Nomination :** par décret du Pt de la Rép., pris en Conseil des ministres, sur proposition du Premier ministre et du ministre de l'Intérieur. Les 4/5 des postes territoriaux sont réservés à des sous-préfets ou administrateurs civils. Les sous-préfets exerçant des fonctions territoriales peuvent être nommés préfets s'ils occupent depuis 2 ans ou ont occupé pendant 2 ans un poste territorial de 1re catégorie. Les sous-préfets exerçant des fonctions autres que territoriales, et les administrateurs civils doivent justifier, pour pouvoir être nommés préfets, d'au moins 10 ans de service effectifs en qualité de sous-préfet ou d'administrateur civil depuis leur titularisation et, s'ils ont été recrutés à compter du 1-1-1969 dans l'un ou l'autre corps, avoir satisfait à l'obligation de mobilité.

■ **Attributions.** Le préfet est le représentant de l'État. Délégué du gouv., il est le représentant direct du 1er ministre et de chaque ministre ; il dirige, sous leur autorité, les services des administrations civiles et a la charge des intérêts nationaux, du respect des lois et de l'ordre public. Il veille à l'exécution des lois et des règlements et à l'application des décisions du gouvernement. En matière de police, il est seul compétent pour prendre les mesures dont le champ d'application excède le territoire communal ; il assure le contrôle *a posteriori* des actes des collectivités locales ; il préside de droit toutes les commissions administratives qui intéressent les services de l'État dans le département, à l'exception de celles dont la présidence est confiée statutairement à un magistrat de l'ordre judiciaire ou à un membre d'une juridiction administrative. Il est ordonnateur secondaire unique des services déconcentrés des administrations civiles de l'État dans le département.

■ **Uniforme.** **1800** habit bleu ; veste, culotte ou pantalon blanc, écharpe rouge (préfet), broderies (feuilles de chêne et d'olivier) en argent ; chapeau français. **Restauration** motif principal des broderies : fleur de lys. **1-3-1852** motif des broderies en argent : feuilles de chêne et d'olivier. **16-4-1878** apparition du képi à bandeau brodé. **1-10-1963** l'uniforme de drap noir avec broderies et bandes de pantalon or devient bleu nuit avec bandes noires ; tenue de soirée facultative : habit avec pattes d'épaules brodées (métropole) et spencer blanc à pattes amovibles, ceinture en soie noire et pantalon bleu nuit à bandes brochées or (outre-mer). **1974** 1re femme sous-préfet : tailleur bleu nuit avec parements brodés amovibles aux manches, toque bleue brodée et cape. **1981** 1re femme préfet : même uniforme avec broderies or plus importantes.

■ **Statistiques.** **Mutations :** *juillet 1945/1946* : 106 ; *juillet 1958/juin 1959* : 50 ; *juillet 1974/1976* : 88 ; *81* : 79 ; *83* : 49 ; *84* : 34 ; *85* : 93 ; *86* : 64 ; *87* : 50 ; *88* : 29 ; *89* : 56 ; *90* : 38 ; *91* : 41 ; *92* : 46 ; *93* : 58 ; *94* : 43.

Préfets les plus jeunes : *IIe République :* Émile Ollivier, commissaire de la Rép. à 22 ans à Marseille, préfet des B.-du-Rh. à 22 ans et 11 mois en 1848. *IIIe, IVe* et *Ve Républiques :* il n'y eut, de 1870 à 1944, que 3 préfets de moins de 30 ans dont Paul Deschanel (1855-1922), qui avait été sous-préfet de Dreux en 1877 à 22 ans.

Records de longévité des préfets (au même poste) : *38 ans :* Claude-Laurent Bourgeois, vicomte de Jessaint (1764-1853), Marne (1800-38). *22 ans :* Lefebvre du Grosriez, Savoie (1883-1905) ; Leroy de Boisaumarie, Seine-Inférieure (1848-70). *21 ans :* Tiburce Foy, Ardennes (1849-70). *20 ans :* d'Arros, Meuse (1828-48).

Préfets assassinés : **1886**-*13-1* Jules Barrême (balle de revolver, assassin inconnu, motif politique ?). **1998**-*6-2* Claude Érignac (à Ajaccio, nationalistes corses).

Femmes préfets : **1re :** *Yvette Chassagne* (28-3-1922), Loir-et-Cher, du 10-7-1981 au 27-1-1983. **En 1996 :** *Janine Pichon* (26-2-1937), Gers 5-9-1994 ; *Marie-Françoise Haye-Guillaud* (née 22-4-1951), Cantal 30-10-1992 ; *Catherine Delmas-Comolli* (née 22-8-1948), Loir-et-Cher 2-11-1993 ; *Bernadette Malgon* (née 19-6-1951), Lorraine 7-10-1996.

☞ **1er préfet musulman :** *Chérif Mécheri* (né 27-12-1902), préfet délégué de la Hte-Vienne en 1942, préfet des Basses-Alpes en 1946.

■ Conseil général

■ **Histoire.** **1790** création dans chaque département d'une assemblée élue par tous les citoyens versant une contribution au moins égale à 10 j de travail ; mandat de 2 ans pour les élus (renouvellement par moitié). **1800**-*17-2* devient le conseil général du « département » avec la loi du 28 pluviôse an VIII, par opposition au « conseil de préfecture » ; entre 16 et 24 conseillers par département, nommés par le gouvernement pour 3 ans ; le conseil ne siège que 15 j par an, peut saisir le min. de l'Intérieur des besoins du département et a essentiellement des pouvoirs fiscaux (répartit l'impôt entre arrondissements, fixe le montant des centimes additionnels à l'intérieur des limites légales). **1833** chaque canton élit son conseiller. **1838** (loi du 10-5) pouvoirs un peu étendus. **1866** (loi du 18-7) extension des pouvoirs. **1870** (loi du 23-7) élection du bureau. **1871**-*10-8* large autonomie et création d'une *commission départementale* (élue par le conseil en son sein, elle se réunit chaque mois) ; conseillers élus pour 6 ans. **1926** la délibération exécutoire est la règle et l'approbation expresse de l'autorité de tutelle, l'exception. **1942** (loi du 7-8) un conseil départemental (nommé par le min. de l'Intérieur) remplace le conseil général. **1944** (ordonnance du 21-4) conseil général rétabli. **1946** la Constitution confie l'exécution des décisions du conseil à son président (art. 87 qui ne sera pas appliqué et ne sera pas repris par la Constitution de 1958). **1959** (ordonnance du 5-1) la plupart des décisions du conseil sont dispensées de l'approbation de l'autorité de tutelle. **1970** (décret du 13-1) le conseil participe à titre consultatif à l'élaboration des programmes d'équipement régionaux. **1982** (loi du 2-3) les départements, érigés en collectivités locales à part entière, ont un exécutif élu, le Pt du conseil général, le *bureau du conseil général* remplace la commission départementale. **1983** les lois du 7-1 et du 22-7 transfèrent des compétences d'État aux départements, en matière d'agriculture (aide à l'équipement rural), de ports maritimes de commerce et de pêche, de transports scolaires, d'action sociale et de santé, d'environnement et d'action culturelle. **1992** remplace *le bureau du conseil général* par une commission permanente.

■ **Éligibilité.** Être inscrit sur une liste électorale ou justifier que l'on devait y être inscrit avant l'élection ; avoir 21 ans révolus ; être domicilié dans le département ou y être inscrit au rôle des contributions directes au 1er janvier de l'année de l'élection, ou justifier devoir y être inscrit à cette date, ou avoir hérité dans le département d'une propriété foncière depuis le 1er janvier de l'année de l'élection. En outre, la loi prévoit divers cas d'inéligibilité.

■ **Élection.** Élu par tous les électeurs du canton pour 6 ans au scrutin uninominal majoritaire à 2 tours (1 conseiller par canton). Nul n'est membre du conseil général au 1er tour de scrutin s'il n'a réuni : *1°)* la majorité absolue des suffrages exprimés ; *2°)* un nombre de suffrages égal au quart de celui des électeurs inscrits. *Pour pouvoir se présenter au 2e tour,* il faut avoir recueilli au 1er tour un nombre de suffrages au moins égal à 10 % du nombre des inscrits. Si un seul candidat remplit ces conditions, le candidat ayant obtenu après lui le plus de suffrages au 1er tour peut se maintenir au 2e. Si aucun candidat ne remplit ces conditions, les 2 candidats ayant obtenu le plus de suffrages au 1er tour peuvent se maintenir au 2e. La loi no 90-1103 du 11-12-1990 (dite Joxe), organisant la concomitance des renouvellements des conseils généraux et des conseils régionaux, a supprimé le renouvellement triennal par moitié qui datait de 1833. Le mandat des conseillers élus en 1985 a été prolongé d'un an jusqu'en 1992, ce qui a permis de faire coïncider en mars 1992 élections cantonales et régionales dans la moitié des cantons, étant entendu qu'en 1998 le renouvellement intégral des conseils généraux serait couplé avec celui des conseils régionaux. Mais le 13-12-1993, le projet de loi de Charles Pasqua, rétablissant le renouvellement triennal par moitié des conseils régionaux, a été adopté. Le mandat des conseillers généraux, élus les 20 et 27-3-1994, a été porté à 7 ans pour être renouvelé en 2001 en même temps que les conseillers municipaux désignés en 1995. L'autre série de conseillers généraux, élus en 1992, sera renouvelée en 1998 en même temps que les conseillers régionaux.

■ **Organisation.** Le conseil général élit pour 3 ans son Pt et les autres membres de sa commission permanente (4 à 10 vice-Pts et 1 ou plusieurs autres membres), dans les mêmes conditions que le conseil régional. Il siège à l'Hôtel du Département. Il se réunit à l'initiative de son Pt (au moins 1 fois par trimestre) et à la demande de la commission permanente ou du 1/3 des membres du conseil sur un ordre du jour déterminé. Le préfet est entendu avec l'accord du Pt du conseil et à la demande du 1er ministre. En cas de circonstances exceptionnelles, le conseil peut être réuni par décret. Il établit son règlement intérieur. Les séances sont publiques sauf s'il décide, à la demande de 5 membres ou du Pt, de se réunir à huis clos. Il ne peut délibérer qu'en présence de la majorité absolue de ses membres en exercice. Ses délibérations sont prises à la majorité des suffrages exprimés. **Dissolution :** si le fonctionnement d'un conseil est impossible, le gouvernement peut le dissoudre par décret motivé en Conseil des ministres ; il en informe aussitôt le Parlement. En cas de dissolution du conseil, de démission de tous ses membres en exercice ou d'annulation de leur élection, le Pt se charge des affaires courantes mais ses décisions ne sont alors exécutoires qu'avec l'accord du préfet. La réélection du conseil a lieu dans les 2 mois. Un seul conseil a été dissous sous la Ve République (Bouches-du-Rhône en 1974).

■ **Compétence.** Délibère et statue sur toutes les affaires d'intérêt départemental. *Fonctions administratives :* administre le personnel et les biens du département (domaine immobilier notamment), entretient la voirie départementale, gère des services départementaux comme les offices départementaux d'HLM, les transports ou la répartition des crédits d'allocation scolaire, etc. *Économiques et sociales :* apporte son soutien financier aux communes pour leur équipement, établit le programme de création d'infrastructures au sein de la commission départementale de l'équipement : routes, électricité, logements, transports, activités sportives ou culturelles ; est associé à la préparation des programmes d'équipements collectifs prévus par le Plan. Ne peut émettre de « vœux politiques ».

■ **Président du conseil général.** Il est l'organe exécutif du département. Il prépare et exécute les délibérations du conseil, est l'ordonnateur des dépenses du département et prescrit l'exécution des recettes départementales (sous réserve des dispositions du Code général des impôts). Il est le chef des services du département. Il gère le domaine du département et, à ce titre, il exerce les pouvoirs de police afférents (par exemple, police de la circulation). Il peut, pour la préparation et l'exécution des délibérations du conseil général, disposer des services déconcentrés de l'État. Il est seul chargé de l'administration, mais peut déléguer une partie de ses fonctions aux vice-Pts ou à d'autres membres du conseil. En cas de vacance, ses fonctions sont exercées par un vice-Pt, à défaut, par un conseiller général désigné par le conseil. Le bureau est renouvelé dans le mois (après d'éventuelles élections pour compléter le conseil).

■ **Conseillers généraux. Statistiques :** *1998 :* 4 214 [*1994 :* 4 033 dont métropole 3 841 dont pensionnés et retraités civils 613, enseignement 609 (dont professeurs du 2e degré et de l'enseignement technique, en activité ou retraite 328, maîtres de l'enseignement du 1er degré et directeurs d'école, en activité ou retraite 143, membres des professions rattachées à l'enseignement, en activité ou retraite 70, professeurs de faculté 67, étudiant 1), agriculteurs 316 (dont propriétaires exploitants 309, salariés agricoles 6, métayers et fermiers 1), médecins 268, fonctionnaires 255 (dont catégorie A 130, catégorie B 56, grands corps de l'État 54, catégorie C 14, catégorie D 1), industriels, chefs d'entreprises 153, commerçants 89, vétérinaires 86, pharmaciens 83, avocats 67, notaires 47, artisans 45, dentistes 25, chirurgiens 23, hommes de lettres et artistes 3, ministres du culte 2. Dom 154, Mayotte 19, St-Pierre-et-Miquelon 19]. **Age moyen :** *les plus jeunes :* Ht-Rhin 51,7 ans, Htes-Alpes 51,8 ; *les plus âgés :* Loir-et-Cher 61,7 ans, Lot-et-Garonne 61,3.

ARRONDISSEMENTS

GÉNÉRALITÉS

■ **Histoire.** **1800**-*17-2* créés par la loi du 28 pluviôse an VIII ; remplacent les districts (créés 22-12-1789, supprimés par la Constitution de l'an III). **1833**-*22-6 conseil d'arrondissement* créé. **1940** supprimé. **1982** -*10-5* le sous-préfet devient commissaire-adjoint de la République. **1988**-*29-2* (décret) redevient sous-préfet.

■ **Statut.** Circonscription territoriale de l'administration d'État, l'arrondissement n'est pas une personne morale comme le département et la commune, et ne peut donc ni acquérir ni posséder. Le sous-préfet est chargé de son administration. Les « arrondissements » qui divisent les grandes villes (Paris, Lyon, Marseille) ne constituent pas des arrondissements au sens de cette définition.

■ **Statistiques. Nombre** (au 1-1-1995) : 339 (y compris départements d'outre-mer) soit, par *département,* 2 ou le plus souvent 3 ou 4 (*maximum :* Moselle 9, Bas-Rhin et Pas-de-Calais 7, Nord et Ht-Rhin 6 ; *minimum :* Paris et Belfort 1). **Nombre de communes par arrondissement :** *maximum :* Arras 397, Vesoul 351, Dieppe 350, Lons-le-Saunier 343, Amiens 314 ; *minimum :* Paris, Metz-ville, Strasbourg-ville 1 ; Argenteuil 7 ; Boulogne-Billancourt 9 ; *moyenne :* 112.

Population (en 1990) : *moyenne :* 167 586 hab. *Arrondissements les plus peuplés :* Paris 2 152 333, Lyon 1 346 038, Lille 1 152 883, Marseille 965 318, Bobigny 883 877 ; *les moins peuplés :* Castellane 7 970 et Barcelonnette 7 248 (Alpes-de-Haute-Provence).

■ **Villes devenues chefs-lieux d'arrondissement (« sous-préfectures ») après 1800.** **1801** *St-Pol* (P.-de-C.) ; **1803** *Valenciennes* (Nord) ; *-22-7 Dunkerque* substitué à Bergues (Nord) ; **1804**-*24-12 Bressuire* à Thouars (Deux-Sèvres) ; **1806**-*10-2 Sélestat* à Barr (Bas-Rhin) ; **1811** *Cherbourg* (Manche) ; **1812** *Fontenay* (Vendée, remplacée comme préfecture par La Roche-sur-Yon) substituée à Montaigu (1811) ; *Rambouillet* (S.-et-O.) ; **1815** *Grasse* substituée à Monaco, *Montbéliard* à St-Hippolyte (Doubs) ; *Gex* (Ain) ; **1817** *Arles* substituée à Tarascon (B.-du-Rh.) ; **1824** *Valenciennes* (Nord) ; **1857** *Cholet* substituée à Beaupréau (M.-et-L.) ; **1857** *Cassel* à Hazebrouck (Nord), *Mulhouse* à Altkirch (Ht-Rhin) ; **1860** *Grasse* détachée du Var, décrétée sous-préfecture des Alpes-Maritimes ; **1868** *St-Nazaire* substituée à Savenay (Loire-Inférieure) ; **1926** *Langon* à Bazas (Gironde), *Montbard* à Châtillon-sur-Seine (C.-d'Or) et *Cavaillon* à Apt (Vaucluse) ; **1933** *Apt* à Cavaillon (Vaucluse) ; **1940** *St-Dizier* (Hte-Marne) ; **1941**-*24-8 Vichy* à Lapalisse (Allier) ; **1962**-*10-1 Calais, Lens ; -7-11 Le Raincy, Montmorency, Palaiseau, St-Germain-en-Laye* ; **1966**-*2-6 Argenteuil, Étampes ; -30-12 Antony, Nogent-sur-Marne* ; **1972**-*27-12 Boulogne-Billancourt, L'Haÿ-les-Roses* ; **1981**-*23-10,* modifié, *14-4-1982 Istres* ; **1984**-*6-4 Vierzon* ; **1993**-*26-2 Noisiel* (S.-M.) chef-lieu transféré (28-4-1994) à *Torcy* (S.-et-M.) ; **1996** *St-Pierre* (Martinique).

■ **Sous-préfectures supprimées et,** en gras, **sous-préfectures réinstaurées depuis.** **1880**-*2-4* **St-Denis** et *Sceaux*, suppression partielle (les arrondissements sont administrés directement par le préfet de la Seine, il n'y a pas de sous-préfets). **1926** par décret-loi du 10-9 (106 sous prétexte d'économie, en réalité pour faciliter un redécoupage électoral) : **Ambert** [3], **Ancenis** [4], *Arcis-sur-Aube,* **Argelès-Gazost**[3], *Barbezieux, Bar-sur-Seine, Baugé, Baume-les-Dames, Bazas, Bourganeuf, Boussac,* **Bressuire** [3], **Brignoles** [6], **Calvi** [4], **Castellane** [3], *Castelnaudary,* **Château-Gontier** [3], **Château-Thierry** [3], *Châtillon-sur-Seine, Civray,* **Clermont** [3], **Cosne** [4], *Coulommiers, Domfront, Doullens, Embrun, Espalion,* **Étampes** [5], *Falaise,* **Fontainebleau** [7], *Gaillac, Gannat,* **Gex** [1], *Gien, Gray, Hazebrouck,* **Issoudun** [3], *Joigny, Lavaur, Lectoure,* **Lesparre** [3], **Loches** [4], **Lodève** [3], *Lombez, Loudéac, Loudun,* **Louhans** [3], *Louviers,* **Mantes** [4], *Marennes, Marvejols, Mauléon, Melle, Mirecourt, Moissac, Montélimar, Montfort, Montmédy,* **Mortagne** [3], *Mortain, Moûtiers, Murat* (Cantal), **Muret** [3], **Nérac** [3], *Neufchâtel-en-Bray,* **Nogent-le-Rotrou** [4], *Orange, Orthez, Paimbœuf,* **Pamiers** [3], **Pithiviers** [3], *Ploërmel, Poligny, Pont-Audemer, Pont-l'Évêque, Puget-Théniers, Quimperlé, Remiremont, Ribérac, Rocroi,* **Romorantin** [4], *Ruffec, St-Affrique, St-Calais,* **Ste-Menehould** [2], **St-Jean-d'Angély** [4], **St-Julien-en-Genevois** [1], *St-Marcellin, St-Pol, St-Pons, St-Sever, St-Yrieix, Sancerre,* **Sedan** [3], *Sisteron, Tonnerre,* **Toul** [4], *Trévoux,* **Ussel** [4], *Uzès, Valognes, Villefranche-de-Lauragais, Vitré, Wassy,* **Yssingeaux** [3], *Yvetot.* **1934** *Colmar-ville, Metz-ville.* **1962** *Corbeil-Essonnes,* **St-Denis** [8], *Sceaux.* **1974** *Erstein.*

Nota. – **Sous-préfectures supprimées en 1926 et réinstaurées :** (1) **1933**-*27-7 Gex, St-Julien-en-Genevois.* (2) **1940**-*14-11 Ste-Menehould.* (3) **1942**-*1-6 Ambert, Argelès-Gazost, Bressuire, Castellane, Château-Gontier, Château-Thierry, Clermont, Issoudun, Lesparre, Lodève, Louhans, Mortagne, Muret, Nérac, Pamiers, Pithiviers, Sedan, Yssingeaux.* (4) **1943**-*26-11* et *6-12 Ancenis, Calvi, Cosne, Loches, Mantes, Nogent-le-Rotrou, Romorantin, St-Jean-d'Angély, Toul, Ussel.* (5) **1966**-*2-6 Étampes.* (6) **1974**-*4-12 Brignoles.* (7) **1988**-*26-4 Fontainebleau.* (8) **1993**-*26-2 St-Denis.*

Suppression d'arrondissement. **1966**-*2-6 Corbeil-Essonnes.* **1974**-*24-5 Erstein.*

SOUS-PRÉFETS

■ **Nomination.** Par décret du Pt de la Rép. parmi les administrateurs civils affectés au ministère de l'Intérieur, ou parmi les fonctionnaires des autres corps recrutés par la voie de l'Éna, recrutés au « tour extérieur » dans les corps de catégorie A des personnels de préfecture, parmi les officiers ou par la voie du détachement (ingénieurs, commissaires de police, administrateurs territoriaux...).

■ **Rôle. Sous-préfet d'arrondissement :** délégué du préfet, il l'assiste dans la représentation territoriale de l'État et, sous son autorité, veille au respect des lois et règlements ; il concourt au maintien de l'ordre public ; anime et coordonne l'action des services de l'État pour la mise en œuvre des politiques nationale et communautaire ; participe à l'exercice du contrôle administratif et au conseil aux collectivités locales. Le préfet peut lui confier des missions particulières, temporaires ou permanentes, hors de l'arrondissement. **Autres postes :** secrétaire général de préfecture, directeur de cabinet du préfet, chef de cabinet ou chargé de mission auprès d'un préfet.

■ **Nombre** (1-1-1995). 465. **Sous-préfectures** (y compris Dom) : 239.

CANTONS

■ **Statut.** Circonscription électorale dans le cadre de laquelle est élu un conseiller général (voir p. 753 c). Souvent le siège de certains services de l'État : gendarmerie, ponts et chaussées, services fiscaux...

■ **Statistiques. Nombre** (au 1-1-1994) : **total :** 3 995 (non compris les 163 conseillers de Paris) ; **par département :** *3 départements* de 15 à 22 cantons (Belfort, Ariège, Corse-du-Sud) ; *30* de 24 à 34 cantons ; *40* de 35 à 46 cantons ; *16* de 47 à 58 cantons ; *3* de 69 à 79 (S.-M. 69, P.-de-C. 77, Nord 79).

Nombre de communes par canton (en 1975) : *moyen :* 10. *Cantons ayant plus de 40 communes :* 2 (Braine, Aisne 41 ; St-Pol-sur-Ternoise, P.-de-C. 42). *De 35 à 39 :* 8. *De 30 à 34 :* 36. *De 20 à 29 :* 347. *De 10 à 19 :* 1 385. *De 2 à 9 : 1 350. 1 seule commune* (entière) : 73. *N'ayant qu'une fraction de commune* (exemple : les 20 de Paris, les 6 de Rouen, les 20 de Marseille, les 13 de Lyon, 7 des 15 communes de Toulouse) : 306.

Les communes importantes s'étendent généralement sur plusieurs cantons. 164 cantons ne comprennent qu'une portion de commune ainsi découpée (comme les 20 cantons de Paris, les 6 de Rouen, 11 des 20 cantons de Marseille). Dans d'autres cas, chaque canton comprend, outre une portion de la commune découpée, 1 ou plusieurs autres communes entières de la périphérie.

Population (recensement 1990) : *moyenne :* 13 998 hab. (en comptant Paris) ; *maximale :* 223 940 (Paris XVe) [sans compter Paris : Seclin (Nord) 70 572] ; *minimale :* 467 (Quérigut, Ariège).

Canton enclavé : *Valréas* (Vaucluse) enclavé dans la Drôme ; 12 491 hectares, 4 communes (Valréas, Visan, Richerenches, Grillon), ancienne enclave pontificale dans le Dauphiné avant le rattachement du Comtat Venaissin à la France (14-9-1791). Il n'était pas enclavé lors de la création du Vaucluse (25-6-1793), mais le canton voisin de St-Paul-Trois-Châteaux voulut rester drômois alors que Valréas tenait à être vauclusien.

COMMUNES

GÉNÉRALITÉS

STATUTS
(lois du 2-3-1982 et du 7-1-1983)

■ **Suppression de la tutelle administrative.** Les actes pris par les autorités communales sont exécutoires de plein droit dès qu'ils ont été publiés ou notifiés aux intéressés, transmis au représentant de l'État dans le département ou à son délégué dans l'arrondissement. *Actes qui doivent être transmis :* délibérations du conseil municipal ou décisions prises par le maire par délégation du conseil municipal en application de l'art. L. 122-20 du Code des communes (maintenant le Code général des collectivités territoriales) ; décisions réglementaires et individuelles prises par le maire dans l'exercice de son pouvoir de police ; actes à caractère réglementaire pris par les autorités communales dans les autres domaines relevant de leur compétence en application de la loi, certaines conventions (marchés, emprunts, concession ou affermage de services publics locaux à caractère industriel ou commercial), certaines décisions en matière de personnel communal (nomination, avancement de grade, sanctions soumises à l'avis du conseil de discipline, licenciement) ; décisions en matière d'urbanisme.

Quand un de ces actes administratifs peut compromettre l'exercice d'une liberté publique ou individuelle, le Pt du tribunal administratif prononce le sursis dans les 48 h (appel possible devant le Conseil d'État dans les 15 j). Le gouv. soumet chaque année (avant le 1-6) au Parlement un rapport sur le contrôle *a posteriori* des délibérations, arrêtés, actes et conventions des communes par les représentants de l'État dans les départements.

La commune peut intervenir en matière économique et sociale et maintenir des services en milieu rural pour favoriser le développement économique (comme les aides directes et indirectes aux entreprises). Sauf autorisation prévue en Conseil d'État, elle ne peut prendre de participations dans le capital d'une Sté commerciale ou d'un organisme à but lucratif n'ayant pas pour objet d'exploiter les services communaux ou des activités d'intérêt général. Elle ne peut accorder à une personne de droit privé sa garantie, ou son cautionnement à un emprunt, que sous certaines conditions.

■ **Suppression de la tutelle financière.** *Si le budget de la commune n'est pas adopté avant le 1-1 de l'exercice,* sur autorisation de l'organe délibérant, le maire peut engager les dépenses d'investissement dans la limite du quart des crédits ouverts au budget précédent, non compris les crédits afférents au remboursement de la dette. *Si le budget n'est pas adopté avant le 31-3,* le représentant de l'État dans le département (préfet) saisit la chambre régionale des comptes qui, dans le mois, formule des propositions pour le règlement du budget dans un avis public. Le représentant de l'État règle le budget et le rend exécutoire (s'il s'écarte des propositions de la chambre régionale des comptes, il motive sa décision). *Si une nouvelle commune est créée,* le conseil municipal adopte le budget dans les 3 mois. A défaut, il est réglé et rendu exécutoire par le représentant de l'État, sur avis public de la chambre régionale des comptes. *Si le budget n'est pas voté en équilibre réel,* la chambre régionale des comptes, saisie (dans les 30 jours) par le représentant de l'État, le constate et propose à la commune (dans les 30 jours à compter de sa saisine) les mesures adéquates. La délibération du conseil municipal, rectifiant le budget initial, doit intervenir dans le mois. Si le conseil municipal n'a pas délibéré dans ce délai ou s'il n'a pas effectué un redressement jugé suffisant par la chambre régionale des comptes (qui se prononce dans les 15 jours), le budget est réglé et rendu exécutoire par le représentant de l'État dans le département (s'il s'écarte des propositions de la chambre, il motive sa décision). Si la commune fait défaut pour une dépense obligatoire (voir ci-dessous), le représentant de l'État y procède d'office. Le comptable de la commune est un comptable direct du Trésor, nommé par le ministre du Budget.

■ **Arrêté des comptes.** Constitué par le vote du conseil municipal sur le compte administratif présenté par le maire. Si le déficit dépasse un certain % des recettes de fonctionnement, la chambre régionale des comptes est saisie par le représentant de l'État et propose à la commune les mesures nécessaires au rétablissement de l'équilibre budgétaire. Le budget primitif de l'exercice suivant est transmis par le représentant de l'État à la chambre régionale des communes. Si celle-ci constate que la commune n'a pas pris de mesures suffisantes pour résorber ce déficit, elle propose des mesures de redressement au représentant de l'État qui est chargé de le régler et de le rendre exécutoire. S'il s'écarte des propositions de la chambre régionale des comptes, il doit motiver sa décision.

■ **Dépense obligatoire.** Les communes ne sont tenues qu'aux dépenses nécessaires, au paiement des dettes exigibles et aux dépenses prévues par la loi. S'il y a eu défaut d'inscription au budget d'une dépense obligatoire ou si la somme est insuffisante, il peut y avoir saisine de la chambre régionale des comptes par le représentant de l'État, le comptable public concerné, ou par toute personne y ayant intérêt. La chambre adresse une mise en demeure à la commune si, passé 1 mois, elle n'a pas pris les mesures nécessaires ; la chambre demande au représentant de l'État d'inscrire la dépense au budget de la commune et propose, s'il y a lieu, la création de ressources ou la diminution de dépenses facultatives pour couvrir la dépense obligatoire. Le budget rectifié est réglé et rendu exécutoire par le représentant de l'État. Si le *mandatement* d'une dépense obligatoire n'a pas été effectué, le *représentant de l'État,* après une mise en demeure, y *procède d'office.*

☞ Les communes sont soumises au Code général des collectivités territoriales dont certaines dispositions ne sont pas applicables en Bas-Rhin, Haut-Rhin et Moselle (assujettis à la législation locale et notamment à certaines dispositions de la loi du 6-6-1895). Paris, Lyon et Marseille sont divisés en arrondissements à la tête desquels sont placés des maires d'arrondissement.

STATISTIQUES

■ **Nombre de communes. Métropole :** *1921 :* 37 963 ; *62 :* 37 962 ; *97 (1-1) :* 36 560 [Allemagne 14 915, Italie 8 104, Espagne 8 097, P.-Bas 2 335, Belgique 589 (2 359 avant 1975), G.-B. 437, Danemark 275 (1 387 avant 1967)]. **Outre-mer** *(1994) :* Dom 114, Tom 80, statut particulier 19. **Par département :** *minimal :* 1 (Paris), *maximal :* 898 (Pas-de-Calais), *moyen :* 383.

■ **Population** (légale en 1990). **Moyenne :** 1 542 [G.-B. 135 240, Portugal 32 787, Irlande 32 456, Suède 30 556, Belgique 17 317, Autriche 12 519, Finlande 11 209, Danemark 9 273, Italie 7 108, P.-Bas 6 667, Allemagne 5 505, Espagne 4 915]. **Maximale :** Paris 2 152 333, Marseille 800 550, Lyon 415 487. **Minimale :** 0 [communes détruites en 1914-18 ; dans la Meuse : Beaumont-en-Verdunois, Bezonvaux, Cumières-le-Mort-Homme, Fleury-devant-Douaumont, Haumont-près-Samogneux, Louvemont-Côte-du-Poivre rasés en 1916 : le maire est nommé par le préfet ; tenue de l'état civil, entretien des sites, nettoyage des chemins]. Ornes (Meuse) : 1 hab. recensé. 2 : Leménil-Mitry (M.-et-M. ; Henri de Mitry est maire depuis 1977, il y a 3 électeurs : lui, sa femme, son fils). 5 : Casterest (Htes-Pyr.). 6 : Douaumont, Ornes (Meuse), Caudiès-sur-Conflent (Pyr.-Or.), Ourdon (Htes-Pyr.).

Population (en milliers)
Communes, unité urbaine (entre parenthèses **nombre de communes de l'unité) et aire urbaine**

Noms	Communes	Unité urbaine	Aire urbaine
Paris	2 148	9 645 (396)	11 175
Marseille	807	1 350 (38)	1 516
Lyon	453	1 349 (102)	1 648
Toulouse	398	761 (72)	965
Nice	346	889 (50)	933
Nantes	278	545 (20)	711
Strasbourg	257	427 (20)	612
Montpellier	229	288 (11)	460
Bordeaux	219	756 (51)	925
Rennes	212	272 (10)	521
Le Havre	193	249 (14)	297
Reims	191	216 (7)	292
Lille	191	1 001 (63)	1 143
St-Etienne	184	292 (17)	322
Toulon	166	520 (26)	565

■ **Superficie. Moyenne :** 14,89 km² (Suède 1 562, Finlande 743, Irlande 616, G.-B. 558, Portugal 292, Autriche 130, Belgique 52, Italie 37, Allemagne 24, P.-Bas 18). **Maximale :** 770 km² : *Arles.* **Minimale :** 0,0376 km² [moins que la place Charles-de-Gaulle-Étoile à Paris (0,454)] : *Castelmoron-d'Albret,* Gironde, 200 m × 180 m, 79 hab. ; son territoire (650 ha), fut réduit à la Révolution (lorsqu'on érigea toutes les paroisses en communes) aux 3,76 ha que délimitaient ses remparts. On enterre les morts dans le village voisin.

■ **Noms. Le plus court :** 1 seule lettre (*Y,* Somme) ; **le plus long :** 45 caractères (*Saint-Rémy-en-Bouzemont-Saint-Genest-et-Isson,* Marne). **Communes homonymes** dans un même département (chacune appartenant à un canton différent) : Charente : 2 *Bors ;* 2 *St-Médard.* Pyr.-Atl. : 2 *Castillon.* **Commençant par Saint** ou **Sainte :** 4 376 (12 % du total des communes, soit 1 sur 8). *Record :* Dordogne 152. *% par rapport au nombre total de leurs communes, maximum :* Ardèche et Loire (29) ; Creuse et Hte-Vienne (28) ; *minimum :* Bas-Rhin (1) ; Ht-Rhin, Belfort, Doubs (2). **Saints les plus fréquents :** 242 Martin ; 180 Jean ; 163 Pierre ; 130 Germain ; 103 Laurent ; 99 Julien ; 85 Hilaire ; 84 Georges ; 74 Étienne ; 71 André ; 69 Michel ; 65 Maurice ; 61 Paul ; 49 Marie.

☞ **Changement de nom :** décidé par décret pris sur le rapport du min. de l'Intérieur, sur la demande du conseil municipal, le conseil général consulté et le Conseil d'État entendu. *Par exemple,* Tremblay-sans-Culottes devenu Tremblay-lès-Gonesse en 1886, puis Tremblay-en-France depuis le 19-8-1989. **A la Révolution,** environ 4 000 communes changèrent de nom. EXEMPLES : *Aigues-Mortes :* Fort-Pelletier. *Aime :* Les Antiquités. *Angoulême :* Montagne-Charente. *Bar-le-Duc :* Bar-sur-Ornain. *Bordeaux :* Commune-Franklin. *Boulogne-sur-Mer :* Port-de-l'Union. *Bourg-la-Reine :* Bourg-Égalité. *Bourg-St-Maurice :* Nargue-Sarde. *Brie-Comte-Robert :* Brie-Libre. *Bucy-le-Roi :* Bucy-la-République. *Cateau :* Fraternité-sur-Seine. *Chantilly :* Champ-Libre, Égalité-sur-Nonette. *Charenton-sur-Seine :* La République. *Château-Salins :* Salins-Libre. *Château-Thierry :* Égalité-sur-Marne. *Compiègne :* Marat-sur-Oise. *Condé-sur-Escaut :* Nord-Libre. *Croix-Chapeau :* Pique-Château. *Dunkerque :* Dunes-Libres. *Fontenay-le-Comte :* Fontenay-le-Peuple. *Françay :* Gaulois. *Grenoble :* Grelibre. *Ham :* Sparte. *Han-les-Moines :* Han-les-Sans-Culottes. *Hénin-Liétard :* Humanité. *Ile de Ré :* Ile républicaine. *Ile d'Oléron :* Ile-de-la-Liberté. *Ile d'Yeu :* Ile-de-la-Réunion. *Langefoy :* Cime-Belle. *La Royville :* Peupleville. *Lons-le-Saunier :* Franciade. *Lyon :* Commune-Affranchie. *Macot :* Riant-Coteau. *Marly-le-Roi :* Marly-la-Machine. *Marseille :* Ville-sans-nom. *Monaco :* Fort-l'Hercule. *Montfort-l'Amaury :* Montfort-le-Brutus. *Montargis :* Mont-Coulounies. *Mont-de-Marsan :* Mont-Marat. *Montmartre :* Mont-Marat. *Montmorency :* Émile. *Mont-St-Michel :* Mont-Michel, Mont-Libre. *Nogent-le-Roi :* Nogent-la-Haute-Marne. *Pont-l'Évêque :* Pont-Libre. *Port-Breton :* Rocher-de-la-Sans-Culotterie. *Quimper :* Montagne-sur-Odet. *Ris-Orangis :* Brutus. *St-Amand :* Roche-Amand. *St-Amand-Montrond :* Libreval. *St-Amour :* Franc-Amour. *St-Avre :* Antichambre. *St-Bonnet-la-Rivière :* Liberté-Bonnet-Rouge. *St-Cloud :* Pont-la-Montagne, La Montagne-Chérie. *St-Denis :* Franciade. *St-Éloi :* Loi. *St-Émilion :* Émilion-la-Montagne. *St-Étienne :* Libre-Ville, Armes-Ville, Commune d'Armes. *St-Eugène :* Ingénuité. *St-Flour-en-Pompidou :* Pompidou. *St-Genest :* Sans-Préjugé. *St-Germain-en-Laye :* La Montagne-du-Bon-Air. *St-Gildas-de-Rhuis :* Abélard. *St-Léonard :* Herbidor. *St-Lizague :* Vin-Bon. *St-Lô :* Rocher-de-la-Liberté. *St-Loup-de-la-Salle :* Arbre Vert. *St-Mandé :* La Révolution. *St-Marcellin :* Thermopyles. *St-Martin-des-Champs :* Marat-aux-Champs. *St-Quitterie :* St-Marat. *St-Solve :* Air-Salutaire. *St-Tropez :* Héraclée. *St-Usage :* Bon-Usage. *St-Vivien :* Franklin. *Ste-Colombe :* Colombe. *Ste-Foy-en-Vendée :* Désert. *Ste-Maxime :* Cassius. *Souillac :* Trente-et-Un-Mai. *Toulon :* Port-la-Montagne. *Versailles :* Berceau-de-la-Liberté. *Villedieu :* La Carmagnole. *Villefranque :* Tricolore.

■ **Villes jumelées. Origine : 1951**-*27-8* Jean-Marie Bressand et quelques anciens de la Résistance créent à Paris une association, « le Monde Bilingue ». André Marie, ministre de l'Éducation nationale, autorise des échanges d'institutrices entre petites communes jumelées pour la circonstance. **1res expériences :** *1946* Orléans (Loiret) et Dundee (Écosse, G.-B.). *1950* Montbéliard (Doubs) et Ludwigsburg (All.). *1952* Bagnères-de-Luchon (Pyrénées) et Harrogate (Yorkshire, G.-B.). *1953* Arles (B.-du-Rh.) et York (Pennsylvanie, USA). *1956* 1er jumelage avec une ville de l'Est : Dijon/Stalingrad.

Principe : la loi du 6-2-1992 (administration territoriale de la République, titre 4 : de la coopération décentralisée) a reconnu et autorisé ces échanges entre villes sous le vocable « coopération décentralisée », en les soumettant à 2 contraintes : respect des engagements internationaux de la France et limites des compétences des collectivités locales.

Nombre : environ 3 250 communes françaises jumelées en 1998. 4 500 pactes conclus (dont avec Allemagne 1 800, G.-B. 1 000, Espagne et Italie 350 à 400).

Organismes : le maire peut signer une charte de jumelage directement ou par l'intermédiaire d'une association [exemple : *Conseil des communes et régions d'Europe* (CCRE) créé 1951, *Pt* Valéry Giscard d'Estaing ; 14, rue de Castiglione, 75001 Paris, dont *Association française pour le conseil des communes et régions d'Europe* (AFCCRE), *Pt* Louis Le Pensec, 3 000 adhérents en France ; 30, rue d'Alsace-Lorraine, 45000 Orléans ; la *Fédération mondiale des cités unies* (FMCU), créée 28-4-1957 sous le nom de Fédération mondiale des villes jumelées (FMVJ) ; 9, rue Christian, 75018 Paris, dont *Cités unies France,* créée 1975, *Pt* Bernard Stasi, 700 villes en France ; 60, rue La Boétie, 75008 Paris].

■ **Villes coupées. En 2 départements :** *Seyssel* [Hte-Savoie et Ain, 2 communes ; en tout 2 500 hab. ; avant le rattachement de la Savoie (1860), la frontière passait par le Rhône qui les sépare]. *Le Pont-de-Beauvoisin* et *St-Pierre-d'Entremont* (Savoie et Isère ; la frontière de Savoie passait par le Guiers qui les sépare). *Avricourt* (Moselle et Meurthe-et-Moselle). *Pontgivard,* 51 hab., coupé en 3 communes [Auménancourt (Marne), Orainville (Ardennes) et Pignicourt (Aisne)], a été rattaché à la Marne en 1986. **En 2 pays :** plusieurs communes du Bas-Rhin : exemples : *Mothern, Scheibenhard* (séparées par la Lauter, une partie française 390 ha, une rhénopalatine 750 ha) qui, avant le congrès de Vienne (1815), ne faisaient qu'une seule commune. *Rhinau,* propriétaire de 996 ha en Allemagne et 739 ha en France. *St-Gingolph* (Suisse et France) : 1 seule paroisse.

■ **Communes enclavées.** Il en existe dans : Pyrénées-Atlantiques, Pas-de-Calais, Nord, Meuse, Saône-et-Loire, et entre Nièvre et Saône-et-Loire.

■ AUTRES UNITÉS

■ **Unité urbaine (UU).** Ensemble d'habitations (sur une ou plusieurs communes) présentant entre elles une continuité et comportant au moins 2 000 hab. Une commune est dite « urbaine » lorsqu'elle appartient à une UU. Les communes rurales ne font pas partie d'une UU.

■ **Zones de peuplement industriel ou urbain (ZPIU).** Couvrent toutes les UU et englobent certaines communes rurales répondant à diverses conditions, constituant ainsi des zones intermédiaires entre les UU et les zones purement rurales. *Nombre :* au total 18 956 communes (4 888 urbaines et 14 068 rurales ; 48 626 595 hab., soit 90 % de la population totale).

■ **Communes urbaines.** Communes dont la population atteint, selon les cas, 2 000 ou 5 000 hab. ; 4 communes, Ergué-Gaberic (Finistère), Haucourt-Moulaine (M.-et-M.), Savigny-le-Temple (S.-et-M.) et Beynes (Yvelines), dont la population agglomérée au chef-lieu est inférieure à 2 000 hab., sont pourtant considérées comme urbaines.

■ CONSEIL MUNICIPAL

■ **Conseil municipal. Éligibilité :** avoir au moins 18 ans. Être électeur de la commune ou inscrit dans la commune au rôle des contributions directes au 1er janvier de l'année des élections, ou justifier devoir y être inscrit à cette date (art. L. 228 du Code électoral). Les jeunes bénéficiant d'un sursis d'incorporation sont éligibles (Conseil d'État, 13-7-1967). En outre, la loi prévoit divers cas d'inéligibilité.

■ **Élection.** Élu pour 6 ans par tous les électeurs de la commune. *Age minimal :* conseiller municipal : 18 ans ; maire : 21 ans. En 1990, 12 conseillers étrangers ont été élus (Essonne : *Longjumeau, Les Ulis ;* M.-et-M. : *Vandœuvre*). Le 29-12-1993, le Conseil d'État a estimé que des « conseillers associés » ne pouvaient pas « participer aux travaux du conseil municipal avec voix consultative » comme c'était le cas à Mons-en-Barœul (commune lilloise), où des immigrés avaient été élus au suffrage universel par la communauté étrangère avec 8 % de la population. **Modes de scrutin. 1°) Communes de moins de 3 500 hab. :** *scrutin majoritaire,* panachage possible (on peut rayer, ajouter des noms ou modifier l'ordre des candidats). Plurinominal à 2 tours, les voix de chaque candidat sont décomptées individuellement : sur chaque liste sont élus ceux qui ont obtenu la majorité des suffrages exprimés (absolue au 1er tour, relative au 2e). Pour être élu au 1er tour, il faut un nombre de suffrages égal au 1/4 des électeurs inscrits. **2°) Communes de 3 500 hab. et plus :** *scrutin de liste à 2 tours,* avec dépôt de listes comportant autant de candidats que de sièges à pourvoir. Pas de panachage possible (ni adjonction, ni suppression de noms, ni modification de l'ordre de présentation). *Scrutin majoritaire* dans les communes associées de moins de 2 000 hab. et dans les sections électorales de moins de 1 000 électeurs. *Au 1er tour,* la liste qui a la majorité absolue des suffrages exprimés obtient la moitié des sièges à pourvoir, les autres sont répartis à la représentation proportionnelle suivant la règle de la plus forte moyenne entre les listes qui ont obtenu au moins 5 % des suffrages exprimés. Si aucune liste n'a obtenu la majorité absolue, il y a un *2e tour,* auquel ne peuvent participer que les listes qui ont obtenu au moins 10 % des suffrages exprimés. La liste qui a recueilli le plus de voix obtient la moitié des sièges à pourvoir. En cas d'égalité de suffrages entre les listes arrivées en tête, la moitié des sièges est attribuée à celle dont les candidats ont la moyenne d'âge la plus élevée. Les autres sièges sont répartis à la représentation proportionnelle suivant la règle de la plus forte moyenne entre les listes ayant au moins 5 % des suffrages exprimés.

☞ Le 18-11-1982, le Conseil constitutionnel a déclaré inconstitutionnelle la disposition prévoyant un minimum de 25 % de femmes pour les listes électorales.

Régime électoral. 1°) Communes de moins de 2 500 hab. : aucune déclaration de candidature n'est requise. Candidatures isolées permises. Frais d'impression et d'affichage non remboursés aux candidats. **2°) De 2 500 à 3 499 hab. :** déclaration de candidature facultative, mais nécessaire si les listes veulent bénéficier du concours de la commission de propagande, candidatures isolées interdites, les bulletins des listes doivent comporter autant de noms que de sièges à pourvoir. **3°) De 3 500 hab. et plus :** déclaration de candidature obligatoire pour chaque tour de scrutin. **4°) Cas de Paris, Lyon, Marseille :** les conseillers municipaux élisent les maires. Il existe des conseils d'arrondissement élus en même temps que les conseillers municipaux (à Paris : conseiller de Paris) et sur les mêmes listes. Le nombre des conseillers d'arrondissement dans chaque secteur est le double de celui des conseillers municipaux sans pouvoir être inférieur à 10 ni supérieur à 40. Une liste doit comprendre autant de candidats qu'il y a de sièges de conseillers municipaux à pourvoir. Une fois effectuée l'attribution des sièges de leurs conseils municipaux, les sièges des conseillers d'arrondissement sont répartis dans les mêmes conditions entre les listes (ordre de présentation à partir du 1er des candidats non élu membre du conseil).

Le remplacement d'un conseiller municipal dont le siège devient vacant est assuré par le conseiller d'arrondissement venant immédiatement après le dernier candidat de la même liste élu. Ce conseiller d'arrondissement est remplacé par le candidat de la même liste venant après le dernier conseiller d'arrondissement élu.

Financement. Selon la loi du 15-1-1990, dans les circonscriptions de plus de 9 000 habitants, les candidats ne peuvent recueillir des dons que par l'intermédiaire d'un mandataire financier (personne physique ou association). La *loi du 19-1-1995* interdit aux candidats d'être membres de leur association de financement. La circulaire du 1-2-1995 du ministre de l'Intérieur précise la notion de candidat : « tête de liste dans le cas d'un scrutin de liste ».

Après les élections de 1995, la CCFP (Commission nationale des comptes de campagne et des financements politiques) estima que la loi du 19-1-1995 (concernant 133 listes et 29 maires) s'appliquait aux colistiers et rejeta 135 comptes de campagne (sur 363 contentieux) dont 45 pour ce motif, et saisit les tribunaux administratifs, qui rendirent des avis divergents. Le Conseil d'État estima, le 5-2-1996, qu'aucun colistier ne devait être membre des organes d'administration et direction de l'association de financement, sous peine de compte de campagne rejeté et d'inéligibilité pour 1 an de la tête de liste et des colistiers fautifs (démis, le cas échéant, de leur mandat).

La proposition de loi Mazeaud, adoptée 21-2-1996 par l'Assemblée nationale, stipulait que « l'interdiction faite à un candidat d'être membre de sa propre association de financement ne s'applique qu'à la tête de liste » ; à l'avenir « aucun membre de la liste ne peut être membre de l'association de financement (...) ni le mandataire financier du candidat tête de liste ». Le 14-3-1996, le Sénat votait un amendement donnant au juge administratif la possibilité de relever de son inéligibilité un élu contrevenant s'il le considérait de bonne foi.

■ **Compétence.** Générale, sauf pour ce qui fait l'objet des pouvoirs propres du maire. Le conseil municipal doit statuer à la majorité (toute séance à huis clos sans vote est irrégulière). **Délibérations :** exécutoires sans approbation du préfet dès qu'elles *ont été transmises* et *publiées* ou *notifiées,* mais *délibérations* et *actes* du maire sont soumis à un *contrôle de légalité* par le juge administratif, déclenché par le préfet, qui peut demander *le sursis à exécution* (celui-ci peut être accéléré en cas d'atteinte aux libertés publiques).

■ **Séances.** Au moins 1 par trimestre. Elles sont en principe publiques (art. L. 2121-18, alinéa 1er, du Code général des collectivités), mais le conseil municipal peut se réunir à huis clos sur demande présentée par le maire ou par 3 conseillers. Les recours systématiques au huis clos pourraient être sanctionnés pour violation du principe de publicité des séances.

■ **Conseil municipal. Conseillers municipaux. Total :** 497 188 dont 36 555 maires (dont 86 % dans des communes de moins de 3 500 hab.). **Nombre selon l'importance de la population en 1989 :** *communes de* moins de 100 hab. : 9. *De 100 à 499 :* 11. *De 500 à 1 499 :* 15. *De 1 500 à 2 499 :* 19. *De 2 500 à 3 499 :* 23. *De 3 500 à 4 999 :* 27. *De 5 000 à 9 999 :* 29. *De 10 000 à 19 999 :* 33. *De 20 000 à 29 999 :* 35. *De 30 000 à 39 999 :* 39. *De 40 000 à 49 999 :* 43. *De 50 000 à 59 999 :* 45. *De 60 000 à 79 999 :* 49. *De 80 000 à 99 999 :* 53. *De 100 000 à 149 999 :* 55. *De 150 000 à 199 999 :* 59. *De 200 000 à 249 999 :* 61. *De 250 000 à 299 999 :* 65. *De 300 000 et plus :* 69. **Paris :** 163 dont par secteurs (correspondant aux arrondissements) *1er* : 3. *2e* : 3. *3e* : 3. *4e* : 3. *5e* : 4. *6e* : 3. *7e* : 5. *8e* : 3. *9e* : 4. *10e* : 6. *11e* : 11. *12e* : 10. *13e* : 13. *14e* : 10. *15e* : 17. *16e* : 13. *17e* : 13. *18e* : 14. *19e* : 12. *20e* : 13. **Lyon :** 73 (dont par secteurs) : *1er* : 4. *2e* : 5. *3e* : 12. *4e* : 5. *5e* : 8. *6e* : 9. *7e* : 9. *8e* : 12. *9e* : 9. **Marseille :** 101 (dont par secteurs) : *1er* : 11. *2e* : 8. *3e* : 11. *4e* : 15. *5e* : 15. *6e* : 13. *7e* : 16. *8e* : 12.

■ **Conseils municipaux d'anciens** ou **conseils de sages (parfois dénommés « conseils de flamboyance »).** *1er* à Saint-Coulitz (Finistère), puis à La-Roche-sur-Yon, Pressagny-l'Orgueilleuse et Mulhouse. Associent les personnes âgées à la vie communale (comité consultatif).

■ **Conseils municipaux d'enfants (CME)** ou **de jeunes (CMJ).** *1er* à Schiltigheim (Bas-Rhin) en 1979. **Nombre** (en 1992) : plus de 700 structures de participation. Élus par des jeunes de leur âge dans écoles, maisons de quartier ou mairies des petites communes, ils élisent leur propre maire, se réunissent régulièrement et participent à des réunions avec le « vrai » maire. **Organisme :** *Association nationale des conseils d'enfants et de jeunes (Anacej).*

☞ **Dissolution de conseils municipaux :** 193 depuis 1977. **Suspensions** de maires et d'adjoints : 7. **Révocations :** 7.

■ Maire

Généralités

■ **Uniforme. Arrêté du 17 floréal an VIII :** impose un habit bleu et une ceinture rouge à franges tricolores (maires), blanches (adjoints). **Arrêté du 8 messidor an VIII :** uniforme obligatoire pour les communes de plus de 5 000 hab. *Maire :* habit bleu avec des boutons d'argent, un triple liseré uni, brodé en argent, au collet, aux poches et aux parements, chapeau à la française avec une ganse et un bouton d'argent, et une arme. *Adjoint :* même habit avec 2 rangs de liseré. **1815** le lys remplace l'aigle sur les boutons, motif de la broderie changé ; port obligatoire de la cocarde blanche et de la ceinture avec franges blanches. **Avant 1830,** l'écharpe se portait à la ceinture ; depuis, le port de l'épaule droite au côté gauche a été autorisé. L'ordre des couleurs ne fait pas l'objet de textes spécifiques, mais la définition du drapeau : « bleu, blanc, rouge, à partir de la hampe » fait qu'il est logique de porter l'écharpe avec le bleu dirigé vers le haut. Le maire doit la ceindre pour effectuer un acte public bien que son défaut n'entraîne pas la nullité de l'acte ; il est tenu de porter l'écharpe pour faire appel à la force publique (disperser un rassemblement, par exemple). Sans écharpe, il ne peut faire encourir aucune sanction, sauf s'il est prouvé que le récalcitrant connaissait ses fonctions... **1830**-*18-9* port réglementé par arrêté ; *-24-9* écharpe tricolore reprise spontanément. On définit 2 costumes de cérémonie différents pour les maires selon qu'ils sont nommés par le roi ou par le préfet. **1849**-*26-1* ces 2 catégories étant abolies, il n'y a plus lieu d'attribuer des costumes différents. Le mot écharpe remplace celui de ceinture. **IIe République :** tricolore à frange d'or (maires) et d'argent (adjoints). **1852**-*1-3* maire : habit bleu, broderie en argent, branche d'olivier au collet, parements et taille, baguette au bord de l'habit ; gilet blanc ; chapeau français à plumes noires, ganse brodée en argent ; épée argentée à poignée de nacre ; écharpe tricolore, avec glands à franges d'or. Petite tenue : même broderie au collet et parements ; *-1-3* décret (art. 2) : port du costume obligatoire dans les cérémonies publiques et toutes les fois que l'exercice de la fonction peut rendre nécessaire ce signe distinctif ; *-20-3* circulaire du ministère de l'Intérieur aux préfets : l'écharpe tricolore continuera à être le seul signe distinctif de l'autorité municipale pour ceux qui ne seraient pas pourvus du costume officiel.

■ **Insigne.** *Créé* par décret du 22-11-1951, à usage facultatif. Sur un fond d'émail bleu, blanc et rouge, avec « Maire » sur le blanc et « RF » sur le bleu ; entouré de 2 rameaux de sinople, d'olivier à dextre et de chêne à senestre, le tout brochant sur un faisceau de licteur d'argent sommé d'une tête de coq d'or bardée et crêtée de gueules. Ne peut être porté par le maire que dans l'exercice de ses fonctions. Ne dispense pas du port de l'écharpe lorsque celui-ci est prescrit. *1989-13-9* les maires n'ont pas l'usage de la cocarde sur le pare-brise.

■ **Élection.** Le maire est élu par le conseil municipal lors de sa première réunion, entre le 1er vendredi et le 1er dimanche qui suit le tour de scrutin qui a vu l'élection complète du conseil municipal.

■ **Responsabilité.** En général, la commune est déclarée financièrement responsable des actes dommageables commis par le maire dans l'exercice de ses fonctions. Le maire peut néanmoins être reconnu personnellement pécuniairement responsable s'il a agi avec malveillance ou commis une faute extrêmement grave, sa responsabilité pénale peut également être reconnue [en cas d'homicide ou de blessures par imprudence, négligence ou inobservation des règlements, art. 221-6 et 222-19 du Nouveau Code pénal ; en cas de prise illégale d'intérêt, anciennement *ingérence* (prise d'intérêt dans des affaires relevant de son administration ou de sa surveillance), art. 432-12 du Nouveau Code pénal]. Le principe de responsabilité pénale des personnes morales, notamment des collectivités territoriales (art. 121-2 du Nouveau Code pénal), fait que la responsabilité pénale personnelle des maires ne devrait plus être recherchée pour les infractions non intentionnelles, mais essentiellement dans les cas de manquements à l'obligation de désintéressement (situation d'ingérence intentionnelle, trafic d'influence, concussion, corruption passive, détournement de bien public). En outre, le maire peut également être poursuivi pour d'autres délits commis en toute bonne foi et sans malveillance (par exemple, en matière de cours d'eau, sur la base de l'art. 232-2 du Code rural). Il peut être responsable financièrement devant les chambres régionales des comptes pour gestion de fait, et devant la Cour de discipline budgétaire et financière dans les conditions de la loi no 93-122 du 29-1-1993.

Nota. – Pour le *délit d'ingérence,* la *prise d'un intérêt* (ou sa conservation) dans une entreprise ou une opération, est visée : amende jusqu'à 500 000 F, peine de 5 ans d'emprisonnement (avec interdiction des droits civiques et confiscation des biens litigieux).

Trafic d'influence : peine de 10 ans d'emprisonnement, amende de 1 000 000 de F.

■ **Adjoints au maire.** Au maximum 30 % de l'effectif du conseil. Ils peuvent recevoir *délégation* du maire.

■ **Association des maires de France (AMF).** Regroupe près de 34 000 maires. *Congrès annuel* depuis 1907 (plus de 6 000 congressistes). *Pt* (élu pour 3 ans) : J.-P. Delevoye. *Mensuel :* « Maires de France ». *Cotisation :* prélevée sur les budgets communaux, en fonction de la population (en 1997, communes de moins de 600 hab. : 241 F ; de plus de 600 hab. : 0,75 F par hab.). Relayée par une centaine d'associations départementales. *Bureau politique :* 50 % d'élus de droite et 50 % de gauche.

■ **Association des maires de grandes villes de France.** *Créée* 1974. Ouverte aux maires, Pts de communautés, districts, syndicats d'agglomérations nouvelles de plus de 100 000 hab. *But :* échanges d'informations, études, propositions aux pouvoirs publics. *Pt :* Jean-Pierre Sueur (28-2-1947), maire d'Orléans.

■ **Banquets de maires. 1889**-*18-8 :* palais de l'Industrie, plus de 18 000 maires (sur 36 000). **1900**-*2-9 :* jardins des Tuileries, 22 295 convives (dont plus de 21 000 maires ou conseillers). **1987**-*28-10 :* 15 000 convives (dont 9 000 maires) à l'occasion du 70e congrès des maires de France, sur les pelouses de Reuilly.

■ **Plus petite mairie.** *St-Germain-du-Pasquier* (Eure) (chapelle construite en 1952) 3 × 2,70 m.

☞ *A Maincourt-sur-Yvette* (Yvelines), mairie et église sont sous le même toit (pour entrer dans l'église, on est obligé de passer par la mairie).

■ **Nombre de maires.** *1989 :* 36 487 : *1998 :* 36 778.

■ **Répartition par âge.** *21 à 30 ans :* 127 ; *31 à 40 ans :* 2 605 ; *41 à 50 ans :* 9 271 ; *51 à 60 ans :* 11 006 ; *61 à 70 ans :* 11 272 ; *71 à 80 ans :* 2 053 ; *81 ans et plus :* 104 (dont 6 de plus de 90 ans).

■ **Femmes maires. Nombre :** *1947 :* 250 ; *50 :* 300 ; *59 :* 381 ; *65 :* 421 ; *71 :* 677 ; *83 :* 1 497 ; *87 :* 1 018 ; *97 :* 2 823 ; *2001 :* 3 956. **% en 2001 :** 10,79 [Paris 23,8 (5 sur 21 : 20 arrondissements + mairie principale), Htes-Alpes 17, Hts-de-Seine 16,7, Gard, Var 6,5, Aveyron, Vienne 6,3, Moselle 5,6, Ht-Rhin 4,8, Val-de-Marne 2,1]. **Place des femmes dans les communes de + de 3 500 hab.** (en 2001) : conseillères municipales 47,5 %, maires 6,9 % (dont PC 9,5, UDF 7,25, DVD 6,7, RPR 6,4, PS 5,9, Div. Gauche 5,5).

Attributions

■ **1o) Représentant de la commune.** Il prépare les séances du conseil municipal et exécute les décisions prises par délibération. Il gère le domaine public et privé de la commune. Il effectue les actes d'administration et de disposition décidés par le conseil municipal : signatures de contrats, ventes, partages, échanges, achats, souscriptions de marchés de fournitures, adjudications de travaux publics municipaux. Il assure la représentation de la commune devant les tribunaux.

a) Personnel communal : il en est le chef hiérarchique. Il a la charge de leur gestion. Il prend toutes les décisions individuelles relatives à la carrière des agents de la commune : nomination, titularisation, affectation, mutation, avancement d'échelon ou de grade, admission à la retraite, sanctions et révocations éventuelles, sous réserve de respecter les garanties accordées par le statut de fonctionnaire.

b) Établissements publics : il est le plus souvent président de droit de la commission administrative ou du conseil d'administration des établissements communaux (hôpitaux et hospices communaux, centres communaux d'action sociale, caisses des écoles, régies dotées de la personnalité morale).

c) Polices municipale et rurale : il est chargé d'assurer bon ordre, sécurité, tranquillité et salubrité publics et de prendre pour cela des arrêtés. La police municipale comprend notamment tout ce qui a trait à la circulation sur les voies publiques.

Agents de police et *gardes champêtres* nommés par le maire doivent être agréés par le procureur de la République. Ils peuvent être révoqués par le maire.

Dans les communes de plus de 10 000 hab. et celles faisant partie d'agglomérations urbaines, la *police* est, en principe, étatisée. Le préfet y exerce les pouvoirs nécessaires au maintien de la tranquillité et du bon ordre publics, le maire restant toutefois compétent pour le maintien du bon ordre dans les marchés, foires, spectacles, etc.

d) Mesures conservatoires : le maire peut effectuer des actes conservatoires nécessaires à la sauvegarde du patrimoine ou d'un droit de la commune.

e) Délégation : le conseil municipal peut déléguer certains de ses pouvoirs de décision au maire (affectation des propriétés communales, tarifs de droits prévus au profit de la commune, emprunts, etc.). Le maire peut déléguer certaines de ses fonctions à des adjoints.

■ **2o) Agent de l'État. a) Officier de l'état civil :** il célèbre les mariages, reçoit les déclarations de naissance, de décès, de reconnaissance d'enfants naturels, tient les registres de l'état civil dont un exemplaire est conservé à la mairie et l'autre au tribunal de grande instance. Il délivre des extraits des actes de naissance, de mariage et de décès.

Il peut déléguer à un ou plusieurs agents communaux, titularisés dans un emploi permanent, les fonctions qu'il exerce en tant qu'officier d'état civil pour la réception des déclarations citées ci-dessus, pour la transcription, la mention en marge de tous actes et jugements sur les registres, de même que pour dresser tous actes relatifs auxdites déclarations. L'état civil sera chaque année archivé au chef-lieu du département (dans les Dom-Tom, les registres sont en 3 exemplaires dont l'un est envoyé en métropole).

b) Officier de police judiciaire : il est (comme ses adjoints) officier de police judiciaire, ayant à constater les infractions à la loi pénale, à en rassembler les preuves et à en rechercher les auteurs tant que la justice n'est pas saisie. Il reçoit plaintes et dénonciations et procède à des enquêtes préliminaires sous la surveillance du procureur de la République auquel il est tenu d'en référer. Il enquête en cas de crime et de flagrant délit.

c) Ministère public près le tribunal de police : à titre exceptionnel, et en cas de nécessité absolue pour la tenue de l'audience, le juge du tribunal d'instance peut appeler, pour exercer les fonctions du ministère public, le maire du lieu où siège le tribunal de police ou un de ses adjoints. Le maire exerce alors l'action publique et requiert l'application de la loi contre les contrevenants.

d) Autorité administrative subordonnée : il est chargé de la publication et de l'exécution des lois et règlements. Il joue un rôle actif dans l'organisation électorale (listes établies et révisées sous son autorité). Il préside les bureaux de vote ; veille à la bonne application des lois scolaires ; peut participer aux réunions des conseils des écoles primaires ou établissements secondaires. Il est responsable de l'exécution des opérations de recensement général. Il dresse les tableaux de recensement des jeunes en vue de l'accomplissement du service national. Il participe à l'instruction des demandes d'aide sociale qui sont déposées auprès du bureau d'aide sociale de la commune par les intéressés et ensuite soumises aux commissions d'admission intercantonales par l'intermédiaire de la préfecture. Parfois, il peut être chargé des réquisitions civiles ou militaires et de leur répartition.

e) Divers : le maire peut être appelé à concourir aux saisies exécutoires.

■ **Autres attributions.** Il contribue à l'internement des aliénés. Il transmet des informations au pouvoir central et lui adresse périodiquement des statistiques. Il délivre des certificats : attestations de résidence, d'indigence... Il légalise les signatures, accorde ou refuse les permis de construire et les autres autorisations d'occupation du sol (permis de lotir), mais il agit en tant que représentant de la commune lorsque celle-ci est dotée d'un plan d'occupation des sols et en tant qu'agent de l'État dans le cas contraire, exécute les arrêtés ministériels de classement d'immeubles comme monuments historiques.

☞ Le maire est tenu d'assurer la publicité des actes de la commune par affichage, publication au recueil des actes de la commune, et doit également permettre l'accès aux documents administratifs en application de la loi du 17-7-1978 ; il peut réglementer ce droit d'accès, en limitant la consultation à certaines heures ou en exigeant une demande écrite préalable. Toutefois, cette réglementation ne doit pas aboutir en pratique à priver les particuliers et les associations de la commune de leur droit d'accès.

■ Recette des communes

■ **Dotations globales. De fonctionnement (DGF) :** créée par la loi du 3-1-1979 modifiée par les lois du 29-12-1985, du 31-12-1993 et du 26-3-1996, elle remplaçait le VRTS (versement représentatif de la taxe sur les salaires), les versements représentatifs de l'impôt sur les spectacles et la participation de l'État aux dépenses d'intérêt général des collectivités locales. **De décentralisation (DGD) :** créée par la loi de décentralisation du 7-1-1983 ; versée en compensation des transferts de compétences opérés au profit des communes par les lois de décentralisation (essentiellement les dépenses relatives à l'établissement des documents d'urbanisme). **D'équipement (DGE) :** versée chaque année par l'État aux communes et aux groupements de moins de 20 000 hab. pour leurs dépenses d'équipement, après avis de la commission départementale sur les investissements prioritaires.

Fonds de compensation pour la TVA : dédommagement par l'État de la part de TVA acquittée sur les dépenses d'investissement.

Subventions spécifiques : maintenues pour les crédits non globalisés du ministère de la Culture et de celui de l'Agriculture, notamment pour l'eau.

■ **Impôts directs. Produits de la taxe foncière** sur propriétés bâties et non bâties, **de la taxe d'habitation, et de la taxe professionnelle.** Depuis le 1-1-1974, le système des *« centimes additionnels »* a été remplacé par le vote d'un *« produit fiscal global »* réparti entre les 4 taxes. Depuis la loi du 10-1-1980, les communes ont pu, à compter de 1981, fixer directement les taux des 4 taxes directes et répartir la charge fiscale globale entre les catégories de contribuables. En matière de taxe professionnelle, il existe des exonérations de plein droit ou sur décisions des collectivités locales ainsi qu'un plafonnement par rapport à la valeur ajoutée. Certains contribuables sont assujettis à une cotisation minimale, à une cotisation de péréquation ou, depuis 1996, à une cotisation minimale assise sur la valeur ajoutée. En matière de taxe d'habitation, il existe des abattements et exonérations et un plafonnement par rapport à l'impôt sur le revenu. **Autres impôts directs :** redevance des Mines ; taxes d'enlèvement des ordures ménagères, de balayage, de trottoirs, de pavage ; imposition forfaitaire sur les pylônes électriques.

■ **Impôts indirects et droits d'enregistrement. Taxes** sur l'électricité, sur la publicité, de séjour, sur les remontées mécaniques ; impôt sur les spectacles ; prélèvement communal sur le produit des jeux dans les casinos ; droit de licence sur les débits de boissons ; surtaxe sur les eaux minérales ; taxe d'usage des abattoirs publics ; droit de timbre sur les permis de chasser ; taxe d'inhumation, d'assainissement ; taxe communale additionnelle aux droits de mutation. **Taxe d'urbanisme :** taxe locale d'équipement, versement pour dépassement du plafond légal de densité, participation pour dépassement du coefficient d'occupation des sols, participation pour non réalisation d'aires de stationnement.

■ **Revenus du domaine.** Vente de biens, dons, legs.

■ FUSION DE COMMUNES

■ **Possible depuis 1890. Principe :** permet de maintenir le nombre d'habitants nécessaire à l'administration d'une vie collective et de réaliser des équipements que les communes n'auraient pu entreprendre isolément. La loi du 16-7-1971 a prévu des incitations : majoration de 50 % des subventions d'équipement accordées par l'État, aide financière de l'État dans le cas d'intégration fiscale progressive. *a) Fusion simple :* seule usitée jusqu'au 16-7-1971. *b) Fusion comportant création d'une ou plusieurs communes associées :* institue une collectivité territoriale nouvelle, mais permet aux anciennes communes, sauf à la commune chef-lieu de la nouvelle entité, de devenir communes associées sur simple demande de leur conseil municipal, exprimée au moment de la fusion. La commune associée n'a pas la personnalité morale et, de ce fait, n'a ni budget, ni patrimoine, ni personnels propres, mais elle possède des institutions particulières : de droit, un maire délégué, une mairie annexe, une section de bureau d'aide sociale lorsqu'il en existait un dans l'ancienne commune et, si la convention passée au moment de la fusion l'a prévue, une commission consultative ; enfin, elle constitue de droit une section électorale si la nouvelle commune a, au plus, 30 000 hab. **Nombre de fusions** depuis la loi du 16-7-1971 au 1-1-1994 : 861 ; **de séparations :** 147.

■ COOPÉRATION INTERCOMMUNALE

Loi 99-586 du 12-7-1999 (*JO* du 13-7)

■ **Syndicat de communes. Statut :** leur permet de mettre en commun leurs moyens pour réaliser des équipements collectifs comme : voirie, adduction d'eau, enlèvement des ordures ménagères, etc. Il n'a pas de compétence obligatoire, il ne peut lever une fiscalité propre. Il peut être spécialisé à vocation unique [*Sivu* (syndicat intercommunal à vocation unique) ; exemple : syndicat intercommunal d'adduction d'eau ou d'électrification] ou à vocation multiple [*Sivom* (syndicat intercommunal à vocation multiple) ; depuis l'ordonnance du 5-1-1959]. Il est administré par un comité dont les membres (2 par commune sauf disposition contraire) sont élus par les conseillers municipaux des communes intéressées. **Nombre** (en 1996) : Sivom 2 221 ; Sivu 14 614, mixtes 1 216.

■ **Transformation des structures existantes. Districts :** institués par une ordonnance du 5-1-1959 sous le nom de *districts urbains* (la loi du 31-12-1970) puis de *districts* (des districts peuvent être créés en milieu rural). **Nombre** (au 1-1-1999) : 307. Peuvent opter avant le 1-1-2002 pour *communauté de communes, d'agglomérations*, ou *urbaines* (voir col. b). Les districts qui n'auront pas opté seront transformés d'offices en communautés de communes. **Communautés de villes :** instituées par la loi du 6-2-1992 en vue d'associer plusieurs communes au sein d'une agglomération de plus de 20 000 hab. **Nombre** (au 1-1-1999) : 5 : La Rochelle, Cambrai, Garlaban (Aubagne), Flers, Toulouse (Sicoval). Avant le 1-1-2002, elles doivent choisir de se transformer en communautés d'agglomération (si elles exercent, aux lieu et place des communes, les compétences dévolues à la communauté d'agglomération) ou en communautés de communes avec taxe professionnelle unique (TPU) obligatoire. **Syndicats d'agglomération nouvelle :** un décret fixera, pour chaque agglomération nouvelle, la date à laquelle les opérations d'aménagement sont considérées comme terminées sur proposition ou après avis de l'organe délibérant de celle-ci. Dans les 6 mois suivant la publication de ce décret, le syndicat d'agglomération nouvelle peut être transformé en communauté d'agglomération s'il en remplit les conditions. En cas de rejet de la proposition de transformation, le syndicat d'agglomération nouvelle continue d'être régi par les dispositions qui le concernent.

■ **Communauté d'agglomération. Statut :** établissement public de coopération intercommunale (EPCI) regroupant plusieurs communes formant, à sa création, un ensemble de plus de 50 000 hab. d'un seul tenant et sans enclave, autour d'une ou plusieurs communes-centres de plus de 15 000 hab. Le seuil de 15 000 habitants ne s'applique pas si la communauté comprend le chef-lieu du département. **Nombre** (en 2000) : 50. **Compétences :** *obligatoires :* développement économique, aménagement de l'espace communautaire, équilibre social de l'habitat sur le territoire communautaire et politique de la ville. En outre, au moins 3 des 5 compétences suivantes : création ou aménagement et entretien de voirie et de parcs de stationnement d'intérêt communautaire ; assainissement ; distribution d'eau ; en matière de protection et mise en valeur de l'environnement et du cadre de vie : lutte contre pollution de l'air, nuisances sonores, élimination et valorisation des déchets des ménages et assimilés ; construction, aménagement, entretien, gestion d'équipements culturels et sportifs d'intérêt communautaire.

■ **Communauté urbaine.** EPCI regroupant plusieurs communes d'un seul tenant et sans enclave qui forment, à sa création, un ensemble de plus de 500 000 hab. Ces conditions ne sont pas exigées pour les communautés urbaines existant au 13-7-1999. **Nombre** (en 1999) : 12. *Alençon* (arrêté préfectoral du 31-12-1996), 15 communes, 47 708 hab. ; *Arras* (passé de district à communauté urbaine avec un périmètre élargi) ; *Bordeaux* (loi du 31-12-1966), 27 communes, 696 364 hab. ; *Brest* (décret du 24-5-1973), 8 communes, 201 480 hab. ; *Cherbourg* (décret du 2-10-1970), 6 communes, 92 045 hab. ; *Le Creusot-Montceau-les-Mines* (décret du 13-1-1970), 16 communes, 88 186 hab. ; *Dunkerque* (décret du 21-10-1968), 18 communes, 190 879 hab. ; *Lille* (loi du 31-12-1966), 86 communes, 959 234 hab. ; *Lyon* (loi du 31-12-1966), 55 communes, 1 262 233 hab. ; *Le Mans* (décret du 19-11-1971), 8 communes, 189 107 hab. ; *Nancy* (arrêté du 31-12-1995), 20 communes, 261 108 hab. ; *Strasbourg* (loi du 31-12-1966), 27 communes, 388 483 hab. **Compétences** (art. L. 5215-20 du Code général des collectivités territoriales) : en matière de développement et aménagement économique, social et culturel des communes membres, d'aménagement de l'espace communautaire, d'équilibre social de l'habitat sur le territoire communautaire, de politique de la ville dans la communauté, de gestion des services d'intérêt collectif, de protection et mise en valeur de l'environnement et de politique du cadre de vie.

■ **Communauté de communes.** Instituée par la loi du 6-2-1992. **Nombre** (au 1-1-1999) : 1 348. Regroupant plusieurs communes d'un seul tenant et sans enclave. **Compétences :** obligatoires dans l'aménagement de l'espace, les actions de développement économique intéressant l'ensemble de la communauté. Les communes doivent en préciser l'étendue lors de la création de la communauté. Compétences transférées pour les communautés optant pour le régime fiscal de la TPU (art. 1609 *nonies* C du Code général des impôts) aménagement, gestion et entretien des zones d'activité industrielle, commerciale, tertiaire, artisanale, touristique, portuaire ou aéroportuaire d'intérêt communautaire. La communauté doit exercer des compétences relevant d'au moins 1 des 4 blocs suivants : protection et mise en valeur de l'environnement, le cas échéant dans le cadre des schémas départementaux ; politique du logement et du cadre de vie ; création, aménagement et entretien de la voirie.

RÉGIME FISCAL

■ **Communautés d'agglomération. Ressources provenant des 4 taxes directes locales :** les communautés relèvent du régime fiscal de la TPU (art. 1609 *nonies* C et 1636 B *decies* du Code général des impôts) et sont donc substituées à leurs communes membres pour l'application des dispositions relatives à la taxe professionnelle (sauf exception) et perçoivent le produit de cette taxe. Elles peuvent, en outre, percevoir une fiscalité additionnelle à la fiscalité communale sur les taxes foncières sur les propriétés bâties, non bâties, d'habitation. **Autres ressources fiscales** (art. 1609 *nonies* D du Code général des impôts) : les communautés peuvent se substituer aux communes membres pour percevoir, si elles exercent les compétences correspondantes : les taxes *d'enlèvement des ordures ménagères* dès lors qu'elles bénéficient du transfert de la compétence prévue à l'art. L. 224-13 du Code général des collectivités territoriales et assurent au moins la collecte des déchets ménagers ; *de balayage ; de séjour* lorsqu'elle répond aux conditions fixées aux art. L. 5211-27 et L. 5722-6 du Code général des collectivités territoriales ; *de publicité* mentionnée aux art. L. 2333-6 et L. 2333-17 du Code général des collectivités territoriales ; *des fournitures d'électricité* dans les conditions prévues aux art. L. 2333-2 à L. 2333-5 du Code général des collectivités territoriales. **Communes membres de la communauté d'agglomération :** continuent de percevoir les taxes foncière sur les propriétés bâties et non bâties et d'habitation.

■ **Communautés urbaines. Ressources venant des 4 taxes directes locales :** la loi conduit à distinguer 2 grandes catégories de communautés urbaines. *Communautés urbaines constituées à compter de la date de promulgation de la loi :* le régime identique à celui des communautés d'agglomération (art. 1609 *nonies* C et 1636 B *decies* du Code général des impôts) ; régime de la TPU (art. 1609 *nonies* C et 1636 B *decies*). Elles peuvent en outre instituer une fiscalité additionnelle à la fiscalité communale sur les taxes foncières sur les propriétés bâties et non bâties et d'habitation. Les communes membres de la communauté continuent de percevoir taxes foncières et d'habitation. *Communautés urbaines existantes :* un régime transitoire est appliqué entre 2000 et 2001. A compter de 2002 relèvent du régime de la TPU, sauf délibération contraire de la moitié au moins des conseils municipaux des communes intéressées. Cette majorité doit comprendre le conseil municipal de la commune dont la population est supérieure à la moitié de la population totale concernée ou, à défaut, de la commune dont la population est la plus importante. Si la communauté a délibéré pour ne pas être soumise à la TPU en 2002, elle pourra cependant pour les années postérieures opter à la majorité simple pour ce régime avant le 31-12 d'une année. **Autres ressources fiscales** (art. 1609 *bis* du Code général des impôts) : taxe d'enlèvement des ordures ménagères dans les conditions fixées par l'article 1520 ; taxe de balayage.

■ **Communautés de communes.** Régime fiscal reste comme défini à l'art. 1609 *quinquies* C du Code général des impôts. **Ressources venant des 4 taxes directes locales :** *communautés de – de 500 000 hab. :* régime de droit commun. Les communautés perçoivent les taxes foncières sur les propriétés bâties et non bâties, d'habitation et professionnelle (art. 1636 B *sexties* du Code général des impôts). *Option pour le régime de la taxe professionnelle de zone (TPZ) :* les communautés créent ou gèrent une zone d'activités économiques. Elles peuvent, à la majorité simple de leurs membres, se substituer à ces derniers pour percevoir la taxe professionnelle acquittée par les entreprises dans cette zone. Toutefois, les communautés créées ou issues de la transformation d'un EPCI préexistant à compter du 13-7-1999 ne peuvent opter pour le régime de la TPZ que si elles regroupent – de 50 000 hab. (ou + de 50 000 hab. si la ou les communes-centres ont – de 15 000 hab.). *Option pour le régime de la TPU* (à la majorité simple) : à prendre avant le 31-12 d'une année pour être applicable à compter de l'année suivante. Cette option ne peut être rapportée pendant la période d'unification des taux.

☞ Les communautés peuvent percevoir une fiscalité additionnelle à la fiscalité communale sur les taxes foncières et la taxe d'habitation.

Communautés de communes de + de 500 000 hab. : le régime de la TPU est applicable à compter de 2002, sauf délibération contraire de la moitié au moins des conseils municipaux des communes intéressées. Cette majorité doit comprendre le conseil municipal de la commune dont la population est supérieure à la moitié de la population totale concernée ou, à défaut, de la commune dont la population est la plus importante. Si elles choisissent le régime de la TPU, elles peuvent avoir une fiscalité additionnelle à la fiscalité communale sur les taxes foncières et d'habitation. **Autres ressources fiscales :** les communautés peuvent percevoir aux lieu et place de leurs communes membres, dès lors qu'elles exercent les compétences correspondantes, les taxes prévues à l'article 1609 *nonies* D du Code général des impôts. Elles peuvent instituer une taxe d'enlèvement des ordures ménagères si elles bénéficient de la compétence prévue à l'article L. 2224-13 du Code général des collectivités territoriales et qu'elles assurent au moins la collecte des déchets des ménages.

■ **Communautés de villes.** Régime fiscal identique à celui des communautés d'agglomération. Le régime de la TPU est applicable de plein droit aux communautés de communes issues de la transformation d'une communauté de villes.

ASSOUPLISSEMENTS FISCAUX EN CAS DE TPU

■ **La perception de 3 autres taxes.** Tous les EPCI appliquant la TPU peuvent décider la majorité simple des membres de l'établissement de percevoir les taxes d'habitation et foncières. La décision est applicable à compter du 1-1 de l'année suivant celle au cours de laquelle elle est intervenue. Elle doit être renouvelée, l'année où intervient le renouvellement des conseils municipaux, par le nouveau conseil. **La 1re année :** taux fixés de manière que les rapports entre les taux de taxe d'habitation et ceux des taxes foncières soient égaux aux rapports constatés l'année précédente entre les taux moyens pondérés de chaque taxe dans l'ensemble des communes membres. **Les années suivantes :** jusqu'à la date de la prochaine révision foncière, la variation du taux de taxe foncière sur les propriétés non bâties de l'EPCI est liée à celle du taux de taxe d'habitation : il ne peut augmenter plus ou diminuer moins que celui de la taxe d'habitation.

■ **Modalités de fixation du taux de taxe professionnelle. La 1re année :** les modalités actuellement en vigueur ne sont pas modifiées.

La loi fixe un taux maximal. Le taux voté par l'EPCI ne peut excéder le taux moyen de taxe professionnelle des communes membres constaté l'année précédente, pondéré par l'importance relative des bases de ces communes. **Les années suivantes :** les règles de lien entre les taux ont été aménagées. Actuellement, le taux de taxe professionnelle voté par un EPCI applique le régime de la TPU : ne peut augmenter dans une proportion supérieure à l'augmentation du taux moyen pondéré de la taxe d'habitation ou, si elle est inférieure, à celle du taux moyen pondéré de taxe d'habitation et des taxes foncières constaté pour l'ensemble des communes membres ; doit diminuer dans

Divisions administratives françaises

Départements	Académies	Défense (sièges)		Régions	régions Sécurité sociale
		Régions militaires	Zones de défense		
Ain (01)	Lyon	Lyon	Lyon	Rhône-Alpes	Lyon
Aisne (02)	Amiens	Metz	Lille	Picardie	Lille
Allier (03)	Clermont-Fd	Lyon	Lyon	Auvergne	Clermont-Fd
Alpes-Hte-Prov. (04)	Aix-en-Prov.	Lyon	Marseille	Prov.-A.-C.d'Azur	Marseille
Alpes (Htes-) (05)	Aix-en-Prov.	Lyon	Marseille	Prov.-A.-C.d'Azur	Marseille
Alpes-Mar. (06)	Nice	Lyon	Marseille	Prov.-A.-C.d'Azur	Marseille
Ardèche (07)	Grenoble	Lyon	Lyon	Rhône-Alpes	Lyon
Ardennes (08)	Reims	Metz	Metz	Champagne	Nancy
Ariège (09)	Toulouse	Bordeaux	Bordeaux	Midi-Pyrénées	Toulouse
Aube (10)	Reims	Metz	Metz	Champagne	Nancy
Aude (11)	Montpellier	Lyon	Marseille	Languedoc	Montpellier
Aveyron (12)	Toulouse	Bordeaux	Bordeaux	Midi-Pyrénées	Toulouse
B.-du-Rhône (13)	Aix-en-Prov.	Lyon	Marseille	Prov.-A.-C.d'Azur	Marseille
Calvados (14)	Caen	Bordeaux	Rennes	Basse-Normandie	Rouen
Cantal (15)	Clermont-Fd	Lyon	Lyon	Auvergne	Clermont-Fd
Charente (16)	Poitiers	Bordeaux	Orléans	Poitou-Charentes	Limoges
Ch.-Maritime (17)	Poitiers	Bordeaux	Orléans	Poitou-Charentes	Limoges
Cher (18)	Orléans	Bordeaux	Orléans	Centre-Val de Loire	Orléans
Corrèze (19)	Limoges	Bordeaux	Orléans	Limousin	Limoges
Corse-du-Sud (2 A)	Corte	Lyon	Marseille	Corse	Marseille
Hte-Corse (2 B)	Corte	Lyon	Marseille	Corse	Marseille
Côte-d'Or (21)	Dijon	Metz	Dijon	Bourgogne	Dijon
Côtes-d'Armor (22)	Rennes	Bordeaux	Rennes	Bretagne	Rennes
Creuse (23)	Limoges	Bordeaux	Orléans	Limousin	Limoges
Dordogne (24)	Bordeaux	Bordeaux	Bordeaux	Aquitaine	Bordeaux
Doubs (25)	Besançon	Metz	Dijon	Franche-Comté	Dijon
Drôme (26)	Grenoble	Lyon	Lyon	Rhône-Alpes	Lyon
Eure (27)	Rouen	Bordeaux	Rennes	Hte-Normandie	Rouen
Eure-et-Loir (28)	Orléans	Bordeaux	Orléans	Centre-Val de Loire	Orléans
Finistère (29)	Rennes	Bordeaux	Rennes	Bretagne	Rennes
Gard (30)	Montpellier	Lyon	Marseille	Languedoc	Montpellier
Garonne (Hte-) (31)	Toulouse	Bordeaux	Bordeaux	Midi-Pyrénées	Toulouse
Gers (32)	Toulouse	Bordeaux	Bordeaux	Midi-Pyrénées	Toulouse
Gironde (33)	Bordeaux	Bordeaux	Bordeaux	Aquitaine	Bordeaux
Hérault (34)	Montpellier	Lyon	Marseille	Languedoc	Montpellier
Ille-et-Vill. (35)	Rennes	Bordeaux	Rennes	Bretagne	Rennes
Indre (36)	Orléans	Bordeaux	Orléans	Centre-Val de Loire	Orléans
Indre-et-Loire (37)	Orléans	Bordeaux	Orléans	Centre-Val de Loire	Orléans
Isère (38)	Grenoble	Lyon	Lyon	Rhône-Alpes	Lyon
Jura (39)	Besançon	Metz	Dijon	Franche-Comté	Dijon
Landes (40)	Bordeaux	Bordeaux	Bordeaux	Aquitaine	Bordeaux
Loir-et-Cher (41)	Orléans	Bordeaux	Orléans	Centre-Val de Loire	Orléans
Loire (42)	Lyon	Lyon	Lyon	Rhône-Alpes	Lyon
Loire (Hte-) (43)	Clermont-Fd	Lyon	Lyon	Auvergne	Clermont-Fd
Loire-Atlantique (44)	Nantes	Bordeaux	Rennes	Pays de la Loire	Nantes
Loiret (45)	Orléans	Bordeaux	Orléans	Centre-Val de Loire	Orléans
Lot (46)	Toulouse	Bordeaux	Bordeaux	Midi-Pyrénées	Toulouse
Lot-et-Garonne (47)	Bordeaux	Bordeaux	Bordeaux	Aquitaine	Bordeaux
Lozère (48)	Montpellier	Lyon	Marseille	Languedoc	Montpellier
Maine-et-Loire (49)	Nantes	Bordeaux	Rennes	Pays de la Loire	Nantes
Manche (50)	Caen	Bordeaux	Rennes	Basse-Normandie	Rouen
Marne (51)	Reims	Metz	Metz	Champagne	Nancy
Marne (Hte-) (52)	Reims	Metz	Metz	Champagne	Nancy
Mayenne (53)	Nantes	Bordeaux	Rennes	Pays de la Loire	Nantes
M.-et-M. (54)	Nancy	Metz	Metz	Lorraine	Nancy
Meuse (55)	Nancy	Metz	Metz	Lorraine	Nancy
Morbihan (56)	Rennes	Bordeaux	Rennes	Bretagne	Rennes
Moselle (57)	Nancy	Metz	Metz	Lorraine	Strasbourg
Nièvre (58)	Dijon	Metz	Dijon	Bourgogne	Dijon
Nord (59)	Lille	Metz	Lille	Nord	Lille
Oise (60)	Amiens	Metz	Lille	Picardie	Lille
Orne (61)	Caen	Bordeaux	Rennes	Basse-Normandie	Rouen
Pas-de-Calais (62)	Lille	Metz	Lille	Nord	Lille
Puy-de-Dôme (63)	Clermont-Fd	Lyon	Lyon	Auvergne	Clermont-Fd
Pyr.-Atlantiques (64)	Bordeaux	Bordeaux	Bordeaux	Aquitaine	Bordeaux
Pyr. (Htes-) (65)	Toulouse	Bordeaux	Bordeaux	Midi-Pyrénées	Toulouse
Pyr.-Orientales (66)	Montpellier	Lyon	Marseille	Languedoc	Montpellier
Rhin (Bas-) (67)	Strasbourg	Metz	Metz	Alsace	Strasbourg
Rhin (Ht-) (68)	Strasbourg	Metz	Metz	Alsace	Strasbourg
Rhône (69)	Lyon	Lyon	Lyon	Rhône-Alpes	Lyon
Saône (Hte-) (70)	Besançon	Metz	Metz	Franche-Comté	Dijon
Saône-et-Loire (71)	Dijon	Metz	Metz	Bourgogne	Dijon
Sarthe (72)	Nantes	Bordeaux	Rennes	Pays de la Loire	Nantes
Savoie (73)	Grenoble	Metz	Metz	Rhône-Alpes	Lyon
Savoie (Hte-) (74)	Grenoble	Metz	Metz	Rhône-Alpes	Lyon
Paris (75)	Paris	St-Germ.-en-L.	Paris	Ile-de-France	Paris
Seine-Maritime (76)	Rouen	Bordeaux	Rennes	Haute-Normandie	Rouen
Seine-et-Marne (77)	Créteil	St-Germ.-en-L.	Paris	Ile-de-France	Paris
Yvelines (78)	Versailles	St-Germ.-en-L.	Paris	Ile-de-France	Paris
Sèvres (Deux-) (79)	Poitiers	Bordeaux	Orléans	Poitou-Charentes	Limoges
Somme (80)	Amiens	Metz	Lille	Picardie	Lille
Tarn (81)	Toulouse	Bordeaux	Bordeaux	Midi-Pyrénées	Toulouse
Tarn-et-Gar. (82)	Toulouse	Bordeaux	Bordeaux	Midi-Pyrénées	Toulouse
Var (83)	Nice	Lyon	Marseille	Prov.-A.-C.d'Azur	Marseille
Vaucluse (84)	Aix-en-Prov.	Lyon	Marseille	Prov.-A.-C.d'Azur	Marseille
Vendée (85)	Nantes	Bordeaux	Rennes	Pays de la Loire	Nantes
Vienne (86)	Poitiers	Bordeaux	Orléans	Poitou-Charentes	Limoges
Vienne (Hte-) (87)	Limoges	Bordeaux	Orléans	Limousin	Limoges
Vosges (88)	Nancy	Metz	Metz	Lorraine	Nancy
Yonne (89)	Dijon	Metz	Dijon	Bourgogne	Dijon
Terr. de Belfort (90)	Besançon	Metz	Dijon	Franche-Comté	Dijon
Essonne (91)	Versailles	St-Germ.-en-L.	Paris	Ile-de-France	Paris
Hts-de-Seine (92)	Versailles	St-Germ.-en-L.	Paris	Ile-de-France	Paris
Seine-St-Denis (93)	Créteil	St-Germ.-en-L.	Paris	Ile-de-France	Paris
Val-de-Marne (94)	Créteil	St-Germ.-en-L.	Paris	Ile-de-France	Paris
Val-d'Oise (95)	Versailles	St-Germ.-en-L.	Paris	Ile-de-France	Paris
Guadeloupe	Antilles-Guy.		Fort-de-Fr.	Guadeloupe	Fort-de-Fr.
Martinique	Antilles-Guy.		Fort-de-Fr.	Martinique	Fort-de-Fr.
Guyane	Antilles-Guy.		Fort-de-Fr.	Guyane	Fort-de-Fr.
Réunion	Réunion		St-Denis	Réunion	St-Denis
St-Pierre-et-Miquelon					

Académies. – Aix-en-Provence, Amiens, Besançon, Bordeaux, Caen, Clermont-Ferrand, Créteil, Dijon, Grenoble, Lille, Limoges, Lyon, Montpellier, Nancy-Metz, Nantes, Nice, Orléans-Tours, Paris, Poitiers, Reims, Rennes, Rouen, Strasbourg, Toulouse, Versailles, Antilles-Guyane, Réunion.

Chambres régionales de commerce et d'industrie (appelées régions économiques avant le décret du 4-12-1964) (sièges). – Amiens, Besançon, Bordeaux, Bourges, Caen, Clermont-Ferrand, Dijon, Grenoble, Lille, Limoges, Lyon, Marseille, Montpellier, Nancy, Nantes, Paris, Rennes, Rouen, Strasbourg, Toulouse, Versailles.

Cours d'appel. – *Agen :* Gers, Lot, Lot-et-Garonne. *Aix :* Alpes-Hte-Provence, Alpes-Maritimes, Bouches-du-Rhône, Var. *Amiens :* Aisne, Oise, Somme. *Angers :* Maine-et-Loire, Mayenne, Sarthe. *Bastia :* Corse-du-Sud, Hte-Corse. *Besançon :* Doubs, Jura, Hte-Saône, Terr. de Belfort. *Bordeaux :* Charente, Dordogne, Gironde. *Bourges :* Cher, Indre, Nièvre. *Caen :* Calvados, Manche, Orne. *Chambéry :* Savoie, Hte-Savoie. *Colmar :* Ht-Rhin, Bas-Rhin. *Dijon :* Côte-d'Or, Hte-Marne, Saône-et-Loire. *Douai :* Nord, Pas-de-Calais. *Grenoble :* Htes-Alpes, Drôme, Isère. *Limoges :* Corrèze, Creuse, Hte-Vienne. *Lyon :* Ain, Loire, Rhône. *Metz :* Moselle. *Montpellier :* Aude, Aveyron, Hérault, Pyrénées-Orientales. *Nancy :* Meurthe-et-Moselle, Meuse, Vosges. *Nîmes :* Ardèche, Gard, Lozère, Vaucluse. *Orléans :* Indre-et-Loire, Loir-et-Cher, Loiret. *Paris :* Paris, Seine-St-Denis, Val-de-Marne, Seine-et-Marne, Essonne, Yonne. *Pau :* Landes, Pyrénées-Atlantiques, Htes-Pyrénées. *Poitiers :* Charente-Maritime, Deux-Sèvres, Vendée, Vienne. *Reims :* Ardennes, Aube, Marne. *Rennes :* Côtes-d'Armor, Finistère, Ille-et-Vilaine, Loire-Atlantique, Morbihan. *Riom :* Allier, Cantal, Hte-Loire, Puy-de-Dôme. *Rouen :* Eure, Seine-Maritime. *Toulouse :* Ariège, Hte-Garonne, Tarn, Tarn-et-Garonne. *Versailles :* Eure-et-Loir, Hts-de-Seine, Val-d'Oise, Yvelines. *Basse-Terre :* Guadeloupe. *Fort-de-France :* Martinique, Guyane. *St-Denis :* Réunion.

Régions (sièges). – *Alsace* (Strasbourg). *Aquitaine* (Bordeaux). *Auvergne* (Clermont-Ferrand). *Basse-Normandie* (Caen). *Haute-Normandie* (Rouen). *Bourgogne* (Dijon). *Bretagne* (Rennes). *Centre-Val-de-Loire* (Orléans). *Champagne-Ardenne* (Châlons-en-Champagne). *Corse* (Ajaccio). *Franche-Comté* (Besançon). *Ile-de-France* (Paris). *Languedoc-Roussillon* (Montpellier). *Limousin* (Limoges). *Lorraine* (Metz). *Midi-Pyrénées* (Toulouse). *Nord* (Lille). *Pays de la Loire* (Nantes). *Picardie* (Amiens). *Poitou-Charentes* (Poitiers). *Provence-Alpes-Côte d'Azur* (Marseille). *Rhône-Alpes* (Lyon). *Guadeloupe* (Basse-Terre). *Guyane* (Cayenne). *Martinique* (Fort-de-France). *Réunion* (St-Denis).

Régions militaires. – Bordeaux, Lyon, Metz. **Zones de défense (sièges).** – *Paris. Nord* (Lille). *Ouest* (Rennes). *Centre-Ouest* (Orléans). *Sud-Ouest* (Bordeaux). *Sud* (Marseille). *Sud-Est* (Lyon). *Centre-Est* (Dijon). *Est* (Metz). *Antilles – Guyane (Fort-de-France). Sud de l'océan Indien* (St-Denis de la Réunion).

Régions de Sécurité sociale (sièges). – Bordeaux, Clermont-Ferrand, Dijon, Lille, Limoges, Lyon, Marseille, Montpellier, Nancy, Nantes, Orléans, Paris, Rennes, Rouen, Strasbourg, Toulouse, Fort-de-France.

---

une proportion au moins égale, soit à la diminution du taux moyen pondéré de la taxe d'habitation ou à celle du taux moyen pondéré de la taxe d'habitation et des taxes foncières, soit à la plus importante de ces diminutions lorsque ces deux taux sont en baisse. Si l'EPCI perçoit également la taxe d'habitation et les taxes foncières, ces taux tiennent comptent des produits ainsi perçus par l'établissement public. Un EPCI soumis au régime de la TPU n'est plus tenu, en cas de baisse du taux moyen pondéré de la taxe d'habitation ou du taux moyen pondéré de la taxe d'habitation et des taxes foncières des communes membres, de diminuer dans une même proportion son taux de taxe professionnelle. Toutefois, si l'EPCI applique cette mesure, l'augmentation possible du taux de taxe professionnelle les 2 années suivantes ne peut excéder la moitié de la variation à la hausse du taux de taxe d'habitation ou du taux moyen pondéré de la taxe d'habitation et des taxes foncières à retenir pour la fixation du taux de taxe professionnelle.

Les EPCI appliquant le régime de la TPU peuvent appliquer la majoration spéciale de taxe professionnelle prévue au 3° du I de l'article 1636 B *sexties* du Code général des impôts dans des cas précis. **Unification progressive du taux de taxe professionnelle** (au sein de l'EPCI) : les EPCI ont la possibilité de modifier la durée de réduction des écarts de taux, fixée par la loi dans la limite maximum de 12 ans et non plus de 10 ans. Cette modification de la durée concerne également les groupements déjà constitués, en fonction du nombre d'année restant à courir par rapport à la durée fixée ; la délibération de fixation de la durée des écarts de taux peut être prise au cours des 2 premières années (et non plus la seule première année) où l'EPCI fait application de la taxe professionnelle unique.

■ **La péréquation départementale de la taxe professionnelle. Communautés d'agglomération et communautés urbaines :** à compter du 13-7-1999 la péréquation des bases des établissements exceptionnels est supprimée. Le prélèvement actuel au profit du fonds est remplacé par un prélèvement annuel sur leurs ressources fiscales de groupements, égal au montant perçu par le fonds, l'année précédant la première année d'application de ce dispositif (contribution gelée). Les effets des augmentations de bases et de taux seront ainsi conservés par le groupement. La loi prévoit des adaptations du montant de ce prélèvement dans les cas suivants : possibilité d'augmenter le prélèvement en cas d'augmentation du produit afférent à l'établissement ; suppression du prélèvement en cas de cessation d'activité de l'établissement ; réduction du prélèvement en cas de baisse du produit de l'établissement. **EPCI issu de la transformation d'un syndicat :** Cas particulier : *Communautés urbaines* (au 1-1-2001) dotées de 470 F par hab. : 14 (6 200 000 hab.). *Communautés d'agglomération* dotées de 250 F par hab. : 90 (11 500 000 hab.). *Communautés de communes* (au 1-1-2000). Plus de 200 groupements à TPU en échange de 175 F par hab.

■ **Syndicat mixte. Statut :** comprend des ententes ou des institutions interdépartementales, des régions, des départements, des communautés urbaines, des communautés de communes, des communautés de villes, des districts, des syndicats de communes, des communes, des chambres de commerce, d'agriculture, de métiers et autres établissements publics. **Nombre** (au 1-1-1996) : 1 130.

Répartition des compétences

■ **Régions.** **Action sociale. Culture :** archives, musées régionaux. **Économie et développement local :** pôles de recherche, développement économique, aides directes et indirectes, aménagement du territoire, contrat de plan avec l'État, parc naturel régional. **Enseignement :** lycées, établissements d'éducation spéciale. **Environnement :** protection de l'environnement, collège du patrimoine et des sites. **Formation professionnelle et apprentissage :** formation professionnelle des jeunes, actions de formation des moins de 26 ans, fonds régional de l'apprentissage et de la formation. **Logement :** aides complémentaires. **RMI :** financement facultatif. **Urbanisme :** schémas d'aptitude et d'utilisation de la mer. **Transports :** liaisons d'intérêt régional, voies navigables, trains express régionaux. **Voiries.**

■ **Département.** **Action sociale :** aide à l'enfance, protection maternelle, hébergement des handicapés, personnes âgées, service social, prévention sanitaire. **Culture :** archives, musées, bibliothèques centrales de prêt. **Économie et développement local :** aides directes, indirectes et complémentaires, équipement rural. **Enseignement :** collèges. **Environnement. Formation professionnelle et apprentissage :** avis des comités départementaux de la formation professionnelle, de la promotion sociale et de l'emploi. **Logement :** conseil, avis sur les aides de l'État, plans pour le logement des défavorisés. **RMI :** participation obligatoire, institution d'un fonds d'aide aux jeunes en difficulté, conseil d'insertion. **Urbanisme. Transports :** non urbains, plan départemental des transports, transports scolaires. **Voirie :** routes départementales, ports maritimes de pêche et de commerce.

■ **Commune.** **Action sociale :** établissement des demandes, prestations facultatives, bureaux municipaux d'hygiène. **Culture :** archives, musées, bibliothèques, conservatoires. **Économie et développement local :** aides directes, indirectes et complémentaires, chartes intercommunales d'aménagement. **Enseignement :** écoles primaires. **Environnement :** distribution en eau potable, assainissement, collecte et traitement des ordures ménagères. **Formation professionnelle et apprentissage. Logement :** programme local de l'habitat (action en faveur des mal-logés). **RMI** (1-12-88) : commission locale, financement facultatif. **Urbanisme :** schémas directeurs, plan local d'urbanisme, plan d'occupation des sols (dont permis de construire). **Transports :** urbains. **Voirie :** routes communales, ports de plaisance.

■ **Intercommunalité.** **Communautés urbaines :** urbanisme réglementaire et opérationnel, aménagement des sites d'habitation et d'activité, locaux d'enseignement, transports urbains, assainissement, ordures ménagères, voirie, stationnement. **Communautés d'agglomération :** développement économique, transports et aménagement de l'espace, logement, politique de la ville (compétences obligatoires). **Communautés de communes :** aménagement de l'espace, développement économique (obligatoires), protection de l'environnement, politique du logement et du cadre de vie, création, aménagement et entretien de la voirie.

Syndicats d'agglomérations nouvelles (SAN). **Statut :** structures de coopération intercommunales propres aux villes nouvelles. **Compétences :** programmes d'investissements et d'équipements, gestion de services qualifiés « d'intérêt commun ». **Recettes :** taxe professionnelle unifiée sur tout le périmètre du SAN, possibilité sous conditions de taxe additionnelle sur les autres taxes locales, DGF. **Nombre** (au 1-1-1998) : 9.

Élections

Droit de vote

■ **Que faut-il pour voter ?** *Être français* (les femmes ont le droit de vote depuis le 21-4-1944). *Avoir 18 ans* (depuis la loi du 5-7-1974). Depuis la loi du 9-7-1970, 21 ans n'étaient plus exigés pour les jeunes gens ayant accompli le service national actif. L'âge minimal était de 18 ans pour les titulaires de la Légion d'honneur, de la médaille militaire et de la croix de guerre à titre personnel. *Ne pas être majeur en tutelle. Ne pas avoir été :* déclaré en faillite par un tribunal ; condamné pour crimes ou délits (dans les cas graves, l'incapacité électorale sera permanente ; dans les autres, temporaire). Ne doivent pas être inscrits sur la liste électorale, pendant le délai fixé par le jugement, ceux auxquels les tribunaux ont interdit le droit de vote et d'élection, par application des lois qui autorisent cette interdiction (art. L. 6 du Code électoral). Dans chaque cas, les personnes amnistiées ou réhabilitées retrouvent le droit de vote sur leur demande dès la 1re révision des listes qui suit la date de cessation de leur incapacité (art. R. 2 du Code électoral). *Être inscrit sur une liste électorale* (art. L. 9 du Code électoral).

Nota. – Les *militaires* peuvent voter depuis l'ordonnance du 17-8-1945. Ils sont électeurs dans les mêmes conditions que les autres citoyens (art. L. 13 du Code électoral). Les *Français à l'étranger* immatriculés au consulat de Fr. peuvent être inscrits sur les listes de certaines communes. Les *étrangers naturalisés* peuvent voter (avant la loi du 8-12-1983, ils ne pouvaient le faire que 5 ans après leur naturalisation).

■ **Inscription.** **Conditions :** être domicilié dans la commune ou y résider depuis 6 mois ; ou figurer pour la 5e fois sans interruption au rôle d'une des contributions directes communales ; ou être assujetti à résidence obligatoire (fonctionnaire public). Art. L. 11 du Code électoral : « Tout électeur ou électrice peut être inscrit sur la même liste que son conjoint si celui-ci est inscrit en qualité de contribuable. » **Demandes d'inscriptions :** reçues toute l'année jusqu'au dernier jour ouvrable de décembre inclus. Pour être inscrit sur la liste électorale, il faut en faire la demande à la mairie : en se présentant, en adressant sa demande par correspondance (en recommandé de préférence), ou en la faisant présenter par un tiers dûment mandaté. *Délai de réclamation* devant le juge d'instance, du 11 au 20 janv. Les décisions du tribunal d'instance sont notifiées au requérant, au préfet du département, au maire et, s'il y a lieu, à l'électeur intéressé (art. R. 15 du Code électoral). *Délai pendant lequel un pourvoi en cassation est possible :* 10 jours suivant la notification. *Inscription des jeunes :* depuis une loi du 30-10-1997, l'inscription des jeunes de 18 ans sur les listes est automatique (art. L. 11-1) ; ils peuvent s'inscrire à la mairie avant le 31-12 de l'année qui précède celle de leur 18e anniversaire, si nés en janvier ou février ; au 31-12 de l'année de leur 18e anniversaire, si nés dans les 10 mois suivants. Ceux qui atteindraient 18 ans entre le 1-3 et la date d'une élection peuvent obtenir leur inscription sur décision du juge d'instance : demande à la mairie recevable jusqu'au 10e jour avant le scrutin. Les enfants ne peuvent se prévaloir de la qualité de contribuables de leurs parents pour demander leur inscription sur la liste électorale du même bureau de vote.

Documents à fournir pour prouver : *1°) la nationalité française et l'identité :* livret militaire ou carte du service national, livret de famille ou fiche d'état civil, carte nationale d'identité même périmée, passeport même périmé délivré ou renouvelé après le 1-10-1944 ; décret de naturalisation ; certificat de nationalité (délivré par le juge du tribunal d'instance ; carte d'immatriculation et d'affiliation à la Sécurité sociale ; carte du combattant, avec photographie ; permis de conduire ; titre de réduction à la SNCF non périmé ; carte d'identité de fonctionnaire avec photo délivrée après le 1-10-1944 ; carte d'identité

■ **Vote par correspondance.** Admis temporairement en 1919 pour les réfugiés des régions envahies n'ayant pas regagné leur commune, et en 1924 pour les agents civils en service en Allemagne occupée. Institué en 1946, il fut supprimé par une loi du 31-12-1975, en raison d'abus et de fraudes.

■ **Centre d'information civique (CIC).** 236 *bis*, bd St-Germain, 75007 Paris. *Créé* le 5-10-1960. *Pt :* J.-C. Barbé (25-12-1920).

Coût des élections pour l'État et financement

■ **Coût** (en millions de F). **Cantonales :** *8 et 15-3-1970 :* 24,85 ; *23 et 30-9-73 :* 38,81 ; *7 et 14-3-76 :* 52 ; *18 et 25-3-79 :* 77 ; *14 et 21-3-82 :* 136,75 ; *85 :* 212,86 ; *88 :* 207,61 ; *22 et 29-3-92 :* 223,18 ; *94 :* 251,34 ; *98 :* 410,44. **Européennes :** *10-6-1979 :* 110,26 ; *17-6-84 :* 239,98 ; *89 :* 359 ; *94 :* 404,4 ; *99 (est.) :* 659,1. **Législatives :** *23 et 30-6-1968 :* 42,25 ; *4 et 11-3-73 :* 70,04 ; *12 et 19-3-78 :* 140 ; *14 et 21-6-81 :* 201 ; *mars 94 :* 598,73 ; *97 :* 869,3. *Législatives et régionales du 16-3-1986 :* 439. Coût supplémentaire pour les 4 grandes formations (RPR, UDF, PS, PCF) 600 (pour chacune en moyenne 150 dont 50 au niveau national) *88 :* 455,48 (voir p. 772 a) ; *21 et 28-3-93 :* 598,7. **Municipales :** *14 et 21-3-1971 :* 36,79 ; *13 et 20-3-77 :* 72 ; *6 et 13-3-83 :* 179,13 ; *89 :* 280,9 ; *95 :* 649,5. **Présidentielles :** *1 et 15-6-1969 :* 58 ; *1 et 15-6-74 :* 121,67 ; *26-4 et 10-5-81 :* 312,47 ; *24-4 et 8-5-88 :* 750,57 ; *23-4 et 7-5-95 :* 875,5 (voir p. 766 b). **Référendums :** *27-4-1969 :* 22,8 ; *23-4-72 :* 24,91 ; *8-11-88 :* 151,97 ; *20-9-92 :* 277,97. **Régionales :** *22-3-92 :* 329,01 ; *15-3-98 :* 508,2. **Sénatoriales :** *1983 :* 9,73 ; *86 :* 9,7 ; *89 :* 11,55 ; *27-9-92 :* 12,37 ; *24-9-95 :* 10,94 ; *1-10-98 :* 11,49.

☞ **Coût du matériel :** *urne* (1 par bureau de vote et pas plus de 1 500 inscrits par bureau) simple acier 400 F, transparente avec compteur et sonnette 1 500 F. *Case d'isoloir* (1 pour 300 électeurs) 700 à 1 000 F (*isoloirs et urnes* en carton renforcé et ignifugé 335 F et 140 F). Remboursement forfaitaire par l'État de 35 F par bureau de vote et par an. *Panneau d'affichage* 500 à 800 F.

■ **Financement.** **Principe :** l'État supporte la charge de la propagande officielle. Pour toutes les élections, il prend en charge les dépenses de fonctionnement des commissions de propagande (chargées de l'envoi à domicile des bulletins de vote et des circulaires des candidats), et rembourse aux candidats ayant obtenu au moins 5 % des suffrages exprimés le coût du papier, de l'impression des bulletins de vote et des circulaires adressées aux électeurs, ainsi que leurs affiches et les frais d'affichage aux emplacements officiels.

Pour certains scrutins dans les conditions, fixées par la loi, sous la surveillance du CSA (Conseil supérieur de l'audiovisuel), l'État prend en charge les frais de campagne radiodiffusée officielle des candidats et (ou) des partis [référendum, élections présidentielle, européennes, législatives (pour ces dernières, les partis et groupements politiques peuvent utiliser gratuitement les antennes de la radiodiffusion-télévision française (conditions fixées) article L. 167-1 du Code électoral)].

Dispositions récentes. **Rappel sommaire des textes :** lois du 11-3-1988, 25-1-1990, 25-6-1992 (extension à l'outre-mer), 29-1-1993 [dite « anti-corruption », qui diminue le plafond des dépenses électorales (des législatives) et assure la publicité des dons des personnes morales aux candidats et aux partis politiques], 25-12-1994 (dite de « transparence de la vie politique » : le financement des partis et campagnes électorales est interdit aux entreprises privées), 19-1-1995, 10-4-1996. **Principes : 1°)** Les dépenses électorales sont plafonnées à un montant fixé par la loi. **2°)** Le candidat établit un compte de campagne certifié par un expert-comptable retraçant de façon détaillée les dépenses et recettes de campagne perçues ou engagées l'année précédant l'élection. Document à déposer en préfecture dans les 2 mois suivant l'élection avec les pièces justificatives. **3°)** Les dons sont perçus et les dépenses payées par un mandataire financier qui ne peut être lui-même candidat. **4°)** Les dons des personnes physiques sont limités à 30 000 F, tout don supérieur à 1 000 F est fait par chèque. **5°)** Les dons des personnes morales à l'exception des partis sont interdits. **6°)** Une commission nationale des comptes de campagne et des financements politiques (CCFP) est chargé de constater le respect de ces obligations.

Plafonnement des dépenses électorales. **Présidentielles** avant 1995 : au 1er tour : 120 millions de F ; au 2e : 160. Depuis 1995 : 1er tour : 90, 2e : 120. **Législatives :** 250 000 F par circonscription + 1 F par habitant, réévalué de 8 % par décret du 3-6-1999. **Sénatoriales :** pas de plafonnement. **Européennes :** 56 millions de F. *Régionales* (en F par habitant) : *jusqu'à 100 000 habitants :* 3,50 ; *de 100 001 à 150 000 :* 2,50 ; *de 150 001 à 250 000 :* 2 ; *au-delà :* 1,50. **Cantonales** (en F par habitant) : *jusqu'à 15 000 habitants :* 4,20 ; *de 15 001 à 30 000 :* 3,50 ; *de 30 001 à 60 000 :* 2,80 ; *au-delà :* 2. **Municipales :** plafond pour les 1er et, entre parenthèses, 2e tours : *jusqu'à 15 000 habitants :* 8 (11) ; *de 15 001 à 30 000 :* 7 (10) ; *de 30 001 à 60 000 :* 6 (8) ; *de 60 001 à 100 000 :* 5,50 (7,50) ; *de 100 001 à 150 000 :* 5 (7) ; *de 150 001 à 250 000 :* 4,50 (5,50) ; *au-delà :* 3,50 (5).

☞ Tous ces plafonds sont réévalués de 5 % par décret du 22-12-1997. Pas de plafonnement pour municipales et cantonales dans les circonscriptions de moins de 9 000 habitants. Des plafonds spéciaux existent pour les élections propres à l'outre-mer.

Remboursement forfaitaire. En contrepartie du plafonnement, outre les frais de propagande officielle (voir ci-contre), l'État prend en charge le remboursement forfaitaire des dépenses électorales pour les candidats ayant obtenu plus de 5 % des suffrages exprimés. Institué en 1988 pour présidentielles et législatives avec des plafonds qui ont varié, il a été étendu à toutes les élections en 1995 (loi du 19-1) avec un plafond égal à la moitié du plafond des dépenses électorales. Pour l'élection présidentielle, il est égal actuellement au vingtième du plafond des dépenses électorales pour les candidats ayant obtenu moins de 5 % des suffrages exprimés, au quart pour les autres. **Coût du remboursement forfaitaire** (en millions de F) : *présidentielles 1988 :* 182 ; *95 :* 189,7 ; *législatives 1988 :* 99,6 ; *93 :* 94 ; *97 :* 316 ; *régionales 1998 :* 189,5 ; *cantonales 1998 :* 152,8 ; *municipales 1995 :* 288 ; *européennes 1999 :* 179.

Aides publiques attribuées aux partis et groupements politiques (loi du 11-3-1988, modifiée par les lois du 15-1-1990 et du 19-1-1995 relatives à la transparence financière de la vie politique). *Crédits inscrits dans la loi de finances de l'année* et, entre parenthèses, *montant des aides attribuées au titre de l'année* (en millions de F). *1989 :* 114 (105,6), *90 :* 265 (260,2), *91 :* 265 (262), *92 :* 281,14 (277), *93 :* 580 (580), *94 :* 526,5 (526,5), *95 à 2001 :* 526,5 (526,5) dont 50 % de cette somme sont répartis au prorata des suffrages recueillis aux législatives de 1997 entre les formations qui ont présenté des candidats dans au moins 50 circonscriptions et qui ont fourni en 2000 des comptes en règle. 50 % sont répartis en fonction du nombre d'élus au Parlement. *Aides reçues* (en millions de F) et, entre parenthèses, différence avec l'aide reçue en 2000 : PS (336 élus) 168 (– 0,635) ; RPR (230 élus) 111 (– 1,17) ; UDF et DL (223 élus) 103,7 (+ 0,22) ; PC (47 élus) 40,39 (+ 0,085) ; FN 41,18 (=) ; les Verts (7 élus) 12,35 (=) ; Mouvement pour la France de Philippe de Villiers (4 élus) 7,9 (– 0,9) ; Mouvement des Citoyens de J.-P. Chevènement (13 élus) 6,69 (+ 0,59).

☞ A la suite des décisions du Conseil constitutionnel déclarant inéligibles les candidats n'ayant pas observé les règles sur le financement des campagnes, la loi du 19-1-1995 a décidé que ne seraient plus prises en compte pour le calcul de l'aide publique les voix portées sur ces candidats (dont le Rassemblement nature et animaux, l'Union nationale écologiste et le Parti pour la défense des animaux, qui recevront 2,75 millions de F contre plus de 7,5 en 1994).

ou carte de circulation délivrée par les autorités militaires ; titres de pension, permis de chasser avec photographie ; 2°) *l'attache avec la circonscription du bureau de vote :* domicile (par tous moyens) ou résidence : quittances de loyer, enveloppes postales, etc. ; qualité de contribuable : certificat du percepteur ou de l'inspecteur des impôts ; résidence obligatoire : carte professionnelle ou attestation de l'administration.

Une personne qui possède depuis 6 mois une résidence dans une commune où elle n'est pas domiciliée ne peut être inscrite sur la liste électorale de la commune si elle ne peut justifier y habiter d'une façon continue depuis 6 mois au moins au dernier jour de février.

Pour les Français à l'étranger, des centres de vote peuvent être organisés dans les ambassades ou consulats, mais l'inscription sur les listes de ces centres ne permet d'y voter que pour les élections présidentielles ou européennes et les référendums. Pour les autres élections politiques, ils doivent être inscrits sur la liste électorale d'une commune de France, précisée à l'art. L. 12 du Code électoral.

■ **Statistiques. Nombre d'électeurs inscrits au 25-5-1997 :** 39 217 241 dont *métropole :* 37 997 370 dont hommes 17 800 769, femmes 20 196 601, moins de 21 ans 1 049 835. DOM-TOM et collectivités territoriales : 1 219 871. *Français établis hors de France :* 119 312.

Nota. – Les *non-inscrits* représentent de 3 % (12-3-1978) à 10 % (31-3-1955) des électeurs potentiels.

☞ Fichier central géré par l'Insee. La radiation de ceux qui ont déménagé et se réinscrivent ailleurs, de ceux condamnés par un tribunal et des électeurs décédés est prévue. Les listes électorales, du fait de cette procédure, sont souvent décalées par rapport à la réalité. La refonte des listes avant mars 1992 a réduit de 25 % le corps électoral en Corse.

■ **Vote par procuration. Mandant. Bénéficiaires :** électeurs qui établissent que des obligations dûment constatées les placent dans l'impossibilité d'être présents dans leur commune d'inscription le jour du scrutin (loi du 6-7-1993) : *marins du commerce* (inscrits maritimes, agents du service général et pêcheurs), *militaires, fonctionnaires, cheminots* et *agents des services publics en déplacement* pour les nécessités de leur service, *navigants de l'aéronautique civile. Citoyens français se trouvant hors de France, mariniers,* artisans ou salariés, et les membres de leur famille habitant à bord, *femmes en couches, malades, infirmes ou incurables en traitement ou en pension* dans des établissements de soins, de cure ou d'assistance, *journalistes titulaires de la carte professionnelle* en déplacement par nécessité de service, *voyageurs et représentants de commerce, agents commerciaux, commerçants et industriels ambulants et forains* et le personnel qu'ils emploient, travailleurs employés à des travaux *saisonniers* en dehors du département de leur domicile, *personnels utilisés sur des chantiers éloignés* du lieu normal de leur travail, *entrepreneurs de transport public routier* et les membres de leur personnel roulant appelés en déplacement par les nécessités du service, *personnes suivant, sur prescription médicale, une cure* dans une station thermale ou climatique, *personnes qui, pour les nécessités de leurs études ou leur formation professionnelle,* sont inscrites hors de leur domicile d'origine dans des établissements d'enseignement éloignés de la commune où elles votent, *artistes en déplacement, auteurs, techniciens et artistes portés sur la liste contenue dans le dossier de l'autorisation de tournage d'un film, membres des associations et fédérations sportives en déplacement* pour les nécessités de participation aux manifestations sportives, *ministres des cultes en déplacement* pour l'exercice de leur ministère ecclésiastique, *personnes qui ont quitté leur résidence habituelle pour cause de sinistre ou de catastrophe* et ne l'ont pas regagnée à la date du scrutin.

AUTRES CAS : les électeurs relevant de cette catégorie fourniront toutes justifications de nature à emporter la conviction de l'autorité habilitée à établir la procuration. (La loi du 6-7-1993 inscrit, au nombre des bénéficiaires, les électeurs en vacances, qu'ils soient actifs ou non.)

Le vote par procuration ne peut être accordé pour motifs religieux (par exemple, le 1er tour des cantonales du 13-3-1994 correspondait au jour de la Pâque juive où il est interdit aux pratiquants d'utiliser un véhicule et d'écrire, ce qui les empêchait de signer la feuille d'émargement qui fut alors visée par un assesseur).

Électeurs se trouvant ou non dans leur commune le jour du scrutin : *fonctionnaires* de l'État exerçant leur profession *dans les phares, titulaires d'une pension militaire d'invalidité ou de victime civile de guerre* dont le taux est égal ou supérieur à 85 %, *titulaires d'une pension d'invalidité* (au titre de la Sécurité sociale bénéficiant de la majoration pour assistance d'une tierce personne, notamment assurés sociaux du régime général de Sécurité sociale placés dans le 3e groupe), *de vieillesse, victimes d'accidents du travail* bénéficiant d'une rente correspondant à un taux égal ou supérieur à 85 %, *personnes âgées et infirmes* bénéficiant d'une prise en charge pour aide d'une tierce personne, *personnes qui assistent les invalides, vieillards ou infirmes* visés ci-dessus, *malades, femmes en couches, infirmes ou incurables* qui, en raison de leur état de santé ou de leur condition physique, ne pourront se déplacer le jour du scrutin, *personnes placées en détention provisoire et détenus* purgeant une peine n'entraînant pas une incapacité électorale.

Un mandant peut toujours résilier sa procuration devant l'autorité qui la lui a délivrée. Il peut voter personnellement s'il se présente au bureau de vote avant le mandataire.

Procurations : gratuites. *En France :* établies (avant le départ ou sur le lieu de villégiature) devant un magistrat (juge d'instance) ou un officier de police judiciaire au commissariat de police ou à la gendarmerie (le mandant ne pouvant pas se déplacer pour raisons de santé, peut obtenir l'établissement de la procuration à domicile en écrivant au commissariat ou à la gendarmerie en joignant un certificat médical justifiant son incapacité afin qu'une personne habilitée vienne recueillir sa procuration) ; *à l'étranger :* établies dans les consulats. *Validité :* au choix du mandant, peut être limitée à 1 scrutin ou fixée à 1 an ; pour les Français hors de France, peut être établie pour la durée de l'immatriculation au consulat avec validité maximale de 3 ans.

Mandataire. Il doit jouir de ses droits électoraux et être inscrit dans la même commune que son mandant. Il ne peut disposer de plus de 2 procurations dont une seule établie en France. Il peut être porteur d'une seule procuration établie en France, ou d'une procuration établie à l'étranger (par un mandant hors de France), et d'une procuration établie en France, ou de 2 établies à l'étranger.

■ **Droit de vote des étrangers en France.** *Selon la Constitution du 24-6-1793,* article 4 : tout étranger âgé de 21 ans accomplis, domicilié en France depuis 1 an, qui y vit de son travail, ou acquiert une propriété, ou épouse une Française, ou adopte un enfant, ou nourrit un vieillard ; enfin, tout étranger qui sera jugé par le corps législatif avoir bien mérité de l'humanité, est admis à l'exercice des droits de citoyen français.

Mons-en-Barœul (Nord, *19-5-1985*) : 3 élus par les étrangers siègent sans droit de vote au conseil municipal. *Amiens* (Somme, *19-12-1988*) : 4 représentants associés au conseil municipal, élus par des étrangers. *Mulhouse* (Ht-Rhin, *mai 1990*) : 6 arrondissements ont été créés où sont élus des conseillers d'arrondissements.

☞ Les immigrés peuvent voter (instances consultatives).

■ **Citoyens de l'Union européenne résidant en France. Élections municipales :** sous réserve de réciprocité et selon les modalités prévues par le traité du 7-2-1992, le droit de vote et d'éligibilité peut leur être accordé. Ils ne peuvent exercer les fonctions de maire ou d'adjoint ni participer à la désignation des électeurs sénatoriaux et à l'élection des sénateurs (loi constitutionnelle du 25-6-1992 insérée dans l'art. 88-3 après l'art. 4 de la Constitution du 4-10-1958). La loi du 5-2-1994 et le décret du 10-3-1994 déterminent les conditions d'application du présent article. **Élections européennes :** ils peuvent voter en France et y être candidat pour les élections des représentants français au Parlement européen (juin 1994).

Dans les autres pays de l'Union européenne : droit de vote et éligibilité des étrangers aux élections locales : Danemark, Pays-Bas, Irlande, G.-B. (pour les seuls ressortissants du Commonwealth).

CIRCONSCRIPTION ÉLECTORALE

■ **Définition.** Division électorale dans laquelle se déroulent les élections pour un nombre déterminé de sièges. Ce peut être : la *nation,* tous les électeurs votant ensemble pour tous les députés (système difficile dans un grand État) ; le *département* (exemples : 1817, 1848, IId Empire, IVe République ; sauf pour les départements les plus peuplés, divisés en plusieurs circonscriptions) ; l'*arrondissement* (1830, sous la IIIe République les arrondissements trop grands sont découpés par une loi) ; ou des *circonscriptions* souvent découpées d'une autre façon (Ve République).

■ **Découpage des circonscriptions.** On appelle *gerry-mandering* la pratique des découpages abusifs, du nom d'Elbridge Gerry (1744-1814), gouverneur de l'État du Massachusetts (USA), qui avantagea en 1814 son parti grâce à un découpage tendancieux pour les élections au Sénat. (Avec 50 164 suffrages, les partisans du gouverneur eurent 29 sièges, contre 11 à leurs adversaires avec 51 766 votes). En France, sous le IId Empire, où chaque département était divisé en autant de circonscriptions qu'il y avait de députés, le gouvernement remaniait à son gré ces circonscriptions tous les 5 ans.

En 1958, on a pris soin, en dehors des métropoles, d'avoir le moins possible de circonscriptions purement urbaines ; on a donc souvent accouplé les quartiers d'une ville découpée en étoile à des cantons ou à des arrondissements ruraux limitrophes, espérant que les ruraux tempéreraient les ouvriers. *De 1958 à 1986,* malgré d'importants mouvements de population, la carte électorale a été peu modifiée. *En 1986,* le *16-3,* les législatives se déroulant au scrutin de liste proportionnel selon la loi électorale 85-690 du 10-7-1885, la circonscription se confondait avec le département. Le 11-7-1986, la majorité (de droite) élue rétablit le *scrutin uninominal majoritaire à 2 tours* (loi 86-825). L'art. 7 créait une commission des « Sages » (comprenant 7 magistrats) qui, le *25-8,* constatait qu'« aucune circonscription ne présentait d'écart, par rapport à la moyenne démographique départementale, supérieur à 20 % » mais faisait des réserves pour 62 départements et la Polynésie. Le ministère de l'Intérieur suivit les avis concernant 47 départements. Des avis concernant 24 circonscriptions ne furent pas suivis en raison d'inconvénients géographiques sérieux. Le *18-9* le Conseil d'État examina le projet. Le *24-9* il fut adopté par le Conseil des ministres. Le *2-10* le Pt Mitterrand refusa de signer l'ordonnance. Le *15-10* le gouvernement engagea sa responsabilité devant l'Assemblée nationale. Une motion de censure déposée par les socialistes fut rejetée (288 voix contre 281). Le *22-10* 2e lecture, le gouvernement engagea sa responsabilité, les socialistes ne déposèrent pas de motion de censure. Le texte fut alors adopté selon l'art. 49-3. Le *27-10* 60 députés socialistes s'adressèrent au Conseil constitutionnel pour 47 départements (325 circonscriptions). Le *18-11* le Conseil constitutionnel déclara le texte de loi conforme à la Constitution.

La loi du *24-11-1986* a établi le tableau des circonscriptions. La loi du *11-12-1990* (art. 7) interdit tout redécoupage des circonscriptions électorales l'année précédant l'échéance normale de renouvellement.

CAMPAGNE ÉLECTORALE

■ **Affichage.** Seule est admise, en principe, la propagande officielle. Le candidat doit formuler la *demande d'attribution* d'emplacements le mardi précédant le 1er scrutin au plus tard, et le mercredi précédant le 2e tour s'il y en a un. S'il n'utilise pas l'emplacement qu'il a réservé, il doit rembourser les frais d'établissement à la commune (rarissime). *Nombre maximal d'emplacements réservés* (en dehors de ceux établis à côté des bureaux de vote) : 5 par candidat dans les communes de 500 électeurs et moins ; 10 dans les autres, plus 1 par 3 000 électeurs ou fraction supérieure à 2 000 dans les communes de plus de 5 000 électeurs. Les affiches bleu, blanc, rouge sont interdites. Seules les affiches annonçant exclusivement la tenue de réunions électorales peuvent être apposées après le jeudi (1er tour) et le vendredi (2e tour). Chaque candidat dispose de 4 affiches par tour de scrutin : 2 de grand format (594 × 841 mm) pour exposer le programme ; 2 de petit format (297 × 420 mm) pour annoncer les réunions électorales. L'attribution des panneaux se fait dans l'ordre d'enregistrement des candidatures.

Panneaux électoraux : apposés à côté des bureaux de vote, plus 5 au maximum par candidat dans les communes de 500 électeurs ou moins, 10 dans les autres, 1 supplémentaire par tranche de 3 000 électeurs. *Attribution :* dans l'ordre d'enregistrement des candidatures.

☞ **Nombre total d'emplacements d'affichage** (France dont outre-mer) : de 100 000 à 105 000 (pour 63 500 bureaux de vote).

■ **Circulaires.** Chaque candidat ne peut envoyer aux électeurs avant chaque scrutin qu'une circulaire, au format maximal de 21 × 29,7 cm.

■ **Commissions de propagande** (dans la plupart des circonscriptions). Composées de magistrats et fonctionnaires, elles sont chargées : **1°)** de dresser la liste des imprimeurs agréés pour imprimer les documents électoraux ; **2°)** d'adresser (au plus tard le mercredi précédant le 1er tour de scrutin, et éventuellement le jeudi précédant le 2e tour) aux électeurs de la circonscription (dans une enveloppe fermée envoyée en franchise) la circulaire et le bulletin de vote de chaque candidat ou liste ; **3°)** d'envoyer dans chaque mairie et dans les mêmes délais les bulletins de vote (nombre au moins égal à celui des électeurs inscrits).

Nota. – La diffusion électorale de la propagande officielle n'existe pas lors des élections municipales dans les communes de moins de 2 500 habitants.

■ **Interdictions.** Distribution par tout agent de l'autorité publique ou municipale de bulletins de vote, professions de foi et circulaires des candidats ; utilisation, à des fins de propagande électorale, de tout procédé de publicité commerciale par la voie de la presse ; distribution, le jour du scrutin, de bulletins, circulaires et autres documents.

■ **Bulletins.** Nombre pour chaque candidat : ne peut être supérieur de plus de 20 % à 2 fois le nombre d'électeurs inscrits dans la circonscription. Format réglementé selon le nombre de noms inscrits sur 1 bulletin. Chaque candidat, ou liste de candidats, peut faire imprimer un emblème sur ses bulletins de vote (art. L. 52-3 du Code électoral).

MODALITÉS DU VOTE

■ **Bureau de vote. Salle :** table de vote où siègent les membres du bureau. Sont installées dessus, l'*urne* (transparente depuis le 1-1-1991) avec 2 serrures ou cadenas dissemblables, la *liste d'émargement* (copie, certifiée par le maire, de la liste électorale du bureau de vote) ; *diverses pièces* permettant l'information du bureau et des électeurs ; les *cartes électorales* qui n'ont pu être remises à leurs titulaires. Les bulletins de vote fournis par les candidats et les enveloppes électorales (couleur obligatoirement différente de celle du vote précédent) sont sur des tables de décharge à l'entrée du bureau. **Isoloirs :** au moins 1 pour 300 inscrits.

Constitution : *Pt :* maire, adjoint, conseil municipal dans l'ordre du tableau (rang attribué par l'élection municipale) ou Pt désigné par le maire parmi les électeurs de la commune ; 4 *assesseurs* et 1 *secrétaire* avec voix consultative. Durant les opérations électorales, au minimum 3 membres du bureau doivent être présents en permanence : le Pt (ou son suppléant, ou le plus âgé des assesseurs) et 2 assesseurs titulaires. Le Pt peut désigner parmi les conseillers municipaux ou les électeurs de la commune 1 suppléant qui, en cas d'absence, le remplacera. Chaque candidat, ou chaque liste en présence, peut désigner 1 seul assesseur pris parmi les électeurs du département. Il peut aussi désigner 1 suppléant commun à plusieurs assesseurs. Désignations notifiées au maire par pli recommandé au plus tard le vendredi précédant le scrutin à 18 h. S'il y a moins de 4 assesseurs, on recourt aux conseillers municipaux dans l'ordre du tableau, puis aux électeurs présents sachant lire et écrire, en prenant le plus âgé puis le plus jeune. Le secrétaire est désigné par le Pt et les assesseurs parmi les électeurs de la commune.

Délégués des candidats : chaque candidat ou chaque liste peut exiger la présence dans chaque bureau de vote d'un délégué désigné par ses soins parmi les électeurs du département, habilité à contrôler le déroulement des opérations électorales. Il peut exiger l'inscription au procès-verbal, avant ou après les résultats, de toutes observations, contestations, etc.

Taux d'abstention depuis 1945 (en %)

Présidentielles	1er tour	2e tour
1965 (déc.)	15,2	15,7
1969 (juin)	22,4	31,1
1974 (mai)	15,8	12,7
1981 (avril/mai)	18,9	14,1
1988 (avril/mai)	18,6	15,9
1995 (avril/mai)	21,6	20,3

Législatives	1er tour	2e tour
1945 (oct.)	20,1 [1]	
1946 (juin)	18,1 [1]	
1946 (nov.)	21,9 [1]	
1951 (juin)	19,8 [1]	
1956 (janv.)	17,2 [1]	25,2
1958 (nov.)	22,8	27,9
1962 (nov.)	31,3	20,3
1967 (mars)	18,9	22,2
1968 (juin)	20	18,2
1973 (mars)	18,7	18,1
1978 (mars)	16,8	24,9
1981 (juin)	29,6	25,5
1986 (mars)	21,9 [1]	30,1
1988 (juin)	34,3	32,5
1993 (mars)	31,1	32,4
1997 (mai/juin)	31,6	28,6

Régionales	1 seul tour
1986	22,1
1992	31,3
1998	41,9

Municipales	1er tour	2e tour
1947	23,2	
1953	20,4	
1959	25,2	26,1
1965	21,8	29,2
1971	24,8	26,4
1977	21,1	22,4
1983	21,6	20,3
1989	27,2	26,9
1995	30,6	32,02
2000	38,89	37,46

Référendums	1 seul tour
1945 (oct.)	20,1
1946 (mai)	19,3
1946 (oct.)	31,2
1958 (sept.)	15,1
1961 (janv.)	23,5
1962 (avril)	24,4
1962 (oct.)	22,8
1969 (avril)	19,4
1972 (avril)	39,5
1988 (nov.)	63
1992 (sept.)	28,9
2000 (sept.)	69,81

☞ Pour plus de détails voir également le tableau p. 775.

Cantonales	1er tour	2e tour
1945	30	
1949	40	
1951	40,3	
1955	40,4	
1958	32,6	37,9
1961	43,5	46
1964	43,3	41,7
1967	42,7	42,6
1970	38,2	39
1973	46,6	45,8
1976	34,7	32,3
1979	34,6	34,6
1982	31,6	29,7
1985	33,3	33,8
1988	50,9	53
1992	29,9	38,1
1994	39,6	41,3
1998	39,6	44,9
2000	34,43	43,72

Européennes	1 seul tour
1979	39,23
1984	43,27
1989	51,19
1994	47,29
1999	52,24

Nota. – (1) Scrutin de liste à la représentation proportionnelle à 1 tour dans le cadre départemental. La loi du 11-7-1986 a rétabli le scrutin uninominal majoritaire à 2 tours.

☞ **Nombre de législatives partielles et moyenne des abstentions en % :** *1958-62 :* 6 (40,4) ; *62-67 :* 8 (38,1) ; *67-68 :* 5 (30,3) ; *68-73 :* 15 (40,1) ; *73-78 :* 18 (34,9) ; *78-81 :* 13 (39,4) ; *81-86 :* 8 (37,8) ; *88-91 :* 16 (56,4) ; *93-96 :* 40 (57,3).

■ **Machines à voter.** Autorisées par la loi du 10-5-1969 dans les communes de plus de 30 000 hab., mais l'expérience réalisée depuis les législatives de 1973 est peu concluante (défaillance, coût élevé de maintenance). En décembre 1988 ne subsistaient qu'à Ajaccio et Bastia (où il y eut cependant des fraudes en mars 1986 qui conduisirent à l'annulation des législatives et régionales de Haute-Corse). Autorisées depuis 1-1-1991 (art. L. 57-1 du Code électoral) dans les communes de plus de 3 500 hab. (liste fixée par décret en Conseil d'État), permettant plusieurs élections de type différent le même jour.

■ **Carte électorale.** Établie par le maire. Elle est distribuée au domicile de l'électeur au plus tard 3 jours avant le scrutin. Les cartes non distribuées sont gardées à la mairie ou au bureau de vote de l'électeur. N'est pas indispensable pour voter.

■ **Jour du vote.** Autrefois, le scrutin s'étalait sur plusieurs jours [ainsi, sous la Révolution, 37 jours (à Paris en sept.-oct. 1791)] car il fallait vérifier les titres des électeurs ; sous le Directoire, l'appel était nominatif ; *loi du 15-3-1849* et *décret de 1852 :* 2 jours ; *depuis 1875 :* 1 jour. Depuis la loi du 5-10-1946 (art. L. 55), le scrutin a lieu obligatoirement le dimanche entre 8 h et 18 h (jusqu'à 19 h dans certaines grandes villes, 20 h à Paris et dans certains départements limitrophes). Les préfets peuvent, par arrêté, avancer l'heure d'ouverture dans certaines communes ou la retarder dans toutes les communes d'une même circonscription électorale. *S'il y a 2 tours :* 2 semaines d'intervalle entre les 2 tours (élections présidentielles), 1 semaine (autres élections).

Opérations de vote : en cas de difficultés, le bureau tranche à la majorité par des décisions motivées. La minorité peut faire inscrire ses observations au procès-verbal. Le Pt du bureau a seul la police de l'assemblée. Il fait expulser les perturbateurs mais ne peut empêcher les candidats ou délégués d'exercer leur contrôle. Si l'expulsion d'un délégué est justifiée, son suppléant le remplace.

Ouverture du scrutin : le Pt constate l'heure d'ouverture du scrutin (mentionnée au procès-verbal) et que l'urne est vide ; puis il la ferme, garde une clef et donne l'autre à un assesseur tiré au sort parmi les assesseurs. *Réception des votes :* prennent part au vote les électeurs : les inscrits sur la liste électorale ; les porteurs d'une décision de justice leur reconnaissant le droit d'y figurer ; les porteurs d'un mandat de procuration régulièrement établi ; ceux qui ont donné procuration mais qui se présentent au bureau de vote avant leur mandataire. Au 2e tour : les électeurs inscrits sur la liste électorale qui a servi au 1er tour et certains électeurs dont l'inscription a été ordonnée entre les 2 tours par voix judiciaire (art. L. 34). *Vote :* après avoir fait constater son inscription, l'électeur retire à la table de décharge l'enveloppe et les bulletins de vote, et se rend obligatoirement dans l'isoloir (sous peine de nullité) pour y mettre son bulletin dans l'enveloppe. Ceux dont l'état physique justifie l'assistance d'une tierce personne pour voter (personne ne pouvant introduire seule son bulletin dans l'enveloppe et la glisser dans l'urne) peuvent se faire accompagner dans l'isoloir par un électeur de leur choix. Le Pt vérifie l'identité de l'électeur. La production d'une pièce d'identité n'est obligatoire que dans les communes de plus de 5 000 hab., mais l'absence de contrôle d'identité, même dans les communes de plus de 5 000 hab., n'entraîne l'annulation des suffrages ainsi émis que s'il est établi que les personnes ont voté sous de fausses identités. L'électeur fait ensuite constater qu'il ne détient qu'une enveloppe (que le Pt ne doit pas toucher), puis la met dans l'urne. Le vote est mentionné, en face du nom de l'électeur, sur la liste d'émargement par la signature ou le paraphe de l'assesseur chargé de cette tâche, inscrit à l'encre (stylo à bille admis). Chaque électeur signe à l'encre en face de son nom sur la liste d'émargement (loi du 30-12-1988). Un timbre à date est apposé sur la carte électorale ou l'attestation d'inscription détenue par l'électeur (art. R. 61).

Clôture du scrutin : tous les assesseurs titulaires doivent être présents. Le Pt constate publiquement l'heure de clôture qui est portée au procès-verbal. Seuls peuvent être recueillis les votes des électeurs ayant pénétré dans la salle avant la clôture.

Secret : autrefois le vote était public [ainsi en 1793 pour l'adoption de la Constitution : à haute voix ; sous le Consulat : 2 registres (oui et non)]. Il est implicitement secret depuis 1817 et explicitement depuis 1875. Les garanties furent insuffisantes jusqu'à l'adoption de l'enveloppe officielle uniforme, de l'isoloir et de l'urne en 1913-14.

■ **Dépouillement. Principe :** effectué en public, en présence des délégués des candidats et des électeurs. **Scrutateurs** (au moins 4 par table, le nombre de tables ne pouvant être supérieur au nombre d'isoloirs) : doivent savoir lire et écrire. Présents au moins 1 h avant la clôture du scrutin, ils sont normalement désignés par chacun des candidats ou mandataires de listes en présence ou par chacun des délégués parmi les électeurs de la commune. En aucun cas, 2 scrutateurs d'un même candidat ne doivent être à la même table. En cas d'insuffisance, des scrutateurs sont nommés par le bureau parmi les électeurs présents de la commune. A défaut, les membres du bureau peuvent participer au dépouillement.

Dénombrement : le bureau détermine le nombre des votants en totalisant les paraphes portés sur la liste d'émargement. Puis l'urne est ouverte et le nombre d'enveloppes et de bulletins sans enveloppe est décompté. En cas de différence entre le nombre de votants figurant sur la liste d'émargement et celui des enveloppes trouvées dans l'urne, un nouveau décompte est effectué. Si une différence subsiste, elle est mentionnée au procès-verbal.

En cas de contentieux, le juge administratif retient toujours comme valable le plus faible des 2 nombres. Les enveloppes sont regroupées par paquets de 100 dans des enveloppes spéciales aussitôt cachetées. Le Pt du bureau de vote y appose sa signature ainsi que 2 assesseurs au moins, représentant (sauf liste ou candidat unique) des listes ou des candidats différents.

Ouverture des enveloppes : le Pt les répartit entre les tables. A chaque table, un scrutateur extrait le bulletin et le passe déplié à un autre scrutateur qui le lit à haute voix. Les noms portés sur le bulletin sont relevés, par 2 scrutateurs au moins, sur les feuilles de pointage prévues. Si l'enveloppe contient 2 ou plusieurs bulletins identiques, 1 seul est pris en compte ; si les bulletins portent des listes et des noms différents, le vote est nul. Le bureau statue sur la validité des bulletins et enveloppes. Puis il arrête le nombre des suffrages obtenus en fonction des feuilles de pointage et des rectifications qu'il a opérées.

Procès-verbal : le secrétaire le rédige (sur un formulaire fourni par l'État) dans la salle de vote, en présence des électeurs. Il est établi en 2 exemplaires signés de tous les membres du bureau. Les délégués des candidats ou des listes en présence sont invités à le contresigner. 1 exemplaire est déposé en mairie, l'autre transmis au bureau centralisateur, le cas échéant, puis à la sous-préfecture (élections municipales et cantonales) ou à la préfecture (autres élections). Sont aussi transmis à l'autorité préfectorale : bulletins et enveloppes déclarés nuls ou blancs, ceux contestés ou litigieux, paraphés par les membres du bureau avec mention de la cause d'annulation et de la décision prise ; les listes d'émargement.

Fraude électorale (principaux cas)

■ **Inscriptions.** *Inscriptions irrégulières* de gens qui n'habitent pas la commune, ou *radiation d'office* d'électeurs dont on connaît les opinions.

■ **Campagne.** *Propagande irrégulière, affichage sauvage :* condamnations très rares. *Utilisation d'un fichier informatisé :* les candidats peuvent être autorisés par le maire à prendre copie des supports informatisés de la liste électorale, à condition que ces facilités soient accordées à tous, et que nul ne soit dispensé de payer le prix de ces prestations (arrêt du Conseil d'État du 3-1-1975, élections municipales de Nice).

■ **Jour du vote. Avant l'ouverture du scrutin : 1°)** il manque des pages au cahier d'émargement. **2°)** Le cahier d'émargement comporte déjà des signatures. **3°)** L'urne n'est pas conforme (1 seul cadenas ou 2 cadenas identiques, double fond, etc.). **4°)** Des bulletins de vote comportent des signes distinctifs rajoutés, pouvant les rendre nuls. **5°)** Le nombre d'enveloppes n'est pas conforme à celui des inscrits. **6°)** Un paquet d'enveloppes est jeté dans l'urne au moment de sa fermeture. **Pendant le vote : 7°)** un assesseur émarge sans justification. **8°)** Une identité n'est pas contrôlée (villes de plus de 5 000 hab.). **9°)** Un électeur non inscrit vote. **10°)** Un électeur glisse plusieurs bulletins dans l'urne ou le Pt du bureau glisse des bulletins dans une urne truquée munie de 2 fentes. **11°)** Le Pt prétend expulser un assesseur ou un délégué. **12°)** Il manque des bulletins de vote et/ou des enveloppes dans le bureau de vote. **Après la clôture du scrutin : 13°)** l'urne est ouverte avant la fin du décompte du cahier d'émargement. **14°)** L'ouverture donne lieu à une bousculade. **15°)** Le nombre des enveloppes ne correspond pas au nombre d'émargements. **16°)** Les paquets de bulletins comptés sont placés sur les bords des tables (risque de substitution). **17°)** Les scrutateurs ont tous été désignés par le Pt. **18°)** Certains bulletins sont abusivement considérés comme nuls. **19°)** Le procès-verbal comporte des ratures non signalées. Les résultats sont inscrits au crayon. **20°)** Le fraudeur falsifie les résultats (fraude relevant de la Cour d'assises). **21°)** Une urne est substituée à une autre.

☞ Des commissions de contrôle des opérations de vote sont instituées dans les communes de plus de 20 000 hab. *Entre 1976 et 1980,* les cantonales ont été annulées 3 fois à Fontenay-sous-Bois. *En 1988,* 700 à 800 procurations sur les 1 200 établies dans le IXe arrondissement de Marseille l'ont été par des personnes qui n'avaient pas qualité pour le faire.

Les élections municipales de 1989 à Paris ont donné lieu à 356 contestations devant les tribunaux (6 acceptées, 12 en délibéré début 1995, 338 rejetées).

Pouvoirs ou organes élus	Révision des listes ou inscriptions	Mandat en années	Renouvellement	Dernières élections	Prochaines élections [5]
Assemblée nationale (législatives)	–	5	général	mai/juin 1997	mars 2002
Caisse mutuelle sociale agricole	avant les élections	6	par 1/2 [2]	mars 1995	2000
Caisse de Sécurité sociale	avant les élections	4	général	déc. 1998	déc. 2002
Chambre d'agriculture	28 févr./15 mars	6	général	janv. 1995	2001
Chambre de commerce et d'industrie	31 mars	6	par 1/2 [4]	nov. 2000	nov. 2003
Chambre de métiers	1er/20 avril	6	par 1/2 [2]	nov. 1998	nov. 2001
Comité d'entreprise	selon convention	2	général	variable	variable
Conseil général (élections cantonales)	–	6	par 1/2	mars 2001	mars 2004
Conseil municipal	1er septembre [1]	6	général	mars 2001	mars 2007
Conseil régional		6	général	mars 1998	mars 2004
Délégués consulaires	1er janv./1er avril	3	général	nov. 2000	nov. 2003
Délégués du personnel	collective	1	général	variable	variable
Pt de la République	1er septembre [1]	7	général	mai 1995	2002
Prud'hommes	non déterminé	5	par 1/2 [2]	nov. 1999	nov. 2002
Sénat	collège électoral	9	par 1/3 [2]	sept. 1998	sept. 2003
Tribunal paritaire	10/20 sept.	5	général	nov. 1998	nov. 2003
Union d'Assurance familiale	avant les élections	3	par 1/3 [3]	variable	variable

Nota. – (1) Au dernier jour ouvrable et décembre inclus. (2) Tous les 3 ans. (3) Tous les ans. (4) Tous les 3 ans ; général si modification de la structure de la chambre. (5) Prévisions au 1-5-2000.

■ **Bulletins devant être annulés ou n'entrant pas en compte dans les suffrages exprimés.** Bulletins *blancs* ; trouvés dans l'urne *sans enveloppe ;* ne contenant pas une *désignation suffisante ;* bulletins et enveloppes *sur lesquels les votants se sont fait connaître ;* trouvés dans des enveloppes *non réglementaires ;* écrits sur papier *de couleur ;* portant des *signes intérieurs ou extérieurs de reconnaissance* (exemple : déchirés aux 4 angles ; portant le nom des candidats entouré d'un trait d'encre ou de crayon, des numéros ; accompagnés d'autres documents tels que billets de train, tickets de métro...) ; contenus dans des *enveloppes portant des signes ;* portant des *mentions injurieuses* pour les candidats ou pour des tiers, et contenus dans des *enveloppes portant ces mentions ;* enveloppes *sans bulletin.* **Ne devant pas être annulés.** Bulletins portant des taches accidentelles (encre, graisse, rouge à lèvres...) ne constituant pas des signes de reconnaissance ; bulletins accompagnés de la profession de foi du candidat ; professions de foi mises à la place des bulletins eux-mêmes.

☞ Certains partis préconisent l'emploi de bulletins blancs ou nuls lors de certaines élections (par exemple : référendum s'il faut donner une seule réponse à des questions différentes).

■ CONTESTATION DES ÉLECTIONS

■ **Recours.** Doit avoir un objet, contester l'élection elle-même, demander l'annulation de l'élection du candidat proclamé élu ou la proclamation d'un autre candidat. La contestation d'une irrégularité n'est sanctionnée que si elle est de nature à jeter un doute sur le résultat du scrutin. Il faut alors que l'écart de voix entre les candidats soit faible, et que l'élu ait commis, même involontairement, la ou les irrégularités constatées (ou en bénéficié). Parfois, le juge relève des irrégularités ou annule les résultats d'un bureau de vote entier sans prononcer l'annulation du scrutin. Fréquemment le dossier est transmis au procureur de la Rép. qui peut engager des poursuites pénales envers les auteurs des irrégularités.

■ **Contentieux des élections.** Les tribunaux administratifs doivent statuer dans les 3 mois de leur saisine. Le Conseil d'État se prononce presque toujours l'année suivant le scrutin. Le Conseil constitutionnel juge en 2 mois environ. **Délai pour saisir les tribunaux :** quelques jours. **Délai d'appel :** 1 mois ; toujours suspensif. Les actes pris entre l'élection et son annulation restent valables (sauf s'ils sont illégaux pour d'autres raisons que l'élection elle-même). **Conséquences :** *l'annulation du 2e tour* oblige à refaire l'ensemble des opérations électorales, 1er tour inclus. En cas d'annulation d'une élection cantonale ou municipale pour manœuvre dans l'établissement de la liste électorale ou irrégularité dans le déroulement du scrutin, le tribunal administratif peut décider, nonobstant appel, la suspension du mandat de celui ou de ceux dont l'élection a été annulée. En ce cas, le Conseil d'État décide dans les 3 mois. A défaut de décision définitive au bout de ce délai, la suspension est interrompue.

■ **Nombre de requêtes,** entre parenthèses, **nombre de sièges concernés et,** en italique, **nombre de décisions d'annulation. Élections à l'Assemblée nationale : 1958** *(23/30-11)* : 154 (113) *5* ; **1962** *(18/25-11)* : 94 (76) *7* ; **1967** *(5/12-3)* : 149 (141) *5* ; **1968** *(23/30-6)* : 60 (47) *1* ; **1973** *(4/11-3)* : 235 [dont 177 pour Guadeloupe] (49) *2* ; **1978** *(12/19-3)* : 60 (56) *5* ; **1981** *(14/21-6)* : 63 (54) *4* ; **1986** *(16-3)* : 34 (26) [à la proportionnelle, nombre des départements concernés] *2* [10 sièges au total compte tenu du mode de scrutin] ; **1988** *(5/12-6)* : 96 (74) *7* ; **1993** *(21/28-3)* : 877 dont 648 par la Commission nationale des comptes de campagne et des financements politiques] (153) [compte non tenu des 648 requêtes] *6* [2 annulations pour irrégularités, 4 pour non-respect des dispositions relatives au financement des campagnes électorales] ; **1997** *(25-5/1-6)* : 443 [dont 271 par la Commission] (130) *4* ; **1998-99 :** 6 (3) *1*. **Au Sénat : 1959** *(26-4)* : 21 [plus 2 requêtes : rejetées (irrecevables pour désignation des délégués sénatoriaux)] (58) *1* ; **1962** *(23-9)* : 7 [plus 1 requête : idem] (9) *0* ; **1965** *(26-9)* : 5 (8) *0* ; **1968** *(22-9)* : 2 (6) *0* ; **1971** *(26-9)* : 9 (10) *0* ; **1974** *(22-9)* : 6 (5) *0* ; **1977** *(25-9)* : 2 (12) *0* ; **1980** *(28-9)* : 4 (3) *0* ; **1983** *(23-9)* : 20 (11) *0* ; **1986** *(28-9)* : 4 (27) *0* ; **1989** *(24-9)* : 7 (15) *0* ; **1992** *(27-9)* : 13 (32) *0* ; **1995** *(24-9)* : 13 (30) *2* [1 siège dans chaque cas]. **1998** *(27-9)* : 9 (27) *0*.

MODES DE SCRUTIN

DÉFINITIONS

■ **Majorité. Relative (ou simple)** : majorité du candidat (ou de la liste) réunissant plus de voix que celle d'aucun autre concurrent. **Absolue :** majorité réunissant plus de voix que la moitié des suffrages exprimés.

■ **Scrutin uninominal.** Vote par bulletins comportant un seul nom. Utilisé quand 1 seul siège est offert par circonscription. *Peut être à 1 tour :* le candidat arrivant en tête étant élu (système utilisé en G.-B.) ; *à 2 tours :* si le candidat n'a pas obtenu la majorité absolue au 1er, on procède à un 2e tour où la majorité relative suffit (système utilisé en France pour les cantonales, les législatives, une partie des sénatoriales, les prési-dentielles) ; *à 3 tours* (en France pour les Pts de l'Assemblée nationale et du Sénat, des maires et adjoints au maire, etc.).

■ **Scrutin de liste.** Utilisé quand plusieurs sièges sont offerts par circonscription (par exemple, IVe République). *Listes bloquées :* l'électeur ne peut modifier la liste choisie. *Panachage :* l'électeur peut la modifier en prenant des noms sur une ou plusieurs autres listes, ou en ajoutant le nom de personnes qui n'ont pas fait acte de candidature. *Vote préférentiel :* l'électeur peut changer l'ordre des candidats d'une même liste.

■ **Scrutin de liste majoritaire. A 1 tour :** la liste arrivant en tête est élue. **A 2 tours :** au 1er, seuls les candidats ou la liste ayant obtenu la majorité absolue sont élus ; dans le cas contraire, il y a *ballottage* jusqu'au 2e tour ; au 2e, la majorité relative suffit (élections municipales).

■ **Scrutin de liste à la représentation proportionnelle. Intégrale :** on divise le nombre de suffrages exprimés par le nombre de sièges à pourvoir. Le *quotient électoral* ainsi obtenu correspond au nombre de voix nécessaires pour obtenir un siège. Les listes obtiendront autant de sièges que le nombre de voix recueillies contiendra de fois le quotient électoral. Les voix restantes seront rassemblées par partis à l'échelon national, et recueilleront proportionnellement les sièges non pourvus (système utilisé en Italie). **Approchée :** les restes sont attribués entre les listes au sein même de la circonscription d'après : **1°)** soit *le plus fort reste :* les listes ayant le plus fort reste recevront dans l'ordre les sièges non pourvus ; **2°)** soit *la plus forte moyenne* [utilisé en Belgique, Pays-Bas, Scandinavie ; en France pour partie aux sénatoriales et municipales (loi du 19-11-1982), et aux législatives et régionales (16-3-1986)] : différents modes possibles, dont celui attribuant fictivement les sièges restant à chaque liste, pour calculer combien chaque siège représente alors de voix. La liste offrant la plus forte moyenne pour chaque siège recueille le siège restant ; s'il y a plus d'un siège en cause, on recommence l'opération.

Le système de la représentation proportionnelle a été appliqué pour les municipales dans les villes de 3 500 habitants et plus pour l'attribution de la moitié des sièges. La liste qui a obtenu 50 % des voix au 1er tour et celle arrivée en tête au 2e tour, qu'elle ait obtenu ou non la majorité

■ **Modes de scrutin en France. 1791-1817 :** 2 degrés, scrutin de liste à 1 tour ; **1817** (loi du 5-2) : suppression des 2 degrés ; **1820** (loi du 29-6) : 2 listes (département et arrondissement) ; **1831 :** d'arrondissement ; **1848 :** suffrage universel (décret du 5-3), scrutin plurinominal majoritaire à 1 tour (dans le cadre du département) ; **1852 :** uninominal majoritaire à 2 tours (cadre des circonscriptions). **1871 :** selon la convention d'armistice, le gouvernement provisoire, qui a 3 semaines pour élire une Assemblée nationale, revient à la loi de 1848 : plurinominal majoritaire à 1 tour (département) ; sont élus les candidats ayant eu le plus grand nombre de voix, à condition qu'ils aient obtenu les suffrages de plus du 1/8 des électeurs inscrits ; candidatures multiples autorisées. **1873** *(18-2)* : devant le succès des républicains à de nombreuses partielles, la majorité monarchiste de l'Assemblée institue le système majoritaire à 2 tours : 1er tour, majorité absolue pour être élu ; 2e tour, on refera l'alliance des légitimistes et des orléanistes. **1875** *(30-11)*, puis **1876** *(20-2)*, **1877, 1881 :** uninominale majoritaire à 2 tours (arrondissement administratif). **1885** *(16-6)* : plurinominal majoritaire (département) ; appliqué dès le 5-10. **1889** *(13-1)* : majoritaire d'arrondissement à cause de la menace boulangiste ; *(17-7)* : la candidature dans plusieurs circonscriptions à la fois est interdite. **1900** *(début des années)* : les petits partis socialistes et catholiques modérés réclament la proportionnelle (1909 : échoue à la Chambre. 1913 : au Sénat). **1914 :** vote secret instauré. **1919** *(7-7)* : mixte à 1 tour (départements : si ceux-ci ont droit à plus de 6 sièges, ils sont divisés) ; sont élus les candidats ayant obtenu la majorité absolue, sinon les sièges sont pourvus à la proportionnelle entre les listes, l'ordre sur celles-ci étant déterminé par le nombre des voix obtenues par chacun des membres. **1927** *(21-7)* : majoritaire à 2 tours (arrondissement) ; appliqué *1928* (*22* et *29-4*) : succès de la droite ; *1932* et *1936* : succès de la gauche. **1945** *(17-8)* : proportionnelle départementale : de Gaulle ne veut pas d'un scrutin majoritaire qui avantagerait les communistes ; les départements devant élire plus de 9 députés sont divisés ; *-21-10* : appliquée pour l'élection à la 1re Assemblée constituante (21-10-1945), à la 2e (2-6-1946) et à l'Assemblée nationale (10-11-1946). **1951** *(9-5)* : *loi des apparentements* [MRP (démocrates-chrétiens) et SFIO (socialistes) craignent que PCF et RPF ne constituent une majorité négative rendant le régime ingérable]. Mixte : proportionnelle à 1 tour ; si les listes qui ont déclaré être « apparentées » remportent ensemble la majorité des suffrages exprimés, elles se partagent entre elles tous les sièges, à la proportionnelle ; sinon elle les partage avec les autres listes non apparentées suivant la plus forte moyenne. Panachage et vote préférentiel sont autorisés ; appliqué *17-6-1951* et *2-1-1956*. **1958 :** Debré et les principaux dirigeants gaullistes sont pour un scrutin de liste majoritaire départemental, Guy Mollet (SFIO) et Mitterrand pour le scrutin d'arrondissement. *(13-10)* : ordonnance instituant le scrutin uninominal majoritaire à 2 tours, dans le cadre de circonscriptions découpées pour l'occasion. On ne peut plus être candidat au 2e tour si on ne l'a pas été au 1er. *Application : 23-11-1958, 1962, 1967, 1968, 1973, 1978, 1981.* Depuis la loi du *29-12-1966*, il faut, pour se présenter au 2e tour, avoir obtenu au 1er un nombre de suffrages au moins égal à 10 % du nombre des inscrits (avant, 5 % des suffrages exprimés), porté à 12,5 % le *19-7-1976*. Si un seul candidat atteint les 12,5 %, le 2e qui le suit peut se présenter au 2e tour. Si aucun candidat n'atteint 12,5 %, les 2 arrivés en tête peuvent se présenter. Si sur 2 candidats restant en lice au 2e tour, un seul a obtenu 12,5 % et si celui qui le suit avec moins de 12,5 % se désiste en sa faveur, un 3e candidat ne peut se présenter (décision jugée par le Conseil constitutionnel en 1978). Il n'y a donc qu'un candidat pour le 2e tour. **1985** *(10-7)* : la gauche (gouvernement Fabius) institue la proportionnelle départementale à 1 tour, sans panachage ni vote préférentiel, et sans division des départements les plus grands ; *application : 16-3-1986* ; RPR et UDF disposent de 2 députés de plus que la majorité absolue. **1986** *(11-7)* : la droite (Chirac) rétablit le scrutin uninominal majoritaire de circonscription. Le Parlement autorise le gouvernement à découper de nouvelles circonscriptions par ordonnance. Le Pt Mitterrand refusant de signer celle-ci, le découpage préparé par Charles Pasqua, ministre de l'Intérieur, est adopté sans vote, Jacques Chirac engageant sa responsabilité devant l'Assemblée. *Application : 5 et 12-6-1988.*

■ **Positions diverses. De Gaulle,** en 1958, est tenté par la proportionnelle mais Pompidou, directeur de son cabinet, le convainc de retenir le scrutin d'arrondissement ; Guy Mollet joue un rôle important dans ce choix et dans le découpage des circonscriptions. **Giscard d'Estaing,** en 1957, député du P.-de-D., défend un système mixte où la moitié des députés à l'Assemblée nationale serait élue au scrutin uninominal majoritaire à 2 tours et l'autre moitié au scrutin proportionnel à 1 tour sur le plan national. En 1977, il songe encore à une réforme. En 1984, dans *Deux Français sur trois,* il propose de « transposer pour l'Assemblée nationale le mode d'élection pratiqué pour le Sénat » : dans les départements où la population est inférieure à un certain chiffre (exemple : 1 million d'habitants), scrutin d'arrondissement ; dans ceux à population supérieure, où les électeurs se sentent moins proches de leurs élus, scrutin proportionnel départemental. 2/3 des députés seraient élus au scrutin majoritaire et 1/3 au scrutin proportionnel. **Mitterrand,** en 1958, réclame le retour au scrutin d'arrondissement et préside l'association parlementaire qui défend cette idée. De 1972 à 1980, le système électoral Weill-Raynal est inscrit dans le programme socialiste sous le terme de *« représentation proportionnelle intégrale »* (en fait, système mixte proche de celui de l'All. fédérale). En 1981, Mitterrand (candidat socialiste à l'élection présidentielle) inscrit la représentation proportionnelle (sans autre précision) parmi ses 110 propositions. En 1984, après la rupture de l'union de la gauche (juillet), le PS, voulant limiter ses pertes, prévisibles si l'on maintenait le scrutin majoritaire, et se libérer de l'obligation de négocier avec le PC des accords de désistement pour le 2e tour, propose la proportionnelle à l'Assemblée (qui l'adoptera). Ce choix provoque le départ de Michel Rocard du gouvernement. **Centristes et radicaux** réclament un scrutin proportionnel pour les législatives de 1978. En 1986, ils préfèrent le scrutin majoritaire. Le **Parti communiste** a toujours été pour la proportionnelle.

☞ En 1985, **Maurice Duverger** a prôné une proportionnelle à 2 tours : le 1er aurait révélé la force respective de tous les partis, sans donner lieu à une répartition des sièges. Au 2e tour, seules les 4 listes en tête au 1er tour dans le département se seraient affrontées, telles quelles, sans apparentement ni modification, les citoyens décidant des regroupements de voix.

RÉSULTATS ÉLECTORAUX : 1er TOUR OU TOUR UNIQUE, en % des voix

	L. 1958	L. 1962	P. 1965	L. 1967	L. 1968	L. 1973	P. 1974	L. 1978	P. 1981	L. 1981	L. 1986	P. 1988	L. 1988	R. 1992	L. 1993	P. 1995	L. 1997	R. 1998
Extr. gauche (9)	1,2	2,1		2,2	4	3,2	2,7	3,3	3,4	1,2	1,5	4,4	0,4	1,2	1,66	5,3	2,52	4,33
Parti comm. (10)	18,9	21,9		22,5	20	21,4		20,6	15,5	16,1	9,7	6,8	11,3	8	9,18	8,64	9,98	1,08
Soc./Rad. (11)	25,1	19,8	32,2	18,9	16,5	21,2	**43,4**	**26,3**	**28,3**	**38,3**	32,8	**34,1**	**37,5**	20,4 (1)	19,20 (7)	23,3	25,1	35,8
Écologistes							1,3	2,3	3,9	1,1	1,2	3,8	0,4	13,9 (2)	10,7 (6)	3,32	6,86	2,70
Gaullistes	20,6	**33,7**	**43,7**	**33**	**38**	**26**	14,5	22,8	21,1	21,2		19,9	19,2					
Rép. indép. (12)		2,3		5,5	8,4	11		} 23,9	} 27,8	} 21,7	} **44,6**			} **37,2** (3)	39,69 (8)	**39,42**	29,93 (14)	35,58
Centristes	**31,1**	19,4	15,9	16	12,4	16,7	36,8					16,6	21,4					
Droite nat. (13)	2,6	0,7	5,2	0,6	0,1	0,5	0,8	0,7		0,3	9,9	14,4	9,8	14,1 (4)	12,6 (5)	15	15	15,02
Divers	0,5	0,1	2,9		0,6		0,5			0,1	0,3			4,3	6,9	5	7,85	5,42
Gauche	45,2	43,8	32,2	43,6	40,5	45,8	46,1	**50,2**	47,2	**55,6**	44	45,3	49,2	42,3	39	35,2	41,9	51,5
Droite	**54,3**	**56,1**	**64,9**	**56,4**	**58,9**	**54,2**	**52,1**	47,4	**48,9**	43,2	**54,5**	**50,9**	**50,4**	**51,3**	**52,3**	**54,4**	**44,9**	41,2

Nota. – **L. :** législative ; **P. :** présidentielle ; **R. :** régionale. (1) Dont PS = 18,3 %. (2) Dont Verts = 6,8 % et Génération Écologie = 7,1 %. (3) Dont UPF = 33 %. (4) Dont FN = 13,9 %. (5) Dont FN = 12,4 %. (6) Dont Verts = 4,02 %, Génération Écologie = 3,61 %, Nouveaux Écologistes = 2,50 %. (7) Dont PS = 17,39 %. (8) Dont RPR = 19,81 %, UDF = 18,61 %. (9) Extrême gauche. (10) Parti communiste. (11) Sociaux/Radicaux. (12) Républicains indépendants. (13) Droite nationaliste. (14) Dont RPR = 15,59 %, UDF = 14,34 %

absolue, recueillent la moitié des sièges. L'autre moitié des sièges est répartie à la proportionnelle selon « la plus forte moyenne ». **Exemple :** 5 sièges à pourvoir, 20 000 suffrages exprimés, 4 listes en présence : *A :* 8 600 voix (43 %), *B :* 5 600 voix (28 %), *C :* 3 800 voix (19 %), *D :* 2 000 voix (10 %). **Calcul du quotient électoral :** on divise le nombre des suffrages exprimés (20 000) par le nombre de sièges (5) : quotient de 4 000. On divise ensuite le nombre de voix obtenues pour chaque liste par ce quotient (4 000) et on attribue à chacune autant de sièges qu'elle a atteint de fois le quotient. *Liste A :* (8 600 divisé par 4 000) 2 sièges. *B :* (5 600) 1. *C :* (3 800) 0. *D :* (2 000) 0. 3 sièges sont donc attribués. Pour les 2 restants, on ajoute fictivement à chaque liste un siège à ceux dont elle bénéficie déjà, et on divise le nombre de voix que la liste a recueilli par le nombre ainsi obtenu. Le parti qui a la plus forte moyenne obtient le siège. On recommence la même opération pour l'attribution du dernier siège. Soit ici pour le 4e siège : *Liste A :* 8 600 divisé par 3 (2 sièges déjà attribués plus 1 siège fictif). Soit 2 866. *B :* 5 600 divisé par 2 (1 + 1) 2 800. *C :* 3 800 divisé par 1 (0 + 1) 3 800. *D :* 2 000 divisé par 1 (0 + 1) 2 000. *C* qui a la plus forte moyenne reçoit 1 siège. Pour le 5e et dernier siège, on recommence : *A :* 8 600 divisé par 3 : 2 866. *B :* 5 600 divisé par 2 : 2 800. *C :* 3 800 divisé par 2 (1 siège attribué par le calcul précédent + 1 fictif) : 1 900. *D :* 2 000 divisé par 1 : 2 000. *A*, qui a la plus forte moyenne, reçoit un 3e siège. *Répartition définitive. A :* 3 sièges. *B :* 1 siège. *C :* 1 siège. *D :* 0 siège.

■ **Systèmes mixtes.** Combinant représentation proportionnelle et scrutin majoritaire. Exemples : les *apparentements* en 1951 (voir encadré p. 762) et en 1956 (plusieurs listes peuvent se grouper pour le décompte des voix, afin de gagner des sièges au détriment des adversaires communs), *l'élection à l'Assemblée de Corse* prévue par la loi du 13-5-1991 (au sein d'un scrutin de liste à 2 tours). *Municipales* (villes de plus de 3 500 hab.) mixte à 2 tours (loi du 19-11-1982). Ce système privilégie cependant le scrutin majoritaire.

Effets des modes de scrutin

■ **Amplification des mouvements d'opinion. Scrutin à la majorité relative :** *à 1 tour :* les amplifie : les élections législatives de 1979, en G.-B., ont donné aux conservateurs 53,4 % des sièges avec 43,9 % des voix ; *à 2 tours :* l'amplification est moins forte étant donné que les sièges sont attribués lors de chacun des 2 tours. **Scrutin de liste proportionnel :** peut les amplifier si les circonscriptions sont petites (4 ou 5 députés par circonscription). Exemple : en 1986, en France, l'Union de la droite (RPR-UDF-divers droite) a obtenu 50,3 % des sièges pour 44,9 % des voix.

■ **Effet sur l'électorat. Scrutin à la majorité relative :** *à 1 tour :* présente des cas de quasi-bipartisme (États-Unis, G.-B) ; *à 2 tours :* donne des multipartismes variés pouvant aller jusqu'au bipartisme mais tend, dans tous les cas, à des bipolarisations électorales (France, IVe et Ve Républiques). **Scrutin de liste proportionnel :** effets divers : multipartisme (Finlande), bipartisme (Autriche), partis dominant largement les autres (Suède, Norvège).

Conditions d'éligibilité

■ **Conditions générales.** Être Français ou Française. Avoir satisfait aux obligations imposées par le Code du service national ; n'être sous le coup d'aucune cause d'inéligibilité prévue par la loi (mêmes conditions que pour l'inscription sur les listes électorales, voir p. 759 a). Selon l'art. 24 de la loi du 22-7-1993 réformant le droit de la nationalité : « Nul ne peut acquérir la nationalité française ou être réintégré dans cette nationalité s'il a été l'objet d'une condamnation pour crimes ou délits contre la sûreté de l'État ou liés au terrorisme, soit, quelle que soit l'infraction, s'il a été condamné à une peine égale ou supérieure à 6 mois d'emprisonnement, non assortie d'une mesure de sursis. » La personne qui a acquis la nationalité française jouit de tous les droits (et est tenue aux obligations) attachés à la qualité de Français à dater du jour de cette acquisition. Pendant leur période d'activité, les militaires de carrière ou assimilés doivent, s'ils sont élus, choisir entre leur fonction et leur mandat.

■ **Conditions particulières. Présidence de la République** (voir p. 732 a). **Assemblée nationale :** avoir la qualité d'électeur ; 23 ans accomplis ; définitivement satisfait aux prescriptions légales concernant le service militaire actif [mais on peut ne pas être encore libéré de ses obligations militaires (ce fut le cas pour Alain Krivine qui se présenta en 1969, quoique encore sous les drapeaux)] ; versé un cautionnement de 1 000 F (remboursé aux candidats ayant obtenu 5 % au moins des suffrages exprimés, article L. 158 du Code électoral, abrogé par la loi du 19-1-1995). En outre, la loi prévoit divers cas d'inéligibilité. La loi 2000-493 du 8-6-2000 modifié l'article 9-1 de la loi 88-227 du 11-3-1988 : l'écart entre le nombre de candidats de chaque sexe déclarant se rattacher à un parti ne doit pas dépasser 2 % du nombre total de ses candidats, sinon le montant de la 1re fraction de l'aide publique qui lui est attribuée est diminué d'un pourcentage égal à la moitié de cet écart rapporté au nombre total de ces candidats. La loi ne s'applique pas outre-mer lorsque l'écart n'est pas supérieur à 1. **Sénat.** Avoir 35 ans révolus. Sinon, mêmes conditions que pour l'Assemblée nationale. **Collectivités locales, conseil général, régional, mairie :** avoir 21 ans révolus. **Conseil municipal :** 18 ans révolus.

☞ Un projet de loi du 15-2-1995 avait prévu l'abaissement de l'âge d'éligibilité des maires, conseillers généraux et régionaux à 18 ans et la création d'un conseil communal de la jeunesse (de 15 à 25 ans) dans les communes de plus de 3 500 hab.

Élections présidentielles

☞ *Abréviations :* inscr. : inscrits ; expr. : exprimés.

■ **Ire République.** Pas de président : un organisme collectif (Convention, puis Directoire, puis Consulats) assume les fonctions de chef de l'État.

■ **IIe République. Au suffrage universel. Louis-Napoléon Bonaparte** (voir à l'Index).

■ **IIIe République. Par l'Assemblée nationale. Thiers** 17-2-1871 (1er tour). **Mac-Mahon** 24-5-1873 (1er tour). **Grévy** 30-1-1879 (1er tour). **Sadi Carnot** 3-12-1887 (2e tour). **Casimir-Perier** 27-6-1894 (1er tour). **Faure** 17-1-1895 (2e tour). **Loubet** 18-2-1899 (1er tour). **Fallières** 18-1-1906 (1er tour). **Poincaré** 17-1-1913 (2e tour). **Deschanel** 17-1-1920 (1er tour). **Millerand** 23-9-1920 (1er tour). **Doumergue** 13-6-1924 (1er tour). **Doumer** 13-6-1931 (2e tour). **Lebrun** 10-5-1932 (1er tour).

■ **IVe République. Par le Congrès : Auriol** 16-1-1947 (1er tour). **Coty** 17 au 23-12-1953 (1er tour). **Par des électeurs présidentiels : de Gaulle** 21-12-1958 (62 394 voix sur 81 290 votants).

■ **Ve République. Au suffrage universel : de Gaulle** 19-12-1965 (2e tour). **Pompidou** 15-6-1969 (2e tour). **Giscard d'Estaing** 19-5-1974 (2e tour). **Mitterrand** 10-5-1981 (2e tour). 8-5-1988 (2e tour). **Chirac** 7-5-1995 (2e tour).

Slogans des élections présidentielles

1965 : Confiance à de Gaulle. Avec de Gaulle pour la France. Demain, Jean Lecanuet, un homme neuf, une France en marche. François Mitterrand, un Président jeune pour une France moderne. **1969 :** Pompidou, avec la France pour les Français. **1974 :** VGE, le Président de tous les Français. **1981 :** La Force tranquille (Mitterrand). **1988 :** La France unie (Mitterrand). Nous irons plus loin ensemble (Chirac). Du sérieux, du solide, du vrai (Barre).

Élections présidentielles 1965, 1969, 1974	Total			Métropole			Outre-Mer		
	Nombre	% 1	% 2	Nombre	% 1	% 2	Nombre	% 1	% 2
5-12-1965 (1er tour)									
Inscrits	*28 913 422*	*100*		*28 233 167*	*100*		*680 255*	*100*	
Votants	24 502 957	84,8		24 001 961	85,01		500 996	73,65	
Abstentions	4 410 465	15,25		4 231 206	14,98		179 259	26,35	
Bulletins blancs et nuls	248 403	0,85		244 992	0,86		4 111	0,60	
Suffrages exprimés	*24 254 554*	*83,88*	*100*	*23 757 669*	*84,2*	*100*	*496 885*	*373,05*	*100*
Charles de Gaulle	10 828 523	37,45	44,64	10 386 734	36,78	43,73	441 789	64,94	88,91
François Mitterrand	7 694 003	26,61	31,72	7 658 792	27,12	32,23	35 211	5,17	7,08
Jean Lecanuet	3 777 119	13,06	15,57	3 767 404	13,34	15,86	9 715	1,42	1,95
J.-L. Tixier-Vignancour	1 260 208	4,35	5,19	1 253 958	4,44	5,27	6 250	0,91	1,25
Pierre Marcilhacy	415 018	1,43	1,71	413 129	1,46	1,73	1,889	0,27	0,38
Marcel Barbu	279 683	0,96	1,15	277 652	0,98	1,16	2 031	0,29	0,40
19-12-1965 (2e tour)									
Inscrits	*28 902 704*	*100*		*28 223 198*	*100*		*679 506*	*100*	
Votants	24 371 647	84,4		23 862 653	84,6		508 994	74,9	
Abstentions	4 531 057	15,6		4 360 545	15,4		170 512	25	
Bulletins blancs et nuls	688 213	2,3		665 141	2,3		3 072	0,4	
Suffrages exprimés	*23 703 434*	*82,1*	*100*	*23 197 512*	*82,19*	*100*	*505 922*	*374,5*	*100*
Charles de Gaulle	13 083 699	45,2	55,1	12 643 527	44,79	54,50	440 172	64,77	87
François Mitterrand	10 619 735	36,7	44,8	10 553 985	37,39	45,49	65 750	9,67	12,99
1-6-1969 (1er tour)									
Inscrits	*29 513 361*	*100*		*28 774 041*	*100*		*739 320*	*100*	
Votants	22 899 034	77,58		22 492 059	78,16		406 975	55	
Abstentions	6 614 327	22,41		6 281 982	21,83		332 345	44,9	
Blancs ou nuls	295 036	0,99		287 372	0,99		7 664	1,03	
Suffrages exprimés	*22 603 998*	*76,58*	*100*	*22 204 687*	*77,16*	*100*	*399 311*	*54*	*100*
Georges Pompidou	10 051 816	34,05	44,46	9 761 267	33,92	43,96	290 519	39,2	72,75
Alain Poher	5 268 561	17,85	23,30	5 201 133	18,07	23,42	67 428	9,12	16,88
Jacques Duclos	4 808 285	16,29	21,27	4 779 539	16,61	21,52	28 746	3,88	7,19
Gaston Defferre	1 133 222	3,83	5,01	1 127 733	3,91	5,07	5 489	0,74	1,37
Michel Rocard	816 471	2,76	3,61	814 051	2,82	3,66	2 420	0,32	0,60
Louis Ducatel	286 447	0,97	1,26	284 697	0,98	1,28	1 750	0,23	0,43
Alain Krivine	239 106	0,81	1,05	236 237	0,82	1,06	2 869	0,38	0,71
15-6-1969 (2e tour)									
Inscrits	*29 500 334*	*100*		*28 761 494*	*100*		*738 840*	*100*	
Votants	20 311 287	68,8		10 854 087	69		457 200	61,8	
Abstentions	9 189 047	31,14		8 907 407	30,96		281 640	38,11	
Blancs ou nuls	1 303 798	4,41		1 295 216	4,50		8 582	1,16	
Suffrages exprimés	*19 907 489*	*64,43*	*100*	*19 458 871*	*64,52*	*100*	*448 618*	*60,71*	*100*
Georges Pompidou	11 064 371	37,50	58,21	10 668 183	37,16	54,9	376 188	50,91	83,85
Alain Poher	7 943 118	26,92	41,78	7 870 688	27,36	40,44	72 430	9,80	16,14
5-5-1974 (1er tour)									
Inscrits	*30 602 953*	*100*		*29 778 550*	*100*		*824 403*	*100*	
Votants	25 775 743	84,22		25 285 835	84,91		489 908	59,42	
Abstentions	4 827 210	15,77		4 492 715	15,08		334 495	40,57	
Blancs ou nuls	237 107	0,77		228 264	0,76		8 843	1,07	
Suffrages exprimés	*25 538 636*	*83,46*	*100*	*25 057 571*	*84,14*	*100*	*481 065*	*58,35*	*100*
François Mitterrand	11 044 373	36,08	43,24	10 863 402	35,48	43,35	180 971	21,95	37,61
Valéry Giscard d'Estaing	8 326 774	27,20	32,60	8 253 856	27,71	32,93	72 918	8,84	15,15
Jacques Chaban-Delmas	3 857 728	12,60	15,10	3 646 209	12,24	14,55	211 519	25,65	43,96
Jean Royer	810 540	2,64	3,17	808 825	2,71	3,22	1 655	0,20	0,34
Arlette Laguiller	595 247	1,94	2,33	591 339	1,98	2,35	3 908	0,47	0,81
René Dumont	337 800	1,10	1,32	336 016	1,12	1,34	1 784	0,21	0,37
Jean-Marie Le Pen	190 921	0,62	0,74	189 304	0,63	0,75	1 617	0,19	0,33
Émile Muller	176 279	0,57	0,69	175 142	0,58	0,69	1 137	0,13	0,23
Alain Krivine	93 990	0,30	0,36	92 701	0,31	0,36	1 289	0,15	0,26
Bertrand Renouvin	43 722	0,14	0,17	42 719	0,14	0,17	1 003	0,12	0,20
Jean-Claude Sebag	42 007	0,13	0,16	39 658	0,13	0,15	2 349	0,28	0,48
Guy Héraud	19 255	0,06	0,07	18 340	0,06	0,07	915	0,11	0,19
19-5-1974 (2e tour)									
Inscrits	*30 600 775*	*100*		*29 774 211*	*100*		*826 564*	*100*	
Votants	26 724 595	87,33		26 168 242	87,88		556 353	67,30	
Abstentions	3 876 180	12,66		3 605 969	12,11		270 211	32,69	
Blancs ou nuls	356 788	1,17		348 629	1,17		8 159	0,98	
Suffrages exprimés	*26 367 807*	*86,17*	*100*	*25 819 613*	*86,71*	*100*	*548 194*	*66,32*	*100*
Valéry Giscard d'Estaing	13 396 203	43,77	50,81	13 082 006	43,93	50,66	314 197	38,01	57,31
François Mitterrand	12 971 604	42,38	49,19	12 737 607	42,78	49,33	233 997	28,30	42,68

Nota. – (1) Par rapport aux inscrits. (2) Par rapport aux suffrages exprimés.

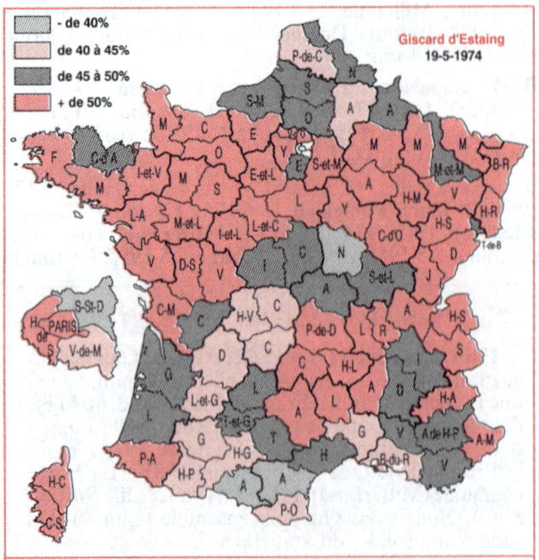

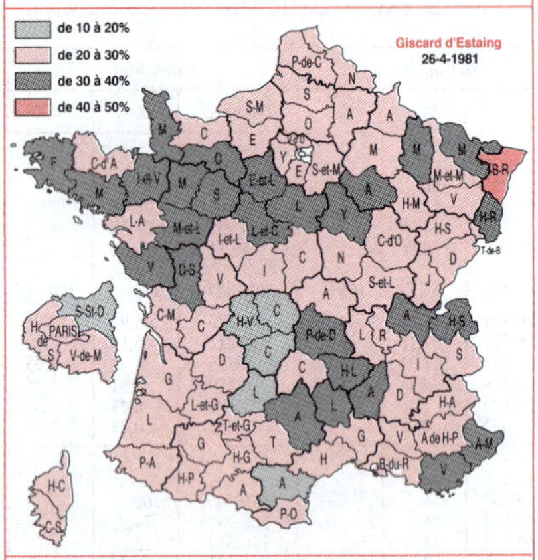

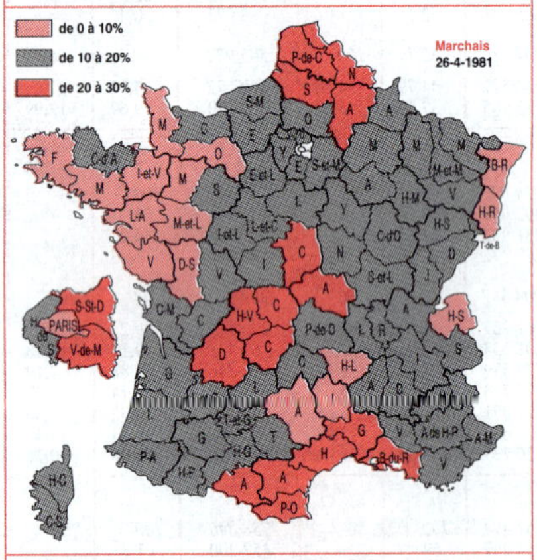

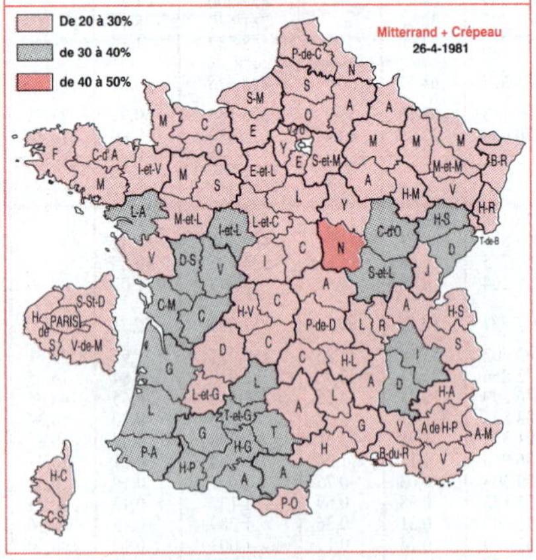

ÉLECTION PRÉSIDENTIELLE DES 26 AVRIL ET 10 MAI 1981
% DES VOIX PAR DÉPARTEMENT

DÉPARTEMENTS	26 avril 1981					10 mai 1981		Abstentions	
	Mitterrand	Giscard d'Estaing	Chirac	Marchais	Lalonde	Mitterrand	Giscard d'Estaing	26-4	10-5
Ain	25,34	31,66	17,89	11,34	4,23	47,77	52,22	20,89	13,32
Aisne	25,34	25,49	16,28	21,69	3,25	56,68	43,31	15,32	11,38
Allier	23,81	25,36	17,97	22,83	3,11	56,04	43,95	16,63	12,78
Alpes-de-Haute-Provence	25,09	27,16	15,65	19,25	4,36	53,53	46,46	19,08	12,60
Hautes-Alpes	24,32	29,83	16,31	15,39	5,05	51,22	48,77	21,08	13,31
Alpes-Maritimes	21,16	32,18	20,29	16,24	3,73	45,62	54,37	20,74	15,72
Ardèche	25,21	31,54	15,74	15,80	3,96	50,61	49,38	18,99	12,90
Ardennes	26,79	25,53	16,36	19,63	3,34	55,97	44,02	17,23	11,81
Ariège	32,41	20,79	15,45	20,46	3,21	63,22	36,77	19,51	13,09
Aube	24,65	30,06	17,26	15,62	3,75	50,06	49,93	18,06	13,64
Aude	34,40	25,52	16,20	20,39	3,17	63,66	36,33	16,51	11,40
Aveyron	25,86	30,26	21,94	9,63	3,83	48,11	51,88	17,03	11,31
Bouches-du-Rhône	23,84	19,13	14,82	25,55	3,64	56,10	43,89	21,60	17,37
Calvados	26,84	29,32	19,27	11,46	4,24	50,40	49,59	17,31	13,11
Cantal	22,10	25,91	33,44	10,59	2,14	43,06	56,93	18,82	13,84
Charente	27,84	24,22	18,55	15,99	2,88	56,11	43,88	17,98	12,29
Charente-Maritime	24,42	26,35	16,36	12,86	2,93	53,52	46,47	20,20	14,48
Cher	22,82	27,66	17,51	20,25	3,26	52,81	47,18	16,94	12,40
Corrèze	20,52	9,17	41,43	21,85	1,95	59,73	40,26	13,39	11,06
Corse-du-Sud	23,01	28,89	27,37	15,45	1,69	45,88	54,11	32,95	25,11
Haute-Corse	17,69	24,11	27,26	16,78	1,71	49,48	50,51	36,50	27,67
Côte-d'Or	30,62	26,82	18,95	10,10	4,07	52,53	47,46	19,45	13,50
Côtes-du-Nord	27,97	27,23	17,05	16,20	3,83	55,53	44,46	15,37	10,07
Creuse	23,17	19,38	28,17	20,32	2,13	56,35	43,64	20,09	14,87
Dordogne	26,08	20,86	21,64	20,44	2,87	57,89	42,10	15,27	10,88
Doubs	28,94	25,86	19,86	11,29	4,54	52,39	47,60	18,40	12,93
Drôme	28,25	27,20	15,48	15,02	4,79	54,10	45,89	19,79	13,70
Eure	26,64	28,68	18,78	13,53	51,01	48,98	3,54	16,26	11,88
Eure-et-Loir	26,02	30,60	17,48	11,98	3,82	49,20	50,79	16,37	12,00
Finistère	27,20	30,64	19,54	9,98	4,27	49,06	50,93	17,47	12,77
Gard	24,18	25,36	13,93	25,13	3,87	57,46	42,53	18,74	14,04
Haute-Garonne	33,75	22,03	16,02	15,35	4,14	60,78	39,21	19,41	13,96
Gers	34,13	22,94	17,44	13,62	59,02	40,97	3,44	17,61	11,64
Gironde	33,23	23,35	16,66	14,06	3,32	57,72	42,27	18,91	26,55
Hérault	26,38	25,30	16,61	20,92	3,76	56,35	43,64	19,39	13,91
Ille-et-Vilaine	25,74	32,97	20,20	7,37	4,48	45,81	54,18	17,38	12,03
Indre	23,50	26,66	19,23	19,28	2,75	53,29	46,70	17,11	12,25
Indre-et-Loire	28,59	27,67	15,29	11,97	3,69	52,58	47,41	18,62	13,73
Isère	28,47	25,86	15,11	16,54	4,88	55,88	44,11	20,73	13,80
Jura	26,55	28,12	16,62	13,69	4,57	52,45	47,54	18,67	11,61
Landes	34,02	25,66	16,78	14,24	2,58	56,16	43,83	15,16	10,92
Loir-et-Cher	25,53	31,25	15,16	14,51	3,40	50,53	49,46	16,31	11,51
Loire	24,71	29,28	17,26	15,84	4,09	51,89	48,90	18,86	15,21
Haute-Loire	25,15	36,90	18,05	8,68	3,65	43,97	56,02	18,85	12,36
Loire-Atlantique	28,47	29,80	17,91	9,33	4,40	40,90	50,09	18,56	15,13
Loiret	24,13	30,63	18,26	12,61	4,30	47,81	52,18	16,56	11,98
Lot	30,96	18,71	23,30	13,67	3,65	59,57	40,42	15,47	9,89
Lot-et-Garonne	27,37	24,59	17,52	18,08	3,76	56,62	43,37	16,44	11,49
Lozère	22,21	39	19,37	8,48	3,41	40,57	59,42	19,38	13,08
Maine-et-Loire	23,90	35,25	20,02	7,01	4,35	42,35	57,64	16,65	12,82
Manche	22,33	36,39	21,80	7,07	4,78	40,86	59,13	17,49	13,08
Marne	24,20	29,87	18,15	15,51	3,97	49,60	50,39	18,61	13,86
Haute-Marne	27,97	28,69	17,53	13,35	3,51	51,97	48,02	18,62	13,07
Mayenne	22,85	36,28	23,70	5,27	3,79	39,93	60,06	14,84	11,56
Meurthe-et-Moselle	26,64	29,50	13,78	17,74	3,60	54,18	45,81	19,44	14,52
Meuse	27,06	33,15	15,73	12,19	3,50	48,83	51,16	16,86	11,83
Morbihan	25,16	34,35	19,15	9,62	4,00	46,02	53,97	16,68	12,77
Moselle	26,25	34	16,22	11,79	3,77	48,9	51,05	18,60	13,90
Nièvre	39,32	22,61	13,63	15,13	2,68	62,91	37,08	18,52	12,83
Nord	25,91	27,36	14,62	21,44	3,47	55,35	44,64	14,78	11,75
Oise	25,54	26	17,39	18,15	3,79	54,60	45,39	16,99	11,56
Orne	23,55	30,67	24,94	8,64	3,75	45,02	54,97	16,55	12,36
Pas-de-Calais	27,71	26,14	13,78	23,15	2,65	58,20	41,79	13,60	10,78
Puy-de-Dôme	27,99	31,84	14,54	13,70	3,76	51,92	48,07	17,04	12,08
Pyrénées-Atlantiques	28,56	28,74	20,78	10,55	3,70	49,57	50,42	18,07	12,59
Hautes-Pyrénées	30,97	23,20	15,67	19,02	3,09	60,05	39,94	20,52	14,31
Pyrénées-Orientales	25,58	26,52	15,37	20,87	3,72	56,30	43,69	22,27	15,43
Bas-Rhin	22,04	45,84	15,14	4,55	4,71	34,88	65,11	19,44	14,53
Haut-Rhin	23,16	38,83	18,02	5,84	5,25	40,28	59,71	19,95	14,73
Rhône	26,15	28,79	17,58	13,28	4,73	50,70	49,29	21,95	15,66
Haute-Saône	29,26	28,31	18,23	11,94	3,26	52,66	47,33	17,88	10,64
Saône-et-Loire	28,19	28,96	16,25	15,13	3,44	53,15	46,84	20,31	14,78
Sarthe	25,61	30,84	17,32	14,17	3,47	50,69	49,30	16,47	12,60
Savoie	25,25	27,98	19,11	13,85	4,93	50,44	49,55	21,80	14,99
Haute-Savoie	23,32	31,44	20,56	9,24	5,29	44,21	55,78	22,17	15,16
Seine-Maritime	26,57	28,08	14,19	19,14	3,73	55,46	44,53	16,39	12,58
Deux-Sèvres	27,02	33,24	16,98	8,15	3,32	47,56	52,43	15,94	11,59
Somme	23,61	26,48	16,48	22,38	3,23	55,08	44,91	13,30	9,70
Tarn	29,52	25,12	18,50	14,39	3,82	55,12	44,87	14,69	10,13
Tarn-et-Garonne	27,71	22,96	19,79	13,62	3,90	55,96	44,03	15,86	10,82
Var	22,90	31,38	17,35	17,97	3,68	48,30	51,69	19,25	13,74
Vaucluse	25,86	26,79	16,25	19,03	4,19	54,25	45,74	17,66	13,22
Vendée	21,61	36,95	20,85	6,71	3,54	39,61	60,38	14,24	10,69
Vienne	26,79	27,57	18,83	13,33	3,44	52,98	47,01	16,90	12,28
Haute-Vienne	25,88	17,26	23,20	24,26	2,69	62,18	37,81	14,90	11,54
Vosges	27,11	29,92	18,30	11,50	3,74	49,83	50,16	17,59	12,20
Yonne	25,15	30,23	17,72	13,98	3,86	50,09	49,90	18,26	12,96
Territoire de Belfort	33,40	24,81	16,33	11,87	4,03	56,42	43,57	18,53	12,24
Paris	24,58	25,96	26,96	9,18	4,06	46,43	53,56	22,43	17,30
Seine-et-Marne	25,29	25,91	19,18	15,36	4,72	52,63	47,36	18,57	13,85
Yvelines	24,36	26,93	20,68	12,50	5,02	48,90	51,09	18,02	13,50
Essonne	26,66	22,89	18,11	16,80	5,35	56,51	43,48	17,91	13,55
Hauts-de-Seine	23,52	24,94	20,61	16,14	4,82	51,18	48,81	19,77	15,31
Seine-Saint-Denis	24,47	19,47	15,48	27,29	4,46	62,97	37,02	20,76	17,02
Val-de-Marne	24,64	21,81	18,14	21,38	4,72	56,72	43,77	19,01	15,91
Val-d'Oise	25,78	23,29	17,29	18,80	5,08	56,83	43,16	17,79	14,03
Guadeloupe	9,78	71,02	9,99	6,55	0,48	21,51	78,48	60,31	51,11
Guyane	21,15	42,74	28,04	1,47	1,87	33,64	66,35	55,95	47,12
Martinique	12,16	72,12	10,10	2,46	0,62	19,43	80,56	51,65	44,88
Mayotte	2,30	73,27	16,68	0,50	0,36	10,06	89,93	43,46	31,01
Nouvelle-Calédonie	23,33	48,82	17,63	3,42	1,80	34,94	65,06	33,94	27,86
Polynésie française	8,32	51,41	35,90	0,53	0,73	23,28	76,71	33,73	36,53
Réunion	9,90	46,19	10,53	21,99	0,95	36,82	63,17	35,04	28,28
St-Pierre-et-Miquelon	18,28	57,84	7,23	2,80	4,17	30,52	69,47	25,43	12,72
Wallis-et-Futuna	0,53	60,21	38,64	0,12	0,008	2,31	97,68	25,53	36,53

■ ÉLECTION DE 1981

■ **Parrainages.** Le Conseil constitutionnel a reçu 16 443 présentations de candidats. 175 n'ont pas pu être retenues, en raison d'irrégularités substantielles, sans entraîner l'élimination d'une candidature. 64 personnes avaient fait connaître leur souhait d'être candidats.

■ **Électeurs.** Sur 38 470 507 *Français de 18 ans et plus :* au 1-1-1981, 7 % n'étaient pas inscrits (au 1-3-1980 : 9,93 ; au 1-3-1977 : 6,51). *Sur 1 300 000 à 1 500 000 Français résidant à l'étranger,* 900 000 se sont faits immatriculer dans les consulats, dont 870 000 électeurs potentiels. La

Intentions de vote en 1981
au 1er tour

Sondages Figaro-Sofres	déc. 80	janv. 81	févr.	11-3	25-3	16-4	26-4
G. Marchais	17	16	17	16	16,5	18,5	12,81
A. Laguiller	2	2	1	1	1	2	1,86
A. Krivine	0,5	0,5	1	0,5	1	–	–
H. Bouchardeau .	0,5	0,5	0,5	0,5	1	1,5	0,89
R. Garaudy	1	1	1	1	1	–	–
F. Mitterrand ...	19	23	25	25	24	22	20,91
M. Crépeau	1,5	2	1,5	2	1	1,5	1,79
B. Lalonde	3	3	3,5	3,5	3,5	3,5	3,14
V. G. d'Estaing .	35	31	28	29	29	27,5	22,30
J. Chirac	11	11	13	15	16	19,5	14,45
M. Debré	6	5,5	4	3,5	3	2	1,31
M.-F. Garaud ...	2,5	2,5	3	2	2	2	1,07
M. Jobert	0,5	1	1	0,5	0,5	–	–
J.-M. Le Pen	0,5	0,5	0,5	0,5	0,5	–	–
P. Gauchon	–	0,5	–	–	–	–	–
Sur 100 suffrages exprimés	100	100	100	100	100	100	100

Au 2e tour *(Sondages Ifop-Le Point)*

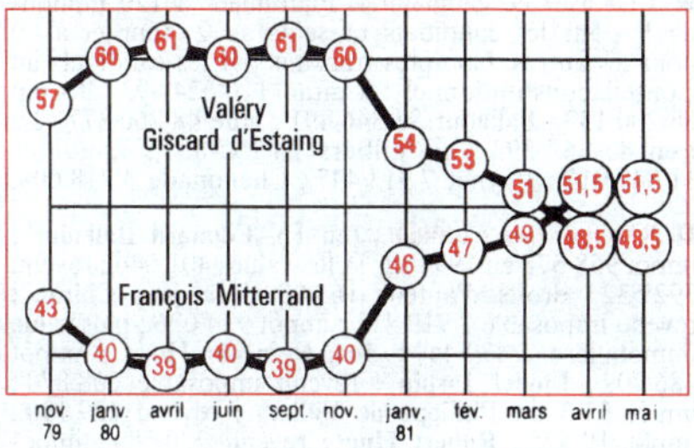

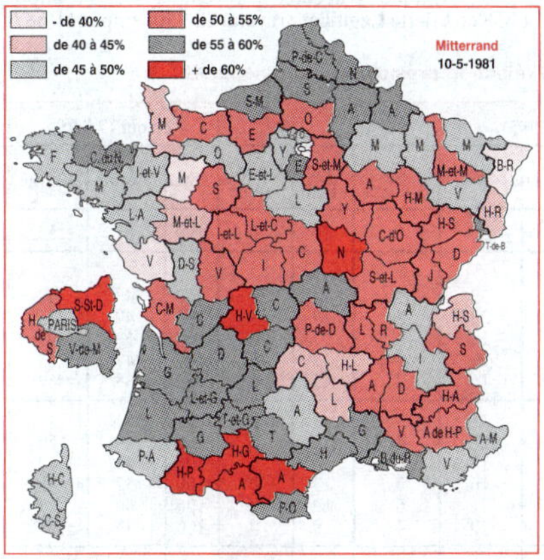

loi du 19-7-1977 (votée à main levée par tous les partis politiques sauf par le PCF) leur permettait de choisir leur circonscription électorale parmi n'importe quelle ville de plus de 30 000 habitants.

■ Élection des 24-4 et 8-5-1988

■ **Sondages. Avant le 1er tour :** *Boussel* 0 [1]. *Laguiller* 0,5 [1] à 2 [2]. *Juquin* 2 [2, 3] à 3 [4]. *Lajoinie* 5 [5, 6] à 7,5 [7]. *Mitterrand* 34 [7] à 40 [2]. *Waechter* 2 [1, 2, 4, 5] à 2,5 [3, 7, 8]. *Barre* 16 [2, 7] à 19 [1]. *Chirac* 21 [2, 5, 7] à 24,5 [5, 7]. *Le Pen* 9,5 [6] à 12 [7]. **Avant le 2e tour :** *Mitterrand* 53 [9] (25-4) à 57 [10]. *Chirac* 43 [10] à 47 [9].

Nota. – (1) Ifop 16-4. (2) Louis Harris 15-4. (3) Sofres 15-4. (4) Ipsos 14-4. (5) Ipsos 11-4. (6) Ipsos 16-4. (7) BVA 14-4. (8) CSA 11-4. (9) Ipsos 25-4. (10) BVA 28-4.

Vote socialiste	1981 Mitterrand Crépeau	1988 Mitterrand	Écart
Ensemble	28	34	+ 6
Homme	31	33	+ 2
Femme	26	35	+ 9
Age			
18-24 ans	24	36	+ 12
25-34 ans	29	41	+ 12
35-49 ans	29	33	+ 4
50-64 ans	29	33	+ 4
65 et plus	29	30	+ 1
Catégories socio-professionnelles			
Agriculteur, salarié agricole	25	30	+ 5
Petit commerçant, artisan	17	23	+ 6
Cadre supérieur profession libérale, industriel, gros commerçant ...	21	28	+ 7
Cadre moyen, employé	33	37	+ 4
Ouvrier	34	40	+ 6
Inactif, retraité	27	34	+ 7

Sources 1981 : sondage Sofres 15/20-5. *1988 :* CSA 24-4.

Élection présidentielle des 24 avril et 8 mai 1988
% des voix par département

Départements	24 avril 1988								8 mai 1988		Abstentions	
	Barre	Chirac	Juquin	Lajoinie	Le Pen	Mitterrand	Waechter	Chirac + Barre + Le Pen	Chirac	Mitterrand	24 avril	8 mai
Ain	21,21	19,12	1,81	4,43	16,08	31,40	4,05	56,42	50,71	49,28	18,95	15,67
Aisne	13,32	17,17	1,39	8,96	13,41	39,53	3,26	43,89	38,37	61,62	16,20	13,59
Allier	14,99	19,45	2,13	18,11	10,14	30,27	2,99	44,59	42,08	57,91	17,28	15,06
Alpes-de-Haute-Provence	15,68	18,34	3,07	9,18	16,71	30,36	4,51	50,75	46,91	53,08	17,77	13,99
Hautes-Alpes	19,81	20,61	2,85	6,45	13,69	29,06	5,32	54,13	50,32	49,67	18,46	13,50
Alpes-Maritimes	14,96	24,29	1,49	6,19	24,23	24,38	3,02	63,50	59,02	40,97	19,91	15,93
Ardèche	19,03	19,99	2,88	8,03	12,89	30,64	4,13	51,92	47,69	52,30	17,32	13,66
Ardennes	14,22	17,32	1,66	8,20	15,06	37,19	3,56	46,62	40,46	59,53	18,42	15,09
Ariège	10,41	18,18	3,17	10,53	10,29	41,39	3,52	38,88	36,06	63,93	18,29	13,40
Aube	17,79	20,50	1,32	6,49	14,41	33,67	3,50	52,68	47,75	52,24	18,77	16,11
Aude	10,33	17,64	2,58	10,30	13,71	40,12	3,15	41,69	38,77	61,22	15,24	12,33
Aveyron	18,49	25,76	2,31	4,47	8,86	33,57	3,93	53,13	49,48	50,51	16,49	11,60
Bouches-du-Rhône	13,89	14,77	2,26	11,19	26,39	26,96	2,93	55,06	49,51	50,48	20,01	18,11
Calvados	18,20	19,89	2,04	4,55	11,05	37,40	4,09	49,14	44,18	55,81	18,01	15,42
Cantal	11,52	37,44	1,81	5,67	7,10	31,78	2,44	56,07	54,29	45,70	17,30	12,83
Charente	15,29	19,56	2,02	7,02	8,89	41,39	3,22	43,74	40,16	59,83	17,34	14,13
Charente-Maritime	18,07	20,18	1,95	5,97	11,16	36,43	3,66	49,42	45,59	54,40	19,48	16,10
Cher	16,57	18,72	2,10	11,78	11,56	33,28	3,24	46,86	42,93	57,06	17,75	15,09
Corrèze	4,84	39,17	3,17	13,66	5,92	28,92	2,41	49,95	49,10	50,89	12,47	9,50
Corse-du-Sud	14,19	31,73	1,78	8,49	14,81	25,83	2,38	60,73	57,41	42,58	31,65	23,12
Haute-Corse	12,04	30,38	3,08	7,85	12,01	31,17	2,63	54,44	51,76	48,23	33,19	23,68
Côte-d'Or	16,01	22,04	1,84	3,94	13,91	35,75	4,09	51,98	47,40	52,59	18,49	14,79
Côtes-du-Nord	17,22	18,91	2,79	7,61	8,23	38,26	4,11	44,37	40,63	59,36	14,44	11,41
Creuse	9,95	28,20	2,80	11,18	7,78	34,81	2,52	45,95	44,09	55,90	19,77	15,50
Dordogne	12,09	23,76	2,77	11,34	9,81	34,84	3,21	45,67	43,38	56,61	14,61	11,41
Doubs	15,62	21,51	2,16	3,44	14,41	34,95	4,89	51,56	46,54	53,45	16,65	13,24
Drôme	17,10	18,34	2,95	6,38	16,69	31,60	4,57	52,14	47,52	52,47	17,90	14,82
Eure	16,35	19,67	1,63	5,72	14,04	36,51	3,44	50,06	44,42	55,57	15,65	14,59
Eure-et-Loir	17,61	19,30	1,57	4,54	15,39	35,73	3,37	52,31	46,21	53,78	16,62	14,30
Finistère	19,56	20,92	2,77	4,33	9,91	35,70	4,26	50,40	45,58	54,41	16,75	13,86
Gard	14,56	15,35	2,94	12,08	20,58	29,04	3,29	50,51	45,65	54,34	17,39	14,89
Haute-Garonne	14,73	16,78	3,02	5,90	13,15	40,34	3,70	44,67	40,32	59,67	18,48	15,21
Gers	14,45	20,29	2,41	5,94	10,68	40,15	3,77	45,43	42,47	57,52	17,57	13,38
Gironde	15,59	19,35	2,18	6,29	12,29	38,85	3,02	47,24	43,04	56,95	17,50	15,06
Hérault	13,64	17,32	3,53	9,03	19,91	31,11	3,34	50,88	46,68	53,31	18,22	14,81
Ille-et-Vilaine	20,40	20,94	2,14	2,83	8,63	37,61	4,41	49,98	45,78	54,21	17,02	13,89
Indre	14,65	19,87	2,12	8,40	11,34	37,64	2,90	45,86	41,47	58,52	16,24	13,14
Indre-et-Loire	18,74	18,29	2,03	4,96	12,22	37,53	3,45	49,27	43,97	56,02	18,55	15,92
Isère	16,92	16,60	2,83	6,84	16,09	33,90	4,59	49,62	44,39	55,60	18,07	15,08
Jura	17,42	18,76	1,99	5,57	14,52	33,42	5,35	50,72	45,60	54,39	17,40	13,31
Landes	14,96	20,99	1,96	6,94	8,96	42,07	2,32	44,92	42,34	57,65	14,63	11,97
Loir-et-Cher	18,22	19,35	1,93	6,40	12,78	35,54	3,12	50,36	45,04	54,95	15,44	12,97
Loire	18,50	17,92	2,25	6,98	17,36	30,41	4,05	53,80	48,07	51,92	20,25	17,33
Haute-Loire	21,42	20,99	2,30	4,44	14,08	29,97	3,99	56,50	51,24	48,75	17,62	13,63
Loire-Atlantique	19,89	19,76	2,37	3,97	10,03	36,79	4,26	49,68	45,22	54,77	18,55	16,06
Loiret	18,28	21,02	1,78	5,96	14,92	31,82	3,73	54,22	48,93	51,06	16,26	13,72
Lot	12,11	23,82	2,99	7,07	8,33	38,77	4,40	44,27	42,03	57,96	14,78	10,78
Lot-et-Garonne	16,03	18,53	2,33	8,49	15,41	33,62	3,47	49,97	45,98	54,01	15,58	12,92
Lozère	21,59	26,93	2,58	4,87	11,63	26,83	3,42	60,15	56,94	43,05	17,65	10,98
Maine-et-Loire	24,27	22,05	1,59	2,74	9,52	32,63	4,14	55,86	51,01	48,98	15,87	14,07
Manche	20,88	23,25	1,52	2,82	10,77	33,78	4,31	54,92	50,69	49,30	17,45	14,67
Marne	17,21	20,49	1,41	5,84	14,02	34,60	3,95	51,73	46,12	53,87	19,30	16,34
Haute-Marne	15,62	19,60	1,42	5,37	15,63	35,25	4,20	50,83	45,29	54,70	19,08	15,91
Mayenne	23,44	24,10	1,60	2,17	8,19	33,61	4,05	55,74	51,78	48,21	14,82	12,73
Meurthe-et-Moselle	17,97	15,63	2,35	6,80	14,84	35,08	4,20	48,45	41,71	58,28	19,94	16,67
Meuse	18,41	18,06	1,36	4,53	14,99	35,11	4,47	51,48	46,27	53,72	16,68	13,87
Morbihan	19,67	19,91	1,74	4,35	12,98	34,98	3,90	52,57	47	52,99	16,02	13,98
Moselle	16,66	16,25	1,40	4,08	19,90	33,34	4,82	52,83	44,34	55,65	17,81	16,14
Nièvre	12,45	17,02	1,76	9,59	9,72	44,52	2,80	39,19	36,03	63,96	18,11	14,18
Nord	15,58	15,02	1,53	10,34	15,15	36,74	2,92	45,77	39,47	60,52	16,78	15,13
Oise	14,05	17,74	1,57	7,31	16,72	36,50	3,33	48,52	41,87	58,12	15,53	13,57
Orne	19,32	23,39	1,66	2,98	11,79	34,12	4,00	54,51	49,26	50,73	16,24	13,17
Pas-de-Calais	13,95	14,50	1,43	11,58	11,39	41,22	2,75	39,86	35,33	64,66	14,66	13,45
Puy-de-Dôme	17,46	19,60	3,18	7,11	11,57	34,20	4,03	48,64	45,12	54,87	17,56	13,95
Pyrénées-Atlantiques	18,10	24,46	2,32	4,94	10,68	33,82	3,40	53,25	49,88	50,11	17,38	14,24
Hautes-Pyrénées	15,61	18,34	3,11	9,75	9,93	37,85	3,19	43,89	40,68	59,31	19,16	15,39
Pyrénées-Orientales	13,39	17,81	2,42	9,38	20,52	31,40	3,18	51,72	47,38	52,61	20,67	15,85
Bas-Rhin	18,60	17,59	0,87	1,30	21,93	28,19	9,37	58,13	51,60	48,39	18,42	17,05
Haut-Rhin	17,97	16,97	0,74	1,50	22,15	29,43	9,24	56,85	49,84	50,15	17,84	16,91
Rhône	21,98	17,36	2,17	5,45	18,03	29,32	3,80	57,37	51,57	48,42	19,74	17,54
Haute-Saône	15,48	20,12	1,64	4,62	13,85	37,42	4,10	49,46	44,86	55,13	15,98	11,77
Saône-et-Loire	17,17	20,56	1,62	6,45	11,11	37,56	3,26	48,85	44,63	55,36	20,09	16,64
Sarthe	18,14	19,32	2,15	6,16	9,34	38,09	3,64	46,81	42,06	57,93	17,86	15,25
Savoie	18,04	20,95	2,22	5,89	15,20	30,36	5,00	54,20	49,81	50,18	20,06	16,33
Haute-Savoie	22,81	22,52	1,62	3,21	15,47	27,15	5,38	60,81	56,30	43,69	19,75	16,34
Paris	13,59	31,57	2,75	3,65	13,38	29,47	3,64	58,55	54,67	45,32	23,06	19,72
Seine-Maritime	16,04	16,75	2,06	8,66	11,22	39,04	3,35	44,06	39,33	60,66	17,74	15,70
Seine-et-Marne	15,11	19,85	1,89	6,29	17,75	33,00	3,81	52,72	46,94	53,05	18,48	16,15
Yvelines	18,48	24,48	2,02	4,68	15,05	29,38	3,95	58,02	53,73	46,26	17,92	15,69
Deux-Sèvres	21,14	21,20	1,79	3,18	7,49	37,47	4,46	49,83	46,33	53,66	15,81	13,44
Somme	14,85	16,89	1,81	10,07	13,79	36,68	2,86	45,54	39,95	60,04	14,28	11,88
Tarn	14,74	19,15	2,30	6,17	14,77	36,53	3,87	48,66	44,62	55,37	14,72	11,41
Tarn-et-Garonne	13,70	20,40	2,11	5,94	15,18	36,37	3,93	49,30	45,02	54,97	16,06	12,25
Var	16,17	19,91	1,92	7,12	25,08	25,45	2,84	61,16	56,33	43,66	18,89	15,99
Vaucluse	15,20	16,75	2,02	7,84	23,15	29,46	3,70	55,03	49,65	50,34	16,12	14,02
Vendée	24,01	24,51	1,36	2,71	8,69	32,18	3,91	57,22	53,92	46,07	13,90	12,33
Vienne	16,38	21,77	2,25	5,84	9,30	37,86	3,83	47,46	43,79	56,20	16,40	14,05
Haute-Vienne	10,98	22,13	4,05	11,36	7,83	37,85	3,08	40,95	37,99	62	15,57	12,70
Vosges	17,36	19,18	1,44	3,92	14,88	35,37	4,81	51,43	45,22	54,77	17,26	14,22
Yonne	17,23	19,96	1,69	6,30	15,72	33,15	3,62	52,92	47,86	52,13	17,78	14,07
Territoire de Belfort	13,89	17,29	2,07	4,48	16,76	36,78	5,28	47,96	42,46	57,53	18,10	14,54
Essonne	15,84	19,33	3,42	6,86	14,98	32,94	4,33	50,16	45,04	54,95	18,22	15,82
Hauts-de-Seine	16,51	24,72	2,41	6,86	14,77	29,10	3,67	56	51,43	48,56	19,09	15,96
Seine-Saint-Denis	11,09	14,61	2,55	13,50	19,81	32,91	3,26	45,51	39,09	60,90	22,23	20,76
Val-de-Marne	13,99	19,32	2,69	11,03	15,62	31,46	3,80	49,04	44,57	55,42	19,91	18,15
Val-d'Oise	14,53	18,00	2,23	7,89	18,07	33,19	3,80	50,61	44,46	55,53	19,07	17,13
Guadeloupe	10,56	25,31	0,41	5,46	1,68	55,01	0,58	37,55	30,59	69,40	58,12	47,88
Guyane	9,15	30,55	0,64	0,68	4,71	51,93	1,16	44,41	39,61	60,38	43,99	36,43
Martinique	16,35	19,86	0,29	1,98	1,16	58,87	0,58	37,37	29,10	70,89	42,37	37,67
Mayotte	54,86	36,88	0,58	1,24	1,28	4	0,24	93,02	49,66	50,33	30,95	43,62
Nouvelle-Calédonie	6,14	74,62	0,18	0,33	12,39	4,98	0,60	93,15	90,29	9,70	41,84	38,30
Polynésie française	10,09	39,91	0,51	0,86	2,91	43,87	0,93	52,91	45,68	54,31	43,89	41,23
Réunion	24,50	17,45	0,61	2,54	1,77	51,14	0,78	43,72	39,73	60,26	26,36	20,56
St-Pierre-et-Miquelon	14,13	34,97	0,93	0,93	4,93	32,23	8,41	54,03	56,21	43,78	43,96	28,29
Wallis-et-Futuna	39,31	52,27	0,06	0,03	0,61	7,21	0,19	92,19	73,47	26,52	27,60	22,88

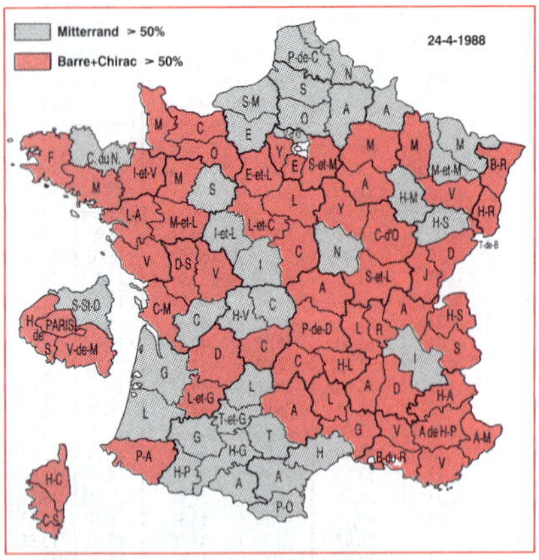

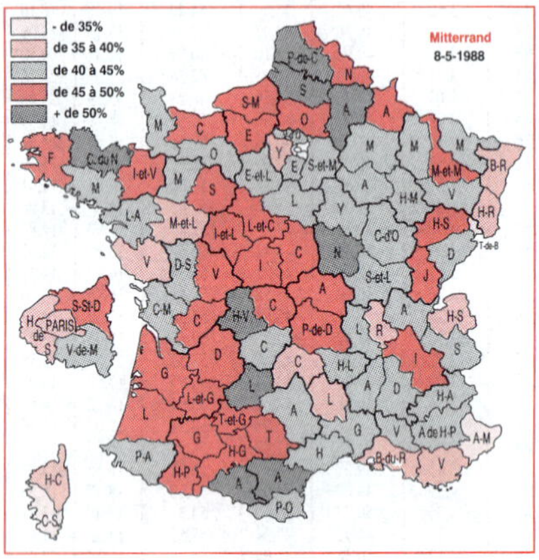

VOTE AU 1er TOUR (24 AVRIL 1988)

Source : Ifres, sortie des bureaux de vote, 4 109 votants interrogés. *Abréviations :* B. : Barre. Ch. : Chirac. Dr. : droite. G. : gauche. LP. : Le Pen. M. : Mitterrand. W. : Waechter.

Catégories	M.	Ch.	B.	LP.	W.	Total G.	Total Dr.
Hommes	33	19,5	15	16	3,5	46	50,5
Femmes	25	20	18	13	4	45	51
18-24 ans	33	18	16	17	7	42	51
25-34 ans	38	12	15,5	14	6	53	41
35-49 ans	35	18	16	16	3	47	50
50-64 ans	32	24	16,5	15,5	2	42	56
65 ans et plus	30	26,5	19,5	11	2,5	40,5	57
Professions libérales	8,5	43	30	7,5	9	10,5	80,5
Artisans, commerces	23	29,5	17	22	2	29,5	68,5
Agriculteurs	27	36,5	20,5	5,5	3	34,5	62,5
Cadres supérieurs	29	24,5	22	10,5	6	37	57
Cadres moyens	32,5	18	18,5	14,5	4,5	44,5	51
Employés	38,5	13	17	14,5	4	51,5	44,5
Ouvriers	41,5	9,5	9	19,5	3,5	58,5	38
Femmes au foyer	32	22	16	17	4,5	40,5	55
(Femmes actives)	(35,5)	(18,0)	(16,5)	(13,5)	(4,5)	(47,5)	(48)
Étudiants	34	23,5	17	9,5	7	43	50
Retraités	33	23,5	18	12,5	2	44	54
Ruraux	37,5	20	17,5	12	3	47,5	49,5
2 000-20 000 hab.	36	19,5	17	12,5	4	47	49
20 000-100 000 hab.	31	19,5	18	15	3,5	44	52,5
Plus de 100 000 hab.	33,5	17,5	15,5	18	4	45	51
Paris-Région paris.	28,5	25	12	14,5	4,5	42	53,5
Ensemble	33,9	19,8	16,5	14,6	3,8	45,3	50,9

■ **Popularité** (en %). **Mitterrand :** *1981 :* 48 ; *82 :* 47 ; *83 :* 37 ; *84 :* 32 ; *85 :* 33 ; *86 :* 51 ; *87 :* 52 ; *88 :* 56. **Chirac :** *1986 2e trim. :* 54, *3e :* 47, *4e :* 53 ; *1987 1er trim. :* 44, *2e :* 43, *3e :* 42 ; *4e :* 42 ; *1988 1er trim. :* 46 (Sofres).

■ **Coût de la campagne présidentielle. Recettes (et dépenses)** en millions de F (*Source : JO* du 16-7-1988). **Barre** recettes 64,1 (dépenses 64,1). **Boussel** 4 (16,7). **Chirac** 96 (96). **Juquin** 7,8 (6,8). **Laguiller** 6,9 (6,9). **Lajoinie** 33,3 (33,3). **Le Pen** 37,9 (36,5). **Mitterrand** 64,9 (99,8). **Waechter** 6,9 (6,9).

Nota. – La loi obligeant les candidats à déclarer le montant des sommes engagées n'est entrée en vigueur que le 11-3-1988, la campagne était déjà ouverte et de nombreuses dépenses déjà engagées n'apparaissent donc pas ici. La campagne d'affichage « Continuons ensemble », lancée par Jacques Chirac, alors Premier ministre, a été financée par le Service d'information et de diffusion (Sid) dépendant de Matignon.

■ ÉLECTION DES 23-4 ET 7-5-1995

■ **Candidatures annoncées. 1993**-*18-8* J.-M. Le Pen. *-4-11* J. Chirac. *-9-11* Ch. Millon (si V. Giscard d'Estaing et R. Monory ne se présentent pas). *-18-12* B. Kouchner (à « L'heure de vérité » se pose en candidat à la reconstruction). **1994**-*17-1* J. Lang se dit prêt (se retire le 25-1). *-18-1* E. Balladur, H. Emmanuelli. *-5-2* L. Jospin investi candidat ps. *-23-2* J.-F. Hory (Pt du P. radical) se retire le 31-3. *-15-3* B. Lalonde renonce. *-5-4* A. Waechter renonce (n'a pas obtenu 500 signatures).

■ **Intentions de vote** (en %). **1994** *oct. :* Balladur 23, Chirac 17. *Nov. :* Balladur 24, Chirac 17. *Déc. :* Balladur 20, Chirac 16. **1995** *janv. :* Balladur 33, Chirac 20. *2 févr. :* Balladur 30, Chirac 19. *17/18 févr. :* Balladur 23,5, Chirac 17. *1er mars :* Balladur 22, Chirac 21. *6 mars :* Balladur 19, Chirac 26. *5 avril :* Balladur 18, Chirac 25. *11 avril :* Balladur 18,5, Chirac 26.

■ **Votes exprimés au 1er tour** (en %). **Ouvriers :** Le Pen 30 ; Jospin 21 ; Chirac 19 ; Balladur 9 ; Hue 8. *Électorat (en % d'ouvriers ou d'employés) :* 46 (Hue 34, Jospin 31, Chirac 26). **Chômeurs :** Le Pen 25, Jospin 21, Chirac 17, Balladur 11, Hue 10. **18-24 ans :** Le Pen 18 [son score le plus élevé par tranche d'âge] (Chirac 29, Jospin 21). **Électorat de gauche :** 9 % des électeurs se déclarant « de gauche » ont voté Le Pen (+ 4 % par rapport à 1988) et 6 % de ceux qui se situent à l'extrême gauche (+ 4). Sur 100 électeurs de Mitterrand en 1988, 12 ont voté Le Pen en 1995. **Corps électoral :** *plus de 65 ans :* 19,6 % des électeurs ; *18-24 ans :* 13,1 %.

☞ Voir également pour l'élection présidentielle des 23-4 et 7-5-1995 les tableaux : **Pourcentage des voix par département** p. 768 et les **résultats des élections présidentielles de 1981, 1988 et 1995 dans les Dom, Tom et des Français de l'étranger** p. 767.

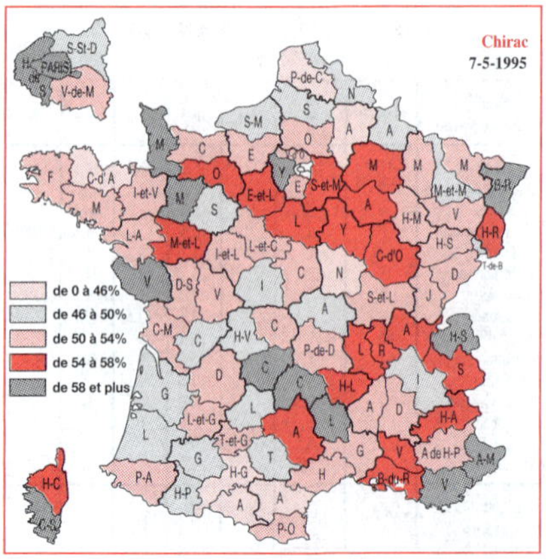

■ **Dépenses de campagnes.** Plafonnées à 120 millions de F pour les candidats présents au 2e tour et à 90 pour les autres. Comptes transmis par les candidats au Conseil constitutionnel : Chirac 116 624 893 ; Jospin 88 200 133 ; Balladur 83 846 491 ; Hue 48 760 877 ; Le Pen 41 364 293 ; de Villiers 24 157 857 ; Laguiller 11 349 012 ; Voynet 7 913 447 ; Cheminade 4 718 008.

■ **Revenus des candidats** (en F). **Édouard Balladur :** impôt 958 578 en 1994 sur : plus-values 401 046 ; revenu 392 532 ; droits d'auteur 165 000 ; **Jacques Chirac :** revenu imposable 1 919 451 ; impôt 934 026 ; plus-value immobilière 1 479 441 ; **Jean-François Hory :** impôt 486 709 ; **Lionel Jospin :** revenu imposable 608 870 ; impôt 91 322 ; **Philippe de Villiers :** revenu 429 190 ; impôt 19 525 ; **Robert Hue :** revenu 230 580 ; impôt 43 266 ; **Antoine Waechter :** revenu 178 930 ; impôt 14 858 et **Arlette Laguiller :** revenu 82 930 ; impôt 11 687.

PROFIL SOCIOLOGIQUE DES ÉLECTORATS (élection présidentielle, sondage BVA)

Catégories des électeurs	1er tour (23-4-1995)									2e tour (7-5-95)		
	Laguiller	Hue	Jospin	Voynet	Balladur	Chirac	De Villiers	Le Pen	Cheminade	Total	Jospin	Chirac
Ensemble	5	9	24	3	19	20	5	15	0	100	47	53
Hommes												
18-24 ans	6	7	19	4	10	32	3	19	0	100	48	52
25-34 ans	6	9	21	3	16	23	4	17	1	100	47	53
35-49 ans	5	10	24	4	16	19	5	17	0	100	53	47
50-64 ans	4	8	21	1	24	20	5	17	0	100	47	53
65 ans et plus	2	10	19	1	35	16	2	15	0	100	38	62
Femmes												
18-24 ans	7	6	29	7	14	23	4	10	0	100	50	50
25-34 ans	7	10	29	4	13	17	4	16	0	100	48	52
35-49 ans	7	8	27	5	17	16	7	13	0	100	52	48
50-64 ans	3	8	23	2	25	21	6	12	0	100	40	60
65 ans et plus	2	8	20	1	37	19	4	9	0	100	35	65
Statut												
Salarié	7	9	26	4	16	17	5	16	0	100	53	47
A son compte	2	4	12	2	25	31	7	17	0	100	22	78
Chômeur	6	11	24	4	13	20	3	18	1	100	58	42
Femme au foyer	3	6	20	3	24	20	8	16	0	100	40	60
Étudiant	6	6	30	6	10	28	3	11	0	100	46	54
Retraité	3	9	20	1	32	19	4	12	0	100	40	60
Catholiques												
pratiquants	4	3	15	2	37	26	5	8	0	100	26	74
non pratiquants	4	7	21	3	21	23	5	16	0	100	56	44
Sans religion	9	16	32	5	8	12	2	15	1	100	69	31
Privilégiés	6	5	22	3	25	22	6	11	0	100	43	57
Gens aisés	3	4	18	3	27	31	5	8	1	100	29	71
Classes moyennes												
supérieures	4	4	25	4	24	25	4	10	0	100	42	58
inférieures	6	10	25	4	17	18	5	15	0	100	51	49
populaires	8	17	25	3	11	13	4	19	0	100	62	38
Défavorisés	5	13	17	3	10	15	3	34	0	100	56	44

Motivations de l'électorat de Jacques Chirac	Ensemble des électeurs	Électeurs de Chirac au 2e tour	Dont : ont voté au premier tour					
			Balladur	Chirac	De Villiers	Le Pen	Laguiller Hue Jospin Voynet	Abstention au 1er tour
J'ai voté Jacques Chirac								
Car j'ai envie qu'il soit Président		51	34	75	39	33	38	56
Pour barrer la route à Jospin		43	60	21	54	63	54	39
Ce qui a compté en priorité								
Personnalité du candidat	28	40	36	44	40	36	36	38
Projet du candidat	61	51	53	50	48	51	61	58
Hiérarchie des atouts								
Inspire confiance	18	10	9	12	10	7	11	8
Stature d'un chef d'État	21	39	40	38	39	36	39	39
Proche de mes préoccupations	31	23	26	21	27	22	20	22
Incarne le changement	20	22	18	24	19	29	24	23
Bilan de François Mitterrand								
Positif	41	14	13	13	10	12	35	19
Négatif	55	82	83	83	86	87	62	77

ÉLECTIONS PRÉSIDENTIELLES 1981, 1988 et 1995	MÉTROPOLE			DÉPARTEMENTS D'OUTRE-MER			TERRITOIRES D'OUTRE-MER			FRANÇAIS DE L'ÉTRANGER			TOTAL		
	Voix obtenues	% inscr.	% expr.	Voix obtenues	% inscr.	% expr.	Voix obtenues	% inscr.	% expr.	Voix obtenues	% inscr.	% expr.	Voix obtenues	% inscr.	% expr.
26-4-1981 (1er tour)															
Inscrits	*35 558 985*	*100*		*525 274*	*100*		*182 541*	*100*		*132 059*	*100*		*36 398 859*	*100*	
Votants	28 972 099	81,47		324 868	61,84		119 621	65,53		99 494	75,34		29 516 082	81,09	
Blancs ou nuls	467 464	1,31		8 256	1,57		1 506	0,82		739	0,56		478 046	1,31	
Abstentions	6 586 886	18,52		200 406	38,15		62 920	34,46		32 565	24,66		6 882 777	18,91	
Suffrages exprimés	*28 504 635*	*80,16*	*100*	*316 612*	*60,27*	*100*	*118 115*	*64,70*	*100*	*98 755*	*74,78*	*100*	*29 038 117*	*79,77*	*100*
Valéry Giscard d'Estaing	7 929 850	22,30	27,82	185 079	35,23	58,45	62 577	34,28	52,98	44 926	34,02	45,49	8 222 432	22,59	28,31
François Mitterrand	7 437 282	20,91	26,09	34 302	6,53	10,83	16 264	8,91	13,77	18 112	13,71	18,34	7 505 960	20,62	25,85
Jacques Chirac	5 138 571	14,45	18,02	34 490	6,56	10,89	30 999	16,98	26,24	21 788	16,50	22,06	5 225 846	14,35	17,99
Georges Marchais	4 412 949	12,41	15,48	40 231	7,66	12,70	2 062	1,13	1,74	1 680	1,27	1,70	4 456 922	12,24	15,34
Brice Lalonde	1 118 232	3,14	3,92	2 512	0,48	0,79	1 407	0,77	1,19	4 103	3,10	4,15	1 116 254	3,09	3,87
Arlette Laguiller	661 119	1,86	2,32	4 471	0,85	1,41	1 575	0,86	1,33	892	0,67	0,90	668 057	1,83	2,30
Michel Crépeau	638 944	1,79	2,24	1 513	0,28	0,47	856	0,46	0,72	1 534	1,16	1,55	642 847	1,76	2,21
Michel Debré	468 780	1,31	1,64	10 745	2,04	3,39	843	0,46	0,71	1 453	1,10	1,47	481 821	1,32	1,66
Marie-France Garaud	380 797	1,07	1,33	2 184	0,41	0,69	1 169	0,64	0,99	2 473	1,87	2,50	386 623	1,06	1,33
Huguette Bouchardeau	318 113	0,89	1,11	1 083	0,20	0,34	363	0,19	0,30	1 794	1,35	1,81	321 353	0,88	1,10
10-5-1981 (2e tour)															
Inscrits	*35 459 328*	*100*		*624 996*	*100*		*182 297*	*100*		*132 141*	*100*		*36 398 762*	*100*	
Votants	30 648 932	84,43		372 008	59,52		124 500	68,30		104 112	78,79		31 249 552	85,85	
Blancs ou nuls	887 976	2,50		7 428	1,19		1 675	0,92		1 905	1,44		898 984	2,47	
Abstentions	4 810 396	13,57		252 988	40,48		57 797	31,70		28 029	21,21		5 149 210	14,15	
Suffrages exprimés	*29 760 956*	*83,93*	*100*	*364 580*	*58,33*	*100*	*122 825*	*67,38*	*100*	*102 207*	*77,35*	*100*	*30 350 568*	*88,38*	*100*
François Mitterrand	15 541 905	43,83	52,22	103 564	16,57	28,41	31 810	17,45	25,90	30 983	23,45	30,31	15 708 262	43,15	51,76
Valéry Giscard d'Estaing	14 219 051	40,10	47,78	261 016	41,76	71,59	91 015	49,93	74,10	71 224	53,96	69,69	14 642 306	40,23	48,24
24-4-1988 (1er tour)															
Inscrits	*37 048 689*	*100*		*735 930*	*100*		*231 203*	*100*		*163 296*	*100*		*38 179 118*	*100*	
Votants	30 381 566	82		439 459	59,71		135 759	58,72		102 516	62,78		31 059 308	81,35	
Blancs ou nuls	606 555	1,64		18 201	2,47		2 188	0,94		612	0,37		622 564	2	
Abstentions	6 667 123	18		296 471	40,28		95 444	41,28		60 780	37,22		7 119 818	18,65	
Suffrages exprimés	*29 780 011*	*80,38*	*100*	*421 258*	*57,24*	*100*	*133 571*	*57,77*	*100*	*101 904*	*62,40*	*100*	*30 436 744*	*79,72*	*100*
François Mitterrand	10 094 408	27,25	33,90	227 600	30,93	54,03	30 320	13,11	22,70	29 004	17,76	28,46	10 381 332	27,20	34,11
Jacques Chirac	5 883 857	15,88	19,76	84 528	11,49	20,07	71 125	30,76	53,25	35 650	21,83	34,98	6 075 160	15,91	19,96
Raymond Barre	4 914 548	13,27	16,50	80 474	10,93	19,10	20 135	8,70	15,07	19 987	12,24	19,61	5 035 144	13,19	16,54
Jean-Marie Le Pen	4 351 465	11,75	14,61	7 168	0,98	1,70	8 364	3,62	6,26	9 745	5,97	9,56	4 376 742	11,46	14,38
André Lajoinie	2 042 473	5,51	6,94	11 991	1,63	2,85	892	0,39	0,67	905	0,55	0,89	2 056 261	5,39	6,75
Antoine Waechter	1 141 893	3,08	3,83	2 980	0,40	0,71	1 091	0,47	0,82	3 933	2,41	3,86	1 149 897	3,01	3,77
Pierre Juquin	634 913	1,71	2,13	2 071	0,28	0,49	509	0,22	0,38	1 640	1,00	1,61	639 133	1,67	2,10
Arlette Laguiller	601 098	1,62	2,02	3 402	0,46	0,81	836	0,36	0,62	865	0,53	0,85	606 201	1,59	1,99
Pierre Boussel	115 356	0,31	0,39	1 044	0,14	0,25	299	0,13	0,22	175	0,1	0,17	116 874	0,31	0,38
8-5-1988 (2e tour)															
Inscrits	*37 039 196*	*100*		*735 992*	*100*		*231 185*	*100*		*162 496*	*100*		*38 168 869*	*100*	
Votants	31 349 237	84,64		489 831	66,55		140 522	60,78		105 481	64,91		32 085 071	84,06	
Blancs ou nuls	1 144 853	3,09		14 072	1,91		140	0,06		1 494	0,92		1 161 822	3,04	
Abstentions	5 689 959	15,36		246 161	33,44		90 663	39,21		57 015	35,08		6 083 798	15,93	
Suffrages exprimés	*30 204 384*	*81,55*	*100*	*475 759*	*64,64*	*100*	*139 119*	*60,17*	*100*	*103 987*	*63,99*	*100*	*30 923 249*	*81*	*100*
François Mitterrand	16 304 512	44,02	53,98	309 425	42,04	65,04	48 861	21,13	35,12	41 481	25,53	39,90	16 704 279	43,76	54,02
Jacques Chirac	13 899 872	37,53	46,02	166 334	22,60	34,96	90 258	39,04	64,88	62 506	38,46	60,10	14 218 970	37,25	45,98
23-4-1995 (1er tour)															
Inscrits	*38 557 748*	*100*		*917 785*	*100*		*273 099*	*100*		*245 322*	*100*		*39 993 954*	*100*	
Votants	30 624 088	79,42		447 192	48,72		150 880	55,24		124 800	50,87		31 346 960	78,37	
Blancs ou nuls	849 980	2,20		27 429	2,98		3 794	1,38		1 205	0,49		882 408	2,20	
Abstentions	7 933 660	20,57		498 022	54,26		122 219	44,75		120 522	49,12		8 646 994	21,62	
Suffrages exprimés	*29 774 108*	*77,21*	*100*	*419 763*	*45,73*	*100*	*147 086*	*53,85*	*100*	*123 595*	*50,38*	*100*	*30 464 552*	*76,17*	*100*
Lionel Jospin	6 909 627	17,92	23,21	135 903	14,80	32,37	19 962	7,30	13,57	32 699	13,32	26,46	7 098 191	17,74	23,30
Jacques Chirac	6 094 305	15,80	20,47	145 514	15,85	34,66	67 503	24,71	45,89	41 374	16,86	33,48	6 348 696	15,87	20,84
Édouard Balladur	5 520 045	14,31	18,54	67 448	7,34	16,07	41 876	15,33	28,47	29 627	10,85	23,97	5 658 996	14,14	18,58
Jean-Marie Le Pen	4 545 493	11,79	15,27	12 033	1,31	2,86	7 224	2,64	4,91	6 388	2,60	5,17	4 571 138	11,42	15,00
Robert Hue	2 598 720	6,74	8,73	30 477	3,32	7,26	1 617	0,59	1,10	2 122	0,86	1,72	2 632 936	6,58	8,64
Arlette Laguiller	1 599 969	4,15	5,37	10 481	1,14	2,49	2 279	0,83	1,55	2 924	1,19	2,36	1 615 653	4,03	5,30
Philippe de Villiers	1 430 828	3,71	4,80	6 958	0,75	1,66	3 041	1,11	2,06	2 725	1,11	2,20	1 443 235	3,60	4,74
Dominique Voynet	996 067	2,58	3,34	7 076	0,77	1,68	2 406	0,88	1,63	5 189	2,11	4,20	1 010 738	2,52	3,32
Jacques Cheminade	79 371	0,21	0,27	3 873	0,42	0,92	1 178	0,43	0,80	547	0,22	0,44	84 969	0,21	0,28
7-5-1995 (2e tour)															
Inscrits	*38 539 457*	*100*		*919 143*	*100*		*273 027*	*100*		*245 317*	*100*		*39 976 944*	*100*	
Votants	31 027 522	80,50		534 349	58,13		153 912	56,37		130 036	53		31 845 819	79,66	
Blancs ou nuls	1 870 665	4,85		22 812	2,48		5 022	1,83		2 649	1,07		1 902 148	4,75	
Abstentions	7 511 935	19,49		384 794	41,86		119 115	43,62		115 281	46,99		8 131 125	20,33	
Suffrages exprimés	*29 156 857*	*75,65*	*100*	*510 537*	*55,54*	*100*	*148 890*	*54,53*	*100*	*127 387*	*51,92*	*100*	*29 943 671*	*74,90*	*100*
Jacques Chirac	15 363 865	39,86	52,69	224 624	24,43	43,99	99 902	36,59	67,09	74 596	30,40	58,56	15 763 027	39,43	52,64
Lionel Jospin	13 792 952	35,78	47,31	285 913	31,10	56,00	48 988	17,94	32,90	52 791	21,51	41,44	14 180 644	35,47	47,36

Élection présidentielle des 23 avril et 7 mai 1995
% des voix par département

Départements	23 avril 1995									7 mai 1995		Abstentions	
	Balladur	Cheminade	Chirac	Hue	Jospin	Laguiller	Le Pen	De Villiers	Voynet	Chirac	Jospin	23 avril	7 mai
Ain	19,80	0,28	19,23	6,15	20,50	4,89	19,86	5,38	3,91	57,43	42,57	18,96	19,89
Aisne	15,63	0,29	18,17	10,93	24,38	5,80	17,69	4,70	2,43	45,45	54,55	18,81	17,96
Allier	16,78	0,27	21,65	15,66	22,14	4,78	11,23	4,73	2,77	49,74	50,26	19,75	18,40
Alpes-de-Haute-Provence	16,97	0,34	18,37	11,16	22,70	5,26	15,79	5,23	4,19	52,08	47,92	20,33	17,68
Hautes-Alpes	20,47	0,34	20,28	8,63	21,95	5,13	12,74	5,48	4,99	54,97	45,03	21,28	17,92
Alpes-Maritimes	20,75	0,21	22,48	6,79	16,36	3,70	22,48	4,51	2,72	65,48	34,52	24,44	23,24
Ardèche	20,07	0,32	18,10	9,97	22,98	5,41	14,18	5,04	3,93	51,63	48,37	18,91	17,02
Ardennes	17,62	0,25	17,54	9,47	24,30	5,35	18,04	4,69	2,75	46,71	53,29	21,55	19,79
Ariège	14,43	0,34	16,68	12,46	33,81	4,98	10,50	3,31	3,51	40,17	59,83	18,44	16,22
Aube	19,02	0,29	20,95	7,85	20,13	4,73	18,28	5,97	2,78	55,22	44,78	18,52	18,57
Aude	13,75	0,25	18,17	11,63	31,14	4,89	13,56	3,91	2,70	44,34	55,66	17,25	15,51
Aveyron	21,05	0,30	26,03	6,93	24,57	4,73	8,51	4,46	3,43	55,87	44,13	16,56	14,80
Bouches-du-Rhône	17,80	0,23	16,89	11,81	20,38	5,00	21,43	3,65	2,81	54,46	45,54	23,42	22,35
Calvados	20,85	0,30	20,03	7,30	23,82	6,70	12,38	4,97	3,65	51,11	48,89	19,43	18,90
Cantal	14,09	0,34	40,98	6,84	21,03	4,13	7,12	3,40	2,07	62,94	37,06	18,59	15,64
Charente	16,33	0,32	21,08	9,40	28,08	5,24	10,21	6,22	3,11	46,97	53,03	20,04	19,39
Charente-Maritime	19,29	0,31	20,00	8,46	24,68	4,85	11,31	7,80	3,29	51,67	48,33	21,05	19,53
Cher	18,00	0,32	20,27	13,77	20,87	5,43	13,54	4,93	2,88	50,65	49,35	20,51	20,24
Corrèze	4,61	0,22	49,30	13,98	19,86	3,42	4,58	1,95	2,07	61,37	38,63	14,09	12,43
Corse-du-Sud	22,58	0,27	30,41	9,11	18,07	3,04	11,60	2,27	2,65	62,13	37,87	32,36	25,06
Haute-Corse	18,09	0,26	31,41	10,16	22,55	3,06	9,83	2,21	2,44	57,23	42,77	33,55	21,87
Côte-d'Or	18,78	0,25	20,95	6,21	23,66	5,14	15,84	5,19	3,98	54,19	45,81	19,99	18,90
Côtes-d'Armor	20,12	0,25	19,13	11,20	27,58	5,49	8,84	3,68	3,72	45,92	54,08	16,47	15,11
Creuse	10,99	0,29	34,54	11,86	24,80	4,26	7,03	3,47	2,76	53,64	46,36	20,83	17,70
Dordogne	13,88	0,30	25,42	14,15	25,05	4,38	8,76	5,09	2,97	50,02	49,98	16,91	14,31
Doubs	18,40	0,26	20,72	5,37	24,79	5,40	15,40	4,70	4,96	52,41	47,59	18,19	16,88
Drôme	18,72	0,31	16,96	8,16	23,40	5,26	17,36	5,49	4,33	52,82	47,18	19,93	18,66
Eure	18,68	0,31	19,48	8,53	20,69	5,68	18,37	5,23	3,03	52,97	47,03	19,07	18,98
Eure-et-Loir	20,36	0,24	18,82	6,79	21,37	5,07	18,22	6,18	2,94	54,27	45,73	19,68	19,58
Finistère	21,06	0,24	21,78	7,46	26,14	6,08	9,20	3,85	4,20	51,16	48,84	18,46	17,13
Gard	16,34	0,24	16,16	12,82	21,54	5,16	20,28	4,48	2,99	51,07	48,93	19,55	18,73
Haute-Garonne	16,02	0,27	18,29	7,77	31,87	6,05	12,63	3,46	3,66	45,53	54,47	18,64	18,55
Gers	17,63	0,36	21,24	8,34	29,50	4,82	9,33	5,61	3,16	49,22	50,78	18,03	15,34
Gironde	17,72	0,27	19,50	8,47	27,70	5,95	12,78	4,61	3,01	48,79	51,21	19,71	18,14
Hérault	16,13	0,22	17,70	10,24	24,16	5,22	18,96	4,12	3,25	51,08	48,92	19,48	18,14
Ille-et-Vilaine	22,47	0,25	21,04	6,30	25,64	6,52	8,98	4,48	4,33	51,19	48,81	17,98	18,48
Indre	17,02	0,33	21,44	10,69	23,58	5,13	13,00	5,92	2,89	49,70	50,30	22,39	17,91
Indre-et-Loire	21,21	0,29	18,08	7,61	24,62	5,32	12,97	6,27	3,63	50,58	49,42	20,16	20,15
Isère	17,95	0,26	15,78	8,63	25,19	5,99	17,48	4,33	4,39	49,83	50,17	20,24	20,54
Jura	20,24	0,27	17,33	8,24	21,88	5,31	15,46	5,41	5,87	52,29	47,71	18,46	17,32
Landes	17,51	0,27	21,18	9,53	31,96	4,24	8,90	4,20	2,22	47,29	52,71	17,35	15,07
Loir-et-Cher	20,09	0,28	17,66	8,54	22,68	4,93	15,36	7,38	3,08	51,80	48,20	18,35	18,24
Loire	18,82	0,25	17,62	8,49	20,41	5,06	21,09	4,90	3,37	55,46	44,54	21,86	22,16
Haute-Loire	19,78	0,33	22,93	6,67	20,29	5,46	15,80	5,42	3,33	57,75	42,25	18,55	16,96
Loire-Atlantique	20,90	0,28	18,50	7,19	26,15	6,20	9,61	6,97	4,21	50,33	49,67	19,55	20,24
Loiret	20,11	0,30	20,47	8,08	20,97	5,03	15,83	5,85	3,35	56,10	43,90	18,92	18,65
Lot	13,73	0,30	25,29	10,94	29,00	5,02	7,71	4,35	3,66	48,11	51,89	15,78	13,25
Lot-et-Garonne	16,43	0,30	20,19	10,63	23,42	4,98	14,74	6,28	3,01	52,06	47,94	17,77	15,70
Lozère	24,35	0,30	26,84	7,03	20,56	4,13	9,62	3,94	3,24	61,45	38,55	16,53	14,39
Maine-et-Loire	25,08	0,30	20,03	5,47	20,92	5,35	10,09	8,98	3,78	56,99	43,01	17,31	18,47
Manche	24,13	0,33	24,05	5,83	20,19	5,65	11,12	5,32	3,38	58,87	41,13	21,58	18,38
Marne	18,85	0,29	20,84	7,46	20,57	5,82	17,62	5,25	3,30	54,53	45,47	22,00	21,49
Hte-Marne	17,89	0,35	19,64	6,91	21,04	5,30	20,35	4,99	3,53	52,18	47,82	21,34	19,98
Mayenne	26,76	0,32	23,66	4,71	19,74	5,15	9,47	6,43	3,76	59,49	40,51	17,31	17,78
Meurthe-et-Moselle	18,07	0,27	17,72	8,34	23,61	6,47	18,12	3,94	3,46	48,01	51,99	21,45	20,81
Meuse	21,33	0,32	17,38	5,96	21,25	5,32	19,76	5,06	3,62	52,29	47,71	19,58	18,49
Morbihan	23,37	0,23	19,96	7,14	22,64	5,34	13,78	4,06	3,48	53,45	46,55	17,46	17,26
Moselle	20,47	0,29	17,18	5,73	19,40	6,43	23,82	3,57	3,10	51,30	48,70	21,70	21,81
Nièvre	15,81	0,27	18,04	12,65	30,03	4,49	11,88	4,22	2,62	42,93	57,07	17,46	18,24
Nord	17,53	0,24	16,85	11,92	23,23	5,63	18,18	4,04	2,38	46,29	53,71	21,70	21,08
Oise	16,00	0,29	19,70	9,15	20,81	6,00	20,48	4,60	2,97	51,12	48,88	20,22	18,91
Orne	21,58	0,31	23,18	5,64	19,81	5,30	14,81	5,92	3,45	57,61	42,39	20,26	17,73
Pas-de-Calais	15,97	0,26	16,90	13,90	25,17	6,17	15,21	4,26	2,16	42,72	57,28	18,63	18,89
Puy-de-Dôme	16,79	0,30	22,48	9,55	25,38	6,92	11,00	4,12	3,46	51,12	48,88	18,17	17,17
Pyrénées-Atlantiques	21,16	0,28	23,04	7,10	25,59	5,58	9,61	3,99	3,65	53,90	46,10	18,52	17,54
Hautes-Pyrénées	17,60	0,30	20,02	12,11	28,34	5,30	9,38	3,78	3,18	46,58	53,42	20,18	18,38
Pyrénées-Orientales	15,71	0,22	19,01	10,64	23,03	4,88	19,45	4,36	2,71	51,77	48,23	20,05	18,88
Bas-Rhin	24,73	0,32	16,63	2,86	16,72	4,79	25,83	4,30	3,82	58,97	41,03	20,53	22,29
Haut-Rhin	24,24	0,32	16,72	3,56	17,09	5,06	24,80	4,37	3,84	57,26	42,74	20,61	21,25
Rhône	20,65	0,25	18,51	6,57	21,71	5,10	19,14	4,29	3,79	57,93	42,07	20,21	15,66
Haute-Saône	18,10	0,28	19,66	6,55	24,95	5,03	16,71	4,95	3,77	50,39	49,61	19,82	20,08
Saône-et-Loire	19,10	0,27	20,31	9,13	24,88	4,84	13,24	5,25	2,99	51,38	48,62	18,10	19,95
Sarthe	21,63	0,32	18,76	8,67	23,48	5,94	11,43	6,12	3,65	49,21	50,79	21,36	19,89
Savoie	20,30	0,27	18,65	7,94	21,33	5,30	16,82	5,10	4,29	56,07	43,93	19,58	20,33
Haute-Savoie	24,74	0,29	20,04	5,03	18,53	4,91	16,43	5,39	4,64	61,96	38,04	20,36	20,83
Paris	16,60	0,20	32,19	4,68	26,02	4,83	9,25	2,60	3,63	60,17	39,83	26,67	22,57
Seine-Maritime	18,32	0,26	16,95	11,63	23,65	6,47	15,79	3,85	3,08	46,77	53,23	20,37	20,83
Seine-et-Marne	15,57	0,25	22,75	8,24	21,25	5,53	18,40	4,63	3,37	55,50	44,50	24,40	20,68
Yvelines	19,57	0,23	25,95	6,36	21,36	4,90	13,78	4,44	3,41	60,64	39,36	22,88	18,62
Deux-Sèvres	20,61	0,33	21,81	5,71	25,53	5,71	7,38	9,06	3,86	52,49	47,51	18,36	17,69
Somme	16,99	0,28	18,85	12,43	22,79	5,86	15,24	5,13	2,43	46,87	53,13	17,25	16,61
Tarn	17,64	0,30	19,65	8,04	28,17	5,00	12,95	4,92	3,34	49,44	50,56	16,23	15,22
Tarn-et-Garonne	15,98	0,33	19,94	7,74	26,11	4,82	15,77	6,21	3,09	50,92	49,08	17,20	15,55
Var	21,09	0,22	19,06	8,24	17,30	4,18	22,35	4,98	2,57	61,59	38,41	23,92	21,63
Vaucluse	17,79	0,27	16,67	8,55	20,27	4,67	23,12	5,36	3,30	55,85	44,15	20,11	18,91
Vendée	20,19	0,28	18,20	4,75	19,47	4,52	7,30	22,02	3,26	60,50	39,50	15,71	16,58
Vienne	18,27	0,32	21,82	8,26	25,41	5,39	10,49	6,15	3,89	50,33	49,67	19,05	18,51
Haute-Vienne	10,72	0,26	28,80	13,76	27,41	4,97	7,57	3,36	3,15	48,16	51,84	16,99	16,19
Vosges	17,99	0,33	19,78	5,70	22,01	5,54	19,98	5,14	3,53	51,43	48,57	18,97	18,13
Yonne	19,08	0,31	20,23	8,17	20,79	4,95	17,04	5,99	3,43	54,82	45,18	20,12	18,92
Territoire de Belfort	15,44	0,22	18,15	7,36	25,80	6,09	18,75	3,66	4,53	48,59	51,41	18,61	17,18
Essonne	15,55	0,23	22,79	9,10	24,13	6,00	14,34	3,94	3,91	53,30	46,70	23,24	19,26
Hauts-de-Seine	19,25	0,22	26,56	7,90	23,07	4,72	11,65	3,36	3,26	59,02	40,98	25,22	21,56
Seine-St-Denis	11,79	0,23	19,90	14,09	23,39	5,79	18,78	2,87	3,15	48,16	51,84	27,46	25,61
Val-de-Marne	14,94	0,21	23,40	12,59	23,64	5,25	13,33	3,20	3,44	52,99	47,01	24,51	21,55
Val-d'Oise	14,90	0,23	22,05	10,66	22,24	5,36	17,50	3,78	3,28	53,78	46,22	24,38	20,95
Guadeloupe	14,55	0,95	38,24	3,57	35,13	2,25	3,06	0,91	1,35	44,90	55,10	64,53	55,18
Guyane	16,88	0,90	39,84	1,90	24,15	3,76	8,08	1,87	2,63	57,43	42,57	57,09	51,95
Martinique	23,59	0,85	29,14	3,54	36,40	2,67	1,65	0,90	1,27	41,06	58,94	59,23	51,20
Mayotte	46,96	1,51	39,53	1,58	5,19	1,02	1,31	1,19	1,71	68,34	31,66	42,24	56,44
Nlle-Calédonie	26,56	0,65	42,97	0,69	15,88	1,50	8,17	1,85	1,72	73,97	26,03	41,18	35,39
Polynésie française	24,92	0,72	51,63	1,23	12,52	1,63	3,12	2,68	1,54	60,99	39,01	49,72	48,56
Réunion	13,53	0,94	35,18	10,54	30,36	2,42	2,89	2,23	1,91	43,93	56,07	36,19	25,42
St-Pierre-et-Miquelon	23,48	0,41	33,97	4,78	17,31	6,41	7,51	2,78	3,35	60,87	39,13	42,59	33,22
Wallis-et-Futuna	21,80	0,87	43,53	0,60	29,88	0,87	1,21	0,55	0,70	55,30	44,70	24,69	20,45
Français hors de France	23,97	0,44	33,48	1,72	26,46	2,37	5,17	2,20	4,20	58,56	41,44	49,13	46,99

Élection présidentielle de 2002

☞ Le 24-4-2001, l'Assemblée nationale a définitivement adopté la proportion de loi organique visant à fixer l'élection présidentielle avant les législatives de 2002 (en repoussant du début avril à la mi-juin 2002 l'expiration des pouvoirs de l'Assemblée nationale) : 308 voix pour (254 PS, 28 UDF, 24 élus du groupe Radical, citoyen et Verts, le non-inscrit J.-J. Guillet et l'apparenté PCF E. Moutoussamy), 251 voix contre (137 RPR, 30 UDF, 43 DL, 33 PCF, 5 Verts et 3 non-inscrits), 9 élus se sont abstenus et 5 UDF n'ont pas pris part au vote.

Le 9-5-2001, le Conseil constitutionnel a déclaré la loi conforme à la constitution. Les élections législatives seront donc organisées après la présidentielle dont le 1er tour est prévu en avril.

☞ Pour en savoir plus, consultez le **Quid des présidents de la République... et des candidats,** éditions Robert Laffont, 1987.

Élections législatives

Monarchie

☞ Voir p. 714.

Ire République

■ **Août-septembre 1792. Convention nationale :** *suffrage universel* (environ 700 000 votants sur 7 500 000 électeurs) : abstentions 90 % ; 760 députés puis 903 en raison des annexions.

■ **Octobre 1795. Conseil des Cinq-Cents et Conseil des Anciens :** pour 1/3 des membres. *Suffrage censitaire* (revenu égal au moins à 150 jours de travail) : 6 000 000 d'actifs désignent 30 000 électeurs. *Députés :* républicains 305, modérés 266, royalistes 158.

■ **Mars-avril 1797. Conseil des Cinq-Cents et Conseil des Anciens :** pour 1/3. *Suffrage censitaire. Aux Cinq-Cents* (élus) *:* monarchistes ou modérés 182, indépendants 44, républicains 34 (sur 216 conventionnels sortants, 16 réélus). Après le coup d'État du 18 fructidor an V (4-9-1797), 167 députés furent invalidés (60 furent condamnés à la déportation).

■ **Avril-mai 1798. Conseil des Cinq-Cents et Conseil des Anciens :** pour 1/3, et remplacement des députés éliminés lors du coup d'État du 18 fructidor. *Suffrage censitaire.* Gain des jacobins [cependant le Directoire remplaça 106 opposants (qu'il invalida le 11-5-1798) par des hommes à lui].

■ **Printemps 1799. Conseil des Cinq-Cents et Conseil des Anciens :** pour 1/3. *Suffrage censitaire.* Aux Cinq-Cents : montagnards 240, « directoriaux » 150, droite 80, extrême gauche 30.

Cent-Jours

■ **Mai 1815. Chambre des représentants :** *suffrage censitaire. Inscrits :* collèges départementaux 19 500 (abstentions 60,9 %), d'arrondissement 27 000 (46,9 %). 629 députés (libéraux, 80 bonapartistes convaincus, jacobins). Dispersée le 8-7-1815.

Restauration

Chambre des députés

■ **14 et 28 août 1815.** Les collèges d'arrondissement élisent un nombre de candidats égal au nombre de députés du département. Les collèges de départements choisissent la moitié des députés parmi ces candidats ; liberté de choix pour l'autre moitié. *Électeurs :* 70 000 (plus 4 à 5 000 suppléants choisis par les préfets). *Votants :* 40 000. *Députés :* 400 [ultras 350 (appelée **Chambre introuvable,** cette assemblée sera dissoute le 5-9-1816)].

■ **25 septembre et 4 octobre 1816.** *Suffrage censitaire. Députés :* royalistes modérés 136, ultras 92, républicains ou bonapartistes 20, libéraux 10.

■ **20 septembre 1817.** Portant sur 1/5 des sièges. *Suffrage censitaire* (revenu au minimum de 300 F, âge minimal 30 ans). *Électeurs :* 100 000. *Députés* (40 ans au minimum, payant plus de 1 000 F de contributions directes) : modérés 150, ultras 80, indépendants 20 à 25.

■ **20 et 26 octobre 1818.** Portant sur 1/5 des sièges ; 54 sièges à pourvoir. *Suffrage censitaire.* Ultras 4, libéraux gagnent 25, constitutionnels perdent 12.

■ **4 et 13 novembre 1820.** Portant sur 223 sièges. *Suffrage censitaire et double vote* favorisant les grands propriétaires terriens (loi du 12-6-1820) : l'ensemble des électeurs élisait les 3/5 des députés soit 258 députés, puis le quart des électeurs les plus imposés votaient une 2e fois pour élire les 2/5 restants, soit 172 députés : en dégrevant d'impôt 14 000 contribuables « suspects », le gouvernement éliminait une partie des électeurs républicains). *Dé-*

putés : 220 (droite 187, gauche libérale 33). L'opposition (80 députés) sera réduite par les élections partielles de 1821 (60 ultras élus en 1822 et 198 en 1823).

■ **25 février et 6 mars 1824.** *Suffrage censitaire et double vote. Députés :* 431 [droite 411, libéraux 17 (elle est alors appelée **Chambre retrouvée** ; le 9-6-1824, la durée de la législature était portée à 7 ans mais la Chambre fut dissoute le 6-11-1827)].

■ **17 et 24 novembre 1827.** *Suffrage censitaire et double vote. Députés :* 430 [gauche 170, ministériels ou gouvernementaux (en majorité ultras) 125, droite 75]. *Dissoute* 16-5-1830.

■ **23 juin, 13 et 19 juillet 1830.** *Suffrage censitaire et double vote. Électeurs :* 94 000. *Députés :* 430 (gauche 274, gouvernementaux 143).

MONARCHIE DE JUILLET

CHAMBRE DES DÉPUTÉS

■ **5 juillet 1831.** *Suffrage censitaire* (contribution 200 F). *Inscrits :* 166 583. *Votants :* 125 090. *Députés :* 459 (libéraux 282, légitimistes 104, rép. et gauche dynastique 73).

■ **21 juin 1834.** *Suffrage censitaire. Inscrits :* 171 015. *Votants :* 129 211. Selon *le Moniteur :* majorité 320, opposition 90 (dont 15 légitimistes), tiers parti 50.

■ **4 novembre 1837.** *Suffrage censitaire. Inscrits :* 198 836. *Votants :* 151 720. *Députés :* 450. *Chambre dissoute* le 2-2-1839.

■ **2 et 6 mars 1839.** *Suffrage censitaire universel. Inscrits :* 201 271. *Votants :* 164 852. *Députés :* 459 : coalition tiers parti et républicains (Guizot, Dupin, Thiers, Barrot) 240, légitimistes 20.

■ **9 juillet 1842.** *Suffrage censitaire.* Succès mitigé du gouvernement : 266 sièges (gain : 15 sièges ; républicains 5 ; à Paris : gouvernement 2, opposition 10 dont républicains 3).

■ **1er août 1846.** *Suffrage censitaire.* Conservateurs ministériels 290, opposition 168 (– 55).

IIe RÉPUBLIQUE

■ **23 et 24 avril 1848. Assemblée nationale constituante :** *suffrage universel* (sont électeurs tous les Français de 21 ans et plus résidant dans la commune depuis 6 mois, et non judiciairement privés ou suspendus de l'exercice des droits civiques). *Scrutin* de liste départemental à 1 tour. *Inscrits :* 9 395 035 (sur 33 500 000 hab.). *Votants :* 7 835 327. *Abstentions :* 16 %. *Députés :* 880 (modérés 600, légitimistes et catholiques 200, socialistes 80).

■ **13 mai 1849. Assemblée nationale législative :** *suffrage universel. Abstentions* 40 %. *Députés* 750 sièges (713 pourvus en raison d'élections multiples) : parti de l'ordre (légitimistes, orléanistes, catholiques, conservateurs) 450, démocrates ou montagnards 180, républicains modérés 75. *Dissoute* par le coup d'État du 2-12-1851.

■ **29 février et 14 mars 1852. Corps législatif :** *suffrage universel. Scrutin uninominal.* Candidatures officielles, circonscriptions arbitraires. *Inscrits :* 9 836 043 [durée minimale du domicile dans la commune : 6 mois (décret du 2-12-1852), au lieu de 3 ans (loi du 31-5-1850)]. *Votants :* 6 222 983 (bonapartistes 5 218 602, opposition 810 962). *Députés :* 261 (bonapartistes 253, royalistes 5, rép. 3).

IId EMPIRE

■ **21 juin et 5 juillet 1857. Corps législatif :** *suffrage universel. Abstentions :* 25 %. *Voix :* candidat officiel 5 471 000, opposition 665 000 (7 élus dont 5 à Paris).

■ **31 mai et 14 juin 1863. Corps législatif :** *suffrage universel. Députés :* 283. *Voix :* candidats officiels 5 308 000 (251 sièges), union libérale (légitimistes, orléanistes, catholiques, républicains) 1 954 000 (républicains 17 sièges, royalistes-catholiques 15).

■ **23 mai et 6 juin 1869. Corps législatif :** *Voix (1er tour) :* candidats officiels 4 438 000, opposition 3 355 000. *Députés :* 295 sièges : bonapartistes libéraux 120 (tiers parti) ; autoritaires 92 ; légitimistes 41 ; républicains 30.

IIIe RÉPUBLIQUE

Légende : (1) Scrutin uninominal par arrondissement à 2 tours. (2) Scrutin de liste à 2 tours. (3) Scrutin de liste départemental à 2 tours (représentation proportionnelle). (4) Scrutin de liste départemental à 1 tour (représentation proportionnelle). *Abréviations :* dém. : démocrate(s) ; rad.-soc. : radicaux-socialistes ; rép. : républicain(es), rép.-soc. : républicains-socialistes ; SFIC : Section française de l'Internationale communiste ; SFIO : Section française de l'Internationale ouvrière ; s. : siège(s) ; soc. : socialiste ; v. : voix.

ASSEMBLÉE NATIONALE

■ **8 février 1871.** [43 départements étaient occupés (réunions interdites), pas de campagne électorale sauf à Paris] : *suffrage universel, scrutin de liste départemental* à 1 tour. Sur 768 sièges prévus par le décret du 29-1-1871 (dont 753 pour la métropole), 675 furent pourvus en métropole (dont 30 en Alsace-Lorraine) par suite de la pluralité d'élections de certains candidats (Thiers élu dans 86 départements, Trochu 10, Gambetta 8, Favre 5...) ; républicains environ 150 (112 modérés ; moins de 40 radicaux) ; conservateurs monarchistes, environ 400 (214 orléanistes, 182 légitimistes) ; libéraux centre gauche 78, bonapartistes 20. *Composition sociale :* 250 ruraux (hobereaux, propriétaires terriens) ; 200 avocats, magistrats ; 100 anciens officiers ; 90 dans industrie ou commerce.

■ **2 juillet 1871.** 114 députés à remplacer dans 46 départements (élections multiples, décès, démissions) : républicains 99 (35 radicaux, 38 modérés, 26 ralliés), 12 monarchistes (dont 3 légitimistes), 3 bonapartistes. 40 % d'abstentions. Échecs de Victor Hugo, Clemenceau, Floquet. **Élections partielles de 1871 à 1875** (184 sièges à pourvoir en métropole et 11 en Algérie) : extrême gauche 64, gauche 62, centre gauche 37, centre droit 12, bonapartistes 11, droite 6, extrême droite 3. En fait, il n'y eut que 182 élus en raison des élections multiples ou successives. *Composition (février 1875) :* 727 députés (10 sièges vacants ; les 30 sièges des départements alsaciens et lorrains et 2 de Meurthe-et-Moselle étaient laissés volontairement vacants) : centre droit 165, gauche 153, centre gauche 132, droite 122, extrême gauche 71, extrême droite 52, bonapartistes 32. L'*Assemblée nationale* se sépare le 31-12-1875.

CHAMBRE DES DÉPUTÉS

■ **20 février et 5 mars 1876** [1]. *Inscrits* 9 733 734 (militaires exclus du vote). *Votants* 7 388 234. *Abstentions* plus de 25 %. *Sièges* 533. *Républicains* (4 028 153 v.), 393 sièges : (union rép. 98, gauche rép. 193, centre gauche 48, centre droite 54 dont 17 rép. modérés, 15 indéterminés, 22 constitutionnels) ; *conservateurs* (3 202 335 voix), 140 sièges (bonapartistes 76, légitimistes 24, orléanistes 40). *Élus célèbres :* Gambetta (4 fois), Félix Faure, Loubet, Fallières, Sadi Carnot, Casimir-Perier. **Chambre dissoute** le 25-6-1877 par Mac-Mahon : elle avait refusé, par 363 voix contre 143, la confiance au nouveau ministère du duc de Broglie (à la suite du renvoi de Jules Simon).

■ **14 et 28 octobre 1877** [1]. *Inscrits* 9 948 449. *Votants* 8 087 323. *Abstentions* 20 %. Presque tous les sièges furent attribués dès le 1er tour : il y avait en général 2 candidats par circonscription (1 rép. et 1 monarchiste). 10 députés furent élus au 2e tour. *Républicains* (4 307 202), 313 sièges ; *conservateurs* (3 577 282), 208 sièges (bonapartistes 104, légitimistes 44, orléanistes 11, divers 49).

■ **21 août et 4 sept. 1881** [1]. *Inscrits* 10 179 345. *Votants* 7 181 443. *Abstentions* 29,45 %. Rivalité entre Gambetta (opportuniste) et Clemenceau avec les « radicaux » reprenant le programme de Belleville. Effondrement de la droite. *Sièges* 545. *Républicains* (5 128 142), 457 sièges [union rép. (Gambetta) 204, gauche rép. (Ferry) 168, extrême gauche 46, dont le *1er élu socialiste* Clovis Hugues (député de Marseille), centre gauche 39] ; *conservateurs* (1 789 767), 88 sièges (bonapartistes 46, royalistes 42).

■ **14 et 18 oct. 1885** [2]. *Inscrits* 10 278 979. *Votants* 7 929 503. *Abstentions* 29,6 %. *Sièges* 584. *Républicains* (4 327 162), 383 sièges (opportunistes 200, rép. modérés 83, rad.-soc. 60, radicaux 40) ; *union des droites* (3 541 384), 201 sièges (monarchistes 73, bonapartistes 65, conservateurs 63). L'extrême gauche (100 sièges) se renforce (surtout Midi, Nord, Massif central, région parisienne).

■ **22 sept. et 6 oct. 1889** [1]. *Inscrits* 10 387 330. *Votants* 7 953 382. *Abstentions* 23,4 %. *Sièges* 576. *Républicains* (4 350 000), 366 sièges (rép. 216, radicaux 100, centre gauche 38, rép. socialistes et rad.-soc. 12) ; *droite* (3 600 000 dont 700 000 boulangistes), 210 sièges (royalistes 86, boulangistes 72, bonapartistes 52).

■ **20 août et 3 septembre 1893** [1]. *Inscrits* 10 443 378. *Votants* 7 425 354. *Abstentions* 28,8 %. *Sièges* 581. *Républicains* (488 sièges) : rép. modérés 317 (opportunistes et progressistes 3 181 670 v.), radicaux 122, socialistes 49 (dont soc. 18, rad.-soc. 16, soc. indépendants 15) ; *droite* (93 sièges) : monarchistes 58 (1 000 381 v.), ralliés 35 (458 416 v.). A la suite du scandale de Panamá, 50 % des députés sont nouveaux.

■ **8 et 22 mai 1898** [1]. *Inscrits* 10 779 123. *Votants* 8 106 123. *Abstentions* 24 %. *Sièges* 585. *Gauche* (489 sièges) : socialistes 57 s. (791 148 v.), rad.-soc. 74 (629 572 v.), radicaux 104 (1 293 507 v.), progressistes 254 (3 262 725 v.) ; *droite* (96 sièges) : monarchistes 44 (887 759 v.), ralliés 32, nationalistes 6 (250 101 v.), révisionnistes 4, divers 10. Jules Guesde et Jean Jaurès battus.

■ **27 avril et 11 mai 1902** [1]. *Inscrits* 11 058 702 (métropole, Réunion et 3 circonscriptions des Antilles). *Votants* 8 412 727. *Abstentions* 25 %. *Sièges* 589. *Gauche* (465 sièges) : radicaux 129 (1 413 931 v.), rép. progressistes (modérés) 127, rad.-soc. 104 (853 140 v.), rép. de gauche 62 (2 501 429 v.), socialistes 43 (875 532 v.) ; *droite* (124 sièges) : conservateurs 89 (2 383 080 v.), libéraux 35 (885 615 v.). Jaurès et Briand élus. *Le Bloc des gauches* (ou *Bloc de défense républicaine*), formé juin 1899 contre ligues et conservateurs, se dissocia 1906 (les socialistes l'avaient quitté en 1906 après le congrès d'Amsterdam).

■ **6 et 20 mai 1906** [1]. *Inscrits* 11 341 062 (métropole et Algérie). *Votants* 8 812 493. *Abstentions* 21 %. *Sièges* 585. *Gauche* (411 sièges) : rad.-soc. 132 (2 514 508 v.), rad. indépendants 115 (692 029), rép. de gauche 90 (703 912 v.), socialistes 54 (877 221 v.), soc. indépendants 20 (205 081 v.) ; *droite* (174 sièges) : conservateurs 78 (2 571 765 v.), libéraux 66 (1 238 048 v.), nationalistes 30.

■ **24 avril et 8 mai 1910** [1]. *Inscrits* 11 326 828 (métropole et Algérie). *Votants* 8 396 820. *Abstentions* 22 %. *Sièges* 590. *Gauche* (441 sièges) : rad.-soc. (1 727 064 v.) et indépendants (966 407 v.) 149, rép. de gauche 113 (1 018 704 v.), socialistes 75 (1 110 561 v.), union rép. 72 (1 472 442 v.), soc. indépendants 32 (345 202 v.) ; *droite* (149 sièges) : conservateurs 129 (1 602 209 v.), libéraux 20 (153 231 v.).

■ **26 avril et 10 mai 1914** [1]. *Inscrits* 11 305 986. *Votants* 8 431 056. *Abstentions* 22 %. *Sièges* 601. *Gauche et centre* (475 sièges) : rad.-soc. (1 530 188 v.) et indépendants (1 399 830 v.) 195, socialistes 102 (1 413 044 v.), union rép. 88 (1 588 075 v.), rép. de gauche 66 (819 184 v.), rép.-soc. 24 (326 927 v.) ; *droite :* conservateurs (1 297 722 v.) 120 sièges (dont Fédération rép. 37, Action libérté 23, divers droite 15, non inscrits 45). La gauche seule, avec 296 députés, obtenait presque la majorité absolue.

■ **16 et 30 novembre 1919** [3]. *Inscrits* 11 604 322 (métropole et Algérie). *Votants* 8 148 090. *Abstentions* 28 %. *Sièges* 613. *Bloc national* (433 sièges ; présentait des listes uniques des partis de droite et du centre, sous l'impulsion de l'Alliance démocratique) : union rép. et démocratique 183 (1 819 691 v.), gauche rép. et démocratique 93, rép. de gauche 61 (889 177 v.), indépendants 50 (1 139 794 v.), groupe d'action rép. et sociale 46 ; *gauche* (180 s.) : rép. et rad.-soc. 86 (1 420 381 v.), SFIO 68 (1 728 663 v.), rép.-soc. 26 (283 001 v.). On l'appelle **Chambre bleu horizon** (couleur de l'uniforme de beaucoup d'anciens combattants). Le succès du Bloc national s'explique par le mécontentement contre les députés (rendus responsables de la préparation insuffisante de la guerre), la peur du « péril bolchevique » et la popularité de Clemenceau qui bénéficia aux partis du centre ; le Bloc bénéficia ainsi de la division de la gauche présentant d'ailleurs des radicaux dans certains départements.

■ **11 et 25 mai 1924** [4]. *Inscrits* 11 187 745 (métropole et Algérie). *Votants* 9 000 091. *Abstentions* 16 %. *Sièges* 581. *Droite et centre* (268 sièges) : union rép. et démocratique 104 (3 190 831 v.), gauche rép. et démocratique 43, gauche rép. 40 (rép. gauche et gauche rép. 1 058 293 v.), rép. de gauche 38, indépendants 29 (375 806 v.), démocrates populaires 14 ; *gauche* [*Cartel* (287 sièges) dont : rad.-soc. 139 (1 612 581 v.), SFIO 104 (1 814 000 v.), rép.-soc. et soc. français (non SFIO) 44] ; SFIC (Parti communiste) : 26 s. (885 993 v.).

■ **22 et 29 avril 1928** [1]. *Inscrits* 11 557 764 (métropole et Algérie). *Votants* 9 469 861. *Abstentions* 16 %. *Sièges* 606. *Droite et centre* (338 sièges) : union rép. et démocratique 102 (2 082 041 v.), rép. de gauche 64, gauche radicale 54, indépendants et conservateurs 37 (215 169 v.), Action démocratique et sociale 29, Démocratie populaire 19, gauche unioniste et sociale 18, indépendants de gauche 15 (RG et GR 2 196 243 v.) ; *gauche* (268 sièges) : rép.-rad. et rad.-soc. 125 (1 682 543 v.), SFIO 100 (1 708 972 v.), rép.-soc. et soc. français 31 (rép.-soc. 432 045 v.), SFIC 12 (1 066 099).

■ **1er et 8 mai 1932** [1]. *Inscrits* 11 740 893 (métropole et Algérie). *Votants* 9 579 482. *Abstentions* 16 %. *Sièges* 614. *Droite et centre* (258 sièges) : centre républicain et rép. de gauche 76 (1 299 936 v.), gauche radicale et indépendants de gauche 74 (955 990 v.), fédération rép. du centre 41, groupe républicain et social 18 (582 095 v.), démocrate populaire 17 (309 336 v.), indépendants 16, indépendants d'action économique sociale et paysanne 7, rép. du centre 6, isolés 3 ; *gauche* (356 sièges) : rép.-rad. et rad.-soc. 160 (1 836 991 v.), SFIO 132 (1 964 384 v.), Parti soc. français et rép.-soc. 29 (515 176 v.), gauche indépendante 15, SFIC 11 (796 630 v.), Unité ouvrière 9. Majorité : Cartel des gauches avec 345 voix, renforcé à l'extrême gauche par les voix de l'Unité ouvrière (détachée de la SFIC depuis l'élimination de Trotsky par Staline). Communistes : 8 % des suffrages exprimés (12 % en 1928). Recul de la droite important dans le Sud.

■ **26 avril et 3 mai 1936** [1]. *Inscrits* 11 971 923 (métropole et Algérie). *Votants* 9 847 266. *Abstentions* 15 %. *Sièges* 612. *Front populaire* (389 sièges) : SFIO 149 (1 955 306 v.), 1er parti de la coalition ; les rad.-soc. perdent le contrôle de la gauche pour la 1re fois, mais conservent un rôle d'arbitrage. Rép.-rad. et rad.-soc. 111 (1 422 611 v.), SFIC 72 (1 502 404 v.), Union sociale rép. (néo-socialistes) 29, divers gauche 28 (748 600 v.). *Opposition* (223 sièges) : droite 128 (dont Fédération rép. de France 59) (1 666 004 v.), centre et centre droit 95 (2 536 294 v.).

☞ 2/3 des députés de la IIIe Rép. n'ont siégé que 1 ou 2 législatures. 2 271 députés sur 4 892 (soit 46 %) furent élus 1 seule fois et 1 032 (21 %) 2 fois. La plupart se représentèrent à l'expiration de leur mandat et échouèrent.

IVe RÉPUBLIQUE

☞ *Abréviations :* ADS : Action démocratique sociale. AMA : Amis du manifeste algérien. Appar. : apparenté(s). ARS : Groupe de l'action républicaine et sociale. CDP : Centre Démocratie et Progrès. CDS : Centre des démocrates sociaux. CNI : Centre national des indépendants. CRAPS : Centre républicain d'action paysanne et sociale. ERD : Entente rép. et démocratique. FI : Français indépendants. FR : Fédération rép. FRF : Fédération rép. de France (groupe de l'URD). GP : Groupe paysan. G. Rad. : Gauche radicale. G. Rép : Gauche républicaine. Indép. : indépendants. IOM : Indépendants d'outre-mer. IP : Indépendants paysans. IR : Indépendants républicains. MI : Musulmans indépendants. MRP : Mouvement républicain populaire. MTLD : Mouvement pour le triomphe des libertés démocratiques (Algérie). PC : Parti communiste. PCF : PC français. PDM : Progrès et Démocratie moderne. PR : Parti républicain. PRL : Parti républicain de la Liberté. PS : Parti socialiste. *P. Soc. F* et *RS :* Parti socialiste français et Rép. socialistes. PSU : Parti socialiste unifié. RAPS : Rép. d'action paysanne et sociale. RDA : Rassemblement démocratique africain. RG : Rép. de gauche. RGR : Rassemblement des gauches rép. RI : Rép. indépendants. RI et AS : Rép. indépendants et d'action sociale. RPF : Rassemblement du peuple français. RPR : Rassemblement pour la République. R et R.-S. : Rép. et Radicaux-socialistes. RS : Rép. socialistes. UDF : Union pour la démocratie française. UDI : Union des démocrates indépendants. UDVe : Union de défense de la Ve République, qui devient en avril 1968 UDR : Union de défense de la République (devenue à son tour Union des démocrates pour la République en 1971 et RPR en 1976). UDSR : Union démocratique et sociale de la Résistance. UDT : Union démocratique du travail. UGSD : Union de la gauche socialiste et démocratique. UNR : Union pour la Nouvelle République (devenue UDVe en 1967). URD : Union rép. et démocratique. URP : Union rép. du progrès. URR : Union des républicains et résistants.

Assemblée nationale constituante

21 octobre 1945. Élections à la 1re Assemblée. Scrutin : représentation proportionnelle suivant la plus forte moyenne dans le département, sans panachage ni vote préférentiel. Femmes et militaires ont le droit de vote. **Siégea** du 6-11-1945 au 26-4-1946. **Résultats** (métropole) : *inscrits* 24 622 862. *Votants* 19 657 603. *Abstentions* 4 965 259 (20,1 %). *Suffrages exprimés* 19 152 716. **Voix** (% des suffrages exprimés) : PC et appar. 5 024 174 (26,2 %), MRP 4 580 222 (23,9 %), SFIO 4 491 152 (23,4 %), modérés 3 001 063 (15,6 %), radicalisme et UDSR 2 018 665 (10,5 %), divers 37 440 (0,7 %).

Effectif des groupes parlementaires [1] **:** PC et appar. (groupe des rép. et résistants) 159, MRP 150, soc. et appar. (groupe musulman algérien) 146, UDSR et appar. (dont groupe paysan) 42, Unité rép. et appar. 39, rad. et rad.-soc. et appar. 29, Rép. indép. 14, non-inscrits 7.

2 juin 1946. Élections à la 2e Assemblée, le projet de Constitution de la 1re Constitution ayant été rejeté par le référendum. **Scrutin :** idem. **Résultats** (métropole) : *inscrits* 24 696 949. *Votants* 20 215 200. *Abstentions* 4 481 749 (18,1 %). *Suffrages exprimés* 19 805 330. **Voix :** MRP 5 589 213 (28,2 %), PC et appar. 5 145 325 (25,9 %), SFIO 4 187 747 (21,1 %), RGR (regroupe, depuis 1946, modérés 2 538 167 (12,8), radicalisme et UDSR) 2 299 963 (11,6 %), divers 44 915 (0,1).

Effectif des groupes parlementaires [1] **:** MRP et appar. 166, PC et appar. (Union rép. et résistante) 153, soc. et appar. 128, PRL 35, rad. et rad.-soc. 32, Rép. indépendants et appar. 32, UDSR 20, UDMA 11, non-inscrits 9.

Assemblée nationale

10 novembre 1946 (le projet de la 2e Constituante ayant été adopté par référendum le 13-10 et promulgué le 27-10). **Scrutin :** idem, mais vote préférentiel admis. **Résultats** (métropole) : *inscrits* 25 083 039. *Votants* 19 578 126. *Abstentions* 5 504 913 (21,9 %). *Suffrages exprimés* 19 216 375. **Voix :** PC et appar. 5 430 593 (28,3 %), MRP 4 988 609 (25,9 %), SFIO 3 433 901 (17,8 %), modérés 2 487 313 (12,9 %), RGR 2 136 152 (11,1 %), Union gaulliste 585 430 (3 %), divers 154 377 (0,8 %).

Effectif des groupes parlementaires [1] **:** PC et appar. 182, MRP et appar. 173, soc. 102, rép. radical et rad.-soc. 43, PRL et appar. 38, Rép. indép. et appar. 29, UDSR 26, MTLD 5, Groupe musulman indép. pour la défense du fédéralisme algérien 8, non-inscrits 21.

17 juin 1951. Référendum (l'Assemblée élue le 10-11-1946, dissoute le 11-5-1951, a fixé la fin de la législature au 4-7-1951). **Scrutin** (loi du 9-5-1951) : de liste dans le cadre départemental ; les listes sont autorisées à conclure entre elles des accords préalables *(apparentements).* But : permettre aux partis centristes de s'unir pour tenir en échec les extrémistes. **Résultats** (métropole) : *inscrits* 24 530 523. *Votants* 19 670 655. *Abstentions* 4 859 869. *Suffrages exprimés* 19 129 424. **Voix** [2] **:** PC et appar. 5 056 605 (26,9 %), RPF 4 058 336 (21,6 %), SFIO 2 744 842 (14,6 %), modérés 2 656 995 (14,1 %), MRP 2 369 778 (12,6 %), RGR 1 887 583 (10 %).

Effectif des groupes parlementaires [1] **:** RPF et appar. 121, soc. et appar. 107, PC et rép. progressistes 103, MRP et Indép. d'outre-mer 95, rép. radical et rad.-soc. et appar. 74, Rép. indép. et appar. 53, CRAPS et démocrates indép. et appar. 43, UDSR et appar. 16, non-inscrits 10, RDA 3, sièges non pourvus (TOM) 2.

Scissions du RPF entre 1951 et 1955 : formation de l'ARS (1952) et, après que de Gaulle lui eut retiré son patronage, de l'URAS et des Rép. sociaux (1954).

2 janvier 1956. Remplacement de l'Assemblée élue en juin 1951, dissoute le 1-12-1955. **Résultats** (métropole) : *inscrits* 26 774 899. *Votants* 22 171 957. *Abstentions* 4 602 942 (17,20 %). *Suffrages exprimés* 21 500 790. **Voix** [2] **:** PC et appar. 5 514 403 (25,9 %), modérés 3 259 782 (15,3 %), SFIO 3 247 431 (15,2 %), poujadistes 2 483 813 (11,6 %), rad. et UDSR (Front républicain qui regroupait également la SFIO) 2 389 163 (11,3 %), MRP 2 366 321 (11,1 %), rép. sociaux (ex-RPF) 585 764 (2,7 %), extrême droite (Parti rép. paysan, Rassemblement national, Réforme de l'État) 260 749 (1,2 %), divers 98 600 (0,4 %).

Effectif des groupes parlementaires [1] **:** PC et appar. (dont rép. progressistes) 150, Indépendants et Paysans d'action sociale et appar. 95, soc. 94, MRP et Indép. d'outre-mer 83, rép.-radical et rad.-soc. et appar. 58, Union et Fraternité française 52, Rép. sociaux 21, UDSR et RDA 19, Rassemblement des gauches rép. et du Centre républicain et appar. 14, non inscrits 7, non autorisés à siéger 2, sièges non pourvus (Algérie) 32.

En juin 1958. Communistes 138 ; indépendants et paysans 97 ; socialistes 91 ; MRP 71 ; poujadistes 30 ; radicaux valoisiens 42 et moriciens 13 ; rép. sociaux 13 ; RGR 13 ; paysans 10 ; UDSR 9 ; progressistes 6 ; non inscrits 7. *Total 540.*

Nota. – (1) Y compris les députés d'outre-mer. Les effectifs retenus sont ceux établis immédiatement après les élections. (2) Pourcentage du total des moyennes des listes : les bulletins incomplets étaient valables, le total des moyennes des listes était donc inférieur à celui des suffrages exprimés.

☞ Sur 1 112 députés élus sous la IVe Rép. en métropole, 446 (40 %) furent élus 1 fois, et 190 (17 %), 2 fois.

Ve République

Assemblée nationale

Élections des 23 et 30 novembre 1958

Circonstances. A la suite de la nouvelle Constitution promulguée le 4-10-1958.

Scrutin. Uninominal majoritaire à 2 tours en métropole (465 circonscriptions découpées exprès) et dans les DOM (10 s.). Seuls les candidats inscrits au 1er tour et ayant obtenu au moins 5 % des suffrages exprimés peuvent se présenter au 2e tour. En Algérie (30-11 ; 67 sièges : 21 pour les citoyens de statut civil de droit commun et 46 pour ceux de statut civil local), au Sahara (30-11 ; 4 sièges) : scrutin de liste majoritaire à 1 tour. Dans les TOM : avril-mai 1959 ; 5 sièges. Chaque député est assisté d'un suppléant de son choix appelé à lui succéder dans certains cas, notamment s'il entre au gouvernement.

Résultats métropole	1er tour [1]		2e tour	
	Voix	%	Voix	%
Inscrits	*27 236 491*	*100*	*27 013 390*	*100*
Votants	20 994 797	77,1	19 108 791	70,7
Abstentions	6 241 694	22,9	7 904 599	29,3
Blancs ou nuls	652 889	2,3	468 017	1,7
Suffrages exprimés	*20 341 908*	*74,8*	*18 640 774*	*69*
Communistes	3 882 204	18,9	3 833 418	20,6
Divers gauche	347 298	1,7	146 016	0,7
SFIO	3 167 354	15,5	2 574 606	13,8
Radicaux	983 201	4,8	619 784	3,3
RGR	716 869	3,5	439 517	2,3
UNR	3 603 958	17,6	5 249 746	28,2
MRP	1 858 380	9,1	1 370 246	7,4
Démocrates-chrétiens	520 408	2,5	343 292	1,8
Centre républicain	647 919	3,2	451 810	2,4
CNI	2 815 176	13,7	2 869 173	15,4
Modérés	1 277 424	6,2	570 775	3,1
Extrême droite	669 518	3,3	1 723 610	0,9

Nota. – (1) Résultats publiés par le ministère de l'Intérieur. *Résultats calculés à la Fondation des Sciences politiques* (d'après les résultats par circonscription communiqués par le ministère de l'Intérieur) : modérés 4 502 449 (22,1 %), gaullistes (UNR, CRR et divers) 4 165 453 (20,4 %), communistes 3 907 763 (19,2 %), SFIO 3 193 786 (15,7 %), MRP 2 273 281 (11,1 %), radicaux 1 503 787 (7,3 %), extrême droite 533 651 (2,6 %), Union des forces démocrates 261 738 (1,2 %).

Sièges. Après les élections, l'Assemblée comptait en fait 546 députés et 33 représentants des TOM siégeant au Parlement (dont 28 représentant des territoires devenus États membres de la Communauté, leurs mandats prenant fin le 16-7-1959). Après le 16-7-1959 il y eut donc 5 représentants des TOM et 1 représentant des Comores.

Répartitions des 546 sièges au 30-11-1958 (métropole) : UNR et Rép. indépendants 189, indép. 132, MRP 57, SFIO 40, radicaux et autres gauche 35, communistes 10, divers gauche 2. **Des 552 sièges au 27-7-1959** (y compris ceux d'outre-mer) : UNR 212, IP 118, MRP 56, Unité de la République (Algérie) 48, SFIO 44, Entente démocratique (rassemblement des élus de tendance radicale) 33, PC 10, Centre républicain 4, isolés 27.

Élections des 18 et 25 novembre 1962

Circonstances. Remplacement de l'Assemblée précédente dissoute par le Pt de la République après l'adoption, le 5-10-1962, de la motion de censure contre le gouvernement Pompidou.

Résultats métropole	1er tour		2e tour	
	Voix	%	Voix	%
Inscrits	*27 526 358*	*100*	*21 957 468*	*100*
Votants	18 918 159	68,72	15 824 990	72
Abstentions	8 608 199	31,28	6 132 478	27,9
Blancs ou nuls	584 368	2,1	616 889	2,74
Suffrages exprimés	*18 333 791*	*65,6*	*15 208 101*	*69,26*
PC	4 003 553	21,84	3 195 763	20,94
Extrême gauche et PSU	427 467	2,33	138 131	0,90
SFIO	2 298 729	12,54	2 264 011	14,83
Rad. et Centre gauche	1 429 649	7,79	1 172 711	7,68
UNR-UDT gaullistes	5 855 744	31,94	6 169 890	40,36
MRP	1 665 695	9,08	821 635	5,45
Indépendants	1 089 348	5,94	1 444 666	9,46
Modérés (CNI)	1 404 177	7,66		
Extrême droite	159 429	0,87	52 245	0,34

Scrutin. Uninominal majoritaire à 2 tours : il faut un minimum de suffrages correspondant à 10 % des inscriptions pour se présenter au 2e tour.

Sièges (25-11-1962)	Sortants	Total	1er t.	2e t.	Solde
UNR-UDT	165	229	46	183	+ 64
SFIO	41	65	1	64	+ 24
Rad. et Centre gauche	41	42	8	34	+ 1
Communistes	10	41	9	32	+ 31
MRP	56	36	14	22	– 20
Indépendants (CNI)	106	28	6	22	– 78
Rép. indépendants	28	20	12	8	– 2
PSU	–	2	0	2	+ 2
Centre républicain	3	1	0	1	– 2
Extrême droite	12	0	0	0	– 18
Sans étiquette	–	1	0	1	+ 1
Total	*462* [1]	*96*	*369*	*465*	

Nota. – (1) Métropole : 3 sièges vacants au moment de la dissolution de l'Assemblée.

Effectif des groupes parlementaires (y compris les députés apparentés, au 10-12-1962). Total, dont entre parenthèses DOM et TOM : UNR-UDT *233* (13). Socialistes 64 (2), *66.* Centre démocratique 51 (4), *55.* Communistes 41, *41.* Rassemblement démocratique 38 (1), *39.* Républicains indépendants 33 (2), *35.* Non-inscrits 9 (4), *13. Total :* 465 (dont 8 femmes : 3 communistes, 2 Centre démocrate, 2 UNR, 1 Rassemblement démocratique) (10,7), *482.*

Élections des 5 et 12 mars 1967

Scrutin. Uninominal majoritaire à 2 tours.

Résultats métropole	1er tour		2e tour	
	Voix	%	Voix	%
Inscrits	*28 300 936*	*100*	*27 526 358*	*100*
Votants	22 902 224	80,92	18 918 159	68,72
Abstentions	5 398 712	19,08	8 608 199	31,27
Blancs ou nuls	494 834	2,16	584 368	3,09
Suffrages exprimés	*22 389 514*	*78,68*	*18 333 791*	*66,60*
PC	5 039 032	22,51	3 998 790	21,37
Extrême gauche (dont PSU)	495 412	2,21	173 466	0,93
FGDS	4 224 110	18,96	4 505 329	24,08
Ve République	8 448 082	37,73	7 972 908	42,60
Centre démocrate	2 829 995	12,64	1 328 777	7,10
Divers modérés	1 140 748	5,10	702 352	3,73
Alliance républicaine	191 232	0,85	28 347	0,15
Extrême droite	–	–	–	–

Effectif des groupes parlementaires (y compris les députés d'outre-mer). Union démocratique pour la Ve République 180 et apparentés 20. Fédération de la gauche démocrate et socialiste 116 et apparentés 5. PC 71 et apparentés 2. Républicains indépendants 39 et apparentés 3. Progrès et Démocratie moderne 38 et apparentés 3. Non-inscrits 9.

Élections des 23 et 30 juin 1968

Scrutin. Uninominal majoritaire à 2 tours.

Résultats métropole	1er tour		2e tour	
	Voix	%	Voix	%
Inscrits	*28 181 848*	*100*	*19 266 974*	*100*
Votants	22 532 407	79,95	14 994 174	77,8
Abstentions	5 649 441	20,04		22,17
Blancs ou nuls	385 192	1,4	416 762	2,2
Suffrages exprimés	*22 147 215*	*78,58*	*14 577 412*	*75,6*
Communistes	4 434 832	20,02	2 935 775	20,14
Extrême gauche	873 581	3,95	83 777	0,57
FGDS	3 660 250	16,53	3 097 338	21,25
Divers gauche	163 482	0,74	60 584	0,42
UDR	9 667 532	43,65	6 762 170	46,39
Progrès et Démocratie moderne	2 289 849	10,34	1 141 305	7,83
Divers droite	917 758	4,14	496 463	3,41
Mouv. pour la réforme	33 835	0,15		
Technique et démocratie	77 360	0,35		
Extrême droite	28 736	0,13		

Sièges (30-6-1968)	Sortants	Élus		Total	Gains ou pertes
		1er tour	2e tour		
PCF	73	6	28	34	– 39
PSU	3	–	–	–	– 3
Fédération	118	–	57	57	– 61
UD-Ve République	197	124	170	294	+ 97
Rép. indép.	43	28	36	64	+ 21
Centre PDM	42	5	22	27	– 15
Divers	9	3	6	9	–
Total	*485*	*166*	*319*	*485*	

Effectif des groupes parlementaires (y compris départements d'outre-mer). UD-Ve et apparentés 200. FGDS et apparentés 121. PC et apparentés 73. Républicains indépendants 44. Progrès et Démocratie moderne 41. Non-inscrits 9.

ÉLECTIONS DES 4 ET 11 MARS 1973

■ **Scrutin.** Uninominal majoritaire à 2 tours.

Résultats métropole	1er tour		2e tour	
	Voix	%	*Voix*	%
Inscrits	*29 901 822*	*100*	*29 666 161*	*100*
Votants	24 289 285	81,23	24 294 033	81,89
Abstentions	5 612 537	18,76	5 372 128	18,11
Blancs ou nuls	541 877	1,81	804 390	2,71
Suffrages exprimés	*23 751 213*	*79,43*	*23 489 643*	*79,18*
Communistes	5 085 108	21,41	4 893 876	20,83
PSU + extrême gauche	778 195	3,28	114 540	0,47
Socialistes	4 559 241	19,20	5 564 610	23,68
Divers gauche	668 100	2,81	191 441	0,81
Réformateurs	2 979 781	12,55	1 631 978	6,94
URP	8 242 661	34,74	10 701 135	45,54
Divers majorité	784 735	3,30	337 399	1,43
Divers droite	671 505	2,83	21 053	0,08

Sièges (11-3-1973)	Sortants	Élus		Total	Gains ou pertes
		1er tour	2e tour		
PCF	34	8	65	73	+ 39
PSU + extrême gauche	1	–	3	3	+ 2
UGSD-PS	41	1	88	89	+ 48
UGSD-Rad. gauche	8	–	12	12	+ 4
Réformateurs	15	–	31	31	+ 16
URP-UDR	273	26	158	184	– 89
URP-Rép. indép.	61	13	41	54	– 7
URP-CDP	26	6	17	23	– 3
Divers	24	6	13	19 (4)	– 5
Total	*483*	*60*	*428*	*488*	

■ **Sièges à pourvoir.** 491 dont *métropole* 474 [dont 1 siège supplémentaire en Corse (4 au lieu de 3)]. *DOM* 11 au lieu de 10 (dont 1 pour St-Pierre-et-Miquelon devenu DOM). *TOM* 6 sièges au lieu de 5 [2 au lieu de 1 en Nlle-Calédonie et en Polynésie ; 3 supprimés : Comores 2 et Afars et Issas 1 (devenus indépendants) ; 1 créé : Mayotte, pourvue une 1re fois le 13-3-1977] ; 1 s. pour Wallis-et-Futuna.

ÉLECTIONS DES 12 ET 19 MARS 1978

■ **Scrutin.** Uninominal majoritaire à 2 tours. Il faut, au 1er tour, un minimum de suffrages correspondant à 12,5 % des inscrits pour se maintenir au 2e tour.

Résultats métropole	1er tour		2e tour	
	Voix	%	*Voix*	%
Inscrits	*35 204 152*	*100*	*30 956 076*	*100*
Votants	29 141 979	82,77	26 206 710	84,60
Abstentions	6 062 173	17,22	4 749 366	15,34
Suffrages exprimés	*28 560 243*	*81,12*	*25 475 802*	*82,20*
Extrême gauche	953 088	3,33	–	
Communistes	5 870 402	20,55	4 744 868	18,62
Socialistes	6 451 151	22,58	7 212 916	28,31
MRG	603 932	2,11	595 478	2,36
RPR	6 462 462	22,62	6 651 756	26,11
UDF	6 128 849	21,45	5 907 603	23,18
Majorité présidentielle	684 985	2,39	305 763	1,20
Écologistes	621 100	2,14	–	
Divers	793 274	2,77	57 418	0,22

Sièges (19-3-1978)	Sortants	Élus		Total	Gains ou pertes
		1er tour	2e tour		
PCF	74	4	82	86	+ 12
Parti socialiste	95	1	103	104	+ 9
Rad. de gauche	13	–	10	10	– 3
Divers opposition	2	–	1	1	– 1
RPR	173	31	119	150	– 23
PR	61	16	55	71	+ 10
CDS	28	6	29	35	+ 7
Majorité prés.	17	6	10	16	– 1
Radicaux	7	3	4	7	– 1
MDSF	6	1	8	9	+ 2
CNIP	8	–	1	1	– 5
PSD	4	–	1	–	– 3
Divers	3	–	–	–	– 3
Total	*491*	*68*	*423*	*490*	

■ **Bilan. 1er tour :** *gauche :* succès moindre que celui prévu par sondages. PS et MRG progressent par rapport à l'UGSD de 1973 sauf dans 18 départements, mais reculent à Paris et dans la région parisienne (sauf dans la 9e circonscription de la Seine-St-Denis). L'extrême gauche, divisée (1 000 candidats), progresse légèrement (3,33 % des suffrages contre 3,29 % en 1973). Le *Front autogestionnaire* (1,22 % des suffrages, 348 527 voix) et les organisations des listes *« pour le socialisme, le pouvoir aux travailleurs »* perdent 25 % des voix PSU de 1973. *Lutte ouvrière* (470 candidats, 1,7 %, 500 000 voix) recule par rapport aux présidentielles de 1974 (Arlette Laguiller avait 2,33 % des voix). LCR, OCT et CCA (250 candidats) obtiennent 0,33 % sur les candidats de gauche. Par contre l'UOPDP (Union ouvrière et paysanne pour la démocratie prolétarienne, 28 000 voix dans 115 circonscriptions), qui regroupe des formations maoïstes, le PCRML (PC révolutionnaire marxiste-léniniste) et le PCMLF (PC marxiste-léniniste de France) donnent des consignes d'abstention. *Écologistes* 1er tour : 2,14 % de voix (Hauts-de-Seine 5,80, Yvelines 5,90, Val-d'Oise 6,15). **2e tour :** *la baisse des abstentions* a profité à la majorité. *Les reports de voix* socialistes sur des communistes se sont mal effectués (dans 7 cas sur 8). Ceux de voix communistes sur les socialistes ou radicaux de gauche ont été meilleurs (dans 19 cas sur 30). 57 députés élus avec une marge *inférieure* à 1 % : 15 RPR (dont Ch. de La Malène, A. Jarrot, Y. Guéna, X. Deniau, R. Boulin), 13 UDF (dont J.-J. Servan-Schreiber 50,01) ; 11 PS (dont L. Mexandeau), 1 MRG, 17 PC.

■ **Bilan général.** *Le Pt de la République Giscard d'Estaing est vainqueur.* Il avait refusé en 1976 de dissoudre l'Assemblée nationale [comme on le lui demandait alors à droite (Chirac) et à gauche]. L'UDF a repris une place importante en face du RPR. *La gauche est battue.* Cependant le PC gagne 12 sièges, obtient tous ceux de 3 départements (Gard, Seine-St-Denis, Hte-Vienne) ; le PS gagne 9 sièges ; le MRG en perd 3. *La majorité gagne* mais perd 10 sièges (290 au lieu de 300). Le RPR représente le 1er parti de France malgré une perte de 23 sièges. Il a 51 % des élus de la majorité (avant 57 %).

ÉLECTIONS DES 14 ET 21 JUIN 1981

■ **Scrutin.** Uninominal majoritaire à 2 tours.

■ **Candidats.** Sur 2 719, 1 584 parrainés par des formations politiques. L'UNM (Union pour la nouvelle majorité, créée le 15-5) a investi 385 candidats uniques (158 en mars 1978 pour les RPR/UDF) et organisé 88 primaires. A gauche, le PC étant demandeur, le PS *n'a accepté qu'un simple accord électoral.* **Femmes candidates :** 128 dont PC 64, PS 37, ancienne majorité 15 ; (en %) : PC 13,5, PS 8, MRG 6,7, UDF 3,2, RPR 2 ; *élues :* PS 5,9, PC 3 ; *suppléantes :* PC 23,8. **Age :** RPR 49 ans et 2 mois, UDF 47 a. et 3 m., PC 46 a. et 3 m., PS 44 a. et 7 m., MRG 44 a. et 5 m. *Candidats de moins de 30 ans* (en %) : CDS 3,4, RPR 3,1, PS 3 ; *de plus de 65 ans :* Rad. de gauche 11,6, RPR 8,4, PC 4,4. Les candidats du PR au sein de l'UDF avaient plus de 30 ans, 1 sur 5 avait plus de 60 ans. **Origine sociale** (cadres supérieurs, chefs d'entreprise, hauts fonctionnaires, professions libérales en %) : RPR 64,4 (dont cadres supérieurs et chefs d'entreprise 33,3), MRG 62,1, UDF 59, PS 30,5, PC 5,1.

Sièges (21-6-1981)	Sortants	Élus		Total	Gains ou pertes
		1er tour	2e tour		
PCF	86	7	37	44	– 42
PS et appar.	107	47	222	269 [1]	+ 162
Rad. de gauche	10	1	13	14	+ 4
Divers gauche	1	1	5	6 [2]	+ 5
RPR	153	50	33	85	– 70
UDF-PR	65	23	9	32	– 33
UDF-CDS	36	13	6	19	– 17
UDF-radicaux	8	2	–	2	– 6
UDF-MDS	2	–	–	–	– 2
UDF	5	5	3	9	+ 3
CNIP [3]	9	5	–	5	– 4
Divers droite	9	2	4	6	– 3
Total [4]	*491*	*156*	*332*	*491*	–

Nota. – (1) Aux 266 socialistes sont ajoutés Césaire, apparenté PS, réélu, Dabezies, FRP, et Mme Halimi, Choisir, présentés par le PS. (2) Pidjot, réélu, Giovannelli et Patriat non investis par le PS, et Pen, Castor et Hory. (3) *9 sortants :* 4 (Ginoux, d'Harcourt, Pineau et Ligot) UDF, 3 (Delprat, Florence d'Harcourt et Malaud) non-inscrits et 2 (Féron et Frédéric-Dupont) apparentés RPR. *5 sont élus ou réélus :* Fouchier, d'Harcourt et Ligot UDF, Florence d'Harcourt et Frédéric-Dupont. (4) Restent 3 sièges à pourvoir (Polynésie française 2, Wallis-et-Futuna 1).

■ **Bilan. 1er tour :** abstentions 29,65 % (souvent dans le camp de la majorité sortante probablement en raison du nombre des candidatures uniques). 156 élus sur 491. 10 députés en ballottage restés en liste peuvent se considérer comme élus. **Entre les 2 tours :** l'UNM fait campagne sur le thème de l'excès de puissance dont disposerait le pouvoir avec un parti dominant à l'Assemblée nationale. **2e tour :** *à droite,* les reports de voix RPR/UDF s'effectuent correctement. 255 des 305 candidats uniques de l'UNM obtiennent un pourcentage de voix supérieur à celui totalisé au 1er tour par les candidats de la majorité sortante. *A gauche,* la poussée socialiste s'effectue aux dépens des formations et des bastions traditionnels de la droite (2 élus en Alsace, 13 en Lorraine au lieu de 3, 7 en Champagne-Ardenne, dont 2 aux dépens du PC, 6 au lieu de 2 dans le Finistère, etc.). *Taux de participation* plus élevé, démentant la thèse selon laquelle les abstentions se situent plutôt à droite.

■ **Bilan général.** La *gauche* a plus de 67 % des s. (*61,71 %* aux élections du Front populaire des 26-4 et 3-5-1936 et *60,15 %* le 21-10-1945, élection de l'Assemblée constituante ; *39,84 %* les 5 et 12-3-1967, *40,94 %* les 12 et 19-3-1978). Le PS détient tous les sièges dans 21 départements. *La nouvelle opposition n'a que 12 nouveaux élus :* 7 UDF et 5 RPR. Tous [sauf Jacques Toubon (RPR) à Paris, et Marcel Esdras (UDF) en Guadeloupe] ont été élus dans des circonscriptions où le sortant ne se représentait pas.

RAISONS DU SUCCÈS SOCIALISTE : 1°) *L'évolution sociologique* (urbanisation, développement du salariat, chômage, travail des femmes). 2°) *Le fait présidentiel :* pour la 1re fois, des législatives ont eu lieu immédiatement après une présidentielle. 3°) *Le fait majoritaire :* le scrutin apparaît comme la confirmation de l'élection présidentielle. 4°) *Le fait sociologique :* le 1er tour des législatives est une 2e défaite pour Valéry Giscard d'Estaing ; après le rejet de l'homme, il confirme le rejet d'une politique et le désir de changement.

■ **Élus. Femmes :** 26 soit 5 de plus qu'en 1978 (5,3 % de l'Assemblée). **ÉNA (anciens élèves) :** PS 13 (1978 : 8), UDF 7 (78 : 15), RPR 3 (78 : 10).

■ **Élections partielles du 17-1-1982.** A la suite de l'annulation des élections dans 4 départements par le Conseil constitutionnel le 3-12-1981, RPR et UDF-PR gagnent les 4 sièges (contre 1 en juin 1981) : J. Dominati (UDF-PR), Paris. A. Peyrefitte (RPR), S.-et-M. P. de Bénouville (RPR), Paris. B. Bourg-Broc (RPR), Marne.

ÉLECTIONS DU 16 MARS 1986

■ **Scrutin.** *De liste à la proportionnelle* dans 102 circonscriptions (100 départements et 2 TOM ; 826 listes, 6 965 candidats, 574 sièges). *Majoritaire uninominal à 2 tours* dans 3 circonscriptions n'ayant que un siège à pourvoir (Mayotte, St-Pierre-et-Miquelon, Wallis-et-Futuna ; 13 candidats).

16 mars 1986	Voix	%	Élus
Inscrits	37 562 173		
Votants	29 299 852	78	
Abstentions	7 878 658	21,5	
Blancs ou nuls	1 275 684	3,4	
Suffrages exprimés	*28 024 168*	*74,6*	
Extrême gauche	430 352	1,5	
PC	2 739 925	9,8	35
UNG [1]	56 044	0,2	
PS	8 693 939	31	206
Radicaux de gauche	107 769	0,4	2
Divers gauche	301 063	1,1	5
Écologistes	340 109	1,2	
Régionalistes	28 379	0,1	
RPR	3 143 224	11,2	76
UDF	2 330 167	8,3	53
Union RPR-UDF	6 008 612	21,4	147
Divers droite	1 083 711	3,9	14
FN	2 703 442	9,7	35
Extrême droite	57 432	0,2	

Nota. – (1) Liste conduite par Aimé Césaire (Martinique).

Élections des 14 et 21 juin 1981	MÉTROPOLE			OUTRE-MER			TOTAL		
	Candidats	Voix	%	Candidats	Voix	%	Candidats	Voix	%
1er tour : 14 juin [1]									
Inscrits		35 536 041	100		721 392	100		36 257 433	100
Votants		25 182 262	70,86		326 538	45,26		25 508 800	70,35
Abstentions		10 353 779	29,13		394 854	54,73		10 748 633	29,65
Blancs ou nuls		359 197	1		8 413	1		367 610	1
Suffrages exprimés		*24 823 065*	*69,85*		*318 125*	*44,10*		*25 141 190*	*69,34*
Extrême gauche	498	330 344	1,33	5	4 330	1,36	503	334 674	1,33
PC	474	4 003 025	16,12	9	62 515	19,65	483	4 065 540	16,17
PS + MRG	522	9 876 853	37,77	10	55 509	17,44	532	9 432 362	37,51
Divers gauche	116	141 638	0,57	14	41 372	13	130	183 010	0,72
Écologistes	172	270 792	1,09	2	896	0,28	174	271 688	1,08
RPR	289	5 192 894	20,91	10	38 375	12,06	299	5 231 269	20,80
UDF	273	4 756 503	19,16	7	70 934	22,29	280	4 827 437	19,20
Divers droite	135	660 990	2,66	13	43 798	13,76	148	704 788	2,80
Extrême droite	169	90 026	0,36	1	396	0,12	170	90 422	0,35
Total	*2 648*			*71*			*2 719*		
2e tour : 21 juin [2]									
Inscrits		25 104 080	100		653 294	100		25 757 374	100
Votants		18 835 681	75,03		342 025	52,35		19 177 706	74,46
Abstentions		6 268 399	24,96		311 269	47,63		6 579 668	25,54
Blancs ou nuls		602 410	2,4		10 278	1,6		512 678	2
Suffrages exprimés		*18 233 271*	*72,63*		*331 757*	*50,78*		*18 665 028*	*72,46*
Extrême gauche	0	0	0	1	3 517	1,06	1	3 517	0,01
PC	37	1 228 218	6,69	4	75 369	22,71	41	1 303 587	6,98
PS + MRG	281	9 140 526	49,85	5	57 806	17,42	286	9 198 332	49,28
Divers gauche	2	54 436	0,29	4	42 630	12,84	6	97 066	0,52
Écologistes	0	0	0	0	0	0	0	0	0
RPR	161	4 115 356	22,44	4	58 946	17,76	165	4 174 302	22,46
UDF	136	3 434 872	18,73	4	44 491	13,41	140	3 489 363	18,64
Divers droite	14	359 863	1,96	3	48 998	14,76	17	408 861	2,19
Extrême droite	0	0	0	0	0	0	0	0	0
Total	*631*			*25*			*656*		

Nota. – (1) Résultats communiqués le 15 juin par le min. de l'Intérieur et portant sur 488 circonscriptions où le scrutin était organisé le 14 juin. Dans 3 autres (Polynésie française 2 et Wallis-et-Futuna 1), le 1er tour était fixé au 21 juin. (2) 322 circonscriptions (dont 12 outre-mer) concernées.

■ **Candidats.** **France plus Dom-Tom** : 6 978 pour 577 sièges (majorité absolue 289). **Métropole :** 6 944 pour 555 sièges, dont 1 740 femmes (extrême gauche 490, divers droite 302, PC 203, PS 134, UDF 76, RPR 74) ; dont 1 184 enseignants, 249 médecins (dont 2/3 sur listes de droite), dont 37 ministres (sur 41) ; 13 sénateurs, 33 Pts de conseil général, 379 députés sortants. **Moyenne d'âge :** 44 ans (extrême gauche 36 ans, UDF 49 ans).

Listes : *répertoriées* 807 dont 164 extrême gauche, 117 divers droite, 96 PCF, 95 FN, 94 PS, 62 d'union RPR-UDF, 34 écologistes, 34 RPR, 32 divers gauche, 31 extrême droite [dont 1 royaliste (Bertrand Renouvin, dans le M.-et-L.)], 30 UDF, 12 MRG, 6 régionalistes. *Dans l'opposition,* l'union a prévalu dans 2 départements sur 3. *À Paris :* 16 listes, 368 candidats pour 21 sièges.

■ **Bilan.** Succès limité de la droite. *Sur 100 électeurs ayant voté à gauche en 1981 au 1er tour de la présidentielle :* 82 ont revoté à gauche, 17 à droite, 1 écologiste. *Sur 100 jeunes de 18 à 20 ans :* 82 ont voté à gauche, 16 à droite, 1 écologiste.

■ **Élus.** **Femmes :** 33 sur 577 députés (26 en 1981). *Socialistes* 20 dont Yvette Roudy, Édith Cresson, Georgina Dufoix, Catherine Lalumière ; *Divers gauche* Huguette Bouchardeau (ancien ministre) ; RPR 4 ; PC 3 ; UDF 3 ; *barriste* 1 ; *Front national* 1. **Nouveaux :** 281 dont : 190 pour la 1re fois et 91 revenants (battus en 1981). **Le plus jeune :** *Jérôme Lambert* (né 7-6-1957), PS Charente. Il avait créé la Fédération des motards en colère (responsable de 1976 à 1982), puis animé le mouvement motard. **Les plus âgés :** *Marcel Dassault* (1892-1986) né Bloch, sorti de Sup-aéro, constructeur d'avions depuis 1918 ; administrateur et rédacteur en chef de *Jours de France,* député RPF, puis républicain social (A.-M., 1951-55), sénateur rép. social (Oise, 1957-58), député UNR puis RPR (Oise depuis 1958, grand-croix de la Légion d'honneur). À sa mort, le 17-4-1986, *Édouard Frédéric-Dupont* (10-7-1902/15-2-1995) est devenu le doyen. **Membres du gouvernement :** sur 41, 35 élus, 2 battus (Jean-Michel Baylet, MRG, Jean Gatel, PS), 4 n'étaient pas candidats (Hubert Curien, Georges Fillioud, Raymond Courrière, Haroun Tazieff). **Sénateurs élus députés :** 4 (Marc Becam, ex-RPR, Maurice Janetti, PS, Jean Lecanuet, UDF-CDS, Roger Quilliot, PS).

Élections des 5 et 12 juin 1988

■ **Scrutin.** Uninominal majoritaire à 2 tours.

Résultats métropole	1er tour		2e tour	
	Voix	%	*Voix*	%
Inscrits	37 945 582	100	30 045 772	100
Votants	24 944 792	65,74	20 998 081	69,88
Abstentions	13 000 790	34,26	9 047 691	30,11
Suffrages exprimés	*24 432 095*	*64,38*	*20 303 575*	*67,57*
Extrême gauche	89 065	0,36	0	0,00
PCF	2 765 761	11,32	695 569	3,42
PS	8 493 702	34,76	9 198 778	45,30
Majorité présidentielle	403 690	1,65	421 587	2,07
MRG	272 316	1,11	260 104	1,28
Écologistes	86 312	0,35	0	0,00
Régionalistes	18 498	0,07	0	0,00
UDF	4 519 459	18,49	4 299 370	21,17
RPR	4 687 047	19,18	4 688 493	23,09
Divers droite	697 272	2,85	522 970	2,57
FN et FRN	2 359 528	9,65	216 704	1,06
Extrême droite	32 445	0,13	0	0,00
Gauche + Majorité	*12 031 534*	*49,24*	*10 576 038*	*52,08*
Droite	*12 295 751*	*50,32*	*9 727 537*	*47,91*
Autres	*104 810*	*0,42*	*0*	*0,00*

Sièges (12-6-1988)	Sortants	Élus		Total	Gains ou pertes
		1er tour	2e tour		
Extrême gauche	0	0	0	0	0
PCF	35	1	26	27	– 8
PS	202	37	223	260	+ 58
Majorité présidentielle	6	1	6	7	+ 1
MRG	7	2	7	9	+ 2
Écologistes	0	0	0	0	0
Régionalistes	0	0	0	0	0
UDF	131	38	91	129	– 2
RPR	151	38	88	126	– 25
Divers droite	12	3	13	16	+ 4
FN et FRN	31	0	1	1	– 30
Extrême droite	0	0	0	0	0
Gauche + Majorité	*250*	*41*	*262*	*303*	*+ 53*
Droite	*325*	*79*	*193*	*272*	*– 53*
Autres	*0*	*0*	*0*	*0*	*0*

■ **Candidats.** 2 880 (métropole 2 789, Dom 62, Tom 29) dont PC 565, Front national 552, PS 540, RPR 312, UDF 295, divers droite 243, extrême droite 105, extrême gauche 100, divers majorité présidentielle 71, écologistes 51, MRG 23, régionalistes 23. Union du Rassemblement et du Centre (URC) créée 17-5-1988 regroupe RPR et UDF.

■ **Bilan.** **1er tour :** sur 575 circonscriptions [la Polynésie (2 circonscriptions) votant les 12 et 26-6], 122 sièges attribués au 1er tour. 19 députés (10 PC, 9 PS) en ballottage, restés seuls en lice, pouvaient se considérer comme élus (1 voix leur suffisait). **2e tour : ballottages. Candidats :** 894 pour 453 sièges ; 20 candidats uniques (11 PC, 9 PS), 425 duels gauche-droite (mais dans 9 circonscriptions des B.-du-Rh. et du Var la droite est absente au profit du Front national ; dans 2 en Moselle et Hte-Savoie duel entre candidats de droite), 8 triangulaires (4 dues au maintien du FN, 2 de divers droite, 1 d'un PS et 1 d'un PC). La *gauche* est majoritaire dans 215 circonscriptions, la *droite* dans 31. L'*extrême droite* arbitrera dans 209.

■ **Élus.** **Le plus âgé :** Édouard Frédéric-Dupont (10-7-1902/15-2-1995) (URC Paris 7e) 85 ans et 11 mois, élu pour la 1re fois en 1936. **Meilleurs scores :** *France métropolitaine :* Gilbert Gantier (Paris 16e, URC-UDF-PR) : 75,64 % ; Philippe de Villiers (Mortagne-sur-Sèvre, Vendée, URC-UDF) : 74,56 %. *Dom-Tom :* Gérard Grignon (St-Pierre-et-Miquelon, URC-UDF) : 90,32 % ; Maurice Nenou-Pwataho (Nlle-Calédonie, URC-UDF) : 86,17 %.

■ **Élections partielles** (le Conseil constitutionnel a annulé 7 élections). En %. **1988** *18-9 : Oise (Beauvais Nord)* Olivier Dassault RPR 2e tour 51,64. *(Beauvais Sud)* Jean-François Mancel RPR 2e tour 54,37. *11-12 : Meurthe-et-Moselle (2e circ.)* Gérard Léonard RPR 2e tour 50,92. *19-12 : Isère (1re circ.)* Richard Cazenave RPR 2e tour 64,94. *Seine-St-Denis (9e circ.)* Roger Gouhier PC 2e tour 100. **1989** *29-1 : Seine-St-Denis (11e circ.)* François Asensi PC 2e tour 100 %. *B.-du-Rh. (6e circ.)* Bernard Tapie (majorité présidentielle-PS) 50,86 bat Guy Teissier (UDF-PR) 49,14 (1er tour : Tapie 41,75, Teissier 39,12, Perdomo FN 9,14, Boët PC 7,92). **1991** *3-2 : Lyon (2e circ.)* Michel Noir ex-RPR 74,46 bat Bruno Gollnisch FN 25,53. Au 1er tour : Noir 43,6, Gollnisch 16, Raveaud PS 12,1, Fabre-Aubrespy RPR 11,2, Brunat Verts 6,1. *Lyon (3e circ.) :* Jean-Michel Dubernard ex-RPR 71,20 bat Alain Breuil FN 28,30. Au 1er tour Dubernard 40,1, Breuil 18,6, Deschamps PS 14,1, Botton RPR 11,6, Chevalier PC 6,2. *Paris (13e circ., partie du XVe arr.) :* René Galy-Dejean RPR 100. Au 1er tour : Galy-Dejean 40,1, Barzach ex-RPR 26,56, Hubert PS 10,25, Martinez FN 9,02. *22-9 : St-Nazaire :* Claude Évin PS 50,7 bat Étienne Garnier RPR 49,3. Au 1er tour : Évin 29,8, Garnier 25,2, Le Corre PC 16, Gicquiaud Éco. 9,3, Bouin FN 8,5, Demaure Éco. 6,5, Belin extrême gauche 4,3. En 1988 au 2e tour : Évin 67,2, Garnier 32,7.

Élections des 21 et 28-3-1993

■ **Scrutin.** Uninominal majoritaire à 2 tours.

Résultats métropole	1er tour		2e tour	
	Voix	%	*Voix*	%
Inscrits	38 881 564	100	33 714 568	100
Votants	26 796 142	68,91	22 775 879	67,55
Abstentions	12 085 422	31,08	10 938 689	32,44
Blancs et nuls	1 417 984	3,65	2 159 346	6,4
Suffrages exprimés	*25 378 158*	*65,27*	*20 616 533*	*61,15*
Extrême gauche	423 282	1,08	0	0,00
PCF	2 331 399	5,99	951 213	2,82
PS	4 415 495	11,36	6 143 179	18,22
MRG	459 483	1,18	316 544	0,94
Écologistes	2 716 313	6,98	37 491	0,11
Divers gauche	234 462	0,60	0	0
Régionalistes	16 747	0,04	0	0
UPF	10 074 796	25,91	11 347 846	33,65
dont RPR	5 032 496	12,94	5 741 623	17,03
UDF	4 731 013	12,16	5 178 039	15,35
Divers droite	1 118 032	2,87	588 455	1,74
FN	3 152 543	8,10	1 168 160	3,46
Extrême droite	35 411	0,09	0	0
Nationalistes	70 920	0,18	36 971	0,11
Divers	329 275	0,84	26 674	0,08
Gauche	*7 864 121*	*30,99*	*7 410 936*	*35,95*
Droite	*14 380 782*	*56,66*	*13 104 461*	*63,56*
Autres	*3 133 255*	*12,35*	*101 136*	*0,49*

Sièges (28-3-1993)	Sortants	Élus		Total	Gains ou pertes
		1er tour	2e tour		
PCF	27	0	24	24	– 3
PS	258	0	53	53	– 205
Majorité présidentielle	14	0	8	8	– 6
MRG	10	0	6	6	– 4
RPR	127	42	200	242	+ 115
UDF	129	38	169	207	+ 78
Divers droite	11	0	36	36	+ 25
FN	1	0	0	0	– 1
Divers	0	0	1	1	+ 1
Gauche	*309*	*0*	*91*	*91*	*– 218*
Droite	*268*	*80*	*405*	*485*	*+ 217*
Autres	*0*	*0*	*1*	*1*	*+ 1*

■ **Bilan.** **1er tour :** 5 319 candidats pour 577 sièges (soit 9,2 par circonscription) 80 députés élus, (RPR 42, UDF 36, divers droite 2). 31 députés sortants éliminés (24 PS, 5 divers gauche, 2 UDF) ; 497 circonscriptions en ballottage. **2e tour :** 993 candidats dont 16 candidats uniques (7 RPR, 6 UDF, 3 PS). Sur 15 « triangulaires », 12 opposent le FN, la gauche et la droite ; 2 candidats d'extrême droite à 2 droite ; 1 gauche à 2 droite. Il y a 81 duels droite extrême droite. Le RPR accroît son avance sur l'UDF en voix et en sièges. Les écologistes (2 candidats) sont éliminés. Le FN (présent dans 100 circonscriptions) perd son unique siège (Marie-France Stirbois). Les écologistes escomptaient 80 sièges au minimum, en fait leurs électeurs ont été désorientés par les candidatures multiples se réclamant de l'écologie et par l'absence d'un programme cohérent. **Au 2e tour :** dans 133 circonscriptions sur 497 : entre 10 et 40 % des votants (dans 27 circonscriptions : 20 à 40 %). **Abstentions :** 32,44 % (plus qu'au 1er tour) en raison du nombre des candidatures uniques, des duels à l'intérieur de la droite et de l'effondrement du PS dès le 1er tour.

■ **Bilan global.** **Effondrement de la gauche :** *voix de gauche aux législatives : 1946 :* 58,24 ; *56 :* 56,01 ; *58 :* 43,74 ; *68 :* 41,24 ; *81 :* 55,7 ; *86 :* 44,1 ; *88 :* 49,2 ; *93 :* 30,76. De 1988 à 93, le PS et ses alliés (radicaux de gauche et divers gauche) ont perdu 4 millions de voix. *Principales raisons :* usure du pouvoir, chômage, décomposition politique et morale, écart grandissant entre pouvoir politique et société civile, effacement des clivages de classe, disparition des traditions électorales régionales (Sud-Ouest). Le transfert des voix socialistes vers les écologistes n'a pas eu lieu. L'annonce, entre les 2 tours, du désistement des socialistes en faveur des écologistes mieux placés aurait même contribué à démobiliser les électeurs du PS.

Députés sortants. 144 battus au 2e tour (129 PS, 9 PC, 6 UDF-CDS, 3 RPR, 2 majorité parlementaire, 1 divers gauche, 1 MRG, 1 FN). 8 sortants s'étaient retirés entre les 2 tours (5 PS, 2 UDF-CDS, 1 RPR). **Élus.** **Femmes :** 35 (dont 33 dans précédente Assemblée) : 16 RPR, 5 UDF-CDS, 2 UDF, 3 PS, 3 UDF-PR, 2 appar. CDS, 2 PC, 1 UDF-PSD, 1 divers gauche. **Meilleur score :** Gilbert Gantier (UDF-PR), 15e circ. de Paris (partie du XVe arr.) 71,67 %. **Battus.** **Membres du gouvernement :** Jean-Michel Baylet, André Billardon, Frédérique Bredin, Michel Delebarre, Roland Dumas, Jean-Noël Jeanneney, André Laignel, Marie-Noëlle Lienemann, François Loncle, Louis Mermaz, Michel Sapin (éliminé au 1er tour), Dominique Strauss-Kahn, Jean-Pierre Sueur, Michel Vauzelle, Kofi Yamgnane.

■ **Contestations.** 213 requêtes (chiffre record), portant sur 142 circonscriptions, ont été déposées auprès du Conseil constitutionnel (en 1988 : 99 sur 77). Avec plus de 3/4 des sièges (484 sur 577), la droite dispose de la plus forte majorité à l'Assemblée depuis 1958. On évoque les Chambres « introuvable » de 1815, « retrouvée » (1824), « bleu horizon » (1919).

■ **Législatives partielles.** **1993**-*12-12 :* **Marne** (Épernay) après annulation du scrutin de mars en raison du faible écart des voix (49) entre les 2 candidats en tête. Philippe Martin (divers droite) 54,97 % bat Bernard Stasi. **1994**-*30-1* et *6-2 :* 3 partielles dues à des décisions du Conseil constitutionnel sanctionnant des infractions à la loi sur le financement des campagnes. 1°) **Loir-et-Cher** (Blois). *Invalidé :* Jack Lang (PS) pour dépassement de 89 816,65 F. *Élu :* son suppléant Michel Fromet (PS), 59,70 % des voix. 2°) **Alpes-de-Haute-Provence** (Digne). *Invalidé :* Pierre Rinaldi (RPR) pour association de financement non conforme à la législation. *Élu :* son suppléant Francis Galizi (UDF-CDS), 52,92 %. 3°) **Paris** (parties des XVIIIe et XIXe arr.). *Invalidé :* Jean-Pierre Pierre-Bloch (UDF) pour dépassement de 88 983,14 F. *Élu :* Daniel Vaillant (seul député PS à Paris) avec 53,60 % des inscrits. **1995**-*10, 17* et *24-9 :* 10 partielles. *Paris* (partie du XVe arr.) : Édouard Balladur, 68,55 % ; *Neuilly* Nicolas Sarkozy, 75,96 % ; *Haute-Savoie :* Bernard Bosson, 59,6 % ; José Rossi ; François Léotard ; Alain Lamassoure ; Michèle Alliot-Marie ; André Rossinot. *Indre-et-Loire :* Bernard Debré. *-8-10 Ille-et-Vilaine :* Alain Madelin élu au 1er tour. *-3-12 :* 7 partielles dont 6 en raison du remplacement de députés élus sénateurs. [Essonne, Hautes-Pyrénées, Rhône, Seine-Maritime (Frédérique Bredin élue)]. **1996**-*18* et *25-2 : Seine-Saint-Denis :* Michel Pajon (PS), 57,89 % des voix ; *Yvelines :* Franck Borotra (RPR), 54,14 %. *-17-3 Var :* Maurice Janetti (PS), 50,5 %.

Élections des 25 mai et 1er juin 1997

■ **Scrutin.** Uninominal majoritaire à 2 tours.

Résultats France entière	1er tour 25-5-1997		2e tour 1-6-1997	
	Voix	%	*Voix*	%
Inscrits	39 217 241	100	38 487 205	100
Votants	26 635 942	67,92	27 353 998	71,07
Abstentions	12 588 734	32,10	11 133 207	28,92
Blancs et nuls	1 301 456	3,32	1 727 669	4,49
Suffrages exprimés	*25 334 486*	*64,60*	*25 626 329*	*66,58*
Extrême gauche	638 710	2,52	0	0
PCF	2 519 281	9,94	982 990	3,83
PS	5 961 612	23,53	9 751 423	38,05
RDS	366 067	1,45	562 031	2,19
Écologistes	1 726 018	6,81	414 871	1,62
Divers gauche	708 605	2,80	652 882	2,54
UPF				
dont RPR	3 977 964	15,70	5 846 717	22,81
UDF	3 601 279	14,22	5 323 177	20,77
Divers droite	1 671 626	6,60	628 468	2,45
FN	3 785 383	14,94	1 434 854	5,59
Extrême droite	26 438	0,10	0	0
Divers	351 503	1,39	28 916	0,11

Sièges (1-6-1997)	Sortants	Élus		Total	Gains ou pertes
		1er tour	2e tour		
PCF	24	1	37	38	+ 14
PS	57	0	241	241	+ 184
RDS	5	0	12	12	+ 7
Écologistes	0	0	7	7	+ 7
Divers gauche	13	0	21	21	+ 8
RPR	246	6	128	134	– 112
UDF	203	3	105	108	– 95
Divers droite	29	2	12	14	– 15
FN	0	0	1	1	+ 1
Divers	1	0	1	1	0

■ **Candidats. 1er tour :** 6 243 (20 % de plus qu'en 1993), suite à la nouvelle loi de financement des partis.

2e tour : 1 197 dont 442 PS et PRS, 275 RPR, 239 UDF, 132 FN, 45 PC et 17 Verts.

■ **Bilan. 1er tour :** sur 577 sièges, 12 attribués (6 RPR, 3 UDF, 2 divers droite, 1 PC). 565 sièges restent en ballotage. **2e tour :** 12 circonscriptions avec candidat unique (8 PS, 4 PC : « désistement républicain » de la gauche plurielle) ; 486 duels dont 426 entre majorité sortante et gauche, 31 entre majorité sortante et FN, 25 gauche/FN, 4 droite/droite ; 79 triangulaires dont 76 entre majorité sortante, gauche et FN. **Global.** Taux d'abstention et de votes blancs ou nuls aux 2 tours très élevé. Le score de la droite est le plus bas de la Ve République pour les législatives. **Membres du gouvernement battus :** sur 25 : Jacques Toubon, Corinne Lepage, Anne-Marie Couderc, Jean-Jacques de Peretti, Éric Raoult, Alain Lamassoure, Pierre Pasquini (qui s'est retiré après le 1er tour), Pierre-André Périssol.

■ **Législatives partielles** (% des voix). **1997**-*7 et 14-12 Haut-Rhin :* Jean-Jacques Weber (UDF), 58,29 % ; *Meurthe-et-Moselle :* François Guillaume (RPR), 54,97 %. **1998**-*27-9 Var :* Odette Casanova (PS), 51 % devant Cendrine Le Chevallier (FN). **2001**-*1-4 Alpes-Maritimes* (Cannes) 2e tour Bernard Brochand (RPR) 65,09, Gilles Cima (UDF) 34,91 %. *Hte-Garonne* (Toulouse I, IV, V, VII) 2e tour Philippe Douste-Blazy (UDF) 64,54, Michel Vahnove (Verts) 35,46. *Val-d'Oise* (Garges-lès-Gonesse, Sarcelles) 2e tour Dominique Strauss-Kahn (PS) 53,89, Sophie Jacquest (UDF) 46,11.

Composition socioprofessionnelle de l'Assemblée nationale

	1981	1986	1988	1993	1997
Nombre de députés	(491)	(577)	(575)	(577)	(577)
Salariés du secteur privé	*103*	*114*	*107*	*149*	*95*
ouvriers, employés	22	20	15	14	10
cadres supérieurs	48	54	52	72	46
autres	33	40	40	63	39
Patrons et travailleurs indépendants	*117*	*190*	*163*	*182*	*174*
professions médicales	44	67	58	64	48
patrons de l'industrie et du commerce	12	36	30	39	43
autres	61	87	75	79	83
Salariés du secteur public	*264*	*265*	*298*	*221*	*254*
enseignants	167	150	162	78	150
hauts fonctionnaires	28	41	44	42	46
autres	69	74	92	101	58
Sans profession déclarée	*7*	*8*	*7*	*26*	*54*

Nobles (ou d'apparence) à l'Assemblée : 1973 : 14 ; *78 :* 8 ; *81 :* 9 (sur 491) ; *93 :* 21 ; *97 :* 11 (sur 577).

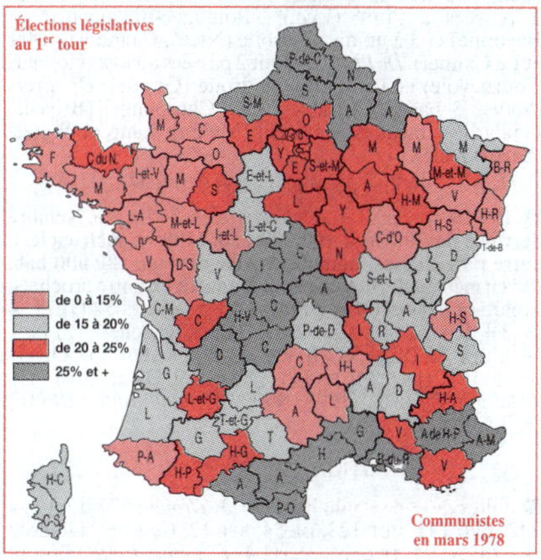

Communistes en mars 1978

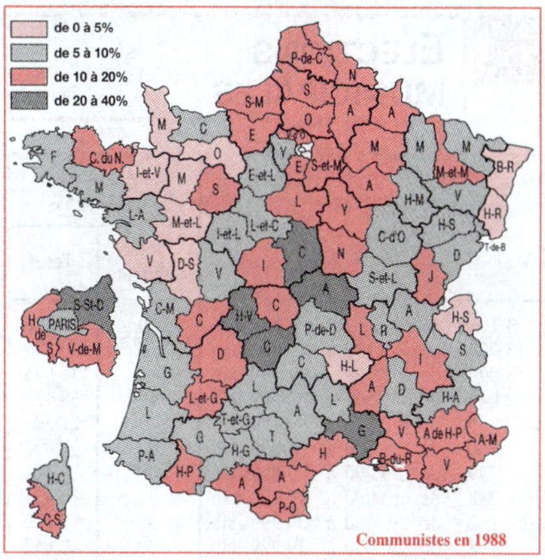

Communistes en 1988

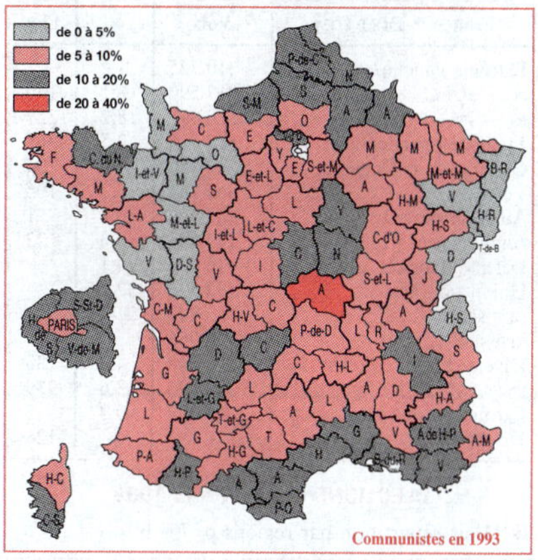

Communistes en 1993

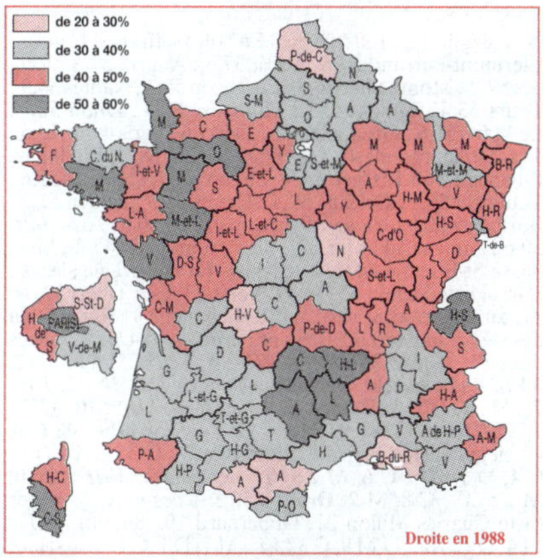

Droite en 1988

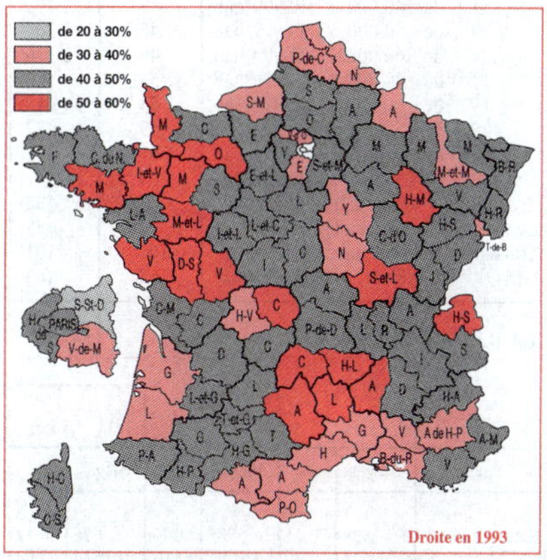

Droite en 1993

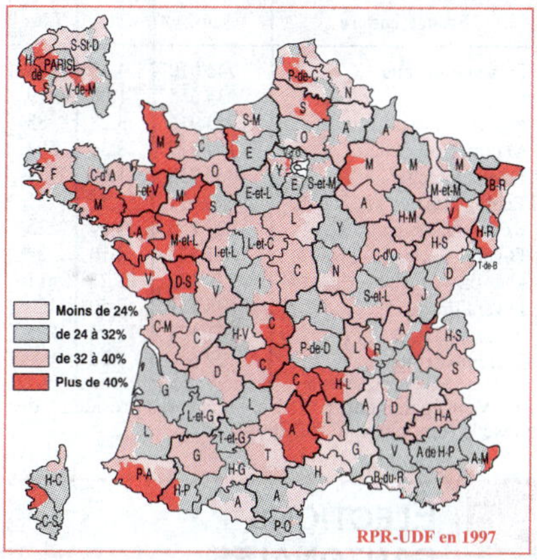

RPR-UDF en 1997

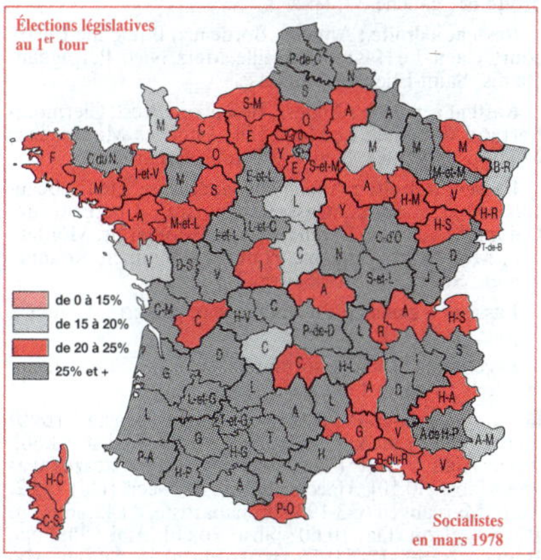

Socialistes en mars 1978

Vote (en %) **des Français selon leur pratique religieuse.** Sondage, à la sortie des urnes, réalisé le 25-5-1997 par le CSA pour *La Vie*, auprès de 4 046 personnes venant de voter au 1er tour des élections législatives.

Partis	E.F.	Cathol. (1)	Cathol. (2)	Cathol. (3)	P.	M.	A.	S.
Extr. gauche	2,5	1	3	2	3	0	13	4
PC	10	3	5	8	9	31	11	16
PS	27,7	15	25	27	26	51	27	37
Écologistes	6,9	4	4	7	8	12	7	11
UDF-RPR	36,5	64	51	38	34	5	38	14
FN	15,1	12	12	17	14	1	3	15
Divers	1,3	1	0	1	6	0	1	3

Nota. – **E.F.** Ensemble des Français ; **(1)** catholiques allant régulièrement à la messe ; **(2)** catholiques allant uniquement à la messe pour les grandes fêtes (Noël, Pâques, etc.) ; **(3)** catholiques non pratiquants ; **P.** protestants ; **M.** musulmans ; **A.** autres religions ; **S.** sans religion.

Élections sénatoriales

28-9-1980. Série A : 100 sièges dont *métropole* 95 : PS 30, UCDP 18, UREI 16, RPR 13, GD 10, GD-SRG 5, PC 1, non-inscrits 2. *Dom-Tom* 3 [Guyane 1 ; Polynésie française, Wallis-et-Futuna 2]. Apparentés PS 1, UCDP 1, RPR 1. *Français de l'étranger* 2 dont UREI 1, non-inscrit 1.

25-9-1983. Série B : 102 sièges dont *métropole* 94 ; *Dom-Tom* 4 [dont 11 nouveaux (loi du 16-7-1976) assurant l'adaptation du nombre de sénateurs à la croissance de la population, et 2 sièges vacants (1 Morbihan, 1 Pyrénées-Atlantiques)] : RPR 23, CDS 17, PS 16, PR 13, radicaux 8, UDF 6, PC 4, CNIP 4, divers droite 4, MRG 3 ; *Français de l'étranger* 4.

28-9-1986. Série C : 119 sièges dont *métropole* 110 ; *Dom-Tom* 6 ; *Français de l'étranger* 4 dont : RPR 34, UC 29, UERI 20, PS 19, PC 10, GD 6, NI 1.

Partis et mouvements (nombre de sièges)	Nov. 1958	Nov. 1962	Mars 1967	Juin 1968	Mars 1973	Mars 1978	Juin 1981	Mars 1986	Juin 1988	Mars 1993	Mai 1997	Mars 2000
PC	10	41	73	34	73	86	44	35	27	24	37	35
PS et rad. de gauche	8	106	121	57	102	115	283	216	275	67	258	283 [3]
Centre et droite [1]	182 [1]	91 [1]	85 [1]	94 [1]	119 [1]	123	61	131	131	207	109	69
Gaullistes [2]	207	233	200	293	183	154	83	155	130	242	140	136
FN	–	–	–	–	–	–	–	35	1	–	1	0
Divers droite	–	–	–	–	–	–	–	–	–	37	8	44

◀ *Nota.* – (1) *1958 :* Indépendants et Paysans d'action sociale + Rép. populaires et Centre démocratique. *1962 :* Rép. populaires + Centre démocratique + Rép. indépendants. *1967 et 1968 :* Progrès et Démocratie moderne + Rép. indépendants. *1973 :* Réformateurs + Union centriste + Rép. indépendants. *Depuis 1978 :* UDF. (2) Union pour la Nouvelle République (UNR) de 1958 à 1967, Rassemblement pour la République (RPR) depuis 1976. (3) dont les Verts (32). (*Source : Le Monde*).

24-9-1989. Série A : 102 sièges dont *métropole* 95 ; *Dom-Tom* 3 ; *Français de l'étranger* 4 (PS 28, PC 2, UDF 33, RPR 23, divers droite 8, majorité présidentielle 6, UC 1, MRG 1).

27-9-1992. Série B : 102 sièges (dont *métropole* 94 ; *Dom-Tom* 4 ; *Français de l'étranger* 4) plus 1 élection partielle (Bas-Rhin) [PS 22, PC 3, divers gauche 3, UDF 6, UDF-CDS 17, UDF-PR 12, RPR et app. 27, divers droite 8, UDF-rad. 5, UDF-PSD 0].

24-9-1995. Série C : 117 sièges (dont *métropole* 107 ; *Dom-Tom* 6 ; *Français de l'étranger* 4) [RPR 36, PS 22, UDF-PR 14, UDF-CDS 12, PC 9, UDF 5, divers gauche 3, radical 2, UDF-PSD 2, UDF-rad. 1, UDF-PPDF 1, MDC 1, MPF 1, divers droite 8].

27-9-1998. Série A : 102 sièges (dont *métropole* 95 ; *Dom-Tom* 3 ; *Français de l'étranger* 4) ; **élections partielles :** 2 (Hte-Loire et P.-de-D.).

ÉLECTIONS RÉGIONALES

ÉLECTIONS DU 22 MARS 1992

France + Dom-Tom	Voix	%	Élus
Extrême gauche	310 725	1,2	
PC	2 017 590	8,1	140
PS	4 520 897	18,2	327
Majorité présidentielle	613 465	2,5	362
Génération écologie	1 744 350	7	104
Verts	1 666 161	6,7	105
Autres écologistes	184 916	0,7	1
Autonomistes-Régionalistes	143 508	0,6	22
Défense d'intérêts catégoriels	1 016 739	4,1	
Union UDF/RPR	8 193 436	32,9	
UDF seul	798	–	321
RPR seul	6 956	–	328
Divers droite	1 042 148	4,2	85
FN	3 399 596	13,6	239
Extrême droite	48 879	0,2	3
Divers	–	–	124

ÉLECTIONS DU 15 MARS 1998

☞ Voir répartition par régions p. 751 b.

France entière	Voix	%	Élus
Extrême gauche	942 010	4,33	24
PC	234 655	1,08	19
PS	713 916	3,28	83
Majorité plurielle	6 154 317	28,34	594
Divers gauche	367 728	1,69	35
Écologistes	1 132 691	5,21	22
Régionalistes	227 155	1,04	25
Divers	891 125	4,10	34
RPR -UDF	6 129 380	28,23	611
Divers droite	1 628 841	7,50	107
FN	3 261 174	15,02	275
Extrême droite	27 611	0,12	–

☞ Voir également, p. 751 c, la liste des présidents des conseils régionaux au 1-2-2000.

ÉLECTIONS CANTONALES

☞ **Les élections des 15 et 22 mars 1998** concernent 2 038 cantons sur 4 034 dont 1 958 en métropole, 80 dans les Dom, 18 ont été créés en 1997, 14 renouvelés en 1994 sont vacants depuis 3 mois. 10 771 *candidats* ont été enregistrés au 1er tour (539 de moins que pour la même série en 1992). En 1994, pour l'autre série, 10 455 candidats s'étaient présentés.

Candidates et, entre parenthèses, **élues** (en %) : *1988 :* 11,6 (4,1) ; *92 :* 13,6 (5,5) ; *94 :* 13 (5,4) ; *98 :* 15,1 (8,3) ; *2001 :* 20,1 (9,8).

Partis ou courants	% des suffrages exprimés (France entière) 1992 *22-3*	1994 *27-3*	1998 *15-3*	1998 *22-3*	Nombre d'élus (France entière) 1992	1994	1998
Extr. gauche	0,9	0,43	0,44	0,15	9	16	8
PCF	9,6	7,66	9,84	06,04	101	147	143
PS et app.	18,8	29,78	24,0	} 34	309	514	663
Rad. et app.	0,9	0,92	6,64		33	35	36
Div. gauche	4,5	6,09	3,46	7,35	95	142	153
Total gauche	*34,7*	*44,88*	*44,38*	*47,54*	*547*	*854*	*1 003*
UDF et app.	14,6	18,17	13,79	15,45	497	395	336
RPR et app.	14,4	20,08	14,26	17,04	467	380	307
Div. droite	13,8	13,57	12,17	12,20	430	363	360
Extr. droite	12,3	2,62	13,95	7,33	1	3	3
dont FN	12,1	2,62	13,88	7,33		3	3
Total droite	*55,1*	*54,42*	*54,16*	*52,02*	*1 395*	*1 141*	*1 006*
Écologistes	9,8	0,36	} 1,46	} 0,43	3	5	1
Régionalistes-autonomistes	0,4	0,02			0	11	0

% des suffrages

Partis ou courants	1er tour 11-3-2001	2e tour 18-3-2001	Nombre d'élus
Extr. gauche	0,65	0,07	2
PC	9,85	7,13	126
PS	22,16	30,54	494
MDC	0,66	0,56	8
R. de g.	1,24	1,33	40
Divers	6,10	6,42	168
Verts	5,9	1,94	12
Écolo.	0,55	0,8	3
Régionalistes	0,44	0,2	3
CNPT	0,36	0,34	5
Divers	0,39	0,26	4
UDF	9,9	11,31	231
DL	2,99	3,66	90
RPF	1,23	1,25	18
RPR	12,41	16,6	338
Div. droite	15,9	17,5	455
FN	6,95	0,61	0
MNR	2,96	0,13	0

ÉLECTIONS MUNICIPALES

Nombre de communes		Conseillers municipaux Par commune	Total
4 104	de moins de 100 hab.	9	36 936
18 209	de 100 à 499 hab.	11	200 299
8 090	de 500 à 1 499 hab.	15	136 635
2 049	de 1 500 à 2 499 hab.	19	38 931
935	de 2 500 à 3 499 hab.	23	21 505
660	de 3 500 à 4 999 hab.	27	17 820
799	de 5 000 à 9 999 hab.	29	23 171
388	de 10 000 à 19 999 hab.	33	10 476
162	de 20 000 à 29 999 hab.	35	5 670
68	de 30 000 à 39 999 hab.	39	2 652
51	de 40 000 à 49 999 hab.	43	2 193
29	de 50 000 à 59 999 hab.	45	1 305
24	de 60 000 à 79 999 hab.	49	1 176
11	de 80 000 à 99 999 hab.	53	583
19	de 100 000 à 149 999 hab.	55	1 045
8	de 150 000 à 199 999 hab.	59	472
4	de 200 000 à 249 999 hab.	61	244
0	de 250 000 à 299 000 hab.	65	–
2	300 000 hab. et plus	69	138
Lyon	418 476 hab.	73	73
Marseille	878 689 hab.	101	101
Paris	2 188 918 hab.	163	163
Total 35 615		–	**501 588**

Résultats	1983		1989 (12 et 19-3)		1995 (11 et 18-6)	
Partis	Sièges	%	Sièges	%	Sièges	%
1er tour						
Extr. gauche	888	0,21	705	0,17	476	0,12
PCF	21 647	5,26	16 791	4,07	10 834	2,63
PS	41 441	10,07	37 323	9,04	26 000	6,32
MRG	4 365	1,06	2 591	0,62	1 624	0,39
Écologistes	550	0,13	926	0,22	1 141	0,28
Régionalistes			343	0,08	333	0,08
RPR	20 132	4,98	18 274	4,43	15 450	3,75
UDF	25 495	6,19	17 577	4,26	10 830	2,63
Divers droite	207 999	50,57	213 242	31,77	227 973	55,38
FN			526	0,12	447	0,11
Extr. droite	175	0,04	103	0,02	86	0,02
Ballottages	92 061	18,29	93 671	18,52	98 209	19,26
Gauche	*156 885*	*38,15*	*160 861*	*39,05*	*155 243*	*37,71*
Droite	*253 801*	*61,72*	*249 722*	*60,64*	*254 786*	*61,89*
Autres	*550*	*0,13*	*1 269*	*0,3*	*1 641*	*0,40*
2e tour						
Extr. gauche	1 177	0,23	929	0,18	642	0,13
PCF	26 906	5,36	21 351	4,24	14 925	2,93
PS	50 959	10,15	46 520	9,24	33 218	6,53
MRG	5 036	1,00	2 983	0,59	2 058	0,40
Écologistes	757	0,15	1 369	0,27	1 779	0,34
Régionalistes			428	0,08	424	0,08
RPR	24 787	4,94	23 272	4,62	20 774	4,08
UDF	30 128	6,00	21 512	4,27	14 354	2,82
Divers droite	252 369	50,31	256 625	51,01	277 550	54,56
FN			804	0,15	1 249	0,25
Extr. droite	211	0,04	159	0,03	114	0,02
Gauche	*193 339*	*38,54*	*198 901*	*39,53*	*192 197*	*37,78*
Droite	*307 495*	*61,30*	*302 372*	*60,10*	*314 041*	*61,73*
Autres	*757*	*0,15*	*1 797*	*0,35*	*2 494*	*0,49*

☞ Pourcentages calculés sur la somme des voix des listes qui n'est pas égale au nombre des suffrages exprimés en raison du mode de scrutin dans les communes de moins de 3 500 habitants, qui autorise le panachage.

ÉLECTIONS DES 11 ET 18 JUIN 1995

■ **Répartition des sièges.** divers droite 277 550, divers gauche 141 354, PS 33 218, RPR 20 774, PC 14 925, UDF 14 354, radical 2 058, écologistes 1 297, Front national 1 249, extrême gauche 642, verts 482, régionalistes 424, divers 291, extrême droite 114.

Villes passées de gauche à droite : 22. *Pertes du PS :* 13 villes dont 7 passées au RPR (Albi, Avignon, Mantes-la-Jolie, Meaux, St-Dizier, Valence, Vandœuvre-lès-Nancy) et 6 à l'UDF (Marseille*, Massy, Maubeuge, Arras, Béziers, Laval). *Du PCF :* 8 passées au RPR (Le Havre*, Bourges, Châlons-sur-Marne, Corbeil-Essonnes, Garges-lès-Gonesse, St-Quentin, Sevran, Thionville). *Sans étiquette :* Alain Fabre a perdu Alès passée à l'UDF. **De droite à gauche :** 16. *Pertes du RPR :* 7 villes dont 6 passées au PS (Grenoble*, Arles, Castres, Sarcelles, Villepinte, Chelles) et 1 au PC (La Seyne-sur-Mer). *De l'UDF :* 7 dont 5 passées au PS (Rouen*, Bourg-en-Bresse, Joué-lès-Tours, Noisy-le-Grand, Viry-Châtillon) et 2 passées au PC (La Ciotat et Nîmes*). *De divers droite :* Tours (Jean Royer) et Rilleux-la-Pape (Marcel André) passées au PS. **De la droite au Front National :** 2. *Pertes de l'UDF :* Toulon*. *De divers droite :* Laurent Deleuil, Marignane. **Ayant changé au sein de la droite :** 12. *Pertes du RPR :* 6 dont 3 passées à l'UDF (Lyon*, Boulogne-Billancourt* et Bayonne) et 3 à un divers droite (Nice*, Cagnes-sur-Mer et Le Cannet). *De l'UDF :* 3 dont 2 passées au RPR (Colmar, Courbevoie) et 1 à un divers droite (Grasse). *De divers droite :* 3 passées au RPR : Jean Charbonnel (Brive-la-Gaillarde), Jacques Marinelli (Melun), Laurent Wetzel (Sartrouville).

Nota. – * Villes de plus de 100 000 habitants.

■ **Grandes villes détenues en 1995 en métropole. Nombre de villes de 30 000 à 100 000 hab. (190 en métropoles),** entre parenthèses, **nombre de ville de + de 100 000 hab. (35 en métropole) détenues par les partis et,** entre crochets, **évolution depuis 1989.** PC 40 (1) [– 5 (=)]. PS 52 (16) [– 4 (+ 3)]. Rad. 2 [=]. MDC 2 [=]. Divers gauche 5 (2) [+ 1 (=)]. UDF 35 (8) [– 3 (=)]. RPR 43 (5) [+ 10 (– 2)]. Divers droite 10 (2) [= (– 1)]. FN 1 (1) [+ 1 (+ 1)]. Divers (0) [(– 1)]. *Total gauche :* 101 (19) [– 8 (+ 3)] ; *total droite :* 89 (16) [+ 8 (– 2)].

ÉLECTIONS DE MARS 2001

■ **Villes de + de 9 000 hab.** 1 023. *Droite :* 572 dont RPR 242, DVD 141, UDF 123, DL 54, RPF 12. *Gauche :* 448 dont PS 276, PC 94, DVG 74, Verts 4. *Extrême droite :* 3 dont MNR 2, FN 1.

■ **Villes de + de 100 000 hab. En % des suffrages.** *Gauche :* Clermont-Ferrand 57,6 ; Brest 57,5 ; Angers 57,3 ; Rennes 57,2 ; Montpellier 56,3 ; Besançon 55,3 ; Nantes 54,9 ; Tours 53,4 ; Limoges 53 ; Mulhouse 52,3 ; Dijon 52,1 ; Le Mans 51,6 ; Grenoble 51 ; Lille 49,6 ; Paris 49,6 ; Lyon 48,6 ; Villeurbanne 46,1. *Droite :* Toulon 68,7 ; Boulogne-Billancourt 66,1 ; Caen 57,9 ; Le Havre 57,9 ; Nîmes 55,6 ; Toulouse 55,1 ; Orléans 52,4 ; Reims 51,5 ; Rouen 51,2 ; Bordeaux 50,9 ; Nancy 50,8 ; Strasbourg 50,8 ; Aix-en-Pr. 50,6 ; Amiens 50 ; Marseille 48,6 ; Perpignan 47,4 ; Metz 46,8 ; St-Étienne 44,9 ; Nice 44,4. **En nombre de sièges : Paris :** liste Séguin 55, PS 49, Verts 23, liste Tibéri 12, PC 11, MDC 7, DVD 3, PRG 2, liste Lellouche 1. **Répartition des sièges par arrondissement : droite :** 50,4 %, 71 sièges dont *Ier* : 2, *V^e^* : 3, *VIe* : 2, *VIIe* : 4, *VIIIe* : 3, *XVIe* : 12, *XVIIe* : 11 ; **gauche :** 49,6 %, 92 sièges dont *IIe* : 2, *IIIe* : 2, *IVe* : 2, *IXe* : 3, *X^e^* : 5, *XIe* : 10, *XIIe* : 8, *XIIIe* : 10, *XIVe* : 8, *XVIIIe* : 11, *XIXe* : 10, *XXe* : 11. **Lyon : gauche :** 48,6 %, 42 sièges (liste Gérard Collomb) : *Ier* : C 3, M 1 ; *IVe* : C 4, D 1 ; *V^e^* : C 6, M 2 ; *VIIe* : C 7, D 2 ; *VIIIe* : C 10, M 2 ; *IXe* : C 8, M 2. **Droite :** 50,3 % des voix, 31 sièges (liste Charles Millon 21, Dubernard 10, RPR-UDF) : *IIe* : M 4, D 1 ; *IIIe* : D-M 9, C 3 ; *VIe* : M 7, D 1, C 1. **Marseille :** droite 61, gauche 37, MNR 3.

Restent à droite : Amiens, Bordeaux, Boulogne-Billancourt, Caen, Le Havre, Marseille, Metz, Nice, Perpignan, Reims, Saint-Étienne, Toulouse.

Restent à gauche : Angers, Besançon, Brest, Clermont-Ferrand, Grenoble, Le Mans, Lille, Limoges, Montpellier, Mulhouse, Nantes, Rennes, Tours, Villeurbanne.

Passent à droite : Aix-en-Provence, Argenteuil, Beauvais, Blois, Cahors, Castres, Chartres, Châteauroux, Colombes, Dieppe, Évreux, Macon, Montargis, Montauban, Montluçon, Orléans, Pontoise, Quimper, Roanne, Rouen, St-Brieuc, Strasbourg, Tarbes.

Passent à gauche : Agen, Ajaccio, Auxerre, Clamart, Dijon, Le Puy, Lyon, Paris.

Légende : s. : maire sortant ; * : élu au 2e tour. Entre crochets : % d'abstentions.

■ **Maires. Aix-en-Pr. :** Maryse Joissains-Masini* (DVD) 50,61, Jean-François Picheral (PS, s.) 49,39 [abst. 34,66]. **Agen :** Alain Veyret* (16-12-1953, PS) 53,06, Lacaze (RPR) 46,94 [abst. 30,50]. **Ajaccio :** Simon Renucci* (Dg) 48,02, Marc Marcangeli (6-3-1939, bonapartiste, s.) 42,66 (1er t. P^ce^ Napoléon, Dg, 10,60) [abst. 20,60]. **Albi :** Philippe Bonnecarrère* (12-7-1955, DVD) réélu 60,36, Antoine Magana (PS) 39,64 [abst. 29,54]. **Amiens :** Gilles de Robien (10-4-1941, UDF) 52,06, Maxime Gremetz (3-9-1940, PC) 31,06 [abst. 43,66]. **Angers :** Jean-Claude Antonini* (20-3-1940, PS) réélu 57,34, Dominique Richard (UDF) 42,66 [abst. 45,08]. **Angoulême :** Philippe Mottet* (UDF) réélu 59,28, Jean-Claude Viollet (PS) 40,72 [abst. 40,98]. **Argenteuil :** Georges Mothron* (RPR) 50,8, Roger Ouvrard (PC, s.) 41,64, Bruna (FN) 7,28 [abst. 43, 12]. **Arles :** Hervé Schiavetti* (dissident PC) 52,31, Vernet (DVD) 37,18 [abst. 31,1]. **Arras :** Jean-Marie Vanlerenberghe* (29-3-1839, UDF) réélu 55,91, Barbier (PS) 44,09 [abst. 32]. **Auxerre :**

Plébiscites et référendums

☞ *Abréviations* : Constit. : Constitution ; constitut. : constitutionnelle ; L.-N. : Louis-Napoléon.

Objet (en italique, référendums particuliers)	date	Résultats en France (métropole seule)				Résultats hors de France (dans les Dom et Tom) [18]			
		oui	non	bulletins nuls	abstentions	oui	non	bulletins nuls	abstentions
Annexion Avignon et Comtat	juillet 1791	102 000	17 000		≈ 31 000				
Constitution de l'an I [1].	juillet 1793	1 801 918	11 610		≈ 4 000 000				
Constit. de l'an III. Directoire.	sept. 1795	1 057 380	49 957	2 206	≈ 5 000 000				
Décret des deux tiers [2].	sept. 1795	167 758	95 373						
Constit. de l'an VIII. Consulat [3].	janvier 1800	3 011 007	1 562		≈ 3 500 000				
Constitution de l'an X.	10-5-1802	3 568 885	8 374		≈ 3 500 000				
Constit. de l'an XII. 1er Empire [4]	nov. 1804	3 572 329	2 579		≈ 4 000 000				
Acte additionnel de l'Empire [8]	avril 1815	1 305 206	4 206		≈ 4 500 000				
Pouvoirs à L.-N. Bonaparte [5]	21-12-1851	7 436 216	646 737	36 880	≈ 1 500 000				
Sénatus-consulte du 07-11-1852	21-11-1852	7 824 189	253 145	63 326	≈ 2 000 000				
Rattachement de Nice à la France [6]	1860 (15-4)	25 743	160	30	4 773				
Rattachement de la Savoie	(22-4)	130 533	235	71	4 610				
Sénatus-consulte du 20-4-1870 [7]	8-5-1870	7 350 142	1 538 825	112 975	≈ 2 000 000				
Paris, pour le Gouv. provisoire [8]	3-11-1870	557 996	62 638						
Nouvelle Constit. [19] (1re question) [9]	21-10-1945	17 957 868	670 672	1 025 744	4 968 578	626 878	28 464	44 359	422 429
– – (2e question)	–	12 317 882	6 271 512	1 064 890	4 968 578	477 061	177 694	44 946	422 429
Projet de Constit. de 1946 [19]	5-5-1946	9 109 771	10 272 586	513 054	4 761 717	344 263	311 773	15 931	500 330
Constitution de la IVe République [19]	13-10-1946	9 039 032	7 830 369	323 390	7 880 119	258 438	335 090	5 689	639 516
Rattachement de Tende [10]	12-10-1947	2 603	218	24	137				
Constit. de la Ve République [11,20]	28-9-1958	17 668 790	4 624 511	303 549	4 006 614	13 454 693	1 931 562	114 749	5 144 674
Autodétermination en Algérie [12,19,20]	8-1-1961	15 200 073	4 996 474	594 699	6 393 162	2 247 596	821 301	126 770	2 140 158
Accords d'Évian [13,21]	8-4-1962	17 508 607	1 795 061	1 098 238	6 589 837	357 816	14 013	5 568	212 932
Loi constitut. du 6-11-1962 [14]	28-10-1962	12 809 363	7 932 695	559 758	6 280 297	341 153	41 843	9 751	210 618
Projet de loi constitutionnelle [15]	27-4-1969	10 512 469	11 945 149	635 678	5 562 396	389 284	61 953	8 078	277 383
Élargissement de la CEE [16]	23-4-1972	10 502 756	5 008 469	2 070 615	11 489 230	344 798	22 465	15 504	366 627
Statut de la Nlle-Calédonie [17,22]	6-11-1988	9 714 487	2 428 273	1 653 191	22 900 425	181 811	46 470	18902	1 096 176
Traité de Maastricht [23]	20-9-1992	12 957 324	12 542 635	880 783	10 706 332	205 668	80 947	28 594	903 251
Quinquennat [24]	24-9-2000	7 407 432	2 710 573	1 941 425	27 880 073				

Nota. – (1) Juillet à décembre. Résultat global annoncé dès le 10-8-1793. Les 2/3 du territoire sont en rébellion armée. (2) Pour décider que les 2/3 des députés des assemblées du Directoire seront d'anciens conventionnels. (3) Résultats proclamés le 7-2-1800 ; environ 700 000 électeurs (y compris départements annexés depuis 1975). (4) Pour ratifier le sénatus-consulte du 28 floréal an XII (18-5-1804) et rétablir l'Empire. (5) Accorde à Louis Bonaparte Napoléon le pouvoir constituant et la présidence pour 10 ans. (6) Dont pour la ville de Nice : 6 810 oui, 11 non et 27 nuls. Plus tard s'ajoutèrent aux résultats officiels proclamés les voix des militaires niçois en Italie (1 912 inscrits, 1 851 votants, 1 648 oui). (7) Empire libéral (ratification des réformes de la Constitution du second Empire). (8) Référendum parisien pour le maintien du Gouvernement provisoire et des pouvoirs délégués, après la chute du second Empire. (9) Pour déterminer si les Français désirent une nouvelle Constitution après 1945. (10) Après le traité de Paris du 10-2-1947, organisé dans les communes de Tende et de La Brigue, dans les hameaux de Libre, Piène (commune de Breil-sur-Roya), Molières (commune de Valdebore) pour demander aux habitants s'ils acceptent le rattachement à la France. Les habitants de Realdo, commune voisine, ne purent malgré leur demande participer à ce référendum, ils n'étaient pas sur les territoires visés par le traité. (11) Algérie 3 357 763 oui et 118 631 non. Tous les États de la Communauté votèrent oui (ce qui impliquait leur rattachement), sauf la Guinée (56 981 oui et 1 136 324 non). (12) Pour l'institution d'un État indépendant algérien (en Algérie et au Sahara : 1 198 532 oui, 786 516 non). (13) Pour l'acceptation des accords terminant la guerre d'Algérie. L'Algérie ne vote pas. (14) Pour l'élection du Pt de la Rép. au suffrage universel direct. (15) Pour la création des régions et la rénovation du Sénat. (16) Entrée de G.-B., Irlande, Danemark. (17) Pour l'adoption de la loi qui fixe un statut à la Nouvelle-Calédonie (Nlle-Calédonie 29 284 oui, 22 065 non, 4 559 bulletins nuls et 493 abstentions). (18) A ajouter à ceux de la métropole. (19) En Algérie seuls votent les citoyens français. (20) En Algérie les musulmans votent aussi. (21) L'Algérie ne vote plus. (22) Résultat officiel global : inscrits 38 025 823, votants 14 028 705, suffrages exprimés 12 371 046, oui 9 896 498, non 2 474 548. (23) Résultat officiel global : inscrits 38 305 534, votants 26 695 951, abstentions 30,30 %, blancs et nuls 2,37 %, suffrages exprimés 25 786 574, oui 13 162 992 (51,04 % des suffrages exprimés), non 12 623 582 (48,95 %). Les partis représentés au sein d'un groupe à l'Assemblée ou au Sénat étaient habilités à participer à la campagne ainsi que ceux dont les candidats avaient obtenu au minimum 5 % des suffrages à l'élection des conseillers régionaux et au 1er tour de l'élection de l'Assemblée de Corse le 22-3-1992. L'arrêté du Premier ministre du 26-8-1992, mis en application, après avis du Conseil constitutionnel, avait fixé la liste des 11 partis et groupements habilités au titre de la 1re catégorie et au titre de la 2e Génération Écologie, Les Verts et le FN. Les 2 h d'antenne avaient été réparties entre les groupes parlementaires par arrêté du 10-8-1992. (24) Ont pris position *pour le « oui »* : RPR (Rassemblement pour la République), UDF (Union pour la démocratie française), DL (Démocratie libérale), PS (Parti socialiste), PRG (Parti radical de gauche), MDC (Mouvement des citoyens, Jean-Pierre Chevènement). *Pour le « non »* : RPF (Rassemblement pour la France, Charles Pasqua), Philippe de Villiers (démissionnaire du RPF), FN (Front national, Jean-Marie Le Pen), MNR (Mouvement national républicain, Bruno Mégret), ainsi que Raymond Barre, député (app. UDF) du Rhône et maire de Lyon, François Léotard, député (UDF) du Var, Jacques Delors (PS), ancien Pt de la Commission européenne, Antoine Waechter, ancien candidat écologiste à la présidence. *Préconisent l'abstention* : PCF, LCR, LO (Lutte ouvrière) ; *le vote « blanc »* : CPNT (Chasse, pêche, nature et traditions). *Pas de consigne* : Verts (écologistes).

☞ **Référendums particuliers :** Togo 5-5-1956. Wallis-et-Futuna 27-12-1959. Algérie 1-7-1962. Côte française des Somalis 19-3-1967. Comores 22-12-1974. Mayotte 8 et 11-4-1976. Territoire des Afars et des Issas 8-5-1977. Nouvelle-Calédonie 13-9-1987.

Guy Férez* (PS) 42,52, J.-Louis Hussonois (dissident RPR) 31,70 Bernard Revest (DVD) 25,78 [abst. 38,8]. **Avignon :** Marie-Josée Roig* (12-5-1938, RPR) réélue 63,61, Élisabeth Guigou (6-8-1946, PS) 36,39 [abst. 32,17].

Bastia : Émile Zucarrelli* (4-8-1940, PRG) réélu 42,52, Pierre Chiarelli (div.) 26,74 [abst. 27,75]. **Beauvais :** Caroline Cayeux* (RPR) 47,37, Walter Amsallem (20-9-1931, PS, s.) 43,45, Jacques Nehorai (DVD) 9,18 [abst. 37,44]. **Belfort :** Jean-Pierre Chevènement* (9-3-1939, MDC) 55,29, Christophe Grudler (RPR) 44,71 [abst. 43,07]. **Besançon :** Jean-Louis Fousseret* (23-12-1946, PS) 55,3, Jean Rosselot (7-12-1945, RPR) 44,7 [abst. 42,41]. **Blois :** Nicolas Perruchot* (UDF) 45,31, Jack Lang (PS, s.) 45,09 [abst. 39,31]. **Bordeaux** Alain Juppé (15-8-1945, RPR) réélu, mais perd la présidence de la CUB (communauté urbaine) [abst. 45,18]. **Boulogne-Billancourt :** Jean-Pierre Fourcade* (18-10-1929, UDF) 66,08, Pierre Gaborit (20-7-1941, PS) 33,92 [abst. 51,61].

Caen : Brigitte Le Brethon* (RPR) 57,92, Louis Mexandeau (PS) 42,08 [abst. 42,15]. **Cahors :** Michel Roumégoux* (UDF) 51,14, Bernard Charles (PRG, s.) 48,86 [abst. 22,94]. **Calais :** Jacky Hénin* (PC, s.) 57,86, Arnaud Leclair (DL) 42,14 [abst. 44,03]. **Cannes :** Bernard Brochand* (5-6-1938, RPR) 44,98, Gilles Cima (UDF) 19,44, Crapiz (PS) 14,48, Peyron (FN) 11,15, Luca (RPF) 9,95 [abst. 38,80]. **Carcassonne :** Raymond Chésa* (10-2-1937, DVD) réélu 53,22, Alain Tarlier (PS) 46,78 [abst. 29,41]. **Charleville :** Claudine Ledoux* (10-1-1959, PS) 56,69, André Marquet (UDF) 43,31 [abst. 46,72]. **Chartres :** Jean-Pierre Gorges* (DL) 51,83, Pascal Ory (PS, s.) 48,17 [abst. 42,3]. **Châteauroux :** Jean-François Mayet* (DVD) 52,54, Jean-Yves Gateaud (17-12-1949, PS, s.) 47,46 [abst. 34,35]. **Cherbourg :** Bernard Cazeneuve* (7-6-1963, PS) réélu 55,09, Jean Lemière (RPR) 44,91 [abst. 44,43]. **Clermont-Ferrand :** Serge Godard* (25-3-1936, PS) réélu 57,57, Fanget (UDF) 21,65, Paule Oudot (UDF) 20,78 [abst. 48,53].

Dijon : François Rebsamen* (PS) 52,14, Jean-François Bazin (RPR) 47,86 [abst. 35,95]. **Dunkerque :** Michel Delebarre* (27-4-1946, PS) réélu 55,64, Franck Dhersin (DL) 31,87, Philippe Eymery (MNR) 12,49 [abst. 40,65].

Évreux : Jean-Louis Debré* (30-9-1954, RPR) 53,21, Roland Plaisance (31-7-1925, PC, s.) 46,79 [abst. 35,77]. **Évry :** Manuel Valls* (13-8-1962, PS) 44,17, Pierre-Jean Banuls (DVG) 28,38, Jean de Boishue (RPR) 27,45 [abst. 48,20].

Grenoble : Michel Destot* (2-9-1946, PS) réélu 51,04, Max Micoud (DVD) 48,96 [abst. 43,64].

Laon : Antoine Lefèvre* (DVD) 50,15, Claude Carême (PS) 43,71, Pernelle (LO) 6,13 [abst. 38,45]. **La Seyne-sur-Mer :** Arthur Paecht* (18-5-1930, UDF) 43,36, Maurice Paul (PC, s.) 31,34 [abst. 38,43]. **Le Havre :** Antoine Rufenacht* (11-5-1939, RPR) réélu 57,87, Daniel Paul (PC) 42,13 [abst. 40,98]. **Le Mans :** Jean-Claude Boulard* (28-3-1943, PS) 51,65, Jean-Marie Geveaux (RPR) 48,35 [abst. 36,77]. **Levallois-Perret :** Patrick Balkany* (18-8-1948, DVD) 42,88, Olivier de Chazeau (RPR) 34,38, Élisabeth Gourevitch (PS) 22,74 [abst. 29,36]. **Lille :** Martine Aubry* (8-8-1950, PS) 49,60, Christian Decocq (RPR) 37,54, Philippe Bernard (FN) 12,86 [abst. 52,63]. **Lisieux :** Bernard Aubril* (DVD) 49,99, Yvette Roudy (PS, s.) 39,93, Vacher (Dg) 10,08 [abst. 33,64]. **Lorient :** Norbert Métairie* (PS) réélu 58,80, Loher (UDF) 41,20 [abst. 50,36]. **Lyon :** Gérard Collomb* (20-6-1947, PS) 48,56, Charles Millon (12-11-1945, DLC) 25,01, Jean-Michel Dubernard (17-5-1941, RPR) 16,06, Dubernard-Millon (3e arr.) 9,22, FN 1,15 [abst. 34,40].

Marignane : Daniel Simonpiéri* (29-6-1951, MNR) réélu 62,52, Guy Martin (DL) 37,48 [abst. 31,47]. **Marseille :** Jean-Claude Gaudin* (8-10-1939, DL) réélu 48,57, René Olmeta (PS) 39,21, Bruno Mégret (MNR) 12,21 [abst. 46,27]. **Metz :** Jean-Marie Rausch* (24-9-1929, DVD) réélu 46,78, Dominique Gros (PS) 35,91, Marie-Jo Zimmermann (RPR) 17,31 [abst. 52,33]. **Montauban :** Brigitte Barèges* (RPR) 51,41, Roland Garrigues (1-1-1953, PS, s.) 44,66, Magnani (FN) 3,93 [abst. 25,22]. **Montbéliard :** Louis Souvet* (19-10-1931, RPR) réélu 55,23, Pierre Moscovici (PS) 36,56 [abst. 32,76]. **Montpellier :** Georges Frêche* (9-7-1938, PS) réélu 56,34, Olivier Dugrip (RPR-UDF) 43,66 [abst. 43,76]. **Morlaix :** Marylise Lebranchu* (25-4-1947, PS) 46,79, Gilles Caroff (DVD) 42,02 [abst. 34,46]. **Mulhouse :** Jean-Marie Bockel* (22-6-1950, PS) réélu 52,35, Bernard Stoessel (UDF) 26,4 [abst. 47,42].

Nancy : André Rossinot* (22-5-1939, UDF) réélu 50,81, Jean-Yves Le Déaut (PS) 35,78, Françoise Hervé (DVD) 13,41 [abst. 42,33]. **Nevers :** Didier Boulaud* (4-9-1950, PS) réélu 53,23, Philippe Morel (UDF) 46,77 [abst. 44,01]. **Nice :** Jacques Peyrat* (18-10-1931, RPR) réélu 44,48, Patrick Mottard (PS) 41,31, Marie-France Stirbois (FN) 14,21 [abst. 48]. **Nîmes :** Jean-Paul Fournier* (RPR) 55,67, Alain Clary (21-3-1938, PC, s.) 44,33 [abst. 34,21]. **Niort :** Bernard Bellec* (8-5-1934, PS) réélu 51,05, Alain Garcia (14-5-1943, DVD) 48,95 [abst. 41,89].

Orléans : Serge Grouard* (RPR) 52,42, Jean-Pierre Sueur (28-2-1947, PS, s.) 47,58 [abst. 43,89].

Paris : Bertrand Delanoé* (30-5-1950, PS) 49,60, Philippe Séguin (21-4-1943, RPR) 34,78, Jean Tibéri (30-1-1935) maire sortant (voir p. 774 c) 12,31 [abst. 35,87].

Pantin : Bertrand Kern* (4-2-1962, PS) 41,21, Jacques Isabet (PC, s.) 31,69 [abst. 44,99]. **Perpignan :** Jean-Paul Alduy* (7-5-1942, UDF) réélu 47,46, Claude Cansouline (PS) 29,23, Claude Barate (DVD) 23,31 [abst. 39,33]. **Poitiers :** Jacques Santrot* (8-7-1938, PS) réélu 53, Morin (DVD) 47 [abst. 41,89]. **Pontoise :** Philippe Houillon* (15-12-1951, DL) 53,73, Jean-Michel Rollot (1-2-1960, PS, s.) 46,27 [abst. 41,09].

Quimper : Alain Gérard* (2-12-1937, RPR) 52,13, Jean-Claude Joseph (PS) 47,87 [abst. 30,82].

Reims : Jean-Louis Schneiter* (17-1-1933, DVD) réélu 51,58, Adeline Hazan (PS) 48,42 [abst. 46,67]. **Rennes :** Edmond Hervé* (5-12-1942, PS) réélu 57,23, Loïck Le Brun (UDF) 42,77 [abst. 47,04]. **Roanne :** Yves Nicolin* (5-3-1963, DL) 52,33 Jean Auroux (19-9-1942, PS) 47,67 [abst. 40,16]. **Roubaix :** René Vandierendonck* (1-4-1951, Dg) réélu 43,21, Arnaud Verspieren (UDF-RPR) 34,05, Yves-Pascal Renouard (RPF) 8,33 [abst. 53,75]. **Rouen :** Pierre Albertini* (22-11-1944, UDF) 51,25, Yvon Robert (18-11-1949, PS, s.) 48,75 [abst. 40,2]. **Rueil-Malmaison :** Jacques Baumel* (6-3-1918, RPR, s.) 42,89, Thierry Saussez (8-2-1949, DVD) 31,47 [abst. 42,84].

St-Brieuc : Bruno Joncour* (UDF) 51,69, Michel Brémont (PS) 48,31 [abst. 40,41]. **St-Étienne :** Michel Thiollière* (10-4-1955, UDF, s.) réélu 44,95, Gérard Lindeperg (PS) 42,80, Perrot (FN) 12,24 [abst. 42,01]. **St-Tropez :** Jean-Michel Couve (3-1-1940, RPR) élu. **Sète :** François Commeinhes (RPR) 52,32, François Liberti (PC, s.) 47,68 [abst.26,46].

Suresnes : Dupuy* (RPR) 49,02, Respaut (PS) 37,12 [abst. 42,56]. **Strasbourg :** Fabienne Keller* (UDF) 50,85, Catherine Trautmann (15-1-1951, PS) 40,42 [abst. 36,30].

Tarbes : Gérard Trémège* (4-9-1944, DL) 50,08, Raymond Erraçaret (PC) 49,92 [abst. 34,82]. **Toulon :** Hubert Falco* (15-5-1947, DL) 68,73, Odette Casonova (PS) 31,27 [abst. 41,85]. **Toulouse :** Philippe Douste-Blazy* (1-1-1953, UDF) 55,13, François Simon (PS) 44,87 [abst. 33,64]. **Tourcoing :** Jean-Pierre Balduyck (15-5-1941, PS) réélu 44,92, Christian Vanneste (RPR) 39,75, Baeckeroot (FN) 15,33 [abst. 48,24]. **Tours :** Jean Germain* (11-9-1947, PS) réélu 53,47, Renaud Donnedieu de Vabres (UDF) 46,52 [abst. 43,93].

Versailles : Étienne Pinte* (19-3-1939, RPR) réélu 50,43, Henry de Lesquen (1-1-1949, DVD) 26,04, Coulloch-Katz (PS) 23,52 [abst. 44,52]. **Vichy :** Claude Malhuret* (8-3-1950, DL) réélu 42,33, Gérard Charasse (26-3-1944, PRG) 38,61, Gilbert Collard (DVD) 19,06 [abst. 33,42]. **Vitrolles :** Catherine Mégret* (MNR) réélue 45,32, Dominique Tichadou (PS) 44,07 [abst. 19,07].

Principaux partis, clubs politiques et mouvements

☞ *Abréviations :* sciences éco. : sciences économiques ; sciences po. : sciences politiques ; éco. pol. : économique politique.

■ **Alternative libertaire** [**ex-Union des travailleurs communistes libertaires (UTCL)** *créée* mars 1978, après la scission de l'Organisation révolutionnaire anarchiste (ORA), *autodissoute* 16-6-1991], BP 177, 75967 Paris Cedex 20. *Créée* nov. 1991 ; rejointe par d'anciens militants du Collectif jeunes libertaires (CJL) disparu peu auparavant. Défend un projet de société communiste libertaire en participant activement aux mouvements sociaux (syndicalisme révolutionnaire, redistribution des richesses et égalité des droits, antifascisme, antiracisme, antimilitarisme...). **Publications :** *Alternative libertaire* (mensuel), *Débattre* (trimestriel).

■ **Les Alternatifs.** 40, rue de Malte, 75011 Paris. **Fondés** 4-4-1999 par l'Alternative Rouge et Verte (ex-comités Juquin), de membres des Verts et du PCF. Mouvement rouge, vert et autogestionnaire. **Adhérents** (en 2000) : 1 100. **Publication :** *Rouge et Vert* (hebdo., 4 000 ex.).

■ **Association des démocrates.** 1 *bis*, place de Valois, 75001 Paris. **Fondée** sept. 1988 par Michel Durafour (né 11-4-1920). **Pt :** Gérard Israël (né 24-11-1928). **Membres du conseil :** Thierry de Beaucé (né 14-2-1943), Jacques Pelletier (né 1-8-1929). **Secr. général :** Philippe Bardiaux (né 1-6-1959). **Adhérents et sympathisants :** 1 500.

■ **Association nationale d'action pour la fidélité au général de Gaulle.** 16, villa du Roule, 92200 Neuilly-sur-Seine. **Pt :** Pierre Lefranc (né 23-1-1922).

■ **Association pour la réforme (APR).** 50, rue Pierre-Charron, 75008 Paris. **Fondée** mai 1995 par Édouard Balladur (né 11-5-1929).

■ **Autonomes.** Mouvements sans structure ni hiérarchie, **issus** de l'OCL (libertaires) et de différents groupes. S'opposent à l'extrême gauche. Utilisent la violence.

■ **Avenir et Liberté.** 26, rue des Promenades, 77320 La Ferté-Gaucher. **Fondé** 1972. **Clubs :** *1981 :* 100, *93 :* 75. Répartis dans toute la France. **Pt :** Yves Jaunaux. **Adhérents :** 2 000.

■ **Centre d'études et de recherches « Égalités et Libertés » (Cerel).** Voir **Justice et Liberté**, p. 778 b.

■ **Centre indépendant et républicain.** 27, rue du Javelot, 75645 Paris Cedex 13. Issu des comités d'*Union pour la majorité présidentielle* qui, aux législatives de 1973, ont présenté 75 candidats. **Bureau exécutif : Pt :** N. Fétiveau (20-1-1910) ; **secr. général :** G. de Sansac (né 21-12-1922). **Adhérents :** 6 500. **Publication :** *la Lettre* (bimestriel, 30 000 ex.).

■ **Centre national des indépendants et paysans (CNIP).** 6, rue Quentin-Bauchart, 75008 Paris. **Fondé** 6-1-1949 par Roger Duchet (1904-81), sénateur-maire de Beaune, et René Coty (1882-1962). *1951 :* le parti paysan de Paul Antier (1905) et Camille Laurens (1906-79) rejoignent le CNI, qui devient le CNIP ; *-juin* 1997 élus aux législatives. *IVe République* illustré par René Coty, Pt de la Rép. (de 1954 à 58), et 2 Pts du Conseil [Antoine Pinay (1891-1994) en 1952, et Joseph Laniel (1889-1975) en 1953-54]. *Ve République : 1958* 2e parti de Fr. avec 120 députés et groupe le plus important au Sénat. Pinay, min. des Finances dans le 1er gouvernement de Gaulle. *1962* Pinay pour l'Algérie française et contre l'élection du Pt de la Rép. au suffrage universel passe dans l'opposition ; *-18-11 législatives :* recul (9,6 % des suffrages). *1963* Giscard d'Estaing fonde les Républicains indépendants. *1965* soutient Jean Lecanuet aux présidentielles. *1966-68* coexistence difficile avec le MRP au sein du Centre démocrate. *1968* reprend son indépendance. *1969* rallié à Pompidou. *1974-81* participe aux gouvernements Barre [avec Maurice Ligot (1927), puis Jacques Fouchier (1913-94)], mais refuse l'emprise grandissante de l'État et de l'administration. *1981 présidentielle 1er tour :* soutient Chirac ; *2e tour :* Giscard d'Estaing. *1988, 1995 présidentielle :* soutient Chirac. **Pts :** *1973 :* François Schleiter (1911-90) ; *1975 :* Bertrand Motte (1914-1980) ; *(unif.) 1980 :* Philippe Malaud (né 2-10-1925) ; *1987 :* Jacques Féron (né 11-1-1912) ; *1989 :* Yvon Briant (1954-92, accident d'avion) ; *1992 :* Jean-Antoine Giansily (8-2-1947) ; *1996 :* Olivier d'Ormesson (5-8-1918) ; *1997-1999 :* Gérard Bourgoin (4-5-1945) ; *2000 (8-4) :* Annick du Roscoät (23-8-1948). **Rassemble** plusieurs milliers d'élus municipaux, environ 300 conseillers généraux. **Publication :** *Lettre* (mensuel).

■ **Chasse, Pêche, Nature, Traditions (CPNT).** 245, bd de la Paix, 64000 Pau. **Pt :** Jean Saint Josse. **But :** défense du monde rural. **Élus :** 42. **Adhérents :** 33 000.

■ **Club Convictions.** 4, place de Valois, 75001 Paris. **Né** 1999 de la fusion d'Échange et Projets, de Convaincre Ile-de-France et d'Initiatives. **Pt :** Jean-Baptiste de Foucauld. **Vice-Pts :** François Soulage et Jean-Paul Huchon. **Secr. général :** Stéphane de Bouler. **Adhérents :** 400.

■ **Club Droit et Démocratie.** 22, rue de Villiers, 92300 Levallois. **Fondé** 1966 par le bâtonnier R. W. Thorp. **Pt :** Jacques Ribs (né 1-8-1925). **Secr. générale :** Solange Thierry-Chipot.

■ **Club de l'Horloge.** 4, rue de Stockholm, 75008 Paris. **Fondé** 1974 par des anciens de l'Éna. **But :** réflexion fondée sur les valeurs libérales et nationales, rejet des principes socialistes. **Pt :** Henry de Lesquen (né 1-1-1949). **Secr. général :** Bernard Mazin (né 16-4-1949). **Adhérents :** 400. A publié 31 ouvrages. **Prix Lyssenko :** *créé* 1990. *Décerné* à un auteur qui, « par ses écrits ou actes, a apporté une contribution exemplaire à la désinformation en matière scientifique ou historique, avec des méthodes et arguments idéologiques ». *Lauréat 2000 :* Martin Bernal.

■ **Club des Jacobins.** **Fondé** 12-12-1951. « En sommeil » depuis plusieurs années. **But :** militer pour l'unification de la gauche. **Pts :** Charles Hernu (1923-89), Marc Paillet (né 15-10-1918), Roger Charny, Gaston Maurice, Guy Penne (né 9-6-1925), Alain Gourdon (né 16-10-1928).

■ **Club Nouvelle Citoyenneté.** 17, rue des Petits-Champs, 75001 Paris. **Fondé** 1982. Nouvelle Action royaliste. **Publication :** *Cité* (trimestriel).

■ **Club Nouvelle Frontière.** 14, rue Dupont-des-Loges, 75007 Paris. **Fondé** 1-3-1968. **Leaders :** Jean Charbonnel (né 22-4-1927), Paul-Marie de La Gorce (né 10-11-1928), Rose de Laval, Gilles Le Beguec (né 1-5-1943), Jean-Louis Bourlanges (né 13-7-1946), Paul Benyamine (né 8-4-1933).

■ **Clubs Perspectives et Réalités** (voir **Parti populaire pour la démocratie française**, p. 781 c).

■ **Club 89.** 110, rue La Boétie, 75008 Paris. **Fondé** 1981 par Michel Aurillac (né 11-7-1928), Nicole Catala (née 2-2-1936), Alain Juppé (né 15-8-1945). **Membres :** 6 000. **Clubs :** 175. **Pt :** Jacques Toubon (né 29-6-1941). **Secr. général :** Christian Le Roux. **Publications :** *les Nouveaux Cahiers de 89* (trimestriel, 3 000 ex.), *la Lettre du Club 89* (mensuel), *les Dossiers* (trimestriel).

■ **Club Témoin.** **Créé** 3/4-10-1992 par Jacques Delors (né 20-7-1925) à Lorient. **Pts d'honneur :** François Hollande (né 12-8-1954) et Jacques Delors ; **Pt :** Jean-Pierre Jouyet. **Secr. général :** Laurent Olléon. **Publication :** *Témoin* (bimestriel, 1 200 ex.).

■ **Collège pour une société de participation (CSP).** 15, rue Léon-Delhomme, 75015 Paris. Aile gauche du RPR. **Pt :** Daniel Richard (né 8-5-1948), fondateur février 1975. **Adhérents :** 4 500.

■ **Comité d'études pour un nouveau contrat social.** 17, bd Raspail, 75007 Paris. **Fondé** 1970 par Edgar Faure (1908-88). **Pt :** André Rossinot (né 22-5-1939). **Adhérents :** 3 000.

■ **Confrontations.** Société, culture, foi. 4, place de Valois, 75001 Paris. **Pt :** Renaud Sainsaulieu. Association d'intellectuels chrétiens. **Membres :** 300. **Publication :** *Cahiers Recherches et débats.*

■ **Convention pour la Ve République.** **Créée** 24-3-1990 par Jean Charbonnel (né 22-4-1927), maire de Brive (1966-95), après avoir démissionné du groupe RPR pour devenir député non inscrit. **Regroupe** une dizaine de personnalités d'obédience gaulliste, notamment *Jacques Trorial* (né 8-2-1932) qui anime l'Action pour le renouveau du gaullisme ; *Pierre Pascal,* fondateur des Nouveaux Démocrates.

■ **Démocratie libérale** (1997), ex-**Parti républicain** (PR). 113, rue de l'Université, 75007 Paris. **Fondée** 15-9-1977 : fusion de la **Fédération nationale des Républicains indépendants** (FNRI) (voir col. c), de **Génération sociale et libérale** et des **comités de soutien à Valéry Giscard d'Estaing. Pt : Alain Madelin** [(né 26-3-1946, Paris). Père ouvrier. Ancien militant d'Occident. Père de 2 filles et 1 fils. Délégué national du PR (1977-85), vice-Pt (1990-97). Vice-Pt du conseil régional de Bretagne (depuis 1992). Député I.-et-V. (1978-86 cède son siège, 1988 cède son siège, réélu 1993, 1995 cède son siège, réélu 1997), européen (1989) cède son siège. Maire de Redon (1995). Ministre de l'Industrie (1986-88), Entreprises et développement économique (1993-95), Économie et Finances (mai-août 1995). Fondateur d'Idées-action (1993). *Œuvres :* Pour libérer l'école, l'enseignement à la carte (1984) ; Chers compatriotes... Programme pour un président (1994) ; Quand les autruches relèveront la tête (1995) ; Le droit du plus faible (1999)]. Auparavant **François Léotard** [(Cannes, 26-3-1942) ; fils d'André Léotard, conseiller à la Cour des comptes, maire de Fréjus (1959-71). Novice pendant 1 an (1963-64) à l'abbaye bénédictine de La-Pierre-qui-Vire. Marié 1°) 22-12-1976 à France Reynier (3 enfants) ; 2°) 19-12-1992 à Isabelle Duret (36 ans, chef de cabinet et attachée de presse de la mairie de Fréjus, 1 fille, 1 fils). Service national comme instituteur au Liban. IEP Paris, Éna par voie interne (4 ans d'ancienneté dans l'administration) où il anime la section CFDT. Sous-préfet, directeur de cabinet du préfet de Dordogne (1974), hors cadre au cabinet du ministre de l'Intérieur (1975-77). Maire de Fréjus (1977-92 et 1993-97). Conseiller général (1980-88), député UDF-PR du Var (1978-86 réélu, cède son siège, réélu 1988-93 cède son siège, réélu 1995, réélu 1997). Secrétaire général du PR (1982-88) puis Pt (1988-90 ; 95-97). Vice-Pt de l'UDF 1983-84, Pt (1996-98). Ministre de la Culture (1986-88), de la Défense nationale (1993-95). Député européen (1989), cède son siège. Juillet 1992 démissionne de ses mandats électifs car inculpé de trafic d'influence. Sport : course à pied, tennis, parachutisme]. **Vice-Pts : Jean-Claude Gaudin** [(Marseille, 8-10-1939) ; père artisan maçon. Professeur d'histoire-géographie. Conseiller général des Bouches-du-Rhône (1982-88). Maire de Marseille (4e secteur, 1983-89 ; de la ville depuis 1995). Pt du conseil régional de Provence-Alpes-Côte-d'Azur (1986-98). Député UDF-RPR (1978-89), sénateur des B.-du-Rh. (1989-95, cède son siège, réélu 27-9-1998). Vice-Pt du Sénat (depuis 1998). Pt du groupe UDF à l'Assemblée nationale (1981-89). Ministre de l'Aménagement du territoire, de la Ville et Intégration (1995-97)]. Jean-Pierre Raffarin. François d'Aubert. Jean Puech. Bernard Plasait. Pascal Clément. José Rossi. Françoise Hostalier. **Porte-parole :** Claude Goasguen. **Adhérents :** 80 000. **Publications :** *Démocratie Libérale – En Mouvement.* **Députés :** *en 1981 :* 30 ; *86 :* 60 ; *88 :* 61 ; *93 :* 106 ; *97 :* 44. **Sénateurs :** 37. **Mouvement des Jeunes Libéraux. Parti populaire pour la démocratie française** (voir p. 781 c) **[ex-clubs Perspectives et réalités,** voir col. b].

Organisations dissoutes sous la Ve République. Le gouvernement peut dissoudre les organisations jugées subversives pour l'ordre public (loi du 10-1-1936 complétée par loi du 1-7-1972). **1958**-*27-1* Union générale des étudiants musulmans algériens, *-15-5* Front d'action nationale, Mouvement jeune nation, Phalange française, Parti patriote révolutionnaire, *-23-8* Amicale générale des travailleurs algériens résidant en France. **1959**-*13-2* Parti nationaliste. **1960**-*17-12* Front de l'Algérie française, *-23-12* Front national pour l'Algérie française **1961**-*28-4* Front national combattant, *-1-7* Comité d'entente pour l'Algérie française, *-22-7* Front commun antillo-guyanais, *-26-7* Mouvement national révolutionnaire, *-27-11* Comité de Vincennes. **1962** *-20-3* Le Regroupement national. **1963**-*5-11* Rassemblement démocratique des populations tahitiennes, Pupu Tiama Maohi. **1967**-*13-7* Parti du mouvement populaire de la Côte française des Somalis. **1968**-*12-6* Fédération de la jeunesse révolutionnaire, Mouvement du 22-Mars, Union des jeunesses communistes marxistes-léninistes, Parti communiste marxiste-léniniste de France, Parti communiste internationaliste, Jeunesse communiste révolutionnaire, Voix ouvrière, Révoltes, Organisation communiste internationaliste, Fédération des étudiants révolutionnaires, Comité de liaison des étudiants révolutionnaires, *-31-10* Occident. **1970**-*27-5* Gauche prolétarienne, *-4-7* le Conseil d'État annule le décret de dissolution de 3 organisations : Révoltes, Organisation communiste internationaliste, Fédération des étudiants révolutionnaires. **1973**-*28-6* Ordre Nouveau, Ligue communiste. **1974**-*30-1* Embata (Pays basque), Front de libération de la Bretagne (dite Armée républicaine bretonne), Front de libération de la Bretagne pour la libération nationale et le socialisme, Front paysan corse de libération. **1975**-*27-8* Action pour la reconnaissance de la Corse. **1980**-*3-9* Fédération d'action nationale et européenne (Fane). **1982**-*28-7* Service d'action civique (SAC), *-18-8* Action directe. **1983**-*5-1* Front de libération nationale corse (FLNC), *-27-9* Consulte des comités nationalistes corses. **1984**-*3-5* Alliance révolutionnaire caraïbe pour les Antilles et la Guyane (ARC), *-31-10* le Conseil d'État annule le décret de dissolution de la Fane pour vice de forme. **1985**-*23-1* Fane (2e dissolution). **1987**-*21-1* Mouvement corse pour l'autodétermination (MCA), *-4-6* Association nationaliste corse « A Riscossa » (Le Renfort), *-16-6* le Conseil d'État annule le décret de dissolution de la Fane, *-24-6* Association islamique Ahl El Beit, *-15-7* Organisation basque indépendantiste Iparetarrak, *-16-9* Fane (3e dissolution).

☞ **Républicains indépendants (RI). Histoire : 1962**-*avril* 4 indépendants [(Valéry Giscard d'Estaing (né 8-2-1926), Raymond Marcellin (né 19-8-1914), Louis Jaquinot (1898-1993) et Jean de Broglie (1921-76) sont membres du gouvernement Pompidou mais le CNI (Centre national des Indépendants) désapprouve le choix de Pompidou comme 1er ministre] ; *-15-5* de Gaulle dénonce l'Europe supranationale et l'IPAS (groupe parlementaire Indépendants et paysans d'action sociale) demande la démission des ministres Indépendants ; *-24-5* ceux-ci ayant refusé sont exclus ; *-6-6* Paul Reynaud, Aimé Paquet (né 10-5-1913), Jean de Broglie, Raymond Marcellin constituent un groupe d'études ; *-nov.* ils sont élus avec, pour certains, le soutien d'André Malraux ; l'IPAS disparaît faute d'élus suffisamment nombreux ; *-déc.* un groupe de 36 députés RI se constitue. Ils renoncent à créer un parti politique. **1965** Giscard remplacé aux Finances par Michel Debré. Les RI réactivent le groupe ; création des *clubs Perspectives et réalités.* **1966**-*3-6* Fédération nationale des RI (FNRI) créée (Pt : Giscard d'Estaing). **1967**-*janv.* « oui mais » puis utilise la formule du « gaullisme réfléchi » ; entouré de Michel d'Ornano (12-71924/8-5-1991, accident), Jean-Pierre Soisson (né 9-11-1934), Roger Chinaud (né 6-9-1934) ; *-mars* Michel Poniatowski secr. général. Les RI se qualifient de « libéraux, centristes et européens ». **1969** Marcellin et 80 % du groupe se prononcent pour le « oui » au référendum (régionalisation et réforme du Sénat) malgré les réserves de Giscard. Présidentielle : Giscard soutient Pompidou. **1974** Giscard élu Pt. **1977**-*19/20-6* création du parti républicain (PR) ; *Pt* : Jean-Pierre Soisson, composante de l'UDF à sa création le 1-2-1978. **Représentation à l'Assemblée nationale** (FNRI) : *1962* : 33 sièges ; *67* : 42 ; *68* : 62.

■ **La Droite.** 21, rue de Bourgogne, 75007 Paris. **Fondée** 17-4-1998 par Charles Millon (né 12-11-1945).

■ **Fédération (La).** 244, rue de Rivoli, 75001 Paris. Mouvement fédéraliste français. **Fondée** 1944 par André Voisin (né 28-3-1918), Jacques Bassot (né 13-9-1907), Max Richard (1911-93). **Pt :** Laurent Grégoire (né 2-3-1955). **Secr. général :** Joël Broquet (né 30-1-1945). **Comité directeur :** Pierre Bordeaux-Groult (né 21-3-1916), Jean-Marie Daillet (né 24-11-1929), Nicole Fontaine (née 16-1-1942), Étienne Kling, François Mitterrand (jusqu'en 1956), E. Melenec, S. Plenier, Pierre-André Simon, Jacques Tessier (né 23-5-1914). **Doctrine :** promouvoir un État décentralisé dans une France fédérale et une Europe des nations. **Publications :** *le XXe Siècle fédéraliste* (fondé 1944), *les Enjeux de l'Europe* (trilingue, 10 000 ex.), *Agence de presse* « Acip », *les Cahiers fédéralistes.*

■ **Fédération anarchiste.** 145, rue Amelot, 75011 Paris. **Évolution :** *1881* (22-5) 1er congrès anarchiste. *1885* fondation du *Libertaire. XXe s.* 3 mouvements essentiels : Fédération communiste libertaire, Union anarchiste et Fédération anarchiste (née 1936 d'une scission de l'Union anarchiste). *1939-45* éprouvés par la guerre. *1945* la Fédération, reformée, crée le Mouvement libertaire ; ses militants sont aussi à l'origine de la Confédération nationale du travail. *1953* seule organisation représentative. *1964* participe à la rencontre internationale en Allemagne et aux congrès anarchistes internationaux [Turin (1964), Carrare (1968) où les combats antimarxiste et anticapitaliste sont définis comme principes fondamentaux, Paris (1986), Valence (1991)]. *1969* création de l'Organisation révolutionnaire anarchiste (ORA). *1981* congrès, à Neuilly-sur-Marne, réaffirmant que la gauche au pouvoir ne résoudra rien dans le cadre du système inégalitaire actuel et dénonçant le maintien de la répression de l'État socialiste, notamment envers les antimilitaristes. **Doctrine :** l'éthique libertaire (entraide, solidarité) prône action directe et grève gestionnaire expropriatrice pour parvenir à une société fédérative, antiétatique. **Composée** de 150 groupes autonomes et fédérés (France et Belgique). **Publications :** hebdomadaire : *le Monde libertaire* (15 000 ex.) ; mensuel (en Belgique) : *Alternative libertaire.* Revues régionales : Éditions du Monde libertaire, Itinéraires, Volonté anarchiste, On a faim ! **Radio Libertaire** créée 1981, saisie 28-8-1983, regroupée (avec Radio Montmartre, puis Radio Pays), en nov. 1983, légalisée 1985 sur 89,4 MHz (120 000 auditeurs), à l'origine de la création d'une vingtaine de radios associatives en province (Besançon, Bordeaux, Lille, Lyon, Montpellier, Nantes, St-Étienne...). **Librairies :** Paris (145, rue Amelot, XIe) et grandes villes de France (Besançon, Montpellier, Perpignan, Rouen, Rennes, Toulouse...).

■ **Fédération nationale des élus socialistes et républicains.** 5 *bis,* rue Rochechouart, 75009 Paris. **Créée** 1922, reconstituée 1945. **Pts d'honneur :** Pierre Mauroy (né 5-7-1928), Jean-Marc Ayrault (né 25-1-1950) ; **Pt :** Bernard Poignant (né 19-9-45).

■ **Front national (FN).** 4, rue Vauguyon, 92210 St-Cloud. **Historique : 1972** *-5-10* fondé par Jean-Marie Le Pen (né 20-6-1928, voir col. b ; *Pt)* ; François Brigneau (né 30-4-1919 ; milicien juin 1944, 45 acquitté ; journaliste ; *vice-Pt)* ; Alain Robert (responsable étudiant d'Ordre nouveau ; *secr. général)* ; Roger Holeindre (ancien résistant, *secr. général adjoint)* ; Pierre Durand *(trésorier).* **1973** François Duprat, collaborateur à « Défense de l'Occident », animateur des *Cahiers européens,* fondateur de France-Palestine (association antisémite et antisioniste), rejoint le Front [en oct. 1974, Fredriksen, dirigeant de la Fane (Fédération d'action nationale européenne), nationale-socialiste, devient le directeur des *Cahiers*] ; *-4-3 législatives :* 1,32 % (Le Pen 5,21 % Paris XIVe). **1974** *-5-5* 1er tour *présidentielle,* Le Pen 0,74 % (appuyé par Rivarol et certains proches des *Cahiers européens).* **1976** *-2-11* appartement de Le Pen dynamité. **1977**-*mars municipales :* le FN s'allie localement avec la majorité (1 élue à Toulouse, 1 maire en Hte-Garonne, Le Pen 1,87 % à Paris XIVe), le PFN participe aux listes RPR ; *-déc.* J.-P. Stirbois, M. Collinot rejoignent le FN. **1978** départ de Pierre Bousquet (1919-91, ex-Waffen SS), hostile au libéralisme économico-populiste du FN ; *-mars législatives :* FN présent dans 16 circonscriptions (0,33 % des voix), PFN 1,06 % (Le Pen 3,91 % à Paris 5e circonscription) ; *-18-3* F. Duprat tué dans une voiture piégée. **1979** *européennes : 28-4* PFN et FN annoncent une liste commune conduite par Michel de Saint-Pierre ; *-25-5* ils renoncent pour problèmes financiers ; *-27-5* le PFN dépose une nouvelle liste (Jean-Louis Tixier-Vignancour) ; le FN, exclu, demande l'abstention ; le PFN obtient 1,31 %. **1981** *-mai présidentielle :* FN (Le Pen) et PFN (Gauchon) n'obtiennent pas les 500 signatures nécessaires pour présenter un candidat ; *-juin législatives :* 0,35 % (Le Pen 4,38 %), Gauchon (PFN) 3,26 %. De nombreux responsables PFN abandonnent ou se rallient au CNIP. Nombreux incidents contre la campagne du FN (à Toulouse, 2 bombes détruisent la salle) ; *fin 1981* un ancien militant quitte le FN et crée début 1982 le Regroupement nationaliste avec le MNR (Malliarakis) et l'Œuvre française (Sidos). **1983**-*mars municipales :* Le Pen 11,3 % Paris XXe ; *-11-2 municipale partielle de Dreux :* Stirbois, maire adjoint 16,7 % ; *-4-9 législatives partielles du Morbihan :* Le Pen 13 %. **1984** *-17-6 européennes :* FN 10,95 %, 10 députés. **1985-86** rapprochement avec des notables (François Bachelot, Jean-Claude Martinez) et des transfuges du RPR (Yvan Blot, Bruno Mégret). **1985** *-10 et -17-3 cantonales :* 1 521 candidats (pour 2 044 cantons), 8,84 % ; 1 élu (J. Roussel, Marseille). **1986** *-16-3 législatives :* 9,65 % [*région parisienne :* S.-St-Denis 15,04 ; Val-d'O. 12,24 ; S.-et-M. 12,01 ; Hts-de-S. 11,14 ; Paris 10,94 ; Yvelines 10,4. *Province :* B.-du-Rh. 22,53 (Marseille 24,37) ; Alpes-Mar. 20,88 ; Vaucluse 19,49 ; Pyr.-Or. 19,08 (Perpignan 25,09) ; Var 17,77 ; Hérault 15,55 ; Rhône 13,24 (Lyon 13,41) ; Pas-de-Calais 11,35 ; Yonne 10,36 ; Doubs 10,35 ; Ain 10,13 ; Nord 7,83], 35 députés ; *régionales :* 9,56 %, 137 conseillers. **1987** *-13-9* au Grand Jury RTL-Le Monde, Le Pen qualifie les chambres à gaz de « détail de l'Histoire ». **1988** *-25-4 présidentielle* (1er tour) : Le Pen 14,38 % (4 375 894 voix) ; *-8-5,* 2e tour d'après un sondage : sur 100 lepénistes, 78 votent Chirac, 22 Mitterrand ; *-5/12-6 législatives :* 1er tour FN 9,65 %. 1 député (Yann Piat, Var, 1er tour 23,6 %, 2e tour 53,71, sera exclue du FN en oct. pour indiscipline ; assassinée 4-3-1994) ; *cantonales :* 5,24 % (sur les cantons où il était présent) ; *-2-9* lors d'une réunion publique, Le Pen surnomme le ministre de la Fonction publique « Durafour-crématoire ». Des modérés (Pascal Arrighi, François Bachelot) quittent le FN ; *-1-10* Bruno Mégret délégué général ; *-5-11* Jean-Pierre Stirbois se tue (accident d'automobile), remplacé par Carl Lang. **1989** *-12-3 municipales :* 2,17 %, 804 conseillers élus ; VOIX (en %) : *A.-M. :* Nice 19,74 (2e tour), Cagnes 35,74 (2e tour) ; *B.-du-Rh. :* Marseille 14,32 (2e tour) ; *C.-d'Or :* Beaune 12,70 ; *Eure :* Vernon 12,5 ; *E.-et-L. :* Dreux 22,29 (2e tour) ; *Gard :* St-Gilles 39,05 (2e tour) Charles de Chambrun élu ; *Nord :* Tourcoing 16,04, Roubaix 17,89 (2e tour) ; *Pyr.-Or. :* Perpignan 29,25 (2e tour) ; *B.-Rhin :* Strasbourg 14,49 ; *Ht-Rh. :* Mulhouse 21,08 ; *Rhône :* Lyon 9,57 ; *Paris XXe* 15,58 ; *Var :* Toulon 24 (2e tour), St-Raphaël 27,16 (2e tour) ; *Yonne :* Sens 15,57 ; *Hts-de-S.* 16,94 (2e tour) ; *S.-St-D. :* St-Denis 19,8, Sevran 24,09 (2e tour) ; *-18-6 européennes :* 11,73 % (2 129 668 voix) 10 députés ; *-8-9* Claude Autant-Lara, député européen FN, démissionne. *-3-12 législative partielle Dreux* (2e tour) : 61,3 % Marie-France Stirbois élue ; *cantonale de Salon-de-Provence :* 51 % Philippe Adam élu ; *11-12* l'Assemblée européenne lève l'immunité de Le Pen [inculpé 22-3 pour outrage envers Durafour le 2-9-1988]. **1990** *-14-1 législative :* Chamalières 11,9 % ; *-28-1 municipale :* Cannes 20,6 % ; *-18-3 municipale :* Clichy 25,1 % ; *-31-3/1-4 :* 8e congrès FN à Nice ; *-11-6 cantonale :* Villeurbanne 27,3 % ; *-26-11 cantonale :* Salon-de-Provence 23,2 % ; *législative :* Marseille 33,1 % ; *-août* Le Pen s'oppose à l'intervention armée au Koweït ; *-22-9 cantonale :* Marseille 51 % des voix ; *-22-11* ramène d'Iraq 55 otages européens. **1992** *-22-3 régionales et cantonales :* 12,18 %, 1 élu ; *législatives :* 13,90 %, 239 élus. **1993** *-30-1* Le Pen à l'Heure de vérité : 29 % des téléspectateurs (3 millions), record devant Kouchner (23,6 %) ; *-22-3 législatives :* 12,52 % des voix. **1994**-*20-3 cantonales :* 9,88 %, 3 élus ; *européennes :* 10,51 %, 11 élus. **1995**-*23-4 présidentielle :* Le Pen 15 % ; *-11/18-6 municipales :* 3,9 % (1er tour) 1 249 conseillers élus ; VOIX (en %) *Var :* Toulon 37 (2e tour), Jean-Marie Le Chevallier élu. *Bouches-du-Rhône :* Marignane 37,27 (2e tour), Daniel Simonpieri élu. *Vaucluse :* Orange 35,93 (2e tour), Jacques Bompard élu. **1997**-*9-2 municipale : Vitrolles (B.-du-Rh.)* 52, 4 % (2e tour), Catherine Mégret (femme de Bruno) élue ; *-25-5 législatives :* 15 % des voix ; *-5-12* à Munich, Le Pen reparle des chambres à gaz comme un « détail de l'Histoire » ; *-8-12* poursuivi pour contestation de crimes contre l'humanité *(26-12* condamné au franc symbolique). **1998**-*15-3 régionales et cantonales :* 15,02 % et 13,88 % ; *-2-4* condamné à 2 ans de privation de droits civiques limitée, 3 mois de prison avec sursis et 20 000 F d'amende par le tribunal correctionnel de Versailles pour avoir molesté le 30-5-1997, à Mantes où il était venu soutenir sa fille Caroline, candidate FN, Annette Peulvast-Bergeal, maire de Mantes-la-Jolie, PS (le 17-11-1999, en appel, peine ramenée à 1 an d'inéligibilité et 5 000 F d'amende « pour avoir maintenu Mme Peulvast le long du mur et l'avoir invectivée avec véhémence » ; 23-11-1999, la Cour de cassation rejette le pourvoi de Le Pen ; 23-2-2000 le préfet de région le déclare démissionnaire d'office du Conseil régional ; le Conseil d'État donnera raison au préfet ; Le Pen saisit la Cour européenne des droits de l'homme ; *-24/28-8* affrontement Le Pen-Mégret sur la direction de la liste FN aux européennes ; *-11-12* Le Pen suspend Mégret et 4 de ses proches (Jean-Yves Le Gallou, Philippe Olivier, Franck Timmermans et Serge Martinez) pour félonie ; Martinez demandait la convocation d'un congrès extraordinaire réuni le 15-12 ; *-23-12* Le Pen exclut du FN Mégret, Olivier, Timmermans, Serge Martinez, J.-Y. Le Gallou, Daniel Simonpiéri et Pierre Vial ; *-24-12* nouvelles exclusions dont Yvan Blot, 1er Pt du Club de l'Horloge ; *-29-12* Serge Martinez ne peut déposer 15 500 signatures d'adhérents au siège du FN, fermé. **1999**-*15-1* le tribunal des référés rejette la demande du FN d'interdire à Mégret et à 8 de ses partisans l'usage du nom, du logo et du fichier du parti ; *-23/24-1 congrès de Marignane* organisé par Mégret, élu Pt du FN Mouvement national (Jean-Yves Le Gallou, délégué général). Le Pen, non candidat, est élu Pt d'honneur à l'unanimité. *-11-5* le tribunal de grande instance de Paris annule le congrès de Marignane et reconnaît à Le Pen le droit exclusif du titre Front national et les prérogatives qui s'y rattachent.

Pt : Jean-Marie Le Pen [(La Trinité-sur-Mer, Morbihan, 20-6-1928). Père patron pêcheur († août 1942, son chalutier saute sur une mine). Exempté comme pupille de la nation, il s'engage en 1954. Marié 1°) juin 1959 Pierrette Lalanne (3 filles), divorcé ; 2°) 31-5-1991 Jeanne-Marie Paschos (née 1932, d'origine grecque, épouse en 1res noces Jean Garnier, homme d'affaires belge). *Licencié* droit. Diplômé Sciences po. *Pt* de la Corporation des étudiants en droit de Paris (1949-51). EOR (149e sur 378) à St-Maixent. Sous-lieutenant, para en Indochine (3-7-1954/nov. 1955). Député de la Seine : 1er secteur, rive gauche (2-1-1956, à 27 ans, le plus jeune de France), élu de l'UFF (Union et Fraternité française [sept. se met en congé et s'engage 6 mois (1er REP), participe à l'expédition de Suez puis rejoint Alger (officier de renseignement)] ; réélu député de Seine : 3e circ., 5e arr. (1958-62). 1958-28-3 blessé à l'œil droit (bagarre lors d'une réunion électorale). Secrétaire général du Front national combattant (depuis 1956). Pro-Algérie française (1964-67). Directeur de la SERP [Sté d'études et de relations publiques (avec Pierre Durand et Léon Gauthier) qui publie disques (histoire ou politique)] (depuis 1963). Secr. général campagne Tixier-Vignancour (1964-65). Pt du Front national (depuis 1972). Conseiller municipal du XXe arrondissement de Paris (1983). Député de Paris (1986-88). Député européen (depuis 1984). Pt du groupe des Droites européennes au Parlement de Strasbourg. Le 25-9-1976, Hubert Lambert (né 1934) mourut en faisant de Le Pen son héritier (un cousin, Philippe Lambert, a contesté le testament en raison de l'état de santé du déposant ; 1977 transaction avec Le Pen). ŒUVRES : les Français d'abord (84), La France est de retour (85)].

Secr. généraux : Carl Lang (né 20-9-1957), Martine Lehideux (née 27-5-1933). *Délégué général :* Bruno Gollnisch (né 28-1-1950, professeur d'université et avocat). **Trésorier :** Jean-Pierre Reveau (né 27-7-1932). **Adhérents :** plus de 100 000. **Cotisation :** 260 F/an. **Publications :** *Français d'abord-la Lettre de Jean-Marie Le Pen* (bimensuel, 70 000 ex.), *Le Front, FN Multimédia.* **Publications apparentées :** *Bulletin du Cercle national des femmes d'Europe* (P-DG fondatrice : Martine Lehideux, député européen). **Élus :** *conseillers* régionaux 239, généraux 3, municipaux 1 249 (en 1995), *maires* environ 50 de villes de moins de 10 000 hab. ; 1 maire d'une commune de plus de 100 000 hab. (Toulon, J.-M. Le Chevallier, élu seul député FN en juin 1997, invalidé en 1998) et 3 de communes de plus de 10 000 hab. (Marignane, Orange et Vitrolles).

Programme. 1°) Immigration : départ des immigrés du tiers-monde, préférence nationale et européenne : logement, emploi, aide sociale ; expulsion immédiate de tous les immigrés en situation irrégulière, contrôle très sévère de la filière des réfugiés politiques, réduction de la durée du permis de séjour à 1 an et départ des immigrés extra-européens à l'expiration du délai, suppression de toute acquisition automatique de la nationalité française et réforme du Code de la nationalité selon le « droit du sang » [pour le FN, l'immigration coûte annuellement à la collectivité 210 milliards de F (soit le produit de l'IRPP) et prive d'emploi 1 million de Français]. **2°) Sécurité :** moyens renforcés pour police et protection des frontières, démantèlement des bandes ethniques responsables d'exactions, rétablissement de la peine de mort pour assassins, terroristes et grands trafiquants de drogue. **3°) Justice :** budget accru, augmentation des effectifs judiciaires, dissociation grade/fonction, élaboration rapide des décisions de justice civile et pénale. **4°) Chômage :** priorité aux Français en matière d'emploi et de prêts à la création d'entreprises, libération des contraintes qui empêchent petites et moyennes entreprises d'embaucher, allègement des charges pesant sur les entreprises. **5°) Social :** baisse des prélèvements et des impôts sur salaires, réévaluation des bas salaires, lutte contre utilisation de la main-d'œuvre immigrée à bas prix et travail clandestin, rémunération des professions en fonction du niveau de formation et de l'importance de l'activité pour la nation, suppression du monopole des syndicats dits « représentatifs », attribution du RMI aux seuls Français. **6°) Famille :** revenu maternel équivalent au Smic pour toute mère de famille nombreuse française, prestations familiales aux seuls Français, vote familial au prorata du nombre d'enfants mineurs, suppression de la législation actuelle sur l'avortement, réhabilitation du rôle de la famille dans la nation, procédure favorisant l'adoption des jeunes Français orphelins. **7°) Logement :** accès prioritaire des familles françaises aux logements sociaux, possibilité pour les locataires français de HLM de devenir propriétaires de leur logement,

	Vote Front national Élections	Suffrages exprimés nombre	% FN
1973 [1]	Législatives [2]	122 000	0,5
1974	Présidentielle [2]	190 921	0,74
1978	Législatives [2]	82 743	0,3
1981	Législatives [2]	90 422	0,35
1984	Européennes	2 204 961	11
1986	Législatives	2 705 336	9,65
1986	Régionales	2 658 500	9,56
1988	Présidentielle [2]	4 375 894	14,39
1988	Législatives [2]	2 359 528	9,65
1988	Cantonales	476 735	5,24
1989	Européennes	2 129 668	11,73
1989	Municipales	258 401	2,17
1992	Régionales	3 396 141	13,90
	Cantonales [2]	1 530 094	12,18
1993	Législatives [2]	3 158 843	12,52
1994	Cantonales [2]	1 058 859	9,88
	Européennes	2 049 634	10,51
1995	Présidentielle [2]	4 571 138	15
	Municipales [2]	924 442	3,9
1997	Législatives [2]	3 782 427	15
1998	Régionales	3 261 174	15,02
	Cantonales [2]	1 535 868	13,88
1999	Européennes FN		5,69
	Européennes MNR [3]		3,28

Nota. – (1) Extrême droite, tous courants confondus. (2) 1er tour (J.-M. Le Pen). (3) MNR : Mouvement national républicain.

renégociation des prêts contractés pendant la période de surinflation (1978-84), affectation au logement des familles françaises de la taxe de 0,1 % payée par les entreprises au bénéfice des immigrés. **8°) Santé :** élections démocratiques et économies de gestion pour la Sécurité sociale, séparation des caisses entre Français (ou européens) et étrangers. Sida : dépistage systématique et création de services spécialisés. **9°) Éducation :** respect du principe de neutralité dans l'enseignement public (interdiction du tchador), libre choix de l'école, défense de l'école libre, suppression de la carte scolaire, création du chèque-éducation, rétablissement des notations chiffrées et de la récompense au mérite dès l'école primaire ; meilleur enseignement : histoire, héritage culturel, orthographe et grammaire, fondements d'une éducation vraiment nationale. **10°) Économie :** réduction des charges fiscales et sociales pour faciliter l'embauche et préserver la compétitivité, réduction du train de vie de l'État, distribution aux familles françaises des actions des Stés à privatiser, suppression des discriminations fiscales à l'encontre des couples mariés. **11°) Agriculture :** remise en cause de l'agriculture et de l'élevage industriels, promotion de l'agriculture naturelle, défense de l'exploitation familiale, protection de la vie rurale et lutte contre la désertification, suppression des quotas, défense des produits face aux importations sauvages. **12°) Écologie :** défense du patrimoine naturel, architectural et culturel français. **13°) Institutions :** extension du référendum et création du référendum d'initiative populaire pour permettre aux Français d'exprimer directement ce qu'ils pensent sur immigration, réforme du Code de la nationalité, priorité d'emploi aux Français, peine de mort, école. **14°) Libertés :** défense des libertés fondamentales d'enseignement, recherche, entreprise, travail, information, abrogation des lois « liberticides » (lois de 1972 et 1990), moralisation du débat public, lutte contre la fraude électorale et le financement occulte des partis politiques comme des syndicats. **15°) Europe :** renforcement des frontières européennes contre l'immigration du tiers-monde, politique commune contre les importations sauvages menaçant nos industrie et agriculture, coopération technique avec des parties de l'Europe de l'Est afin de les libérer totalement du communisme et de l'ex-hégémonie soviétique. **16°) Défense :** défense autonome de l'Europe, actualisation des forces nucléaires stratégiques, appel d'engagés volontaires, forces de manœuvre et force d'action rapide, affectation des appelés formés par un service militaire de 6 mois dans les unités de la défense opérationnelle du territoire, renforcement des moyens logistiques et opérationnels d'intervention outre-mer. En mars 1996, 28 % de Français approuvaient les idées défendues par Le Pen. **Thèmes du Front national en 1998** (en % d'approbation) : *immigrés* 39 (31 en 1985 ; 38 en 1991 ; 35 en 1994 ; 33 en 1996) ; *défense des valeurs traditionnelles* 33 (24 en 1985 ; 31 en 1996) ; *construction européenne* 24 (9 en 1994 ; 16 en 1996). (*Source :* sondage 1998.)

Votes en 1997 (en %) : *total* 15 (dont hommes 18, femmes 12) ; *âge : 18-24 ans :* 16, *25-34 ans :* 19, *35-49 ans :* 15, *50-64 ans :* 15, *65 ans et + :* 12 ; *profession :* agriculteur, salarié agricole 4, commerçant, artisan, industriel 26, cadre supérieur, professions libérales 4, cadre moyen, employé 14, ouvrier 24, inactif, retraité 15 ; *niveau d'instruction :* primaire 17, secondaire 14, technique, commercial 19, supérieur 10 ; *religion :* catholique pratiquant régulier 7, irrégulier 12, non pratiquant 18, sans religion 17.

Organisations diverses considérées comme proches du FN : *de la jeunesse (FNJ), Pt :* Erwan Le Gouellec. *Renouveau étudiant. Renouveau lycéen. Mouvement de la jeunesse d'Europe (MJE), Pt :* Carl Lang.

Cercles nationaux : Cercle national des *combattants (CNC),* fondé par Roger Holeindre. *Des officiers et sous-officiers de réserve (Cnosor). Drapo (association d'anciens déportés). Des rapatriés. Des préretraités et retraités (CNPR). Des gens d'armes* qui édite *le Glaive. Association nationale pour le rétablissement et l'application de la peine de mort (Anarap). Confédération nationale. Entreprise moderne et Libertés (CNEML), Pt :* Jean-Michel Dubois. *Cercle réagir. Des chemins de fer. Des mers et des ports. Cercle des citoyens contribuables* (*Pt :* Jean-Claude Martinez). *De santé* (Dr Melim). *Cercle Droit et Liberté. Des agriculteurs de France (CNAF). Des élus ruraux. Des femmes d'Europe* (Martine Lehideux). *Fraternité française. Front antichômage (FAC). SOS Solidarité-chômage. Union nationale d'aide aux Français défavorisés. Des Français résidant à l'étranger (CNFRE),* créé par Jacques Doré ; *1er Pt* Michel de Camaret. *Cercle Renaissance* (Michel de Rostolan). *Cercle des juifs de France* (Robert Hemmerdinger). *Comités chrétienté-solidarité (CCS)* Bernard Antony. *Alliance générale contre le racisme et pour le respect de l'identité française chrétienne (Agrif).*

■ **Génération Écologie.** 7, Villa Virginie, 75014 Paris. **Créée** printemps 1990 par Brice Lalonde (né 10-2-1946). **Adhérents :** n.c.

■ **Grece (Groupement de recherche et d'études pour la civilisation européenne).** 99-103, rue de Sèvres, 75006 Paris. **Fondé** 1968. Mouvance de la Nouvelle Droite. **Pt :** Jean-Claude Jacquard. **Secr. général :** Xavier Marchand. **Publications apparentées** (BP 68, 91292 Arpajon Cedex) : *Nouvelle École* [annuel, responsable : Alain de Benoist (né 11-12-1943)], *Éléments pour la civilisation européenne* (bimestriel), *Études et recherches* (trimestriel), *Point de vue* (bimestriel).

■ **Groupes d'action municipale (Gam).** *Siège administratif :* 40, rue Benoît Malon, 92290 Chatenay-Malabry. **Création** fin des années 1960. Première « Charte nationale » en 1971, remplacée en 1975 par un Manifeste national (actualisé en 1991). A gauche mais indépendant de tous les partis, revendiquant le droit, pour les habitants, d'être formés, informés, et de participer aux décisions concernant leur vie quotidienne (habitat, environnement, éducation, transports, consommation, loisirs, etc.). **Secr. national :** Maurice Libessart. **Publication :** *GAM-info* (trimestriel).

■ **Gud (Groupe Union Défense).** Devenu Udéa (Union de défense des étudiants d'Assas). 92, rue d'Assas, 75006 Paris. **Créé** 1968 ; mouvement étudiant d'extrême droite utilisant la violence. *1974* rallié au PFN. *1984* au MNR. *1986* à la 3e Voie. *1988* autonome. **Adhérents :** plusieurs centaines. Essentiellement implantée à Paris-II-Assas (11-4-1995 : privée de local à la suite de violences). *Autres mouvements :* Union et défense des lycées français (UDLF ou « Gud-Lycée »), Gud-Travailleurs (anciens d'Assas).

■ **Idées-Action.** 113, rue de l'Université 75007 Paris. **Fondé** oct. 1994 par Alain Madelin (né 26-4-1946).

■ **Initiative UDF-Jeunes.** Voir **UDF-Jeunes** p. 785 c.

■ **Jeune République.** 9, bd Jean-Mermoz, 92200 Neuilly-sur-Seine. **Fondée** 1912 par Marc Sangnier (1873-1950) [issue du « Sillon »]. **Buts :** socialisation et gestion démocratique des grands moyens de production et d'échange ; défense et développement des droits de la personne, y compris dans ses dimensions affectives et culturelles ; promotion d'un nouvel ordre économique international respectueux de l'indépendance des nations. **Pt :** Louis Perrin (né 29-5-1920). **Publication :** *Jeune République.*

■ **Jeunes démocrates.** Voir **UDF-Jeunes** p. 785 c.

■ **Jeunes Européens-France.** 95, rue de Rennes, 75006 Paris. **Pt :** Vincent Richez. **Créé** 1992. Branche jeune du Mouvement Européen-France (moins de 35 ans). **Publication :** *Lettre aux Jeunes Européens.*

■ **Mouvement des jeunes radicaux de gauche.** 13, rue Duroc, 75007 Paris. **Porte-parole :** Dirar Adref, Julien Duquenne, Cécile Rapoport et Laetitia Ringard. **Adhérents :** 2 500.

■ **Justice et Liberté.** 26, av. Perrichont, 75016 Paris. **Créé** 23-9-1981 issue du Cerel [fondé 18-6-1974 par le Dr Claude Peyret (1926-76)]. *Pt :* Jacques Chaban-Delmas (1915/2000). **Principes** (issus du gaullisme) : maintien de l'indépendance nationale ; lutte contre l'exclusion et l'extrémisme ; politique humaniste et solidaire avec le tiers-monde ; œuvre pour l'instauration de la « Nouvelle Société ». **Pt :** Jean-R. Guion (né 4-9-1950). **Adhérents** (au 1-1-2001) : 5 000.

■ **Ligue communiste révolutionnaire (LCR).** 2, rue Richard-Lenoir, 93100 Montreuil-sous-Bois ; Fédération de Paris : 27, rue Taine, 75012 Paris. **Fondée** 1938 (section française de la IVe Internationale) par Léon Trotski. Souvent frappée par la répression, s'est appelée PCI (parti communiste international), puis LC (Ligue communiste) après 1968, FCR (Front communiste révolutionnaire) et LCR depuis 1974. **Comité central** élu par le congrès, et *bureau politique* élu par le comité central avec droit de tendances. **Porte-parole : Alain Krivine** [(né 10-7-1941). Père médecin. Marié 6-12-1962 à Michèle Martinet, 2 filles. DES d'histoire. Militant au PCF (1959). Exclu 1966, fonde la Jeunesse communiste révolutionnaire, dissoute en juin 1968 ; la Ligue communiste (1969, dissoute 1973) ; la Ligue communiste révolutionnaire (1974). 3 emprisonnements pour raisons politiques. Député européen (depuis 16-3-1999)]. **Membres :** environ 2 600 (en % : salariés d'entreprise 65, enseignants 20, jeunes – de 30 ans 26) plusieurs milliers de sympathisants organisés dans les regroupements locaux ou d'entreprises et dans les Jeunesses communistes révolutionnaires (JCR-RED). + de 80 % des militants sont syndiqués, principalement CGT, CFDT, SUD et FSU (tendance « École émancipée »). **But :** socialisme autogestionnaire, écologique et féministe avec démocratie directe participative. 4 % aux municipales de 2001 et une trentaine d'élus locaux (mars 2001) et régionaux (1998). **Publications :** *Rouge* [hebdo, créé sept. 1968 (quotidien de mars 1976 à janvier 1979), 8 000 ex.], *Critique communiste* (trimestriel, créé 1975), *Inprecor* (tous les 15 jours, édité par la IVe Internationale).

■ **Lutte ouvrière.** BP 233, 75865 Paris Cedex 18. **Créée** 1968, succédait à *Voix ouvrière* (Union communiste internationaliste), créée 1956 et dissoute juin 1968 par le gouvernement ; se réclame du trotskisme, « c'est-à-dire du communisme révolutionnaire et internationaliste, un communisme qui ne pourra être que démocratique, et qui, en conséquence, n'a rien à voir avec les régimes existant ou ayant existé en URSS, en Chine ou dans les pays de l'Est, qui n'en ont été qu'une sinistre caricature. Milite pour le pouvoir des travailleurs, l'expropriation des trusts capitalistes, la socialisation des moyens de production et d'échange sous le contrôle de la population laborieuse ». Estime que l'on ne peut atteindre cet objectif qu'en organisant les travailleurs conscients de cette nécessité au sein d'un parti ouvrier révolutionnaire. Milite en même temps pour la reconstruction de la IVe Internationale. Consacre l'essentiel de son activité à l'intervention dans les grandes entreprises. **Leaders :** Arlette Laguiller (née 18-3-1940, voir à l'Index), Jacques Morand, Nicole Baudrin, Colette Bernard, Armonie Bordes, François Duburg, Jean-Louis Gallard, Georges Kaldy, Michel Rodinson, Jean-Pierre Vial. **Militants :** salariés 87 %, lycéens, étudiants 13 % ; il y a 40 % de femmes. **Élections :** *présidentielle 1969 :* (1er tour) soutient Krivine 1,05 %. *1974 :* Laguiller 2,35 %. *1981 :* 2,26 %. *1988 :* 1,99 %. *1995 :* 5,3 %. *Législatives 1973 :* 171 candidats (194 889 voix, 1,06 % des suffrages exprimés) ; *1978 :* 470 candidats (1 dans chaque circonscription, 474 378 voix, 1,70 %) ; *1981 :* 159 candidats (99 185 voix, 1,11 %) ; *1986 :* listes dans 33 départements (173 686 voix, 1,21 %) ; *1993 :* 247 candidats (227 900 voix, 2,15 %) ; *1997 :* 321 candidats (421 877 voix, 3,06 %). *Régionales 1986 :* 226 126 voix, 1,59 % ; *1992 :* 215 162 voix, 1,84 % ; *1998 :* 782 727 voix (4,5 %), 20 élus. *Européennes 1979 :* liste commune avec la LCR (Laguiller tête de liste, Krivine 2e), 622 753 voix (3,08 %) ; *1984 :* Laguiller, tête de liste Lutte ouvrière 414 997 voix (2,09 %) ; *1989 : id.* 258 663 (1,44) ; *1994 : id.* 442 701 (2,27). *1999 :* liste commune avec LCR (Laguiller tête de liste, Krivine 2e) 914 657 voix (5,18 %) 5 élus. **Publications :** *Lutte ouvrière* (hebdo.), *Lutte de classe* (mensuel), environ 400 journaux d'entreprise touchant environ 500 000 travailleurs.

■ **Mouvement des citoyens.** 9, rue du Fg-Poissonnière, 75009 Paris. **Créé** à Belfort 30-9-1992 par Jean-Pierre Chevènement et Max Gallo (né 7-1-1932), Didier Motchane (né 6-9-1931), Georges Sarre (né 26-11-1935). **Objectif :** relever la gauche après l'échec de la gauche gestionnaire et libérale. Devenu un parti politique à son congrès constitutif les 3, 4 et 5-12-1993 à St-Égrève (Isère).

Pt : J.-P. Chevènement [(né 9-3-1939, Belfort). Parents instituteurs. Marié 1970 à Nisa Grünberg, 2 fils. Diplômé Sciences po. Licencié droit et sciences économiques. Diplômé d'allemand (Vienne). Éna (1963-65). Fondateur du Ceres. Attaché commercial au ministère des Finances (1965-68). Conseiller commercial à Djakarta (1969). Directeur des études à la Sté Eres (1969-71). Secrétaire général du Ceres (1965-71). Maire de Belfort (1983-97), Pt conseil général (1981-82), membre du conseil régional de Franche-Comté (1986-88). Député socialiste Belfort (1973, 78, 81, 86, 88, 91, 93, 97). Ministre d'État Recherche et Technologie (1981-82), Recherche et Industrie (1982-83), Éducation nationale (1984-86), Défense nationale (1988, démissionne 30-1-1991 : désapprouve l'intervention militaire dans le Golfe et traité de Maastricht), Intérieur (1997). Avril 1993 quitte le PS. Accident d'anesthésie (2-9-1998). Revient au gouvernement (4-1-1999), ministre de l'Intérieur. Août 2000 quitte le gouvernement : désapprouve le choix de sortir la Corse de la République. A publié 12 livres, le 1er en 1967 : *L'Énarchie ou les Mandarins de la société bourgeoise*]. **Pt délégué :** Georges Sarre (né 26-11-1936). **Secr. général :** Paul Loridant. **Adhérents :** 8 500. **Publications :** *Citoyens Actualités* (10 000 ex.), *Citoyens en mouvement* (bimensuel, 3 500 ex.).

■ **Mouvement des démocrates.** 96, avenue de Nantes, 86000 Poitiers. **Créé** 11-6-1974. **Pt fondateur : Michel Jobert** [(né 11-9-1921, Meknès, Maroc). Père ingénieur agronome. Marié à Muriel Frances Green, 1 fils. Diplômé Sciences po. Éna, Conseiller à la Cour des comptes (1953). Membre de cabinets ministériels. Directeur cabinet Pompidou (1966-68). Pt du conseil d'administration de l'ONF (1966-73). Secrétaire général de la présidence de la République (1969-73). Ministre des Affaires étrangères (5-4-1973/27-5-1974), min. d'État du Commerce extérieur (22-5-1981-démissionne 17-3-1983). Avocat (Paris 1990). Œuvres : 20 dont : *Mémoires d'avenir* (1974), *l'Autre Regard* (1976), *la Rivière aux grenades* (roman, 1982), *Journal du Golfe* (1991), *Ni Dieu, ni diable* (1993), *l'Aveuglement du monde occidental* (1997)].

■ **Mouvement des démocrates libéraux (MDL).** 25, rue Émeric-David, 13100 Aix-en-Provence. **Créé** 23-3-1989. **Pt :** Claude Guillier. Divers droite.

■ **Mouvement écologiste indépendant.** 34, chemin du Pont d'Y, 44600 Saint-Nazaire. **Créé** 3-9-1994 à Châtelguyon. **Pt : Antoine Waechter** [(11-2-1949, Mulhouse). Père boucher-charcutier. Marié 28-7-1990 à Martine Charbonnel, 2 enfants. Docteur en psychophysiologie-écologie (1974). *Pt* du Mouvement des Jeunes pour la nature (Mulhouse 1965-68). Cofondateur d'Écologie et survie (1973). Pt du Mouvement écologique (1977-78). Cofondateur des Verts (1984). Vice-Pt Comité économique et social d'Alsace (1983-86), Conseiller régional d'Alsace [1986-89 et 1992-98 ; Vice-Pt du Conseil régional d'Alsace (1989-91 et depuis 1992). Candidat à la présidence de la Rép. (*1988 :* 1er tour 3,8 % des voix). Conseiller municipal Mulhouse (1989-95). A quitté les Verts en juin 1994. A conduit la liste du MEI aux européennes en juin 1999 (1,55 %). Député européen (18-6-1989, liste Verts Europe-Écologie, démissionne févr. 1991). Œuvres : *Vosges vivantes* (1972), *Écologie de la fouine* (1974), *Animaux d'Alsace* (1974), *Dessine-moi une planète* (1990)]. **Premier Vice-Pt :** Jean-Luc Dumesnil. **Secr. national :** Jean-Roland Lassalle. **Objectif :** projet politique capable de répondre aux défis posés à l'humanité aujourd'hui ; participer aux débats démocratiques en portant un message authentiquement écologiste. A présenté 249 candidats aux législatives de 1997 (1,7 % de moyenne) ; 29 listes aux régionales de 1998 (3,1 %). **Adhérents :** 1 134. **Publication :** la *Lettre des Écologistes* (mensuel, 4 700 ex.).

■ **Mouvement Européen-France.** 95, rue de Rennes, 75006 Paris. **Créé** 1-2-1949. **Objectifs :** rassembler, au-delà des clivages politiques, les personnes désireuses d'agir en faveur de la construction européenne. Organise notamment la « Journée de l'Europe » chaque 9 mai. **Pt :** Anne-Marie Idrac (née 27-7-1951). **Vice-Pts :** Henri Nallet (né 6-1-1939), Patrick Devedjian (né 10-2-1944), Catherine Lalumière (née 3-8-1935) et Jean-Thomas Nordmann (né 16-2-1946). **Secr. générale :** Geneviève Dourthe. **Adhérents :** 2 800. **Publications :** la *Lettre des Européens* (bimestriel, 5 000 ex.), les *Études du Mouvement Européen.*

■ **Mouvement Initiative et Liberté (MIL).** 75, rue Louis Rouquier, 92300 Levallois-Perret. **Créé** 17-11-1981, associé au RPR. **Pt :** Raoul Béteille (né 1-1-1924). *Pt du Comité d'honneur :* Gal Alain de Boissieu (né 5-7-1914). **Objectifs :** infléchir, dans le sens des principes de la droite gaulliste et civique, les décisions prises aux divers échelons. **Adhérents :** 34 000. **Publications :** *Vigilance et Action* (mensuel, 60 000 ex.), *Mil Vigilance* (mensuel, 34 000 ex.).

■ **Mouvement Jeunes Communistes de France (MJCF).** 74, bd de Stalingrad, 94408 Vitry-sur-Seine Cedex. **Fondé** 31-10-1920. Jacques Doriot (voir col. b) fut un de ses membres notables (en 1928, il se détacha du PC et fut exclu en 1934). *1939*-27-8, le gouvernement Daladier interdit son journal, *Avant-Garde ;* -26-9, il dissout la fédération. *1941* la JC crée les Bataillons de la Jeunesse ; 21-8, Pierre-Félix Georges (futur colonel Fabien), dirigeant de la JC, abat au métro Barbès un officier allemand. *1944* devient Jeunesse républicaine de France. **Orientation** inspirée de la ligne politique du PCF. **Organisations :** Mouvement Jeunes Communistes et l'Union des Étudiants Communistes structuré en 3 réseaux : Chaîne Humaine contre les discriminations, Rassemblement antiprécarité, réseau de Solidarité internationale. **Congrès national :** tous les 3 ans. **Conseil national :** 250 m. **Secr. général :** Christophe Hodé. **Adhérents :** 21 000. **Publication :** *Avant-Garde* (mensuel).

■ **Mouvement des Jeunes radicaux de gauche.** Voir **Mouvement des Jeunes radicaux de gauche,** p. 778 b.

■ **Mouvement national ethniste** ou **Nouvelle Résistance.** Rejoint en 1987 par des membres des Faisceaux nationalistes européens (FNE) [*créés* juillet 1980 par Mark Friedriksen, Pt de la Fédération d'action nationale et européenne (Fane, dissoute sept. 1980)] et de la Troisième Voie [*créée* nov. 1985 par la fusion du Mouvement nationaliste révolutionnaire (MNR) de Jean-Gilles Malliarakis, du Mouvement Jeune Garde et du Groupe Union Défense (Gud). *But :* édification d'une Europe puissante, indépendante des USA et de l'URSS. **Publication :** *Jeune Nation solidariste.* A éclaté en juillet 1991 (le secr. général créant *Nouvelle Résistance*)].

■ **Mouvement national républicain (MNR).** 15, rue de Cronstadt, 75015 Paris. *Créé* 2-10-1999 par Bruno Mégret (4-4-1949, Paris), exclu du FN (voir p. 777 a), après la décision de justice du 11-5 attribuant la légalité du nom « Front national » à J.-M. Le Pen. **Vice-Pt :** Serge Martinez. **Délégué général :** Jean-Yves Le Gallou. **Secr. général :** Franck Timmermans. **Adhérents :** 15 000. **2001**-*mars,* garde les mairies de Vitrolles et Marignane (B.-du-Rh.), conseillers municipaux 300, conseillers régionaux 130. **Publication :** *Le Chêne* (mensuel).

■ **Mouvement pour la France.** 35, av. de la Motte-Picquet, 75007 Paris. *Créé* 20-11-1994 par **Philippe de Villiers** [(Le Jolis de Villiers de Saintignon ; Boulogne, Vendée, 25-3-1949). Père directeur de sté. Marié 27-12-1973 à Dominique de Buor de Villeneuve, 7 enfants. Maîtrise de droit. Diplômé Sciences po. Éna (1976-78). Créateur du spectacle du Puy-du-Fou en Vendée (1977). Administrateur civil au ministère de l'Intérieur. Sous-préfet de Vendôme (1979), en disponibilité sur sa demande (1981), démissionnaire (1984). Secr. d'État auprès ministre Culture et Communication (1986-87). Membre (depuis 1987), Pt (depuis 1988) du conseil général de Vendée. Député de Vendée (1987, remplace Vincent Ansquer décédé ; élu 1988 et 1993, démissionne oct. 1994, élu 1er juin 1997 non inscrit). Délégué national UDF (1988, relations avec milieux culturels et jeunes). Fondateur et Pt du Combat pour les valeurs (depuis 1991). Député européen (1994-97, réélu 13-6-1999). Candidat à la présidence de la Rép. (*1995 :* 1er tour 4,74 % des voix). ŒUVRES : *Lettre ouverte aux coupeurs de têtes et aux menteurs du Bicentenaire* (1989), *La chienne qui miaule* (1990), *Notre Europe sans Maastricht* (1992), *Avant qu'il ne soit trop tard* (1993), *la Société de connivence* (1994), *Dictionnaire du politiquement correct à la française* (1996), *la Saga du Puy du Fou* (1997), *la Machination d'Amsterdam* (1998)]. **But :** soutien idées et valeurs essentielles pour l'indépendance, la perennité et la prospérité en France. **Secr. général :** Thierry Brac de la Perrière. **Porte-parole :** Alexandre Varaut.

■ **Mouvement pour une alternative non violente (MAN).** 114, rue de Vaugirard, 75006 Paris. **Fondé** nov. 1974. **Secr. national :** Nicolas Cailliot. **Adhérents :** environ 25 groupes locaux.

■ **Mouvement des réformateurs (MDR).** 7, rue de Villersexel, 75007 Paris. **Créé** 10-10-1992 par la fusion de *France unie* (créée 1990), de l'*Association des démocrates* (créée 1988) et de *Performance et partage.* **Secr. général** (depuis 1992) : **Jean-Pierre Soisson** [(9-11-1934, Auxerre, Yonne). Père industriel. Marié 1961 à Catherine Lacaisse, 2 fils. Licencié droit. Diplômé Sciences-Po. Éna (1959-61). Cour des comptes (1961). Conseiller technique aux cabinets de Jean Morin (1964-65), Yvon Bourges (1966-67), Edgar Faure (1967-68). Maire d'Auxerre (depuis 1971). Conseiller régional (depuis 1983). Conseiller général de l'Yonne (1970-76) et vice-Pt (1982-88). Pt conseil régional de Bourgogne (1992-93 et depuis 1998). Député RI de l'Yonne (1968-78, 81, 86, 88 cède son siège, réélu 1993, 1997 inscrit au Groupe Union pour la démocratie française). Secrétaire d'État aux Universités (8-6-1974/11-1-1976), Formation professionnelle (12-1/25-8-1976), Jeunesse et Sports (1976-77). Ministre Jeunesse et Sports (1978-81), Travail (1988-91). Ministre d'État, de la Fonction publique (5-1991/3-1992), Agriculture (1992-93). Vice-Pt des RI (1975). Secrétaire général du PR (1977-78). Secrétaire général France unie (1991). Vice-Pt UDF (1978). ŒUVRES : *le Piège* (1973), *la Victoire sur l'hiver* (1978), *l'Enjeu de la formation professionnelle* (1986), *Mémoires d'ouverture* (1990), *Politique en jachère* (1993), *Voyage en Norvège* (1955), *Charles le Téméraire* (1997)]. **Pt d'honneur :** Jacques Pelletier (né 1-8-1929). **Délégué général :** Alain Ferry (né 3-2-1952). **Députés :** 6. **Sénateurs :** 8. **Fédérations :** 59. **Publication :** *Avant-Centre* (trimestriel).

■ **Mouvement des sociaux libéraux.** 17, bd Raspail, 75007 Paris. **Secr. général :** Olivier Stirn (24-2-1936).

■ **Mouvement solidariste français, Solidarité Française.** 1, rue du Presbytère, 31540 Saint-Julia. **Fondé** 1972 par Gérard Bouchet (né 1936). **Pt :** Gérard Bouchet. **Adhérents :** 730. **Publication :** *Nos solidarités* (mensuel).

■ **Mouvement-Solidarité-Participation (MSP).** 11, rue de Solferino, 75007 Paris. **Fondé** 14-11-1971, après fusion des mouvements gaullistes de gauche [Front du progrès *fondé* mai 1962 par des membres du *Mouvement pour la communauté* fondé 1959 [dont Jacques Dauer (né 20-1-1926) (UDT), Philippe Dechartre (né 14-2-1919), Charles de Chambrun et des personnalités diverses : Régis Paranque (né 19-4-1935), Alain Carignon (né 23-2-1949), Pierre Hervé]. ; *Union travailliste : fondée* oct. 1971 par confédération du *Front du progrès* (J. Dauer), *Union populaire progressiste* (J. Debû-Bridel, né 2-8-1902) fondée 18-6-1969, *Union gaulliste populaire* (Philippe Luc-Verbon) et *Front des jeunes progressistes* fondé 1959 (Dominique Gallet : exclu mars 1972). UG5e ; Démocratie et Travail ; Front travailliste]. **Pt :** Bernard Bertry (né 21-12-1929) depuis déc. 1988 [auparavant : Philippe Dechartre, ancien min. du Travail de De Gaulle]. **Adhérents :** 12 500. **Publications :** *Nouveau Siècle* (semestriel), *Lettre du MSP* (mensuel), *Magazine des élus* (trimestriel).

■ **Œuvre française.** 4 *bis*, rue Caillaux, 75013 Paris. **Fondée** 1968, après la dissolution d'Occident. Nationaliste et antisémite. **Animateur :** Pierre Sidos (né 6-1-1927) qui avait fondé, avec son frère, Jeune Nation (1954-58). **Publications :** *le Soleil, Jeune Nation.*

■ **Organisation combat communiste (OCC).** **Créée** déc. 1974 par des exclus de Lutte ouvrière. Léniniste. **Publication :** *Combat communiste.*

■ **Organisation communiste de France (OCF).** Marxiste-léniniste. **Militants :** 500. **Publication :** *Drapeau rouge.*

■ **Organisation communiste libertaire (OCL).** Egregore, BP 1213, 51058 Reims Cedex. **Fondée** avril 1976 par la majorité de l'Organisation révolutionnaire anarchiste (ORA). **But :** participer à tout mouvement social en rupture avec le système capitaliste, oppresseur à l'Est et à l'Ouest. **Publication :** *Courant alternatif* (mensuel).

■ **Organisation française de la gauche européenne.** 288, bd St-Germain, 75007 Paris. *Issue* du Mouvement socialiste pour les États-Unis d'Europe *créé* par André Philip. **Pte :** Pervenche Berès (née 10-3-1957). **Publication :** actes du colloque *Vers un nouveau cadre de régulation en Europe.*

■ **Parti communiste français (PCF).** 2, place du Colonel-Fabien, 75019 Paris. [Architecte Oscar Niemeyer (Brésilien).] **Quelques dates : 1920**-*25/31-12* au congrès du PS, à Tours, lutte sur 2 motions principales : *1°)* Marcel Cachin (1869-1958)-Ludovic-Oscar Frossard (1889-1946), pour l'adhésion à la IIIe Internationale ; *2°)* Jean Longuet [(1876-1938) fils de Charles (1840-1903) et de son épouse Jenny, fille aînée de Marx]-Paul Faure (1878-1960) pour la reconstruction de la IIe Internationale. La 1re recueille 3 208 mandats ; la 2e 1 022. Un amendement Leroy-Heine obtient 44 mandats qui sont reportés sur la motion Cachin-Frossard ; *-28-12* un télégramme, dit « télégramme Zinoviev », du comité exécutif de l'Internationale communiste, réclame l'exclusion du groupe Longuet. Clara Zelkin (Allemande, 1857-1933) implore à la tribune ses camarades français d'adhérer à l'Internationale de Lénine. Vote : motion Daniel Renoult (pour sauver l'unité, pour atténuer la rigueur du télégramme) : 3 247 mandats ; Mistral : 1 398 ; abstentions 143. Les minoritaires quittent la salle du Congrès ; *-29-12* (2 h 30) scission : les minoritaires (1 022 mandats) créent la SFIO (Section française de l'Internationale ouvrière), les majoritaires (3 208 mandats) créent la SFIC [Section française de l'Internationale communiste, devenue PCF après la dissolution du Komintern (1943)] qui pour obtenir son affiliation à la IIIe Internationale accepte les « 21 conditions » d'admission définies au 21e congrès de l'Internationale (Moscou 19-7/7-8-1920) : caractère communiste de la propagande et de l'agitation, mise à l'écart des réformistes, etc. **1921**-*21-1 l'Humanité* se rallie aux communistes. **1922** exclusion du journaliste Henri Fabre (1876-1969) qui critique la terreur policière en URSS [le parti français est alors influencé par 2 communistes d'origine russe, naturalisés français : Boris Souvarine (1894-1984 ; exclu 1924), et Charles Rappoport (1865-1941, démissionnaire 1938)]. Le PCF crée l'Union intercoloniale. **1923**-*1-1* les francs-maçons doivent choisir entre la franc-maçonnerie ou le parti : le secr. général Ludovic-Oscar Frossard quitte le parti, André Marty (1886-1956) et Marcel Cachin rompent avec les Loges (exception : Zéphyrin Camelinat, détenteur d'actions de *l'Humanité,* resté communiste et maçon jusqu'à sa mort). Simon Sabiani [(1888-1956) futur dirigeant doriotiste] exclu. **1924** Albert Treint (1889-1971) tendance trotskiste, remplace le secr. général Louis Sellier (1885-1978, exclu 1929). **1925** Jacques Doriot (1898-1945), député de St-Denis (depuis 1924), secr. général des Jeunesses communistes (1923), joue un rôle important dans le sabotage de la guerre du Rif. **1926** Pierre Sémard (1887-1942, fusillé par les Allemands), secr. général, remplace Treint (exclu). Accusé de passivité, il est remplacé par Henri Barbé (1902-66) et Pierre Celor (1902-57) [exclus 1929 (futurs dirigeants doriotistes)], Benoît Frachon (1893-1975), Maurice Thorez (1900-64, le principal rival de Doriot). Section de la main-d'œuvre immigrée (MDI) créée. **1927**-*déc.* Fédération nationale des pionniers ouvriers et paysans de France créée, connue sous le nom de « Pionniers rouges » (ne pas confondre avec « Faucons rouges », organisation enfantine du parti socialiste SFIO, créée par Henri Barbusse, Raymond Mittey et Grandjouan). « Ceinture rouge » (communes communistes autour de Paris) en Seine, S.-et-Oise et S.-et-Marne. **1929** Paul Marion (1899-1954), secrétaire de la section propagande (futur dirigeant doriotiste), exclu.

1930 Thorez nommé (à Moscou) dirigeant unique du parti. **1934**-*févr.* Doriot partisan de l'action directe contre l'agitation fasciste veut s'entendre avec la SFIO ; *-27-6* exclu, il entraîne de nombreux membres [dont Marcel Marshall (né 1901) et Pierre Dutilleul (1901-74)] et fonde avec eux le 28-6-1936 le PPF (parti populaire français, qui se ralliera au nazisme) ; *-27-7* pacte d'unité d'action PC et SFIO. **1935** *municipales :* succès dans 27 communes (718 745 habitants) (9 avant) en banlieue ; *-14-7* Thorez crée, avec SFIO et radicaux, le *Front populaire.* **1936**-*mai législatives :* 1 494 337 voix, 72 députés (10 avant), dissidents (socialistes-communistes, pupistes et Unité ouvrière) ont 184 763 voix contre 78 472 (1932), 10 députés au lieu de 11 ; *-juin* grèves : occupations d'usines ; *-13-8* envoi de volontaires en Espagne du côté des Républicains ; André Marty (commissaire général des Brigades internationales), André Malraux (parti de son propre gré), Charles Tillon (1897-1993 ; exclu 1970), Pierre-Félix Georges [(1919-44 ; tué accidentellement, en manipulant des grenades en Alsace) connu en 1941-44 dans la Résistance, sous les pseudonymes de Frédo, puis de colonel Fabien]. **1938** Rappoport rompt avec le parti devant le sort réservé à Boukharine ; *-oct.* les communistes s'opposent à l'accord de Munich. **1939**-*23-8* à l'occasion du pacte germano-soviétique, nombreuses démissions, notamment celles de Marcel Capron (né 1896/† ?), Jean-Marie Clamamus (1879-1973) et l'écrivain Paul Nizan (1905-40, tué au front) ; *-31-8* vote crédits spéciaux pour la mobilisation générale ; *-26-9* le parti est dissous : 35 députés sur 72 (leader : Arthur Ramette, 1897-1988) fondent le *Groupe ouvrier et paysan* (seront déférés, pour reconstitution de ligue dissoute, devant la justice militaire) ; les 37 autres quittent le parti ; *-1-10* le Groupe demande à Herriot, Pt de la Chambre, que la proposition de paix qui va arriver soit examinée ; *-2-10* Thorez [mobilisé depuis le 3-9, comme sapeur du 3e génie à Chauny (Aisne)] quitte son régiment ; sa compagne (Jeanne Vermeersch) et une militante (Marinette Dutilleul) viennent le chercher en voiture conduite par un militant. *-3-10* mêlé aux frontaliers, il passe à pied en Belgique. *-7-10* déclaré déserteur ; *-28-11* condamné par contumace à 6 ans de prison pour « désertion à l'intérieur » en temps de guerre [le tribunal n'ayant pas retenu le passage en Belgique (qui aurait entraîné la peine de mort)] ; *-déc.* Marthe Desrumeaux est arrêtée par la police belge (incarcérée en France) ; Thorez, J. Vermeersch et Ramette se réfugient à l'ambassade soviétique à Paris, puis en Suisse. *En mars 1940,* ils demandent au consulat allemand de Zurich un passeport pour l'URSS [2 versions (démenties par le PC) : *1°)* il fut accordé et ils ont traversé l'Allemagne pour rejoindre Moscou ; *2°)* pris en main par l'appareil clandestin soviétique, ils ont gagné la Russie par Bruxelles (mai 1940) et Stockholm]. Selon François Crémieux et Jacques Estager (1983), il partit pour Moscou en nov. 1939 via Copenhague.

1940-*4-4* procès « des 44 » : 35 députés et 9 sénateurs du Groupe ouvrier et paysan condamnés de 2 à 5 ans de prison [9 contumaces : Thorez (dont la peine s'ajoute aux 6 ans du 28-11-1939), Duclos, Péri, Ramette, Tillon, Monmousseau, Catelas, Rigal, Dutilleul] ; les 38 autres, transférés dans le Sud algérien, seront en 1943 le noyau du groupe communiste de l'Assemblée consultative provisoire ; *-20-6* Denise Ginolin et Maurice Tréand obtiennent des Allemands le droit de faire reparaître à Paris *l'Humanité* (interdite depuis 26-9-1939) ; ils sont arrêtés le soir par la police française, sur un ordre venu de Bordeaux (libérés quelques jours après) ; *l'Humanité* devient clandestine et reparaît le 1-7, prenant parti contre Pétain et de Gaulle ; *-10-7* appel (diffusé en août) de Thorez (d'URSS)

Voix (en %) du PS et du PC
en métropole au 1er tour (s'il y a eu 2 tours)
entre parenthèses nombre de députés aux législatives

Années	PS	PC	Années	PS	PC
1906 [2]	10 (51)		1976 [3]	26,5	22,8
1910 [2]	(76)		1977 [4]	9,9	5,2
1914 [2]	16,8 (102)		1978 [2]	22,58 (114)	20,7 (86)
1919 [2]	21,2 (67)		1979 [16]	26,96	20,5
1924 [2]	20,1 (99/104)	9,5 (26)	1981 [1]	25,85 [12]	15,34 [13]
1928 [2]	18 (99/100)	11,3 (12/14)	1981 [2]	37,51 [14] (279/285)	16,17 (44)
1932 [2]	20,5 (129)	8,4 (12)	1982 [3]	29,89	15,87
1936 [2-5]	20,8 (146/150)	15,4 (72)	1983 [4]	L.c. [15]	L.c. [15]
1945 [2]	23,4 (139/140)	26,2 (159/160)	1984 [16]	20,75	11,28
1946 [2-6]	21,1 (128/129)	25,7 (153)	1985 [3]	25,01	12,67
1946 [2-7]	17,9 (102/105)	28,6 (182/183)	1986 [2]	31,61 (207/214)	9,87 (35)
1951 [2]	14,6 (106/107)	26,9 (101)	1988 [1]	34,1	6,78
1956 [2]	15,2 (95/96)	25,9 (150)	1988 [17]	34,76 (258)	11,32 (27)
1958 [2-7]	15,5 (44)	19,2 (10)	1989 [16]	23,61	7,71
1962 [2]	12,5 (66)	21,8 (41)	1992 [3]	24,7	6,9
1965 [1]	31,72 [8]	-	1992 [18]	18,3	8,6
1965 [4]	8,6	3,5	1993 [17]	17,39 (67)	9,18 (24)
1967 [2]	18,79 (121)	22,46 (73)	1994 [16]	14,49	6,88
1968 [2]	16,5 (57)	20 (34)	1995 [1]	23,30	8,68
1969 [1]	5,01 [9]	21,5 [10]	1995 [4]	6,46	2,77
1971 [4]	9	4,3	1997 [17]	23,67 (242)	9,98 (34)
1973 [2]	20,65 [11] (102)	21,34 (73)	1998 [18]	3,28 (83)	1,08 (19)
1973 [3]	21,6	22,6	1998 [3]	24	9,8
1974 [1]	43,24 [8]	-	1999 [16]	21,95	6,8

Nota. – (1) Présidentielles. (2) Législatives. (3) Cantonales. (4) Municipales (1er et 2e tours, en % des conseillers municipaux). (5) Oct. (6) Juin. (7) Nov. (8) Mitterrand, pas de candidat du PC. (9) G. Defferre. (10) J. Duclos. (11) UGSD. (12) F. Mitterrand. (13) G. Marchais. (14) PS = MRG. (15) Listes en partie communes. (16) Européennes. (17) Législatives, 1er tour. (18) Régionales.

et Duclos (en France) pour « la constitution du Front de la Liberté, de l'Indépendance et de la Renaissance » ; *automne :* création des 1ers groupes OS [(Organisation spéciale) ; principaux responsables : Marcel Paul (1900-82) : Bretagne, puis Paris ; Auguste Lecœur (1911-92) : Nord ; Jean-Joseph Catelas (membre de la direction clandestine, arrêté 16-5-1941, guillotiné 24-9)]. **1941**-*avril* Georges Maranne contacte Léo Hamon (chef de *Ceux de la Résistance*) pour constituer un *Front national ; -21-8* 1er attentat contre armée allemande : Frédo (le Cdt Pierre-Félix Georges, futur colonel Fabien) abat l'aspirant de marine Moser au métro Barbès-Rochechouart. **1941-44** les FTP communistes (chef : Charles Tillon) participent à la Résistance. Ils auront des milliers de tués, dont Jean Catelas (guillotiné), Danielle Casanova († en déportation), Guy Môquet et Gabriel Péri (1902-41) (fusillés) [en 1944, le PC revendiquera « 75 000 fusillés » (le chiffre total des fusillés français étant alors évalué à 200 000) ; actuellement, le chiffre admis pour le total des fusillés est d'environ 9 000 (H. Amouroux) ; en conservant cette proportion de 3/8, on arrive à 3 500 fusillés communistes, auxquels il faut ajouter les victimes des massacres, les tués dans la Résistance, les morts en déportation, en nombre indéterminé]. **1943**-*janv.* Fernand Grenier (1901-92 ; évadé du camp de Châteaubriant en juin 1941) rejoint à Londres le comité de la France libre comme délégué du PC ; *-3-6* ordonnance du comité français d'Alger amnistiant les parlementaires communistes condamnés le 4-4-1940 (ils pourront faire partie de l'Assemblée consultative). **1944**-*4-4* Grenier (venu de Londres) et François Billoux (1903-78, incarcéré en Algérie) entrent au GPRF à Alger ; *31-8* le comité central du PCF, sorti de la clandestinité le 25-8, et réuni à Paris, se divise en 2 tendances : 1°) Lecœur-Tillon (prise de pouvoir armée immédiate ; le PC dispose des FTP et des milices patriotiques créées mars 1944) ; 2°) Duclos-Frachon, ayant l'approbation de Thorez à Moscou (acceptation de l'autorité de De Gaulle), laquelle l'emporte ; *-sept.-oct.,* les communistes de métropole participent à l'épuration, éliminant de nombreux adversaires politiques ; *-4-9* Grenier et Billoux font partie du 2e gouvernement provisoire de De Gaulle, à Paris ; *-10-9 1er ministère de Gaulle ;* 2 ministres communistes sur 23 : Tillon (Air), Billoux (Santé publique) ; *-28-10* ordonnance de De Gaulle étendant l'amnistie du 3-6-1943 (Alger) à d'autres condamnations militaires (applicable à Thorez) ; le gouvernement demande la dissolution des milices patriotiques (le PC proteste mais accepte après le retour de Thorez) ; *-6-11* décret amnistiant 5 anciens déserteurs, dont Thorez ; *-27-11* Thorez arrive d'URSS au Bourget. Nommé membre de l'Assemblée consultative et convaincu par Staline (qui veut vaincre l'Allemagne au plus tôt et redoute l'influence américaine en Europe), il empêche toute tentative révolutionnaire en France qui aurait risqué de détourner une partie des forces alliées et obligé de Gaulle (malgré ses réticences envers eux) à faire appel aux Américains. **1945**-*22/28-1* congrès du MLN (Mouvement de libération nationale) qui rejette (par 250 voix contre 110) la fusion avec le Front national trop proche du PC [*la minorité du MLN* constitue avec le Front national le Mouvement unifié de la Résistance française (MURF) ; *la majorité du MLN* s'associe avec d'autres mouvements de résistance : Organisation civile et militaire (OCM), Libération-Nord, Ceux de la Résistance, pour constituer l'Union démocratique et socialiste de la Résistance (UDSR), associant une fraction de gauche à une fraction gaulliste] ; *-21-11 : 2e ministère de Gaulle ;* 5 ministres communistes sur 22 : Thorez (ministre d'État chargé de la Réforme administrative), Ambroise Croizat [1901-51 (Travail)], Billoux (Économie nationale), Marcel Paul [1900-82 (Production industrielle)], Tillon (Armement). **1946**-*janv.* les communistes, bien que participant au gouv., s'opposent violemment à sa politique indochinoise (opérations militaires contre Hô Chi Minh, secrétaire général du PC indochinois, qui a proclamé l'indépendance du Viêt Nam en sept. 1945). Leur attitude provoque, entre autres, le départ de De Gaulle le 20-1. Thorez choisit alors le *tripartisme* (alliance avec SFIO et MRP). Tillon est contre. *Participation communiste aux tripartites : ministères : 26-1 Gouin :* 6 min. communistes sur 22 : Thorez (vice-Pt du Conseil), Tillon (Armement), Croizat (Travail), Marcel Paul (Prod. industrielle), Billoux (Reconstruction), Laurent Casanova [1906-72, mari de Danielle (Anciens Combattants)] ; 2 sous-secrétaires d'État sur 5 : Marius Patinaud (Travail), Auguste Lecœur [1911-92 (Prod. industrielle)] ; *24-6 Bidault :* 7 ministres communistes sur 24 : Thorez (vice-Pt du Conseil), Tillon (Armement), Marcel Paul (Production industrielle), Croizat (Travail), Billoux (Reconstruction), René Arthaud (Santé publique), Casanova (Anciens Combattants) ; 3 sous-secrétaires d'État sur 9 : Lecœur (Prod. industrielle), Patinaud (Travail), Georges Gosnat (Armement). **1947**-*22-1 Ramadier :* 5 ministres communistes sur 27 : Thorez (vice-Pt du Conseil), Billoux (Défense nationale), Tillon (Reconstruction), Croizat (Travail), Maranne [1888-1976 (Santé)] ; *du 11 au 18-3* l'Assemblée nationale discute sur la guerre d'Indochine, les communistes votent contre le gouvernement, malgré la participation de ministres communistes ; *-avril* le parti se prononce contre le plan Marshall, adopté par Ramadier ; *-4-5* Ramadier exclut de son gouv. les 5 ministres communistes. Le PC redevient un parti d'opposition ; *-20-10* il déclenche une grève nationale (qui, le 10-11, entraîne l'arrêt de la circulation ferroviaire, bloquant le ravitaillement de Paris) ; *-19-12 scission de la CGT :* les communistes (majoritaires) suivent Benoît Frachon, abandonnant Léon Jouhaux qui fonde le syndicat Force ouvrière (FO). **1948**-*6-10 grève insurrectionnelle* visant, a-t-on cru, à la prise de pouvoir armée (tendance Tillon), brisée par le min. de l'Intérieur socialiste Jules Moch à l'aide de troupes rappelées d'Allemagne ; *-14-11* la situation redevient normale ; *-17-11* Jules Moch révèle que les versements d'argent que *l'Humanité* attribue à la générosité des ouvriers des pays de l'Est atteignent 277 millions de F et viennent des caisses du Kremlin, mettant en relief le rôle joué par la Banque commerciale pour l'Europe du Nord (capital de 100 000 actions dont 99 700 appartiennent à 2 banques du commerce extérieur) [la BCEN (aujourd'hui Eurobank) accordera au PCF d'énormes découverts (*l'Humanité* était renflouée grâce à des garanties réciproques, permettant l'entrée de fonds importants en devises)]. *Pt :* Guy de Boysson (voir à l'Index). **1949**-*janv. procès Kravchenko.* Jean-Paul Sartre (1905-80) proclame que « tout anticommuniste est un chien ». Mais le procès rappelle que les camps existent en URSS, comme « un élément fondamental du régime » ; *-23-6* l'Assemblée nationale (par 190 voix contre 190) refuse de lever l'immunité de M. Thorez poursuivi pour avoir le 16-10-1947 frappé, à Cachan, Karainsky, contradicteur socialiste.

1952-*28-5* Jacques Duclos (1896-1975), Pt du groupe parlementaire communiste, est arrêté en « flagrant délit » pour « complot contre la sûreté de l'État » (il avait organisé de violentes manifestations contre le Gal américain Ridgway, Cdt les forces de l'Otan et ancien vainqueur de la guerre de Corée : 1 †, 230 blessés à Paris, 518 arrestations). Il est relâché quelques semaines après, ayant pu prouver (après autopsie au Muséum d'histoire naturelle) que les 2 pigeons qu'il transportait dans sa voiture lors de son arrestation n'étaient pas des pigeons destinés à assurer la liaison avec les manifestants comme l'affirmait Charles Brune, ministre de l'Intérieur et ancien vétérinaire ; *-nov.* Léon Mauvais (1902-80), secr. à l'organisation du PC, présente un rapport contre Tillon et Marty, leur reprochant « des activités fractionnelles et policières ». **1953**-*janv.* Marty exclu ; Tillon déchu de ses responsabilités (réhabilité févr. 1957, puis définitivement exclu 3-7-1970, avec sa femme Raymonde, ancienne déportée). *-9-11* Cel Georges Guingouin (maire de Limoges 1944-47) exclu. **1954**-*30-11* Lecœur exclu (rallié 1958 au PS). **1956**-*oct./nov.* intervention soviétique en Hongrie. *-7-11* manifestants tentent de saccager le siège du PCF rue de Châteaudun ; de nombreux intellectuels quittent le PC ; Jean-Paul Sartre, sympathisant, prend position contre le PC. Thorez feint de ne pas croire au rapport Khrouchtchev dénonçant les crimes du stalinisme. **1961**-*24-2* sanctions contre Laurent Casanova (1906-72) et Marcel Servin [né 1922 (remplaçant de Lecœur comme secr. à l'organisation du parti)] qui restent membres du PC jusqu'à leur mort. **1962** le PC se prononce pour un *programme commun* de la gauche. **1964**-*11-7* mort de Thorez.

1964-*mai* **Waldeck Rochet** (1905-83), secrétaire général (Thorez ayant été nommé « président »). **1968**-*mai-juin* le PC évite de se mêler au mouvement insurrectionnel avant le 21-5, dans une conférence de presse de Georges Séguy (prenait au nom de la CGT une attitude conciliante et fera en sorte que les payes soient assurées malgré les grèves) ; *-22-5* les communistes votent la motion de censure (repoussée par 244 voix contre 233) ; *-23-5* le PC appelle la gauche à l'élaboration d'un programme commun ; *-27-5* la CGT, obtenant à Grenelle des concessions sociales du gouv., décide la reprise du travail ; la base ne suit pas (6 000 travailleurs de Renault-Billancourt rejettent le protocole de Grenelle). Les étudiants de l'Unef organisent à 17 h 30 une manifestation au stade Charléty (avec Mendès France et Rocard), PC et CGT refusent d'y participer. La CGT organise 12 contre-manifestations, notamment place Charles-Michels ; *-28-5* à 11 h, Mitterrand se déclare prêt à prendre le pouvoir, Waldeck Rochet déclare à 16 h se ranger à ses côtés ; *-30-5* le PC accepte la décision de De Gaulle de recourir à des élections anticipées (dissolution de la Chambre) ; *-1-6* il conclut avec la FGDS (Fédération de la gauche démocratique et socialiste) un accord en vue des élections ; *-23-6* échec électoral du PC et de ses alliés ; *-21-8* le PCF « exprime sa surprise et sa réprobation à la suite de l'intervention militaire en Tchécoslovaquie » ; *-déc. manifeste de Champigny* (actualise les conditions du passage au socialisme en France par la voie pacifique et démocratique). **1970** Roger Garaudy (né 17-7-1913), philosophe et directeur du Centre d'études marxistes exclu. **1972**-*juin* alliance avec PS et P. radical ; Waldeck Rochet (malade) nommé *Pt d'honneur.*

1972-94 Georges Marchais, secr. général [(La Hoguette, Calvados, 7-6-1920/Paris, hôpital Lariboisière, 16-11-1997). Père mineur. Marié 1°) 1941 à Paulette Noetinger, 3 filles ; 2°) 1977 à Liliane Garcia, 1 fils Olivier. Mécanicien ajusteur. 1934 travaille à la SNAC (Société nationale de construction aéronautique du Centre). Début 1940, à l'Aktien-Gesellschaft-Otto (Sté allemande nationalisée qui travaille pour le ministère de l'Aviation). 1942 répare des avions de chasse à Bièvres. Puis dans les usines de Messerschmitt. 1942-43 ou 45 travailleur volontaire en Allemagne (contrat signé 12-12-1942). 1946 secrétaire du syndicat CGT des métaux d'Issy-les-Moulineaux. 1947 membre du PCF ; du comité central et du bureau politique (1959). Secrétaire général adjoint (1970). Secrétaire général (1972-94). Député du V.-de-M. (1973-97). Conseiller régional de l'Ile-de-Fr. (1976-81). Candidat à la présidence de la Rép. (1981 : 1er tour : 15,34 % des voix). Député européen (1979-89)]. **1976**-*janv.* 22e congrès, le PC *renonce à la « dictature du prolétariat ».* **1977** *rupture de l'Union de la gauche ;* le PC propose au PS de reprendre la négociation, puis les divergences s'accentuent ; *-juillet* vacances en Corse. Apprend décision de Mitterrand de réclamer un référendum sur la force nucléaire de dissuasion [il dit à sa femme : « Fais les valises, on rentre à la maison. »]. Le PC s'est prononcé pour une force de dissuasion française indépendante et pour une Europe démocratique. **1978** échec électoral. **1979**-*17-2 l'Express* publie des extraits du livre de Jean Montaldo révélant les mécanismes financiers entre le PCF et l'URSS via la BCEN (Banque Commerciale pour l'Europe du Nord, banque d'État soviétique) ; *-mai* 23e congrès. Marchais salue le bilan globalement positif de l'URSS. **1980**-*janv.* justifie l'invasion de l'Afghanistan par l'URSS. Démissions d'intellectuels. **1981**-*juin* le PC perd 42 sièges à l'Assemblée nationale ; 4 membres au *gouv. Mauroy* [Charles Fiterman (Transports), Jack Ralite (Santé), Marcel Rigout (Formation professionnelle), Anicet Le Pors (Fonction publique)] ; *-sept.* Kanapa meurt ; *-oct.* Henri Fiszbin et 29 autres fondateurs de *Rencontres communistes-Hebdo* mis « hors du parti ». **1982**-*févr.* 24e congrès. **1984**-*17-6* recul aux européennes ; *19-7* ne participe plus au gouvernement. **1986**-*mars* recul aux législatives. **1987** 26e congrès ; *-24-6* Pierre Juquin démissionne du comité central après la désignation officielle d'André Lajoinie (né 26-12-1929) comme candidat à la présidence. **1988**-*24-4* Lajoinie obtient 6,76 % au 1er tour de la présidentielle. **1990**-*8-7* mort de Paul Laurent (né 1-5-1925) secr. du comité central ; *-déc.* 27e congrès. **1994**-*janv.* 28e congrès : nouveaux statuts.

1994-*29-1* **Robert Hue,** secr. national [(Cormeilles-en-Parisis, Val-d'Oise, 19-10-1946). Père maçon, mère ouvrière textile. Marié à Marie-Édith Solard, 1 fils, 1 fille. Infirmier. Membre du PCF (depuis 1963). Responsable de l'organisation et propagande en V.-d'O. (1971). Membre du comité central (1987), du bureau politique (1990). Maire de Montigny-les-Cormeilles (depuis 1977). Conseiller général du V.-d'O. (1988-98). Conseiller régional d'Ile-de-France (1986-93). Député du V.-d'O. (1-6-1997). Député européen (13-6-1999). ŒUVRES : *Communisme : la Mutation* (1995), *Il faut qu'on se parle* (1997), *Communisme : un nouveau projet* (1999)], *Qui êtes-vous ? Que proposez-vous ?* (2001). **1995**-*23-4 présidentielle :* obtient 8,64 % au 1er tour. **1996**-*19-1* Marseille, 1er forum avec Ligue communiste révolutionnaire (LCR), Mouvement des citoyens, Radical et les Verts ; *-2-4* Paris, forum avec Lionel Jospin, J.-P. Chevènement, J.-M. Baylet, D. Voynet et A. Krivine. 29e congrès du PCF (du 18 au 22-12, à La Défense). Louis Viannet (secrétaire général de la CGT) quitte le bureau national du PC. *Nouvelle équipe :* 154 délégués dont femmes 37 % ; âge moyen : 42 ans. 51 % des délégués au congrès sont syndiqués (ouvriers 35, employés 25, enseignants 13). **1997**-*mai/juin législatives :* 9,98 % des voix (1er tour) ; 3 membres au *gouv. Jospin* [Marie-Georges Buffet (Jeunesse et Sports), Michelle Demessine (Tourisme), Jean-Claude Gayssot (Équipement, Transports,

Le programme commun de la gauche (1972-80) signé (26-6-1972) par PS, PC et Mouvement des radicaux de gauche, fondant l'Union de la gauche pour gouverner ensemble, prévoyait : **1°)** *Amélioration immédiate des conditions de vie et de travail :* semaine de 40 h avec maintien du salaire ; aucune retraite inférieure à 80 % du Smic ; amélioration des cadences et des horaires ; pouvoirs accrus des comités d'entreprise et délégués du personnel. **2°)** *Sécurité de l'emploi :* lutte contre le *chômage par une nouvelle politique des prix et des marchés ; progression du revenu* des agriculteurs, artisans, commerçants ; abrogation des ordonnances de 1967 et généralisation de la *Sécurité sociale.* **3°)** *Promotion des travailleurs : 9 nationalisations* de secteurs clés (Dassault, Roussel-Uclaf, Rhône-Poulenc, ITT, Honeywell-Bull, Thomson-Brandt, Péchiney-Ugine-Kuhlmann, Saint-Gobain-Pont-à-Mousson, CGE). Prises de *participation majoritaire* dans 5 Stés (Usinor-Vallourec, Wendel-Sidelor, Schneider, CFP, CFR-Total). Intervention dans le secteur bancaire. Droits syndicaux et de grève développés et garantis. Création d'*offices ruraux* représentant les agriculteurs. *Indemnisation des actionnaires :* le PS penchait pour l'attribution aux anciens actionnaires de titres nouveaux non amortissables, participatifs, à revenu indexé, librement échangés à la Bourse qui en fixerait le cours. Le PC optait pour des obligations remboursables sur 20 ans par annuités constantes sur la base du cours des 3 dernières années et produisant un intérêt égal à celui des emprunts obligataires. **4°)** *Libération du citoyen* par une décentralisation réelle : suppression de la tutelle préfectorale ; élection au suffrage universel direct d'assemblées chargées d'administrer les *collectivités locales et régionales ;* attribution de moyens nécessaires aux *communes* en matière d'urbanisme, de contrôle des sols et fiscalité locale. **5°)** *Épanouissement de l'individu :* organisation rationnelle et démocratique de la *santé ;* refonte de *l'Éducation nationale* (réduction des inégalités et du cloisonnement social) : regroupement des activités d'éducation dans un service public unique, décentralisé, laïque ; démocratisation en matière de *logement, transports, loisirs ;* promotion de la *femme* et égalité avec l'homme. **6°)** *Respect des libertés acquises et reconquête des libertés perdues :* totale *liberté d'expression ;* protection de la vie privée contre certains développements de l'informatique ; abrogation de la *loi « anticasseurs » ;* suppression de la *Cour de sûreté de l'État* et des *tribunaux militaires* en temps de paix ; institution de l'*habeas corpus* (liberté individuelle garantie) ; disparition de la *garde à vue*, de la procédure de *flagrant délit* ; refonte du Conseil supérieur de la magistrature et création d'une Cour suprême chargée d'assurer l'application des règles constitutionnelles. **7°)** *Instauration d'un « contrat de législature »* liant gouvernement et majorité parlementaire pour l'application de la politique du Programme commun. **8°)** *Politique de paix :* dissolution de l'Otan et du pacte de Varsovie ; traité européen réorganisant la sécurité collective ; abandon de la *force de frappe nucléaire* stratégique et signature de traités internationaux d'interdiction des explosions et de non-dissémination des armements nucléaires ; *service militaire* de 6 mois. **9°)** *Politique culturelle :* attribution de tous les moyens nécessaires.

Logement)]. **1998**-*17-11* le PCF « déclare nulles et non avenues toutes les sanctions, exclusions ou mises à l'écart effectuées à partir des conceptions politiques, de principes d'organisation ou de pratiques que le PCF, en décidant sa mutation, a décidé de transformer. » **2000**-*23/26-3* 30e congrès à Martigues. -*mars* : Michel Duffour devient Secr. d'État (Patrimoine et Décentralisation culturelle).

Adhérents. Sur 150 000 à la SFIO avant la scission. **1921**-*oct.* 109 391 ; **22** 78 828. **23** 55 598. **24** 57 000. **25** 58 593. **26** 55 213. **28** 52 372. **30** 31 500. **33** 28 825. **36** (25-5) 163 000 (dont 38 000 Jeunesses communistes) ; (14-10) 371 027 (dont 96 492 Jeunesses communistes). **38** 318 549. **44** (déc.) 384 228. **45** 785 292. **46** 814 285. **47** 774 629 (907 785 cartes délivrées). **50** 482 700. **52** 330 000. **54** 358 400. **61** 300 000. **69** 380 000. **70** 380 000. **78** 520 000. **84** 380 000. **85** 352 000. **86** 340 000. **87** 330 000. **88** 702 864 (dont actifs ayant un emploi 54 %). **96** 274 862. **98** 210 000. **2000** 210 000. CARACTÉRISTIQUES (en mars 2000) : *âge* (en %) : *- de 30 ans* : 11 ; *30-39 a.* : 19 ; *40-49 a.* : 27 ; *50-59 a.* : 19 ; *60-64 a.* : 7 ; *65 a. et +* : 17 ; *profession* (en %) : employés 33 ; ouvriers 31 ; prof. intermédiaires 20 ; cadres sup. 11 ; travailleurs indépendants.

☞ **Départs du PC : 1945** Jean-François Revel (membre pendant 3 jours) ; **49** Marguerite Duras, Jean Duvignaud ; **51** Edgar Morin ; **53** Pierre Seghers ; **56** Alain Besançon, Alphonse Boudard, Aimé Césaire, Jean-Pierre Chabrol, Charles Denner, Jacques Derogy, Dominique Desanti, François Furet, Max Gallo, Pierre Hervé, Lucien Israël, Annie Kriegel (1926-95), Emmanuel Le Roy Ladurie, François Maspero, André Salomon, Tim ; **57** André Glucksmann, Louis Mexandeau, Claude Morgan (1898-1980), Claude Roy, Roger Vailland ; **58** Jean Poperen, Maxime Rodinson ; **60** Maurice Agulhon, Pierre Georges ; **64** Michel-Antoine Burnier, Serge July, Roger Pannequin, Jorge Semprun ; **65** Claude Angeli, Roland Castro, Régis Debray, Bernard Kouchner, Alain Krivine, Henri Weber ; **67** Jean-François Kahn ; **68** Paul Thorez (fils de Maurice), Jean Chesneaux, Philippe Robrieux ; **69** René Dazy, Roger Garaudy, Madeleine Rebérioux ; **70** Victor Leduc, Charles Tillon (ancien chef des FTP, ancien ministre), Jean-Pierre Vernant ; **74** Pierre Daix ; **78** Jacques Frémontier, Guy Konopnicki, Robert Merle, Antoine Spire, René Zazzo ; **79** Pierre Li ; **80** Louis Althusser (1918-90, sans démissionner), Michel Cardoze (*l'Humanité*), Jean Elleinstein (6-8-1927, sans démissionner), François Hincker (*Révolution*), Jean Kéhayan, Gérard Molina, Hélène Parmelin, Édouard Pignon, Jean Rony (*France nouvelle*), Antoine Vitez ; **81** Michel Barak, Marcel Bluwal, Catherine Clément ; **82** Georges Labica, J.-L. Moynot ; **86** Michel Naudy ; **91**-*12-11* Claude Poperen ; **94**-*26-2* Anicet Le Pors (ancien ministre) ; **96**-*1-2* Marcel Trigou (ex-suppléant de G. Marchais) ; **97** : Philippe Herzog.

Organisation. *Conseil national* (271 membres dont 106 femmes). *Collège exécutif* (46 membres dont 23 femmes). **Objectifs.** Changer le monde, mettre un terme à toutes les formes de domination et d'exploitation, être l'expression des exigences de justice et d'égalité, de démocratie et de liberté, de fraternité et de paix. S'inspire des formes nouvelles du mouvement social, de la volonté des personnes d'être valorisées et de voir leurs besoins satisfaits (...). But : non pas de prendre le pouvoir, mais de permettre aux citoyens de l'exercer dans une citoyenneté de partage. Partage des richesses, des activités, de la culture, des savoirs, des pouvoirs, de l'initiative (...). Au nom d'un développement universel et planétaire, pour une société de citoyens libres, solidaires, associés, égaux, responsables, agit pour inverser les priorités caractérisant le capitalisme, c'est-à-dire pour utiliser les moyens de production et de création au service de l'humanité. Veut dépasser le capitalisme pour s'en libérer. S'appuie sur ce qui émerge, sur les révoltes, le désir de vivre autrement, les débats, les luttes, le suffrage universel. **Programme. Grandes orientations d'une politique nouvelle : 1°)** Une autre orientation de l'argent, pour donner priorité aux besoins des êtres humains, au progrès social et humain et non, comme depuis plus de 20 ans, à la rentabilité financière. **2°)** Un nouveau type de développement humain, à la française, avec ses traits originaux que sont le progrès social comme but et comme moyen, et le rôle moteur des services publics, des entreprises publiques. **3°)** Une sécurité d'emploi-formation pour toutes et tous, permettant le plein déploiement des immenses possibilités scientifiques et techniques de notre époque, la nouvelle conception du travail et des activités hors travail qu'elles autorisent. **4°)** Une France active pour une autre construction européenne, pour un monde de paix, de coopération, de codéveloppement. **5°)** Un nouvel âge de la démocratie. Il faut revivifier les acquis essentiels de la citoyenneté que sont l'intérêt général, l'égalité, la responsabilité (document adopté au 29e congrès). **Presse.** *Quotidiens* : l'Humanité (fondée 1904 par Jean Jaurès ; déficit 1998 : 17,4 millions de F), la Marseillaise, l'Écho du Centre. *Hebdomadaires* : l'Humanité-Hebdo, la Terre. *Mensuels* : Économie et Politique, Regards, l'Avant-Garde (MJC), Clarté (organe de l'UEC). *Imprimeries* : une dizaine dont Paris-Province-Impression. **Dirigeants.** *Secrétaire national depuis 1994* : **Robert Hue.**

☞ **Ont quitté le bureau en mai 1979 :** Guy Besse (25-11-1918), Jacques Chambaz (12-12-1923), Étienne Fajon (11-9-1906/4-12-1991), André Vieuguet (11-3-1917) ; **en février 1982 :** Georges Séguy (16-3-1927) ; **en décembre 1990 :** René Piquet (23-10-1932), Gaston Plissonnier (1913-95), Claude Poperen (22-1-1931), Madeleine Vincent (4-5-1920) ; **en janvier 1994 :** Charles Fiterman (28-12-1933), Henri Krasucki (2-9-1924), René Le Guen (1921), Anicet Le Pors (28-4-1931), Roland Leroy [(né 4-5-1926, St-Aubin-lès-Elbeuf, S.-M.). Père cheminot. Marié 3 fois, 2 enfants de son 1er mariage ; 3es noces 1983 avec Danièle Gayraud. CEP. Employé à la SNCF (1942-45/47). Secrétaire fédéral du PCF (1948-60), bureau politique (depuis 1964). Député de S.-M. (1956-58, 1967-81, 1986-88). Directeur de *l'Humanité* (1974-94). Conseiller municipal de St-Étienne-du-Rouvray. ŒUVRES : *Essais*], Louis Viannet (4-3-1933) ; **en décembre 1996 :** Antoine Casanova (4-6-1935), François Duteil (21-6-1944), Philippe Herzog (6-3-1941), Francette Lazard (7-1-1937), Georges Marchais (1920-97), Gisèle Moreau (30-6-1941).

Financement. Budget officiel du PCF (rapport de la CCFP pour 1999) : 305 millions de F (dont Conseil national 110, fédérations 195). *Recettes* (en %) : cotisations 15,96 ; contributions des élus nationaux 46,1 ; dons et souscriptions 24,85 ; financement public 13,08. **Occulte :** la loi interdit le financement d'un parti politique par des capitaux étrangers. Cependant, les archives saisies au siège du comité central du PCUS à Moscou, après la chute du régime communiste, auraient révélé que PCF et d'autres « partis frères » bénéficiaient d'une aide annuelle du Fonds de soutien aux organisations de travailleurs de la gauche créé par Staline en 1940. Le PCF aurait reçu, pendant dix ans, 2 millions de $ par an plus 1 million de $ en 1987 (pour l'élection présidentielle de 1988 ?). Selon le procureur général adjoint de Russie (déclaration 10-2-1992), le PCF aurait reçu en dix ans 24 millions de $ en liquide, par l'intermédiaire d'agents du KGB. Des quittances du PCF figureraient dans les archives du PCUS dont certaines signées par Gaston Plissonnier ou Maxime Gremetz. Une autre partie de cet argent, venant du compte no 1 de Vnechekonombank, transitait par la Banque du Commerce extérieur à Paris. Les dirigeants du PCF ont démenti ces allégations.

Nota. – Le député (ou sénateur) communiste ne perçoit que le quart de son indemnité parlementaire et verse le reste à la trésorerie du Parti, qui prend alors à sa charge ses frais professionnels.

Contestation. Reconstructeurs : toujours membres du PC mais ne siègent plus dans les instances. *Janvier 1987* Claude Poperen démissionne du bureau politique. *Fin 1987* Marcel Rigout se retire du comité central dont Félix Damette est écarté. *Structures* : collectif Arias, journal, mouvement d'élus, animé notamment par Gaston Viens (maire d'Orly). **Rénovateurs :** *fin 1987* exclusion de Pierre Juquin après l'annonce de sa candidature à l'élection présidentielle. Son échec a entraîné l'éclatement des « comités Juquin ». Claude Labrès, fondateur du Mouvement des rénovateurs communistes (MRC), s'est rapproché du PS en créant le Forum progressiste. Le MRC, maintenu par Gilbert Wasserman et Louis Aminot, entretient des relations avec les « Reconstructeurs ».

Élus. Députés : *nov. 1946* : 166 ; *mars 1978* : 86 ; *juin 1981* : 44 ; *mars 1986* : 35 ; *juin 1988* : 26 ; *mars 1993* : 23 [(dont enseignants 9, techniciens 4, ouvriers 4, employés 5, politique permanent 1). *Meilleur % en 1993* : Réunion 25,95 (*1986* : 29,37 ; *88* : 37,19 ; *92* : 17,94) ; Allier 24,68. *% en région parisienne* : S.-St-D. 9,98, V.-de-M. 15,99, Hts-de-S. 10,32, V.-d'O. 10,14, Essonne 9,52, S.-et-M. 7,75, Yvelines 6,13, Paris 5,30] ; *juin 1997* : 36. **Députés au Parlement européen :** 7 (élus 12-6-1994). **Sénateurs :** 16. **Conseillers :** *régionaux* 153, *généraux* 275, *municipaux* 21 350. **Pts de conseil général :** 2 (Seine-St-Denis, V.-de-M.). **Maires :** *1978* : 1 481 ; *83* : 1 464 ; *89* : 1 120 (dont 46 villes de plus de 30 000 h.) et le *9-9* 115 villes de plus de 9 000 h. sur 961. *2001* : 747 (dont 26 villes de plus de 30 000 h.).

☞ **Fête de « l'Humanité ». 1930** *(sept.)* fête de soutien aux congés payés des *comités de défense de « l'Humanité »* (créés 1929 contre Tardieu) à l'initiative des « organisations révolutionnaires » de la région parisienne. **1931** reprise par *l'Humanité*. **1932** 1re fête officielle.

■ **Courant communiste internationaliste (CCI).** 87, rue du Fg-St-Denis, 75010 Paris. Section française de la IVe Internationale (créée 1938 par Trotski) créée février-mars 1944 par des militants et des groupes trotskistes dispersés pendant la guerre. *9/10-5-1992* (36e congrès) : devient un courant du **Parti des Travailleurs** (voir p. 783 c). **Principal dirigeant :** Pierre Lambert (P. Boussel). A la présidentielle de mai 1981, a prôné une candidature unique PS-PCF dès le 1er tour, puis a appelé à voter pour Mitterrand dès le 1er tour. Aux municipales de mars 1983, a présenté 200 « listes ouvrières d'unité ». A la présidentielle de mai-juin 1988, Boussel a obtenu 0,38 % des voix au 1er tour et prôné l'abstention au 2e. **Adhérents :** 8 000. **Publication :** *la Vérité.*

■ **Parti communiste révolutionnaire marxiste-léniniste (PCRML). Fondé** 1974. Maoïste, longtemps hostile au PCMLF clandestin dont il était partiellement issu. **Secr. général :** Max Cluzot. **Jeunesse :** Union communiste de la jeunesse révolutionnaire **Militants :** 2 500. **Publications :** *Quotidien du Peuple* (10 000 ex.).

■ **Parti démocrate français (PDF). Fondé** juin 1982 par des membres venus du MRG et de formations sociales-démocrates dont Guy Gennesseaux (ancien secr. nat. du MRG). A signé le 17-6-1985 avec le parti libéral un accord : créer le Rassemblement libéral et démocrate, coprésidé par Gennesseaux et Serge Dassault (né 4-4-1925). A signé la plate-forme de gouvernement RPR-UDF le 16-2-1986. Depuis mai 1989, PDF. **Pt :** Guy Gennesseaux. **Adhérents :** 8 000. **Publication :** *le Journal des démocrates* (mensuel, 8 000 ex.).

■ **Parti fédéraliste.** 15, place St-Pierre, 25000 Besançon. **Fondé** 1996. **Pt :** Jean-Philippe Allenbach. 18 listes aux régionales de mars 1998 et 1 liste européenne depuis 1998. **Adhérents :** 2 500.

■ **Parti des forces nationalistes (nouvelles).** « Forces vives », BP 547, 13092 Aix-en-Provence cedex 02. **Fondé** 11-11-1974. Parmi les fondateurs, Pascal Gauchon (né 24-3-1950 ; normalien) et Alain Robert (né 9-10-1945) [ancien secr. général d'Ordre nouveau (dissous 27-6-1973 par le gouvernement) et du Front national]. **Programme :** direction collégiale, élections à la proportionnelle, protection des cultures régionales dans une Europe politique, cogestion, contrôle et arrêt des flux migratoires. En avril 1978 avec le MSI (Italie) et Fuerza Nueva (Espagne), fonde l'**Eurodroite.** Obtient 1,31 % des voix aux européennes de 1979. Le Rassemblement national grec (5 députés en 1977) et les Forces nouvelles belges y adhèrent en nov. 1978. 1989 groupe « Natropes » inspiré par le Grece : dissidents PFN. **Adhérents :** *1974-76* : 3 000 ; *76-77* : 5 000 ; *77-78* : 11 000 ; *78-79* : 23 000 ; *87* : 400 ; *94* : 600.

■ **Parti de la loi naturelle (PLN).** 19, rue des Écoles, 95680 Montlignon. **Fondé** 8-6-1992. Présent dans plus de 80 pays (1er : G.-B. créé 15-3-1992) fédérés dans un conseil international (siège en Allemagne). **Programme :** politique fondée sur la loi naturelle au moyen de méthodes vérifiées par plus de 500 recherches scientifiques. **Pt :** Benoît Frappé. **Secrétaire général :** Gérard Laporte. **Adhérents et sympathisants :** 1 000.

■ **Parti national républicain.** 20, rue de la Fédération, 75015 Paris. **Fondé** oct. 1995. Suite de l'Alliance populaire *créée* 1992. **Objectif :** incarner une droite nationale moderne. Défend l'indépendance nationale, est opposé à Maastricht. **Pt :** Jean-François Touzé (44 ans). **Publication :** *L'Alliance populaire.*

■ **Parti nationaliste français (PNF). Créé** déc. 1983 (officiellement mai 1984) par Pierre Bousquet (1919-91, ancien Waffen SS) et Pierre Pauty, militants néonazis issus du FN. D'oct. 1990 à mars 1991, a accueilli les JNR skinheads (voir encadré p. 787 c).

■ **Parti nationaliste français et européen (PNFE). Créé** 4-4-1987 par Claude Cornilleau (Pt). Entretient des relations avec des mouvements néonazis étrangers. Mis en cause en 1989 pour attentats contre des foyers Sonacotra en 1988 (non-lieu pour les dirigeants ; 3 membres condamnés de 8 à 18 ans de réclusion criminelle).

■ **Parti populaire pour la démocratie française.** 250, bd St-Germain, 75007 Paris. **Fondé** 1-7-1995 par Valéry Giscard d'Estaing (né 2-2-1926). Transformation des Clubs Perspectives et réalités *fondés* mai 1965 en mouvement politique. **Pt :** Hervé de Charette (né 30-7-1938).

■ **Parti radical de gauche.** 13, rue Duroc, 75007 Paris. **Fondé** août 1996. **Origine :** *1972*-4-10 scission du Parti radical ; création du Mouvement de la gauche radicale-socialiste ; *1981* et *1988* soutient Mitterrand aux présidentielles ; *1993*-février accepte l'adhésion de Bernard Tapie, de ses amis d'Énergie Sud et d'une vingtaine d'associations ; *1994*-5-11 devient Radical ; *1996*-6-8 devient Parti radical socialiste. **Pts : 1972 Robert Fabre** [(né 21-12-1915, Villefranche-de-Rouergue, Aveyron). Pharmacien. Maire de Villefranche-de-Rouergue (1953-83). Député de l'Aveyron (1962-80). Médiateur (1980-86). Membre du Conseil constitutionnel (1986-95)] ; *1972*-juillet signe le Programme commun de la gauche ; *1973*-2-12 MRG : devient le Mouvement des radicaux de gauche. **1978 Michel Crépeau** [30-10-1930, Fontenay-le-Comte, Vendée/30-3-1999 ; père : inspecteur de l'enseignement primaire ; avocat (depuis 1955) ; maire de La Rochelle (depuis 1971) ; conseiller général (1967-85). Député de Ch.-M. (1973-81, 1986-93, depuis juin 1997) ; ministre de l'Environnement (1981-83) ; du Commerce, Artisanat et Tourisme (1984-86) ; de la Justice (1986-19-2/16-3) ; candidat à la présidence de la Rép. (1981 : 1er tour : 2,21 % des voix) Pt du MRG]. **1992**-15-5 **Jean-François Hory** (né 15-5-1949). *1998*-13-1 change de nom à la suite d'une plainte du Parti radical valoisien (jugement de la cour d'appel de Paris le 26-3-1996). **Instances nationales :** élues tous les 2 ans (depuis 2000, 50 % de femmes). **1996**-27-1 **Pt :** Jean-Michel Baylet (né 17-11-1946, Toulouse) élu 27-1-1996, réélu janv. 1998 et mars 2000. **Vice-Pts :** Thierry Braillard, Claudette Brunet-Lachenault, Bernard Castagnède, Gérard Charasse, Gérard Delfau, Joelle Dusseau, Colette Huvenne, Thierry Jeantet, Catherine Lalumière, Marie-Louise Padovani, Chantal Robin Rodrigo, Alain Tourret. **Secr. général :** Élisabeth Boyer. *1994*-juin : *européennes,* liste Bernard Tapie (12,1 % des suffrages et 13 élus). **Au gouvernement** (1-4-2000) : 2 membres. **Députés :** 12 et 2 députés européens, **sénateurs :** 4, **élus locaux :** 10 000. **Adhérents :** 25 000. **Publications :** *Radical* (semestriel). *Radical le Bulletin* (hebdomadaire).

■ **Parti républicain (PR).** Voir **Démocratie libérale** p. 776 b.

■ **Parti républicain radical et radical-socialiste,** dit **Parti radical.** 1, place de Valois, 75001 Paris. **Histoire :** *1901*-21/23-6 fondation (est aujourd'hui le plus ancien parti de France). Parti de notables, rôle prépondérant notamment de 1906 à 1912. *Adhérents* : 200 000 ; accueille un « radicalisme d'affaires », groupements commerciaux (« comité Mascuraud »), milieux liés au négoce colonial. Les liens pouvant exister avec les loges maçonniques relèvent de la communauté de pensée. **1919** rendu responsable des difficultés de la guerre, perd des voix aux élections. *Pts : 1919* : Édouard Herriot (1872-1957) ; *1927* : Édouard Daladier (1884-1970). *Autres personnalités marquantes* : Combes, Clemenceau, Joseph Caillaux, Camille Pelletan,

Camille Chautemps, les frères Sarraut, Georges Bonnet, Yvon Delbos, Jules Jeanneney. **1940-44** beaucoup de ses dirigeants participent à la Résistance et sont déportés ou assassinés, tels Jean Zay et Jean Moulin. **Après 1944** bien qu'affaibli, il est associé aux différents gouvernements et fournit des Pts du Conseil (André Marie, Henri Queuille, Edgar Faure, René Mayer, Maurice Bourgès-Maunoury, Pierre Mendès France, Félix Gaillard). **1955**-*mai* Mendès France ne jouant pas dans le gouvernement Guy Mollet le rôle espéré démissionne. **1956**-*2-1 législatives :* obtient 10 % des voix ; *-oct.* l'aile droite en désaccord avec Mendès France sur l'Algérie, fait sécession et fonde le **Centre républicain. 1957**-*mai* les radicaux refusent de voter la défiance à Guy Mollet ; Mendès France quitte ses fonctions. **1958**-*mai* la majorité approuve le retour de De Gaulle, les mendésistes s'y opposent et créent, avec d'autres parlementaires du centre gauche (dont Mitterrand), l'**Union des forces démocratiques ;** *-nov. législatives :* 13 élus, ne peuvent constituer un groupe parlementaire. **Ve République : 1959**-*début* Mendès France et nombre de ses amis exclus ; le parti recherche des alliances électorales. **1962** opposé à l'élection du Pt de la Rép. au suffrage universel. **1963-65** participe avec Maurice Faure au projet de la « Grande Fédération ». **1965** *présidentielle :* soutient Mitterrand et participe à la FGDS. **1967** 23 députés. **1969** renouvellement sous la responsabilité de Maurice Faure et Jean-Jacques Servan-Schreiber (voir ci-dessous), qui publie un manifeste (*Ciel et Terre*). **1970**-*févr. congrès de Wagram :* J.-J. S.-S., devenu secr. général, suscite l'intérêt avec le « Manifeste radical » ; *-déc.* il approfondit son programme avec le *Pouvoir régional* (manifeste municipal). **1971**-*oct. congrès de Suresnes :* il est élu Pt du Parti avec 69 % des voix ; *-3-11 accords de St-Germain-en-Laye :* Centre démocrate, Centre républicain et parti social-démocrate fusionnent dans : « le Mouvement des réformateurs » puis « réformateur » en sept. 1972. **1972**-*26-6* une minorité, avec Robert Fabre, signe un accord électoral avec le PS ; suspendue, elle forme un « Groupe d'études et d'action radicales-socialistes » qui devient le « Mouvement de la gauche radicale-socialiste » (devenu janv. 1973 « Mouvement des radicaux de gauche ») ; *-déc.* J.-J. S.-S. propose avec les réformateurs un programme inspiré du Manifeste radical. **1973**-*mars législatives :* investit ou soutient un réformateur dans toutes les circonscriptions ; *-juillet* « Mouvement des réformateurs » dissous ; *-nov. congrès de Wagram :* J.-J. S.-S. réélu Pt du parti. **1974** *présidentielle :* soutient Giscard d'Estaing et obtient 2 postes de ministres dans le gouvernement Chirac (Gabriel Péronnet, secr. d'État à l'Environnement puis à la Fonction publique, et J.-J. S.-S., min. des Réformes, démis 9-6-1974 pour avoir manqué à la solidarité gouvernementale à propos du problème nucléaire). **1975**-*janv. congrès de Bagnolet :* Françoise Giroud, secr. d'État à la Condition féminine, adhère ; *-juin* le Parti prend part à la *Fédération des réformateurs ; -juillet* J.-J. S.-S. abandonne la présidence (intérim de *Péronnet*). Michel Durafour (min. du Travail) et André Rossi (porte-parole du Gouvernement) adhèrent ; *-août* entrée de certains membres au gouvernement ; *-nov. congrès de Lyon : Péronnet* élu Pt. **1977**-*juin* Centre républicain (créé 1955) et *juillet* Mouvement des sociaux-libéraux (créé par Olivier Stirn) rejoignent le parti. **1978**-*1-2* s'associe au Parti républicain et au CDS au sein de l'UDF ; *-nov. congrès de Versailles.* **1979**-*oct. de Paris : Didier Bariani* devient Pt. **1980**-*oct.* élabore *« 7 priorités pour un septennat différent ».* **1981**-*juin législatives :* recul. ; *-nov. Bariani* réélu Pt. **1983**-*mars municipales* participation aux listes d'Union de l'opposition ; *-nov. André Rossinot* élu Pt ; 3 élus. **1986**-*mars législatives :* au sein de l'UDF regagne des sièges ; participe au gouvernement Chirac [Rossinot, chargé des Relations avec le Parlement, Bariani, secr. d'État auprès du min. des Aff. étr. ; *-août* Yves Galland (né 8-3-1941), min. délégué chargé des Collectivités locales]. **1988**-*11-11 Galland* élu Pt. **1989** *municipales et européennes :* participation aux États d'union de l'opposition républicaine. **1990**-*2-12* Galland réélu. **1994**-*23-1 Rossinot* élu Pt (de mai 1993 à mai 95 min. de la Fonction publique) ; **1995**-*mai* Galland min. de l'Industrie, puis des Finances et du Commerce extérieur ; *-18-11* UDF *République et Rénovation* créée avec les adhérents directs de l'UDF.

Organisation. *Bureau national (1999-2000).* **Pt :** Jean-François Loos. *Secr. générale :* Arlette Fructus. *1er vice-Pt :* Aymeri De Montesquiou. *Vice-Pts :* Stéphane Beaumont, Jean-Thomas Nordmann, Armand Hennon, Pierre Cueille, Claire Francfort, Guy Pierre Cabanel, Jacqueline Nebout, Xavier de Roux, Manuel Diaz. *Publications :* BIRS (Bulletin d'information radicale socialiste), le Radical (trimestriel). *Effectifs :* 10 000.

Élus. *Sénateurs :* 11. *Députés :* 13 (*en 1981 :* 2 ; *86 :* 6 ; *88 :* 3). *Député européen :* 1.

Servan-Schreiber, Jean-Jacques (Paris, 13-2-1924). Père Émile (1888-1967 journaliste). Frère de Brigitte Gros (1925-85), Christiane Collange (née 29-10-1930, ép. en 2des noces de Jean Ferniot), Jean-Louis (né 31-10-1937). Cousin de Jean-Claude (11-4-1918, fils de Robert, fondateur des *Échos*). Marié 1res noces Madeleine Chapsal (née 1-9-1925), divorcé ; 2e Sabine Becq de Fouquières (4 fils). Polytechnique. Rédacteur politique au *Monde* (1948-53). Fondateur (avec F. Giroud en 1953) et directeur de *l'Express* (1953-70). P.-D.G. du groupe Express (1968-77). Secrétaire général (1969) puis Pt du *parti radical-socialiste* (1971-79). Pt du conseil régional de la Lorraine (1976-78). Député de M.-et-M. (28-6-1970, partielle : 55 % des voix) ; se présente à Bordeaux contre Chaban-Delmas. Réélu député de M.-et-M. (11-3-1973 et 19-3-1978, invalidé 28-6 et non réélu 24-9). Fondateur avec Lecanuet du Mouvement réformateur (1972). Ministre des Réformes (28-5/9-6-1974). Chargé de mission par le Pt de la Rép. (févr. 1977, démissionne 28-4). *Pt* du Centre mondial pour l'informatique (1982-85). ŒUVRES (voir à l'Index).

■ **Parti socialiste.** 10, rue de Solferino, 75333 Paris Cedex 07. **Histoire : 1879**-*20/29-10* Fédération du parti des travailleurs socialistes de France créée. **1900** 6 fractions socialistes : *1°) Parti ouvrier français* [marxistes : Jules Guesde (Mathieu Bazile, 1845-1922), Paul Lafargue (1842-1911, gendre de Karl Marx)]. *2°) Parti socialiste révolutionnaire* [blanquistes : Édouard Vaillant (1840-1915), Marcel Sembat (1862-1922)]. *3°) Fédération des travailleurs socialistes* [possibilistes : Paul Brousse (1844-1912)]. *4°) Parti ouvrier socialiste révolutionnaire* [ouvriéristes : Jean Allemane (1843-1935) ancien communard]. *5°) Alliance communiste* (Arthur Groussin, Dejeante). *6°) Indépendants* [Jean Jaurès (3-9-1859/31-7-1914), René Viviani (1863-1925), Alexandre Millerand (1859-1943), Aristide Briand (1862-1932)]. **1901** fusion des fractions. 2 partis : *Parti socialiste français* (indépendants, allemanistes, possibilistes ; chef Jean Jaurès) ; *Parti socialiste de France* (marxistes, blanquistes, Alliance communiste ; chef : Jules Guesde). **1905**-*23/25-4* SFIO (Section française de l'Internationale ouvrière) créée. **1914**-*31-7* Jean Jaurès assassiné (voir p. 677 c). **1914-18** 3 courants : *majoritaires :* partisans de l'union sacrée (avec Guesde) ; *minoritaires* (avec Longuet) votent les crédits de guerre avec les majoritaires, mais veulent renouer avec la minorité pacifiste de la sociale-démocratie allemande pour une paix sans annexions ; *zimmerwaldiens* (avec Blanc, Brozon et Raffin-Dugens) votent contre les crédits de guerre à partir d'avril 1916 (conférence de Kienthal), condamnant la « guerre impérialiste » et la « collaboration de classe », mais sans prôner le défaitisme révolutionnaire (comme les bolcheviks). **A partir de 1917** rassemblement centriste autour du longuettisme : répudiation de l'union sacrée (la SFIO ne participe plus au gouvernement depuis sept. 1917, mais les députés votent toujours les crédits de guerre), prône une force internationale de paix et d'arbitrage autour des socialistes (accueil enthousiaste des « 14 points » de Wilson). **1920**-*déc. congrès de Tours :* scission, la majorité (environ 3/4 des membres) fonde le PCF. **1924** la SFIO, reconstruite par Paul Faure et Léon Blum, s'allie aux radicaux sur le plan électoral et redevient un grand parti parlementaire. **1933**-*5-11* scission au congrès national : départ d'Adrien Marquet et de Renaudel, création du Parti socialiste de France. **1936** alliée aux communistes et aux radicaux, la SFIO devient le 1er plus grand parti de France (250 000 membres) ; *-6-6* 1er gouvernement à direction socialiste (Léon Blum). **1938**-*juin* scission de la gauche révolutionnaire. **1939**-*mai* Nantes, congrès : rupture Blum/Faure sur Munich et la guerre. **1941**-*30-3* Comité d'action socialiste regroupant des socialistes résistants. **1943**-*mars* SFIO reconstituée ; représentée dans le Centre national de la Résistance. **1946** *du 29-8 au 1-9* 38e congrès : défaite de Daniel Mayer, proche de Léon Blum.

1946 Guy Mollet secr. général. **1956**-*2-1 législatives :* succès du *Front républicain* (formé en 1956 des partis de gauche et du centre autour de Mendès France) ; le 2-1-1955, Jean-Jacques Servan-Schreiber en avait imaginé la formule réunissant parti radical et SFIO. 28 % des suffrages exprimés et entre 160 et 170 élus ; *-26-1* Guy Mollet Pt du conseil avec Mendès France ministre d'État (Mendès ayant fait échouer la Communauté européenne de Défense, Mollet n'a pu lui confier les Affaires étrangères) ; *-23-5* Mendès France démissionne, le Front républicain n'est plus qu'une formule. Le gouvernement rappelle le contingent et déclenche l'opération de Suez. **1957** André Philip exclu (a publié en 1956 le *Socialisme trahi*). **1958** *du 11 au 14-9 Issy-les-Moulineaux, congrès :* approuve projet de constitution de la Ve République (scission du PSA). Guy Mollet se rallie à de Gaulle et entre dans son gouvernement. *Législatives :* la SFIO maintient son % en voix (mais n'a plus que 44 députés au lieu de 95 à cause du nouveau mode de scrutin). Peu après, les ministres socialistes quittent le gouvernement. Les socialistes entrent dans l'opposition pour 22 ans. **1965**-*juin congrès de Clichy :* Mollet et Defferre s'opposent ; la création d'une *Fédération démocrate socialiste* ouverte notamment vers radicaux et MRP échoue ; *-10-9 Fédération de la gauche démocrate et socialiste (*FGDS*)* regroupe SFIO, radicaux et clubs [dont **Club Jean Moulin**, *créé* mai 1958 qui rassemble d'anciens résistants (Daniel Cordier, secr. de Jean Moulin ; Stéphane Hessel, diplomate proche de Mendès France) opposés à de Gaulle ; *été 1958* dénonce l'usage de la torture en Algérie, en appelle à une politique libérale à l'égard des « peuples d'outre-mer ». *1965 présidentielle :* soutient la candidature de M. « X » (Gaston Defferre) puis celle de Mitterrand. *1966-févr.* adhère à la FGDS. *1968* redevient société de pensée. *1969* Jacques Chaban-Delmas a pour conseillers des proches ou des membres du club (Jacques Delors, Simon Nora – « la nouvelle société »). *1970* disparaît (manque d'adhérents actifs)]. **1968**-*28-5* Mitterrand, Pt de la FGDS, se déclare candidat à la présidence de la République ; *-juin législatives :* échec de la FGDS (57 députés pour 118 sortants) ; Mitterrand est tenu pour responsable ; *-7-11* Mitterrand démissionne (FGDS disparaît, les radicaux répugnent, surtout après l'invasion de la Tchécoslovaquie, à côtoyer les communistes et refusent de se fondre dans une formation socialiste). **1969**-*4-5 congrès d'Alfortville :* création du PS ; *-1-6 présidentielle :* Defferre battu (5,01 %) malgré une campagne menée avec Mendès France ; *du 11 au 13-7 congrès d'Issy-les-Moulineaux :* le PS succède à la SFIO, Alain Savary 1er secrétaire. **1971** *du 11 au 13-6 congrès d'Épinay :* victoire de Mitterrand (43 926 mandats) allié au Ceres (Chevènement), aux Fédérations du Nord (Mauroy) et des B.-du-Rh. (Defferre). Savary (41 527 mandats), allié à Mollet et à Jean Poperen ; nouvelle structure, rassemblant adhérents du PS, de la Convention des institutions républicaines (Mitterrand) et 3 813 nouveaux adhérents.

1971-*16-6* **Mitterrand,** seul candidat, élu 1er secrétaire par 43 voix (36 votes blancs), Mauroy 2e secr. (42 voix contre 35 à Poperen). **1972**-*11-3 convention nationale de Suresnes ;* programme : changer la vie du PS ; *-27-6* signature du *Programme commun de gouvernement* avec le PCF ; *-9-7* approuvé à l'unanimité moins 2 voix. **1973** *du 22 au 24-6 congrès de Grenoble :* la coalition Mitterrand/Mauroy/Defferre (rejointe par Savary, qui rompt son alliance avec Mollet) passe de 44 à 65 %, le Ceres de 8,5 à 21 % ; Poperen de 12 à 5,5 % et Mollet de 33 à 8 %. Avant la synthèse, Poperen se rallie : Mitterrand 92 %, Mollet 8 % ; *-27-6* Mitterrand réélu 1er secr. à l'unanimité (moins 7 abstentions). **1974**-*mai présidentielle :* Mitterrand battu (1er tour : 43,24 % des voix ; 2e : 49,19) ; *-12-10* assises du socialisme : une partie du PSU (PS unifié), avec Rocard, se rallie. Adhésions individuelles (dont J. Delors). **1975** *du 31-1 au 2-2 congrès de Pau :* motion Mitterrand-Mauroy (propose de rendre au PS une certaine autonomie dans l'union de la gauche) 68 %, Ceres 25,4 %, pas de synthèse, le Ceres devient la minorité. **1977** *du 17 au 19-6 congrès de Nantes :* Mitterrand 75,8 % des mandats, Chevènement 24,21 %, pas de synthèse ; *-22-9* rupture avec PC sur la renégociation du Programme commun. **1978**-*19-3 législatives :* la droite reste majoritaire. **1979** *du 6 au 8-4 congrès de Metz* avec A (Mitterrand 47 %), B (Mauroy 17 %), C (Rocard 21 %) et E (Chevènement 15 %). A et E forment une nouvelle majorité autour de la ligne « Regarder devant soi et tenir bon ». **1980**-*13-1 convention nationale d'Alfortville :* adoption du projet socialiste. **1981**-*janv. congrès extraordinaire de Créteil :* Mitterrand désigné comme candidat et **Lionel Jospin** (né 12-7-1937) confirmé 1er secr. ; *-mai* Mitterrand élu Pt de la Rép. ; *législatives : 23 au 25-10 congrès de Valence :* motion unanime autour de Jospin et du courant Mitterrand (désormais estimé à 50 % ; baisse des rocardiens). Paul Quilès ne veut pas que le gouv. se contente d'annoncer que « des têtes vont tomber » dans l'Administration et les entreprises nationalisables, mais demande qu'il dise « lesquelles et rapidement ». Jospin réélu 1er secr. à l'unanimité. **1983**-*mars municipales :* recul du PS ; *du 28 au 30-10 congrès de Bourg-en-Bresse* et synthèse (à 9 h du matin, après 11 h de discussions) entre 3 courants : Jospin/Mauroy/Rocard 78 % des mandats, Ceres (Chevènement) moins de 18 %, Lienemann/Richard moins de 5 % ; Jospin réélu 1er secr. à l'unanimité. **1985** *du 11 au 13-10 congrès de Toulouse ;* motion 1 : Jospin/Mauroy/Chevènement 71,49 % des mandats ; motion 2 : Rocard 28,51. Pas de synthèse, Jospin réélu 1er secr. par acclamation. **1986**-*16-3 législatives :* victoire de la droite, Chirac 1er ministre. **1987** *du 3 au 5-4 congrès de Lille :* motion unique adoptée par 98,43 %, abstentions 1,29 %, contre 0,07 %. Synthèse avant congrès. Jospin veut rénover la direction ; Poperen quitte le secrétariat national, Rocard refuse d'y entrer, le PS sera dirigé par 2 anciens 1ers ministres (Mauroy et Fabius) et 7 anciens ministres, Jospin réélu. **1988**-*8-5* Mitterrand réélu Pt de la Rép.

1988-*16-5* **Pierre Mauroy** élu 1er secrétaire ; *-24-5/5-6 législatives :* succès de la gauche mais le PS n'a plus la majorité absolue. **1990** *du 16 au 21-3 congrès de Rennes :* courant Mauroy/Mermaz/Jospin 28,9 % des mandats, Fabius 26,4, Rocard 24, Poperen 7,2, Socialisme et république 8,5 % ; accord sur un texte commun le 21-3 après 12 h de discussions (« rassembler à gauche ») ; *-21-3* Mauroy réélu 1er secr. à l'unanimité. **1991** *du 13 au 15-12 congrès de La Défense :* abandon de la vieille doctrine 81 %, amendement Chevènement 12 %, J. Dray 6 %, moins de 50 % des adhérents ont voté. **1992**-*7-1* Mauroy démissionne.

1992 Laurent Fabius (voir p. 711 a). 1er secrétaire ; *-10-7 congrès de Bordeaux :* après la défaite aux régionales et cantonales, Bérégovoy remplace Édith Cresson comme 1er ministre ; Rocard candidat « naturel » à la présidentielle. **1993**-*17-2* discours de Montlouis-sur-Loire : Rocard demande un *big-bang* politique à gauche et la constitution d'un mouvement allant jusqu'aux centristes, écologistes et communistes critiques ; *-28-3 législatives :* succès du RPR et de l'UDF ; *-6-4* Rocard Pt provisoire du PS ; *-1-5* Bérégovoy se suicide ; *-2/4-7 États généraux à Lyon ; du 22 au 24-11 congrès du Bourget :* motion Rocard, Fabius, Jospin, Mauroy 87,27 %, Poperen 11,1 %, Dumas, Mermaz 6,6 %, **Michel Rocard** 1er secrétaire.

1994-*19-6* **Henri Emmanuelli** [né aux Eaux-Bonnes, Pyr.-Atl., 31-5-1945, père électricien. Diplômé Sciences po., directeur à la Cie financière de banque. Député des Landes 12-3-1978, réélu 14-6-1981. Cède son siège 1986-93, 1993-97, réélu au 2e tour ; 6-2-2000 élection validée par le Conseil constitutionnel malgré le recours de son adversaire (en 1996 la cour d'appel de Rennes l'avait condamné à 2 ans d'inégilibilité pour trafic d'influence, complicité de faux et usage de faux). Pt du conseil général des Landes (1982-98). Secr. d'État chargé des DOM-TOM (1981-83), du Budget (1983-84), de la Consommation (1984-86). Pt de l'Ass. Nationale (1992-93). Conseiller régional d'Aquitaine (1986-88)]. 1er secrétaire ; *-Nov. congrès de Liévin :* motion Emmanuelli, Fabius, Poperen, Mauroy, Jospin, Rocard 92,1 %. **1995**-*23-4 présidentielle :* 1er tour Jospin 23,3 %, 2e tour 47,36 % (battu) ; *-11* et *18-6 municipales :* 7,26 % des voix (1er tour), 29 604 conseillers élus.

1994-*14-10* **Lionel Jospin** (voir p. 713 b) 1er secrétaire. **1996**-*30 et 31-3 convention nationale de l'Haÿ-les-Roses* sur l'Europe ; texte : « Mondialisation, Europe, France » : sur 103 111 inscrits, 47 783 militants du PS (46,34 %) ont voté : 44 543 voix pour (93,22 %), 907 contre et 2 333 abstentions. *Amendement de « substitution » de la gauche socialiste :* 18 148voix pour (40,74 %), 16 877 contre et 8 497 abstentions. **1997** *du 2 au 23-11 congrès de Brest :* motion 1 : Hollande 84,07 % ; motion 2 : Mutin (popereniste) 5,43 ; motion 3 : Mélenchon (« gauche socialiste ») 10,2.

1997-*23-11* **François Hollande** [Rouen, 12-8-1954, père médecin. Diplômé HEC, IEP, Ena. Cour des comptes. Député de Corrèze (1988-93) réélu 1-6-1997. Député européen 13-6-1999].

■ **Organisation (congrès de Grenoble, nov. 2000). Secrétariat national :** *1er secrétaire* François Hollande (né 12-8-1954). *Secrétaires* (25) : Sylvie Andrieux (née 15-12-1961), Jean-Pierre Bel (né 30-12-1951), Alain Bergounioux (né 23-10-1950), Frédérique Bredin (née 2-11-1956), Jean-Christophe Cambadélis (né 14-8-1951), Alain Claeyes (né 25-8-1948), Laurence Dumont (née 2-6-1958), Georges Garot (né 7-4-1936), Jean Glavany (né 14-5-1949), Géraud Guibert (né 19-1-1956), Pierre Guidoni (né 3-10-1941), Sylvie Guillaume (née 11-6-1962), Adeline Hazan (née 1-1-1956), Cécile Helle (née 8-5-1969), Henri Nallet (né 6-1-1939), Vincent Peillon (né 7-7-1960), Daniel Percheron (né 31-8-1942), Jean-Claude Perez (né 31-3-1964), François Rebsamenn (né 25-6-1951), Bernard Roman (né 15-7-1952), Michèle Sabban (née 28-6-1954), Michel Sapin (né 9-4-1952), Jean-Pierre Sueur (né 28-2-1947), Marisol Touraine (née 7-7-1959), Henri Weber (né 23-6-1944). **Bureau exécutif :** secrétaires plus Annick Aguirre (née 3-1-1946), Claude Bartolone (né 29-7-1951), Yves Colmou (né 9-5-1955), Danièle Darras (née 22-12-1943), Bertrand Delanoë (né 30-5-1950), Harlem Désir (né 25-11-1959), Marc Dolez (né 21-10-1952), Henri Emmanuelli (né 31-5-1945), Raymond Forni (né 20-5-1941), Georges Frêche (né 9-7-1938), Didier Guillaume (né 11-5-1959), Catherine Guy-Quint (née 1-9-1949), Serge Janquin (né 5-8-1943), Jean-Marie Le Guen (né 3-1-1953), Pascale Leneouannic (née 8-11-1964), Marie-Noëlle Lienemann (née 12-7-1951), Alain Le Vern (né 8-5-1948), Didier Mathus (né 25-5-1952), Pierre Maurois (né 5-7-1928), Jean-Luc Mélenchon (né 10-8-1951), Louis Mermaz (né 20-8-1931), Élisabeth Mitterrand (née 3-5-1949), Marie-Thérèse Mutin (née 17-11-1939), Véronique Neiertz (née 6-11-1951), Paul Quilès (né 27-1-1942), Laurence Rossignol (née 22-12-1957), Catherine Tasca (née 13-12-1941), Pascal Terrasse (né 26-10-1964), Manuel Valls (né 13-8-1962), Michel Vauzelle (né 15-8-1944), Alain Vidaliès (né 17-3-1951).

Déclaration de principe. Objectif : émergence, par la voie démocratique, d'une société qui réponde aux aspirations fondamentales de la personne humaine telles que les ont définies des siècles de lutte pour le progrès et que les expriment aujourd'hui tous les peuples : liberté, égalité, dignité et émancipation des hommes et des femmes, bien-être, responsabilité et solidarité. Parti de rassemblement, il met le réformisme au service des espérances révolutionnaires. Est favorable à une Sté d'économie mixte qui, sans méconnaître les règles du marché, fournisse à la puissance publique et aux acteurs sociaux les moyens de réaliser des objectifs conformes à l'intérêt général. Démocratique, il fonde son action et son projet sur le respect des droits de l'homme et du citoyen dans le cadre d'un État de droit reposant sur le suffrage universel et le pluralisme. Il est fermement attaché à la liberté de conscience et à la laïcité de l'État et de l'École. **Adhérents** (en milliers). **1914 :** 72. **37 :** 280. **44 :** 100. **45 :** 335,7. **46 :** 354,8. **50 :** 140,2. **54 :** 105,2. **58 :** 115. **68 :** 81. **70 :** 70,3. **71 :** congrès d'Épinay (du 11 au 13-6) : 74 (dont 60,8 socialistes, 9,9 conventionnels, 3,8 nouveaux adhérents). **74 :** 137,3. **80 :** 189,5. **81 :** 205,1. **82 :** 213. **85 :** 170. **86 :** 187. **95 :** 94. **96 :** 112. **Élus. Députés :** *1981 :* 269 + 3 app. *86 :* 206 + 9. *88 :* 258 + 17. *93 :* 67. *95 :* 63. *97 :* 242. **Sénateurs :** 76. **Conseillers généraux :** *1997 :* 974. **Assemblée européenne :** *1994 :* 16 (avec apparentés). **Budget** (en 1995). 120 millions de F (déficit : 60). *Prêt :* 63 millions de F [consenti pour 3 ans par le Crédit foncier, la BNP et le Crédit coopératif (taux : 7,5 %)] ; est gagé par une hypothèque sur le siège du PS, évalué à 145 millions de F (doit reculer au moment de la mise en vente de l'hôtel particulier de la rue de Solferino à Paris, acheté en 1981 à la GMF). *Nombre de parlementaires :* baisse : de 253 à 55 députés (d'où une diminution de la dotation de l'État passée de 200 millions de F à 90).

Vote en faveur du PS aux législatives de 1986 et, entre parenthèses, **1993** (en %). Agriculteurs 15 (10), commerçants, artisans, chefs d'entreprise 22 (12), cadres, professions intellectuelles supérieures 29 (18), professions intermédiaires 45 (26), employés 32 (23), ouvriers 36 (25), inactifs 29 (17).

Publications internes. *Vendredi, Communes de France* (hebdo) ; *Terre et Travail* (mensuel) ; *le Poing et la Rose* (lors des congrès) ; *École et Socialisme* (revue).

Organismes proches du PS. *MJS* (Mouvement des jeunes socialistes), *Étudiants socialistes, Fondation Jean-Jaurès, Centre Condorcet, Groupe des Experts, Fédération des Français à l'étranger, FNESR* (Fédération nationale des élus socialistes et républicains), *Ours* (Office universitaire de recherches socialistes), *Fédération nationale Léo-Lagrange.* **Clubs de réflexion et bulletins.** *Convictions* [club de réflexion créé 30-3-1999 ; Pt : Jean-Baptiste Foucauld ; issu de la fusion de : Initiatives (créé 1991 par Bernard Spitz, Pt : Jean-Paul Huchon), Convaincre (créé 1985, regroupe des amis de Michel Rocard) et Échange et Projets (créé 1973 par Jacques Delors) ; membres : 1 500] ; *Synthèse Flash, A gauche* (publication), *Galilée* (club de réflexion) de J. Poperen ; *Face* (club de réflexion de Martine Aubry) ; *Égale à Égale* et *l'Assemblée des Femmes* (club de réflexion d'Yvette Roudy), *Mémoire courte* (club et publication), *Grain de sel* (club et publication).

Attali, Jacques (Alger, 1-11-1943). Père commerçant. Marié 1981 à Élisabeth Allain, 2 enfants. Frère jumeau de Bernard [Pt d'UTA (1990)]. Polytechnicien, ingénieur des Mines. Diplômé de Sciences po., Éna (1968-70). Auditeur (1970) puis maître des requêtes (1977) au Conseil d'État. Conseiller spécial du Pt de la Rép. (1981-1991). Conseiller d'État (1989). *Pt* de la BERD (1990-démissionne le 25-6-1993). ŒUVRES : *la Parole et l'Outil* (1975), *Bruits* (1976), *Histoires du temps* (1982), *Un homme d'influence : sir Sigmund G. Warburg* (1985), *la Vie éternelle* (roman 1989), *le Premier jour après moi* (1990), *Verbatim, 1* (1993), *2* et *3* (1995), *Chemins de sagesse : traité du labyrinthe* (1996), *les Portes du ciel,* (théâtre 1998), *la Femme du menteur* (1999), *Blaise Pascal* (2000).

Auroux, Jean (Thizy, 19-9-1942). Père agriculteur. Marié à Lucienne Sabadie, 2 enfants. Professeur. Conseiller général de Roanne (1976-88). Maire de Roanne (depuis 1977). Député PS de la Loire (1978-81 et 1986-93). Ministre du Travail (1981-82), délégué aux Aff. sociales, chargé du Travail (1982-83). Secr. d'État à l'Énergie (1983-84), aux Transports (1984-85). Min. de l'Urbanisme (1985-86).

Badinter, Robert (Paris, 30-3-1928). Père pelletier. Marié 1°) 1957 à Anne Vernon ; 2°) 1966 à Élisabeth Bleustein-Blanchet, 3 enfants. Licencié ès lettres, Master of Arts, agrégé de droit. Avocat à la cour d'appel de Paris (1951-81). Ministre de la Justice (1981-86). Pt du Conseil constitutionnel (19-2-1986/3-3-1995). Sénateur Hts-de-S. (depuis 24-9-1995). ŒUVRES : *l'Exécution* (1973), *Liberté, libertés* (1976), *Condorcet* (1988), *Libres et égaux* (1989), *la Prison républicaine, Un antisémitisme ordinaire* (1997).

Defferre, Gaston (Marsillargues, Hérault, 14-9-1910/7-5-1986). Père avocat. Marié 1°) à Andrée Aboulker, 2°) 1946 à Marie-Antoinette Swaters de Barbarin, divorcé, 3°) 1973 à Edmonde Charles-Roux (voir à l'Index), sans enfant. Licencié droit. *DES* éco. pol. Avocat à Marseille (1931-51). Membre du comité exécutif du PS sous l'occupation. Chef du réseau Brutus (1942-44). *Maire* de Marseille (1944-45 puis 1953-86). Directeur du *Provençal* (depuis 1951). Pt du conseil régional de Provence-Côte d'Azur (1974-81). Député aux 2 Constituantes (1945-46), socialiste B.-du-Rh. (1946/58 et 1962-81). Sénateur des B.-du-Rh. (1959-62). Secrétaire d'État à la présidence du Conseil (cabinet Gouin 1946). Sous-secrétaire d'État de la France d'outre-mer (Blum 1946-47). Ministre de la Marine marchande (1950-51), de la France d'outre-mer (1956-57). Ministre d'État : Intérieur et Décentralisation (1981-84), Plan et Aménagement du territoire (1984-86). Il se battit en duel : 1947 pistolet avec Paul Bastide (directeur de l'*Aurore*), 1967 épée avec Ribière (député gaulliste).

Delors, Jacques (Paris, 20-7-1925). Père employé de banque. Marié 26-4-48 à Marie Lephaille, 2 enfants (dont Martine épouse de Xavier Aubry). Licencié sciences éco. Diplômé Centre d'études supérieures de banque. Chef de service à la Banque de France (1945-62) ; adhère au MRP en 1945, militant CFTC puis CFDT. Chef de service des Affaires sociales du Commissariat général au Plan (1962-69). Conseiller de Chaban-Delmas (1er ministre) pour Affaires sociales et culturelles (1969). Chargé de mission auprès du même (1971-72). Membre du Conseil général de la Banque de France (1973-79). Fondateur des clubs Échanges et projets (1974), Témoin (1992). Délégué national du PS pour relations économiques internationales (1976-81). Maire de Clichy (1983-84). Ministre de l'Économie et Finances (1981-84). Député européen (1979-81). Pt de la *commission des Communautés européennes* (1985-95). Fondateur de l'association Notre Europe (1996). Pt du Collège d'Europe (depuis 1996). Conseiller spécial à l'OCDE (depuis 1999). ŒUVRES : plusieurs dont *Changer* (1975), *En sortir ou pas* (1985), *la France par l'Europe* (1988), *le Nouveau Concert européen* (1992), *Pour entrer dans le XXIe s.* (1994), *Combats pour l'Europe* (1996).

Hernu, Charles (Quimper, 3-7-1923/17-1-1990 crise cardiaque). Père gendarme. Marié 5 fois. Directeur du journal *le Jacobin* (1954). *Maire* de Villeurbanne (1977). Député radical-socialiste Seine (1951-58) ; Rhône (1978, 81, 86, 88). *Vice-Pt* de la FGDS. Ministre de la Défense [22-5-1981, démissionne 20-9-1985 (affaire du *Rainbow Warrior* saboté le 10-7, voir à l'Index)]. En janv. 1996 et août 1997, *l'Express* fait état de documents révélant que, au moins, de 1953 à 1963, Hernu aurait entretenu des rapports avec les services secrets bulgares puis le KGB. La famille Hernu a émis des réserves sur leur authenticité.

Joxe, Pierre (Paris, 28-11-1934). Fils de Louis Joxe (16-1-1901/6-4-1991, ministre de De Gaulle et négociateur d'Évian). Marié 3es noces 17-10-1981 à Valérie Cayeux (2 filles du 1er mariage, 2 fils du 3e). Licencié droit. Éna. Auditeur (1962) puis conseiller (1968) à la Cour des comptes. Chargé de mission des Aff. étrangères (1967-70). Membre du bureau exécutif et du comité directeur du PS (1971-93). Pt du conseil régional de Bourgogne (1979-82). Député de S.-et-L. (1973-84 et 1986-88 cède son siège). Ministre : Industrie (mai-juin 1981), Intérieur et Décentralisation (1984-86), Intérieur (1988-91), Défense (1991-93). Député européen (1977-79). Pt du groupe parlementaire socialiste (1981-84, 86-88). 1er Pt de la Cour des comptes (depuis mars 1993). Conseil constitutionnel (depuis 26-2-2000). ŒUVRES : *Parti socialiste* (1973), *Atlas du socialisme* (1973), *l'Édit de Nantes* (1998).

Kouchner, Bernard (Avignon, 1-11-1939). 4 enfants (3 d'Évelyne Pisier, 1 de Christine Ockrent). Cofondateur de Médecins sans frontières (1971). Fonde Médecins du monde (1980). Secr. d'État action humanitaire (1988). Min. de la Santé (1992). Député européen (12-6-1994). Haut représentant de l'Onu au Kosovo (déc. 1999 au 13-1-2001). Min. délégué à la santé (6-2-2001). ŒUVRES : plusieurs dont *Devoir d'ingérence* (1988), *la Dictature médicale* (1996).

Lang, Jack (Mirecourt, Vosges, 2-9-1939). Père directeur commercial. Marié 13-3-1961 à Monique Buczynski, 2 filles. Diplômé Sciences po. Agrégé, docteur en droit public. Créateur et directeur du Festival mondial du théâtre universitaire à Nancy (1963-72), du théâtre universitaire de Nancy (1963-72), du théâtre du palais de Chaillot (ex-TNP ; 1972-74), du Piccolo Teatro de Milan (depuis 1996). Professeur de droit international (1976), doyen d'UER à Nancy (1977). Professeur de droit à Paris-X-Nanterre (1986-88 et depuis 1993). Conseiller de Paris (1977-89). Maire de Blois (1989-2001). Conseiller général (1992-93). Député PS du Loir-et-Cher (1986-88 cède son siège, réélu 1993, élection invalidée pour dépassement des frais de campagne, réélu 1-6-1997). Député européen (1994-97). Ministre : Culture (1981-86 et 1988-92), Éducation nationale et Culture (avril 1992/mars 1993), Éducation nationale (avril 2000). ŒUVRE : *Demain les femmes* (1955), *François Ier* (1997).

Mermaz, Louis (Paris, 20-8-1931). Agrégé d'histoire. *Assistant* d'histoire à la faculté de Clermont-Ferrand. Maire de Vienne (depuis 1971). Pt : du conseil général de l'Isère (1976-85), régional de Rhône-Alpes (1992). Député de l'Isère (1967-68 et 1973-90 cède son siège, réélu 1-6-1997). Ministre : Équipement et Transports (mai-juin 1981), Transports (mai-juin 1988), Agriculture (1990). Pt de l'Ass. nationale (1981-86). Pt du groupe socialiste à l'Ass. nationale (1988-90). Porte-parole du gouv. (1992-93). ŒUVRES : *Madame de Maintenon* (1965), *Mme Sabatier, les Hohenzollern* (1969), *l'Autre Volonté* (1984).

Moch, Jules (Paris, 15-3-1893/1-8-1985). Père officier. Polytechnique. Ingénieur de la marine. Directeur des services de restitution industrielle et agricole en Allemagne (1918-20). Ingénieur (1920-27). Député de la Drôme (1928-36), Hérault (1937-40, 1946-58, 1962-67). Secrétaire général de la Présidence du Conseil (Blum 1936). Sous-secrétaire d'État (1937). Ministre des Travaux publics (1938). Rejoint Forces navales françaises (1943). Membre de l'Assemblée consultative d'Alger. Ministre des Travaux publics et des Transports, de l'Économie et de la Reconstruction (1947). Vice-Pt du Conseil et ministre de l'Intérieur (1947-50, honni des communistes), de la Défense (1950-51). Représentant permanent à la commission du désarmement de l'Onu (1951-61). Ministre de l'Intérieur (14-5/31-5-1958). Démission du PS (1974). P.-D.G. de la Sté d'études du pont sur la Manche (1960). ŒUVRES : plusieurs dont : *Rencontres avec Darlan et Eisenhower, Destin de la paix* (1969), *le Front populaire, grande espérance* (1971), *Rencontres avec de Gaulle* (1971), *Une si longue vie* (1976), *le Communisme, jamais !* (1978).

Philip, André (Pont-St Esprit, Gard, 28-6-1902/7-7-1970). Famille protestante (huguenots exilés en Écosse), militant SFIO (1920). Agrégé de droit (1926). Professeur économie politique à Lyon. Député SFIO (Rhône 1936), antimunichois (1938). Résistant, directeur du journal clandestin *Libération* (1940) ; rejoint de Gaulle à Londres (1942). Commissaire à l'Intérieur du gouvernement d'Alger, organise l'épuration (1943). Commissaire du GPRF chargé des rapports avec le Parlement (1944). Député SFIO. Ministre : Économie (1946-47), Finances (13-2-1947), Économie (1948). Exclu SFIO (1958) car critique la politique algérienne de G. Mollet ; participe à la création du Parti socialiste autonome, futur PSU, qu'il quitte en 1962.

Pisani, Edgard (Tunis, 9-10-1918). Marié 4es noces 2-6-1984 Carmen Berndt (1 fils ; 4 enfants des précédents mariages). Sous-préfet, puis préfet (Hte-Loire 1946, Hte-Marne 1947). Maire de Montreuil-Bellay (M.-et-L.) [1965-démissionne 1975]. Député du M.-et-L. (1967, démissionne 27-5-1968). Sénateur de Hte-Marne (Gauche démocrate 1954-61 ; socialiste 1974-81). Ministre : Agriculture (1961-66), Équipement (1966, démissionne 28-4-1967). Membre de la commission des Communautés européennes (1981). Délégué en Nlle-Calédonie (1-12-1984/1985). Ministre chargé de la Nlle-Calédonie (1985). Chargé de mission auprès du Pt de la Rép. (1986-92). Pt de l'Institut du monde arabe (1988-95). ŒUVRES : *la Région : pour quoi faire* (1969), *le Général indivis* (1974), *Socialiste de raison, la Main et l'outil* (1984), *Persiste et signe* (1992).

Savary, Alain (Alger, 25-4-1918/17-2-1988). Père ingénieur des chemins de fer. Marié à Hélène Borgeaud. Diplômé Sciences po. Licencié en droit. Gouverneur de St-Pierre-et-Miquelon (1941-43). Compagnon de la Libération. Commissaire de la Rép. Angers (1945-46). Secrétaire général adjoint SFIO (1959). Au bureau du PSU (1960). *1er secrétaire du PS* (1969-71). Député de St-Pierre-et-Miquelon (1951-59). Pt du conseil régional Midi-Pyrénées (1974-81). Député de Hte-Garonne (1973-81). Secrétaire d'État aux Affaires étrangères (1956). Ministre de l'Éducation nationale (1981-84).

■ **Parti des Travailleurs (PT).** 87, rue du Fg-St-Denis, 75010 Paris. **Créé** 11-11-1991. Issu du Mouvement pour un parti des travailleurs (MPPT), regroupe plusieurs courants (anarcho-syndicaliste, trotskiste, communiste, socialiste). **Adhérents :** 6 423 (1995). **Publication :** *Informations ouvrières* (hebdomadaire, 20 000 ex.).

■ **Performance et partage.** Issu du Mouvement des réformateurs févr. 1993. **Pt :** René Ricol (né 26-12-1950).

■ **Rassemblement pour la France (RPF). Fondé** 1999 par **Pasqua, Charles** (Grasse, A.-M., né 18-4-1927). Père fonctionnaire. Marié 15-9-1947 à Jeanne Joly, 1 fils. 2 certificats de licence de droit. Commerçant (1947). Représentant (1952) puis directeur de la Sté Ricard. P.-D.G. Sté Euralim. Membre du Conseil économique et social (6-6-1965-66). Pt du Centre national de la libre entreprise. Député UDR Hts-de-S. (1968-73). Pt du conseil général Hts-de-S. (1973-76 et depuis 1988). Secr. national puis secr. général adjoint de l'UDR (1974-76). Sénateur RPR des Hts-de-S. (1977-86, 1988-93, réélu 24-9-1995). Ministre de l'Intérieur (1986-88, 1993-95). Député européen 13-6-1999.

■ **Rassemblement pour la République (RPR).** 2, bd de La Tour-Maubourg, 75007 Paris.

Origine : Union gaulliste pour la IVe République : *créée* 1946 par René Capitant ; **Rassemblement du peuple français (RPF) :** *créé* 7-4-1947 par de Gaulle. *Secr. général : 1947* Jacques Soustelle (1912-90), *1951-54* Louis Terrenoire (1908-92). **Principaux thèmes :** l'anticommunisme (les communistes sont qualifiés de séparatistes) ; association capital travail ; allocation-éducation pour chaque famille. **Adhérents :** *1947* (oct.) : 1 500 000, *1953 :* 100 000. **Élections : 1947,** municipales : 40 % des voix ; **1949** (mars) *cantonales :* 31 % des voix (13 des 25 plus grandes villes dont Paris, Marseille, Bordeaux, Lille et Strasbourg, et 1/3 des villes de + de 30 000 habitants). **1951**-*juin législatives :* 22,3 % des voix ; 119 députés qui, ne pouvant dominer l'Assemblée et ne voulant pas s'intégrer au système, font de l'opposition systématique. **1952**-*6-3,* 27 députés RPF votent l'investiture pour Pinay. **1953**-*6-5* de Gaulle leur rend leur liberté et leur demande de ne plus utiliser l'étiquette RPF dans leur campagne électorale. Le groupe parlementaire devient l'*Union des républicains d'action sociale (Uras) Pt :* J. Chaban-Delmas). **1955**-*13-9* de Gaulle met le RPF en sommeil sans le dissoudre.

Union pour la Nouvelle République (UNR) : *créée* 3-10-1958 regroupe le *Centre national des républicains sociaux,* l'*Union pour le renouveau français* et la *Convention républicaine ;* groupe 194 députés (+ 13 apparentés inscrits au groupe). **Secr. général :** *4-10-1958 :* Roger Frey (1913-99) ; *5-11-1959* Albin Chalandon (né 11-6-1920) ; *15-11-1959* Jacques Richard (né 23-3-1918) ; *3-4-1961* Roger Dusseaulx (né 18-7-1913) ; *9-5-1962* Louis Terrenoire (1908-92). **1958**-*nov. législatives* 1er tour : 17,9 % des voix. **1959**-*13/15-11* 1res assises (Bordeaux) : Jacques Soustelle et partisans de l'Algérie française pressent l'UNR de prendre parti pour la francisation ; Jacques Chaban-Delmas parle de « domaine réservé » du Pt de la Rép. (Algérie, Communauté, Affaires étrangères et Défense). **1960**-*25-4* Soustelle exclu. **1962**-*nov. législatives :* 32 % des voix au 1er tour (233 députés).

UNR-UDT : *créée* déc. 1962 par fusion avec l'UDT [*Union démocratique du travail,* créée 14-4-1958 ; secr. général : Louis Vallon (né 31-8-1928)]. **Secr. gén. :** *4-12-1962* Jacques Baumel (né 6-3-1918) ; puis *direction collégiale* [Jean Charbonnel (né 22-4-1927), André Fanton (né 31-3-1928), Robert Poujade (né 6-5-1928), Jean Taittinger (né 25-1-1923), René Tomasini (né 14-4-1919)]. **Adhérents :** 50 000. **1967**-*mars législatives :* 31,4 % des voix (180 députés).

Union des démocrates pour la Ve République (UD-Ve Rép.) : *créée* 27-11-1967 après des ralliements d'éléments venus, notamment, du MRP : Maurice Schumann (1911-98), Marie-Madeleine Dienesch (née 3-4-1914), Charles de Chambrun (né 16-6-1930). **Secr. général :** Robert Poujade (né 6-5-1928) depuis 19-1-1968.

Union pour la défense de la République (UDR) : *créée* 4-6-1968 après les événements de mai et avant les législatives du 23-6 où elle obtient 37,3 % des voix et 270 députés. **Secr. général :** Robert Poujade (né 6-5-1928).

Union des démocrates pour la République (UDR) : nom adopté en 1971. **Secr. général :** *14-1-1971* René Tomasini (né 14-4-1919) ; *5-9-1972* Alain Peyrefitte (1925-99) ; *6-10-1973* Alexandre Sanguinetti (1913-80) qui démissionne le 13-12-1974 ; *14-12-1974* Jacques Chirac (né 29-11-1932) élu par 57 voix contre 27 à Jacques Legendre et 4 abstentions ; l'après-midi Chirac et Sanguinetti sont accueillis par des injures « traître, salaud, tartufe », au conseil national de l'UDR (convoqué de longue date et qui les attendait depuis le début de la matinée, porte Maillot à Paris). Mais seul Chaban-Delmas refusera publiquement de voter la motion finale du conseil national soutenant Chirac ; *15-4-1975* André Bord (né 30-11-1922) ; *28-6-1975* Yves Guéna (né 6-7-1922). **1973**-*mars législatives :* 24 % des voix (162 députés). **1974**-*27-5 présidentielle :* Chaban-Delmas, lâché par 43 députés UDR avec Chirac, battu au 1er tour avec 15,1 % des voix, Giscard d'Estaing élu avec le soutien de Chirac qui devient PM ; *-14-12* le comité central réuni à l'hôtel Intercontinental par Pasqua (Sanguinetti ayant démissionné) élit Chirac secr. général par 57 voix contre la volonté des « barons » du gaullisme, Chaban-Delmas, Debré, Guichard. **1976**-*25-8* Chirac démissionne de son poste de PM.

Rassemblement pour la République (RPR) : *créé* 5-12-1976 lors des assises extraordinaires réunies à Paris au Parc des expositions, porte de Versailles. **Évolution : 1978**-*mars législatives :* 22,7 % des voix et 143 députés ; *-6-12* Chirac lance *l'appel « de Cochin »* (hôpital où l'a conduit un accident de voiture) : « On prépare l'inféodation de la France, on consent à l'idée de son abaissement. » Il dénonce le « parti de l'étranger » (UDF). **1979**-*10-6 européennes :* 16,2 % des voix (au 4e rang). **1981**-*juin* dans l'opposition. **1983**-*23-1* congrès extraordinaire ; projet politique et plan de redressement économique et social fondés sur l'extension des libertés et des responsabilités du citoyen. **1985** plate-forme commune avec UDF pour les législatives de 1986. **1986** *législatives :* 27,2 % des voix, 148 élus (l'UDF 129). Chirac devient PM. **1988** *présidentielle :* 1er tour : Chirac 19,85 %, 2e tour : 45,98 (battu) ; *législatives :* 1er tour : 19,8 %, 39 élus, 2e tour : 88 élus ; *-21-6 élection à la présidence du groupe RPR à l'Assemblée nationale :* Bernard Pons bat de 1 voix Philippe Séguin, candidat des « quadragénaires », critique de la dérive droitière du mouvement. **1989**-*6-4 :* 12 « rénovateurs » RPR et UDF [(dont Philippe Séguin, Michel Noir (né 19-5-1944, maire de Lyon) et Alain Carignon (né 23-2-1949)] exigent une relève des anciens (Chirac et Giscard) à l'occasion des européennes ; *-juin européennes :* liste Giscard-Juppé, soutenue par Chirac (28,8 % des voix), liste centriste Simone Veil, soutenue par les « rénovateurs » (8,4 % des voix). **1990**-*11-1* Pasqua et Séguin rendent publique une motion : un rassemblement pour la France ; *-22-1* ils rejettent la synthèse avec le texte préparé par Juppé ; *-11-2* assises au Bourget ; textes présentés par Juppé (68,32 % des mandats) et par Pasqua et Séguin (31,68 %) donnant 70 % à Chirac (réélu Pt à l'unanimité) ; *-8-12* Michel Noir, Michèle Barzach (née 11-7-1943, min. de la Santé en 1986), Alain Carignon démissionnent. **1992**-*20-9 référendum* sur ratification du traité sur l'U.E. : Chirac pour Séguin et Pasqua contre. **1993**-*mai législatives :* victoire RPR-UDF. **1995** *présidentielle :* 1er tour : Chirac 20,84 %, 2e : 52,64 (élu). **1997**-*mai/juin législatives :* 22,77 % des voix et 134 députés.

Présidents. Jacques Chirac. 1997-*6-7* **Philippe Séguin,** (Tunis, 21-4-1943). Marié 1°) (3 enfants) ; 2°) à Béatrice Bernascon divorcée de Jacques Toubon (1 fille). Licence ès lettres, DES d'histoire, IEP d'Aix-en-Provence. Éna (1969-70). Cour des comptes (1970, 71). Adjoint au directeur de l'éducation physique et des sports (1974-75). Directeur de cabinet du secrétaire d'État, chargé des relations avec Parlement (avril-sept. 1977). Chargé de mission à la Cour des comptes (1972-73), à la présidence de la Rép. (1973-74), au cabinet de Barre, 1er ministre (1977-78). Député des Vosges (1978-86 cède son siège, 1988 réélu 1993, 1997). Maire d'Épinal (1983-97). Membre (1979-86), puis vice-Pt du conseil régional de Lorraine (1979-83). Vice-Pt de l'Assemblée nationale (1981-86). Secrétaire national (1984-86) du RPR. Ministre : Aff. sociales et Emploi (1986-88). Pt de l'Assemblée nationale (1993-97). Pt du RPR (du 7-1997 au 19-4-1999). Œuvres : *Réussir l'alternance* (1985), *la Force de convaincre* (1990), *Louis Napoléon le Grand* (1990), *De l'Europe en général et de la France en particulier* (1992), *Discours pour la France* (1992), *Demain, la France :* t. 1 (1992), t. 2 (1993), *Ce que j'ai dit* (1993), *Discours encore et toujours républicains* (1994), *Deux France* (avec Alain Minc, 1995), *240 dans un fauteuil* (1995). **1998**-*12/13-12* Séguin réélu Pt (1re fois par les militants) par 95 % (participation 81,45 %) ; quitte la présidence ; **1999**-*19-4* **Nicolas Sarkozy** (né 28-1-1955). **1999 Michèle Alliot-Marie** (née 10-9-1946) élue Pte.

Secr. général. *5-12-1976 :* Jérôme Monod (né 7-9-1930) ; *20-3-1978 :* Alain Devaquet (né 4-10-1942) ; *2-10-1979 :* Bernard Pons (né 18-7-1926) ; *18-11-1984 :* Jacques Toubon (né 29-6-1941) ; *22-6-1988 :* Alain Juppé ; *8-11-1995 :* Jean-François Mancel (né 1-3-1948) ; *6-7-1998 :* Nicolas Sarkozy. *1999* Adrien Gouteyron (né 13-5-1933). **Bureau politique. 30 membres élus :** *ligne Chirac-Juppé :* Michel Aurillac (né 11-7-1928), Édouard Balladur (né 2-5-1929), Jean Besson (né 15-8-1938), Alain Devaquet, Robert Galley (né 11-1-1921), Michel Giraud (né 17-11-1919), Yves Guéna (né 6-7-1922), Olivier Guichard (né 27-7-1920), Gabriel Kaspéreit (né 21-6-1919), Lucette Michaux-Chevry (née 5-3-1929), Jacques Oudin (né 7-10-1939), Christiane Papon (née 3-9-1924), Robert Poujade (né 6-5-1928), Josselin de Rohan (né 5-6-1938), Roger Romani (né 25-8-1934), Jacques Toubon, Alex Türk (25-1-1950) ; *ligne Pasqua-Séguin :* Patrick Balkany (né 18-8-1948), Michel Barnier (né 9-1-1951), Frank Borotra (né 30-8-1937), Xavier Dugoin (né 27-3-1947), François Fillon (né 4-3-1954), Elisabeth Hubert (née 26-5-1956), Jacques Kosciusko-Morizet (né 20-6-1943), Étienne Pinte (né 19-3-1939), Philippe Séguin ; *courant « Vie » :* Richard Cazenave (né 17-3-1948), Philippe Dechartre (né 14-2-1919). *Directeur de* « la Lettre de la Nation » : Jean-Luc Bourget. **Adhérents.** *1981 :* 670 000. *86 :* 885 000 (35 % de femmes). *2000 :* plus de 80 000 cotisants à jour. **Ministres gaullistes** (de 1968 à 1978) : *3-5-1968 :* 15 (sur 23 du gouvernement Pompidou) ; *5-4-1978 :* 6 (sur 19 du gouvernement Barre).

Galley, Robert (Paris, 11-1-1921). Père médecin. Marié 1960 à Jeanne de Hauteclocque (fille du Mal Leclerc), 2 fils. *Ingénieur* École centrale. Officier division Leclerc 1944-45. Compagnon de la Libération. Chef de construction des usines du *CEA* (Marcoule 1955-58, Pierrelatte 1958-66). Maire de Troyes (1972-95). Conseiller général des Riceys (1970-88). Député de l'Aube (UDR, 1968-78, RPR depuis 1981). Sénateur de l'Aube (1980 remplacé). Ministre : Équipement (mai-juillet 1968), délégué à la Recherche scientifique (juillet 1968-juin 69), PTT (1969-72), Transports (1972-73), Armées (1973-74), Équipement (1974-76), Coopération (1976-78) cumulé avec ministère de la Défense [en remplacement de Joël Le Theule († 1980)] jusqu'en 1981 (record de longévité ministérielle sans interruption : 13 ans). Trésorier du RPR (1984-90).

Guichard, baron Olivier (Néac, Gironde, 27-7-1920). Père officier de marine. Marié 1°) à Suzanne Vincent (†), 3 filles ; 2°) 27-7-1990 à Daisy de Galard. Licencié ès lettres et droit. Diplômé Sciences po. Chargé de mission RPF (1947-51). Chef du cabinet de De Gaulle (1951/58). Chef du service de presse au CEA (1955-58). Directeur adjoint de cabinet de De Gaulle (2-6-1958). Préfet de 3e classe hors cadre (1958). Conseiller au secrétariat général de la présidence de la Rép. (1959-60). Délégué général de l'Organisation commune des régions sahariennes (1960-62). Chargé de mission auprès de Pompidou (1er ministre, 1962-67). Délégué à l'Aménagement du territoire et Action régionale (1963-67). Maire de Néac (1962-71), La Baule (depuis 1971). Pt du conseil régional des Pays de la Loire (depuis 1974). Conseiller d'État (1978-87). Député de Loire-Atl. (mars-mai 1967, juin-août 1968, mars-mai 1973, 1974-76, 1978-97). Ministre : Industrie (1967-68), *délégué,* Plan et Aménagement du territoire (1968-69), Éducation nationale (1969-72), Aménagement du territoire, Logement, Tourisme (1972-74), Équipement et Transports (mars-mai 1974), *d'État,* Justice (1976-77). Œuvres : *Aménager la France* (1965) ; *l'Éducation nouvelle* (1970) ; *Un chemin tranquille* (1975) ; *Mon Général* (1980).

Peyrefitte, Alain (Najac, Aveyron, 1925-99). Père enseignant. Marié 4-12-1948 à Monique Luton (écrivain : Claude Orcival), 5 enfants. Normalien, licence droit, docteur ès lettres. Éna. Secrétaire d'ambassade Bonn (1949-52). Consul Cracovie (1954-56). Conseiller des Affaires étrangères (1958). Ministre plénipotentiaire (1975). Maire de Provins (1965-67). Conseiller général de Bray-sur-Seine (1964-88). Député UNR de S.-et-M. [1958-81 et depuis 17-1-1982 (après annulation de l'élection du 21-6-1981 où il avait été battu)]. Sénateur de S.-et-M. (depuis 1995). Délégué à l'Assemblée générale *Onu* (1959-61, 1969-71 et 1993-95). Secrétaire d'État à l'Information (avril-sept. 1962). Ministre : Rapatriés (sept.-déc. 1962), Information (1962-66), Recherche scientifique (1966-67), Éducation nationale (1967-68), Réformes administratives et Plan (1973-74), Affaires culturelles et Environnement (1974), Justice (1977-81). Député européen (1959-62). Académie française (1977), des Sciences morales et politiques (1987). Pt du comité éditorial du Figaro (depuis 1983). Le 15-12-1986 échappe à un attentat (voiture piégée, 1 †). Œuvres : *le Mythe de Pénélope* (1949), *Faut-il partager l'Algérie ?* (1961), *Quand la Chine s'éveillera* (1973), *le Mal français* (1976), *C'était De Gaulle* (1994-99), *la Chine s'est éveillée.*

Toubon, Jacques (Nice, A.-M., 29-6-1941). Père employé d'administration. Frère du journaliste Robert Toubon. Marié 1°) à Béatrice Bernascon (divorcée, remariée à Ph. Séguin) ; 2°) 23-12-1982 à Lise Weiler (épouse en 1res noces de Ph. Séguin). Licencié en droit. Diplômé IEP Lyon. Éna. Administrateur civil au ministère de l'Intérieur (1965). Directeur de cabinet du préfet des Basses-Pyr. (1965-68), chef de cabinet du secr. d'État aux Dom-Tom (1968-69), du ministre de l'Agriculture (1972-74), de l'Intérieur (1974). Conseiller technique Relations avec le Parlement (1969-72), auprès du 1er ministre. Directeur de la Fondation Claude-Pompidou (1970-77). Secrétaire général adjoint du RPR (1977-81) puis général (1984-88). Maire du XIIIe arr. de Paris, adjoint au maire de Paris (1983-2001). Député RPR Paris (1981, 86, 88, 93 cède son siège, 95 cède son siège). Ministre : Culture (1993-95), Justice (1995-97). Conseiller du Pt Chirac (1997-98). Œuvre : *Pour en finir avec la peur* (1984).

■ **Refondations.** 3, rue du Faubourg-Montmartre, 75009 Paris. **Créé** avril 1991 par le « groupe des Trente » signataires d'un appel à « refonder » la gauche avec Marcellin Berthelot (né 9-10-1927), Jean-Pierre Brard (né 7-2-1948), Charles Fiterman (né 28-12-1933), Guy Hermier (né 22-2-1940), Anicet Le Pors (né 28-4-1931), Roger Martelli, Georges Montaron (né 10-4-1921), Robert Montdargent (né 7-6-1934), Claude Quin (né 1-5-1932), Jack Ralite (né 14-5-1928), Lucien Sève (né 9-12-1926), Marcel Trigar. 102 collectifs dans 20 régions regroupent des « déçus » de la gauche (PS et PCF).

■ **République et démocratie.** 21, rue du Rocher, 75008 Paris. **Créé** oct. 1978 par J.-P. Prouteau (1930-98). Soutient Raymond Barre. **Pt :** Paul Estienne (né 2-5-1941). **Clubs :** 80. **Adhérents :** 4 500.

■ **Royalistes. Orléanistes :** voir p. 715 c. **1937** Le Cte de Paris nomme Pierre Delongraye-Montier (son représentant personnel en France) pour remplacer Pierre de La Rocque (frère du colonel). **1945**-*21-10* élections à la Constituante : le Mouvement socialiste monarchique (MSM) présente 2 listes à Paris (1er secteur : 5 627 voix ; 2e : 7 152) ; *-déc.* Centre royaliste de formation politique créé. **1946**-*janv.* crée le bulletin hebdomadaire, *Nouveau Régime,* animé par Philippe Buren (Jean-Jacques Meïer) ; *-été* le MSM se fond dans les comités (monarchistes, dont le Cte de Paris a décidé la création) ; *-15-10* le centre crée un bulletin intérieur, *Ici-France* devenant 15-5-1947 un hebdo grand public (comité directeur : Jean Loisy, Pierre Longone, Michel de Saint-Pierre). Le Cte de Paris met un terme aux activités des comités monarchistes.

☞ *La Mesnie :* organisation de jeunes placés sous l'autorité du Cte de Paris ou de ses représentants, née sous l'Occupation ; officiellement déclarée *26-4-1945.*

Légitimistes. Voir p. 715 a. **1909** Jacques Ier (duc d'Anjou et de Madrid, † 1931) se manifeste auprès des légitimistes. **1930** André Yvert anime le *Drapeau blanc.* **1931** Charles XII (Alphonse-Charles, duc d'Anjou et de Madrid, † 1936), vivant en Autriche, sans enfants, laisse à sa mort à un neveu de sa femme, le Pce (François) Xavier de Bourbon-Parme (duc de Parme 1974), le soin de défendre les intérêts carlistes ; des légitimistes désorientés par l'éloignement d'Alphonse Ier (Alphonse XIII d'Espagne, détrôné 1931, exilé à Rome et à Lausanne), prennent Xavier comme mainteneur de la tradition royale. Jaime (1908-75, sourd-muet), duc de Ségovie, fils aîné d'Alphonse Ier (XIII), épouse la Française Emmanuelle de Dampierre qui réagit devant la situation faite à son mari et à ses fils. Jaime revendique alors les pleines armes de France et le titre de duc d'Anjou (1946) et devient ainsi Jacques-Henri VI. **1939-45** les légitimistes cessent leurs activités. **1946-47** le duc de Bauffremont représentant du duc d'Anjou. **1956-58** le *Drapeau blanc* reparaît, animé par Michel Josseaume (né 1922). **1960** *Monarchie et Avenir* ouvrage d'Hervé Pinoteau (né 1927). **1962** fondation du secrétariat du Pce Alphonse, duc de Bourbon, qui deviendra (en 1975) duc d'Anjou, par Hervé Pinoteau et Pierre de La Forest Divonne. **1963-67** 1er numéro de *Tradition française* (mensuel). **1973** Institut de la Maison de Bourbon créé en 1973 par Patrick Esclafer de la Rode, Armel Girard Lamaury et Hervé Pinoteau ; Bauffremont Pt en 1976. **1974-84** *la Légitimité* animée par Guy Augé et Alain Néry. **Organismes :** *Union des cercles légitimistes de France,* Pt : Gérard Saclier de la Bâtie (né 1925) ; *Gazette royale* (parue 1957-62 puis 1984) de la mouvance de Mgr Lefebvre ; *Dieu premier servi* (1985-88) suivi de *Continuité* (1988) de Francis Dallais (le Bourbon-Saint-Jacques, 33760 Saint-Pierre-de-Bat) ; *Une France, un roi (UFUR)* de Charles et Véronique Vollet (45530 Vitry-aux-Loges), qui fait dire des rosaires et des messes pour la France et le roi ; la *Feuille d'information légitimiste* (1984) puis *Fil Express* (n'existe plus) et *Royal Hebdo* (1994) édités par D. Hamiche sous le nom de *Service d'information culturelle et de réalisation éditoriale (Sicre)* et *Communication & tradition* (22, rue Didot, 75014 Paris) ; *annuaire royaliste légitimiste* (Bibliothèque St-Michel, 201, rue Christine, 83000 Toulon). *Institut de la maison de Bourbon* (57, rue de Bourgogne, 75007 Paris), Pt : J. de Bauffremont ; *France Bourbon* (5, rue Jean-de-Beauvais, 75005 Paris), Pt : Pce Rémy de Bourbon-Parme, publie *Racines ; Sté des amis et sympathisants de Mgr le duc d'Anjou (Sasda)* [10, av. Alphonse-XIII, 75016 Paris], Pt : Pce Rémy de Bourbon-Parme.

Restauration nationale (Action française). BP 652-08, 75367 Paris Cedex 08. Journal l'*Action française 2000,* 10, rue Croix-des-Petits-Champs, 75001 Paris. **Origine : 1899**-*mars* Comité d'Action française, créé par Maurice Pujo (1872-1955) et Henri Vaugeois (1864-1916), groupant des antidreyfusards et des nationalistes, la plupart républicains, qui se rallient au monarchisme sous l'influence de Charles Maurras (Martigues 20-4-1868/clinique St-Symphorien de Tours 16-11-1952) ; *-15-7* 1er numéro de la revue d'« Action française » (bimensuel). **1900**-*2-3* article de Maurras sur le nationalisme intégral *(Gazette de France)* ; *fin juillet* « l'Enquête sur la monarchie » de Maurras commence à paraître dans la *Gazette de France.* **1905** la Ligue et l'Institut d'Action française sont créés. **1907** Léon Daudet (1867-1942) les rejoint et en devient le principal animateur. **1908**-*21-3 Action française* devient un quotidien grâce à un legs de 100 000 F de la Ctesse de Loynes († 1906) aux Daudet. Les *Camelots du roi* se constituent (diffusion du journal et agitation). La doctrine maurrassienne est un nationalisme français contre-révolutionnaire qui veut restaurer l'indépendance de l'État (le salut public) et les libertés provinciales et professionnelles (la décentralisation). D'où découlent le royalisme (le « nationalisme intégral »), l'institution royale répondant à tous les besoins de la nation. Il s'y ajoute la critique de la démocratie, la défense du catholicisme (Maurras est alors agnostique), l'antisémitisme d'État. **1926** apogée ; *-29-12* Pie XI (la Congrégation du St-Office à Rome condamne l'Action française et certains ouvrages de Maurras. **1927**-*8-1* met le journal à l'index ; *-8-3* les ligueurs de l'Action française sont écartés des sacrements et privés de sépulture religieuse [le 26-1-1914 : décret de Pie X mais sa mort (le 20-8) puis la guerre ont suspendu son application]. **1936**-*20-6* la Ligue est dissoute et l'Action française n'est plus représentée que par son journal. **1939**-*10-7* Pie XII lève les sanctions prises contre l'Action française. **1940** l'*Action française* soutient Pétain, mais reste hostile à l'Allemagne. **1944**-*24-8* dernier numéro de l'*Action française* qui est interdite à la Libération. *-Sept.* Georges Calzant, ancien dirigeant des « Camelots du roi », emprisonné en juin par la Gestapo, publie *les Documents nationaux* (24 numéros ; s'appellent successivement *la Presse libre, Paroles libres, l'Avenir français,* et *la Seule France*). **1945**-*27-1* Maurras condamné à la réclusion à perpétuité et à la dégradation nationale pour intelligence avec l'ennemi par la cour de justice de Lyon ; *-oct.* l'*Indépendance française* paraît (suspendue d'oct. 1946 à mars 1947 pour ne pas avoir obtenu l'autorisation préalable). **1946** *la Dernière Lanterne :* pamphlet anonyme [textes de Pierre Boutang, d'Antoine Blondin, Julien Guernec (François Brigneau), etc.]. **1947**-*10-6 Aspects de la France et du monde* (bimensuel) remplace les *Documents nationaux ; -oct.* Maurice Pujo, libéré sous conditions, en assure la direction politique avec Calzant. **1948**-*25-11* à partir du numéro 20 devient hebdo ; Maurras publie depuis sa prison, aidé de Georges Gaudy, Firmin Bacconnier, Robert Havard de la Montagne, Xavier Vallat, Pierre Boutang (pseudonyme : Pierre Le Roy), Michel Déon, Roger Nimier, Kléber Haedens, André Fraigneau, Jacques Perret. **1950**-*14-7* no 100 (endettée, l'*Indépendance française* fusionne avec *Aspects de la France*). **1952**-*mars* Maurras gracié ; *-nov.* il meurt. **1953-54** les « Amis d'Aspects de la France » (nationalistes et royalistes) font campagne contre la CED. **1955** Louis-Olivier de Roux et Pierre Juhel (1929-80) fondent la *Restauration nationale* [*1971-72* des dissidents créent la *Nouvelle Action française* (NAF)]. **1958-62** participe aux luttes pour l'Algérie française. **1962**-*juin* Calzant meurt, remplacé par Xavier Vallat ; *-sept.* Louis-Olivier de Roux, Pt des Comités directeurs de l'*Action Française,* meurt, remplacé par Bernard Mallet. **1966** Pierre Pujo (né 1929, fils de Maurice) remplace Vallat. **1968** riposte aux menées gauchistes. **1972**-*5-6* scission de la *Fédération des Unions royalistes de France* (FURF). **1977** les unions royalistes du Sud lancent un mensuel : *Je suis Français.* **1979**-*21-10 le Mouvement royaliste français* (MRF) réunit des dissidents de la NAF regroupés au sein du Comité provisoire de coordination des opérations royalistes (Copcor) et la Fédération des Unions royalistes de France. **1980**-*juillet* Pierre Juhel meurt. **1981** la FURF rejoint la Restauration nationale. **1984** le MRF est dissous. **1992**-*23-1 l'Action française* prend la suite d'*Aspects de la France.* **1997** Hilaire de Crémiers délégué général. **1998** la *Restauration nationale* se constitue en *Mouvement royaliste d'Action française.* **Buts :** restauration de la monarchie, organe central fort et indépendant (armée, police, affaires étrangères, coordination de l'économie) et une souple décentralisation des problèmes régionaux, communaux, universitaires et professionnels. **Militants et adhérents :** 3 500. **Sympathisants :** 18 000. **Publications :** l'*Action française 2000, la Restauration nationale, Réaction française,* organe étudiant.

Nouvelle Action royaliste (NAR). 17, rue des Petits-Champs, 75001 Paris. **1971**-*avril* fondée sous le nom de *Nouvelle Action française.* **But :** favoriser la restauration d'une monarchie populaire incarnée par le Cte de Paris. **Militants :** 1 500. **1974**-*mai présidentielle :* Bertrand Renouvin [directeur politique de *Royaliste,* membre du Conseil économique et social de 1984 à 1994] 0,7 % des voix. **1977**-*mars municipales :* 13 listes à Paris, 1 à Nice. **1978**-*mars législatives :* 8 candidats ; *-oct.* devient Nouvelle Action royaliste. **1981** *présidentielle :* soutient Mitterrand. **1982** fonde les *clubs Nouvelle Citoyenneté* ouverts à des personnalités politiques diverses. **1986**-*16-3 législatives :* 1 liste (M.-et-L.) 2 230 voix (0,67 %). **1988** *présidentielle :* soutient Mitterrand. **1989**-*nov.* adhère au collectif *89 pour l'égalité* (pour l'octroi du droit de vote aux immigrés pour les élections locales). **1991**-*avril/déc.* adhère à *France unie* (regroupement dirigé par Jean-Pierre Soisson). **1993**-*mars législatives :* préconise un vote négatif contre écologistes et Front national. **1995**-*mai présidentielle :* appelle au vote blanc. **Dirigeants :** Bertrand Renouvin (né 15-6-1943), Gérard Leclerc (né 14-6-1942), Yvan Aumont (né 19-5-1938), Philippe Cailleux (né 28-12-1954), Régine Judicis (née 22-1-1942). **Publications :** *Royaliste* (bimestriel), *Cité* (trimestriel), *le Lys rouge* (trimestriel).

■ **Union de défense des commerçants et artisans (mouvement Poujade) [UDCA].** La Vallée heureuse, 12200 Labastide-l'Évêque. **1953**-*23-7 fondée* à St-Céré (Lot) par des commerçants et artisans sous l'impulsion du papetier Pierre Poujade (né 1-12-1920). **1955** lance des unions parallèles pour toutes les couches sociales et réclame les états généraux. **1956**-*janv. législatives :* sous le titre UFF *(Union et fraternité française),* 2 600 000 suffrages et 53 députés dont Jean-Marie Le Pen (Ve arrondissement de Paris). **1958** 600 000 voix, 0 siège. **1964** a 5 000 postes d'élus consulaires et sociaux. **1972** l'UDCA a 160 000 adhérents. **1975** Poujade fonde une centrale d'achat à Herblay (« Confiance ») pour les travailleurs indépendants. **1978** lance l'*Union de défense des libertés (UDL)* dont il est le secr. général. **1979** tête de la liste d'*Union des socioprofessionnels* et de l'*Action civique pour les élections au Parlement européen,* et fonde l'*Association nationale pour l'utilisation des ressources énergétiques françaises (Anuref)* dont il est Pt. **1980** lance *Énergie française* (bimensuel qu'il dirige), 100 000 ex., fonde le *Syndicat des producteurs de topinambours de l'Aveyron* (Pt) ; élu Pt de la Fédération nationale des syndicats de producteurs de topinambours, réclame un carburant national « essence-alcool ». **1984** membre du Conseil économique et social (renouvelé 1989 et 1994). **1985** chargé de mission par le gouvernement pour les Caraïbes françaises, **1990** pour les pays de l'Est. **1991** adhère à la Cedi (Confédération européenne des indépendants). **1992** fonde l'association Fraternité Occitanie-Roumanie. *Presse :* Fraternité-Europe (bimensuel). **1999** fondateur et Pt d'honneur de la Féd. nationale des professionnels indépendants (associations et syndicats de commerçants, artisans, prof. libérales, agriculteurs, PMI). 250 000 électeurs consulaires et sociaux de chefs d'entreprises.

■ **Union pour la démocratie française (UDF).** 133 *bis,* rue de l'Université, 75007 Paris. **Origine : 1978**-*1-2* fédère *parti républicain* (devenu Démocratie libérale), *Centre des démocrates sociaux* (devenu Force démocrate en 1995), *Parti radical* (février 1979), *Parti social-démocrate* (a fusionné avec le CDS en 1995 pour devenir Force démocrate) et *Adhérents directs, clubs Perspectives et réalités* (devenus PPDF) ; *-mars législatives* (avec Lecanuet) : 119 députés, 108 sénateurs, 1re force parlementaire française. **1979**-*févr. 1er congrès :* Paris ; *-mars cantonales :* succès ; *-juin européennes :* liste Simone Veil 27,6 % des voix. **1980**-*févr. 2e congrès :* Orléans ; *-juin* 1re fête de la Liberté (200 000 participants). **1981** soutient Giscard d'Estaing à la *présidentielle.* **1982**-*mars cantonales :* en tête par le nombre de conseillers généraux élus ; *-nov. 3e congrès :* Pontoise. **1983**-*mars municipales :* gère plus du quart des villes de + de 30 000 hab. **1984**-*juin européennes :* liste Simone Veil 43 % des voix. **1986**-*mars législatives :* 129 députés, 20 ministres et secrétaires d'État participent au gouvernement. **1987**-*janv.* convention nationale au Zénith. **1988**-*avril présidentielle :* soutient Barre 16,5 % des voix ; *-5 et 12-6 législatives :* présente avec le RPR des candidats d'union (Union du rassemblement et du centre) ; *-30-6* Giscard d'Estaing élu Pt. **1989**-*18-6, européennes :* liste Union UDF/RPR conduite par Giscard d'Estaing 28,3 % des voix, 26 députés. **1990**-*26-6* s'associe au RPR pour créer l'Union pour la France (UPF). **1991**-*juin* nouveaux statuts. **1998**-*25-11* Lille, formation unifiée (hormis le Parti radical qui a adhéré en tant que personne morale). **Élus. Députés :** *1978 :* 119 ; *81 :* 62 ; *86 :* 129 ; *88 :* 132 (dont 42 UDC) ; *93 :* 214 ; *97 :* 107 ; *99 :* 70. **Sénateurs :** 79. **Parlementaires européens :** 8. **Pts de conseils régionaux :** 3 ; **Pts de conseils généraux :** 22. **Maires de villes** *de + de 30 000 hab. :* 39. **Pt :** François Bayrou (25-5-1951). **Pt délégué :** Hervé de Charette (30-7-1938). **Vice-Pts :** Jean Arthuis (7-10-1944), Didier Bariani (16-10-1943), Bernard Bosson (25-2-1948), Anne-Marie Comparini, Philippe Douste-Blazy (1-1-1953), Nicole Fontaine (16-1-1942), Alain Lamassoure (10-2-1944), Gérard Longuet (24-2-1946), François Loos (24-12-1953), Gilles de Robien (10-4-1941), André Santini (20-10-1940), Pierre-André Wiltzer (31-10-1940). **Secr. général :** Anne-Marie Idrac (27-2-1951). **Porte-parole :** Jean-Louis Borloo (7-4-1951). **Conseil de la présidence :** *membres de droit :* Valéry Giscard d'Estaing (2-2-1926), Raymond Barre (12-4-1921), René Monory (6-6-1923). *Coordinateur :* Pierre Méhaignerie (4-5-1939). *Membres :* Edmond Alphandéry (29-11-1922), Jacques Barrot (3-2-1937), Jean-Louis Bourlanges (13-7-1946), Guy Cabanel (7-4-1927), Jean Faure (14-1-1937), Jean-Pierre Fourcade (18-10-1929), Jean François-Poncet (8-12-1928), Yves Galland (8-3-1941), Daniel Hoeffel (23-1-1929), Jean-Jacques Hyest (2-3-1943), Alain Lambert (20-7-1946), François Léotard (26-3-1942), Philippe Mestre (23-8-1927), Philippe Morillon (24-10-1935, Gal), Colette Ronxin, André Rossinot (22-5-1939), André Soulier (18-10-1933), Xavier de Villepin (14-3-1926), Adrien Zeller (2-4-1940).

Résultats électoraux		Voix	% des suffr. exprimés [1]
1978	Législatives	5 836 157	20,8 (22,6)
1979	Européennes	5 466 405	27,4
1981	Présidentielle	7 930 820	27,8 (18)
1981	Législatives	4 732 862	19,1 (20,8)
1986 [2]	Législatives	4 424 725	16,1 (25,9)
1988	Présidentielle	4 914 404	16,5 (19,9)
1988 [2]	Législatives	4 502 712	18,8 (19,8)
1992 [2]	Cantonales	–	17,9
1993	Législatives	4 855 274	19,1 (12,9)
1994 [3]	Cantonales	1 659 115	15,16
1997 [3]	Législatives	3 600 473	14,34
1998 [3]	Régionales	–	–
1998 [3]	Cantonales	1 504 971	13,37 (13,73)

Nota. – (1) Le % des suffrages du RPR est entre parenthèses. (2) Listes à direction UDF ou candidats UDF présentés ou non en union avec le RPR. (3) 1ers tours ou tours uniques.

■ **UDF-Jeunes.** 133 *bis,* rue de l'Université, 75007 Paris. **Fondée** 27-11-1998 par la réunion des ex-composantes jeunes de l'UDF (Jeunes démocrates, Jeunes issus du PRIL, Jeunes adhérents directs, Jeunes du PPDF). **Pt :** Jean-Christophe Lagarde. **Secr. général :** Hervé Planas. **Adhérents :** 10 000. **Admission :** 16 à 34 ans.

■ **Union de la gauche.** *Créée* juin 1972 par PC, PS et radicaux de gauche, signataires du *programme commun de la gauche* (voir encadré p. 780 c).

■ **Union des démocrates pour le progrès (UDP).** 106, rue Auguste-Blanqui, 75013 Paris. « Mouvement des gaullistes sociaux et de progrès. » **Créée** 13-6-1985 par d'anciens responsables et militants de l'UJP. Comité national de 70 membres. **Secr. général :** Paul Aurelli ; *adjoint :* Yves Deniaud (né 1-9-1946). **Publications :** *la Lettre du gaullisme, Notre République.*

■ **Union des jeunes pour le progrès, Mouvement national des jeunes gaullistes (UJP).** 4, rue de l'Alboni, 75016 Paris. **Fondée** 13-6-1965 par Robert Grossmann (né 14-10-1940). Réunion des « jeunes de l'UNR-UDT », de l'« Action étudiante gaulliste » et de jeunes issus du MRP et de Démocratie chrétienne. **Pt national :** Christophe Beaudoin. **Adhérents :** 13 264 (en 1993). *Admission :* 15 à 35 ans. **Publications :** *Horizons* (bimestriel), *Clin d'œil* (mensuel).

■ **Union des travailleurs communistes libertaires (UTCL).** Voir **Alternative libertaire** p. 776 a.

■ **Verts (les).** *Confédération écologiste-parti écologiste.* 107, avenue Parmentier, 75011 Paris. **Fondés** janv. 1984 : fusion Verts parti écologiste (créé nov. 1982) et Verts Confédération écologiste (créée 1983). **Secr. national :** Jean-Luc Bennahmias. **Porte-parole :** Maryse Arditi, Francine Bavay, Denis Baupin, Stéphane Pocrain. **Adhérents :** 10 000. **Publication :** *Vert-Contact* (hebdomadaire, 6 000 ex.). **Quelques dates : 1965** *Association fédérative régionale pour la protection de la nature (AFRPN)* fondée ; secr. général : Antoine Waechter. **1970** Pierre Samuel crée avec des scientifiques [dont Alexandre Grothendieck (mathématicien) et Serge Moscovici (psychosociologue)], le groupe *Survivre et vivre.* Alain Hervé crée, avec Brice Lalonde, les *Amis de la Terre* (branche française de *Friends of the Earth*). **1971**-*juillet Combat non violent* créé. **1972**-*avril* 1re manifestation à vélo dans Paris organisée par « Amis de la Terre » : environ 10 000 personnes. *Agence de presse de réhabilitation écologique* créée ; *-nov. la Gueule ouverte,* hebdo créé par Pierre Fournier (pacifiste, journaliste à *Hara-Kiri*) avec soutien de Cavanna et Choron (1ers numéros vendus à + de 70 000 ex. ; il fusionnera en 1977 avec *Combat non violent*). **1973** *le Sauvage,* mensuel créé par Alain Hervé et Brice Lalonde (financé par le groupe Perdriel). **1974**-*5-5 présidentielle :* 1re candidature écologiste [René Dumont, 336 016 voix (1,3 %)] ; *-juin* Montargis : 1res assises de l'écologie ; *-nov.* Issy-les-Moulineaux : 1er collectif national (devient le Mouvement écologique). **1975** *Écologie* lancé par Jean-Luc Burgunder (mensuel puis hebdo.). **1976** *cantonales :* 10 candidats en Alsace (Waechter 12 % des voix à Mulhouse-Sud au 1er tour) ; *-nov.* Paris, *partielle :* Lalonde et René Dumont 6,5 % des voix (Ve arrondissement). **1977** *municipales :* listes dans 41 villes de + de 9 000 hab. : 212 000 voix, 8,4 % des suffrages, parfois + de 10 % (Paris, Alsace, Manche, Alpes), 30 élus. **Tendances :** *Paris :* Amis de la Terre et SOS Environnement (Jean-Claude Delarue) ; *Alsace :* Écologie et Survie ; *Sud-Est :* Mouvement écologique Rhône-Alpes (Philippe Lebreton). **1978** *législatives :* « Écologie 78 » présente 215 candidats dans 168 circonscriptions sur 490, et obtient 4,4 % des voix (2,2 % sur l'ensemble de la France) ; pas d'élus. Après la rupture de l'Union de la gauche, certains penchent vers une nouvelle gauche ; d'autres se démarquent de l'engagement politique. Coordination interrégionale des mouvements écologiques (Cime) créée par Waechter et Didier Anger. **1979** *européennes :* « Europe Écologie » 890 722 voix [4,5 % des suffrages ; n'ayant pas les 5 % minimum, il ne peut se faire rembourser les frais de campagne (ruine du mouvement)] ; *-21-11* Dijon Assises de l'écologie : création du *Mouvement d'écologie politique* (MEP). *Comité de liaison écologique* (CLE) créé pour réunir MEP, Amis de la Terre et Diversitaires (« 3e Collège »). **1980**-*17-2* Versailles : assemblée constitutive du MEP ; *-2-5* Lyon : congrès commun MEP, Amis de la Terre et Diversitaires (« 3e Collège ») ; *-15-6* primaires pour la présidentielle : Lalonde l'emporte sur Philippe Lebreton (MEP). **1981** *présidentielle* (1er tour) : Lalonde 1 118 232 voix (3,85 %) ; *législatives :* 153 candidats écologiques (40 du MEP), 3,3 % des suffrages (1 % sur l'ensemble de la France). **1982**-*févr. Confédération écolo-*

giste créée (regroupe 12 régions) ; *cantonales :* 120 candidats, les 30 du MEP ont 6 % des voix ; *-1-11* à St-Prix, le MEP devient « Verts parti écologiste » et la confédération devient « Verts confédération écologiste ». **1983** *municipales :* une centaine de listes, dont 40 obtiennent 5,4 % des voix, 300 élus ; *-27-3* coordination des partis verts européens et adoption d'un préambule commun décidées à Bruxelles. **1984**-*29-1* à Clichy, *les Verts* fondés, réunissant « Confédération » et « parti écologiste » ; *-17-6 européennes* : les Verts 3,37 % des voix, Entente radicale écologiste (ERE ; Lalonde, Doubin, Stirn) 3,31 %. **1985**-*10-3 cantonales ;* + de 5 % des voix dans + de 100 cantons, plus de 10 % dans une dizaine. **1986**-*16-3 législatives :* (1 405 candidats dont 431 femmes) 1,22 % des voix (2,44 % dans les 28 départements où ils présentent une liste) ; *régionales :* 2,35 % (3,38 % dans les 49 départements) : élus : Andrée Buchmann et Waechter (Alsace), Didier Anger (Basse-Normandie). **1987** campagne sur l'an 2000 sans nucléaire en France et sur l'immigration. **1988**-*24-4 présidentielle* (1er tour) : Waechter 1 142 000 voix (3,78 %) ; *législatives :* 42 candidats (dont 14 Verts), 4,5 % des voix (1,1 % sur l'ensemble de la France) ; *-25-9 cantonales :* 340 candidats. Verts (6,8 % des voix, + de 20 % dans 5 cantons), pas d'élus. Lalonde min. délégué à l'Environnement. **1989**-*12 et 19-3 municipales :* 175 listes, 1er tour : 9 %, 2e tour : 15,1 % (St-Pol-sur-Mer 35 %, Colmar et Lognes 24 %) : 600 élus (15 maires, 40 adjoints) ; *-18-6 européennes :* Waechter 10,6 % et 9 élus. **1990**-*15 et 16-12* assises nationales de Génération Écologie (lancée en mai par Lalonde). **1992**-*22-3 régionales :* 14,7 % ; *-22 et 29-3 cantonales :* 14,7 % dont Génération Écologie (Lalonde) 7,1 %, Verts (Waechter) 6,8 % ; *-31-3* Marie-Christine Blandin élue Pte de la région Nord-Pas-de-Calais ; *-12-11 congrès de Chambéry.* **1993**-*21 et 28-3 législatives :* 4,1 % des voix. **1994** *cantonales :* 7,8 % (5 élus) ; *européennes :* 4,96 % dont Verts (Isler-Béguin) 2,95 %, Génération Écologie (Lalonde) 2,01 %. **1995**-*27-4 présidentielle :* 1er tour : Voynet 1 010 681 voix (3,32 %) [Lalonde candidat le 17-10-1994, s'était retiré le 16-3-1995] ; *municipales :* 6,5 % (650 élus, 20 maires) ; *-10/12-11* 1re assemblée fédérale au Mans : Voynet obtient la majorité sur une motion proposant une unification des Verts et des alternatifs et une alliance avec partis de gauche pour les législatives de 1998. **1997**-*25-5/1-6 législatives :* 5,12 % des voix (1er tour), 20 candidats au 2e tour et 6 élus. **1998**-*15-3 régionales :* 5,21 % (74 élus) ; *cantonales :* 3,46 % (10 élus). **1999** *européennes :* 9,72 % (9 élus). **2001** *municipales :* 11,8 %.

Publications aux USA : 1968 *Like a Conquered Province* de Paul Goodman (1911-72) : dénonce la société du vide, face cachée de la société d'abondance. **1969** *Quelle terre laisserons-nous à nos enfants ?* de Barry Commoner (né 1917) ; *Libérer l'avenir* d'Ivan Illich (né 1926) cofondateur du Centre Cidoc (pour une documentation interculturelle) à Cuernavaca (Mexique). *The Ecologist* (revue) : Edward Goldsmith (dit Teddy, né 1928). **1972** *Changer ou disparaître* d'E. Goldsmith.

Voynet, Dominique (Montbéliard, Doubs, 4-11-1958). Père professeur. Mère directrice d'école. 2 filles. Médecin-anesthésiste (depuis 1985). Conseillère municipale de Dôle (1989). Secrétaire générale des Verts au Parlement européen (1989-91). Député du Jura (juin 1997, cède son siège), européen (1991-94). Conseillère régionale de Franche-Comté (1992-94). Candidate à la présidence de la Rép. (*1995 :* 1er tour 3,32 % des voix). *Ministre* de l'Aménagement du territoire et de l'Environnement (depuis 1997).

Hascoët, Guy (Mans, Sarthe, 29-2-1960). DUT de génie de l'environnement. **1984** participe à la fondation des Verts. **1989** conseiller municipal. **1992** membre du conseil régional du Nord-Pas-de-Calais. **1995** porte-parole national des Verts. **1997**-*juin* député du Nord. **2000**-*27-3* secrétaire auprès de Martine Aubry.

Lalonde, Brice (Olivier, Brice, Achille dit ; Neuilly-sur-Seine, 10-2-1946). Mère : née Forbes (ascendance écossaise, naturalisée Française). Père : Alain-Gauthier Lévy ; ont changé leur nom en Lalonde après la guerre (décret 16-2-1950, jugement du tribunal de la Seine du 2-2-1955). Marié 27-10-1986 à Patricia Raynaud, 3 enfants (Émilie, Marie et Victor). Licences ès lettres et droit. Pt de l'Unef Sorbonne (1966-68). Adhère au PSU. Pt de l'association des *« Amis de la Terre »* (1971). Journaliste au *Sauvage* (pseudonyme : Olivier Forbes ; 1971-77). Exclu du PSU pour s'être présenté contre un PSU à une législative partielle (14-11-1976). *1988-21-3 :* crée avec Simone Veil et Jacques Chaban-Delmas l'« Entente européenne pour l'écologie » (EEE). Candidat à la présidence de la Rép. (*1981 :* 1er tour 3,87 % des voix ; *1995* candidat du 17-10-1994 au 15-3-1995). Secrétaire d'État (mai 1988-90) puis ministre de l'Environnement (1990-avril 1992). Pt de « Génération Écologie » (depuis 1990). ŒUVRES : *Quand vous voudrez* (1978), *Pourquoi les écologistes font de la politique ?* (1978), *Sur la vague verte* (1981).

QUELQUES PARTIS ET MOUVEMENTS DISPARUS

■ **Alliance républicaine démocratique (ARD).** *Fondée* 23-10-1901 par Charles Pallu de la Barrière (secr. général 1901-19) à l'instigation de Waldeck-Rousseau. *Pt fondateur :* Adolphe Carnot (1839-1920, frère de Sadi). Comprend des leaders de la IIIe République : Reynaud, Reibel, François Poncet, Flandin, Tixier-Vignancour. *Députés* et, entre parenthèses, *sénateurs : 1902 :* 39 (39), *1910-32 :* 100 (50). *Adhérents : 1910 :* 30 000 ; *33 :* 14 000 ; *39 :* 23 861. *Programme initial :* pour une république ordonnée et libérale, anticollectiviste, antinationaliste, anticléricale, réformatrice. Les membres se qualifient de républicains de gauche, mais libéraux, récusent le monopole de l'enseignement. **1901-07** font partie du Bloc des gauches, puis tentent de constituer le Bloc des démocrates, et évoluent vers le centre-droit jusqu'en 1933. **1911**-*4/6-12, 1er congrès :* ARD devient le parti républicain démocratique (PRD). **1913** Poincaré (Pt de la Rép.) et Barthou (Pt du Conseil) sont du PRD. **1918** redevient l'ARD. **1919** *législatives* (130 élus). **1920**-*15-6* Charles Jonnart est Pt ; l'ARD devient parti républicain démocratique et social (PRDS). **1923**-*1-12* Antony Ratier est Pt. **1924**-*nov.* nombreux élus rejoignent la ligue républicaine nationale créée par Millerand contre le Cartel des gauches. **1926**-*oct.* PRDS devient Alliance démocrate (AD). **1933**-*janv.* Pierre-Étienne Flandin est Pt ; AD réorganisée en parti. **1940**-*mai* cesse toute activité. Représentée au CNR (Conseil national de la Résistance) par J. Laniel. **1948**-*févr. 2e congrès :* se rapproche du RGR (Rassemblement des gauches républicaines). **1952-58** P.-E. Flandin est Pt, puis G. Portmann. **1954** quitte le RGR et se rapproche des Indépendants. Attire A. Pinay, Jacquinot, E. Frédéric-Dupont. **1964** l'AD devient un cercle. **1978**-*10-5* dissolution (enregistrée le 7-7 à la préfecture de Paris).

■ **Fédération républicaine.** *Créée* 1903 par des républicains progressistes hostiles au Bloc des gauches fondé en 1899. Club d'idées, orienté vers droite et centre-droit. **1919** sur des listes du Bloc national. **1922** tente de se réorganiser. **1924**-*mai* échec ; Louis Marin est Pt. *Élus : 1924 :* 90 ; *28 :* 103 (Groupe de l'union républicaine démocratique, présidé par L. Marin). *Membres : 1926 :* 30 000 ; *39 :* 18 000. Ne devint jamais un parti puissant (comités peu dynamiques). **1934**-*6-2* dirigeants approuvent les manifestants. Participent aux gouvernements Doumergue, Flandin et Laval. **1940** pleins pouvoirs à Pétain ; mais peu s'engageront dans la collaboration.

■ **Force démocrate (FD).** 133 *bis,* rue de l'Université, 75007 Paris. **Fondée** 25-11-1995. Fusion du **Centre des démocrates sociaux (CDS)**, fondé 23-5-1976 à Rennes par la fusion du **Centre démocrate** créé 1966 par **Jean Lecanuet** [(1920-1993). Agrégé de philosophie. Maire de Rouen (1968-93). Pt du conseil régional Hte-Normandie (1974). Député S.-M. (1951-55). Maître des requêtes au Conseil d'État (1956). Sénateur S.-M. (avril 59-mars 73, sept. 77-86). Secrétaire d'État à la présidence du Conseil (1955-56). Ministre Justice (1974-76). Plan et Aménagement du territoire (1976-77). Député européen (1979-88). Pt MRP (1963-65). Pt du Centre démocrate (1966). Cofondateur avec J.-J. Servan-Schreiber du Mouvement réformateur (1972). Pt CDS (1976-82). Pt UDF (1978-88). Candidat à la présidence de la Rép. (1965 : 1er tour 15,57 % des voix)], et **Pierre Abelin** (1909-77) et du **Centre Démocratie et Progrès (CDP)** créé 1969 par **Jacques Duhamel** (1924-77) et **Joseph Fontanet** [(9-2-1921/2-2-1980, attentat dans la rue) ; député Savoie (MRP) (1956-58). Secrétaire d'État Industrie (1959), Commerce (1959-61). Ministre Santé publique (1961-62), Travail (1969-72), Éducation nationale (1972-73 et 1975-76). Directeur du quotidien *J'informe* (1977). Gérant de Stés (depuis 1978)] avec le **Parti social-démocrate. Parti social-démocrate (PSD).** Continue le **Mouvement démocrate socialiste** créé 9-12-1973 par Max Lejeune (né 19-2-1909) qui présente Émile Muller à la présidentielle de 1974. Fédère Mouvement socialiste libéral, Socialisme démocratique, Socialisme pour les libertés et la démocratie et, depuis 1986, le Mouvement des jeunes sociaux libéraux (Pt : Thierry Rodier). *Secr. général :* André Santini (né 20-10-1940). Incarne le courant démocrate-chrétien qu'exprimait le MRP en 1945 et situe, au plan européen, son action dans le cadre du Parti populaire européen (PPE). Composante de l'UDF. Constitua de 1988 à 1993 le groupe de l'Union du centre (UDC) à l'Assemblée nationale. *Pt :* François Bayrou (né 25-5-1951). *Secr. général :* Philippe Douste-Blazy (né 1-1-1953), André Santini (né 20-10-1940), Claude Goasguen (né 12-3-1945), Anne-Marie Idrac (née 27-7-1951). *Trésorier :* Michel Mercier (né 7-3-1947). *Représentation :* 48 députés à l'Ass. nat., 61 sénateurs, 4 députés à l'Assemblée européenne, 315 conseillers généraux, 19 Pts de conseil général, 2 Pts de conseil régional, 105 conseillers régionaux, 20 maires de villes de plus de 30 000 hab. **Club associé :** *France-Forum.* **Mouvements rattachés :** *Jeunes démocrates* (voir **UDF-Jeunes** p. 785 c), *Femmes démocrates* (*Pte :* Colette Ronxin). *Équipes rurales. Équipes syndicales.* **Publications :** *Démocratie moderne, France-Forum.*

■ **Mouvement républicain populaire (MRP). Origine : 1944**-*25/26-11* fondé par des chrétiens résistants. Héritier du parti démocrate populaire (PDP) [créé nov. 1924. 1er parti démocrate chrétien. Regroupe aile gauche du catholicisme social et aile droite de la démocratie chrétienne qui ne suit pas Marc Sangnier (1873-1950), qui avait lancé la Jeune République en 1912. *Adhérents :* moins de 20 000. *Presse :* « Petit Démocrate » (hebdomadaire), « Ouest-Éclair » et « l'Aube » ; « Politique » (Marcel Prelot), « Cahiers de la nouvelle journée » (Paul Archambault). *Dirigeants :* Auguste Champetier de Ribes (Pt depuis 1926), Robert Cornilleau (dir. du « Petit Démocrate »), Raymond Laurent (secr. général), Ernest Pezet, Louis-Alfred Pagès, Paul Simon. *1928 : législatives :* 18 élus. Lutte contre Cartel des gauches et soutien Union nationale et politique de Briand. *1932 et 1936 :* tassement. *1933-34 :* fermeté face au « néo-pacifisme » d'une certaine droite. *1944 :* disparaît]. **1945**-*21-10* 1re Assemblée constituante 23,9 % (150 élus). **1946**-*2-6,* 2e Assemblée constituante (1er parti devant le PCF 25,9 %, 161 élus) ; *-10-11* élections à l'Assemblée nationale 25,9 % (173 élus), PCF 28,2 % (182 élus). La référence chrétienne rassurait les conservateurs dont un certain nombre avaient été vichystes (les adversaires du MRP parlaient de « machine à ramasser les pétainistes »). Rompt avec de Gaulle quand il dénonce la Constitution. **1947-51** élément du tripartisme puis de la 3e force (assume 4 fois la présidence du Conseil). **1951**-*17-6 législatives :* 15 % des voix, 95 élus ; concurrencé par le RPF. **1952** succès d'Antoine Pinay, hostilité envers Mendès France, jugé pas assez partisan de la CED. **1954**-*18-6* gouvernement Mendès France (MRP 74 abstentions, 10 pour, 1 contre) 37 députés contre 16 et 2 abstentions refusent ministères proposés. **1958**-*mai* Pflimlin Pt du Conseil (seul MRP) favorable au retour de De Gaulle ; *-nov. législatives :* 57 élus. **1959**-*janv.* participe au gouvernement Debré. **1962**-*avril* au gouvernement Pompidou (5 ministres, qui démissionnent en mai après la conférence de presse du 15 où de Gaulle qualifie l'Europe supranationale de *volapük* intégré). S'oppose majoritairement à l'élection du Pt au suffrage universel (Cartel des non) ; *-nov. législatives :* 36 élus. **1963** *congrès de la Baule :* projet de rassemblement des démocrates dans 1 fédération démocrate socialiste échoue ; le MRP est victime du retour au scrutin majoritaire et du rapprochement socialistes-communistes. **1964** plus de congrès. **1965**-*déc. présidentielle :* Lecanuet (Pt) candidat comme démocrate social et européen : 15,8 % des voix. **1966**-*2-2* il crée le **Centre démocrate** (1re convention à Lyon les 23 et 24-4). Les organes nationaux du MRP fonctionnent jusqu'aux élections de 1967, mais Lecanuet demande à ses adhérents de s'inscrire au Centre démocrate. D'autres s'orientent vers UNR, Centre progrès et démocratie moderne (en 1967, autour de Jacques Duhamel), PSU, SFIO, Objectif socialiste (Robert Buron). Les MRP, fidèles à de Gaulle, constituent le groupement des démocrates Cinquième (M. Schumann, Marie-Madeleine Dienesch). **Pts : 1944-49 :** Maurice Schumann (1911-98), **1949-52 :** Georges Bidault (1899-1983), **1952-56 :** Pierre-Henri Teitgen (1908-97), **1956-59 :** Pierre Pflimlin (1907-99), **1959-63 :** André Colin (né 1910, professeur de droit, actif résistant au Liban dès 1940), **1963-65 :** Jean Lecanuet (1920-93). **Secrétaires généraux : 1944-55 :** André Colin, **1955-63 :** Maurice-René Simonet, **1963-67 :** Joseph Fontanet (1921-80). **Adhérents :** *1945 :* 81 000 ; *46 :* 125 000 ; *47 :* 80 000 ; *48 :* 50 000 ; *49 :* 29 000 ; *50 :* 25 000 ; *55 :* 30 000 ; *58 :* 28 000 ; *59 :* 22 000 ; *65 :* 12 000.

Une amicale des anciens du MRP subsiste (*bulletin :* « le MRP vous parle »). *Furent* MRP : Alain Poher, Louis Terrenoire, Edmond Michelet, Robert Buron, Bernard Lambert qui évolua vers le trotskisme.

■ **Parti pour une alternative communiste (PAC).** Issu du PCMLF (fondé 31-12-1967 par des exclus du PCF, dont Jacques Jurquet, rejoint dans les années 1970 par de nombreux groupes, actifs en mai 1968). N'existe plus depuis janvier 1989.

■ **Parti républicain de la liberté (PRL).** *Fondé* 22-12-1945 par Joseph Laniel, André Mutter, Édouard Frédéric-Dupont et Jules Ramarony. Suscite l'hostilité de la Fédération républicaine et de Louis Marin. **1946**-*5-5* fait campagne pour le non au référendum. *-10-11 législatives :* 38 élus. Michel Clemenceau, son Pt, obtient 60 voix sur 883 à l'élection du Pt de la Rép. **1947**-*mars 2e congrès :* dissensions (armistice, création du RPF). **1948**-*nov.* élections au Conseil de la République : 11 élus PRL sur 12 appartiennent à l'intergroupe gaulliste, dont les pro-gouvernementaux (Robert Bertolaud, Joseph Laniel) face aux pro-gaullistes (Édouard Barrachin, Henri Bergasse et E. Frédéric-Dupont). **1951** absorbé par le CNI (créé 1949).

■ **Parti social français (PSF). 1936**-*7-7* fondé par le Cel de la Rocque après les décrets du 18-6-1936 dissolvant les ligues (dont les Croix-de-Feu, voir p. 687 b). Association régulièrement constituée et déclarée conforme à la loi du 1-7-1901. *Pt :* La Rocque ; *délégué général :* Noël Ottavi. *Comité exécutif :* Jean Ybarnégaray, Jean Mermoz, Georges Riché et Charles Vallin ; *-10-7* réunion inaugurale salle Wagram, y participent le Mal Franchet d'Esperey et Jean Borotra (joueur de tennis) ; *-1-10* réunion au Vél d'Hiv. ; *-4-10* contre-manifestation pour s'opposer au meeting du parti communiste au parc des Princes (15 000 à 40 000 personnes). L'extrême droite (Action française et PPF) attaque La Rocque et le PSF. Le duc Joseph Pozzo di Borgo, dans *La Rocque fantôme à vendre,* accuse La Rocque d'avoir émargé aux fonds secrets, reprenant les allégations de Tardieu (ce que La Rocque démentit) ; *-oct.* accord avec l'Union nationale des combattants. Le PSF « dénonce l'action de Moscou » et veut « désarmer ceux qui préparent la guerre civile ». Refuse d'adhérer au Front de la liberté constitué autour de Doriot et Taittinger ; *-nov.* à Paris, salle de Magic-City, *1er congrès national* 600 000 adhérents [+ de 2 000 000 (?) en 1937]. *Presse :* « Le Flambeau » (disparu 1937), « Le Petit Journal » (acquis par La Rocque). **1937**-*févr.* ouverture des Aéro-clubs Jean Mermoz (ACJM) ; *-avril* Fédération Jean-Mermoz regroupe Aéro-clubs et groupements aéronautiques. Le PSF contrôle la *Confédération des Syndicats professionnels français* (CSPF). Une dizaine de députés se réclament de lui ; *-nov., partielles :* Charles Vallin élu. **1938**-*26-1 Union interfédérale du PSF* succède au PSF ; comprend des fédérations départementales autonomes ; création d'organismes et d'associations diverses comme les *Stés de préparation et d'éducation sportives (SPES). Sur 34 partielles de 1936 à 1939 : obtient 2 sièges* (Paris, Remiremont). *Munich :* La Rocque approuve Daladier ; mais le PSF ne croit qu'à un répit. La Rocque s'oppose aux sections PSF d'Alsace-Lorraine qui souhaiteraient exclure les juifs. *Association des Auxiliaires de la défense passive* (ADP) créée par La Rocque. **1940**-*10-5* Jean Ybarnégaray ministre d'État ; *-18-8* les partis politiques ayant été interdits en zone Nord, le PSF devient le Progrès social français et se range derrière Pétain en restant réservé sur le gouvernement de Vichy. Le régime reprendra ce que *le Petit Journal* affirmait en manchette à l'été 1939 : « L'ordre français a toujours reposé sur trois éléments : Travail, Famille, Patrie. »

■ **Parti socialiste unifié (PSU).** **Fondé** 3-4-1960. Voulait une transformation fondamentale de la société fondée sur l'autogestion et l'établissement de rapports plus égalitaires avec les pays du tiers-monde. Regroupait le *Parti socialiste autonome* séparé de la SFIO en sept. 1958, avec Édouard Depreux, Daniel Mayer, Robert Verdier, Michel Rocard ; l'*Union de la gauche socialiste* de Claude Bourdet (1906-96) et Gilles Martinet, fondée 7/8-12-1957 à partir principalement de la *Jeune République,* de la *Nouvelle Gauche* [résultat d'une 1re fusion entre le Centre d'action des gauches indépendantes (CAGI), formé en 1951 et l'Union progressiste : 2 000 militants] et du *Mouvement de libération du peuple,* résultat de scissions au sein du MPF (Mouvement populaire des familles), d'action catholique ouvrière qui comptait en 1945 jusqu'à 100 000 adhérents. En 1951 étaient constitués le MLO (Mouvement de libération ouvrière), tourné vers la seule action sociale, et le MLP (amputé en 1953 d'une minorité qui rejoignit le PCF) : 4 000 militants. Groupes de l'action socialiste : Pierre Doridam, Pierre Drevet, Jean Lambert, ont quitté la SFIO en 1956 ; et la tendance *Tribune du communisme* regroupant un groupuscule minoritaire du PC (recruté, pour l'essentiel, à la cellule « Sorbonne Lettres »). **1961-68** Mendès France adhère. Tendance doctrinale autonomiste dénonçant la politique gaulliste (avec Bourdet, Poperen, Bridier) et tendance moderniste-unioniste (Depreux, Martinet, Rocard, Heurgon). **1965** soutient Mitterrand. **1967** *législatives :* 2,26 % des suffrages, 4 élus, dont Mendès France. Martinet et ses proches (Mallet, Bérégovoy, J. Poperen), pour l'union, s'opposent à Rocard, Heurgon et Bridier, méfiants à l'égard de la FGDS et de la Convention des institutions républicaines. Après 1968, Heurgon et Rocard analysent les événements de mai, les unionistes réclament un groupement élargi. **1968** *législatives :* 3,94 % des voix. **1969**-*1-6 présidentielle :* Rocard a 3,61 % des voix. Conseil national d'Orléans, majorité contre l'intégration au PS ; Rocard démissionne et rejoint le PS. **1971** militants rejoignent le PS. **1973** *législatives :* 1,98 % des voix. **1978** *législatives :* listes MANV (Mouvement pour une alternative non violente) rassemblant PSU, écologistes et régionalistes ; 1,1 % des voix. **1981** *présidentielle :* Huguette Bouchardeau a 1,11 % des voix. **1983**-*mars* H. Bouchardeau secrétaire d'État chargée de l'Environnement (puis ministre en juillet 1984). **1984** *15e congrès* (Bourges) : H. Bouchardeau et Serge Depaquit démissionnent ; *européennes :* 0,72 % des voix. **1986** *16e congrès* (Bourg-en-Bresse) : se prononce pour son « dépassement » dans le cadre d'un large « mouvement pour une alternative socialiste, autogestionnaire et écologiste ». **1988**-*mars présidentielle :* Juquin 2,1 % ; *législatives :* 1 %. **1989**-*juin européennes :* 0,4 % des voix ; *-24-11, 18e et dernier congrès ; -26-11* PSU et Nouvelle Gauche fondent *l'Alternative rouge et verte* (Arev), 71,6 % des voix pour la fusion, 16,1 % pour constituer un forum. **1990**-*7-4* dissolution administrative décidée par 91 % des voix. **Secrétaires nationaux :** *1960 :* Édouard Depreux (1908-81) ; *1967 :* Michel Rocard (né 23-8-1930) ; *1973 (26-11) :* Robert Chapuis (né 7-5-1933) ; *1974 (14-12) :* André Barjonet (né 9-1-1921), Pascal Gollet, Victor Leduc, Michel Mousel (né 11-3-1940) et Charles Piaget ; *1979 :* Huguette Bouchardeau (née 1-6-1935) ; *1983 :* Serge Depaquit ; *1984 (16-12) :* Jean-Claude Le Scornet (né 12-2-1943). **Élus locaux :** *1985 :* 250. **Adhérents :** *1962 :* 15 000 ; *71 :* 10 000 à 15 000 ; *81 :* 8 000 ; *84 :* 2 500 ; *89 :* 530.

☞ **Un 1er PSU (Parti socialiste unitaire)** formé en 1948 autour de *la Bataille socialiste*, journal d'une tendance exclue de la SFIO, avec Pierre Stibbe, Claude Estier, Élie Bloncourt, rejoints par Gilles Martinet, avait fusionné en 1950 avec l'Union républicaine et résistante et l'Union des chrétiens progressistes pour former l'Union progressiste.

■ **Rassemblement des gauches républicaines (RGR).** **1945**-*nov.* Marcel Antier, Paul Anxionnaz prennent contact avec l'UDSR, issue de la Résistance. **1946**-*avril* le congrès radical réuni à Lyon rejette toute alliance avec SFIO et PCF ; *-2-6 législatives :* 11,6 % des voix ; *-10-11 Assemblée nationale :* 12,4 % des voix et 70 élus. **1948** 83 sénateurs. Daladier, président RGR, espère concurrencer Herriot, Pt du parti radical. **1951** 17 500 adhérents. **1955**-*printemps* Mendès France Pt du Parti radical ; *-juin* Edgar Faure, Pt du Conseil, dirige le RGR ; *-déc.* recueille l'aile droite exclue du parti radical (Jean-Paul David et Bernard Lafay). **1956**-*2-1* listes dans 32 circonscriptions, 12 sièges.

■ **Service d'action civique (SAC).** **Fondé** 1959. Service d'ordre gaulliste. *Secr. général :* Pierre Debizet (1922-96). *Membres :* 10 000. *Dissous* 1982.

■ **Tripartisme.** Période allant du départ du Gal de Gaulle (20-1-1946) à la formation du 1er gouvernement Ramadier (5-5-1947), où MRP, SFIO et PCF se partagèrent le pouvoir après avoir signé le 23-1-1946 une charte de collaboration. Le 19-11-1945, l'UDSR avait fait voter un amendement stipulant la nécessité de former « un gouvernement tripartite résolu à réaliser, sous le contrôle de l'Assemblée et conformément au programme du CNR, les réformes réclamées par le suffrage universel, l'œuvre de reconstruction et la défense de la paix ».

■ **Troisième Force.** Période de 1947 à 1951, marquée par le rassemblement des forces attachées à la IVe République face à l'opposition gaulliste et communiste (dans les années 1930, Georges Izard avait défini la recherche d'une 3e voie entre capitalisme et communisme). **1947**-*28-11* gouvernement Schumann ouvert au centre-droit, la SFIO abandonnant au MRP le rôle de pivot des majorités de Troisième Force. **1947**-*hiver*-**1948** majorité divisée sur politique économique et financière et question scolaire ; *-24-12* appel pour une « troisième force » par 32 hommes politiques. Prône fédération de partis avec des liens organiques au niveau national et local autour d'un noyau SFIO-MRP. **1948**-*10-1* bureau exécutif formé [3 socialistes, 3 MRP, 1 jeune républicain, 1 radical, 1 UDSR, 2 syndicalistes (CFTC et FO) et 4 personnalités] dirigé contre RPF ; s'arrête en juillet 1948 ; *-mars* René Pleven ouvre en vain la Troisième Force au RPF ; *-19-7* chute du gouvernement Schumann ; *-26-7* gouvernement André Marie ; *-11-9* Henri Queuille, radical. Majorité SFIO-PRL, immobilisme. **1951**-*17-6 législatives :* Pleven forme un gouvernement de Troisième Force, échec (refus sur la question scolaire). **1952**-*janv./mars* gouvernement Edgar Faure ; *-6-3* Antoine Pinay investi par la majorité de droite après dissidence de 27 députés RPF. Fin de la Troisième Force.

■ **UDSR (Union démocratique et socialiste de la Résistance).** **1945**-*26-6* créée à l'initiative de la majorité du Mouvement de libération nationale, qui avait refusé en janvier de fusionner avec le Front national dominé par les communistes. Fédération des mouvements de résistance : Organisation civile et militaire (OCM), Libérer et Fédérer, Libération-Nord, quelques membres de Ceux de la Résistance et des représentants de la France libre et d'autres mouvements. La fondation du MRP lui retirait la clientèle démocrate-chrétienne ; *-21-9 élections* à l'Assemblée nationale constituante : 31 sièges. **1946**-*juin* se transforme en parti ; nombreux adhérents rejoignent des partis traditionnels ou se retirent de la vie politique ; l'UDSR contribue avec le parti radical à la fondation du Rassemblement des gauches républicaines. **1948-51** charnière des majorités de Troisième Force. **1951** René Pleven est Pt du Conseil. **1952** la dissidence de 27 députés RPF en faveur du gouvernement Pinay rend l'apport des voix UDSR moins nécessaire. A l'intérieur de l'UDSR, Mitterrand critique de plus en plus la participation systématique au gouvernement. Souhaite un recentrage à gauche. **1953** élu président en s'appuyant sur des anciens prisonniers de guerre, il se prononce pour la fin de la guerre d'Indochine et pose pour préalable à la construction européenne la constitution d'un ensemble franco-africain durable, fédéral puis confédéral. **1958** engage l'UDSR à résister au pouvoir personnel de De Gaulle.

Skinheads (des 2 mots anglais *skin :* peau, et *head :* tête, allusion à leur crâne rasé). Mouvement de jeunesse apparu en G.-B. à la fin des années 1960. Issus de la main-d'œuvre ouvrière qualifiée, renaissent à la fin des années 1970 sous la forme des *hooligans* (football) pratiquant le *paki-bashing* (chasse aux Pakistanais). Ils lancent les émeutes de 1981 à Sarthall. 1re apparition en France en 1985, au Parc des Princes. Généralement peu organisés et constitués en bandes dans plusieurs villes (Lille, Brest, Rouen, Reims, Nice, Paris, Lyon), ils prônent la violence et s'en prennent aux homosexuels, aux « dealers », aux immigrés. Ont été accueillis momentanément par PNFE (1988), Troisième Voie, Parti nationaliste français (oct. 1990-mars 1991) ; ont constitué en 1990 les Jeunesses nationales révolutionnaires.

JUSTICE

☞ Pour découvrir la sélection **Quid** des meilleurs sites Internet sur la justice, rendez-vous sur **www.quid.fr**

☞ *Abréviations :* CPP : Code de procédure pénale ; trib. : tribunal(aux).

Organisation

■ **Indépendance de la justice.** **Magistrats du parquet :** en tant que représentants des intérêts de la société, sont sous l'autorité du procureur général et du garde des Sceaux. **Magistrats du siège :** sont indépendants. Cette indépendance est garantie par le principe de leur inamovibilité, leur recrutement par concours, la publicité de leurs nominations, et l'institution du Conseil supérieur de la magistrature, indépendant de discipline et de nomination. **Juges administratifs :** membres du Conseil d'État, ils bénéficient d'une indépendance reconnue et étendue par le Conseil constitutionnel à l'ensemble de la juridiction administrative (loi du 6-1-1986). Ils relèvent du statut général de la Fonction publique, mais ne peuvent être révoqués que par décret.

■ **Impartialité du tribunal.** Principales garanties : protection contre menaces et attaques, secret du délibéré. En cas de doute sur l'impartialité d'un juge, le justiciable peut, dans certaines circonstances, le récuser (ex. les jurés de cour d'assises peuvent être récusés par le ministère public ou par l'avocat de la défense). Le justiciable ne peut pas être distrait de son juge naturel. *L'arrêt Canal* du Conseil d'État du 19-10-1962 a condamné la Cour militaire de justice en raison de la procédure suivie qui excluait toute voie de recours. A la suite de cet arrêt fut créée la *Cour de sûreté de l'État,* juridiction d'exception permanente, compétente pour juger les crimes et délits contre la sûreté de l'État. Elle fut supprimée par la loi du 4-8-1981.

■ **Respect des droits de la défense.** Toute personne poursuivie ou détenue peut se faire assister par un avocat dans les meilleurs délais, et avoir accès tout au long de l'instruction de son affaire à tous les éléments détenus par le juge d'instruction.

■ **Publicité des audiences.** **Lois des 16/24-8-1790 :** la règle de la publicité des plaidoyers, rapports et jugements au civil et au pénal. **Constitution du 5 fructidor an III,** article 208 : les séances des tribunaux sont publiques, les juges délibèrent en secret, les jugements sont prononcés à haute voix. **Loi du 20-4-1810,** article 7 : les arrêts qui n'ont pas été rendus publiquement sont déclarés nuls. **Constitution du 4-11-1848,** article 81 : la justice est rendue gratuitement au nom du peuple français. Les débats sont publics, à moins que la publicité ne soit dangereuse pour l'ordre ou les mœurs. **Code de procédure pénale,** article 306 relatif à la cour d'assises : « les débats sont publics, à moins que la publicité ne soit dangereuse pour l'ordre ou les mœurs. Dans ce cas, la cour le déclare par un arrêt rendu en audience publique. (...) Lorsque les poursuites sont exercées du chef de viol ou de tortures et actes de barbarie accompagnés d'agressions sexuelles, le huis clos est de droit si la victime partie civile ou l'une des victimes parties civiles le demande ; dans les autres cas, le huis clos ne peut être ordonné que si la victime partie civile ou l'une des victimes parties civiles ne s'y oppose pas. (...) L'arrêt sur le fond doit toujours être prononcé en audience publique. » L'article 400 reprend l'essentiel de ces dispositions pour les tribunaux correctionnels. **CEDH, Convention européenne de sauvegarde des droits de l'homme,** article 6 : toute personne a droit à ce que sa cause soit entendue équitablement, publiquement et dans un délai raisonnable par un tribunal indépendant et impartial.

■ **Légalité des peines.** Selon la Déclaration des droits de l'homme, « nul ne peut être puni qu'en vertu d'une loi » (art. 7). Toute infraction doit être définie en des termes clairs et précis pour exclure l'arbitraire et permettre au prévenu de connaître exactement la nature et la cause de l'accusation portée contre lui (arrêt de la Chambre criminelle de la Cour de cassation du 1-2-1990). Les juridictions d'instruction et de jugement doivent donc, dans chaque affaire, qualifier les faits dans le cadre d'un texte de loi applicable. A défaut, il ne peut y avoir ni poursuite pénale (non-lieu), ni condamnation (relaxe). Il n'appartient pas aux tribunaux répressifs de prononcer par induction, présomption, analogie ou pour des motifs d'intérêt général ; une peine ne peut être appliquée que si elle est édictée par la loi (arrêt de la Chambre criminelle de la Cour de cassation du 1-6-1992). L'application à des faits non prévus par un texte – d'une norme pénale régissant un cas semblable – doit rester exceptionnelle. *Limite :* détermination des contraventions par la voie réglementaire. La loi du 19-7-1993 a, dans son article 1er, supprimé l'emprisonnement des peines prévues par l'article 464 du Code pénal Napoléon en matière contraventionnelle.

■ **Juridiction.** La séparation des pouvoirs, introduite lors de la Révolution, interdit aux magistrats des cours et tribunaux de connaître des actes de l'administration. Il existe 2 ordres de juridictions autonomes.

1°) Les juridictions judiciaires appliquent le droit en 2 domaines : *civil* et *pénal,* dont chacun possède une législation propre (voir **Codes** p. 792 b), une compétence différente et une procédure particulière. **Les juridictions civiles** font appliquer le droit privé, qui règle les rapports des particuliers entre eux (ou des particuliers avec l'État considéré comme une personne privée). **Les juridictions pénales** font appliquer les lois et textes répressifs édictés par l'État. Il est parfois difficile de déterminer de quel domaine, civil ou pénal, relève une cause. **Nombre** (y compris TOM et collectivités territoriales) : Cour de cassation 1 ; cours d'appel 35 ; *tribunaux* supérieurs d'appel 2 ; de grande instance 181 (37 à compétence commerciale) ; de première instance 5 (3 à compétence commerciale) ; pour enfants 139 ; des affaires de Sécurité sociale 116 ; d'instance 473 ; du travail 6 ; de commerce 191 (36 supprimés en 1999) ; conseils de prud'hommes 271.

2°) Les juridictions administratives sont chargées de trancher les litiges nés à l'occasion du fonctionnement des services publics, ainsi que la plupart des litiges opposant les citoyens à l'administration. **Nombre :** Conseil d'État 1, cours administratives 7, tribunaux administratifs 35.

■ **Magistrature.** **Les magistrats amovibles** *et interchangeables* du parquet (*magistrature dite « debout »*) requièrent debout. **Les magistrats inamovibles** du siège (*magistrature dite « assise »*) rendent leurs jugements assis.

■ **Nombre d'habitants par juriste.** USA 500 (675 000 *lawyers*), G.-B. 1 000 (48 000 *solicitors* et 5 500 *barristers*), Allemagne 1 200 (50 000 avocats), France (1992) 1 607 (35 604 dont avocats 18 000, notaires 7 538, ex-conseils juridiques 6 500, huissiers 3 115, avoués 363, avocats au Conseil d'État et à la Cour de cassation 88).

■ **Budget de la justice** (en milliards de F). *1997 :* 23,903 ; *98 :* 24,87 ; *99 :* 26,26 ; *2000 :* 27,3 ; *2001* (prév.) : 28,15 (dont administration centrale 3,61 ; services judiciaires 12,21, pénitentiaires 7,9 ; protection judiciaire de la jeunesse 3,41 ; conseil d'État et juridiction administrative 0,84 ; autres institutions rattachées 0,17). **Part dans le budget de l'État** (en %) : *1984 :* 1,1 ; *90 :* 1,38 ; *98 :* 1,56 ; *99 :* 1,56 ; *2000 :* 1,60. **Dépenses de justice** (par hab., en 1998) : Allemagne 870 F, G.-B. 492 F (91), *France 413 F.*

■ **Effectifs budgétaires du ministère de la Justice en 2001.** 64 581 agents. *Administrations centrales et services communs :* 1 788 (magistrats 180) ; services judiciaires : 26 823 [magistrats 6 846, fonctionnaires et contractuels 11 930 (greffiers et greffiers en chef 8 337)] ; *administration pénitentiaire :* 26 390 ; *protection judiciaire de la jeunesse :* 7 153 ; *juridictions administratives* 2 357 ; *autres institutions* 70.

■ **Implantations immobilières en 2000** (en m²). 5 105 102 : cours et tribunaux (773 sites) 1 841 337 (SHON neufs supplémentaires 4 500) ; administration centrale 54 897 ; *services extérieurs* de l'administration pénitentiaire 2 845 440 ; de la protection judiciaire de la jeunesse du secteur public (377 établissements) 363 428.

■ **Auxiliaires de justice au 1-1-2000.** Administrateurs judiciaires 135, associations d'aide aux victimes (dont 5 nationales) 158, avocats 36 445, avocats au Conseil d'État et à la Cour de cassation 90, avoués près les cours d'appel 413, commissaires-priseurs 458, conciliateurs de justice 1 729, conseils départementaux de l'aide juridique (loi du 10-7-1991) 39, experts judiciaires 20 250, greffiers de tribunal de commerce 10, huissiers de justice 3 230, mandataires liquidateurs 336, notaires 7 710.

Juridictions judiciaires

Justice civile

Tribunaux de droit commun

■ **Juridictions du 1er degré. Tribunaux d'instance. Composition :** juge unique. Ont en 1958 remplacé les 2 918 *justices de paix.* **Compétence :** toutes actions personnelles ou mobilières, en dernier ressort jusqu'à 25 000 F, et à charge d'appel jusqu'à 50 000 F depuis le 1-3-1999 (décret du 28-12-1998, *JO* du 30), en matière de baux à loyer d'habitation professionnelle. 3 (Paris, Lyon et Marseille) ont une compétence pénale exclusive concernant l'intégralité de leur compétence. **Statistiques :** *tribunaux* 473. Il y en a 5 de 1re instance dont 3 à compétence commerciale dans les Tom.

Tribunaux de grande instance. Compétence exclusive : les affaires civiles non attribuées à d'autres juridictions (jusqu'à 13 000 F), appel à partir de 13 001 F. En principe, toutes les affaires mettant en jeu des sommes de plus de 50 000 F (pour des affaires déterminées : art. L. 311-10 à L. 311-12 du Code de l'organisation judiciaire), ou qui ne sont pas attribuées à une autre juridiction. **Composition :** collégiale (3 magistrats), sauf exception. **Statistiques :** *tribunaux* 181 dont 37 à compétence commerciale ; au moins 1 par département (1 au chef-lieu, plus 1 dans les arrondissements importants). Exceptions [Manche 3 : Cherbourg, Coutances et Avranches (sous-préfecture)].

■ **Juridictions d'appel. Cours d'appel. Compétence :** décisions rendues par trib. d'instance et de grande instance, de commerce, paritaires des baux ruraux, conseils de prud'hommes (environ 25 % des appels), commissions de 1re instance de la Sécurité sociale (art. R. 211-1 du Code de l'organisation judiciaire). **Nombre :** 35. Voir liste p. 758. **Tribunaux supérieurs d'appel :** 2.

Cour de cassation. Origine : *créée 1790* (27-11/1-12), loi créant le tribunal de cassation. *1804* devient Cour. **Composition :** 1er Pt, 6 Pts de chambre, 84 conseillers et 37 conseillers référendaires siégeant avec voix consultative. Le ministère public est représenté par le *procureur général,* 1 *premier avocat général,* 19 *avocats généraux* (18 *auditeurs,* n'appartenant pas au parquet, composent le service de documentation et d'études de la Cour). *Chambres :* 3 civiles : 1 commerciale, 1 sociale, 1 criminelle. Chacune siège isolément et ne peut rendre son arrêt que si 5 membres au moins ayant voix délibérative sont présents. **Compétence :** n'est pas juge du fond mais, en dernier ressort, de la légalité des décisions qui lui sont déférées par pourvoi. Elle peut rejeter le pourvoi, casser la décision rendue sans renvoi, ou renvoyer éventuellement l'affaire devant une juridiction de même degré (loi du 3-1-1979). Si celle-ci ne s'incline pas et s'il y a nouveau pourvoi, la Cour statue alors en assemblée plénière (25 membres, y compris le 1er Pt), sans renvoi, ou en renvoyant devant une juridiction qui doit se conformer à la décision de droit de l'assemblée plénière. Si une affaire pose une question de principe ou si sa solution risque de causer une contrariété de décision, une chambre mixte composée de magistrats appartenant à 3 chambres au moins de la Cour peut en être saisie. Enfin, la Cour statue sur les demandes de renvoi d'un tribunal à un autre pour cause de suspicion légitime (art. 356 et suivant du Code de procédure civile) et pour cause de récusation de plusieurs juges (art. 364).

Juridictions spécialisées

■ **Tribunaux de commerce. Origine : 1563** édit du chancelier Michel de l'Hospital (1506-73) créant des juges-consuls à Paris. **1673** création en province. **1790**-*27-5* l'Assemblée constituante les organise en trib. de commerce (lois des 16/24-8-1790). **1807** Code de commerce. **1809**-*6-10* décret impérial fixe le siège et les effectifs des trib. **Compétence :** pour toutes les contestations relatives aux actes et à l'exercice du commerce, en dernier ressort (sans possibilité d'appel) jusqu'à 13 000 F (au-delà, la cour d'appel est juridiction d'appel) et pour les procédures de redressement et liquidation judiciaires des entreprises commerciales et artisanales (loi du 25-1-1985 et décret du 27-12-1985). Dans les Dom (Guadeloupe, Guyane, Martinique, Réunion), des trib. mixtes de commerce peuvent être créés (Pt : celui du trib. de grande instance assisté de 3 assesseurs, élus comme les juges consulaires). En Alsace-Moselle (Colmar, Metz, Mulhouse, Sarreguemines, Saverne, Strasbourg, Thionville), il y a dans les trib. de grande instance des chambres commerciales (1 Pt, 1 magistrat, 2 assesseurs élus comme les juges consulaires). Lorsqu'il n'y a pas de trib. de commerce, le trib. de grande instance en tient lieu. **Référés :** le Pt du trib. de commerce ou le juge qui le remplace peut statuer en référé, pour ordonner des mesures urgentes (par exemple la conservation de marchandises, une expertise en cas d'avaries de celles-ci) ou accorder une provision. **Redressement et liquidation judiciaires :** le juge-commissaire statue sur la vérification des créances, les revendications, les cessions d'actif. **Composition** (loi du 16-7-1987) : 1 président élu pour 4 ans après 6 ans au moins de judicature, rééligible, et un nombre variable de juges élus pour 2 ans lors de la 1re élection et pour 4 ans (au maximum 14 ans, à nouveau éligibles après 1 an d'interruption) lors des élections suivantes par un collège électoral restreint composé de : *délégués consulaires* (élus pour 3 ans par les commerçants, chefs d'entreprise, cadres de direction, membres et anciens membres des trib. de commerce et des chambres de commerce et d'industrie) ; *membres en exercice* des chambres de commerce et des trib. de commerce ; *anciens membres* des trib. de commerce et des chambres de commerce qui ont demandé à être inscrits sur la liste électorale ; 1 greffier. Les juges-commissaires doivent avoir exercé des fonctions plus de 2 ans. **Élections** (au scrutin plurinominal majoritaire à 2 tours) : tous les ans dans les trib. de commerce au cours de la 1re quinzaine du mois d'octobre, pour renouveler les mandats arrivés à échéance ou devenus vacants. *Sont éligibles* les électeurs de plus de 30 ans, inscrits sur la liste électorale de la circonscription du trib. de commerce et justifiant de 5 ans consécutifs d'activité commerciale. Le Pt du trib., choisi parmi les juges du trib., est élu par l'assemblée générale du trib. entre le 20-10 et le 10-11. Pour l'assister et éventuellement le suppléer dans ses fonctions, le Pt désigne un vice-Pt ayant au moins 3 ans d'ancienneté, nommé avec les autres juges délégués dans la quinzaine suivant l'audience de rentrée (janv.). **Statistiques :** *tribunaux 1998 :* 227 ; *1-1-2001 :* 190 ; *effectifs* 3 256 dont 217 femmes ; *par catégorie :* 62 % mandataires sociaux, 23 % cadres dirigeants, 15 % commerçants en nom personnel. **Activité** (en 1999) : 1 143 000 décisions dont 45 300 ouvrant des procédures collectives, 40 083 référés, 530 000 ordonnances de juges-commissaires.

■ **Tribunal de commerce de Paris.** *Activité* (en 2000) : 104 800 décisions dont jugements 47 500, contentieux de procédures collectives 5 500, ordonnances 51 800 (référés 7 400, juges-commissaires 23 400, injonctions de payer 12 000, autres 9 000), liquidation judiciaire 4 000, plans de redressement 250.

☞ **Réforme en cours en 2000.** Modernisation de la carte judiciaire (datant de 1809) ; renforcement des procédures disciplinaires contre les juges ayant utilisé leurs fonctions à des fins personnelles ; contrôles sur les comptabilités professionnelles des administrateurs et mandataires ; présence du ministère public dans les tribunaux pour la prévention des défaillances d'entreprises ; mixité de certaines formations de jugement d'ici 2002 (350 magistrats supplémentaires prévus) ; décret du 28-12-1998 exigeant le dépôt obligatoire des fonds gérés par les administrateurs judiciaires et les mandataires à la Caisse des dépôts. Solutions suggérées : adoption généralisée de l'échevinage (un juge de carrière assistant les juges consulaires), réduction de moitié du nombre de tribunaux de commerce, contrôle renforcé du parquet, suppression de la profession de mandataire-liquidateur.

■ **Conseils de prud'hommes. Compétence :** depuis le 1-1-2000, taux de compétence en dernier ressort : 22 500 F. **Statistiques :** *conseils* 271 ; *conseillers* 14 646 (décret du 9-7-1992).

■ **Tribunaux paritaires des baux ruraux. Nombre :** 413 ; *créés* au siège de chaque trib. d'instance (sauf région parisienne). **Composés** en nombre égal (2 pour chaque catégorie) de propriétaires et de fermiers ou métayers (1 792 assesseurs). Présidés par le juge d'instance. **Compétence :** contestations entre fermiers, métayers et bailleurs.

■ **Tribunaux du contentieux de l'incapacité. Compétence :** litiges d'ordre médical concernant le degré d'invalidité ou d'incapacité (région dans laquelle est domicilié l'affilié). **Procédure :** *délai pour la saisine auprès de la DRASS :* 2 mois à partir de la notification par lettre recommandée avec accusé de réception. *Appel :* 1 mois devant la Cour nationale de l'incapacité et de l'assurance des accidents de travail. *Recours :* pourvoi en cassation. **Nombre :** *tribunaux :* 22 ; *décisions rendues par la Cnit :* 7 685 en 1999.

Polémiques. En 1998, Antoine Gaudino avançait (dans son livre *la Mafia des tribunaux de commerce*) que sur 60 000 procédures collectives ouvertes chaque année par les tribunaux de commerce, 30 000 au minimum étaient dues à l'incompétence des tribunaux ou à la cupidité de mandataires de justice (administrateurs ou liquidateurs). Des fortunes se faisant en peu de temps, sur le dos des entreprises en faillite ou en redressement judiciaire, au détriment de leurs salariés, de leurs patrons et de leurs créanciers (en moyenne, les fournisseurs ne récupèrent, à l'issue d'une procédure, que 5 % de leurs créances, ce qui risque de les mettre à leur tour en difficulté). Sur 500 mandataires (133 administrateurs et 350 liquidateurs), plus de 10 % feraient l'objet de poursuites. Représenterait sur 10 ans 1 million d'emplois perdus (à raison de 3 à 4 licenciements par dépôt de bilan au minimum). Pour Gaudino, le système cumulerait 3 critères caractérisant les sociétés mafieuses : illégalité, profit rapide et loi du silence. 2 rapports officiels relèvent des dysfonctionnements : 1°) celui de la Commission d'enquête parlementaire (Pt : François Colcombet, rapporteur : Arnaud Montebourg, députés PS) soulignant que le fonctionnement des tribunaux de commerce était l'une des raisons souvent avancées par les investisseurs étrangers pour s'installer ailleurs qu'en France. 2°) un rapport administratif de l'Inspection générale des finances et de l'Inspection générale des services judiciaires.

■ **Tribunaux des affaires de Sécurité sociale. Composition :** Pt (magistrat du trib. de grande instance ou magistrat honoraire), 2 assesseurs (1 pour travailleurs salariés, 1 pour employeurs). **Compétence :** contentieux général de la Sécurité sociale. **Procédure :** *appel* devant la cour d'appel. *Recours possible :* pourvoi en cassation. **Nombre :** *tribunaux* 116, *assesseurs* 2 100. *Activité* (1998) : 129 312 décisions rendues.

■ **Tribunaux du travail. Nombre :** 6.

■ **Juge des loyers commerciaux.** Pt du trib. de grande instance ou un juge délégué par lui. **Compétence :** contestations de prix des baux commerciaux, industriels ou artisanaux, renouvelés ou révisés.

■ **Juge des référés.** Pt du trib. de grande instance ou un juge délégué par lui. **Compétence :** ordonne des mesures d'urgence qui ne préjugent pas du fond d'un litige (mesures conservatoires). En matière d'accident de la circulation, il peut accorder à la victime une indemnité provisionnelle lorsque l'auteur de l'accident ne conteste pas sa responsabilité.

■ **Juge aux affaires familiales.** Instauré par la loi du 8-1-1993, applicable au 10-2-1994. Magistrat du trib. de grande instance. **Compétence :** celle autrefois dévolue aux juges aux affaires matrimoniales, des tutelles, des enfants. Protège les intérêts du mineur, peut prononcer les divorces, régler les questions de pension alimentaire, de garde des enfants, d'exercice de l'autorité parentale, confier la tutelle d'un mineur à un tiers, intervenir dans les relations enfant/grands-parents, connaître des actions liées à l'obligation alimentaire, des modifications du nom, etc. S'il le juge nécessaire ou si une partie le demande, il peut renvoyer l'affaire à une audience collégiale.

■ **Juge de l'exécution.** Institué par la loi du 9-7-1991 et le décret du 31-7-1992. Nommé par le Pt du trib. de grande instance. **Compétence :** connaît de toutes les questions relatives à l'exécution forcée des obligations d'un débiteur (Pt du trib. de commerce pour les commerçants). Seul à pouvoir autoriser un créancier à prendre des mesures conservatoires. Peut faire cesser toute mesure de saisie illicite, inutile ou abusive. Se prononce sur les actions en responsabilité contre le créancier qui a commis des abus, le débiteur qui a organisé son insolvabilité ou contre le tiers faisant obstacle aux mesures d'exécution. Peut alléger la dette du débiteur ou lui accorder des délais sans léser le créancier.

■ **Juge de l'expropriation.** Juge du trib. de grande instance. **Compétence :** chargé de rendre l'ordonnance d'expropriation et de fixer le montant des indemnités en réparation du préjudice causé.

■ **Magistrats à titre temporaire** (loi du 22-12-1994). Recrutés pour alléger la charge de travail des juges d'instance. Titulaires bac + 4, avec expérience professionnelle de plus de 7 ans, âgés de moins de 65 ans. Peuvent être assesseurs dans les formations collégiales du trib. de grande instance.

☞ **Juge d'instruction. Origine : 1522**-*14-1 L' criminel* chargé par François Ier de rechercher les preuves d'une infraction sans procéder au jugement. **1539** ordonnance de Villers-Cotterêts institue juge d'instruction. **1670** ordonnance criminelle confie au juge le soin d'entendre personnellement les témoins et de conduire son enquête secrètement (procédure inquisitoire). **1791**-*juillet/sept.* magistrat élu et indépendant, mais de compétence limitée ; juge de paix élu pour 2 ans au niveau du canton ; jurys populaires. **1808** juges fonctionnaires et procédure mi-inquisitoire, mi-accusatoire. **1897** et **1921** droits de la défense accrus. **1958** et **1992-93** procédure actuelle. **1995**-*6-3* juge unique.

JUSTICE PÉNALE

TRIBUNAUX DE DROIT COMMUN

■ **Juridictions du 1er degré. Nombre de tribunaux d'instance** : 473. **Tribunaux de police. Composition** : juge du trib. d'instance ; le ministère public peut être représenté par le commissaire de police ou exceptionnellement par le maire. *Avant 1958*, appelés trib. de simple police. **Compétence :** jugent les contraventions (infractions sanctionnées par une peine maximale de 2 mois d'emprisonnement ou par 10 000 F d'amende).

Tribunaux correctionnels. Composition : trib. de grande instance dans sa formation pénale. **Compétence :** juge les délits (infractions punies d'une peine de plus de 2 mois d'emprisonnement ou d'une amende). **Formation :** collégiale en principe mais, depuis la loi du 8-2-1995, juge unique compétent pour délits sanctionnés par peine allant jusqu'à 5 ans d'emprisonnement (10 ans en cas de récidive). **Mode de saisine** (1998) : citations directes 130 779, convocations sur procès-verbal 212 340 dont procureur de la Rép. 8 438, officier ou agent de police 203 902 ; comparution immédiate 33 473 ; renvois du juge d'instruction 26 184, de la chambre d'accusation 139.

■ **Juridictions d'appel. Cours d'appel. Nombre de cours** (chambre des appels correctionnels) : 35. **Composition en formation pénale :** une *juridiction d'instruction* (la chambre d'accusation, qui est la chambre d'appel des ordonnances du juge d'instruction) et une *juridiction de jugement* (la chambre des appels correctionnels). **Compétence :** *sur le seul appel du prévenu,* elle ne peut aggraver le sort de celui-ci ; *sur l'appel du ministère public,* elle peut modifier le jugement du trib. correctionnel dans un sens plus favorable ou défavorable au prévenu (art. 515 du Code de procédure pénale). C'est pourquoi, en général, sur l'appel du prévenu, le ministère public fait appel de son côté pour demander éventuellement une augmentation de la peine.

Cour de cassation (chambre criminelle). **Compétence :** juge tous les pourvois en matière pénale (contraventions, délits ou crimes).

Cours d'assises. Composition : 3 magistrats (1 Pt, 2 assesseurs) et 9 jurés ; 1 avocat général et 1 greffier. **Nombre :** 102 (1 par département et par Tom). **Compétence (départementale) :** jugent les crimes, peuvent aussi condamner à l'interdiction de séjour et à la confiscation des biens. Depuis le 1-3-1994, jugent également les personnes morales (sociétés, associations, partis ou groupements politiques, syndicats, collectivités territoriales, etc.), seules ou conjointement avec des personnes physiques, accusées d'avoir commis certains crimes énumérés spécialement par la loi (crimes contre l'humanité, trafics de stupéfiants, proxénétisme, extorsion, faux). *Elles ne sont saisies qu'après une instruction préalable à 2 degrés :* le juge d'instruction et la chambre d'accusation. Elles siègent par session (plusieurs fois par trimestre). **Recours :** pourvoi en cassation.

☞ **Réforme (projet Toubon** présenté 15-5-1996, en débat au Parlement début 1997, suspendu par Élisabeth Guigou en 1998, à nouveau à l'étude) : procédure d'appel des décisions rendues en matière criminelle par un *tribunal d'assises* [composé de 3 juges assistés de 4 jurés tirés au sort (l'âge minimal passe de 23 à 18 ans)] devant la *cour d'assises* actuelle. Chaque prévenu devra être jugé dans les 4 mois après sa mise en accusation. Le jugement sera motivé par un magistrat professionnel dans les 8 jours.

JURIDICTIONS SPÉCIALISÉES

■ **Juridictions pour enfants. Juge des enfants. Compétences :** pénales et civiles. Il est à la fois juridiction d'instruction et de jugement. Il statue dans son cabinet sur le cas des moins de 18 ans, auteurs d'infractions pour lesquelles il n'envisage pas une mesure les séparant de leur famille autrement qu'à titre provisoire. Il peut, en audience de cabinet, ordonner des mesures d'assistance éducative à l'égard des mineurs non émancipés dont la santé, la sécurité ou la moralité sont en danger ou dont les conditions d'éducation sont compromises. Il doit s'efforcer de recueillir l'adhésion de la famille à la mesure envisagée, et maintenir le mineur dans son milieu familial avec, le cas échéant, un soutien éducatif. Il peut, en cabinet, ordonner une mesure de protection judiciaire à l'égard des 18 à 21 ans éprouvant des difficultés d'insertion sociale lorsqu'ils en font la demande.

Tribunaux pour enfants. Nombre : 139. **Composition :** présidés par le *juge des enfants* assisté de *6 assesseurs* nommés pour 4 ans (2 titulaires et 4 suppléants), de plus de 30 ans et choisis pour leur compétence parmi les personnes s'intéressant à l'enfance. **Compétence :** jugent les infractions commises par les mineurs (contraventions de 5e classe, blessures légères, violences légères) ; délits (vols, outrage à agent) ; crimes commis par un mineur de moins de 16 ans au jour des faits ; peuvent prendre une mesure éducative, de placement, ou prononcer une sanction pénale.

Cours d'assises des mineurs. Composition : 1 Pt, 2 assesseurs (juges des enfants), 9 jurés. **Compétence :** juge les mineurs de 16 à 18 ans qui ont commis un crime. **Audiences :** à huis clos, même l'accusé mineur peut être contraint de se retirer pendant tout ou partie des débats. Au moment de la délibération sont ajoutées 2 questions : *1°)* Y a-t-il lieu d'appliquer à l'accusé une condamnation pénale ? *2°)* Y a-t-il lieu d'exclure l'accusé du bénéfice de l'excuse atténuante de minorité ? Si la réponse à la 1re question est négative, la cour ne peut prononcer que des mesures relatives au placement et à la garde du mineur. Si la réponse est positive, l'excuse atténuante de minorité réduit le maximum de la peine prévue. Si la peine encourue est la réclusion criminelle à perpétuité, elle est ramenée à 10 à 20 ans d'emprisonnement, et le maximum des autres peines est réduit de moitié. Si la cour n'admet pas cette excuse, les peines encourues sont celles prévues pour les majeurs. La loi du 16-12-1992 a abrogé l'art. 720-3 du CPP qui décidait que les périodes de sûreté ne seraient pas applicables aux mineurs.

■ **Crimes contre la sûreté de l'État.** Ils sont jugés par une cour d'assises sans jurés composée d'un président et de 6 assesseurs, tous magistrats professionnels (depuis la loi du 21-7-1982). La peine prononcée est une peine de détention criminelle.

■ **Crimes et délits commis au cours d'actes de « terrorisme ».** Infractions « en relation avec une entreprise individuelle ou collective ayant pour but de troubler gravement l'ordre public par l'intimidation ou la terreur » (loi du 9-9-1986). Jugés de même. *La Cour de sûreté de l'État*, instituée le 15-1-1963, a été supprimée par la loi du 4-8-1981.

☞ **Tribunaux militaires aux armées, Haut Tribunal permanent des forces armées, Tribunaux maritimes commerciaux :** supprimés en 1982.

☞ **Peines :** tribunaux pour enfants et cours d'assises des mineurs (1 par département) ne peuvent prononcer des peines qu'à l'égard des mineurs de plus de 13 ans. Ils peuvent ordonner des *mesures éducatives* se prolongeant jusqu'à la majorité. À l'égard des mineurs de plus de 16 ans, ils peuvent prononcer la *mise sous protection judiciaire* pour au maximum 5 ans (un placement décidé ne se poursuivra au-delà de la majorité de l'intéressé qu'à la demande de celui-ci).

Appels. Chambre spéciale des mineurs (de la cour d'appel) : un magistrat, président ou conseiller, « délégué à la protection de l'enfance », doit obligatoirement y siéger. Les affaires sont jugées suivant des règles de publicité restreinte.

☞ **Réforme de la justice des mineurs** (projet Toubon adopté par l'Ass. nat. le 27-3-1996, examiné par le Sénat le 14-5-1996) : *buts :* accélérer les procédures judiciaires par des comparutions à délais rapprochés ; dissocier le prononcé de la culpabilité du choix de la peine par une « césure pénale » (procédure de comparution immédiate pour mineurs récidivistes proposée par la Commission des lois de l'Assemblée nationale mais rejetée par le garde des Sceaux).

■ **Juge de l'application des peines.** Un ou plusieurs dans chaque trib. de grande instance, chargés notamment auprès des établissements pénitentiaires de suivre l'exécution des peines des condamnés et du contrôle des condamnés sursitaires avec mise à l'épreuve (chargés notamment de statuer sur les obligations imposées aux probationnaires).

JURIDICTIONS ADMINISTRATIVES

CONSEIL D'ÉTAT

☞ Voir **Institutions françaises** p. 746 b.

TRIBUNAUX ADMINISTRATIFS

Origine : les *conseils de préfecture*, créés dans chaque département par la loi du 28 pluviôse an VIII (17 février 1800), ont été transformés en conseils de préfecture interdépartementaux en 1926. Le décret du 30-9-1953 leur a donné le titre de tribunaux administratifs et la qualité de juge de droit commun du contentieux administratif, qui appartenait jusqu'alors au Conseil d'État (inamovibilité partiellement consacrée). **Recrutement :** par l'École nationale d'administration (Éna), « au tour extérieur », par un concours de « recrutement complémentaire » et par la voie du détachement ouvert aux corps recrutés par l'École nationale d'administration et aux magistrats judiciaires. **Compétences :** *juridictionnelles :* ils sont, sous réserve de la compétence en 1er et dernier ressort du Conseil d'État, juge de droit commun de tous les litiges opposant l'administration aux particuliers (sauf si un texte spécial en a attribué connaissance à une autre juridiction) ; *administratives :* ils peuvent être appelés à donner des avis sur des questions soumises par les préfets des départements de leur ressort. **Appel :** porté devant les cours administratives d'appel, juge d'appel de droit commun, ou devant le Conseil d'État, juge d'attribution. **Statistiques :** *tribunaux* 35 (27 en métropole, 8 dans les Dom-Tom) ; *effectifs :* 696 magistrats au 1-1-1999.

COURS ADMINISTRATIVES D'APPEL

Origine : loi du 31-12-1987 et décrets des 15-2-1988 et 17-3-1992. Ressort : *Paris*[1] (Paris, Versailles, Melun, Nouméa, Papeete) ; *Lyon*[2] (Lyon, Clermont-Ferrand, Dijon, Grenoble) ; *Bordeaux*[2] (Bordeaux, Limoges, Pau, Poitiers, Toulouse, Basse-Terre, Cayenne, Fort-de-France, Mamoudzou, St-Denis-de-la-Réunion, St-Pierre-et-Miquelon) ; *Nancy*[2] (Nancy, Amiens, Besançon, Châlons-en-Champagne, Lille, Strasbourg) ; *Nantes*[2] (Nantes, Caen, Orléans, Rennes, Rouen) ; *Marseille*[2] (Marseille, Bastia, Montpellier, Nice) ; *Douai.* **Composition :** présidées par un conseiller d'État. Leurs autres membres appartiennent au même corps que les membres des trib. administratifs. **Compétences :** depuis le 1-10-1995, statuent sur tous les appels formés contre les jugements des tribunaux administratifs, sauf ceux portant sur les recours en appréciation de légalité, les litiges relatifs aux élections municipales et cantonales, et les reconduites à la frontière.

Nota. – (1) 4 chambres. (2) 3 chambres.

TRIBUNAL DES CONFLITS

Origine : lois des 24-5-1872, 20-4-1932 et décret du 25-7-1960. **Composition :** 1 Pt [le ministre de la Justice ; il ne préside qu'en cas de partage des voix (dernier cas le 12-5-1997)] ; 1 vice-Pt (conseiller doyen à la Cour de cassation) ; 4 membres titulaires (+ 1 suppléant), conseillers d'État représentant le Conseil d'État ; 3 titulaires conseillers à la Cour de cassation (+ 1 suppléant, conseiller référendaire représentant la Cour de cassation) ; commissaires du gouvernement : 1 titulaire (+ 1 suppléant), maîtres des requêtes au Conseil d'État, 1 titulaire (+ 1 suppléant), avocats généraux à la Cour de cassation, 1 secrétaire (secrétaire du contentieux du Conseil d'État). Choisis parmi les maîtres des requêtes au Conseil d'État et les avocats généraux à la Cour de cassation, 4 commissaires du gouvernement sont appelés à présenter leurs conclusions dans chaque affaire (2 titulaires et 2 suppléants pour chaque ordre de juridiction, nommés pour un an par le Pt de la République). **Rôle : 1°)** *Régulateur des compétences* entre les juridictions de l'ordre judiciaire et celles de l'ordre administratif : il tranche les conflits découlant des difficultés que présente l'application de certaines règles de répartition des compétences. **2°)** *Juge sur le fond :* quand les juridictions administrative et judiciaire ont rendu dans la même affaire entre les mêmes parties des jugements présentant contrariété conduisant à un déni de justice (loi du 20-4-1932). Les décisions du tribunal des conflits ne sont susceptibles d'aucun recours. **Activité** (en 1999) : 45 affaires enregistrées, 61 jugées.

☞ **Statistiques des juridictions administratives** [1] (en 1999). *Conseil d'État :* requêtes [1] 12 747, affaires enregistrées [2] 12 330, réglées 10 926, en instance au 31-12-1999 10 067. *Cours administratives d'appel :* requêtes [1] 18 633, aff. enregistrées [2] 16 056, réglées 11 390, en instance au 31-12-1999 33 798. *Tribunaux administratifs :* requêtes [1] 120 567, aff. enregistrées [2] 117 429, réglées 112 206, en instance au 31-12-1999 209 247.

Nota. – (1) Y compris les Tom. (2) Plusieurs requêtes fondées sur un même texte peuvent être regroupées en une seule affaire.

PROFESSIONS JURIDIQUES

■ **Administrateurs judiciaires et mandataires judiciaires à la liquidation.** Professions distinctes et incompatibles entre elles ainsi qu'avec toute autre profession (loi du 25-1-1985) ; ont succédé à la profession unique de syndic et administrateur judiciaire. *Administrateurs judiciaires :* 135, administrent les biens d'autrui ou surveillent leur gestion. *Mandataires-liquidateurs :* 336, représentent les créanciers et procèdent à la liquidation d'entreprises. Une réforme projetée prévoit le dépôt des fonds issus des procédures collectives à la Caisse des dépôts et consignations.

■ **Avocat. Définition :** *auxiliaire de justice,* il assiste ou représente les parties en justice, donne des consultations juridiques et rédige des actes sous seing privé pour autrui. Devant certaines juridictions, il *postule,* c'est-à-dire qu'il représente son client et notifie pour son compte les actes nécessaires à l'instance judiciaire (le tribunal de grande instance auquel est rattaché son barreau) et *plaide* devant toutes juridictions et organismes disciplinaires ou administratifs. La loi du 31-12-1990 et le décret du 27-11-1991 ont créé une nouvelle profession d'avocat en rassemblant les professions d'avocat et de conseil juridique.

Effectifs barreau de Paris (au 1-1-2001) : 36 445 dont 91 au Conseil d'État et à la Cour de cassation, 11 597 inscrits au tableau, 3 308 stagiaires et 1 171 honoraires. *Femmes :* 41 % (à 30 ans 62,5, de 50 à 64 : 23,4).

Accès à la profession : 1°) *admission* (par examen organisé par les universités) *à un centre régional de formation professionnelle* (auprès de chaque cour d'appel), stage en cours de scolarité puis épreuves du Capa (certificat d'aptitude à la profession d'avocat), sauf dispense prévue par la loi ou le décret. Après un échec, l'élève peut accomplir une 2e année de formation. Après 2 échecs, il ne peut plus se présenter à l'examen, sauf dérogation exceptionnelle. Puis stage obligatoire de 2 ans, en qualité de collaborateur ou de salarié d'un avocat, d'un avocat au Conseil d'État et à la Cour de cassation, ou d'un avoué. L'avocat inscrit sur la liste du stage peut effectuer 1 des 2 années du stage dans l'étude d'un notaire, auprès d'un avocat inscrit à un barreau étranger, dans un cabinet d'expert-comptable, au parquet d'une cour d'appel ou d'un tribunal de grande instance, auprès d'une administration publique ou dans les services juridiques ou fiscaux d'une entreprise employant au moins 3 juristes, ou auprès d'une organisation internationale. **2°)** *En fonction des activités précédemment exercées :* inscrits de plein droit (dispensés de la formation professionnelle théorique et pratique et du Capa) : magistrats et anciens magistrats, membres et anciens membres du Conseil d'État, professeurs de droit, avocats aux Conseils, avoués et anciens conseils juridiques et avocats. Doivent être inscrits sur la liste du stage pendant 1 an et suivre les enseignements de la formation permanente : notaires, huissiers, administrateurs judiciaires, mandataires-liquidateurs, conseils en propriété industrielle, anciens conseils en brevets d'invention s'ils ont exercé au moins 5 ans ; maîtres de conférence, maîtres-assistants et chargés de cours titulaires d'un doctorat en droit, sciences économiques ou gestion, justifiant d'un enseignement en droit d'au moins 5 ans ; juristes d'entreprise ayant exercé pendant au moins 8 ans ; fonctionnaires de catégorie A ayant exercé durant 8 ans des activités juridiques en cette qualité ; juristes de syndicat ayant exercé le droit pendant 8 ans en cette qualité.

Incompatibilités énumérées dans le décret du 27-11-1991 (art. 111 et suivants) : principalement activités commerciales.

Rémunération : les *actes de procédure* sont tarifés, les *honoraires de consultation et de plaidoirie* sont fixés librement avec le client. Un avocat ne peut pas fixer à l'avance ses honoraires uniquement en fonction du résultat judiciaire à obtenir (mais il peut demander, en plus des prestations effectuées, une rémunération liée au résultat judiciaire). Le montant varie suivant juridictions, difficultés rencontrées, spécialité et renommée de l'avocat. Si le client refuse de régler, le bâtonnier de l'Ordre examine le litige et rend une décision, et le premier Pt de la cour d'appel est saisi comme juridiction d'appel.

☞ La contestation des honoraires est prévue par les art. 174 et suivants du décret 27-11-1991, mais il est préférable d'avoir prévu et signé une convention d'honoraires. Les barèmes d'honoraires indiquant des tarifs minimaux par affaire ou des % sur la base du résultat pécuniaire sont interdits. Depuis le 31-10-1999, tous les barreaux de France ont adopté le même règlement intérieur, applicable à tous les avocats. Il y est stipulé que « l'avocat ne peut pas fixer ses honoraires sur la base d'un pacte de *quota litis* (art. 19-3-3-1).

Publicité : le conseil de l'Ordre des avocats de Paris autorise la publicité personnelle des avocats si elle procure au public une nécessaire information et si elle est mise en œuvre « avec dignité, délicatesse, probité et discrétion ». Sont prohibées les comparaisons entre cabinets, mentions qualitatives, indications sur l'identité de la clientèle, démarchage et sollicitation.

Secret professionnel : l'avocat y est tenu. Défini par une loi du 31-12-1971, modifiée le 7-4-1997, il couvre la correspondance entre l'avocat et son client (elle ne peut être ni saisie, ni consultée par des tiers). Même si elles sont devenues la propriété d'un héritier, ces lettres ne peuvent être produites sans l'accord de l'avocat. Le personnel de l'avocat (même non avocat) est tenu à une obligation civile de discrétion n'entrant pas dans le cadre des art. 226-13 et 226-14 du Code pénal. **Perquisitions et saisies :** la police et le parquet ne peuvent rechercher que ce qui peut constituer le corps même de l'acte coupable. Le juge d'instruction qui envisage d'opérer une perquisition chez un avocat prévient le procureur général et le bâtonnier de l'Ordre. Ce dernier ou son représentant assiste à la perquisition, qui doit être effectuée par un magistrat. Le juge examine les dossiers de l'avocat pour rechercher le corps du délit et, le cas échéant, procède à la saisie, qui doit être opérée selon les dispositions de l'art. 56-1 du Code de procédure pénale. Le bâtonnier ou son représentant est saisi des réclamations de l'avocat soulevant le secret professionnel. Il doit s'opposer aux investigations qui compromettraient ses droits et faire noter au procès-verbal sa protestation pour permettre à la juridiction compétente de déterminer si la pièce saisie est ou non couverte par le secret professionnel. Une saisie irrégulière entraîne la nullité des documents saisis et des actes y faisant référence.

Organisations d'avocats. Barreaux : *origine :* espace isolé de l'audience par une barre et réservé aux avocats dans le prétoire. *Composition :* ensemble des avocats établis près de chaque trib. de grande instance. Chaque barreau est administré par un conseil de l'Ordre [de 3 à 36 membres (Paris), élus pour 3 ans par l'assemblée générale de l'Ordre]. Le Pt est appelé *bâtonnier* [élu pour 2 ans au scrutin secret par l'ass. générale de l'Ordre ; n'est pas immédiatement rééligible (sauf dans les barreaux de moins de 30 membres) ; autrefois élu pour 1 an, il avait chez lui le bâton de la confrérie de St-Nicolas]. *Nombre :* 181 indépendants. **Conférence des bâtonniers :** créée 1902, regroupe l'ensemble des 180 barreaux de France, 23 000 avocats (à l'exception de celui de Paris). *Pt :* Michel Bénichou depuis janv. 2000. **Conseil national des barreaux** 23, rue de la Paix, 75002 Paris ; *créé* le 27-11-1991 ; installé le 15-4-1992 (loi du 31-12-1990, entrée en vigueur le 1-1-1992) ; 80 membres élus pour 3 ans au suffrage direct par 2 collèges (ordinal : bâtonniers et membres du conseil de l'Ordre ; général : avocats disposant du droit de vote) comprenant chacun 40 élus ; *Pt :* Jean-René Farthouat. *Rôle :* représente la profession auprès des pouvoirs publics ; veille à l'harmonisation des règles et usages de la profession d'avocat. Rôle majeur en matière de formation des avocats, de son financement et des spécialisations. Instruit les demandes d'admission des avocats étrangers dans les barreaux français. *Statut :* établissement d'utilité publique doté de la personnalité morale, vote son budget. *Ressources :* cotisations des avocats.

Association française des avocats-conseils d'entreprise 114, av. de Wagram, 75017 Paris. **Confédération nationale des avocats** 34, rue de Condé, 75006 Paris ; *créée* 1921 (ANA) ; 1978 fusion de l'ANA et du RNAF ; 6 000 adhérents. *Pt* 2000-01 : J.-M. Hocquard. **Fédération nationale des unions de jeunes avocats (FNUJA)** Palais de justice de Paris, 2, bd du Palais, 75001 Paris ; *créée* 1946 ; limite d'âge 40 ans ; environ 5 000 membres ; regroupe 104 UJA dont celle de Paris ; *Pt :* Jacques-Philippe Gunther. **Syndicat des avocats de France** 21 *bis,* rue Victor-Massé, 75009 Paris ; *créé* 1973 ; 2 000 adhérents. **Union internationale des avocats** 25, rue du Jour, 75001 Paris.

Barreau de Paris. 13 000 avocats. Bâtonnier : *1-1-2000 :* Me Francis Teitgen [né 1952, fils de Pierre-Henri Teitgen (ministre de la Justice, 1945-46)] ; *1-1-2002 :* Paul-Albert Iweins élu « dauphin » 21-11-2000 par 2 588 voix contre Jean-Marie Burguburu 2 205 voix.

■ **Avocats près le Conseil d'État et la Cour de cassation.** Dits « avocats aux Conseils » (titre donné sous la monarchie). **Nombre** (au 1-1-2001) : 60 charges (nombre limité depuis 1817) avec possibilité d'associations limitées à 3 associés, 91 avocats. **Nomination :** par arrêté sur présentation du prédécesseur. Il faut avoir 25 ans révolus, être avocat, inscrit depuis 1 an ; avoir suivi un stage de 2 ans auprès de l'Ordre et être titulaire de l'examen d'aptitude aux fonctions d'avocat au Conseil d'État et à la Cour de cassation (décret du 28-10-1991). **Statut :** *avocats et officiers ministériels :* ils sont constitués en ordre et titulaires d'une charge pour laquelle ils doivent verser (comme tout office ministériel) un « droit de présentation » à leur prédécesseur. Ils peuvent être nommés avocats honoraires après 20 ans d'inscription au tableau sur présentation de leur démission. **Compétence :** ils ont le monopole devant la Cour de cassation et le Conseil d'État et peuvent aussi plaider devant les juridictions administratives et européennes. *À la Cour de cassation :* le ministère est obligatoire pour un pourvoi, sauf en matière pénale pour les prévenus, prud'homale et pour les affaires concernant les mineurs. *Au Conseil d'État,* leur ministère est obligatoire pour le recours en cassation et facultatif pour un recours pour excès de pouvoir (demande d'annulation d'une décision administrative). Ils ont le libre choix des moyens (de cassation s'ils sont chargés de former un pourvoi, de défense pour répondre à un pourvoi), mais doivent avertir leur client des raisons pour lesquelles ils estiment ne pas devoir soulever un des moyens proposés. Ils présentent des observations essentiellement écrites. **Honoraires :** fixés librement (le recouvrement forcé est interdit).

■ **Avoués près les tribunaux de grande instance.** Depuis le 15-9-1972, ils ont fusionné avec les avocats et ont été indemnisés par l'État du prix de leurs charges (*coût total :* 950 millions de F). **Près les cours d'appel. Nombre** (au 1-1-2000) : 413. **Recrutement :** maîtrise en droit, 2 ans de stage avant examen d'aptitude ; officiers ministériels nommés par arrêté du ministère de la Justice (exerçant souvent dans le cadre de Stés civiles professionnelles). **Compétence :** ils ont le monopole de la représentation des parties devant les cours d'appel statuant en matière civile et commerciale ; même dans les cas où la représentation n'est pas obligatoire, ils peuvent apporter leur concours. Mandataires de leurs clients, ils ont exclusivement le droit de postuler et de prendre des conclusions au nom de ces derniers qu'ils représentent devant la cour auprès de laquelle ils sont établis. **Rémunération :** tarif fixé par décret ; proportionnelle à l'intérêt du litige (exemple : 550 F pour 10 000 F, 3 178 F pour 100 000 F).

■ **Conciliateur de justice. Créé** par décret du 20-3-1978, modifié par décret n° 81-583 du 18-5-1981. *Chargé* de faciliter le règlement amiable des différends entre personnes de droit privé ; saisi sans conditions de forme. **Recrutement :** nommé à titre bénévole parmi d'anciens magistrats, membres des professions libérales, du secteur privé ou de l'enseignement, pour 1 an (éventuellement reconduit pour 2 ans renouvelables). **Nombre :** *1981 :* 1 200 ; *86 :* 1 400 ; *89* (objectif fixé par Albin Chalandon) : 3 800 (1 par canton) ; *2000 :* 1 729. **Activités** (en 1999) : saisines : 92 650, conciliées : 43 370 (47 %).

■ **Conseil juridique** ou **fiscal** (voir **Avocat** p. 789 c).

■ **Experts.** Auxiliaires de justice qui peuvent être désignés par toute juridiction pour l'éclairer sur les questions techniques. Organisation établie par la loi du 29-6-1971 et le décret du 31-12-1974. **Nombre** (en 1999) : 20 250, rendent de 7 000 à 7 500 rapports par an dont 85 % acceptés sans difficulté. Cour d'appel de Paris (1994) : 19 800 en activité ; 6 520 expertises civiles traitées.

■ **Greffier. Compétence :** Assiste les magistrats à l'audience, dresse les actes du greffe, délivre des expéditions des jugements ou des arrêts, notifie les décisions de justice. Peut également avoir des attributions comptables, de gestion, d'encadrement ou être formateur informatique. Placé sous l'autorité du greffier en chef qui dirige le personnel, organise les services du greffe, gère le budget du tribunal. Dépositaire des minutes et des archives du tribunal, le greffier en chef a également des attributions juridictionnelles. Depuis 1965, les greffiers titulaires de charges sont devenus fonctionnaires (avant, ils achetaient leur charge) ; *au trib. de commerce :* le greffier, officier ministériel, titulaire d'une charge, a été maintenu. **Recrutement :** par concours nationaux (greffiers : bac ou diplôme équivalent ; greffiers en chef : licence ou diplôme équivalent). **Effectifs** (1-1-2000) : greffiers 6 551 (dont au tribunal du commerce 251), greffiers en chef 1 586.

■ **Huissier de justice.** Chambre nationale des huissiers de justice, 44, rue de Douai, 75009 Paris. **Statut :** officier ministériel chargé de signifier aux intéressés les actes et exploits, de procéder à l'exécution des décisions de justice ainsi que des actes ou titres en forme exécutoire. **Compétence :** exerce, sauf exception, dans le ressort du trib. d'instance de sa résidence ; à la demande des particuliers ou de la justice, établit des constats. *Huissiers-audienciers* choisis parmi les huissiers : ils assistent les juges à l'audience. *En dehors de son monopole,* l'huissier peut procéder au recouvrement amiable des créances, à des ventes publiques de meubles et d'effets mobiliers (sauf dans la commune où est installé un commissaire-priseur), à des constats matériels. Il peut être administrateur d'immeubles, agent d'assurances, en dehors de ses prérogatives d'officier ministériel. **Recrutement :** sur titre (maîtrise en droit depuis le 1-1-1996, stage de 2 ans et examen organisé par la Chambre nationale) ou par voie interne, le clerc doit avoir exercé 10 ans et avoir un diplôme (capacité en droit, Deug ou ENP). **Constat :** peut être demandé par un particulier ou ordonné par un tribunal ou un magistrat, n'implique aucune conséquence juridique mais atteste un fait matériel. En cas de chèque sans provision, l'huissier délivre un titre exécutoire 15 jours après la signification demeurée infructueuse du certificat de non-paiement de la banque. **Saisie mobilière :** l'huissier est choisi en fonction de son ressort territorial, il est muni du « titre exécutoire ». S'il n'y a rien à saisir, il établit un procès-verbal de carence ; s'il y a des biens à saisir, il dresse un procès-verbal pour procéder ensuite à la saisie-vente (voir **saisie** p. 795 c). En cas de difficultés pour faire appliquer une décision de justice, il peut demander au préfet ou à la police le concours de la force publique. Pour recouvrer des sommes d'argent, il dispose selon la loi du 9-7-1991, de : saisie sur compte bancaire, saisie-vente des meubles (il accorde un délai d'au moins 8 j. puis les meubles sont véritablement saisis, et s'ils restent sur place, sont devenus indisponibles), saisie des salaires, retraites et revenus de toutes sortes, immobilisation des véhicules à l'aide d'un sabot puis leur enlèvement après 48 heures. **Nombre** (en 2001) : 3 234 répartis en 2 040 études, assistés de 13 000 clercs et employés. 300 stagiaires et 150 huissiers nouveaux par an. **Chiffre d'affaires global** (en 1999) : 5,2 milliards de F (montant des encaissements confirmés 43).

Honoraires. Émoluments soumis à la TVA (19,60 %), comprenant généralement : une somme forfaitaire exprimée en droits fixes ou proportionnels, ces deux modes pouvant, si le tarif le prévoit, se cumuler ; des frais correspondant aux déplacements et aux débours exposés ; un droit d'engagement de poursuites ; un droit pour frais de gestion de dossier.

Tarif de base (décret 96-1080 du 12-12-1996). Montant des droits fixes en taux de base fixé à 10,50 F. **Exécution d'une obligation pécuniaire :** chiffrée dans l'acte. *Coefficient si montant de l'obligation compris entre 0 et 840 F :* 0,5 ; *de + de 840 F ou égal à 8 400 F :* 1 ; *de + de 8 400 F :* 2. **Droit d'engagement de poursuites :** pour les actes relatifs à une obligation pécuniaire déterminée (commandement de payer les loyers et les charges, acte de saisie-attribution, acte de saisie-vente, signification à une société du nantissement des parts sociales) : *de 0 à 2 000 F :* 2 taux de base par tranche de 500 F ; *de 2 001 à 6 000 F :* 8 + 2 par tranche de 1 000 F ; *de 6 001 à 20 000 F :* 16 + 2 par tranche de 2 000 F ; *supérieur à 20 000 F :* 30 + 2 par tranche de 10 000 F. Ce droit ne peut être inférieur à 2 taux de base ni supérieur à 125 taux de base et ne peut être perçu qu'1 fois dans le cadre du recouvrement, amiable ou judiciaire, d'une même créance. Il est à la charge du débiteur si le coût de l'acte au titre duquel il est alloué incombe à ce dernier et à la charge du créancier dans les autres cas.

Droits à la charge du débiteur. Si l'huissier a reçu mandat de recouvrer ou d'encaisser des sommes dues par le débiteur, en vertu d'une décision de justice, d'un acte ou d'un titre en forme exécutoire, le droit alloué, avec un minimum de 2 taux de base, est calculé sur les sommes effectivement encaissées ou recouvrées, 12 % jusqu'à 800 F ; 11 % de 801 à 4 000 F ; 10,5 % de 4 001 à 10 000 F ; 4 % au-dessus. Le total ne peut excéder 10 500 F HT.

Droits à la charge du créancier. Droits proportionnels de recouvrement ou d'encaissement pouvant être mis partiellement à la charge des créanciers dans des conditions qui seront fixées par décret (L. 99-957 du 22-11-1999). Droit proportionnel de recouvrement à la charge des créanciers, institué par décret du 12-12-1996. Le 5-5-1999 un arrêt du Conseil d'État en annulait les dispositions, spécifiant que les modalités seraient fixées par un décret en Conseil d'État. On prévoit un plafond de 10 000 F HT et l'exonération de certains créanciers comme les personnes agissant en vertu d'un titre exécutoire relatif à un litige prud'homal ou à une créance alimentaire. La loi du 22-11 valide les droits perçus jusqu'au 5-5-1999.

☞ L'huissier peut fixer librement ses honoraires, en commun accord avec son mandat, ou à défaut d'accord, par le juge chargé de la taxation : pour les actes tarifés par le décret, si celui-ci l'autorise expressément ou s'il est confronté dans l'exécution de sa mission à une situation d'urgence ou à des difficultés particulières ; pour les actes dont la rémunération n'est pas tarifée par le décret (sommations interpellatives, constats autres que l'état des lieux,...) ; pour ses consultations juridiques ou ses représentations devant le tribunal. Le client doit être préalablement averti du caractère onéreux de la prestation de services et du montant estimé ou du mode de calcul de la rémunération à prévoir.

Exemples (en F TTC, en 2001). *Pour le recouvrement d'une créance de 5 000 F :* sommation de payer 218,18, assignation 205,62, signification de décision de justice 249,57, commandement 218,18, procès-verbal de saisie-vente 318,64 ; *honoraires négociés : constat de dégât* 1 200 à 1 300, *d'adultère* 2 500 à 3 000.

Signification de jugement. Un jugement rendu doit être signifié à la personne jugée et remis en mains propres. Sinon l'huissier doit justifier que « des circonstances particulières rendent impossible la signification à personne ». En cas d'absence du destinataire, l'huissier peut remettre copie de l'acte à toute personne présente qui l'accepte, au gardien de l'immeuble ou à un voisin. Sinon, il laisse un avis de passage et dépose le jugement en mairie qui le conservera pendant 3 mois. Si l'on a déménagé, l'huissier peut se renseigner auprès de la Poste, des services fiscaux, de l'employeur.

Sommation de payer ou de « faire » (libérer les lieux, par exemple) : intervient en dehors d'un procès ; n'a pas la force d'un acte judiciaire et équivaut à une lettre recommandée. Si l'on ne paye pas ou que l'on ne trouve pas d'arrangement avec l'huissier, le créancier pourra obtenir une condamnation devant les tribunaux compétents et, au terme du procès, demander à l'huissier l'exécution forcée du jugement.

Sommation interpellative : l'huissier pose des questions et enregistre les réponses. On peut refuser de répondre.

Injonction de payer ou de faire : ordonnance venant du tribunal à la suite d'une procédure simplifiée. On dispose d'un mois pour faire opposition, par simple lettre au greffe de la juridiction qui l'a rendue. Le point de départ de ce délai peut différer (les modalités sont indiquées dans l'acte de l'huissier).

L'huissier est responsable, à l'égard du créancier qui le charge de recouvrer sa créance, des fautes commises (oubli de formules obligatoires dans un acte, retard dans les délais, perte de documents...). Il peut être assigné en justice (articles 1991 et 1992 du Code civil) et être condamné à payer des dommages et intérêts à son client.

☞ **L'huissier du Trésor** n'est ni juriste ni officier ministériel ; c'est un fonctionnaire des Finances qui procède à des saisies (même si aucune décision de justice n'est intervenue).

■ **Juge** (voir **Magistrats** col. b).

■ **Jugement** (voir encadré p. 796 c).

■ **Juré. Recrutement :** tout citoyen français inscrit sur les listes électorales, âgé de plus de 23 ans, sachant lire et écrire en français, peut être juré (*1791* : 25 ans ; *1793* : 23 ans ; *1799* : 30 ans ; *1972* : 23 ans). **Cas d'incapacité et d'incompatibilité :** personnes ayant fait l'objet d'une peine criminelle ou d'une condamnation à 1 mois d'emprisonnement pour crime ou délit ; officiers ministériels destitués de leur fonction ; fonctionnaires et agents de l'État, des départements et des communes révoqués ; interdits (majeurs en tutelle, en curatelle) ; personnes placées dans des établissements psychiatriques ou occupant certaines hautes fonctions politiques, administratives ou de police. **Sont dispensés :** septuagénaires et plus ; ceux qui ont été jurés pendant l'année courante ou l'année précédant l'inscription, ou jurés dans le département depuis plus de 5 ans ; ceux qui n'ont pas leur résidence principale dans le département et ceux qui invoquent un motif grave reconnu valable. **Liste annuelle :** en avril, un arrêté préfectoral de répartition indique pour chaque commune le nombre de jurés éventuels à inscrire et demande au maire une *liste préparatoire* comportant 3 fois plus de noms. Cette liste est établie sur tirage au sort public à partir de la liste électorale. Le maire doit avertir les personnes tirées au sort. A partir de ces listes, une *liste annuelle* est établie par une commission comprenant le 1er Pt de la cour d'appel ou le Pt du trib. de grande instance où siège la cour d'assises, 3 magistrats du siège désignés chaque année par l'assemblée générale de la juridiction, le procureur général ou le procureur de la Rép., le bâtonnier de l'Ordre des avocats, 5 conseillers généraux désignés chaque année par le conseil général (à Paris, par le Conseil de Paris). La *liste annuelle* est établie par tirage au sort (nombre de jurés : Paris 1 800, ailleurs 1 juré pour 1 300 hab. ; minimum de 200 par département), ainsi qu'une *liste spéciale de jurés suppléants* (Paris 600, Bouches-du-Rhône 200, autres départements 100). **Liste de session :** 30 j au moins avant l'ouverture des assises. Le 1er Pt de la cour d'appel ou le Pt du trib. de grande instance du siège de la cour d'assises tire au sort, en audience publique, sur la liste annuelle, les noms de 35 jurés (plus 10 jurés suppléants sur la liste spéciale). Le préfet avertit les jurés désignés 15 j avant l'ouverture de la session. Pour chaque affaire criminelle, le *jury* (9 jurés et 2 suppléants) est tiré au sort sur cette liste de session. La défense peut récuser 5 jurés, le représentant de l'accusation 4. **Obligation :** *tout juré qui, sans motif légitime, ne se présente pas à la session d'assises peut être condamné* à une amende de 100 F la 1re fois, 200 F la 2e et 300 F la 3e. **Devoirs :** *d'attention* (l'inattention évidente d'un juré peut conduire la cour à le remplacer par un juré supplémentaire ou aboutir à la cassation de l'arrêt) ; *d'impartialité avec interdiction de manifester son opinion* (applaudir à une plaidoirie ou à un réquisitoire) ; *interdiction de communiquer* (destinée à préserver le juré d'une manifestation d'opinion contraire à ses devoirs) ; *secret des délibérations* (le 31-3-1989, un juré a été condamné à 1 mois de prison avec sursis et 10 000 F d'amende pour avoir violé le secret des délibérations). **Droits :** *à l'information* (circulaire de 1981), *de poser des questions* directes à l'accusé, aux témoins et experts, après demande auprès du Pt ; *de prendre des notes*. **Indemnités de session :** 361,76 F par jour ; **sejour :** 82 F par repas + 210 F par nuit (264 F à Paris) ; **transport :** route 1,66 F par km ; SNCF ou RATP, billet en 1re classe ; avion, billet en classe économique ; bateau, billet en 1re classe ordinaire ; **perte de salaire :** 40,22 F par heure (maximum de 8 h sur justificatif de l'employeur).

■ **Quelques dates. 1791** (loi des 16/29-9) jury populaire institué (12 jurés statuent sur les faits, c'est-à-dire sur la seule culpabilité). **1832** les jurés peuvent reconnaître des circonstances atténuantes. **1853** (loi du 4-6) impose des conditions d'âge, de moralité et crée des commissions de sélection établissant des listes pour le tirage au sort. **1932** (loi du 5-3) conserve aux seuls jurés la reconnaissance de la culpabilité mais les réunit aux magistrats pour déterminer la peine. **1941** (loi du 25-11) associe magistrats (3) et jurés (6) dans la détermination de la culpabilité et de la peine. **1945** (loi du 20-4) 7 jurés, majorité de 6 voix peut être obtenue par 3 voix de magistrats et 3 voix de jurés. **1958** (loi du 23-12) 9 jurés, majorité de 8 voix pour les votes sur la culpabilité (art. 359 du Code de procédure pénale). **1978** (loi du 28-7) rétablit le système initial du tirage au sort à partir des listes électorales (appliqué depuis le 1-1-1980). **1996** réforme Toubon (voir p. 793 a).

■ **Serment du juré** (art. 304 du Code de procédure pénale). « Vous jurez et promettez d'examiner avec l'attention la plus scrupuleuse les charges qui seront portées contre X..., de ne trahir ni les intérêts de l'accusé, ni ceux de la société qui l'accuse ; de ne communiquer avec personne jusqu'après votre déclaration ; de n'écouter ni la haine ou la méchanceté, ni la crainte ou l'affection ; de vous décider d'après les charges et les moyens de défense, suivant votre conscience et votre intime conviction, avec l'impartialité et la fermeté qui conviennent à un homme probe et libre, et de conserver le secret des délibérations, même après la cessation de vos fonctions. »

■ **Magistrats. Professionnels** (effectifs budgétaires 1998) : 7 236 dont *ordre judiciaire* : 6 187 ; *juridictions administratives* : 879 dont Conseil d'État 217[1], trib. administratifs et cours administratives d'appel 583[1] ; *juridictions financières* : 616[1] dont Cour des comptes 268[1], chambres régionales et territoriales des comptes 348[1]. **Non professionnels :** prud'hommes 14 646, trib. de commerce 3 142, assesseurs des trib. des affaires de sécurité sociale 210 (1994), assesseurs des trib. paritaires des baux ruraux 1 792 (1994). **Juges d'instruction :** *métropole* : 562, Dom : 16, Tom : 6. **Juges des enfants :** *métropole* : 380, Dom : 9, Tom : 2. **Magistrats détachés :** 145.

Par juridiction (en 2001). **Cour de cassation :** 179 (dont siège 153/parquet 24). **Cours d'appel** (y compris secrétaires généraux et placés) : *métropole* : 1 387 (dont s. 1 082/p. 295), *Dom-Tom* : 51 (s. 39/p. 12) ; *Tom* : 26 (s. 16/p. 10). **Trib. supérieurs d'appel :** *St-Pierre-et-Miquelon, Mayotte* : 8 (s. 4/p. 4). **Trib. de grande instance :** *métropole* : 4 414 (s. 3 391/p. 1 023), *Dom* : 116 (s. 88/p. 28), *Tom* : 45 (s. 34/p. 11). **Total** (1-7-2000) : 6 425 (s. 4 989/p. 1415/autres 21).

Effectifs à la sortie de l'École nationale de la magistrature (ENM) : *1984* : 231 ; *85* : 212 ; *86* : 243 ; *87* : 231 ; *88* : 221 ; *89* : 244 ; *90* : 228 ; *91* : 196 ; *92* : 169 ; *93* : 179 ; *94* : 167 ; *95* : 155 ; *96* : 114 ; *97* : 106 ; *98* : 147 ; *99* : 154. **Recrutement :** *1999* : 185 par concours dont 163 étudiants, 17 fonctionnaires et 5 du privé.

Magistrats poursuivis (1995-2000) : poursuivis pénalement 26, condamnés 21 ; poursuivis disciplinairement (1989-2000) 65 (du siège 42, du parquet 23), sanctionnés 47 (dont 11 révoqués ou mis à la retraite d'office).

Magistrats ayant démissionné (1989-98) : 15 ; **admis, sur leur demande, à faire valoir leurs droits à la retraite avant 65 ans** (1989-98) : 312.

Syndicats. Union syndicale des magistrats (USM), *Pt* : Valéry Turcey, *secr. général* : Christiane Berkani ; **Syndicat de la magistrature (SM),** *Pt* : Évelyne Sire-Martin, *secr. général* : Ulrich Schalchli, 35 % ; **Association professionnelle des magistrats (APM),** *fondée* 1981. *Pt* : Dominique-Henry Matagrin, *secr. général* : Raymond Lévy. **Élections** (publiées 22-6-2001, en %) : usm 58,6 (avant 55) ; sm 30,4 (35,2) ; fo 7,2 ; apm 2,2 (9,5) ; Synd. des magistrats républicains 1,1 ; cfdt 0,4.

☞ En 2000, la responsabilité de l'État a été recherchée à 191 reprises devant les tribunaux de l'ordre judiciaire (171 en 1999).

La responsabilité de l'État sur le fondement de l'article L. 781-1 du Code de l'organisation judiciaire ne se limite pas aux seuls actes des magistrats mais s'étend à l'ensemble des actes relatifs à l'exécution du service public de la justice, en particulier les activités de greffe et des collaborateurs du service public de la justice, comme les services de police dans le cadre de leurs missions de police judiciaire. Par ailleurs, la chancellerie est saisie de demandes d'indemnisation à raison du dysfonctionnement du service de la justice, sous la forme de requêtes amiables (178 en 2000) et par les services du médiateur de la République (3 saisines en 2000).

■ **Parquet** (ou **ministère public).** Terme de *parquet* conservé en souvenir de l'époque où le représentant du roi ne prenait pas place, comme aujourd'hui, sur l'estrade. Désigne aujourd'hui la partie du palais de justice où se trouvent bureaux et services du ministère public : ensemble des magistrats chargés de requérir l'application de la loi et de veiller aux intérêts généraux de la société. Ils sont amovibles et placés sous les ordres du min. de la Justice ; ils reçoivent des instructions écrites auxquelles ils sont obligés de se conformer (« la plume est serve »), mais peuvent parler selon leur conscience à l'audience (« la parole est libre »). **Composition** (suivant les tribunaux) : *Cour de cassation* : 1 procureur général, 1 premier avocat général et des avocats généraux. *Cour d'appel* : 1 procureur général, des avocats généraux et des substituts généraux. *Trib. de grande instance* : le procureur de la République, parfois un procureur adjoint et 1 ou plusieurs substituts et premiers substituts.

☞ **Réforme Guigou sur l'indépendance des magistrats du parquet. Origine : 1997**-*10-7* rapport Truche. *-29-10 projet Guigou* présenté en Conseil des ministres : nomination des procureurs et procureurs généraux sur avis du Conseil supérieur de la magistrature rénové (10 magistrats sur 21) et suppression des instructions de la chancellerie aux procureurs dans les affaires individuelles. **1998**-*15-1* projet discuté à l'Ass. nat. ; *-22-1* au Sénat ; *-11-3* approuvé par le chef de l'État ; *-Avril* soumis au Conseil d'État et au Conseil des ministres ; *-Juin* débattu au Parlement.

■ **Procureurs** (voir **Parquet** col. b).

☞ **Conseillers à la cour :** robe rouge (bordée d'hermine pour le 1er Pt, le procureur général, les avocats généraux et les Pts de chambre). Prévue dans de rares occasions (audiences solennelles, cérémonies officielles et audiences de renvoi après Cassation) sauf pour le Pt de la cour d'assises, toujours en rouge. **Magistrats du 1er degré :** robe noire.

Quelques définitions

■ **Abus de biens sociaux.** Délit introduit en 1935. Consiste pour un entrepreneur à utiliser les biens de la société dans un but contraire à l'intérêt de celle-ci (art. 437 du Code du commerce). *Jurisprudence de la Cour de cassation : 7-12-1967 :* délai de prescription à compter de la découverte des faits et non de la date où ils se sont produits ; *22-4-1992 :* toute dépense effectuée dans un but illicite est constitutive d'abus de biens sociaux (principe infirmé 11-1-1996) ; *6-2-1997 (arrêt Crasnianski) :* une commission destinée à obtenir d'un ministre une remise fiscale n'est pas un abus si elle est conforme aux intérêts de l'entreprise ; *27-10-1997 (arrêt Carignon) :* la dépense ayant pour seul objet de commettre un délit tel que la corruption est contraire à l'intérêt social en exposant la personne morale à des sanctions pénales ou fiscales et en portant atteinte à son crédit et à sa réputation (définition extensive du délit).

Condamnations prononcées pour abus du crédit ou des biens sociaux (art. 473-3, 425-4 de la loi du 24-7-1996) et entre parenthèses **pour abus de confiance :** *1990* : 331 (4 590) ; *95* : 352 (2 186) ; *96* : 388 (2 848) ; *97* : 400 (3 163).

■ **Accès au droit.** Justice gratuite et rendue dans les meilleurs délais (la longueur d'une procédure étant parfois la condition d'une bonne instruction, une justice rapide pouvant être une justice expéditive ; la Convention européenne des droits de l'homme évoque la notion de *délai raisonnable*).

■ **Action en justice.** Droit pour une personne de s'adresser aux tribunaux pour faire juger le bien-fondé de son droit ou de ses intérêts. Dite *réelle,* si elle relève d'un droit immobilier ; *personnelle,* s'il est demandé la reconnaissance d'un droit personnel quelle qu'en soit la source (une convention, un droit de créance) ; *mixte,* si elle relève des deux (par exemple la reconnaissance d'un droit réel et l'exécution d'une obligation) ; *pétitoire,* si elle met en cause l'existence d'un droit réel immobilier ; *possessoire,* si elle garantit une possession paisible.

■ **Amnistie.** Décidée par une loi. Efface les conséquences pénales d'une infraction, mais ne remet pas en cause les réparations civiles envers la victime.

■ **Arrêts.** Décisions des cours d'appel, d'assises, de la Cour de cassation et du Conseil d'État.

■ **Casier judiciaire.** [En 1808, le Code d'instruction criminel institue les sommiers judiciaires, centralisant les répertoires des condamnations du trimestre, que chaque juridiction expédie au ministère de la Justice et de l'Intérieur (où le concept existe toujours sous le nom de « sommier de police technique »).] *Créé* 6-11-1850 par Rouher (garde des Sceaux). Informatisé et regroupé à Nantes à partir de 1981 (loi no 80-2 du 4-1-1980). Il reçoit les fiches des condamnations et décisions énoncées par le Code de procédure pénale (art. 768 à 771). Il communique ces informations sous forme d'extraits appelés « bulletins ». *Bulletin no 1* : contient toutes condamnations, délivré aux seules autorités judiciaires qui ont besoin de connaître le passé judiciaire des personnes qui leur sont déférées ; *no 2* : contient la plupart des condamnations criminelles ou correctionnelles, prononcées contre des majeurs, à une peine ferme d'emprisonnement ou d'amende (ou avec sursis tant qu'elle n'est pas considérée comme non avenue) ; fourni sur leur demande aux administrations publiques et à diverses personnes morales déterminées par décret ; *no 3* : contient notamment les condamnations à des peines privatives de liberté (supérieures à 2 ans de prison) non assorties du sursis (ou sursis révoqué) ; barré transversalement lorsque la personne concernée n'a subi aucune de ces condamnations ; doit permettre aux condamnés à des peines légères de se reclasser. Il n'est remis qu'à l'intéressé au tribunal du lieu de naissance pour les natifs des tom. Le tribunal peut décider de ne pas inscrire certaines condamnations aux bulletins no 2 et no 3. On peut consulter le contenu intégral de son propre casier judiciaire sur demande adressée au procureur de la République de son domicile, mais aucune copie n'en est délivrée ; en cas de contestation d'une mention du casier, il faut saisir le même procureur. **Personnes inscrites** (en 1998) : 3 900 000. Depuis 1994, création d'un casier judiciaire des personnes morales (sans bulletin no 3). Si l'on est né en France métropolitaine ou dans un Dom, on peut demander ce bulletin no 3 au Casier judiciaire national *par minitel* : 3615 CIN (0,37 F/min), il sera délivré en quelques jours et, s'il n'est pas vierge, envoyé par lettre recommandée avec accusé de réception (*JO* du 25-7-1998) ; *par lettre* (Casier judiciaire national, 44079 Nantes Cedex), délai de 2 semaines ; *sur place* avec une pièce d'identité au 107, rue du Landreau, 44300 Nantes.

Aide juridique

■ **Aide juridictionnelle. But :** permettre à tous les justiciables ne disposant pas de ressources suffisantes de bénéficier d'une aide financière totale ou partielle. **Bénéficiaires :** Français ou ressortissants de l'UE ; étrangers résidant habituellement et régulièrement en France ou sans condition de résidence s'il s'agit de mineurs, témoins assistés, inculpés, prévenus, accusés, condamnés ou parties civiles ; ceux qui comparaissent devant la Commission de recours des réfugiés, résidant habituellement et entrés régulièrement en France ou détenant un titre de séjour d'une durée de validité au moins égale à 1 an ; personnes morales à but non lucratif (associations loi 1901) ayant leur siège en France. **Conditions** (au 1-1-2001) *:* ressources mensuelles inférieures à 5 175 F (Dom 4 626 F) pour l'aide juridictionnelle totale, à 7 764 F (Dom 6 940 F) pour l'aide partielle. Plafonds majorés de 588 F (Dom 526 F) par personne à charge. Au-dessus, aide à titre exceptionnel si la situation paraît particulièrement digne d'intérêt au regard de l'objet du litige ou des charges prévisibles du procès. Certaines ressources ne sont jamais prises en compte [exemples : prestations familiales, certaines prestations sociales à objet spécialisé (comme les bourses d'étude)]. *Actions :* l'action engagée ne doit pas être manifestement irrecevable (en particulier, parce qu'elle est prescrite) ou dénuée de fondement (engagée dans l'intention de nuire, par exemple). Cette condition ne s'applique pas au défendeur à l'action, au témoin assisté, à la personne civilement responsable, à l'inculpé, au prévenu, à l'accusé ou au condamné. Devant la Cour de cassation, il faut qu'un moyen sérieux de cassation puisse être relevé. Si, pour ces raisons, l'aide est refusée, mais si, cependant, le juge fait droit à la demande, on peut être remboursé des frais, dépenses et honoraires jusqu'à concurrence de l'aide juridictionnelle à laquelle on pouvait prétendre. En cas d'appel, l'intimité (cité en justice) conserve le bénéfice de l'aide.

L'aide est accordée en matière gracieuse (requête pour la désignation d'un huissier de justice en vue d'un constat, par exemple) ou contentieuse devant toutes les juridictions (civiles et commerciales, pénales, administratives). Le demandeur (celui qui engage le procès) comme le défendeur (celui contre qui il est intenté) en bénéficient pour tout ou partie du procès ou pour l'exécution d'une décision de justice (frais d'huissier...) ou de tout titre exécutoire (transaction rendue exécutoire ou acte notarié, par exemple).

Demande : s'adresser au bureau d'aide juridictionnelle établi auprès du tribunal de grande instance du domicile. *Demandes relatives à un procès devant la Cour de cassation, Conseil d'État ou Commission de recours des réfugiés :* auprès des bureaux spécialisés, attachés à ces différentes juridictions.

☞ **Conseil national de l'aide juridique :** *Pt :* François Dulery ; 26 membres. *Ministère de la Justice :* 13, place Vendôme, 75001 Paris. **Conseils départementaux :** 39.

Statistiques en 1999. Admissions : 704 650 dont aide totale 612 012, partielle 92 638. **Sur contentieux civils et administratifs :** 422 707. **Pénaux :** 281 943. **Montant de l'AJ** [calculé en unité de valeurs (UV) qui vaut de 134 à 154 F selon les barreaux] : assistance d'un détenu en maison d'arrêt : 4 UV (576 F). Dossier d'assises 50 UV (7 200 F), sauf en partie civile 8 UV (1 152 F). Pour les premières comparutions, l'avocat ne touche l'AJ qu'en cas de débat contradictoire : il n'est payé que si son client est incarcéré.

■ **Aide à l'accès au droit** (consultation). Loi du 10-7-1991 modifiée par la loi du 18-12-1998, permet d'obtenir des informations sur l'étendue de ses droits et obligations en matière de droits fondamentaux et des conditions essentielles de vie (libertés individuelles, logement, assistance des victimes et des personnes démunies, emploi...) ; des conseils sur les moyens de faire valoir ses droits ; une assistance en vue de l'établissement d'un acte juridique (reconnaissance de dette, contrat de travail, prêt, rédaction d'un bail). Le *conseil départemental de l'accès au droit* (97 prévus ; 39 en place au 1-2-2001) détermine les conditions dans lesquelles s'exerce l'aide à la consultation. Il peut conclure des conventions avec les membres des professions judiciaires ou juridiques réglementées.

Assistance au cours de procédures non juridictionnelles : on peut être assisté devant les commissions à caractère non juridictionnel et devant les administrations en vue d'obtenir une décision ou d'exercer un recours préalable obligatoire. Il peut s'agir d'un recours amiable devant la commission des Assedic, la commission des loyers ou d'un recours auprès de l'administration fiscale.

■ **Indemnisation des victimes d'infractions** (2000). Demandes déposées auprès des Civi (Comités d'indemnisation des victimes d'infractions) 13 353, dossiers ouverts auprès du Fonds de garantie des victimes des actes de terrorisme et d'autres infractions 12 781. Montants accordés par les Civi (en millions de F) : 907,6, des indemnités versées par le Fonds de garantie 881,9.

☞ **Grève des avocats :** 2000-*30-10* lancée à Lille, contre l'aide juridictionnelle qui oblige les avocats à travailler à perte. *-1-12* 5 000 avocats manifestent à Paris. *-12-12* grève générale.

■ **Codes.** Recueils de lois, de règlements et d'arrêtés réunis d'une manière cohérente et logique, concernant une branche déterminée du droit. On trouve notamment : *Code civil* ou *Code Napoléon* (1804) ; *Code de procédure civile* (1806) ; *Code de commerce* (1807) ; *Code pénal* (1810 ; réformé par la loi du 22-7-1992) ; *Code d'instruction criminelle* (1811) devenu le *Code de procédure pénale* (1959), modifié par les lois des 25-6-1824, 28-4-1832, 13-5-1863, les ordonnances des 23-12-1958, 4-6-1960, révisé par la loi du 16-12-1992 (entrée en vigueur 1-3-1994) ; *Code forestier* (1791-1827) ; *Code rural* (1791-1864) ; *Code de justice militaire* pour l'armée de terre (1857) ; et pour la marine (1858) ; *Code du travail et de la prévoyance sociale* (1901-1924) ; *Code du travail maritime* (1926) ; *Code disciplinaire et pénal de la marine marchande* (1926) ; *Code du travail d'outre-mer* (1932) ; *Code général des impôts* (1949 ; inachevé).

■ **Commission rogatoire** (appelée à tort *mandat de perquisition*). Délivrée par un juge à un officier de police judiciaire ou à un autre magistrat, afin de procéder à sa place à tel ou tel acte d'instruction. Datée et signée par le juge, revêtue de son sceau ou de son cachet, elle mentionne la nature de l'infraction motivant les poursuites ; ne désignant personne nommément (l'exception confirme la règle), elle autorise « tous actes utiles à la manifestation de la vérité, y compris perquisitions, saisies ou autres actes prévus par le Code de procédure pénale », auxquels il y a lieu de procéder. Dans certains cas particuliers (complément d'enquête), elle pourra être plus précise.

■ **Contrôle d'identité à caractère préventif. Circonstances.** *La loi « Sécurité et Liberté » du 2-2-1981* autorisait les contrôles « pour prévenir une atteinte à l'ordre public, notamment une atteinte à la sécurité des personnes et des biens ». *La loi du 10-6-1983* a cantonné l'exercice des contrôles à « des lieux déterminés, là où la sûreté des personnes et des biens se trouve immédiatement menacée ». La chambre criminelle de la Cour de cassation, le 4-10-1984, a décidé que les couloirs du métro parisien ne correspondaient pas à cette définition. *La loi du 3-9-1986* reproduit la formulation de la loi « Sécurité et Liberté ». *La loi du 10-8-1993* autorise le contrôle pour toute personne, à tout moment et en tout lieu, « quel que soit son comportement ».

Elle comprend une disposition prenant effet à la date d'entrée en vigueur de la Convention de Schengen (19-6-1990) : dans une zone de 20 km (limite fixée par le Conseil constitutionnel) à partir de la frontière terrestre de la France avec les États signataires de la convention, et dans les zones accessibles au public des ports, aéroports et cars ferroviaires ou routiers ouverts au trafic international et désignés par arrêté, « l'identité de toute personne peut également être contrôlée en vue de vérifier le respect des obligations de détention, de port et de présentation des titres et documents prévus par la loi ».

☞ **Refus :** la personne qui refuse ou ne peut justifier de son identité peut, en cas de nécessité, être retenue sur place (dans un véhicule équipé, par exemple) ou dans un local de police. Elle est placée sous la sauvegarde du procureur de la République. Elle doit être présentée dans tous les cas et immédiatement à l'officier de police judiciaire et peut prévenir ou faire prévenir le procureur de la République, sa famille et un avocat, bien que ce dernier ne puisse être légalement présent pendant la vérification. La prise d'empreintes digitales ou de photographies, interdite par la loi du 2-2-1981, peut être autorisée par le procureur de la République ou le juge d'instruction, si elle constitue l'unique moyen d'établir l'identité de la personne (loi du 10-6-1983). Ces restrictions sont levées si la personne concernée donne des éléments d'identité inexacts ou refuse de justifier de son identité (refus : délit passible de poursuites pénales). Si le contrôle se prolonge par une vérification d'identité, un procès-verbal est établi. *Durée maximale de la rétention :* 4 heures (loi du 10-6-1983). Elle ne peut légalement s'étendre au-delà du temps strictement exigé pour l'établissement de l'identité. Si les opérations prennent fin à l'issue de la vérification, celle-ci ne peut donner lieu à une mise en mémoire sur fichiers. Le dossier est détruit dans les 6 mois et sous le contrôle du procureur de la République.

■ **Contrôle judiciaire.** Institué par la loi du 17-7-1970 (art. 138 et suivants du Code de procédure pénale) pour permettre la limitation des cas de détention. La personne mise en examen doit se présenter périodiquement au parquet, à la mairie, à la police ou à la gendarmerie. Elle doit répondre aux convocations de toute autorité ou de toute personne désignée par le juge d'instruction, et se soumettre à un contrôle de son travail ou de ses études. On peut lui demander de remettre à la police ses papiers d'identité, notamment passeport et permis de conduire (elle recevra un récépissé), de se soumettre à des examens médicaux ou à des traitements dans un hôpital, et exiger d'elle un cautionnement fixé par le juge d'instruction. On peut lui interdire de se déplacer en dehors d'un certain périmètre, de s'absenter de chez elle, de se rendre dans certains lieux, de rencontrer certaines personnes, de conduire certains véhicules, d'exercer certaines professions. Le contrôle peut être transformé à tout moment en mandat de dépôt ou mandat d'arrêt.

■ **Crimes et délits.** *Infraction* (avec indication de l'article du nouveau Code pénal) et *peine encourue.*

Crimes. 1°) Contre la chose publique : *crimes contre la sûreté de l'État :* trahison (art. 411-1) [1], espionnage (art. 411-1) [1], attentat en vue de détruire ou de changer le régime constitutionnel (art. 412-1) [1 ou 4], complot (art. 412-2) [3 ou 7], participation à un mouvement insurrectionnel (contre la paix publique, art. 412-3 à 6) [1 ou 2], fausse monnaie (art. 442-1 à 14) [1 ou 4], faux en écriture publique ou authentique par un fonctionnaire ou officier public dans l'exercice de ses fonctions (art. 441-4) [2]. **2°) Contre les personnes :** *meurtre* (art. 221-1) [1 ou 4 ou 2], *assassinat* (meurtre commis avec préméditation ou guet-apens) (art. 221-3) [1], *violences volontaires* avec mutilation, amputation ou privation de l'usage d'un membre ou ayant occasionné la mort sans intention de la donner (art. 222-7) [2 ou 4], *viol* (art. 222-23) [1 ou 2 ou 3], *agression sexuelle* consommée ou tentée avec violence (art. 222-27 à 30) [6 ou 7], sans violence sur un mineur de moins de 15 ans (art. 222-29) [6], *harcèlement sexuel* (art. 222-33) [5]. **3°) Contre les biens :** *vol* par porteur d'une arme apparente ou cachée (art. 311-8) [3], autres vols aggravés par la réunion de certaines circonstances (art. 311-7, 311-9 à 11) [1 ou 3 ou 4], *destruction* volontaire de la chose d'autrui (art. 322-6).

Nota. – (1) Réclusion criminelle à perpétuité ou détention criminelle à perpétuité s'agissant des crimes contre la sûreté de l'État. (2) Réclusion criminelle 15 ans. (3) 20 ans. (4) 30 ans. (5) Emprisonnement 1 an. (6) Emprisonnement 7 ans. (7) Emprisonnement 10 ans.

Délits. 1°) Contre la chose publique : *participation à un attroupement* sans abandon après la 1re sommation (art. 431-3 et suivants) ; *fraudes électorales* (art. R. 111 du Code électoral et 113 du Code pénal) : 1 mois à 2 ans, interdiction des droits de citoyen et de toute fonction publique de 5 à 10 ans ; *rébellion,* résistance avec violence et voies de fait envers les officiers ministériels et les agents de l'autorité par moins de 3 personnes (art. 433-6 et suivants) : jusqu'à 6 ans ; *bris de scellés* volontaire (art. 434-22) : 2 ans ; *outrage à magistrat* dans l'exercice de ses fonctions (art. 434-24) : 1 ou 2 ans ; *violences sur la personne d'un officier ministériel ou d'un fonctionnaire* (art. 222-3) : 5 ans ; *faux en écriture* privée ou de commerce (art. 441-1) : 3 ans ; *faux certificat délivré par un médecin* (art. 441-7) : 1 ou 3 ans ; *usurpation de titre ou de fonction* (art. 433-12 et suivants) : 6 mois, 1 an ou 3 ans ; *destruction ou dégradation de monument public* (art. 322-2) : 3 ou 5 ans. **2°) Contre les personnes :** *violences volontaires* avec incapacité de travail personnel de plus de 8 jours (art. 222-11) : 3 ans ; *violences involontaires,* homicide involontaire (accidents de la circulation, du travail), blessure par imprudence avec incapacité de travail de plus de 3 mois (art. 222-19 et 20) : 1, 2 ou 3 ans ; *abstention de porter secours* (art. 223-7) : 2 ans ; *abandon de famille* (art. 227-3) : 2 ans ; *enlèvement ou détournement* de mineur de 15 à 18 ans, sans fraude ni violence (art. 227-8) : 5 ans ; *non-représentation d'un mineur* dont la garde a fait l'objet d'une décision de justice (art. 227-5) : 1 an ; *menaces* (art. 222-17 et 222-18) : 6 mois ou 3 ans ou 5 ; *exhibition sexuelle* à la vue d'autrui (art. 222-32) : 1 an. **3°) Contre les biens :** *vol* sans violence (vol simple, larcins, filouteries, art. 311-3 et 311-4) : 3 ou 5 ans ; *escroquerie* (art. 313-1 et 313-2) : 5 ou 7 ans ; *abus de confiance* (art. 314-1 à 314-4) : 3, 7 ou 10 ans ; *chantage* (art. 312-10 et 312-11) : 5 ou 7 ans ; *filouterie* (art. 313-5) : 6 mois ; *entraves à la liberté du travail* (art. 225-13 et suivants) : 2 ou 5 ans ; *organisation frauduleuse de l'insolvabilité* (art. 314-7) : 3 ans. **Déclaration au greffe** (depuis le 1-1-1989) : procédure gratuite, sans assistance obligatoire d'un avocat ou recours à un huissier, réservée aux litiges d'un montant inférieur à 13 000 F.

■ **Demande de mise en liberté.** Peut être faite directement ou par l'intermédiaire de l'avocat, à tout moment. Lorsque la personne est détenue, la demande peut être faite auprès du directeur de l'établissement pénitentiaire (art. 148-7 du Code de procédure pénale). Le juge d'instruction doit statuer dans les 5 j. Son refus est susceptible d'appel dans les 10 j (de la part de la personne ou de la partie civile) ; la chambre d'accusation statue alors. Une personne libérée doit s'engager à répondre à toutes les convocations qui lui seraient adressées et à tenir informé le juge d'instruction de tous ses déplacements (voir aussi art. 148, 148-1, 148-7 du Code de procédure pénale).

■ **Démence.** Selon les art. 122-1 et 122-2 du Code pénal, n'est pas pénalement responsable la personne atteinte, au moment des faits, d'un trouble psychique ou neuropsychique ayant aboli son discernement ou le contrôle de ses actes, ou ayant agi sous l'emprise d'une force ou d'une contrainte à laquelle elle n'a pu résister. (Voir **Médecine** à l'Index). Il s'agit d'une maladie mentale au sens large du terme, et à laquelle on assimile, sous certaines conditions, des états voisins (somnambulisme, ivresse).

■ **Détention provisoire** (art. 144 et suivants du Code de procédure pénale). Le nouveau Code de procédure pénale (loi du 4-1-1993) avait réformé la détention provisoire : du 1-3-1993 au 1-1-1994, prescrite ou prolongée par un juge délégué par le Pt du tribunal, assisté, depuis le 1-1-1994, de 2 assesseurs choisis sur une liste établie annuellement par l'assemblée générale du tribunal. Le juge d'instruction conserve un pouvoir d'incarcération provisoire ne pouvant dépasser 4 jours ouvrables, et celui de rejeter les demandes de mise en liberté ; il peut placer sous contrôle judiciaire. Possible en matière correctionnelle si la peine encourue est de 2 ans de prison ou plus, ou de 1 an ou plus en cas de délit flagrant, si les obligations du contrôle judiciaire sont insuffisantes pour les autorités judiciaires, ou si la personne a été appréhendée au cours d'une enquête dans les conditions prévues par les art. 53 et 73 (seuls outrages à agents, blessures par imprudence, vagabondage ou mendicité et certains délits de presse n'autorisent pas la détention provisoire). *Durée maximale :* 4 mois, mais le juge d'instruction peut prolonger ce délai par une ordonnance motivée, considérée souvent comme nécessaire pour préserver l'ordre public dans le cas de certains crimes et délits (sa durée est alors indéterminée) ; *délai maximal de la prolongation :* 2 mois pour les délinquants primaires (1 seule prolongation), *pas de délai maximal pour les récidivistes* (renouvellement par périodes de 4 mois). Lorsque la personne encourt une peine de plus de 5 ans, la prolongation de détention est possible (sans tenir compte de la limite de 2 mois). La loi Guigou du 15-6-2000, entrée en vigueur le 1-1-2001, crée un juge des libertés et de la détention compétent pour décider du placement en détention provisoire d'un mis en examen. Cette compétence appartenait avant au seul juge d'instruction. La détention provisoire ne peut excéder 2 ans en cas de délit et 4 ans en cas de crime.

Le *détenu provisoire* peut conserver ses habits personnels, recevoir des visites plus nombreuses que les autres détenus et écrire davantage de lettres, communiquer librement avec ses avocats, sans témoin, dans une cellule du parloir, et leur écrire sans que les lettres soient ouvertes ni au départ ni à l'arrivée. Le reste du courrier est soumis à la censure. Le juge d'instruction peut, dans certains cas, interdire visites et courrier pendant 10 j, renouvelables une fois. Le *détenu* n'est pas astreint au travail (obligatoire pour les condamnés, dans la mesure où il y a du travail à leur donner). S'il demande à travailler, il est mieux rémunéré qu'un condamné. Les policiers ne peuvent procéder à son interrogatoire, ni aux confrontations.

Détentions suivies d'un non-lieu, d'un acquittement ou d'une relaxe (équivalent de l'acquittement devant les trib. correctionnels) ; peuvent donner droit à une indemnisation (une détention de 2 ans suivie d'une condamnation à 3 mois de prison avec sursis ou d'une simple amende ne permet aucun recours). Une commission d'indemnisation (composée de 3 magistrats de la Cour de cassation) étudie la demande de dommages et intérêts si la détention a causé un préjudice « manifestement anormal et d'une particulière gravité ». [Exemples : 50 000 F (Jean-Louis Rage, 15 j de détention, relaxé 13-12-1993) ; 600 000 F (Jean Chouraqui, 2 ans, 4 mois et 8 j de détention, acquitté 16-12-1994).]

☞ **Réformes. Toubon** (projet présenté le 24-4-1996) : notion de « délai raisonnable » introduite dans le Code de procédure pénale (en matière criminelle, détention renouvelée tous les 6 mois au lieu de 1 an) ; notion de « trouble à l'ordre public » précisée ; procédure du référé-liberté, créée par le Sénat en 1993 (suspension de l'exécution du mandat de dépôt par le Pt de la chambre d'accusation), réformée (le Pt pourra infirmer seul, sur le fond, la décision du juge d'instruction et ordonner un contrôle judiciaire).

■ **Diffamation.** Affirmation publique (tract, journal, livre, affiche, réunion publique), concernant une personne ou un corps constitué, d'un *fait précis* qui porte atteinte à son honneur ou à sa dignité, même sous forme interrogative ou dubitative. La reproduction publique d'une diffamation, même en citant la source, est une diffamation. Le diffamateur est condamnable même s'il a dit la vérité lorsque les faits concernent la vie privée, s'ils remontent à plus de 10 ans ou s'ils ont été effacés par amnistie ou prescription. **Injure.** Expression outrageante ou terme de mépris, ou invective qui n'attribue *aucun fait précis* à l'injurié. Injure et diffamation sont des délits. La victime doit porter plainte dans les 3 mois.

■ **Empreintes génétiques.** Utilisées depuis 1991 par la justice, à partir de l'ADN non codant de la personne, et non l'ADN codant, qui permet de déterminer les caractéristiques intimes de chaque être humain, comme la race, la taille ou la couleur des yeux, par exemple, ce qui revient à préciser son identité. L'ADN est propre à chaque individu, hérité pour 50 % de la mère et 50 % du père [code unique (excepté pour les vrais jumeaux), présent dans les tissus, le sang, les os, les dents]. La probabilité d'être en présence de 2 codes génétiques identiques est de l'ordre du milliard de milliard. L'ADN se conserve longtemps si le corps n'est pas exposé à une forte chaleur ou à un long séjour dans l'eau. **Coût des tests :** de 750 à 3 000 F. **Obligation :** on peut refuser de se soumettre à un prélèvement (mais une saisie de salive sur un mégot ou un verre suffit). **Cas. Fichier national automatisé des empreintes génétiques (Fnaeg)** *créé* par la loi du 17-6-1998, décret du 18-5 et circulaire du 10-10-2000, centralise traces et empreintes génétiques des condamnés sexuels, conservables 40 ans. *En Angleterre,* fichier de 400 000 empreintes de condamnés ou suspects (peuvent être gardées *ad vitam aeternam*). **Exemples. Aurore Drossart :** après exhumation du corps d'*Yves Montand,* les tests prouvèrent qu'elle ne pouvait être sa fille. **Caroline Dickinson,** Anglaise de 13 ans, tuée le 18-7-1996, après avoir été violée, dans une auberge de jeunesse de Pleine-Fougères (I.-et-V.) : 2 500 tests génétiques furent pratiqués. Un homme sans domicile fixe s'avoua coupable mais fut innocenté par ces tests.

■ **Ester en justice.** Intenter une action en justice ou y défendre.

■ **Flagrant délit. Définition :** infraction qui est en train de se commettre ou qui vient de se commettre. L'auteur peut être « quelqu'un poursuivi par la clameur publique ou trouvé porteur d'indices ». Sont assimilés : crimes, délits et infractions commis à l'intérieur d'une maison. **Procédure de flagrant délit** ou *procédure de comparution immédiate :* peut être appliquée dans tous les cas sauf pour délits de presse, délits politiques, délits non punissables de prison et délits commis par des mineurs (art. 71 à 71-3 du Code de procédure pénale, abrogés par la loi n° 81-82 du 2-2-1981). Elle autorise la police à arrêter un particulier dans la rue ou un lieu public (gare, métro, café), à perquisitionner chez un particulier « paraissant avoir participé à l'infraction ou détenir des pièces et objets relatifs aux faits incriminés », et à fouiller une voiture. La police conduit la personne devant le procureur de la République. Celui-ci peut décider qu'un juge d'instruction sera chargé de l'affaire ou le présenter immédiatement devant le tribunal ou un magistrat délégué par le Pt du tribunal. *A l'audience :* le Pt doit, sous peine de nullité du jugement, avertir l'accusé qu'il a le droit de demander un délai d'au moins 5 j pour préparer sa défense et se faire assister éventuellement par un avocat. Une convocation de police *(citation à témoin)* dans le cadre d'une enquête de police est obligatoire.

Flagrant délit de vol : selon l'art. 73 du Code de procédure pénale, toute personne peut appréhender l'auteur d'un crime ou d'un flagrant délit punissable d'une peine d'emprisonnement et le conduire devant l'officier de police judiciaire le plus proche. Un commerçant peut donc se saisir d'une personne surprise en train de voler (« tout citoyen est sergent de flagrance »). Un client a le droit de refuser de se soumettre à un contrôle par le commerçant (par exemple : présenter le contenu de son sac) et d'intenter une action en dommages et intérêts contre le commerçant s'il a appelé la police sans raison.

■ **Fouille** (voir **Perquisition** p. 794 c).

■ **Garde à vue. Durée :** 24 h (48 h si le procureur de la République l'autorise par écrit, ou plus de 48 h si le Pt du tribunal de grande instance l'ordonne pour les affaires de trafic de drogue, d'atteinte à la sûreté de l'État ou de terrorisme). Le *délai* part (en cas d'arrestation ou de flagrant délit) de l'heure d'arrivée au commissariat ou à la gendarmerie, ou, s'il y a eu convocation, du début de l'interrogatoire. Ne peut être prolongée que par un officier de police judiciaire, ou le juge d'instruction, ou le procureur de la République. **Conditions :** ni libre, ni détenue, la personne arrêtée est à la disposition de la police. Elle est immédiatement informée de ses droits [formulaire en 8 langues (allemand, anglais, arabe, espagnol, italien, néerlandais, portugais, russe) recensant ses droits et décrivant le déroulement de la procédure], peut prévenir par téléphone un membre de sa famille, solliciter un examen médical à sa demande ou à celle d'un membre de sa famille et connaître la durée légale de la garde à vue. *Depuis le 1-1-2001*, l'avocat peut intervenir, sur demande du gardé à vue, dès le début de la mesure. La loi n'interdit pas aux enquêteurs de poursuivre leurs investigations dans l'attente de son arrivée. Si elle le souhaite, la personne peut donc voir un avocat à la 1re heure, à la 20e et à la 36e (en cas de prolongation). Les avocats doivent être informés de la nature de l'infraction reprochée au gardé à vue, ainsi que la date de commission des faits. Ils n'ont cependant pas accès au dossier. Toutefois, lorsque l'enquête a pour objet certaines infractions (participation à une association de malfaiteurs, proxénétisme aggravé, extorsion de fonds, infraction commise en bande organisée) et si la qualification des faits est contrôlée par le procureur de la République, le délai pour s'entretenir avec un avocat est reporté de 24 h à 36 h. En matière de stupéfiants et de terrorisme, le régime entré en vigueur le 1-3-1993 demeure inchangé (loi du 4-1-1993). Après 24 h, le gardé à vue doit être conduit au procureur qui peut accorder une autorisation écrite prolongeant la garde à vue. Il peut faire l'objet d'une fouille corporelle (fouille « de sûreté ») pour lui retirer les objets utiles à la manifestation de la vérité ou dangereux pour lui ou pour autrui. La *fouille-perquisition,* ayant pour but la saisie d'objets et de documents, ne peut être effectuée qu'en flagrant délit ou en application d'une commission rogatoire avec accord de l'intéressé. La durée des interrogatoires et des repos doit être portée sur le registre des gardes à vue et des procès-verbaux d'interrogatoire. Les magistrats du parquet doivent être immédiatement avisés, même de nuit, des placements en garde de vue. **Garde à vue des mineurs :** doit être réduite au strict minimum et entourée des précautions destinées à éviter toute promiscuité. Les interrogatoires doivent être filmés (depuis le 1-7-2001). **Statistiques** (1999) : gardes à vue : 426 851 (dont 13,32 % + de 24 h). *Motifs :* vols y compris recels 129 023 (21 738), infractions économiques et financières 25 043 (4 716), crimes et délits contre les personnes 48 579 (10 805), autres infractions (dont stupéfiants) 120 414 (21 910). **Locaux de garde à vue** (1993) : police 1 623 salles, 1 239 chambres de sûreté dans 836 immeubles. Gendarmerie 7 682 locaux.

■ **Grâce (droit de).** Survivance de l'Ancien Régime (abrogé 5-6-1791, rétabli par Bonaparte en 1802). Appartient au Pt de la République d'après l'art. 17 de la Constitution (de 1946 à 1958, le Pt l'exerçait en Conseil supérieur de la magistrature). Remise de tout ou partie de la peine prononcée contre un individu par un tribunal répressif. Le 1er ministre et le garde des Sceaux donnent leur contreseing. Peut être collective ou individuelle. *Grâce collective à l'occasion du 14 Juillet.* Auriol : *1949, 51, 53.* Giscard d'Estaing : *1980.* Mitterrand : *1981* (4 775 libérés), *85* (2 763), *88* (4 230), *89 (bicentenaire :* 3 091 ; 408 sur 55 779 présentées), *93* (4 000). **Grâce amnistiante :** mesure intermédiaire entre grâce et amnistie. La loi définit les catégories de condamnés susceptibles d'être amnistiés ; le Pt de la Rép. individualise ensuite les bénéficiaires par décret.

■ **Habeas corpus** (en latin « que tu aies ton corps », sous-entendu *ad subjiciendum,* « pour le produire devant le tribunal »). Nom d'un des textes adoptés par le Parlement anglais en mai 1679. Sur une demande qui leur est faite, les juges doivent délivrer un *writ of habeas corpus,* acte délivré par la juridiction compétente enjoignant au greffier de faire paraître le détenu devant la Cour, qui statuera alors sur la validité de l'arrestation.

■ **Incompétence d'un tribunal.** Défaut d'aptitude d'une juridiction à connaître d'une demande. Peut être relative, absolue, d'ordre public. *Motifs : ratione materiae,* si le tribunal n'est pas habilité à juger cette matière (par exemple, le tribunal de commerce pour une affaire civile ; *ratione loci,* si le tribunal n'est pas territorialement compétent (par exemple, s'il n'est pas celui du lieu du domicile du défendeur, ou du lieu de commission d'une infraction) ; *ratione quantitatis,* si le litige dépasse un certain montant (exemple : tribunal d'instance).

■ **Inculpé d'une infraction.** Personne (mise en cause ou en examen) poursuivie devant une juridiction répressive. Ses déclarations sont consignées par écrit : le juge d'instruction en dicte un résumé à son greffier. La personne mise en cause ou en examen a intérêt à le relire soigneusement avant de le signer, il peut faire ajouter ou retrancher certains éléments.

☞ Toute personne ayant fait l'objet d'une détention provisoire au cours d'une procédure qui s'est terminée à son égard par une décision définitive de non-lieu, de relaxe ou d'acquittement a droit, à sa demande, à une réparation intégrale du préjudice moral et matériel que lui a causé cette détention (loi n° 2000-1354 du 30-12-2000, *JO* du 31). Cette demande doit être présentée dans les 6 mois qui suivent la notification de jugement constatant l'innocence. Pour le calcul de l'indemnité, une expertise contradictoire peut être demandée et un recours peut être formulé devant la Commission nationale de réparation des détentions (ex-Commission nationale d'indemnisation des détentions provisoires créée en 1970). *Exemples de montants reçus :* un administrateur judiciaire de Nanterre, incarcéré 6 mois en 1994 et 1995, poursuivi pour corruption et escroquerie : 1 500 000 F ; Christine Villemin : 410 000 F en 1995 pour 11 j de détention en juillet 1984 ; Richard Roman, accusé à tort du meurtre d'une fillette (Céline) : 100 000 F après 4 ans en prison. Dominique Monlun, incarcéré 10 mois pour un meurtre qu'il n'avait pas commis : 10 000 F.

Statistiques (en 1999). Affaires jugées 154 ; taux d'indemnisation 57 % ; montants versés 3 734 000 F ; moyenne par dossier 42 432 F.

■ **Infogreffe** (voir à l'Index).

■ **Initié (délit d').** Loi du 2-8-1989 : « Toute personne qui, à l'occasion de sa profession ou de sa fonction, ayant reçu des informations privilégiées sur les perspectives ou la situation d'un émetteur de titres, aura réalisé ou sciemment permis de réaliser une ou plusieurs opérations avant que le public n'ait eu connaissance de ces informations. » *Peines :* de 2 mois à 2 ans d'emprisonnement et amende de 6 000 F à 10 millions de F.

■ **Injonction (ou obligation) de faire.** Concerne les litiges d'un montant inférieur à 30 000 F. Procédure gratuite qui permet à tout bénéficiaire d'une obligation de faire non exécutée d'obtenir du tribunal d'instance, sur simple requête, une ordonnance enjoignant son débiteur de respecter ses engagements (appareils ménagers ou meubles non livrés à la date prévue, travaux commencés et non terminés dans le délai convenu, etc.). Le litige doit être signifié au greffe du tribunal d'instance. Au vu des documents produits (contrats, bons de commande, devis, photos de travaux en cours, mise en demeure envoyée au propriétaire...), le juge peut, si la requête lui paraît fondée, demander au professionnel de s'exécuter dans des délais donnés et assortir ou non son ordonnance d'une astreinte (amende à payer par jour de retard). Si l'exécution n'a pas eu lieu ou n'a pas été appliquée, le tribunal d'instance juge la demande du plaignant comme dans une audience ordinaire. Le recours à un avocat n'est jamais obligatoire devant le tribunal d'instance, mais le plaignant peut se faire représenter. A compter de la date du jugement, le « gagnant » a 6 mois pour signifier le jugement à la partie adverse qui dispose de 1 mois pour former opposition.

■ **Instruction. 1°) Enquête préliminaire :** *en cas de contravention, crime ou délit,* le procureur (parquet) ordonne une enquête préliminaire qu'il confie à la police judiciaire ; celle-ci agit parfois d'elle-même, si elle n'est pas encore requise par le parquet. **2°) Au reçu de l'enquête :** le procureur peut *la classer sans suite,* ou saisir le *trib. de police* ou renvoyer les auteurs devant le *trib. correctionnel* en cas de délit dont les preuves lui paraissent suffisamment établies. S'il s'agit d'un crime ou d'un délit sur lequel la lumière n'a pas encore été faite, il requiert le juge d'instruction. L'instruction est obligatoire pour les contraventions de 5e classe commises par un mineur. **3°) Le juge d'instruction** (juge du trib. de grande instance délégué dans ces fonctions par décret) : procure à la juridiction de jugement les éléments nécessaires pour statuer. Délivre mandat de dépôt de l'inculpé à la maison d'arrêt si la détention provisoire lui semble nécessaire à la manifestation de la vérité. Depuis le 8-12-1897, l'avocat de l'inculpé peut avoir accès au dossier ; depuis le 17-7-1970, le juge doit (sauf en matière criminelle spécialement art. 144 du Code de procédure pénale) motiver la mise en détention provisoire (délai limité à 6 mois depuis le 6-8-1975 pour certains inculpés). Depuis le 9-7-1984, un débat contradictoire a lieu à cette occasion (art. 148). Le nouveau Code de procédure pénale (lois des 4-1 et 24-8-1993) a réformé la procédure de l'instruction. La loi du 15-6-2000 étend le statut des personnes contre lesquelles il existe des « indices » : sont des témoins assistés, qui peuvent être étendus par un juge d'instruction, avec leur avocat, sans être mis en examen. Il faut des « indices graves ou concordants » pour procéder à une mise en examen. Les parties aux dossiers (mis en examen ou parties civiles) peuvent demander au juge d'instruction toutes les mesures d'enquête qu'elles jugent nécessaires à la manifestation de la vérité. **4°) Mise en examen :** peut intervenir en début ou en cours d'instruction à l'encontre d'une personne lorsque des indices graves et concordants laissent présumer qu'elle a participé aux faits dont le juge d'instruction est saisi. Elle doit être informée par le procureur de la

République de la procédure mise en œuvre contre elle et de son droit à l'assistance d'un avocat. L'avocat a un droit d'accès permanent au dossier à compter des 4 j précédant la 1re comparution à laquelle il peut assister. La personne mise en examen peut demander d'être mise en liberté provisoire. Le parquet doit donner son avis, disant ou non s'y opposer. Cet avis ne lie pas le juge d'instruction qui peut, par ordonnance, accepter la demande ou la rejeter. Si la personne mise en examen ou la partie civile ou le *ministère public* (le procureur) font appel de l'ordonnance du juge, la chambre d'accusation en connaît. (Section de la cour d'appel : elle comprend 3 magistrats et 1 membre du parquet général pour le ministère public.) **5°) Pendant l'instruction :** le *procureur* peut exercer un contrôle sur la procédure. Il peut demander le dossier et réclamer au juge certains actes d'instruction (comme : perquisitions, auditions de témoins, inculpations nouvelles). Le juge peut toujours refuser de donner suite à ces demandes et prendre par ordonnance une décision contraire. Toute partie peut faire des demandes d'investigation auxquelles le juge est tenu de répondre dans un délai de 1 mois par ordonnance motivée susceptible d'appel devant la chambre d'accusation. Toute personne mise en examen et non entendue depuis 3 mois peut demander à être interrogée par le juge qui doit le faire dans les 15 jours. Au bout de 1 an, les parties peuvent demander au juge de rendre une ordonnance de non-lieu ou de renvoyer l'affaire. Le juge doit alors répondre dans un délai de 1 mois, par ordonnance motivée, sinon les parties peuvent saisir la chambre d'accusation. **6°) Le juge clôt l'instruction. Mise en cause :** à la fin de l'instruction, le juge donne connaissance à la personne mise en examen, en présence de son avocat, des présomptions de charges réunies contre elle et recueille les observations de l'intéressé. Il rend ensuite une *ordonnance de présomptions de charges constitutives d'infraction pénale.* S'il estime l'inculpation non fondée, il rend une *ordonnance de non-lieu* ou, s'il l'estime fondée, il rend une ordonnance de renvoi devant le *tribunal de police* en cas de simple contravention (coups et blessures légers) ; ou devant le *tribunal correctionnel,* en cas de délit (violences à agents ou détention d'explosifs), *la cour d'assises,* en cas de crime (homicide ou vol qualifié), le *tribunal pour enfants* si l'inculpé a moins de 18 ans. Il peut rendre une *ordonnance de transmission au parquet général* (s'il s'agit d'un crime) qui saisira la *chambre d'accusation.* La chambre complète éventuellement le travail du juge instructeur avant de renvoyer l'accusé devant la cour d'assises.

☞ Si une personne est présentée dans la presse comme coupable des faits faisant l'objet d'une enquête ou d'une instruction, elle peut obtenir réparation pécuniaire et insertion d'une rectification ou diffusion d'un communiqué pour faire cesser ces bruits.

■ **Internement psychiatrique.** Le préfet de police à Paris et les préfets dans les départements prononcent par arrêté, au vu d'un certificat médical circonstancié, l'hospitalisation d'office des personnes dont les troubles mentaux compromettent l'ordre public ou la sûreté des personnes (art. L. 342 du Code de la santé publique). Dans les 24 h suivant l'admission, un certificat médical établi par un psychiatre de l'établissement est transmis au préfet par le directeur de l'établissement. En cas de danger imminent pour la sûreté des personnes, attesté par un avis médical ou, à défaut, par la notoriété publique, le maire et, à Paris, les commissaires de police arrêtent les mesures provisoires nécessaires, à charge d'en référer dans les 24 h au préfet qui statue sans délai et prononce, s'il y a lieu, un arrêté d'hospitalisation d'office. Dans les 15 j, puis 1 mois après hospitalisation et ensuite au moins tous les mois, un certificat médical est transmis au préfet (L. 344). Le maintien de l'hospitalisation d'office peut être prononcé par le préfet, après avis motivé d'un psychiatre, dans les 3 j précédant l'expiration du 1er mois d'hospitalisation, pour de nouveau 3 mois ; au-delà, l'hospitalisation peut être maintenue pour des périodes de 6 mois au maximum, renouvelables selon les mêmes modalités (L. 345).

Dans les 24 h, le procureur de la République, le maire et la famille sont avisés par le préfet de toute hospitalisation d'office, de tout renouvellement et de toute sortie (L. 349). **Protection des internés :** La *personne hospitalisée ou sa famille peut se pourvoir,* sur simple requête, devant le Pt du trib. de grande instance (L. 351). Le *Pt du trib. de grande instance* peut également se saisir d'office à tout moment (L. 351). Un *hospitalisé d'office* peut prendre conseil auprès d'un médecin ou d'un avocat de son choix, écrire ou recevoir du courrier, consulter le règlement intérieur de l'établissement, se livrer aux activités religieuses ou philosophiques de son choix (L. 326-3). **Commission départementale des hospitalisations psychiatriques :** visite les établissements, reçoit les réclamations et peut proposer au Pt du tribunal la sortie immédiate de toute personne hospitalisée sans son consentement.

■ **Interpellation.** On peut demander à toute personne qui vous interpelle de présenter sa carte officielle de police et refuser de lui montrer ses papiers si elle ne le fait pas. On peut ne pas répondre à une *convocation* du commissariat sans donner d'explication, sauf en cas de procédure de flagrant délit. Dans ce cas, le procureur de la République peut contraindre par la force les personnes convoquées à comparaître et à déposer. Selon l'art. 109 du Code de procédure pénale, toute personne citée pour être entendue comme témoin est tenue de comparaître, de prêter serment et de déposer, sinon le juge d'instruction peut, sur les réquisitions du procureur de la République, l'y contraindre par la force publique et la condamner à une amende de 2 500 à 5 000 F. *Si l'on se rend au commissariat,* on peut refuser de répondre, et se contenter de donner son identité en ajoutant : « Je n'ai rien à déclarer. » On peut ne pas signer le procès-verbal. *Un policier ou un gendarme ne peut pénétrer dans un domicile* s'il n'est porteur d'une autorisation du juge d'instruction ou sans l'accord exprès de l'occupant. *L'officier de police judiciaire* peut pénétrer d'initiative au domicile d'une personne dans le cadre d'une enquête en *flagrant délit.* Les officiers et les agents de police judiciaire qui les secondent peuvent relever les empreintes digitales ou prendre des photos, soit, d'initiative, au cours d'une *enquête judiciaire dans le cadre de la garde à vue ;* soit, hors de ce cadre, avec l'autorisation de la personne concernée en vue de la réunion d'éléments de preuves d'un crime ou d'un délit ; soit, avec l'accord de l'autorité judiciaire, en vue d'établir l'identité d'une personne.

■ **Légitime défense.** « N'est pas pénalement responsable la personne qui, devant une atteinte injustifiée envers elle-même ou autrui, accomplit, dans le même temps, un acte commandé par la nécessité de la légitime défense d'elle-même ou d'autrui, sauf s'il y a disproportion entre les moyens de défense employés et la gravité de l'atteinte. »

« N'est pas pénalement responsable la personne qui, pour interrompre l'exécution d'un crime ou d'un délit contre un bien, accomplit un acte de défense, autre qu'un homicide volontaire, lorsque cet acte est strictement nécessaire au but poursuivi, dès lors que les moyens employés sont proportionnés à la gravité de l'infraction » (art. 122-5 du nouveau Code pénal) ; « Est présumé avoir agi en état de légitime défense celui qui accomplit l'acte : pour repousser de nuit l'entrée par effraction, violence ou ruse dans un lieu habité ; pour se défendre contre les auteurs de vols, pillages exécutés avec violence » (art. 122-6 du Code pénal) ; « N'est pas pénalement responsable la personne qui, face à un danger actuel ou imminent qui menace elle-même, autrui ou un bien, accomplit un acte nécessaire à la sauvegarde de la personne ou du bien, sauf s'il y a disproportion entre les moyens employés et la gravité de la menace » (art. 122-7 du nouveau Code pénal).

■ **Libération conditionnelle.** Réservée aux condamnés ayant accompli la moitié de leur détention ou 2/3 en cas de récidive (6 mois si peine de moins de 9 mois). *Réclusion criminelle à perpétuité :* ils doivent avoir accompli 15 ans. Un condamné à perpétuité peut bénéficier au bout de 10 ans de détention d'un décret de grâce commuant sa peine en 20 ans de prison (grâce laissée au pouvoir discrétionnaire du Pt). Dans ce cas, il fera donc au maximum 30 ans de prison. Après 15 ans, il pourra espérer la liberté conditionnelle. *Modalités* fixées dans la décision : nature et durée des mesures d'assistance et de contrôle (visa régulier du carnet du libéré par la gendarmerie, assignation à domicile, visites au juge d'application des peines, traitements anti-alcooliques, remboursement de la victime de l'infraction). En cas d'inobservation, la libération peut être révoquée. *Décision :* condamnés à moins de 5 ans de prison, par le juge d'application des peines (Jap) après avis d'une commission ; condamnés à plus de 5 ans, par le min. de la Justice après avis du Comité consultatif de libération conditionnelle. *En 1990,* le Jap a accordé 5 756 mesures de liberté conditionnelle et le min. de la Justice 605.

■ **Loi anticasseurs** (8-6-1970) [art. 314 du Code pénal]. Abrogée par le Parlement le 15-12-1981. Sanctionnait : 1°) *Manifestations violentes :* 3 mois à 2 ans de prison pour ceux qui ont continué à manifester après que les violences ont commencé ; jusqu'à 3 ans pour les instigateurs et organisateurs du rassemblement, qui n'ont pas donné l'ordre de dispersion dès les premières violences ; 1 à 5 ans pour les provocateurs. 2°) *Actions concertées menées* par un groupe (commando) et accompagnées de violence : 1 à 5 ans de prison auxquels peuvent s'ajouter des poursuites pour des délits plus graves ou des crimes commis en cours d'opération. 3°) *Occupation de locaux administratifs :* 6 j à 1 an de prison. Peine doublée si l'occupation est commise en groupe (art. 184 du Code pénal).

■ **Majorité (pénale et civile).** 18 ans. **Mineurs de 16 à 18 ans :** ils relèvent du tribunal pour enfants ou de la cour d'assises des mineurs. **Au-dessous de 16 ans** (à l'époque de l'infraction) : ils relèvent du trib. pour enfants, même s'ils ont commis un crime. **Avant 13 ans :** aucune condamnation ne peut être prononcée ; le mineur bénéficie d'une irresponsabilité légale absolue. Le Pt de la cour d'assises doit obligatoirement demander aux jurés s'il y a lieu d'appliquer à l'accusé une condamnation pénale et de l'exclure de l'excuse atténuante de minorité.

■ **Mandats.** Délivrés par un juge d'instruction. Une copie du mandat doit être remise à la personne qui en est l'objet. Ils ne peuvent jamais être collectifs, et doivent préciser l'identité exacte, la nature des faits et les articles de loi applicables. **De comparution :** ordre adressé à une personne de se rendre au cabinet du juge d'instruction à un jour et une heure déterminés. La personne se présente librement. Si elle fait défaut, le juge peut lancer contre elle un mandat d'amener. **D'amener :** ordre donné à la force publique, par le juge d'instruction, de conduire immédiatement une personne devant lui, mais non de la détenir de façon prolongée. La police ou la gendarmerie sont chargées de notifier et d'exécuter ce mandat. **De dépôt :** ordre donné par le juge au directeur ou au surveillant-chef d'une maison d'arrêt de mettre une personne mise en cause en état de détention. **D'arrêt :** permet de rechercher et d'arrêter une personne en fuite et de la détenir d'une façon prolongée. Ne peut être lancé que si le délit est punissable d'une peine de prison de 2 ans ou plus. – *Mandats d'arrêt et d'amener* autorisent la police à pénétrer de force dans le domicile d'une personne (entre 6 et 21 h). Une fois incarcérée, la personne doit être interrogée dans les 48 h par le juge d'instruction, sinon elle est considérée comme arbitrairement détenue.

Si la personne recherchée se trouve à l'étranger, on lance un *mandat d'arrêt international* ou on entame une *procédure d'extradition.* En général, crimes et délits de caractère politique ne peuvent donner lieu à extradition. Pour un *étranger* réfugié en France, la chambre d'accusation de la cour d'appel se prononcera sur le bien-fondé de la demande d'extradition formulée par le gouvernement étranger.

■ **Non-rétroactivité des lois.** Article 112-1 du nouveau Code pénal. Portée étendue par le Conseil constitutionnel à toute sanction ayant le caractère d'une punition. Selon le Pacte international des droits civils et politiques, « il ne sera infligé aucune peine plus forte que celle qui était applicable au moment où l'infraction a été commise. Si, postérieurement à cette infraction, la loi prévoit l'application d'une peine plus légère, le délinquant doit en bénéficier ».

■ **Peines.** **CRIMINELLES : réclusion :** *à perpétuité* assortie éventuellement d'une période de sûreté (30 ans maximum) pendant laquelle le condamné ne peut bénéficier d'aucune mesure telle que la permission de sortir, la semi-liberté ou la libération conditionnelle. *A perpétuité réelle :* interdit tout aménagement de peine pour les condamnés à perpétuité pour le meurtre ou l'assassinat d'un mineur de moins de 15 ans précédé ou accompagné d'un viol, de tortures ou d'actes de barbarie. Au bout de 30 ans, le juge d'application des peines pourra saisir un collège de 3 experts médicaux pour se prononcer sur la dangerosité du condamné. Une commission de 5 magistrats de la Cour de cassation pourra alors mettre fin à la perpétuité réelle. *A temps limité.* **CORRECTIONNELLES :** emprisonnement de plus de 6 mois à 10 ans (pour des affaires de drogue et de proxénétisme) ; amende. **DE SIMPLE POLICE :** amende ou privation de certains droits (art. 131-12 et suivants du Code pénal). **ACCESSOIRES** (pratiquement supprimées par le nouveau Code pénal) : dégradation civique, interdiction légale, interdiction de séjour, suppression de certains droits civils, suspension du permis de conduire ou de chasser.

Un condamné est généralement obligé de payer les frais de justice (assez élevés quand l'instruction a été longue et a donné lieu à des expertises) et, s'il y a eu constitution de partie civile, les dommages et intérêts.

■ **Peines abolies.** **Marque au fer rouge :** antérieure au XVe s. (supprimée dans le Code pénal de 1791 jusqu'à 1802, maintenue pour les forçats dans le Code pénal de 1810, puis abolie par la loi de 1832). *Lettres apposées* sur les joues, le front ou l'épaule (au XVIIIe s.) : *V* et *W :* vol et vol en récidive, *M :* mendiant, *G* (gabelle) : faux-sauniers, *P :* déserteur, *E :* double engagement simultané, *D :* responsable du complot de désertion, *F :* faussaire et faux-monnayeur, *S :* menaces d'incendie, *R :* récidiviste, *GAL :* condamnation aux galères, *T :* travaux forcés à perpétuité. Les nobles et certains miséreux étaient exemptés (exemptions individuelles ou oublis fréquents). **Peine de mort :** loi du 31-12-1985 (voir p. 796 c). **Travaux forcés :** loi du 4-6-1960.

Dispense : le tribunal peut dispenser de peine ou ajourner le prononcé de peine lorsque le reclassement du prévenu est (ou est en voie d'être) acquis, que le dommage causé est (ou est en voie d'être) réparé et que le trouble résultant de l'infraction a cessé (ou va cesser). **Sursis** (*origine :* loi de pardon dite *« loi Bérenger »* du 26-3-1891) : le juge peut le prononcer pour tous les prévenus sauf ceux condamnés depuis 5 ans. Le sursis peut être assorti du régime de la **mise à l'épreuve** (mesures de surveillance, d'assistance, d'obligations particulières). La soumission à ces mesures et leur exécution sont une condition supplémentaire de la dispense d'exécution de la peine. Le bénéficiaire d'un *sursis* n'effectue sa condamnation que si, dans les 5 ans qui suivent, il encourt une nouvelle peine.

Mesures de remplacement pour l'emprisonnement (15 j à 6 mois) : prises à la discrétion du juge et liées à la nature de l'infraction (suspension du permis de conduire pour une durée déterminée, interdiction pendant 5 ans de détenir ou porter une arme, retrait du permis de chasse...), travail d'intérêt général (TIG), jour-amende. En 1992, les tribunaux ont prononcé 13 267 TIG (14 TIG pour 100 peines de prison ferme ; 3 % des jugements). Effectués dans collectivité publique 63,9 %, établissement public 12 %, association habilitée 24 %.

Remise de peine : décision administrative accordée généralement pour bonne conduite et dispensant d'une partie de la peine.

☞ La loi du 22-7-1992 introduit la notion de responsabilité pénale des personnes morales, désormais accessibles aux sanctions pénales.

☞ La loi du 15-6-2000 permet de faire appel des mesures d'aménagement des peines (libération conditionnelle, semi-liberté, chantiers extérieurs) décidées par le juge d'application des peines. Elle enlève au garde des Sceaux le pouvoir d'octroi des libérations conditionnelles pour les détenus condamnés à de longues peines. Ces mesures seront examinées par des juridictions régionales de libération conditionnelle, dont les décisions seront examinées, en appel, par une juridiction nationale.

■ **Perquisitions.** **Cas possibles : 1°) crime ou délit flagrant :** un officier de police judiciaire (OPJ) peut perquisitionner au domicile de toutes les personnes « qui paraissent avoir participé au crime ou détenir des pièces ou objets relatifs aux faits incriminés » [art. 7 du CPP (Code de procédure pénale)]. *L'enquête de flagrance* peut se prolonger après la constatation des faits, avant l'ouverture d'une information, le temps nécessaire à des investigations complètes et ininterrompues (notion de continuité et d'enchaînement des procès-verbaux) ; la loi fixe le départ de l'enquête, mais pas sa durée. L'accord de la personne chez qui l'on perquisitionne n'est pas nécessaire. **2°) Enquête préliminaire :** menée par l'OPJ et les agents de police judiciaire, sur les instructions du procureur de la République ou

Perquisitions et saisies. Doivent se dérouler *en présence de celui chez qui elles ont lieu.* S'il est : détenu, il peut être conduit sur les lieux (perquisitions) ; absent, il peut se faire représenter. Sinon, l'OPJ désigne 2 témoins pris en dehors des policiers ou du personnel judiciaire. Les *saisies* sont inventoriées dans un procès-verbal et placées sous scellés, qui seront ensuite ouverts ; s'il s'agit de documents, ils seront dépouillés dans le cabinet du juge d'instruction, en présence de l'intéressé, assisté éventuellement d'un avocat. L'intéressé peut, par l'intermédiaire de son avocat, obtenir la photocopie des documents dont la saisie est maintenue et réclamer la restitution des objets saisis, sauf si la confiscation en a été ordonnée.

Perquisitions nocturnes. Interdites entre 21 h et 6 h (mais une perquisition commencée avant 21 h peut se poursuivre au-delà). *Cas d'exception :* réclamation venant de l'intérieur d'une maison, incendie, inondation, péril certain, consentement écrit et donné librement par l'intéressé, maisons d'accouchement et de jeu, lieux publics (cafés, hôtels, théâtres, salles de réunions), lieux ouverts au public ou utilisés par le public lorsqu'il a été constaté que des personnes se livrant à la prostitution y sont reçues habituellement, lieux livrés notoirement à la débauche, établissements industriels, commerciaux ou agricoles où l'on travaille la nuit (il s'agit alors de visites et non de perquisitions), lieux où l'on use de stupéfiants, faits de terrorisme (loi du 19-12-1996). **En cas d'état de siège,** l'autorité militaire peut perquisitionner de jour et de nuit ; **d'état d'urgence,** les autorités administratives (min. de l'Intérieur et préfet) peuvent être autorisées à perquisitionner de jour et de nuit.

d'office. Le responsable de l'enquête doit obtenir préalablement une autorisation écrite et signée de la personne chez laquelle a lieu la perquisition (art. 75 et 76 CPP). Dans le domaine de la lutte antiterroriste, par dérogation à l'art. 76, les perquisitions peuvent être effectuées en enquête préliminaire sans l'assentiment de la personne chez laquelle elles ont lieu (art. 706-24 CPP, loi du 9-9-1986). 3°) **Enquête en vertu d'une commission rogatoire** (voir p. 792 b) : à l'issue de la perquisition menée dans ce cadre, seul l'OPJ peut procéder à la saisie des pièces à conviction (art. 97 CPP). Toute personne s'opposant à la perquisition avec violence et voies de fait commet un délit de rébellion (art. 433-6 du Code pénal). A l'issue de la perquisition, seul l'OPJ peut procéder à la saisie des pièces à conviction (art. 97 CPP). ☞ **Cas spéciaux :** *Cabinet d'avocat* (voir p. 789 c). *Cabinet médical :* si la question du secret professionnel se pose, le magistrat effectuera lui-même la perquisition. *Local universitaire :* l'OPJ peut perquisitionner, sans l'autorisation écrite du procureur général ou de l'un de ses substituts ou du procureur de la République, après avoir requis le chef d'établissement. *Ambassade :* l'OPJ ne peut perquisitionner sans la réquisition de l'ambassadeur. *Fouille-perquisition* (voir à l'Index).

■ **Prescription.** Écoulement d'un délai pendant lequel un droit reste en vigueur, pendant lequel (en matière pénale) les infractions peuvent être poursuivies et sanctionnées ou des actions exercées.

Acquisitive : peut être invoquée par tout possesseur d'un bien immobilier (sans qu'on puisse exiger de lui la production d'un titre quelconque, ou lui opposer sa mauvaise foi), si sa possession a duré 30 ans au moins de façon continue, paisible (sans aucune réclamation), publique, non équivoque et à titre de propriétaire. La durée de la possession exigée, s'il y a bonne foi et juste titre, est *abrégée (usucapion),* réduite à 10 ans, si le véritable propriétaire habite dans le ressort de la cour d'appel de l'immeuble ; à 20 ans s'il est domicilié dans un autre ressort. Elle est *interrompue* par la perte de la possession de plus d'un an [plus, en cas d'un certain nombre d'actes *du créancier :* citation en justice, assignation ; demandes (incidentes, reconventionnelles, en intervention ou garantie, formées par acte d'avocat à avocat, ou par simples conclusions) ; commandement (un huissier met le débiteur en demeure de s'exécuter) ou saisie (peut se faire sur salaire, meubles ou bien mobilier du débiteur) ; *du débiteur :* s'il a reconnu le fait]. Ne pas confondre *interruption* [art. 2242 et suivants du Code civil] et *suspension* (mineurs et majeurs en tutelle, art. 2252).

Extinctive : éteint une dette, ou facilite au débiteur la preuve de sa libération. Les prescriptions de 6 mois à 2 ans, fondées sur une présomption de paiement, ne constituent pas un moyen de libération de paiement, pour le débiteur, s'il résulte de ses déclarations ou de son système de défense qu'il n'a pas payé ce qu'on lui réclame. S'il n'avoue pas sa dette, le créancier peut lui déférer le serment, c'est-à-dire l'obliger à affirmer si la chose a réellement été payée.

Prescriptions les plus courantes. 30 ans (trentenaire) : s'applique à : *tous les droits* (sauf le droit de propriété immobilière qui ne se perd pas par le non-usage) ; actions dérivant d'un *contrat d'assurances* (prescriptions ne jouant que dans les rapports entre l'assuré et l'assureur). **20 ans :** peines prononcées par une cour d'assises. **10 ans (décennale)** [action] : crimes, responsabilité extracontractuelle contre *architectes* et *entrepreneurs ;* en *nullité d'un contrat ;* entre copropriétaires ou entre copropriétaires et syndics ne visant pas à contester une décision d'assemblée générale ; contre les banques (elles doivent conserver leurs archives 10 ans). **5 ans (quinquennale) :** action du *mineur* contre son tuteur légal, les organes de tutelle ou l'État (le délai court à compter de la majorité ; art. 475 du Code civil) ; salaires et heures supplémentaires, indemnités de préavis ; *créances payables à terme périodique,* notamment arrérages des *rentes perpétuelles et viagères et des pensions alimentaires, loyers* des immeubles bâtis ou non bâtis et *fermages, intérêts* des sommes prêtées, et généralement, tout ce qui est payable par année ou à terme plus court, peines correctionnelles. **4 ans :** pensions publiques, allocations chômage, d'aide publique, impôts non payés par le contribuable (toutes créances sur l'État, les départements, les communes, les établissements publics). **3 ans :** validité d'un chèque bancaire ; action en responsabilité contre les gérants de SARL ; action en nullité ou en remboursement de sommes perçues malgré des interdictions prévues par la loi de 1948 ; action en appel de garantie du fonds de garantie auto, après un accident mettant en cause un automobiliste non assuré, délits. **2 ans :** action des *médecins, chirurgiens, chirurgiens-dentistes, sages-femmes* et *pharmaciens* pour leurs visites, opérations et médicaments, accidents du travail, prestations des caisses d'allocations familiales et vieillesse, allocations chômage Assedic ; *mandats postaux* (si le paiement ou remboursement n'a pas été réclamé dans les 2 ans à partir du versement des fonds, ils sont définitivement acquis à l'administration) ; *réclamation d'un commerçant* pour les marchandises vendues à des particuliers (et réciproquement), notamment dans le domaine de la facturation ; *actions entre les Stés d'assurances* et leurs assurés ; *réclamations concernant une facture EDF ou GDF ; action des assurés sociaux* pour le paiement de prestations dues par la Sécurité sociale ; actions se rapportant aux *baux commerciaux ; contraventions* prononcées par le tribunal de police. **1 an :** actions des *huissiers* pour le salaire des actes qu'ils signifient et des commissions qu'ils exécutent ; des *maîtres de pension,* pour le prix de pension de leurs élèves, et des autres maîtres pour le prix de l'apprentissage ; *contrat de transport* de marchandises par terre ; *du porteur d'une lettre de change* à l'encontre du tireur ou de l'endosseur, contraventions. **6 mois :** action des *maîtres* et *instituteurs* pour des leçons qu'ils donnent au mois ; des *hôteliers* et *restaurateurs* pour le logement et la nourriture qu'ils fournissent. **2 mois :** *reçu pour solde de tout compte* signé par un salarié à son employeur ; *chèque postal ;* décision prise en assemblée générale *de copropriétaires.*

Nota. – Sauf pour les courtes prescriptions (2 ans et moins), la *prescription ne court pas à l'encontre :* des *mineurs non émancipés* et des *majeurs* en tutelle, des *mineurs émancipés jusqu'à leur majorité* pour les actions relatives à la tutelle ou à l'administration légale dirigées contre le tuteur, l'administration légale, les organes tutélaires de l'État, ni *entre les époux. La suspension* ne joue pas au profit de *la femme mariée* à l'égard des tiers ; ceux-ci peuvent par la suite prescrire utilement contre elle, pendant le mariage, pour les biens dont elle conserve l'administration et pour ceux administrés par le mari. La *prescription ne court pas contre l'héritier* qui a accepté une succession sous bénéfice d'inventaire, à l'égard des créances qu'il a contre la succession.

■ **Présomption d'innocence.** Principe inscrit dans l'art. 9-1 du Code civil (loi du 4-1-1993) : « Chacun a droit au respect de la présomption d'innocence. » (loi du 24-8-1993) « Lorsqu'une personne mise en garde à vue, mise en examen ou faisant l'objet d'une citation à comparaître en justice, d'un réquisitoire du procureur de la République ou d'une plainte avec constitution de partie civile est, avant toute condamnation, présentée publiquement comme étant coupable de faits faisant l'objet de l'enquête ou de l'instruction judiciaire, le juge peut, même en référé, ordonner l'insertion dans la publication concernée d'un communiqué aux fins de faire cesser l'atteinte à la présomption d'innocence, sans préjudice d'une action en réparation des dommages subis et des autres mesures qui peuvent être prescrites en application du nouveau Code de procédure civile et ce, aux frais de la personne physique ou morale responsable de l'atteinte à la présomption d'innocence. »

Loi d'Élisabeth Guigou du 15-6-2000 (en vigueur au 1-1-2001). Introduire un article ainsi rédigé : *Article préliminaire du Code de procédure pénale :* « I. – Les personnes qui concourent à la procédure pénale participent à la recherche de la manifestation de la vérité dans le respect des principes ci-après, qui sont mis en œuvre dans les conditions prévues par la loi. II. – Toute personne suspectée ou poursuivie est présumée innocente tant que sa culpabilité n'a pas été établie, dans le respect des droits de la défense et du principe du contradictoire. Les seules mesures de contrainte dont cette personne peut faire l'objet sont prises sur décision ou sous le contrôle effectif de l'autorité judiciaire. Elles doivent être proportionnées à la gravité de l'infraction reprochée et strictement limitées aux nécessités de la procédure. Il doit être définitivement statué sur l'accusation dont cette personne fait l'objet dans un délai raisonnable. Les atteintes à la réputation de cette personne résultant de l'accusation dont elle fait l'objet sont prévenues, limitées, réparées et réprimées selon les dispositions du présent Code, du Code civil, du Code pénal et des lois relatives à la presse écrite ou audiovisuelle. III. – L'autorité judiciaire veille à la garantie des droits des victimes au cours de toute procédure pénale. »

Après l'Assemblée nationale, le Sénat a adopté le 4-4-2000 un amendement au projet de loi sur la présomption d'innocence permettant la révision d'un procès jugé inéquitable par la Cour européenne des droits de l'homme. La France restait, avec la Turquie, le seul pays du Conseil de l'Europe à refuser de se plier aux arrêts de la Cour de Strasbourg.

Toute personne ayant été condamnée sur la base d'un procès jugé inéquitable par la Cour européenne des droits de l'homme pourra demander dans les 6 mois, un réexamen de son affaire, s'adressant à une commission de 7 magistrats de la Cour de cassation. Sa demande pourra déboucher sur un réexamen du pourvoi ou sur un renvoi devant une autre juridiction (tribunal correctionnel ou cour d'assises). Cette réforme aura un effet rétroactif jusqu'à 1981, année où les recours individuels devant la Cour de Strasbourg ont été instaurés.

Condamnée, le 19-3-1997, pour non-respect des droits de la défense dans l'affaire Abdelhamid Hakkar (Algérien condamné, en son absence et sans avocat, à la réclusion criminelle à perpétuité, pour le meurtre d'un policier qu'il a nié), la France avait refusé de rouvrir le dossier, la législation ne permettant pas alors de réviser les condamnations pénales après condamnation pour violation de la Convention européenne des droits de l'homme.

■ **Protection juridique** (voir à l'Index).

■ **Racisme ou discrimination raciale.** *Injures et diffamations* en matière raciale constituent un délit (loi du 1-7-1972). *Refus de vente* à des personnes d'une nation, d'une ethnie, d'une race, d'une religion déterminées : puni de 2 ans de prison et 200 000 F d'amende (art. 225-2 du Code pénal). *Refus d'embauche ou licenciement :* passible de la correctionnelle. *Refus, par un représentant de l'autorité publique, d'un droit* auquel une personne peut prétendre : amende de 3 000 à 40 000 F et/ou 2 mois à 2 ans de prison.

■ **Référé.** Procédure sommaire permettant de prendre des mesures conservatoires (exemple : expertise).

■ **Réhabilitation.** *En matière pénale,* réhabilitation de droit pour certaines peines (art. 784 et suivants CPP), et réhabilitation judiciaire accordée par la chambre d'accusation ; la demande ne peut être formulée qu'après 5 ans (procédure criminelle) ou 3 ans (procédure correctionnelle). Permet de relever un failli des déchéances prononcées contre le condamné. Le procès, après décision de la Cour de cassation, peut être rouvert et aboutir à une décision de réhabilitation.

■ **Révision.** Voie de recours extraordinaire tendant à faire redresser une erreur judiciaire par la Cour de cassation.

■ **Saisie. Saisie-appréhension :** pour les biens que le débiteur doit restituer (par exemple, voiture en location longue durée). Saisie-arrêt sur salaire (voir à l'Index). **Saisie-attribution :** moyen pour le créancier de rendre disponibles, entre les mains d'un tiers qui les détient, des sommes d'argent appartenant à son débiteur. **Saisie conservatoire :** procédure par laquelle les biens d'un débiteur sont mis sous la main de la justice, afin d'empêcher ce débiteur d'en disposer au détriment d'un créancier tant que la créance n'a pas été définitivement établie par le tribunal. Une saisie conservatoire peut être pratiquée par le bailleur sur les meubles garnissant les lieux loués. **Immobilière :** pratiquée par un créancier sur un immeuble de son débiteur. **Saisie-véhicule :** effectuée par déclaration du créancier aux services de la préfecture du lieu d'immatriculation du véhicule du débiteur. Un certificat attestant l'absence de saisie sur le véhicule vendu doit être fourni par le vendeur. Validité 2 mois. **Saisie des valeurs mobilières :** actions, titres détenus par les banques. *Saisie-vente :* remplace la saisie-exécution. Mesure ultime après épuisement de toutes les autres. Recours exceptionnel pour créances de faible montant. Si la créance est inférieure à 3 500 F, elle ne peut être pratiquée (sauf autorisation du juge de l'exécution) que s'il est impossible de faire une saisie bancaire ou sur salaire. Limitation exclue dans le cas de pension alimentaire. Le débiteur peut vendre ses meubles à l'amiable et dispose d'un mois après visite de l'huissier pour dresser la liste de tous les objets saisis ou vendus.

Séquestre : saisie conservatoire. Nécessite l'autorisation du juge. Le débiteur doit payer les frais de garde des objets saisis (art. 1961 du Code civil).

Position du saisi : il ne peut légalement s'opposer à l'action de l'huissier sauf le dimanche, les jours de fête et entre 21 h et 6 h. En cas d'absence, l'huissier peut requérir un serrurier en présence d'un commissaire de police, de 2 témoins ou du maire. Le saisi doit vérifier que l'huissier possède un « titre exécutoire » (procès-verbal de conciliation, jugement ou ordonnance du Pt du tribunal, ou un acte notifié ou certifié par un notaire). Il doit avoir été prévenu par commandement au moins 8 j avant et avoir les coordonnées de la personne qui mandate l'huissier. La valeur des objets saisis ne doit pas dépasser le montant de la dette augmenté des frais. Entre la saisie et la vente des objets saisis, 1 mois au moins doit s'écouler. Pendant ce délai, il est interdit de faire disparaître les objets saisis, ce serait un délit passible de 2 ans de prison et 200 000 F d'amende en cas de détournement ou de destruction d'objets saisis (art. 434-22 du Code pénal).

☞ *Délais de grâce pour s'acquitter d'une dette.* Demandés auprès du juge de l'exécution chargé des litiges en matière de saisie, ou auprès du juge d'instance en cas de saisie-arrêt sur salaire. Ne peuvent excéder 2 ans et sont accordés eu égard à la situation du débiteur et du créancier.

Ne peuvent être saisis : biens mobiliers nécessaires à la vie et au travail du saisi et de sa famille (sauf pour paiement de leur prix) : vêtements, literie, denrées alimentaires, tables et chaises, armoire de rangement, lave-linge, réfrigérateur... (l'article 39 du décret du 31-7-1992 en donne la liste). Télévision, micro-ordinateur ou voiture n'entrent pas dans cette catégorie. Biens de l'employeur, biens loués, pensions alimentaires, biens insaisissables (par la loi, testateur ou donateur) par les créanciers postérieurs à l'acte de donation ou à l'ouverture de legs (sauf permission du juge).

■ **Témoins.** Un juge d'instruction n'a pas le droit d'entendre comme témoin une personne qui apparaît comme étant auteur ou complice de l'infraction qui a nécessité l'ouverture d'une information. Il doit l'inculper et l'interroger en lui accordant les garanties de la défense, et notamment l'assistance d'un avocat. **Témoin assisté :** selon

Comment porter plainte

Toute personne qui se prétend lésée par un crime ou un délit peut, en portant plainte, *se constituer partie civile* devant le juge d'instruction compétent. On peut porter plainte :

■ **Au commissariat de police ou à la gendarmerie** du lieu de commission de l'infraction. La plainte est automatiquement transmise au procureur de la République.

■ **Par lettre au procureur de la République.** La plainte doit être rédigée sur papier libre, signée et datée avec nom, prénom, date et lieu de naissance du plaignant. Elle doit exposer les faits et leur donner une qualification pénale (exemples : coups et blessures, arrestation illégale, voies de fait). Elle peut être acheminée par un avocat ou adressée directement au procureur qui peut la classer ou la transmettre au commissariat de police de la localité du plaignant. Parfois, la police judiciaire sera chargée de l'enquête. Si les policiers sont en cause, ce sera l'Inspection générale de la police nationale (voir p. 807 c). L'ensemble des procès-verbaux résultant de l'enquête est retourné au procureur qui peut décider de : classer le dossier sans suite ; faire procéder à un supplément d'enquête ; renvoyer l'affaire devant le trib. correctionnel (de police, etc.) ; transmettre le dossier à un juge d'instruction. *Si le dossier est classé sans suite,* le plaignant peut se constituer *partie civile.*

■ **Par lettre adressée au doyen des juges d'instruction en se « constituant partie civile ».** Consignation à prévoir.

■ **Par citation directe, par exploit d'huissier, devant le tribunal de police ou correctionnel.** Il faut alors payer une consignation au greffe (pour éviter les dépôts de plainte abusifs). La citation directe rend les poursuites obligatoires. Si une plainte ou une citation ont été engagées avec légèreté ou de mauvaise foi, le plaignant s'expose à une condamnation à des dommages et intérêts.

Devant le tribunal de grande instance (litiges supérieurs à 50 000 F), l'avocat est obligatoire, il établit l'assignation. Devant le tribunal d'instance [litiges inférieurs à 50 000 F ou de sa compétence exclusive (location, crédit à la consommation...)], l'avocat n'est pas obligatoire mais il faut adresser une assignation à son adversaire si l'affaire porte sur une somme de 25 000 à 50 000 F (en dessous de 25 000 F, on peut utiliser des procédures simplifiées). On peut rédiger soi-même l'assignation suivant ces exemples : **Assignation devant le tribunal d'instance de... L'an 19.. et le ...** (jour et mois de votre assignation). **A la requête de...** (indiquer vos nom, prénom, date et lieu de naissance, nationalité, adresse), **a l'honneur d'informer...** (nom, prénom et coordonnées de votre adversaire), **qu'un procès lui est intenté pour les raisons exposées ci-après** (voir plus bas) **devant le tribunal d'instance de...** (adresse du tribunal). **Qu'à défaut, il s'expose à ce qu'un jugement soit rendu à son encontre sur les seuls éléments fournis par son adversaire. Plaise au tribunal...** On expose : **1°)** *les faits* à l'origine du litige, dans l'ordre chronologique, sans détails inutiles. Pour un contrat, indiquer le nom de la société, la date de sa signature, son objet et le prix payé (ou prévu). Décrire les tentatives de règlement amiable qui n'auraient pas abouti. **2°)** *Les discussions :* qualifier les faits sur le plan juridique (en citant, par exemple, les articles du Code civil ou de la consommation sur lesquels on fonde son action). Exposer la demande de réparation (annulation du contrat, demande de dommages-intérêts, exécution de l'obligation...). Si l'on rédige soi-même l'assignation, il faut la faire délivrer à l'adversaire par voie d'huissier. *Coût :* 300 à 400 F. Dans l'assignation, on peut demander le remboursement de ces frais par l'adversaire si on gagne le procès (art. 700 du nouveau Code de procédure civile).

☞ Si l'on n'a pas de preuves suffisantes pour faire condamner quelqu'un de précis, il faut *porter plainte contre X.* Si l'on est avisé, par lettre recommandée d'un huissier, qu'un *exploit* a été « déposé en mairie » à son nom, il faut rapidement, muni de pièces d'identité, se faire remettre le pli, les délais de procédure (assez courts dans certains cas) courant à partir du jour où le pli a été déposé en mairie.

Registre de la main courante dans les commissariats. Contient jour après jour les différents événements portés à la connaissance de la police. Elle ne permet en aucun cas de déposer plainte. La police ne dispose d'aucun pouvoir d'enquête et ne peut obliger une personne citée dans le registre à se rendre au commissariat. Une main courante n'a pas d'incidence sur le dépôt ultérieur (ou non) d'une plainte.

Procès en 1re instance

■ **Tribunaux compétents. Procès civil :** se juge devant une juridiction civile : soit le *trib. d'instance,* soit une *chambre civile du trib. de grande instance.* Il permet d'obtenir d'éventuels dommages et intérêts, mais pas de condamnation pénale de son adversaire (amende ou emprisonnement).

Procès pénal : se juge devant une juridiction pénale. Si l'on engage un procès civil, on ne peut plus ensuite porter cette même action devant une juridiction pénale. S'il s'agit d'une contravention, s'adresser au *trib. de police ;* d'un délit, au *trib. correctionnel* (chambre pénale du tribunal de grande instance) ; d'un crime, à la *cour d'assises.* Le procès pénal *est plus rapide ; moins coûteux ; plus efficace* car il peut permettre, grâce aux moyens d'investigation du juge d'instruction, d'apporter plus facilement la preuve des faits reprochés à un adversaire, aussi la menace d'une sanction pénale peut contribuer au règlement anticipé du préjudice par l'auteur de l'infraction ; *plus intéressant :* le tribunal peut attribuer des dommages et intérêts aux victimes (exemple : même lorsque l'auteur d'un accident de la circulation est relaxé). On peut aussi obtenir, dans certains cas, le règlement par l'État de tout ou partie du préjudice. Cependant, si l'adversaire bénéficie d'un non-lieu ou est acquitté, il peut demander au tribunal de condamner le plaignant à des dommages et intérêts pour action abusive ou même à une peine de prison pour dénonciation calomnieuse. Si l'on a engagé un procès pénal, on peut toujours y renoncer et continuer son procès devant une juridiction civile. Si le procès pénal n'a pas abouti à une condamnation, on peut, dans certains cas, obtenir réparation du préjudice. *L'assistance d'un avocat n'est pas obligatoire :* au tribunal de police, d'instance, dans toute procédure en référé (quel que soit le tribunal).

■ **Début de la procédure. Procès civil :** en principe devant le trib. de grande instance. *Demande en justice :* formée par assignation (huissier de justice) avec, sauf exception, constitution obligatoire d'avocat. Le demandeur doit *constituer avocat* dans 15 jours à compter de l'assignation. *Le tribunal est saisi* par la remise au secrétariat-greffe d'une copie de l'assignation. *Les conclusions sont notifiées* et les pièces communiquées par l'avocat de chacune des parties à celui de l'autre partie. *Le déroulement de la procédure* est surveillé par le juge de la mise en état, qui a des pouvoirs très étendus.

Procès pénal : la *citation* est délivrée par huissier à la requête du ministère public (art. 550 et suivants CPP) avant l'audience ; elle énonce les faits reprochés et vise le texte qui les réprime. La procédure de *saisine directe* a été substituée à celle de flagrant délit.

■ **Audiences. Procès civil :** *non publiques* pour certains litiges (divorce, désaveu de paternité, reconnaissance d'enfants naturels...). L'emploi de magnétophones, d'appareils photo ou de caméras est interdit.

Procès pénal : *publiques :* l'accusé qui trouble l'ordre peut être expulsé : les débats se poursuivent sans lui. Il reviendra pour entendre le jugement. S'il résiste lors de son expulsion ou injurie le tribunal, il peut être condamné immédiatement. Les portes doivent être laissées ouvertes. Le tribunal ordonne le *huis clos* s'il estime que la publicité des débats est dangereuse pour l'ordre public et les bonnes mœurs, ou si l'accusé a moins de 18 ans. Le Pt peut interdire la salle aux mineurs ou à certains d'entre eux. Il assure la police de l'audience. Il peut : faire expulser tout spectateur qui troublerait les débats (si celui-ci résiste ou cause du tumulte, il peut être sur-le-champ arrêté, jugé et condamné), faire évacuer la salle en cas de troubles graves ou de manifestations favorables ou défavorables à l'accusé.

■ **Débats. Procès civil :** le président donne la parole successivement aux avocats des parties. Il est assez rare qu'il admette la réplique d'un avocat après une plaidoirie. S'il l'estime nécessaire, le plus souvent dans l'intérêt de la loi, le représentant du ministère public peut demander à être entendu, à une audience ultérieure, dans le développement de ses conclusions.

Procès pénal : le président dirige les débats. Il s'assure de l'identité exacte des prévenus et des accusés. Il fait procéder à l'appel des témoins de l'accusation et de la défense, qui passent ensuite dans une pièce qui leur est réservée. Il rappelle les faits reprochés et interroge l'accusé. Le ministère public, la partie civile (s'il y en a une) et l'avocat de la défense peuvent aussi interroger l'accusé, mais par l'intermédiaire du président (un étranger peut demander un interprète). Après l'interrogatoire, le président passe à l'audition des témoins. Il peut leur poser des questions. Le procureur et les avocats de la partie civile et de la défense peuvent le faire aussi par son intermédiaire. La parole est ensuite donnée à l'avocat de la partie civile (s'il y en a une), qui précise la nature et le montant de la réparation que la victime réclame. Puis le ministère public prononce son réquisitoire, réclame les peines ou « l'application de la loi ». L'avocat de la défense et l'accusé lui-même ont ensuite la parole (le ministère public et la partie civile peuvent leur répondre mais l'accusé et son avocat doivent toujours avoir la parole en dernier). Les débats sont alors clos.

■ **Jugement. Formalités. Procès civil :** les jugements sont presque toujours rendus à une date ultérieure, après les plaidoiries des avocats. **Procès pénal :** *affaires simples,* le président se tourne vers ses assesseurs et prononce aussitôt le jugement ; *affaires plus compliquées,* le tribunal se retire dans une pièce attenante. Souvent, le président annonce que le jugement sera rendu lors d'une audience ultérieure dont il fixe la date (l'affaire est *mise en délibéré*). *En cour d'assises,* le jury de 9 citoyens assistés du président et de ses 2 assesseurs doit, immédiatement et sans interruption, délibérer et répondre, dans la salle réservée à cet effet, aux questions écrites de l'arrêt de renvoi posées par le président. **Décision. Procès pénal :** le tribunal peut décider soit une *condamnation,* soit l'*acquittement* (devant la cour d'assises) ou la *relaxe.* Dans ce cas, les poursuites intentées sont considérées comme mal fondées et l'accusé n'a ni peine ni amende ; les frais de justice sont à la charge de l'État ou de la partie civile. **Rédaction.** Les *motifs* répondent point par point aux conclusions sous forme d'*attendus* et le *dispositif* contient la décision. Le greffier transcrit le texte de la décision sur les *minutes.* **Exécution.** Le jugement ne peut être *mis à exécution* que sur présentation d'une *expédition* revêtue de la formule exécutoire, sauf si la loi en décide autrement (art. 502 du Code de procédure pénale). La remise du jugement à l'huissier de justice vaut pouvoir pour toute exécution pour laquelle il n'est pas exigé de pouvoir spécial (art. 507). Le jugement est alors signifié par un huissier. Le juge peut déclarer *les décisions du jugement exécutoires par provision nonobstant appel.* **Procès civil :** le tribunal peut rendre des *jugements « avant dire droit »* ne préjugeant pas du fond. Provisoires, ils permettent d'ordonner des mesures urgentes (ex. : mise sous séquestre) ou d'instruction (enquête, expertise, etc.).

Appel

■ **Objet.** Un plaideur mécontent d'une décision rendue en 1er ressort peut soumettre l'affaire (« interjeter appel ») à la *juridiction du 2e degré* (cour d'appel).

■ **Délais. Procès civil :** 1 mois à compter de la signification de la décision rendue en 1re instance ; pour certaines matières 15 jours : ordonnance de référé, jugement prononçant le règlement judiciaire ou la liquidation de biens. **Procès pénal :** 10 jours à compter du prononcé du jugement (à partir de la signification du jugement pour le prévenu qui ne s'est pas présenté bien que cité régulièrement), 2 mois pour le procureur général à compter du prononcé du jugement.

■ **Jugement.** L'affaire est plaidée à nouveau devant la cour d'appel.

Pourvoi en cassation

■ **Objet.** Les parties au procès (y compris le ministère public) peuvent, pour des motifs énumérés par la loi (erreur de droit, incompétence de la juridiction...), se pourvoir. La Cour de cassation n'est pas un 3e degré de juridiction, elle juge le droit et non les faits. **Délais. En matière civile :** 2 mois, **criminelle :** 5 jours francs.

■ **Décision.** La Cour peut rejeter le pourvoi (la décision rendue par les juges du fond acquiert la force de la chose jugée) ou casser la décision attaquée, elle renvoie alors devant une autre juridiction.

☞ Lorsque toutes les voies de recours sont épuisées en France, on peut s'adresser à la Cour européenne des droits de l'homme (CEDH) : Greffier de la Cour européenne des droits de l'homme, Conseil de l'Europe, 67075 Strasbourg Cedex.

l'art. 104 du nouveau Code de procédure pénale, toute personne nommément visée par une plainte assortie d'une constitution de partie civile a droit, sur sa demande, lorsqu'elle est entendue comme témoin, au bénéfice de l'assistance de son conseil. Le juge d'instruction l'en avertit lors de sa 1re audition après lui avoir donné connaissance de la plainte, mention de cet avertissement est faite au procès-verbal. La loi du 30-12-1987, n° 87-1062, parle de « témoin assisté ». A mi-chemin entre l'inculpé et le simple témoin, il peut accéder à son dossier sans être inculpé. Cette innovation évite ainsi l'inculpation aux seules fins d'accession au dossier.

Peines encourues par un témoin : une personne qui a été témoin d'un crime ou d'un délit est « tenue de comparaître, de prêter serment et de déposer ». Si le témoin ne comparaît pas, « le juge d'instruction peut l'y contraindre par la force publique » et le condamner à une amende de 3 000 à 6 000 F (même amende infligeable à celui qui refuse de déposer). *Faux témoignage* fait sous serment devant toute juridiction ou officier de police judiciaire avec commission rogatoire : passible de 5 ans d'emprisonnement et d'une amende de 500 000 F, mais exemption de peine si rétractation avant la fin de la procédure (art. 434-13 du Code pénal). Lorsqu'il est provoqué par la remise d'un don ou d'une récompense, lorsque celui contre lequel ou en faveur duquel il est commis est passible d'une peine criminelle : passible de 7 ans d'emprisonnement et amende de 700 000 F (art. 434-14 du Code pénal). Selon une jurisprudence ancienne, les déclarations mensongères faites devant un juge d'instruction ne sont pas concernées. *Menaces exercées sur un témoin* pour l'empêcher de déposer ou l'obliger à mentir : 3 ans d'emprisonnement et amende de 300 000 F (art. 434-8 du Code pénal).

■ **Titre exécutoire.** Permet à son détenteur de faire appel à la force publique pour parvenir à ses fins (exemple : faire procéder à une saisie pour récupérer une somme d'argent ou à une expulsion pour libérer un logement). **Titres les plus connus :** *jugements des tribunaux* complétés d'une formule « exécutoire » commençant par : « La République française mande et ordonne à tous les huissiers de justice sur ce requis... » *Certains actes notariés* ou établis par un huissier de justice, le fisc, les collectivités locales, les offices HLM.

☞ **Inavem (Institut national d'aide aux victimes et de médiation) :** *siège social* 14, rue Ferrus, 75014 Paris.

Peine de mort

☞ Admise par l'Ancien Testament (exemple : Genèse 9, verset 6) ; n'est pas contredite par le 5e commandement de Dieu, qui interdit l'assassinat et non le fait de tuer. Le Nouveau Testament confirme le droit du glaive pour le magistrat (Épître de Paul aux Romains, chapitre 13).

■ Modes d'exécution

■ **Exemples au cours de l'histoire.** **Animaux (par) :** chiens, chevaux sauvages, fauves, crocodiles, éléphants. **Baïonnette :** France (Vendée 1793). **Bastonnade :** gourdin. **Bûcher :** usage universel. **Canonnade :** Afghanistan 1918, France 1793 (Lyon). **Crucifiement (crucifixion) :** *origine :* Phéniciens et Carthaginois. Rome, Orient (Palestine) : le condamné portait le *patibulum* (montant supérieur de la croix) puis était crucifié par les poignets : Vendée (fin XVIIIe s.), Birmanie, Maroc (fin XIXe s.), Nord-Viêt Nam. Actuellement, légal au Yémen (ex-Nord) et Soudan. **Décapitation (décollation) :** *glaive :* Rome ; *hache :* Angleterre, Russie, États allemands ; *épée :* France, Italie, Espagne ; *sabre :* actuellement au Qatar, Yémen (ex-Nord) et Arabie. **Déchiquetage :** attaché à une roue, le condamné passait sur des pointes fixées au sol (Antiquité, Inquisition). **Découpage (partiel) :** Moyen Age : *doigts :* parjure ; *poing :* parricide (aboli en France en 1832) ; *orteils :* proxénètes ; *langue :* blasphémateurs ; *yeux* ou *main :* voleurs ; *sexe :* violeurs. **Défenestration :** de rocher, rempart, sur rochers, crocodiles, pierres, pieux, brasiers, eau, lances, hallebardes. Actuellement, mode d'exécution extra-judiciaire. **Dépeçage** (découpage progressif du corps) : Asie, Rome, Angleterre (XVIe s.), Chine (XIXe et début XXe s.). **Écartèlement** (par des chevaux) : Antiquité, France (parricides, régicides ; jusqu'à la Révolution). **Écorchage** (peau détachée au couteau) : *total :* Perse (femmes adultères), France (XIVe s.) ; *partiel :* code Theresiana (États des Habsbourg, 1868). **Écrasement :** *par poids :* Rome, Égypte ; *par broyage et déchiquetage :* Rome, Grèce, Perse ; *par pressage (meules) :* Carthage, Ceylan, Inde. **Égorgement :** Cambodge 1975-78. **Électrocution :** voir **Chaise électrique** à l'Index. **Emmurement :** Grèce, Rome (Vestales), Japon, Inquisition. **Empalement** (pieu vertical enfoncé dans le corps par le rectum, devant ressortir par la bouche) : usage universel (parfois avec maillet). **Enfouissement** (condamné enterré vif) : Chine 220 av. J.-C., Gaule, France (femmes, Moyen Age), Danemark, Suède (jusqu'à fin XVIe s.), Inde (début XXe s.), Viêt Nam (1968), Cambodge (1975-78). **Estrapade** (condamné fixé en haut d'un mât par une corde et lâché) : *origine* (discutée) : Italie. **Éventrement :** *simple :* Rome, Grèce ; *jusqu'à extirpation des viscères :* Orient. **Faim** (mort par inanition) : *variantes : poire d'angoisse* (XVIe s.) instrument en fer remplissant la bouche à l'aide d'un ressort ou vis tournante ; *diète noire :* privation complète de nourriture (Angola 1975) ; *cages* (Moyen Age, Chine, Afrique, Birmanie). **Flagellation :** fouet, verges. **Fusillade :** actuellement légale dans 86 pays. **Garrotte** (cou comprimé dans une chaîne de fer reliée à une vis) : Portugal (jusqu'en 1867), Espagne (1870-1974). **Gaz :** *asphyxie :* cyanure paralysant les enzymes respiratoires qui assurent le transfert de l'oxygène entre le sang et les cellules du corps. Le 2-9-1983 (Mississipi), Jimmy Lee Gray aurait été pris de convulsions 8 min et aurait haleté 11 fois. **Guillotine** (voir col. c). **Injection mortelle :** par voie intraveineuse de barbiturique à effet rapide combiné à un agent chimique paralysant. Au Texas, 3 produits injectés en même temps : thiopental sodique (barbiturique faisant perdre connaissance), bromure de pancuronium (relaxant musculaire paralysant le diaphragme et interrompant les mouvements pulmonaires) et chlorure de potassium (entraîne un arrêt cardiaque). **Lapidation :** Antiquité, puis universel ; en usage en Afrique et au Moyen Age. *Habituellement pratiquée sur un condamné enterré* jusqu'au cou ou entravé. Prévue dans 6 pays dont l'Iran (l'art. 119 du Code pénal islamique stipule « Les pierres utilisées pour infliger la mort par lapidation ne devront pas être grosses au point que le condamné meure après en avoir reçu 1 ou 2 : elles ne devront pas non plus être si petites qu'on ne puisse leur donner le nom de pierres »). **Noyade** (tête maintenue dans l'eau, corps attaché et lesté ou mis dans un sac) : Antiquité (Grèce : femme adultère), Moyen Age, XVIIIe s. (France, Nantes 1793). **Pendaison :** *par le cou* (3 types) : condamné lâché, hissé par poulie, placé sur plancher mobile (G.-B. : *long drop*) ; *par les pieds ; par les aisselles* (pendaison lente). Tables de concordances : poids du condamné/longueur de la corde. Corps laissé jusqu'à putréfaction (« fourches patibulaires »). **Rôtissage** et **grillade :** Rome, Syrie (7 Maccabées), France (guerres de Religion). **Roue** (condamné attaché rompu vif) : Antiquité, Gaule, Moyen Age (France, jusqu'à la Révolution ; *retentum :* grâce par étranglement). **Strangulation. Tranche têtes :** Moyen Age (Allemagne). **Transfixion** (transpercement des tissus et chairs par des objets pointus) : chaise inquisitoriale garnie de pointes (Bavière, XVIIIe s.).

■ Dans le monde

■ **Pays maintenant la peine de mort.** 87 (dont 67 ont prononcé des condamnations). **L'ayant aboli.** 108 [dont 86 en droit et 22 en pratique (pas d'exécution depuis 10 ans)] dont pour tous les crimes 75, ceux de droit commun 13. Dates d'abolition pour tous les crimes ; entre parenthèses, pour les crimes de droit commun ; en italique dernière exécution. Afrique du Sud 1997 (1995) *1991*, Albanie (2000), Allemagne : RFA 1949 *1949*, RDA 1987, Andorre 1990 *1949*, Angola 1992, Argentine (1984), Australie 1985 (1984) *1967*, Autriche 1968 (1950) *1950*, Azerbaïdjan 1998 *1993*, Belgique 1996 (1950) *1950*, Bermudes 1999 *1977*, Bosnie (1997), Brésil (1979) *1855*, Bulgarie 1998 *1989*, Cambodge 1989, Canada 1998 (1976) *1962*, Cap-Vert 1981 *1835*, Chili 2001, Chypre 1999 (1983) *1962*, Colombie 1910 *1909*, Costa Rica 1877, Côte d'Ivoire 2000, Croatie 1990, Danemark 1978 (1933) *1950*, Djibouti 1995, Dominicaine (Rép.) 1966, Équateur 1906, Espagne 1995 (1978) *1975*, Estonie 1998 *1991*, Fidji (1979) *1964*, Finlande 1972 (1949) *1944*, *France* 1981 *1977*, Géorgie 1997 *1994*, Grèce 1994 *1972*, Guinée-Bissau 1993 *1986*, Haïti 1987 *1972* [1], Honduras 1956 *1940*, Hongrie 1990 *1988*, Irlande 1990 *1954*, Islande 1928 *1830*, Israël (1954) *1962*, Italie 1994 (1947) *1947*, Kiribati, Lettonie 1999 *1996*, Liechtenstein 1987 *1785*, Lituanie 1998 *1995*, Luxembourg 1979 *1949*, Macédoine 1991, Malte 2000 (1971) *1973*, Marshall (îles) [2], Maurice (île) 1995 *1987*, Micronésie [2], Moldavie 1995, Monaco 1962 *1847*, Mozambique 1990 *1986*, Namibie 1990 *1988* [1], Népal 1997 (1990) *1979*, Nicaragua 1979 *1930*, Norvège 1979 (1905) *1948*, Nlle-Zélande 1989 (1961) *1957*, Panamá *1903* [1], Paraguay 1992 *1928*, Pays-Bas 1982 (1870) *1952*, Pérou (1979) *1979*, Philippines 1987 *1976*, Pologne 1997, Portugal 1976 (1867) *1849* [1], Roumanie 1989 *1989*, Royaume-Uni 1998 (1973) *1964*, St-Marin 1865 (1848) *1468* [1], Salomon [îles] (1966) [2], Salvador (1983) *1973*, São Tomé et Principe 1990, Slovaquie 1990, Slovénie 1989, Suède 1972 (1921) *1910*, Suisse 1992 (1942) *1944*, Rép. tchèque 1990, Timor oriental 1999, Tuvalu [2], Turkmenistan 1999, Uruguay 1907, Vanuatu [2], Vatican 1969, Venezuela 1863. **Pays abolitionnistes en pratique** (date de la dernière exécution). Albanie *1995*, Arménie *1991*, Bahreïn *1977*, Bhoutan *1964* [1], Brunei *1957*, Comores [2], Hong Kong *1966*, Madagascar *1958* [1], Maldives *1952* [1], Mexique *1937*, Nauru [2], Niger *1976* [1], Samoa occ. [2], Sénégal *1967*, Seychelles, Sri Lanka *1976*, Togo, Turquie *1984*. **Non abolitionnistes.** 88.

Nota. – (1) Dernière exécution connue. (2) Pas d'exécution depuis l'indépendance.

■ **Condamnations et exécutions enregistrées** (chiffres sans doute au-delà de la réalité). *Monde* (1990-99) : 27 588 (18 023 exécutés). *1999 :* 3 857 dans 64 pays ou territoires (1 813 dans 31 pays). *2000 :* 3 058 (1 457 dans 28 pays). **Nombre d'exécutions par pays en 1999 et,** entre parenthèses, **en 2000 :** Arabie 126 (63), Chine 1 263 (+ de 1 000), Congo 100 (100), Iran 165 (75), Iraq plusieurs centaines, Japon (11), USA 98 (85 ; *en 2001 :* 3 700 en attente). **Peine de mort pour mineurs délinquants.** Pratiquée par Arabie, USA (14 exécutés du 18-5-1990 au 22-6-2000 ; 74 en attente), Iran, Nigéria, Yemen. Supprimée pour les moins de 18 ans par Chine (1997), Pakistan (2001). La Convention de l'Onu relative aux droits de l'enfant (ratifiée par tous les membres sauf Somalie et USA) prohibe la condamnation à mort de mineurs délinquants.

■ En France

■ **Quelques dates.** **Jusqu'au milieu du XVIIIe s.** le noble est décapité, le voleur de grand chemin roué en place publique, le régicide et le criminel d'État écartelés, le faux-monnayeur bouilli vif dans un chaudron, l'hérétique brûlé, le domestique voleur pendu, etc. **1789**-*28-11* les docteurs Joseph Guillotin (Saintes, 1738/26-3-1814 d'un anthrax à l'épaule gauche) et Antoine Louis (Metz, 1723-92) proposent un mode d'exécution uniforme et rapide par une machine qui abrège les souffrances. **1791**-*30-5* Maximilien de Robespierre propose l'abolition de la peine de mort. *-19-9* loi : les condamnés à mort pour assassinat ou poison sont conduits au lieu d'exécution en chemise rouge (en fait, un morceau de serge jeté sur les épaules). Les parricides auront la tête et le visage voilés d'une étoffe noire. *-6-10* loi rappelant que la *torture* qui précède un procès reste interdite et édictant que « tout condamné à mort aura la tête tranchée ». La Législative charge l'Académie de médecine d'étudier la question. **1792**-*7-3* rapport de l'Académie, signé du secrétaire perpétuel (le docteur Antoine Louis), proposant l'usage de la *mannaia* italienne modifiée [la machine était aussi connue en Allemagne au XVIe s., en Angleterre (*Halifax : gibet*), en Écosse (*maiden ;* une machine similaire fut employée avec un tranchoir, dit Robertson, en 1632 pour exécuter le duc de Montmorency à Toulouse)]. Un Allemand, Tobias Schmidt (facteur de pianos), assisté de l'exécuteur Sanson, la met au point sous la direction du docteur Louis. *-25-3* Louis XVI signe la loi faisant adopter la machine à trancher la tête des condamnés (elle sera d'abord appelée, malgré la protestation de Guillotin, Louisette ou Louison, puis *guillotine*, surnommée la « Veuve » par la pègre ou la « bécane » par les exécuteurs). *-17-4* elle est essayée sur des moutons et sur 3 cadavres à Bicêtre. Le couperet (en forme de croissant) est modifié par le docteur Louis, qui lui donne la forme d'un trapèze au tranchant oblique. *-25-4 : 1er guillotiné* (place de Grève à Paris) : Nicolas Pelletier, condamné le 24-1-1792 pour vol avec violences. *-21-8 :* 1re exécution d'un condamné politique : Louis-David Collenot d'Angremont, à 10 h du soir. **1793-94** Terreur (environ 50 guillotines fonctionnent en France, dont à Paris parfois 6 h par jour en juin-juillet 1794) : en tout 19 639 guillotinés. **1795**-*26-10* **Convention** supprime la peine capitale « à dater du jour de la publication de la paix générale » (loi du 4 brumaire an IV). **Consulat** proroge temporairement cette mesure (loi du 4 nivôse an X). **Empire** oublie l'abolition (Code des délits et des peines, 12-2-1810). **1906**-*5-11* rejet de la proposition de loi remplaçant la peine de mort par une peine perpétuelle. **1908**-*8-12* la Chambre rejette par 330 voix contre 201 le projet de loi abolissant la peine de mort présenté par Aristide Briand, ministre de la Justice. **1939**-*29-6* le public n'a plus le droit d'assister aux exécutions. **1951**-*11-2* la presse ne peut plus commenter les exécutions et doit s'en tenir aux procès-verbaux. **1977**-*10-9* utilisée pour la dernière fois aux Baumettes, Marseille (Hamida Djandoubi, 28 ans). **1981**-*9-10* **loi d'abolition** no 81-908 (le 17-9 votée à l'Assemblée nationale : 363 pour l'abolition, 113 contre, 5 abstentions, 3 députés n'ayant pas pris part au vote, 1 député excusé ; au Sénat le 30-9 à 12 h 50 : 160 pour, 126 contre, 13 abstentions). **1986**-*28-2* conformément à la loi du 31-12-1985, la France a ratifié le protocole additionnel no 6 de la Convention européenne des droits de l'homme relatif à l'abolition de la peine de mort. Selon l'art. 65 de la Convention, ce protocole ne peut être dénoncé dans un délai de 5 ans à compter de sa ratification. **1988**-*26-11* le Front national rassemble à Paris environ 30 000 manifestants pour la peine de mort. **1996**-*31-1 :* 57 députés de droite déposent 1 proposition de loi visant à rétablir la peine de mort pour les terroristes (plus de 25 demandes ont été déposées à l'Assemblée nationale depuis 1981).

Survie après la décollation : le cerveau non irrigué de sang perd en quelques secondes ses facultés de pensée. Par contre, chaque élément vital survit des minutes, parfois des heures. Le corps peut donner de véritables ruades, les bras tirer sur les cordes. Des expériences ont eu lieu. Selon Villiers de L'Isle-Adam *(Contes cruels),* le docteur Velpeau aurait demandé au docteur Couty de La Pommerais (exécuté le 9-6-1864 à Paris) d'ouvrir les yeux quand il l'appellerait une fois sa tête coupée.

■ **Guillotine.** *Poids* 580 kg dont l'ensemble mouton-couperet 40 kg (dont couperet 7 kg, poids mort 30 kg, 3 boulons de 1 kg). *Hauteur* des montants 4,50 m et chute du couperet 2,25 m. 2 guillotines [une peinte en laque brune, l'autre (en réserve) en laque rouge] datant de 1935 sont entreposées dans la prison de Fresnes et régulièrement « essayées » à vide ; elles peuvent fonctionner dans l'heure qui suit, le montage dure 40 minutes.

■ **Crimes qui étaient passibles de la peine de mort avant son abrogation le 9-10-1981** (abolie pour les mineurs depuis le 25-6-1980 avec possibilité du Code pénal pour les 16-18 ans, elle n'avait pas été appliquée pour eux depuis 1869). **Code pénal.** *Crimes contre la sûreté de l'État. Trahison et espionnage par des Français. Atteintes à l'autorité de l'État et à l'intégrité du territoire, avec usage d'armes :* attentat tendant à changer ou à détruire le régime constitutionnel, à exciter les citoyens à la guerre civile ou à porter atteinte au territoire national, atteinte à l'intégrité du territoire national, levée illégale de troupes, exercice illégal d'un commandement militaire. *Atteintes à la paix intérieure :* attentat tendant à répandre le massacre ou la dévastation, organisation et commandement de bandes armées. *Participation à un mouvement insurrectionnel :* avec usage d'armes, organisation et direction d'un mouvement insurrectionnel. *Crimes contre les personnes :* coups et blessures à un magistrat, officier ministériel, agent de la force publique ou citoyen chargé d'un ministère de service public dans l'exercice ou à l'occasion de leurs fonctions avec intention de donner la mort s'il y a eu préméditation et sous réserve de l'application de l'art. 304 du Code pénal (art. 233 du Code pénal abrogé). Assassinat, parricide, empoisonnement, infanticide prémédité commis par une personne autre que la mère. Crimes avec tortures ou actes de barbarie. Meurtre concomitant avec un autre crime ou connexe à un autre crime ou délit. Imputabilité des crimes et délits commis en réunion séditieuse, avec rébellion ou pillage, aux chefs, auteurs, instigateurs et provocateurs de ces réunions, rébellions ou pillages. Castration ayant entraîné la mort dans un délai de 40 j. Tortures corporelles à des personnes arrêtées, détenues ou séquestrées illégalement. Enlèvement d'un mineur de 15 ans s'il a entraîné sa mort. Faux témoignage ayant entraîné une condamnation à mort. **Code de justice militaire.** Désertion à bande armée avec armes ou munitions. Désertion à l'ennemi, avec complot en présence de l'ennemi. Mutilation volontaire en présence de l'ennemi. Capitulation contraire à l'honneur. Trahison. Complot militaire, dans certains cas. Violences sur un blessé, un malade ou un naufragé en vue de le dépouiller. Destructions. Révoltes en temps de guerre. Refus d'obéissance en présence de l'ennemi. Application éventuelle des dispositions du Code pénal en cas de voies de fait et outrages à subordonné. Non-accomplissement volontaire d'une mission relative à des opérations de guerre. Abandon précipité, par son commandant, d'un bâtiment ou d'un aéronef militaire. Abandon de poste en présence de l'ennemi. **Autres textes.** Déraillement volontaire d'un train s'il y a eu homicide,

Procès d'animaux

■ **Catégories.** *Animaux domestiques pris individuellement :* procès criminel. *Groupes d'animaux dévastant un terrain ou menaçant une population* (battues organisées par les autorités laïques) ou *petits animaux destructeurs des récoltes* (exorcisme et anathème). *Animaux impliqués dans des crimes de bestialité :* souvent l'homme (ou la femme) et l'animal (complice) sont enfermés vivants dans un sac avec les archives du procès et sont brûlés sur un bûcher.

■ **Quelques exemples.** **1120** *Laon,* l'évêque déclare maudits et excommuniés mulots et chenilles qui ont envahi les champs. **1386** *Falaise* (Calvados), truie coupable d'avoir tué un nourrisson condamnée à mort après 9 jours de procès. Elle est assistée d'un avocat. En présence du propriétaire « pour lui faire honte » et du père de l'enfant « pour punition de n'avoir pas fait veiller sur son enfant », le bourreau lui coupe le groin, taillade une cuisse, la pend par les jarrets à une fourche. Après l'avoir affublée d'un masque à visage humain, il l'étrangle puis l'attache sur une claie pour être traînée, ses restes sont brûlés. **1405** *Gisors* (Eure), bœuf pendu « pour ses démérites ». **1457** *Savigny-sur-Étang* (Bourgogne), une truie « avoue » sous la torture avoir tué et dévoré un enfant de 5 ans. **1516** *Troyes,* l'évêque ordonne à des sauterelles qui ravagent les vignobles de quitter son diocèse dans les 6 jours sous peine d'excommunication. **1735** *Clermont-en-Beauvaisis,* une ânesse est arquebusée pour avoir mal accueilli sa nouvelle maîtresse. **1793** *Paris (?),* chien de l'ancien recruteur Saint-Prix condamné à mort pour ses opinions royalistes.

application des articles 434 et 435 du Code pénal en cas d'échouement, perte ou destruction volontaire de navires, pillage en temps de guerre. *Crimes de guerre :* exposition dans les chambres à gaz, empoisonnement des eaux ou denrées consommables, dépôts, aspersion ou utilisation de substances nouvelles, mise à mort par représailles. **Modalités.** *Décapitation* pour les crimes de droit commun, *fusillade* pour les crimes contre la sûreté de l'État ou si la condamnation est prononcée par une juridiction militaire ou si les « bois de justice » (guillotine) n'ont pu parvenir au lieu d'exécution.

■ **Exécuteurs des hautes œuvres. 1260** apparition du mot *bourreau,* du nom de *Richard Borel,* qui possédait le fief de Bellecombre et avait charge de pendre les malfaiteurs du canton. **Dynastie des Sanson :** de 1688 à 1847 [6 générations : *Charles, dit Charles Ier* (1635-1707), *Charles II* (1681-1726), *Charles-Jean-Baptiste* (1719-78), *Charles-Henri, dit le Grand* (1739-1806) qui exécuta Louis XVI et céda sa place à son fils, en avril 1793, *Henri* (1767-1840), *Clément-Henri* (1799-1889). Le nom de *charlot* fut longtemps synonyme de bourreau, d'après le prénom de plusieurs Sanson. **Dynastie des Deibler :** en 1871, un décret supprima les exécuteurs de province et n'en garda qu'un seul « national » : *Deibler* n° 3, *Louis* (12-2-1823/16-9-1904) avait participé à 259 exécutions dont 154 comme exécuteur en chef de 1879 à 1898 ; il touchait 16 000 F par an dont 10 000 d'abonnement forfaitaire pour couvrir les frais d'entretien et d'installation des bois de justice. *Anatole,* son fils (1864-1939), participa à 395 exécutions dont 299 comme « chef » du 2-1-1899 au 2-2-1939.

■ **Statistiques. Moyenne annuelle des condamnations et,** entre parenthèses, **des exécutions :** *1803-07 :* 419 ; *1826-30 :* 111 (72) ; *1851-55 :* 56 (31) ; *1876-80 :* 25 (6) ; *1901-05 :* 15,6 (2) ; *1926-30 :* 24,8 (9,6) ; *1951-55 :* 15,6 (5,4) ; *1976-80 :* 1. **Moyenne par année** (du 1-1-1968 au 31-12-1978) : 850 peines encourues, 15 requises, 3 ou 4 prononcées et 1 exécutée tous les 2 ans. *Rapport* (‰) : incriminations/condamnations définitives 2,5 /exécutions 0,7.

Taux d'exécution pour 1 million d'habitants : *1826-30 :* 2,25 ; *1851-55 :* 0,86 ; *1876-80 :* 0,16 ; *1901-05 :* 0,05 ; *1926-30 :* 0,23 ; *1951-55 :* 0,13 ; *1976-80 :* 0.

Dernières femmes exécutées : *1887-24-1* Mme Thomas (avait tué sa belle-mère avec l'aide de son mari). *1941-8-1* veuve Ducourneau. *1942 :* 1 femme. *1943 :* 3 [dont le *30-7* 1 avorteuse : Marie-Louise Giraud (née 17-11-1903)]. *1947 :* 2 ; *1948 :* 1 ; *1949-21-4* Germaine Godefroy (assassinat de son mari à coups de hache). *Condamnées à mort par les cours de justice pour intelligence avec l'ennemi et trahison* (9 exécutées depuis 1944) *1944 :* 3 ; *46 :* 1 ; *47 :* 1 ; *48 :* 3 ; *49 :* 1. *De 1949 à l'abolition (1981)* toutes les condamnées à mort ont été graciées [dernière condamnée (26-6-1973) : Marie-Claire Emma (assassinat de son amant à coups de marteau)].

Exécutions sous la Ve République : de 1958 à 81 : 19 (dont 5 d'étrangers). Dont *sous de Gaulle* (1959-69) : 11 droit commun (19 graciés dont 2 femmes) ; *Pompidou* (1969-74) : 3 [dont Claude Buffet et Roger Bontemps (exécuté le 28-11-1972) qui, révoltés à Clairvaux, avaient exécuté 1 gardien et l'infirmière ; Ali Benyanes, meurtrier d'une fillette, exécuté 12-5-1973] (12 graciés) ; *Giscard d'Estaing* (1974-81) : 3 [dont Christian Ranucci (voir p. 799 c)] (4 graciés). Jérôme Carrein (le 24-6-1977 à Douai) pour viol et meurtre d'une fillette de 8 ans et Hamida Djandoubi (le 10-9-1977 aux Baumettes à Marseille) avait torturé et tué une jeune fille, furent les derniers exécutés ; *Mitterrand :* aucune exécution entre sa prise de fonction (mai 1981) et l'abolition (9-10-1981). Le 21-5-1981, André Pauletto, accusé du meurtre de sa fille de 10 ans, est le 1er condamné à mort gracié par Mitterrand, le dernier étant, le 25-5-1981, Philippe Maurice.

☞ D'après un sondage de la Sofres, effectué pour *le Figaro-Magazine* le 7-11-1991 auprès de 800 personnes de 18 ans et plus : 59 % des Français étaient partisans du rétablissement de la peine de mort (52 % des sympathisants de gauche, 71 % des sympathisants de droite), 37 % y étaient opposés (47 % des sympathisants de gauche, 27 % des sympathisants de droite), 4 % étaient sans opinion.

Quelques cas

☞ **Le procès le plus long de l'histoire de France** opposa la corporation des tailleurs de Paris à celle des fripiers (pour fixer la démarcation entre le vieil habit et l'habit tout fait) ; commencé en 1530, il se termina en 1776 quand Turgot supprima les corporations.

☞ **Voir à l'Index :** *hérésies, procès de sorcellerie ou religieux :* chevalier de La Barre, Jeanne d'Arc, Gilles de Rais, Templiers, Urbain Grandier, Mgr Sibour. *Affaires politiques :* Abetz (Otto), Abrial, Algérie (assassinats, attentats), Audran (Gal), Babeuf, Bakhtiar (Chapour), barricades (procès des), Bazaine (Mal), Benoist-Méchin, Béraud (Henri), Bolo, Bonnot, Boulanger (Gal), Boulin (Robert), Bousquet (René), Brasillach, Brinon, Broglie (Jean de), Cadoudal, Caillaux, Cartouche (Louis-Dominique), Caserio, Chack, Cinq-Mars, Claude (Georges), Cœur (Jacques), collaboration, collier (affaire du), Corday (Charlotte), Darnand, Dentz (Gal), Duroy de Chaumareys, Enghien (duc d'), Esteva, Fieschi, Flandin (Étienne), Fouquet (Nicolas), Freeman, fuites (affaires des), de Gaulle, Girondins, Gorguloff, Hanau (Marthe), Hoff, Humbert (Thérèse), Laborde (Jean de), Lally-Tollendal, Laval (Pierre), Louis XVI, Louvel, Luchaire (Jean), Malvy (Louis), Mandrin, Marie-Antoinette, Marquis (André), Mata Hari, Maurras, Naundorff, Ney (Michel), oustachi, Oustric, Panama, Pétain, Pucheu, Ravachol, Ravaillac, Riom (procès), Rochelle (sergents de La), Rochette (Henri), Stavisky, Vaillant, Weygand.

Assassinats non politiques

■ **Fualdès (Joseph-Bernardin).** Né 1761. Accusateur public, juge du tribunal criminel de l'Aveyron, procureur impérial en 1811. Assassiné la nuit du 19/20-3-1817 dans le bouge des époux Bancal à Rodez. L'agent de change Jausion, Bastide-Grament, beau-frère et filleul de la victime, Collard, locataire des Bancal, le contrebandier Boch et la femme Bancal sont condamnés à mort. Les 3 premiers furent exécutés en 1818, les 2 autres eurent leur peine commuée en travaux forcés à perpétuité.

■ **Lacenaire (Pierre-François).** Né 1800. Clerc d'avoué ou de notaire, employé de banque, déserte lors de l'expédition de Morée (1829). Inculpé de l'assassinat de la veuve Chardon et de son fils Jean-François, ainsi que de faux. Condamné à mort en 1835 avec Victor Avril et François Martin (eut sa peine commuée en travaux forcés à perpétuité) et exécuté avec Victor Avril le 9-1-1836.

■ **Avinain (Jean-Charles).** Né 1798. Dit le « Tueur de bouchers ». Avait tué un grainetier et un cultivateur. Exécuté 28-11-1876. Sur l'échafaud, cria : « Enfants de France, n'avouez jamais ! »

■ **Troppmann (Jean-Baptiste).** Né oct. 1849. Inculpé de l'assassinat du ménage Kinck et de leurs 6 enfants. Condamné le 30-12-1869, exécuté le 19-1-1870.

■ **Pranzini (Henri-Jacques-Ernest).** Né 1856. Employé des Postes égyptiennes, puis sans profession ni domicile fixe. Inculpé de l'assassinat de la courtisane Claudine-Marie Regnault, dite Régine de Montille. Condamné le 13-7-1887, exécuté le 31-8.

■ **Gouffé (Toussaint Augustin).** Huissier de justice dont le cadavre en putréfaction est découvert le 13-8-1889 à Millery (Rhône) : une malle nauséabonde découverte le 17-8 près de St-Genis-Laval permettra d'identifier les coupables. Attiré sous un prétexte galant dans l'appartement de Gabrielle Bompart (née 1868), Gouffé avait été étranglé par son amant, Michel Eyraud (né 1842), qui lui avait dérobé 250 F, 1 montre et 1 chaîne en or, 1 bague ornée de 2 diamants. Eyraud, condamné le 20-12-1890, est exécuté le 3-1-1891. Gabrielle Bompart, condamnée à 20 ans de travaux forcés, est libérée en 1903.

■ **« Bande à Bonnot ».** Anarchistes accusés d'agressions à main armée, attentats et assassinats. *1912-28-4* Jules Bonnot est tué lors d'une opération de police à Choisy-le-Roi ; *-14-5 :* 2 autres sont tués dans les mêmes conditions. *1913-février* 22 survivants (présumés complices) sont jugés ; *-27-2 :* 4 sont acquittés dont 3 femmes, 14 condamnés à la prison ou travaux forcés, 4 sont condamnés à mort : Raymond Callemin dit « Raymond la Science », André Soudy et Élie Monnier dit « Simentoff » (exécutés 21-4) et Eugène Dieudonné (peine commuée en travaux forcés à perpétuité).

■ **Landru (Henri-Désiré).** Né 12-4-1869. Marié, père de 4 enfants. Inculpé de l'assassinat, entre 1915 et 1919, de 10 femmes et d'un jeune garçon (1res victimes Mme Cuchet et son fils le 31-3-1915, dernière Mme Marchadier le 14-1-1919) qu'il aurait étranglés et dont il aurait brûlé les corps dans la villa « The Lodge » (47, rue de Mantes, Vernouillet), entre mai 1914 et fin 1915, et dans la cuisinière de la villa « l'Ermitage » (Gambais, Yvelines) louée à M. Tric. Défendu par Moro-Giafferi ; condamné le 30-11-1921 (procès ouvert le 7-11), exécuté le 25-2-1922 devant la prison St-Pierre à Versailles, à 6 h 05 ; il n'avoua rien, aucun cadavre ne fut retrouvé. La cuisinière [où il ne dut brûler qu'une partie des corps (têtes, mains, pieds), le reste étant peut-être jeté dans l'étang des Bruyères ou brûlé dans le jardin], vendue aux enchères à Versailles 2 400 F au musée Grévin, fut revendue en 1932 à un collectionneur américain. La villa Tric fut vendue et devint un restaurant, « Au grillon du foyer », de 1922 à 1939. Sa dernière « fiancée », Fernande Segret, se suicida en 1968 dans les douves du château de Flers (Orne).

■ **Bougrat (docteur Pierre).** Né 1890. Exerçait à Marseille depuis 1920. Accusé d'avoir assassiné dans son cabinet Jacques Rumèbe, commis aux écritures d'une usine de céramique, pour lui dérober la paie (8 500 F) des ouvriers (le corps fut retrouvé dans un placard, mais pas la sacoche de la paie). Condamné le 27-3-1927 aux travaux forcés à perpétuité, il s'évade de Cayenne le 23-8-1928. S'établit au Venezuela où il se marie ; 2 filles. Meurt en 1962. Pour Me Stefani-Martin, Rumèbe serait mort d'un accident thérapeutique ; affolé, Bougrat l'aurait caché.

■ **Manda.** 2 bandes, les *Apaches de Belleville* [dont Joseph Pleigneur (dit « Manda » ou l'« Homme »), 26 ans] et la *bande de Popincourt* (dont François Leca, dit le « Corse »), s'affrontent, Leca ayant pris la maîtresse de Manda, Amélie Hélie, dite « Casque d'Or » (22 ans), prostituée († 1933, après avoir été lutteuse à la foire du Trône, dompteuse et bonnetière). Condamnés au bagne en 1902. En janv. 1903 : Manda, Leca, Erbs partent pour la Guyane. Manda, libéré en 1922, mourra en Guyane. Leca s'évadera et sera assassiné dans la forêt.

■ **Papin Christine** (28 ans) et **Léa** (22 ans). Domestiques depuis 7 ans chez les Lancelin au Mans. Accusées d'avoir tué et mutilé Mme Lancelin et sa fille le 2-2-1933. Christine, condamnée à mort, mourra internée ; Léa sera libérée le 2-2-1943 après 10 ans de réclusion à Rennes.

■ **Weidmann (Eugène).** Né 1908. Accusé avec ses complices (Roger Million et sa maîtresse Colette Tricot, Jean Blanc) de l'assassinat de 5 personnes (dont un chauffeur routier et une jeune Américaine, professeur de danse). Condamné à mort, exécuté le 16-6-1939 (dernière exécution publique, à la suite de la « kermesse » qu'elle occasionna, toute la nuit, à Versailles, au pied de la guillotine). Million : travaux forcés à perpétuité ; Blanc : 20 ans, C. Tricot : acquittée.

■ **Petiot (docteur Marcel).** Né 17-1-1897 à Auxerre (Yonne). Ancien maire et conseiller général de Villeneuve-sur-Yonne. Durant l'Occupation, il promettait aux personnes menacées d'arrestation de les faire passer en Amérique du Sud, leur demandait de se rendre dans son hôtel particulier, 21, rue Le Sueur à Paris (démoli 1952) en n'emportant qu'une valise avec ce qu'elles avaient de plus précieux. Sous prétexte de les vacciner, il leur injectait un poison mortel puis les immergeait dans la chaux vive, brûlant ensuite les restes dans un calorifère. Il revendiqua 63 assassinats ; 27 cadavres purent être identifiés. Condamné à mort, exécuté le 26-5-1946.

■ **Bernardy de Sigoyer (Alain).** Né 1905. Déjà condamné 7 fois quand il est accusé d'avoir étranglé sa femme, aidé par Irène Lebeau, sa maîtresse. Bien qu'internée 2 fois, il est reconnu pleinement responsable. Condamné à mort et exécuté le 11-6-1947.

■ **Fesch (Jacques).** 24 ans, fils de banquier, accusé d'avoir assommé un changeur de la rue Vivienne le 25-2-1954 pour lui dérober 300 000 F et d'avoir tué un gardien de la paix. Condamné puis exécuté le 1-10-1957. Introduction d'une instance en béatification par Mgr Lustiger en 1987.

■ **Jaccoud (Pierre).** Né 24-11-1905. Avocat, ancien bâtonnier du barreau de Genève, accusé d'assassinat et du délit manqué d'assassinat, condamné le 4-2-1960 par la cour d'assises de Genève à 7 ans de réclusion et à 10 ans de privation des droits civiques.

■ **Rapin (Georges, dit « M. Bill »).** Né 31-8-1936. Ayant tué une entraîneuse et un pompiste, condamné à mort, refusa la grâce présidentielle, exécuté le 26-7-1960.

■ **Léger (Lucien).** Condamné le 7-5-1966 à perpétuité pour l'assassinat, le 27-5-1964, de Luc Taron, 11 ans. Léger avoua puis se rétracta (2 recours en révision déposés). Était en 2000 le plus ancien prisonnier de France.

■ **Buffet (Claude) – Bontemps (Roger).** Purgeaient à Clairvaux une peine de réclusion à perpétuité (Buffet) et une peine de 20 ans (Bontemps). Le 21-9-1971, ils s'enferment dans l'infirmerie avec 2 otages (infirmière et gardien) et exigent de pouvoir quitter la prison. Les autorités refusent et donnent l'assaut. Ils assassinent les 2 otages. Condamnés à mort, exécutés le 28-11-1972.

■ **Henry (Patrick).** Né 1954. Condamné le 22-1-1977 par la cour d'assises de l'Aube, à Troyes, à la réclusion perpétuelle pour l'enlèvement et l'assassinat le 30-1-1976 du jeune Philippe Bertrand, libération conditionnelle accordée le 26-4-2001.

■ **Barbeault (Marcel).** Accusé d'avoir tué 5 femmes entre 1973 et 76. Condamné à la réclusion à perpétuité en 1983.

■ **Lucas (Henry Lee).** Né 16-6-1937 à Blacksburg (USA). Condamné (en 1952) à 1 an de prison pour vol et (en 1960) à 40 ans pour le meurtre de sa mère. Libéré sur parole en 1970, il est arrêté (en 1971) pour tentative d'enlèvement. Libéré en 1975, il fait équipe avec un complice, Otis Toole. En oct. 1982, soupçonné de 2 assassinats, il est relâché. En juin 1983, arrêté pour port d'armes, il avoue 360 meurtres depuis 1947 (199 sont confirmés dans 27 États). Condamné à mort.

■ **Sagawa (Issei).** Étudiant japonais à Paris, tue le 11-6-1981 Renée Hartevelt, étudiante hollandaise de 21 ans, viole son cadavre, le dépèce et en mange quelques morceaux. Déclaré dément, il est extradé vers le Japon le 21-5-1984 où il est remis en liberté fin 1986. A publié depuis plusieurs ouvrages (sur le cannibalisme) dont *Dans la brume* et *Mirages.*

■ **Maurice (Philippe).** Condamné à mort le 28-10-1980, gracié 25-5-1981 (meurtre d'un vigile et d'un policier) ; devenu docteur es Lettres, libération conditionnnelle en déc. 1999.

■ **Paulin (Thierry).** Martiniquais, né 28-11-1963, † du sida en prison le 16-4-1989 et **Mathurin (Jean-Thierry).** Guyanais, 22 ans, condamné 20-12-1991 à perpétuité. Arrêtés le 1-12-1987 ; inculpés pour le meurtre de 21 vieilles dames d'oct. 1984 à nov. 1987.

Affaires passionnelles

■ **Dubuisson (Pauline).** Née 1927. Assassine son amant, Félix Bailly (étudiant en médecine), qui allait se marier le 17-3-1951. Condamnée aux travaux forcés à perpétuité le 20-11-1953, libérée en 1959, se suicide le 22-9-1963.

■ **Desnoyers (Guy).** Né 1920. Ordonné prêtre en 1946, curé d'*Uruffe* (M.-et-M.) depuis 1950. Accusé d'avoir tué d'une balle de revolver dans la nuque, le 3-12-1956, sa maîtresse de 19 ans. Il l'éventre pour en retirer l'enfant presque à terme qu'elle portait. Il baptise l'enfant en lui traçant une croix sur le front, le taillade pour le défigurer et l'achève d'un coup de couteau. Condamné aux travaux forcés à perpétuité 26-1-1958. Libéré août 1978.

■ **Russier (Gabrielle).** Née 1937. Professeur au lycée mixte de Marseille. Devient, lors des événements de 1968, la maîtresse de Christian Rossi, un de ses élèves de 17 ans. Inculpée de détournement de mineur, condamnée, le 11-7-1969, à 1 an de prison avec sursis et 500 F d'amende. Le parquet fait appel *a minima.* G. Russier se suicide le 1-9 pour ne pas comparaître devant la cour d'appel d'Aix.

Affaires mal élucidées

■ **Auberge de Peyrebeille** (Ardèche). Accusés par la rumeur publique de l'assassinat de 53 voyageurs, les époux Pierre et Marie Martin et leur domestique Jean Rochette furent condamnés à mort et guillotinés le 2-10-1833 (au pied de l'auberge devant 30 000 spectateurs), pour le meurtre d'un seul, Jean-Antoine Anjolras dit Bergeyre, sur la foi d'un unique témoignage (celui d'un mendiant, Laurent Chaze). Inspira le film *l'Auberge rouge* (Claude Antant-Lara) en 1951.

■ **La Roncière (Lt de,** 1804-74). Accusé de tentative de viol sur Marie, fille du Gal baron de Morell. Condamné à 10 ans de réclusion le 5-7-1835. Libéré en 1843. Le docteur Récamier, témoin, avait déclaré que la victime avait régulièrement des crises d'hystérie chaque mois.

■ **Choiseul-Praslin (duc de).** Né 29-6-1805, mort 24-8-1847 d'une préparation à base d'arsenic à la prison du Luxembourg à Paris. Il devait comparaître devant la Cour des pairs pour l'assassinat de sa femme. Une légende veut que l'on ait substitué un cadavre pour permettre au coupable de disparaître (La Varende en a fait le sujet de son roman *l'Homme aux gants de toile* en 1943).

■ **Bonafous (Louis,** 1812-50, frère Léotade pour l'Institut des frères de la doctrine chrétienne). Reconnu coupable de tentative de viol et de meurtre avec circonstances atténuantes sur Cécile Combette. Condamné aux travaux forcés à perpétuité le 4-4-1848, décédera au bagne de Toulon. La maladresse de sa communauté (rétractations, subornation de témoins) laisse supposer que le coupable était connu (frère Ludolphe Aspe, cuisinier).

■ **Steinheil (Marguerite Japy).** Épouse du peintre Steinheil. Née 16-4-1869, égérie de Félix Faure (Pt de la Rép.), accusée d'avoir assassiné le 31-5-1908 sa belle-mère et son mari, dans sa villa, 6 bis, impasse Roncin, acquittée le 13-11-1909 ; épouse le 26-6-1917 lord Alinger et meurt le 20-7-1954. On suppose qu'un amant (ministre ? boyard russe ? prince anglais ?) a tué le mari (sans le vouloir, se croyant attaqué), que la mère est morte d'une crise cardiaque et qu'un montage policier voulut faire croire à une attaque de 3 mystérieux agresseurs.

■ **Vinikova (Nadejda, dite « la Plevitskaïa »).** Née 1883 en Ukraine. Chanteuse. Condamnée à 20 ans de réclusion le 14-12-1938, par la cour d'assises de la Seine, pour avoir participé avec son mari (le Gal Skobline), en fuite, à l'enlèvement du Gal Evgeni Miller, Pt de l'Union des anciens combattants russes à l'étranger. Morte en 1940 à la prison de Rennes.

■ **Saint-Aubin (Jean-Claude).** Tué le 5-7-1966, à 23 ans, avec sa passagère Dominique Kaydash (16 ans) dans une Volvo sport ; l'accident aurait été provoqué involontairement par un camion militaire, mais les militaires auraient voulu cacher leur responsabilité. Les parents Saint-Aubin supposent en fait un attentat monté par la Sécurité militaire visant Jean Meningaud, chef de l'OAS, circulant également en Volvo sport. Après 24 décisions de justice, ils ont obtenu en sept. 1990, sur recommandation du médiateur, 800 000 F en compensation des conséquences inéquitables provoquées par le mauvais fonctionnement des services de la justice.

■ **Crime de Bruay-en-Artois.** Le 5-4-1972, Brigitte Dewevre (16 ans) est retrouvée morte, à moitié dévêtue. Le juge Pascal (1920-89) inculpe le notaire Me Pierre Leroy († 26-10-1997 à 62 ans) qui sera écroué ainsi que son amie Monique Beghin-Mayeur (non-lieu 30-10-1974). 18-1-1973, Jean-Pierre F... (17 ans) avoue le crime, revient sur ses aveux et sera relaxé au bénéfice du doute le 15-7-1975. La Commission d'indemnisation des justiciables détenus à tort a alloué, le 21-10-1977, 280 000 F à Me Leroy pour 600 j de détention, et 120 000 F à son amie pour 19 j.

■ **Gérard Lebovici.** Éditeur proche de l'extrême gauche tué le 7-3-1984 dans le parking de l'avenue Foch à Paris. Meurtre non élucidé.

■ **Villemin (Grégory).** Enfant de 4 ans retrouvé mort dans la Vologne, à Lépanges (Vosges), le 16-10-1984. Bernard Laroche, cousin germain du père, accusé par sa belle-sœur (qui se rétractera), sera tué le 29-3-1985 par Jean-Marie Villemin, le père (détenu puis libéré en déc. 1987). Le 5-7-1985, Christine Villemin, la mère, est inculpée par le juge Lambert. Le 3-2-1993, la chambre d'accusation de la cour d'appel de Dijon a rendu, suivant les réquisitions du procureur général, un arrêt de non-lieu en faveur de C. Villemin. Le 16-12-1993, J.-M. Villemin est condamné à 5 ans d'emprisonnement dont 1 avec sursis pour l'assassinat de B. Laroche par la cour d'assises de la Côte-d'Or (Dijon). Libéré le 30-12-1993. Enquête judiciaire rouverte le 14-6-2000 ; instruction close le 11-4-2001.

■ **Médecins de Poitiers.** Nicole Berneron est morte le 30-10-1984 en cours d'opération (2 tuyaux du respirateur amenant oxygène et protoxyde d'azote inversés). Le 3-3-1988 : 3 docteurs acquittés (Denis Archambault, Bakari Diallo, Pr Pierre Mériel).

■ **Jacques Perrot.** Mari de Darie Boutboul, jockey, tué 27-12-1985. Élisabeth Cons-Boutboul (sa belle-mère), incarcérée depuis oct. 1989 est condamnée, le 24-3-1994, à 15 ans de réclusion criminelle pour complicité. Libérée 28-12-1998 pour raisons de santé (en semi-liberté).

■ **Disparus de Mourmelon.** (Marne). 7 jeunes gens dont 6 appelés de 1980 à 1987. L'adjudant-chef Pierre Chanal (arrêté en août 1988 et condamné à 10 ans de réclusion pour viol et séquestration d'un auto-stoppeur ; libéré en 1995) est soupçonné puis mis en examen en 1993. Une analyse génétique, commencée en 1996, est en cours.

■ **Pasteur Doucé (Joseph).** Militant homosexuel et animateur d'une librairie, enlevé le 19-7-1990 par des inconnus alors qu'il était surveillé par les RG. Son cadavre fut retrouvé 3 mois plus tard en forêt de Rambouillet. Affaire ressurgie en 1995, dans le cadre de l'enquête sur les écoutes illégales de l'Élysée. Meurtre non élucidé, dans lequel seraient compromis des inspecteurs des RG.

■ **Raddad (Omar).** Jardinier marocain condamné le 8-2-1994, après une enquête et un procès controversés, à 18 ans de réclusion criminelle pour le meurtre (23-6-1991) de Ghislaine Marchal à Mougins (Alpes-Maritimes). Principal élément à charge : l'inscription tracée par la victime avec son sang, « Omar m'a tuer ». Le 9-3-1995 rejet du pourvoi en cassation. Le 21-5-1996 le Pt Chirac accorde une grâce partielle (réduction de peine). Libéré 4-9-1998. Demande de révision auprès de la Cour de cassation, déposée le 27-1-1999. Le 25-6-2001 la commission de révision des condamnations pénales a décidé de saisir la Cour de révision.

■ **Piat (Yann).** Député du Var (FN puis apparentée UDF) assassinée par balles, le 25-2-1994 à Hyères (3e député français assassiné en France depuis 1870, après Jean Jaurès et Jean de Broglie). Plusieurs pistes ont été étudiées : politique (rival local contre lequel elle avait déposé plusieurs plaintes pour voies de fait avec arme et dégradation volontaire à l'explosif), complot organisé depuis Paris (2 journalistes impliquent même 2 anciens ministres). Le 16-6-1998, Gérard Finale (58 ans, patron du bar Macama, commanditaire) et Lucien Ferri (26 ans, le tireur qui a avoué) condamnés à perpétuité, Marco di Caro (pilote de la moto) à 20 ans, 1 condamné à 6 ans pour avoir incendié la moto du tueur, 2 guetteurs condamnés à 13 et 15 ans de prison ; le conseiller militaire est acquitté.

■ **Frères Saincené (Fernand et Christian).** Découverts morts le 2-5-1994 dans le garage d'une villa de Tourtour (Var). Fernand, ex-vacataire du conseil régional de Provence-Alpes-Côte d'Azur, avait été mêlé à une affaire de racket politico-fiscal (1991) ayant entraîné des poursuites (non-lieu) contre Jean-Claude Gaudin, sénateur et Pt du conseil régional. La justice a conclu à un suicide par asphyxie.

Erreurs judiciaires possibles ou établies

La procédure de révision a été réformée par la loi du 23-6-1989. Conformément à la jurisprudence de la Cour de cassation, il suffit qu'un fait nouveau soit « de nature à faire naître un doute sur la culpabilité » et non plus seulement « de nature à établir l'innocence du condamné » pour que la révision soit acceptée. Les demandes sont directement adressées à la Cour de cassation, qui les instruit par une commission de 5 magistrats. La procédure, contradictoire, permet aux avocats du requérant et au parquet de faire valoir leur point de vue. La commission statue par une décision motivée, non susceptible de recours : elle rejette la demande ou transmet le dossier à la chambre criminelle de la Cour de cassation, qui décide de réviser ou non la condamnation. Depuis 1989, une vingtaine de procès correctionnels ont été révisés et 1 affaire criminelle est parvenue au terme de la procédure. Le 14-10-1998, la Cour de cassation a annulé la condamnation du 12-4-1994 à 14 ans de réclusion criminelle d'un Tunisien, Rida Daalouche (accusé de meurtre), un certificat médical, inconnu au moment du procès, prouvait que le condamné était hospitalisé pour une cure de désintoxication le soir du crime. En février 1997, la Cour, qui avait suspendu la peine en raison du doute, a décidé que le condamné serait rejugé par la cour d'assises de l'Hérault.

■ **Lesurques (Joseph).** Né 1763. Accusé du meurtre du postillon et de l'employé de poste du *courrier de Lyon*, près de Lieusaint (S.-et-M.), pour leur voler le numéraire et les lettres de change contenus dans la malle. Condamné le 5-8-1796 avec ses complices, David Bernard et Étienne Couriol. Exécutés le 30-10. La Cour de cassation rejeta le 17-12-1868 le pourvoi en révision des familles, la participation de Lesurques reste à démontrer.

■ **Peytel (Sébastien-Benoît).** Né 1805. Accusé du meurtre de sa femme et de son domestique, Louis Rey, le 1-11-1838. Condamné le 30-8-1839, exécuté le 28-10. Balzac et l'illustrateur Gavarni soutiendront son innocence.

■ **Bruneau (abbé).** Condamné à mort et exécuté le 30-8-1894 pour avoir tué, le 2-1-1894, l'abbé Fricot, curé d'Entrammes (Mayenne). Plus tard, la bonne du curé aurait avoué l'avoir accusé pour couvrir son neveu, le véritable assassin.

■ **Dreyfus (Alfred)** (1859-1936). Voir encadré p. 673.

■ **Seznec (Guillaume).** Né 1-5-1878. Accusé d'avoir assassiné le marchand de bois Pierre Quémeneur, conseiller général du Finistère, disparu dans la nuit du 25 au 26-5-1923 durant un voyage effectué avec le prévenu. Arrêté le 1-7-1923, condamné le 4-11-1924 aux travaux forcés à perpétuité (7-4-1927 part pour la Guyane). Gracié le 2-2-1946, il revient le 1-7-1947 ; meurt le 13-2-1954 des suites d'un accident : il avait, le 14-11-1953, été renversé par une camionnette qui a continué sa route. Il n'a cessé de clamer son innocence. La commission de révision des condamnations pénales a entamé le réexamen du dossier en 1989. Le 4-6-1993, elle a ordonné de nouvelles investigations. Des experts examinent les faux attribués, à l'époque, à Seznec. La Cour de cassation a rejeté le 28-6-1996 la requête en révision (par 3 voix contre 2). Le 30-3-2001, demande de révision du procès faite par M.-L. Lebranchu.

■ **Mis et Thienot.** Erreur judiciaire. Accusés d'avoir assassiné le 31-12-1946, à St-Michel-en-Brenne (Indre), Louis Boistard, garde-chasse de l'industriel du sucre Jean Lebaudy, 8 jeunes gens avaient été condamnés (Raymond Mis et Gabriel Thienot à 15 ans de travaux forcés, les autres à 2 ans ou 18 mois de prison) à la suite d'aveux arrachés sous la torture. Libérés en 1954. 3 demandes de révision rejetées par la Cour de cassation (1988, 1993 et 1996).

■ **Dils (Patrick).** Âgé de 16 ans, condamné à perpétuité le 27-1-1989 pour le meurtre, le 28-9-1986, de 2 enfants de 8 ans, Alexandre Beckrich et Cyril Beining, à Montigny-lès-Metz (Moselle). Condamnation annulée 3-4-2001 (la présence sur les lieux de Francis Heaulme, tueur en série, étant avérée). Rejugé. Condamné à 25 ans le 29-6-2001 par la cour d'assises des mineurs de la Marne.

■ **Dominici (Gaston).** (22-1-1877/4-4-1965, hospice de Digne). Accusé par son fils Gustave [(1919-96) qui désigne l'arme du crime] de l'assassinat, le 5-8-1952 à Lurs (Alpes-de-Hte-Provence), de 3 campeurs anglais [Jack Drummond (savant), sa femme Ann et leur fille (10 ans)]. Condamné à mort le 28-11-1954 (peine commuée en prison à perpétuité en 1957), sera gracié en raison de son âge le 14-7-1960 puis libéré. Sa culpabilité (malgré ses aveux le 15-11-1953 au commissaire Sébeille, rétractés ensuite) n'a jamais été formellement établie. On a parlé de crime crapuleux, de crime de mœurs, de vengeance et d'espionnage (Drummond aurait été agent de l'Intelligence Service). Le 24-3-1994, la Cour de cassation a rejeté une requête en révision. Nouvelle demande déposée le 28-2-1997. La Grande Terre, ferme des Dominici, transformée en auberge depuis 1979, a été vendue aux enchères, avec 10 000 m² de terrain, 400 000 F le 4-3-1999.

■ **Deshays (Jean).** Docker accusé d'avoir assassiné un fermier et tenté d'assassiner sa femme. Condamné à 20 ans de travaux forcés le 9-12-1949. Décision cassée : acquitté 1-2-1955, reçoit 1 233 414 AF de dommages et intérêts.

■ **Deveaux (Jean-Marie).** Né 1942. Garçon boucher, accusé d'avoir assassiné la fille (7 ans) de ses employeurs. Condamné le 7-2-1963 à 20 ans de réclusion. Jugement cassé le 30-4-1969. Acquitté le 27-9-1969. Obtient 125 000 F de dommages et intérêts.

■ **Agret (Roland).** Condamné en 1973, pour complicité d'assassinat d'un garagiste, à 15 ans de réclusion criminelle (il passe 6 ans en prison). Libéré par grâce médicale en 1977 puis acquitté le 26-4-1985 après 1 an de grève de la faim, obtient 250 000 F de dommages et intérêts. Fonde la ligue Justice-Prison et l'association la Boutique du droit.

■ **Meauvillain (Guy).** Condamné le 25-11-1975 à 18 ans de réclusion pour le meurtre d'une vieille femme. Peine suspendue en 1981. Rejugé et acquitté par la cour d'assises de la Gironde le 29-6-1985. Obtient (le 18-1-1987) 400 000 F de dommages et intérêts.

■ **Ranucci (Christian).** Condamné à mort (le 10-3-1976) pour l'assassinat le 3-6-1974 de Maria Dolorès Rambla (8 ans). Exécuté le 28-7-1976. En 1978, Gilles Perrault, dans *le Pull-over rouge,* faisait part de ses doutes. 3 requêtes en révision ont été rejetées (1979, 1987, 1991).

■ **Chara (Mohamed).** Né 1958. Incarcéré en 1978, pour l'assassinat d'une femme et de sa fille, fut le dernier criminel condamné à mort en France (condamné à perpétuité en 1982 après jugement cassé). Il meurt en prison en déc. 1991, 2 jours avant sa demande de révision.

☞ *Avant 1989* : la révision dépendait du ministre de la Justice ; *depuis 1989* commission de révision des condamnations pénales créée, composée de 5 magistrats de la Chambre criminelle de la Cour de cassation. Elle avait reçu, au 1-7-1999, 455 requêtes en révision de condamnés à des peines criminelles, en avait rejeté 392, admis 3 en 1998 et 1999, et ne s'était pas encore prononcée sur les 60 restantes.

■ **Procès en révision depuis 1945. Rida Daalouche** (condamné 1994 à 14 ans pour coups mortels) acquitté le 8-5-1999. **Rabah Merade** condamné 1993 à 15 ans pour viol et agression sexuelle, n'a pas été rejugé, mais le viol a été seul retenu.

Empoisonnements

■ **Cappelle (Marie,** épouse de Charles **Lafarge**). Née 15-1-1816. Accusée d'avoir empoisonné à l'arsenic son mari (épousé 11-8-1839, † 13-1-1840). Condamnée le 19-9-1840 aux travaux forcés à perpétuité, peine commuée en réclusion à perpétuité vu son état de santé. Libérée en 1852, décédera le 6-9. L'enquête, pour l'émission télévisée « De mémoire d'homme » du 9-2-1978, laisse à penser que l'époux serait mort de la typhoïde.

■ **Couty de La Pommerais (Edmond).** Né 1830. Accusé d'avoir empoisonné à la digitaline sa belle-mère et sa maîtresse. Condamné à mort le 16-5-1864, exécuté le 8-6.

■ **Jegado (Hélène).** Femme de chambre, aurait empoisonné 23 personnes à l'arsenic, guillotinée 1852 (Rennes).

■ **Nozières (Violette).** Née en 1915. Inculpée le 23-8-1933 pour avoir assassiné ses parents en leur faisant avaler des barbituriques (sa mère sera sauvée). Condamnée à mort le 24-12-1934, peine commuée en travaux forcés à perpétuité. Une succession de grâces amène sa libération en 1944. Réhabilitée en 1963. Mariée, elle meurt en 1966.

■ **Marty (Marguerite).** Née en 1925. Accusée d'avoir empoisonné sa cousine, Jeanne Candela, épouse de son amant. Acquittée le 21-1-1955.

■ **Davaillaud (Marie,** épouse de Léon **Besnard)** [1896/4-2-1980], dite l'« Empoisonneuse de Loudun ». Inculpée le 21-7-1949, accusée de 13 empoisonnements, sera, après un long procès ouvert le 20-2-1952, libérée en 1954 (après 5 ans de prison) et acquittée le 14-12-1961.
☞ Voir **affaire des Poisons, Brinvilliers** à l'Index.

Affaires de trafic d'influence

■ **Teste (Jean-Baptiste)** [1780-1852], ancien ministre des Travaux publics et **Despans de Cubières (Amédée-Louis)** [1786-1853], ancien ministre : condamnés à 3 ans de prison, à la dégradation civique et à 10 000 F d'amende pour concussion lors d'une concession de mine de sel gemme.

■ **Péret (Raoul)** [1870-1942], ancien garde des Sceaux. **Besnard (René)** [1879-1952], ancien ambassadeur : accusés d'avoir fait admettre des actions de la Sté italienne « La Snia Viscosa » à la Bourse de Paris ; acquittés 21-6-1931.
☞ Plusieurs affaires en cours depuis 1991.

Procès de presse

Victor Hugo défend, le 11-6-1851, son fils Charles, fondateur du journal *l'Événement* et inculpé d'outrage à la loi parce qu'il s'est élevé contre la peine de mort après une exécution capitale (condamné à 6 mois de prison et 500 F d'amende).

Plusieurs journalistes furent poursuivis pour avoir, en 1868 à Paris, voulu troubler la paix publique, dont **Delescluze**, journaliste du *Réveil*, condamné à 6 mois de prison et d'interdiction de droits civiques et 2 000 F d'amende.

Procès en diffamation intenté le 26-10-1925 par le chauffeur de taxi Bajot à **Léon Daudet**, qui l'avait accusé de complicité dans l'assassinat de son fils Philippe. Daudet, condamné à 5 ans de prison et 1 500 F d'amende, s'évade après 15 jours de détention (juin 1927) et se réfugie en Belgique (amnistié en 1930, revient en France).

Statistiques

Crimes et délits

■ **Criminalité dans les régions (faits constatés) en 2000** (entre parenthèses pour 1 000 hab. en 1999). Alsace 107 124 (56,9). Aquitaine 161 959 (53,3). Auvergne 48 516 (35,1). Basse-Normandie 60 923 (42). Bourgogne 68 174 (39,22). Bretagne 121 979 (37,85). Centre 121 663 (47,37). Champagne-Ardenne 69 671 (49,98). Corse 14 377 (57,84). Franche-Comté 49 589 (42,77). Haute-Normandie 96 258 (56,93). Ile-de-France 1 007 104 [Paris 296 558, petite couronne (92, 93, 94) 346 725, grande couronne (77, 78, 91, 95) 363 821] (87,72). Languedoc-Roussillon 192 895 (76,94). Limousin 27 420 (34,19). Lorraine 110 967 (44,95). Midi-Pyrénées 123 045 (45,49). Nord-Pas-de-Calais 269 921 (62,91). Pays de la Loire 148 981 (43,87). Picardie 106 137 (51,8). Poitou-Charentes 73 349 (42,58). Provence-Alpes-Côte-d'Azur 412 152 (86,62). Rhône-Alpes 374 412 (61,88).

Taux de criminalité

en % (1996) pour 1 000 hab.	Criminalité globale	Homicides	Viols	Stupéfiants	Cambriolages
Allemagne ...	81,25	0,05	0,09	2,81	22,78
Autriche	60,33	0,03	0,09	3,07	17,67
Belgique	71,38	0,05	0,19	5,35	24,81
Danemark ...	100,65	0,04	0,07	2,82	20,79
Espagne	23,60	0,10	0,12	6,95	25,30
Finlande	77,81	0,009	0,07	1,97	22,33
France	*61,10*	*0,06*	*0,20*	*2,23*	*12,26*
G.-B.	72,06	0,03	0,12	0,58	31,07
Grèce	34,06	0,08	0,05	1,22	12,08
Irlande	28,63	0,05	0,17	1,27	29,50
Italie	42,41	0,11	–	1,60	–
Luxembourg	67,23	0,01	0,14	3,13	12,09
Pays-Bas [1] ...	79,28	0,22	0,001	0,28	38,65
Portugal	8,32	0,49	0,20	1,99	18,96
Suède	133,33	0,07	0,13	2,62	12,32

Nota. – (1) 1995.

Évolution de la criminalité et de la délinquance par grandes catégories

Années	Vols (y compris recels)	Infractions économiques et financières	Crimes, délits contre les personnes	Autres infractions (dont stupéfiants)	Total	Taux pour 1 000 hab.
1950	187 496	43 335	58 356	285 102	574 289	13,73
1955	191 138	54 624	59 906	211 096	516 764	11,90
1960	345 945	71 893	53 272	216 656	687 766	15,05
1965	423 216	88 471	62 975	85 779	660 441	13,54
1970	690 899	250 990	77 192	116 540	1 135 621	22,37
1975	1 233 186	314 100	87 738	277 303	1 912 327	36,29
1980	1 624 547	531 588	102 195	369 178	2 627 508	48,90
1985	2 301 934	681 699	117 948	477 613	3 579 194	65
1990	2 305 600	551 810	134 352	500 950	3 492 712	61,69
1994	2 573 074	440 179	175 374	730 381	3 919 008	67,83
1995	2 400 644	357 101	191 180	716 392	3 665 320	63,7
1999	2 252 528	295 734	233 194	786 408	3 567 894	60,97
2000	2 334 696	352 164	254 514	830 475	3 771 849 [1]	63,49

Nota. – (1) Dont délinquance de voie publique 1 937 509.

■ **Faits élucidés** (en 1999). **Nombre :** 988 957. **% des faits élucidés par rapport aux faits constatés** [1] : délinquance de voie publique 9,9 ; viols 88,49 ; coups et blessures volontaires 74,59 ; homicides 80 ; vols à la tire 3,64 ; cambriolages d'habitations principales 8,97 ; vols d'automobiles 8,71 ; vols à la roulotte 6,14 ; vols à l'étalage, infractions économiques et financières et infractions à la législation des stupéfiants : proche de 100.

Nota. – (1) Les faits élucidés peuvent porter sur des faits constatés les années antérieures.

■ **Butin emporté. Total et,** entre parenthèses, **moyenne par vol à main armée** (en millions de F) : *1975* : 72,2 (0,02) ; *80* : 164,4 (0,03) ; *85* : 451 (0,05) ; *90* : 593 (0,07) ; *91* : 353 (0,027) ; *92* : 553 (0,018) ; *93* : 329 (0,029) ; *94* : 431 (0,042).

Justice pénale

Infractions constatées

Infractions constatées en métropole par la gendarmerie nationale et la police nationale en 2000.

■ **Crimes et délits. Nombre de faits constatés** (sauf circulation routière). 3 771 849 dont (en %) vols 61,9, délinquance de voie publique parisienne 41,25, infractions économiques et financières 9,33, crimes et délits contre les personnes 6,75, autres (dont stupéfiants) 22,02. Infractions constatées par la gendarmerie (zones rurales et périurbaines) 25,8 %, la police nationale (zones urbaines) 74,2 %.

■ **Crimes et délits contre les personnes.** 233 514 dont infractions contre la famille 42 300, atteintes aux mœurs 33 538 (dont viols 8 458 et harcèlement 14 263), coups et blessures volontaires 106 484, homicides 1 051, tentatives d'homicides 1 115, autres atteintes volontaires à la personne 70 026.

■ **Vols (et recels).** 2 334 696 dont vols à la roulotte 670 177, automobiles 301 539, cambriolages 370 993, vols avec entrée par ruse 14 670, à main armée 8 613, autres vols violents 101 223, autres vols simples 735 337, recels 35 626.

■ **Contre la réglementation et la chose publique.** 810 475 dont destruction et dégradation des biens 518 439 (dont biens publics 39 557), infractions à la législation sur les stupéfiants 103 731 (dont usage-revente 13 777, trafic 12 529, consommation 72 107), délit à la police des étrangers 45 869 (dont faux titres de séjour 38 802), faux documents administratifs 11 258.

■ **Économiques et financières.** 352 164 dont falsifications et usages de chèques volés 114 346, de cartes de crédit 48 997, délinquance économique et financière 18 501, autres infractions à la législation sur les chèques 16 619.

■ **Personnes mises en cause (délinquants). Total** (en 2000) : 834 549 dont majeurs 659 293, mineurs 175 256, Français 679 359, étrangers 155 190. **% des mis en cause laissés libres :** vols (y compris réels) 92,01, vols à main armée (armes à feu) 54,67, avec violence sans armes à feu 80,55, avec entrée par ruse 88,44, cambriolages 88,66 (résidences principales 86,27, secondaires 94,02), vols d'automobiles 89,85, deux roues 96,5, vols à la tire 69,86, vols à l'étalage 97,16, sur chantier 99,11, recels 93,62, infractions économiques et financières 95,4, escroqueries, faux et contrefaçons 94,56, falsifications, usages de chèques volés 95,13, de cartes de crédit 88,84, fausse monnaie 89,99, délinquance économique et financière 96,45, banqueroutes, abus de biens sociaux et autres délits de société 93,9, fraudes fiscales 96,95, travail clandestin 97,2, crimes et délits contre les personnes 93,79, homicides 36,36, tentatives 39,86, coups et blessures volontaires 94,82, suivis de mort 41,52, non suivis de mort 94,94, prises d'otages, séquestrations 68,2, proxénétisme 52,66, viols 67 dont sur mineur(e)s 66,71, harcèlements sexuels et autres agressions sexuelles 89,09, violences, mauvais traitements et abandons d'enfant 97,76, stupéfiants 92,64, trafic/revente sans usage 71,05, usage-revente 83,62, usage (consommation) 83,62, attentats par explosifs contre les biens publics 91,84, biens privés 74,29, incendies volontaires contre les biens publics 87,24, biens privés 87,24, délits divers 94,93, outrages à dépositaires de l'autorité 96,47, atteintes à l'environnement 99,89, destructions, cruautés envers les animaux 99,47.

■ **Participation féminine. Infractions** (total des mis en cause) 798 973, **des femmes** 111 780, **% femmes par rapport au total** 13,99 : vols (y compris recels) 14,42, vols à main armée (armes à feu) 4,34, avec violence sans armes à feu 6,87, avec entrée par ruse 16,84, cambriolages 6,68, résidences principales 9,78, secondaires 7,42, vols liés à l'automobile et aux deux roues à moteur 3,21, vols à la tire 21,53, vols à l'étalage 33,32, falsifications, usages de chèques volés 35,09, de cartes de crédit 32,14, fausse monnaie 18,84, fraudes fiscales 22, crimes et délits contre les personnes 15,91, homicides 15,63, tentatives 11,49, coups et blessures volontaires 10,21, atteintes à la dignité de la personnalité 31,08, proxénétisme 28,63, viols 2,38, dont sur mineur(e)s 2,60, infractions contre la famille et l'enfant 41,13, stupéfiants 8,15, attentats par explosifs contre les biens publics 2,04, biens privés 5,71, délits divers 12,87, débits de boisson, alcool, tabac 26,37, délits de courses et jeux 16,58.

■ **Participation des étrangers** (en %) : *Moyenne* (en 2000) : 18,6. **Étrangers mis en cause,** titulaires de carte de séjour (31-12-1998 : 3 242 453), *non compris :* étrangers circulant en France sous le seul couvert de leurs documents de voyage. Cependant, au niveau des faits constatés, leur qualité d'étranger est prise en compte, ce qui introduit une marge d'erreur pour calculer le taux de criminalité.

Il convient également de signaler que les calculs effectués à partir du total des étrangers mis en cause sont influencés par la proportion des « délits à la police des étrangers ». Pour cette seule rubrique de la statistique, les 56 192 personnes étrangères mises en cause représentent 36,8 % du total de la population des mises en cause étrangères (pour 29,4 % en 1998). Ces infractions sont comptabilisées dans la catégorie des autres infractions (dont stupéfiants). **Infractions** (total des mis en cause, entre parenthèses nombre d'étrangers, % d'étrangers par rapport au total) : 798 973 *dont* mineurs 170 387 (152 558) 19,09, délinquance de voie publique 167 026 (16 698) 10, vols [(y compris recels) ; total des mis en cause, entre parenthèses % étrangers par rapport au total] : 255 480 (13,2), à main armée (armes à feu) 2 923 (12,38), avec violences sans arme à feu 19 803 (14,22), par ruse 1 574 (10,23), cambriolages 34 829 (9,78) [résidences principales 12 635 (13,98), secondaires 2 508 (4,82), locaux industriels, commerciaux, financiers 11 215 (8,51), autres lieux 8 471 (6,68)], vols d'automobiles 19 878 (8,19), véhicules de transport avec fret 203 (4,93), deux roues 9 278 (6,66), à la roulotte et d'accessoires sur véhicules immatriculés 28 811 (9,46), autres vols simples au préjudice de particuliers, 31 953 (12,73), vols à la tire (40,26), autres vols simples 69 756 (17,92), à l'étalage 51 648 (20,47), sur chantiers 1 458 (8,23), sur exploitations agricoles 1 046 (4,21), infractions économiques et financières 73 665 (15,57), escroqueries, faux et contrefaçons 47 594 (12,64), escroqueries et abus de confiance 29 180 (12,7), falsifications, usages de chèques volés 9 581 (10), de cartes de crédit 2 231 (16,36), contrefaçons et fraudes industrielles et commerciales (sauf fraudes alimentaires) 1 295 (23,86), littéraires et artistiques 240 (14,58), faux en écriture publique et authentique 620 (15), privées de commerce et de banque 3 348 (10,81), fausse monnaie 1 099 (17,11), délinquance économique et financière 21 688 (23,47), banqueroutes, abus de biens sociaux et autres délits de société 2 392 (9,11), fraudes fiscales 591 (17,94), infractions à l'exercice d'une profession réglementée (sauf professions médicales) 607 (11,04), urbanisme et construction 3 423 (13,23), autres délits économiques 14 675 (28,93), *dont* prix, publicité, concurrence 881 (7,04), achats/ventes sans facture 213 (12,68), travail clandestin 10 303 (28,18), emploi d'étranger sans titre de travail 1 022 (87,77), marchandage – prêt de main-d'œuvre 193 (22,8), infractions à la législation sur les chèques (sauf usage de chèques volés) 4 383 (8,37).

Départements à la plus forte participation (en 1997) : Paris 21 606, Seine-St-Denis 9 439, Alpes-Maritimes 7 290, Hts-de-Seine 7 533, Bouches-du-Rhône 7 125, Nord 6 313, Val-de-Marne 6 217, Val-d'Oise 5 653.

Activité judiciaire

■ **Nombre de décisions rendues en 1999.** 1°) **En matières civile et commerciale** 2 178 318. **Procédures au fond** 1 920 660 [*droit commun* 1 295 064 (Cour de cassation 19 758, cours d'appel 209 580, tribunaux de grande instance 608 286, d'instance 457 440] ; *juridictions spécialisées* 625 596 [juges des enfants (assistance éducative) 121 172, tribunaux de commerce 224 426, des affaires de Sécurité sociale 108 624, conseils de prud'hommes 171 374]. **Référés** 257 658 [tribunaux de grande instance 111 286, d'instance 68 688, de commerce 37 046, conseils de prud'hommes 47 140]. **2°) En matière pénale** 11 315 735 : *droit commun* 11 237 519 [Cour de cassation 9 313, d'appel 42 912, d'assises 2 779, tribunaux correctionnels 405 272, de police 755 585 (ordonnances pénales 456 299, jugements 299 286), amendes forfaitaires majorées 10 021 658]. **Juridictions spécialisées** (juges et tribunaux pour enfants) : 78 216.

■ **Justice civile. Affaires introduites au fond en 1999 :** 1 663 160 (– 4,5 % par rapport à 1998 [cours d'appel 199 778 (– 5,1 %) ; tribunaux de grande instance 605 721 (– 4,2 %), d'instance [1] 468 440 (+ 0,2 %), de

Nature d'affaire	Cours d'appel	Tribunaux de grande instance	Tribunaux d'instance [1]	Conseils de prud'hommes
Ensemble	199 778	605 721	468 440	164 795
Droit des personnes	2 154	22 236	125 164	–
– de la famille	38 180	384 000	2 764	–
– des affaires	11 299	13 709	8 616	–
– des contrats	53 189	59 893	247 470	–
– de la responsabilité	8 114	22 840	13 432	–
Biens	7 677	13 126	20 763	–
Entreprises en difficulté	7 208	24 719	716	–
Relations du travail et protec. soc.	52 269	3 694	25 984	164 795
Droit public	1 899	4 541	385	–
Procédures de l'exécution [2] ..	10 250	43 898	14 940	–
Procédures particulières	7 539	13 065	8 206	–

(1) Non compris les contentieux électoraux et les tutelles mineurs ouvertes de plein droit.
(2) Toutes les procédures d'exécution introduites devant le JEX.

commerce (affaires terminées) 224 426 (+ 4,9 %), conseils de prud'hommes 164 795 (– 14,1 %)].

Affaires en cours au 1-1-2000 : 1 420 017 [cours d'appel 309 613, tribunaux de grande instance 575 290, d'instance [1] 369 496, conseils de prud'hommes 165 618].

Durée moyenne de réglement des affaires entre la date de saisine et celle du jugement (mois, 1999 : cours d'appel 18,1, tribunaux de grande instance 9,1, d'instance 5,2, de commerce 5,6 (en 1998), conseils de prud'hommes 10,3.

☞ **Quelques chiffres en 1999 :** 331 325 saisines aux affaires familiales (JAF), 116 724 divorces prononcés, 71 035 demandes postérieures au divorce (autorité parentale, pension alimentaire, droit de visite), 84 039 demandes d'ouverture de régime de protection des majeurs, 45 520 saisines des juges de l'exécution des TGI et TI (hors surendettement) au titre d'incidents de saisie mobilière, d'exécution, délai de grâce (essentiellement saisine des TGI), 704 650 admissions définitives à l'aide juridictionnelle, 46 711 ouvertures de redressement judiciaire d'entreprise par les juridictions commerciales.

Acquisitions de la nationalité française (enregistrées par le ministère de la Justice). Par déclaration à raison de la naissance et de la résidence en France *13-15 ans* 19 399 ; *16-17 ans* 23 034 ; mariage [1] 24 216 ; autres déclarations (acquisition et réintégration) 2 342 ; certificats de nationalité française délivrés 219 581 dont au titre de naissance et résidence en France 11 087.

Nota. – (1) Enregistrées par les tribunaux d'instance.

■ **Justice pénale. Activité du parquet en 1999. Procès-verbaux** reçus 4 932 196. **Affaires traitées** 4 586 813. *Non poursuivables :* 3 323 906 (infractions mal caractérisées, motif juridique : 328 781, défauts d'élucidation : 2 995 125). *Poursuivables :* 1 262 907 (410 840 classements sans suite : recherches infructueuses, désistement ou carence du plaignant, état mental déficient, responsabilité de la victime, victime désintéressées d'office, régularisation d'office, préjudice ou trouble peu important) ; procédures alternatives aux poursuites 213 727 ; poursuites 638 340 (*devant* le tribunal correctionnel 379 530, de police 166 807, le juge d'instruction 39 176, le juge des enfants 52 827).

Activité des juges d'instruction. Affaires dont l'instruction s'est terminée en 1999 : 40 738 (dont sans mise en examen 9 604). *Qualifications des affaires au début de l'instruction :* crimes 7 166, délits 33 106, contraventions 31, recherches des causes de la mort 435. **Durée moyenne** (en mois) : crimes 16,9 ; délits 16,4. **Personnes mises en examen :** 63 129 [dont renvois en cour d'assises (transmission des pièces au parquet général) 3 300, renvois devant le tribunal correctionnel 42 313, renvois devant le juge ou le tribunal pour enfants 5 052, non-lieux 9 424, jonctions, dessaisissements, incompétences, divers 3 040]. **Mesures de sûreté :** contrôles judiciaires 22 210, mandats de dépôt 22 618.

Activité des tribunaux correctionnels en 1999. Nombre de décisions rendues : *tout mode de saisine* 405 272 [dont citations directes ou comparutions volontaires 123 934 ; convocations sur procès-verbal 223 683 (du procureur de la République 7 826, de l'OPJ ou de l'APJ 215 857) ; comparutions immédiates 32 947 ; renvois du juge d'instruction 24 556 ; renvois de la chambre d'accusation 152].

■ **Condamnations en 1999 selon la nature de l'infraction. Toutes juridictions :** 570 536 dont atteintes aux personnes 102 477 [dont homicides volontaires 617, viols 1 917, coups et violences volontaires 51 693, homicides et blessures involontaires 23 270 (par conducteur 21 343)] ; atteintes aux biens 156 460 (dont vols, recels, destructions, dégradations 142 283) ; matière économique et financière 26 598 (dont chèques 3 101, travail clandestin 6 523) ; circulation routière 211 791 (dont défaut d'assurance 33 724, conduite en état alcoolique 103 088) ; autres infractions 73 210 [dont stupéfiants (trafic, détention, transport, cession et usage) 23 415, séjour irrégulier des étrangers 4 435]. **Cour d'assises majeurs :** 3 259 dont atteintes aux personnes 2 570 (dont homicides volontaires 568, viols 1 514, coups et violences volontaires 394, homicides et blessures involontaires 3) ; atteintes aux biens (vols, recels, destructions, dégradations) 564. **Tribunal correctionnel :** 380 122 dont atteintes aux personnes 63 363 [dont coups et violences volontaires 33 708, homicides et blessures involontaires 10 205 (par conducteur 9 257)] ; atteintes aux biens 116 740 (dont vols, recels, destructions, dégradations 105 108) ; matière économique et financière 17 426 (dont chèques 2 814, travail clandestin 5 910) ; circulation routière 123 331 (dont défaut d'assurance 418, conduite en état alcoolique 100 623) ; autres infractions 59 262 (dont stupéfiants 19 842, séjour irrégulier des étrangers 3 947). **Tribunal de police :** 119 648 dont atteintes aux personnes 21 366 [dont coups et violences volontaires 8 937, homicides et blessures involontaires 11 577 (par conducteur 10 961)] ; atteintes aux biens (vols, recels, destructions, dégradations) 4 021 ; matière économique et financière 6 378 ; circulation routière 83 268 (dont défaut d'assurance 32 942) ; autres infractions 4 615.

Peines prononcées. Toutes peines : 570 536 dont réclusion criminelle 1 602 [quantité moyenne ferme : 14,1 années (hors réclusion criminelle à perpétuité) ; dont à perpétuité 35] ; emprisonnement 288 231 [moy. : 8 mois (dont avec sursis total 186 884)] ; amende 190 420 (moy. : 3 280 F) ; peine alternative 60 549 (dont suspension du permis de conduire 32 883, travail d'intérêt général 11 659) ; mesure éducative 20 391 ; dispense de peine 9 343 ; **dont condamnations après détention provisoire :** 38 625 dont crimes 3 079 (23,6 mois de détention provisoire en moyenne) ; délits 35 515 (4,2 mois), dans le cadre d'une instruction 24 644 (5,8 mois), d'une comparution immédiate 10 871 (0,5 mois).

Condamnés. Tous condamnés : 570 536 (dont – de 18 ans 38 580 ; de 18 ans à – de 25 ans 157 688 ; de 25 ans à – de 40 ans 223 334 ; de 40 ans à – de 60 ans 134 323 ; 60 et + 16 612). **Sexe :** hommes 513 874 ; femmes 55 662. **Nationalité :** Français 463 569 ; étrangers 72 539 ; nationalité non déclarée 34 428. **Condamnés pour crimes :** 3 610 (dont – de 18 ans 583), **délits :** 441 312 (36 787), **contraventions de 5e classe :** 125 614 (1 210).

☞ Environ 17 millions de procès-verbaux sont distribués en France chaque année dont 45,5 % ne sont jamais payés. Le ministère des Finances abandonne le recouvrement dans 5 % des cas et le parquet en classe 3 % sans suite.

■ **Juridictions de la jeunesse** (voir p. 805 c).

■ **Tribunaux maritimes commerciaux** (en 1993). Condamnés : 251 dont infractions de circulation 243.

Quelques crimes et délits

☞ *Abréviations :* MF : millions de F ; c. : coffres.

Voir également **Terrorisme** p. 802 b.

■ **Automobiles. Vols et tentatives** (entre parenthèses : nombre de véhicules retrouvés) : *1990 :* 294 194 (184 917) ; *95 :* 351 509 (215 686) ; *96 :* 345 625 (198 784) ; *97 :* 322 783 (184 651) ; *98 :* 319 447 (183 319) ; *99 :* 297 058 ; *2000 :* 301 539. **Deux-roues à moteur :** *1991 :* 136 615 ; *94 :* 114 628 ; *98 :* 96 483 ; *99 :* 96 911. **Modèles volés** (pour 1 000 voitures volées) : *Peugeot 605 SV 24 :* 218,4, *Renault 21 2 l turbo :* 187,4, *Fiat Uno turbo IE :* 184, *Volkswagen Golf 16 S :* 163,9, *Opel Kadett 1800 I GSI :* 162,2, *Peugeot 405 Mi 16 :* 161,4, *Renault 25 Baccara :* 160,6, *Volkswagen Golf GTI G60 :* 155,9, *Renault 25 V6 turbo :* 152,2, *Peugeot 309 GTI 16 :* 150,4. **Vols dans les véhicules :** *1998 :* 687 362 (dont accessoires 180 355) ; *99 :* 666 604. **Incendies :** par an plusieurs centaines ; nuit du 31-12-1998 + de 100 dont Strasbourg 43, Rennes 16, Nantes 13, Mulhouse 11.

■ **Établissements financiers. Attaques à main armée :** *1985 :* 1 927 hold-up ; *86 :* 2 174 ; *87 :* 1 456 ; *88 :* 1 101 ; *89 :* 1 657 ; *90 :* 1 917 ; *91 :* 2 147 ; *92 :* 1 973 ; *93 :* 1 420 ; *94 :* 1 112 ; *98 :* 1 369 ; *99 :* 1 200.

Caisses d'épargne (hold-up) : *1981 :* 140 ; *82 :* 146 ; *83 :* 216 ; *84 :* 266 ; *91 :* 214 ; *92 :* 173.

Coffres cambriolés [butins en millions de F (MF) et nombre de coffres (c.)] : **quelques cas : 1971**-*30-6* poste de Strasbourg 12. **1972**-*28-10* poste de Mulhouse 11,7. **1974**-*13-8* banque Rothschild (av. de Suffren, Paris) 10. **1976**-*10-1* banque Hervet Paris (tunnel creusé de 5 m) 0,06. *-18/19-7* Sté générale (Nice ; 339 coffres et 2 armoires blindées) 47, par les égouts ; Albert Spaggiari (1945-89), le « cerveau », arrêté le 27-10, s'évade le 10-3-1977 en sautant par la fenêtre du cabinet du juge d'instruction. *-17-8* Sté générale (île St-Louis, Paris ; tunnel de 6 m) 123 coffres ouverts, plusieurs dizaines de MF. **1979**-*15-8* Sté générale (rue St-Louis-en-l'Ile, Paris) butin non communiqué. *-28-8* Sté générale (6, rue de Sèvres, Paris ; tunnel de 20 m creusé en plusieurs mois, 8 voleurs arrêtés). *-28-8* Condé-sur-l'Escaut (Nord), paie des retraites des mineurs 16,3 (anarchistes arrêtés, procès avril 1989). **1980**-*3/4-11* Caisse d'épargne (place de Mexico, Paris), un cambrioleur se laisse enfermer dans la salle des coffres le vendredi soir et ouvre à des complices (250 c.) 50. **1981**-*17-5* Crédit agricole (Marseille) 232 c. *-12-7* Monte Carlo Beach Hôtel : bijoux 6,2, devises 0,15. *-15-8* Mas d'Artigny (St-Paul-de-Vence) 46 c. *-30-9* Banque populaire (rue de Crimée, Paris, 70 c.) 0,1. *-7-10* Ritz (Paris ; bijoux) 20. **1982**-*12-4* Crédit lyonnais (Bastia) 40. *-9-7* Caisse d'épargne (Hts-de-S.) 250 c. **1983**-*16-3* Crédit lyonnais (Neuilly) 118 c. *-17-11* Crédit du Nord (Paris) 120 c. **1984**-*25-5* Caisse d'épargne (Chatou) 350 c. *-25-6* Caisse d'épargne (Berre, 250 c.) 25 à 30. *-27-11* banque Hervet (Suresnes) 66 c. *-20-12* Crédit lyonnais (Bordeaux) 43 c. (voleurs arrêtés). **1985**-*1-2* Crédit agricole (Paris) 120 c. *-25-2* Bonnasse (Marseille) 200. *-23-4* Caisse d'épargne (Mortagne) 80 c. *-19-12* Sté générale (St-Cloud) 125 c. **1986**-*3-2* Caisse d'épargne (Salon-de-Provence ; 620 sur 699 c.) 50 (?). *-17-2* établissement de crédit (Paris) 16 (gang arrêté). *-4-3* Banque de France (Niort) 29. *-3-7* Banque de France (St-Nazaire) 88 (12 récupérés ; 10 personnes mêlées à l'affaire arrêtées). **1987**-*9-2* Caisse d'épargne (Marseille, 303 sur 2 800 c.) 30 à 50 [après avoir pris des otages pendant 11 h, les voleurs se sont enfuis par les égouts (la plupart seront arrêtés en 1988)] 10 récupérés (12 personnes du « gang des égoutiers » arrêtées, acquittées 17-2-1994). **1992**-*16-12* Banque de France (Toulon) 160, 18 personnes arrêtées le 16-2-1993 dont 1 employé de banque (10 récupérés). **1994**-*15-12* Bourse du diamant (Anvers, Belgique, 8 c.) 300.

■ **Coût du crime en France** (en 1996). Selon le Centre de recherches sociologiques sur le droit et les institutions pénales (Cesdip), unité de recherche du ministère de la Justice associée au CNRS : dépenses privées et publiques de sécurité (police, douane, assurances) 131 milliards de F (1,6 % du PIB français).

Coût estimé (en milliards de F). *Infractions :* fraude fiscale 50 à 100 (redressements recouvrés déduits – part estimée des omissions de bonne foi des contribuables) ; *vente de stupéfiants :* 28 à 41 (dont héroïne 15 à 22, cocaïne 8 à 12, cannabis 5 à 7) ; *atteintes involontaires à la vie humaine* (accidents de la route) : 17 à 39 ; *contrefaçons :* 25 ; *vols dans les magasins :* 13 à 18 ; *travail dissimulé* (pertes de cotisations) : 17 ; *proxénétisme :* sur 15 à 20 000 prostituées, CA 15 à 20 (dont 70 % reviennent aux proxénètes) ; *atteintes volontaires à la vie humaine :* 7 à 11 (vie humaine évaluée entre 3,5 et 4,2 millions de F en comptant coûts médico-sociaux, perte de revenu et versements des assurances ; *vols d'automobiles :* > 9 ; *malveillance informatique :* 8 (détournement de biens et de fonds, fraude aux modes de paiement électronique 2,3, copie illicite de progiciels 1,7).

■ **Banqueroutes** (agissements frauduleux d'un commerçant en état de cessation de paiement). **Condamnations.** *1994 :* 1 022 ; *95 :* 850 ; *96 :* 728 ; *97 :* 809 ; *98 :* 818.

■ **Bateaux** (yachts et navires de plus de 10 m) **volés et,** entre parenthèses, **retrouvés.** *1990 :* 572 (51) ; *91 :* 623 (61) ; *92 :* 716 (66) ; *93 :* 732 (78) ; *94 :* 678.

■ **Bijouteries. Attaques à main armée :** *1980 :* 216 ; *81 :* 220 ; *82 :* 174 ; *83 :* 237 ; *84 :* 274 ; *85 :* 268 ; *86 :* 164 ; *87 :* 193 ; *88 :* 164 ; *89 :* 154 ; *90 :* 168 (dont *-4-8* Chaumet, Paris 10 millions de F) ; *91 :* 166 ; *92 :* 175 ; *93 :* 160 ; *94 :* 136 ; *98 :* 162. Chaque jour, en France, 1 bijoutier sur 8 700 est victime d'une agression. *Depuis 1980 :* 2 bijoutiers sur 3 ont été attaqués au moins 1 fois, 3 sur 7 au moins 2 fois, et 4 sur 10, 3 fois ou plus. *Entre 1981 et 1985 :* 20 bijoutiers ont été pris en otages, dont 9 à leur domicile.

■ **Bureaux de poste. Attaques à main armée :** *1980 :* 288 ; *81 :* 385 ; *82 :* 254 ; *83 :* 284 ; *84 :* 370 ; *87 :* 222 ; *88 :* 186 ; *89 :* 227 ; *90 :* 308 ; *91 :* 298 ; *92 :* 333 ; *93 :* 378 ; *94 :* 347 dont 10 contre les préposés.

■ **Cartes de crédit (falsifications et usages).** *1991 :* 27 094 ; *95 :* 19 837 ; *2000 :* 42 140.

■ **Chauffeurs de taxi agressés. Nombre :** *1971 :* 33 ; *80 :* 153 ; *87 :* 289 ; *88 :* 316 ; *89 :* 275 ; *90 :* 362 ; *91 :* 457 ; *92 :* 460 ; *93 :* 478 ; *94 :* 391.

■ **Enlèvements pour rançon. Nombre :** *1975 :* 13 ; *76 :* 13 ; *77 :* 8 ; *78 :* 3 ; *79 :* 2 ; *80 :* 8 ; *81 :* 3 ; *82 :* 2 ; *83 :* 1 (manqué) ; *84 :* 1 (manqué) ; *86 :* 1 ; *87 :* 5 ; *88 :* 4 (1 réussi) ; *89 :* 2 ; *90 :* 4 ; *91 :* 4 ; *92 :* 7.

Magistrats attaqués

1972-*10-4 : Robert Magnan* (juge d'instruction à Paris) pris en otage par 2 détenus, Christian Jubin et Georges Segard, qui le relâchent et sont repris 32 h après leur évasion du Palais de justice. **1973**-*6-6 : M. Guérin* (Pt du tribunal de Compiègne) pris en otage au cours d'une audience par Jacques Mesrine, qui le relâche. **1974**-*3-5 : Maurice Balauge* (1er juge d'instruction à Paris) attaqué dans son cabinet par André Bodet, voleur de voitures. *-29-5 : Gérard Nedelec* (substitut du procureur de la Rép.), enlevé à son domicile, échappe peu après à ses ravisseurs. **1975**-*3-7 : François Renaud* (né 5-3-1923 juge d'instruction) assassiné à Lyon (ses meurtriers n'ont pas été arrêtés) ; *en 1976* Yves Boisset en a tiré un film, *le Juge Fayard*, qui fut censuré car mettant en cause le SAC (Service d'action civique utilisant parfois des truands). *-8-7 : André Cozette* (vice-Pt du tribunal de Paris) et *Antoine Michel* (substitut) pris en otage par Jean-Charles et Martine Willoquet qui les relâchent 1 h 1/2 plus tard et seront repris après quelques mois. **1977**-*5-12 : épouse de Jacques Blanc-Jouvan* (substitut du procureur général à la cour d'appel de Lyon) et *une femme de ménage* brutalisées à leur domicile. **1978**-*6-2 : Noël Daix* (1er juge d'instruction à Lyon) enlevé, retrouvé 48 h plus tard, attaché à un arbre. *-10-11 : épouse, fille et gendre de Charles Petit* (Pt de la cour d'assises de Paris) séquestrés par Jacques Mesrine [1936/2-11-1979 abattu par la police] (qui disparaît) et Jean-Luc Coupé (arrêté en tentant de fuir). **1979**-*31-1 : Michel Berger* (substitut) *et son épouse* (substitut à Bourges), *François Billy* (conseiller à la Cour de cassation) agressés chez M. Berger à Paris par 3 hommes armés se réclamant d'un « groupe autonome » protestant contre la politique répressive envers les contestataires. Ils partent après avoir saccagé et pillé l'appartement. **1981**-*21-10 :* juge *Pierre Michel* tué à Marseille. François Girard et Francis Cecchi condamnés à la réclusion criminelle à perpétuité en 1988. Charles Altieri (arrêté à Chypre 1-2-1993) condamné à la même peine par contumace le 19-4-1991 puis le 27-1-1994. **1985**-*19/20-12 :* 32 personnes, dont *Dominique Bailhache* [Pt de la cour d'assises de Loire-Atlantique (Nantes)], prises en otages par Georges Courtois, Patrick Thiolet et Abdelkarim Khalki, qui se rendent après 34 h de négociations. **1995** *oct. :* juge *Bernard Borrel* mort à Djibouti (suicide ?).

Quelques cas de rançons [en millions de F ou $ (MF ou M$)]. **En France : 1960**-*12-4 Éric Peugeot* (4 ans) golf de St-Cloud, relâché 3 j après paiement de 0,5 MF. 2 des ravisseurs arrêtés le 7-3-1961. **1963**-*1-5 Thierry Destarches* (12 ans), rançon versée, squelette retrouvé 10 mois plus tard. **1964**-*23-5 Mme Marcel Dassault* retrouvée 25-5, kidnappeurs arrêtés. **1974**-*3-5 Angel Balthazar Suarez* (directeur de la banque de Bilbao à Paris) par des « groupes d'action révolutionnaires internationalistes », libéré 22-5 contre 3 MF qui seront récupérés (la plupart des responsables appréhendés). **1975**-*24-5 Jean Bitan* (83 ans) négociant en tapis. Arrêté, Jean-Pierre Herbet révèle l'avoir tué au cours d'une altercation et que la rançon n'a été demandée qu'ensuite ; condamné 8-3-1978 à 11 ans de réclusion criminelle. *5-6 Antoine Bonhomme* (7 ans et demi) libéré 7-6 contre 0,3 MF (les 2 ravisseurs arrêtés 24-11 : 1 homme, condamné à 20 ans, sa complice à 10 ans le 14-6-1978). *-19-6 Maxime Cathalan* (20 mois), fille du P-DG des laboratoires Roussel, libérée contre 1,5 MF. *-30-9 Valérie Ruppert*, 12 ans, libérée contre 2 MF (récupérés, ravisseurs arrêtés). *-9-12 Christophe Mérieux* (9 ans) libéré contre 20 MF (en partie récupérés, ravisseurs arrêtés). *-31-12 Louis Hazan* (P-DG de Phonogram) libéré 7-6-1976 contre 15 MF (récupérés ; 6 inculpés). **1976**-*30-1 Philippe Bertrand* (7 ans) ; rançon demandée 1 MF ; étranglé par son ravisseur, Patrick Henry, arrêté 18 j après. *-4-2 Guy Thodoroff* (directeur-adjoint de Saab-France) libéré après 34 j contre 10 MF (12 inculpés). *-11-5 Philippe Chareyre* (directeur général de la SA de gestion immobilière) retrouvé 1/2 h plus tard dans une camionnette. *-25-9 François Périel* (banquier) enlevé dans la villa du compositeur Francis Lopez, relâché 4-10 ; rançon de 0,8 MF jamais versée (affaire non éclaircie). *-2-12 Henri Hottinguer* (banquier) la tentative échoue en raison de sa résistance. **1977**-*11-1 Richard Frojo* (bijoutier à Marseille) libéré 4 j plus tard, rançon 3 MF jamais versée. *-13-4 Lucchino Revelli-Beaumont* (P-DG de Fiat-France) libéré après 89 j contre 10 MF (récupérés en partie après l'arrestation des ravisseurs, tous argentins). *-6-7 Roland Simon* (directeur de régie immobilière) libéré 9-7 sans rançon. *-9-8 Bernard Mallet* (banquier) libéré par la police quelques heures plus tard. **1978**-*23-1 baron Édouard-Jean Empain* (Pt du groupe Empain-Schneider) libéré 26-3 (après 63 j) après l'arrestation des ravisseurs (qui lui ont coupé un doigt), rançon de 100 MF non versée. **1979**-*21-6 Henri Lelièvre* († 1985) [homme d'affaires de 82 ans, de la Sarthe] enlevé par Jacques Mesrine, libéré 25-7 contre 6 MF. **1980**-*25-1 Paloma Donzeau*, délivrée le jour même contre 30 lingots d'or (2,5 MF). *-29-1 Guy Bitoun* 41 ans, (administrateur de la Sté Global à Antibes), libéré 13-2 contre 6 MF (récupérés), 5 ravisseurs arrêtés, 1 policier tué par méprise par un collègue. *-26-3 Olivier Bréaut* (fils d'un notable de Tahiti) tué, rançon 11 MF non versée, ravisseurs condamnés. *-28-6 Michel Maury-Laribière* (60 ans, P-DG des Tuileries et Briqueteries françaises et vice-Pt du CNPF) libéré après 11 jours, rançon demandée 3 MF non payée ; ravisseurs arrêtés (dont Jacques Hyver, qui s'évadera 10-11-1987). *-22-9 Bernard Galle* (34 ans, clerc de notaire chez son beau-père, Me Chaîne, à Lyon) rançon de 5 MF payée ; non libéré, déclaré décédé. **1981**-*18-4 Huguette Kluger* (43 ans), libérée 3 j après, rançon de 8 MF non versée, 2 ravisseurs antillais condamnés à 10 et 11 ans. **1982**-*25-4 Jean-Edern Hallier* disparaît à la sortie d'un restaurant [*-4-5* retrouvé (enlevé par Brigades révolutionnaires françaises ?]. *-26-5 Bruno Bouvet* (12 ans) retrouvé le 29-5 ; rançon de 0,7 MF récupérée. **1983**-*23-3 Joséphine Dard* (12 ans ; fille de Frédéric Dard, auteur de San Antonio) en Suisse, rançon de 2 MF suisses (récupérée), ravisseurs arrêtés. **1988**-*20-3 Hervé Tondu* (19 ans) tué après paiement de 0,35 MF. Assassin présumé arrêté, condamné à perpétuité. *-Déc.* employée de maison enlevée par erreur (prise pour l'épouse de Louis Réginald de Poortere), relâchée sans paiement des 30 MF prévus. **1990**-*29-10 Monique Pelège* (51 ans) rançon demandée 12 MF, retrouvée le 30-10, 2 ravisseurs arrêtés (étudiants en droit à Toulouse ; disent avoir consulté le *Quid* à la rubrique enlèvements pour fixer le montant). **1997**-*8-12 Yveline Bensoussan* (53 ans), rançon demandée 600 000 F. **1998**-*5-3 Caroline Legentil* (25 ans), rançon demandée, cadavre retrouvé 16-3, ravisseurs arrêtés.

A l'étranger : 1932-*1-3 Charles Lindbergh* (USA) [fils de l'aviateur] 20 mois (tué le jour du rapt) 50 000 $ (1,27 MF). **1973**-*juillet Paul Getty III* (USA) 2,8 M$ (10 MF), ses ravisseurs expédient à un journal italien une de ses oreilles. **1974**-*29-4 Victor Sammuelsson*, directeur d'Esso à Buenos Aires, 4,2 M$ (75 MF). **1975**-*14-4 Gianni Bulgari*, bijoutier romain, 17 M$ (85 MF). *-21-6 Jorge et Juan Born*, industriels argentins, 60 M$ (360 MF). **1976**-*1-1 Carla Ovazza*, belle-mère de la fille de Giovanni Agnelli, P-DG de Fiat, 10 milliards de lires (60 MF, on ignore le montant versé). *-14-12 Richard Detker*, fils d'un milliardaire allemand, 21 millions de marks (42 MF). **1977**-*28-10 Maup Caransa* libéré contre 20 MF. **1982**-*22-11 Antonia Van der Valk* (P.-Bas) libérée 17-12, 12 millions de florins (32 MF). **1983**-*1-11 Freddy Heineken* (P.-Bas) 95 MF récupérés en partie. **1985**-*oct. Gijs Van Dam* (P.-Bas) 9 millions de florins (24,3 MF). **1986**-*8-4 Jennifer Guinness* (Irl.) 2,5 millions de £ irlandaises (20 MF). **1987**-*9-9 Gerrit Jan Heyn* 8,4 millions de florins (21 MF) payés en partie, tué le jour du rapt par un architecte au chômage. *-9-11 Mélodie Nakachian* (5 ans), fille d'un milliardaire libanais et de la chanteuse coréenne Kimera, 5 M$ (30 MF) demandés, délivrée 20-11, 7 inculpés. **1988** *Paul Van Den Boeynants* (ancien PM belge). **1991**-*13-12 Christiane Gielen* (à Maastricht, P.-Bas) secrétaire prise par erreur pour la fille de son patron (libérée le lendemain) ; ses ravisseurs enlèveront A. De Clerck en 1992. **1992**-*15-1 Farouk Kassam* (7 ans) en Sardaigne (plus de 28 MF), libéré 11-7, ravisseurs en fuite. *-4-2 Anthony De Clerck* (11 ans) en Belgique (plus de 42 MF), ravisseurs arrêtés, une partie de la rançon retrouvée.

■ **Fugues de mineurs.** *1978* : 26 673 ; *79* : 30 555 ; *81* : 32 437 ; *83* : environ 30 000 (2 300 cas non résolus).

■ **Grands magasins. Vols** (montant total en millions de F) : *1977* : 75 ; *80* : 400 ; *82* : 169 ; *85* : 1 100 (environ 2,5 % du chiffre d'affaires). **Vols à main armée :** *1990* : 298 ; *91* : 248 ; *92* : 229 ; *93* : 301 ; *94* : 272 ; *98* : 316.

■ **Homicides volontaires.** *1994* : 2 686 ; *95* : 2 563 ; *96* : 2 385 ; *97* : 2 085 ; *98* : 2 150 dont règlements de comptes 39, homicides crapuleux 67 (tentatives 123), non crapuleux 749 (tentatives 1 088), de – de 15 ans 106 ; *99* : homicides 953, règlements de comptes entre malfaiteurs 52, homicides pour vols et à l'occasion de vols 72, pour autres motifs 755, de – de 15 ans 74, tentatives d'homicides 1 044, pour vols ou à l'occasion de vols 101, autres motifs 943.

■ **Œuvres d'art. Vols en France.** Voir p. 477 b.

■ **Pharmacies. Agressions :** *1971* : 48 ; *82* : 302 ; *87* : 432 ; *88* : 385 ; *89* : 395 ; *90* : 666 ; *91* : 600 ; *92* : 778 ; *93* : 658 ; *94* : 605 ; *98* : 291 (à main armée). **Cambriolages pour drogue :** *1980* : 822 ; *81* : 795 ; *82* : 926 ; *83* : 740 ; *84* : 700 ; *86* : 436 ; *87* : 297 ; *88* : 205 ; *89* : 207 ; *90* : 135 ; *91* : 131 ; *92* : 186.

■ **Piraterie aérienne.** On découvre chaque année plus de 3 200 armes à feu et plus de 14 000 armes blanches lors des contrôles effectués à l'embarquement dans les avions.

■ **Pompistes. Agressions :** *1971* : 70 ; *81* : 536 ; *82* : 414 ; *83* : 577 ; *84* : 615 ; *88* : 439 ; *89* : 490 ; *90* : 639 ; *91* : 828 ; *92* : 758 ; *93* : 791 ; *94* : 580 ; *98* : 445 (à main armée).

■ **Prises d'otages et séquestrations.** *1997* : 1 442 ; *98* : 1 449. **Quelques cas : 1993**-*13-5 Neuilly-sur-Seine* : école maternelle, 46 élèves et une institutrice [détenus par un chômeur (Erick Schmitt) ceinturé de dynamite (dit HB : « Human Bomb »), tué 15-5 par des policiers du Raid]. **1995**-*4-12 Clichy-la-Garenne* (Hts-de-Seine) : école primaire, 23 élèves et une institutrice. **1996**-*4-3 Marseille* : maternelle, 3 personnes ; *-17-3 Montpellier* : fast-food, 5 ; *-13-12 Paris* : banque privée, 3.

■ **Terrorisme** (voir également **Attentat** à l'Index). **De 1974 à 1985 :** 6 023 (dont de 1981 à 1985 : 3 246) [*à l'explosif* : 5 601 (dont terrorisme d'origine nationale 5 367, internationale 234) ; *par armes à feu* : 422 (d'origine nationale 378, internationale 44)]. *Tués* : 201 (dont de 1981 à 85 : 144), d'origine nationale 124, internationale 77. *Blessés* : 993 (dont 716 de 1981 à 85) d'origine nationale 441, internationale 492. **Actions violentes** (y compris Dom-Tom) et, entre parenthèses, attentats par explosifs, armes à feu, incendies volontaires : *1987* : 581 (465, 53, 63) ; *88* : 403 (279, 38, 86) ; *89* : 305 (190, 44, 71). **Mobiles** (à caractère politique et, entre parenthèses, vengeance, racket et extorsions, ignoré) : *1985* : 678 (359, 14, 305) ; *89* : 305 (86, 8, 211). **Actions. Mouvements extrémistes :** *1990* : 106 ; *91* : 58 ; *92* : 46 dont extrême gauche *1990* : 4 ; *91* : 36 ; *92* : 0 ; *93* : 1 ; *94* : 3, extrême droite *1990* : 70 ; *91* : 22 ; *92* : 2 ; *93* : 0 ; *94* : 11 ; actions racistes ou antisémites *1992* : 44. **Mouvements séparatistes : Bretagne :** *1988* : 13 ; *89* : 5 dont 4 attentats à l'explosif, interpellations de 2 membres de l'« Armée révolutionnaire bretonne » (ARB) ; *90* : 1 attentat à l'explosif ; *91* : 0 ; *92* : 0 ; *93* : 1 ; *94* : 2 ; *98* : 1 le *-30-10* mairie de Belfort, revendiqué. **Corse :** total des actions *88* : 274 ; *89* : 227 ; *90* : 352 ; *91* : 462 ; *92* : 614 ; *93* : 562 ; *94* : 547, attentats par explosif *1988* : 220 ; *89* : 148 ; *90* : 208 ; *91* : 299 ; *92* : 392 ; *93* : 384 ; *94* : 395 dont 121 revendiqués (FLNC 107, Resistenza 3, autres 11). **Pays basque :** *1989* : 21 ; *90* : 15 ; *91* : 65 dont 53 attentats à l'explosif (52 revendiqués par Iparretarrak), 24 militants d'Iparretarrak arrêtés dont 6 inculpés, 72 membres de l'ETA militaire arrêtés, 24 écroués dont 2 pour être extradés ; *92* : 22 dont 21 attentats à l'explosif et 1 incendie volontaire (132 arrêtés, 85 inculpés, 61 écroués) ; *93* : 21 attentats (79 arrêtés, 29 inculpés, 21 écroués) ; *94* : 11 attentats. **Outre-mer :** *1990* : 4 ; *91* : 7 (2 attentats, 4 incendies volontaires) ; *92* : 30 incendies volontaires en *Martinique* [revendiqués par « Yich Telga » 4, « Groupe du 22 mai 1948 » : 35 ; par « Armée révolutionnaire martiniquaise » (ARM) : 2] ; *93* : 4 attentats ; *94* : 14 incendies volontaires en *Martinique* (revendiqués par « Riposte » : 4). **International** (dans le monde) : *1985* (année record) : 782 affaires, plus de 800 † et 1 200 blessés dont terrorisme proche-oriental 441 affaires (230 † et 820 blessés).

☞ **Illitch Ramirez Sanchez,** dit **Carlos** (né 12-10-1949 à Caracas, Venezuela), soupçonné pour son rôle dans plusieurs dizaines d'attentats dont : **1973**-*30-12* tire sur Edward Josef Sieff, Pt de Marks and Spencer et nº 2 de la fédération sioniste de G.-B. **1974**-*25-1 Londres,* valise chargée d'explosifs lancée dans la filiale de la banque israélienne Hapoalim (1 blessé) ; *-3-8 Paris,* voiture piégée contre *l'Aurore, Minute, l'Arche*. *-13-9 La Haye,* Jacques Senard, ambassadeur de France, enlevé avec 10 personnes [en 1979, Carlos déclara avoir agi pour obtenir la libération de Yutaka Furuya (Armée rouge japonaise), incarcéré à Paris après avoir été arrêté à Orly et libéré le 26-7] ; *-15-9 Paris,* drugstore Publicis St-Germain, 2 † (non-lieu rendu le 14-1-1999). **1975**-*13/19-1* tirs au bazooka contre 2 avions El Al ; *-27-6,* 3 † : 2 inspecteurs et le Libanais Michel Moukharbal, complice de Carlos, qui accompagnait la police, rue Toullier où se cachait Carlos ; *-21-12 Vienne* : réunion de l'Opep, commando de 6 terroristes, de l'organisation Bras de la révolution arabe, prend 70 otages dont les 11 ministres présents, 3 † (1 policier autrichien, 1 Irakien, 1 Lybien). Carlos est autorisé, avec ses compagnons, à quitter l'Autriche pour Alger où les otages sont libérés. **1982**-*29-3 Le « Capitole »,* train Toulouse-Paris, attentat 1 mois après ultimatum de Carlos, daté du 25-2, au gouvernement français, lié à l'arrestation, le 16-2-1982, de Bruno Bréguet (Suisse) et Magdalena Kopp, 5 †, 27 blessés ; *-22-4 Paris* : voiture piégée rue Marbeuf, siège magazine *Al Watan Al Arabi*, 1 †, 63 blessés, au moment de l'ouverture du procès Kopp-Bruno Bréguet pour détention d'armes. **1983**-*25-8 Berlin-Ouest* : revendiqué par l'armée secrète arménienne (Asala), attentat contre *Maison de France*, 1 †, 23 blessés. Liens entre ex-sécurité d'État de RDA (Stasi) et Carlos, qui aurait revendiqué cet attentat, en nov. 1983 ; *-31-12 Marseille* : gare St-Charles, 4 †. **1984**-*1-1 Tripoli* : Centre culturel français, revendiqué par Organisation de la lutte armée arabe, fondée 1975 par Michel Moukharbal. Condamné à perpétuité par contumace, le 1-1-1992 à Paris, arrêté 14-8-1994 à Khartoum (Soudan), livré à la France, incarcéré et condamné 24-12-1997 à perpétuité pour le triple meurtre du 27-6-1975. **1999**-*16-7* le juge Bruguière lève le mandat de dépôt pour : l'attentat, le 22-4-1982, de la rue Marbeuf, pour le dossier de l'explosion d'une voiture du TGV Paris-Toulouse, Le Capitole, le 29-3-1982, et pour la procédure des attentats commis le 31-12-1983 à la gare Saint-Charles à Marseille ainsi que dans le TGV Marseille-Paris. (Carlos demeure mis en examen dans ces affaires, mais les ordonnances du juge indiquent que les charges retenues contre lui sont plus fragiles que jamais. Les procédures pourraient déboucher sur des non-lieux comme ce fut le cas, le 15-1-2000, avec l'affaire de l'attentat au drugstore Saint-Germain.) *-2-7* Carlos fait appel de la triple ordonnance. Il demande des « non-lieux définitifs ».

☞ Le 10-9-1998, Hans Joachim Klein (51 ans), qui avait participé à l'attentat de Vienne (en 1975), a été interpellé à Ste-Honorine-le-Guillaime (Orne).

■ **Tueries. 1913**-*3/4-4 Allemagne* : 14 † par Wagner von Degeluck. **1966**-*31-7/1-8 Austin* (Texas) : *-31-7* Charles Joseph Withman tue sa mère et sa femme ; *-1-8* tire de la tour de l'université, 14 †, 34 blessés et est abattu. **1969**-*8-8,* 5 † (dont l'actrice Sharon Tate) par Charles Manson (né 12-11-1934), des femmes et 1 homme de sa secte, condamnés à la détention à vie en 1972. **1973**-*31-3 bar du Tanagra* (Marseille) : 4 † (affrontement entre truands). **1978**-*3-10 bar du Téléphone* (Marseille) : 4 hommes tuent 10 consommateurs. **1981**-*19-7 Auriol* (B.-du-Rh.) : 6 † [1 inspecteur de police, Jacques Massié, ancien du SAC, et 5 membres de sa famille (3 tueurs condamnés à perpétuité)]. **1982**-*26-4 Corée du Sud* : 57 † au fusil ou à la grenade par Woo Bum Kong, policier fou qui se suicide. **1983**-*5-8 hôtel Sofitel* (Avignon) : 7 † au cours d'un hold-up. **1984**-*21-7 San Ysidro* (Californie, USA) : 21 † et 19 blessés par un forcené, James Oliver Huberty (il est tué à son tour). **1986**-*20-8 Edmonton* (Oklahoma) : 14 † par Patrick Sherril à la poste où il travaillait. **1987**-*28-12 Russellville* (Arkansas) : 16 † par Ronald Simmons. **1989**-*avril, Texas* découverte de 13 corps (secte anthropophage) ; *-12-7 Luxiol* (Doubs) : 14 † et 7 blessés par Christian Dornier, 31 ans (jugé irresponsable) ; *-31-8 Ris-Orangis* (Essonne), 2 inspecteurs † et 2 blessés par un forcené ; *-7-12 Montréal* (Québec) : 14 étudiantes † et 13 blessés à l'université par un tireur fou, Marc Lépine, qui se suicide. **1991**-*17-8 Sydney* (Australie), 8 † et 7 blessés dans centre commercial par un chauffeur de taxi qui se suicide ; *-16-10 Killeen* (Texas) : 22 † par Georges Hennard. **1994**-*4-9 Thorigné* (Sarthe) : Dany Leprince (36 ans) tue, avec un feuillet de boucher, frère, belle-sœur, 2 nièces. **1995**-*26-2 Louveciennes* (Yvelines) : Alexis (16 ans) tue, avec une carabine et un pistolet de son père, 6 personnes [père (Eugène Polevoi), belle-mère, grands-parents, couple d'amis], condamné mars 1998 à 8 ans de prison. *23/24-9 Solliès-Pont et Cuers* (Var) : 15 † et 6 blessés par Éric Borel (17 ans) qui se suicide. **1996**-*13-3 Dunblane* (Écosse) : 16 enfants et 1 institutrice tués dans un gymnase par un déséquilibré, Thomas Hamilton, qui se suicide ; *-23-4 Jouques* (B.-du-R.) : Éric Lachamp tue, avec un fusil de chasse, 2 personnes et se suicide ; *-7-4 Sceaux* (Hts-de-S.) : famille de 4 personnes (Zakrzewski) retrouvées mortes dans leur pavillon (mère décédée en dernier). *-24-4 Port-Arthur* (Australie) : 34 † par tireur fou, Martin Bryant. **1998**-*24-3 Jonesboro* (Arkansas, USA) : 4 enfants et 1 enseignante tués par 2 garçons de 11 et 13 ans. *-21-5 Springfield* (Oregon, USA) : 1 enfant tué dans une cafétéria de lycée par 1 adolescent de 15 ans.

■ **Tueurs en séries : A l'étranger :** *Pedro Lopez* + de 300 jeunes filles en Colombie, Équateur, Pérou ; emprisonné à vie 1980. *Henry Lucas* (né 1937) + de 200 † aux USA. *Bruno Lüdke* (1909-44) 86 femmes † ; enfermé dans un asile. Delphine et Marie Gonzales tuent 91 clients de leur bordel au Mexique ; condamnées 1964 à 40 ans de prison. **En France :** *Guy Georges* (dit le tueur de l'Est parisien) arrêté 26-3-1999, soupçonné de 7 meurtres (1991-1997) condamné à perpétuité 5-4-2001. Voir **Petiot** et **Landru** à l'Index.

■ **Train postal. 1963**-*8-8 Glasgow-Londres* (voir **Quelques records** p. 803 a). **1985**-*29-5 Bordeaux-Vintimille,* entre St-Chamas et Rognac (Bouches-du-Rhône) : 40 sacs postaux dont plusieurs contenant des valeurs déclarées. *-2-12 près de Marseille* : 750 000 F en pièces. **1986**-*20/21-8 près d'Arles* : 20 sacs avec des valeurs déclarées. Repérés, les voleurs s'enfuient sans leur butin. **1990**-*12-7 Vintimille-Bordeaux* : 50 sacs. **1996**-*11-12 Saint-Gall-Genève* : 26 sacs.

■ **Transporteurs de fonds. Attaques à main armée :** *1983* : 29 ; *86* : 21 ; *87* : 24 ; *88* : 27 ; *89* : 33 ; *90* : 25 ; *91* : 47 ; *92* : 56 ; *93* : 77 ; *94* : 54. **Butins** (en millions de F) ; conv. : convoyeurs : **1977**-*28-7 Paris* 17,5 [camion contenant 17,7 t de pièces de 10 F destinées à la Banque de France (les malfaiteurs seront arrêtés et une partie du butin récupérée)]. **1979**-*2-1 Nantes* 4,3. **1980**-*2-5 Creutzwald* (Moselle) 4 (directeur de la Sté et 3 employés démasqués quelques mois plus tard) ; *-24-7 Cannes* 10 (bande démantelée 1 mois plus tard). **1983**-*24-5 Massy* 20 (par 3 faux policiers). **1984**-*12-3 Marseille* 14 ; *-15-6 Nice* 4. **1985**-*21-1 Vitrolles* (B.-du-R.) 20 ; *-31-5 Paris* 40 (1 convoyeur, 2 policiers tués) ; *-2-12 Colombes* (Hts-de-S.) dépôt Brink's 73. **1986**-*25-11 Tokyo* « gang d'Aubervilliers » 14,4 millions de F dans fourgon de la Banque Mitsubishi, voleurs arrêtés. **1988**-*8-4 Pontes* Brink's 20 à 30 (plusieurs arrestations) ; *-27-4 Toulouse* dépôt Brink's 12 (en sept., 8 arrêtés). **1989**-*29-1 Firminy* (Loire) 2 conv. tués ; *-1-2 Marseille* Brink's 20. **1990**-*1-3 Mulhouse* 40 ; *-13-3 Marseille* 5 conv. tués ; *-1-6 Marseille* ; *-27-7 Ecully* 1 conv. tué ; *-17-9 Choisy-le-Roi* 0,45, 2 conv. tués ; *-9-10 Lentilly* (Rhône). **1991**-*19-9 Marseille* Brink's 15. **1992**-*31-7 Fontenay-sous-Bois* (V.-de-M.) Brink's 2,3. **1993**-*1-3* et *-6-6 St-Ouen-l'Aumône* (V.-d'O.) Sécuripost 10 et 15. **1995**-*22-3 Paris* Brink's et Crédit lyonnais 2 (1 automobiliste tué) ; *-1-4 Vert-le-Grand* (Essonne) ACDS 50 ; *-27-12 Lesquin* (Nord) Brink's 1 conv. tué. **1997**-*17-4 région de Nice* 11 ; *-7-6* Essonne ; *Paris* Sernam 2 conv. tués ; *-20-11 Salon-de-Provence* Banque de Fr. 1 conv. tué ; *16-12 Cergy* (V.-d'O.) Brink's 10. **1998**-*8-1 Lognes* (S.-et-M.) 25 ; *-23-5 Laigneville* (Oise) Brink's 1 conv. tué ; *-22-12 Ris-Orangis* (Essonne) Brink's 1 conv. tué. **1999**-*25-1 Bordeaux* Brink's 1 conv. tué ; *-12-10 Marseille* 15.

■ **Violences urbaines (lors de fêtes).** *1994* : fête de la Musique : 2 tués ; *1998* : techno parade : 100 victimes d'agression reçues aux urgences des hôpitaux centraux de Paris ; *1999* : fête de la Musique : idem.

■ **Viols.** *1972* : 1 417 ; *82* : 2 459 ; *90* : 4 582 ; *93* : 5 605 ; *94* : 6 526. *Condamnations* : *1987* : 574 ; *90* : 729 ; *95* : 1 088 ; *96* : 1 238 ; *98* : 7 828 ; *99* : 7 958. En 1984, un soldat et un ouvrier condamnés à 14 ans de réclusion en Grèce pour le viol d'une femme de 105 ans.

■ **Vols (y compris recels)** (répartition en %, 1999). Sans violence 95,8, avec violence 4,2.

Vols à main armée : *1980* : 4 841 ; *90* : 7 388 ; *94* : 7 749 ; *98* : 8 100 ; *99* : 7 515 dont établissements financiers ou transporteurs de fonds 1 200 (taux d'élucidation 46,92 %), industriels et commerciaux 3 254 (27,69), particuliers à domicile 621 (30,43), particuliers et autres sur voie publique et autres lieux 2 440 (25,49) ; *2000* : 8 613.

Par objectifs et, entre parenthèses, **par butin** (en %, 1999) : particuliers 24,1 (20,5), établissements de crédit 11,4 (20,8), taxis ou véhicules 8,2 (4,9), stations-service 7 (1,9), grandes surfaces 4,1 (3,5), pharmacies 3,1 (0,2), bijouteries 2,6 (17,5), transporteurs de fonds 1,1 (9,8), commerces divers 30,1 (9,8), autres 4,6 (8,2).

Autres vols avec violence sans arme à feu : *1980* : 30 404 ; *85* : 50 233 ; *90* : 51 520 ; *94* : 63 067 ; *98* : 76 191 ; *99* : 87 432 *dont* contre des établissements 2 093 (taux d'élucidation 31,44), particuliers à domicile 2 387 (33,43), particuliers et autres sur voie publique 82 952 (16,29), *dont* sans arme contre des femmes 32 752 (11,18) ; *2000* : 101 223. **Vols avec entrée par ruse :** *1998* : 13 299 ; *99* : 13 885 ; *2000* : 14 670.

Cambriolages (vols avec effraction) : *1972* : 147 495 ; *78* : 200 811 ; *80* : 267 860 ; *84* : 436 435 ; *86* : 401 970 ; *88* : 361 396 ; *90* : 389 676 ; *94* : 468 903 ; *98* : 395 913 ; *99* : 370 076. *Taux pour 10 000 hab.* : 70 [Paris 130, Montpellier 120, Nice 105, Toulouse 105, Marseille 85 (P.-Bas 240, All. 192, G.-B. 160)]. **Résidences principales :** *1980* : 135 098 ; *84* : 236 631 ; *88* : 178 810 ; *89* : 187 427 ; *90* : 188 948 ; *91* : 197 687 ; *92* : 212 800 ; *93* : 220 079 ; *94* : 219 002 ; *98* : 181 655 ; *99* : 167 788. *Affaires élucidées en 1994* : 9,98 %. **Résidences secondaires :** *1980* : 14 409 ; *84* : 20 841 ; *89* : 20 217 ; *90* : 22 887 ; *91* : 25 024 ; *92* : 26 598 ; *93* : 27 923 ; *94* : 27 639 dont (93) : Var 2 619, A.-M. 1 643, Hérault 1 128, S.-et-M. 744, Pyr.-Or. 689, Gironde 684, Calvados 594, Eure 578, Ch.-M. 564, Hte-Savoie 540. *Affaires élucidées en 1994* : 23,8 % ; *98* : 25 619 ; *99* : 23 314. **Locaux industriels et commerciaux :** *1985* : 96 679 ; *88* : 87 717 ; *89* : 91 702 ; *90* : 100 947 ; *91* : 107 183 ; *92* : 112 068 ; *93* : 117 279 ; *94* : 112 298 ; *98* : 92 481 ; *99* : 88 390.

Vols liés à l'automobile et aux deux-roues à moteur : *1998* : 1 103 292 ; *99* : 1 062 551 ; *2000* : 1 071 234. Automobiles : *1998* : 317 474 ; *99* : 297 058 (21 178 cas élucidés) ; *2000* : 301 539. Véhicules de transport avec frêt : *1998* : 1 973 ; *99* : 1 978. 2-roues : *1998* : 96 483 ; *99* : 96 911 (7 854 cas élucidés). A la roulotte et accessoires sur véhicules immatriculés : *1998* : 687 362 ; *99* : 666 604 (36 318 élucidés) ; *2000* : 670 177.

Autres vols simples au préjudice de particuliers : *1998* : 509 446, *99* : 534 675. Vols à la tire : *1998* : 93 081 ; *99* : 95 336. Dans les locaux ou lieux publics : *1998* : 236 801 ; *99* : 258 760. Locaux ou lieux privés : *1998* : 179 164 ; *99* : 180 579. **Autres vols simples :** A l'étalage : *1998* : 60 395 ; *99* : 56 130. Sur chantiers : *1998* : 11 819 ; *99* : 11 740. Sur exploitations agricoles : *1998* : 7 408 ; *99* : 6 537. **Autres vols au préjudice d'établissements publics ou privés :** *1998* : 67 084 ; *99* : 66 851.

Recels : *1998* : 38 857 ; *99* : 35 136 ; *2000* : 32 626.

☞ **Quelques records** [en millions de F (MF)]. **Belgique : 1994**-*5-4* fourgon blindé détourné 33 MF. **France : 1980**-*24-7* Cannes (près de) : bijoux : 80 MF dans la chambre du P^ce Abdel Aziz ben Ahmed Al-Thani du Qatar. **1993**-*1-3 Sécuripost* St-Ouen-l'Aumône 10 MF ; *-3-6* même lieu 15 MF, *-16-7 Val-de-Reuil* (Eure) 5 MF (microprocesseurs ; 1er vol de ce genre en France), *-23-8 Bayonne* Sté de transport de fonds 10 MF. **1994**-*26-2 Paris* Cie des métaux précieux : 600 kg d'or, 42 MF. *-11-8 Cannes* (bijouterie hôtel Carlton) 250 MF. *-17-12 Paris* Reza Gem (bijoutier place Vendôme) hold-up 100 MF ; « cerveau » arrêté 2-11-1995. **1995**-*6-8 Villefranche-sur-Mer* (A.-M.) bijoux 20 MF dans villa de l'épouse d'Adnan Kashoggi. **G.-B. : 1963**-*8-8 train postal* (3 h 03 à 3 h 21) Glasgow-Londres intercepté sur le pont de Bridego par une bande (16 complices) qui prend 128 sacs contenant 35 MF (4 seront retrouvés) ; le « bras droit » du cerveau Bruce Reynolds, antiquaire de 32 ans (Ronald Biggs, menuisier, né 8-8-1929, arrêté 4-9-1963) condamné à 30 ans, s'évade le 8-7-1965 après 10 mois 4 j, vit en Australie et depuis 1970 au Brésil. **1975** Bank of America à Londres 96 MF. **1983**-*26-11* 6 hommes prennent 317 MF [3 t d'or (6 800 barres de 440 g), quelques barres de platine, plusieurs diamants, des chèques de voyage] dans le dépôt de la Sté Brink's à Heathrow. Les Cies d'assurances ont offert une récompense de 24 MF pour des renseignements. **1990**-*3-5* 2 700 MF en titres au porteur numérotés, peu négociables. **Irlande : 1974**-*26-4* 19 tableaux valant 94 MF (dont 1 Vermeer de plus de 30 MF) chez sir Alfred et lady Beit à Blessington (tableaux retrouvés, coupable arrêtée). **Liban (Beyrouth) : 1976**-*22-1* 100 à 250 MF de la Banque britannique du Moyen-Orient. **Suisse (Genève) : 1990**-*25-3* siège UBS, 125 MF (prévenus arrêtés, avaient bénéficié de complicité). **USA : 1978** coffre de la Lufthansa à l'aéroport Kennedy : bijoux 30 MF. **1982**-*12-12* Sté de convoyage de fonds : 37 MF.

Prisons (en France)

Établissements pénitentiaires

☞ **Budget de l'administration pénitentiaire** (en milliards de F) : *1981* : 1,75 ; *89* : 5,46 ; *90* : 5,84 ; *91* : 5,61 ; *92* : 5,31 ; *93* : 5,88 ; *94* : 6,16 ; *95* : 6,33 ; *96* : 6,90 ; *97* : 6,78 ; *98* : 7,01 ; *99* : 7,42 ; *2000* : 7,86 (dont moyens des services personnel 4,5, fonctionnement 2,72, interventions publiques 0,04, exécutées par l'État 0,59) ; *2001* : 7,9.

Plan de rénovation annoncé le 8-11-2000 : 10 milliards de F sur 10 ans (dont 1,5 budget 2001) [109 prisons construites avant 1920 (dont 23 avant 1830) à moderniser, 12 500 cellules (à 500 000 F) à construire].

Catégories

■ **Milieu fermé (1-7-2000). Établissements pénitentiaires :** 185 (l'établissement hospitalier pénitentiaire relève du ministère de la Santé) : 117 *maisons d'arrêt* (non compris les 21 quartiers de maison d'arrêt inclus dans un centre pénitentiaire et les 13 centres de semi-liberté) ; 23 *centres de détention* accueillant des condamnés considérés comme présentant les meilleures perspectives de réinsertion (régime principalement orienté vers la resocialisation des détenus) ; 6 *maisons centrales* recevant les condamnés les plus sensibles (régime essentiellement axé sur la sécurité) ; 26 *centres pénitentiaires* établissements mixtes comportant un quartier « maison d'arrêt » et/ou un quartier « maison centrale » et/ou un quartier « centre de détention » (reçoivent à la fois des prévenus et des condamnés à de courtes et longues peines) ; 13 *centres de semi-liberté* autonomes recevant les condamnés admis au régime de semi-liberté, leur permettant d'exercer une activité (travailler, recevoir un enseignement ou une formation professionnelle, apporter une participation essentielle à la vie de leur famille ou subir un traitement médical) ; les condamnés sont astreints à rejoindre l'établissement pénitentiaire dès la cessation de cette activité.

Places mises en service (au 1-1-2001) : 48 593. **Capacité du parc pénitentiaire** (au 1-1-2001) : 49 043. **Établissement public de santé nationale de Fresnes :** 358 places. Il existe aussi des établissements et des quartiers spécialisés pour les femmes et les mineurs.

Taux d'occupation (au 1-1-2001) : 47 837 détenus pour 48 593 places, soit 98,4 % ; 84 prisons sur 185 sont surpeuplées (taux supérieur à 100 %) dont 2 ont un taux supérieur à 200 % (La-Roche-sur-Yon et Faa'a-Nuutania).

Construction : *1987-91 : programme Chalandon* : 4,05 milliards de F (15 000 places revenant à environ 270 000 F la place ; 1 surveillant pour 4 détenus). *Programme revu par Pierre Arpaillange* : 13 000 places sur 25 sites (coût : 335 000 F la place). 21 établissements à gestion mixte (au 1-1-1997, accueillaient 11 000 détenus. *Coût* : 30 millions de F par an), 4 à gestion publique, soit 12 833 places en milieu fermé. *1993-2000 : programme pluriannuel pour la Justice* : 2,1 milliards de F pour construire 1 200 places de semi-liberté et 4 390 de détention.

■ **Nombre de détenus par surveillant.** *France (1-1-2001)* : 2,5 (3,4 en 1984). Pays-Bas (15-12-1991) : 2,3. Belgique (29-2-1992) : 1,7. Italie (31-1-1992) : 1,3.

☞ **Maison d'arrêt de la Santé :** *créée* 1867 ; *capacité théorique* : 1 236 places ; *superficie* : 4 ha ; *personnel* : 600 (surveillants, personnel de direction, enseignants et personnel soignant) ; *prisonniers en détention provisoire* : 40 % ; *condamnés* : 60 % ; *étrangers* : 61 % (82 nationalités différentes) ; *affaires de terrorisme* : 40 détenus incarcérés ; *affectés au quartier des « particuliers »* : 104. 1/4 des entrants sont toxicomanes.

■ **Milieu ouvert. Services pénitentiaires d'insertion et de probation (SPIP) :** 100. **Personnes prises en charge au 1-1-2001 :** 141 697. **Mesures en cours au 1-1-2001 :** 157 201 : sursis avec mise à l'épreuve 119 764 ; libérations conditionnelles 5 013 ; travaux d'intérêt général 25 411 ; contrôles judiciaires 3 663 ; interdictions de séjour 1 619 ; infraction à l'art. L 51 du code du service national 631 ; grâces conditionnelles 149 ; ajournements 951. **Mesures individuelles prises en 2000 :** permissions de sortir 35 674 ; *placements* à l'extérieur 3 339 ; – en semi-liberté 6 757 ; réductions de peine 93 572.

Obligations des condamnés : les condamnés exécutant leur peine en milieu ouvert sont soumis à diverses obligations, sous le contrôle du juge de l'application des peines, assisté d'un Service pénitentiaire d'insertion et de probation : les *probationnaires,* dont la condamnation est assortie d'un sursis avec mise à l'épreuve ; les *condamnés à un travail d'intérêt général (TIG)* qui accomplissent, au profit d'une collectivité publique, d'un établissement public ou d'une association, un travail non rémunéré d'une durée de 40 à 240 heures ; les *libérés conditionnels* qui, en raison de gages sérieux de réadaptation sociale, sont mis en liberté par anticipation, sous condition de se soumettre au contrôle du juge de l'application des peines et de respecter diverses obligations pendant un délai au moins égal au reliquat de la peine.

☞ **Total des affaires :** enregistrées (plusieurs requêtes fondées sur un même texte peuvent être regroupées en une seule affaire) 14 330, réglées (non compris les décisions avant dire droit, les décisions renvoyant l'affaire au tribunal des conflits ou aux tribunaux judiciaires, les décisions se prononçant sur des demandes de sursis à exécution) *9 199,* en instance au 31-12-1998 (29 334). **Par cours administratives d'appel :** Paris 3 298 *2 200* (6 223) ; Lyon 2 160 *1 586* (4 569) ; Bordeaux 2 210 *1 402* (4 192) ; Nantes 2 093 *1 645* (4 289) ; Nancy 2 488 *1 330* (6 062) ; Marseille 2 081 *1 036* (3 999).

☞ Demandes déposées auprès des CIVI : 12 340. Dossiers ouverts auprès du Fonds de garantie des victimes du terrorisme et d'autres infractions : 16 629. Montants (en millions de F) accordés par les CIVI 834,5 ; des indemnités versées par le Fonds de garantie 841,9.

Personnel

■ **Nombre total.** *1975* : 11 352 ; *80* : 14 115 ; *85* : 16 044 ; *89* : 18 779 ; *92* : 21 771 ; *93* : 23 071 ; *94* : 23 472 ; *95* : 24 049 ; *96* : 24 619 ; *97* : 24 786 ; *98* : 25 086 ; *99* : 25 474 [dont 342 directeurs et sous-directeurs, 19 987 agents de surveillance, 2 262 agents administratifs, 675 techniques, 2 080 socio-éducatifs (assistantes sociales incluses), 128 contractuels] ; *2000* (1-1) : 25 868.

☞ **Aumôniers** (en 1999) : 816 dont catholiques 455, protestants 245, israélites 74, musulmans 37 ; 286 rémunérés par l'administration dont 45 à temps complet, 189 auxiliaires ; 341 bénévoles.

Vie pénitentiaire

■ **Cautionnement pénal** (loi du 17-7-1970, art. 138 du Code de procédure pénale). Procédure visant à faire verser par une personne mise en examen et placée sous contrôle judiciaire une somme d'argent qui sera remise à la Caisse des dépôts et consignations, afin de s'assurer de sa présence lors de l'instruction et du versement de l'indemnité due à la victime ou de l'amende. Le juge d'instruction l'ordonne et en fixe le montant. Si la personne est condamnée, l'État retiendra le montant de l'amende (le solde sera remboursé avec quelques mois de retard) ; si elle est condamnée à une peine d'emprisonnement avec sursis, elle sera remboursée une fois la peine purgée.

Critique : le cautionnement est une atteinte à la présomption d'innocence. En subordonnant le montant au préjudice subi, elle induit la culpabilité de la personne.

Montants de cautions demandées (en millions de F) : les *2 fondateurs de Afer* 40 (chacun) ; *un initié* (affaire Sté Générale, 1998) 35 (25 restitués 7 ans plus tard) ; *Édouard de Ribes Rivaud* 30 ; *Traboulsi* (affaire Pechiney-Triangle) 25 (13 restitués) ; *André Tarallo* 10 ; *Pierre Botton* 8 (après 5 mois et demi de détention) ; *Jean-Christophe Mitterrand* (dossier vente d'armes) 5 ; *Roland Dumas* (affaire Elf, 1998) 5 ; *prévenus* (affaire du Sentier) jusqu'à 1,5 ; *Christine Deviers-Joncour* (dossier Elf, après détention de plusieurs mois) 1 ; *Loïc Le Floch-Prigent* (idem) 0,5 ; *Jacques Crozemarie* (Arc) 0,5 (sera condamné, amende 2,5, dommages et intérêts 200) ; *José Bové* (août 2000) 0,105.

☞ En 1999, sur les 22 387 contrôles judiciaires ordonnés par les juges, 2 132 ont donné lieu à cautionnement.

■ **Contrainte par corps.** Emprisonnement. Prononcée par le tribunal lors de la condamnation, prend effet à la fin de la peine, le détenu passant du statut de « condamné » à celui de « dettier ». Il reste alors en prison jusqu'à ce qu'il ait acquitté sa dette. Dans le cas des affaires de stupéfiants, la contrainte par corps peut durer jusqu'à 2 ans. Les amendes fixées par les services douaniers, calculées au prorata du nombre de produits stupéfiants saisis, s'élèvent souvent à plusieurs millions de F.

■ **Courrier.** *Les détenus* peuvent écrire tous les jours et sans aucune limitation à toute personne de leur choix et recevoir des lettres de toute personne mais, pour certains prévenus, le magistrat chargé du dossier de l'information peut interdire ou suspendre certaines correspondances et demander la communication des lettres aux fins de contrôle. *Pour les condamnés* : l'établissement peut contrôler leur correspondance à l'arrivée comme au départ. Le chef d'établissement peut interdire tout échange de lettres avec des personnes autres que le conjoint et les membres de la famille lorsque cela peut nuire à la réadaptation sociale du détenu ou à la sécurité et au bon ordre de l'établissement, ou contenir des menaces précises contre les personnes. Les détenus peuvent écrire sous pli fermé à leur défenseur, aux autorités administratives et judiciaires françaises dont la liste est fixée par le ministère de la Justice, ils peuvent également écrire à l'aumônier et aux travailleurs sociaux de leur lieu de détention.

■ **Coût moyen journalier d'un détenu** (en 1995). Brut 217,15 F, net 268,88 F. Le détenu peut être amené à participer aux frais de son entretien. Les prélèvements ne peuvent excéder 30 % du salaire et sont plafonnés à 300 F par mois.

■ **Études.** *Enseignement* primaire assuré dans tous les établissements. Tout détenu peut demander à poursuivre des études par correspondance et passer des examens. 1 détenu sur 5 suit un enseignement. 2 033 ont obtenu un diplôme d'enseignement général en 1998 (Philippe Maurice, dernier condamné à mort gracié par F. Mitterrand le 25-5-1981, obtint un doctorat d'histoire en 1995). *Formation professionnelle :* permet de bénéficier d'une formation qualifiante ou autre (remise à niveau, adaptation à l'emploi, alphabétisation). En 1998, 18 256 ont suivi un module de formation. *Rémunérations* (en 1997) : *stagiaires :* 13,27 F de l'heure ; *employés au service général :* de 19,50 à 51,50 F par jour.

■ **Évasion.** Les surveillants en poste dans les miradors sont armés. Ils sont autorisés à tirer lorsque le détenu est sur le point de quitter l'enceinte de la prison (exemple : s'il s'apprête à franchir le dernier mur ou s'il a saisi la corde jetée depuis un hélicoptère). Une évasion constitue un délit (passible d'une peine de 3 ans d'emprisonnement et 300 000 F d'amende) à partir du moment où elle est accompagnée de violences, effraction ou corruption. S'échapper en profitant d'un défaut dans la surveillance n'est pas répréhensible.

■ **Formation générale** (1998). **Suivie une partie de l'année scolaire,** par 28 958 détenus : lutte contre l'illettrisme et alphabétisation 7 111, niveau primaire 10 769, secondaire 9 459, préparation au bac et au diplôme d'accès aux études universitaires (DAEU) 1 131, niveau enseignement supérieur 488 ; **candidats à un examen scolaire ou universitaire** 3 864 (76 % reçus) : au CFG (certificat de formation générale) 2 106, à des unités du CAP 228, un CAP ou un BEP 231, brevet des collèges 226, bac 52, DAEU 69, diplôme de l'enseignement supérieur 36 ; **cours par correspondance** 2 800 : avec l'association Auxilia 66 %, le Cned (Centre national d'enseignement à distance) 34 %.

■ **Grève de la faim.** Le Code de procédure pénale indique que si un détenu se livre à une grève de la faim prolongée, il ne peut être traité sans son consentement, sauf lorsque son état de santé s'altère gravement et seulement sur décision et sous surveillance médicales (art. D. 364). Le Code de déontologie médicale indique que « la volonté du malade doit toujours être respectée ». La déclaration de 1975 de la 2e Assemblée mondiale de la médecine pénitentiaire autorise le médecin à ne pas alimenter artificiellement un prisonnier lorsque « celui-ci est en état de formuler un jugement conscient et rationnel quant aux conséquences qu'entraînerait son refus de se nourrir ».

■ **Mères de jeunes enfants (détention).** Les détenues enceintes et celles auxquelles est laissé leur enfant peuvent être transférées dans un établissement disposant d'un quartier spécialement aménagé. Les enfants sont laissés en prison auprès de leur mère jusqu'à 18 mois (ou plus, après décision du directeur régional des services pénitentiaires, après avis d'une commission consultative et renouvelable tous les 2 ans). *En 1992 :* 60 détenues ont accouché en France.

■ **Période de sûreté.** Les condamnés pour faits particulièrement graves ne peuvent bénéficier de mesures individualisées comme permissions de sortie ou libération conditionnelle (loi du 2-2-1981 modifiée le 10-6-1983) qu'après avoir accompli au moins la moitié de leur peine (sur décision de la juridiction, délai portable aux 2/3 et jusqu'à 30 ans dans certains cas de réclusion criminelle à perpétuité).

■ **Permissions de sortie.** Permettent à un détenu, condamné définitif, de s'absenter de la prison pendant une courte période. Peuvent être accordées par le juge d'application des peines après avis de la commission de l'application des peines aux détenus ayant déjà purgé une partie de leur condamnation (fixée par la loi selon la gravité de l'infraction et la nature de l'établissement pénitentiaire). La décision est prise en tenant compte de la personnalité du détenu, de sa conduite en détention et de l'objet de la permission. *Catégories de permissions :* en vue du maintien des liens familiaux ou de la préparation à la réinsertion sociale, au maximum 3 jours (dans les centres de détention la durée de la permission peut être portée à 5 jours et une fois par an à 10 jours) ; en cas de circonstances familiales graves (décès, maladie d'un proche), au maximum 3 jours ; permettant d'accomplir une obligation (examen scolaire, médical ou psychologique, présentation à une autorité judiciaire ou administrative), 1 jour maximum. L'État est responsable, même sans faute, des dommages causés aux tiers par des détenus bénéficiant d'une permission de sortie.

■ **Placement sous surveillance électronique (PSE).** Prévu par la loi no 97-1159 du 19-12-1997. Le condamné porte à la cheville ou au poignet un émetteur fixé sur un bandeau qui transmet toutes les 30 secondes un signal radio. Portée : 50 à 200 m. Un récepteur, au lieu d'assignation, est relié à une ligne téléphonique et au secteur électrique, assurant la liaison avec la centrale d'alarme de la maison d'arrêt. Peut s'appliquer à tout condamné à une peine inférieure à 1 an, ou à un condamné à qui il reste moins d'1 an de détention à purger. Le condamné doit être volontaire, présenter des garanties de réinsertion et disposer d'une ligne téléphonique. Il faut l'accord des titulaires de l'autorité parentale si le condamné est mineur et du maître des lieux où s'exerce la surveillance s'il ne s'agit pas du domicile du condamné. *Expérimentation :* Aix-en-P., Lille, Agen, Grenoble. *Coût de gestion :* PSE 90 F/j, détenu en cellule 300 F.

Étranger : *Canada :* 4 provinces. *G.-B. :* 1er 1989, 2e 1995, mi-sept. 2000 : 1 916 prisonniers. *P.-Bas :* 1er 1995, 1999 : 330. *Suède :* 1994. *USA :* 1983.

■ **Prisonnier le plus ancien de France** (juillet 2000) : Lucien Léger (36 ans).

■ **Punition de cellule.** Constitue une des sanctions disciplinaires possibles pour les fautes déterminées par le Code de procédure pénale ; jusqu'à 45 jours pour les détenus majeurs, jusqu'à 15 jours pour un détenu âgé de 16 à 18 ans ; privation de visite (sauf avocat). Elle n'entraîne pas de restriction alimentaire ni de correspondance, et ne supprime pas la permission de lecture ni de tabac.

■ **Réduction de peine. Pour bonne conduite :** de 3 mois au maximum par an, accordée par le juge d'application des peines (Jap) après avis de la commission d'application des peines. *En cas de mauvaise conduite,* elle peut être retirée en totalité ou partiellement. **Supplémentaire :** *pour réussite à un examen ; pour effort sérieux de réadaptation* (en passant des examens) : après 1 an de détention : 1 mois par an et 2 jours par mois si le condamné est en état de récidive légale ; 2 mois par an ou 4 jours par mois s'il ne l'est pas. **Normes :** un condamné à perpétuité accomplit, en général, 18 ans de prison avant de pouvoir être libéré ; un condamné à 20 ans fait les 2/3 de la peine. *En Italie :* un condamné à perpétuité fait 28 ans ; *en Scandinavie, Allemagne, et G.-B. :* environ 10 ans. **Lois d'amnistie :** grâces diverses (le 14 Juillet par exemple) pouvant faire libérer par anticipation des milliers de condamnés.

■ **Réhabilitation.** Automatique pour les peines de moins de 10 ans de prison (3 ans pour peines d'amende ; 5 ans pour peines de prison inférieures à 1 an ; 10 ans pour peines de prison jusqu'à 10 ans selon l'art. 133-13 du Code pénal). Avant, une demande doit être adressée au procureur du tribunal du lieu de résidence (art. 785 à 798 du Code de procédure pénale). Comme l'amnistie, elle efface la condamnation et ses conséquences (exemple : perte des droits civiques).

■ **Fautes disciplinaires** (en 2000). **Nombre :** 46 151 dont pour actions contre discipline 19 259 (41,7 %), personnel 9 452 (20,5 %), détenus 8 200 (17,8 %), sécurité 5 713 (12,4 %), biens 3 273 (7,1 %), mœurs 254 (0,6 %). **Sanctions :** 37 818 dont punition de cellule 28 806 (76,2 %), avertissement 4 418 (11,7 %), déclassement d'emploi 2 183 (5,8 %), privation d'avantages 1 346 (3,6 %), parloir avec séparation 1 065 (2,8).

Depuis février 1995, les sanctions disciplinaires les plus graves (et notamment les placements au quartier disciplinaire) peuvent être soumises au juge administratif.

■ **Télévision.** Depuis le 15-12-1985, moyennant environ 100 à 300 F par mois de frais de location, les prisonniers peuvent avoir la TV.

■ **Travail pénitentiaire.** Depuis la loi du 22-6-1987, les condamnés ne sont plus obligés de travailler.

■ **Travail** (moyenne 1998). *Détenus ayant travaillé* 19 836 dont 1 274 étaient employés par la RIEP ; 10 344 par des concessionnaires ; 6 728 participaient au service général ; 1 490 travaillaient à l'extérieur ; *Détenus suivant une formation professionnelle rémunérée* 2 698. **Rémunération moyenne mensuelle nette :** pour le service général 740 F, travail en concession 2 162 F, en formation professionnelle 1 450 F, travail au service de l'emploi pénitentiaire (SEP) 2 487 F.

Sécurité sociale (maladie-maternité) : allouée à la famille du prisonnier travailleur. Le travail effectué en prison est pris en compte pour les droits à la retraite ; à sa sortie, le détenu peut bénéficier des allocations de chômage. Depuis le 1-1-1981, le détenu travailleur bénéficie de l'assurance veuvage.

■ **Visites.** Jours, heures, durée et fréquence des visites sont déterminés par le règlement intérieur de l'établissement et soumis à l'approbation de l'administration centrale. Celle-ci veille notamment à ce que les prévenus soient visités au moins 3 fois par semaine et les condamnés au moins 1 fois. Les visites ont lieu en principe dans un local (dit *parloir*) sans dispositif de séparation, quel que soit le type d'établissement. Le responsable de la prison peut décider que la visite aura lieu dans un parloir avec séparation dans 3 cas limitatifs : s'il existe des raisons graves de redouter un incident ; en cas d'incident en cours de visite ; à la demande du visiteur ou du visité. Sauf autorisation spéciale, le détenu et ses visiteurs doivent s'exprimer en français. Excepté lors des entrevues avocats-détenus, un surveillant est présent au parloir. Il doit pouvoir entendre la conversation et veiller au bon déroulement de l'entretien. Tout incident survenu à l'occasion d'un parloir doit être signalé à l'autorité qui a délivré le permis afin que celle-ci apprécie si l'autorisation accordée doit être supprimée ou suspendue. L'octroi de parloirs intimes (unités de visites familiales) est à l'étude en France.

Pour visiter un prévenu : il faut déposer une demande de permis de visite auprès du juge d'instruction (avec une photocopie de sa carte d'identité et 2 photos). **Pour visiter un condamné :** il faut obtenir un permis délivré par le directeur de la prison ; en cas d'hospitalisation ou d'internement à l'extérieur, ce permis devra être délivré par le préfet de police.

■ **Unités de visite familiales.** De 50 m² (chambres, coin repas, sanitaires). Prévues sur 3 sites : Poissy, Rennes (centrales de femmes), St-Martin-de-Ré. *Au Canada :* depuis 1980, pavillon ou mobile home hors détention, visites autorisées de 2 à 72 h ; *au Danemark :* visites conjugales hebdomadaires de 1 h 30 ; *en Espagne :* visites de 2 à 3 h dans une pièce avec lit et sanitaires.

Associations

■ **Associations de réinsertion.** Paris. *Acep :* 247, rue St-Honoré, 75008. *Armée du Salut :* 60, rue des Frères-Flavien, 75020. *Auxilia* (enseignement par correspondance) : 102, rue d'Aguesseau, 92100 Boulogne. *Association nationale de prévention de l'alcoolisme :* 20, rue St-Fiacre, 75002. *Croix-Rouge française :* 1, place Henry-Dunant, 75008. *Faire :* 48, rue Amiral-Mouchez, 75014. *Genepi* (étudiants) et *Club informatique pénitentiaire (Clip 2000) :* 14, rue Ferrus, 75014. *Secours catholique :* 106, rue du Bac, 75007.

■ **Association de visites.** *ANVP* (Association nationale des visiteurs de prison) : 1 *bis,* rue du Paradis, 75010 Paris. *Fondée* 1932. Reconnue d'utilité publique en 1951. *Membres :* 1 300.

Population pénale

■ **Population pénale totale. Métropole et Dom-Tom** (au 1-1) : *1975 :* 63 217 ; *81 :* 113 722 ; *82 :* 77 332 ; *83 :* 91 260 ; *84 :* 104 491 ; *88 :* 147 018 ; *89 :* 117 056 ; *90 :* 137 757 ; *91 :* 156 820 ; *92 :* 156 991 ; *93 :* 153 560 ; *97 :* 175 427 ; *98* (au 1-7) : 180 417 ; *2001 :* 189 534.

En milieu fermé. Métropole (au 1-1 de chaque année) : *1852 :* 51 300 ; *70 :* 40 000 ; *1906 :* 60 000 ; *14 :* 25 000 ; *45 :* 60 051 ; *46 :* 60 000 (46 % pour collaboration) ; *73 :* 31 512 ; *75 :* 27 032 ; *81 :* 38 957 ; *82 :* 30 340 ; *85 :* 42 937 ; *88 :* 49 328 ; *90 :* 43 913 ; *91 :* 49 083 ; *92 :* 48 113 ; *93 :* 48 164 ; *94 :* 50 240 ; *95 :* 51 623 ; *96 :* 52 658 ; *97 :* 51 640 ; *98 :* 50 334 ; *99* (1-9) : 53 478 ; *2000* (1-7) : 52 122 ; *01 :* 44 618 (dont 15 080 prévenus, 29 445 condamnés, 93 contraintes par corps). **Métropole et Dom :** *2000* (au 1-7) : 52 122 dont en % condamnés 66,1, prévenus 33,9 hommes 96,3, femmes 3,7, – de 18 ans 1,5, 18 à 24 23,9 ; 25 à 29 18,7, 30 à 39 27,6, 40 et + 28,3, Français 78,4, étrangers 21,6 ; *2001* (1-1) : 47 837. **Age des détenus : moins de 18 ans :** *1986 :* 965 ; *90 :* 524 ; *95 :* 533 ; *99 :* 709 ; *2000 :* 655 ; *01 :* 616 ; **60 ans et plus :** *1986 :* 390 ; *90 :* 429 ; *95 :* 779 ; *99 :* 1 455 ; *2000 :* 1 460. **Détenus en isolement** (au 1-6-1988) : 309 (dont 285 en métropole). **Age moyen :** *1991 :* 31,8 ans ; *2000 :* 34,6 ans. **Détenus pour 100 000 habitants :** *2000 :* 88.

Incarcérations annuelles. *1990 :* 80 977 ; *91 :* 91 155 ; *92 :* 91 545 ; *93 :* 83 149 ; *94 :* 88 754 ; *95 :* 85 604 ; *96 :* 83 152 ; *97 :* 79 334 ; *98 :* 76 461 ; *99 :* 77 214 ; *2000 :* 68 765.

Personnes libérées. *1990 :* 75 196 ; *91 :* 86 834 ; *92 :* 88 535 ; *93 :* 78 345 ; *94 :* 84 378 ; *95 :* 81 825 ; *96 :* 80 956 ; *97 :* 76 632 ; *98 :* 72 886 ; *99 :* 75 831 ; *2000 :* 72 369 dont (en %) : fins de peine, grâces, amnisties 61,5 ; mises en liberté 25,1 ; libérations conditionnelles Jap 7,4 ; reconduites à la frontière 2,1 ; peines couvertes par la détention provisoire 2,2 ; condamnations avec sursis 1,6 ; évasions 0,5 ; fugues 0,2 ; extraditions 0,2 ; acquittements, relaxes 0,5 ; décès 0,3 ; non-lieux 0,5 ; autres motifs 0,7.

Peines en cours d'exécution par les condamnés. Détenus en métropole (1-1-2000) : 30 848 dont (en %) – *d'1 an* 25,7, *– de 6 mois* 11, *de 6 mois à 1 an* 14,7, *de 1 an à – de 3* 20,4, *3 à – 5* 12,3, *+ de 5* 41,6, *5 à 10* 20,2, *10 à 30* 19,5, *réclusion à perpétuité* 1,9.

Durée moyenne de détention. *1980 :* 4,6 mois ; *85 :* 6,2 ; *90 :* 7 ; *92 :* 6,5 ; *93 :* 7,3 ; *94 :* 7,1 ; *95 :* 7,6 ; *96 :* 7,8 ; *97 :* 8,1 ; *98 :* 8,3 ; *99 :* 8,5 ; *2000 :* 8,7. **Durée d'incarcération lors de la sortie des libérés** (condamnés et prévenus) **en % :** *moins de 1 mois* 19,7 ; *1 à – de 3 mois* 25,9 ; *3 à – de 6 mois* 22,8 ; *6 à – de 12 mois* 15,2 ; *1 an à – de 3 ans* 12,9 ; *3 à – de 5 ans* 2,3 ; *5 à – de 10 ans* 1,8 ; *10 et +* 0,3.

Prévenus incarcérés (métropole et Dom, au 1-1-2001). 30 424 (44,2 % de la pop. carcérale). **Durée moyenne de détention provisoire** (métropole) : *1975 :* 2,4 mois ; *92 :* 3,5 ; *96 :* 4,2 ; *97 :* 4,4 ; *98 :* 4,5 ; *2000 :* 6,7 (avec Dom).

Nombre de détenus (au 1-1-2001). Fleury-Mérogis 2 673, Fresnes 1 689, les Baumettes 1 291, Lannemezan (inaugurée en 1987) 158. **Étrangers détenus en métropole** (nombre au 1-1 de chaque année) : *1975 :* 4 645 ; *80 :* 7 070 ; *86 :* 11 917 ; *90 :* 13 026 ; *95 :* 14 979 ; *96 :* 15 760 ; *97 :* 15 209 ; *98 :* 13 915 (417 outre-mer) ; *2000 :* 11 054 ; *01 :* 10 234 [dont (en %) Africains 56,6, Européens 26,1, Asiatiques 8,5, Américains 3,2, apatrides 0,9] soit 21,4 % des détenus alors qu'ils ne représentent que 7,7 % de la population. Mais les immigrés se trouvent le plus souvent dans la tranche d'âge des actifs où la criminalité est la plus forte. Le chiffre obtenu pour les Français intègre des populations à l'âge de la retraite, où la criminalité est plus faible. **Femmes détenues** (% par rapport au total des détenus) : *1855-60 :* 20 ; *1912 :* 12 ; *58 :* 5 ; *85 :* 3,3 ; *90 :* 4,5 ; *95 :* 4,1 ; *96 :* 4,1 ; *97 :* 4,3 ; *98 :* 4 ; *99 :* 3,8 ; *2000 :* 3,7. **Sidéens :** *1993 :* 1 668 séropositifs aux tests pratiqués sur les populations volontaires ; *juin 1996 :* 1 113. **Toxicomanes** (sur un flux de 80 000 à 100 000 détenus par an) : *1976 :* 930 ; *79 :* 2 639 ; *81 :* 3 835 ; *87 :* 9 320 dont 343 femmes ; *88 :* 13 % (Fleury-Mérogis 50 %) ; *92 :* 15 %.

Condamnés (en %, au 1-1-2001). **Selon la nature de l'infraction principale commise :** atteinte aux biens 27,2, aux mœurs 25,3, aux personnes 21,3, infraction à la législation sur les stupéfiants 13,8, violence involontaire 2,3, divers 10,1. **Selon la longueur de la peine :** *- de 1 an :* 24,5 ; *de 1 à - de 3 ans :* 19,4 ; *de 3 à - de 5 ans :* 11,3 ; *5 ans et + :* 44,9. **Selon le niveau d'instruction** (au 1-1-1999) : primaire 26 229, secondaire ou supérieur 17 339 ; illettrés 6 104.

■ **Mesures individuelles accordées. Libérations conditionnelles :** *accordées par le garde des Sceaux : 1980 :* 534 ; *81 :* 559 ; *82 :* 719 ; *83 :* 668 ; *84 :* 591 ; *85 :* 712 ; *86 :* 453 ; *87 :* 520 ; *88 :* 704 ; *89 :* 742 ; *90 :* 605 ; *91 :* 589 ; *92 :* 513 ; *93 :* 276 ; *94 :* 259 ; *95 :* 199 ; *96 :* 248 ; *97 :* 127 ; *2000 :* 207 ; *par le juge d'application des peines : 1980 :* 5 327 ; *81 :* 4 124 ; *82 :* 3 876 ; *83 :* 4 044 ; *84 :* 4 243 ; *85 :* 5 206 ; *87 :* 8 357 ; *88 :* 8 167 ; *89 :* 5 474 ; *90 :* 5 756 ; *91 :* 5 589 ; *92 :* 4 166 ; *93 :* 5 469 ; *94 :* 5 554 ; *95 :* 5 293 ; *96 :* 6 125 ; *97 :* 2 601 ; *98 :* 6 319 ; *2000 :* 5 361. *Contrôles judiciaires* à la demande des magistrats instructeurs (en 2000) : 3 663. *Ajournements avec mise à l'épreuve* (en 2000) : 951.

Réductions de peine : *1980 :* 50 132 ; *81 :* 50 038 ; *82 :* 43 626 ; *83 :* 46 900 ; *84 :* 52 145 ; *85 :* 56 056 ; *86 :* 54 823 ; *87 :* 65 317 ; *88 :* 65 510 ; *89 :* 64 598 ; *90 :* 60 952 ; *91 :* 49 246 ; *97 :* 51 087 ; *98 :* 96 663 ; *2000 :* 93 572.

Permissions de sortir : *1980 :* 39 576 ; *81 :* 29 802 ; *82 :* 26 653 ; *83 :* 32 139 ; *84 :* 35 530 ; *85 :* 41 789 ; *86 :* 20 961 ; *87 :* 41 570 ; *88 :* 25 130 ; *89 :* 29 066 ; *90 :* 29 371 ; *91 :* 32 562 ; *92 :* 33 564 ; *95 :* 36 914 ; *96 :* 38 221 ; *97 :* 35 729 ; *98 :* 35 923 ; *2000 :* 35 674 (pour maintien des liens familiaux 28 108, présentation à un employeur 4 520, à un examen médical ou psychologique 734, scolaire ou professionnel 742, des circonstances familiales graves 796, remplir des formalités militaires 774). *Non-retour :* 276 détenus (0,8 %). **Placements à l'extérieur :** 3 339 (sans surveillance continue 2 117, avec 1 222) ; pour exercer un travail 2 280, suivre une formation rémunérée 734, une activité non rémunérée 237, des soins ou dans le cadre du RMI 88 ; prononcés dès l'incarcération 442, en cours d'exécution de peine 2 695 ; dans 39,1 % des cas, l'hébergement se fait dans un établissement pénitentiaire.

■ **Population suivie en milieu ouvert. Condamnés** (au 1-1) : *1981 :* 73 448 ; *83 :* 55 453 ; *86 :* 79 130 ; *90 :* 92 337 ; *95 :* 116 980 ; *96 :* 118 106 ; *97 :* 117 061 ; *98 :* 122 959 ; *99 :* 131 367 dont : *sursis avec mise à l'épreuve* 109 349, *libérés conditionnels* 4 685. *Travail d'intérêt général (TIG) : 1989 :* 3 684 ; *90 :* 7 707 ; *91 :* 10 507 ; *92 :* 11 289 ; *93 :* 12 996 ; *94 :* 13 069 ; *95 :* 18 928 ; *96 :* 20 903 ; *99 :* 23 952.

■ INCIDENTS

■ **Agressions graves commises par les détenus sur le personnel.** *1980 :* 35 ; *85 :* 73 ; *90 :* 95 ; *92 :* 264 ; *95 :* 123 ; *96 :* 127 ; *97 :* 215 ; *98 :* 278 ; *99* (1-1 au 30-6) : 150. **Autoagressions diverses.** *1980 :* 1 588 ; *85 :* 3 548 ; *86 :* 2 677 ; *87 :* 3 552 ; *88 :* 1 729 ; *89 :* 1 645 ; *90 :* 1 723 ; *97 :* 1 337.

■ **Évasions et,** entre parenthèses, **nombre d'évadés.** *1976 :* 31 ; *80 :* 6 ; *81 :* 6 ; *82 :* 11 ; *83 :* 21 ; *84 :* 18 ; *85 :* 36 (101) ; *86 :* 33 (62) ; *87 :* 37 (54) ; *88 :* 35 (61) ; *89 :* 27 (52) ; *90 :* 31 (68) ; *91 :* 21 (39) ; *92 :* 26 (45), (11-9). Clairvaux, 8 évadés armés (1 détenu et 1 surveillant tués) ; 7 seront repris (et jugés le 10-11-1999) et 1 tué par la police ; *93 :* 26 (43) ; *94 :* 31 (53) ; *95 :* 15 (21) ; *97 :* 8 (18) ; *98 :* 6 ; **Évasions par hélicoptère :** *1981* (27-2) de Fleury-Mérogis : Daniel Beaumont et Gérard Dupré, repris en mars et juillet 1981 ; *1986* (26-5) de la Santé : Michel Vaujour [(condamné le 8-3-1985 à 18 ans de réclusion criminelle), hélicoptère (piloté par sa femme Nadine), repris 27-9-1986] ; *1987* (19-7) de St-Roch (Nice) : Philippe Truc (repris 20-7) ; *1990* (5-11) de Lannemezan : 4 (3 repris en Espagne, 1 en Algérie) ; *1992* (5-2) aux Baumettes (Marseille) : 5 (échec) ; (4-10) Bois-d'Arcy (Yvelines) : 4 (tous repris) ; *1999* (26-6) les Baumettes : 5 (1 tué par les gardiens, 4 repris plus tard) ; *2000* (9-6) Moulins-Yzeure (Allier) : 3 (1 repris le 22-6, 1 le 6-8) ; *2001* (24-3) Draguignan (Var) : 3 ; (25-6) Borgo (Corse) : Louis Carboni.

■ **Fugues en milieu ouvert** (détenus et, entre parenthèses, incidents). *1985 :* 39 (31) ; *86 :* 43 (32) ; *87 :* n.c. ; *88 :* 1 (1) ; *89 :* 2 (2) ; *90 :* 3 (2) ; *95 :* 5 (4) ; *97 :* 6.

■ **Grève de surveillants.** Du 17-8 au 27-9-1992.

■ **Incidents collectifs.** *1974 :* 152 ; *80 :* 25 ; *81 :* 30 ; *82 :* 26 ; *83 :* 67 ; *84 :* 50 ; *85 :* 113 ; *86 :* 36 ; *87 :* 86 ; *88 :* 108 ; *89 :* 123 ; *90 :* 198 ; *94 :* 97 ; *95 :* 91 ; *96 :* 96 ; *97 :* 102.

■ **Mutineries. 1971**-*8-2 les Baumettes,* 2 détenus blessent 1 gardien et prennent 1 infirmière et 1 assistante sociale en otage ; ils sont tués au moment où ils s'apprêtent à quitter la prison. *-21/22-9 Clairvaux*, Claude Buffet et Roger Bontemps prennent en otage 1 infirmière, Nicole Comte, et 1 surveillant, Guy Girardot, que l'on retrouve égorgés ; ils sont exécutés le 28-11-1972. *-14-10 les Baumettes*, 1 détenu tente de s'évader après avoir pris 1 infirmière en otage, il est tué par un surveillant. *-5/13-12 Toul.* **1972**-*15-1 Charles-III de Nancy.* **1973**-*8-5 St-Paul de Lyon.* **1974**-*19-7/5-8 :* 6 personnes tuées, 11 prisons dévastées (dégâts 200 MF, voir Quid 1982, p. 1653 b). **1978**-*28-1 Clairvaux,* 1 sous-directeur et 2 gardiens pris en otage par 2 détenus tués par des tireurs d'élite. *-16/17-7* et *-13-8 les Baumettes.* **1985**-*5/19-5* dans 40 prisons (dégâts importants à *Fleury-Mérogis* et *Montpellier,* 18 MF). **1987**-*12/13-11 St-Maur* (Indre), 6 blessés (plusieurs dizaines de MF de dégâts). *-4/5-12 Besançon.* **1988**-*16/17-4 Ensisheim* (Ht-Rhin), prise d'otages, incendie des bâtiments, 10 blessés (plusieurs MF de dégâts). **1990**-*juillet* dans environ 20 prisons (dégâts à *St-Paul de Lyon, Oermingen*). **1992** *Moulins-Yzeure* (dégâts 70 MF). **1996**-*7-4 Dijon,* incendie des bâtiments. *-22/23-11 Saint-Mihiel* (Meuse) dégâts 5,5 MF. **1997**-*5/6-4 Neuvic-sur-l'Isle* (Dordogne).

■ **Récidives.** 34 % des détenus (sur un temps d'observation de 4 ans) condamnés à des peines de prison importantes (3 ans et plus) récidivent après leur libération et sont à nouveau condamnés à une peine de prison ferme.

■ **Refus d'aliments** (grève de la faim de 1 jour à plusieurs semaines). *1966 :* 352 ; *77 :* 1 209 ; *80 :* 1 054 ; *84 :* 1 713 ; *87 :* 3 552 ; *88 :* 1 243 ; *95 :* 783 ; *97 :* 957 ; *98 :* 953 d'au moins 7 jours (13 de + de 3 mois).

■ **Suicides.** *De 1962 à 72 :* 20 par an en moyenne ; *73 à 80 :* 39 ; *81 :* 41 ; *82 :* 54 ; *83 :* 57 ; *84 :* 58 ; *85 :* 64 ; *86 :* 64 ; *87 :* 60 ; *88 :* 77 ; *89 :* 62 ; *90 :* 59 ; *91 :* 67 ; *92 :* 95 ; *93 :* 101 ; *94 :* 101 ; *95 :* 107 ; *96 :* 138 ; *97 :* 125 (en % : dans les 6 premiers mois 69, dans les 15 premiers jours : 19 ; mode opératoire : 96 % par pendaison) ; *98 :* 118 ; *99 :* 124. **Tentatives :** *1982 :* 221 ; *83 :* 430 ; *84 :* 235 ; *85 :* 269 ; *86 :* 458 ; *87 :* 361 ; *88 :* 365 ; *89 :* 313 ; *90 :* 336 ; *92 :* 523 ; *93 :* 507 ; *94 :* 537 ; *95 :* 680 ; *97 :* 1 022 (pendaisons 368, automutilations graves 125, produits toxiques 138, feu et divers 123) ; *98 :* 1 006. **Automutilations.** *1998 :* 1 362.

PROTECTION JUDICIAIRE DE LA JEUNESSE

■ **Statut de l'enfance. Évolution : 1791** le magistrat peut apprécier si le mineur est doué ou non de discernement. **1810** le Code pénal prévoit une surveillance de haute police pour les non-discernants. **1945**-*2-2* ordonnance posant un principe de responsabilité atténuée selon l'âge du mineur.

■ **Compétence du juge des enfants.** Jusque-là cantonnée aux seuls mineurs délinquants, étendue par l'ordonnance du 23-12-1958, complétée par la loi du 4-6-1970, à l'enfance en danger. « Si la santé, la sécurité ou la moralité d'un mineur non émancipé sont en danger ou si les conditions de son éducation sont gravement compromises, des mesures d'assistance éducative peuvent être ordonnées par justice à la requête des père et mère conjointement ou de l'un d'eux [...] ou du mineur lui-même ou du ministère public. Le juge peut se saisir d'office à titre exceptionnel. » (art. 375 du Code civil). Puis étendue aux jeunes majeurs de 18-21 ans en difficulté (décret du 18-2-1975) ; au contrôle des prestations sociales (tutelle). La loi du 4-1-1993 instaure la possibilité d'actions de médiation et de réparation. La loi du 1-7-1996 met en place des mesures visant à l'accélération des procédures.

Traitement en « temps réel » (réponse immédiate à l'acte de délinquance du mineur) : s'applique aux mineurs ayant fait l'objet de procédures antérieures. Conditions pour que, sur requête du parquet, la procédure soit engagée : affaire de nature délictuelle, pas d'investigation sur les faits nécessaire, diligences et investigations prévues à l'art. 8 de l'ordonnance de 1945 déjà effectuées, le cas échéant à l'occasion d'une affaire antérieure.

Convocation par officier de police judiciaire (OPJ) aux fins de jugement : peut intervenir à la requête d'un OPJ pour un jugement rapide.

■ **Populations concernées. Jeunes délinquants. Mesures éducatives :** liberté surveillée, placement, mise sous protection judiciaire (celle-ci possible quel que soit l'âge du mineur), réparation (loi du 4-1-1993). Peut être prononcée à tous les stades de la procédure : avant l'engagement des poursuites pénales, pendant l'information pénale, au stade du jugement ; se traduit par une réparation directe en faveur de la victime, indirecte dans l'intérêt de la collectivité. Pendant l'information pénale, des mesures de liberté surveillée préjudicielle, de placement provisoire, de réparation, de contrôle judiciaire et de détention provisoire peuvent être ordonnées à l'égard des mineurs dans les conditions définies par la loi. **Peines :** travail d'intérêt général (TIG) susceptible d'être prononcé à l'encontre de mineurs âgés de 16 à 18 ans [loi du 10-6-1983, travail de 40 à 240 h maximum, non rémunéré, au profit d'une personne morale de droit public ou d'une association habilitée. Ne peut être prononcé contre un mineur qui refuse ou est absent à l'audience. Délai d'exécution maximal : 18 mois. Doit être adapté à l'âge du mineur et présenter un caractère formateur ou de nature à favoriser son insertion sociale. Est le plus souvent exécuté sous le contrôle d'un éducateur de la PJJ. 1 020 TIG ont été ordonnés en 1995] ; amende, emprisonnement assorti ou non d'un sursis, notamment d'un sursis avec mise à l'épreuve, suivi socio-judiciaire susceptible d'être prononcé à l'encontre de mineurs ayant commis des infractions sexuelles.

☞ **Contrôle judiciaire :** condamnation assortie du sursis avec mise à l'épreuve ; mesure de réparation ; mesure éducative en application de l'ordonnance du 2-2-1945 relative à l'enfance délinquante ; mise sous protection judiciaire conformément à l'article 16 *bis* de l'ordonnance précitée.

« Si la prévention (au sens pénal) est établie à l'égard d'un mineur âgé de 16 ans, le tribunal pour enfants et la cour d'assises des mineurs pourront aussi prononcer, à titre principal et par décision motivée, la mise sous protection judiciaire pour au maximum 5 ans. » Celle-ci prend la forme soit d'un placement dans une institution ou établissement, soit d'une mesure de milieu ouvert dont l'exécution est confiée à un service ou établissement public de la police judiciaire de la jeunesse.

Mineurs en danger (au sens de l'article 375 du Code civil). « Si la santé, la sécurité ou la moralité d'un mineur non émancipé sont en danger ou si les conditions de son éducation sont gravement compromises, des mesures d'assistance éducative peuvent être ordonnées par justice, à la requête des père et mère, conjointement ou de l'un d'eux, du gardien ou du tuteur, du mineur lui-même ou du ministère public. Le juge peut se saisir d'office à titre exceptionnel. »

■ **Bagne. Origine :** de *bagna,* nom donné par les Italiens à la prison de Constantinople dont dépendaient des bains. **Avant 1748** les condamnés aux travaux forcés servent comme rameurs sur des galères. *Galériens à temps* (3, 5, 6 ou 9 ans) et *à perpétuité* (en 1560, Charles IX fixe le minimum à 10 ans). A bord, les condamnés étaient enchaînés à leur banc, contrairement aux engagés volontaires *(bonne vogue),* l'ensemble formant la *chiourme,* commandée par un *comite.* **1748** les galères sont réunies à la marine royale et les forçats internés dans des prisons côtières improvisées, ou sur des bâtiments hors service ; *-27-8* 1er bagne à *Toulon.* **1750** *Brest.* **1767** *Rochefort.* Puis *Nice, Lorient* (fermé 1830) et *Le Havre* (fermé 1789). **1810** les forçats traîneront un boulet et seront attachés 2 à 2 avec une chaîne de 9 maillons ; poids avec la manille environ 2 600 g (condamnés à perpétuité) ; désaccouplés après 4 ou 5 ans de bonne conduite, mis en chaîne brisée (manille, chaîne de plus de 3 maillons, pour être attachés la nuit). **1828** les condamnés à 10 ans de travaux forcés ou moins sont envoyés à Toulon ; au-delà, ils vont à Brest et Rochefort. **1837** suppression de la chaîne. Transport en voitures cellulaires.

Transportation : 1850-*avril/juin* l'Assemblée nationale déclare la vallée de Vaïthau, aux îles Marquises, lieu de déportation ; en fait les condamnés politiques, les membres des sociétés secrètes, les révolutionnaires et les socialistes sont dirigés vers Algérie (Lambèse) et Guyane. *Décret du 27-3-1852* et *loi du 30-3-1854* remplacent le bagne par les colonies (sauf Algérie). Seront vidés (dans l'ordre) : Rochefort, Brest, Toulon. *Destination :* Guyane pour condamnés d'origine arabe ; Obock : originaires d'Afrique et Inde ; Gabon : Annamites et Chinois ; Nlle-Calédonie : Européens. **1867** transportation arrêtée en raison de la mortalité, sauf pour les condamnés issus des colonies (Antilles, Algérie). **1868** transportation en Nlle-Calédonie. **De 1872 à 1878** 4 400 « politiques » (communards) y sont déportés. **1938**-*17-6* suppression de la transportation (un dernier convoi de 666 condamnés quitte St-Martin-de-Ré le 22-11). **1945** Fermeture effective du bagne.

☞ **Depuis 1850 :** 100 000 condamnés auront été envoyés outre mer [75 % † en Guyane (« guillotine sèche »)].

■ **Guyane.** **IMPLANTATIONS : Saint-Laurent-du-Maroni,** fondé en 1858, 5 000 habitants dont plus de 2 000 condamnés en cours de peine, 2 000 habitants libres (dont 800 concessionnaires, libérés, relégués individuels et leurs familles) et une population flottante de 1 000 personnes (chercheurs d'or essentiellement). **Cayenne,** pénitencier-dépôt fondé en 1863. Condamnés à la disposition des services publics et des particuliers : 200 personnes. **Kourou,** pénitencier agricole. **Iles du Salut** (nom donné par Chanvallon en 1763) : *île Royale* (28 ha) : bagnards les plus dangereux ; hôpital, maison de fous, bâtiments administratifs. *Ile Saint-Joseph* (20 ha) : cases de réclusion cellulaire, cimetière des surveillants (les bagnards décédés sont jetés aux requins). *Ile du Diable* (14 ha ; les Indiens galibis la croyaient habitée par l'Iroucan, esprit du mal) : 329 condamnés politiques y ont séjourné de 1852 à 1866 (seul restait Tibaldi, envoyé en 1857 pour complot contre Napoléon III), 76 y sont morts, 58 s'en sont évadés, 177 sont revenus en France ; de 1866 à 1938 : il y eut 31 déportés pour atteinte à la sécurité du pays pendant la 1re Guerre mondiale dont le capitaine Dreyfus (1895-99).

Population pénale totale (y compris libérés astreints à résidence) : 5 500 à 6 500 (13 à 15 % de la population de la Guyane) dont 2/3 de condamnés en cours de peine. De 1886 à 1938 : Européens 63 %, Arabes 25 %, Noirs 7 %, Asiatiques 5 %. *Femmes :* 1er convoi de 36 en janvier 1859 ; 430 transportées de 1851 à 1870 ; 530 reléguées de 1886 à 1903 (instaurée en 1886, la relégation a touché 15 600 personnes). *Administration :* 500 à 600 fonctionnaires dont 400 en permanence.

Punitions (à l'appréciation des surveillants selon la faute) : *avant 1925 :* pain sec (2 à 30 j), prison avec boucle simple (2 à 60 j) : condamné enfermé la nuit, la cheville dans un arceau de fer fermé attaché au bas flanc, travaille le jour comme les autres, puis peine de cellule (4 à 60 j) avec boucle simple, pain sec 3 j sur 4 et sorties exceptionnelles pour travaux les plus durs ou les plus dangereux ; cachot (4 à 60 j) avec pain sec, double boucle sans sortie sauf courte promenade.

Récidivistes : *1850-60 :* 35 000 à 40 000 par an, *1860-70 :* 60 000, *1870-80 :* plus de 70 000, *1881 :* 81 341. *En 1878,* sur 6 108 libérés, 2 415 repris dans les 2 ans (512 : 2 fois, 199 : 3 fois).

Jeunes majeurs. Décret no 75-96 du 18-2-1975 : « Jusqu'à 21 ans, toute personne majeure ou mineure émancipée éprouvant de graves difficultés d'insertion sociale peut demander au juge des enfants la prolongation ou l'organisation d'une action de protection judiciaire. Le juge des enfants peut alors prescrire, avec l'accord de l'intéressé, la poursuite ou la mise en œuvre, à son égard, d'une ou de plusieurs des mesures suivantes : observation par un service de consultation ou de milieu ouvert ; action éducative en milieu ouvert ; maintien ou admission dans un établissement spécialisé assurant des fonctions d'accueil, d'orientation, d'éducation ou de formation professionnelle. Il peut modifier les modalités d'application de la mesure. »

■ **Total de personnes mises en cause par la police et la gendarmerie pour l'ensemble des crimes et délits** et, entre parenthèses, **% de mineurs. 1972 :** 727 154 (9,4) ; **80 :** 686 354 (15,2) ; **85 :** 925 114 (11,2) ; **90 :** 754 161 (13) ; **95 :** 793 393 (15,9) ; **96 :** 804 655 (17,8) ; **99 :** 798 973 (21,33).

■ **Mineurs en danger** (en 1999). **Activité civile des juges des enfants :** mineurs en danger dont le juge des enfants est saisi 121 172, mesures d'investigation, nouvelles et renouvelées 58 905, d'AEMO (Action éducative en milieu ouvert), nouvelles et renouvelées 116 867, de placement, nouvelles et renouvelées 98 047.

■ **Mineurs délinquants** (en 1999). **Activité des parquets mineurs et des juges d'instruction : parquets :** procès-verbaux en plaintes traités 141 116 (dont *classements sans suite* 69 099, *médiations-réparations* 13 516, *requêtes au juge des enfants* 52 827, *ouvertures d'information* 5 674) ; **juges d'instruction :** transmission à la chambre d'accusation 118, au juge ou au tribunal pour enfants 4 518, mineurs placés en détention provisoire 1 494, sous contrôle judiciaire 2 293. **Activité des juges des enfants (JE) et des tribunaux pour enfants (TE) :** mineurs dont le JE a été saisi 70 936, mesures présentencielles prononcées par les JE 22 826 (*dont* mandats de dépôt 1 939), mineurs jugés par les TE et les JE 55 390 (*dont* mineurs jugés pour crime 252), mesures et sanctions définitives 78 760.

■ **Jeunes pris en charge dans les établissements** (secteur public en 1999 et, entre parenthèses, secteur associatif habilité en 1998). **Jeunes suivis** (au 31-12) : 37 848 (108 747), *dont* mineurs délinquants 25 728 (1 261), en danger 11 034 (103 468), jeunes majeurs 1 085 (4 018) ; en hébergement 1 358 (24 350), milieu ouvert 35 117 [(84 397) *dont* civil 10 296 (83 650), pénal 24 821 (747)], centre de jour 1 373 ; jeunes ayant fait l'objet d'une nouvelle mesure dans l'année : *– de 10 ans :* 1 611 (24 777) ; *10 à – de 13 ans :* 2 036 (9 832) ; *13 à – de 16 ans :* 14 492 (15 399) ; *16 à – de 18 ans :* 24 839 (11 707) ; *18 ans et + :* 6 102 (2 236) ; garçons 40 985 (34 727), filles 8 095 (29 224).

Mineurs mis en cause : *1986 :* 90 501 ; *98 :* 171 787 (dont vols 91 379 ; de voitures et de deux-roues motorisés 23 577 ; avec violences 9 007 ; viols 1 199 ; coups et blessures volontaires 11 081 ; toxicomanie 11 354 ; destructions et dégradations de biens 23 523).

Incarcérations de mineurs : *1993 :* 2 247 ; *94 :* 2 661 ; *95 :* 2 936 ; *96 :* 3 271 ; *99 :* 4 326 ; *2000 :* 3 996 (*dont* prévenus 3 672, condamnés 313, autres 11). **Nature de l'infraction** (en 2000) ; *crimes :* 620 (*dont* de sang 85, viols 216, vols qualifiés 210) ; *délits :* 3 376, atteintes à la personne 512 [*dont* coups et blessures volontaires sans circonstances aggravantes et avec (non compris contre mineurs) 254] ; atteintes aux mœurs 50 ; législation sur les stupéfiants 189 (*dont* trafic n.c.) ; atteintes aux biens 2 373 (*dont* vols simples 515, aggravés 1 562, recels 80, escroquerie, filouterie, abus de confiance 30) ; faux et usage de faux 8 ; circulation routière 29 ; atteintes à la sûreté de l'État 105 (*dont* police des étrangers n.c.) ; atteintes à l'ordre administratif et judiciaire 109 ; à l'ordre financier et économique 1. **Caractéristiques des incarcérés :** *sexe :* garçons 3 852, filles 144 ; *âge :* – de 16 ans 443, 16 à – de 18 ans 3 553 ; *nationalité :* Français 3 333, étrangers 660, nationalité non déclarée 3.

☞ **CER (Centres éducatifs renforcés) :** *créé* 1996. *Nombre : 1996 :* 13 ; *99 (prév.) :* 20 ; 50 prévus. Structures légères accueillant 4 à 5 mineurs encadrés par autant d'éducateurs, pour un travail en équipe de 3 à 4 mois.

■ **Établissements et services (au 1-1-2000). Direction de la protection judiciaire de la jeunesse :** 15 directions régionales ; 100 directions départementales. **Établissements du secteur public :** 377 établissements [278 centres d'action éducative et foyers d'action éducative dont 112 avec hébergement dont 12 centres de placement immédiat, 98 services éducatifs auprès des TGI (SEAT)]. **Du secteur associatif habilité :** il prend en charge les jeunes après décision des juridictions de l'enfance (mineurs délinquants, mineurs en danger et jeunes majeurs), il peut recevoir, s'ils sont habilités, des jeunes confiés par l'ASE (aide sociale à l'enfance) et la Sécurité sociale. Les associations habilitées emploient des travailleurs sociaux (contrats de travail privés rémunérés à un prix de journée négocié). 1 049 établissements et services gérés par 430 associations ; 7 établissements et services d'aide sociale à l'enfance conventionnés par la DPJJ ; 11 établissements publics autonomes habilités Justice. **Effectifs** (1999) : 6 393 fonctionnaires dont 3 067 éducateurs.

Forces de police

☞ Selon le tribunal correctionnel de Nancy (18-9-1987), traiter les policiers de « guignols », de « mannequins » ou de « flics » ne constitue pas un outrage à agents de la force publique. Cependant d'autres tribunaux ont considéré le contraire. **Flic** (du yiddish *flique* qui signifie « mouche ») : nom donné aux agents de la paix. **Poulet :** sobriquet attribué aux policiers (la caserne de la Cité ayant été construite à l'emplacement de l'ancien marché aux volailles de Paris).

Police nationale

■ Historique

1254 Louis IX (St Louis) crée le chevalier du guet assisté de 20 sergents à cheval et de 26 à pied chargés d'assurer la police de nuit à Paris « Bonnes gens, dormez en paix ! ». **1306** magistrats, portant la longue robe (= plein exercice du pouvoir judiciaire). **1321** *lieutenant civil,* juge doté de certains pouvoirs de police administrative, et *lieutenant criminel ordinaire,* aux fonctions strictement judiciaires, sont adjoints au Prévôt du roi. **XIVe s.** *commissaires-enquêteurs* établis. **1526** *lieutenant criminel de robe courte* créé par François Ier. Pouvoir judiciaire (limité à sa mission) pour lutter contre mendiants, vagabonds et autres marginaux. Peut se faire assister par les commissaires examinateurs. **1667** Nicolas de la Reynie (1625-1709) nommé 1er *lieutenant général de police* de mars 1667 à janvier 1697 ; transforme les commissaires examinateurs du Châtelet en commissaires de police. Il peut aussi requérir les forces de l'armée, soit la Maréchaussée d'Ile-de-France et la garde de Paris (environ 1 000 gardes des portes et murailles de Paris). **1699** charge de *lieutenant de police* créée dans les grandes villes du royaume. **1708** apparition des inspecteurs de police pour assister les commissaires de police. **1789**-*13-7* création spontanée de la garde nationale chargée d'assurer la sûreté intérieure et extérieure de Paris. *-14-7* la Commune de Paris élit la municipalité. *-25-7* crée un *Comité provisoire de police, sûreté et tranquillité.* **1790**-*27-6* loi créant à Paris 48 commissaires de police soit 1 par section. Assistés dans chaque section par 16 commissaires de section devenant, après la loi du 29-9-1791, des officiers de paix. Tous sont élus. **1791** décret du 27-4 et loi du 25-5 instituent le *ministère de l'Intérieur.* *-29-9* loi plaçant les commissaires de police sous les ordres des maires et leur adjoignant des officiers de paix. **1796**-*2-1* loi du Directoire créant le ministère de la Police générale pour lutter contre la criminalité. *-sept.* installation commissaires de police dans toutes les villes de plus de 5 000 hab. **1799**-*juil.* Joseph Fouché ministre de la Police générale. **1800**-*1-7* arrêté du 12 messidor an VIII précisant les compétences du préfet de police. Loi du 28 pluviôse an VIII crée la préfecture de police de Paris et implante des commissaires de police dans toutes les villes de plus de 5 000 hab. **1812** *1re brigade de sûreté* créée. Composée de repris de justice ; à sa tête, Eugène Vidocq, ancien bagnard, voir p. 656 c. **1818** ministère de la Police générale supprimé ; devient une direction du ministère de l'Intérieur : la Sûreté générale. Toutes les polices deviennent municipales. **1829**-*12-3* loi créant les sergents de ville en uniforme (bicorne, épée). **1830** création des grades de brigadier pour les sergents de ville méritants. **1832** la marque au fer rouge des criminels est abolie. **1846** création de la police des trains. **1848** apparition des gardiens de Paris. **1849**-*8-4* rétablissement des sergents de villes (dissous en 1848). **1851** préfecture de police créée à Lyon. **1852-53** ministère de la Police générale recréé. **1854**-*17-9* décret sur les corps des sergents de ville. **1854-56** *ilotage* mis en place. Surveillance continue des quartiers découpés en îlots, augmentation des rondes de nuit, développement des postes fixes tenus le jour. **1855**-*22-2* un décret transforme la police des trains en police des chemins de fer (30 commissaires spéciaux assistés de 70 inspecteurs) placée sous l'autorité d'une Sûreté générale. *-5-5* préfecture de police dans toutes les villes de plus de 40 000 hab. **1870-79** sergents de ville deviennent gardiens de la paix publique (portent un képi à la place du bicorne). **1870**-*7-9* un corps de 5 000 *gardiens de la paix civile* remplace les sergents de ville, chargés uniquement de veiller au maintien du bon ordre et à la sécurité des personnes et des propriétés, ils ne sont pas armés (au début) et portent le képi des troupes coloniales. **1878** Laboratoire municipal de chimie chargé de procéder aux analyses, qualitatives et quantitatives, utiles à l'élucidation des affaires criminelles. **1882** création à la préfecture de police d'un service d'*anthropométrie* puis d'un service photographique. **1883**-*30-7 :* 1re École pratique de la police municipale créée. Laboratoire de toxicologie créé. **1884**-*6-4* loi aménageant les pouvoirs de police en fonction du nombre d'habitants entre le maire et le préfet. **1887** Sûreté générale érigée en service autonome. **1893** le préfet Lépine réduit la police municipale aux effectifs en tenue et la spécialise dans le maintien de l'ordre et la police de rue en uniforme. Fusion des services anthropométrique et photographique, création de l'identité judiciaire [chef : Alphonse Bertillon qui a introduit *l'anthropométrie* en 1887 (qui sera copiée dans le monde entier) : méthode, dérivée de l'anthropologie, consistant en la prise de plusieurs mesures osseuses sur un délinquant (sauf traumatisme, le squelette ne subit quasiment aucune modification entre 20 ans et la mort)]. **1894** *service de la sûreté* de la préfecture de police détaché de la police municipale. **1899** *le contre-espionnage* passe de l'état-major général à la Sûreté générale. **1902** service dactyloscopique (empreintes digitales) au sein de l'identité judiciaire. **1907**-*30-12* *Clemenceau* (dit « le 1er flic de France ») crée *12 brigades régionales de police mobile* (future police judiciaire) dites « brigades du Tigre », à l'initiative de Célestin Hennion, directeur de la Sûreté générale chacune avec un commissaire divisionnaire assisté de 3 commissaires de police et 10 inspecteurs. **1908-35** étatisation (la police municipale passant sous l'autorité des préfets de département) : Marseille 1908, Toulon 1918, Nice 1920, Strasbourg, Mulhouse et Metz 1925, région parisienne 1935. **1912** service de sûreté, successivement « brigade du chef », « brigade spéciale », puis « brigade spéciale criminelle », devient « brigade criminelle » puis la « Crim ». *Siège :* 36, quai des Orfèvres, 75001 Paris. Divisée en 3 sections : homicides (vols, escroqueries) ; abus de confiance ; faux et fausse monnaie. **1913**-*3-8* arrêté supprimant la direction générale des recherches et créant 2 services distincts : le service des renseignements généraux et des jeux et la direction de la police judiciaire. Brigades spéciales regroupées au sein d'une direction de police judiciaire, dotée de 800 agents : brigade criminelle, brigade de la voie publique ou brigade permanente. Une brigade des mœurs, la *Mondaine* est créée pour surveiller les maisons de tolérance et réprimer l'usage des stupéfiants. **1914** Monaco : 1er congrès de la *police judiciaire internationale.* Le *contrôle général de la préfecture de police* devient l'*inspection générale des services* (IGS). **1921** 1er *commissariat spécial de police aérienne* au Bourget. Suppression des *officiers de paix* (jusqu'en 1937). **1922** Institut de criminologie créé : collaboration université/police. **1927** *police des pigeons voyageurs* créée. **1929** *police aérienne* et *Office central pour la répression du faux monnayage* créés. **1933** *Service des polices d'État* créé. **1934**-*avril : Sûreté nationale* créée après les événements du 6-2. **1935** 1er recrutement d'*assistantes de police à Paris.* **1941** (loi du 23-4) police des communes de plus de 10 000 hab. étatisée et transfert des compétences des maires aux préfets. Création d'un statut de la fonction publique policière ; de l'École nationale de police de Saint-Cyr-au-Mont-d'Or. **1942** *police judiciaire* devient la *police de sûreté.* **1944** création des *compagnies républicaines de sécurité (CRS)* et de la *Direction de la surveillance du territoire (DST).* **1951** définition des missions dévolues aux *Renseignements généraux.* **1953** *brigades régionales motocyclistes (BRM)* rattachées aux CRS ; *Office central pour la répression du trafic illicite des stupéfiants (Ocrtis)* créé. **1954**-*14-10* décret renommant les inspecteurs officiers de police. **1958** *Office central pour la répression de la traite des êtres humains (OCRTEH)* créé. **1961** *Service de coopération technique internationale de la police (SCTIP)* créé. **1966**-*9-7* loi unifiant les forces de police sous le nom de police nationale ; ouverture du concours d'officier de police aux femmes pour certains postes (protection des mineurs). **1972** *préfets délégués pour la police* à Lille et Marseille. *Office central pour la répression du banditisme (OCRB)* créé ; officiers de police renommés inspecteurs de police. Concours ouvert aux femmes pour tous les postes ; concours ouvert dans le corps des enquêteurs de police. **1974** les femmes peuvent concourir à la fonction de commissaire de police. **1975** *Office central pour la répression des vols d'œuvres et objets d'art (OCRVOOA)* créé. **1977** unification des corps supérieurs de la police. **1978** concours de gardien de la paix ouvert aux femmes. **1982**-*15-10* carrière d'officier de paix ouverte aux femmes ; *secrétariat d'État chargé de la sécurité publique* créé (jusqu'en 1984). **1984** *Unité de coordination de la lutte antiterroriste (UCLAT)* créée. **1985**-*8-3* *sous-direction de la police technique et scientifique* créée ; *-15-11* nouvel uniforme créé par Pierre Balmain pour la police nationale (corps urbain) : casquette plate et blouson remplacent képi et vareuse. **1986**-*18-3* décret portant *Code de déontologie de la police nationale* ; création d'un *ministre délégué chargé de la Sécurité.* **1986** possibilité d'effectuer son service national dans la police : policiers auxiliaires. **1987**-*3-7* loi autorisant les maires à utiliser des *agents de police municipale.* **1989** *Institut des hautes études de la sécurité intérieure (IHESI)* créé. **1990**-*1-5 :* 1re expérience de départementalisation de la police nationale dans 5 départements pilotes ; *Office central pour la répression de la grande délinquance financière* créé. **1992**-*20-2* la direction centrale de la police territoriale (DCPT) regroupe polices urbaines, RG et police de l'air et des frontières au sein d'une seule entité dans chaque département (généralisation à l'ensemble du territoire fin 1992). **1993**-*17-2* décret instituant le *Conseil supérieur de l'activité de la police nationale* (*CSAPN ;* supprimé en mai 1993) ; *-31-8* décret du 20-2-1992 abrogé : Direction centrale de la sécurité publique, directions départementales de la sécurité publique créées, Service central des RG et police de l'air et des frontières redeviennent autonomes. 1er service d'enquêtes sur les fraudes aux technologies de l'information créé en France. **1995**-*21-1* loi de programmation quinquennale : 16,9 milliards de F, 5 000 emplois à créer ; *-7-5* *Haut Conseil de déontologie de la police nationale* créé [*Pt :* Robert Thouzery, 10 membres (en place le 16-11 ; supprimé en 2000)] ; *-9-5* décret réformant les corps et les carrières de la police nationale ; 3 corps remplacent les 5 existants : fusion des corps de gardien de la paix et d'enquêteur de police en corps de maîtrise et d'application (brigadiers-chefs de classe exceptionnelle et chefs enquêteurs de classe exceptionnelle deviennent *brigadiers-majors de police,* brigadiers-chefs, brigadiers-chefs-enquêteurs de 1re classe deviennent *brigadiers de police,* sous-brigadiers, gardiens de la paix et enquêteurs de 2e classe sont des *gardiens de la paix*) ; fusion des corps d'officier de paix et d'inspecteur de police en un corps de commandement et d'encadrement ; le corps des commissaires de police devient corps de conception et de direction : inspecteurs et officiers deviennent *lieutenants de police,* les inspecteurs principaux et officiers principaux sont des *capitaines de police,* les inspecteurs divisionnaires et commandants des *commandants de police.* **1996**-*29-4 :* 6 brigades anti-criminalité (Bac) de jour créées à Paris (156 personnes). **1997**-*24/25-10* colloque de Villepinte : des villes sûres pour des citoyens libres. **Fin 1997** emplois-jeunes dans la police nationale, plan de recrutement de 20 000 adjoints de sécurité en 3 ans. **1999** expérimentation de la police de proximité dans 5 sites-pilotes et 62 sites expérimentaux [**2000** généralisation dans 243 circonscriptions (**2002** prévu dans 220)]. **1999**-*29-1* création de la direction de la formation de la police nationale (DFPN). **2000**-*6-6* loi créant la Commission nationale de déontologie de la sécurité (Pt : Pierre Truche) chargée de veiller au respect de la déontologie (police, gendarmerie, polices municipales, Stés de gardiennage, administrations pénitentiaires...).

■ Organisation

■ **Direction générale de la police nationale (DGPN).** *Créée* 29-9-1969. *Dir. général :* Patrice Bergougnoux (9-5-1949).

■ **Direction de l'administration de la police nationale (DAPN).** Résulte de la fusion de la Direction du personnel et de la formation de la police et de la Direction de la logistique de la police, opérée le 16-1-1995. *Dir. :* Jacques Laine (16-2-1948). **Mission :** recrutement, gestion des carrières des fonctionnaires de la police nationale, actifs, administratifs, techniques et scientifiques affectés dans les services de police ; préparation des textes législatifs et réglementaires relatifs aux statuts des personnels ; élaboration et exécution du budget de la police ; coordination des opérations dans les domaines de l'immobilier, des transmissions et de l'informatique intéressant la police nationale ; gestion des moyens logistiques de la police nationale (véhicules, armement, habillement et matériels divers mis à la disposition de la police nationale). **Sous-directions. I) Administration générale et finances :** prépare textes législatifs et réglementaires relatifs aux statuts des personnels ; élabore et exécute le budget de fonctionnement, du personnel ; gère les équipements informatiques et les réseaux. **II) Ressources humaines. III) Logistique :** gère véhicules, armement, habillement et matériel. **Effectifs (au 1-9-2000) :** 17 commissaires, 48 officiers, 99 gradés et gardiens, 1 427 personnels administratifs, 40 policiers auxiliaires.

■ **Direction centrale de la police judiciaire (DCPJ).** 20 services extérieurs (19 SRPJ et la DRPJ de Paris), 36, quai des Orfèvres, 75001 Paris. **Mission :** sous le contrôle de l'autorité judiciaire, exerce la mission de police judiciaire dans le domaine de la criminalité organisée et spécialisée. Lutte anti-terrorisme. **Effectifs** (au 1-9-2000 et hors DRPJ Paris) : 1 directeur central : Patrick Riou (depuis 6-10-1999), 1 directeur central adjoint, 3 sous-directeurs, 207 commissaires, 2 020 officiers de police, 638 gardiens de la paix et enquêteurs, 1 350 administratifs, 9 policiers auxiliaires, 5 adjoints de sécurité. **Sous-directions. Affaires criminelles :** 5 offices centraux (banditisme, traite des êtres humains, vols d'œuvres et d'objets d'art, trafic illicite des stupéfiants, trafic d'armes, d'explosifs, de substances chimiques et nucléaires) et des brigades nationales chargées de lutter contre les trafics de véhicules et de faux documents administratifs, les homicides, les menées subversives et terroristes. **Police technique et scientifique :** moyens techniques, scientifiques et informatiques d'aide à l'enquête ; gestion des fichiers opérationnels de police (personnes recherchées, véhicules volés...) et des laboratoires de police scientifique (5). **Affaires économiques et financières :** 3 offices centraux (faux monnayage, grande délinquance financière et lutte contre la criminalité liée aux technologies de l'information et de la communication) et des services nationaux de lutte contre les infractions au droit des affaires, la fraude informatique, les contrefaçons. **Liaisons extérieures :** coopération internationale (Interpol, Schengen, Europol...) ; statistiques des crimes et délits, dossiers juridiques, formation, contrôle technique des services.

■ **Direction centrale de la sécurité publique (DCSP).** *Créée* 31-8-1993. Dirige 462 circonscriptions de sécurité publique, couvrant 1 609 communes et assurant la sécurité de 29 millions d'habitants. Échelon central : le directeur central de la sécurité publique (Christian Decharrière), le directeur central adjoint, l'état-major, 3 sous-directions. **Missions :** lutte contre la criminalité, délinquance : la toxicomanie ; régulation de la circulation et de la sécurité routière ; lutte contre le travail clandestin et le trafic de main-d'œuvre ; mise en place des services d'ordre lors des manifestation culturelles et sportives, des déplacements de personnalités ou d'opérations de maintien de l'ordre ; surveillances et gardes statiques ; servitudes liées au fonctionnement de la justice et de l'administration pénitentiaire ; interventions de police-secours (plus de 5 000 par jour) ; missions d'îlotage pour favoriser le rapprochement police-population, dans le cadre du développement de la police de proximité ; activités d'animation en direction de la jeunesse. *Circonscriptions de sécurité publique :* 462 dont dépendent 680 structures décentralisées : 124 commissariats subdivisionnaires, 387 bureaux de police et 395 postes de police de proximité. Emploie près de 80 000 fonctionnaires. A constitué des unités spécialisées : compagnies départementales d'intervention et sections d'intervention pour le maintien de l'ordre et les missions de sécurisation dans les quartiers sensibles ; unités cynophiles (dépistage et détection explosifs et stupéfiants) ; groupes d'intervention de la police nationale (GIPN), implantés dans 9 métropoles régionales pour lutter contre les formes de criminalité particulièrement violente et intervenir dans certaines situations exceptionnelles ; postes ou services locaux d'identité judiciaire ; formations motocyclistes ; brigades anti-criminalité, qui se consacrent à la recherche des flagrants délits sur la voie publique commis notamment de nuit ; sûretés départementales, créées en mai 1995, et dont la mise en place progressive vise à renforcer l'action des circonscriptions dans la recherche des auteurs de délits, plus particulièrement en matière de violences humaines et de trafic de stupéfiants. De 1999 à 2002 : mise en place de la police de proximité. **Sous-direction. Moyens :** gère et contrôle les personnels et matériels. **Effectifs au 1-9-2000 :** corps de direction et de conception : 1 directeur, 1 inspecteur général, 7 contrôleurs généraux, 745 commissaires ; corps de commandement et d'encadrement : 6 468 officiers ; corps de maîtrise et d'application : 54 491 gradés et gardiens de la paix ; personnel administratif : 5 081 ; policiers auxiliaires : 9 711 ; 11 645 adjoints de sécurité. Parc immobilier : 1 603 implantations. Parc roulant : 14 016 véhicules, dont 7 337 quatre-roues. Transmissions, informatique et formation continue des personnels. **Liaisons extérieures et des méthodes :** traite les questions relatives à l'organisation des services territoriaux, assure une fonction de contrôle et d'assistance technique, exploite et exerce le suivi des plans départementaux de sécurité.

En 2000, la DCSP a traité 11 000 faits de criminalité organisée et mis en cause environ 10 000 personnes dont 2 600 ont été écroués.

OIPC-Interpol

Organisation internationale de police criminelle. 200, quai Charles-de-Gaulle, 69006 Lyon. **Pt :** Jesus Espigares Mira (Esp.). **Secrétaire général :** Ronald Noble (USA). **Origine :** 1923, Commission internationale de police criminelle (CIPC), siège : Vienne. De 1938 à 1946, cesse d'exister en tant qu'organisation internationale, les États membres interrompant tout échange d'information de police, ainsi que leur participation à son financement. Devient, en 1956, l'OIPC-Interpol. **Statut :** organisation internationale intergouvernementale, Interpol est observateur auprès de l'Assemblée générale des Nations unies. **Pays membres :** 178. **Organes :** *assemblée générale* annuelle regroupant les délégués des États membres ; *comité exécutif :* 13 délégués élus par l'assemblée générale ; *secrétariat général.* **Mission :** assurer et développer l'assistance réciproque la plus large entre les autorités de police criminelle dans le cadre des lois existant dans les États membres et dans l'esprit de la Déclaration universelle des droits de l'homme ; établir et développer les institutions capables de contribuer à la prévention et à la répression des infractions de droit commun. Les fonctionnaires internationaux du secrétariat général n'effectuent pas de missions opérationnelles de police dans les États membres, ces missions étant de la compétence desdits États. **Effectifs** (au 1-1-2001) : 400 fonctionnaires internationaux. **Publications :** *Revue internationale de police criminelle* (6 numéros par an), *Recueil de statistiques criminelles internationales* (1 numéro par an). *Revue contrefaçons et falsification* (mise à jour tous les 2 mois + lettre d'information mensuelle). *Interpol œuvres d'art volées* (mise à jour tous les 2 mois).

■ **Direction centrale de la police aux frontières [Paf** créée 9-12-1998, ex-Direction centrale du contrôle de l'immigration et de la lutte contre l'emploi des clandestins (**Diccilec**, créée 14-10-1994, ex-Paf, police de l'air et des frontières détachée des Renseignements généraux en 1973)], directeur central : Fulvio Raggi. **Missions :** veiller au respect des textes relatifs à la circulation transfrontalière et animer et coordonner l'action des services de la police nationale en matière de lutte contre les infractions liées à l'entrée et au séjour des étrangers en France. Également chargée de la coopération internationale opérationnelle dans les domaines de sa compétence. Concourt à la sûreté des moyens de transport internationaux et à la police aéronautique. Participe à la mise en œuvre des mesures de sécurité sur les réseaux ferrés. **Cadre d'exercice :** l'Hexagone, 2 940 km de frontières terrestres (belge 630, espagnole 690, suisse 550, italienne 500, allemande 435, luxembourgeoise 75), 4 720 km de frontières maritimes, soit 7 660 km, près de 900 points de passage carrossables, 4 tunnels, de nombreux ports et 64 aéroports internationaux. **Services territoriaux :** 7 directions interrégionales avec, au siège, une brigade de police aéronautique (composée essentiellement de pilotes ayant pour tâche d'enquêter sur les accidents d'aéronefs, de relever les infractions à la navigation aérienne, d'assurer le suivi des manifestations aériennes et autres missions de surveillance pour le compte des directions actives de la police nationale), 1 interdépartementale d'Ile-de-France, 2 directions et services interdépartementaux, 2 directions de la Paf aux aéroports de Roissy et Orly, 47 directions et services départementaux avec des unités et services du contrôle de l'immigration, 44 brigades mobiles de recherche qui travaillent avec l'Ocriest (filières d'immigration irrégulière et ateliers clandestins, trafics de véhicules, de stupéfiants, d'armes...), 2 directions dans les Tom (Polynésie française, Nlle-Calédonie), 2 services de la Paf (St-Pierre-et-Miquelon, Mayotte). **Effectifs** (au 1-9-2000) : 7 190 fonctionnaires professionnels dont 3 hauts fonctionnaires, 82 commissaires de police (conception et direction), 730 officiers de police (commandement et encadrement), 5 043 gardiens de la paix (maîtrise et application), 350 administratifs et 201 policiers auxiliaires, 784 adjoints de sécurité.

Résultats : circulation transfrontière, hors Schengen, 100 millions de voyageurs. *1999 :* 24 220 non-admissions et 22 782 réadmissions enregistrées aux frontières terrestres, aériennes et maritimes. La Paf a procédé à l'interpellation de 27 293 étrangers en séjour irrégulier et a exécuté 8 300 mesures d'éloignement. Elle a démantelé 18 filières d'immigration clandestine, interpellé 60 passeurs et neutralisé 23 ateliers clandestins. *2000 :* non-admissions et réadmissions, 44 558 personnes, éloignements effectifs d'étrangers en situation irrégulière 9 587, interpellations d'étrangers en situation irrégulière 43 468, porteurs de faux documents 11 808, passeurs 1 112, filières d'immigration irrégulière 17, ateliers clandestins démantelés 34.

Sous-directions. Affaires juridiques et internationales. Lutte contre l'immigration irrégulière. Animation des services déconcentrés et de la prospective. Ressources.

■ **Direction de la formation de la police nationale.** Mission de la programmation et de l'évaluation. **Sous-directions.** Enseignements. Moyens. Institut national de la formation. 32 écoles et centres de formation de la police nationale et 13 délégations régionales au recrutement et à la formation (DRRF). **Effectifs** (au 1-9-2000) : 3 134 dont 1 directeur (Pierre Anton-Mattei). 68 commissaires, 387 officiers, 1 468 gardiens de la paix, 1 057 administratifs, 48 policiers auxiliaires et 106 adjoints de sécurité. En 2000, la DFPN a formé 5 662 gardiens de la paix, 2 170 policiers auxiliaires et 7 050 adjoints de sécurité.

■ **Direction centrale des Renseignements généraux (DCRG).** A remplacé le 16-1-1995 le Service central des RG. **Sous-directions.** Analyse, synthèse des renseignements dans les domaines social, financier et des faits de société. **Ressources et méthodes :** gestion des ressources humaines, des moyens logistiques, de la documentation et du suivi de la déconcentration budgétaire. **Courses et jeux :** surveillance des établissements de jeux et des champs de courses. **Recherche :** recherche, centralisation des renseignements nécessaires à la prévention et à la lutte contre le terrorisme, et surveillance des groupes à risque agissant sur le territoire national. **Effectifs** (au 1-9-2000) : 3 152 dont 1 directeur central (Yves Bertrand), 1 directeur, 4 hauts fonctionnaires, 194 commissaires, 1 508 officiers, 679 gardiens de la paix, 755 personnels administratifs, 3 policiers auxiliaires, 13 adjoints de sécurité.

■ **Inspection générale de la police nationale (IGPN).** *Créée* oct. 1986 (issue du Service de contrôle général des services extérieurs de la police créé en 1934) par intégration de l'IGS (inspection générale des services, « police des polices »), de la préfecture de police de Paris en tant que sous-direction déconcentrée ayant compétence sur Paris et la petite couronne, et des délégations régionales de Lyon et Marseille. **Missions :** contrôle des services actifs. Enquêtes judiciaires et administratives (discipline). Études en vue de l'amélioration du fonctionnement des services de la police nationale. **Effectifs** (au 1-1-2000, IGPN et IGS) : 179. 1 directeur (Jean-Marc Berlioz), 1 directeur adjoint (directeur de l'IGS), 16 hauts fonctionnaires, 45 commissaires tous grades, 62 officiers, 11 gardiens de la paix, 34 administratifs, 2 policiers auxiliaires. **Activité** (1999) : contrôle : 90 audits de services dont 23 informatiques et 23 budgétaires ; études : 20 ; enquête : 1 035.

■ **Statistiques :** traitées par l'IGPN (1999) : **dossiers disciplinaires :** 1 035 (sur demande des autorités judiciaires 51 %, saisine de l'administration 22 %, suite à des doléances de particuliers 27 %). **Faits allégués** (en %) : atteintes aux biens 18,4, aux personnes 31,1, fautes professionnelles 34,4, divers 18,25. **Policiers ayant fait l'objet d'une enquête :** 1 484 (1 046 ont bénéficié d'un classement sans suite et 438 ont été sanctionnés disciplinairement et/ou pénalement). *En 1999,* 2 186 sanctions disciplinaires ont été prononcées soit faisant suite aux propositions des conseils de discipline, soit directement arrêtées par l'autorité hiérarchique compétente (soit environ 2 % des effectifs). **Fonctionnaires de police exclus de l'administration :** 107.

■ **Direction de la surveillance du territoire (DST).** *Créée* 1944. **Mission :** lutte contre les activités d'espionnage et d'ingérence des puissances étrangères sur les territoires relevant de la souveraineté française. Évolution due au glissement des activités d'espionnage classique du seul secteur militaire vers les domaines économiques, scientifiques et techniques et à la menace terroriste. Se présente aujourd'hui comme un service de sécurité intérieure dont la fonction essentielle est de rechercher le renseignement de sécurité et de suivre l'évolution diversifiée et incertaine des formes de la menace. Organisation détaillée couverte par le « secret défense ». S'appuie, à Paris, sur des services centraux organisés en 5 sous-directions (contre-espionnage, sécurité et protection du patrimoine, terrorisme international, services techniques et administration générale) et un cabinet chargé des relations nationales et internationales ; en province, sur 7 directions régionales comprenant une ou plusieurs brigades et 4 postes implantés dans les Dom-Tom. **Effectifs** (au 1-9-2000) : 1 préfet directeur, 86 commissaires, 712 officiers, 334 gardiens de la paix ; 284 administratifs, 3 policiers auxiliaires, 4 adjoints de sécurité.

■ **Service de protection des hautes personnalités (SPHP).** Remplace depuis 19-10-1994 le Service des voyages officiels et de la sécurité des hautes personnalités. 480 fonctionnaires de tous grades au 1-9-2000.

■ **Service central des compagnies républicaines de sécurité (SCCRS). 1994** création des CRS placées sous les ordres des secrétariats généraux pour la police, 70 compagnies dans les 20 régions (personnels d'exécution recrutés localement). **1947** grèves et troubles insurrectionnels, le gouvernement Schuman et son ministre de l'Intérieur, Jules Moch, font voter le 27-12 une loi réduisant le nombre de Cies à 60. **1948**-*26-3* décret fait des CRS les réserves générales de la police d'État. **1954** rébellion algérienne, 19 Cies créées en Algérie, dirigées par un groupement central installé à Alger. **1962** ces compagnies rentrent en France et reçoivent une affectation métropolitaine. **1963**

Armement dans la police nationale

Armes de poing : *revolvers* Manurhin F1 calibre 357 mag/38SP, Ruger SP101 calibre 38SP (armement des femmes) ; *pistolets* Beretta 92FS calibre 9 mm parabellum, SIG P228 calibre 9 mm parabellum ; unique calibre 7,65 mm (armement des adjoints de sécurité et des policiers auxiliaires).

Armes d'épaule : *pistolets mitrailleurs* Beretta 12 SD calibre 9 mm parabellum, HK MP5 calibre 9 mm parabellum ; *fusils* Ruger AMD calibre 5,56 mm (fusil lance-grenades des CRS).

effectifs 15 000, 10 groupements (Paris-Ile-de-France, Lille, Rennes, Bordeaux, Toulouse, Metz, Dijon, Lyon, Marseille, Tours), 60 Cies. **1977** (décret 28-12) création du service central des CRS. **1993** organisation en 1 service central, 9 groupements interrégionaux, 10 délégations dont 3 outre-mer, 61 compagnies.

Moyens (au 1-9-2000) : 37 commissaires, 445 officiers, 12 084 gardiens de la paix, 1 339 administratifs, 405 adjoints de sécurité, 98 policiers auxiliaires. Chaque Cie (230 h.) comprend : 1 section de commandement et des services (30 h.), 4 sections de service général (45 h. chacune, organisées en 4 brigades par section). Des Cies ont 1 ou 2 sections de montagne et 1 détachement motocycliste (1 à 3 pelotons). 1 Cie implantée à Vélizy, à la disposition du Service de protection des hautes personnalités, comprend 1 section moto chargée des escortes officielles ; la musique de la police nationale (130 musiciens) lui est rattachée.

Missions : unités mobiles, participant au maintien de l'ordre, à la police générale et des autoroutes, à la surveillance des plages, au sauvetage en montagne, à la sécurisation des zones difficiles.

Activités (en 1999) : *police de la route :* autoroutes surveillées 2 698 km, accidents corporels constatés 5 907 (212 †, 8 713 blessés) ; *plages :* réanimations 145, interventions baigneurs 2 375, opérations sauvetage 2 247, postes de secours 273, maîtres nageurs sauveteurs 652 ; *montagne :* interventions 955 (72 †, 609 blessés, 221 assistés). *Renforts Paf :* 6 Cies. *Service de protection des hautes personnalités :* 1 Cie en renfort. Préfecture de police de Paris (secrétariat général) 8 compagnies.

■ **Service de coopération technique internationale de police (SCTIP).** Coordinateur des travaux menés par la France au sein de l'Union européenne pour la police et la sécurité. Service central à Paris : 192 fonctionnaires de tous grades et 56 délégations permanentes à l'étranger. **Missions :** conseil technique, formation de policiers étrangers à la demande des États, organisation de visites officielles et séminaires nationaux ou internationaux.

Services rattachés au cabinet du directeur général. Unité de coordination de la lutte antiterroriste (Uclat). *Créée* 8-10-1984 sous l'autorité du directeur général de la police nationale. Emploie une section spécialisée (Raid). Gère les antennes en France des services allemands, britanniques, espagnols et italiens chargés de la lutte antiterroriste et les détachements de policiers français dans les pays visés par des accords bilatéraux de coopération dans le domaine du terrorisme (Allemagne, Espagne, G.-B., Italie...). Coordination assurée par le Conseil national de sécurité présidé par le Premier ministre et le Comité interministériel de lutte antiterroriste (Cilat) présidé par le min. de l'Intérieur. *Effectifs :* 29. **Mission de lutte antidrogue. Unité de coordination et de recherche antimafia. Unité de recherche, assistance, intervention et dissuasion (Raid).** *Créé* 1985. *Effectifs :* 85 personnes (28 civils, 57 en tenue). **Service central automobile. Service de sécurité du ministère de l'Intérieur.**

Préfecture de police de Paris

Créé 1800 par Bonaparte. Intégrée au sein de la police nationale depuis 1969, placée sous l'autorité d'un préfet sous le contrôle du ministre de l'Intérieur. **Missions :** autorité sur tous les services de police dans le ressort de Paris, y exerce les pouvoirs de police municipale conférés en régime de droit commun aux maires (circulation, hygiène, sécurité) et de police générale conférés aux préfets : préfet de la zone de défense de Paris (8 départements). Il est également préfet du Secrétariat général pour l'administration de la police (SGAP) [départements 75, 92, 93 et 94]. A ce titre, il a autorité sur la brigade des sapeurs-pompiers de Paris (BSPP). **Moyens et effectifs** (au 1-1-1999) : *Paris intra-muros :* 25 362 (actifs 17 609, dont direction 274, commandement et encadrement 2 928, gradés et gardiens 14 407, administratifs 6 304) 398 adjoints de sécurité et 1 025 policiers auxiliaires, 5 directions actives de police, sécurité publique (6 districts, 20 commissariats d'arrondissement ainsi qu'un certain nombre de services spécifiques) ; police judiciaire : 6 divisions, 55 commissariats de quartier, 6 brigades centrales [brigades criminelles (BC), de protection des mineurs (BPM), des stupéfiants (BS), de répression du proxénétisme (BRP), de répression du banditisme (BRB), de recherche et d'intervention (BRI)], 11 cabinets de délégation judiciaire dont la brigade financière et le service d'enquête sur les fraudes aux technologies de l'information (Sefti), Renseignements généraux, logistique, inspection générale des services, et 4 directions administratives (du personnel, du budget, du matériel et du contentieux, de la police générale, de la circulation, des transports et du commerce, de la protection du public). A ces directions régionales s'ajoutent 5 services : laboratoire central (explosifs et pollution), laboratoire de toxicologie, laboratoire central des services vétérinaires, institut médico-légal, service interdépartemental de la protection civile (SIPC), service technique de l'inspection des installations classées. Circonscription de police urbaine de proximité, prévue avril 1999, regroupant sous l'autorité d'un commissaire central l'ensemble des commissariats situés au sein d'un même arrondissement.

☞ **Bordeaux, Lille, Lyon, Marseille, Nice, Corse, Pyrénées-Atlantiques.** Préfets délégués n'exerçant pas les pouvoirs étendus alloués au préfet de police de Paris.

■ Effectifs

■ **Effectifs budgétaires.** *1968 :* 84 684 ; *75 :* 101 581 ; *82 :* 108 316 ; *85 :* 110 182 ; *92 :* 125 553 ; *93 :* 131 940 ; *98 :* 133 384 ; *2000* (1-9) : 144 385. Dont personnels actifs 115 067 [corps de conception et de direction (commissaires) : 1 929 dont 242 femmes (12,5 %), de commandement et d'encadrement (officiers) : 16 091 dont 2 041 femmes (12,7 %), de maîtrise et d'application (gradés et gardiens) : 97 047 dont 9 402 femmes (9,7 %)], personnels administratifs 12 675 dont femmes 9 263 (73 %), policiers auxiliaires 1 789, adjoints de sécurité 14 854 dont femmes 5 720 (38,5 %).

Missions : exercent en civil ou en tenue des fonctions de conception et de direction (*commissaires de police*), de commandement et d'encadrement (*officiers de police*), et de maîtrise et d'application (*gradés* et *gardiens de la paix*). De manière générale, ils assurent la protection des personnes et des biens et le maintien de l'ordre public. En matière judiciaire, ils sont chargés de constater les infractions à la loi pénale, d'en rassembler les preuves et d'en rechercher les auteurs en diligentant des enquêtes conformément aux règles du Code de procédure pénale. Les commissaires et officiers de police et certains gardiens de la paix sont officiers de police judiciaire (OPJ) et, à ce titre, habilités à effectuer des perquisitions, à prononcer des mesures de garde à vue pour une durée qui varie selon la nature et la gravité de l'affaire traitée et à exécuter les commissions rogatoires délivrées par les juges d'instruction.

Corps de conception et de direction de la police nationale : les commissaires de police qui le composent (commissaires divisionnaires, commissaires principaux, commissaires) assument la responsabilité opérationnelle et organique des services de la police nationale, ont autorité sur l'ensemble des personnels affectés dans ces services, exercent les attributions de magistrat qui leur sont conférées par la loi.

Corps de commandement et d'encadrement de la police nationale : les officiers de police qui le composent (commandants de police, capitaines, lieutenants) secondent ou suppléent les commissaires de police dans l'exercice de leurs fonctions, exercent les attributions qui leur sont conférées par le Code de procédure pénale et les textes réglementaires spécifiques à leur service d'emploi, assurent le commandement des fonctionnaires du corps de maîtrise et d'application, peuvent être chargés d'enquêtes, de missions d'information et de surveillance dans les services actifs de police. Ils peuvent également être chargés de missions ou de commandements particuliers de services de police. Ils ont autorité sur l'ensemble des personnels affectés dans ces services.

Corps de maîtrise et d'application de la police nationale : les fonctionnaires qui le composent (brigadiers-majors de police, brigadiers de police, gardiens de la paix) participent aux missions qui incombent aux services actifs de police et exercent celles qui leur sont conférées par le Code de procédure pénale. Certains peuvent être officiers de police judiciaire. Ils peuvent assurer l'encadrement des policiers auxiliaires et des adjoints de sécurité.

■ **Recrutement.** **Niveau requis par voie de concours externe :** *commissaire :* maîtrise ou équivalent, 30 ans au plus ; *lieutenant :* Deug ou équivalent, 30 ans au plus ; *gardien de la paix :* aucun diplôme exigé, épreuves niveau fin d'études secondaires, de 17 à 28 ans ; *attaché de police :* licence ou équivalent, 30 ans au plus ; *secrétaire administratif de police :* baccalauréat ou équivalent, moins de 45 ans. **Emplois de laboratoire :** *ingénieur :* diplôme d'ingénieur ou équivalent, 35 ans au plus ; *technicien :* baccalauréat ou équivalent, 35 ans au plus ; *aide technique :* brevet des collèges ou équivalent, 18 à 45 ans. **Admissions** (*abréviations :* c. : candidats ; ad. : admis) : **1999 :** *commissaires :* 2 212 c., 51 ad., 1/43 ; *lieutenants :* 3 997 c., 274 ad., 1/15 ; *gardiens de la paix :* 55 111 c., 6 075 ad., 1/9 ; *adjoints administratifs :* 11 782 c., 141 ad., 1/64. **2000 :** *commissaires :* 1 889 c., 51 ad., 1/37 ; *gardiens de la paix* (résultat uniquement du concours du 1-3-2000) : 22 694 c., 1 571 ad., 1/14 ; *secrétaires administratifs :* 688 c., 12 ad., 1/57.

■ **Effectifs des personnels de la police nationale tous corps confondus dans certaines circonscriptions de sécurité publique** (au 1-9-2000). Marseille : 3 521. Lyon : 2 943. Bordeaux : 1 730. Lille : 1 847. Strasbourg : 968.

■ **Policiers décédés en opération et en service.** *1985 :* 31 ; *86 :* 27 ; *87 :* 15 ; *88 :* 24 ; *89 :* 26 ; *90 :* 32 ; *91 :* 27 ; *92 :* 11 ; *93 :* 16 ; *94 :* 20 ; *95 :* 17 ; *96 :* 16 ; *97 :* 17 ; *98 :* 20 ; *99 :* 10 ; *2000 :* 6.

■ **Suicides.** *1985 :* 28 ; *86 :* 43 ; *87 :* 44 ; *88 :* 42 ; *89 :* 57 ; *90 :* 49 ; *91 :* 45 ; *92 :* 46 ; *93 :* 41 ; *94 :* 30 ; *95 :* 62 ; *96 :* 73 ; *97 :* 47 ; *98 :* 59 ; *99 :* 53 ; *2000 :* 56.

■ **Nombre d'habitants par policier.** Espagne 205, Italie 215, Grèce 257, *France 251,* Belgique 303, Luxembourg 330, P.-Bas 340, Danemark 365, G.-B. 380, Suède 400, Canada 470.

■ **Violences mortelles infligées par des policiers ayant utilisé leur arme de service.** *1988 :* 11 ; *89 :* 4 ; *90 :* 4 ;

Ministère de l'Intérieur

■ **Missions.** Assurer la représentation et la permanence de l'État sur le territoire national ; élaborer et faire respecter les règles garantissant aux citoyens l'exercice des libertés publiques, notamment par le suffrage universel ; veiller au respect des libertés locales et des compétences des collectivités territoriales dans le cadre de la décentralisation ; garantir l'intégrité des institutions publiques et la sécurité des personnes et des biens ; protéger la population contre les risques ou fléaux de toute nature et contrer les conséquences d'un conflit éventuel.

■ **Organisation. Direction générale de l'administration (DGA).** Directeur général : Pierre-René Lemas. *Direction de l'administration territoriale et des affaires politiques (DATAP) :* 3 sous-directions (corps préfectoral et administrateurs civils, administration territoriale, affaires politiques et vie associative) ; *direction des personnels, de la formation et de l'action sociale (DPFAS) :* 3 sous-directions (personnels, recrutement et formation, action sociale). Mission : gestion du corps préfectoral, directeurs, sous-directeurs et administrateurs civils de l'administration centrale ; recrutement, gestion et formation des 36 000 agents ne relevant pas de la police nationale.

Direction générale des collectivités locales [autorité conjointe avec ministre de la Fonction publique, de la Réforme de l'État et de la Décentralisation (article 1er du décret 95-1220 du 15-11-1995)]. Directeur général : Dominique Bur. Mission : attribution des concours financiers de l'État aux collectivités locales, contrôle de la répartition des compétences entre l'État et les collectivités, gestion des fonds d'intervention européens.

Direction générale de la police nationale (DGPN) : voir p. 807 a.

Directions des libertés publiques et des affaires juridiques (DLPAJ). Directeur : Jean-Marie Delarve. Missions : défense des intérêts de l'État, réglementation des libertés publiques, de la police administrative, de la circulation et de la sécurité routières (*fichier national des permis de conduire :* 39 millions de titres, plus importante application informatique en France), du statut des étrangers et de la circulation transfrontalière.

Direction de la défense et de la sécurité civile (DSC) : voir le chapitre **Sécurité civile.** Directeur : Michel Sapin.

Direction de la programmation des affaires financières et immobilières (DPAFI). Directeur : Claude d'Harcourt.

Direction des transmissions et de l'informatique. Directeur : Raphaël Bartolt. Mission : continuité des liaisons entre le gouvernement et les préfets. Effectifs : 3 500. 6 services de zone (SZTI) à Bordeaux, Lille, Lyon, Marseille, Metz, Rennes ; 1 service régional des transmissions et de l'informatique à Versailles et 100 services départementaux (SDTI), dont dépendent les centres informatiques interdépartementaux (CII) et les sections techniques déconcentrées. Parc : 197 000 terminaux (radioélectriques 35 500, informatiques 28 500, messagerie 2 500, téléphones 130 800). Réseau privé de télécommunication (RGT). 125 millions de dossiers gérés.

■ **Services directement rattachés au ministre de l'Intérieur. Inspection générale de l'administration :** voir p. 749 a. **Institut des hautes études de la sécurité intérieure (IHESI) :** *créé* 1989. Directeur : Jean-Claude Karsenty. **Service de l'information et des relations publiques (SIRP). Services du cabinet du ministre :** bureaux du cabinet, chiffre et sécurité, mission des archives nationales.

■ **Effectifs** (au 1-9-2000). *Police nationale :* 144 385 dont 1 929 commissaires, 16 091 officiers, 94 047 gradés et gardiens, 12 675 administratifs, 1 789 policiers auxiliaires et 14 854 adjoints de sécurité. *Administration territoriale :* 28 869 dont 598 membres du corps préfectoral. *Administration générale :* 5 249. *Sécurité civile :* 2 850 agents et 240 000 sapeurs-pompiers départementaux ou militaires (à Paris et Marseille), 228 000 volontaires (gérés par départements et communes, à la disposition de l'État pour la mise en œuvre des moyens opérationnels).

■ **Moyens matériels** (au 1-1-2000). *Police nationale :* 2 767 sites couvrant 3 millions de m², 156 hôtels de police, 1 741 commissariats et postes de police, 17 écoles et centres de formation. *Administration territoriale :* 600 sites, 2,5 millions de m², 108 préfectures, 239 sous-préfectures d'arrondissement. *Administration centrale :* 20 sites, 245 000 m² à Paris et Ile-de-France et 7 sites en province (23 000 m²). *Moyens aériens de la sécurité civile :* 28 avions, 35 hélicoptères, 20 bases. *Transmissions et informatique :* 163 000 terminaux.

■ **Budget** (en milliards de F, 2001). 109,84 dont collectivités locales 50,6, police nationale 32, administration centrale 18,9, administration territoriale 6,9, services communs 1,4, sécurité civile 1,6, cultes 0,2, recherche 0,007.

Groupes d'autodéfense : les lois du 1-7-1901 et du 10-1-1936 les interdisent et prévoient des sanctions pénales. En 1969, à St-Priest (Rhône) et en 1972 à St-Georges-d'Orques (Hérault), des milices communales avaient été créées par arrêté municipal. Dans les 2 cas, l'arrêté a été annulé par l'autorité préfectorale et la milice dissoute.

Polices privées : elles ne sont régies par aucun texte législatif ou réglementaire et n'ont pas juridiquement qualité pour se comporter comme un agent des pouvoirs publics. Un policier privé ne peut, par exemple, exiger la présentation de papiers d'identité, procéder à une fouille ou interroger un suspect. S'il est armé, il ne peut utiliser son arme qu'en cas de légitime défense, sous peine de s'exposer à des poursuites pénales pour coups et blessures ou homicide volontaire.

95 : 6 ; *96 :* 4 ; *97 :* 1 ; *98 :* 6 ; *99 :* 5. Dans la majorité des cas, les policiers étaient en état de légitime défense. Entre 1989 et 1996, à Paris et dans la petite couronne, 218 policiers ont fait usage de leur arme dans 166 affaires distinctes ; la plupart pour intercepter un véhicule. 93 % des tirs ont eu lieu en état de légitime défense. Dans 7 % des affaires les policiers ont été sanctionnés.

■ **Syndicats (principaux).** **Alliance Police Nationale** *créée* avril 1995. *Secr. général :* Jean-Claude Gleize. **Union Nationale des Syndicats Autonomes (UNSA)** remplace la FASP (dissoute). *Secr. général :* Joaquin Masanet. **Syndicat National Unitaire et Indépendant des Officiers de Police (SNUIP-UNSA)** remplace le SNO. *Secr. général :* Pierre Marco. **Différence-UNSA.** *Secr. général :* Francis Masanet. **Syndicat des Commissaires de Police (SPCP-UNSA).** *Secr. général :* Gérard Munaut. **Syndicat Général de la Police-Force ouvrière (SGPFO).** *Secr. général :* Xavier Beugnet. **Syndicat National des Officiers de Police (SNOP).** *Secr. général :* Michel Albin. **Synergie Officiers.** *Secr. général :* Bruno Beschizza. **Syndicat des Commissaires et Hauts Fonctionnaires de la Police Nationale (SCHFPN).** *Secr. général :* Michel André Ventre. **Syndicat national des policiers en tenue (SNPT-UNSA).** *Secr. général :* Gérald Noule. **Syndicat indépendant et professionnel des CRS (SNIP-UNSA).** *Secr. général :* Joaquin Masanet.

■ **Résultats des élections professionnelles** (en %, 1998). **Corps de maîtrise et d'application** (gradés et gardiens) : UNSA 32,93, Alliance 30,10, SGP 19,36, FPIP 5,79, FO 2,64, CGT 1,09, CFDT 1,15, CFTC 0,71 ; **de commandement et d'encadrement** (officiers) : SNOP 60,37, Synergie Officiers 19, FPIP 3,32, FO 2,85, CFTC 1,32, CFDT 1,26, CGT 0,84 ; **de conception et de direction** (commissaires) : SCHFPN 78,43, SCP 12,63, FO 8,95.

BUDGET

■ **Police nationale** (en millions de F, 2000). Crédits de paiement 31 989, dont personnel 26 448, fonctionnement 4 341. **Créations d'emplois :** *1982 :* 5 617 ; *83 :* 2 687 ; *90 :* 1 325 ; *96 :* 2 200 ; *98 (prév.) :* 6 500. **Contribution aux dépenses de fonctionnement de la police :** la loi du 2-3-1982 a supprimé, à compter du 1-1-1982, la contribution communale aux dépenses de police dans les communes où a été instituée une police d'État (en 1982, 680 communes de plus de 10 000 hab. sur 767, les communes urbaines périphériques plus petites sont plus nombreuses). Le régime de police d'État est de droit, si le conseil municipal le demande, dans les communes dotées d'un corps de police municipale qui réunissent les conditions prévues (effectifs et qualifications professionnelles ou seuil démographique).

POLICE MUNICIPALE

■ **Statut.** Contribue localement à la sécurité en coordination avec la police nationale ou la gendarmerie grâce aux conventions signées par les préfets avec les maires après avis du procureur de la République. La loi du 15-4-1999 a étendu le pouvoir de verbalisation des agents des polices municipales aux contraventions, aux arrêtés de police municipaux et à certaines dispositions du code de la route avec la possibilité de relever l'identité des contrevenants. L'armement des agents de police municipale est subordonné à une autorisation préfectorale sur demande motivée du maire. Le pouvoir d'appréciation du préfet est discrétionnaire.

■ **Statitistiques** (1997). Sur 36 678 communes (métropole + DOM) 2 497 ont une police municipale (total 12 548 agents). *Effectifs les plus importants :* Nice 25,3, Cannes 250, Strasbourg 136, Antibes 118, Lyon 108, Marseille 105, Montpellier 100.

GENDARMERIE NATIONALE

GÉNÉRALITÉS

■ **Historique.** *Maréchaussée* (dépendait des maréchaux de France) : **1373** ordonnance fixant à Paris le siège de la justice de la Connétablie et Maréchaussée de France. **1536** édit de Paris définissant les missions (essentiellement surveillance des grands chemins), police militaire, joue le rôle des prévôtés modernes. Chargée également de la protection des civils dans les zones des armées. **1720** étendue à tout le territoire (une maréchaussée royale par généralité). **1791** appelée *gendarmerie nationale*, perd les fonctions de justice prévôtale. **1798**-*17-4* (28 germinal an VI) loi codifiant principes d'actions et missions. **1820, 1854, 1903**-*20-5* décrets d'application.

■ **Missions.** Force de police à statut militaire relevant du ministère de la Défense, instituée pour veiller à la sûreté publique (elle garantit la protection des personnes et des biens, renseigne, alerte et porte secours) et pour assurer le maintien de l'ordre et l'exécution des lois. Par ailleurs, elle participe à la défense militaire de la nation. Son action s'exerce sur l'ensemble du territoire national (métropole et outre-mer) ainsi que sur les armées, au profit de tous les départements ministériels et plus spécialement de ceux de la Défense, de l'Intérieur et de la Justice.

■ **Organisation** (2001). **Gendarmerie départementale :** 63 419 personnes ; 3 553 brigades territoriales, 306 pelotons de surveillance et d'intervention (PSIG), 19 pelotons de montagne, 93 brigades départementales de renseignements judiciaires, 343 sections et brigades de recherche, 11 sections aériennes, 5 brigades fluviales, 93 escadrons départementaux de sécurité routière, 129 pelotons d'autoroute, 36 brigades de prévention de la délinquance juvénile, 21 centres d'information et de recrutement. **Gendarmerie mobile** (créée loi 22-7-1921) : 17 025 personnes ; 129 escadrons, 8 pelotons spéciaux de sécurité, 1 groupement de sécurité et d'intervention (GSIGN). **Formations spécialisées :** 4 527 personnes dont Garde républicaine (10 Cies, 5 escadrons), 34 brigades de gendarmerie de transports aériens (BGTA), 5 unités de protection, 17 unités de la gendarmerie de l'armement. **Autres unités :** 75 brigades et postes de gendarmerie maritime, 51 brigades de gendarmerie de l'air, 23 écoles et centres d'instruction. **Groupement de sécurité et d'intervention de la gendarmerie nationale** [comprend le groupe d'intervention (GIGN), l'escadron parachutiste d'intervention (EPIGN) et le groupe de sécurité de la présidence de la République (GSPR)].

Toutes les unités de gendarmerie d'une région de gendarmerie sont placées sous l'autorité d'un général.

■ **Les duels. Origine : Ve s.** *jugement de Dieu* ou duel judiciaire. Introduit en Occident par les Germaniques. **VIe s.** la loi des Burgondes (dite *loi gombette*) le prévoit lorsque dans un procès le demandeur refuse de prêter serment. Les lois des Francs ripuaires, des Thuringiens, des Saxons l'admettent également dans divers cas. **X^e^ au XIIIe s.** le duel judiciaire *(ordalie)* reste en vigueur ; seuls, nobles et hommes libres y sont en principe admis. **1254** ou **1258** édit de St Louis interdisant les duels judiciaires en matière de droit civil, en particulier en matière d'héritage. **1260** ordonnance l'interdisant pour les procès criminels et lui substituant la preuve par témoignage. **1306** ordonnance de Philippe le Bel autorisant les proches d'une victime d'assassinat à la venger en provoquant le meurtrier en duel s'ils ne peuvent obtenir judiciairement la condamnation du coupable. Le duel reste cependant interdit sauf autorisation royale prise au Parlement. **1545** François Ier refuse ainsi au sire de La Châtaigneraie l'autorisation de se battre en duel avec Guy de Jarnac. Concile de Trente : l'Église condamne le duel qui reste largement pratiqué en France (nombre de gentilshommes sont protestants). **1589 à fin 1608** 7 000 lettres de grâce auraient été accordées et 7 000 à 8 000 gentilshommes auraient été tués en duel. **1623** ordonnance royale punissant de mort les duellistes. **1626** édit les privant de la noblesse. Le duel ayant entraîné mort d'un homme est assimilé à un crime de lèse-majesté. En application de cet édit, Richelieu fera décapiter en 1627 le comte de Montmorency-Bouteville, déjà 2 fois condamné. **1651** édit de Louis XIV sanctionnant le duel de roture et d'infamie à perpétuité. **1679** édit imposant l'arbitrage du tribunal des maréchaux. Les contrevenants sont passibles de la prison, les récidivistes de la mort avec confiscation de leurs biens. **XVIIIe s.** jusque vers le milieu du siècle, ces édits restent lettre morte. Les Codes pénaux de 1791, du 8 brumaire an IV (30-10-1795) et de 1810 ignorent le duel. **XIXe s.** duel très répandu chez les officiers de Napoléon, et sous la Restauration entre royalistes et demi-soldes. **1837**-*15-12* un arrêt de la Cour de cassation déclare que l'homicide et les coups et blessures infligés en duel entrent dans le droit commun. Cependant, jusqu'en 1914, les duellistes accusés d'homicide volontaire sont régulièrement acquittés par les tribunaux. Après 1920, les « affaires d'honneur » se raréfient ; quelques cas après 1945, dont les duels de Gaston Defferre contre Paul Bastide [directeur politique de *l'Aurore* (1947)] et contre René Ribière [député gaulliste (21-4-1967)].

Législation actuelle : le duel est assimilé par la loi à un assassinat s'il entraîne la mort ; sinon, à des coups et blessures volontaires.

Règles : l'offensé choisit 2 témoins et les envoie à son offenseur qui les met en rapport avec 2 de ses amis. Les 4 témoins établissent s'il y a matière à duel ou à arrangement. S'ils estiment que la réparation par les armes s'impose, ils fixent les conditions du combat. L'offensé a le choix des armes (épée ou pistolet, plus rarement le sabre). Les armes sont fournies par les témoins et tirées au sort entre les adversaires. Le duel à l'épée est *au premier sang* si l'offense est légère, *à mort* quand les témoins estiment que l'insulte le justifie. Sur le terrain, les témoins attribuent leur place aux adversaires en veillant à l'égalité des chances (duel au pistolet : 30 pas de distance entre les adversaires). Le combat ne commence que sur leur ordre et cesse avec la mort de l'un des adversaires ou lorsque les témoins estiment que la réparation est suffisante.

Duels célèbres : 1547-*10-7* François de La Châtaigneraie contre Guy de Jarnac ; autorisé par Henry II, le duel a lieu en présence de la cour, sur la terrasse de Saint-Germain ; Jarnac blesse mortellement son adversaire en lui tranchant le jarret (le « coup de Jarnac »). **1578**-*24-4* duel des Mignons (favoris d'Henri III), à Paris, derrière le château des Tournelles : Quélus, Maugiron et Livarot contre d'Entragues, Ribérac et Schomberg ; 2 sont tués sur le coup, 2 mortellement blessés, 1 blessé grièvement. **1627**-*15-5* Montmorency-Bouteville se bat à midi, sur la place Royale, contre le marquis de Beuvron. *Règne de Louis XV :* Mmes de Nesle et de Polignac se battent au pistolet au bois de Boulogne : Mme de Polignac a le bout de l'oreille emporté. **1836**-*22-7* duel au pistolet entre les journalistes Émile de Girardin et Armand Carrel, ce dernier est tué.

■ **Statistiques. Effectifs** (en 2001) : **Officiers :** 3 934 dont *de gendarmerie* 3 497 dont généraux de division 8, de brigade 17, colonels 228, lieutenants-colonels et chefs d'escadron 1 155, capitaines, lieutenants et sous-lieutenants 2 089. *Corps de soutien* 86 dont colonels 2, lieutenants-colonels et commandants 28, capitaines, lieutenants et sous-lieutenants 56. **Sous-officiers :** 76 379 dont *de gendarmerie* 73 583 dont aspirants 70, majors 1 510, adjudants-chefs 3 468, adjudants 8 422, maréchaux des logis-chefs 8 197, gendarmes 51 916. *Corps de soutien* 2 796 dont majors 72, adjudants-chefs 369, adjudants 486, sergents-chefs 648, sergents 1 221. **Personnels du rang :** 7 403 dont appelés : sous-lieutenants 12, aspirants 92, gendarmes auxiliaires maréchaux des logis 261, brigadiers-chefs 468, brigadiers 945, de 1re classe 773, gendarmes auxiliaires 4 852. **Volontaires :** 7 300 dont aspirants 30, maréchaux des logis 170, brigadiers-chefs 306, brigadiers 1 123, volontaires 5 671. **Total général :** 96 533 dont *militaires* 94 665, *civils* 1 868.

Gendarmes tués en service : *1985 :* 25 ; *86 :* 23 ; *87 :* 17 ; *88 :* 19 ; *89 :* 23 ; *90 :* 10 ; *91 :* 8 ; *92 :* 16 ; *93 :* 9 ; *94 :* 12 ; *95 :* 17 ; *96 :* 24 ; *97 :* 17 ; *98 :* 11 ; *99 :* 6 ; *2000 :* 10. **Blessés :** *1985 :* 1 448 ; *86 :* 1 387 ; *87 :* 1 299 ; *88 :* 1 316 ; *89 :* 913 ; *90 :* 775 ; *91 :* 853 ; *92 :* 884 ; *93 :* 906 ; *94 :* 1 034 ; *95 :* 956 ; *96 :* 956 ; *97 :* 1 097 ; *98 :* 985 ; *99 :* 1 070 ; *2000 :* 1 355. **Suicidés :** *1990 :* 82 ; *93 :* 41 ; *95 :* 35 ; *96 :* 31 (pour 98 433 gendarmes) ; *97 :* 24 ; *98 :* 29 ; *99 :* 23 ; *2000 :* 32.

Candidats à l'engagement. Sous-officiers : *1980 :* 13 180 ; *85 :* 17 923 ; *90 :* 14 737 ; *93 :* 27 403 ; *95 :* 22 177 ; *98 :* 17 842 ; *99 :* 18 781 ; *2000 :* 16 100. **Candidatures féminines :** *1983 :* 1 790 ; *85 :* 3 247 ; *86 :* 4 007 ; *87 :* 3 718 ; *88 :* 1 012 ; *89 :* 3 814 ; *90 :* 2 750 ; *91 :* 2 462 ; *92 :* 4 858 ; *93 :* 4 481 ; *95 :* 2 467 dont 162 gendarmes auxiliaires féminins (GAF) ; *96 :* 4 512 ; *97 :* 5 427 ; *98 :* 3 747 ; *99 :* 3 511 ; *2000 :* 3 650. **Gendarmes auxiliaires :** *1980 :* 3 461 ; *85 :* 18 479 ; *90 :* 14 397 ; *95 :* 22 658 ; *98 :* 14 726 ; *99 :* 10 501 ; *2000 :* 5 260.

Retraités de la gendarmerie (au 1-1-2000) : 63 268 et 35 168 veuves de gendarmes.

■ **Matériel utilisé. Véhicules :** 25 524 (de patrouille, de transport, tactiques, etc.), 3 517 motocyclettes, 28 blindés canon de 90 (VBC), 155 blindés à roues de la gendarmerie (VBRG), 42 hélicoptères (Écureuil et Alouette III), 34 vedettes, 113 canots rigides. **Armement :** 106 113 fusils, 26 961 d'assaut de type *Famas*, 150 861 armes de poing, 72 942 pistolets mitrailleurs, 9 629 fusils à pompe, 11 359 mitrailleurs, 525 lance-roquettes antichar, 781 mortiers de 60 et 81 mm. **Casernes :** 4 187 (offrant 81 903 logements).

■ **Sanctions disciplinaires à l'encontre des fonctionnaires de la gendarmerie (en 1999).** 2 207 pour fautes et négligences dans l'exercice de la profession 894, contre le renom de l'armée 461, manquements aux règles d'exécution du service 367, fautes concernant le comportement et la tenue 201, contre la discipline militaire 109, faux et falsifications 77, indélicatesse 65, fautes tendant à soustraire leur auteur à ses obligations militaires 16, manquements graves aux devoirs du militaire 11, détournements 6.

ÉCOLES

■ **École des officiers.** A Melun depuis 1945. *Officiers de gendarmerie recrutés en 2000 :* 352 au total. Sortis d'écoles : *grandes écoles militaires :* 31 (ESM : 15, École de l'Air : 2, École militaire de la flotte : 1, Polytechnique : 1, *École militaire interarmes :* 10, École navale 1, EMA 1). Sur titres : *officiers de réserve :* 2 ; sur concours : *officiers subalternes d'active :* 32 ; *officiers subalternes de réserve :* 59 ; *sous-officiers de gendarmerie :* 41 ; *sous-officiers de gendarmerie titulaires DQSG :* 78 ; *sur proposition parmi les majors, adjudants-chefs et adjudants ayant plus de 10 ans de service :* 109.

■ **Écoles de sous-officiers de gendarmerie.** A Chaumont, Châtellerault, Montluçon et Le Mans. Recrutement permanent. Engagements : à partir de 18 ans et avant 36 ans. 3 500 emplois pour un niveau BEPC ou plus. Dossiers à déposer à la brigade de gendarmerie du domicile ou dans l'un des 21 CIRGEND (centres d'information et de recrutement de la gendarmerie). Hiérarchie : gendarme, maréchal des logis-chef, adjudant, adjudant-chef, major. Les plus brillants peuvent devenir officiers. Limite d'âge : 55 ans (sauf major : 56 ans).

■ **Écoles de gendarmerie.** Centres nationaux *de qualification* du commandement (Rochefort) ; *de formation* motocycliste, de police judiciaire (Fontainebleau), des gendarmes auxiliaires féminins et des sous-officiers du corps de soutien technique et administratif de la gendarmerie (Chaumont) ; *d'instruction* nautique (Antibes), cynophile de la gendarmerie (Gramat) ; *d'entraînement* des forces de la gendarmerie (St-Astier).

■ **Centres d'instruction de gendarmes auxiliaires.** A Châteaulin. Dans le cadre de la réforme du service national (suspension de la conscription), les gendarmes auxiliaires actuels seront remplacés d'ici 2002 par 16 232 gendarmes adjoints.

■ **Écoles de gendarmes adjoints.** A Tulle, Montargis, St-Astier et Châteaulin. Recrutement sans condition de diplôme. *Engagements :* à partir de 18 ans et avant 26 ans. Durée initiale de 12 mois, renouvelable chaque année dans la limite de 5 ans. A l'issue, possibilité de faire carrière dans la gendarmerie (3 000 postes ouverts en 2000, 8 000 en 2001). *Hiérarchie :* gendarme adjoint, brigadier, brigadier-chef, maréchal des logis, aspirant.

■ RÔLE

■ **Police judiciaire.** Exercée, dans chaque ressort de tribunal de grande instance, sous la direction du procureur de la République. Relève du min. de la Justice. Constate les atteintes à la loi pénale (crimes, délits et contraventions), rassemble les preuves, recherche les auteurs (flagrant délit et hors flagrant délit). Exécute les délégations des juges d'instruction (commissions rogatoires) et les réquisitions des magistrats. **Effectifs :** 18 000 officiers, gradés et gendarmes sont officiers de police judiciaire, ils exécutent des enquêtes de flagrant délit ou sur commission rogatoire. Les autres gendarmes sont **agents de police judiciaire** et effectuent des enquêtes préliminaires. **Organisation :** *290 brigades de recherches* et *30 sections de recherches* se consacrent exclusivement à la police judiciaire. Dans chaque département, équipe de techniciens en identification criminelle. *Service technique de recherches judiciaires et de documentation* et *Institut de recherche criminelle* fonctionnent à l'échelon central (formation, analyses et examens scientifiques). *Centre national de formation de police judiciaire* forme et recycle les spécialistes.

Activité générale (1998). **Police criminaliste** 52 % de l'activité ; *crimes et délits* constatés en métropole 919 030 (257 644 personnes mises en cause dont 13 711 écrouées) ; *infractions routières* 3 288 945, *accidents corporels* 47 187 (dont 14 548 en agglomération) ; *montagne* opérations de secours 3 213 au profit de 5 629 personnes ; *mer et fleuves* opérations 533 au profit de 709 personnes. **Investigations judiciaires :** 40 % de l'activité. En 1998, a enquêté sur 290 homicides, 2 464 vols à main armée, 117 853 cambriolages, 5 143 vols avec violence, 7 405 viols et atteintes sexuelles, 33 967 affaires de stupéfiants. **Gendarmerie mobile :** 128 escadrons, 17 000 hommes constituant une réserve générale à la disposition du gouvernement. 37 % de leur temps est consacré au maintien de l'ordre public et 35 % au renfort des unités de la gendarmerie départementale.

■ **Ouverture du feu.** L'article 174 du décret du 20-5-1903, toujours en vigueur, fixe les conditions de l'ouverture du feu par les gendarmes dans 5 circonstances : **1°)** lorsque des violences ou des voies de fait sont exercées contre eux ou lorsqu'ils sont menacés par des individus armés ; **2°)** lorsqu'ils ne peuvent défendre autrement le terrain qu'ils occupent, les postes ou les personnes qui leur sont confiées ou, enfin, si la résistance est telle qu'elle ne puisse être vaincue autrement que par la force des armes ; **3°)** lorsque les personnes invitées à s'arrêter par des appels répétés de « halte gendarmerie », faits à haute voix, cherchent à échapper à leur garde ou à leurs investigations et ne peuvent être contraintes de s'arrêter que par l'usage des armes ; **4°)** lorsqu'ils ne peuvent immobiliser autrement les véhicules, embarcations ou autres moyens de transport dont les conducteurs n'obtempèrent pas à l'ordre d'arrêt ; **5°)** ils sont également autorisés à faire usage de tous engins ou moyens appropriés tels que herses, hérissons, câbles, etc., pour immobiliser les moyens de transport quand les conducteurs ne s'arrêtent pas à leur sommation.

■ **Police administrative.** Maintien de l'ordre et de la tranquillité publique. Caractère essentiellement préventif. Relève du ministère de l'Intérieur.

■ **Police militaire.** *Surveillance* des installations militaires et des militaires isolés, *police de la circulation militaire, police judiciaire militaire* (pour les infractions au Code de justice militaire). *Prévôté aux armées* (quand elles stationnent hors de France) ; *participation aux opérations de maintien de la paix* (dans le cadre de l'Onu, de l'UEO et de l'Otan). *Missions de défense :* participe à l'administration des réserves et à la préparation de la mobilisation des armées, concourt à la sécurité des moyens des forces nucléaires stratégiques, participe aux opérations militaires en cas de mise en œuvre de la défense opérationnelle du territoire (notamment garde des points sensibles civils importants et intervention immédiate).

■ **Police de la route.** *Actions préventives :* sécurité routière, éducation routière scolaire, information des usagers, surveillance du trafic. *Actions répressives :* relevé des infractions graves génératrices d'accidents (alcool, vitesse, priorités, surcharges, etc.), infractions au temps de conduite (PL), non-port des équipements de sécurité, etc. *Interventions urgentes :* aide et assistance aux automobilistes, constatation des accidents corporels de la circulation. *Divers :* service d'ordre, escortes (convois, épreuves sportives, transport d'organes, etc.). Toutes les unités participent à l'exécution de la mission de sécurité routière à raison de 15 % de leur activité totale ; certaines unités spécialisées, à temps complet. *Gendarmerie départementale :* 96 pelotons motorisés (4 033 militaires dont 3 349 motocyclistes), 30 escadrons de gendarmerie d'autoroute (3 778 militaires dont 1 350 motocyclistes). *Gendarmerie mobile :* 14 brigades motorisées créées en 1990 (210 militaires motocyclistes).

■ **Concours aux administrations de l'État.** Pour l'application de la réglementation, l'exécution d'enquêtes, la recherche et la diffusion de renseignements divers. S'intègre dans les plans d'assistance et de secours (comme le plan Orsec, voir à l'Index).

■ **Gendarmerie de l'air.** **Créée** à Alger le 15-9-1943. **Effectifs** (en 1999) : active 739 ; 332 gendarmes auxiliaires, en 4 groupements et 57 brigades.

■ **Gendarmerie maritime.** **Créée** 1791 comme gendarmerie des ports et arsenaux, remonte à une compagnie d'« archers de la Marine » dont l'existence est attestée depuis 1337. **Mission :** participe avec ses unités navigantes à l'exercice des attributions des préfets maritimes dans le domaine des actions de l'État en mer ; chargée de la surveillance et de la police des lieux et établissements relevant du commandement de la Marine et contribution à leur protection. Participe à la défense maritime du territoire. **Effectifs** (en 1999) : active 923 ; 158 gendarmes auxiliaires.

■ **Garde républicaine.** **Créée** 1813 avec des vétérans des unités de gendarmes rapatriés d'Espagne, transformée 1816 en « gendarmerie royale de Paris » (elle se rattache aux anciens « archers du guet » qui faisaient la police à Paris depuis 1254, mais elle a été séparée des « sergents de ville », c'est-à-dire des policiers, en 1830), et rattachée à la gendarmerie en 1848. **Mission :** services d'honneur ; sécurité des établissements publics (Élysée, Palais-Bourbon, etc.) ; escortes et service d'ordre ; missions de police de la route (motocyclistes), prestige (concerts, démonstrations). **Organisation :** commandée par un général ; 1 régiment de cavalerie (3 escadrons à cheval) ; 2 régiments d'infanterie ; 1 escadron motocycliste ; des formations spéciales (musique, orchestres, fanfare de cavalerie, chœur de l'armée française). **Effectifs** (en 1999) : active 3 124 ; 285 gendarmes auxiliaires.

■ **Gendarmerie des transports aériens.** **Créée** 1946 pour la « surveillance des aérodromes ressortissant à la Direction générale de l'aviation civile ». **Effectifs** (en 1999) : active 604 ; 453 gendarmes auxiliaires.

■ **Gendarmerie de l'armement.** **Créée** 1973, 1 état-major et 3 compagnies. **Effectifs** (en 1999) : active 228 ; 107 gendarmes auxiliaires.

■ **Gendarmerie outre-mer.** **Effectifs** (en 1999) : active 2 899 ; 333 gendarmes auxiliaires.

■ **Réserves de la Gendarmerie.** 50 000 hommes dont 13 000 (officiers, sous-officiers et militaires du rang volontaires) seront répartis sur le territoire.

Office central de lutte contre le trafic des biens culturels (OCBC). *Créé* 1975. **Effectifs :** 35 policiers et gendarmes. Gère la base de données nationale des œuvres d'art volées en France, la *Treima* (Thesaurus de recherche électronique et d'imagerie en matière artistique).

Vols ou tentatives de vols dans les maisons de caractère (châteaux, manoirs, gentilhommières et maisons de maître) 1 478 (688 en 1997). **Effractions** (en %) : de nuit 79, réussies 84, en présence des occupants 120. Ont été pris : 2 561 meubles, 888 pendules, 496 tableaux et 470 bronzes.

COMMENT SE NOMMENT LES HABITANTS DE ?

☞ Les appellations ont souvent changé au cours des siècles.

Agde Agathois
Agen Agenais
Aigle (L') Aiglons
Aigues-Mortes Aigues-Mortais
Aillons (Les) Aillonnais
Aire-sur-l'Adour Aturins
Aire-sur-la-Lys Airois, Airiens
Aix-en-Provence Aixois, Aquisextains
Ajaccio Ajacciens
Albens Albanais
Albi Albigeois
Aléria (Corse) Aleriacci
Alès Alésiens
Allauch Allaudiens
Allègre Allègras
Alpe-d'Huez Huizats
Alpe-du-Grand-Serre Mortillons
Amboise Amboisiens, Ambaciens
Amélie-les-Bains-Palalda Améliens
Andelys (Les) Andelisyens
Anet Anétais
Angers Angevins
Angoulême Angoumoisins, Angoumois
Annecy Anneciens, Anniçois
Annonay Annonéens
Ansouis Ansouisiens
Antibes Antibois, Antipolitains
Antony Antoniens
Antrain Antrenais
Apremont Apremontais
Apremont-la-Forêt Asperomontais
Apt Aptésiens, Aptois
Arbois Arbosiens
Archigny Archignois
Arcs (Les) Arcadiens
Ardres Ardrésiens
Argelès-Gazost Argelésiens
Argentan Argentanais
Argenteuil Argenteuillais, Argentoliens
Argenton-Château Argentonnais
Armagnac Armagnacots
Arques-la-Bataille Arquois
Arras Arrageois, Atrebates
Arrou Arroutains
Artois Artésiens
Asco (Corse) Aschesi
Asnières (Cher) Hannetons
Asnières-sur-Seine Asniérois
Aspremont Aspéramontais
Athis-Mons Athégiens, Athémonsois
Aubagne Aubagnais
Aubenas Albenassiens
Auberive-en-Royans Albaripains
Aubervilliers Albertivillariens
Aubusson Aubussonnais
Auch Auscitains
Auchy-les-Mines Alsiaquois
Augan Alganais
Aulnay-sous-Bois Aulnaisiens
Auneau Aunelliens, Alnélois
Auray Alréens, Alriens
Aurillac Aurillacois
Auriolles Auriollois
Auriples Auriplans
Auris-en-Oisans Aurienchons
Auron Auronnais
Aussois Aussoyens
Auterive Auterivains
Autrans Autranais
Autun Autunois
Auxerre Auxerrois
Avenas Avenaudis
Avon Avonnais
Avoriaz Avoriaziens
Avranches Avranchinais, Avranchais, Avranchins
Ax-les-Thermes Axéens
Ay Ayéens
Baccarat Bachamois
Bagnères-de-Bigorre Bagnérais, Bigourdans, Bigourdains
Bagnères-de-Luchon Luchonnais
Bagneux Balnéolais
Bagnolet Bagnoletais, Bagnolaisiens
Bagnols-sur-Cèze Bagnolais
Bailleau-l'Évêque Baillolais, Ballotins
Bains-en-Vosges Benous
Bains-les-Bains Balnéens
Balzac Balzatois
Banyuls-sur-Mer Banyulencs, Bagnolais
Bapaume Bapalmois
Barbezieux Barbeziliens
Barcelonnette Barcelonnettains
Bar-le-Duc Barisiens, Barrois
Bar-sur-Aube Baralbins, Barsuraubois
Bar-sur-le-Loup Barots
Bar-sur-Seine Barséquanais, Barrois
Barrettali (Haute-Corse) Barrettalesi
Bas-en-Basset Bassois
Basse-Indre Basse-Indrais
Bastelica Bastilcacci
Batz Batziens, Iliens
Bauges (Les) Baujus
Baux-de-Provence (Les) Baussencs
Bayeux Bayeusains, Bajocasses
Bazas Bazadais
Beaufort Beaufortains
Beaugency Balgenciens
Beaujeu Beaujolais
Beaulieu-sur-Mer Berlugans
Beaupréau Bellopratains
Beausoleil Beausoleillois
Beauvais Beauvaisiens, Beauvaisins
Beauvoir-en-Royans Belvérois
Bécon Béconnais
Becquet Becquetais
Bédarieux Bédariciens
Bègles Béglais
Beignon Beignonais
Belfort Belfortains
Belgodère Belgodercecci
Bellac Bellacquais, Bellachons
Belle-Isle-en-Mer Bellilois
Belleville Belvillois
Belley Belleysans
Bercq Berckois
Bergues Berguois, Berguennards
Bernay Bernayen
Berre-l'Étang Berratins
Besançon Bisontins
Besné Besnétins
Bessans Bessannais
Bétharram Bétharramites
Bethoncourt Bethoncourtois
Beuil-les-Launes Beuillois
Béziers Biterrois
Biarritz Biarrots, Miarriztars (en basque)
Bicêtre Bicêtriens
Bidache Bidachots
Bidart Bidards, Bidartars (en basque)
Bigorre Bigourdans, Bigorrais
Billy Billesois
Biot Véros
Blanc (Le) Blancois
Blanc-Mesnil (Le) Blancmesnilois
Blay Blaviens
Blaye Blayais
Blois Blésois
Bobigny Balbyniens
Bois-d'Arcy Arcysiens
Bolbec Bolbécais
Bondy Bondynois
Bonhomme (Le) Bonhommiens
Bonnat Bonnachons
Bonneval-sur-Arc Bonnevalains
Bonneveau Bonnevatiers
Bonnieux Bonnieulais
Bordeaux Bordelais
Boué Boeyans
Bouille Bouillois
Boulay-Moselle Boulageois
Boulogne-Billancourt Boulonnais
Boulogne-sur-Mer Boulonnais
Bourbon-l'Archambault Bourbonnais
Bourbourg Bourbourgeois, Bourbouriens
Bourganeuf Bourgouniauds
Bourg-Argental Bourguisans
Bourg-de-Péage Péageois
Bourg-en-Bresse Bressans, Burgiens
Bourges Berruyers
Bourget (Le) Bourgetins
Bourg-la-Reine Réginaborgiens, Burgo-Réginiens
Bourg-lès-Valence Bourcains, Bourquins
Bourgoin Bergusiens
Bourgoin-Jallieu Berjalliens
Bourg-Madame Guinguettois
Bourg-Saint-Andéol Bourgaisins, Bourguesans
Bourg-Saint-Maurice Borrins
Bourg-sur-Gironde Bourcais
Bourgneuf-en-Retz Bourgoniens
Bouscat (Le) Bouscatais
Boussac Boussagols
Boussagues Boussagols, Boussaquins
Bouvante-le-Bas Bovantéens
Bouvante-le-Haut Bovaltéens
Bouvran Bouvronais
Boz Burhins
Bresse (La) Bressauds
Brest Brestois
Breteuil-sur-Iton Bretoliens
Breteuil-sur-Noye Breteuillois
Brétigny-sur-Orge Brétignolais
Briançon Briançonnais
Briey Briotins
Brignoles Brignolais
Brioude Brivadois
Brive-la-Gaillarde Brivistes
Bron Brondillants
Brou Broutins, Broutains
Brouage Brouageais
Bruay-la-Buissière Bruaysiens
Brunoy Brunoyens
Bry-sur-Marne Bryards
Bulles Bullois
Bully-les-Mines Bullygeois
Bures-sur-Yvette Buressois
Bussang Bussenets
Buzançais Buzançaïens
Buzancy Buzancéiens
Cachan Cachanais
Cadillac Cadillacais
Caen Caennais
Cagnes-sur-Mer Cagnois
Cahors Cadurciens
Cahuzac Cahuzagues
Caluire-et-Cuire Caluirards

☞ Suite, voir p. 901.

RÉGIONS FRANÇAISES

☞ Pour découvrir la sélection **Quid** des meilleurs sites Internet sur les régions françaises, rendez-vous sur **www.quid.fr**

POPULATION (EN MILLIERS D'HABITANTS)

Source : Insee

Régions	Superficie	1851	1901	1936	1968	1990	1999
Alsace	**8 280**	**1 045**	**1 155**	**1 219**	**1 412**	**1 624**	**1 734**
Bas-Rhin (67)	4 755	608	659	712	827	953	1 026
Haut-Rhin (68)	3 525	437	495	508	585	671	708
Aquitaine	**41 309**	**2 211**	**2 271**	**2 155**	**2 460**	**2 796**	**2 908**
Dordogne (24)	9 060	506	453	387	374	386	388
Gironde (33)	10 000	614	821	851	1 009	1 214	1 287
Landes (40)	9 243	302	292	251	277	312	327
Lot-et-Garonne (47)	5 361	341	279	253	291	306	305
Pyrénées-Atl. (64)	7 645	447	426	413	509	579	600
Auvergne	**26 013**	**1 492**	**1 511**	**1 291**	**1 312**	**1 321**	**1 309**
Allier (03)	7 340	337	422	369	387	358	345
Cantal (15)	5 726	253	231	191	169	159	151
Haute-Loire (43)	4 977	305	314	245	208	207	209
Puy-de-Dôme (63)	7 970	597	544	486	548	598	604
Bourgogne	**31 582**	**1 683**	**1 627**	**1 381**	**1 503**	**1 610**	**1 610**
Côte-d'Or (21)	8 763	400	362	334	421	494	507
Nièvre (58)	6 817	327	324	250	248	233	225
Saône-et-Loire (71)	8 575	575	620	526	550	559	545
Yonne (89)	7 427	381	321	272	283	323	333
Bretagne	**27 209**	**2 303**	**2 559**	**2 397**	**2 468**	**2 796**	**2 906**
Côtes-d'Armor (22)	6 878	633	609	532	506	538	542
Finistère (29)	6 733	618	773	757	769	839	852
Ille-et-Vilaine (35)	6 775	575	614	566	653	799	868
Morbihan (56)	6 823	478	564	542	541	620	644
Centre-Val de Loire	**39 151**	**1 791**	**1 887**	**1 715**	**1 990**	**2 371**	**2 440**
Cher (18)	7 235	306	346	289	305	322	314
Eure-et-Loir (28)	5 880	295	275	253	302	396	408
Indre (36)	6 791	272	289	246	247	238	231
Indre-et-Loire (37)	6 127	316	336	343	438	529	554
Loir-et-Cher (41)	6 343	262	276	241	268	306	315
Loiret (45)	6 775	341	367	344	431	581	618
Champagne-Ardenne	**25 606**	**1 238**	**1 221**	**1 127**	**1 279**	**1 348**	**1 342**
Ardennes (08)	5 229	331	316	289	309	296	290
Aube (10)	6 004	265	246	240	270	289	292
Haute-Marne (52)	8 162	268	226	188	214	204	195
Marne (51)	6 211	373	433	410	485	558	565
Corse	**8 680**	**236**	**296**	**323**	**274**	**250**	**260**
Corse-du-Sud (20 a)	4 014	85	125	145	122	118	119
Haute-Corse (20 b)	4 666	152	170	178	152	132	142
Franche-Comté	**16 202**	**1 015**	**919**	**838**	**993**	**1 097**	**1 117**
Doubs (25)	5 234	297	299	305	427	485	499
Jura (39)	4 999	313	261	221	233	249	251
Haute-Saône (70)	5 360	348	267	213	214	230	230
Territoire de Belfort (90)	609	57	92	100	118	134	137
Ile-de-France	**12 011**	**2 240**	**4 736**	**6 786**	**9 249**	**10 660**	**10 952**
Ville de Paris (75)	105	1 277	2 714	2 830	2 591	2 152	2 125
Essonne (91)	1 804		165	287	673	1 085	1 134
Hts-de-Seine (92)	176		467	1 020	1 462	1 391	1 429
S.-St-Denis (93)	236	618	307	776	1 250	1 381	1 383
Val-de-Marne (94)	245		289	685	1 121	1 216	1 227
Val-d'Oise (95)	1 246		165	351	693	1 050	1 105
S.-et-Marne (77)	5 915	345	358	409	604	1 078	1 194
Yvelines (78)	2 284		270	428	854	1 307	1 354
Languedoc-Roussillon	**27 376**	**1 414**	**1 565**	**1 504**	**1 708**	**2 115**	**2 296**
Aude (11)	6 139	290	314	285	278	299	310
Gard (30)	5 853	408	421	385	479	585	623
Hérault (34)	6 101	389	489	502	591	795	896
Lozère (48)	5 167	145	129	99	77	73	74
Pyrénées-Orientales (66)	4 116	182	212	233	282	364	393

Régions	Superficie	1851	1901	1936	1968	1990	1999
Limousin	**16 942**	**927**	**978**	**798**	**736**	**723**	**711**
Corrèze (19)	5 857	321	318	263	238	238	233
Creuse (23)	5 565	287	278	202	157	131	124
Haute-Vienne (87)	5 520	319	382	334	342	354	354
Lorraine	**23 547**	**1 645**	**1 754**	**1 866**	**2 274**	**2 306**	**2 310**
Meurthe-et-M. (54)	5 241	385	485	576	705	712	714
Meuse (55)	6 216	329	284	217	210	196	192
Moselle (57)	6 216	526	565	696	971	1 011	1 023
Vosges (88)	5 874	407	421	377	388	386	381
Midi-Pyrénées	**45 348**	**2 599**	**2 250**	**1 935**	**2 185**	**2 431**	**2 552**
Ariège (09)	4 890	267	211	155	139	137	137
Aveyron (12)	8 735	394	382	315	282	270	264
Gers (32)	6 309	308	238	193	182	175	172
Hte-Garonne (31)	6 257	482	449	459	691	926	1 046
Htes-Pyrénées (65)	4 464	296	227	163	151	225	160
Lot (46)	5 217	251	216	189	226	156	222
Tarn (81)	5 758	363	332	298	332	343	343
T.-et-Garonne (82)	3 718	238	196	165	184	200	206
Nord-Pas-de-Calais	**12 414**	**1 853**	**2 824**	**3 203**	**3 816**	**3 965**	**3 997**
Nord (59)	5 743	1 159	1 867	2 022	2 418	2 532	2 555
Pas-de-Calais (62)	6 671	694	957	1 180	1 398	1 433	1 442
Basse-Normandie	**17 589**	**1 532**	**1 229**	**1 113**	**1 260**	**1 391**	**1 422**
Calvados (14)	5 548	491	410	405	520	619	648
Manche (50)	5 938	601	491	439	452	480	481
Orne (61)	6 103	440	327	269	289	293	292
Haute-Normandie	**12 318**	**1 178**	**1 289**	**1 220**	**1 497**	**1 782**	**1 780**
Eure (27)	6 040	416	335	304	383	514	541
Seine-Maritime (76)	6 278	762	954	916	1 114	1 223	1 239
Pays de la Loire	**32 082**	**2 283**	**2 358**	**2 167**	**2 583**	**3 059**	**3 222**
Loire-Atl. (44)	6 815	536	665	659	862	1 052	1 134
Maine-et-Loire (49)	7 166	516	515	478	586	706	733
Mayenne (53)	5 175	375	313	251	253	278	285
Sarthe (72)	6 206	473	423	389	462	514	530
Vendée (85)	6 720	384	441	389	421	509	540
Picardie	**19 399**	**1 532**	**1 480**	**1 354**	**1 579**	**1 811**	**1 858**
Aisne (02)	7 369	558	535	484	526	537	536
Oise (60)	5 860	404	408	403	541	726	766
Somme (80)	6 170	569	537	467	512	548	556
Poitou-Charentes	**25 809**	**1 493**	**1 481**	**1 343**	**1 481**	**1 596**	**1 640**
Charente (16)	5 956	383	350	309	331	342	340
Charente-Maritime (17)	6 864	470	452	419	484	527	557
Deux-Sèvres (79)	5 999	323	342	308	326	346	344
Vienne (86)	6 990	317	336	307	340	380	399
Provence-Alpes-Côte-d'Azur	**31 400**	**1 460**	**1 815**	**2 560**	**3 299**	**4 257**	**4 506**
Alpes-de-Hte-Provence (04)	6 925	152	115	85	105	131	140
Alpes-Mar. (06)	4 299	192	293	518	722	972	1 011
B.-du-Rhône (13)	5 087	429	734	1 225	1 470	1 759	1 836
Hautes-Alpes (05)	5 549	132	110	88	92	113	121
Var (83)	5 973	290	326	399	556	815	898
Vaucluse (84)	3 567	265	237	246	354	467	500
Rhône-Alpes	**43 698**	**3 282**	**3 579**	**3 607**	**4 423**	**5 351**	**5 645**
Ain (01)	5 762	366	343	307	339	471	515
Ardèche (07)	5 529	387	354	273	257	278	286
Drôme (26)	6 530	327	297	267	343	414	438
Haute-Savoie (74)	4 388	270	264	260	379	568	632
Isère (38)	7 431	578	544	541	768	1 016	1 094
Loire (42)	4 781	473	648	650	722	746	729
Rhône (69)	3 249	607	875	1 070	1 326	1 509	1 579
Savoie (73)	6 028	276	255	239	289	348	373
France métropolitaine	**543 965**	**36 453**	**40 681**	**41 912**	**49 781**	**56 364**	**58 519**

☞ Sont indiqués pour chaque région (de la p. 813 à 889) : **chef-lieu du département (préfecture) et autres villes. Chef-lieu d'arrondissement (sous-préfecture). Population :** population municipale du recensement de 1990 (on ne compte qu'une fois les personnes ayant des résidences dans plusieurs communes), entre parenthèses : population de l'agglomération (dans le et hors du département ; pour les villes frontalières il s'agit de la partie française). *Population active :* population ayant un emploi et demandeurs d'emploi. **Taux de chômage :** rapport entre le nombre des demandeurs d'emploi et la population active. **Superficie :** comprend toutes les surfaces du domaine public et privé, cadastrées ou non cadastrées, à l'exception des lacs, étangs et glaciers de plus de 1 km², ainsi que des estuaires. **Agriculture :** **1°)** chiffres provisoires. **2°)** *Terres : superficie des territoires non agricoles :* sans les surfaces boisées, peupleraies, étangs et autres eaux intérieures. *Céréales, oléagineux et pommes de terre :* avec les semences. *Légumes :* comprend pommes de terre, légumes frais et secs. *Cultures fruitières :* y compris châtaigniers, oliviers et noyers. *Jardins :* comprend jardins familiaux des exploitants et des non-exploitants. *SAU :* Surface agricole utile. **3°)** *Production :* production récoltée. *Céréales :* ne comprend pas le riz. **Maïs :** uniquement maïs-grain.

☞ Voir également la liste des abréviations utilisées dans le *Quid*.

Production agricole (en 1999)	Blé				Orge et escourgeon		Maïs		Oléagineux		Surface toujours en herbe (STH)	
	Prod. [1]		Rdt/ha [2]		Prod. [5]	Rdt/ha [2]	Prod. [5]	Rdt/ha [2]	Prod. [5]	Rdt/ha [2]	Prod. [5]	Rdt/ha [2]
	t. [3]	d. [4]	t. [3]	d. [4]								
Alsace	2,8	–	69	0	398,4	56	14 043,4	103	202,25	33	4 185,3	58
Aquitaine	3,6	0,01	52	45	1 151,2	43	33 193,2	84	1 743,95	25	26 116,1	50
Auvergne	6,4	–	64	0	1 899	50	3 519,19	89	963,26	27	47 335	44
Bourgogne	23,4	0,0009	70	54	9 731,8	61	3 848	79	7 323,2	31	43 269,6	54
Bretagne	20,9	–	71	0	4 463,5	61	10 188	80	994,3	29	12 800	47
Centre	54,5	3,2	73	70	13 157,2	65	12 724,4	94	12 711,74	29	17 302,3	55
Champagne-Ardenne	–	0,003	84	60	15 052,1	70	4 324,5	90	5 923,93	35	19 126,3	62
Corse	0,009	0,0004	34	30	24,15	34	84,85	94	3,6	20	1 938	7
Franche-Comté	3,2	–	62	0	1 964	46	2 395,8	86	1 276,8	28	21 357,4	46
Ile-de-France	20,5	0,05	85	60	4 214,79	68	3 862,2	97	2 298,4	36	816,45	48
Languedoc-Roussillon	0,2	3	39	35	290,97	30	306,05	60	746,9	22	5 973,6	13
Limousin	1,1	–	51	0	660,79	46	475,75	80	170,9	21	29 056,2	49
Lorraine	14,3	–	69	0	8 983,3	63	1 203	83	5 244,6	34	25 043	51
Midi-Pyrénées	11	3,8	52	46	3 987,4	41	18 463,68	82	6 839,9	23	29 955,4	32
Nord-Pas-de-Calais	22,6	–	88	0	5 473	79	876,9	97	331,5	33	14 116,52	71
Basse-Normandie	14,7	0,01	77	56	2 456,2	67	1 218	90	852,9	30	52 958,15	69
Haute-Normandie	20,7	–	86	60	3 526,6	74	572	91	1 912,3	35	19 170,5	75
Pays de la Loire	22,7	1	64	61	2 114,2	53	10 726,9	83	3 412,6	25	47 339,3	71
Picardie	45,6	–	90	67	8 204,2	78	3 385,7	98	2 481,4	35	12 838,7	73
Poitou-Charentes	23,6	0,9	64	61	4 824	56	17 462,87	99	9 137,8	27	15 397,7	55
Provence-Alpes-C.-d'Azur	0,3	2,5	40	40	513,61	44	613,2	81	335,2	22	4 864,5	10
Rhône-Alpes	7	0,3	63	47	2 389,3	51	12 793,2	93	1 526	27	35 700	38
Ensemble	**353**	**14,8**	**74**	**47**	**95 479,7**	**62**	**154 766,9**	**89**	**66 486,2**	**29**	**486 660,2**	**47**

Nota. – (1) Production en millions de quintaux. (2) Rendement : quintaux/hectare. (3) Blé tendre. (4) Blé dur. (5) Production en milliers de quintaux.

	Emploi total 1998	Part des grands secteurs effectifs en % en 1998				Chômage* 1999 moyenne annuelle (en %)
		agriculture	construction	tertiaire	industrie	
Alsace	673 453	2,2	5,8	66,2	25,8	6
Aquitaine	1 106 802	8,2	6,5	70,4	14,9	11,4
Auvergne	489 589	7,9	6,4	63,8	22	9,4
Bourgogne	609 778	6,6	6,1	65,5	21,7	9,6
Bretagne	1 093 937	9	6,4	66,8	17,8	9,9
Centre	924 090	5,4	6,4	65,7	22,5	9,3
Champagne-Ardenne	512 710	8,3	5,4	64	22,4	10,4
Corse	92 846	5,7	8,8	78,7	6,8	11,9
Franche-Comté	416 271	4,3	5,6	61	29,1	7,7
Ile-de-France	5 027 892	0,3	5,1	81,1	13,4	9,3
Languedoc-Roussillon	767 569	6	6,8	76,8	10,3	15,2
Limousin	273 131	8,4	6,6	66,6	18,4	7,6
Lorraine	808 225	2,8	6,2	68	23	9,4
Midi-Pyrénées	984 152	7,3	6,4	70,4	15,9	11,1
Nord-Pas-de-Calais	1 332 554	2,8	5,5	70,6	21,1	14,6
Basse-Normandie	552 572	8,4	6,5	64,4	20,6	9,8
Haute-Normandie	662 302	3,4	6,3	66,9	23,4	12,4
Pays de la Loire	1 232 574	7,5	6,9	62,5	23,1	9,9
Picardie	643 744	5,3	5,7	64	24,9	11,9
Poitou-Charentes	590 681	8,9	6,7	65,9	18,5	11,4
Provence-Alpes-C.-d'Azur	1 556 846	2,7	6,5	79,3	11,5	14,1
Rhône-Alpes	2 246 563	2,9	6,2	68,5	22,5	9,1
France	**22 598 281**	**4,3**	**6**	**71,3**	**18,4**	**10,6**

Source : Insee.

	Commerce extérieur (en 1998)						Budget (en 1998)	
	En milliards de francs			Couverture en %			Dépenses	Dette
	Export.	Import.	Solde	Total	Prod. ind.	Prod. agr.	Millions de F	F/hab.
Alsace	106,1	100,5	+ 5,6	105,6	101,7	143,6	2 254,4	844
Aquitaine	58,9	41,1	+ 17,8	143,1	111,4	333,5	3 473,8	1 237
Auvergne	24,8	17,5	+ 7,3	141,7	128,2	311	1 544,8	1 087
Bourgogne	47	29	+ 18	162,2	138,9	379	1 860	1 258
Bretagne	42	34,6	+ 7,4	121,4	93,9	201,9	3 125	329
Centre	77,8	71,4	+ 6,4	109	107,5	133,3	3 731,8	720
Champagne-Ardenne	41,2	27,2	+ 14	151,6	98,6	1 005,3	1 693,1	749
Corse	0,1	0,5	– 0,4	22,7	22,6	22,9	2 219,5	3 574
Franche-Comté	39,4	18	+ 21,4	218,9	223,9	155,1	1 498,1	848
Ile-de-France	347,1	497,1	– 150	69,8	72,4	38,5	14 125	2 000
Languedoc-Roussillon	22,6	32,2	– 9,6	70,2	65,4	79,9	2 628,9	1 159
Limousin	7,5	4,8	+ 2,7	155,5	139,7	246,3	925,1	794
Lorraine	91,3	75,4	+ 15,9	121,1	117,9	165,8	2 320,6	648
Midi-Pyrénées	95,3	58,8	+ 36,5	162,2	159,3	204,8	3 045	670
Nord-Pas-de-Calais	158,9	146,8	+ 12,1	108,3	113,8	81,2	5 549,8	1 637
Basse-Normandie	23,9	23,7	+ 0,2	100,7	99,2	109,1	2 095,3	497
Haute-Normandie	104,6	80	+ 24,6	130,7	131,2	127,5	2 855,4	1 311
Pays de la Loire	80,4	76,5	+ 3,9	105,2	97,4	159,3	3 747	411
Picardie	64,6	61,9	+ 2,7	104,4	96,9	182,3	2 869,9	824
Poitou-Charentes	27,3	16,8	+ 10,5	162,6	90,3	645,4	1 714,8	433
Provence-Alpes-C.-d'Azur	71,7	75,6	– 3,9	94,8	96	89,6	4 695	998
Rhône-Alpes	206,6	162,9	+ 43,7	126,9	127,9	112,7	7 837	588

Région en 1998	PIB (en milliards de F courants)	Part dans le PIB national (en %)	PIB par habitant (en francs courants)
Ile-de-France	2 390,1	28	215 017
Champagne-Ardenne	179	2,1	132 559
Picardie	224	2,6	119 474
Haute-Normandie	232,6	2,7	129 868
Centre	318,4	3,7	129 012
Basse-Normandie	173,2	2	121 352
Bourgogne	209,4	2,5	128 707
Nord-Pas-de-Calais	457,8	5,4	114 118
Lorraine	277,6	3,3	120 249
Alsace	257,7	3	148 956
Franche-Comté	140,5	1,6	125 429
Pays de la Loire	401,6	4,7	125 494
Bretagne	345,3	4	118 869
Poitou-Charentes	188,9	2,2	115 169
Aquitaine	373,3	4,4	128 132
Midi-Pyrénées	321,9	3,8	126 842
Limousin	82,6	1	115 481
Rhône-Alpes	817,7	9,6	143 394
Auvergne	154,6	1,8	117 641
Languedoc-Roussillon	249,3	2,9	108 142
Paca	584,2	6,8	128 995
Corse	28,8	0,3	109 941
Métropole	**8 408,7**	**98,5**	**142 882**
Dom	122,2	1,4	73 961
Hors territoire	5,4	0,1	
France	**8 536,3**	**100**	**142 155**

Activités industrielles en % de l'emploi en 1998												
	Textile, habillement, cuir	Bois, papier, imprimerie, édition	Chimie, pharmacie, parachimie	Caoutchouc, plastique	Verre, matériaux de construction, minéraux divers	Métallurgie, fonderie	Travail des métaux	Industries mécaniques, électriques, et électroniques	Matériel de transport terrestre	Meubles et industries diverses	Construction navale et aéronautique	**Poids de la région**
Alsace	4,6	4,3	4,2	4,2	4,8	2,7	3,5	5,5	7,8	5	0,9	**4,7**
Aquitaine	3,2	4,8	4,3	1,8	3,5	2,4	2,6	2,1	1,6	2,9	14,1	**3,2**
Auvergne	2,2	1,6	2	11,9	1,9	4	3,5	1,3	0,6	1,8	0,5	**2,6**
Bourgogne	2,2	2,8	3,5	4,8	4	6,2	4,5	3,3	2,1	4,7	0,4	**3,5**
Bretagne	2,9	3,8	2,2	4,6	3,4	1,9	2,8	3,8	3,7	3	2,9	**3,3**
Centre	4,3	5,2	6,8	9,1	5,3	3,9	5,5	5,6	5,4	6,4	0,9	**5,5**
Champagne-Ardenne	4,6	3	1,3	4	3,4	7,7	4,9	2,1	1,9	2,5	0,5	**3,1**
Corse	0	0	0	0	0,1	0	0	0	0	0	0,1	**0**
Franche-Comté	0,9	1,5	1,2	3,2	1,4	2,4	4,7	3,4	11,4	6	0,2	**3,5**
Ile-de-France	9,2	23,7	24,8	5,4	10,5	5,6	9,6	20,7	16,6	10,5	27,9	**16**
Languedoc-Roussillon	1,7	1,5	1,3	0,8	3,3	1,1	0,8	1,4	0,1	0,7	0,9	**1,2**
Limousin	1	2,4	0,3	0,5	2,5	0,7	1,2	1	0,5	1,3	0	**1,1**
Lorraine	4,6	4,9	2,4	4,3	5	12,2	6,2	3,3	5,9	5,3	0,1	**4,7**
Midi-Pyrénées	4,4	2,8	2,4	1,1	4,2	2,4	2,9	3,3	0,8	2,5	16,1	**3,2**
Nord-Pas-de-Calais	14,2	7,7	5,7	5,3	14,1	15,7	7,6	3,9	11	4,7	0,9	**7,7**
Basse-Normandie	1,7	2,7	1,1	1,7	2,2	1,6	3	2,9	3,7	2,9	1	**2,5**
Haute-Normandie	1,9	3,5	7,3	4,8	4,9	2,6	4,3	3,9	6,1	2	5,2	**4,3**
Pays de la Loire	11,8	5,7	2	8,8	3,5	4,2	6,2	7,2	5,6	11,3	11,6	**6,8**
Picardie	4,3	3	6	7,1	4,9	6,1	5,6	3,2	3,4	5,6	1,2	**4,4**
Poitou-Charentes	2,8	4,1	1,3	1,7	3,6	1,7	1,4	2,6	3,2	3,7	3,7	**2,6**
Provence-Alpes-C.-d'Azur	1	2,9	6,8	1,2	4,7	4,6	2,4	3	0,4	1,5	9,3	**3**
Rhône-Alpes	16,4	8,3	13,1	13,8	8,7	10,3	16,8	16,5	8,2	15,5	1,5	**13,1**
Total	**100**	**100**	**100**	**100**	**100**	**100**	**100**	**100**	**100**	**100**	**100**	**100**

Source : Sessi-EAE.

ALSACE

☞ *Abréviation* : Als. : Alsacien(s).

GÉNÉRALITÉS

■ **Superficie.** 8 280 km² (la plus petite région française ; 200 × 30 à 40 km de large). **Population.** *1990* : 1 624 372 hab. (étrangers 128 689 dont Turcs 26 438, Marocains 19 024, Algériens 16 452) ; *1996 (1-1)* : 1 702 200. **D.** 206.

■ **Nom.** Alsaciens *(Alesaciones)* apparaît en 610 ; du nom de la rivière Ill, d'origine préceltique (signifiant peut-être « forêt »). Il semble que le nom du *pagus* où l'Ill prend sa source, l'Ajoie (germanique : *Elsgau*), ait donné son nom à la province ; le nom d'Altkirch serait en réalité Alskirch. **Sainte patronne :** Odile († 720). **Costume des femmes.** Abandonné entre 1871 et 1918 en signe de résistance et remis en honneur après : coiffe avec grand nœud noir, jupe rouge bordée de velours noir et boléro de velours noir à paillettes sur la blouse blanche. Dans les campagnes et en semaine : jupe et blouse noires. VARIANTES : *protestantes :* nœuds noirs à pans plus longs derrière ; *familles aisées :* nœuds blancs. *A Geispolsheim :* nœud rouge ; *Bitschhoffen :* écossais ; ailleurs : couleurs claires, imprimé à fleurs. Le grand nœud noir se portait aussi outre-Rhin (Bade) avec des variantes. *Dans le Sundgau :* bonnet avec paillettes et dentelles.

■ **Climat.** Semi-continental : hivers assez froids (60 à 70 jours de gelée par an), étés chauds et secs. Précipitations : 600 à 700 mm par an. A l'abri des vents humides de l'ouest grâce aux Vosges ; ensoleillement important.

■ **Divisions.** *Vosges, versant oriental :* massif cristallin (Grand Ballon ou ballon de Guebwiller 1 424 m, Hohneck 1 361 m, ballon d'Alsace 1 247 m) ; vallées profondes (Doller, Thur, Fecht, Weiss, Liepvrette). *Collines « sous-vosgiennes » :* environ 500 m d'alt. ; vignoble et cultures fruitières. *Vosges gréseuses :* tables massives au nord de la Bruche ; forêts. *Plaine :* terre de lœss (blé, betterave à sucre, plantes fourragères, vergers, houblonnières, tabac). *Rieds :* basses plaines humides derrière la levée alluviale du Rhin ; 30 000 ha avec bosquets, étangs et rivières.

■ **Langues. Dialecte germanique** *Elsässerdeutsch* (allemand d'Alsace) ; parlé en Alsace depuis le Vᵉ s., fait partie des parlers franciques et alémaniques. Dans les villes et chez les jeunes, sa pratique passe derrière celle du français ; le tirage de l'édition bilingue des quotidiens baisse. En 1979, 75 % des plus de 15 ans résidant en Alsace déclaraient parler ou savoir parler l'alsacien (en 1962, 87 %). En 1982, 81,7 % des ménages de plus de 75 ans utilisaient l'alsacien comme langue principale à la maison (34,5 % des ménages de moins de 25 ans). En 1998, 80 000 élèves apprenaient l'allemand en langue régionale. **Dialecte roman** dans quelques localités du *Sundgau,* quelques hautes vallées et crêtes à l'ouest de *Kaysersberg* (Aubure, le Bonhomme, Lapoutroie, Orbey, Labaroche), le haut *Val de Lièpvre,* une partie du *Val de Villé,* la haute *vallée de la Bruche* (Ban de la Roche et région du Donon).

■ **Principales dispositions administratives.** Les lois antérieures à 1870 (abrogées en France entre 1870 et 1918) sont en vigueur en Alsace comme faisant partie du droit local. **1°) Régime foncier :** terres et constructions immatriculées dans un livre foncier où sont mentionnés : propriétaire, usufruit, hypothèque et indications cadastrales. **2°) Régime des tutelles :** l'époux survivant reste seul tuteur légal sous la surveillance du juge des tutelles ; en cas de décès des 2 époux, le juge des tutelles nomme un tuteur (souvent du côté paternel). Pas de subrogé tuteur ni d'obligation de vendre le patrimoine pour le convertir en placements de l'État. **3°) Assurances sociales :** remboursements et régimes de retraites plus avantageux que dans le reste de la France. Depuis 1889, assurance obligatoire pour les accidents agricoles : cotisation reposant sur les salaires payés en agriculture (taux 5 %) ; employés forestiers : selon la valeur cadastrale forestière par commune, cotisation prélevée sur le produit annuel de la location chasse, complément perçu par un % sur le salaire (taux 11 %) ; pour les gardes-chasse : taux 6,6 % du salaire brut. **4°) Maintien du bilinguisme. 5°) Régime particulier des associations. 6°) Loi de chasse locale. 7°) Concordat religieux :** écoles primaires confessionnelles ; enseignement religieux obligatoire (1ᵉʳ et 2ᵉ degré), dispense possible sur demande des parents ; un crucifix figure toujours dans la cour d'assises ; le clergé des 3 principales religions est payé par l'État ; direction des cultes à Strasbourg ; lendemain de Noël et vendredi saint chômés. **8°) Droit commercial :** dispositions particulières. **9°) Notaires :** assermentés et nommés par le ministre de l'Intérieur ; ils ne peuvent conserver dans leurs coffres liquidités et titres de leurs clients (ils doivent être versés dans un établissement bancaire). **10°) Circulation à droite des trains** sauf ligne Mulhouse-Paris ; près de l'ancienne frontière franco-allemande, un « saut-de-mouton » permet le passage de gauche à droite. **11°) « Indemnité de difficultés administratives »** pour les personnels civils de l'État [montant non modifié depuis le décret (17-9-1946)].

■ **Histoire. Avant J.-C. XIIᵉ s.** Occupation celte. **Période gauloise :** Médiomatriques et Séquanes. **65** occupation par les Suèves d'Arioviste [une des tribus suèves, les Triboques (en réalité *Tri-broques,* « tribu du blaireau »), germano-celtique, s'installe dans la région de Brumath (*Broco-Magus,* « village du blaireau ») et y demeure après la fuite d'Arioviste]. **58** Arioviste chassé par César. **Après J.-C.** Domination romaine jusqu'au début du IVᵉ s. Invasions des Alamans qui occupent l'Alsace malgré la victoire de Julien remportée devant Argentoratum (Strasbourg) en 357. **VIIᵉ s.** rechristianisation. Duché sous les Mérovingiens. **843** attribuée à Lothaire Iᵉʳ. **870** au roi de Germanie *(traité de Meersen).* Intégrée au duché de Souabe. **XIIᵉ et XIIIᵉ s.** prospérité, Haguenau, résidence du grand bailli impérial ; Strasbourg, cité importante de l'Empire ; commerce avec Suisse et Allemagne moyenne. **1262** bataille de *Hausbergen.* Strasbourg se libère de la tutelle de son évêque qui va résider à Saverne. Basse-Alsace morcelée entre le domaine des évêques de Strasbourg, une dizaine de princes (dont le Cᵗᵉ de Hanau-Lichtenberg, bailli à Bouxwiller, et le Cᵗᵉ de Deux-Ponts, bailli à Bischwiller), 6 villes libres et quelques dizaines de chevaliers, alors que la Hte-Alsace, qui sur le plan ecclésiastique relève de l'évêque de Bâle, comprend 3 grands fiefs : principauté abbatiale de Murbach, Sundgau habsbourgeois (bailli à Ensisheim), bailliage wurtembergeois de Horbourg-Riquewihr. **1268** le duc Conrad V partage son fief en 2 : au nord, landgraviat (comté souverain) de Nordgau ou Basse-Alsace (aux évêques de Strasbourg après 1365) ; au sud, comté de Sundgau (aux Habsbourg). **XIVᵉ s.** grâce à la navigation du Rhin, exportation vers Lorraine, Pays-Bas, Angleterre et la Hanse, de vins, draps, céréales, semences d'oignon. Morcellement politique du fait de l'effacement du pouvoir impérial et de l'enrichissement de la bourgeoisie urbaine. **1354** *Ligue des 10 villes marchandes* les plus importantes ou *Décapole,* sous la protection impériale [Mulhouse, Colmar, Munster, Turckheim, Kaysersberg, Sélestat, Obernai, Rosheim, Haguenau, Wissembourg ; (1511, Landau y remplace Mulhouse qui s'allie, en 1515, à la Ligue suisse)]. **1439** Gutenberg invente l'imprimerie à Strasbourg. **1530** foyer de l'humanisme et de la Réforme. Bucer rédige la Confession tétrapolitaine pour Strasbourg et 3 autres villes de l'Allemagne du Sud (Memmingen, Constance, Lindau) ; Calvin nommé pasteur de l'Église française de Strasbourg. **1549** après sa victoire sur la ligue de Smalkalde (dont Strasbourg faisait partie), Charles Quint impose le maintien dans la ville de 3 paroisses catholiques. Strasbourg est réputée pour la qualité de son artillerie (dépôt impérial). Son magistrat, Jacques Sturm († 1553), est un des mentors de la politique européenne. **1580** l'évêque Jean de Manderscheidt appelle les Jésuites en Alsace [collèges à Molsheim (devenu université 1617), Haguenau et Sélestat ; puis Rouffach et Ensisheim (diocèse de Bâle)]. **1630** champ de bataille de la guerre de Trente Ans (notamment suédois). **1634** le comté de Hanau puis certaines villes de la Décapole se mettent sous le protectorat français. **1638-39** Louis XIII reconnaît son Gᵃˡ mercenaire Bernard de Saxe-Weimar comme landgrave d'Alsace ; mais celui-ci meurt. **1639-43** tout le pays, sauf Strasbourg et Mulhouse, est occupé. Louis XIII revendique pour lui le titre de landgrave. **1648** le *traité de Westphalie* transfère au roi de Fr. « les droits de l'empereur sur l'Alsace », c.-à-d., en possession directe, les terres habsbourgeoises (comprenant la plus grande partie de la Hte-Alsace) et une autorité de tutelle (appelée préfecture) sur la Décapole. Immigration importante, surtout suisse. **De 1673 à 1681** Louis XIV assure sa suzeraineté sur le reste du pays, et en dernier lieu à Strasbourg. Mulhouse, alliée aux cantons suisses depuis 1515, reste indépendante. **1697** le *traité de Ryswick* reconnaît la suzeraineté du roi de Fr. (les seigneuries locales dureront jusqu'à la Révolution). **XVIIIᵉ s.** construction par Vauban de forteresses le long du Rhin. Exportation de bois de marine. Assèchement de marais et reconstruction du réseau routier. Politique religieuse favorisant le catholicisme. Commerce de transit, industries (Mulhouse). Rayonnement de l'université de Strasbourg en Europe protestante (étudiants : Metternich, Cobenzl, Goethe, nombreux Russes). Essor de l'orfèvrerie strasbourgeoise et des faïences des Hannong. **1793**-*2-3* rattachement de la principauté de Salm-Salm à la France. **1798**-*28-1* incorporation volontaire de la république de Mulhouse. **1815** nord, avec Landau, annexé à la Bavière rhénane. **1839-41** voies ferrées Mulhouse-Thann et Strasbourg-Bâle par Nicolas Koechlin. **1870** guerre franco-allemande, siège de Strasbourg 31 jours, 18-8 au 26-9, 220 000 projectiles (bibliothèque incendiée), 300 † civils.

Statut « Terre d'Empire » : 1871-*9-6* loi proclamant que « les provinces d'Alsace et de Lorraine, cédées par la Fr. par les préliminaires de paix du 26-2-1871, dans les limites fixées par le traité de paix du 10-5-1871, sont à jamais réunies à l'empire d'Allemagne » ; -*sept.* Eduard von Moeller (1814-80) nommé Oberpraesidium (Pt supérieur). **1872 Option dernier délai** 30-9-1872 (30-9-1873) pour les résidents hors d'Europe. 128 000 Alsaciens-Lorrains (8,5 % de la population dont 50 000 jeunes gens de 17 à 20 ans) optent pour la Fr. ; 70 000 s'installeront en Algérie. [Sur 1 800 000 hab. en Alsace-Lorraine, en 40 ans, 260 000 émigrés vers la Fr. (régions industrialisées), 330 000 vers l'Amér., 400 000 immigrés allemands.] **1874**-*1-1* Constitution de l'empire d'All. mise en vigueur en Alsace-Lorraine, qui envoie 15 députés au Reichstag. -*29-10* création d'une délégation du pays *(Landesausschuss).* **1877**-*2-5* autorisation de délibérer sur les lois à émettre par l'empereur ; **1879**-*4-7* de faire des propositions de loi et institution d'un lieutenant de l'empereur *(Statthalter)* à Strasbourg assisté d'un ministère d'Alsace-Lorraine (1 secr. d'État, 3 sous-secr.), 2 conseils renouvelés tous les 3 ans : la Délégation (élue) 58 membres et le Staatsrat (Conseil d'État) 12 à 16 membres nommés par l'empereur. **1887**-*21-2* élections : tous les protestataires élus dont Auguste Lalance (1830-1920) devenu partisan de la réconciliation. **1888**-*1-6* passeport jusqu'en 1900. **1911**-*31-5* Constitution (Landesausschuss aboli). L'empereur exerce le pouvoir souverain, il nomme (et révoque) le *Statthalter* qui dirige le gouvernement ; le pouvoir législatif est exercé par l'empereur et la Diète (Landtag), à Strasbourg, avec 2 chambres : *1ʳᵉ Chambre :* 5 représentants des communautés religieuses, le Pt de la Cour suprême de Colmar, 1 représentant de l'université de Strasbourg, 4 des villes les plus importantes (Strasbourg, Metz, Colmar et Mulhouse), 1 de la chambre de commerce de chacune de ces villes, 6 de l'agriculture, 2 des métiers, et des membres nommés par l'empereur pour 5 ans (leur nombre ne doit pas dépasser celui des autres). *2ᵉ Chambre :* 60 députés élus pour 5 ans au suffrage général direct et secret. **1914**-*31-7* Constitution suspendue, état de siège.

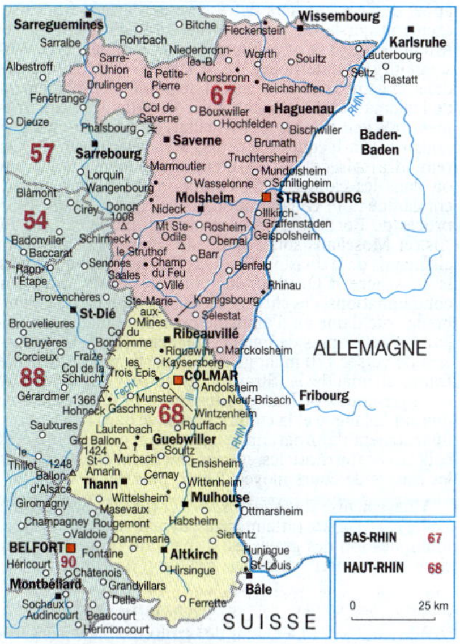

Statthalter : **1879**-*1-10* Mᵃˡ Bᵒⁿ Edwin von Manteuffel. **1885**-*oct.* Pᶜᵉ Chlodwig von Hohenlohe-Schillingsfürst (1819-1901, Bavarois). **1888** Hermann von Hohenlohe-Langenburg (1832-1913). **1907** Cᵗᵉ Karl von Wedel (1842-1919, Hanovrien).

Lois particulières : chasse (1881), caisses de maladie obligatoires (1883), assurance accidents obligatoire (1884), assurance invalidité-vieillesse obligatoire (1889), loi municipale (1895), chambre de commerce (1897), code professionnel (1900), aide sociale et domicile de secours (1908), code des assurances sociales (1911), travail des mineurs et repos dominical, organisation de la justice.

1914-18 dictature militaire : 250 000 Alsaciens et Lorrains mobilisés dans l'armée allemande, généralement sur le front russe ; environ 30 000 †. **1918**-*nov.* retour à la France. -*14-12* arrêté ministériel créant 4 catégories de population : *carte A :* personnes dont tous les parents ou grands-parents sont nés en Fr., Alsace ou Lorraine ; *B :* dont un parent ou grand-parent est originaire d'All. ; *C :* ressortissant des pays alliés à la Fr. ou neutres ; *D :* des ex-pays ennemis. **1918**-*nov.* à **1920**-*sept.* 110 000 hab. d'origine ou partiellement d'origine allemande expulsés. **1926** réagissant à la politique d'assimilation et aux maladresses de l'administration française, une centaine d'Alsaciens-Lorrains constituent le *Heimatbund* (Ligue de la patrie), réclamant l'autonomie dans le cadre français et le bilinguisme franco-allemand. **1927** arrestations chez les autonomistes. Plusieurs journaux interdits. **1928** procès à Colmar de 22 autonomistes (quelques semaines plus tôt, 2 avaient été élus aux législatives) : 4 condamnations. **1939** 374 000 Als. évacués vers le Sud-Ouest et le Centre, notamment 80 000 Strasbourgeois en Dordogne (11 000 à Périgueux). **1940**-*7-2* Karl Roos (un des chefs autonomistes) exécuté à Nancy pour espionnage ; -*mai à juin* plusieurs autonomistes alsaciens-lorrains internés à St-Dié et à Arches. Après l'armistice, l'Alsace est rattachée au pays de Bade et placée sous l'autorité d'un *Gauleiter* (gouverneur). Les Als. sont considérés comme *Deutsche Volk,* faisant partie de la nation allemande ; -*20-6* Robert Wagner *Gauleiter* de la « province de Bade-Alsace » ; -*21-6* il destitue le préfet du Ht-Rhin ; -*1-7* l'Alsace-Lorraine passe officiellement sous administration allemande ; -*7-10* Joseph Burkel *Gauleiter* de la « province Lorraine-Palatinat ». **1941** implantation du parti nazi, de la DAF (Front allemand du travail) et de la Hitlerjugend (Jeunesse hitlérienne) ; -*23-4* Reichsarbeitsdienst (service du travail du Reich) obligatoire en Lorraine et -*juillet* en Alsace ; aspect paramilitaire (hommes : obligatoire ; femmes : de 18 à 25 ans). La propagande invite les volontaires à rejoindre l'armée allemande [Wehrmacht ou Waffen-SS (il n'y en eut que 1 000)]. **1942**-*1-1* Jeunesse hitlérienne obligatoire pour jeunes de 10 à 18 ans ; -*20-1* les Als. peuvent obtenir le passeport allemand ; -*24-8* service militaire obligatoire pour les hommes nés entre 1922 et 1924 et ayant accompli le service du travail. 19 classes d'âge en Alsace (1908 à 1926, parfois 1927) et 13 autres en Moselle sont mobilisées en All. (soit 65 000 Bas-Rhénans, 40 000 Haut-Rhénans, 30 000 Mosellans). La majorité des « malgré-nous » sont envoyés sur les fronts de l'Est et dispersés dans les unités allemandes ; certains s'évadent, d'autres rejoignent les lignes soviétiques. **1943** de nombreux Als. sont prisonniers et regroupés dans des camps (exemple : Tambov à 470 km au sud-est de Moscou ; nombreux décès). **1944**-*janvier* appel des Als. officiers de réserve de l'armée française, exclus jusque-là du service armé. **1944-45** libération de Mulhouse (19-11), Strasbourg (23-11), Colmar (2-2), Wissembourg et Lauterbourg (18-3). **1945** 45 000 Als. internés dans les camps de Schirmeck et Struthof ; l'enseignement de l'allemand est supprimé à l'école primaire. Rapatriement très lent des Als. et Mosellans (le dernier « malgré-nous », Jean-Jacques Remetter, sera relâché en 1955 et rejoindra l'Alsace) ; 40 000 d'entre eux sont morts au front ou dans les camps. **1951** l'autonomiste Joseph Rossé, condamné pour collaboration, meurt en détention. **1953** procès de Bordeaux, l'Alsace obtient que le cas des 17 Als. et Mosellans soit disjoint de celui des 7 militaires allemands de la division SS « Das Reich » impliqués dans le massacre d'Oradour-sur-Glane (1944); après les condamnations, des élus alsaciens provoquent à la Chambre le vote d'une loi d'amnistie pour ces « malgré-nous » [en *1984-86,* après de longues négociations, l'All. acceptera de verser 770 millions de F répartis par l'« Entente franco-allemande » (Strasbourg) entre plus de 80 000 « malgré-nous » ou leurs ayants-droit]. **1982** *Circulaire de juin* sur la langue et la culture régionale dans l'éducation, financement du programme « langue et culture » par les collectivités territoriales, enseignement de l'allemand dans les classes de cours moyen 1 et 2, puis dès le CE2.

Mouvements : *Initiative alsacienne* (fondé par le député Zeller) ; *écologiste* (atteintes au paysage dans les Vosges, multiplication des gravières, disparition progressive des rieds et des forêts rhénanes, pollution du Rhin).

Cas de Wissembourg. 1815 traité de Paris : la France cède à la Bavière 400 km^2 de territoire alsacien entre la Lauter, la Queich et Landau, notamment toute la partie de la commune au nord de la Lauter (qui reste sous administration communale). **1871** Wissembourg est remembrée sous régime allemand. **1919** de nouveau scindée. **1946** forêt de l'Obermundat (650 ha) annexée à la Fr. (permettant d'approvisionner en eau toute la région) ; biens allemands mis sous séquestre. **1962** convention : la Fr. libérera les terres allemandes sous séquestre ; en contrepartie, la forêt de l'Obermundat sera définitivement rattachée à la Fr. **1963** ratifiée par la Fr. mais non par l'Allemagne (la Constitution interdit toute amputation du territoire national).

Économie

■ **Population active** (au 1-1-1998). 673 453 (non-salariés 46 658) dont : agriculture 14 816 (9 550) ; industrie 173 665 (3 149) ; construction 38 985 (4 513) ; tertiaire 445 987 (29 446). **Frontaliers.** *1962 :* 7 800 ; *68 :* 12 400 ; *72 :* 24 010 ; *74 :* 30 180 ; *77 :* 24 960 ; *80 :* 30 680 ; *86 :* 34 254 ; *97 :* 62 947 vers All. 32 890, Suisse 30 057. *Causes :* salaires plus élevés, concentration industrielle autour de Karlsruhe (All.) et Bâle (Suisse), les régions voisines étant peu industrialisées.

■ **Échanges** (en milliards de F, 2000). **Import. :** 123,2 *dont* prod. chimiques en caoutchouc ou plastique 20,54, de l'ind. auto. 14,63, équip. mécaniques 14,24, métaux et prod. métalliques 10,8, combustibles et carburants 9,27, équip. électriques et électroniques 8,11, prod. pharmaceutiques, de parfumerie et d'entretien 7,93, des ind. agricoles et alimentaires 7,89, composants électriques et électroniques 6,09, habillement cuir 5,08 ; **de** All. 46,83, Suisse 9,35, USA 8,59, Italie 6,41, P.-Bas 5,95, Belg. 4,93. **Export. :** 132,47 *dont* prod. de l'ind. auto. 24,5, chimiques en caoutchouc ou plastique 22,12, équip. mécaniques 16,13, prod. des ind. agricoles et alimentaires 11,69, équip. électriques et électroniques 10,22, métaux et prod. métalliques 8,34, prod. pharmaceutiques, de parfumerie et d'entretien 7,84, composants électriques et électroniques 5,51, équip. du foyer 4,57, prod. en bois, papier ou carton 4,15 ; **vers** All. 42,93, Italie 10,91, G.-B. 9,31, Suisse 8,16, P.-Bas 8,11, Esp. 7,75.

■ **Agriculture** (en 2000). **Terres** (en milliers d'ha) : 833,2 dont *SAU* 337,7 [t. arables 247,3 (dont blé 41,1, orge et escourgeon 6,6, maïs-grain 137,3, bett. ind. 5,4, tabac 1,2, houblon 0,8), herbe 73,2, vignes 15,1] ; *bois* 310,8 ; *t. agricoles non cult.* 8,7 ; *autres t. non agr.* 176,1. **Prod. végétale** *récoltée* (en milliers de t) : blé 306,3, orge et escourgeon 42, maïs-grain 1 508, avoine 5, seigle 2, p. de t. 55,7, bett. ind. 434,5 et fourragère 35,3, tabac 3,7, houblon 1,6, choux à choucroute 44, pommes de table 11,1, prunes 3,5. 1re région brassicole. *Vignes* AOC : 1 243 600 hl. **Prod. animale** (en têtes) : bovins 181 180, porcins 98 450, ovins 44 010. *Prod. de viande* (en t) : gros bovins 17 649, porcins 12 683, volailles 11 045. *Œufs de poules :* 322 000 000. *Lait :* 3 247 900 hl. **Exploitations** (nombre) : *1955 :* 64 614 ; *97 :* 15 517. **Forêts :** 310 840 ha (37,3 % du territoire). Nombreuses forêts sur les sols les moins fertiles (Hardt, Haguenau). *Propriétaires de forêts* (en %) : communes 53,4 ; État 21,5 ; privés 25,1. La plus belle région de chasse de France avec la Sologne.

■ **Industrie. Potasse** extraction nette (en 1997) : 14,9 millions de t. **Électricité** (en 1998) : *prod. nette :* 18 666 MWh (dont nucléaire 10 190). *Consom. régionale :* 13 154 GWh. **Coton** (en 1987) *et,* entre parenthèses, *% de la prod. française :* filature 16 000 t (8,1), tissage 16 800 t (12,3) ; 2 842 ouvriers. **Papiers, cartons** (en milliers de t, 1986) : 345,3 (6,1 % de la prod. française). **Bière** (en 1996) : 9 685 milliers d'hl (57 % de la prod. française).

■ **Tourisme** (en 2000). **Hébergement :** *hôtels de tourisme* 581 (18 188 lits) ; *résidences de tourisme* 8 (1 336 pl.) ; *campings* 106 (11 630 pl.) ; *auberges de jeunesse* 12 (1 026 lits) ; *villages de vacances* 14 (3 190 lits) ; *gîtes ruraux* 1 515 ; *d'étape* 34 ; *d'enfants* 5 ; *chambres d'hôtes* 676 ; *résidences secondaires* 16 736. **Visiteurs :** 6 500 000.

Départements

☞ Voir légende p. 811.
Nota. – (1) En 1998.

■ **Bas-Rhin** (67) 4 755 km^2 (110 × 10 à 90 km). **Altitude :** *max.* Champ-du-Feu 1 100 m ; *min.* 110 m (sortie du Rhin dans le Palatinat). Ancienne Basse-Alsace + vallée supérieure de la Bruche (cantons de Saales et de Schirmeck qui faisaient partie avant 1870 du département des Vosges) et Alsace bossue (cantons de Drulingen et de Sarre-Union, géographiquement rattachés au plateau lorrain). **Population :** *1841 :* 581 200 ; *1871 :* 600 400 ; *1910 :* 700 900 ; *1921 :* 652 000 ; *1936 :* 711 800 ; *1946 :* 673 300 ; *1962 :* 770 200 ; *1975 :* 882 121 ; *1982 :* 915 676 ; *1990 :* 953 053 (étrangers 68 199 dont Turcs 17 145, Marocains 11 336, Portugais 7 148, Algériens 5 680) ; *1999 :* 1 026 120. **D.** 216. **Cantons :** 44. **Communes :** 526. **1er producteur :** houblon, choux à choucroute, tabac.

Régions naturelles : plaine du Rhin 1 472 km^2 (houblon, betterave sucrière, asperges, tabac, choux à choucroute, cultures maraîchères, élevage, forêt, maïs, céréales). **Région sous-vosgienne** 1 113 km^2 ; vignoble (11 cépages). **Montagne vosgienne** 1 169 km^2. **Ried** 596 km^2. **Plateau lorrain** 404 km^2.

Chef-lieu : STRASBOURG-VILLE. Superficie : 78,27 km^2. **Altitude :** *max.* 148,7 m, *min.* 136,7 m. **Population :** *1444 :* 18 000 hab. ; *1684 :* 22 000 ; *1789 :* 49 943 ; *1851 :* 75 565 ; *1871 :* 85 654 ; *1900 :* 151 041 (dont 3 470 de langue française, 1 128 bilingues) ; *1910 :* 178 891 ; *1921 :* 166 767 ; *1936 :* 193 119 ; *1946 :* 175 515 ; *1954 :* 200 921 ; *1962 :* 233 549 ; *1975 :* 253 384 ; *1982 :* 248 712 ; *1990 :* 252 338 ; *1999 :* 264 115. Fondée 12 av. J.-C. **Climat :** température max. moyenne 24 °C, précipitations 955,7 mm/an, insolation 1 611,8 h/an. **Sièges :** Institut international des droits de l'homme, Assemblée parlementaire du Conseil de l'Europe (des 40) [46 965 vis. en 2000] ; lieu de réunion du Parlement européen (des 15) [146 000 vis. en 2000] ; Conférence des pouvoirs locaux et régionaux européens ; Cour européenne des droits de l'homme ; Centre et Fonds européen de la Jeunesse ; Arte ; Observatoire européen de l'audiovisuel ; Conférence sur la sécurité et la coopération en Europe ; État-major de l'Euro-corps ; Projet Europol ; Isu ; Éna. **Port** autonome : 2e port rhénan, 2e port fluvial français, longueur 10 km, 1 058 ha, rives 37 km ; trafic (en millions de t, 2000) : marchandises 12,5 (fluvial 10,76) ; mouvements de bateaux 20 500, passagers de vedettes touristiques 678 300 (en 2000), en croisière sur le Rhin 125 000. **Réseau cyclable :** 300 km de pistes et d'itinéraires. **Espaces verts :** 313 ha. **Parcs :** 115 ha (parc de l'Orangerie 26,96 ha). 65 000 arbres en ville, 1 342 ha de forêts péri-urbaines d'origine alluviale. **Aéroport :** *Strasbourg-Entzheim* (en 1999) : 2 251 958 passagers, fret 18 838 t. **Monuments** (vis. en 1999) : *cathédrale* (1176-1439), nef et façade XIe-XIIIe s., grès rose, horloge astronomique (164 497 vis.), flèche 142 m, long. 110 m, larg. 41 m, (355 639). *Musées* (vis. en 2000) : alsacien (fondé 1907, 61 772), de l'Œuvre-N.-D. (36 200), archéologique (fondé 1860, 40 333), d'Art moderne et contemporain (inauguré 1998, 143 730). Palais des Rohan (1730-42, Robert de Cotte) avec musées des Beaux-Arts (43 264) et des Arts déco. (50 166), historique (en travaux) ; du Pétrole (Merkwiller-Pechelbronn) ; lieux d'*expositions :* galerie de l'ancienne douane (8 726) ; chambre de commerce (1582-85), hôtel de ville (1730-36), *bibliothèque* (1895), *palais du Rhin, palais universitaire. Palais des congrès :* 50 000 m^2, 81 843 congressistes (en 1999). *Auditoriums* Érasme 1 984 places et Albert-Schweitzer 850 à 1 100 places (scène 300 m^2, surface d'exposition 8 000 m^2). *Palais de l'Europe,* 563 places, tribune 400 places. *Parc des expositions du Wacken,* 100 000 m^2, dont 50 000 m^2 de locaux couverts. *Palais des droits de l'homme* (21 000 m^2, 250 millions de F, en service début 1994). *Institut de chimie* (en 1965) 69 m. *Tour* « Schwab », cité de l'Ill (en 1961) 55 m. *Immeuble « Porte de France »* (en 1972) 50 m. *Parlement européen* (en 1999) : 3 milliards de F. *Brasserie Kronenbourg* (53 279 vis. en 1999). **Hôtellerie :** 4 279 chambres, dont 5 hôtels 4 étoiles (690 chambres), 882 cafés-restaurants (en 2000). **Festivals :** film (mars), jazz (juin), Musica (sept-oct.), Jazz d'or (nov.). **Tramway :** 25,1 km, 46 stations, environ 150 000 voyageurs par jour, 3 565 millions de F, 1re ligne en service sept. 1994, 2e sept. 2000. *Ponts* sur le Rhin 1 (2e prévu en 2003 ; 160 millions de F, long. 457 m). **Communauté urbaine :** 305,97 km^2 (28 × 16), 451 240 hab., 27 communes, **D.** 1 475 ; 3 universités, Polytechnicum (créé 1990 ; 9 écoles supérieures et instituts). AGGLOMÉRATION : 171 km^2, 427 245 hab. (avec Kehl 380,97 km^2, 454 975 hab.) dont **Bischheim** 16 763 ; meubles, confiserie, jouets ; musée du Judaïsme. **Eckbolsheim** 5 937. **Hœnheim** 10 726. **Illkirch-Graffenstaden** 23 815 ; parc d'innovation (170 ha). **Lingolsheim** 16 860. **Ostwald** 10 761. **Reichstett** 4 882 ; raffinerie pétrole. **Schiltigheim** 30 841 ; brasseries (Fisher, Heineken). **Souffelweyersheim** 6 017. AIRE URBAINE : 612 104 hab.

Sous-préfectures : Haguenau 31 880 hab. (aggl. 33 724 [1], dont **Schweighouse-sur-Moder** 4 595) ; mécanique et élec., papiers, forêt 13 900 ha (une des communes de Fr. les plus étendues, 18 265 ha), incendiée 2 fois en 1677 ; église St-Georges (XIIe-XIIIe s.). *Musées :* historique, d'Art populaire alsacien. **Molsheim** 9 335 hab. (aggl. 10 101 [1]) ; mécanique ; égl. (XVIIe s.) ; ancienne usine Bugatti ; bâtiment de la Metzig (1554) ; musée de la Chartreuse. **Saverne** 11 201 hab. (aggl. 14 969 [1]) ; mécanique, horlogerie ; châteaux des Rohan, de Haut-Barr, musées Claude-Chappe, d'Art et d'Histoire ; roseraie ; port de plaisance canal Marne-Rhin. **Sélestat** 17 176 hab. ; métall., textile, maroquinerie, brosserie (Le Celluloïd), bibliothèque humaniste, église (XIIe-XIVe s.). Camp nazi 1940-44. **Wissembourg** 8 150 hab. ; mécanique et chimie ; ensemble architectural. Abbatiale, musée.

Autres villes (vis. en 1999) : **Andlau** 1 654 hab., abbaye. **Barr** 5 891 hab. (aggl. 6 343 [1]) ; musée de la Folie-Marco. **Benfeld** 4 875 hab. (aggl. 6 329 [1]) ; jacquemart. **Betschdorf** 3 727 hab. (aggl. 3 638 [1]) ; poteries. **Bischwiller** 11 591 hab. (aggl. 13 899 [1]) ; textiles, métall. ; musée. **Brumath** 8 925 hab. **Drusenheim** 4 723 hab. **Erstein** 9 663 hab. ; marché du sucre (fin août), textiles. **Eschau** 4 410 hab. (aggl. 9 553 [1], dont *Fegersheim* 4 533) ; abbatiale (Xe s.). **Geispolsheim** 7 031 hab. Choux à choucroute. **Hatten** 1 789 hab. ; casemate, musée de la Ligne-Maginot. **Herrlisheim** 4 198 hab. **Ingwiller** 3 847 hab. (aggl. 4 259 [1]). **Kintzheim** 1 493 hab. ; montagne des Singes (291 239 vis.), parc des Cigognes, musée du Vignoble et des Vins d'Alsace (8 295 vis.). **La Broque** 2 628 hab. (aggl. 11 858 [1]). **La Petite-Pierre** : musée du Sceau alsacien (64 182 vis.). **La Wantzenau** 4 394 hab. **Le Hohwald** 386 hab. ; station climatique à 580 m. **Lichtenberg** 510 hab. (XIIIe-XVIe s., 26 493 vis.). **Marckolsheim** 3 614 hab. ; usine hydroélectrique ; mémorial de la Ligne-Maginot (19 617 vis.). **Marlenheim** 3 365 hab. ; fête du Mariage de l'ami Fritz (14/15-08). **Marmoutier** 2 436 hab. ; abbaye bénédictine (33 000 vis.). **Mutzig** 5 519 hab. (aggl. 7 008 [1]). **Natzwiller** 624 hab. ; ancien camp de déportation et concentration de *Struthof* (133 734 vis.). **Niederbronn-les-Bains** 4 319 hab. (aggl. 12 841 [1], dont *Reichshoffen* 5 183) ; appareils de chauffage, matériel ferroviaire, de génie civil ; station thermale, musée de l'Archéologie des Vosges du Nord ; casino, musée du Fer. **Obernai** 10 470 hab. (aggl. 10 666 [1]). **Ottrott** 1 513 hab. ; musée vivant des Naïades. **Pfaffenhoffen** 2 468 hab. (aggl. 4 912 [1]) ; musée de l'Imagerie populaire. **Rosheim** 4 548 hab. ; enceinte néolithique. **St-Jean-Saverne** 598 hab. ; égl. (XIIe s.), musée municipal, tour du Télégraphe Chappe, jardin botanique. **Sarre-Union** 3 356 hab. (aggl. 4 146 [1]) ; constr. mécanique, métallurgie ; musée. **Uhlwiller** 623 hab. ; musée du Pain. **Vendenheim** 5 597 hab. **Wangenbourg-Engenthal** 1 182 hab. ; centre touristique (alt. 500-969 m), château (XIIIe s.), chapelle (XIIIe s.).

Divers (vis. en 1999) : **vallée** de *Kleinthal.* **Parcs animaliers** de *Kintzheim* (aigles et singes). **Parc naturel** régional des Vosges du Nord : *La Petite-Pierre.* **Châteaux :** *Fleckenstein* (XIIe s., 72 413 vis.), *Haut-Kœnigsbourg :* château fort (alt. 755 m), restauré 1900-08 par Guillaume II, cité 774, forteresse de 1147 à 1250, détruit 1462, incendié 1618 (631 264 vis.), *Landsberg* (XIIIe s.), *Ramstein, Ortenbourg.* Forts de la ligne Maginot : Lembach (51 574 vis.) et Schœnenbourg. **Mont Ste-Odile** (alt. 762 m) : ancien monastère, mur Païen (900 000 vis.). **Pierre des 12 Apôtres ou Breitenstein,** sculptée au XVIIIe s. **Ski** nordique, alpin : *Champ du feu.*

■ **Haut-Rhin** (68) 3 532,86 km^2 (100 × 50 km). **Altitude :** *max.* 1 424 m (Grand Ballon) ; *min.* 195 m (sortie du Rhin). **Population :** *1901 :* 495 209 ; *1911 :* 517 865 ; *1921 :* 468 943 ; *1936 :* 507 551 ; *1946 :* 471 705 ; *1982 :* 650 372 ; *1990 :* 671 334 (étrangers 60 490) ; *1999 :* 708 025. **D.** 201. **Cantons :** 31. **Communes :** 377.

Régions naturelles : montagne vosgienne 885 km^2 (Grand Ballon 1 424 m) : forêts, élevage, fabrication du fromage de Munster. **Région sous-vosgienne** 450 km^2 : vignes, fruits. **Plaine du Rhin** 665 km^2 : céréales (maïs), légumes (betteraves, oléagineux). **Ried** 45 km^2 ; céréales, choux, pommes de terre. **Sundgau** 825 km^2 : polyculture, arboriculture, bovins, céréales. **Jura alsacien** 167 km^2 ; polyculture, bovins. **Hardt** 435 km^2 ; maïs. **Ochsenfeld** 55 km^2 ; céréales, oléagineux, horticulture.

Chef-lieu : COLMAR. Altitude : 194 m. **Population :** 67 163 hab., ind. textile, alim., mécanique. Église des Dominicains (*Vierge au buisson de roses* de Martin Schongauer 87 650 vis. en 2000). *Musées* (vis. en 2000) : Bartholdi (10 080), d'Histoire naturelle (8 627), du Jouet (53 578), Unterlinden [peintures gothiques, retable d'Issenheim de Mathias Grünewald, 1511-16 (240 290)]. *Journées de la Choucroute* (1er week-end de sept.). *Parc* de Schoppenwihr, classé, 40 ha. AGGLOMÉRATION : 83 816 hab. [1], dont **Horbourg-Wihr** 5 178 ; église (tour XIIe s., fresques XVIe s.) ; fouilles gallo-romaines, cimetière mérovingien. **Ingersheim** 4 221. **Turckheim** 3 662. **Wintzenheim** 7 581.

Sous-préfectures : Altkirch 5 386 hab. (aggl. 7 376 [1]) ; textiles ; musée Sundgauvien (15 637 vis. en 1999). **Guebwiller** 11 525 hab. [aggl. 25 998 [1], dont **Lautenbach** 1 572 hab. ; église (XIIIe s.) ; **Soultz-Ht-Rhin** 6 640 ; filatures, mécanique] ; couvent des Dominicains (XIVe s.), musée du Florival, église (XIe s.) ; vignoble. **Mulhouse,** alt. 240 à 338 m ; 2 245 ha ; (*1699 :* 3 302 hab. ; *1798 :* 6 018 ; *1844 :* 20 547 ; *1871 :* 52 892 ; *1910 :* 95 041 ; *1975 :* 117 013 ; *1982 :* 112 157 ; *1990 :* 108 358 ; *1999 :* 110 359) [aggl. 223 878 [1], dont **Brunstatt** 5 536. **Illzach** 14 947. **Kingersheim** 11 961. **Lutterbach** 5 581. **Pfastatt** 7 946. **Riedisheim** 12 101. **Rixheim** 12 608 ; musée du Papier peint. **Sausheim** 5 470. **Wittelsheim** 10 226 ; maison de la Potasse. **Wittenheim** 15 026] ; potasse, coton, chimie, polygraphie, mécanique, électromécanique et automobile ; artisanat. *Monuments :* temple *St-Étienne. Théâtre*

Nécropoles militaires : *Sigolsheim* (française), *Wettstein-Linge* (française et allemande), *Uffholtz* (site du Vieil-Armand ou Hartmannswillerkopf ; française et allemande), *Bergheim* (allemande), *Cernay* (américaine), *Soultzmatt* (roumaine). **Tourisme : la Petite Camargue alsacienne** (réserve naturelle et pisciculture, 104 ha). **Parc naturel régional** *des Ballons des Vosges* (300 000 ha), lacs vosgiens. **Route** *des vins :* 120 km de Thann (Ht-Rhin) à Marlenheim (B.-Rhin) ; *de la Carpe frite ; des Crêtes ; de la Truite :* vallées de la Thur et de la Moselotte ; *Verte :* de Contrexéville (Vosges) à Titisee-Neustadt (All.) en passant par Colmar et la Hte-Alsace. **Vallée** de la Lauch. **Lac** Vert.

(822 places). Tour de l'*Europe* (en 1972) 106 m, 28 étages. *Musées* (vis. en 1999) : du Chemin de fer [fondé 1969 (92 604)], du Sapeur-Pompier, de l'Automobile (179 246), historique (17 483 [1]), des Beaux-Arts (3 799 [1]), de l'Impression sur étoffes (29 218), Électropolis (44 334), de la Céramique (3 310 [1]), du Papier peint (10 365 [1]). *Parc zoologique et botanique* [25 ha (227 797)]. **Ribeauvillé** 4 929 hab. ; vins ; textile. *Châteaux* (XIIe et XIIIe s.). *Fête du Kugelhopf* [Kouglof] (1er week-end de juin). **Thann-Cernay** [aggl. 28 890 [1] dont **Cernay** 10 446 ; mécanique, textile, chimie, monument du Vieil-Armand, l'Ochsenfeld (champ de bataille) où César battit Arioviste. **Thann** 8 033 ; collégiale St-Thiébaut, collégiale gothique].

Autres villes : Bergheim 1 830 hab. ; ville fortifiée ; vins ; usine Sony ; musée de la Sorcellerie. **Bollwiller** 3 552 hab. (aggl. 4 029 [1]). **Dannemarie** 1 988 hab. **Eguisheim** 1 548 hab., ville fortifiée médiévale ; vestiges préhistoriques ; vignoble. **Ensisheim** 6 640 hab. (aggl. 7 602 [1]), ancienne capitale des possessions autrichiennes en Alsace, musée de la Régence. **Freland** 1 292 hab. ; musées de la Forge, d'Art religieux. **Gueberschwihr** 816 hab. ; fête de l'Amitié (août). **Gunsbach** 789 hab. ; maison Albert-Schweitzer, musée d'Art africain. **Hunawihr** 511 hab. ; centre de réintroduction de cigognes ; serre à papillons exotiques (100 000 vis.). **Kaysersberg** 2 676 hab. (aggl. 6 485 [1]) ; vignes, musée A.-Schweitzer. **Kembs** 3 739 hab., barrage hydro-électrique. **Landser** 1 687 hab. (aggl. 3 900 [1]). **Lapoutroie** 2 104 hab., musée des Eaux-de-vie (70 091 vis. en 1999). **Munster** 4 884 hab. (aggl. 11 121 [1]) ; Maison du parc naturel régional ; textile. **Neuf-Brisach** 2 197 hab. (aggl. 4 789 [1]) ; fortifiée par Vauban ; zone ind. **Oberlarg** 143 hab. ; site néolithique (– 10 000 ans) : fouilles 1876, 1970. **Ottmarsheim** 1 926 hab. ; église octogonale (XIe s.). **Riquewihr** 1 212 hab. ; vins. *Musées* (vis. en 1999) : d'Histoire des PTT d'Alsace (11 296 vis.), archéologique, de la Diligence (11 499 vis.), Hansi, du Dolder, tour des Voleurs (24 314 vis.). **Rouffach** 4 187 hab. ; vins ; fresques néolithiques et gallo-romaines, égl. (XIIIe s.), commanderie des chevaliers Teutoniques. **St-Amarin** 2 440 hab. (aggl. 10 286 [1]) ; musée Serret. **St-Louis** 19 961 hab. [aggl. *Bâle (Suisse)-St-Louis (population française)* 33 531 [1], dont *Huningue* 6 097 ; parc des Eaux-Vives ; zone industrielle avec *Ottmarsheim*]. **Ste-Marie-aux-Mines** 5 816 hab. ; mines d'argent du XIVe s., maison de pays. **Ungersheim** 1 633 hab. ; écomusée (322 547 vis. en 1999).

AQUITAINE

GÉNÉRALITÉS

■ **Superficie.** 41 309 km². **Population.** *1990* : 2 798 192 hab. (étrangers 114 950 dont Portugais 29 829, Marocains 24 611, Espagnols 20 428) ; *1999* : 2 908 359. **D.** 70. **Dépeuplement** vers 1850 et 1950 malgré l'immigration d'ouvriers italiens et espagnols. Installation d'environ 45 000 agriculteurs rapatriés d'Afr. du Nord.

■ **Nom.** Du latin *Aquitania,* dérivé de 2 racines préceltiques (ligures ou ibériques), signifiant « proche de la mer », et désignant le quart sud-ouest de la Gaule. A partir du XIIIe s., le nom de *Guyenne,* mot de langue d'oïl dérivé de Aquitania, devient d'usage courant pour désigner le duché, bien moins étendu que l'ancienne province.

■ **Situation.** Comprise dans : bassin sédimentaire s'étendant entre Massif armoricain et Massif central au N. et à l'E., et les Pyrénées au S. 80 000 km² (1/7 de la France environ). Région actuelle : 41 408 km² (soit 8 % de la superficie française). Le *seuil du Poitou* la relie au Bassin parisien et le *seuil de Naurouze,* au S.-E., au Languedoc méditerranéen. Drainé par la Garonne et ses affluents ; rivières pyrénéennes, de régime nivo-pluvial, aux débits relativement faibles, et 3 grandes rivières issues du Massif central, aux débits très élevés. **Divisions :** *terrains secondaires* très relevés au S., adossés au Massif central au N.-E. (plateaux calcaires, causses du Quercy) ; *jurassiques et crétacés* au N. (Charentes, Poitou). *Terrains tertiaires* très étendus (souvent collines). **Climat :** humide (zone littorale et bordures), hiver frais (longues gelées parfois) ; inégalité des pluies selon les années.

GUYENNE

■ **Histoire. Av. J.-C. Du VIe s. à 56** les Aquitains, appelés parfois Proto-Basques, de race et de langue ibériques, occupent la rive gauche de la Garonne jusqu'à l'Espagne. **56** le lieutenant de César, Crassus, fait un raid sur leur territoire, sans le conquérir. **52** les Aquitains ne participent pas à la révolte gauloise. **38** soumis par Agrippa. **27** forment une des 3 provinces de la *Gallia Nova* (des Pyrénées et de l'Atlantique à la Loire). Au Bas-Empire, devenue Provincia Aquitania, est incorporée au diocèse de Vienne, et partagée en 3 : *Novempopulanie* (capitale Eauze), *Aquitaine Seconde* (Bordeaux), *Aquitaine Première* (Bourges). **Après J.-C. Fin IIIe s.** les Romains évacuent les Pyrénées. **IVe s.** ils établissent un *limen* sur l'Adour et les Gaves (forteresse principale : Bayonne ou *Lapurdum*). **Début Ve s.** possession des Wisigoths rattachée au royaume wisigothique d'Espagne. **507** intégrée au *Regnum Francorum* après la victoire de Clovis à *Vouillé.* Pratiquement indépendante pendant la décadence mérovingienne, elle est dominée par une série de ducs « nationaux » vascons, venus du sud des Pyrénées ; elle s'appelle alors *Vasconia* (Gascogne). **Au VIIIe s.** le duc Waifre ou Gaifier tente d'assurer son autonomie. **760-68** campagnes de Pépin le Bref assurant son autorité (organisation de l'Aquitaine franque par le capitulaire de Saintes). **778** Charlemagne crée un royaume d'Aquitaine au profit de son fils Louis (futur Louis le Pieux). Pépin II, Charles l'Enfant, Louis le Bègue lui succèdent. **877** avènement de Louis le Bègue au trône franc, constitution d'un *Ducatus Aquitaniae* comprenant Berry, Poitou, Auvergne, Toulousain, mais contrôlant mal le pays gascon. **IXe et Xe s.** appartient successivement aux *comtes de Poitiers* (Rannoux II), à la *maison d'Auvergne* en 909 [Guillaume le Pieux († 918)], à celle de *Toulouse* [Raimond III Pons († 950)], de nouveau aux *Poitevins* [Guillaume Tête d'Étoupe de 952 à 963, Guillaume IV Fierebrace († 990) reconnu par les Capétiens après 987]. *Guillaume IX de Poitiers* (1071-1126), troubadour, protecteur des arts et des lettres, règne 41 ans. **1127** *Guillaume X* (1099-1137), son fils. **1137** *Éléonore* (ou Aliénor d'Aquitaine vers 1122-1204), sa fille, épouse *Louis VII,* roi de Fr. (qui quadruple ainsi son domaine). **1152** Louis VII la répudie. *-Mai* Éléonore se remarie avec *Henri II Plantagenêt,* roi d'Angleterre, héritier des territoires anglo-normands et angevins et auquel elle apporte tous ses territoires. Henri II réorganise ses acquisitions aquitaines sur le modèle normand : sénéchaux superposés aux prévôts (6 sénéchaussées). Philippe Auguste conquiert des fragments de l'héritage d'Éléonore qui sera reconquis progressivement aux XIIe et XIIIe s. par les rois de Fr. **1259** le *duché de Guyenne* est érigé au profit du roi d'Angl., vassal du roi de Fr. : il comprend Gascogne (au sud), Bordelais, Bazadais, Limousin, Périgord, la moitié du Quercy et la suzeraineté sur l'Agenois (paix de Paris). **XIVe et XVe s.** Guyenne et Gascogne sont âprement disputées. **1453** duché reconquis par Charles VII (17-7 bataille de Castillon). **1469** duché de Guyenne amputé du Limousin et donné en apanage par Louis XI à son frère Charles. **1472** revient définitivement à la Couronne à la mort de Charles. **1648-50** fronde contre le gouverneur Bernard d'Epernon dit Lavalette. **1651-53** révolte de l'Ormée (terrasse plantée d'ormeaux où sont organisées des réunions démagogiques), gouverne Bordeaux. **1653**-*3-8* duc de Candale prend Bordeaux. Dureteste, chef de l'Ormée, est exécuté. **A la fin de l'Ancien Régime** Guyenne et Gascogne sont réparties entre les généralités de Bordeaux, Auch et Montauban. *Divisées par la Révolution* en 6 départements (Gironde, Gers, Lot-et-Garonne, Dordogne, Lot, Aveyron), plus quelques éléments des départements des Landes et du Tarn-et-Garonne.

AGENAIS OU AGENOIS

■ **Histoire.** Rive droite de la Garonne (sur une partie du Lot-et-Garonne et du Tarn-et-Garonne). Peuplé dès le paléolithique ; occupé par des Ligures jusqu'au VIe s. av. J.-C., par des Ibères au Ve s., puis par les Celtes Nitiobriges qui fondent l'oppidum d'Aginnum. Intégré à l'Aquitaine Seconde à l'époque romaine. Réuni aux duchés de Gascogne (Xe s. à 1052) puis d'Aquitaine (1052-1196). **1196** donné en dot à Jeanne d'Angl. qui épouse Raymond VI de Toulouse. **1259** donné à Alphonse de Poitiers par la paix de Paris sous la suzeraineté du duc (anglais) de Guyenne. **1271** réuni à la Couronne avec le domaine d'Alphonse de Poitiers. **1271-1444** disputé entre l'Angl. suzeraine et la Fr. (restitué à l'Angl. de 1279 à 1303, et de 1360 à 1444). **XVIe s.** rattaché au gouvernement et à la généralité de Guyenne. Comprend dans ses fiefs la baronnie de Lauzun, érigée en duché en 1692 pour l'époux de la Grande Mademoiselle.

■ **Ressources.** Agriculture : vignes, arbres fruitiers (prunier introduit XVIe s.) tabac (XVIIe s., région de Clairac), céréales, légumes, élevage bovin (« blonde d'Aquitaine »).

BÉARN

■ **Histoire.** Entre Chalosse, Pyrénées et Pays basque. Nom d'origine ibérique : *Beneharnum,* qui contient la racine basque *harri,* pierre. Il désigne le bourg de Lescar, et apparaît au Ve s. comme nom de cité aquitano-romaine (démembrement de la cité des Tarbelli, qui faisait partie de la Novempopulanie). Après les invasions wisigothes, vascones et peut-être musulmanes, constitution d'une vicomté au IXe s., qui s'étend par des conquêtes. **1256** un arbitrage du Cte de Foix déboute Gaston VII le Grand de ses prétentions sur la Bigorre. Après sa mort (il ne laissait que des filles), union de la vicomté au comté de Foix sous *Gaston Ier de Foix,* son gendre. **XIVe s.** querelle, à propos de cette succession, entre les maisons de *Foix-Béarn* et d'*Armagnac.* **1398** Béarn et comté de Foix passent dans la maison de *Grailly,* à laquelle succède, à partir de **1485,** celle d'*Albret* (souveraine de Navarre). **1512** les Albret-Béarn perdent la Hte-Navarre ; la Basse-Navarre, qui leur reste, devient une annexe du Béarn, leur fief principal : nécropole dynastique à Lescar (Béarn). **1555** les *Bourbons-Vendôme* leur succèdent. **XVIe s.** *Henri IV,* dernier Cte de Béarn. **1620**-*20-10* réuni à la Couronne.

■ **Institutions.** Dès le XIe s., *fors* ou chartes de coutumes reconnaissent aux sujets du vicomte beaucoup de libertés. Les *états « de Béarn »,* qui résultent de la fusion entre la « Cour Majour » et la « Cour des Communautés » et sont composés de clercs, de nobles et de représentants des villes et des communautés, jouent un rôle capital dans le gouvernement. Parlement constitué à Pau en 1620. Le Béarn garde ses états jusqu'en 1789, il perd alors ses 2 évêchés de Lescar et d'Oloron (dont les titulaires avaient joué un grand rôle au Moyen Age). **Capitales :** Lescar (Beneharnum) [jusque vers 850], Morlaas (850-1242), Orthez (1242-1460) et Pau (1460-1830).

■ **Langue. Dialecte gascon :** considéré longtemps comme un parler particulier, mais classé de nouveau actuellement dans le sous-groupe gascon pyrénéen. *Différences avec le gascon de la plaine : 1°) phonétique :* le *t* final, venant du *ll* latin, se prononce *tch* et non *t* (betch, « beau » ; vedetch, « veau ») ; *2°) articles définis :* masculin, *etch* « le » ; féminin, *era* « la » (venant du latin *ille, illa*) ; *3°) conjugaisons :* existence de conditionnels marquant l'éventualité et l'irréalité de façon plus nuancée. Emploi d'un « futur du passé » distinct des conditionnels.

Pays basque français

■ **Situation.** Entre Pyrénées et Atlantique, sur la rive gauche du gave d'Oloron, des gaves réunis et de l'Adour. *3 provinces :* la *Soule* au sud-est ; la *Basse-Navarre* au centre ; le *Labourd* au nord-ouest ; avec les 4 provinces basques espagnoles *(Navarre, Guipuzcoa, Biscaye, Alava),* constituent le Pays basque ou *Euzkadi.* Les nationalistes basques n'emploient jamais les expressions *Pays basque français* ou *espagnol.* Jusqu'en 1970 environ, ils disaient *Pays basque continental* ou *péninsulaire ;* depuis, ils préfèrent : *Euzkadi Nord* (France 2 967 km^2, 249 359 hab. en 1990) et *Sud* (Espagne 17 000 km^2, 2 660 000 hab.).

■ **Ethnologie.** Ethnie attestée en Navarre vers 8000 av. J.-C. (complexe azilien). Dans l'ensemble, les Basques se différencient des autres Européens par la fréquence du groupe sanguin O rhésus négatif, groupe B pratiquement nul et par leur morphologie (taille moyenne entre 1,60 m et 1,70 m, épaules larges, thorax allongé, hanches étroites, face triangulaire). Du point de vue physique, ils seraient proches des Géorgiens mais il s'agirait d'une coïncidence.

■ **Langues. Basque** ou **euskarien :** viendrait d'une langue parlée en Navarre à la fin du quaternaire, et répandue en Euzkadi à l'âge du bronze. **Souletin :** diffère notamment par ses accents toniques. **Bas-navarrais :** groupe commun avec le *labourdin. Langue littéraire navarro-labourdine :* élaborée vers 1940, remplacée depuis 1960-70 par le *basque unifié (eskuara batua),* tenant compte des dialectes péninsulaires (70 % des écrivains basques). **Bascophones :** Espagne 600 000 à 750 000, France 40 000 (20 % à 33 % des Basques français).

■ **Drapeau.** Rouge avec croix verte et croix blanche en sautoir passant sur elle ; arboré dans les 7 provinces basques, conçu par Sabino de Arana-Goiri (Biscayen, fondateur du nationalisme), apparu publiquement la 1re fois le 14-7-1894 à Bilbao.

■ **Histoire. Vicomté de Soule** ou **Zuberoa** (capitale *Mauléon*) : quasi indépendante jusqu'au XIIIe s. par un jeu de bascule entre Béarn, Navarre et Guyenne (anglaise), se trouve ensuite dans l'orbite des rois de Fr. devenus Ctes de Toulouse ; 1306 confisquée par Philippe le Bel, occupée par les Anglais qui tiennent garnison à Mauléon de 1330 à 1437. **Basse-Navarre :** partie du royaume de Navarre, capitale Pampelune, au sud des Pyrénées ; passée par mariage en 1485 dans la famille française d'*Albret ;* 1512 Espagnols conquièrent tout le royaume, mais Charles Quint évacue la Basse-Navarre, qui se constitue en royaume indépendant [siège du Parlement : alternance entre *St-Palais* et *St-Jean-Pied-de-Port* (en fait, la Basse-Navarre est rattachée au comté de Béarn, fief principal des Albret, et administrée depuis Pau)] ; 1555 la couronne de Navarre passe par mariage aux *Bourbons ;* 1589 Henri III de Navarre, devenu le roi de Fr. Henri IV, la réunit à la France. Le parlement de St-Palais fusionne avec celui de Pau. **Labourd :** ville épiscopale de *Bayonne* et de sa campagne, et localités autour d'*Ustaritz,* capitale forale (nombreux différends entre les 2 cités) ; associé au sort de la Guyenne anglaise jusqu'à la fin de la guerre de Cent Ans (1451). Relève ensuite du gouvernement de Bordeaux.

☞ *De 1800 à 1970,* il y eut 100 000 à 200 000 départs vers l'Amérique. *Le 29-1-1997,* un arrêté du préfet des Pyrénées-Atlantiques a fixé les limites du Pays basque (au sens de la loi Voynet) : 157 communes (233 678 hab.).

■ **Mouvements politiques. Enbata,** 3, rue des Cordeliers, 64100 Bayonne. Parti politique depuis 15-4-1963, adopte la charte d'Itxassou revendiquant le droit pour la nation basque de s'autogouverner. D'abord influencé par les idées démocrates-chrétiennes et socialistes, se radicalise avec la venue des membres du mouvement ETA, qu'il assiste. *But : 1o)* association des élus basques ; *2o)* création d'un département Pays-Basque ; *3o)* d'une région économique de l'Europe ; *4o)* de l'Europe fédérée des peuples (des ethnies) qui comprendra un État d'Euzkadi, formé des 7 provinces basques réunifiées. 4,61 % des voix aux législatives en Pays basque en 1967, déclin après mai 1968. Organise à Pâques de grands rassemblements (l'*Aberri Eguna :* jour de la Patrie). Dissous par le gouvernement en 1974, l'hebdomadaire a reparu en 1975, avec le supplément mensuel *Aburu* depuis oct. 1981. **Ehas (Euskal Heirriko Alderdi Sozialista,** parti socialiste du Pays basque), *fondé* 1964, dissous 1981 ; pour un nationalisme de gauche ; 3,90 % des voix en Pays basque aux élections législatives de 1978. **Ema (Ezkerreko Mungimendu Aberztale,** mouvement patriotique de gauche), regroupe la gauche « abertzale » dont **Herri Talde** (fédération de groupes locaux). **Goiz-Argi,** *fondé* 1985 par André Luberriaga, maire d'Ascain ; 200 élus ; nationaliste modéré. **Euskal Batasuna (Unité basque),** *fondé* 1986 ; partisan de l'autogouvernement. **Euskal Alkartasona (Solidarité basque),** *fondé* 1986 ; section française de l'EA (Pays basque autonome espagnol) ; 3 membres siègent au Comité central (1re fois dans l'histoire politique des 2 pays). **Ipar Buru Batrar (Conseil directeur du Nord),** *fondé* 1990. Section fr. du PNV (Partido nacionalista vasco, le plus ancien parti basque, *fondé* 1895). **Haika,** *fondé* avril 2000 à Cambo ; fusion de *Jarrai* (fondé 1979 en Espagne) et *Gasterial* (fondé 1994 en France), indépendantiste, révolutionnaire.

■ **Mouvements « terroristes ». Hordago,** quelques plastiquages en 1978-80, puis disparaît. **Iparretarrak** (Ceux du Nord), *1973 :* plastiquages, attentats. *1982* (19-3) : 2 CRS †. *1983 :* 2 gendarmes † ; *1986* (13-12) : fait évader 2 détenus de la prison de Pau ; *1987 :* 1 gendarme et 1 militante † ; *1988* (20-2) : Philippe Bidart (né 1953), fondateur d'Iparretarrak (sera condamné à la réclusion criminelle à perpétuité), et 3 autres militants arrêtés ; *1989* (29/30-6) : attentat manqué contre le train « Puerta del Sol ». *2000* (16-4) Lecumbery (Pyr.-Atl.), ancienne gendarmerie. (27-10) Cambo (Pyr.-Atl.), agence immobilière.

> **Béret basque. Origine :** Béarn. *XVe s. :* fabriqué par les bergers, tricoté, puis moulé autour du genou, lavé et martelé dans l'eau pour le feutrer. *XIXe s. :* 1res fabriques à Nay et à Oloron, adopté par les chasseurs alpins, puis par les aviateurs, conducteurs de chars et troupes coloniales. *1936 :* 32 fabriques. *1992 :* 3 fabriques (Oloron 2, Nay 1). **Chiffre d'affaires :** environ 50 millions de F.

■ **Mouvements administratifs. Association pour la création d'un nouveau département,** *fondée* 1976; *Pt :* Albert Viala. **Association des élus pour un département Pays-Basque,** mairie de Helette (64640), *fondée* 1980, *Pt :* Jean Aniotzbehere, maire de Sare, 50 maires et 200 conseillers municipaux y adhèrent.

■ **Mouvements économiques. Hemen,** 50, allées Marines, 64100 Bayonne. **Herrikoa,** Le Forum, zone industrielle des Poutots, 64100 Bayonne.

■ **Mouvements culturels. Euskalzaindia,** 37, rue Benneceau, 64100 Bayonne ; section Pays basque nord de l'Académie basque (siège à Bilbao). **Ikas,** 37, rue Benneceau, 64100 Bayonne. **Seaska,** 8, rue Thiers, 64100 Bayonne; fédération des *ikastolas* (écoles maternelles) du Pays basque nord ; 800 enfants scolarisés (primaire et secondaire). **Euskal Dantzarien Biltzarra,** MJC du Polo-Beyris, 64100 Bayonne; fédération des groupes de danse du Pays basque nord. **Orai-Bat,** 18, rue Benoît-Sourigues, 64100 Bayonne. **Oldarra,** 17, rue Duler, 64200 Biarritz, groupe folklorique. **Institut culturel du Pays basque,** château Lota, 64480 Ustaritz; *financé* par État, département des Pyr.-Atl., ville de Bayonne; *animé* par *Pizkundea* (Féd. d'associations culturelles basques).

☞ Voir **Espagne** à l'Index. Les Basques espagnols des « commandos autonomes anticapitalistes » auraient eu leur PC français à Ciboure jusqu'au 13-2-1981 (17 arrestations) : base des raids contre les antiautonomistes d'Esp. ; racket des commerçants basques français.

Périgord

■ **Histoire.** Occupé par les *Petrocorii* aux époques gauloise et romaine. Comté sous les Mérovingiens. Dépendant du duché d'Aquitaine, uni au Xe s. à l'Angoumois, puis à la Marche. Sa dynastie propre descend de *Boson Ier, Cte de la Marche* (968) ; ses comtes ne possèdent que quelques châteaux et ne parviennent pas à affermir leur autorité entre le roi d'Angleterre, devenu duc d'Aquitaine en 1152, et le roi de Fr. qui intervient constamment. Pays frontière, ravagé pendant toutes les guerres jusqu'en 1453. Les derniers comtes de la dynastie locale, Archambaud V et VI, sont dépossédés par Charles VI (1398-99). Passe successivement aux maisons d'*Orléans* (1400), de *Penthièvre* (1437), d'*Albret* (1481). *Henri IV* réunit le comté au domaine royal.

■ **Ressources. Agriculture :** sous-sol généralement très perméable (puits naturels, gouffres, pertes de rivières, résurgences). Très boisé (châtaigniers, chênes, chênes verts, pins). *Périgord noir* au sud-est, *blanc* au centre, *pourpre* (Bergeracois) au sud-ouest, *vert* au nord (zone forestière, Nontronnais, Ribéracois). Blé, maïs, tabac, chênes truffiers, cultures fruitières (vallées de la Dordogne, Vézère, Isle), vignes (Bergeracois), fraises, noix ; élevage (moutons, bœufs, veaux de boucherie, volailles grasses), lait de vache et chèvre. **Ancienne métallurgie** (forêt et minerai de fer local).

Économie

■ **Population active** (au 1-1-1998). 1 106 802 (non-salariés 156 643) dont : agriculture 90 276 (51 170) ; industrie 164 802 (10 606) ; construction 72 430 (19 526) ; tertiaire 779 294 (75 341). **Chômeurs :** 12,5 %.

■ **Échanges** (en milliards de F, 2000). **Import. :** 60,23 *dont* prod. de l'ind. auto. 9,19, chimiques en caoutchouc ou plastique 6,27, combustibles et carburants 6,12, composants électriques et électroniques 5,81, prod. des ind. agricoles et alimentaires 4,09, en bois, papier ou carton 4,05, métaux et prod. métalliques 3,52, équip. mécaniques 3,32, bateaux, avions, trains, motos 3,1, équip. électriques et électroniques 3 ; **de** Esp. 10,46, USA 9,32, All. 8,26, G.-B. 4, Italie 3,44, P.-Bas 3,24. **Export. :** 80,11 *dont* prod. des ind. agricoles et alimentaires 13,76, bateaux, avions, trains, motos 13,54, équip. électriques et électroniques 8,69, prod. chimiques en caoutchouc ou plastique 8,37, de l'ind. auto. 7,31, en bois, papier ou carton 6,28, agricoles, sylvicoles et piscicoles 6,11, pharmaceutiques, de parfumerie et d'entretien 5,12, métaux et prod. métalliques 3,12, équip. mécaniques 2,64 ; **vers** USA 18,87, Esp. 12,13, All. 7,06, G.-B. 6,84, Italie 4,26, Belg. 3,38.

■ **Agriculture. Terres** (en milliers d'ha, 1999) : 4 183,4 dont *SAU* 1 634 [t. arables 938,3 (dont céréales 524,9, oléagineux 70,9, fourrages annuels 62,1, p. de t. 39,3, jachères 98,8), herbe 520,1, vignes 150,8, cult. fruitières 26,1] ; *bois* 1 857. **Exploitations :** 60 000 (en 1996). **Produits** (récolte en milliers de t, 1999) : *céréales :* maïs-grain 3 319,3, blé tendre 407,8, orge et escourgeon 115,1. *Oléagineux :* tournesol 96,6, soja 53,3. *Légumes :* tomates 105,9, laitues 1,6. *Truffes :* 5,1 t (en 1997). *Fruits :* pommes 171,1, prunes à pruneaux 85,21, fraises 29, poires 14,7, pêches, nectarines 7,1. *Tabac* 6,9. **Vignoble** (raisin de cuve + raisin de table, en milliers d'ha, 1999) : 150,8 (dont Gironde 121, Dordogne 15,6, L.-et-G. 8,7, Landes 3, Pyr.-Atl. 2,4). *Production* (en milliers d'hl, 1999) : 9 037 d'AOC (122,6 pour eau-de-vie, 20,2 VDQS, 317,9 vins de pays et autres vins). *Chiffre d'affaires* (en milliards de F, 1997) : 14 (dont export. 5). **Forêts-bois. Superficie** (en milliers d'ha, 1999) : 1 858 dont Landes 627, Gironde 494,4, Dordogne 407,6, Pyr.-Atl. 202,2, L.-et-G. 126,3). **Production moyenne** (en 1997) : 8 millions de m^3 (dont résineux 7). **Chiffre d'affaires** (en 1997) : 15 milliards de F.

■ **Élevage** (en milliers de têtes, 1999). *Ovins* 959,4 ; *bovins* 883,6 ; *porcins* 534,8 ; *caprins* 48,9 ; *équidés* 31,5 ; *volailles* (poids produits, en t, 1998) : canards gras 61 841, à rôtir 1 420, dindes et pintades 6 254, oies grasses 2 352, autres volailles et lapins 54 444. **Pêche** (en milliers de t et, entre parenthèses, en millions de F, 1999). Hendaye + St-Jean-de-Luz 8,8 (70), Arcachon 2,5 (72,7). *Ostréiculture* (en 1997) : 11 millions de t.

■ **Énergie** (en millions de tep, 1997). *Production :* produits pétroliers 1,3 ; gaz 1,9 ; électricité 6,7. **Entreprises** (en 1998). 218 119 dont agricoles 52 618, ind. 16 391, BTP 20 006, commerce 40 476, services 88 628.

■ **Tourisme** (en 2000). **Hébergement :** *hôtels de tourisme* 1 264 (30 664 lits), *résidences de tourisme* 73 (29 713 pl.), *campings* 689 (103 222 pl.), *auberges de jeunesse* 10 (526 lits), *villages de vacances* 101 (38 373 pl.), *gîtes ruraux* 2 432, *d'étape* 51, *d'enfants* 16 ; *chambres d'hôtes* 1 324 ; *résidences secondaires* 164 837.

Départements

☞ Voir légende p. 811.

Nota. – (1) En 1998.

■ **Dordogne (24)** 9 060 km^2 (136 × 117 km), 3e département pour la superficie. **Altitude :** *max.* 478 m forêt de Vieillecour ; *min.* 16 m vallée de la Dordogne ; *moy.* 200 m. **Population :** *1801 :* 409 475 ; *1851 :* 505 789 ; *1901 :* 452 951 ; *1936 :* 386 963 ; *1968 :* 374 073 ; *1975 :* 373 179 ; *1982 :* 377 356 ; *1990 :* 386 365 (étrangers 11 081 dont Portugais 3 184, Marocains 2 180, Italiens 572, Espagnols 520) ; *1999 :* 388 293. **D.** 43. **Cantons :** 50. **Communes :** 557. **1er producteur** (en 1998) : tabac brun (1 765 t).

Régions naturelles : Périgord blanc (Périgueux et sa région) : tourisme, fraisiculture (Vergt), bovins, caprins, oies et canards gras, noyers. **Périgord noir** (Sarlat et sa région) : tourisme, préhistoire, ovins, porcins, oies et canards gras, forêt de Villefranche, noix, truffes, tabac. **Périgord pourpre** ou **Bergeracois :** fruits, légumes, tabac, vins, bovins, culture, tourisme. **Ribéracois :** culture, forêt, bovins, oies et canards gras, tourisme. **Périgord vert** ou **Nontronnais :** bovins, porcins, ovins, caprins, oies et canards gras, noix, tourisme. **Double :** forêt, étangs, pisciculture, bovins. **Landais :** vignoble, culture, élevage, forêts. **Causse :** tourisme, élevage, céréales, truffes, noix, forêts. **Forêts** (en ha) : 397 000 ha (80 % appartiennent à des propriétaires possédant – de 40 ha) ; de la *Bessède* 4 500, *Barade* 3 100, de *Lagudal* 2 200, de *Monclar* 2 100.

Chef-lieu : PÉRIGUEUX. Altitude 106 m. **Population :** *1811 :* 6 862 ; *1876 :* 24 169 ; *1921 :* 33 144 ; *1982 :* 32 916 ; *1990 :* 30 280 ; *1999 :* 30 193. **Industries :** matériel ferroviaire ; alimentation, truffes, foie gras ; confection, chaussure ; imprimerie timbres-poste ; électronique. **Monuments :** secteur sauvegardé 22 ha, cathédrale St-Front (XIIe s., partiellement reconstruite au XIXe s., inscrite au patrimoine mondial), ensemble architectural Renaissance, vestiges gallo-romains : tour de Vésone (27 m de hauteur ; 20,70 m de diamètre), arènes ; musée du Périgord (21 974 vis. en 1999), abbaye de Chancelade. **Festivals** (en août) : du mime « Mimos » ; trophée Radio France de la chanson francophone (La Truffe) et (en sept.) : de la musique « Sinfonia ». AGGLOMÉRATION : 63 351 hab. [1] (dont **Coulounieix-Chamiers** 8 102. **Trélissac** 6 422).

Sous-préfectures : Bergerac (*1811 :* 8 665 ; *1876 :* 13 120 ; *1921 :* 17 156 ; *1982 :* 30 902 ; *1990 :* 26 899 ; *1999 :* 26 053 hab.) [aggl. 31 794 [1]] ; vins, conserves ; vernis, solvants, métall. ; bois, papiers, tabac, chimie. *Musée* du Tabac (14 391 vis. en 1999). **Nontron** 3 500 hab. (aggl. 4 413 [1]) ; articles chaussants ; bois et alimentaire. *Musée* des Poupées (10 200 vis. [1]). **Sarlat-la-Canéda** (*1811 :* 5 263 ; *1921 :* 6 541 ; *1975 :* 9 765 ; *1982 :* 9 670 ; *1990 :* 9 904 ; *1999 :* 9 707 hab.) ; conserves ; chimie, électricité, mécanique, plastique ; musée-aquarium ; musée de l'Automobile (8 982 vis. [1]). *Festival* de théâtre. *Centre culturel* occitan. *Monuments :* lanternes des morts, ensemble architectural du Moyen Age ; 1er secteur sauvegardé de France ; maison de La Boétie.

Autres villes (vis. en 1999) : **Boulazac** 6 050 hab. **Brantôme** 2 043 hab. ; pont coudé, abbaye médiévale ; gastronomie ; textile ; festival de la danse (juillet-août), musée Desmoulin. **La Bachellerie** 664 hab. ; château de *Rastignac* (1811-30, de Mathurin Salat, dit Blanchard, du style de la Maison-Blanche à Washington). **Le Bugue** 2 778 hab. ; aquarium (environ 300 000 vis.) ; le Bournat (158 915 vis.) ; jardins. **Montcaret** 1 219 hab. ; villa gallo-romaine. **Montignac** 3 023 hab. ; festival du folklore (juillet) ; musée Eugène-Le-Roy. **Montpon-Ménestérol** 5 385 hab. ; briqueteries, menuiseries, scieries. **Mussidan** 2 843 hab. ; musée. **Ribérac** 4 000 hab. (aggl. 4 426 [1]) ; textile ; festival de la Musique. **St-Astier** 5 098 hab. ; chaussure. **Sorges** 1 122 hab. ; écomusée de la Truffe (8 298 vis. [1]). **Terrasson-la-Villedieu** 6 180 hab. (aggl. 10 628 [1]) ; caoutchouc et plastique, métallurgie, papeterie, alimentaire. **Thiviers** 3 261 hab. ; papeterie, bois, conserverie, marché au gras ; musée du Foie gras (927 vis.).

Divers (vis. en 1999) : **abbayes :** *Brantôme* (20 560 vis.), *Cadouin* (cloître, 29 293 vis.), *Chancelade.* **Bastides :** *Monpazier* (400 × 220 m), *Beaumont, Domme.* **Châteaux :** 1er département pour la densité de châteaux et manoirs (1 001) : *Beynac* (XIIe-XVIIe s., 80 000 vis.), *Biron* (XIe-XVIIIe s., 42 012 vis.), *les Bories* (XVIe s.), *Bourdeilles* (XIIIe-XVIe s., 29 123 vis.), *Castelnaud* (XIIe-XIVe s., 170 309 vis.), *la Chapelle-Faucher* (XIIe-XVe s., 1 257 vis. [1]), *Eymet* (musée), *Eyrignac* (jardins, 80 800 vis.), *Fénelon* (XIVe-XVIIe s.,

3 700 vis. [1]), *Hautefort* (par Nicolas Rambourg 1640-80, incendie 30/31-8-1968, restauré 1969-84, 59 600 vis.), *Jumilhac-le-Grand* (XVe-XVIe s., 8 220 vis. [1]), *Lanquais* (XIVe-XVIIe s., 14 979 vis.), *Losse* (XIVe-XVIe s., 28 000 vis.), *Mareuil, Monbazillac* (XVIe s., 53 100 vis.), *Montaigne* (8 435 vis.), *Montfort, Montréal* (XIIe-XVIe s., 4 000 vis.), *Puyguilhem* (XVIe s.), *Puymartin* (XVe-XVIe s., 14 000 vis.), etc. **Églises** romanes du Ribéracois et du Nontronnais. **Festival** du Périgord noir. **Gisements :** *Peyzac-le-Moustier* (120 000 vis.). **Grottes préhistoriques :** *Montignac-sur-Vézère-Lascaux* vers 17000 av. J.-C. ; réseau connu 175 m^2 (volume accessible 2 800 à 3 800 m^3) ; plus de 600 peintures, plus de 1 500 gravures ; découverte 12-9-1940 par 4 adolescents, ouverte du 14-7-1948 à 1963 ; fac-similé réalisé par Monique Peytral ouvert 18-7-1983 (270 014 vis.) ; *de la Halle* à Domme (42 038 vis.) ; *Les Eyzies :* musée national de la Préhistoire (73 061 vis.), de Spéléologie, *Font-de-Gaume* (36 259 vis.), *du Grand-Roc* (90 000 vis.), *la Mouthe* (découverte 1895), *les Combarelles* (découverte 8-9-1901, fermée en 1994), *abri du Cap-Blanc* (18 250 vis.), gisements des *Laugeries* (40 000 vis.), de la *Micoque*, de *Cro-Magnon* (musées), abri *Pataud* (musée de site), *gouffre de Proumeyssac* à Audrix (118 000 vis.), *La Roque-St-Christophe*, forteresse et cité troglodytique (171 000 vis.) ; *Rouffignac*, grotte aux 100 mammouths (55 100 vis.) ; village troglodytique de *La Madeleine* (27 300 vis.) à Tursac (découverte 1863-64 ; connue 1575, authentifiée 1956) ; Villars (64 860 vis.) ; Préhistoparc (81 984 vis.) ; la Tour-Blanche (découverte 1983). **Vallée de la** *Vézère*.

■ **Gironde** (33) 10 000 km^2, département français le plus étendu (166 × 120 km). **Côtes :** 180 km. **Altitude :** *max.* colline de Samazeuil 166 m. **Population :** *1801 :* 502 723 ; *1851 :* 614 387 ; *1901 :* 821 131 ; *1975 :* 1 061 480 ; *1982 :* 1 127 546 ; *1990 :* 1 213 499 (étrangers 53 417 dont Portugais 12 944, Marocains 9 942, Espagnols 9 104, Algériens 4 992) ; *1999 :* 1 287 334. **D.** 121. **Cantons :** 68. **Communes :** 542.

Régions naturelles : plaines des Landes (cultures maraîchères, maïs, tabac). **Bordelais** Entre-deux-Mers (116 755 ha, 10 000 châteaux, 600 000 000 de bouteilles par an, 75 % rouge, 25 % blanc, 1er département de producteur de vin AOC). **Forêt** (pins) : 479 500 ha (47 % du département).

Chef-lieu : BORDEAUX. **Maires** *depuis 1944 :* Jacques Chaban-Delmas ; *1995 :* Alain Juppé. **Altitude :** *moy.* 20,25 m, *max.* 23,5 m. 4 454 ha. **Population :** *1876 :* 215 140 ; *1911 :* 261 678 ; *1936 :* 258 348 ; *1946 :* 253 751 ; *1962 :* 278 403 ; *1968 :* 266 662 ; *1975 :* 223 131 ; *1982 :* 208 159 ; *1990 :* 210 336 ; *1999 :* 215 363. **Port. Industries :** imprimerie, presse, édition, matériel électrique, aéronautique. **Espaces verts** (secteur sauvegardé 150 ha) : 4 millions de m^2 dont (en ha) bois de Bordeaux 110 (parc floral), golf public 100, parc Bordelais 30, Jardin public 10, parc de Monséjour 5, esplanade Charles-de-Gaulle/Mériadeck 4, bois de Rivière 4, jardin de la Mairie (1 ha). **Monuments :** cathédrale St-André (XIIe-XVe s.) [hauteur des flèches 85 m ; longueur extérieure 149,17 m ; largeur 61,25 m au transept (intérieur 49,45 m) ; hauteur sous voûte 37,95 m ; surface 6,650 m^2]. Tour St-Michel (1492, flèche refaite 1865 par Abadie ; c'était alors la tour visitée la plus élevée d'Europe) 114 m avec la croix. Tour de la Cité administrative (1968) 90 m. Clocher « tour Pey-Berland » (1440) 48 m (22 399 vis. en 2000). Colonne des Girondins 43 m. Gare St-Jean (grande marquise ; 1888-1902) 26 m. Parc des Expositions (1969) : hall (861 × 60 m, 5,1 ha) 12 m. Grand Théâtre (1773-80). Quartier des Chartrons (de Chartreux). Place des Quinconces. **Musées** (vis. en 2000) : des Beaux-Arts [fondé 1801 (40 822 vis.)], des Arts décoratifs (30 715 vis.), d'Aquitaine [fondé 1987 (52 992 vis.)], Goupil (4 686 vis.), d'Art contemporain CAPC (69 099 vis.), Colbert (68 598 vis.), des Douanes (8 325 vis.), d'Histoire naturelle (32 019 vis.), centre Jean-Moulin (24 818 vis.) ; conservatoire international de la Plaisance (18 063 vis. [1]). *Ponts :* de pierre (1813-21, longueur 490 m), St-Jean (1965), d'Aquitaine (1967), d'Arcins, rebaptisé F.-Mitterrand (en 1993). *Quartier Mériadeck :* vers 1960, réhabilitation de 25 ha (*1991 :* 7 000 hab., 2 400 logements, 500 entreprises) ; assainissement de 1 000 ha hors de la ville pour le quartier du Lac et le transfert de foires, salons, administrations et logements (15 000 logements prévus aux Aubiers, 1 000 construits). **Enseignement :** université (fondée 1441, 60 000 étudiants) : Ensam, ENSCPB, Enserb, Istab, Sup. de Co., Enita, 2 IUT. UNITÉ URBAINE (51 communes) : 753 931 hab., dont **Ambarès-et-Lagrave** 10 407 ; produits pharmaceutiques. **Artigues-près-Bordeaux** 5 553. **Bassens** 6 492 ; chimie de base. **Bègles** 22 735. **Blanquefort** 13 901. **Bruges** 10 610. **Carbon-Blanc** 6 620. **Cenon** 21 283. **Cestas** 16 927 ; électronique, informatique, équip. industriel, travail du grain. **Eysines** 18 407. **Floirac** 16 157. **Gradignan** 22 193. **Le Bouscat** 22 455. **Léognan** 8 264. **Le Taillan-Médoc** 7 885. **Lormont** 21 343. **Mérignac** 61 847 ; aéroport, aéronautique, missiles balistiques, propulsion et avionique ; électricité, verre, textile, cuir ; pharmaceutique ; vins rouges du Médoc. **Pessac** 56 133 ; grands vins ; électronique ; cité ouvrière (Le Corbusier). **St-Loubès** 7 090. **St-Médard-en-Jalles** 25 566 ; poudrerie. **Talence** 37 179 ; campus. **Villenave-d'Ornon** 27 496. AIRE URBAINE : 925 253 hab.

Sous-préfectures : Blaye 4 665 hab. (aggl. 5 084 [1]) ; port pétrolier, machines agricoles, vins ; forteresse de Vauban (200 000 vis.). **Langon** 6 167 hab. (aggl. 8 480 [1]) ; vignobles du Sauternais. *Mazières :* château de *Roquetaillade* (XIVe s.). **Lesparre-Médoc** 4 855 hab. (aggl. 6 434 [1]) ; vins. **Libourne** 21 757 hab. (aggl. 26 597 [1], dont **St-Denis-de-Pile** 4 089, **Pomerol** 848) ; métallurgie ; musée des Beaux-Arts.

Autres villes (vis. en 2000) : **Andernos-les-Bains** 9 254 hab. ; musée Louis-David (2 050 vis.). **Arcachon** 11 453 hab. [aggl. 43 534 [1], dont *Gujan-Mestras* 14 958 ; parc de la Coccinelle (58 186 vis.). *La Teste-de-Buch* 23 819 ; ostréiculture, conserverie, construction navale, station balnéaire] ; aquarium (voir p. 209 b). **Arès** 4 680 hab. (aggl. 9 475 [1], dont *Lège-Cap-Ferret* 6 307). **Bazas** 4 356 hab. ; cité épiscopale. **Biganos** 6 950 hab. (aggl. 8 889 [1]) ; papier, carton (cellulose du Pin). **Blaignac** 221 hab. ; église St-Jean. **Cadillac** 2 365 hab. (aggl. 4 482 [1]) ; château des ducs d'Épernon (1588-1600, 14 263 vis.). **Castillon-la-Bataille** 3 113 hab. (aggl. 4 738 [1]) ; reconstitution de la bataille du 17-7-1453, fin de la guerre de Cent Ans. **Coutras** 7 003 hab. **Guîtres** 1 478 hab. ; Musée ferroviaire (10 329 vis. en 1999). **La Brède** 3 126 hab. ; château où naquit Montesquieu en 1689. **Langoiran** 1 997 hab. (aggl. 4 250 [1]) ; château. **La Réole** 4 187 hab. (aggl. 5 364 [1]) ; plus ancien hôtel de ville de France. *Les jumeaux de La Réole :* généraux César et Constantin Faucher (nés 1759) qui, en 1815, soutinrent Napoléon, fusillés au début de la 2e Restauration. **La Sauve** 1 213 hab. ; abbaye (14 968 vis.) ; écomusée du Libournais (11 030 vis.). **Lège-Cap-Ferret** 6 307 hab. ; phare (28 888 vis.). **Le Pian-Médoc** 5 373 hab. **Le Verdon-sur-Mer** 1 274 hab. ; port ; phare du *Cordouan* (le plus ancien de France, 1582, 13 915 vis.). **Loupiac** 963 hab. ; vignoble. **Martignas-sur-Jalle** 5 525 hab. **Parempuyre** 6 613 hab. **Pauillac** 5 175 hab. ; raffinerie de pétrole ; port de plaisance (200 places) ; château *Mouton-Rothschild,* musée du Vin (21 367 vis.). **Portets** 2 001 hab. (aggl. 5 160 [1]). **St-André-de-Cubzac** 7 234 hab. ; château du *Bouilh,* pont métallique de 552 m (1882) par Gustave Eiffel. **St-Émilion** 2 345 hab. ; Jurade (fête, fin juin et sept.) ; monuments souterrains (80 682 vis.). **Ste-Foy-la-Grande** 2 788 hab. (aggl. 6 646 [1]) ; bonneterie. **Uzeste** 416 hab. ; collégiale. **Villandraut** 815 hab. ; château de *Cazeneuve* (48 000 vis. en 1999).

Divers : dune et plage du Pilat 2,7 km sur 500 m, 117 m de haut. **Estuaire de la Gironde** 600 km^2. **Grotte** *Pair-non-Pair* (6 173 vis. en 2000), gravures préhistoriques. **La pointe aux Oiseaux. Lacs :** *Carcans-Hourtin* (3 625 ha, profondeur 10 m, plus grand de France), *Lacanau* (2 000 ha, profondeur 7 m), *Bordeaux-Nord* (153 ha). **Parc naturel régional des Landes de Gascogne**, base sports et loisirs de Bombannes. **Réserve ornithologique du Teich** (52 016 vis. en 2000) 120 ha dans le delta de l'Eyre. **Banc d'Arguin** long. 4 km, larg. 2 km à marée basse ; réserve naturelle.

■ **Landes** (40) 9 243 km^2 (144 × 116 km). **Altitude :** *max.* colline de Lauret 227 m ; *min.* 20 m. **Population :** *1801 :* 224 272 ; *1851 :* 302 196 ; *1901 :* 291 586 ; *1936 :* 251 438 ; *1946 :* 248 397 ; *1975 :* 288 323 ; *1982 :* 297 424 ; *1990 :* 311 461 (étrangers 10 541 dont Portugais 4 982, Espagnols 1 751, Marocains 1 440, Indochinois 612) ; *1999 :* 327 334. **D.** 36. **Cantons :** 30. **Communes :** 331. **1er producteur** (en 1999) : foie gras de canard (4 100 t), maïs-grain (13 millions de quintaux), carottes (2 650 ha), haricots verts (2 300 ha), asperges (1 300 ha), kiwis (570 ha plantés), poulets jaunes sous label (14 millions).

Régions naturelles : lande forestière : 645 000 ha (2/3 du département). Grandes Landes, Petites Landes de Roquefort, pays de Born, Marensin. 250 000 ha fin XVIIIe s., 1716 semis de J. B. de Ruat, 1787 de Nicolas Brémontier (30-7-1738/1809) ; 1780-1857 travaux de fixation des dunes (long. 225 km, larg. jusqu'à 8 km), assainissement et ensemencement des terres, aujourd'hui environ 1 000 000 ha sur Landes, Gironde, Lot-et-Garonne, considérée comme la 1re forêt d'Europe occidentale. *Sols dunaires* récents (15 km de largeur) ; 70-75 % de sable mi-grossier et 15-20 % de sable fin, et sols très sableux (podzoliques à podzols évolués à alios). Sylviculture, maïs, asperges. **Bassin de l'Adour :** *Chalosse* et *bas Adour :* maïs (60 % de la *SAU*), fourrages (28), vigne (2), céréales, bovins, porcins, canards et oies, poulets jaunes, pintades, dindes, plumes et duvets. **Tursan :** maïs (58), fourrages (30), vigne (3), vins d'appellation. **Marsan :** maïs (65), fourrages (24). **Bas Armagnac :** maïs (55), fourrages (26), vigne (11).

Chef-lieu : MONT-DE-MARSAN. **Population :** *1801 :* 3 273 ; *1836 :* 4 082 ; *1901 :* 11 604 ; *1936 :* 13 009 ; *1954 :* 17 120 ; *1962 :* 23 264 ; *1982 :* 27 326 ; *1990 :* 28 328 ; *1999 :* 29 297 hab. **Industries :** mécanique, bois, plastique. **Musées :** Despiau-Wlérick (6 064 vis. en 1999), Dubalen (histoire naturelle). **Parc** de Nahuque (80 000 vis. en 2000). **Arènes.** AGGLOMÉRATION : 36 573 hab., dont **St-Pierre-du-Mont** 7 164.

Sous-préfecture : Dax 19 494 hab. *Musées* (vis. en 2000) : de Borda (9 580 vis.), de l'Alat (6 450 vis.) [aggl. 35 701 [1], dont **St-Paul-lès-Dax** 10 223] ; station thermale.

Autres villes (vis. en 2000) : **Aire-sur-l'Adour** 6 868 hab., *alt.* 85 m ; aéronautique ; lancement de ballons du Centre d'études spatiales ; cathédrale St-Jean-Baptiste, hôtel de ville. **Biscarrosse** 9 269 hab. ; centre d'essais d'engins balistiques, parachutisme sportif ; usine Latécoère jusqu'en 1954 ; musée de l'Hydravion (16 989 vis.) ; Aventure Parc (8 000 vis.). **Capbreton** 6 659 hab. (aggl. 9 548 [1]) ; écomusée de la Mer (20 900 vis.). **Eugénie-les-Bains** (ex-Espérons, renommée du nom de l'impératrice Eugénie, épouse de Napoléon III) 507 hab. **Gaujacq** 411 hab. ; château (XVIIe s., 14 861 vis.). **Hagetmau** 4 403 hab. ; alimentaire, meubles. **Hastingues** 447 hab. ; musée St-Jacques-de-Compostelle (46 064 vis.). **Labastide-d'Armagnac** 707 hab. temple des Bastides, musée du Vélo Luis-Ocaña (16 500 vis.). **Labenne** 3 345 hab. ; réserve naturelle (21 500 vis.), parc animalier (38 200 vis.). **Mimizan** 6 864 hab. ; papeterie (3 850 vis.) ; pétrole. **Montfort-en-Chalosse** 1 210 hab. ; musée de la Chalosse (8 500 vis.). **Parentis-en-Born** 4 429 hab. **Perquie** 297 hab. ; château de *Ravignan* (XVIIe-XIXe s.). **Pissos** 1 097 hab. ; airial artisanal (40 000 vis.). **Pouydesseaux** 624 hab. ; centre Jean-Rostand (12 352 vis.). **Sabres** 1 107 hab. ; écomusée de Marquèze (89 818 vis.). **St-Pandelon** 667 hab. ; sel gemme. **St-Sever** 4 455 hab. ; agroalim. **St-Vincent-de-Paul** 2 135 hab. ; berceau de St Vincent (85 000 vis.). **St-Vincent-de-Tyrosse** 5 360 hab. ; cuir. **Samadet** 1 010 hab. ; musée des Faïences (5 644 vis.). **Seignosse** 2 427 hab. ; Atlantic Park (120 000 vis.). **Solférino** 348 hab. ; musée Napoléon III. **Soustons** 5 743 hab. ; plastique ; Tropica Parc (23 000 vis.). **Tarnos** 10 076 hab. ; mécanique, aéronautique, chimie, engrais ; le Monde des miniatures (10 000 vis.). **Tartas** 2 844 hab. ; pâte à papier.

Divers : lacs intérieurs (en ha) : *Cazaux-Sanguinet* 5 608, profondeur 22 m (Gironde et Landes), *Biscarosse-Parentis* 3 450, profondeur 20 m, *Mimizan-Aureilhan* 660, profondeur 6 m, *Soustons* 650, profondeur 4 m, *Léon* 600 (30 000 vis. en 1999). *Hossegor* (eau de mer) plus de 100, *Port-d'Albret* (lac marin artificiel) 25 (en 1980), puis 55. **Parc naturel régional des Landes de Gascogne.**

Thermalisme (curistes de 18 j, en 2000) : *Dax* 55 075, *Eugénie-les-Bains* 5 057, *Préchacq-les-Bains* 1 473, *St-Paul-lès-Dax* 11 706, *Saubusse* 1 287.

■ **Lot-et-Garonne** (47) 5 361 km^2 (105 × 87 km). **Altitude :** *max.* coteau de Bel-Air 273 m ; *min.* 5 m. **Population :** *1801 :* 298 940 ; *1901 :* 278 740 ; *1921 :* 239 972 ; *1936 :* 252 761 ; *1975 :* 292 696 ; *1982 :* 298 522 ; *1990 :* 305 989 (étrangers 16 597 dont Marocains 7 093, Italiens 2 796, Portugais 1 860, Espagnols 1 428) ; *1999 :* 305 380. **D.** 57. **Cantons :** 40. **Communes :** 317. **1er producteur** : pruneaux, semence de bett. industrielle, fraises, noisettes, tomates.

Régions naturelles : *plateaux et coteaux marneux, mollassiques ou calcaires* 330 000 ha ; polyculture, maïs, pruniers d'ente, vins, armagnac, raisins de table, élevage. *Vallées de la Garonne, du Lot et affluents (Lémance, Gers, Baïse, Avance),* 110 000 ha, tapissées d'alluvions : fruits, maraîchage, primeurs, serres, tabac. *Zone sableuse des Landes* 80 000 ha siliceux : forêts de pins. **Régions agricoles :** *plaines de la Garonne et du Lot ; pays des Serres et Causses* (entre Lot et Garonne) ; *coteaux nord du L.-et-G. et Bergeracois ; coteaux sud Garonne* (Néracais) ; *Grandes Landes ; Périgord noir ; Duras.* **Forêts :** 127 000 ha dont massif landais 50 000, forêt Campet 1 685, forêt du Mas-d'Agenais 1 600.

Chef-lieu : AGEN. **Altitude :** 48 m. **Population :** *1990 :* 30 553 ; *1999 :* 30 002 hab. AGGLOMÉRATION : 60 684 hab. [1], dont **Le Passage** 8 827). **Industries :** aéroport ; MIN, station de conditionnement, séchage de prunes, entrepôts frigorifiques, fruits et légumes, vins, alimentaire, pharmacie (Upsa), entreprises de transport, chaussure, textile, machines agricoles ; agropole. **Monuments :** église des Jacobins ; musée des Beaux-Arts (17 256 vis. en 2000) ; théâtre. Parc Walibi (235 000 vis. [1]).

Sous-préfectures : Marmande 17 197 hab. (aggl. 23 439 [1]) ; fruits et légumes, vins, tabac, ameublement, alimentaire, électromécanique, matériel médico-chirurgical, de construction ; chapelle St-Benoît (XVIIe s.), église N.-D. (XIIIe s.), cloître (XVIe s.), musée Albert-Marzelles. **Nérac** 6 787 hab. ; céréales, melons, armagnac, vins des côtes de Buzet ; alimentaire, semences, machines agricoles, chaudronnerie, verrerie (Vianne) ; château (Henri IV y logea de 1572 à 1588) [17 137 vis. en 2000] ; musée. **Villeneuve-sur-Lot** 22 488 hab. (aggl. 29 422 [1], dont **Pujols** 3 546) ; fruits et légumes, conditionnage et séchage de prunes ; château de la *Sylvestre* (XIIIe s., remanié XIVe et XVe s.).

Autres villes (vis. en 1999) : **Aiguillon** 4 219 hab. ; tuiles et tuyaux ciment ; château. **Barbaste** 1 416 hab. ; moulin fortifié d'Henri IV (XIIIe s.) et pont roman (XIIe s.). **Bon-Encontre** 5 759 hab. ; château. **Casteljaloux** 4 755 hab. ; vins des côtes de *Buzet* (cave, 160 029 vis.), mécanique et fonderie, verrerie, bois (contreplaqués et agglomérés) ; cloître. **Castella** 314 hab. ; grottes et parc préhistoriques de Fontirou. **Clairac** 2 883 hab. ; musée du Train, abbaye des 250 Automates et Forêt magique (46 000 vis.). **Duras** 1 214 hab. ; vins des coteaux ; château des Ducs (30 077 vis.), musée. **Estillac** 1 307 hab. ; château (XVIe s.). **Frespech** 275 hab. ; musée du Foie gras. **Fumel** 5 423 hab. (aggl. 13 689 [1], dont *Montayral* 2 936) ; sidérurgie, fonderie, chimie et ind. laitière ; château de Fumel (reconstruit XVIIIe s.). **Gavaudun** 316 hab. ; musée, donjon 70 m. **Granges-sur-Lot** 540 hab. ; musée de la Prune (25 630 vis.). **Lacapelle-Biron** 441 hab. ; musée Bernard-Palissy. **Lauzun** 778 hab. ; château (XVe s., remanié XVIIIe s.). **Mezin** 1 461 hab. ; musée du Liège ; archéologie. **Miramont-de-Guyenne** 3 360 hab. (aggl. 4 798 [1]) ; chaussure, fermetures ind. ; musée du Parchemin et de l'Enluminure. **Moncrabeau** 780 hab. ; château de *Pomarède* (XVIIe-XVIIIe s.). **Monflanquin** 2 258 hab. ; musée de la Vie rurale. **Penne-d'Agenais** 2 330 hab. ; musée. **Poudenas** 252 hab. ; château (1259, remanié XVIIIe s.). **Prayssas** 921 hab. ; musée. **Roquefort** 1 198 hab. ; parc Walibi (voir à l'Index). **St-Front-sur-Lémance** 576 hab. ; château de *Bonaguil* (350 m de circonférence, murailles 4 à 5 m, 13 tours, donjon 35 m, 1480 à 1520, jamais attaqué ; 56 540 vis.). **St-Maurin** 449 hab. ; musée. **Ste-Bazeille** 2 656 hab. ; musée. **Ste-Livrade-sur-Lot** 5 860 hab. (aggl. 9 762 [1]). **Sauveterre-la-Lémance** 623 hab. ; château (fin XVIIIe s.). Musée mésolithique. **Tonneins** 9 041 hab. ; tabacs, préfabriqués, chaussure, machines agricoles, musée de l'Automobile.

Divers : bastides : 42 dont *Castelmoron, Castillonnès, Miramont-de-Guyenne, Monflanquin, Montpezat-d'Agenais, Puymirol, Tournon d'Agenais, Vianne, Villefranche-du-Queyran, Villeneuve-sur-Lot, Villeréal.* **Églises et cloîtres :** environ 500 romans et gothiques. **Lacs** (superficie en ha) : *Allot* (à Boé, 4,5), *Clarens* (Casteljaloux, 16), *Paravis* (Feugarolles, 8,5), *St-Louis* (Lamontjoie, 13), *Lougratte* (7), *Saut-du-Loup* (Miramont-de-Guyenne, 10), *Ferrié* (Penne-d'Agenais, 0,5), *Neguenou* (Prayssas, 7), *Castelgaillard* (St-Sernin, 10).

■ **Pyrénées-Atlantiques** (64) [anciennes Basses-Pyrénées] 7 645 km^2 (110 × 75 km). **Côtes :** 32 km. **Altitude :** *max.* pic Pallas 2 974 m. **Cols :** *Aubisque* (1 709 m), *Pourtalet* (1 794 m). **Population :** *1801 :* 355 573 ; *1851 :* 446 997 ; *1901 :* 426 347 ; *1921 :* 420 981 ; *1954 :* 420 017 ; *1975 :* 524 748 ; *1982 :* 555 696 ; *1990 :* 578 516 (étrangers 25 263 dont Portugais 8 225, Espagnols 7 800, Marocains 4 372,

Algériens 712) ; *1999 :* 600 013. **D.** 78. Environ 70 000 « basquisants » d'origine (dont 45/50 000 bascophones). **Cantons :** 52. **Communes :** 545.

Régions naturelles : coteaux du Pays basque 157 746 ha, **montagnes du Béarn** 125 332 ha, **coteaux du Béarn** 105 102 ha, **montagne basque** 94 015 ha, **coteaux entre les gaves** 78 270 ha, **vallée du gave de Pau** 65 967 ha, **du gave d'Oloron** 57 574 ha, **de l'Adour** 24 098 ha, **Côte basque** 23 463 ha, **Vic Bilh** 19 134 ha, **Baigorry** (*Ibai Gorri* rivière rouge), **Gabardan. Forêt** d'Iraty 2 310 ha. **Vignobles :** *AOC :* Jurançon (blanc moelleux ; sec), Irouleguy (rouge, rosé, blanc), Béarn (rouge, rosé, blanc), Madiran (rouge), Pacherenc (blanc).

Chef-lieu : PAU. **Altitude** 172 à 239 m. **Population :** *1801 :* 8 185 ; *1901 :* 24 268 ; *1982 :* 83 790 ; *1990 :* 82 157 ; *1999 :* 78 534. **Industries :** pétrole, gaz naturel (Elf) SNEAP, mécanique, métallurgie, ind. laitière, agroalimentaire, chaussure. **Monuments :** château (berceau d'Henri IV, 103 286 vis. en 1999), tour Gaston-Phœbus. **Musées :** des Beaux-Arts, béarnais, Bernadotte, du Château. **Université.** UNITÉ URBAINE (47 communes) : 181 413 hab., dont **Billère** 13 393. **Bizanos** 4 673. **Jurançon** 7 346. **Lescar** 8 155, ancien évêché (titre porté par l'évêque de Bayonne), cathédrale N.-D. (XIIe s.) avec les tombes des rois de Navarre (surnommée « le St-Denis du Béarn »). **Lons** 11 153. AIRE URBAINE : 216 830 hab.

Sous-préfectures : Bayonne (11 m) ; *1718 :* 16 000 hab. ; *1926 :* 31 436 ; *1952 :* 41 149 ; *1975 :* 42 938 ; *1982 :* 41 381 ; *1990 :* 40 051 ; *1999 :* 39 844 [unité urbaine (20 communes) 17 865, dont **Bassussary** 1 817 hab. **Boucau** 7 007 hab.] ; cathédrale (XIIIe-XVe s.) 80 m, musée Léon-Bonnat (peintures du XVe au XIXe s., 29 000 vis. en 1999), port (2 717 572 t en 1995). AIRE URBAINE : 213 969 hab. Oloron-Ste-Marie 109 992 hab. (aggl. 15 842 [1]) ; aéronautique (Messier), bois, cuir, confiserie ; église romane Ste-Croix (XI-XIIe s.), cathédrale Ste-Marie.

Autres villes (vis. en 1999) : **Anglet** 35 256 hab. ; port de plaisance, station balnéaire, aéronautique, électronique, métallurgie, chimie ; cathédrale N.-D. (XIIIe-XVIe s., cloître gothique et tombeaux). **Arcangues** 2 733 hab. ; cimetière, monument Luis-Mariano ; golf. **Arudy** (vallée d'Ossau), 2 234 hab. (aggl. 4 049 [1]) ; métallurgie, bois, marbreries. **Biarritz** 30 047 hab. ; station balnéaire et hydrominérale, musée de la Mer (245 227 vis.), casino [1929 par Alfred Lamoureux, dit Laulhé (1879-1956)] ; atelier musée du Chocolat (30 169 vis.). **Bidart** 4 670 hab. **Bordes** 1 941 hab. (aggl. 3 858 [1]) ; aéronautique. **Cambo-les-Bains** 4 416 hab. ; station thermale, musée Edmond-Rostand (villa Arnaga ; 79 695 vis.). **Espelette** 1 879 hab. ; élevage de chevaux pottok. **Hasparren** 5 474 hab., chaussure, méc., électrothermie ; maison de Francis Jammes. **Hendaye** 12 596 hab. château d'*Abbadia* d'Antoine d'Abbadie (1810-97), d'Eugène Viollet-le-Duc et d'Edmond Duthoit, légué à l'Académie des Sciences. **Laàs** 125 hab. ; musée du Maïs. **Lacommande** 172 hab. ; commanderie. **Lacq** 658 hab. ; gaz, chimie, soufre (SNEA). **Mauléon-Licharre** 3 342 hab. (aggl. 6 155 [1]) ; caoutchouc, chaussure (espadrille) ; château fort. **Morlaàs** 3 656 hab. ; église Ste-Foy. **Montaner** 465 hab. ; château. **Mourenx** 7 576 hab. (aggl. 11 102 [1], dont *Artix* 3 121) ; textile, méc., cosmétique (Stendhal). **Navarrenx** 1 133 hab. ; remparts. **Nay** 3 204 hab. (aggl. 7 753 [1], dont *Coarraze* 2 068) ; bois et ameubl., textile. **Orthez** 10 120 hab. ; textile, papeterie, chaussure ; tour *Moncade*, maison de Jeanne d'Albret, Pont-Vieux. **Pardies** 999 hab. ; chimie. **St-Étienne-de-Baïgorry** 1 525 hab. ; château d'*Etchauz* ; jeux de force basque (juillet et août). **St-Jean-de-Luz** 13 203 hab. (aggl. 24 978 [1], dont *Ciboure* 6 282) ; port thonier, conserverie, station balnéaire ; maison de l'Infante (XVIIe s.), égl. St-Jean-Baptiste (XIV-XVe s., buffet d'orgue, retable du XVIIe s.), maison *Lohobiague* (où Louis XIV passa sa nuit de noces le 9-6-1660), musée Grévin. **St-Jean-Pied-de-Port** 1 416 hab. (aggl. 3 058 [1]) ; remparts, citadelle (XVIIe s.). **St-Palais** 1 701 hab. ; musée. **St-Pierre-d'Irube** 3 873 hab. **Ste-Engrâce** 250 hab. ; gorges de Kakueta (58 419 vis.). **Salies-de-Béarn** 4 759 hab. ; sel gemme, chaussure, ameubl., station thermale, château de *Bellocq* (XIVe s.). **Sare** 2 184 hab. ; grottes (103 652 vis.) ; petit train (358 862 vis.). **Sauveterre-de-Béarn** 1 304 hab. ; salaisonnerie. **Urrugne** 7 043 hab. ; église, château d'*Uturbie* (XIVe s.) ; parc Florenia (40 000 vis.).

Divers : forts : *le Pourtalet* (XIXe s.), *Socoa.* **Parc naturel des Pyrénées-Occidentales** 50 000 ha ; Pyr-Atl. et Htes-Pyr. **Port d'Ibañeta** (ou Roncevaux, 1 057 m d'altitude, bataille en 778 dans le vallon voisin). **Ski :** *Gourette-les-Eaux-Bonnes* (pistes : 30 km, de 1 400 à 2 400 m d'alt., face aux pics de Ger 2 613 m et de Pene Méda 2 560 m), *Artouste* (24 km, village de Fabrèges, lac à 1 250 m d'alt. ; petit train, 124 659 vis.), *La Pierre-St-Martin* (23 km, 1 650 m, face au pic d'Anie 2 504 m), *Le Somport* (1 600 m piste fond 30 km), *Iraty* (de 1 200 à 1 500 m, au pied du pic d'Orhy, 2 017 m), *Issarbe* (piste fond 23 km), *Arette* (26 km). **Stations thermales :** *Cambo-les-Bains, Eaux-Bonnes, Eaux-Chaudes, Lurbe-St-Christau, Salies-de-Béarn.* **Thalassothérapie :** *Anglet, Biarritz, Hendaye, St-Jean-de-Luz.* **Tunnel** du Somport (vallée d'Aspe).

AUVERGNE

GÉNÉRALITÉS

■ **Superficie.** 26 013 km². **Population.** *1990 :* 1 321 214 (étrangers 53 703 dont Portugais 22 710, Marocains 7 537, Turcs 5 100) ; *1999 :* 1 308 878. **D.** 51.

☞ Voir **Occitanisme** p. 855.

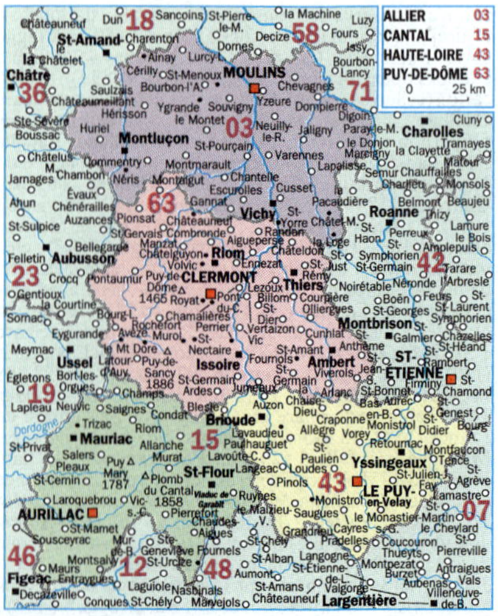

☞ Le Massif central comprend : Allier, Aveyron, Cantal, Corrèze, Creuse, Loire, Haute-Loire, Lot, Lozère, Puy-de-Dôme, Haute-Vienne ; les cantons de Caylus et St-Antonin-Noble-Val (Tarn-et-Garonne) ; les communes classées en zone de montagne de l'Ardèche, Aude, Gard, Hérault, Rhône, Saône-et-Loire et Tarn. *Comité de massif,* Pt : préfet de la région Auvergne. 78 870 km². 3 701 215 hab. (en 1990).

AUVERGNE

■ **Situation.** Comprend 3/5 : montagnes, 2/5 : vallées et gorges. 4 ensembles géographiques naturels : **plateaux cristallins** formant transition avec le Limousin (500 à 1 000 m environ du N. au S.), découpés par la Sioule (Combraille) et ses affluents (qui rejoignent le Bourbonnais) d'une part, et par la Dordogne (Châtaigneraie) d'autre part. Céréaliculture améliorée par chaulage, et élevage bovin. **Grands massifs volcaniques** (vers l'E.) : « chaîne des *puys* » (80 volcans, environ 1 200 m ; puy de Dôme : 1 465 m, avec observatoire et relais télévision, du sommet vue à 300 km sur 75 000 km²), massif des *monts Dore* (puy de Sancy : 1 886 m), massif du *Cantal* (puy Mary : 1 785 m ; plomb du Cantal : 1 858 m) séparé des monts Dore par les plateaux du *Cézallier ;* foyer d'émigration aux XVIIIe et XIXe s. ; élevage bovin (transhumance saisonnière), stations thermales, tourisme. **Limagne :** chapelet de plaines réunies par l'Allier ; agriculture relativement riche : céréales, oléagineux, bett. ind., vigne. *« Varennes »* de l'Allier : bois et prairies ; Clermont-Ferrand. **Plateaux** *cristallins élevés* du Livradois et chaîne du Forez (extrémité orientale), boisés, découpés par la Dore, qui draine le bassin d'Ambert. Monts du *Livradois* à l'O. (1 210 m), du *Forez* à l'E. (1 634 m à Pierre-sur-Haute).

■ **Histoire.** Peuplée dès le Paléolithique (vestiges d'un habitat estimé le plus ancien d'Europe, à Chilhac). Menhirs et dolmens du Néolithique. Av. J.-C. **Ve s.** installation de Celtes : les *Arvernes* (une des plus brillantes civilisations gauloises : métallurgie du fer, du bronze, de l'or et de l'argent ; mise en valeur agricole de la Limagne, frappe de statères de type hellénistique) dirigent à 2 époques la lutte contre les Romains. **121** *Bituit* vaincu par Fabius Maximus. **52** *Vercingétorix* bat les Romains à Gergovie, avant d'être vaincu et pris à *Alésia.* Apr. J.-C. Prospère à l'époque gallo-romaine, partie de la province d'Aquitaine jusqu'à Dioclétien, puis de l'Aquitaine Première (chef-lieu : Bourges) au Bas-Empire. La capitale devient *Augustonemetum* puis *Civitas Arvernorum* (future Clermont). Sources thermales et centres religieux (temple de Mercure du puy de Dôme) réputés. Production, durant les 2 premiers siècles, de céramiques répandues dans tout l'Occident (Lezoux). **Ve s.** un des derniers bastions de la romanité sous l'égide d'une dynastie militaire épiscopale ; Avitus (un moment empereur), son fils Ecdicius (maître des milices) et surtout son gendre Sidoine Apollinaire (préfet de Rome, puis évêque de Clermont) maintiennent l'autonomie de l'Auvergne face aux Wisigoths. L'empereur Julius Nepos la cède à Euric en **475. Du VIe au VIIe s.** *rattachée au royaume de Clovis en 507,* après Vouillé. Dépend successivement de divers Mérovingiens : ravagée par Thierry, fils de Clovis, disputée entre souverains francs et ducs d'Aquitaine. **761** Pépin le Bref l'enlève au duc d'Aquitaine Waifre (ou Gaifier) en s'emparant de Clermont. Incluse dans le royaume d'Aquitaine organisé 781 pour le fils de Charlemagne, le futur empereur Louis le Pieux. Disputée entre Pépin II et Charles le Chauve, forme un comté divisé en 4 *pagi* (Clermont, Tallende, Turluron, Brioude). **IXe s.** Bernard Plantevelue, Cte d'Auvergne en 872, et son fils Guillaume le Pieux, duc d'Aquitaine, contrôlent tout le quart S.-O. de la France. **Xe s.** à la mort de Guillaume (918) et de ses 2 neveux (sans postérité), morcellement. Dépend tour à tour d'Eble de Poitiers, de Raymond Pons de Toulouse, de Guillaume Tête d'Étoupe, Cte de Poitiers. Ensuite, confiée par les Ctes de Poitiers à des vicomtes ; l'un d'eux, Gui Ier, vers 980, commence à se qualifier « comte d'Auvergne ». Plusieurs morcellements. **1167** Guillaume VIII dépouille son neveu Guillaume VII, héritier légitime, mais une seigneurie est cédée à celui-ci (au centre du comté, avec Montferrand et une partie de Clermont) ; les descendants de Guillaume le Jeune conservent le titre de dauphin [en souvenir de leur grand-père maternel Guigues VIII, dauphin du Viennois (voir **Dauphiné**, p. 884 c), d'où le nom de « dauphiné d'Auvergne » donné à leur seigneurie]. **1209** Philippe Auguste confisque les biens du Cte Gui II (qui a des démêlés avec son frère Robert, évêque de Clermont) ne lui laissant en 1230 qu'un petit territoire au S.-E. de Clermont. L'Auvergne forme alors 4 seigneuries :

Comté d'Auvergne : 1501 à la mort du Cte Jean III, revient à ses 2 fils. **1536** à sa petite-fille Catherine de Médicis. **1589** elle le lègue à Charles de Valois, bâtard de Charles IX. **1608** arrêt du Parlement le donnant à la fille de Catherine, Marguerite de Fr., qui le donne au dauphin (futur Louis XIII). **1651** Louis XIV l'échange contre la principauté de Sedan avec Frédéric-Maurice de La Tour d'Auvergne, duc de Bouillon ; conservé par cette maison jusqu'à la Révolution (mais plus en tant qu'apanage, le comté étant soumis au sort commun des territoires de la généralité d'Auvergne).

Dauphiné d'Auvergne (les dauphins prenaient également le titre de Cte de Clermont) : comprend les fiefs de Roanne et de Thiers. **1371** la dernière héritière, Anne, fille de Béraud, épouse le « Bon Duc », Louis de Bourbon. **1503** leur descendant, Charles III, connétable de Bourbon, le réunit au duché d'Auvergne, hérité de son oncle et beau-père Pierre de Beaujeu. À la suite de sa trahison (voir p. 631 a), ses biens sont confisqués. **1560** dauphiné avec comté de Montpensier rendu à Louis, fils de sa sœur Louise. Dernière héritière, Anne-Marie-Louise d'Orléans (1627-98), Desse de Montpensier, la Grande Mademoiselle, laisse ces domaines à la Couronne.

« Terre » (ou duché) d'Auvergne : 1209 partie du comté conquise par Philippe Auguste sur Gui II, réunie à la Couronne et administrée par le connétable Gui de Dampierre, sire de Bourbon ; capitale : Riom. **1226** donnée en apanage par le testament de Louis VIII à son 4e fils, Alphonse de Poitiers. **1271** revient à la Couronne. **1360** Jean II le Bon en fait de nouveau un apanage pour son 3e fils, Jean, duc de Berry. **1425** 9 ans après la mort du duc de Berry, Charles VII, par une entorse à la loi sur les apanages, remet le duché à Jean Ier, duc de Bourbon, gendre du duc de Berry. **1503** passe à Charles, *connétable de Bourbon,* séquestré 1521. **1527** uni au domaine royal.

Seigneurie épiscopale de Clermont : comprenant notamment la ville et, à l'est, la viguerie de Billom. Catherine de Médicis, devenue Ctesse d'Auvergne, obtient du Parlement, en 1551, la ville de Clermont. Sur le plan spirituel, l'évêque de Clermont avait déjà perdu autorité sur une partie de la Hte-Auvergne (diocèse de St-Flour créé 1317).

■ **Institutions.** Après 1360, lors de la création du 2e apanage, le bailli royal est remplacé par un sénéchal ducal ; du fait de l'incurie du duc de Berry, les états de Basse et de Hte-Auvergne acquièrent une influence politique, financière et militaire. L'autorité royale est déléguée au bailli de St-Pierre-le-Moûtier, assisté de Lts généraux et particuliers. **1510** sous l'influence du chancelier *Antoine Duprat* (1463-1535, originaire d'Issoire), Louis XII fait rédiger la coutume d'Auvergne, qui unifie la province sur le plan juridique. **XVIIe s.** la féodalité auvergnate s'insurge lors de la Fronde : pour limiter son pouvoir, Louis XIV réunit en 1665-66 les *Grands Jours d'Auvergne,* dernier exemple d'une juridiction d'exception, remontant au XIIIe s. ; 16 conseillers du parlement de Paris envoyés en mission à Clermont examinent la conduite des nobles pendant la guerre civile, et prononcent sans appel des sentences (amendes, confiscation, emprisonnement). **Révolution** divisée en : Puy-de-Dôme et Cantal, plusieurs paroisses du S.-E. étant jointes au Velay qui formera la Hte-Loire.

BOURBONNAIS

■ **Situation.** Au nord du Massif central. S'étend sur le département de l'Allier, de la Loire au Cher. **Ressources agricoles.** Élevage bovin (charolais) et ovin (agneau du Bourbonnais), aviculture.

■ **Histoire.** Partagé entre 3 cités gauloises et gallo-romaines (Bituriges, Éduens, Arvernes), puis entre 3 diocèses (Bourges, Autun, Clermont). *Sires de Bourbon :* le premier aurait été un Aimard ou Adémar, fidèle de Charles le Simple et fondateur (début Xe s.) du prieuré de Souvigny. Peu après, acquisition du château de Bourbon, auquel les *Archambault,* descendants d'Aimard, donnèrent leur nom (Bourbon-l'Archambault). Forteresse imprenable, elle permet aux sires de Bourbon, vassaux des Ctes de Bourges, de s'affranchir de leur vassalité et de s'imposer comme suzerains aux seigneuries voisines. **XIe s.** extension vers l'ouest sur les rives du Cher. Gui de Dampierre, époux de l'héritière Mahaut de Bourbon, agissant en Auvergne pour le compte de Philippe Auguste, recueille Montluçon et d'autres terres qui donnent à la province ses limites à peu près définitives. **XIIIe s.** fief important du royaume avec son sénéchal, son « Mal de Bourbonnais », puis son « bailli de Bourbonnais », qui tient en main la justice. **Vers 1276** il échoit à Robert de Clermont (fils de St Louis) quand il épouse Béatrice de Bourbonnais. **1310** son fils, **Louis Ier**, est sire de Bourbon, puis duc de Bourbon 1327 et pair 1328. **1357-1410 Louis II** (petit-fils de Louis Ier), surnommé le Bon Duc, épouse Anne « dauphine » d'Auvergne, recueille Forez et le dauphiné d'Auvergne, auxquels il ajoute le Beaujolais en 1400. Un grand conseil ducal coiffe les conseils « exécutifs » du Forez et du Beaujolais, prééminence de la chambre des comptes de Moulins (créée 1374) sur celles de Montbrison (Forez), de Villefranche (Beaujolais), puis de Riom (Auvergne ducale ; *Grands Jours de Bourbonnais*). **XVe s.** le duché dispose de diverses seigneuries, directement ou par apanages aux branches cadettes (dont le Cte de Montpensier). Le duc **Charles Ier**, époux d'une fille de Jean sans Peur, duc de Bourgogne, dirige la *Praguerie* contre Charles VII.

1440 il doit signer la paix à Cusset. Son fils cadet, le duc **Pierre II,** dit de Beaujeu, épouse Anne de France (fille de Louis XI) ; régents pendant la minorité de Charles VIII, puis pendant ses campagnes d'Italie, gouvernent la Fr. Leur fille Suzanne transmet leurs biens à son cousin et mari **Charles III** le Connétable, qui s'oppose à François Ier, perd ses domaines et meurt au siège de Rome en 1527. Le Bourbonnais est rattaché à la Couronne. **1531** le titre de duc de Bourbon est transmis à la branche cadette de La Marche-Vendôme d'où est sorti le roi Henri IV. **1661** Louis XIV cède le duché de Bourbon à Louis II, Pce de Condé, en échange de divers domaines. Brillante cour de Moulins.

VELAY

■ **Situation.** Ancien diocèse du Puy, 2/3 de la Hte-Loire. A l'ouest, coulée de laves de la chaîne du Devès (1 423 m), bordée par les gorges de l'Allier. Au centre, bassin du Puy (600 m). A l'est, ensemble volcanique : Mézenc (1 753 m), Gerbier-de-Jonc (1 551 m). **Ressources.** Élevage bovin et ovin (races locales : bizet, noire du Velay), légumes secs (lentille verte du Puy, appellation d'origine contrôlée), fabrication de certaines dentelles depuis XVIe s., dont les blondes (écrues) aux fuseaux (lin, laine, soie, lamés or et argent).

■ **Histoire.** Peuplé dès le paléolithique. **Av. J.-C. IIIe s.** les *Vellaves*, clients des Arvernes, donnent leur nom à la région. Leur cité est rattachée à l'Aquitaine romaine (Aquitaine Première après Dioclétien). **Après J.-C. 475** invasion du nord (Wisigoths), puis échec d'une attaque burgonde, du sud (Arabes). Le Puy devient capitale (siège d'un comté et d'un évêché). **VIe s.** rattaché à l'Austrasie. **613-877** réuni au domaine royal, Mérovingiens et Carolingiens nomment des comtes bénéficiaires ; le sanctuaire marial est célèbre (sa « pierre des fièvres » aurait été fréquentée par les musulmans d'Espagne). **Xe s.** l'évêque du Puy assure les charges du Cte. **994** le concile du Puy proclame la « Paix de Dieu ». **1162** le roi accorde officiellement le titre comtal à l'évêque. Le fief le plus puissant est celui des Polignac, qui disputent à l'évêque le droit de monnayage. **XIIe s.** les Ctes de Toulouse sont suzerains du comté mais, en 1209, l'évêque-comte du Puy prend part à la croisade contre les albigeois toulousains. **1271** le Velay passe avec le Languedoc sous l'administration royale, mais reste autonome de fait ; rattaché à la généralité et au gouvernement du Languedoc, il est le siège d'une lieutenance et d'une sénéchaussée et conserve ses états particuliers jusqu'en 1789.

■ ÉCONOMIE

■ **Population active** (au 1-1-1998). 485 108 (non-salariés 79 702) dont : agriculture 39 388 (34 359) ; industrie 106 997 (5 161) ; construction 30 623 (7 779) ; tertiaire 308 091 (32 403). **Chômeurs :** 8,8 %.

■ **Échanges** (en milliards de F, 2000). **Import. :** 20,34 *dont* prod. chim. en caoutchouc ou plastique 5,63, pharm., de parfumerie et d'entretien 3,34, métaux et prod. métalliques 2,76, équip. mécaniques 1,65, prod. de l'ind. auto. 1,46, des ind. agr. et alim. 1,04, habillement cuir 0,72, prod. en bois, papier ou carton 0,68, équip. électriques et électroniques 0,64, composants électriques et électroniques 0,54 ; **de** All. 4,15, USA 2,33, Italie 2,28, G.-B. 2,09, Esp. 1,62, Belg. 1,22. **Export. :** 27,38 *dont* prod. chim. en caoutchouc ou plastique 9,39, métaux et prod. métalliques 4,13, prod. des ind. agr. et alim. 3,21, pharm., de parfumerie et d'entretien 2,98, agricoles, sylvicoles et piscicoles 1,64, équip. mécaniques 1,47, composants électriques et électroniques 0,96, prod. de l'ind. auto. 0,83, prod. minéraux 0,58, équip. électriques et électroniques 0,56 ; **vers** All. 4,61, G.-B. 4,37, It. 3,98, USA 2,05, Esp. 2,05, Belg. 1,28.

■ **Agriculture** (en 1999). **Terres** (en milliers d'ha) : 2 616,9 dont *SAU* 1 578,9 (t. arables 511, herbe 1 069) ; *bois* 721,6 ; *t. agr. non cultivées* 129,4 ; *t. non agr.* 178,9. **Production végétale** (en milliers de t) : blé 653,5, orge et escourgeon 189,9, bett. ind. 271,2, maïs-grain 351,1, p. de t. 52,9, colza 59,4, protéagineux 13,9. **Prod. animale** (en milliers de têtes) : bovins 1 530,3, ovins et caprins 763,8, porcins 318,3. *Lait* (de vache) 12 326 100 hl. **Exploitations agr. :** 33 600 (en 1995).

■ **Tourisme** (en 2000). **Hébergement :** *hôtels de tourisme* 749 (17 904 lits) ; *résidences de tourisme* 2 (217 pl.) ; *campings* 346 (24 141 pl.) ; *auberges de jeunesse* 8 (475 lits) ; *villages de vacances* 52 (12 269 pl.) ; *gîtes ruraux* 1 805 ; *d'étape* 54 ; *d'enfants* 7 ; *chambres d'hôtes* 1 015 ; *résidences secondaires* 91 402. **Parcs naturels régionaux :** des *volcans d'Auvergne* (393 000 ha) ; du *Livradois-Forez* (320 000 ha). **Châteaux** et **églises romanes.**

■ DÉPARTEMENTS

☞ Voir légende p. 811.

Nota. – (1) En 1998.

■ **Allier (03)** 7 340 km^2 (131 × 90 km). **Altitude :** *max.* puy de Montoncel 1 292 m ; *min.* vallée du Cher 160 m. **Population :** *1801 :* 248 864 ; *1851 :* 336 758 ; *1886 :* 424 582 ; *1901 :* 422 024 ; *1926 :* 370 562 ; *1936 :* 368 778 ; *1954 :* 372 689 ; *1968 :* 386 533 ; *1975 :* 378 406 ; *1982 :* 369 580 ; *1990 :* 357 710 (étrangers 10 969 dont Espagnols 648, Italiens 608, Tunisiens 257, Portugais 4 148, Marocains 1 632, Algériens 1 152, autres 2 524) ; *1999 :* 344 721. **D.** 47. **Cantons :** 35. **Communes :** 320.

Régions naturelles et agricoles : Combrailles bourbonnaise (plateau) 84 453 ha (*SAU* 61 278) : petites cultures (familiales), bovins, ovins, lait, porcins, volailles, céréales. **Bocage bourbonnais** 272 341 ha (*SAU* 194 941) : bovins, ovins, céréales, lait, porcins, volailles. **Sologne bourbonnaise** 153 971 ha (*SAU* 111 707) : landes, étangs, bois, bovins, ovins, céréales, lait, porcins, volailles. **Val d'Allier** 132 655 ha (*SAU* 93 617), vals de l'Allier et de la Sioule : céréales grandes cultures, bovins, porcs, volailles. **Montagne bourbonnaise** altitude 1 164 m, 90 591 ha (*SAU* 55 658) : bovins, lait, porcins, volailles, forêt, tourisme. **Forêt :** *Tronçais* (du vieux français *tronce*, grosses futaies), la plus belle chênaie de France (10 594 ha, 20 × 5 km) et étangs de St-Bonnet (légende de la Vouivre) 70 ha et Pirot 45 ha ; *les Colettes* 2 000 ha.

Chef-lieu : MOULINS. **Altitude :** 220 m. **Population :** *1806 :* 14 015 ; *1936 :* 22 369 ; *1982 :* 25 159 ; *1990 :* 22 799 ; *1999 :* 21 891. **Aérodrome :** *Montbeugny* (affaires). **Industries :** mécanique, électrique, électronique, chaussure, instruments de musique, alimentation du bétail, serrurerie, construction-bâtiment (Potain), etc. **Monuments** (vis. en 2000) : *cathédrale* N.-D. (XVe-XVIe-XIXe s., triptyque du « Maître de Moulins » Jean Hey XVIe s., vitraux, 12 000 vis.), mausolée d'Henri de Montmorency (lycée Banville), restes du *château des Ducs* [« Mal Coiffée » (donjon XVIe s.)], musée (fondé 1910 ; 15 000 vis. ; pavillon d'Anne de Beaujeu 3 701 vis.), jacquemart (beffroi). **Musées :** de la Sté d'émulation (3 500 vis.), d'Archéologie. AGGLOMÉRATION : 55 723 hab. [1], 23 communes, dont **Avermes** 3 966. **Neuvy** 1 493. **Yzeure** 12 413 ; égl. St-Pierre ; château de *Panloup* (XVIe s.) ; plan d'eau des *Ozières*.

Sous-préfectures : **Montluçon** (230 m). *1801 :* 5 194 ; *1861 :* 16 121 ; *1891 :* 27 878 ; *1954 :* 48 743 ; *1982 :* 49 912 ; *1990 :* 44 180 ; *1999 :* 41 280. *Industries :* chimie, pneumatiques, mécanique, électrique, électronique, confection, transformation des viandes, meubles, fonderies, bâtiment, transport routier. *Monuments :* musée des Musiques populaires, château des ducs de Bourbon (4 000 vis. en 99), église St-Pierre (aggl. 63 018 [1], dont **Désertines** 4 646, **Domérat** 8 812). **Vichy** (263 m) [sous-préfecture substituée à Lapalisse en 1941 ; siège du gouvernement du Mal Pétain du 1-7-1940 au 20-8-1944] ; *1801 :* 976 ; *1891 :* 10 870 ; *1921 :* 17 501 ; *1982 :* 30 527 ; *1990 :* 27 714 ; *1999 :* 26 528 hab. *Industries :* confiserie, produits de beauté ; agroalim. ; électrique et électronique ; station thermale (curistes de 18 j, en 2000 : 11 729). *Monuments : musées :* municipal/centre Valery-Larbaud (3 461 vis. en 1999), du Missionnaire (créé 1924). *Aéroport : Vichy-Charmeil ; plan d'eau,* 100 ha, 2,8 km de long. Aggl. : 61 566 [1], dont **Abrest** 2 428. **Bellerive-sur-Allier** 8 844. **Cusset** (258 m) 13 383 ; musée de la Tour prisonnière (6 140 vis. [1]).

Autres villes (vis. en 1999) : **Bourbon-l'Archambault** (260 m) 2 564 hab., station thermale ; instruments chirurgicaux ; restes du château des ducs de Bourbon, tour « Quiqu'en grogne », logis du Roi : faïences de Nevers. **Busset** 852 hab. ; château (2 000 vis. [1]). **Charmeil** 609 hab. ; cristallerie (135 000 vis.). **Charroux** 330 hab. ; musée (4 531 vis.). **Châtel-Montagne** (530 m) 373 hab., égl. romane Notre-Dame (XIe-XIIe s., 20 000 vis.), déclaré « Village d'Artistes ». **Commentry** (385 m) 7 204 hab. (aggl. 8 843 [1]), sidér., chimie, méc., pharm., confection ; ancien bassin houiller. **Couleuvre** (236 m) 645 hab., porcelaines. **Dompierre-sur-Besbre** (234 m) 3 477 hab., fonderies, alimentation, matériel bâtiment. **Ébreuil** 1 230 hab. ; égl. St-Léger (XIe-XIIIe s.). **Échassières** 380 hab. ; musée de la Géologie (3 021 vis.). **Ferrières-sur-Sichon** 561 hab. ; musée de *Glozel* (voir à l'Index, 1 781 vis.). **Gannat** (337 m) 5 835 hab. ; électricité-métall., pharm. ; égl. romane Ste-Croix. **Hérisson** 709 hab. ; musée du Terroir hérissonnais (692 vis. [1]) ; rencontres théâtrales ; festival de musique en Bourbonnais. **Huriel** (332 m) 2 377 hab. **Jalibry-sur-Besbre** 694 hab. ; la foire aux dindes (3 000 vis. en 1998). **Lapalisse** (299 m) 3 332 hab. (aggl. 4 443 [1]) ; alimentation, viande ; château de *La Palice* (13 188 vis. [1]) ; musée national d'art brut (4 522 vis. en 1998). **Le-Mayet-de-Montagne** 1 598 hab. ; maison de l'Artisanat (50 000 vis. [1]), musée des Miniatures (8 276 vis. [1]). **Lurcy-Lévis** (132 m) 2 092 hab ; château (6 000 vis.). **Montmarault** (487 m) 1 663 hab. ; nœud routier, transp., fonderie, constr. métallique. **Néris-les-Bains** (354 m) 2 706 hab. ; station thermale (curistes de 18 j, en 2000 : 5 406) ; cité gallo-romaine, égl. St-Georges (XI-XIIIe s., 5 200 vis.). **St-Bonnet-Tronçais** (230 m) 783 hab., ébénisterie, étangs. **St-Germain-des-Fossés** (255 m) 3 686 hab. (aggl. 4 734 [1]) ; égl. N.-D. (XIIe s.), abattoir volailles, plasturgie ; centre ferroviaire. **St-Pourçain-sur-Besbre** 426 hab. ; château ; *Le Pal* (parc d'attractions, 300 000 vis.). **St-Pourcain-sur-Sioule** (237 m) 5 266 hab. ; vignoble, élec., maroquinerie, méc. ; musées de la Vigne, de la Miniature. **St-Yorre** (266 m) 2 840 hab. ; verre ; commune hydrominérale (une des plus riches grâce à une redevance de 2,3 centimes par litre mis en bouteille et de 4 centimes par magnum). **Souvigny** (242 m) 1 952 hab. ; abbaye (Xe-XVe s., prieuré long. intérieure 87 m, larg. 28 m), tombeaux de Charles Ier et d'Agnès de Bourgogne, égl. prieurale St-Pierre, musée (colonne zodiacale ou « calendrier de Souvigny », 8 198 vis.) ; musée de la Vigne, foire médiévale. **Varennes-sur-Allier** (248 m) 4 060 hab. ; ébénisterie, plastique. **Villefranche-d'Allier** (280 m) 1 306 hab. ; égl. St-Jacques-le-Majeur (XIe-XVIe s.) ; abattoir ind., constr. métallique.

Divers : arboretum de *Balaine* à Villeneuve-sur-Allier (15 565 vis. en 1999). **Parc zoologique :** *château de St-Augustin* à Château-sur-Allier. **Plans d'eau :** *Ébreuil* 3,2 ha ; *Goule* 140 ha ; *Rochebut* 172 ha. ; *St-Clément* 25 ha ; *de Sault* 25 ha, profondeur 16 m (digue 5 m) ; *Vichy* 100 ha. **Viaduc** de *Rouzat :* 1er viaduc ferroviaire d'Eiffel. **Ski :** *La Loge-des-Gardes,* altitude 1 000/1 165 m.

■ **Cantal (15)** 5 726 km^2 (110 × 95 km). **Altitude :** *max.* plomb du Cantal 1 858 m ; *min.* 210 m (sortie du Lot). **Population :** *1801 :* 220 304 ; *1836 :* 262 117 ; *1851 :* 253 329 ; *1901 :* 230 511 ; *1936 :* 190 888 ; *1975 :* 166 549 ; *1982 :* 162 838 ; *1990 :* 158 723 [étrangers (en 1994) 1 579 dont Marocains 410, Portugais 462, Espagnols 127, Algériens 148] ; *1999 :* 150 778. **D.** 26. **Cantons :** 27. **Communes :** 260. **1er producteur :** fromages AOC (cantal, salers, saint-nectaire, bleu d'Auvergne, fourme d'Ambert), agroalimentaire.

Régions naturelles : massif du Cantal et partie de l'**Aubrac** et **Cézallier** (volcaniques, basaltiques). **Margeride, Châtaigneraie, Artense** (cristallins).

Chef-lieu : AURILLAC. **Altitude :** 631 m. **Population :** *1831 :* 9 576 ; *1954 :* 22 224 ; *1975 :* 30 863 ; *1982 :* 30 963 ; *1990 :* 30 773 ; *1999 :* 30 551 hab. **Aéroport** Aurillac-Tronquières ; centre commercial (bestiaux). **Industries :** lait, fromages, charcuterie ; produits pharm., parapluies, ameublement, plastique, canalisations, textile. **Monuments :** églises St-Géraud, N.-D. aux Neiges, chapelle d'Aurinques ; château *St-Étienne.* **Musées** (vis. en 1999) : des Sciences, d'Art et d'Archéologie (27 993 vis.) ; de Cire (2 982 vis.) ; des Volcans (20 612 vis.). Festival international du théâtre de rue (fin août). *Parc* Hélitas 113 589 m^2. Biopole de Hte-Auvergne. *École* de boulangerie. Haras national. AGGLOMÉRATION : 36 069 hab. [1], dont **Alleuze** 193 ; château féodal. **Arpajon-sur-Cère** 5 531 ; château de *Conros* (XIIe-XVe s.). **Auzers** 236 hab. ; château (XIVe-XVe s., 9 305 vis. en 1999).

Sous-préfectures : **Mauriac** (722 m) 4 020 hab. (aggl. 5 081 [1]) [*1831 :* 3 604] ; agroalimentaire, bois d'ameublement, caoutchouc ; basilique N.-D. des Miracles (XIIe s.) ; monastère St-Pierre (XIe s.). **Saint-Flour** (854/881 m) 6 619 hab. (*1831 :* 6 640), lait, fromages, charcuterie, mécanique de précision, jouets ; vieille ville ; *Musées* (vis. en 1999) : de la Hte-Auvergne (10 902 vis.), Alfred-Douet (4 000 vis.) ; cathédrale gothique XIVe s.

Autres villes (vis. en 1999) : **Ally** 700 hab. ; château de la Vigne (XVe-XVIIIe s.). **Anglards-de-Salers** 750 hab. ; château de la *Trémolière* (2 990 vis.). **Chaudes-Aigues** (750 m) 975 hab. ; musée Géothermia et du Thermalisme (28 000 vis.). Sources les plus chaudes d'Europe (82 °C à la source du Par). **Faverolles** 643 hab. ; château de *Chassan* (XIVe-XVIIIe s.). **Jussac** 1 779 hab. ; conditionnement de cosmétiques. **Lanobre** 1 416 hab. ; musée de la Radio et du Phonographe (14 239 vis.), château de *Val* (XVe s., 38 200 vis.). **Marcenat** 626 hab. ; musée de la Foudre (12 842 vis.). **Maurs** 2 253 hab. ; reliquaire de St-Cézaire, musée Pierre-Miquel. **Murat** (917 m) 2 153 hab. ; site bordé par 3 dykes : *Bonnevie* (rocher surmonté par une Vierge), *Chastel* (chapelle St-Antoine, romane XIIe s.), *Bredons* (égl. prieurale du XIe s.) ; maison de la Faune (23 067 vis.). Festival intern. de folklore. **Pierrefort** 991 hab. ; château de la *Boyle* (XIIIe s.). **Pleaux** 1 823 hab. ; maison de la Nouvelle Sculpture. **Polminhac** 1 156 hab. ; château de *Pesteils* (XIIIe-XVIIe s., 12 000 vis. [1]). **Raulhac** 332 hab. ; château de *Cropières* (XVIe-XVIIIe s.), de *Messilhac* (XIV-XVIe s.). **Riom-ès-Montagnes** (850 m) 2 847 hab. ; maison de la Gentiane, espace Avèze (19 747 vis.). **Ruynes-en-Margeride** 653 hab. ; écomusée (21 000 vis.). **St-Chamant** 280 hab. ; château (XVe-XVIIe s.). **Salers** (950 m) 401 hab. (plus beau village de Fr.) ; égl. St-Mathieu (mise au tombeau) ; cité médiévale (350 000 vis.), maisons du Bailliage et des Templiers, de Bargue, musée Les Burons (13 200 vis.). **Tournemire** 145 hab. ; château d'*Anjony* (XVe s., 22 566 vis.), égl. (XIIIe s.) ; musée. **Vic-sur-Cère** (681 m.) 1 890 hab., maison des Eaux minérales (1 600 vis.), source ferrugineuse, bois. **Vieillevie** (220 m) 114 hab. ; château (XVIe s.). **Ydes** 1 917 hab. ; bois, caoutchouc ; égl. (XIIe s., trésor d'art sacré), musée des Insectes.

Divers : autoroute A75 « La Méridienne » [la plus haute de Fr. au col de la Fageole (1 100 m)]. **Barrages :** hydroélectrique sur *Truyère* et *Dordogne.* **Parc régional** *des volcans d'Auvergne,* maison des Volcans. **Plans d'eau :** lacs de *Bort-les-Orgues* (1 100 ha, profondeur max. 83,5 m), *Chastang* (706 ha), *Enchanet* (410 ha), *Garabit-Grandval* (1 100 ha, profondeur max. 80 m), *L'Aigle* (800 ha), *Lanau* (200 ha), *Lastioulles* (126 ha), *Marèges* (200 ha), *Mauriac* (10 ha, Val St-Jean), *St-Étienne-Cantalès* (560 ha, profondeur max. 70 m), *Sarrans* (1 000 ha). **Ski :** *col de Legal* (1 231 m), *Le Claux, Le Falgoux* (930 m), *Pailherols, St-Urcize* (1 250 m), *Super-Lioran* (1 250-1 858 m) (1 500 ha, gare à 1 160 m, téléphérique 330 000 passagers en 98), *Thiezac.* **Viaduc :** *Garabit* (plans de Boyer, construit 1882-84 par Eiffel, longueur 564 m, tablier 448 m, hauteur 122 m sur la Truyère).

■ **Haute-Loire (43)** 4 977 km^2 (75 × 110 km). **Altitude :** *max.* Mézenc 1 753 m ; *min.* 400 m (sortie de l'Allier). **Population :** *1801 :* 229 773 ; *1836 :* 295 384 ; *1886 :* 320 063 ; *1901 :* 314 058 ; *1921 :* 268 910 ; *1936 :* 245 271 ; *1968 :* 208 337 ; *1990 :* 206 568 ; *1999 :* 209 113. **D.** 42. *Au 1-1-1997 :* étrangers 6 234 dont Portugais 2 034, Marocains 1 458, Turcs 904, Algériens 348. **Cantons :** 35. **Communes :** 260.

Régions naturelles : monts du Forez (177 511 ha) : ondulés (800-1 000 m), traversés par la Loire ; pluies 700 à 900 mm ; sol granitique, acide ; lait, veaux de boucherie, porcs, moutons. **Margeride** (63 902 ha) : varié (900-1 300 m) ; climat rigoureux, pluies 900 à 1 000 mm ; sol granitique, acide ; ovins. **Velay basaltique** (76 272 ha) : plateau (900-1 000 m), peu boisé, venté; climat rigoureux, pluies 700 à 900 mm ; sol basaltique, riche (orge, blé, lentilles). **Bassin du Puy** (40 925 ha) : mouvementé (600-800 m) ; pluies 600 à 700 mm ; sols volcaniques, sédimentaire, d'alluvions ; lait, veaux de boucherie, céréales. **Mézenc-Meygal** (44 012 ha) : *Mézenc :* haut plateau (1 000-1 400 m) ; pluies 1 000 mm. *Meygal* (850 m) : sol volcanique ; climat rude ; herbages, élevage. **Brivadois** (61 760 ha) : transition à pentes assez fortes (700-900 m) ; climat froid et sec, pluies 500 à 700 mm ; sol granitique, acide ; polyculture, céréales, veaux de boucherie, ovins, porcins. **Limagne** (12 367 ha) : plaine (450-600 m) ; climat sec, pluies 450 à 600 mm ; sol d'alluvions et sédiments ; polyculture (céréales). **Cézallier** (à la limite du département,

2 communes, 2 549 ha) : 800-1000 m. **Régions forestières** (en milliers d'ha) : *Mézenc-Meygal* 16,4, *Devès* et *Velay* 12,6 dont forêt du *lac du Bouchet* 0,6, *Margeride-Cézallier* 32,8, *Velay* granitique 42,9, plateau de *La Chaise-Dieu* 28,5, *Brivadois* 25,1.

Chef-lieu : LE PUY-EN-VELAY. **Altitude** : 630 m. **Population :** *1806* : 12 318 ; *91* : 20 308 ; *1921* : 18 488 ; *1990* : 21 743 ; *1999* : 20 435 hab. **Aéroport** : *Le Puy-Loudes.* **Marché** agr. **Industries** : agroalimentaire, textile, dentelles, tanneries, chaussures, vanneries, scieries, meubles, chimie, plasturgie, caoutchouc, minéraux, métaux, mécanique, électrique, électronique, imprimerie, cartons, distilleries, liqueurs du Velay. **Monuments** (vis. en 1999) : secteur sauvegardé (35 ha) : cathédrale, Vierge noire, cloître (40 896 vis.), statue N.-D. de France sur le rocher Corneille [1860 ; 16 m, poids 110 t (enfant Jésus 30 t, chevelure de la Vierge 7 m, pieds 1,92 m) faite avec 213 canons pris à Sébastopol, placée sur socle de 7 m de haut, domine de 132 m la ville ; 94 768 vis.], neck volcanique (chapelle St-Michel-d'Aiguilhe, Xe s., 61 734 vis.), égl. St-Laurent (XIIIe s.), musée Crozatier (atelier national de la dentelle, 22 683 vis.), donjon de *Polignac.* AGGLOMÉRATION : 40 937 hab. [1] dont **Brives-Charensac** 4 356. **Chadrac** 3 011. **Espaly-St-Marcel** 3 552. **Vals-près-le-Puy** 3 391.

Sous-préfectures : Brioude (434 m) *1990* : 7 285 ; *1999* : 6 820 hab. ; centre agricole, mécanique, chimie du bois, bijouterie, briqueteries, métaux, électrique, électronique, imprimerie ; hôtel de la Dentelle (19 319 vis. en 1999) ; pêche au saumon, basilique St-Julien (XIIe s., nef 75 m) ; maison du Saumon (aquarium, 12 687 vis. en 1999). **Yssingeaux** (840 m) *1861* : 7 971 ; *1954* : 5 653 ; *1982* : 6 228 ; *1990* : 6 118 ; *1999* : 6 591 hab. ; marché agricole, bois, textile, métallurgie. et mécanique, chimie, plasturgie, salaisons ; musée de l'Hôpital, École de la pâtisserie.

Autres villes (vis. en 1999) : **Aiguilhe** (650 m) 1 555 hab. ; chapelle St-Michel (61 734 vis.). **Allègre** (1 050 m) 1 007 hab. ; égl. (XVe s.). **Arlempdes** (840 m) 607 hab. ; ruines féodales. **Aurec-sur-Loire** (432 m) 4 889 hab. ; château des moines sacristains, travail du grain, lentilles, pneumatique, électrique, électronique, mécanique ; musée du Vin. **Auvers** 67 hab. ; musée de la *Résistance du Mt-Mouchet.* **Bas-en-Basset** (450 m) 3 344 hab. ; château de *Rochebaron* (XIIe-XVe s.). **Blesle** (499 m) 660 hab. ; tour des *Mercœurs,* église St-Pierre (XIIe s.), château, musée de la Coiffe. **Champclause** 229 hab. ; lac Bleu, maison du *Lauzeron.* **Chavagniac-Lafayette** (714 m) 293 hab. ; château (XIVe-XVIIe s.), mémorial français-américain (15 412 vis.). **Chilhac** (570 m) 187 hab. ; Musée paléontologique. **Coubon** (630 m) 2 708 hab. ; château de *Latour-Daniel* (XVe-XVIIe s.). **Craponne-sur-Arzon** (927 m) 2 653 hab. ; église (XIIIe s.), donjon (XIIe s.) ; viande, bois, bonneterie. **Domeyrat** 144 hab. ; château (13 385 vis.). **Dunières** (765 m) 2 949 hab. **Esplantas** (1 063 m) 95 hab. ; château (XIIIe s.). **Frugières-le-Pin** (488 m) 121 hab. ; musée Joseph-Lomenède. **La Chaise-Dieu** (1 083 m) 772 hab. [abbaye St-Robert, à 1 082 m d'alt., de *casa Dei* (« maison de Dieu ») reconstruite XIVe s. par Clément VI, desservie par congrégation St-Jean, peinture murale (*la Danse macabre,* 2 m × 26 m), 144 stalles du XVe s., tapisseries (39 811 vis.)] ; festival de musique classique, musées de Cire, du Bois. **Langeac** (505 m) 4 070 hab. ; viande, plasturgie, bois, métaux ; église collégiale (XVe s.), musée Jacquemart. **La Séauve-sur-Semène** (700 m) 1 095 hab. ; musée rural. **Lavaudieu** (550 m) 225 hab. ; abbaye (cloître XIe-XIIe s.), musée Arts et Traditions. **Lavoûte-Chilhac** 302 hab. ; maison des Oiseaux. **Le Chambon-sur-Lignon** (940 m) 2 617 hab. **Le Monastier-sur-Gazeille** (950 m) 1 734 hab. ; musées municipal et abbatial. **Mazet-Saint-Voy** 1 028 hab. [commune la plus protestante de Fr. (95 % des hab.) 1/3 sont darbystes et ravinistes]. **Monistrol-d'Arles** 256 hab. ; usine hydroélectrique. **Monistrol-sur-Loire** (603 m) 7 450 hab. ; textile, meubles, boulonnerie, cycles ; musée de l'Arme blanche. **Moudeyres** (1 177 m) 104 hab. ; ferme des frères Perrel (17 500 vis.). **Pradelles** (1 150 m) 581 hab. ; musée de l'Oustalou, musée vivant du Cheval de trait (12 000 vis.). **Retournac** (590 m) 2 293 hab. **St-Arcons-d'Allier** (560 m) 164 hab. ; église romane et gothique (XVIe-XVIIIe s.), château, musée de la Ferblanterie. **St-Beauzire** (693 m) 271 hab. ; château de *Lespinasse.* **St-Didier-en-Velay** (835 m) 2 890 hab. (aggl. 3 797 [1]) ; musée de la Hte-Loire. **St-Ilpize** (450 m) 205 hab. ; « les Vignerons de la Ribeyre ». **St-Julien-Chapteuil** (821 m) 1 804 hab. ; musée Jules-Romains. **St-Just-Malmont** (840 m) 3 951 hab. **St-Maurice-de-Lignon** (830 m) 1 803 hab. ; salaisons. **St-Paulien** (795 m) 1 912 hab. ; château de *la Rochelambert* (XVe-XVIe s.) ; Musée gallo-romain. **St-Romain-Lachalm** (910 m) 831 hab. ; Musée rural. **St-Victor-sur-Arlane** 107 hab. ; le jardin des Nielles et des Senteurs des années trente. **St-Vidal** (740 m) 355 hab. ; château (XIIIe-XVIe s.). **Ste-Florine** (430 m) 3 001 hab. **Ste-Sigolène** (810 m) 5 432 hab. ; écomusée « la Fabrique » ; viande, meubles, équipement auto, machines outils, textile, plasturgie. **Saugues** (960 m) 2 013 hab. ; musée de la Forêt ; château de la *Tour des Anglais* (XIIIe s.). **Solignac-sur-Loire** (850 m) 1 058 hab. ; salaisons. **Tence** (851 m) 2 890 hab. ; chapelle des Pénitents. **Valprivas** (835 m) 401 hab. ; château.

Divers : lacs : du *Bouchet* (45 ha, profondeur 28 m, cratère 3 km de circonférence, altitude 1 208 m.), de *Lavalette* (barrage sur le Lignon, 200 ha, profondeur 50 m), plans d'eau de *Malaguet* (22 ha), de *St-Front* (30 ha, profondeur 10 m), de *St-Prejet-d'Allier* (43 ha), de *Saugues* (28 ha). **Ski de descente** : *Les Estables* 1350-1 670 m (environ 15 pistes) 400-1 200 m (pistes 8 km). **Ski de fond** (pistes les plus longues) : *Cayres* 1 200-1 350 m (40 km). *Le Chambon-sur-Lignon* 960-1 100 m (35 km). *Les Estables* 1 350-1 670 m (60 km). *Lizieux-Mazet* 1 150-1 300 m (35 km). *Pinels* : Le Sauvage 1 305-1 400 m (40 km). *St-Bonnet-le-Froid* 1 135-1 250 m (45 km). *Saugues* 1 305-1 400 m (40 km).

■ **Puy-de-Dôme (63)** 7 970 km^2 (140 × 82 à 100 km). **Altitude** : *max.* puy de Sancy 1 886 m, *min.* 268 m (sortie de l'Allier). **Population** : *1801* : 507 128 ; *1901* : 544 194 ; *1921* : 490 560 ; *1936* : 486 130 ; *1946* : 478 903 ; *1954* : 481 380 ; *1968* : 547 743 ; *1982* : 594 365 ; *1990* : 598 213 (étrangers 34 830 dont Portugais 16 178, Marocains 4 105, Algériens 3 385, Turcs 3 312) ; *1999* : 604 266. **D.** 76. **Cantons** : 61. **Communes** : 470. **1er producteur** : pneumatiques (Michelin) ; coutellerie.

Régions naturelles : Artense-Cézallier-Sancy (1 259 km^2, alt. 700 à 1 885 m, sols volcaniques) : lait, viande, AOC st-nectaire, agrotourisme. **Combrailles** (1 648 km^2, alt. 550 à 600 m, plateaux granitiques) : viande, ovins, porcins, volailles. **Dore-Bois-Noirs** (870 km^2, alt. 300 à 1 200 m, sols granitiques en alt., hydromorphes en vallées) : porcins, volailles, lait, viande. **Limagne nord** (1 033 km^2, alt. 290 à 560 m, sols argilo-calcaires et terres noires) : céréales, oléagineux, maïs, semence, protéagineux, betteraves, bulbes, tabac, p. de t. ; **sud** (678 km^2, alt. 330 à 700 m, sols argilo-calcaires) : céréales, maïs semence, betteraves, oléoprotéagineux, vigne, bulbes, p. de t., vergers, lait, tabac, porcins, viande. **Livradois-Forez** (1 570 km^2, alt. 400 à 1 300 m, sols granitiques) : viande, ovins, porcins, volailles. **Rochefort-Montagne** (790 m^2, alt. 850 m, sols granitiques et volcaniques) : ovins, lait. **Parcs naturels du Livradois-Forez ; des volcans** : chaîne des puys (sommet du puy de Dôme 1 465 m) et monts Dore.

Chef-lieu : CLERMONT-FERRAND. **Altitude** : 385 m. **Population** : *1801* : 30 379 ; *1921* : 82 577 ; *1954* : 113 391 ; *1975* : 156 900 ; *1990* : 136 181 ; *1999* : 136 881. **Aéroport** : *Clermont-Auvergne.* **Industries** : caoutchouc (Michelin, Trelleborg ind.), construction de cellules d'aéronefs, de matériel ferroviaire, biophysiologie médicale, pharmaceutique, mécanique, électronique, électrique, agroalimentaire, cycles, confection, matériel de transport, de mesure. **Festivals** du court métrage (125 000 vis. en 2000), de jazz, de la pensée (*Les Pascalines*). **Enseignement** : 38 721 étudiants (en 1999), 2 universités, écoles des impôts, nat. sup. de chimie, sup. de commerce, Institut français de mécanique avancée, Cust, Enita, Isima, Engref ; appui technologique du Pôle Casimir, centre de recherche de l'Inra. **Monuments** : église N.-D.-du-Port (patrimoine mondial de l'Unesco ; XIe-XIIe s., 30 000 vis. [1]) ; cathédrale (XIIIe s., en lave), fontaine d'*Amboise* (1515), fontaine pétrifiante. **Musées** (vis. en 1999) : d'Art Roger-Quilliot (41 410 vis.), Bargoin (10 188 vis.), Lecoq (29 937 vis.), du Tapis et des Arts textiles (12 710 vis.) ; cité de Montferrand ; train Fell du Puy-de-Dôme (1907-26). AIRE URBAINE (17 communes) : 258 541 hab. : **Aubière** 10 104 hab., alt. 348 m ; musée de la Vigne et du Vin. **Aulnat** 4 527 hab., alt. 320 m ; aéroport. **Beaumont** 10 947 hab., alt. 427 m. **Blanzat** 3 977 hab., alt. 400 m. **Cébazat** 7 878 hab., alt. 354 m. **Ceyrat** 5 709 hab., alt. 562 m. **Chamalières** 18 802 hab., alt. 420 m ; musée de la Résistance, de l'Internement et de la Déportation, imprimerie de la Banque de Fr. **Châteaugay** 3 047 hab. ; château (XIV-XVIe s.). **Cournon-d'Auvergne** 19 292 hab., alt. 352 m. **Durtol** 2 065 hab., alt. 450 m. **Gerzat** 9 188 hab., alt. 330 m. **Le Cendre** 4 925 hab. **Lempdes** 9 199 hab. **Nohanent** 1 822 hab., alt. 400 m. **Pérignat-les-Sarliève** 2 240 hab., alt. 380 m. **Romagnat** 8 516 hab., alt. 468 m ; château d'*Opme* (XIe-XIIIe s.). **Royat** 4 745 hab., alt. 450 m ; station thermale (cœur, artérite oblitérante). AIRE URBAINE : 409 558 hab.

Sous-préfectures : **Ambert** (535 m) *1990* : 7 420 ; *1999* : 7 309 hab. ; plasturgie, papeterie, textile, art religieux, mécanique ; moulin à papier Richard-de-Bas (XIVe s., 85 632 vis. en 99) [papier fait main]. *Musées* : de la Machine agricole et à vapeur, des Fromages. **Issoire** (à 386 m) 13 704 hab. (*1921* : 5 660) ; métall. (aluminium : Interforge, Péchiney, Rhénalu), mécanique, aéronautique, électrique ; église St-Austremoine (XIIe s.). **Riom** (à 340 m) *1801* : 13 295 ; *1921* : 10 435 ; *1990* : 18 793 ; *1999* : 18 297 hab. [aggl. 25 110 [1], dont **Mozac** 3 671], tabac, pharmaceutique, mécanique, métallique, électrique, alimentaire ; capitale de l'Auvergne au Moyen Age, égl. St-Amable (Xe-XIIe s.), fontaines. *Musées* : des Arts et Traditions populaires, Mandet, lapidaire. **Thiers** (à 350/470 m) 13 338 hab. (*1801* : 10 627) [aggl. 16 688 [1]], coutellerie (75 % de la prod. nationale), forges, mécanique, plasturgie, vêtements, décolletage, estampage, plâtrerie, orfèvrerie, emballage ; maison des Couteliers (45 673 vis. en 99) ; vallée des Rouets (8 085 vis. en 99).

Autres villes (vis. en 1999) : **Arlanc** 2 019 hab. ; musée de la Dentelle ; jardin pour la terre (20 000 vis.). **Besse-et-St-Anastaise** 1 672 hab. ; cité médiévale ; maison de l'Eau et de la Pêche ; musée du Ski. **Billom** 4 246 hab. ; centre agricole (aulx et dérivés), équipement auto. **Brassac-les-Mines** 3 248 hab. ; musées de la Mine, Peynet. **Busséol** 188 hab. ; château (XIIe s.). **Chanonat** 1 426 hab. ; château de *La Batisse* (XIIe-XVIIIe s.). **Chappes** 1 158 hab. ; limagrain, semencier ; biotechnologie. **Châteauneuf-les-Bains** 303 hab. ; station thermale. **Châtelguyon** (à 430 m) 5 223 hab. ; station thermale (appareil digestif). **Courpière** (à 325 m) 4 611 hab. ; cartonnages, orfèvrerie inox. **Effiat** 744 hab. ; château (1627). **Égliseneuve-d'Entraigues** 561 hab. ; maison des Fromages. **Gergovie** plateau (1 500 m × 500 à 700/720 m d'altitude au-dessus de la mer, à 380 m au-dessus du sol, appelé *Merdogne,* rebaptisé Gergovie sous Napoléon III ; d'autres sites ont été proposés dont les côtes de Clermont, 2 km au nord de Clermont) à 14 km de Clermont-Ferrand, vestiges de l'oppidum gaulois, bâti 53 av. J.-C. (4 km de long, 75 ha, abritait 80 000 soldats), maison de Gergovie. **La Bourboule** (à 850 m) 2 043 hab. ; station thermale (eau riche en arsenic) ; musées de Géologie botanique, du Conte de fées. **La Monnerie-Le Montel** 2 241 hab. (aggl. 4 634 [1]) ; orfèvrerie, cartonnages. **Le Mont-Dore** (à 1 000 m) 1 682 hab. ; station thermale (voies respiratoires) ; eau de source du Mont-Dore. **Lezoux** 4 957 hab. ; cité de la poterie, musée de la Céramique. **Loubeyrat** 862 hab. ; château de *Chazeron* (XIIIe-XVIe s.). **Montmorin** 518 hab. : château (XIIe-XIIIe s.). **Murat-le-Quaire** 499 hab. ; musée de la Toinette (58 712 vis.) ; grange de Julien (27 438 vis.). **Murol** (à 830 m) 563 hab. ; château (XIIe-XVIe s., 112 272 vis.), musée. **Orcival** 244 hab. ; château de *Cordès* ; église. **Parentignat** 492 hab. ; château (XVIIe-XVIIIe s., peintures). **Pionsat** 1 015 hab. ; château (XIVe-XVIe s.). **Pont-du-Château** (340 m) 8 874 hab. ; mécanique ; château, musée de la Batellerie. **Pontgibaud** 776 hab. ; *Château-Dauphin* (XIIe-XVe s.). **Puy-Guillaume** 2 624 hab. ; verrerie, imprimerie. **Ravel** 666 hab. ; château (XIIIe-XVIIIe s.). **St-Alyre-ès-Montagne** 180 hab. ; maison des Tourbières. **St-Dier d'Auvergne** 551 hab. ; château des *Martinanches* (XIe-XVIIIe s.). **St-Eloy-les-Mines** (à 500 m) 4 134 hab. (aggl. 7 071 [1]) ; fonderie, mécanique, matériel de constr., plasturgie, isolation. **St-Georges-de-Mons** 2 260 hab. (aggl. 4 361 [1], dont *Les Ancizes-Comps* 1 910 ; aciérie), luminaires. **St-Nectaire** (à 700 m) 675 hab. ; égl. (XIIe s.), station thermale (affections rénales). **St-Ours-les-Roches** 1 370 hab. ; Vulcania : centre européen du volcanisme et sciences de la terre sur 57 ha ; *coût* : 420 millions de F ; *ouverture prévue* 2002. **St-Saturnin** 964 hab. ; château (XIIe-XVe s.) ; église. **Sermentizon** 495 hab. ; château *d'Aulteribe* (XVe s.). **Vertolaye** 611 hab. ; capitale du soufflet, chimie. **Vic-le-Comte** 4 404 hab. ; chapelle (XVIe s.) ; fabrique de papier-monnaie. **Villeneuve-Lembron** 131 hab. ; château. **Vollore-Ville** 684 hab. ; château (XIIe-XVIIe s.). **Volvic** (491 m) 3 930 hab. ; eaux minérales, carrière, lave ; maison de la Pierre (39 000 vis.) et musée Marcel-Sahut.

Divers : art roman : *châteaux.* **Grottes** : de *Jonas* (St-Pierre-Colamine) ; du *Chien* (Chamalières) ; du *Cornadore* (St-Nectaire). **Lacs** (altitude) : *Aydat* 60 ha (825 m) ; *Chambon* 60 ha (877 m) ; *Chauvet* 52 ha, 63 m de profondeur ; *Aubusson-Courpière* 28 ha ; *Guéry* (1 260 m) 25 ha, 11 m ; *Montcineyre* 38 ha, 18 m ; *Pavin* 44 ha (1 197 m) ; *La Cassière* (13 ha) ; *La Godivelle* (1 225 m) 14 ha, 43 m ; *St-Rémy-sur-Durolle* 18 ha ; plan d'eau des *Fades-Besserve* 400 ha, 18 m ; *Servière* (1 200 m) 15 ha, 26 m ; *Tazenat* 33 ha (600 m), 66 m. **Minéralogie** : agates et diamants noirs de Charbonnières-les-Varennes, zircons et grenats, calcédoines de la Mine des Roys et lussatite de Lussat, spath-fluor de Lastic, tourmalines de Berzet, domite et hématite, améthystes de St-Germain-l'Herm, topazes, béryls, bombes volcaniques (renfermant parfois de l'olivine). **Parcs : zoologique** *du Bouy* (50 ha) ; **animalier** *du Cézallier* (25 ha) ; *des Dômes* (2 ha). **Ski** : *Chambon-des-Neiges* (1 250 m), *Chastreix* (1 350-1 700 m), *La Tour-d'Auvergne-Sancy* (1 000-1 300 m), *Le Mont-Dore* (1 050-1 846 m), *St-Anthème-Prabouré* (940-1 400 m), *Super-Besse* (1 350-1 850 m). **Thermalisme** (curistes de 18 j, en 2000) : *Chamalières, Châteauneuf-les-Bains* 676, *Châtelguyon* 6 980, *La Bourboule* 11 731, *Le Mont-Dore* 8 532, *Royat* 10 950, *St-Nectaire* 421. **Viaduc** des Fades (1901-09) 132 m, le plus haut de France, réalisé par Félix Virard.

BOURGOGNE

GÉNÉRALITÉS

■ **Superficie.** 31 581,96 km^2. **Population.** *1990* : 1 609 654 hab. (étrangers 83 401 dont Portugais 22 006, Marocains 19 776, Algériens 9 355) ; *1999* : 1 610 067. **D.** 51.

☞ La région « Bourgogne », créée en 1960, comprend l'ancien duché de Bourgogne avec des parties des anciennes provinces de Champagne, d'Ile-de-France, d'Orléanais et du Nivernais.

BOURGOGNE

☞ *Abréviation :* B. : Bourgogne, Bourguignons.

■ **Situation.** Appartient à des ensembles géographiques très différents : **au nord, basse Bourgogne :** moyennes vallées de l'*Yonne* et de l'*Armançon,* en amont d'Auxerre et de Tonnerre ; entre ces vallées (prairies, cultures maraîchères), bas plateaux calcaires et dénudés, avec quelques reliefs de côte (cultures de céréales). *Au centre,* partie du massif boisé du Morvan et plaines argileuses qui le ceinturent : *Bazois, Terre plaine, Auxois,* plaine d'*Autun* (élevage). **Haute Bourgogne :** entre la région des sources de la Seine et le plateau de Langres : hauts plateaux calcaires, boisés et dépeuplés, climat rude (la « Montagne », qui s'abaisse par paliers au-dessus des plaines de la Saône). *Côte d'Or,* dernier escarpement (sur ses premières pentes, vignobles). *Pays bas,* plaines alluviales entourant la Saône (polyculture ; forêts dans le val de Saône, cultures maraîchères). **Au sud-est et au sud :** *Bresse* et bordure est du Massif central (massif cristallin de l'*Autunois,* et dépression de Montceau-les-Mines et du Creusot) ; *Charolais* calcaire à l'ouest, cristallin à l'est, grande région d'élevage ; *Mâconnais,* polyculture et élevage. **A l'ouest :** *Nivernais,* élevage, forêts, vignes au bord de la Loire (Pouilly).

☞ Vignoble du sud de Dijon au Beaujolais (côtes de Nuits, de Beaune, chalonnaise, mâconnaise).

■ **Histoire. Av. J.-C. Depuis le VIIe s.** la future B. participe aux systèmes d'échanges lointains ainsi qu'en témoigne le trésor de Vix (près du Mt Lassois) : mobilier funéraire, fin VIe s. avant J.-C. composé de pièces d'origine grecque (dont un grand cratère), scythe, étrusque et celtique. **121** les Éduens, qui en occupent une grande partie (Nièvre,

Saône-et-Loire et Côte-d'Or actuelles), sont alliés de Rome. **61** battus par les Germains d'Arioviste, ils appellent les Romains à leur aide. **58-52** alliés de César dans la guerre des Gaules. **52**-*juillet* ils se rallient à Vercingétorix qui, proclamé chef de la révolte à Bibracte, doit capituler à *Alésia.* **13** rattachée à la Lyonnaise par la réforme administrative d'Auguste. **Après J.-C. 21** révolte de Sacrovir ; Autun devient un des principaux centres intellectuels de l'Empire. **IIIe s.** sac d'Autun par Tetricus (269), ravages des Alamans (276), puis pays partagé entre Ire et IVe Lyonnaise (Sénonaise) dans le diocèse des Gaules. **IVe et Ve s.** régression de l'autorité romaine ; expansion du christianisme (saint Germain, évêque d'Auxerre en 418). Multiples invasions, notamment celles des Burgondes fuyant devant les Huns, après celles de 355 et de 406 ; occupation du N.-E. de la région par les Alamans. **443** le nom de *Burgondia* apparaît. Il désigne des entités différentes. **443-75** la B. est la Suisse romande actuelle, où les Burgondes, envahisseurs germaniques, ont été établis comme colons. **475-534** la B. est le royaume de Gondebaud, qui a refoulé les Alamans, pris Dijon en 479, puis étendu son domaine jusqu'à la Saône, au Rhône et à la Provence intérieure. Gondebaud promulgue une *Lex burgundionum* (loi « Gombette ») et, pour les « Romains », une *Lex romana burgundionum*, mais perd Auxerrois et Champagne en luttant contre Clovis. Son fils Sigismond (vénéré comme un saint) se convertit au catholicisme, les Burgondes étant ariens. **534-843** conquête du pays par les Francs : fils et petits-fils de Clovis : Clotaire, Childebert, Thierry. Le nom de B. n'est plus qu'une appellation géographique sans limite administrative précise. Sous les Mérovingiens, puis les Carolingiens, le *royaume bourguignon* est à peu près le quart S.-E. de la France, sur le même plan que l'Aquitaine, la Neustrie et l'Austrasie. Roi le plus notable : Gontran (Mérovingien, 525-93) ; maire du Palais le plus notable : St Léger, évêque d'Autun (616-78). **843-1032** le mot a simultanément plusieurs sens différents : *le duché de B.* est la partie occidentale de l'ancienne Burgondie, à l'O. de la Saône, demeurée dans le royaume de Fr. après le partage de Verdun (843). La Saône devient la frontière entre *B. royale* à l'ouest et *B. impériale* à l'est. [Jusqu'au XIXe s., les bateliers parlent de la rive du Riaume (droite) et de la rive d'Empi (gauche).] A l'E. de la Saône et au S.-E. du Rhône, on continue à nommer B. certaines terres, partie du lot de l'empereur Lothaire, notamment le *comté palatin de B.* (vers Franche-Comté) ; la *B. transjurane* (Suisse romande actuelle), devenue royaume en 888 ; et le *royaume d'Arles* (capitale Arles ou Vienne), appelé souvent *royaume de Provence-Bourgogne,* parce qu'il a été conquis en 933 par le roi de B. transjurane, Rodolphe II. A partir de 1032, le titre de « roi des Burgondes » passe à l'empereur germanique Henri III, neveu et héritier de Rodolphe III, roi de B. transjurane. Cela implique la souveraineté directe sur la Suisse et la suzeraineté sur la Franche-Comté et le royaume d'Arles, mais aucun droit sur la B. capétienne.

Duché de Bourgogne : 843 séparé des autres terres bourguignonnes ; disputé par les Carolingiens de *Francia occidentalis* et par les rois possédant le reste de la B. **877 Richard le Justicier** († 921, Cte d'Autun, frère de Boson, beau-frère de Charles le Chauve) profite des invasions scandinaves pour prendre le titre de duc. A sa mort, il possède les comtés d'Autun, d'Auxerre et de Sens, et contrôle, avec ses comtes, presque toute la B. au sens actuel, de Langres à Dijon, de Troyes à Chalon, de Tonnerre à Brienne. **921 Raoul** († 936), fils de Richard, devient roi de France. **923 Hugues le Noir,** frère de Raoul, **936**-*juillet* laisse une partie de la B. à **Hugues le Grand. 952**-*17-2* Hugues le Noir meurt, sa partie passe à **Giselberg,** Cte de Chalon, époux d'Ermengarde, sœur d'Hugues. **956**-*avril* Giselberg meurt ; Hugues le Grand seul duc ; -*16-6* Hugues meurt, **Otton,** son fils (et frère d'Hugues Capet), duc, épouse Leudegarde, fille de Giselberg. **965 Eudes Henri** († 1002), frère d'Otton, qui épouse Liégeart, petite-fille d'Hugues le Noir. **1002-16** occupé par **Robert II le Pieux** († 1031), roi de France, neveu d'Eudes Henri, qui empêche Otte Guillaume (fils adoptif d'Eudes Henri) de s'en emparer. **1016 Henri** (1008-1060), 2e fils de Robert II, **1031** devient roi de France et donne le duché, amputé des comtés de Sens et de Nevers, à son frère **Robert Ier** († 1075, tige de la maison capétienne de B. qui s'éteint 1361) ; parmi les branches cadettes, celles du *Viennois* (issue du duc Hugues III) et de *Portugal* (issue de Henri, Cte de Lusitanie, frère des ducs Hugues Ier et Eudes Ier). **Du IXe au XIe s.** indépendant de fait, mais empiétements des nombreux seigneurs laïcs et ecclésiastiques. **1075 Hugues Ier** (vers 1056-vers 1093), petit-fils de Robert Ier, abdique ; se fait moine à Cluny. **1078 Eudes Ier Borel** († 1103). **1103 Hugues II** (vers 1085-1143), fils d'Eudes. **1143 Eudes II** († 1162), fils d'Hugues II. **1162 Hugues III** (1162-92), fils d'Eudes II, se heurte à Philippe Auguste et meurt isolé en Terre sainte, puis les ducs, fidèles vassaux du roi de Fr., assurent leur domination sur tout le duché. **1193 Eudes III** (1166-1218), fils d'Hugues II. **1218 Hugues IV** (1213-1272), fils d'Eudes III. **1272 Robert III** († 1305), fils d'Hugues IV, épouse (1279) la fille de St Louis (roi de Fr.). **1305 Hugues V** († 1315), fils de Robert. **1315 Eudes IV** († 1350), 2e fils de Robert, épouse Jeanne (fille aînée du roi Philippe V), hérite de l'Artois ; une ligue arrache la *« charte aux Bourguignons » :* le roi Jean le Bon reconnaît les coutumes locales de B. et s'engage à ne pas modifier la fiscalité sans accord avec les États. **1350 Philippe Ier de Rouvres** (1346-61), fils de Philippe († 1346), petit-fils d'Eudes IV ; création d'une Chambre des comptes de type parisien, tenue des *Grands Jours* (session temporaire d'une cour de justice d'appel dans le ressort du Parlement de Paris, puis tribunal permanent). **1352** réunion des premiers états de B. **1357** épouse Marguerite de Flandre (1350-1405), fille de Louis II de Mâle, Cte de Flandre. **1361** Philippe meurt de la peste à 17 ans sans enfant (Charles le Mauvais, héritier le plus direct, est écarté). **Jean le Bon,** époux en 2des noces de Jeanne de Boulogne, mère de Philippe, prend possession du duché ; le duché est complété d'enclaves royales, rattaché à la Couronne, et doté d'un gouverneur.

1364 Philippe II le Hardi (17-1-1342/26-4-1404), 4e fils de Jean II le Bon, roi de France, frère du roi Charles V, reçoit le duché en apanage le 2-6-1364. **1369** il épouse Marguerite de Flandre, veuve de Philippe de Rouvres. **1384** recueille, à la mort de Louis de Mâle, les comtés de Flandre, Bourgogne, Artois, Nevers, les seigneuries de Salins, Malines et Anvers.

1404 Jean sans Peur (28-5-1371/10-9-1419), fils de Philippe II, duc de B., fait tuer son cousin germain Louis [duc d'Orléans, chef des Armagnacs et corégent avec le duc de Berry (leur neveu, le roi de Fr. Charles VI, étant fou)] le 23-11-1407 à Paris. **1408** maître de Paris, soutenu par l'université et les bouchers. **1413** chassé de Paris. **1418** y rentre. **1419** va se rapprocher du Dauphin, entrevue ménagée avec lui à Montereau sur le pont, mais Tanguy du Châtel le tue (10-9) d'un coup de hache ; la guerre civile entre Armagnacs et Bourguignons rebondit.

1419 Philippe III le Bon (31-7-1396/15-6-1467), fils de Jean sans Peur, passe dans le camp anglais (1420-35) ; *épouse 1°)* **1420** Michèle (1395-1422), fille de Charles VI. *2°)* **1424** Bonne d'Artois († 1425), veuve du Cte Philippe de Nevers (frère de Jean Sans Peur). *3°)* **1429** Isabelle de Portugal († 1472). Fonde l'*ordre de la Toison d'or.* **1433** unifie la monnaie d'or (émission du philippus ou ridder). **1435**-*21-9 traité d'Arras,* se réconcilie avec le roi, est dispensé de prêter hommage (le roi Charles VII était tenu pour responsable de l'assassinat de Jean sans Peur) ; obtient les Ctés d'Auxerre et de Mâcon (conquis 1419) ; il accroît ses domaines par achats, mariage et héritages ; comtés de Namur (1421), Hainaut, Hollande, Frise et Zélande (1428), duchés de Limbourg, Lothier, Brabant (1430), Luxembourg (1431). **1454**-*17-2* banquet du Faisan. **1459** promulgue les « Coutumes générales du pays et duché de B. ». Cour établie à Bruxelles.

1467 Charles le Téméraire (10-11-1433/5-1-1477), fils de Philippe III et Isabelle de Portugal. **1440** épouse Catherine de France ; reçoit le pouvoir temporel dans la principauté ecclésiastique de Liège. **1467-68** soumet les Liégeois. **1469** achète les droits de Sigismond en Alsace. **1473** acquiert duché de Gueldre ; essaye de se faire reconnaître roi des Romains par l'empereur Frédéric III ; établit à Malines Parlement et Chambre des comptes. **1475** occupe la Lorraine. **1476** doit l'abandonner. **1477**-*5-1* meurt devant Nancy, vaincu par une coalition (Alsaciens, Lorrains, Suisses) financée par Louis XI. L'État bourguignon est alors démembré, la B. ducale est conquise par Louis XI. **1482**-*23-11 traité d'Arras :* l'empereur Maximilien renonce aux droits de sa femme, Marie de B., fille du Téméraire, sur le duché. Louis XI lui rend l'Artois et le Cté de Bourgogne. **1493** échec du projet de mariage entre Charles VIII et Marguerite d'Autriche (fille de Maximilien) qui garde la dot prévue en 1482 (Comté et Charolais). **1559** *traité du Cateau-Cambrésis :* les contestations entre Fr. et Habsbourg à propos du duché prennent fin.

☞ Le duché de B., à partir de Louis XI, ne sortira plus du domaine royal ; le *titre honorifique de duc de B.* sera porté par Louis (1682-1712), petit-fils de Louis XIV, fils du Gd Dauphin, et par le frère aîné de Louis XVI (1751-61).

■ **Institutions.** Chacun des États avait ses traditions et ses institutions, mais les ducs menèrent une politique inlassable d'unification : territoires découpés en *bailliages* à la fin du règne de Philippe le Bon (5 dans le duché, 3 en Comté...) ; 3 *chambres des comptes* (Dijon, Lille, Bruxelles) ; justice répartie entre les *Jours généraux* de Beaune et de Dole, le *conseil* des Flandres de Gand, la *cour* de Brabant et la *cour* de Hollande ; réunions d'*états* en B. ducale, en Comté et en Flandre ; coutumes de plusieurs pays collationnées et promulguées ; abolition, par Charles le Téméraire, de plusieurs organes locaux au profit des *conseils de Malines* (Parlement souverain créé en 1473 par Charles le Téméraire pour les Pays-Bas pour supprimer l'appel au Parlement de Paris) ; structuration du pouvoir central, qui se déplace de Dijon à Bruges, Gand, Hesdin ou Lille : duc assisté d'un *grand conseil* présidé par le chancelier [*Nicolas Rolin* († 1461) fut le plus célèbre], entouré de grands officiers ; gestion des finances dirigée par un « receveur de toutes finances », contrôlé par un trésorier-gouverneur et supervisant 2 receveurs généraux qui nomment des receveurs particuliers ; armée régulière de 32 compagnies d'ordonnances, organisée par Philippe le Bon (s'y ajoutent contingents féodaux et levées de mercenaires) ; à partir de 1429, l'ordre de chevalerie de la *Toison d'or* symbolise la puissance et le rayonnement du « grand duc d'Occident ».

Après Louis XI, XVIe-XVIIe s. le parlement de Dijon (définitivement établi 1480) et la Chambre des comptes subsistent ; un gouverneur remplace le gouverneur ducal ; les états de B. continuent à se réunir (l'hostilité des B. fait rapporter, en 1631, un édit de 1629 transformant la province en pays d'élection). Généralité de B., avec un bureau des finances, est une installation de « commissaires départis », bientôt « intendants de justice, police et finances ». **Extension de la province : 1561** annexions des 3 élections, anciennes enclaves royales. **1601** de Bugey, Valromey et pays de Gex (Ain actuel). Ébranlée par les guerres de Religion en 1562, 67, 89 et 95, la B. voit la défaite des Espagnols et des ligueurs par Henri IV (Fontaine-Française, 1595). De nouveau ruinée par la guerre de Trente Ans ; à partir de 1678, protégée par le bastion de la Franche-Comté ; **1639** du Cté d'Auxonne ; **1671** de l'élection d'Auxerre ; **1721** de Bar-sur-Seine ; **1751** du Cté de Charolais (récupéré sur Habsbourg en 1684) ; seul le Mâconnais conserve son élection et ses états jusqu'à la Révolution. Le ressort du parlement de Dijon a des limites différentes (ne contrôle pas Auxerre, Bar et Mâcon, mais englobe successivement Bresse, Bugey, pays de Gex et Valromey, puis principauté des Dombes). **XVIIIe s.** prospérité. Création à Dijon d'une faculté de droit en 1722, d'une académie en 1740. **A la Révolution** divisée en : Saône-et-Loire, Côte-d'Or, Ain, une partie de l'Yonne.

Chalonnais

Comté héréditaire depuis 968. **1237** le Cte Jean le Sage l'échange avec le duc de Bourgogne, Hugues IV, contre la seigneurie de Salins ; ses descendants gardent le titre de Cte de Chalon, devenu en 1393 Pce d'Orange.

Charolais

■ **Situation.** Sud-ouest de la Saône-et-Loire. Forêts, élevage bovin d'embouche pour régions voisines, poterie, forges.

■ **Histoire. IIIe s.** occupé par les Aulerques Brannovices de la confédération des Éduens. Suit le sort de la cité d'Autun, de la conquête romaine à l'époque franque. **Haut Moyen Age** fait partie du Brionnais (*pagus Brionnensis,* dont la capitale était la commune de Briant). **Xe s.** fondation de riches monastères, et naissance des bourgs de Charolles, Paray-le-Monial et Marcigny. **973** le Charolais appartient à Lambert, Cte de Chalon, fondateur de Paray-le-Monial. **1005** fondation du prieuré clunisien de Charolles. **1237** le comté de Chalon est cédé à Hugues IV de Bourgogne qui, en 1272, crée une baronnie du Charolais pour sa petite-fille, Béatrix de Bourgogne. **1316** érigé en comté avec états particuliers pour Béatrix de Charolais qui épouse Jean d'Armagnac. **1390** vendu par Bernard d'Armagnac à Philippe le Hardi. **1477** conquis par Louis XI, qui y établit un bailliage royal. **1493** cédé par Charles VIII (traité de Senlis), qui conserve sa suzeraineté, à Philippe, archiduc d'Autriche. Fief personnel des Habsbourg d'Autriche, puis d'Espagne (1558). Plusieurs fois saisi par le roi, au cours des guerres contre les Habsbourg, notamment en 1674 (restitué en 1679, par le traité de Nimègue). **1684** enlevé au roi d'Esp. et donné au Pce de Condé. **1751** échangé avec Louis XV, par Mlle de Sens, contre la terre de Palaiseau ; les états particuliers sont alors réunis aux états de Bourgogne.

Mâconnais

■ **Situation.** Sud-est de la Saône-et-Loire, rive droite de la Saône. Chaînons calcaires et granitiques orientés sud-nord, dans le prolongement du Beaujolais. Bassin de la Grosne. Vigne, bovins, chèvres, forêts.

■ **Histoire.** Partie du territoire des Éduens, **Ve s.** évêché, comté carolingien, héréditaire depuis le comte Ranulphe (926) dont les successeurs furent aussi comtes de Bourgogne (Franche-Comté) à partir d'Otte-Guillaume (fin Xe s.). **1239** comté vendu à Saint Louis. **1435** uni au duché de Bourgogne (traité d'Arras) à la mort de Charles le Téméraire (1477). Administré par les états (distincts, depuis le duc Philippe le Bon) qui subsistent jusqu'en 1790.

Nivernais

■ **Situation. Est :** *Morvan* (du celtique, « mont Noir », à cause de la forêt qui le recouvre), granitique, humide et forestier (100 000 ha, hêtre et chêne), élevage ; bordé par le *Bazois,* plaine bocagère ondulée, sols gras (marnes), herbages (région d'embouche). **Centre :** du Bazois à la Loire, plateaux de calcaires jurassiques hachés de failles (dalles rocheuses, alt. 400 à 500 m) ; forêt. **Nord :** *Puisaye* (sol argileux imperméable), prairies d'élevage. **Sud :** *val de Loire nivernais* entre La Machine et Decize ; herbages. La majeure partie forme la Nièvre.

■ **Histoire.** Partie du territoire des Éduens. César vient à Decize *(Decetia)* pour une entrevue avec leurs chefs. Nevers est considéré généralement comme l'ancien *Noviodunum* gaulois (cité des Éduens), point d'appui des légions de César, pris d'assaut par les Éduens, lors de la révolte de 52 av. J.-C. **Période gallo-romaine** partie de la cité d'Auxerre. **Vers 490** Auxerre étant cédé aux Francs par Gondebaut (avec la moitié nord de sa cité), Nevers devient évêché (burgonde) pour la moitié sud [suffragant de Sens (1re mention : concile d'Épaone 517)]. **Xe s.** comté. **XIe s.** fief puissant, qui passe à Pierre II de Courtenay grâce à son mariage avec Agnès de Nevers en 1184. Échoit ensuite aux maisons de Flandre, de Bourgogne (Philippe le Hardi), de Clèves (1504). **1538** duché-pairie. **1565** transmis à la famille de Gonzague. **1659** vendu à Mazarin, qui le donne aux Mancini. **1798** mort du dernier duc.

■ Économie

■ **Population active** (au 1-1-1998). 604 783 (non-salariés 83 306) dont : agriculture 41 055 (30 441) ; industrie 131 872 (6 405) ; construction 37 027 (8 738) ; tertiaire 394 829 (37 722). **Chômeurs :** 10,5 %.

■ **Échanges** (en milliards de F, 2000). **Import. :** 32,66 *dont* produits chimiques en caoutchouc ou en plastique 8,2, métaux et prod. métalliques 5,55, équipements mécaniques 3,2, prod. des ind. agricoles et alimentaires 2,59, équipement du foyer 1,97, prod. de l'ind. auto. 1,91, en bois, papier ou carton 1,76, composants électriques et électroniques 1,69, équipements électriques et électroniques 1,18, habillement cuir 1,11 ; **de** All. 6,36, It. 4,46, USA 3,32, G.-B. 3,15, Belg. 2,79, P.-Bas 1,7. **Export. :** 52,34 *dont* produits des ind. agricoles et alimentaires 9,81, métaux et prod. métalliques 9,52, prod. chimiques en caoutchouc ou en plastique 9,21, équipements mécaniques 4,75, prod. de l'ind. auto. 3,84, composants électriques et électroniques 3,15, équipement du foyer 2,83, prod. en bois, papier ou carton 1,72, agricoles, sylvicoles et piscicoles 1,66, équipements électriques et électroniques 1,37 ; **vers** All. 8,19, It. 6,93, G.-B. 5,95, USA 5,19, Esp. 4,81, Belg. 3,07.

■ **Agriculture** (en 1999). **Espaces naturels** (en milliers d'ha) : agricoles utilisés 1 875,5 (dont arables 1 045,4, toujours en herbe 797,9, jachères 53,4), non cultivés 61,4 ; boisés 980,7 ; non agricoles 240,3 ; total 3 175. Exploitations (nombre) : 27 100 (*SAU* moyenne 65 ha). **Production végétale** (en milliers de t) : blé tendre 2 348,4, orge et escourgeon 973,2, colza 585,9, tournesol 23,8, bett. ind. 423,5, maïs 384,8 ; **animale** (en milliers de têtes) : bovins 1 327,5, ovins 359,8, porcins 214,7, caprins 44,5, équidés 14. **Lait** (de vache, en milliers d'hl) : 3 963,8. **Vins** (en milliers d'hl) : 1 845,6 (dont d'AOC autres que vins doux naturels 1 792,3).

■ **Tourisme** (en 2000). **Hébergement :** *hôtels de tourisme* 554 (13 698 lits) ; *résidences de tourisme* 3 (671 pl.) ; *campings* 194 (13 850 pl.) ; *auberges de jeunesse* 3 (160 lits) ; *villages de vacances* 7 (1 449 pl.) ; *gîtes ruraux* 1 098 ; *d'étape* 75 ; *d'enfants* 11 ; *chambres d'hôtes* 1 222 ; *résidences secondaires* 81 494. *Stations thermales :* St-Honoré-les-Bains, Bourbon-Lancy.

■ DÉPARTEMENTS

☞ Voir légende p. 811.

Nota. – (1) En 1998. (2) En 1999.

■ **Côte-d'Or (21)** 8 763 km^2 (125 × 108 km). **Altitude :** *max.* 723 m (Mt de Gien) ; *min.* 174 m (Chivres). **Population :** *1801 :* 340 500 ; *1851 :* 400 297 ; *1901 :* 361 626 ; *1921 :* 321 088 ; *1936 :* 334 386 ; *1954 :* 356 839 ; *1975 :* 456 070 ; *1982 :* 473 548 ; *1990 :* 493 866 (étrangers 27 594 dont Marocains 8 128, Portugais 6 185, Algériens 3 426, Italiens 2 036) ; *1999 :* 506 755. **D.** 58. **Cantons :** 43. **Communes :** 707.

Régions naturelles : Tonnerois : 5 300 ha (céréales, oléagineux, forêts) ; **Val de Saône :** 26 600 ha (céréales, oléagineux, cult. maraîchères, betteraves, oignons) ; **Plateau Langrois-Montagne :** 125 000 ha (céréales, oléagineux, bovins) ; **Vingeanne :** 14 400 ha (céréales, oléagineux, bovins) ; **La Vallée :** 23 300 ha (céréales, oléagineux, bovins) ; **La Plaine :** 93 200 ha (céréales, oléagineux, betteraves, oignons) ; **Côte viticole et arrière-côte de Bourgogne :** 17 500 ha (vignes AOC, céréales, cassis) ; **Auxois :** 124 000 ha (bovins, céréales) ; **Morvan :** 19 800 ha (bovins, céréales, forêts).

Chef-lieu : DIJON. Altitude : 245 m. **Superficie** 4 151 ha. **Population :** *Moyen Age :* 10 000 ; *XVIe s. :* 15 000 ; *1789 :* 22 000 ; *1801 :* 20 000 ; *1870 :* 40 000 ; *1914 :* 75 000 ; *1936 :* 95 000 ; *1954 :* 110 000 ; *1990 :* 151 635 ; *1999 :* 149 622. **Industries :** parachimique, pharmaceutique, agroalimentaire (moutarde, liqueurs, pain d'épice, chocolat, meunerie, conserves), construction mécanique, optique, emballage, auto., imagerie. Carrefour ferroviaire et autoroutier. **Aéroport** international. **Monuments :** palais des Ducs et États de Bourgogne [J. Hardouin-Mansart, XVIIe-XVIIIe s., surmonté de la tour Philippe-le-Bon (XIVe-XVe s., 42,55 m), actuellement hôtel de ville et musée des Beaux-Arts], palais de justice, cath. St-Bénigne (XIIIe s., flèche refaite 1894) 92,6 m, églises N.-D. (XIIIe s., avec jacquemart enlevé en 1382 de Courtrai) et St-Michel (XVIe-XVIIe s.), chartreuse de Champmol (puits de Moïse de Claus Sluter). *Hôtels particuliers,* maisons (XVe-XVIIIe s.), dont 71 inscrits ou classés monuments historiques. **Musées** (vis. en 2000) : des Beaux-Arts (fondé 1787, 147 706 vis.), Amora (6 148 vis. [1]), Rude (30 692 vis.), de la Vie bourguignonne (31 893 vis.), d'Art sacré (10 611 vis.), Magnin (12 408 vis.), archéologique (25 118 vis.), Muséum d'histoire naturelle (95 047 vis.), jardin botanique de l'Arquebuse (33 640 vis.). **Parc** *de la Colombière* (32 ha, XVIIe s.). **Lac** *Kir* 37 ha, 1 520 × 250 m, profondeur 3,50 m. [Le chanoine Félix Kir (1876-1968), maire de 1945 à 68 et député 1946-67, a donné son nom à l'apéritif 1/3 cassis – 2/3 vin blanc aligoté.] **Salles de spectacles :** 7 (4 600 places) dont auditorium et palais des Congrès. **Étudiants :** 30 000. UNITÉ URBAINE : 236 953 hab. (15 communes) dont **Chenôve** 16 256 ; « Pressoir des ducs de Bourgogne ». **Chevigny-St-Sauveur** 10 120. **Daix** 1 479. **Fontaine-lès-Dijon** 8 878 ; basilique et maison natale de St Bernard. **Longvic** 9 017. **Marsannay-la-Côte** 5 211 ; maison du Patrimoine et du Tourisme. **Neuilly-lès-Dijon** 2 142. **Ouges** 958. **Perrigny-lès-Dijon** 1 648. **Plombières-lès-Dijon** 2 629. **Quétigny** 9 407, parc aquatique du Cap-vert (37 051 vis. [2]). **St-Apollinaire** 5 025. **Sennecey-lès-Dijon** 2 168. **Talant** 12 176 ; village classé du XIIIe s., église avec vitraux de Garouste. AIRE URBAINE : 326 631 hab.

Sous-préfectures : Beaune (224 m) 3 150 ha, *1990 :* 21 289 ; *1999 :* 21 919 hab. ; vins (côte de Beaune), vente annuelle (3e dimanche de nov.), matériel viticole, imprimerie et cartonnerie, électronique, plastique, bijouterie, agroalimentaire, tourisme. *Monuments* (vis. en 2000) : hôtel-Dieu (fondé 1443 ; 443 443 vis.), musée du Vin (35 118 vis.), des Beaux-Arts (5 518 vis. [2]) et Marey (cinéma ; 1 309 vis. en 97) ; collégiale (XIIe au XVIe s.), hôtels particuliers. *Parcs :* du château de *Vignolles* (21 ha), de la *Bouzaize* (4 ha). *Plan d'eau* de *Gigny* (créé 1978, 10 ha). **Montbard** 6 300 hab. (aggl. 7 456 [1]) ; métall. ; *parc* Buffon ; *musées :* des Anciennes Écuries de Buffon, des Beaux-Arts ; *forges* de Buffon (1768-72).

Autres villes (vis. en 2000) **: Aisey-sur-Seine** 196 hab. ; château de *Tavannes.* **Alise-Ste-Reine** 674 hab. ; site d'Alésia (52 av. J.-C., César y battit Vercingétorix), musée d'Alésia (28 078 vis.), statue de Vercingétorix 7 m (Aimé Millet 1865) ; fouilles ; église St-Léger. **Arnay-le-Duc** 1 828 hab. ; meubles de bureau ; maison des Arts de la table ; remparts. **Arnay-sous-Vitteaux** 146 hab. ; parc de l'Auxois (66 493 vis. [2]). **Auxonne** 7 095 hab. ; marché de légumes, ménager, électronique, métallurgie ; fortifications (1673), château fort (XVe s.), musée Bonaparte, arsenal, casernes, égl. N.-D. (XIIe-XVIe s.). **Beaumont-sur-Vingeanne** 163 hab. ; maison des Champs (1724). **Bèze** 632 hab. ; grottes (18 538 vis. [2]). **Brazey-en-Plaine** 2 457 hab. ; textile, malterie, jardin botanique, parc du château *Magnin.* **Buffon** 187 hab. ; domaine des *Forges.* **Bussy-le-Grand** 267 hab. ; château de *Bussy-Rabutin* (XVe-XVIIe s., 33 249 vis.), église (XIIe s.), musée Gorsline. **Chambolle-Musigny** 313 hab. ; église (XVIe s.) ; caves. **Châteauneuf** 83 hab. ; château (XIIe-XVe s., 38 945 vis.), village médiéval. **Châtillon-sur-Seine** 6 268 hab. ; fonderie, bois ; musée [vase de Vix, hauteur 1,64 m, 208 kg, VIe s. av. J.-.C (21 147 vis.)] ; église St-Vorles (Xe s.), source de la *Douix.* **Collonges-lès-Bévy** 79 hab. ; château (1660-1720). **Comblanchien** 633 hab. ; carrières, caves. **Commarin** 142 hab. ; château (XVe-XVIIe-XVIIIe s., 13 594 vis.). **Courtivron** 142 hab. ; château (XIIe s.). **Époisses** 721 hab. ; fromage ; château (XIVe-XVIIe s.). **Fixin** 785 hab. ; musée Noisot ; église de Fixey (Xe-XIIe s.). **Flavigny-sur-Ozerain** 336 hab. ; village médiéval ; fabrique d'anis (9 479 vis. [2]) ; abbaye ; cryptes carolingiennes (6 521 vis. [2]) ; égl. St-Genest (XIIe-XVIIe s.). **Fontaine-Française** 916 hab. ; ancienne enclave en territoire bourguignon relevant de la couronne de Fr. ; château (1754), commémore la victoire d'Henri IV (5-6-1595) ; fontaine et lavoir. **Genlis** 5 257 hab. ; outillage, électronique, chimie. **Gevrey-Chambertin** 3 258 hab. ; château-forteresse (Xe s.) ; vins, alimentaire ; électrique. **Grancey-le-Château-Neuvelle** 292 hab. ; château (XVIIIe s.) ; église St-Germain (XVe s.), remparts (Xe s.). **Is-sur-Tille** 3 926 hab. (aggl. 5 453 [1]) ; articles ménagers et divers en plast. **Lantilly** 94 hab. ; château (XVIIIe s.). **La Rochepot** 260 hab. ; église (XIIe s.), château (XIIIe-XVe-XIXe s.). **Mâlain** 750 hab. ; château médiéval, musée et fouilles gallo-romaines. **Marmagne** 299 hab. ; abbaye de *Fontenay* [fondée 1118 par St Bernard (patrimoine mondial), 1820-1906 papeteries Montgolfier, 120 000 vis.]. **Menessaire** 88 hab. ; point culminant 720 m ; château, maison du Seigle. **Meursault** 1 598 hab. ; vin ; église St-Nicolas (XIVe s., flèche 57 m), hôtel de ville, château, caves ; archéodrome (54 442 vis.). **Molesme** 225 hab. ; monastère de Robert, fondateur de l'ordre cistercien (XIe s.), vestiges (XIIIe-XVIIIe s.). **Montigny-sur-Aube** 343 hab. ; château (XIIe s.). **Nolay** 1 547 hab. ; halles (XIVe s.) ; église (XVe s., reconstruite XVIIe s.), maison natale de Lazare Carnot. **Nuits-Saint-Georges** 5 573 hab. ; vins, jus de fruits, liqueurs, imprimerie et cartonnage, cuivre et alliages ; église St-Symphorien (XIIIe s.), beffroi (1630), musée, site gallo-romain des *Bolards.* **Rochefort** 60 hab. ; château. **St-Germain-Source-Seine** 29 hab. ; la Seine jaillit à 471 m d'alt. ; depuis le XIXe s. une partie de la commune propriété de la ville de Paris. **St-Jean-de-Losne** 1 257 hab. ; commune 36 ha (terres et eaux), 1er port fluvial de plaisance ; église (XVIe s.). **St-Martin-de-la-Mer** 286 hab. ; château de *Conforgien.* **St-Nicolas-lès-Cîteaux** 475 hab. ; abbaye « mère » de l'ordre cistercien (1098, 10 032 vis. [2]). **Santenay** 904 hab. ; le plus gros platane de France [haut. 39 m, circonférence au sol 13,77 m, à 1 m du sol 8,22 m ; planté sous Henri IV (1599)] ; musée du Vin (château Philippe le Hardi), égl. St-Jean-de-Narosse (XIIIe s.) ; casino (298 385 vis.). **Saulieu** 2 837 hab. ; musée François-Pompon, église St-Saturnin (XVe s.), basilique St-Andoche (XIIe s.), musée, gastronomie, fête du Charolais (fin août). **Selongey** 2 233 hab. ; électroménager ; chapelle Ste-Gertrude. **Semur-en-Auxois** 4 450 hab. ; sous-préfecture 1807-26 ; alimentation, cuir, orgues électroniques ; cité médiévale, collégiale N.-D., château de *Flée,* tour de *l'Orle d'or,* (44 m), musée (6 424 vis. [2]), courses de la Bague et des Chausses (mai). **Seurre** 2 666 hab. (aggl. 3 164 [1]) ; électronique ; l'étang Rouge. **Talmay** 469 hab. ; château (XIIe, XVIIIe s.). **Ternant** 72 hab. ; 2 dolmens. **Venarey-les-Laumes** 3 274 hab. ; métallurgie, industrie de la viande. **Vic-de-Chassenay** 254 hab. ; *Bourbilly* (XIVe, XIXe s., château de la Mise de Sévigné). **Vitteaux** 1 114 hab. ; halles (XVe s.), église St-Germain (XIIIe-XVIe s.) ; hippodrome. **Vosne-Romanée** 460 hab. ; vins. **Vougeot** 187 hab. ; château du *Clos* (74 184 vis.), pressoir (XIIe s.), siège des chevaliers du Taste-Vin.

Divers : lacs de barrage : *Chazilly, Chamboux, Grosbois, Kir, Marcenay, Marcilly, Panthier, Pont.* **Sites :** le *Bout du Monde* (Vauchignon) ; falaises d'*Orches* et de *St-Romain* ; le *Val Suzon* ; butte de *Verzy* ; les *Combes* de la côte.

■ **Nièvre (58)** 6 816,71 km^2 (125 × 100 km). **Altitude :** *max.* 857 m (Grand Montarnu), 855 m (Mt Préneley), 821 m [Mt Beuvray, *Bibracte* (5 km de long, 136 ha ; musée)] ; *min.* 135 m (sortie de la Loire). **Climat :** Val de Loire et Centre : océanique. Morvan : semi-continental. **Population :** *1801 :* 232 590 ; *1841 :* 305 346 ; *1886 :* 347 645 (maximum) ; *1901 :* 323 783 ; *1936 :* 249 673 ; *1954 :* 240 078 ; *1975 :* 245 212 ; *1982 :* 239 635 ; *1990 :* 233 278 [étrangers (en 1992) 5 046 dont Portugais 1 757, Marocains 921, Turcs 323, Espagnols 393] ; *1999 :* 225 198. **D.** 33. **Cantons :** 32. **Communes :** 312.

Régions agricoles (en ha) : **Nivernais** central 260 023 (élevages de charolais, forêts), **Morvan** (partie) 179 908 (altitude max. 852 m, min. 400 m), **Bourgogne nivernaise** 150 087 (cultures), **entre Loire et Allier,** 70 850, **Puisaye** 14 413, **Sologne nivernaise** 6 389, vignoble 1 276 ha (9 000 fin XIXe) dont 1 076 AOC Pouilly et 200 VDQS. **Forêt :** de *Bertranges* (7 600 ha).

Chef-lieu : NEVERS. Population : *1801 :* 11 200 ; *1841 :* 13 995 ; *1866 :* 20 700 ; *1911 :* 27 706 ; *1936 :* 33 699 ; *1962 :* 41 103 ; *1975 :* 45 480 ; *1990 :* 41 968 ; *1999 :* 40 932 hab. **Industries :** chaudronnerie, agroalimentaire, électrique, équipement ménager, antivols, fixations skis, faïencerie, caoutchouc, ateliers SNCF, équipement auto, cadres de vélo et composites, pharmaceutiques, *négus* caramel mou à base de chocolat, *nougatine* inventée XIXe s. par Louis-Jules Bourumeau. **Antenne universitaire** (droit, école d'ingénieurs) : 2 000 étudiants. **Aérodrome :** Nevers-Fourchambault. **Siège social** du Herd-Book (reproducteurs charolais). **Monuments :** église St-Étienne (XIe s.), cathédrale (St-Cyr-et-Ste-Julitte), palais ducal Renaissance, châsse de Ste Bernadette (née Lourdes 7-1-1884, à St-Gildard 7-7-1866, † 16-4-1879, canonisée 8-12-1933) au couvent St-Gildard (300 000 vis. en 2000), musée Blandin (7 763 vis. en 2000), faïences (bleu intense dit « au grand secret » introduit par les Gonzagues). UNITÉ URBAINE : 57 515 hab., dont **Coulanges-lès-Nevers** 3 502. **Varennes-Vauzelles** 10 211.

Sous-préfectures : Château-Chinon (610 m) 2 502 hab. ; plasturgie et thermoplastie, textile, imprimerie. *Musées :* Costumes XVIe et XIXe s. (6 761 vis.), du Morvan, du Septennat de F. Mitterrand (26 712 vis.). **Clamecy** 4 806 hab. (aggl. 5 528 [1]) ; chimie, matériel pour cycles, agroalimentaire ; *collégiale* St-Martin, musée [peintures et faïences, donation Romain Rolland (2 032 vis. [2])]. **Cosne-Cours-sur-Loire** 11 399 hab. (aggl. 13 184 [1]) ; vins des coteaux du Giennois (blanc, rouge, rosé) ; textile, matériel de forage, câblerie, machines agricoles, imprimerie, liasses mécanographiques, matériel de garage ; musées de la Batellerie de la Loire, du Facteur, domaine de *Port-Aubry* (31 500 vis.).

Autres villes (vis. en 2000) **: Bazoches** 197 hab. ; château de *Vauban* (35 708 vis.). **Cercy-la-Tour** 2 147 hab. ; sièges et échappements automobiles. **Châtillon-en-Bazois** 1 056 hab. ; château (XIIe-XVIIe s.). **Corbigny** 1 709 hab. ; mécanique, bois, château de *Villemolin* (1 336 vis.). **Corvol-l'Orgueilleux** 735 hab. ; scierie, mécanique et caoutchouc. **Decize** 6 456 hab. (aggl. 9 057 [1]) ; métallurgie, caoutchouc, céramiques, stade nautique (26 000 vis.). **Donzy** 1 659 hab. ; chalumeaux en plastique, traitement des plumes, parasolerie ; écomusée de la Meunerie (2 186 vis.). **Entrains-sur-Nohain** 975 hab. **Fourchambault** 4 828 hab. (aggl. 8 976 [1], dont *Garchizy* 3 819) ; mécanique, bois. **Gimouille** 512 hab. ; château (XIVe-XVIe s.), église romane, écoferme (13 500 vis. [2]). **Gouboux** 195 hab. ; musée de la Saboterie (4 500 vis. [2]). **Guérigny** 2 474 hab. (aggl. 4 147 [1]) ; exposition sur la métall. (en été) ; anciennes forges royales de la Chaussade (2 819 vis.). **Imphy** 4 015 hab. (aggl. 6 069 [1]) ; aciers (Invar cryogénique). **La Charité-sur-Loire** 5 460 hab. (aggl. 6 931 [1]) ; vins des coteaux du Charitois (rouge, blanc, rosé), antiquités, bois, mécanique, literie, imprimerie ; église N.-D.-de-la-Charité, prieuré clunisien (XIe-XIIe s., 50 000 vis.), Musée municipal (7 058 vis.). **La Machine** 3 785 hab. ; mécanique ; auparavant houille ; anciens gisements de fer exploités à fleur de terre, de l'Antiquité au XIXe s. ; musée de la Mine (8 448 vis.), site des *Glénons.* **Luzy** 2 234 hab., alt. 273 m ; textile, mécanique de précision. **Magny-Cours** 1 485 hab. ; circuit de Formule 1 (4,2 km), technopole axée sur compétition auto et industries de pointe (595 009 vis. [2]) [Ligier (visiocenter et musée), Snobeck, Sodemo-Octane], école de pilotage de course, centre génétique charolais. **Marzy** 3 049 hab. ; musées d'Histoire locale et d'Ornithologie, d'Ethnographie Gautron-du-Coudray (1 127 vis.). **Menora** (alt. 300 m) 172 hab. ; château (1682-84). **Montsauche-les-Settons** 610 hab. ; voile ; lac des Settons. **Moulins-Engilbert** 1 571 hab., à 225 m d'alt. ; marché aux bestiaux « Au Cadran ». **Pougues-les-Eaux** 2 493 hab., à 190 m d'alt. ; parc, casino. **Pouilly-sur-Loire** 1 718 hab. ; vignobles : « pouilly-sur-Loire » et « pouilly fumé ». **Prémery** 2 201 hab. ; chimie, abbatiale. **St-Amand-en-Puisaye** 1 397 hab. ; poterie, grès, parqueterie ; château (XVIe s.), musée du Grès (2 580 vis.). **St-Brisson** 265 hab. ; herbularium (plantes médicinales), arboretum ; maison du Parc du Morvan (29 569 vis.) ; musée de la Résistance. **St-Honoré-les-Bains** 763 hab., à 320 m d'alt. ; château de la *Montagne* (XVIIIe et XIXe s.) ; station thermale (4 000 curistes), casino. **St-Loup** 440 hab. ; musée de la Machine agricole (3 185 vis.). **St-Pierre-le-Moûtier** 2 029 hab. ; confection, carrières kaoliniques. **Sauvigny-les-Bois** 1 527 hab. ; église (XIe s.). **Tannay** 584 hab. ; maison des Métiers (1 900 vis.). **Varzy** 1 302 hab. ; mobilier de bureau, musée A.-Grasset (1 935 vis.), faïences et verreries.

Divers : canaux du *Nivernais, latéral à la Loire.* **Lacs :** *Pannecière* (540 ha, digue de 304 m de long et 53 m de haut)

57 827 vis. *Les Settons* (360 ha, digue de 267 m de long. et 19 m de haut. ; 57 827 vis. [2]). *Baye* et *Vaux* (200 ha). *Crescent* (165 ha). *St-Agnan* (140 ha). *Chaumeçon.* **Parc naturel régional du Morvan :** 157 000 ha. **Sites :** *Bibracte ; mont Beuvray* (821 m) (85 000 vis. [1]) ; musée (37 466 vis.).

■ **Saône-et-Loire (71)** 8 575 km² (115 × 145 km). **Altitude :** *max.* 901 m (bois du Roy, du Haut-Folin). **Température** 1 à 24 °C. **Population :** *1801 :* 452 673 ; *1881 :* 625 589 ; *1901 :* 620 360 ; *1936 :* 525 676 ; *1946 :* 506 749 ; *1962 :* 535 772 ; *1975 :* 569 810 ; *1982 :* 571 852 ; *1990 :* 559 413 ; *1999 :* 544 893. **D.** 64. Étrangers (au 1-1-1999) : 31 129 dont Portugais 8 172, Algériens 5 117, Marocains 3 644, Italiens 3 811. **Cantons :** 57. **Communes :** 573.

Régions agricoles (en ha) **et forêts** entre parenthèses : **Morvan** 50 605 (21 332) très arrosé (1 100-1 200 mm de pluie par an), **Autunois** 140 645 (30 911), **Charolais** 129 782 (25 297), élevage pour embouche, **Bresse louhannaise** 108 733 (20 500) bovins, volailles, polyculture, **Sologne bourbonnaise** 106 273 (15 350), **Mâconnais** 67 746 (16 103), **Bresse chalonnaise** 60 560 (12 724), **Chalonnais** 52 724 (12 926), **Clunysois** 50 115 (12 171), **côte chalonnaise** 50 085 (10 113), 500 à 761 m d'altitude, vignoble, polyculture, **Brionnais** 39 958 (4 427).

Chef-lieu : MACON. **Altitude :** 182 m. **Superficie :** 27,04 km². **Population :** *1801 :* 11 520 ; *1866 :* 19 175 ; *1946 :* 22 198 ; *1962 :* 30 671 ; *1975 :* 39 344 ; *1982 :* 38 404 ; *1990 :* 37 275 ; *1999 :* 34 469. **Espaces verts :** 500 ha. **Industries :** imprimerie, mécanique et électrique, matériel professionnel, confection, agroalimentaire (Joker), bois. **Marchés** vinicole, foire des vins. **Port** fluvial, bassin d'aviron (1 des plus grands bassins naturels d'Europe). **Enseignement** supérieur. **Musées :** Lamartine, musée des Ursulines. **Maisons** de bois, Renaissance, pont XIe s., ancienne cathédrale (XIIIe s.). AGGLOMÉRATION : 45 004 hab. [1], dont **Charnay-lès-Mâcon** 6 739 ; aérodrome.

Sous-préfectures (vis. en 2000) : **Autun** (à 335 m). *1990 :* 17 906 ; *1999 :* 16 419 hab. ; métall., textile (DIM), équip. ménager, électrique, mécanique, ameublement ; cathédrale St-Lazare (210 000 vis. [2]). *Vestiges gallo-romains, portes* St-André (1er s. apr. J.-C. ; hauteur 14,50 m ; largeur 20 m), d'Arroux (hauteur 17 m ; largeur 19 m), *théâtre* (70-80 apr. J.-C. ; diamètre 147,80 m, 1 600 places), *pyramide* du Couhard, *temple* de Janus. *Musées :* lapidaire, d'Histoire naturelle (4 118 vis.), Rolin (23 999 vis.), Verger-Tarin, des Anciens Enfants de troupe. Foire du meuble. *Talleyrand,* évêque d'A. de janv. 1784 à janv. 1791, y résida 1 mois (du 12-3 au 12-4-1784). **Chalon-sur-Saône** 50 124 hab. (aggl. 77 498 [1], dont **Châtenoy-le-Royal** 5 938, **St-Marcel** 4 705, **St-Rémy** 5 961). Plasturgie, mécanique, élec., parachimie (Kodak), textile, transport, verre, cartonnages, imprimerie, logistique nucléaire, tertiaire. *Port* fluvial, canal du centre. *Aérodrome* Chalon-sur-Saône/Champforgeuil. *Théâtre* municipal, conservatoire, espace des arts. Cathédrale St-Vincent (cloître). *Hôpital* St-Laurent (1528). *Tour* du Doyenné (XVe s.). *Enseignement* supérieur. *Musées :* Niepce (photo., 16 988 vis.), Denon (peinture hollandaise, archéologie, 7 814 vis.). Championnats du monde de motonautisme, coupe des nations de pêche au coup, festivals (artistes de la rue, images du film), montgolfiades, carnaval. **Charolles** 3 027 hab. ; foire aux bovins ; musée du Prieuré (3 731 vis. [2]). **Louhans** 6 237 hab. (aggl. 9 926 [1]) ; marché agricole, volaille de Bresse, agroalimentaire, bois (chaisiers), équipement auto ; hôtel-Dieu (7 356 vis.), apothicairerie. *Musée* de l'Imprimerie, municipal (3 099 vis.). Arcades. Tourisme fluvial.

Autres villes (vis. en 2000) : **Azé** 940 hab. ; grottes (19 557 vis.). **Berzé-la-Ville** 530 hab. ; chapelle des Moines (13 238 vis.). **Berzé-le-Châtel** 69 hab. ; château féodal (Xe à XVe s., 7 602 vis.). **Blanat** 142 hab. ; grottes (8 957 vis.). **Bourbon-Lancy** (240 m) 5 634 hab. ; constr. auto (moteurs camions) ; thermalisme ; musée du Breuil, église St-Nazaire (Xe s., 1 623 vis. [2]) ; plan d'eau, base de loisirs. **Chagny** 5 591 hab. ; radiateurs, minoterie, tuilerie ; église St-Martin (XIIe s.), hôtel-Dieu (XVIIIe s.) dont apothicairerie (1715). **Chapaize** 159 hab. ; église St-Martin, clocher 35 m (XIe s.). **Charolles** 3 027 hab. ; Institut charolais (8 129 vis.). **Chauffailles** 4 119 hab. ; manutention (Furukawa) ; *musées :* Automobile (1 170 vis.), du Tissage. **Cluny** 4 376 hab. ; fabrique de fenêtres (Oxxo) ; haras, hippodrome ; abbaye (fondée 11-9-909 ; 1re église 967 ; 2e 981 ; 3e 1088-1130), église romane St-Pierre-et-St-Paul [longueur 187 m (la plus grande église de la chrétienté avant la construction de St-Pierre de Rome) ; démolie 1798, reste bras droit et transept] ruines ; musée Ochier d'Art et Archéologie (musée et abbaye, 108 954 vis.) ; École des arts et métiers. **Cormatin** 452 hab. ; château (Renaissance, 61 194 vis. [2]) ; musée du Vélo (6 596 vis.). **Couches** 1 409 hab. ; vignobles ; château (XVe s., 10 714 vis. [2]) ; hôpital (XVIIe s.) ; tour *Bajol* (XIIe s.), égl. (XVe s.) ; prieuré St-Georges. **Curbigny** 313 hab. ; château de *Drée* (11 626 vis.). **Digoin** 8 947 hab. ; sanitaires (Allia), grès et poteries, faïenceries ; centre céramique (3 551 vis.) ; pont-canal, port de plaisance. **Écuisses** 1 673 hab. ; musée du Canal (3 986 vis.). **Givry** 3 596 hab. ; vignoble ; scieries ; hôtel de ville (1771) ; égl. (1791) ; halle ronde (1830) ; fontaines. **Gueugnon** 8 563 hab. ; acier Inox ; Musée archéologique. **La Boulaye** 122 hab. ; temple *Kagyu Ling,* centre spirituel bouddhiste (45 000 vis.). **La Clayette** 2 069 hab. ; manutention (Potain), agroalimentaire ; château médiéval (remanié XIXe s.) ; chapelle St-Avoie (XVe s.) ; musée de l'Auto (11 393 vis.). **Le Creusot*** 26 283 hab. (1 300 en 1793) [aggl. 40 903 [1], dont *Le Breuil* 3 667. *Torcy* 3 554] ; charbon exploité XVIe-XXe s., usine Schneider 1836-1969, sidérurgie (tôles spéciales), Framatome, Snecma, technologie (laser), électrique, textile, bois ; écomusée (château de *la Verrerie*, 17 053 vis.), parc, petit train (29 847 vis.). **Marcigny** 1 999 hab. ; musée (1 896 vis.). **Martailly-lès-Brancion** 139 hab. ; château de *Brancion* (10 940 vis. [2]). **Milly-Lamartine** 305 hab. ; maison de Lamartine. **Montceau-les-Mines*** 20 634 hab. ; télématique, bonneterie, électrique, plasturgie, textile ; musée des Fossiles ; parc St-Louis [aggl. 47 283 [1], dont *Blanzy* 7 070 ; caoutchouc (Michelin) ; musée de la Mine et des Hommes (16 100 vis.). *St-Vallier* 9 541 ; caoutchouc, bassin houiller, électrique, textile, bonneterie (Gerbe, Clayeux). *Sanvignes-les-Mines* 4 342]. **Montchanin** 5 593 hab. (aggl. 7 942 [1]) ; constr. pylônes EDF, gare TGV ; tourisme fluvial ; canal du Centre. **Neuvy-Grandchamp** 842 hab. ; musée de la Machine agricole (1 670 vis.). **Palinges** 1 494 hab. ; château de *Digorne* (2 114 vis.). **Paray-le-Monial** 9 191 hab. ; carrelages, fibrociment, produits réfractaires ; tourisme fluvial ; musée de la Faïence ; basilique romane du Sacré-Cœur (166 000 vis. [2]), pèlerinage. **Pierreclos** 812 hab. ; château. **Pierre-de-Bresse** 1 991 hab. ; château, écomusée (27 114 vis.). **Romanèche-Thorins** 1 717 hab. ; musée du Compagnonnage (2 525 vis.) ; Touroparc (135 730 vis. [2]) ; moulin à vent ; hameau en Beaujolais (91 020 vis.). **Rully** 1 463 hab. ; château (XIIe-XVe s., 4 445 vis.) ; vignobles. **Saint-Léger-sous-Beuvray** 524 hab. ; musée de la Civilisation celtique (4 024 vis.). **St-Point** 316 hab. ; château (XIIe s.) et tombeau de *Lamartine.* **Semur-en-Brionnais** 724 hab. ; château *St-Hugues* (3 471 vis.). **Solutré-Pouilly** 424 hab. ; roche ; traces d'occupation (20000 à 16000 av. J.-C.) ; musée de la Préhistoire (22 142 vis.). **Sully** 561 hab. ; château (Renaissance, 9 276 vis.). **Taizé** 161 hab. ; centre œcuménique. **Tournus** (193 m) 6 231 hab. ; plasturgie, appareils ménagers, électrique, parachimie ; abbaye romane St-Philibert (300 000 vis. [2]) ; *musées :* bourguignon (5 892 vis.), Perrin-de-Puycousin, Greuze ; hôtel-Dieu (9 575 vis.). **Varennes-sous-Dun** 613 hab. ; musée de la Filature. **Verdun-sur-le-Doubs** 1 199 hab. ; tourisme fluvial (15 272 vis.) ; musée du Blé et du Pain.

Nota. – (*) Communauté urbaine : *Le Creusot-Montceau-les-Mines* 16 communes, 389,47 km².

Sites touristiques (vis. en 1999) : **Art roman :** *abbayes :* Cluny, Tournus, *basilique* Paray-le-Monial, *cathédrale* St-Lazare d'Autun, *églises* : plus de 250 dont *Anzy-le-Duc, Montceaux-l'Étoile, Chapaize, Semur-en-Brionnais, Berzé-la-Ville, St-Martin-de-Laives, Brancion.* **Grottes préhistoriques :** *Aze* (8 679 vis.), *Blanot* (9 547 vis.). **Lacs :** *Plessis/Montceau-les-Mines, Montaubry/St-Julien-sur-Dheune, St-Point, Le Rousset, Laives...* Tourisme fluvial. **Réserve naturelle** de la *Truchère* (flore et faune).

■ **Yonne (89)** 7 427 km² (135 × 115 km). **Altitude :** *max.* 620 m (forêt du Duc) ; *min.* 60 m (vallée de l'Yonne). **Température :** *moyenne 9 à 12 °C.* **Pluies :** 600 à 1 100 mm. **Population :** *1801 :* 320 596 ; *1851 :* 381 133 ; *1901 :* 321 062 ; *1936 :* 271 685 ; *1946 :* 266 014 ; *1975 :* 299 851 ; *1982 :* 311 019 ; *1990 :* 323 096 (étrangers 17 612 dont Marocains 5 924, Portugais 5 141, Turcs 1 608, Algériens 912) ; *1999 :* 333 221. **D.** 45. **Cantons :** 42. **Communes :** 453.

Régions naturelles : plateaux de Bourgogne 230 714 ha, à 250 m d'altitude, céréales, vigne, cerises, élevage, scieries, ind. du bois, poterie. **Champagne crayeuse** 30 692 ha, alt. 150 m, céréales, bois. **Pays d'Othe** 36 360 ha, alt. 250 m, céréales, lait, forêts, scieries. **Basse Yonne** 51 158 ha, alt. 50 m, céréales, betterave à sucre, bois, chimie, minoterie, fonderie, métallurgie, cuir, carrières. **Vallées** 145 097 ha, alt. 150 m, céréales, vigne, maraîchères, élevage, lait, minoterie, mécanique, machines à bois, carrières chaux et ciment. **Gâtinais pauvre** 85 106 ha, alt. 150 m, céréales, alimentaire, apiculture. **Puisaye** 116 897 ha, alt. 200 m, élevage, céréales, lait, mécanique, scieries, bois, poterie, briqueterie. **Terre plaine** 26 867 ha, alt. 250 m, élevage, carrières, scieries, rechapage, roulements à billes, tannerie, biscuiterie. **Morvan** 24 300 ha, alt. 450 m, élevage, forêts, scieries, meubles. **Forêts** (en ha) : *d'Othe* 13 000, *de Vézelay-Asnières* 6 000, *Frétoy* 3 000, *St-Fargeau* 2 700, *Vauluisant* 2 000.

Chef-lieu : AUXERRE. **Altitude :** 102 m. **Population :** *1851 :* 14 166 ; *1936 :* 24 282 ; *1954 :* 26 583 ; *1975 :* 38 342 ; *1990 :* 38 640 ; *1999 :* 37 671). **Industries** bois, métaux, mécanique générale, machines-outils, machines agricoles, TP, électrique, panneaux de particules, matériel de transport, du livre, alimentation, accumulateurs, pompes, matériel de précision, électronique, cartonnage, imprimerie, pharmaceutique. **Enseignement :** école des Beaux-Arts, conservatoire supérieur de musique, IUT. **Monuments** (vis. en 2000) : cathédrale St-Étienne (fresques XIIe s., crypte, 23 523 vis.), abbaye et musée St-Germain (crypte : fresques IXe s., 40 842 vis.). **Musées** (vis.) : Leblanc-Duvernoy (2 586), d'Histoire naturelle (14 971) ; *cimetière :* tombeau de Paul Bert (1833-86 ; 41 000 vis. [1]) par Bartholdi. **Parcs :** de l'Arbre-Sec (3 ha), Paul-Bert. **Port** de plaisance. Maison de l'Eau et de l'Environnement (6 799). AGGLOMÉRATION : 42 005 hab. [1], dont **St-Georges-sur-Baulches** 3 155.

Sous-préfectures : Avallon *1906 :* 5 848 ; *1975 :* 8 814 ; *1999 :* 8 217 hab. ; roulements à billes, bonneterie, vulcanisation, pneu., plasturgie, cartonnages, verrerie-cristal., cravates (Cardin), BTP, laitiers, surgelés, matériel agricole. *Église* St-Lazare (XIe-XIIe s.). 3 musées. *Remparts.* **Sens** 26 895 hab. (*Vers 100 :* 40 000 ; *1789 :* 9 500 ; *1906 :* 15 007 ; *1946 :* 17 329 ; *1962 :* 20 351 ; *1975 :* 26 463 ; *1982 :* 26 602). *Superficie :* 2 191 ha. *Industries :* électrique, mécanique, fonderie, chaudronnerie, robinetterie, matériel de transport, TP, charpentes, minoterie, vêtements, revêtements de sol, imprimerie, laiterie, matériel ferroviaire, plasturgie, matériel médical, galvanoplastie. *Monuments :* cathédrale St-Étienne (113,5 m × 27,5 m ; hauteur sous voûtes 24,4 m) et trésor (XIIe s., 13 877 vis. en 99), musées. Aggl. : 33 621 hab. [1] dont **Paron** 4 845 et **St-Clément** 2 887.

Autres villes (vis. en 2000) **: Aillant-sur-Tholon** 1 454 hab. ; château de *Bontin* (278 vis.). **Ancy-le-Franc** 1 108 hab. ; château (1544-90 par l'Italien Sebastiano Serlio, 18 000 vis. [2]) ; musée de l'Attelage ; port de plaisance. **Appoigny** 2 991 hab. ; abattage volailles, hôtellerie, restauration, conserveries condiments. **Arcy-sur-Cure** 449 hab. ; grottes 900 m [fresques (117 identifiées), certaines représentent des mammouths, art magdalénien, 28000 ans avant J.-C., 200 m de galeries ; 52 000 vis. [2])] ; château du *Chastenay* (XIIIe-XVIIIe s.). **Bléneau** 1 459 hab. **Bœurs-en-Othe** 293 hab. ; musée du Cidre. **Briénon-sur-Armançon** 3 234 hab. ; scierie, lustrerie, BTP, isolation ; collégiale (XVIe-XVIIIe s.). **Chablis** 2 594 hab. ; viticulture, imprimerie (depuis 1478), cartonnage, biscuiterie ; fête des Vins (fin nov.). **Chailley** 609 hab. ; volailles. **Châtel-Gérard** 253 hab. ; prieuré de Vausse (2 477 vis.). **Cruzy-le-Châtel** 269 hab. ; château de *Maulnes* (XVIe s.). **Dicy** 315 hab. ; musée la Fabuloserie (13 921 vis.). **Druyes-les-Belles-Fontaines** 288 hab. ; château fort des *comtes d'Auxerre et de Nevers* (XIIe s. des *Courtenay*, 4 847 vis.). **Escolives-Ste-Camille** 679 hab. ; fouilles (Ier-IVe s., 3 712 vis.). **Fontenoy** 301 hab. (bataille 841) ; centre d'Art contemporain (8 370 vis.). **Guillon** 454 hab. ; mur de 6 km [5 m de hauteur (150 000 m³ de pierres sèches), style protohistorique, découvert en 1975-80]. Identifié par certains comme Alésia, de préférence à Alise-Ste-Reine. **Joigny** 10 008 hab. (*1906 :* 6 057 ; *1975 :* 10 972) ; mécanique, tôlerie, emballages plastique, bâtiment, papeterie scolaire, imprimerie, bois ; *port* de plaisance ; *maison natale* de Ste Madeleine-Sophie Barat (1779-1865, canonisée 1925, fondatrice de la congrégation du Sacré-Cœur) ; musée du Pasteur Vincent. **Laduz** 240 hab. ; musée rural des Arts populaires (7 720 vis. [2]). **Lézinnes** 778 hab. ; cimenteries. **Massangis** 400 hab. ; carrières ; maison des Pierreux. **Merry-sur-Yonne** 181 hab. ; rochers du *Saussois* (60 m). **Migennes** 8 163 hab. (*1906 :* 2 473 ; *1975 :* 8 315) [aggl. 13 321 [1], dont *Charmoy* 1 209, *Cheny* 2 535, *Laroche-St-Cydroine* 1 363] ; chaudronnerie, tôlerie et béton, mécanique, matériel médical, emballage plastique, meubles, BTP, alimentaire, bouteilles métalliques, tringles à rideaux ; centre ferroviaire. **Monéteau** 3 707 hab. ; laiterie mécanique, matériel de magasins, scierie, cartonnages. **Montréal** 181 hab. ; cité médiévale. **Moutiers-en-Puisaye** 292 hab. ; église (fresques). **Noyers** 789 hab. ; cité médiévale, musée d'Art naïf (4 287 vis. [2]). **Parly** 694 hab. ; centre d'art graphique. **Pontigny** 744 hab. ; tuileries-briq. ; abbatiale cistercienne (XIIe s., 63 352 vis.). **Pont-sur-Yonne** 3 134 hab. ; verrerie médicale, cartonnage, imprimerie, bâtiment, brosses. **Pourrain** 1 305 hab. ; ancienne ocrerie, musée 1939-45. **Saint-Bris-le-Vineux** 1 045 hab. ; caves de Bailly (crémant) [23 184 vis.]. **St-Fargeau** 1 814 hab. ; confection, charpentes, manutention, génie climatique, galvanisation à chaud, emballage, plasturgie ; château de la *Grande Mademoiselle* [Moyen Âge et XVIIe s., spectacle historique, 36 000 vis. [1] ; nommé le Plessis-les-Vaudreuil dans le roman « le Plaisir de Dieu » de Jean d'Ormesson (6 épisodes TV)]. **St-Florentin** 5 748 hab. ; tôlerie ind., extincteurs, BTP, confiserie, garnitures de freins, caoutchouc, amiante, confection, bois, bracelets-montres. **St-Julien-du-Sault** 2 347 hab. ; rouleaux télétypes, panneaux isolants, remorques, agrafes, boucles métallurgie, rasoirs et lames, agroalimentaire, volailles ; musée (1 250 vis.). **St-Léger-Vauban** 440 hab. ; maison Vauban ; abbaye bénédictine de *La Pierre-qui-vire* (39 370 vis. [2]). **St-Moré** 186 hab. ; site archéologique. **St-Père** 440 hab. ; égl. (XIIIe-XIVe s.) ; musée et site des *Fontaines-Salées* (15 868 vis.). **St-Sauveur-en-Puisaye** 939 hab. ; céramique, poterie ; *maison natale* de Colette (10 898 vis. [2]) ; église (XIe-XIIe s.) ; château de *Tremblay ;* centre d'art. **Saints** 570 hab. ; moulin de Vanneau (9 932 vis.). **Sauvigny-le-Bois** 66 hab. ; musée de Voitures de chefs d'État (10 515 vis.). **Taingy** 263 hab. ; carrières souterraines d'*Aubigny* (10 370 vis. [2]). **Tanlay** 1 172 hab. ; château (1610-42, Le Muet, 25 500 vis.) ; centre d'art contemporain ; port de plaisance. **Thorigny-sur-Oreuse** 1 262 hab. ; château de *Fleurigny* (Renaissance, 600 vis.). **Tonnerre** 5 979 hab. ; tubes acier, électrique, électronique, bonneterie, BTP, mécanique, literie, plasturgie, plumes et duvets, agroalim. ; *vignobles, port* de plaisance ; *monuments :* hôtel-Dieu, musées Marguerite-de-Bourgogne (XIIIe s., 5 505 vis.), fosse Dionne. **Toucy** 2 602 hab. ; plasturgie, matériel électrique, phytosanitaires, jeux électroniques, bois, menuiserie, BTP, mécanique, couvre-pieds. **Treigny** 840 hab. ; château de *Ratilly* (XIIIe s., 14 489 vis.) ; centre d'art ; 1997-2025 construction du château fort de *Guédelon* (115 000 vis.) ; 1er parc de vision *Boutissaint* (40 ha clos, 400 grands animaux, 18 919 vis.). **Vallery** 468 hab. ; château (détruit XVe s., reconstruit XVIe s., famille Condé). **Vézelay** (302 m) 492 hab. ; basilique *Ste-Madeleine* [1104-1205, restaurée 1840 par Viollet-le-Duc, classée patrimoine mondial, pèlerinage Ste-Madeleine le 22 juillet (800 000 pèlerins le 22-7-1998) ; le 31-3-1146 saint Bernard y prêcha la 2e croisade] ; musée (2 009 vis.). **Villeneuve-sur-Yonne** 5 404 hab. ; imprimeries, BTP, distillerie, mécanique, échelles, confection, chimie, manutention, engrais ; musées. **Villiers-St-Benoît** 429 hab. ; musée d'Art et d'Histoire de la Puisaye.

Divers : cerisaies : Champs, Coulanges-la-Vineuse, Jussy, Vaux, Irancy, Escolives-Ste-Camille. **Parc naturel** régional du *Morvan.* **Plans d'eau :** *Armeau, Auxerre, Crescent* (165 ha, 2 × 1 km), *Étigny, Joigny, Merry-sur-Yonne, Moutiers* (50 ha, 1,2 × 0,4 km), *Sens, Vaux, Véron, Villeneuve-sur-Yonne ; réservoirs :* le Bourdon (220 ha, 4 × 1,5 km), *Malassis* (2 ha) ; *rivières* l'Armançon, le Serein, la Cure, le Cousin ; *canal* de Bourgogne, du Nivernais. **Vins :** *chablis, coteaux de l'Auxerrois* (Auxerre-clos de la Chaînette, St-Bris, Irancy, Chitry, Coulanges-la-Vineuse) ; *tonnerrois* (Épineuil, Molosmes, Tonnerre) ; *côte St-Jacques* (Joigny) ; *côtes du Vézelien.*

Bretagne

Généralités

☞ *Abréviation :* Br. : Bretagne.

■ **Cadre géographique.** **Superficie** 27 209 km^2 (dont 1 116 km^2 lacs, étangs de plus de 100 ha, estuaires des fleuves). Comprend Finistère, Côtes-d'Armor (ex-Côtes-du-Nord), Ille-et-Vilaine, Morbihan. [BRETAGNE HISTORIQUE comprend en outre le comté de Nantes (actuelle Loire-Atlantique), séparé depuis le découpage des circonscriptions d'action régionale du 30-6-1941 (décret du gouvernement de Vichy repris par la Ve Rép.) allant à l'encontre de l'histoire, de l'économie et de la géographie. Le 9-11-1984, le Conseil d'État a considéré que l'Assemblée constituante ayant, en août 1789, fait table rase des privilèges des anciennes provinces, on ne pouvait se prévaloir de l'édit de 1532 fixant les contours historiques de la Bretagne pour revenir sur ce découpage]. **Massif armoricain** de *ar :* contre, en face de, et *mor :* mer ; *arcoat* ou *argoat* (pays des bois, désigne l'intérieur de la Bretagne)] ; alt. moy. 104 m ; plateaux du *Léon, Trégorrois, Penthièvre, monts d'Arrée* [Roc'h Ruz (387 m), Menez-Kador (signal de Toussaines) Roc'h Trevezel (384 m)] à l'ouest ; de *Cornouaille* au nord ; landes de *Lanvaux* (150 m) et *Montagne Noire* (326 m) au sud encastrent le bassin de *Châteaulin* (240 à 280 m), plateaux, collines douces et gorges des rivières. **Centre** *plateau de Rohan* (200 à 250 m) ; zone déprimée : marais de *Dol* (nord), *bassin de Rennes* (25 m), *Grande Brière* (sud) [environ 150 km^2 ; 18-20 km nord-sud ; 14-15 km ouest-est]. **Côtes** au nord, élevées, découpées par des rias profondes et étroites ; au sud, plus basses, tracé plus accidenté : presqu'îles *(Quiberon) ;* golfes étendus *(golfe du Morbihan) ;* baies formées par des abers s'élargissant à l'intérieur. *Rade de Brest* et *baie de Douarnenez* (Finistère ; Menez Hom : 330 m). **Côtes :** 1 100 km (3 500 si l'on compte rias et îles). *Plages de sable :* 1 080 km^2. **Rivières** (en km) : Vilaine 225, Oust 155, Aulne 140, Blavet 140, Rance 100, Scorff 78, Trieux 71, Odet 56, Élorn 37. **Climat.** **Températures :** *ouest :* océanique (amplitudes faibles 9-10 °C, gel rare). *Intérieur* et *est :* amplitudes augmentent (12-13 °C) ; minima plus faibles (0,6 °C à Merdrignac dans le Méné), maxima forts (24 °C à Rennes). **Pluies :** 1 453 mm à Brennilis (monts d'Arrée), 600 mm sur le littoral. **Vent :** plus de 60 % de temps « perturbé » en hiver, 40 à 50 % en été. *Suroît* (sud-ouest) : automne et hiver : pluies fines ; parfois violent, souvent tenace et continu. *Noroît :* tempête, averses froides. La Bretagne peut être atteinte toute l'année par les perturbations qui circulent sur le front polaire, séparant les masses d'air polaire et celles d'air tropical.

☞ **Dicton :** « Qui voit Ouessant voit son sang. Qui voit Sein voit sa fin. Qui voit Groix voit sa joie. Qui voit Molène voit sa peine. »

■ **Population.** *1990 :* 2 797 488 (étrangers 27 155 dont Marocains 4 873, Portugais 3 988, Turcs 2 960, Algériens 2 192) ; *1999 :* 2 906 197 ; *2000* (1-1) : 2 937 034. **D.** 107. **Émigration** (solde moyen par an) : *1850-1960 :* – 8 700, *46-54 :* – 18 000, *75-82 :* + 8 600, *82-90 :* + 4 900. **Migrations en Bretagne (arrivées/départs entre 1990 et 1999) :** 306 071/230 596 dont actifs 137 321/129 148 (dont actifs ayant un emploi 111 315/112 434, actifs au chômage 23 023/13 607), enfants 84 556/57 267, autres inactifs 24 330/14 243, étudiants 16 402/17 990, retraités 43 462/11 948. **Bretons d'origine en région parisienne :** *1975 :* 324 260 (3 % des hab. de la région). En *1954 :* 29 % des Bretonnes étaient employées de maison ou femmes de ménage ; en *1975 :* 5,9 %. *En 2000 :* naissances 36 765 ; décès 29 638.

■ **Langue bretonne.** Celtique, issue du brittonique (parlé autrefois en G.-B. dont dérivent aussi gallois et cornique). Proche du celtique continental ou gaulois (voir **Langue** à l'Index). **Dialectes principaux :** KLT [*Kerne* (cornouaillais ; sud Finistère, partie Côtes-d'Armor et Morbihan), *Léon* (léonard ; nord Finistère), *Treger* (trégorrois ; Côtes-d'Armor)] et vannetais (région de Vannes). Ce qui se prononce « z » en KLT se prononce « h » en vannetais (comme le *h* anglais ou allemand) ; l'accent se trouve sur l'avant-dernière syllabe en KLT et sur la dernière en vannetais. Grammaire et vocabulaire du vannetais se différencient. *Orthographe : 1659* grammaire et dictionnaire breton-français de Julien Maunoir, père jésuite, utilisant une nouvelle orthographe. XIXe s. efforts d'unification ne tenant pas compte du vannetais. *1941* des écrivains réunissent les 4 variétés sous le sigle KLTG [Kerne, Léon, Treger, Gwened (Vannes en breton)] ; d'où un breton unifié « brezhoneg peurunvan ». *1956* orthographe « universitaire » proposée par François Falc'hun, chanoine. *1995* orthographes officielles : KLT, KLTG (ou zh) préconisées par « Kuzul ar Brezhoneg » (Conseil du breton) [zh], et universitaire (ou « falhuneg »), « Emgleo Breiz » (Fondation culturelle bretonne) et vannetais.

Principaux toponymes : *beg :* pointe, cap. *Coat, coet, goat :* bois. *Gwic, gui, guic :* bourg au centre de la paroisse. *Ilis* ou *iliz :* église. *Kastell :* forteresse. *Ker :* forteresse, puis ville, village, groupe de maisons. *Lan :* terre consacrée, ermitage. *Lann :* lande, ajoncs. *Loc :* ermitage. *Menez :* montagne. *Penn :* tête, bout. *Plou :* paroisse (formes dérivées *plo, ple, plu, ploe, pleu, poul*). *Tre :* trève (subdivision de paroisse). *Ty :* maison. **Épithètes :** *bihan :* petit. *Braz :* grand. *Hen :* ancien. *Meur :* vaste. *Nevez :* nouveau.

La Bretagne « bretonnante », située actuellement à l'ouest d'une ligne Plouha-Corlay-Elven-Muzillac, atteignait au IXe s. une ligne Mt-St-Michel/St-Nazaire qui recula à partir de la fin du IXe s. (invasions normandes) ; après le XIIe s., les souverains bretons seront de langue française.

Statistiques (Bretons bretonnants) : *1886 :* 1 200 000, *1952 :* 1 100 000, *92 :* 689 000 (sur 1 500 000 hab.), le comprenant assez bien (dont 50 % élevés en français). 518 000 le parlent (369 000 plutôt bien), 237 000 le lisent (101 000 plutôt bien), 50 000 ont suivi des cours de breton. 289 000 bretonnants ont le breton comme langue maternelle dont 253 000 en Basse Bretagne et 15 000 en Hte Bretagne (chiffres sous-estimés en raison de l'exode).

☞ *Le 16-1-1903,* interdiction d'utiliser le dialecte breton dans prêches et catéchismes (51 curés et desservants ont leur traitement suspendu pour avoir enfreint cet interdit ; selon le Pt du Conseil Combes, le catéchisme en breton enseigne que le chrétien doit, avant de voter, prendre les instructions de son curé).

■ **Drapeau** (nommé *Gwenn-ha-Du,* « noir et blanc »). *Traditionnel :* blanc avec croix noire. Le 13-1-1188, le pape et les principaux souverains participant à la IIIe croisade décident que les croisés recevraient des drapeaux selon leur nationalité : Français, blanc à croix rouge ; Anglais, rouge à croix blanche ; Flamands, blanc à croix verte ; Bretons, blanc à croix noire, qui deviendra le pavillon des marins bretons puis le drapeau des soldats bretons. *Récent* [dessiné par Morvan Marchal en 1923, adopté 1927 par PAB (Parti automomiste breton)] : 9 bandes horizontales, 5 noires (5 évêchés de Hte Bretagne de langue française : Dol, Nantes, Rennes, St-Malo, St-Brieuc), 4 blanches (évêchés de Basse Bretagne de langue bretonne : Trégor, Léon, Cornouaille, Vannes) et un canton aux armes du duché (blanc avec queues d'hermine). Généralement 11 queues (4, 3, 4).

Nota. – **Hermine :** mammifère carnassier de la famille des mustélidés (importé d'Arménie). Pelage hivernal blanc (extrémité de la queue noire), stylisé sur le blason breton en cousant côte à côte plusieurs peaux blanches d'hermines (donne un aspect de croix noires posées en quinconce sur une surface blanche, chaque croix représentant l'extrémité d'une queue d'hermine noire et sa fixation, sur les peaux blanches). Pierre Ier fait brocher sur les armoiries de son père « échiqueté d'azur et d'or à la bordure de geules », une brisure (signifiant son rang de cadet) : franc-quartier d'hermine, à l'époque réservée aux ecclésiastiques (il se destinait alors à la prêtrise). Sa bannière armoriée identique à son blason sera la 1re de Bretagne. **1316** Jean III, brouillé avec sa famille d'origine, étend la brisure à toute la surface de l'écu et donc à sa bannière (hermine plain). **1532** l'hermine plain (étendard personnel des ducs) devient le drapeau de la Bretagne, province française. **1870** 14 000 marins bretons, mobilisés pour défendre Paris, ont le « drapeau hermine plain » frappé de la devise *« Potius mori quam foedari »* (Plutôt la mort que la souillure), devise des ducs de Bretagne avant Jean IV (on disait que l'hermine mourrait de honte si son pelage était taché). Ce drapeau sera utilisé par l'Association bretonne de 1843 à 1859 puis, à partir de 1898, par l'Union régionaliste bretonne jusque vers 1907, puis par le Parti nationaliste breton en 1918 avec le journal *Breiz Atao.* Versions diverses : nombre et style des mouchetures d'hermine, certains avec au centre une hermine passante (marchant sur 4 pattes).

■ **Hymne.** *Bro Gozh ma zadou,* écrit par Taldir et inspiré de la mélodie de l'hymne national gallois *Hen Wlad fy Nhadau*. **Devise.** *Melius* (ou *Potius*) *mori quam feodari :* « Plutôt la mort que la souillure ».

☞ BZH : abréviation de Breizh (après l'unification de l'orthographe bretonne : Breiz en KLT et Breih en vannetais), signifiant Bretagne.

Histoire

Av. J.-C. **463000** des foyers domestiques (découverts en 1995) existaient à Plouhinec (Finistère), grotte de Menez Dregan. **Entre 3500 et 1700** civilisation « armoricaine » (l'Armorique du gaulois *Aremorica*, près de la mer) : mégalithes (dolmens et tumulus, allées couvertes, menhirs). **IIe millénaire** civilisation du bronze (contact par mer avec les campaniformes, fondeurs de cuivre). **Vers 850** établissement des Celtes. **350** industrie de l'argent, grande prospérité (monnaies). A l'arrivée des Romains, plusieurs peuples : Namnètes, Redons, Coriosolites, Osismes et Vénètes (prédominants dans le Morbihan, d'où ils contrôlent mines d'étain et trafic atlantique des « Cassitérides » (Sorlingues) ; trafic maritime intense avec l'archipel britannique). **57** Crassus bat les Vénètes ; ceux-ci se révoltent, mais Brutus, en présence de César, détruit leur flotte au nord de l'ancienne île de Batz (actuellement marais salants). Sous l'Empire romain, l'Armorique est incluse dans la Lyonnaise, puis au Bas-Empire, dans la IIIe Lyonnaise du diocèse des Gaules.

Apr. J.-C. **Ve s.** l'Armorique (chrétienne et latinophone), peu touchée par les invasions, devient progressivement le refuge de nombreux Bretons d'outre-Manche qui fuient Angles et Saxons et la « receltisent », d'où son nom de *Bretagne* (« Britannia Minor »). **V^e au IXe s.** les parlers celtiques atteignent une ligne St-Nazaire/Mont-St-Michel. Bien qu'incluse nominalement dans la Gaule mérovingienne, la Br. est indépendante. 2e évangélisation et défrichement du pays ; de cette époque date la toponymie celtique et religieuse. **VIe s. Alain** roi. **VIIe s. Alain le Long** (légendaire). *A l'époque carolingienne,* création d'une « marche de Bretagne », confiée à Roland ; nombreuses révoltes rendant le contrôle du pays difficile. **818 Nominoë** († 851) nommé gouverneur puis Cte de Vannes par Louis le Pieux ; **823** titré duc pour la Bretagne entière. **840** Louis le Pieux meurt. Charles le Chauve reçoit l'ouest (dont la Bretagne). **844** Nominoë prend Le Mans ; **845** ravage le Poitou ; *-22-11* près de Billon, bat Charles ; **848** reçoit l'onction royale à Dol. **851 Erispoë** son fils († 857) ; *-22-8* bat Charles au Grand-Fougeray. **856** *traité de Louviers :* royaume indépendant. **857 Salomon**, neveu d'Erispoë. **868** *traité d'Entrammes :* la Br. reçoit Avranchin, Cotentin, partie de l'Anjou. **877** Cte de Nantes opposé puis allié à Judicaël. Cte de Rennes contre les Normands. **888 Alain Ier le Grand** († 907, Cte de Rennes) roi. **Xe s.** anarchie. **Alain II Barbetorte** (910-952), son petit-fils. Épouse 1°) Roscille, fille de Foulque le Roux, Cte d'Anjou ; 2°) N... sœur de Thibault le Tricheur, Cte de Blois. **936** bat les Normands à Plourivo. **939** à Trans ; élu duc (le duché ne comprend pas Rennes). Recul du celtique, la Br. n'est plus reconnue que comme duché. **990 Conan Ier le Tort** († 27-6-992), Cte de Rennes, rétablit son autorité nominale sur l'ensemble du duché, alors que celui-ci est disputé entre les *Foulques d'Anjou* et les *ducs de Normandie.* **995 Geoffroi Ier** († 1008), son fils, dernier chef breton qu'on ait parfois appelé roi. **1008 Alain III** (997-1040), fils de Geoffroi, duc. **1040 Conan II** († 11-12-1066), son fils, Cte. **1066 Hoël** († 1084), Cte de Cornouaille, épouse Havoise († 1072), sœur de Conan II. **1084 Alain IV Fergent** († 1112), son fils, duc, épouse Ermengarde d'Anjou, abdique ; se retire au couvent bénédictin St-Sauveur de Redon. **1112 Conan III le Gros** (1095/17-9-1148), son fils, épouse Mathilde (fille d'Henri Ier Beauclerc), déshérite leur fils Hoël. Cte ou duc. **1113** *traité de Gisors :* la Br., définie comme un « comté », devient fief vassal de la Normandie (arrière-fief de la couronne de France). **1148 Éon** de Porhoët († 1156) qui a épousé Berthe, fille de Conan III. **1156 Conan IV le Petit** († 1171), fils d'un 1er mariage de Berthe (avec Alain le Noir de Richemont, Cte de Penthièvre), abdique. **1156 Geoffroy II** († 27-7-1158), fils de Geoffroy Plantagenêt et frère de Henri II Plantagenêt. **1166 Constance** († 1201), fille de Conan IV, épouse 1°) Gui de Thouars dont Alix ; 2°) en 1181 Geoffroy III Plantagenêt (23-9-1158/19-8-1186 † en tournoi, fils de Henri II Plantagenêt). **1175 Geoffroy III** duc. **1186** conflit entre Henri II Plantagenêt et Geoffroy (qui promulgue la 1re loi bretonne, affirmant le droit d'aînesse et le non-partage dans les fiefs bretons : *Assise du Cte Geoffroy*) : institution de grands officiers, constitution d'un hôtel, apparition d'embryons de chambres des comptes et de « parlement » (au XIIIe s.), division du pays en 8 « baillies » (régies par un sénéchal). **1196 Arthur Ier** (30-4-1187/3-4-1203), fils posthume de Geoffroy et Constance, proclamé duc par les grands ; **1202** vaincu et pris par Jean sans Terre (son oncle), † en prison (peut-être assassiné). **1203 Alix** († 1221), demi-sœur d'Arthur, son beau-père *Gui de Thouars* (mari de sa mère Constance) est régent ; **1213** ép. **Pierre Ier Cte de Dreux** (1190-1250 ; duc de Br. en épousant Alix de Bretagne 1213-30), fils de Robert II, Cte de Dreux, petit-fils du roi Louis VI, excommunié en 1217 et surnommé *Mauclerc* ; la Br. redevient fief direct de la couronne de Fr. ; opposé à Blanche de Castille, vaincu 1237, abandonne son pouvoir à son fils Jean, † en mer en rentrant de croisade. **1227-34** participe à 4 ligues féodales et rend hommage au roi d'Angleterre. **1230**-*28-10* armée anglaise retourne en Angleterre. **1231**-*juin* escarmouche armée royale/ducale vers St-Aubin-du-Cormier. Trêve de 3 ans conclue. **1234**-*été* 3 armées royales entrent en Bretagne. Pierre de Dreux bat en retraite. **1237** abandonne le duché à son fils Jean. Participe à la croisade aux côtés de St Louis. **1250** meurt en Égypte. **1237 Jean Ier le Roux** (1217-86), fils de Pierre, ép. Blanche de Champagne. Excommunié 1247 et 1249, se soumettra à l'Église ; participe à la croisade de Tunis avec son frère, Jean II. **1286 Jean II** (1238/Lyon 16-11-1305, 2 jours avant blessé par la chute d'un mur), Cte de Richemont, fils de Jean Ier, ép. Beatrix d'Angleterre. **1297**-*avril* comté de Bretagne érigé en duché-pairie. La dynastie de Dreux renforce l'organisation anglo-normande. **1305 Arthur II** (25-7-1262/27-8-1312), fils de Jean II, épouse 1°) (1275) Marie de Limoges († 1291) ; 2°) (1294) Yolande de Dreux, Ctesse de Montfort († 1322). **1312 Jean III le Bon** (1286-1341), duc, fils aîné d'Arthur II et de Marie. **1341** 2 prétendants : **Jeanne de Penthièvre** [1319-84 (dite la Boiteuse), fille de Guy, Cte de Penthièvre et de Tréguier (frère puîné de Jean III, † 1331), mariée 1337 à *Charles de Blois* (1319-64)] et **Jean IV de Montfort le Conquérant** [son frère cadet (1293/16-9-1345), fils d'Arthur II et de sa 2e femme, qui ép. Jeanne de Flandre († 1374)]. La coutume de Br. puis la Cour des pairs adjugent le duché à Jeanne de Penthièvre, mais Jean de Montfort ne s'incline pas, et la guerre éclate ; Jean (soutenu par Édouard III d'Angl.) s'appuie sur la Br. bretonnante, et Jeanne de Penthièvre (soutenue par Philippe VI de Fr.) sur la Br. française, avec Rennes et Nantes, et presque toute la noblesse. **1343** Jean pris à Nantes. *-19-1* trêve de 3 ans signée à Malestroit. *-1-9* Jean de Montfort libéré sous condition de résidence dans le royaume. **1345** se rend en Angleterre : trêve rompue. *-16-9* Jean † ; sa veuve, Jeanne de Flandre, continue la lutte au nom de son fils Jean. *-3-12* Anglais prennent la Roche-Derrien, Lannion et Tréguier. **1347**-*18-6* Charles de Blois battu de nuit à la Roche-Derrien ; prisonnier en Angleterre. **1351**-*27-3* à la mi-voie (entre Ploërmel et Josselin), combat des Trente [30 Bretons avec Jean de Beaumanoir contre 30 Bretons et Anglais partisans de Jean de Montfort. Combat en 4 temps : 1°) en « tas », tourne en une série de duels ; 2°) après une pose, Alain de Keranrais (Breton) tue Bembro (capitaine anglais) ; 3e) les Anglais se mettent en ligne ; 4°) se forment en hérisson. Les Franco-Bretons percent le groupe qui doit se rendre. A Beaumanoir, se plaignant de la soif, Geffray du Bois répond : « *Bois ton sang Beaumanoir, ta soif te passeras.* ». **1353** libéré contre rançon (une partie sombre dans un naufrage). **1364**-*29-9* Charles de Blois et 4 000 hommes arrivent devant Auray assiégée par 3 500 « montfortistes ». Du Guesclin prend un commandement, Charles de Blois un autre. Jean IV commence par plier puis, avec l'aide de Chandos, défait ses ennemis (1 000 †). Charles de Blois est tué, Du Guesclin est pris. Les partisans de Jeanne de Penthièvre se rallient à Jean IV. **1365**-*12-4* **Jean V** (ou **IV** si l'on ne compte pas son père Jean IV comme duc de Br.) **de Montfort** (vers 1340/1-11-1399), ép. 1°) Marie d'Angleterre († après 1362) ; 2°) Jeanne Holland († 1384) ; 3°) Jeanne de Navarre († 1437) dont il eut 4 fils. Reconnu par le *traité de Guérande* duc de Br. ; prête l'hommage direct simple au roi de France : stipule que si la ligne masculine vient à faiblir dans sa descendance, le duché passera aux Penthièvre. **1372**-*12-7* alliance Édouard III/Jean V (accusé de félonie, doit fuir en Angleterre). **1378**-*18-12* rattachement de la Bretagne au Domaine royal proclamé par parlement de Paris. Les Bretons se révoltent. **1379**-*3-8* accueillent Jean V en héros à Dinard. **1381**-*15-1 : 2e traité :* Jean V reconnaît le pouvoir de Charles VI. **1386** essaie de chasser les Anglais de Brest, échec. **1388**-*15-5 Jean de Penthièvre* († 1403, prisonnier 36 ans en Angleterre), fils de Jeanne, épouse Marguerite de Clisson, fille du connétable. **1399 Jean VI** (ou V, 24-12-1389/29-8-1442), fils de Jean V (ou IV), épouse Jeanne de France († 1433), fille du roi Charles VI. **1407-10** les Penthièvre refusent l'intervention des officiers ducaux sur leurs fiefs (guerre contre le duc Jean V, la seigneurie de Montcontour leur est confisquée). **1420** les Penthièvre font enlever Jean VI, libéré au bout de 5 mois, après avoir signé un traité leur reconnaissant une quasi-souveraineté (condamnés à mort par contumace pour crime de lèse-majesté, leurs biens sont confisqués). **1442 François Ier** (1414-50), fils de Jean VI. Ép. 1°) Yolande d'Anjou († 1440) ; 2°) Ysabeau d'Écosse dont il eut Marguerite (épousera François II) et Marie (épousera Jean II de Rohan). **1448** *traité de Nantes,* les Penthièvre renoncent à la succession de Br. et récupèrent leurs biens. **1450 Pierre II** (1418-57), frère du duc François Ier, ép. Françoise d'Amboise († 1485). **1457 Arthur III le Justicier** (1393/26-12-1458), 2e fils de Jean V (IV), ép. 1°) Marguerite de Bourgogne, 2°) Jeanne d'Albret, 3°) Catherine de Luxembourg ; connu d'abord comme le connétable de Richemont, duc. **1458 François II** (23-6-1435/9-9-1488), fils de Richard, Cte d'Étampes (1395-1438), 4e fils de Jean V (IV) et de Marguerite d'Orléans († 1466), épouse 1°) 1455, sa nièce Marguerite († 1469), fille de François Ier de Br. ; 2°) Marguerite de Foix († 1486). **1460** Nantes, création de l'université. **1462** Redon, Louis XI essaie de mettre en place un abbé à sa solde : échec. **1462-63** Nantes, Louis XI intervient pour soutenir la candidature d'Amaury d'Acigné, hostile au duc ; conteste le port de la couronne ducale. **1464** Louis XI rappelle aux états les prérogatives de la Couronne. **1464** François II prend contact avec Édouard IV. Alliances conclues avec Castille, Écosse, Danemark, Portugal. **1465** participe à la *Ligue du bien public* (10 000 Bretons doivent rejoindre 23 000 Bourguignons, mais ceux-ci affrontent les Français de Monthléry) (voir à l'Index). Traité de St-Maur-des-Fossés favorable à François II. Les Penthièvre rallient le camp du roi ; leurs biens sont confisqués. **1467-68** François II décide d'aider Charles de Valois, frère de Louis XI, à retrouver son duché de Normandie, mais les troupes royales attaquent la Bretagne. **1468**-*18-9* traité d'Ancenis. **1471-72** la guerre reprend : coalition François II, Charles le Téméraire et duc de Guyenne. **1477** chancelier Guillaume Chauvin supplanté par Pierre Landais (trésorier général). *-Oct.* arrêté (mourra en prison en 1484 des suites de mauvais traitements). **1480** Nicole de Blois, dernière héritière des Penthièvre, vend, à Louis XI, 50 000 écus les « droits » à la couronne de Br. **1483**-*fin mai* armée royale (15 000 hommes en 3 corps) entre en Bretagne, occupe La Guerche et Redon. Prend Ploërmel en 3 jours. *-30-8* mort de Louis XI. **1485** François II crée un parlement à Nantes. Justiciables bretons ne peuvent plus porter une affaire auprès du parlement de Paris. Landais s'en prend aux partisans bretons du roi (biens confisqués). Il est arrêté et exécuté. **1487**-*mars* nobles bretons font appel à la régence pour chasser les conseillers ducaux. François II participe à la *guerre folle*, allié contre les rois Valois avec les Anglais et le Téméraire, puis avec l'empereur Maximilien d'Autriche et les grands. *-5-6* Vannes capitale. Siège de Nantes. *-3-8* Français abandonnent le siège. *-Déc.* maréchal de Rieux (jusqu'alors partisan du roi) se retourne et envahit Nantes par surprise. **1488**-*3-3* prend Vannes puis assiège les citadelles de Rohan, La Chèze et Josselin. Rohan capitule et se range du côté de François II. Charles VIII confie une armée de 12 000 h. à Louis de la Trémoille. Prend Marcillé-Robert, Pouancé et Châteaubriant. *-28-7* François II battu à *St-Aubin-du-Cormier* (6 000 Bretons †). *-19/21-8 traité de Sablé,* François II doit chasser les ennemis du roi, abandonner St-Malo et Fougères et rendre leurs forteresses aux Bretons qui ont servi la cause royale ; il s'engage à ne pas marier sa fille sans le consentement du roi. Anne congédie maréchal de Rieux et Françoise de Dinan (conseillers acquis à la France). Rejoint Rennes. **1489** troupes royales occupent Montcontour, Tréguier, Morlaix et Brest. Les Bretons tiennent la Cournouaille, le Vannetais et une partie du Penthièvre. **1489** Jean IV de Rieux (27-6-1447/9-2-1518) se révolte contre Anne et s'enferme à Nantes, qu'il contrôle, ainsi qu'Ancenis, Rieux et Rochefort. Est favorable au mariage d'Anne avec d'Albret (elle refuse). *-7-2* Anne se réfugie à Rennes où elle est couronnée le 10. Rieux, en s'appuyant sur d'Albret, Lescun et la Ctesse de Laval prend trésor et bijoux de la Couronne et crée à Nantes un « emprunt forcé ». *-22-7* Francfort, traité Maximilien de Habsbourg/Charles VIII qui s'engage à rendre les places qu'il occupe. *-Juillet* réconciliation d'Anne et de Rieux. Il renonce à son titre de gouverneur. **1490**-*9-9* † de François II. **Anne** (25-1-1477/9-1-1514, corps à St-Denis, cœur à Nantes), fille de François II et de Marguerite de Foix. *-Déc.* Anne épouse par procuration Maximilien d'Autriche. Suite à la trahison d'Alain d'Albret, Nantes tombe aux mains des troupes royales ; Anne ne contrôle plus que Rennes. **1491**-*15-11* traité : Anne peut quitter Rennes pour rejoindre Maximilien. *-6-12* épouse le roi de Fr. Charles VIII qui renonce à sa fiancée, Marguerite d'Autriche, fille de Maximilien. **1492** complot pour livrer le duché aux Anglais avec Pierre Le Pennec, Louis de Rohan-Guéméné, amiral de Bretagne, Olivier de Coëtmen, Nicolas Coëtanlem. 2 escarmouches (Tréguier et Barfleur) puis Calais attaquée, échec. Louis XII accorde des lettres de rémission aux conjurés. **1493** il confirme aux Bretons les droits de ne payer que les impôts consentis par les états, l'application des *billots et devoirs* (octrois) à la défense de la Bretagne uniquement, la souveraineté juridique du parlement de Bretagne, l'assurance pour les Bretons d'être jugés en Bretagne. Chancellerie supprimée, parlement transformé en *Grands jours* (parlement de Paris redevient cour d'appel). **1498**-*7-4* Charles VIII meurt. Anne revient en Bretagne. Chancellerie rétablie et confiée à Philippe de Montauban avec trésorerie de l'épargne. Conseil ducal restauré. *-28-9* états à Rennes. Anne se fixe à Nantes. Les actes concernant le duché font l'objet d'une confirmation de Louis XII. Il intervient dans les domaines qui relèvent de la souveraineté royale (fouages, répression des abus, dépenses militaires). Monnaies frappées selon les types royaux (écu au soleil, au porc-épic, douzains, hardis). **1499**-*8-1* Anne épouse Louis XII (cousin de Charles VIII et roi de France) qui, pour l'épouser, a fait annuler son 1er mariage avec Jeanne de France (7-12-1498). **1514**-*9-1* **Claude** de France (1499-1524), fille d'Anne et de Louis XII, hérite du duché [après avoir été fiancée à Charles d'Autriche (futur Charles Quint), elle épouse François d'Angoulême qui, en 1515, devient le roi François Ier]. **1524 François** (Ier en Bretagne, fils de Claude et du roi de France François Ier), dauphin. **1532**-*août états de Vannes :* François Ier unit indissolublement la Br. à la France par l'*acte d'Union à la couronne de France* (« aucune imposition ne pourra être faite en Br. qu'elle n'ait été préalablement demandée aux états et par eux consentie » ; justice maintenue « en la forme et manière accoutumée » ; nominations aux charges ecclésiastiques attribuées aux seuls Bretons). Les autres privilèges « dont ils ont les charges anciennes et jouissance immémorable jusques à présent » sont confirmés. Les Bretons conservent donc leurs états, leur parlement, leur autonomie administrative, bien que le dauphin François en reste duc et prince propriétaire. **Henri,** frère cadet du duc François Ier et futur roi Henri II (en 1547), devient dauphin et est couronné duc de Br. (ce sera le dernier à être couronné). **1539** il reçoit l'usufruit du duché, dont il fait hommage. **A partir de 1554** installation d'un parlement, siégeant d'abord partie à Nantes, partie à Rennes, puis à Rennes seulement ; Nantes conserve sa chambre des comptes. Les états siègent chaque année à Vannes ou à Rennes et consentent l'impôt. Un gouverneur représente le roi (au XVIIIe s., les « Cdts en chef » résident sur place). **1559** Henri II meurt.

1589-98 troubles de la Ligue ; le *duc de Mercœur* [Philippe-Emmanuel de Lorraine (1558-1602)], gouverneur de la Br. vaincu par Henri IV, doit se soumettre. Dès le XVIe s. les marins malouins pêchent en Islande et à Terre-Neuve, ceux de St-Pol atteignent le Brésil, Jacques Cartier (1491-vers 1554) reconnaît le St-Laurent. **XVIIe s.** restaurée et enrichie par Richelieu, qui en fut gouverneur, la Br. échappe à la Fronde. L'intendant de Br. s'installe à Rennes, d'abord en missions temporaires, puis à demeure (à partir de 1689). Les Nantais vont en Guinée et aux Antilles, les Malouins au Brésil (1612 fondent la France Équinoxiale), au Pérou et en Chine. **1675** révoltes des « Bonedoù Ruz » (Bonnets rouges) des paysans de haute et basse Cornouaille, et révolte du « papier timbré » dirigée contre les abus des impôts indirects ; répression. **XVIIIe s.** *Bertrand François Mahé de La Bourdonnais* (1699-1753) parcourt l'océan Indien ; la marine française est commandée par *Luc-Urbain du Bouëxic, Cte de Guichen* (1712-80), *Louis-Charles du Chaffault de Besné* (1708-93), *le chevalier du Couëdic* (1739-80), *Toussaint de La Motte-Picquet* (1726-91). Essor des villes administratives (dont Rennes) et de 5 ports [Nantes : commerce « triangulaire » (ses navires transportent les Noirs d'Afrique aux Antilles d'où ils rapportent du sucre, du rhum, du tabac)] ; St-Malo et Morlaix (pêche lointaine et campagnes des corsaires) ; Brest (doté d'un arsenal par Richelieu) ; Lorient [fondé par Colbert 1666, siège de la Compagnie des Indes (vendue en 1770 à la Couronne par les Rohan)]. **1711** Duguay-Trouin (1673-1736) s'empare de Rio de Janeiro. Lutte du *Mal de Montesquiou* contre les états (Cdt en chef pour le gouverneur 1717-18). **1718**-*déc. conspiration de Pontcallec,* venant juste après celle de *Cellamare :* formée par le Pce de Cellamare (1657-1733), ambassadeur d'Espagne, pour détrôner le Régent au profit du roi d'Espagne. Le duc du Maine et la noblesse bretonne s'y associent, ils veulent retrouver l'autonomie de leur province [4 conjurés (Mis Clément de Guer de Pontcallec, Laurent Le Moyne dit le chevalier de Talhouët, Jean-François du Couëdic, Thomas Siméon de Montlouis) exécutés 4-5-1720 place du Bouffay à Nantes]. **De 1715 à 1735** l'intendance renforce son autorité, mais les états obtiennent en 1733 la création de la « Commission intermédiaire » qui les représente pendant les intersessions et dont les correspondants contrecarrent l'action des subdélégués. **1720** incendie de Rennes. **1753-89** opposition parlementaire à la monarchie ; lutte de *Louis-René de La Chalotais* (1701-85), procureur général, contre le *duc d'Aiguillon* [Armand de Richelieu (1720-88), gouverneur de 1753 à 1768], qui utilise les services de l'intendance pour son propre compte. **1768** d'Aiguillon devient ministre à Versailles. **1771-74** l'intendance de Br. retrouve son autorité grâce aux réformes du Triumvirat (Maupeou, Terray et d'Aiguillon, ministres de Louis XV). **1774** avènement de Louis XVI, abandon de ces réformes ; l'opposition des états aux impôts renaît. La nomination de *Bertrand de Molleville* à l'intendance et la reconstitution de la subdélégation générale au profit de Petret n'empêchent pas l'effritement du pouvoir royal. **1775** *La Chalotais* et le parlement breton (85 voix contre 12) protestent contre la mauvaise foi française et démissionnent. **1788** l'agitation suscitée par la réforme de Lamoignon contraint l'intendant à s'enfuir. **1789** *fin de l'autonomie de la Br.* **1790** division en 5 départements. Le duché disparaît officiellement sans entraîner l'abolition du traité d'Union. **1791-93** conjuration bretonne du *Mis de La Rouërie* (1750-93, meurt de maladie ; on décapitera son cadavre). **1793** foyer de la chouannerie (Cadoudal) qui naît dans le Léon et ne disparaît qu'avec le Concordat. *Robert Surcouf* (1773-1827) s'illustre sous la Révolution et l'Empire.

Guerre de 1914-18 : 120 000 (à 240 000 ?) tués.

■ Mouvements régionalistes et « nationalistes » bretons

■ **Histoire. XIXe s. : 1805** *Académie celtique* fondée par Le Gonidec, Cambry et Le Brigant. **1839** le Vte Hersart de La Villemarqué publie un recueil de poésies bretonnes *(Barzaz-Breiz).* **1843** fondation de l'*Association bretonne pour améliorer l'économie de la Br.* **1867** *-15/19-10* congrès interceltique (proposé par Charles de Gaulle, secrétaire de la Sté Breuriez Breiz). **Après 1898** suite à un « appel au peuple breton », fondation de l'*Union régionaliste bretonne,* à Morlaix, dirigée par Anatole Le Braz puis par le Mis Régis de L'Estourbeillon ; demande une « région distincte ». **XXe s. : 1900**-*3/4-3 Fédération socialiste de Br.* fondée à Nantes par Charles Brunellière et les socialistes bretons. Collège des Bardes créé à l'image du Gorsedd (pays de Galles). **1905** l'abbé Jean-Marie Perrot (13-9-1877/12-12-1943, assassiné), fonde le *Bleun Brug*, voir p. 826 b. **1911** *Féd. régionaliste bretonne* avec Jean Choleau et Yves Le Diberder et *Parti nationaliste breton* fondés par Camille Le Mercier d'Erm (1888-1978, poète et historien), Le Rumeur, Gueguen pour l'indépendance politique. **1918**-*sept.* Groupe régionaliste breton (GRB) fondé

Saints fondateurs (et lieux de leurs tombeaux). Corentin (Quimper), Pol-Aurélien (St-Pol-de-Léon), Tugdual (Tréguier), Brieuc (St-Brieuc), Malo (St-Malo), Samson (Dol) et Patern (Vannes). **Autres saints :** Guénolé, Fragan (père de Guénolé), Guen (sa mère), Armel, Renan, Léonor (St-Lunaire), Briac, Thégonnes, Kirec.

par Job de Roincé (militant de l'Action française), Henri Prado, Morvan Marchal. **1919**-*janv.* fonde la revue *Breiz Atao* (Bretagne toujours) [mensuelle puis hebdomadaire janv. 1929]. -*Févr.* sont rejoints par François Debauvais, Yann Bricler, Olivier Mordrel. **1920**-*mai* se transforme en *Unvaniez Yaouankiz Breiz* (Union de la jeunesse de Bretagne). **1925** revue *Gwalarn* (Vent de N.-O.), porte-parole de la littérature bretonne [Roparz Hemon, Jakez Riou (1899-1957), Youen Drezen (1895-1912), Abeozen]. **1927**-*1-9* l'UJB devient le *Parti autonomiste breton* (PAB) [*Strollad Emrenerien Vreiz* (SEV)]. **1930** démission de fédéralistes et de gauchisants : fondation de la *Ligue fédéraliste de Br.* (M. Duhamel) qui disparaît en 1934. **1931**-*12-4* éclatement du PAB au congrès de Rennes. -*27-12* congrès de Landerneau. **1932** *Parti national breton* (PNB) [*Strollad Broadel Breiz* (SBB)] fondé par François Debauvais († de tuberculose 20-3-1944) et Olier Mordrel. Marchal, Mazéas, Duhamel se regroupent dans la *Ligue fédéraliste de Bretagne*. *Emblème* : le *Hevoud* (préceltique en forme de svastika, tournée à droite) puis le *Tris kell* à 3 branches. **1933** Yann Sohier (communiste) fonde le mouvement *Ar Falz* (la Faucille). **1934**-*juillet* Mordrel crée revue *Stur* et élabore un programme socio-économique *Saga* (*Strollad ar Gelted Adsavet* : « réunion des Celtes relevés ») qui s'inspire du corporatisme fasciste et des théories raciales nazies. **1938**-*25-5* décret prévoyant des peines d'emprisonnement de 1 à 5 ans contre quiconque entreprendrait de porter atteinte à l'intégrité du territoire national. Des militants du PNB sont arrêtés dont, le 14-12, Debauvais [condamné à 1 an de prison (libéré 25-7-1939)], Mordrel (avec sursis). **1939**-*29-8* Mordrel et Debauvais se réfugient en Allemagne. -*20-10* PNB dissous. **1940**-*mai* Mordrel et Debauvais (réfugiés à Amsterdam) condamnés à mort ; rentrent en Bretagne (Debeauvais 22-6, Mordrel 1-7). -*3-7* Pontivy, le PNB clandestin crée le *Conseil national breton* et publie une déclaration pour la création d'un État breton autonome. Financée par les nazis, l'opération n'obtient aucun succès. Trouvant plus d'intérêt à s'entendre avec Vichy, les Allemands ne le soutiennent plus. Mordrel, opposé à la collaboration, démissionne (assigné à résidence forcée en Allemagne). Raymond Delaporte, qui le remplace, demande à Pétain un statut autonome. -*Juillet à décembre* les All. libèrent 600 prisonniers bretons. **1941** le PNB fonde un mouvement de jeunesse, les *Bagadou Stourm* [groupes de combat : chemises noires, cravate blanche, bottes, bonnet écossais (le *Glengarry*) ; dirigés par Yann Goulet, luttent contre police de Vichy et francistes]. **1942-43** le Parti se divise. Le *Comité consultatif de Br.* (fondé oct. 1942) qui regroupe la plupart des « modérés » (Yann Fouéré, Joseph Martray...), obtient des concessions dans le domaine culturel. *Milice bretonne* avec Célestin Lainé [1932, fondateur de *Gwen ha Du* (Blanc et Noir)] ; 1936, organise le *Kadervenn* (Sillon de combat) ; juin 1940, crée un *service spécial*, groupe paramilitaire. Recruté d'abord parmi les prisonniers bretons libérés sur l'initiative de Mordrel ; 1941, relance de *Gwen ha Du*. 1943, fait scission ; 11-11, le *service spécial* devient une compagnie bretonne en guerre contre la France ; déc., après l'assassinat de l'abbé Perrot (le 12-12), prend le nom de *Bezen Perrot* (Formation Perrot), 72 hommes en uniforme allemand du SD (*Sicherheitsdienst*, police politique), engagés contre les maquis en Ille-et-Vilaine, Morbihan et Côtes-du-N. ; août, se replie sur Strasbourg puis, mi-octobre en Allemagne ; janv. 1944, Lainé Pt du PNB ; 20-5, relance du *Breiz Atao* [nouveau PNB] par Ange Péresse (né 1910) comprenant 50 h. portant faux noms, organisés en 2 sections de 4 groupes chacune, basés à la caserne Colombier de Rennes. **1944**-*août* Péresse se réfugie en Allemagne (il obtint la nationalité allemande) et Lainé en Irlande. 20 nationalistes condamnés à mort (8 exécutés). **1946** reprise du mouvement culturel. **1950** Celib fondé. **1957**-*nov.* *Mouvement pour l'organisation de la Br.* fondé à Lorient à l'initiative de Yann Fouéré (scindé en plusieurs tendances en 1968, disparaîtra). **1964** échec du Celib (refus de la loi-programme bretonne) ; *Bretagne-Action* fondée (devenue *Jeune Bretagne* en 1971) ; UDB fondée. **1969** fondation du *Galv* (Comité d'action progressiste pour la langue bretonne à Brest, sur l'initiative d'Ar Falz, de l'UDB et de la Jeunesse étudiante bretonne). **1971**-*déc.* *Breizh Yaouank* (Jeune Bretagne). **1972**-*mars* *Strollad Ar Vro* (SAV) : parti du pays avec Jean Le Calvez (disparu avant 1980). -*3-10* : 1 manifestant accroche à la flèche de N.-D. de Paris un drapeau breton (lors du procès des militants FLB). **1973-76** *Stourm Breizh* (Combat breton). **1982** Parti pour l'organisation d'une Bretagne libre (POBL) créé. *Pts* : Yann Fouéré, J.-M. Le Tilly.

■ **Organisations actuelles.** **Comité d'étude et de liaison des intérêts bretons (Celib)** : *fondé* 1950, composé surtout de notables. **Organisation des Bretons émigrés (Obe).** **Bretagne-Europe** : B.P. 95, 22404 Lamballe ; *créée* 1979, vise à la reconnaissance de la Bretagne au sein d'une Europe des peuples. **Comité pour l'unité administrative de la Bretagne (Cuab)** : Ti Keltiek, 3, rue Harrouys, 44 000 Nantes ; *créé* avril 1976. Partisan du retour de la Loire-Atlantique dans la région Bretagne. **Mouvements politiques actuels.** **Union démocratique bretonne (UDB)** : B.P. 215, 44007 Nantes Cedex ; *fondée* 1964 ; parti fédéraliste de gauche ; militants et sympathisants : 1 000. Pour la promotion de la langue bretonne et la réunification administrative de la Bretagne ; environ 100 élus municipaux, dont une vingtaine de maires et maires adjoints. *Congrès* tous les 2 ans. *Membre* depuis 1985 de l'Alliance libre européenne (Bruxelles), qui regroupe 26 partis défendant les minorités nationales d'Europe et participe au groupe « Arc-en-ciel » au Parlement européen. *Revue* mensuelle bilingue : « le Peuple breton/Poblvreizh » (B.P. 301, 22304 Lannion Cedex), 6 000 exemplaires. *Maison d'édition* « Presses populaires de Bretagne », *Minitel* 3614 UDB. **Parti socialiste unifié (PSU) Bretagne** : 34, rue de Gouët, B.P. 329, 22006 St-Brieuc remplacé par l'Arev ; la revue : « Vivre au pays » (mens.) continue. **Emgann (Bataille)** : nationaliste révolutionnaire ; *créé* 1982. **Peuple (Pobl)** : B.P. 103, 22001 St-Brieuc Cedex ; *créé* juin 1982 ; *but* : autonomiste ; soutient le Cuab ; *revue* : « l'Avenir de la Bretagne ». **B5** : 10, rue de l'Atlantique, 44700 Orvault ; pour le rattachement de la Loire-Atlantique. **Bureau régional d'étude et d'information socialiste (Breis)** : regroupe les fédérations départementales du PS. **Comité régional d'action et de concertation.** **MIB-Nac'h Sentin** : indépendantiste, prônant l'insoumission au service militaire. **KAD (Kuzul an distaoleg)** : *créé* 1978, pour l'amnistie des prisonniers politiques bretons.

■ **Actions violentes.** **1932**-*6/7-8* à 4 h du matin (jour où Herriot devait présider à Vannes les fêtes du centenaire de l'Union), attentat de la société secrète Gwenn ha Du (Blanc et Noir, fondée par Célestin Lainé) contre le monument commémorant à Rennes l'union de la Br. à la France (inauguré place de l'Hôtel-de-Ville le 29-10-1912, d'après Jean Boucher : Anne de Bretagne est représentée à genoux devant le roi de France). -*19/20-11* attentat à 2 km d'Ingrandes (« gare-frontière » de Br.) contre la voie ferrée Paris-Nantes que devait emprunter Herriot (le train est retardé de 50 min). **1936**-*13/14-4* incendies dans les préfectures de Rennes, Nantes, Quimper, St-Brieuc. **1938**-*25-2* attentat de Gwenn ha Du à Pontivy (contre le monument de la Fédération bretonne angevine) ; à Paris, au musée Grévin (l'effigie de *Bécassine* est détruite). **1961**-*nuit du 8-6* des paysans prennent la sous-préfecture de Morlaix (le sous-préfet s'enfuit en pyjama). **1964**-*20/21-2* : 6 000 h. conduits par Marc Bécam occupent Brest. **1966**-*17-6* bidon d'essence devant mairie de St-Brieuc. -*24-11* attentat à Lorient (FLB) devant les Contributions indirectes. -*19-12* des milliers d'agriculteurs ravagent le commissariat de police de Morlaix. **1967**-*2-10* Quimper, 12 000 paysans affrontent CRS (252 blessés). **1968** nombreux attentats. **1971**-*1-4* St-Malo bâtiment des douanes incendié. **1974**-*13/14-2* émetteur ORTF de Roc-Trédudon (Finistère) détérioré par FLB. **1977**-*12-6* laboratoire du Centre commun d'études de télévision et de télécom. à Cesson-Sévigné. -*22-10* destruction d'un relais de TDF à Pré-en-Pail. **1978** 22 bombes dont 5 le 14-1. -*15-6* préfecture de Rennes. -*26-6* Versailles (10 salles du château). **1979**-*24-2* tentative contre bâtiment de l'EDF. -*6-3* camp d'instruction militaire à Lannion. -*6-3* et *29-5* immeuble des Renseignements généraux à St-Brieuc (auteurs condamnés en 1980 à 5, 6 et 7 ans de réclusion criminelle, amnistiés 1981). -*30-5* camp d'instruction militaire à Aucaleuc. **1981**-*juin* trêve (rompue 1983). **1983**-*11-10* futur palais de justice de Rennes. -*22-12* Trésorerie générale de Rennes. **1984**-*1-5* agence de travail temporaire de St-Brieuc ; tentative à la direction départementale du travail de Rennes. -*1-8* Radio Bretagne Ouest à Quimper. -*5-8* relais EDF à Arzon. -*Nov.* ANPE de Lannion et de Brest. -*Déc.* locaux de la Cogema. **1985**-*juin* ANPE, palais de justice et permanence PS de Guingamp. **1988**-*21-1* rectorat de Rennes et Urssaf de Quimper. -*20/21-12* usine Doux Châteaulin. **1989**-*7-5* hôtel de région des Pays de la Loire (Nantes). **1992**-*19-1* attentat du FLNC (Corse) pour dénoncer la politique de l'État à propos de la langue corse. Maison des examens et Centre régional de documentation pédagogique de Rennes endommagés. -*30-10* Belfort, mairie (dont J.-P. Chevènement a été maire). **1998**-*30-10* mairie de Belfort. -*13-11* perception de Matignon. **1999**-*5-3* Morlaix, hôtel des impôts. -*8/9-3* Paimpol, perception. -*18-6* Cintegabelle. -*29-9* Plévin (C. d'A.) 8 t de titanite (explosif) volées par commando basque/breton dont 5,5 t seront retrouvées et 0,1 rendue par l'ARB le 17-11-2000. **2000**-*14-4* Pornic (L.-A.) ARB. -*19-4* Quévert (C. d'A.), McDonald's : 1 † (Laurence Turben, 28 ans) ARB ; Rennes (I.-et-V.) ARB.

■ **Organisations clandestines.** **Front de libération de la Bretagne (FLB)** : *créé* 1964. **1968** *FLB-ARB (Armée républicaine bretonne)* ; les 1res arrestations sont couvertes par l'amnistie de juin 1969. **1971** l'ARB devient l'Armée révolutionnaire bretonne. **1972** 1er procès en Cour de sûreté de l'État, apparition d'un *FLB-LNS (Libération nationale et Socialisme)* et de sa branche militaire, l'Armée de libération de la Br. (ALB). **1974**-*30-1* dissous par Conseil des ministres ainsi que le FLB-ARB, 4 membres arrêtés (procès en Cour de sûreté de l'État). 1972, 1975, 1977, 1979, peines allant jusqu'à 15 ans de réclusion pour Lionel Chenevière et Patrick Montauzier, coresponsables de l'attentat contre le château de Versailles. **2000**-*2-5*, 7 membres interpellés après attentat en avril.

■ **Mouvements culturels.** **Ar Falz (La Faucille)** : 20, rue de Kerscoff, 29600 Morlaix. Mouvement des instituteurs et professeurs laïques bretons (IPLB) ; *fondé* 1933 par Yann Sohier ; *revues* : cahiers pédagogiques « Skol Vreizh », « Ar Falz ». 3 thèmes : Bretagne, socialisme, laïcité. **BAS (Bodadeg ar Sonerion)** : 55, impasse de l'Odet, 29000 Quimper ; Assemblée des sonneurs de Bretagne. **Bleun-Brug (Fleur de bruyère)** : *fondé* 1905 par l'abbé Jean-Marie Perrot (assassiné 12-12-1943 par maquis FTP), catholique, à gauche, pour l'autonomisme, y renonce sur l'injonction de son évêque ; dissous. Il existe 3 mouvements proches utilisant l'écriture « unifiée » de 1941 : KRISTENIEN BREIZH (Chrétiens de Bretagne). *Revue d'études politiques* : « Imbourc'h », 8, place Marchix, 56230 Questembert (en breton ; 1993). **Breizh Santel (Bretagne sainte)** : regroupe des centaines d'associations de restauration de chapelles ; *revue* : même nom. 56260 Larmor-Plage. **Dastum (Recueillir)** : pour sauver le patrimoine culturel breton ; *revue* : « Musique bretonne ». **Diwan (Germe)** : Diwan Treglonou, 29411 Landerneau ; *créé* 1977, fait fonctionner des écoles maternelles, primaires et un collège (Brest) en breton. **Emgleo Breiz** : 10, route de Quimper, 29200 Brest ; *fondé* 1953 ; défend l'enseignement de langue et civilisation bretonnes et libertés régionales. **Fédération des amis de la lutte et des sports athlétiques bretons** : *fondée* 1930 par le Dr Cotonnec. **Kendalc'h** : Le Pradi-Trédion, 56250 An Elven, Elven : confédération des Stés culturelles, artistiques et sportives (8 000 adhérents, 180 associations) ; *revue* : « Keleir Kendalc'h/La lettre de Kendalc'h » (10 000 ex.). **Kuzul ar Brezhoneg** : Kergrenn 22310 Plufur ; regroupement d'associations utilisant le breton unifié. **Minihi Levenez** : association fondée par l'abbé Job Irien depuis 1985 ; utilise l'écriture « universitaire » ; édition du livre + revue bilingue du même nom. **Skol an Emsav** : 8, rue Hoche, 35000 Rennes ; mouvement de renaissance pour la formation de jeunes militants bretonnants, à gauche ; cours de langue bretonne et d'histoire de Bretagne. **Stourm ar Brezhoneg** : dissident de Skol an Emsav, milite pour le bilinguisme dans la vie publique (plusieurs militants condamnés). **Tud ha Bro** (maison d'édition). **Unvaniezh ar Gelennerien Brezhoneg (Union des enseignants de breton)** : 20, rue des Tribunaux, 56000 Vannes. *Fondée* 1982, pour un statut de droit du breton dans l'enseignement. **War'l-Leur** et **Al Leur Nevez** : fédérations de cercles celtiques (danseurs).

■ **Principales revues en breton.** *Al Liamm, Al Lanv, Breman, Brud Nevez, Evit ar Brezhoneg* (mensuel bilingue, 200 à 2 000 ex.), *Imbourc'h, Hor Yezh, Ere* (bimestriel, littérature et politique, depuis 1981). Environ 120 livres par an paraissent en breton (500 à 4 000 ex.).

■ ÉCONOMIE

■ **Population active** (au 1-1-1999). 1 118 300 (salariés 941 900) dont : agriculture 96 500 (27 100) ; industrie 197 900 (187 000) ; construction 73 600 (55 300) ; tertiaire 750 300 (672 500). **Chômeurs** (4e trim. 2000) : 8,4 %.

■ **Échanges** (en milliards de F, 2000). **Import.** : 51,32 *dont* composants électriques et électroniques 9,81, produits des ind. agricoles et alimentaires 7,06, équipements électriques et électroniques 6,21, prod. chimiques en caoutchouc ou en plastique 4,54, équipements mécaniques 4,54, du foyer 3,38, métaux et prod. métalliques 2,2, prod. en bois, papier ou carton 2, combustibles et carburants 1,85 ; *de* Japon 5,8, All. 5,07, G.-B. 4,49, USA 3,6, Esp. 3,36, Ital. 3,08. **Export.** : 65,29 *dont* produits des ind. agricoles et alimentaires 16,81, équipements électriques et électroniques 15,16, prod. de l'ind. auto 9,37, équipements mécaniques 4,19, bateaux, avions, trains, motos 4, prod. chimiques en caoutchouc ou en plastique 3,21, prod. pharmaceutiques, de parfumerie et d'entretien 2,35, équipement du foyer 2,29, prod. agricoles, sylvicoles et piscicoles 2,16, composants électriques et électroniques 2,06 ; *vers* All. 11,33, G.-B. 10, Esp. 9,36, Ital. 5,16, Libéria 3,26, Belg. 2,77.

■ **Agriculture** (en 1999). **Terres** (en milliers d'ha) : 2 750,7 dont *SAU* 1 829,9 (t. arables 1 552,4, herbe 273) ; *bois* 323,1, *t. agricoles non cultivées* 239,5, *t. non agr.* 350,8. **Production végétale** (en milliers de t) : fourrages 4 662,7, céréales 3 938,3, p. de t. 451,5, choux-fleurs 333,8, haricots verts 108,3, artichauts 43,9, carottes 62,5, petits pois 65,6, tomates 120 ; **animale** (en milliers de têtes) : porcins 8 021,9, bovins 2 340,2, ovins 127,6, caprins 22,6, équidés 17 (en 1997). *Lait* (de vache) 49 260 000 hl. *Volaille* 924 302 t (en 1998). **Part de la Bretagne dans la production agricole française** (en %, 1997) : totale 13,6, choux-fleurs 75, artichauts 85, porcs 56, dindes 49,6, poulets de chair 46,7, œufs 44, veaux 33,5, lait 19,7, tomates 12, gros bovins 13,9, céréales 6,5. **Surface boisée** (en ha). *Forêts et petits massifs* : 283 500 dont forêts domaniales 21 700, sous tutelle de l'État 3 700, privées 258 100. *Principales forêts* : Paimpont-Brocéliande 7 400, Lanouée 3 820, Rennes 2 960, Lorge 2 720, Quénécan 2 860, Loudéac 2 150, Fougères 1 600. *Futaies* : 80 % de taillis avec des révolutions courtes de 15 à 20 ans (chêne, hêtre, châtaigner). Résineux depuis XVIIe s. (pin sylvestre, pin maritime et récemment pin de Douglas, épicéa de Sitka).

■ **Pêche** (en milliers de t et, entre parenthèses, valeur en milliers de F, 2000). Poissons 114 (1 902) ; huîtres et moules 36 (325). **Marins** : pêcheurs 7 436, conchyliculteurs 1 202. **Navires de pêche actifs** : 1 700.

■ **Industrie.** **Salariés** (au 1-1-2000) : 186 987 dont agroalimentaire 62 913, électrique-électronique-télécom. 19 905, auto 11 810, constructions navale, aéronautique et ferroviaire 9 892, équip. mécanique 13 536, métallurgie et travail des métaux 10 895, chimie et plasturgie 12 141, bois et papier 7 625, équip. du foyer 7 091, édition, imprimerie et reproduction 7 503.

■ **Transports.** *Infrastructures routières* (en km) : routes départementales 16 860, nationales 1 139, autoroutes 33. *Distances par la route* (en km) : Brest-Quimper 69, Brest-Rennes 238, Quimper-Rennes 207, St-Brieuc-Vannes 116, Rennes-Paris 347. *Lignes SNCF* exploitées : 1 175 km. *TGV* : Rennes-St-Brieuc-Brest : 2 h 10, -Vannes-Lorient-Quimper 2 h 20, -Paris : 2 h. *Principales liaisons maritimes voyageurs* : Roscoff-Plymouth (G.-B.), -Cork (Irlande) ; St-Malo-Portsmouth (G.-B.), -îles Anglo-Normandes. *Aériennes intérieures* : Brest-Paris, -Lyon, -Marseille, -Toulon ; Lorient-Paris ; Rennes-Paris, -Lyon, -Toulouse ; Lannion-Paris.

■ **Tourisme** (en 2000). **Hébergement** : *hôtels de tourisme* 958 (24 522 lits) ; *résidences de tourisme* 30 (9 268 pl.) ; *campings* 784 (87 059 pl.), *auberges de jeunesse* 23 (1 869 lits) ; *villages de vacances* 58 (16 545 pl.) ; *gîtes ruraux* 3 587 ; *d'étape* 17 ; *d'enfants* 13 ; *chambres d'hôtes* 1 795 ; *résidences secondaires* 187 253. **Touristes** (en milliers de nuitées, en 2000) : en hôtellerie 2 756,7, étrangers 985 [dont (en %) Brit.-Irl. 31,4, All. 15,8, Belg.-Lux. 13,4, Ital., Grecs 13,1] ; camping : Français 5 924,1, étrangers 2 192,9 [dont (en %) Brit.-Irl. 50,3, Néerl. 20,1, All. 16,5]. *Bateaux de plaisance immatriculés* : 178 703 (20,3 % de la Fr., anneaux 29 000). *Thalassothérapie* : 10 centres.

■ Départements

☞ Voir légende p. 811. *Nota.* – (1) En 1998.

■ **Côtes-d'Armor** ou **Aodoù-an-Arvor (22)** [depuis 1990, avant : Côtes-du-Nord]. 6 877,6 km^2 (80 × 130 km). **Altitude :** *max.* mont Bel-Air 339 m. **Côtes :** 350 km. *Côte à rias (Trégor),* baie de *St-Brieuc.* **Littoral** (flore méditerranéenne) : *côte de granit rose* (Perros-Guirec) 110 km de *Penvenan* et *Plougrescant* ; *d'Émeraude* (St-Cast) 130 km ; *du Goëlo* (Bréhat). **Vallée** *de la Rance.* **Cours d'eau** : 6 700 km. **Climat** : 900 à 1 000 mm de pluie par an, temp. moyenne annuelle à Bréhat 11,3 °C. **Population :** *1801* : 504 303 ; *1901* : 609 349 ; *1921* : 557 824 ; *1954* : 503 178 ; *1962* : 501 923 ; *1975* : 525 556 ; *1982* : 538 860 ; *1990* : 538 395 ; *1999* : 542 373 (étrangers 5 197 dont Portugais 778, Marocains 494, Turcs 308, Algériens 224). **D.** 79. **Cantons** 52. **Communes** 372.

Régions naturelles : est des **monts d'Arrée, landes du Méné, gorges du Toul Goulic, chaos du Gouët. Forêts** (1998) : 87 000 ha dont *Loudéac* 1 500, *Lorge* 2 000, *Boquen* 1 000.

Iles : 90 dont **Bréhat :** 309 ha, 32 îlots, périmètre 18 km, à 2,5 km de la côte (10 min de traversée), alt. max. 30 m, 421 hab. **Ile-Grande** (commune de Pleumeur-Bodou) : presqu'île, 150 ha, 790 hab., **Costaeres** (où habita Sienkiewicz, auteur de « Quo vadis ? »), **Daval** (refuge du roi Arthur et de ses chevaliers), **Sept-Iles, Renote, Millau, Iliec** (un moment propriété de Charles Lindbergh).

Chef-lieu : SAINT-BRIEUC. **Altitude :** *max.* 60 m. **Population :** *1990* : 44 370 ; *2000* : 46 087 hab. **Port** du Légué. **Industries :** agroalimentaire, métallurgie, mécanique, joints ; 2e centre mondial du pinceau et de la brosserie après Nuremberg ; bois. **Monuments :** cathédrale St-Étienne (XIIIe-XIVe s., restaurée au XIXe s.), hôtels des Ducs de Br. (1572), de Bellescize (fin XVIIe s.), maison de la Barrière (16, rue du Gouët, XVIe s.), fontaine Notre-Dame (fin XVe s.). **Musée** d'Histoire ; baie classée réserve naturelle en 1998. AGGLOMÉRATION (en 1999) : 85 849 hab., dont **Langueux** 6 248, **Plérin** 12 512, **Ploufragan** 10 579, **Trégueux** 6 581, **Yffiniac** 3 842. AIRE URBAINE : 113 456 hab.

Sous-préfectures : Dinan 10 907 hab. (aggl. 22 366, dont **Lanvallay** 3 068, **Léhon** 3 103, **Quévert** 3 118), alt. 20 à 120 m ; mécanique, confection, textile, électronique ; château de la Dchesse Anne (1380), tour de l'Horloge (XVe s.), collège des Cordeliers (1241), remparts (XIIIe s.), musée (29 488 vis. en 1999). **Guingamp** 8 008 hab. (aggl. 17 725 [1], dont **Ploumagoar** 4 399), alt. 60 à 120 m ; marché agricole, agroalimentaire ; basilique N.-D.-de-Bon-Secours (XVe-XVIe s.), fontaine de Plomée (1626), restes du château (1440) et des remparts, abbaye de Ste-Croix, prison (1841), festival de danses bretonnes (août). **Lannion** 18 368 hab. (aggl. 48 990 dont **Ploubezré** 2 624), alt. max. 60 m. ; télécom., matériel électronique, BTP ; église de la Trinité de Brélévenez (XVe s.), couvent des Ursulines (1667-90).

Autres villes (vis. en 1999) : **Bégard** 4 474 hab. ; menhir de *Kerguézennec ;* église *St-Méen de Lanneven* (XVIe s.) ; parc d'attraction « Armoripark » (57 835 vis.). **Binic** 3 110 hab. (aggl. 7 937 [1], dont *St-Quay-Portrieux* 3 112 ; port de pêche et plaisance). **Callac** 2 459 hab. ; ruines de l'église de Botmel (XVIe-XVIIe s.). **Corseul** 1 977 hab. ; capitale de la tribu gauloise des Coriosolites. **Erquy** 3 760 hab. ; port coquillier ; château de *Bienassis* (XVe-XVIIe s.). **Fréhel** 2 047 hab. ; *Fort-la-Latte* château (XIIIe-XIVe s., 149 012 vis.). **Glomel** 1 460 hab. ; lac 90 ha. **Hillion** 3 786 hab. ; maison de la Baie (10 543 vis.). **Jugon-les-Lacs** 1 348 hab. ; lac 100 ha. **Lamballe** 10 563 hab. ; agroalimentaire ; haras (18 717 vis.) ; église N.-D. (XIIe et XIVe s.) ; musée Mathurin-Méheust ; maison dite « du Bourreau ». **Langueux** 6 248 hab. ; festival de musique. **Lanleff** 110 hab. ; église circulaire (XIe s.). **Lanvellec** 537 hab. ; château de *Rosanbo* (XIVe-XVIIe s., 18 031 vis.). **La Prenessaye** 858 hab. ; chapelle (50 000 vis.). **Le Leslay** 113 hab. ; château de *Beaumanoir* (XVe, remanié XIXe s.). **Le Vieux-Marché** 1 108 hab. ; chapelle des *Sept-Saints* (pardon islamo-chrétien en l'honneur des Sept Dormants d'Éphèse). **Loudéac** (sous-préf. jusqu'en 1926) 9 365 hab. ; alt. 120 à 240 m ; granit, ardoisières ; festival *Les Aquatides* (juin-sept., 48 740 vis.). **Merdrignac** 2 830 hab. **Mûr-de-Bretagne** 2 090 hab. ; lac de *Guerlédan* 355 ha, prof. 50 m. **Paimpol** 7 930 hab. ; port de plaisance ; ruines de l'abbaye de *Beauport* (34 000 vis.) ; musée de l'Estuaire (25 000 vis.) ; festival du film d'amour. **Perros-Guirec** 7 614 hab. (aggl. 13 268 [1]) ; réserve ornithologique des *Sept-Iles.* **Plaintel** 3 470 hab. **Plédéliac** 1 238 hab. ; château de la *Hunaudaye* (XIVe-XVe s., visites animées, 18 156 vis.). **Plédran** 5 750 hab. **Plénée-Jugon** 2 264 hab. ; abbaye cistercienne de *Boquen* [XIIe s., fondée vers 1100, *1790* bien national vendu ; *1936-73* communauté d'hommes ; *1976* de femmes (sœurs, cloître de Bethléem)]. **Pléneuf-Val-André** 3 680 hab. ; port de Dahouet. **Plestin-les-Grèves** 3 413 hab. **Pleubian** 2 691 hab. ; sillon du *Talbert ;* Centre d'études et de valorisation des algues (Cesa). **Pleumeur-Bodou** 3 825 hab. ; Centre national d'études des télécom. [antenne cornet (haut. 29 m, long. 54 m, diam. d'ouverture 20 m) fonctionne à l'abri d'un radôme (haut. 50 m, diam. 64 m, poids 57 t, résiste à des vents de 160 km/h bien que sans armature)] ; planétarium (66 538 vis.) ; musée nat. des Télécom. (104 190 vis.). **Ploeuc-sur-Lié** 2 937 hab. **Ploëzal** 1 190 hab. ; château de la *Roche-Jagu* (XVe s., 32 404 vis.). **Ploubazlanec** 3 321 hab. ; « croix des Veuves » et « mur des Disparus ». **Plouguernével** 2 222 hab. **Plouha** 4 397 hab. **Pontrieux** 1 121 hab. ; train à vapeur (22 000 vis.). **Pordic** 5 176 hab. **Quintin** 2 611 hab. ; château [XVIIe-XVIIIe s., haut lieu du protestantisme, 14 000 vis.], vestiges de remparts. **Rostrenen** (de 120 m à 240 m d'alt.) 3 616 hab. ; église (XIIIe-XVIIIe s.) **St-Cast-le-Guildo** 3 185 hab. **St-Quay-Portrieux** 3 112 hab. **Tonquédec** 1 063 hab. ; château (XVe s.). **Trébeurden** 3 451 hab. **Trégastel** 2 234 hab. ; forum (114 091 vis.) ; aquarium (60 495 vis.). **Trégomeur** 729 hab. ; zoo (66 800 vis. en 98). **Tréguier** 2 679 hab. (aggl. 5 878 [1]) ; cathédrale *St-Tugdual* (XIVe-XVe s.) et cloître (29 469 vis.) ; ville natale de St Yves (pardon 19-5) et d'Ernest Renan (maison natale).

Divers : 355 **ports de pêche avec criée :** Erquy, Le Légué, Loguivy, Pors-Even, St-Quay-Portrieux. **Retenues d'eau :** *Gouët* (7,9 millions de m^3), *Arguenon* (11,5 millions de m^3) et *Kerné-Uhel* (2,4 millions de m^3). **Réserves** *ornithologiques* des *Sept-Iles* et du *cap Fréhel*, des baies d'*Yffiniac* et de *Morieux ; naturelle* de la baie de *Saint-Brieuc.*

■ **Finistère** ou **Penn-ar-Bed (29)** [du latin *Finis terrae,* extrémité de la terre ; en breton *Penn-ar-Bed*, tête de la terre] 6 733 km^2 (102 × 93 km). **Côtes** : 795 km. *« Ceinture dorée »* de la pointe de Locquirec à Plouescat ; *circuits : « des Légendes »* de Goulven à Guissény, *« des Abers »* : Dossen, Aber-Wrac'h, Aber-Ildut, Aber-Benoît, Elorn, Aulne, Goyen, Odet qui traverse Quimper, Aven et Laïta, confluent de l'Isole et de l'Ellé, *« du Sud-Finistère et de Cornouaille »,* de la pointe de St-Mathieu à Port-Manech. Brennilis. **Altitude :** *max.* Roc 'h Trévézel (monts d'Arrée : 384 m). **Pluies** (en mm, 1997) : Brest 1 053, île d'Ouessant 689, Quimper 1 126. **Population :** *1801* : 439 046 ; *1901* : 773 014 ; *1946* : 724 735 ; *1975* : 804 088 ; *1990* : 838 687 ; *1999* : 852 418 (étrangers 8 084 dont Portugais 1,595, Marocains 837, Turcs 744, Algériens 539). **D.** 127. **Cantons** 54. **Communes** 283.

Régions naturelles : *SAU* (en ha) dont en % [cultures fourragères (f.) ; légumières (l.) ; céréales (c.) ; herbe (h.) ; divers (d.)] : zone côtière de Brest 4 262 [f. 58,2 ; l. 6,5 ; c. 23,2 ; h. 9,1 ; d. 3] ; zone de Plougastel-Daoulas 3 483 [f. 34,3 ; l. 9,3 ; c. 20,1 ; h. 18,9 ; d. 17,4] ; presqu'île de Crozon 2 474 [f. 46,8 ; l. 1,4 ; c. 20,6 ; h. 26,2 ; d. 5] ; zone légumière de la pénéplaine sud 5 896 [f. 38,8 ; l. 4,9 ; c. 41,1 ; h. 9,6 ; d. 6,2] ; littoral nord 43 718 [f. 24,1 ; l. 44,1 ; c. 13,3 ; h. 15 ; d. 3,6] ; landes des monts d'Arrée et du Méné 12 872 [f. 49,4 ; l. 0,4 ; c. 13,6 ; h. 35,8 ; d. 0,9] ; pénéplaine nord 118 715 [f. 52,3 ; l. 7,1 ; c. 22,2 ; h. 16 ; d. 2,4] ; landes de Châteaulin et Pontivy 90 231 [f. 53,1 ; l. 3 ; c. 28,2 ; h. 13,7 ; d. 2,1] ; pénéplaine sud 122 237 [f. 50,9 ; l. 5,6 ; c. 28,8 ; h. 12,1 ; d. 2,7] ; Bretagne 403 888 [f. 48,6 ; l. 9,5 ; c. 24,5 ; h. 14,7 ; d. 2,7].

Iles : Batz : en face de Roscoff, 305 ha, 4 × 1,5 km ; 575 hab. **Béniguet** (commune du Conquet) : 80 ha, inhabitée. **Glénan (les) :** 9 îles : St-Nicolas, le Loch, Penfret, Banannec, Drennec, Fort-Cigogne, Guiautec, Guirinec, les Moutons-du-Loch, réparties sur 10 km de long et 6 km de large sur la commune de Fouesnant. **Tudy** (presqu'île) : 126 ha, 1,2 × 0,8 km ; 518 hab. **Molène :** 75 ha, 1,2 × 0,8 km, 30 min de traversée ; 264 hab. **Ouessant :** 1 558 ha, 8 × 4 km, alt. 65 m, 1 h 30 de traversée ; 932 hab. ; phare et sémaphore de Créac'h (1862) ; Centre d'interprétation des phares et balises, musée (19 601 vis. en 98). *Dicton :* « Qui voit Ouessant, voit son sang ». **Sein :** 60 ha, 2 × 0,8 km ; 242 hab. (107 475 vis. en 97) ; compagnon de la Libération (voir à l'Index). Sein et Molène sont dispensés d'impôts locaux (depuis Louis XIV qui voulait y maintenir des marins).

Chef-lieu : QUIMPER. **Population :** *1801* : 9 915 ; *1861* : 16 637 ; *1911* : 28 610 ; *1946* : 40 345 ; *1975* : 55 977 ; *1982* : 56 907 ; *1990* : 59 420 ; *1999* : 63 238 hab. **Aéroport :** Quimper-Pluguffan. **Port. Industries :** centre de distribution, services, agroalimentaire, faïences, électronique, presse, édition. **Monuments :** *cathédrale* (XIIIe et XIVe s.), *église* romane (XIIe s.). **Musées** (vis. en 2000) : breton (28 134 en 1999), des Beaux-Arts (71 311), de la Faïence (16 582). Aggl. : 77 256.

Sous-préfectures : Brest *1801* : 30 937 ; *1831* : 41 590 ; *1861* : 84 332 ; *1911* : 125 909 ; *1926* : 100 365 ; *1936* : 118 700 ; *1946* : 74 991 ; *1954* : 110 713 ; *1975* : 166 826 ; *1982* : 156 060 ; *1990* : 145 956 ; *1999* : 149 936. *Superficie* : 4 951 ha. *Altitude* : 50 à 100 m. *Rade* : 15 000 ha [goulet : larg. 3 km, formes de radoub (bassin de répartition), 1er 1913 ; 2e 1968, long. 338 m ; 3e 1980, long. 420 m, larg. 80 m, prof. 20 m ; la plus grande du monde pour les 35 000 tpl, 250 000 tpl et 500 000 tpl (depuis 1980)], 1er port militaire français (20 000 personnes + sous-traitance), aéroport Brest-Guipavas. *Industries* : métallurgie, arsenal, réparation navale, alimentaire, textile, électronique, presse, édition, centre océanographique, Ifremer, IFRTP, technopole Brest-Iroise (Télecom, électronique, agroalimentaire). *Enseignement* : université (ENST, Enib, Ensieta, École navale, ESC Bretagne ISEB, IAAI, Esmi-Sab, Institut d'informatique), Ivem-Isamor (17 190 étudiants). *Monument : château* [origine : camp fortifié romain du IVe s., détruit aux 2/3 en 1944 (37 661 vis. [1])]. Cours Dajot (Dir. des fortifications) construit 1769. *Océanopolis* (ouvert en 1990) : parc marin couvert de 2 600 m^2 (500 000 vis.), pavillons polaire et tropical en construction. *Musées* (vis. en 2000) : des Beaux-Arts (7 611 vis.), de la Marine (52 484 vis.), de la tour Tanguy (19 227 vis. en 1999), mémorial Fort Montbarey (1776, 1 794 vis.). *Bombardements* (+ de 300 du 18-6-1940 au 18-9-1944, capitulation allemande) : 428 † (dont 75 le 24-7-1941) ; 5 000 immeubles détruits, 5 000 endommagés. Libéré 18-9-1944. *Juron* : « Tonnerre de Brest » : jadis, un coup de canon, appelé « tonnerre », alertait la gendarmerie d'une évasion du bagne (sur la rive gauche de la Penfeld). [Aggl. : 210 055 hab. dont **Bohars** 3 170, **Gouesnou** 6 042, **Guipavas** 12 584, **Le Relecq-Kerhuon** 10 866 (*1911* : 4 376 ; *1975* : 8 499 ; *1982* : 9 286), **Plougastel-Daoulas** *1954* : 6 709 ; *1975* : 8 138 ; *1982* : 9 581 ; *1990* : 11 139 ; *1999* : 12 471 ; calvaire (XVIIe s., 180 stations) ; pardon célèbre ; musées de la Fraise (11 300 vis.), du Patrimoine, **Plouzané** 12 045]. **Châteaulin** 5 154 hab. (*1801* : 3 172 ; *1861* : 2 892 ; *1911* : 4 271 ; *1975* : 4 711 ; *1982* : 5 357) ; commerce, viande. **Morlaix** 15 990 hab. (aggl. 25 516, dont **Plourin-lès-Morlaix** 4 248, **St-Martin-des-Champs** 4 706). *Port. Aéroport* Morlaix-Ploujean. Tabac, bière (Coreff) ; agroalim., électronique, presse, édition ; viaduc de 58 m de haut (1864), maisons (XVIe s.), musée des Jacobins (19 264 vis.). AIRE URBAINE : 274 593 hab.

Autres villes (vis. en 1999) : **Argol** 817 hab. ; musée du Cidre (30 215 vis.). **Audierne** 2 471 hab. (aggl. 9 181 [1], dont *Plouhinec* 4 105) ; port, conserverie. **Bannalec** 4 785 hab. **Bénodet** 2 750 hab. ; thalassothérapie. **Brennilis** 467 hab. ; réservoir St-Michel 450 ha. **Briec** 4 602 hab. **Carhaix-Plouguer** 7 645 hab. (*1801* : 1 734 ; *1861* : 2 197 ; *1911* : 3 493 ; *1975* : 8 210 ; *1982* : 8 591) ; ind. agroalimentaire, ardoisière. **Châteauneuf-du-Faou** 3 795 hab. **Clohars-Carnoët** 3 867 hab. ; station balnéaire *Le Pouldu.* **Commana** 1 117 hab. ; écomusée (28 361 vis.). **Concarneau** *1801* : 1 561 ; *1861* : 2 767 ; *1911* : 7 263 ; *1962* : 16 271 ; *1975* : 18 759 ; *1982* : 17 984 ; *1990* : 18 630 ; *1999* : 19 453 hab. [aggl. 25 807, dont *Trégunc* 6 354] ; pêche (3e port fr. ; thon), conserves, constructions nautiques ; station balnéaire ; remparts de la « Ville-close » (XVe-XVIIe s.), musée de la Pêche (57 040 vis.) ; marinarium 12 131 m ; fête des Filets bleus (août). **Crozon** (presqu'île) *1801* : 6 592 ; *1861* : 8 651 ; *1911* : 8 323 ; *1975* : 7 297 ; *1982* : 7 525 ; *1990* : 7 705 ; *1999* : 7 469 hab. ; conserves ; maisons des Minéraux (24 094 vis.). **Daoulas** 1 794 hab. ; abbaye (48 951 vis.). **Douarnenez** (de *douar an enez,* la terre de l'île) *1801* : 5 434 ; *1861* : 4 870 ; *1901* : 12 800 ; *1946* (après fusion avec *Ploaré, Pouldavid* et *Tréboul* en 1945) : 20 564 ; *1975* : 19 096 ; *1990* : 16 457 ; *1999* : 16 330 hab. ; pêche, conserves poissons et légumes, boîtes métal, électronique ; église de Ploaré (XVIe s.) ; *Port Rhu :* 1er port-musée de Fr., musée du Bateau (inauguré 20-5-1993, 33 924 vis.) ; *Ys* ville légendaire submergée (Ve s.) [un amant de Dahud, fille du roi Gradlon, aurait ouvert les portes à marée haute]. **Ergué-Gabéric** 6 925 hab. ; plasturgie ; Musée océanographique. **Fouesnant** 8 076 hab. ; *Les Balnéides* (123 000 vis.). **Guilers** 6 935 hab. **Guilmiliau** 814 hab. ; enclos (1533-1680) [calvaire (1581-88) représentant l'enfance de Jésus (200 personnages)]. **Guilvinec** 3 042 hab. (aggl. 5 698 [1], dont *Treffiagat* 2 168) ; 1er port de pêche fr. par le chiffre d'affaires. **Hanvec** 1 605 hab. ; *Menez Meur* (28 712 vis.). **La Martyre** 596 hab. ; enclos (1422-1629). **Lampaul-Guimiliau** 990 hab. **Landerneau** (sous-préfecture jusqu'en 1926) *1801* : 3 669 ; *1861 ;* 6 959 ; *1911* : 8 252 ; *1962* : 12 952 ; *1975* : 14 541 ; *1990* : 14 267 ; *1999* : 14 271 hab. ; agroalimentaire, mécanique. L'expression « Cela fera du bruit dans Landerneau » vient d'Alexandre Duval (1767-1842) qui fit jouer en 1796 une comédie en 1 acte « les Héritiers » (histoire d'un officier de marine que l'on a cru mort et qui resurgit au milieu de ses héritiers intéressés ; le valet Alain, apprenant son arrivée, s'écrie « Oh ! Le bon tour ! Je ne dirai rien, mais il y aura du scandale dans Landerneau ») ; viendrait aussi du charivari (donné à toute veuve qui convolait). **Landévennec** 371 hab. ; abbaye bénédictine (fondée vers 480), musée (17 883 vis.). **Landivisiau** 8 751 hab. (*1801* : 2 124 ; *1861* : 3 317 ; *1911* : 4 713 ; *1975* : 7 605) ; marché aux bestiaux aux enchères, agroalimentaire ; base aéronavale. **Lannilis** 4 473 hab. **Le Cloître-St-Thégonnec** 569 hab. ; musée du Loup (6 704 vis. en 1999). **Lesneven** 6 348 hab. (aggl. 9 344 [1], dont *Le Folgoët* 3 110 ; pardon célèbre) ; musée du Léon (2 000 vis.). **Locronan** 799 hab. ; Troménie (juillet) ; musée (4 482 vis.). **Loctudy** 3 659 hab. ; manoir de *Kerazan* (18 123 vis.). **Mellac** 2 314 hab. ; manoir de *Kernault* (13 596 vis.). **Moëlan-sur-Mer** 6 592 hab. ; maison du *Niou* (15 052 vis.). **Penmarch** (« Tête de cheval ») 5 889 hab. (*1801* : 1 166 ; *1861* : 2 029 ; *1911* : 5 051 ; *1975* : 6 921) ; pêche, conserves ; Musée préhistorique. [Aggl. 21 813 avec Loctudy 3 659, Plomeur 3 203, Guilvinec 3 042, Plobannalec 3 007]. **Plabennec** 6 997 hab. **Pleyben** 3 397 hab. ; enclos (1555-1725). **Plogoff** 1 563 hab. **Plomelin** 3 938 hab. **Plonéour-Lanvern** 4 800 hab. **Ploudalmézeau** 4 994 hab. **Plouescat** 3 660 hab. **Plouézoch** 1 567 hab. ; cairn de *Barnenez* (31 000 vis.). **Plougonvelin** 2 868 hab. ; fort de *Berthiaume* (16 455 vis.). **Plougonven** 3 051 hab. ; enclos (1507-1746). **Plouguerneau** 5 628 hab. ; musée des Goémoniers (4 627 vis.). **Pont-Aven** 2 960 hab. ; Musée municipal (49 240 vis.). **Pont-l'Abbé** 7 847 hab. (*1801* : 1 884 ; *1861* : 4 286 ; *1911* : 6 652 ; *1975* : 7 325) ; conserves, confection ; château des *Barons du Pont* (XIVe s., remanié XVIIIe s.), Musée bigouden (13 648 vis.), fête des Brodeuses (juillet). **Quimperlé** 10 837 hab. (sous-préfecture jusqu'en 1926) ; papeterie, alimentaire, conserves, BTP. **Riec-sur-Belon** 4 008 hab. **Roscoff** 3 550 hab. ; institut biologique, aquarium (22 550 vis.), port, thalassothérapie. **Rosporden** 6 441 hab. ; conserves, viande. **St-Goazec** 780 hab. ; *Domaine de Trevarez* 85 ha (118 914 vis.). **St-Pol-de-Léon** 7 121 hab. (*1954* : 8 585 ; *1975* : 8 044) ; chapelle du *Kreisker,* marché au Cadran ; légumes. **St-Renan** 6 818 hab. ; granit. **St-Thégonnec** 2 267 hab. ; enclos (1587-1610). **St-Vougay** 800 hab. ; château de *Kerjean* (XVIe-XVIIe s., 47 566 vis.). **Scaër** 5 267 hab. ; papeterie, plasturgie. **Sizun** 1 850 hab. ; enclos (1588-1735).

Divers : allée couverte : *Tronoën* (1450-1470). **Menhirs :** 143 à Camaret. **Parc naturel régional d'Armorique :** créé 1969, 172 000 ha. **Presqu'île du cap Sizun** terminée par la *pointe du Raz* (1 000 000 de vis. en 97), réserve ornithologique de *Goulien* ; statue de N.-D.-des-Trépassés (1904), sémaphore (1910).

■ **Ille-et-Vilaine** ou **Il-ha-Gwilen** (35) 6 774,7 km² (130 × 80 km). **Côtes** (dont **d'Émeraude**) : 72 km. **Altitude** : *max.* forêt de Paimpont 258 m. **Pluies** (en mm, 1997) : Dinard 611, Rennes 640. **Population** : *1801* : 488 846 ; *1911* : 608 021 ; *1921* : 558 574 ; *1975* : 702 199 ; *1982* : 748 272 ; *1990* : 798 718 ; *1999* : 867 533 (étrangers 12 513 dont Marocains 1 895, Turcs 1 236, Portugais 1 171, Algériens 756). **D.** 128. **Cantons** 53. **Communes** 352.

Régions naturelles : bassin de Rennes blé, plantes fourragères, bovins, légumes, produits laitiers. **Pays de Redon** bovins, porcins, lait, polyculture. **Région côtière** légumes. **Marais de Dol et polders** polyculture et moutons de présalés. **Région de Fougères** plantes fourragères, élevage, lait, carrière. **Région de Combourg** polyculture, élevage, lait. **Bois** (en 1990) : 61 600 ha [dont (en 1981) *Gaël-Paimpont* (ancienne Brocéliande) 7 670 (14 étangs), *Rennes* 2 938, *Fougères* 1 500, *Liffré* 900, *Villecartier* 900, *St-Aubin-du-Cormier* 800, *Le Mesnil* 500, *Montauban* 500].

Chef-lieu : RENNES. Altitude : 25 à 54 m. **Superficie** : 5 022 ha (1995). **Population** : *1833* : 29 408 ; *1866* : 49 231 ; *1901* : 74 673 ; *1946* : 113 731 ; *1975* : 198 305 ; *1982* : 200 390 ; *1990* : 197 536 ; *1999* : 206 229 hab. **Industries** : mécanique, auto (PSA), imprimerie, agroalimentaire, électronique, informatique, télécom., presse (*Ouest-France*). **Aéroport** : Rennes-St-Jacques, *technopole Atalante*. **Métro** : projet Val (Matra) pour 2002, 8,56 km (15 stations), coût 2,944 milliards de F, subvention d'État. **Monuments** : *parlement* de Bretagne (construit par Salomon de Brosses, 1618-55, brûlé 1720, reconstruit par Gabriel, brûlé 4-2-1994 lors d'une manif. de marins-pêcheurs ; restauration 380 millions de F). *Cathédrale St-Pierre* (1844). Hôtel de ville (XVIIIe s.). **Musées** (visiteurs en 2000) : des Beaux-Arts (fondé 1799, 56 135 vis.), de Bretagne (fondé 1960, 25 700 vis.), Écomusée (39 340 vis.). *Piscine* St-Georges (1925). *Jardin* du Thabor (11 ha). **Espaces verts** : 790 ha. **Grandes salles** : Le Liberté 6 000 places (dont assises 3 500), Jean Vilar (TNB) 1 139, Serrault (TNB) 274, Opéra 620, du Triangle culture et congrès 645 (auditorium), de la Cité 480, Ubu 300 (spécialisée dans le rock). *Théâtre national de Bretagne* : 150 000 spectateurs. *Opéra* : 25 238 spectateurs. *Orchestre de Bretagne* : 46 musiciens, 30 000 spectateurs rennais, 23 concerts. **Festivals** : de musique (*Transmusicales* déc.) ; du cinéma (*Travelling* en févr.). **Guerres** : 22/23-12-1721, incendie de 900 maisons. Bombardements 1942-44 (dont 8-3-1943 : 274 † ; 29-5-1943 : 195 †). AGGLOMÉRATION (10 communes) : 275 263 hab., dont **Bruz** 13 207, **Cesson-Sévigné** 14 344 ; pôle télécom, **Chantepie** 6 793, **Chartres-de-Bretagne** 6 467, **St-Grégoire** 7 644, **St-Jacques-de-la-Lande** 7 582. Communauté RENNES MÉTROPOLE (36 communes) 364 687. AIRE URBAINE : 483 795. **Pays de Rennes** 419 559 hab. 67 communes. Comprend l'agglomération de Rennes, les communautés de communes de Châteaugiron, du pays d'Aubigné, du val d'Ille, le Sivom de Liffré et Bourgbarré.

Sous-préfectures : Fougères 21 779 hab. (aggl. 27 178, dont **Lécousse** 2 826) ; chaussures, confection, électronique, agroalimentaire, mécanique de précision, optique, verrerie ; marché aux bestiaux (3 400 têtes de bétail par semaine) ; château (XIe-XVe s., 78 683 vis.), musée Emmanuel-de-La-Villéon (14 738 vis.). **Redon** 9 499 hab. ; métallurgie, électronique, briquets ; port commerce et plaisance, musée de la Batellerie (5 241 vis.). **St-Malo** (de Malo ou Maclou : moine gallois qui aurait évangélisé la région au VIe s.) 50 675 hab. ; du 9 au 17-8-1944 : assiégée par les Américains (incendiée par obus) ; en 1967, fusion avec **St-Servan** et **Paramé**. *Ports* : commerce et pêche : 152 ; plaisance (31 466 bateaux immatriculés en 1997), station balnéaire, pêche (5 169 t en 1998) ; ind. laitière, construction navale ; chimie, engrais. *Écoles* de la marine marchande, *établissement des invalides* de la Marine et Centre administratif des affaires maritimes. Cathédrale St-Vincent. *Musées* (visiteurs en 2000) : d'Histoire de la ville (30 672 vis.), Jacques-Cartier, du Long-Cours caphornier (10 000 vis.), d'Ethnographie ; mémorial 1939-45 (7 000 vis.), tour Solidor (1382, 43 994 vis. en 1999), tour Quic-en-Groigne (35 548 vis. ¹), *Grand aquarium* (424 000 vis.) ; fort du Petit-Bé (XVIIIe s., Vauban), National (1869), Grand-Bé (tombeau de Chateaubriand).

Autres villes (vis. en 2000) : **Acigné** 5 246 hab. **Antrain** 1 387 hab. ; château de *Bonnefontaine* (XVe-XVIe s., 14 000 vis.), port miniature de *Villecartier* 7 610. **Argentré-du-Plessis** 3 614 hab. ; bois, grande distribution ; château (4 000 vis.). **Bain-de-Bretagne** 5 516 hab. **Bazouges-la-Pérouse** 1 854 hab. ; château de *La Ballue* (XVIIe-XVIIIe s., 4 000 vis.). **Bécherel** 660 hab. ; Cité du livre créée 1989, château de *Caradeuc* (XIIIe s., parc). **Betton** 8 547 hab. **Bréal-sous-Montfort** 3 825 hab. ; jardin de Brocéliande (8 312 vis.). **Cancale** 5 203 hab. ; pêche 680 t, ostréiculture, ferme marine (30 012 vis.) ; maison natale de Jeanne Jugan, fondatrice des Petites Sœurs des pauvres. **Châteaubourg** 4 877 hab. ; électronique, machines agricoles, viande. **Châteaugiron** 5 500 hab. ; château (XIIe-XVIIIe s., 1 105 vis.). **Combourg** 4 850 hab. ; château de Chateaubriand (XIe-XVe s., 36 057 vis.). **Dinard** 10 430 hab. ; sur 800 villas et immeubles, 407 classés [aggl. 25 006 hab., dont dans le département *La Richardais* 1 801 ¹ (usine marémotrice de la Rance, 82 314 vis.). *Pleurtuit* 4 428 hab. ¹ ; aéroport ; station balnéaire ; pêche 193 t (en 1992). *St-Briac-sur-Mer* 1 825 ¹. *St-Lunaire* 2 163]. **Dol-de-Bretagne** 4 563 hab. ; cathédrale St-Samson. **Feins** 710 hab. ; étang de Boulet 76 ha. **Grand-Fougeray** 1 970 hab. ; tour *Du Guesclin* (XIVe s., 6 000 vis.) ; grande distribution (SCAEX). **Guichen** 6 526 hab. ; site du *Boël*. **Janzé** 5 364 hab. ; électronique. **La Guerche-de-Bretagne** 4 095 hab. ; imprimerie, viande. **Langon** 1 281 hab. ; site de *Corbinières*. **Le Rheu** 5 733 hab. **Les Iffs** 232 hab. ; château de *Montmuran* (XIIe-XVIIe s.). **Liffré** 6 454 hab. ; viande, machines de bureau. **Lohéac** 603 hab. ; manoir de l'Automobile (67 000). **Louvigné-du-Désert** 4 034 hab. **Martigné-Ferchaud** 2 634 hab. ; ind. laitière. **Melesse** 5 164 hab. **Montauban** 4 042 hab. ; ind. laitière. **Montfort-sur-Meu** 5 412 hab. ; viande, confection ; écomusée. **Mordelles** 5 901 hab. ; viande, salaisonnerie Brient. **Moulins** 562 hab. ; château de *Monbouan* (XVIIIe s.). **Noyal-sur-Vilaine** 4 698 hab. ; ind. laitière ; parc la Vallée des canards (9 615 vis.). **Pacé** 7 885 hab. **Paimpont** 1 395 hab. ; abbaye (41 000 vis.). **Pleugueneuc** 1 283 hab. ; château et zoo de *La Bourbansais* (XVIe-XVIIIe s., 97 062 vis.). **Pleurtuit** 4 457 hab. ; château de *Montmarin* (malouinière, XVIIIe s.). **Québriac** 1 040 hab. ; parc zool. (29 747 vis.). **Retiers** 3 212 hab. ; ind. laitière. **Rothéneuf** : Adolphe-Julien Fouéré (1839-1910), recteur, sculpta de 1870 à 1895 dans des rochers (723 m²) des légendes sur les habitants du pays. **St-Just** 929 hab. ; site mégalithique de la lande de *Cojoux*. **St-Méen-le-Grand** 3 566 hab. ; viande ; musée Louison-Bobet (3 000 vis.). **Thorigné-Fouillard** 6 625 hab. **Tinténiac** 2 434 hab. **Vern-sur-Seiche** 7 454 hab. **Vitré** 15 313 hab., sous-préfecture jusqu'en 1926 ; viande, chaussures, cuir, caoutchouc, plasturgie, meubles ; *musées* : de l'Abeille vivante (1 036 vis. en 1999), du Château (XIIIe-XVIe, 35 143 vis.), des Rochers-Sévigné (XVe-XVIIIe s., 12 118 vis.), de la Faucillonnaie (2 883 vis.), St-Nicolas (4 378 vis.).

Divers : malouinières : *Bonaban* (à La Gouesnière), *Limoelou* (à Paramé, maison de Jacques Cartier), *Launay-Quinart, Launay-Ravilly* (près de Châteauneuf), *La Villebague* (à St-Coulomb, construite 1715 par les Magon), *Le Bos, Le Lupin, Montmarin* (XVIIIe s.).

■ **Morbihan** ou **Mor-Bihan** (56) [du breton *Mor-Bihan*, petite mer, par rapport à *Mor-Bras*, grande mer ou océan] 6 822,6 km² (138 × 84 km). **Côtes** : 513 km (288 km le long du continent, 89 km pour le contour des îles, 136 km pour celui des estuaires). **Températures** : de 6 °C (janv.) à 17,3 °C (juillet). **Pluie** : 900 mm. **Insolation** : 2 040 h. **Altitude** : *max.* Mt St-Joseph 297 m. **Population** : *1801* : 401 215 ; *1921* : 456 047 ; *1946* : 506 884 ; *1954* : 520 966 ; *1975* : 563 588 ; *1982* : 590 889 ; *1990* : 619 838 ; *1999* : 643 873 (étrangers 5 731 dont Turcs 1 139, Portugais 368, Marocains 343, Algériens 299). **D.** 94. **Cantons** 42. **Communes** 261.

Régions naturelles : Arz 330 ha, 256 hab. **Ile aux Moines** 320 ha, 617 hab. **Plateaux et collines. Landes de Lanvaux. Bois** (en 1996) : 110 000 ha.

Iles principales : golfe du Morbihan : 12 000 ha, 42 îles et 323 îlots dont 15 habités dont **Arz**, long. 3,5 km, 300 ha, 231 hab. **Ile-aux-Moines,** long. 7 km, 320 ha, 610 hab. **Belle-Ile** à 15 km au sud de Quiberon, 17 × 5 km, 8 563 ha, côtes 50 km, alt. max. 57 m, 4 735 hab., citadelle Vauban (42 440 vis. en 1999). **Groix** à 14 km de Lorient, 7,7 × 2 km, 1 482 ha, côtes 18 km, alt. max. 46 m, 2 275 hab. ; écomusée (10 000 vis. en 1999). **Hoëdic** à 16 km ; 1,2 × 2 km ; haut. max. 25 m, 208 ha, 117 hab. ; fort [1846 (4 600 vis. en 1999)]. **Houat** à 10 km, long. 4 500 m, larg. 500 à 1 200 m, haut. max. 30 m, 291 ha, 335 hab., éclosarium.

Chef-lieu : VANNES. Population : *1840* : 11 623 ; *1901* : 23 375 ; *1954* : 28 403 ; *1975* : 40 359 ; *1990* : 45 644 ; *1999* : 51 759. **Industries** : alimentaire et nautique, transport, tréfileries (Michelin). **Aérodrome. Université. Monuments** : *cathédrale St-Pierre* (XIIIe-XIXe s.), *église St-Paterne* (XVIIIe s.). *Châteaux* de l'Hermine (XVIIIe-XIXe s.), Gaillard (XVe s., musée d'Archéologie, 7 978 vis.), musée de la Cohue, palais des Automates (25 000 vis.) ; jardins avec papillons (44 000 vis. en 1999), aquarium (182 000 vis. en 1999). **Port** : de plaisance. AGGLOMÉRATIONS : 60 062 hab.

Sous-préfectures : Lorient (de 20 à 40 m d'alt.) [créé 1666, « Orient », nom d'un bateau construit par la Cie des Indes sur les chantiers ; *1790*, devient Lorient ; *1940*, base de sous-marins allemands ; *1943*, destruction (bombardements alliés : 4 000 maisons rasées, 3 500 endommagées, 206 † mais base des sous-marins quasi intacte) ; *1945*, libérée]. *Population* : *1709* : 6 000 ; *1733* : 20 000 ; *1946* : 19 066 ; *1954* : 47 095 ; *1975* : 69 769 ; *1990* : 59 271 ; *1999* : 59 189 hab. *Superficie* : 1 748 ha. *Port* : pêche (26 473 t en 1996), commerce (2,4 millions t) et plaisance. Arsenaux, aéroport, aéronavale, construction navale, mécanique, électrique, électronique, conserves. *Musées* de la Mer ; base de sous-marins (28 338 vis. en 1999), le Victor-Pleven (45 000 vis.). *Festival* interceltique. AGGLOMÉRATION : 115 174 hab. (dont **Lanester** 21 883. **Larmor-Plage** 8 470. **Ploemeur** 18 046. **Quéven** 8 303 hab.). **Pontivy** 13 508 hab. ; alimentaire, bois ; château des *Rohan* (XVe s., 15 541 vis. en 1999), musée des Récollets.

Autres villes (vis. en 1999) : **Arzon** 2 056 hab. ; le *Cairn* (construction de pierres sèches haute de 6 m, vers 2 500 av. J.-C.) ; thalassothérapie au Crouesty et port de plaisance). **Auray** 10 910 hab. [aggl. 14 313 ¹, dont *Brech* 4 483, écomusée (9 942 vis. ¹)] ; bois ; commanderie du St-Esprit (XIIIe s.), église St-Gildas (XVIIe s.), mausolée de *Kerléano* ; champ des Martyrs. **Baud** 4 813 hab. ; chapelle de la Clarté (XVe s.). **Béganne** 1 307 hab. ; château de *Léhélec* (XVIIIe s.). **Belz** 3 289 hab. **Bignan** 2 546 hab. ; château de *Kerguehennec* (XVIIIe s., 31 520 vis.), musée d'Art contemporain. **Bréhan** 2 314 hab. ; abbaye *N.-D.-de-Timadeuc* (59 300 vis.). **Campénéac** 1 464 hab. ; abbaye la Joie-N.-D. (25 000 vis.) ; château de *Trécesson* (XIVe-XVe s.) ; site mégalithique du *Tombeau des Géants*. **Carentoir** 2 544 hab. ; la Ferme du monde (30 451 vis.). **Carnac** 4 444 hab. ; alignements de *Kermario* (400 000 vis.), du *Ménec* (1 100 menhirs) ; thalassothérapie ; musée de la Préhistoire (37 712 vis.), archéoscope (54 000 vis.). **Caudan** 6 744 hab. ; fonderie. **Concoret** 645 hab. ; château du *Comper* (29 258 vis.). **Elven** 3 559 hab. ; château de *Largoët* (XIVe s.). **Erdeven** 2 523 hab., alignements de *Kerzerho* (1 000 pierres) ; château de *Keravéon*. **Étel** 2 165 hab. (aggl. 4 670 ¹). **Gourin** 4 464 hab. ; conserves ; château de *Tronjoly* (XVIIIe s.). **Grand-Champ** 4 246 hab. ; chapelle N.-D.-du-Burgo (XVIe s.), mégalithes. **Guéhenno** 730 hab. ; calvaire (XVIe s.), chapelle St-Michel (XVIe s.). **Guer** 5 388 hab. (aggl. 6 184 ¹), musée de *St-Cyr Coëtquidan* (13 757 vis.). **Guidel** 9 156 hab. ; base aéronavale de *Lann-Bihoué*. **Hennebont** 13 412 hab. (*1936* : 8 690 * ; *1962* : 11 960 ; musée des tours *Broërec'h* (6 503 vis.), haras (20 722 vis.) [aggl. 19 165 ¹, dont *Inzinzac-Lochrist* 5 395] ; écomusée (11 000 vis.). **Josselin** 2 418 hab. ; château des *Rohan* (61 000 vis.) ; musée des Poupées (18 000 vis.), basilique N.-D.-du-Roncier (XIVe-XVe s.). **La Chapelle Caro** 1 200 hab. ; château du *Crévy* (XIVe s., 10 000 vis.). **La Gacilly** 2 277 hab. ; végétarium (41 992 vis.). **Langonnet** 1 918 hab. ; abbaye N.-D. (1136, 4 291 vis.). **Larmor Baden** 954 hab. ; cairn de *Gavrinis* (21 000 vis.). **La Trinité-sur-Mer** 1 530 hab. ; mégalithes (allée couverte Mane Roullarde) ; plaisance. **Le Faouët** 2 806 hab. ; halles ; chapelles Ste-Barbe et St-Fiacre (XVe s.) ; musée des Peintres (7 000 vis.). **Le Guerno** 582 hab. ; parc zoologique de *Branféré* (90 603 vis.). **Le Hezo** 550 hab. ; musée du Cidre (8 500 vis.). **Lizio** 737 hab. ; écomusée (14 700 vis.). **Locmariaquer** 1 367 hab. ; mégalithes : *dolmen* de la Table des marchands et grand *menhir* brisé (60 000 vis.). **Locminé** 3 430 hab. ; viande conserves, biscuits. **Locmiquélic** 3 945 hab. ; port de plaisance [aggl. 12 774 ¹, dont *Port-Louis* 2 808 ; musée de la Cie des Indes (57 895 vis. en 1997) ; *Riantec* 4 846 vis. ¹]. **Loyat** 1 442 hab. ; château (1707-37). **Malansac** 1 889 hab. ; parc de la Préhistoire (110 000 vis.). **Monteneuf** 660 hab. ; les *Pierres droites* : alignement de menhirs (découverts 1981-90 ; brisés et enterrés : plus de 1 000 sur 6 ha en cours de restauration). **Muzillac** 3 805 hab. ; moulin de *Pen-Mur* (22 059 vis.). **Ploërmel** 7 525 hab. (sous-préfecture supprimée 1926) ; parachimie ; maison de l'Eau et de la Pêche ; horloge astronomique (25 000 vis.) ; musée J.-M. de La Mennais ; lac au Duc. **Plouay** 4 750 hab. ; conservatoire de la Voiture hippomobile ; musée de la Chouannerie (19 870 vis. en 1996). **Plouharnel** 1 700 hab. ; abbaye de *Kergonan* ; copie d'un galion du XVIIIe s. ; musée de la Chouannerie (12 000 vis.). **Pont-Scorff** 2 623 hab. ; parc zoologique (216 000 vis.). **Port-Louis** 2 808 hab. ; musée de la Cie des Indes (64 848 vis.). **Questembert** 5 726 hab. ; maisons (XVIe-XVIIe s.), chapelle St-Michel (XVIe s.), halles. **Quiberon** (presqu'île) 5 073 hab. ; conserverie la Belle-Iloise (45 000 vis.), thalassothérapie, plaisance (*Port-Haliguen*). **Quistinic** 1 312 hab., village de *Poul-Fétan* (XVIe s., 133 315 vis.). **Rohan** 1 521 hab., abbaye *N.-D. de Timadeuc* (49 000 vis.). **Rochefort-en-Terre** 693 hab. ; château (21 500 vis.) ; héliscope. **St-Avé** 8 303 hab. **St-Marcel** 854 hab. ; musée de la Résistance (47 061 vis.) ; chapelle Ste-Geneviève (XVIIIe s.). **Ste-Anne-d'Auray** 1 844 hab. ; pèlerinage ; musée du Costume breton (5 922 vis.). **Sarzeau** 6 143 hab. ; fort d'*Hoëdic* (1846), châteaux de *Kerlevenan* (XVIIIe s., 3 787 vis.) et *Suscinio* [XIIIe-XVe s. (70 000 vis.)], ferme du *Men-Guen* (14 072 vis. en 1998) ; musée des Métiers et des Commerces. **Séné** 7 868 hab. ; dolmen de *Gornevez*, chapelle St-Laurent (XVIe s.), moulin à marée de *Cantizac*. **Theix** 5 029 hab. ; château du *Plessis-Josso* (1330, 5 400 vis.). **Trehorenteuc** 117 hab. ; église (XVIIe s.).

Nota. – * Population totale (avec doubles comptes).

CENTRE-VAL DE LOIRE

GÉNÉRALITÉS

■ **Superficie.** 39 151 km². **Population.** *1990* : 2 371 100 (dont Français par acquisition 43 129) ; *1998* (1-1) : 2 464 700 (étrangers 134 927 dont Portugais 42 115, Marocains 28 309, Turcs 11 862, Algériens 13 010, Espagnols 5 605, Tunisiens 3 175) ; *1999* : 2 440 329. **D.** 62.

☞ Le 19-12-1994, la région Centre a voté pour un nouveau nom « Centre-Val de Loire » par 52 voix pour, 15 contre, 10 abstentions [on avait proposé « Berry-Val de Loire », « Cœur de France », « Val de France » ; 12 500 personnes touchées par voie de presse avaient opté pour « Centre-Val de Loire » (37 %), « Cœur de France » (26), « Val de Loire » (22), « Val de France » (15)].

BERRY

■ **Situation.** S'étend sur la plus grande partie du Cher et de l'Indre ; quelques parcelles en Loiret, Indre-et-Loire et Creuse.

■ **Histoire.** A l'époque gauloise, *Avaricum* (Bourges) capitale des Bituriges Cubi, métropole du Massif central ; assiégée par Jules César, elle résista énergiquement en 52 av. J.-C. **Période gallo-romaine** Bourges capitale de l'Aquitaine, puis de l'Aquitaine Seconde (après Dioclétien). **VIe s.** la *civitas* de Bourges est amputée d'une partie de son territoire solognot, en faveur de la *civitas* (nouvelle) d'Orléans. **469 à 507** fait partie du royaume wisigothique (bataille de *Vouillé*). **Jusqu'au XIIe s.**, reste avant tout le domaine des archevêques de Bourges, métropolites d'Aquitaine ; ils en laissent l'administration à des comtes et vicomtes, souvent des seigneurs voisins (notamment Gérard de Roussillon, Guillaume d'Auvergne). **1102** partant pour la croisade, Eudes Harpin vend sa vicomté de Bourges au roi Philippe Ier ; le reste du Berry est lentement acquis par les rois. **1137** Louis VII se fait couronner duc d'Aquitaine à Bourges par le métropolite. **1152** Henri II Plantagenêt, 2e époux d'Éléonore, revendique Bourges comme capitale religieuse du duché. **1170** Louis VII repousse une attaque d'Henri II et garde le Berry dans la mouvance capétienne. **1360** Jean II le Bon l'érige en duché et le donne en apanage à son 3e fils, Jean (1340-1416), qui y crée une riche principauté (Ste-Chapelle de Bourges, château de Mehun-sur-Yèvre). **1418** à son neveu Charles, futur Charles VII. Centre de la résistance des Valois contre les Anglais au cours de la guerre de Cent Ans (alors appelé le « roi de Bourges »). Plusieurs princes portèrent le titre de « duc de Berry », notamment le frère de Louis XI, la sœur d'Henri II, le 2e fils de Charles X.

Blésois

■ **Situation.** Des 2 côtés de la Loire (moitié N.-O. du Loir-et-Cher).

■ **Histoire.** Marche non déboisée entre la cité des Carnutes (Chartres-Orléans) et celle des Turons. Peut-être centre de la religion druidique à Suèvres *(Sodobriga).* **Période gallo-romaine** partie de la cité d'Autricum (Chartres). **Jusqu'en 940** la forteresse de Blois, construite au VIe s., appartient aux Ctes de Paris, seigneurs du Chartrain (futurs rois capétiens). **940** Thibaut le Tricheur : comtés en fief héréditaire. **1023** son petit-fils, Eudes Ier, devenu Cte de Champagne, fonde la maison de Blois-Champagne. **1334-97** fief distinct, dans la maison de Châtillon. **1397** Louis d'Orléans (frère de Charles VI), son fils, l'achète. **1440** Charles d'Orléans, le poète, établit sa cour à Blois. **1498-1588** Louis II d'Orléans (né à Blois), devenu le roi Louis XII, puis ses successeurs font de Blois la principale résidence de la Cour jusqu'à l'assassinat du duc de Guise. **1697** siège d'un évêché, détaché de Chartres.

Chartrain, Drouais, Dunois

■ **Situation.** Constituent à eux 3 (avec une partie du Perche, le Thymerais) l'Eure-et-Loir. Plateaux de la Beauce, plats, calcaires, sablonneux ; alt. 130 à 150 m ; cultures céréalières, gagnées sur la forêt, défrichée au Moyen Age.

■ **Histoire.** Territoire des Celtes *carnutes* (fidèles du dieu Cernunnos, aux bois de cerf) qui ont donné leur nom à Chartres vers le IIIe s. apr. J.-C. [nom primitif : l'adjectif *aturicum,* tiré du nom de l'Eure *(Atura)* et déformé ensuite en *Autricum*]. Une sous-tribu des Carnutes, les *Durocasses,* a donné son nom à Dreux (étymologie : *cassi,* les combattants, *durum,* de la colline fortifiée). *Dunum,* la « ville artisanale » sur le Loir, a été protégée (au Moyen Age) par une forteresse, devenant Châteaudun *(Castellum Duni).* **Période gallo-romaine,** la cité de Chartres réduite à la moitié nord du territoire des Carnutes (amputée de l'Orléanais autour de *Genabum*) fait partie de la Lyonnaise Quatrième (métropole : Sens) ; évangélisée au IVe s. par 3 missionnaires senons : Potentien, Altin et Santin. **Sous les Mérovingiens,** division en 3 *pagi :* Chartrain, Drouais, Dunois. **Sous les Capétiens,** *le Chartrain,* terre en grande partie épiscopale, reste sous l'autorité des ducs capétiens puis passe à la fin du Xe s., avec Blésois et vicomté de Châteaudun, dans la famille de Thibaut le Tricheur qui deviendra celle des Blois-Champagne. Fief direct de la Couronne en 1234, il est annexé au domaine royal en 1280 à l'extinction des Châtillon. Des vidames de Chartres (ducs de Saint-Simon) continueront jusqu'à la Révolution à administrer les terres épiscopales de la région. *Le Drouais* est vendu au roi de Fr., Robert le Pieux, vers 1020 et servira plusieurs fois d'apanage à des princes capétiens. *Le Dunois :* les Vtes de Châteaudun (ou de *Dunois*) ont été plusieurs fois en même temps Ctes du Perche et vassaux des Blois-Champagne puis des rois de France à partir de 1234. Réuni en 1391 à l'apanage du duc d'Orléans ; passe en 1407 à son fils naturel, dit le Bâtard d'Orléans, tige des Ctes de Dunois, ducs de Longueville (éteints 1696).

Orléanais

■ **Situation.** S'étend sur Loiret, Loir-et-Cher, Eure-et-Loir, quelques parties de l'ancienne Seine-et-Oise, Yonne, Nièvre et Cher. La « généralité d'Orléans », moins étendue au N. (elle ne possédait rien de l'ancienne S.-et-O.), était plus vaste au S. (elle atteignait l'Yonne et dépassait le Cher). **Est :** *Gâtinais* (de part et d'autre du Loing), petite culture (céréales, pommes de terre, plantes fourragères), élevage (gros bétail et volailles), apiculture. **Centre et ouest :** *Beauce,* plaine calcaire découverte avec gros villages et riches cultures (blé, orge, maïs, betterave à sucre, graines de semence, plantes fourragères) ; au S.-O., vers Vendôme et Blois, *petite Beauce,* plus ondulée et moins riche. **Plus à l'ouest :** *partie orientale du Perche,* bocage, herbages gras (cheval) et habitat dispersé. **Nord de la Loire :** *forêt d'Orléans* entre la Beauce et le Gâtinais. **Sud de la Loire :** *Sologne* (sol imperméable), mise en valeur au XIXe s. [En 1980, 440 000 ha dont environ 50 % appartenaient à des non-résidents (15 % à des Parisiens des VIIe, VIIIe, XVIe et XVIIe arr.) et 10 % à l'État. Il y avait environ 1 000 grands domaines de chasse (moy. : 220 ha).] *Val de Loire :* partie la plus riche (alluvions et climat) blé, betteraves, plantes fourragères, vigne, arbres fruitiers, cultures sous serres, pépinières, roseraies. Le long de la Loire, petits marchés ou gros centres (souvent anciennes étapes de batellerie) : Gien, Châteauneuf-sur-Loire, Orléans, Blois.

■ **Histoire.** *Genabum* (Orléans) était avec *Autricum* (Chartres) une des 2 capitales des Carnutes, dont le territoire allait de Sully-sur-Loire à Mantes. **IVe s.** Genabum, rebaptisée *Aurelianum,* devient une cité épiscopale dépendant de Sens ; son territoire est augmenté, au sud, d'une partie de la Sologne biturige (rive droite de la Sauldre). **54** capitale du royaume de Clodomir, fils de Clovis. **573** le roy. d'Orléans est annexé à la Neustrie. Partie du domaine royal dès Hugues Capet, détachée 4 fois à titre d'apanage : Philippe (1311-75, frère de Jean le Bon) ; Louis (1371-1407, frère de Charles VI), son fils Charles (le poète, 1391-1464), son petit-fils Louis (1462-1515, futur roi Louis XII) ; Gaston (1608-60, frère de Louis XIII) ; Philippe (1640-1701, frère de Louis XIV), duc d'Orléans, tige des princes d'Orléans (dont le roi Louis-Philippe Ier) dont l'arrière-petit-fils Philippe (1869-1926) portera le titre de duc d'Orléans (voir à l'Index).

Touraine

■ **Situation.** Plateau (craie, recouverte d'une carapace argilo-siliceuse) avec bois et landes (landes du *Ruchard*) coupés de clairières cultivées (*Gâtine tourangelle,* entre Loire et Loir ; plateau d'*Amboise* et de *Pontlevoy,* entre Loire et Cher ; *Champeigne,* entre Cher et Indre ; plateau de *Sainte-Maure,* entre Indre et Vienne). *Vallées : Val de Loire* et vallées fertiles du *Cher,* de l'*Indre,* de la *Vienne* (alluvions épaisses ou « varennes » et climat doux et ensoleillé). Cultures maraîchères, arbres fruitiers. Vins de Bourgueil, Vouvray, Chinon. Habitations troglodytiques.

■ **Histoire.** Pays des Turones ou Turons (VIe s. av. J.-C.) intégré par les Romains à la IIIe Lyonnaise. Tours *(Caesarodunum).* **Vers 300** évêché (St Gatien), puis centre religieux de l'Ouest. **397** (8-11) St Martin meurt (né Hongrie 316, évêque de Tours, 317 fondation de l'abbaye de Marmoutier à 3 km de Tours) ; sa tombe devient lieu de pèlerinage. **VIe-VIIe s.** base militaire des Francs dans l'Ouest [**507** Clovis y a son camp (île St-Jean en face d'Amboise, il y reçoit Alaric, avant de le battre à Vouillé)]. **732** Charles Martel devance les Arabes, qui veulent attaquer Tours (il les écrase à Poitiers). **Xe s.** Louis le Débonnaire fait de Tours la capitale de l'Ouest *(missaticum Turonicum)* et un archevêché. Administration confiée à un comte. **940** le Cte Thibaut le Tricheur transforme en fiefs héréditaires ses comtés de Chartres, Blois, Touraine ; cédé en fief au Cte d'Anjou, Geoffroi Ier Martel (1044), tige de la famille des Plantagenêts. **1206** Philippe Auguste s'empare des domaines Plantagenêts au nord de la Loire, et de Loches et Chinon. **1259** Henri III d'Angleterre en reconnaît la possession au roi de France (traité de Paris). **1332** apanage confié à Jean II le Bon. Érigée en duché-pairie, passe à ses fils Philippe le Hardi (1360-63), futur duc de Bourgogne, et Louis (1370-84), duc d'Anjou, puis à son petit-fils Louis (1386-92) qui devient le duc d'Orléans (1392). **1416-1419** le futur Charles VII en est investi. **1422** après son avènement, il confie le duché (qui fait partie du royaume de Bourges) à sa femme Marie d'Anjou, puis au Cte écossais Douglas, et ensuite au duc Louis III d'Anjou (1425). De Charles VII à Henri IV, les rois de France résident dans leurs châteaux de la Loire. **1542** centre de la généralité de Tours-Poitiers-Bourges. **XVIIe-XVIIIe s.** abandonnée au profit de Paris et de Versailles, la Touraine devient une simple province (dernier duc : François d'Alençon, 1576-84).

■ Économie

■ **Population active** (au 1-1-1998). 913 886 (non-salariés 105 242) dont : agriculture 51 160 (35 423) ; industrie 208 677 (7 851) ; construction 59 438 (11 935) ; tertiaire 594 611 (50 033).

■ **Échanges** (en milliards de F, 2000). **Import. :** 91,54 *dont* produits pharmaceutiques, de parfumerie et d'entretien 22,98, chimiques en caoutchouc ou plastique 12,21, équipements mécaniques 11,03, du foyer 5,87, équipements électriques et électroniques 5,86, composants électriques et électroniques 5,79, métaux et prod. métalliques 5,72, habillement cuir 5,6, prod. en bois, papier ou carton 4,34, de l'ind. auto 2,59 ; *de* All. 13,61, Irl. 12,25, USA 8,65, Ital. 8,18, G.-B. 5,87, Esp. 5,78. **Export. :** 93,13 *dont* produits pharmaceutiques, de parfumerie et d'entretien 23,43, équipements électriques et électroniques 11,28, équipements mécaniques 10,46, prod. de l'ind. auto 10,19, équipement du foyer 9,65, prod. chimiques en caoutchouc ou en plastique 8,8, composants électriques et électroniques 4,82, prod. des ind. agricoles et alimentaires 3,45, habillement cuir 1,75 ; *vers* All. 18,01, G.-B. 10,68, Belg. 8,65, Ital. 7,84, Esp. 7,53, P.-Bas 5,41.

■ **Agriculture** (en 2000). **Terres** (en milliers d'ha) : 3 953,6 dont *SAU* 2 442 (t. arables 2 092, herbe 317,2, vignes 23,8) ; *t. non agr.* 392,9 ; *t. agricoles non cultivées* 165,1 ; *bois* 899,9 ; *étangs* 29,2. **Production végétale** (en milliers de t) : céréales 8 998,3 dont blé tendre 5 574,8, maïs-grain 1 410,6, bett. industrielle 2 042,3 ; *vins* 1 396 910 hl. **Animale** (en milliers de têtes) : bovins 627,9, ovins 274,7, porcins 343,1. *Lait* (de vache) : 4 588 000 hl.

■ **Énergie. Nucléaire** (production en 1999) : 69,9 milliards de kWh (12,8 % du nucléaire français en 1998) dont Belleville-sur-Loire 14,5, Chinon-Avoine 23,3, Dampierre-en-Burly 21,3, St-Laurent-des-Eaux 10,9. **Héliogéothermie** à Blois (associe captage de l'énergie solaire et stockage des calories des nappes d'eau souterraines). **Biomasse** (sous-produits des cultures, de l'élevage et de la forêt) pour l'agriculture.

■ **Patrimoine.** 746 monuments classés, 1 276 inscrits à l'inventaire supplémentaire, plus de 100 châteaux ouverts à la visite.

■ **Tourisme** (en 2000). **Hébergement :** *hôtels de tourisme* 750 (19 401 lits) ; *résidences de tourisme* 4 (4 520 pl.) ; *campings* 295 (22 584 pl.) ; *auberges de jeunesse* 13 (885 lits) ; *villages de vacances* 5 (956 pl.) ; *gîtes ruraux* 1 555 ; *d'étape* 127 ; *d'enfants* 30 ; *chambres d'hôtes* 1 616 ; *résidences secondaires* 88 318.

■ Départements

☞ Voir légende p. 811. *Nota.* – (1) En 1998.

■ **Cher (18)** 7 235 km^2 (175 × 100 km). **Altitude :** *max.* 504 m (Le Magnoux) ; *min.* 89 m (sortie du Cher). **Population :** *1891 :* 359 276 ; *1911 :* 337 810 ; *1954 :* 284 376 ; *1975 :* 316 350 ; *1982 :* 320 174 ; *1990 :* 321 559 ; *1998 :* 320 200 (étrangers 14 961 dont Portugais 4 670, Marocains 2 260, Algériens 2 000, Turcs 945) ; *1999 :* 314 428. **D.** 43. **Cantons :** 35. **Communes :** 290.

Régions naturelles : Champagne berrichonne 296 621 ha, céréales, oléagineux. **Sologne** 111 792 ha, chasse, forêt, volailles. **Pays-Fort, Sancerrois** 96 300 ha, élevage (Charolais), polyculture, fromage (crottin de Chavignol), vigne (Sancerre et Menetou-Salon), pommes et petits fruits. **Boischaut** 75 049 ha, polyculture, élevage, tabac. **Marche** 33 901 ha, polyculture, élevage, vigne. **Vallée de Germigny** 84 793 ha, élevage (Charolais), céréales. **Val de Loire** 25 043 ha, céréales, élevage, maraîchage, tabac. **Bois :** 171 500 ha (24 % du département) dont (en 1997) forêt de *Vierzon* 5 218, d'*Allogny* 2 312, *Vouzeron* 2 220, *St-Palais* 1 908.

Chef-lieu : BOURGES. **Altitude :** 153 m. **Population :** *1800 :* 16 000 ; *1866 :* 30 119 ; *1911 :* 45 735 ; *1962 :* 62 239 ; *1975 :* 77 300 ; *1990 :* 75 609 ; *1999 :* 75 420. **Industries :** fonderie, mécanique aérospatiale, pneus, établissement militaire, armes, imprimerie, édition, textile, bois, agroalimentaire, tôlerie, chaudronnerie, plasturgie. **Monuments** (vis. en 2000) ; palais Jacques-Cœur (XVe s., 33 521 vis.), cathédrale St-Étienne (1172-1235) ; patrimoine mondial : horloge astronomique (1424, 24 950 vis.), hôtel Lallemant (XVe s., musée des Arts décoratifs), hôtel Cujas (XVIe s., musée du Berry, 23 226 vis.), hôtel des échevins (XVe-XVIIe s., donation Estève, 18 938 vis.). **Marais. Musées** (vis. en 2000) : d'Histoire naturelle (23 762 vis. en 1999), des Meilleurs Ouvriers de France (22 332 vis.), des Arts décoratifs (28 390 vis.). **Festival** de musique (Printemps de Bourges, 150 000 vis.). Unité urbaine (5 communes) : 91 434 hab., dont **Fussy** 1 951, **St-Doulchard** 9 018, **St-Germain-du-Puy** 5 007, **Trouy** 2 978. Aire urbaine : 123 055.

Sous-préfectures : St-Amand-Montrond 11 447 hab. (*1851 :* 8 232 ; *1926 :* 8 858 ; *1975 :* 12 278) [aggl. 15 160 [1], dont **Orval** 1 997] ; métallurgie, bonneterie, bijouterie, cartonnages, imprimerie, édition, bâtiment, habillement, cuirs et peaux, bois, alimentaire, céramique, matériel de construction. *Église. Musée* St-Vic (8 710 vis. en 1999). **Vierzon** 29 719 hab. [aggl. 32 528 (3 communes)] ; métallurgie, porcelaine, bâtiment, chimie, céramique, textile, bois, cuirs et peaux, matériel de construction, imprimerie, alimentaire, papier, carton, caoutchouc, mécanique, plasturgie ; *église* (partie XVe s.) ; *château* de la Noue (XVe s.) ; *musée* du Fil de soie.

Autres villes (vis. en 1999) : **Ainay-le-Vieil** 198 hab. ; château (XIIIe-XVe s., dit le *Petit Carcassonne,* roseraie, 19 463 vis.). **Apremont-sur-Allier** 87 hab. ; château (XIIIe-XIXe s. ; musée des Calèches, 31 069 vis.) ; parc floral. **Argent-sur-Sauldre** 2 502 hab. ; château ; musée des Métiers et Traditions de France. **Aubigny-sur-Nère** 5 907 hab. ; mécanique, bijouterie, confection, ind. électrique et mécanique de précision ; église St-Martin (en partie XIIe s.), château des Stuarts (XVIe s.), hôtel de ville, *musées :* Marguerite-Audoux, de la Vieille-Alliance ; vieilles maisons. **Avord** 2 334 hab. **Beffes** 612 hab. **Blancafort** 995 hab. ; château (XVe-XVIIe s.,). **Châteaumeillant** 2 058 hab. ; vignobles ; musée. **Châteauneuf-sur-Cher** 1 614 hab. ; château (XIe-XVIe s.), parc animalier. **Concressault** 214 hab. ; musée de la Sorcellerie (41 923 vis.). **Culan** 822 hab. ; château (Xe-XVe s., 12 900 vis. [1]). **Dun-sur-Auron** 4 013 hab. (*1851 :* 4 948 ; *1975 :* 4 154) ; textile, bâtiment, habillement ; église romane. **Foëcy** 2 003 hab. ; musée de la Porcelaine (5 889 vis.). **Graçay** 1 562 hab. ; 3 vierges miraculeuses. **Henrichemont** 1 829 hab., fondée 1608 par Sully, village de potiers ; musée de la Poterie (5 170 vis.). **Jussy-Champagne** 265 hab. ; château (XVIIe s.). **La Chapelle-d'Angillon** 667 hab. ; château (XIe-XVe-XVIIe s.). **La Chapelle-St-Ursin** 3 193 hab. ; mécanique, armement. **La Guerche-sur-l'Aubois** 3 397 hab. ; métaux, imprimerie, papier-carton, bois, bâtiment, électricité, électronique, mécanique ; église romane St-Étienne-du-Gravier. **Le Noyer** 266 hab. ; château de *Baucard.* **Les Aix-d'Angillon** 2 006 hab. **Lignières** 1 588 hab. ; château. **Mehun-sur-Yèvre** 7 212 hab. ; porcelaine (musée), céramique, métaux, bâtiment, textile, imprimerie ; château de Charles VII (vestiges) ; musée (9 900 vis.) ; église (XIe s.). **Meillant** 792 hab. ; château (XVe-XVIe s., 27 076 vis.). **Menetou-Couture** 316 hab. ; abbaye de *Fontmorigny* (XIIe-XIIIe s., 5 000 vis.). **Menetou-Salon** 1 661 hab. ; château (XIXe s., 3 500 vis.). **Mornay-Berry** 163 hab. ; château de *Grand-Cour* (XIIIe s.) **Morogues** 424 hab. ; château de *Maupas* (5 650 vis.). **Nançay** 738 hab. ; agroalimentaire, radiotélescopes ; galerie Capazza. **Oizon** 752 hab. ; château de la *Verrerie* par Béraud Stuart (XVe-XVIe s., 14 221 vis.). **Sagonne** 221 hab. ; château (4 800 vis.). **St-Florent-sur-Cher** 6 900 hab. (*1926 :* 3 852 ; *1975 :* 6 535) [aggl. 9 023 [1], dont *Lunery* 1 536] ; mécanique, fonderie, chaudronnerie, électricité, électronique, chimie ; château (XVe-XVIe s.). **St-Germain-du-Puy** 5 007 hab. **Sancerre** 1 799 hab. (*1851 :* 3 703 ; *1926 :* 2 337 ; *1975 :* 2 460) ; vignes, mécanique, alimentaire, bâtiment, artisanat ; tour des *Fiefs* (XIVe s.), vestiges du château féodal, porte César, place de la Halle (tourelles XVe-XVIe s.). **Sancoins** 3 562 hab. ; marché européen aux bestiaux.

Divers : Bruère-Allichamps ; abbaye de Noirlac (XIIe-XIVe s., 39 161 vis. en 1999). **Étangs** (en ha) : de *Goule* 120 (112 300 vis. en 1999), du *Puits* 180 (dont 15 ha se trouvent dans le Cher), *plan d'eau* du *Val d'Auron* 82, *retenue* du barrage de *Sidiailles* 90 (40 000 vis. en 1999), de *Mareuil-sur-Arnon* 33. **Vins :** 199 200 hl (Sancerre, Menetou-Salon, Quincy, Châteaumeillant).

■ **Eure-et-Loir (28)** 5 880 km^2 (110 × 93 km). **Altitude :** *max.* 287 m (butte de Rougemont près de Vichères) ; *min.* 48 m (sortie de l'Eure). **Pluie** (1995-96) : 360 mm (moyenne trentenaire 560 mm). **Population :** *1801 :* 257 793 ; *1851 :* 294 862 ; *1921 :* 251 255 ; *1975 :* 335 151 ; *1982 :* 362 813 ; *1990 :* 396 064 ; *1996 :* 412 300 ; *1998 :* 416 800 (étrangers 27 791 dont Marocains 8 301, Portugais 6 634, Algériens 2 540, Turcs 2 533) ; *1999 :* 407 665. **D.** 69. **Cantons :** 29. **Communes :** 403. **1er producteur** (en 2000) : blé (194 000 ha), protéagineux (36 600 ha).

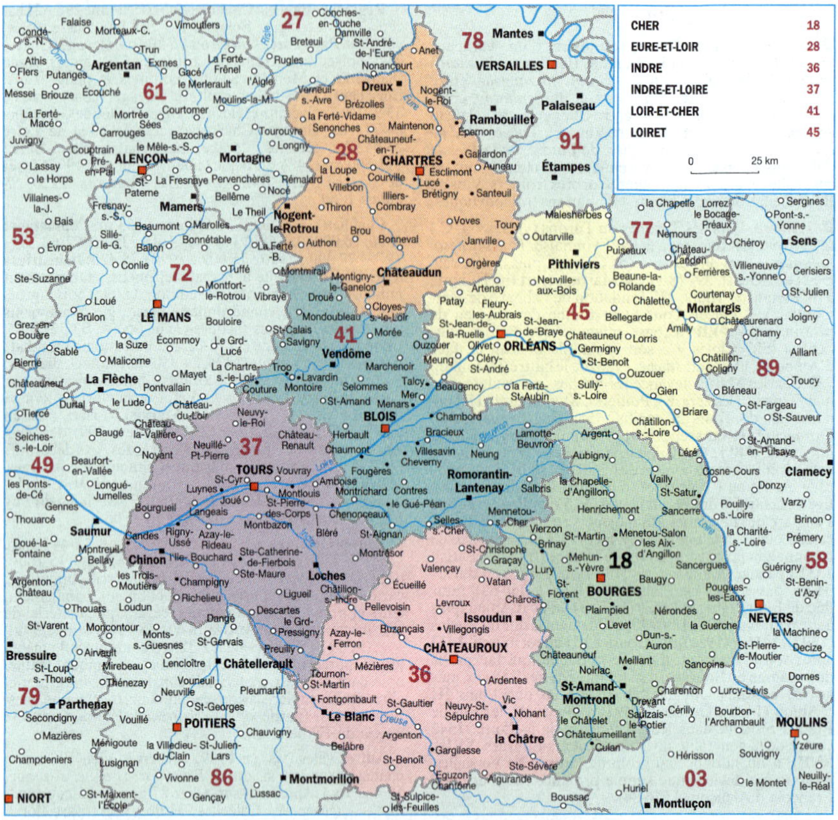

Régions naturelles : Thymerais et **Drouais** 98 807 ha, à 300 m d'alt., 245 m près de Senonches, plateau 150 000 ha, **collines du Perche** 110 000 ha (bovins). **Beauce** 328 000 ha, alt. moy. 150 m (blé, bett. à sucre, maïs, orge). **Bois** (en 1996) : 71 000 ha (12 % du département) dont forêt de *Senonches* 4 302, de *La Ferté-Vidame* 3 199, *Champrond* 1 500, domaniales de *Châteauneuf-en-Thymerais* 1 752, *Dreux* 3 309, *Montecot* 640.

Chef-lieu : CHARTRES. **Altitude :** 158 m. **Population :** *1851 :* 18 234 ; *1901 :* 23 431 ; *1954 :* 38 341 ; *1975 :* 38 928 ; *1990 :* 39 595 ; *1999 :* 40 361 hab. **Industries :** mécanique, électronique, cosmétiques. **Monuments :** cathédrale N.-D. (XIIe-XIIIe s. ; hauteur : flèches 103 et 112 m, faîtage 51 m ; largeur : 32 m au niveau des clochers, 46 m aux portes latérales ; long. de la nef (du portail à la grille du chœur) 73 m, larg. 16,40 m (7 travées), haut. (au transept) 36 m ; transept larg. 64,30 m (d'un trumeau à l'autre) ; chœur long. 38,34 m ; verrières 2 600 m², rose occidentale diam. 12,18 m ; superficie (intérieure) 5 800 m² ; *350* 1re cathédrale ; *858* détruite par Vikings ; *1020-24* construction crypte ; *1134* construction partie centrale de la façade ; *1170* achèvement du clocher sud ; *1194* incendie, reconstruction jusqu'en 1233 ; *1507-15* construction du clocher de Jean de Beauce ; *1836* incendie détruit charpente et toit en plomb (32 266 vis. en 1999)]. **Musées** (vis. en 1999) : des Beaux-Arts (16 899), des Sciences naturelles (18 797), maison de l'Archéologie (3 130), maison Picassiette (fondée 1929, 22 335) ; conservatoire de l'Agriculture (à Mainvilliers ; 44 300) ; Centre international du vitrail (23 404). UNITÉ URBAINE : 87 800 hab. ; 9 comm., dont **Barjouville** 1 393, **Champhol** 2 898, **Le Coudray** 2 884, **Lèves** 4 308, **Lucé** 17 701, **Luisant** 6 622, **Mainvilliers** 10 018, **Morancez** 1 615. AIRE URBAINE : 116 584.

Sous-préfectures (vis. en 1999) : **Châteaudun** *1851 :* 6 745 ; *1954 :* 9 687 ; *1975 :* 15 338 ; *1990 :* 14 511 ; *1999 :* 14 543 hab. (aggl. 17 894) ; moitié nord-est incendiée par Prussiens 18-10-1870 ; mécanique, électrique et électronique ; château (XIIe et XVIe s., 26 221 vis.) ; musée des Beaux-Arts (13 579 vis.) ; grottes du Foulon (16 769 vis.). **Dreux** 31 849 hab. (aggl. 44 653 dont **Vernouillet** 11 496) ; électronique, mécanique, produits pharmaceutiques, chimie ; beffroi, musées Marcel Dessal (4 651 vis.), du Vin (3 665 vis.), chapelle royale (16 538 vis.). **Nogent-le-Rotrou** 11 524 hab. (*1851 :* 6 983 ; *1854 :* 8 765 ; *1975 :* 12 806) [aggl. 12 745] [1] ; mécanique, produits pharmaceutiques ; donjon, château et musée St-Jean (12 631 vis.).

Autres villes : Anet 2 651 hab. ; château (XVIe-XVIIe s., 25 500 vis.) ; partie de l'aggl. d'*Ézy-sur-Eure* (voir **Eure** p. 871 c). **Auneau** 3 880 hab. ; parc félins (70 000 vis.) **Bonneval** 4 285 hab. ; chaudronnerie, appareils ménagers ; abbaye. **Brou** 3 713 hab. (aggl. 5 283 [1]). **Courtalain** 558 hab. ; château Renaissance (1442, restauré XIXe). **Épernon** 5 498 hab. (aggl. 6 785 [1]). **Frazé** 493 hab. ; château (1 528 vis.). **Gallardon** 3 510 hab. (aggl. 4 089 [1]). **Illiers-Combray** 3 226 hab. ; métallurgie, machines agricoles, chaudronnerie ; souvenir de Marcel Proust [maison de sa tante Léonie (4 244 vis.)]. **La Loupe** 3 734 hab. **Loigny-la-Bataille** 174 hab. (2-12-1870, 40 000 Français contre 35 000 Allemands). **Maintenon** 4 440 hab. (aggl. 6 559 [1]) ; château (XIIIe-XVIIe s., 31 928 vis.). **Montigny-le-Gannelon** 426 hab. ; château (XVIe-XIXe s., 19 763 vis.). **Nogent-le-Roi** 4 142 hab. (aggl. 5 638 [1]). **Nottonville** 252 hab. ; abbaye (6 615 vis.). **St-Lubin-des-Joncherets** 4 355 hab. **St-Rémy-sur-Avre** 3 553 hab. **Senonches** 3 143 hab. ; château. **Villebon** 72 hab. ; château (1 800 vis.).

■ **Indre (36)** 6 791 km² (100 × 100 km). **Altitude :** *max.* colline du Fragne 459 m ; *min.* 65 m (sortie de l'Anglin et de la Creuse). **Population :** *1801 :* 205 628 ; *1936 :* 245 622 ; *1952 :* 252 075 ; *1975 :* 248 523 ; *1982 :* 243 191 ; *1990 :* 237 510 ; *1998 :* 232 400 (étrangers 5 005 dont Portugais 1 153, Marocains 1 121, Algériens 510) ; *1999 :* 231 139. **D.** 34. **Cantons :** 26. **Communes :** 247.

Régions naturelles : Champagne berrichonne 110 000 ha, céréales (blé, orge), protéagineux, lentilles vertes, oléagineux. **Boischaut sud** 153 000 ha, élevage, bovins, ovins, porcins, polyculture ; **nord** 119 000 ha, élevage, lait, viande, fromages de chèvre (Levroux, Pouligny-St-Pierre, Valençay), céréales, vignes (*Valencay* et *Reuilly*). **Brenne** 73 000 ha, alt. max. 110 m ; sols sableux et boisés, monticules gréseux, parc naturel régional 166 000 ha (47 communes), environ 1 400 étangs, polyculture, élevage (bovins, ovins) ; pisciculture ; forêt ; chasse. **Forêt :** 114 000 ha sauf peupleraies (16 % du département).

Chef-lieu : CHÂTEAUROUX. **Altitude :** 154 m. **Population :** *1990 :* 50 969 ; *1999 :* 49 632 hab. **Industries :** travaux routiers, confection, constr. mécanique, chimie, textile (confection, moquette), céramique, biscuiterie, biscotterie, centres logistiques. **Aéroport** Marcel-Dassault (Châteauroux-Déols) : sous-traitance aéronautique. **Musées :** Bertrand, des Arts et Traditions populaires, Cordeliers (total : 25 192 vis. en 99). **Parc** de Belle-Isle (12 ha), prairie de St-Gildas (35 ha). UNITÉ URBAINE : 66 082 hab., dont **Déols** 8 089, **Le Poinçonnet** 5 021, **St-Maur** 3 340. AIRE URBAINE : 84 903.

Sous-préfectures : Issoudun 13 685 hab. ; malterie, métallurgie, aéronautique (Sicma), chaussures (André), maroquinerie (Vuitton) ; musée de l'Hospice St-Roch, tour Blanche. **La Châtre** 4 547 hab. (aggl. 7 143 [1]) ; marché agricole, pharmaceutique, bois, textile ; musée George-Sand et de la vallée Noire ; circuit auto (école de pilotage). **Le Blanc** 7 361 hab. ; confection, plasturgie, bois, aéronautique ; écomusée de la Brenne et du pays Blancois [dans le château Naillac (8 041 vis. en 1999)].

Autres villes (vis. en 2000) : **Aigurande** 1 668 hab. ; chapelle N.-D.-de-la-Bouzanne (XIIIe s.), pèlerinage. **Ardentes** 3 323 hab. ; ind. du bois. **Argenton-sur-Creuse** 5 146 hab. (aggl. 8 767) [1] ; aéronautique, confection, poterie ; site gallo-romain ; musée de la Chemiserie et de l'Élégance masculine (4 967 vis.). **Argy** 614 hab. ; château (XVe-XIXe s.) ; musée des Métiers et Traditions paysannes ; colombarium des Archives nationales. **Azay-le-Ferron** 991 hab. ; château (XVe-XVIIIe s.). **Badecon-le-Pin** 696 hab. ; site de la *Boucle du Pin.* **Bouesse** 398 hab. ; château (XVe s.), tour (38 m). **Bouges-le-Château** 255 hab. ; château (XVIIIe s., 12 241 vis.). **Brion** 440 hab. ; musée de l'École. **Buzançais** 4 581 hab. ; mécanique, confection, tapis. **Ceaulmont** 651 hab. ; château de *la Prune-au-Pot* (XIIIe-XIVe s., vestiges). **Chabris** 2 652 hab. ; artisanat. **Châtillon-sur-Indre** 3 119 hab. ; caoutchouc, confection, tapis ; tour de *César.* **Clion-sur-Indre** 1 156 hab. ; château de l'*Isle-Savary* (XVe s.). **Cluis** 1 063 hab. ; église (XIIIe s.) ; mottes féodales (Xe s.) ; forteresse (XIIe et XVe s.) ; viaduc, halle (XVIIe s.). **Déols** 8 089 hab. ; abbaye ; aérodrome ; écoparc de Chenevières. **Diors** 676 hab. ; fonderie, transp. routiers. **Éguzon-Chantôme** 1 373 hab. ; lac Chambon (180 ha) ; barrage EDF ; musée ATP. **Fontgombault** 283 hab. ; abbaye bénédictine N.-D. (XIe s.). **Fougerolles** 287 hab. ; abbaye de *Varennes* (XIIe-XVIIe s.). **Gargilesse-Dampierre** 324 hab. ; église (XIIe s.) et crypte ; château (XIIe-XVIIe s.) ; villa Algira (7 348 vis.) ; maison de George Sand. **Ingrandes** 316 hab. ; château (XIe-XIVe s.) ; musée Henry-de-Monfreid. **Levroux** 2 914 hab. ; collégiale (XIIIe s.) ; musée du Cuir et du Parchemin. **Lignac** 572 hab. ; château *Guillaume* (XIIe s.). **Luçay-le-Mâle** 1 706 hab. ; étang de la *Foulquetière ;* musée de la Pierre à fusil. **Martizay** 1 049 hab. ; Musée archéologique. **Méobecq** 362 hab. ; abbatiale St-Pierre (XIe-XIIe s.). **Mers-sur-Indre** 584 hab. ; château de *Magnet* (XIIe-XVIIIe s.), site de *la Mare au diable* (bois de *Chanteloube*). **Mézières-en-Brenne** 1 160 hab. ; maison de la Pisciculture, étang de Bellebouche 100 ha. **Montierchaume** 1 757 hab. ; agroalimentaire, aéronautique. **Montipouret** 507 hab. ; moulin d'*Angibault.* **Neuvy-St-Sépulcre** 1 654 hab. ; basilique (XIe-XIIe s., réplique du St-Sépulcre de Jérusalem). **Nohant-Vic** 500 hab. ; église St-Martin (XIIe s.), fresques ; domaine de George Sand (1804-76 ; 20 785 vis.) ; festival de musique G.-Sand. **Obterre** 267 hab. ; parc zoologique de la Hte-Touche (43 889 vis.). **Orsennes** 791 hab. ; château du *Breuil-Yvoin* (XVe-XVIIIe s.). **Palluau-sur-Indre** 828 hab. ; château (XIe s.), église St-Laurent (XIe s.). **Pellevoisin** 886 hab. ; église (tombe de Bernanos), pèlerinage. **Pouligny St-Martin** 254 hab. ; tour *Gazeau* (XIVe s.), site du roman *Mauprat* de G. Sand. **Pouligny-St-Pierre** 974 hab. ; église (XIIe s.) ; fromages de chèvre : pyramides. **Prissac** 738 hab. ; château de la *Garde-Giron.* **Reuilly** 1 963 hab. ; église romane ; musée du Vin (10 436 vis.) ; commanderie de l'Ormeteau (XIIe-XVe s.) ; caves. **Rosnay** 526 hab. ; château du *Bouchet* (XIIIe-XVIIe s.), maison du Parc de la Brenne, étang de la Mer-Rouge 180 ha (le plus grand de Brenne). **St-Aoustrille** 159 hab. ; site TDF. **St-Benoît-du-Sault** 766 hab. ; village médiéval. **St-Chartier** 540 hab. ; château des *Maîtres sonneurs* (XVe s.) ; festival des luthiers et maîtres sonneurs. **St-Marcel** 1 641 hab. ; confection ; *musées :* archéologique (église et son trésor), d'Argentomagus (18 804 vis.). **St-Michel-en-Brenne** 308 hab. ; réserve de *Chérine.* **St-Valentin** 276 hab. ; jardin des Amoureux. **Ste-Sévère** 899 hab. ; château (XVIIIe s.), donjon (XIIIe s.) ; lieu de tournage du film *Jour de fête* de J. Tati. **Sarzay** 319 hab. ; château (XIVe s.), cadre du *Meunier d'Angibault.* **Ségry** 465 hab. ; abbaye de *la Prée.* **Valençay** 2 736 hab. ; château (XVIe-XVIIIe s., demeure de Talleyrand, 90 000 vis.) ; chaudronnerie, tôlerie, confection, apiculture ; musée de l'Auto. **Vatan** 1 972 hab. (aggl. 2 460) [1] ; confection ; musée du Cirque (5 602 vis.). **Vicq-sur-Nahon** 778 hab. ; église, fresques au château de *la Moustière* (XVIIIe s.). **Villedieu-sur-Indre** 2 340 hab. ; confection ; golf. **Villegongis** 100 hab. ; château (Renaissance).

■ **Indre-et-Loire (37)** 6 127 km² (110 × 100 km). **Altitude :** *max.* signal de la Ronde 186 m ; *min.* 28 m (sortie de la Loire à Candes-St-Martin). **Population :** *1801 :* 268 924 ; *1901 :* 335 541 ; *1946 :* 349 685 ; *1962 :* 395 210 ; *1968 :* 437 870 ; *1975 :* 478 601 ; *1982 :* 506 097 ; *1990 :* 529 848 ; *1998 :* 555 600 (étrangers 22 786 dont Portugais 8 682, Algériens 3 559, Marocains 2 790, Espagnols 723) ; *1999 :* 554 003. **D.** 90. **Cantons :** 37. **Communes :** 277.

Régions naturelles (SAU, en ha) : **Gâtine** (du latin *terra vastata :* région dévastée) *tourangelle* 77 133, céréales, vergers, **de Loches et de Montrésor** 78 160, polyculture, élevage. **Région de Ste-Maure** 53 547, céréales, polyculture, élevage. **Champeigne** 49 027, céréales, polyculture, élevage. **Val de Loire** 26 858, vigne, maraîchage, vergers. **Richelais** 36 587, céréales. **Région viticole** *à l'est de Tours* 11 042, vignes, céréales. **Plateau de Mettray** 9 585, céréales, polyculture. **Bassin de Savigné** 10 129, polyculture, élevage. **Bois :** 157 500 ha (25 % du département) [dont forêt d'*Amboise* 4 200, forêts domaniales de *Chinon* 5 200, de *Loches* 3 600]. **Landes :** du *Ruchard* (camp militaire 2 000 ha) ; de *Cravant* 2 000 ha.

Chef-lieu : TOURS. **Altitude :** 55 m. **Population :** *1801 :* 21 413 ; *1851 :* 33 530 ; *1901 :* 69 044 ; *1954 :* 95 903 ; *1975 :* 140 686 ; *1990 :* 129 509 ; *1999 :* 132 820 hab. **Aéroport** Tours-Val de Loire. **Industries :** mécanique, aéronautique ; pharmaceutique, métallurgie, électronique, mécanique et chimie, ameublement ; rillettes, vins. **Enseignement :** université. **Monuments :** cathédrale St-Gatien, tours 69 et 70 m (14 479 vis. en 1997), château (XIIe s.), cloître, basilique St-Martin (1885-1925) dôme 51 m plus statue de St-Martin (haut. 4,25 m, 1 692 kg), muséum. **Musées** (vis. en 1996) : archéologique, des Beaux-Arts (41 777 vis.), du Compagnonnage (42 631 vis.), Grévin (43 098 vis.), des Vins de Touraine, du Gemmail, St-Martin, des Équipages militaires ; aquarium tropical (27 082 vis. [1]) ; hôtel Goüin (XVIe s., 5 747 vis. [1]). UNITÉ URBAINE (22 communes) : 297 631 hab., dont **Ballan-Miré** 7 059 ; **Chambray-lès-Tours** 10 275 (23 communes) ; **Fondettes** 8 921 ; **Joué-lès-Tours** 36 517, caoutchouc, métallurgie ; **La Membrolle-sur-Choisille** 2 928 ; **La Riche** 8 594, prieuré *St-Cosme,* tombe de Ronsard (27 172 vis. [1]) ; **La Ville-aux-Dames** 4 647 (île de Rochecorbon, 70 ha, long. 2 km) ; **Larçay** 2 037 ; **Luynes** 4 501, château (XIIIe s.) ; **Mettray** 2 029 ; **Montbazon** 3 434 ; donjon (XIe s.), château d'*Artigny ;* **Montlouis-sur-Loire** 9 657 hab., viticulture, château de *la Bourdaisière* (XIVe-XVIe s., 20 000 vis. en 1996), maison de la Loire ; **Noizay** 1 155 ; **Parçay-Meslay** 2 198, grange (XIIIe s.) ; **Rochecorbon** 2 982, manoir des *Basses Rivières,* musée de la Coiffe et de la Broderie ; **St-Avertin** 14 092 ; **St-Cyr-sur-Loire** 16 100, mécanique de précision ; **St-Genouph** 940 ; **St-Pierre-des-Corps** 15 773, centre ferroviaire ; **Veigné** 5 474 ; **Vernou-sur-Brenne** 2 452 ; **Vouvray** 3 046, écomusée. AIRE URBAINE : 368 395.

■ **Siège du gouvernement replié à Tours du 10 au 13-6-1940.** *Albert Lebrun, Pt de la République :* château de Cangé ; *Chambre des députés :* théâtre ; *Sénat :* hôtel de ville. *Paul Reynaud, Pt du Conseil :* château de Chissay ; *Jeanneney, Pt du Sénat :* château de la Plaine, Fondettes ; *Herriot, Pt de la Chambre :* château de Montcontour ; *Mal Pétain* et *R. Schuman :* château de Nitray à Athie-sur-Cher ; *Georges Mandel, min. de l'Intérieur :* préfecture de Tours.

Sous-préfectures : Chinon 3 902 ha, 8 716 hab. (*XVe s. :* environ 5 000 ; *1851 :* 6 774 ; *1975 :* 8 014). *Centrale nucléaire* (à Avoine, 16 888 vis. [1]). *Château* (XVe s., 93 105 vis. en 1999). *Musée* du Vin (7 702 vis. en 1996). *Maison* des États généraux (XVe s.). *Chapelle* Ste-Radegonde (VIe-XIIe s.). *Église* St-Maurice (XIIe s.). *Collégiale* St-Mexme (carolingienne-romaine). **Loches** 6 328 hab. (*1851 :* 5 191 ; *1975 :* 6 738) [aggl. 8 408 [1]]. *Château* [donjon et logis royal, XIe au XVIe s. (87 706 vis. en 1999)]. *Tombeau* d'Agnès Sorel. *Musée* Lansyer (8 095 vis. [1]).

Autres villes (vis. en 1999) : **Amboise** 4 065 ha, 11 457 hab. (*1813 :* 4 613 ; *1954 :* 6 736 ; *1975 :* 10 680) ; ind. diverses ; château [XIVe-XVIe s. ; Charles VIII y naquit et y mourut, Abd el-Kader y fut interné 1848-52 (27 personnes de sa suite y moururent dont 1 de ses femmes et 2 filles dont 1 née là)], *Clos-Lucé* [XVe s., où mourut Léonard de Vinci le 2-5-1519 (250 000 vis. en 2000)] ; *musées :* de la Poste (9 036 vis. en 1996), Maison enchantée de l'hôtel de ville (14 000 vis.) ; parc forestier de la Moutonnerie (120 ha), parc des minichâteaux (327 302 vis.) ; aquarium de Touraine ; parc du Fou de l'âne parc animalier (147 457 vis.) ; Chanteloup : pagode, 44 m (par Le Camus, 1775-78 ; 40 000 vis. en 1995), seul vestige du château du duc de Choiseul (ministre de Louis XV) [aggl. 16 037 (3 communes), dont **Nazelles-Négron** 3 633]. **Athée-sur-Cher** 2 019 hab. ; château de *Nitray* (8 200 vis.). **Azay-le-Rideau** 3 100 hab. ; château (1518-27, 307 899 vis.), musée Maurice-Dufresne (2 000 machines anciennes). **Bourgueil** 4 109 hab. ; musée de la Cave (6 970 vis. en 1996), ancienne abbaye bénédictine (XIIIe-XVe s.), musée Van Oeveren du duel et de l'escrime, collégiale. **Bridoré** 476 hab. ; château (XIVe s.) et collégiale. **Candes** 227 hab. ; collégiale (XIIe-XVe s.) où mourut saint Martin. **Céré-la-Ronde** 437 hab. ; château de *Montpoupon* (XIVe s., 10 721 vis.) ; musée du Veneur. **Channay-sur-Lathan** carrière de falun (dit localement *croua*), roche sédimentaire riche en débris coquilliers utilisée pour amender les terres argileuses. **Château-la Vallière** 1 535 hab ; château de *Veaujours* (Xe s.) **Château-Renault** 5 538 hab. (*1851 :* 3 270 ; *1975 :* 6 043) [aggl. 7 029 [1]] ; métallurgie, cuir, chimie ; musée du Cuir et de la Tannerie. **Chenonceaux** 325 hab. ; château (1515-81, 900 000 vis. en 1997) et musée de cire. **Chouzé-sur-Loire** 2 093 hab. ; château *des Réaux*, musée des Mariniers. **Cinq-Mars-la-Pile** 2 621 hab. ; château (XIIIe-XVe s., 1 720 vis.), pile romaine (IIe s.). **Cléré-les-Pins** 1 166 hab. ; château de *Champchevrier*. **Descartes** 4 019 hab. (*1851 :* 1 663 ; *1975 :* 4 446) ; charpentes métalliques, papeteries ; musée, maison du XVe s. [Descartes y fut élevé (né dans un fossé en bordure du pré Falot)]. **Gizeux** 427 hab. ; château (XIVe-XVIe s.). **La Guerche** 229 hab. ; château (XVe s., 2 390 vis.). **Langeais** 3 865 hab. ; château (1465-67 ; vestige du donjon de Foulques Nerra 994, 119 516 vis. [1]), tapisseries, musée de Cire. **Le Grand-Pressigny** 1 119 hab. ; château (XVIe s.) ; musée de la Préhistoire (11 596 vis.). **Lussault-sur-Loire** 693 hab. ; aquarium 373 088 vis. **Montrésor** 395 hab. ; château (XIe-XVIe s.). **Monts** 6 514 hab. ; centre d'études atomiques. **Reignac-sur-Indre** 1 068 hab. ; labyrinthe (céréales ; 90 000 vis.). **Richelieu** 2 165 hab. ; ville géométrique (XVIIe s.) ; musées. **Rigny-Ussé** 506 hab. ; château (XVe-XVIe s., 131 855 vis.). **Saché** 1 004 hab. ; château (XVIe-XVIIIe s.) ; musée Balzac (40 506 vis.). **St-Michel-sur-Loire** 509 hab. ; château de *Planchoury ;* musée de la Cadillac. **St-Paterne-Racan** 1 511 hab. ; château de la *Roche-Racan ;* centre du Champignon. **Ste-Maure-de-Touraine** 3 909 hab. ; musée des Arts et Traditions populaires ; fromages. **Savigné-sur-Lathan** 1 049 hab. ; musée du Savignéen. **Seuilly** 369 hab. ; la *Devinière,* maison de Rabelais (XVe s., 12 714 vis. [1]). **Villaines-les-Rochers** 918 hab. ; vannerie. **Villandry** 920 hab. ; château (1536, 352 000 vis.), jardins. **Yzeures/Creuse** 1 476 hab. ; musées : de Minerve, Mado-Robin.

Divers : châteaux : plus de 300. **Chartreuse :** *Le Liget* (ruines, XIIe s.). **Grottes préhistoriques :** *La Roche-Cotard* près de Langeais, *Savonnières* (30 000 vis. en 1993, musée de la Pétrification). **Maisons troglodytiques :** *Rochecorbon, Vouvray.* **Puys du Chinonais :** buttes calcaires de 42 ha environ. Microclimat (flore de type méditerranéen). **Plans d'eau :** *Rillé* 140 ha, *Le Louroux* 57 ha.

■ **Loir-et-Cher (41)** 6 343 km² (125 × 97 km). **Altitude :** *max.* 256 m. **Population :** *1801 :* 209 957 ; *1891 :* 280 358 ; *1954 :* 239 824 ; *1982 :* 296 220 ; *1990 :* 305 937 ; *1998 :* 316 100 (étrangers 15 368 dont Portugais 5 682, Turcs 2 640, Marocains 2 546, Espagnols 691) ; *1999 :* 314 968. **D.** 50. **Cantons :** 30. **Communes :** 291.

Régions naturelles (*SAU*, en ha) : **Perche** (63 103), région bocagère de polyculture. **Beauce** (100 913), céréales. **Sologne** (47 653), bois, polyculture et élevage, chasse, pêche ; *viticole* (23 427) [à l'O. : vignes, légumes], asperges (2e producteur de France), fraises. **Vallées et coteaux du Loir** (19 779), petites exploitations de polyculture, vignobles, champignonnières. **Gâtine tourangelle** (27 579). **Champagne berrichonne** (5 176). **Plateaux bocagers de la Touraine méridionale** (24 724). **Vallée et coteaux de la Loire** (16 778), légumes, vignes. **Forêt :** 205 700 ha (32 % du département) dont 148 560 de feuillus (surtout chêne) et 52 700 de résineux (pin sylvestre, laricio).

Chef-lieu : BLOIS. Altitude : 73 m. **Population :** *1800 :* 10 000 ; *1851 :* 17 749 ; *1861 :* 20 331 ; *1872 :* 19 860 ; *1936 :* 26 025 ; *1954 :* 28 190 ; *1962 :* 36 426 ; *1968 :* 42 264 ; *1975 :* 49 778 ; *1990 :* 49 318 ; *1999 :* 49 171 hab. **Industries :** métallurgie, mécanique, électrique, chimie, cosmétique, chocolaterie, imprimerie, céramiques, pharmaceutique, monétique. **Écoles** d'architecture : gothique, Renaissance, classique. **Monuments** (vis. en 2000) : église St-Nicolas (XVIe s.), château (XIIIe-XVIIe s.), aile François Ier (1515), façade des Loges (1525, 293 416 vis.) ; cloître St-Saturnin, cathédrale, basilique N.-D.-de-la-Trinité (28 000 vis.), quartiers anciens, abbaye de St-Lomer. **Musées** (vis. en 2000) : archéologique, des Beaux-Arts, d'Histoire naturelle (12 987 vis.), Art religieux (2 017 vis.), de la Résistance (2 460 vis.), de l'Objet (9 525 vis.), de la Magie (62 000 vis.). **Roseraie. Haras** national. UNITÉ URBAINE : 65 989 hab. (6 comm.), dont **Huisseau-sur-Cosson** 1 906, **La Chaussée-St-Victor** 4 069, **St-Denis-sur-Loire** 884, **St-Gervais-la-Forêt** 3 308, **Vineuil** 6 651. AIRE URBAINE : 111 529.

Sous-préfectures (vis. en 2000) : **Romorantin-Lanthenay** (87 m) 4 452 ha, 18 350 hab. ; textile, imprimerie, bâtiment, industrie de précision, auto (Matra). *Musées :* de Sologne (13 051 vis.), de la Course auto (9 100 vis.), de Marcheville. **Vendôme** 17 707 hab. [aggl. 23 623 (3 communes)]. *Industrie :* imprimerie (PUF), automobile, mécanique, électronique, aéronautique, métallurgie, alimentaire. *Monuments :* abbaye de la Trinité (XIe s., relique de la Ste-Larme, 91 000 vis. en 1999), église N.-D., château (XIIe-XVe s.), remparts, musée municipal, cloître de la Trinité (10 316 vis.). [Ville et duché de Vendôme furent donnés à César, bâtard d'Henri IV, par contrat du 3-4-1598 ; repris par Louis XIV à la mort de Louis-Joseph de Vendôme (1712) et définitivement réunis à la Couronne 4-1-1724.]

Autres villes (vis. en 2000) : **Artins** 282 hab. ; vieille église. **Arville** 108 hab. ; commanderie templière (XVe s., 9 393 vis.). **Authon** 698 hab. ; parc et jardin du Fresne. **Bourré** 674 hab. ; caves, champignonnières (21 800 vis.), magnanerie (5 500 vis. en 1999), carrière de tuffeau (15 000 vis.). **Cellettes** 2 138 hab. ; château de *Beauregard* (XVIe-XVIIe s., 26 093 vis.)) et jardin des Portraits (27 375 vis. en 1999). **Chambord** 185 hab. ; château [(1519-44), plans italiens de Dominique de Cortone et Léonard de Vinci ; maître d'œuvre : Pierre Trinqueau (1 800 ouvriers pendant 15 ans), le plus grand château de la Renaissance [156 × 117 m, haut. 56 m dont lanterne 32 m, 24 m au niveau des terrasses, 440 pièces, 365 cheminées, 50 escaliers (11 principaux, 39 secondaires), domaine 5 433 ha]. Donné par Louis XV au Mal de Saxe. 1809 donné par Napoléon au Mal Berthier. 1820 racheté 1 542 000 F (à sa veuve) par souscription nationale, et offert au duc de Bordeaux futur Cte de Chambord. 1883 (24-8) légué aux Bourbons-Parme. 1915, le Pce Élie de Bourbon-Parme (de nationalité espagnole, mais servant comme colonel autrichien) étant propriétaire, le 22-4, son château est mis sous séquestre. 1932 préempté par l'État 11 millions de F ; 749 217 vis.] ; *Game-Fair* (86 800 vis.). **Chaon** 375 hab. ; musée du Braconnage (5 881 vis.). **Châtres-sur-Cher** 1 129 hab. ; musée des Deux-Conflits. **Chaumont-sur-Loire** 1 031 hab. ; château (1465-1510, 116 789 vis.) ; festival intern. des Jardins (134 000 vis.). **Chémery** 849 hab. ; château (XVe s.) ; le plus grand stockage souterrain de gaz naturel au monde. **Cheverny** 986 hab. ; château (1634, 350 000 vis.) et château de *Troussay* (XVIe s., 9 400 vis.). **Chissay** 916 hab. ; distillerie de fraise (8 800 vis.). **Contres** 3 268 hab. ; conserverie légumes. **Couffy** 557 hab. ; Musée archéologique. **Cour-sur-Loire** 307 hab. ; château. **Couture-sur-Loir** 433 hab. ; manoir de *La Possonnière* [où est né Ronsard (4 939 vis.)]. **Fontaine-les-Coteaux** 343 hab. ; parc botanique de *La Fosse.* **Fougères-sur-Bièvre** 653 hab. ; château (XIe s., Renaissance, 14 116 vis.). **Gy-en-Sologne** 449 hab. ; musée. **La Chaussée-St-Victor** 4 069 hab. ; outillage mécanique, pharmaceutique. **La Ferté-St-Cyr** 894 hab. ; musée du Père-Brottier. **Lamotte-Beuvron** 4 251 hab. ; appareils d'éclairage et de protection. **Lassay-sur-Croisne** 184 hab. ; château du *Moulin* (10 980 vis.). **Lavardin** 262 hab. ; village médiéval, château (3 600 vis.). **Lunay** 1 293 hab. ; château de *la Meyzière.* **Maves** 577 hab. ; moulin à vent. **Mazangé** 838 hab. ; manoir de *Bonaventure.* **Ménars** 574 hab. ; matériel électrique ; château (XVIIIe s.). **Mennetou-sur-Cher** 903 hab. ; ville médiévale. **Mer** 5 884 hab. ; matériel agricole, literie, fonderie ; jardin de Chantecaille ; musée de la Corbillière. **Meusnes** 945 hab. ; musée de la Pierre à fusil. **Mondoubleau** 1 608 hab. ; forteresse ; musée du Poids lourd ; ancienne brasserie. **Monthou-sur-Cher** 902 hab. ; château du *Gué-Péan.* **Montlivault** 1 192 hab. ; château. **Montoire-sur-le-Loir** 4 275 hab. (aggl. 4 367 [1]) ; matériel agricole ; château, chapelle St-Gilles ; musée Musikenfête (10 300 vis.) ; festival *Folklores du monde* (18 120 vis.). **Montrichard** 3 624 hab. (aggl. 7 536 [1]) ; donjon des *Aigles* (XIIe s., 73 228 vis.) ; musée des Confréries (18 800 vis.) ; tourisme fluvial. **Mur-de-Sologne** 1 197 hab. ; château de *Fondjouan.* **Naveil** 1 833 hab. ; musée Louis-Leygue. **Oisly** 310 hab. ; musée. **Onzain** 3 141 hab. (aggl. 3 956 [1]). **Orchaise** 855 hab. ; jardin botanique du Prieuré, arboretum (3 330 vis.). **Pontlevoy** 1 460 hab. ; abbaye (XIe s.) ; musée du Poids lourd, de l'Aviation et de l'Imagerie publicitaire Poulain (4 801 vis.). **St-Agil** 258 hab. ; château. **St-Aignan** 3 542 hab. (aggl. 8 288 [1]) ; travaux publics, textile ; château, collégiale (25 000 vis. en 1999) ; zooparc de *Beauval* (400 000 vis.) ; tourisme fluvial. **St-Dyé-sur-Loire** 945 hab. ; maison de la Loire (2,319 vis.). **St-Laurent-Nouan** 3 686 hab. ; chimie, centrale nucléaire (7 673 vis.). **St-Sulpice** 1 876 hab. ; musée du Chemin de fer. **St-Viâtre** 1 157 hab. ; maison des Étangs. **Salbris** 6 029 hab. ; mécanique, électronique ; musée de l'Abeille et du Braconnage. **Sargé-sur-Braye** 974 hab. ; château des *Radrets,* musée du Roussard. **Sassière** 69 hab. ; parc et jardin. **Selles-sur-Cher** 4 775 hab. ; céramique ; château (XIIIe-XVIIe s.). **Talcy** 247 hab. ; château (XVe-XVIe s., célèbre pour les amours de Ronsard et Cassandre Salviati, mobilier, pigeonnier, moulin à vent ; 17 398 vis.). **Ternay** 272 hab. ; prieuré de *Croix Val ;* jardin de *Roc-en-Tuf.* **Thésée-la-Romaine** 1 123 hab. ; Musée archéologique (1 602 vis.). **Thoré-la-Rochelle** 883 hab. ; château de *Rochambeau* (834 vis.). **Tour-en-Sologne** 887 hab. ; château de *Villesavin* (XVIe s., 17 233 vis.). **Troo** 301 hab. ; cité troglodytique. **Verdes** 388 hab. ; château de *Lierville.* **Villechauve** 270 hab. ; maison des Abeilles. **Villeherviers** 498 hab. ; « Aliotis », aquarium de Sologne (122 000 vis.).

■ **Loiret (45)** 6 813 km² (120 × 80 km). **Altitude :** *max.* 273 m ; *min.* 66 m. **Population :** *1801 :* 286 050 ; *1901 :* 366 660 ; *1926 :* 337 224 ; *1975 :* 490 189 ; *1990 :* 580 601 ; *1998 :* 623 600 (étrangers 48 911 dont Portugais 15 196, Marocains 11 214, Turcs 4 932, Algériens 3 458) ; *1999 :* 616 500. **D.** 91. **Cantons :** 41. **Communes :** 334.

Régions naturelles : Beauce (*petite :* 42 400 ha et *grande :* 89 300 ha) plateau calcaire à 120-135 m d'alt., recouvert de sols limono-argileux fertiles (céréales, oléoprotéagineux, betterave) ; porcs, volailles. **Orléanais** (111 300 ha) [forêt d'Orléans], sols sableux et argileux recouverts de forêt, alt. 182 m, polyculture, ovins, porcs, volailles. **Gâtinais** (est : 122 400 ha et ouest : 54 800 ha), relief vallonné, sols limono-argileux sur calcaire à l'ouest, limoneux sur argile à silex à l'est ; polyculture, bovins, ovins, volailles. **Puisaye** (63 000 ha), terres humides, polyculture, bovins, ovins, porcs, volailles. **Val de Loire** (62 400 ha), à 110-250 m d'alt. alluvions, sables, vergers, maraîchage, pépinières, vignes, fleurs. **Sologne** (107 200 ha), longtemps stérile et marécageuse (*SAU* 32 500 ha), polyculture, élevage, bois, landes, terres incultes, étangs, chasse. **Berry** (28 500 ha), plateau limoneux, souvent dénudé, bois au sud et vallées pentues, polyculture, bovins, caprins. **Bois :** 168 100 ha (25 % du département) dont forêt domaniale d'*Orléans* 34 600 (la plus grande de Fr.) [3 massifs : Lorris 14 400, Ingrannes 13 600 (centre), Orléans 6 600 (ouest)], de *Montargis* 4 110, *Sologne* 32 000.

☞ Le Loiret (12 km), résurgence de la Loire, apparaît à La Source dans le parc floral d'Orléans.

Chef-lieu : ORLÉANS. Altitude : 92,9 à 124,9 m. **Superficie :** 2 823,17 ha. **Population :** *XVIe s. :* 20 000 ; *1762 :* 36 000 ; *1800 :* 41 579 ; *1900 :* 66 699 ; *1920 :* 72 096 ; *1954 :* 76 439 ; *1975 :* 106 246 ; *1990 :* 105 111 ; *1999 :* 113 126 hab. *Histoire :* 7-4-1429, Jeanne d'Arc libère Orléans. **Aérodrome :** Orléans-St-Denis. **Industries :** vinaigre, conserves, chocolat, aéronautique, mécanique, pharmaceutique et cosmétique, textile, auto, ménager, bâtiment, métallurgie, matériel agricole, chimie, IBM, ébénisterie (ateliers Mailfert-Amos). **Enseignement :** 57 187 étudiants (dont université 16 119). **Monuments** (vis. en 2000) : cathédrale Ste-Croix, hôtels Cabu (XVIe s., 4 125 vis.), Groslot (1550, hôtel de ville depuis 1790, décoration de Delton 1850, 30 018 vis.). *Musées* (vis. en 2000) : des Beaux-Arts (fondé 1823, 39 615 vis.), historique (fondé 1855), Jeanne-d'Arc (26 311 vis.), muséum (61 950 vis.), Centre Péguy (4 904 vis.). Astrolabe (1999). **Parc** floral (126 000 vis.). UNITÉ URBAINE : 263 292 hab., dont **Boigny-sur-Bionne** 1 890 ; **Chécy** 7 221, tonnellerie, assurances ; **Combleux** 424 ; **Fleury-les-Aubrais** 20 690, nœud ferroviaire ; **Ingré** 7 450, matériel de télécom. ; **La Chapelle-St-Mesmin** 8 967 ; **Mardié** 2 370 ; **Olivet** 19 195 ; **Ormes** 3 053 ; **St-Cyr-en-Val** 3 251 ; **St-Denis-en-Val** 7 206 ; **St-Hilaire-St-Mesmin** 2 353 ; **St-Jean-de-Braye** 17 758, musée campanaire Bollée (6 830 vis.) ; **St-Jean-de-la-Ruelle** 16 560 ; **St-Jean-le-Blanc** 8 493 ; **St-Pryvé-St-Mesmin** 5 609 ; **Saran** 14 797 ; **Semoy** 2 879. AIRE URBAINE : 324 533.

Sous-préfectures : Montargis 15 030 hab. (*1851 :* 7 527 ; *1936 :* 13 887 ; *1975 :* 18 380) ; caoutchouc ; *musées* (vis. en 1999) : des Arts et Traditions populaires du Gâtinais, Girodet (2 761 vis.), des Tanneurs, de l'Apiculture (13 071 vis. [1]) [aggl. 53 590 (6 communes), dont **Amilly** 11 497, mécanique, électrique et électronique, pharmaceutique ; **Châlette-sur-Loing** 13 969, plasturgie, imprimerie, caoutchouc (1853 Hutchinson) ; **Villemandeur** 5 650]. **Pithiviers** 9 242 hab. ; ind. pharmaceutique et alimentaire (sucrerie, biscuiterie), « pithiviers » (gâteaux aux amandes), malterie, train touristique à vapeur ; *musées :* municipal, des Transports (fondé 1896, 9 657 vis. en 1999).

Autres villes (vis. en 1999) : **Artenay** 1 945 hab. ; alimentaire ; « moulin de pierre (1848) » ; musées : archéologique, du Théâtre forain. **Beaugency** 7 106 hab. (aggl. 8 022 [1]) ; matelasserie, mécanique, électronique ; musée Dunois (10 430 vis.) ; château (XVe s.). **Beaune-la-Rolande** 2 102 hab. ; optique (7 155 vis.). **Bellegarde** 1 558 hab. ; château (XIVe s.) ; circuits imprimés, tréfilerie. **Boiscommun** 1 045 hab. ; N.-D. (XIIIe-XIVe s.). **Bondaray** 361 hab. ; manoir (XIVe-XVIe s.). **Boynes** 1 014 hab. ; musée du Safran (3 575 vis.). **Briare** 5 994 hab. ; pont-canal (voir à l'Index), musée de la Mosaïque et des Émaux [manufacture fondée 1845 par Jean-Félix Bapterosses (1813-85), 13 635 vis.], pharmaceutique ; port de plaisance ; maison des 2 marines (5 060 vis.). **Cepay** 2 664 hab. ; château. **Chaingy** 2 859 hab. (aggl. 5 620 [1], dont *St-Ay* 2 966). **Chambon-la-Forêt** 615. ; château de *La Luzerne* (1590). **Châteauneuf-sur-Loire** 7 032 hab. ; château (XVIIIe s.) ; musée de la Marine de la Loire (15 818 vis.) ; ponts suspendus ; usine fondée par Ferdinand Arnodin (1845-1929), exploitation forestière, alimentaire, textile, bâtiment. **Châteaurenard** 2 389 hab. ; musée de l'Apiculture (4 935 vis.). **Châtillon-Coligny** (avant 1896 : -sur-Loing) 1 946 hab. (aggl. 2 855 [1]) ; château, musée, orangerie (long. 112 m, donjon) ; hôtel Dieu. **Châtillon-sur-Loire** 2 947 hab. ; écluse de Mantelot. **Chevilly** 2 382 hab. ; château (XVIIIe s.). **Chilleurs-aux-Bois** 1 703 hab. ; château de *Chamerolles* (XVIe s., 55 334 vis.), musée des Parfums et jardins Renaissance. **Cléry-St-André** 2 718 hab. ; basilique N.-D. (XVe s.), tombe de Louis XI. **Cortrat** 94 hab. ; église. **Courtenay** 3 437 hab. ; matériel électrique. **Dadonville** 1 873 hab. ; château de *Denainvilliers*. **Ferrières** 3 049 hab. ; abbaye. **Germigny-des-Prés** 589 hab. ; église (la plus vieille de Fr. ; oratoire carolingien). **Gidy** 1 482 hab. ; géodrome. **Gien** 15 332 hab. (aggl. 16 351) ; faïencerie (créée par l'Anglais Hall en 1820), cosmétique, alimentaire, pharmaceutique, papier, mécanique ; château (1494-1500, bâti pour Anne de Beaujeu), tour (XVIe s.) ; église ; *musées* : de la Faïencerie (31 061 vis.), de la Chasse (créé 1952, 31 699 vis.) ; bombardé du 15 au 18-6-1940 : centre détruit (autrefois *genabum*, où Vercingétorix fut nommé chef des Gaulois). **Jargeau** 3 979 hab. (aggl. 7 777 [1]) ; cycles ; maison de la Loire (3 019 vis.), musée Oscar-Roty. **La Bussière** 749 hab. ; château (XVIe s.), musée de la Pêche, potager (XVIIIe s., 11 682 vis.). **La Ferté-St-Aubin** 6 783 hab. ; armement (Thomson) ; château (XVIIe s., 70 642 vis.), musée du Cheval. **Le-Bignon-Mirabeau** (Mirabeau y est né) 261 hab. ; château (1880). **Lorris** 2 674 hab. ; alimentaire ; musée de la Résistance et de la Déportation ; orgues (XVe s.). **Malesherbes** 5 989 hab. ; reliure et imprimerie ; château (XVIIIe s., 6 093 vis.), maison de Chateaubriand (1776), pigeonnier (1 800 cases), château de *Rouville* (1492, restauré). **Ménestreau-en-Villette** 1 384 hab. ; domaine du *Céran* (29 050 vis.). **Meung-sur-Loire** 6 254 hab. (aggl. 7 450 [1]) ; fonte, électrique, métallurgie ; chapelle, église, statue de Jean de Meung, château (XIIe-XVIIIe s., 21 621 vis.) ; arboretum. **Montbouy** 688 hab. ; arènes romaines. **Neuville-aux-Bois** 3 874 hab. ; alimentaire. **Nibelle** 752 hab. ; maison St-Sauveur (2 105 vis.), musée du Masque. **Nogent-sur-Vernisson** 2 443 hab. ; arboretum des *Barres* [créé 1866, 35 ha, 7 000 arbres, 2 700 espèces (3 500 en 1962) ; 21 275 vis.] ; industrie auto. **Outarville** 1 441 hab. ; équipement auto. **Ouzouer-sur-Loire** 2 524 hab. ; centre nucléaire (1 900 vis.). **Ouzouer-sur-Trézée** 1 209 hab. ; château de *Pont-Chevron* (mosaïques gallo-romaines, 1 114 vis.). **Puiseaux** 3 045 hab. ; condensateurs, électronique. **St-Benoît-sur-Loire** 1 876 hab. ; abbaye de Fleury (tour porche XIe s., 100 000 vis.) ; maison Max-Jacob. **St-Brisson-sur-Loire** 1 001 hab. ; château (XIIe s., 10 895 vis.) ; fête de la Citrouille (sept.). **St-Denis-de-l'Hôtel** 2 621 hab. ; alimentaire, mécanique ; maison Genevoix (2 597 vis.). **Sully-sur-Loire** 5 907 hab. ; festival de musique ; auto, verre ; château (XIVe s.-XVIe s. ; charpente haute de 15 m, bombardé 1940, 66 509 vis.). **Triguères** 1 152 hab. ; parc du *Geoud-Courtoiseau*. **Yèvre-le-Châtel** forteresse (XIIe-XIIIe s., 9 364 vis.).

CHAMPAGNE-ARDENNE

GÉNÉRALITÉS

■ **Superficie.** 25 605 km². **Population.** *1990* : 1 348 042 (étrangers 64 741 dont Portugais 13 184, Algériens 13 021, Marocains 12 494) ; *1999* : 1 342 363. **D.** 52. **Chômeurs :** 11,2 % (en 1998).

■ **Situation. Ouest :** *côte de l'Ile-de-France et pays d'Othe* (frontière avec la Brie) s'élevant du S. (75 m à Montereau) au N. (montagne de Reims, 280 m), percée au N. par l'Aisne, la Vesle et la Marne ; domine la Seine au S. ; boisée ; vignobles. **Centre :** *Champagne crayeuse* (dite aussi *pouilleuse*) ; **Est Marne et centre Aube :** *Champagne humide.* **Sud Aube et centre Haute-Marne :** *plateaux des Bars,* vignoble. **Sud-est Haute-Marne :** *Bassigny et pays d'Amance et Apance.* **Nord :** crêtes préardennaises et Ardenne Primaire.

■ **Histoire.** Limites fixées tardivement. **Après la conquête romaine,** dépend de la Gaule Belgique (*Remi* : Reims ; *Catalauni* : Châlons ; *Meldi* : Meaux), ou de la Gaule Celtique (*Senones* : Sens ; *Tricasses* : Troyes ; *Lingons* : Langres). **Empire,** Tricasses et Senones relèvent de la Lyonnaise, Lingons de la Germanie supérieure. **Bas-Empire,** cités belges du Nord incluses dans la Belgique Seconde, dont Reims (Durocorterum) est la métropole. Tricasses et Senones dans la Senonia, Lingons dans la Ire Lyonnaise. Prospérité des villes, nœuds de communication importants (monuments de Reims, Langres, Sens). Ravagée par Alamans, Vandales (qui auraient fait périr saint Didier vers 411) et Huns. **451** Huns battus aux *Champs catalauniques.* Époque mérovingienne région morcelée (en général, séparation entre « Belgique » et « Celtique »). **496** baptême de Clovis à Reims. Reims prend son essor, l'archevêque doté de privilèges régaliens (droit de battre monnaie, d'exercer toute justice, de lever des impôts et une armée, etc.) ne verse aucun impôt, ne relève pas de la justice du souverain. Le *Cte de Troyes, Robert,* lègue le comté à *Herbert de Vermandois* († 943), son gendre, qui réunit Cté de Meaux et Cté de Troyes (la « Champagne » sera essentiellement ce double comté). **949** son fils *Hugues,* également archevêque (à 5 ans) et Cte de Reims en 940, perd ces titres : le Rémois échappera toujours à la Champagne seigneuriale. Séparés après la mort d'Herbert, les 2 comtés sont de nouveau réunis par son fils cadet. **1023** le Cte de Blois-Champagne possède Chartres, Sancerre et Châteaudun.

XIIe s. les *Ctes de Champagne* sont parmi les grands feudataires (ayant un grand nombre de fiefs aux suzerains différents, ils ne dépendent vraiment d'aucun). Fortune fondée sur les foires nées au haut Moyen Age (Reims, Châlons, Troyes, Provins, villes drapantes), qui permettent les échanges entre pays méditerranéens et flamand. Influence des abbayes cisterciennes de Morimond, Pontigny et surtout Clairvaux (fondée 1115 par saint Bernard). Berceau de l'ordre des Templiers (fondé 1125 par Hugues de Payns, consacré au concile de Troyes 1128). **1234** le Cte de Champagne renonce à ses droits sur les Ctés de Blois, Chartres et Sancerre et la Vté de Châteaudun, unis depuis 1023 aux Ctes de Troyes et de Meaux. La cour de Champagne est un des premiers centres intellectuels de l'Europe médiévale [poésie : Chrétien de Troyes (1135-85), familier

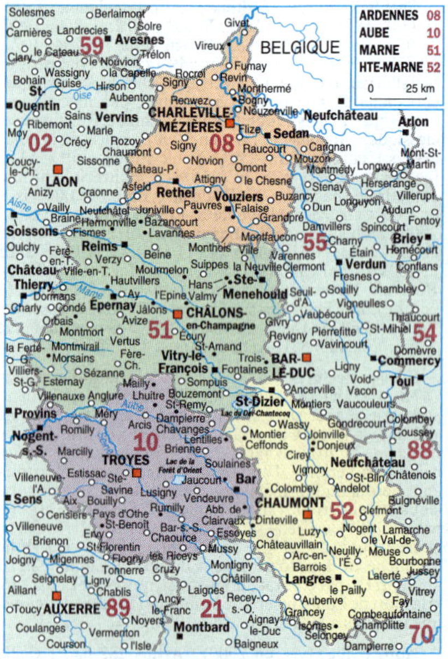

de la Ctesse Marie, fille du roi Louis VII et d'Éléonore d'Aquitaine ; le Cte *Thibauld IV* (1201-53), son petit-fils, surnommé le roi-chansonnier ; histoire : Villehardouin (maréchal de Champagne) et Joinville (sénéchal de Champagne), chroniques des croisades]. Accédant au trône de Navarre, la famille de Blois-Champagne néglige Troyes et Provins pour Pampelune ; les interventions royales se font plus fréquentes. **1285** Jeanne de Navarre épouse Philippe le Bel et lui apporte la Champagne. **XIVe s.** déclin (concurrence de la route maritime Italie-mer du N., guerre de Cent Ans). **XVIe** s. apogée du gouvernement de Champagne et de Brie, quand, au milieu des guerres de Religion, les Guises gouvernent. **1542** les élections champenoises forment la généralité de Châlons (sauf 10 allant à celle de Paris). **XVIIe et XVIIIe s.** intendants installés à Châlons, à partir de Colbert, essor de la métallurgie, du textile ; **fin XVIIe s.** naissance du « champagne ».

Rethélois et Porcien : 974 Ctés qui par le jeu de l'« avouerie », démembrés des possessions de l'abbaye St-Remi de Reims, passèrent de la famille de Bourgogne, au Moyen Age, à Charles de Gonzague puis à Mazarin au XVIIe s., avant d'être réunis à la Couronne.

Principauté de Sedan (appelée jusqu'en 1520 **« comté de Mouzon »**) : **843** attribuée à la Lotharingie par le traité de Verdun, mais dépendant de l'archevêché de Reims (royaume de France). **843-1195** guerres entre archevêque de Reims et évêques de Liège (impériaux), qui prétendent rattacher ce fief impérial à leur diocèse. **1195** le cardinal Guillaume de Champagne, archevêque de Reims, obtient la création d'un évêché de Mouzon, séparé de Liège. **1202** il meurt avant d'avoir réalisé cette séparation. **1260** *comté indivis* entre Reims et Liège. **1379** l'archevêque Richard Pigue cède ses droits au roi de Fr. qui, pour ne pas être vassal de l'empereur, nomme son fils le dauphin (seigneur impérial) gouverneur de Mouzon (titre conservé par les dauphins jusqu'en 1490). **1520** François Ier (qui n'avait pas été dauphin) érige le Cté en Pté souveraine (dite « Pté de Sedan ») en faveur des comtes de La Marck, ducs de Bouillon (seigneurs de la ville de Sedan depuis 1424). **1591** passe par mariage à Henri de La Tour d'Auvergne, chef huguenot, qui en fait un bastion protestant. **1642** revient au royaume de France.

ÉCONOMIE

■ **Population active** (au 1-1-1998). 512 710 (non-salariés 61 720) dont : agriculture 42 322 (29 267) ; industrie 114 899 (4 383) ; construction 27 430 (4 852) ; tertiaire 23 218).

■ **Échanges** (en milliards de F, 2000). **Import. :** 30,45 *dont* métaux et produits métalliques 6,87, prod. chimiques en caoutchouc ou en plastique 6,45, équipements mécaniques 2,87, prod. pharmaceutiques, de parfumerie et d'entretien 2,25, habillement cuir 1,78, prod. des ind. agricoles et alimentaires 1,52, en bois, papier ou carton 1,37, équipement du foyer 1,3, prod. de l'ind. textile 1,28, prod. de l'ind. auto 1,02 ; *de* All. 5,78, Belg. 4,72, Ital. 3,45, G.-B. 2,39, P.-Bas 1,5, Esp. 1,49. **Export. :** 44,49 *dont* produits des ind. agricoles et alimentaires 14,62, prod. de l'ind. auto 4,36, équipements mécaniques 4,08, prod. chimiques en caoutchouc ou en plastique 3,96, agricoles, sylvicoles et piscicoles 2,42, pharmaceutiques, de parfumerie et d'entretien 2,18, de l'ind. textile 1,67, habillement cuir 1,5, équipement du foyer 1,19 ; *vers* All. 8,84, Belg. 5,88, G.-B. 5,23, Ital. 4,39, USA 4, Esp. 2,53.

■ **Agriculture** (en 1999). **Terres** (en milliers d'ha) : 2 572 dont *SAU* 1 579,6 [t. arables 1 242,8 (dont jardins 5,2), herbe 307,3, vignes 28,6] ; *bois* 671,8 ; *peupleraies* 29,7 ; *étangs* 4,7 ; *t. agricoles non cultivées* 46,9 ; *t. non agricoles* 239,3. **Production végétale** (en milliers de t) : céréales 5 324,9 (dont maïs 432,4) ; betterave ind. 6 996,1 ; luzerne (bouchons) 1 040,8 ; *vins* (en milliers d'hl) : 2 700,7 ; expédition de champagne : 292,5 millions de bouteilles dont France 179, export. 113,5 ; **animale** (en milliers de têtes) : bovins 632,2, ovins 159,6, porcins 147,7, équidés 8,8 ; *lait* (de vache, en milliers d'hl) : 6 591,9.

■ **Tourisme** (en 2000). **Hébergement :** *hôtels de tourisme* 290 (7 946 lits) ; *campings* 104 (7 948 pl.) ; *auberges de jeunesse* 6 (346 lits) ; *villages de vacances* 2 (240 pl.) ; *gîtes ruraux* 485 ; *d'étape* 48 ; *d'enfants* 9 ; *chambres d'hôtes* 506 ; *résidences secondaires* 24 545.

DÉPARTEMENTS

☞ Voir légende p. 811. *Nota.* – (1) en 1998.

■ **Ardennes (08)** 5 229 km² (105 × 102 km). **Altitude :** *max.* La Croix-Scaille 501 m ; *min.* 37 m (sortie de l'Aisne). **Population :** *1801* : 246 925 ; *1881* : 333 675 ; *1921* : 277 811 ; *1936* : 288 632 ; *1946* : 245 335 ; *1968* : 309 380 ; *1975* : 309 306 ; *1982* : 302 338 ; *1990* : 296 357 (étrangers 17 903 dont Algériens 6 578, Italiens 1 802, Marocains 1 802, Portugais 1 797) ; *1999* : 290 130. **D.** 55. **Cantons :** 37. **Communes :** 463.

Régions naturelles : plateau ardennais ou Ardenne (au N.), 1996 : 107 150 ha (dont *SAU* 27 050) : accidenté et boisé, vallées de la Meuse et de la Semoy, forêts, élevage, agriculture d'appoint. **Crêtes préardennaises** 208 730 ha (dont *SAU* 141 286), terrains vallonnés, herbages. **Champagne** (au S.), 133 520 ha (dont *SAU* 115 910), céréales, betteraves, luzerne. **Thiérache** 25 200 ha (*SAU* 14 690). **Argonne** 49 080 ha (dont *SAU* 29 090). **Bois** (en 1998) : 152 850 ha soit environ 29 % du dép. dont *forêts domaniales* 30 580 [Château-Regnault 5 840, Sedan 4 230, Signy-l'Abbaye 3 530, La Croix-aux-Bois (Argonne) 3 330, Pothées 1 300, Hargnies-Laurier 1 300, Mont-Dieu (crêtes préardennaises) 1 120, Francbois 1 670, Élan 900], *communales* 41 000, *privées* 81 270.

Chef-lieu : CHARLEVILLE-MÉZIÈRES. Altitude : 140 à 210 m. **Population :** (*Charleville* : *1806* : 8 430 ; *1911* : 22 634 ; *1962* : 25 915. *Mézières* : *1806* : 3 380 ; *1911* : 10 403 ; *1962* : 12 015) *1975* : 60 176 ; *1990* : 57 008 ; *1999* : 55 399 hab. Préfecture créée an VIII à Mézières. **Industries :** transformation des métaux, fonderie, mécanique, BTP, alimentaire, pôle de haute technologie du Moulin Le Blanc. **Monuments :** place Ducale (1608-24, Clément Métezeau), 126 × 90 m, statue de Charles de Gonzague (fondateur de la ville en 1606) ; vieux moulin ; remparts, tours Milard (XIVe s.), du Roy (XVIe s.), basilique N.-D.-d'Espérance à Mézières (vitraux modernes : plus de 1 000 m² sur 66 verrières par Dürrbach ; 3 000 vis. en 99) ; horloge du Grand Marionnettiste (automate) ; mont Olympe 205 m. **Musées** (vis. en 1999) : municipaux, de l'Ardenne (35 606 vis.), Rimbaud (9 940 vis.). **Aire urbaine :** 107 777 hab. dont **Les Ayvelles** 769, **La Francheville** 1 590, **Montcy-Notre-Dame** 1 480, **Prix-lès-Mézières** 1 426, **Villers-Semeuse** 3 620, **Warcq** 1 449. *Festival* de marionnettes tous les 3 ans (100 000 spectateurs [1]).

Sous-préfectures : Rethel (80 à 130 m), 8 052 hab. (*1831* : 6 595 ; *1962* : 8 059 ; *1975* : 8 361) [aggl. 10 462 [1]] ; papeterie, cartonnerie, BTP, ind. agroalimentaire et mécanique, confection ; église St-Nicolas (XIIIe et XIVe s.). **Sedan** (155 à 200 m) 20 546 hab. ; textile, métallurgie, ind. mécanique, fonderie, métaux ; château fort (XIVe et XVe s., le plus étendu d'Europe : 35 000 m² ; 51 801 vis.), église St-Charles (1695) ; Dijonval, manufacture du XVIIIe. [aggl. 28 992 hab. [1], dont **Bazeilles** 1 879 ; château ; musée de la Dernière Cartouche (2 462 vis.)]. **Vouziers** 4 742 hab. ; mécanique, marché agricole ; église St-Maurille.

Autres villes (vis. en 1999) : **Asfeld** 976 hab. ; église baroque (1683). **Belval** 197 hab. ; aéroport des Ardennes. **Belval-Bois-des-Dames** 51 hab. ; parc de vision (550 ha, élans, bisons, ours, mouflons, sangliers, cervidés, etc., 16 500 vis. en 98). **Bogny-sur-Meuse** 5 838 hab. (*musées* : Minéraux et Fossiles ; métallurgie, BTP [aggl. 8 909 hab. [1], dont *Monthermé* 2 773 ; site des *boucles de la Meuse* ; église St-Léger (1453 : fresques, baptistère, monolithique) ; église St-Remi-de-Laval-Dieu (1128, boiseries XVIIe s.) ; monument des 4 Fils du duc Aymon (Renaut, Allart, Guichart, Richart qui, avec le cheval Bayart, furent vaincus par Charlemagne, par traîtrise]. **Carignan** 3 259 hab. (aggl. 4 741 [1]) ; métallurgie, appareils électriques et électroniques ; vestiges enceinte (XVIe-XVIIe s.). **Châtel-Chéhéry** 140 hab. ; abbaye. **Chooz** 749 hab. ; 1re centrale nucléaire fermée, 2e (2 × 1 450 MW), 12 231 vis. **Donchery** 2 393 hab. ; métallurgie, verre, chimie, ind. électrique, BTP. **Élan** 77 hab. ; manoir (XVe-XVIe s.). **Fromelennes** 1 142 hab. ; grottes de *Nichet* (7 002 vis.). **Fumay** 4 652 hab. (aggl. 7 434 [1]) ; fibre optique, BTP, fonderie ; musée de l'Ardoise (2 920 vis.). **Givet** 7 337 hab. (aggl. 10 017 [1]) ; métallurgie, plasturgie, silos à blé (860 000 q) ; fort de *Charlemont* (1555-1678), tour *Victoire* (XIVe-XVIIe s.), Centre européen des métiers d'art (16 996 vis.). **Glaire** 935 hab. ; château de *Villette.* **Juniville** 844 hab. ; musée Verlaine. **Launois-sur-Vence** 561 hab. ; relais de poste. **Le Mont-Dieu** 24 hab. ; chartreuse (XVIIe s.). **Montcornet-en-Ardenne** 218 hab. ; château (XIe-XVe s., 4 197 vis.). **Monthermé** 2 791 hab. ; église St-Léger (fresques XVe-XVIe s.). **Mouzon** 2 616 hab. ; laminage, fabrication de feutre (musée du Feutre et de la Laine, 5 399 vis.), revêtements textiles et insonorisants ; abbatiale N.-D. (XIIIe s., 6 410 vis.) ; musée de la Porte de Bourgogne. **Neuville-Day** 154 hab. ; donjon, prieuré. **Nouvion-sur-Meuse** 2 193 hab. (aggl. 4 421 [1]). **Nouzonville** 6 869 hab. (aggl. 8 174 [1]) ; métallurgie. **Renwez** 1 437 hab. ; musée de la Forêt (26 870 vis.). **Revin** (130 à 180 m), 8 963 hab. (*1826* : 2 133 ; *1921* : 5 513 ; *1962* : 11 260 ; *1975* : 11 607) ; électroménager, centrale hydroélectrique souterraine, transformation des métaux, sanitaire. **Rimogne** 1 416 hab. ; écomusée de l'Ardoise (5 240 vis.). **Rocroi** (370 à 385 m, frontière belge à 2,5 km) 2 420 hab. (*1806* : 2 558 ; *1962* : 2 284 ; *1975* :

2 911) [aggl. 3 080 [1]] ; fonderie, BTP, transformation du bois ; remparts (un des plus anciens bastions introduits par Italiens), ville fortifiée en étoile par Vauban (29 200 vis.) ; musée de la Bataille de Rocroy (3 018 vis.). **Rouvray-sur-Audry** 539 hab. ; église fortifiée (XVIe s.). **Rumigny** 368 hab. ; château de la *Cour des Prés* (1546). **Signy-l'Abbaye** 1 340 hab. (rivière souterraine) ; fosse Bleue, trou de Gibergeon. **Vendresse** 400 hab. ; ruines du château de la *Cassine ;* couvent des Cordeliers (XIVe s.). **Villy-la-Ferté** 139 hab. ; fort ligne Maginot (3 538 vis.). **Vireux-Molhain** 1 835 hab. ; église (XVIIIe s.) ; camp romain. **Vireux-Wallerand** 2 034 hab. (aggl. 3 943 [1]). **Vrigne-aux-Bois** 3 668 hab. (aggl. 7 259 [1], dont *Vivier-au-Court* 3 298) ; métallurgie. **Warcq** 1 449 hab. ; musée.

Divers : lacs *Bairon* (140 ha), *des Vieilles Forges* (150 ha).

■ **Aube (10)** 6 004 km^2 (115 × 50 km). **Altitude :** *max.* 369 m à Champignol-lez-Mondeville ; *min.* 60 m à La Motte-Tilly. **Population :** *1801 :* 231 455 ; *1851 :* 265 247 ; *1901 :* 246 163 ; *1921 :* 227 839 ; *1936 :* 239 563 ; *1954 :* 240 797 ; *1975 :* 284 823 ; *1982 :* 289 300 ; *1990 :* 289 207 (étrangers 21 294 dont Portugais 4 355, Marocains 3 957, Algériens 2 099, Espagnols 1 046, Vietnamiens 1 010, Italiens 901) ; *1999 :* 292 131. **D.** 49. **Cantons :** 33. **Communes :** 431.

Régions naturelles : vignoble du Barrois 134 638 ha (*SAU* 69 535 ha), *champagne* sur 6 600 ha (dont 5 800 en production) et *rosé des Riceys*, céréales. **Vallée de la Champagne crayeuse** 59 449 ha (*SAU* 44 981), céréales, betteraves, peupleraies. **Plaine de Brienne** 21 634 ha (*SAU* 13 102), céréales, prairies, choux à choucroute. **Plaine de Troyes** 26 247 ha (*SAU* 19 822), céréales, betteraves, maraîchage. **Vallée du Nogentais** 9 288 ha (*SAU* 5 163), céréales, betteraves, peupleraies. **Vallée de la Champagne humide** 5 140 ha (*SAU* 2 314), céréales, prairies. **Champagne crayeuse** (dite, du XVIII e au XXe s., *pouilleuse* de « pouillot », plante commune, ou d'« empouille ») 152 606 ha (*SAU* 120), plaine de craie ; pays nu et sec à l'origine, reboisé avec des pins au XIXe s. et défriché à plus de 80 % à partir des années 1950, amendé (céréales, bett. à sucre, fourrages artificiels) ; vallées humides de la Suippe, de l'Aube, de la Seine, céréales, betteraves, luzerne. **Champagne humide** (15 à 20 km de large au pied de la côte de Champagne) 115 517 ha, argilo-sableuse, massifs feuillus (forêts de Soulaines, Rumilly, Aumont, Cussangy), étangs ; lacs (4 800 ha) et *parc naturel régional* (70 000 ha) *de la forêt d'Orient* [nom : des chevaliers d'Orient (les Templiers)]. *Réservoir de Seine* ou *lac de la forêt d'Orient* (2 300 ha, 205 millions de m^3), maison du Parc, réservoir de l'Aube construit 1983-89 (2 500 ha) regroupant bassins d'Amance (500 ha, 23 millions de m^3) et d'Auzon-Temple (162 millions de m^3) ; port de Dienville ; SAU 52 675 ha, prairies (vaches laitières, boucherie), céréales. **Pays d'Othe** (du ligurien *otta,* multitude d'arbres) 57 787 ha, massif crayeux, argile, limons, forêts 17 000 ha, prairies ; SAU 32 445 ha, céréales, prairies. Nappe souterraine réapparaissant dans la Vanne, sources captées depuis 1867 pour alimenter Paris. **Nogentais** 18 110 ha, plaine, alt. 100 à 200 m ; SAU 14 730 ha, céréales, betteraves. **Bois :** 140 520 ha dont forêts domaniales 13 760, communales 29 700, privées 95 160, camps militaires 1 900. *Peupleraies :* 6 370 ha. dans les vallées.

Chef-lieu : TROYES. **Altitude :** moy. 109 m. **Population :** *1482 :* 15 309 et plus de 3 000 mendiants ; *1504 :* 23 083 ; *1551 :* 37 000 ; *1764 :* 12 560 ; *1851 :* 25 656 ; *1901 :* 53 146 ; *1936 :* 57 961 ; *1968 :* 77 009 ; *1982 :* 63 579 ; *1990 :* 59 255 ; *1999 :* 60 833 hab. **Industries :** bonneterie, mécanique, pneumatiques, éclairage. **Aéroport :** Troyes-Barberey. **Monuments** (vis. en 1999) : *églises* Ste-Madeleine (1508, jubé, 72 834 vis.), St-Pantaléon (XVIe-XVIIIe s., 24 521 vis.), St-Nizier (XVIe s.), St-Jean (60 394 vis.), cathédrale St-Pierre-St-Paul [1208-1638, hauteur 66 m (verrières 1 500 m^2) ; 94 540 vis.] ; basilique St-Urbain (XIIIe s., 42 707 vis.) ; maisons à pans de bois et hôtels particuliers (XVIe s.). **Musées** (vis. en 1999) : 8 dont : Beaux-Arts et archéologique (fondé 1790, 30 950 vis.), Art moderne (donation Pierre Lévy, fondé 1982, 27 151 vis.), musée St-Loup (21 765 vis.), historique et de la Bonneterie (fondé 1934, 7 741 vis.), Pharmacie (fondé 1976, 3 517 vis.) ; maison de l'Outil et de la Pensée ouvrière (21 765 vis.). **Spécialité :** andouillette. **Enseignement :** IUT, université de Technologie, Institut universitaire des métiers, antenne de l'université de Reims, Institut universitaire de formation des maîtres, École supérieure de commerce, centre d'Etudes médicales (3e cycle), institut Rachi (études hébraïques). AIRE URBAINE : 172 497 hab., dont **La Chapelle-St-Luc** 14 447, **Les Noës-près-Troyes** 3 466, **Pont-Ste-Marie** 4 931, **St-André-les-Vergers** 11 125, **St-Julien-les-Villas** 6 420, **St-Parres-aux-Tertres** 2 615, **Ste-Savine** 10 125.

Sous-préfectures : Bar-sur-Aube 6 261 hab. (aggl. 6 984 [1]) ; meubles, métallurgie, bois, vignobles ; églises St-Pierre (XIIe et XVIe s.), St-Maclou (XIIe s.). **Nogent-sur-Seine** 5 963 hab. (*1860 :* 10 535 ; *1946 :* 8 038 ; *1975 :* 4 671) ; minoteries, port céréalier, centrale nucléaire (3 812 vis. en 2000) ; pavillon Henri IV, maison de la Turque. *Musées :* A. Boucher, P. Dubois.

Autres villes (vis. en 2000) : **Aix-en-Othe** (alt. 166 m) 2 131 hab. ; cidre. **Arcis-sur-Aube** 2 840 hab. (aggl. 3 268 [1]) ; pays natal de Danton ; bonneterie, agroalimentaire (1 sucrerie, 1 distillerie, 1 malterie, usine de déshydratation, 1 coop. agricole) ; château (XVIIIe s.). **Arsonval** 331 hab. ; musée. **Bar-sur-Seine** 3 510 hab. ; vignoble. **Bayel** 860 hab. ; cristallerie et musée du Cristal (10 443 vis.). **Bercenay-en-Othe** 380 hab. ; centre de télécom. par satellite. **Brienne-la-Vieille** 420 hab. ; musée du Machinisme agricole. **Brienne-le-Château** 3 333 hab. (aggl. 4 199 [1]) ; choucrouteries ; musée Bonaparte (2 592 vis.), château (XVIIIe s.). **Chacenay** 60 hab. ; château (XVe s., restauré entre 1852 et 1858), chapelle (XIIIe s.). **Chaource** 1 092 hab. ; fromage ; crèche et « Mise au tombeau » (XVIe s.). **Dampierre** 302 hab. ; château. **Dolancourt** 145 hab. ; parc d'attraction « Nigloland » (455 000 vis.). **Eaux-Puiseaux** 194 hab. ; musée du Cidre. **Essoyes** 650 hab. ; maison de la Vigne (3 574 vis.), atelier de Renoir. **Estissac** 1 724 hab. ; *Champs catalauniques* (hypothèse) ; scierie, tringles à rideau. **La Motte-Tilly** 327 hab. ; château (XVIIIe s., 8 073 vis.). **Lentilles** 108 hab. ; église (XVIe s.). **Les Riceys** 1 376 hab. ; le plus grand vignoble de Champagne (3 AOC). **Lusigny-sur-Barse** 1 449 hab. ; musée des Automates. **Mailly-le-Camp** 1 354 hab. ; camp militaire 12 000 ha dont 1/3 dans la Marne. **Maisons-lès-Chaource** 188 hab. ; *musées :* des Poupées d'antan, de la Tonnellerie (10 400 vis.). **Piney** 1 226 hab. ; maison du Parc (24 191 vis.), parc de vision animalier (2 123 vis.). **Pouy-sur-Vannes** 136 hab. ; château (XVIIe s.), église (XVIIe s.). **Romilly-sur-Seine** 14 614 hab. (aggl. 17 789 [1]) ; mécanique, ateliers SNCF, bonneterie, agroalimentaire. **Rumilly-lès-Vaudes** 484 hab. ; manoir des *Tourelles* (XVIe s.). **St-Benoist-sur-Vanne** 214 hab. ; château (XVIe s.). **St-Lyé** 2 633 hab. **Soulaines-Dhuys** 267 hab., dite la Venise verte ; stockage de déchets nucléaires. **Vendeuvre-sur-Barse** 2 623 hab. ; château (XVIe s.) ; spectacle. **Villemaur-sur-Vanne** 424 hab. ; jubé en bois (XVIe s.). **Villenauxe-la-Grande** 2 315 hab. ; céramiques, verrerie-parfumerie.

Divers : abbayes : *Clairvaux,* abbaye cistercienne reconstruite XVIIIe s. (9 600 vis. en 2000), maison centrale de détention. *Le Paraclet.* **Route touristique du Champagne** (13 villages, 15 521 vis.). **Parc naturel** régional de la forêt d'Orient (70 000 ha). Circuit des *Cadoles* (loges de vignerons en pierre sèche).

■ **Haute-Marne (52)** 8 162 km^2. **Altitude :** *max.* le Haut-du-Sec 523 m (forêt de Baissey) ; *min.* 117 m (Puellemontier). **Population :** *1801 :* 226 465 ; *1851 :* 268 208 ; *1901 :* 226 367 ; *1946 :* 181 792 ; *1968 :* 214 340 ; *1975 :* 212 304 ; *1982 :* 210 670 ; *1990 :* 204 067 (étrangers 7 644 dont Algériens 1 804, Turcs 1 200, Portugais 1 148, Marocains 1 120) ; *1999 :* 194 873. **D.** 31. **Cantons :** 32. **Communes :** 432.

Régions naturelles (en milliers d'ha) : **prédominance herbagère :** *Champagne humide* ou *Der* 20 (SAU 11,4), *Bassigny* 83,1 (S. 54,7), *Apance* 14,4 (S. 6,2), *Amance* 25,6 (S. 11,4), *Vingeanne* 38,8 (S. 21). **Polyculture, élevage :** *Barrois* 277,5 (S. 128,8), *Barrois vallée* 37,5 (S. 19,6), *Vallage* 20,6 (S. 9,5), *Perthois* 24,4 (S. 6,6), *plateau langrais-Montagne* 83,1 (S. 42,2). **Forêts :** 247 000 ha dont 42 % soumises au régime forestier (collectivités locales), 13 % domaniales et 45 % appartenant à des particuliers. Essences dominantes : chêne, hêtre. **Massifs importants** (en ha) : *domaniaux :* Arc-en-Barrois, Châteauvillain 11 000 (gros gibier, cervidés), Auberive 5 400 (parc à sangliers), massifs du Der 2 400 ; *privés :* massif du Val 3 500, Cirey 2 500, Écot-la-Combe 2 300 ; *communaux :* Roches-Bettaincourt 2 500, Doulaincourt 2 400.

Chef-lieu : CHAUMONT. **Population :** *1881 :* 12 713 ; *1936 :* 19 126 ; *1954 :* 20 930 ; *1975 :* 27 226 ; *1990 :* 27 041 ; *1999 :* 25 888 (aggl. 27 988 [1]). **Industries :** sacherie, transformation du bois, profilés pour auto, BTP. **Monuments :** basilique St-Jean (XIIIe s., XVIe s.), viaduc (1855-56, long. 600 m, haut. 52 m, 50 arches) ; donjon des Ctes de Champagne (XIe s.-XIIe s.) ; « les Silos » : maison du Livre et de l'Affiche. **Musées :** municipal, de la Crèche.

Sous-préfectures : Langres 9 585 hab. (aggl. 10 399 [1]) ; mécanique, plasturgie, coutellerie, résines extrudées, affinage d'emmenthal ; remparts (4 km de chemin de ronde, 7 tours, 6 portes) ; cathédrale St-Mammès (XIIe-XVIIIe s.) ; musée d'Art et d'Histoire (8 900 vis.) ; château du *Pailly* (1563-73). **St-Dizier** 33 552 hab. [1] (*1881 :* 13 171 ; *1954 :* 25 811 ; *1975 :* 37 266) [aggl. 35 838 [1]] arrête pendant 2 mois les armées de Charles Quint en 1544 (François Ier qualifie les défenseurs de « braves gens » qui devient « bragards », nom donné aux habitants) ; métallurgie, matériel agricole, crèmes glacées, bonneterie, émaux, industrie du froid ; vestiges château (XIIIe s.), église N.-D. (1202). *Musées :* de la Brasserie, municipal (3 700 vis.).

Autres villes (vis. en 1999) : **Andilly-en-Bassigny** 104 hab. ; fouilles romaines. **Arc-en-Barrois** 898 hab. ; église (XIIIe s.), château (XIXe s.). **Auberive** 205 hab. ; abbaye cistercienne (XIIe s., reconstr. XVIIIe s.). **Bourbonne-les-Bains** (270 m) 2 493 hab., du dieu gaulois Bormo (dérivé de *Boru,* bouillonnement, et de *Ona,* source), eau à 66 °C ; musée ; thermes (13 142 curistes en 1999) ; parc animalier, fonderies, BTP. **Bourdons-sur-Rognon** 294 hab. ; église (XVIIe s.), abbaye cistercienne « la Crète » (1121). **Bourmont** 533 hab. **Braux-le-Châtel** 129 hab. ; fontaine gallo-romaine. **Ceffonds** 586 hab. ; église St-Pierre (vitraux Renaissance). **Chalindrey** 2 693 hab. (aggl. 4 056 [1]). **Châteauvillain** 1 710 hab. ; village fortifié ; église N.-D. (XVIIIe s.) ; parc aux Daims (272 ha). **Choiseul** 81 hab. **Cirey-sur-Blaise** 108 hab. ; château de Mme du Châtelet (XVIIe-XVIIIe s., où vécut Voltaire de 1734 à 49 ; 6 710 vis.). **Coiffy-le-Haut** 132 hab. ; vin de pays de Hte-Marne. **Colombey-les-Deux-Églises** 662 hab. ; mémorial du Gal de Gaulle : croix de Lorraine en granit rose (haut. 43,50 m sur colline de 397,50 m, 80 000 vis.), maison la Boisserie [autrefois la Brasserie) du XIXe s. achetée en viager par de Gaulle le 9-6-1934, il y mourut le 9-11-1970 (enterré au cimetière) ; musée (50 000 vis.)]. **Darmannes** 162 hab. ; église (XIIIe s.). **Dinteville** 64 hab. ; château (XVIe s., transformé XVIIIe-XIXe s.). **Éclaron** 1 844 hab. ; église St-Laurent (XIVe s.). **Faverolles** 119 hab. ; mausolée gallo-romain. **Fayl-la-Forêt** (anciennement Fayl-Billot) 1 418 hab. ; église (XVe s.) ; maison du Vannier ; école d'osiériculture. **Froncles** 1 760 hab. ; sidérurgie. **Joinville** 4 380 hab. ; château du *Grand-Jardin* (1533-60), jardins Renaissance (14 148 vis.), église N.-D. (XIIIe s.), chapelle Ste-Anne (1504) ; musée de l'Auditoire (2 002 vis.). **Leffonds** 285 hab. ; église gothique, abbaye de *Mormant* (XIIe s.). **Le Pailly** 275 hab. ; château (1563). **Montier-en-Der** 2 019 hab. ; haras national depuis 1810 ; église (XIIe-XIIIe s.), abbaye bénédictine (VIIe s.). **Montsaugeon** 78 hab., fortifié ; vin. **Nogent** 4 343 hab. ; coutellerie, instruments de chirurgie ; musée du Patrimoine coutelier, espace Pelletier. **Orquevaux** 92 hab. ; sites du *val d'Enfer, Cul-du-Cerf.* **Sommevoire** 776 hab. ; église. **Vignory** 307 hab. ; église (XIe s.). **Villegusien-le-Lac** 669 hab. ; château de *Prangey* (XVe-XVIIIe s.). **Wassy** 3 294 hab. (aggl. 4 214 [1]) ; église (XIIe s.), grange du Massacre (des protestants en 1562), place Marie-Stuart (XIXe s.), tour du Dôme, portes et remparts ; 70 maisons avec fontes de Guimard (Art nouveau).

Divers : grotte de Sabinus et Éponine, résistants gaulois. **Lacs du pays de Langres :** *la Liez* (270 ha), *la Mouche* (94 ha), *Charmes* (197 ha), *la Vingeanne* (197 ha). **Lac du Der-Chantecoq** (Marne et Hte-M.) : créé 1974 pour écrêter les crues du bassin de la Seine et comme réserve d'eau pour la région parisienne durant l'étiage [4 800 ha, 350 millions de m^3 d'eau à la cote max. ; 77 km de berges, dont 16 endiguées (40 000 grues cendrées s'y arrêtent lors de leur migration d'octobre à mars) ; 900 000 vis. en 99] ; maison de l'Oiseau et du Poisson à Outines, voile, ski nautique, plages. **Morimond** abbaye cistercienne (vestiges XIIe et XVe s.).

■ **Marne (51)** 6 211 km^2. **Altitude :** *max.* montagne de Reims, Mt Sinaï à Verzy 283 m ; mont Aimé 240 m ; *min.* 50 m (au nord de Cormicy). **Population :** *1801 :* 304 396 ; *1896 :* 439 386 ; *1921 :* 366 592 ; *1936 :* 410 094 ; *1946 :* 386 766 ; *1975 :* 530 399 ; *1982 :* 543 627 ; *1990 :* 558 217 (étrangers 24 016 dont Portugais 6 460, Marocains 4 692, Algériens 4 281, Africains 1 462) ; *1999 :* 565 229. **D.** 69. **Cantons :** 44. **Communes :** 619.

Régions naturelles : vallée de la Marne 55 563 ha (dont SAU 44 807). **Vignoble** 51 223 ha (25 827). **Pays rémois** 42 507 ha (32 857). **Argonne** 31 167 ha (10 726), élevage laitier. **Champagne humide** 75 257 ha (43 653), polyculture, élevage. **Perthois** 41 604 ha (22 370). **Brie champenoise** 99 579 ha (59 686). **Tardenois** 55 921 ha (32 011), polyculture, vignes. **Champagne crayeuse** 363 337 ha (283 642), céréales, betteraves sucrières, luzerne déshydratée, pommes de terre, oléoprotéagineux. **Bois :** 130 730 ha dont forêts *domaniales* 16 300, *communales* 12 700, *privées* 101 745. *Peupleraies :* 18 200 ha dans les vallées. *Zones militaires interdites :* 34 000 ha.

Chef-lieu : CHÂLONS-EN-CHAMPAGNE (-sur-Marne jusqu'au 17-10-1995). **Altitude :** 83 m. **Superficie :** 2 229 ha. **Population :** *1788 :* 6 000 ; *1836 :* 12 952 ; *1911 :* 31 358 ; *1975 :* 52 275 ; *1990 :* 48 423 ; *1999 :* 46 878 hab. **Industries :** alimentaire, mécanique auto, agricole, textile, papiers peints. **Monuments** (vis. en 1999) : cloître (musée) et église N.-D.-en-Vaux (XIIe-XVe s., 24 580 vis.), cathédrale St-Étienne (XIIe et XVIIe s., vitraux, 6 065 vis.), le petit Jard (créé 1861). **Musées :** municipal, Garinet, Schiller-Goethe. *École* du Cirque. AIRE URBAINE : 79 280 hab. dont **Fagnières** 5 046, **St-Memmie** 5 670.

Sous-préfectures (vis. en 1999) : **Épernay** 25 790 hab. AIRE URBAINE : 40 187 hab., dont **Magenta** 1 920 ; imprimerie, emballage, mécanique agricole, outillage, musée du Vin de Champagne, caves Moët-et-Chandon (143 383 m^2, 310 000 vis. en 96), tour de *Castellane* (1904). **Reims** alt. max. 86 m, 191 325 hab. [*1600 :* 12 000 ; *1790 :* 30 000 ; *1881 :* 94 508 ; *1911 :* 116 085 ; *1921 :* 76 785 ; *1936 :* 117 229 ; *1954 :* 121 753]. AIRE URBAINE : 291 735 hab. [dont **Bétheny** 5 943, **Cormontreuil** 6 390, **St-Brice-Courcelles** 3 527, **Tinqueux** 10 083]. *Industries :* métaux, équipement auto, mécanique ; appareils ménagers, produits pharm., préparation du champagne, ind. alimentaire ; Europol'agro ; aviation ; verrerie, imprimeries, cartonneries, emballages. *Aéroport :* Reims-Champagne. **Monuments** (vis. en 2000) : centre des congrès, parc des expositions, cathédrale Notre-Dame [XIIIe s., 25 rois y furent sacrés de 1223 (Louis VIII) à 1825 (Charles X) ; 149,1 × 30 m, transept 61,25 m ; hauteur : nef 38 m, 2 tours 81,50 m (13 548 vis.), clocher à l'Ange 87 m ; bombardée 1914-18 (incendiée 19-9-14), 1 500 000 vis.], basilique St-Remi (XIe-XIIe s., bombardée 1914-18 ; 80 000 vis.), chapelle Foujita (5 089 vis.), place Royale (1758), porte de Mars (IIIe s., haut. 13,50 m, long. 33 m), hôtel Le Vergeur (XVe-XVIe s. restauré vers 1920, 13 325 vis.) palais du Tau (XIIIe-XXe s., musée fondé 1972, 62 544 vis.), Beaux-Arts (38 675 vis.), de l'Auto (auparavant à St-Dizier). Musée St-Remi (ancienne abbaye bénédictine XVIIIe s., 43 019 vis.), musée de la Reddition (16 848 vis.) fort de la Pompelle (23 653 vis.). Planétarium (27 367 vis.). *Enseignement :* université-IUT, ESC, école d'ingénieurs en emballage et conditionnement, École supérieure d'Art et de Design (Esad). **Ste-Menehould** 4 979 hab. ; mécanique de précision ; hôtel de ville, musée municipal, église, statue de dom Pérignon (1956). **Vitry-le-François** 16 711 hab. [AIRE URBAINE : 35 024] ; brûlée 1544 (reconstruite à côté), faïences, ind. du bois, métallurgie.

Autres villes (vis. en 1999) : **Ay** 4 315 hab. (aggl. 5 595 [1]) ; vin (champagne) ; hôtel Deutz ; fête d'Henri IV (en juillet). **Bazancourt** 1 940 hab. ; ind. alimentaire, métallurgie, sucrerie ; patrie de la filature mécanique (1806) ; clocher (XIIe s.). **Boursault** 500 hab. ; château de la veuve Clicquot (1843-48). **Braux-Ste-Cohière** 71 hab. ; château (XVIIe s., 13 890 vis.). **Champaubert** 127 hab. **Châtillon-sur-Broué** 60 hab. ; église à pans de bois. **Châtillon-sur-Marne** 843 hab. ; statue d'Urbain II (1867) 33 m. **Coizard-Joches** 107 hab. ; grottes préhistoriques. **Courtisols** 2 586 hab. (aggl. 3 031 [1]) ; église. **Dormans** 3 126 hab. ; château (XIVe s.), église St-Hippolyte (XIe-XIIe s.) ; mémorial des Victoires de la Marne (1914-18) : crypte, chapelle, ossuaire

(130 cercueils contenant les ossements de 1 500 soldats dont 11 furent identifiés). **Drosnay** 175 hab. ; église à pans de bois. **Étoges** 261 hab. ; château (XVIIe s.). **Fère-Champenoise** 2 293 hab. **Fismes** 5 313 hab. ; métallurgie ; pont-monument aux morts (1927). **Fromentières** 280 hab. ; retable anversois (XVIe s.). **Giffaumont** 234 hab. ; plages du *Der* (240 000 vis.) ; maison du Lac (45 000 vis.). **Hautvillers** 849 hab. ; église (XVIe et XVIIe s.) ; dom Pérignon y découvrit la champagnisation. **L'Épine** 648 hab. ; basilique (XVe-XVIe s., 80 000 vis.). **Mondement-Montgivroux** 46 hab. ; monument en ciment rouge de la bataille de la Marne 1914 : 32 m, domine les marais de St-Gond (3 000 ha). **Monthelon** 358 hab. ; église. **Montmirail** 3 783 hab. ; château (XVIe-XVIIe s. et XVIIIe s.), colonne impériale. **Montmort-Lucy** 589 hab. ; château (XVIe s.). **Mourmelon-le-Grand** 4 346 hab. ; camp militaire (1 200 ha). **Nuisement-sur-Coole** 270 hab. ; église à pans de bois. **Œuilly** 581 hab. ; écomusée. **Oger** 558 hab. ; musée des Traditions du mariage. **Orbais-l'Abbaye** 567 hab. ; abbatiale (XIIIe s., 5 000 vis.). **Outines** 134 hab. ; église à pans de bois ; maison de l'Oiseau et du Poisson (18 489 vis.). **Pargny-sur-Saulx** 2 174 hab. **Réveillon** 106 hab. ; château (XVIIe-XVIIIe s.). **St-Amand-sur-Fion** 838 hab. ; église (XIIIe s.). **St-Hilaire-le-Grand** 309 hab. ; chapelle orthodoxe [(1937), commémore 817 soldats russes (tués 1916-18)]. **St-Rémy-en-Bouzemont-St-Genest-et-Isson** 592 hab. ; *commune qui a le nom le plus long de France*. **Ste-Marie-du-Lac-Nuisement** 227 hab. ; maisons à pans de bois. **Sermaize-les-Bains** 2 180 hab. ; abbaye des *Trois-Fontaines* (XIIe et XVIIIe s.). **Sézanne** 5 585 hab. ; optique, produits réfractaires, bonneterie ; église (tour 1582, 42 m). **Suippes** 3 230 hab. ; camp militaire. **Trois-Fontaines-l'Abbaye** 245 hab. (3 000 vis. en 2000). **Valmy** 284 hab. ; site du Plateau (victoire 20-9-1792) ; moulin (reconstitué 1939). **Vatry** 102 hab. ; projet d'Europort Paris-Champagne (plate-forme aéroportuaire). **Vertus** 2 513 hab. ; champagne ; église. **Verzy** 1 058 hab. ; forêt 4 hêtres (faux). **Witry-lès-Reims** 4 625 hab.

Divers (vis. en 1999) : **Abbaye** des Trois-Fontaines (30 000 vis.). **Sites militaires :** *Argonne*. **Parc naturel régional** de la *Montagne de Reims* (50 000 ha). **Caves** de champagne [à Reims (500 000 vis.) et à Épernay (350 000)]. **Route touristique du Champagne** (84 510 vis.). **Marais de St-Gond.**

CORSE

GÉNÉRALITÉS

☞ *Abréviations :* C. : Corse ; c. : corse(s).

■ **Situation.** 8 681 km² (183 x 50 à 85 km). **Altitude :** *max.* monte Cinto 2 710 m [8 sommets dépassent 2 500 m ; 50 dépassent 2 000 m] ; *moyen.* 548 m. **Distances** (en km) : France (cap Martin) 160, Italie 82, Sardaigne 14, Ajaccio-Marseille 320, Toulon 260, Nice 240 ; Bastia-Gênes 190, Livourne 115 ; Gibraltar 1 500. **Forêts :** 82 000 ha. **Comparaisons :** *Sicile* 25 708 km², altitude moyenne 441 m ; *Sardaigne* 24 090 km², altitude moyenne 344 m.

■ **Massif corse.** Entre la Méditerranée à l'ouest et la plaine d'Aléria à l'est. **a) Crêtes « alpines » du nord-est :** du Golo au Bravone, chaîne de l'est (long. 30 km, larg. 10 km, alt. max. : *Mt Olmelli* 1 285 m) ; du cap *Corse* au *Tavignano*, chaîne principale [long. 80 km, larg. 20 km, points culminants, dans le cap *Corse* (moitié nord), *Mt Stello* 1 307 m ; dans la *Castagniccia* ou « pays des Châtaigniers » (moitié sud), *Mt San Pietro* 1 767 m]. Terrains sédimentaires relevés lors du plissement alpin (1/4 du massif corse). **b) « Dépression médiane » :** couloir (long. 70 km, larg. 5 à 13 km) dirigé nord-ouest/sud-est de L'Ile-Rousse à la Solenzara. **c) « Monts » ou le « Château d'eau » :** appelés « épine dorsale » ou « arête centrale », 7 massifs indépendants et parallèles, orientés sud-ouest/nord-est et venant buter contre la « dépression médiane » qui leur est perpendiculaire. Ligne de séparation des eaux entre versants méditerranéen et tyrrhénien. Du nord au sud : *monte Cinto* (2 710 m), prolongé jusqu'au *capo a Cavallo* (30 km) ; massif du *Niolo* (*Paglia Orbo*, 2 527 m), prolongé jusqu'à la *punta Palazzo* (40 km) ; *monte Rotondo* (2 622 m), point d'aboutissement de plusieurs chaînes secondaires, dont l'une est reliée au *cap Rosso* (60 km) ; *monte d'Oro* (2 389 m), prolongé jusqu'à la *punta della Parata* (70 km) ; plateau d'*Ese*, au sud du *monte Renoso* (2 352 m), prolongé jusqu'au cap de *Muro* (80 km) ; l'*Incudine* (2 128 m) et la pointe de l'*Anercitella* (1 486 m), prolongés par la péninsule de *Sartène* (40 km) ; la montagne de la *Cagna* (1 215 m), prolongée par la pointe de *Figari* (20 km). En outre, 2 petites chaînes parallèles tout à fait au sud de l'île vont du cap de *Feno* (rive ouest) à la pointe de la *Chiappa* (rive est) : 35 km, et du cap *Pertusato* (rive ouest) à la pointe de *Capicciola* (rive est) : 10 km. **d) Contreforts du sud-ouest :** appelés chaînes transversales : prolongement vers la mer des 7 massifs du « Château d'eau » ; forment 7 caps s'avançant parallèlement dans la Méditerranée (et séparant 8 bassins fluviaux communiquant mal entre eux par voie de terre).

■ **Côtes.** 1 047 km dont 300 de plages. Côte occidentale (250 km en arc de cercle, avec 40 km N.-S. au cap Corse), 7 massifs montagneux anciens (cristallins) tombant perpendiculairement dans la mer : série de promontoires escarpés, séparés par des golfes (golfes de *Porto, Sagone, Ajaccio, Valinco*) ; péninsule d'*Ajaccio* avec îles *Sanguinaires*, cap *Senetosa*. *Du cap Corse au cap Pertusato* (180 km N.-S.). *Du cap Corse à l'étang de Biguglia* (38 km N.-S.). Côte orientale du cap Corse : falaises calcaires, presque rectilignes. *De l'étang de Biguglia au golfe de Porto-Vecchio* (100 km N.-S.) : côte alluviale, marécageuse, avec des étangs le long de la plaine d'Aléria. *Au sud de Porto-Vecchio* (40 km N.-S.) : 2 chaînes cristallines tombant à pic dans la mer : rochers escarpés et découpés ; échancrures : golfes de *Santa-Giulia* et de *Santa-Manza* ; promontoires : pointe de *Capiciolo* ; péninsule de *Porto-Vecchio* avec les îles *Cerbicales*.

☞ **Parc naturel régional :** *créé* 1971 ; 350 894 ha (138 communes). **Réserves naturelles :** *Scandola* (Galeria, 1 000 ha marins, 900 ha terrestres), îles *Cerbicales* (mars 1981, Porto-Vecchio), îles *Lavezzi* (Bonifacio). **Parc international :** entre Corse et Sardaigne 150 km² (avec *Lavezzi* et archipel sarde de la *Maddalena*) passage des pétroliers interdit. **Le Conservatoire du littoral :** *créé* 10-7-1975, possède 13 308 ha en Corse.

■ **Climat.** *Température moyenne* (en 1997) : janvier : Ajaccio 10,2 °C, Bastia 10,4 °C, juillet : Ajaccio 22 °C, Bastia 23,2 °C. *Eau de mer* (en °C, en 1979) : janv. 13,1, févr. 13, mars 13,9, avril 15, mai 17,6, juin 22,8, juillet 24,8, août 24,5, sept. 21,8, oct. 20,2, nov. 17,1, déc. 14. **Pluviosité** (moyenne en mm) : *1975-86 :* 694 ; *1997 :* Ajaccio 561, Bastia 774. **Insolation :** *1997 :* Ajaccio 2 909 heures, Bastia 2 673 heures (Paris 1 812).

■ **Langue.** Corse, dérivée du latin, mais 40 % du vocabulaire est non latin. Phonétique souvent proche des langues pyrénéennes. 2 dialectes principaux : nord-est (influencé par le toscan) et sud-ouest (plus de traits préromans).

■ **Population.** *1793 :* 150 000 ; *1881 :* 273 000 ; *1962 :* 176 000 ; *1982 :* 240 178 ; *1990 :* 249 737 (étrangers 24 847 dont Marocains 12 958, Italiens 3 116, Portugais 3 109) ; *1999 :* 260 196. Recensements souvent imprécis [en 1982 gonflé de plus de 50 % pour 78 communes (parfois 300 ou 400 %)]. **D.** 30 (Sicile 180, Baléares 120), moins de 5 sur la dorsale monte Cinto-Coscione ; beaucoup de villages élevés ont perdu 60 à 80 % de leur pop. vers 1900 ; 129 sur 348 ont moins de 200 hab., certains en ont moins de 10 en hiver. **Chômeurs :** 12,8 % (en 1998).

Émigration. XVIIe et XVIIIe s. : très forte. **XIXe s. :** baisse. **Après 1918 :** augmente surtout vers colonies (Algérie 100 000, Tunisie 25 000 ; les Corses fournissent 40 à 50 % des cadres subalternes). *Principales régions d'émigration :* Castagniccia, cap Corse, Balagne. **1939 :** 300 000 (+ régions parisienne 12 000, marseillaise 100 000). **1968-75 :** 23 280 dont 44 % d'actifs et 29 % de 20-30 ans. 8 905 nés sur place partis en France, 7 345 venus de France. **1975 :** 94 660 nés en C. vivent en métropole [surtout à Marseille (*1851 :* 10 120 Corses ; *1931 :* 122 500 ; *1981 :* 207 250)]. **1990 :** 400 000. **Immigration. A partir de 1773 :** échecs de tentatives d'installation de Lorrains (au sud de Bastia), d'Alsaciens (près d'Ajaccio et de Bonifacio) vers 1838. **1954-65 :** perte de l'Afrique du Nord, 17 000 Corses rentrent. (140 000 gagnent la métropole).

Nota. – FONCTIONNAIRES CORSES (sans les militaires, au 1-1-1996) : 28 000. *Ministères :* 13 000 (en 1991 : 12 211 dont organismes publics 5 937, Éducation nationale 24 %, PTT 15 %, hôpitaux 15 %, Équipement-Logement-Transport-Mer 1307, Économie et Finances 1 021, Intérieur 815). *Collectivités territoriales :* 8 281 (en 1991 : 5 696 dont communes, départements, régions, services incendie 1 405). *Établissements publics de soins* (en 1991) : 2 995. La C. a fourni beaucoup de hauts fonctionnaires, parlementaires, ministres, hommes d'État, cadres de l'armée, police et douanes (50 % du personnel).

■ **Histoire.** Non peuplée au paléolithique. **Av. J.-C. Vers 3000** civilisation néolithique (notamment Bologne et Sartène). **Vers 2000** mégalithique (notamment Filitosa). **Vers 1200** peuplement d'Ibères et de Celto-Ligures, venus du continent. **900** arrivée des Étrusques qui fondent Corte, dont le nom rappelle celui des Quirites (Romains). Appelée *Kyrnos* (ou *Cyrnos*) : abordée par Phéniciens, Phocéens (fondent 564 Alalia, près du Tavignano), Carthaginois ; tous n'occupent que les rivages. **260 à 162** après résistance acharnée, conquise par Romains. **Apr. J.-C. VIe et VIIe s.** domination byzantine. Influence pontificale (création de basiliques et d'évêchés par saint Grégoire le Grand). **IXe au XIe s.** Sarrasins pillent et s'installent dans les régions les plus accessibles. **1078** expulsés ; le Saint-Siège confie l'administration de la C. à l'archevêque de Pise. **1091** Urbain II offre la C. à la république de Pise. Reconstruction entreprise par les Pisans : églises de Nebbio, Murato (XIIe-XIVe s.). **A partir de 1132** les Génois se substituèrent aux Pisans malgré les efforts de Sinucello della Rocca (Giudice de Cinarca) en faveur de l'unité et de l'indépendance. **1288**-*avril* Pise cède la C. à Gênes (victorieuse).

A partir de 1347 administrée par Gênes, mais résistance constante sans unité. **1359** sur l'initiative de Sambucuccio d'Alando, le nord-est de l'île (qui devient la *Terra del comune,* « Terre du commun ») conclut un accord avec Gênes qui, aidée d'un conseil de 6 Corses, assure sécurité et justice contre un tribut annuel ; le sud conserve une organisation féodale. Puis Gênes confie l'administration de l'île à une société privée, la *Maona,* qui reçoit le monopole du commerce avec le continent. Gênes se heurte à des difficultés. **1396-1409** intervention française (maréchal Boucicaut). **Début XVe s.** intervention des rois d'Aragon soutenus par Vincentello d'Istria, Cte de Cinarca, qui fait édifier la citadelle de Corte. **1434** l'Aragon abandonne. **1453** Gênes confie l'administration à la Banque de St-Georges qui laisse l'île à l'abandon. **1463** souveraineté milanaise. **1478** la Banque de St-Georges lutte contre féodaux du sud. Des Corses émigrent en France. **1553** Sampiero conquiert l'île sur Génois, alliés de Charles Quint. **1559** *traité du Cateau-Cambrésis,* l'île leur est rendue. Sampiero, appelé « Sampiero Corso », reprend la lutte. **1562** Gênes reprend l'administration à la Banque de St-Georges, ruinée par la négligence de ses représentants sur place et les pillages barbaresques. **1567** Sampiero meurt. **1571** *Statuti civili e criminali* règlent les rapports entre Corse et Gênes. **1646-1729** épidémie de peste.

1731-32 révolte, Gênes recherche l'aide de l'Empire germanique. **1736** royauté éphémère de *Théodore de Neuhof* (1694-1756). **1738-40** et **1743-52** Gênes recherche l'aide de la France qui cherche à rallier les Corses. **1739** création du *Royal-Corse* pour désamorcer la résistance organisée méthodiquement par *Pascal Paoli* [(Morasaglia, 1725-Londres 5-2-1807) élu général de la nation 14-7-1755]. **1764**-*15-5 convention de Compiègne* et **1768**-*15-5 traité de Versailles :* Gênes confie à la France sa souveraineté sur la Corse jusqu'à ce qu'elle puisse rembourser le prix de l'aide française. Les dépenses faites pour l'administration de la Corse par la Fr. venaient alourdir la dette génoise ; mais les recettes étaient déduites de cette dette, ce qui incitait la Fr. à gérer la Corse de manière déficitaire. Corte reste capitale administrative. *-9-10* Français battus à Borgo. **1769**-*8-5 Paoli*, battu à Pontenuovo, quitte la Corse. Création d'États provinciaux et d'une cour souveraine de justice. *-15-8* naissance de Napoléon à Ajaccio. **1774** soulèvement animé par Pasquilini, battu à Aléria. *-23-6 :* 11 rebelles pendus. **1780-85** *Marbeuf* (Louis Charles René, Cte de ; 1712-86) commandant en chef. **1789**-*30-11* à la demande des 4 députés corses à la Constituante, l'île est décrétée « partie intégrante de l'Empire ». **1790** lois des *3-2* et *4-3* forment un département (chef-lieu : Bastia). **1793** 2 départements, *Golo* (94 779 hab.) et *Liamone* (55 879 hab.). **1793-96** tentative de sécession menée par Paoli (amnistié 1789, il était retourné en Corse en 1790), soutenue par l'Angleterre. *-Mai* une Consulta réunie à Corte proclame Paoli généralissime de l'île et Père de la Patrie. *-17-7* Convention met Paoli hors-la-loi. Il appelle la flotte anglaise au secours. **1794**-*15-6* une Consulta confirme à l'unanimité la séparation avec la France et offre la couronne de Corse à George III. *-19-6 George III d'Angleterre* proclamé souverain du « roy. anglo-corse » (vice-roi : Gilbert Elliot). **1795**-*13-10* Elliot, vice-roi de Corse, rappelle Paoli. **1796**-*19-10 Bonaparte* contraint les Anglais à quitter la Corse. **1797** révolte de la Crocietta dirigée par Augustin Giafferi. Libère Casinca, Castagniccia. Révolte écrasée (Giafferi exécuté). *André-François Miot* [(1762-1841) Cte de Melito 21-2-1814] rétablit l'administration républicaine. Administrateur général, il « coiffe » les préfets d'Ajaccio et de Bastia. Une centaine d'arrêtés, mis en application en 1801-02, octroient à la Corse un statut particulier, en principe provisoire, dans les domaines administratif, judiciaire, fiscal et douanier.

XIX-XXe s. crise économique ; émigration vers la métropole ou territoires d'outre-mer. **1808** Fiumorbo, escarmouche ; répression : 10 otages fusillés, 200 déportés en France (17 survivants 6 mois après). **1811** département unique (chef-lieu Ajaccio). *Maintien de l'ordre :* confié à l'armée ; régime fiscal et douanier privilégié instauré. **1814-19** nombreux troubles. **1818** Louis XVIII confirme ces dispositions. **1840**-*1-7 Colomba* (de Mérimée) paraît dans la *Revue des Deux-Mondes.* **1870**-*4-3* Clemenceau, alors député radical, dépose, sous forme de pétition émanant du Club positiviste, une demande de séparation de la Corse et de la France. **1896** 1er journal en langue corse, « A Tramuntana », de Santu Casanova. **1912** loi met fin au régime douanier prévoyant le rattrapage économique de l'île grâce à une subvention annuelle de 500 000 F-or, à verser pendant 50 ans (elle sera payée jusqu'en 1941). **1920**-*15-5 :* 1er numéro d'« A Muvra » (*dir. :* Petru Rocca). **1922** l'Italie revendique l'île en tentant d'exploiter le particularisme. **1923** création du *Partitu corsu d'azione.* Dissous 1926, devient le *Partitu corsu autonomista.* **1931** expédition contre le banditisme. **1942**-*11-11* occupation italienne. Résistance (10 000 h.). **1943**-*9-9* soulèvement de Bastia ; les Allemands, chassés, reviennent le 13 (bombardements) ; *-10-9* soulèvement d'Ajaccio ; 20 % des troupes italiennes se joignent aux résistants contre Allemands ; *-13-9* débarquement (décidé par Gal Giraud contre l'avis des Alliés) de 109 h. du sous-marin *Casabianca ; -14-9 :* 500 h. débarqués ; *-4-10* Bastia reprise, fin des combats ; *-5-10* arrivée du Gal de Gaulle. *Pertes françaises :* 75 †, 239 bl., 12 disparus. *Résistance corse :* 21 fusillés ou tués avant l'insurrection, 69 † pendant les combats, nombreux blessés. *Pertes italiennes :* 245 †, 557 bl. *Pertes allemandes :* 200 †, 500 bl., 351 prisonniers ; *pertes aériennes :* 60 appareils, 270 h. ; *pertes maritimes :* 13 bateaux et embarcations. *Destructions :* voie ferrée, 113 ponts routiers, une partie de Bastia.

1946-*sept.-oct.* procès des autonomistes accusés d'irrédentisme. **1949** 1er plan de mise en valeur (échec). **1957** création de la *Somivac* (Sté de mise en valeur de la Corse) et de la *Setco* (Sté pour l'équipement touristique de la Corse), programme d'action régionale pour développer l'agriculture corse. **1960**-*juillet* l'« Union corse » créée (paraîtra jusqu'en 1968). **1961**-*janv.* l'Association des étudiants corses créée (*Pt :* Dominique Alfonsi). **1962**-*8-4 référendum :* seul département à voter contre les accords d'Évian ; *-juillet* à Vivario : naissance de l'*Union nationale des étudiants corses* (Unec). **1964**-*avril Comité d'étude et de défense des intérêts de la C.* (Cedic). Problèmes de l'arrivée des pieds-noirs, des modalités de mise en valeur, des transports. Union c. et Association des étudiants c. deviennent l'*Union corse-l'Avenir.* **1965** *présidentielle :* consignes abstentionnistes. 1ers attentats contre la Somivac, à Ghisonaccia. **1966**-*31-7* le *Front régional c.* (FRC) regroupe l'Union corse-l'Avenir (Charles Santoni), le Cedic (Paul-Marc Seta, Edmond et Max Siméoni) et l'Unec ; *-déc.* parutions de « la Corse-hebdomadaire », « Arritti ». **1967** *législatives :* Max Siméoni a 2,3 % des voix ; *-3-9* les frères Siméoni créent l'*Action régionaliste c.* (ARC). **1969**-*27-4* référendum sur réforme régionale, 54 % pour. **1970** l'ARC lutte contre vignette auto, défend chemin de fer. **1972**-*5-7* détachée de la Provence-Côte d'Azur, constitue une région. **1973**-*avril* FRC devient *Partitu di u populu corso (PPC). -Août* ARC devient *l'Azzione per a rinascita corsa* pour l'autonomie interne ; *-oct.* Front patriote corse de libération (FPCL) ; *déc.* après déversement des *« boues rouges »* de la Montedison italienne dans le canal de C., attaque de la sous-préfecture de Bastia. **1974**-*22-3* attentat contre Caravelle d'Air-Inter à Bastia ; *27-10* création du *Partitu corsu per l'autonomia* (PPCA) : fusion du PPC et du Parti c. pour le progrès. **1975**-*21/22-8 Aléria,* des militants de l'ARC occupent Sté vinicole de la C. (2 gendarmes †) [Edmond Siméoni, condamné 24-6 à 5 ans de prison dont 2 avec sursis ; libéré conditionnellement 14-1-1977, se constitue prisonnier 27-9 à la suite d'attentats (remis en liberté provisoire 17-12)] ; *-27-8* Conseil des ministres dissout l'ARC ; *-28-8* Bastia : fusillade (1 CRS † ; Serge Cacciari, condamné 10-7-1976 à 10 ans de réclusion criminelle). **1976**-*1-1* C. divisée en 2 départements. *Jean Riolacci*, préfet d'Ajaccio (1er préfet corse depuis 150 ans). *Charte de développement.* Nombreux groupes nouveaux : *Francia* (Front d'action nouvelle contre l'indépendance et l'autonomie) ; plusieurs attentats contre les autonomistes) ; *-4-5* l'ARC renaît sous le sigle APC (*Associu di patrioti corsi) ; -5-5* FNLC *(Front nationaliste de libération de la C.)* fondé ; *-7-7* Ajaccio : destruction d'un Boeing 707 [avant arrivée de Messmer, Premier ministre] ; *-22-8* cave d'Aghione dynamitée. **1977**-*17-7* APC devient *l'Unione di u Populu Corsu* ; *-13-8* Serra-di-Pigno, relais TV dynamité. **1978**-*13-1* destruction radars Solenzara ; *-4-7* dynamitage château de Fornali ; *-10-8* Ajaccio : attentat. **1979**-*20-7* Bastia : locaux EDF incendiés ; *8-8* 9 transformateurs EDF détruits (4 leaders FLNC arrêtés dont Jeannick Leonelli et Yves Stella condamnés à 15 ans de réclusion criminelle en 1978, amnistiés après 37 mois) ; *-2/4-12,* Paris : 3 attentats ; *-20-12* Marseille : attentats, organisations de voyage. **1980**-*6-1-* Bastelica (Corse-du-S.), des membres de l'UPC font prisonniers le Cdt Pierre Bertolini et 2 membres de Francia ; *-8/10-1* gendarmerie mobile investit *Bastelica ;* un tireur isolé tue un CRS ; 2 † et 4 bl. lors d'un contrôle par gardes mobiles ; *-11-1* grève générale ; *-16-1* Paris : attentat contre ministère Éducation nationale ; *-11-2,* 40 attentats ; *-13-2 :* Paris : 3 attentats (office de tourisme italien, gare de Lyon, Orly) ; *-2-3* village de vacances PTT (87 % détruits) ; *-8* et *9-3* Montpellier : attentats. *-9* et *10-3* Ajaccio, 14 attentats ; *-22* et *23-4* Corse, métropole : 12 attentats. *-14-5* Paris : Alain Corsini blesse 2 gendarmes devant l'ambassade d'Iran. **1981**-*26-10* université de Corse ouverte ; *-16-4* Ajaccio : attentat (jour d'arrivée du Pt Giscard), 1 †. **1982**-*11-2,* 25 attentats ; 1 légionnaire tué à Sorbo par FLNC ; *-16-2* Paris et banlieue : 17 attentats contre banques et gouvernement militaire ; *-2-3* amnistie, y compris sur les crimes de sang ; *-2-4* Ajaccio : attentat (visite Pt Mitterrand annulée) ; *-30-7* vote sur *compétences de la C. ; -19-8,* 100 attentats ; *-22-8 assemblée régionale élue.* Commissaire Robert Broussard nommé préfet, délégué pour la police ; *-11-12* Brigades révolutionnaires corses (BRC) créées. **1983**-*5-1* FLNC dissous par le gouvernement. *-9-2* Schoch (commerçant à Ajaccio) tué par racketteurs (arrêtés mars) ; *-13/14-6* Pt Mitterrand en C. ; *-17-6* disparition du militant Guy Orsoni ; *-24-7* et *2-9* événements de Cargèse ; *-12-9* Rosso et Pierre Massimi, secr. général de Hte-Corse, abattus par FLNC (suite affaire Orsoni) ; *-27-9* Consulte des Comités nationalistes dissoute ; *-2-10* Association pour la C. française et républicaine (CFR) créée. **1984**-*8-2 Mouvement c. pour la démocratie* (MCD) créé ; *-31-3* 19 attentats ; *-17/18-4* Ajaccio : 9 attentats ; *-25-4* Noël Luciani arrêté ; *-7-6* Marc Leccia et Salvatore Contini, ravisseurs présumés de Guy Orsini, assassinés dans prison d'Ajaccio ; *-30-6,* 20 000 manifestants de CFR contre violence ; *-10/11-7,* 30 attentats ; *-12-8 élections régionales ; -25* et *26-8,* 8 attentats. **1985**-*31-1* Jean Dupuis, hôtelier à Sagone, tué ; *-6-2* Georges Bastelica remplace Broussard ; *-29-3 et 7-4* Solaro : attentats ; *-15-4* Bastia (préfecture) ; *-2-6* Lava (village de vacances). **1986**-*23-3* attentats au sud d'Ajaccio (centre de vacances) ; *-23-4* près Bastia (camping) ; *-15-5* Cargèse, 2 †. **1987**-*2-1* Marc Garguy, commerçant réfractaire, tué ; *-21-1 Mouvement corse pour l'autodétermination* (MCA) dissous ; *-4-3* Bastia : attentat hôtel des impôts ; *mars* centre touristique ; *-21-5* 20 poseurs de bombes FLNC arrêtés ; *-23-5* 11 nationalistes inculpés ; *-17-6* Dr Jean-Paul Lafay, vétérinaire, Pt de l'Association d'aide aux victimes du terrorisme en Corse, tué par FLNC ; *-12-7* Boulogne-Billancourt : attentat contre gendarmerie ; *-25-7* villa du Pr Paul Aboulker détruite ; *-4-8* Bastia : attentat (1 gendarme †, 3 bl.). **1988**-*24-1,* 10 villas plastiquées ; *-27-2* 4 responsables FLNC arrêtés dont Jean-André Orsini ; *-8-3* Ajaccio : 1 gendarme † ; *-22-10* Félix Tomasi et Charles Pieri acquittés des poursuites criminelles ; *-31-12* attentat contre confiserie de Soveria (Hte-C.). **1989**-*avril* grèves de fonctionnaires, troubles. *-24-10* les démissionnaires d'A Cuncolta naziunalista créent l'*Accolta naziunale Corsa* (ANC), derrière Pierre Poggioli. S'appuie sur l'organisation clandestine Resistanza. *-24-11* naissance du MPA derrière Alain Orsoni, Léo Battesti, Dominique Bianchi et Yves Stella, à partir d'une nouvelle scission d'A Cuncolta, qui reste la vitrine légale du FLNC-Canal historique, désormais opposé au bloc MPA-Canal habituel. **1990**-*26-5* Jules Gaffory, maraîcher, assassiné ; *-7-6* Jean-Pierre Maisetti, horticulteur, assassiné ; *-9/10* et *-11-9* villas détruites dont celle de Jean-Marc Vernes. *-26-9* Aubagne : attentat FLNC contre filiale de la Sté Corse-Méditerranée ; Charles Antoine Grossetti, maire de Grossetto, assassiné ; *-19-12* Lucien Tirrolini, Pt de la Chambre d'agriculture, assassiné ; *-21-12,* Propriano : 2 † ; *-31-12* Paul Mariani, attaché au cabinet de François Doubin, ministre du Commerce, et maire (PS) de Soveria (Hte-Corse) assassiné. **1991**-*2/-3-1,* 7 attentats FLNC ; *-11-3* hôtel détruit à Calcatoggio ; *-29-5* Bastia : attentat contre bâtiment Conseil général ; *-juillet* plusieurs attentats ; *-6-7* Paris : devant immeuble Éducation nationale (2 bl.) ; *-15* et *16-9* Versailles et Créteil contre rectorats ; *-29-12* Querciolo : 30 bungalows détruits. **1992**-*26-7* Resistenza monte une opération héliportée à Cavallo ; *début sept.* 15 000 ha brûlés ; *-20-9* Zonza : † 1 gendarme mobile ; *-2-12* Nice : attentat contre direction des impôts ; *-3/4-12* attentats Nice, Paris, Corse ; *-12/13-12* Porticcio et Ajaccio. **1993**-*1-1* entrée en vigueur de la taxe de 30 F à l'entrée et à la sortie de Corse ; *-11-2* attentats sur le continent (dont 3 à Nice) par FARC ; *-août* des militants cagoulés évoquent la « légitime défense ». *-Nov.* graves inondations. **1994**-*févr.* commando (14 h.) arrêté. *-26-12* Jean-François Filippi, maire de Luciana, assassiné. **1995**-*1-2* Cavallo : attentat : 66 logements et commerces détruits ; *-30-8* Bastia : Pierre Albertini tué, 2 agresseurs mortellement blessés ; *-31-8* Noël Sargentini, dirigeant d'*A Cuncolta naziunale,* tué près de Corte ; *-16-10* Bastia : procès en appel de la catastrophe de Furiani (17 †, 2 340 bl. en 1992). *-28-10* Corte : assassinat d'un indépendantiste, Paul Cariotti. En 1995, 10 militants nationalistes †. **1996**-*9-1,* 37 attentats revendiqués (26 plasticages, 11 tentatives) par Resistenza ; *-12-1* Tralonca (Hte-Corse), trêve du FLNC-Canal historique décrétée lors d'un rassemblement nocturne de 600 militants en cagoule et armés. *-8-3* assassinat de 2 nationalistes et du Pt tribunal administratif de Bastia ; *-1-7* Bastia : voiture piégée (1 †, 15 bl. dont Charles Pieri no 2 de l'A Cuncolta). *-30-7* Bastia : incendie du palais de justice ; *-14-8* Ajaccio : attentat contre le palais de justice ; *-18-8* explosion à l'Assemblée ; *-19-8* charge désamorcée devant le domicile de José Rossi, Pt du Conseil général de Corse-du-Sud. **1997**-*2-2,* 56 attentats ; *-2-3* 1 poseur de bombe tué par sa bombe ; *-17-6* le FLNC-Canal historique annonce une trêve ; *-6-9* Strasbourg : attentat contre l'Éna ; *-nuit du 10/11-11* attentat contre les sources thermales de Vichy. **1998**-*26-1* le FLNC-Canal historique annonce une rupture de la trêve ; *-6-2*, 21 h 15, Ajaccio : Claude Érignac, préfet, assassiné de 3 balles dans la nuque. *-9-2* un groupe anonyme revendique l'assassinat. **1999**-*18-1* le FLNC-Canal historique annonce une trêve jusqu'aux élections de mars ; *-7-3* paillote Aria Marine : tentative d'incendie. *-19/20-3* 4 attentats sur bâtiments publics (Bastia, Sartène, Calvi, Casabianca) [*-21-5* la division nationale antiterroriste (DNAT) arrête une partie du commando de 6 hommes. *-23-5* Yvon Colonna, berger et fils d'un ex-député socialiste, est soupçonné du crime. *-24-5,* 4 membres transférés à Paris avouent leur participation]. *-Juin* apparition d'une nouvelle organisation nationaliste, *Armata Corsa. -4-11,* 8 organisations nationalistes, dont A Cuncolta independentista (ex-naziunalista), l'ANC et Corsica viva, se retrouvent dans Unità. *-25-11* Ajaccio : attentats contre DDE et Urssaf. *-23-12* les principales organisations clandestines corses se regroupent sous le sigle FLNC et décrètent une trêve illimitée. **2000**-*15-4* Bonifacio, attentat à la discothèque « Amnesia ». *-20-4* paillote Chez Francis incendiée par gendarme ; *-28-4* l'Assemblée vote la fin du monopole du transport maritime (33 voix pour, 3 contre, 7 abst., 8 non-participations) ; *-3-5/2-7* préfet Bernard Bonnet arrêté. Cel Henri Mazière et Bonnet s'accusent d'être les instigateurs. *-26-6* Paris, attentat déjoué contre Centre de conférences Kléber. Jean-Michel Rossi, ancien membre de l'ex-FLNC-Canal historique et de l'A Cuncolta Independentista et son garde du corps, Claude Fratacci, abattus. *-13-8* Ajaccio, voiture piégée devant Agence de développement économique. *-7-9* Île-Rousse, Dominique Giutini, gérant du Bar de la piscine, tué. *-20-10* Marseille, attentat déjoué (voiture piégée). *19/20-10* Corte, voiture piégée devant la Direction de l'équipement. *-4-12* Borgo, attentat : caserne de gendarmerie. **2000**-*3-1* Nice, caserne Filley, attentat déjoué. **2001** Paris, porte Brancion, voiture piégée. *-17-6* Nicolas Giudici, journaliste, tué.

■ **Vie politique.** Dominée par des clans plus que des partis politiques. **XIXe** clan *Pozzo di Borgo* (légitimiste) opposé aux *sébastianistes* (tenants de la monarchie de Juillet). **IIIe République** des *piétristes* (droite) opposée aux *landristes* (gauche modérée). Les élections les plus passionnées sont les municipales et les cantonales (les cantons actuels correspondant aux *pièves* génoises, dont les administrateurs étaient élus et jouissaient d'un pouvoir presque sans contrôle). 40 % des Corses continentaux restent inscrits sur les listes électorales de leur commune. Le contrôle mené en 1981 a opéré 5 520 radiations (électeurs décédés, incapacité) et 8 500 autres interdictions (inscrits sur le continent et votant en Corse).

Front de libération national de la Corse (FLNC) : fusion de 2 mouvements clandestins : *Ghiustizia Paolina* (créé mars 1974) et *Front paysan pour la C. libre. 1976* 1re manif. *1983*-5-1 dissous. *1988*-1-6 décrète une trêve. *1990*-26-11 scission en *Canal habituel* (militants à l'origine de la trêve, majoritaires pour la loi Joxe) et *Canal historique* (pour la lutte armée ; 400 hommes en armes réunis près de Bastia) scission en 1995 du Fronte Ribeliu (1995-99) avec Jean-Michel Rossi. FLNC réunifié 1999. Scission d'A Cuncolta. **Front armé révolutionnaire corse (FARC).** *2001*-13-5 Corte, fusion en *Indipendenza* de : *A Cuncolta endipendista, Corsica, Associu pe a Suvranita* et *U Cullettivu naziunale.*

■ **Vendettas.** Considérées comme des « affaires d'honneur », de famille à famille, tradition judiciaire des temps anciens, surtout sous l'occupation génoise. La justice privée remplace la justice publique déficiente [*vendetta* signifie « revendication en justice » (en latin *vindicta*)].

■ **Bandits.** Appelés traditionnellement « bandits d'honneur », car ils prenaient en principe le maquis pour des affaires de vendettas. En fait, les « droits communs » étaient la majorité, mais on mettait un « point d'honneur » à ne pas les dénoncer, surtout quand on faisait partie du même clan. Les dénonciateurs étaient généralement dénoncés à leur tour aux *bandits* qui les exécutaient. **Principaux « bandits »** des *XIXe* et *XXe s. :* les frères Bellacoscia (de Bocognano), Jean-Camille Nicolai (Carbini), François Bocognano (Cuttoli-Corticchiato), Matteo Poli (Balogna), François-Marie Castelli (Carcheto), Romanetti (Calcatoggio), Joseph Bartoli (Palneca), François Caviglioli (Guagno), André Spada (Lopigna) et Feliciolo Micaelli (Isolaccio-di-Fiumorbo). *En nov. 1931,* la gendarmerie mobile détruisit des groupes de bandits dans les montagnes. Le nom de *maquis* a servi pendant la guerre de 1939-45 à désigner les réfractaires armés.

■ **Actions violentes.** *De 1971 à 75 :* 406 ; *76 :* 298 dont 246 attentats (223 réussis) ; *77 :* 230 ; *78 :* 379 ; *79 :* 329 (dont 1ers plasticages revendiqués par les antiautonomistes) ; *80 :* 463 (environ 50 % attribués au FLNC) ; *81 :* 236 ; *82 :* 806 ; *83 :* 591 ; *84 :* 468 ; *85 :* 371 ; *86 :* 542 ; *87 :* 449 ; *88 :* 224 ; *89 :* 222 ; *90 :* 216 ; *92 :* 400 ; *94 :* 380 ; *95 :* 421 ; *total 1977-96 :* 7 899 (dont 3 675 revendiqués). **Hold-up :** *1988 :* 235 ; *89 :* 180 ; *90 :* 188 ; *92 :* 250. **Attentats :** *1999 :* 338 (dont 76 revendiqués) ; *2000 :* 197 (18). **Assassinats :** *début XVIIIe :* 900 par an (soit 1 % pour ; 100 000 hab.) *1840 :* 100 ; *vers 80 :* 40 ; *vers 1938 :* 4 ; *88 :* 20 et 33 tentatives ; *89 :* 14 et 20 tentatives ; *90 :* 28 (dont 3 hommes publics et 10 règlements de comptes) et 13 tentatives ; *92 :* 40 et 27 tentatives ; *93 :* 34 ; *94 :* 40 ; *95 :* 36 (dont 11 nationalistes). **Interpellations liées au nationalisme :** *1991 :* 120 (dont 15 écroués) ; *92 :* 125 (27) ; *93 :* 70 (24) ; *94 :* 52 (25) ; *95 :* 59 (28) ; *96 :* 104 (37) ; *97* (1-1 au 15-4) : 133 (38).

■ **Police.** Au 2-1-1991 : 2 423 personnes [soit 1 pour 103 hab. (ailleurs en France, 1 pour 290)] dont 1 660 permanents. **Service régional de la police judiciaire (SRPJ) :** 120 fonctionnaires.

■ Statut

Remplaçant celui de 1982 (loi du 2-3-1982) a pris effet en 1992. Repose sur la loi du 13-5-1991 adoptée à l'Assemblée nationale en 1re lecture les 23/24-11-1990 (275 pour, 265 contre) et en 2e lecture le 4-4-1991 (274 pour, 262 contre), puis au Sénat le 22-3-1991 (229 pour, 86 contre) ; l'article 1er, reconnaissant l'existence du « peuple corse composante du peuple français », a été supprimé car déclaré non conforme à la Constitution par une décision du Conseil constitutionnel du 9-5 et du Conseil exécutif. La Corse est une collectivité territoriale s'administrant librement, assistée par des établissements publics, comme les agences, qu'elle crée ; elle peut, en outre, participer à des institutions spécialisées.

Projet de loi : voir le chapitre **Dernière heure.**

■ **Assemblée. Membres :** 51 conseillers élus pour 6 ans au scrutin de liste à 2 tours. *Attribution des sièges :* liste ayant obtenu la majorité des suffrages exprimés (majorité absolue au 1er tour et relative au 2e) : 3 sièges. Autres listes (ayant obtenu au moins 5 % des suffrages) : sièges à la représentation proportionnelle à la plus forte moyenne. **Bureau :** *Pt* élu pour 6 ans, 10 membres du Bureau élus au scrutin de liste (représentation proportionnelle), pour 1 an. *Vice-Pts de l'Assemblée :* 2 élus parmi les membres du Bureau. **Sessions** *ordinaires :* 2 par an (durée max. 3 mois), la 1re ouvrant le 1-2, la 2e le 1-9, *extraordinaires :* possibles sur l'initiative du Pt du Conseil exécutif ou du tiers des conseillers, sur ordre du jour déterminé et pour une durée max. de 2 jours. En cas de circonstance exceptionnelle l'Assemblée peut être réunie par décret. **Attributions :** vote le budget, arrête le compte administratif, adopte le plan de développement et le schéma d'aménagement de la C. Contrôle le Conseil exécutif (*art. 25*). **Dissolution :** fonctionnement impossible, le gouvernement peut dissoudre l'Assemblée par décret motivé en Conseil des ministres ; il en informe le Parlement. Une autre Assemblée est élue dans les 2 mois. Ses pouvoirs prennent fin à la date prévue pour ceux de l'Assemblée dissoute. **Pts :** *1982* Prosper Alfonsi (1921-1991), MRG. *1984* (24-8) Jean-Paul de Rocca-Serra (11-10-1911), RPR. *1998* (26-3-) José Rossi, UDF-DL.

■ **Conseil exécutif.** Dirige l'action de la collectivité territoriale, notamment dans les domaines du développement économique et social, de l'action éducative et culturelle (*art. 28*). **Composition :** 1 Pt et 6 conseillers, élus par l'Assemblée, sont démissionnaires de leurs fonctions de conseillers de l'Assemblée (s'ils sont remplacés). **Pt :** Jean Baggioni (RPR) depuis 1992.

■ **Conseil consultatif.** Président et membres du Conseil économique, social et culturel de Corse obligatoirement consultés par l'Assemblée.

■ **Représentant de l'État (préfet).** Nommé par décret en Conseil des ministres, il représente chacun des ministres et dirige les services de l'État. A la charge des intérêts nationaux, du respect des lois et du contrôle administratif. Veille à l'exercice régulier de leurs compétences par les autorités de la C. ; fait un rapport annuel à l'Assemblée sur l'activité des services de l'État en C. La *Chambre régionale des comptes* de C. participe au contrôle des actes budgétaires de la C. (1-1-1983).

■ **Compétences régionales.** (Loi nº 82-659 du 30-7-1982). **Identité culturelle. Éducation et formation :** sur proposition du représentant de l'État (après consultation des collectivités et des conseils concernés), l'Assemblée fixe la carte des établissements d'enseignement. Sur proposition de son Pt (après consultations), l'Assemblée fixe les activités éducatives facultatives (par exemple, langue et culture corses). Elle se prononce sur les propositions de l'université de Corse. La région finance, construit, équipe et entretient collèges, lycées, établissements spécialisés et d'enseignement professionnel, les centres d'information et d'orientation. L'État leur assure les moyens financiers liés à leurs activités. **Communication, culture et environnement :** *comité régional de la communication audiovisuelle :* présente à l'Assemblée un rapport annuel sur les programmes après avis du Conseil de la culture. L'Assemblée définit les actions culturelles à mener (après consultation des départements et au vu des propositions des communes). La région définit de même les actions pour la protection de l'environnement.

Développement. Comité de coordination pour le développement industriel de la Corse (entreprises publiques et Stés nationales) : créé auprès du Premier ministre (représentant des ministères de ces Stés, de l'Assemblée de C.) ; responsable des actions de Stés nationales en C. pour les projets d'intérêt régional intégrés dans le plan national. **Aménagement du territoire et urbanisme :** la région adopte un schéma qui prend en compte les programmes de l'État et harmonise ceux des collectivités locales et de leurs établissements et services publics. Adopté après avis par l'Assemblée des conseils régionaux, et présentation au public (2 mois). Approuvé par décret en Conseil d'État. La région procède aux modifications demandées par le représentant de l'État pour conformité aux règles. **Agriculture :** *Office du développement agricole et rural de C.* Consulté par le représentant de l'État et par celui de l'Assemblée. Soumet à l'Assemblée son projet de budget. *Office d'équipement hydraulique de C.* (gestion). **Logement :** la région définit ses priorités après consultation des collectivités locales. Elle répartit les aides de l'État.

Transports. L'Assemblée établit un schéma régional après consultation des collectivités et organismes intéressés (convention avec les départements). Peut organiser les liaisons non urbaines routières de voyageurs. Se substitue à l'État pour l'exploitation des traités ferroviaires (reçoit un concours budgétaire). État et région définissent (tous les 5 ans) l'organisation des transports maritimes et aériens entre l'île et le continent ; dotation de l'État. Création d'un *Office des transports.*

Énergie. La région élabore et met en œuvre le programme de prospection, d'exploitation et de valorisation des ressources locales. Avec les établissements publics nationaux, élabore et met en œuvre le plan tendant à couvrir les besoins et à diversifier les ressources.

■ **Ressources.** Celles dont dispose l'établissement public régional (loi nº 72-619 du 5-7-1972). Provenance : État et divers concours, produit du droit de consommation (loi du 21-12-1967) à concurrence de 3/4 de son montant. Les établissements publics créés par la loi reçoivent aussi de l'État des ressources. La région finance les agences qu'elle crée. **Fiscalité. 1801** arrêté Miot diminuant de moitié les droits de succession sur les immeubles (base contribution foncière et non valeur locative). **1811** droits indirects remplacés par une majoration de la contribution mobilière. **Actuellement** TVA plus faible, exemples : produits alimentaires, 2,10 % (au lieu de 5,5 %), travaux immobiliers 8 (au lieu de 19,6), produits pétroliers 13 (au lieu de 20). **1994** *(28-12)* loi portant sur le statut fiscal de la Corse. Le régime fiscal applicable en Corse est maintenu. **1997** déclarations de successions : Corse du Sud 168 pour 1 300 décès ; Hte-Corse 182 pour 1 500 décès. **1998**-*16-10 :* 48 députés sur 73 présents votent l'amendement de Charles de Courson (UDF) : « A l'article 3 de l'arrêté (Miot) du 21 Prairial An IX, la phrase suivante est supprimée : la peine du droit en sus encourue par défaut de déclaration dans le délai de 6 mois restera abrogée. » **2000**-*20-1* l'abrogation est repoussée d'un an. Le statut fiscal spécifique représente environ 1,7 milliard de F de manque à gagner pour l'État.

Élections

☞ *Abréviation :* abstention : abst.

■ **Assemblée régionale. Résultats : 1986 (14-3) :** inscrits 114 683, votants 87 847, abst. 23,4 %. *RPR* (Colonna) : 8 sièges (19,2 % des suffrages exprimés). *MRG* (Giacobbi) : 8 (19,1). *UDF* (Arrighi) : 4 (10,4). *CNI* (Chiarelli) : 3 (9,1). *PS* (Motroni) : 3 (8,8). *Nationalistes* (Siméoni) : 3 (8,4). *PCF* (Stefani) : 2 (6,9). *Divers gauche* (Padovani) 2 (5,2). (Colonna) : 0 (3,6). (Orsatelli) : 0 (2,6). *FN* (Calendin) : 0 (4,8). *Divers droite* (Bartoli) : 0 (1,9).

1987 (12-3) : après l'annulation pour fraude des élections du 14-3-1986 en Corse-du-S. : inscrits 114 142, votants 66 579, abst. 41,67 %. *RPR-CNI* (Colonna) : 10 sièges (28,52 % des suffrages exprimés). *MRG* (Giacobbi) : 8 (24,20). *UDF* (Baggioni) : 4 (13,75). *PS* (Motroni) : 3 (9,14). *PCF* (Stefani) : 3 (8,55). *Nationalistes* (Max Siméoni) : 3 (8,45). *FN* (J.-B. Biaggi) : 2 (7,39).

1992 (22 et 29-3) : 2e *tour,* entre parenthèses : *1er tour, et* en italique, *nombre d'élus :* inscrits 157 805 (157 906). Abst. 15,7 % (17,18 %). Suffrages exprimés 129 803 (127 588). *RPR-divers* droite 24,14 %, (18,81) *16 ; nationalistes* 16,85 (13,66) *9 ; UDF-divers droite* 15,87 (12,43) *8 ; MRG* 10,33 (9,21) *5 ; PC* 8,68 (3,24) *4 ; MPA* 7,98 (7,42) *4 ; divers droite* [Paul Natali *(RPR dissident)* 7,15 (6,41) *3,* Philippe Ceccaldi 5,35 (5,22) *2,* Henri Antona *(RPR dissident,* fusion au 2e tour avec *UDF-divers droite)* (3,62)] ; *FN* 3,61 (5,10) ; *PC dissident* (5,43) ; *GE* (4,98) ; *PS* (4,47).

1998 (15 et 22-3) : 2e *tour,* entre parenthèses : *1er tour et* en italique, *nombre d'élus :* inscrits 183 907 (184 175). Abst. 29,83 % (31,49 %). Suffrages exprimés 124 093 (121 955). *PS-PC* 33,23, (24,78) *16 ; RPR-UDF* 36,99 (*RPR* 14,19, *UDF* 11,82) *21 ; divers droite* (Philippe Ceccaldi) 10,82 (7,79) *5 ; nationalistes* 9,85 (5,23) *5 ;* Toussaint Luciani *(ind.)* 9,11 (5,71) *4 ;* Paul Natali *(RPR dissident)* (9,02) ; *autonomistes* (4,96) ; *FN* (4,80). Annulées le 18-12-1998 pour irrégularités.

1999 (7 et 14-3) : 2e *tour,* entre parenthèses : *1er tour et,* en italique, *nombre d'élus :* inscrits 182 963 (183 089). Abst. 32,48 % (42,78 %). Suffrages exprimés 119 740 (100 682). En % : *gauche* (2 listes) 32,7 (27,27) *16* [Émile Zuccarelli-Dominique Bucchini 22,70 (20,6) *11,* Simon Renucci 9,67 (6,7) *5*] ; *nationalistes* (3 listes) (9,2) [Xavier Luciani (4,4), Achille Martinetti (4), Jean-Toussaint Plasenzotti (0,8)] ; Corsica Nazione 16,76 (10,4) *8 ; droite* (3 listes) 43,15 (39,21) *24* [*RPR-DL* 27,28 (24,2) *17,* Philippe Ceccaldi 9,41 (9,1) *4,* Jean-Louis Albertini 6,43 (5,9) *3*] ; *FN* (Roger Holeindre) (2,9) ; Toussaint Luciani (modéré) 7,71 (7,1) *3 ; autonomiste* François Alfonsi (3,8).

■ **Législatives. Résultats** (en %) : **1993 (mars) : Corse-du-Sud :** Ajaccio, abst. 45,77, José Rossi (*UDF-PR* 67,37) ; Ajaccio-Sartène, abst. 43,18, J.-P. de Rocca-Serra (*divers droite,* 33,71). **Hte-Corse :** Bastia, abst. 22,90 ; Émile Zuccarelli (*MRG* 51,50) ; Corte-Calvi, abst. 44,79, Pierre Pasquini (*RPR* 51,55).

1997 (juin) : Corse-du-Sud : Ajaccio : abst. 32,82, José Rossi (*UDF-PR* 52,18). Ajaccio-Sartène, abst. 25,05, J.-P. de Rocca-Serra (*RPR* 34,88). **Hte-Corse :** Bastia, abst. 29,22 ; Émile Zuccarelli (*PRS* 54,31) ; Corte-Calvi, abst. 32,23, Paul Patriarche (*divers droite,* 55,62).

Économie

■ **Population active** (au 1-1-1998). 92 846 (non-salariés 14 152) dont : agriculture 5 253 (2 722) ; industrie 6 331 (838) ; construction 8 186 (2 005) ; tertiaire 73 076 (8 587). **Salariée** (en 1998). 72 976 dont : agriculture 2 470, industrie 5 219, BTP 6 154, tertiaire 59 133. **Chômage :** 12,8 % (en 1998), 15 100 demandeurs d'emploi (en févr. 1999).

■ **Échanges** (en milliards de F, 2000). **Import. :** 0,66 *dont* produits des ind. agricoles et alimentaires 0,23, eau, gaz, électricité 0,07, habillement cuir 0,05, prod. minéraux 0,05, chimiques en caoutchouc ou en plastique 0,05, équipement du foyer 0,04, équipements mécaniques 0,03, métaux et prod. métalliques 0,03, prod. en bois, papier ou carton 0,03, de l'ind. textile 0,02 ; *de* Ital. 0,21, Belg. 0,13, P.-Bas 0,09, All. 0,04, G.-B. 0,03, Esp. 0,02. **Export. :** 0,11 *dont* produits des ind. agricoles et alimentaires 0,04, agricoles, sylvicoles et piscicoles 0,02, bateaux, avions, trains, motos 0,02, prod. chimiques en caoutchouc ou en plastique 0,02, équipements mécaniques 0,005, équipement du foyer 0,0045, habillement cuir 0,004, prod. en bois, papier ou carton 0,002, divers 0,005 ; *vers* Ital. 0,02, USA 0,02, All. 0,01, Suisse 0,01, Esp. 0,008, G.-B. 0,007.

■ **Agriculture. Terres** (en milliers d'ha, 1999) : 871,7 dont *SAU* 309,9 [t. arables 11,9, herbe 282,1, vignes 7,5, cultures fruitières 8,3] ; *bois* 238 ; *t. agricoles non cultivées* 213,2 ; *t. non agricoles* 107,5. Châtaigniers *1897 :* 25, *1967 :* 31 ; oliviers 12. **Production** (en milliers de t, 1999) : châtaignes 1,9 : olives 0,1 ; vignes 52,5 (*1867 :* 18 ; *1913 :* 11 ; *29 :* 3,1 ; *60 :* 5,5 ; *83 :* 20,1). **T. cultivées** (en % du sol) : *fin XVIIIe s. :* 30,3 ; *1913 :* 36,5 ; *29 :* 7,4 ; *46 :* 7,6 ; *57 :* 6,8 ; *96 :* 34,1. **Matériel** (en 1988) : 2 563 tracteurs, 1 391 motoculteurs, 684 pulvérisateurs tractés et automoteurs, 88 machines à vendanger. **Exploitations** (en 1994) : 29 % ont - de 5 ha, 38,1 + de 20 ha. *Nombre :* 4 733. **Production végétale** (en milliers de t, 1999) : agrumes 30,7, kiwis 14,9, céréales 12,8, p. de t. 2,2. *Vins* (en milliers d'hl, 1999) 399,3 ; **animale** (en milliers de têtes, 1999) : ovins 158,4, bovins 76,7, caprins 45,6, porcins 45,1. *Lait* (en hl) : de brebis 334 000 ; de chèvre 54 500 ; de vache : 1 650. **Pêche** (en 1997). 1 300 t ; aquaculture : élevage 900 t ; conchyliculture 538 t ; 237 embarcations et 351 marins.

■ **Énergie** (en 1997). *Production* (en GWh) : 1 026 dont électricité d'origine hydraulique 360, thermique 666.

■ **Industrie.** Concessions accordées de 1850 à 1920 : fer et sulfure d'*antimoine* (cap Corse), *plomb* argentifère (l'Argentella, 1874), *cuivre* (Ponte-Leccia, 1881, et Tox), *anthracite* (Osani, 1889) ; 21 gisements exploités puis abandonnés ; dernière mine d'*amiante* de Canari (ouverte 1949). Disparition des usines d'*extraits tannants* (châtaigniers) ; dernière (Ponte-Leccia) en 1963. **Établissements** (au 1-1-1998) : agroalimentaires 589, biens de consommation 480, biens intermédiaires 216, 2 467 du BTP.

■ **Tertiaire** (au 1-1-1999). **Établissements :** 16 466 dont hôtels et restaurants 2 895, commerce 4 955, santé section sociale 1 985, transport 758.

■ **Tourisme. Touristes** (en milliers) : *1970 :* 500 ; *80 :* 1 200 ; *85 :* 988 ; *88* (mai à sept.) 1 222 ; *89* (mai à sept.) : 1 240 ; *90* (mai à oct.) : 1 460 ; *91* (mai à oct.) : 1 480 ; *92* (mai à oct.) : 1 580 ; *93* (mai à oct.) 1 460 ; *94* (mai à oct.) : 1 500 ; *95* (mai à oct.) : 1 422 ; *96* (mai à oct.) : 1 310 ; *97 :* 1 400 ; *98 :* 1 800. **Clubs de vacances :** *1948 :* club olympique (Calvi).

Hébergement (en 2000) : *hôtels de tourisme* 348 (10 408 lits) ; *résidences de tourisme* 24 (4 286 pl.) ; *campings* 159 (21 346 pl.) ; *auberges de jeunesse* 3 (162 lits) ; *villages de vacances* 31 (16 490 pl.) ; *gîtes ruraux* 664 ; *d'étape* 4 ; *chambres d'hôtes* 120 ; *résidences secondaires* 58 977. **Flotte de plaisance** (bateaux de plus de 2 tonneaux immatriculés, 1997) : *Ajaccio :* 4 574 ; *Bastia :* 1 314. **Chiffre d'affaires** (en millions de F) : *1990 :* 4,77 ; *91 :* 4,83 ; *92 :* 5,16 ; *93 :* 4,71 ; *94 :* 4,86 ; *95 :* 3,9 ; *96 :* 3,6.

■ **Transports. Capacités** (en millions de passagers, 1999) : *Maritimes :* 3,10 (1,62 C./continent et 1,48 C./Italie) dont secteur public 1,45, privé 1,66. *Aériens :* 2,40 (2,23 C./continent et 0,71 étranger) dont subventionné 1,72 (Air Liberté : 0,29), non subventionné 0,68. **Entrées + sorties de passagers** (en milliers, 1998) : *maritimes :* 2 827,6 dont Bastia 1 452,9, Ajaccio 467,7, Bonifacio 269,4, L'Ile-Rousse 159, Calvi 119,1, Propriano 84,2, Porto-Vecchio 64,3. *Aérien :* 2 223,3 dont Ajaccio 948,4, Bastia 780,5, Calvi 234,1, Figari 260,4. **Réseau routier :** 7 392 km dont routes nationales 584, chemins départementaux 4 413, communaux 2 395.

■ **Logement. Parc** (en 1990) : 159 481 (résidences urbaines, 58 700, rurales 92 800) dont 93 659 principales. **Confort** (en %, 1990) : eau courante à l'intérieur 99,1, baignoire ou douche 96,7, W.-C. intérieur 94,5, chauffage central 57,7, tout confort 56.

■ **PIB** (en 1997). 21, 2 milliards de F (84 269 F/hab., 0,3 % du PIB national).

■ **Budget de la collectivité territoriale de Corse (Conseil régional)** [en millions de F, budget primitif 1998]. *Recettes réelles totales :* 2 219,5 (dont en %) : recettes fiscales 25,05, transferts reçus 66,9, emprunts 8,1. *Dépenses totales :* 2 219,5 dont : de fonctionnement 1 531,3 (dont, en %, frais de personnel 4,3, intérêts versés 4,4, autres dont transferts à d'autres organismes 91,3), d'investissement 682,2 (dont, en %, subventions versées 35,9, équipement brut 53,3, remboursement dettes 10,7). **Financements européens** (en millions de F) : *1989 à 1993 :* 1 121 [896 F par habitant (France entière 81,40 F)], *1994-99 :* 1 700 dont désenclavement et infrastructure de transport 448, valorisation des produits du sol et de la mer 478, université, recherche et énergies nouvelles 186, mise en valeur du patrimoine touristique et culturel 99, environnement 203, développement économique 121, valorisation des ressources humaines 205. **Zone franche :** avantages fiscaux et sociaux, estimation 600 millions de F par an pendant 5 ans (de 1997 à 2001).

■ **Aides annuelles** (en millions de F) : 2 990 (soit par habitant 11 500 F dont 5 740 au titre du statut dérogatoire) dont *versés par la France :* statut fiscal dérogatoire et zone franche 1 493 dont fiscalité indirecte 642 (dont taxe intérieure sur les produits pétroliers 8, droit de consommation sur les tabacs 184, exonérations diverses de TVA n.c., application de taux particuliers de TVA 450, exonération du droit de licence sur les débits de boissons n.c., exonération de l'impôt sur les spectacles n.c., non-application de la taxe à l'essieu n.c.), statut fiscal de la Corse 335 (dont suppression des parts de taxe professionnelle perçue localement 250, abattement de 25 % des bases communales de taxe professionnelle 70, exonération de la part communale de la taxe foncière sur les propriétés non bâties 13, exonération de l'impôt sur les sociétés créées avant le 31-12-98), zone franche de la Corse 516 [dont exonération limitée des bénéfices des entreprises (impôt sur le revenu, impôt sur les sociétés) 160, exonération de l'imposition forfaitaire annuelle 10, abattement sur les bases communales de taxe professionnelle 166, allègement des charges sociales patronales 180] ; dotation de la continuité territoriale 937 ; « coup de pouce » lors de l'adoption de la loi sur le statut fiscal 130 ; crédits exceptionnels hors contrats de plan 60 ; part des engagements de l'État dans le contrat de plan 58 ; *versés par l'Union européenne :* crédits d'origine communautaire 312.

☞ La grève générale de 1989 avait contraint le gouvernement Rocard à instituer une prime annuelle compensatrice de transport de 2 400 F à 2 800 F. En matière de succession, l'oubli de déclaration ne risque pas de pénalité de retard, les « arrêtés Miot » n'ayant pas prévu de délai.

■ **Rapports. 1989**-*juillet* Toulemon rejette l'idée d'une prime spécifique pour les fonctionnaires en Corse. *-Sept.* Prada recommande un retour progressif au droit commun fiscal. **1995**-*mars* Oudin calcule les avantages versés à la Corse par Paris et Bruxelles : 7 milliards de F en 1993. **1997**-*août* l'Inspection générale des finances dénonce le « paradis fiscal de fait » qu'est devenue l'île. *-Oct.* la Cour des comptes pointe les aides attribuées aux agriculteurs censés être en difficulté. **1998**-*17-4* rapport de l'Inspection générale des finances sur les détournements de la caisse régionale du Crédit agricole. *-9-9* rapport de la Commission d'enquête parlementaire sur la gestion des fonds publics.

Départements

☞ Voir légende p. 811. *Nota.* – (1) En 1998.

■ **Corse-du-Sud (2 A).** 4 014,22 km². Long. 137 km, larg. 83 km. **Altitude :** *max.* 2 357 m. **Population :** *1841 :* 78 260 ; *1861 :* 93 573 ; *1881 :* 110 366 ; *1962 :* 125 337 ; *1975 :* 128 634 ; *1982 :* 108 604 ; *1990 :* 118 174 (étrangers 12 383 dont Marocains 5 822, Portugais 1 865, Italiens 1 832, Tunisiens 1 460) ; *1999 :* 118 593. **D.** 30. **Cantons :** 22. **Communes :** 124. **Terres** (en milliers d'ha, 1996) : 817,7 dont *SAU* 309,5 [t. labourées 12,5, herbe 281, vignes 8, cultures fruitières 7,9] ; *bois* 235 dont (en 81) *forêts :* d'Aïtone 1,67, du Libbio 1,6 ; t. agricoles *non cultivées* 216,5 ; *non agricoles* 107,5. **Production végétale** (en milliers de t, 1996) : 25,6 dont kiwis 12,5, céréales 11,8, pommes de terre 4,2, châtaignes 1,6, vin (en milliers d'hl) 380,9. **Production animale** (en milliers de têtes, 1996) : ovins

135,9, bovins 67,2, caprins 49,5, porcins 40, *lait* de chèvre 63 000 hl. **Énergie :** *production* (en GWh, 1995) : 1 051,2 (dont électricité d'origine hydraulique 284,8).

Chef-lieu (en 1999) : AJACCIO. **Population :** *1990 :* 59 318 ; *1999 :* 52 851 hab. (4 000 en 1793). **Monuments :** cathédrale N.-D.-de-la-Miséricorde (1554-93), château de la Punta, chapelle impériale (XIXe s.), tours des Salines (1969) 64 m ; bibliothèque administrative. **Musées :** Fesch (primitifs et XVIIe s. italiens ; 38 829 vis. en 1998), Napoléon, maison Bonaparte (fondée 1927, 62 973 vis. en 1998). **Activité :** tourisme, commerce, BTP.

Sous-préfecture : **Sartène** 3 403 hab. ; centre commercial ; musée de la Préhistoire.

Autres villes : Bonifacio 2 661 hab. ; port de pêche ; parc marin international (créé 26-5-1997). **Cargèse** 981 hab. ; peuplé 1675 par des hab. de Vitylo (Péloponnèse), fuyant la tyrannie turque. Quelques vieillards utilisent encore le grec. **Porto-Vecchio** 10 310 hab. ; chênes-lièges. **Propriano** 3 189 hab. ; port pêche, commerce, plaisance.

Sites touristiques : réserve de *Scandola*, plateau du *Coscione*, aiguilles de *Bavella*. *Calanques :* Piana. *Golfes :* Porto, Girolata. *Stations préhistoriques :* Cucuruzzu (16 000 vis. en 1997), Filitosa (100 000 vis. en 1997), Cauria, Levie, musée (11 129 vis. en 1997). *Alignements :* région de Sartène. *Castello :* Arragio. *Falaises calcaires :* Bonifacio.

■ **Haute-Corse (2 B).** 4 665,57 km². **Altitude :** *max.* monte Cinto 2 710 m. **Population :** *1841 :* 143 203 ; *1861 :* 159 316 ; *1881 :* 162 273 ; *1962 :* 150 128 ; *1975 :* 161 208 ; *1982 :* 131 574 ; *1990 :* 131 563 (étrangers 12 464 dont Marocains 7 136, Italiens 1 284, Portugais 1 244, Tunisiens 824) ; *1999 :* 141 603. **D.** 30. **Cantons :** 30. **Communes :** 236. **Terres** (en milliers d'ha, 1996) : 468,8 dont *SAU* 220, *t. agricoles non cultivées* 83,5 ; *non agricoles* 62,2. **Production** (en 1996) : *végétale* (en milliers de t) : agrumes 25,1, céréales 11,5 ; *animale* (en milliers de têtes) : ovins 98, bovins 45, caprins 35, porcins 14,5, équins 1,4. *Lait de brebis* 92 000 hl. **Pêche** (est. 1997, secteur de Bastia) : 500 t, aquaculture 425 t, conchyliculture 538 t.

Chef-lieu : BASTIA 37 884 hab. (8 000 en 1793) [aggl. 66 078, dont **Santa-Maria-di-Lota** 1 791, **San-Martino-di-Lota** 2 530, **Ville-di-Pietrabugno** 2 950] ; centre commercial, manufacture de tabac, apéritifs, brasserie « Pietra » ; musée d'ethnographie corse.

Sous-préfectures : **Calvi** 5 177 hab. ; port de pêche et de voyageurs. **Corte** 6 329 hab. ; musée de la Corse (ouvert juin 1999, 50 000 vis.) ; 3 350 étudiants à l'université [1] ; marché agricole.

Autres villes : Aléria 1 966 hab. ; vestiges gréco-romains, musées archéologique, Carcopino. **Ghisonaccia** 3 168 hab. **L'Ile-Rousse** 2 744 hab. ; laiteries. **St-Florent** 1 474 hab.

Sites touristiques : *St-Florent, cap Corse, l'Ile-Rousse,* étang de *Diane* (600 ha), vallée de *la Restonica* (près de Corte), *Calvi*, forêts de *Vizzavona, Ghisoni,* vallée d'*Asco,* défilé de la *Scala di Santa Regina,* désert des *Agriates,* sources d'*Orezza*. **Église :** *La Canonica.* **Réserve :** îles *Finocchiarola* (oiseaux). **Ski :** *Ghisoni.*

FRANCHE-COMTÉ

☞ *Abréviation :* B. : Bourgogne.

■ GÉNÉRALITÉS

■ **Cadre géographique. Superficie :** 16 202 km² (3 % du territoire national). Correspond en gros à l'ancien comté de Bourgogne + Belfort. **Montagne jurassienne** (alt. 500 à 1 700 m), forêt, lait. Chaînes les plus importantes (du nord au sud) : Lomont (840 m), crêt Monniot (1 142 m), mont Chateleu (1 277 m), Larmont (1 323 m), Risoux (1 419 m), mont d'Or (1 423 m), crêt Pela (1 495 m), crêt d'Eau (1 621 m), Colomby de Gex (1 689 m), Reculet (1 717 m), crêt de la Neige (1 723 m). **Plateaux et plaines** alt. 250-450 m (du nord au sud) : Sundgau, plateaux de Haute-Saône, plaines du Doubs, de l'Ognon et de la Saône, vignoble et Bresse. Polyculture, bovins, lait et vignes. **Montagne vosgienne et Vôge** (bordure des Vosges), alt. 700 à 1 100 m. **Forêt :** 705 000 ha (environ 43 % de la région), dont résineux (sapin et épicéa) : 171 000 ha (24,9 %) dont forêt de La Joux 2 650 ha (la plus importante forêt de sapins de France), de Chaux 20 000 ha dont forêt domaniale 13 000 ha. ; feuillus (chêne, hêtre, charme, frêne) à basse alt. : 445 000 ha (64,8 %).

■ **Climat.** Humide et froid (montagne) ou tempéré (plaines). **Pluies** (en mm) : 700 à 1 700/an. **Températures :** janv. à juin : – 2 à + 12 °C, juillet : + 15 à + 19 °C. *Records :* – 34 °C en janv. 1963 à Mouthe (alt. 935 m), + 38,8 °C en juillet 1983 à Besançon.

■ **Population.** *1990 :* 1 096 600 (étrangers 11 132 dont Algériens 3 468, Marocains 2 039, Turcs 1 625, Italiens 851, Portugais 805, ex-Yougoslaves 571, Espagnols 426, Tunisiens 331, Suisses 243, autres 733) ; *1999 :* 1 117 059. **D.** 69.

■ HISTOIRE

■ **Comté palatin de Bourgogne** ou **Franche-Comté.** [*Comté* a été tantôt masculin (latin : *comitatus*), tantôt féminin (latin : *comitas*). Le féminin, qui s'est imposé au XIVe s., pouvait être une allusion à l'alliance du comté avec les Suisses (*comitas* signifiant également « alliance »)]. Après la conquête romaine, le territoire des *Séquanes* devient une *civitas,* c'est-à-dire une cité (qui donnera naissance à l'archevêché de Besançon) : ce sont déjà les limites du comté.

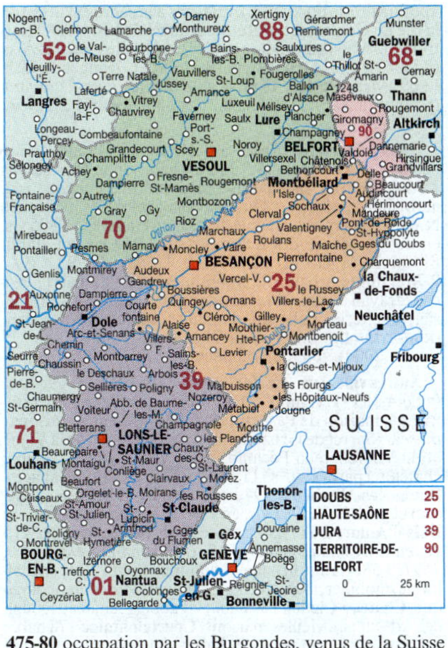

475-80 occupation par les Burgondes, venus de la Suisse romande actuelle. **843** partie des pays situés entre Rhin, Seine et Saône, qui reviennent à Lothaire ; sous le nom de Cté d'Outre-Saône, elle devient 2 fois vassale du duché : **936-52** duc : Hugues le Noir et **982-1002** duc : Henri Ier. **1002** Henri Ier désigne son vassal et beau-fils Otte-Guillaume Otton Ier, Cte d'Outre-Saône, comme héritier du duché. Mais Otte-Guillaume est battu par le Capétien Robert le Pieux : Cté et duché demeurent définitivement séparés. **1043** par privilège de l'empereur Henri III le Noir (mari d'Agnès de Poitiers, petite-fille d'Otte-Guillaume), les archevêques de Besançon deviennent princes d'Empire (3e rang à la Diète d'Allemagne) ; *métropole religieuse :* Besançon ; *capitale civile :* Dole. **1057** Guillaume Ier le Grand reçoit le Cté de Mâcon [sa famille prend le nom de Mâcon (1re branche cadette : Étienne, tige de la maison de Chalon ; 2e : Raymond, tige de la maison d'Amous)]. **1156** Frédéric Barberousse reçoit par mariage le Cté qui passe à son 3e fils, Otton (II) de Franconie, Cte palatin de B. en 1169. **1208** Béatrice (II) de Franconie épouse un Pce bavarois, Otton (III) de Méranie. **1226** Jean de Mâcon-Chalon, dit le Sage, refuse l'hommage à Otton III (guerre féodale, 1227). **1248** il proclame Cte de B. son fils aîné, Hugues (Ier), marié à l'héritière Alix de Méranie ; il reçoit la régence du Cté. **1257** il devient seigneur de Salins et prête hommage à son fils Hugues (son fils cadet, Jean, dit Brichemail, est la tige des Chalon-Arlay devenus Pces d'Orange en 1418). **1316** réunion provisoire du Cté à la France par le mariage (1307) de Jeanne de B., fille d'Otton de Chalon (Otton IV), avec Philippe, Cte de Poitiers, qui devient Philippe V de France en 1316. Veuve, la reine laisse le comté à sa fille, Jeanne, qui épouse Eudes IV, duc de Bourgogne. **1361** mort de Philippe de Rouvres, duc et Cte de Bourgogne ; le duché est uni à la France. Le Cté revient à Marguerite de Flandre, dont le suzerain est l'empereur germanique. **1366** le comté palatin de Bourgogne appelée Franche-Comté de Bourgogne va être appelé « Franche-Comté ». **1384** réunification du duché et du Cté par le mariage de Marguerite, Ctesse de Flandre, et de Philippe le Hardi, duc de B. **1477** mort de Charles le Téméraire (sa fille Marie épouse Maximilien d'Autriche). **1500** partie du Cercle de Bourgogne, division administrative du St Empire. **1556** à la branche espagnole des Habsbourg. Prospérité (foires de Besançon) et grande autonomie. Plusieurs invasions françaises sous Henri IV et pendant la guerre de Trente Ans ; pour l'Espagne, c'est un 3e front contre la France (avec Pyrénées et Pays-Bas) et une plaque tournante pour acheminer des renforts entre Pays-Bas et Italie. **1665** Louis XIV réclame la Franche-Comté à la mort de Philippe IV, roi d'Espagne, au nom de Marie-Thérèse. **1668** occupée par Condé, rendue à l'Espagne par le *traité d'Aix-la-Chapelle.* **1678** *traité de Nimègue,* annexée définitivement par la France. Dole, qui a résisté aux Français, est remplacée par Besançon comme capitale civile.

PRINCIPAUTÉ DE MONTBÉLIARD

☞ *Abréviation :* M. : Montbéliard.

■ **Situation.** Nord-est de la Franche-Comté (cantons de Montbéliard, Audincourt, Blamont et Pont-de-Roide) : 469 km².

■ **Histoire. Époque celtique :** sous-tribu des Epomandui (les « dompteurs de chevaux ») faisant partie des Éduens [cap. : Mandeure (Epomanduodurum)]. **Époque romaine :** station sur la voie romaine de Besançon au Rhin ; important centre urbain sous les Antonins. **VIe s.** pagus d'Elsgau [latin : *Alsegaudia ;* français : *Ajoie* (le nom venu des sources de l'Ill a été rapproché du germanique *elz* « alose » ou « barbeau », et les armes de M. ont 2 poissons)]. **750** 1re mention de M. qui deviendra capitale au XIe s., après la destruction de Mandeure par les Hongrois. **IXe-Xe s.** subdivision de la Lotharingie. **1024** mention du 1er comte, Louis de Mousson. **1162** un Montfaucon, baron de « Bourgogne » (c.-à-d. de Franche-Comté), acquiert par mariage le Cté qu'il agrandit de ses 4 seigneuries de mouvance « bourguignonne » (comtoises) : Blamont, Clémont, Héricourt, Châtelot. **1273** Thierry III est reconnu vassal direct de l'Empire (affranchi de la suzeraineté comtoise, sauf pour les 4 seigneuries). **1283** passe par mariage à la maison de Chalon et en **1407** à celle de Wurtemberg. **1473** Charles le Téméraire tente de réunir le Cté à ses États mais est défait. **1525** gagné par le luthéranisme (favorisé par Ulrich de Wurtemberg), sert de refuge aux protestants des pays voisins. **1534-35** vendu 8 mois par Ulrich à François Ier qui devient Cte de M., puis est forcé par Charles Quint de revendre le comté. **1587-88** le duc de Guise attaque la ville sans succès. **1597** l'empereur Rodolphe érige le Cté en principauté. **1607** Albert d'Autriche en réclame la souveraineté. **1676** Louis XIV occupe la principauté (M. pris et démantelé par Mal de Luxembourg). **1679** *traité de Nimègue :* 4 seigneuries reconnues vassales de Louis XIV, devenu souverain de Franche-Comté ; il doit rendre la Pté au Wurtemberg, mais n'en fait rien. **1697** *traité de Ryswick :* Pté rendue à Georges II, qui se reconnaît vassal de Louis XIV pour les 4 seigneuries (où le catholicisme est réimplanté). **1793-*10-10*** réunie à la France (reconnue par Wurtemberg 1796), intégrée à Hte-Saône, puis au Mont-Terrible (1794), Ht-Rhin (1800), Doubs (1814).

■ ÉCONOMIE

■ **Population active** (au 1-1-1998). 416 271 (non-salariés 46 095) dont : agriculture 18 025 (15 383) ; industrie 121 324 (3 714) ; construction 23 145 (4 668) ; tertiaire 253 777 (22 330). **Chômage :** 8,7 % (en 1998) ; 42 400 demandeurs d'emploi (en févr. 1999).

■ **Échanges** (en milliards de F, 2000). **Import. :** 24,54 *dont* équipements mécaniques 4,06, métaux et produits métalliques 3,95, prod. chimiques en caoutchouc ou en plastique 3,4, équipement du foyer 3,02, composants électriques et électroniques 2,04, prod. de l'ind. auto 2,02, équipements électriques et électroniques 1,68, prod. des ind. agricoles et alimentaires 1,16, en bois, papier ou carton 0,7, habillement cuir 0,25 ; *de* All. 5,05, Suisse 2,87, Ital. 2,6, G.-B. 1,67, USA 1,62, Belg. 1,58. **Export. :** 53,17 *dont* produits de l'ind. auto 21,06, équipements mécaniques 8,15, équipement du foyer 4,71, prod. chimiques en caoutchouc ou en plastique 3,83, métaux et prod. métalliques 3,36, équipements électriques et électroniques 3,28, composants électriques et électroniques 2,62, prod. des ind. agricoles et alimentaires 1,88, bateaux, avions, trains, motos 1,38, prod. minéraux 0,65 ; *vers* G.-B. (n.c.), Esp. 6,16, All. 6,04, Ital. 4,53, Suisse 3,85, Belg. 3,12.

■ **Agriculture** (en 1999). **Terres** (en milliers d'ha) : 1 630,8 dont *SAU* 753,2 (t. arables 286,7, herbe 463,4, vignes 2,5) ; *bois* 703,7 ; *étangs* 3,9 ; *t. agricoles non cultivées* 36,3 ; *t. non agricoles et eaux intérieures* 129,7. **Production végétale** (en milliers de t) : blé tendre 320,1, orge et escourgeon 196,4, maïs 239,6, avoine 15,6. *Vins :* 134 695 hl. *Bois* (en milliers de m³, 1999) : grumes feuillus 551, résineux 1 062, bois d'ind. 278 ; **animale** (en milliers de têtes) : bovins 640,2 (dont vaches 261,9, veaux 153,9), ovins-caprins 88,4, équidés 14,2 (en 1997), porcins 114,9, coqs et poules 650 (en 1997), lapins 295 (en 1997). *Abattage* (en 1997) : 22 673 t. *Lait* (de vache, production totale en 1999) : 11 391 352 hl. *Fromage* (en t, 1997) : *comté* 44 124, *emmenthal* 35 949. **Exploitations agricoles :** 12 272.

■ **Tourisme** (en 2000). **Hébergement :** *hôtels de tourisme* 350 (7 818 lits) ; *résidences de tourisme* 2 (324 pl.) ; *campings* 148 (14 353 pl.) ; *auberges de jeunesse* 8 (416 lits) ; *villages de vacances* 9 (2 200 pl.) ; *gîtes ruraux* 1 500 ; *d'étape* 61 ; *d'enfants* 5 ; *chambres d'hôtes* 404 ; *résidences secondaires* 34 849.

■ DÉPARTEMENTS

☞ Voir légende p. 811. *Nota.* – (1) En 1998.

■ **Doubs (25)** 5 234 km² (130 × 100 km). **Frontière** avec la Suisse 170 km. **Altitude :** *max.* mont d'Or 1 463 m ; *min.* 200 (vallée de l'Ognon). **Population :** *1801 :* 216 306 ; *1861 :* 296 360 ; *1886 :* 311 056 ; *1911 :* 300 019 ; *1936 :* 304 892 ; *1946 :* 298 342 ; *1968 :* 426 458 ; *1975 :* 471 082 ; *1982 :* 477 163 ; *1990 :* 484 770 (étrangers 26 262 dont Marocains 4 932, Algériens 4 802, Turcs 4 018, Portugais 3 040, Espagnols 2 059) ; *1999 :* 499 062. **D.** 95. **Cantons :** 35. **Communes :** 594.

Régions naturelles (en ha) : **montagne jurassienne** ou **Haut-Doubs** (alt. 1 100-1 463 m au mont d'Or), 35 058 ha. **Plateaux supérieurs** (750-1 100 m), 148 767 ha ; **moyens** (400-750 m), 171 882 ha (bovins pour fromages de comté et emmenthal, mont d'Or, forêts, tourisme). **Zone de plaines et basses vallées** (200-400 m), 167 657 ha (polyculture, bovins pour lait et viande). **Bois :** 227 198 ha (en 1998) ; taux de boisement : 43,2 % ; forêt domaniale de **Levier :** 2 700 ha (sapin).

Chef-lieu : BESANÇON. **Altitude :** 242 à 619 m. **Population :** *1810 :* 28 436 ; *1861 :* 46 786 ; *1921 :* 55 652 ; *1975 :* 120 315 ; *1990 :* 113 828 ; *1996 :* 122 600 ; *1999 :* 117 733. **Industries :** micro-mécanique et horlogerie, outillage, emboutissage (Fralsen, Maty, Yema, France Ébauches, Schlumberger, Auge, Bourgeois). **Monuments** (vis. en 2000) : citadelle de Vauban (1674-1711, 241 719 vis.), cathédrale St-Jean (XIIe-XIIIe s.), église St-Pierre (1786), chapelle du refuge (XVIIIe s.). **Musées** (vis. en 2000) : des Beaux-Arts (fondé 1694, 1re collection accessible au public en Fr., 67 933 vis.), comtois (71 846 vis. en 1999), de la Résistance (76 871 vis. en 1999), palais Granvelle (1534-40, par Hugues Sambin), musée du Temps (ouvert 2001), palais de justice (1582–85 par H. Sambin), théâtre (1778-84), vestiges d'arènes romaines, porte Noire (arc de triomphe, hauteur 10 m, largeur 5,60 m), horloge astronomique (1860), maisons natales de Victor Hugo, des frères Auguste et Louis Lumière, jardin botanique, parc Micaud

(1843), le Clos Barbisier. **Festival** *de musique* en sept. **Université.** UNITÉ URBAINE (11 communes) : 134 376 hab., dont **Thise** 3 036. AIRE URBAINE : 222 381 hab.

Sous-préfectures : Montbéliard (alt. 395 m) 1 500,56 ha, 27 710 hab. [*1598 :* 2 355 ; *1712 :* 2 644 ; *1801 :* 3 558 ; *1861 :* 6 353 ; *1921 :* 10 063 ; *1954 :* 17 023] ; métallurgie, auto, cycles, outillage. *Temple* St-Martin (1601). *Musées :* du château des ducs de Wurtemberg (19 707 vis. [1]), d'Art et d'Histoire ; centre d'Art et de Plaisanterie. *Parc* du Près-la-Rose. UNITÉ URBAINE (21 communes) : 113 059 hab. dont **Audincourt** 15 539 ; **Bavans** 3 917, fort ; **Béthoncourt** 6 847 ; **Étupes** 3 543 ; **Exincourt** 3 309 ; **Grand-Charmont** 5 104 ; **Hérimoncourt** 3 906 ; **Mandeure** 5 142 (1792 dépend du comté de Montbéliard et de l'archevêché de Besançon, se proclame république, 1793 rattachée au département du Doubs), théâtre romain, motocycles Peugeot ; **Seloncourt** 5 743 ; **Sochaux** 4 491, automobile (81 158 vis. du musée Peugeot en 1999), maison du Prince ; **Valentigney** 12 486, maison du patrimoine, équipement auto ; **Vieux-Charmont** 2 509 ; **Voujeaucourt** 3 195.] AIRE URBAINE : 180 064 hab. **Pontarlier** (820 m) 18 360 hab. [*1801 :* 3 771] UNITÉ URBAINE (4 communes) : 21 922 hab. ; incendie (1736). *Industrie* alimentaire (absinthe), mécanique, électrique. Musée municipal (8 984 vis. [1]).

Autres villes (vis. en 2000) : **Arc-et-Senans** 1 364 hab. ; saline royale de l'architecte Claude-Nicolas Ledoux (1775, inscrite au Patrimoine mondial, 101 019 vis.) ; château. **Baume-les-Dames** (280 m) sous-préf. jusqu'en 1926, 5 384 hab. ; mécanique ; abbaye Notre-Dame (1738), chapelle St-Sépulcre (XVIe s.) ; remparts, musée de la Pipe. **Belvoir** 102 hab. ; château (XIIe s.). **Charquemont** 2 209 hab. **Fesches-le-Châtel** 2 167 hab. **Hérimoncourt** 3 906 hab. **La Cluse-et-Mijoux** 1 122 hab. ; château de *Joux* (musée d'Armes anciennes, 70 770 vis.). **L'Isle-sur-le-Doubs** 3 305 hab. (aggl. 3 560 [1]). **Maîche** (800 m), 3 977 hab. **Moncley** 282 hab. ; château (XVIIIe s.). **Montbenoît** 219 hab. ; abbaye (XVIe s.) et cloître (XIIe et XVe s.). **Montécheroux** 545 hab. ; musée de la Pince. **Morteau** (750 m) 6 374 hab. (aggl. 8 899 [1]) ; horlogerie ; musée de l'Horlogerie (12 894 vis.). **Nancray** 1 017 hab. ; musée des Maisons comtoises (50 211 vis.). **Ornans** (340 m) 4 037 hab. ; construction électrique ; maison natale et musée Courbet (hôtel Hébert, XVIIIe s., 15 409 vis. [1]) ; église (XIIe et XVIe s.) ; maison de la Pêche et de l'Eau. **Pont-de-Roide** (340 m) 4 781 hab. (aggl. 6 348 [1]) ; métallurgie mécanique. **Pouilley-les-Vignes** 1 802 hab. **Rigney** 390 hab. ; château de la *Roche* (1559). **Roche-lez-Beaupré** 2 062 hab. ; château de *Vaire-le-Grand* (1713). **Rougemont** 1 233 hab. ; châteaux de *Vorgel,* de *Bournel ; musées :* d'archéologie, maison d'Autrefois. **Saint-Vit** 4 381 hab. **Valdahon** (670 m) 3 973 hab. ; horlogerie, bois, camp militaire. **Villers-le-Lac** (740 m) 4 196 hab. ; horlogerie, mécanique de précision ; *musées :* de la Radio, de la Montre.

Divers : cirque de *Consolation.* **Sites :** *saut du Doubs* (à Villers-le-Lac, cascade de 27 m, 250 000 vis. [1]), *sources du Doubs* (à Mouthe), *de la Loue* et *du Lison* (résurgences), haute vallée de la Loue. **Grottes :** *Osselle* (50 000 vis. [1]), *Poudrey* (50 000 vis. [1]), *Crotot.* **Sports d'hiver :** massif du Jura, *Métabief-Jougne* 1 000 m, ski de descente, de fond (école nationale), *Chapelle-des-Bois* 1 077 m, *Mouthe* 935 m, *les Fourgs* 1 108 m. **Lacs :** *St-Point* (398 ha, profondeur max. 45 m), *Brognard* (120 ha), *Remoray* (100 ha).

☞ **République du Saugeais :** *origine :* XIIe s. franchise et privilèges de l'abbaye de Montbenoît. *Composition :* 12 communes de la vallée du haut Doubs (dont Gilley), 1 950 hab. *1947 :* dotée d'une présidence (tourisme, sports, culture). *Drapeau :* noir, rouge et or.

■ **Jura** (39) 4 999 km² (115 × 66 km). **Altitude :** *max.* crêt Pela 1 495 m [*moy.* 400 à 900 m]. **Population :** *1801 :* 288 051 ; *1861 :* 297 953 ; *1911 :* 252 609 ; *1936 :* 220 704 ; *1946 :* 216 286 ; *1968 :* 233 441 ; *1975 :* 238 856 ; *1982 :* 242 925 ; *1990 :* 248 759 ; *1998 :* 253 710 (étrangers 11 725 dont Turcs 2 954, Marocains 2 562, Portugais 2 391, Algériens 1 141, Italiens 615) ; *1999 :* 250 925. **D.** 50. **Cantons :** 34. **Communes :** 545.

Régions naturelles : plaine (région doloise, 57 430 ha, et Bresse, 56 429 ha dont 850 ha d'étangs) : à l'ouest, fraction de la Bresse louhannaise, dépression lacustre comblée d'alluvions ; terrasses de 170 à 250 m d'alt. en montant vers Dole. Blé, maïs, bovins, porcins, volaille dans la Bresse. **Côte (Revermont)** 59 341 ha, bord du 1er plateau jurassien (vignoble : Arbois, Château-Chalon, l'Étoile, côtes du Jura) de St-Amour à Salins-les-Bains, termine les plateaux au centre et à l'est, gradins séparés par des vallées (combe d'Ain) ; fromageries, bois, cartonneries, tissage, ind. mécanique. **La Montagne** *1er plateau* (alt. 550 à 650 m ; 65 134 ha) [le Jura plissé du sud ou « petite montagne », climat sec ; au nord plus riche : céréales et élevage (comté)] ; *2e plateau* (séparé du 1er par les vallées de l'Ain et de l'Angillon ; 700 à 1 000 m ; 99 576 ha) : lacs, résineux (La Fresse, La Joux), pâturages. **Haut-Jura** près de la Suisse [alt. max. (*crêt Pela*), 1 495 m, 54 611 ha], forêts, pâturages, industries de précision (taille de diamant, horlogerie, lunetterie) et diverses (pipes, boîtes en épicéa, jouets, plastique). **Val d'Amour et forêt de Chaux** (25 765 ha). **Finage** (15 583 ha). **Combe d'Ain** (19 863 ha). **Plateaux inférieurs du Jura** (43 188 ha). Point culminant de tout le massif : *crêt de la Neige* (alt. 1 723 m). **Bois :** 257 003 ha (en 1998) ; taux de boisement 50,8 % [*forêt de Chaux :* 20 000 dont 13 000 de forêt domaniale ; *de la Joux :* 2 650 (arbres souvent de plus de 50 m de haut.)].

Chef-lieu : LONS-LE-SAUNIER. Altitude : 255 m. **Population :** *1800 :* 6 070 ; *1890 :* 12 610 ; *1954 :* 15 030 ; *1975 :* 20 942 ; *1999 :* 18 483. **Industries :** alimentaire et mécanique, lunetterie. **Station** thermale. **Monuments :** église St-Désiré (crypte du XIe s. et restes du XIe-XIIe, XVIIIe et XIXe s.), église des Cordeliers (XVIe-XVIIIe s.), hôpital (hôtel-Dieu et apothicairerie du XVIIIe s.), maisons à arcades (XVIIIe s.) de la rue du Commerce, statue de Rouget de Lisle (1882 Bartholdi). **Musées** (visiteurs en 2000) : des Beaux-Arts (7 440 vis.), d'Archéologie (8 712 vis.), Rouget-de-Lisle (3 092 vis.). **Casino. Théâtre** à l'italienne. UNITÉ URBAINE (8 communes) : 25 867 hab., dont **Montmorot** à 257 m, 3 089 hab.

Sous-préfectures : Dole (alt. 245 m) 24 949 hab. [unité urbaine (7 communes) : 30 363 hab., dont **Foucherans** 1 760] ; chimie, métallurgie, électronique, ciments, ind. alimentaire, aéroport Dole-Tavaux ; remparts, collégiale N.-D. XVIe s., maison natale de Pasteur (musée : 11 895 vis. en 2000). Musée des Beaux-Arts (13 049 vis. en 2000). **St-Claude** (à 418 m) 12 303 hab. [*1800 :* 3 579 ; *1891 :* 9 782] [unité urbaine (2 communes) : 12 958 hab.] ; évêché ; travail du bois, fabrique de pipes, plasturgie, horlogerie, lunetterie, taille du diamant ; cathédrale St-Pierre (XIIIe-XVIIIe s.), musée de la Pipe et du Diamant (42 575 vis. en 2000), fête de Soufflaculs (avril).

Autres villes (vis. en 2000) : **Arbois** (à 297 m) 3 698 hab. (aggl. 4 389 [1]) ; vignoble ; Institut des vins ; égl. St-Just (XIIe-XVIe s.), maison de Pasteur (18 818 vis.), vieilles maisons ; *musées :* Sarret de Grozon (hôtel XVe et XIXe s.), de la Vigne et du Vin (château Pécauld, 8 168 vis.). **Arlay** 723 hab. ; château et parc (XVIIIe s., 11 684 vis.), exposition de rapaces. **Baume-les-Messieurs** 194 hab. : reculée (vallée en cul-de-sac) et grottes (42 081 vis. en 1999) ; abbaye (Xe et XIIIe s.). **Bois-d'Amont** 1 517 hab. ; musée de la Boissellerie (32 415 vis. en 99). **Champagnole** (à 545 m) 8 616 hab. [*1800 :* 1 548 ; *1891 :* 3 588] [unité urbaine (3 communes) : 10 021] ; métallurgie, mobilier, jouets, arts graphiques, *Musée* archéologique. **Château-Chalon** 160 hab. ; vignobles ; château féodal, égl. (XIe-XIIe s.), vieilles maisons. **Courtefontaine** 178 hab. ; égl. (XIIe s.). **Frontenay** 170 hab. ; château (XIIe s.), église romane. **Le Deschaux** 786 hab. ; château. **Le Pin** 256 hab. ; château (XIIIe, XIVe et XVIIe s.). **Les Moussières** 164 hab. ; maison des Fromages (12 153 vis. en 1999). **Marigna-sur-Valouse** 81 hab. ; château (XIIIe-XVIIe s.). **Moirans-en-Montagne** 2 121 hab. ; lycée des Arts du bois ; musée du Jouet (53 455 vis. en 99). **Montfleur** 150 hab. ; écomusée (6 429 vis.). **Morez** (à 700 m) 6 143 hab. [*1800 :* 1 218 ; *1891 :* 5 124] (aggl. 8 921 [1]) ; horlogerie, lunetterie, émail, école d'optique ; *musée* de la Lunetterie (7 336 vis.). **Mouchard** 1 011 hab. ; lycée et musée du bois. **Orgelet** 1 686 hab. ; cité natale de Cadet Roussel ; église (XVe s.), chapelle et couvent des Bernardines. **Poligny** (à 327 m) [sous-préfecture jusqu'en 1926] 4 507 hab. [*1831 :* 6 005] ; fromage (comté), école de l'industrie laitière, lycée hôtelier ; collégiale St-Hippolyte, vieilles maisons ; ind. agroalimentaire ; maison du Comté (6 761 vis.). **Prémanon** 664 hab. ; musée de l'Exploration polaire (12 596 vis.). **St-Amour** 2 102 hab. ; église (XVIIe s.). **St-Hymetière** 68 hab. ; église (XIe s.). **St-Laurent-la-Roche** 276 hab. ; église (XVIIe s.). **St-Lupicin** 2 081 hab. ; église (XIIe s.). **Salins-les-Bains** (à 354 m) 3 333 hab. [*1800 :* 8 125 ; *1891 :* 6 068] ; anciennes salines (47 419 vis. en 1999) [fort St-André (XVIIe s.) 2 090 vis. en 1999], station thermale, faïencerie (musée), casino ; église St-Anatoile (XIIIe s.). **Syam** 221 hab. ; forges (laminoire du XIXe s., 6 294 vis. en 1999) ; château (1818) palladien. **Tavaux** (à 202 m) 4 274 hab. [aggl. 7 686 [1], dont *Damparis* 2 799] ; chimie (Solvay), aéroport régional. **Vitreux** 209 hab. ; abbaye d'*Acey* (18 300 vis. en 1999).

Divers : grottes : *les Moidons* (23 441 vis. [1]), *Baume-les-Messieurs* (42 108 vis.), *les Planches* (près d'Arbois, 27 171 vis. en 1999). **Lacs :** *Vouglans :* 1 600 ha (prof. 130 m, long. 32 km), *Chalain,* 232 ha, prof. 34 m, alt. 526 m (50 000 vis. en 1991) ; *Clairvaux-l'Abbaye* 80 ha, alt. 540 m, 63 ha, cité lacustre ; *Les Rousses* 90 ha. **Parc naturel régional du Haut-Jura :** 145 580 ha, 1 000 à 1 600 m d'alt. **Ski :** *Les Rousses* (1 120 m), *Lamoura* (piste et fond, alt. 1 100 à 1 200 m), *Prémanon* (fond, alt. 1 200 m) ; maison de la Faune.

■ **Haute-Saône** (70) appelée d'abord Amont (5-2-1790). 5 360 km² (116 × 100 km). **Altitude :** *max.* ballon de Servance 1 216 m ; *min.* 185 m (confluence Saône/Ognon). **Population :** *1801 :* 292 099 ; *1911 :* 257 965 ; *1936 :* 213 077 ; *1946 :* 202 843 ; *1982 :* 231 962 ; *1990 :* 229 650 ; *1998 :* 229 540 (étrangers 8 066 dont Marocains 2 762, Portugais 1 460, Turcs 1 081, Algériens 673) ; *1999 :* 229 786. **D.** 43. **Cantons :** 32. **Communes :** 545.

Régions naturelles : plaine grayloise 55 712 ha, alt. 200 à 250 m, boisée, céréales, grandes cultures, bovins (lait, viande). **Plateaux** 273 692 ha, alt. moy. 250 à 300 m, 51 % du département ; céréales, prairies, bovins, lait, moutons. **Basse vallée du Doubs et de l'Ognon** 28 522 ha, bovins, lait. **Trouée de Belfort** 19 310 ha et *région sous-vosgienne,* 79 646 ha : 300 à 350 m, pâturages. **Région vosgienne** 36 114 ha, 400 à 800 m, forêts et étangs. **Hautes-Vosges** 24 351 ha, 500 à 1 200 m, forêts, prairies. **La Vôge** 18 661 ha, 400 à 500 m, pauvre, souvent humide, bovins, lait, cerises (kirsch à Fougerolles). **Bois :** 241 753 ha ; taux de boisement 44,85 % ; forêt domaniale de *Luxeuil* (hêtres) 1 250.

Chef-lieu : VESOUL. Altitude : 220 m. **Superficie :** 907 ha. **Population :** *1876 :* 9 206 ; *1911 :* 10 539 ; *1975 :* 18 173 ; *1990 :* 17 614 ; *1999 :* 17 168. **Industries :** métallurgie, auto (Peugeot), aérodrome. **Monuments :** hôtels XVIe-XVIIe-XVIIIe s., musée Georges-Garret (8 088 vis. en 1999), jardin anglais. UNITÉ URBAINE (7 communes) : 28 810 hab., dont **Échenoz-la-Méline** 2 741, **Vaivre-et-Montoille** 2 691 ; lac (90 ha).

Sous-préfecture : Lure 8 727 hab. [unité urbaine (3 communes) : 10 877 hab.) ; mécanique, équipement auto, bois.

Autres villes (vis. en 2000) : **Bougey** 91 hab. ; château (XVe-XVIe s., 2 335 vis. en 1999). **Champagney** 3 310 hab., musée de la Négritude (3 107 vis.). **Champlitte** 1 828 hab., église (XIVe-XVe s.), château (XVIIIe s.), musée Albert-Demard (arts et traditions populaires, vigne, 28 744 vis. en 1999). **Cirey** 232 hab. [*Bellevaux* (abbaye XVIIIe s.)]. **Faverney** 1 019 hab. ; basilique et clochers (XIIe-XVIIIe s.), abbaye des Bénédictines, haras nationaux. **Filain** 226 hab. ; maison forte et château (XVIe s., 3 513 vis. en 1999). **Fondremand** 161 hab. ; donjon (XIe s.), château (XVIe s.). **Fougerolles** 3 967 hab. ; écomusée de la Cerise (9 168 vis.). **Grandecourt** 33 hab. ; prieuré (XIIe s.), crypte (XIe s.). **Gray** (sous-préfecture jusqu'en 1926), 6 773 hab. [unité urbaine (4 communes) : 11 580 hab., dont *Arc-lès-Gray* 2 904] ; métallurgie, électronique ; château royal (XIIIe-XVIIIe s.) ; *musées :* Baron-Martin (7 598 vis. en 1999), national de l'Espéranto (« Nacio Esperanto Muzeo », 752 vis. en 1999) ; hôtel de ville et basilique (XVIe s.) ; chapelle des Carmélites (1660). **Gy** 1 018 hab. ; château (XIIe-XVIIIe s., 5 908 vis.), église (XVIIIe s.), oratoire Ste-Agathe. **Haut-du-Them-Château-Lambert** 502 hab., musée de la Montagne (Albert-Demard, 12 809 vis. en 1999). **Héricourt** 10 133 hab. [unité urbaine (3 communes) : 1 027 hab.] ; construction métallique. **Jonvelle** 171 hab. ; Musée agricole, vestiges gallo-romains. **Jussey** 1 836 hab. **Luxeuil-les-Bains** (à 295 m) 8 414 hab. [unité urbaine (6 communes) : 14 145 hab.] ; métallurgie, textile, bois ; station thermale ; maison carrée, tour du Bailly, basilique St-Pierre (XIVe s.), abbaye St-Colomban ; *musées :* de la Tour des Échevins (3 019 vis.), Maurice-Beaumont, du Combattant (2 442 vis.) ; conservatoire de Dentelle (4 573 vis.). **Malans** 121 hab. ; château. **Marnay** 1 287 hab. ; église St-Symphorien, hôtel de Santans, ferme Bouchaton. **Mélisey** 1 794 hab. (aggl. 3 158 [1]) ; mécanique. **Montbozon** 477 hab. ; château de *Filain.* **Oricourt** 28 hab. ; château (XIIe-XVe et XVIIIe s., 3 187 vis.). **Passavant-la-Rochère** 874 hab. ; verrerie, cristallerie (96 323 vis.). **Pesmes** 1 057 hab. ; église St-Hilaire (XIIIe s.), fortifications, hôtel de Château-Rouillaud, maison royale (3 239 vis. en 1999). **Plancher-les-Mines** 1 064 hab. (aggl. 2 820 [1]). **Port-sur-Saône** 2 773 hab. **Ray-sur-Saône** 192 hab. ; château (XVIe s.), église (XIIIe s.), calvaires. **Ronchamp** 2 965 hab. ; chapelle Notre-Dame-du-Haut (Le Corbusier, construite 1955, 77 869 vis.) ; maison de la Mine (3 278 vis.) ; musée Marcel-Maulini. **Rosey** 197 hab. ; musée Morice-Lipsi. **Rupt-sur-Saône** 124 hab. ; château (XIIe s., restauré XIXe s., 2 381 vis.). **St-Broing** 141 hab. ; abbaye de *Corneux* (XVIIIe s.). **St-Loup-sur-Semouse** 4 291 hab. (aggl. 5 117 [1]) ; bois. **St-Valbert** 195 hab. ; ermitage (VIIe s.), parc animalier. **Scey-sur-Saône-et-St-Albin** 1 563 hab. ; musée du Costume. **Vallerois-le-Bois** 253 hab. ; château (XIIe-XVIIIe s.), donjon (XIIe s.). **Villefrancon** 73 hab. ; château. **Villersexel** 1 444 hab. ; château de *Grammont* (incendié 1870, reconstruit 1880, style Louis XIII), musée. **Vitrey-sur-Mance** 335 hab. ; abbaye cistercienne d'Acey (28 600 vis. [1]).

Divers : lacs : *Vesoul* (90 ha) et *Champagney* (100 ha), région des Mille Étangs au pied des Vosges. **Sites :** *La Roche-Morey* (parc de loisirs, 50 000 vis.), *Servance* (saut de l'Ognon), *Sabot de Frotey* (réserve naturelle). **Ski :** *la Planche des Belles-Filles* (1 148 m), *Belfahy* (950 m). **Tourisme** fluvial sur la Saône.

■ **Territoire de Belfort** (90) 610,6 km² (45 × 22 km). Seule partie du Haut-Rhin restée française en 1871 (traité de Francfort) après le siège de Belfort où le Cel Aristide Denfert-Rochereau résista, avec 30 000 h., 103 jours aux Allemands du 3-11-1870 au 16-2-1871 (l'armistice ayant été signé le 28-1) ; Belfort avait déjà été assiégé en 1813-14 et 1815. Département depuis 11-3-1922. **Altitudes :** *max.* ballon d'Alsace 1 247 m ; *min.* 325 m (confluent Allaine/Bourbeuse). **Population :** *1801 :* 31 439 ; *1861 :* 56 248 ; *1886 :* 79 758 ; *1911 :* 101 386 ; *1936 :* 99 497 ; *1946 :* 86 648 ; *1968 :* 118 450 ; *1975 :* 128 125 ; *1982 :* 131 999 ; *1990 :* 134 097 ; *1999 :* 137 384 (étrangers 7 997 dont Algériens 2 054, Turcs 1 728, Marocains 1 135, Portugais 621, Italiens 613). **D.** 225. 1 seul arrondissement. **Cantons :** 15. **Communes :** 102.

Régions naturelles : 61 060 ha dont **Sundgau** 21 979 ha. **Montagne et zone sous-vosgiennes** 17 980 ha, dans le parc régional des Ballons des Vosges. **Trouée de Belfort** 15 835 ha, alt. moyenne 440 m, largeur 30 km. **Plateaux moyens du Jura** 5 266 ha. **Bois** (en 1998) : 25 660 ha ; taux de boisement : 42,02 %.

Chef-lieu : BELFORT (française depuis 1648). **Altitude :** 359 m. **Population :** *1990 :* 50 125 ; *1999 :* 50 417 hab. **Industries :** ferroviaire, centrales de production d'énergie (Gec-Alsthom), équipements auto, informatique, électronique, chimie, plasturgie. **Monuments** (vis. en 1999) : *fortifications* de Vauban, château et *Lion de Belfort* [1872-80, haut-relief en grès rouge fixé sur le rocher supportant la citadelle ; par Frédéric-Auguste Bartholdi (Colmar 2-8-1834/3-10-1904) : longueur 22 m, hauteur 11 m ; inauguré 29-8-1880, restauré 1964-65 (réplique à Paris, en bronze, inaugurée 23-9-1880, hauteur 4 m, longueur 7 m) ; 58 659 vis.], *monument des 3 sièges, cathédrale* St-Christophe, *musée* d'Art et d'Histoire (22 164 vis.). UNITÉ URBAINE (18 communes) : 81 524 hab., dont dans le département : **Bavilliers** 4 578, **Danjoutin** 3 383, **Offemont** 3 976, **Valdoie** 4 843.

Autres villes : Beaucourt 5 348 hab. ; construction électronique, mécanique ; ancienne usine Japy (musée de l'Industrie horlogère, 2 674 vis. en 1999) ; arboretum. **Bourogne** 1 386 hab. ; turbines à gaz EGT ; espace Gantner. **Brebotte** 260 hab. ; musée ATP, moulin. **Châtenois-les-Forges** 2 680 hab. (aggl. 3 625 [1]). **Delle** 6 624 hab. [unité urbaine (3 communes) : 1 090 hab., dont *Grandvillars* 2 963] ; constr. mécanique, articles métalliques. **Giromagny** 3 299 hab. (aggl. 5 787 [1]) ; musée de la Mine ; maison Mazarin ; fort Dorsner. **Rougemont-le-Château** 1 198 hab. ; golf. **St-Dizier-l'Évêque** 367 hab. ; église et tombeaux (VIIe s.).

Divers : ballon d'Alsace 1 247 m (ski, randonnées pédestres, 300 000 vis. par an). **Plans d'eau :** *Malsaucy* (65 ha), *étang des Forges* (30 ha). **Terrain de Chaux** (vol à voile, aviation). **Malsaucy :** festival européen de rock (les « Eurockéennes », juillet).

ILE-DE-FRANCE

GÉNÉRALITÉS

■ **Nom.** Apparaît en 1387 dans la chronique de Froissart. Remplaça le nom ancien de *pays de France* (21 villages autour de St-Denis, par exemple Roissy-en-France) lorsque *pays* prit le sens de *nation,* et *France* le sens de *royaume français. Ile de* signifierait *presqu'île de* et désignerait la langue de terre délimitée par Oise, Seine et Marne-Ourcq. A partir de 1419, les « gouverneurs de l'île de France » ont autorité sur l'ancien *pays de France* (Paris, Argenteuil, St-Denis), sur les 6 pays faisant encore partie de la région parisienne (voir ci-dessous) et sur les 5 pays picards : Laonnois, Noyonnais, Soissonnais, Valois et Beauvaisis (voir **Picardie** p. 876 a). La « généralité d'Ile-de-France » (ou de Paris), organisée en 1542, était plus vaste.

■ **Géographie.** **Altitude :** *max.* 217 m à Haravilliers, *min.* 11 m à Port-Villez. **Superficie** (en km²) : 12 011 dont espaces naturels 9 761 (dont forêts 2 400), espaces urbanisés non construits 582 (parcs et jardins 438, vacants 43, de sport et plein air 101), espaces urbains construits 1 729 (habitat individuel 837, collectif 208, transports 250, activités 196, équipements 180, divers 58).

■ **Brie.** **Situation :** plateau de 150 à180 m d'alt. à l'est de la Seine, en arc de cercle (125 km sur 60), séparant le bassin de Paris (calcaire) et la Champagne (craie) : céréales et élevage, buttes et tertres boisés (sables de Fontainebleau). Département de Seine-et-Marne débordant sur Aisne et sur Marne. **Histoire :** ancienne marche (région militaire) non déboisée (*Brigius Saltus*), limite entre tribus et sous-tribus celtiques des *Sénons, Parisii, Meldi, Tricassi* et *Suessiones.* Capitale *Briga* (forteresse) devenue au Moyen Age Brie-Comte-Robert. **998** acquis par Herbert de Vermandois, le Cté devient l'un des 2 éléments de la Champagne (Ctés de Brie et de Troyes). **1336** entre dans le domaine royal. **1693** disputée entre gouvernements de Champagne et d'Ile-de-France, coupée en 2 régions de Meaux, champenoise, et de Melun. **1791** réunies dans la Seine-et-Marne, les Meldois ne voulant pas dépendre de Château-Thierry.

■ **Étampois.** *Étampes* (doublet d'Étapes) mentionnée depuis 604. **Histoire : 1005** siège d'un palais royal. **XIIIe s.** séparé du domaine royal et érigé en comté, puis en duché pour Anne de Pisseleu, favorite de François Ier.

■ **Gâtinais français.** **Situation :** nord d'un plateau de 5 600 km², entre l'Essonne et l'Yonne ; du sud de la Loire à la Sologne. Départements de l'Essonne et de Seine-et-Marne (débordant sur Loiret et Yonne). **Histoire :** ancien *pagus Vastinensis,* a pour capitale Vatan (Indre). **XIe s.** marche non déboisée entre Carnutes et Sénons, il appartient aux comtes de Blois-Chartres (famille de Thibaut le Tricheur) qui fixent sa capitale à Château-Landon. **1090** acquis pour le domaine royal par Philippe Ier. **1453** coupé en 2 : *Gâtinais français* (capitale Nemours) en Ile-de-Fr. ; *Orléanais* (capitale Montargis) en Orléanais.

■ **Hurepoix.** **Situation :** collines boisées formant le bassin de l'Orge *(Orobia),* de Rambouillet à la forêt de Fontainebleau. L'expression *pagus Orobiensis* (déformée en *Huripensis*) a désigné à partir du XIIe s. un ensemble englobant Gâtinais français jusqu'à Montargis, et Étampois. **Histoire :** marches non déboisées entre Sénons et Carnutes. **VIIIe-IXe s.** défriché, peuplé de seigneurs turbulents (Montfort-l'Amaury, Rochefort-en-Yvelines, Montlhéry, etc.), vassaux des ducs-rois de France. **Vers XIIe s.** soumis après maintes guerres féodales.

■ **Mantois.** **Situation :** rive gauche de la Seine, Yvelines ; formé essentiellement du bassin de la Mauldre et du Pinceray, autour de Poissy (déborde sur l'Eure-et-Loir). **Histoire :** *pagus* celtique de *Medunta*, transformé en marche lors des invasions normandes. **Dès le IXe s.** dans le domaine capétien.

■ **Vexin français.** **Situation :** au nord de la Seine, entre l'Oise et l'Epte : extrémité ouest du Val-d'Oise, débordant sur l'Oise (Picardie). **Histoire :** ancienne cité celtique des *Veliocassi.* **Vers 850** sous Charles le Chauve, domaine de l'abbaye de St-Denis. **911** rive droite de l'Epte au duc Rollon (Vexin normand), rive gauche au roi de France (Vexin français). Gardant le titre d'« avoué de St-Denis », le roi adopte comme emblème l'oriflamme rouge et or des abbés.

☞ **Iles :** 123 (dans la Seine 54, la Marne 60, l'Oise 9). 300 communes construites sur des carrières sont exposées à des effondrements. (voir **Carrières** p. 848 a).

ORGANISATION

■ **Histoire.** **1961**-*2-8* loi créant le district de la *région parisienne.* **1964**-*10-7* loi faisant 8 départements des 3 précédents (Seine, Seine-et-Oise, Seine-et-Marne), la *Seine* éclate en 4 (Paris, Hauts-de-Seine, Val-de-Marne, Seine-St-Denis), la *Seine-et-Oise,* un peu amputée (une partie devenant S.-St-Denis), éclate en 3 départements (Val-d'Oise, Yvelines, Essonne), la *Seine-et-Marne* reste inchangée. **1976**-*6-5* loi substituant la région d'Ile-de-France au district. **1982**-*2-3* collectivité territoriale.

■ **Organes.** **Conseil régional :** 209 membres (Paris 42, Val-d'Oise 39, Hts-de-Seine 27, Seine-St-Denis 27, Val-de-Marne 24, Yvelines 26, Essonne 21, Seine-et-Marne 21). *Commission permanente :* 41 membres. *Pt :* Jean-Paul Huchon (29-7-1946) depuis 1998. *Répartition* (au 8-4-1999) : PS 48, RPR 47, UDF 17, PC 23, FN-MN 19, FN 17, non-inscrits 3, DL et Indépendants-Génération Écologie 20, Verts 15. **Comité économique et social :** 110 membres dont 39 représentants des entreprises et activités non salariées de la région, 39 représentants des syndicats de salariés, 28 représentants d'organisations participant à la collectivité de la région, 4 personnalités qualifiées. *Pt :* Jean-Claude Boucherat depuis octobre 1998. Comprend 1 019 communes dont Paris, commune chef-lieu. *Petite couronne :* Hauts-de-Seine (36 communes), Val-de-Marne (47), Seine-Saint-Denis (40). *Grande couronne :* Val-d'Oise (185), Essonne (196), Seine-et-Marne (514). Communes 1 281.

STATISTIQUES DE L'ILE-DE-FRANCE

☞ **Place de l'Ile-de-France** (en %) : superficie 2,2 de la Fr., population 18,7 (active 21,2), agents de l'État 22, cadres et intellectuels 38, effectifs universitaires 29,8, PIB 29,3, disponible brut des ménages 23,4, étrangers 8,3. *Source :* Insee, chambre de commerce.

■ **Population.** **Densité** (en 1999) : 912 hab./km². **Soldes migratoires avec la province :** *1954-62 :* + 41 878 ; *62-68 :* + 6 329 ; *68-75 :* – 23 971 ; *75-82 :* – 63 833 ; *82-90 :* – 38 358 ; *90-99 :* – 568 000 ; **avec l'étranger :** *90-99 :* + 74 000. **Étrangers :** *1990 :* 1 377 416 (12,9 %) ; *99 :* 1 301 386 (11,9 %) dont Portugais 227 239, Algériens 190 967, Marocains 145 903, Tunisiens 59 643, Turcs 51 238, Espagnols 44 253, Italiens 43 166, Maliens 32 437, Yougoslaves 28 201, Congolais 25 713. **Nouveaux arrivants (départs) :** *1990-99 :* 1 344 415 (1 838 000). **Répartition par âges** (en milliers, 1999) : *0 à 19 ans :* 2 764 ; *20 à 39 ans :* 3 449,6 ; *40 à 59 ans :* 2 917,3 ; *60 à 74 ans :* 1 184,3 ; *75 ans ou + :* 636. **En 1995 en Ile-de-France et,** entre parenthèses, **à Paris :** *naissances vivantes* 162 999 (29 806) ; *mariages* 55 071 (13 318) ; *décès* 77 568 (18 483) ; *soldes* naissance/décès 85 431 (11 321) ; migratoire – 40 000 (– 16 300).

■ **Population active** (en mars 2000) **en milliers.** 5 522 (dont salariés 4 629, non-salariés 419, chômeurs 473. **En %** : agriculteurs exploitants, artisans, commerçants et chefs d'entreprise 5,5, cadres professions intellectuelles supérieures 25, professions intermédiaires 23, employés 29,9, ouvriers 16,6. **Chômeurs** (en %, au 3e trim. 2000). Paris 10,3, Seine-St-Denis 12, Val-de-Marne 8,2, Val-d'Oise 8,1, Hts-de-Seine 7,3, Essonne 6,3, Yvelines 5,8. *Total* 8,3.

■ **Principaux employeurs** (au 1-1-1991, en milliers de salariés, non compris services non marchands, SNCF et La Poste). RATP 33,3, Renault-Aubergenville 10, Air France-Orly 9,6, Peugeot 8,9, BNP, 8,6, Renault-Boulogne 8,3, Air France-Roissy 7,2, Crédit lyonnais 7,2, Bouygues 6,7, hôpital Pitié-Salpêtrière 6,1, Citroën-Aulnay 5,8, Renault-Rueil 5,3, Snecma-Réau 5,2, Banque de France 5,1, IBM 5, Snecma-Corbeil 5, AXA 4,6, Renault-Boulogne 4,2, Dassault-Bréguet-Aviation 3,7, Citroën-Neuilly 3,5. **Personnel de l'État et des services publics affecté dans la Région** (en 1994) : 1 399 545. *Personnel de l'État rémunéré par les trésoreries générales de la Région* (tous services confondus) : 540 207. *Principaux services publics* (en 1986) : 329 839 dont La Poste 126 133, Assistance publique 62 118, SNCF 47 253 (au 31-12-1993), EDF-GDF 42 371, RATP 39 438, Banque de France 7 608.

■ **Produit intérieur brut** (en milliards de F). *1982 :* 986 ; *1997 :* 2 048 [29,3 % du PIB national soit 185 726 par habitant (province 107 000)].

Échanges (en milliards de F, 2000). **Import. :** 611,28 *dont* équipements électriques et électroniques 106,2, produits de l'ind. auto 100,02, équipement du foyer 60,36, équipements mécaniques 50,02, prod. chimiques en caoutchouc ou en plastique 43,31, composants électriques et électroniques 36,74, bateaux, avions, trains, motos 35,55, habillement cuir 31,83, métaux et prod. métalliques 29,9, prod. des ind. agricoles et alimentaires 28,49 ; *de* All. 86,58, USA 77,46, G.-B. 59,33, Esp. 55,18, Ital. 51,8, Japon 42,14. **Export. :** 383,41 *dont* produits de l'ind. auto 75,27, équipements électriques et électroniques 54,8, prod. pharmaceutiques, de parfumerie et d'entretien 34,71, bateaux, avions, trains, motos 32,24, composants électriques et électroniques 26,69, prod. chimiques en caoutchouc ou en plastique 24,67, équipements mécaniques 24,48, métaux et prod. métalliques 15,77 ; *vers* USA 50,57, Esp. 43,69, G.-B. 41,44, All. 35,17, Ital. 24,66, Belg. 20,34.

POPULATION

Années	Paris	Région parisienne [1]
– 59 [3]	25 000	–
510	30 000	–
1200	70 000	–
1328	250 000	–
1475	300 000	–
1684	425 000	–
1791	630 974	–
1801	547 726	1 353 000
1817	713 966	–
1831	861 436	1 722 000
1841	935 261	–
1851	1 053 262	2 240 000
1861	1 696 141 [2]	–
1866	1 825 274	3 039 000
1872	1 851 792	–
1881	2 269 023	3 726 000
1891	2 447 957	–
1901	2 714 068	–
1911	2 888 110	5 336 000
1921	2 906 472	5 683 000
1931	2 891 020	–
1936	2 829 753	6 785 000
1946	2 725 374	6 597 000
1954	2 850 189	–
1962	2 790 000	8 469 600
1968	2 590 771	9 248 631
1975	2 299 830	9 878 631
1982	2 176 243	10 073 059
1990	2 152 423	10 660 554
1999	2 125 246	10 951 136

Nota. – (1) Seine dont Paris, Seine-et-Oise et Seine-et-Marne jusqu'en 1964. Ultérieurement Paris + 7 départements d'Ile-de-France. (2) Après annexion des banlieues (348 000 hab.). (3) Av. J.-C.

■ **Budget** (en milliards de F, 2001). 15,8. **Recettes :** fiscalité indirecte 2 (cartes grises), directe (foncière, professionnelle) 2,5 ; dotations de l'État 7,4 ; emprunt 1,6 ; divers 2,5 ; excédent reporté de l'exercice précédent 0,4. **Dépenses :** transports 3,8 (dont en commun 2,5, équip. routiers 0,8, autres infrastructures 0,5) ; éducation 4 ; emploi-développement écon. 2,6 ; dette 2,4 ; vie quotidienne (environnement, culture...) 1,4 ; solidarité-sécurité-aménagement 0,9 ; institution régionale 0,7.

■ **Fiscalité locale.** Depuis 1991 (réforme Rocard), un prélèvement direct sur les recettes fiscales des 75 communes les plus riches d'Ile-de-France est effectué, soit en 2000 : 814,9 millions de F dont sur Paris 502, Boulogne-Billancourt 54,6, Levallois-Perret 33,7, Puteaux 38,6, Courbevoie 33,73, Neuilly 20,7, St-Cloud 8,5.

■ **Agriculture** (au 1-1-2001). **Terres** (en milliers d'ha) : 1 206,99 dont *SAU* 587,25 [t. arables 568,3, herbe 16,74, jardins familiaux 6,2 ; + de 6 500 ha (5,90 m² par hab.) ouverts au public ou en cours d'aménagement ; acquisitions prévues : 3,5 ha au nord de Paris entre la forêt de Bondy et celle de Montmorency (espaces existants 0,6)], cult. fruitières 1,49, légumes frais 3,82, légumes secs (pois, protéagineux) 43,92 ; *bois* 279,9 (87 ouverts au public soit 78 m² par hab., 54 millions de visites d'adultes par an) ; *t. agricoles non cultivées* 13,16, prairies temporaires 4,44, jachère 39,24 ; *t. non agricoles* 314,61. **Production végétale** (en milliers de t) : betterave à sucre 3 304 ; blé 2 074 ; orge et escourgeon 399 ; maïs 426 ; oléagineux 159 ; **animale** (en milliers de têtes) : bovins 31,7 (dont vaches laitières 6,5) ; ovins 14,8 ; porcins 11,6 ; équins 20,9 ; caprins 2,2. *Lait* (de vache) 424 560 hl. **Forêt en Ile-de-France.** **Propriétaires** (en %) : privés 71, État (domanial) 25, collectivités (régions, départements, communes) 4. **Répartition** (en milliers d'ha) **par département :** S.-et-M. 41 ; Yvelines 28 ; Essonne 10 ; V.-d'Oise 6,2 ; V.-de-Marne 1,8 ; Hts-de-Seine 1,5 ; Paris 0,7 ; S.-St-Denis 0.

■ **Tourisme** (en 2000). **Hébergement :** *hôtels de tourisme* 2 159 (125 038 lits) dont *sans étoile* 142 (7 672 ch.), *1 étoile* 224 (6 807 ch.), *2 étoiles* 966 (48 233 ch.), *3 étoiles* 686 (42 866 ch.), *4 étoiles* et *4 étoiles luxe* 141 (19 460 ch.) ; *résidences de tourisme* 71 (15 919 pl.) ; *campings* 84 (15 590 pl.) ; *auberges de jeunesse* 7 (1 166 lits) ; *villages de vacances* 4 (1 462 pl.) ; *gîtes ruraux* 215 ; *d'étapes* 33 ; *d'enfants* 1 ; *chambres d'hôtes* 290 ; *résidences secondaires* 86 266. **Touristes** (en 1999) *étrangers* 23,7 millions (dont 14 en hôtellerie homologuée) venant (en %) de : G.-B. 19, USA 15, All. 9, Grèce, Italie, Japon 8, autres 41 ; *français* 12,2 millions dont motif de séjour (en %) : famille 65, agrément 24, autres 11.

Tourisme d'affaires (en 1999). 11 centres d'exposition ; 2 024 manifestations dont à Paris : salons 373, congrès associatifs nationaux 333 (dont internationaux 125), réunions d'entreprises 851, expositions publiques 31, réunions d'organismes publics 130, sessions d'examens 57, spectacles publics 152, autres (expo. culturelles, scientifiques, réunions politiques) 97. **Bilans 1999 des salons** (en milliards de F) : 25,04 dont dépenses dites de la filière salons 12,26, dites touristiques 12,78 ; chiffre d'affaires cumulé des salons 1,48. 59 000 emplois équivalents temps plein.

■ **Pratiques culturelles** (en %, 1996). *Pratiquent* la musique 44 (France 32) ; le dessin, la poésie, la danse 21 (14) ; *lisent* quotidiens 76 (79), hebdo. d'information 15 (30), de 1 à 9 livres depuis 1 an : 28 (31), de 10 à 19 : 26 (18) ; *ont la télévision* 93 (96) ; *sortent* au cinéma 59 (37), au spectacle 44 (22), plusieurs soirs/semaine 29 (19).

■ **Transports** (en 1998). **ROUTIERS** (en km) : *autoroutes et voies rapides* 681, *routes nationales* 1 517, *départementales* 8 330. **Parc de véhicules** (au 31-12) : 4 000 000 (dont 600 000 utilitaires). *Ménages ayant une voiture :* 69 % (47,2 à Paris). **EN COMMUN** (lignes en km) : métropolitain 211,3 (380 stations), RER 328,1 (155 stations), SNCF 1 300 (395 stations), autobus 2 863,3 (7 523 stations). **Voyageurs** (en millions, 1999) : métro 1 188,4, bus 864,1, RER (lignes A et B) 382,3, SNCF banlieue 560 (banlieue/Fr. entière 65 % du total SNCF ; 61,6 % en 1987). **Modes de déplacements** (en %, 1997) : voie ferrée 8,82 ; voiture 84,3 ; bus 5,1 ; aérien 1,7.

Chemins de fer. **Lignes de ceinture :** *1852-67* petite ceinture ouverte par le syndicat de ceinture de Paris et la Cie de l'Ouest ; *1875* grande ceinture décidée ; *1883-1-1* gestion commune par le Syndicat d'exploitation des 2 ceintures. Ouverture des tronçons de grande ceinture (120,7 km) : *1877* Noisy-le-Sec, Villeneuve-St-Georges, Juvisy ; *1882* Noisy-le-Sec, Le Bourget, Achères ; *1883* Juvisy, Versailles, Achères. **Réseau ferré** SNCF (au 31-12-1995, longueur en km et, entre parenthèses, nombre de gares-stations et points d'arrêt) : *total :* 1 284 [en 97] (377) dont lignes RER 439 (172), autres 829 (205). **Projets.** **RATP :** *Météor* (métro est-ouest rapide) ligne Tolbiac-Madeleine (1998, 6,7 milliards de F) prolongée ensuite vers Cité universitaire et Gennevilliers. *Tram* Issy-Plaine-La Défense (en mai 1997, 822 millions de F). **SNCF :** prolongement ligne A à Cergy-le-Haut (14-11-1994). Ligne La Verrière à La Défense (1995). Tunnel entre Châtelet et Gare de Lyon pour prolonger ligne D sur les lignes du S.-E. (en 1995). Ouverture le 25-1-1998 des gares de Stade de France-St-Denis et de La Plaine-Stade de France. Ligne

Éole (est-ouest liaisons express, ligne RER E) desserte améliorée des banlieues Nord et Est reliées à 2 gares nouvelles : Magenta (N.-E.) et Haussman (St-Lazare-Condorcet). Mise en service de navettes depuis St-Nom-la-Bretèche vers Noisy-le-Roi et St-Germain-en-Laye (2000). **Orbitale :** pour des systèmes automatiques comme le Val, rocade ferroviaire qui permettrait d'aller d'une banlieue à l'autre sans passer par Paris (170 km, 170 stations dont 60 en correspondance avec métro, RER et SNCF banlieue). 2 lignes en cercle autour de Paris : 1re desservant Montreuil, Aubervilliers, Clichy, La Défense, St-Cloud et Issy-les-Moulineaux, Vincennes, Vitry et Villejuif à l'est, et le *Trans Val* de Marne vers Antony à l'ouest et Champigny à l'est. 2e prolongeant le tram St-Denis-Bobigny vers Gennevilliers, Nanterre, Boulogne et Antony à l'ouest et Montreuil.

Autoroutes. *A 86* rocade périphérique à 15 km de l'extérieur de Paris : bouclée en Seine-St-Denis en 1998 et dans les Hauts-de-Seine en 2002 (1998, 4,9 milliards de F). Création d'autoroutes à péage à l'ouest et au sud-est pour décongestionner Paris ; *Francilienne* reliera les 5 villes nouvelles et les autoroutes *A 1, A 4, A 6, A 10* à 30 km de Paris. Doit être bouclée en 2005 à l'est et entre 2002 et 2010 à l'ouest. *A 14* Orgeval-Méry-sur-Oise (terminée 1995, 2,2 millions de F). **Projets. Icare** (infrastructures concédées d'autoroutes régionales enterrées) : 150 km à péage autour de Paris, réservés aux voitures et camionnettes. État et Région envisagent d'investir en Ile-de-Fr. 150 milliards de F sur 25 ans (dont transports en commun 2/3, routiers 1/3).

Transports fluviaux. 500 km traversant l'Ile-de-France. *Rivières canalisées :* Ourcq (10 km), rivières secondaires. *Utilisation :* alimentation en eau potable (200 000 m³ par jour, soit 60 % des besoins de Paris), transport (2 000 000 de t par an), tourisme (surtout sur le bassin de La Villette). **Port autonome de Paris :** *créé* 1970, 1er port fluvial français, 2e d'Europe, surface 1 000 ha sur 70 ports dans les 8 départements de l'Ile-de-Fr., 1 million de m² d'entrepôts, chiffre d'affaires (en 2000) : 340 millions de F. **Trafic** (en millions de t, 1999) : 19,7 (dont fluvial 19,1, maritime 0,6). 1er port touristique mondial : 6 millions de passagers/an. **Bateaux-bus :** ligne avec 7 escales entre Notre-Dame et la tour Eiffel. **Canaux. St-Martin :** 4,5 km (bassin de La Villette/port de plaisance Paris Arsenal) dont plus de 2 en souterrain), 4 écluses doubles et 1 simple, 2 ponts tournants, dénivelé 25 m bassin de La Villette/Seine au quai de la Rapée. **St-Denis :** 6,7 km [porte de La Villette/île St-Denis (dont traversée de Paris 1 km)], 7 écluses (1 dans Paris), dénivelé 28,50 m (porte de La Villette/Seine). **De l'Ourcq :** 108 km [Port-aux-Perches (Aisne)/bassin de La Villette (dont traversée de Paris 2,107 km)], 10 écluses (aucune dans Paris).

Aéroports de Paris (voir à l'Index).

■ **Logements** (entre parenthèses à Paris). **Parc** (en milliers, 1999) : 5 083 (1 323) dont résidences principales 4 513 (1 112), secondaires et occasionnels 165 (76), logements vacants 406 (136). **Résidences principales** (en milliers, 1999) : maison individuelle ou ferme 1 234 (5), logement en immeuble collectif 3 147 (1 127). **Statut d'occupation** (en milliers, 1999) : propriétaires 1 197, locataires ou sous-locataires 2 304 (d'un logement loué vide non HLM 1 148, HLM 1 055, meublé ou chambre d'hôtel 102), logés gratuitement 209, autres 129. **Logements mis en chantier** (en milliers) : *1985 :* 45 ; *89 :* 59 ; *90 :* 52 ; *91 :* 51 ; *92 :* 43 (dont individuels 12,3, collectifs 30,8) ; *93 :* 39 ; *94 :* 47,9 ; *97 :* 37,1 ; *98 :* 41,3.

■ **Ceinture verte.** 155 000 ha (entre 10 et 30 km du centre de Paris) dont espaces verts (publics ou privés) et boisés (publics) 37 000, espaces verts et boisés ou d'équipements de loisirs à ouvrir au public 30 000, espaces ouverts d'usage privé « où la protection est à renforcer » 77 000, espaces « d'accompagnement » 11 000.

■ **Inondations.** Zones à risques : 249 communes, surtout le long de la Marne et de la Seine.

■ **Criminalité globale.** Nombre de faits constatés en Ile-de-France. *1998 :* 937 984 ; *99 :* 960 657.

■ Départements

Voir légende p. 811.

■ Paris (75)

Place de Paris dans la vie nationale (en %) : territoire 0,022 : population 4 ; sièges sociaux des banques 96 ; des Stés d'assurance 70 ; d'autres entreprises 45 ; professions libérales 39 ; emplois tertiaires 25 ; recettes fiscales 45.

Description

■ **Situation.** A 372 km en amont de l'embouchure de la Seine. **Latitude :** 48° 50′ 11″ nord (proche de celle de Vancouver, Canada). **Longitude :** 2° 20′ 14″ est du méridien de Greenwich ; 0° à partir du méridien de Paris [passant à l'Observatoire de Paris, matérialisé par la mire du Nord (poteau planté en 1675, remplacé 1736 par une pyramide en pierre) qui peut se voir au 1, av. Junot (XVIIIe) et la mire du Sud (construite 1806), positionnée à 36 m à l'est du méridien, visible dans le parc Montsouris. Fut, jusqu'en 1911, le méridien d'origine pour l'établissement du temps légal en France]. Depuis 1995, *la ligne du méridien dans Paris est matérialisée* par une œuvre de Jan Dibbets (Néerlandais) en hommage à François Arago (1786-1853) : 135 plaques de cuivre de 12 cm de diamètre fixées au sol. **Altitudes** (en m). Montmartre (cimetière) 130,53 (à l'intérieur du cimetière) et 128,21 (à gauche de l'entrée de l'église St-Pierre) ; 40, rue du Télégraphe (XXe) 128,16 devant le cimetière de Belleville ; Ménilmontant 118 ; Belleville (cimetière) 115 ; Buttes-Chaumont (rue des Alouettes) 101 ; Père-Lachaise (colombarium) 95 ; Montsouris 78 ; Passy (cimetière) 70 ; Observatoire 67 ; Charonne 65 ; montagne Ste-Geneviève 65 ; Montparnasse 64 ; Butte-aux-Cailles 60 ; place Charles-de-Gaulle 58 ; Maison-Blanche 53. **Point le plus bas :** niveau moyen de la Seine au Point du jour, 26. **Périmètre.** 36 km. **Longueur** (est-ouest) : 18 km. **Largeur** (nord-sud) : 9,5 km.

■ **Superficie. Enceinte :** *sous Jules César,* **43 av. J.-C. :** 1re 45,28 ha. **375 apr. J.-C. :** 2e 38,78 ha ; *Philippe Auguste,* **1188-1211 :** 3e 252,86 ha, construite par crainte des Anglais, 33 et 34 tours de part et d'autre de la Seine, épaisseur 3 m au sol, hauteur 9 m ; « tourelles » distantes de 68 m engagées dans le rempart (diamètre interne de 4 m). **1385 :** 4e 439,17 ha. **1581 :** 5e 483,60 ha. **1634 :** 6e 567,82 ha. **1686 :** 7e 1 103,70 ha. *Fermiers généraux,* **1788 :** 8e 3 370,45 ha. **1840 :** 9e 3 450 ha (12 arrondissements, 48 quartiers). **1871 :** 7 802 ha (dont zone annexée en 1859, 4 352 ha). **1921 :** 8 622 ha. **1936 :** 10 543 ha (après annexion de la zone de servitude *non aedificandi* et bois), 10 549 ha (après annexion d'une partie du territoire de Gentilly). **1937 :** 10 539 (après rattachement du château de Vincennes à la ville de Vincennes). **1982 :** 10 539,7 ha (dont Paris 8 692,8, bois de Vincennes 994,7, de Boulogne 845,9, Seine 6,3) dont *habitations* 3 949 ha.

☞ En superficie, Paris est la 113e commune métropolitaine, entre Guémené-Penfao (Loire-Atlantique) et Meyrueis (Lozère), Arles (Bouches-du-Rhône, 75 893 ha) étant la 1re et Marseille la 4e.

Fortifications (dites « les fortifs »). **1845** terminées ; circonférence : 36 km comprenant rue militaire 7 m de largeur, rempart (épaisseur mur 6 m, hauteur 10 m sur épaisseur 3,50 m), fossé largeur 15 m et glacis. 94 bastions, 60 portes, percées pour les chemins de fer. 16 forts détachés, éloignés de moins de 3 km. Devenus lieu de promenade, baraquements de la « zone » (chiffonniers, pauvres). *Superficie entre les fortifications :* 25 756 ha. **1919** dès la destruction des murs, on construit des HBM (habitations à bon marché). **1930** loi : « La Ville de Paris pourra aliéner à son profit une fraction du territoire, mais devra aménager en espaces libres une surface égale à celle construite. » D'où les terrains de sport et les squares bordant les boulevards des Maréchaux. **1939** il ne reste plus que 270 ha non construits sur 780 pour cette ceinture. **1953**-*17-2* loi Bernard Lafay abrogeant la *zone aedificandi* : on pourra édifier sur 20 % de la surface des « groupes d'immeubles à usage d'habitation et des équipements d'intérêt public » en compensant par une surface équivalente d'espace libre, sur la zone aménagée ou ailleurs dans Paris, toute surface construite. 50,7 ha ont été construits dont 38,6 ha pour des équipements publics, 44 ha d'espaces verts ont été réalisés dans Paris au titre de la compensation, 90,8 ha sont en cours de réalisation ou en projet, soit 134,85 ha d'espaces verts. Entre les HBM et le boulevard périphérique, la ceinture verte se présente comme une chaîne fragmentée de squares et jardins (parc Kellermann, square de la Butte du Chapeau-Rouge), de stades, groupes scolaires, hôpitaux et cimetières.

☞ Au début du XXe s. on envisagea d'aménager 780 ha sur la zone et sur un espace de 250 m en avant des murs.

■ **Climat** (voir **Météorologie** à l'Index). *Température :* variable suivant l'orientation du vent ; parfois différence de plus de 10 °C entre centre et périphérie. La température moyenne a monté de 1 °C en 100 ans au centre, 1 °C à Orly, est restée stable à Villacoublay. *Pluies :* volume médiocre. *Air :* 10 à 15 % plus sec que celui de la campagne. *Brouillard :* nombre de jours observé à Montsouris 4 fois moindre qu'il y a 50 ans (10 j par an). *Gel :* nombre de jours réduit de 56 à 25 (en 100 ans).

Records à Paris-Montsouris depuis 1872. Température : *la plus basse :* – 23,9 °C (10-12-1879) ; *la plus élevée :* 40,4 °C (28-7-1947). **Précipitations :** *hauteur maximale* (en mm) *annuelle :* 879,8 (en 1965), 900,8 (en 2000) ; *en 24 h :* 95,7 (24-8-1987). Neige : *plus forte épaisseur en 24 h :* 40 cm (2-3-1946). **Vent instantané :** *vitesse max. :* 169 km/h (26-12-1999). **Pression :** *la plus basse :* 948,9 hPa (25-2-1989) ; *la plus haute :* 1 036,4 hPa (15-2-1959).

Moyennes annuelles de Paris-Montsouris [1971-2000 (province 1961-90)]. **Précipitations :** *hauteur* 650 mm (Nice 767, Brest 1 109) ; *durée* 552 h (Nice 550, Brest 1 178) ; *jours de pluie :* (⩾ 0,1 mm) 166 j (Nice 88, Brest 211) ; (⩾ 10 mm en 24 h) 16 (Nice 25, Brest 36) ; *24 h :* 96 mm (Brest 56, Nice 191, Nîmes 267). **Insolation :** 1 724,5 h (Nice 2 694, Toulouse 2 047). **Gelée :** 25 j (Besançon 72, New York 86). **Chaleur :** (T ⩾ 25 °C) 43 (Toulouse 74, Nice 68) ; *forte* (T ⩾ 30 °C) 9 (Nice 4). **Neige :** 11 j (Brest 9, Besançon 29, New York 60). **Vent :** (⩾ 58 km/h) 44 j ; (> 55 km/h) (Brest 79, Montélimar 111) ; (⩾ 100 km/h) 1 j (Brest 3, Montélimar 5).

■ **Population.** *1999 :* 2 125 246 (voir aussi le tableau p. 839 b). **Densité :** *1975 :* 21 820 ; *82 :* 20 647 ; *89 :* 20 770 ; *90 :* 20 421 ; *99 :* 20 164. **Répartition par âges** (en %, 1990) : *0 à 4 ans :* 4,7 ; *5 à 14 ans :* 9 ; *15 à 24 ans :* 13,6 ; *25 à 34 ans :* 19,6 ; *35 à 64 ans :* 37,8 ; *65 ans et plus :* 16,1. **Par sexe** (en %, 1990) : hommes 46,5, femmes 53,5. **Par lieu de naissance :** Paris 31,2 %, Ile-de-France 44,4, métropole 74,9. **Statistiques** (en 1997) : mariages célébrés 9 680, naissances enregistrées 40 882 (XIVe arr. 10 089, Ier, Ve, VIe arr. 0), décès 17 268. **Familles :** *nombre :* 1 097 452. *En pourcentage :* cadres et professions intellectuelles supérieures 23,2 ; retraités 17,6 ; ouvriers 17,2 ; employés y compris personnel des particuliers 14,1 ; professions intermédiaires, anciennement cadres moyens et contremaîtres 13,7 ; artisans, commerçants et chefs d'entreprises 8,3.

Étrangers (en % par rapport à la population) : *1861 :* 5,14 ; *66 :* 5,8 ; *91 :* 7,39 ; *1901 :* 5,81 ; *11 :* 6,72 ; *21 :* 6,65 ; *31 :* 9,88 ; *36 :* 8,28 ; *46 :* 5,20 ; *54 :* 5,91 ; *62 :* 7,98 ; *68 :* 10,22 ; *75 :* 13,57 ; *82 :* 16,61 ; *90 :* 15,93 [dans le *IIe* arr. : 24,7 (dont Afrique du Nord 24), *Xe :* 22 (dont Afrique du Nord 31,8), *IIIe :* 20,3 (dont Asie 21,3), *XIe :* 20,3 (dont Afrique du Nord 36,8)]. **Nombre** (en 1990) : 422 034 dont : *Afrique du Nord* 127 920 (dont Algérie 58 959, Maroc 35 535, Tunisie 33 356) ; *CEE* 122 791 [dont Portugal 53 825 (*1968 :* 13 300), Espagne 28 277 (*1962 :* 40 840 ; *68 :* 65 512 ; *75 :* 54 725), Italie 13 491, G.-B. 8 798, Allemagne 6 772, Belgique 3 789, Grèce 3 040, P.-Bas 2 054, Irlande 1 403, Danemark 1 064, Luxembourg 276] ; *Afrique noire* 52 963 (dont Mali 9 662, Sénégal 9 094, Zaïre 5 884, Côte d'Ivoire 4 904, Maurice 4 686, Cameroun 2 885, Madagascar 1 276) ; *Europe sauf CEE* 32 267 (dont Yougoslavie 17 503, Pologne 6 566, Suisse 1 883) ; *Moyen-Orient* 25 226 (dont Liban 10 136, Turquie 10 065, Égypte 3 150, Israël 1 635, Iran 240) ; *Asie-Extrême-Orient* 18 612 (dont Chine 6 395, Japon 5 532, Pakistan 2 863, Inde 2 035, Cambodge 1 260, Viêt Nam 1 196) ; *Amérique latine* 11 939 (dont Brésil 2 522, Haïti 2 490, Colombie 1 831, Argentine 1 247, Mexique 769, Chili 647) ; *Amérique du Nord* 11 057 (dont USA 9 526) ; *Océanie* 483 ; *à déterminer* 2 388.

Plus fortes décroissances entre 1954 et 1999. XVIIIe : – 87 173 ; **XVIIe :** – 74 991 ; **XVIe :** – 55 598 ; **XIe :** – 55 137 ; **XIVe :** – 51 195 ; **VIIe :** – 48 765 ; **IXe :** – 48 433 ; **Ve :** – 48 152 ; **VIe :** – 43 844 ; **VIIIe :** – 42 660.

■ **Emploi privé et public à Paris** (en 1996). 1 613 000 (dont non-salariés 1 509) dont agriculture 700, industrie 138 100, construction 37 100, commerce 146 100, services 1 508 700. **Catégories professionnelles** (recensement 1990). Sans activité professionnelle 472 355. Cadres, professions intellectuelles supérieures 342 439, retraités 334 455, employés 293 400, professions intermédiaires 238 639, étudiants de 15 ans et + 220 964, ouvriers 164 321, artisans, commerçants, chefs d'entreprise 79 894, militaires du contingent 4 270, agriculteurs exploitants 508. **Population active résidente :** 1 132 419 dont ayant un emploi 1 018 644 (dont hommes 526 771, femmes 491 873).

Migrations. Part des actifs parisiens ayant un emploi : à Paris 73 %, en banlieue 25,6, en province 1,4. **Non-Parisiens travaillant à Paris :** 1 073 000.

■ **Personnels de l'État et des services publics affectés à Paris** (en 1997). 416 454 dont des Stés d'économie mixte, entreprises publiques nationales 44 565, organisations professionnelles, établissements publics locaux 77 400, communaux et collectivités locales 76 200, Poste et télécommunications 96 755, hôpitaux 51 300.

■ **Arrondissements** (superficie en ha et, entre parenthèses, population) **en 1999. Ier** 182,7 ha (16 888) ; **IIe** 99,2 (19 585) ; **IIIe** 117,1 (34 248) ; **IVe** 160 (30 675) ; **Ve** 254 (58 849) ; **VIe** 215,4 (44 919) ; **VIIe** 408,8 (56 985) ; **VIIIe** 388,1 (39 314) ; **IXe** 217,9 (55 838) ; **Xe** 289,2 (89 612) ; **XIe** 366,6 (149 102) ; **XIIe** 637,7 (136 591) ; **XIIIe** 714,6 (171 533) ; **XIVe** 562 (132 844) ; **XVe** 850,2 (225 362) ; **XVIe** 784,6 (161 773) ; **XVIIe** 566,9 (160 860) ; **XVIIIe** 600,5 (184 586) ; **XIXe** 678,6 (172 730) ; **XXe** 598,4 (182 952).

Quelques dates

Avant J.-C. Vers 5500 chasseurs et pêcheurs à Bercy (pirogues découvertes en 1991). **Époque celtique** fraction du territoire des Parisii, sous-tribu des Sénons [cap. *Lucotetia* ou *Lutèce,* « ville des blancheurs » (du grec *leukos,* blanc) ou « ville des loups » (*lukos,* loup) ou « ville du dieu Lug » (douteux : Lug est un dieu irlandais)]. Les *Parisii* (déformation de *Kwarisii*) tireraient leur nom des carrières de Montmartre (à rapprocher de l'anglais *quarr*). **53** les Sénons sont battus par César dans la plaine du Champ-de-Mars et se replient dans les collines boisées de Meudon. **52-51** les Romains conquièrent *Lutèce* (appelée Paris au IIIe ou IVe s.) qui est rattachée à la Lugdunaise Quatrième (cap. Sens). **43** 1re enceinte.

Après J.-C. Vers 280 après l'invasion germanique, 1re enceinte reconstruite (île de la Cité). **346** existence d'un évêque de Paris attestée. **355** l'empereur Julien, nommé César des Gaules, réside à Paris (357-358). **375** 2e enceinte. **451** sainte Geneviève détourne Attila de Paris. **Vers 508** Clovis établit sa capitale à Paris, après la victoire de *Vouillé.* Fondation de l'église des Saints-Apôtres (Ste-Geneviève). **VIIIe s.** les Carolingiens délaissent Paris (remplacée par Laon comme capitale). **IXe s.** invasions normandes. **861** échoit à Robert, « duc de France », fondateur des Capétiens. **888** Eudes, Cte de Paris, élu roi de France. Les ducs, puis rois « de France », étaient en même temps seigneurs des deux autres fractions de l'ancien territoire gaulois des Parisii : la *Goële* (N.-E.) et le *Parisis* (S.). **957** 1re *foire du Trône.* **987** Hugues Capet, Cte de Paris, élu roi de Fr. **1163** début de la construction de Notre-Dame décidée par l'évêque Maurice de Sully. **1182** 1re fontaine publique (rue du Fg-St-Denis). **1183** 1er *pavage des rues* [*Croisée de Paris :* 4 voies se croisant à partir du Châtelet ; dalles de grès ou de pierre, carrées (1,50 m de côté et 0,35 à 0,40 m d'épaisseur)] ; construction des *Halles.* **1188-1211** *enceinte « de Philippe Auguste ».* **1254** Saint Louis fonde l'hôpital des *Quinze-Vingts.* **1257** *Sorbonne* créée. **Vers 1260** prévôts et jurés de l'Association des marchands de l'eau deviennent les prévôts des marchands et échevins. **1268** les marchands de l'eau adoptent la devise : *Fluctuat, nec mergitur* (Il flotte mais ne coule pas), devenue celle de Paris. **1348-49** *grande peste* (plus de 500 † par j). **1356-57** captivité de Jean le Bon. États généraux dirigés par *Étienne Marcel,* prévôt des marchands de Paris, qui installe la municipalité dans la Maison aux Piliers, place de Grève. **1367-85** *enceinte de Charles V* (rive droite). **1370** 1er égout couvert rue Montmartre. **1416** *halles des Champeaux* (viande de boucherie). **1420-36** les Anglais à Paris. **1436** Paris se rend à Charles VII qui s'installe, en 1437, dans les dépendances de l'*hôtel St-Pol.* **Vers 1470** Louis XI quitte Paris et s'installe à Plessis-lez-Tours. **1489** parution du

1er indicateur des rues. **1509-25** *tour St-Jacques* construite attenant à l'église St-Jacques-la-Boucherie (démolie 1797), restaurée 1854 et 2001, hauteur 58 m. **1526** culte protestant célébré secrètement près de la porte St-Honoré. **1533** le prévôt des marchands Pierre Viole pose la 1re pierre du nouvel Hôtel de Ville à l'emplacement de la Maison aux Piliers. **1546** début des travaux du *Louvre.* **1572**-*24-8* massacre de la *St-Barthélemy.* **1581** *enceinte d'Henri II.* **1594**-*22-3* Henri IV rentre à Paris. **1605** il fait construire la *place Royale,* future place des Vosges. **1610** Henri IV assassiné. **1622** l'évêché de Paris devient archevêché et cesse de dépendre de Sens. **1634** Louis XIII : extension de l'enceinte vers l'ouest. **1671** début de la construction des *Invalides.* **1680** Louis XIV abandonne Paris pour Versailles. **1686** nouvelle enceinte ; ouverture du *Procope* (café). Statue de Louis XIV place des Victoires (*1er monument éclairé en permanence* par des lanternes). **1717** extension de l'enceinte. **1745** *1er réverbère* (lampe à huile avec réflecteur en métal poli, il y en aura 5 694 en 1789). **1782** 1er paratonnerre sur le Louvre. **1784-91** enceinte des *Fermiers généraux* avec pavillons d'octroi de Ledoux et mur construit de 1 787 à 97. **1786** destruction des maisons qui subsistaient sur 4 ponts. **1788** *pont de la Concorde* commencé (achevé avec les pierres de la Bastille). **1789** lanterne bleue devant commissariat de police ; *-25-6* constitution de la *Commune de Paris,* les électeurs parisiens occupent l'Hôtel de Ville et remplacent l'ancienne municipalité (1 prévôt des marchands, 4 échevins, 36 conseillers, 16 quarteniers) par une assemblée générale comprenant, en outre, 12 électeurs des 3 ordres ; *-13-7* 1re réunion de cette assemblée ; elle prend comme force armée les gardes-françaises ; *-14-7* celles-ci s'emparent de la Bastille (voir à l'Index) ; *-15-7* Jean-Sylvain Bailly *1er maire de Paris ; -6-10* la famille royale ramenée à Paris s'installe aux Tuileries. **1792**-*9-8* Danton chasse le Comité de 1789 et le remplace par une *commune révolutionnaire,* dont les troupes renverseront la monarchie le lendemain. **1793**-*21-1* exécution de Louis XVI (place de la Révolution, plus tard Concorde) ; *-2-6* la Commune de Paris (*maire :* Pache) renverse les Girondins pour le compte des Montagnards ; *-27-7* le Louvre devient le Muséum de la République (ouvert le 10-8) ; *-23-11* elle se rallie aux « Enragés » (hébertistes). **1794**-*10-5* Robespierre met fin à son pouvoir politique ; Pache est remplacé par Fleuriot-Lescot qui, le *28-7,* est guillotiné avec Robespierre ; Commune de Paris : sur 144 membres, 87 guillotinés, 40 emprisonnés ; *-24-8* découpage en 12 arrondissements du département de la Seine ; *-31-8* explosion de la *poudrerie du château de Grenelle* (1 000 †). **1795**-*22-8* Constitution de l'an III divise Paris en 12 *municipalités indépendantes.* **1799** (loi du 27 vendémiaire an VII) *octroi* établi (supprimé 1948).

1800 début de la suppression des *ruisseaux* au milieu des rues ; *-17-2* la loi du 28 pluviôse an VIII crée dans chacun des 12 arrondissements un maire et 2 adjoints nommés par le gouvernement. Le préfet de la Seine réside à l'Hôtel de Ville ; le conseil général de la Seine (Paris, Sceaux, St-Denis) y siège : pas de conseil municipal. **1804**-*2-12 sacre de Napoléon Ier* à N.-D. **1805** érection de la *colonne Vendôme.* **1808**-*2-12* inauguration du *bassin de La Villette,* à l'intersection des 3 canaux : Ourcq, St-Martin, St-Denis ; réservoir d'eau potable, il alimente habitations et fontaines publiques parisiennes. **1810**-*9-2* décret créant abattoirs. 1re *carte géologique* des environs de Paris (par Cuvilier et Brongniart). **1814**-*31-3 capitulation,* entrée des coalisés ; *-3-5* entrée de Louis XVIII. **1815**-*20-3* retour de Napoléon Ier ; *-7-7* occupation par les coalisés après Waterloo ; *-8-7* retour de Louis XVIII. **1816** l'Allemand Albert Winsor († 11-5-1830 à 68 ans) éclaire au *gaz* une boutique du passage des Panoramas. **1819**-*1-1* essais d'éclairage au gaz place du Carrousel (*-avril* candélabres rue de la Paix et place Vendôme) ; éclairage de l'Opéra. **1825** Cie du gaz créée. **1827** arrivée de Marseille, à pied, de la *girafe* donnée par Méhémet Ali, pacha d'Égypte. **1830**-*27/29-7 révolution.* **1831**-*30-11* ordonnance rendant les gouttières obligatoires. 12 941 réverbères à huile et 69 becs de gaz. **1832** *choléra* (18 602 morts) ; combat de la rue du Cloître-St-Merry. **1833** sondage de Grenelle à l'angle des rues Haüy et Bouchot (1er sondage profond du Bassin parisien) : atteint 548 m en 1841. **1834** colonnes-urinoirs [*rambuteaux,* du nom du préfet qui les implanta, Claude Berthelot, Cte de Rambuteau (1833-46) ; appelées *vespasiennes* vers 1834-55, du nom de l'empereur Vespasien (9-79) qui créa un impôt sur les urinoirs] ; *-15-4* combats de la rue *Transnonain ; -20-4* loi créant un conseil municipal de 36 membres élus (3 par arrondissement). **1837** *1er chemin de fer* parisien : de Paris à St-Germain. **1840** *nouvelle enceinte militaire* construite par le Gal Guillaume Dode de La Brunerie (1775-1851, Mal de Fr. 1847). **1843**-*17-8* 1ers essais d'*éclairage électrique* sur le Pont-Neuf ; *-20-10* place de la Concorde. **1848**-*23/24-2* révolution ; *-23/26-6* insurrection ouvrière ; il y a 2 608 réverbères à huile et 8 600 becs de gaz. **1850** installation des *égouts ; eau potable* (Eugène Belgrand 1809-78). **1851**-*2-12* coup d'État du Pce Louis-Napoléon. **1853**-*26-3* tout-à-l'égout obligatoire pour les immeubles neufs. Georges-Eugène Haussmann (1809-91) préfet de la Seine ; travaux (3 tranches qui coûtèrent 272 puis 410 et 300 millions de F). **1854** entrepôt général de *La Villette* créé, Baltard construit *les Halles* (voir p. 846 b) ; *avenue de l'Impératrice* inaugurée (longueur 1 200 m, largeur 140 m, aujourd'hui avenue Foch). **1855**-*15-5* 1er lavoir public ; *-25-12* Cie parisienne pour l'éclairage et le chauffage par le gaz regroupe 6 Cies. Exposition universelle. **1859**-*16-6 annexion de 11 communes* à Paris ; nombre d'arrondissements porté à 20. **1860** *travaux d'Haussmann :* voies rayonnantes de la place de l'Étoile ; achèvement Louvre-Opéra ; aménagement de bois et de jardins ; construction de 10 nouveaux ponts ; fontaines, 14 bassins et 1 500 km de conduites d'eau potable alimentées par les pompes de l'usine hydraulique de St-Maur et par 2 grands aqueducs qui amènent l'eau de 131 km dans le réservoir de Ménilmontant et de 140 km dans le réservoir de Montsouris ; grand collecteur d'égouts. **1867** abattoirs de La Villette construits. Exposition universelle. **1868** 150 colonnes commandées à *Morris,* imprimeur des affiches théâtrales (en 1986, concession renouvelée pour 224 colonnes). **1870**-*4-9 proclamation de la République ; -sept.* siège et bombardement par les Allemands (émeutes). **1871**-*janv./mars/mai* fin du siège, *18-3* insurrection de la Commune, incendies [Tuileries, Hôtel de Ville (5 000 registres d'avant 1792, 7 500 de 1795 à 1859, 8 millions d'actes originaux détruits, 1/3 seulement de l'état civil sera reconstitué)]. **1872** 1re fontaine Wallace (bd de La Villette). **1874-82** Hôtel de Ville reconstruit, coût 25,5 millions de F. **1875**-*5-1* Opéra (Garnier) inauguré. **1876** la Ville devient propriétaire des canaux. **1878** Exposition universelle ; *palais du Trocadéro ; -févr.* éclairage électrique place puis avenue de l'Opéra et place du Théâtre-Français. **1881** *1ers téléphones.* **1884** obligation de déposer les ordures dans des récipients [appelés plus tard *poubelles,* du nom du préfet Eugène Poubelle (1831-1907) qui en prit l'initiative]. **1889** *Exposition universelle ;* tour Eiffel. Création de l'aéroport d'Issy-les-Moulineaux. **1893**-*13-7* Lépine préfet de police.

1900 *1re ligne du métro :* Porte Maillot-Porte de Vincennes ; Exposition universelle ; Grand Palais, Petit Palais, pont Alexandre-III. **1902** Victor Moris (journaliste) appelle « apaches » les malfaiteurs parisiens (aussi cruels que les Indiens du même nom). **1905**-*1-2* Sté des Lavatories souterrains : salle 165 m², haut. 3,40 m, pour dames 14 W.-C., 4 cabinets de toilette avec bidet, pour hommes 13 W.-C., 22 urinoirs et 1 cabinet de toilette ; réalisé par Sté Porcher ; *coût* W.-C. simple ou urinoir 0,10 F, avec toilette 0,15 F, avec glace et eau chaude 0,20 F. **1910** *inondations.* **1911** 1ers ateliers d'artistes construits 31, rue Campagne-Première. **1914**-*30-8 :* 1er bombardement aérien allemand de Paris (1 †, rue des Vinaigriers). **1920-21** enceinte de Louis-Philippe démolie. **1926**-*15-7* mosquée inaugurée (minaret 35 m). **1937** Exposition universelle : *palais de Chaillot.* **1940-44** occupation allemande. **1944**-*25-8* Libération ; *-26-8* de Gaulle défile sur les Champs-Élysées. **1962** éclairage électrique aux Champs-Élysées. **1964**-*10-7* Seine découpée en 4 départements dont Paris (effet au 1-1-1968). **1968**-*mai* insurrection des étudiants. **1975** disparition de l'éclairage au gaz. *-31-12* réforme du régime administratif. **1977**-*mars* élection du 1er maire de Paris (J. Chirac) depuis 1871. **1983** nouveau statut de Paris.

☞ **Bilan financier de la tempête du 26-12-1999 à Paris** [en millions de F (MF)]. **Coût global :** 450 MF (4,5 % du produit annuel de la fiscalité locale). **Arbres** (*touchés :* Paris *intra-muros* 6 000 sur 173 000 (parcs et jardins 2 033, cimetières, plus de 1 000, plantations d'alignement 850, boulevard périphérique 512) ; bois de Boulogne et Vincennes 140 000 sur 300 000 ; ensemble de l'agglomération 1 arbre sur 3) : coût des replantations et restaurations 180 MF. **Écoles et collèges** (520 touchés) : travaux 100 MF. **Cimetières** (5 000 tombes et 200 chapelles touchées) : coût 50 MF incombant juridiquement aux familles. **Édifices cultuels :** coût des travaux d'urgence 25 MF (toitures et vitraux à la Madeleine, St-Augustin, temple de l'Oratoire du Louvre, synagogue des Tournelles...). **Éclairage public, chaussées, voies, réseaux de signalisation, canaux** (canal de l'Ourcq) : 37 MF. **Équipements sportifs** (toitures, verrières et clôtures) : 25 MF. **Crèches et centres d'action sociale :** 17 MF. **Bâtiments administratifs, immeubles et terrains communaux :** 10 MF. **Musées de la Ville de Paris :** 2 MF.

■ **Traités de Paris.** **1229** (12-4) Louis IX/Cte Raimond VII de Toulouse (fin de la guerre des albigeois). **1259** (4-12) Louis IX/Henri III roi d'Angleterre. **1303** (20-5) Philippe IV le Bel/Édouard Ier d'Angleterre. **1635** (8-2) Ligue France et Hollande contre Espagne. **1796** (15-5) Sardaigne cède Savoie. **1810** (6-1) France/Suède. **1814** (30-5) après la 1re abdication de Napoléon Ier. **1815** (20-11) après sa 2e abdication. **1856** (30-3) avec Russie. **1898** (10-12) Espagne/USA (France médiatrice). **1947** (10-2) Alliés/Italie, Roumanie, Bulgarie, Hongrie, Finlande.

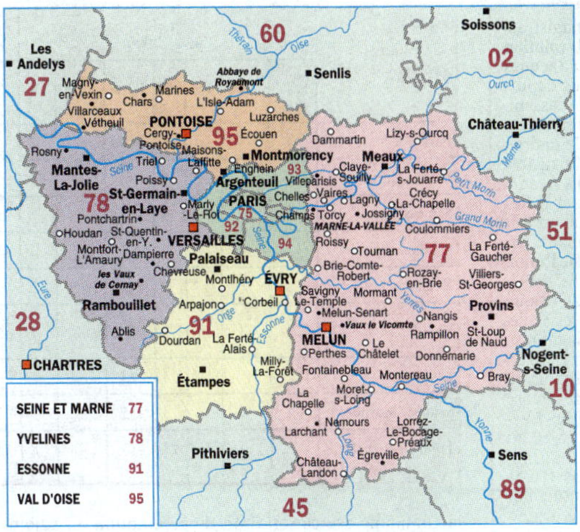

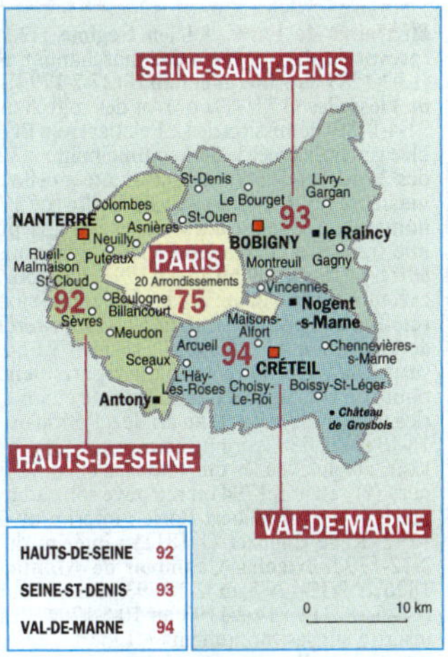

Statuts anciens

■ **1°) Loi du 5-4-1884.** *Exécutif :* préfet de Paris (distinct du président du Conseil de Paris) ; préfet de police. *Conseil de Paris* (élu pour 6 ans au scrutin de liste majoritaire à 2 tours) : compétences limitées prévues par la loi ; son Pt (élu tous les ans avec les autres membres du bureau) dirige les débats et représente la ville dans les cérémonies officielles. Le *budget d'investissement* doit être approuvé par arrêté du ministre de l'Intérieur et du ministre de l'Économie et des Finances.

2°) Loi du 31-12-1975. Le territoire de Paris recouvre 2 collectivités distinctes, de limites identiques. **a) Commune de Paris** (20 arrondissements, 80 quartiers), soumise depuis le 20-3-1977, à l'exception des pouvoirs de police, au Code des communes. **Conseil municipal :** 109 membres, fait son règlement intérieur, peut être dissous par décret motivé en Conseil des ministres, ne peut être suspendu. **Maire :** élu par scrutin de listes bloquées majoritaires à 2 tours, 18 *secteurs électoraux* comprenant de 1 à 2 arrondissements, et de 4 à 11 sièges. **Adjoints :** 18 réglementaires, 9 supplémentaires au maximum. **Commission d'arrondissement** (composée à parts égales de conseillers élus dans la circonscription électorale, d'officiers municipaux nommés par le maire, de membres élus par le Conseil de Paris) : se réunit à la mairie d'arrondissement qui prend le nom de *mairie annexe.* Donne son avis sur les affaires soumises par le Conseil de Paris ou le maire, assiste maire et Conseil pour animer la vie locale. **Préfet de police** (voir p. 842 b). **b) Département de Paris. Conseil de Paris :** exerce les attributions dévolues aux conseils généraux. **Préfet de la Région Ile-de-France aussi préfet de Paris :** exécutif du département à côté du maire, Pt du Conseil de Paris et exécutif de la Ville.

Statut actuel

■ **Texte.** *Loi du 31-12-1982* appliquée depuis mars 1983. Le 4-10-1982, le conseil municipal de Paris avait marqué son opposition (par 71 voix contre 36) et le Conseil d'État avait donné un avis défavorable, mais le texte, adopté le 23-10 à l'Assemblée nationale par 322 voix contre 159, a été déclaré le 28-12, par le Conseil constitutionnel (saisi par l'opposition), conforme à la Constitution.

■ **Conseil de Paris. Siégeant en formation de conseil municipal :** élit un maire. Vote le budget. Seul habilité à lever l'impôt, décide des grands équipements, des transports. Le maire de Paris réunit à sa demande les conseillers d'arrondissement. **Siégeant en formation de conseil général :** attributions dévolues aux conseils généraux ; son Pt (le maire de Paris) est l'exécutif du département. **Membres** (en 2000) : 163 (RPP 56, PS 42, Paris-Libertés 25, UDF et modérés 9, PC 9, MDC 6, non-inscrits 16) ; (en mars 2001) : 163 (gauche 92 : PC 49, Verts 23, PRG 2, MDC 7, PC 11 ; droite 71 : Séguin 55, Tibéri 12, DVD 4). **Adjoints au maire** 33 dont 19 socialistes (dont 1re adjointe Anne Hidalgo), 7 Verts, 4 communistes, 2 MDC, 1 PRG.

☞ **Hôtel de Ville de Paris :** longueur 110 m, largeur 85 m. Surface totale de bureaux 30 000 m², de salons 2 300 ; salle des fêtes longueur 50 m, largeur 12 m. Incendié sous la Commune en 1871, reconstruit et agrandi 1874-92 par Ballu et Deperthes.

■ **Conseil d'arrondissement. Membres :** *total* 354 conseillers pour 20 arrondissements. **Statut :** ne peut demander l'inscription, à l'ordre du jour du conseil municipal, de propositions de délibérations intéressant les affaires de l'arrondissement, mais peut poser au conseil municipal des questions orales avec débat et adresser des questions écrites au maire de la commune sur les affaires intéressant l'arrondissement (si pas de réponse dans les 3 mois, questions inscrites de droit à l'ordre du jour de la 1re séance du conseil municipal). Peut émettre des vœux sur tout ce qui concerne l'arrondissement. Avant examen par le conseil municipal, est saisi, pour avis, des rapports de présentation et projets de délibération concernant les affaires dont l'exécution est prévue dans l'arrondissement. Est consulté par le maire de la commune avant délibérations du conseil municipal sur les plans d'occupation des sols (POS) et les projets de zones d'habitation, de rénovation, réhabilitation, de zones industrielles et artisanales

■ **Maires de Paris. Ancien Régime :** 2 magistrats (prévôt de Paris, prévôt des marchands). **Révolution [13-7-1789 au 9 thermidor an II (27-7-1794)] : Jacques de Flesselles** (1721-89) prévôt des marchands depuis 21-4-1789 (démission de Le Peletier) : élu Pt de l'assemblée générale créée le 26-6 (municipalité + 12 électeurs des 3 ordres), fonction équivalente à celle de maire ; massacré le 14-7. **Jean-Sylvain Bailly** (né 1736, astronome, élu Académie des sciences à 27 ans, puis Académie française et Académie des inscriptions et belles lettres) : 15-7-1789 au 18-11-1791, haï pour avoir fait exécuter loi martiale ; novembre, démissionnaire, arrêté à Melun puis guillotiné 12-11-1793. **Jérôme Pétion de Villeneneuve** (1756-94) [1] : 18-11-1791 au 6-7-1792, suspendu par le Directoire du département. Critiqué pour son rôle le 20-6 quand la foule envahit les Tuileries. 13-7-1792 rappelé au cri de « Pétion ou la mort ». 18-10 réélu, démissionne pour rester député d'Eure-et-Loir, arrêté avec les Girondins, s'évade, s'empoisonnera (?) ; en juin 1794 on retrouve son cadavre dévoré par les loups. **Philibert Borie :** intérim du 7 au 13-7-1792. **René Boucher** († 1811) : intérim du 15-10 au 2-12-1792. **Nicolas Chambon de Montaux** (1748-1826) : 3-12-1792 au 2-2-1793. **Jean-Nicolas Pache** (1746-1823) [1] : 14-2-1793 au 10-5-1794, destitué, fait inscrire sur les monuments « Liberté, égalité, fraternité ». **Jean-Baptiste Fleuriot-Lescot** (Bruxelles 1761-94) [2] : 10-5 au 17-7-1794 ; après son exécution le 28-7, la Convention administra directement la Ville. **Joseph Cambon** (1750-1820) [1] : élu provisoirement maire par les émeutiers le 20-3-1795. **Ier Empire : Athanase Bricogne :** maire du VIe arrondissement, doyen des 12 maires de Paris, tient, au cours des cérémonies officielles, un rôle d'apparat. **IIe République : Louis-Antoine Garnier-Pagès** (1803-78) : 24-2 au 5-3-1848. **Armand Marrast** (1801-52) [2] : 9-3 au 19-7-1848. **Gouvernement de la Défense nationale : Étienne Arago** (1802-92) [2] : 4-9 au 15-11-1870. **Jules Ferry** (1832-93) [2] : « délégué à la préfecture de la Seine » du 15-11-1870 au 5-6-1871. **IIIe et IVe Républiques :** pas de maire, mais un Pt du conseil municipal (élu pour 1 an). **Ve République : Jacques Chirac** (né 29-11-1932) : élu 25-3-1977 RPR, réélu 3-1983 et 19-3-1989. **Jean Tibéri** (né 30-1-1935) RPR : élu 22-5-1995 par 136 voix sur 163, réélu 25-6-1995 par 98 voix. **Bertrand Delanoë** (né Tunis 30-5-1950) PS : élu 25-3-2001 par 92 voix sur 163 devant Jean Tibéri 12 voix (les groupes RPR et DL n'ont pas participé au vote, les 12 élus UDF se sont abstenus).

Nota. – (1) Élu. (2) Nommé.

■ **Préfets de la Seine (depuis 1944). 1944** (19-8) Marcel Flouret (1892-1971), **1946** (30-8) Roger Verlomme (1890-1950), **1950** (10-7) Georges Hutin (1899-1978) [intérim], (22-8) Paul Haag (1891-1976), **1955** (2-9) Émile Pelletier (1898-1975), **1958** (1-6) Richard Pouzet (1904-71) [intérim], (1-10) Jean Benedetti (1902-79), **1963** (12-9) Raymond Haas-Picard (1906-71).

■ **Préfets de Paris (puis, à partir du 16-3-1976, de la Région Ile-de-France). 1964** Raymond Haas-Picard (1906-71), **1966** (10-8) Maurice Doublet (né 8-4-1914), **1969** (21-2) Marcel Diebolt (né 7-2-1912), **1971** (29-11) Jean Verdier (1915-74), **1974** (27-11) Jean Taulelle (1914-99), **1977** (25-3) Lucien Lanier (né 16-10-1919), **1981** (8-8) Lucien Vochel (né 19-7-1919), **1984** (14-9) Olivier Philip (né 31-8-1925), **1991** (1-1) Christian Sautter (né 9-4-1940), **1993** (24-6) Jean-Claude Aurousseau (né 17-9-1929). **1994** (19-9) Joël Thoraval (né 7-9-1935). **1998** Jean-Pierre Duport (né 11-7-1942).

■ **Préfets de police (depuis 1944). 1944** (19-8) Charles Luizet (1903-47), **1947** (20-3) Armand Ziwès (1887-1962) [intérim], (9-7) Roger Léonard (1898-1988), **1951** (12-4) Jean Baylot (1897-1976), **1954** (13-7) André-Louis Dubois (né 8-3-1903), **1955** (12-11) Roger Génébrier (né 16-5-1901), **1957** (déc.) André Lahillonne (né 17-9-1902), **1958** (15-3) Maurice Papon (né 3-9-1910), **1966** (27-12) Maurice Grimaud (né 11-11-1913), **1971** (13-4) Jacques Lenoir (né 13-8-1918), **1973** (2-7) Jean Paolini (né 3-3-1921), **1976** (3-5) Pierre Somveille (né 12-11-1921), **1981** (8-8) Jean Périer (né 28-5-1925), **1983** (9-6) Guy Fougier (né 13-3-1932), **1986** (17-7) Jean Paolini, **1988** (16-8) Pierre Verbrugghe (né 8-4-1929), **1993** (21-4) Philippe Massoni (né 13-1-1936), **2001** (9-4) Jean-Paul Proust (né 3-3-1940).

Forces politiques	Députés (au 6-1-2000)							Conseillers généraux (conseillers de Paris pour Paris) élus en mars 1998									
	RCV	Verts	PC	PS	RPR	UDF	DL	PC	PS	RPR	UDF	DVD	MDC	DVG	ext. droite	Verts	
Paris	1			8	9		3	9	42	57	34	8	6	1	1	5	
Val-de-Marne			2	4	2	3	1	18	10	8	9	4					
Seine-St-Denis			7	4	2			22	9	6	1	1			1		
Hauts-de-Seine			3		7	3		9	7	17	9	3					
Yvelines				2	6	2	2	2	5	20	10	2					
Val-d'Oise		1	1	3	2	1	1	3	11	8	5	3		1			DL : 5 Ni : 3
Essonne				4	5	1		4	18	8	4	4		4			
Seine-et-Marne	1			3	5			2	12	13	9	5		2			
Total Ile-de-France	2	1	13	28	38	9	8	71	115	131	91	32	6	7	2	5	

concernant l'arrondissement. Délibère sur l'implantation et le programme d'aménagement de divers équipements publics : crèches, maisons de jeunes et de la culture, gymnases, bains-douches, petits espaces verts (moins d'un hectare). Il en fixe les conditions de gestion. Possède des attributions dans le domaine social pour les logements répartis pour moitié par le maire de la commune et pour moitié par le maire d'arrondissement. **Pouvoirs :** le représentant de l'État maintient certains équipements dans la compétence du conseil municipal ; les dépenses de fonctionnement des équipements transférés sont supportées par le conseil d'arrondissement.

Maire d'arrondissement. Élection : dans chaque arrondissement par les conseillers d'arrondissement (8 j après l'élection du maire de Paris). **Pouvoirs :** il est membre du conseil municipal de Paris. Prépare et exécute les délibérations du conseil d'arrondissement. Il est officier d'état civil mais n'exerce pas les attributions d'officier de police judiciaire. Il donne son avis « sur toute autorisation d'occupation ou d'utilisation du domaine public dans l'arrondissement délivrée par le maire de la commune, sauf si la commune exerce son droit de préemption ». Adjoint territorial au maire de Paris. Inéligible au Conseil de Paris pendant 1 an après avoir cessé ses fonctions.

Adjoints. Élection : par le conseil d'arrondissement. **Nombre maximal :** 30 % du nombre des membres du conseil d'arrondissement.

Personnel. Agents de la commune mis à disposition des conseils d'arrondissements et affectés auprès du maire d'arrondissement.

Budget. Le conseil d'arrondissement ne peut lever l'impôt (voir conseil municipal plus haut). Pour assurer son financement, il adopte chaque année un budget annexé à celui de la commune. Le conseil municipal arrête le montant total des dotations des arrondissements. La dotation de chaque arrondissement est fixée par accord entre le conseil municipal et les conseils d'arrondissements ; sinon, la dotation est fixée selon des règles définies par décret en Conseil d'État, en fonction de l'importance démographique de l'arrondissement, des caractéristiques socioprofessionnelles, des équipements. Le maire de l'arrondissement engage les dépenses inscrites à l'état spécial quand celui-ci est devenu exécutoire ; à défaut de mandatement obligatoire, le maire de la commune y procède d'office (après mise en demeure).

Associations : le conseil municipal doit consulter le conseil d'arrondissement sur le montant des subventions que le conseil municipal attribue aux associations exerçant dans le seul arrondissement ou au profit des seuls habitants de l'arrondissement. Un comité d'initiative et de consultation d'arrondissement réunit les représentants des associations locales ou membres de fédérations, ou conféd. nationales qui en font la demande et qui exercent leur activité dans l'arrondissement, au cours d'une séance par trimestre au moins. Les représentants de ces associations participent, s'ils le sollicitent, aux débats du conseil d'arrondissement avec voix consultative.

Vacance. Le renouvellement intégral du conseil d'arrondissement est obligatoire dès qu'il existe 1/3 de vacances qui ne peuvent plus être pourvues par suite de l'épuisement des listes de candidats. La dissolution du Conseil de Paris entraîne celle des conseils d'arrondissements.

Élections des conseillers d'arrondissement et conseillers municipaux. *Élus en même temps sur une liste unique, au suffrage universel direct et à la représentation proportionnelle.* **Si une liste obtient plus de 50 % des suffrages exprimés au 1er tour,** elle reçoit 50 % des sièges ; le reste est réparti à la proportionnelle entre les listes (y compris la majoritaire). Si un 2e tour est nécessaire, la liste arrivant en tête obtient 50 % des sièges, le reste étant réparti à la proportionnelle entre toutes les listes qui ont obtenu plus de 5 % des voix. Chaque arrondissement a obligatoirement 3 sièges, les 103 autres sièges étant répartis proportionnellement au nombre d'habitants de chaque arrondissement dépassant 39 813 hab. (chaque conseiller représentant 13 271 hab.). **Nombre de sièges de conseillers de Paris par secteurs** (coïncidant avec les arrondissements) : 3 sièges (1er, 2e, 3e, 4e, 6e, 8e secteurs), 4 sièges (5e, 9e), 5 sièges (7e), 6 sièges (10e), 10 sièges (12e, 14e), 11 sièges (11e), 12 sièges (19e), 13 sièges (13e, 16e, 17e, 20e), 14 sièges (18e), 17 sièges (15e). Les membres du conseil municipal élus dans l'arrondissement sont membres de droit du conseil d'arrondissement.

■ **Préfet de Paris.** Est également préfet de la Région Ile-de-France. Principales attributions : logement social (financement et attribution), contrôle de légalité des actes de la Ville, mise en œuvre des politiques de l'État en matière économique et d'emploi.

■ **Préfet de police.** Institué par une loi du 28 pluviôse an VIII (17-2-1800). Détient les pouvoirs de police générale et de police municipale. Veille à la sûreté de l'État dans Paris, assure ordre, tranquillité et salubrité publics. **Compétence territoriale :** d'abord limitée à Paris, puis étendue à toute la Seine (avec certaines restrictions), puis aux 3 départements créés le 10-7-1964 (Hts-de-Seine, Seine-St-Denis, Val-de-Marne) ; puis à nouveau limitée à Paris les 31-7-1970 et 20-7-1971 pour la police, mais conservée en ce qui concerne gestion administrative des personnels de police, incendie (la brigade de sapeurs-pompiers étant à la disposition du préfet de police) et protection civile. *Exerce aussi les pouvoirs de préfet de zone de défense* dans les 14 départements de la 1re région militaire (Paris, Hts-de-Seine, Seine-St-Denis, Val-de-Marne, Essonne, Yvelines, Val-d'Oise, Seine-et-Marne, Eure-et-Loir, Loiret, Loir-et-Cher, Indre-et-Loire, Indre, Cher). *Effectifs sous ses ordres :* 320 001. *Budget :* 6 338 millions de F.

■ **Personnel de la Ville de Paris** (au 1-2-2001). *Total :* 37 471 dont cabinet du maire 231, secrétariat général 161, Conseil de Paris 636, Directions : de l'information et de la communication 119, de l'inspection générale 36. Mairies 1 150. Directions : des finances et affaires économiques 339, de l'action sociale, de l'enfance et de la santé 6 041, des affaires culturelles 2 110, scolaires 5 172, de l'aménagement urbain et de la construction 469, de la protection de l'environnement 8 495, secrétariat général 161, de la logistique des télécom. et de l'informatique 1 280, de la prévention et de la protection 512, du logement et de l'habitat 370, de la jeunesse et des sports 2 264, des parcs, jardins et espaces verts 3 791, de la voirie et des déplacements 1 497, du patrimoine et de l'architecture 1 278, des affaires juridiques 41, des transports municipaux 533, du développement de l'activité économique et de l'emploi 85, des ressources humaines 471, de la vie locale et régionale 91, de la scolarité 147. Non-répartis 149. **Département.** *Total :* 1 518 dont Directions : de l'action sociale, de l'enfance et de la santé 1 446, des ressources humaines 50 ; autres directions 22.

BUDGET DE LA VILLE DE PARIS

Projet pour 2001 (publié 20-4-2001) en millions de F [**et variation** (janv. 2000) en %]. **Ville.** *Dépenses* 25 871,5 dont charges de personnel 9 073,6 (+ 4,3), fonctionnement des services 5 807,6 (+ 5,1), charges financières 797,3 (– 5,1), autofinancement 2 493,9 (+ 17,1), participation à d'autres budgets 6 847 (– 3,5), autres 852,1. *Recettes* 25 871,5 dont produit de la fiscalité 14 455,4 (+ 3,2), concours et dotations de l'État 6 850,5 (+ 7,7), produits d'exploitation 3 449,2 (0,2), autres 1 116,4. *Encours de la dette* au 31-12-2000 : 9 149,1, autorisations de programme nouvelles 5 297,2, montant de l'autorisation d'emprunt 2 500, effectifs réglementaires (nombreux postes) 38 827. **Département.** *Dépenses* 6 564 dont aide sociale 3 316,5 (– 5,86), Syndicat des transports d'Ile-de-Fr. 1 389,6 (– 6,17), fonctionnement des services départementaux 736,2 (+ 17,36), épargne 429,7 (NS), frais de personnel 590,6 (+ 4,82), autres 101,4. *Recettes* 6 564 dont contribution de la ville 3 162,8, produit de la fiscalité 2 340,8, participation de tiers 731, versements de l'État 314,3, autres 15,1.

Dette (encours au 31-12, en millions de F valeur 1999) : *1972 :* 17 428 ; *77 :* 14 991 ; *91 :* 3 995 ; *96 :* 14 867 ; *98 :* 12 473 ; *99 :* 11 165 (45 % des recettes de fonctionnement) ; *2000 :* 9 149,1.

■ **Fiscalité** (évolution en %). *1978 :* + 17,6 ; *79 :* + 20 ; *80 :* + 13 ; *81 :* + 13 ; *82 :* + 13 ; *83 :* + 13,2 ; *de 83 à 91 :* + 17 (prix : + 45, dépenses de fonctionnement + 42, investissements + 101) ; *92 :* + 7 ; *95 :* + 4 ; *97 :* + 3,5 ; *98 :* + 1,9 ; *99 :* – 1 ; *2000 :* – 3.

En 2000, sur 100 F d'impôts locaux, la Ville de Paris perçoit (en F) : taxe professionnelle 55,59, taxe d'habitation 21,39, taxe foncière 23,02. *Taux 2000 :* taxes professionnelle 12,35 %, d'habitation 8,8 %, foncière bâtie 7,11 %, foncière non bâtie 13,5 %, d'enlèvement des ordures ménagères 5,75 %.

Part consacrée à la Ville de Paris, sur 100 F payés par un contribuable parisien (en %, 2000) : action sociale 25,8 ; scolaire, culturelle et sportive 18,05 ; services généraux 10,89 ; environnement, voirie, espaces verts 22,8 ; urbanisme et logement 11,38 ; transports en commun 5,64 ; sécurité 5,44.

ASSAINISSEMENT ET PROPRETÉ

1531-*26-8* ordonnance : les ordures seront mises dans des paniers qui seront ramassés chaque jour. **1539** et **1550** les propriétaires doivent paver devant leurs maisons, **1666** doivent balayer. **1777**-*26-7* ordonnance : arrosage obligatoire de la voie publique. **1827** service municipal de nettoyage.

■ **Air. Indice de la qualité de l'air ATMO en agglomération parisienne en % et en nombre de jours sur l'année 2000 :** *1* très bon 0 % (0 j) ; *2* très bon 1,7 (6) ; *3* bon 56,8 (208) ; *4* bon 27,1 (99) ; *5* moyen 9,8 (36) ; *6* médiocre 3,6 (13) ;

7 médiocre 0,5 (2) ; *8* mauvais 0,5 (2) ; *9* mauvais 0 (0) ; *10* très mauvais 0 (0). **Réseau Airparif de surveillance de la qualité de l'air en Ile-de-France :** stations de mesure automatique 51 (135 analyseurs automatiques, 18 préleveurs de fumées noires et 17 d'hydrocarbures et de métaux), polluants régulièrement surveillés 40.

■ **Propreté** (en 1998). **Budget propreté/déchets :** 2,5 milliards de F. **Agents du nettoiement :** 4 380.

Feuilles mortes : *ramassage :* 100 000 m^3 par an. **Chiens :** 200 000 soit 16 t de déjections par j dont 4 sur la voie publique (procès-verbaux *1998 :* 800 ; *99 :* 1 600) distance moyenne entre 2 déjections 40 à 50 m. *Coût* des caninettes (motos-ramasseuses et personnel) : 32 millions de F/an. *Amende* moyenne 1 000 F (max. 3 000 F). **Pigeons :** 60 000 pigeons, plus de déplacements depuis 1984, plus de graines contraceptives depuis 1985.

Surfaces à nettoyer : *voie publique :* 24 km^2 dont trottoirs 9, chaussées 15 ; *caniveaux :* 2 400 km ; *graffiti* (en 1990) : 440 000 m^2 dont sur bâtiments municipaux 200 000, privés 240 000 ; *désaffichage d'affichage sauvage* (en 1998) : 118 400 m^2.

■ **Déchets. Volume** (en 1999) : *ménagers :* 1 016 564 t (en 1997 : 1 150 000 t soit 539 kg par hab.) dont ordures ménagères 989 400, objets encombrants 76 044 t. **Élimination : par le Syctom** (Syndicat intercommunal de traitement des ordures ménagères de l'agglomération parisienne), créé 1984, regroupant 91 communes des départements des Hauts-de-Seine, de la Seine-St-Denis, du Val-de-Marne, des Yvelines et de Paris, soit 5,5 millions d'habitants qui ont produit 2,8 t de déchets ménagers (en 1999) dont 2,5 ont pu être traités, dont (en %) valorisés énergétiquement : 71, mis en décharge ou CET 1 ; 22,2, recyclés : 6,3. *3 centres de valorisation énergétique par incinération :* Ivry-Paris XIII, Romainville, St-Denis. *2 centres de tri :* Ivry-Paris XIII, Romainville. *2 postes de transfert :* Romainville, St-Denis. **Valorisation** (en 1999) : fourniture de vapeur au réseau CPCU (3,8 millions de t), d'électricité à EDF (165,4 GWh soit une économie de 320 000 t d'équivalents pétrole), ferrailles (47 318 t), mâchefers (384 864 t). **Recyclage** (en t, 1999) : verre 66 202, gravats 32 183, papiers divers 31 203, journaux/magazines 28 979, emballages carton 9 292, métaux 9 659, bois 3 544, aluminium 1 873, plastique 1 167, déchets verts 541.

☞ **Composition de la poubelle parisienne** (en %, 1997) : métaux 47, papier 28, matières fines (résidus de déchets inférieurs à 1 cm) et divers 23, plastique 14, matières fermentescibles 13, carton 11, verre 10, textiles sanitaires 5, textile 3.

■ **Égouts** (en 2000). *Égoutiers :* 370. *Galeries :* 2 360 km dont égouts élémentaires 1 430, branchements 660 km, collecteurs principaux 141 km, canalisations enterrées 69 km, grands émissaires 33 km. *Branchements :* 28 950 regards d'accès, 16 800 bouches de caniveaux, 103 100 rejets de riverains. *Eaux usées :* 1 300 000 m^3 par jour. *Stations de pompage :* 5 dont 4 de crues. *Visite publique :* circuit souterrain de 500 m, entrée pont de l'Alma/quai d'Orsay. *Visiteurs :* 95 800.

■ **Matériel. De collecte :** bacs roulants à ordures ménagères, à disposition des immeubles 233 014 ; corbeilles sur la voie publique 16 146 ; conteneurs d'objets encombrants sur la voie publique (15 m^3) 16 ; de verre sur la voie publique 1 000 ; bennes à ordures 398. **De nettoiement spécialisé :** balayeuses-ramasseuses de caniveaux et aspiratrices de chaussée 45 ; arroseuses-laveuses de chaussée 81 ; aspiratrices de trottoir 43 ; laveuses de trottoir 163 ; caninettes 65 ; engins de nettoiement des voûtes de passage souterrain 5 ; aspire-feuilles 5 ; nacelle de désaffichage 1 ; fourgonettes de désaffichage 11. **De lutte contre la neige et divers :** saleuses 23 ; lames pour camions 24 ; lames pour engins de trottoir 37 ; crabes 4 ; fraise 1.

Brigade fluviale

■ **Siège.** Quai St-Bernard, 75005 Paris. **Effectif.** 61 policiers dont 38 plongeurs. **Embarcations.** 3 vedettes, 2 remorqueurs-pousseurs, 5 embarcations pneumatiques. **Sorties** (en 2000). 1 923. Personnes vivantes (accidents et tentatives de suicides) 54, cadavres humains 49, autos 21, 2-roues 2, divers 6, secours à bateau 88, fêtes nautiques 46, missions de sécurité, tournages de films 77, interventions subaquatiques 101. **Surveillance des voies d'eau** (en km). *Seine* d'Ablon à Bougival 67 ; *Marne* de l'écluse St-Maurice au barrage de Joinville 15,3, de la passerelle d'Alfortville à Gournay 11 ; *canal St-Martin* (1822-25) 4,554 [ouvert à la navigation 14-11-1825, couvert en 1863 sur 1 500 m et en 1906 sur 456 m ; passe sous la colonne de la Bastille ; *St-Denis* (1802-26) 6,647 ; *de l'Ourcq* (1802-26) 107, de Pantin à Sevran 13,5, de Pantin à Villeparisis 19,5. **Plans d'eau** (en ha). 98 (bois de Boulogne et Vincennes 50, lacs de Créteil et Choisy-le-Roi 48).

■ **Trafic** (en 1999). **Transport de passagers :** plus de 6 000 000. **Passages :** *à l'écluse de Suresnes :* 23 787 péniches, 742 bateaux de passagers, 2 069 de plaisance ; *de St-Maurice :* 10 338 péniches, 2 381 bateaux de passagers, 1 466 de plaisance ; *de Port-à-l'Anglais :* 21 601 péniches et 2 014 bateaux de plaisance. **Fret** (en 1998) : 10 634 789 t.

Cimetières

■ **Histoire. 1612** découverte du plus ancien cimetière parisien connu (an 68) près de la rue de la Verrerie. **IIIe s.** 4 cimetières à Paris. **512** Ste Geneviève enterrée à St-Étienne-du-Mont (plus ancienne sépulture non déplacée de Paris). **VIe s.** les nobles sont enterrés dans les églises, les autres dans les fosses communes : causes d'épidémies (charnier des Innocents). **1780** inquiétude après l'éboulement d'un charnier dans la cave d'une maison. **1785** arrêté fermant les fosses communes. **1786** création des *catacombes* à Montrouge (voir p. 848 a). **1801**-*13-3* arrêté créant 3 nécropoles [barrière de Montparnasse, Montlouis (Père-Lachaise), agrandissement de Montmartre].

■ **Nombre.** 20 sur 422 ha (680 000 concessions environ). *2000 :* 10 543 inhumations, 12 640 exhumations (dont 10 979 administratives, 1 661 demandées par les familles) ; 4 310 concessions et 502 cases vendues, 7 256 concessions reprises. *Incinérations* (en %) : Paris 19 (Londres 90), France 19.

■ **Liste** (en ha, 2001). **Intra-muros :** *Auteuil* (1800, XVIe arr.) 0,72. *Batignolles* (1833, XVIIe) 10,42. *Belleville* (1808, XIXe) 1,80. *Bercy* (1816, XIIe) 0,62. *Calvaire* (avant 1791, XVIIIe) 0,06. *Charonne* (avant 1791, XXe) 0,41. *Grenelle* (1835, XVe) 0,64. *La Villette* (1828, XIXe) 1,13. *Montmartre* (1825, XVIIIe) 10,48. *Montparnasse* (1824, XIVe) 18,72. *Passy* (1820, XVe) 1,70. *Père-Lachaise* (inauguré 21-5-1804, XXe) [43,20 ha ; 1 500 000 visiteurs en 2000 (le 6-11-1816, le transport des corps d'Héloïse et d'Abélard lui fit de la publicité) ; concessions 70 000 ; colombarium, environ 26 500 cases ; crématorium : 4 252 incinérations en 2000 ; 1 122 inhumations en 2000 (964 498 du 21-5-1804 au 1-1-2001) ; environ 5 400 arbres, 120 à 150 chats ; le tombeau de la Pcesse Elisabeth Demidoff († 1818), belle-mère de la Pcesse Mathilde, est un des plus hauts (3 étages en marbre blanc, orné de têtes de loup et de marteaux, rappelant l'origine de la fortune Demidoff : mines de cuivre et d'or dans l'Altaï) ; selon une légende, 2 millions de roubles seraient versés à la personne qui accepterait de passer 365 jours dans le caveau sans en sortir]. *St-Vincent* (1831, XVIIIe) 0,59. *Vaugirard* (1798, XVe) 1,59. **Extra-muros :** *Hauts-de-Seine :* Bagneux (1886) 61,52. *Seine-St-Denis :* la Chapelle (1850) 2,10 ; Pantin (1886) 107,6 ; St-Ouen (1872) 27,08. *Val-de-Marne :* Ivry (1874) 28,39 ; Thiais (1929) 103,36.

■ **Tarif des concessions de 2 m^2** (en F, au 1-1-2001). **Pour 10 ans :** *Père-Lachaise* (case colombarium) : 2 080 ; terrain à *Pantin :* 1 196 ; *Thiais :* 910. **Pour 30 ans :** *Bagneux, Ivry, St-Ouen, la Chapelle :* 7 998 ; *Père-Lachaise* (case colombarium) : 6 240 ; *Pantin :* 4 977 ; *Thiais :* 3 822. **Pour 50 ans :** *Bagneux, St-Ouen, la Chapelle, Ivry :* 11 604 ; *Pantin :* 10 680 ; *Père-Lachaise* (case colombarium) : 9 735 ; *Thiais :* 5 604. **Perpétuelles :** *Passy :* 66 464 ; *Montparnasse :* 38 017 (66 464 en bordure) ; *Auteuil, Vaugirard, Grenelle, La Villette, Belleville, Charonne, Bercy :* 44 919 ; *Montmartre, Batignolles, Père-Lachaise :* 27 608 (44 919 en bordure) ; *Bagneux, St-Ouen, la Chapelle, Ivry :* 20 328 ; *Pantin :* 19 483 ; *Thiais :* 11 322.

Circulation et voies publiques

☞ Voir **Transports** p. 848 c.

■ **Quelques dates. 1413** numérotage des maisons du pont Notre-Dame. **1805** *numérotage régulier* des maisons (pair à droite et impair à gauche, en partant de la Seine ou en suivant son cours). **1842** essais de *pavage en bois* rue Croix-des-Petits-Champs et rue Richelieu (1881 : rue Montmartre et bd Poissonnière sur 3 000 m^2). **1847** plaques de tôle émaillée avec nº blanc sur fond bleu. **1893** *plaques minéralogiques.* **1896** *bâton blanc* (remplace sabre baïonnette) des agents de la circulation. **1900** sifflet. **1909**-*13-12* 1er *sens unique* rue Mogador et chaussée d'Autin, **1910** rue de Rome. **1923** *feu rouge* (carrefour Strasbourg-St-Denis) : le feu vert puis le feu orange seront ajoutés plus tard. **1949** bouton lumineux. **1954**-*1-8* interdiction du Klaxon dans le département de la Seine (sauf danger) **1972**-*23-12* 1re zone piétonne autour de St-Séverin.

■ **Axes rouges.** Mise en service sept. 1990 (programme : 100 km sur 10 ans). Au 1-3-1998 : 37 km. Il est interdit d'y stationner et de s'y arrêter afin de fluidifier la circulation (livraisons réglementées). Coût de l'opération 32 millions de F (22 000 panneaux de signalisation, peinture sur chaussée). Sur l'axe nord-sud, la vitesse moyenne est passée de 13 km/h à 16 km/h.

■ **Cars.** *Accueillis chaque jour à Paris en 2000 :* minimum 800 (février) [pointe 1 330], *places réservées* 742, soit 320 places gratuites dont 200 dans des parcs, 369 payantes dont 254 dans des parcs, 53 places réservées à la dépose ou à la reprise des passagers.

■ **Circulation. Entrées dans Paris et sorties** (en 1992, de 6 à 21 h) : 3 196 833 dont 1 596 574 entrées et 1 600 259 sorties y compris sur le périphérique (*en 1963 :* 664 294 entrées et 652 314 sorties). **Débit sur les axes principaux** (en milliers de véhicules par j ouvrable) : *en 1999 :* Champs-Élysées (rond-point) 81 ; avenue du Gal-Leclerc 51 ; voie Georges-Pompidou (pont Royal au pont du Carrousel) 58 ; rue de Rivoli (Ier arr.) 42 ; bd St-Germain (VIIe) 43 ; voie sur berge rive gauche (VIIe) 34 ; bd de Sébastopol 44 ; périphérique : 1 100 000 véhicules/j.

☞ **Nombre de voitures (hippomobiles) par jour en 1884** (en milliers) : rue de Rivoli 33,3 ; avenue de l'Opéra 29,5 ; place de la Bastille 22,7 ; rue du Pont-Neuf 20,7 ; bd des Italiens 20,1 ; place de la Bastille (côté ouest) 19,4 ; place de l'Étoile 18,3 ; bd de la Madeleine 17,5 ; quai des Tuileries 16,8.

Déplacements mécanisés des Franciliens (nombre par jour en 1997, en semaine, trajet démarrant de Paris) : 7 187 000, dont 3 300 000 internes à Paris et 3 887 000 entre Paris et sa banlieue (voitures particulières et utilitaires 35,7 %, transports en commun 59,2 %, 2-roues 3,7 %, taxis et autres 1,4 %). **Embouteillages :** les 1 600 km de voirie ne peuvent accueillir que 100 000 voitures à la fois. *Seuil de paralysie :* à partir de 2 voitures sur 20 en Ile-de-Fr. circulant au même moment. 100 millions d'heures gaspillées dans les embouteillages en 1990 (perte de 5 milliards de F). *Record :* 639 km le 8-12-1995.

■ **Infractions** (en 1996). *Contraventions :* 7 903 800 dont 7 439 023 aux règles du stationnement. *Couloirs d'autobus* (en 1994) : 39 995 procès-verbaux pour stationnement, 9 080 pour circulation. *Vitesse :* 42 566. *Alcootests :* 25 266. *Suspensions de permis :* 4 302.

■ **Kilomètre zéro des routes de France. 1769**-22-4 point pris au milieu de la façade de Notre-Dame et, à son intersection avec le milieu des Petit-Pont et pont Notre-Dame, marqué d'un poteau triangulaire. **1924**-10-10 borne placée qui deviendra ensuite une étoile incrustée.

■ **Manifestations.** 1 200 par an.

■ **Passages couverts. 1786** galerie de Bois, Palais-Royal, détruite 1828. **1790** passage Feydeau détruit 1824. **1792** galerie vitrée, Palais-Royal, détruite 1828. **1799** passage du Caire. **1800** des Panoramas. **1823** galerie Vivienne. **1825** passages du Grand Cerf, Choiseul. **1826** du Ponceau ; galerie Véro-Dodat. **1827** passage Vendôme. **1828** Brady, du Bourg-l'Abbé ; galerie Colbert. **1829** passage Ste-Anne. **1839** Puteaux. **1845** Jouffroy ; galerie Madeleine. **1846** passage Verdeau. **1860** des Princes.

■ **Pistes cyclables. Longueur :** 128 km dont bois (de Boulogne 13,950, de Vincennes 9,125). **Places de stationnement pour les deux-roues sur la voirie :** 9 514.

■ **Places. De la Bastille.** 215 × 150 m, 32 250 m^2 (1792-1899). **Colonne de Juillet** (1831-40). Commémore la révolution des trois Glorieuses (27-29 juillet 1830). 1re pierre en 1831, inauguration 28-7-1840. **Soubassements :** 1er avançant dans la vasque de la fontaine de l'Éléphant (projetée par Alavoine) ; 2e 3,80 m de haut., 17 m de diamètre ; 3e rectangle 2,70 m de haut., 8,50 m de larg. **Piédestal :** rectangulaire en bronze, haut. 7 m (principale décoration : le *Lion de Juillet* par Barye). **Fût :** base 16 m de circonférence ; composé de 21 tambours d'une seule pièce en bronze. **Chapiteau :** haut. 2,80 m en bronze coulé d'un seul jet (11 t). **Lanterne :** haut. 6,50 m, surmontée d'une sphère de 1,50 m de diamètre supportant le *Génie de la Liberté* en bronze doré par Dumont (haut. 4 m ; extrémité du flambeau 50 m du sol). **Poids total** *de la colonne :* 179 t. **Intérieur :** caveaux [restes des combattants de Juillet (abriteraient aussi, selon Victorien Sardou, ceux de momies rapportées d'Égypte après l'expédition de Napoléon)], escalier de 140 marches. **Coût :** 1 303 000 F dont statue 60 000 F, sculptures et modèles 63 000 F.

Du Carrousel. Arc (1806-08). Construit en mémoire de la campagne de 1805. **Hauteur :** 15 m. **Largeur :** 25 m. **Sommet :** *la Paix,* conduite sur un char de triomphe (bronze, haut. 3,50 m) par Bosio, remplace le char de Napoléon Ier tiré par les 4 chevaux en bronze doré de la basilique St-Marc de Venise (restitués en 1815).

Charles-de-Gaulle (Étoile renommée en 1969, baptisée 13-11-1970). Diam. 262 m, 45 564 m^2. **Arc de triomphe** (élevé sur ordre de Napoléon Ier, à la gloire de la Grande Armée, 1806-35). **Coût :** 9 303 507 F (devis initial de Chalgrin 9 132 367 F). **Hauteur :** 49,54 m, **largeur :** 44,82 m, **épaisseur :** 22,21 m. **Grand arc :** haut. 29,42 m, larg. 14,62 m ; **petits arcs :** haut. 18,68 m, larg. 8,44 m. **Escaliers :** 4 de 284 marches chacun, menant à une **salle basse** de 39,84 m de long, 8,79 m de large et 3,77 m de haut et à une **salle sous la terrasse. Hauts-reliefs :** 11,60 m (figures 5,85 m). **Fondations :** prof. 8,37 m. **Poids :** 50 000 t ; 100 000 t (avec fondations), 4 408 m^3 de pierre utilisés ; marches menant à la terrasse 284. **Coût :** 9 651 116 F dont sous l'Empire 3 200 714 F, la Restauration 3 000 779 F, Louis-Philippe 3 449 623 F. **Construction :** *1806*-11-5 projet confié aux architectes Jean Chalgrin (1739-1811) et Jean-Arnaud Raymond (1742-1811). -15-8 1re pierre posée. *1809*-27-3 début effectif des travaux. *1810* entrée solennelle de Napoléon et Marie-Louise, un simulacre grandeur nature (en charpente et en toile) est élevé. *1811* mort de Chalgrin, Joust lui succède. *1813* l'arc atteint 19 m de haut. *1814* interruption des travaux. *1823*-9-10 ordonnance de Louis XVIII : l'arc doit être terminé pour perpétuer le souvenir de l'armée des Pyrénées en Espagne. -29-10 reprise des travaux. *1824*-19-8 Jean-Nicolas Huyot (1780-1840) chargé de modifier les plans de Chalgrin. *1825* ordonnance de Charles X : les plans de Chalgrin seront suivis. *1832*-31-7 Guillaume-Abel Blouet (1795-1853) remplace Huyot. *1833-35* achève les travaux. *1836*-29-7 inauguration par Thiers, Pt du Conseil. **Sculpteurs :** Rude *le Départ des Volontaires* dit *La Marseillaise* (1792), Cortot *le Triomphe de Napoléon* (1810), Étex *la Résistance* (1814) et *la Paix* (1815). Lemaire 4 bas-reliefs (3,75 m × 2 m), au-dessus de ces groupes. **Nomenclature 1836 :** le Gal baron Saint-Cyr-Nugues propose une liste de 30 grandes batailles, 96 faits d'armes éclatants, 384 militaires. 656 noms sont retenus (3 inscriptions sont encore à réaliser) : 44 maréchaux de France et d'Empire, 442 Gaux de division et Lts généraux, 122 Gaux de brigade et maréchaux de camp, 14 colonels et officiers, 26 amiraux et contre-amiraux, 5 intendants, 3 médecins et chirurgiens. **Couronnement provisoire :** *1838*-29-7 char à 6 chevaux conduit par la France ; *1840*-15-12 retour des cendres (toile peinte représentant Napoléon en tenue de sacre), le catafalque s'arrête à l'Arc de triomphe ; *1885*-29-5 veillée funèbre avant funérailles de Victor Hugo, le 30 : cercueil placé sous l'Arc sur un catafalque de 22 m de haut dessiné par Charles Garnier. *XIXe s.,* projets divers proposés : aigles, mappemondes, couronnes et symboles divers. *1919* défilé de la Victoire, -13-7 cénotaphe installé sous l'Arc, -14-7 déplacé au début des Champs-Élysées pour permettre aux troupes de défiler sous l'Arc. *1920*-11-11 le soldat inconnu est placé dans une des salles intérieures. *1921*-28-1 inhumation définitive. *1923*-11-11 flamme de Souvenir allumée. **Pierres des façades :** des carrières de Chérence (près de Vétheuil, Val-d'Oise) pour les personnages, et de Château-Landon (S.-et-M.) pour aplats et modénatures géométriques. **Restauration** (en 1988-89) : *coût :* 36 millions de F dont 21,5 versés par le ministère de la Culture, 2,5 par la Ville de Paris, 10,9 par l'Association nationale pour la restauration de l'Arc de triomphe (Pt : V. Giscard d'Estaing), et le reste par des particuliers. **Visiteurs** (en 1999) : 1 340 030. **Soldat inconnu** (voir à l'Index).

De la Concorde. 360 × 210 m, 75 600 m^2. *1757* place Louis XV aménagée ; *1792-11-8* statue de Louis XV renversée, place de la Révolution [on y guillotine notamment Louis XVI (21-1-1793), Marie-Antoinette, Charlotte Corday, les Girondins, Mme Roland, les hébertistes, les dantonistes, Lavoisier, Robespierre] ; *1795* place de la Concorde (voir à l'Index) ; *1814* place Louis XVI ; *1830* place de la Concorde ; *1834* projet de Hittorf : comblement des fossés, espace circulaire central avec effigie de Louis XVI entourée de 32 statues ; *1836-25-10* obélisque érigé devant 300 000 personnes ; *1837-38* colonnes rostrales 7,50 m (9,60 m avec piédestal) ; en fonte, pépites couleur bronze « florentin » ; ornements en relief et boules dorées ; *1838* sur les pavillons de Gabriel remaniés sont placées 8 statues de villes (*Marseille* et *Lyon* par Petitot, *Strasbourg* et *Lille* par Pradier, *Rouen* et *Brest* par Cortot, *Nantes* et *Bordeaux* par Caillouette) ; *1840* fontaine inaugurée (2 fontaines : *des Mers*, côté Seine, *des Fleuves*, côté ville) ; *1854* fossés comblés. Gaz hydrogène utilisé jusqu'en 1962. **Obélisque de Louqsor** (250 t). Érigé en 1836 sur l'emplacement de la statue de Louis XV ; donné par le vice-roi d'Égypte, Méhémet-Ali. Autrefois à l'entrée du palais de Ramsès III ; bloc de granit rose gravé de hiéroglyphes racontant les règnes de Ramsès II et III. Hauteur 23 m dont socle 4 m (larg. 1,70 m) ; coiffé depuis le 14-5-1998 d'un pyramidion (3,60 m ; 600 kg ; en tôle de bronze laminée et dorée à la feuille ; coût 1 500 000 F). **Roue de Paris** (2000) : installée 20-11-1999 pour 1 an (prolongée jusqu'au 1-6-2001) ; hauteur 60 m, poids 300 t, lampes 50 000 (en blanc et or), 42 cabines (6 personnes) [roue de Londres : hauteur 135 m]. **Trafic** (heure de pointe) : 10 600 véhicules/h. **Projet :** restreindre la circulation auto (*coût :* 150 millions de F).

Des Invalides. Esplanade de 1704-20 ; 487 × 275 m, 133 925 m^2.

De la Nation. Diamètre 252 m, 49 876 m^2. *1660* place du Trône ; *1793* place du Trône renversé (1 306 personnes y furent guillotinées jusqu'au 9 thermidor dont les 16 carmélites de Compiègne) ; *1805* place du Trône ; *1845* des statues de St Louis (d'Étex) et de Philippe Auguste (de Dumont) surmontent les 2 colonnes de 30,50 m ; *1880* place de la Nation. *Triomphe de la République* (de Dalou) inauguré provisoirement 20-9, définitivement 19-11-1899.

Vendôme. Long. 213 m, larg. 22 et 124 m, du nom d'un hôtel du lieu, 20 000 m^2, parking souterrain 1 550 places (place Louis-le-Grand) ; *1789* place des Piques, place Internationale ; *1815* le ministère de la Justice s'y installe ; *1862* le Crédit foncier achète l'hôtel d'Évreux ; *1893* le joaillier Boucheron s'y installe. **Colonne de la Grande-Armée** (1806-10). Appelée aussi *colonne d'Austerlitz* ou *de la Victoire*, érigée avec le bonze de canons pris à l'ennemi. **Hauteur totale :** 43 m. **Soubassement :** 0,48 m de haut. (en pierre de taille) ; 90 m au-dessus du niveau de la mer. Sur le pilotis qui supportait la statue équestre de Louis XIV par Girardon. **Piédestal :** 5,67 m (en pierre de taille), recouvert de plaques de bronze [378 pièces mobiles soutenues par 3 400 tenons, tasseaux, boulons libres (viendraient de 1 200 pièces de canon prises à l'ennemi)]. **Fût :** *hauteur :* 27,46 m ; *diamètre :* 3,10 m, formé de 70 tambours en pierre avec escalier central de 176 marches, ordre dorique, décoré d'un bas-relief divisé en 76 parties (développement 280 m) évoquant les faits d'armes de la Grande Armée (du 25-8-1805 au 27-1-1806), repose sur une base (1,84 m) surmontée aux 4 angles d'aigles en bronze attribués au sculpteur Renaud (poids 250 kg chacun). **Chapiteau :** *hauteur :* 1,35 m surmonté par un stylobate ou lanterne (3,89 m) portant la dédicace. **Statues** de Napoléon : **1re** (1810) en bronze en empereur romain, de Chaudet (hauteur 3,33 m), enlevée en 1814 et employée à la fonte du *Henri IV* placé sur le Pont-Neuf. **2e** (1831) en redingote, de Seurre (hauteur 3,57 m ; 1863 envoyée au rond-point de La Défense, 1870 immergée dans la Seine pour la cacher aux Prussiens, 1911 installée aux Invalides). **3e** de Dumont (Napoléon, vêtu à l'antique, portant une statuette de la Victoire ; hauteur 3,70 m avec socle). Renversées en 1871 (décret de la Commune), colonne et statue furent restaurées en 1875. (Le peintre Courbet, accusé d'être à l'origine de la destruction en 1871, fut condamné à payer la dépense, mais il se réfugia en Suisse pour échapper à la peine.) **Escalier :** 177 marches. **Poids du bronze :** 251 t ou 180 selon certains. **Coût** (1810) : 1 983 023 F.

Des Vosges. 140 × 140 m, 19 660 m^2. Square Louis XIII 12 706 m^2 [*1607-12* place Royale aménagée (37 pavillons), *1800* nommé du nom du département ayant le 1er acquitté ses impôts].

■ **Signalisation.** *Panneaux de réglementation :* 46 180 dont à message variable (boulevards périphérique et Maréchaux) 324 ; *mâts directionnels :* voitures 1 710, piétons 1 499 ; *caméras de télésurveillance :* 262 dont périphérique 98 ; *bornes d'appel d'urgence :* 203 (dont périphérique 166) ; *bornes d'appel taxi :* 134 ; *signalisation lumineuse dont feux de signalisation tricolore :* 12 100 ; *carrefours raccordés à SURF 2000 :* 1 229 ; *caissons indicatifs bicolores pour les piétons* 15 920 ; *bornes hautes et potelets carrés* 4 320 ; *journaux électroniques d'information :* 164 ; *caissons* de rues éclairés : 1 270, de numéros d'immeuble éclairés : 2 804 ; *sources lumineuses sur le périphérique* (sur candélabres, en appliques ou en galeries d'éclairage) : 36 600 ; *monuments illuminés :* 242 ; *ponts :* 31. Niveau d'éclairement (en lux) : *1940 :* 1 ; *80 :* 13 ; *92 :* 15-16 ; *98 :* 16-18.

■ **Stationnement des véhicules. Quelques dates : 1799** 1re réglementation pour les fiacres. **1930** durée limitée dans certaines voies ; interdit dans les voies étroites où un véhicule à l'arrêt ne permet pas le libre passage d'une file de voitures dans les voies à sens unique et de 2 files dans les autres voies. **1937** trottoirs utilisés à l'occasion de l'Exposition. **1939** sur les trottoirs des Champs-Élysées. **1948** autorisé d'un côté de la chaussée au cas où le stationnement des 2 côtés ne pourrait laisser passage à 2 files de voitures : du côté des nos pairs les jours pairs, des nos impairs les jours impairs. **1949** autorisé *en épi* sur certaines voies ; interdit sur les voies larges où le trafic ne permet pas le libre passage de 1 ou 2 files de voitures. **1957-4-11** *zone bleue* (hachurée de bleu sur les plans) créée après des expériences avec des papillons de couleur collés sur les pneus. Adoptée dans de nombreuses villes en France et à l'étranger. **1971**-*15-9 : 1er stationnement payant* à Paris. **1981**-*24-7* zone bleue supprimée. **1992** stationnement payant étendu à tout Paris.

Capacité de stationnement (1-1-2000) : 800 000 voitures dont *sur voie publique* 235 000 ; *parcs souterrains concédés* 70 880 ; *ouverts au public non concédés (RATP, SNCF)* 93 300 ; *emplacements privés (garages, sous-sols)* 400 000. **Stationnement public de surface :** places licites sur la voie publique : 235 000 dont *payantes* 143 900 ; *rotatives (limitées à 2 h)* 32 300 ; *mixtes (2 h sauf résidents)* 111 600 ; horodateurs : 12 438 ; places offertes au sein des 22 parcs de stationnement concédés de surface : 1 748 (en 1999) ; places réservées aux handicapés : 1 101 ; zones de livraison (équivalent de 21 000 places voitures) : 9 000. **Stationnement souterrain (parcs publics) :** places offertes au sein des 122 parcs de stationnement concédés : 70 880 ; places réservées aux motos : 680 ; aux handicapés : 355. **Stationnement des cars de tourisme :** places : 722 dont *gratuites* 284 ; *payantes* 379 ; *réservées à la dépose/reprise* 59. **Stationnement payant :** montant encaissé environ 470 millions de F par an. *Nombre de places :* 143 900. **Horloge horodatrice :** *coût* 30 000 F (pose comprise) ; *nombre :* 12 460 dont 5 317 à carte et 7 121 mixtes. **Tarif** (Paris) *par heure :* zone centrale : 15 F, couronne intermédiaire : 10 F, zone périphérique : 5 F. *Carte résidents :* 15 F par j pour 10 à 24 h consécutives près du domicile (1 ticket par j ou 1 hebdomadaire) ; *VRP et artisans réparateurs d'urgence* (stationnement limité à 2 h) : 1 150 F par an. *Commerçants et artisans :* 3 000 F par an + 15 F par jour. *Carte « véhicules électriques » :* stationnement gratuit limité à 2 h.

Infractions (en 1999) : 171 475 véhicules emmenés en préfourrière pour stationnement gênant. Environ 600 enlèvements par jour en semaine (coût pour l'automobiliste 860 F : amende 230 F, enlèvement et garde 630 F).

Agents de surveillance (dites contractuelles, « aubergines » puis « pervenches ») *créés* 1971 (nouvel uniforme à partir du 3-3-1978 et modifié ensuite) ; *nombre :* 1 884. *Moyenne par agent* (en 1997) : 49 contraventions/j.

☞ **Parc automobile :** 908 036 véhicules immatriculés « 75 » (au 1-11-1999).

■ **Trottoirs. 1607** Pont-Neuf construit avec trottoirs. **1782** rue de l'Odéon (alors rue du Théâtre-Français). **1826-30** les trottoirs sont généralisés par le préfet Chabrol. **Longueur** (1999) : 2 914 km.

■ **Voies. Longueur totale :** 1 641 km (axes rouges 37 km) ; *voies publiques* 1 599 km (*1817 :* 220 km ; *1892 :* 823 km). *Privées* ouvertes à la circulation 17,61 km. *Piétonnières* 37,491 km (Ier arr. : 21 voies ; IIe : 18 ; IIIe : 7 ; IVe : 27 ; Ve : 13). Depuis 1996, création de 100 km de voies cyclables. **Superficie des voies** (en milliers de m^2) : 24 880 [chaussée hors périphérique et bois 13 500, trottoirs 10 000, voies piétonnières ou à circulation réduite 277, boulevard périphérique 1 380 (dont bretelles d'accès 380)]. **Les plus longues** (en m) : *rue de Vaugirard* 4 360 (389 nos), *rue des Pyrénées* 3 515 (403 nos), *avenue Daumesnil* 3 400 (279 nos), *boulevard St-Germain* 3 150 (288 nos), *rue de Rivoli* 3 070 (236 nos), *boulevard Voltaire* 2 850 (294 nos), *rue St-Honoré* 2 840, *rue La Fayette* 2 830 (228 nos), *boulevard Malesherbes* 2 650, *boulevard Pereire* 2 540 (279 nos), *boulevard Raspail* 2 370 (285 nos), *rue de Belleville* 2 250, *avenue des Champs-Élysées* 1 910 (rénovés 1992-94 pour 240 millions de F), *rue du Faubourg-St-Martin* 1 886, *rue St-Dominique* 1 800 (131 nos), *rue du Faubourg-St-Denis* 1 672, *rue St-Jacques* 1 550, *avenue de Flandre* 1 485. **La plus courte :** *rue des Degrés* 5,75 m. **Les plus larges :** *avenue Foch* 120 m, *cours de Vincennes* 83,50 m. **Les plus étroites :** *sentier des Merisiers* (XIIe) 0,87 m, *rue du Chat-qui-Pêche* 1,80 à 7 m, *passage de la Duée* 0,80 m. **La plus en pente :** *rue Gasnier-Guy* (XXe) 17,4 %.

Nombre. *Sous Louis XIV :* 653 ; *1898 :* 2 545 rues, 82 boulevards, 31 ponts ; *1967 :* 5 300 rues ; *1990 :* 6 400 (dont 110 boulevards) ; *1998 :* 5 975 [dont publiques 5 078 (dont piétonnes ou à circulation réduite 348, dans les bois de Vincennes 96, de Boulogne 70), privées 897]. **Appellations :** rues 3 345, places 406, avenues 362, passages 288 (dont passages couverts 17), squares 254, impasses 208, villas 205, cités 114, boulevards 123, routes 94, cours (comme cour Carrée du Louvre) 62, allées 81, portes 64, quais 52, souterrains 55, ponts 36, voies 32, ports 26, galeries 25, carrefours 15, chemins 14, sentiers 8, rameaux 8, ruelles 6, péristyles 5, terrasses 5, ronds-points 3, cours (comme cours de Vincennes) 4, esplanades 4, chaussées 2, couloirs 2, passerelles 1, arcade 1, bassin 1, butte 1, grande avenue 1, grille 1, porte 1, parvis 1, passage souterrain 1, petite impasse 1, portique 1, promenades 2, résidence 1, viaduc 1. **Voies privées :** 897 [dont 180 ouvertes à la circulation ; *total :* 16,8 km, 128 990 m^2]. Les copropriétaires trouvant trop coûteux la réfection des chaussées et des voies, la Ville les classe dans le domaine public.

Noms. Attribués (une dizaine par an) par une commission municipale chargée d'examiner les centaines de propositions faites chaque année. La désignation d'une desserte déjà existante n'est jamais changée (1 exception, la place de l'Étoile devenue Charles-de-Gaulle en 1970). Le nom d'une personnalité décédée depuis moins de 5 ans n'est jamais attribué. On cherche souvent à donner une unité thématique à un quartier (exemple : noms de musiciens pour les rues proches de la cité de la Musique dans le XIXe). *Attributions récentes :* Nijinsky (IVe), Gaby-Silvia (XIe), Max-Ernst (XXe), Pierre-Dac (XVIIIe ; 1995 inauguré 1-4-1998). **Plaques de noms de rues :** *origine : 1728* plaques de fer-blanc au coin de chaque rue, puis noms gravés sur des pierres de liais encadrées dans les angles ; *1844* lave émaillée (lettres blanches sur fond bleu) ; plus tard acier émaillé. *Nombre* (en 1998) : 80 575 (dont 2 540 éclairées). **Plaques commémoratives** (en 2000) : 2 015 dont 1 553 répertoriées : 1 371 consacrées à des femmes célèbres (résistantes 30, femmes de lettres 18, artistes 13, aviatrices 2, prix Nobel 1), 775 retracent les actions de la guerre 1939-45 (maximum dans le XVe arr. ; minimum dans les IIe et IXe arr.) ; pour Molière 6 dont 2 sur son lieu de naissance, rue St-Mandé en 1622 (exacte) et 31 rue du Pont-Neuf en 1620 (inexacte). *Plaques nouvelles 1998 :* 20 ; *99 :* 17 ; *2000 :* 20.

Boulevards des Maréchaux : 33,7 km. **Grands boulevards** (Madeleine, Bastille) : 4,38 km.

Carrefours : 6 600. **Intersections :** 8 016.

Passages souterrains pour voitures : 105 (*boulevards périphérique intérieur* 54, *extérieur* 51) ; *boulevards des Maréchaux* 19 [11 construits avant *1939 :* portes Dauphine, Maillot (1 passage), Champerret, de Clichy, de Clignancourt, de la Chapelle, de La Villette et d'Italie ; pont du Carrousel, quai de New York], *voie express rive droite* 12, *gauche* 5, *autres voies* 10.

Passerelles pour piétons : 45.

Boulevard périphérique. *Longueur :* 35,040 km. *Bretelles d'accès* 156, *échangeurs* 6, *diffuseurs* 44. *Souterrains :* 46. *Écrans* anti-bruit : 12 932 m. *Débit :* 1 100 000 véhicules/jour (trajet moyen : 7 km). *Vitesse moyenne :* 46,5 km/h de 7 à 21 h et 53,8 km/h de 21 h à 7 h ; limitée à 80 km/h.

■ **Voies express.** *Rive droite* 10 km (débit 60 000 véhicules/j) dont voies sur berges 5,3 km, passage et voies en souterrain 4,64 km (7 souterrains) ; *rive gauche* 3,4 km dont sur berges 2,206 km, passage et voies en souterrains 200 m (3 souterrains). *Voie souterraine des Halles :* 4 km.

Communication

■ **Postes. Courrier à Paris** (en 1999) : facteurs préparant et distribuant le courrier 5 486, postiers travaillant dans les 8 centres de traitement du courrier 2 123 ; machines de tri automatique pour les enveloppes de petit format 22 (40 000 objets/heure), grand format 6 (18 000 objets/heure) ; boîtes aux lettres 1 700 dans les rues, 180 sur la façade des bureaux de poste ; plis déposés 4 500 000/jour (dont 675 000 dans les boîtes aux lettres des rues, 2 000 000 dans les bureaux de poste) à destination Ile-de-France 60 %, province 40 % ; plis distribués 5 000 000/jour. **Boîte aux lettres « sur pied » :** 22,5 kg, hauteur 1,45 m, prix 6 000 F.

Concessions

■ **Grandes concessions. 12 :** *tour Eiffel* (voir à l'Index). *Parc des Expositions de la porte de Versailles* (ouvert 1923, 360 000 m^2, halls 226 069 m^2 dont 1 de 50 000 m^2). *Bourse des valeurs. Hippodromes* (3 : Auteuil, Longchamp, Vincennes). *Jardin d'acclimatation. Parc zoologique* du bois de Vincennes. *Parc floral. Palais Omnisports* de Paris-Bercy. *Palais des Sports* (porte de Versailles). *Parc des Princes. Roland-Garros. Centre international* de Paris (*palais des Congrès et Concorde*). *Terrain de camping* du bois de Boulogne.

■ **Autres concessions.** *Théâtres* (du Châtelet, de la Ville, Marigny, du Rond-Point, Cartoucherie). *Pavillon Gabriel, pavillon des Ambassadeurs (Espace Cardin). Musée* des Arts et Traditions populaires, des Arts africains et océaniens, Grand Palais. *Pavillon de l'Association française d'astronomie. Station météo* du parc Montsouris, *Centre de l'enfance* du château de Longchamp. *Centres sportifs* (7 piscines, 7 tennis, 5 centres équestres...).

■ **Concessions diverses.** 25 *restaurants et cafés :* dans les jardins des Champs-Élysées 4, bois de Boulogne 10, de Vincennes 6, Buttes-Chaumont 3, Montsouris 1, port de l'Arsenal 1. 370 *kiosques.* 40 *postes de journaux* du soir. 240 *bouquinistes. Cafés et restaurants,* environ 7 000 permissions d'étalage, 7 900 de terrasse, 85 000 d'enseigne. 790 *colonnes Morris.* 750 *mâts porte-affiches.* 86 *marchés affermés* (4 500 emplacements de vente dans les 75 marchés alimentaires). 470 *implantations marchandes ou foraines.* **Prix** (pour le 1er tiers du trottoir par an et par m^2) : pour une terrasse ouverte 58 à 465 F ; pour un étalage de 43 à 319 F. *Objets en saillie :* enseigne perpendiculaire lumineuse : 139 à 723 F le m^2 par an). **Revenu total** (en millions de F par an, 2000) : pour terrasses et étalages 151. *Taxe communale sur publicité :* 47.

☞ *La Bourse du travail* est un établissement public municipal.

Consommation (annuelle)

■ **Alimentaire.** Fruits et légumes 1 540 956 t, produits de la mer et d'eau douce 104 813 t, produits carnés 482 854 t, produits laitiers et avicoles 224 418 t, eau potable 869,38 m^3/j, eau non potable 389,34 m^3/j.

■ **Énergie. Carburants** (en m^3, 1995) : *gasoil* 178 835 ; *supercarburants* 409 347 dont super plombé 161 610, sans plomb 266 737 ; *fuel* domestique 89 000, lourd 45 000 t. **Gaz domestique, commercial, industriel** (en milliards de kWh, 1993) : 10,91.

■ **Électricité** (en milliards de kWh, 1993). **Haute tension** 6 654 *dont* services 4 722, transports 1 223, industrie et bâtiment 709. **Basse tension** 6 235 *dont* usages domestiques et agricoles 3 814, profesionnels 2 173, services publics et communaux 137,4, éclairage public 108, consommation propre au distributeur 2,8.

☞ **Source d'énergie :** incinération des ordures ménagères : 44 % du chauffage urbain (fuel lourd 22, charbon 34) dont le réseau (350 km) assure 25 % de la consommation en chauffage et eau chaude.

Culte (lieux de)

■ **Nombre.** **Catholique :** 172 dont églises paroissiales 106, non paroissiales et chapelles 37, étrangères 16. **Église réformée :** 17 temples, évangélique luthérienne 10, baptiste 6. **Orthodoxe :** 16 églises. **Rite arménien :** 1. **Israélite :** 26 synagogues et oratoires. **Islamique :** 1 mosquée. **Bouddhiste :** 1 temple.

☞ *Appartiennent à la Ville de Paris :* 78 églises, 8 chapelles dont Sainte-Chapelle (XIIIe s., hauteur 63 m), 1 crypte, 8 presbytères ; *à l'archevêché :* 31 ; *à différents propriétaires* (État, congrégations, etc.) : 46.

■ **Basilique (mineure) Notre-Dame.** *Longueur* 130 m ; *largeur* 48 m, *hauteur* sous voûte 35 m, des tours 69 m, de la flèche 45 m (90 m au-dessus du sol) ; *poids* de la flèche 750 t (chêne recouvert de plomb), bourdon de la tour sud 13 t (battant 488 kg) ; *escalier* de la tour nord 387 marches ; *superficie* 5 500 m² ; *capacité* 9 000 personnes (dont 1 500 dans les tribunes) ; *chapelles* 29 ; *colonnes* 75 ; *arc-boutants* 15 m de volée ; *orgues* 6 000 tuyaux, 113 jeux. Siège de l'archevêché de Paris. *Visiteurs :* 12 millions par an, 40 000 par j (Pentecôte 56 000). *Veilleuses :* 1 200 000.

■ **Basilique du Sacré-Cœur de Montmartre** (XIXe-XXe s.). En pierre blanche des carrières de Souppes (Château-Landon, Seine-et-Marne). *Style* romano-byzantin, architecte Paul Abadie. *Dimensions* intérieures 85 × 35 m, longueur de la nef 60,50 m ; coupole, hauteur sous clef de voûte 55 m, diamètre 16 m, altitude de la croix du campanile 91 m. *Crypte :* hauteur 9 m, reproduit la disposition de l'église supérieure. *Fossé* entourant l'église, largeur 4 m, profondeur 8 m. **Construction : 1875-***16-5,* 1re pierre posée par le cardinal Guibert ; *-juin* fondations. *1919-5-8* consécration définitive (prévue 17-10-1914). **Coût total :** 40 millions de F (projeté 7 millions de F) couvert par les souscriptions des fidèles.

Domaine privé de la Ville

■ **Origine.** *Dons et legs ou immeubles acquis pour des opérations d'urbanisme :* rénovation, résorption d'îlot insalubre, modernisation de la voirie, équipements collectifs. Certaines opérations ayant été abandonnées ou modifiées (exemple : prolongement de la rue de Rennes jusqu'aux quais, élargissement des rues St-Jacques et Mouffetard, liaison de la rue Étienne-Marcel et du bd Beaumarchais), la Ville a gardé les immeubles acquis.

■ **Immeubles.** 318 (2 249 locaux), superficie 226 000 m². **Valeur :** 1,2 à 1,5 milliard de F. **Revenu annuel :** 66 MF (60 % des logements sont encore soumis à la loi de 1948). *Autre partie du parc :* logements sociaux de fait, hébergement de services publics (commissariats de police, bibliothèques municipales...), administratifs, commerces ou associations. 33 % des logements font plus de 60 m² ; 50 % moins de 40 m² ; 12 % plus de 100 m². 14 % étaient à vendre en 1996 ; 20 % en attente d'attribution ; 40 % de décision ; 3 % de financement et 23 % non relouables. *Biens immobiliers acquis par la Ville au hasard de projets d'urbanisme et détenus à titre provisoire :* 550 immeubles (6 215 lots) dont 548 logements sont assimilables au domaine permanent, les opérations qui ont motivé leur achat par la Ville ayant été abandonnées. *Ventes* (à fin nov. 1998) : 196 vendus dans Paris pour 287 MF.

☞ **Appartiennent à la Ville de Paris :** Sorbonne, Sacré-Cœur, Madeleine, tour Eiffel, Palais-Brongniart, Petit-Palais, musée Carnavalet, ponts, fontaines, hippodromes de Vincennes et Longchamp, bois de Boulogne et Vincennes ; **à l'État :** Tuileries, N.-D., Arc de triomphe, Trocadéro, Panthéon, Invalides, Louvre, Grand-Palais, Muséum d'histoire naturelle, Centre Georges-Pompidou (Beaubourg).

Eau

■ **Distribution.** **1854** l'ingénieur Belgrand adopte la double canalisation : eaux de la Seine, de l'Ourcq, de la Marne et des puits, destinées au service public (lavage, arrosage) et aux services industriels ; eaux de sources captées au loin et conduites dans des réservoirs aux points hauts de Paris (pour la consommation domestique). Distribution du service privé distincte de celle du service public. **Captage en Seine ou en Marne** (les eaux étant élevées par des usines élévatrices) : *1863* quai d'Austerlitz, *1865-69* St-Maur, *1868* Isles-les-Meldeuse. **Sources à altitude suffisante :** *Dhuis, Verdon* et *Surmelin* alimentent les hauteurs de Belleville et Ménilmontant. *1863-65* dérivations exécutées. *1866-75* captage des eaux de la Vanne, près de Sens. Volume d'eau distribué en moyenne par jour, *en 1870 :* 110 litres par habitant ; *1880 :* 175 ; *1909 :* 255. *Sources lointaines dérivées* (aqueducs en km) : groupe de la Vanne (sud-est) 183 ; la Dhuis (est) 131 ; l'Avre 108 ; le Loing et le Lunain 95. **Réseau :** *eau potable :* 1 788 km, *non potable :* 1 601 km. **Ressources en eau :** sources 50 %, rivières 50 %. **Volume d'eau mis en distribution** (en 1998) : *potable* 236 107 000 m³ ; *non potable* 125 038 000 m³ ; **usée épurée** (en m³ par jour, en 1997) : station d'Achères 2 100 000, Valenton 300 000, Noisy-le-Grand 30 000. Colombes (en 1998 : 240 000).

■ **Stockage.** **Capacité de stockage de l'eau potable :** 1 170 000 m³ stockés dans 7 *réservoirs* (*St-Cloud* 426 000, *L'Haÿ-les-Roses* 200 000, *les Lilas* 208 000, *Montsouris* 202 000, *Ménilmontant* 92 000, *Belleville* 6 800, *Montmartre* 6 300) alimentés par aqueducs, ou usines de filtration. Montsouris (à 78 m d'altitude) alimente les quartiers bas du centre, reçoit les eaux des sources du sud et du sud-est, par aqueducs de la Vanne, du Loing et de la Voulzie. *Autres réservoirs* (à plus de 100 m d'altitude) alimentés par l'aqueduc de l'Avre (sources de l'ouest), une partie des sources du sud et par les stations de traitement d'Ivry, Orly et Joinville. **Consommation** (en 1998) : 647 000 m³ par jour. **Barrages réservoirs** (en millions de m³) : *retenue totale* 805 dont : barrage de *Pannecière-Chaumard* (béton, hauteur 49 m, longueur 346 m, en 1949, haute vallée de l'*Yonne*, 520 ha) 80 ; de la Seine près de Troyes ou *lac de la forêt d'Orient* (digues de terre, en 1966 ; 2 800 ha, plan d'eau 2 300 ha) 205 ; de la Marne (*lac du Der-Chantecoq* près de St-Dizier, digues en terre, en 1974 ; 5 800 ha, plan d'eau 4 800 ha) 350 ; de l'Aube (lacs *Amance*, 480 ha et *Auzon-Temple,* 1 840 ha, digues en terre, en 1990) 170. *Mission :* lutte contre crues et soutien des débits d'étiage pour la production d'eau potable en Ile-de-France.

■ **Fontaines.** **Nombre :** *1400 :* 6 ; *1500 :* 17 ; *1600 :* 19 ; *1700 :* 38 ; *1806 :* 47 ; *1822 :* 257 ; *1834 :* 1 002 ; *1842 :* 1 558 ; *1852 :* 1 779 ; *1997 :* 170 ; publiques municipales (en 2000) : 231 (décoratives ou monumentales sur la voirie 86, des parcs et jardins publics 110, Wallace 87). **Fontaine des Innocents :** installée sous Philippe-Auguste (1165-1223), reconstruite 1547-49 (?), hauts-reliefs de Jean Goujon (1510-66), arcade complétée par Antoine-Augustin Pajou (1730-1809). **Des Quatre-Saisons** (1739-46) : d'Edme Bouchardon (1693-1762). **Molière :** de Visconti (15-1-1844). **Fontaines Wallace :** du sculpteur Charles-Auguste Lebourg (1829-1906) ; offertes en 1872, par sir Richard Wallace (1818-90), philanthrope et collectionneur ; *hauteur* 2,50 m (eau à 1,15 m) ; *nombre : 1914 :* 208 ; *2000 :* 87. **Fontaines pour 2000 :** hauteur 1,63 m, eau à 1 m.

■ **Sources minérales autrefois exploitées.** **Passy** (32, quai de Passy) découverte 1650, froide 7 à 8 °C, ferrugineuse sulfatée. **Auteuil :** *source Quicherat* découverte 1842, fermée 1932 (6, rue de la Cure vers 1900 dont 140 000 bouteilles/an), ferrugineuse, froide, et *source communale* (villa Montmorency, rue Poussin) ferrugineuse. **Batignolles :** source sulfureuse calcique, froide. **Belleville** (dite *source de l'Atlas*, rue de l'Atlas) découverte 1852, source exploitée dès 1853, sulfurée calcique, froide (12 °C), produit 350 000 bouteilles par an. **Ancien château des Ternes :** source ferrugineuse et sulfureuse exploitée en 1856, disparue (tranchée du chemin de fer). **Rue Jouffroy :** source exploitée 1852-84. **Rue Blomet :** source thermale exploitée en 1764-1929. **Square Lamartine :** puits artésien de Passy [quelques centaines de litres par jour, température à la surface 29° C, teneur en fer 0,75 mg/l (tandis que l'eau du robinet en contient 0,02 mg/l), sans chlore, sans nitrate].

Enseignement

■ **Effectifs** (1997-98). 369 153 (dont privé 99 503). **1er degré** (écoles primaires) : 173 244 (dont privé 35 959) dont maternelles 65 599 (dont privé 11 263), écoles élémentaires 104 832 (dont privé 24 530), enseignement spécialisé 1 813 (dont privé 166). **2[d] degré** (collèges et lycées) : 195 908 (dont privé 63 544) dont *1er cycle :* 83 297 (dont privé 25 536, sections d'éducation spécialisée 1 013) ; *2[e] cycle :* 79 746 dont général et technologique 58 963 (dont privé 22 191), professionnel 20 134 (dont privé 5 097), écoles régionales d'enseignement adapté 649, classes post-baccalauréat 32 866 (dont privé 10 720). **Élèves étrangers :** *1er degré :* 19,6 %, *2[d] degré :* 12,6 %. **Personnel** (en 1996) : *1er degré :* 9 401 (dont privé sous contrat 1 647), *2[d] degré :* 15 711 (sous contrat 4 118).

Espaces verts

■ **Nombre de m² par hab.** Paris 12 (Londres 9, Rome 9, Berlin 13, Vienne 25). **Superficie ouverte au public.** 2 199 ha dont bois de Vincennes 995, de Boulogne 846, jardins publics 358, parcs et jardins publics de l'État et du Sénat 140, parties jardinées des terrains de sports, groupes scolaires et cimetières 39. **Équipements divers ouverts au public.** Théâtres de marionnettes 11, kiosques à musique 44, camping (bois de Boulogne) 1, sites de location de barques (bois de Vincennes et de Boulogne, parc des Buttes-Chaumont) 3, restaurants (parcs et bois municipaux) 12, manèges (parcs et bois municipaux) 21.

■ **Budget** (en 1996). 1 144 millions de F dont investissement 239, fonctionnement 905 (dont 725 de dépenses de personnel). **Emplois :** 3 833 dont ouvriers (jardiniers, bûcherons et autres) 2 613, personnels de surveillance 750, administratif 279, technique 180, professeurs école d'horticulture du Breuil 11.

■ **Espaces.** **Le plus petit :** jardin Pihet-Beslay [2, rue Pihet et 11, passage Beslay (XIe)] 92 m². **Le plus grand :** parc de La Villette (350 000 m²).

■ **Principaux parcs, jardins et squares** (en milliers de m²). **Ier arr.** Tuileries et Carrousel 432,5 ; Halles 580 ; Palais-Royal 20,8. **IIe** *square* Louvois 1,9. **IIIe** *squares :* du Temple 8, Émile-Chautemps 4,6. **IVe** *jardin* de l'hôtel de Sens 0,6 ; *squares :* Jean-XXIII 11, Louis-XIII (place des Vosges) 13, de l'Archevêché 10,8, de la tour St-Jacques 5,9, du parvis N.-D. 3,4, Albert-Schweitzer 5, bassin de l'Arsenal 9. **V[e]** *jardins :* des Plantes 235, Tino-Rossi 32 ; *squares :* Paul-Langevin 4,3, des arènes de Lutèce et René-Capitan 12,2. **VIe** Luxembourg 224,5 ; *jardins :* Marco-Polo (ancien square de l'Observatoire) 11, Robert-Cavelier-de-La-Salle 11 ; *squares :* René-Viviani 4,1, de Cluny 3,1, du Port St-Bernard 33,1. **VIIe** Champ-de-Mars 243 ; *esplanade* des Invalides 6,1 ; *jardins :* musée Rodin 28,1, quai Branly 18, quai d'Orsay 11,2, de l'Intendant 10 ; *squares :* Samuel-Rousseau 2, d'Ajaccio 4,5, Santiago-du-Chili 3,5, Boucicaut 7,2, Récamier 1,4, des Missions-Étrangères 3,8 ; *pelouses* de l'avenue de Breteuil 13,8. **VIIIe** Champs-Élysées 137,5 ; *parc* Monceau 84,5 ; *jardin :* Fondation S. de Rothschild 4 ; *squares :* Louis-XVI 4,2, Marcel-Pagnol 3,4 ; *pelouses :* cours Albert-Ier 4,9, Cours-la-Reine 6,8. **IXe** *squares :* Montholon 4,4, de la Trinité 3,2, d'Anvers 3,9. **X[e]** *squares :* Villemin 19, St-Vincent-de-Paul 4,1, Frédérick-Lemaître 3,6, Alban-Satragne 3,4. **XIe** *mail* Richard-Lenoir 21,6 ; de la Roquette 19 ; *squares :* Maurice-Gardette 9,9, Bréguet-Sabin 1,8, Jules-Ferry 3,7, Richard-Lenoir 2,1. **XIIe** *parc* de Bercy 140 ; *promenade* plantée 65 ; *squares :* Charles-Péguy 13, St-Éloi 10 ; jardin de l'Arsenal 10, d'immeubles porte de Vincennes 4,1 ; *squares :* place de la Nation 6,2, Trousseau 3,8, Van-Vallenhoven 3,7, Georges-Meliès 3. **XIIIe** *parcs :* Kellermann 42,8, de Choisy 43 ; *jardins :* James-Joyce 3,65, Georges-Duhamel 3, d'immeubles porte d'Italie 20,4, rue Chevaleret 3,2, av. Boutroux 6,5, bd de la Gare/rue Nationale 6 ; *squares :* René-Le Gall 32, place d'Italie 4,8, Marie Curie 4,1, Robert-Bajac 3,7, de Choisy 40,7, de la Fontaine-à-Mulard 3,7, Ivry-Regnault 4,2. **XIVe** *parc* Montsouris 155 ; *radiale* Vercingétorix 10,8 ; *squares :* Ferdinand-Brunot 3,8, de l'Observatoire 22,1, place Denfert-Rochereau 1,5, C.-N.-Ledoux 2,5, Georges-Lamarque 1,8, Aspirant-Dunand 4,4, Jean-Moulin 2,7, du Chanoine-Violet 2,8, porte d'Orléans 27,9, du Serment-de-Koufra 27,5 ; *jardin* d'immeubles porte de Vanves 16,2, des Mariniers 7,4. **XVe** *parcs :* André-Citroën (ouvert 1992) 138,8, omnisports Suzanne-Lenglen 124, Georges-Brassens 87,2 ; *jardins :* de l'Atlantique 34, Nicole-de-Hauteclocque 7,54, Duranton-Convention-Lourmel 7,5, des anciens Abattoirs de Vaugirard 9,9, Héricart-Émeriau 5,9, Alleray-Labrouste-St-Amand 3, du Grand-Pavois 2,3, d'immeubles av. Albert-Bartholo 34,2 ; *squares :* du Docteur-Calmette 11,1, Clos-Feuquières 12, place du Commerce 3,7, Violet 9,6, Cambronne et Garibaldi 3,1, Adolphe-Chérioux 4, place Dupleix 4,7, Cardinal-Verdier 2,3, St-Lambert 19,9, porte de la Plaine 5,6, rue Blomet 4,2, Victor 14,7, des Périchaux 5 ; *plaine* de Vaugirard 41,8. **XVIe** *jardins :* du Trocadéro 94, de l'avenue Foch 66, du Ranelagh 60, de la porte de St-Cloud 34, Ste-Périne 36, Alexandre-et-René-Parodi 24, des Poètes 13, place Rodin 4,7, sur dalle av. du Gal-Sarrail 5,8, fleuriste municipal 60,5 ; *squares :* Lamartine 1,6, place des États-Unis 3, Galliera 5,8, des Écrivains-Combattants 2,3, Claude-Debussy 3,5, Victorien-Sardou 2,8, Anna-de-Noailles 2,8, Henri-Bataille 2,3, Léon-Tolstoï 2,5, porte de St-Cloud 3,2, de l'Amiral-Bruix 23,6, ilôt bd Lannes 4,1, Ste-Jeanne-de-Chantal 5,1 ; monument Alexandre Ier de Yougoslavie 3,3 ; terre-plein porte Maillot 16,1. **XVIIe** *promenade* Bernard-Lafay 36,5 ; Péreire 16,7 ; *jardins :* du Palais des Congrès 2,3, secteur IX 1,4 à 11,5 ; *squares :* des Batignolles 16,6 ; Ste-Odile 11, des Épinettes 10, rue Boulay/Émile-Levey 4,4, bd de Reims 8,1, rue Émile-Borel 7,7, rue de Tocqueville 2. **XVIIIe** *squares :* Willette 24, Léon-Serpollet 15,8, Paul-Robin 2, Carpeaux 7,2, Clignancourt 4,1, Marcel-Sembat 4,7, Charles-Hermite 8,2, Letort 2,1, rue Burq 1,4, Suzanne-Buisson 2,4, rue Binet 9,7 ; *jardins* St-Vincent 1,5, rues Ginette-Neveu/Francis-de-Croisset 2,8 ; *parc* de la Turlure 4,7 ; mail porte de Clignancourt 3,9. **XIXe** *parcs :* de La Villette 550, des Buttes-Chaumont (aménagé 1846-67, lac 2 ha, promontoire haut. 30 m) 247, de la Butte-au-Chapeau-Rouge 47 ; *jardins* Riquet 15,7, Flandre/Tanger/Maroc 6,5, du Mail et Claude-Bernard 13, d'immeubles porte des Lilas 6,1, rue de la Marseillaise 6,1 ; *squares :* d'Algérie 15, Léon-Paris 4,6, de la Porte-de-La-Villette 9,4, bd d'Algérie 15, rue de la Marseillaise 9,7. **XXe** *parc* de Belleville 45 ; *jardins :* rue des Amandiers/Élisa-Borey 4,8, rue de Noisy-le-Sec/Léon-Frapié 13,9, de la rue Piat 9,4, Debrousse 10, d'immeubles de la porte de Vincennes 23, de la gare de Charonne 15 ; *ilôt* XI rue des Panoyaux 5, porte de Vincennes 10,1 et 13,5 ; *squares :* Sarah-Bernhardt 13, Samuel-de-Champlain 13, Édouard-Vaillant 8,1, Samuel-Champion 13,2, du Docteur-Variot 3,4, Séverine 24, Sarah-Bernhardt 13, Réjane 3,7, rue de Ménilmontant 3,8, rue Sorbier/de la Bidassoa 5,6, rue des Docteurs-Déjerine 8,3, porte de Bagnolet 18,1, Emmanuel-Fleury 26,5.

Arbres. **Nombre :** 476 000 dont bois de Boulogne 140 000, de Vincennes 150 000 ; parcs et jardins 35 000 ; écoles 6 000. Cimetières 34 000 dont *intra-muros* 8 000, *extra-muros* 26 000. Boulevard périphérique 8 000 et 90 000 arbres d'alignement sur 1 400 rues plantées (en %) de platanes 39, de marroniers 16, de tilleuls 9, de sophoras 9, d'érables 6, de frênes 3, de robiniers 2, de cédrelas 2, de peupliers 2, d'ormes 1, de paulownias 1 et de prunus 1. Terrains de sports 3 000. Espaces plantés dépendant du service de la navigation (quais bas de la Seine), de l'État et du Sénat : 11 000 arbres. 1 arbre sur 5 a + de 70 ans (1 700 à remplacer chaque année). 10 % des 16 700 pins du bois de Boulogne et 12 % des 18 100 du bois de Vincennes ont dû être abattus à cause d'un champignon. Arbres plantés de 1977 à 1998 : 125 000. **Arbres les plus vieux :** robiniers ou faux acacias du square Viviani (plantés en 1601 par le botaniste Robin) ; if 228 ans, bois de Boulogne (parc de Bagatelle) ; chêne 185 ans, bois de Vincennes (route du Grand-Maréchal). **Le plus haut :** platane hybride 45 m, bois de Boulogne (Bagatelle). **Les plus gros :** pterocarya (circonférence 6,80 m, planté 1867), hippodrome de Longchamp ; platane d'Orient (circonférence 6,35 m à 1 m du sol, planté 1862), Buttes-Chaumont.

Bois de Boulogne. **Histoire :** *1852* don, par l'État, du bois (partie de l'ancienne forêt de Rouvray) à la Ville de Paris, celle-ci devant en contrepartie faire des travaux d'embellissement ; Jean-Charles Alphand (directeur du service des promenades de Napoléon III) est chargé par Haussmann de l'aménager. *Travaux :* 14 ans. 420 000 arbres plantés, 14 lacs créés reliés par des rivières, 95 km d'allées et sentiers, etc. **Superficie :** 845,9 ha (massifs boisés 341,3 ha, parties jardinées 88 ha ; massifs de rosiers 1,4 ha ; pelouses rustiques 93 ha ; voirie 103 ha ; plans d'eau 27,7 ha, plaines de jeux 27 ha ; concessions 166 ha). **Allées cavalières :** 28 km. **Randonnées** (sentiers) : 14,3 km. **Voies :** *routières :* 54 km (dont fermées à la circulation automobile 16,8 km). **Rivières :** 10,125 km. **Animaux :** cygnes, canards, écureuils, paons à Bagatelle, lapins, taupes, hérissons, mulots, rats, souris, oiseaux, etc. (dernière biche capturée 1936.) **Arbres** (avant la tempête de déc. 1999) : 140 000 (depuis la tempête : 110 000). En % : chênes 34, érables 16, hêtres 9, robiniers 7, pins 4. *Le plus haut :* platane de 153 ans, 45 m de haut, 4,80 m de circonférence (Bagatelle). *Le plus gros :* pterocarya fraxinifolia, 133 ans, 33 m de haut., 6,80 m de circonférence. **Bagatelle** (à la Ville depuis 1905) : 24 ha ; château construit en 1777 en 64 j par François Belanger pour le Cte d'Artois ; 10 000 rosiers dont 1 200 variétés, roseraie 1 ha ; 1 400 000 bulbes au printemps, jardin d'iris et collection de clématites, nymphéas et pivoines ; 1,5 km de buis taillés, 5 000 m^2 de plans d'eau ; *visiteurs :* environ 470 000 par an. **Concessions :** 166 ha. *2 hippodromes :* Longchamp 58 ha, Auteuil 36 ha. *Jardin d'acclimatation* 19 ha (1 400 000 vis. en 1991) ; *musée des Arts et Traditions populaires* 1,5 ha ; *13 restaurants, 6 buvettes. 9 concessions sportives* 34 ha dont *Racing* 6,65 ha ; *tir aux pigeons* 8,7 ha ; *polo* de Paris 8,7 ha ; *étrier* 2 ha ; *stade Roland-Garros* 4 ha ; *camping* 7 ha ; *centre hippique* du bois de Boulogne 2 ha ; *tir à l'arc* 1,6 ha ; *tennis-club-house Jean-Bouin* 0,4 ha ; *2 jeux de boules* 0,53 ha. **Entretien** (en 2000) : 77 cantonniers (voirie), 128 jardiniers, 25 bûcherons, 32 agents de surveillance, 4 fontainiers, 2 forestiers (détachés de l'ONF), 19 personnels administratifs et techniques (dont 3 ingénieurs), 33 personnels d'architecture. **Pistes cyclables** (en 1998) : 15 km. **Pré-Catelan (jardin du) :** 8,1 ha ; comprend le jardin Shakespeare. **Prostitution** (lutte contre) : fermeture, en 1992, entre 20 h et 6 h, de 3 km d'allées aux alentours des lacs Inférieur et Supérieur et interdiction de se promener dans les sous-bois.

Bois de Vincennes. **Histoire :** *1858-66* aménagé par Jean-Charles Alphand. *1860* cédé à la Ville de Paris ; création du lac Daumesnil. *1931* Exposition coloniale. *1934* inauguration du zoo. *Depuis 1954* démolition de bâtiments militaires Napoléon III et IIIe République, création de l'allée Royale prévue dans les plans du XVIIIe s. *1982* chênaie reconstituée. **Superficie :** 995 ha [massifs boisés 353 ha, pelouses rustiques 157 ha, plaines de jeux 43 ha, voirie 135 ha, lacs et pièces d'eau (non comptées îles) 24 ha]. Enclos de reboisement fermés 70 ha. **Voies :** 73 km (dont fermées à la circulation automobile 32 km). **Allées cavalières :** 19 km. **Animaux :** 144 espèces d'oiseaux observées en 10 ans dont 40 communes ; cygnes, canards, écureuils, lapins, taupes, mulots, rats, souris, hérissons. **Arbres** (avant la tempête de déc. 1999) : 150 000 (36 700 plantés entre 1983 et 1985, plus de mille arbres sont plantés chaque hiver) dont (en %) : chênes 40, érables, robiniers, hêtres, pins et marronniers 60. *Le plus haut :* platane île de Bercy, 1860, 45 m de haut., 5,10 m de circonférence. *Le plus gros :* platane Orientalis, 155 ans, 35 m de haut., 5,70 m de circonférence. **Concessions :** 72,60 ha. *4 jeux de boules* (2,66 ha) ; *15 restaurants et buvettes, 9 équipements sportifs ; tir à l'arc* (0,18 ha) ; *tennis-club de Joinville* (0,40 ha) ; *Institut bouddhique* (0,82 ha) ; *Insep* (29,4 ha) ; *club équestre* Bayard-UCPA (2,84 ha) ; *hippodrome* (50 ha) ; *stade de Joinville* (5,5 ha) ; *carrière hippique* (0,9 ha) ; *chiens guides d'aveugles* 0,28 ha ; *Cartoucherie* 5,94 ha. **École d'horticulture du Breuil :** 22 ha (arboretum 13 ha, 1 400 arbres, collection de lilas ; 200 élèves). **Entretien** (en 1999) : 360 personnes dont 96 cantonniers, 143 jardiniers, 34 bûcherons, 33 gardes (surveillance), 6 cultivateurs, 3 fontainiers, 4 forestiers détachés de l'ONF, 3 ingénieurs, 9 administratifs. **Parc floral :** 30,8 ha dont 21 jardinés, 5 833 arbres ; vallée des fleurs (0,9 ha, 100 000 plantes) ; jardins de dahlias (0,5 ha), de plantes de terre de bruyère (4 ha) : rhododendrons, azalées, hortensias... ; de plantes vivaces (jardin des 4 saisons, de senteurs, de plantes médicinales) ; massifs d'arbustes et arbres (11 ha), floraux (2,2 ha), pelouses (7 ha), bassins et fontaines (0,8 ha). Fait partie du Jardin botanique de Paris et conservateur de 5 collections nationales : camélias, fougères, iris, hostas, astilbes. *Visiteurs :* 850 000 en 2000. **Pistes cyclables** (1998) : 9,13 km. **Zoo** (créé 1934) *rénovation :* 200 millions de F.

☞ **Direction des parcs et jardins :** gère environ 3 000 ha dont bois de Vincennes, de Boulogne, forêt de Beauregard [la Celle-Saint-Cloud (Yvelines), 87 ha], 426 parcs, jardins et promenades (380 ha) ; 114 jardinets décoratifs (10 ha) ; 615 décorations sur la voie publique (13 ha) ; 20 cimetières (422 ha) dont 14 à Paris (92 ha) et 6 en banlieue (330 ha) ; espaces verts d'établissements sportifs, scolaires et de garde d'enfants, talus du boulevard périphérique. **École d'horticulture** du Breuil, bois de Vincennes (voir ci-dessus). **Établissement horticole** Rungis et Fresnes (V.-de-M., 44 ha), annexe d'Achères (Yvelines, 16 ha) ; production annuelle (2000) : 3 900 arbres, 216 000 arbustes, vivaces et grimpantes ; 3 000 000 de plantes à fleurs et plantes vertes. **Centre horticole d'Auteuil** 8,5 ha et son annexe de Longchamp. **Parc immobilier** 58 000 m^2.

Grands travaux

■ **Bilan** (en millions de F, crédits de paiement cumulés à fin 1995 et, entre parenthèses, crédits non budgétaires). **Musée d'Orsay** [1] 1 359,5. **Cité des sciences et de l'industrie** [1] 5 414. **Institut du monde arabe** [1] (inauguré 30-11-1987) 254 (contribution des pays arabes 170). **Arche de la Défense** [1] 215 (3 535). **Ministère des Finances** [1] (immeuble de Bercy) 3 920. **Grand Louvre** [2] (AP 5 677). **Opéra de la Bastille** [2] 2 806,7 (vente des murs pour l'immeuble Tour d'Argent 20). **Parc de La Villette** [2] (AP 1 334) 1 080,3. **Cité de la musique** [2] 1 300 (ventes foncières, concession de parkings, recettes, 106). **Bibliothèque nationale de France** (AP 4 671, estimation rapport Cahard-Mélot 1988 : 5 500, 1990 : 7 200) 1 165. **Grande Galerie du Muséum** 400.

■ **Projets** (en millions de F). **Musée national des Techniques** (rénovation) : 245. **Centre de conférences internationales** (projet annulé 25-1-1996) sur un terrain de 25 000 m^2 quai Branly : 3 pavillons de verre de Francis Soler (47 × 94 m, hauteur de 28 m, ramenée à 25,6 après procédure contre l'État), 140 000 m^2 avec parkings et locaux techniques, auditorium 1 600 pl. (2,75 milliards de F) ; l'espace vert initial (7 500 m^2) devait être restitué (109 arbres auraient été abattus). **Palais de la Découverte** (rénovation) : 200. **Aménagement de la porte Maillot** (28-9-1992) : 90 000 m^2 de bureaux, 65 000 de logements, capacité d'accueil du Palais des Congrès accrue, 1 hôtel de luxe. *SDAU* de Paris : abandonné en 1993 (objectifs atteints ou précisés par des documents plus récents). **Institut national d'histoire de l'art :** 500. **Centre Pompidou :** 450 (ou plus). **Grand Palais :** 1 200. **Musée des Arts premiers** (quai Branly) : 1 500. **Immeuble administratif** (rue des Bons-Enfants) : 300. **Centre du patrimoine et de l'architecture de Chaillot :** 250. **Palais du cinéma :** 250 (lieu à déterminer). **Fin du Grand Louvre dont passerelle Solférino :** 200 (ou plus). **Rénovation du musée Guimet :** 230.

Nota. – AP : autorisation de paiement. (1) Soldé. (2) En cours.

Halles

■ **Histoire.** **1785**-*9-11* fermeture du cimetière des Innocents. **1789**-*14-11* marché des Innocents aux herbes et aux légumes inauguré. **1808**-*10-12* décision d'installer marchés et abattoirs (interdiction de l'abattage dans la rue). **1808-09** marché aux Vieux Linges sur l'enclos du Temple. **1808-13** Halle aux vins quai St-Bernard. **1809-13** marché à la volaille sur l'emplacement du couvent des Grands-Augustins. **1811** décision de créer une Grande Halle entre marché des Innocents et halle au blé. **1813** abris en charpentes pour légumes au marché des Innocents. **1818** marché des prouvères avec hangars en bois. **1823-24** carreau de la Halle, en bois (beurre, œufs, fromage, poissons). **1842** la Ville rachète les marchés de Paris qui appartiennent aux Hospices. **1843** 1er projet de Baltard. **1851** projet Baltard/Callet approuvé ; *-15-9* pose de la 1re pierre par Louis-Napoléon Bonaparte. Les *halles* seront entourées du carreau forain (espace découvert de 32 335 m^2). **1874** la plupart des pavillons sont achevés. **1935** début de construction des 2 derniers. **1969** transfert à **Rungis** décidé (voir à l'Index). **1969/70** démolition des pavillons de Baltard. **1979** Forum des Halles inauguré.

Logement

☞ *Source :* Annuaire des propriétaires par rue.

■ **Immeubles d'habitation.** 77 000 dont appartenant à des particuliers 44 100, sociétés commerciales diverses 12 000, Ville de Paris 5 000, SCI 6 000, Cies d'assurances 2 000, Office public des HLM 1 766, EDF-GDF 964, État 798, SNCF 782, banques 600, Assistance publique 458, institutions religieuses 400, RATP 195, Banque de Fr. 100. Tous les 10 ans, 10 % des immeubles ont été achetés par des sociétés commerciales diverses. 55 % des immeubles acquis en simple propriété, 45 % par des copropriétaires.

■ **Logements.** **Structure du parc** (en juin 1995) **dont,** entre parenthèses, **part en % :** ensemble des logements 1 304 331 dont résidences principales 1 095 108, secondaires 23 004 (1,8 ; *1975 :* 3) ; logements vacants 118 296 (9,1 ; *1975 :* 7,1), occasionnels 67 923 (5,2). **Selon la date d'achèvement** (en %, 1995) : *avant 1949 :* 68,3 ; *de 1949 à 74 :* 19,6 ; *de 75 à 81 :* 7,8 ; *depuis 82 :* 3,7. **Selon le nombre de pièces** (en %, recensement 1990) : *1 pièce :* 24,6 ; *2 :* 32,9 ; *3 :* 23,3 ; *4 :* 11,5 ; *5 et plus :* 7,7. **Confort** (résidences principales en 1988) : W.-C. dans logement (87,3 %), baignoire ou douche (86,9 %).

■ **Maisons.** **La plus vieille :** 51, rue de Montmorency (IIIe arr.), construite en 1407 par Nicolas Flamel. (Le 3, rue Volta est un pastiche du XIVe s. construit en 1644.) **La plus petite :** maison du Grand Pignon, 39, rue du Château-d'Eau (Xe arr.) 1,10 m de façade, 5 m de haut, 1 rez-de-chaussée et 1 étage.

■ **Propriétaires parisiens** (en %, 2000). Copropriétés 49,3, particuliers 21,4, Ville de Paris 10,7, Stés commerciales 8,5, Stés civiles immobilières 4,2, banques, assurances, caisses de retraite 2,9, État 2, divers 1 (dont congrégations 0,3, étrangers 0,7). *L'Église :* avant la Révolution possédait plus de 50 % de Paris (l'abbaye de St-Germain-des-Prés couvrait un territoire correspondant aux actuels VIe et VIIe arrondissements) ; en 2000 a 300 immeubles (0,3 % des bâtiments parisiens).

Monuments

■ **Monuments historiques.** *Immeubles protégés au 31-12-1993 :* 1 654 dont classés (au moins 1 élément) 398, inscrits à l'Inventaire supplémentaire 1 265. *Monuments et fontaines illuminés :* 176.

☞ Voir places, architecture, Opéra.

■ **Hauteur des principaux monuments** (en m). Tour Eiffel 324, tour Maine-Montparnasse 210, cheminée du chauffage urbain (XVe, en 1977) 134, dôme des Invalides 105, Arche de La Défense 110, faculté des sciences (en 1971) 90, immeuble Potin rue de Flandre (1963-64) 89, Panthéon (en 1764) 83 (au sol 113 × 84,3 m), Sacré-Cœur 80, Opéra-Bastille 80, Bibliothèque nationale de France 80, rocher du zoo de Vincennes (en 1934) 70, Notre-Dame 69, Caisse centrale du Crédit hôtelier (1972) 67, Maison de la radio (en 1962) 63, BA 117, Cité de l'air (en 1971) 61, immeuble 50, rue Corvisart (en 1967) 61, rue Croulebarbe (en 1958) 61, Opéra (1861-75) 54, Arc de triomphe de la place Ch.-de-Gaulle 49, colonne Vendôme 45, Centre G.-Pompidou (en 1977) 42, Géode 36, minaret de la Grande Mosquée 33, Obélisque 27, porte St-Denis (1671-72) 24, Pyramide du Louvre 21, porte St-Martin (en 1674) 18.

■ **Tour Eiffel.** **Origine :** *1882* Maurice Koechlin (1856-1946), chef du bureau des études de l'entreprise Eiffel, et son collègue Émile Nouguier ont l'idée de construire une tour métallique pour l'Exposition de 1889. Ils établissent un avant-projet (calculs sommaires et croquis) et le soumettent à Eiffel, qui déclare ne pas s'y intéresser mais autorise ses 2 ingénieurs à poursuivre l'étude. Ceux-ci font appel à la collaboration de l'architecte Stephen Sauvestre pour l'établissement d'un dessin à grande échelle qui est soumis au sculpteur Bartholdi et au commissaire général de l'exposition des Arts décoratifs (qui devait se tenir à l'automne 1884). Ce dernier accepte d'exposer le dessin de la tour projetée. Eiffel décide alors de s'associer au projet. *1884-sept.* il fait déposer une demande de brevet d'invention « pour une disposition nouvelle permettant de construire des piles et des pylônes métalliques d'une hauteur pouvant dépasser 300 m », et passe en décembre un contrat avec Nouguier et Koechlin qui lui cèdent la propriété exclusive du brevet. En contrepartie, Eiffel assume les frais entraînés par le brevet et s'engage, si la Tour est réalisée (même avec des modifications), à verser à chacun d'eux une « prime » de 1 % des sommes qui « lui seraient payées pour les diverses parties de la construction ». Il s'engage enfin « à citer toujours les noms de ces messieurs chaque fois qu'il y aurait lieu de mentionner, soit le brevet, soit l'avant-projet actuel » (engagement qui ne fut pas respecté). *1886* le projet obtient *ex aequo* le 1er prix du concours pour l'Exposition de 1889 (18 projets sur 107 avaient été retenus). **Construction :** *durée* 2 ans, 2 mois, 5 jours. *1887-26-1* 1er coup de pioche. *-30-6* fondations achevées. *-1-7* début du montage. *1888-1-4* 2e étage terminé. *-14-8* 3e étage. *1889-31-3* inauguration. Les ascenseurs ne fonctionnant pas encore (celui du 1er étage sera mis en service 2 mois plus tard), le Pt du Conseil (62 ans) s'arrête au 1er et envoie le ministre du Commerce auprès d'Eiffel au sommet, pour lui remettre la Légion d'honneur. Eiffel signe, avec le préfet Poubelle, une convention d'exploitation de la Tour de 20 ans au terme de laquelle la gestion en reviendra à la Ville de Paris. *-15-5* ouverture au public, 22 000 becs de gaz illuminent la tour. *-27-5* exploitation des ascenseurs.

■ **Cité des sciences et de l'industrie.** **Superficie :** Cité 150 000 m^2 dont 30 000 d'expositions permanentes au nord du parc de La Villette (35 ha, conçu par Bernard Tschumi). **Bâtiment :** au sol 3 ha, 270 m × 110 m, haut. 47 m (hall haut. 40 m) aménagé par Adrien Fainsilber. **Géode** (spectateurs payants *2000* 680 673) : un pilier central en béton de 6 000 t, avec des encorbellements et une enveloppe sphérique extérieure de 2 couches de résille géodésique métallique habillée de 6 433 triangles galbés en acier inoxydable. Diamètre 36 m. 386 places, écran hémisphérique de 1 000 m^2 (diamètre 26 m), film 70 mm, 15 perforations (il y a environ 80 salles Imax-Omnimax dans le monde). **Employés :** 893 ; 67 métiers. **Budget de fonctionnement** (en millions de F) : *1986 :* 625 ; *87 :* 700 ; *88 :* 800 ; *93 :* 728 ; *94 :* 713 ; *95 :* 707,6 ; *96 :* 673 ; *98 :* 673,9 ; *99 :* 586 ; *2000 :* 604,7 ; *2001 :* 630,4. **Quelques dates :** **1955** projet de rénovation des abattoirs, 1er devis : 120 millions de F. **1958** projet d'abattoirs modernes, 2e devis : 600 millions de F. **1959** création d'un marché d'intérêt national de la viande. **1962** début des travaux. **1974** dépenses engagées 1 100 millions de F, fermeture le 15-3. **1977** le Pt Giscard d'Estaing fait étudier par Roger Taillibert, architecte, la reconversion des bâtiments existants, puis charge Maurice Lévy de créer un musée des Sciences, des Techniques et des Industries. **1979** établissement public créé (Pt Paul Delouvrier), *-déc.* Taillibert et M. Lévy sont « remerciés ». **1980**-*févr.* André Lebeau nommé directeur de la mission du musée ; *-sept.* Adrien Fainsilber architecte. **1983** comité d'orientation (J.-Cl. Pecker, Pt, renvoyé 7-7), *-nov.* M. Lévy directeur de la mission du musée. **1985** *coût total :* 4 450 millions de F dont contenant 2 890, contenu 1 560, *-6-5* Pt Mitterrand inaugure la Géode, *-21-5* M. Lévy nommé Pt de la Cité. **1986**-*13-3* Pt Mitterrand inaugure la Cité. **1987**-*12-11* Christian Marbach Pt. **1988**-*14-3* ouverture au public ; *-21-12* Roger Lesgards Pt. **1990** ouverture de l'aquarium. **1993**-*18-6* Pierre David Pt. **1995**-*12-7* Gérard Théry Pt. **1998**-*3-6* Michel Demazure Pt. **Visiteurs** (en millions) : *1990 :* 3,1 ; *97 :* 3,5 (dont 1,615 payants) ; *98 :* 3,3 (1,623) ; *2000 :* 2,9 (1,5).

■ **Cité financière.** **3 projets :** *Tolbiac :* 130 ha dont 50 de bureaux ; 900 000 m^2 de planchers. *La Défense :* 160 ha (+ 27 hors Défense-Ouest), 2 200 000 m^2 (+ 600 000 m^2 Défense-Ouest et 500 000 m^2 Zac Danton et Valmy). *Intra-muros* (bd des Capucines, Bonne-Nouvelle, Sentier) : 150 000 m^2 disponibles.

■ **Cité de la musique** (au 1-1-2000). **Superficie :** 53 200 m^2, salle de concert modulable (800 à 1 000 places, 250 millions de F), musée de la Musique (3 150 m^2), amphithéâtre (230 places). Centres d'information, librairie-boutique, folie-musique (ateliers de pratique musicale). **Personnel :** 198 permanents. **Budget :** 178 millions de F en 2001

Il n'y a eu aucun accident pendant la construction. 50 ingénieurs et dessinateurs ont exécuté 5 300 dessins, 100 ouvriers ont façonné 18 038 pièces en fer, 121 ouvriers ont travaillé sur le chantier. La Tour n'est pas montée sur des vérins hydrauliques comme on l'a dit, mais, lors de sa construction, 16 vérins (ayant chacun une puissance de 800 t) furent utilisés pour soulever les arbalétriers constituant l'armature principale de chaque pilier. Une fois l'horizontalité de la plate-forme du 1er étage assurée, la charpente métallique fut fixée dans des fondations de maçonnerie qui, pour les 2 piles situées du côté Seine, descendent jusqu'à 14 m de profondeur, au niveau du lit du fleuve. Les vérins furent alors enlevés. Les fondations ont nécessité 30 973 m³ de déblais et 12 500 m³ de maçonnerie. La Tour comprend 18 038 pièces en fer percées de 7 millions de trous, 620 feuilles de 3 à 18,5 mm assemblées par 55 000 rivets (2 500 000 au total dont 1 050 846 posés sur le chantier).

Coût : 8 millions de F-or dont fondations, maçonnerie, soubassements 900 000 F ; montage métallique, fers, octroi pour les fers 3 800 000 F ; peinture 200 000 F ; ascenseurs et machines 1 200 000 F ; restaurants, décoration, installations diverses 400 000 F. Subvention de l'État 1 500 000 F ; terrain concédé par la Ville de Paris. La Sté de la tour Eiffel (formée par Eiffel) avait un capital de 5 100 000 F (dont 100 000 F de fonds de roulement) ; pas d'émission publique ; 50 % des parts appartenaient à Eiffel ; 50 % aux Stés financières faisant partie de la Sté. L'emprunt qui servit à financer cette somme fut remboursé sur les recettes de la 1re année.

Petite histoire : *1898-5-11* Eugène Ducretet réussit la 1re liaison radiotélégraphique entre la Tour et le Panthéon (4 km). *1900*, éclairage entièrement électrique. *1901-19-10* Santos-Dumont contourne la Tour avec un dirigeable, un coup de vent faillit le projeter sur le sommet. *1905* liaison radio entre Tour et places fortes de l'Est assurée par tout temps. *1906* le capitaine Férié fait parvenir à des bateaux en mer des messages parfaitement audibles. *1907-08* liaison avec Casablanca (campagne du Maroc) ; la nuit, la station est relayée par le croiseur *Kléber* qui transmet directement à la Tour. *1909-18-10* : 1er survol de Paris et de la Tour en aéroplane. *1910* la concession accordée à Eiffel prend fin, la Ville de Paris concède les droits à une Sté privée ; *-23-5* : 1er service régulier de transmission de signaux horaires (5 200 km la nuit et moitié moins le jour). *1912* un tailleur tente un vol plané qui échoue (on sut plus tard qu'il voulait se suicider). *1913* on parle de démolir la Tour, la guerre de 1914-18 la sauvera en en faisant un centre militaire radiotélégraphique. *1920* on pense utiliser le fer de la Tour pour reconstruire des usines dans les régions dévastées. *1921-30-12* Sacha et Lucien Guitry réalisent la 1re émission radio en direct. *1922* les émissions de Radio-Tour-Eiffel commencent. *1923-2-6* un journaliste, Pierre Labric, à la suite d'un pari, descend à bicyclette l'escalier à partir du 1er étage. *1925* : 1ers essais de télévision par Édouard Belin. *1926* Léon Coliot tente de passer en avion entre les pieds de la Tour ; il s'écrase, aveuglé par le Soleil. *De 1925 (-4-7) à 1936* publicité lumineuse (pour Citroën) réalisée par Fernand Jacoppozi [coût 2 500 000 F (entretien et consommation électrique 1 million de F par an)]. Réalisée en 6 couleurs, 250 000 ampoules, elle était visible à 38 km (le « N » mesurait 20,80 m de hauteur). *1935-26-4* : 1re émission de TV (de 60 lignes) [441 lignes en 1945]. *1940-juin/1944-août* occupée par les Allemands. *1944-août/1946-mars* par l'armée américaine. *1946-1-6* réouverte au public. *1954-9-7* Alfred Thomanel (Allemand, 22 ans) l'escalade. *1957* installation d'une plate-forme pour recevoir les paraboles de diffusion en direct des émissions des 3 chaînes de télévision et l'émetteur de radio en modulation de fréquence. *1960* un marchand anglais prétend vendre la Tour à des ferrailleurs pour 20 centimes le kg ; une Sté hollandaise verse une avance ; l'escroquerie est découverte, le marchand condamné, mais la Sté hollandaise ne récupère pas son argent. *1964* la Tour est inscrite à l'inventaire supplémentaire des monuments historiques : reportage en direct en Eurovision de l'escalade de la Tour par Guido Magnene et René Desmaison (alpinistes). *1980-1-1* le maire de Paris confie la gestion de l'édifice à un nouveau concessionnaire, la SNTE (Sté nouvelle d'exploitation de la tour Eiffel). *1980-85* rénovation. *1983-25-10* montée jusqu'au 2e étage et descente en moto de trial (Charles Coutard et Joël Descuns) ; *-1-12* vente aux enchères de l'escalier en colimaçon qui allait du 2e au 3e étage (morceaux : de 50 000 à 180 000 F). *1985-31-12* nouvelles illuminations (352 projecteurs éclairant la Tour de l'intérieur). *1987-7-5* montée au 2e étage en trial sans mettre pied à terre en 47 min (Christophe Riondet, 16 ans et Emmanuel Savatier, 18 ans).

Caractéristiques : ascenseurs : 3 du sol au 2e étage ; 2 hydrauliques (1899) sont dans les piliers ouest et est. Depuis 1965, un ascenseur électrique transporte 106 personnes et fait 12 allers-retours par heure (86 et 8 avec les ascenseurs hydrauliques). **Dilatation :** la face exposée aux rayons solaires se dilate : le sommet s'éloigne du Soleil et décrit une courbe de 18 cm qui vient se refermer le soir sur son point de départ. La hauteur peut diminuer de 15 cm par grand froid. **Éclairage :** *1900* : 3 200 lampes à incandescence soulignent les profils extérieurs et les arcs décoratifs (Exposition universelle). *1925* : la Tour est illuminée par Fernand Jacopozzi, spectacle à la gloire d'André Citroën (Exposition des Arts décoratifs). *1987* : 352 projecteurs de 1 000 W, coût annuel 600 000 F (de l'époque). *1997* : à partir du 6-4 un panneau lumineux décompte les jours avant le 1-1-2000. *1999-31-12* « top de l'an 2000 », 20 000 ampoules, 800 guirlandes électriques (spectacle son et lumière). **Escalier :** 1 665 marches par le pilier est (à l'origine 1 710). **Hauteur :** 312,27 m à l'origine (avec drapeau) ; 320,75 m après l'ajout d'une antenne TV en 1956 ; 324 m actuellement. *Étages :* 1er : à 57,63 m au-dessus du sol (altitude plus 33,50 m), 2e : à 115,73 m, 3e : à 276,13 m (plate-forme du sommet : à l'origine 300,65). Les 4 piliers ont leurs centres situés suivant les sommets d'un carré de 125 m de côté. Entre les piliers, des arcs (purement décoratifs) de 74 m de diamètre se développent. Largeur à la base 127,50 m. **Matériau :** fer puddlé (voir **Construction** p. 846 c). **Peinture :** repeinte tous les 7 ans, la Tour a reçu 17 couches de peinture brune, dite *ferrubrou* (obtenue avec du jaune de chrome et de l'oxyde de fer) ; surface : 200 000 m² ; 25 peintres ; poids d'une couche : 5 t ; heures de travail : 40 000. **Poids total :** 9 700 t en 1889 (7 300 pour la partie métallique), 10 100 t en 1981, allègement de 1 343 t en 1983 (après travaux). Charge au sol 4,5 kg/cm² (celle d'un homme moyen assis sur une chaise). **Surface au plancher :** *du 1er étage* (vides pour le passage des ascenseurs déduits) 4 200 m² ; *du 2e* 1 400 m² ; *du 3e* 350 m². **Personnes pouvant se tenir sur la Tour en même temps :** 5 000 dont *1er étage* 3 000, *2e* 1 600, *3e* 400. **Vent :** par vent de 180 km/h, le plus fort jamais enregistré, le sommet oscille et décrit des ellipses (grands axes maximaux de 10 à 18 cm). **Vue du sommet par temps clair :** au nord à 60 km, ouest 70, sud 55, est 65.

> **Gustave Eiffel** (Dijon, 15-12-1832/27-12-1923) [Eiffel fut substitué à son nom de naissance « Bönickhosen dit Eiffel » le 15-12-1880]. *1858*, à 26 ans, construit son 1er pont. *1867*, crée ses ateliers, édifie ponts (Maria Pia sur le Douro au Portugal), viaducs (Garabit dans le Massif central), charpentes métalliques (Bon Marché, Crédit lyonnais), musée Galliera, gare de Budapest, lycée Carnot, coupole de l'observatoire de Nice, ossature en fer de la statue de la Liberté (New York). *1887-89*, construit la Tour.

Visiteurs : 1889 : 1 968 287 entre l'inauguration (15-5-1889) et la clôture (5-11) de l'Exposition. **À la fin de 1889**, la recette s'élevait à 5 919 884 francs-or, couvrant les 3/4 du coût total de la construction (8 millions de F-or). **1890 :** 393 414 ; **99 :** 149 580 ; **1900 :** 1 024 887 ; **02 :** 121 144 ; **13 :** 261 337 ; **1915 à 18 :** 0 ; **19 :** 311 714 ; **20 :** 417 869 ; **30 :** 580 075 ; **37 :** 809 978 ; **38 :** 258 306 ; **39 :** 252 495 ; **1940 à 45 :** 0 ; **47 :** 1 009 161 ; **60 :** 1 735 230 ; **63 :** 2 013 594 (record de 1900 battu) ; **70 :** 2 757 768 ; **80 :** 3 594 190 ; **85 :** 4 368 573 ; **89** (centenaire) : 5 580 363 ; **91 :** 5 442 346 ; **92 :** 5 747 357 ; **95 :** 5 212 677 ; **97 :** 5 719 773 ; **98 :** 6 051 603 ; **99 :** 6 368 534. **Total cumulé (au 31-12) : 1918 :** 8 014 704 ; **53** (31-5) : 25 000 000 (le 25 millionième, un maçon, gagne une berline de luxe) ; **85 :** 110 148 691 ; **91 :** 140 217 959 ; **99 :** 185 804 799. **Prix d'entrée** (en 2001) : *ascenseur : 1er étage* : 24 F, *2e* : 45 F, *3e* : 65 F (*– de 12 ans : 1er* : 14 F, *2e* : 25 F, *3e* : 35 F) ; *escalier : 1er, 2e* : 20 F.

☞ **Comparaisons** (visiteurs par an) : Empire State Building (USA) 3 600 000, tour de Tokyo 3 000 000, Louvre 3 000 000, Versailles 2 300 000.

Suicides : 369 dont 2 rescapés selon la préfecture de police et la presse ; 349 selon la Sté de la tour Eiffel (il y aurait eu plus de 2 rescapés). *1er suicide* : 15-7-1898 par pendaison à une poutrelle. Février 1988 : André Guittard, 49 ans, tombe de 57 m (sa chute a été filmée par un cameraman de la BBC se trouvant là par hasard).

Statut : la Tour appartient à la Ville de Paris. Elle en concéda l'exploitation à la *Sté de la tour Eiffel* de 1889 à 1979 ; et depuis le 1-1-1980 pour 25 ans, à la Sagi (Sté anonyme de gestion immobilière), d'économie mixte, qui gère 25 000 logements sociaux et construit de nombreux logements pour la Ville. La Sagi a constitué à cette fin la SNTE (Sté nouvelle d'exploitation de la tour Eiffel ; Pte : Jacqueline Nebout). *Capital* : Ville de Paris 30 %, Sagi (dont 40 % de son propre capital est détenu par la Ville de Paris, 50 % par la CCF) 70 %.

Chiffre d'affaires (TTC, en millions de F) : *1980* : 47 (dont 6 de redevances versées à la Ville) ; *85* : 125 ; *90* : 214 ; *95* : 240 ; *96* : 261 ; *97* : 276.

☞ Pour en savoir plus, demandez le Quid de la tour Eiffel (Éd. Robert Laffont, 1989).

■ **Tour Maine-Montparnasse** (inaugurée 1974). Ensemble immobilier de plus de *300 000 m² de planchers* (1er en Europe) : 103 000 m² de bureaux, 30 000 m² de commerces, 16 000 m² d'archives et de réserves, 100 000 m² de parties communes, 21 000 m² de locaux spéciaux, 1 850 emplacements de voitures ; comprenant : 1°) **Tour. Hauteur :** 210 m, 58 niveaux plus une terrasse panoramique [52 de bureaux, 3 techniques (15e, 42e, 58e), 1 de boutiques (1er), 1 de visite panoramique (56e avec accès 59e, avec restaurant, brasserie, salles de réception et expositions) ; *1981* : 575 000 visiteurs, *1991* : 750 000, *2000* : 625 000 ; 1 de télécommunications (57e)]. **Largeur :** 32 m. **Étages :** hauteur de sol à sol 3,42 m ; surface 2 011 m² dont 1 750 utiles. **Ascenseurs :** 25 (les plus rapides d'Europe : jusqu'à 6 m/s, 38 s pour 195 m), 2 monte-charge. **Sous-sols :** 6, restaurant interentreprises (5 000 repas/j), équipements informatiques, centrales techniques. **Poids total :** 120 000 t. **Fondations :** 56 pieux ancrés à 70 m au-dessous du parvis, enjambant 4 lignes de métro. **Fenêtres :** 7 200. **Population :** 7 000 à 8 000 personnes (100 à 140 par étage de bureaux ; jusqu'à 500 au 56e). 2°) **Centre commercial** (2 grands magasins, 80 boutiques). 3°) **Centre sportif** (3 piscines, 14 pistes d'escrime). 4°) **Centre international du textile** (CIT, 12 étages, 200 stés), 5°) **Bâtiment longitudinal** (3 étages dont 2 de bureaux).

■ **Hôtel national des Invalides. Musée de l'Armée :** *superficie* 127 000 m², façade nord principale (longueur) 195 m, cour d'honneur 6 426 m². **Église St-Louis-des-Invalides :** longueur 70 m, largeur 22 m ; *grand orgue (tuyaux)* : 4 800. **Tombeau de Napoléon :** *dôme* : hauteur 103 m, nombre de feuilles d'or (24 carats) 555 000, poids d'or 12,65 kg ; *crypte* : diamètre à l'ouverture 15 m, profondeur 6 m ; *sépulture de Napoléon* : longueur 4 m, largeur 2 m, hauteur 4,50 m, nombre de cercueils successifs 6 ; *visiteurs* (en 2000) : 843 509 (gratuits et payants).

Police

■ **Effectifs de la préfecture de police** (au 1-1-2000). Police du Sgap (Secrétariat général pour l'administration de la police) : *Paris intra-muros* : actifs 17 563 *dont* conception et direction 268, commandement et encadrement 2 795, maîtrise et application 14 500, policiers auxiliaires 475, adjoints de sécurité 1 008, administratifs et techniques 6 382. *Préfecture de police* : 25 428. **Parc automobile :** véhicules légers 3 408, poids lourds 341 ; cars de police secours et de ronde 181 ; motocyclettes 1 274 ; cyclomoteurs 557. **Vedettes** fluviales 10. **Remorqueur-pousseur** (long. 22 m, 1 200 CV) 1 : traction 12 t ; pompe à incendie 100 m³ d'eau/h, à 65 m de distance ou à 45 m de haut. **Hélicoptères** 2.

■ **Interventions** (en 2000). **Sécurité sur la voie publique :** points écoles surveillés quotidiennement 714. **Circulation et sécurité routière :** contraventions 9 172 075 (dont stationnement interdit 8 698 016, excès de vitesse 44 713, non-port de la ceinture de sécurité 21 865, passage au feu rouge fixe 37 097, usage de téléphone portable au volant 22 939, vente à la sauvette 14 068), suspensions de permis de conduire 3 060. *Lutte contre la délinquance* : personnes mises en cause dans procédures de police urbaine de proximité 31 205. Nombre de passages aux domiciles réalisés dans le cadre de l'opération « Tranquillité vacances » 62 537. **Recherches de mineurs disparus :** 1 511 (Paris intra-muros). **Lutte contre le bruit :** 8 911 plaintes enregistrées.

Crimes et délits constatés (en 2000) : 295 655 *dont* homicides et tentatives 88 ; coups et blessures volontaires 4 997 ; viols 518 ; proxénétisme 56 ; vols 195 319 *dont* à main armée (avec arme à feu) 992, avec violences (sans arme à feu) 18 547, à la roulotte 24 941, à la tire 30 821, d'automobiles 9 906, cambriolages 27 095, autres vols et recels 83 017 ; destructions et dégradations 36 344 (attentats par explosifs, incendies volontaires, de biens publics, de véhicules privés, de biens privés), infractions liées aux stupéfiants 4 119.

Manifestations (en 1999) : 5 449 dont festives 3 182, revendicatives 2 037, déplacements de personnalités officielles 230.

☞ La **Bapsa** (Brigade d'assistance aux personnes sans abri) recueille chaque jour les sans domicile fixe et les conduit au Centre d'accueil et de soins hospitaliers de Nanterre (voir **Hauts-de-Seine** p. 852 b).

Santé

■ **Hôpitaux et cliniques (intra-muros).** *Nombre total* : 266. **Publics (Assistance publique) :** 41 hôpitaux ou groupes hospitaliers, 18 à Paris et 23 en région parisienne. **Privés :** participant au service hospitalier 44 ; à but lucratif 34. **Les plus connus :** Bichat : *1789*. Broca (ou de Lourcine) : *1836*. Broussais : *1883*. Cochin : *1780* par l'abbé Jean-Denis Cochin, curé de St-Jacques du Haut-Pas. Enfants-Malades : *1802*. Hôtel-Dieu : *VIIe s.* (*XIIe-XVIIIe s.* bâtiments reconstruits, *1878* nouvel Hôtel-Dieu). Laënnec : *1634* comme hospice, *1878* nom du médecin Laënnec. Lariboisière : *1846*. Necker : *1777* par Mme Necker, *1802* nom du contrôleur général des Finances Necker. La Pitié : *1602*. St-Antoine : monastère, restauré en 1636, *1795* hôpital de l'Est, *1802* St-Antoine fondé, séquestré sous la Révolution. St-Louis : *1606*. Salpêtrière : *1656*. Santé : *1652*. Tenon : *1872* hôpital de Ménilmontant (construit par Billon), *1879* reçoit son nom actuel. Trousseau : *1853*. Val-de-Grâce (militaire) : *1624* monastère, *1661* dôme achevé.

Lits au 1-1-1998 : court séjour : 17 185 dont secteur public : 10 960, privé : 6 225 ; psychiatrie (public et privé) : enfants : 137, adultes 1 295. Soins de suite et de réadaptation (public et privé) : 4 664.

Activité hospitalière en court séjour (secteurs public et privé, 1997) : entrées : 708 325. Interventions chirurgicales : 343 970. Accouchements : 40 361 *dont césariennes* : 7 109. **Hospitalisations de jour et ambulatoire :** 295 821 dont chirurgie 129 164. **Hospitalisation à domicile :** nombre de place 838, journées réalisées 313 662.

■ **Centres de santé pratiquant le tiers payant.** Médical 83, dentaire 19, soins infirmiers 12.

■ **Samu de Paris** (Assistance publique-Hôpitaux de Paris, en 1998). *Appels* 480 000 (suivis d'interventions médicales 96 716) ; *interventions* de véhicules de réanimation 18 093, d'ambulances 22 450, de practiciens 16 250.

■ **Secteur libéral** (en 1997). **Médecins :** 8 425. Omnipraticiens : 2 844. Spécialistes : 5 581 ; psychiatres : 1 232 ; gynécologues-obstétriciens : 619 ; chirurgiens : 444 ; ophtalmologues : 401 ; dermatologues : 354 ; urologues : 3. **Chirurgiens-dentistes :** 2 759. **Sages-femmes :** 55. **Auxiliaires médicaux :** 4 532 ; masseurs-kinésithérapeutes : 2 346 ; infirmiers : 1 093 ; pédicures : 531 ; orthophonistes : 475 ; orthoptistes : 87. **Pharmaciens :** 1 102. **Laboratoires :** 211. **Ambulanciers :** 47.

Seine

■ **Longueur. Traversée de Paris :** 12 337 m entre les 2 ponts est et ouest du périphérique. **Superficie.** 6,3 ha. **Niveau.** Alt. environ 26,39 m. Le petit bras de la Seine (au sud de la « Cité ») est l'ancien cours de la *Bièvre* (du celtique *befar*, castor). **Largeur.** *Max.* (pont de Bercy)

105 m, *min.* 30 (quai de Montebello). **Débit** *moyen* (1948-94) 273 m^3/s, *max.* (janv. 1910) 2 400 m^3/s, *min.* (été 1976) 25 m^3/s. **Tirant d'eau** *max.* pour un bateau 3,20 m. **Berges classées** au Patrimoine mondial par l'Unesco. Plaque posée le 10-9-1992 square du Vert-Galant. **Crues. Cotes retenues :** le pont de la Tournelle (depuis 1732) ou le pont de l'Alma [un Zouave ornait le 1er pont de l'Alma, construit en pierre de 1854 à 56, et servait « d'échelle » ; lorsqu'un pont plus large et en acier a été construit, de 1970 à 74, le Zouave a été réinstallé au pied d'une des piles, près de son niveau d'origine (voir ci-dessous)]. **Crues extraordinaires. Cote du pont de la Tournelle** (en m) : *1649* (févr.) : 7,66. *1651* (25-1) : 7,83. *1658* (27-2) : 8,96 (pont Marie emporté : 22 maisons s'écroulent, 50 †). *1690* : 7,55. *1711* (mars) : 7,62. *1740* (25-12) : 7,90. *1764* (19-2) : 7,33. *1802* (3-1) : 7,45. *1807* (2-3) : 6,70. *1910* (28/29-1) : 8,62 (8,03 : rails noyés en gare d'Austerlitz). *1920* (5-1) : 6,65. *1924* : 7,2. *1945* (16-2) : 6,85. *1955* (23-1) : 7,12. *1959* (19-1) : 6,22. *1970* (5-3) : 5,63. *1978* (3-4) : 5,73. *1988* (15-2) : 5,37. Voie express fermée rive gauche à 3,70 m, rive droite à 4,10 m. Une inondation identique à celle de 1910 provoquerait environ 33 milliards de F de dégâts.

■ **Barrages flottants + 1 bateau-nettoyeur.** Pour capturer les déchets flottant (environ 6 300 t par an dont végétaux 70 à 80 %, déchets ménagers emportés par les pluies 20 à 30 %) entre la surface de l'eau et une profondeur de 80 cm ; 10 prévus, 7 installés en 1994.

■ **Iles. De la Cité** 21 ha, 450 × 185 m. **St-Louis** (réunion des îles N.-D. et aux-Vachers) 15 ha, long. 450 m. **Des Cygnes** 1,2 ha. **Iles disparues : Louviers** (appelée ainsi vers 1465 ; auparavant : 1370 des Javeaux, 1445 aux Meules) rattachée à la terre ferme en 1843 (comprise entre quai Henri-IV et boulevard Morland). **Maquerelle** devenue île des Cygnes sous Louis XIV, rattachée fin XVIIIe s. **Merdeuse** en face du Palais-Bourbon.

■ **Pêche.** *1900* : 15 000 pêcheurs à la ligne en 350 associations ; au concours international entre l'île des Cygnes et la rive gauche, en 2 h 1/2 : 57 concurrents prirent 881 poissons (878 ablettes, 1 gardonneau, 2 chevesnes). *1999* : 23 espèces de poissons (1970 : 9).

■ **Ponts. Nombre :** *Seine* : 37 dont 30 routiers, 3 passerelles (piétons, cyclistes), 2 ponts ferroviaires (métro, SNCF). *Canaux* : 6. **Liste** (1re construction connue et, entre parenthèses, dernière reconstruction) : *Petit Pont* (1852) ; *pont au Change* 1304 (1860) ; *St-Michel* 1387 (1857) ; *Notre-Dame* 1413 (1912 ; a conservé son nom d'origine ; au XVIe s. était surmonté de 68 maisons identiques) ; *-Neuf* 1578-1607 (long. 238 m, larg. 20 m, consolidé 1887-90, restauré 1998-99) ; *au Double* 1626 (1882) ; *de la Tournelle* 1620 (1928) ; *St-Louis* 1630 (1970) ; *Royal* 1632 (1889) ; *Marie* 1635 ; *de la Concorde* 1791 (1983) [portait en 1828 12 statues en marbre hautes de 6 m (Colbert, Richelieu, Suger, Sully, Bayard, Condé, Du Guesclin, Turenne, Dugay-Trouin, Duquesne, Suffren et Tourville), ensuite transportées dans la cour d'honneur de Versailles, puis aux Invalides, puis dans les villes où étaient nés ces personnages] ; *des Arts* 1804 ; *d'Austerlitz* 1807 ; *d'Iéna* 1814 (1968) ; *de Grenelle* (1827) ; *d'Arcole* 1828 (1854) ; *de l'Archevêché* 1828 ; *des Invalides* 1829 (1878) ; *de Bercy* 1832 (1864) ; *Louis-Philippe* 1834 (1862) ; *du Carrousel* 1834 (1839) ; *National* 1853, doublé 1936-44 (188,5 m, largeur utile 34 m, 5 arches) ; *de l'Alma* 1856 (1974) [largeur 42 m] ; *1854-20-9* bataille de l'Alma (1re victoire de Crimée) ; *-8-11* début des travaux ; *1856-2-8* ouverture ; 3 arches, coût : 2 millions de F. Adossées à chaque pile, statues des représentants des régiments les plus méritants de l'armée de Crimée ; *1858-15-8* inauguration ; hauts reliefs de Georges Diebolt (1816-61) de 70 t chacun, hauts de 6 m. Coût : 18 500 F. *En amont,* rive gauche : le *Zouave*, modèle Louis Gody originaire de Gravelines, sert d'« échelle » pour les crues de la Seine, conservé en 1963 ; rive droite : le *Soldat de ligne*, transféré à Dijon après 1963 (adossé à la falaise surplombant le lac Kir). *En aval,* rive gauche : le *Chasseur à pied*, transféré après 1963 sur l'autoroute A4 contre la redoute de Gravelle ; rive droite : l'*Artilleur*, transféré après 1963 à La Fère ; *passerelle Solférino* 1859 (de Marc Mimram, déc. 1999, ouverte au public 12-11-2000) 105 m ; *pont de Garigliano* 1866 (1966) ; *Sully* 1876 ; *de Tolbiac* 1882 (168 m, largeur 20 m) ; *Mirabeau* 1895 ; *Alexandre-III* 1900 ; *Grenelle-Passy* 1900 ; *passerelle Debilly* 1900 ; *pont de Bir-Hakeim* 1905 ; *viaduc d'Austerlitz* 1905 ; *pont périphérique aval* 1968 (312,5 m, largeur utile 34,6 m) ; *amont* 1969 ; *Charles-de-Gaulle* 1992-96 (207,75 m, largeur 31,6 m).

Sous-sol

■ **Age.** *1re strate* : ère tertiaire (entre 65 et 35 millions d'années). Sables, argiles du sparnacien affleurant d'Auteuil au Trocadéro. Gypses et calcaires (lutétien et bartonien) mais la plupart des quartiers sont recouverts de dépôts du quaternaire (22 millions d'années à nos jours).

■ **Carrières.** *Superficie* : 835 ha. Calcaire grossier (pierre à bâtir) sous 7 arrondissements : 770. Gypse (plâtre) sous 4 arrondissements 65. *Longueur de galeries visitables* : 300 km (peu à peu réduites par des injections de béton). *Accès* : 292.

■ **Nappe phréatique.** Cote moyenne 25 NGF 69, *profondeur max.* 16 m (Ier, IIe, IXe arr.), *minimale* 5 m (XVe) ; puits artésien (profondeur minimale à creuser pour que l'eau jaillisse) 700 m. **Cours d'eau souterrains** 6 (rue Vaugirard, du Bac, St-Germain, Bièvre et bras canalisé, de Montreuil, de Ménilmontant).

■ **Catacombes.** Ossuaire 11 000 m^2, 1,5 km, hauteur des galeries environ 2,30 m. *Température moyenne* : 14 °C. *Accès* : escalier en colimaçon de 130 marches (+ galerie 1,7 km), profondeur 20 m. **Origine :** fin XVIIIe s. Sous la plaine de Montsouris, au lieudit de la Tombe-Issoire (ou Issouard), on déposa de 1786 à 1788 les ossements du grand charnier des Innocents (dans le Ier arrondissement, contenant les corps provenant des 20 paroisses de la ville) ; des caves voisines s'étant effondrées sous le poids des corps en mai 1780, le cimetière fut fermé le 1-12-1780. De 1792 à 1814, on transféra aussi des ossements de 16 autres cimetières et, en 1826, les corps de 300 Suisses tués en 1792 aux Tuileries (puis jetés dans une carrière de Montmartre). A l'entrée de l'ossuaire, un vers de l'abbé Delille gravé sur un linteau annonce : « Arrête, c'est ici l'empire de la mort. » Vers les plus célèbres sur le cénotaphe du poète Gilbert († en 1780) : « Au banquet de la vie infortuné convive, / J'apparus un jour et je meurs ! / Je meurs et, sur ma tombe où lentement j'arrive / Nul ne viendra verser des pleurs. » Le 4 décembre, à la Sainte-Barbe (patronne des sapeurs et des travaux publics), l'École des mines organise un baptême de promotion sous le couvert de l'inspection générale des Carrières. **Ossements :** anonymes, 5 à 6 millions, dont ceux de Madame Élisabeth, Danton et Robespierre (transférés des cimetières où ils reposaient). **Visiteurs** *en 2000* : 202 500.

■ **Conduites. Air comprimé :** 784 km, dont 757 en égouts, 26,448 en terre (au 31-12-1988). **Câbles électriques :** 11 980 km (basse tension 3 372, moyenne 6 772, haute 138). **Eau potable :** 1 800 km (transit et distribution non potable 1 600 km) réseaux réalisés par l'ingénieur Eugène Belgrand et ses successeurs, essentiellement après 1850. **Gaz :** 2 255 km (à moyenne pression 266, à haute pression 20). **Réseau CPCU** (Cie parisienne de chauffage urbain). Créé 1928, 408 km, plus de 5 200 immeubles chauffés soit 600 000 équivalents-logements, soit 25 % des besoins en chaleur de Paris.

Sport

■ **Équipements sportifs municipaux** (en 2000). Stades et plaines de jeux 39, terrains d'éducation physique 79, gymnases 136, salles spécialisées 105, bases nautiques 2, piscines 34, bassins-écoles 11, courts de tennis 404 (175 en régie directe, 229 concédés), boulodromes 23, centres d'animation 40, espaces roller 41 (dont acrobatiques d'initiation 22, spécialisés 2, d'évolution libre 11, de rink hockey 5, polyvalent 1). **Parcs interdépartementaux de loisirs :** 6 (gérés par la Ville de Paris avec Hts-de-Seine, Seinte-St-Denis et Val-de-Marne) : Puteaux, Antony, Tremblay, La Courneuve, Bobigny et Choisy-le-Roi. **Licenciés à Paris** (principales disciplines, en 1999). Tennis 32 142, golf 10 941, football 20 193, cyclisme 8 651 (Ile-de-France), tir 8 511 (1998), karaté 7 779, judo 9 127, équitation 72 719 (Ile-de-France), rugby 31 382 (Ile-de-France), basket-ball 3 510, natation 3 401, parachutisme 632, athlétisme 3 153, volley-ball 1 810, tennis de table 1 933, gymnastique 1 972. **Grands clubs omnisports** (nombre d'adhérents en 2000). Racing-Club de France 22 000, Stade français 12 000 (dont 8 000 à Paris), Paris université Club (Puc) 4 000, Club athlétique des sports généraux (CASG) 1 900.

Tourisme

■ **Centres de congrès principaux. Nombre de salles et capacité de la plus grande :** palais des Congrès 22 (jusqu'à 3 700), Cité des sciences 11 (930), maison de la Chimie 19 (1 450), Paris Expo 31 (650), Paris-Nord Villepinte 40 (679), Cnit 30 (1 200), palais des Arts et des Congrès d'Issy-Passy 12 (980). **Congrès organisés :** *1997* : 382 (dont 177 internationaux) ; *98* : 297 (dont 141).

■ **Hébergement. Chambres** (au 6-4-1998) : 134 894 en Ile-de-France dont 72 778 à Paris. **Parc hôtelier :** *1 étoile* : 174 hôtels ; *2 ét.* : 618 ; *3 ét.* : 518 ; *4 ét.* : 100. **Hôtels non classés :** 900. **Résidences de tourisme :** classées ou en instance 62 (11 969 lits). **Lits en centres d'hébergement** pour les jeunes 3 000, résidences universitaires 5 000. **Fréquentation des hôtels par les étrangers** (en milliers, 1998) : 14 195,9 dont G.-B. et Irlande 2 601,7, USA 2 018,1, All. 1 314,1, Italie-Grèce 1 186,1, Japon 1 069,6, Espagne-Portugal 863,4, Amér. du Sud 624, P.-Bas 604, Belgique-Lux. 438, Suisse 324. *Nuitées* : 51 332 738 (dont 32 684 063 d'étrangers). **Durée moyenne de séjour :** Français 1,83 j, étrangers 2,3.

■ **Lieux les plus fréquentés** (entrées en 2000). **Lieux récréatifs :** Disneyland Paris (Marne-la-Vallée) 12 000 000 [le plus visité de France et d'Europe, devant le Futuroscope de Poitiers (2 800 000), le parc Astérix (1 710 000) et Marineland d'Antibes (1 200 000)] ; parc Aquaboulevard 2 200 000, Jardin d'acclimatation 1 000 000, Parc floral 857 520, zoo 720 600. **Musées et monuments :** N.-D. de Paris 12 000 000 (tours 331 923, crypte 181 325) ; Sacré-Cœur de Montmartre 8 000 000 ; tour Eiffel 6 315 324 ; Louvre 6 095 000 ; Centre G.-Pompidou 5 122 099 ; Cité des sciences 2 935 000 ; m. d'Orsay 2 490 271 ; Arc de triomphe 1 494 813 ; m. de l'Armée 1 036 757 ; Ste-Chapelle 958 774 ; Muséum d'Hist. nat. 798 542 ; Palais de la Découverte 636 691 ; m. Grévin 600 000 ; m. Rodin 560 542 ; m. Picasso 527 379 ; m. Opéra-Palais Garnier 510 160 ; Panthéon 413 272 ; m. Art moderne 405 348 ; Conciergerie 363 831 ; Petit Palais 332 394 ; m. Arts d'Afrique et d'Océanie 296 085 ; m. Moyen Age (Cluny) 271 432 ; m. Carnavalet 260 000 ; Catacombes 198 366 ; m. Mode et Textile 134 110 ; m. de l'Homme 132 440 ; m. de la Marine 123 314.

■ **Parcs et salons d'expositions. Superficie totale** (surface utile brute des halls en m^2, en 2000) : plus de 588 559 dont Paris Expo (Parc des expositions de la porte de Versailles) 226 069, Paris-Nord Villepinte 190 749, Le Bourget 78 105, Cnit 20 200, palais des Congrès 19 220, espace Eiffel-Branly 14 049 (fermé), Grande Halle de La Villette 13 866, Parc floral de Vincennes 12 000, de Paris 11 500, espace Champerret 9 200, Palais des Congrès 8 000, Carrousel du Louvre 7 500, Cité des sciences 4 300, espace Austerlitz 4 200, espace Auteuil 3 650. **Principaux salons ouverts au public** (nombre d'entrées payantes en 2000) : mondial de l'automobile 1 436 351 [1] ; Foire de Paris 717 768 ; Salon de l'agriculture 600 203 ; mondial du deux-roues 372 471 [1] (en 1999) ; Salon nautique 294 967 (en 1999) ; du livre 234 000 ; de la maquette et du modèle réduit 195 534 ; mondial du tourisme 86 730 ; Foire internationale d'art contemporain (Fiac) 80 000. **Salons professionnels** (nombre de visiteurs, en 2000) : Bâtimat 501 650 [1] (en 1999) ; de l'aéronautique et de l'espace 273 502 [1] (en 1999) ; de la machine agricole 177 076 [1] ; matériel des travaux publics (Intermat) 208 000 ; Équip' Auto 161 248 [1] (en 1999) ; de l'alimentation (Sial) 132 813 [2] ; Équip'Hôtel 110 134 [1] (en 1999) ; maison et objet 111 048 [2] ; Interclima 90 441 [1] (en 1999) ; Tissu création 80 389.

Nota. – (1) Biennal. (2) Bi-annuel.

Transports

■ **Transports terrestres. Jusqu'au XIIIe s.** charrettes et bacs. **XIVe s.** chars et chariots employés par les souverains et la cour ; *litière couverte* pour les femmes nobles. **1305** entrée d'Isabeau de Bavière sur un chariot branlant (1re voiture « suspendue »). **XVIe s.** apparition du *carrosse* et **vers 1575-80** du *coche* (carrosse suspendu). **XVIIe s.** *chaise à bras* (*à porteurs* ou *portative*) d'abord utilisée pour les malades ou infirmes, puis par tous. **1617**-*22-10* 1re concession pour chaises portatives ; d'autres pour des carrosses ou carrioles de louage (Nicolas Sauvage). On appela ces carrosses *fiacres,* car ils stationnaient devant une hôtellerie placée sous le patronage de saint Fiacre. **1653** association avec Charles Villerme, privilège du roi pour la location de carrosses à un cheval ; **1657** avec Givray ; **1661** avec Catherine Henriette de Beauvais. **1662**-*janv.* des lettres patentes autorisent le duc de Rouanès, le Mis de Sourches et le Mis de Crénan à faire circuler dans Paris des carrosses à itinéraire fixe. 5 lignes dont 1 circulaire (durée éphémère). **1664** *calèche à cheval* et à 4 places ; chaise de Crénan, d'abord voiture de ville, puis chaise de poste. **1671** *chaises roulantes* (roulettes, brouettes et vinaigrettes). Transports à l'usage particulier : cabriolet, carrosse moderne, berline proprement dite, berline à 2 fonds, vis-à-vis, carrosse coupé en berlingot ou diligence, désobligeante. **1682**-*18-3 carrosses à 5 sols* à Paris. **1780** le *cabriolet de louage* remplace la chaise à porteurs et la chaise roulante. **1790** liberté pour les entrepreneurs. **1800** la police réglemente le service des voitures. **1817** liberté supprimée : nulle voiture publique ne peut circuler dans Paris sans autorisation spéciale. **1828**-*avril* Stanislas Baudry (1777-1830) crée des lignes d'*omnibus* (diligence à 3 chevaux, 14 passagers en 3 classes : coupé, intérieur et rotonde) 10 lignes dont 5 partant de la Bastille [après en avoir créé une à Nantes en 1823, allant de la boutique d'un marchand de chapeaux nommé Omnés, à l'enseigne Omnés-Omnibus (« pour tous », en latin) jusqu'à un établissement de bains]. **1837**-*26-8* : 1re ligne de *chemin de fer* Paris-Le Pecq. **1838-40** *gare d'Orléans* (Austerlitz) [Adolphe Jullien/Cendrier]. **1839**-*2-8* ligne *Versailles-rive droite.* **1840**-*10-9 Versailles-rive gauche.* **1843** *gare du Nord* (Léonce Reynaud). **1848-52** *gare de Lyon* et *gare de l'Ouest* (Montparnasse) [Alphonse Baude/Victor Lenoir]. **1851** *chemin de fer de ceinture* relie certains points. **1852-69** *Petite Ceinture* pour relier les radiales en étoile des grandes Cies de chemin de fer, trafic marchandises puis voyageurs à partir de 1862 (ligne d'Auteuil, future maillon de Petite Ceinture vouée au trafic voyageurs dès son ouverture en 1854) ; fermée aux voyageurs, sauf ligne d'Auteuil, 22-7-1934 ; tronçon Henri-Martin-Porte de Clichy affecté au RER C ; voies Henri-Martin/Auteuil déposées ; entre Auteuil et Bd-Victor, plate-forme supprimée en 1960 ; sections sud et est sans utilisation régulière depuis 1993. **1853**-*16-8* un ingénieur français, M. Loubat, qui en 1852 avait rétabli des *tramways* à New York (les tramways créés en 1832 avaient échoué), est autorisé à appliquer le même système à Paris, entre Alma et Iéna. **1854**-*8-2* un décret l'autorise définitivement à établir une voie entre Sèvres et Vincennes avec embranchement sur le rond-point de Boulogne (longueur 29 178 m), mais seule la concession entre la place de la Concorde et Vincennes sera exploitée. *-Févr.* création de la *CGO (Cie gén. des omnibus)* qui reçoit pour 30 ans, puis pour 56 (jusqu'au 31-4-1910), le privilège de faire stationner et circuler des omnibus dans Paris, ainsi que la faculté de créer 2 lignes vers les bois de Boulogne et de Vincennes. *-Mars et mai* ouverture de la ligne d'Auteuil 9 km entre St-Lazare et Auteuil. Le réseau (150 km dans Paris) comprend 25 lignes (désignées par des lettres). **1855** omnibus traînés par 2 chevaux (24 places). Tarifs : 30 centimes à l'intérieur avec droit à la correspondance, 15 centimes sur l'impériale (inventée 1853) sans droit à la correspondance. *-22-1* décret impérial créant la *Cie impériale des voitures de Paris* (absorbant les Cies existantes). **1856** Loubat rétrocède sa concession à la CGO. **1862** ouverture du *chemin de fer rive droite,* 17 km entre les Batignolles-Clichy et la Rapée-Bercy. **1866** libertés des voitures. **1867** Exposition universelle, ouverture de l'embranchement du Champ-de-Mars (1-1-1867) et du *chemin de fer de ceinture* rive gauche 1 km d'Auteuil à Bercy (petite ceinture bouclée). *-25-2* services des *Bateaux-Omnibus* (47 escales de Charenton à Suresnes) et des *Hirondelles parisiennes* qui remplacent le bateau à roues du Port-Royal à Saint-Cloud. **1874**-*3-9* ouverture du *tramway* de l'Étoile à Courbevoie. **1875**-*15-6* ouverture de la ligne Étoile à La Villette. **1877** la Ville étend le monopole de la CGO aux tramways. **1879** Werner von Siemens construit la 1re locomotive électrique à Berlin. **1890**-*31-12* : 300 km de réseau en exploitation (Cie gén. des omnibus et Cies de tramways Nord et Sud). **1897-1900** début du métro (voir à l'Index).

Vers 1905 1er *autobus à essence,* rue de Rennes (14 km/h). **1907** 1er parking collectif (21 *bis*, quai d'Orsay, VIIe : 14 places). **1909**-*13-12* : 1er sens unique (rues de Mogador et de la Chaussée-d'Antin). **1913**-*janv.* suppression des *derniers omnibus à chevaux* (Villette-St-Sulpice) et-*avril* des *tramways à chevaux* (Pantin-Opéra). **1914** ligne d'Auteuil électrifiée. **1920**-*sept.* création de la *Sté des transports en commun de la région parisienne (STCRP)*, chargée d'exploiter l'ensemble des transports en commun de surface, sous la tutelle du département de la Seine. **1927** introduction du pneumatique pour les bus. **1934** petite ceinture fermée. **1937**-*15-3 dernier voyage du tramway* Vincennes-porte de St-Cloud, le 123/124 (PC) ; **1938**-*14-8* d'un tramway en région parisienne (Montfermeil-Le Raincy). **1941** ouverture de l'*autoroute de l'Ouest* jusqu'à Orgeval. **1948** loi du 21-3 instituant la *Régie autonome des transports parisiens (RATP)*, établissement public à caractère industriel et commercial, doté du monopole des transports souterrains et routiers de surface, antérieurement assurés par la STCRP et la Cie du métro de Paris. **1960-73** construction du *boulevard périphérique*. **1968**-*juin* le 94 est le *1er autobus à étage*. **1971**-*janv.* parcours du *dernier bus à plate-forme*. Début de la construction du RER et de la desserte ferroviaire des villes nouvelles. **1979**-*févr.* tous les bus sont équipés de radiotéléphones. **1983**-*mai* 3 lignes équipées de bus articulés. **1992**-*30-6* réapparition du *tramway* en région parisienne : préfecture de Bobigny-La Courneuve puis, *-21-12,* St-Denis (gare).

■ **Déplacements quotidiens** De véhicules individuels 2 600 000, deux-roues 150 000. **Trafic quotidien :** périphérique 1 100 000, rond-point des Champs-Élysées 75 000. **Trafic de pointe le plus chargé :** quai Conti entre Pont-Neuf et pont Royal : 5 500 véhicules par heure ; périphérique : entre les portes de Montreuil et de Bagnolet, 9 900 véhicules par heure, sur 5 files de circulation (en 1994). **Des Franciliens** (voir p. 843 b).

■ **Transports par eau.** Dès l'origine. **Vers 1825** 1er bateau à vapeur. **1885** Cie des bateaux express, Charenton-Le Point du Jour (15e) puis Cie Gale des bateaux parisiens : Charenton (Suresnes jusqu'au 5-5-1934).

Transports publics

■ **RATP. Données financières** (en milliards de F, 2000). **Budget :** 28,02. **Produits d'exploitation :** 24,12 dont produits du transport : 21,07 activités annexes 0,55, divers 1,89 (dont recouvrement d'amende 0,1), en atténuation des charges d'amortissement 0,61 ; financiers 0,7 ; exceptionnel 3,2. **Contribution de l'État :** depuis août 2000, remplacé par le STP. **Dépenses** (en milliards de F, 2000). *Charges d'exploitation :* 22,18 (dont consommations en provenance de tiers 3,63 dont : matières et autres charges externes 2,6, énergie 0,76, frais relatifs aux lignes affrétées 0,11, charges de circulation SNCF 0,16 ; impôts 1,2 ; charges de personnel 13,48 ; dotations aux amortissements et aux provisions 3,75 ; autres charges 0,12), *financières* 2,31, *exceptionnelles* 3,39. **Report à nouveau :** *1992 :* – 0,135 ; *93 :* – 0,093 ; *94 :* – 0,95 ; *95 :* – 0,61 ; *96 :* – 0,138 ; *97 :* – 0,051 ; *98 :* 0,023 ; *99 :* 0,027. **Endettement net** (au 31-12) : *1992 :* 17,2 ; *95 :* 24,9 ; *97 :* 26,6 ; *98 :* 25,8 ; *99 :* 26,4 ; *2000 :* 25,1.

☞ La part de l'État doit être peu à peu supprimée. Une loi du 12-7-1971 a institué un versement payé par les personnes physiques ou morales, publiques ou privées, qui emploient plus de 9 salariés à Paris et en Ile-de-France (2,5 % du montant des salaires payés dans la limite du plafond du régime général de la Sécurité sociale pour Paris et les Hauts-de-Seine, 1,6 % pour Seine-St-Denis et Val-de-Marne et 1 % pour Essonne, Yvelines, Val-d'Oise et Seine-et-Marne) destiné à compenser le manque à gagner résultant du prix des cartes orange.

Tarif du billet (en F). **2e classe et,** entre parenthèses, **1re classe : au carnet :** *1-2-1970 :* 0,70 ; *1-7-75 :* 0,90 ; *1-7-80 :* 1,75 ; *1-8-91 :* 3,45 (5,20) ; *1-5-93 :* 3,90 (5,90) ; *1-8-95 :* 4,40 (6,60) ; *1-7-96 :* 4,60 (6,90) ; *1-7-98 :* 5,20 (7,80) [tarif réduit 2,60 (3,90)] ; *1-7-99 :* 5,50 ; *1-7-2000 :* 5,80. **A l'unité :** *1-4-1985 :* 4,40 (6,50) ; *1-5-86 :* 4,60 (6,80) ; *1-6-87 :* 4,70 (7) ; *1-8-89 :* 5 (7,40) ; *1-8-90 :* 5,25 (7,80) ; *1-8-91 :* 5,50 (8,50) ; *1-5-93 :* 6,50 (9,50) ; *1-8-94 :* 7 (10) ; *1-8-95 :* 7,5 (10,5) ; *1-7-96 :* 8 (12) ; *1-7-98 :* 8 (12) ; *1-7-99 :* 8 (12, supprimée le 1-9) ; *1-7-2000 :* 8.

Carte orange. *Créée* 1-7-1975. Nombre illimité de voyages dans zones choisies. **Prix pour certaines zones** (en F, au 1-7-2000). **Hebdomadaire :** *zones 1-2 :* 85, *1-3 :* 113, *1-4 :* 142, *1-5 :* 173, *1-6 :* 194, *1-7 :* 218, *1-8 :* 242. **Mensuelle :** *zones 1-2 :* 285, *1-3 :* 378, *1-4 :* 475, *1-5 :* 577, *1-6 :* 649, *1-7 :* 728, *1-8 :* 805. **Carte intégrale (annuelle).** **Prix total et,** entre parenthèses, **prélèvement mensuel sur 11 mois** (en F, au 1-7-2000) : *zones 1-2 :* 2 915 (265), *1-3 :* 3 872 (352), *1-4 :* 4 873 (443), *1-5 :* 5 918 (538), *1-6 :* 6 677 (607), *1-7 :* 7 502 (682), *1-8 :* 8 327 (757).

Carte imagine « R ». Pour collégiens, lycéens et étudiants de – de 26 ans. Nombre illimité de voyages dans zones choisies. Possibilité de se déplacer dans toutes les zones le week-end et les jours fériés. **Tarifs** (en F, au 1-7-2000) : zones *1-2 :* 1 850 ; *1-3 :* 2 192 ; *1-4 :* 2 807 ; *1-5 :* 3 419 ; *1-6 :* 3 827 ; *1-7 :* 4 337 ; *1-8 :* 4 746.

Carte Mobilis. Nombre illimité de voyages 1 journée sur réseaux RATP (sauf Orlybus, Orlyval et Roissybus), Transilien SNCF (sauf Roissyrail et Orlyrail), Adatrif et APTR. **Tarifs** (en F, au 1-7-2000) : *zones 1-2 :* 32 ; *1-3 :* 42 ; *1-4 :* 54 ; *1-5 :* 74 ; *1-6 :* 94 ; *1-7 :* 104 ; *1-8 :* 114.

Carte Paris Visite. Nombre illimité de voyages sur métro, RER, bus, tram, funiculaire de Montmartre, Montmartrobus, Noctambus, trains de banlieue, bus Adatrif et APTR ; pendant 1, 2, 3 ou 5 jours ; à moitié prix pour les 4-11 ans ; avantages dans certains commerces. **Tarifs 1 jour adultes et,** entre parenthèses, **enfants** (en F, au 1-7-2000) : *zones 1-3 :* 55 (30) ; *1-5 :* 110 (55) ; *1-8 :* 155 (75).

☞ La RATP n'est maîtresse ni de son exploitation ni de ses tarifs. Le STIF (nouveau nom du Syndicat des Transports Parisiens) fixe le prix des transports et peut imposer la création de nouvelles dessertes, même si elles ne sont pas rentables. En contrepartie d'obligations légales (tarifs réduits ou maintien à un niveau modéré), la RATP reçoit une subvention. Depuis le décret du 7-1-1959, le STIF a pu subordonner le maintien ou la création de dessertes déficitaires, sur la demande des collectivités locales, au versement de subventions par celles-ci. Depuis le 1-10-1983, les employeurs de la région parisienne doivent prendre en charge à 50 % les titres d'abonnements. Depuis le 1-1-1991, la région des « transports parisiens », zone d'intervention du STIF, s'étend à toute l'Ile-de-France et comprend 8 zones. *Points extrêmes :* ouest : 74 km ; sud-ouest : 75 ; sud-est : Souppes-sur-Loing : 97 ; est : Provins : 94 ; nord : 51.

■ **Personnel.** *En 1997 :* 39 461 (dont service voyageurs 24 740, dont métro 9 250, RER 2 896, bus 12 398, commercial 196, environnement sécurité 893), maintenance 10 792. 40 % des stations sont ouvertes et fermées par un agent unique (60 % sont des femmes).

■ **Sécurité. Personnels :** 400 policiers du SPSM (Service de protection et de sécurité du métro) pour Paris *intra-muros* et (en 1998) 723 personnes du GPSR (Groupe de protection et de sécurité des réseaux) pour l'ensemble du réseau. **Crimes et délits** (en 1997) : 18 918. **Agressions** (voir également p. 850 a et c) : *contre agents : 1989 :* 925, *90 :* 842, *91 :* 874, *92* (métro et RER) : 846 et 300 agents de sécurité blessés en service ; *contre voyageurs* (métro et RER) : *1989 :* 2 992, *90 :* 2 746, *91 :* 2 409, *92 :* 2 893, *93 :* 2 638, *94 :* 2 336 (+ bus 86).

☞ *Bombes placées dans le RER :* ligne B, station St-Michel, le 25-7-1995 (7 † et 83 blessés) et Port-Royal le 3-12-1996 (4 † et 92 blessés).

■ **Trafic voyageurs** (en millions). *1990 :* 2 401 ; *92 :* 2 422 ; *94 :* 2 360 ; *97 :* 2 347 ; *99 :* 2 482,6 dont métro 1 187,5, bus 864,1, RER 382, tramway 32,1, TVM 10,6, Orlyval 2,1, STL 4. **Comportement des usagers** (en %, et d'après une étude Ipsos du 3/7-10-1996, de 10 h à 20 h, sur trains et RER de banlieue) : lit 75, ne fait rien 35, dort 12, écoute de la musique 9, discute 8, travaille 4, fait des mots croisés 3, a une activité manuelle (tricot, etc.) 2.

■ **Vandalisme** (voir également p. 850 c). **Coût** (en millions de F) : 200 dont gardiennage 45 ; remise en état sièges, vitres, pare-brise 22 (réseau ferré), 3,4 (bus) ; dégradations de vitres par projectiles 0,9 ; rayures des parois vitrées 3,5 (RER), 23,5 (métro). **Plaintes pour graffitis :** 540 ; surfaces extérieures des trains lacérés, 90 % (200 000 m²) ; coût de remise en état du pelliculage 12 MF. **Dossiers** de dégradations reçus : 3 317 ; audience : 217 ; peines prononcées : 64.

Autobus

■ **Accidents** de la circulation impliquant les bus de la RATP (en 1999). 13 169 (soit 2,42 par million de voyages). **Nombre de tués :** 4.

■ **Agents** (en 1998). 12 593 dont machinistes 10 186.

■ **Agressions. De machinistes :** *1987 :* 257 ; *92 :* 373 ; *96 :* 1 044 ; *98 :* 995 ; *99 :* 829. **De voyageurs :** *1987 :* 119 ; *92 :* 62 ; *96 :* 113 ; *98 :* 141 ; *99 :* 290.

■ **Arrêt (points d')** [en 1999]. 7 284 dont terminus 626 (lignes de Paris 1 831, de banlieue 5 453), services communaux banlieue remisés 514 dont terminus 41, lignes associées 682 dont terminus 72, Noctambus 783 dont terminus 40.

■ **Carrefours (priorité aux).** A quelques carrefours isolés sur l'itinéraire des lignes 26, 62, 103, 128, 131, 143, 178, TVM et tramways sont équipés d'un système permettant aux autobus de prolonger la phase verte ou d'anticiper son apparition. **Gain de temps :** 8 secondes environ par autobus et par carrefour (système onéreux).

■ **Couloirs réservés.** *Créés* 24-2-1964. **Nombre** (en 1999) : 735. *Paris* 578 (148 km) ; *banlieue* 157 (66 km) ; 796 agents RATP assermentés relèvent les infractions.

■ **Horaires** (lignes de Paris). Avant 6 h : 43 %, 6-6 h 30 : 50, après 6 h 30 : 7. *Derniers départs avant 21 h :* 7, *21-21 h 30 :* 45, *21 h 30-24 h :* 17, *après 24 h :* 31. **Soirée** (services de) : 18 lignes fonctionnent de 1 h à 5 h. *Noctambus intra-muros :* 12 lignes (sur 18), durant la nuit, démarrent à chaque terminus toutes les 60 min (30 min vendredi et samedi soir). **Heures de pointe :** 7 h 30 – 9 h et 16 h 30 – 18 h 30. **Intervalle min. et max. entre 2 autobus** (en 1993) : *Paris :* de 4 à 20 min ; *banlieue :* de 4 à 25 min.

■ **Kilométrage annuel moyen des autobus à la RATP.** *1980 :* 34 500 ; *1986 :* 31 600 ; *1995 :* 36 000. **Nombre de parcours par an** (en millions, 1999) : 907 dont Paris 352,7.

■ **Lignes. Longueur** (au 1-1-2000) : *Paris* 564 km (59 lignes) ; *banlieue* 2 487 km (228) + mode T 32,7 (3 lignes). Services communaux banlieue 183 (26), de nuit 320 (18) ; balabus 16,1 (1). **Les plus fréquentées** (en millions de voyages par an) : *PC :* 35, 9 ; *62 :* 17,2 ; *183 :* 12 ; *26 :* 11,9 ; *27 :* 11,5 ; *31 :* 11,4 ; *304 :* 11,4. **Dernière ligne inaugurée :** *88* Cité universitaire-Quai André-Citroën (1-10-1998 ; la 1re depuis 1945).

■ **Machines.** 11 000. **Pannes :** 0,7 pour 10 000 km.

■ **Sites propres** (au 1-1-2000). 54 (20 km) dont 42 en banlieue (17 km). **Voies en site protégé :** 112 (25 km) dont *Paris* 77 (15 km) ; *banlieue* 35 (10 km).

■ **Vitesse commerciale moyenne** (en km/h). **A Paris et,** entre parenthèses, **en banlieue :** *1955 :* 12,6 (17,2) ; *60 :* 11,6 (16,2) ; *65 :* 10,7 (14,4) ; *70 :* 11,2 (22,2) ; *75 :* 9,92 (13,80) ; *80 :* 9,9 (13,8) ; *99 :* 12,9 (18,6). **Grande banlieue :** *1980 :* 10,17 (13,23) ; *81 :* 9,9 (13,8) ; *88 :* 9,5 (13,5) ; *90 :* 9,8 (13,4) ; *93 :* 9,6 (13) ; *94 :* 10,8 (14,7).

☞ Selon la RATP, si l'on augmentait de 1 km/h la vitesse des bus, on gagnerait 100 millions de F sur les frais d'exploitation.

■ **Voitures** (au 1-1-2000). *Parc :* 4 209. *En service :* 3 504. *Affectées à l'exploitation :* 3 920 dont Paris 1 373, banlieue 2 545. *En service à l'heure de pointe du soir :* 3 304 dont Paris 1 204, banlieue 2 300. **Taux d'occupation moyen** (en %) : *1995 :* lignes de Paris 29,5 ; de banlieue 22,6 ; tramway 29,6.

Autobus à étages : 84 places dont 52 assises. 2 portes, longueur 9,83 m, largeur 2,50 m. Puissance 135 chevaux. Mis en service à titre expérimental sur 2 lignes (53 et 94) en 1967 (1 seul) et 1968 (25 exemplaires), puis retirés de la circulation en 1977, leur hauteur leur interdisant certains itinéraires. **A plate-forme ouverte** (lignes 20 et 83) : banquette arrière en rotonde, large plate-forme centrale. **Articulés :** PR 180 places, long. 17,67 m. **Agorav :** 155 places, long. 17,80 m. Coût : environ 1 300 000 F.

■ **Voyageurs** (en millions, 1999). **Par jour :** 3,30. **Par an :** 907 dont lignes régulières de Paris 352,7 ; de banlieue 511,4, tramway 32,1, TVM 10,6. **Voyageurs/km** (en milliards) : *1983 :* 2,08 ; *94 :* 2,20 ; *99 :* 2,5. **Pourcentage des déplacements de surface effectués en bus** (1996) : 35. **Parcours moyen** (en km, 1999) : Paris 2,3, banlieue 2,9, tramway 3,38, Trans-Val-de-Marne 3,37.

■ **Tramway.** Projet abandonné (sur les boulevards des Maréchaux). *Coût :* 2 milliards de F. On aménagera la ligne de petite ceinture (découpée en 3 tronçons, bus articulés, couloirs protégés sur une partie de la ligne, système Altair de régulation et d'information) ; *coût :* 100 millions de F ; vitesse commerciale : 15 km/h.

■ **Quelques chiffres. Carrosses :** *1550 :* 3 ; *1658 :* 310 ; *XVIIIe s. :* entre 6 000 et 24 000 (au moins 20 000 en 1752). **Voitures hippomobiles** (au 1-1-1819 et, entre parenthèses, au 1-1-1891) : **transport des personnes :** *voitures bourgeoises* de toutes sortes 8 804 (12 893), *voitures de louage* dites « de place » (fiacres) 2 071 (9 136), dites « de remise » 877 (4 710), *voitures pour le transport en commun :* omnibus ordinaires (628), tramways (806), chemin de fer voitures pour voyageurs avec bagages (421), chemin de fer omnibus pour voyageurs sans bagages (85), voitures de l'extérieur dites « coucous » 500, messageries de long cours 484, messageries des environs de Paris 249 (786), omnibus servant au transport des facteurs dans Paris (28). *Total :* 12 985 (29 493). **Vitesse** (en km/h, vers 1900). **Omnibus** à 2 chevaux 8,162, à 3 chevaux 7,685. **Tramways** à traction animale 8,718, à traction mécanique 10,218 (vitesse maximale autorisée : traction mécanique 6 km/h, automobile 12 km/h). **Prix de la course** (en centimes). *Voitures hippomobiles* 25 ; *automobiles* 33 (pour 1 ou 2 personnes), 40 (au-delà) ; *omnibus* (quelle que soit la distance) *2e classe :* 15, *1re classe :* 30 ; *tramways 2e classe :* 3,5, *1re* 5,5 ; *métro 2e :* 15 ; *1re :* 25 ; *bateau à voyageurs :* semaine 10, dimanche 20.

■ **Funiculaire de Montmartre.** **1873**-*24-7* construction de la basilique décidée. **1891**-*5-6 :* ouverte au public. **1900**-*13-7* inauguration du funiculaire (long. 108 m, pente 35,2 % : écartement 8,44 m, dénivelé 36 m, usagers 1 million/an). **1931**-*1-11* arrêt pour rénovation : funiculaire à eau abandonné pour une traction électrique de 50 CV (trajet en 70 s à 2 m/s). **1935**-*2-2* service repris ; exploitation confiée à STCRP puis RATP. **1962 :** 1 600 000 passagers transportés. **1990 :** 2e modernisation : 60 places, 3,5 m/s, 2 000 passagers à l'heure, coût 43,1 MF. **1991** cabines à mouvements indépendants.

Métro

■ **Quelques dates.** **1853** Eugène Flachat (1802-73) et Brame proposent un tunnel de 2 233 m Halles/gare du Nord pour marchandises. **1854** l'avocat La Hire propose 6 lignes. **1881** projet Chrétien : aérien, traction électrique et télécommandée. Projet Mareschal : petits tunnels (long. 2 140 m, larg. 2 m). **1884** projet Angély : train suspendu. **1897** projet de Jean-Baptiste Berlier (1843-1911) : reprend celui de La Hire. **1896** Fulgence Bienvenüe (1852-1936) : avant-projet, puis projet définitif de métro (en profitant des études antérieures, dont celles de Berlier). **1897**-*9-7* vote du conseil municipal de Paris (52 pour, 12 contre, 11 abst.) : la Ville se charge des infrastructures et des quais de voyageurs ; de l'exploitation ; le concessionnaire se charge des superstructures et verse 5 centimes par voyageur à la Ville pendant 35 ans avant qu'elle en devienne propriétaire. *Réseau :* 65 km, 6 lignes. **1898**-*7-7* début des travaux à ciel ouvert, tranchée recouverte ensuite pour continuer le percement à l'abri *(méthode du « cut and cover »)*, ou souterrain à partir d'une galerie initiale élargie par la suite *(méthode belge)*, ou à l'aide d'un bouclier, notamment pour traversées sous-fluviales (certaines construites par *fonçages de caissons dans le lit du fleuve*). **1900**-*19-7 :* 1re ligne (Maillot-Vincennes, construite en 19 mois) inaugurée par Bienvenüe. Prix : 1re classe 0,25 F, 2e classe 0,15. Aller-retour 0,20. Entrée d'Hector Guimard (1867-1942) jusqu'à 1913. **1901**-*janv.* 1re grève. **1903**-*10-8 :* 2 courts-circuits sur une motrice à la station Barbès ; nouveau court-circuit dans un train évacué poussé dans le tunnel vers la station Ménilmontant déclenche un incendie ; aspirée par le souterrain la fumée parvient à Couronnes où un train de voyageurs est arrêté par mesure de sécurité ; la lumière s'éteint ; panique, 77 † étouffés, 7 autres à Ménilmontant ou dans les souterrains. **1906**-*15-7* viaduc de Passy inauguré. **1907** voitures métalliques rouge et vert (jusqu'en 1983). **1909** 63 km ouverts ; 1ers escaliers mécaniques. **1910**-*janv.* crue de la Seine, 19 km de tunnels inondés, exploitation réduite à 32 km ; -*avril* reprise totale. **1914**-*2-8* 106 stations fermées sur 163 (rouvertes 20-8 à déc.). -*1-12* stations Berlin, devient Liège et Allemagne : Jean-Jaurès. **1915** fermeture pneumatique des portes. **1916**-*29-1* bombe Zeppelin perce voûte tunnel ligne 2. Ouverture section Opéra-Palais-Royal. **1918**-*11/12-3* bombardement, panique à Bolivar, 66 †. **1921** système régie intéressée remplace la concession ; terme fixé à 1955. **1929** 15 prolongements (32 km) concédés à la CMP. **1935** stations équipées de groupes moteurs-ventilateurs. **1937**-*16-5* 1er meurtre : Yolande-Laetitia Toureaux. **1939**-*12-7* inauguration prolongement Jussieu-Austerlitz (1 026 m) ; -*3-9* : 85 stations ouvertes (sur 322), réseau 43 ha ; **1940**-*févr.* 196 stations, 126 ha. **1941**-*4-8* cartes hebdomadaires créées. **1942**-*5-10* Porte de Charenton/Charenton Écoles 1 784 m) ; -*12-10* Gare du Nord/Église de Pantin (4 499 m). **1946**-*1-5* Porte d'Ivry/Mairie d'Ivry (1 559 m). **1949**-*1-1* Régie autonome des transports parisiens (RATP) créée, établissement public à caractère industriel et commercial, autonomie financière. **1952** Porte de St-Ouen/Carrefour Pleyel (2 741 m). **1956**-*nov.* métro sur pneus Châtelet/Mairie des Lilas, puis lignes 1 en 1964, 4 en 1967 et 6 en 1974. **1972-76** le péage automatique apparaît. **1974**-*juin* exploitation (un seul agent par contrôle) généralisée. -*Sept.* Charenton Écoles/Créteil Préfecture. **1975**-*1-7* carte orange (mensuelle). **1976**-*20-5* prolongement jusqu'à St-Denis. -*9-11* jonction lignes 13 et 14 Champs-Élysées/Invalides. **1979** terminus ligne 7 au fort d'Aubervilliers. **1984**-*1-5* carte intégrale (annuelle).

■ **Accidents** (métro et, entre parenthèses, RER) **en 1999.** Tués 36 (18), blessés 9 650 (4 310). **Nombres d'accidents par million de voyageurs :** 5,19. *Répartition par causes* (en 1998) : agression 1 515 (504) ; attentat 0 (0) ; bousculade entre voyageurs 96 (58) ; bris d'Hygiaphone 0 (0), de vitre de train 2 (2) ; chute dans une voiture 99 (16) ; descente train à l'arrêt 70 (43), descente train en marche 4 (1), en station 2 552 (770), entre caisse et quais 221 (151), entre 2 voitures 13 (0), montée train à l'arrêt 118 (56), suivie de malaise 49 (14), voie absence de train 66 (34), voie arrivée de train 15 (5), voie départ de train 1 (1), voie train en station 11 (5) ; circulation entre 2 voitures 0 (0), indue sur la voie 6 (0) ; heurté par un train 16 (4) ; incommodé par gaz lacrymogène 36 (18) ; malaise sans chute 4 258 (2 039), suivi de chute 1 122 (394) ; mordu par un chien 17 (4) ; piqué par une seringue 2 (1) ; rixe entre voyageurs 109 (38), voyageurs/agents 4 (4) ; serré par fermeture des portières 325 (71), fermeture portes antifraudes 449 (330), ouverture des portières 439 (71), ouverture portes antifraudes 217 (120) ; suicide 27 (10) ; tentative de suicide 104 (23) ; entraîné par un train 16 (2) ; préjudice commercial 5 (12) ; vêtements ou objets personnels de voyageurs endommagés 313 (153) ; non précisé 31 (9), autres 754 (293). Voir à l'Index.

■ **Agents** (en 1998) : 9 585.

■ **Agressions. Sur voyageurs :** *1970 :* 133 ; *71 :* 387 ; *81 :* 1 100 ; *82 :* 1 585. **Sur agents :** *1971 :* 301 ; *81 :* 388 ; *82 :* 475.

■ **Ascenseurs. Métro :** 56 cabines (12 stations). Capacité (30, 50 ou 100 personnes). *Plus grandes hauteurs d'élévation* (en m) : Buttes-Chaumont 28,70 ; Abbesses 23,51 ; Lilas 21,92. *Plus faibles :* St-Michel 8,10 ; Cité 13,18.

■ **Bactéries** (staphylocoques et streptocoques). 20 fois plus qu'à l'extérieur ; air 2,5 fois plus pollué.

■ **Budget d'exploitation** (en milliards de F, HT). **Dépenses de fonctionnement (et recettes) :** *1997 :* 13,50 (12,72) ; *98 :* 12,86 (13,66). **Solde :** *1997 :* – 0,78 ; *98 :* – 0,41.

■ **Chaleur.** L'énergie cinétique des trains se transforme en chaleur (1 500 watts par m de ligne), sauf sur lignes 7, 8, 13 où le freinage se fait avec récupération d'énergie ; un passager dégage 100 W.

■ **Classe. Métro :** *17-7-1900 :* 2 classes ; *2-1-1947 :* 1 ; *1-12-1948 :* 2 ; *1-3-1982 :* 1res réservées de 9 h à 17 h aux porteurs d'un billet de 1re classe et à certaines catégories avec un billet de 2e (mutilés, infirmes, personnes âgées ou accompagnées d'enfants en bas âge, femmes enceintes) ; *depuis le 1-8-1991 :* 1 classe (suppression de la 1re classe sur le métro et *1-9-1999* sur le RER).

■ **Contrôles magnétiques** (au 1-1-2000). 1 878 lecteurs magnétiques équipent 315 stations de métro.

■ **Courants d'air.** Peuvent atteindre 40 km/h.

■ **Équipement.** Circulation à droite, déclivité maximale 50 mm/m, rayon minimal des courbes 75 m (exceptionnellement 40 m), alimentation par 3e rail, tension courant continu 750 volts.

■ **Escaliers mécaniques.** *1960 :* 70 ; *68 :* 89 ; *70 :* 102 ; *75 :* 232 ; *85 :* 649. Métro : 478 (*le plus long :* 20,32 m place des Fêtes) dans 204 stations, RER : 286 dans 33 gares.

■ **Fraude. Taux** (en %) : *1976 :* 2,6 ; *81 :* 5,6 ; *86 :* 6 ; *91 :* 7,2 ; *92 :* 6,7 ; *93 :* 6,8 ; *94 :* 6,8 ; *96 :* 6,1 ; *97 :* 5,6 ; *98 :* 5,2. Il y a environ 300 000 voyages impayés par jour. **Perte :** 263 millions de F soit l'équivalent de 8 rames de métro ou de la rénovation de 35 stations.

■ **Grillons.** Plus fréquents sur les lignes 3 et 9 car elles sont les plus chaudes : 27 à 34 °C.

■ **Horaires.** Départ du 1er train : 5 h 30, arrivée du dernier train : 1 h 15.

■ **Infractions** (amendes au 1-3-1998). *Niveau 1 :* titre de transport non validé en entrée ; tarif réduit non justifié ; surclassement non justifié ; prolongement de parcours ; carte hebdomadaire sans nom ; photo non collée sur carte nominative. Paiement immédiat 100 F ; avant 2 mois 250 F (si appel de la police 350 F) ; après 2 mois 1 200 F (recouvrement par Trésor public). Procès-verbaux pour délits et infractions graves. *Niveau 2 :* titre de transport absent ou appartenant à un tiers, illisible, déchiré ; fumer en voiture ou dans l'enceinte du réseau ; carte orange, coupon hebdomadaire : ligne de contrôle franchie sans validation, « coupon sans carte », non concordance de numéro, contremarque sans coupon. Paiement immédiat 150 F ; avant 2 mois 300 F (si appel de police 400 F), après 2 mois 1 200 F. *Niveau 3 :* ligne de contrôle franchie sans validation, entrée par un passage « sortie », introduction irrégulière d'animaux, prise de vue sans autorisation, utilisation d'un passage interdit, de patins ou planches à roulettes, pieds sur les banquettes, entrave à la fermeture des portes, stationnement illicite, refus de compléter une carte ou un coupon. Paiement immédiat 200 F, avant 2 mois 350 F (si appel de police 450 F), après 2 mois 2 500 F. **Nombre d'infractions à la législation des stupéfiants :** *1998 :* 278 ; *99 :* 302.

■ **Lignes exploitées. Longueur totale** (en km, au 31-12) : *1900 :* 13,3 ; *10 :* 75,2 ; *20 :* 94,7 ; *30 :* 116,5 ; *38 :* 154 ; *45 :* 164,5 ; *60 :* 169 ; *70 :* 171 ; *75 :* 178,7 ; *80 :* 190,2 ; *81 :* 190,8 ; *86 :* 192 ; *87 :* 198 ; *89 :* 200 ; *91 :* 198,8 ; *92 :* 201 ; *96 :* 201,5 (*Paris* 159,2 ; *banlieue* 42,3 dont aérien 16,7) ; *98 :* 211,3 (*Paris* 167,6 ; *banlieue* 43,7). **La plus courte :** 1,3 km (ligne 3 *bis*, Porte des Lilas-Gambetta). **La plus longue :** 22,5 km (ligne 13, St-Denis Université-Châtillon-Montrouge). **Nombre :** 14 + 2 navettes, 3 *bis* et 7 *bis*. **Franchissement de la Seine :** aérien : 4 fois ; par tunnel : 6 ; **de la Marne :** aérien : 1 fois. **Lignes sur pneumatiques : 11** Châtelet-Mairie des Lilas (1956) ; **1** Grande Arche de La Défense-Château de Vincennes (1963) ; **4** Porte de Clignancourt-Porte d'Orléans (1966) ; **6** Nation-Charles-de-Gaulle-Étoile (1-7-1994) ; **14** Bibliothèque F.-Mitterrand-Madeleine (1998). **Lignes les plus chargées** (en millions de voyageurs, 1999) : **1 :** 127 ; **4 :** 116 ; **7 :** 104 ; **9 :** 97 ; **13 :** 93.

■ **Météor (métro est-ouest rapide : ligne 14).** Décidé 1989, inauguré 15-10-1998 (7 stations), automatisé. **Rames :** 6 voitures dont 4 motrices (8 plus tard ; 120 m ; 722 voyageurs) sans séparation entre elles ; longueur 90 m. Pouvant se succéder à un intervalle de 85 secondes. Sur pneumatiques. **Parcours :** Zac de Tolbiac-Madeleine (7 km, 7 stations, 12 minutes), via gare de Lyon et Châtelet (prolongé vers Asnières-Gennevilliers et au sud vers Maison-Blanche, prévu 2003). **Vitesse :** max. 80 km/h, commerciale 40 km/h (arrêts compris). **Capacité :** 25 000 voyageurs/h. **Coût** prévu pour 19 trains (en milliards de F) : génie civil 7,7, matériel roulant 0,638. **Financement** (en %) : Région 43,8, État 30,5, Paris 7,4, RATP 18,5. **Correspondances** lignes A, B, D du RER et 7 du métro avec ligne A : Matra effectue conception et fabrication des automatismes. **Trafic prévu :** 200 000 voyageurs/j.

■ **Éole (Est-Ouest liaison express : ligne E du RER). 1999**-*14-7* Hausmann St-Lazare-Chelles, 28 minutes, 8 stations ; -*30-8* Villiers-sur-Marne, 33 minutes, 9 stations. **Coût** prévu : 8,9 milliards de F (*estim. 1987 :* 6,2) ; rames MI 2N (225 m, 2 500 places dont 1 100 assises) ; **vitesse :** max. 140 km/h (60 en souterrain).

☞ **Éole-Météor :** selon la Cour des comptes, coût de l'investissement global : 20 milliards de F en valeur 1997 (objectif en 1987 : 6,33).

■ **Orlyval.** D'Antony (gare RER, ligne B) à l'aéroport d'Orly (inauguré 1-10-1991) : 7,2 km, 4 stations. Construit par Matra ; sans pilote, 8 rames de 116 places, vitesse moy. 50 km/h, fréquence moy. 7 min ½. **Passagers** (en 1999) : 2 058 711. **Coût :** 1,75 milliard de F. **Pertes** (en millions de F, en 1991) : 58,1. Exploitation reprise par la RATP le 4-2-1993 (Val d'Orly).

■ **Musiciens** (en 1993). *Non autorisés :* 1 830 procédures à leur encontre. *Tolérés :* une centaine. Depuis mars 1997, 2 auditions par an ; 300 musiciens autorisés dont environ 100 nouveaux à chaque session.

■ **Stations** (réseau urbain). **Longueurs des quais :** *total :* 63 km. *Nombre de stations selon la longueur de leur quai : 75 m :* 258 stations, *80 m :* 5 stations, *90 m :* 51 stations, *105 m :* 15 stations, *110 m :* 5 stations, *120 m :* 7 stations sur les lignes 1, 2 et 3. **Profondeur** *moyenne :* 4 à 12 m ; *les plus profondes :* Buttes-Chaumont 31,66 m (ligne n° 7 *bis*). Abbesses 29,69 m (ligne 12). Porte des Lilas 28,60 m (ligne 3 *bis*). Télégraphe 25,63 m (ligne 11). Place des Fêtes 25,26 m (ligne 11). Lamarck-Caulaincourt 25,09 m (ligne 12). **Points d'arrêt :** 380 (Paris 326, banlieue 54, aériens 26), 297 stations nominales, correspondances (métro-métro 62, RER-RATP ligne A et B 12, RER-SNCF ligne C 14, autres gares 8). **Stations en service** (en 1996) : nombre par ligne : de 4 (ligne 3 *bis*) à 37 (lignes 8 et 9). **Intervalle entre deux arrêts :** 543 m (le plus long : 1 756 m, Créteil Université-Créteil Préfecture). **Stations fermées** *en sept. 1939 :* 250 sur 332 ; *févr. 1940 :* 100 ; *après 1945 : définitivement :* Arsenal, Champ-de-Mars, Croix-Rouge, St-Martin, Martin-Nadaud. **Station rouverte** *en 1988 :* Cluny (fermée 1939), sous le nom de Cluny-la Sorbonne (correspondance lignes 10 métro et B et C du RER, avec accès gare RER de St-Michel). **Stations ouvertes les jours ouvrables** de 5 h 30 à 20 h : Liège et Rennes. **Stations les plus fréquentées** (en millions, 1999) : St-Lazare 27,7, Montparnasse 27, Gare du Nord 25,9, de l'Est 19,1, de Lyon 17,4. **La moins fréquentée :** Église d'Auteuil 0,13.

■ **Suicides et tentatives de suicide** (métro et RER). *1970 :* 28 ; *80 :* 116 (42 †) ; *81 :* 146 ; *82 :* 161 (52 †) ; *83 :* 139 (50 †) ; *85 :* 183 (56 †) ; *86 :* 168 ; *87 :* 158 ; *88 :* 89 ; *90 :* 129 ; *93 :* 130 ; *96 :* 157 ; *97 :* 164 ; *98 :* 164 (37 †) ; *99 :* 79 (24 †).

■ **Télévision de surveillance.** Apparue janv. 1986. 865 écrans (sur 332 quais de 200 stations). Station « Tube », publicitaire (spot de publicité de 36 secondes toutes les 2 minutes), a cessé d'émettre depuis 31-12-1989 (pertes 1989 : 15 millions de F).

■ **Ticket. Tarif** (voir p. 849 a). **Couleur :** *vert* (depuis le 21-3-1992 ; auparavant : jaune) 30 × 66 mm, épaisseur 0,27 mm, poids 0,5 g.

■ **Trains. Longueur :** *lignes 3 bis et 7 bis :* 3 voitures ; *11 :* 4 voitures ; *autres :* 5 [sauf *1, 4* et *14 :* 6 (long. 90 m) ; en 1910 : 5 voitures de 13,60 m soit 68 m]. **Nombre de départs par jour :** 5 490. **Nombre en service à l'heure d'affluence du soir :** 562.

■ **Trottoirs roulants.** 15 dont *Châtelet :* 2 (long. 132 m, larg. 1 m, vitesse 45 m/min, débit max. 10 000 personnes/h). *Les Halles :* 3 (long. 154 m, larg. 1 m, 50 mètres/min). *Invalides* (174 m). *Montparnasse :* 3 (185 m, 1,12 m, 50 m/min, 11 000 pers./h). *Opéra-Auber :* 4 (75 m, 1,11 m, 50 m/min, 11 000 personnes/h).

■ **Vandalisme** (voir également p. 849 b). **Coût** (en millions de F) : *déprédations* (sans graffiti) : *1987 :* 20 ; *89 :* 20 ; *graffiti :* (coût pour les effacer) : *1986 :* 6 ; *87 :* 14 ; *88 :* 25 ; *89 :* 20 ; *92 :* 70. **Interpellés** *(taggeurs) : 1987 :* 345 ; *88 :* 524 ; *89 :* 427 ; *91* (station Louvre, nuit du 30-4 au 1-5) : 50 ; *92-94 :* 300 à 400. **Peines :** 3 mois à 2 ans de prison, 2 500 à 50 000 F d'amende (un *taggeur* peut réaliser 40 000 F de dégâts en 3 min). **Violences. Contre les voyageurs :** *1998 :* 346 ; *99 :* 414. **Contre les agents de la RATP :** *98 :* 509 ; *99 :* 474.

■ **Vendeurs à la sauvette.** 53 000 procès-verbaux en 1989 (loi du 2-1-1990 : la marchandise peut être confisquée).

■ **Vitesse** (en km/h). Maximale autorisée : 70 ; heure d'affluence : 25. Commerciale maximale sur ligne 14 (automatique) heure d'affluence : 41,8.

■ **Voitures** (au parc, au 1-1-2000). 3 569 (2 220 motrices, 1 349 remorques), matériel articulé 6 (4 motrices, 2 remorques), sur pneus 1 077 (712 motrices, 365 remorques), fer moderne 2 492 (1 508 motrices, 984 remorques).

■ **Vols.** *A la tire* déclarés par les voyageurs : *1981 :* 3 469 ; *82 :* 3 856 ; *85 :* 4 077 ; *92 :* 2 371 ; *98 :* 13 935 ; *99 :* 12 284. *Avec violences* contre les voyageurs : *98 :* 1 402 ; *99 :* 1 686 ; contre les agents de la RATP : *98 :* 11 ; *99 :* 25 ; avec effractions (caisses des distributeurs) : *98 :* 93 ; *99 :* 106.

■ **Voyageurs. Transportés annuellement** par le métro (en millions) : *1900 :* 17,7 ; *10 :* 318 ; *20 :* 688 ; *30 :* 888 ; *38 :* 761 ; *46 :* 1 598,4 ; *50 :* 1 129 ; *60 :* 1 213 ; *70 :* 1 128 ; *75 :* 1 055,4 (+ RER 130,2) ; *80 :* 1 093,9 (+ 205,1) ; *85 :* 1 151,4 (+ 261,4) ; *90 :* 1 226 (+ 344,4) ; *91 :* 1 190 (+ 360) ; *92 :* 1 201,4 (+ 367,2) ; *93 :* 1 176,8 (+ 361,1) ; *94 :* 1 169,9 (+ 363,8) ; *96 :* 1 091,6 (+ 350,6) ; *97 :* 1 115,9 (+ 354,1) ; *98 :* 1 155,7 (+ 367,2) ; *99 :* 1 187,5 (+ 382). **Voyageurs/km** (en milliards) : *1983 :* 5,58 [funiculaire inclus] (+ RER 2,81) ; *88 :* 5,74 (+ 3,07) ; *93 :* 5,67 (+ 3,68) ; *94 :* 5,64 (+ 3,7) ; *96 :* 5,26 (+ 3,6) ; *97 :* 5,38 (+ 3,6) ; *98 :* 5,57 (+ 3,7) ; *99 :* 5,72 (3,9).

RER
(Réseau express régional)

■ **Quelques dates. 1964**-*1-8* ligne de Sceaux ; section sud (Massy-Palaiseau-St-Rémy-lès-Chevreuse). **1969**-*14-12* Nation-Boissy-St-Léger (électrification ancienne ligne SNCF de Vincennes). **1970**-*21-2* Charles-de-Gaulle-Étoile à La Défense. **1971**-*23-11* à Auber. **1972**-*1-10* La Défense-St-Germain-en-Laye après réélectrification en continu 1 500 volts. **1977**-*9-12* jonctions Auber-Nation (ligne A) et Châtelet-les Halles-Luxembourg (ligne B), partie de la branche de Marne-la-Vallée (ligne A : Fontenay-Noisy-le-Grand-Mont d'Est). **1979**-*30-9* Gare d'Orsay-Invalides, ligne C exploitée par la SNCF. **1980**-*19-12* totalité de la branche de Marne-la-Vallée (ligne A : Noisy-Torcy). **1981**-*10-12* prolongement ligne B Châtelet-Gare du Nord et mise en service de la gare souterraine de banlieue. **1983**-*7-6* interconnexion partielle ligne B, parcourue par trains SNCF et RATP. **1987** interconnexion banlieue Nord (Orry-la-Ville/Châtelet-les Halles). **1988** interconnexion ligne de Cergy (St-Christophe) et ligne A à Nanterre-Préfecture, correspondance lignes B et C à St-Michel. 1re étape liaison vallée de Montmorency-Invalides (branche nord-ouest de la ligne C). **1989** desserte définitive sur branche nord-ouest ligne C (Montigny-Beauchamp). **1990** poursuite interconnexion ligne D : départ et réception à Châtelet-les Halles des trains de Goussainville et Orry-la-Ville. **1991** gare de correspondance ligne C avec ligne 13 du métro. **1992** Chessy Eurodisneyland (Marne-la-Vallée) par ligne A. **1994**-*9-7* prolongement ligne A de Cergy-St-Christophe à Cergy-le-Haut. -*21-7* prolongement ligne B jusqu'à la gare d'Aéroport-Roissy-Charles-de-Gaulle 2-TGV. **1999**-*14-7* et -*30-8* ligne E. -*1-9* 1re classe supprimée.

■ **Agents. En 1997 :** 2 926.

■ **Arrêts (points d').** **Nombre :** 66 (Paris 12, banlieue 54), gares nominales 65 (dont 9 en correspondance avec le métro et 9 avec la SNCF). **Longueur standard :** 225 m, permettant d'accueillir le matériel interconnexion (1 élément de 4 voitures : 104 m, ou 2 éléments de 8 voitures : 208 m). **Gare souterraine la plus grande du monde :** RER Châtelet-les Halles (315 × 82 m) : 7 voies dont 2 exploitées depuis sept. 1987 avec les lignes SNCF d'Orry-la-Ville et Villiers-le-Bel (ligne D du RER).

■ **Ascenseurs.** 100 (40 stations).

■ **Coût. Travaux :** ligne A : 5 milliards de F (1979). Prolongement 11 km (sur Marne-la-Vallée) : 0,939 (1992).

■ **Horaires.** Départ du 1er train : 5 h ; arrivée du dernier train : *ligne A :* 1 h 20 ; *ligne B :* 1 h 15.

■ **Lignes.** L'appellation RER couvre 4 lignes. *2 lignes interconnectées SNCF-RATP :* **ligne A :** 74,5 km (dont 50,6 en aérien), 34 gares (dont 27 aériennes) : St-Germain-en-Laye – Châtelet-les Halles – Boissy-St-Léger/Torcy-Marne-la-Vallée/Cergy-St-Christophe-Poissy ; **ligne B :** 79,6 km, 57 gares : Mitry/Roissy - Gare du Nord-Châtelet-les Halles - St-Rémy-lès-Chevreuse/Robinson. *2 lignes SNCF :* **ligne C :** 183 km, 80 gares (trafic : 400 000 voyageurs par jour) : St-Martin-d'Étampes/Dourdan/Massy-Palaiseau – Paris – Versailles rive gauche/St-Quentin-en-Yvelines et Montigny-Beauchamp/Argenteuil – Champ-de-Mars ; **ligne D :** 134 km, 44 gares, 500 000 voyageurs/jour) : Orry-la-Ville – Châtelet-les Halles – Gare de Lyon – Melun/Malesherbes. **Longueur des lignes exploitées** (en km, au 31-12) : *1976 :* 74,86 ; *77 :* 92 ; *79 :* 92,20 ; *80 :* 230 ; *81 :* 270,8 ; *82 :* 274 ; *fin 89 :* 358 (252 SNCF,106 RATP) ; *96 :* RER-RATP : 115,1 ; SNCF : 436.

■ **Matériel roulant.** Circulation à gauche, déclivité maximale ligne A 36 mm/m, ligne B 40,8, rayon minimal 146, ligne B 220, alimentation caténaire 1 500 volts. **Parc total :** 1 015 (dont 591 motrices, 424 remorques) dont MS 61 (mise en service 1967-80) 377 dont 251 motrices de 23,80 m et 126 remorques mixtes de 23,50 m ; MI 79 (1980-85) 276 (dont 138 motrices et 138 remorques de 26 m) ; MI 84 (1985-89) 292 (dont 146 motrices et 146 remorques de 26 m). **Capacité par élément :** *MS 61 :* 629 voyageurs (4 au m^2) ou 846 (6 au m^2), *MI 79* et *MI 84 :* 1107. **Nouvelle rame :** *MI 2N :* 70 (56 motrices, 14 remorques) sur la ligne A, sur 2 niveaux : 2 580 voyageurs/rame. **Matériel interconnexion** (MI 79/Z 8100) : peut recevoir une double alimentation (1,5 kV continu pour lignes RATP et SNCF, et 25 kV alternatif pour lignes SNCF de la banlieue Nord avec commutation automatique de la tension d'alimentation) ; desservir des stations à quais de différentes hauteurs (*RATP :* 1,10 m à 1 m ; *banlieue, gares souterraines :* 1 m, 0,80 m et 0,55 m). Utilise la capacité maximale permise par la longueur de quais RATP (225 m) et SNCF (315 m) : exploitation avec un seul agent à bord ; composition modulable, performances élevées d'accélération et décélération, vitesse maximale 140 km/h, aptitude à gravir des rampes de 40,8 ‰.

■ **Trains. Nombre en service aux heures d'affluence :** *ligne A :* 63, *B :* 52. **Nombre de départs par jour :** *ligne A :* 288, *B :* 262 ; **par heure** (nombre maximum) : *A :* 30, *B :* 20.

■ **Vitesse** (en km/h) **maximale autorisée et,** entre parenthèses, **moyenne :** *ligne A :* 120 (49,4) ; *ligne B :* 100 (39,4).

■ **Voyageurs** (en millions, 1998). 367 (dont Châtelet-les Halles 38,5 ; Gare du Nord 36,8 ; Auber 33,2 ; Gare de Lyon 26,3 ; La Défense 23,2 ; Charles-de-Gaulle-Étoile 21,3 ; Nation 17,2 ; Denfert-Rochereau 13,9 ; St-Michel-Notre-Dame 13,3. **Voyageurs/km** (en 1999) : 3,9 milliards.

TAXIS

■ **Origine. 1902** création des G 7. **1904** 1ers taxis-auto, Renault à 2 cylindres, peints en rouge. **1905** « Compagnie française des automobiles de place » [les G 3 (voitures vertes) appartiennent à « la Générale des voitures » et les G 2 à « Kermina Métropole »]. **1910** « la Sté commerciale des fiacres automobiles à taximètre ». **1911** grève de 144 jours à cause du prix de l'essence. **1956** 1er radio-taxi. **1955**-*31-8 :* 1res « bornes appel taxis » au coin avenue Rapp. **1976** les sociétés louent leur voiture et leur plaque à des travailleurs indépendants (prix moyen 750 F par jour ; dépense qu'on ne peut amortir qu'en travaillant au minimum 10 heures, amplitude maximale autorisée).

■ **Renseignements pratiques. Abonnement.** Radiotéléphone. Selon les Cies, l'abonné peut disposer d'une ligne prioritaire, payer par chèque, par carte, en paiement différé et réserver plus facilement. **Client. Il peut choisir,** en station, le véhicule qui lui convient, sauf s'il existe des files d'attente matérialisées par des chaînes (gares et aéroports principalement), ouvrir et fermer les glaces, exiger que le conducteur suive un itinéraire particulier et demander qu'il éteigne sa radio et arrête de fumer. **Compteur.** Horokilométrique, il enregistre le prix de la course d'après la distance parcourue (la vitesse de marche ou le temps attendu). **Conducteur. Il doit accepter** un client lorsque le taxi est libre, quelle que soit la place de sa voiture sur une station de taxis ou lorsqu'il circule sur la voie publique. Il ne peut refuser une course qu'il estime trop courte. **Il doit refuser : 1°)** de prendre un client à moins de 50 m d'une station occupée par des taxis libres ; **2°)** d'attendre un client à un emplacement où le stationnement est interdit ou plus longtemps que la réglementation ne le permet. **Il peut, à son gré, conduire ou refuser : 1°)** *un client pour toute destination hors de sa zone d'exercice* (taxis parisiens : Paris, Hauts-de-Seine, Seine-St-Denis, Val-de-Marne, Le Bourget, Orly, Charles-de-Gaulle à Roissy, le Parc des expositions de Villepinte ; *un taxi parisien stationnant à Roissy doit charger* pour n'importe quelle destination de la France métropolitaine ; *à Orly, il peut refuser* de conduire hors de la zone d'activité des taxis parisiens) ; **2°)** *un client accompagné de plus de 2 adultes* quand il n'y a pas de strapontin dans la voiture (2 enfants de moins de 10 ans comptent comme une personne) ; **3°)** *un client dont les bagages sont trop nombreux* ou intransportables à la main ; **4°)** *un voyageur à côté de lui ; un client ivre* ou *accompagné d'un animal* (sauf chien d'aveugle), ou *en tenue sale,* ou portant des bagages salissants, ou laissant une mauvaise odeur ; *un client voulant suivre un convoi funéraire ;* **5°)** *un client alors qu'il n'est pas en station,* pour une direction l'éloignant de son garage ou de son domicile, dans la demi-heure qui précède l'heure du retour indiquée sur l'horodateur placé sur la plage arrière du taxi. **Il ne peut refuser** les handicapés et leurs véhicules pliables. **Il peut prier** *son client de ne pas fumer,* mais ne peut le lui interdire. A Paris, il peut apposer sur la vitre arrière de son véhicule une affichette interdisant aux clients de fumer. **Il ne peut exiger** un pourboire (quoique ce soit un usage), **ni refuser** de délivrer un bulletin mentionnant le prix de la course (obligatoire à partir de 100 F, même si le client n'en veut pas, facultatif et sur demande du client en dessous de 100 F). **Il peut demander** *le paiement d'avance* de l'heure en cours si son client lui demande de l'attendre ou s'il doit l'attendre sur une voie où la durée de stationnement est limitée, ou s'il n'est pas immédiatement occupé après une demande. **Réclamations.** Préfecture de police, service des taxis, 36, rue des Morillons, 75732 Paris Cedex 15. **Taxi libre.** Dispositif lumineux sur le toit éclairé, sans gaine, les 3 globes répétiteurs (A, B, C) éteints. Tarification applicable au compteur (lampe blanche : tarif A, orange : B, bleue : C). Chaque taxi doit être muni d'une carte indiquant ses limites des zones parisienne, suburbaine, extérieure. Pour les aéroports (Orly, Bourget, Roissy) : tarif B de 7 h à 19 heures, tarif C de 19 h à 7 heures, ainsi que dimanche et jours fériés, quelle que soit l'heure. *Voiture occupée à l'heure où le tarif change* (19 h ou 7 h) : le conducteur doit aviser le client et faire apparaître sur le compteur l'indication du nouveau tarif (A, B ou C).

■ **Statistiques. Agressions :** *1982 :* 121 ; *83 :* 147 ; *84 :* 161 (dont 89 à Paris) ; *85 :* 61 (23). *Chauffeurs de taxis tués* (de 1946 à fin nov. 81) : 55. **Conducteurs :** 42 263 taxis en 1992 [dont plus de 19 000 à la Fnat (Fédération nationale)], Paris 14 900 taxis, 17 500 conducteurs en 1995 (dont 8 495 artisans et 9 005 salariés ou locataires). *Inscrits sur liste d'attente* (en 1997) : 12 372 ; transferts d'autorisations 386. **Budget :** ARTISANS (Paris) : *coût officieux de la cession de l'autorisation :* 200 000 à 210 000 F ; *charges d'exploitation* (en %) : maladie, vieillesse, invalidité, retraite complémentaire 34,6, amortissement 19, assurance voiture 14, carburant 14, entretien, réparations 10, accessoires (compteur) 2,3, taxe sur le chiffre d'affaires 2,2, divers 3,9. SALARIÉS : *recette minimale :* 19 008 F par mois (24 j à 792 F). *Salaire minimal :* 5 702,4 F (30 % de la recette) *+ fixe journalier* 57,29 F × 24 = 1 385 F + 1 900,80 F de *pourboires et suppléments* comptabilisés pour 10 % de la recette, soit un salaire brut mensuel d'environ 8 947,20 F. **Courses :** *nombre moyen de courses par semaine :* Paris 1 150 000, banlieue 360 000 ; *taux d'occupation des taxis :* 1,45 ; *prises en charge journalières :* 16 en 1995. *Parcours moyen quotidien par chauffeur : Paris :* 160 km dont 56 à vide. *Kilométrage annuel :* 80 % font plus de 50 000 km. **Sociétés :** conducteurs 14 900, artisans avec voiture et plaque travaillant à leur compte 8 510, sociétés 554 dont G 7 (747 licences) et Slota (600 licences). **Stations :** *Paris* 469 (3 749 places) dont 127 avec bornes d'appel ; *banlieue* 195 (avec bornes 83). **Voitures** (Paris). *1920 :* 8 403 ; *25 :* 13 426 ; *30 :* 19 250 ; *31 :* 20 155 (dont 12 378 Citroën) ; *36 :* 14 328 ; *à partir de 1938* : nombre fixé par arrêté ; *46 :* 3 000 ; *49 :* 10 000 ; *50 :* 11 000 ; *54 :* 12 500 ; *62 :* 13 250 (+ 250 pour les rapatriés d'Algérie) ; *67 :* 14 300 ; *88 :* 14 305 ; *89 :* 14 500 (dont à 2 chauffeurs 1 120, circulant 20 h par jour) ; *94 :* 14 900 ; *catégorie A (artisans) :* 8 495 ; *catégorie B (propriétaires de 6 à 200 voitures) :* 4 549 ; *catégorie C (propriétaires de plus de 200 voitures) :* 1 856 dont gasoil 12 252, essence 1 983, gaz 65 ; dont *françaises :* 11 023, *étrangères :* 3 277. **Nombre de voitures selon les heures :** *0 h :* 2 800. *2 h :* 1 500. *4 h :* 700. *6 h :* 2 000. *8 h :* 5 500. *10 h :* 8 000. *12 h :* 9 200. *14 h :* 10 200. *15 h :* 10 600. *17 h :* 9 300. *19 h :* 6 000. *21 h :* 4 000. *23 h :* 3 000.

☞ **Taxis sur le territoire français** (DOM-TOM inclus, au 1-1-1998) : 42 855.

■ **Surveillance.** Assurée, à Paris, par 21 gardiens de la paix en civil (surnommés « les Boers »).

■ **Tarifs.** Arrêté interpréfectoral du 22-1-1998 pris par le préfet de la région d'Ile-de-France, le préfet de Paris et le préfet de police : *prise en charge :* 13 F ; montant d'une course moyenne : 50 F ; km A : 3,58 ; B : 5,94 ; C : 7,16 ; heure d'attente : 145 ; supplément : pour 4e passager : 13 F, pour un animal : 4 F, pas de supplément pour les handicapés, leur fauteuil ou les animaux les accompagnant. **Tarifs applicables** de 7 h à 19 h et, entre parenthèses, de 19 h à 7 h et dimanches et jours fériés : *zone parisienne (Paris, boulevard périphérique compris) :* tarif A (B) ; dimanches et jours fériés : B. *Zone suburbaine (Hauts-de-Seine, Seine-St-Denis, Val-de-Marne, aéroports d'Orly et de Roissy et parc des expositions de Villepinte) :* tarif B (C). *Au-delà :* C quels que soient l'heure et le jour. **Gares** (parisiennes, terminal avenue Carnot et aérogare Invalides) : prise en charge + 5 F (C). **Bagages :** valises et colis de plus de 5 kg : 6 F chacun. Bagages et colis encombrants (skis, vélo, malle, voiture d'enfant, etc.) : 6 F chacun, sans franchise pour le 1er colis.

■ **Voyageurs.** Ile-de-France : 500 000 par jour.

☞ **Voiture de petite remise :** le chauffeur n'a pas le droit de stationner ou de circuler sur la voie publique pour y chercher des clients (loi du 3-1-1977) ; il doit prendre contact avec eux, mais ne peut utiliser à bord un radiotéléphone (sauf dans les communes rurales où il n'existe pas de taxi). La voiture ne peut porter de signes distinctifs permettant de la reconnaître de l'extérieur. Les tarifs sont libres. **Taxis scooters :** fin mai 1985 : essai (sans suite) avec 4 scooters à Paris.

CHIFFRES DIVERS

■ **Vie culturelle. Ateliers d'art et d'expression culturelle :** *Ateliers et centres des beaux-arts de la Ville de Paris* (arts plastiques) : 21 ; élèves (en 1994-95) 5 000 ; professeurs (vacataires) 63. *Ateliers de l'Association pour le développement de l'animation culturelle de Paris (Adac) :* centres 64, ateliers environ 400 ; disciplines enseignées 175. *Centres culturels :* 56. **Bibliothèques :** *bibliothèques-discothèques municipales :* 64 dont spécialisées 7. *Documents* (au 31-12-1994) : 6 912 248, en bibliothèque de prêt 2 712 664, pour adultes 1 457 521, jeunesse 859 142, discothèques 380 748, vidéothèques 15 253, spécialisées 4 199 584. *Fréquentation :* inscriptions 325 312, prêts 9 383 270. **Cabarets-dancings :** 68. **Cinémas** (1er : 1907 bd Bonne-Nouvelle) : *entrées totales* (en 1994) : 26 691 000 ; moyenne quotidienne de spectateurs 73 126. 1res salles en nombre d'entrées (en 1994) : la Géode 1 000 000, grande salle du Grand Rex 643 000, salle 1 UGC Normandie 411 000, grand écran Gaumont Italie 387 000. *Salles* (en 1994) : 344 (516 en 1984) dont uniques 31, complexes 75, art et essai 82. *Plus grand complexe* en nombre de fauteuils : Grand Rex (4 314 fauteuils, 8 salles dont 1 de 2 821 fauteuils). *Complexe ayant le plus grand nombre d'écrans :* UGC Ciné Cité les Halles (15). *Programmation hebdomadaire totale des salles :* en moyenne 300 films. **Cirques :** 4. **Conservatoires municipaux d'arrondissement** (musique, danse, art dramatique) : 17 ; élèves inscrits (en 1994-95) 15 403 ; professeurs et adjoints 797. *Conservatoire supérieur de Paris* (voir p. 424 c). **Galeries :** 400 environ. **Maisons et clubs de jeunes :** 39. **Musées :** 134 dont municipaux 15, nationaux 14. **Music-halls :** 27. **Orchestres :** 10. **Parcs et jardins :** 397. **Salles de concert de la Ville de Paris :** théâtre musical de Paris (Châtelet) : places 2 010 ; largeur de la scène 13,85 m ; profondeur du plateau 30,45 m ; entrées (en 1994) 16 500. Auditorium St-Germain : places 350. Auditorium des Halles : places 580 ; entrées (1994-95) 60 000. *Quelques grandes salles parisiennes :* Pleyel, palais des Congrès, Palais omnisports de Bercy, palais des Sports, Zénith : salle 6 400 m^2 ; places 6 293. **Spectacles :** salles 168 dont théâtres nationaux 8, opéras 3, théâtres municipaux 8, cafés-théâtres 20, théâtres de chansonniers 2 (voir à l'Index). **Coût annuel de fonctionnement :** Opéra national de Paris (voir p. 422 a) ; Bibliothèque nationale de France (voir p. 358 a) ; musée du Louvre et Centre Georges-Pompidou (voir p. 481 a et b).

Nota. – Sur 1 800 chansons à succès, 30 ont Paris dans leur titre.

■ **Divers. Agents immobiliers** 7 660. **Banques** (guichets) 1 574 (plus mutualités 199). **Bases nautiques** 2. **Blanchisseries, teintureries de détail** 1 612. **Bornes de recharge électrique** (prises) 200. **Bouches d'incendie** 10 500 (1res : 1738). **Boucheries** 1 200. **Boulangeries** 1 400. **Cadrans solaires** 109 dont *solaires* 88, *méridiennes* 21. **Caisses d'épargne** 106. **Chats de gouttière** 80 000. **Chauve-souris** 12 sous-espèces dont la pipistrelle commune (7 g, envergure 10 cm), plusieurs milliers de passage ou saisonnières. La pipistrelle de Nathusius vient d'Allemagne de l'Est et de Pologne. Résident sous toits de zinc. La grande noctule (50 cm d'envergure) apparaît rarement. **Chouette hulotte** 10 à 25 couples. **Commerces** (au 1-9-1998) 62 546 dont centres commerciaux 18, hypermarchés 4, supermarchés 157, grands magasins 13, magasins populaires 48, jardineries 3, bricolage 18, marchés alimentaires 88 : emplacements 4 525 dont 230 sur marchés couverts, emplacements petits marchands 139, forains 124, découverts 60 (3 276 places) dont biologiques 2, livres, journaux, papeteries (y compris kiosques) 2 905, commerces de gros 25 300, commerces de détail : 35 800, commerce et réparation automobile 1 900, habillement 6 400. **Crèches** *collectives municipales* 218, *privées* 57, *familiales municipales* 37, *privées* 6. **Crémeries** 219. **Faucons** *1989 :* 20 ; *1998 :* 51 [à Notre-Dame 5, tour Eiffel 2, Arc de triomphe 1 (face à l'avenue de Wagram) ; accouplement vers le 15-4 ; naissance 15/22-5]. **Fruits et légumes** (magasins) 1 200. **Goélands** (Paris et environs) 11 000. **Gymnases** 116 + 64 salles spécialisées. **Haltes-garderies** *municipales* 47, *privées* 96. **Horlogers,** bijoutiers 942. **Jardins d'enfants** *municipaux* 28, *privés* 14 ; *jardins maternels* municipal 3, privés 2. **Journaux** (jetés par an) 120 000 t. **Livres, journaux, papeteries** (commerces y compris kiosques) 2 905. **Miel de l'Opéra** (2 ruches sur le toit), vendu chez Fauchon. **Mobilier urbain :** *bancs* 10 400 ; *pendules* publiques 108 ; *colonnes* Morris 773 ; *panneaux* électroniques de la Mairie de Paris 170 ; *mâts* porte-affiches 731, *mobilier urbain pour information* 2 226 ; *kiosques* à journaux ou à Loto 347 ; *bornes d'appel* de taxi 133 ; *abribus* 1 821, avec cabine téléphonique 451. **Mouettes** (agglomération) 100 000. **Objets trouvés** (service) : 36, rue des Morillons, XVe (depuis 1932). *Objets déposés* (en 2000) : 145 954 (dont environ 12 000 clefs) ; *restitués* (en 2000) : aux perdants 30 769, aux découvreurs 1 798. *Lieux de perte* (en %, 1998) : RATP 54, voie publique 24, aéroports 11, divers 11. **Oiseaux** 180 espèces dans les bois de Boulogne et Vincennes, dont passereaux : mésange charbonnière, pinson des arbres, chardonneret élégant. **Pâtisseries** 260. **Pigeons** (voir p. 843 a), les nourrir est passible d'une amende de 3 000 F. **Piscines** 34 dont 27 municipales [dont *piscine Molitor* (architecte Lucien Pollet), inaugurée 1929 par Johnny Weissmuller (futur Tarzan), 2 bassins : 1 couvert long. 33 m, 1 transformable en patinoire long. 50 m. Depuis nov. 1989, inscrite à l'Inventaire des monuments historiques, rénovation envisagée pour 50 millions de F], 7 concédées, 2 privées. *Piscine Deligny*, installée sur la Seine au pont de la Concorde [créée 1796 par Turquin ; rénovée 1842 en utilisant le « bateau catafalque » aménagé pour le retour des cendres de Napoléon en 1840 (et qui ne fut pas utilisé) ; incendiée en 1953, elle a coulé le 8-7-1993]. **Plantes** 430 espèces (dont pâturin annuel, plantain majeur, arbre à papillon, ailante). **Poissonneries** 170. **Pompes funèbres** 157. **Prêt-à-porter** 6 800 boutiques. **Quincailliers** 483. **Restaurants** 11 541 (dont traditionnels 10 107) ; **cafés** 20 050 (dont débits de tabac 565). **Salons de coiffure** 2 845. **Sanitaires** publics : dans les stations de métro 15, isolés 9 dont chalets de nécessité 2 ; sanisettes 420, pour handicapés 20 ; vespasiennes 2. **Stations-service** (carburant, commerce de détail) 260. **Terrasses** (au 1-1-1995) : 15 500 étalages et terrasses de café et restaurant. **Thalassothérapie** 33. **Vignoble** 30 ha (25 000 en 1789), dont parc de Belleville (XXe arr., replanté en 1987), Clos des Morillons (XVe arr., 1re vendange en 1985) et Montmartre [XVIIIe arr., replanté en 1933, vendange traditionnelle le 1er samedi d'octobre ; pressé dans les caves de la mairie de l'arrondissement, le vin est vendu aux enchères fin avril (quelques centaines de bouteilles, au profit des œuvres sociales de la ville)]. **Vins** (commerces de) 440.

■ ESSONNE (91)

Nota. – (1) En 1998.

■ **Superficie.** 1 804,40 km² (50 × 40 km). **Altitude :** *max.* 170 m (bois de Verrières), *moyenne* 105 m (vallée de la Seine à Vigneux).

■ **Régions naturelles.** **Hurepoix** 43 633 ha (cultures fruitières et maraîchères), **Beauce** 55 746 ha (céréales), **Gâtinais** 33 033 ha, **ceinture de Paris** 26 722 ha, **Brie** 21 306 ha, **Bois** (au 1-1-2001) : 38 700 ha dont forêts de Dourdan, Milly, Sénart, Verrières. **Territoires non agricoles :** 52 420 ha. **Ressources.** Blé, orge, cresson (1er producteur de France). **Zones industrielles.** Évry, Massy, Morangis, Ste-Geneviève-des-Bois, Étampes. *Centres industriels :* Snecma, IBM, Hewlett Packard France, Cie générale de géophysique, Cegelec, CIT Alcatel, Bull MTS, Digital. **Parc naturel régional :** Le Gâtinais 63 700 hab.

■ **Population.** *1876 :* 135 911 hab. ; *1911 :* 177 385 ; *36 :* 286 896 ; *54 :* 350 987 ; *62 :* 478 521 ; *68 :* 673 325 ; *75 :* 923 061 ; *82 :* 987 988 ; *90 :* 1 085 108 [dont Français par acquisition 39 480, étrangers 96 678 (123 624 au 31-12-1993) dont Portugais 34 328, Algériens 14 658, Marocains 9 246, Africains 7 107] ; *99 :* 1 134 238. **D.** 629. *Répartition par âges* (1990) : *0-19 ans :* 310 640 (28,6 %) ; *20-59 ans :* 633 709 (58,4 %) ; *60 ans et plus :* 140 759 (13 %). **Cantons :** 42. **Communes :** 196.

Chef-lieu : ÉVRY (ville nouvelle). **Superficie :** 3 000 ha dont environ 30 ha d'espaces verts. 4 communes **(Bondoufle, Courcouronnes, Évry, Lisses). Population :** 79 726 hab. (*1975 :* 22 500 ; *82 :* 47 000 ; *89 :* 70 000) ; commune d'Évry 49 437 hab. (*1831 :* 518 ; *1921 :* 1 146 ; *54 :* 1 879 ; *75 :* 17 803 ; *82 :* 29 471). *Aéronautique. Lac* et *parc* urbain (13 à 30 ha). *Trains* de St-Eutrope (10 000 vis.). *Cathédrale* de la Résurrection (170 000 vis. en 2000), saint titulaire : Corbinien (680/8-9-730) [1991-95 (architecte Mario Botta), coût : 70 millions de F, cylindre tronqué (haut. 17 à 35 m, diam. extérieur 38,40 m, intérieur 29,03 m)], capacité 1 200 à 1 300 personnes (800 dans la nef).

Sous-préfectures : Étampes 21 839 hab. [aggl. 25 981 [1] dont **Morigny-Champigny** 3 922 (*1831 :* 1 809 ; *1954 :* 11 890)] ; mécanique ; donjon (XIIe s.), église (XIe-XVIe s.), musée, château de *Jeurre* (parc, édifices venus de Méréville : cénotaphe de Cook 1788, colonne rostrale, temple de la Piété filiale ; 1 075 vis.) ; espace baignade Base de loisirs (36 000 vis.). **Palaiseau** 28 965 hab. École polytechnique ; église (XIIe-XVe s.).

Autres villes (vis. en 2000) : **Angerville** 3 265 hab. **Arpajon** 9 053 hab. **Athis-Mons** 29 427 hab. ; métallurgie ; musée Delta (4 257 vis.) ; maison de banlieue (1 630 vis.). **Ballancourt-sur-Essonne** 6 273 hab. [aggl. 15 191 [1], dont *Itteville* 5 354, *St-Vrain* 2 800, église (XIIIe s.)] ; château du *Saussay*. **Bièvres** 4 034 hab. ; musée de la Photographie (10 000 vis.), maison V. Hugo (8 190 vis.). **Bondoufle** 9 129 hab. **Boussy-St-Antoine** 6 352 hab. ; musée. **Brétigny-sur-Orge** 21 650 hab. **Breuillet** 7 331 hab. ; Cnes. **Brunoy** 23 617 hab. ; musée (2 250 vis.). **Bures-sur-Yvette** 9 679 hab. [1]. **Chamarande** 1 016 hab. ; château ; domaine départemental (60 000 vis.). **Chilly-Mazarin** 17 737 hab. **Corbeil-Essonnes** 39 378 hab. [fusion en 1951 ; Corbeil *1831 :* 3 708 ; *91 :* 8 184 ; *1946 :* 10 966. Essonnes *1831 :* 2 717 ; *1946 :* 10 032. Corbeil-Essonnes *1954 :* 22 891] ; minoteries, électronique, métallurgie, chimie, aéronautique. **Courances** 352 hab. ; château (construit 1550, remanié sous Louis XIII ; 22 041 vis.). **Courcouronnes** 13 954 hab. **Courson-Monteloup** 586 hab. ; château et parc (57 500 vis.). **Crosne** 8 154 hab. **Dourdan** 9 555 hab. ; château et musée (14 142 vis.), église St-Germain-l'Auxerrois (2 500 vis.). **Draveil** 28 093 hab. ; espace baignade le Port-aux-Cerises (51 680 vis.). **Égly** 5 321 hab. **Épinay-sous-Sénart** 12 797 hab. **Épinay-sur-Orge** 9 399 hab. **Étréchy** 6 104 hab. (aggl. 7 843 [1]) ; église (XIIe-XIIIe s.) ; aluminium. **Fleury-Mérogis** 9 074 hab. **Gif-sur-Yvette** 21 364 hab. ; Commissariat à l'énergie atomique (CEA) ; Aquagif (75 058 vis.) (dont Villiers-le-Bâcle 953 hab. ; maison atelier de Foujita, 500 vis.). **Grigny** 24 512 hab. **Igny** 9 381 hab. **Juvisy-sur-Orge** 11 937 hab. (5 299 hab/km², la plus forte densité du département). **La Ferté-Alais** 3 556 hab. (aggl. 9 117 [1], dont *Cerny* 3 066 ; amicale J.-B.-Salis, 27 481 vis.). **Lardy** 4 375 hab. (aggl. 7 078 [1]). **La Ville-du-Bois** 5 901 hab. **Le Plessis-Paté** 2 926 hab. **Les Ulis** 25 785 hab. ; centre commercial Ulis 2 ; Z.I. de Courtabœuf. **Limours** 6 465 hab. **Linas** 4 970 hab. **Lisses** 7 206 hab. **Longjumeau** 19 957 hab. **Longpont-sur-Orge** 5 843 hab. ; basilique. **Marcoussis** 7 226 hab. **Marolles-en-Hurepoix** 4 669 hab. (dont *Cheptainville* 1 462 hab. ; élevage la Doudou, 13 600 vis.). **Massy** 37 712 hab. (*1831 :* 1 080 ; *1921 :* 2 566 ; *54 :* 11 890) ; informatique ; interconnexion des TGV ; télécommunications ; IUFM ; Opéra national. **Mennecy** 12 779 hab. **Méréville** 3 066 hab. ; jardin d'Hubert Robert (60 ha, 1 500 vis.). **Milly-la-Forêt** 4 601 hab. (aggl. 5 006 [1]) ; chapelle St-Blaise-des-Simples (19 314 vis.), Conservatoire des plantes (9 201 vis.), le Cyclop (6 602 vis.). **Montgeron** 21 905 hab. **Montlhéry** 5 676 hab. ; autodrome ; château féodal ; musée Joseph-Jacquiot (928 vis.). **Morangis** 10 611 hab. **Morsang-sur-Orge** 19 335 hab. **Nozay** 4 275 hab. ; Alcatel. **Ollainville** 3 896 hab. **Orsay** 16 236 hab. *. **Paray-Vieille-Poste** 7 188 hab. **Quincy-sous-Sénart** 7 426 hab. **Ris-Orangis** 24 436 hab. **Saclay** 2 883 hab. ; plateau de Saclay (5 000 ha) : 43 % des laboratoires de recherche dont CEA, CNRS, 60 % des grandes écoles dont Centrale, HEC, Polytechnique. **St-Chéron** 4 444 hab. ; château du *Marais.* **St-Germain-lès-Arpajon** 8 227 hab. **St-Germain-lès-Corbeil** 7 051 hab. **St-Jean-de-Beauregard** 283 hab. ; château, jardin. **St-Michel-sur-Orge** 20 375 hab. **St-Sulpice-de-Favières** 315 hab. ; église (XIIIe-XVe s., 10 000 vis.). **St-Vrain** 2 800 hab. ; parc animalier (300 000 vis. en 1997, fermé). **Ste-Geneviève-des-Bois** 32 125 hab. **Saintry-sur-Seine** 4 998 hab. **Saulx-les-Chartreux** 4 952 hab. **Savigny-sur-Orge** 36 258 hab. **Soisy-sur-Seine** 7 072 hab. (dont *Étiolles* 2 548 hab. ; faisanderie de Sénart ONF, 8 286 vis. ; expo. archéologique, 4 261 vis.). **Soisy-sur-École :** 1 321 hab. ; verrerie d'art (100 000 vis.). **Verrières-le-Buisson** 15 923 hab. ; Rocher de Verrière (6 100 vis.). **Vert-le-Grand** 1 911 hab. ; les Roses de l'Hurepoix (1 200 vis.). **Vigneux-sur-Seine** 25 652 hab. ; unité de traitement eau potable Vigneux/Morsang (7 738 vis.). **Villabé** 4 832 hab. **Villebon-sur-Yvette** 9 373 hab. **Villeconin** 637 hab. ; église (XVe-XVIe s.), château (2 100 vis.). **Villemoisson-sur-Orge** 6 878 hab. **Villiers-sur-Orge** 3 753 hab. **Viry-Châtillon** 30 257 hab. **Wissous** 5 160 hab. **Yerres** 27 455 hab. ; propriété Caillebotte (2 000 vis.).

Nota. – * Communes amputées depuis la création de la commune des Ulis en 1977.

■ HAUTS-DE-SEINE (92)

■ **Histoire.** Formé (loi du 10-7-1964) de 36 communes (27 issues de l'ancien département de la Seine, 9 de la Seine-et-Oise). Le 1er préfet portait le titre de préfet délégué. **1965**-*25-2* Nanterre chef-lieu. **1966** arrondissement d'Antony créé. **1967**-*20-7* 45 cantons créés ; *-sept.* 1res élections. **1970** délégation de la préfecture des Hauts-de-Seine à Boulogne. **1972** arrondissement de Boulogne créé.

■ **Superficie.** 176 km² (35 × 6 à 12 km), le plus petit département français après celui de Paris. **Altitude :** *max.* Vaucresson 182 m, *min.* 25 m. **Réseau routier :** 1 775 km ; **lignes** de métro 7, de RER 3, SNCF/banlieue 8 ; le Trans Val de Seine traverse 6 communes. **Ile Seguin** 11,5 ha (était occupée par Renault) ; 3 ha rachetés par Artémis (holding de François Pinault pour un centre d'art contemporain). **Forêts, parcs et espaces verts urbains :** 2 500 ha. **Forêts et domaines nationaux :** forêts de *Meudon* (1 100 ha dont 776 dans les Hauts-de-Seine), *Fausses-Reposes* (627 ha dont 380 dans les Hauts-de-Seine) ; bois de *Verrières* (587 ha dont 116 ha dans les Hauts-de-Seine) ; domaine de *St-Cloud* (415 ha) ; parcs de *la Malmaison* et de *Bois-Préau* (32 ha) à *Rueil.*

■ **Population.** *1876 :* 208 482 ; *1901 :* 467 391 ; *11 :* 614 862 ; *36 :* 1 019 627 ; *46 :* 992 859 ; *68 :* 1 461 619 ; *75 :* 1 438 930 ; *82 :* 1 387 039 ; *90 :* 1 391 658 (dont Français par acquisition 61 664, étrangers 180 750 dont Algériens 35 137, Portugais 34 185, Marocains 31 284, Africains 11 066) ; *99 :* 1 428 881. **D.** 8 119. **Cantons :** 45. **Communes :** 36.

Chef-lieu : NANTERRE. **Population :** 84 281 hab. (*1900 :* 14 110 ; *36 :* 45 065 ; *62 :* 83 416 ; *68 :* 90 332 ; *75 :* 95 032 ; *82 :* 88 578). Lyonnaise des eaux, BTP, université (Paris-X, 35 000 étudiants), école de danse de l'Opéra (Christian de Portzamparc, 1987), école d'architecture de La Défense, informatique, Centre d'accueil et de soins hospitaliers [(Casch), 21 950 pers. recueillies en 2000] dont fait partie le Centre d'hébergement et d'accueil des personnes sans abri (Chapsa).

Sous-préfectures : Antony 59 855 hab. (*1962 :* 46 483 ; *68 :* 56 638) ; chimie, cité universitaire. **Boulogne-Billancourt** 106 367 hab. [*1968 :* 109 008] ; auto (siège de Renault), électronique, La Poste, TV (TF1) ; maison de la Nature, parc Rothschild. **Musées** (vis. en 1999) : Albert-Kahn [1860-1940, banquier ; jardins (3,9 ha) et collections (72 000 autochromes, 183 000 m de films tournés 1909-31 dans 50 pays), 68 119 vis.]. Paul-Landowski des années 1930 (38 600 vis.). Église N.-D.-des-Menus.

Autres villes (vis. en 199) : **Asnières-sur-Seine** 75 837 hab. (*1968 :* 80 113) ; aéronautique (Lucas), auto (Citroën) ; château (XVIIe s. Mansart et Wailly) ; verger d'Argenson (1950), musée Vuitton, cimetière des chiens (créé 1899). **Bagneux** 37 252 hab. ; électronique ; église St-Hermeland. **Bois-Colombes** 23 885 hab. (*1962 :* 29 938) ; musée. **Bourg-la-Reine** 18 251 hab. ; villa Hennebique. **Châtenay-Malabry** 30 621 hab. (*1962 :* 24 756) ; École centrale, Creps, maison de Chateaubriand (la *Vallée-aux-Loups* 1807-09, 28 177 vis.), église St-Germain-l'Auxerrois. **Châtillon** 28 622 hab. ; Aerospatiale, recherche (Onera). **Chaville** 17 966 hab. (*1817 :* 600 ; *78 :* 13 226). **Clamart** 48 572 hab. ; hôpital Antoine-Béclère, recherche, EDF. **Clichy** 50 179 hab. (*1962 :* 56 316) ; BTP, parachimie (L'Oréal) ; hôpital Beaujon ; église St-Vincent-de-Paul. **Colombes** (de *columna*, colonne) 76 757 hab. ; aéronautique (Hispano-Suiza), électronique (Alcatel) ; parc de l'*Ile-Marante*. **Courbevoie** 69 694 hab. (*1962 :* 59 491) ; nombreux sièges sociaux ; musée Robert-Fould, la Grande Arche (462 960 vis.). *Faubourg de l'Arche :* prévu 2010, logements 405 000 m², bureaux 330 000 m², espaces verts 60 000 m², équipements publics 32 000 m². 1res tours : Égée, Le Colisée, Médicis et Adria. **Fontenay-aux-Roses** 23 537 hab. (*1801 :* 696 ; *96 :* 3 345) ; recherche (centre d'études nucléaires), musée de l'Atome ; École normale supérieure. **Garches** 18 036 hab. ; hôpital ; travail des métaux. **Gennevilliers** 42 513 hab. ; auto, aéronautique, électronique, parachimie, transports ; port de 386 ha (+ de 2 millions de t en 1996). **Issy-les-Moulineaux** 52 647 hab. ; île (auparavant, 2 îlots : St-Germain, Billancourt) ; édition, publicité, audiovisuel, informatique, recherche (Cnet), héliport (surveillance des routes) ; parc de l'île *St-Germain.* **La Garenne-Colombes** (commune depuis 2-5-1910) 24 067 hab. ; auto. **Le Plessis-Robinson** 21 618 hab. (*1848 :* guinguette) ; électronique ; parc. **Levallois-Perret** 54 700 hab. (61 804 en 1962) ; lotissement créé en 1845 par Nicolas-Eugène Levallois ; BTP (Cegelec), organismes financiers, édition, publicité ; parc de la Planchette. **Malakoff** [du nom d'une réplique de la tour du siège de Malakoff (Crimée 1855) ; installée par un lotisseur, démolie 1870] 29 402 hab. ; Insee, Ensae, fort de *Vanves.* **Marnes-la-Coquette** 1 519 hab. ; Institut Pasteur ; haras de Jardy (84 ha). **Meudon** 43 663 hab. ; auto (Citroën), aéronautique ; observatoire astronomique ; *musées :* de l'Air, Rodin, d'Art et d'Histoire ; *maison* d'Armande Béjart, *tour* hertzienne (1952) 73 m. **Montrouge** 37 733 hab. (*1962 :* 45 260) ; électronique, BTP. **Neuilly-sur-Seine** 59 848 hab. (72 773 en 1962) ; île de la *Grande Jatte* ; pharmacie, parachimie, auto (Citroën), presse-édition ; *musées :* de la Femme, des Automates ; *folie* St-James (1779). **Puteaux** 40 780 hab. (*1962 :* 39 640) ; sièges sociaux (Préservatrice, Coface, Sté générale, Worms, Crédit lyonnais), services, métallurgie, pétrole (Total), pharmacie, chimie, ministère de l'Équipement ; église N.-D.-de-la-Pitié. **Rueil-Malmaison** 73 469 hab. (*1962 :* 54 786) ; auto (Renault), parachimie, pharmacie, BTP, pétrole (IfP, Shell, Esso) ; château (musée : 68 535 vis.) ; église St-Pierre-St-Paul, caserne des Suisses. **St-Cloud** 28 157 hab. (26 472 en 1962) [*1871 :* détruit sauf l'église et 21 maisons] ; parc (environ 2 000 000 de vis.), grande cascade (1664-65 : larg. 39 m, long. 90 m) ; électronique et aéronautique ; École normale supérieure, conseil (Syseca) ; parc, hippodrome ; musée. **Sceaux** 19 494 hab. ; parc avec pavillons de Hanovre et de l'Aurore, musée de l'Ile-de-France (32 000 vis.), villa Trapenard (Mallet-Stevens, 1932) ; théâtre des Gémeaux, festival, faculté de droit, IUT, Polytechnique féminine. **Sèvres** 22 534 hab. ; porcelaine, musée de la Céramique (23 000 vis. en 1999) ; Centre international d'études pédagogiques. **Suresnes** 39 706 hab. (40 616 en 1968) ; hôpital Foch, électronique ; fort du *Mt-Valérien*, mémorial de la France combattante ; écluses ; parc des Landes et terrasse du Feucheray, vignes (1 ha). **Vanves** 25 414 hab. (*1962 :* 25 585) ; parc Falret, château ; lycée Michelet. **Vaucresson** 8 141 hab. (*1962 :* 6 690). **Ville-d'Avray** 11 415 hab. (*1961 :* 5 802) ; étangs, château, musée. **Villeneuve-la-Garenne** 22 349 hab. (*1962 :* 13 780).

Nota – Sur 36 communes, 8 ont plus de 50 000 habitants et 17 côtoient la Seine sur 40 km.

■ **Divers.** **Monuments historiques :** 115 édifices et sites classés, 185 à l'Inventaire supplémentaire. **Parcs départementaux :** 492 ha dont *Chanteraines* (Villeneuve-la-Garenne et Gennevilliers) 66 ha. *Pierre-Lagravère* (île Marante, Colombes) : 25 ha, sur un bras de la Seine comblé. *André-Malraux* (Nanterre) : 24 ha. *Mont Valérien :* 3,5 ha, altitude 125 m ; ouvert en 1979 sur des terrains achetés à l'armée. *Haras de Jardy* (Vaucresson, Marnes-la-Coquette) : 76 ha dans l'ancien domaine de Marcel Boussac. *Pré Saint-Jean* (ouest de St-Cloud) : 8 ha. *Ile St-Germain* (Issy-les-Moulineaux) : 20 ha, créé 1980. *Sceaux :* 158 ha. *Tour aux figures de Jean Dubuffet 1988 :* 24 m, fondations à 35 m. Étangs *Colbert* 3,5 ha et *Henri-Sellier* (Le Plessis-Robinson) : 27 ha. *La Vallée-aux-Loups* (Châtenay-Malabry) : 83 ha. **Exploitations agricoles** (en 1998) : 18. *Surface :* 53 ha dont : horticoles 10, maraîchères 5, divers 3.

■ **La Défense.** **Dates :** *1640* plantation des Tuileries par Lenôtre ; *restauration :* pont de Neuilly dans le prolongement des Champs-Élysées. *1846* nom définitif « avenue de la Grande-Armée » ; *Napoléon III* inaugure une statue de Napoléon Ier sur le rond-point de Chantecoq rebaptisé place Impériale. *1883* statue (de Barrias, choisie sur concours) commémore la défense de Paris en 1870-71 par la Commune. *1931* le département de la Seine lance un concours d'idées sur l'aménagement de l'axe allant de l'Étoile au rond-point de La Défense. *1958* création de l'Établissement public pour l'aménagement de la région de La Défense (Épad). *1960* 1er plan massé autour d'une esplanade centrale dégagée. *1968-73* destruction de 8 000 logements. *1970* inauguration du RER Étoile-Défense. *1972-73* projet d'Émile Aillaud (2 immeubles miroirs fermant la perspective), projet d'I.M. Pei (2 tours symétriques reliées par un volume parabolique libérant l'axe). *1979-80* projet de Jean Willerval retenu puis abandonné. *1982-83* concours international lancé par le Pt Mitterrand pour la « Tête-Défense » devant abriter un Carrefour international de la communication (CIC). 424 projets examinés par un jury international présidé par le directeur général de la Caisse des dépôts, Robert Lion. Celui de l'architecte danois Johan Otto von Spreckelsen est retenu par Mitterrand : la Grande Arche. Erik Reitzel sera l'ingénieur-conseil associé ; Paul Andreu, l'architecte de réalisation. *1984* création de la Sté d'économie mixte nationale Tête-Défense (*Pt :* Robert Lion, maître d'ouvrage, promoteur et constructeur) ; *-27-2* permis de construire du « Cube » accordé. *1985-juillet* début des travaux. 2 000 ouvriers. *1986-avril* abandon du CIC par le gouvernement Chirac ; *-juillet* Spreckelsen, malade, confie la poursuite des travaux à Paul Andreu ; *-décembre* choix du projet de Jean-Pierre Buffi pour les zones nord et sud de la Grande Arche : *les Collines* (50 000 m² de bureaux). *1987-16-3* Spreckelsen meurt. *1989* achèvement et *-mai* mise en exploitation ; *-juillet* inauguration de la Grande Arche à l'occasion du sommet des Sept. Cube de 110 m de côté évidé, haut de 90 m et large de 70 m. Pourrait contenir Notre-Dame et sa flèche. 4 000 fenêtres, 350 000 plaques de marbre. Poids : 300 000 t. Angle de pivotement par rapport au « Grand Axe » de 7 km Concorde/Défense : 6° 30'. La Cour carrée du Louvre, à l'autre extrémité, a les mêmes dimensions au sol et le même pivotement. **Architecture :** « mégastructure », au pas de 21 m, constituant l'ossature du bâtiment, 2 tours de côté (110 m de haut., 112 m de long. et 18,70 m de large abritant chacune 43 500 m² de bureaux sur 35 étages), reliées par : le toit (béton, largeur 70 m, longueur 112 m, à 100 m de hauteur, 30 000 t) et le socle (sur la hauteur des 3 premiers étages). Le cube évidé, réalisé en un seul bloc, solidarisé par ces mégastructures, sans joint de dilatation, repose sur 12 piles de 30 m de haut. (8 centrales supportant 30 000 t chacune soit 3 fois le poids de la tour Eiffel, 4 frontales supportant 15 000 t) prenant appui sur des joints de Néoprène (isolation des vibrations pouvant venir de l'autoroute et des voies ferrées traversant le site). Sous le socle du cube, entre les piles, salle de 120 m de longueur, 70 m de largeur. *Dimensions globales :* Grande Arche 5,5 ha. **Surface :** 80 ha répartis sur Puteaux et Courbevoie (quartier d'affaires), 600 ha sur Nanterre (quartier du Parc).

Cnit (Centre des nouvelles industries et techniques) (8-5-1956/sept. 1958, Robert Camelot, Jean de Mailly, Bernard Zehrfuss) [ingénieurs Nicolas Esquillan (voûte en béton), Emmanuel Pouvreau (fondateur et maître d'ouvrage) et Jean Prouvé (mur rideau de façade)] : voûte d'arête inscrite dans un triangle équilatéral de 818 m de périmètre, hauteur au centre 46,30 m, repose sur 3 points d'appui au sol qui supportent une couverture de 7 500 m² développés, 6 800 m² en plan ; record mondial des plus grandes portées pour une structure voûtée en coque mince (206 m de façade, 238 m sur l'arête de voûte), 22 000 m², plus grandes baies vitrées du monde : largeur 218 m, hauteur 50 m. **Préfecture des Hauts-de-Seine** (1967, Wogenscky). **Immeubles de bureaux** (en 1992) : *quartier d'affaires :* 55 construits dont immeuble Esso (haut. 63 m, démoli en 1993), AIG (ex-Aquitaine) et Hoechst Marion Roussel (ex-Nobel, 1966), Europe (1969), Aurore et Atlantique (1970), Franklin et Europlaza (ex-Septentrion, 1972), Crédit lyonnais (1973), Winterthur, GAN et Framatome (ex-Fiat, 1974), Neptune, Ariane (ex-Générale) et Manhattan (1975), Technip (1978), Pascal (1983), Athéna (ex-PFA, 1984), Elf Aquitaine et Total (1985), Descartes (1987), PB 6 et Cœur-Défense (2001) soit 2 500 000 m² en service sur 2 700 000 m² prévus. *Quartier du Parc :* 22 construits (258 750 m² sur 343 850 prévus). **Tour la plus haute :** Total Fina Elf (180 m). **Logements** (en 1992) : *quartier d'affaires :* 8 256 construits. *Quartier du Parc :* 5 156 construits, 5 504 prévus. **Centre commercial des 4-Temps :** le plus grand d'Europe : 105 000 m² de magasins et grandes surfaces, 9 cinémas. A la *Colline de La Défense :* musée de l'Automobile et salle hémisphérique Dôme Imax. **Maison d'église** N.-D.-de-la-Pentecôte. **Université** Léonard-de-Vinci (1995).

■ **Projets. Axe Louvre-Étoile-Grande Arche :** prolongement de 3 300 m vers l'ouest par une avenue de plus de 120 m de large, doublement de la superficie urbanisée (de 80 ha à 160-180 ha), construction de 250 000 m² supplémentaires de bureaux et de 1 100 000 m² de logements (environ 10 000 logements dont 60 à 80 % de logements sociaux ou de catégorie intermédiaire). **Université Paris-X-Nanterre :** extension sur 250 000 m², accueillera la nouvelle école d'architecture et les centres de formation EDF, RATP et SNCF. **RN 314 :** déplacement. **Jardins de l'Arche** (fin des travaux prévue 2007). **Val de Seine :** aménagement des terrains Renault et de l'île Seguin (70 ha) (voir p. 852 b). **Grand axe :** prolongement vers la Seine à l'ouest, par l'Établissement public Seine-Arche à Nanterre (créé décembre 2000) : sur 320 ha de Nanterre, construction de 300 000 m² de logements, 200 000 de bureaux et 100 000 d'équipements en 10 ou 15 ans. **Gare TGV.**

■ SEINE-ET-MARNE (77)

Nota. – (1) En 1998.

■ **Superficie.** 5 915,29 km² (100 × 60 km). **Altitude :** *maximale* butte St-Georges 215 m., *mini.* Seine-Port 32 m.

■ **Régions naturelles. Brie** 8 800 ha ; plateaux creusés de vallées [blé, maïs, betteraves à sucre, fromages (Meaux, Melun, Coulommiers) ; forêts] ; **plateaux de Goële et Multien** 50 000 ha (céréales) ; **Gâtinais** 80 000 ha (betteraves, maïs, légumes, élevage, miel) ; **forêt de Fontainebleau et pays de Bière** 35 000 ha (forêts, sables) ; **vallées du Grand et du Petit Morin. Bois** (en ha, au 1-1-1990). 119 000 dont forêts domaniales 25 000, forêt de *Fontainebleau* 20 000 (1 800 km de routes et chemins), de *Villerfermoy* 2 3000, de *Jouy* 1 400, d'*Armainvilliers* 1 260, des *Trois-Pignons* 1 020. **Terres** (en ha, au 1-1-2001). *Agricoles non cultivées :* 4 323 ; *non agricoles :* 106 300.

■ **Population.** *1801 :* 299 160 hab. ; *51 :* 345 076 ; *1901 :* 358 325 ; *36 :* 409 311 ; *54 :* 524 486 ; *68 :* 604 340 ; *75 :* 755 762 ; *82 :* 887 112 ; *90 :* 1 078 145 ; *95 :* 1 179 300 ; *99 :* 1 193 767. Étrangers au *31-12-2000 :* 133 527 dont Portugais 42 829, Algériens 20 374, Marocains 10 285, Tunisiens 3 840. **D.** 202. **Cantons :** 43. **Communes :** 514.

Chef-lieu : MELUN Superficie : 803,9 ha. **Altitude :** 54 m. **Population :** 35 695 hab. [*1789 :* 5 158 ; *1901 :* 13 059 ; *36 :* 17 499 ; *54 :* 20 129 ; *75 :* 37 705 ; *82 :* 35 005] ; *musées :* des beaux-arts (10 121 vis. en 1999), de la Gendarmerie. AGGLOMÉRATION : 107 705 hab. dont **Dammarie-les-Lys** 20 659. **Le Mée-sur-Seine** 21 217 ; musée Henri-Chapu (sculpteur, 1833-91). **Vaux-le-Pénil** 10 688 ; mécanique et aéronautique (Snecma-Villaroche), chimie et ind. alimentaire ; château.

Sous-préfectures : Fontainebleau (sous-préfecture jusqu'en 1926 et depuis le 26-4-1988) 15 942 hab. (*1936 :* 17 724 ; *62 :* 20 583) ; château (350 202 vis.), jardins de Le Nôtre, porte Dauphine ou du Baptistère, portail de la cour des Offices (1609), escalier en fer-à-cheval (1632), forêt (chêne Jupiter environ 650 ans), musée d'Art et d'Histoire militaire ; Insead (650 étudiants, 6 000 stagiaires/an) ; [aggl. 35 706 hab. [1], dont **Avon** 14 030]. **Meaux** 49 421 hab. (*1911 :* 13 600 ; *36 :* 14 429 ; *54 :* 16 767 ; *62 :* 23 305 ; *68 :* 31 967), 1 477 ha ; textile, mécanique, alimentaire (brie, moutarde, pavé) ; cathédrale, musée Bossuet [aggl. 63 006 hab. [1], dont **Nanteuil-lès-Meaux** 5 009 ; édition (« Messageries du livre »). **Trilport** 4 602 hab. ; ind. chim. **Villenoy** 3 542 hab. ; sucrerie]. **Noisiel** 15 502 hab. ; ancienne chocolaterie Menier (1867), château d'eau (1971, architecte Portzamparc). **Provins** 11 667 hab. [*1936 :* 9 226] (aggl. 12 771 [1]) ; construction, optique ; remparts, donjon, grange aux Dîmes (ancien ouvrage militaire, milieu XIIe s., 139 621 vis.) ; fête médiévale (juin). **Torcy** 21 595 hab. (chef-lieu du nouvel arrondissement, en remplacement de Noisiel, depuis 28-4-1994).

Autres villes (vis. en 1999) : **Barbizon** 1 490 hab. ; musée (auberge Ganne, 25 767 vis.). **Blandy-les-Tours** 721 hab. ; château fort (XIIIe-XVIIe s.). **Bois-le-Roi** 5 292 hab. (aggl. 7 634 [1]). **Bombon** 905 hab. ; fief des Époisses. **Bourron-Marlotte** 2 737 hab. (aggl. 4 977 [1]) ; château Louis XIII. **Brie-Comte-Robert** 13 397 hab. **Brou-sur-Chantereine** 4 280 hab. **Champagne-sur-Seine** 6 594 hab. ; constr. élec. [aggl. 22 536 [1], dont *Moret-sur-Loing* 4 402 ; pavillon de chasse de François Ier (1527). *Veneux-les-Sablons* 4 617.]. **Champeaux** 804 hab. ; collégiale St-Martin (XIIe s.). **Champs-sur-Marne** 24 581 hab. ; château (1703-07, architecte Bullet de Chambain, 24 153 vis.). **Château-Landon** 3 364 hab. ; remparts, églises. **Chelles** 45 399 hab. (*1936 :* 14 658) ; musée Alfred-Bonno. **Claye-Souilly** 10 152 hab. **Combs-la-Ville** 21 139 hab. (*1936 :* 2 386 ; *54 :* 2 833). **Couilly** 1 897 hab. ; maison de retraite des comédiens (construite 1903-05) dans le parc de l'abbaye de Pont-aux-Dames (détruite sous la Révolution). **Coulommiers** (sous-préfecture jusqu'en 1926) 13 852 hab. [*1936 :* 7 510] (aggl. 21 289 [1]) ; alimentaire, métallurgie, ind. électrique, édition, commanderie des Templiers. **Courtry** 6 036 hab. **Crécy-la-Chapelle** 3 851 hab. (aggl. 6 191 [1]). **Dammartin-en-Goële** 7 805 hab. (aggl. 10 668 [1]) ; collégiale. **Donnemarie-Dontilly** 2 628 hab. ; enclos paroissial. **Égreville** 1 841 hab. ; église ; château (1540-59). **Émerainville** 7 031 hab. **Esbly** 5 131 hab. (aggl. 19 290 [1], dont *Quincy-Voisins* 4 561). **Ferrières** 1 655 hab. ; château (1859, construit par Paxton pour les Rothschild, 16 994 vis.). **Fontenay-Trésigny** 4 620 hab. **Gretz-Armainvilliers** 7 613 hab. [aggl. 12 774 [1], dont *Tournan-en-Brie* 7 545]. **Guermantes** 1 392 hab. **Juilly** 1 448 hab. ; collège. **La Ferté-Gaucher** 4 150 hab. (aggl. 5 730 [1]) ; céramiques (Villeroy et Boch). **La Ferté-sous-Jouarre** 8 584 hab. [*1936 :* 4 726] (aggl. 12 018 [1], dont *Jouarre* 3 415) ; crypte St-Paul. **Lagny-sur-Marne** 19 368 hab. (*1936 :* 8 310) ; musée (aggl. 46 147 [1], dont *St-Thibault-des-Vignes* 6 382 ; conserveries. *Thorigny-sur-Marne* 9 029) ; ind. diverses. **Larchant** 695 hab. ; basilique St-Mathurin (XIIe s.). **Le Châtelet-en-Brie** 4 532 hab. **Lésigny** 7 647 hab. **Lieusaint** 7 205 hab. **Lognes** 14 485 hab. **Maincy** 1 706 hab. ; *Vaux-le-Vicomte* (1656-60, Le Vau), jardins de Le Nôtre, château de Fouquet (208 040 vis.). **Marne-la-Vallée** (*1975 :* 108 000 ; *82 :* 152 650 ; *2000 :* 212 483) [26 communes en 4 secteurs : *Portes-de-Paris :* 99 864 hab. dont en Seine-St-Denis : Noisy-le-Grand 58 217 et Bry-sur-Marne 15 021, dans le Val-de-Marne : Villiers-sur-Marne 26 626 ; *Val-Maubuée :* 85 503 hab. dont Champs-sur-Marne 24 581, Croissy-Beaubourg 2 236, Émerainville 7 031, Lognes 14 485, Noisiel 15 502 et Torcy 21 668 ; *Bussy-St-Georges :* 13 634 dont Bussy-St-Georges 10 206 et Montevrain 3 428 ; *Portes-de-la-Brie :* 13 482 dont Bailly-Romainvilliers 3 844, Chessy 1 679, Coupvray 2 718, Magny-le-Hongre 2 133 et Serris 3 108, Disneyland (12 000 000 vis., voir à l'Index)]. **Mitry-Mory** 16 869 hab. (*1936 :* 7 148 ; *54 :* 8 697) ; ind. alimentaire. **Moissy-Cramayel** 14 891 hab. **Montereau-Faut-Yonne** 17 625 hab. [*1936 :* 9 322] (aggl. 26 037 [1]) ; ind. méc., élec. et diverses ; collégiale N.-D. (XIVe s.) ; musée de la Faïence. **Moret-sur-Loing** 4 402 hab. ; maison Clemenceau. **Mormant** 4 362 hab. **Nandy** 6 306 hab. **Nangis** 7 479 hab. **Nemours** 12 898 hab. [*1936 :* 5 154] ; verre ; château (XIIe s.) ; musée de Préhistoire d'Ile-de-France (23 126 vis.) ; (aggl. 18 962 [1], dont *St-Pierre-lès-Nemours* 5 815]. **Othis** 6 479 hab. **Ozoir-la-Ferrière** 20 707 hab. (*1936 :* 4 124 ; *54 :* 4 552), parc animalier (85 000 vis.). **Pontault-Combault** 32 886 hab. (*1936 :* 1 544 ; *54 :* 2 050). **Rampillon** 607 hab. ; église fortifiée (XIIIe s.). **Roissy-en-Brie** 19 693 hab. **St-Fargeau-Ponthierry** 11 224 hab. [*1936 :* 2 833 ; *54 :* 3 088] (aggl. 15 939 [1]). **St-Loup-de-Naud** 855 hab. ; église (XI-XIIe s.). **St-Pathus** 4 829 hab. (aggl. 5 980 [1]). **Savigny-le-Temple** 22 951 hab. ; écomusée. **Sénart** (ville nouvelle, dont *dans l'Essonne :* 7 058 hab. : St-Pierre-du-Perray 5 801 et Tigery 1 257 ; *dans la Seine-et-Marne :* 88 440 : Cesson 7 750, Combs-la-Ville 21 139, Lieusaint 7 205, Moissy-Cramayel 14 891, Nandy 6 306, Réau 705, Savigny-le-Temple 22 951 et Vert-Saint-Denis 7 493) 95 498 hab. [1] [*1975 :* 28 500 ; *82 :* 49 200 ; *89 :* 80 000]. **Souppes-sur-Loing** 5 348 hab. ; parc animalier (55 000 vis.). **Thorigny-sur-Marne** 9 029 hab. (aggl. 23 949 [1]). **Vaires-sur-Marne** 11 772 hab. **Verneuil-l'Étang** 3 135 hab. ; meunerie. **Vert-St-Denis** 7 493 hab. (aggl. 15 242 [1], dont *Cesson* 7 750). **Villeparisis** 21 296 hab. (*1936 :* 14 658 ; *54 :* 19 539).

■ SEINE-SAINT-DENIS (93)

■ **Superficie.** 236,2 km² (21,5 × 22 km). **Altitude :** *maximale* Montfermeil 130 m, *minimale* 25 m.

■ **Population.** *1876 :* 138 099 hab. ; *1911 :* 411 443 ; *36 :* 776 378 ; *46 :* 730 361 ; *54 :* 845 231 ; *68 :* 1 249 606 ; *75 :* 1 322 127 ; *82 :* 1 324 301 ; *90 :* 1 382 364 (étrangers 260 998 dont Algériens 64 152, Portugais 43 793, Marocains 29 475, Africains 28 069) ; *99 :* 1 382 519. **D.** 5 855. **Cantons :** 40. **Communes :** 40.

Chef-lieu : BOBIGNY. Population : 44 079 hab. (*1954 :* 18 521 ; *82 :* 42 723) ; accessoires auto (Valéo), services financiers (Sté générale), centre commercial ; maison de la culture.

Sous-préfectures : Le Raincy 12 961 hab. ; église N.-D. (1923). **St-Denis** 85 832 hab. (*1954 :* 80 705) ; électron. (Thomson CSF, Panasonic), Siemens, services financiers de la Banque populaire, CTRE (impression presse parisienne), orfèvrerie (Christofle). *Monuments :* basilique [25 rois et 17 reines inhumés, 70 tombeaux et gisants ; projet de restaurer la flèche de 90 m (achevée 1152, détruite par foudre en 1219 et 1837, rasée par Viollet-le-Duc en 1847), coût 68 millions de F, 125 604 vis. [1]], nécropoles mérovingiennes ; musée d'Art et d'Histoire 28 018 vis. [1] ; de l'orfèvrerie ; université Paris-VIII ; théâtre Gérard-Philipe ; tour Pleyel ; Stade de France (217 176 vis. en 1999).

Autres villes : Aubervilliers 63 136 hab. (*1954 :* 58 740) ; ind. pharmaceutique, centre de recherches (St-Gobain, Rhône-Poulenc) ; théâtre de la Commune, égl. N.-D.-des-Vertus (XVe-XVIe s.). **Aulnay-sous-Bois** 80 021 hab. [*1954 :* 38 534] ; reprographie informatique (Rank Xerox), auto (Citroën), chimie (L'Oréal) ; médecine de contraste (Guerbet), centre d'affaires Paris-Nord, stockage marchandises (Garonor), centre commercial Paris-Nord ; espace Jacques-Prévert. **Bagnolet** 32 511 hab. ; informatique (Bull). **Bondy** 46 826 hab. (*1954 :* 22 411) ; nettoyage (Guilbert), électroménager (Darty), restauration rapide (France Quick). **Clichy-sous-Bois** 28 288 hab. (*1954 :* 5 105). **Coubron** 4 612 hab. **Drancy** 62 263 hab. (camp de rassemblement des déportés 1940-44) ; pièces auto (Bosh), appareils ménagers (ELM Leblanc). **Dugny** 8 461 hab. **Épinay-sur-Seine** 46 409 hab. (*1954 :* 18 349) ; labo. photo (Éclair). **Gagny** 36 715 hab. (*1954 :* 12 255). **Gournay-sur-Marne** 5 925 hab. **La Courneuve** 35 310 hab. (*1954 :* 18 349) ; parachimie, fonderie (Montalev), aéronautique (Eurocopter), spiritueux (Cusenier) ; parc départemental (260 ha) ; écomusée. **Le Blanc-Mesnil** 46 936 hab. (*1954 :* 25 363). **Le Bourget** 12 110 hab. ; aéroport, musée de l'Air (160 aéronefs, 13 610 vis.), salon annuel de l'aviation. **Le Pré-St-Gervais** 16 377 hab. **Les Lilas** 20 226 hab. **Les Pavillons-sous-Bois** 18 420 hab. **L'Ile-St-Denis** 6 810 hab. **Livry-Gargan** 37 288 hab. ; musée. **Montfermeil** 24 121 hab. (*1954 :* 8 271) ; musée du Travail. **Montreuil** 90 674 hab. ; Urssaf ; musée de l'Histoire vivante. **Neuilly-Plaisance** 18 236 hab. **Neuilly-sur-Marne** 32 754 hab. ; production d'eau automatisée (1 200 000 m³/j). **Noisy-le-Grand** 58 217 hab. (*1954 :* 10 398) ; BTP (Quillery), centre commercial, ESIEE, bureautique (OCÉ Fr.), IBM, établissements financiers (Diac), Cité scientifique Descartes. **Noisy-le-Sec** 37 312 hab. (*1954 :* 22 337). **Pantin** 49 919 hab. ; Grands Moulins, cosmétiques (Bourjois), cuir (Hermès). **Pierrefitte-sur-Seine** 25 816 hab. (*1954 :* 12 867). **Romainville** 23 779 hab. ; chimie (Hoechst Marion Roussel), accumulateur (Saft) ; fort (lieu de détention et d'exécutions 1940-44). **Rosny-sous-Bois** 39 105 hab. (*1954 :* 16 491) ; 90 000 m² de centre commercial ; aménagement terres et voiries (SADF) ; *musées :* du Chemin de fer, de l'Histoire. **St-Ouen** 39 722 hab. (*1954 :* 48 112) ; mécanique auto, informatique ; musée, marché aux puces. **Sevran** 47 063 hab. (*1954 :* 12 956) ; mécanique, chimie ; parc national forestier (116 ha, ouvert 1981). **Stains** 32 839 hab. ; General Electric (CGR). **Tremblay-en-France** 33 885 hab. ; matériel (Saunier Duval), transports, électronique ; grange dîmière (XVIe s.). **Vaujours** 5 570 hab. ; musée de la Poudrerie. **Villemomble** 26 995 hab. **Villepinte** 33 782 hab. (*1954 :* 5 503) ; transports passagers (TRA), médecine de contraste, institut de soudure ; parc des Expositions (ouvert 2-12-1982, 164 000 m²) ; informatique (Hewlett Packard). **Villetaneuse** 11 376 hab. ; université Paris-XIII ; quincaillerie, assainissement.

■ **Divers. Aménagement :** *Plaine-St-Denis :* 600 ha sur St-Denis et Aubervilliers, construction du Stade de France inauguré 28-1-1998, 20 000 logements, 30 000 emplois. **Espaces verts** (en 1994) : 1 386 ha ouverts au public, soit 5,86 % de la surface du département et 9,98 m² d'espaces verts par hab. et 14 parcs dont (en ha) : *La Courneuve* 350, *parc du Sausset* 180, *forêt de Bondy* 136, *parc national forestier de la Poudrerie de Sevran* 116, *Le Blanc-Mesnil* 30, *Aulnay-sous-Bois* 29, *Tussion-Sablons* 22, *Villetaneuse* 12, *Romainville* 8, *Clichy-sous-Bois* 8, *Jean-Moulin* à Bagnolet 8, *promenade de la Dhuys* 8, *île St-Denis* 23, *la Bergère* à Bobigny 23.

■ VAL-DE-MARNE (94)

■ **Superficie.** 245,03 km² (21 × 14,5 km). **Altitude :** *maximale* Villejuif 120 m, *minimale* Charenton 25 m.

■ **Régions naturelles. Ceinture de Paris ; vallées de la Seine, de la Marne ; plateau de Brie. Massifs forestiers.** 2 550 ha dont 1 700 ha ouverts au public (bois Notre-Dame, bois de la Grange). **Ressources.** *Tertiaire* (79 % des établissements) : commerce, transports (Orly, gares de triage, dépôts RATP), services, recherche. *Industrie* agroalimentaire. Une dizaine d'entreprises ont plus de 500 salariés. *Cultures spécialisées : horticulture :* fleurs et plantes : 70 ha pour 150 horticulteurs, 39 ha de serres dont 24 ha de roses [Mandres-les-Roses, Santeny, Périgny, Villecresnes (3e rang après Alpes-Maritimes et Var)] ; orchidées à Boissy-St-Léger : 1er centre mondial pour la création de variétés exotiques (500 plants/an) ; *maraîchage et cultures légumières de plein champ :* 160 ha (surtout Périgny et Mandres-les-Roses) ; *arboriculture :* 13 ha (La Queue-en-Brie) ; *pépinières :* 63 ha (plateau de Vitry, Mandres-les-Roses, Périgny/Yerres).

■ **Population.** *1876 :* 136 600 hab. ; *1911 :* 386 073 ; *36 :* 685 299 ; *54 :* 767 529 ; *68 :* 1 121 319 ; *75 :* 1 215 674 ; *82 :* 1 193 655 ; *90 :* 1 215 538. *99 :* 1 227 250 dont *étrangers* (au 1-1-2000) 209 484 (dont Portugais 59 770, Algériens 43 315, Marocains 15 052). **D.** 5 009. **Cantons :** 49. **Communes :** 47.

Chef-lieu : CRÉTEIL. Population : 82 154 hab. (*1936 :* 11 755 ; *62 :* 30 031 ; *79 :* 65 447 ; *82 :* 71 693) ; industries diverses, centre commercial régional Créteil-Soleil (105 000 m^2, ouvert 1974).

Sous-préfectures : L'Haÿ-les-Roses (depuis 1972) 29 660 hab. ; roseraie. **Nogent-sur-Marne** (depuis 1966) 28 191 hab. ; pavillon Baltard [des Halles de Paris ; 55 × 43 m, haut. 22 m, implanté 1977, abrite l'orgue du Gaumont Palace (1 500 tuyaux, 158 registres), classé monument historique le 21-10-1982], musée.

Autres villes : Ablon-sur-Seine 4 867 hab. **Alfortville** 36 262 hab. ; centrale gazière (50 % des besoins de la région parisienne). *Chinagora* village chinois (architecte Liang Kun Hao) inspiré de la place Tiananmen de Pékin ; inauguré 15-10-1992 : 50 000 m^2 dont 2 000 d'exposition, 1 500 de bureaux ; 1 hôtel 3 étages de 200 chambres. **Arcueil** 18 061 hab. ; télécom. et électronique. **Boissy-St-Léger** 15 289 hab. ; capitale de l'orchidée ; entraînement des chevaux de trot ; châteaux : *Grosbois* (XVIe et XVIIe s.), *le Piple* (1725 remanié 1851) ; établissement RATP. **Bonneuil-sur-Marne** 15 889 hab. ; port (2e d'Ile-de-Fr.), château de *Rancy* (XVIIIe s.). **Bry-sur-Marne** 15 000 hab. ; audiovisuel (studios SFP, Ina) ; châteaux (XVIIIe et XIXe s.). **Cachan** 24 838 hab. **Champigny-sur-Marne** 74 237 hab. (*1936 :* 28 866) ; *musées :* de la Préhistoire, de la Résistance nationale. **Charenton-le-Pont** 26 582 hab. **Chennevières-sur-Marne** 17 837 hab. **Chevilly-Larue** 18 149 hab. (*1936 :* 3 332). **Choisy-le-Roi** 34 336 hab. (*1936 :* 28 476) ; traitement des eaux (plus de 600 000 m^3/j), Renault. **Fontenay-sous-Bois** 50 921 hab. (31 596 en 1936) ; siège de Bull. **Fresnes** 25 213 hab. ; écomusée. **Gentilly** 16 118 hab. (18 172 en 1936). **Ivry-sur-Seine** 50 972 hab. (44 859 en 1936) ; Tiru (traitement des résidus urbains, la plus grande usine d'incinération d'ordures ménagères du monde), Schneider, pétrole ; orangerie (XVIIIe s.). **Joinville-le-Pont** 17 117 hab. **La Queue-en-Brie** 10 852 hab. ; château des *Marmousets* (XVIIe et XIXe s.). **Le Kremlin-Bicêtre** 23 724 hab. (Kremlin : cabaret ouvert 1813 en souvenir de la campagne de Russie ; Bicêtre : nom déformé de l'évêque de Winchester ; 1896 détaché de Gentilly). **Le Perreux-sur-Marne** 30 080 hab. **Le Plessis-Trévise** 16 656 hab. **Limeil-Brévannes** 17 529 hab. **Maisons-Alfort** 51 103 hab. (*1851 :* 1 812 ; *1901 :* 10 547) ; École vétérinaire. **Mandres-les-Roses** 4 117 hab. **Marolles-en-Brie** 5 191 hab. **Noiseau** 3 971 hab. **Orly** 20 470 hab. (*1936 :* 6 132) ; aéroport (voir à l'Index) ; Maison de l'environnement (18 000 vis.). **Ormesson-sur-Marne** 9 793 hab. ; château. **Périgny** 2 020 hab. ; centre des métiers d'art, domaine agrotouristique. **Rungis** 5 424 hab. (*1936 :* 518) ; marché de produits alimentaires en gros (le plus important du monde), 220 ha, 17 000 emplois, 500 000 m^2 de locaux. **St-Mandé** 19 697 hab. ; musée des Transports. **St-Maur-des-Fossés** 73 069 hab. (*1936 :* 56 740) ; transports publics (RATP), Quillery ; musée. **St-Maurice** 12 748 hab. ; Tréfimétaux. **Santeny** 3 140 hab. **Sucy-en-Brie** 24 812 hab. **Thiais** 28 232 hab. ; centre commercial Belle Épine (agrandi 1993, 118 000 m^2, le plus grand de France). **Valenton** 11 426 hab. **Villecresnes** 8 361 hab. **Villejuif** 47 384 hab. [*1936 :* 27 590 ; nom : *Villa Judea* (de Juvius, un Gallo-Romain)]. **Villeneuve-le-Roi** 18 292 hab. **Villeneuve-St-Georges** 28 361 hab. ; gare de triage (la plus moderne d'Europe). **Villiers-sur-Marne** 26 632 hab. ; studio SFP. **Vincennes** 43 595 hab. (*1936 :* 48 967) ; pharmacie ; château (XIIe-XIXe s., donjon 52 m, 30 140 vis. en 1998), bois, parc floral, hippodrome, musée de la Symbolique militaire. **Vitry-sur-Seine** 78 908 (*1936 :* 46 945) ; métallurgie, bâtiment, chimie.

VAL-D'OISE (95)

Nota. – (1) En 1998.

■ **Superficie.** 1 245,9 km^2 (70 × 30 km). **Altitude :** *max.* buttes de Rosne 217 m, forêt de Carnelle 210 m, *min.* Vétheuil 12 m, vallée de l'Epte 50 m.

■ **Régions naturelles. Vexin français** (l'Epte forme depuis 911 la limite entre Vexin français et Vexin normand) : plateau limoneux, 55 % de la surface agricole du département (blé, céréales, betteraves, pommes de terre, élevage associé ; horticulture et champignons). Falaise de La Roche-Guyon. **Vieille France** ou **plaine de France** (ancien domaine des Montmorency) : limons profonds, meilleurs sols de France ; 25 % de la surface agricole du dép. ; mêmes cultures que dans le Vexin français. **Parisis** (ceinture nord de Paris) : ancien domaine des Parisii (20 % de la surface agricole) : Vexin de Montmorency, plaine alluviale de la Seine d'Argenteuil à Bezons ; Vexin de l'Oise, buttes boisées de Cormeilles-en-Parisis, Montmorency et L'Isle-Adam ; au nord, polyculture et élevage ; au sud, maraîchères et arboriculture ; en pleine urbanisation.

☞ *1er producteur* de gypse (50 % de la production nationale).

■ **Population.** *1876 :* 129 655 hab. ; *1911 :* 196 599 ; *36 :* 350 487 ; *54 :* 412 658 ; *68 :* 693 269 ; *82 :* 920 598 ; *90 :* 1 049 598 (étrangers 115 877 dont Portugais 27 432, Algériens 21 965, Marocains 14 164, Africains 10 745) ; *99 :* 1 105 464. **D.** 887. **Cantons :** 39. **Communes :** 185.

Chef-lieu : CERGY-PONTOISE. Population : 27 494 hab. (28 220 en 1982) ; cathédrale Saint-Maclou ; *musées* Tavet-Delacour, Pissaro ; foire de St-Martin (depuis 823 ans).

Sous-préfectures : Argenteuil 93 961 hab. ; cultures maraîchères, auto, chimie, ind. élec et électron., métallurgie ; musée du Vieil Argenteuil, basilique, remparts, village. **Montmorency** 20 599 hab. ; arboriculture (forêt 3 500 ha) ; musée J.-J.-Rousseau. **Sarcelles** 57 871 hab. ; sous-préfecture en construction.

Autres villes (vis. en 1999) : **Arnouville-lès-Gonesse** 12 291 hab. **Asnières-sur-Oise** 2 479 hab. ; abbaye de Royaumont (XIIIe s., 57 651 vis. [1]). **Auvers-sur-Oise** 6 820 hab. ; maison de Van Gogh (auberge Ravoux, 72 093 vis. [1]), château (98 030 vis.), musée de l'Absinthe. **Baillet-en-France** 1 710 hab. ; N.-D. de France [de Roger de Villiers (1988), couronnait le pavillon pontifical de l'Exposition de 1937 ; haut. 32 m (dont piédestal 25 m)]. **Beauchamp** 8 986 hab. **Beaumont-sur-Oise** 8 390 hab. (aggl. 30 622 [1]). **Bessancourt** 6 999 hab.. **Bezons** 26 263 hab. ; métallurgie, chimie. **Boissy** 1 668 hab. **Bouffémont** 5 701 hab. **Cergy** 54 781 hab. **Cergy-Pontoise** (ville nouvelle) 11 communes, 161 204 hab. (*1975 :* 71 195 ; *82 :* 104 350 ; *89 :* 150 000), 7 767 ha (dont 11,8 % d'espaces verts ; 65 ha de plans d'eau) ; préfecture (Henri Bernard) ; amphithéâtre vert (Ricardo Bofill), construction 710 000 m^2 de logements (plus de 50 000 en 2015), tour Blanche (Dani Karavan), 136 m ; 7 000 m^2 de bureaux ; sièges sociaux. **Chaussy** 602 hab. ; château de *Vellarceau*. **Cormeilles-en-Parisis** 19 643 hab. **Deuil-la-Barre** 20 160 hab. **Domont** 14 883 hab. **Eaubonne** 22 882 hab. **Écouen** 7 084 hab. ; château (1532-67 par Ch. Billard puis J. Bullant), musée de la Renaissance (40 036 vis.) ; espaces verts. **Enghien-les-Bains** 10 368 hab., casino, lac 14 ha (800 × 6,30 m au milieu du lac et 300 m au bout, profondeur maximale 3 m, minimale 0,70 m). **Éragny** 15 568 hab. **Ermont** 27 494 hab. **Ézanville** 8 825 hab. **Fosses** 9 998 hab. (aggl. 18 409 [1], dont *Marly-la-Ville* 5 696). **Franconville** 33 497 hab. **Garges-lès-Gonesse** 40 058 hab. ; verrerie. **Gonesse** 24 721 hab. ; industries diverses. **Goussainville** 27 356 hab. (aggl. 28 324 [1]). **Groslay** 7 385 hab. **Guiry-en-Vexin** 175 hab. ; Musée archéologique (22 982 vis. [1]). **Herblay** 23 083 hab. **Jouy-le-Moutier** 17 804 hab. **L'Isle-Adam** 11 163 hab. (forêt de 1 600 ha) ; musée d'Art et d'Histoire Louis-Senlecq. **La Roche-Guyon** 550 hab. ; château (66 263 vis. [1]). **Le Plessis-Bouchard** 7 006 hab. **Louvres** 8 797 hab. (aggl. 10 629 [1]). **Luzarches** 3 899 hab. (aggl. 6 304 [1]) ; église (XIIe-XIIIe s.). **Magny-en-Vexin** 5 656 hab. (aggl. 5 753 [1]) ; église (Renaissance). **Menucourt** 5 084 hab. **Méry-sur-Oise** 8 929 hab. **Montigny-lès-Cormeilles** 17 183 hab. **Montmagny** 13 090 hab. **Montsoult** 3 519 hab. (aggl. 6 100 [1]). **Osny** 14 309 hab. **Parmain** 5 274 hab. **Persan** 9 600 hab. **Pierrelaye** 6 923 hab. **Roissy-en-France** 2 367 hab. ; aéroport (voir à l'Index). **St-Brice-sous-Forêt** 12 540 hab. **St-Gratien** 19 226 hab. **St-Leu-la-Forêt** 15 127 hab. **St-Ouen-l'Aumône** 19 660 hab. ; abbaye de *Maubuisson* (1236, 14 324 vis.). **St-Prix** 6 767 hab. **Sannois** 25 349 hab. **Soisy-sous-Montmorency** 16 802 hab. **Taverny** 25 909 hab. **Vauréal** 16 206 hab. **Vétheuil** 858 hab. ; église (Renaissance). **Viarmes** 4 681 hab. (aggl. 7 398 [1]). **Vigny** 1 036 hab. ; château. **Villiers-le-Bel** 26 145 hab.

■ **Divers. Étangs** de Cergy-Pontoise (400 ha) : plan d'eau (60 ha, voile, aviron), bassin (10 ha, pêche), aire de baignade (5 ha) ; jardin d'aventures pour enfants (19 ha). **Fouilles gallo-romaines :** Épiais-Rhus, Genainville, Taverny, Sarcelles. **Monuments mégalithiques :** menhirs de Cergy, Ennery, Bellefontaine, la Pierre turquoise (forêt de Carnelle).

YVELINES (78)

Nota. – (1) En 1998.

■ **Nom.** Tiré de l'ancien massif forestier qui allait du confluent de l'Oise et de la Seine à la forêt de Fontainebleau.

■ **Superficie.** 2 284,43 km^2 (depuis le rattachement, par décret du 21-11-1969, de Châteaufort et Toussus-le-Noble appartenant auparavant à l'Essonne) [45 × 40 km]. **Altitude :** *maximale* Lainville 200 m ; *minimale* Port-Villez 10 m ; *moyenne* 150 m.

■ **Régions naturelles** (entre parenthèses : % de la superficie du département). **Beauce** 10 996 ha (4,8) : plate et sèche, grandes cultures céréalières. **Hurepoix** 1 925 ha (0,8) : petite agriculture, forêts (2 communes). **Yvelines** 72 645 ha (31,5) : forêts (Rambouillet). **Plaine de Versailles** 53 533 ha (23,2) : vallées (cultures fruitières, maraîchères et céréalières), industries diverses, forêts de Marly et des Alluets. **Drouais** 25 429 ha (11) : région cloisonnée, céréales, petites forêts. **Vallée de la Seine** 33 902 ha (14) : zone d'habitation ; auto (Flins, Poissy) ; chimie ; matériaux de construction ; raffinerie Elf-Érap (à Gargenville) ; centrale thermoélectrique de Porcheville ; carrières, céréales et maraîchers. **Vexin** 4 517 ha (2) : cultures et forêts. **Ceinture de Paris** 27 746 ha (12,1) : cultures fruitières et maraîchères. **Forêts** (en milliers d'ha, au 1-1-1990). 72,1 (31,7 % du territoire) dont ouverts au public 40 % de la surface boisée. **Forêts domaniales :** *Rambouillet* 14 470 ha, *St-Germain-en-Laye* 3 533 ha, *Marly-le-Roi* 1 975 ha, *Versailles* 1 056 ha (parc, arbres perdus par la tempête *1990 :* 1 500 ; *1999-26-12 :* 10 000), *Beynes* 435 ha, *L'Hautil* 379 ha, *Bois-d'Arcy* 342 ha, *Meudon* 327 ha, *La Houssaye* (Bonnières) 96 ha, *Claireau* 86 ha, *Flins-les-Mureaux* 58 ha, *Les Alluets* 54 ha. **Terres** (en milliers d'ha). *Agricoles non cultivées* 5,6 ; *non agricoles* 52,4.

■ **Population.** *1876 :* 235 511 hab. ; *1911 :* 297 562 ; *36 :* 428 166 ; *54 :* 519 176 ; *68 :* 854 382 ; *82 :* 1 196 111 ; *90 :* 1 307 567 (étrangers 148 852 [1] (dont Portugais 45 836, Marocains 20 862, Algériens 17 290) ; *99 :* 1 354 304. **D.** 593. **Cantons :** 39. **Communes :** 262.

Chef-lieu : VERSAILLES. Population : 85 726 hab. [*1790 :* 51 085 ; *1901 :* 54 982 ; *26 :* 68 574 ; *54 :* 84 650] ; ville résidentielle, centre administratif et culturel. Siège du gouvernement 1871-75. **Monuments :** château, Trianons et musée Lambinet (voir à l'Index). **Industries :** pépinières ; électronique, mécanique, aéronautique, informatique, labo., bureaux d'études.

Sous-préfectures : Mantes-la-Jolie 43 672 hab. ; collégiale (XIIe-XIIIe s.) ; coopérative céréalière, cimenterie, Dunlopillo ; foire-exposition, musée de l'Hôtel-Dieu [aggl. 189 103 [1], dont **Gargenville** 6 611. **Les Mureaux** 31 739 ; aéronautique (Snias). **Limay** 15 709. **Magnanville** 5 624. **Mantes-la-Ville** 19 231 ; église. **Meulan** 8 394. **Triel-sur-Seine** 11 097 ; gare de triage, auto. **Verneuil-sur-Seine** 14 538. **Vernouillet** 9 471]. **Rambouillet** 24 758 hab. ; château : une des résidences officielles du Pt de la République (28 262 vis. en 1994) ; la Laiterie (Mique) ; bergerie, forêt, parc animalier (voir p. 206 c). **St-Germain-en-Laye** 38 423 hab. (*1790 :* 12 838 ; *1901 :* 17 297 ; *26 :* 22 180 ; *54 :* 29 429) ; château (1539-1610, P. Chambige architecte, Ph. Delorme, le Primatice, Androuet Du Cerceau, Métezeau). *Musées :* des Antiquités nationales (83 000 vis. [1]), du Prieuré (28 000 vis. [1]) ; cultures maraîchères et fruitières ; forêt, terrasse de Le Nôtre (1669-73).

Autres villes : Achères 18 942 hab. ; gare de triage. **Andrésy** 12 485 hab. **Aubergenville** 11 667 hab. [aggl. 13 906 [1], dont *Flins-sur-Seine* 2 207 ; usines Renault] ; auto. **Beynes** 7 200 hab. **Bois-d'Arcy** 12 064 hab. **Bonnières-sur-Seine** 3 993 hab. [aggl. 11 417]. **Bougival** 8 432 hab. **Buc** 5 764 hab. **Carrières-sous-Poissy** 13 472 hab. **Carrières-sur-Seine** 12 050 hab. **Cernay-la-Ville** 1 727 hab. ; abbaye des Vaux-de-Cernay. **Chambourcy** 5 077 hab. *Désert de Retz* (40 ha) avec colonne tronquée (reconstruite après 1827), pavillons exotiques, conçu 1774-89 par le chevalier François de Monville, restauré 1986. **Chanteloup-les-Vignes** 9 544 hab. **Chatou** 28 588 hab. ; musée de la Maison Fournaise. **Chevreuse** 5 364 hab. ; château de *Breteuil*. **Conflans-Ste-Honorine** 33 327 hab. ; batellerie (musée ouvert 1967 dans le château *Gévelot*, 36 000 vis. [1]). **Croissy-sur-Seine** 9 835 hab. **Dampierre-en-Yvelines** 1 051 hab. ; château (22 000 vis. [1]). **Élancourt** 26 655 hab. ; parc « France miniature » (voir à l'Index). **Épône** 6 418 hab. (aggl. 9 432 [1]). **Fontenay-le-Fleury** 12 582 hab. **Gambais** 2 064 hab. ; château de *Neuville*. **Guyancourt** 25 079 hab. **Houdan** 3 112 hab. **Houilles** 29 634 hab. **Jouy-en-Josas** 7 946 hab. ; musée de la Toile de Jouy. **L'Étang-la-Ville** 4 496 hab. **La-Celle-St-Cloud** 21 527 hab. **La Verrière** 9 471 hab. **Le Chesnay** 28 530 hab. **Le Mesnil-le-Roi** 6 207 hab. **Le Mesnil-St-Denis** 6 518 hab. **Le Pecq** 16 318 hab. **Le Perray-en-Yvelines** 5 828 hab. **Le Port-Marly** 4 412 hab. ; château de *Monte-Cristo*. **Le Vésinet** 15 921 hab. **Les Clayes-sous-Bois** 17 059 hab. ; informatique. **Les Essarts-le-Roi** 6 126 hab. (aggl. 7 158 [1]). **Louveciennes** 7 111 hab. ; musée-promenade. **Magny-les-Hameaux** 8 769 hab. *Port-Royal-des-Champs* abbaye (démolie 1710), musée national des Granges de Port-Royal. **Maisons-Laffitte** 21 856 hab. ; château (1642-50 Mansart, 150 000 vis. en 1997) ; hippodrome. **Marly-le-Roy** 16 759 hab. ; résidence présidentielle (château 1679, architecte Mansart) ; machine élévatoire des eaux de la Seine pour alimentation en eau du château de Versailles (*1681-84* 14 roues installées sur la Seine, 221 pompes aspirantes et refoulantes) fonctionna de 1738 à 1804, incendiée 1817, réplique 1855-59, 6 roues à palettes (diamètre 12 m, larg. 4,5 m) ; forêt. **Maule** 5 863 hab. (aggl. 9 583 [1]) ; musée Victor-Aubert. **Maurepas** 19 586 hab. **Médan** 1 393 hab. ; musée Zola. **Montesson** 13 750 hab. ; maraîchers. **Montigny-le-Bretonneux** 35 216 hab. **Noisy-le-Roi** 7 718 hab. [aggl. 17 311 [1], dont *Bailly* 4 094]. **Orgeval** 4 801 hab. **Plaisir** 31 045 hab. **Poissy** 35 841 hab. ; auto ; villa Savoye (Le Corbusier et P. Jeanneret, 1928-30), collégiale (XIIe-XIIIe s.), *musées :* d'Art et d'Histoire, du Jouet. **Rocquencourt** 3 218 hab. **Rosny-sur-Seine** 4 758 hab. (aggl. 16 023 [1]) ; château (XVIe s.). **St-Arnoult-en-Yvelines** 5 671 hab. **St-Cyr-l'École** 14 566 hab. **St-Hilarion** 799 hab. ; *Voisins* château et parc (1903-06 par René Sergent pour le Cte Edmond de Fels). **St-Quentin-en-Yvelines** (ville nouvelle) 155 958 hab. en 1992 (*1975 :* 49 700 ; *82 : 93 920 ; 89 :* 123 500) 7 communes. 7 500 ha dont 40 d'espaces verts ; plan d'eau (120 ha), écomusée. **St-Rémy-lès-Chevreuse** 7 651 hab. ; fondation Pierre de Coubertin. **Sartrouville** 50 219 hab. **Thoiry** 969 hab. ; parc zoologique. **Trappes** 28 812 hab. **Vélizy-Villacoublay** 20 342 hab. ; zone industrielle. **Verneuil-sur-Seine** 14 538 hab. **Villepreux** 9 601 hab. **Viroflay** 15 211 hab. **Voisins-le-Bretonneux** 12 153 hab.

LANGUEDOC-ROUSSILLON

☞ *Abréviations :* L. : Languedoc ; C. : Cévennes ; R. : Roussillon.

GÉNÉRALITÉS

■ **Superficie.** 27 376 km^2. **Population :** *1990 :* 2 114 985 (dont Français par acquisition 11 263) ; *98 :* 2 287 000 dont étrangers 157 292 (dont Marocains 51 590, Espagnols 31 810, Algériens 22 902, Portugais 10 494) ; *99 :* 2 295 648. **D.** 84.

CÉVENNES

■ **Situation.** Ouest du Gard et sud de la Lozère.

■ **Histoire.** Principauté des Cévennes ou principauté, marquisat, franc-alleu d'Anduze. **534** Théodebert Ier, roi d'Austrasie, petit-fils de Clovis, conquiert sur les Goths une partie des C., correspondant à peu près à l'arrondissement du Vigan ; il y nomme un évêque résidant sans doute au Vigan et un comte. Le territoire est appelé cité d'Arisitum [actuellement Arphy, anciennement Arfy (*Arsy*, de *Arisitum :* le *s hasté* ayant été lu comme un *f*)]. **754** Pépin le Bref, maître de la Septimanie, réunit la cité épiscopale d'Arisitum à celle de Nîmes ; le Cte est maintenu. **Vers 900** il échoit à Foucault II, seigneur d'Anduze (883-915), chef d'une branche cadette de la maison souveraine de

■ L'OCCITANISME

■ **Origine.** Au XIIIe s., les officiers de la Couronne donnent au Languedoc récemment annexé au domaine royal le nom d'*Occitania*. Le terme, équivalent, dans les textes rédigés en « latin de chartes », de *Languedoc*, a été repris au XIXe s. L'adjectif *occitan* désigne les parlers méridionaux appelés au XIIIe s. *limousin* ou *provençal*, au XIVe s. *roman*, au XVIe s. *gascon*. L'adjectif « provençal » a été réutilisé souvent au XIXe s.

L'occitanisme est, depuis 1962, un mouvement d'inspiration idéologique, politique ou culturelle se manifestant en Aquitaine, Languedoc-Roussillon, Limousin, Midi-Pyrénées, Provence-Côte d'Azur et (partiellement) en Auvergne et Rhône-Alpes. Il envisage parfois, en passant par l'autonomie des provinces, une structure fédérative de la France. Certains appellent au séparatisme, d'autres proclament leur solidarité avec les Catalans.

■ **Langue occitane. 1°) Occitan méridional :** *gascon, béarnais*, variante du gascon mais ayant affirmé longtemps son autonomie (à l'Ouest), *languedocien* (Centre), *provençal* (est du Rhône et majeure partie du Gard) ; *roussillonnais parlé* se distinguant du catalan officiel : terminaison « i » du présent de l'indicatif et de la 1re personne de l'imparfait *(parlavi)* ; le « ó » accentué final est prononcé « ou » *(Canigou)* ; le pluriel des mots en « àn » est en « às » au lieu de « ans » (hortolàs, màs). **2°) Nord-occitan :** *limousin, auvergnat, dauphinois* (frange nord). Une tendance unificatrice s'est révélée, s'appuyant en gros sur les parlers du Quercy, de l'Albigeois et du Rouergue (*occitan central*, considéré comme « référentiel ») et préconisant une graphie « typisante » traditionnelle depuis le Moyen Age, respectant les traits fondamentaux des principaux dialectes mais adoptant partout les mêmes principes graphiques. Ainsi, le *« a »* final atone, à l'instar de la tradition occitane et romane, a été repris pour noter d'un signe unique les réalisations phonétiques diverses de la langue parlée *(a, o,* ou *oe)* ; exemple *lenga* « langue » (prononcée *lenga, lengo, lengoe*).

☞ 2 millions sur 13 millions de « Méridionaux », pratiquent réellement la langue d'oc en France ainsi que dans le val d'Aran espagnol et dans les vallées « vaudoises » d'Italie.

■ **Le catalan.** Évolution locale du bas latin ; langue officielle depuis 1977 de la Catalogne, en Espagne. Se distingue de la langue d'oc par : la prononciation « ou » du « u », la réduction de la diphtongue « au » à « o », l'absence des diphtongues « ue » et « ie » (réduites à « u » et « i ») et de la diphtongue « ei » (remplacée par « eu »). L'accent tonique se maintient parfois sur l'antépénultième, surtout dans les formes verbales.

■ **Histoire linguistique. XIe-XIIIe s.** les troubadours du Midi créent une poésie lyrique et amoureuse (codifiée au XIVe s. par les *Leys d'Amor*), modèle de poésie courtoise en Europe. Les parlers d'oc sont en outre une langue véhiculaire (éloquence, commerce, diplomatie) dans le Bassin méditerranéen (on parle le catalan en Grèce). **XIIIe-XVIe s.** recul comme langue littéraire. La production lyrique cesse en France, mais se maintient en Espagne. **1492** 1er texte imprimé : traité de mathématiques. **Fin XVIe s.** renaissance de la poésie dialectale, notamment avec l'Aixois Louis Bellaud de La Bellaudière (1532-88) ou le Toulousain Pierre Goudouli (1580-1649), mais les parlers méridionaux cessent d'être utilisés dans les actes juridiques privés ou publics depuis 1539 (édit de Villers-Cotterêts). Certains parlements provinciaux gardent néanmoins leurs parlers plus longtemps : Navarre (jusqu'en 1660 environ), Roussillon (jusqu'en 1738). **1790** 90 % du Midi les utilisent encore ; les constituants doivent traduire en dialectes la Constitution et la Déclaration des droits de l'homme.

XIXe s. renaissance de la littérature d'oc, notamment avec l'Agenais Jacques Boé, dit Jasmin, (1798-1864) et le Nîmois Jean Reboul (1796-1864). **1847** dictionnaire provençal-français d'Honnorat (65 000 mots). **1854** fondation en Provence par Frédéric Mistral (1830-1914) avec 6 compagnons du *Félibrige* [organisme académique devenu une fédération de Stés culturelles ; création d'un « provençal littéraire » avec un système orthographique d'un phonétisme « modéré » (les mots féminins se terminent par un *« o »* inaccentué)]. **1878** *Tresor dóu Felibrige,* de Mistral (somme des parlers d'oc : dictionnaire de 80 000 mots). **1899** le chanoine limousin Roux crée la graphie néoromane, remplaçant le « o » par un « a ».

1919 les instituteurs Antonin Perbosc et Prosper Estieu créent *l'Escola occitana*, rompant avec les « Félibréens » auxquels ils reprochent leur conservatisme ; le système Perbosc-Estieu devient la base de la graphie de l'« occitan » moderne. **1931-39** autonomie de la Catalogne, qui soutient l'occitanisme. **1935** Louis Alibert publie à Barcelone la *Gramatica occitana segon los parlars lengadocians,* perfectionnant le système précédent. **1945** création à Toulouse de l'IEO (Institut d'études occitanes) reconnu d'utilité publique en 1949. **1951** Robert Lafont applique au dialecte provençal la graphie des occitanistes toulousains, en publiant *Phonétique et Graphie du provençal* (essai d'adaptation de la réforme linguistique occitane aux parlers de Provence). **1952** Louis Alibert, Pierre Bec et Jean Bouzet lancent le principe d'une application de cette même réforme au gascon. **1983**-*12-7* à côté du terme « occitan », employé d'abord exclusivement dans les textes ministériels [rapport Giordan (1981)], on emploie désormais le terme « langue d'oc ».

■ **Organisations occitanistes. 1959** *PNO (Parti nationaliste occitan)* créé par François Fontan ; il reproche aux intellectuels de l'IEO leur fidélité tactique à la France. **1962** *Coea (Comité occitan d'études et d'action)* fondé, remplacé 1971 par *Lutte occitane* ; programme : séparer le politique du culturel et soutenir notamment les viticulteurs (s'oppose apparemment à l'IEO). **1964** Yves Rouquette (membre du Coea) lance le thème de la reconquête occitane (revanche contre la suppression entre 1223 et 1271 du Cte toulousain). **1974** crée *Volem viure al païs.* **1975** *Parlaren* créé à l'est du Rhône, conservant la graphie de Mistral, soutient parfois des revendications proches de celles des occitanistes. **1980**-*nov.* Pierre Bec démissionne de la présidence de l'IEO. **1981**-*mai* Toulouse : 1re manif. de masse dans les rues (*mai 82 :* Marseille, *mai 83 :* Montpellier, *mai 84 :* Toulouse). **1984** Montpellier, *« Mouvement du 11 avril »* créé, lié à l'expansionnisme catalan. **1987** *Parti occitan* créé. Participe au mouvement RPS (Régions et Peuples solidaires) en 1994. **1996** la « Setmana » : 1er hebdomadaire entièrement en occitan.

■ **Quelques adresses. Ideco :** B.P. 6, 81700 Puylaurens. **IEO :** 12, rue du Faubourg Bonnefoy, 31500 Toulouse. *Pt :* David Grosclaude. **IEO-Paris :** 14, rue Broussais, 75014 Paris. **Centre de documentation provençale Parlaren :** Mairie, 84500 Bollène. **CIRDOC (Centre interrégional de développement de l'occitan) :** pl. du 14-Juillet, espace Du Guesclin, B.P. 180, 34503 Béziers Cedex. **Volem viure al païs :** B.P. 69, 83502 La Seyne. **Association internationale des études occitanes :** Liège (Belgique), fondée 1981, *Pt :* Peter Ricketts (G.-B.). **Parlaren :** Les Bas Vaux, 83149 Bras, *Pt :* M. Audibert, publie « Prouvènço d'aro », seul mensuel entièrement écrit en langue d'oc. **L'Astrado prouvençalo :** 7, les Fauvettes, 13130 Berre-l'Étang, *fondé* 1965 par Louis Bayle. **Pam-de-Nas** (librairie occitane) : 30, rue des Grands-Augustins, 75006 Paris. **Ceroc (Centre d'enseignement et de recherche d'Oc) :** 16, rue de la Sorbonne, 75005 Paris. **Confédération nationale Calandreta :** 100, faubourg Figuerolles, 34000 Montpellier.

■ **Enseignement.** *L'occitan moderne* a pu être présenté au bac comme langue facultative jusqu'en 1983 (*Nice, Aix, Clermont :* langues régionales). Depuis 1984, on peut choisir comme langue vivante (2e ou 3e selon les sections) une variété régionale de la langue d'oc. Fin 1991, création d'un Capes de langue d'oc. Centres univ. d'ens. : Aix, Avignon, Montpellier et Toulouse.

■ **Organisations indépendantes. Bizà Neirà :** éditions en auvergnat ; *Pt fondateur :* Pierre Bonnaud (1, rue des Allées, Ceyrat, 63110 Beaumont). **La France latine :** *fondée* 1954 ; *directeur litt. :* S. Thiolier-Méjean (16, rue de la Sorbonne, 75005 Paris). **Le Félibrige :** *fondé* 1854 ; *capoulier :* Pierre Fabre depuis 1992 (Parc Jourdan, 8 *bis,* av. Jules-Ferry, 13100 Aix-en-Provence). **Sté des félibres de Paris :** *Pt :* J. Fourié (Esperaza, Aude). **Lou Prouvençau à l'Escolo :** *fondé* par Ch. Mauron et C. Dourguin (Mairie, 13910 Maillane). **La Pervenquiero :** *capoulier :* A. Costantini (98, av. Ledru-Rollin, 75011 Paris). **Centre de recherches et d'études méridionales** (Marie-Claude Mauron, chemin de Roussan-et-Cornud, 13210 St-Rémy).

■ **Drapeau catalan** (*la senyera*). Sang et or (Louis le Pieux aurait tracé 4 lignes rouges, avec 4 doigts tachés de sang, sur le bouclier doré de Wilfred le Velu, Cte de Barcelone).

St-Gilles. Les « Ctes d'Anduze » refusent l'hommage à la branche aînée, se comportant en seigneurs souverains et battant monnaie, les « sous d'Anduze ». **1220** Pierre-Bermond VII (dernier Pce souverain) vaincu par Amaury de Montfort (son fief est confisqué). **1226** prête l'hommage direct à Louis VIII (fief récupéré). **1242** s'allie au roi d'Angleterre contre Saint Louis (fief confisqué définitivement après la bataille de Taillebourg, et rattaché à la sénéchaussée de Beaucaire). **1622** Louis XIII reconnaît aux Mis de Roquefeuil, descendants directs des Ctes d'Anduze, « le titre immémorial de Mis, nûment immédiat de la couronne ».

GÉVAUDAN

■ **Situation.** Ancien diocèse de Mende ; département de la Lozère, cantons de Saugues (Hte-Loire), Chaudes-Aigues et Ruynes (Cantal) ; au nord des Cévennes, échancrure de hauts plateaux *(Aubrac, Margeride, Causses).* Cisaillé de profondes vallées.

■ **Ressources.** Élevage bovin (fourme fabriquée déjà par les Gabales), caprin et ovin (transhumance dès le néolithique). Sériciculture au XVIe s., châtaigniers, céréales pauvres. Mines dans l'Antiquité (argent, or), distillation des résineux, textiles (serges).

■ **Histoire.** Densément peuplé dès le paléolithique. Nombreux mégalithes du néolithique. Occupé par les *Gabales* (Celtes), clients des Arvernes, en relation avec la Méditerranée et fortement hellénisés. **52 av. J.-C.** César les soumet : leur capitale *Anderitum, Oppidum Gabalorum* (d'où Javols) et la *Civitas Gabalitana* (Gévaudan) sont incorporées à l'Aquitaine. **408** les Vandales tuent l'évêque saint Privat au pied du mont Mimat (son tombeau devient centre de pèlerinage à Mende). **472** les Wisigoths, **507** les Francs conquièrent le pays. **561** les Mérovingiens nomment un Cte de Gévaudan. **732** les Sarrasins détruisent *Javols*, la capitale militaire est transférée à *Grèzes* où siègent des Ctes nommés par les Carolingiens tandis que l'autorité administrative reste aux évêques, qui résident à Mende depuis 998 (892-XIIe s.). **1112** les titres vicomtaux de Grèzes et de Millau (Rouergue) passent aux Ctes de Barcelone et rois d'Aragon qui s'intitulent dès lors « Ctes de Gévaudan ». Autorité effective des évêques de Mende, dont les rois d'Aragon se déclarent vassaux. **1161** l'évêque rend hommage à Louis VII. A la suite de la guerre des albigeois, la vicomté est enlevée aux rois d'Aragon et remise à Louis IX qui se trouve le vassal de son vassal. **1306** Philippe le Bel met fin à la division du Gévaudan (Ouest « comté » royal, capitale Grèzes, Est comté épiscopal), en reconnaissant le titre comtal de l'évêque et en l'associant à tous les droits régaliens. L'évêque touche la moitié des revenus, mais le sénéchal royal de Beaucaire a la juridiction d'appel. Le titre comtal des évêques subsiste jusqu'en 1789, mais au XVIe s. le Cte est rattaché au gouvernement du Languedoc, en 1632 à la lieutenance des Cévennes, au XVIIe s. à la généralité de Montpellier. Le comté possède depuis 1360 ses états particuliers. A l'édit de Nantes, les protestants du pays, nombreux dans l'ex-vicomté, obtiennent la place forte de Marvejols. A sa révocation, nombreuses émigrations et formation des assemblées du *« Désert »*. **1702-10** guerre des *« camisards »* (voir à l'Index). **1710** lutte terminée ; Antoine Court organise l'*Église du Désert* qui se maintient malgré les persécutions (107 pasteurs exécutés). **1765-68** bête du Gévaudan (voir à l'Index).

LANGUEDOC

■ **Situation.** Limité à l'est par la vallée du Rhône, au nord par le Massif central, au sud par la plaine du Roussillon : *côte* basse et sablonneuse jusqu'aux Albères, avec bassins et étangs ; *basses plaines côtières ; plaines intérieures* bas plateaux cuirassés de cailloutis (les *Costières*) ou de collines de molasse (les *Soubergues*) ; *plates-formes calcaires* des garrigues et *basses montagnes ;* dominé par Pyrénées et Massif central. *Climat* méditerranéen (été : sécheresse ; automne : pluies abondantes) : érosions, inondations.

■ **Histoire.** Origine du nom au sens large : les provinces où l'on parlait la langue d'oc au XIIIe s., y compris le Cte de Toulouse. Au sens restreint : la moitié occidentale de ces provinces, qui, contrairement au Cte de Toulouse, ont été incorporées au domaine royal, formant 2 sénéchaussées : Beaucaire et Carcassonne. Les fonctionnaires royaux y étaient tenus de savoir l'occitan : sénéchaussées de langue d'oc, d'où par ellipse : Languedoc.

Période préromaine : habitées par des Ligures jusqu'au VIe s. av. J.-C., les plaines sont conquises par des Ibères venus d'Espagne, qui fusionnent avec la population primitive et forment le peuple *élysique* ou *élyséen* (pasteurs, bûcherons, menuisiers), qui a donné son nom aux Champs Élysées des Grecs (terre des bienheureux) ; oppidum principal : *Ensérune,* près de Nissan (Hérault). Les colons grecs sont nombreux sur les côtes, où ils fondent notamment Agde (*Agathè Tukhè* ou « Bonne Fortune »). **350 av. J.-C.** Belges ou Bolges ou Volques Tectosages, ayant traversé le Massif central, s'installent dans le pays, qui devient celtophone. **IIe s. av. J.-C.** les Volques s'allient aux Carthaginois, fournissent des contingents à Hannibal. **Province romaine : avant J.-C. 121** les Romains (Domitius Ahenobarbus) s'emparent de la Gaule méditerranéenne, de Toulouse aux Alpes ; y ouvrent la voie *Domitia,* d'Italie en Espagne, et y organisent une province, la *Gallia transalpina* ou *Gallia braccata* (pays des Gaulois à pantalons, sans toge romaine) ; fortement romanisé. **118** *Narbonne,* Narbo Martius, remplace Ensérune comme capitale (colonie de vétérans). **56** les Gaulois romanisés de la province fournissent à César la majeure partie de ses troupes pour conquérir le reste de la Gaule (56-52). **46** les vétérans de César s'installent en masse. **27** la province est supprimée : Narbonne devient la capitale de la *Narbonnaise.* **Après Dioclétien :** Narbonne capitale de la *Narbonnaise Première* (le Languedoc actuel, du Rhône aux Pyrénées), appelée couramment *Septimanie,* car elle est colonisée par les vétérans de la 7e légion. **Période wisigothique :** pénétrant en Gaule en 412, les *Wisigoths* (roi : Ataulfe) de religion arienne y fondent en 419 un royaume (roi : Wallia). Chassés du Sud-Ouest en 507 (défaite de Vouillé), ils se maintiennent contre les Mérovingiens en Septimanie, où ils tiennent pendant 3 siècles Narbonne, Béziers, Nîmes, Agde, Maguelonne, Elne et Carcassonne. Leurs ducs sont les premiers lieutenants des rois wisigoths d'Espagne. **673** le duc Paul se proclame roi, mais il est battu par Wanba. **Période musulmane : 719** les musulmans, maîtres de l'Espagne, pénètrent en Septimanie. **725** *Ambiza* occupe le pays jusqu'au Rhône ; la noblesse « gothique », demeurée secrètement arienne, l'appuie. **752** le Goth *Ansemond* (Cte de Nîmes et gouverneur d'Agde, Béziers, Maguelonne, Uzès) s'allie à Pépin le Bref et chasse les musulmans. Chargé d'enlever Narbonne en 753, il y est tué. Ses descendants, gouverneurs de Septimanie et futurs « marquis de Gothie », obtiennent l'autonomie politique et (peut-être aussi) religieuse. **Période carolingienne : 801** le *marquisat de Gothie* s'agrandit de la *Gotholonia* ou Catalogne, au sud des Pyrénées. **865** la *marche de Catalogne,* ou *Cté de Barcelone,* en est détachée, isolant la *Septimanie* du monde musulman. **Période féodale :** le titre de Mis de Gothie est porté de 865 à 918 par les Ctes d'Auvergne, puis par la famille de St-Gilles, Ctes de Toulouse (ou de Rouergue, branche cadette). **Xe s.** exposé à la piraterie sarrasine et peu touché par le mouvement de renaissance culturelle. **XIe s.** Raymond de St-Gilles s'intitule duc de Narbonne ; le titre de Gothie disparaît. **Fin XIIe s.** une branche cadette des St-Gilles, les Ctes d'Albi, possède en fief le duché de Narbonne et la vicomté de Béziers, d'où le nom de *« guerre des albigeois »* donné à la croisade lancée en 1208 contre les cathares languedociens. Les coutumes sont influencées par le droit romain. De bonne heure, usage écrit des dialectes (en raison de l'oubli du latin classique), assez proches du latin pour les documents juridiques (mi-Xe s.) et la littérature (début XIe s.). Assolement biennal. Vie urbaine ranimée depuis le XIe s. ; autonomie (consulats à partir de 1130 environ) acquise généralement de façon pacifique. L'aristocratie, mêlée à cette vie urbaine, fournit le public des troubadours. Développement d'hérésies, héritières de l'ancien arianisme (celle des *cathares* notamment). **1209**-*22-7* sac de Béziers par les croisés.

Période royale (de 1229 à 1523) : 1229 le *traité de Paris* rattache au domaine royal les territoires formant les sénéchaussées de Beaucaire et Carcassonne. **1255** Quérébus, dernier château cathare, tombe. **1271** les territoires laissés au Cte de Toulouse *Raymond VII*, et passés ensuite à son gendre *Alphonse de Poitiers*, frère du roi Louis IX, reviennent à la Couronne. A la base, *sénéchaussées* organisées au XIIIe s. (à partir de Louis IX, contrôlées par des enquêteurs) ; à partir de Philippe le Bel, réunions par les rois d'assemblées de nobles, de prélats et de délégués des communautés pour les consulter et leur demander des subsides ; XIVe s., apparition des *états du Languedoc ;* le *lieutenant du roi* (ou « capitaine » ou « gouverneur ») détient l'autorité royale (1296), puis il sera réduit à un rôle militaire. La royauté lutte contre l'hérésie, mais respecte langue, coutumes et privilèges ; le français reste une langue étrangère ; les privilèges urbains, bien que sévèrement contrôlés, se maintiennent (multiplication des consulats) ; nombreuses rédactions de coutumes. Prospérité jusqu'au milieu du XIVe s. : fondation de plusieurs centaines de villages *(bastides),* développement des foires, surtout drapières. **Guerre de Cent Ans :** pillages des compagnies de routiers ; le Languedoc, après 1420, fournit à Charles VII son premier soutien. **1433** ressortit au parlement de Toulouse (l'ancien Cté de Toulouse formant le *Ht-Languedoc,* l'ancienne Septimanie le *Bas-Languedoc*). **A partir de 1478** *cour des aides* à Montpellier. **1523** *chambre 19 des comptes* à Montpellier. **Guerres de Religion :** les protestants l'emportent en Bas-Languedoc ; Nîmes, Montpellier, Alès sont « protestantisées ». **1632** la monarchie absolue s'impose avec l'échec de la révolte dirigée par Henri de Montmorency, gouverneur du Languedoc (exécuté 1632) ; dès lors, les gouverneurs ne résident plus dans la province ; le pouvoir passe à l'intendant qui s'établit à Montpellier. **1789-94** avec la Révolution, les institutions propres au Languedoc disparaissent. **1875-90** crise du phylloxera. **1907** manif. viticoles (voir **Vin** à l'Index).

ROUSSILLON

■ **Situation.** Correspond à peu près au département des Pyrénées-Orientales.

■ **Histoire. Nom** venant de *Ruscino* (Château-Roussillon, à 5 km de Perpignan), antique capitale. **Av. J.-C. VIe s.** les Phéniciens fondent Port-Vendres. **350-218** arrière-pays occupé par 2 sous-tribus des Volques Tectosages, *Cérétans* (Cerdagne) et *Sordons,* qui se rallient à Hannibal. **121** les Romains s'installent (via Domitia). **Après J.-C. 406** traversé par Vandales, Alains et Quades. **414** englobé dans le royaume des Wisigoths. **719** occupé par les Arabes, chassés ensuite par les Carolingiens qui organisent la marche d'Espagne (Charlemagne). Refuge pour les Wisigoths d'Espagne fuyant les Sarrasins. Administré par des Ctes (de Cerdagne et de R.), devenus héréditaires depuis 915 (Gaucelin) ; le dernier Cte de R., Guinard II, lègue le fief, en 1172, à Alphonse II d'Aragon. Le dernier Cte de Cerdagne, Bernard-Guillaume, l'imite en 1177. L'hommage au roi de France devient formel. **1250** *traité de Corbeil,* le roi Louis IX abandonne ses droits souverains sur le R. Sous la domination aragonaise, essor des villes (notamment Perpignan), développement économique (commerce et industrie des étoffes). **1285** échec de l'expédition du roi Philippe III le Hardi, appelée « croisade », parce que son adversaire, Pierre III d'Aragon, était excommunié. **1262-1374** Perpignan devient capitale des rois de Majorque, cadets des Aragonais. **1463** occupation et annexion par Louis XI. **1493** *traité de Barcelone,* le roi Charles VIII remet le R. aux rois catholiques, qui en font une province espagnole, administrée directement (les rois d'Aragon y avaient appliqué le droit public catalan, partageant leur pouvoir avec une assemblée de Cortes). **1640** Révolution et guerre « dels Segadors ». Alliance des Catalans et de la France contre l'Espagne. **1642**-*9-9* l'armée de Louis XIII prend Perpignan. **1659**-*7-11 traité des Pyrénées,* rattachement définitif à la France. **1663-73** révolte des Angelets. **1681** Vauban construit Mont-Louis, capitale stratégique du R. **1792** département du Roussillon créé.

■ ÉCONOMIE

■ **Population active** (au 31-12-1999). 790 314 (non-salariés 116 269) dont (au 31-12-1998) : agriculture 46 317 (26 632) ; industrie 79 314 (8 108) ; construction 52 270 (14 262) ; tertiaire 589 668 (67 781).

■ **Agriculture** (en 2000). **Terres** (en milliers d'ha) : 2 776,1 dont *SAU* 1 084,3 [t. arables 284,1 ; vignes 308,8 ; fruits 29 ; herbe 460,7 ; pépinières 1,1] ; bois 877,3 ; peupleraies 1,8 ; terres agricoles non cultivées 501,5 ; étangs en rapport 18,9 ; *autres terres non agricoles et eaux intérieures* 292,4. *Nombre d'exploitations* (en 1998) : 68 819 (*1997* : 41 436). **Production : végétale :** *vin* (en millions d'hl, 2000) : 19,617 dont VDN en AOC 483, autres AOC 3 517, VDQS 4, vins de pays 11 825 ; *fruits* (en milliers de t) : poires sèches, nectarines, brugnons 215,2, pommes 135,4, abricots 49,5, poires 10,2, cerises 8, prunes 5,9 ; *légumes* (en milliers de t) : tomates 150, melons 52,6 ; **animale** (en milliers de têtes, 2000) : ovins 453,7 (dont Lozère 222,7), bovins 170,9 (dont Lozère 120,2), porcins 50, caprins 32,1, équidés 13,7. *Lait* (en milliers d'hl, 2000) : de vache 984,1, de brebis 201,1, de chèvre 112. **Pêche.** Tonnage débarqué (Gard et Hérault) [en tonnes et, entre parenthèses, en milliers de F, 1999] : poissons 12 449 (166 789) dont aloses et anguilles 81 (2 258), crustacés 38 (639), coquillages 18 (479), mollusques 1 767 (36 512).

■ **Échanges** (en milliards de F, 2000). **Import. :** 38,67 *dont* produits agricoles, sylvicoles et piscicoles 8,02, de l'ind. auto 6,57, combustibles et carburants 4,27, prod. chimiques en caoutchouc ou en plastique 3,47, des ind. agricoles et alimentaires 2,76, métaux et prod. métalliques 2,56, équipements électriques et électroniques 2,08, prod. en bois, papier ou carton 1,66, équipement du foyer 1,37, équipements mécaniques 1,26 ; *de* Esp. 10,77, Ital. 4,3, All. 3,77, USA 3,25, Belg. 2,65, Maroc 1,65. **Export. :** 23,96 *dont* produits des ind. agricoles et alimentaires, 5,42, agricoles, sylvicoles et piscicoles 3,9, chimiques en caoutchouc ou en plastique 3,1 de l'ind. auto 2,89, métaux et prod. métalliques 1,38, équipements électriques et électroniques 1,26, équipements mécaniques 1,19, prod. en bois, papier ou carton 1,13, prod. minéraux 0,8, composants électriques et électroniques 0,66 ; *vers* Esp. 5,63, Ital. 2,43, G.-B. 2,02, All. 1,98, USA 1,96, Belg. 1,24.

■ **Tourisme** (en 2000). **Hébergement :** *hôtels de tourisme* 964 (26 168 lits) ; *résidences de tourisme* 100 (31 920 pl.) ; *campings* 757 (116 918 pl.) ; *auberges de jeunesse* 9 (541 lits) ; *villages de vacances* 88 (27 594 pl.) ; *gîtes ruraux* 2 665 ; *d'étape* 115 ; *d'enfants* 6 ; *chambres d'hôtes* 1 313 ; *résidences secondaires* 304 175.

■ DÉPARTEMENTS

☞ Voir légende p. 811. *Nota.* – (1) En 1998.

■ **Aude** (11). 6 139 km² (125 × 90 km). **Côtes :** 51 km. **Altitude** *max. :* pic de Madres 2 471 m, pic du Bernard sauvage 2 427 m. **Population :** *1801* : 225 228 ; *86* : 332 080 ; *1901* : 313 531 ; *36* : 285 115 ; *46* : 268 889 ; *54* : 268 254 ; *68* : 278 323 ; *82* : 280 686 ; *90* : 298 712 (dont Français par acquisition 18 497) ; *98* : 310 000 ; *99* : 309 770 dont étrangers 15 091 (dont Marocains 3 519, Espagnols 2 828, Algériens 1 197, Portugais 1 077, Turcs arméniens 651, Italiens 591). **D.** 49. **Cantons** : 35. **Communes :** 438.

Régions naturelles : Montagne Noire 27 656 ha (alt. max. Pic de Nore 1 211 m). **Volvestre-Razès** 99 230 ha, **pays de Sault** 107 854 ha (alt. max. pic de Madres 2 471 m), **Lauragais** 56 636 ha et **vallée de l'Aude. Plaine littorale narbonnaise** 46 913 ha. **Corbières** 22 981 ha *, **Minervois** 6 677 ha *, **Fitou** 1 377 ha *, **Clape** 805 ha *. **Petites Pyrénées** (plateaux de 800 m : **Sault, les Fanges** 1 185 ha ; chaîne de *St-Antoine-de-Galamus*).

Nota. – * Surfaces plantées en vigne. *2e producteur de vin* (Corbières, Minervois, Fitou, Clape).

Chef-lieu : CARCASSONNE. **Altitude :** 111 m. **Superficie :** 6 508 ha. **Population :** *1806* : 12 494 ; *1911* : 30 689 ; *31* : 34 921 ; *46* : 38 139 ; *54* : 37 035 ; *68* : 46 329 ; *75* : 42 154 ; *90* : 43 470 ; *99* : 43 950. **Industries :** chimie (caoutchouc), agroalimentaire, marchés (vins, primeurs). **Monuments** (vis. en 2000) : Cité (327 390 vis.) [2 enceintes, intérieure 1 287 m (IVe-XIIe et XIIIe s.), extérieure 1 672 m (XIIIe s.), tours (enceinte intérieure) 31 et (extérieure) 17, château comtal 80 × 40 m], cathédrale St-Michel (XIIIe-XIIIe s., trésor), basilique Sts-Nazaire-et-Celse (vitraux XIVe-XVe s., orgue XVIe s., carillon 36 cloches), église St-Vincent (orgue XIXe s., carillon 47 cloches). **Musées :** des Beaux-Arts (31 465 vis.) et dépôt lapidaire de la Cité, de l'École (13 815 vis.) ; hôtels particuliers (XVIe-XVIIIe s.) ; Les Aigles de la Cité (9 000 vis.). Aire urbaine (en 1999) : 77 500 hab.

Sous-préfectures : Limoux (à 172 m d'alt.), 9 411 hab. ; centre commercial, tuilerie, préfabriqués, vin mousseux (« blanquette ») ; basilique ; église St-Martin (XIIe s.) ; mémoire de l'Aude (9 335 vis. en 2000) ; musée Petiet. **Narbonne** (à 6 m d'alt.), 17 554 ha, 46 510 hab. (*1806* : 9 464 ; *81* : 28 134 ; *1921* : 28 956 ; *68* : 40 035). *Industries :* centre viticole et marché de départ ; industrie chimique, réparation de matériaux ferreux, machines agricoles, engrais, emballages, distilleries ; miel ; traitement de l'uranium. *Monuments* (vis. en 2000) : abbaye cistercienne de Fontfroide (fondée 1093 ; 105 270 vis.), cathédrale Sts-Just-et-Pasteur (carillon 36 cloches) ; basilique St-Paul-St-Serge (XIe-XIVe s.), église St-Sébastien (XVe s.), maison des Trois Nourrices (XVIe s.), ancien palais des archevêques, Horreum (Ier s. av. J.-C.) : 218 430 vis. (ensemble monumental). *Musées :* lapidaire, d'Art, d'Histoire et d'Archéologie. Aire urbaine (en 1999) : 68 600 hab.

Autres villes (vis. en 2000) : **Alet-les-Bains** 464 hab. ; ruines d'une abbaye (XIIe-XIVe s., 10 005 vis.), église paroissiale St-André (XIVe-XVe s.) ; station thermale. **Arques** 199 hab. ; château (XIIIe-XIVe s.) (9 845 vis.), maison Déodat-Roché. **Boutenac** 609 hab. ; musée de la Faune (6 195 vis.). **Bram** 2 969 hab. ; village circulaire. **Castelnaudary** 10 851 hab. (*1881* : 10 059 ; *1921* : 7 921 ; *54* : 8 765 ; *68* : 10 844 ; *75* : 10 118 ; *82* : 10 970) [aggl. 12 023 [1]] ; aire urbaine (en 1999) : 16 000 hab. ; tuileries, briqueteries, coop. agricoles, foires, marchés ; cassoulet (spécialité), céréales ; collégiale St-Michel (XIIIe, XIVe s.), orgue, carillon (36 cloches), présidial (XVIe s.), chapelle N.-D.-de-la-Pitié (XVIe-XVIIIe s.), moulin de Cugarel (XVIIe et XIXe s.), apothicairerie (hôpital), Musée archéologique. **Caunes-Minervois** 1 476 hab. ; abbaye (XIIe-XVIIe s., 10 850 vis.), ermitage N.-D.-du-Cros. **Conques-sur-Orbiel** 2 061 hab. ; église. **Coursan** 5 241 hab. **Cucugnan** 113 hab. ; château de *Quéribus* (XIIe-XIVe s., dernier château cathare pris 1255, 87 190 vis.), théâtre de poche d'Achille Mir. **Cuxac-d'Aude** 4 272 hab. **Duilhac-sous-Peyrepertuse** 104 hab. ; château cathare (90 360 vis.). **Douzens** 606 hab. ; musée des Oiseaux. **Durban-Corbières** 650 hab. ; château. **Escales** 336 hab. ; église St-Martin, tour. **Espéraza** 2 129 hab. (aggl. 4 043 [1], usines hydro-électriques ; dont *Couiza* 1 194, château) ; *musées :* des Dinosaures (43 740 vis.), de la Chapellerie (5 365 vis.). **Fabrezan** 1 086 hab. ; musée Charles-Cros. **Fanjeaux** 770 hab. ; cité cathare, église (XIIIe-XIVe s.), couvent (XIVe-XVe s.), maison de saint Dominique, monastère N.-D.-de-Prouilhe. **Fitou** 676 hab. ; chapelle (IXe s.), vins. **Fleury** 2 547 hab. (aggl. 3 537 [1]). **Ginestas** 1 059 hab. ; musée du Chapeau (11 160 vis.). **Gruissan** 3 061 hab. ; tour Barberousse (XIIIe s.), chapelle N.-D.-des-Auzils, cimetière marin, musée de la Vigne et du Vin. **Lagrasse** 615 hab. ; village fortifié, abbaye (XIe-XVIIIe s., 22 850 vis.), église St-Michel (XIVe s.), halle et pont (XIVe s.). **Lapradelle-Puilaurens** 236 hab. ; alt. 697 m ; château cathare (32 550 vis.). **Lastours** 163 hab. ; 4 châteaux Cabaret, tour Régine, Surdespine, Quertinheux (32 715 vis.), ancienne usine Rabier. **Lézignan-Corbières** 8 266 hab. ; centre viticole, hydrocarbures ; musée de la Vigne et du Vin (2 385 vis.). **Montolieu** 786 hab. ; musée des Métiers et Arts graphiques. **Montréal** 1 672 hab. ; collégiale St-Vincent (XIVe s.). **Montséret** 401 hab. ; musée. **Nébias** 244 hab. ; Musée animalier. **Ouveillan** 1 913 hab. ; église (XIe-XIIe s.), grange fortifiée de Fontcalvy (XIIIe s.). **Pennautier** 2 253 hab. ; château (1620). **Peyriac-de-Mer** 828 hab. ; église (XIVe s.). **Port-la-Nouvelle** 4 859 hab. ; port (hydrocarbures, céréales, engrais, pêche), conchyliculture sur étangs de *Sigean* et *Gruissan.* **Puivert** 410 hab. ; musée Quercob, château (27 720 vis. en 1997). **Quillan** 3 542 hab. (aggl. 4 175 [1]) ; château (XIVe s.) ; plastique, chaussures, chapellerie, distilleries, bois de charpente (haute vallée de l'Aude). **Rennes-le-Château** 111 hab. ; église, presbytère ; légende du trésor découvert par l'abbé Saunière (1852-1917, 18 850 vis.). **Rennes-les-Bains** 159 hab. ; station thermale. **Rieux-Minervois** 2 075 hab. (aggl. 2 921 [1]) ; église romane Ste-Marie. **St-Hilaire** 699 hab. ; abbaye (XIIe-XIVe s., 5 170 vis.). **St-Martin-des-Puits** 13 hab. ; église (fresques XIIe s.). **St-Papoul** 770 hab. ; abbaye (XIIe-XIVe s., 8 130 vis.). **St-Polycarpe** 185 hab. ; abbaye (XIIe-XIVe s.). **Saissac** 923 hab. ; château, musée des Vieux Métiers. **Sallèles-d'Aude** 1 835 hab. ; église St-Julien (XVIIe-XVIIIe s.), chapelle St-Roch (XVIIe s.), musée Amphoralis (15 000 vis.). **Salles-sur-l'Hers** 540 hab. ; château. **Salsigne** 354 hab. ; dernière mine d'or et d'arsenic d'Europe. **Sigean** 4 049 hab. ; musée d'Archéologie (4 135 vis.) ; réserve africaine (326 645 vis.). **Termes** 54 hab. ; château (6 385 vis.), maison Olive. **Trèbes** 5 495 hab. ; bois. **Tuchan** 803 hab. ; châteaux d'*Aguilar,* de *Domneuve* (4 520 vis.). **Villelongue-d'Aude** 279 hab. ; abbaye (XIIe-XIVe s.). **Villerouge-Termenès** 158 hab. ; château (XIIIe-XIVe s., 15 580 vis.), église St-Étienne (XIIe s.).

Tourisme (vis. en 2000) : **canal du Midi :** passe le seuil de Naurouze (149 m). **Col :** le Pradel (1 680 m). **Défilé :** *de la Pierre Lys.* **Étangs :** *Bages* et *Sigean* (4 500 ha, prof. 2 m), l'*Ayrolle* et *Campignol* (1 600 ha), *Gruissan* (2 500 ha). **Falaises :** *cap Leucate.* **Gorges :** *Galamus* (entre Alpes et Pyr.-Or., vallée de l'Agly), *de la Frau* (pas de l'Ours), *de l'Orbieu et de l'Aude.* **Grottes :** *Limousis* (26 005 vis.), *Laguzou, Cabrespine* (gouffre géant, 93 115 vis.). **Réserve africaine :** *Sigean.* **Ski :** *Camurac* (1 200 m d'alt.). **Stations balnéaires :** *Leucate* (50 000 vis. au Waterparc), *Gruissan, Narbonne-Plage, St-Pierre-la-Mer, Port-la-Nouvelle, Fleury-d'Aude.*

■ **Gard** (30) 5 853 km² (120 × 130 km). **Côtes :** 23 km. **Altitude :** *max.* Mt Aigoual 1 567 m. **Population :** *1801* : 300 144 ; *1911* : 413 458 ; *36* : 395 299 ; *46* : 380 337 ; *68* : 478 544 ; *75* : 494 575 ; *82* : 530 478 ; *90* : 585 049 (dont Français par acquisition 25 128) ; *98* : 621 000 ; *99* : 623 125 dont étrangers 37 034 (dont Marocains 15 223, Algériens 4 945, Espagnols 3 820, Portugais 2 342, Italiens 1 545, Tunisiens 858, Turcs arméniens 484). **D.** 107. **Cantons :** 46. **Communes :** 353.

Régions naturelles : Causses : bovins ; brebis : lait pour le roquefort. **Montagnes des Cévennes :** forêt, châtaignes, pommiers, moutons, chèvres (fabrication des pélardons), oignons ; élevage du ver à soie ; tourisme. **Collines calcaires des Garrigues :** vigne, élevages avicoles, asperges, abricots, chênes truffiers. **Vallées et coteaux du Rhône :** vigne (Tavel, Lirac), fruitiers. **Costières** et **plaine méridionale :** viticulture (costières de Nîmes, etc.), pêches, pommes, blé dur ; rizières. **Petite Camargue** (35 000 ha) : rizières, vignes, salins, asperges, taureaux. **2e département producteur** de riz, **3e** fruits, asperges, vins.

Chef-lieu : NÎMES. **Altitude :** *max.* 116 m, *min. :* 46 m. **Population :** 133 424 hab. [*1596* : 11 000 ; *1783* : 39 650 ; *1846* : 44 657 ; *1911* : 80 437 ; *54* : 89 121 ; *62* : 105 199 ; *75* : 127 933]. **Industries :** agroalimentaire, bonneterie, confection, chaussures, construction mécanique. **Monuments** (vis. en 2000) : Maison carrée (an 4 apr. J.-C. ; 26,42 × 13,80 m, haut. 17 m, 354 440 vis.), arènes (68-70 apr. J.-C. ; 134,62 × 101,46 m, 365 m de tour extérieur, hauteur 21 m, 24 000 pl., 228 879 vis.), temple de Diane (117 × 138 m, en ruines, tour Magne, 42 280 vis.). **Musées :** des Beaux-Arts (50 516 vis.), du Vieux-Nîmes (9 323 vis.), d'Archéologie et d'Histoire naturelle (23 672 vis. en 1999), de la Provence antique ; médiathèque et centre d'art contemporain (Carré d'art, 1,5 ha, le plus grand après Beaubourg, 30 474 vis.). *Jardins* de la Fontaine (XVIIIe s.). Agglomération (6 communes) : 148 889 hab., dont **Milhaud** 4 874 hab. Aire urbaine (en 1999) : 209 300 hab.

Sous-préfectures : Alès (à 141 m d'alt.) 39 346 hab. (*1806* : 9 387 ; *1881* : 22 255 ; *1946* : 34 731 ; *75* : 42 450) aggl. (14 communes) : 76 159 hab., dont **St-Christol-lès-Alès** 5 492 hab. ; École des mines : métallurgie, chimie, électromécanique, mécanique de précision, confection, chaussures ; mine-témoin (31 344 vis. en 2000). *Musées* (vis. en 2000) : du Colombier (9 955 vis. en 1999), minéralogique (1 500 vis.), Pierre-André-Benoit (10 836 vis.) [au château de Rochebelle, musée d'Art moderne], du Scribe (8 431 vis.). **St-Hilaire-de-Brethmas** 3 619 hab. **St-Martin-de-Valgalgues** 4 283 hab. **St-Privat-des-Vieux** 4 064 hab. **Salindres** 3 055 hab. ; houille, métallurgie, mécanique (Alsthom), électronique (Crouzet), chimie ; aire urbaine (en 1999) : 83 600 hab. Le Vigan (à 231 m d'alt.) 4 429 hab. (*1881 :* 5 268 ; *1936 :* 3 704 ; *75 :* 4 293) [aggl. 6 193 [1]] ; bonneterie, confection ; Musée cévenol (9 000 vis. en 2000).

Autres villes (vis. en 2000) : **Aigues-Mortes** 6 012 hab. ; remparts (XIIIe s., 175 000 vis.), tour de Constance (19 026 vis.), chapelle des Pénitents-Gris, église N.-D.-des-Sablons (XIIe s.), salins du Midi (39 000 vis.) ; vin de Listel (39 000 vis.). **Aimargues** 3 442 hab. ; textile ; château de *Teillan.* **Anduze** 3 004 hab. (aggl. 4 461 [1]) ; poterie ; musée de la Musique (7 800 vis. [1]). **Aramon** 3 773 hab. ; chimie. **Arpaillargues** 785 hab. ; musée du Train et du Jouet (50 000 vis. en 1999). **Aujac** 166 hab. ; château du *Cheylard* (8 500 vis.). **Bagnols-sur-Cèze** alt. 51 m, 18 103 hab. ; centre de retraitement atomique (*Marcoule*), chimie, ferrochromes ; *musées :* Albert-André (3 448 vis. en 1999), d'Archéologie, Léon-Alègre. Aire urbaine (en 1999) : 21 500 hab. **Barjac** 1 379 hab. ; cité Renaissance (tours, portes), château (XIIIe s.). **Beaucaire** 13 748 hab. ; port fluvial, ciment, chimie et boissons ; musée de la Foire, abbaye troglodytique de St-Roman (Ve s., 8 500 vis.), église N.-D.-des-Pommiers (XVIIIe s.), caves gallo-romaines, château des *Tourelles*, le Vieux Mas (exposition paysanne, 30 000 vis.), musée de la Vignasse, musée du cheval de trait (6 500 vis., en 1999). **Bellegarde** 4 913 hab. **Bessèges** 3 137 hab. ; métallurgie (aggl. 5 146 [1]). **Bouillargues** 5 253 hab. **Caissargues** 3 326 hab. ; musée de la Préhistoire. **Cendras** 1 952 hab. ; écomusée de la Vallée du Galeizon ; **Collias** 829 hab. ; ermitage de N.-D.-de-Laval, chapelle (VIIIe-XIIIe s.). **Concoules** 256 hab. ; ferme et ateliers de la Cézarenque. **Garons** 3 692 hab. ; aéroport. **Gaujac** 643 hab. ; oppidum de St-Vincent (Ve s. av. J.-C.). **Générac** 3 223 hab. ; musée de la Tonnellerie. **Générargues** 639 hab. ; musée du Santon. **Genolhac** alt. 470 m, 840 hab. **Goudargues** 945 hab. **La Capelle-et-Masmolène** 373 hab. ; château. **La Grand-Combe** 5 800 hab. (aggl. 11 991 [1]) ; houillères ; musée du Mineur (2 495 vis. en 1999). **Lanuéjols** 330 hab. ; élevage de bisons (30 000 vis.). **Laudun** 5 127 hab. ; sidérurgie, port fluvial de l'Ardoise, verre ; château de *Lascours* (XIIe et XVIe s., 8 000 vis.) ; Musée archéologique et camp de César (27 000 vis. en 1999). **Le Grau-du-Roi-Port-Camargue** 5 875 hab. ; port pêche et plaisance, musée de la Mer et Seaquarium (175 000 vis.) ; maison des vins (45 983 vis.). **Les Angles** * 7 578 hab. ; parc Découverte de l'Univers. **Les Mages** 1 511 hab. ; musée de Statues d'enfants ; domaine de Villaret. **Lirac** 737 hab. ; ermitage et grotte de la Ste-Baume. **Lussan** 402 hab. ; concluses (gorges ouvertes par l'Aiguillon). **Manduel** 5 748 hab. (aggl. 7 812 [1]). **Marguerittes** 8 181 hab. **Mialet** 539 hab. ; musée du Désert (30 000 vis. en 1999), grottes de Trabuc (85 628 vis.). **Molières-Cavaillac** 800 hab. ; maison des Magnans. **Molières-sur-Cèze** 1 432 hab. (aggl. 3 011 [1]) ; château de *Montalet.* **Montdardier** 187 hab. ; élevage de lamas. **Pont-St-Esprit** 9 265 hab. ; collégiale, musées Paul-Raymond, d'Art sacré (5 890 vis. en 1999). **Portes** 310 hab. ; château (XIIe, XIVe et XVIe s.). **Remoulins** 1 996 hab. ; pont-aqueduc du Gard (le plus haut pont du monde romain, 48,77 m, 1 200 000 vis. ; voir à l'Index). **Ribaute-les-Tavernes** 1 258 hab. ; château (XIIIe et XVIIIe s.). **Roquemaure** 4 848 hab. ; collégiale ; parc Amazonia (50 000 vis.). **Rousson** 3 019 hab. ; château (2 560 vis.), Préhistorama (11 000 vis. en 1999). **St-Ambroix** 3 365 hab. (aggl. 4 129 [1]). **St-Bonnet-de-la-Salendrinque** 75 hab. ; château de *Castellas* (XIe-XIIe et XVIIe s.). **St-Christol-lès-Alès** 5 492 hab. ; musée du Scribe. **St-Florent-sur-Auzonnet** 1 126 hab. (aggl. 2 879 [1]). **St-Gilles** 11 626 hab. ; abbatiale et crypte médiévales, escalier dit « Vis de St-Gilles » (18 332 vis. en 1999) ; port sur le canal ; *musées* d'Ethnologie, de la Maison romane (11 300 vis.). **St-Hippolyte-du-Fort** 3 391 hab. ; musée de la Soie (19 404 vis.) ; chaussures. **St-Jean-du-Gard** 2 563 hab. ; Atlantide Parc (44 000 vis.) ; musée des Vallées cévenoles (20 000 vis.) ; train à vapeur (140 024 vis.). **St-Paulet-de-Caisson** 1 602 hab. ; chartreuse de Valbonne (XIIIe s., 11 182 vis.). **St-Privat-de-Champclos** 203 hab. ; château (XIIIe s.), jardins. **St-Quentin-la-Poterie** 2 731 hab. ; poteries, maison de la Terre (40 000 vis. en 1996). **St-Victor-des-Oules** 219 hab. ; château. **Sabran** 1 683 hab. **Sauve** 1 690 hab. ; village médiéval, fabrique de fourches. **Sommières** 3 677 hab. (aggl. 4 280 [1]) ; terre employée comme détachant ; pont romain, basilique St-Gilles, château de *Villevieille.* **Sumène** 1 492 hab., informatique. **Uzès** 8 007 hab. ; confiserie, château (Duché, 30 000 vis.), tour Fenestrelle, cathédrale (reconstruite au XVIIe s.), crypte ; haras (3 090 vis.) ; jardin médiéval (14 121 vis. en 1999) ; *musées* Georges-Borias, du bonbon Haribo (160 000 vis.). **Vallabrègues** 1 197 hab. ; musée de la Vannerie (1 319 vis.), observatoire Météo France. **Valleraugue** alt. 438 m, 1 009 hab. **Vauvert** 10 261 hab. **Vergèze** 3 643 hab. (aggl. 4 895 [1]) ; source Perrier (97 000 vis.), verrerie ; musée de la Tonnellerie. **Vénéjan** 1 044 hab. ; chapelle St-Pierre (XIe s.). **Villeneuve-lès-Avignon** * 11 791 hab. ; fort St-André (XIIIe-XIVe s., 11 024 vis.), église collégiale et cloître, chartreuse du Val bénédictin (XIVe s., 45 528 vis.), musée, tour Philippe-le-Bel (XIIIe s., 11 207 vis.), abbaye St-André (Xe s.), jardins à l'italienne, musée Pierre-de-Luxembourg (11 166 vis. en 1999).

Nota. – * Communes faisant partie de l'unité urbaine d'Avignon (Vaucluse).

Divers (vis. en 2000) : **abîme** *Bramabiau.* **Bambouseraie** de *Prafrance* près d'Anduze (309 734 vis.) et de *Générargues.* **Cascades** du *Sautadet* à La Roque-sur-Cèze. **Chartreuse** de Valbonne. **Cirque :** Navacelles. **Fosses :** Fournes. **Grottes :** *la Cocalière* près de St-Ambroix (70 000 vis.), *Trabuc* près de Mialet (85 628 vis.). **Observatoire** météo (*Aigoual*, 150 000 vis.). **Parc national** *des Cévennes* (créé 1970, 91 279 ha sur 39 communes de Lozère et 13 du Gard ; voir p. 207 b). **Parc ornithologique :** *St-Julien-de-Cassagnas* (25 000 vis. en 1999). **Ski :** *l'Aigoual, le Mas de la Barque* (1 350 m). **Station thermale** *des Fumades.* **Tour** carbonière à St-Laurent-d'Aigouze. **Train à vapeur** des Cévennes (d'Anduze à St-Jean-du-Gard, voir col. a). **Villages perchés :** *Ardaillers, Bonnevaux, Cornillon, Esparon, Sérignac, Vézénobres...*

■ **Hérault (34)** 6 101 km^2 (130 × 65 km). **Côtes** 87 km. **Altitude** *max.* Mt de l'Espinouse 1 126 m. **Population :** *1801 :* 275 449 ; *1901 :* 489 421 ; *46 :* 461 100 ; *67 :* 591 397 ; *82 :* 706 499 ; *90 :* 794 603 (dont Français par acquisition 39 960) ; *99 :* 896 441 dont étrangers 52 589 (dont Marocains 20 370, Espagnols 8 108, Algériens 4 790, Portugais 2 061, Italiens 1 655, Turcs arméniens 1 084, Tunisiens 770). **D.** 144. **Cantons :** 49. **Communes :** 343.

Régions naturelles : plaine viticole 188 747 ha : vignobles, fruits, légumes. **Minervois** (Corbières, Minervois) 30 476 ha. **Soubergues** 211 510 ha. **Garrigues** 79 765 ha. **Plateaux du Somail et des monts de l'Espinouse** (à 1 206 m d'alt.) et **monts de Lacaune** 65 423 ha. **Causses du Larzac** 34 180 ha. **Caroux. Escandorgue. Lodevois. Seranne.**

Chef-lieu : MONTPELLIER. **Altitude :** *max.* 59 m, *min.* 37 m. **Population :** *985 :* ville créée ; *1180 :* 10 000 (dans enceinte de 40 ha) ; *vers 1300 :* 35 000/40 000 ; *vers 1500 :* 17 200 ; *vers 1600 :* 13 800 ; *1780 :* 29 260 ; *1806 :* 34 000 ; *1906 :* 75 950 ; *36 :* 90 787 ; *46 :* 93 102 ; *68 :* 161 910 ; *90 :* 207 996 ; *99 :* 225 392. **Industries :** mécanique, électrique, électronique, textile et alimentaire. **Monuments :** ensembles du Polygone (centre commercial) et d'Antigone (hôtel de la région et habitations) ; cathédrale St-Pierre, théâtre de la Comédie ; châteaux d'*O* ; de *Flaugergues* (28 919 vis. en 1999) ; de la *Mogère* (2 283 vis. [1]). **Musées :** 15 dont Fabre (François-Xavier 1766-1837 peintre, fondé 1825, 74 810 vis. [1]), Atger (2 421 vis. [1]), de l'Infanterie, Agropolis Museum (21 675 vis. [1]). Corum (palais des Congrès et opéra). *Promenade* du Peyrou (réaménagée par l'architecte Jean-Antoine Giral). *Jardin* des Plantes [créé 1593 par Henri IV (1er d'Europe)]. **Enseignement :** 80 000 étudiants ; faculté de médecine la plus ancienne (1021, statuts 1220 ; musée). **Port Marianne :** en construction au bord du Lez. AGGLOMÉRATION (11 communes) : 287 981 hab., dont **Castelnau-le-Lez** 14 214. **Juvignac** 5 592. **Le Crès** 6 800. DISTRICT (15 communes) : 323 339 hab. AIRE URBAINE (en 1999) : 445 700 hab.

Sous-préfectures : Béziers (de 5 à 68 m d'alt.) 69 153 hab. [*1806 :* 15 000 ; *1906 :* 52 268 ; *46 :* 64 561] [aggl. (4 communes) : 77 996] ; marché de vins, mécanique, alimentaire ; cathédrale St-Nazaire, hôtels (XVIIe s.), allées Paul-Riquet, arènes. *Musées :* municipal, d'Histoire naturelle, des Beaux-Arts (10 059 vis. [1]), St-Jacques (11 871 vis. [1]). Lodève 6 900 hab. (arrondissement rétabli sept. 1943) [*1846 :* 10 178 ; *1946 :* 6 242] ; bonneterie, prieuré de St-Michel-de-Grandmont, musée de Fleury (39 775 vis. [1]). AIRE URBAINE (en 1999) : 115 300 hab.

Autres villes (vis. en 1998) ; **Agde** 19 988 hab. ; commerce de vins ; cathédrale St-Étienne (XIIe s. musée). **Assas** 1 305 hab. ; château (3 854 vis.). **Assignan** 168 hab. ; aqueduc romain, long. 170 m. **Baillargues** 5 842 hab. (aggl. 6 333 [1]). **Bédarieux** 5 962 hab. **Bessan** 4 025 hab. **Bouzigues** 1 208 hab. ; *musées* de l'Étang de Thau (18 010 vis.), du Sapeur-Pompier (1 482 vis.). **Capestang** 3 007 hab. ; église. **Castanet-le-Haut** 167 hab. ; écomusée de *Fagairolles.* **Castries** 5 146 hab. ; château-musée (XVIe-XVIIe s., fermé en 1998). **Cazedarnes** 394 hab. ; abbaye de *Fontcaude* (XIIe s.). **Cazouls-lès-Béziers** 3 321 hab. **Clapiers** 4 631 hab. **Clermont-l'Hérault** 6 532 hab. **Courniou** ; musée de la Spéléologie (13 590 vis.). **Cournonterral** 5 069 hab. **Fabrègues** 5 901 hab. **Florensac** 3 859 hab. ; église (XIIe s.). **Frontignan** 19 145 hab. ; vins, muscats, salines, musée. **Ganges** 3 502 hab. (aggl. 5 375 [1]). **Gigean** 3 552 hab. ; abbaye de *St-Félix-de-Montceau* (6 100 vis.). **Gignac** 3 955 hab. ; maison du Fleuve Hérault (10 400 vis.). **Grabels** 5 438 hab. **Jacou** 4 757 hab. **La Grande-Motte** 6 458 hab. ; parc de loisirs aquatiques le Grand Bleu. **Lattes** 13 768 hab. ; musée d'Archéologie Henri-Prades (6 300 vis.). **Lavérune** 2 603 hab. ; château de *l'Engarran.* **Le Bousquet-d'Orb** 1 483 hab. (aggl. 2 741 [1]). **Les Matelles** 1 429 hab. ; musée de la Préhistoire. **Lézignan-la-Cèbe** 1 013 hab. ; château (1614). **Loupian** 1 483 hab. ; église, vestiges de villa romaine. **Lunel** 23 352 hab. (aggl. 20 705 [1]) ; vieille ville ; vins. **Marseillan** 6 109 hab. **Marsillargues** 5 334 hab. ; château (748 vis.). **Mauguio** 14 847 hab. **Mèze** 7 630 hab ; centre de lagunage ; parc des Dinosaures (184 355 vis.). **Montagnac** 2 981 hab. **Montaud** 616 hab. ; château de *Montlaur.* **Nissan-lez-Ensérune** ; musée de l'Oppidum d'Ensérune (22 314 vis.). **Palavas-les-Flots** 5 421 hab. ; musée Albert-Dubout ; port de plaisance (610 pl.) ; cathédrale de Maguelone (103 182 vis.). **Pérols** 7 731 hab. **Pézenas** 7 413 hab. ; musée Vulliod (7 569 vis.), hôtel d'Alfonce (XVIe-XVIIe s., Molière y joua « le Médecin volant »). **Pignan** 5 665 hab. **Poussan** 4 044 hab. **Prades-le-Lez** 4 361 hab. **Quarante** 1 509 hab. ; église. **Roujan** 1 486 hab. ; prieuré de Cassan (12 434 vis.). **St-André-de-Sangonis** 3 782 hab. **St-Chinian** 1 777 hab. ; vins. **St-Clément-la-Rivière** 4 581 hab. **St-Gély-du-Fesc** 7 625 hab. **St-Georges-d'Orques** 4 398 hab. **St-Guilhem-le-Désert** 245 hab. ; abbaye (Xe s.). **St-Jean-de-Védas** 8 056 hab. **St-Martin-de-Londres** 1 894 hab. ; église. **St-Pons-de-Thomières** (sous-préfecture jusqu'en 1926) 2 287 hab. ; cathédrale (XIIIe-XVIIIe s. et orgues classées), musée de la Préhistoire (2 534 vis.). **Sauvian** 3 558 hab. **Sérignan** 6 134 hab. **Servian** 3 355 hab. **Sète** *altitude* 182 m, 39 542 hab. [*1806 :* 8 506 ; *1851 :* 18 064 ; *1881 :* 35 571 ; *1921 :* 36 503 ; *1954 :* 33 454], aggl. (4 communes) 66 177 dont *Balaruc-les-Bains* 5 688 ; musées. *Port :* (1er à vins) ; pêche, chimie, habillement, vins. *Musées :* Paul-Valéry (tombe au cimetière marin, 12 944 vis.), espace Brassens, le mont Saint-Clair. **Teyran** 4 239 hab. **Valras-Plage** 3 625 hab. **Vias** 4 354 hab. **Villeneuve-lès-Maguelonne** 7 351 hab. ; abbaye de Maguelone. **Villeveyrac** 2 211 hab. ; abbaye de Valmagne (26 116 vis.).

Divers : cirques : *Mourèze, Navacelles* (250 000 vis.). **Étangs :** *Thau* 7 600 ha, 20 × 5 à 8 km, profondeur 30 m, 2e étang de France, 2e producteur de coquillages français ; *Mauguio (étang d'Or)* 3 000 ha, profondeur 2 m ; *Vic* 1 320 ha. **Grottes :** *des Demoiselles, de la Clamouse* (106 403 vis. [1]), *de la Devèze* (13 090 vis. [1]), *des Lauriers* (près de Ganges), *de Labeil* (près de Lodève), *de Villeneuvette* (près de Montpellier). **Lacs :** *La Raviège* 403 ha, profondeur max. 33 m ; *d'Avène ; retenue de Salagou* 750 ha, profondeur max. 55 m. **Oppida :** *Ensérune* (23 475 vis. en 1997), *Ambrussum* (Lunel). **Parc** *naturel régional du Ht-Languedoc.* **Stations balnéaires :** *La Grande-Motte* (depuis 1965), *Carnon, Palavas, Marseillan, Cap-d'Agde* (600 ha, 1er centre naturiste d'Europe construit depuis 1965, musée de l'Éphèbe, Aqualand, 64 446 vis. en 1997), *Valras.* **Stations thermales :** *Avène, Balaruc-les-Bains, Lamalou-les-Bains* (1709). **Tourisme fluvial :** *Béziers* (9 écluses de Fonsérannes : 4 816 passages de juin à sept. 1994). **Villages :** *Minerve* (musée Hurepel), *St-Guilhem-le-Désert, La-Tour-sur-Orb* (hameau fortifié de Boussagues) ; *Villemagne l'Argentière, St-Jean-de-Buèges.*

■ **Lozère (48)** 5 167 km^2 (115 × 68 km). **Altitude** *max. :* mont Lozère 1 699 m. **Population :** *1801 :* 126 503 hab. ; *51 :* 144 705 ; *1901 :* 128 866 ; *36 :* 98 480 ; *54 :* 82 391 ; *68 :* 77 258 ; *75 :* 74 825 ; *82 :* 74 294 ; *90 :* 72 825 (dont Français par acquisition 916) ; *98 :* 73 000 ; *99 :* 73 509 dont étrangers 2 610 (dont Portugais 1 230, Marocains 462, Turcs arméniens 227, Espagnols 108, Italiens 72). **D.** 14. **Cantons :** 25. **Communes :** 185.

Régions naturelles : Cévennes 1 497 km^2, chaîne schisteuse au sud-est entre Mts Aigoual et Lozère. **Margeride** 1 601 km^2, granitique au nord-est, bois, prés, landes et

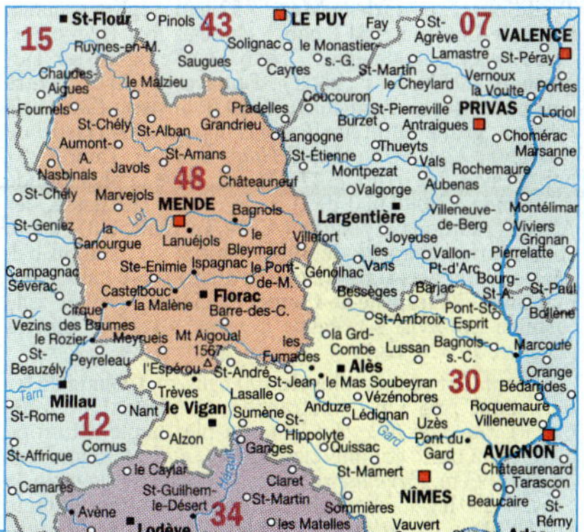

ruisseaux. **Aubrac** 911 km^2, plateau basaltique au nord-ouest, rivières et lacs. **Causses** 1 158 km^2, nombreux avens et grottes.

Chef-lieu : MENDE. **Altitude :** *max. :* 900 m, *min. :* 731. **Surface :** 350 ha. **Population :** *1806 :* 5 752 ; *26 :* 5 445 ; *86 :* 8 033 ; *1926 :* 6 056 ; *75 :* 10 451 ; *90 :* 11 286 ; *99 :* 11 804. Cathédrale, musée.

Sous-préfecture : Florac 1 996 hab. ; château (25 541 vis.).

Autres villes (vis. en 2000) : **Aumont-Aubrac** 1 031 hab. ; église. **Châteauneuf-de-Randon** 532 hab. ; cité médiévale, musée Du Gesclin (5 860 vis. en 1999). **Ispagnac** 759 hab. ; couvent des Ursulines (XVIIe-XVIIIe s.). **La Canourgue** 1 922 hab. ; église St-Martin. **Langogne** 3 095 hab. ; ind. du bois. **La Malène** 171 hab. ; château *La Caze ;* Bateliers (27 200 vis.). **Marvejols** 5 501 hab. ; église Ste-Lucie. **Nasbinals** 504 hab. ; église romane, cascade. **Pied-de-Borne** 197 hab. ; musée de la Châtaigne. **Prinsuéjols** 163 hab. ; château de *la Baume* (11 200 vis.). **St-Chély-d'Apcher** 4 316 hab. ; ferroalliages ; musée de la Métallurgie (1 587 vis.). **St-Germain-de-Calberte** 485 hab. ; château (Xe-XIIe s.). **Ste-Énimie** 509 hab. ; abbaye (XIIe s.), musées, château de *Prades* (forteresse). **Villefort** 620 hab. ; château de *Castanet.*

Divers (vis. en 2000) : **aven** *Armand* (145 000 vis.). **Écomusée** *du Mont-Lozère* (5 877 vis.). **Gorges** *du Tarn* et *de la Jonte*. **Grotte** *Dargilan* (77 600 vis.). **Lacs :** *Charpal, Moulinet, Naussac, Villefort.* **Parcs** *national des Cévennes* 91 500 ha (800 000 vis./an, voir p. 207 b) ; loups du Gévaudan (89 835 vis. en 1999), vautours fauves (23 730 vis. en 1999), bisons d'Europe [parc de Ste-Eulalie (39 000 vis.), parc à loups de Ste-Lucie (89 835 vis.)], cheval de Przewalski. **Ski** randonnée et fond. **Sabot de Malpeyre** (rocher de plus de 30 m de haut). **Stations thermales** *Bagnols-les-Bains, La Chaldette.* **Village fortifié** *La Garde-Guérin.*

■ **Pyrénées-Orientales (66)** 4 116 km^2 (120 × 56 km). Comprend le Roussillon et le Fenouillèdes languedocien (cantons de Sournia, Latour-de-France et St-Paul au nord). **Altitude :** *max.* Carlit 2 921 m, Puigmal 2 910 m, Canigou 2 784 m, *min.* plages du littoral. **Côtes :** sablonneuse (40 km), rocheuse « Côte vermeille », dite aussi « Côte catalane » [composée de schistes, 20 km (fin des Albères)]. **Rivières :** la *Têt* (130 km), le *Tech* (82), l'*Agly* (80). **Climat :** juillet 24,1 °C, févr. 7,6 °C. **Pluies** (hauteur moy. 15 ans) : 615,5 mm. **Population :** *1801 :* 110 732 hab. ; *1901 :* 212 121 ; *31 :* 238 647 ; *46 :* 228 776 ; *68 :* 281 976 ; *82 :* 334 557 ; *90 :* 365 066 [dont Français par acquisition 26 752) ; *98 :* 385 000 ; *99 :* 392 803 dont étrangers 24 169 (dont Espagnols 8 753, Marocains 3 863, Algériens 3 266, Portugais 2 329, Turcs arméniens 478, Italiens 462, Tunisiens 246). **D.** 95. **Cantons :** 31. **Communes :** 226.

Régions naturelles : plaine du Roussillon : collines et terrasses d'alluvions anciennes entre la *Têt* et le *Tech* (région des *Aspres*) ; bordée au centre et à l'est près de la mer par la *Salanque* (anciens marais troués d'étangs), vignoble derrière un maigre cordon littoral, vergers, cultures maraîchères ; au nord par le *Fenouillèdes* et les derniers contreforts des *Corbières*, vignoble ; au sud par les *Aspres* et les *Albères* (vignoble, vin doux : Banyuls, Maury, muscat de Rivesaltes) ; prolongée au nord par côte sablonneuse et au sud par côte *catalane* (étangs nord). **Zone montagneuse** (contreforts Pyrénées) : *Cerdagne* (plateau : 1 000 à 1 800 m, encastré entre Andorre, massif du Carlit, Puigmal, Capcir). **3 vallées** (d'ouest en est) : *Vallespir* (lit du Tech), *le Conflent* (lit de la Têt, fruits et légumes), *vallée de l'Agly* (vignoble). **Bois** (en milliers d'ha, 1993) : 96,9 [dont forêts domaniales : *Camporeills* 4,1, *Canigou* 8,3, *Conflent* 2,2, *Ht-Vallespir* 10,5, *Boucheville* 1,2, *Albères* 2,1, *Barres* 2,2, *Font-Romeu* 1,8, *Osséja* 1,2, *La Massane* 0,3 (réserve naturelle)]. **Essences** (en ha) : *feuillus :* châtaignier 8 900, chêne-liège 5 000, chêne pubescent 8 900, chêne vert 13 200, hêtre 9 900. *Résineux :* pin à crochets 25 500, pin sylvestre 5 250, sapin 1 700.

Chef-lieu : PERPIGNAN. **Altitude :** 20 m. **Population :** *1800 :* 11 500 ; *51 :* 21 783 ; *1911 :* 39 510 ; *31 :* 73 962 ; *54 :* 70 051 ; *68 :* 104 095 ; *75 :* 106 426 ; *90 :* 105 983 ; *99 :* 105 115. **Aéroport :** Perpignan-Rivesaltes. **Industries :** électricité, chocolaterie Cantalou, biscuiteries, imprimerie, conserverie. **Monuments :** cathédrale St-Jean (80 × 18 m, haut. 22), buffet d'orgues (1504), cloître-cimetière (seul de France) ; université, hôtel Pams, églises St-Jean-le-Vieux (XIe s.), St-Jacques, la Loge de mer, oppidum à Ruscino, palais des Rois de Majorque (XIIIe–XIVe s., 86 129 vis. [1]), palais des Cortes, maison de la Main de fer (1509), le Castillet (Casa Pairal, XIVe s., 24 307 vis.). **Musées :** catalan des Arts et Traditions populaires, Hyacinthe-Rigaud (fondé 1830, 4 388 vis.), Campo Santo (cloître et cimetière, XIVe et XIXe s.), de Numismatique Puig (fondé 1974), d'Histoire naturelle, de l'Aviation (fondé 1976). AGGLOMÉRATION : 162 678 hab. [1], dont **Bompas** 6 941. **Cabestany** 8 259. **Pia** 5 120. **St-Estève** 9 810 [*1946 :* 1 370 ; *1968 :* 2 589]. **Toulouges** 5 396. AIRE URBAINE : 204 700 hab.

Sous-préfectures : Céret (à 170 m d'alt.) 7 291 hab. [*1936 :* 5 118 ; *62 :* 5 527] ; liège, cerises ; musée d'Art moderne (46 000 vis. en 1997), métiers d'art St-Roch (47 800 vis.). **Prades** (à 348 m d'alt.) 5 800 hab. [*1936 :* 4 946 ; *62 :* 5 899] (aggl. 7 355 [1]) ; pêches, nectarines ; église (XVIIe s.), musée Pablo-Casals.

Autres villes (vis. en 1999) : **Amélie-les-Bains-Palalda** *altitude* 240 m, 3 475 hab. ; *musées :* d'Arts et Traditions, de la Poste ; église St-Martin, fort (XVIIe s.) ; thermalisme. **Arboussols** 95 hab. ; prieuré roman de Marcevol (XIIe s.). **Argelès-sur-Mer** 9 069 hab. ; station balnéaire, musée des Arts et Traditions populaires. **Arles-sur-Tech** 2 700 hab. ; église Ste-Marie et cloître (XIIe-XIIIe s., sarcophage miraculeux qui s'emplit inexplicablement d'eau, abbaye, musée des Tissages catalans (25 430 vis.), gorges de La Fou (56 041 vis.). **Baixas** 2 217 hab. ; église (XIIe-XIVe s.). **Banyuls-sur-Mer** 4 532 hab. ; vin doux naturel ; musée Maillol, caves du cellier des Templiers (94 215 vis.), église de la Rectorie (XIe s.-XIIe s.), aquarium (50 831 vis.) ; station balnéaire, 300 mouillages. **Bélesta** 215 hab. ; château-musée de la Préhistoire. **Bouleternère** 643 hab. ; prieuré de Serrabone (XIe-XIIe s.). **Bourg-Madame** 1 166 hab. ; église d'Hix (XIIe s.). **Canet-en-Roussillon-St-Nazaire** 10 182 hab. ; aquarium (45 549 vis.), *musées :* du Jouet (8 406 vis.), du Bateau, de l'Automobile ; station balnéaire, 1 100 mouillages. **Canohès** 4 349 hab. **Casteil** 130 hab. ; abbaye *St-Martin-du-Canigou* (40 351 vis.). **Castelnou** 331 hab. ; enceinte fortifiée (XIIIe s.), château (Xe s., 39 985 vis.). **Cerbère** 1 487 hab. ; station balnéaire. **Codalet** 359 hab. ; abbaye *St-Michel-de-Cuxa*, église (Xe-XIe s.), cloître (XIIe s., 54 244 vis.). **Corbère** 543 hab. ; château (XIIe s.). **Corneilla-de-Conflent** 426 hab. ; église (XI-XIIe s.), Musée géologique. **Elne** 6 410 hab. ; cult. maraîchères, conserves, emballage, construction métallique, BTP ; cathédrale-forteresse Ste-Eulalie (1069), cloître roman en marbre (XIe-XIIe s., 66 787 vis.), musée d'Histoire et d'Archéologie. **Espira-de-l'Agly** 2 463 hab. **Estagel** 1 941 hab. **Eus** 375 ha ; commune la plus ensoleillée (2 644 h/an). **Eyne** 84 hab. [1] ; dolmens, menhirs, sites archéologiques. **Font-Romeu** (à 1 800 m d'alt.) 2 003 hab. ; pèlerinage ; sports d'hiver. **Ille-sur-Têt** 4 993 hab. ; cult. maraîchères ; église St-Étienne (1736, façade baroque 1771), *centres :* d'Art sacré, de la Culture de la pêche (fruit), site des Orgues (55 147 vis.) ; musée du Sapeur-Pompier (2 867 vis.). **Lamanère** 44 hab. ; commune la plus méridionale de la France continentale. **Le Barcarès** 3 514 hab. ; station balnéaire, 332 mouillages. **Le Boulou** 4 428 hab. ; casino, thermalisme, église Ste-Marie. **Le Perthus** 620 hab. ; fort de Bellegarde (XVIIe s., 9 924 vis.). **Le Soler** 5 825 hab. ; conserverie. **Les Angles** parc animalier (92 000 vis.). **Les Cluses** 219 hab. ; vestiges de fort romain, citadelle wisigothe dite *château des Maures.* **Maureillas-las-Illas** 2 281 hab. ; chapelle St-Martin-de-Fenollar, musée du Liège. **Maury** 850 hab. ; château de *Quéribus* (XIIe-XIVe s., dernier refuge des cathares, 87 190 vis. en 2000). **Millas** 3 452 hab. **Molitg-les-Bains** 207 hab. ; thermalisme (450 m). **Montesquieu** 824 hab. ; musée. **Montferrer** gorges de la Fou (46 883 vis.). **Mont-Louis** 270 hab. ; place forte, four solaire (37 716 vis.). **Odeillo** four solaire le plus puissant du monde (3 800 °C) après celui de Phoenix en Arizona (68 879 vis.). **Port-Vendres** 5 881 hab. [*1881 :* 3 311 ; *1954 :* 4 180] ; port [aggl. 8 096 hab. [1], dont *Collioure* 2 763 ; château des *Templiers* (1207, 59 309 vis.), fort St-Elme (1654), fort Miradou (XVIIe s.), chemin du Fauvisme, station balnéaire, 80 mouillages, musée d'Art moderne]. **Prats-de-Mollo-la-Preste** (à 1 130 m d'alt.) 1 080 hab. ; remparts, citadelle, églises Ste-Justine, Ste-Ruffine, clocher (XIIIe s.), thermalisme, musée Vauban (23 279 vis.). **Py** (à 1 023 m d'alt.) 107 hab. **Rivesaltes** 7 940 hab. (*1881 :* 6 980) ; vin doux naturel ; musée du Mal-Joffre. **St-André** 2 519 hab. ; parc animalier l'Élevage d'antan (15 000 vis.). **St-Cyprien** 8 573 hab. ; station balnéaire, Aquacity (185 554 vis.), golf, *musées :* Desnoyer, des Artistes catalans. **St-Génis-des-Fontaines** 2 419 hab. ; cloître roman (XIIIe s.), église St-Michel (avec le plus ancien linteau roman daté, 1020). **St-Laurent-de-Cerdans** 1 218 hab. **St-Laurent-de-la-Salanque** 7 919 hab. (aggl. 8 961 [1]), maison du Marin. **St-Paul-de-Fenouillet** 2 214 hab. [1] ; défilé des gorges de Galamus ; ermitage de St-Antoine (chapitre XIVe et XVIIe s.) ; musée des Arts et Traditions. **Ste-Marie-la-Mer** 3 452 hab. ; église romane. **Salses-le-Château** 2 513 hab. ; château fort (XVe-XVIe s. 77 307 vis.). **Serralongue** 238 hab. ; église (XI-XIIe s.). **Targassonne** 203 hab. ; « chaos ». **Tautavel** 851 hab. ; centre européen de la Préhistoire (109 066 vis.), *Caune de l'Arago :* grotte naturelle [fouilles depuis 1964 (Henri de Lumley) : 22-7-1971 crâne d'*Homo erectus*]. **Thuir** 7 257 hab. ; caves « Byrrh » (147 771 vis., cuve la plus grande du monde : 1 000 000 de l), *musées :* de la Chasse, des Arts et Traditions populaires (ATP). **Torreilles** 2 072 hab. ; conserverie ; chapelle de Juhègues (IXe s.) ; station balnéaire. **Vernet-les-Bains** (à 660 m d'alt.) 1 440 hab. ; thermalisme. **Villefranche-de-Conflent** 225 hab. ; grottes, ville fortifiée (XIe-XVIIe s.), église (XIe-XIIIe s.) ; fort Liberia (XVIIe s., 50 320 vis.).

Divers : art roman (plus de 100 églises). **Chemin de fer touristique :** 63 km (Villefranche, Conflent, Latour-de-Carol). *Gare de Bolquère-Eyne* (la plus haute d'Europe ouverte au trafic commercial). **Cols :** *Ouillat* 936 m, *Font-frède* 1 093 m, *Puymorens* 1 915 m. **Enclave espagnole** de *Llivia* 1 300 ha, 953 hab. (voir à l'Index). **Grottes** (visiteurs en 1999) : *Canalettes* (60 840 vis.), *Fontrabiouse* (12 930 vis.), *Grandes Canalettes* (6 998 vis. en 1997), *Cova Bastera.* **Lacs et plans d'eau :** DE MONTAGNE : *la Carança* 2 400 m, *le Lannoux* 178 ha (le plus grand des Pyrénées françaises), des *Bouillouses* 160 ha, 2 017 m. Barrages de *Matemale* 160 ha, 1 500 m, de *Puyvalador* 120 ha, 1 500 m. Étangs *des Camporeills* 2 062 m et *de Nohèdes* 2 010 m, *Prades.* EN PLAINE : *Villeneuve-de-la-Raho* 170 ha, *Vinça-les-Escoumes* 160 ha (voile). LITTORAL : étangs de *Salses-Leucate* 110 km^2 (prof. 12 m), *St-Nazaire* et *Canet* 676 ha (prof. 30 à 80 cm). **Réserves naturelles :** *embouchure du Tech* (Argelès-sur-Mer, 145 ha), *La Massane* (Argelès-sur-Mer, 336 ha), *Py-Mantet* (Conflent 3 930 ha, 1 000-2 463 m d'alt.), *Nohèdes* (2 137 ha), *Conat* (549 ha), *Jujols* (472 ha), *Prats-de-Mollo* (Ht-Vallespir 2 185 ha), marine de *Banyuls-sur-Mer* (650 ha). **Stations de sports d'hiver :** *Les Angles* 1 650/2 450 m, *Bolquère-Pyrénées 2000* (1 750/2 400 m), *Eyne* (1 600/2 400 m), *Font-Romeu* (1 800/2 400 m), *Formiguères* (1 500/2 050 m), *La Llagonne* (1 600/2 000 m), *Matemale* (1 470 m), *Porté-Puymorens* (1 600/2 450 m), *Le Puigmal* (1 800/2 500 m ; stade de neige), *Puyvalador* (1 500/2 400 m), *St-Pierre-dels-Forcats* (1 600/2 400 m).

LIMOUSIN

GÉNÉRALITÉS

■ **Superficie.** 16 942 km^2. **Population.** *1990 :* 722 901 hab. (dont Français par acquisition 10 110, étrangers 20 738 dont Portugais 6 808, Marocains 3 256, Turcs 2 393) ; *1996 :* 718 020 ; *1999 :* 710 939. **D.** 42.

■ **Situation.** Partie nord-ouest du Massif central. 160 km (N.-S.) sur 150 km (O.-E.). **Reliefs :** plateaux granitiques ou schisteux s'abaissant d'est en ouest et étagés en gradins semi-concentriques : *Montagne limousine* (200 000 ha, entre 800 et près de 1 000 m) ; *plateaux de Millevaches* (alt. max. Mt Bessou, 976 m) et *des Monédières* (alt. max. puy des Monédières, 911 m) ; terre vallonnée, landes et tourbières ; aménagement forestier et touristique ; ovins. *Au N., O. et S.,* plateau découpé par les rivières en gorges sauvages. Entre 600 et 400 m (Mts d'*Ambazac*, de *Blond*, de la *Marche*), prairies et forêts (châtaigniers) ; bovins (limousins), ovins, chevaux (anglo-arabe du Limousin). Villes dans les vallées (Limoges, Tulle, Uzerche...). *Pays bordiers :* bassins et dépressions périphériques : région industrielle de Montluçon et de Commentry ; *Boischaut* au N. **Climat.** Ensemble frais. Alt. et vents atlantiques (moy. 8/12 °C), étés chauds, parfois très secs. En alt. : quelquefois plus de 100 jours de gel, neige. *Pluviosité :* 750 mm (1 200 à 1 500 en montagne, moins de 700 dans vallées de la Marche). *Ilot méridional :* bassin de Brive.

■ **Histoire.** **Avant J.-C.** homme de La Chapelle-aux-Saints, de type néandertalien. Plusieurs migrations néolithiques (dolmens et menhirs). **Protohistoire** Ligures (avec, au VIIe s., un passage de Celtes de Halstatt se rendant en Espagne), Ibères, Aquitains venus du sud au VIe s., puis, après 350, Celtes de La Tène. Habité par les *Lémovices* (Gaulois), conquis par les Romains (prise d'*Uxellodunum* 51 av. J.-C.). **IIIe s.** pacifié puis christianisé par St Martial (1er évêque de Limoges) ; sous Dioclétien, cité gallo-romaine de Limoges *(Augustoritum),* partie de l'Aquitaine Première. Invasions barbares. Relèvement sous Clotaire II et Dagobert ; saint Éloi (Limousin d'origine) fonde le monastère de Solignac. Isolement du Cté à l'époque carolingienne. **Vers le Xe s.** divisé en vicomtés (Limoges, Aubusson, Bridiers, Comborn, Rochechouart, Turenne). La seigneurie de Chambon, acquise par les Ctes d'Auvergne, devient la baronnie de Combrailles ; le Cté de la Marche (arrondissements actuels de Bellac, Guéret, Aubusson) est gouverné par les seigneurs de Charroux au Xe s., ceux de Montgomery au XIe s., et les Lusignan au XIIIe s. Puis les fiefs se regroupent ; seuls subsistent les Ctés de la Marche, Combrailles, Limoges et Turenne ; la vicomté de Ventadour est créée dans la montagne autour d'Ussel. Le Limousin relevant d'Éléonore d'Aquitaine, après son 2e mariage avec Henri II Plantagenêt, reste 3 siècles dans le royaume anglo-angevin, mais est occupé par les Capétiens de 1204 à 1259, puis de 1286 à 1360 ; au nord de la Dronne, des monts de Blond et de Guéret, la langue d'oïl remplace la langue d'oc ; droit écrit et droit coutumier se partagent la région. **XIIe s.** rayonnement de l'abbaye St-Martial-de-Limoges. Enlumineurs et copistes renommés. Émaux champlevés. **XIVe s.** fournit plusieurs centaines de prélats et 3 papes : Clément VI, Innocent VI, Grégoire XI. **1360** abandonné aux Anglais (traité de Brétigny). **1370-74** reconquis par l'armée de Charles V. **1477** Louis XI confisque la Marche (pour félonie) au Cte de Nemours et la donne à son gendre, Pierre de Beaujeu. **1523** François Ier la confisque (pour félonie) au connétable de Bourbon, héritier des Beaujeu. **1527** passe à Charles de Bourbon-Vendôme, grand-père d'Henri IV. **1598** réunie au domaine royal. **1607** Henri IV s'assure la vicomté de Limoges. Seules celle de Turenne (qui réunit ses états jusqu'en 1738) et la seigneurie de Ventadour conservent leurs privilèges jusqu'au XVIIIe s. **1761-74** Turgot transforme économiquement la région. **Révolution** 3 départements (Creuse, Hte-Vienne, Corrèze) : le *Confolentais* est donné à la Charente, et le *Nontronnais* à la Dordogne.

ÉCONOMIE

■ **Population active** (au 1-1-1998). 269 292 (non-salariés 42 588) dont : agriculture 23 323 (20 078) ; industrie 49 888 (2 790) ; construction 17 952 (4 239) ; tertiaire 178 129 (15 481). **Chômage :** 8,5 % (en 1998) ; 25 600 demandeurs d'emploi (en févr. 1999).

■ **Échanges** (en milliards de F, 2000). **Import. :** 5,43 *dont* produits des ind. agricoles et alimentaires 0,88, métaux et prod. métalliques 0,78, prod. chimiques en caoutchouc ou en plastique 0,67, équipements mécaniques 0,57, prod. en bois, papier ou carton 0,54, de l'ind. auto 0,37, composants électriques et électroniques 0,3, prod. minéraux 0,28, habillement cuir 0,27, équipement du foyer 0,22 ; *de* All. 0,87, Ital. 0,67, Esp. 0,65, Chili 0,38, Belg. 0,38, P.-Bas 0,37. **Export. :** 8,27 *dont* composants électriques et électroniques 1,96, produits en bois, papier ou carton 1,15, des ind. agricoles et alimentaires 0,92, agricoles, sylvicoles et piscicoles 0,89, prod. minéraux 0,8, prod. pharmaceutiques et parfumerie et d'entretien 0,69, équipements mécaniques 0,46, prod. de l'ind. auto 0,38, chimiques en caoutchouc ou en plastique 0,36, équipement du foyer 0,13 ; *vers* Ital. 2,09, All. 0,88, Esp. 0,83, G.-B. 0,61, Belg. 0,6, USA 0,5.

■ **Agriculture** (en 2000). **Terres** (en milliers d'ha) : 1 705,8 dont *SAU* 883,3 (t. arables 293,5, herbe 584,6, culture fruits et vignes 3,9) ; *bois* 578,2 (dont 268 en Corrèze) ; *terres agricoles non cultivées* 91,7 ; *étangs* en rapport 9,5 ; *autres terres non agricoles* 141,4. **Production : végétale** (en milliers de t) : céréales 395,8 dont blé tendre 115,1, orge et escourgeon 61,9, maïs-grain 52,4, avoine 27,4, colza

6,8, tabac 0,6, pommes de terre 18,7, pommes 75,4 ; **animale** (en milliers de têtes) : bovins 1 072, porcins 150,4, ovins 845,3. *Lait* (de vache) : 1 314 500 hl.

■ **Tourisme** (en 2000). **Hébergement :** *hôtels de tourisme* 258 (5 341 lits) ; *campings* 192 (13 039 pl.) ; *auberges de jeunesse* 6 (269 lits) ; *villages de vacances* 31 (7 219 pl.) ; *gîtes ruraux* 1 453 ; *d'étape* 19 ; *d'enfants* 21 ; *chambres d'hôtes* 626 ; *résidences secondaires* 50 830.

☞ Voir **Occitanisme** p. 855.

■ DÉPARTEMENTS

Voir légende p. 811.

Nota. – En 1998.

■ **Corrèze (19)** 5 857 km². **Altitude :** *max.* Mt Bessou 976 m ; *min.* 80 m (sortie Vézère). **Population :** *1801 :* 243 654 hab. ; *51 :* 320 866 ; *72 :* 302 746 ; *91 :* 328 151 ; *1936 :* 262 743 ; *54 :* 242 798 ; *68 :* 237 858 ; *75 :* 240 363 ; *82 :* 241 448 ; *90 :* 237 908 (dont Français par acquisition 4 569, étrangers 7 152 dont Portugais 3 844, Marocains 1 500, Turcs 1 288, Espagnols 520) ; *99 :* 232 576. **D.** 40. **Cantons :** 37. **Communes :** 286.

Régions agricoles : 589 899 ha dont **bas pays de Brive** (78 217 ha, de 90 à 300 m d'alt.), prod. légumière, petits fruits (fraises, framboises), noyers, tabac, vignes, élevage. **Causse de Gramat et de Limogne** (7 208 ha) production de truffes, **Périgord blanc-vallée de la Vézère** (3 945 ha), à moins de 300 m d'alt., climat doux et peu humide (900 à 1 000 mm). **Haut Limousin :** *plateaux du sud-ouest* (142 327 ha), alt. 300 à 650 m, climat humide (pluies 1 m et plus), polyculture, élevage, arboriculture (pommes) ; *du sud-est* (119 145 ha), élevage bovin (veaux de lait). **Hte vallée de la Dordogne** (6 940 ha), comme plateaux du sud-ouest, mais landes plus étendues (1/3 de la surface). **Xaintrie** (39 ha), relief plus accentué, bois, élevage bovin (race Salers). **Montagne** ou **plateau de Millevaches** [nom : de « mille batz » : mille sources (alt. 850 à 976 m au Mt Bessou, 186 707 ha dont 67 480 consacrés à la culture et l'élevage)], climat rude et humide, bois, landes (bruyères, genêts), bovins (lait, viande), myrtilles. **Artense** (1 507 ha) à 650 m d'alt. **Vallées** formant des gorges (Corrèze, Vézère, Dordogne, Triouzoune, Diège, Luzège). **Bois :** 270 000 ha (46 % du département) dont feuillus 70 % et résineux 30 %.

Chef-lieu : TULLE. Altitude : *max.* 347 m, *min.* 212 m. **Population :** *1846 :* 11 646 ; *1906 :* 17 245 ; *75 :* 21 634 ; *90 :* 17 164 ; *99 :* 15 553. (Agglomération : 18 631 ¹). **Industries :** agroalimentaire, manufacture d'armes, mécanique générale, fabrication d'accordéons. **Monuments** (vis. en 1999) : cathédrale, cloître (musée, 23 950 vis.). Collections de la manufacture, musée de la Résistance (3 754 vis.). **Festival** international de la Dentelle.

Sous-préfectures : Brive-la-Gaillarde (à 142 m d'alt.) 49 141 hab. (*1846 :* 8 829 ; *1906 :* 20 636 ; *54 :* 36 088 ; *75 :* 54 730). *Aérodrome.* Électronique, mobilier, marché agricole. Foire du Livre (voir p. 357 c). Musée Labenche (16 760 vis. en 1999), maison Edmond-Michelet (aggl. 63 811 hab. ¹ dont **Malemort-sur-Corrèze** 6 535 hab. **St-Pantaléon-de-Larche** 3 773 hab.). **Ussel** (à 631 m d'alt.) 10 753 hab. *Aérodrome.* Fonderie d'aluminium ; mécanique, menuiserie, cartonnage, salaisons. Musée du Pays (2 984 vis. en 1999).

Autres villes (vis. en 1999) : **Argentat** (à 188 m) 3 125 hab. ; salaisons. **Arnac-Pompadour** 1 334 hab. ; matériel électrique, mécanique ; église, château de Pompadour (XVᵉ s.), donné 1745 à la Mise, maîtresse de Louis XV ; haras créés par Colbert (48 960 vis.). **Aubazine** 732 hab. ; abbaye cistercienne (XIIᵉ s.). **Beaulieu-sur-Dordogne** 1 286 hab. ; abbatiale (XIIᵉ s.). **Bort-les-Orgues** (à 437 m) 3 534 hab. ; habillement ; château de *Val* (XVᵉ s., 37 110 vis.), *musées :* Radio et Phonographe (11 068 vis. en 1997), Tannerie et Cuir (5 606 vis.) ; barrage (1952, haut. 120 m, longueur crête 390 m, épaisseur base 80 m, sommet 8 m, retenue d'eau 21 km, 1 400 ha, prof. max. 83,5 m, 477 millions de m³, 100 000 vis. ¹), orgues basaltiques dominant à 350 m, coulées de phonolite découpées en colonnes de 80 m à 100 m de haut sur 2 km ; puy de Bort 860 m. **Chaumeil** 192 hab. ; maison des *Monédières* (19 060 vis.). **Clergoux** 385 hab. ; château de *Sédières* (XIVᵉ-XVIᵉ s., 5 389 vis.). **Collonges-la-Rouge** 413 hab. ; église ; musée de la Sirène (740 000 vis.). **Curemonte** 225 hab. ; château des *Plas ; St-Hilaire* et la *Johannie.* **Donzenac** 2 147 hab. ; village fortifié. **Égletons** (à 650 m) 4 087 hab. ; salaisons, aérodrome ; minoterie. **Gimel** 630 hab. ; cascades (33 667 vis.). **La Chapelle-aux-Saints** 164 hab. ; musée de l'Homme de Neandertal (4 544 vis.). **Lapleau-Soursac** 525 hab. ; viaduc des Rochers-Noirs (1913 ; à 92 m de haut). **Meymac** 2 627 hab. ; industrie pharmaceutique ; église abbatiale (XIIᵉ s.) ; *musées :* Marius-Vazeilles, d'Art contemporain. **Moustier-Ventadour** 416 hab. ; château de *Ventadour* (XIᵉ s., ruines). **Naves** 2 037 hab. ; église (retable). **Neuvic** 1 850 hab. ; musée Henri-Queuille (2 693 vis.). **Noailles** 756 hab. ; gouffre de la *Fage* (13 516 vis.). **Objat** 3 372 hab. ; agroalimentaire et mécanique. **Reygades** 161 hab. ; son et lumière de la Mise au Tombeau. **St-Angel** 590 hab. ; église fortifiée. **St-Geniez-ô-Merle** 116 hab. ; son et lumière (tours de Merle, XIIᵉ-XVᵉ s., 16 284 vis.). **St-Pantaléon-de-Lapleau** 66 hab. ; église (XIIᵉ s.) ; festival de théâtre. **St-Privat** 1 091 hab. ; étang de Malesse. **St-Robert** 334 hab. ; église (XIIᵉ-XVᵉ s.). **Salon-la-Tour** 721 hab. ; château de la *Grènerie* (XVᵉ s.). **Sarran** 287 hab. ; musée du Septennat de Chirac (2000 ; coût 30 millions de F). **Ségur-le-Château** 245 hab. ; château (XIIᵉ s., ruines). **Treignac** 1 415 hab. ; maison Marc-Sangnier. **Turenne** 742 hab. ; château (XIIIᵉ-XIVᵉ s., ruines, 19 623 vis.). **Uzerche** (334 m) 3 062 hab. ; cartonnage, salaisons ; église, crypte (XIᵉ s.). **Vigeois** (350 m) 1 191 hab. ; abbatiale (XIIᵉ s.).

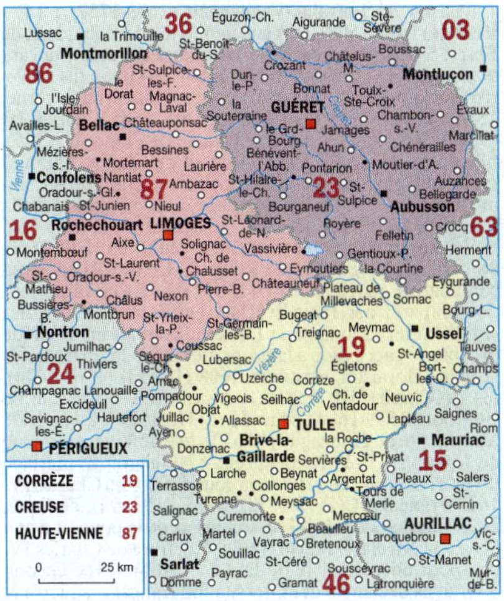

Lacs : *Val* 1 400 ha, *Le Chastang* 750, *Ligéniac, La Triouzoune Neuvic* 410, *Marcillac-la-Croisille* 230, *Viam* 189, *Le Sablier* 106, *Le Chammet* 100, *Les Bariousses* 99, *Le Causse* 82. Barrages sur la Dordogne de Bort, Marèges (1935) 90 m, retenue 16 ha, l'Aigle (1935-48) 95 m, retenue 26 ha, du Chastang (1952) 85 m, retenue 31 ha.

■ **Creuse (23)** 5 565 km² (110 × 80 km). **Altitudes :** *max.* forêt de Châteauvert 978 m, *min.* 175 m (sortie de la Creuse). **Population :** *1801 :* 218 041 hab. ; *1851 :* 287 075 ; *1936 :* 201 844 ; *54 :* 172 702 ; *68 :* 156 876 ; *75 :* 146 214 ; *82 :* 139 968 ; *90 :* 131 349 [dont Français par acquisition 1 536, étrangers (1993) 2 379 dont Portugais 784, Turcs 424, Marocains 223, Italiens 146] ; *99 :* 124 470. **D.** 22. **Cantons :** 27. **Communes :** 260.

Régions agricoles : 560 115 ha dont **Haut Limousin** 31 500 (élevage), **Marche-Nord** 144 850, **Marche-Sud** 118 850, **plateau de Millevaches** 80 506 (élevage), **bas Berry** (élevage, céréales), **Combraille bourbonnaise** 78 200 (élevage). **Bois** (en milliers d'ha, au 1-1-1994) : 155 (dont feuillus 104, résineux 49) dont privés 141, publics 14 ; 12 forêts communales (forêts de *Feniers* 0,13, *Royère* 0,031, *St-Quentin-la-Chabanne* 0,031, *Gentioux* 0,057, des *Hospices* de Dun-le-Palestel 0,112, de *St-Pardoux-Morterolles* 0,058), domaniale de *Chabrière* 0,144.

Chef-lieu : GUÉRET. Altitude : 450 m. **Population :** *1846 :* 5 404 ; *1906 :* 8 058 ; *36 :* 8 789 ; *54 :* 10 131 ; *68 :* 14 080 ; *82 :* 15 720 ; *90 :* 14 706 ; *99 :* 14 123. **Industries :** meubles, bijoux, quincaillerie, bâtiment ; puériculture. **Aéroport** Guéret-Lepaud. **Monuments :** musée de la Sénatorerie (7 939 vis. en 2000), hôtel des Moneyroux (XVᵉ-XVIᵉ s.) ; labyrinthe.

Sous-préfecture : Aubusson (à 430 m d'alt.), 4 662 hab. [*1846 :* 5 436 ; *1906 :* 7 015 ; *36 :* 5 830 ; *54 :* 5 595 ; *68 :* 6 761 ; *75 :* 6 824] ; fonderie, machines agroalimentaires, codeurs optiques, tapisserie, bâtiment, matériel bureau ; école et musée de la Tapisserie (22 561 vis. en 2000), maison du Tapissier.

Autres villes (vis. en 2000) : **Ahun** 1 501 hab. ; église (XIᵉ-XVIIIᵉ s.). **Auzances** 1 371 hab. ; laiterie ; parc animalier (8 ha). **Banize** 134 hab. ; cloître. **Bénévent-l'Abbaye** 824 hab. ; église (XIᵉ-XIIᵉ s.). **Bétête** 427 hab. ; abbaye. **Bonnat** 1 348 hab. ; église (XIIIᵉ s.). **Bourganeuf** (ancienne sous-préfecture, à 449 m) 3 163 hab. ; scierie, tôlerie, literie ; château, tour Zizim, églises ; musée de l'Électrification. **Boussac** (ancienne sous-préfecture ; à 390 m), 1 602 hab. ; chambres froides, construction métallique, confection ; château (XIIᵉ-XVᵉ s.) **Chambon-sur-Voueize** 1 012 hab. ; chaudronnerie ; abbatiale Ste-Valérie. **Chénérailles** 759 hab. ; château de *Villemonteix* (XVᵉ s.), église (XIIIᵉ s.). **Crocq** 546 hab. ; château fort (XIIᵉ s.). **Crozant** 581 hab. ; forteresse (VIᵉ s. ; ruines, 9 923 vis.), tours (Xᵉ-XIIIᵉ s.), église (XIᵉ-XVIᵉ s.) ; arboretum, jardins. **Évaux-les-Bains** 1 545 hab. ; église ; thermes. **Felletin** (à 587 m d'alt.) 1 892 hab. ; église, lanterne des morts, tapisserie, chaudronnerie ; École du bâtiment. **Fransèches** 267 hab. ; au village de Masgot (27 000 vis.), sculptures en granit de François Michaud. **Gentioux** 389 hab. ; maison des Chevaliers. **Jarnages** 408 hab. **La Courtine** 971 hab. ; camp militaire. **La Nouaille** 248 hab. ; domaine de *Banizette* (XVᵉ-XVIIIᵉ s.). **La Souterraine** (à 366 m d'alt.) 5 320 hab. ; mécanique, confection, tôlerie, emboutissage, pétrole ; église (XIᵉ-XIIIᵉ s.), lanterne des morts, remparts. **Lavaufranche** 246 hab. ; commanderie (XIIᵉ-XVᵉ s.). **Magnat-l'Étrange** 212 hab. ; église (XIᵉ-XVIᵉ s., 2 clochers). **Montaigut-le-Blanc** 396 hab. ; château (XIVᵉ s.). **Moutier-d'Ahun** 193 hab. ; boiseries, église (13 836 vis.), musée des Vieux Outils. **Peyrat-la-Nonière** 499 hab. ; château du *Mazeau* (XVIᵉ s.). **St-Agnan-près-Crocq** 209 hab. ¹ ; musée de l'École. **St-Étienne-de-Fursac** 816 hab. ; musée des Vieux Outils. **St-Germain-Beaupré** 382 hab. ; château (XIIIᵉ-XIVᵉ s.) ; jardins de la Crinaldière. **St-Maixant** 260 hab. **St-Vaury** 1 829 hab. ; site du puy des Trois-Cornes (à 635 m d'alt.). **Ste-Feyre** 2 250 hab. ; puy de Gaudy (à 651 m d'alt.), oppidum ; château (XVIIIᵉ s.). **Toulx-Ste-Croix** 304 hab. ; *Pierres Jaumâtres* (mégalithes de plusieurs centaines de t, 14 965 vis.).

Divers : lacs : *Vassivière* (1 100 ha, 45 km de rives, 108 millions de m³) ; île de 70 ha, centre d'art contemporain ; de retenue : *Lavaud-Gelade* (275 ha), *Chammet* (60 ha). Eaux les plus radioactives de France (86,58 becquerels), de 17 à 49 °C. **Circuit auto** du *Mas du Clos* et du domaine de *Mornay.*

■ **Haute-Vienne (87)** 5 520,13 km² (120 × 36 à 110 km). **Altitudes :** *max.* Puy-de-Crozat 777 m, *min.* vallée de la Vienne en aval de Saillat 155 m. **Population :** *1801 :* 245 150 hab. ; *1936 :* 333 589 ; *54 :* 324 429 ; *75 :* 352 149 ; *90 :* 353 593 (dont Français par acquisition 4 321, étrangers 9 292 dont Portugais 2 400, Marocains 1 488, Indochinois 860, Turcs 637) ; *99 :* 353 893. **D.** 64. **Cantons :** 42. **Communes :** 201.

Régions agricoles (en ha) : **Haut-Limousin** 376 185, **Marche** 139 004, **plateau de Millevaches** 36 054.

Chef-lieu : LIMOGES. Altitude : *max.* 428 m, *min.* 300 m. **Superficie :** 7 747,70 ha. **Population :** *1698 :* 10 500 ; *1789 :* 32 856 ; *1801 :* 20 550 ; *51 :* 41 630 ; *1901 :* 84 721 ; *36 :* 95 217 ; *54 :* 106 805 ; *75 :* 147 442 ; *90 :* 133 463 ; *99 :* 133 968. **Aéroport** Limoges-Bellegarde. **Industries :** porcelaines et émaux, chaussures, métaux, BTP, mécanique, app. électrique, habillement, mobilier, Ester (Espace scientifique et technologie d'échanges et de recherches, technopole inaugurée en 1993), imprimerie, auto. et poids lourds. Institut de gestion des énergies. **Monuments :** cathédrale St-Étienne (XIIIᵉ-XVᵉ-XIXᵉ s). Hôtel de ville (1883, campanile de 42,40 m), gare des Bénédictins (1929, campanile 67 m, incendie en 1998), 15-8-1864 : 109 maisons incendiées. **Musées** (vis. en 2000) : Adrien-Dubouché (de la Porcelaine, fondé 1845 ; 28 600 vis.), de l'Évêché (75 257 vis.), parc du Reysien (42 809 vis.) ; aquarium (41 894 vis.) [Agglomération : 173 299 hab., dont **Condat-sur-Vienne** 4 249. **Couzeix** 6 635. **Feytiat** 5 299. **Isle** 7 691. **Le Palais-sur-Vienne** 5 726. **Panazol** 9 731]. Aires urbaine : 231 500.

Sous-préfectures : Bellac (à 250 m d'alt.) 4 576 hab. [*1846 :* 3 724 ; *1911 :* 4 875 ; *82 :* 5 079] (aggl. 6 061 ¹) ; tanneries, métallurgie ; maison natale de Jean Giraudoux. **Rochechouart** 3 667 hab. [*1846 :* 4 415 ; *1975 :* 4 200] ; située dans un cratère formé, il y a 160 millions d'années, par la chute d'une météorite ; chaussures, cartonnerie ; château (XIIIᵉ-XVIᵉ s., salles de fresques XVIᵉ s.), musée d'Art contemporain (fermé).

Autres villes : Aixe-sur-Vienne 5 466 hab. **Ambazac** 4 836 hab. ; château de *Montméry.* **Bessines-sur-Gartempe** 2 743 hab. ; uranium (site fermé 1995). **Châlus** 1 759 hab. ; vestiges du château de *Châlus-Chabrol* (XIᵉ-XVIIᵉ s., au siège duquel mourut Richard Cœur de Lion le 6-4-1199). **Champagnac-la-Rivière** 557 hab. ; château gothique. **Châteauponsac** 2 252 hab. ; musée des Arts et Traditions populaires. **Coussac-Bonneval** 1 379 hab. ; château (XIᵉ-XVIIIᵉ s.). **Dournazac** 728 hab. ; forteresse (XIIᵉ-XVᵉ s.). **Fromental** 451 hab. ; château (XVIᵉ-XVIIᵉ s.). **Jouac** 206 hab. ; uranium. **Le Dorat** 1 963 hab. ; église romane. **Le Vigen** 1 704 hab. ; château (XIᵉ-XIIᵉ s.). **Les Cars** 583 hab. ; château (XIIᵉ-XVIᵉ s.), ruines gallo-romaines. **Les Salles-Lavauguyon** 198 hab. **Magnac-Laval :** 1 978 hab. ; procession la plus longue de France (lundi de Pentecôte, 54 km, dure 17 h). **Marval** 553 hab. ; château (XIIIᵉ-XIVᵉ s.). **Mortemart** 126 hab. **Nexon** 2 325 hab. ; château (XVᵉ-XIXᵉ s.). **Oradour-sur-Glane** 2 025 hab. : ruines (310 700 vis. sur le site en 1999 ; voir à l'Index), Centre de la Mémoire (mai-déc. 1999) 100 000 vis. **Razès** 997 hab. ; mine d'uranium. **Rilhac-Lastours** 313 hab. ; château (XIIᵉ-XVᵉ s.). **St-Junien** (à 160 m) 10 666 hab. (*1968 :* 11 674) ; ganterie, mégisserie, produits chimiques et cellulosiques, papeteries ; collégiale romane. **St-Léonard-de-Noblat** (350 m) 4 764 hab. (*1846 :* 6 117) ; chaussures, porcelaine, papeteries ; cité médiévale et collégiale romane ; musée Gay-Lussac. **St-Paul** (357 m) 1 026 hab. ; église (XIIIᵉ s.). **St-Yrieix-la-Perche** (à 369 m) 7 251 hab. (*1846 :* 7 515 ; *1901 :* 8 363) ; or (1,7 t en 97) ; porcelaine, imprimerie ; collégiale romane. **Solignac** 1 367 hab. ; abbaye. **Vicq-sur-Breuilh** 1 087 hab. ; château (XIIIᵉ-XIVᵉ s.), château de *Tralage* (XVIᵉ-XIXᵉ s.)

Divers : lacs (en ha) : *Bujaleuf* 60, *St-Laurent-les-Églises* 135, *St-Pardoux* 330, *Vassivière* 1 100.

LORRAINE

☞ *Abréviation :* L. : Lorraine.

■ GÉNÉRALITÉS

■ **Superficie.** 23 547 km². **Population.** *1990 :* 2 305 726 hab. (dont Français par acquisition 99 436, étrangers 154 910 dont Italiens 34 605, Algériens 29 197, Marocains 22 001) ; *99 :* 2 310 376. **D.** 98. **Langues.** Dialectes germaniques (apparentés au luxembourgeois, sarrois, alsacien), langues familiales d'une très petite minorité.

■ **Situation.** Bordée par les *Vosges* à l'est et au sud-est, le *massif schisteux rhénan* au nord. Au sud, cloisonnement en buttes et collines (certaines à plus de 500 m). Au centre, côtes en arc et buttes isolées le long des talus. Plus au nord, dislocations moins nombreuses mais beaucoup plus marquées : *Warndt, côtes de Moselle* et *de Meuse.* **Climat.** Océanique atténué, amplitude annuelle supérieure à 18 °C, diurne de 15 à 20 °C ; nombreux climats locaux dus aux expositions variées (vignoble le long des côtes de Moselle).

■ **Activités. Sud et ouest :** plaines consacrées à l'élevage et séparées par des forêts (plus importantes à l'est). *Industries :* verreries, cristalleries (Gironcourt, Baccarat, Vannes, Le Châtel), eaux minérales (Vittel, Contrexéville). Usines dans les vallées (Moselle, Meurthe, Moselotte, Vologne, Rabodeau) : papeterie, filature, tissage, bonneterie, imprimerie, matières plastiques, auto, métaux, électronique, chaudronnerie, etc. Vallées de l'Ornain (mé-

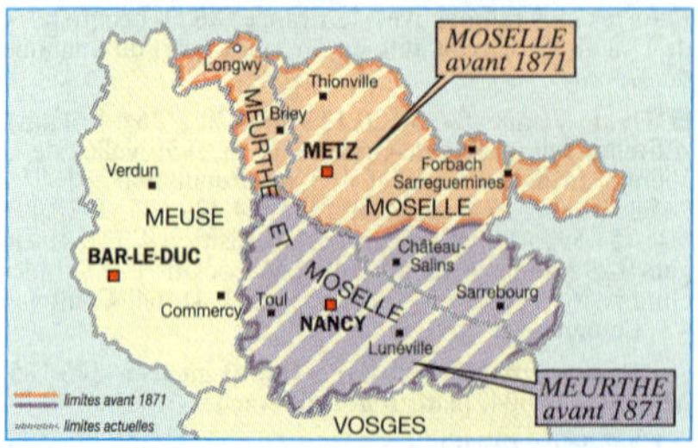

tallurgie, textile, optique, meubles) et de la Meuse (chaux, fromageries, industrie du bois, papeterie). Salines et soudières, mines de fer, pneu, cristalleries, électricité, chaudronnerie, imprimerie, brasserie, laiterie, bonneterie. **Lorraine du Nord :** *bassin houiller* (gaz, coke, électricité et carbochimie). *Pétrochimie* (Carling). *Fer :* minerai sur 1 150 km², sur 10 à 40 m d'épaisseur, de Longwy à Dieulouard, avec interruption de Pont-à-Mousson ; réserves 2 milliards de t (environ 40 ans). Aciéries modernes : Sollac et Sacilor. Chimie, pneu, métaux, auto, plastiques, agroalimentaire, mécanique, électricité.

☞ Depuis 2000, la Lorraine n'a plus que 2 hauts fourneaux : P3 et P6 à Hayange (Moselle).

Histoire

Lorraine ducale

Époque celtique : peuplement dense à l'époque de Hallstatt ; nombreuses collines fortifiées à l'époque de la Tène ; 2 peuples : *Leuques* au sud, *Médiomatriques* au nord ; industrie du fer autour de la forêt de Haye, du sel entre Marsal et Vic (briquetages de la Seille). **Paix romaine :** fait partie, après Dioclétien, de la Belgique Première, capitale Trèves [1er évêque : St Euchaire (vers 250)]. Défrichements, urbanisation : *Divodurum* (Metz), *Scarpone* (Dieulouard), *Tullum* (Toul), *Verodunum* (Verdun). Prospérité croissante autour de la vallée de la Moselle (axe de communication Cologne-Lyon). **406** chute de Trèves et invasions ; introduction des dialectes alémaniques au nord-est d'une ligne Thionville-Dieuze-Le Donon. **VIIe s.** fondation d'abbayes ; noyau du royaume d'*Austrasie*. Arnoul, fondateur des Carolingiens, y possède des domaines considérables ; Pépin le Bref puis Charlemagne y résident volontiers, favorisant la formation d'une aristocratie. Multiplication des abbayes (Remiremont, St-Dié, St-Mihiel, Gorze...). Verdun et Metz sont les centres de la renaissance culturelle. **843** *traité de Verdun,* création du royaume de *Lotharingie* d'où vient le nom de Lorraine. **870** partagé à *Meersen* entre Charles le Chauve et Louis le Germanique, abandonné au roi de Germanie. Arnoul de Carinthie fait *duc de Lorraine* (Grande Lorraine, comprend Lorraine actuelle, Wallonie, Rhénanie) son bâtard *Zwentibold.* **900** Zwentibold assassiné, duché disputé entre France et Germanie, qui l'emportera (925). **911** Rainier († 916) duc bénéficiaire. **916** Gislebert († 939), son fils. **941** Henri († 944), son fils. **944** Conrad († 953), fils de Weiner, Cte de Spire. **958** après une période d'anarchie, **Brunon** († 965), archevêque de Cologne, duc de Lotharingie et frère de l'empereur Othon Ier, divise son duché en *Basse* et *Haute-Lorraine* (forme le duché de Lorraine, appelé aussi « Mosellane » et donné à Frédéric d'Ardenne, leur neveu commun).

Maison de Bar ou **d'Ardenne (959-1033) : 959 Frédéric Ier** († 978). **978 Thierry Ier** († 1033), son fils. **1027 Frédéric II** († 1033), son fils. **Maison de Verdun (1033-47) : 1 033 Gozelon** († 1044). **1044 Godefroy le Barbu** († 1070), son fils. **Maison d'Alsace (1047-1431) : 1047 Adalbert** († 1048). **1048 Gérard d'Alsace** (1038-70), son neveu. Investis par le souverain, les ducs profitent de son éloignement pour s'émanciper. Luttes avec leurs propres vassaux, dont certains se rendent indépendants (*Barrois*), et contre les évêques de *Metz.* Foires importantes à Metz, Toul, Verdun. **1070 Thierry II** († 1115), son fils. **1076-1122** la *querelle des investitures* (1076-1122) met fin à la prépondérance spirituelle des évêques de Metz ; les ducs se fortifient à Nancy et Prény ; les foires sont détournées vers la Champagne ; malgré la fondation d'abbayes cisterciennes, décadence des écoles de Metz et de Toul. **1115 Simon Ier** († 1139), fils de Thierry II. **1139 Mathieu Ier** († 1176), son fils. **1176 Simon II** († 1205), son fils, abdique. **1205 Ferry Ier** († 1207) abdique. **1206 Ferry II** († 1214), son fils. **1213 Thiébaut Ier** († 1220), son fils. **1220 Mathieu II** († 1251), son frère. La bourgeoisie de Metz acquiert des libertés communales et fait de la cité un centre économique comparable aux villes de Flandre et d'Italie ; en 1234 elle obtient de gouverner la cité. **1251 Ferry III** (1239-1303), fils de Mathieu II, fixe sa capitale à Nancy. **XIVe s.** la décadence des foires de Champagne attire les marchands : St-Nicolas-de-Port devient le plus important marché. **1303 Thiébaut II** († 1312), fils de Ferry III. **1312 Ferry IV** (1282-1329), son fils. **1329 Raoul** (1318-46), son fils. **1346 Jean Ier** (vers 1340-90), son fils. **1390 Charles II** (1364-1431), son fils.

Maison d'Anjou-Lorraine (1431-73, ducs de Lorraine et de Bar) : 1431 René Ier († 1453), duc d'Anjou et de Bar, épouse en 1420 Isabelle († 1453), fille de Charles ; fait prisonnier à Bulgnéville (par le Cte de Vaudémont, branche cadette, appuyée sur les ducs de Bourgogne), doit donner en gage aux Bourguignons des localités sur la Meuse, ce qui occasionne une expédition du roi Charles VII. **1453 Jean II** (1424-70), son fils. **1470 Nicolas** (1448-73), son fils. **1473 Yolande,** (1428-83), sa sœur, veuve de Ferry II (1425-70), Cte de Vaudémont.

Maison de Lorraine-Vaudémont (1473-1737) : 1473 René II (1451-1508), **de Vaudémont,** fils de Yolande et de Ferry. S'oppose à **Charles le Téméraire** qui meurt devant Nancy en 1477. **1508 Antoine** (1489-1544), son fils ; favorise la Contre-Réforme et écrase les *Rustauds* à Saverne. **1544 François Ier** (1517-45), son fils. **1545 Charles III** (1543-1608), son fils. Épouse Claude de France († 1575), fille du roi Henri II. **1552** il obtient de Charles Quint la reconnaissance de son duché comme « État libre et non incorporable ». Henri II s'assure de la neutralité de la Lorraine pour s'emparer des *Trois-Évêchés* (Metz, Toul et Verdun) qui seront intégrés au royaume en 1648. **1560-98** pendant les guerres de Religion, Charles III pose sa candidature au trône de Fr. (1584), puis essaie vainement de s'emparer des Trois-Évêchés. Demeurée à l'écart des conflits internationaux, la Lorraine connaît un siècle de prospérité ; accession à la propriété rurale des marchands enrichis, floraison artistique. **1608 Henri II** (1563-1624), fils de Charles III, épouse : *1°) en 1599* Catherine de Bourbon (1559-1604), sœur du roi Henri IV ; *2°)* en 1606 Marguerite de Gonzague († 1632), fille de Vincent Ier, duc de Mantoue. **1624 Nicole** (1608-57), fille du 2e mariage d'Henri II, épouse en 1621 son cousin germain Charles IV. **1625 François II** (1572-1632), frère d'Henri II, abdique. **1625 Charles IV** (1604-75), son fils, cède le pouvoir à son fils. **1634 Nicolas-François** (1609-70), frère de Charles IV, duc pour une courte période. Les relations avec Gaston d'Orléans déclenchent l'intervention française ; guerre et peste déciment la population. Charles IV recouvre une partie de ses États aux *traités des Pyrénées* (1659) et *de Vincennes* (1661). **1670** il refuse le protectorat de Louis XIV, le duché sera occupé par les Français. **1675 Charles V** (1643-90), fils de Nicolas-François, épouse en 1678 Éléonore-Marie († 1697), sœur de Léopold Ier, empereur en exil. **1690 Léopold** (1679/27-3-1729), fils de Charles V, épouse en 1698 Charlotte-Élisabeth (1676/23-12-1744), fille de Philippe d'Orléans. **1697** *traité de Ryswick* rend la L. au duc Léopold, qui doit céder à la France 2 territoires (annexés aux Trois-Évêchés) : Longwy et Dillingen (ville universitaire, près de laquelle Vauban construit, de 1681 à 1687, la place forte de Sarrelouis) ; Léopold transporte sa capitale à Lunéville. **1729 François III** (1708/16-8-1765), son fils, épouse 12-2-1736 Marie-Thérèse d'Autriche (1717-80) [9-7-1737 Gd-duc de Toscane, 13-9-1745 empereur François Ier (couronné 4-10)]. En échange de la couronne impériale et du duché de Toscane, il cède son duché à **Stanislas Leszczyński** [20-10-1677/23-12-1766 à Malgrange, mort de ses brûlures (tombé5-2 dans une cheminée)], épouse 25-5-1698 Catherine Opalinska (1680-1747), beau-père de Louis XV et ex-roi de Pologne élu 12-7-1704 (*1738-28-8 traité de Vienne* ratifie cette cession). *-30-9* Stanislas cède à son gendre l'administration de la L. **1736**-*11-4 convention de Vienne* (Louis XV/l'Empereur) : Stanislas aura duchés de Bar et de Lorraine en viager, recevra 1 500 000 livres par an ; à sa mort, Bar et Lorraine reviendront à la France. *-30-9* déclaration de Meudon : Stanislas confirme. **1766**-*23-2* Stanislas meurt ; la L. devient une *intendance française* [elle est une province « réputée étrangère » (séparée du royaume par une barrière douanière)]. 3 seigneuries constituent des enclaves étrangères : abbaye de *Senones* (aux Pces de Salm), *Dabo* (aux Ctes de Leiningen), *Drulingen* (aux Ctes de Nassau-Sarrebruck). XVIIIe s. colonisation des terres abandonnées ; sidérurgie à Hayange, cristalleries, faïenceries. **1790** division en Moselle, Meurthe, Meuse et Vosges. **1793** enclaves étrangères annexées. **1815** perte de Sarrelouis et de Sarrebruck. **1848** essor industriel. **1871** *traité de Francfort :* l'Allemagne annexe presque toute la Moselle et une grande partie de la Meurthe. Les Lorrains peuvent quitter la L. avant le 1-8-1872 et opter pour la nationalité française ; 20 % des Messins partent. Exploitation de la minette du bassin de Briey et du sel autour de St-Nicolas-de-Port. **1914-18** la guerre dévaste les régions agricoles de Verdun et Pont-à-Mousson, mais épargne les industries. **1918** redevient française. **1940-44** Moselle annexée de fait à l'Allemagne, plus de 100 000 francophones sont expulsés. **1944** Libération : *31-8* Verdun ; *15-9* Nancy ; *22-11* Metz. **1963** ralentissement de la production minière. **1966** *1er plan acier:* 15 000 suppressions d'emplois annoncées. **1968** *plan Bettencourt :* production de charbon réduite, fermetures de sites. **1970** De Wendel-Sidélor annonce 10 800 suppressions d'emplois. **1977** *2e plan acier :* 10 200 suppressions d'emplois annoncées. **1978**-*févr. plan Vosges :* aides aux activités traditionnelles, à l'investissement et au désenclavement. *-Août* groupe Boussac (5 000 salariés dans les Vosges) mis en règlement judiciaire. Agache-Willot le reprend. *-Déc. 3e plan acier :* Sacilor-Sollac annonce 8 500 suppressions d'emplois et Usinor 12 500. *-19-12* opération « Longwy ville morte », tensions sociales. **1979**-*12-1* Metz : 50 000 manifestants pour « défendre la L. ». *-17-3* la CGT lance, à Longwy, *Radio Lorraine Cœur d'acier. -23-3* marche sur Paris. **1982** *4e plan acier :* 7 700 suppressions d'emplois annoncées. *-Juin* manif. des ouvriers de Pompey à Paris. *-Déc.* Mauroy en L., manifestation. **1984** *plan de modernisation :* 2 pôles de conversion créés. *-18-3* grève des sidérurgistes. *-31-3* 8 500 suppressions d'emplois. *-Avril* Fabius annonce les mesures d'accompagnement. 3 députés PS démissionnent de leur groupe parlementaire. *-4-4* grève générale et manifestations à Metz et Nancy. *-13-4* grève générale et marche sur Paris.

☞ Le dernier Pce de Lorraine des branches françaises fut Charles IV, Eugène de Lorraine, Pce de Lambesc, † sans postérité 21-11-1825.

Barrois

958 Cté héréditaire de Bar érigé, donné au nouveau duc de Hte-Lorraine, Frédéric d'Ardenne. **1034** *Sophie* († 1093), héritière du Barrois, apporte le Cté en dot à *Louis de Montbéliard* († après 1065), seigneur de Pont-à-Mousson. **1301** *Henri III de Bar* (1297-1302), gendre d'Édouard Ier d'Angleterre, battu par Philippe le Bel, doit lui rendre hommage pour ses terres de l'ouest de la Meuse (« Barrois mouvant »). **1354** érigé en duché (accord entre Jean le Bon, roi de Fr., et Charles IV, roi de Luxembourg, empereur d'Allemagne), en faveur de **Robert** (1352-1411), gendre de Jean le Bon. **1415** *Édouard III de Bar* est tué à Azincourt, sans héritier. **Louis** († 1419), son frère, cardinal. **1419 René** de Guise († 1480), fils cadet de Louis II d'Anjou-Provence (roi titulaire de Naples, il a épousé Yolande d'Aragon, fille du roi Jean Ier d'Aragon et de Yolande, sœur d'Édouard III et de Louis le cardinal), désigné comme héritier du duché de Barrois. **1420** il épouse Isabelle († 1453), fille de Charles II de Lorraine et héritière du duché de L. **1431** les 2 duchés sont réunis. **1575** en épousant Louise de Vaudémont, nièce du duc de Bar-Lorraine, le roi Henri III renonce à l'hommage du « Barrois mouvant ».

Économie

■ **Population active** (au 1-1-1999). 808 225 (non-salariés 68 573 en 1997) dont : agriculture 22 876 (17 674) ; industrie 185 670 (5 349) ; construction 50 368 (6 924) ; commerce 104 791 ; services 440 520 (38 626). **Chômage :** 8,9 % (en mars 2000) ; 80 460 demandeurs d'emploi (en févr. 2000).

■ **Échanges** (en milliards de F, 2000). **Import. :** 98,57 *dont* équipements électriques et électroniques 14,55, produits de l'ind. auto 13,9, métaux et prod. métalliques 13,4, combustibles et carburants 10,68, équipements mécaniques 10,05, prod. chimiques en caoutchouc ou en plastique 8,65, équip. du foyer 6,09, prod. en bois, papier ou carton 5,02, des ind. agricoles et alimentaires 4,27, composants électriques et électroniques 3,13 ; *de* All. 27,2, Russie 9,41, Ital. 8,37, Belg. 6,18, Chine 4,97, P.-Bas 3,84. **Export. :** 114,19 *dont* métaux et prod. métalliques 18,85, produits de l'ind. auto 18,01, chimiques en caoutchouc ou en plastique 12,1, équipements électriques et électroniques 11,84, eau, gaz, électricité 11,24, équip. mécaniques 9,85, prod. en bois, papier ou carton 7,9, des ind. agricoles et alimentaires 4,42, agricoles, sylvicoles et piscicoles 3,67, composants électriques et électroniques 2,61 ; *vers* All. 34,63, Ital. 10,46, Suisse 9,56, Belg. 9,04, G.-B. 8,73, Esp. 7,15.

■ **Agriculture** (en 2000). **Terres** (en milliers d'ha) : 2 366,9 dont *SAU* 1 181 [t. arables 688,5 (dont céréales 392,3 ; fourrages annuels 72,6 ; oléagineux 137,1 dont colza 134,8) ; jardins 10 ; herbe 488,8] ; *bois* 866,4 ; *terres agricoles non cultivées* 61,8 ; *étangs* en rapport 5,4 ; *autres terres non agricoles* 247,7. **Productions : végétale** (en milliers de t) : céréales 2 647,9 dont blé tendre 1 622,7 ; orge et escourgeon 843,5 ; maïs-grain 137 ; avoine 20,7 ; oléagineux 397 (dont colza 391,8) ; maïs fourrager 837,3 ; **animale** (en milliers de têtes) : bovins 997,2 (dont vaches laitières 232,3) ; ovins 278,1 ; porcins 107,9. *Production de viande* (en milliers de t ; 1997) : gros bovins 73,8 ; porcs 12,2. *Lait* (de vache, 2000) : 12 559 459 hl. **Divers :** mirabelles 10 075 t, brie de Meaux 4 511 t, vins 17 100 hl.

■ **Tourisme** (en 2000). **Hébergement :** *hôtels de tourisme* 463 (12 994 lits) ; *résidences de tourisme* 2 (305 pl.) ; *campings* 153 (16 519 pl.) ; *auberges de jeunesse* 8 (525 lits) ; *villages de vacances* 6 (2 044 pl.) ; *gîtes ruraux* 900 ; *d'étape* 27 ; *d'enfants* 11 ; *chambres d'hôtes* 344 ; *résidences secondaires* 33 119. **Thermalisme** (nombre de curistes) : 25 859 dont *Amnéville* 13 405, *Plombières-les-Bains* 4 312, *Vittel* 4 006, *Bains-les-Bains* 3 479, *Contrexéville* 657.

☞ **En 1997 :** *1er producteur :* charbon, coton, mirabelles. *2e :* acier. *3e :* colza. *4e :* papier-carton.

Départements

Voir légende p. 811.

Nota. - (1) En 1998.

■ **Meurthe-et-Moselle (54)** 5 241 km² (130 × 7 à 103 km). 594 communes. **Altitudes :** *max.* Roc de Taurupt 732 m, *min.* Arnaville 171 m. **Population :** *1801 :* 289 039 hab., *56 :* 364 623 ; *1911 :* 564 730 ; *21 :* 503 810 ; *46 :* 528 805 ; *54 :* 607 022 ; *62 :* 678 078 ; *75 :* 722 588 ; *82 :* 716 846 ; *90 :* 711 822 (dont étrangers 42 762 dont Algériens 8 664, Italiens 8 460, Marocains 7 072, Portugais 5 736) ; *1999 :* 713 779. **D.** 136. **Cantons :** 44. **Communes :** 594.

Régions naturelles : Pays-Haut 55 489 ha : plateau, céréales. **Plaine de Woëvre** (altitude moy. 250 m) 23 387 ha : céréales, vergers, élevage. **Côtes de Meuse** (de 400 m à 434 m d'alt.) 8 579 ha et **plateau de Haye** 31 765 ha (de 300 m à 491 m d'alt.) : céréales, vergers, vignes. **Plateau lorrain** (Saulnois, Xaintois, Vermois, région de la Seille) 147 625 ha : élevage, céréales, vergers. **Montagne vosgienne** 4 150 ha : forêt. **Bassins industriels :** *Nancy* (métallurgie, chimie, agro-alimentaire) ; *Longwy* (métallurgie) ; *Briey* (plateau de 270 m à 390 m d'alt.) : mine de fer (à Mairy-Mainville), automobile.

Chef-lieu : NANCY. **Population :** *1836 :* 31 445 ; *72 :* 52 978 ; *1901 :* 102 559 ; *36 :* 121 301 ; *62 :* 130 893 ; *75 :* 107 902 ; *82 :* 96 317 ; *90 :* 102 410 ; *99 :* 103 257. Ancienne capitale des ducs de Lorraine. **Monuments :** place Stanislas (*1752-55,* architectes Boffrand et Emmanuel Héré, grilles de Jean Lamour, ancienne place Royale et de l'Hémicycle 124 × 106 m), palais ducal (1502-44) ; place de la Carrière, palais du Gouvernement ; place d'Alliance (1750 de Héré, fontaine de Paul-Louis Cyfflé) ; cathédrale (1742 de Boffrand) ; église St-Sébastien (1720-31) ; N.-D.-de-Bon-Secours (1732) ; église des Cordeliers. **Musées** (vis. en 1999) : historique lorrain et des Arts et Traditions populaires (69 026 vis.), de l'École de Nancy (mobilier ; 151 432 vis.), des Beaux-Arts (fondé 1801, 294 415 vis.), de l'Automobile, Communication. **Divers :** la plus longue façade de France : 400 m (immeuble du Haut-du-Lièvre). Technopole de Brabois ; salle « Zénith » : scène réversible et amphithéâtre de plein air (25 000 places). *Zoo* et aquarium tropical (60 211 vis.). *Jardin* botanique. *Centre commercial. Bourse. Industries :* mécanique, textile, cristallerie, chaussures, alimentaire. Unité urbaine (37 communes) : 331 363 hab., dont **Bouxières-aux-Dames** 4 124. **Champigneulles** 7 172 ; bières. **Dombasle-sur-Meurthe** 8 949. **Essey-lès-Nancy** 7 287 ; église (XIe-XVIe s.), château. **Frouard** 6 999. **Heillecourt** 6 185. **Jarville-la-Malgrange** 9 744 ; métall., mécanique ; musée du Fer. **Laneuveville-devant-Nancy** 5 083 ; château (761 vis.). **Laxou** 15 274 ; centre de psychothérapie. **Ludres** 6 821. **Malzéville** 7 711. **Maxéville** 8 909 ; ferme St-Jacques ; Asa SA, semi-conducteurs. **Pompey** 5 228. **St-Max** 10 939. **St-Nicolas-de-Port** 7 500 ; textiles ; musée de la Bière, basilique (la Grande Église : nef 82 m de haut, piliers 28 m, les plus hauts de France, tours 85 et 87 m ; 3 000 vis. ¹). **Saulxures-lès-Nancy** 4 042. **Seichamps** 5 475 ; bonneterie. **Tomblaine** 7 851 ; *aéroport Nancy-Essey* ; musée de l'Aéronautique (fermé) ; chartreuse de Bosserville (à Art-sur-Meurthe). **Vandœuvre-lès-Nancy** 32 044 ; complexe hospitalier, d'activité tertiaire de Brabois. **Varangéville** 4 241 ; seule mine de sel gemme en activité (260 000 t en 1999) ; église St-Gorgon. **Villers-lès-Nancy** 15 694 ; jardin botanique. Aire urbaine : 410 508 hab.

Sous-préfectures : Briey 4 846 hab. ; sous-traitance auto, mécanique ; église (XVIIIe s.), Cité radieuse de Le Corbusier. **Lunéville** 20 711 hab. ¹ [*1836* : 12 798 ; *1901* : 23 269 ; *31* : 24 668] (aggl. 23 626 ¹) ; château le « Petit Versailles » (1702-06), musée du château (12 503 vis. en 1999), église St-Jacques (XVIIIe s.), synagogue (XVIIIe s.), musée du Vélo et de la Moto, musée de la Broderie perlée (5 000 vis. en 1999) ; faïenceries, électronique, mécanique. **Toul** 16 582 hab. (*1836* : 7 333 ; *1901* : 12 287 ; *82* : 17 406) ; pneus, imprimerie, fonderie ; cathédrale St-Étienne (XIIIe-XVe s., 2 tours de 70 m), église St-Gengoult (XIIIe-XVe s.), cloître, remparts, musée 7 085 vis. en 1999 [aggl. 22 639 ¹, dont **Écrouves** 3 378 ; église (XIIe-XIIIe s.)].

Autres villes (vis. en 1999) : Auboué 2 807 hab. **Baccarat** 4 746 hab. (aggl. 5 524 ¹) ; cristallerie (musée, 46 058 vis.), église St-Rémy (vitraux en cristal). **Blainville-sur-l'Eau** 3 790 hab. (aggl. 6 532 ¹, dont *Damelevières* 2 810). **Blâmont** 1 261 hab. ; château médiéval (vestiges). **Cirey-sur-Vezouze** 1 794 hab. **Cons-la-Grandville** 608 hab. ; château (XIe s. et Renaissance). **Deneuvre** 571 hab. ; église St-Rémy, Musée archéologique [sanctuaire gallo-romain lié au culte de l'eau, unique en Europe et les Sources d'Hercule (6 585 vis.)], remparts du Moyen Âge. **Dieulouard** 4 767 hab. ; château (XIe-XIIe s.). **Embermenil** 215 hab. ; maison de l'abbé Grégoire (433 vis.). **Étreval** 52 hab. ; château (XVIe s.). **Flavigny-sur-Moselle** 1 663 hab. ; prieuré bénédictin. **Fléville-devant-Nancy** 2 624 hab. ; château (1533, 7 500 vis.), donjon de 25 m (vers 1320). **Gerbéviller** 1 402 hab. ; château (1737). **Gondreville** 2 215 hab. ; maison des Dîmes. **Haroué** 433 hab. ; château de *Craon* (1720, Boffrand). **Haucourt-Moulaine** 2 987 hab. **Homécourt** 6 817 hab. **Jarny** 8 377 hab. ; industries. **Jaulny** 220 hab. ; château (XIIe s., restauré XVe et XVIIIe s.). **Jœuf** 7 453 hab. ; sidérurgie. **Lenoncourt** 433 hab. ; château (XIVe-XVIIIe s.). **Liverdun** 6 390 hab. ; château, égl. St-Pierre (XVIIe s.). **Longuyon** 5 876 hab. ; collégiale Ste-Agathe. **Longwy** 14 521 hab. ; métallurgie, faïence ; forts de Vauban (assiégés 6 fois de 1792 à 1940), Musée municipal (11 462 vis. ¹) [aggl. 41 300 hab. ¹, dont *Herserange* 4 327 ; faïenceries. *Mont-St-Martin* 8 241 ; église (XIIe s.). *Réhon* 3 200]. **Magnières** 313 hab. ; draisines (30 000 vis. en 1997). **Moyen** 502 hab. ; château « Qui Qu'en Grogne » (1444, 5 000 vis.), Musée agricole. **Neuves-Maisons** 6 849 hab. (aggl. 15 462 ¹). **Pagny-sur-Moselle** 4 078 hab. **Piennes** 2 416 hab. (aggl. 4 439 ¹). **Pont-à-Mousson** 14 592 hab. (*1836* : 7 261 ; *1936* : 11 347) ; musée « Au fil du Papier » (9 670 vis.) ; fonderies ; abbaye des *Prémontrés* (XVIIIe s., 48 500 vis., centre culturel), églises St-Martin et St-Laurent, château de *Mousson* (ruines), place Duroc [aggl. 23 677 hab. ¹, dont *Blénod-lès-Pont-à-Mousson* 4 899 ; petite centrale thermique (1 million de kWh)]. **Prény** 340 hab. ; château (ruines, XIIIe s.). **Rosières-aux-Salines** 2 839 hab. ; château (beffroi 1720), haras. **Saxon-Sion** 80 hab. ; basilique N.-D., pèlerinage, Musée archéologique et missionnaire. **St-Clément** 833 hab. ; faïencerie. **Thiaucourt** 1 039 hab. ; Musée militaire (1914-18), cimetière américain de *Saint-Mihiel* (13 400 vis.). **Thorey-Lyautey** 118 hab. ; château (XVIIIe s.-1920, Lyautey y mourut en 1934 ; 9 334 vis. ¹), musée du Scoutisme. **Tucquegnieux** 2 726 hab. **Vannes-le-Châtel** 515 hab. ; cristalleries de Sèvres et Daum. **Vaudémont** 63 hab. ; château (XIe s.), tour Brunehaut, « Colline Inspirée » de Maurice Barrès, lanterne des morts, *Signal de Vaudémont :* monument à Barrès. **Vézelise** 1 336 hab. ; halles 1601 ; hôtel de ville (XVIIIe s.). **Villerupt** 9 686 hab. **Villey-le-Sec** 340 hab. ; fortifications. **Vroncourt** 130 hab. ; musée de la Machine agricole.

Divers : parcs : *naturel régional de Lorraine* (204 000 ha dont 40 000 en M.-et-M. ; voir p. 208 a), *de la forêt de Haye* (70 000 vis. en 1999 sur le site). **Lacs :** *Messein* (30 ha), *Parroy-Bures* (100 ha), *Pierre-Percée* (2 lacs, 270 ha, 250 000 vis. ¹, *lac de la Plaine,* 39 ha), *Villey-le-Sec* (8 ha). *Moselle* boucles à *Aingeray, St-Jean-lès-Longuyon* (vallée de l'Othain 35 ha), *Villey-le-Sec.* **Cimetières :** *Andilly* allemand (1940-44 : 33 124 tombes), *Thiaucourt* américain et allemand (1914-18 : 4 152 tombes). **Ligne Maginot** à Fermont (7 blocs sur 8 km et 27 ha, à 30 m sous terre, musée, 19 096 vis. en 1999).

■ **Meuse (55)** 6 216 km² (133 × 75 km). **Altitude :** *max.* 451 m à Vaudeville-le-Haut, *min.* 115 m (sortie de la Saulx du département). **Population :** *1801* : 269 522 hab. ; *51* :

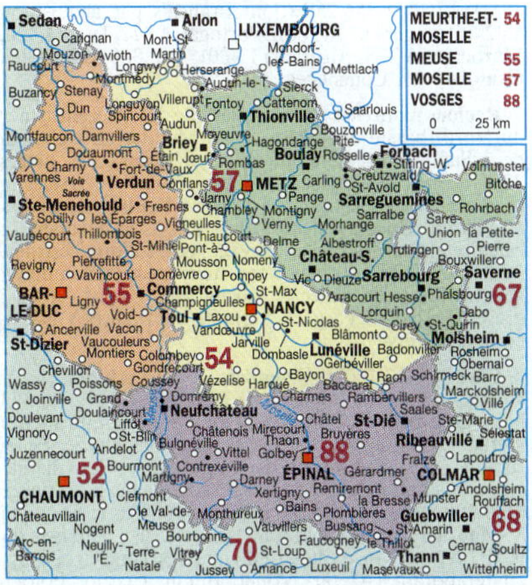

328 657 ; *1911* : 277 955 ; *46* : 188 786 ; *75* : 203 904 ; *82* : 200 101 ; *90* : 196 344 (dont étrangers 6 600 dont Turcs 1 184, Italiens 972, Portugais 940, Marocains 892) ; *99* : 192 198. **D.** 31. **Cantons :** 31. **Communes :** 498 dont 5 inhabitées (« Zone rouge »).

Régions naturelles (entre parenthèses *SAU* en ha) : **Barrois** 348 724 ha (179 372) : céréales et forêts. **Vallée de la Meuse :** bovins. **Woëvre et côtes de Meuse** 127 169 ha (72 963), alt. max. 412 m, élevage, forêts, céréales, mirabelles, vignoble. **Argonne** 83 514 ha (47 187), alt. max. 451 m, forêts, élevage. **Pays de Montmédy** 43 992 ha (27 144), élevage.

☞ *1er producteur :* brie de Meaux (65 % de la production nationale).

Chef-lieu : BAR-LE-DUC. Superficie : 2 361,8 ha. **Altitude :** *max.* 239 m, *min.* 189 m. **Population :** *1891* : 18 761 ; *1901* : 17 693 ; *46* : 15 460 ; *75* : 19 288 ; *82* : 18 471 ; *90* : 17 545 ; *99* : 16 873 (aggl. 21 388 ¹). **Industries :** textile, habillement, laine, mécanique, imprimeries, placage bois, confiture de groseilles ; centre de découpe par jets d'eau, plate-forme hautes pressions ; usinage des métaux ; laboratoire agroalimentaire. **Monuments :** églises St-Étienne et St-Antoine (XIVe s.), N.-D. (XIIIe s.), château de *Marbeaumont,* pressoir (XVe s.), maison de Bernanos, ville haute Renaissance, tour de l'horloge. **Musée** barrois (11 820 vis. en 1999). **Natifs :** Poincaré (1860-1934 ; Pt de la République) ; maréchaux Exelmans (1775-1852), Oudinot (1767-1845).

Sous-préfectures : Commercy 6 252 hab. ; tréfileries, 1er producteur de madeleines ; château Stanislas, musée de la Céramique et des Ivoires (3 382 vis. ¹). **Verdun** 3 103 ha, 20 753 hab. (*vers 950* : 13 000 ; *1803* : 9 221 ; *1936* : 19 460 ; *68* : 22 013 ; *82* : 21 516) ; distribution d'épicerie à domicile, chaux, chimie, imprimeries, dragées (Braquier, 5 801 vis.), lactosérums, télécom., électronique ; cathédrale Notre-Dame (crypte XIe s., cloître XVIe s.). *Musées* (vis. en 1999) : de la Guerre (124 307 vis. ¹) ; de la Princerie (5 726 vis.) ; tour Chaussée (1380) ; citadelle souterraine (124 307 vis.) ; hôtel de ville (1623), forts (XIXe s.), Châtel (XIIe-XVe s.), St-Paul (1877), monument de la Victoire (1914-18), palais épiscopal (XIe et XVIe s.), porte en bronze (Rodin), Centre mondial de la paix (14 680 vis.) [aggl. 26 711 hab. ¹ dont **Belleville-sur-Meuse** 3 137, **Thierville-sur-Meuse** 2 709].

Autres villes (vis. en 1999) : **Ancerville** 2 726 hab. ; mécanique, tubes. **Avioth** 115 hab. ; basilique (XIIe s.), tour la Recevresse (XVe s.). **Beaulieu-en-Argonne** 30 hab. ; abbaye, pressoir (XIIIe s.). **Bonnet** 198 hab. ; église fortifiée (XIIIe-XIVe s.). **Bouligny** 2 813 hab. (aggl. 3 656 ¹). **Clermont-en-Argonne** 1 767 hab. ; machines-outils ; chapelle Ste-Anne (XVIe s.). **Cousances-les-Forges** 1 716 hab. ; articles sanitaires, acrylique. **Damvillers** 620 hab. ; égl. St-Maurice (XIIe-XVIe s.). **Dieue-sur-Meuse** 1 415 hab. ; fromageries. **Dugny-sur-Meuse** 1 279 hab. ; église fortifiée (XIe s.). **Étain** 3 709 hab. (aggl. 3 884 ¹) ; poupées, chimie, métallurgie ; église (XIIe-XVIIe s.). **Fains-Véel** 2 290 hab. **Gondrecourt-le-Château** 1 377 hab. ; église (XVe s.), meubles, musée lorrain du Cheval (911 vis.). **Haironville** 571 hab. ; métallurgie ; château de *la Varenne* (1506). **Hannonville-sous-les-Côtes** 534 hab. ; maison des Arts et Traditions rurales (4 017 vis.). **Lachalade** 56 hab. ; abbaye (XIIe s.). **Le Bouchon-sur-Saulx** 219 hab. **Ligny-en-Barrois** 5 033 hab. ; optique (Essilor), instruments de mesure, meubles, autobus ; église N.-D. des Vertus, tour Valéran de Luxembourg (XIIe-XIVe s.), porte Dauphine. **Lisle-en-Rigaut** 532 hab. ; papeteries ; château de *Jean d'Heurs* (XVIIIe s.). **Louppy-sur-Loison** 122 hab. ; château d'*Imécourt* (XVIIe s.). **Marville** 532 hab. ; machines arts graphiques, électronique ; église gothique St-Nicolas, hôtels particuliers (XVe-XVIIe s.), cimetière. **Mauvages** 236 hab. ; tunnel du canal de la Marne au Rhin (4 886 m). **Montbras** 27 hab. ; château (Renaissance). **Mont-devant-Sassey** 125 hab. ; église (XIe-XVIIIe s.). **Montfaucon-d'Argonne** 314 hab. ; mémorial américain ; colonne dorique (haut. 57 m). **Montmédy** 1 990 hab. ; fromagerie, découpe des métaux ; chapelle (XIIe s.), citadelle de Charles Quint, remaniée par Vauban (XVIe-XVIIe s.), château de *Fresnois* ; *musées :* Jules-Bastien-Lepage, de la Fortification (21 290 vis.). **Mouzay** 755 hab. ; église (XIIe, XVIIIe s.), château de *Charmois.* **Nubécourt** 281 hab. ; église (XVIe s., gisants), sépulture du Pt Poincaré. **Rarécourt** 208 hab. ; château, musée de l'Art et de la Faïencerie. **Rembercourt-Sommaisne** 313 hab. ; église (XVe-XVIe s.). **Revigny-sur-Ornain** 3 660 hab. ; étirage d'acier, laminage et galvanisation, dépanneuses, véhicules de fourrière, textile ; église (XVIe s.). **Romagne-sous-Montfaucon** 165 hab. ; cimetière américain (52 ha, 14 256 vis.) ; croix de marbre blanc. **St-Mihiel** 4 977 hab. (aggl. 6 181 ¹) ; lunetterie, luminaire, mécanique, meubles, chimie ; palais de justice (Louis XIV), hôtel de ville (Louis XVI), abbatiale St-Michel et église St-Étienne, abbaye, maison de Ligier-Richier, musée départemental d'Art sacré (4 089 vis.), bibliothèque bénédictine (XVIIIe s.). **St-Pierrevillers** 140 hab. ; égl. fortifiée St-Remi (XIIIe s.). **Sampigny** 786 hab. ; musée Raymond-Poincaré (1 176 vis. ¹). **Sorcy-St-Martin** 953 hab. ; fromageries, pierre à chaux, meubles, chaises. **Stainville** 376 hab. ; château. **Stenay** 2 949 hab. (aggl. 3 641 ¹) ; papeteries, usinage de pièces en acier moulé ; *musées :* de la Bière (19 020 vis.). **Thillombois** 35 hab. ; château (XVIe s.). **Trémont-sur-Saulx** 610 hab. ; église (XIIIe-XVe s.). **Tronville-en-Barrois** 2 036 hab. (aggl. 2 556 ¹) ; textile synthétique, câbles mécaniques ; église fortifiée. **Troyon** 213 hab. ; fort (1879). **Varennes-en-Argonne** 691 hab. ; labo. d'allergènes ; musée d'Argonne (4 200 vis.), mémorial américain (soldats de Pennsylvanie), tour de l'Horloge. **Vaucouleurs** 2 289 hab. ; fonderie, confection ; musée Jeanne-d'Arc (2 145 vis.), vestiges château de *Baudricourt,* château de *Gombervaux* (XIVe s.), citadelle (XIe s.). **Velaines** 979 hab. ; transport frigorifique ; détergents ménagers et liquides techniques pour automobiles. **Vigneulles-lès-Hattonchâtel** 1 370 hab. ; fromagerie ; château (IXe s., 3 769 vis.), collégiale (XIVe s.), musée Louise-Cottin. **Ville-sur-Saulx** 305 hab. ; château (1533). **Ville-en-Woëvre** 157 hab. ; château (XVIe s.).

Divers : parc *naturel régional* de Lorraine (205 000 ha dont 67 600 ha dans la Meuse). **Lac** *Madine* à Heudicourt-sous-les-Côtes (1 100 ha).

Bataille de Verdun (21-2/15-12-1916) [vis. sur le site en 1999] : 9 villages ont disparu ; **ossuaire de Douaumont** [restes anonymes d'environ 130 000 soldats, cimetière militaire de 15 000 tombes, cimetières : *américain* (277 381 vis. ; Romagne-sous-Montfaucon, 20 000 tombes), *allemand* 55 000, *français* 80 000] ; champs de bataille : **forts de Vaux** (en 1916, pris par les Allemands le 7-6, repris par les Français le 2-11) [75 072 vis.] et **Douaumont** (en 1916, pris par les Allemands le 25-2, repris le 24-10) [116 530 vis.] ; **tranchée des Baïonnettes** (11/12/13-6-1916) [57 hommes du 137e régiment d'infanterie, prêts à partir pour l'attaque, sont ensevelis par le bombardement, seules leurs baïonnettes émergeront : épisode mis en doute ; tranchée d'abord connue sous le nom de « tranchée des Fusils » (fusils posés au bord de la tranchée, restés apparents malgré la terre remuée par le bombardement, ou placés là pour signaler une sépulture faite à la hâte) ; le 12-6-1916, le 137e était attaqué ; pourquoi aurait-il mis baïonnette au canon ? L'ennemi n'attaque pas tant qu'il bombarde et n'envoie pas ses soldats sous ses propres obus], **cote 304, Montfaucon** (monument commémoratif américain, tour 58 m), cimetière (52 ha, 14 256 tombes), butte de **Vauquois** (318 m), circuit des **Éparges, Montsec,** bois des **Caures, Mort-Homme, Voie sacrée** (nom donné par Maurice Barrès, route de Bar-le-Duc à Verdun) (Musée iconographique à *Souilly*) ; mémorial à Nixéville au moulin Brûlé ; **fort de Troyon** (1878-79) ; mémorial de **Fleury-devant-Douaumont** (141 559 vis.) ; galeries souterraines de la citadelle (6 km) ; crypte du monument de la Victoire.

■ **Moselle (57)** 6 216 km² (169 × 66 km). **Altitude :** *max.* 986 m (au Gross Mann, montagne vosgienne), *min.* 140 m (à Sierck-les-Bains, vallée de la Moselle). **Population :** *1801* : 397 217 hab. ; *51* : 525 593 ; *1911* : 655 211 ; *36* : 696 246 ; *46* : 622 145 ; *54* : 769 388 ; *62* : 919 412 ; *68* : 971 314 ; *75* : 1 006 373 ; *82* : 1 007 189 ; *90* : 1 011 302 (dont étrangers 87 799 dont Italiens 24 153, Algériens 18 445, Marocains 10 809, Turcs 10 680) ; *99* : 1 023 447. **D.** 165. **Cantons :** 51. **Communes :** 730.

Régions naturelles : montagne vosgienne 12 489 ha (3,6 % de la *SAU*) : alt. 500 à 980 m, flancs et sommets boisés, collines sous-vosgiennes (polyculture, élevage). **Plateau lorrain :** *sud* 151 007 ha (44,4 %) : alt. 200 à 400 m, élevage, céréales, colza, sel gemme (Saulnois). *Nord* 141 019 ha (42,1 %) : alt. 200 à 400 m, céréales, colza, élevage, pays de Bitche (parfois à + de 400 m, bois). **Pays-Haut** 18 554 ha (5,5 %) : alt. 300 à 400 m, céréales, colza, mines de fer, sidérurgie. **Warndt** 4 190 ha (1,2 %) : polyculture, élevage, charbon. **Vallée de la Moselle** 10 517 ha (3,2 %) : céréales, légumes, fruits, sidérurgie (Thionville).

Chef-lieu : METZ. Altitude : 175 m. **Superficie :** 4 122 ha. **Population :** *1552* : environ 60 000 ; *1696* : 22 000 ; *1813* : 14 102 ; *66* : 57 738 ; *1910* : 68 598 ; *21* : 62 311 ; *36* : 83 119 ; *46* : 70 105 ; *54* : 85 701 ; *75* : 111 869 ; *90* : 123 920 ; *99* : 122 687. **Monuments :** cathédrale St-Étienne [1220-1522 ; long. 123 m ; larg. grande nef : 15,60 m ; haut. intérieure 42 m, des tours de Mutte 90 m ; du chapitre 60 m ; surface des vitraux : 6 496 m² (verrières des transepts : 33,25 × 12,75 m = 424 m² × 2, soit les plus grandes du monde) ; superficie intérieure 3 500 m²] ; église St-Pierre-aux-Nonnains (IVe s., la plus ancienne de France) ; place St-Louis (XIIIe-XVe s.) ; porte des Allemands (XIIIe-XVe s.) ; chapelle des Templiers (1180-1220) ; place d'Armes avec l'hôtel de ville (XVIIIe s.) ; place de la Comédie avec le théâtre (XVIIIe s.) ; arsenal (XIXe s., rénové par Ricardo Bofill) ; quartier impérial avec la gare néo-romane (début du XXe s.). **Musées :** la Cour-d'Or (archéologie, architecture et beaux-arts) englobant thermes gallo-romains et grenier à blé Chévremont (XVe s. ; 46 027 vis. ¹). **Industries :** métallurgie, auto (Peugeot et Citroën), malterie. *Port* céréalier (1er port fluvial de France : 2 835 832 t en 1993). **Universités :** 25 000 étudiants. **Grandes écoles :**

Supélec, ESTP, Inria, Georgia Tech, Ensam. **Institut européen d'écologie.** Unité urbaine (47 communes) : 322 526 hab., dont **Longeville-lès-Metz** 4 012, **Marly** 10 137, **Montigny-lès-Metz** 23 331, **Moulins-lès-Metz** 4 663, **Woippy** 13 747. Aire urbaine : 429 388 hab. 2 arrondissements : **Metz-ville** (4 cantons, 1 commune), et **Metz-campagne** (9 cantons, 67 communes).

☞ En 1870, la Moselle avait 3 sous-préfectures : Briey, Thionville, Sarreguemines.

Sous-préfectures : Boulay-Moselle 4 354 hab. ; orgues ; église St-Étienne (1782), chapelle Ste-Croix (XVIe s.). **Château-Salins** 2 469 hab. ; église St-Jean-Baptiste (XIXe s.). **Forbach** 22 783 hab. (*1802 :* 1 769, *1936 :* 12 167) [aggl. 98 758 [1], dont **Behren-lès-Forbach** 10 073. **Freyming-Merlebach** 14 450 ; musée. **Hombourg-Haut** 9 486. **Petite-Rosselle** 6 785. **Stiring-Wendel** 13 129 ; houille] ; château (XIIe s.), chapelle (XIIIe s., colline de Schlossberg). **Sarrebourg** 12 984 hab. [*1800 :* 1 503 ; *1900 :* 5 058 ; *36 :* 9 561 ; *82 :* 12 699] (aggl. 16 464 [1]) ; verrerie, chaussures ; musée d'Archéologie, chapelle des Cordeliers (XIIIe s., vitraux et tapisseries de Chagall, 11 596 vis. en 1999), collégiale St-Étienne (XIIIe-XVIIIe s.), musée du Pays (2 445 vis.). **Sarreguemines** 23 202 hab. (*1801 :* 2 529 ; *1920 :* 14 680 ; *82 :* 24 719) [aggl. 27 306 [1]] ; faïences, pneus ; musée de la Faïence (16 015 vis. en 1999). **Thionville** 4 986 ha, 40 785 hab. (*1901 :* 5 438 ; *36 :* 18 934 ; *54 :* 23 054 ; *82 :* 40 573) ; chimie, Sollac (aimant : 4,5 t, soulève jusqu'à 20 t) ; musée de la Tour-aux-Puces (ou aux-Puits ; 4 369 vis. en 1999) ; église St-Maximin (XVIIIe s.), château de *La Grange* (1714 ; 4 620 vis. en 1999), fort de Guentrange [Unité urbaine (12 communes) : 130 480 hab., dont **Algrange** 6 198. **Fameck** 12 635. **Florange** 10 778. **Hayange** 15 226. **Nilvange** 5 286. **Uckange** 7 905. **Vic-sur-Seille** 1 441 ; château, hôtel de la Monnaie (XVe s.), couvent des Carmes (XVIIe s.), patrie de Georges de La Tour. **Yutz** 14 687]. Aire urbaine : 156 433 hab.

Autres villes (vis. en 1999) : **Amnéville** 9 314 hab. ; Thermapolis (433 347 vis.). **Ars-sur-Moselle** 5 001 hab. ; aqueduc romain. **Arzviller** 516 hab. ; plan incliné, ascenseur à péniches remplaçant 17 écluses (163 761 vis.). **Audun-le-Tiche** 5 757 hab. ; nécropole mérovingienne, musée. **Bitche** 5 495 hab. ; citadelle (fortifications de Vauban) et musée de la Citadelle (76 141 vis.). **Bliesbrück** 985 hab. ; vestiges gallo-romains, thermes (25 039 vis.). **Boulay-Moselle** 4 354 hab. ; manufacture d'orgues (Haerpfer) ; église (1782), chapelle (XVIe s.). **Bouzonville** 4 116 hab. (aggl. 4 678 [1]) ; église Ste-Croix (XIe-XIVe s.). **Creutzwald** 14 360 hab. (aggl. 18 849 [1]) ; houille. **Dieuze** 3 541 hab. ; anciennes salines royales. **Farébersviller** 6 876 hab. (aggl. 8 894 [1]) ; église St-Jean-Baptiste (1767). **Faulquemont** 5 478 hab. (aggl. 10 028 [1]) ; église St-Vincent (XVIIIe s.). **Fénétrange** 823 hab. ; village médiéval, château (XVIe-XVIIIe s.), collégiale St-Remi (1444), musée des ATP. **Freistroff** 859 hab. ; château de *St-Sixte* (XIIIe-XVIe s.). **Gravelotte** 652 hab. ; musée de la Guerre de 1870. **Gorze** 1 392 hab. ; aqueduc romain, palais abbatial (XVIIe-XVIIIe s.). **Hagondange** 8 675 hab. (*1910 :* 548 ; *31 :* 6 424), de 146 à 202 m d'alt. **Hettange-Grande** 6 321 hab. ; ouvrage de la ligne Maginot. **Longeville-lès-St-Avold** 3 750 hab. **Luttange** 752 hab. ; château (XIVe-XVIIIe s.). **Maizières-lès-Metz** 9 344 hab. ; parc *Walabi-Schtroumpf* (365 000 vis. en 1997). **Manderen** 383 hab. ; château de *Mensberg* dit *de Malbrouck* (85 000 vis.). **Marsal** 289 hab. ; sel ; musée du Sel (9 562 vis.), collégiale St-Léger, fortifications de Vauban. **Meisenthal** 766 hab. ; maison du Verre et du Cristal (14 851 vis.), pierre des Douze-Apôtres. **Morhange** 4 050 hab. (aggl. 5 030 [1]) ; église St-Pierre-et-St-Paul (XVe s.). **Neufchef** 2 483 hab. ; musée des Mines de fer (25 958 vis.). **Niderviller** 1 069 hab. ; faïence. **Pange** 781 hab. ; château (XVIIIe s., 3 600 vis.). **Phalsbourg** 4 498 hab. ; musée Erckmann-Chatrian (3 030 vis.). **Phillippsbourg** 531 hab. ; château de *Falkenstein* (XIIe s.), vestiges des châteaux de *Helfenstein* et *Rothenburg*. **Rhodes** 56 hab. ; parc animalier de Ste-Croix (100 040 vis.). **Rodemack** 804 hab. ; village médiéval : château, remparts (14 974 vis.), jardin. **Rombas** 10 743 hab. **St-Avold** 16 906 hab. ; basilique Notre-Dame, abbatiale St-Nabor, cimetière américain (aggl. 26 962 [1], dont *Folschviller* 4 635). **St-Louis-lès-Bitche** 634 hab. ; cristallerie St-Louis. **Scy-Chazelles** 2 482 hab. ; musée Robert-Schuman. **Serémange-Erzange** 4 035 hab. **Sierck-les-Bains** 1 872 hab. ; château (15 794 vis.), église Notre-Dame (XVe s.). **Silligny** 351 hab. ; église St-Martin (fin XVIe s., fresques). **Soucht** 1 188 hab. ; musée du Sabotier. **Walscheid** 1 621 hab. ; promontoire St-Léon.

Divers (vis. en 1999) : **parcs naturels régionaux** *de Lorraine* (204 000 ha, Moselle) ; rocher du Dobo (59 000 vis.), triangle Vic-sur-Seille, côte St-Jean, massif forestier de Bride et Koecking, forêt de Rechicourt, *des Vosges du Nord :* 120 000 ha (Moselle 47 000, Bas-Rhin 77 000) ; 50 % en forêts. **Étangs :** 130 dont la *Mutche* à Morhange 160 ha (prof. 7 m), *Gondrexange* 650 ha (5,50 m), *Lindre* 620 ha (3,50 m), *le Bischwald* à Bistroff 210 ha (3,50 à 4 m), *le Stock* 750 ha (3 m), *Réchicourt* 40 ha (3 m, à l'origine 161 ha, asséchés). **Plans d'eau** de la ligne *Maginot* ou de *Puttelange-aux-Lacs* (Diffembach, Welschoff, Marais, Hirbach, Hoste-Haut, Hoste-Bas) soit 290 ha (3,50 à 9,50 m) ; *d'Olgy* et du *Saulcy sur la Moselle* près de Metz. **Ligne Maginot :** fort du *Hackenberg* à Veckring (35 839 vis.), ouvrage du *Immerhof* (Hettange), du *Simserhof* à Bitche (le « Légeret »), fort *Casso* à Rohrbach, de *Bambesch* à Bambiderstroff. **Autoroute urbaine** la plus longue de Fr. (Thionville-Metz-Nancy, 100 km sans péage).

■ **Vosges (88)** 5 874 km² (40 × 132 km). **Altitudes :** *max.* Le Hohneck (1 362 m), *min.* 233 (sortie de la Saône). **Population :** *1801 :* 293 474 hab. ; *51 :* 406 518 ; *1911 :* 433 914 ; *36 :* 376 926 ; *46 :* 342 315 ; *75 :* 397 957 ; *82 :* 395 769 ; *90 :* 386 258 (dont Français par acquisition 5 424, étrangers 17 749 dont Portugais 4 972, Turcs 3 428, Marocains 3 228, Algériens 1 400) ; *99 :* 380 952. **D.** 65. **Cantons :** 31. **Communes :** 515.

Régions naturelles : ligne de partage des eaux entre mer du Nord (bassin de la Moselle) et Méditerranée (bassin de la Saône), forêt 278 000 ha (dont sapins 23 %, hêtres 22 %, chênes 19 %, épicéas 21 %, divers 15 %), 120 scieries (870 emplois), terrains agricoles 247 000 ha, divers 65 000 ha. **Ouest**, *plateau lorrain* (53 % de la superf.) : calcaire et marnes irisées, élevage, polyculture, céréales. **Sud**, *Vôge* (11 %) : plateau forestier, gréseux, sommet à 450 m, fonds de vallée à 350 m. **Est**, *Vosges* (36 %) : gréseuses (basses Vosges) et granitiques (hautes Vosges), élevage, forêts.

Chef-lieu : ÉPINAL. Superficie 5 935 ha. **Altitude :** *max.* 450 m, *min.* 325 m. **Population :** *1990 :* 36 732 ; *99 :* 35 373 hab. **Industries :** BTP, coton, bonneterie, imprimerie, métallurgie, imagerie fondée 1796 par Jean-Charles Pellerin (1756-1836), diffusion par colporteurs, « les Chamagnons », la plupart originaires de Chamagne ; écomusée (200 000 vis. en 1999). **Monuments :** château ; basilique St-Maurice (XIe-XVe s.), murailles (XIIIe-XVIIe s.), maison du bailli (XVIe s.). **Musée** départemental d'Art ancien et d'Art contemporain : César, Vonet, Buren, Ceccio, Poirier (22 407 vis. [1]). Agglomération : 62 140 hab. [1], dont **Golbey** 7 814.

Sous-préfectures : Neufchâteau 7 533 hab. ; meubles, agroalimentaire ; église St-Christophe (voûte à 12 clefs pendantes), église St-Nicolas. **St-Dié** 22 569 hab. ; textile, métallurgie, électro-mécanique, plastique, sous-traitance auto, imprimerie, tannerie ; cloître (XIIe-XIVe s.), chapelle St-Roch (XIVe s.), cathédrale de grès rouge, musée (en 1507 y fut éditée *Cosmographiae introductio* où le mot « Amérique » était pour la 1re fois imprimé), camp celtique de la Bure, tour de la Liberté (1990 ; 36 m) ; musée Pierre-Noël (25 459 vis. en 1999) ; ville natale de Jules Ferry.

Autres villes (vis. en 1999) : **Anould** 2 992 hab. ; papeterie. **Arches** 1 679 hab. ; chimie, agroalimentaire, papeterie. **Autigny-la-Tour** 161 hab. ; château (XVIIIe s.). **Bains-les-Bains** 1 415 hab. ; châteaux du *Châtelet,* du *Chesnois* (XIXe s.), égl. St-Colomban ; thermalisme (3 479 curistes en 2000) ; tréfileries. **Basse-sur-le-Rupt** (600 à 1 060 m d'alt.) 819 hab. **Beaufremont** 77 hab. ; château (18 tours et 2 enceintes couvrant 4,5 ha, XIIe s.). **Bruyères** 3 362 hab. ; confection, sous-traitance auto. **Bussang** 1 777 hab. ; ski, théâtre du Peuple (créé 1895 par Maurice Pottecher), source de la Moselle ; métaux. **Celles-sur-Plaine** 840 hab. ; lac de Pierre-Percée ; lampes ; musée de l'Histoire des armes de guerre, Écomusée 6 000 vis. **Chamagne** 416 hab. ; maison natale du peintre Claude Gellée dit le Lorrain (1600-82, 7 000 vis.). **Champ-le-Duc** 491 hab. ; église (XIe s.). **Charmes** 4 665 hab. ; confection ; ville natale de Maurice Barrès. **Châtel-sur-Moselle** 1 659 hab. ; forteresse (XIIe-XVe s., 20 000 vis. [1]). **Châtenois** 1 906 hab. ; église (XVIIIe s.). **Châtillon-sur-Saône** 179 hab. ; hôtels (XVIe-XVIIe s.) ; village Renaissance ; musée (5 201 vis.). **Cheniménil** 1 231 hab. ; filature, confection. **Contrexéville** 3 693 hab. ; thermalisme (5 400 forfaits thermaux [1]), eau minérale, casino. **Darney** 1 338 hab. ; confection ; couverts ; lieu du rassemblement des volontaires tchèques et slovaques contre l'Autriche en 1918 ; Musée franco-tchèque et slovaque, château (XVIIIe s.). **Dinozé** 464 hab. ; construction métallique ; cimetière militaire américain (46 100 vis.). **Docelles** 1 011 hab. ; papeterie. **Dommartin-sur-Vraine** 281 hab. ; château (XVIe s.). **Domrémy-la-Pucelle** 167 hab. ; maison natale de Jeanne d'Arc (54 332 vis.), basilique du Bois-Chenu (XIXe s.), église (XVe s.). **Éloyes** 3 256 hab. ; construction métallique ; agroalimentaire, toner pour photocopieuses ; musée d'Archéologie. **Étival-Clairfontaine** 2 401 hab. ; papeterie ; abbaye (XIIe s.), ferme-musée (2 585 vis.). **Fontenoy-le-Château** 665 hab. ; église (XVe-XVIe s.), musée de la Broderie. **Fraize** 2 990 hab. ; maisons préfabriquées. **Frebécourt** 334 hab. ; château de *Bourlemont* (XIIe-XVIIIe s.). **Fresse-sur-Moselle** 2 176 hab. ; charpentes, BTP, textile, plasturgie. **Gelvécourt-et-Adompt** 88 hab. ; maison forte (XIVe-XVIe s.). **Gérardmer** (670 m) 8 845 hab. ; bois, textile, tourisme, ski, école hôtelière, sous-traitance auto ; musée de la Forêt, casino, festival de cinéma « Fantastic'arts » (créé 1994). **Gironcourt-sur-Vraine** 931 hab. ; verrerie ; châteaux de *Lavaux* (XVIe s.), de *Peschard* (vestiges, XVIIIe s.). **Golbey** 7 814 hab. ; papeterie, métallurgie, agroalimentaire, textile. **Grand** 509 hab. ; vestiges gallo-romains (amphithéâtre 80 apr. J.-C., 17 000 places, 149,50 m ; 224 m² de mosaïques dégagées en 1883 ; 21 461 vis.), musée (22 965 vis.). **Granges-sur-Vologne** 2 449 hab. ; textile. **Harchéchamp** 110 hab. ; château (XVIe s.). **Isches** 198 hab. ; château d'*Harcourt*. **Jeanménil** 1 083 hab. ; poterie ; parc d'attraction. **Jeuxey** 688 hab. ; château de *Failloux* (XVIIIe s.). **La Bresse** 4 928 hab. ; ski, câbles électriques, travaux de précision, linge, menuiserie, aluminium, chaussures (la Sabotière). **Lamarche** 1 159 hab. ; château de *la Trinité* (XVIIIe s.), manoir de *Romain-aux-Bois*. **Le Thillot** 3 945 hab. (aggl. 13 875 [1]) ; tannerie, tissage ; anciennes mines du duc de Lorraine. Les Hautes Mynes (14 192 vis.). **Le Tholy** 1 556 hab. ; fromagerie. **Le Val-d'Ajol** 4 452 hab. ; articles ménagers, scierie, textile, sous-traitance auto ; ermitage d'*Engibalde* (XIe s.). **Les Thons** 144 hab. ; château (XVIIIe s.), égl. Notre-Dame-des-Neiges (XVe s.), couvent des Cordeliers (XVe-XVIe s.). **Liffol-le-Grand** 2 524 hab. ; meubles ; musée d'Archéologie. **Mattaincourt** 911 hab. ; meubles, maison de St Pierre Fourier. **Mirecourt** 6 379 hab. ; lutherie : ateliers, école ; *musées :* de la Dentelle, de la Musique mécanique, de la Lutherie (10 392 vis.) ; imprimerie, agroalimentaire, zone franche de Juvaincourt (aéroport). **Morizécourt** 141 hab. ; château *Pothier* (XVIIe s.), ancien prieuré. **Moussey** 749 hab. ; textile ; château (XIXe s.). **Moyenmoutier** 3 350 hab. ; plasturgie ; église St-Hydulphe (XVIIIe s.). **Neufchâteau** 7 532 hab. ; hôtel de ville (1594), *églises* St-Christophe, St-Nicolas (XIIIe s.). **Nomexy** 2 283 hab. ; filature, tissage. **Plombières-les-Bains** 1 906 hab. ; galerie Jutier (étuve gallo-romaine), bains romains ; thermalisme (4 312 curistes en 2000), sources (42 à 80 °C). **Provenchères-sur-Fave** 755 hab. **Rambervillers** 5 998 hab. ; papeterie, panneaux bois, textile, manufacture d'orgues ; église (XVe s.), couvent des Bénédictines (XVIIe s.). **Raon-l'Étape** 6 749 hab. ; bois, sous-traitance auto, confection. **Relanges** 236 hab. ; château de *Lichecourt,* église (XIe s.). **Remiremont** 8 527 hab. ; textile, papeterie, métall. ; maison des Chanoinesses (les Dames de Remiremont, chapitre de St-Goëry), monastère du St-Mont (VIIe s.), musée Charles-de-Bruyère-Charles Friry (8 500 vis.). **Rochesson** (à 545 m) 658 hab. ; textile. **Rupt-sur-Moselle** 2 637 hab. ; confection, emballage, sous-traitance auto. **St-Amé** 2 012 hab. ; BTP, métaux ; musée des Trois-Guerres. **St-Baslemont** 79 hab. ; forteresse (XIVe s.). **St-Nabord** 3 853 hab. ; transport, papeterie, filature, agroalimentaire. **Sandaucourt** 187 hab. ; château (XVIe s.). **Saulxures-lès-Bulgnéville** 261 hab. ; château (XIVe-XVe s.). **Senones** 2 906 hab. ; confection ; abbaye (2 223 vis. [1]) et palais des Pces de Salm (XVIIIe s.). *Principauté de Salm-Salm* réunie le 2-3-1793 à la France, 200 km², 125 villages répartis sur 4 cantons des Vosges et du Bas-Rhin (*1751* Nicolas-Léopold, Pce de Salm-Salm, en indivision avec les ducs de Lorraine, s'approprie la région de Badonvillier et donne naissance à la principauté ; 3 Pces successifs) ; musée d'Histoire locale. **Sionne** 124 hab. ; château de *Rorthey* (XIIIe-XVIe s.). **Tendon** 448 hab. ; cascades. **Thaon-les-Vosges** 7 785 hab. ; textile, métallurgie, plasturgie. **Thuillières** 160 hab. ; château de *Boffrand* (XVIIIe s.), musée Ève-Lavallière. **Tollaincourt** 108 hab. ; château (XVIIIe s.). **Ubexy** 199 hab. ; forteresse (XIIIe-XVIIIe s.). **Vagney** (400 à 800 m) 3 793 hab. ; distillerie. **Valfroicourt** 258 hab. ; château de *Maugiron* (XIVe-XVIIIe s.). **Vecoux** 1 097 hab. ; transformation des métaux, plasturgie, brosserie. **Ventron** 979 hab. ; ski ; ermitage de frère Joseph (XVIIIe s.), musée du Textile des Vosges (10 351 vis.). **Ville-sur-Illon** 460 hab. ; maison Renaissance (XVIe s.), musée de la Brasserie (8 290 vis.). **Vincey** 2 159 hab. ; métallurgie. **Vioménil** 158 hab. ; source de la Saône. **Vittel** 6 117 hab. ; source reconnue par l'Académie de médecine en 1903, eau minérale, thermalisme (4 006 curistes en 2000) ; casino ; musée des Décorations ; 487 chambres d'hôtel et 580 au Club Méditerranée. **Xertigny** 2 810 hab. ; meubles, confection, agroalimentaire, tréfilerie ; château (XIXe s.).

Divers : lacs : *Blanc :* 28,7 ha, prof. max. 72 m, alt. 1 055 m ; *Blanchemer* 10 ha ; *Bouzey-Sanchey :* réserve de 136 ha ; *Celles-sur-Plaine* 39 ha ; *Corbeaux :* 9 ha, prof. 23 m, alt. 900 m ; *Gérardmer :* 115,5 ha, 2 200 × 750 m (alt. 660 m, prof. de 13 à 38,40 m, 19 510 000 m³ ; origine glaciaire) ; *La Maix :* 2 ha ; *Lispach :* 8 ha ; *Longemer :* 76 ha, prof. 33,50 m, alt. 737 m. ; *Noir :* 14 ha, prof. 45 m, alt. 955 m ; *Retournemer :* 5,2 ha, prof. 11,50 m, alt. 780 m ; *Vert :* 7,2 ha, prof. 17 m, alt. 1 044 m ; « Vieux Pré » (barrage), plan d'eau 270 ha, retenue 50 000 000 de m³ d'eau. **Parc naturel** *des ballons des Vosges* (voir p. 208 a). **Sports d'hiver :** stations les plus proches de Paris ; *Bussang* 620-1 200 m, *Corcieux La Bresse* 630-1 366 m, *Le Valtin, Mauselaine* et *Gérardmer* 666 m, *Schlucht* 1 139 m, *St-Maurice-sur-Moselle* (le Rouge Gazon) 550-1 252 m, *Ventron-Cornimont* 630-1 200 m, *Girmont-Val d'Ajol* 650-800 m. **Jardin d'altitude du Haut-Chitelet** (1 228 m, 10 ha, 27 500 plantes de montagne, 3 100 espèces, 12 270 vis. en 1999) à St-Maurice-sur-Moselle ; « le Roi-Soleil », arbre de 47 m et « les Trois Mousquetaires », 4 arbres sur le même tronc d'une circonférence d'environ 7 m.

Midi-Pyrénées

Généralités

Superficie. 45 348 km². **Population.** *1990 :* 2 430 700 hab. (dont Français par acquisition 106 891, étrangers 105 326 dont Portugais 19 260, Marocains 18 092, Espagnols 17 084) ; *99 :* 2 551 687. **D.** 56.

☞ Voir **Occitanisme** p. 855.

Bigorre

☞ *Abréviation :* B. : Bigorre.

■ **Situation.** Htes-Pyrénées, des Pyrénées à l'Armagnac. *Plaine* (Tarbes) ; *montagne* (Argelès) ; *Rivière-Basse* (Vic) ; *Rustan* ou *Rivière-Haute* (St-Sever).

■ **Histoire. Av. J.-C. VIe s.** occupé par des *Aquitains* (Ibères), les *Bigerri* (capitale : *St-Lézer*). **56** soumis par Crassus, Lt de César. **27** révoltés contre Auguste, écrasés par le proconsul Messala au pied du col d'Aspin (camp Batalhé). **Apr. J.-C. 420** christianisation (St Justin). **466** occupation vandale. **507** franque. **819** Loup Donat, duc de Gasgogne, reçoit la B. comme fief héréditaire. **945** Raymond Ier, Cte héréditaire. **1080** Béatrix Ire apporte le fief en dot à Centulle, Cte de Béarn. **1097** rédaction des coutumes (« For de B. » ou « Charte de Bernard II ») : 1re mention des États de B., autorité législative du comté. **1141** fondation de l'abbaye cistercienne d'Escaladieu, d'où est sorti l'ordre militaire espagnol de Calatrava. **1256-83** guerre de « la succession de B. » entre les héritiers de la Ctesse Pétronille, mariée 5 fois. **1292** confisquée par Philippe le Bel. **1361** livrée aux Anglais (*traité de Brétigny*). **1407** conquise par Jean de Foix, héritier du Béarn. **1429** réunie au Béarn. **1611** l'évêque de Tarbes remplace le sénéchal de B. comme Pt des États. **1631-1716** intendance spéciale avec le Béarn. **1716** rattachée à Auch. **1784** à Bayonne.

Comminges

■ **Situation.** Massif pyrénéen de la Hte-Garonne et de l'Ariège (2 755 km²), centré sur la haute vallée de la Garonne (arrondissement actuel de St-Gaudens).

■ **Histoire. Av. J.-C. VIe s.** habité par des *Ibères* (de la fédération des *Garumni*), de nom inconnu. **IIIe s.** soumis par les *Volques Tectosages*, dont ils forment une sous-tribu. Capitale : *Lugdunum* (St-Bertrand-de-Comminges). **115** annexé à la *Provincia Romana*. **72** détaché par Pompée de la cité des Tectosages (révoltés et vaincus) et constitué en cité indépendante ; Lugdunum repeuplée de colons (anciens soldats de Sertorius) et appelée *Lugdunum Convenarum* [« Lyon des Nouveaux Venus » (étymologiquement, le nom correspond mieux à *Conventia*, « installation amicale »)]. **17** Auguste le rattache à la *Novempopulanie* et crée 2 centres urbains : *Lugdunum* et *Calagorris* (Martres). **Apr. J.-C. 347** 1er diocèse chrétien (évêque : Patroclus). **406** Lugdunum détruit par Vandales. **418** conquis par Wisigoths (ariens). **585** annexé par Francs. **Xe s.** les Ctes de Comminges conquièrent de nombreux fiefs en dehors de l'évêché de Lugdunum (leurs terres sont réparties en 7 diocèses). **Vers 1110** l'évêque St Bertrand reconstruit Lugdunum et lui donne son nom (désormais ville épiscopale). **1213** Bernard V, Cte de Comminges, allié des Toulousains, battu à Muret. **1226** son fils Bernard VI rend hommage au roi de Fr., mais sa maison restera souveraine jusqu'en 1453 [branches cadettes les plus connues : les Montespan, les Couserans (voir ci-dessous)]. **1317** la partie du comté dépendant du diocèse de Toulouse (bas-pays) est érigée en diocèse autonome : Lombez. **1453** réunion temporaire à la couronne de France (3 fois, le fief sera attribué à des seigneurs aux xve et xvie s.). **1540** annexion définitive. **1603** forme une « élection » (parlement de Bordeaux, intendance de Montauban). **1642** évêque transféré à St-Gaudens ; rattaché à la généralité de Montauban (puis à celle d'Auch).

■ **Langue.** *Commingeois* forme avec *couseranais* (voir ci-dessous) un groupe particulier des langues d'oc (considéré longtemps comme du gascon montagnard ou du languedocien).

Couserans

■ **Situation.** Massif pyrénéen (haut et moyen bassin du Salat) ; arrondissement actuel de St-Girons (Ariège), moins le canton de Ste-Croix.

■ **Histoire.** Les *Consoranni* se distinguent peu des *Convenae* (dans le Comminges) jusqu'à la christianisation (vers la fin du ive s.). **506** ont un évêque indépendant à St-Lizier. Le fief fait partie de celui de Comminges. **Fin XIIe s.** Bernard III, Cte de Comminges, le coupe : il conserve le Castillonnais et érige le reste (St-Girons, Massat, Oust) en comté indépendant, qui demeure jusqu'en 1789. L'évêché de St-Lizier conserve sa juridiction sur l'ancien fief.

Comté de Foix

■ **Situation.** Forme, avec le Couserans et une partie du Languedoc, le département de l'Ariège.

■ **Histoire.** Peuplé d'*Ibères*. **Av. J.-C. 350** colonisé par les *Tectosages*. **121** intégré à la *Provincia Romana*. Partie de la *Civitas tolosatium* qui dépend, après Dioclétien, de la Narbonnaise Première. Ensuite aux Wisigoths qui s'y maintiennent 3 siècles. **Apr. J.-C.** *Carolingiens* fondent l'abbaye de St-Vulpien (sur l'emplacement futur de Foix) qu'ils confient à l'évêque d'Agde. **940** le Cte Arnaud de Couserans et Comminges devient Cte de Carcassonne et se taille un fief englobant la région de St-Vulpien ; vassal théorique de Toulouse. **1002** *Foix* est mentionné pour la 1re fois : donné par Roger le Vieux, Cte de Carcassonne, à Bernard-Roger, son 2e fils, 1er Pce de la « maison de Foix », qui comptera 17 souverains. **1209-23** Cte Raymon-Roger chef de la résistance cathare. **1244**-*mars Montségur,* symbole de la résistance des Ctes méridionaux, tombe. Refusant d'abjurer leur foi, 225 « Parfaits » sont brûlés au pied du Pog (rocher sur lequel est bâti le château) [ou puy de Montségur (du latin *podium* et du celtique *puich, puech, pech* : montagne d'altitude moyenne plus ou moins attaquée par l'érosion) 1 207 m ; château, donjon (20 × 9 m, reconstruit en 1204, pris en 1244 ; détruit, reconstruit 2e moitié xiiie s., 69 339 vis. en 94)]. **Vers 1250** Roger IV échappe à la suzeraineté toulousaine et devient vassal direct du roi de Fr. **1290** réunion Cté de Foix, Vté de Béarn et Bigorre à la mort de Gaston VII de Moncade, dont Roger-Bernard III avait épousé (1252) la fille, Marguerite. **1391** *Gaston Phébus* (le Brillant, le Chasseur, né 1331) meurt sans héritier direct : le Cté passe à son cousin Mathieu de Castelbon, **1399** passe au beau-frère de Mathieu, Archambaud de Grailly, captal de Buch. **1434** Gaston IV épouse Éléonore de Navarre, héritière de Navarre. **1458** érigé en Cté-pairie par Charles VII au profit de Gaston IV. **1462** négocie le traité entre le roi d'Aragon et Louis XI, reçoit la seigneurie de Carcassonne. **1479** Éléonore meurt. **1483** François Phébus, son petit-fils ; sa sœur Catherine hérite de la Navarre et du Cté de Foix. **1484** Catherine épouse Jean III d'Albret : l'histoire du Cté se confond avec celle de la Navarre. **1512** Gaston de Foix (né 1489, fils de Jean Vte de Narbonne et de Marie d'Orléans, sœur du roi de France Louis XII, duc et pair ; *1504* roi de Navarre, dit « le Foudre d'Italie ») tué à Ravenne. **1515** Odet de Foix, cousin du précédent, participe à la conquête du Milanais. **1548** passe à la maison de Bourbon (Jeanne d'Albret épouse Antoine de Vendôme). **1607** réuni à la Couronne par le roi Henri IV, fils de Jeanne.

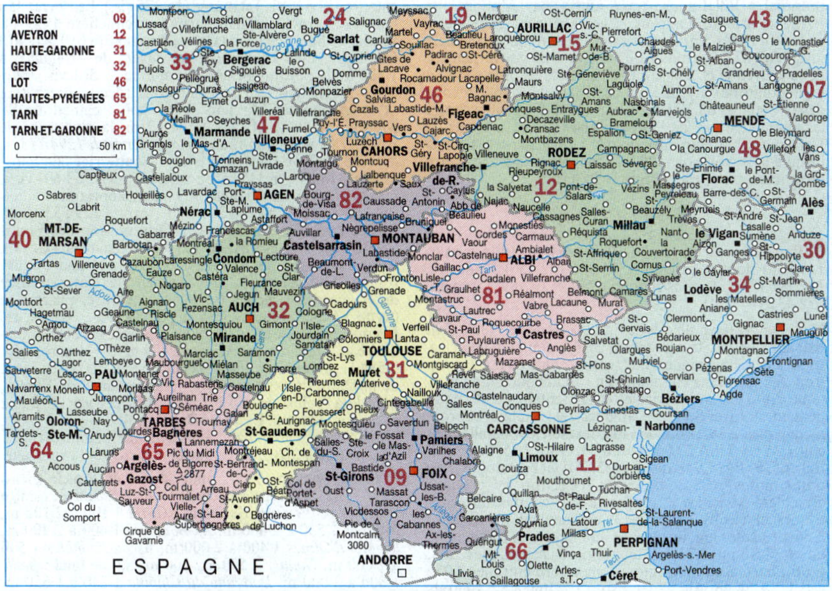

Gascogne

■ **Situation.** A cheval entre les régions d'Aquitaine et de Midi-Pyrénées. Le mot *Gascogne* ne s'applique qu'à l'aire des parlers gascons : de la Garonne aux vallées pyrénéennes (Pays basque et Béarn exceptés) et de l'Atlantique au méridien de Toulouse (Gers, Landes, Htes-Pyrénées, sud du Lot-et-Garonne, du Tarn-et-Garonne, de la Hte-Garonne, de l'Ariège). En Aquitaine : Landes, sud de la Gironde et du Tarn-et-Garonne. Collines (de 160 à 400 m d'alt.), faites de dépôts descendus des Pyrénées, où les eaux ont creusé un réseau de vallées en éventail aboutissant au sillon de la Garonne.

■ **Histoire. Av. J.-C. Jusqu'au VIe s.** peuplée par les *Ligures*, puis colonisée par les *Ibères*, venus d'Espagne, qui couvrent le pays de villages enclos et d'oppidums, commandant les routes de transhumance vers le sud des Pyrénées. **Après J.-C. 350** résistent à l'invasion gauloise et maintiennent leur parler et leur civilisation ibériques. Partie de l'Aquitaine à partir de la conquête romaine. Lors du morcellement de l'Aquitaine, forme la *Novempopulanie* [métropole : *Eluza*, l'actuelle Eauze dans le Gers, région aquitano-romaine (opposée aux 2 « Aquitaine » gallo-romaines, latinisées et christianisées au ive s.)]. **Ve s.** conquise par Wisigoths, puis par Clovis, occupée en grande partie par Vascons ou Basques, Ibères non latinisés venus du Sud (d'où le nom de *Vasconia* et celui de duché de Gascogne en 602). **660-70** duché de Gascogne, vassal de Dagobert depuis 635, reprend son indépendance. **720** détruit par les musulmans. **735** renaît, comme duché vassal des Francs. **745-68** vaine tentative de retrouver l'indépendance (par le duc Gaïfre ou Waïfre). **926** morcelée entre *Béarn, Astarac* et *Fezensac* (lui-même subdivisé en *Armagnac* et *Pardiac*). **1036** les fiefs gascons deviennent vassaux du duché d'Aquitaine (la fille du duc épousant le duc Eudes d'Aquitaine). **1154** *possession anglaise* (Éléonore épousant Henri II d'Angleterre) : exportation de vins vers îles Britanniques. **1450** redevient française, entre les mains des Armagnac, Albret, Béarn. **1473** Armagnac confisqué par Louis XI pour félonie des derniers Ctes (Jean V, tué à Lectoure ; son frère Charles, mort en prison) ; annexé au domaine royal. **1589** Henri IV (héritier des Albret et des Foix-Béarn) roi de France ; réunie à d'autres fiefs (Landes, Chalosse, Armagnac, Labourd, Bigorre, Comminges et Couserans), dépend de la généralité de Pau. **1716** création de la généralité d'Auch, qui s'identifie à la Gascogne jusqu'en 1789.

Haut Languedoc ou Toulousain

■ **Situation.** Bassin moyen de la Garonne, et basses vallées : Ariège, Agout, Tarn, Aveyron. *Départements :* Hte-Garonne, Tarn-et-Garonne, Tarn.

■ **Histoire.** Peuplement ligurique, puis peut-être ibérique. **Av. J.-C. Vers 350** colonisé par les *Volques Tectosages* (capitale : *Tolosa,* vieille ville-étape sur la route de l'étain). **121** cité des Tolosates, intégrée à la *Province Romaine,* puis à la Narbonnaise (Narbonnaise Première après Dioclétien). **Apr. J.-C. 260** St Sernin fonde le diocèse de Toulouse (le plus grand de Gaule), suffragant de Narbonne. **419-508** capitale du roy. wisigoth au nord des Pyrénées. **778** organisation d'un Cté du Toulousain, dont le chef (avec le titre de duc) est chargé de contenir Vascons et musulmans. **888** les Ctes deviennent héréditaires (famille des Raymon, appelés aussi les Saint-Gilles). **XIIe s.** Raimon V, puissant seigneur, est suzerain du Bas-Languedoc et Mis de Provence ; feudataire direct du roi de Fr. **1206-15** Raimon VI battu par Simon de Montfort, à l'occasion de la « guerre des albigeois ». **1222-29** Cté reconstitué, mais réduit à la région de Toulouse. **1229** *traité de Meaux :* Raimon VII prend pour héritier un Capétien, son gendre, Alphonse de Poitiers. **1271** mort d'Alphonse, le roi Philippe III hérite du Cté ; les capitouls toulousains prêtent serment au sénéchal de Carcassonne. **1317** Toulouse, découpé en 7 diocèses, devient archevêché, détaché de Narbonne. **1443** création du parlement de Toulouse. **Début XVIe s.** Toulouse exporte du pastel, via Bordeaux, vers Bilbao, Londres, Anvers, Hambourg. **1539**-*10-1* mariage de Martin Guerre (11 ans) et de Bertrande de Rols (10 ans). **1561-89** Toulouse, catholique, reconquiert une grande partie du Cté gagné au protestantisme. **1632** Montmorency, « gouverneur du Languedoc » et chef des révoltés du Midi, est décapité à l'hôtel de ville de Toulouse. **1635** généralité de Montauban créée, avec plus de 1/3 de l'ancien Cté de Toulouse. **1930** inondations.

Quercy

■ **Situation.** Département du Lot, moitié nord du Tarn-et-Garonne et nord-ouest de l'Aveyron. Ancien diocèse de Cahors. Plateaux calcaires des Causses entaillés des vallées fertiles du Lot et de la Dordogne. Périphérie : dépression bocagère du Limargue.

■ **Histoire.** Peuplé dès le Mésolithique. **Av. J.-C. IIIe s.** occupé par les *Cadurques* (d'où Cahors et Quercy), qui édifient l'oppidum d'*Uxellodunum* (puy d'Issolud ?). **118** une partie des *Cadurques* appartient à la *Provincia.* **56** résiste à la conquête (siège d'Uxellodunum). **Période romaine,** rattaché à l'Aquitaine Première, *Divona Cadurcum* fondée (Cahors). Ravagé par Vandales et Quades, puis Wisigoths. **Apr. J.-C. VIe-VIIIe s.** attribué à divers royaumes mérovingiens qui y installent des comtes. **714** partie du duché d'Aquitaine. **Xe s.** les Ctes de Toulouse s'arrogent des droits, les seigneurs du Cté leur prêtent hommage au lieu de reconnaître la suzeraineté du duc de Guyenne. De puissantes abbayes (Figeac, Souillac, Moissac, Rocamadour) s'érigent sur la route de Compostelle. **1223** l'évêque-comte de Cahors prête hommage au roi de France. Fondation de nombreuses bastides. Disputé entre rois de France et d'Angleterre. **1259** *traité de Paris :* exclu du duché (anglais) de Guyenne. **1360** *traité de Brétigny :* donné à l'Angleterre. Mais les Quercinois refusent cette domination. **1368** Montauban et Cahors se livrent aux Français. **1382** les charges imposées par Bernard d'Armagnac provoquent la révolte des *Tuchins.* **1440** les derniers soldats anglais sont chassés. **Guerres de Religion,** Montauban est un foyer réformé important (siège 1562 par Monluc, combats jusqu'à l'édit d'Alais 1629, émeutes 1659). **1551** Cahors, siège de présidial. Des états particuliers siègent jusqu'au xviie s. Rattaché au gouvernement et à la généralité de Guyenne, en 1635 à celle de Montauban. **1624** et **1637** misère paysanne : révolte des *Croquants.* **1790** département du Lot créé. **1808** divisé en Lot et Tarn-et-Garonne.

Rouergue

■ **Situation.** Aveyron et nord-est du Tarn-et-Garonne. Comprend le Comté (Rodez), la Hte-Marche de Rouergue (Millau), la Basse-Marche (Villefranche). Au nord : massif volcanique de l'Aubrac ; centre et sud : plateaux calcaires des Causses et schisteux du Ségala.

■ **Histoire.** Peuplé dès le Mésolithique (Viadène). **Av. J.-C. Vers 350** occupé par les *Ruthènes* (d'où Rodez et Rouergue) qui fondent les oppidums de *Condatomagus* (Millau) et *Legodunum* (Rodez). **118** repoussent une attaque des Romains, maîtres de la *Provincia.* **58-51** tentent de ravager la Provence pour paralyser la conquête romaine. Intégré à l'Aquitaine (Aquitaine Première après Dioclétien). **Apr. J.-C. 506** réuni au royaume de Clovis. **VIIe s.** disputé entre Neustrie, Austrasie et Burgondie. Les Carolingiens nomment le 1er Cte, Gilbert, dont les descendants deviennent Ctes de Toulouse. **918-1066** à une branche cadette. **1066** héritage recueilli par Raymon de St-Gilles. **1096** vendu au Cte de Millau. **1209** Raymon VII de Toulouse le rachète à Gui II d'Auvergne, héritier du Cté. **1214** racheté à Simon de Montfort par la famille de Millau. **1302** passe par mariage à Bernard VI d'Armagnac. **1481** Louis XI s'en empare, après la trahison de Jean V. **1484** restitué. **1525** passe à Marguerite d'Angoulême par mariage. **1551** présidial à Villefranche (créé XIIIe s. par Alphonse de Poitiers sur le front anglais, siège de sénéchaussée royale en 1250). **1589** réuni à la Couronne ; a des états particuliers jusqu'en 1651 ; forme une lieutenance de gouvernement de la Guyenne et 2 élections rattachées jusqu'en 1635 à la généralité de Guyenne puis de Montauban. **1643** révolte des Croquants du Villefranchois (10 000 paysans contre les augmentations de l'impôt). **1645** donné à Henri de Lorraine, Cte d'Harcourt, dont la famille garde les droits jusqu'à la Révolution. **1800**-*8-1* un enfant sauvage, « être phénoméneux », est capturé à St-Sernin.

■ ÉCONOMIE

■ **Population active** (au 1-1-1998). 963 986 (non-salariés 155 336) dont : agriculture 75 276 (62 150) ; industrie 154 196 (9 083) ; construction 62 082 (16 989) ; tertiaire 672 432 (67 114).

■ **Échanges** (en milliards de F, 2000). **Import. :** 73,91 *dont* bateaux, avions, trains, motos 39,43, équipements électriques et électroniques 5,27, composants électr. et électron. 5,2, produits chimiques en caoutchouc ou en plastique 3,68, des ind. agricoles et alimentaires 3,49, équipement du foyer 3,02, mécaniques 2,94, métaux et prod. métalliques 2,88, prod. de l'ind. textile 1,69, habillement cuir 1,31 ; *de* USA 22,05, All. 20,53, G.-B. 7,15, Esp. 5,52, Ital. 3,5, P.-Bas 1,9. **Export. :** 123,86 *dont* bateaux, avions, trains, motos 86,31, équip. électr. et électron. 5,5, produits agricoles, sylvicoles et piscicoles 4,4, composants électriques et électroniques 4,13, équipement mécaniques 3,66, prod. des ind. textile 2,76, chimiques en caoutchouc ou en plastique 2,73, métaux et prod. métalliques 2,63, prod. pharmaceutiques, de parfumerie et d'entretien 2,07 ; *vers* USA 24,46, All. 17,19, Esp. 13,2, Ital. 8,52, Émirats arabes unis 5,29, G.-B. 5,24.

■ **Agriculture. Terres** (en milliers d'ha, 2000) : 4 559,7 dont *SAU* 2 573,4 (t. arables 1 581,3 ; surface toujours en herbe 927 ; vignes 44,9 ; jardins 13,2) ; *bois* 1 234,1 ; *peupliers* 16,3 ; *terres agricoles non cultivées* 281,4 ; *autres terres non agricoles* 455,9. **Production** (en 2000) **végétale** (en milliers de t) : maïs 2 034,6 ; blé 1 784,1 ; orge et escourgeon 455,5 ; tournesol 432,2 ; sorgho 216,1 ; soja 113,9 ; colza 82,8 ; tabac 4,2. *Fruits :* pommes 268,6 ; pêches 11,6 ; poires 11,1. *Vins* (en milliers d'hl) : 3 163,6 dont : AOC 598,4 ; VDQS 91,1. Armagnac 160 ; **animale** (en milliers de têtes) : ovins 2 419,3 ; bovins 1 353,6 ; porcins 535,5 ; caprins 80. *Foie gras* (en t, 1998) : 2 703 dont canard 2 460 ; oie 243. *Lait* livré à l'industrie (en milliers d'hl) : vache 9 651,4 ; brebis 1 626,6 ; chèvre 317.

■ **Industrie. Effectifs salariés** (est. au 1-1-1999) : 147 796 dont biens intermédiaires 47 154, d'équipement 44 165, de consom. 20 906, agroalim. 22 499, énergie 10 570, ind. auto 2 502. **Énergie :** *pétrole* (recherches, plateau de Lannemezan) et *gaz* (géothermie), *hydroélectricité ; centrale nucléaire* de Golfech (4 tranches : 1 300 MW, 1re couplée au réseau 1990 ; 2e avril 1993 ; coût total 13,7 milliards de F), *électricité ;* consommation 14 milliards de kWh (en 96). **Communications :** *canal Latéral* et *canal du Midi* (modification du gabarit des écluses) ; pente d'eau pour péniches à Montech.

■ **Tourisme** (en 2000). **Hébergement :** *hôtels de tourisme* 1 360 (41 187 lits) ; *résidences de tourisme* 10 (2 934 pl.) ; *campings* 606 (41 562 pl.) ; *auberges de jeunesse* 11 (371 lits) ; *villages de vacances* 69 (13 750 pl.) ; *gîtes ruraux* 3 970, *d'étapes* 105, *d'enfants* 23 ; *chambres d'hôtes* 2 020 ; *résidences secondaires* 138 229.

■ DÉPARTEMENTS

☞ Voir légende p. 811. *Nota*. – (1) En 1998.

■ **Ariège (09)** 4 890 km^2 (150 × 130 km). **Altitude :** *max.* pic du Montcalm 3 077 m. **Population :** *1801 :* 196 454 ; *51 :* 267 435 ; *1901 :* 210 527 ; *36 :* 155 134 ; *62 :* 137 192 ; *75 :* 137 857 ; *82 :* 135 725 ; *90 :* 136 455 ; *98 :* 137 000 (en 1995 : étrangers 8 036 dont Portugais 2 203, Espagnols 1 766, Marocains 1 664, Algériens 552) ; *99 :* 137 205. **D.** 28. **Cantons :** 22. **Communes :** 332.

Régions naturelles : zone pyrénéenne 240 247 ha (dont *SAU* 100 000 ha, y compris les estives) ; bois, forêts. **Sous-pyrénéenne** 128 131 ha (dont *SAU* 49 000) : élevage. **Coteaux** 97 887 ha (dont *SAU* 56 000) : céréales. **Plaine** 29 700 ha (dont *SAU* 25 000). **Bois :** 196 000 ha (40 % du département).

Chef-lieu : FOIX. **Altitude :** 400 m. **Population :** *1990 :* 9 960 ; *99 :* 9 109 hab. (aggl. 10 446 [1]) ; minerais, métallurgie ; électronique ; château fort des Ctes de Foix (XIe-XVe s.) avec donjon de Gaston Phébus 42 m (84 475 vis. en 99) et musée de l'Ariège des vieux outils.

Sous-préfectures : Pamiers 13 417 hab. (aggl. 14 731 [1]) ; parachimie, aciers spéciaux (Fortech) ; cathédrale (XIIe-XIVe s.), église N.-D.-du-Camp (XIIe s.) ; *aérodrome.* **St-Girons** 6 254 hab. (aggl. 7 065 [1]) ; papeterie, fromages.

Autres villes (vis. en 1999) : **Aulus-les-Bains** 189 hab. ; ski, thermalisme (à 800 m d'alt.). **Auzat** 666 hab. ; usine électronique, chimie, aluminium, eau minérale. **Axiat** 35 hab. ; église romane. **Ax-les-Thermes** (à 720 m) 1 441 hab. ; géothermie (chauffage de l'hôpital) ; thermalisme (7 234 curistes) ; ski ; roc de la Vierge, casino. **Ercé** 532 hab. ; exposition sur les montreurs d'ours, habitat en chaume. **La Bastide-de-Sérou** 907 hab. ; golf 18 trous. **La Bastide-sur-l'Hers** 674 hab. **Lagarde** 194 hab. ; château (1229 et XVIIIe s.). **Laroque-d'Olmes** 3 106 hab. [1] ; textile. **Lavelanet** 6 872 hab. (aggl. 8 606 [1]) ; textile ; musée du Textile et du Peigne en corne. **Le Mas-d'Azil** 1 117 hab. ; meubles, verrerie, grotte préhistorique (4 étages de galeries, 32 528 vis.) et musée (15 375 vis.). **Le Peyrat** 456 hab. **Le Vernet** 536 hab. ; camp et cimetière 1939-44. **Lordat** 43 hab. ; château (XIIIe s.). **Luzenac** (à 610 m d'alt.) 632 hab. ; talc (carrière à ciel ouvert de *Trimouns*, à 1 800 m, la plus importante du monde ; 9 561 vis.). **Mazères** 2 616 hab. ; marché au Gras (déc.) ; presbytère (XVIe s.), musée. **Mirepoix** 3 061 hab. ; cathédrale St-Maurice (1298 ; nef ogivale de 22 m, la plus large de France). **Montaillou** 14 hab. [*village occitan de 1294 à 1324,* livre de Le Roy Ladurie (1975)]. **Montferrier** 664 hab. ; musée. **Montségur** 117 hab. ; château (XIIIe s., 63 601 vis.), musée (30 925 vis.). **Moulis** 759 hab. ; laboratoire souterrain du CNRS. **Niaux** 201 hab. ; grotte (29 553 vis.) ; Musée pyrénéen (29 553 vis.). **Orlu** maison des Loups (42 228 vis.). **Roquefixade** 151 hab. ; château (XIIe s.), abbaye bénédictine. **St-Jean-de-Verges** 841 hab. ; église romane. **St-Lizier** 1 592 hab. ; cathédrale (trésor), musée du Palais des Évêques (6 294 vis.), cloître, pharmacie (XVIIIe s.). **Saverdun** (à 235 m) 3 589 hab. ; palais des Évêques et Musée ethnographique. **Sinsat** 97 hab. [1] ; moulin à eau. **Tarascon-sur-Ariège** (à 474 m) 3 446 hab. (aggl. 3 584 [1]) ; aluminium ; église N.-D.-de-Sabart (IXe s.), église de la Daurade (XVIe-XVIIe s.) ; forge catalane de Fargas, parc de la Préhistoire (56 176 vis.) ; musée. **Unac** 117 hab. ; église (XIe-XIIe s.). **Ussat-les-Bains** (à 480 m) 372 hab. ; thermalisme. **Vals** 67 hab. ; église romane, peintures rupestres. **Varilhes** 2 702 hab. ; ancienne activité d'orpaillage.

Divers (vis. en 1999) : **mines de fer du Rancié (Sem)** *1293-1931 :* plus grosses paillettes d'or trouvées entre Varilhes et Pamiers. **Ski alpin :** *Guzet* 1 100 à 2 100 m, *Mijanès* 1 530 à 2 000 m, *Ax-Bonascre* 1 400 à 2 400 m, *les Mts d'Olmes* 1 400 à 2 000 m, *Ascou-Pailhères* 1 500 à 2 000 m, *Goulier* 1 500 à 2 000 m. **Ski de fond :** *Beille* 1 800 à 2 000 m, *Domaine du Chioula* 1 240 à 1 650 m, *Étang de Lers* 1 300 à 1 615 m, *Mijanès-Donezan* 1 470 à 1 750 m, *Tour Laffont* 1 250 à 1 500 m. **Rivières** 12 500 km ; canoë-kayak : l'*Hers,* l'*Ariège* et affluents (*Oriège* et *Vicdessos*), le *Salat* et 4 affluents (*Lez, Arac, Garbet, Alet*), et l'*Arize, vallée de l'Arget*. **Lacs et plans d'eau :** étangs *Lers* (2,32 ha), *Bethmale* (9,86 ha), *Mondély, Labarre* (Foix), *Montbel* (500 ha dont lac de plaisance 70 ha), *Bompas, Ste-Croix-Volvestre ;* lacs de *Peyrau, St-Ybars* + 130 lacs d'altitude. **Grottes préhistoriques :** *Le Mas-d'Azil* (32 528 vis.), *Niaux* [peintures rupestres (10 000 à 14 000 ans av. J.-C.)], *Le Portel, Bedeilhac* (8 696 vis. [1]), *Les Trois-Frères* (12000 avant J.-C.), *Lombrives* (5 km, la plus grande d'Europe, 19 497 vis. [1]), la *Vache-Alliat* (gisement magdalénien, 7 255 vis. [1]), *Fontanet* (12000 av. J.-C.), parc pyrénéen de la Préhistoire. **Rivière souterraine** de *Labouiche* 4,5 km (la plus longue navigable du monde, 55 240 vis.). **Fontaine intermittente** de *Fontestorbes* (près de Bélesta).

■ **Aveyron (12)** 8 735 km^2 (135 × 108 km). **Altitude :** *max.* Les Cazalets 1 463 m, *min.* 144 m à Salvagnac-Cajarc (vallée du Lot). **Climat** (moyennes en 1996) : *pluies :* 876 à Villefranche de Rouergue (ouest), 1766 à Nant (est) ; *températures :* Rodez 10,8 °C, Villefranche de Rouergue 12,5 °C. **Population :** *1801 :* 318 340 ; *51 :* 394 183 ; *1936 :* 314 682 ; *75 :* 278 306 ; *90 :* 270 100 [dont étrangers 7 359 (9 760 en 1994) dont Portugais 2 224, Marocains 1 637, Espagnols 1 088, Algériens 449] ; *99 :* 263 808. **D.** 30. **Cantons :** 46. **Communes :** 304.

Régions naturelles : Aubrac (altitude max. 1 442 m ; 50 556 ha), terrains basaltiques : prairies, pâturages d'estive à plus de 900 m (bovins). Forêts domaniales (Aubrac et Laguiole). **Viadène et Barrez** (alt. 750 m ; 54 918 ha) : plateau granitique et basaltique ; pâturages. **Vallée du Lot et Rougier de Marcillac** (88 995 ha) : grès et schistes ; vignobles (AOC de Marcillac), caprins, primeurs. **Bassin houiller d'Aubin-Decazeville** (17 918 ha) : exploitations à ciel ouvert (« Découverte »), 462 500 t de brut (en 1987), métallurgie. **Bas Rouergue** (48 842 ha, de 300 à 400 m d'alt.) : sols argilo-calcaires, climat tempéré ; diversité de cultures. **Ségala** (195 381 ha) : plateaux granitiques dans le nord, schisteux au sud de la vallée de l'Aveyron. **Lévezou** (62 896 ha) : hauts plateaux 1 000 m, gneiss ou schistes des Palanges, du Lagast et du Lévezou ; élevage, forêt des Palanges (4 000 ha), du Lagast (86 ha) ; plans d'eau. **Grands Causses** (242 522 ha) *au sud-est :* Noir, du Larzac ; creusés par Tarn, Dourbie, Jonte ; parc régional ; *au centre :* causses Comtal, de Séverac de Ste-Radegonde. Sols calcaires et marneux ; ovins. Vallées de la *Sorgue* et du *Dourdou,* rougier de Camarès. **Mts de Lacaune** (121 875 ha). **Bois** (en 2000) : 260 000 ha (30 % du département).

Chef-lieu : RODEZ. **Altitude :** 632 m. **Population :** *1936 :* 18 450 ; *75 :* 25 500 ; *90 :* 24 705 ; *99 :* 23 707 (aggl. 39 011 [1]). **Industrie :** équipement auto. **Aéroport :** *Rodez-Marcilhac.* **Monuments :** cathédrale (XIIe-XVIe s., 4 181 vis.). **Musée :** des Beaux-Arts Denys-Puech (10 278 vis. en 1999). **Haras** national.

Sous-préfectures : Millau (à 379 m d'alt.) 21 788 hab. [*1936 :* 21 325] (aggl. 23 189 [1]) ; ganterie, mégisserie, imprimerie ; musées du Gant, d'Archéologie (29 739 vis. en 1999), du Beffroi ; site gallo-romain de la Graufesenque (céramique, 5 995 vis. en 1999) ; spéléologie, vol libre, sports d'eaux vives ; viaduc sur le Tarn (prévu 2003, *coût :* 1,5 à 3 milliards de F). **Villefranche-de-Rouergue** 11 915 hab. (aggl. 12 959 [1]) fondée 1252 ; conserves, habillement ; chartreuse St-Sauveur (XVe s., 6 740 vis.), chapelle des Pénitents noirs, bastide (1252) ; château de *Graves* (1543-53).

Autres villes (vis. en 1999) : **Belcastel** 251 hab. ; château (Xe-XVIe s.). **Bournazel** 245 hab. ; château (5 700 vis.). **Brousse-le-Château** 163 hab. ; château (Xe-XVIIIe s.). **Calmont** 1 582 hab. **Camjac** 554 hab. ; église. **Capdenac-Gare** 4 587 hab. ; machines, équipements. **Castelnau-Pégayroles** 282 hab. ; château Toulouse-Lautrec. **Comps-la-Grand-Ville** 426 hab. ; abbaye de Bonnecombe. **Conques** 362 hab. ; site (542 500 vis.) ; abbatiale (XIe s.), trésor (78 867 vis.), église romane Ste-Foy (350 000 vis. en 1996). **Cornus** 364 hab. ; château de Latour-sur-Sorgues. **Coupiac** 535 hab. ; château (XVe s., 3 820 vis.). **Cransac** 1 821 hab. ; étuves (rhumatismes). **Decazeville** 6 801 hab. (*1936 :* 12 365) ; charbon, métallurgie, chimie ; *musées :* géologique et de la Mine à Aubin (15 610 vis.) [aggl. 19 170 [1], dont *Aubin* 4 360. *Firmi* 2 556]. **Entraygues-sur-Troyère** 1 266 hab. ; château (XVIe-XIXe s.). **Espalion** 4 360 hab. ; château de *Calmont-d'Olt* (XIe-XIIe s., 15 000 vis.), *musées :* des Mœurs et Coutumes, du Scaphandre (12 905 vis.). **Estaing** 612 hab. ; cité médiévale. **Gissac** 97 hab. ; château de *Montaigut* (Xe s., 43 732 vis.). **La Cavalerie** 801 hab. ; fortifié. **La Couvertoirade** 153 hab. ; village fortifié (149 059 vis.). **Laguiole** 1 248 hab. ; fromage, coutellerie (créée 1829 par Pierre-Jean Calmels, 45 000 vis.), forge (70 000 vis.), musée du Haut-Rouergue. **Le Truel** 369 hab. ; usine hydroélectrique du *Pouget.* **Martiel** 823 hab. ; abbaye cistercienne de *Loc-Dieu* (XIIe s., 5 250 vis.). **Montrozier** 1 279 hab. ; Musée archéologique ; jardin des Bêtes (26 120 vis.). **Najac** 744 hab. ; bastide, château (XIIIe s., 27 200 vis.) ; musée de l'Allumette (9 181 vis. [1]). **Naucelle** 1 796 hab. ; château du *Bosc* (7 312 vis.). **Onet-le-Château** 9 921 hab ; automobile. **Pierrefiche** 273 hab. ; château de *Galinières.* **Peyruse-le-Roc** 229 hab. ; cité médiévale. **Pradinas** 389 hab. ; parc animalier (26 427 vis.). **Réquista** 2 060 hab. **Rieupeyroux** 2 157 hab. **Rivière-sur-Tarn** 961 hab. ; château de *Peyrelade* (XIIe s., 6 100 vis.). **Roquefort-sur-Soulzon** 679 hab. ; caves « Société » (147 011 vis.) et « Papillon » (71 504 vis.), fromage, musée de la Préhistoire. **St-Affrique** (de St-Fric ou Affrique, évêque du Comminges) 7 503 hab. ; maison de la Mémoire (13 240 vis.). **St-Geniez-d'Olt** 1 841 hab. **St-Jean-d'Alcapiès** 163 hab. ; fortifié ; chapelle des Pénitents. **St-Léons** 301 hab. ; musée Henri-Fabre (5 112 vis.) ; Micropolis, cité des insectes. **Ste-Eulalie-de-Cernon** 221 hab. ; fortifié, cité templière. **Salles-la-Source** 1 800 hab. ; château du *Colombier* (30 232 vis.) musée du Rouergue (10 740 vis.) ; cascade. **Salmiech** 728 hab. ; musée du Charroi rural. **Sauveterre-de-Rouergue** 832 hab. ; bastide. **Sévérac-le-Château** 2 458 hab. ; château (XIIe et XVIIe s., 26 764 vis.), maison des Consuls (7 000 vis.). **Sylvanès** 117 hab. ; abbaye cistercienne (XIIe s. ; 83 568 vis. [1]). **Villeneuve d'Aveyron** 2 017 hab. ; bastide.

Divers (vis. en 1999) : **vallées** de *St-Véran* et de *Cantobre.* **Lacs :** *Pareloup* 1 260 ha, *Pont-de-Salars* 182 ha, *Villefranche-de-Panat* 193 ha, *Castelnau-Lassouts* 218 ha, *Sarrans* 1 000 ha, *Couesque* 260 ha. **Site naturel :** *Montpellier-le-Vieux* (85 232 vis.), trou de Bozouls. **Grottes :** près de 700 dont *Foissac* (découverte 1959, 17 777 vis.). **Mégalithes :** *Laval.* **Ski :** *Aubrac, Brameloup, Laguiole.*

■ **Gers (32)** 6 309 km^2 (85 × 145 km). **Altitude :** *min.* 60 m (sortie du Gers et de la Baïse), *max.* 400 m (limite des Htes-Pyr.). **Population :** *1801 :* 257 604 ; *1901 :* 238 448 ; *36 :* 192 451 ; *62 :* 179 520 ; *75 :* 175 366 ; *82 :* 174 200 ; *90 :* 175 400 (étrangers 6 188 dont Italiens 1 788, Portugais 900, Espagnols 872, Marocains 788) ; *99 :* 172 335. **D.** 28. **Cantons :** 31. **Communes :** 463.

Régions naturelles : 630 100 ha dont **Haut Armagnac** (155 990 ha) : céréales, fourrages, bovins, oléagineux, melons. **Ténarèze** (105 330 ha) : céréales, vignes, eaux-de-vie, bovins, oléagineux. **Astarac** (105 200 ha) : céréales, fourrages, bovins, porcins, ovins, oies, canards gras, volailles. **Lomagne** (45 160 ha) : céréales, oléagineux, melons, ail. **Coteaux du Gers** (81 340 ha) : céréales, oléagineux, bovins. **Bas Armagnac** (80 930 ha) : céréales, vignes, eaux-de-vie, carnards gras. **La Rivière Basse** (56 150 ha) : céréales (maïs), soja, vignes, bovins. **Bois :** 86 000 ha.

Chef-lieu : AUCH. **Altitude :** 136 m . **Population :** *1886 :* 14 782 ; *1921 :* 11 825 ; *36 :* 13 313 ; *75 :* 23 185 ; *90 :* 24 728 ; *99 :* 21 838. **Industries :** imprimeries, BTP, carton, menuiseries, informatique, matériaux composites, connectique, Centre régional d'innovation et de transfert de technologie en agroalimentaire (Critt). **Monuments** cathédrale Ste-Marie (XVe-XVIIe s., plus beau chœur de France du XVIe s. en bois sculpté, 44 200 vis. en 2000). Préfecture (XVIIIe s.). Tour d'Armagnac XIVe s., escalier, « pousterles » (ruelles). **Musées :** des Jacobins (11 518 vis. en 2000), de la Résistance.

Sous-préfectures : Condom (à 81 m d'alt.), 7 251 hab. ; BTP, chocolaterie, armagnac, coop. agricole, meunerie, volailles ; cathédrale St-Pierre (XVIe s.), cloître gothique (XVIe s.), tour des Templiers (XIIIe s.), hôtels (XVIIe-XVIIIe s.), musée de l'Armagnac (6 096 vis. en 2000). **Mirande** (à 240 m d'alt.), 3 568 hab. ; biscuiterie, agroalimentaire (volailles), BTP ; cathédrale (XVe s.), musée des Beaux-Arts (1 313 vis. en 2000) ; festival de Country Music.

Autres villes (vis. en 2000) : **Aurensan** 129 hab. (147 curistes). **Avezan** 84 hab. ; château (XIIIe-XVIIe s.). **Bassoues** 376 hab. ; donjon (XIVe s., haut. 43 m, 9 993 vis. en 1999), halles (XVIe s.). **Bonas** 122 hab. ; château (XVIIe-XVIIIe s.). **Boulaur** 128 hab. ; abbaye cistercienne. **Castelnau-Barbarens** 452 hab. ; château. **Castéra-Verduzan** 830 hab. ; plan d'eau 7 ha, thermalisme. **Castet-Arrouy** 144 hab. ; église. **Cazaubon** 1 545 hab. (16 009 curistes en 2000). **Cazaux-Savès** 138 hab. ; château de *Caumont* (5 851 vis.). **Eauze** 3 881 hab. ; menuiserie industrielle, BTP ; armagnac ; cathédrale St-Luperc (XIVe-XVe s) ; festival ; musée du Trésor (28 000 pièces dont trésor d'Eauze, 7 219 vis.). **Flamarens** 146 hab., écomusée de la Lomagne. **Fleurance** (à 98 m d'alt.) 6 273 hab. ; charpentes, matériel de construction, BTP, coop. agricole, conserverie, produits diététiques ; église (XVe s). **Fourcès** 277 hab. ; village fortifié (XIVe s.), château (XVe s.). **Gimont** 2 734 hab. ; foie gras, charcuterie ; abbaye cistercienne de *Planselve* (1142). **L'Isle-Jourdain** 5 560 hab. ; chaudronnerie, construction, électricité, confection, minoterie ; tour (XIIe s.), Musée campanaire

(10 961 vis.). **La Romieu** 532 hab. ; collégiale (XIVe s., 22 827 vis. [1]). **Larressingle** 200 hab. ; village fortifié (XIIIe s., 109 100 vis.), musée Halte du pèlerin, camp de siège médiéval (12 412 vis.). **Lavardens** 378 hab. ; château fort (XVIIe s., 71 472 vis.. **Lectoure** 3 933 hab. ; sanitaires, taille de la pierre, melons ; cathédrale St-Gervais-St-Protais (XVe, XVIe s.), hôtel de ville (XVIIe s.), *musées* : lapidaire, de la Pharmacie, du M^{al}-Lannes, de l'amiral Boué-de-Lapeyrère, d'Art sacré, d'Archéologie ; thermalisme (211 curistes en 2000) ; tauroboles. **Lombez** 1 401 hab. ; évêché de 1317 à 1790, cathédrale (XIVe s.). **Lupiac** 312 hab. ; château natal de d'Artagnan. **Mansencôme** 73 hab. ; château de Busca-Maniban (XVIIe s.). **Marciac** 1 160 hab. ; bastide (XIIIe s.), musée (4 051 vis.) et festival du jazz. **Miramont-Latour** 136 hab. ; château (XVIe s.). **Montesquiou** 570 hab. **Montréal** 1 238 hab. ; 1re bastide de Gascogne (1289), villa gallo-romaine de *Séviac* (IVe s., 34 380 vis.). **Nogaro** 1 881 hab. ; mécanique ; église (XIe s.) ; courses landaises (trophée de la Corne d'or, 14 juillet). **Plaisance** 1 479 hab. ; vins Madiran St-Mont, maïs ; facture d'orgues. **St-Puy** 603 hab. ; château de *Monluc* (XIIIe-XVIe s., berceau de Blaise de Monluc, mémorialiste). **Termes d'Armagnac** 215 hab. ; tour (XIIIe s., escalier 150 marches ; 6 347 vis.). **Valence-sur-Baïse** 1 151 hab. ; bastide (XIIIe s.) ; abbaye cistercienne de *Flaran* (1151, 37 402 vis.), mosaïque gallo-romaine (50 m^2). **Vic-Fezensac** 3 614 hab. ; plasturgie, coop. agricole, matériel de construction ; église (XVe s.) ; tauromachie, marchés de nuit ; festival *Tempo Latino*. **Villecomtal-sur-Arros** 743 hab. ; produits laitiers, matériaux composites.

Divers : plans d'eau et lacs : *Trois-Vallées* (5 ha, 6 m de profondeur, à Lectoure), *Aignan* (4 ha, 7 m de profondeur), *Astarac* (180 ha), *L'Isle-Jourdain* (24 ha), *La Gimone* (230 ha, à St-Blancard), *Lupiac* (11 ha, 6 m de profondeur), *Marciac* (30 ha), *L'Uby* (80 ha, 6 m, à Cazaubon), *Miélan* (70 ha, 8 m de profondeur), *Samatan* (9 ha), *Thoux-Saint-Cricq* (70 ha, 8 m de profondeur).

■ **Haute-Garonne (31)** 6 257 km^2 (160 × 6 km). **Altitude :** *max.* pic de Perdiguère 3 222 m, *min.* 75 m (sortie du Tarn). **Population :** *1801* : 339 574 ; *51* : 481 610 ; *61* : 484 081 ; *1901* : 448 481 ; *11* : 432 126 ; *36* : 458 647 ; *75* : 777 431 ; *82* : 824 501 ; *90* : 926 000 (étrangers 47 465 dont Algériens 8 457, Marocains 6 911, Espagnols 6 872, Portugais 5 832) ; *98* : 1 030 200. **D.** 163. **Cantons :** 53. **Communes :** 588.

Régions naturelles : pyrénéenne et Piémont pyrénéen (Luchonnais, Comminges), 20 % de la superficie : forêts (ovins, bovins). **Des coteaux** (Lauragais, Volvestre, Frontonnais, Pays toulousain), 42 % : céréales (blé, maïs), tournesol, soja, polyculture, viticulture, cultures fruitières, oies, etc. **Vallées** (Gascogne, Gers, Tarn, Rivière), 38 % : céréales (blé, maïs), polyculture, maraîchage, cultures fruitières, horticulture, bovins. **Bois :** 125 320 ha (19,7 % du département).

Chef-lieu : TOULOUSE. **Superficie** 11 843 ha. **Altitude :** 180 m. **Population :** *1800* : 50 171 ; *51* : 95 277 ; *72* : 126 936 ; *1911* : 149 000 ; *36* : 213 220 ; *46* : 264 411 ; *62* : 330 570 (plus de 30 000 rapatriés) ; *68* : 380 340 ; *75* : 373 796 ; *90* : 365 933 ; *99* : 390 350. **Industries :** aéronautique (Airbus, Aérospatiale, ATR), complexe aérospatial (Cnes, Cert, CESR), chimie, agroalim., électronique, textile, armement, édition, etc. **Enseignement :** 4 universités (2e centre français de recherche, 110 000 étudiants), 14 écoles nationales (aéronautique et espace, chimie, informatique, hydraulique, agronomie, agriculture, vétérinaire, météorologie), laboratoires. **Monuments :** cathédrale St-Étienne (voûte unique, haut. 28 m, larg. 19 m, charpente XVe s. incendiée 1609, remplacée), basilique St-Sernin, ensemble des Jacobins (a reçu en 1974 les restes de St Thomas d'Aquin, 127 427 vis. [1]), le Capitole (hôtel de ville, musée, façade XVIIIe s., long. 128 m), donjon, auditorium, St-Pierre-des-Cuisines, fondé en 1100, cité de l'Espace (309 703 vis. en 1999). **Musées** (vis. en 2000) : des Augustins (ancien couvent ; fondé 1973 ; 107 676), espace Art moderne et contemporain, St-Raymond (56 090), Paul-Dupuy (13 768), des postiers ambulants (1 495), Georges-Labit (28 545), muséum d'Histoire naturelle (fermé), Centre municipal de l'affiche et de l'art graphique (10 732), du Vieux Toulouse (hôtel Dumay, XVIe s., 2 038), de la Résistance et Déportation (6 251) ; les abattoirs (6 995) ; fondation Bemberg (47 703) ; galerie du château d'eau (23 086). *Hôtels* d'Assézat (1555-60, Académie des Jeux floraux, musée de la Médecine, 10 570) et de Felzins (1556), une cinquantaine d'hôtels particuliers (XVIe et XVIIe s. de Buet, de Bagis, du Vieux-Raisin, Bernuy). **Espaces verts :** parc public et jardin japonais, Pech-David 275 ha, La Ramée 230 ha (lac 38 ha), Les Argoulets 75 ha, Sesquière 83 ha (lac 13 ha), jardin royal et Grand-Rond, berges de la Garonne. Jardin des plantes 7,6 ha, Jardin botanique Henri-Gaussen. UNITÉ URBAINE (72 communes) : 761 090 [1], dont **Balma** 11 944. **Blagnac** 20 586 ; aéroport, aéronautique ; capteurs solaires (logements) ; géothermie depuis 1975. **Beauzelle** 5 376. **Boussens** 833 ; raffinerie de pétrole. **Castanet-Tolosan** 10 250. **Castelginest** 7 735. **Colomiers** 28 538 ; aéronautique, briqueterie, plasturgie, électronique, cartonnages, habillement. **Cugnaux** 12 997. **Fenouillet** 4 028. **Frouzins** 5 936. **Launaguet** 5 086. **L'Union** 12 141. **Martres-Tolosane** 1 687 ; cimetière, faïences d'art, Musée archéologique (1 340 vis. en 2000). **Pibrac** 7 440, château. **Plaisance-du-Touch** 14 164, « African Safari » (150 000 vis. en 2000). **Portet-sur-Garonne** 8 733. **Ramonville-St-Agne** 11 696. **St-Jean** 8 362. **St-Orens-de-Gameville** 10 991. **Seysses** 5 753. **Tournefeuille** 22 758. **Villeneuve-Tolosane** 8 252. AIRE URBAINE : 964 797.

Sous-préfectures : **Muret** (à 166 m d'alt.) 20 735 hab. ; seringues, textile, salaisons, pâtes alimentaires, eaux minérales Montégut (Perrier), briqueteries, constr. mécanique, église St-Jacques (chapelle du Rosaire, XIIe s.), musée et jardin Clément-Ader, aquarium de la Garonne et des Pyrénées (32 288 vis. en 1999) ; bataille entre Simon de Montfort et troupes de Raimon VI et Pierre II d'Aragon le 12-9-1213 (croisade contre les Albigeois) ; aquarium (35 921 vis.). **St-Gaudens** (à 405 m d'alt.) 10 845 hab. (aggl. 13 604 [1]) ; cellulose, centre agricole, marché de bétail ; site roman, église de la vallée de Larboust, musée du Comminges (1 648 vis. en 2000).

Autres villes (vis. en 2000) : **Aurignac** 980 hab. ; église gothique, hôpital (1725), palais des évêques (XIIIe-XVIIIe s.), statues préhistoriques. **Aussonne** 4 220 hab. **Auterive** 6 531 hab. ; fondation René-Pous (4 373 vis.). **Avignonet** 1 069 hab. ; centre Pierre-Paul-Riquet (81 513 vis.), l'Ovalie (28 139 vis.). **Bagnères-de-Luchon** (à 630 m) 2 900 hab. (aggl. 4 350 [1]) ; thermalisme (ORL), ski, musée du pays de Luchon (3 633 vis.), aéronautique (671 vis.). **Barbazan** 378 hab. ; thermalisme. **Bax** 81 hab. ; insectarium du Volvestre (11 486 vis.). **Blajan** 437 hab. ; musée de la Tuile (661 vis.). **Boulogne-sur-Gesse** 1 433 hab. ; église gothique. **Bruguières** 3 862 hab. **Carbonne** 3 692 hab. (aggl. 4 567 [1]), musée d'André Abbal (1 199 vis.). **Cazères** 3 260 hab. (aggl. 4 117 [1]). **Cintegabelle** 2 343 hab. ; abbaye de *Bonbonne* (XVIIe s.), orgues (XVIIIe s.). **Cox** 267 hab. ; maison du Potier (2 158 vis.). **Escalquens** 5 477 hab. **Fonsorbes** 6 909 hab. **Fourquevaux** 716 hab. ; château (XVIe-XVIIIe s.). **Grenade** 5 767 hab. ; bastide (fondée 1290 par Eustache de Beaumarchais). **Herran-La Henne Morte** 81 hab. ; réseau souterrain 92 km, 36 goufres reliés entre eux, dénivelé 1 018 m. **Laréole** 122 hab. ; château (XVIe s.). **Larra** 1 131 hab. ; château (XVIIIe s.). **Lherm** 2 558 hab. ; musée Al-Campestre (12 873 vis. [1]). **L'Isle-en-Dodon** 1 905 hab. ; église gothique. **Loubens-Lauraguais** 324 hab. ; château (XVe-XVIe s.). **Mazères-sur-Salat** 584 hab. ; musée Riz-Lacroix (papier à cigarettes) ; de l'Arctique (2 944 vis.). **Merville** 2 796 hab. ; château (1743-59). **Montgeard** 323 hab. ; château (XVIe s.). **Montjoire** 1 030 hab. ; église, panorama alt. 242 m, château Le Fort. **Montmaurin** 198 hab. ; musée et villa gallo-romaine (14 412 vis.). **Montréjeau** 2 577 hab. (aggl. 4 506 [1]) ; château (XIIIe s.) ; musée de la Vie rurale, musée du Soldat de France (10 500 vis.). **Puymaurin** 297 hab. ; musée du Jamais-Vu (210 vis.). **Revel** (à 213 m) 7 985 hab. ; marqueterie, distilleries, agroalimentaire ; bastide (1342) ; Musée spéléologique ; conservatoire des Métiers du bois (5 486 vis.), espace Revel Art et Meuble (10 266 vis.). **Rieux-Volvestre** 1 899 hab. ; bastide, cathédrale Ste-Marie-de-Rieux (XIVe s., 5 239 vis.) ; musée (6 384 vis.). **Roquettes** 3 285 hab. **St-Béat** 364 hab. ; musée d'art sacré (4 600 vis.). **St-Bertrand-de-Comminges** 228 hab. [1] ; cathédrale Ste-Marie (XIe-XIVe s., 60 960 vis. [1]) ; trophée (IIe s. apr. J.-C.) ; vestiges villa gallo-romaine ; Musée archéologique. **St-Félix-de-Lauragais** 1 301 hab. ; église gothique. **St-Geniès-Bellevue** 1 781 hab. ; château (XVIe-XVIIIe s). **St-Lys** 5 455 hab. **St-Plancard** 372 hab. ; site roman. **Salies-du-Salat** 1 943 hab. ; thermalisme. **Valcabrère** 139 hab. ; site roman, basilique St-Just (XIe s., 22 744 vis. [1]). **Venerque** 2 328 hab. (aggl. 4 173 [1]). **Verfeil** 2 504 hab. ; château, église ; musée. **Villefranche-de-Lauragais** 3 338 hab. **Villemur-sur-Tarn** 4 929 hab. ; construction mécanique, électricité, agroalimentaire.

Divers : cascade d'*Enfer*. **Lacs, plans d'eau :** *Carbonne* (80 ha), *Cazères-sur-Garonne* (80 ha), *lac d'Oô* (38 ha, alt. 1 504 m), *Peyssies* (22 ha), *St-Ferréol* (90 ha). **Vestiges** *préhistoriques* : région de St-Gaudens et Aurignac. **Ski :** *Superbagnères* 1 440-2 260 m, *Peyragudes* 1 600-2 400 m, *Le Mourtis* 1 420-1 860 m, *Bourg-d'Oueil* 1 400 m. **Festivals :** Jazz sur son 31, St-Gaudingues, théâtre de rue de Ramonville, orgues de Barbarie (Montesquieu-Lauragais), Déodat de Séverac (St-Félix-de-Lauragais), du Comminges (St-Bertrand-de-Comminges et St-Just).

■ **Hautes-Pyrénées (65)** 4 464 km^2 (100 × 60 km). **Altitude :** *max.* Vignemale 3 298 m ; *min.* 120 m (à la sortie de l'Adour). **Population :** *1801* : 174 741 ; *51* : 250 934 ; *1901* : 215 546 ; *21* : 185 760 ; *36* : 188 504 ; *75* : 227 222 ; *90* : 224 885 (étrangers 7 764 dont Espagnols 2 816, Portugais 1 964, Marocains 1 132, Italiens 456) ; *99* : 222 368. **D.** 50. **Cantons :** 34. **Communes :** 474.

Régions naturelles : Pyrénées centrales (3 000 km^2), *au sud* : élevage, tourisme ; 2/3 des 45 707 ha du *parc national des Pyrénées* (voir p. 209 a). *Cirques* : Gavarnie (35 sommets à plus de 3 000 m), Troumouse. **Plateau de Lannemezan** (389 à 679 m, landes) et *collines* au nord (678 km^2, polyculture, céréales, volailles, foie gras, porcelets). **Vallée de l'Adour** à l'ouest (1 356 km^2, céréales, vergers, prairies), dont la *Rivière-Basse* (45 787 ha ; cap. Castelnau) : maïs, élevage, vins de Madiran. **Bois** (en 1999) : 126 500 ha : forêts de *Payolle* 2 500 ; *la Barousse* 4 100 ; *Néouvielle* 2 000 ; *Lesponne* 3 000 ; *Aragnouet* 1 500 ; *du Marmajou* 500 ; *Ibos* 700.

Chef-lieu : TARBES. **Altitude :** 304 m. **Population :** *1821* : 8 035 ; *91* : 25 087 ; *1954* : 40 242 ; *75* : 54 897 ; *90* : 47 565 ; *99* : 46 275. **Industries :** mécanique, électricité, aéronautique, armement, école nationale d'ingénieurs et IUT, arsenal. **Monuments :** cathédrale de la Sède, collégiale St-Jean. **Musées** (vis. en 1999) : Massey (8 389 vis. [1]), des Hussards, de la Déportation, du M^{al}-Foch ; haras national (10 800 vis.) ; jardin Massey. AGGLOMÉRATION : 77 810 hab. [1] dont **Aureilhan** 7 447. **Barbazan-Debat** 3 504. **Bordères-sur-l'Échez** 3 551. **Séméac** 4 751. AIRE URBAINE : 109 892 ha.

Sous-préfectures : **Argelès-Gazost** (à 460 m d'alt.) 3 241 hab. [*1821* : 878 ; *1954* : 2 556] (aggl. 4 448 [1]) ; station thermale ; musée de la faune sauvage. **Bagnères-de-Bigorre** (à 556 m d'alt.) 8 048 hab. [*1821* : 6 834 ; *1954* : 11 044] (aggl. 11 805 [1]) ; mécanique, matériel ferroviaire, bonneterie, station thermale ; musée Salies Bigourdan.

Autres villes (vis. en 1999) : **Aragnouet** 260 hab. **Arreau** 823 hab. ; château de *Nesles*, les Aigles d'Aure (12 600 vis.). **Barèges** (à 1 250 m) 258 hab. ; station thermale. **Beaucens** (à 480 m) 350 hab. ; station thermale ; château et donjon des *Aigles* (95 000 vis.). **Bonnemazon** 73 hab., abbaye de l'*Escaladieu* (1141-60, 12 900 vis.). **Capvern** (à 475 m) 1 074 hab. ; vue sur *les Baronnies* (collines du Haut-Arros) ; station thermale. **Cauterets** (à 932 m) 1 305 hab. ; station thermale ; *musées* 1900, du Parc national (88 000 vis.). **Gavarnie** (à 1 350 m), 164 hab. ; cirque (patrimoine mondial, 700 000 vis.), *cascade* (422 m de haut, la plus haute d'Europe). **Ibos** 2 778 hab. **Juillan** 3 506 hab. **Lannemezan** 6 137 hab. ; usine d'aluminium, chimie. **Lourdes** (à 410 m) 15 203 hab. ; appareils électriques (SEB) ; pèlerinage (5 000 000 vis., voir à l'Index) ; 2e ville hôtelière de France après Paris (275 hôtels) ; basilique (1876) et nouvelle basilique souterraine St-Pie-X, la plus grande église de France (12 000 m^2 ; 1958 par Vago, Le Donne, Pinsart), château fort (82 000 vis.) ; moulin de *Boly* ; le Cachot (maison de la famille Soubirous, 321 000 vis.) ; musée de Cire. **Luz-St-Sauveur** (à 730 m) 1 098 hab. ; capitale du *Pays Toy* ; station thermale ; église fortifiée, porte des « Cagots » (gitans, lépreux, « patarins » tenus à l'écart de la chrétienté établie). **Madiran** 536 hab. ; abbaye ; vin. **Maubourguet** 2 412 hab. **Mauléon-Barousse** 138 hab. ; maison des Sources (11 300 vis.). **Mauvezin** 188 hab. ; musée Gaston-Phébus (18 711 vis. en 1996) ; château (26 000 vis.). **Ossun** 2 171 hab. ; aéronautique (aéroport). **Pierrefitte-Nestalas** 1 260 hab. (aggl. 1 899 [1]) ; électrométallurgie ; musée du Marinarium. **Rabastens-de-Bigorre** 1 336 hab. **St-Lary-Soulan** (à 830 m) 1 024 hab. ; station thermale ; maison de l'Ours (32 364 vis. [1]). **St-Pé-de-Bigorre** 1 257 hab. ; musée du Monde paysan. **Sarrancolin** 689 hab. ; abrasifs. **Soues** 3 054 hab. **Trie-sur-Baïse** 1 034 hab. ; 1er marché de porcelets de France, pourcailhade (fête du cochon, 2e dimanche d'août ; championnat du cri du cochon depuis 1985). **Vic-en-Bigorre** 4 788 hab.

Divers (vis. en 1999) : **ski** (altitude des stations et, entre parenthèses, des pistes, en m) : *Barèges* 1 250 (1 250 à 2 350), *Campan-Payolle* (ski de fond, 1 120 à 1 450), *Cauterets* 932 (1 850 à 2 500), *Gavarnie-Gèdre* (1 850 à 2 400), *Hautacam* (1 500 à 1 800), *La Mongie* (1 800 à 2 500), *Luz-Ardiden* (1 730 à 2 450), *Nistos* (ski de fond, 1 600 à 1 800), *Peyragudes* (1 600 à 2 450), *Piau-Engaly* 1 900 (1 420 à 2 500), *St-Lary-Soulan* (1 650 à 2 450), *Val d'Azun* (ski de fond, 1 350 à 1 500), *Val-Louron* (1 450 à 2 150). **Observatoire** *du pic du Midi de Bigorre* (2 877) : télévision la plus haute de Fr. (2 865 m) ; musée des Étoiles. **Grottes :** 1 000 dont *Betharram-Médous* (240 000 vis.), gouffre d'*Esparros* (31 000 vis.), *Gargas* [empreintes de 200 mains gauches (± 460 av. J.-C., 18 500 vis.)]. **Réserve naturelle** *du Néouvielle* (2 313 ha). **Cols** *du Tourmalet* (2 115 m), *du Peyresourde* (1 569 m), *de l'Aspin* (1 489 m), *du Soulor* (1 471 m). **Pays des 4 vallées :** *Aure, Magnoac, Neste, Barousse*. **Enclaves dans les Pyrénées-Atlantiques :** *Escaunets* (6,24 km^2, 93 hab.) et *Villenave-près-Béarn* (3,09 km^2, 52 hab.), rattachées au canton de Vic-en-Bigorre ; *Gardères* (15,23 km^2, 381 hab.), *Seron* (9,29 km^2, 223 hab.) et *Luquet* (8,17 km^2, 305 hab.) au canton d'Ossun.

■ **Lot (46)** 5 217 km^2 (90 × 85 km). **Altitude :** *max.* Signal de Labastide-du-Haut-Mont 787 m, *min.* 65 m (sortie du Lot, Le Roc). **Population :** *1801* : 261 207 ; *51* : 296 224 ; *1901* : 226 720 ; *36* : 162 572 ; *68* : 151 198 ; *82* : 154 533 ; *90* : 155 934 (étrangers 5 000 dont Portugais 1 736, Marocains 748, Espagnols 648, Algériens 224) ; *1999* : 160 197. **D.** 31. **Cantons :** 31. **Communes :** 340.

Régions naturelles : causses (rochers calcaires, genévriers et petits chênes, pacages à moutons) *du Quercy* (Ht-Quercy) (2 156 km^2), divisés en *causses de Martel, de Limogne, de Gramat* (agneaux fermier du Quercy, du Causse ; chèvres : fromage cabécou AOC Rocamadour). **Limargue** (576 km^2, bande de terre verdoyante) : élevage laitier, céréales, vergers. **Vallées** *de la Dordogne* (156 km^2) *et du Lot* (504 km^2) : céréales, tabac, vignes, vin de Cahors AOC, fruits, élevage, tourisme. **Quercy** *blanc* (576 km^2), le S.-O. (collines cultivées) forme le *bas Quercy* (fruits, truffes, foie gras). **Bouriane** (560 km^2) : sablonneuse (chênes pubescents sur les hauteurs ; châtaigniers, noyers, bois dans les creux). **Ségala** (697 km^2, alt. max. 780 m) ou **Châtaignal** (hautes terres : châtaigniers, bois, élevage). **Bois :** 213 000 ha.

Chef-lieu : CAHORS. **Altitude :** 130/170 m, rivière Lot, larg. 130 m. **Population :** *1800* : 11 728 ; *1926* : 11 775 ; *75* : 20 226 ; *90* : 19 751 ; *99* : 20 003. **Industries :** électrique, chimie, truffes. **Monuments :** cloître de la cathédrale St-Étienne (XIe-XVIIe s., coupoles de 16 m sur nef large de 20 m), église St-Urcisse (XIIe-XIIIe s.), chapelle St-Gaubert, ruines romaines, pont Valentré (XIVe s., 1re pierre 17-6-1308, patrimoine mondial), maison Henri IV, hôtel de Rohades. **Musées :** Henri-Martin (peintre), de la Résistance (9 973 vis. en 2000), du Vin.

Sous-préfectures : **Figeac** 9 606 hab. ; équipement aéronautique, conserves ; hôtel de la Monnaie (XIIIe s). Commanderie des Templiers (XIIe-XVe s.), *soleilhos* et maisons médiévales ; place des Écritures ; *musées* : Champollion (23 879 vis. en 1999), du Vieux Figeac. **Gourdon** 4 882 hab. ; conserves ; vieux quartiers ; musée Henri-Giron.

Autres villes (vis. en 2000) : **Assier** 535 hab. ; château (XVIe s., 3 789 vis.). **Aujols** 243 hab. ; igues (goufres). **Autoire** 312 hab. **Beauregard** 188 hab. ; halle (XVe s.). **Bélaye** 223 hab. ; église (XVe s.), château de *Cousserans* (XVe s.). **Biars-sur-Cère** 1 983 hab. (aggl. 3 234 [1]) ; meubles, agroalimentaire : 1er pôle confiturier français. **Bouziès** 70 hab. **Cabrerets** 203 hab. ; château ; *musées* : troglodytique de la Préhistoire, de l'Insolite (19 000 vis.). **Cajarc** 1 114 hab. ; maison des Arts Georges-Pompidou

(29 061 vis.), Musée du Rail (2 696 vis.). **Capdenac-le-Haut** 994 hab. ; oppidum, musée. **Cardaillac** 498 hab. ; musée « Éclaté » (3 422 vis.). **Carennac** 373 hab. ; maison de la Dordogne quercynoise, musée des Alambics, abbaye (12 771 vis.), cloître (12 172 vis. [1]). **Cénevières** 161 hab. ; château (XIIIe-XVIe s., 13 200 vis.). **Cieurac** 287 hab. ; château (XVe s.). **Gourdon** 4 882 hab. ; église ; dolmen. **Gramat** 3 545 hab. ; moulin à eau du Saut (ruines) ; tumulus ; parc animalier (59 089 vis.). **Grézels** 265 hab. ; château (XIIIe-XVIe s.). **Labastide-Murat** 690 hab. ; maison natale de Murat. **Lacapelle-Marival** 1 247 hab. ; château (XIIIe s., 2 286 vis.). **Lacave** 293 hab. ; château de *La Treyne*, parc préhistorique (42 000 vis.). **Lalbenque** 1 067 hab. ; marché aux Truffes. **Larroque-Toirac** 135 hab. ; château (XIVe-XVIe s., 4 050 vis.). **Léobard** 181 hab. ; abbaye nouvelle. **Les Arques** 158 hab. ; musée Zadkine (5 922 vis.). **Limogne-en-Quercy** 724 hab. ; musée (5 050 vis.). **Loubressac** 432 hab. ; fromagerie. **Luzech** 1 647 hab. ; donjon (XIIe s.), musée Armand-Viré (archéologie, 3 000 vis.). **Marcilhac-sur-Célé** 194 hab. ; abbaye (XIe-XVIe s.). **Martel** 1 467 hab. ; musée d'Uxellodunum (palais de la Raymondie, XIVe s.), moulin de l'Huilerie Castagné, labyrinthus (30 000 vis.). **Mercuès** 736 hab. ; château. **Montcuq** 1 263 hab. ; donjon (XIIe s.) haut. 30 m ; château de *Lastours*. **Payrac** 564 hab. ; musée Roger-Thieres. **Peyrilles** 313 hab. ; Musée postal. **Pradines** 3 125 hab. **Prayssac** 2 300 hab. **Prudhomat** 648 hab. ; château de *Castelnau-Bretenoux* (XIIe-XVe s. ; 46 932 vis.). **Puy-L'Évêque** 2 159 hab. ; vignoble. **Rocamadour** 614 hab. ; pèlerinage ; chapelle de la Vierge noire, château (75 973 vis. en 2000), remparts, *musées :* d'Art sacré (13 184 vis.), de Cire, du Jouet (5 500 vis.), Féerie du rail (39 500 vis.) ; moulin à vent de *Carlucet*, moulin à eau fortifié de *Cougnaguet* (à Calès) ; rocher des *Aigles* (101 680 vis. [1]), forêt des *Singes* (114 800 vis. en 1998). **St-Céré** 3 515 hab. ; mécanique ; maison des Consuls (10 000 vis.) ; galerie Jean-Lurçat (12 000 vis.) ; tours St-Laurent, centre commercial et culturel ; moulin à eau de *Riols* ; musée de l'Auto. **St-Cirq-Lapopie** 207 hab. ; église (XIIe s.) ; chapelle Ste-Croix, château (XIIIe s., vestiges), musée Rignault (2 007 vis.). **St-Jean-Lespinasse** 372 hab. ; château de *Montal* (1523-34, restauré par Maurice Fenaille, donné à l'État en 1913 ; 16 000 vis.). **St-Laurent-les-Tours** 900 hab. ; atelier-musée Jean-Lurçat (5 638 vis.) ; château (XIVe s.). **St-Pierre-Lafeuille** 292 hab. ; château de *Roussillon* (XIIe s.). **Sauliac-sur-Célé** 92 hab. ; musée de plein air du Quercy (à *Cuzals* ; 18 000 vis.). **Souillac** 3 671 hab. ; bouchons, métaux, tourisme ; église (XIIe s.) ; beffroi (XVIe s.) ; *musées :* des Attelages (3 049 vis.), de l'Automate (55 800 vis.). **Vayrac** 1 185 hab. ; Musée gallo-romain. **Vers** 398 hab. ; aqueduc gallo-romain, église de Velles.

Divers (vis. en 2000) : **moulins :** *Castelnau-Montratier* (de Boisse, à vent ; de Brousse, à eau XIIIe s.), *Limogne* (de la Bosse, à vent), *Lunan* (de Seyrignac, à vent, toiture tournante XVe s.), *Mayrinhac-Lentour* (de Vergnoulet, à eau), *Varaire* (musée Fontvieille, à huile). **Parcs :** *Cahors* (« L'Archipel », 32 500 vis. [1]), *Figeac, Gramat* (59 089 vis.), *Lanzac, Varaire, Payrac, Souillac, Vayrac-Bétaille.* **Grottes et gouffres :** *Bellevue* (à Marcilhac-sur-Célé), *Cougnac* (à Gourdon, 22 277 vis. [1]), *Lacave* (12 salles dont une de 2 000 m²) ; 100 000 vis.), *Merveilles de L'Hospitalet* (à Rocamadour, plus de 20 000 ans, 16 486 vis.), *Padirac* (560 m de rivière à 110 m sous terre, salle du Grand Dôme 94 m de haut, 365 255 vis.), *Pech-Merle* (à Cabrerets, 7 salles sur 1 200 m, 71 552 vis.), *Presque* (à St-Céré, 12 499 vis.), *Roland* (à Montcuq, 410 m de galeries, 5 315 vis.). **Vallées :** *Alzou, Célé, Dordogne, Lot* (navigable de St-Cirq-Lapopie à Luzech (65 km), *Vers ; saut de la Mounine.*

■ **Tarn (81)** 5 758 km² (90 × 105 km). **Altitudes :** *max.* pic de Montalet 1 266 m ; *min.* 88 m (sortie du Tarn). **Population :** *1801 :* 270 908 ; *51 :* 363 073 ; *1901 :* 332 093 ; *21 :* 295 588 ; *36 :* 164 629 ; *68 :* 183 572 ; *75 :* 338 024 ; *82 :* 339 345 ; *90 :* 342 700 (étrangers 14 414 dont Portugais 3 260, Algériens 3 068, Marocains 2 432, Espagnols 2 008) ; *99 :* 343 402. **D.** 59. **Cantons :** 46. **Communes :** 324.

Régions naturelles : Ségala tarnais 78 332 ha : polyculture, bovins, ovins, porcins. **Lauragais tarnais :** grandes cultures, aviculture, porcins, veaux. **Monts de Lacaune** 55 109 ha : sylviculture, bovins, ovins. **Montagne Noire** (culmine au pic de Nore, 1 210 m) et **vallée du Thoré** 25 819 ha : forêts, bovins, lait. **Gaillacois** 50 653 ha : arboriculture, viticulture, végétaux. **Coteaux molassiques** 9 693 ha : polyculture et élevage. **Plaine de l'Albigeois-Castrais** 103 050 ha : végétaux, bovins, ail, tabac, maraîchage, aviculture. **Causses du Quercy** 14 325 ha : élevage (bovins, ovins, caprins). **Sidobre,** plateau granitique, alt. max. 650 m, 100 km². **Bois** 165 000 ha. **Forêts** de la *Montagne Noire* 4,1, de *Gresigne* 3,6, *Lacaune Nore* 1,7, *Sivens Nore* 0,6, *Séréna* 0,3.

Chef-lieu : ALBI. Altitude : 174 m. **Population :** *1800 :* 9 649 ; *1901 :* 22 571 ; *54 :* 31 943 ; *75 :* 46 162 ; *90 :* 46 579 ; *99 :* 49 106. **Activités :** marché agricole, agroalimentaire, métallurgie, équipement, centrale thermique (250 MW), verrerie, matériel de construction, chimie/plastique, électronique, informatique. **Enseignement supérieur** (facultés, École des mines) 3 700 étudiants. **Monuments :** cathédrale Ste-Cécile (XIIe s., 544 147 vis. en 2000), orgues, voûtes peintes en bleu et or début XVIe s. par des Italiens ; église St-Salvy (cloître), vieux ponts, vieilles maisons, parc Rochegude. **Musées** Toulouse-Lautrec (1re salle inaugurée 1922, ancien palais épiscopal ou de la Berbie puis musée des Sciences naturelles, fondé 1876, aujourd'hui disparu ; 159 297 vis.) ; Lapérouse (6 873 vis.) ; de Cire. Unité urbaine : 66 231 hab. [1], dont **St-Juéry** 6 635. Aire urbaine : 85 960.

Sous-préfecture : Castres (à 172 m d'alt.) 43 496 hab. [*1800 :* 15 171 ; *1901 :* 27 308 ; *54 :* 31 903] (aggl. 46 481 [1]), chef-lieu de 1790 à 1797 ; mécanique et électricité, granit, habillement, ameublement, pharmacie, draperie, peaux, chimie, sélection génétique bovine ; vieilles maisons sur l'Agoût ; musée Goya, fondé 1840 (la plus grande toile de Goya : « la Junte des Philippines », 24 461 vis. en 1999) ; centre Jaurès [ville natale, musée Jaurès, fondé 1954 (10 519 vis. en 1999)], ancien évêché Mansart, jardins Le Nôtre, tour St-Benoît, hôtels (XVIe-XVIIe s.) ; centre d'Art contemporain. Aire urbaine : 61 760.

Autres villes (vis. en 1999) : **Ambialet** 381 hab. 3 églises (XIe-XVe s.), boucle du Tarn sur 3 km, presque complètement fermé (haute vallée : « vallée de l'Amitié ») ; Musée missionnaire. **Andillac** 102 hab. ; musée Eugénie-et-Maurice-de-Guérin (6 674 vis.), château du Cayla. **Brassac** (à 487 m) 1 427 hab. **Cahuzac-sur-Vère** 1 027 hab. ; bastide. **Carmaux** 10 231 hab. ; circuit industriel du pays minier ; musée [aggl. 17 307 [1], dont *Blaye-les-Mines* 2 944 ; la Grande Découverte, prof. 220 m, diamètre au sommet 1,1 ha ; musée de la Mine à *Cagnac-les-Mines* (35 354 vis.) ; carrelage, agroalimentaire, mécanique, guirlandes, béton armé, céramique, chimie, confection, plasturgie, meubles ; sélection génétique bovine. *St-Benoît-de-Carmaux* 2 265]. **Castelnau-de-Lévis** 1 403 hab. ; château et tour carrée (XIIIe s.). **Castelnau-de-Montmiral** 895 hab. ; village fortifié, bastide, forêt de la *Grésigne* (3 600 ha). **Cordes** 996 hab. ; bastide (maison du Grand Fauconnier, XIVe s.) ; *musées :* Y.-Brayer, Charles-Portal, de la Broderie, du Sucre (28 122 vis.), d'Art et d'Histoire. **Dourgne** 1 186 hab. ; abbayes bénédictines d'*En Calcat* et de *Ste-Scholastique*. **Durfort** 270 hab. ; cuivre, salaisons. **Ferrières** 150 hab. ; musée du Protestantisme ; château (XIe-XVIe s. ; à 550 m d'alt.). **Gaillac** 11 073 hab. (aggl. 11 742 [1]) ; 10 000 ha de vignobles (blancs 46 %, rouges 54 %), vins AOC (21 %), de pays, primeur, coop. viticoles ; meubles, plasturgie, industrie des plantes (pharmacie), mécanique ; église St-Pierre (XIIe s.), maison Pierre-de-Brens (XVe s.), parc de *Foucaud* (XVIIe s.), fontaine du Griffon, maison des Vins (ouverte en 1997) ; *musées :* des ATP (7 438 vis. [1]), des Beaux-Arts, de l'Abbaye St-Michel (9 272 vis.), d'Histoire naturelle. **Graulhet** 12 663 hab. ; 1er centre en mégisserie, 2e en maroquinerie, bonneterie, apprêts, colles et gélatines. **Labastide-Rouairoux** 1 753 hab. ; archéologie, artisanat, écomusée. **Labruguière** 5 488 hab. ; bois (Isorel). **Lacaune** (à 800 m) 2 914 hab. ; salaisons, conserves (9 117 vis. [1]) ; filature, eaux du Mont-Roucous, station climatique, fontaine des pisseurs (XVe s.), casino, musée ATP (10 895 vis.). **Lacrouzette** (à 480 m) 1 753 hab. (zone naturelle protégée du *Sidobre*) ; maison du Granit. **Larroque** 122 hab. ; château (XVIIe s.). **Lautrec** 1 554 hab. ; ail rose ; collégiale (XVe s.), halles (XIIIe s.), musée ; moulin à vent. **Lavaur** 8 537 hab. (aggl. 9 210 [1]) ; confection, haut lieu du catharisme, jacquemart, cathédrale St-Alain (XIIe-XVIe s.) ; musée du Pays vaurais. **Lescure-d'Albigeois** 3 660 hab. ; église (XIIe s.). **Lisle-sur-Tarn** 3 683 hab. ; bastide (XIIIe s.), place à arcades, musée Raymond-Lafage. **Magrin** 113 hab. ; village fortifié (XIe-XVIe s.) ; musée du Pastel (3 902 vis.). **Marsal** 225 hab. ; musée d'Icônes. **Mazamet** 10 544 hab. [aggl. 25 484 [1], dont *Aussillon* 6 865] ; délainage (60 % des peaux commercialisées dans le monde dont 83 % d'Australie), filature et tissage de laine, mégisserie, mécanique, bois, jouets, chimie, auto, cuir, équipement dentaire ; église St-Sauveur (XVIIIe s.), parc Tournier, belvédère du Plo-de-la-Bise, musée de la Terre, maisons de l'Artisanat (14 485 vis.), du Jouet. **Monestiés** 1 362 hab. ; croix du Gazets (menhir christianisé) ; église (XIIIe s.), « Mise au tombeau » du XVe s. (6 534 vis.) **Montans** 1 061 hab. ; archéosite (7 783 vis.). **Montredon-Labessonié** 2 030 hab. ; planétarium (14 349 vis.) ; château (à 550 m d'alt.). **Murat-sur-Vèbre** (à 850 m) 819 hab. **Noailles** 166 hab. ; château (XIIIe s.). **Pampelonne** 669 hab. ; bastide (XIIe s.). **Penne-du-Tarn** 522 hab. ; village fortifié, bastide. **Pont-de-Larn** 2 737 hab. ; équipement auto. **Puycelci** 495 hab. ; remparts (XIIIe et XIVe s.), bastide (verger). **Puylaurens** 2 792 hab. ; marché agricole ; ancienne université protestante, vieil oppidum. **Rabastens** 4 176 hab. (aggl. 5 812 [1]) ; château de *St-Géry* (XIIIe-XVIIIe s.) ; musée. **Réalmont** 2 580 hab. ; chaînes acier (6 en France). **St-Salvy-de-la-Balme** (à 650 m) 569 hab. ; chaos granitiques. **St-Sulpice-la-Pointe** 4 801 hab. ; travail des métaux. **Salvagnac** 927 hab. ; bastide St-Urcisse (XIIIe s.). **Senouillac** 835 hab. ; château de *Mauriac* XVe s. **Sorèze** 2 164 hab. ; ancienne école royale militaire (tombeau de Lacordaire), Conservatoire de la presse mondiale de langue française. **Tanus** 436 hab. ; viaduc du Viaur de Paul Bodin (1902), long. 460 m, 3 800 t. **Valence d'Albigeois** 1 142 hab. ; bastide (XIIIe s.), églises (XVe s.). **Vaour** 248 hab. ; bastide. **Viane** (à 505 m), 582 hab. **Vindrac** 171 hab. ; musée de l'Outil.

Divers : barrages et lacs : *Aiguelèze, La Bancalié* (à St-Antonin-de-Lacalm, 60 ha), *Les Cammazes, Laouzas* (à Nages, 270 ha), *Les Montagnes, La Raviège, Razisse* (125 ha), *La Roucarié, St-Géraud, Vère Grésigne, St-Ferréol* (80 ha), *Sts-Peyres* (210 ha). **Cascades :** *Arifat.* **Parc naturel régional du Haut-Languedoc :** 145 000 ha. **Gorges :** *de l'Aveyron* (Penne-du-Tarn), du *Viaur* (viaduc, 120 m de haut). **Plateau du Sidobre :** 100 km², à 650 m d'alt., lac du Merle, rochers granitiques sculptés par l'érosion. Peyro Clabado (780 tonnes en équilibre), roc de l'Oie, etc. **Mts de Lacaune.**

■ **Tarn-et-Garonne (82)** 3 718 km². **Altitude :** *max.* 498 m, *min.* 50 m (sortie de la Garonne). **Population :** *1801 :* 228 000 ; *51 :* 237 553 ; *1901 :* 165 669 ; *21 :* 159 559 ; *36 :* 164 629 ; *68 :* 183 572 ; *75 :* 183 314 ; *82 :* 190 485, *90 :* 200 220 (étrangers 9 680 dont Marocains 3 404, Italiens 1 360, Portugais 1 272, Espagnols 1 192) ; *99 :* 206 034. **D.** 55. Formé 1808 avec des territoires détachés du Lot, Aveyron, Lot-et-Garonne, Hte-Garonne (2 arrondissements : Montauban, Castelsarrasin). *1930* (3-3) inondations : 360 †, 1 750 maisons détruites. **Cantons :** 30. **Communes :** 195.

• **Régions naturelles : bas Quercy de Monclar** 10 238 ha : polyculture, élevage ; **de Montpezat** 84 127 ha : polyculture, élevage. **Lomagne** 43 936 ha : blé, maïs, oies grasses, ail. **Coteaux du Gers** 6 154 ha. **Vallées et terrasses** 77 000 ha : peupleraies, blé, maïs, cerises, chasselas, poires, prunes, pêches, kiwis, noisettes, melons, oignons, artichauts, prairies. **Lauragais** 16 734 ha. **Causses du Quercy** 33 435 ha. **Rouergue** 10 807 ha. **Coteaux du Néracois** 1 841 ha. **Pays de Serres** 20 817 ha. **Quercy blanc** 6 693 ha. **Bois :** 62 600 ha.

Chef-lieu : MONTAUBAN. Fondée 1144. **Altitude :** 104 m. **Population :** *1975 :* 48 028 ; *90 :* 51 224 ; *99 :* 51 885. **Industries :** expédition de primeurs ; volailles, meubles, luminaires, électroacoustique, laiteries. **Monuments :** cathédrale N.-D. (*Le Vœu de Louis XIII* d'Ingres). Pont-Vieux (XIVe s.), place Nationale (XVIIe-XVIIIe s.), ancien collège des jésuites. **Musées** (vis. en 1999) : Ingres (fondé 1843, 39 173 vis., œuvres d'Ingres et de Bourdelle), du Terroir (3 141 vis.), d'Histoire naturelle (6 107 vis.). **Roseraie** du parc Chambord. **Marché** au Gras (nov. à mars).

Sous-préfecture : Castelsarrasin (à 83 m d'alt.) 11 352 hab. ; fonderie, agroalimentaire ; église St-Sauveur.

Autres villes (vis. en 1999) : **Auvillar** 876 hab. ; égl. St-Pierre (XIIe-XVe s.), halle aux grains, château *St-Roch*, musée du Vieil Auvillar (2 500 vis.). **Beaumont-de-Lomagne** 3 690 hab. ; marché à l'Ail, bastide (1276), église fortifiée (XIVe s.). **Bioule** 765 hab. ; château (651 vis. [1]). **Bouillac** 447 hab. ; église, trésor. **Brassac** 248 hab. ; château (XIIIe-XVe s., 990 vis.). **Bruniquel** 561 hab. ; château féodal (19 369 vis.), maison Payrol (5 188 vis.). **Castelsagrat** 515 hab. ; bastide (1270), château (XIIe s.). **Caussade** 5 971 hab. ; chapeaux, électronique, biens d'équipement, truffes et foies gras ; musée ; marché au Gras (nov. à mars). **Caylus** 1 324 hab. ; château fort (ruines). **Cazes-Mondenard** 1 237 hab. ; musée du Corbillard. **Ginals** 187 hab. ; abbaye de Beaulieu (7 992 vis.), centre d'Art contemporain. **Golfech** 710 hab. ; centrale électronucléaire (12 420 vis. en 1995, 3 659 vis. du fait du plan Vigipirate). **Gramont** 143 hab. ; château (XIe-XVIe s., 6 991 vis.). **Grisolles** 2 917 hab. ; musée Calbet (2 758 vis.). **Lachapelle** 119 hab. ; église (XVe s.). **Lacour** 182 hab. ; église (XIIe s.). **Larrazet** 557 hab. ; église, château (XVIe s.). **Lauzerte** 1 487 hab. ; bastide, place, église St-Barthélemy. **Moissac** 12 321 hab. ; caoutchouc moulé ; abbatiale St-Pierre (XIIe s.) et cloître roman [(59 000 vis.), le chemin de fer de 1856 a sacrifié le réfectoire des moines], pont-canal, marché au Gras (nov. à mars), fruits ; musée des Arts et Traditions populaires, musée M.-Vidal (10 301 vis.). **Montaigu-de-Quercy** 1 440 hab. ; église St-Martin de Bournazel. **Montech** 3 491 hab. ; pente d'eau (voir à l'Index). **Montjoi** 177 hab. ; bastide (1268). **Montpezat-de-Quercy** 1 378 hab. ; cathédrale St-Martin (avec Vierge aux colombes XIVe s. et tapisseries XVIe s.). **Montricoux** 970 hab. ; donjon des Templiers (XIIIe s.), musée Lenoir. **Nègrepelisse** 3 487 hab. **Puylaroque** 576 hab. ; vieux village. **Réalville** 1 541 hab. ; bastide (1304). **Reyniès** 816 hab. ; château (XVIIe s.). **St-Antonin-Noble-Val** 1 867 hab. ; hôtel de ville (XIIe s.), château de *Cas,* maisons anciennes. **St-Nicolas-de-la-Grave** 2 009 hab. ; maison natale de Lamothe Cadillac, fondateur de Detroit (USA). **Valeilles** 266 hab. ; église. **Valence-d'Agen** 4 783 hab. ; céramique. **Varen** 748 hab. ; église (XIe-XIIe s.). **Verdun-sur-Garonne** 2 872 hab. [1]. **Verfeil-sur-Seye** 320 hab. ; bastide (XIIIe s.), vieille halle.

Divers : vallée de l'*Aveyron, de la Bonnette.* **Grottes** du Bosc (St-Antonin, 7 010 vis. en 1999). **Pigeonniers :** plusieurs centaines. **Plans d'eau :** *St-Nicolas, Beaumont-de-Lomagne, Parisot, Molières, Montaigu-de-Quercy, Monclar-de-Quercy, Bressols, Caylus, Lafrançaise, St-Sardos, Lavit, du Tarn-et-Garonne* (400 ha).

NORD-PAS-DE-CALAIS

GÉNÉRALITÉS

■ **Superficie.** 12 414 km². **Population.** *1990 :* 3 965 058 (étrangers 166 543 dont Marocains 45 381, Algériens 40 029, Portugais 17 685) ; urbaine 86 %. *99 :* 3 996 588. **D.** 322.

■ **Situation.** *Flandre, Hainaut* et *Cambrésis* constituent à peu près le département du Nord. *Artois, Boulonnais* et *Ternois* à peu près celui du Pas-de-Calais.

ARTOIS

■ **Situation.** Pas d'unité géographique. Seuil entre la Picardie au sud, et la plaine flamande au nord sur laquelle il s'étend en partie (extrémité occidentale du bassin houiller). **Sud :** collines s'abaissant d'ouest (plus de 200 m) en est (150 m dans le *Cambrésis*), souvent crayeuses, avec plaques de limon (céréales, betteraves à sucre, plantes fourragères) ; vers le *Boulonnais,* argile à silex : herbages (bêtes à cornes). **Nord :** collines dominant la plaine flamande (100 à 150 m) ; « *pays noir* » sur la rive droite de la Lys ; à l'est, plaines au milieu des collines sableuses : *Gohelle* (région de Lens), plaine agricole d'Arras (limon).

■ **Histoire.** D'abord partie intégrante de la Flandre (*Pagus Atrebatensis*) sous la maison comtale issue de Baudouin Ier, gendre de Charles le Chauve. **1180** donné en dot par le Cte de Flandre, Philippe d'Alsace, à sa nièce, Isabelle de Flandre et de Hainaut, qui épouse Philippe Auguste. **1223** incorporé au domaine royal (avec Boulonnais et Ternois) par Louis VIII, à son avènement (il en avait hérité de sa mère, Isabelle de Flandre et de Hainaut, 15-3-1190). **1237** Saint Louis le donne en apanage à son frère puîné **Robert Ier** (1216/8-2-1250, tué à Mansourah).

1250 Robert II (1250/11-7-1302, tué à la bataille de Courtrai), fils posthume de Robert Ier. **1302 Mahaut** (vers 1270/27-11-1329), sa fille, épouse en 1285 Othon IV, Cte de Bourgogne († 17-3-1303). **1309 et 1318** la cour des Pairs reconnaît à 2 reprises les droits de Mahaut, déboutant son neveu **Robert III** (1247-1342), Cte de Beaumont le Roger, qui épouse Jeanne de Valois, sœur du roi Philippe VI. **1329** le roi prend l'Artois sous sa garde. Robert III, convaincu d'un faux, est banni (exilé en Flandre puis Brabant, Avignon, Angleterre, fait Cte de Richemond ; servant dans l'armée anglaise, tué dans la guerre de succession de Bretagne). Par mariage, passe dans la maison comtoise de Bourgogne, puis dans celle de Dampierre-Flandre et dans la 2e maison capétienne de Bourgogne. **1477** mort de Charles le Téméraire ; incorporé avec la Flandre aux biens des Habsbourg (mariage de sa fille avec Maximilien d'Autr.). **1482** *traité d'Arras :* cédé à Louis XI. **1493** *traité de Senlis :* rendu par Charles VIII à la maison d'Autr., tout en continuant à relever de la couronne de Fr. **1526** *traité de Madrid.* **1529** *traité de Cambrai :* la France perd la suzeraineté. Appartient alors aux Habsbourg d'Esp. **1640** conquis sur Espagnols après un siège (les Espagnols avaient placardé aux portes : « Quand les Français prendront Arras, les souris mangeront les chats. ») **1659** *traité des Pyrénées :* revient à la Fr. sauf Aire et St-Omer qui constituent l'« *Artois retenu* » (capitale St-Omer), conquis en 1677 et réuni par le *traité de Nimègue* (1679). **1757** Louis XV donne le titre de Cte d'Artois à son petit-fils Charles-Philippe, futur Charles X. Siège de nombreux combats (1914-1918 et 1939-1945).

Boulonnais

■ **Situation.** *Bas Boulonnais :* bande littorale du pas de Calais, de Guines à Étaples. *Haut Boulonnais :* demi-boutonnière argileuse, fermée par un demi-cercle de crêts calcaires.

■ **Histoire.** Occupé dès le Mésolithique. **Néolithique** 1re relation avec la G.-B. **Av. J.-C. VIe s.** Celtes hallstattiens. **IIIe s.** fixation belge, les *Morins* (pêcheurs et commerçants). **58** César prend leur port (*Portus Itius*), mais ils ne sont vaincus qu'en 30 av. J.-C. *Bononia,* l'oppidum celtique, est doublé par le port romain de *Gesoriacum* où résident fonctionnaires, commerçants et industriels. **Après J.-C. Vers 300** cité des Morins dédoublée entre Thérouanne et Boulogne qui deviendront tous 2 des évêchés. **IVe s.** Francs établis comme alliés dans le Boulonnais. **Ve s.** invasions saxonnes. **VIe s.** partie de la Neustrie. **843** de la Francie occidentale. **882** Hennequin, neveu de Baudouin de Flandre, reçoit le Boulonnais en fief, vassal du Cté de Flandre ; confirmé au milieu du xe s. **988** Cté *de Guines* s'en détache, puis en 1065 celui *de Hesdin.* Cté de Boulonnais passe par mariage aux familles de Blois (1150), Dammartin (1186) et par héritage à Robert d'Auvergne (1260). **1196** passe avec l'Artois au futur Louis VIII, fils mineur de Philippe Auguste et d'Élisabeth de Hainaut ; administré par le roi, il cesse de relever des Ctes de Flandre. **1419** enlevé à Bertrand d'Auvergne par Philippe le Bon ; confirmé par la paix d'Arras (1435). **1482** annexé avec l'Artois par Louis XI qui désintéresse Bertrand II d'Auvergne en lui donnant le Lauragais. **1493** définitivement détaché de l'Artois qui devient espagnol. **1544-50** conquis par Henri VIII d'Angleterre qui le restitue contre 400 000 écus. **1551** Henri II confirme les privilèges du Boulonnais (exemption d'impôts, états particuliers) et crée une sénéchaussée relevant de Paris. Dépend de l'intendance d'Amiens et du gouvernement de Picardie. **1662** révolte paysanne dite des *Lustucru* (personnage de chansons populaires ou héros de libelles sous Louis XIII), Louis XIV ayant voulu les assujettir à des impôts dont ils étaient exemptés (contre la garde des frontières). **1663**-*11-7 :* 586 mutins arrêtés à Hucqueliers ; meneurs exécutés, Postel du Clivet roué vif. **XVIIIe s.** forme un gouvernement particulier. **1766** obtient une assemblée provinciale particulière.

Cambrésis

■ **Situation.** Sud du département du Nord, sud-est du Pas-de-Calais, nord-ouest de l'Aisne. Vallonné et fertile (de 60 à 150 m d'alt.).

■ **Histoire.** Peuplé dès le Paléolithique inférieur. **Av. J.-C. VIe s.** Celtes hallstattiens. **IIIe s.** Belges dont la tribu des *Nerviens* occupent la région. **Époque romaine** l'oppidum de *Camaracum* devient une ville, forêt défrichée en partie ; la cité libre des Nerviens est rattachée à la province de Belgique. **Apr. J.-C. IIe au Ve s.** ravagé par invasions germaniques. **Ve s.** création de l'évêché de Cambrai. **511-660** partie du royaume de Soissons. **IXe s.** raids des Normands. **843** *traité de Verdun :* fait partie de la Lotharingie (intégrée à l'Empire germanique en 923). **1007** l'évêque reçoit les droits comtaux sur le Cambrésis et la dignité de Pce d'Empire (souverain). **XIe au XIIIe s.** important mouvement communal (en 1284, l'empereur Rodolphe Ier confirme la Charte des libertés). **1476** Louis XI prend Cambrai. **1479** repris par Bourguignons. **1510** Charles Quint érige la ville épiscopale en duché et y établit une citadelle. **1543** fin de la souveraineté : annexé aux P.-Bas espagnols. **1565** l'évêque de Cambrai devient archevêque et métropolitain de tous les P.-Bas. **1580** il cesse de frapper monnaie. **1677** Louis XIV conquiert la ville. **1679** *traité de Nimègue :* l'accorde à la France. **1686** le pape reconnaît au roi de Fr. le droit de nommer les archevêques de Cambrai (qui demeurent Pces d'Empire, ducs de Cambrai, Ctes du Cambrésis). Rattaché au gouvernement de Flandre et à la généralité de Lille (subdélégué à Cambrai), puis à la généralité de Hainaut qui conserve ses états jusqu'en 1789 (Pt-né : l'archevêque).

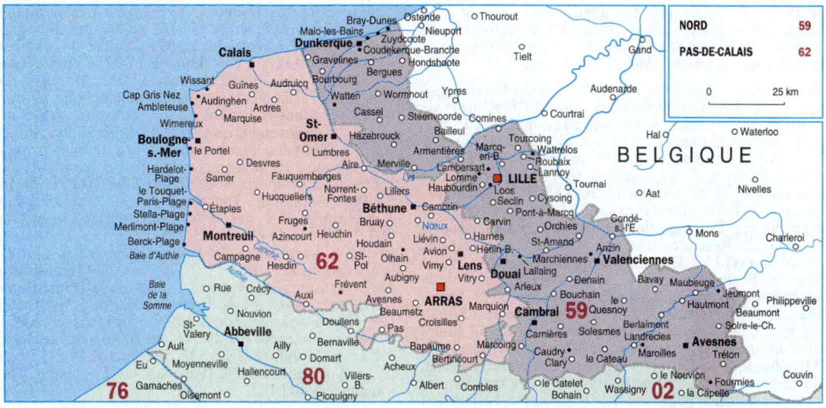

Flandre

■ **Situation. Marge méridionale** du delta de l'Escaut, de la Meuse et du Rhin ; petits fleuves orientés sud-ouest-nord-est. Plusieurs sous-régions du nord-ouest au sud-est. **Flandre maritime** de Calais à la frontière belge : plaine sablonneuse d'alluvions quaternaires, très basse. **Flandre intérieure :** région agricole (à environ 40 m d'alt.), avec *Mts des Flandres* (130 à 175 m) : séparée de la région lilloise, sur une larg. de 15 km, par *bassin de la Lys* ou *Weppes.* **Région lilloise :** plaine basse et marécageuse de la *Deûle,* urbanisée, comprenant les pays du *Ferrain* (au nord), du *Mélantois* et du *Pévèle* (au sud).

■ **Histoire.** *Flandre* désigne 17 provinces des P.-Bas catholiques, restées à la fin du xvie s. sous la domination de l'Espagne (les provinces du Nord devenues indépendantes étant appelées *Provinces-Unies*). Les 17 provinces, diminuées de l'Artois et de la partie de la Flandre et du Hainaut, restée française à la suite des guerres de Louis XIV, constituent à peu près la Belgique actuelle. On distingue la *Flandre flamingante* où l'on parle flamand, la *Flandre gallicane* (ou Wallonie) où l'on parle français, et la *Flandre impériale* (à cause du Cté d'Alost longtemps sous la domination des empereurs d'Allemagne) qui comprend le pays d'Alost et les « Quatre Métiers ». Territoire celtique des *Menapii* et des *Morins* (Belgique Seconde), germanisé par les Francs saliens à partir de 430. **VIe et VIIe s.** christianisée. **Période mérovingienne** luttes contre Frisons venus du Nord. **843** malgré son caractère germanique, fait partie du roy. de France au traité de Verdun. **883 Baudouin II** (fils de Baudouin Ier Bras-de-Fer, gendre de Charles le Chauve nommé Cte de la « marche de Flandre » 879) se rend maître de la région et devient le 1er Cte de Flandre, au sud de l'embouchure de l'Yser. **1056 Baudouin V** acquiert vers le nord-est de nombreux territoires et devient Cte français et Cte impérial (quasi autonome). Liens étroits entre Ctés de Flandre et de Hainaut. **1076** soulèvement de *Cambrai* contre son évêque (tentative de constitution d'une commune française). **XIIe et XIIIe s.** essor économique fondé sur l'achat des laines anglaises ; Dunkerque port ; Douai, ville drapière, une des résidences favorites du Cte, foire connue à partir de 1127 ; tissage à Bailleul et Orchies. **1214** *Bouvines :* Philippe Auguste bat Ferrand, Cte de Flandre et de Hainaut, et ses alliés : triomphe de l'influence française. **1297** la Flandre wallonne (Lille, Douai, Orchies) est rattachée à la Couronne après la défaite du Cte de Flandre devant Philippe le Bel ; perdue 1302, recouvrée en 1304 (bataille de *Mons-en-Pévèle*). **1369 Louis le Mâle,** Cte de Flandre, obtient de Charles V la réunion de son comté et de la Flandre wallonne. **1369**-*16-6* **Philippe II le Hardi,** duc de Bourgogne, épouse **Marguerite III,** Ctesse de Flandre et d'Artois ; rattachement de tous les « P.-Bas » à la maison de Bourgogne. **1477 Marie de Bourgogne,** fille unique de Charles le Téméraire, dernier duc de Bourgogne, épouse le futur empereur Maximilien d'Autriche ; la Flandre passe sous domination impériale (cause de conflit entre France et Autriche). **1519** Charles Quint confie le gouvernement des Pays-Bas à Marguerite d'Autriche. **1526** *traité de Madrid :* la Flandre, affranchie de tout lien de vassalité vis-à-vis de la France, cesse d'être « terre de Royaume ». **1555 Philippe II** d'Espagne règne en Flandre ; tentative de remplacer les laines anglaises par les espagnoles. Insurrection calviniste et lutte contre Esp. **1559** *traité du Cateau-Cambrésis* (après entrevue de Frévent entre Henri II et Philippe II d'Espagne) fait des Pays-Bas espagnols un fief autonome [gouverné par les archiducs Albert († 1621), qui épouse 1599 sa cousine, et Isabelle d'Autriche († 1633) fille de Philippe II, morts sans postérité] ; le pape Paul IV crée une université à Douai. **1633** les Pays-Bas espagnols reviennent sous l'autorité directe de Philippe IV d'Espagne. **1658**-*14-6* Turenne bat les Espagnols aux *Dunes ;* Dunkerque capitule. **1659**-*7-11 traité des Pyrénées :* l'Espagne abandonne partie de l'Artois, du Hainaut et villes de Flandre. **1662** achat de Dunkerque. **1668** *guerre des Flandres ou de Dévolution.* **1667**-*18/28-8* siège de Lille qui reçoit 3 318 boulets de canon, 349 †. **1668**-*2/28-5 traité d'Aix-la-Chapelle :* laisse à Louis XIV les territoires flamands conquis. **1678**-*10-8 traité de Nimègue :* fin de la guerre de Hollande ; la France acquiert Gravelines, Bailleul, Armentières. **1700** *guerre de la Succession d'Espagne :* Lille (9-12-1708), Douai et Bouchain momentanément perdues. **1712**-*24-7* Villars bat impériaux et Hollandais à *Denain.* **1713**-*11-4 traité d'Utrecht :* la France récupère ses conquêtes flamandes, sauf Furnes, Ypres, Menin ; la frontière de l'époque correspond à peu près à l'actuelle. **XVIIIe s.** divisée en 2 intendances : Flandre maritime (Dunkerque), jusqu'à la Lys ; Flandre wallonne (Lille).

Hainaut

■ **Situation.** Sud-est du département du Nord, limité au nord par Hainaut belge. Nombreuses forêts ; altitude s'élevant vers l'est (283 m au sud de Trélon).

■ **Histoire.** Même peuplement que le Cambrésis sauf à l'est (tribu belge des *Éburons*). **Av. J.-C. Ier s.** émigration partielle en G.-B. devant la menace germanique. Résistance aux Romains (César engage 7 légions contre eux) jusque sous Tibère qui fonde Bavay, 1er nœud routier de la province de Belgique. **Apr. J.-C. IIe au Ve s.** invasions germaniques. **VIe s.** partie de la Lotharingie. **843** attribué à l'Empire germanique. **IXe s.** premier Cte de Hainaut (en germain, *Hennegau :* pays de la Haine, affluent de l'Escaut) : Régnier au Long Col, petit-fils de Lothaire. Alliances réunissent Hainaut et Flandre de 1067 à 1071 et de 1191 à 1279. **XIIe-XIVe s.** mouvement communal. **XIIIe-XIVe s.** apogée des draperies. **1214** Fernand de Portugal, Cte de Hainaut par mariage, est vaincu à Bouvines ; le pays passe dans l'orbite française. **1299** passe par mariage dans la maison de Hollande et Zélande. **1345** passe ensuite dans la maison de Bavière. **Guerre de Cent Ans** soutient Angleterre et Flandre contre France. Relève de l'Empire jusqu'en 1418 (les États provinciaux le proclament libre de tout lien vassalique). **1433** Jacqueline de Bavière est dépouillée de son héritage, qui passe à la maison de Bourgogne puis aux Habsbourg. Sous la domination bourguignonne, il est alors gouverné par un régent et des conseils nobles et bourgeois, envoie des délégués aux états généraux de Bruxelles. **XVIe s.** Réforme se répand dans l'Ostrevant ; Contre-Réforme menée de Douai (université créée 1559). **1585** toutes les places calvinistes sont reprises. **1659** *traité des Pyrénées :* cède Le Quesnoy, Avesnes, Landrecies à la France. **1678** *traité de Nimègue :* cède l'Ostrevant. **1668** création du conseil souverain de Tournai (érigé en parlement en 1686, transféré à Cambrai 1705 et Douai 1714). Il est rattaché au gouvernement de Flandre (Lt à Valenciennes). **1676** création de la généralité de Hainaut (chef-lieu : Mons, puis Maubeuge, 1713 Valenciennes). **1733** découverte du gisement d'Anzin.

■ Économie

■ **Population active** (au 1-1-1998). 1 303 812 (non-salariés 110 624) dont : agriculture 37 304 (25 297) ; industrie 280 748 (7 575) ; construction 73 274 (8 154) ; tertiaire 912 486 (69 598). **Chômage :** 15,3 % (en 1998) ; 256 700 demandeurs d'emploi (en févr. 1999).

■ **Échanges** (en milliards de F, 2000). **Import. :** 189,15 *dont* combustibles et carburants 34,4, produits chimiques en caoutchouc ou en plastique 21,5, métaux et prod. métalliques 20,8, prod. des ind. agricoles et alimentaires 18,55, habillement cuir 14,4, équipements mécaniques 10,62, de l'ind. textile 9,99, en bois, papier ou carton 9,29, prod. minéraux 8,93, de l'ind. auto 8,85 ; *de* Belg. 33,55, All. 18,95, Norv. 17,73, G.-B. 15,72, P.-Bas 14,46, Ital. 9,78. **Export. :** 184,07 *dont* produits agricoles, sylvicoles et piscicoles 38,7, chimiques en caoutchouc ou en plastique 26,06, métaux et prod. métalliques 24,82, prod. des ind. agricoles et alimentaires 18,76, de l'ind. textile 10,99, pharmaceutiques, de parfumerie et d'entretien 8,59, équipements mécaniques 7,9, prod. minéraux 7,9, en bois, papier ou carton 6,55, équipements électriques et électroniques 6,24 ; *vers* Belg. 27,65, All. 26,61, G.-B. 23,17, Ital. 15,56, Esp. 15,15, P.-Bas 9,8.

■ **Agriculture** (en 1999). **Terres** (en milliers d'ha) : 1 245,1 dont *SAU* 884,2 [t. arables 683,7 dont céréales 342,2, p. de t. 47, bett. industrielle 68,2, fourrage 75,8, oléagineux 10,1, protéagineux 28,6, cult. permanentes 200 (dont herbe 199,4)] ; *bois* 100, dont peupleraies 12,3 ; *terres agricoles non cultivées* 8,8 ; *étangs* 0,3 ; *autres terres non agricoles* 239,5. **Exploitations :** 19 800 (*SAU* moy. 43 ha). **Production végétale** (en milliers de t) : bett. industrielle 5 064,9, blé tendre 2 297,8, p. de t. 1 948,8, orge et escourgeon 547,3 ; **animale** (en milliers de têtes) : bovins 734,4, porcins 561. *Viande finie* (en milliers de t, 1996) : bovine 58,9, porcine 71,5 ; volailles 61,9. *Lait :* 12 857 000 hl.

☞ 1re région productrice de betterave industrielle et protéagineux ; 2e pour blé et pomme de terre.

■ **Pêche.** 2e région après Bretagne [1/4 de la pêche française, 2/3 et 3/4 du salage et saurissage (250 000 t de poissons transformés à Boulogne)]. **Ports :** *Boulogne* (1er port français), *Calais, Dunkerque, Étaples.*

■ **Industrie.** *Effectifs* (au 1-1-1998) : 1 303 812 dont agriculture 37 304, ind. agricole et alim. 40 509, biens de consom. 37 710, auto. 24 050, biens d'équipement 45 592, biens intermédiaires 119 059, énergie 12 928, construction 73 274, commerce 187 977, transports 57 482, activités financières 32 641, immobilières 14 583, services aux entreprises 127 929, aux particuliers 83 501, éduc., santé et social 277 209, administration 131 164. **Vente par correspondance. Plus gros chiffres d'affaires** (en milliards de F, 1995) : La Redoute (Roubaix) 18, Trois Suisses International (Croix) 11,2, Damart Serviposte (Roubaix) 1,9, La Blanche Porte (Tourcoing) 1,4. **Production** (en % de la production nationale). **Agroalimentaire** (en 1993) : chicorée-café 100, amylacés 67, sauces et mayonnaises 63, malt 38, plats cuisinés surgelés 32, légumes surgelés 30, huiles et margarines 28, conserves de légumes 21, bière 19. **Métallurgie** (en 1989) : acier 25, fonte 15. **Textile** (en 1993) : 80 [filature de lin 100 %, filature de laine peignée 75, broderie-dentelle (emplois) 62, tapis 38]. **Charbon** (en 1987) : 8,6 ; en 1991 toute extraction a cessé avec la fermeture de la fosse 9 à Oignies (21-12-1990, a servi pour le tournage du film *Germinal*) ; électricité (en 1989) 9. *Terrils :* 65 exploités (schistes rouges, produits charbonneux) ou transférés aux collectivités pour être aménagés (Loisinord, à Nœux-les-Mines).

■ **Tourisme** (en 2000). **Hébergement :** *hôtels de tourisme* 410 (15 873 lits) ; *résidences de tourisme* 6 (1 768 pl.) ; *campings* 245 (27 181 pl.) ; *auberges de jeunesse* 9 (845 lits) ; *villages de vacances* 6 (1 339 pl.) ; *gîtes ruraux* 621, *d'étapes* 46, *d'enfants* 5 ; *chambres d'hôtes* 613 ; *résidences secondaires* 49 516. **Parc national régional du Nord-Pas-de-Calais :** 146 000 ha en 3 terroirs (Scarpe-et-Escaut, Audomarois, Boulonnais ; 2 autres prévus : Avesnois ; Mts de Flandre et vallée de la Lys).

■ DÉPARTEMENTS

☞ Voir légende p. 811. *Nota.* – (1) En 1998.

■ **Nord (59)** 5 743 km² (184 × 6 à 87 km, dép. le plus long). *Côtes* 35 km. **Altitude :** *maximale* bois St-Hubert 266 m ; *minimale* – 5 m. ; Mt Cassel 176 m, Mt des Cats 164 m ; Mt Noir 131 m, Mt de Boeschepe 119 m. **Population :** *1801 :* 765 923 ; *51 :* 1 159 301 ; *1901 :* 1 867 408 ; *11 :* 1 962 679 ; *21 :* 1 788 727 ; *36 :* 2 022 998 ; *46 :* 1 918 254 ; *54 :* 2 099 430 ; *75 :* 2 511 478 ; *82 :* 2 520 526 ; *90 :* 2 531 855 (étrangers 135 946 dont Marocains 35 765, Algériens 34 657, Portugais 16 365, Italiens 12 196) ; *99 :* 2 555 020. **D.** 445. **Enclaves du Nord en Pas-de-Calais :** avant la Révolution, *Boursies* (en partie), *Doignies* et *Mœuvres* relevaient du Cambrésis ; *Graincourt-les-Havrincourt,* qui les sépare du Nord, et *Boursies* (en partie) dépendaient de l'Artois, subdélégation de Bapaume, et du bailliage de Bapaume. **Cantons :** 79. **Communes :** 653.

Régions naturelles : Flandre maritime : céréales, betteraves, p. de terre, lin, chicorée. **Intérieure et plaine de la Lys :** céréales, p. de t., porc, vaches laitières. **Région de Lille et Pévèle :** céréales, légumes dont endives, p. de t. **Plaine de la Scarpe, Hainaut :** bovins, cultures, **Thiérache :** vaches laitières et bovins pour la viande. **Cambrésis :** céréales, betteraves, endives. **Forêts :** *Mormal* (10 000 ha), *Nieppe* (2 500 ha), *Phalempin* (650 ha).

Chef-lieu : LILLE (depuis 1804, avant : Douai ; a absorbé Wazemmes, Esquermes, Fives et Moulin-Lille ; fusion en 1977 avec Hellemmes-Lille ; occupée du 12-10-1914 au 17-10-1918). **Altitude :** *moy.* 23 m, *maximale* 40,76 m. **Superficie :** 2 521 ha. **Population :** *1455 :* 15 000 ; *1653 :* 40 000 ; *1700 :* 53 000 ; *1800 :* 54 756 ; *41 :* 72 537 ; *1936 :* 200 619 * ; *54 :* 194 628 * ; *62 :* 193 096 ; *68 :* 190 170 ; *75 :* 189 942 ; *90 :* 172 142 ; *99 :* 184 657. **Université :** 95 000 étudiants, 14 écoles d'ingénieurs, 5 écoles de commerce et de gestion. **Industries :** électrique, auto, équipement auto, cigarettes, alimentation, textile, presse, pharmacie, santé. **Monuments :** Grand-Place, palais Rihour, hospice Comtesse (22 600 vis. en 2000), hôtel de ville (beffroi 104 m surmonté d'un phare). **Musées** (vis. en 2000) : d'Histoire naturelle (56 445 vis.), des Beaux-Arts, le 2e de France après le Louvre [construit 1889-92 ; rénové 1988-97 ; peintures 550, dessins 4 500, plans reliefs 17 (sur 100 existant) dont 7 français, 8 belges, 2 hollandais ; 149 053 vis.], d'Art et d'Industrie ; citadelle Vauban (1667-70), Vieille Bourse (1652, Julien Destré), Nouvelle Bourse, médiathèque du Nord (à Hellemmes) ; zoo (1 400 000 vis.). **Espaces verts :** 292 ha (13,40 % de la superficie totale) dont (en ha) bois de Boulogne et de la Deûle, parc de la Citadelle 52, jardin des Plantes 11, parc Matisse 10. **Rues :** *la plus longue :* du Fg-d'Arras (1 940 m) ; *la plus courte :* de l'Entente-Cordiale (7 m). **Places :** *les plus importantes* (en m²) : Rihour 19 360, de la République 18 900, de la Nouvelle-Aventure 18 700, du Mal-Leclerc 15 990, Philippe-le-Bon 12 650, Sébastopol 11 280. **Euralille :** inauguré 30-9-1994 ; cité d'affaires (bureaux : 65 000 m²), palais des Congrès « Lille-Grand Palais » (7 000 places). **Transports :** aéroport de Lesquin (500 000 voyageurs/an) ; port fluvial (3e de France) ; métro : automatique VAL (voir à l'Index). Gare Lille-Flandres (70 000 voyageurs/j en 1997) desservie par TGV Nord Europe, TRN (trains rapides nationaux), TER (trains express régionaux) ; Lille Europe (depuis 1994, 12 000 voyageurs/j en 1997) : TGV et Eurostar.

UNITÉ URBAINE (63 communes) 1 000 900 hab. *, dont **Bondues** 10 680 ; château de *Vert Bois* (XVIIe-XVIIIe s.). **Croix** 20 638 ; matériel agricole, vente par correspondance ; villa Cavrois (R. Mallet Stevens, 1932). **Faches-Thumesnil** 15 902. **Halluin** 18 997 ; textile, papier, moulin Hollebecque. **Haubourdin** 14 916 ; savonnerie, amylacés. **Hem** 19 675. **La Madeleine** 22 395 ; chimie, lin. **Lambersart** 28 131. **Leers** 9 651. **Lomme** 27 921 ; coton. **Loos** 19 527 ; fileterie. **Lys-Lez-Lannoy** 13 018. **Marcq-en-Barœul** 37 177 ; bâtiment, électricité, informatique, agroalimentaire. **Mons-en-Barœul** 37 169 ; brasserie. **Mouvaux** 13 177. **Neuville-en-Ferrain** 9 527. **Ronchin** 17 999. **Roncq** 12 705. **Roubaix** 96 970 ; brasseries, textile, presses hydrauliques, caoutchouc, vente par correspondance, santé ; Eurotéléport. **St-André-lez-Lille** 10 113. **Seclin** 12 089 ; mécanique. **Tourcoing** 93 534 ; textile, carton, VPC, imprimeries ; musée des Beaux-Arts (23 619 vis. en 1999). **Villeneuve-d'Ascq** 65 018 ; ville née 1970 de la fusion d'Ascq, Flers-lez-Lille et Annappes (*1801 :* 3 718 hab. ; *1921 :* 10 680 ; *75 :* 36 769), 2 746 ha ; alimentaire, cartonnerie, université ; projet de la Haute-Borne (tertiaire) ; église ; musée d'Art moderne du Nord (fondation J. et G. Masurel, fondé 1983 ; 75 931 vis. en 2000) ; Forum des sciences (91 881 vis. en 2000) ; lac du Héron (37 km²). **Wambrechies** 8 552. **Wasquehal** 18 541 ; bâtiment. **Wattignies** 14 439. **Wattrelos** 42 753 ; textile. AIRE URBAINE : 1 143 125.

Sous-préfectures : Avesnes-sur-Helpe 5 003 hab. (aggl. 8 448 *) ; Grand-Place (XVIIIe s.), église (XIIe-XVIe s.). **Cambrai** (à 53 m d'alt.) 33 738 hab., absorbe en 1971 Morenches (*1801 :* 15 010 ; *61 :* 22 557 ; *1921 :* 26 023 ; *46 :* 26 129 ; *68 :* 39 974) [aggl. 47 719 [1]] 3 clochers : St-Géry, cathédrale (clocher effondré 30-1-1809), beffroi (tour ancienne, égl. St-Martin, XVIIIe s., 62,50 m) ; hôtel de ville (jacquemart) ; musée des Beaux-Arts ; machines-outils, confiserie [(bêtises : bonbons à la menthe blancs rayés jaune créés en 1800 (erreur de recette d'un apprenti pâtissier)]. **Douai** 42 796 hab. (*1720 :* 13 048 ; *1801 :* 17 433 ; *61 :* 24 486 ; *1921 :* 34 131 ; *46 :* 37 258 ; *68 :* 51 657) ; métallurgie, chimie, matériel ferroviaire, auto, agroalimentaire ; cour d'appel ; beffroi [XIVe-XVe s ; 196 marches, carillon 62 cloches (dont le bourdon 5,5 t)] ; musées des Beaux-Arts, de la Chartreuse (20 801 vis. [1]) [aggl. 160 343 [1] hab. dont **Auby** 7 958 ; plomb. **Cuincy** 6 847 ; Renault. **Flers-en-Escrebieux** 5 540 ; imprimerie nationale. **Lallaing** 6 999. **Sin-le-Noble** 16 972 ; métallurgie. **Waziers** 7 910 ; chimie]. UNITÉ URBAINE : Douai-Lens (68 communes) : 518 727. AIRE URBAINE : 552 682. **Dunkerque** (à 4 m d'alt.) 2 863 ha, 70 850 hab. (*1981 :* 74 794, retranchement d'un quartier de Petite-Synthe) [*1600 :* 51 004 ; *1770 :* 15 900 ; *1801 :* 22 270 ; *61 :* 32 113 ; *1921 :* 34 748 ; *54 :* 21 136 * ; *62 :* 27 616], fusionne 1970 avec Malo-les-Bains, 1972 avec Petite-Synthe et Rosendaël et en 1980 avec Mardyck ; 3e port français de commerce ; raffinerie, chimie, agroalimentaire. *Musées :* d'Art contemporain (13 219 vis. en 1997, fermé), Aquariophile (28 141 vis.), portuaire (38 495 vis. [1]), des Beaux-Arts ; beffroi (XVIe s.), 58 m, carillon 48 cloches dont le bourdon « Jean-Bart » 7 [Aire urbaine 265 974. Unité urbaine (11 communes) 191 173 hab. [1] dont **Capelle-la-Grande** 8 613. **Coudekerque-Branche** 23 644 [1] ; huilerie. **Grande-Synthe** 23 247 ; sidérurgie, mécanique. **Gravelines** 12 430 ; centre nucléaire (13 300 vis. [1]) ; « Sportica » (310 524 vis. [1]). **St-Pol-sur-Mer** 23 337]. **Valenciennes** 1 384 ha, 41 278 hab. (*1801 :* 9 118 ; *1921 :* 13 394 ; *36 :* 42 564 ; *68 :* 46 290 ; *82 :* 40 275) ; métallurgie, de transf., mécanique, résines, tôlerie, textile ; N.-D.-du-St-Cordon (1852-65) 82 m, musée des Beaux-Arts (fondé 1795 ; 71 541 vis. en 2000) [Unité urbaine (61 communes) 357 395 hab. Aire urbaine 399 677 hab., dont **Aniche** 9 768 ; verre. **Anzin** 14 052. **Aulnoy-lez-Valenciennes** 8 002 ; université. **Bruay-sur-l'Escaut** 11 828. **Crespin** 4 410 ; matériel ferroviaire. **Douchy-les-Mines** 10 413. **Marly** 11 666. **Petite-Forêt** 5 251 ; ferroviaire. **Raismes** 13 699 ; ferroviaire. **St-Saulve** 11 033 ; tubes acier. **Saultain** 2 077 ; peinture. **Somain** 12 013. **Trith-St-Léger** 6 195 ; aciérie, auto. **Vieux-Condé** 10 641 ; auto. **Wallers** 5 582].

Autres villes : Anhiers 985 hab. ; 1re église solaire de France (1980). **Annœullin** 9 719 hab. (aggl. 11 560 [1]. **Armentières** 25 269 hab. (aggl. 57 738 [1]) ; agroalimentaire, textile, mécanique et métallurgie, centre hospitalier. **Aulnoye-Aymeries** 9 201 hab. (aggl. 20 802 [1]) ; transformation de l'acier. **Bailleul** 14 146 hab. (aggl. 17 198 [1]) ; textile ; musée de Puydt ; école dentellière. **Bavay** 3 580 hab. (aggl. 4 874 [1]) ; vestiges gallo-romains ; Musée archéologique (16 011 vis. en 1999). **Bergues** 4 209 hab. (aggl. 11 113 [1]) ; musée ; beffroi carillon (191 marches). **Cartignies** 1 128 hab. ; commune natale de Pierre Mauroy. **Cassel** 2 290 hab. (aggl. 8 765 [1]) ; remparts, façades, musée, moulin. **Caudry** 13 469 hab. (aggl. 14 273 [1]) ; cosmétiques, broderie. **Crèvecœur-sur-l'Escaut** 643 hab. ; abbaye de *Vaucelles* (XIIe s.). **Denain** 20 360 hab. ; musée. **Élesmes** 852 hab. ; aérodrome de la *Salmagne.* **Estaires** 5 691 hab. (aggl. 13 639 [1]) ; textile. **Fourmies** 13 865 hab. (aggl. 18 049 [1]) ; métallurgie, visserie, matériel médical ; écomusée (55 878 vis. en 1999). **Hazebrouck** 21 385 hab. ; agroalimentaire, textile et sous-traitance ; musée ; géants. **Hordain** 1 190 hab. ; auto. **La Bassée** 5 914 hab. **Le Cateau-Cambrésis** 7 451 hab. (aggl. 8 027 [1]) ; céramique ; musée Matisse (19 229 vis.). **Les-Rues-des-Vignes** 661 hab. ; abbaye de Vaucelles (40 000 vis. en 1999). **Maubeuge** 1 885 ha, 33 145 hab. (*1801 :* 4 784 ; *61 :* 10 557 ; *1921 :* 21 173 ; *46 :* 20 859 ; *68 :* 32 172) ; métallurgie, machines-outils, auto [aggl. 102 772 [1], dont *Boussois* 3 449 ; verre. *Feignies* 7 183 ; moulage acier ; zoo (22 047 vis. en 1999). *Ferrière-la-Grande* 5 672 ; chaudronnerie. *Hautmont* 16 029 ; transformation de l'acier. *Jeumont* 10 775 ; matér. électrique. *Louvroil* 7 251 ; sidérurgie. *Recquignies* 2 490, découpage-emboutissage]. **Merville** 8 905 hab. (aggl. 23 028 [1]) ; fonderies, institut de formation aéronautique, aérodrome ; forêt. **St-Amand-les-Eaux** 17 175 hab. (aggl. 19 979 [1]) ; céramique, équipement ; musée ; tour (1640, hauteur 82 m) ; thermalisme (5 369 curistes). **St-Jans Cappel** 1 472 hab. ; musée Marguerite-Yourcenar. **Steenvoorde** 4 024 hab. (aggl. 12 215 [1]) ; agroalimentaire. **Steenwerck** 3 263 hab. ; musée de la Vie rurale. **Watten** 2 925 hab. ; alt. 72 m ; abbaye ; forêt de Nieppe.

Nota. – * Pop. totale (avec doubles comptes).

Divers : parc naturel régional de la *Scarpe* et de l'*Escaut*, de l'*Avesnois.* **Plan d'eau** *du val Joly* (180 ha, 270 400 vis. en 2000) ; base des *Prés du Hem* à Armentières. **Centre historique minier :** *Lewarde* (le plus important musée de la Mine en Fr., 131 463 vis. en 2000). **Géants des Flandres.**

■ **Pas-de-Calais (62)** 6 671 km² (140 × 82 km). **Côtes :** 105 km (Côte d'Opale, c'est-à-dire de la couleur du ciel et de l'eau). **Altitude** *maximale :* 212 m (Mt Hulin). **Population :** *1801 :* 505 615 hab. ; *1906 :* 1 013 492 ; *21 :* 980 704 ; *26 :* 1 172 723 ; *46 :* 1 169 196 ; *54 :* 1 227 467 ; *82 :* 1 412 413 ; *90 :* 1 433 203 (dont Français par acquisition 34 477, étrangers 30 597 dont Marocains 9 616, Algériens 5 372, Italiens 2 740, Portugais 1 302) ; *99 :* 1 441 568. **D.** 216. **Cantons :** 77. **Communes :** 894.

Régions naturelles : Pays d'Aire 34 795 ha : polyculture, bovins. **Collines guînoises** 19 303 ha : céréales, lin, betteraves. **Boulonnais** 64 670 ha : herbages, lait. **Haut Pays d'Artois** 95 055 ha : lait, céréales, porcs. **Béthunois** 29 087 ha : pommes de terre, légumes. **Ternois** 130 519 ha : céréales, lait et bovins, lin. **Pays de Montreuil** 58 114 ha : céréales, betteraves, lin. **Bas Champs picards** 19 494 ha : céréales. **Plaine de la Lys** (Flandre intérieure) 16 754 ha : céréales, pommes de terre, porcs. **Wateringues** (canaux) 37 033 ha : céréales, betteraves, maraîchage (marais de St-Omer). **Artois** (collines) 138 447 ha, céréales, betteraves, endives.

Charbon : dernier puits fermé 21-12-1990 (voir **Industrie** col. a). **Gaz** *venant du charbon gras* (cokerie de Drocourt), *naturel* (Groningue ; P.-Bas). **1er département** bett. fourragères, chicorée à café (93 % des surfaces françaises), orge et escourgeon ; lait.

Chef-lieu : ARRAS. Superficie : 1 163 ha. **Altitude** *maximale :* 72 m. **Population :** *1801 :* 19 958 ; *51 :* 25 271 ; *1936 :* 31 488 ; *46 :* 33 345 ; *75 :* 46 483 ; *90 :* 38 983 ; *99 :* 40 590. **Industries :** équipement industriel, chaudronnerie, ciments, alimentaire, textile, chimie, BTP. **Monuments :** palais St-Vaast (musée des Beaux-Arts, fondé 1794 ; 41 082 vis. en 1999), hôtel de ville (beffroi gothique, 1463-1554, démoli 21-10-1914, reconstruit 1924 ; haut. 75 m), Grand-Place (XIIe-XVIIIe s.), place des Héros (XVIIe s.), musée de la Résistance et de la Déportation. AGGLOMÉRATION : 79 607 hab. [1], dont **Achicourt** 7 695. **Beaurains** 4 708. **Dainville** 5 392. **St-Laurent-Blangy** 5 578 ; textile. **St-Nicolas** 5 659.

Sous-préfectures : Béthune (de 25 à 35 m d'alt.), 943 ha, 27 808 hab. (*1698 :* 3 748 ; *1801 :* 13 228 ; *66 :* 40 251 ; *1926 :* 52 839 ; *46 :* 34 885 ; *68 :* 28 379 ; *75 :* 26 982) ; pneumatiques, chimie, chaudronnerie, mécanique ; musée des ATP ; hôtel de ville (beffroi gothique, 59 000 vis. en 1994) [unité urbaine (60 communes) 259 198 hab. Aire urbaine 268 439 hab. dont **Annezin** 5 551. **Auchel** 11 392. **Barlin** 7 925. **Beuvry** 9 175. **Billy-Berclau** 4 259. **Bruay-la-Buissière** (avant 1987 **-en-Artois ;** *1856 :* 700 hab.) 23 998 ; textile, chimie. **Calonne-Ricouart** 5 989. **Cauchy-à-la-Tour** 2 856. **Chocques** 2 918. **Divion** 7 150. **Douvrin** 5 431 ; moteurs. **Haillicourt** 5 007. **Hersin-Coupigny** 6 498. **Houdain** 7 771. **Lillers** 9 775 ; collégiale romane. **Marles-les-Mines** 6 088. **Nœux-les-Mines** 11 996 ; plasturgie, textile ; « Loisinord » (695 000 vis. en 1999). **Sains-en-Gohelle** 6 084. **Wingles** 8 691 ; auto, verre, polystyrène]. **Boulogne-sur-Mer** (de 6 à 66 m d'alt.) 842 ha, ; 44 859 hab. (*1801 :* 10 685 ; *51 :* 30 784 ; *1901 :* 49 949 ; *36 :* 52 371 ; *46 :* 34 885 ; *68 :* 50 150 ; *75 :* 48 440 ; *82 :* 47 940) ; bombardée plus de 400 fois de 1940 au 17-9-1944 (à la Libération, détruite à 50 %). *Port* de pêche (1er de France), plaisance, commerce et voyageurs ; métallurgie, chantiers navals, conserves et surgelés, faïencerie d'art. *Monuments :* château d'Aumont, château-musée (22 484 vis. en 1999), porte des Degrés, église N.-D. (1866) 86 m, colonne de la Grande-Armée (1809-1841), 52,5 m (fût 28,40 m, diamètre 4,2 m, escalier 261 marches), statue de Napoléon de Stenne (4,79 m inaugurée 2-6-1962, remplace celle de Bosio (4,10 m, détruite 1944), beffroi 58 m (1848) ; Nausicaa : centre national de la Mer (743 344 vis. en 1999). *Espaces verts* 23 ha. (aggl. 95 930 hab. [1], dont **Le Portel** 10 720 ; ferro-manganèse. **Outreau** 15 222 ; métallurgie. **St-Étienne-au-Mont** 4 995. **St-Martin-Boulogne** 11 499. **Wimille** 4 721). **Calais** (de 5 à 18 m d'alt.) 3 350 ha, 77 333 hab. [*1801 :* 9 667 ; *1901 :* 59 793 ; *21 :* 73 001 ; *36 :* 67 568 ; *46 :* 50 048 ; *68 :* 74 908 ; *75 :* 78 820] ; quadrilatère de 400 × 300 m fermé de murs ; Calais prise par Anglais 1347 (voir à l'Index), rendue 1558. Les Anglais (environ 3 000 h.) furent remplacés après leur départ par des réfugiés de Thérouanne et de St-Quentin. *Aéroport. Port* de plaisance, de commerce (1 669 091 t en 2000), voyageurs [1er de France (15 065 823 passagers en 2000), 2e du monde, 1er hoverport du monde par ses dimensions et l'importance de ses installations], trans-Manche 3 889 404 (6 139 515 véhicules en 1997) dont tourisme 2 580 781 (3 744 989 en 1997). *Industries :* chantiers navals, chimie, confection, jouets, machines-outils, matériel électrique, câbles, fibres optiques, dentelle. *Musées :* des Beaux-Arts et de la Dentelle (19 569 vis. en 1999), de la Guerre ; beffroi de l'hôtel de ville (1923, hauteur 75 m), bronze des Six-Bourgeois (1895, Rodin), citadelle, forts Risban et Nieulay (XVIIe s.), église N.-D., tour du Guet (gothique anglais) [unité urbaine (7 communes) 104 852 hab., dont **Coquelles** 2 368 hab. ; site Eurotunnel, centre d'affaires (278 718 vis. en 1994). **Coulogne** 5 786. **Drocourt** 3 104 hab. ; chimie. **Marck** 8 987. **Sangatte** 4 068]. **Lens** (de 21 à 66 m d'alt.) 1 283 ha ; 36 206 hab. (*1801 :* 2 365 ; *1901 :* 24 370 ; *21 :* 14 259 ; *46 :* 34 342 ;

68 : 42 019 ; *75 :* 40 199) ; fils et câbles, fonderie ; université ; stade de football 41 000 pl. [aggl. 323 174 hab. [1], dont **Avion** 18 298. **Billy-Montigny** 8 396. **Bully-lès-Mines** 12 045. **Carvin** 17 772. **Courcelles-les-Lens** 6 119. **Courrières** 10 588. **Fouquières-lès-Lens** 6 898. **Grenay** 6 395. **Harnes** 13 700 ; chimie, confection, agroalimentaire, équipement auto (intérieurs), béton. **Hénin-Beaumont** 25 178 ; génie thermique et solaire, métallurgie, agroalimentaire, accessoires auto, confection, fabrication de bagages. **Liévin** 33 427 ; agroalimentaire, mécanique, textile ; stade couvert régional (2 700 places). **Loison-sous-Lens** 5 579 ; transformation de l'acier. **Loos-en-Gohelle** 6 992. **Mazingarbe** 7 470 ; chimie. **Méricourt** 11 723. **Montigny-en-Gohelle** 10 558. **Noyelles-Godault** 5 539 ; métaux non ferreux, routage. **Noyelles-sous-Lens** 7 359 ; routage. **Rouvroy** 9 077. **Sallaumines** 10 677 ; carrosserie. **Vendin-le-Vieil** 6 798 ; chimie]. **Montreuil** 2 428 hab. (aggl. 4 312 [1]). **St-Omer** (à 26 m d'alt.) 1 641 ha, 15 747 hab. ; brasserie ; hôtel Sandelin (9 317 vis. en 1997), musée Henri-Dupuis, cathédrale gothique (orgues sur lesquels aurait été créée *la Marseillaise*), abbaye, basilique N.-D.-des-Miracles (pèlerinage), bibliothèque [aggl. 53 062 hab. [1], dont **Arques** 9 331 ; ascenseur des Fontinettes (12 864 vis. en 1999) ; cristallerie (49 185 vis. en 1999), cartonnerie. **Blendecques** 5 186 ; cartonnerie. **Longuenesse** 12 518. ; industrie téléphonique, confection].

Autres villes (vis. en 1999) : **Ablain-St-Nazaire** 1 843 hab. ; combats 1914-18 (100 000 †) ; cimetière français (20 000 tombes). **Aire-sur-la-Lys** 9 661 hab. (aggl. 10 571) [1] ; collégiale St-Pierre, le Bailliage (14 062 vis. en 1999). **Ambleteuse** 1 976 hab. ; musée de la Seconde Guerre mondiale. **Ardres** 4 154 hab. (aggl. 5 200 [1]) ; église (XIe s.), chapelle des Carmes (1619). **Aubigny-en-Artois** 1 360 hab. (aggl. 2 780 [1]). **Audinghen** 503 hab. [1] ; musée du Mur de l'Atlantique. **Audruicq** 4 586 hab. **Azincourt** 273 hab. ; musée (bataille 25-10-1945). **Bapaume** 3 509 hab. [1] (aggl. 3 672 [1]). **Berck-sur-mer** 14 378 hab. (aggl. 19 693 [1]) ; musée, station balnéaire ; *Bagatelle* (345 046 vis.) ; *Agora* (238 384 vis.). **Biache-Saint-Vaast** 3 923 hab. ; aciérie. **Clairmarais** 689 hab. ; grange-nature (26 051 vis. en 1996). **Croix-en-Ternois** 255 hab. ; circuit auto. **Dennebrœucq** 314 hab. ; moulin de la Tour (84 000 vis.). **Desvres** 5 205 hab. (aggl. 6 536 [1]) ; maison de la Faïence. **Éperlecques** 2 885 hab. ; bunker (1 ha de béton, 33 711 vis. en 1999). **Équihen-Plage** 2 934 hab. **Esquerdes** 1 460 hab. ; maison du Papier (21 890 vis. en 1999), église (XIIIe s.). **Étaples** 11 177 hab. ; chantiers navals, accessoires auto, port de plaisance et de pêche ; musée Quintovic [aggl. 23 412 [1], dont *Helfaut-Wizernes* 5 141 ; coupole, centre d'Histoire de la guerre et des Fusées (121 000 vis. en 1997)]. **Le Touquet-Paris-Plage** 5 299 ; station balnéaire lancée par Adolphe Daloz, en 1882, sur une idée de Hippolyte de Villemesant (directeur du *Figaro,* † 1879) ; « Aqualud » 136 000 vis. ; aéroport. **Fréthun** 1 091 hab. ; gare TGV (Eurostar). **Frévent** 3 952 hab. ; musée. **Guines** 5 221 hab. ; musée. **Hesdin** 2 686 hab. (aggl. 7 674 [1]) ; ville natale de l'abbé Prévost ; distillerie. **Isbergues** 9 836 hab. (aggl. 12 726 [1]) ; aciérie, chimie. **Leforest** 6 746 hab. **Libercourt** 8 854 hab. ; transport logistique. **Licques** 1 440 hab. ; volailles ; abbaye (1132). **Lumbres** 3 873 hab. (aggl. 7 989 [1]) ; chaux, ciments. **Marquise** 4 580 hab. (aggl. 12 678 [1] dont *Rinxent* 2 797) ; chaux, ciments ; musée du Marbre. **Neufchâtel-Hardelot** 3 585 hab. (aggl. 4 102 [1]) ; station balnéaire. **Oignies** 10 531 hab. **Oye-Plage** 5 882 hab. **St-Pol-sur-Ternoise** 5 220 hab. (aggl. 8 400 [1]) ; agroalimentaire. **St-Venant** 3 206 hab. **Stella-Plage** station balnéaire. **Vimy** 4 675 hab. ; mémorial canadien 1914-1918 (500 000 vis. en 2000). **Vitry-en-Artois** 4 606 hab. **Wimereux** 7 493 hab. ; station balnéaire. **Wissant** 1 186 hab. ; abbaye (XVe s.), musée du Moulin ; Tyhonium [demeure des peintres Adrien (1851-1928) et Virginie (1859-1935) Dumont].

Divers : parcs régionaux : voir p. 208 a. **Sites des caps :** *Blanc-Nez* et *Gris-Nez*. **Réserve** naturelle du *Platier d'Oye* (voir p. 208 c). **Marais** audomarois.

(BASSE-) NORMANDIE

HISTOIRE DE LA NORMANDIE

☞ *Abréviation :* N. : Normandie.

■ **Av. J.-C.** pays peuplé faiblement, jusqu'au **IVe s.,** de *Ligures* et peut-être d'*Ibères.* **IVe-Ier s.** colonisation par les *Celtes* (de La Tène). Tribus gauloises : *Calètes* (Caux) et *Véliocasses* (Vexin), faisant partie des Belges ; *Lexovii* (Lisieux), *Baïocasses* (Bayeux et Bessin), *Viducasses* (Vieux), *Abrincates* (Avranches), *Aulerques Eburovices* (Évreux), *Unelli* (presqu'île du Cotentin), *Sagii* (Sées), *Ésuviens* et une partie des *Diablinthes* (Jublains) dans l'Orne faisant partie des *Celtes « chevelus ».* **56** *conquise* par un lieutenant de César, Titurius Sabinus, **52** participe à la révolte. **Époque gallo-romaine** 7 cités (Rouen, Évreux, Lisieux, Sées, Coutances, Bayeux, Avranches) avec Rouen pour métropole (Lyonnaise Seconde).

■ **Apr. J.-C.** **IVe-VIe s.** fait partie de l'État de Syagrius, puis des territoires de Childebert (capitale Paris). **VIe s.** chaque cité se fractionne en 2 ou plusieurs *pagi.* L'ensemble (archevêché de Rouen) constitue la Neustrie occidentale. Principales abbayes : St-Wandrille (649), Jumièges (vers 650), Fécamp (vers 660), Mont-St-Michel (709). **IXe s.** dévastée par invasions normandes. **911** *traité de St-Clair-sur-Epte* constituant une « marche de Normandie » (cap. Rouen) en faveur de Rollon († 927), chef militaire d'une partie des envahisseurs fixés dans le pays. **Xe-XIe s.** ses successeurs, devenus « ducs », conquièrent la basse N. sur Bretons, Normands païens (princes quasi indépendants, prêtant un hommage purement formel aux

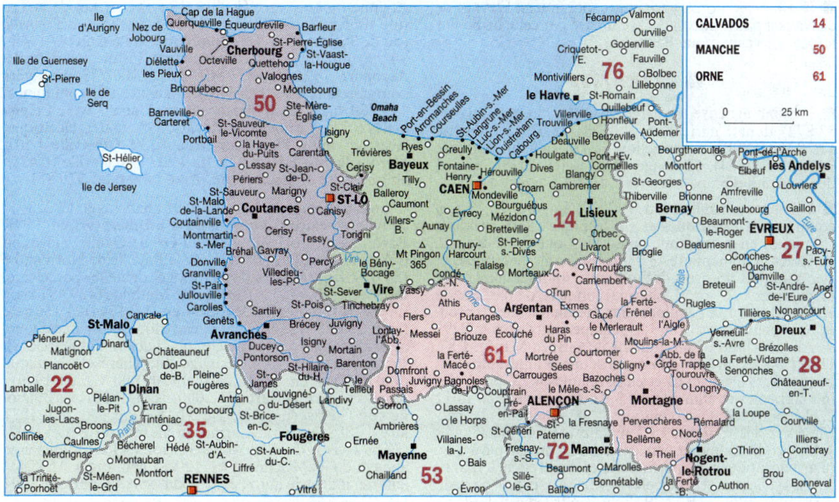

rois de Fr.) et autochtones. Essor économique et religieux : *Guillaume Longue-Épée* (vers 907-assassiné 942), *Richard Ier* (vers 920-96) qui, après avoir défait Louis IV à Varaville (945) et s'être fait remettre le duché, se déclare « roi en N. ». **Robert le Magnifique** (duc de 1027 à 1035) obtient momentanément la suzeraineté sur Bretagne, Vexin français, Pontoise (1031). **1035 Guillaume le Conquérant** (vers 1027-1087 ; 1,73 m), fils de Robert le Magnifique et de son « épouse secondaire » Arlette. **1047** *Val-ès-Dunes,* Guillaume, aidé du roi de Fr. Henri Ier, bat les rebelles. **1066** devient plus puissant que le roi de Fr. quand il s'empare de la couronne d'Angleterre (voir à l'Index). **1077** perd le Vexin français. **1078** le roi *Philippe Ier* soutient **Robert Courteheuse** (vers 1054-vers 1134), fils du Conquérant, héritier de la N., qui veut s'affranchir de la Couronne anglaise. **1087** Guillaume meurt. Robert Courteheuse, son fils aîné, devient duc de N. ; Guillaume le Roux, son 2e fils, devient roi d'Angleterre (Guillaume II). **1106** Robert battu à *Tinchebray* ; *Henri Ier Beauclerc* (1068-1135), son frère, réunit les 2 couronnes ducale et royale. **1120** naufrage de la *Blanche Nef*, décès des héritiers d'Henri Ier Beauclerc. **1132 Mathilde**, fille d'Henri, épouse *Geoffroi Plantagenêt* (1113-51), Cte d'Anjou, du Maine et de la Touraine, fondant « l'empire Plantegenêt » dont la N. ne sera qu'un élément (voir **Grande-Bretagne** à l'Index). **1196** *traité de Gaillon* entre Richard Cœur-de-Lion et Philippe Auguste attribue au roi de Fr. le Vexin normand, les châtellenies de Neufmarché, Gaillon, Vernon, Pacy, Ivry et Nonancourt. **1200** *traité du Goulet* entre Jean sans Peur et Philippe Auguste fait perdre à la N. Aumale, Gournay, l'Évrecin et le Cté du Perche. **1202-04** Philippe Auguste confisque la N. à Jean sans Terre puis l'annexe, amenant la ruine des seigneurs laïcs et ecclésiastiques normands dont la fortune était de type « colonial » (vastes domaines « outre-mer », c'est-à-dire en G.-B.). De nombreux serfs saxons restent fixés sur les terres normandes (sauf lieux saxons ou sainsaulieux). **1219** Cté d'Alençon réuni à la couronne de Fr. à la mort du Cte *Robert IV*. **1259** *traité de Paris* réunit définitivement la N. au domaine royal. **1266** St Louis reconnaît les anciennes coutumes anglo-normandes et angevines sous le nom de *Grand Coutumier.* **1283-86** révoltes contre Philippe le Bel. **1315** Louis X contraint de concéder la *charte aux Normands* (confirmée 1339) fixant les libertés provinciales (consentement aux impôts) et renouvelée à chaque règne jusqu'au XVIIe s. La guerre de Cent Ans met fin à la prospérité. **1332** le roi Jean le Bon nomme son fils, le futur Charles V, duc de N. **1346**-*13-2* Édouard III, roi d'Angleterre, débarque à St-Vaast ; *-fin juillet* conquiert Cotentin avec l'aide de Godefroy d'Harcourt (seigneur du Cotentin, rebelle au roi de Fr., espérant recevoir du roi d'Angleterre le duché de N.) ; *Charles le Mauvais,* Cte d'Évreux (et roi de Navarre), se rallie à lui ; la N. est déchirée entre Navarrais, Anglais, Français, aidés des milices communales, dévastée par les grandes compagnies. **1359** *accords de Londres,* sous obédience anglaise. **1360** *traité de Brétigny* revient sur l'accord précédent. Progressivement reconquise par *Du Guesclin* sur les Navarrais battus à *Cocherel* (16-5-1364), par *Jean de Vienne,* sur les Anglais (prise de *St-Sauveur-le-Vicomte,* 1375). **1382** paix rétablie après répression de la *révolte de la Harelle* (gens de guerre de l'évêque), à Rouen. **1394** Cherbourg rachetée aux Anglais. **1417** Henri V d'Angl. débarque à l'embouchure de la Touques, prend Rouen en 1419 et soumet toute la N., sauf le Mont-St-Michel, en 1420. Henry V puis le régent Bedford essaient de la détacher de la Fr., en respectant les « libertés » et en ménageant les susceptibilités ; ils rétablissent l'Échiquier à Caen (1436) et fondent une université (1432, droit canon et droit civil ; 1437, théologie ; 1438, médecine). **1431** *Jeanne d'Arc* jugée et brûlée à Rouen. **1450**-*18-4 Formigny :* dernière bataille normande de la guerre de Cent Ans. Charles VII reprend possession de la N., confirmant les libertés. **XVe s.** développement industriel. **1465** Louis XI nomme son frère duc de N. **1517** *fondation du Havre.* Guerres de Religion. Réforme accueillie très tôt (bûcher d'E. Lecourt en 1533, exécutions de 1555 et 1559). **1562** les réformés prennent la plupart des grandes villes. **1598**-*13-6 édit de Nantes* (paix). **XVIIe s.** prospérité ; particularisme réduit. **1651** division en 3 généralités : Rouen, Caen et Alençon. **1666** suppression des États provinciaux. Sous Colbert, développement du textile (Rouen, Elbeuf, Cotentin), des faïenceries (Rouen), des forges, etc. **1685** forte émigration (révocation de l'édit deNantes). **XVIIIe s.** développement d'une bourgeoisie d'affaires (Feray au Havre, Houël à Caen). **1793** anticentralisatrice ; *-13-6* insurrection « girondine », sous la direction de Roland ; *-30-6* réunion à Caen d'une assemblée antijacobine de 9 départements ; *-28-7* les administrateurs du Calvados se soumettent à la Montagne, après la défaite du chef, le royaliste Puisaye, le 13-7. **1944**-*6-6 bataille de Normandie* (voir à l'Index).

■ GÉNÉRALITÉS

■ **Superficie.** 17 589 km². **Population.** *1990 :* 1 391 961 hab. (étrangers 22 152 dont Turcs 3 884, Marocains 3 480, Portugais 3 077) ; *99 :* 1 422 193. **D.** 81.

■ **Situation.** A l'ouest de l'ancienne province de Normandie ; baignée par la Manche, entre l'embouchure de la Risle (estuaire de la Seine) et celle du Couesnon (baie du Mont-St-Michel). *Basse* signifiait plus éloignée de la capitale, Rouen, que la haute Normandie.

ALENÇON

■ **Situation.** Sud du département de l'Orne. « Campagne d'Alençon » : campagne signifie « labours » (en fait, semi-bocage ; mais sol calcaire).

■ **Histoire.** **Avant la conquête romaine :** zone frontière (non déboisée) entre les *Aulerques Sagii* (capitale Sées : *Sagiensis civitas*, et Saosne : *Sagono*) et les *Aulerques Cénomans.* **Av. J.-C.** **57** vaincue par Crassus et Titurius Sabinus, lieutenants de César. Fait partie successivement des deux Lyonnaises Secondes (capitale Rouen). **Apr. J.-C.** **Sous les Carolingiens :** subdivision du pays d'Exmes. **920-24** conquise sur Bretons et Normands par Rollon, duc de Normandie depuis 911. **943** attribuée par Rollon au seigneur du Saosnois, qui prend vers 1000 le titre comtal. **1023-1199** suzeraineté disputée entre Cte du Perche, Cte du Maine et le duc de Normandie. **1219** cédée à Philippe Auguste à la mort du dernier Cte héréditaire, Robert IV. **1269** apanage de Pierre, fils de Louis IX. **1293** apanage de Charles Ier de Valois. **1367** érigée en pairie. **1414** en duché, usurpé par le Cte de Bedford. **1449** reconquise par Jean II d'Alençon. **1549** rattachée à la Couronne à la mort de la veuve du 4e duc, Charles IV de Valois. Remise en douaire ou en apanage jusqu'en 1696 (Catherine de Médicis, duc de Wurtemberg, Gaston d'Orléans). **1710-14** titre honorifique pour le duc de Berry, **1785** pour le Cte de Provence.

PERCHE

■ **Situation.** **Confins** *Maine, Normandie, Orléanais ;* sud-est de l'Orne (haut Perche), sud de l'Eure, ouest de l'Eure-et-Loir (faux Perche), nord-ouest du Cher (Perche vendômois), est de la Sarthe (Perche-Gouet). Hauteurs humides et boisées (*Mts d'Amain* 321 m).

■ **Histoire.** Occupé dès le néolithique, marche boisée entre les territoires des tribus gauloises des *Carnutes, Éburovices* et *Aulerques Cénomans.* Défriché sous les Mérovingiens et rattaché à l'Hiémois (pays d'Exmes). **Xe s.** le Cte du Corbonnois, hostile au duc de Normandie Rollon, fortifie Mortagne et prend le titre de Cte de Mortagne. **XIe s.** Rotrou, Cte de Mortagne construit la citadelle de Nogent et y prend le titre de « Cte du Perche ». **1113** 2 autres « comtés du Perche » sont créés dans les zones déboisées : Montmirail (ou bas Perche ou Perche-Gouet) et Bellême. **Vers 1200** les 3 comtés sont réunis en 1 seul (capitale Nogent-le-Rotrou) et entrent dans la dot de *Blanche de Castille (traité du Goulet)*, qui épouse *Louis,* fils de Philippe Auguste. **1257** Louis IX rachète les droits des héritiers et cède le comté à son fils Pierre. **1293** apanage de Charles Ier de Valois. **1525** mort du dernier Valois-Alençon et retour à la Couronne. Attribué plusieurs fois à titre honorifique. **1610** rattaché au gouvernement du Maine. **XVIIIe s.** élection de la généralité d'Alençon (*Perche-Gouet :* gouvernement d'Orléans ; *Thimerais :* Ile-de-France ; *haut Perche :* gouvernement du Maine).

■ **Ressources.** Forêt, agriculture, pommiers. Élevage de chevaux à partir du XVIIIe s., remplacé par celui de bovins au XXe s. (veaux pour Paris).

■ ÉCONOMIE

■ **Population active** (au 1-1-1998). 541 886 (non-salariés 83 872) dont : agriculture 48 128 (38 679) ; industrie 115 824 (5 349) ; construction 35 781 (6 980) ; tertiaire 342 153 (32 864). **Chômage :** 10,7 % (en 1998) ; 69 300 demandeurs d'emploi (en févr. 1999).

■ **Échanges** (en milliards de F, 2000). **Import. :** 25,78 *dont* équipements électriques et électroniques 3,95, produits chimiques en caoutchouc ou en plastique 3,11, des ind. agricoles et alimentaires 3,03, composants électriques et électroniques 2,6, prod. de l'ind. auto 2,04, métaux et prod. métalliques 1,99, prod. pharmaceutiques, de parfumerie et d'entretien 1,95, équipements mécaniques 1,95, prod. en bois, papier ou carton, 1,43, équipement du foyer 1,29 ; *de* All. 5,8, Japon 2,48, Ital. 2,15, G.-B. 2,06, Belg. 1,87, USA 1,64. **Export. :** 28,55 *dont* produits de l'ind. auto 7,25, composants électriques et électroniques 4,75, prod. des ind. agricoles et alimentaires 3,82, équipement du foyer 2,32, équipements mécaniques 1,98, équipements électriques et électroniques 1,82, métaux et prod. métalliques 1,44, prod. chimiques en caouchouc ou en plastique, pharmaceutiques, de parfumerie et d'entretien 1,1, agricoles, sylvicoles et piscicoles 0,92 ; *vers* Esp. 4,63, All. 4,38, Ital. 3,26, G.-B. 2,29, Belg. 1,69, Taïwan 1,34.

■ **Agriculture** (en 1999). **Terres** (en milliers d'ha) : 1 774 000 dont *SAU* 1 401 (t. arables 628,4, herbe 768,9) ; *bois* (y compris peupleraies) 192,2 ; *terres agricoles non cultivées* 30,1 ; *étangs et autres eaux intérieures, terres non agricoles* 150,6. **Production végétale** (en milliers de t) : blé tendre 1 477,8, betterave industrielle 558,7, orge et escourgeon 245,6, pois protéagineux 160,5, maïs grain 121,8, colza 82,6 ; **animale** (en milliers de têtes) : bovins 1 711,6, porcins 550, ovins 172,2, équins 47,2, volailles 5 454. *Lait :* 26 812 100 hl. **Bois** (en 1991) : 651 488 m^3. **Pêche** (en t, 1998) : 57 864 dont poissons frais 21 031, mollusques 33 910, crustacés 29 102. **Trafic maritime** (voir à l'Index).

■ **Industrie.** *Salariés* (au 1-1-1997) : 111 566 dont agroalimentaire 20 084 ; équipements auto 10 562, électrique et électronique 8 900, du foyer 10 706. **Production** (en 1991) : acier 556 096 t ; fonte, affinage et moulage 577 518 t ; véhicules RVI 19 308. **Artisanat** (en 1998) : 20 595 entreprises, 43 811 salariés.

■ **Tourisme** (en 2000). **Hébergement :** *hôtels de tourisme* 554 (13 625 lits) ; *résidences de tourisme* 16 (3 820 pl.) ; *campings* 250 (28 948 pl.) ; *auberges de jeunesse* 6 (521 lits) ; *villages de vacances* 15 (3 643 pl.) ; *gîtes ruraux* 1 497, *d'étapes* 94, *d'enfants* 23 ; *chambres d'hôtes* 1 742 ; *résidences secondaires* 113 181. **Passagers trans-Manche :** 2 600 000.

■ DÉPARTEMENTS

☞ Voir légende p. 811. *Nota.* – (1) En 1998.

■ **Calvados (14)** 5 548 km^2 (128 × 90 km). **Nom :** appelé d'abord Orne-Inférieure puis Calvados, du nom d'une ligne de rochers d'environ 25 km de long à 2 km de la côte entre l'Orne et la Vire, dites roches du Calvados (de *caballi dorsum,* « dos de cheval », forme savante de Quevaudos, ou de l'espagnol : passage caillouteux), dont roches de Lion, île des Essarts vers Langrune, îles de Bernières, rocher Germain, roches de Ver. Selon une légende, le navire amiral *San-Salvador* de l'Invincible Armada s'y serait échoué en 1588. **Côtes :** 120 km. *Côte fleurie* (Deauville-Trouville à Cabourg), *de Grâce* (Honfleur à Trouville), *de Nacre* (Ouistreham à Courseulles), *du Bessin* (Courseulles à Grandcamp). **Plages du Débarquement :** Utah, Omaha, Gold, Juno, Sword. **Altitude** *maximale :* Mt Pinçon 365 m. **Population :** *1801 :* 451 851 hab. ; *1901 :* 410 193 ; *21 :* 384 745 ; *36 :* 404 916 ; *68 :* 519 716 ; *82 :* 599 559 ; *90 :* 618 478 (étrangers 11 222 dont Algériens 1 576, Portugais 1 548, Marocains 1 096, Indochinois 964) ; *99 :* 648 385. **D.** 117. **Cantons :** 49. **Communes :** 705.

Régions naturelles : Bessin : 80 400 ha ; moins de 100 m d'alt. (collines argileuses) ; marais (113 000 ha) ; herbages, bovins (élevage laitier : beurre d'Isigny). **Plaine de Caen et de Falaise :** 137 000 ha ; à plus de 200 m d'alt. au sud et moins de 100 m au nord, terres calcaires, très perméables ; céréales et betteraves. **Pays d'Auge :** 186 700 ha ; à 200 m d'alt. au sud et 100 m d'alt. au nord ; herbages, lait, cidre, calvados, fromages (livarot, camembert). **Bocage normand** et **Suisse normande :** 156 400 ha ; à plus de 200 m d'alt. (365 m au Mt Pinçon) ; herbages, lait. **Bois** (en ha, au 1-1-1990) : 49 900 (dont forêts domaniale de *Cerisy* (arboretum) et de *Balleroy* 2 130 ; *St-Sever* 1 500 dont hêtres 80 %, chênes 18 %.

Ressources : *agricoles* (en 1996) : viande (gros bovins) 40 314 t, veaux 3 332 t. *Lait* 5 871 600 hl. *Pêche :* 25 972,8 t débarquées (289 466 056 F). *Mines :* calcaires (région de Caen) ; granit (région de Vire).

Chef-lieu : CAEN. **Altitude :** *max.* 71,50 m, *min.* 4,40 m. **Population :** *1789 :* 31 902 ; *1901 :* 44 794 ; *39 :* 62 000 ; *45 :* 40 000 ; *60 :* 89 000 ; *75 :* 119 640 ; *90 :* 112 846 ; *99 :* 112 971. **Activités :** portuaires, électronique, mécanique, auto ; pharmacie, grand accélérateur national à ions lourds (Ganil), France Telecom (recherche et développement, distribution), centre hospitalier. **Universités :** 26 000 étudiants. **Monuments** et **musées** (vis. en 2000) : de Normandie (fondé 1946, 89 614), des Beaux-Arts (fondé 1801, 57 343), de la Poste (8 832), mémorial pour la Paix (inauguré 6-6-1988, 408 565), enceinte médiévale, églises St-Étienne (*abbaye aux Hommes*, 24 827 vis.) et de la Trinité (*abbaye aux Dames*, 12 747 vis.), hôtel d'*Escoville* (ou de *Valois*, 1531-42). Bombardée du 6-6 au 9-7-1944 : 14 000 immeubles et 110 monuments historiques détruits. **Aéroport : Carpiquet** 1 861 hab. ; 100 773 passagers commerciaux en 2000. UNITÉ URBAINE (18 communes) 199 480 hab., dont **Bretteville-sur-Odon** 3 953. **Colombelles** 6 235. **Cormelles-le-Royal** 4 598 ; matér. électrique, électron., auto. **Fleury-sur-Orne** 4 232. **Giberville** 4 607. **Hérouville St-Clair** 24 023. **Ifs** 9 207. **Mondeville** 10 428 ; chimie ; site archéologique. AIRE URBAINE : 370 851.

Sous-préfectures : Bayeux 14 961 hab. (aggl. 17 223 [1]) ; activité bancaire. *Cathédrale* (XIe s.). *Musées* (vis. en 1999) : Baron-Gérard (41 925 vis.), du Gal de Gaulle, diocésain d'Art religieux (15 308 vis.), de la Bataille de Normandie (88 639 vis.), ateliers de l'Horloge, dentelle, porcelaine, tapisserie (70 × 0,5 m) de la reine Mathilde (429 491 vis.). **Lisieux** (3 fois bombardée du 6-6 au 31-7-1944) 23 166 hab. (aggl. 28 028 [1]) ; auto, matér. électrique, bois, mécanique, agro-alimentaire, pharmacie, fils d'acier. Cathédrale St-Pierre (XIIe-XIIIe s.), pèlerinage (Ste-Thérèse) ; basilique (900 000 vis. en 1999), carmel (300 000 vis. en 1999) ; *musées :* Thérèse-Martin (12 000 vis. en 1999) ; les Buissonets où Thérèse (née Alençon 2-1-1873) vécut de nov. 1877 au 9-4-1888 (entrée au Carmel où elle mourut le 30-9-1897) (77 597 vis.), du Vieux-Lisieux (fondé 1968), ancienne abbaye du Val-Richer. **Vire** 12 815 hab. (aggl. 15 924) ; laiterie, industrie auto ; église (XIIIe-XIVe s.), musée (7 604 vis. [1]).

Autres villes (vis. en 1999) : **Argences** 3 241 hab. (aggl. 3 967 [1]) ; musée du Jouet automobile. **Arromanches-les-Bains** 552 hab. ; musée du Débarquement (300 150 vis. [1]), Arromanches 360° (174 433 vis. [1]). **Aubigny** 316 hab. ; château (XVIe s.). **Aunay-sur-Odon** 2 902 hab. **Balleroy** 787 hab. ; château (1626-33, architecte Mansart), musée des Ballons, rassemblement de montgolfières tous les 2 ans en juin (13 378 vis. [1]). **Bénouville** 1 741 hab. ; château (1769, par Ledoux ; 6 210 vis. [1]), Pegasus Bridge (réplique), musée des Troupes aéroportées (25 036 vis. [1]). **Bény-sur-Mer** 316 hab. ; cimetière canadien (2 048 tombes). **Beuvron-en-Auge** 233 hab. ; halle, chapelle de Clermont. **Blainville-sur-Orne** 4 390 hab. **Bonneville-sur-Touques** 318 hab. ; château (XIe s., 18-6-1066 Guillaume le Conquérant y réunit un conseil), donjon (XIIIe s.). **Bretteville-sur-Laize** 1 504 hab. ; église et manoir de Quilly (XVIe-XVIIe s.). **Canapville** 222 hab. ; manoir des Évêques (7 300 vis. [1]). **Caumont-l'Éventé** 1 192 hab. ; souterroscope des Ardoisières (27 670 vis. [1]). **Clécy** 1 252 hab. ; *musées :* Hardy, du Chemin de fer miniature (28 217 vis. [1]) ; rochers des Parcs (escalade). **Colombières** 225 hab. ; château. **Condé-sur-Noireau** 5 820 hab. ; amiante ; église St-Martin (XIIe-XVe s.). **Courseulles-sur-Mer** 3 886 hab. ; maison de la Mer (57 800 vis. [1]). **Creully** 1 426 hab. ; château (XIe-XVe s.). **Crèvecœur-en-Auge** 502 hab. ; château (XIIe-XVIe s., 21 392 vis.). **Deauville** 4 364 hab. (*1860 :* 100 ; *76 :* 1 514 ; *1911 :* 3 546 ; *75 :* 5 664) ; superficie 357 ha ; *1860 :* station balnéaire créée par le duc de Morny : casino, 2 hippodromes, championnat mondial de polo, marché international du yearling ; promenade des Planches ; festival du cinéma américain ; aéroport (*St-Gatien*, 30 424 passagers commerciaux en 1998). **Dives-sur-Mer** 5 812 hab. ; halles médiévales (XIVe-XVe s.), port (aggl. 11 179 [1], dont *Cabourg* 1 520 ; station balnéaire). **Douvres-la-Délivrande** 4 808 hab. ; basilique, pèlerinage de la Vierge Noire ; musée du Radar (8 025 vis.). **Épron** 1 755 hab. ; détruit 1944, reconstruit grâce à une collecte de vieux billets. **Étouvy** 279 hab. ; foire millénaire (dernière semaine d'oct.). **Falaise** (détruite à 90 % en 1944) 8 433 hab. ; appareils ménagers ; château féodal (36 427 vis.) ; *musées :* des Automates (27 173 vis.), d'Août 1944. **Fontaine-Étoupefour** 1 676 hab. ; château. **Fontaine-Henry** 517 hab. ; château Renaissance (10 779 vis.). **Grandcamp-Maisy** 1 831 hab. ; musée des Rangers (fondé 1990, 9 023 vis. [1]). **Honfleur** 8 178 hab. (aggl. 9 856 [1]) ; port, *musées :* Boudin (42 516 vis.), municipal (fondé 1868), du Vieux Honfleur (fondé 1899, 24 493 vis.), église Ste-Catherine (XVe-XVIe s.), chapelle N.-D.-de-Grâce (XVIIe s.), greniers à sel (1670) ; pèlerinage des Marins ; pont de Normandie ; maison d'Erik Satie. **Isigny-sur-Mer** 2 919 hab. ; beurre. **Juaye-Mondaye** 623 hab. ; abbaye St-Martin (XVIIIe s., 5 000 vis.). **La Cambe** 518 hab. ; cimetière allemand (21 160 tombes ; 112 000 vis. [1]). **Le Breuil-en-Auge** 846 hab. ; château (39 500 vis. [1]). **Le Molay-Littry** 2 657 hab. ; musée de la Mine (en activité 1744-1880, 10 052 vis.) ; moulin de *Marcy.* **Lion-sur-Mer** 2 401 hab. ; château (XVIe-XVIIe s.). **Livarot** 2 515 hab. ; fromagerie, cidreries ; musée du Fromage (7 700 vis.). **Luc-sur-Mer** 3 036 hab. (aggl. 11 513 [1]) ; maison de la Baleine (2 725 vis.). **Merville-Franceville-Plage** 1 521 hab. ; redoute (1779), musée de la Batterie. **Mézidon-Canon** 4 713 hab. (aggl. 4 845 [1]) ; château de Canon (XVIIIe s., 12 000 vis.), jardins. **Norolles** 272 hab. ; musée de la Basse-Cour (47 639 vis.). **Orbec** 2 563 hab. (aggl. 3 525 [1]) ; fromage ; musée municipal (fondé 1873). **Ouistreham** 8 679 hab. (aggl. 12 834 [1]) ; car-ferry, station balnéaire de *Riva-Bella* ; église (XIe-XIIe s.), musées : Commando n° 4 (13 756 vis. [1]), le Grand Bunker (57 860 vis. [1]). **Pierrefitte-en-Auge** 114 hab. ; église. **Pontécoulant** 108 hab. ; château (XVIe-XVIIIe s., 9 158 vis.). **Pont-l'Évêque** 4 133 hab. ; fromage, distillerie de calvados ; musées : de l'Auto (34 000 vis.), du Calvados, des Métiers anciens. **Port-en-Bessin-Huppain** 2 139 hab. ; musée des Épaves sous-marines du Débarquement. **St-Désir** 1 701 hab. ; cimetière allemand (3 735 tombes). **St-Gabriel-Brécy** 242 hab. ; château, prieuré St-Gabriel (1058). **St-Germain-de-Livet** 233 hab. ; manoir à colombages (XVIe s., 26 347 vis.), château. **St-Laurent-sur-Mer** 184 hab. ; cimetière américain (9 386 tombes ; 1 300 000 vis. [1]) ; musée *Omaha-Beach.* **St-Martin-des-Besaces** 1 061 hab. ; musée de la Percée du bocage. **St-Pierre-sur-Dives** 3 997 hab. ; bois ; abbatiale (XIIIe-XVe s.), musée des Techniques du fromage (1 838 vis.), halles médiévales. **St-Rémy** 1 066 hab. ; musée des *Fosses-d'Enfer* (6 084 vis.). **Sallenelles** 293 hab. ; maison de la Nature (14 200 vis.). **Thury-Harcourt** 1 825 hab. ; château (1635, incendié 1944, restent la cour d'honneur, 2 pavillons d'entrée, façade et ruines du vestibule ; 6 300 vis.) ; jardins. **Tilly-sur-Seulles** 1 251 hab. ; musée de la Bataille de Tilly. **Touques** 3 500 hab. ; églises St-Pierre (Xe-XIe s.) et St-Thomas (XIIe s.). **Tour-en-Bessin** 504 hab. ; église, château de *Vaulaville* (XVIIIe s.). **Troarn** 3 044 hab. ; abbaye. **Trouville-sur-Mer** 5 411 hab. (aggl. 18 963 [1]) ; casino (1912), cures marines ; musée Montebello (9 238 vis.), aquarium (50 578 vis. [1]). **Urville** 478 hab. ; cimetière polonais (650 tombes). **Vendeuvre** 734 hab. ; château (1750-52, musée du Mobilier miniature, 47 600 vis.). **Ver-sur-Mer** 1 307 hab. ; musée *America-Gold-Beach* (2 835 vis. [1]). **Vieux** 585 hab. ; jardin archéologique. **Villers-Bocage** 2 904 hab. ; ind. de la viande. **Villerville** 676 hab. ; musée Mer et Désert (3 500 vis.).

Divers (vis. en 1998) : **bocage Virois :** *viaduc de la Souleuvre* (saut à l'élastique). **Falaises** *des Vaches noires* entre Villers-sur-Mer et Houlgate. **Parcs de loisirs** et **plans d'eau :** *Caen-Carpiquet* (Festyland, 94 752 vis.), *Clécy, Isigny* (étang 4 ha), *Lisieux* centre aquatique (210 013 vis.). *Livry* (étangs du Val d'Aure), *Pont-l'Évêque* (étang 56 ha), *Thury-Harcourt* centre aquatique (100 650 vis.), étang du Traspy (2 ha), *Vire-St-Germain-de-Tallevende* (plan d'eau de la Dathée 43 ha). **Réserves :** *Caen* [colline aux Oiseaux (287 400 vis.), jardin des Plantes (239 940 vis.)] ; *St-Pierre-au-Mont* (oiseaux de mer), *Merville-Franceville* (oiseaux), *Jurques* (zoo de 10 ha, 99 276 vis. en 98), *Hermival-les-Vaux* (zoo Cerzä-parc de 50 ha, 270 000 vis.). **Forêt : routes touristiques :** *du cidre* (Pays d'Auge), *des Douets* (ruisseaux affluents de la Touques), *de la Suisse normande*, *du granit* (forêt de St-Sever, 1 500 ha), *des ducs de Normandie, des moulins* (entre Creully et Courseulles), *des traditions* (autour de Villers-Bocage).

■ **Manche (50)** 5 938 km^2 (140 × 54 km). **Altitude** *maximale :* St-Martin-de-Chaulieu 368 m. **Côtes :** 330 km. **Falaises :** parmi *les plus hautes d'Europe* dont le *Nez de Jobourg (125 m).* **Population :** *1801 :* 530 631 hab. ; *51 :* 600 882 ; *1901 :* 491 372 ; *21 :* 415 512 ; *36 :* 431 367 ; *68 :* 451 939 ; *75 :* 451 662 ; *82 :* 465 948 ; *90 :* 479 636 [étrangers (au 1-1-1998) 3 291 dont Britanniques 621, Marocains 606, Turcs 300, Portugais 214, Algériens 287] ; *99 :* 481 471. **D.** 81. **Cantons :** 52. **Communes :** 602.

Régions naturelles : fait partie du **Massif armoricain. La Hague :** 20 500 ha ; à 180 m. d'alt. **Bocage de Valognes :** 77 700 ha ; à 100 m. d'alt. **Val-de-Saire :** 25 500 ha ; à 80 m. d'alt. **Cotentin :** 64 900 ha ; à 30 m. d'alt. et 191 m au nord (massif granitique, falaises de La Hague et du Nez de Jobourg) ; au sud, collines s'abaissant, paysage bocager, bovins, petites fermes dispersées. **Bocage de Coutances-St-Lô :** 234 000 ha ; à 120 m. d'alt. **Avranchin :** 96 500 ha ; à 100 m. d'alt. **Mortainais :** 80 700 ha ; à 250 m. d'alt. **Iles Chausey :** 75 ha (5 000 ha à marée basse ; marées amplitude 14,50 m), à 15,8 km de la Pointe du Roc. 365 îlots dont 52 non recouverts par la marée (amplitude 14 m), dont une habitée ; grande île : long. 2 km, larg. 200 à 700 m ; château Renault (1558, remanié 1736 et 1923 par Louis Renault). **Bois** (en ha, inventaire 1997) : 21 500 (dont 10 % des forêts de *Cerisy* et *Balleroy* (Calvados 90 %), de la *Lande-Pourrie* ou forêt de *Mortain* 1 450).

Ressources (en 1999) : **agricoles :** vaches laitières 283 000, viande (gros bovins) 54 725 t, porcins 54 700 t, veaux 6 120 t. Pommiers, légumes [2e producteur français de carottes (75 500 t), poireaux (24 840 t)]. *Lait :* livraisons 12 633 300 hl. *Exploitations* agricoles : 18 200. *Chevaux :* 22 000 (1er cheptel de France). *Pêche :* 40 015 t débarquées. **Industrielles :** métallurgie, mécanique, électronique, chimie, textile. **Nucléaire.**

Chef-lieu : SAINT-LÔ. **Superficie :** 2 320 ha. **Population :** *1803 :* 6 987 ; *1901 :* 11 604 ; *46 :* 6 010 ; *54 :* 11 804 ; *62 :* 16 072 ; *75 :* 23 221 ; *82 :* 23 212 ; *90 :* 21 546 ; *99 :* 20 090. Marché agricole, haras (créé 1806 ; 120 étalons ; 18 505 vis.) ; confection, imprimerie, produits de beauté, électroménager, carrosserie auto. **Musées :** municipal (tapisserie de 32 m « les Amours de Gombault et Macé ») détruit à 80 % le 6-6-1944 (bombardement allié) ; des Beaux-Arts (5 232 vis.), d'Ethnographie. AGGLOMÉRATION : 28 893 hab. [1], dont **Agneaux** 4 476.

Sous-préfectures : Avranches 8 500 hab. [*1851 :* 8 932 ; *1921 :* 6 597 ; *82 :* 9 468] (aggl. 14 575 [1]) ; marché agricole, carrosserie auto, confection, agroalimentaire, galvanoplastie, poterie, ornements religieux ; *musées :* Municipal (6 178 vis.), des manuscrits du Mont-St-Michel (6 500 vis.), du Trésor St-Gervais, de la Seconde Guerre mondiale à *Val St-Père* (12 018 vis.). **Cherbourg** (située entre La Hague et le Val-de-Saire) 25 370 hab. (*1851 :* 28 012 ; *1901 :* 42 938 ; *82 :* 28 442) ; arsenal, constructrion nautique, mécanique, électronique, matériel de télécommunication et du cinéma, confection, retraitement des déchets atomiques (*La Hague* à 15 km). *Préfecture* maritime. *Port* (militaire, pêche, commerce et voyageurs) ; 2e port de plaisance de France (après Cannes). Abbaye du Vœu. *Musées :* du Roule (11 328 vis.), Thomas-Henry (12 797 vis.), d'Ethnographie Emmanuel-Liais (6 918 vis.), d'Histoire naturelle, Maritime. AGGLOMÉRATION : 92 045 hab. [1], dont **Équeurdreville-Hainneville** 18 173, **La Glacerie** 5 400, **Octeville** 16 948, **Querqueville** 5 068, château et parc de *Nacqueville,* **Tourlaville** 17 472, château et parc de *Ravalet.* **Coutances** 9 443 hab. (*1851 :* 8 064 ; *1921 :* 6 248 ; *75 :* 9 869 ; *82 :* 9 930) ; marché agricole, mécanique, confection, produits pharmaceutiques, imprimerie et papeterie ; cathédrale Notre-Dame (XIIIe s.), église St-Pierre (XVe s.), musée Quesnel-Marinière (5 916 vis.).

Autres villes (vis. en 2000) : **Brécey** 2 112 hab. ; logis de Vassy. **Bricquebec** 4 360 hab. ; marché agricole ; château, musée. **Canisy** 931 hab. ; château (XVIIIe s.). **Carentan** 6 340 hab. (aggl. 7 519 [1]) ; agroalimentaire, construction nautique et électrique, verreries, cuirs, marché agricole. **Cerisy-la-Forêt** 839 hab. ; abbaye (XIe s. ; 8 388 vis.). **Champrepus** 237 hab. ; zoo (79 500 vis.). **Condé-sur-Vire** 2 984 hab. ; bovins, ind. laitière. **Crosville-sur-Douve** 58 hab. ; château. **Ducey** 2 174 hab. ; produits laitiers ; château. **Flamanville** 1 683 hab. ; centrale nucléaire (5 522 vis. en 1997) ; château (XVIIe-XVIIIe s.). **Ger** 947 hab. ; musée de la Poterie (10 856 vis.). **Graignes** 617 hab. ; hippodrome, école de jockeys. **Granville** 12 687 hab. (*1851 :* 11 035 ; *1921 :* 9 489 ; *82 :* 13 546) ; port (pêche, plaisance, voyageurs et commerce), aérodrome ; station balnéaire, thalassothérapie ; bouchons, chimie, construction nautique et mécanique, ind. alimentaire, confection ; église N.-D. (XVe s.-XVIIe s.), remparts ; *musées :* du Vieux Granville (10 919 vis.), Richard-Anacréon, Christian Dior (16 872 vis.), Historial granvillais ; aquarium *du Roc* (60 000 vis.) [aggl. 16 860 [1], dont *Donville-les-Bains* 3 351]. **Gratot** 612 hab. ; château. **Gréville-Hague** 721 hab. ; maison natale du peintre J.-F. Millet (7 131 vis.). **Hambye** 1 121 hab. ; abbaye (fondée 1145 ; 15 585 vis.). **La Lucerne-d'Outremer** 735 hab. ; abbaye (20 470 vis.). **Le Mesnillard** 271 hab. ; manoir de la Faucherie. **Le-Mont-St-Michel** 50 hab. (en 1999) [*1800 :* environ 340, *1975 :* 114] ; îlot : circonférence 900 m, hauteur 170 m, 397 ha (polders, village de la Caserne, village intra-muros), amplitude des marées 14 m [record en France, les bancs de sable se découvrant en vive eau jusqu'à 15 km du rivage ; ensablement irréversible si des travaux ne sont pas entrepris ; baie (30 000 ha de vasières marécageuses avec marais intercotidal : passages de limicoles, hivernage d'anatidés)]. Abbaye (cloître du XIIIe s.) ; *la Merveille* [bâtiments Nord construits 1203-28 : *aumônerie* (1er étage salle des hôtes, 2e réfectoire) ; *cloître* XIIIe s.] (1 078 000 vis.). *Musées :* Grévin, maritime, l'Archéoscope, le Logis Tiphaine. *Nombre de visiteurs en 1850 :* 5 000, *1910 :* 80 000, *1960 :* 300 000, *1999 :* 3 300 000. *Hôtels* classés (2 à 4 étoiles) : 15. Funiculaire (1810-15) le plus ancien fonctionnant en France ; voie unique ; prévu pour monter des pierres, actionné à la main. *Causes de l'ensablement :* canalisation du Couesnon (1863) ; digue routière (1878-80) s'opposant à la circulation de la marée entre l'île et la terre ferme, détournement du ruisseau Landais (1881), de la Guintre (1884) ; digue de Roche Torin (1859-85), barrage de La Caserne (1969) ; présence de crépidules (gastéropodes) qui augmente la sédimentation (1997). *Réaménagement* inspiré des propositions d'Alexandre Chemetoff (1991) : remplacement de la digue sur 1 000 m par une passerelle (larg. 15 m, haut. 4 m) ; modification du barrage de La Caserne pour rétablir l'« effet de chasse » des mouvements de la marée et évacuer les sédiments accumulés à l'ouest du Mont ; rétablissement des cours et embouchures du ruisseau Landais et de la Guintre afin de désensabler l'est du Mont [*officialisé* en 1995, *durée* prévue 7 ans ; *coût* (en millions de F) : 550 (État 300 ; collectivités territoriales 200 ; concessions des parcs de stationnement, des navettes de transport et mécénat 50) + « opération grand site » 50]. **Lessay** 1 763 hab. ; transformation légumes ; abbaye (XIe s.) ; foire Ste-Croix. **Les Veys** 358 hab. ; manoir de Cantepic. **Mortain** 2 190 hab. ; ind. électrique ; cascades ; abbaye. **Omonville-la-Petite** 132 hab. ; maison de Jacques Prévert (12 961 vis.). **Pirou** 1 313 hab. ; château (17 847 vis.). **Quinéville** 295 hab. ; musée de la Liberté (25 313 vis.). **Regnéville-sur-Mer** 790 hab. ; musée (12 366 vis.). **St-Germain-des-Vaux** 457 hab. (le plus petit port homologué : le port Racine : 45 × 20 m, avec une entrée de 8 m) ; jardin J.-Prévert. **St-Hilaire-du-Harcouët** 4 368 hab. ; cartonnages ; foires. **St-Sauveur-le-Vicomte** 2 204 hab. ; musée Barbey-d'Aurevilly (980 vis.). **St-Vaast-la-Hougue** 2 097 hab. ; port (500 pl.) ; Musée maritime (*île de Tatihou*, 2,7 ha, 50 308 vis.). **Ste-Marie-du-Mont** 804 hab. ; musée du Débarquement (47 387 vis.) [borne 00 (Utah Beach) et borne 0 de la Voie de la Liberté (1 145 km jusqu'à Bastogne, Belgique), inaugurée 16-9-1947]. **Ste-Mère-Église** 1 585 hab. ; *musées :* des Troupes aéroportées (128 034 vis. en 2000), de la Ferme (15 372 vis.). **Tonneville** 595 hab. ; observatoire (17 000 vis.). **Torigni-sur-Vire** 2 578 hab. (aggl. 4 464 [1]) ; cartonnages ; château des Matignon. **Valognes** 7 537 hab. ; ville ancienne (bombardée, en partie détruite), hôtels de Beaumont (XVIIIe s.), de Granval-Caligny ; *musées :* du Cidre (10 487 vis.) et du Calvados. **Vauville** 363 hab. ; microclimat, ensoleillement important, végétation spécifique. **Villedieu-les-Poêles** 4 102 hab. ; cuivre ; musée (20 611 vis.), maison de l'Étain ; fonderie (cloches, 56 805 vis.), confection, viande, fromage.

Divers : étang : *Torigni-sur-Vire* 7 ha (profondeur 10 m). **Lacs :** *Vézins* 110 ha, profondeur 19 m, *La Roche* 40 ha, prof. 8 à 10 m. **Parc** *naturel régional des Marais du Cotentin et du Bessin :* 145 000 ha dont marais 25 000 (voir p. 208 a). **Réserves naturelles** (voir p. 208 b).

■ **Orne** (61) 6 103 km² (100 × 140 km). **Altitude** *maximale :* signal d'Écouves (falaises d'Écouves) 417 m. **Population :** *1801 :* 395 723 hab. ; *51 :* 439 869 ; *1901 :* 326 937 ; *36 :* 269 316 ; *54 :* 274 848 ; *82 :* 295 472 ; *90 :* 293 336 (étrangers 7 010 dont Turcs 1 876, Marocains 1 472, Portugais 1 157, Indochinois 465) ; *99 :* 292 337. **D.** 48. **Cantons :** 40. **Communes :** 507.

Régions naturelles : Ouest : *bocage* 221 800 ha, herbages, vergers, élevage bovin (climat pluvieux 800). *Suisse normande* vallonnée. **Centre :** *plaines d'Argentan et d'Alençon* 84 800 ha, polyculture. **Nord-Est :** *Pays d'Auge* 35 600 ha, pommiers et herbages, élevage bovin ; *Pays d'Ouche* 68 800 ha, polyculture ; *Le Merlerault* 14 750 ha, chevaux, bovins (embouche) ; *Le Perche* 188 600 ha, chevaux, polyculture, élevage. **Bois** (en milliers d'ha, au 1-1-1997). 105,1 (dont forêts d'*Écouves* 15, d'*Andaine* 8, *Gouffern* 3,4, *Le Perche* et *La Trappe* 4,7, *Bellême* 2,5, *Longny* 2,3, *St-Évroult* 3, *Réno-Valdieu* 1,6, *Moulins-Bonsmoulins* 1,5, *Bourse* 1,2, *Grande et Petite-Gouffern* 3,4).

Chef-lieu : ALENÇON. **Population :** *1861 :* 16 110 ; *1901 :* 17 240 ; *54 :* 21 893 ; *75 :* 33 680 ; *90 :* 29 988 ; *99 :* 29 500. **Industries :** appareils ménagers, électronique, chaudronnerie, alimentaire, imprimerie, plasturgie. **Monument :** église Notre-Dame (porche XVIe s.). **Musées** (vis. en 2000) : des Beaux-Arts (XVe s.) et de la Dentelle (16 157 vis.), Gal-Leclerc (1 056 vis.), maison d'Ozé (XVe s.), maison natale de Ste Thérèse de l'Enfant Jésus (Thérèse Martin, 2-1-1873, Lisieux 30-9-1897) [16 108 vis.]. **Jumping** national (en novembre, 30 000 vis.). AGGLOMÉRATION : 52 500 hab., dont **Damigny** 2 917, site universitaire. **St-Germain-du-Corbéis** 4 020.

Sous-préfectures : Argentan 16 037 hab. [*1861 :* 5 638 ; *1901 :* 6 291 ; *54 :* 8 339 ; *75 :* 16 774] ; industrie alimentaire, fonderie, électroménager, appareils de levage, carburateurs ; abbaye Notre-Dame, atelier de la dentelle ; église St-Germain (XVe-XVIIe s.), château des Ducs (palais de justice, XIVe s.) ; maison des Dentelles et du Point d'Argentan (2 174 vis.). **Mortagne-au-Perche** 4 513 hab. [*1861 :* 4 887 ; *1901 :* 3 967 ; *75 :* 4 877] (aggl. 5 472 [1]) ; équarrissage, climatisation, plasturgie, industrie pharmaceutique ; chapelle St-André (XIIIe s.), *musées :* Alain, Percheron (1 118 vis.).

Autres villes (vis. en 2000) : **Athis-de-l'Orne** 2 421 hab. ; mécanique. **Aube** 1 540 hab. ; château Les Nouettes de la Ctesse de Ségur (institut médico-pédagogique) ; *musées :* Ségur-Rostopchine (3 391 vis.), de la Vieille Forge (2 399 vis.). **Bagnoles-de-l'Orne** 893 hab. (*1921 :* 371 ; *60 :* 727 ; *75 :* 651), thermalisme (50 000 l d'eau à l'h à 25,8 °C/12 154 curistes), casino, golf ; *musées :* des Sapeurs-Pompiers (3 072 vis.), des Voitures hippomobiles. **Bellême** 1 774 hab. (*1861 :* 3 153 ; *1901 :* 2 627 ; *75 :* 1 843) [aggl. 2 829 [1]] ; plasturgie, imprimerie ; église St-Sauveur (XVIe s.) ; golf. **Camembert** 197 hab. ; maison du Camembert (28 000 vis.). **Carrouges** 743 hab. ; château (XIVe-XVIIe s., 22 473 vis.). **Chambois** 475 hab. ; donjon (XIIe s.). **Chênedouit** 167 hab. ; menhir « la Droite Pierre ». **Corbon** 143 hab. ; manoir de la Vove (XVe s.). **Coudehard** 76 hab. ; mémorial Montormel (9 462 vis.) [bataille de Normandie]. **Couterne** 1 011 hab. **Crouttes** 257 hab. ; prieuré (XIIIe-XIVe s., 5 257 vis.). **Domfront** 4 262 hab. (*1861 :* 2 909 ; *1961 :* 4 801 ; *75 :* 4 354) ; agroalimentaire, mécanique ; cité médiévale ; église N.-D.-sur-l'Eau (XIe-XIIe s.), donjon (XIIe s.). **Dompierre** 350 hab. ; *musée :* du Fer et du Fil. **Flers** 16 946 hab. [*1861 :* 10 054 ; *1901 :* 13 680 ; *75 :* 20 486] (aggl. 24 357 [1]) ; agroalimentaire, confection, équipement auto, plasturgie, fonderie, mécanique ; château (XVIe-XVIIIe s., 7 124 vis.), musée de la Blanchardière (2 127 vis.). **Gacé** 2 041 hab. ; château (XVIe s.), musée de la Dame aux camélias (1 480 vis.). **Gâprée** 139 hab. **La Chapelle-Montligeon** 716 hab. ; imprimerie ; basilique (1893, 50 000 vis.). **La Ferté-Macé** 6 678 hab. (*1861 :* 7 011 ; *1901 :* 6 467 ; *75 :* 6 899) ; industrie pharmaceutique, confection, chaussures, plasturgie ; Trésorama, musée du Jouet (1 461 vis.). **L'Aigle** 8 970 hab. (*1861 :* 5 676 ; *1901 :* 5 205 ; *75 :* 9 619) [aggl. 12 663 [1]] ; industrie pharmaceutique, métaux ; château (XVIIe s.), églises St-Martin (XVe-XVIe s.), St-Barthélemy (XIIe s.), hôtels (XVIIIe s.) ; *musées :* Juin-1944 (2 297 vis.), des Bois sculptés de Louis Verrière, d'Archéologie, des Instruments de musique ; chute d'une météorite le 26-4-1803. **La Perrière** 291 hab. ; atelier du Filet, musée de la Mode d'antan (75 153 vis. en 1997). **Le Bourg-St-Léonard** 382 hab. ; château (XVIIIe s.). **Le Mêle-sur-Sarthe** 778 hab. ; plan d'eau (9 000 vis.). **Le Pin-au-Haras** 364 hab. ; haras national du Pin (1715, 73 899 vis.) ; château (XVIIIe s.). **Le Theil** 1 919 hab. ; équipement auto, ouate de cellulose. **Lignerolles** 140 hab. ; musée de l'Épicerie d'autrefois (5 000 vis.). **Lonlay-l'Abbaye** 1 152 hab., biscuiterie ; abbaye bénédictine (XIe-XIIIe s.). **Malétable** 118 hab. ; église N.-D. de la Salette. **Médavy** 169 hab. ; château (XVIIIe s., 1 800 vis.). **Messei** 1 938 hab. ; équipement auto. **Monceaux-au-Perche** 85 hab. ; manoir de *Pontgirard* (3 200 vis.). **Mortrée** 1 073 hab. ; château d'*O* (XVe-XVIe s., 14 568 vis.). **Randonnai** 817 hab. ; église St-Malo (XVe s.). **Rânes** 964 hab. ; musée de la Préhistoire. **Roiville** 121 hab. **St-Céneri-le-Gérei** 122 hab. ; village classé. **St-Christophe-le-Jajolet** 236 hab. ; château de *Sassy* (XVIIIe s., 3 500 vis.). **St-Cyr-la-Rosière** 247 hab. ; musée des ATP (14 822 vis.), prieuré de Ste-Gauburge (XIIIe s.). **St-Fraimbault** 676 hab. ; village fleuri. **Ste-Honorine-la-Chardonne** 627 hab. ; golf. **Sées** 4 501 hab. (*1861 :* 5 045 ; *1901 :* 4 165 ; *75 :* 4 706) ; cathédrale (XIIIe et XVe s.) palais d'Argentré (XVIIIe s.), musée d'Art religieux. **Soligny-la-Trappe** 694 hab. ; abbaye cistercienne (XIXe s.). **Tinchebray** 2 891 hab. (*1861 :* 4 365 ; *1901 :* 4 421 ; *75 :* 3 202) ; chocolaterie, quincaillerie ; musée « Prison Royale ». **Tourouvre** 1 636 hab. ; disques, cassettes ; musée de l'Histoire de l'Émigration percheronne au Canada. **Villers-en-Ouche** 304 hab. ; château (XVIIe s., 2 700 vis.). **Vimoutiers** 4 418 hab. (*1861 :* 3 698 ; *1901 :* 3 546 ; *75 :* 5 019) ; agroalimentaire ; musée du Camembert (8 568 vis.).

Divers : parcs *naturel régional Normandie-Maine, du Perche :* voir p. 208 a. **Plans d'eau :** *Bouillon* (63 ha, à Moulicent), *La Ferrière-aux-Étangs* (3 ha), *La Ferté-Macé* (28 ha), *Landisacq* (10 ha), *Le Mêle-sur-Sarthe* (25 ha), *Rabodanges* (91 ha), *Soligny-la-Trappe* (5 ha), *St-Évroult-N.-D. du Bois* (7 ha), *St-Fraimbault* (3 ha), *Vimoutiers* (6 ha), *Vrigny* (38 ha).

(HAUTE-) NORMANDIE

■ GÉNÉRALITÉS

■ **Superficie** 12 318 km². **Population.** *1990 :* 1 737 247 hab. dont Français par acquisition 22 293, étrangers 56 010 (dont Algériens 10 601, Marocains 10 241, Portugais 9 060) ; *99 :* 1 780 192. **D.** 145.

■ **Situation.** Baignée par la Manche, entre l'embouchure de la Bresle et celle de la Risle (estuaire de la Seine). **Nord de la Seine :** *Confins picards : pays de Bray. Pays de Caux* et *Vexin normand, vallée de la Seine.* **Sud :** *Roumois : le marais Vernier. Lieuvin. Campagnes du Neubourg* et *de St-André.*

■ **Histoire** (voir p. 858 a).

■ ÉCONOMIE

■ **Population active** (au 1-1-1999). 662 301 (non-salariés 63 871) dont : agriculture 22 295 (16 275) ; industrie 155 181 (5 359) ; construction 41 652 (6 253) ; tertiaire 443 172 (35 984). **Chômage :** *1990 :* 10,7 % ; *98* (31-12) : 13,9 ; *2000* (30-6) : 11,4.

■ **Échanges** (en milliards de F, 2000). **Import. :** 122,97 *dont* combustibles et carburants 53,88, produits chimiques en caoutchouc ou en plastique 15,88, de l'ind. auto 8,06, équipements mécaniques 6,71, prod. des ind. agricoles et alimentaires 6,69, composants électriques et électroniques 5,92, prod. pharmaceutiques, de parfumerie et d'entretien 4,54, métaux et prod. métalliques 4,33, prod. agricoles, sylvicoles et piscicoles 4,3, équipements électriques et électroniques 2,87 ; *de* G.-B. 18,65, Arabie saoudite 15,77, Norv. 13,71, All. 10,33, USA 6,12, Belg. 5,34. **Export. :** 127,09 *dont* produits chimiques en caoutchouc ou en plastique 25,06, prod. de l'ind. auto 22,62, combustibles et carburants 13,4, prod. pharmaceutiques, de parfumerie et d'entretien 11,9, composants électriques et électroniques 9,24, équipements mécaniques 9,04, équipements électriques et électroniques 7,77, prod. des ind. agricoles et alimentaires 7,39, agricoles, sylvicoles et piscicoles 6,63, métaux et prod. métalliques 3,84 ; *vers* G.-B. 13,45, All. 11,7, Esp. 11,48, P.-Bas 11,33, USA 9,1, Belg. 8,67.

■ **Agriculture** (en 1999). **Terres** (en milliers d'ha) : 1 233,4 dont *SAU* 831,8 (t. arables 574,8, herbe 253,9, culture fruitière 2,4) ; *bois et peupleraies* 226,6 ; *t. agricoles non cultivées* 18 ; *étangs, non agricoles* 156,8. **Production végétale** (en milliers de t) : céréales 2 507 (dont blé tendre 2 075,9, orge et escourgeon 352,7, maïs grain 57,1) ; betteraves industrielles 1 951,2, lin 170,9 ; pommes de terre 320,6, pois, protéagineux 273,6 ; **animale** (en milliers de têtes) : bovins 703,8, ovins 105,5, porcins 176, équins 10,4, volailles 2 320. *Lait :* 3 110 300 hl. **Pêche** (en milliers de F, 1998) : *quartier de Dieppe* 102 433 ; *Fécamp* 57 212 ; *Le Havre* 15 729.

■ **Trafic portuaire** (en 1997). *Maritime* (en millions de t) : Le Havre 59,6, Rouen 20, Dieppe 2,71 ; *voyageurs* (en milliers) : Le Havre 1 026,4, Dieppe 746,5. *Fluvial* (en millions de t) : Rouen 2,8, Le Havre 1,7.

■ **Tourisme** (en 2000). **Hébergement :** *hôtels de tourisme* 314 (8 859 lits) ; *résidences de tourisme* 3 (3 964 pl.) ; *campings* 105 (10 081 pl.) ; *auberges de jeunesse* 4 (133 lits) ; *villages de vacances* 4 (942 pl.) ; *gîtes ruraux* 527, *d'étapes* 46, *d'enfants* 15 ; *chambres d'hôtes* 842 ; *résidences secondaires* 38 355.

■ DÉPARTEMENTS

☞ Voir légende p. 811. *Nota.* – (1) En 1998.

■ **Eure** (27) 6 040 km² (115 × 110 km). **Altitude** *maximale :* St-Antonin de Sommaire 257 m. **Côtes :** 3,5 km. **Population :** *1801 :* 402 796 hab. ; *51 :* 415 777 ; *1901 :* 334 781 ; *21 :* 303 159 ; *54 :* 332 514 ; *75 :* 422 952 ; *82 :* 462 254 ; *90 :* 513 818 (étrangers 18 145 dont Marocains 3 316, Portugais 3 296, Algériens 2 224) ; *99 :* 541 263 (étrangers 15 910 dont Portugais 2 787, Marocains 2 508, Turcs 1 976, Algériens 1 677). **D.** 90. **Cantons :** 43. **Communes :** 675.

Régions naturelles : pays d'Auge (175,75 km²) : herbages, élevage, lait. **Lieuvin** (774,61 km²) : élevage, petite cult., céréales, lin, colza. **Marais Vernier** (71,35 km²) [depuis début XVIIe s. assèchement (digue des Hollandais), repris 1950, réserve naturelle de Mannevilles] : élevage. **Roumois** (473,07 km²) : bocages, herbages, élevage, lait, petite cult. **Pays d'Ouche** (845,9 km²) : petite et moyenne culture ; bovins ; le minerai de fer (faible teneur) n'est plus exploité. **Plateau d'Évreux-St-André** (1 229,1 km²) : céréales (blé, escourgeon). **Plateau du Neubourg** (693,09 km²) : industries. **Vexin normand** (518,13 km²) : grande culture céréalière et industrielle ; élevage en régression. **Pays de Lyons** (256,82 km²) : futaies, céréales. **Plateau de Madrie** (254,36 km²) : céréales. **Vexin bossu** (183,47 km²). **Vallée de Seine** (344,82 km²) : légumes. **Perche** (37,94 km²). **Bois** (en ha, au 1-1-1990) : 127 200 [dont (en 1995) forêt de *Lyons* (hêtres) 10 700 (dont 6 100 dans l'Eure), *Bord-Louviers* 4 600, *Montfort* 2 100].

Chef-lieu : ÉVREUX. **Altitude :** 65 m. **Population :** *1990 :* 49 103 ; *99 :* 50 934 hab. **Industries :** détruite à 60 % par les bombardements de 1940 et 1944 ; ind. électrique, électronique, métallurgique et mécanique, pharmaceutique, caoutchouc, plasturgie, imprimerie, fonderie. **Base** aérienne. **Université :** + de 1 000 étudiants. **Monuments :** tour de l'Horloge, cathédrale, couvent des Capucins, abbatiale St-Taurin (XIIe s., incendiée 1119, reconstruite 1137) ; ruines gallo-romaines (thermes), musée, ancien évêché

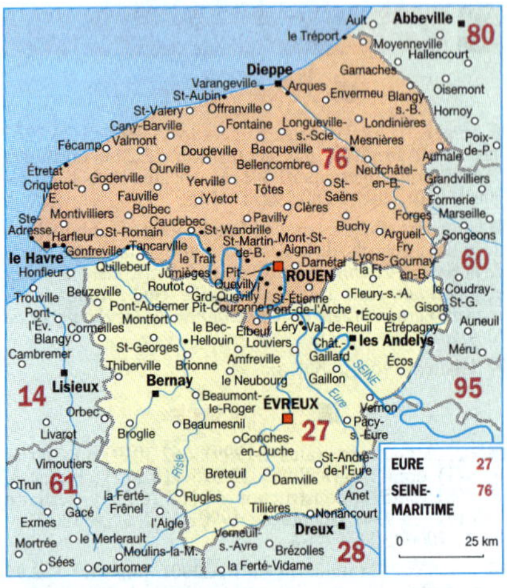

(16 459 vis. en 2000). Unité urbaine (23 communes) : 60 108 hab. dont **Gravigny** 3 598, **St-Sébastien-de-Morsent** 3 812.

Sous-préfectures : Bernay 11 024 hab. (aggl. 11 582) ; ind. électrique et électronique, plasturgie, imprimerie, produits de beauté et pharmaceutiques. Abbatiale (XIe s.), musée. Les Andelys 9 047 hab. (aggl. 8 262 [1]) ; verre, ind. électrique et électronique, confection, articles de pêche ; *Château-Gaillard* (1197, à 100 m d'alt., 12 035 vis.). *Musées :* Nicolas-Poussin (1 385 vis.), Normandie-Niemen (2 959 vis.).

Autres villes (visiteurs en 2000) : **Amfreville-sous-les-Monts** 471 hab. ; *côte des Deux Amants ;* manoir de *Senneville* (XVIe-XVIIe s.). **Beaumesnil** 557 hab. ; château (1633-40, musée de la Reliure, 11 747 vis.). **Beaumont-le-Roger** 2 818 hab. ; électrique. **Beuzeville** 2 812 hab. **Bourgtheroulde-Infreville** 2 812 hab. **Breteuil** 3 473 hab. ; forges, laminoirs ; abbaye (fondée 1190 par Richard Cœur de Lion). **Brionne** 4 449 hab. ; plasturgie, bois, papier, métallurgie. **Broglie** 1 105 hab. ; jardin aquatique. **Cormeilles** 1 191 hab. ; maison du pays d'Auge et des calvados. **Conches-en-Ouche** 4 280 hab. ; musée du Terroir normand. **Écouis** 716 hab. ; collégiale N.-D. (XIVe s.). **Étrépagny** 3 553 hab. ; sucre. **Fleury-la-Forêt** 253 hab. ; cartonnerie ; château (XVIIe s.). **Francheville** 1 151 hab. ; musée de la Ferronnerie. **Gaillon** 6 861 hab. (aggl. 9 826 [1], dont *Aubevoye* 3 819) ; plasturgie ; château. **Gasny** 2 941 hab. **Gisors** 10 880 hab. (aggl. 10 359 [1]) ; château (XIe et XIIe s. ; 1158-61, présence des Templiers, 6 149 vis.), donjon, église St-Protais-St-Gervais (XIIe-XVIe s.). **Giverny** 524 hab. ; maison de Claude Monet (il s'y installe en 1883 ; fondation ouverte 1980 ; 286 000 vis. en 1994), musée d'Art américain (73 675 vis.), hôtel Baudy. **Harcourt** 909 hab. ; château (XIIe s. ; 22 141 vis.), arboretum de 400 espèces (créé 1802-40). **Heudicourt** 535 hab. ; château (XVIIe s.). **Ivry-la-Bataille** 2 639 hab. **La Couture-Boussey** 1 957 hab. ; dernière lutherie de France, musée des Instruments à vent. **La Forêt-du-Parc** 458 hab. ; vénerie de 1300 à 1805. **La Haye-de-Routot** 256 hab. ; musée du Sabot ; 2 ifs (de + de 1 000 ans), troncs (creux avec chapelle), 13 à 15 m de tour. **Le Bec-Hellouin** 406 hab. ; abbaye N.-D. [fondée 1034, entrée et tour St-Nicolas (XVe s.), cloître et bâtiments conventuels (XVIIe s.) ; 8 205 vis.]. **Le Neubourg** 3 833 hab. (aggl. 3 884 [1]) ; château du *Champ-de-Bataille* (1696-1702), millénaire de la famille d'Harcourt (2-7-1966), église (XVe s.). **Le Val-de-Reuil** 12 479 hab. ; ind. électrique et électronique, pharmacie, informatique. **Le Vaudreuil** 3 438 hab. (ensemble urbain 4 524 ; aggl. 8 914 [1]). **Lisors** 332 hab. ; abbaye de *Mortemer*. **Louviers** 18 328 hab. (unité urbaine 39 401) ; ind. électrique et électronique, pharmacie, agroalimentaire, bois, plasturgie ; église N.-D. (XIIIe-XVIe s.), couvent, musée (6 289 vis.). **Lyons-la-Forêt** 795 hab. ; église St-Denis (XIIe-XVe s.), arboretum. **Montaure** 1 073 hab. ; château (XVIIIe s.) ; musée du Cidre. **Nonancourt** 2 320 hab. (aggl. 9 989 [1]) ; halles (XVe s.), forêt, arboretum. **Pacy-sur-Eure** 4 751 hab. (aggl. 5 342 [1]) ; ind. électrique. **Pont-Audemer** « la Venise normande » 8 981 hab. (aggl. 12 913 [1]) ; ind. électrique et électronique, plasturgie, pharmacie, papier, tannerie ; musée Canel. **Pont-de-l'Arche** 3 499 hab. ; église, abbaye de *Bonport* (1 189 vis.). **Poses** 1 107 hab. ; barrage (1885) ; musée de la Batellerie. **Radepont** 710 hab. ; abbaye de *Fontaine-Guérard* (XIIIe s., 6 210 vis.), château de *Bonnemare* (XVIe s.). **Romilly-sur-Andelle** 2 655 hab. (aggl. 3 908 [1]). **Rugles** 2 549 hab. (aggl. 3 640 [1]) ; mécanique. **St-André-de-l'Eure** 3 258 hab. ; équipements auto, BTP. **St-Ouen-de-Pontcheuil** 100 hab. ; moulin Amour (7 504 vis.). **St-Vigor** 271 hab. ; abbaye de Bomport (XIIe s.). **Thierville** 218 hab. : seul village français à n'avoir jamais eu de morts à la guerre, ni en 1870, ni en 1914, ni en 1939. **Vascœuil** 339 hab. ; château (XIVe-XVIe s.), 14 837 vis. en 2000 ; musée Michelet. **Verneuil-sur-Avre** 6 541 hab. ; machines-outils, emboutissage, plasturgie, ind. agroalimentaire, parfums ; église, tour (XIIIe s.) ; parc de loisirs (Center Parcs, 275 000 vis. en 1991). **Vernon** 24 051 hab. (unité urbaine 31 366) ; château de Bizy (XIXe s.) ; recherche aérospatiale, électrique, mécanique ; musée Alphonse-Georges-Poulain, palais des Congrès.

Divers : parc *naturel régional de Brotonne* (en S.-M. également, voir p. 208 a ; forêt de 6 700 ha).

■ **Seine-Maritime** (76) 6 278 km² (125 × 80 km). **Côtes :** 130 km dont *Côte d'Albâtre* (de « craie blanche ») du Havre au Tréport. **Falaises** (dont *Étretat*, percées d'arches naturelles) de craie blanche (de 80 à 120 m de haut.), coupées par des « valleuses ». **Altitude** *maximale :* Conteville 246 m. **Population :** *1801 :* 609 843 hab. ; *1901 :* 853 883 ; *36 :* 915 628 ; *46 :* 846 131 ; *82 :* 1 193 108 ; *90 :* 1 223 429 ; *99 :* 1 239 138 (étrangers 37 769 dont Algériens 6 911, Marocains 6 374, Africains 6 209, Portugais 4 570, Turcs 1 612). **D.** 197. **Cantons :** 69. **Communes :** 745.

Régions naturelles : plateau de craie (alt. moy. 100 à 239 m à l'est) : **pays de Caux** (287 539 ha, majeure partie du dép.) : limon épais ; polyculture (blé, fourrage, betterave à sucre, lin), porcs, veaux, volailles et surtout bovins. **Pays de Bray** (116 207 ha) : dépression argileuse en boutonnière, imperméable et humide ; herbages clos (vaches laitières et bœufs), fourrage. **Entre Bray et Picardie** (55 991 ha). **Vallée de la Seine** (67 600 ha) : failles, terres sablonneuses et caillouteuses ; fruits, maraîchères, prairies, forêts. **Petit Caux** (47 286 ha, au nord-est de Dieppe) : polyculture intensive. **Entre Caux et Vexin** (50 786 ha) : plateau moins fertile que le pays de Caux. **Bois** (en ha, au 1-1-1999) : 96 800 [dont (en 1995) forêt d'*Eu* 9 300, *Eawy* 7 200, *Brotonne* 6 700, *La Londe-Rouvray* 4 900].

Chef-lieu : ROUEN (841, attaquée par les Vikings ; ville carolingienne ; 911, capitale de Rollon ; incendiée en juin 1940, bombardée d'avril à août 1944). **Population :** *1806 :* 80 775 ; *1911 :* 124 987 ; *36 :* 122 832 ; *46 :* 107 739 ; *62 :* 120 831 ; *75 :* 114 834 ; *90 :* 102 723 ; *99 :* 105 625. **Musées** (vis. en 2000) : des Beaux-Arts (fondé 1801 ; 75 408 vis.), de la Céramique (fondé 1984 ; 15 093 vis.), de la S.-M., des Antiquités (30 665 vis.), de l'Éducation et Le Secq des Tournelles (ferronnerie, 14 274 vis.), Jeanne-d'Arc (30 399 vis.), Pierre-Corneille (6 587 vis.), Flaubert et d'Histoire de la médecine (3 919 vis.). **Monuments :** cathédrale (XIIe s. ; 70 029 vis. [1]), abbatiale St-Ouen (70 000 vis. [1]), aître St-Maclou (ancien charnier XVIe et XVIIe s.), Gros-Horloge (XVIe s.), palais de justice (XVe s.), maison de Diane de Poitiers (1510-23), hôtel Bourgtheroulde (1501-37), tour Jeanne d'Arc (10 717 vis.), vieux quartiers, auberge de la Couronne (la plus ancienne de France). **Industries :** métallurgie, raffinerie de pétrole, construction navale (en déclin), électricité, électronique, mécanique, papeterie, chimie et alimentaire, pharmacie, parapharmacie. **Tertiaire :** assurances. **Port** (bois, papier, fruits tropicaux, vins, hydroculture, chimie) ; 1er port d'Europe pour céréales, agro-alimentaire, engrais, papier, 5e du monde. **Aéroport.** Unité urbaine : 389 862 hab. (dont 40 000 étudiants), dont **Bihorel** 9 057. **Bois-Guillaume** 11 968. **Bonsecours** 6 853. **Canteleu** 15 422 ; pavillon de Flaubert (Croisset). **Darnétal** 9 224. **Déville-lès-Rouen** 10 441. **Grand-Couronne** 9 442. **Le Grand-Quevilly** 21 325 ; papeterie, chimie, métallurgie. **Petit-Couronne** 8 621 ; raffinerie de pétrole ; manoir de Pierre de Corneille. **Le Petit-Quevilly** 22 332 ; métallurgie, textile, chimie. **Maromme** 12 411. **Mont-St-Aignan** 21 256. **N.-D.-de-Bondeville** 7 652. **Oissel** 11 051. **St-Étienne-du-Rouvray** 12 314 ; métallurgie, papeterie, textile. **Sotteville-lès-Rouen** 16 771 ; métallurgie. Aire urbaine : 518 316 hab.

Sous-préfectures : Dieppe 34 559 hab. (unité urbaine 42 202) ; port [pêche, voyageurs (ligne Dieppe-Newhaven), commerce, plaisance], métallurgie, construction navale ; station balnéaire, casino (1886), château-musée (collection d'ivoires, 40 882 vis. en 2000), église St-Jacques, Cité de la Mer (31 003 vis. en 2000), *19-8-1942* raid anglo-canadien. Le Havre (de 4 à 103 m d'alt.), 190 691 hab. *Port* voyageurs et commerce (2e de Fr. : *trafic* (en 1999) *marchandises* (en millions de t) port 64,2, fluvial 2,4 ; *passagers* 904 791 ; écluse François Ier, la plus importante du monde : 401 × 67 m, prof. : 24 m), import. de pétrole (Antifer), raffinerie, construction navale, mécanique, auto, chimie alimentaire, ciments. *Pendant la guerre de 1939-45 :* 172 bombardements, 17 500 immeubles et 18 km de quais détruits (5 126 †) ; *14* et *15-6-1944* 325 avions lancent 1 800 t de bombes ; *5-9-1944* bombes explosives (2 000 t) ; 300 000 bombes incendiaires. 2 500 à 3 000 † civils ; *tunnel Jenner :* une bombe détruit l'entrée (326 † asphyxiés)]. Havre Athletic Club, créé 1872, 1er à pratiquer rugby, football. *Monument :* cathédrale. *Musées* (vis. en 2000) : des Beaux-Arts-André-Malraux (70 845 vis.), de l'Ancien-Havre, maritime, muséum d'Histoire naturelle (20 030 vis.), du Prieuré de Graville ; maison de la Culture (Oscar Niemeyer, 1972 à 1983). Église St-Joseph [Perret ; hauteur 106 m, cheminée 240 m (diamètre : à la base 24,6 m, au sommet 10,2 m)]. *Aéroport* Le Havre-Octeville (piste 2 300 m). *Gares.* Unité urbaine 248 547 hab., dont **Gonfreville-l'Orcher** 9 938 (raffinerie de pétrole et pétrochimie), **Harfleur** 8 517 (musée du Prieuré), **Montivilliers** 16 556 (abbatiale, XIe-XVIe s.), **Ste-Adresse** 7 878. Aire urbaine : 296 773 hab.

Autres villes (vis. en 2000) : **Allouville-Bellefosse** 986 hab. ; chêne vieux de 13 siècles, haut. 18 m, tronc creux (2 chapelles superposées), 15 m de tour à 1 m du sol. **Angerville-Bailleul** 203 hab. ; château. **Arques-la-Bataille** 2 535 hab. ; château. **Auberville-la-Manuel** 103 hab. ; château. **Auffray** 1 872 hab. ; château de *Bosmelot* (1632). **Aumale** 2 577 hab. (aggl. 3 253 [1]) ; verre. **Barentin** 12 835 hab. (aggl. 19 499 [1]). **Bec-de-Mortagne** 615 hab. ; château. **Berneval-le-Grand** 1 047 hab. ; station balnéaire. **Blangy-sur-Bresle** 3 405 hab. (aggl. 4 384 [1]) ; verre. **Bolbec** 12 587 hab. **Cany-Barville** 3 364 hab. ; château (1640-46). **Caudebec-en-Caux** 2 342 hab. ; église N.-D. (XVe-XVIIe s.), musée de la Batellerie. **Clères** 200 hab. ; halles. **Criel-sur-Mer** 2 670 hab. ; station balnéaire. **Duclair** 4 163 hab. ; église St-Denis. **Elbeuf** 16 666 hab. ; textile (drap), ind. électrique, plasturgie, auto Renault (Cléon), chimie ; églises St-Étienne (XVe s.), St-Jean (XIIe s.), hôtel consulaire (XIXe s.), musée (6 479 vis.) [unité urbaine 75 663 hab., dont *Caudebec-lès-Elbeuf* 9 904 ; mécanique et électrique. *St-Aubin-lès-Elbeuf* 8 296. *St-Pierre-lès-Elbeuf* 8 417. *Cléon* 6 042 ; musée municipal (6 639 vis.)]. **Étretat** 1 615 hab. (*1876 :* 2 033 ; *1975 :* 1 525) ; falaises ; station balnéaire, casino, monuments et musée Nungesser-et-Coli. **Eu** 8 081 hab. ; ind. électrique ; églises N.-D. et St-Laurent, collégiale (25 700 vis.), musée Louis-Philippe (13 699 vis.), château (1578, construit pour Henri de Guise, restauré 1661 et 1821, incendié 1902, restauré, appartint à Louis-Philippe, puis aux Orléans) [aggl. 20 506 [1], dont dans le dép. *Le Tréport* 5 900 ; verrerie, port, tourisme]. **Fécamp « pays des hautes falaises »** 21 026 hab. (aggl. 23 096 [1]) ; pêche hauturière et artisanale (criée) ; agroalimentaire (Bénédictine), import. du bois de Scandinavie, aciers, sel ; abbaye bénédictine (XIe-XIIe s., 146 188 vis.), distillerie, station balnéaire, casino, musée des Terres-Neuvas (38 631 vis.), centre des Arts. **Forges-les-Eaux** 3 465 hab. (aggl. 4 375 [1]) ; station thermale ; casino. **Gournay-en-Bray** 6 275 hab. (aggl. 7 921 [1]) ; équipements auto. **Jumièges** 1 714 hab. ; abbaye bénédictine (73 107 vis.) ; Jumièges fondée en 654 par St Philibert sur les bords de la Seine ; tombeau des « Énervés de Jumièges » [*légende :* les fils de Clovis II et de Bathilde furent punis par leur père pour s'être révoltés (on les tonsura et on leur brûla les nerfs des jambes puis on les plaça dans des bateaux abandonnés au courant de la Seine) ; St Philibert les aurait recueillis], ou tombeau de Tassilon et de Théodore (ducs de Bavière), prisonniers de Charlemagne ; manoir d'Agnès Sorel (à Mesnil-sous-Jumièges). **Lillebonne** 9 738 hab. ; chimie et pétrochimie, mécanique ; amphithéâtre romain (long. 110 m, diam. 80 m, 10 000 places), musée. **Martainville-Épreville** 611 hab. ; château (23 114 vis.), musée de la Haute-Normandie. **Mesnières-en-Bray** 704 hab. ; château. **Moulineaux** 890 hab. ; château de Robert le Diable (22 892 vis.). **Neufchâtel-en-Bray** 5 103 hab. (aggl. 5 872 [1]) ; agroalimentaire, fromages. **Notre-Dame-de-Gravenchon** 8 618 hab. **Offranville** 3 469 hab. ; mécanique ; église (XVIe s.). **Quiberville** 467 hab. **Roumare** 1 103 hab. ; château (XVIe-XVIIe s.). **St-Martin-de-Boscherville** 1 504 hab. ; abbaye (XIIe s. ; 19 537 vis.). **St-Maurice-d'Ételan** 239 hab. ; château (XVe s.). **St-Nicolas-d'Aliermont** 3 862 hab. (aggl. 4 935 [1]) ; musée de l'Horlogerie aliermontaise. **St-Pierre-de-Manneville** 774 hab. ; manoir des *Villers* (XVe-XIXe s.). **St-Valery-en-Caux** 4 781 hab. ; casino ; maison Henri-IV. **St-Wandrille-Rançon** 1 172 hab. ; abbaye (XIIIe-XIVe s.). **Tourville-la-Rivière** 2 280 hab. **Tourville-sur-Arques** 1 080 hab. ; château de *Miromesnil* (XVIe s., où est né Maupassant en 1850). **Valmont** 1 010 hab. ; château (XIe-XVe s.), abbaye (chapelle Renaissance). **Varengeville** 1 179 hab. ; Parc des Moutiers (41 173 vis.), Manoir d'Ango (20 305 vis.). **Veules-les-Roses** 676 hab. (la *Veules*, le plus petit fleuve de France, y a sa source et son embouchure). **Veulettes-sur-Mer** 296 hab. **Villequier** 808 hab. ; musée Victor-Hugo (15 421 vis.). **Yainville** 1 181 hab. ; usine d'orfèvrerie (Christofle). **Yport** 1 011 hab. **Yvetot** 10 770 hab. (aggl. 13 972) ; textile ; église ronde (XXe s. ; diam. 40 m, haut. 20 m), vitraux de Max Ingrand ; musées du pays de Caux, des Ivoires.

Divers : beautés naturelles : *vallée de l'Andelle, forêt d'Arques, aiguille marine de Belval* et *valleuse du Curé* à Bénouville ; *porte* d'Amont, d'Aval (avec l'Aiguille), Manne porte et pointe de Courline à Étretat ; falaise du Heurt à *Fécamp ;* cap d'*Ailly* (phare) à Ste-Marguerite. **Parcs : naturel régional** de *Brotonne* 58 000 ha (voir p. 208 a) ; **zoologique :** *Clères* (71 059 vis. en 2000). **Ponts :** de *Normandie* (longueur 2 141 m, portée centrale 856 m, voir à l'Index), de *Tancarville* (voir à l'Index), de *Brotonne* (longueur 1 278 m, hauteur 125 m).

Pays de la Loire

Généralités

■ **Superficie.** 32 082 km². **Population.** *1990 :* 3 059 200 hab. ; *99 :* 3 222 061 [étrangers (au 31-12) : 56 054 dont Marocains 9 775, Portugais 9 650, Algériens 6 151, Turcs 4 379]. **D.** 100.

☞ Le 30-11-2000, le Val de Loire – de Sully-sur-Loire (Loiret-Centre) à Chalonnes-sur-Loire (M.-et-L.) (260 km) – a été classé au patrimoine mondial par l'Unesco. La bande, étroite en amont, élargie ensuite au parc naturel Loire-Anjou-Touraine à l'ouest d'Angers. Parmi les sites : châteaux Montsoreau, Saumur ; abbayes : Fontevraud, St-Maur ; villages troglodytiques : Turquant, Parnay ; prieurale Cunault ; églises romanes : Chênehutte-les-Tuffeaux, St-Rémy-la-Varenne ; vignobles ; batellerie traditionnelle ; levée.

Anjou

■ **Situation.** Dép. du Maine-et-Loire, arrondissements de Château-Gontier (Mayenne) et de La Flèche (Sarthe), 5 cantons d'I.-et-L. Appartient au Massif armoricain *(Anjou noir)* et au Bassin parisien *(Anjou blanc).* Comprend : **Segréen** au nord-ouest : sol schisteux, plateau bocager ; grandes propriétés ; élevage ; minerai de fer (exploité). **Mauges** au sud-ouest : sous-sol schisteux, paysage vallonné ; grosses propriétés ; élevage ; vieilles ind. : filatures de tissage de lin et de coton (Cholet). **Baugeois** au nord-est : région la plus pauvre ; forêts ou landes sur le sable (plaques) du plateau : élevage et exploitation du bois. **Vallées** (Loir, Sarthe, Mayenne) : gros pâturages. **Saumurois** au sud-est : forêts et landes (massif de Gennes, forêt de Fontevrault) sur sables, marnes et grès ; plaines calcaires au sud de Saumur (petites propriétés et riches cultures) ; coteaux de la Loire, du Layon, de l'Aubance et du Thouet (beaux vignobles). **Vallée ou val d'Anjou :** de Candes aux Ponts-de-Cé : climat doux ; petites propriétés ; riches prairies et grandes cultures maraîchères, fruitières et florales.

■ **Histoire.** Peuplé au néolithique. **Av. J.-C.** peuplement *ligure* à partir du VIe s. **Vers 350** colonisation gauloise (tribu des *Andegavi*). **57** conquis par Crassus, lieutenant de César. **52** soulevé. **51** reconquis par César (défaite de Doué-la-Fontaine). Création de *Juliomagus* (future Angers). Partie de la prov. celtique ou lyonnaise sous le Haut-Empire, puis de la IIIe Lyonnaise, cap. Tours, après Dioclétien. **Apr. J.-C. Ve s.** *Saumurois* rattaché au roy. wisigoth du S.-O. **Période mérovingienne** relève de la Neustrie et en partie de la Bretagne (Mauges). **Vers 753** érigé en « marche de Bretagne » et confié au Cte Roland († 778 à Roncevaux). **2e moitié du IXe s.** création du *Cté d'Angers* défendu par Robert le Fort contre les Normands. Son fils Robert, roi de Fr., y installe un vicomte, Enjeuger, fondateur de la 1re dynastie angevine, comtale dès son successeur. **987** le Cté devient l'un des fiefs directs de la Couronne, *Foulques Nerra* ou *le Noir* (972-1040) prend la couronne comtale et, avec son fils Geoffroi Martel, étend le Cté aux Mauges, au Saumurois, à une partie de la Touraine, à Vendôme et au Maine. Anarchie féodale sous *Foulques IV* en lutte avec son frère Geoffroi le Barbu. *Foulques V* et *Geoffroi Plantagenêt* [qui épousera *Mathilde* (1068-1135), fille d'Henri Ier d'Angl., héritière de Normandie et d'Angleterre] réorganisent le Cté. Ayant leur propre Cour, ils exercent le droit de justice et sont assistés d'un connétable et du sénéchal d'Anjou, grand personnage qui acquiert au XIIe s. pouvoir de justice. **Sous Henri II Plantagenêt,** roi d'Angl., fait partie d'un vaste ensemble (Angl., Normandie, Bretagne, Aquitaine, Gascogne). Après 1175, le sénéchal, dont la fonction devient héréditaire, est investi d'une véritable délégation permanente. **1205** Philippe Auguste prend l'Anjou et maintient en place le sénéchal d'Arthur de Bretagne, Guillaume Desroches. **1246** apanage (avec le Maine et cités et châtellenies dépendantes) pour son frère cadet, *Charles d'Anjou* (1re maison d'Aquitaine). *Charles II,* son fils, abandonne Anjou et Maine en dot à sa fille Marguerite qui les donne à son époux *Charles de Valois.* **1328** *réuni à la Couronne* avec l'accession au trône de Philippe VI de Valois. **1356** duché constitué par le roi Jean le Bon, au profit de son fils cadet *Louis Ier d'Anjou* (2e maison d'Aquitaine). **1481** *Charles du Maine* le lègue à Louis XI (définitivement rattaché à la Couronne). *Marguerite d'Anjou* (1424-82), fille de René, mariée 1444 à *Henri VI de Lancastre,* roi d'Angl. (assassiné 1471), emprisonnée à Londres, délivrée 1475 contre rançon de 50 000 écus d'or par Louis XI, dut abandonner ses droits. **XVe et XVIe s.** apogée d'Angers. **1560-98** dévasté durant les guerres de Religion. **1652** relèvement compromis lors de la Fronde. **Fin XVIIe-XVIIIe s.** prospérité (dépend de la généralité de Tours). **1793** théâtre des principaux combats de la guerre de Vendée.

Maine

■ **Situation.** *Bas Maine* et *comté de Laval* correspondent à la Mayenne [moins l'arrondissement de Château-Gontier (Anjou)], et le *haut Maine* à la Sarthe [moins l'arrondissement de La Flèche (Anjou)].

■ **Comté de Laval.** Baronnie dépendant du Cté du Maine, érigée en comté-pairie par Charles VII en 1429, et demeurée fief distinct jusqu'à la Révolution (famille de La Trémoille). Le Cté de Laval appartenait historiquement à la Bretagne. La famille de Laval, détachée de la lignée des Montmorency, était bretonne et siégeait aux états de Bretagne.

■ **Bas Maine.** Partie du Massif armoricain. *Au nord-est,* crêtes gréseuses [forêts de *Multonne* (Mt des Avaloirs 417 m), de *Pail,* des *Coëvrons* (332 m)] traversées par des rivières encaissées. *Nord-ouest* très accidenté mais moins élevé (forêt de Mayenne, 215 m), le relief s'abaisse vers le sud (bassin de Laval). *Bocage :* élevage des jeunes animaux, blé, orge. *Villes* sur la Mayenne : Mayenne, Laval ; Château-Gontier est une ville angevine.

■ **Haut Maine.** Séparé de la Normandie, au nord, par la forêt de *Perseigne* (340 m). Au sud, terrains sédimentaires du Bassin parisien. Argile de décomposition ou « graie » dans les régions de *Mamers* et *Conlie :* bocage, élevage et céréales. Chanvre sur argiles imperméables au sud des grès de Mamers et dans la « boutonnière » du *Belinois. Pays manceau :* sableux, pins ; cultures maraîchères près du Mans. *A l'est et au sud* du pays manceau, entre l'Huisne et le Loir, plateau : landes et forêts (argile et silex), sauf dans parties recouvertes de limon. *Extrémité sud :* limons de la vallée du Loir (céréales).

■ **Histoire.** Peuplé dès le *paléolithique.* **Époque gauloise** cités des *Aulerques* (Aulerci) divisées en plusieurs peuples : *Diablintes, Cénomani, Ambarres.* **Époque romaine** *Vindinum* (Le Mans) et *Noviodunum* (Jublains) sont les villes principales. Christianisé du IVe au VIe s. **Haut Moyen Age** *Pagus Cenomanensis.* **IXe s.** incursions bretonnes et normandes. **955** héréditaire au profit de Hugues Ier. Ctes d'Anjou et ducs de Normandie s'en disputent la suzeraineté. **1126** rattaché par mariage à l'Anjou. Devient anglais quand le Cte d'Anjou Henri Plantagenêt devient roi d'Angl. **1203** pris par Philippe Auguste à Jean sans Terre. **1228** administration royale. Destructions pendant la guerre de Cent Ans ; théâtre des luttes entre le duc d'Alençon et Louis d'Anjou. **1481** à la mort de *Charles V d'Anjou (Charles du Maine),* rattaché au domaine royal. **XVIe et XVIIe s.** sert d'apanage à des Pces du sang, **XVIIIe s.** avec le titre ducal (le dernier duc du Maine est un Pce légitimé, fils de Louis XIV).

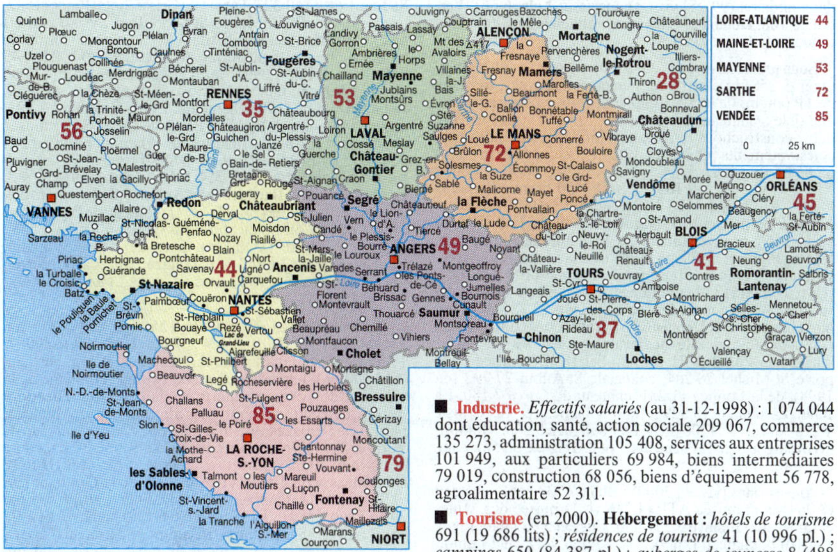

Nantais

■ **Situation.** Partie du Massif armoricain ; plaines alluviales (marécageuses) dans les dépressions.

■ **Histoire.** **Époque celtique** occupé par *Namnètes* et en partie par *Vénètes* au nord de la Loire, par *Pictons* au sud, tribus de Gaulois navigateurs et commerçants dont le port principal est *Corbilo* (près de Guérande), 3e ville de Gaule par la population. Autres villes importantes : *Portus Namnetum* (Nantes), *Ratiatum* (Rézé, au pays de Retz), *Gronnona* (Guérande). Principal produit exporté : l'étain. **56 av. J.-C.** Brutus (futur assassin de César) détruit la flotte gauloise au nord de Batz (marais salants actuels) ; la population est exterminée. **Période gallo-romaine** la côte de Nantes fait partie de la Lugdunaise IIIe (capitale Tours). Christianisée au IIIe s. (St Rogatien), mais repaganisée par des Saxons débarqués au IVe s. **Ve s.** conquise par les Bretons (Bubic). **818** Louis le Débonnaire installe à Nantes un Cte breton qui se rend rapidement indépendant et prend le titre de roi de Bretagne. Nantes est dès lors partie intégrante du royaume ou du duché breton.

Bocage vendéen

■ **Situation.** Constitue avec le Marais poitevin et les îles d'Yeu et de Noirmoutier le dép. de Vendée. Le Marais breton est un ancien golfe (au nord-ouest) comblé par les alluvions de la Loire.

■ **Histoire.** Noirmoutier est attestée en *680,* Fontenay-le-Comte en *841.* Relèvent du Cte de Poitiers (voir **Poitou-Charentes**, p. 878 a).

Économie

■ **Population active.** **Au 8-3-1999 :** occupée 1 291 139, chômeurs au RP 161 754. **Au 31-12-1998 :** 1 232 574 (non-salariés 158 530) dont : agriculture 92 278 (62 632) ; industrie 284 655 (10 729) ; construction 84 694 (16 638) ; tertiaire 770 947 (68 531).

■ **Échanges** (en milliards de F, 2000). **Import. :** 109,49 *dont* combustibles et carburants 19,49, composants électriques et électroniques 12,83, équipements électriques et électroniques 12,06, prod. chimiques en caoutchouc ou en plastique 8,88, équip. mécaniques 8,63, prod. des ind. agricoles et alimentaires 8,6, de l'ind. auto 7,99, habillement cuir 6,71, métaux et prod. métalliques 5,35, équipement du foyer 5,34 ; *de* All. 10,51, Ital. 9,32, G.-B. 8,92, Norv. 8,64, P.-Bas 7,88, Belg. 6,1. **Export. :** 99,89 *dont* équipements électriques et électroniques 23,89, prod. des ind. agricoles et alimentaires 12,6, équipements mécaniques 11,58, bateaux, avions, trains, motos 9,76, prod. de l'ind. auto 7,4, équipement du foyer 6,52, prod. chimiques en caoutchouc ou en plastique 5,18, prod. agricoles, sylvicoles et piscicoles 4,09, métaux et prod. métalliques 3,58, habillement cuir 3,43 ; *vers* All. 14,13, Esp. 11,49, G.-B. 11,49, Ital. 8,98, Libéria 6,64, P.-Bas 5,46.

■ **Agriculture** (en 1999). **Terres** (en milliers d'ha) : 3 240,4 dont *SAU* 2 327,2 (t. arables 1 603,6, vignes 42,5, cultures fruitières 12,2, herbe 666,9) ; *bois* 315,9 ; *terres agricoles non cultivées* 64,8 ; *étangs* 30,5 ; *terres non agricoles* 484. **Production végétale** (en milliers de t) : céréales 3 892,5 (dont blé tendre 2 271,3, maïs 1 080,2, orge et escourgeon 211,4), p. de t. 74,7 ; *vins* (en milliers d'hl) : 2 401,8 dont AOC 1 640 ; **animale** (en milliers de têtes) : volailles 66 658, bovins 2 797,6, porcins 1 672,8, lapins 3 292, caprins et ovins 337,5, équidés 34,6. *Lait (de vache) :* 35 408 800 hl. *Œufs :* 1 107 042 000. **Pêche** (en milliers de t, 1997). 38,5 débarquées dont poissons frais 33,8, mollusques 2,8 (en 1990 : huîtres 17,7, moules 6,7), crustacés 1,7, coquillages de pêche 0,13. *Navires immatriculés* (au 1-1-1997) : 741 (dont 135 de 16 m et plus). *Marins-pêcheurs* (au 1-1-1998) : 2 328 (dont pêche côtière 690, au large 606, grande 45). **Trafic portuaire** (voir à l'Index).

■ **Industrie.** *Effectifs salariés* (au 31-12-1998) : 1 074 044 dont éducation, santé, action sociale 209 067, commerce 135 273, administration 105 408, services aux entreprises 101 949, aux particuliers 69 984, biens intermédiaires 79 019, construction 68 056, biens d'équipement 56 778, agroalimentaire 52 311.

■ **Tourisme** (en 2000). **Hébergement :** *hôtels de tourisme* 691 (19 686 lits) ; *résidences de tourisme* 41 (10 996 pl.) ; *campings* 650 (84 387 pl.) ; *auberges de jeunesse* 8 (488 lits) ; *villages de vacances* 48 (11 797 pl.) ; *gîtes ruraux* 1 255, *d'étapes* 71, *d'enfants* 19 ; *chambres d'hôtes* 1 168 ; *résidences secondaires* 187 171. **Flotte de plaisance** (31-8-1999) : 64 407 bateaux dont à moteur 43 312, voiliers 18 790, autres 2 305.

■ Départements

Voir légende p. 811. *Nota.* – (1) En 1998.

■ **Loire-Atlantique** (44) 6 815 km² (107 × 123 km). **Côtes :** 133 km dont 85 au nord de la Loire, 48 au sud ; *Côtes d'Amour* (nom d'un bois de sapins près de La Baule), *de Jade* (couleur de l'eau). **Altitude** *maximale :* colline de La Bretèche 115 m. **Population :** *1801 :* 369 305 hab. ; *51 :* 535 664 ; *1901 :* 664 971 ; *21 :* 649 691 ; *36 :* 659 428 ; *62 :* 803 372 ; *75 :* 934 499 ; *82 :* 995 448 ; *90 :* 1 052 183 [dont étrangers 23 664 (dont Portugais 3 579, Algériens 3 656, Marocains 3 077, Turcs 2 185)] ; *99 :* 1 134 266. **D.** 166. **Cantons :** 59. **Communes :** 221. **Langue :** le parler « gallo » atteignait la ligne Donges-Blain-Rennes (limite est des parlers bretons).

☞ *1er département* pour : construction navale (50 %), encres d'héliogravure (50 %), tapioca (70 %), plomb tétraéthyle, conserves de thon, chauffe-eau, petits-beurre.

Régions naturelles : plateaux au nord de la Loire 3 580 km². **Régions de l'estuaire,** dont zone de Nantes et *Sillon de Bretagne* 860 km² : collines 60 à 91 m. **Presqu'île guérandaise** 530 km² dont la *Grande Brière* 200 km² (marécages, tourbières) : propriété indivisée des 21 communes riveraines reconnue depuis 1 461. Chacune siège à la Commission syndicale de Grande Brière Mottière. Parc naturel régional de Brière créé 16-10-1970 (400 000 ha, 18 communes adhérentes). *Marais salants* 2 000 ha ; plan d'eau 250 km² (1948 : 700). **Pays de Retz** 750 km², dont le *lac de Grand-Lieu* [67 km², prof. : 3 à 6 m (en 1712), et 0,70 à 1,20 m] : plaine et plateaux. **Pays de Sèvre et Maine** 650 km² (Muscadet).

Chef-lieu : NANTES. **Altitude :** de 45 à 50 m. **Superficie :** 6 523 ha. **Population :** *1700 :* 42 309 ; *1800 :* 70 000 ; *60 :* 108 530 ; *1931 :* 187 343 ; *46 :* 200 265 ; *68 :* 265 009 ; *82 :* 240 539 ; *90 :* 244 995 ; *99 :* 269 343. **Port** avec St-Nazaire, 4e port de Fr. (trafic : 26 400 000 t en 1997) ; 1er pour import. de bois ; port autonome 3 980 ha. **Aéroport** Nantes-Atlantique. **Industries :** aéronautique (Airbus), arsenal, armement, chimie, caoutchouc, chaudronnerie, mécanique, ménager, électronique, biscuiteries, conserveries, raffinerie de sucre, Inra, vêtements. *Bombardements* les plus sévères 16 et 23-9-1943. **Monuments :** cathédrale [(14-4-1434 début, 1577 achèvement de la grande nef et collatéraux, 1650 transept sud, nord 1840, transept central, chœur, abside 1891 ; bombardée 15-6-1944, incendiée 28-1-1972 ; haut. tour 63 m, nef sous voûte 37,5 m, long. intérieure 103 m, larg. 38,5 m) ; 300 000 vis. en 1996] ; passage Pommeraye avec verrière la plus haute et la plus vaste de Fr. ; château des ducs de Bretagne [fondé 1924-28, 386 185 vis. (expositions 109 438 vis.)]. **Musées** (vis. en 2000) : Beaux-Arts [fondé 1801, 2e musée de Fr. pour la peinture après le Louvre (2 000 toiles), 89 428], Dobrée [(fondé 1860) ; 28 248, Art populaire régional et cour Renaissance], Histoire naturelle (64 033), Imprimerie (8 838) ; maison de Jules Verne (13 877), planétarium (27 560) ; musée naval de l'Escorteur *Maillé-Brézé* (14 517). **Iles** Feydeau (hôtels XVIIIe s.), de Versailles (aménagée en jardin japonais). **Parcs** (182 ha) : Petit-Port 72 ha, Grand-Blottereau 45 ha, Beaujoire 19 ha ; squares et jardins 42 ha. **Rues :** *les plus longues :* route de St-Joseph-de-Porterie (5 542 m), quai de la Fosse (2 045 m) ; *la plus courte :* rue Travers (12 m). UNITÉ URBAINE (20 communes) : 544 932 hab., dont **Basse-Goulaine** 7 498 ; château (XVIe-XVIIe s. ; 14 688 vis. en 1999). **Bouguenais** 15 623. **Carquefou** 15 374. **Couëron** 17 808. **Indre** 3 643. **La Chapelle-sur-Erdre** 16 383. **La Montagne** 5 841. **Les Sorinières** 6 239. **Orvault** 23 554. **Rezé** 35 477 ; maison Radieuse de Le Corbusier. **St-Herblain** 43 710. **St-Jean-de-Boiseau** 4 562. **St-Sébastien-sur-Loire** 25 220. **Ste-Luce-sur-Loire** 11 261. **Sautron** 6 824 ; parc d'attractions des Naudières (99 951 vis.). **Thouaré-sur-Loire** 6 661. **Vertou** 20 268. **Doulon** et **Chantenay** rattachés en 1908. AIRE URBAINE (1999) : 711 120.

Sous-préfectures (vis. en 2000) : **Ancenis** 7 010 hab. (aggl. 9 258) [1] ; électrique, machines agricoles, matériel de TP (engins de levage), papier et carton, coop. agricole, vignoble ; château (XVe-XVIIe s). **Châteaubriant** 12 062 hab. ; constructions ferroviaires, fonderie, machines agricoles, vêtements ; château 4 106. **St-Nazaire** (à 12 m d'alt.) 65 869 hab. (*1791 :* 904 ; *1856 :* 5 424 ; *1944 :* 15 000 ; *55 :* 41 750 ; *62 :* 59 181). *1940-43,* 50 bombardements (479 †, 576 blessés) [28-2-1943 détruit à 60 %, chantiers à 80 %] ; la poche de St-Nazaire résista du 12-8-1944 au 11-5-1945 ; port, chantiers de l'Atlantique, mécanique (Sides, Famat), outillage lourd et chaudronnerie, Aérospatiale, Écomusée sous-marin *Espadon* (199 227 vis.). [UNITÉ URBAINE (10 communes) 136 886 hab. dont **Batz-sur-Mer** 3 047 ; musée des Marais salants 22 389 ; le grand blockhaus 24 068. **Donges** 6 157 ; raffineries (Elf-France). **Guérande** 13 595 ; cité médiévale ; *musées* (vis. en 2000) : maison du Paludier 31 102, du Sel 18 127, musée de la porte St-Michel 28 204, collégiale St-Aubin 27 792 (en 1998), de la Poupée 11 231, château de *Careil* 7 180. **La Baule-Escoublac** 15 829 ; station balnéaire. **Le Croisic** 4 278 ; océarium (206 353). **Le Pouliguen** 5 266. **Montoir-de-Bretagne** 6 204. **Pornichet** 9 668. **Trignac** 6 956]. AIRE URBAINE : 172 379 hab.

Autres villes (vis. en 2000) : **Blain** 7 733 hab. ; château (8 069 vis.) ; musée ATP (4 236 vis.) ; musée des Mines et minéraux. **Bouaye** 5 251 hab. **Clisson** 5 939 hab. (aggl. 11 010) [1] ; château (XIIIe-XVe s., 17 956 vis.), villa Lemot, Maison du Jardinier (28 966 vis.). **Herbignac** 4 353 hab. ; château de *Ranrouët* (10 824 vis.). **La Chapelle-Glain** 761 hab. ; château de la Motte-Glain (XVe s.). **La Turballe** 4 042 hab. (aggl. 5 029 [1]) ; Maison de la Pêche (15 586 vis.). **Le Loroux-Bottereau** 4 939 hab. **Machecoul** 5 420 hab. **Missilac** 3 813 hab. ; château de *La Bretesche* (XVe s.) incendié 1793, reconstruit. **Nort-sur-Erdre** 5 885 hab. **Paimbœuf** 2 758 hab. **Piriac-sur-Mer** 1 898 hab. **Pontchâteau** 7 773 hab. ; calvaire (13 162 vis.). **Pont-St-Martin** 4 754 hab. (aggl. 6 868 [1]). **Pornic** 11 903 hab. ; casino, faïencerie (45 757 vis.). **Port-St-Père** 2 143 hab. ; safari (222 535 vis.). **St-Brévin-les-Pins** 9 593 hab. ; musée de la Marine (2 517 vis.). **St-Étienne-de-Montluc** 6 231 hab. ; musée de la Marine (3 086 vis. en 1999). **St-Julien-de-Concelles** 6 260 hab. **St-Lyphard** Chaumière des Saveurs et de l'Artisanat (116 752 vis.), musée de chaume de *Kerhinet* (6 409 vis.). **St-Malo-de-Guersac** 3 126 hab. (aggl. 7 539 [1] avec *St-Joachim* 3 772) ; parc animalier. **St-Michel-Chef-Chef** 3 177 hab. (aggl. 5 624 [1]) ; galettes. **St-Père-en-Retz** 3 454 hab. ; musée des Lavandières (1 758 vis.). **St-Philbert-de-Grand-Lieu** 6 253 hab. ; abbatiale (13 174 vis.). **St-Sulpice-des-Landes** 608 hab. ; chapelle St-Clément (XIIIe s.). **Savenay** 5 883 hab. (aggl. 7 563 [1]). **Vallet** 6 806 hab. ; château de la Noë de Bel-Air (1836). **Varades** 3 190 hab. ; le palais Briau (4 428 vis.).

■ **Maine-et-Loire (49)** 7 166 km^2 (125 × 110 km). **Altitude :** *maximale* colline des Gardes (au sud de Chemillé) 216 m, bois de la Gaubretière (commune de St-Paul-du-Bois) 208 m, *minimale* La Varenne 3 m. **Population :** *1801 :* 376 289 hab. ; *51 :* 516 197 ; *1911 :* 508 868 ; *21 :* 475 485 ; *36 :* 478 404 ; *75 :* 629 849 ; *82 :* 675 321 ; *90 :* 705 406 (étrangers 15 200 dont Marocains 3 296, Portugais 2 859, Turcs 1 265, Algériens 939) ; *99 :* 732 942. **D.** 102. **Cantons :** 41. **Communes :** 364.

Régions naturelles : Baugeois : 81 142 ha, alt. 56 m, élevage, blé, maïs, forêts. **Mauges :** 194 145 ha, alt. 125 m, élevage (bovins), polyculture. **Layon :** vignobles (coteaux du Layon). **Saumurois :** 53 772 ha, alt. 76 m, polyculture, céréales, vignobles, vergers, maraîchage, forêts. **Segréen :** 140 489 ha, alt. 29 m, élevage (bovins), polyculture. **Vallée de la Loire :** 33 779 ha, 40 m alt., vergers, prairies, vignes, plantes fourragères (trèfle incarnat), semences (Vilmorin, horticulture). **Bois** (en ha, au 1-1-1999) : 82 671 (dont forêts de *Vezins* 1 800, *Chandelais* 1 031, *Ombrée* 1 000, *Chambiers* 1 000, *Beaulieu* 900) ; (au 1-1-1998) *étangs* 2 450 ; *terres agricoles non cultivées* 12 350 ; *terres non agricoles* 82 760. **Vignoble** d'Anjou et de Saumur 21 350 ha dont 27 AOC (16 000 ha), plus d'1 million d'hl.

☞ *1er producteur* d'ardoises (26 000 t en 1997), champignons de couche, semences potagères et florales, plantes médicinales, pépinières, pommes, cassis et canards.

Chef-lieu : ANGERS. **Altitude :** de 13,59 à 48,67 m. **Superficie :** 4 306 ha. **Population :** *1790 :* 31 500 ; *1861 :* 51 797 ; *1901 :* 82 398 ; *36 :* 87 948 ; *54 :* 102 141 ; *75 :* 137 591 ; *82 :* 136 038 ; *90 :* 41 354 ; *99 :* 151 279. **Industries :** confection (Yves St Laurent, G. Rech, T. Mugler), métallurgie, camions (Scania), équipement auto (Valeo, Motorola), ordinateurs (Bull, Packard Bell Nec), télévision (Thomson), laboratoire (Jouveinal), distilleries (Cointreau, Giffard). **Ademe** (Agence de l'environnement et de la maîtrise d'énergie) ; *pôle de* physiologie végétale. **Écoles :** horticulture et paysage (créée 1971), arts et métiers (créée 1814), agricole (créée 1898), électronique de l'Ouest (créée 1956), sciences commerciales (créée 1909). **Enseignement** *supérieur :* 28 000 étudiants, université d'État, université catholique de l'Ouest. **Monuments** (vis. en 1999) : château du roi René (1230, 17 tours) 170 560 : tenture de l'Apocalypse (XIVe s., plus important ensemble médiéval tissé du monde, 100 × 4,50 m) commandée par Louis Ier, duc d'Anjou en 1375 ; musée des Beaux-Arts 16 113 ; galerie David-d'Angers 21 219 ; cathédrale St-Maurice [XIIe s., flèches 70 et 77 m, intérieur long. 90 m, haut. 25 m, nef (larg. 16,38 m)] ; église St-Serge ; muséum d'Histoire naturelle 13 391 ; centre régional d'art textile 6 345 [Crat] ; maison du Vin de l'Anjou ; musée des Tapisseries de Lurçat (*le Chant du monde*) dans l'hôpital St-Jean (XIIe s.) 40 323, Turpin de Crissé, hôtel Pincé (1532, fondé 1889) 17 936, église St-Serge (nef XVe s.) ; hôtels des Pénitentes ; maison d'Adam (XVe) ; parc de loisirs du lac de Maine, centre nautique. AGGLOMÉRATION : 226 843 hab., dont **Avrillé** 12 991 ; musée régional de l'Air (12 000 vis. en 1997) ; moulin de la Croix-Cadeau (XVIIIe s.) ; golf. **Beaucouzé** 4 851. **Bouchemaine** 6 153. **Écouflant** 3 703. **Juigné-sur-Loire** 2 273. **Les-Ponts-de-Cé** 11 387 ; musée des Coiffes d'Anjou ; Institut des relations publiques et de la communication (Ircom). **Mûrs-Érigné** 5 115 ; aquarium tropical. **Pontigné** 214 hab. ; église (XIIe-XIIIe s.), clocher tors. **St-Barthélemy-d'Anjou** 9 832 ; *Cointreau* (musée) et distillerie (27 740 vis. [1]) ; château de Pignerolle : musée de la Communication. **St-Sylvain-d'Anjou** 4 553 ; château à Motte (Xe-XIIe s.), parc de la Haie-Joulain. **Ste-Gemmes-sur-Loire** 3 681. **Trélazé** 11 025, ardoisières ; musée de l'Ardoise (6 914 vis. [1]). AIRE URBAINE (1999) : 332 624 hab.

Sous-préfectures : Cholet (à 125 m d'alt.) 8 472 ha, 54 204 hab. [*1791 :* 8 444 ; *1846 :* 10 102 ; *1901 :* 19 352 ; *46 :* 26 086] ; marché agricole, et aux bestiaux (110 000/an), textiles (le mouchoir rouge, emblème de la ville, date de la chanson interprétée la 1re fois par Théodore Botrel), confection, Thomson-CSF, chaussures, Michelin, plasturgie ; espaces verts 636 000 m^2. *Plans d'eau :* lac de Verdon 280 ha (réservoir créé 1974), Ribou 80 ha, étang des Noues 30 ha. *Musées* (en 2000) : d'Art et d'Histoire (19 000 vis.), du Textile (10 904 vis.), de la Goubaudière (9 944 vis.). *Aérodrome.* **Saumur** (à 30 m d'alt.) 6 597 ha, 29 857 hab. (*1801 :* 9 585 ; *1911 :* 16 198) [aggl. 31 612 [1]] ; conserves de champignons, masques de carnaval (César), ind. mécanique et électronique, bijoux fantaisie (500 emplois), lyophilisation ; château (XIVe-XVe s., 106 690 vis. [1]), église St-Pierre (XIIe-XVIIe s.), N.-D.-des-Ardilliers (XVIe-XVIIe s.), N.-D.-de-Nantilly (XIIe-XVe s.) ; Académie de théologie protestante au XVIIe s. (gouverneur : P. Duplessis-Mornay) ; maison de la Reine-de-Sicile. *Écoles* d'équitation (Cadre noir, fondé 1814 ; 44 805 vis. [1]), d'application de l'arme blindée et cavalerie [du 19 au 21-6-1940, 2 200 cadets soutenus par un bataillon de St-Maixent contiennent l'armée allemande]. *Musées :* des Arts décoratifs (fondé 1919), du Cheval (fondé 1911, 145 000 vis. [1]), de la Figurine-jouet, des Blindés (500 véhicules, 27 888 vis. [1]), du Moteur, du Champignon (60 000 vis. en 1993), du Masque (César). *Maison du vin de Saumur,* dolmen de Bagneux (le plus grand de France : 15 dalles pesant plus de 500 t ; chambres de 90 et 200 m^2). **Segré** 6 410 hab. (aggl. 7 705 [1]) ; ind. alimentaire, joints auto (Paulstra) ; église la Madeleine (1887), tourisme fluvial.

Autres villes : Baugé (ancienne sous-préfecture) 3 663 hab. (aggl. 4 920 [1]) ; croix d'Anjou, château (XVe s.), musée. **Beaufort-en-Vallée** 5 390 hab. ; conserves de champignons ; manoir de Princé (XVe-XVIIIe s.), musée Joseph-Denais. **Beaupréau** (ancienne sous-préfecture) 6 217 hab. ; confection, chaussures. **Bécon-les-Granits** 2 327 hab. ; musée (1 925 vis. en 1996). **Béhuard** 110 hab. ; église (XVe s.), pèlerinage. **Brain-sur-Allonnes** 2 558 hab. ; maison forte (XIIIe-XIVe s.). **Breil** 309 hab. ; château et parc de *Lathan* (XIVe-XVIIIe s.). **Brézé** 1 299 hab. ; château (XVIe-XIXe s.). **Brion** 1 021 hab. ; parc d'attractions *(Omlande).* **Brissac** 2 296 hab. ; château (cave XIIe s., voûte XVe s., 1606-21 par Corbineau d'Angluze, 34 687 vis. [1]) ; caves de la Loire, vignoble ; centre piscicole. **Candé** 2 595 hab. **Challain-la-Potherie** 774 hab. ; moulin du Rat. **Chalonnes-sur-Loire** 5 594 hab. ; pressoirs à raisin. **Champtocé-sur-Loire** 1 533 hab. ; château du *Pin* (jardins). **Champtoceaux** 1 748 hab. ; église. **Châteauneuf-sur-Sarthe** 2 409 hab. ; tourisme fluvial. **Chazé-sur-Argos** 841 hab. ; château de *Raguin* (XVIe s.). **Chemillé** 6 169 hab. ; ind. agroalimentaire, mécanique ; église N.-D. (XIIe s.), chapelle de la Sorinière (XVe-XVIe s.), jardin des plantes médicinales, église St-Pierre. **Chênehutte-Trèves-Cunault** 1 102 hab. ; églises : Cunault (XIe-XIIIe s., 223 chapiteaux) ; Chênehutte-les-Tuffeaux (XIIe s.) ; Trèves (XIIe s.) ; village gallo-romain « Robrica », site troglodytique « la Cave aux Moines ». **Chenillé-Changé** 148 hab. ; moulin à eau. **Cizay-la-Madeleine** 412 hab. ; abbaye d'*Asnières* (XIIe-XIIIe s., en partie détruite, gothique angevin). **Coutures** 478 hab. ; atelier Richard Rak, château de *Montsabert.* **Doué-la-Fontaine** 7 450 hab. ; musée des Commerces anciens (22 661 vis. [1]) ; distillerie d'eau de rose ; la Sablière ; moulin Cartier (XXe s.) ; zoo en partie troglodytique (201 334 vis. [1]) ; jardin des Roses ; arènes, caves au sarcophage (VIe s.). **Durtal** 3 224 hab. ; manoir du Serrain (XVIe-XVIIe s.), château (XIVe-XVIIe s.). **Écuillé** 457 hab. ; château du *Plessis-Bourré* (XVe s. ; 28 000 vis. [1]). **Fontevraud** 1 189 hab. ; église St-Michel (XIIe s.), chapelles Ste-Catherine (XIIIe s.) et N.-D.-de-Pitié (XVIIe s.), abbaye [XIIe-XVIIIe s. : gisants des Plantagenêts (Aliénor d'Aquitaine, Isabelle d'Angoulême, Richard Cœur de Lion, Henri II) ; cuisine romane octogonale (21 cheminées) ; *1115-1792 :* 36 abbesses (50 % de sang royal) se sont succédé à la tête de l'ordre double (frères et religieuses) fondé par Robert d'Arbrissel ; les 4 dernières filles de Louis XV y passèrent 10 ans ; servit de prison de 1804 à 1963. (169 064 vis. [1])]. **Genneteil** 294 hab. ; château du *Breil de Foin* (ancien XIVe-XVe s., nouveau XVIe-XVIIe s.). **Grézillé** 396 hab. ; château de *Pimpéan,* chapelle (XVe s., fresques). **Ingrandes** 1 418 hab. **Jallais** 3 153 hab. ; chaussures. **La Chapelle-St-Florent** 1 064 hab. ; moulin de l'Épinay (tour, XVIIIe s.). **La Chapelle-sur-Oudon** 483 hab. ; château de *la Lorie* (XVIIIe s.). **La Ménitré** 1 899 hab. ; musée Marc-Leclerc. **La Possonnière** 2 128 hab. ; moulin de *la Roche* (XIXe s.). **La Pommeraye** 3 623 hab. ; chaussures, meubles. **La Séguinière** 3 506 hab. ; confection, bois. **La Varenne** 1 366 hab. ; château (XIXe s.) ; golf de l'*Ile d'Or.* **Le Coudray-Macouard** 865 hab. ; magnanerie, girouetterie (12 300 vis. en 1997) ; village fortifié. **Le Fuilet** 1 809 hab. ; maison du Potier (16 386 vis. [1]) ; parc de *la Barbotine.* **Le Lion-d'Angers** 3 347 hab. ; agroalimentaire ; haras national. **Le May-sur-Èvre** 3 891 hab. ; chaussures, confection, équipements ind., plasturgie. **Le Plessis-Macé** 950 hab. ; château (XIIe et XVe s., 7 262 vis. [1]). **Le Puy-Notre-Dame** 1 236 hab. ; collégiale (XIIIe s.). **Le Thoureil** 360 hab. ; abbaye de *St-Maur* (fondée VIe s., reconstruite XVIIe s.). **Le Vieil-Baugé** 1 252 hab. ; église St-Symphorien (XIe-XVIIe s.), clocher vrillé. **Les Rairies** 866 hab. ; briqueterie. **Les Rosiers-sur-Loire** 2 242 hab. [aggl. 4 068 [1], dont *Gennes* 1 946 ; amphithéâtre gallo-romain (5 637 vis.) ; église St-Eusèbe (XIIe s.) ; moulin à eau de Sarré (XVIe s., 14 419 vis. [1])]. **Linières-Bouton** 3 093 hab. ; château (XVe-XVIIe s.). **Liré** 2 154 hab. ; maison de Du Bellay. **Longué-Jumelles** 6 928 hab. ; église N.-D.-de-la-Légion-d'Honneur. **Martigné-Briand** 1 705 hab. ; château (XIIe-XVIe s.), souterrains. **Maulévrier** 2 830 hab. ; confection, ind. agroalimentaire, mécanique ; parc oriental (29 ha, 33 237 vis. [1]) ; château de *Touvois* (XIe-XVIe s.). **Mazé** 3 875 hab. ; château de *Montgeoffroy* (XVIIIe s., 13 691 vis. [1]). **Montguillon** 165 hab. ; château de *Bouillé-Thévalle* (XVe-XVIIe s.) ; jardins style médiéval. **Montjean-sur-Loire** 2 652 hab. ; écomusée. **Montreuil-Bellay** 4 112 hab. ; collégiale (XVe s.), village fortifié, château (XIe-XVIe s.), vue sur le Thouet, aquarium de Loire ; moulin à eau de la Salle ; musée Ch.-Léandre (1862-1934) dans la maison Dovalle (XVIe s.) ; vers à soie. **Montreuil-Juigné** 6 666 hab. ; aluminium (Péchiney-Rhenalu) ; château de *la Thibaudière* (XVIIe-XIXe s.). **Montsoreau** 544 hab. ; château (XVe s., 10 634 vis. [1]), cave de culture du champignon (37 013 vis. [1]). **Noyant-la-Gravoyère** 1 761 hab. ; la Mine bleue (à 130 m sous terre), site ardoisier (75 235 vis. [1]) ; parc de loisirs *St-Blaise.* **Nyoiseau-Chatelais** 1 275 hab. ; la *Petite Couère* (parc de loisirs et musée). **Parçay-les-Pins** 1 016 hab. ; musée [maison natale de Jules Desbois (1851-1935)]. **Parnay** 460 hab. ; église (nef et clocher romans ; chœur gothique ; portail Renaissance). **Pouancé** 3 307 hab. ; plasturgie (Manducher) ; château fort (XIIIe-XVe s.). **St-André-de-la-Marché** 2 417 hab. ; musée de la Chaussure (8 807 vis. [1]). **St-Aubin-de-Luigné** 857 hab. ; château de la *Haute-Guerche* (XIIIe-XVe s.). **St-Florent-le-Vieil** 2 623 hab. ; chaussures ; abbatiale (XVIIIe s., 13 194 vis. [1] ; tombeau du Gal Bonchamps par David d'Angers) ; musée d'Histoire locale ; observatoire de la Loire ; ferme abbatiale des *Coteaux* (14 325 vis. [1]). **St-Georges-des-Sept-Voies** 570 hab. ; prieuré (XIe-XIIe s.), Hélice terrestre (espace d'arts plastiques). **St-Georges-sur-Loire** 3 011 hab. ; château de *Serrant* (XVIe-XVIIe s., 20 118 vis. [1]). **St-Germain-sur-Moine** 2 472 hab. ; chaussures. **St-Lambert-du-Lattay** 1 466 hab. ; musée de la Vigne et du Vin. **St-Laurent-de-la-Plaine** 1 538 hab. ; Cité des métiers de tradition (28 985 vis. [1]). **St-Macaire-en-Mauges** 5 687 hab. ; confection (Catimini). **St-Martin-de-la-Place** 1 115 hab. ; château de *Boumois* (XVe-XVIIe s.). **St-Pierre-Montlimart** 3 053 hab. (aggl. 5 724 [1]) ; chaussures. **St-Rémy-la-Varenne** 844 hab. ; prieuré (XIIe-XVIIe s.). **Trémentines** 2 817 hab. ; horlogerie. **Turquant** 448 hab. ; ensemble troglodytique (chapelle XVIe s.). **Varennes-sur-Loire** 1 800 hab. ; moulin du Champ des isles. **Vihiers** 3 992 hab. ; château de *Coudray-Montbault* (XIIIe-XVe s.), chapelle prieurale (XIIe s.).

Divers : moulins : *l'Épinay, la Herpinière.* **Troglodytes :** 1 000 km de souterrains : *Le Coudray-Macouard, Dénezé-sous-Doué* (dont figurines sculptées du XVIe s., 23 000 vis. en 1997), *Louresse-Rochemenier* (20 salles sur 1 ha, 69 554 vis. [1]), *Montsoreau, Préban, St-Georges-des-Sept-Voies, Turquant.*

■ **Mayenne (53)** 5 175 km^2 (82 × 62 km). **Altitude :** *maximale* Mt des Avaloirs 417 m, *minimale* 20 m (sortie de la Sarthe). **Population :** *1801 :* 305 654 hab. ; *51 :* 374 566 ; *66 :* 367 855 ; *1901 :* 313 103 ; *36 :* 251 348 ; *62 :* 250 030 ; *75 :* 261 789 ; *82 :* 271 784 ; *90 :* 278 037 (étrangers 3 545 dont Marocains 621, Algériens 531, Portugais 479, Britanniques 461) ; *99 :* 285 338. **D.** 55. **Cantons :** 32. **Communes :** 261.

Régions naturelles : zone d'élevage (au nord) 243 950 ha : vallonnée et morcelée, production laitière. **Embouche de l'Erve** (centre et sud-est) 81 123 ha : terres humides, élevage bovin extensif, embouche. **Zone de polyculture de Laval** (centre-ouest) 62 795 ha : céréales, etc., herbages sur terres difficiles. **Bocage angevin** (au sud) 129 653 ha : plus chaud et sec, élevage, cultures. **Corniche de Pail :** Mt des Avaloirs. **Les Coëvrons :** Mt Rochard-Montaigu, plan d'eau du Gué de Selle à Mézangers (50 ha). **Bois** (en ha, au 1-1-1991) : 36 400 (97 % forêts privées) dont forêts de *Mayenne* 3 300, *Pail* 2 600, *Grande Charnie* 1 600, *Bourgat* 1 200, *Hermet* 1 200, *Vallons* 1 100.

Chef-lieu : LAVAL. **Altitude :** 70 m. **Superficie** 3 422 ha. **Population :** *1801 :* 14 199 ; *86 :* 30 627 ; *1931 :* 27 792 ; *62 :* 39 283 ; *75 :* 51 544 ; *82 :* 50 360 ; *90 :* 50 473 ; *99 :* 50 947) [aggl. 56 855 [1]]. DISTRICT (20 communes) 92 574. **Industries :** agroalimentaire (Lactalis), téléphonie, électronique, technopôle, sous-traitance, auto, confection, imprimerie. **Monuments :** quartiers médiévaux ; château, donjon (XIIe s.), église d'Avesnières (romane), St-Vénérand, chapelle de Pritz, abbaye de la Coudre. **Musées** (vis. en 2000) : d'Archéologie, d'Art naïf du Douanier Rousseau 11 821, du Vieux-Château, des Sciences 16 959, Lactopôle André-Besnier 16 000. **Jardin** public de la Perrine (5,2 ha), musée-école 22 928.

Sous-préfectures : Château-Gontier 11 131 hab. (*1801 :* 4 770 ; *86 :* 7 334 ; *1926 :* 6 280 ; *36 :* 6 307 ; *62 :* 7 299 ; *75 :* 8 342 ; *82 :* 10 798) ; métallurgie, électronique, fromagerie, le plus important marché de veaux d'Europe ; église St-Jean (XIe s.), musée, quartiers XVe. (aggl. 13 755 hab. [1], dont **Bazouges**). **Mayenne** (à 124 m d'alt.) 13 724 hab. (*1801 :* 7 679 ; *81 :* 11 188 ; *1931 :* 8 238 ; *62 :* 10 270 ; *82 :* 13 333) ; imprimerie, ind. textile, mécanique, pharmaceutique ; château (XIIIe s., vestiges palais carolingien), hôtels (XVIe, XVIIe, XVIIIe s.).

Autres villes (vis. en 2000) : **Ambrières-les-Vallées** 2 903 hab. ; musée des Tisserands. **Bais** 1 487 hab. ; château de Montesson. **Bonchamp-lès-Laval** 4 793 hab. **Chailland** 1 136 hab. **Changé** 4 909 hab. **Colombiers-du-Plessis** 514 hab. ; jardins des Renaudies (15 150 vis.). **Cossé-le-Vivien** 2 706 hab. ; musée Robert-Tatin (17 671 vis.). **Craon** 4 659 hab. ; abattoir, volailles, laiterie, roseraies ; courses hippiques ; château (XVIIIe s., 9 175 vis.). **Denazé** 148 hab. ; musée de la Forge. **Entrammes** 1 847 hab. ; abbaye de *Port-Salut* (trappe cistercienne, fromage) ; thermes. **Ernée** 5 703 hab. ; chaussures ; musée. **Évron** 7 283 hab. ; abattoir, fromagerie, confection ; basilique N.-D., abbatiale bénédictine, tour-donjon et nef (XIe-XIVe s.) ; jardin aquatique. **Fougerolles-du-Plessis** 1 566 hab. ; confection. **Gorron** 2 894 hab. **Jublains** 699 hab. ; cité romaine, forteresse, thermes, temple, théâtre, Musée archéologique (39 241 vis.). **Juvigné** 1 340 hab. ; musée du Moteur et de l'Outil à la ferme (6 410 vis.). **La Roë** 241 hab. ; abbaye. **Lassay-les-Châteaux** 2 532 hab. ; château (XVe s.), fresques (XIVe s.), musée du Cidre, maisons anciennes, roseraie. **Lignières-Orgères** 735 hab. ; musée des Moteurs et de l'Outillage. **Melleray-la-Vallée** 121 hab. ; musée du Cidre. **Mézangers** 555 hab. ; château du *Rocher-Mézangers.* **Olivet** 381 hab. ; abbaye de Clermont (cistercienne, vers 1150). **Parné-sur-Roc** 936 hab. **Pontmain** 893 hab. ; basilique (1905 ; 350 000 vis.), pèlerinage (apparition 17-1-1871, voir à l'Index). **Pré-en-Pail** 2 138 hab. **Renazé** 2 791 hab. ; musée de l'Ardoise. **St-Berthevin** 6 873 hab. **St-Denis-d'Anjou** 1 337 hab. ; halles (1509), église romane (peintures). **St-Fort** 1 571 hab. ; refuge de l'Arche (100 250 vis.). **St-Mars-sur-la-Futaie** 623 hab. ; aubépine du IIIe s. (haut. 9 m, diamètre 2,80 m). **St-Ouën-des-Toits** 1 435 hab. ; musée Jean-Chouan. **St-Quentin-les-Anges** 376 hab. ; château de *Mortiercolles* (fin XVe s.). **St-Sulpice** 188 hab. ; château de *La Rongère.* **Ste-Suzanne** 1 020 hab. ; château (XVIIe s., 17 649 vis.), donjon roman, cité fortifiée, centre médiéval de Clairbois (15 221 vis.), musée de l'Auditoire (7 304 vis.). **Saulges** 334 hab. ; grottes préhistoriques et canyon (18 035 vis.) ; église (XIIe-XVIIe s., retable), ermitage St-Cénéré. **Villaines-la-Juhel** 3 179 hab. ; circuit des fours à chanvre.

■ **Sarthe (72)** 6 206 km^2 (95 × 80 km). **Altitude :** *maximale* 340 m (forêt de Perseigne) ; *minimale* 20 m. **Population :** *1801 :* 388 143 hab. ; *51 :* 473 071 ; *1901 :* 422 699 ; *31 :* 348 619 ; *36 :* 388 519 ; *62 :* 443 019 ; *82 :* 504 768 ; *90 :* 513 614 (étrangers 9 415 dont Marocains 2 416, Portugais 1 873, Algériens 715, Turcs 728) ; *99 :* 529 851. **D.** 85. **Cantons :** 40. **Communes :** 375.

Régions naturelles : vallée de la Sarthe, *région mancelle :* 143 803 ha, élevage au nord, pins et cultures au sud (sableux). **Champagne mancelle :** 45 022 ha, collines, élevage, cultures. **Belinois :** 8 357 ha, plaine, bovins, plantes sarclées, légumes, maïs, grain. **Plateau calaisien :** 60 422 ha, forêt de *Bercé* (5 600 ha) à l'ouest, céréales. **Bocage des Alpes mancelles :** 27 690 ha, vallonné, forêt de *Sillé-le-Guillaume* (3 800 ha), cult., élevage. **Saosnois :** 17 813 ha, plaine, forêts, peupleraies, cultures (maïs, grain). **Bocage sabolien :** 33 219 ha, élevage, cultures. **Vallée du Loir :** 51 347 ha, cultures, vergers, vignes. **Perche :** 74 958 ha, vallonné, forêts de *Perseigne* (5 800 ha), *Bonnétable* (1 103 ha), *Vibraye* (3 100 ha), élevage, polyculture. **Bois** (au 1-1-1991) : 105 000 ha.

Chef-lieu : LE MANS. **Altitude :** de 50 à 110 m. **Superficie :** 5 281 ha. **Population :** *1328 :* 5 200 ; *1806 :* 18 506 ; *91 :* 57 412 ; *1920 :* 71 783 ; *54 :* 111 988 ; *90 :* 145 465 ; *99 :* 146 105. **Industries :** auto, tracteurs, Glaenzer-Spicer, aéronautique, matériel agricole, Philips, confection, tabac, agroalimentaire, coop. laitières, assurances ; foire « les 4 Jours du Mans ». **Monuments** et **musées :** remparts (IIIe s., reste 400 m avec 8 tours) ; Vieux-Mans (prieuré St-Martin VIe-IXe s., maisons à pans de bois, hôtels) ; cathédrale St-Julien (XIe-XVe s., voûte 34 m), église N.-D.-de-la-Couture (XIIIe s.) ; musée de la Reine-Bérangère (fondé 1925) et hôtel de Tessé (musée des Beaux-Arts, fondé 1927), Musée automobile du Mans (55 177 vis. en 2000), musée Vert Veron de Forbonnais, collégiale St-Pierre-la-Cour ; course des « 24 h », auto et moto (285 000 vis. [1]). *Plan d'eau* 8 ha. AGGLOMÉRATION : 194 825 hab., dont **Allonnes** 12 332. **Arnage** 5 565 ; base de loisirs de la *Gemerie*, plan d'eau (14 ha, la Sarthe ; 1,2 km en aval, 3,5 km en amont). **Changé** 5 200 ; bois, parc de loisirs. **Coulaines** 7 544. **Sargé-lès-le Mans** 3 481 ; golf. **Yvré-l'Évêque** 4 230 ; parc Papéa (68 000 vis.), abbaye de l'*Épau* (1229 ; 5 062 vis. [1]). AIRE URBAINE : 293 154 hab.

Sous-préfectures : La Flèche 15 241 hab. (*1806 :* 5 473 ; *1891 :* 10 249 ; *1954 :* 11 275) ; construction électrique, édition, emballages, aluminium ; zoo. *Prytanée* militaire (collège jésuite 1604, école militaire 1 762, pères de la doctrine chrétienne 1776, École centrale 1793, prytanée 1808 ; 900 élèves dont 150 filles). *Plan d'eau :* la Monnerie (25 ha), zoo (269 841 vis. en 2000). **Mamers** 6 071 hab. (*1806 :* 5 461 ; *91 :* 6 016) [aggl. 6 578] ; matériel de camping ; halles.

Autres villes (vis. en 2000) : **Ardenay-sur-Mérize** 427 hab. ; château (XVIIe-XVIIIe s.). **Asnières-sur-Vègre** 375 hab. ; manoir des *Claies* (XVe s.), église (XIe-XIVe s.). **Aubigné-Racan** 2 100 hab. ; site archéologique de *Cherré.* **Ballon** 1 382 hab. ; château (XIe-XVe s. ; 720 vis.). **Bazouges-sur-le-Loir** 1 086 hab. ; château (XVe-XVIIIe s., 2 837 vis.) et château de *la Barbée* (XVIIIe s.). **Beaumont-sur-Sarthe** 1 973 hab. (aggl. 3 231) ; prieuré de Vivoin. **Bessé-sur-Braye** 2 597 hab. ; filature, tissage, papier, carton ; château de *Courtanvaux* (XVe-XVIIe s.). **Bonnétable** 4 018 hab. ; ind. agroalimentaire, électronique, bois ; château. **Bourg-le-Roi** 327 hab. ; fortifié ; musée de la Broderie (1 068 vis.). **Brûlon** 1 341 hab. ; musée Claude-Chappe ; plan d'eau 6 ha. **Champagné** 3 294 hab. ; rillettes, électronique ; camp militaire d'*Auvours ;* monument vol de Wright. **Château-du-Loir** 5 148 hab. (aggl. 7 156 [1]) ; mécanique, viticulture, pommes. **Cherré** 1 285 hab.. **Clermont-Créans** 1 000 hab. ; château d'*Oyre* (XVe-XVIIIe s.), de *Créans.* **Conlie** 1 665 hab. **Connerré** 2 590 hab. ; rillettes, conserves ; château de *la Jatterie* (XVIIIe s.). **Cré-sur-Loir** 660 hab. ; musée (2 295 vis.). **Dehault** 213 hab. ; château (XVe s.). **Écommoy** 4 316 hab. ; transformation du bois. **Flée** 549 hab. ; château de *La Motte-Thibergeau* (XIe-XIXe s.), prieuré La Paix-Notre-Dame. **Fresnay-sur-Sarthe** 2 335 hab. (aggl. 3 844 [1]) ; électroménager (Moulinex) ; musée des Coiffes (1 898 vis.), château, église N.-D. (fin XIIe s.). **Joué-en-Charnie** 518 hab. ; manoir de *Beaumont.* **Juigné-sur-Sarthe** 1 167 hab. ; l'Amusant Musée (3 715 vis.). **Jupilles** 527 hab. ; musée du Bois (4 758 vis.). **La Ferté-Bernard** 9 239 hab. (aggl. 11 269 [1]) ; métallurgie, ind. électronique, agroalimentaire (Socopa) ; porte St-Julien (XVe s.), église N.-D.-des-Marais (XVe-XVIe s.), halles (XVIe s.), chapelle St-Lyphard (XIVe s.), fontaine (XVe-XVIe s.) ; plan d'eau 16 ha. **La Suze-sur-Sarthe** 3 597 hab. ; plasturgie. **Lavardin** 649 hab. **Le Breil-sur-Mérize** 1 113 hab. ; château d'*Ardenay,* domaine de *Pescheray* (parc animalier, 45 802 vis.). **Le Grand-Lucé** 1 933 hab. ; château (XVIIIe s., 13 912 vis.). **Le Lude** 4 201 hab. ; bois ; château (1520, 22 900 vis.). **Lhomme** 902 hab. ; musée de la Vigne (588 vis. [1]). **Malicorne-sur-Sarthe** 1 686 hab. ; château (1 633 vis.) ; faïencerie (10 496 vis. [1]) ; musée des Poupées. **Mansigné** 1 355 hab. ; plan d'eau 30 ha. **Marçon** 984 hab. ; lac 50 ha. **Marigné-Laillé** 1 416 hab. ; château du *Ronceray* (903 vis.). **Mayet** 2 915 hab. **Montmirail** 462 hab. ; château (XVe-XVIIIe s., 3 000 vis.) ; en janv. 1169, Louis VII tente d'y réconcilier Henri II et Thomas Becket. **Mulsanne** 5 213 hab. ; golf. **Neufchâtel-en-Saosnois** 763 hab. ; maison du Sabot (2 706 vis.). **Parigné-l'Évêque** 4 503 hab. **Poncé-sur-le-Loir** 428 hab. ; centre artisanal (84 743 vis.), château (XVIe s. ; 5 300 vis.), verrerie d'art (40 000 vis.). **Précigné** 2 645 hab. **René** 354 hab. ; halles (1535). **Sablé-sur-Sarthe** 12 712 hab. ; métallurgie, ind. agroalimentaire, électronique ; château (ne se visite pas) ; maison éclusière ; golf. **St-Aignan** 196 hab. ; château (XIIe-XVIIe s.). **St-Calais** 3 785 hab. ; électronique, mécanique ; Musée mixte. **St-Georges-le-Gaultier** 538 hab. ; saut à l'élastique. **St-Léonard-des-Bois** 503 hab. **St-Rigomer-des-Bois** 478 hab. ; château de *Courtilloles* (XVIIIe s.). **St-Symphorien** 500 hab. ; château de *Sourches* (XVIIIe s.) ; manoir du *Mont-Porcher* (XVe s.). **St-Vincent-du-Lorouër** 829 hab. ; château des *Étangs-l'Archevêque* (XVe-XIXe s.). **Sillé-le-Guillaume** 2 585 hab. ; château, maison du Lac, plan d'eau (45 ha), train touristique. **Solesmes** 1 384 hab. ; abbaye (XIe s.), chant grégorien, église (XIe-XVIe s.), bibliothèque (300 000 volumes). **Souligné-Flacé** 663 hab. ; chartreuse de *Bellefontaine* (XVIe-XVe s.). **Spay** 2 300 hab. ; Jardin des oiseaux (22 000 vis.). **Vaas** 1 540 hab. ; moulin de Rotrou (3 101 vis.). **Vibraye** 2 587 hab. **Vion** 1 117 hab. ; N.-D.-du-Chêne (95 000 vis.). **Vivoin** 846 hab. ; prieuré (8 500 vis.).

Divers : parc régional *Normandie-Maine* (22 communes de la Sarthe). **Belvédère** de *Perseigne.* **Parc** de *Pescheray* (45 802 vis. en 1999). **Plans d'eau** (en ha) : *Sillé* 45, *Marçon* 50, *Mansigné* 30, *La Ferté-Bernard* 16, *Tuffé* 18, *La Gémerie* 14. *St-Calais* 8, *Les Sablons* 8.

■ **Vendée (85)** 6 720 km^2 (115 × 90 km). **Côtes :** 200 km. **Population :** *1801 :* 243 426 hab. ; *96 :* 441 735 ; *1906 :* 442 777 ; *36 :* 389 211 ; *62 :* 408 928 ; *82 :* 483 027 ; *90 :* 509 356 (étrangers 4 320 dont Portugais 860, Marocains 365, Algériens 310, Britaniques 309) ; *99 :* 539 664. **D.** 80. **Cantons :** 31. **Communes :** 283.

Régions naturelles : bocage vendéen : 450 422 ha, élevage. **Plaine :** 52 887 ha. **Entre plaine et bocage :** 30 871 ha. **Marais :** *breton* (nord) 48 077 ha ; *poitevin* (sud) 77 236 ha (desséché 60 330, mouillé 16 906, il a perdu 28 000 ha de zone humide en 20 ans). *Parc interrégional du Marais poitevin.* **Côte** *« de Lumière »* (à cause de l'ensoleillement : 2 500 h/an). 250 km de côte dont 140 km de plages de sable fin, pêche. **Bois** (en milliers d'ha, au 1-1-1991) : 40,6 [dont forêts de la côte 5 (*Noirmoutier* 0,401, *côte de Monts* 2,3, *Olonne* 1, *Longeville* 1,2), forêt du bocage 0,8 et de *Mervent-Vouvant* 5] ; peupleraies 2,5. Au 1-1-1991 *étangs* 2,5. **Terres agricoles** (en milliers d'ha) : *non cultivées* 22,5 ; *t. non agricoles* 83,7.

Iles : d'Yeu à 20 km de la côte (2 332 ha, 9,5 × 4 km, altitude maximale 35 m, 4 788 hab., ville principale : *Port-Joinville*, les Ogiens ; port), Côte sauvage, château (XIIe-XIIIe s.), port de la Meule, fort de la Pierre-Levée (où fut emprisonné Pétain), tombe du Mal Pétain ; **de Noirmoutier** (4 883 ha, 18 × 12 km, largeur minimale 1 km, altitude maximale 2 à 3 m, périmètre 50 km), reliée au continent par le *Gois* (forme ancienne de gué, goiser : « passer en se mouillant les pieds »), la plus longue chaussée submersible d'Europe (4 km), et par un pont de 583 m (ouvert le 7-7-1971) entre La Fosse (sur l'île) et Fromentine (sur le continent) ; communes *Barbâtre* 1 420 hab., *La Guérinière* 1 486 hab., musée des Arts et Traditions, *L'Épine* 1 685 hab., *Noirmoutier-en-l'Ile* 5 001 hab. ; château (XIIe s., 50 972 vis. [1]), musée de la Construction navale, maison du Sel, marais salants, aquarium *Sealand* (81 255 vis. [1]), parc *Océanile* (83 480 vis. [1]) ; bois de la Chaize ; port de l'Herbaudière.

Chef-lieu : LA ROCHE-SUR-YON. **Noms successifs :** La Roche-sur-Yon ; *1804* Napoléon ; *1814* (pendant 15 j) La Roche-sur-Yon ; *avril 1814-15* Bourbon-Vendée ; *1815 avril-juin* Napoléon ; *juin 1815-1848* Bourbon-Vendée ; *1848* Napoléon-Vendée ; *27-9-1870* La Roche-sur-Yon]. **Altitude** *maximale :* 74 m. **Population :** *1851 :* 7 498 ; *1936 :* 16 073 ; *75 :* 44 713 ; *82 :* 45 098 ; *90 :* 48 518 ; *99 :* 49 262. **Industries :** appareils ménagers, confection, abattoirs, chimie, pneus. **Monuments :** église St-Louis (XIXe s.), musée, haras.

Sous-préfectures : Fontenay-le-Comte (à 23 m d'alt.) 13 664 hab. (*1936 :* 9 836 ; *75 :* 15 275 [aggl. 16 246 [1]]) ; roulements, contreplaqués, mécanique ; château de *Terre-Neuve* (XVIIe s., 14 380 vis. [1]), église N.-D. (XVe-XVIe s.), Musée vendéen (3 253 vis. [1]), usine Georges-Mathieu (1973). **Les Sables-d'Olonne** (à 3 m d'alt.) 15 532 hab. (*1936 :* 14 536 ; *75 :* 17 463) [aggl. 35 352 hab. [1], dont **Château-d'Olonne** 12 908. **Olonne-sur-Mer** 10 051 ; château de *la Pierre-Levée* (XVIIIe s.), abbaye de St-Jean d'Orbestier, musée de la Guerre ; golf ; réserve ornithologique] ; thalassothérapie. *Port* pêche, commerce, plaisance, construction navale, conserverie ; maison du Saunier. *Musées :* de l'Abbaye Ste-Croix (19 666 vis.), de la Mer, du Coquillage (10 000 vis. [1]), des Traditions populaires, des Guerres de Vendée, des Records. Prieuré St-Nicolas (XIe s.), église N.-D.-de-Bon-Port (XVIIe s.), halles centrales. Zoo (90 444 vis. [1]).

Autres villes : Aizenay 6 095 hab. ; confection, bois, ind. électroménager. **Apremont** 1 119 hab. ; château (XVIe s., 15 548 vis. [1]). **Aubigny** 2 329 hab. **Avrillé** 1 008 hab. ; château de *la Guignardière* (Renaissance), fontaine St-Gré, dolmen de la Frébouchère. **Bazoges-en-Pareds** 1 053 hab. ; donjon (XIIe-XIIIe s., 5 171 vis. [1]) ; musée des A.T.P. d'Olmer. **Beauvoir-sur-Mer** 3 399 hab. **Belleville-sur-Vie** 2 969 hab. ; souvenir de Charette arrêté près du château de *la Chabotterie* le 23-3-1796. **Benet** 3 202 hab. ; église (XIIe-XVe s.). **Bessay** 337 hab. ; château. **Bois-de-Céné** 1 263 hab. ; abbaye de l'*île Chauvet* (XIIe s.). **Brem-sur-Mer** 2 054 hab. ; musée du Vin, église St-Nicolas (XIe s.). **Brétignolles-sur-Mer** 2 686 hab. ; dolmen de la Pierre-Levée, châteaux de Beaumarchais (XVIIe et XIXe s.). **Cezais** 267 hab. ; logis de *la Cressonnière* (XVIe s.). **Challans** 16 132 hab. ; aviculture, bateaux de plaisance ; plan d'eau (9 ha). **Chantonnay** 7 541 hab. ; machines agricoles. **Coëx** 2 418 hab. ; parc floral, olfactorium (36 000 vis.). **Commequiers** 2 297 hab. ; château (XVe s.), vélo rail. **Faymoreau** 267 hab. ; musée de la Mine. **Foussais-Payré** 1 192 hab. ; église (XIIe s.). **Jard-sur-Mer** 2 235 hab. ; église Ste-Radegonde (XIIe s.), abbaye de Lieu-Dieu. **L'Aiguillon-sur-Mer** 2 206 hab. ; port de pêche. **La Barre-de-Monts** 1 810 hab. ; musée du Marais breton vendéen, Fromentine (départ pour Noirmoutier et l'île d'Yeu), écomusée du Daviaud (26 880 vis. [1]). **La Chaize-le-Vicomte** 2 443 hab. ; église ; château (XVIe s., Saint-Mars). **La Châtaigneraie** 2 762 hab. **La Flocellière** 1 842 hab. ; château, église, maison de la vie rurale. **La Garnache** 3 576 hab. ; château (XIIe-XVe s., 4 000 vis. [1]), musée. **La Gaubretière** 2 571 hab. ; château de *Landebaudière* ; cimetière (« Panthéon de la Vendée »). **La Mothe-Achard** 2 048 hab. ; musée de la Roue ; potager. **La Tranche-sur-Mer** 2 510 hab. ; parc floral. **La Verrie** 3 539 hab. ; château (1540). **Les Épesses** 2 110 hab. ; *cinéscénie le Puy-du-Fou* (350 000 vis. [1]) ; parc culturel le Grand Parcours sur 30 ha (cité médiévale et village XVIIIe s., 650 000 vis. [1]) ; église (XVIIe s.), écomusée ; *musées :* du Chemin de fer, de la Voiture à cheval. **Les Essarts** 4 186 hab. ; château (XIe-XVIe s.). **Les Herbiers** 13 932 hab. ; textiles, confection, chaussures, bateaux de plaisance, voiturettes ; donjon d'*Ardelay,* château de *Boistissandeau* (XVIe s.), abbaye de *la Grainetière,* cloître (XIIe s.) ; mont des Alouettes (231 m, 3 moulins, chapelle 1823-1968). **Les Landes-Génusson** 1 986 hab. ; cité des Oiseaux. **Les Lucs-sur-Boulogne** 2 702 hab. (28-2-1794 : les colonnes infernales de Turreau et Cordelier massacrent 564 personnes dont 110 enfants) ; chapelle au Petit-Luc, mémorial de l'abbé Barbedette (459 noms gravés en 1867), inauguré 25-9-1993 par Alexandre Soljenitsyne. **Luçon** 9 311 hab. ; laiterie, confection, matériel de construction ; cathédrale N.-D. [XIIe-XVe s., flèche 85 m, parc 4 ha, orgue Cavaillé Coll 1857 (54 jeux, 3 478 tuyaux) et cloître (XVIe s., 24 000 vis. [1]), château d'eau (1912), jardin Dumaine (32 000 vis. [1])]. **Maillezais** 934 hab. ; abbaye St-Pierre (XIe, XIIIe, XVIe s., 42 532 vis.), église St-Nicolas (XIIe s.). **Mallièvre** 268 hab. ; maison de l'Eau (9 116 vis. [1]). **Mareuil-sur-Lay-Dissais** 2 277 hab. ; église (XIIe s.). **Mervent** 1 059 hab. ; musée du Bois, château de *la Citardière* (XVIIe s.), grotte de Montfort ; parc zoologique. **Mesnard-la-Barotière** 891 hab. ; église (XIIIe s.). **Monsireigne** 740 hab. ; musée de la France protestante. **Montaigu** 4 708 hab. ; confection, chaussures, ameublement ; château (XVe s.), remparts, musée. **Mortagne-sur-Sèvre** 5 938 hab. ; château (XIVe-XVe s.). **Mouchamps** 2 443 hab. ; tombe de Clemenceau, château du *Parc-Soubise* (XVIe-XVIIe s.) ; croix de la Guérinière (bataille 19-3-1793). **Mouilleron-en-Pareds** 1 177 hab. ; maison natale du Mal de Lattre, musée des Deux-Victoires. **Mouilleron-le-Captif** 3 493 hab. **Moutiers-les-Mauxfaits** 1 419 hab. ; halles (1763) ; église (XIIe s.). **Nieul-sur-l'Autise** 985 hab. ; abbaye royale (XIIe s., 16 632 vis. [1]), musée de la Meunerie (9 016 vis. [1]), enceinte de Champ Durand, diamètre 250 m. **Notre-Dame-de-Monts** 1 528 hab. ; musée (salle panoramique), maison de la Dune et de la Forêt. **Palluau** 659 hab. ; château (XVIIIe s.). **Poiroux** 621 hab. ; musée de l'Arbre, la Folie de Finfarine (5 370 vis.). **Pouzauges** 5 385 hab. ; conserverie de viande, charcuterie industrielle (Fleury-Michon), chaussures ; château donjon (XIIe s.). église du Vieux-Pouzauges. **Réaumur** 746 hab. ; musée-manoir (XVIIe s.). **St-Cyr-en-Talmondais** 301 hab. ; château de *la Cour d'Aron* (XIXe s.), parc floral. **St-Fulgent** 3 075 hab. ; refuge de *Grosla.* **St-Gilles-Croix-de-Vie** 6 797 hab. (aggl. 16 614, dont *St-Hilaire-de-Riez* 8 761) ; chantiers nautiques (Benjamin Bénéteau 1884) ; port la Vie (plaisance), port de pêche ; maison du Pêcheur ; golf. **St-Hilaire-des-Loges** 1 840 hab. ; église (XIIe s.). **St-Hilaire-la-Forêt** 423 hab. ; centre de la Préhistoire (cairn). **St-Jean-de-Monts** 6 886 hab. ; thalassothérapie, golf. **St-Juire-Champgillon** 447 hab. ; manoir (XVe s.). **St-Laurent-sur-Sèvre** 3 298 hab. ; basilique (XIXe s.), tombeau du père de Montfort. **St-Mesmin** 1 747 hab. ; château (1370). **St-Michel-en-l'Herm** 1 931 hab. ; abbaye (XIIe s.). **St-Michel-Mont-Mercure** (à 290 m) 1 729 hab. ; église (XIXe s.), statue de St Michel (hauteur 4,40 m, copie de celle de

Fourvière à Lyon), moulin des Justices. **St-Philbert-de-Bouaine** 2 255 hab. ; électronique (Tronico), équipement ménager. **St-Prouant** 1 305 hab. ; abbaye de *Chassay-Grammont* (1195). **St-Révérend** 910 hab. ; roseraie de Vendée, moulin (7 000 vis. [1]). **St-Sulpice-le-Verdon** 609 hab. ; château-musée de *la Chabotterie* (XVIe-XVIIIe s., 53 000 vis. [1]), jardins, mémorial de Vendée ; croix là où fut pris Charette le 23-3-1796. **St-Vincent-sur-Jard** 871 hab. ; maison de Clemenceau (14 441 vis. [1]). **Ste-Hermine** 2 256 hab. **Sallertaine** 2 235 hab. ; église St-Martin (XIe-XIIe s.). **Sigournais** 812 hab. ; château (XVe s.). **Soullans** 3 425 hab. ; musée Milcendeau-Jean-Yole. **Talmont-St-Hilaire** 5 363 hab. ; musée de l'Auto ; port de Bourgenay ; châteaux (XIIe et XVIe s., 28 195 vis. [1]). **Tiffauges** 1 328 hab. ; château (XIIe s., de Gilles de Rais dit « Barbe-Bleue », 48 265 vis. [1]), tour du Vidame ; colonne de Torfou (victoire des Vendéens sur Kléber, 19-9-1793). **Venansault** 3 527 hab. ; château (XVIe-XVIIIe s.). **Vendrennes** 1 071 hab. ; château (XIIe s.). **Vouillé-les-Marais** 529 hab. ; maison du Petit-Poitou. **Vouvant** 867 hab. ; bourg fortifié (XIe s.), église (XIe-XIIe s.), tour Mélusine 45 m.

Divers : côte : digues, polders, plages. *Côte de Monts* de Fromentine à Sion (26 km). **Lacs artificiels** (superficie et profondeur) : *Angle-Guignard* (Chantonnay, 55 ha, 8 m), *Apremont* (167 ha, 5 m), *Jaunay* (112 ha, 8 m), *Marillet* (160 ha, 20 m), *Mervent* (128 ha, 24 m), *Moulin-Papon* (La Roche-sur-Yon, 108 ha, 10 m), *Pierre-Brune* (62 ha, 11 m), *Rochereau* (127 ha), *St-Vincent-sur-Graon* (68 ha, 18 m), *Sorin* (13,79 ha, 12 m). **Menhirs :** du Bois Fourgon à Avrillé. Mégalithes du *Talmondais, des Cous* (Bazoges-en-Pareds). **Moulins :** *Châteauneuf, St-Michel-Mont-Mercure, Sallertaine, Pouzauges, Nieul-sur-l'Autize, Le Poiré-sur-Vie.* **Réserves ornithologiques :** *St-Denis-du-Payre Michel-Brosselin, île d'Olonne* (Chanteloup, 3 308 vis. [1]), *Pagnolle* (à St-Michel-le-Cloucq), réserve de la Baie de l'Aiguillon-sur-Mer, *Les Boucheries* (aux Landes Génusson) 30 ha d'étangs ; **biologique :** *Nalliers-Mouzeuil-St-Martin.* **Venise verte** (au nord-est du Marais poitevin autour de Coulon), zoo (85 000 vis. [1]).

PICARDIE

GÉNÉRALITÉS

■ **Superficie.** 19 399 km². **Population** *1991 :* 1 819 000 hab (dont Français par acquisition 38 684, étrangers 76 793 dont Marocains 18 834, Portugais 18 276, Algériens 8 805) ; *99 :* 1 857 834. **D.** 96.

■ **Nom.** Ni géographique ni historique. Apparaît en 1248, dérivé du mot *picard,* c'est-à-dire « piocheur ». Les Parisiens appelaient « piocheurs » les agriculteurs vivant au nord des zones forestières du Senlisis et du Valois (où les paysans étaient bûcherons), et dans le Nord on appelait « Picards » ceux qui ne parlaient pas flamand : Arras, Boulogne, Calais, Tournai étaient des villes « picardes » ; leurs étudiants formaient à Paris et à Orléans la « Nation picarde ».

■ **Dialecte picard.** Différent du « francien » de l'Ile-de-Fr. qui s'imposa comme langue nationale. *Au XIIIe s. :* parlé dans toute la Picardie actuelle (sauf au sud de l'Oise et de l'Aisne), dans les départements actuels du P.-de-C., du Nord (sauf Dunkerque), une partie du Hainaut belge (région de Mons et Tournai). *Au début du XIXe s.* il n'était plus parlé dans les régions du sud de Beauvais, Noyon, Vervins et devint un patois campagnard.

■ **Amiénois.** Région de la Somme moyenne, entre Péronne et Abbeville. Limité au nord par l'Authie, au sud par la Bresle (département de la Somme). **Histoire.** Territoire de la tribu celtique (belge) des *Ambiani,* dont le nom signifie « des 2 côtés » (de la Somme). Capitale : *Samarabriva* ou *Pont-sur-Somme,* actuellement Amiens. Rattachée à la IIe Belgique sous les Romains. **Haut Moyen Age :** féodalité puissante, surtout ecclésiastique (abbayes de St-Riquier, St-Valery, Corbie...). Immigration de nombreuses colonies de Flamands qui introduisent, dans la vallée de la Somme notamment, l'industrie drapière, origine d'une bourgeoisie riche et remuante qui fait la prospérité des communes fondées au XIIe s. (Noyon, St-Quentin, Amiens, Ham, Corbie, Abbeville). Sous Philippe Auguste, bailliage d'Amiens. Réunion progressive au domaine royal du **XIIe au XIVe s.** Pendant la guerre de Cent Ans, disputée par rois d'Angleterre et ducs de Bourgogne, Ctes de Flandre et d'Artois, qui obtiennent en **1435** *(1er traité d'Arras)* les « villes de la Somme » (St-Quentin, Amiens, Doullens, Montreuil, Rue, St-Valery, Le Crotoy, Crèvecœur-en-Cambrésis, Mortagne), avec faculté de rachat. **1464** Louis XI rachète ces villes pour 400 000 écus. **1465** cédées sans conditions *(traité de St-Maur)* à Charles le Téméraire. **1482** récupérées sur Maximilien d'Autriche *(2e traité d'Arras).* **Vers 1500** gouvernement militaire d'Amiens dont les Condés furent longtemps titulaires. Région frontière jusqu'en 1659 ; invasions, notamment espagnoles (1577, 1595, 1636...). **1558** Henri II constitue le régiment de Picardie. **1597** création de la généralité d'Amiens avec 6 élections : Abbeville, Amiens, Doullens, Montdidier, Péronne, St-Quentin.

■ **Beauvaisis.** Moitié ouest du département de l'Oise (rive droite de l'Oise) à plaine crétacée monotone, drainée par le Thérain. Capitale : Beauvais. **Histoire.** Les *Bellovaques,* belliqueux, avaient pour oppidum *Bratuspantium* (Gratepanche, Somme) ; leur chef Correus, vaincu et tué en 51 av. J.-C., a été un adversaire de César. **Période romaine :** capitale : Beauvais (*Caesaromagus Bellovacorum*), devient évêché au IVe s. (Belgique Seconde, capitale : Reims). **IXe-Xe s.** lutte contre Normands. **1015** titre comtal conféré

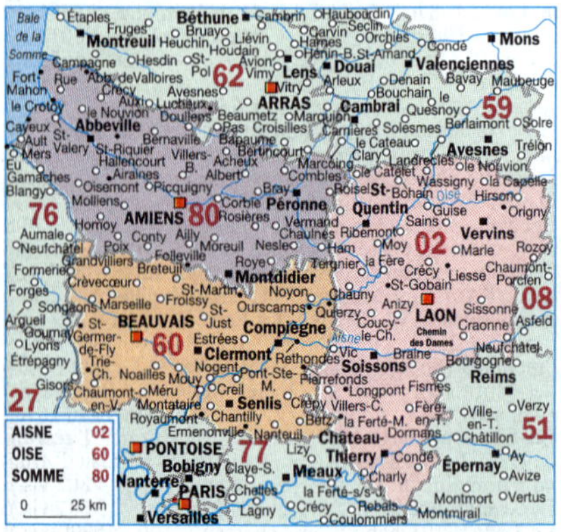

à l'évêque, vassal des Capétiens ducs de France. **XIIIe s.** les coutumes, rédigées par Philippe de Beaumanoir, servent de modèle au droit coutumier français. **1452** intégré au gouvernement de l'Ile-de-France.

■ **Comté de Clermont.** Centre du département de l'Oise : bassin de la Brèche (affluent de l'Oise). Arrondissement de Clermont. **Histoire.** Fief détaché du Beauvaisis sous Hugues Capet. **1218** vendu à Philippe Auguste par le dernier héritier, Raoul d'Ailly. **1223** érigé en pairie. **1269** donné en apanage à Robert, 6e fils de Saint Louis, tige de la maison royale de Bourbon. **1488** à la mort du dernier Cte de Clermont-Bourbon (Jean II), le comté-pairie passe aux Bourbon-Montpensier. **1524** confisqué au connétable de Bourbon (condamné pour félonie). **1539** nouvelle rédaction des « Coutumes du Clermontois » approuvée par référendum. **1562** fief donné en dot à Catherine de Médicis. **1610** cédé à Charles de Bourbon, Cte de Soissons, et confisqué une 2e fois pour félonie (Soissons ayant pris le parti du duc de Savoie). **1702-15** vendu à la Pcesse d'Harcourt. **1719** acheté par les Condés, qui le gardent jusqu'à la Révolution.

■ **Laonnois.** Région de collines au nord du bassin de l'Aisne. Département de l'Aisne. **Histoire.** Sous-tribu des Rémois, les *Alauduni,* dont le symbole était l'alouette. Laon, ancienne citadelle de *Bibrax,* assiégée par les *Suessions* en **57 av. J.-C.** est délivrée par César, car les Rémois étaient alliés des Romains. Sous les Mérovingiens, Laon devient évêché, résidence royale des souverains austrasiens (Louis IV y est sacré en *940*). **988** conquis par Capétiens, demeure dans le domaine royal, son évêque est un des grands feudataires du royaume avec rang ducal.

■ **Noyonnais.** Angle nord-est du département de l'Oise. **Histoire.** *Noviomagus* (Noyon) est la capitale d'une sous-tribu des *Veromandui.* **VIe s.** résidence de l'évêque de Vermand dont la cathédrale avait été détruite par les Francs. Palais royal sous les Carolingiens. **768** Charlemagne y est sacré. Après **987**, les évêques sont Ctes du Noyonnais (le châtelain royal représente dans la ville épiscopale le pouvoir capétien).

■ **Partie de Côte d'Opale** (voir Pas-de-Calais).

■ **Ponthieu.** Région côtière de la Manche (embouchure de la Somme), de la Bresle à la Canche. Capitale : Abbeville (département de la Somme). **Histoire.** *Pontivus pagus,* tirant son nom de Pont-Rémy où la route de Beauvais franchit la Somme. Cté héréditaire au Xe s., passe par mariage : en **1251** dans la famille royale de Castille et, en **1279**, dans celle d'Angleterre (dot d'Éléonore de Castille, épouse d'Édouard Ier). **1369** conquis par Charles V ; **1417** de nouveau aux Anglais. **1430** Jeanne d'Arc est gardée prisonnière au Crotoy. **1435** cédé au duc de Bourgogne, Cte d'Artois, qui le récupère sur les Anglais. **1482** annexé par Louis XI *(2e traité d'Arras).*

■ **Senlisis.** Région forestière (64 communes) au sud-ouest du Valois (département de l'Oise) ; bassin des rivières Nonette et Aunette. **Histoire.** Territoires des Gaulois *Silvanectes* (Belges), sous-tribu des *Suessions* ou peut-être des *Bellovaques* (voir Beauvaisis, col. a). Capitale : Senlis, appelée *Augustomagus* sous les Antonins ; devenue évêché au IVe s. Après **406**, peuplé de Lètes. **987** fait partie du domaine royal. Les Capétiens y résident fréquemment et Philippe Auguste y crée un grand bailliage. A partir de **1576**, érigé plusieurs fois en apanage royal, notamment en 1622 pour Gabrielle de Verneuil, légitimée de Henri IV et de la Desse d'Épernon.

■ **Soissonnais.** Bassin inférieur de l'Aisne, entre son confluent avec l'Oise (Compiègne) et les sources de la Vesle (pointe sud de l'Aisne). Plateaux calcaires et sablonneux (nummulitiques), faisant partie du Bassin parisien. **Histoire. Périodes : celtique :** 3 cités : *Suessions,* autour de la capitale *Noviodunum* qui deviendra Soissons ; *Silvanectes,* autour de Senlis (voir ci-dessus) ; *Meldi* en Brie (voir Ile-de-France). **Romaine :** Noviodunum, devenu *Augusta Suessionum,* est un important centre routier (bifurcation des routes Reims-Amiens et Reims-Thérouanne) ; fait partie de la Belgique Seconde (capitale : Reims). **Franque :** divisé en 4 *pagi :* Soissons, Valois, Tardenois et Omois. Les Ctes de Soissons deviennent héréditaires au **Xe s.** ; le titre passe aux familles de Bar, Nesles, Châtillon, Coucy, Luxembourg, St-Pol puis, en **1487**, aux Bourbons-Vendôme, en **1530** aux Condés, en **1625** aux Savoie-Carignan.

■ **Valois.** Région forestière et vallonnée, à cheval entre l'Oise et l'Aisne (fraction en S.-et-M.). Capitale primitive : *Vadum* (Vez) qui lui a donné son nom *(pagus Vadensis) ;* actuelle Crépy-en-Valois. **Histoire.** Fraction de la cité des *Suessions,* avec 4 bourgades : Crépy, Villers-Cotterêts, La Ferté-Milon, Nanteuil-le-Haudouin. Donné en fief par les Ctes de Vermandois à une branche cadette. **1214** entre dans le domaine royal par donation de la Ctesse Éléonore. **1285** apanage du Pce Charles, 2e fils de Philippe le Hardi. **1328** réintégré au domaine royal à l'avènement de Philippe VI de Valois. **1392** redevient apanage. **1630** donné aux Orléans qui le conservent jusqu'à la Révolution.

■ **Vermandois.** Plateau (36 × 24 km), à 80 m d'alt., aux sources : Escaut, Somme, Sambre ; rive droite de l'Oise. Département de l'Aisne, arrondissement de St-Quentin. **Histoire.** Cité celtique des *Veromandui* (Belges), capitale : Vermand, à 11 km de St-Quentin. Cté carolingien, devenu héréditaire au XIe s. dans la famille d'Herbert, petit-fils du roi Bernard d'Italie. **1186** cédé à Philippe Auguste et incorporé au domaine royal (prévôté de St-Quentin, dépendant du grand bailliage de Laon). **1693** réuni à la généralité d'Amiens.

ÉCONOMIE

■ **Population active** (au 1-1-1998). 643 744 (non-salariés 68 316) dont : agriculture 34 317 (21 364) ; industrie 160 282 (4 233) ; construction 37 004 (6 916) ; tertiaire 421 141 (35 803). **Chômage :** 12,8 % (en 1998) ; 107 700 demandeurs d'emploi (en févr. 1999).

■ **Échanges** (en milliards de F, 2000). **Import. :** 78,09 *dont* prod. chimiques en caoutchouc ou en plastique 18,82, de l'ind. auto 14,06, métaux et prod. métalliques 10,6, équipements mécaniques 7,6, prod. des ind. agricoles et alimentaires 6,27, pharmaceutiques, de parfumerie et d'entretien 3,29, en bois, papier ou carton 3,1, équipement du foyer 2,95, habillement cuir 2,23, prod. de l'ind. textile 2,2 ; **de** All. 24,49, Belg. 9,23, It. 7,06, G.-B. 6,84, P.-Bas 4,61, Esp. 3,16. **Export. :** 71,83 *dont* prod. chimiques en caoutchouc ou en plastique 14,85, métaux et prod. métalliques 9,30, prod. pharmaceutiques, de parfumerie et d'entretien 9,17, équipements mécaniques 8,11, prod. des ind. agricoles et alimentaires 8, de l'ind. auto 3,36, de l'ind. textile 2,92, agricoles, sylvicoles et piscicoles 2,55, prod. minéraux 2,34, en bois, papier ou carton 2,21 ; **vers** All. 13,42, Belg. 9,75, G.-B. 8,28, It. 7,42, Esp. 5,93, P.-Bas 4,14.

■ **Agriculture** (en 1999). **Terres** (en milliers d'ha) : 1 951,8 dont *SAU* 1 363,2 [t. arables 1 182,1 (dont céréales 652,2, légumes frais et pommes de terre 64,6, betteraves industrielles 159,6, fourrage 49,9, oléagineux 70,3, légumes secs et protéagineux 93,3, cultures permanentes 181,1, (dont herbe 175,8)]. **Bois** 311,2, *peupleraies* 31,6, *terres agricoles non cultivées* 14,1, *étangs* 1,9, *autres terres non agricoles* 229,7. **Exploitations :** 18 290 (*SAU* moy. 73,6 ha). **Production végétale** (en milliers de t) : betterave industrielle 16 854,7, blé tendre 4 565,4, p. de t. 1 811,3, orge et escourgeon 820,4 ; **animale** (en milliers de têtes, 1999) : bovins 550,9, porcins 173,7 ; *viande finie* (en milliers de t) : bovine 51,2, porcine 23,4, volailles 17,9. *Lait :* 9 421 700 hl.

■ **Tourisme** (en 2000). **Hébergement :** *hôtels de tourisme* 247 (7 248 lits) ; *résidences de tourisme* 1 (1 528 pl.) ; *campings* 133 (15 073 pl.) ; *auberges de jeunesse* 2 (184 lits) ; *villages de vacances* 2 (321 pl.) ; *gîtes ruraux* 285, *d'étapes* 43, *d'enfants* 10 ; *chambres d'hôtes* 574 ; *résidences secondaires* 43 014.

DÉPARTEMENTS

☞ Voir légende p. 811. *Nota.* – (1) En 1998.

■ **Aisne (02)** 7 369 km² (140 × 85 km). **Altitude :** *maximale* bois de Watigny 284 m, *minimale* 37 m (à la sortie de l'Oise). **Population :** *1801 :* 425 326 hab. ; *51 :* 558 334 ; *1901 :* 535 114 ; *36 :* 484 329 ; *75 :* 533 862 ; *82 :* 533 970 ; *90 :* 537 259 (étrangers en 1992 : 15 396 dont Portugais 4 067, Marocains 3 269, Algériens 1 598, Espagnols 872, Turcs 617) ; *99 :* 535 842. **D.** 73. **Cantons :** 42. **Communes :** 816.

Régions naturelles (en ha) : **St-Quentinois et Laonnois :** 235 300, céréales, betteraves sucrières. **Soissonnais :** 171 500, céréales, betteraves sucrières. **Thiérache :** 123 500, prod. laitière (Maroilles). **Tardenois et Brie :** 109 100, élevage, céréales, vignes 2 500. **Champagne crayeuse :** 54 500, céréales, légumes de conserve. **Valois :** 43 100, céréales. **Forêts :** 130 000 ha, dont de *Retz* 13 325, *St-Gobain* 5 986, *St-Michel* 2 253, *Coucy-Basse* 2 469, *Andigny* 1 418, *Samoussy* 1 327, *Vauclair* 1 039 ; **privées :** *Ris, Fère.*

☞ *1er département* producteur de betteraves sucrières, peupliers, *2e :* blé, voies navigables (310 km) ; *3e :* carottes.

Chef-lieu : LAON. **Altitude** *maximale :* 180 m. **Superficie :** 4 423 ha. **Population :** *1851 :* 10 098 ; *1931 :* 19 125 ; *90 :* 26 486 ; *99 :* 26 265 (aggl. 27 431 [1]). Du VIIIe au Xe s., cité royale des derniers Carolingiens. **Industries :** électrique, métallurgie, confection, ameublement, BTP, imprimerie. **Monuments :** remparts (7 km), cathédrale gothique N.-D. (1155-1230, cinq tours, 10 494 vis. en 2000) ; abbatiale St-Martin (XIIe s.) ; chapelle des Templiers (XIIe s.), abbayes, couvents. **Musée** archéologique (5 023 vis. en 2000). **Métro** *aérien* (Poma).

Sous-préfectures : Château-Thierry 14 882 hab. [*1851 :* 5 269 ; *1931 :* 8 154] ; métallurgie, mécanique, champagne, biscuits ; BTP ; papeterie, verre, mat. plastique ; équipement auto ; maison de Jean de La Fontaine (9 922 vis. en 2000) ; [aggl. 22 696 hab. [1], dont **Essômes-sur-Marne** 2 486]. **St-Quentin** 59 062 hab. (*1851 :* 24 953 ; *1931 :* 49 448) [aggl. 71 887 hab. [1], dont **Gauchy** 5 621] ; cycles et motocycles, ind. textile, mécanique et électrique, chimie, parfums, confection, bois, ind. alimentaire, métallurgie, BTP ; enseignement supérieur scientifique ; collégiale (XIIe-XIIIe s.), hôtel de ville flamand (XIVe-XVIe s.) ; *musées* (vis. en 2000) : Antoine-Lécuyer (80 pastels de La Tour ; 11 718), d'Entomologie (papillons et insectes 120 000 espèces sur 600 000 ; 9 594), marais d'Isle. **Soissons** 29 449 hab. (*1851* : 9 477 ; *1931* : 18 705) [aggl. 47 305 hab. [1], dont **Belleu** 4 031. **Courmelles** 1 659. **Crouy** 2 619. **Villeneuve-St-Germain** 2 312] ; ind. mécanique, pneumatiques, équipement auto, chaudronnerie, électronique, marché agricole, verre, cartons, ind. agroalimentaire, bois. *Monuments* (vis. en 2000) : cathédrale St-Gervais (gothique) et St-Protais (XIIe-XIVe s.), abbayes St-Léger, St-Jean-des-Vignes (façade XIIe-XVIe s., flèches 75 à 80 m ; 27 510) et St-Médard ; hôtel de Barral (Régence) ; musée municipal 10 967 ; arsenal 9 139. **Vervins** 2 653 hab. (aggl. 3 543 [1]) ; ind. agroalimentaire, bois, parfums ; musée de la Thiérache, château Neuf.

Autres villes (vis. en 2000) : **Aubenton** 713 hab. ; ville natale de Jean Mermoz, musée. **Bellicourt** 680 hab. ; souterrain Bellicourt-Bony (5 670 m) de *Riqueval,* touage. **Blérancourt** 1 193 hab. ; château (XVIIe s.), musée de la Coopération franco-américaine (8 983 vis.). **Bohain-en-Vermandois** 6 600 hab. ; textile. **Bouconville-Vauclair** 161 hab. ; abbaye cistercienne (XIIe s.), jardin de plantes médicinales, verger, conservatoire. **Braine** 2 069 hab. ; ind. agroalimentaire, bois, collégiale St-Yved (XIIIe s.). **Chamouille** 204 hab. ; parc de l'Arlette (150 682 vis.). **Charly** 2 727 hab. (aggl. 4 731 [1]). **Chauny** 12 512 hab. (aggl. 20 078 [1], dont *Sinceny* 2 158) ; métallurgie, fonderie, mécanique, chimie, plasturgie, textile, habillement, BTP. **Condé-en-Brie** 626 hab. ; château des princes de Condé (XVIe-XVIIIe s., 3 600 vis.), halles (XVe s.). **Coucy-le-Château-Auffrique** 995 hab. ; 3 enceintes successives 2,5 km, château et donjon (XIIIe s., dynamité en 1917, était le plus haut d'Europe, 18 728 vis.). **Cuffies** 1 496 hab. ; verre. **Étreux** 1 670 hab. (aggl. 3 294 [1], dont *Boué* 1 288) ; ind. agroalim. **Fère-en-Tardenois** 3 356 hab. ; métall. ; château (XIIIe-XVIe s.), pont-galerie (XVIe s.), église (XVIe s.), halle (vers 1540). **Fresnoy-le-Grand** 3 272 hab. ; textile, métallurgie, fonderie. **Guignicourt** 2 203 hab. ; sucrerie. **Guise** 5 901 hab. ; fonderies, meubles métalliques, mécanique, textile, papier, constr. électrique, BTP, Familistère Godin (Jean-Baptiste, 1817-88 ; 15 991 vis.) ; château féodal [1er château construit 950, donjon (XIe s., hauteur 32 m, circonférence 55 m) ; 14 719 vis.]. **Harly** 1 803 hab. ; appareillage électrique. **Hirson** 10 337 hab. (aggl. 12 205 [1]) ; métallurgie, BTP, musée Alfred-Desmasures (1 228 vis.). **La Capelle** 2 007 hab. ; brosserie, meuble ; foire aux fromages en sept. ; champ de course (1 609 m). **La Ferté-Milon** 2 109 hab. ; menuiserie, jouets polyester, confection ; château XVe s. ; ville natale de Racine (musée, 842 vis.), pont Eiffel (XIXe s.). **Le Nouvion-en-Thiérache** 2 917 hab. ; laiterie, plasturgie ; parc animalier de Labouzy. **Liesse-Notre-Dame** 1 326 hab. ; basilique N.-D. (5 360 vis.) ; pèlerinage. **Longpont** 294 hab. ; abbaye cistercienne (XIIe s.). **Marle** 2 529 hab. ; sucrerie, chimie ; musée des Temps barbares. **Missy-sur-Aisne** 667 hab. ; église (XVe s.). **Montcornet** 1 690 hab. (aggl. 2 569 [1]) ; plasturgie. **Montescourt-Lizerolles** 1 476 hab. (aggl. 2 679 [1]). **Montgobert** 185 hab. ; château, parc (XIXe s.). **Neuilly-St-Front** 2 088 hab. **Oigny** 163 hab. ; château (parc floral, 4 536 vis.). **Origny-Ste-Benoîte** 1 769 hab. (aggl. 3 600 [1]) ; sucrerie, alcool, éthanol. **Parfondeval** 149 hab. ; église, porche. **Pinon** 1 711 hab. (aggl. 3 867 [1]) ; métallurgie. **Prémontré** 775 hab. ; abbaye (fondée 1120, par St Norbert, reconstruite XVIIIe s., 3 978 vis.). **Ribemont** 2 096 hab. ; abbaye, maison natale de Condorcet. **St-Gobain** 2 340 hab. ; anciennes glaceries (fondées 1655). **St-Michel** 3 656 hab. ; équipement auto, meubles, domaine abbatial (10 970 vis.), musée de la Vie rurale. **Septmonts** 501 hab. ; donjon (XIVe s., 7 430 vis.). **Sissonne** 2 080 hab. ; camp militaire ; constr. électrique. **Tergnier** 15 069 hab. (aggl. 25 056 [1], dont *Beautor* 2 977 ; *La Fère* 2 817 ; musée Jeanne-d'Aboville) ; cuir ; gare de triage. **Vailly-sur-Aisne** 2 081 hab. **Vénizel** 1 462 hab. (aggl. 2 799 [1]) ; carton. **Vic-sur-Aisne** 1 791 hab. ; ind. agroalimentaire ; BTP ; château (XVIIIe s.), donjon (XIIe s.). **Viels-Maisons** 962 hab. ; château (jardins, 5 211 vis.). **Villeneuve-sur-Fère** 231 hab. ; maison natale de Paul Claudel. **Villers-Cotterêts** 9 837 hab. ; auto. ; château (XVIe s.), maison natale d'Alexandre Dumas (1 455 vis.).

Divers : *Chemin des Dames.* Les filles de Louis XV, Adelaïde et Victoire, empruntaient ce chemin pour rendre visite à leur gouvernante au château de la Bove, près de l'abbaye de Vauclair. On l'empierra, pour faciliter le passage du carosse royal. Fort de la Malmaison ; panorama de la Royère ; Cerny-en-Laonnois ; caverne du Dragon (caserne allemande en juin 1915) ; monument des Basques ; plateau de Californie (table d'orientation, Promenade, Belvédère) ; Craonne (arboretum et village) ; monument national des Chars d'assaut. **Bois Belleau** (pris 25-6-1918 par Américains) cimetière américain 2 289 tombes. **Commune enclavée** du *Catelet* dans celle de Gouy. **Cote 204** (mémorial long. 62 m, statues 7,6). **Églises :** fortifiées (Thiérache), romanes et gothiques. **Parcs nautiques :** *l'Ailette* (160 ha, 200 000 vis. en 1996), *l'Astrée, Monampteuil, la Frette.* **Réserves naturelles** (voir p. 208 b).

■ **Oise (60)** 5 860 km^2 (120 × 50 à 70 km). **Altitude** *maximale* : 239 m (dans le Haut-Bray), *minimale* 20 m (sortie de l'Oise). **Population :** *1801* : 350 854 hab. ; *51* : 403 857 ; *1901* : 407 808 ; *21* : 387 760 ; *36* : 402 569 ; *46* : 396 724 ; *82* : 661 781 ; *90* : 725 603 (étrangers 45 036 dont Portugais 11 152, Marocains 10 776, Algériens 5 757, Africains 2 921) ; *99* : 766 441. **D.** 131. **Cantons :** 41. **Communes :** 693.

Régions naturelles (en ha) : **Plateau picard :** 198 900 (betteraves, céréales). **Noyonnais :** 72 200 (culture, élevage). **Valois et Multien :** 112 300 (céréales). **Vexin français :** 29 400 (céréales). **Clermontois :** 47 300 (céréales). **Pays de Thelle :** 47 900 (élevage, céréales). **Pays de Bray :** 41 500 (lait). **Soissonnais :** 36 400 (céréales, betteraves). **Forêts domaniales** (en ha) : de *Compiègne* 14 485, *Halatte* 4 300 (site classé en 1993), *Laigue* 3 827, *Ermenonville* 3 260, *Hez-Froidmont* 2 787, *Ourscamp-Carlepont* (abbaye fondée 1129) 1 587, *Chantilly* (communale) 6 310.

Chef-lieu : BEAUVAIS. **Altitude** *maximale* : 60 m. **Superficie :** 3 345 ha. **Population :** *1699* : 2 460 ; *1790* : 3 241 ; *1831* : 12 867 ; *1936* : 27 127 ; *62* : 34 055 ; *90* : 54 190 ; *99* : 55 392 (aggl. 55 817 [1]). **Industries :** chimie, parfums, pharmacie, mécanique (pièces auto), tracteurs, brosserie (60 % des brosses à dents utilisées en Fr.), éponges ; glaces, surgelés. **Aéroport**. Enseignement supérieur agricole, antenne universitaire. **Monuments :** Arbre de Jessé (vitrail, XIIIe s.) ; église de Marissel (XIe-XVIe s.). Cathédrale St-Pierre [inachevée (1225-1324), chœur gothique le plus haut du monde 48,50 m ; en 1284 : effondrement des parties hautes, des travées à droite ; 1573 : écroulement tour lanterne du transept et flèche de pierre (croix à 153 m) achevée 1569 ; cloître (XVe-XVIe s.)], horloge astronomique (construite 1865-68, hauteur 12 m, largeur 5,12 m, profondeur 2,82 m, 90 000 pièces, 52 cadrans) ; la plus ancienne du monde, encore en fonctionnement (24 680 vis. [1]) ; église St-Étienne. **Musées :** de la Tapisserie (manufacture fondée par Colbert en 1664 ; 4 126 vis. en 2000), de l'Oise (15 241 vis. en 2000) ; de l'Aviation ; archéologique (2 003 vis. en 2000).

Sous-préfectures : Clermont 9 699 hab. (aggl. 17 447 [1]) ; ind. alimentaire et chimique ; hôtel de ville. **Compiègne** 41 076 hab. (aggl. 62 778 [1], dont **Margny-lès-Compiègne** 6 492, mécanique. **Thourotte** 5 239, verre) ; ind. alimentaire, mécanique et chimique, verre, caoutchouc ; université de technologie. *Monuments :* clairière de l'Armistice (98 000 vis. en 2000), château (1751-88, Gabriel, néoclassique, 117 273 vis. en 2000), hôtel de ville, maisons anciennes, église St-Antoine (XIIIe-XVIe s.), St-Jacques (XIIIe-XVIe s. ; relique : morceau de voile de la Vierge), St-Pierre-des-Minimes (XIIe s.). *Musées* (vis. en 2000) : de la Figurine 6 648, de l'Auto, Vivenel 9 514. *Site* des Beaux Monts (futaies de chênes). *Étangs :* St-Pierre (chalet de l'impératrice Eugénie), St-Jean-aux-Bois. **Senlis** 14 235 hab. (*1936* : 7 549 ; *62* : 9 371) ; ind. mécanique et chimique ; résidence royale, occupée 1914, incendiée après bataille de la Marne, QG de Foch en 1918, cathédrale gothique (XIIe s., flèche 78 m), abbaye de la Victoire (XIe-XVIIe s.). *Musées* (vis. en 1999) : de la Vénerie 10 286, d'Art et d'Archéologie 9 434, des Spahis 5 283, de l'Hôtel de Vermandois 6 314 ; hôtels particuliers (XIVe-XVIIIe s.) ; église St-Frambourg (XIIe-XIIIe s.) ; fondation Cziffra ; château de *Valgenceux* (XVIIIe s.), parc.

Autres villes (vis. en 2000) : **Avilly-St-Léonard** 962 hab. ; cressiculture depuis 1811. **Béthisy-St-Pierre** 3 135 hab. (aggl. 3 880 [1]). **Bornel** 3 300 hab. (aggl. 3 074 [1]) ; traitement des métaux. **Boury-en-Vexin** 306 hab. ; château (XIIe-XIIIe-XVIe s.). **Bresles** 3 749 hab. ; sucrerie, cressiculture. **Breteuil** 4 131 hab. ; forge ; Musée archéologique. **Chambly** 9 318 hab. **Chantilly** 10 902 hab. (*1906* : 5 083 ; *54* : 7 065) ; château (XIVe-XVIe s., musée Condé, 167 569 vis.), écuries construites en 1719 par Jean Aubert (musée vivant du Cheval, créé 1982 ; 105 294 vis.), hippodrome et entraînement de chevaux de course (plus de 3 000) [aggl. 28 128 [1], dont *Gouvieux* 9 402 ; champignons. *Lamorlaye* 8 073 ; chevaux de course]. **Chiry-Ourscamp** 1 203 hab. ; abbaye (XIIe s., ruines) ; pâtes Rivoire et Carret, Lustucru. **Cires-lès-Mello** 3 585 hab. **Corbeil-Cerf** 290 hab. ; château (Renaissance). **Coye-la-Forêt** 3 516 hab. **Creil** 30 545 hab. (*1962* : 19 235) ; musée Gallé-Juillet (faïence, 3 204 vis.) ; [aggl. 82 505 [1], dont *Montataire* 12 048, imprimerie, mécanique. *Nogent-sur-Oise* 19 148 (*1962* : 8 808), mécanique, métallurgie, confection ; église (XIIe-XIIIe s.). *Verneuil-en-Halatte* 4 037 ; musée de la Mémoire des murs. *Villers-St-Paul* 5 944 ; chimie, métaux ; métallurgie, mécanique, chimie]. **Crépy-en-Valois** 14 434 hab., mécanique, brosserie, peintures ; château (XIe s.), abbaye St-Arnoul (XIe s.) ; musée du Valois et de l'Archerie (3 620 vis.). **Crèvecœur-le-Grand** 3 076 hab. ; scierie, mécanique, château (XIe-XIVe s.). **Ercuis** 1 566 hab. ; orfèvrerie (depuis 1867). **Ermenonville** 830 hab. ; parc J.-J.-Rousseau (6 454 vis.), Mer de sable (435 000 vis.). **Estrées-St-Denis** 3 655 hab. **Fontaine-Chaalis** 320 hab. ; abbaye royale de *Chaalis* (ruines, XIIIe-XVIIIe s., musée Jacquemart-André ; 39 830 vis.). **Gerberoy** 111 hab., village médiéval (14 396 vis.). **Grandvilliers** 2 865 hab. (aggl. 3 301 [1]). **Hermes** 2 331 hab. (aggl. 3 538 [1]) ; ustensiles de coiffure, brosserie, balais. **Lacroix-St-Ouen** 4 233 hab. ; électronique. **Le Fayel** 213 hab. ; château (XVIIe s., Bruant). **Le Plessis-Belleville** 2 806 hab. (aggl. 3 435 [1]). **Liancourt** 6 256 hab. (aggl. 10 638 [1]) ; mécanique. **Maignelay-Montigny** 2 489 hab. **Méru** 12 711 hab. ; boutonnerie, tabletterie, plasturgie, mécanique, musée de la Nacre (22 773 vis. en 2000). **Moliens** 942 hab. ; bonneterie (Kindy). **Mont-l'Évêque** 480 hab. ; château (1840). **Morienval** 1 048 hab. ; abbaye. **Mouy** 5 328 hab. (aggl. 8 493 [1]) ; pièces auto. **Noyon** 14 471 hab. (*1936* : 6 335 ; *62* : 9 317) [aggl. 15 660 [1]] ; agroalimentaire, BTP, métallurgie, mécanique ; cathédrale gothique (XIIe s., tours 62 m), bibliothèque du Chapitre (XIVe s.) ; *musées :* du Noyonnais (3 919 vis.), Calvin (3 309 vis.). **Orry-la-Ville** 3 307 hab. (aggl. 4 362 [1]). **Pierrefonds** 1 943 hab. ; château (XIVe s., restauré XIXe s. par Viollet-le-Duc ; 104 844 vis.). **Plailly** 1 580 hab. ; parc Astérix (2 003 000 vis. en 1999). **Ponpoint** 2 794 hab. ; abbaye du *Moncel* (XIVe s. ; 2 400 vis.) et château royal de Philippe le Bel. **Pont-Ste-Maxence** 12 431 hab. (aggl. 12 718 [1]) ; cartonnerie, matériel de soudage. **Précy-sur-Oise** 3 120 hab. (aggl. 3 583 [1]). **Raray** 144 hab. ; château (XVIIe-XVIIIe s.), *la Belle et la Bête* de Cocteau y fut tourné. **Reilly** 165 hab. ; village médiéval ; équipement auto. **Ribécourt-Dreslincourt** 3 950 hab. (aggl. 5 339 [1]) ; chimie. **St-Arnoult** 172 hab. ; prieuré (XVe s.). **St-Germer-de-Fly** 1 761 hab. ; abbaye (XIIe s. ; chevet : réplique de la Ste-Chapelle de Paris ; 5 480 vis.) ; musée d'Art populaire. **St-Jean-aux-Bois** 349 hab. ; abbaye. **St-Just-en-Chaussée** 5 498 hab. ; cartonnerie. **St-Leu-d'Esserent** 4 866 hab. (aggl. 6 316 [1]) ; abbaye (XIe s.) ; nautisme, base de loisirs (57 764 vis.). **Saintines** 854 hab. ; Seita allumettes depuis 1853. **Trie-Château** 1 460 hab. ; forteresse (IIe s.). **Troissereux** 1 101 hab. ; château (XVIe s., 7 279 vis.). **Trosly-Breuil** 2 164 hab. [aggl. 5 313 [1], dont *Cuise-la-Motte* 2 239] ; chimie. **Vendeuil-Caply** 372 hab. ; vestiges gallo-romains. **Venette** 2 674 hab. ; caoutchouc, transformation du colza en diester. **Vez** 303 hab. ; donjon (XIVe s.), chapelle (XIVe s.). **Versigny** 365 hab. ; château, parc. **Vineuil-St-Firmin** 1 464 hab. ; église (XVIe s.).

■ **Somme (80)** 6 170 km^2 (116 × 74 km). **Côtes** 60 km. **Baies** de *Somme* et d'*Authie.* **Plages :** *galets* à Cayeux-sur-Mer et *sable* à St-Valery-sur-Somme, Le Crotoy, Quend-Plage-les-Pins, Fort-Mahon-Plage ; *falaises* à Ault et Mers-les-Bains. **Altitude** *maximale* : 212 m à Arguel et Gauville. **Population :** *1801* : 458 153 hab. ; *51* : 569 341 ; *1911* : 518 961 ; *21* : 451 887 ; *46* : 440 717 ; *75* : 538 462 ; *90* : 547 930 ; *96* : 554 000 (étrangers 12 493 dont Marocains 3 345, Portugais 2 855, Algériens 1 458, Africains 1 172) ; *99* : 555 551. **D.** 90. **Cantons :** 46. **Communes :** 783.

Régions naturelles : Santerre 140 000 ha : limons fertiles (pouvant atteindre 6 à 8 m d'épaisseur), betteraves à sucre, pommes de terre, blé, petits pois, ind. agroalimentaire et bonneterie. **Vermandois :** plus vallonné, limons (moins épais), betteraves à sucre, blé. **Plateau picard** 162 800 ha dont *Amiénois* (centre du département) : plateau, nombreuses vallées sèches, polyculture, élevage, ind. agroalimentaire, équipement auto, électroménager, logistique, chimie. **Vimeu** 74 700 ha : élevage laitier, robinetterie, serrurerie. **Ponthieu** 86 500 ha : au nord du Vimeu, polyculture, élevage laitier. **Marquenterre et Bas-Champs** 12 500 ha : protégés par digues et dunes de la baie de Somme, élevage laitier, légumes. **Forêt domaniale :** *Crécy* 4 300 ha. **Baie de Somme :** estuaire de 75 km^2.

Chef-lieu : AMIENS. **Altitude :** de 27 à 102 m. **Superficie :** 50,1 km^2. **Population :** *1851* : 52 149 ; *1901* : 90 758 ; *46* : 94 988 ; *68* : 117 888 ; *75* : 131 476 ; *82* : 131 332 ; *90* : 131 872 ; *99* : 135 501. Détruite à 50 % en 1940, reconstruite par P. Dufau et A. Perret. Le 18-2-1944, le Cel Irving Smith (1917-2000) avec 20 mosquitos anglais bombarde en 3 vagues la prison : 260 prisonniers s'évadent, d'autres sont tués. Lieu du partage du manteau de St Martin. **Festivals :** Film (nov.), Jazz (mars). **Industries :** textile (soie, velours), métallurgie, sous-traitance auto, chimie, alimentaire, pneu, mécanique, électricité, plasturgie, multimédia. **Parc** *zoologique* de la Hotoie (93 035 vis. en 2000). **Université** Jules-Verne (23 000 étudiants), école d'ingénieurs ESIEE, ESC, Esad. **Monuments** (vis. en 1999) : cathédrale N.-D. [gothique, 1220-1280, patrimoine mondial de l'Unesco ; la + vaste église de France (surface 7 700 m^2, volume 200 000 m^3) ; longueur hors œuvre 145 m, intérieur 133,5 m ; transept (le + long) hors œuvre 70 m, intérieur 62 m ; nef largeur d'axe en axe des piliers 14,6 m, bas-côté 6,07 m, transept 29,3, hauteur nef 42,3 m ; *tour nord* 66 m, flèche (la + haute ancienne en bois, chêne 112,42 m ; *cloches :* tour nord gros bourdon (1736) 4 500 kg ; diamètre 1,92 m, petit (1903) 3 600 kg ; si, bémol ; *tour sud* 65 m, 4 (194, 202, 240, 333 kg ; donnent le ré, ut, dièse, si et la), 400 000 vis.], beffroi (XVe s.), églises St-Leu, St-Germain, St-Acheul (1752), le Logis du Roy (XVe s.) et maison du Sagittaire (XVIe s.), Jules-Verne (9 856 vis.), galerie du Vitrail, quartier St-Leu, théâtre (1778-80). **Site** des hortillonnages (90 762 vis. en 2000). **Musées :** de Picardie (fondé en 1867, 73 201 vis. en 2000), d'Art local. Tour Perret (1952). *Parc urbain* St-Pierre. AGGLOMÉRATION : 170 821 hab., dont **Camon** 4 366 ; **Longueau** 5 220 ; **Rivery** 3 400 ; **Salouël** 4 162. AIRE URBAINE (en 1999) : 280 870 hab.

Sous-préfectures : Abbeville 24 567 hab. [*1911* : 20 373 ; *46* : 16 780 ; *75* : 25 398] (aggl. 25 286) ; sucre, laiterie, ind. textile, serrurerie, métallurgie ; château de Bagatelle (XVIIIe s.), beffroi, collégiale St-Vulfran (XVIe s.) ; musée Boucher-de-Perthes (15 280 vis. en 1999). *Festival* de l'Oiseau (en avril). **Montdidier** 6 328 hab. ; maroquinerie, constr. électrique ; église St-Sépulcre (XVIe s.), vitraux d'A. Manessier, St-Pierre (XVe s.) ; lieu natal de Parmentier. **Péronne** 8 380 hab. (aggl. 10 988 [1]) ; textile, métallurgie, agroalimentaire ; château (XIIIe s.), historial de la Grande Guerre ; circuit du Souvenir (bataille de 1916 ; 87 070 vis. en 1999).

Autres villes (vis. en 1999) : **Ailly-sur-Noye** 2 643 hab. **Ailly-sur-Somme** 3 322 hab. (aggl. 5 496 [1]) ; transformation de viande. **Airaines** 2 099 hab. ; lait ; prieuré (XVIe s., centre d'Art), église N.-D. (XIIe s.), château (XIIe s.). **Albert** (avant 1620 : *Ancre*) 10 065 hab. ; aéronautique, mécanique, vérins et élévateurs ; basilique N.-D.-de-Brebières [tour 75 m avec la « Vierge dorée penchée » (un obus allemand ayant tendu la dîme en janv. 1915, elle resta penchée au-dessus du vide jusqu'en 1918)] ; musée des Abris (34 591 vis.). **Argoules** 335 hab., abbaye de Valloires (XVIIIe s., 20 944 vis.) et jardins (45 463 vis.). **Assevillers** 228 hab. ; polissoir préhistorique dit « grès de St-Martin ». **Aubigny** 536 hab. ; ind. agroalimentaire (Friskies). **Beauchamps** 987 hab. ; sucre. **Beaumont-Hamel** 218 hab. ; parc-mémorial terre-neuvien, statue de caribou (insigne du régiment de Terre-Neuve qui attaqua là le 1-7-1916). **Beauval** 2 243 hab. **Bertangles** 654 hab., château (XVIIIe s., 3 078 vis.). **Béthencourt-sur-Mer** 997 hab. (aggl. 2 702 [1]). **Boves** 2 786 hab. **Bray-sur-Somme** 1 316 hab. ; vallée de la haute Somme. Musée des Chemins de fer. **Cayeux-sur-Mer** 2 781 hab. ; industrie du galet ; maison de l'Oiseau (38 931 vis.). **Chaulnes** 1 901 hab. ; logistique, gare TGV Nord à Ablaincourt-Pressoir. **Chaussoy-Épagny** 622 hab. ; château (XVIIIe s.). **Corbie** 6 317 hab. (aggl. 7 779 [1]) ; église N.-D.-de-la-Neuville (XVe-XVIe s.), abbaye St-Pierre (VIIe s.), lieu natal de Ste Colette. **Courcelles-sur-Mayancourt** 141 hab. ; château (XVIIIe s.). **Crécy-en-Ponthieu** 1 577 hab. ; bataille 1346. **Creuse** 193 hab. ; ferme d'antan (17 674 vis.). **Domqueur** 262 hab. ; muches (souterrains, long. 110 m, creusés 1638, lors de l'invasion espagnole). **Doullens** (sous-préfecture jusqu'en 1926) 6 279 hab. ; laiterie, textile, carton, chimie ; citadelle (XVIe s.) puis prison d'État (Blanqui, Raspail) puis de femmes (Albertine Sarrazin), beffroi (XIVe s.), hôtel de ville. *Musées :* Foch (salle du commandement unique 26-3-1918), Lombart. **Dromesnil** 121 hab. ; château (XVIIIe s.). **Estrées-Mons** 609 hab. ; conserverie (Bonduelle). **Faverolles** 139 hab. ; chocolaterie. **Flixecourt** 2 978 hab. (aggl. 3 788 [1]) ; textile, emballage. **Folleville** 72 hab. ; château (XVe s.), église (XVe s.). **Fressenneville** 2 334 hab. (aggl. 4 986 [1], dont *Feuquières-en-Vimeu* 2 370) ; appareils de chauffage, quincaillerie. **Friville-Escarbotin** 4 646 hab. (aggl. 7 184 [1]) ; robinetterie, serrurerie, métaux, verrerie ; musées des Industries. **Gamaches** 2 949 hab. (aggl. 3 941 [1]) ; verrerie, caoutchouc. **Hallencourt** 1 348 hab. ; fonderie. **Ham** 5 398 hab. (aggl. 8 404 [1], dont *Eppeville* 2 015 ; sucre) ; métallurgie, sucrerie, robinetterie, chimie, plasturgie ; vestiges du fort [emprisonnés : Jeanne d'Arc, P^ce Louis de Condé, Mirabeau, Moncey (qui avait refusé de juger le M^al Ney), Duroy de Chaumareys (C^dt de la *Méduse*), Polignac (ministre de Charles X), Louis-Napoléon (futur Napoléon III, évadé en 1846)], abbatiale et crypte (XIIIe s.). **Fort-Mahon-Plage** 1 140 hab. ; aquaclub. **Hornoy-le-Bourg** 1 449 hab. ; halles (XVIe s.). **La Chaussée-Tirancourt** 687 hab. ; site archéol. de *Samara* (30 hab. ; 73 214 vis.). **Long** 624 hab. ; château (XVIIIe s.), ancienne centrale hydro-électrique. **Longpré-les-Corps-Saints** 1 561 hab. (aggl. 2 317 [1]). **Longueval** 248 hab. ; mémorial sud-africain (56 065 vis.). **Mers-les-Bains** 3 394 hab. ; front de mer classé « Belle Époque » ; verrerie ; église (1928). **Moreuil** 4 106 hab. (aggl. 4 586 [1]), bonneterie, peinture, papiers peints. **Naours** 1 124 hab. ; grottes refuges (73 539 vis.). **Nesle** 2 451 hab. ; chimie, ind. agroalimentaire, amidonnerie. **Noyelles-sur-Mer** 742 hab. ; cimetière 887 tombes chinoises. **Péronne** 8 380 hab. ; château, historial de la Grande Guerre. **Picquigny** 1 386 hab. ; collégiale St-Martin, vestiges château fort. **Pissy** 298 hab. ; château (XVIIe s.). **Poix-de-Picardie** 2 285 hab. ; église St-Denis (XVIe s.). **Prouzel** 503 hab. ; château (1699). **Rambures** 365 hab. ; château (XVe s., 25 231 vis.). **Rancourt** 144 hab. ; mémorial français, nécropole 8 566 soldats. **Régnière-Écluse** 122 hab. ; château (XIIIe s.). **Rosières-en-Santerre** 2 956 hab. (aggl. 3 513 [1]) ; ind. agroalimentaire, conserverie. **Roye** 6 529 hab. ; sucrerie, cartonnerie, textile, gastronomie. **Rue** 3 075 hab. ; chapelles de l'Hospice (XVIe s.), du St-Esprit (XVe-XVIe s.), beffroi, musée des Frères-Caudron (9 719 vis.). **St-Léger-lès-Domart** 1 758 hab. (aggl. 6 597 [1], dont *St-Ouen* 2 196). **St-Quentin-en-Tourmont** 334 hab. ; parc ornithologique du *Marquenterre* (voir p. 210 a ; 141 239 vis.). **St-Riquier** 1 186 hab. ; abbatiale (XIIIe-XVe s.) et abbaye (XVIIIe s.), beffroi (fin XIIIe s.), centre culturel (26 485 vis.). **St-Valery-sur-Somme** 2 686 hab. ; port de plaisance ; remparts (XIIe s.), portes (XIVe s.), écomusée de Picardie (13 500 vis.). **Thiepval** 98 hab. ; mémorial britannique. **Valloires ;** abbaye (20 944 vis.), jardins (45 563 vis.). **Vecquemont** 497 hab. ; féculerie, amidonnerie. **Vignacourt** 2 183 hab. **Villers-Bretonneux** 3 952 hab. ; mémorial australien, stèle rappelant le 1er combat de chars contre chars le 24-4-1918 ; tissage, confection, bonneterie. **Villers-Faucon** 625 hab. ; sucre.

Tourisme : littoral picard : *Le Hable d'Ault.* **Baie de Somme :** ports du Crotoy, St-Valery-sur-Somme, pointe du *Hourdel,* parc du *Marquenterre* (voir p. 210 b) ; train de la baie de Somme (82 915 vis. en 1999). *Hortillonnages :* 300 ha, aires séparées par des canaux navigables.

POITOU-CHARENTES

GÉNÉRALITÉS

■ **Superficie.** 25 809 km². **Population.** *1990 :* 1 595 109 (25 219 étrangers dont Portugais 6 803, Marocains 2 876, Algériens 1 638, Espagnols 1 150) ; *99 :* 1 640 068. **D.** 64.

ANGOUMOIS

■ **Situation.** Au nord et au sud d'Angoulême et de Cognac. *Angoumois du Nord :* élevage (produits laitiers, beurre) ; *du Sud :* plus pauvre, sols maigres ; boisements clairs et pâturages à moutons.

■ **Histoire. Fin IVe s.** création d'Angoulême (raisons militaires), soumise aux Wisigoths au Ve s., occupée par Clovis après 507 et érigée en pays *(pagus Engolismensium),* détachée de la cité des Santons. **541** 1re mention d'un évêque d'Angoulême, Aptome. **839** 1re mention d'un Cte d'Angoulême, Turpion, nommé par Louis le Pieux. **866** Walgrin *(Bougrin),* nommé Cte par Charles le Chauve, devient tige des C^tes héréditaires, les Taillefer (surnom de Guillaume Ier, adversaire des Normands, 916-62). Dans la mouvance des C^tes de Poitiers, ducs d'Aquitaine, à l'époque capétienne. Expansion sous les C^tes *Guillaume III Taillefer* (988-1028) et *Guillaume VI* (1087-1120), puis indépendance menacée par les Plantagenêts (quelques annexions). **1220** passe aux Lusignan jusqu'en 1302. **1308** isolé entre les domaines capétien et angevin, démembré, puis incorporé par Philippe le Bel au royaume de France (mai-juin 1308). **1360** cédé à l'Angleterre *(traité de Brétigny).* **1373** reconquis par Charles V, concédé à une branche cadette des Valois-Orléans. **1515** réuni définitivement à la Couronne, érigé en duché-pairie d'Angoulême en faveur de Louise de Savoie, mère de François Ier. Rattaché à la généralité de Bordeaux, puis de Limoges (1558).

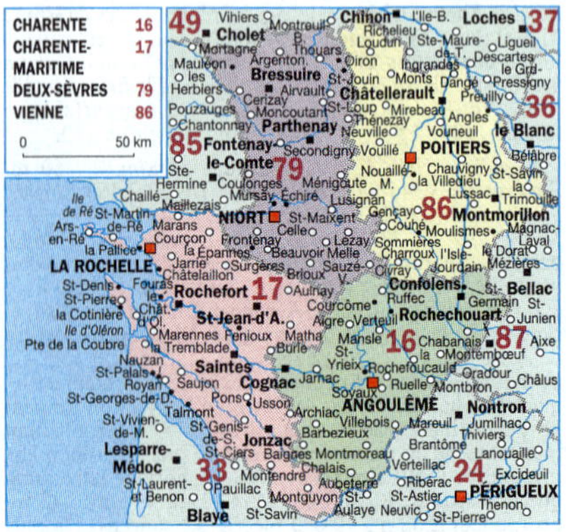

AUNIS

■ **Situation.** Entre Poitou et Saintonge.

■ **Histoire.** Un des deux anciens « pagi » de la cité de Saintes (son nom vient de Châtelaillon, longtemps son principal centre : *Castrum Alionis,* devenu *pagus Alienensis*). Partie de l'Aquitaine romaine, puis de l'Aquitaine Seconde au Bas-Empire. **Ve s.** aux Wisigoths. **507** incorporé au *Regnum Francorum.* **Xe s.** séparé de la Saintonge dépendant du Poitou jusqu'en 1360 (un sénéchal distinct de celui du Poitou apparaît). **XIe et XIIe s.** rôle principal joué par les sires de *Châtelaillon.* **1144** possession de la maison de *Mauléon.* **1205** obtient la charge de sénéchal du Poitou. **1224** revenu à l'allégeance des rois de France, reste un temps aux Lusignan. **1242** récupéré par Alphonse de Poitiers. **1271** réuni au domaine royal à sa mort. **1360** cédé aux Anglais *(traité de Brétigny) ;* sénéchal de La Rochelle, propre à l'Aunis. **1373** Du Guesclin entre à La Rochelle, Charles V reprend le territoire, le gouvernement de La Rochelle va former la province d'Aunis. Sur le plan judiciaire, dépend du parlement de Paris (sauf sous Louis XI, dépend de Bordeaux). **1551-52** établissement d'un présidial, révolte de La Rochelle contre François Ier lors de l'extension des gabelles. Ravagé par les guerres de Religion. **1598** *édit de Nantes :* La Rochelle, place de sûreté, fait figure de capitale des protestants. **1620** reprise des luttes après le rétablissement en Navarre du culte catholique. **1627-28** siège et prise de La Rochelle par Richelieu. Devient le siège d'une généralité englobant Aunis et Saintonge.

POITOU

■ **Situation.** Sur Vienne et Deux-Sèvres ; quelques communes rattachées à la Haute-Vienne, Charente et Charente-Maritime. La Vendée, partie ouest de l'ancien Bas-Poitou, fait partie des Pays de la Loire. Comprend : *Seuil du Poitou :* plaine secondaire reliant Bassin parisien et Aquitaine, et séparant Massif armoricain du Massif central. Céréales entre vignobles de Touraine et des pays charentais. *Brandes* sur quelques revêtements tertiaires : élevage. *Vallées de la Vienne et du Clain* humides et verdoyantes.

■ **Histoire.** Tire son nom des *Pictons,* sans doute marins et commerçants (il y a des Pictes dans les îles Britanniques en 56 av. J.-C.), leur chef Duratius, soumis aux Romains, leur reste fidèle pendant l'insurrection de 52, malgré l'attitude hostile de son peuple. **IIIe s.** apparition du christianisme. Affermi par St Hilaire († vers 367), évêque de Poitiers, et par St Martin, fondateur de Ligugé. **Ve s.** occupé par Wisigoths. **507** possession des Francs après Vouillé. Partagé entre successeurs de Clovis, retrouve son unité dans le 1er duché d'Aquitaine (fin IIIe s.-768). **Sous les Carolingiens** administré par Cte de Poitiers, qui profite des incursions normandes pour en devenir le seigneur. *Rannoux Ier* (839-66) fonde une dynastie consolidée au Xe s. *Rannoux II* († 890) est le 1er de la lignée à se dire duc d'Aquitaine (voir **Aquitaine**). **989** trêve de Dieu instituée à *Charroux.* **X^e-XIe s.** les C^tes de Poitiers, rivaux des C^tes d'Auvergne et de Toulouse, s'efforcent de faire reconnaître leur suzeraineté jusqu'aux Pyrénées ; mais ils ne peuvent empêcher les empiétements des C^tes d'Anjou, ni se faire obéir des dynasties féodales qui se forment dans le comté (vicomtés de Thouars, de Châtellerault ; seigneuries de Parthenay, de Talmont, de Mauléon). **1152** mariage d'*Aliénor d'Aquitaine,* héritière de Guillaume X, avec Henri II Plantagenêt (après avoir été répudiée par le roi de France). Maîtresse en droit du C^té, Éléonore, brouillée avec son mari, s'établit à Poitiers et le gouverne au nom de son fils Richard (1169-73), puis en son nom jusqu'à sa mort (1204) et le transmet à *Jean sans Terre.* Conquis par *Philippe Auguste.* **1224** Louis VIII l'annexe. **1225** le donne en apanage à son 5e fils, *Alphonse de Poitiers* (1220-71). **1241** révolte de la noblesse locale, menée par les Lusignan, avec l'appui d'Henri III d'Angl. qui, battu par St Louis à *Taillebourg* (1242), y renonce en 1259. **1271** réuni au domaine royal, forme la sénéchaussée de Poitiers. **1311-16** aliéné en faveur du futur *Philippe V le Long.* **1316** retourne à la Couronne. **1357** ravagé au début de la guerre de Cent Ans, en apanage à *Jean,* 3e fils de Jean le Bon. **1360** *traité de Brétigny,* cédé à l'Angleterre. **1369-73** restitué en apanage à Jean, duc de Berry (vers 1370-73 à 1416). **1417** le futur *Charles VII* devient dauphin et Cte de Poitiers. **1422** capitale et parlement à Poitiers jusqu'à la libération de Paris (1436). **1542** intendance siège à Poitiers. Les limites de la généralité ne coïncident plus avec celles du Poitou traditionnel. **1773** on tente de fixer des Acadiens rapatriés du Canada en Poitou. Le Mis de Pérusse des Cars leur offre des terres à défricher dans les brandes : l'expérience échoue ; il en reste des maisons, dites acadiennes (à Archigny, La Puye, St-Pierre-de-Maillé).

SAINTONGE

■ **Situation.** S'étend essentiellement sur la Charente-Maritime (les 2/3 sud).

■ **Histoire.** Pays des *Santons,* dont Saintes *(Mediolanum Santonum)* était la capitale. Cité de l'Aquitaine Seconde (cap. Bordeaux). Pillée par Alains et Vandales. Occupée **419** par Wisigoths, **507** par Clovis. Partie du duché d'Aquitaine, morcelée en nombreux fiefs. **1152** possession anglaise (mariage d'Aliénor d'Aquitaine). **1204-10** rive droite de la Charente reconquise sur Jean sans Terre. **1258** partie du « duché de Guyenne » laissée à Henri III d'Angleterre par Saint Louis. **1371** reconquise par Du Guesclin. **1375** réunie à la Couronne par Charles V.

ÉCONOMIE

■ **Population active** (au 31-12-1998). 494 022 (non-salariés 96 659) dont : agriculture 14 301 (38 109) ; industrie 102 376 (6 735) ; construction 28 021 (11 653) ; tertiaire 349 324 (40 162). **Chômage** (en 1999) : 93 684.

■ **Échanges** (en milliards de F, 2000). **Import. :** 21,87 *dont* combustibles et carburants 3,44, prod. de l'ind. auto 2,77, en bois, papier, carton 2,57, chimiques en caoutchouc ou plastique 2,44, ind. agricoles et alimentaires 1,82, équipements mécaniques 1,64, métaux et prod. métalliques 1,45, composants électriques et électroniques 1,2, habillement cuir 0,88, équipement du foyer 0,72 ; *de* All. 4,05, Esp. 22,03, G.-B. 2,2, It. 1,65, P.-Bas 1,29, Belg. 1,09. **Export. :** 31,65 *dont* prod. des ind. agricoles et alimentaires 12,09, métaux et prod. métalliques 6,56, prod. agricoles, sylvicoles et piscicoles 3,44, chimiques en caoutchouc ou plastique 2,84, bateaux, avions, trains 2,77, prod. en bois, papier, carton 2,03, équipements mécaniques 1,81, équipements électriques et électroniques 1,7, composants électriques et électroniques 1,36, prod. de l'ind. auto 1,02 ; *vers* USA 4,73, All. 2,66, It. 2,42, Esp. 2,41, G.-B. 2,41, Corée du S. 1,82.

■ **Agriculture** (en 1999). **Terres** (en milliers d'ha) : 2 594,6 dont *SAU* 1 811 [arables 1 440 dont céréales 666, oléagineux 338, fourrage annuel 82, prairie temporaire 210, herbe 279, vigne 89 ; *étangs et autres eaux intérieures (hors SAU)* 6 ; *bois* 436 ; *peupleraies* 15 ; *terres agricoles non cultivées* 59 ; *terres non agricoles* 268]. **Production végétale** (en milliers de t) : céréales 4 773 dont blé tendre 2 358, maïs grain 1 746, orge et escourgeon 480, avoine 29 ; oléagineux 917,1 dont tournesol 495, colza 420,5 ; tabac 3, fourrage annuel 1 004 ; *vins* (en milliers d'hl) : 12 186 (en 1996 : cognac 534 801 hl, pineau des Charentes 141 078 hl) ; **animale** (en milliers de têtes) : bovins 791 (dont vaches laitières 124, nourrices 215), ovins 1 030 (dont brebis mères 696), porcins 321, caprins 383 (dont chèvres 251), équins (en 1999) 13, lapines mères (en 1999) 130, poules et poulets (en 1999) 8 315. *Lait* (en milliers d'hl) : de vache 7 333, de chèvre 1 797. *Viande* (en milliers de t, 1999) : bovins 200 (dont veaux 5,7), volailles 73,6, porcins 55,9, ovins 10,8, lapins 6, caprins 3,9, équins 1. *Œufs* (de consommation) : 701 200 000.

■ **Pêche** (en millions de t, 2000). 233,2 dont La Cotinière 118,3, La Rochelle 71,6, Royan 43,3. **Conchyliculture** (en t, 1991) : huîtres creuses 66 477, moules 7 927, autres coquillages 738,5 (en 90).

■ **Tourisme** (en 2000). **Hébergement :** *hôtels de tourisme* 545 (16 373 lits) ; *résidences de tourisme* 20 (3 741 pl.) ; *campings* 447 (56 163 pl.) ; *auberges de jeunesse* 8 (719 lits) ; *villages de vacances* 48 (12 924 pl.) ; *gîtes ruraux* 1 318, *d'étapes* 39, *d'enfants* 14 ; *chambres d'hôtes* 976 ; *résidences secondaires* 98 095. **Thermalisme :** 27 108 curistes. **Navires de plaisance** (31-8-1999) : 41 587 (à moteur 27 692, voiliers 11 807, autres 1 988).

DÉPARTEMENTS

Voir légende p. 811. *Nota.* – (1) En 1998.

■ **Charente** (16) 5 956 km² (119 × 85 km). **Altitude :** *maximale* 368 m (« le Rocher aux oiseaux, Montrollet »), *minimale* 8 m (à Merpins, sortie de la Charente). **Population :** *1801 :* 299 029 hab. ; *51 :* 382 912 ; *1911 :* 347 061 ; *36 :* 309 279 ; *75 :* 337 064 ; *82 :* 340 770 ; *90 :* 341 993 ; *99 :* 339 628 (étrangers 6 935 dont Portugais 1 786, Marocains 883, Algériens 444, Espagnols 372, Tunisiens 237, Italiens 126, Turcs 122). **D.** 57.

Régions naturelles : Confolentais ou **« Charente limousine »** au nord-est : 151 148 ha, terrain granitique (élevage de bovins, lait, ovins). **Angoumois-Ruffécois** au nord et au centre : 164 624 ha, plateau calcaire, région du Karst (terres de groie, argileuses et calcaires parsemées de pierres) ; élevage, lait ; céréales (blé, maïs, tournesol) ; vignobles. Cognaçais à l'ouest : 148 651 ha. **Montmorélien** au sud (se rattachait au Périgord) : 131 270 ha, vallonné (« terres de landes » et « terres à châtaigniers ») ; polyculture, élevage, vignobles. **Bois** (en 1999) : 135 500 (dont peupleraies 3 000) : *La Braconne* 4 000, *La Rochebaucourt* 1 100, *Bois-Blanc* 700, *La Mothe, Le Clédou* 900.

Chef-lieu : ANGOULÊME. **Altitude :** 100 m. **Superficie :** 2 144 ha. **Population :** *1801 :* 14 600 ; *81 :* 32 567 ; *1921 :* 34 895 ; *62 :* 48 190 ; *90 :* 42 875 ; *99 :* 43 171. **Industries :** papeteries, électrique, électronique et mécanique (moteurs, piles et accumulateurs), matériaux de construction, parachimie, chimie, équipement industriel, papier, carton, feutre, bijoux, chaussures, construction et armes navales. **Déficit budgétaire** (en millions de F) : *1990 :* 142 ; *91 :* 79 ; *92 :* 51 ; *93 :* 26,6 ; *94 (est.) :* résorption. **Monuments :** cathédrale St-Pierre (XIIe-XIXe s.), église St-Michel (octogonale), hôtel de ville, maison St-Simon, remparts. **Musées** (vis. en 1999) : des Beaux-Arts 15 951, du Papier-le Nil 8 500, de la Résistance et de la Déportation, de la Bande dessinée (1991). Fonds régional d'art contemporain (Frac). **Festivals** de la bande dessinée depuis 1974 (210 000 vis.), de musiques métisses. **Circuit** des remparts (voitures de course anciennes en sept.). AGGLOMÉRATION (8 communes) : 103 746 hab., dont **Champniers** 4 604. **Fléac** 2 904. **La Couronne** 6 855 ; enveloppes ; château de l'Oisellerie, église romane. **Le Gond-Pontouvre** 5 971. **L'Isle-d'Espagnac** 4 918. **Magnac-sur-Touvre** 2 828. **Ruelle-sur-Touvre** 7 220 (*1876 :* 2 039 ; *1962 :* 5 855) ; fonderie (XVIIIe s.). **Soyaux** 10 177 (*1876 :* 793 ; *1962 :* 6 588). **St-Michel** 2 960. **St-Yrieix-sur-Charente** 6 373. AIRE URBAINE (en 1999) : 153 781 hab.

Sous-préfectures : Cognac 19 534 hab. (*1876 :* 14 900 ; *1962 :* 20 798) ; cognac, verrerie, cartonnerie, tonnellerie, imprimerie, matériel électrique ; château de François Ier (y naquit le 12-9-1498) (XIIIe-XVIe s., 60 300 vis.), Maisons du cognac (218 234 vis. en 2000) ; festival du film policier ; [unité urbaine (6 communes) 27 042. Aire urbaine 42 287 dont **Châteaubernard** 3 489). **Confolens** 2 855 hab. (*1876 :* 2 827 ; *1962 :* 2 736 ; *82 :* 3 009) ; marché, tuiles, briques, constr. électrique ; festival du folklore en août ; château du Mas Marteau (XVIe s.).

Autres villes (vis. en 1999) : **Aubeterre-sur-Dronne** 365 hab. ; église monolithe St-Jacques (XIe-XIIe s., nef haute de 20 m, 39 000 vis.). *Musées :* de la Poupée, des Marionnettes, de l'Ancienne École, des Papillons. **Balzac** 1 237 hab. ; château (XVIIIe s.). **Barbezieux-St-Hilaire** 4 819 hab. ; papier d'emballage, vêtements de scène ; château (XVe s.). **Bassac** 461 hab. ; abbaye (XIe-XIIIe s.), église romane. **Bourg-Charente** 753 hab. ; église romane (XIIe s.). **Brigueuil** 1 007 hab. ; village fortifié. **Cellefrouin** 508 hab. ; église romane (lanterne des morts). **Chalais** 2 027 hab. ; château de Talleyrand (XVIe-XVIIIe s.) ; musée des Métiers d'art, église romane. **Champagne-Vigny** 184 hab. ; maison d'Alfred de Vigny (au Maine-Giraud, XVIIe s.). **Chasseneuil-sur-Bonnieure** 2 786 hab. ; mémorial de la Résistance, 2 255 tombes. **Chassenon** 903 hab. ; thermes gallo-romains (14 000 vis.). **Châteauneuf-sur-Charente** 3 422 hab. ; église romane. **Chazelles** 1 391 hab. ; grotte du *Quéroy*. **Cherves Richemont** 2 447 hab. ; château *Chesnel* (XVIe s.), logis de Boussac (XVIIe-XVIIIe s.). **Condéon** 540 hab. ; église romane. **Courcôme** 421 hab. ; église romane. **Cressac-St-Genis** 125 hab. ; chapelle des Templiers (XIIe s.). **Étagnac** 981 hab. ; château de *Rochebrune* (XIe-XIIIe s.). **Fleurac** 232 hab. ; château ; musée de la Coiffe charentaise. **Gardes-le-Pontaroux** 248 hab. ; la *Quina* (gisements préhistoriques découverts en 1872). **Jarnac** 4 658 hab. ; musée François-Mitterrand (inauguré 6-3-1995, 7 500 vis.). **La Rochefoucauld** 3 228 hab. ; feutres pour draperies, chaussures, plasturgie pour articles chaussants ; château Renaissance (14 200 vis.), cloître (XVe s.), *musées :* de la Préhistoire, de l'Hôpital. **Lesterps** 594 hab. ; église romane. **Lichères** 94 hab. ; église romane. **Montmoreau-St-Cybard** 1 048 hab. ; église romane. **Mouthiers-sur-Boëme** 2 260 hab. ; église romane, « chaire à Calvin ». **Nanteuil-en-Vallée** 1 395 hab. ; abbaye romane. **Nersac** 2 384 hab. ; château de Fleurac (XIIIe-XVe s.) ; moulin à papier de Fleurac. **Plassac-Rouffiac** 321 hab. ; église romane. **Puyréaux** 396 hab. ; église romane. **Rancogne** 330 hab. ; château. **Roumazières-Loubert** 2 781 hab. ; briqueteries ; château de *Peyras* (XVe s., 7 300 vis.). **Ruffec** 3 893 hab. ; robinetterie ; église St-André. **St-Amant-de-Boixe** 1 125 hab. ; abbatiale romane. **St-Brice** 969 hab. ; abbaye de *Châtres* (XIe-XIIe s.). **St-Cybardeaux** 738 hab. ; théâtre gallo-romain des Bouchauds. **St-Michel** 2 960 hab. ; église romane. **St-Simon** 239 hab. ; église romane ; village gabarier. **Ste-Colombe** 185 hab. ; église romane (XIIe s.). **Sers** 673 hab. ; bas-reliefs du *Roc* (copie). **Suaux** 356 hab. ; château (1585). **Touvre** 1 024 hab. ; sources de la Touvre (2e résurgence de France). **Tusson** 313 hab. ; jardin médiéval (7 620 vis.), musée. **Verteuil-sur-Charente** 744 hab. ; château des ducs de La Rochefoucauld. **Villebois-Lavalette** 730 hab. ; château du duc d'Épernon (XIIe-XIIIe s.) et halle (XVIIe s.).

■ **Charente-Maritime (17)** 6 864 km² (170 × 80 km). **Côtes :** 463 km dont îles 230 km. Falaises entre le *Pertuis breton* (détroit entre Ré et la côte) et le *Pertuis d'Antioche* (entre Ré et Oléron). **Altitude** *maximale :* 167 m. **Population :** *1801 :* 399 162 ; *51 :* 469 992 ; *1911 :* 451 044 ; *31 :* 415 249 ; *36 :* 419 021 ; *46 :* 416 187 ; *68 :* 483 622 ; *75 :* 497 859 ; *82 :* 513 220 ; *90 :* 527 146 ; *99 :* 557 024 (étrangers 7 218 dont Portugais 1 830, Marocains 959, Algériens 423, Espagnols 310, Turcs 328, Italiens 244, Tunisiens 118). **D.** 81.

☞ *1er département* pour le nombre d'églises romanes, la production d'huîtres (60 %) et de moules.

Régions agricoles : Marais poitevin desséché 30 614 ha : élevage bovin extensif, céréales, oléagineux ; de **Rochefort-Marennes** 57 928 ha : élevage bovin extensif, céréales ; **Aunis** 93 253 ha : céréales, oléagineux, protéagineux ; **Saintonge agricole** 168 899 ha : céréales, oléagineux ; **boisée** (ou **double Saintonge**) 54 450 ha : polyculture, forêts ; **viticole** 281 231 ha : vigne, polyculture. **Bois** (en 1999) : 138 000 ha.

Iles (vis. en 1999) : **Aix :** 130 ha (8 × 0,8 km), périmètre 8 km, 200 hab. l'hiver, 1 800 à 2 000 hab. l'été ; à 3,5 km de Fouras-la-Fumée, alt. maximale 9 m, se sépare de Châtelaillon et Fouras, vers le VIe s. mais on pouvait encore aller à pied de Châtelaillon à Aix au XVe s. Napoléon y passa ses derniers jours en Fr. du 12 au 15-7-1815. *Forts :* de la Rade (XVIIe s.), Boyard (cadre émissions télévisées). *Musées :* napoléonien 21 155 et africain. **Madame** (appelée Citoyenne sous la Révolution) : 78 ha (0,7 × 1,5 km), 10 hab. ; à 500 m de la côte, reliée au continent par la passe aux Bœufs (submersible, longueur 1 km, largeur 6 m) : cimetière des prêtres déportés en 1791, « Croix des Galets ». **Oléron :** 17 439 ha (32 × 2 à 11 km), 16 360 hab. ; séparée du continent (à 3 km) par le coureau (largeur 1 200 m à marée basse) et le pertuis de Maumusson (largeur 600 m) ; de Ré par le pertuis d'Antioche ; reliée au continent depuis 21-6-1966 par le plus long viaduc en béton d'Europe (2 862 m), 45 piles en mer, largeur hors tout 10,9 m, utile 10,6, (chaussée 9,2, trottoirs 0,8) ; port de pêche La Cotinière ; *marais :* aux Oiseaux (24 ha, 36 604 vis.), des Bris (37 ha) ; 8 communes libérées 30-4/1-5-1945 (Allemands 300 †, Français 18 †). *Le Château-d'Oléron* 3 552 hab. (musée, 11 442 vis.). *St-Denis-d'Oléron* 1 221 hab. ; phare de Chassiron (112 981 vis.). *St-Pierre-d'Oléron* 5 944 hab. **Ré** (appelée Républicaine sous la Révolution) 8 532 ha [32 km × 0,07 (au Martray) à 5 km] ; 10 274 hab. (l'été, 140 000). *Altitude :* minimale 5 m, maximale 19 m (peu des Aumonts), 10 communes, à 4 km de La Pallice ; plaine calcaire et marais : céréales, oléagineux, vignes et cultures maraîchères, sel. *Logements* 18 000 (dont 11 000 secondaires). *Pont* [coût 538 millions de F (construit en 18 mois)], 2,9 km, hauteur 32 m, 28 piles, ouvert 1-7-1988, capacité 1 250 à 2 300 voitures/h (bacs 260 à 500 voitures/h), 923 939 passages en 1998 (680 000 par le bac en 1987) ; phare des Baleines (1854) 57,10 m, portée 29 milles (164 977 vis.). *Ars-en-Ré* 1 294 hab. *St-Martin-de-Ré* 2 162 hab. ; pénitencier, lieu de rassemblement des prisonniers vers la Nouvelle-Calédonie jusqu'en 1897, puis vers la Guyane jusqu'en 1938, Dreyfus y fut emprisonné du 18-1 au 21-2-1895 ; *musées :* naval, Ernest-Cognacq (9 857 vis.). Réserve naturelle (29 934 vis.).

Chef-lieu : LA ROCHELLE. **Altitude** *maximale :* 9,9 m. **Superficie :** 2 727 ha. **Population :** *fin XVIe s. :* 20 000 ; *1628 :* 5 400 ; *1810 :* 14 000 ; *1921 :* 39 770 ; *62 :* 66 590 ; *68 :* 73 347 ; *75 :* 75 367 ; *90 :* 71 094 ; *99 :* 76 584. **Industries :** zone agro-océan, mécanique, électrique, matériel ferroviaire, TGV (Alsthom), équipement aéronautique, chimie. **Enseignement supérieur :** 8 871 (dont université 5 930) : pôle universitaire (Universités-2 000) 6 600 étudiants, IUT 894, école Sup de Co 834, école d'ingénieurs 543. **Monuments** (vis. en 2000) : cathédrale, tours des Quatre-Sergents (exécutés en place de Grève 21-9-1822, pour conspiration), tours du Vieux Port, Grosse Horloge, de la Lanterne, 81 994 ; St-Nicolas ; maisons à arcades, hôtel de ville (1544-1879) ; pont transbordeur 37 864. **Musées** (vis. en 2000) : du Flacon à parfums 20 625, des Minéraux, océanographique, des Modèles réduits, des Automates, Grévin 19 648, maritime 52 287, d'Orbigny-Bernon 4 821, du Nouveau Monde 13 364, protestant 1 876, Muséum d'histoire naturelle (où se trouve la girafe offerte à Charles X en 1827 ; 50 000), aquarium 437 295. **Centre des Congrès. Port** de commerce : 7e de France, voile et plaisance (3 500 bateaux). **Festivals :** du film, les Francofolies. UNITÉ URBAINE (15 communes) : 116 157 hab., dont **Aytré** 7 725 ; matériel ferroviaire, agroalimentaire. **Châtelaillon-Plage** 5 325. **Lagord** 6 456. **Périgny** 6 003. **Puilboreau** 4 622. AIRE URBAINE : 171 214 hab.

Sous-préfectures : Jonzac 3 817 hab. (aggl. 5 164 [1]) ; vins charentais, pineau, cognac, eaux-de-vie ; thermalisme ; ind. agroalimentaire, tonnellerie, sérigraphie, bateaux pneumatiques, caoutchouc ; château (2 959 vis.). **Rochefort** 2 195 ha, 25 797 hab. (*1669 :* 2 725 ; *85 :* 10 775 ; *1821 :* 12 389 ; *72 :* 28 299 ; *1962 :* 28 648) [unité urbaine (4 communes) : 36 000 hab. Aire urbaine 48 772 hab., dont **Échillais** 2 821 ; **Tonnay-Charente** 6 628]. *Port* de commerce [auparavant port de guerre (1666)], école militaire, garnison. Bois et déroulés, aéronautique (Airbus), ind. agroalimentaire, caoutchouc, bateaux (Zodiac), fonte en coquilles, métaux ; chantiers de reconstruction de l'*Hermione* (241 848 vis.) ; Centre de la mer, marais, corderie royale (XVIIe s., 182 165 en 1999). *Maison* de Pierre Loti (36 803 en 2000). *Musées* (vis. en 2000) : de la Marine (XVIIe s., 30 268 vis.), des Métiers de Mercure (6 837 vis.), du Conservatoire du bégonia (5 563 vis.). Palais des Congrès. Thermes. Viaduc sur Charente. **Saintes** 25 595 hab. (*1821 :* 10 274 ; *1921 :* 19 152) [unité urbaine (2 communes) 26 836 hab. Aire urbaine 47 584 hab.] ; chef-lieu jusqu'au 19-5-1810 ; CIT-Alcatel, ind. mécanique, agroalimentaire, confection, coopérative ; sites préhistoriques, arènes (38 913 vis.), arc de triomphe, abbaye aux Dames (centre culturel, 17 194 vis.). *Académie de musique* ancienne. *Festival* les Jeux saintons, vestiges gallo-romains. *Musées :* des Traditions, d'Archéologie (20 507 vis. en 2000), des Beaux-Arts, de l'Échevinage (6 336 vis.), Dupuy-Mestréau. **St-Jean-d'Angély** 7 681 hab. ; eau-de-vie, biscuiterie, ind. du bois ; forteresse (XIVe s.).

Autres villes (vis. en 2000) : **Aigrefeuille-d'Aunis** 3 151 hab. ; menuiserie. **Aulnay** 1 507 hab. ; église (XIIe s, 9 402 vis.). **Clérac** 937 hab. ; carrières de kaolin. **Crazannes** 409 hab. ; carrières (17 602 vis.). **Dampierre-sur-Boutonne** 297 hab. ; château (7 406 vis.) ; l'asinière nationale (8 504 vis.). **Fouras** 3 835 hab. ; station balnéaire, musée ; fort de Vauban (14 916 vis.). **Hiers-Brouage** 472 hab. ; ancien port (1555) ensablé, remparts, halle aux vivres. **La Tremblade** 4 667 hab. (aggl. 8 770 [1], dont *Arvert* 2 884). **Loulay** 759 hab. ; panneaux agglomérés. **Marans** 4 375 hab. ; activité portuaire, élevage, industrie nautique, tourisme fluvial, musée Capon. **Marennes** 4 685 hab. (aggl. 7 485 [1], dont *Bourcefranc-le-Chapus* 2 950), musée de l'Huître (6 089 vis.) ; ostréiculture ; église gothique, château (XVIIIe s.). **Meschers-sur-Gironde** 2 234 hab. ; grottes de *Matata* (22 316 vis.), de *Regulus* (2 756 vis.). **Montendre** 3 117 hab. ; matériel pour TGV. **Neuvicq-le-Château** 380 hab. ; château (XVe-XVIIe s., 1 704 vis.). **Nieul-sur-Mer** 5 641 hab. **Nuaillé-sur-Boutonne** 178 hab. ; église. **Pons** 4 427 hab. ; biscuiterie ; donjon Xe s (23 603 vis.). **Port-d'Envaux** 991 hab. ; châteaux de Panloy (XVIIIe s.) et de Crazannes (XVe s.). **Royan** capitale de la Côte de Beauté, 17 102 hab. (*1821 :* 2 339 ; *1921 :* 10 242) [unité urbaine (5 communes) 31 161 hab. Aire urbaine 38 638 hab., dont *St-Georges-de-Didonne* 4 705, château (XVIIIe s.) ; *St-Palais-sur-Mer* 3 343 ; *Vaux-sur-Mer* 3 448] ; festival de musique contemporaine, zoo de la Palmyre (638 693 vis.). **Sablonceaux** 1 023 hab. ; abbaye (18 663 vis.). **St-Aigulin** 1 985 hab. **St-Dizant-du-Gua** 548 hab. ; château de *Beaulon* (XVe s., 6 344 vis.). **St-Just-Luzac** 1 535 hab. ; ind. agroalimentaire ; musée du Train et des Jouets. **St-Porchaire** 1 335 hab. ; château de *la Roche-Courbon* (XVe s., 34 021 vis.), jardins, musée, prieuré de *Trizay* (5 899 vis.). **St-Trojan-les-Bains** 1 624 hab. ; musée de l'Huître (4 243 vis.). **St-Xandre** 4 121 hab. ; monastère. **Saujon** 5 392 hab. ; thermalisme. **Soubise** 1 169 hab. **Surgères** 6 050 hab. ; ind. laitière, parachimie, mécanique, moteurs ; école laitière ; château (XVIe s.). **Talmont-sur-Gironde** 83 hab. ; église romane (XIIe s.). **Vénérand** 598 hab. ; fontaine et moulin (14 050 vis.).

■ **Deux-Sèvres (79)** 5 999 km² (125 × 68 km). **Altitude** *maximale :* 272 m (Terrier de St-Martin-du-Fouilloux), *minimale* 3 m (sortie de la Sèvre Niortaise). **Population :** *1801 :* 241 916 hab. ; *51 :* 323 615 ; *1911 :* 337 627 ; *36 :* 308 841 ; *82 :* 342 812 ; *90 :* 346 173 ; *99 :* 344 392 (étrangers 4 573 dont Portugais 2 211, Marocains 270, Algériens 162, Espagnols 126, Turcs 91, Italiens 84, Tunisiens 49). **D.** 57.

Régions naturelles : Thouarsais : 53 691 ha : semences fleurs, légumes, céréales, prairies artificielles, vignoble. **Bocage :** 127 412 ha, fourrage, viande. **Gâtine :** 122 409 ha, élevage (marché de Parthenay), pommes. **Plaines du sud, de Niort-Brioux :** 103 512 ha, **plaine de Lezay :** 37 699 ha, céréales, lait, fourrages artificiels. **Plateau mellois :** céréales, lait. Maison des Marais mouillés (40 552 vis.). **Marais poitevin** (la « Venise verte ») : 12 194 ha, lait, cultures maraîchères (mojette), anguilles ; tourisme. **Bois** (en 1999) : 71 200 dont (en 1984) forêt de *Chizé* 5000, *l'Hermitain* 520.

Chef-lieu : NIORT. **Altitude** *maximale :* 28 m. **Population :** *1901 :* 29 491 ; *21 :* 29 112 ; *46 :* 40 406 ; *68 :* 55 984 ; *75 :* 62 267 ; *82 :* 58 234 ; *90 :* 57 012 ; *99 :* 56 663. **Industries :** agroalimentaire, équipement industriel, contreplaqués, électrique, électronique, chamoiserie, ganterie, métallique ; mutuelles d'assurances. **Monuments** (vis. en 1999) : musées du Donjon 15 469, d'Histoire naturelle, Bernard-d'Agesci 2 401, du Pilori 6 204, le logis d'Hercule 6 430. UNITÉ URBAINE (3 communes) : 66 092 hab., dont **Aiffres** 4 598. AIRE URBAINE : 114 401 hab.

Sous-préfectures : Bressuire 17 799 hab. ; abattoirs, meubles, carrosserie, confection ; château (XIe-XVe s., 21 795 vis. en 1999) ; aire urbaine 17 799 hab. **Parthenay** 10 466 hab. (aire urbaine 18 292 hab., dont **Châtillon-sur-Thouet** 2 727) ; marché de bestiaux, abattoirs, matériel médical, confection ; exposition de faïences ; *musées :* médiéval ; d'Art et d'Histoire Georges-Tupin (9 709 vis. en 1999) ; église romane.

Autres villes (vis. en 2000) : **Airvault** 3 097 hab. ; ciment, abattoirs ; église romane ; abbaye (8 831 vis.). **Argenton-Château** 1 038 hab. ; rocher de *Grifférus* ; lac artificiel d'*Hautibus* (8 ha). **Argenton-l'Église** 1 479 hab. **Bougon** 206 hab. ; musée des Tumulus (29 577 vis.). **Celles-sur-Belle** 3 480 hab. ; laiterie (« chabichou ») ; abbaye (XVIIe s.). **Cerizay** 4 589 hab. ; ind. métallique, confection. **Chauray** 4 831 hab. ; pharmacie, équipements équestres. **Courlay** 2 394 hab. **Échiré** 2 744 hab. ; beurre. **La Crèche** 4 684 hab. ; emballages bois ; centre routier (transports frigorifiques). **Les Aubiers** 2 876 hab. (aggl. 5 080 [1], dont *Nueil-sur-Argent* 2 116) ; cuir, ind. agroalimentaire. **Mauléon** 7 327 hab. ; menuiserie, chaussures. *Musées :* archéologique, du Jouet (11 624 vis.). **Melle** 3 851 hab. (aggl. 5 694 [1]) ; 3 églises romanes (XIe-XIIe s.) ; chimie ; mines d'argent (18 553 vis.) ; ancien centre de fabrication des monnaies franques ; parcours botanique. **Moncoutant** 2 985 hab. ; confection. **Oiron** 945 hab. ; château-musée (XVIe s. dit le Fontainebleau poitevin pour sa galerie François Ier, 29 655 vis.). **St-Jouin-de-Marnes** 562 hab. ; église romane. **St-Maixent-l'École** 6 602 hab. (aggl. 9 315) ; carrosserie industrielle ; abbaye, école militaire, musée (15 022 vis.). **St-Marc-la-Lande** 316 hab. ; commanderie et jardins médiévaux. **Ste-Blandine** 540 hab. ; environ 2 200 cimetières familiaux. **Secondigny** 1 774 hab., aux environs rochers de l'Absie ; pommes. **Thouars** 10 656 hab. (aggl. 15 921 hab., aire urbaine 23 182) ; vignobles, machines agricoles, ind. agroalimentaire, pharmacie, confection ; musées. **Vasles** 1 564 hab. (dont *Mouton-Village*) ; le jardin des Agneaux (6 ha ; 29 042 vis.). **Villiers-en-Bois** 150 hab. ; zoorama, forêt de *Chizé,* zoo (35 455 vis.).

■ **Vienne (86)** 6 990 km² (130 × 95 km). **Altitude** *maximale :* 233 m (Signal de Prun), *minimale* 35 m (confluent Vienne et Creuse). **Population :** *1801 :* 240 990 hab. ; *51 :* 317 305 ; *1906 :* 333 621 ; *31 :* 303 072 ; *46 :* 313 932 ; *75 :* 357 366 ; *82 :* 371 428 ; *90 :* 380 005 ; *99 :* 399 024 (étrangers 6 403 dont Portugais 976, Marocains 764, Algériens 609, Espagnols 324, Italiens 191, Turcs 182, Tunisiens 80). **D.** 57.

Région naturelle : plaine du haut Poitou : Nord Poitou, pluies de 700 à 800 mm ; bovins, ovins et porcs sur les brandes du sud-est ; céréales, fourrages, vignes à l'ouest du Clain ; forêts (106 100 ha) et clairières avec cult. maraîchères et fruitières au nord.

Chef-lieu : POITIERS. **Population :** *1990 :* 78 894 ; *1999 :* 83 448 hab. **Enseignement supérieur :** université fondée 1431, écoles d'ingénieurs, étudiants (université 1999-2000) 24 435. **Industries :** métallurgie, mécanique, électrique, aéronautique, parachimie-électronique. **Monuments** (vis. en 1999) : cathédrale St-Pierre (XIIe-XVIe s.), église N.-D.-la-Grande (XIe-XIIIe s.), St-Porchaire, Ste-Radegonde (femme de Clotaire II, † 787), [XIe-XIIIe s.], baptistère St-Jean (IVe s. ; 26 782 vis.), palais des Comtes devenu palais de justice dont la grande salle (XIIe s.) et la tour Maubergeon (XIIe s.) ont été créés au XVIe s., abbayes de St-Hilaire-le-Grand (XIe-XIIe s.), de St-Jean-de-Montierneuf (XIe s.) ; donjon (tour Maubergeon). **Musées** (vis. en 1999) : Ste-Croix (17 120 vis.), de Chièvres (fondé 1794 ; 4 043 vis.). UNITÉ URBAINE (8 communes) : 119 371 hab., dont **Biard** 1 501. **Buxerolles** 8 787. **Chasseneuil-du-Poitou** 3 845 ; *Futuroscope* [fondé déc. 1984, ouvert juin 1987, Parc européen de l'image réunissant plus de 22 spectacles (salle Imax en 3 D, écran 600 m^2, 2 400 000 vis. en 1999), chiffre d'affaires : 670 millions de F en 1998]. **Mignaloux-Beauvoir** 3 341. **Migné-Auxances** 5 805 ; château (XVe s. ; 1826 : apparition d'une croix dans le ciel). **St-Benoît** 7 008. AIRE URBAINE : 209 216 hab.

☞ 3 batailles se sont déroulées aux environs de Poitiers : *507* à *Vouillé,* Clovis bat Alaric II roi des Wisighoths. *732* au nord de Poitiers à *Moussais* (commune de Vouneuil), Cenon ou Niré-le-Dolent (?), Charles Martel arrête un contingent de l'armée d'Abd al-Rahman, lieutenant du calife de Baghdad en Esp. *1356-19-9* à *Nouaillé-Maupertuis,* Édouard, Pce de Galles, bat et fait prisonnier le roi de Fr. Jean le Bon et son fils Philippe.

Sous-préfectures : Châtellerault 34 126 hab. (*1821 :* 9 524 ; *1946 :* 23 162 ; *75 :* 37 080) ; ind. mécanique et électrique, électronique, aéronautique, fonderie, papier, chaussures, conserveries, manufacture d'armes créée par ordonnance royale (14-7-1819). *Pont* Henri IV (XVIe s.), Camille-Dehogues (1899), béton armé et parapet de fer. *Musées :* archéologique, de l'Auto (17 592 vis. en 1999), des Coiffes, Costumes, Armes et Coutellerie, des Faïences ; salles acadiennes. Unité urbaine (2 communes) 36 026 hab. Aire urbaine 58 068 hab. **Montmorillon** 6 898 hab. ; meubles, bonneterie ; église N.-D. (XIIe s., fresques XIIIe s. ; 80 000 vis. en 1999), château de la Lande (XIXe s.), Maison-Dieu, octogone (XIe s.), écomusée ; l'Ile aux Serpents (22 262 vis. en 1999) ; *musées :* de la Tour, de la Préhistoire.

Autres villes (vis. en 1999) : **Amberre** 424 hab. ; faluns (dépôts marins). **Angles-sur-l'Anglin** 365 hab. ; l'un des plus beaux villages de Fr., château (ruines XIe, XIIe et XVe s.), église St-Martin (romane), maison du cardinal Jean Balue. **Antigny** 598 hab. ; château de *Boismorand* (XVe s.), musée archéologique, église (XIIe s., peintures murales XIIe-XVe s.). **Blanzay** 798 hab. ; château de la *Maillolière* (XVe-XVIe s.). **Bonnes** 1 475 hab. ; château de *Touffou* (XIIe-XVIe s. ; 5 979 vis.). **Bournand** 641 hab. ; commanderie de Moulins. **Brux** 670 hab. ; château d'*Épanvilliers* (XVIIe s.). **Charroux** 1 320 hab. ; abbaye *St-Sauveur* (trésor ; 9 565 vis.), tour romane (XIe s.). **Château-Larcher** 818 hab. ; lanterne des morts ; château fort (ruines) ; église N.-D. (XIe-XIVe s.). **Chauvigny** 7 025 hab. ; faïencerie, confection ; ruines de 5 châteaux forts (château des Évêques, d'Harcourt, de *Montléon*, tour des Flins, donjon de Gouzon), église St-Pierre (collégiale romane, 15 000 vis.), musée des ATP, espace d'archéologie industrielle ; pierre calcaire et non gélive (utilisée à Paris : au Grand Louvre, pont Alexandre III, pieds de la tour Eiffel, Arc de triomphe ; à l'étranger : pont de Maastricht, façade du Metropolitan Museum à New York). **Cherves** 500 hab. ; château médiéval, musée paysan. **Civaux** 851 hab. ; centrale électronucléaire ; nécropole mérovingienne (16 000 sarcophages). **Civray** 2 638 hab. ; façade de l'église St-Nicolas (XIIe s.), maisons (XVe s.), musée de la Préhistoire. **Coulonges** 256 hab. ; foire des Hérolles (agneaux d'herbe). **Curçay-sur-Dive** 217 hab. ; maisons troglodytiques. **Curzay-sur-Vonne** 426 hab. ; musée du Vitrail. **Dangé-St-Romain** 3 135 hab. ; église (XIIIe s.). **Dissay** 2 634 hab. ; château (XVe-XVIIIe s.). **Gençay** 1 601 hab. ; château. **Jaunay-Clan** 5 636 hab. (et Chasseneuil-du-Poitou), sièges du Futuroscope. **Journet** 398 hab. ; prieuré de Villesalem. **L'Isle-Jourdain** 1 287 hab. **La Chaussée** 179 hab. ; château de la *Bonnetière* (XVe s.), maison de l'Acadie. **La Roche-Posay** 1 445 hab. ; pharmacie ; station thermale (eau 12 °C ; redécouverte 1573) ; église (XIe-XVe s.), donjon (XIIe s.) ; casino, hippodrome de la *Gatinière.* **La Roche-Rigault** 506 hab. ; château de la *Chapelle Belloin* (XIIe s.). **La Trimouille** 1 023 hab. ; île aux Serpents. **Le Vigeant** 777 hab. ; circuit auto du Val de Vienne (70 000 vis.). **Lencloître** 2 253 hab. ; église romane (XIIe s.). **Ligugé** 2 817 hab. (aggl. 4 860, dont *Smarves* 2 156 ; parc animalier) ; abbaye (fondée IVe s. par St Martin), la plus ancienne connue de France. **Loudun** 7 704 hab. ; golf de Roiffé ; porte du Martray (XIIIe s.), *musée* Théophraste-Renaudot, couvent des Ursulines ; Marie Davaillaud, épouse Besnard (15-8-1896/14-2-1980, dite la bonne dame de Loudun (voir p. 800 a). **Lusignan** 2 677 hab. ; confection ; ville historique (origine : Mélusine, personnage de légende et mythique épouse d'Hugues II de Lusignan) ; *1314 :* fief réuni à la Couronne, passe à Jean, duc de Berry, *1575 :* château rasé (tour Mélusine détruite 1622) ; église N.-D. et St-Junien (XIe-XIIe s.), promenade de Blossac (XVIIIe s.), halles (XIXe s.). **Lussac-les-Châteaux** 2 532 hab. (aggl. 2 994) ; meubles ; *musées :* de la Préhistoire, des Outils d'antan. **Magné** 504 hab. ; château de *la Roche* (Renaissance), musée de l'Ordre de Malte. **Mirebeau** 2 254 hab. ; église N.-D. *Musées :* Georges-David, des Traditions du haut Poitou. **Moncontour** 980 hab. ; église St-Nicolas (XIIe s.), donjon (XIe s.) ; plan d'eau (10 ha). **Naintré** 5 293 hab. ; site gallo-romain du Vieux-Poitiers. **Neuville-de-Poitou** 4 058 hab. ; vins du haut Poitou ; arboretum, Modelexpo. **Nouaillé-Maupertuis** 2 404 hab. ; abbaye (VIIe s.) ; bataille (1356). **Pindray** 258 hab. ; château de *Pruniers* (XVIe s.). **Prinçay** 195 hab. ; château de la *Roche du Maine* (1520-25), logis de Haute Porte (XIVe-XVIIe s.). **Ranton** 202 hab. ; musée paysan. **Romagne** 830 hab. ; Vallée des singes. **Rouillé** 2 128 hab. ; musée de la Machine à coudre, Venours. **St-Cyr** 787 hab. ; plan d'eau. **St-Georges-lès-Baillargeaux** 3 176 hab. ; château de *Vayres* (XVe-XVIIe s.). **St-Martin-l'Ars** 389 hab. ; abbaye de *la Réau* (XIIe s.). **St-Maurice-la-Clouère** 1 058 hab. ; château de *Galmoisin* (XVIIe s.), église romane. **St-Pierre-d'Exideuil** 796 hab. ; château de *Leray* (Renaissance). **St-Sauvant** 1 291 hab. ; chênaie (800 ha). **St-Sauveur** 947 hab. ; église (XIVe-XVe s.). **St-Savin** 1 009 hab. ; église (XIe et XIIe s. ; fresques XIIe s., les plus vastes de France, patrimoine mondial, 21 256 vis.). **Sanxay** 649 hab. ; site gallo-romain (7 395 vis.) ; château de *Marconnay* (XVe s.). **Scorbé-Clairvaux** 2 123 hab. ; château de *Clairvaux* (XVe-XVIe s. ; musée du Jeu d'échecs) ; halles aux grains. **Surin** 172 hab. ; château de *Cibioux* (XVe-XVIIe s.). **Ternay** 168 hab. ; château (XIIe-XVe-XVIIe s.). **Usseau** 573 hab. ; château de la *Motte* (XVe-XIXe s.). **Valdivienne** 2 308 hab. ; château de *Morthemer* (XIVe-XVe s.), donjon pentagonal (XIe-XIVe s.). **Vendeuvre-du-Poitou** 2 430 hab. ; château (1519), église St-Aventin (XIIe-XVe s.), site gallo-romain des Tours Mirandes. **Vivonne** 3 028 hab. ; prieurale St-Georges (XIIe et XIVe s.) ; château de *Cercigny* (XIVe s.). **Vouillé** 2 774 hab. ; forêt (1 500 ha) ; bataille (507). **Vouneuil-sur-Vienne** 1 835 hab. ; réserve naturelle du Pinail.

PROVENCE-ALPES-CÔTE D'AZUR

GÉNÉRALITÉS

Superficie. 31 400 km^2. **Population.** *1990 :* 4 257 907 (dont Français par acquisition 237 091, étrangers 300 690) ; *98 :* 4 507 706 dont étrangers 268 916 (dont Algériens 66 080, Marocains 43 683, Tunisiens 40 066) ; *99 :* 4 506 151. **D.** 144.

PROVENCE

■ **Situation.** *Haute Provence :* massifs préalpins, du sud des Baronnies aux Alpes-Maritimes. *Basse Provence* intérieure : plaines du Rhône inférieur (en aval du défilé de Donzère) jusqu'en Camargue (maraîchères du Vaucluse, rizières de Camargue ou « déserts humains » : Crau, sud de la Camargue) ; collines, chaînons calcaires et bassins ; massifs hercyniens des Maures et de l'Esterel. *Provence maritime :* littoral varié, du delta du Rhône à la frontière italienne ; régions industrielles de Toulon, Marseille-Fos et de l'étang de Berre. *Côte d'Azur :* 115,5 km ; nom lancé par Stephen Liégeard (*la Côte d'Azur,* paru 1888). **Climat.** Étés secs, hivers humides.

■ **Ressources.** *Agriculture :* traditionnelle, culture discontinue blé et olivier, petit bétail ; fleurs, plantes à parfums, serres, fruits, légumes, vins. Fin du XIXe s., exode des régions pauvres vers les plaines jusqu'alors insalubres, et vers les régions côtières.

■ **Histoire.** Occupation à l'est du Rhône par les *Ligures.* **Av. J.-C. VIe s.** les *Phocéens* (de Grèce) fondent *Massilia* (Marseille) qui diffuse leur agr. (vigne et olivier) et leur poterie. Par elle, l'influence grecque et méditerranéenne rayonne sur la Gaule. **IVe-IIIe s.** les Celtes, venus du nord, se mêlent aux Ligures et forment la confédération des *Salyens.* **181 et 154** leurs rapports se tendant avec les Celto-Ligures, les Massaliotes appellent leurs alliés romains. **125-121** une coalition gauloise décide les Romains à occuper militairement le pays (destruction d'*Entremont,* forteresse salyenne). **122** *fondation d'Aix* pour s'assurer le passage vers l'Espagne (construction de la *via Domitia*) : de la 1re province transalpine *(Provincia Romana),* qui laissera son nom à sa moitié orientale (Provence), mais sera appelée *Narbonnaise* (fondation de Narbonne en 118) ; afflux de marchands et de chevaliers après la défaite des Teutons (Aix, 102). **93-90** achèvement de la pacification. César installe ses vétérans à Arles, Béziers, Fréjus. **27-22** Auguste fonde d'autres colonies (Orange, Vienne, Avignon...) et fixe le statut de la province : partie alpestre (Alpes-Maritimes) placée sous l'autorité directe de l'empereur ; reste du pays, déjà latinophone, érigé en province sénatoriale et administré par un gouverneur et une assemblée (qui siègent à Narbonne) ; toutes les colonies ont un régime municipal de droit romain ou latin. **Après J.-C. Vers 250** après les premières invasions barbares, Narbonnaise scindée en deux. **293-305** l'est du Rhône devient la « *Viennoise* ». **381** démembrée : création de la *Narbonnaise Seconde,* de Fréjus à Gap (capitale Aix) ; le christianisme s'est implanté très tôt (légende du débarquement au Ier s., aux Stes-Maries-de-la-Mer, de saint Lazare, et des saintes Marie-Madeleine, Marie-Jacobé, Marie-Salomé, Marthe chassés de Judée). **IVe-Ve s.** vie monastique (couvent de St-Victor à Marseille, monastère des îles de Lérins). **419-78** les Wisigoths assiègent plusieurs fois Arles, et l'enlèvent, occupant le sud de la Durance (les Burgondes s'installent au nord). **507** battus à *Vouillé,* remplacés par Ostrogoths. **536** conquise par les fils de Clovis sur Ibba, Ostrogoth ; partagée entre Bourgogne et Austrasie, administrée par des patrices austrasiens, conserve une certaine indépendance. **591** peste à Marseille. **736-39** *invasion arabe,* Charles Martel soumet les Provençaux, qui ont pris leur parti. Déclin sous *Carolingiens.* **843** *traité de Verdun,* donnée à Lothaire. Son fils Charles en hérite avec Lyon, Maurienne et Viennoise. **855-63 1er royaume de Provence. 879 Boson,** beau-frère de Charles le Chauve, élu roi de Bourgogne et de Provence après 15 ans de lutte entre héritiers ; son fils, **Louis l'Aveugle** (890-928), élu après la mort de l'empereur Charles le Gros (roi de Provence 884). **905** régence confiée à Hugues d'Arles, qui cède le territoire au roi de Bourgogne. **934-35 Rodolphe II. 947** formation d'un royaume de Bourgogne-Provence à la mort d'Hugues ; **Conrad,** son souverain, établit de nouveaux Ctés (bientôt secondés par des vicomtés) à Arles (Boson), Apt et Avignon. **973 Guillaume Ier,** fils de Boson, expulse les Sarrasins de Fraxinetum (La Garde-Freinet ?). **1032** Rodolphe III lègue le royaume de « Bourgogne transjurane » à l'empereur *Conrad le Salique,* qui revendiquera le titre de roi de Bourgogne-Provence ; mais l'autorité reste à la descendance de Guillaume, qui exerce les droits régaliens et s'allie à plusieurs familles comtales. **1125 Raimond-Bérenger III,** *Cte de Barcelone* et époux d'une des héritières (Douce de Gévaudan, † 1112), et **Alphonse-Jourdain,** *Cte de Toulouse* (époux d'une autre héritière, Étiennette), se partagent la Provence ; le 1er reçoit le Cté entre Rhône, Durance, les Alpes et la mer, le 2e au nord de la Durance le *marquisat.* Avignon et quelques villes restent indivises. Les Ctes catalans de Provence sont aux prises avec les seigneurs des Baux *(guerres « baussenques »,* 1142-62), les Ctes de Forcalquier et de Toulouse ; vainqueurs, ils s'unissent par mariage aux Ctes de Forcalquier, dont ils héritent (1196). Lutte contre Arabes d'Espagne aux Baléares ; participation aux croisades. Le commerce du Levant enrichit la bourgeoisie. **1150** apparition de consulats à Marseille, Arles, Tarascon, Avignon...

1167 Alphonse Ier (1152-96). **1196 Alphonse II** († 1209) son fils. **Raimond-Bérenger V** (1209-45), son fils, aidé de conseillers remarquables (dont Romée de Villeneuve, « baile de Provence »), assisté en matière judiciaire par le « juge de Provence », divise la Provence en plusieurs « baillies ». Marseille, qui échappe à l'autorité du Cte, doit reconnaître sa suzeraineté en 1243. **1246-85 Charles Ier d'Anjou** († 1285, épouse 1246 Béatrix fille de Raimond-Bérenger) lui succède, crée un gouvernement central ; conquête du royaume de Naples (1266), ce qui fait revivre l'expression « rois de Provence ». **1285-1309 Charles II ;** 1ers états de Provence réunis. **1348** droits indivis sur Avignon cédés au pape (voir ci-dessous Comtat Venaissin). **1380 Louis Ier d'Anjou** (1339-84), fils du roi de France Jean II adopté par Jeanne. **1383-84** prend possession de la Provence. Après sa mort, sa veuve cède Nice à la Savoie (voir p. 881 a, comté de Nice). **1384 Louis II** (1377-1417) et **1417 Louis III** (1403-34) son fils épuisent les finances en tentant de reconquérir leur roy. **1434 René** (1408-80) son frère, perd Naples définitivement 1442 et réside en Provence à partir de 1471. **1480** lutte entre son petit-fils et son neveu **Charles III du Maine** (1436-81) au profit duquel il l'a déshérité (1474). **1481**-*11-12* Charles meurt lépreux, léguant la Provence à *Louis XI* qui est reconnu Cte de Provence (15-1-1482). **1486**-*août* édit du roi Charles VIII confirme l'union de la Provence avec la France (juxtaposition des 2 royaumes). **1489** gouverneur royal à côté du sénéchal (cumule les 2 charges en 1493). **1501** *parlement d'Aix* fondé. **1524** invasion des Impériaux (dirigés par le connétable de Bourbon, par Charles Quint en 1536) ; chassés par soulèvement populaire. Luttes religieuses contre Vaudois et protestants. Fronde. **1545** 3 000 Vaudois du Luberon massacrés ou envoyés aux galères. **1641-60** rébellion générale, animée par le parlement d'Aix (fronde parlementaire). **1660**-*mars* Marseille se rend. **1707** invasion autrichienne repoussée. **1720** *peste* propagée par le *Grand-Saint-Antoine,* bâteau arrivé le 25-5 à Marseille. Mgr de Belsunce (1670-1755) organise la lutte contre l'épidémie. **1746** invasion autrichienne repoussée. **1771** parlement d'Aix supprimé par Maupeou. **1775** restauré, ne joue plus qu'un rôle effacé sur le plan politique. **1790**-*26-2/4-3* division en 3 départements : *Bouches-du-Rhône* 7 districts (Aix, Arles, Marseille, Tarascon, Apt, Salon et Orange) ; *Var* 9 (Toulon, Hyères, St-Maximin, Brignoles, Barjols, Fréjus, Draguignan, Grasse et St-Paul-de-Vence) ; *Basses-Alpes* 5 (Forcalquier, Sisteron, Digne, Castellane et Barcelonnette). **1793** on appelle Marseille *« Ville sans nom »* pour avoir animé la révolte fédéraliste (voir à l'Index). -*26-6* formation du *Vaucluse,* comprenant Avignon et Comtat, le district d'Apt et d'Orange pris aux Bouches-du-Rhône. **1860** formation des *Alpes-Maritimes :* districts de Grasse et St-Paul empruntés au Var et le Cté de Nice réuni à la France au traité de Turin.

■ **Langue.** Provençal, de la famille d'oc, proche du catalan et des parlers du nord de l'Italie. *Variétés :* niçois, gavot (Haute Provence), maritime, rhodanien (vallée du Rhône). Parlé par environ 25 % des autochtones et compris par environ 60 %. *Mouvements culturels et régionalistes* (Félibrige, Parlaren, Prouvençau à l'Escolo, l'Astrado, provençalo et autres).

COMTAT VENAISSIN

■ **Nom.** Vient de Venasque. **Situation.** Plaines fertiles du Vaucluse (basse Durance, Ouvèze, Sorgue), sur la rive gauche du Rhône, au nord de la Durance. Cultures maraîchères et fruitières grâce à l'irrigation.

■ **Histoire.** Territoire des *Cavares* (Cavaillon), *Tricastins* (St-Paul-Trois-Châteaux), *Voconces* (Vaison). Partie de la *Provincia Romana,* puis de la *Viennoise.* Capitale : Carpentras (évêché), mais Avignon (*Avenio Cavarum*) est le grand centre régional. **1125** marquisat de Provence au profit des St-Gilles, Ctes de Toulouse (Avignon reste indivise entre Mis et Ctes de Provence). **1126** Avignon est pour Raimond VII dans l'affaire albigeoise : assiégée puis prise par le roi Louis VIII. **1237** marquisat de Provence donné avec le Cté de Toulouse à Alphonse de Poitiers, le roi de France devient coseigneur d'Avignon. **1271** rattaché au domaine royal. **1274** le roi Philippe III le Hardi cède Comtat Venaissin et droits français sur Avignon au pape Grégoire X. **1309-76** 7 papes résident à Avignon (voir à l'Index). **1348** la reine Jeanne Ire d'Anjou-Naples vend aux papes les droits des Ctes de Provence sur la ville pour obtenir une dispense lui permettant d'épouser Louis de Tarente, l'empereur renonce à sa suzeraineté ; Avignon devient, de fait, capitale du Comtat (en droit : république libre enclavée dans le Comtat). **1433-1593** Comtat administré par des légats envoyés de Rome et ayant l'autorité spirituelle sur les diocèses du Midi (les rois de Fr. cherchent à faire diminuer leurs pouvoirs). **1593** les légats, toujours italiens, sont remplacés par des vice-légats. **1768-74** annexion provisoire à la France par Louis XV. **1790**-*12-6* ses habitants demandent à être rattachés à la France. **1791**-*été* référendum : 102 000 voix pour l'« Empire français » (17 000 contre). -*14-9* décret l'intégrant, avec Avignon, au territoire national : le dernier vice-légat quitte Avignon. **1793**-*25-6* forme le département du Vaucluse avec Cte de Sault et région d'Apt et de Pertuis. **1794**-*9-2* le pape accepte l'annexion. **1815** il essaye en vain de récupérer ses droits, lors du congrès de Vienne.

Comté d'Orange

■ **Histoire.** Ancienne ville celto-ligure d'Arausio, dans la cité des *Cavares*. Suit le sort de la Provence. **720** invasion musulmane, devient place forte sur la rive gauche du Rhône. **793** reconquise par Guillaume-au-Courb-Nez (appelé « au-Court-Nez »), érigée en fief direct de la Couronne royale. **1125** ne fait partie ni du marquisat, ni du Cte de Provence. **1181** Bertrand Ier reçoit de l'empereur Frédéric Ier le titre de Pce d'Empire ; refuse l'hommage au Mis de Provence, Raimond V de Toulouse, qui le fait assassiner. **1237** rejet définitif de la suzeraineté toulousaine sous Alphonse de Poitiers (Jean II porte depuis 1214 le titre de roi d'Arles). **1389** Jean de Chalon-Arlay, devenu par mariage Pce d'Orange, se reconnaît vassal des ducs de Bourgogne. **1422** Louis Ier refuse l'hommage à Henri V d'Angleterre et reste fidèle au dauphin. **1475** Guillaume VII rend hommage au dauphin de France, et aux rois de France comme dauphins, mais garde le titre de *Pce souverain* (battant monnaie). **1544** passe par héritage dans la maison de Nassau, qui régnera en Hollande à partir de 1647. **1713** *traité d'Utrecht :* annexé à la France.

Comté de Nice

■ **Situation.** Entre le Var et la ligne de faîte des Alpes. Montagneux (alt. maximale : le Mercantour 3 167 m), collines préalpines ensoleillées.

■ **Histoire. Avant J.-C. Prépaléolithique :** grotte du Vallonnet, à Roquebrune ; **Paléolithique inférieur :** site de Terra Amata à Nice (traces humaines : 300 000 av. J.-C.) ; **Chalcolithique :** peuplement ligure jusqu'au IIe s. après J.-C., notamment à Cimiez (*Cemenetum,* capitale des Vedianti, à 2 km au nord de Nice). Colonies grecques sur les côtes, notamment Antibes (*Antipolis*) et Nice (*Nikaia*). **154-125** conquis par les Romains, alliés aux Grecs de Marseille. **13** Nice fait partie de la préfecture d'Italie, Antibes de la Narbonnaise, Vence et Cimiez (évêchés aux Ve-VIe s.) des Alpes-Maritimes. **Après J.-C. Fin Xe s.** les seigneurs reconnaissent la suzeraineté du Cte de Provence Guillaume, fils de Boson II (notamment les Ctes de Nice, les seigneurs de Monaco, les évêques de Vence). **1388** pendant la minorité de Louis II de Provence (1376-1417), sa mère, Marie de Bretagne, régente, donne Cté de Nice et seigneurie de Barcelonnette au Cte de Savoie, Amédée le Rouge (acte de dédition). Les seigneurs de Monaco demeurent indépendants. **1406** *La Brigue* est rattachée au Cté. **XVe-XVIIIe s.** tentatives des rois de France, devenus Ctes de Provence, pour récupérer les territoires aliénés. **1713** *traité d'Utrecht.* Barcelonnette redevient française. **1793** annexion à la France, **1815** au royaume sardo-savoyard. **1848** Victor-Emmanuel II annexe au Cté de Nice les fiefs monégasques de Menton et Roquebrune (22 km²). **1860** cède Nice à la France après plébiscite (sur 30 706 votants, 25 933 pour) ; constitue avec une partie du Var les Alpes-Maritimes. **1862** Roquebrune et Menton rachetés au Pce de Monaco, resté indépendant.

Comté de Tende

■ **Situation.** Angle nord-est des Alpes-Maritimes ; hautes vallées de la Roya et de la Tinée (1 000 km²), au sud du col de Tende. **Chalcolithique :** *vallée des Merveilles* tracée par les diaclases (Mt Bego), 100 000 gravures (1800 à 1500 av. J.-C.). S'étend sur les 2 versants des Alpes, comprenant les villes de Limone et de Vernante. **Histoire. 1259** Guillaume-Pierre de Vintimille épouse Eudoxie, fille de l'empereur d'Occident. **1265**-*12-10* rend hommage au Cte de Provence. **1285** peut ajouter le nom de Lascaris à celui de sa famille. **1418** Béatrice de Tende (Lascaris), épouse du duc de Milan, Philippe-Marie Visconti, est exécutée pour adultère, sans doute injustement. **1486** vassal du roi de France. **1500** René de Savoie, fils naturel du duc Philippe II, épouse Anne Lascaris, héritière des 2 fiefs, et devient Cte de Tende et de Vintimille. **XVIe-XVIIe s.** les Ctes de Tende servent les rois de France contre la Savoie, notamment Honorat, Mal de France en 1570 (1509-80). **1579**-*21-10* Charles-Emmanuel Ier, duc de Savoie, rachète le Cté qui est rattaché au Cté de Nice. **1691** extinction des Ctes de Tende. Tende et Vintimille annexés au Cté de Nice (savoyard). **1794** Tende, La Brigue, Breil et Saorge annexés aux Alpes-Maritimes. **1814** rendus au royaume de Sardaigne à la 1re abdication de Napoléon. **1861**-*15-4* plébiscite : Tende et La Brigue votent à l'unanimité pour la France. Mais Napoléon III les laisse à Victor-Emmanuel II comme territoires de chasse dans le Mercantour. Les hautes vallées (Roya, Vésubie et Tinée) restent sous la domination italienne. **1947**-*16-9* Tende et La Brigue, après référendum (2 603 oui contre 248 non), sont rendus à la France et annexés aux Alpes-Maritimes.

■ Économie

■ **Population active** (au 1-1-1998) : 1 524 325 (non-salariés 183 009) dont : agriculture 42 517 (23 295) ; industrie 178 059 (13 679) ; construction 98 736 (23 357) ; tertiaire 1 205 013 (122 678). **Chômage :** 14,1 % (4e trim. 1999) ; 284 204 demandeurs d'emploi (en févr. 2000).

■ **Échanges** (en milliards de F, 2000). **Import. :** 116,22 *dont* combustibles et carburants 49,11, prod. chim. en caoutchouc ou plastique 11,75, des ind. agricoles et alimentaires 9,26, équip. mécaniques 6,29, prod. agricoles, sylvicoles et piscicoles 5,6, équip. du foyer 4,52, métaux et prod. métalliques 4,08, habillement cuir 3,94, composants électriques et électroniques 3,6 ; **de** Ital. 13,23, Algérie 9,92, Iraq 6,58, USA 6,34, Russie 5,85, All. 5,85. **Export. :** 93,45 *dont* prod. chim. en caoutchouc ou plastique 25,46, métaux et prod. métalliques 10,22, combustibles et carburants 9,18, composants électriques et électroniques 6,92, prod. de l'ind. auto 5,64, des ind. agricoles et alimentaires 5,38, équip. électriques et électroniques 5,19, prod. agricoles, sylvicoles et piscicoles 4,74, bateaux, avions, trains 4,74, équip. mécaniques 3,69 ; **vers** It. 13,11, Esp. 9,72, USA 7,56, All. 7,3, G.-B. 6,54, P.-Bas 4,2.

■ **Agriculture** (en 1999). **Terres** (en milliers d'ha) : 3 180,4 dont *SAU* 900,9 [t. arables 247,1, légumes 21,8, plantes aromatiques et médicinales 15,5, cult. fruitières 43,7, vignes 107,1, herbe 500,7] ; *bois* 1 236,9 ; *t. agricoles non cultivées* 294 ; *non agricoles* 746,9. *Nombre d'exploitations agricoles :* 30 925 (en 1995). **Production végétale** (en milliers de t) : fruits frais 872,5 (dont pommes 583,54, poires 126, pêches 93, raisin 46, olives 9,1), lavandin 0,9, légumes frais 722,6 (dont tomates 260,2, melons 66,7), pommes de terre 70,4, céréales 497,6 ; fleurs *coupées* 211, *en pot* 2,4 millions ; *bois :* 687 732 m³ (en 1995) ; *vins :* 5 303 032 hl ; **animale** (en milliers de têtes, 1999) : ovins caprins 954,5, porcins 107, bovins 62,9, volailles et lapins 7 351. *Lait* (en milliers d'hl, 1998) : vache 443,2, chèvre 90. *Œufs :* 186,3 millions. *Sel marin :* 722 167 t. **Pêche** (en milliers de t, 1994). 13,5 dont Bouches-du-Rhône 10,5, Alpes-Maritimes 0,5, Var 0,2.

■ **Production** (en 1997). Part dans la production française (en %) : *agroalimentaire :* huile d'olive 77 (1 700 t), olives à huile 79 (9 500 t), concentré de tomates 68 (23 846 t), semoules 48,5 (240 588 t), pâtes 42,7 (121 978 t), olives de table 39 (800 t), confiserie 16,6 (34 446 t). *Énergie* (en milliers de t) : pétrole 27,4, charbon 0,8 ; (en GWh) : électricité 17,3 dont hydraulique 12,7, thermique 4,6.

■ **Tourisme** (en 2000). **Hébergement :** *hôtels de tourisme* 2 214 (68 405 lits) ; *résidences de tourisme* 209 (92 198 pl.) ; *campings* 711 (95 650 pl.) ; *auberges de jeunesse* 19 (1 630 lits) ; *villages de vacances* 137 (45 760 pl.) ; *gîtes ruraux* 3 296, *d'étapes* 156, *d'enfants* 5 ; *chambres d'hôtes* 1 764 ; *résidences secondaires* 416 544. *Touristes accueillis* (en 1999) : 34 700 000. *Nuitées :* 236 200 000. *Recettes :* 46,5 MdF (10 % du PIB régional). *Emplois* directs : 116 000, liés au tourisme : 231 000. **Plaisance :** 128 ports aménagés ou concédés, 57 310 postes de mouillage, 247 857 bateaux. **Stations de ski :** 60. **Thermales :** 6. **Centres de congrès :** 19.

■ Départements

☞ Voir légende p. 811. *Nota.* – (1) En 1998.

■ **Alpes-de-Haute-Provence (04)** [de 1790 au 13-4-1970 : Basses-Alpes] 6 925 km² (144 × 90 km). **Altitude** *maximale :* aiguille de Chambeyron 3 412 m, *minimale* 280 m (sortie de la Durance). **Population :** *1801 :* 133 966 hab. ; *51 :* 152 070 ; *1901 :* 115 021 ; *46 :* 83 354 ; *82 :* 119 068 ; *90 :* 130 883 dont étrangers 5 579 (dont Algériens 975, Marocains 930, Italiens 840, Portugais 641) ; *99 :* 139 561. **D.** 20. **Communes :** 200 dont 16 de moins de 50 hab. (en 1999). **Cantons :** 30.

Régions naturelles : Val de Durance et basses vallées confluentes (58 500 ha) : polyculture (céréales, légumes, fruits avec irrigation, pommiers). **Plateau de Valensole** (81 400 ha) : lavande, céréales (blé dur), amandiers, ovins, plantes aromatiques et médicinales, truffes. **Plateau de Forcalquier** (92 800 ha) : polyculture (céréales, fourrages), légumes, vigne, ovins, lait, lavande et lavandin (au pied de la montagne de Lure). **Sisteronais** (67 400 ha) : céréales, fourrage, ovins, fruits avec irrigation (pommiers, poiriers : Motte du Caire, Sisteron, Mison). **Montagne de haute Provence :** *Préalpes de Digne et Barrême* (108 500 ha) : garrigue, pâturages à moutons, reboisements, lavande fine (Barrême) ; *bassin de Seyne et hautes vallées de l'Ubaye et du Verdon* (210 000 ha) : massifs montagneux (épicéas, sapins, mélèzes ; alpages pour transhumants) ; Seyne-les-Alpes : bovins et ovins. **Région de Castellane-Entrevaux** (82 000 ha) : lavande fine et ovins (Castellane), fruits et légumes avec irrigation (Entrevaux).

Productions spécifiques : lavandin et lavande (crise : concurrence Europe de l'Est et essences synthétiques), sauge et menthe ; miel ; pommes des Alpes ; fromage de chèvre de Banon ; truffes de Riez et de Banon ; huile d'olive des Mées et de Manosque ; agneau de Sisteron.

Chef-lieu : DIGNE-LES-BAINS. Altitude *maximale :* 600 m. **Population :** *1990 :* 16 087 ; *99 :* 16 064 hab. **Monuments :** cathédrale St-Jérôme (XVe-XVIIe s.), N.-D. du Bourg (XIIe-XIIIe s.). **Musées :** d'Art religieux, de Géologie, photographique ; fondation Alexandra-David-Neel. **Thermalisme. Réserve** géologique. **Jardin** botanique.

Sous-préfectures : Barcelonnette (à 1 135 m d'alt.), 2 793 hab. ; fortifications (4 700 vis. en 2000) ; musée de la Vallée (3 797 vis.). **Castellane** (à 723 m), 1 508 hab. ; église St-Victor (XIIe-XVIIIe s.), St-Pons (XIIIe s., ruines), tours (XIVe s.), musée Arts et Traditions, antenne de la réserve géologique, roc de 184 m. **Forcalquier** (à 550 m), 4 302 hab. ; couvent des Cordeliers (XIIIe s.), Musée municipal.

Autres villes : Allemagne-en-Provence 379 hab. ; château XIIe-XVIe s. **Annot** 988 hab. ; grès ; chapelles de « Versla-Ville », de Vérimande. **Banon** 878 hab. **Beauvezer** (à 1 170 m), 278 hab. **Château-Arnoux-St-Auban** (à 440 m), 4 970 hab. (aggl. 6 878 [1], dont *Volonne* 1 514) ; chimie ; château (1510-1530). **Colmars** (à 1 235 m), 378 hab. ; église St-Martin, fortifications (XIVe-XVIIIe s., 33 000 vis. en 1991). **Dauphin** 796 hab. ; église St-Martin (XVe s.), donjon. **Entrevaux** 742 hab. ; cath. ; fortifications (XVIIe-XVIIIe s.), citadelle (Xe s., 27 000 vis. en 2000), musée de la Moto. **Ganagobie** 91 hab. ; prieuré (XIIe s., mosaïques). **Gréoux-les-Bains** (à 374 m), 1 921 hab. ; château des Templiers (XIIe-XVIIIe s., 8 480 vis. [1]), atelier-musée du Vitrail, crèche de Haute-Provence ; station thermale (27 063 curistes). **La Palud-sur-Verdon** (à 915 m), 297 hab. **Les Mées** (à 410 m), 2 925 hab. ; chapelle St-Honorat de Paillerols (XIIIe s.), rochers des Pénitents. **Lurs** 347 hab. ; beffroi de l'Horloge et campanile, « promenade des Évêques », pont romain (IIe s.). **Malijai** 1 628 hab. ; château XVIIIe s. **Mane** 1 169 hab. ; château de *Sauvan* (XVIIIe s.), prieurés de *Salagon* (XIe-XVe s.), de *Châteauneuf* (XIIe-XIIIe s.), conservatoire du patrimoine. **Manosque** (à 370 m), 19 602 hab. (aggl. 25 884) ; église St-Sauveur (XIIe-XVIIe s.) et N.-D. de Romigier (XIIe-XVIIe s.), fondation Carzou (666 m² de peintures sur les murs), centre Jean-Giono. **Moustiers-Ste-Marie** (à 630 m), 625 hab. ; faïence d'art, musée de la Faïence (9 735 vis. [1]), église (XIIe-XIIIe-XIVe s.), chapelle N.-D.-de-Beauvoir (XIIe-XVe-XVIe s.). **Oraison** (à 380 m),

4 414 hab. ; confiseries, pâtes d'amandes. **Quinson** (à 370 m), 350 hab. **Reillanne** 1 322 hab. **Riez** (à 528 m), 1 667 hab. ; colonnes romaines, baptistère mérovingien. *Musées :* lapidaire, Nature en Provence, maison de l'Abeille. **Rougon** (à 930 m), 85 hab. **St-André-les-Alpes** (à 800 m), 818 hab. **St-Julien-du-Verdon** (à 900 m), 108 hab. **St-Martin de-Brômes** 403 hab. ; musée gallo-romain. **St-Michel-l'Observatoire** 901 hab. ; chapelles St-Michel (XIIe-XIVe s.), St-Paul (XIIe s.) ; observatoire (voir à l'Index). **St-Paul-sur-Ubaye** 190 hab. ; musée. **Ste-Croix-de-Verdon** (à 552 m), 102 hab. **Ste-Tulle** 3 052 hab. **Senez** 145 hab. ; cathédrale (XIIIe s., long. 32 m, larg. 8,9 m, hauteur 14,90 m). **Seyne-les-Alpes** (à 1 200 m), 1 440 hab. ; citadelle (XVIIe s.), musées de la Bugade, de la Forge, du Mulet, église N.-D. de Nazareth (XIIIe s.). **Simiane-la-Rotonde** 532 hab. ; rotonde (XIIIe s.), église Ste-Victoire (XVIe s.), halle (XVIe s.). **Sisteron** (à 485 m), 5 025 ha, 6 964 hab. ; industrie chimique ; citadelle (XIIe-XVIIe s., musée ; 76 000 vis.). *Musées :* du vieux Sisteron, scout Baden-Powell (500 vis. [1]) ; cathédrale N.-D.-des-Pommiers (XIIe s.). **Valensole** (à 569 m), 2 334 hab. ; lavande ; musée de l'Abeille (20 000 vis.). **Villars-Colmars** (à 1 250 m), 209 hab. **Volx** 2 690 hab. ; écomusée du Savon.

Divers : gorges du *Verdon* (20 km de long ; à-pic de 300 à 700 m ; longueur rivière 175 km) ; *cañon de Oppedette* (2 km de parois rocheuses hautes de 120 m). **Montagnes** de l'*Ubaye*, de *Lure*, du *Haut-Verdon*. **Lacs de barrage** (pêche et sports nautiques) : *sur le Verdon :* Castillon (500 ha sur 8 km, alt. 850 m), Chaudanne, Esparron du Verdon (160 ha), Quinson (160 ha sur 11 km), Ste-Croix du Verdon (10 × 3 km, 2 200 ha) ; *sur la Durance :* Serre-Ponçon, l'Escale ou Château-Arnoux (2 km²), Sisteron. **Lac de montagne :** *Allos* (0,7 km², alt. 2 237 m). **Parcs** *naturels régionaux du Luberon* (152 000 ha, créé 31-1-1977) ; *du Mercantour* (215 000 ha, 500 000 vis. en 1991) ; *du Verdon* (180 000 ha, créé 3-3-1997) ; *réserve naturelle géologique de Haute-Provence* (149 011 ha). **Ski** (fd : ski de fond) : *vallée de l'Ubaye : Pra-Loup* (1 500-2 600 m), *Le Sauze-Super Sauze* (1 400-2 400 m), *Ste-Anne-la-Condamine* (1 830-2 400 m), *Larche* (1 700-2 000 m, fd), *St-Paul-sur-Ubaye* (1 400-2 000 m, fd), *Maljasset/Maurin* (1 400-2 000 m, fd), *Barcelonnette* (1 135 m), *Jausiers* (1 240 m) ; *val d'Allos/Haut-Verdon : La Foux d'Allos* (1 800 m-2 600 m), *Le Seignus* (1 400-2 425 m), *Colmars-Ratery* (1 700-1 800 m, fd), *La Colle-St-Michel* (1 450 1 800 m, fd) ; *vallée de la Blanche, vallée du Bès : St-Jean-Montclar/Le Lauzet* (1 350-2 500 m), *Chabanon-Selonnet* (1 550-2 050 m), *Le Grand Puy* (1 300-1 800 m), *Seyne-les-Alpes* (1 400-1 650 m) ; *vallées douces : montagne de Lure/St-Étienne-les-Orgues* (1 600-1 850 m), *Soleilhas/Vauplane* (1 600-1 900 m), *Annot-Allons* (1 100-2 000 m, fd).

■ **Alpes-Maritimes (06)** 4 299 km² (100 × 70 km). **Altitudes :** le Gelas 3 143 m, le Clapier 3 045 m, mont Bego 2 873 m, mont Mounier 2 817 m, col de la Bonette 2 802 m, pointe Marguareis 2 650 m ; cols de Fenestre 2 474 m, de la Cayolle 2 327 m ; dôme de Barrot 2 144 m ; l'Authion 2 074 m. **Côtes :** 120 km. **Population :** *1821 :* 161 886 hab. ; *51 :* 192 062 ; *1901 :* 293 213 ; *36 :* 518 083 ; *46 :* 453 073 ; *68 :* 722 070 ; *82 :* 881 198 ; *90 :* 971 829 ; *98 :* 1 029 517 ; *99 :* 1 011 326 dont étrangers 90 753 (dont Tunisiens 18 736, Italiens 16 508, Algériens 9 355, Marocains 8 355, Portugais 5 875, Anglais 3 358). **D.** 235. **Cantons :** 52. **Communes :** 163.

Régions naturelles : préalpes du Sud : de Grasse et de Nice. Vallées (en ha) : du *Var* 282 000, de la *Tinée* 72 000, de la *Vésubie* 40 000, de l'*Esteron* 46 000, de la *Siagne* 53 000, du *Loup* 30 000, de la *Cagne*, la *Brague*, la *Roya*, la *Bévéra*, du *Magnan*, du *Paillon* 25 000, *massif du Mercantour* 53 000. **Côte d'Azur** (bois, en ha) : 203 700 dont forêts de *Breil-sur-Roya* 4 000, *Lucéram* 3 100, *St-Auban* 3 500, *St-Étienne-de-Tinée* 3 400, *St-Martin-Vésubie* 3 500, *Saorge* 2 000, *La Brigue* 5 500, *Tende* 5 500.

☞ *2e département* exportateur de fleurs coupées (30 % des exportations).

Iles de Lérins (monastère, 300 000 vis. [1]) : *Ste-Marguerite* (3 240 × 920 m) ; 210 ha, périmètre 7 km, altitude maximale 28 m, à 1 km de la côte, 28 hab. (fort du XVIIe s. ; cellule du Masque de fer) ; *St-Honorat* (1 500 × 430 m) ; 60 ha, périmètre 3,3 km, à 5,1 km de la côte par bateau, à 700 m de Ste-Marguerite, 1,54 km à vol d'oiseau, 57 hab.

Chef-lieu : NICE. Altitude : 11 à 222 m (collines environnantes : Cimiez 100/120 m, Mt Boron 178 m, Mt Alban 222 m, Mt Gros 374 m). **Superficie :** 7 192 ha. **Population :** *1600 :* 13 000 ; *1734 :* 15 000 ; *1822 :* 26 000 ; *1911 :* 143 000 ; *31 :* 220 000 ; *82 :* 337 085 ; *90 :* 342 439 ; *99 :* 342 738. **Climat :** *températures moy.* (en °C) : janv./mars + 11, avril/mai 14, juin 19, juillet/août 24, sept. 23, oct. 18, nov./déc. 12 ; *eau de mer :* janv./mars + 16, avril/mai 19, juin 22, juillet/août 26, sept. 24, oct. 21, nov./déc. 18 ; ensoleillement 2 500 à 2 800 h par an (290 à 320 jours sereins ou sans pluie ; gelée 5 jours, brouillard 5 jours). **Industries :** construction mécanique, électrique, électronique, BTP ; Seita, plasturgie ; textiles ; impression. **Port. Aéroport :** Nice-Côte d'Azur (200 ha sur la mer). **Monuments** (vis. en 2000) : centre de Congrès Acropolis ; théâtre 1 400 places ; opéra (inauguré 1885) ; observatoire [coupole : diam. 24 m, la plus grande d'Europe (1885, Eiffel)], Cerbom (biologie et océanographie médicale) ; *vieux Nice :* cathédrale de Ste-Réparate (1650), églises St-François-de-Paule (1740), du Gesù, chapelles de la Miséricorde (XVIIIe s.), du Suaire, palais Lascaris (XVIIe s.), 39 088, château (XIe-XVIe s.) ; arènes (Ier-IIIe s.), thermes (IIIe s., cours Saleya), cloître et jardins de *Cimiez ;* promenade des Anglais (1824 ; 7 km) ; cathédrale St-Nicolas (XXe s.), église russe 227 500. **Musées** (vis. en 2000) : galerie marine, ex-Mossa 7 463, Massena palais 3 761 en 1999, Dufy-Ponchettes 12 298, Beaux-Arts Chéret, 34 934, Matisse 174 964, Art naïf 16 947, Chagall 191 354, Archéologie Nice-Cimiez 26 610, Paléontologie Terra Amata 19 555, Histoire naturelle, Naval 11 063, d'Art et d'Histoire, des Trains miniatures, des Arts asiatiques 34 237 ; franciscain Cimiez (16 947 vis. en 1999). **Sites :** villa Arson, Cimiez, Mt Boron, Mt Chauve (ancien fort). **Carnaval** (1er en 1294 ; 600 000 spectateurs [1]). **Parcs :** *Phœnix* (147 198 vis. en 1999). Unité urbaine (50 communes) : 888 784 hab., 50 communes dont **Beaulieu-sur-Mer** 3 675 ; villa grecque *Kérylos* (1902-08, 59 345 vis.). **Cagnes-sur-Mer** (de 20 à 160 m d'alt.), 43 942 ; station balnéaire ; château *Grimaldi* (XIVe et XVe s., 18 492 vis. en 1999), maison de Renoir (34 967 vis.), hippodrome. **Contes** 6 548 ; foire-concours des vallées du Paillon, sanctuaire. **Drap** 4 331. **La Colle-sur-Loup** 6 697. **La Trinité** 10 046 ; N.-D. de Laghet. **St-André** 4 122. **St-Jean-Cap-Ferrat** 1 895 ; villa *Ile-de-France* construite 1912, léguée à l'Institut de Fr. par Béatrice de Rothschild (1859-1934 ; épouse du Bon Ephrussi) ; parc 7 ha ; reproduction du temple de l'Amour du Trianon de Versailles (145 317 vis. en 2000) ; jardin botanique, zoo (145 000 vis. [1]). **St-Laurent-du-Var** 27 141 ; port de plaisance. **Tourrette-Levens** 4 116 ; château et musée d'Histoire naturelle. **Villefranche-sur-Mer** (de 30 à 577 m d'alt.) 6 833 ; chapelle St-Pierre (15 052 vis. en 1999), centre d'océanographie ; rade : 2 × 1 km, fonds entre 70 et 700 m ; citadelle St-Elme (XVIe s.) ; *musées :* Volti (11 278 vis. [1]), Goetz-Boumeester ; chapelle Cocteau. **Villeneuve-Loubet** 12 935 ; électronique (Texas Instruments France), équipement auto ; fondation Escoffier-musée de l'Art culinaire ; musée militaire ; port de plaisance ; château (XIIIe-XVIIe s.). Aire urbaine : 933 080 hab.

Sous-préfectures : Grasse (de 350 à 400 m d'alt.) 44 790 hab. (*1841 :* 11 381 ; *1901 :* 15 429) ; 4 015 ha ; fleurs, essences pour parfums, alimentaires, huiles, etc. Cath. (XIIe s.). *Parfumeries :* Fragonard, Galimard (depuis 1926, 250 000 vis. en 1999), Molinard (depuis 1849) 37 655. *Musées* (vis. en 2000) : d'Art provençal 10 782, Guy-Bouchara, du Costume 39 549 vis. en 1999, de la Marine, de la Parfumerie 37 655, villa Fragonard 5 140 [aggl. 354 784 hab., dont **Antibes** 72 377 (*1800 :* 5 270 ; *1901 :* 10 945 ; *36 :* 25 014) ; port, matériel de distribution, équipement auto ; station balnéaire et hivernale ; fruits et fleurs, parfumerie ; aqueduc romain. *Musées* (vis. en 2000) : Picasso (château *Grimaldi*) 153 429, Peynet 19 258, naval et napoléonien (6 981 vis. en 1999), d'Archéologie 10 165, de la Tour ; Fort Carré : Vauban, phare de la Garoupe à 103 m d'alt., festival de jazz 16 000. **Biot** 7 489 ; verreries ; musée Fernand-Léger (22 548 vis. en 2000), de Biot, écomusée du Verre, Marineland (1 200 000 en 1999). **Cannes** 67 234 (*1834 :* 4 000, lord Henry Brougham s'y installe, *1982 :* 72 259) ; alt. de 2 à 255 m ; réparation de matériel ferroviaire, aérospatiale ; station balnéaire et hivernale, monastère St-Honorat. *Musées-châteaux* (vis. en 2000) : de la Mer 65 390, de la Castre 18 500 ; galerie de la Malmaison (8 588 vis. en 1996), chapelle Bellini. Palais des festivals (1982 ; coût 700 millions de F), festival du Film ; *La Croisette* (1868, nom venant d'une petite croix dressée à l'extrémité de la baie, palmiers plantés 1871, 1er mimosa 1880). **Le Cannet** 42 158 ; chapelle. **Mandelieu-La Napoule** 17 870 ; parc Barbossi (500 000 vis. en 1999) ; port. **Mouans-Sartoux** 8 889 ; parc de l'argile (32 ha). **Mougins** (à 260 m) 16 051 ; *musées* (vis. en 2000) : de l'Auto (39 842 vis.), municipal (15 600 vis. en 1999), de la photographie (9 143 vis.). **Peymeinade** 7 120. **Valbonne** 10 543 ; industrie électrique, électronique ; technopole de **Sophia-Antipolis** [technopole sur 5 communes (Valbonne, Biot, Antibes, Mougins, Vallauris), 2 400 ha + 2 200 prévus ; en 2000 : 1 300 entreprises, chiffre d'aff. 16 milliards de F] : informatique, électronique. **Vallauris** 25 773 ; poteries, parfumerie ; château, ancienne cathédrale de la Nativité-de-N.-D., *musées :* Picasso (30 180 vis.), Magnelli (céramique), de la Poterie ; maison de la Pétanque].

Autres villes (vis. en 2000) : **Aiglun** (à 625 m d'alt.), 106 hab. **Belvédère** (à 837 m) 495 hab. ; fête du retour des bergers. **Breil-sur-Roya** 2 028 hab. ; électricité, chaussures ; architecture romane, fortifications ; fête de l'Astacada (tous les 4 ans). **Carros** 10 710 hab. ; médicaments, insecticides, meubles. **Clans** 532 hab. ; collégiale Ste-Marie (XIe s.). **Coaraze** (à 692 m), 654 hab. ; médiéval. **Fontan** 234 hab. ; foire-concours de la Roya. **Gilette** 254 hab. ; ruines château des Ctes d'Aragon. **Golfe-Juan** (Napoléon Ier y débarque le 1-3-1815 à son retour de l'île d'Elbe). **Gorbio** (à 360 m), 1 154 hab. **Gourdon** 379 hab. ; château (XIIe s., 28 932 vis. en 1997). **Guillaumes** (à 819 m) 589 hab. ; château de la reine Jeanne. **Isola** 526 hab. ; fête des Châtaignes. **La Brigue** 595 hab. ; musée des Traditions agricoles, N.-D. des Fontaines (fresques XVe s.). **La Gaude** 6 170 hab. ; électronique, informatique (IBM) ; biopole. **La Tour** 300 hab. **La Turbie** 3 021 hab. ; trophée d'Auguste ou des Alpes à 500 m d'alt. ; 6 av. J.-C. ; hauteur 50 m, aujourd'hui 35 m ; larg. 34 m (30 594 vis.)]. **Levens** 3 700 hab. ; médiéval ; musée d'Entomologie (12 174 vis. en 1999). **Lucéram** 1 035 hab. ; fortifié, retables de l'école niçoise. **Menton-Monaco** (partie française) [aggl. 66 455, dont *Beausoleil* 12 775. *Cap-d'Ail* 4 532. *Èze* (à 429 m) 2 509 ; fortifié ; église et remparts du XVIIe s., jardins exotiques (146 829 vis. en 1999) ; fête du Citron. *Menton* 28 811 (*1755 :* 2 431 ; *1901 :* 9 944 ; *21 :* 18 645) ; alt. 600 m, 1 386 ha ; *musées :* du palais Carnolès (13 390 vis.), Jean-Cocteau (15 638 vis.), de la Préhistoire (12 267 vis.), des Beaux-Arts, Galerie Palais de l'Europe (18 858 vis. en 1999). *Peille* (à 630 m) 2 045 ; palais des Lascaris (XVIIe s.). *Peillon* (à 376 m) 1 227 ; ensemble médiéval. *Roquebrune-Cap-Martin* 11 650 (23 675 vis. en 1999) ; château, cabanon Le Corbusier]. **Puget-Théniers** 1 532 hab. ; Écomusée, château. **Roquestéron** (à 350 m) 478 hab. **St-Cézaire-sur-Siagne** 2 840 hab. ; grottes (33 749 vis. [1]). **St-Dalmas-le-Selvage** 1 450 m ; 123 hab. **St-Étienne-de-Tinée** 1 526 hab. (chapelle de pénitents blancs et noirs) ; foire aux bovins. **St-Jeannet** 3 593 hab. ; village fortifié ; le *Baou*, lieu d'escalade ; musée ATP. **St-Martin-du-Var** 2 197 hab. **St-Martin-Vésubie** (à 960 m) 1 098 hab. **St-Paul-de-Vence** 2 847 hab. ; 962 ha. ; enceinte bastionnée, église gothique, fondation Maeght [fondée en 1964 par Aimé Maeght (1906-81) et sa femme Marguerite (1906-77), 165 684 vis. en 1999], musée d'Histoire (9 080 vis. en 1999). **Ste-Agnès** 1 094 hab. ; plus haut village littoral d'Europe (à 776 m). **Saorge** 396 hab. ; chapelles, église, château (vestiges). **Sospel** 2 884 hab. ; pont (XIe s.), place médiévale, musée des Miniatures (1 921 vis.). **Tende** 1 844 hab. ; la plus vaste commune (17 747 ha) ; *musées :* des Merveilles (21 185 vis.), des Orgues. **Théoule-sur-Mer** 1 296 hab. ; station balnéaire ; forêt de l'Esterel, rochers pourpres. **Utelle** (à 800 m) ; 488 hab. ; Madone (à 1 174 m). **Vence** (à 320 m) ; 16 982 hab. (aggl. 18 779 [1]) ; village fortifié, château de *Villeneuve*, fondation Émile-Hugues (18 864 vis. en 1999), chapelle Matisse (60 225 vis. en 1999), des Pénitents blancs (9 414 vis. en 1999) ; *musées :* Nall, provençal.

Divers : baies : des *Anges*, de *Cannes*. **Parc** *national du Mercantour* (zone centrale 68 500 ha, périphérique 146 500 ha, voir p. 207 c). **Routes :** de la *Bonette-Restefond* à 2 826 m d'alt. (la plus haute de France), *Napoléon*. **Ski :** *Auron* 1 600/2 450 m, *Beuil-les-Launes* 1 450/2 010 m, *Estenc-d'Entraunes* 1 800/2 100 m, *Gréolières-les-Neiges* 1 400/1 800 m, *Isola 2 000* (créé 1991) 1 800/2 160 m, *L'Audibergue* 1 400/1 800 m, *La Colmiane-Valdeblore* 1 400/1 800 m, *La Gordolasque-Belvédère* 1 520/1 650 m, *Le Boréon-St-Martin-Vésubie* 1 650/1 800 m, *Peira-Cava* 1 500/1 600 m, *Roubion-les-Buisses* 1 410/1 912 m, *St-Auban* 1 150 m, *St-Dalmas-le-Selvage* 1 400/2 100 m, *Thorenc* 1 250 m, *Turini-Camp-d'Argent* 1 600/1 920 m, *Valberg* (1re remontée inaugurée 30-1-1936) 1 650/2 025 m, *Val-Pelens* 1 600/1 750 m. **Vallée** des Merveilles (100 000 vis. [1], voir Cte de Tende p. 881 a).

■ **Bouches-du-Rhône (13)** 5 087 km² (132 × 58 km, étang de *Berre* inclus : 16,3 km²). **Altitude** *max. :* pic de Bertagne 1 043 m. **Côtes :** 190 km. **Population :** *1801 :* 285 012 hab. ; *1901 :* 734 347 ; *36 :* 1 224 802 ; *46 :* 971 935 ; *98 :* 1 815 565 ; *99 :* 1 835 719 dont étrangers 119 806 (Algériens 46 351, Marocains 14 273, Tunisiens 12 944, Italiens 7 754, Espagnols 5 848). **D.** 361. **Cantons :** 53. **Communes :** 119.

Régions naturelles : plaines : *Crau* (ancien delta de la Durance ; cultures fruitières et maraîchères, élevage ovins, « foin de Crau ») ; *Camargue* (du nom d'Annius Camars, sénateur d'Arles) 95 000 ha dont île du Delta 75 000 ha dont 29 000 de marais, lagunes, étangs, rizières ; vignes ; élevage de taureaux et chevaux ; oct. 1993, 12 000 ha inondés ; a perdu, de 1976 à 1996, 3 300 ha de milieux naturels. **Chaînes calcaires** à l'est de Marseille : massifs de *Carpiagne* (550 m), *Marseilleveyre* (365 m), des Calanques de Marseille à Cassis (Callelongue, Port-Pin, Morgion, Sormiou, Sugiton, l'Oule, En-Vau, Port Miou (massif du cap Canaille, 416 m, falaise maritime la plus haute de France), *La Ciotat, Ceyreste* (472 m) ; en parallèle, sud-ouest/nord-est : chaînes de *la Nerthe* (264 m), *l'Etoile* (710 m), *la Ste-Baume* (1 043 m, grotte de Ste Marie-Madeleine), falaises de *Vitrolles* et de *l'Arbois* ; au nord : collines d'*Istres*, *St-Chamas* (200 m), *la Fare* (287 m), *Eguilles* (380 m), *la Trévaresse* (500 m), de la montagne *Ste-Victoire* [alt. 1 011 m, au pic des Mouches) ; chapelle (XVIIe s.), monastère (1657)], chaînes des *Alpilles* et des *Costes* (alt. 500 m), la Montagnette, chaîne de l'*Estaque*. **Sur la mer :** falaises Soubeyranne. **Calanques :** de *Jarre*, *Calseraigne*, de *Riou*, de *Planier*, *Tiboulen*.

Iles : *archipel du Frioul :* îles *Ratonneau*, *Pomègues* et *d'If* (château, 1531, prison d'État, 1624, où Alexandre Dumas emprisonne ses héros : le Masque de Fer et le Cte de Monte Christo, 85 463 vis. [1]) ; île *Gaby* ; île *Maïre*.

☞ *1er département* producteur de riz (75 815 t), pommes (176 990) ; tomates (190 460), salades (87 670), poires (59 960) ; blé dur (95 340). *Vigne :* 11 580 ha dont 6 010 ha en AOC Côtes-de-Provence, Cassis, Palette ; coteaux d'Aix-en-Provence, des Baux.

Élevage (en 1999) : ovins 216 830 (mérinos, transhumance dans les Alpes), bovins 13 840 (dont taureaux de Camargue 1 890), porcins 75 160. **Gisements :** *lignite*, Gardanne-Meyreuil, 1 675 000 t en 1993 (plus fort rendement de France : 11 t par mineur de fond/jour ; 16,3 % de la production) ; *bauxite*. **Recherche** (10 000 chercheurs, 10 % des effectifs français) : centre d'études nucléaires à Cadarache, Institut méditerranéen de technologie de Marseille à Château-Gombert.

Chef-lieu : MARSEILLE. Population : *vers 250 av. J.-C. :* 50 000 ; *1801 :* 111 100 ; *51 :* 195 350 ; *1911 :* 550 600 ; *46 :* 636 300 ; *90 :* 800 550 ; *99 :* 798 430. **D.** 3 327. **Superficie** totale de la commune : 24 100 ha dont zone urbanisable 13 800. **Industrie :** agroalimentaire, matériel de construction ; chimie, parachimie, savon (72 % d'huile), caoutchouc, plasturgie ; mécanique, chaudronnerie, diesel, matériel de précision ; réparation ferroviaire et navale ; BTP ; électrique, informatique, électronique, robotique ; biotechnologies, offshore, industries de la mer ; textiles, habillement, bijoux, luminaires ; imprimerie, journaux, papeterie ; recherche, audiovisuel, multimédia. **Port :** *1er* de France, de Méditerranée, *3e* d'Europe (bassins de Marseille, Lavéra, Caronte, Fos, Port-St-Louis). Vieux port (*Lacydon :* ancien comptoir phocéen du VIIe s. av. J.-C. ; 1/19-2-1943 les Allemands en font sauter une partie pour démolir un « repaire de criminels internationaux » ; en déc. 1940 le conseil municipal avait confié son aménagement à E. Baudoin (appuyé par une loi du 30-5-1941), en nov. 1942 le préfet envisageait une évacuation obligatoire ; en cours : remodelage des quartiers du port (« Euroméditerranée » : 310 ha, 1,7 milliard de F) ; observatoire (1863) ; l'Estaque (peint par Cézanne, Braque, Derain, Marquet). **Monuments :** Canebière (« champ de chanvre ») avenue célèbre ; palais du Pharo (1858-60), palais Longchamp (Espérandieu, 1869). **Musées** (vis. en 1999) : Muséum et musée des Beaux-Arts (fondés 1869), 60 762 ; de la Marine, du vieux Marseille, de la Faïence 17 755, de la Mode 16 803, des Docks romains 8 487, d'Histoire de Marseille 41 354, d'Arts africains, océaniens et amérindiens, Cantini 19 541, d'Art contemporain 7 173, d'Archéologie méditerranéenne. Cathédrale Ste-Marie Majeure [1852-93, architectes Léon Vaudoyer (1803-72), Henri Espérandieu († 1874), Henri Revoil (1822-1902) ; longueur 142 m ; largeur de la nef 25 m ; transept 54 m ; coupole : diamètre 17,7 m, hauteur 70 m ; colonnes de marbre, surface utile 2 714 m²], château d'If (1524-28) 85 463, abbaye de St-Victor (église XIIIe s., abside fortifiée 1365), basilique N.-D.-de-la-Garde (nom dû à la vigie qui se tenait sur la colline), construite par Espérandieu (1855-64), alt. 162 m, clocher 60 m, campanile 12,5 m, statue dorée (9,7 m, 4,5 t, de Lequesnes, 1870) longueur 47 m, largeur 16, nef 5,2, statue du maître-autel de Jean-Baptiste Chanuel, modèle J.-P. Cortot (2 m, 50 kg en argent), bourdon *Marie-Joséphine* fondu 1845 (2,5 m, 8 234 kg, battant 387 kg), fête le 15-8] ; église St-Vincent-de-Paul (des réformés) haut. 70 m, chapelle de la Vieille-Charité (XVIIe s., Pierre Paget) ; centre universitaire et grandes écoles ; centre commercial (foire internationale) ; *Cité radieuse* de Le Corbusier (1946, inaugurée 14-10-1952 ; 337 appartements de 28 types différents ; 1 200 à 1 500 hab. ; long. 130 m, haut. 56 m, 6 rues intérieures, petits pavillons de 2 étages ; surnommée « la maison du fada ») ; opéra (1924) ; aménagement Zac St-André, centre commercial du Grand Littoral (140 000 m²). UNITÉ URBAINE : 1 349 584 hab., 38 communes dont **Aix-en-P.** (voir ci-dessous) [aggl. Marseille-Aix avec Berre 1 263 521]. **Allauch** 18 907. **Aubagne** 42 100 ; poteries, colorants, maraîchage, charcuterie et salaisons, santons ; musée de la Légion ; le Petit Monde de Marcel Pagnol (77 604 vis. en 2000). **Auriol** 9 461. **Bouc-Bel-Air** 12 297 ; jardins d'Albertas. **Cabriès** 7 890. **Gardanne** 19 343 ; produits combustibles, minéraux (houillères), aluminium (Pechiney). **Gémenos** 5 485 ; électronique ; château (XVIIIe s.), forêt de St-Pons (350 ha). **La Penne-sur-Huveaune** 6 005. **Les Pennes-Mirabeau** 19 043. **Marignane** 34 005 ; aéroport, aéronautique ; musée des Arts et Traditions. **Plan-de-Cuques** 10 503. **Rognac** 11 631 ; plasturgie pour bâtiment. **Roquevaire** 7 853. **St-Victoret** 6 810. **Septèmes-les-Vallons** 10 202. **Vitrolles** 36 784 ; matériel hydraulique, équipements thermiques. AIRE URBAINE :**Marseille-Aix-en-Provence** 1 516 340 hab.

Sous-préfectures : Aix-en-Provence (à 180 m d'alt.), 18 608 ha ; 133 363 hab. (*1765 :* 25 464 ; *1821 :* 22 414 ; *1901 :* 28 460 ; *36 :* 42 615 ; *68 :* 93 671) [aggl. 130 647 [1], dont **Venelles** 7 537] ; agroalimentaire, briqueteries, tuileries, chaudronnerie, ind. électrique et électronique. *Université. Monuments* (vis. en 1999) : cathédrale St-Sauveur (XIe-XIIe s., baptistère Ve s.), hôtels particuliers (XVIIe et XVIIIe s.), fontaines, cours Mirabeau, aqueduc de Roquefavour (1842-47), atelier Paul Cézanne 69 594, oppidum d'*Entremont* (alt. 400 m, 3,5 ha), pavillon Vendôme 17 000. *Musées* (vis. en 1999) : Granet 45 026, des Tapisseries 13 970, du Vieil Aix 16 019, d'Histoire naturelle 27 749. *Casino :* Cité du livre (bibliothèque Méjanes). *Festival* d'art lyrique ; station thermale, aménagement quartier Sextius-Mirabeau. **Arles** (commune la plus étendue de France, 758 km², 40 × 30 km, 1 200 km de chemins communaux). 50 513 hab. ; centre rizicole, papier, carton, matériaux de construction, éditions culturelles, médiapôle St-Césaire. *Musées* (vis. en 2000) : de l'Arles antique 69 820, Réattu 28 780, Arlaten 45 850, camarguais 27 900 ; *ruines* romaines : thermes, palais de Constantin (98 × 45 m, IVe s.) 7 550, arènes (186 × 107 m, 21 000 places) 215 950, théâtre (Ier s. av. J.-C., 103,8 m de diam., 1 600 places) 42 110, cryptoportiques (Ier s. av. J.-C., long. plus de 100 m, larg. 70 m) 12 150, les Alyscamps 31 680, église St-Trophime (portail ; 110 000 vis. en 1999) ; abbaye Montmajour (60 000 vis. en 1999). **Istres** 35 163 hab. (aggl. 38 993) ; aéronautique, chimie ; musée René-Beaucaire.

Autres villes (vis. en 1999) : **Barbentane** 3 645 hab. ; château, moulin (XVIIe s.). **Berre-l'Étang** 13 415 hab. ; étang salé (15 530 ha, tour 75 km, profondeur 9 m) ; raffinerie de pétrole et chimie de synthèse (Shell), équipement, mécanique. **Carnoux-en-Provence** 7 042 hab. **Carry-le-Rouet** 6 009 hab. [aggl. 10 765 [1]] ; casino. **Cassis** 8 001 hab. ; port de pêche, vin ; musée ; casino. **Châteauneuf-lès-Martigues** 11 375 hab. ; raffinerie de pétrole. **Châteaurenard** 12 999 hab. ; marché d'intérêt national, musée. **Éguilles** 7 127 hab. **Eygalières** 1 851 hab. ; chapelle des Pénitents, chapelle St-Sixte (XIIe s.). **Eyguières** 5 392 hab. **Fontvieille** 3 456 hab. ; moulin d'Alphonse Daudet (69 885 vis. ; il y soufflerait 32 vents différents), château de Montauban (XIXe s.). **Fos-sur-Mer** 13 908 hab. ; raffinerie, minerais, sidérurgie (Sollac, Ugifos), matériel ferroviaire. **Graveson** 3 188 hab. ; musée des Arômes et des Parfums (30 000 vis.). **La Ciotat** 31 630 hab. (aggl. 44 162) ; port ; musée Ciotaden ; casino ; station balnéaire. **La Fare-les-Oliviers** 6 334 hab. **La Roque-d'Anthéron** 4 445 hab. ; musée de Géologie ; abbaye de *Silvacane* (vers 1175, cistercienne, 43 000 vis.), festival (musique classique). **Lambesc** 7 604 hab. ; musée. **Lançon-Provence** 6 688 hab. **Les Baux-de-Provence** 434 hab. ; citadelle (XIIIe-XIVe s., 302 500 vis.) ; *musées :* archéologique, lapidaire, de l'Olivier. **Maillane** 1 880 hab. ; maison de Frédéric Mistral. **Mallemort** 4 984 hab. ; centrale électrique. **Martigues** 43 493 hab. [aggl. 71 554, dont *Port-de-Bouc* 16 686 ; chimie, pêche ; fortification de Vauban] ; port pétrolier, raffinerie, métallurgie ; hôtel de ville (XVIIe s.), musée Ziem, festival de folklore. **Meyrargues** 3 282 hab. ; château (XVIIe s.). **Miramas** 22 526 hab. (aggl. 29 121, dont *St-Chamas* 5 595 ; gare de triage 900 000 wagons par an et centre de réparation ferroviaire) ; métallurgie, musée. **Noves** 4 440 hab. ; église (XIIe s.). **Orgon** 2 642 hab. **Port-St-Louis-du-Rhône** 8 121 hab. ; pêche, fabrication de goudron, activités commerciales liées au port. **Rognonas** 3 578 hab. **Salon-de-Provence** 6 979 ha, 36 547 hab. (*1765 :* 4 928 ; *1911 :* 14 019 ; *54 :* 21 321) [aggl. 49 413, dont *Pélissanne* 8 580] ; centrale hydraulique ; école militaire de l'air (patrouille de France) ; château de l'*Emperi* (Xe-XIIIe s.) ; résidence des archevêques d'Arles ; maison de Nostradamus (11 386 vis. en 98), musée régional. **Sausset-les-Pins** 7 233 hab. **Sénas** 5 618 hab. **St-Martin-de-Crau** 11 022 hab. **St-Mitre-les-Remparts** 5 458 hab. ; site archéologique de St-Blaise. **St-Rémy-de-Provence** 9 806 hab. ; légumes, fruits, graines ; vestiges romains [arc Ier s. av. J.-C. long. 12,40 m, épaisseur 5,60 m, haut. sous voûte 7,50 m ; mausolée des Jules (30 av. J.-C., haut 19,30 m)], fouilles de Glanum (111 808 vis. [1]) ; monastère de St-Paul-de-Mausde (où séjourna Van Gogh) ; *musées :* archéologique, des Alpilles (10 121 vis. [1]). **Stes-Maries-de-la-Mer** (référence à Marie Jacobé, Marie Salomé, Marie-Madeleine) 2 478 hab. ; crypte (1448) avec Sarah vierge noire ; *musées :* Baroncelli, de Cire. **Tarascon** 12 084 hab. ; cellulose ; château du *roi René* (56 263 vis. [1]), musée du Tissu, maison de Tartarin. **Trets** 9 312 hab. (aggl. 10 375 [1]). **Velaux** 7 603 hab.

Divers : grotte de Sormiou *Cosquer* (découverte par Henri Cosquer oct. 1985 ; remarque peintures et sculptures le 9-7-1991, déclare sa découverte le 3-9), sous-marine, entrée à 37 m de profondeur, 2 parties : (*1re :* 60 m de diamètre, *2e :* 70 m), gravures d'animaux 16 000 à 17 000 av. J.-C., mains en négatif et tracés digitaux. **Parcs** *naturel régional de Camargue* (86 300 ha, créé 25-9-1970 dont **réserve naturelle** (13 117,55 ha, créée 24-4-1975)] ; *régionaux marins :* la Côte bleue (70 ha, créé 8-9-1987), La Ciotat (60 ha, créé 18-6-1984).

■ **Hautes-Alpes** (05) [faisaient partie du Dauphiné]. 5 549 km² (137 × 100 km). **Altitudes** (département le plus élevé de France) : *max. :* la *Barre des Écrins* (4 102 m, point culminant de France avant annexion de la Savoie en 1860) ; *min.* 470 m (rivière de Buech) [moyenne des communes 1 050 m (*St-Véran :* la plus haute d'Europe 2 040 m, clocher à 2 071 m, territoire 1 800 à 3 151 m)]. **Population :** *1801 :* 112 500 hab. ; *1901 :* 109 510 ; *46 :* 84 932 ; *90 :* 113 300 ; *99 :* 121 419 dont étrangers 3 354 (Italiens 788, Algériens 655, Marocains 353). **D.** 22. **Cantons :** 30. **Communes :** 117 (dont 6 ont moins de 30 hab. en 1999).

Régions naturelles : Préalpes au sud-ouest, *Baronnies, Bochaîne* et *Dévoluy* (alt. maximale pic de l'Obiou : 2 790 m). **Grandes vallées** au centre, *Laragnais, Gapençais* et *Valgaudemar-Champsaur.* **Grandes Alpes** au nord-est, *Embrunais, Queyras* et *Briançonnais* (alt. maximale Barre des Écrins : 4 102 m). **Climat :** *vents :* « bise », apportant le beau temps ; « traverse » (du sud-est ou du sud-ouest) apportant la pluie (3 fois moins fréquents) ; la « lombarde » surtout dans Briançonnais et Queyras. *Neige* (hauteur cumulée en cm) : St-Véran 400, Vallouise, Névache, Le Monetier 300, Dévoluy 200, Gap 60, Laragne 30.

Régions agricoles : Briançonnais (109 389 ha, alt. 1 424 m), **Queyras** (63 281 ha, alt. 1 572 m ; élevage de haute montagne), **Champsaur-Valgaudemar** (74 849 ha, alt. 1 100 m), **Embrunais** (alt. 1 119 m), **Haut-Embrunais** (42 018 ha, alt. 1 045 m), **Dévoluy** (18 258 ha, alt. 1 200 m), **Gapençais** (59 154 ha, alt. 849 m), **Bochaîne** (18 227 ha, alt. 908 m), **Serrois-Rosanais** (73 427 ha, alt. 776 m), **Laragnais** (33 162 ha, alt. 679 m, Préalpes du S.). **Bois** (en ha, 1997) : 163 000 dont forêts du *Pelvoux* 5 700, *Chaillol* 5 200, *Le Drac* 4 300, *Les Sauvas* 3 500, *Valgaudemar* 3 100.

Chef-lieu : GAP. Altitude : 733 m (le plus haut chef-lieu de département français). **Population :** *1846 :* 8 724 ; *77 :* 8 927 ; *1936 :* 13 600 ; *62 :* 20 478 ; *68 :* 23 994 ; *90 :* 33 444 ; *99 :* 36 262. **Industries :** BTP, alimentaire, textile, artisanat, imprimerie. **Monuments :** cathédrale St-Arnoux (1867-1904, clocher 70 m), église des Cordeliers (XIIIe-XIVe s.), mausolée du connétable de Lesdiguières. Musée départemental (12 448 vis. en 2000), conservatoire botanique national [voir p. 219 c], domaine de *Charance* (XVIIe, XIXe s., jardins en terrasses, 20 542 vis. en 2000).

Sous-préfecture : Briançon 10 720 hab. (*1846 :* 4 309 ; *71 :* 4 169 ; *1936 :* 7 543 ; *68 :* 8 215) ; ville la plus haute d'Europe après Davos (Suisse) : 1 326 m ; remparts (Vauban), fort (9 178 vis. en 1999), collégiale N.-D. (XVIIIe s.), église des Cordeliers (XIVe s.). *Musées :* du Ski, du Temps, de la Mine.

Autres villes (vis. en 1999) : **Abriès** (à 1 550-2 450 m d'alt.), 354 hab. **Agnières-en-Dévoluy** 212 hab., La Joue du Loup 1 550-2 510 m. **Aiguilles** (à 1 450-2 590 m), 441 hab. **Ancelle** (à 1 340-1 807 m), 619 hab. **Arvieux** (à 1 400-2 310 m), 355 hab. ; église St-Laurent (XVe-XVIe s.). **Ceillac** (à 1 650-2 500 m), 276 hab. ; églises Ste-Cécile (XIVe-XVe s.), St-Sébastien (XVIe-XVIIe s.), chapelle des Pénitents (XVIe s.). **Château-Ville-Vieille** (à 1 400-1 600 m), 321 hab. ; fort de Château-Queyras (XIIe-XIIIe s., 30 000 vis. [1]), maison de l'Artisanat. **Crévoux** (à 1 600 m), 103 hab. ; musée. **Crots** 744 hab. ; abbaye de *Boscodon* (XIIe-XVe s. ; 40 000 vis.). **Embrun** (à 812 m), 6 145 hab. (aggl. 6 149 [1]) ; cathédrale N.-D.-du-Réal (XIIe-XIVe s.) ; *la Tour-Brune* (XIIe s., 5 216 vis.), cité fortifiée. **L'Argentière-la-Bessée** (à 976 m), 2 289 hab. ; mines d'argent et musée (6 117 vis.), réserve biologique (chardons bleus) ; église St-Apollinaire (XVe s.), chapelle St-Jean (XIIe s.). **La Grave** (à 1 500-3 550 m), 511 hab. **Laragne-Montéglin** 3 296 hab. ; église (XVe s.). **La Salle-les-Alpes** 976 hab. ; église (XIIe-XVe s.), chapelle (XVe s.). **Laye** (à 1 300-1 950 m), 212 hab. **Le Monêtier-les-Bains** 1 009 hab. ; église (XVe s.), château. **Les Vigneaux** 390 hab. (XVe s.). **Manteyer** 305 hab., dont *Ceüze* 1 550-2 020 m. **Molines-en-Queyras** (à 1 750-2 800 m), 322 hab. ; église (XVe-XVIe s.). **Mont-Dauphin** 87 hab. ; commune réduite à l'enceinte du fort, musée (9 000 vis.). **Montmaur** 423 hab. ; château, artisanat d'art. **Névache** 390 hab. ; églises et chapelle (XIe-XVe et XVIIe s.) ; vallée de la Clarée. **Orpierre** 256 hab. ; cité des Pces d'Orange. **Pelvoux** (à 1 250-2 300 m), 404 hab. ; centre d'alpinisme. **Puy-St-André** 462 hab. **Réallon** (à 1 570-2 135 m), 194 hab. ; église St-Pélade (XIVe-XVIe s.). **Ristolas** (à 1 550-2 450 m), 78 hab. **St-André-de-Rosans** 139 hab. ; prieuré (Xe s.). **St-Bonnet-en-Champsaur** 1 466 hab. ; patrie du connétable de Lesdiguières, chapelle St-Grégoire, dite des Pétètes (poupées). **St-Étienne-le-Laus** 215 hab., sanctuaire N.-D. (apparition à Benoîte Rancurel, 1664). **St-Léger-les-Mélèzes** (à 1 260-2 000 m), 228 hab. ; musée. **St-Martin-de-Queyrières** 936 hab. ; église (XVe-XVIe s.), chapelles (XVIe s.). **St-Michel-de-Chaillol** (à 1 450-2 060 m), 301 hab. **St-Véran** (à 1 750-2 800 m), 267 hab. **Savines-le-Lac** 814 hab. ; lac de *Serre-Ponçon*, chapelle, musée. **Serres** 1 204 hab. ; église St-Arey (XIIe s.). **Tallard** 1 298 hab. ; église St-Grégoire (XVIe s.), château (XIVe-XVIe s., 3 500 vis.), musées, Mondial de l'Air (42 000 vis.). **Vallouise** 637 hab. ; église St-Étienne (XVe s.), chapelle des Pénitents (XVIIe s.). **Veynes** 3 093 hab. ; musée ferroviaire. **Villar-d'Arêne** 219 hab. ; écomusée le Moulin, Jardin alpin (32 000 vis.). **Vars** 637 hab. (à 1 650 m).

Divers (vis. en 1999) : *barrage de Serre-Ponçon :* digue (1948-60), haut. 123 m, largeur en crête 600 m, épaisseur en crête 650 m, longueur 26 km, 55 km de rives ; puissance : 360 milliers de kWh ; capacité du lac : 1 270 millions de m³ ; production annuelle moyenne : 720 millions de kW/h (23 500 vis.). *Lac de Serre-Ponçon :* plus grande retenue artificielle d'Europe ; 3 000 ha. **Massifs :** voir p. 603 c. **Parcs :** *national des Écrins* (91 800 ha, zone périphérique 178 200, alt. de 800 à 4 102 m ; appelé anciennement massif du Pelvoux ou « Oisans », créé 27-3-1973, 340 878 vis. ; voir p. 207 b) ; *régional du Queyras* (65 000 ha, créé 31-1-1977). **Réserves naturelles** (créées 15-5-1974) : hautes vallées de la *Séveraisse* (155 ha), de *St-Pierre* (20 ha), cirque du grand lac des *Estaris* (145 ha), versant nord des pics du *Combeynot* (685 ha), vallée de la *Clarée.* **Rivières** (canoë-kayak, eau vive) : *Durance, Drac, Buëch, Guil, Séveraisse, Cerveyrette.* **Ski :** *Briançon-Prorel* 1 200-2 800 m, *Serre-Chevalier* 1 200-2 800, 109 pistes, 250 km de descentes dont 13 équipés de canons à neige, *Vars-Risoul* 1 850-2 750, *Orcières-Merlette* 1 850-2 650, *Gap-Ceüze* 2 000 m, *Montgenèvre* (siège du 1er concours international de ski en 1907) 1 860-2 700, *Super-Dévoluy* 1 500-2 510, *Puy-St-Vincent* 1 400-2 700, *Les Orres* 1 550-2 770, *La Grave-La Meije* (créée 1968) 1 500-3 550, descente de 2 150 m de dénivelé sur 9 km, *Réallon* 1 560-2 135, *La Joue-du-Loup* 1 500-2 510, *Vallouise-Pelvoux* 1 250-2 300. **Ski de fond** (21 sites, 950 km de pistes) : *Haut-Champsaur* 1 000-2 200 (59 km de pistes), *St-Michel-de-Chaillol* 1 600 (31), *Valgaudemar* 1 600 (51), *Ancelle* 1 350 (30), *plateau de Bayard* 1 248-1 696 (65), *Dévoluy* 1 400-1 600 (40), *Queyras* 1 350-2 500 (160), *Ceillac* 1 600 (40), *Vars* 1 850-2 100 (25), *Réallon* 1 560 (25), *Crévoux* 1 650 (45), *Crots-La-Draye* 1 530 (20), *Les Orres* 1 650 (40), *Montgenèvre* 1 850 (20), *Val-Clarée* 1 400-1 700 (75), *Villar-d'Arêne-La Grave* 1 400-1 650 (25), *Serre-Chevalier* 1 350-1 600 (85), *Vallouise-Puy-St-Vincent* 1 250-2 044 (78), *Freissinières-Champcella* 1 200-1 400 (20), *Villars-St-Pancrace* 1 300 (15), *Cervières* 1 600 (30).

■ **Var** (83) 5 973 km² (100 × 95 km). Seul département dont le nom évoque une entité géographique se situant dans un département voisin : en 1860, l'arrière-pays de Grasse fut réuni au comté de Nice, formant les Alpes-Maritimes où coule le Var. **Altitude** *maximale :* pyramide de Lachens 1 715 m. **Côtes :** 432 km (partie du territoire français la plus ensoleillée). **Population :** *1801 :* 271 704 ; *51 :* 216 481 ; *1911 :* 330 755 ; *36 :* 398 662 ; *46 :* 370 688 ; *90 :* 815 449 ; *98 :* 895 402 ; *99 :* 898 441 dont étrangers 46 623 (Marocains 9 673, Tunisiens 8 951, Algériens 7 552, Italiens 5 059). **D.** 150. **Cantons :** 43. **Communes :** 153.

Régions naturelles : massifs des Maures (du latin *maurus,* brun foncé, pour désigner des collines foncées ; alt. maximale 779 m à La Sauvette) **et de l'Esterel** (alt. maximale 616 m au Mt Vinaigre). **Dépression permienne** (100 km × 5 à 10 km) contournant les Maures de Toulon à Fréjus (fruits, légumes). **Plateaux** (« plans ») **et chaînons** (« barres ») **calcaires du nord** [Mt de Bovrès (1 597 m), Mt de Margès (1 577 m), pyramide de Lachens (1 715 m)] : irrigation par le canal de Provence ; fruits et légumes en plus des ovins. **Vigne :** 35 000 ha, dont 4 AOC : Bandol, côte de Provence, côteaux varois et d'Aix. **Bois** (en ha) : 341 000 [2e département forestier de France : 155 587 m³] *Maures* 80 000 (pins, chênes-lièges, châtaigniers, eucalyptus), *Estérel* 30 000, *Ste-Baume* (forêt « primaire ») 30 000 (hêtres, érables, ifs).

Iles : Bendor face à Bandol. **D'Hyères :** *Porquerolles* (7 × 3 km) 1 254 ha dont 1 050 appartenant à l'État depuis janv. 1971, parc forestier et conservatoire botanique géré par le parc de Port-Cros, alt. 142 m, 20 min de traversée ; inscrite à l'inventaire des sites ; *Port-Cros* (Hyères) 675 ha (dont PNPC 216, ministères de la Défense-Marine 154,2, propriétaires privés 302,5, divers et commune 2,5), 1er parc marin d'Europe, créé 14-12-1963 : 1 800 ha (600 m autour des côtes), comprend île de *Port-Cros* (4 × 2,5 km, alt. 196 m), îlots du *Rascas* (long. 1,7 km, alt. 51 m), *la Gabinière* et *île de Bagaud* (site inscrit, 57 ha). Voir aussi p. 209 a. **Du Levant** (8 × 1,2 km), 996 ha dont 90 % à la Marine nationale (base d'essai d'engins téléguidés), alt. 129 m, richesses minéralogiques.

☞ *1er département :* apiculture (26 500 ruches) ; horticulture (fleurs coupées : 1 055 ha dont 409 sous serres ; 431,6 millions de fleurs en 1994) ; nuitées touristiques 66 585 000 (en 1996).

Chef-lieu : TOULON. Chef-lieu du Var transféré à Draguignan le 28-1-1797 (la Convention voulant punir les Toulonnais de s'être livrés aux Anglais en 1793), redevenu chef-lieu le 4-12-1974. **Superficie :** 4 284 ha. **Population :** *1471 :* 2 000 ; *1531 :* 7 000 ; *1698 :* 25 000 ; *1721 :* 10 493 (peste) ; *46 :* 30 000 ; *94 :* 15 000 (Révolution) ; *1801 :* 20 000 ; *1901 :* 101 602 ; *36 :* 150 310 (avec doubles comptes ; *24-11-1943 :* bombardement, 500 †) ; *62 :* 161 786 ; *75 :* 181 801 ; *90 :* 167 619 ; *2000 :* 166 442. **Rade** la plus grande d'Europe, port militaire, de commerce et de croisière (1 138 ha). **Bagne :** galères 1624, définitif 1748, fermé 1873 (314 000 forçats en veste rouge, pantalon jaune). **Industrie :** arsenal (le plus important de France), réparation d'avions de la Marine ; munitions et artifices ; métallurgie ; Centre national d'exploitation des océans (Cnexo). **Téléphérique** (30 000 vis.). **Monuments :** hôtel de ville (XVIIe s.) ; au Mourillon : tour Royale (XVIe s. diamètre 60 m, mur épaisseur base 7 m, crête 4 m), forts (XVIIIe s.) St-Louis, Lamalgue ; cathédrale (XIe et XIIe s.). **Musées :** des Beaux-Arts, naval (27 000 vis. en 1999). **Monts :** Caume 801 m, Coudon 702, Baou de Quatre Ouro 676, Faron 584 (tour Beaumont, mémorial, 25 414 vis. [1]), Gros Cerveau 242. *Cap :* Brun. *Corniche* du Mourillon au Cap Brun. UNITÉ URBAINE (26 communes) : 519 640 hab. dont **Bandol** 7 905 ; casino ; zoo (52 800 vis. en 1996). **Carqueiranne** 8 436. **Hyères** (de 16 à 110 m d'alt.) 48 043 ; salines (tour Saint-Blaise, 39 500 vis. en 1997), primeurs, fleurs (212 ha et 380 exploitations), station balnéaire ; casino ; base aéronavale, industrie pharmaceutique ; fac de droit. **La Crau** 14 508, alt. 35 m. **La Farlède** 6 877. **La Garde** 25 326 ; métallurgie. **La Seyne-sur-Mer** 60 187 ; constructions métalliques ; fort Balaguier ; musée (17 638 vis. en 1999). **La Valette-du-Var** 21 739. **Le Pradet** 10 973 ; musée de la Mine (35 458 vis. [1]). **Le Revest-les-Eaux** 3 441. **Ollioules** 12 198 ; édition du « Var Matin ». **St-Mandrier-sur-Mer** 5 190. **Sanary-sur-Mer** 16 995 ; parc animalier (52 695 vis. en 1999). **Six-Fours-les-Plages** 32 741 ; collégiale St-Pierre (XIe-XIIe s.), abbaye N.-D. de Pepiole (VIe s.). **Solliès-Pont** (à 83 m), 10 820. **Solliès-Toucas** 4 397. **Solliès-Ville** (à 224 m), 2 247 ; santons, cultures fruitières. AIRE URBAINE : 564 823 hab.

Sous-préfectures : Brignoles (à 220 m d'alt.) sous-préf. rétablie depuis 1974) ; 12 469 hab. ; foire viticole ; palais des Ctes de Provence, musée du Pays brignolais. **Draguignan** (à 182 m) ex-chef-lieu (1797-1974), 32 194 hab. (aggl. 41 542) ; école d'application de l'artillerie ; foire de l'Olive, *musées* des ATP, municipal, du Canon et des Artilleurs.

Autres villes (vis. en 1999) : **Artignosc-sur-Verdon** 221 hab. **Aups** 1 903 hab. **Bargème** (à 1 097 m) 115 hab. ; église. **Barjols** 2 414 hab. ; fontaine. **Bormes-les-Mimosas** 6 324 hab. **Callas** 1 388 hab. ; gorges de Pennefort. **Cavalaire-sur-Mer** 5 237 hab. (aggl. 6 822 [1]). **Cogolin** (à 50 m), 9 079 hab. ; pipes, tapis (manufacture créée 1928) ; musée Raimu. **Collobrières** 1 592 hab. ; Chartreuse de la Verne. **Cotignac** 2 026 hab. ; chapelle N.-D. de Grâce (100 000 vis.). **Cuers** 8 174 hab. **Entrecasteaux** 863 hab. ; château (8 200 vis.). **Fayence** 4 253 hab. **Fréjus** *(forum Julii)* 11 502 ha ; 40 801 hab. (port inauguré 12-7-1989) ; arènes (fin du Ier s., 113,85 × 83,8 m, 10 000 places), aqueduc (Ier s.), théâtre (Ier s., 72 m de diamètre), cathédrale et cloître (30 000 vis.), baptistère (Ve-VIIIe s.), nécropole (construite 1988-93 ; inaugurée 16-2-1993 ; 17 000 tués en Indochine) ; *musées :* archéologique, des Troupes de marine (22 000 vis.) ; *Aquatica* (183 402 vis.) ; zoo (120 000 vis.) ; [aggl. 83 833 hab., dont *Puget-sur-Argens* 5 865 ; tourisme, viticulture. *St-Raphaël* 26 616 ; casino, station balnéaire]. **Gonfaron** 2 805 hab. ; village des tortues (110 000 vis.). **La Celle** 1 076 hab. ; abbaye (XIIe-XVIIIe s.). **La Croix-Valmer** (à 100 m) 2 734 hab. **La Garde-Freinet** (à 360 m) 1 619 hab. ; musée Jean-Aicard. **La Londe-les-Maures** 8 749 hab. **Le Beausset** 7 723 hab. ; chapelle. **Le Lavandou** 5 449 hab. (aggl. 10 295 [1]). **Le Luc** (à 150 m), 7 282 hab. (aggl. 10 055 [1], dont *Le Cannet-des-Maures* 3 396) ; *musées :* historique, du Timbre. **Le Muy** 7 826 hab. **Le Pradet** 10 973 hab. ; musée de la Mine (34 296 vis.). **Le Rayol-Canadel-sur-Mer** 700 hab. ; jardins (50 000 vis.). **Les Arcs** 5 333 hab. ; chapelle Ste-Roseline (XIIe-XVIe s., 13 486 vis.). **Le Thoronet** 1 533 hab. ; abbaye (fin XIIe s., 120 183 vis.). **Lorgues** (à 214 m), 9 731 hab. ; collégiale (XVIIIe s.), orgues. **Pierrefeu-du-Var** 4 342 hab. **Plan-de-la-Tour** (à 71 m) 2 410 hab. **Ramatuelle** 2 131 hab. ; festival (théâtre) ; plage de Pampelonne 4,6 km (27 ha). **Roquebrune-sur-Argens** 11 349 hab. ; château ; église ; rocher 373 m. **St-Cyr-sur-Mer** 8 898 hab. ; musée du Tauroentum (3 000 vis.), Aqualand (45 000 vis.). **St-Maximin-la-Ste-Baume** (à 303 m), 12 401 hab. ; abbaye, basilique et tombeau de Marie-Madeleine (60 000 vis.). **St-Tropez** (ancienne colonie grecque) 1 117 ha, 5 444 hab. (*1831 :* 3 600 ; *1915 :* 3 700 ; *36 :* 4 102) ; musée de l'Annonciade (fondé 1955, 50 092 vis.) [aggl. 8 376 [1], dont *Gassin* 2 710, alt. 180 m] ; port ; construction bâtiments de guerre ; basilique Ste-Marie-Madeleine, Latitude 43 (1932, hôtel construit par G.-H. Pingusson) ; statue du bailli du Suffren le 4-4-1866 ; fêtes de « la Grande Bravade » (16/18-5), bravade des Espagnols (15-6). **Ste-Maxime** 11 785 hab. ; *musées :* de la tour Carrée, du Phonographe [aggl. 12 992, dont *Grimaud* (à 150 m) 3 780. *Port Grimaud* 80 ha dont port (construit 1966-91 par François Spoerry (1912-99)] 28 quais : 14 km, amarrage : 2 200 postes, logements : 1 868 dont 1 100 maisons : 800 hab., en saison 8 000 hab., visiteurs : 1,5 à 2 millions par an]. **Salernes** (à 262 m) 3 269 hab. ; festival de théâtre (août). **Seillans** 2 115 hab. ; N.-D. de l'Ormeau. **Trigance** (à 800 m) 150 hab. **Vidauban** (à 65 m) 7 311 hab. **Vins-sur-Caramy** 561 hab. ; château (XVIe s.).

Divers : cascades : *Sillans-la-Cascade* (hauteur 42 m), *Trans, Callas* (cascade de Pennafort). **Gorges** d'*Ollioules* (3 km). **Grotte** Ste-Marie-Madeleine (à la Ste-Baume). **Lacs :** *Carcès* (1936 ; 94 ha, 2,8 × 0,2 km), *St-Cassien* (en eau en 1966, 470 ha, 6 × 0,04 km), *Ste-Croix* retenue du barrage (1972) (partagée avec les Alpes de Haute-Provence, 2 700 ha).

■ **Vaucluse (84)** 6 567 km^2 (110 × 60 km). **Altitudes :** *maximale* Mt Ventoux 1 912 m ; *minimale* 12 m (confluent Rhône et Durance). **Population :** *1851 :* 264 618 ; *91 :* 235 411 ; *1911 :* 238 656 ; *82 :* 427 343 ; *98 (est.) :* 501 716 ; *99 :* 499 685 dont étrangers 34 476 (Marocains 15 448, Espagnols 4 283, Algériens 3 869, Italiens 2 054, Tunisiens 1 793). **D.** 140. **Cantons :** 24. **Communes :** 151.

Régions naturelles : plaine du Comtat (90 748 ha), fraises, melons, pêches, pommes, poires, asperges, raisin de table, abricots, tomates, vignobles de Châteauneuf-du-Pape. Bise ou mistral soufflent environ 120 jours/an à plus de 50 km/h (max. 140 km/h.). **Hauteurs calcaires : Ventoux, monts de Vaucluse, Luberon** (130 427 ha, parc naturel régional), ovins, truffes, lavande, cerisiers, vignes. **Basse vallée de la Durance** (32 057 ha), polyculture : céréales, maraîchage et vergers. **Tricastin** (59 519 ha, partagé avec la Drôme), vignes, céréales, fruits. **Les Baronnies** (16 792 ha, partagées avec la Drôme), vignes, vergers. **Plateau de St-Christol** (27 170 ha), lavande, céréales, ovins.

☞ *1er département producteur* (en t, en 1999) : de raisin de table (51 140), melons (39 420), poires de table (32 250), courgettes (21 750), cerises (9 650), ail en vert (2 400), oignons blancs (1 900). **Bois** (en ha, au 1-1-1998) : 123 000 (35 % du département) dont forêts domaniales 6 600 (4 massifs dans le Mt Ventoux, les Mts de Vaucluse et le Luberon, massif d'Uchaux-Sérignan), communales 29 200, privées 80 800. *Production :* 68 150 m^3 (en 1997). **Hydroélectricité :** barrage sur le canal *Donzère-Mondragon* (2 200 millions de kWh), *Caderousse* : sur le Rhône.

Chef-lieu : AVIGNON. **Altitude :** de 16 à 55 m. **Superficies** *intra-muros* (enceinte du XIVe s.) 150 ha, urbanisée (non compris Montfavet) 1 305 ha. **Population :** *1790 :* 26 000 ; *1810 :* 21 412 ; *1911 :* 49 304 ; *36 :* 59 472 ; *54 :* 67 768 ; *90 :* 86 939 ; *99 :* 85 935. **Industrie :** métallurgie, textile, alimentaire ; emballages. **Festival :** 1er de théâtre français (1947), voir à l'Index. **Marché :** 1er d'intérêt national. **Monuments** (vis. en 1999) : palais des Papes (XIVe s., 570 116 vis.), N.-D.-des-Doms (romane), rocher des Doms, remparts. Pont St-Bénézet [à l'origine 22 arches (850 m), reconstruit XIIIe, subsistent 4 arches, 293 942 vis.], le Châtelet (XIVe et XVe s.), chapelles St-Nicolas (romane, remaniée XIIIe s. et début XVIe s.), des Pénitents-noirs (XVIIIe s.), blancs et gris. **Musées** (vis. en 1999) : Calvet 17 959, Requiem 16 208, du Petit-Palais 38 600, fondation Angladon-Dubrujeaud 21 526. UNITÉ URBAINE (22 communes) : 253 580 hab., dont **Althen-des-Paluds** 1 988. **Bédarrides** 5 110. **Entraigues-sur-la-Sorgue** 6 612. **Le Pontet** 15 591 ; produits réfractaires, papiers d'impression et produits filtrants. **Montfavet** technopole, laboratoires de l'Inra. **Morières-lès-Avignon** 6 535. **Sorgues** 17 539 ; parachimie (poudres et explosifs). **Vedène** 8 673. AIRE URBAINE : 290 466 hab.

Sous-préfectures : Apt 11 172 hab. (aggl. 14 381 [1]) ; fruits confits (90 % de la production française) ; circuit de l'ocre, pont Julien, cathédrale, basilique Ste-Anne (crypte, trésor), musée des Faïences, maison du Parc naturel du Luberon. **Carpentras** 24 212 hab. [aggl. 45 806, dont **Monteux** 9 564, pyrotechnie (Ruggieri), épices (Ducros) ; conserverie. **Pernes-les-Fontaines** 10 170] ; bibliothèque Inguimbertine (200 000 volumes sur l'histoire de la Provence) ; conserveries ; arc romain (Ier s. ; haut. 10 m, larg. 5,90 m, prof. 4,54 m), cathédrale St-Siffrein, synagogue la plus ancienne de France (1743), remparts (XVIe s.), campanile, château, halle de concert (XIIe s.). *Musées :* Comtadin, Duplessis, de la Poésie.

Autres villes (vis. en 1999) : **Ansouis** 1 033 hab. ; château (XIIe au XVIIIe s., 23 848 vis.). **Beaumes-de-Venise** 2 051 hab. ; muscat, dentelles de Montmirail ; chapelle N.-D. **Bollène** 14 130 hab. ; usine hydroélectrique, combustibles nucléaires, métallurgie, meubles, briques réfractaires (6 000 t/an) ; village troglodytique de Bárri, canal de Donzère-Mondragon (plus haute écluse de France, 25 m). **Bonnieux** 1 417 hab. ; musée de la Boulangerie (4 783 vis.). **Buoux** 112 hab. ; fort (XIVe s.) ; château médiéval. **Cabrières d'Avignon** 1 422 hab. ; musée de la Lavande (19 176 vis.). **Camaret-sur-Aigues** 3 553 hab. ; agroalimentaire (conserverie de tomates), pâtes. **Caseneuve** 355 hab. ; château fort (XIe s.). **Caumont-sur-Durance** 4 253 hab. ; chartreuse de Bonpas avec monastère (XIIe s.). **Cavaillon** 24 563 hab. (aggl. 35 249, dont *Robion* 3 844) ; marché d'intérêt national fruits et primeurs, pôle logistique agroalimentaire ; ancienne cathédrale romane, arc romain (Ier s.), synagogue ; *musées :* judéo-comtadin, de l'Hôtel-Dieu. **Châteauneuf-de-Gadagne** 2 838 hab. ; boisson, plats cuisinés ; berceau du *Félibrige* (21-5-1854). **Châteauneuf-du-Pape** 2 078 hab. ; vignes (musée : 39 659 vis.) ; château des Papes (XIVe s.). **Courthézon** 5 364 hab. **Crestet** 432 hab. ; château (XIe s.). **Cucuron** 1 828 hab. ; église romane, musée Marc-Deydier. **Entrechaux** 869 hab. ; grottes de l'Ouvèze, forteresse (XIVe s., ruines). **Fontaine-de-Vaucluse** 610 hab. ; église romane ; *musées :* Pétrarque, de la Résistance, du Monde souterrain, de la Justice et des Châtiments, du Santon ; source résurgente, débit de 4,5 (15-12-1884) à 200 m^3/s (moy. 15) ; gouffre 308 m (atteint 3-8-1985, par appareil Modesca). **Gigondas** 648 hab. ; vignobles ; monastère de Prébayan. **Gordes** 2 092 hab. ; *musées* du Vitrail, château Renaissance, village de bories (maisons de pierres sèches, 133 206 vis.), abbaye cistercienne de *Sénanque* (188 247 vis.). **Grillon** 1 686 hab. ; remparts, maisons médiévales. **Jonquières** 3 926 hab. **L'Isle-sur-la-Sorgue** 16 971 hab. ; église (XVIIe s.), antiquaires, agroalimentaire ; musée de Campredon. **La Motte-d'Aigues** 1 010 hab. ; étang (Ioha). **La Roque-sur-Pernes** 447 hab. ; musée. **La Tour-d'Aigues** 3 860 hab. ; château (XIVe s.), musée des Faïences. **Lacoste** 408 hab. ; château du Mis de Sade (XIe s.). **Lagnes** 1 473 hab. ; 2 châteaux (XIIe s.). **Lapalud** 3 267 hab. **Le Barroux** 569 hab. ; château (XIIe s.). **Le Beaucet** 352 hab. ; pèlerinage (St-Gens). **Le Thor** 6 619 hab. ; église (XIIIe s.), grottes de Thouzon. **Lioux** 248 hab. ; châteaux. **Lourmarin** 1 119 hab. ; château (Renaissance, 23 300 vis.) ; tombes des écrivains Henri Bosco et Albert Camus. **Ménerbes** 995 hab. ; dolmen, citadelle (XVIe s.), artisanat ; musée du Tire-bouchon. **Mondragon** 3 363 hab. ; château (XIIe s.), fête du Drac. **Mornas** 2 209 hab. ; château et collégiale. **Murs** 415 hab. ; taille de silex néolithique ; église (XIIe s.), château massif (XVe s.). **Oppède** 1 126 hab. ; remparts, château médiéval, collégiales (XVe s.). **Orange** 27 212 hab. ; base aérienne ; laine pour isolation, chaussures. *Monuments :* arc de Tibère [vers 20 av. J.-C. (haut. 22,73 m, larg. 21,45 m, prof. 8,50 m)], arène (vers 120, long. 19,50 m, prof. 8,50 m, haut. 18,80 m), théâtre antique (début Ier s., diamètre 103 m, haut. 36 m, 12 000 places, le mieux conservé, 191 795 vis.) ; musée (66 044 vis.). *Chorégies* (42 540 vis.). **Pertuis** 17 833 hab. **Piolenc** 4 296 hab. ; fête de l'Ail (fin août), musée du Cirque Alexis-Grüss. **Rasteau** 674 hab. ; musée du Vigneron. **Richerenches** 616 hab. ; tour de l'Horloge, commanderie de Templiers (fondée en 1136), marché aux truffes. **Roussillon** 1 161 hab. ; carrière d'ocre. **Sarrians** 5 459 hab. **Saumane-de-Vaucluse** 684 hab. **Sérignan-du-Comtat** 2 254 hab. ; souvenirs de J.-H. Fabre. **Sorgues** 17 539 hab. ; chimie, plantes aromatiques. **St-Saturnin-lès-Avignon** 3 835 hab. (aggl. 4 029 [1]). **Vaison-la-Romaine** *(Vasio Vocontiorum)* 5 904 hab. ; médiéval, vestiges gallo-romains (84 677 vis.), pont (Ier s.), théâtre (Ier s., 5 000 places), musée (66 165 vis.), festival ; 22-9-1992 crue de l'Ouvèze (vague de 17 m dans la ville), 37 †, 5 disparus. **Valréas** 9 425 hab. [arrondissement d'Avignon (à 65 km d'Avignon et 14 km de Nyons) enclavé dans la Drôme, ancienne judicature des États du pape depuis 1317] ; 1er centre français du cartonnage, matériel de classement, plasturgie ; château de *Simiane*, musée du Cartonnage. **Venasque** 966 hab. ; église (XIIe s.), sanctuaire (VIe s.), baptistère, N.-D.-de-Vie (VIe s.). **Visan** 1 612 hab. ; ruines château (XIIe s.).

Divers : base de fusées (fermée) du *plateau d'Albion* (près d'Apt, voir à l'Index). **Vallées :** *Durance, Calavon.*

RHÔNE-ALPES

GÉNÉRALITÉS

■ **Superficie.** 43 698 km^2. **Population.** *1990 :* 5 350 701 (dont Français par acquisition 200 594, étrangers 430 983 dont Algériens 101 375, Portugais 62 527, Italiens 49 896) ; *99 :* 5 645 407. **D.** 129.

Glaciers : 400 km^2 dont *Mont-Blanc* 177 km, mer de Glace 40 km^2 sur 12 km), glaciers d'Argentière, des Bossons (descend le plus bas, 1 230 m), de Taconnaz, de Bionnassay ; les Écrins (339 glaciers), la Vanoise (130 glaciers, 85 km^2), Hte-Maurienne (105 glaciers, 57 km^2).

■ **Dauphiné. Situation.** Ancien Dauphiné de Viennois qui s'étendait sur une partie des Alpes et jusqu'au Rhône, entre Savoie au nord, Provence et Comtat Venaissin au sud. Se divisait en *bas Dauphiné* (basses vallées : Royannais ou Royans, Grésivaudan ; bords du Rhône : Viennois, Valentinois, Tricastin et Baronnies) et *haut Dauphiné*, plus montagneux (Champsaur, Embrunais, Oisans, Briançonnais, Trièves, Matheysine, Queyras...) ; capitale : Grenoble.

Régions. *D'est en ouest :* massifs centraux des *Alpes,* du Queyras à la chaîne de Belledonne. *Sillon alpin : Grésivaudan,* pays du *Drac. Préalpes :* de la vallée de la Durance à la Chartreuse. *Bas Dauphiné :* entre Isère et Rhône : plateaux et collines entaillés par des dépôts tertiaires. *Au sud, plaine de l'Isère* (céréales dont maïs, tabac ; vaches ; fromage ; noyers). *Plateau de Chambaran,* au-dessus de St-Marcellin, boisé. *Plaines de la Bièvre et de la Valloire,* riches (amendées) [céréales, betteraves, prairies, fruits]. *Au nord, collines,* sols humides dominant la *vallée marécageuse de la Bourbre* (lait, textile).

Histoire. Territoires tour à tour aux mains des *Ligures,* des *Celtes* (*Caturiges* à Embrun ; *Ségusiens* à Briançon ; *Uceni* dans l'Oisans) et des *Romains.* **Av. J.-C. 121** *province romaine* entre Léman et mer. Ségusiens résistent jusqu'en 13 av. J.-C. (capitale Suse). Leur roi *Cottius* se soumet alors à Auguste qui transforme leur cité en royaume tributaire et dépendant de l'Italie. La rive gauche du Rhône forme la Viennoise (capitale Vienne ; ville principale *Cularo,* devenue en 325 Grenoble, *Gratianopolis*). **Apr. J.-C. 480-523** royaume burgonde. **524** Burgondes battus à Vézeronce et occupation franque. **VIe-Xe s.** fait partie successivement de différents royaumes [Provence-Viennois, Provence bosonienne, Bourgogne-Provence (ou Arles)]. **Depuis 843** *(traité de Verdun)* intégrée à l'empire germanique. **Vers 1029-30** l'archevêque Brochard, ayant reçu de la reine de Bourgogne le Cté de Vienne, en inféode le nord à *Guigues,* 1er Cte d'Albon. **Vers 1098** le Cte d'Albon *Guigues VII* prend le titre de dauphin (qui est un ancien prénom, Delfinus). 3 familles se succèdent à la tête du Dauphiné : maisons d'*Albon* (1029-1162), de *Bourgogne* (1192-1282), de *La Tour-du-Pin* (1282-1349). Les Pces de Dauphiné accroissent leurs possessions [Briançonnais (1039), Grésivaudan (vers 1050), Embrunais et Gapençais (1202), Faucigny (1241)] contrôlant les principaux cols des Alpes du Sud. Pas de capitales fixes jusqu'au XIIIe s.

(ensuite, Grenoble). **XIIIe s.** divisé en 7 bailliages dirigés chacun par un bailli assisté des juges mages. **1298** Chartreuse, Mt Granier (1 933 m), coulée de boue, 4 000 à 9 000 †. **1336 Humbert II** (1333-49) crée conseil delphinal (1336), chambre des comptes (1340) et université de Grenoble (1339). **1349**-*30-3 traité de Romans* codifiant le privilège de ses sujets. Privé de descendance par la mort de son fils et endetté, il vend son État à Philippe VI, roi de France, en transférant contre 200 000 florins le Dauphiné à *Charles* (fils de Jean, duc de Normandie, et petit-fils du roi Philippe VI) puis se fait dominicain. Non incorporé au domaine royal, le Dauphiné devient l'apanage traditionnel du fils aîné du roi. **1355**-*5-1 traité de Paris* fixe les limites avec la Savoie : le Faucigny est échangé avec des territoires situés à l'ouest du Guiers. Pendant la guerre de Cent Ans, tentatives d'invasion du duc de Savoie et du Pce d'Orange. **1356** le dauphin Charles (futur Charles V) reçoit l'investiture impériale (maintenant fictivement les droits de l'empereur). **1357** il crée les États provinciaux du Dauphiné. **1378** l'empereur Charles IV institue fictivement le fils du roi de France « vicaire d'Empire » en Dauphiné. **1389** le dauphin Charles arbore en Dauphiné l'aigle impériale des « vicaires » (dernière manifestation de la suzeraineté impériale). **1419-26** annexion du Valentinois et du Diois. **XVe s.** les Vaudois (s'implantant en Briançonnais et Vallouise) jouent un rôle important. **1440-57** le dauphin *Louis II* s'efforce de faire reconnaître l'autonomie de son apanage, renforce son autorité, soumet clergé et noblesse, rétablit le Grand Conseil, crée une chancellerie, réduit les bailliages de 7 à 3, achète au pape la suzeraineté sur Montélimar (1447). Devenu le roi de France Louis XI, il ne donne pas le Dauphiné à son fils et en conserve l'administration. Ses successeurs, tout en garantissant les privilèges de la province, en font autant. **1523** la Réforme rallie les Vaudois. Principaux chefs protestants : baron des Adrets, Dupuy-Montbrun. **1560** *union définitive proclamée* (pas de modifications de l'administration). **1577** *de Lesdiguières,* gouverneur de la province sous Henri IV et jusqu'à sa mort (1626). **1628** suspension des états du Dauphiné, apparition des intendants. Invasions savoyardes au cours des guerres de la ligue d'Augsbourg et de la Succession d'Espagne. **1713** *traité d'Utrecht :* le duc de Savoie reçoit les vallées briançonnaises du versant est des Alpes en échange de la haute vallée de l'Ubaye (Barcelonnette). **1788**-*21-7 assemblée de Vizille* réclame des états généraux.

■ **Forez. Situation.** *Forez* devrait être écrit *Forais,* c.-à-d. « pays de Feurs » (les 2/3 du dép. de la Loire). Comprend : *monts* du *Forez* et de *la Madeleine* à l'ouest de la vallée de la Loire, du *Lyonnais* et du *Pilat* entre Loire et Rhône (Primaire) ; *plaines* de *Roanne* au nord, et du *Forez* au centre (Tertiaire). Gisement houiller (abandonné), uranium dans 3 vallées autour de St-Étienne.

Histoire. Occupation très ancienne (Sinanthropiens, Néandertaliens). Domination celte à partir du ve s. *(Ségusiaves).* **Époque romaine** urbanisation (*Forum Segusiavorum,* Feurs ; *Rodumna,* Roanne ; etc.). **843** après les Carolingiens, appartenance à l'empire « lotharingien », puis au royaume de Bourgogne-Provence, puis à l'empire germanique. **1167** entrée dans la mouvance française. **1173** Lyonnais et Forez se séparent. Les nouveaux « Ctes de Forez » ont comme principaux vassaux les seigneurs de Roanne. **1531** passe à la couronne de France. Les seigneurs de Roanne deviennent vassaux directs de la Couronne. **1566** ils obtiennent le titre de « ducs de Roannais » (éteint 1725). **1790** département de Rhône-et-Loire (chef-lieu Lyon), regroupe Forez, Roannais et Lyonnais ; il est en majorité jacobin à l'ouest, girondin à l'est. **1793** la Convention le divise en 2 : Montbrison devient chef-lieu de la Loire.

■ **Lyonnais. Situation.** Rive droite de la Saône et du Rhône, au sud de l'Azergues, jusqu'aux monts du Lyonnais et du Pilat (de 1 000 à 1 400 m d'alt.). Collines de 600 m entre le sillon Saône-Rhône (sablonneux) et la montagne, favorable à la viticulture.

Histoire. Partie ouest du territoire des Ségusiaves. **Av. J.-C. 43** L. Munatius Plancus, ancien Lt de César, fonde Lyon. **13** capitale des « Trois Gaules » (Narbonnaise, Aquitaine et Lugdunaise), point de convergence des routes gallo-romaines. **Apr. J.-C.** Après Dioclétien, Lyon métropole de la Lugdunaise Première et capitale de l'ancienne cité des Ségusiaves (pas d'évêques, ni à Feurs ni à Roanne qui dépendent du métropolite de Lyon). **478** Lyon capitale du royaume burgonde. **Sous les Carolingiens** le Cte est nommé aux côtés de l'archevêque. **Vers 1000** l'archevêque Burchard, frère de Rodolphe III, repousse le Cte vers Feurs et Roanne et agit comme seigneur du Lyonnais. **1157** l'archevêque reçoit un titre comtal pour le Lyonnais (partition définitive en 1173). **1290** les Lyonnais, révoltés contre l'archevêque, demandent un « gardiateur » mandaté par le roi de France. **1310** Louis X le Hutin assiège et prend Lyon (réuni à la Couronne en 1312). **1320** Lyon obtient une charte. **1420** 2 foires créées. **1463** 4 foires annuelles ; « art de la soie », une succursale installée par les Médicis. **1529** Grande Rebeyne, émeute populaire. **1562** Lyon prise par protestants. **1595** *édit de Chauny :* Lyon dirigée par un prévôt des marchands et 4 échevins. **1642** Lyon : Cinq-Mars et de Thou exécutés. **1700** académie de Lyon fondée. **1762** 1re école vétérinaire du monde créée à La Guillotière par Bourgelat. A la fin de l'Ancien Régime, le gouvernement du Lyonnais comprend *Lyonnais, Forez* et *Beaujolais.* **1790**-*févr.* fin du consulat de Lyon. **1793**-*mail-9-10* rébellion. *-12-10* décret de la Convention : « Lyon n'est plus ». *-19-11* dép. de Rhône-et-Loire scindé en 2. **1808** mise au point du métier de Jacquard. **1831**-*nov.*/**1834**-*avril* insurrection des *canuts.* **1840** grande crue du Rhône. **1852** La Guillotière, La Croix-Rousse et Vaise unies à Lyon ; Villeurbanne, Vaulx-en-Velin, Vénissieux et Bron rattachées au dép. du Rhône. **1863** Crédit Lyonnais fondé par Henri Germain. **1894**-*24-6* Lyon, Pt Sadi Carnot assassiné. *1896* 1re voiture Berliet. *-Juin* basilique de Fourvière inaugurée. **1916** foire de Lyon inaugurée. **1944**-*2/3-9* Lyon libérée. **1967** 8 communes de l'Ain et 25 de l'Isère rattachées au dép. du Rhône. **1969** communauté urbaine de Lyon créée.

■ **Beaujolais. Situation.** Rive droite de la Saône, au nord de la vallée de l'Azergues. Montagnes culminant à 1 012 m (Mt St-Rigaud). Collines viticoles.

Histoire. 843 fraction du territoire des Ségusiaves attribuée au royaume de France. Les seigneurs de Beaujeu étaient sans doute vassaux des ducs capétiens de Bourgogne, en fait indépendants, pratiquant un jeu de bascule entre le royaume et l'empire, et possédant de nombreuses terres « en empire », notamment la Dombes et le massif des Bauges en Savoie. **1400** Édouard II vend ses domaines au duc de Bourbon. **1523** confisqué au connétable. **1531** réuni à la Couronne, dépend de Lyon pour justice et finances. **1560** rendu aux Bourbons-Montpensier. La Grande Mademoiselle le lègue aux ducs d'Orléans qui le possèderont encore à la Révolution.

■ **Savoie. Situation.** D'est en ouest : **massifs intra-alpins** (aiguilles d'*Arves,* du *Mt-Cenis* et de la *Vanoise*), traversés par la Maurienne et la Tarentaise ; **hauts massifs cristallins (Grand Arc, Beaufortin, Mt-Blanc)** ; **sillon alpin,** avec la *combe de Savoie* et le *val d'Arly ;* **massifs** (Bauges, Bornes, Chablais) **et cluses préalpines** (rive gauche du Rhône, jusqu'à la crête frontière des Alpes depuis le lac Léman jusqu'au sud de la cluse de Chambéry).

Histoire. Chasseurs magdaléniens (l'âge de la Pierre taillée). Les populations de Maurienne et de Tarentaise montagneuses (*Ligures* ?), où pénètrent un peu *Celtes* et *Romains,* différent de celles du bas pays, où se sont installés les Celtes allobroges. **Avant J.-C. 122** le consul Domitius Ahenobarbus bat les Allobroges que les Arvernes tentent vainement de sauver. Leur cité (capitale *Genaba,* Genève) est annexée à la *Provincia Romana.* **69** et **61** tentatives de soulèvement contre exactions du gouvernement Fonteius et lors de la guerre des Gaules. *Sous Auguste,* la Tarentaise fait partie des Alpes Grées, royaume relevant de l'Italie. **Après J.-C. Fin IVe s.** 1er évêque de Genève connu. Le terme *Sapaudia* apparaît la 1re fois chez Ammien Marcellin (354 ou vers 370-80 ?) : désigne actuelle Savoie et partie de l'Helvétie. **485** Burgondes, venus du nord du Léman, occupent la région. **Ve** et **VIe s.** la christianisation pénètre Tarentaise et Maurienne, vie religieuse autour du monastère de St-Maurice-d'Agaune et des nouveaux évêchés de Grenoble et Belley. **534** incorporée au royaume mérovingien par les fils de Clovis quand ils annexent le royaume burgonde, la Sapaudia se réduit sous le nom de *Saboia* (sans doute le *pagus Sagoniensis*) aux territoires compris entre Isère et rive sud du lac du Bourget, et bientôt correspond à l'actuelle Savoie. Elle contrôle les cols du Mt Cenis (où passent Pépin le Bref 755 et 756, et Charlemagne 773, en guerre contre les Lombards) et du Petit-St-Bernard. **843** *traité de Verdun :* fait partie des territoires de Lothaire, **888** du 1er royaume de Bourgogne transjurane et du 2e royaume de Bourgogne. **934-35** luttes seigneuriales. **Début du XIe s.** émancipation des Ctes de Genève et des Ctes humbertiens. **1032-38** le roi de Germanie, Conrad II, héritier de la Bourgogne transjurane (Suisse), obtient des droits théoriques sur la rive gauche du Rhône. Mais les Ctes de Savoie, devenus vassaux de l'empereur en Italie, défendront les droits impériaux sur l'ancien royaume d'Arles. Les Humbertiens détiennent les Ctés de Savoie, Maurienne et Bugey, une partie du Viennois, et acquièrent par mariage (1044) le marquisat en Italie (Suse et Turin). Disposent de l'abbaye d'Agaune (St-Maurice-en-Valais), du Chablais, du bas Valais et du Cté d'Aoste. Puis l'influence des Ctes de Savoie en Piémont recule au profit de l'empire et des évêques de Turin, mais se maintient dans les vallées de Suse et d'Aoste. **1294** leurs cousins, les Savoie-Achaïe, apanagés du Piémont, reconquièrent les positions perdues outre-monts. A l'ouest des Alpes, le Cte *Pierre II* prend la Suisse romande ; *Philippe Ier* et *Amédée V* annexent la Bresse et pénètrent à Genève. **1355 Amédée VI** (« le Comte vert ») acquiert le Faucigny en échange du Viennois savoyard *(traité de Paris).* **1388 Amédée VII** (« le Comte rouge ») se rend maître du Cté de Nice. **1401 Amédée VIII** acquiert Annecy et Genevois. **1416** érection de la Savoie en duché. **1418** la branche des Savoie-Achaïe s'étant éteinte, le duc *Amédée VIII* réincorpore le Piémont à ses possessions personnelles, ce qui facilite l'entrée des Piémontais dans l'administration des états savoyards. **XVe-XVIe s.** déclin territorial à l'ouest des Alpes, accroissant l'influence du Piémont. S'étant rapprochés de Charles le Téméraire, puis de Charles Quint contre la France et les cantons suisses, les ducs perdent Bas-Valais (1477) et pays de Vaud (1536). **1536-59** occupée par la France sous François Ier et Henri II. **1559 Emmanuel-Philibert** transfère sa capitale de Chambéry à Turin. Désormais, la Savoie conserve ses institutions particulières (sénat de Savoie et jusqu'en 1720 chambre des comptes de Chambéry) au sein d'un État qui s'italianise. **1601** *traité de Lyon* cède à Henri IV Bresse, Bugey et pays de Gex. **1690-96** et **1703-13** occupée par la France sous Louis XIV. **1713 Victor-Amédée II** ajoute la Sicile à ses États et devient roi. **1720** doit échanger Sicile contre royaume de Sardaigne. **1792** la Savoie rattachée à la France forme un département (le Mt-Blanc). **1798** 2 départements (Mt-Blanc : chef-lieu Chambéry, et Léman : chef-lieu Genève). **1814** restituée en partie, **1815** en totalité aux rois de Sardaigne. **1860**-*24-3* incorporée à la France (sans Genève et environs). Après plébiscite du 22 et 23-4 (inscrits 135 449, oui 130 533, non 235, nuls 34), divisée en Savoie et Haute-Savoie. **1947**-*10-2 traité de Paris :* frontière avec Italie modifiée (près du Petit-St-Bernard et sur plateau du Mt Cenis) en faveur de la France.

■ **Bresse, Bugey, pays de Gex.** Sur la rive droite du Rhône et gauche de la Saône, entre monts du Jura et Saône. Forment avec la Dombes le département de l'Ain. **Époque celtique** les *Séquanes* (voir **Franche-Comté** p. 837 b) occupent le Jura. Les *Ambares* (capitale Ambérieu) la basse vallée de l'Ain avec une ville fortifiée à Bourg *(Briga)* qui a donné son nom à la Bresse *(Bricia).* **Époque gallo-romaine** *pagus* d'*Isarnodorum,* Izernore, capitale régionale. **Vers 485** conquis par Burgondes venus du nord du Léman. **843** terre d'empire. Acquis par la maison de Savoie entre XIIe et XIVe s. **1601** annexés par Henri IV *(traité de Lyon).*

■ **Dombes.** Région marécageuse entre Ain, Rhône et Saône, au sud-ouest du département de l'Ain. Non peuplée à l'époque celtique, servant de limite entre Ambares et Ségusiaves. **843** terre d'empire. **Vers le Xe s.** acquise par les seigneurs de Beaujeu (mouvance française). Beaujeu, puis Bourbons sont seigneurs impériaux en même temps que feudataires français. **1601** après l'annexion de Bresse et Bugey, reste enclave impériale. Les ducs de Montpensier s'intitulent « princes de Dombes » pour montrer qu'ils ne relèvent pas du roi sur la rive gauche de la Saône. Leur capitale est *Trévoux.* **XVIIIe s.** les jésuites y établissent leur maison d'édition sous la suzeraineté des Pces légitimés, héritiers des Montpensier.

■ **Vivarais.** Rive droite du Rhône, au sud du Lyonnais, jusqu'au confluent de l'Ardèche. Montagnes cristallines et volcaniques favorables au châtaignier (en Ardèche). Cité des *Helvii,* sans doute parents des Helvètes de Suisse. **405** capitale *Alba* (Aps) détruite par Vandales ; Viviers devient évêché. **843** terre d'empire, mais la rive droite de l'Érieux, au sud, est acquise par les Ctes de Toulouse. **1271** passe à la couronne de France malgré sa qualité de terre d'empire. Le nord du Vivarais, dépendant des Ctes de Valentinois, est acquis par Philippe le Bel en même temps que le Lyonnais, sans doute par rachat.

■ **Valentinois.** Rive gauche du Rhône, en face du Vivarais (35 communes de la rive droite entre le Doux et l'Eyrieux en ont fait partie jusqu'à la Révolution), au sud de l'Isère. Cité des *Ségalaunes* (petite tribu gauloise, cliente tantôt des Allobroges, tantôt des Voconces ; capitale Vence, devenue Valence à l'époque romaine). **Vers le IIIe s.** évêché. **843** partie de la Lotharingie, **855** du royaume de Provence, **933** du royaume d'Arles. **XIe s.** forme le Cté valentinois *(comitatus valentinensis),* avec des Ctes movibles, dépendant du roi d'Arles. **XIIe s.** les Ctes deviennent héréditaires, relevant directement de l'empire germanique. **1116** annexion du Diois (on dit désormais Cté de Valence et Diois), **1125** à la famille de Poitiers (bâtarde des Poitiers-Aquitaine) : 10 Ctes pendant 4 siècles. **1423** Louis de Poitiers-Saint-Vallier (branche cadette) cède par testament son fief au pape, souverain du Comtat Venaissin ; mais le roi de France Charles VII, agissant comme successeur des dauphins, annule la donation et annexe le Venaissin au Dauphiné. **1463** Louis XI le rend au pape Pie II, en gardant la rive droite du Rhône. Les papes, appuyés par les empereurs, ne cessent, dès lors, de contester les droits de la France sur le Venaissin, ce qui oblige les rois à le concéder à des seigneurs provençaux ou italiens. **1498** érigé en duché, à César Borgia, fils naturel du pape Alexandre VI, **1548-66** à Diane de Poitiers-Saint-Vallier, héritière de l'ancienne famille et maîtresse d'Henri II. **1642** duché-pairie pour Honoré II, Grimaldi Pce de Monaco, qui devient l'allié de la France. **1715** passe par mariage à la famille de Matignon (les Pces héritiers de Monaco portent le titre).

■ **Diois.** Bassin de la Drôme, sud-est du Valentinois. Tribu des *Voconces.* Die porte le nom de la déesse Antarta *(Dea Antarta),* puis celui de l'épouse d'Auguste à l'époque romaine *(Dea Augusta Vocontiorum).* **325** évêché. **Xe-XIIe s.** Cté souverain. **1189** donné en fief à Aymar II de Poitiers qui le réunit au Cté de Valentinois. **1275** diocèse fusionné avec celui de Valence : l'évêque de Valence est évêque Cte de Die jusqu'en 1687. **1687-1790** restauration de l'évêché de Die (l'évêque est Cte de Die).

■ ÉCONOMIE

■ **Population active** (au 1-1-1998). 2 200 643 (non-salariés 248 863) dont : agriculture 67 452 (50 205) ; industrie 500 762 (19 919) ; construction 136 406 (29 592) ; tertiaire 1 496 023 (149 147). **Chômage :** 10 % (en 1998) ; 254 200 demandeurs d'emploi (en févr. 1999).

■ **Échanges** (en milliards de F, 2000). **Import. :** 203,23 *dont* prod. chim. en caoutchouc ou plastique 27,08, équip. électriques et électroniques 24,98, composants électriques et électroniques 24,08, équip. mécaniques 23,22, métaux et prod. métalliques 16,52, équip. du foyer 12,94, combustibles et carburants 12,03, prod. des ind. agricoles et alimentaires 9,12, pharmaceutiques, de parfumerie et entretien 7,74 ; **de** It. 30,86, All. 30,33, USA 15,09, G.-B. 13,89, Esp. 11,11, Belg. 10,84. **Export. :** 243,76 *dont* composants électriques et électroniques 43,48, prod. chim. en caoutchouc ou plastique 36,23, équip. mécaniques 32,76, équip. électriques et électroniques 29,85, métaux et prod. métalliques 15,95, prod. de l'ind. auto 15,56, équip. du foyer 11,04, prod. de l'ind. textile 10,38, des ind. agricoles et alimentaires 9, combustibles et carburants 7,81 ; **vers** All. 36,63, It. 30,78, USA 20,69, G.-B. 18,93, Esp. 17,52, Belg. 14,67.

■ **Agriculture** (en 1999). **Terres** (en milliers d'ha) : 4 496,7 dont *SAU* 1 733,8 [t. arables 674,5, céréales 341,4, oléagineux 56,9, légumes 24,5 (dont pommes de terre et légumes frais 13,1, racines et tubercules fourragers 1,6), fourrages annuels 55,5, jardins 16,8, cultures fruitières 44,8 dont noyeraies 5,7, vignes 61,9, herbe et prairies 949,3] ; *bois, forêts et peupleraies* 1 623 ; *t. non cultivées* 327,3, *t. non agricoles* 801,9. **Production végétale** (en milliers de t) : maïs

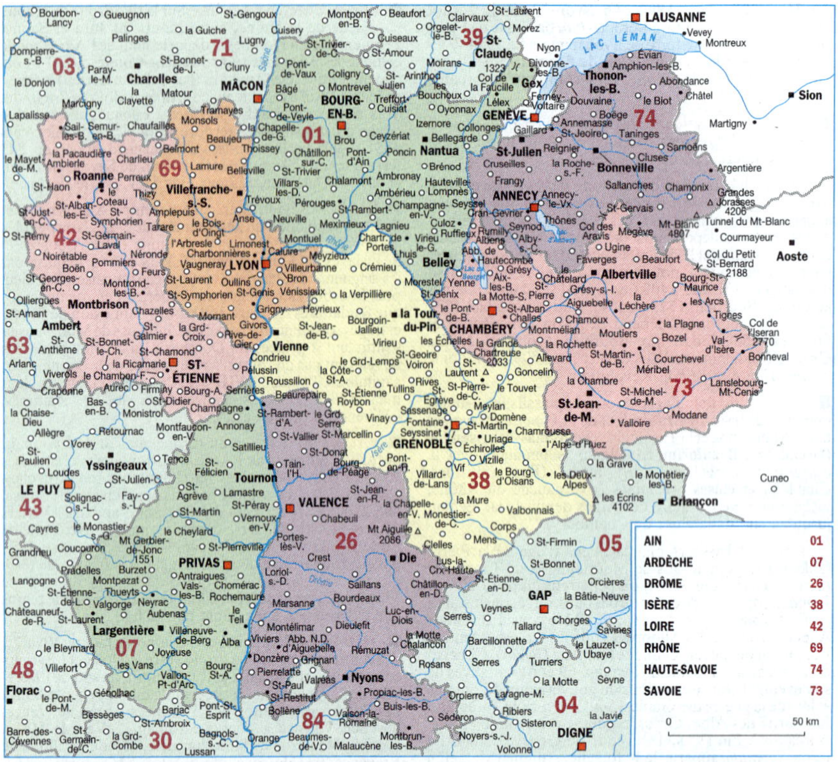

1 279,3, blé tendre 704,9, orge et escourgeon 238,9. Fruits (production totale, 1999) : pêches 163,5, pommes 122, poires 44,2 ; *vin :* 3 416 492 hl ; **animale** (en milliers de têtes) : bovins 1 064,2, ovins 477,5, porcins 370,4, caprins 162,7, volailles 93,6 ; *lait : de vache* 15 943 500 hl, *de chèvre* 496 400 hl.

■ **Énergie** (production au 1-1-1995). **Électricité** (en milliards de kWh) : 116 dont nucléaire 84,7, hydraulique 31, thermique 0,3. CENTRALES du *Bugey* (*1972/78/79 :* 4 140 MW), *Cruas* (*1984 :* 3 600 MW), surrégénérateur *Creys-Malville* (*1986 :* 1 200 MW), *St-Alban-St-Maurice* (*1986 :* 2 600 MW), *Tricastin* (programme Eurodif, *1980/81 :* 3 600 MW). BARRAGES de *Grand-Maison* (*1985 :* 1 700 MW), *Super-Bissorte* (746 MW), *Roselend* (495 MW), *Le Cheylas* (485 MW). **Pétrole raffiné** (en milliers de t) : 4 886. **Charbon** (en milliers de t) : 162.

■ **Tourisme** (en 2000). **Hébergement :** *hôtels de tourisme* 2 540 (72 232 lits) ; *résidences de tourisme* 191 (99 279 pl.) ; *campings* 869 (72 745 pl.) ; *auberges de jeunesse* 25 (1 956 lits) ; *villages de vacances* 155 (40 064 pl.) ; *gîtes ruraux* 5 385, *d'étapes* 332, *d'enfants* 94 ; *chambres d'hôtes* 2 037 ; *résidences secondaires* 335 165.

☞ Voir **Occitanisme** p. 855.

■ DÉPARTEMENTS

☞ Voir légende p. 811. *Nota.* – (1) En 1998.

■ **Ain (01)** 5 762 km² (100 × 80 km). **Altitude** *max.* le Reculet (crêt de la Neige) 1 718 m, *mini.* 170 m (sortie du Rhône). **Population :** *1801 :* 297 071 hab. ; *1901 :* 343 048 ; *21 :* 309 486 ; *36 :* 306 718 ; *46 :* 298 556 ; *82 :* 418 516 ; *90 :* 471 019 (dont étrangers 44 946 dont Marocains 8 129, Portugais 6 721, Turcs 6 408, Algériens 4 232) ; *99 :* 515 270. **D.** 89. **Cantons :** 43. **Communes :** 419.

Régions naturelles : Bresse : 1 317 km², alt. 100 à 300 m ; céréales, prairies, bovins, seules volailles d'appellation contrôlée, mécanique, câblerie. **Dombes :** 886 km², alt. 100 à 300 m ; pisciculture (1 000 étangs sur 10 000 ha, le Grand Birieux : 300 ha) ; chasse, céréales, parc ornithologique. **Vallée de la Saône :** 336 km², alt. 100 à 280 m ; céréales, élevage, pépinières, maraîchage. **Bugey** *(bas Bugey* et *Revermont) :* 1 458 km², alt. 800 à 1 500 m ; élevage, fromageries, polyculture, vignes, maroquinerie, textiles. **Jura** (haut Bugey-pays de Gex) : 1 347 km², alt. 800 à 1 700 m (crêt de la Neige 1 718 m) ; filières de diamant, plasturgie, textiles, scieries, appareillages électriques, forêts, élevage. **Bois** (en 1993) : 186 500 ha.

Chef-lieu : BOURG-EN-BRESSE. **Altitude** *max. :* 241 m. **Population :** 40 666 hab. (*1926 :* 20 364 ; *75 :* 42 181 ; *82 :* 41 098). **Industries :** métallurgie, mécanique, véhicules utilitaires, foires importantes, agroalimentaire. **Monuments** (vis. en 2000) : monastère de Brou (1506-12 ; 79 584 vis.), musée créé 1854 (6 873 vis.) ; hôtel-Dieu. **Forêt** de Seillon (650 ha). AGGLOMÉRATION : 92 598 hab. [1], dont **Péronnas** 5 534. **St-Denis-lès-Bourg** 4 921. **Viriat** 5 288.

Sous-préfectures : Belley (à 220 m d'alt.), 8 004 hab. (*1806 :* 3 775 ; *1926 :* 4 739) ; construction et joints métalliques, maroquinerie (Le Tanneur) ; palais épiscopal (XVIIIe s.), cathédrale (XVe-XIXe s.), maison natale de Brillat-Savarin. **Gex** (à 575 m d'alt.), 7 733 hab. (*1806 :* 2 325 ; *1926 :* 2 065) [aggl. 8 378 [1]] ; musée des Sapeurs-Pompiers (545 vis.). **Nantua** (à 479 m d'alt.), 3 902 hab. (aggl. 4 217 [1]). Musée de la Résistance et de la Déportation (8 356 vis. en 2000).

Autres villes (vis. en 2000) : **Ambérieu-en-Bugey** (à 260 m d'alt.), 11 436 hab. (*1806 :* 2 892 ; *1926 :* 5 705) [aggl. 12 235] ; nœud ferroviaire, terrain d'aviation ; château des *Allymes* (XIIIe s. ; 3 987 vis.) ; musée du Cheminot (5 301 vis.). **Ambronay** 2 146 hab. ; abbaye, festival de musique baroque (16 235 vis.). **Anglefort** 769 hab. ; château. **Ars-sur-Formans** 1 102 hab. ; pèlerinage (450 000 vis. en 1995), musée de Cires (26 270 vis.), Historial du St Curé d'Ars (20 140 vis.). **Bellegarde-sur-Valserine** (à 400 m), 10 846 hab. (*1806 :* 172 ; *1926 :* 4 664) [aggl. 11 968 [1]] ; électrométallurgie, imprimerie, confection. **Bénonces** 243 hab. ; forêt de Portes. **Cerdon** 672 hab. ; cuivrerie (49 365 vis.). **Châtillon-sur-Chalaronne** 4 137 hab. (*1806 :* 3 194 ; *1926 :* 2 732) ; activité pharmaceutique, marché agricole ; halles, centre culturel des Dombes ; musée (8 005 vis.). **Coligny** 1 091 hab. ; calendrier gaulois luni-solaire découvert 1847). **Collonges** 1 106 hab. ; fort et musée. **Culoz** 2 622 hab. ; château de *Montverran* (1 020 vis.). **Divonne-les-Bains** (à 500 m), 6 171 hab. (*1806 :* 1 296 ; *1926 :* 1 721) ; casino, thermes (2 069 curistes). **Dortan** 28 186 hab. ; château (2 800 vis.). **Fareins** 1 684 hab. ; château de *Fléchères* (9 668 vis.). **Ferney-Voltaire** (à 423 m), 7 083 hab. (*1804 :* 920 ; *1926 :* 1 209) ; Cern (Centre européen pour la recherche nucléaire), secteur français de l'aéroport Genève-Cointrin (34 306 vis.) ; château de Voltaire (12 500 vis.) ; lycée international. **Hauteville-Lompnes** (à 850 m), 3 662 hab. ; ski. **Hotonnes** 295 hab. ; musée (12 550 vis.). **Injoux-Génissiat** 970 hab. ; barrage (7 581 vis.). **Izernore** 1 656 hab. ; fouilles archéologiques. **Izieu** 178 hab. ; mémorial (6-4-1944 la Gestapo déporta 44 enfants juifs : 41 † Auschwitz ; 17 724 vis.). **Jassans-Riottier** 5 338 hab. **Jujurieux ;** musée de la Soie (12 028 vis.). **Lagnieu** 5 882 hab. (aggl. 6 518 [1]). **Léaz** 481 hab. ; fort de l'Écluse (11 417 vis.). **Lélex** 232 hab. ; lapidaires ; ski. **Lochieu** 73 hab. ; musée du Valromey (7 561 vis.). **Marchamp** 108 hab. ; Musée paléontologique de Cerin. **Meximieux** 6 840 hab. [aggl. 7 081 [1], dont *Pérouges* 1 103, cité médiévale (82 105 vis.), musée (32 500 vis.)]. **Mijoux** 312 hab. **Miribel** 8 539 hab. **Montluel** 6 454 hab. ; ind. frigorifique. **Montmerle-sur-Saône** 2 830 hab. (aggl. 3 591 [1]). **Montréal-la-Cluse** 3 652 hab. (aggl. 4 269 [1]). **Montrevel-en-Bresse** 1 994 hab. (aggl. 3 247 [1]), La plaine tonique (128 375 vis.). **Oyonnax** (à 540 m), 24 162 hab. (*1906 :* 1 275 ; *26 :* 11 617) [aggl. 30 471 [1]] ; plasturgie, lunetterie ; Printemps chorégraphique (biennale) ; musée du Peigne et du Plastique (4 790 vis.). **Pont-de-Vaux** 2 004 hab. (aggl. 2 425 [1]) ; musée Chintreuil. **Pont-de-Veyle** 1 484 hab. (aggl. 3 540 [1]). **St-Cyr-sur-Menthon** 1 314 hab. ; ferme des Planons (24 150 vis.). **St-Genis-Pouilly** 6 383 hab. (aggl. 9 912 [1]). **St-Maurice-de-Beynost** 4 020 hab. **St-Rambert-en-Bugey** 2 065 hab. ; musée. **St-Vulbas** 710 hab. ; centrale nucléaire de Bugey (11 501 vis.). **Seyssel** 801 hab. (aggl. 1 658 [1]). **Thoissey** 1 358 hab. (aggl. 3 371 [1]). **Treffort-Cuisiat** 1 910 hab. ; musée du Revermont (26 303 vis.). **Trévoux** 6 392 hab. ; plan d'eau, palais du Parlement (XVIIe s., 4 191 vis.), château (5 429 vis.), atelier monétaire (Moyen Age), imprimerie (XVIIe-XVIIIe s.) [*1701 :* « Journal de Trévoux » (titre exact : « Mémoires pour servir à l'histoire des sciences et des arts ») créé par les jésuites ; devient en 1768 ; « Journal des sciences et des beaux-arts » ; *1704* « Dictionnaire de Trévoux ».] **Villars-les-Dombes** 4 190 hab. ; parc ornithologique (182 273 vis.). **Vonnas** 2 422 hab. ; musée des Attelages (7 192 vis.).

Divers : architecture : *N.-D. du Mas-Rillier* (« Espérance des désespérés », église inaugurée 1941, statue de 33 m, campanile de 1947 avec 50 cloches). **Lacs :** du *Bourget,* de *Nantua* (150 ha, alt. 475 m, prof. 43 m), *Massignieu-de-Rives* (110 ha), *Sylans* (50 ha), *Genin* (4 ha). **Réserves naturelles :** *grotte de Hautecourt* (10 ha, Revermont), *marais de Lavours* (1984, Bas-Bugey, 474 ha), *haute chaîne du Jura* (créée 1993, 10 800 ha). **Routes :** *des Cheminées « sarrasines »* sur l'ancien domaine des sires de Bâgé [une trentaine (XVIIe et XVIIIe s.), région de St-Trivier-de-Courtes, Courtes, St-Nizier-le-Bouchoux, Vernoux, Vescours] dont 4 fermes classées [Les Planons (23 992 vis. [1]), St-Étienne-du-Bois (13 250 vis.)] ; *des étangs de la Dombes ; des vins et fours.* **Ski nordique :** *Brénod* 1 100 m, *Giron* 1 078 m, *Hotonnes* 1 350 m, *Le Poizat* 1 300 m, *Mijoux-la Faucille-Lélex* 1 320 m.

■ **Ardèche (07)** 5 529 km² (120 × 70 km). **Altitude :** *maximale* Mt Mézenc 1 754 m, *minimale* 40 m (sortie du Rhône). **Population :** *1801 :* 266 656 hab. ; *1911 :* 331 801 ; *36 :* 272 698 ; *62 :* 245 597 ; *82 :* 267 970 ; *90 :* 277 581 (dont étrangers 10 784 dont Marocains 2 056, Algériens 1 864, Portugais 1 560, Espagnols 1 004) ; *99 :* 286 023. **D.** 52. **Cantons :** 33. **Communes :** 339.

Régions naturelles : Mts du Vivarais (forêt, élevage). **Bas Vivarais** (collines arides : vignes, fruits). **Vallées :** Doux, Eyrieux, Ouvèze, Ardèche, Rhône (fruits, cimenterie, centrale nucléaire de Cruas). **Bois** (en milliers d'ha, au 1-1-2000) : 285 dont forêts privées 227,7, communales 14,3, domaniales 13,8 (dont *Mazan l'Abbaye* 1,2, *Les Chambons* 1,8, *Bonnefoi* 1,1, *La Chavande* 1,2, *Prataubérat* 1). 1er dép. producteur de châtaignes (6 000 t/an).

Chef-lieu : PRIVAS. **Altitude :** 300 m. **Population :** *1806 :* 3 080 ; *1936 :* 7 733 ; *90 :* 10 080 ; *99 :* 9 170) [aggl. 14 473 [1]]. **Industries :** marrons glacés, textile, pesage industriel, constructions électriques. **Musées :** du Vivarais protestant [à Pranles, maison natale de Pierre (1700-32) et Marie (1711-76) Durand], de la Terre ardéchoise (2 150 vis. en 2000), d'Art religieux.

Sous-préfectures : Largentière (à 224 m d'alt.), 1 942 hab. (aggl. 2 920 [1]) ; château (XIIe-XIVe s.) ; musée du Facteur (4 800 vis. en 2000). **Tournon-sur-Rhône** (à 120 m), 9 946 hab. (aggl. 11 859 [1]) ; constructions électriques, chaussures, textiles, articles de sport, caravanes. *Château* (XIVe-XVIe s., 9 850 vis. en 2000). Musée du Rhône.

Autres villes (vis. en 2000) : **Alba-la-Romaine** 1 135 hab. ; château (XVe-XVIIe s.) ; théâtre antique (8 473 vis.). **Annonay** (à 350 m) 17 522 hab. (*1661 :* 3 800 ; *1803 :* 6 000 ; *1936 :* 15 669 ; *62 :* 18 434 ; *75 :* 20 832) [aggl. 25 865 [1]] ; textile, cuir, autocars, papier (Canson et Montgolfier). *Musées :* des Papeteries (9 036 vis.), César-Filhol. **Arras-sur-Rhône** 415 hab. ; tour. **Aubenas** (à 300 m) 11 018 hab. (aggl. 24 052 [1], dont *Vals-les-Bains* 3 661, 250 m, 145 sources à 13 °C) ; ind. textile, mécanique et électrique, pharmaceutique ; château des *Montlaur* (XIe s., 6 166 vis.) et musée ; station thermale. **Balazuc** 337 hab. **Banne** 555 hab. ; château (Moyen Age, 170 × 80 m, écuries 54 m × 8 m) ; musée (œufs décorés, icônes). **Barnas** 204 hab. ; tour de Chadenac. **Beauchastel** 1 565 hab. **Berrias** 566 hab. ; commanderie de Jalès. **Bidon** 112 hab. ; musée de la Vie (23 500 vis.). **Boffres** 509 hab. ; château des *Faugs* (1885-90, demeure de Vincent d'Indy). **Bourg-St-Andéol** (à 100 m) 7 768 hab. **Chalençon** 303 hab. **Châteaubourg** 204 hab. ; château (XIe s.). **Chirols** 257 hab. ; écomusée (1 760 vis.). **Coucouron** 713 hab. ; musée de la Taille de pierre. **Cruas** 2 400 hab. ; abbatiale (4 939 vis.). **Davezieux** 2 629 hab. ; musée des papeteries Canson et Mongolfier (9 036 vis.). **Désaignes** 1 105 hab. ; château (XIVe s.), musée (3 300 vis.). **Fabras** 276 hab. ; château du Pin. **Guilherand-Granges** (à 108 m) 10 707 hab. ; château de *Crussol* (incendié XIXe s., foudroyé 1952). **Joannas** 304 hab. ; château (Xe s.). **Joyeuse** 1 483 hab. ; musée de la Châtaigneraie (12 572 vis.). **La Bastide-de-Virac** 218 hab. ; château des *Roures* (10 590 vis.). **La Louvesc** 494 hab. ; musée St-Régis. **La Voulte-sur-Rhône** (à 100 m) 5 168 hab. ; musée de la Paléontologie (7 000 vis.) ; château (XIVe-XVIe s.). **Labeaume** 493 hab. **Lamastre** (à 400 m) 2 467 hab. **Lanarce** 199 hab. ; auberge de *Peyrebeille* (ou « Auberge rouge », coupe-gorge, propriétaires exécutés en 1833). **Lanas** 325 hab. ; Aérocity (90 000 vis.). **Lavilledieu** 1 430 hab. **Le Cheylard** (à 500 m) 3 514 hab. ; château de la *Chèze* (XVIe s.). **Les Vans** 2 664 hab. ; musée. **Le Teil** (à 73 m) 7 999 hab. ; église de *Mélas* (X^e-XIe s.) ; musée de la Résistance. **Lyas** 517 hab. ; château de *Liviers* (XIIe s.). **Meyras** 775 hab. ; château de *Ventadour* (XIIe s.) ; station thermale de *Neyrac-les-Bains.* **Mirabel** 314 hab. **Montréal** 462 hab. ; château (XIIe s.). **Orgnac** 341 hab. ; musée de la Préhistoire (39 000 vis.). **Peaugres** (à 379 m) 1 681 hab. ; safariparc (291 635 vis.). **Pranles** 409 hab. ; musée de la Préhistoire. **Rochecolombe** 170 hab. **Rochemaure** 1 870 hab. ; château de *Joviac.* **Rompon** 863 hab. ; vieux village. **Ruoms** 2 132 hab. ; défilé. **St-Alban-Auriolles** 736 hab. ; mas de la Vignasse (XVIIe s., musée Alphonse-Daudet). **St-Andéol-de-Fourchades** 89 hab. ; ferme mémoire de Bourlatier (10 094 vis.). **St-Désirat** 707 hab. ; musée de l'Alambic (130 000 vis.). **St-Laurent-les-Bains** 182 hab. ; station thermale (eaux à 53 °C) ; abbaye (1850). **St-Michel-de-Boulogne** 130 hab. ; château (XIVe s., portail XVIe s.). **St-Montan** 1 314 hab. ; médiéval. **St-Péray** (à 128 m) 6 502 hab. ; vin ; château de *Crussol.* **St-Vincent-de-Barres** 605 hab. ; ferme séricicole. **Sceautres** 104 hab. **Serrières** 1 078 hab. ; musée des Mariniers du Rhône. **Soyons** 1 721 hab. ; Musée archéologique (27 350 vis.), Ardèche miniature (24 802 vis.). **Vallon-Pont-d'Arc** 2 027 hab. ; grotte Chauvet (voir p. 887 a). **Vernoux-en-Vivarais** 1 721 hab. ; château de *la Tourette.* **Villeneuve-de-Berg** 2 429 hab. ; bastide, musée. **Viviers** 3 413 hab. ; bâtiments (XIIe-XIXe s.), cathédrale, palais épiscopal (XVIIIe s.). **Vogüé** 726 hab. ; château (XVIe s., 12 000 vis.).

Divers (vis. en 2000) : **abbaye** *N.-D.-des-Neiges* (Trappe). **Avens** d'*Orgnac* (cristallisations atteignant 20 m, 125 000 vis.), *Marzal* (112 000 vis.), *la Madeleine* (St-Remèze, 49 000 vis.), *St-Marcel* (41 558 vis.). **Chemin de fer** *du Vivarais* (Tournon-Lamastre, à vapeur, 1900 ; 60 000 vis.), *Picasso* (Vogüé-Villeneuve). **Église :** *N.-D. d'Ay* (pèlerinage). **Grottes :** *Ebbou, Chauvet* (découverte par Jean-Marie Chauvet, Éliette Brunel, Christian Hillaire, le 18-12-1994 à la Combe d'Arc, Vallon Pont-d'Arc, peintures d'environ 30 000 ans, les plus anciennes découvertes au monde) [Le 26-3-2001, la cour d'appel de Toulouse a condamné l'État à verser aux 3 propriétaires de la grotte 87,5 millions de F (le 14-2-1997, le juge des expropriations avait accordé 31 730 F).], *la Vache* (Bidon). **Lacs et plans d'eau :** *Issarlès* (alt. 1 000 m, 97 ha, profondeur 138 m) ; de retenue *Viviers-Donzère-Mondragon* (2,1 km^2) ; *St-Martial* (13 ha, alt. 860 m), *Devesset* (48 ha, alt. 1 100 m), *Le Cheylard* (60 ha), *Coucouron* (10 ha). **Sites :** *Pont-d'Arc,* gorges de l'Ardèche [réserve naturelle (1 572 ha), 100 000 vis.]. Plateau du *Coiron*, grottes de *Montbrun* ; vallées de l'*Eyrieux*, de l'*Ibie*, de l'*Ay*, plateaux *ardéchois, Cévennes,* vallées de *Labeaume,* du *Chassezac ;* défilé de *Ruoms*, bois de *Païolive*, cascade du *Ray-Pic*, source de la Loire au *Gerbier-de-Jonc*. **Ski :** *Areilladou* 1 448 m, *Borée* 1 132 m, *Croix-de-Bauzon* 1 511 m, *Ste-Eulalie* 1 230 m. **Parc** de bisons.

■ **Drôme (26)** 6 530 km^2 (150 × 85 km). **Altitude :** *maximale* rocher Rond 2 456 m ; *minimale* 50 m (sortie du Rhône). 371 communes. **Population :** *1801 :* 235 357 hab. ; *1901 :* 297 321 ; *36 :* 267 281 ; *82 :* 389 781 ; *90 :* 414 072 dont étrangers 23 881 (dont Marocains 5 869, Algériens 4 725, Portugais 2 560, Tunisiens 2 281) ; *99 :* 437 778. **D.** 67. **Cantons :** 36. **Communes :** 370.

Régions naturelles : Valloire et **plateau de Chambarand :** bois. **Vercors drômois** : forêts et pâturages, bovins, parc régional et réserve naturelles des hauts plateaux (17 000 ha). **Diois :** vignobles, plantes aromatiques, lavande, ovins, caprins, aviculture. **Nyonsais :** olives, vin. **Baronnies :** lavande, tilleul, oliviers, amandiers, vignobles, fruits, caprins, ovins. **Plaines rhodaniennes** (15 à 25 km de largeur) : aviculture, céréales, semences, vins (côtes-du-rhône, coteaux-du-tricastin, hermitage), production arboricole (30 % de la production française). Truffes noires du Tricastin.

Chef-lieu : VALENCE. **Altitude :** 124 m. **Population :** *1990 :* 63 437 ; *99 :* 64 260. **Industries :** mécanique, semences, bijouterie, textile, électronique, meubles, aéronautique. **Aérodrome :** Valence-Chabeuil. **Monuments :** cathédrale St-Apollinaire, maison des Têtes, abbaye N.-D.-de-Soyons. **Musée** des Beaux-Arts (29 403 vis. en 1999). AGGLOMÉRATION [1] : 89 485 hab., dont **Bourg-lès-Valence** 18 347 ; centrale hydroélectrique, chimie, électronique. **Portes-lès-Valence** 8 090.

Sous-préfectures : Die (à 410 m d'alt.) 4 451 hab. ; vin blanc (clairette) ; remparts, cathédrale, porte St-Marcel, *musées :* lapidaire, d'Archéologie, de la Clairette de Die, abbaye cistercienne de *Valcroissant* (XIIe s.), jardin des Découvertes (15 000 vis. en 99). **Nyons** (à 270 m) 6 723 hab. ; lavande, huile d'olive, truffes ; *musées :* archéologique, de l'Olivier. Domaine des arômes.

Autres villes (vis. en 1999) : **Aulan** (à 770 m d'alt.) 5 hab. ; château (XIIIe-XIXe s.). **Chantemerle-les-Blés** (à 200 m) 880 hab. ; église. **Clansayes** (à 250 m) 441 hab. **Crest** (à 192 m) 7 739 hab. (aggl. 9 403 [1]), château [plus haut donjon de France (XIIe s., 49 m) ; 30 930 vis.]. **Dieulefit** (à 386 m) 3 096 hab. (aggl. 3 576 [1]) ; maison de la Terre ; musées. **Donzère** (à 64 m) 4 379 hab. ; château (XVe s.) ; *musées :* ATP, du Cinéma. **Grignan** (à 197 m) 1 353 hab. ; château (XIIe-XVIIe s., 100 137 vis.), musée de la Typographie, village provençal miniature (45 140 vis.). **Hauterives** (à 300 m) 1 333 hab. ; *Palais idéal du facteur Joseph Ferdinand Cheval* [(1836-1924), construit 1879-1912 ; 127 000 vis.]. **La Bégude-de-Mazenc** (à 215 m) 1 205 hab. ; *Châteauneuf-de-Mazenc* 353 m. **La Garde-Adhémar** (à 185 m) 1 075 hab. ; église ; jardin des Herbes. **La Roche-de-Glun** (à 118 m) 2 740 hab. (aggl. 5 570 [1], dont *Pont-de-l'Isère* 2 688). **Léoncel** (à 930 m) 55 hab. ; abbaye cistercienne (14 300, entrée libre). **Le Poët-Laval** (à 307 m) 809 hab. ; commanderie de l'ordre de St-Jean-de-Jérusalem (XIIe s.), musée du Protestantisme dauphinois. **Livron-sur-Drôme** (à 111 m) 7 759 hab. (aggl. 12 903 [1], dont *Loriol-sur-Drôme* 5 698 ; musée de l'Insolite). **Mirmande** (à 175 m) 503 hab. **Montboucher-sur-Jabron** 1 424 hab. ; musée de la Soie (14 606 vis.). **Montbrun-les-Bains** (à 608 m) 428 hab. ; station thermale (420 curistes en 2000). **Montélimar** (de 82 à 157 m) 47 km^2, 31 344 hab. (*1724 :* 3 946 ; *1836 :* 7 560 ; *1911 :* 13 281 ; *54 :* 16 639) [aggl. 31 260 [1]] ; nougats ; *château des Adhémar* (XIe-XVIe s., 8 663 vis.), musée de la Miniature (20 746 vis.). **Montjoyer** (à 325 m) 222 hab. ; abbaye *N.-D. d'Aiguebelle* (74 194, entrée libre). **Mours-St-Eusèbe** (à 175 m) 2 186 hab. ; musée d'Art sacré. **Pierrelatte** (à 60 m) 11 943 hab. ; centrale nucléaire ; 1re ferme de crocodiles en Europe (depuis 16-7-1994 ; 202 198 vis.) : 360 crocodiles, serre tropicale de 6 500 m^2 chauffée par les rejets thermiques d'Eurodif. **Pontaix** (à 330 m), 136 hab. **Romans-sur-Isère** (à 167 m) 32 667 hab. (aggl. 49 212 [1], dont *Bourg-de-Péage* 9 752) ; chaussures, tannerie, collégiale St-Barnard ; *musées :* d'Ethnographie régionale, de la Chaussure (33 756 vis.). **Saillans** 905 hab. ; magnanerie (8 001 vis.). **St-Donat** (à 210 m) 3 132 hab. ; festival de musique (J.-S. Bach) ; lac de *Champos* (55 579 vis.). **St-Jean-en-Royans** (à 253 m) 2 895 hab. **St-Marcel-lès-Valence** (à 159 m) 4 114 hab. **St-Martin-en-Vercors** 295 hab. ; caverne de l'Ours (9 900 vis.). **St-May** (à 520 m) 40 hab. **St-Paul-Trois-Châteaux** (à 90 m) 7 277 hab. ; église romane, maison de la Truffe et du Tricastin. **St-Rambert-d'Albon** (à 144 m) 4 302 hab. **St-Restitut** (à 155 m) 1 243 hab. ; viticulture ; caves, cathédrale (16 802 vis.), église. **St-Uze** (à 180 m) 1 589 hab. (aggl. 3 483) [1] ; maison de la Céramique. **St-Vallier** (à 138 m) 4 154 hab. (aggl. 5 723 [1]). **Ste-Jalle** (à 403 m) 269 hab. **Suze-la-Rousse** (à 95 m) 1 564 hab., château (XIIe s., 17 107 vis.), université du vin. **Tain-l'Hermitage** (à 123 m) 5 503 hab. **Upie** 1 096 hab. ; Jardin aux oiseaux (35 925 vis.). **Valaurie** (à 165 m) 508 hab. **Vassieux-en-Vercors** (à 1 075 m) 290 hab. ; *musées* et mémorial de la Résistance (col de la Chau, 89 607 vis.), musée de la Préhistoire (16 850 vis.).

Divers (vis. en 1999) : **cirque** d'*Archiane.* **Forêts :** *Marsanne* (1 134 ha), *Saou* (2 435 ha), *Lente* (3 000 ha). **Gorges :** d'*Omblèze,* de la *Roanne* et de l'*Escharis,* de *St-Moirans,* des *Gas,* d'*Ubrieux,* défilés de *Trente-Pas* (St-Ferréol), de *Donzère*. **Grottes** de la *Luire* (11 870 vis.), de la *Draye Blanche* (15 600 vis.), de la *Tune de la Varaime,* de *Thaïs* (15 000 vis.), de *Rochecourbière*. **Routes** des *Grands-Goulets* et de *Combe-Laval.* **Ski :** *Font-d'Urle* 1 250 m, *col de Rousset* 1 255 m, *Valdrôme* 1 300 m, *Lus-la-Jarjatte* 1 150 m, *Herbouilly*.

■ **Haute-Savoie (74)** 4 388 km^2 (95 × 75 km). **Altitudes :** *moyenne* 1 160 m ; *maximale* Mt Blanc 4 808,4 m ; *minimale* 250 m (confluent du Rhône et du Fier). **Population :** *1851 :* 269 513 hab. ; *1911 :* 255 137 ; *21 :* 235 668 ; *36 :* 259 961 ; *82 :* 494 505 ; *90 :* 568 256 dont étrangers 48 758 (dont Italiens 7 472, Algériens 7 224, Portugais 6 440, Turcs 5 884) ; *99 :* 631 679. **D.** 144. **Cantons :** 34. **Communes :** 293.

Régions naturelles : *massifs centraux alpins* à l'est *(mont Blanc), préalpins du Chablais* et *Aravis-Bornes* à l'ouest : élevage. *Vallées* du *Fier,* de l'*Arve* (industrialisée à partir de Cluses) et du *Giffre* (Faucigny) : céréales, vergers. **Agricoles** (en ha) : *bas Genevois* 14 394, *Sémine* 4 683, *vallée des Usses* 23 286, *d'Annemasse* 15 277, *région d'Annecy* 36 200, *cluse d'Arve* 26 790, *Giffre* 45 552, *Chablais* 62 727, *plateau des Dranses* 9 260, *bas Chablais* 25 091, *pays de Thônes* 53 009, *plateau des Bornes* 26 034, *Sillon alpin* 26 311, *Albanais* 26 147, *Bauges* 7 946, *Grandes Alpes* 51 126.

Chef-lieu : ANNECY. **Altitude :** 446 m. **Superficie :** 13,7 km^2. **Population :** *1561 :* 2 775 ; *1635 :* 4 500 ; *1734 :* 4 991 ; *1861 :* 10 737 ; *1936 :* 23 296 ; *62 :* 43 255 ; *90 :* 49 644 ; *99 :* 50 348. **Industries :** métallurgie, mécanique, SNR, bois et papier, combustible nucléaire, bijouterie, roulements, électronique (CIT-Alcatel), informatique (Sopra), articles de sport (Salomon), alimentaire. **Monuments :** église N.-D. de la Visitation (150 000 vis.), St-Maurice ; château (XIIIe-XVIe s. ; 101 680 vis. en 2000). **Musées :** ethnographique, salésien, du Palais-de-l'Isle (39 999 vis. en 2000), conservatoire d'art et d'histoire (XVIIe s., ancien grand séminaire), de l'Observatoire des lacs alpins. Vieille ville ; festivals de cinéma italien et du film d'animation (voir p. 384 a). AGGLOMÉRATION (10 communes) : 136 815 hab., dont **Annecy-le-Vieux** 18 885. **Cran-Gevrier** 16 464. **Meythet** 7 701 ; aéroport. **St-Jorioz** 5 002. **Seynod** 16 365. AIRE URBAINE : 189 674 hab.

Sous-préfectures : Bonneville 10 463 hab. (aggl. 15 317 [1]) ; régie électrique ; musée de la Résistance. **Thonon-les-Bains** (à 435 m d'alt.) 28 927 hab. [aggl. 55 103 [1], dont **Évian-les-Bains** (à 475 m) 7 273 (*1901 :* 3 105) ; 429 ha ; station thermale (1 296 curistes [1]), festival de musique] ; électrique (Thomson-CSF), fonderie, bois ; église baroque St-Hippolyte : château de *Sonnaz*, château (XVe s., 16 795 vis. [1]) et forêt de *Ripaille* (53 ha), musée du Chablais, écomusée de la Pêche. **St-Julien-en-Genevois** 9 140 hab.

Autres villes (vis. en 1999) : **Abondance** 1 294 hab. ; abbaye [XIIIe s., cloître (XVIe s.) et fresques (témoignage de la vie au XVe s.)], musée d'Art sacré. **Alby-sur-Chéran** 1 630 hab. ; lait ; bourg médiéval, musée de la Cordonnerie. **Allinges** 3 021 hab. ; château, chapelle. **Annemasse** 27 253 hab. (aggl. 70 989 [1]) [**Genève** *(Suisse)*-**Annemasse** *(France)*, dont *Ambilly* 5 808. *Gaillard* 9 949. *St-Julien-en-Genevois* 9 140 ; constr. électrique. *Vétraz-Monthoux* 5 297. *Ville-la-Grand* 6 989] ; horlogerie, appareils de mesure, pharmacie, bijouterie, mécanique. **Arâches** 1 680 hab. ; musée de la Frasse. **Bons-en-Chablais** 3 980 hab. (aggl. 3 929 [1]). **Brenthonne** 670 hab. ; château d'*Avully* (XIVe-XVe s., fermé au public). **Chamonix-Mont-Blanc** (à 1 050 m) 9 830 hab. (aggl. 11 648 [1]) ; équipements mécaniques ; Musée alpin (12 120 vis.) ; festival (sciences de la terre et des hommes). **Chens-sur-Léman** 1 274 hab. ; château de *Beauregard,* musée Milouti. **Clermont** 331 hab. ; château Renaissance (10 316 vis.). **Cluses** 17 711 hab. ; musée d'Horlogerie (aggl. 34 753 [1], dont *Marignier* 5 323. *Marnaz* 4 442. *Scionzier* 6 163. *Thyez* 4 873) ; machines électriques, école d'horlogerie, décolletage, mécanique de précision ; musée. **Collonges-sous-Salève** 3 120 hab. (aggl. 4 252 [1]). **Combloux** 1 976 hab. ; église baroque (1702-04). **Contamine-sur-Arve** 1 343 hab. ; prieuré Ste-Foy. **Cordon** 881 hab. ; église baroque. **Éloise** 715 hab. ; Musée paysan. **Évires** 1 061 hab. ; musée de la Poterie. **Faverges** 6 310 hab. (aggl. 7 092 [1]) ; accessoires de luxe, robotique ; Musée archéologique (2 016 vis.), grottes et cascade de Seythenex (haut. 30 m, 20 000 vis.). **Fessy** 592 hab. ; musée Art et Folklore. **Gruffy** 1 157 hab. ; musée d'Histoire naturelle (4 826 vis.). **La Clusaz** 2 023 hab. ; église Ste-Foy. **La Roche-sur-Foron** 8 538 hab. (aggl. 9 264 [1]) ; alimentation, plasturgie ; cité médiévale. **La Vernaz** 217 hab. ; gorges du Pont du Diable (65 757 vis.). **Le Reposoir** 375 hab. ; chartreuse (XIIe s.). **Les Contamines-Montjoie** 1 129 hab. ; église N.-D.-de-la-Gorge. **Les Gets** 1 352 hab. ; *musées :* du Ski, de la Musique mécanique (41 946 vis.). **Les Houches** 2 706 hab. ; Musée montagnard (4 437 vis.), statue du Christ-Roi (1934, 26 m). **Lovagny** 718 hab. ; château de *Montrottier* (XIIIe-XVIe s., 28 335 vis.), musée Léon-Mares, gorges du *Fier* (long. 300 m, prof. 60 m, 84 473 vis.). **Marcellaz-Albanais** 1 401 hab. ; musée de l'Enfance. **Megève** (à 1 113 m) 4 509 hab. ; festival de musique ; *musées :* du Haut Val d'Arly (4 743 vis.), de Megève. **Menthon-St-Bernard** 1 659 hab. ; château (XIIIe-XVe s., 37 521 vis.). **Morillon** 498 hab. ; église (XVIe s.). **Morzine** 2 948 hab. (aggl. 3 620 [1]) ; église (1805), station d'Avoriaz. **Passy** 10 104 hab. ; plateau d'Assy ; N.-D.-de-Toute-Grâce (1937-45, Novarina), tapisseries de Lurçat, musée de la Réserve. **Pringy** 2 616 hab. **Reignier** 5 269 hab. **Rumilly** 11 230 hab. (aggl. 11 379 [1]) ; alimentaire, électroménager (Téfal) ; musée de l'Albanais. **Seythenex** 478 hab. ; grottes (37 074 vis.). **St-Gervais-les-Bains** (à 860 m) 5 276 hab. ; église baroque St-Nicolas-de-Véroce. **St-Gingolph** 565 hab. ; village franco-suisse ; musée. **St-Jean-d'Aulps** 1 022 hab. ; ruines de l'abbaye, église (XIIe s., nef 67 m). **St-Jeoire-en-Faucigny** 2 749 hab. ; église. **Sallanches** 14 383 hab. (aggl. 14 294 [1]) ; matériel de ski, textile, alimentation ; église St-Jacques. **Samoëns** 2 323 hab. ; église N.-D.-de-l'Assomption (XIIe-XVIIe s.), jardin alpin de la Jaysinia (créé 1906 par Marie-Louise Cognacq-Jay, 3 ha), festival de la caricature, écomusée. **Sévrier** 3 421 hab. ; musée de la Cloche (27 200 vis.), fonderie Paccard, écomusée (costume savoyard et travaux d'aiguille). **Seynod** 16 365 hab. ; appareils de mesure ; musée des 3 Guerres. **Seyssel** 1 793 hab. ; musée du Bois. **Talloires** 1 448 hab. ; abbaye (XIe s.), maisons (XVIIe-XVIIIe s.). **Taninges** 3 140 hab. ; chartreuse de *Mélan* (XVe s.). **Thônes** 5 212 hab. (aggl. 5 320 [1]) ; équipements ménagers (Mobalpa) ; *musées :* de la Résistance (15 863 vis.), du Pays de Thônes, écomusée du Bois, église. **Thorens** 2 560 hab. ; château de Sales, plateau des Glières, monument dédié à la Résistance. **Vallorcine** 390 hab. ; musée de Barberine. **Vaulx** 738 hab. ; jardins secrets (ouverture 1994, 6 000 m^2, 35 145 vis.)). **Veyrier-du-Lac** 2 063 hab. (aggl. 4 771 [1]). **Viuz-en-Sallaz** 3 373 hab. ; écomusée paysan Paysalp (30,621 vis.). **Yvoire** 639 hab. ; bourg fortifié, vivarium (32 478 vis.), jardin des Cinq Sens (48 327 vis.).

Divers : lacs : *Annecy* (à 446 m) 27 km^2 (32 × 3,3 km larg. maximale, 80 m de profondeur) ; *Arvoin* 2 ha (10 m), alt. 1 669 m, *Balme de Sillingy* 10 ha (3 m), *Chartreuse du Reposoir* (ou étendue du Carmel) 1 ha (4 m), *Chavanette* (Morzine) 3 ha (6 m), *Darbon* 2 ha, alt. 1 817 m, *Dronières* 6 ha (1,50 m), *Fontaine* 1 ha (5 m), alt. 135 m, *Jotty* (barrage) 18 ha, alt. 649 m, *Léman* [le plus grand lac alpin : 582 km^2 (dont 235 km en France), voir à l'Index], *Machilly* 8 ha (3 m), *Mines d'or* (Morzine) 3 ha (5 m) alt. 1 390 m, *Mole* (Viuz-en-Sallaz) 12 ha (3 m), *Montriond* 32 ha (19 m), *Les Plagnes* (Abondance) 12 ha (6 m) alt. 1 069 m, *Seyssel* (barrage de Génissiat, haut. 105 m, long. 140 m ; retenue de 23 km ; 56 000 000 de m^3), *Tavaneuse* 2,5 ha (5,9 m), alt. 1 805 m, *Vallon* 15 ha (16 m), alt. 1 080 m. **Parc** *naturel régional des Bauges.* **Ponts** de *la Caille* (1838, sur le canyon des Usses, long. 194 m, haut. 150 m), *l'Abîme* sur le Chéran (1887, haut. 95 m). **Réserves :** *Aiguilles-Rouges* (3 279 ha, 300 000 vis./an), *marais du bout du lac d'Annecy* (84 ha), *roc de Chère* (68 ha), *Sixt* (9 200 ha, 24 770 vis. en 1999), *delta de la Dranse* (45 ha), *Contamines-Montjoie* (créée 1979, 5 500 ha, domaine des glaciers, alt. max. 3 892 m), *Passy* (créée 1980, 2 000 ha, alt. 1 347-2 732 m), *Carlaveyron* (créée 1991), *Vallon de Berard* (540 ha). **Ski :** *Abondance* 1 000-1 650 m. *Les Carroz* 1 140-2 500 m. *Chamonix* 1 035-3 842 m, vallée Blanche (plus de 20 km au milieu des glaciers). *La Chapelle d'Abondance* 1 000-1 800 m. *Châtel* 1 200-2 100 m. *La Clusaz* 1 100-2 600 m. *Combloux* 1 100-1 851 m. *Les Contamines-Montjoie* 1 100-2 487 m. *Flaine* 1 600-2 500 m. *Les Gets* 1 172-1 850 m. *Le Grand Bornand* 1 000-2 100 m. *Habère-Poche* 1 000-1 600 m. *Les Houches* 1 800-1 900 m. *Manigod* 1 480-1 810 m. *Megève* 1 113-2 350 m. *Mieussy-Sommand* 1 400-1 800 m. *Morzine-Avoriaz* 1 000-2 460 m. *Praz-sur-Arly* 1 036-2 000 m. *St-Gervais* 1 400-2 100 m, glacier de Bionnassay (5 km) ; train à crémaillère à 2 400 m (le plus haut de France). *Samoëns* 720-2 200 m. *Sixt-Fer-à-Cheval* cirque (3 000 m). *Taninges-Praz de Lys* 1 200-1 800 m. *Thollon-Les Memises* 1 000-2 000 m. **Sommets** (en m) : *mont Blanc* 4 807. *Mont Maudit* 4 469. *Dôme du Goûter* 4 304. *Grandes-Jorasses* 4 208. *Aiguille Verte* 4 122. *Aiguille du Midi* 3 842 (téléphérique, 445 624 passagers en 1999). *Drus* 3 754. *Dômes de Miage* 3 673. *Aiguille du Tour* 3 544. *Aiguille de Blaitière* 3 522. *Grépon* 3 482. *Grands Charmoz* 3 445. *Mont Buet* 3 094. *Pointe du Tenneverge* 2 985. *Pointe Percée* 2 751. *Pointe de Platé* 2 553. *Aiguille de Varan* 2 541. *Mts Joly et Brévent* 2 525 (téléphérique, 342 928 passagers en 1999). *Hautforts* 2 464. *Dent d'Oche* 2 222. *Montenvers* 1913 [accès à la mer de Glace par chemin de fer (823 600 entrées en 1999) ; long. 7 km, larg. 1,2 m]. *Pointe de Miribel* 1 586. *Col des Aravis* 1 498.

■ **Isère (38)** 7 431 km^2 (150 × 80 km). **Altitude :** *maximale* barre des Écrins 4 102 m (limite de l'Isère et des Hautes-Alpes) ; *minimale* 134 m (bord du Rhône). **Population :** *1801 :* 413 109 hab. ; *51 :* 566 259 ; *1901 :* 544 243 ; *36 :* 540 895 ; *75 :* 860 339 ; *82 :* 936 771 ; *90 :* 1 016 228. *Étrangers* (au 31-12-1995) : 68 682 (dont Algériens 15 331, Portugais 11 602, Italiens 11 952, Turcs 5 286) ; *99 :* 1 094 006. **D.** 147. **Cantons :** 58. **Communes :** 533.

Régions naturelles : Chartreuse et **Vercors** (alt. max. 2 346 m) : bovins, exploitations forestières. **Belledonne** et **Oisans** (alt. max. 4 102 m). **Vallée du Rhône** et **Grésivaudan :** vignes, fruitiers, céréales, tabac, bovins, noix. **Bois :** 270 000 ha.

Chef-lieu : GRENOBLE. **Altitude :** 213 m. **Population :** *1994 (est.) :* 159 000 ; *90 :* 150 758 ; *99 :* 153 317 ; l'expression *« faire la conduite de Grenoble »* signifie renvoyer quelqu'un à force de coups et de malédictions (évoque l'échec de Lesdiguières devant Grenoble en 1590). **Industries :** mécanique, électrique, électronique, informatique, cimenteries, ganterie, centres de recherches nucléaires, agroalimentaire, papeterie, confection, métallurgie, chaudronnerie, briqueterie, sidérurgie, chimie, plasturgie. **Enseignement :** 4 universités [Joseph-Fourier (UJF), Grenoble-I (17 407 étudiants) ; Pierre-Mendès-France Grenoble-II (19 523) ; Stendhal Grenoble-III (7 631) ; Institut national polytechnique de Grenoble (INPG)] ; 9 écoles d'ingénieurs [8 à l'INPG (4 245 étudiants), 1 à l'UJF], IUFM (2 400 étudiants) ; Institut d'études scientifiques ; 6 écoles doctorales ; Institut d'études politiques ; ESCG (1 000 étudiants), École d'architecture (950 étudiants), des beaux-arts : 53 082 étudiants ; 2 900 enseignants-chercheurs. **Monuments :** Bastille (XVIe-XVIIe s.), ancien évêché (27 981 vis. en 2000), site archéologique de la place N.-D., cathédrale St-André, basilique du Sacré-Cœur (XIXe s.), couvent Ste-Marie-d'en-Haut (XVIIe s.), horloge solaire (1673, lycée Stendhal), village St-Hugues, quartier et crypte de l'église St-Laurent (fin Ve s.), Palais de justice (XVe-XVIIe s.), préfecture. **Musées** (vis. en 1999) : automobile, des Troupes de montagne, de la Peinture et de la Sculpture (créé 1976, nouveau musée inauguré le 29-1-1994 ; 18 270 m^2 ; coût : 203 millions de F ; 4 000 tableaux, 5 500 dessins, sculptures et antiquités 152 825), dauphinois 40 845, de l'Ancien Évêché 27 981 en 2000, Stendhal, de la Résistance et de la Déportation 18 955, archéologique, d'Histoire naturelle, Centre nat. d'Art contemporain 11 974, CCST (Centre culturel scientifique et technique) de Grenoble, St-Laurent 15 275. Tour Perret (hauteur 95 m, base 4 m). **Centre Europole** 243 000 m^2 prévus (128 700 vendus, 1 000 salariés, plus de 50 entreprises, ESC et future cité judiciaire). **Technisud. Zone piétonnière** 108 345 m^2 dont centre ville 69 700, village olympique 13 020, la Villeneuve 25 625, téléphérique (180 131 passagers). UNITÉ URBAINE (34 communes) : 419 434 hab., dont **Claix** 7 388. **Corenc** 3 854. **Domène** 6 399 ; papeteries ; prieuré (XIe s.). **Échirolles** 32 777 ; mécanique, matériel de broyage, chaudronnerie, construction métallique, électronique ; *musées :* Géo-Charles, de la Viscose (textile mis au point par le Cte de Chardonnet en 1884). **Eybens** 9 471. **Fontaine** 23 316 ; métallique, chaudronnerie, matériel de broyage et traitement. **Gières** 6 127. **La Combe de Lancey** 528 hab. ; musée de la Houille blanche. **La Tronche** 6 427 ; musée Hébert (1817-1908). **Le Pont-de-Claix** 11 602. **Meylan** 18 741 ; Zirst (Zone pour l'innovation et les réalisations scientifiques et techniques électroniques), Cnet. **St-Égrève** 15 516 ; électronique, papeterie, métaux, BTP. **St-Ismier** 5 935. **St-Martin-d'Hères** 35 777. **St-Martin-Le-Vinoux** 5 187 ; palais orientaliste de la Casamaures (1855). **Sassenage** 9 735 ; cuves (10 162 vis.) ; château, église (XIe s. ; tombeau Mal de Lesdiguières). **Seyssins** 6 850. **Seyssinet-Pariset** 13 074. **Villard-Bonnot** 6 904. **Voreppe** 9 228 ; escarpements de la Grande Sure à 1 924 m d'alt. AIRE URBAINE : 514 559.

Sous-préfectures : La Tour-du-Pin 6 553 hab. (aggl. 11 564 [1]) ; église et triptyque XVIe s. ; chaussures, textiles, mécanique, électrique, électronique. **Vienne** (à 160 m d'alt.) 29 967 hab. (aggl. 39 738 [1], dont **Pont-Évêque** 5 067) ; métallurgie, outillage auto, électroménager, mécanique, produits pétroliers, chaudronnerie, confection ; festival de jazz (juillet). *Musées* (vis. en 1999) : lapidaire (église St-Pierre), des Beaux-Arts et d'Archéologie ; vestiges romains : temple d'Auguste et de Livie (27 av. J.-C. à 11 apr. J.-C.), théâtre (Ier s. av. J.-C.-début Ier s. apr. J.-C., diamètre 103,40 m) 31 573, pyramide [23 m plus soubassement 4 m décorant le cirque romain (IIe s.)], site archéologique de St-Romain-en-Gal 75 855 ; cathédrale St-Maurice (XIIe-XIIIe s.), église et cloître romans St-André-le-Bas (XIIe s.) 10 116. *Festival* jazz.

Autres villes (vis. en 1999) : **Allemont** (à 750 m d'alt.) 765 hab. ; barrage hydroélectrique ; musée (15 910 vis.). **Allevard** (à 475 m) 3 081 hab. (aggl. 4 743 [1]) ; ville thermale (5 382 curistes) et touristique ; musée « Jadis Allevard ». **Annoisin-Chatelans** (à 320 m) 541 hab. ; musée de la Lauze. **Aoste** (à 226 m) 1 715 hab. ; musée et site gallo-romain (fermé en 1998), église romane de St-Didier. **Beaurepaire** 3 839 hab. (aggl. 4 409 [1]). **Beauvoir-en-Royans** 70 hab. ; musée delphinal (17 480 vis.). **Bonnefamille** 927 hab. ; château de *Moidière* (XVIIe s.), parc animalier. **Bourgoin-Jallieu** (à 254 m) 22 945 hab. (aggl. 31 375 [1]) ; constr. métallique, pharmacie, papeterie, maçonnerie, confection, chimie, minerai non métallurgique, transformation des métaux ; musée Victor-Charreton (fondé 1929). **Brangues** (à 207 m) 469 hab. ; tombe de Paul Claudel, château. **Champ-sur-Drac** 3 260 hab. [aggl. 6 853 [1], dont *Jarrie* 4 009 ; musée de la Chimie, château de *Bon Repos* (XVe s.)]. **Chamrousse** 518 hab. **Charavines** (à 510 m) 1 423 hab. ; maison du Pays (12 443 vis.), La grange dimière (2 977 vis.), site archéologique. **Charvieu-Chavagneux** 7 889 hab. (aggl. 21 342 [1], dont *Chavanoz* 3 956. *Pont-de-Chéruy* 4 540. *Tignieu-Jameyzieu* 4 838) ; musée des polices et gendarmeries. **Chasse-sur-Rhône** 4 795 hab. **Chatte** (à 180 m) 2 442 hab. ; jardin ferroviaire (75 393 vis. en 1997). **Chirens** 1 889 hab. ; prieuré. **Choranche** 130 hab. ; grottes (180 172 vis. en 1997). **Corbelin** 1 752 hab. ; musée François-Guiguet. **Corps** (à 937 m) 453 hab. ; médiéval. **Crémieu** (à 212 m) 3 169 hab. (aggl. 4 160 [1]) ; halles (XIVe s.), cloître XVIIe s. et couvent des Augustins (XIVe s.), château du *Cingle* (XIIIe-XVe s.) : festival Art et Musique (juillet-août). **Crolles** 8 260 hab. (aggl. 8 302 [1]). **Heyrieux** 4 163 hab. **Hières-sur-Amby** (à 220 m) 998 hab. ; parc archéologique de Larina, maison du Patrimoine (3 585 vis.). **Huez. La Balme-les-Grottes** 678 hab. ; grottes (59 502 vis. en 98). **La Bâtie-Montgascon** (à 390 m) 1 435 hab. ; maison des Tisserands. **La Côte-St-André** (à 376 m) 4 238 hab. (aggl. 4 670 [1]) ; église (XIIe s.), halles (XVIe s.), *musées :* Berlioz, maison natale (6 485 vis.), des liqueurs Cherry Rocher (fermé en 1998), palais du Chocolat (18 969 vis.). **Laffrey** 311 hab. ; statue équestre de Napoléon. **L'Alpe d'Huez** (à 1 860 m) 1 671 hab. ; musée (5 080 vis.). **La Motte-d'Aveillans** (à 861 m) 1 523 hab. ; musée « la Mine Image » (14 294 vis.). **La Mure** (à 885 m) 5 188 hab. (aggl. 6 910 [1]) ; chemin de fer touristique (30 km, rampe continue de 27 % sur 25 km, 142 ouvrages dont 18 tunnels et 12 viaducs, 133 courbes ; 82 543 passagers) ; musée Matheysin (5 717 vis.). **Lans-en-Vercors** (à 1 000 m) 2 026 hab. ; musée « Magie des automates » (66 321). **La Salette-Fallavaux** (à 1 770 m) 76 hab. (79 391 vis. [1]) ; pèlerinage à N.-D. (apparition en 1846). **La Sone** 590 hab. ; bateau à roue (49 651 vis.), fontaines pétrifiantes (48 741 vis.). **La Verpillière** 5 690 hab. **Le Bourg-d'Oisans** (à 719 m) 2 984 hab. ; musée alpin (16 537 vis.). **Le Passage** 648 hab. ; château (XVe s.). **Le Pont-de-Beauvoisin** 2 504 hab. (aggl. 2 978 [1]) ; musée Pontois. **Le Touvet** 2 824 hab. ; château (XVIIIe s., 9 119 vis.), parc. **Les Abrets** (à 398 m) 2 705 hab. (aggl. 4 587 [1]) ; zoo de Fitilieu. **Les Avenières** 4 308 hab. ; parc d'attractions Wallibi (401 688 vis. [1]) (voir à l'Index). **L'Isle-d'Abeau** (ville nouvelle) 12 034 hab. (aggl. 24 034 [1] dont *Four* 912. *St-Quentin-Fallavier* 5 469. *Vaulx-Milieu* 2 216. *Villefontaine* 17 766). **Marnans** 117 hab. ; église St-Pierre (XIe s.). **Mens** (à 755 m) 1 175 hab. ; musée du Trièves (13 636 vis.), Terre vivante (18 646 vis.). **Montalieu-Vercieu** (à 235 m) 2 178 hab. (aggl. 4 160 [1]) ; carrières ; base de loisirs la Vallée Bleue. **Montferrat** 1 286 hab. ; musée Pégoud. **Montseveroux** 782 hab., festival folklorique. **Morestel** 3 033 hab. (aggl. 7 419 [1]) ; tour médiévale. **Pontcharra** (à 340 m) 6 435 hab. ; château (XVe s., maison natale de Bayard) et musée. **Pont-en-Royans** (à 200 m) 917 hab. ; maisons sur la Bourne. **Revel-Tourdan** 842 hab. ; musée d'Artisanat rural. **Rives** 5 619 hab. (aggl. 10 960 [1] dont *Renage* 3 332). **Roussillon** 7 437 hab. (aggl. 27 841 [1], dont *Le Péage-de-Roussillon* 6 351. *St-Maurice-l'Exil* 5 515. *Salaise-sur-Sanne* 3 646) ; château Renaissance. **Roybon** (à 615 m) 1 231 hab. ; statue de la Liberté (don de Bartholdi). **St-Antoine-l'Abbaye** (à 449 m) 910 hab. ; église (XIIIe-XVe s.), abbaye (trésor, 8 062 vis.), ordre hospitalier des antonins, musée Jean-Vinay. **St-Chef** (à 295 m) 2 892 hab. ; abbaye (fresques romanes, XIIe s.). **St-Geoire-en-Valdaine** (à 450 m) 1 979 hab. ; château de *Longpra* (XIIe-XVIIIe s.). **St-Hilaire** 1 248 hab. ; funiculaire des Petites Roches (740 m, pente 83 %, 32 162 passagers). **St-Jean-de-Bournay** (à 369 m) 3 857 hab. ; abbaye cistercienne de *Bonnevaux* (fondée 1119), musée Jean-Drevon. **St-Laurent-du-Pont** (à 406 m) 4 222 hab. ; « maison de Mariette ». **St-Marcellin** (sous-préfecture jusqu'en 1926) 6 955 hab. (aggl. 11 872 [1]) ; musée du Fromage (4 028 vis.). **St-Martin-d'Uriage** 3 678 hab. (aggl. 7 211 [1]), station thermale. **St-Maximin** 539 hab. ; tour d'Avallon (reconstruite XIXe s.). **St-Pierre-de-Chartreuse** (à 888 m) 770 hab. ; monastère, église St-Hugues-de-Chartreuse (fondée 1084, peintures contemporaines d'Arcabas), musée de la Correrie (68 311 vis.). **Septème** (à 235 m) 1 471 hab. ; château (XIVe-XVe s.). **Treffort** 129 hab. ; La Mira (19 350 vis.). **Tullins** 7 068 hab. ; château et prieuré, Musée agricole. **Varces-Allières-et-Risset** 4 909 hab. **Vif** (à 312 m) 6 478 hab. ; église (XIVe s.). **Villard-de-Lans** (à 1 000 m) 3 796 hab. ; maison du Patrimoine (4 358 vis.), musée des Santons (16 653 vis.), centre aquatique (131 301 vis.). **Ville-sous-Anjou** 1 009 hab. ; Musée animalier. **Vinay** (à 262 m) 3 525 hab. (aggl. 4 305 [1]) ; noix. **Virieu** 940 hab. ; château (XIe-XVIIIe s.). **Vizille** (à 280 m) 7 462 hab. (aggl. 9 051 [1]) ; château (1611-19), musée de la Révolution (parc de 300 ha, 35 360 vis.), train touristique (13 908 passagers). **Voiron** (à 290 m) 19 793 hab. (aggl. 36 349 [1], dont *Coublevie* 3 743. *La Buisse* 2 405. *Moirans* 7 494 ; Centr'Alp. *St-Jean-de-Moirans* 2 680) ; caves de la Chartreuse ; skis, papeteries, BTP, textile, produits minéraux, boissons, liqueur Chartreuse (caves), mécanique, instruments de précision ; musée de la Soie Lucien-Mainssieux.

Divers : *La Chapelle-en-Vercors :* grottes de la Luire. Pont de la Goule-Noire (haut. 35 m). **Lacs :** plus de 100 dont *Laffrey* (120 ha), *Paladru* (3,9 km^2 ; 6 × 1 km), *Monteynard* (675 ha). **Parcs régionaux** du *Vercors* (Isère et Drôme, 175 000 ha, alt. 300 à 2 300 m ; alt. max. 2 341 m, le Grand Veymont, créé en 1970) ; de la *Chartreuse* (69 000 ha, créé 6-5-1995) ; *de Chambaran* ; **national** des *Écrins* (alt. max. 4 102 m ; 91 800 ha ; voir p. 207 b). **Ski :** *massifs de Belledonne :* le Collet d'Allevard 1 450-2 150 m, Chamrousse 1 650-2 250 m, les Sept Laux 1 350-2 400 m ; *de Chartreuse :* St-Hugues-de-Chartreuse 900-1 450 m, Le Sappey-en-Chartreuse-Sarcenas-col de Porte 1 000-1 700 m, les Petites Roches 1 000-1 400 m, St-Pierre de Chartreuse 900-1 800 m, vallée des Entremonts 1 050-1 500 m, la Ruchère 150-1 450 m ; *d'Oisans :* Allemont 750 m, Alpe-d'Huez 1 860-3 330 m (maison du Patrimoine d'Huez, festival Comédi'Alpes), Alpe-du-Grand-Serre 1 400-2 200 m, Auris-en-Oisans 1 600-2 200 m, cols d'Ornon 1 400-1 800 m, du Galibier 2 645 m, du Glandon 1 924 m (marqué par une croix de fer), du Lautaret 2 058 m, du Télégraphe 1 570 m, la Grave 1 450-3 550 m, les Deux Alpes 1 650-3 600 m (barrage du Chambon), Oz-en-Oisans 1 350-3 350 m, Valjouffrey 1 000-1 250 m, Vaujany 1 230-3 350 m, Venosc 1 000-3 500 m, Villard-Reculas 1 500-3 350 m ; *de Vercors :* Autrans 1 050-1 710 m, cols de l'Arzelier 1 154-1 600 m, de Rousset 1 255-1 700 m, Font d'Urle-Chaud Clapier-St-Jean-en-Royans 1 250-1 700 m, Gresse-en-Vercors 1 205-1 680 m, Lans-en-Vercors 1 020-1 983 m, Méaudre 1 012-1 580 m, Prelenfrey du Gua 950-1 200 m, Rencurel (col de Romeyère) 1 074-1 500 m, St-Agnan 1 000 m, St-Andréol 1 050-1 300 m, St-Nizier-du-Moucherotte 1 162-1 200 m, Villard-de-Lans-Corrençon-en-Vercors 1 050-2 170 m.

■ **Loire (42)** 4 781 km^2 (125 × 70 km). **Altitude** *maximale :* Pierre-sur-Haute, Monts du Forez 1 640 m ; crêt de la Perdrix : parc du Pilat (1 432 m). **Population :** *1801 :* 290 903 ; *1901 :* 647 633 ; *46 :* 631 591 ; *82 :* 739 521 ; *90 :* 746 288 dont étrangers 53 084 (dont Algériens 16 410, Marocains 8 256, Portugais 7 436, Italiens 5 924) ; *99 :* 728 524. **D.** 152. **Cantons :** 40. **Communes :** 327.

Régions naturelles : plaines : *Forez* [drainée par la Loire et ses affluents ; régions : les Chambons (alluvionnaires), terre de Varenne, les Chaninats ; irrigation (canal du Forez, Loire) ; blé, maïs, polyculture, embouche] ; de *Roanne* [herbages, embouche (Charolais)]. *Côtes roannaise* et du *Forez* (vignobles). **Massifs montagneux** (60 % du département) : *monts de la Madeleine et du Forez* [altitude 900 m ; forêts : 30 % du territoire ; lait, fromages (fourme d'Ambert et de Montbrison) ; tourisme], les *bois Noirs* à l'ouest ; *Mts du Beaujolais, du Lyonnais* (altitude 600 m ; lait) à l'est ; massif du *Pilat* [forêts : 38 % du territoire ; lait ; fruits (région de Pelussin) ; tourisme] au sud. **Dépression carbonifère** (sud-ouest/nord-est) au nord du Pilat (40 × 5 à 6 km) [régression de l'extraction minière : effectifs : *1966 :* 9 911 ; *76 :* 1 813 ; *88 :* 193 à la direction].

Chef-lieu : SAINT-ÉTIENNE. Altitude : 515 m. **Superficie :** 7 997 ha. **Espaces verts** : 1 300 ha. (Chef-lieu depuis le Second Empire, auparavant Feurs 1793 et Montbrison 1857). **Population** (Stéphanois, également appelés Gagats) : *1697 :* 14 000 ; *1762 :* 18 000 ; *1801 :* 16 259 ; *51 :* 56 003 ; *1911 :* 148 656 ; *26 :* 193 737 ; *46 :* 177 966 ; *68 :* 216 020 ; *90 :* 199 396 ; *99 :* 183 522. **Enseignement :** université, Écoles des mines, d'ingénieurs, supérieure de commerce. **Industries :** aciers spéciaux, fonderie, métallurgie, électronique, outillage, armes, cycles, pièces auto, rubans, tresses et lacets, tissus élastiques, foulards, cravates, verrerie, optique, électrique, meubles, alimentaire, informatique, habillement, BTP, bois, papier, carton. **Musées** (vis. en 2000) : des Amis du vieux St-Étienne, d'Art, de la Mine 55 000, d'Art moderne (fondé 1987) 80 000, de la Manufacture d'armes ; Planétarium 30 883 (en 1999). UNITÉ URBAINE (17 communes ; 433,634 km^2) : 291 960 hab., dont **Fraisses** 3 970. **Firminy** 19 557 ; textile, sidérurgie, mécanique ; ville nouvelle ; château des *Bruneaux* (XVe-XVIIIe s.). **Firminy-Vert** (Le Corbusier). **La Ricamarie** 8 507 ; métallurgie, mécanique. **La Talaudière** 6 771. **Le Chambon-Feugerolles** 14 202. **Roche-la-Molière** 10 152 ; fonderie, aéronautique, sellerie ; château (XIe-XVIIIe s.). **St-Genest-Lerpt** 5 775. **St-Jean-Bonnefonds** 6 150. **St-Priest-en-Jarez** 5 906. **Sorbiers** 7 526. **Unieux** 8 431. **Villars** 8 683 ; musée de la Mine. AIRE URBAINE : 321 703 hab.

Sous-préfectures : Montbrison 14 589 hab. (aggl. 16 455 [1]) ; mécanique ; collégiale N.-D. (XIe-XIIIe s.). *Musées :* d'Allard (minéralogie, numismatique, poupées ; 10 148 vis. en 1999), de la Diana (archéologie, histoire). **Roanne** 38 896 hab. [aggl. 77 160 hab. [1], dont **Le Coteau** 7 375. **Mably** 7 624. **Riorges** 10 074 ; musée de la Maille] ; 2e centre français de la maille et du tricot, tissage coton, textile ; mécanique, matériel d'armement, pneumatiques, BTP, agroalimentaire, papeteries, institut du sous-vide ; musée Joseph-Déchelette (archéologie, faïences ; 16 437 vis. en 1999), écomusée du Roannais.

Autres villes (vis. en 1999) : **Ambierle** 1 728 hab. ; église (XVe s.), prieuré ; *musées :* des Arts et Traditions populaires, Taverne (9 403 vis.). **Balbigny** 2 616 hab. ; carrosserie industrielle. **Boën** 3 112 hab. ; château (1786). **Bourg-Argental** 2 767 hab. **Cervières** 111 hab. **Chalain-d'Uzore** 443 hab. ; château (XIVe-XVIe s.). **Chalmazel** 485 hab. ; château de *Talaru* (XVe s.). **Champdieu** 1 471 hab. ; château de *Vaugirard* (XVIIe s.), prieuré. **Charlieu** 3 582 hab. (aggl. 5 023 [1]) ; machines, matériaux mécaniques ; abbaye bénédictine (14 685 vis.), couvent des Cordeliers (10 617 vis.), *musées :* de la Soierie (10 128 vis.), Hospitalier. **Chazelles-sur-Lyon** 4 801 hab. ; auto ; musée du Chapeau (24 634 vis.). **Commelle-Vernay** 2 792 hab. **Feurs** 7 669 hab. ; fonderies et aciéries, cartonneries ; *musées* archéologique, d'Assier (6 573 vis.). **Fourneaux** 548 hab. ; château de l'*Aubépin* (XIIe-XVIIe s.). **La Bénisson-Dieu** 444 hab. ; abbaye (10 159 vis.). **Le Crozet** 295 hab. ; cité médiévale (XIIe s.). **Lupé** 251 hab. ; château (XIIIe s.). **Malleval** 477 hab. ; château, église (XVIIe s.), maisons (XVIe s.). **Montarcher** 75 hab. ; église (XVe-XVIe s.). **Montrond-les-Bains** 4 031 hab. (aggl. 4 778 [1]) ; station thermale (1 999 curistes [1]) ; auto ; château (XIIe s.). **Montverdun** 759 hab. ; prieuré, Pic (14 460 vis.). **Néronde** 447 hab. **Noirétable** 1 637 hab. ; église (XVe s.). **Panissières** 2 860 hab. **Pélussin** 3 356 hab. **Pommiers-en-Forez** 374 hab. ; église (XIe-XIIe s.), prieuré (XIIIe s.). **Pouilly-lès-Feurs** 989 hab. ; église (XIIe s.), prieuré (XIVe-(XVIe s.). **Pouilly-sous-Charlieu** 2 720 hab. (aggl. 4 413 [1]). **Régny** 1 617 hab. **Sail-sous-Couzan** 983 hab. ; forteresse des Lévis (XIe s.). **St-Bonnet-le-Château** 1 562 hab. ; habillement ; auto ; collégiale (XVe s., crypte, momies), musée de la Pétanque. **St-Chamond** 37 378 hab. (aggl. 81 795 [1], dont *Châteauneuf* 1 445. *La Grand-Croix* 4 962. *L'Horme* 4 639. *Lorette* 4 843. *Rive-de-Gier* 14 383 ; festival de jazz. *St-Paul-en-Jarez* 4 129) ; mécanique, électrique, électronique, métallurgie, auto, habillement. **St-Denis-de-Cabanne** 1 293 hab. ; mécanique. **St-Étienne-le-Molard** 751 hab. ; château de la *Bastie d'Urfé* (XIVe-XVIe s., 17 267 vis.). **St-Galmier** 5 293 hab. (aggl. 5 372 [1]) ; station hydrominérale (eau Badoit). **St-Germain-Laval** 1 488 hab. ; église N.-D. de Laval, automusée du Forez (11 192 vis.). **St-Haon-le-Châtel** 570 hab. ; remparts (XIIe-XIVe s.). **St-Héand** 3 722 hab. ; optique. **St-Just-St-Rambert** 13 192 hab. (aggl. 43 500 [1], dont *Andrézieux-Bouthéon* 9 153 ; agroalimentaire, auto. *La Fouillouse* 4 234. *Veauche* 8 061) ; métaux, auto (Renault), électrique, électronique, verre (St-Gobain) ; *musées :* du Prieuré (15 000 vis. [1]), des Civilisations (10 000 vis.). **St-Marcel-de-Félines** 691 hab. ; château (XVIe-XVIIe s.). **St-Marcellin-en-Forez** 3 373 hab. **St-Martin-la-Plaine** 3 424 hab. ; agroalimentaire ; zoo (135 000 vis.). **St-Pierre-de-Bœuf** 1 306 hab. ; textile (DMC) ; canoë-kayak. **St-Priest-la-Roche** 274 hab. ; château (15 663 vis.). **St-Romain-le-Puy** 2 803 hab. (aggl. 3 651 [1]) ; pic volcanique (78 m) ; prieuré (Xe s.). **St-Victor-sur-Rhins** 896 hab. ;

château, port. **Ste-Croix-en-Jarez** 351 hab. ; chartreuse (XIIIe s., 16 304 vis.). **Savigneux-en-Forez** 2 565 hab. ; mécanique. **Sury-le-Comtal** 4 805 hab. ; château (XIe-XVIIe s., incendié 1937). **Usson-en-Forez** 1 232 hab. ; Musée rural (9 417 vis.). **Villerest** 4 243 hab. ; musée de l'Heure et du Feu. **Violay** 1 343 hab.

Divers : cascade : *Saut-du-Gier* (30 m). **Lacs :** *Grangent :* 365 ha, long. 25 km, *Villerest* (long. 30 km) ; *gouffre d'Enfer.* **Parc** *naturel régional du Pilat* (62 278 ha, créé 17-5-1974), *de la Drosera* (**Jeansagnière,** 23 964 vis. en 1999). **Sites préhistoriques :** *La Vigne-Brun, La Pierre branlante* (mégalithe), oppidum de *Jœuvre, La Goutte-Roffat,* rocher de la *Caille*. **Ski :** *Le Bessat* 1 170-1 430 m, *Chalmazel* 1 400-1 600 m, *monts du Forez* et *de la Madeleine.*

■ **Rhône (69)** 3 249 km^2 (93 × 46 km). **Altitudes :** *maximale* Mt St-Rigaud 1 012 m ; *minimale* 140 m (sortie du Rhône). **Population :** *1801 :* 299 390 hab. ; *1901 :* 875 009 ; *31 :* 1 089 759 ; *46 :* 959 226 ; *90 :* 1 508 966 (dont étrangers 145 792 dont Algériens 44 953, Portugais 20 214, Tunisiens 19 969, Italiens 11 028) ; *99 :* 1 578 869. **D.** 491. **Cantons :** 51. **Communes :** 293.

Régions naturelles : Beaujolais (à plus de 800 m d'alt.) et **Lyonnais** (alt. 700 m) : élevage, vignobles. **Collines du bas Dauphiné** (extrémité). **Vallée de la Saône. Agricoles** (*SAU* en ha) : *Beaujolais* viticole (pays des Pierres dorées) 44 700, *Mts du Lyonnais* 67 900, *vallée de la Saône* 9 200, *plateau du Lyonnais* 39 700.

Agriculture (en 1997) : *SAU :* 158 413 ha. 11 000 exploitations dont 8 000 à temps complet. Faire-valoir direct 80 000 ha, fermage 72 000 ha, métayage 11 000 ha. *Population agricole :* 35 500 personnes ; actifs agriculteurs : 20 500. *Vignoble :* 22 184 ha dont 21 000 en AOC (18 600 et 16 600 en 1970). *Légumes :* 2 200 ha en plein champ ou maraîchage. *Fruits :* 3 845 ha. *Céréales* (en 1995) : 27 300 ha, prod. 150 000 t dont 110 000 commercialisées. *Fourrage* (en 1995) : prairies naturelles 67 700 ha, semées 11 200 ha, maïs 8 100 ha. **Énergie** (49 % de l'hydraulique, 27 % du nucléaire) : produit 29 % de l'énergie française totale.

Chef-lieu : LYON. **Altitude :** 225 m. **Communauté urbaine** [Courly groupe 55 communes sur 293 (depuis le 29-12-1967, dont l'Isère 23, l'Ain 6) depuis 1972, identité régionale). **Population :** 1 132 415 hab. en 1990] 50 000 ha, Lyon Centre 4 875 ha (dont construites et constructibles 3 595, voies 600 dont Rhône et Saône 300, espaces verts 250). **Population de Lyon :** 445 452 hab. (*1801 :* 109 500 ; *1901 :* 459 100 ; *11 :* 523 800 ; *36 :* 570 600 ; *46 :* 460 700 ; *75 :* 456 716). **Maires :** *1905 :* Édouard Herriot (1872-1957), radical socialiste ; *57 :* Louis Pradel (5-12-1906/27-11-1976) ; *76 :* Francisque Collomb (né 19-12-1910) ; *89 :* Michel Noir (né 19-5-1944), RPR (a quitté le parti depuis) ; *95 :* Raymond Barre (né 12-4-1924), UDF. *2001* (25-3) Gérard Collomb (20-6-1947) PS. **Centre** *commercial.* **Foire** internationale. **Centre** de recherches sur le cancer. **Industries :** chimie, mécanique, électrique et électronique, jouets, textile ; abattoirs de la Mouche (réalisés 1908-24 par Tony Garnier). **Transports :** *aéroport de Satolas* (1975) ; trafic commercial ; *aérodrome de Bron :* plate-forme d'aviation générale et aéroclubs ; *gare de Satolas* TGV (1994) 2 h de Paris. **Fêtes :** *des Lumières* [8-12 ; depuis 1852 fête de l'Immaculée Conception et de l'inauguration de la statue de la Vierge (de Fabish), prévue le 8-9 mais reportée en raison d'une crue de la Saône], *biennales* de la danse, des arts, *festival* de musique du Vieux-Lyon. **Monuments** inscrits au patrimoine mondial sur 500 ha : Vieux Lyon ; presqu'île et collines de Fourvière et de la Croix-Rousse. *Chambre de commerce* (fondée 1702). *Palais de la miniature* (50 110 vis. [1]). *Maison des canuts* [tisseurs de soie : révolte (32 547 vis.)] ; *palais de justice* (milieu XIXe s.) ; *Opéra ; théâtre romain* de Fourvière (Ier s. av. J.-C., diamètre 103 m, le plus ancien de Gaule), *odéon* (IIe s., 3 000 pl.), *thermes* (50 av. J.-C.) ; *cathédrale St-Jean* (1180-1480, trésor, 39 214 vis. en 2000) ; *St-Bruno-des-Chartreux* (XVIe-XVIIIe s.) ; *abbaye St-Martin d'Ainay* (XIIe) ; *basilique de Fourvière* (1872-96, Pierre Bossan, 1 000 000 vis. en 2000) ; *rue de la République* (1re rue piétonnière ; plus de 1 km) ; *places Bellecour* (1714, 310 × 200 m), *des Terreaux* (réaménagée par Buren). *La Part-Dieu,* nouveau quartier 28 ha (en 1968). *Passerelle du palais de justice* (haut. 31 m). *Tour du Crédit lyonnais* (1972-77, 42 étages, haut. 140 m). *Auditorium Maurice-Ravel* (1975, 2 055 pl.). *Halle Tony-Garnier* [1913, architecte Tony Garnier, 210 × 80 m, haut. 23 m, 17 000 m^2, plus vaste surface couverte sans piliers du monde, 1914 Exposition internationale, puis atelier d'armement et abattoir (fermé 1974), 1975 réhabilitée, 1988 classée monument historique, centre de rencontres culturelles et artistiques] ; *traboules* (du latin *trans* et *ambulare*, aller à travers, communications entre les rues en traversant les immeubles, vieux Lyon et Croix-Rousse). *Tunnels* (véhicules/jour) : Fourvière (100 000), Croix-Rousse (80 000), TEO (Trans. Est-Ouest) (n.c.). *Jardin des Chartreux* (créé 1855) et la *Tête-d'Or* (créé 1856 par Denis Buhler, roseraie 5 ha). **Musées** (vis. en 2000) : africain, Art contemporain 89 000, Arts décoratifs, Beaux-Arts (fondé 1801) 261 020, de Fourvière, gallo-romain 75 590, Guimet d'Histoire naturelle 131 379, d'Histoire naturelle des Lazaristes, des Hospices civils 7 701, de l'Imprimerie et de la Banque 19 833 en 99, de la Marionnette (fondé 1950) [Gadagne, 32 406], de la Lumière 120 241, de la Résistance et de la Déportation 58 979, des Sapeurs-Pompiers 6 875, des Tissus 97 054, Tony-Garnier 4 337, des Automates 21 221. UNITÉ URBAINE (102 communes) : 1 348 832 hab., dont **Brignais** 11 207. **Bron** 37 369 ; aéroport, fonderie. **Caluire-et-Cuire** 41 233 ; industrie hydraulique. **Champagne-au-Mont-d'Or** 4 955. **Chaponost** 7 832. **Charbonnières-les-Bains** 4 377. **Chassieu** 9 049 ; édition. **Corbas** 9 259 ; abattoirs. **Craponne** 8 002. **Dardilly** 7 589 ; maison natale du curé d'Ars. **Décines-Charpieu** 24 193. **Écully** 18 011. **Feyzin** 8 469 ; raffinerie. **Fontaines-sur-Saône** 6 721. **Francheville** 11 324. **Génas** 11 140. **Givors** 19 777 ; métallurgie, verrerie, textile, chimie ; quartier des Étoiles. **Grigny** 7 873 ; château (XVIIe s.). **Irigny** 8 330 ; équipement auto. **La Mulatière** 6 733. **Limonest** 2 733. **Meyzieu** 28 009. **Mions** 10 283. **Neuville-sur-Saône** 7 062 ; pharmacie. **Oullins** 25 183 ; mécanique, textile. **Pierre-Bénite** 9 963 ; textile. **Rillieux-la-Pape** 28 367 ; jouets. **St-Cyr-au-Mont-d'Or** 5 392. **St-Didier-au-Mont-d'Or** 6 154. **St-Fons** 15 671 ; colorants, chimie. **Ste-Foy-lès-Lyon** 21 450 [1] ; pharmacie. **St-Genis-Laval** 19 221 ; observatoire (1 411 vis. en 2000) ; parc de Beauregard. **St-Priest** 40 974 ; travaux publics. **St-Symphorien-d'Ozon** 5 063. **Sathonay-Camp** 1 693. **Sathonay-Village** 4 336. **Tassin-la-Demi-Lune** 15 977. **Ternay** 4 618. **Vénissieux** 56 061 ; véhicules lourds, chimie ; musée de la Résistance et de la Déportation ; quartier des *Minguettes* (13-2-1994 : destruction de 10 tours). **Villeurbanne** 124 215 (*1897 :* 21 000, *1926 :* 63 000, *1993 :* 82 000) ; gratte-ciel de Morice Leroux (1931-34) ; métallurgie, travaux publics, chaussures, textile et chimie, Institut d'Art Contemporain. AIRE URBAINE : 1 648 216 hab.

☞ Sous la Révolution, Lyon était « commune affranchie ».

Sous-préfecture : **Villefranche-sur-Saône** 30 647 hab. (aggl. 48 223 [1], dont **Gleizé** 8 050 ; château. **Limas** 4 151) ; métallurgie, textile, chimie, alimentation ; collégiale N.-D.-des-Marais (XIIIe-XVIe s.).

Autres villes (visiteurs en 2000) : **Amplepuis** 4 948 hab. ; musée Barthélemy-Thimonier (7 200 vis.). **Anse** 4 744 hab. (aggl. 17 762 [1]) ; château des *Tours* (1213-18). **Avenas** 106 hab. ; église (XIIe s.). **Bagnols** 701 hab. ; château (XVe s.). **Beaujeu** 1 905 hab. ; musée des Arts et Traditions (6 372 vis.), église (XIIe s.). **Belleville** 5 840 hab. ; église romane ; hôtel-Dieu (6 038 vis.). **Châtillon** 1 873 hab. ; église (XIIe s.). **Collonges-au-Mt-d'Or** 3 420 hab. ; Island plage (13 088 vis.). **Corcelles** 745 hab. ; château (XVe s.). **Cours-la-Ville** 4 241 hab. **Courzieu** 1 134 hab. ; parc animalier (64 000 vis.). **Dardilly** 7 589 hab., maison natale du curé d'Ars (1 970 vis.). **Denicé** 1 256 hab. ; église (XIIIe s.). **Écully** 18 011 hab. ; château de *la Barollière* (XVIIe s.), du *Vivier* (1880), parc. **Éveux** 794 hab. ; couvent de la Tourette (Le Corbusier, 1956-59). **Gleizé** 8 050 hab. ; château de *Vaurenard.* **Jarnioux** 537 hab. ; château (XVe-XVIe s.). **Jonage** 5 363 hab. **Joux** 605 hab. ; château (XIIe-XIVe s.). **L'Arbresle** 5 777 hab. (aggl. 12 625 [1]). **Lacenas** 852 hab. ; château médiéval du *Sou.* **La Tour-de-Salvagny** 3 402 hab. ; casino. **Lentilly** 4 719 hab. ; orfèvrerie. **Marcy-l'Étoile** 3 091 hab ; pharmaceutique ; musée de la Poupée, château de *Lacroix-Laval* (parc 114 ha, 59 340 vis. [1]). **Montmelas-St-Sorlin** 367 hab. ; château (XVe-XVIe s., 2 800 vis.). **Mornant** 4 672 hab. **Odenas** 735 hab. ; château de *la Chaize.* **Poleymieux-au-Mont d'Or** 598 hab. ; musée Ampère et de l'Électricité (4 600 vis. [1]). **Pomeys** 824 hab. ; château de *Saconay* (XIV-XVIe s.). **Rochetaillée-sur-Saône** 1 134 hab. ; *musées :* de l'Auto Henri-Malartre (57 095 vis. [1]) ; château (XVe s.). **Salles-en-Beaujolais** 629 hab. ; prieuré, cloître, maisons du chapitre (XIe-XIIe s.). **St-Bonnet-le-Troncy** 273 hab. ; musée Jean-Claude-Colin. **St-Georges-de-Reneins** 3 832 hab. ; plasturgie. **St-Germain-au-Mont-d'Or** 2 385 hab. (aggl. 4 729 [1]). **St-Laurent-de-Chamousset** 1 703 hab. ; château (Renaissance). **St-Laurent-de-Mure** 4 694 hab. (aggl. 9 117 [1], dont *St-Bonnet-de-Mure* 5 597). **St-Pierre-de-Chandieu** 4 133 hab. ; château (XIVe s.). **St-Pierre-la-Palud** 1 983 hab. ; musée de la Mine. **St-Romain-en-Gal** 1 380 hab. ; site archéologique gallo-romain (70 935 vis.). **St-Symphorien-sur-Coise** 3 069 hab. **St-Vérand** 993 hab. ; château de *la Flachère* (XVIIIe-XIXe s.). **Savigny** 1 797 hab. ; Musée lapidaire. **Tarare** 10 420 hab. ; textile, plasturgie. **Theizé** 999 hab. ; château de *Rochebonne* (XVe s., 2 992 vis.). **Thizy** 2 483 hab. (aggl. 6 232 [1]). **Vaugneray** 4 175 hab. **Vaulx-en-Velin** 39 154 hab. ; verrerie ; planétarium (38 196 vis.). **Vaux-en-Beaujolais** 766 hab. ; musée de la Vigne et du Vin. **Vauxrenard** 275 hab. ; château (XVIIe-XVIIIe s.).

Divers : aqueduc : *Gier* (vers 50-60) 75 km. **Circuit** *des « Pierres dorées »* en Beaujolais (Le Bois-d'Oingt, Anse, Theizé, Charnay). **Col :** *Mont-Verdun.* **Parc :** *St-Cyr-au-Mont-d'Or* (ermitage du Mont-Cindre). **Plans d'eau :** *parc de Miribel-Jonage* (2 200 ha dont eau 300), *Grand Large* (Meyzieu 165 ha), lac des *Sapins* (Cublize 40 ha), *Condrieu-les-Roches* (20 ha), *Bordelan* (Villefranche-sur-Saône 10 ha), lac des *Sablons* (Belleville 5 ha), *Hurongues* (Pomeys 3,5 ha), *Ronzey* (Yzeron 3 ha), *Craponne* (aqueduc).

■ **Savoie (73)** 6 028 km^2 (100 × 100 km). **Altitude :** *moyenne* 1 500 m ; *maximale* pointe de la Grande Casse 3 852 m ; *minimale* 212 m (confluent du Rhône et du Guiers) ; 36 sommets de plus de 3 500 m (département le plus montagneux, 89 % du département en zone de montagne). **Population :** *1801 :* 220 895 hab. ; *1901 :* 254 781 ; *21 :* 225 034 ; *36 :* 239 115 ; *46 :* 235 965 ; *68 :* 288 921 ; *82 :* 323 675 ; *90 :* 348 261 ; *97 :* 373 300 dont étrangers 25 809 (dont Italiens 5 718, Algériens 5 618, Portugais 4 286, Marocains 3 199) ; *99 :* 373 258. **D.** 62. **Cantons :** 37. **Communes :** 305.

Régions naturelles : massifs centraux (Beaufortain), zone intra-alpine *(Vanoise),* vallées de l'*Isère* supérieure (*Tarentaise :* élevage) et de l'*Arc* (*Maurienne :* élevage). **Préalpes du Nord** (élevage). **Forêts** (en ha) : *Maurienne* 211 800, *Tarentaise* 191 500, *combe de Savoie* 47 000, *Bauges* 35 900. **Cluse de Chambéry** 33 500, *Avant-Pays* 29 500, *Beaufortain* 27 100, *Chartreuse* 14 700, *val d'Arly* 20 800, *Albanais* 8 500, *Chautagne* 6 700. **Ressources.** *Fromages :* beaufort, reblochon, tomme de Savoie, des Bauges, Tamié, emmental. *Vins de Savoie* AOC : abymes, apremont, jongieux, roussette, chignin, chautagne.

Chef-lieu : CHAMBÉRY. **Altitude :** 270 m. **Superficie :** 2 109 ha. **Population :** *1861 :* 21 470 ; *1911 :* 24 245 ; *54 :* 34 438 ; *68 :* 51 056 ; *82 :* 53 427 ; *90 :* 54 120 ; *99 :* 55 786. **Industries :** métallurgie, chimie, alimentaire, verre, confection, centre commercial et culturel. **Monuments :** château des ducs de Savoie (préfecture, plus grand carillon d'Europe : 70 cloches, soit 41 t, installé en 1993, 16 794 vis. en 2000), cathédrale St-François-de-Sales, Ste-Chapelle (XVe s., carillon de 70 cloches), fontaine des Éléphants. **Musées** (vis. en 1999) : d'Art et d'Histoire, des Beaux-Arts 10 715, savoisien 20 324, des Charmettes (où séjourna J.-J. Rousseau) 9 620 ; galerie Eureka 46 271. UNITÉ URBAINE (18 communes) : 113 457 hab., dont **Barberaz** 4 663. **Bassens** 3 503. **Cognin** 5 900 ; couteaux Opinel. **La Motte-Servolex** 10 912. **La Ravoire** 6 555.

Sous-préfectures : **Albertville** (à 345 m d'alt.), 17 340 hab. (*1861 :* 4 458 ; *1911 :* 7 071 ; *54 :* 9 730) [aggl. 28 393 [1]] ; réunion en 1836 de l'Hôpital et Conflans ; confection, BTP ; cité médiévale de Conflans (70 000 vis. [1]), portes (XIVe s.), château (XVIe s.), Musée régional ; jeux Olympiques en 1992 (maison des JO). **St-Jean-de-Maurienne** (à 567 m) 8 902 hab. (aggl. 10 263 [1]) ; aluminium (Pechiney, usine la plus moderne), TP ; cloître, stalles de l'église, tour Carrée (XIe-XIIe s.), cathédrale (XIe-XVe s.), musées (vis. en 2000) : de l'Opinel 27 059, des Costumes 10 079.

Autres villes (vis. en 1999) : **Aime** (à 690 m d'alt.), 3 229 hab. ; prieuré roman (XIIe s.), église, musée, basilique St-Martin (XIe-XIIe s.). **Aix-les-Bains** (à 236 m) 25 732 hab. (*1861 :* 4 253 ; *1911 :* 8 934 ; *54 :* 15 680) [aggl. 35 472 [1]] ; station thermale (35 712 curistes, eaux à 46 °C) ; chaudronnerie, électrique et téléphoniques ; casino (1847) ; Grand Hôtel (1853) ; *musées :* archéologique, Faure (10 782 vis.) ; arc de Campanus (IIIe-IVe s.), aquarium de la maison du Lac (27 814 vis.). **Bellentre** 793 hab. ; église baroque. **Bessans** (à 1 740 m) 311 hab. ; église (XIIe s.), chapelle St-Antoine (XIVe s., fresques). **Bonneval-sur-Arc** (à 1 800 m) 242 hab. ; village de montagne typique. **Bourg-St-Maurice** (de 815 à 842 m) 6 747 hab. ; *musées :* de la Pomme, du Costume. **Bramans** (à 1 230 m) 362 hab. ; église (XVIe-XVIIIe s.). **Brides-les-Bains** (à 580 m) 593 hab. ; station thermale (8 642 curistes [1]). **Challes-les-Eaux** (à 290 m) 3 931 hab. ; station thermale (3 010 curistes). **Chamousset** 383 hab. ; église (XVIIIe s., forme de trèfle à 4 feuilles). **Champagny-en-Vanoise** (à 1 240 m) 585 hab. ; église baroque St-Sigismond. **Chanaz** 442 hab. ; moulin à huile (50 000 vis.). **Cléry** 226 hab. ; église (XIIe s.). **La Bâthie** 2 022 hab. ; tour des archevêques (XIIIe s.) ; centrale hydroélectrique souterraine. **La Léchère** (à 440 m) 1 774 hab. ; station thermale (6 165). **La Rochette** 3 098 hab. ; château, église (XVe s.), chartreuse St-Hugon, temple bouddhiste Karma Ling. **Landry** 628 hab. ; église baroque. **Lanslevillard** 431 hab. ; centre baroque, chapelle St-Sébastien, fresques. **Le Bourget-du-Lac** (à 240 m) 3 945 hab. ; prieuré, cloître. **Le Pont-de-Beauvoisin** 1 572 hab. (aggl. 2 697 [1]) ; meubles. **Mercury** 2 330 hab. ; église (XVIIe-XIXe s.). **Modane** (à 1 057 m) 3 658 hab. (aggl. 5 328 [1]) ; électrométallurgie, soufflerie ; N.-D.-du-Charmaix, fort de St-Gobain, musée de la Fortification ; laboratoire souterrain. **Montmélian** (à 285 m) 3 926 hab. (aggl. 5 311 [1]). **Moûtiers** (à 480 m) 4 151 hab. (aggl. 5 297 [1]) ; cathédrale St-Pierre, palais épiscopal (XVIIe s.), musée de l'Académie du Val d'Isère. **Myars** 730 hab. ; église N.-D. (90 000 vis.). **Peisey-Nancroix** 614 hab. ; N.-D.-de-Vernette (1722-27). **Plancherine** 297 hab. ; abbaye de *Tamié* (XIIe s., 90 000 vis.). **St-Étienne-de-Cuines** 1 208 hab. (aggl. 3 721 [1]). **St-Genix-sur-Guiers** (à 250 m) 1 817 hab. **St-Martin-de-Belleville** 2 532 hab. ; N.-D.-de-Vie, pèlerinage. **St-Michel-de-Maurienne** 2 714 hab. (aggl. 3 252 [1]). **St-Pierre-d'Albigny** (à 450 m) 3 269 hab. (aggl. 3 751 [1]) ; château de *Miolans* (XIe-XVe s., prison d'État de 1500 à 1792, 16 000 vis.). **St-Pierre-de-Curtille** 362 hab. ; abbaye de *Hautecombe* (fondée 1101, reconstruite 1824, 200 000 vis., voir à l'Index). **Séez** 1 968 hab. ; musée (14 397 vis.). **Tignes** 2 220 hab. ; barrage (1946-52), hauteur 180 m (noie l'ancien village : dernière messe 20-4-1953). **Ugine** 6 963 hab. (*1861 :* 3 356 ; *1946 :* 6 463) [aggl. 8 541 [1]] ; électrométallurgie, artisanat, aciéries, BTP ; fête de la descente des troupeaux (« *Démontagneura* », sept.) ; musée des Art et Traditions populaires du Val-d'Arly (au château de Crest-Cherel). **Valloire** (à 1 430 m) 1 243 hab. ; N.-D.-de-l'Assomption.

Divers : lacs (en ha) : *Le Bourget* [4 462 (18 × 3,5 km), prof. maximale 147 m, alt. 231 m ; rive montagneuse : le plus grand lac français ; sports nautiques ; aquarium (25 600 vis. en 1999)], *Aiguebelette* (alt. 400 m, 600, prof. 68 m), *Chevelu* (11), *St-André* (7,58) ; barrages : *Roselend* (320), *Presset, Mt Cenis* (665), *Tignes* (270), *Bissorte* (150, alt. 2 430 m). **Quelques sommets** (en m) : *Grande Casse* 3 855, *Mt Pourri* 3 779, *pointe de Charbonnel* 3 752, *dent Parrachée* 3 684, *Grande Motte* 3 653, *aiguilles d'Arves* 3 514, *du Grand-Fond* 2 889, *grand pic de la Lauzière* 2 829, *Grand Arc* 2 482, *Pécloz* 2 260, *Arcalod* 2 217, *Mt Granier* 1 933, *Croix-du-Nivolet* 1 547, *dent du Chat* 1 452. **Parc national** *de la Vanoise* créé 1963 [alt. de 1 280 m à 3 855 m, 53 000 ha, 1er parc national : 1 700 bouquetins, 5 000 chamois, 53 refuges (2 500 lits), 52 839 ha (800 000 vis./an) ; zone périphérique 143 637 (28 communes) ; voir p. 208 a] ; **régionaux** (créés 1995) : *les Bauges* (80 000 ha, alt. 300 à 2 200 m, créé 10-12-1995), *la Chartreuse*. **Stations de ski** (altitude en m) : **Bauges :** *Les Aillons* 1 000, *La Féclaz* 1 350, *Le Revard* 1 550. **Beaufortain** (appelé le petit Tyrol) : *Arêches Beaufort* (1 985 hab.) 1 080, *Les Saisies* 1 650. **Maurienne :** *St-François-Longchamp* (194 hab.) 1 450-1 650, *La Toussuire* 1 800, *Val Cenis* 1 400, *Valloire* 1 430. **Tarentaise :** *Les Arcs* 1 600-1 800-2 000, *Courchevel* 1 850, *Les Menuires* 1 850, *Méribel* 1 450, *La Plagne* 1 250-2 100, *Pralognan* (750 hab.) 1 410, *Tignes* 2 100, *Val d'Isère* (1 632 hab.) 1 850, *Val Thorens* 2 300. **Val-d'Arly :** *Flumet* (769 hab.) 1 000, *La Giettaz* (488 hab.) 1 100, *N.-D.-de-Bellecombe* (510 hab.) 1 150. **Grottes** de Lamartine (lac du Bourget), des Entremonts (ossements d'ours 20 000 ans), de Mandrin, des Échelles.

LA FRANCE OUTRE-MER

☞ Pour découvrir la sélection **Quid** des meilleurs sites Internet sur la France outre-mer, rendez-vous sur **www.quid.fr**

HISTOIRE DE LA COLONISATION

■ **XVIe s. 1524** sous François Ier, expédition en Amérique du Nord de l'Italien Verrazano, puis **1534** du Français Jacques Cartier qui prend possession du Canada. **1555-67** Expéditions au Brésil, dans la baie de Guanabara (dirigées par Nicolas de Villegaignon (1510-71), puis **1594-1615** au Maranhão. **1562-65** Jean Ribault (1520-65) et René de Laudonnière († 1572) fondent Fort-Caroline, en Caroline du Sud (du nom de Charles IX).

■ **Du XVIIe au début du XIXe s. 1604** Pierre de Monts et Samuel Champlain fondent une colonie en Acadie (Nlle-Écosse actuelle). **1608** Champlain s'installe au Québec (Montréal fondé en 1642). **1635** Cie des îles d'Amérique occupe Guadeloupe et Martinique. **1642** Cie de l'Orient fonde Fort-Dauphin à Madagascar. **1659** St-Louis du Sénégal fondé. **1664** Colbert crée la Cie des Indes occidentales et la Cie des Indes orientales (par actions) pour étendre les colonies et développer leur activité. **1668** comptoir en Inde, à Sûrat (près de Bombay). **1674** abandon de Madagascar, installation dans l'île Bourbon (Réunion actuelle) et l'île de France (île Maurice actuelle). **1682** Cavelier de la Salle s'empare de la Louisiane. **1685** *Code noir :* statut de l'esclavage. **1701** Pondichéry, principal établissement français, Yanaon, Masulipatnam (1750-59 ; on disait alors Masulipatam), Chandernagor. **1714** Fr. cède Terre-Neuve, Acadie et baie d'Hudson à l'Angleterre. **1719** La Nouvelle-Orléans occupée. **1741-59** Dupleix conquiert le Deccan (Inde), finalement cédé à l'Angleterre. **1763** Fr. perd Canada (70 000 Français), Louisiane, Dominique, St-Vincent, Tobago, Grenade et Sénégal ; elle garde 5 comptoirs en Inde et St-Domingue, Martinique, Guadeloupe et Mascareignes (îles Bourbon et de France). **1764** échec d'une tentative de peuplement en Guyane. **1783** comptoirs du Sénégal et Tobago rendus à Fr. **1794** la Convention abolit l'esclavage (sera rétabli par Bonaparte). **1798-1801** expédition d'Égypte. **1802** Espagne rend la Louisiane à la Fr. **1803** Louisiane vendue aux USA (voir à l'Index). **1808** Fr. chassée de St-Domingue. **1814** Fr. cède Tobago, Ste-Lucie et l'île de France à l'Angleterre.

■ **Sous Louis-Philippe. 1830**-*5-7* prise d'Alger. **1832-47** soulèvement d'Abd el-Kader en Algérie. Établissements : Côte d'Ivoire (Assinie et Grand-Bassam, créés 1842), Gabon (1839-43), Nossi-Bé (Madagascar, 1840-41), Mayotte (1843), Tahiti (1842-43).

■ **IIe République. 1848**-*3-4 :* 2e abolition de l'esclavage ; -*9-12* l'Algérie forme 3 départements français.

■ **IIe Empire. 1853** Nlle-Calédonie annexée. **1854** début de la conquête du Sénégal, fondé par Faidherbe. **1857** Dakar fondée. Grande Kabylie occupée en Algérie. **1862** acquisition d'Obock (mer Rouge). **1862-67** Cochinchine conquise. **1863** protectorat sur Cambodge.

■ **IIIe République. 1873** Francis Garnier (1839-73) conquiert le delta tonkinois. **1875-78** 1re expédition de Pierre Savorgnan de Brazza (Rome, 1852/Dakar, 1905). **1880** protectorat sur le Congo. **1881** protectorat sur la Tunisie. **1883-84** Brazza colonise le Gabon. **1885** la Chine abandonne Tonkin et Annam à la Fr. **1880-95** Joseph Gallieni (1849-1916, Mal de Fr. à titre posthume 1921) conquiert Soudan (Mali actuel). **1888** fondation de Djibouti, puis de la Côte française des Somalis. **1889** Bangui fondé. **1891** Niger occupé. **1893** Guinée détachée du Sénégal ; Côte d'Ivoire et Dahomey créés ; protectorat sur Laos reconnu par le Siam. **1896** Madagascar occupé. **1897-1912** Tchad conquis. **1899** Haute-Volta conquise ; la mission Marchand s'installe à Fachoda, sur le Nil, puis cède la place aux Anglais. **1900**-*13-4* loi laissant aux colonies le bénéfice des impôts perçus sur leur territoire et leur confiant la charge de leurs dépenses civiles, incluant l'entretien des troupes de gendarmerie ; la métropole assurant les dépenses de souveraineté et le traitement des fonctionnaires. -*19-12* la loi est étendue à l'Algérie. **1904** fondation de l'Afr.-Occidentale française (capitale : Dakar). **1906** condominium Fr.-G.-B. sur Nouvelles-Hébrides. **1907** le Siam restitue au Cambodge ses 3 provinces occidentales. **1910** fondation de l'Afr.-Équatoriale française (capitale : Brazzaville). **1912** protectorat sur Maroc. **1919** mandat sur Cameroun, Togo, Grand-Liban et Syrie. **1934** dernière insurrection du Maroc.

L'EMPIRE FRANÇAIS EN 1939

En 1939, l'Empire français formait un ensemble de 12 300 000 km² peuplé par 103 millions d'hab. (dont métropole). La plupart des pays et territoires étaient des colonies ou des protectorats.

Les pays d'*Afrique noire* étaient regroupés en 2 fédérations, l'*Afrique-Occidentale française (A.-O.F.)* et l'*Afrique-Équatoriale française (A.-É.F.)*.

Les pays de l'*Indochine* sous souveraineté française étaient regroupés sous l'autorité du gouvernement général de l'Indochine.

Pays et territoires dépendant du ministère des Colonies sauf *Algérie* qui dépendait du ministère de l'Intérieur, tandis que *Tunisie, Maroc, Liban* et *Syrie* dépendaient du ministère des Affaires étrangères, et étaient administrés par décrets. A la tête de chaque colonie, un gouverneur était assisté d'administrateurs.

■ **Afrique. Afrique du Nord : 1 territoire partie intégrante de la France : Algérie** (territoire civil 207 480 km², 6 000 000 d'hab. ; territoire du Sud 2 000 000 km², 542 000 hab.). **2 protectorats : Maroc** (415 000 km², 5 420 000 hab.), **Tunisie** (130 000 km², 2 400 000 hab.).

Afrique-Occidentale française (A.-O.F.) : 3 738 000 km², 14 576 000 hab. [20 % de race blanche : Maures 400 000, Touaregs 250 000, nomades, Peuls 2 000 000, Européens 23 000 (dont 14 500 Français fonctionnaires, militaires, chefs d'entreprise, commerçants, planteurs, etc.), 80 % de race noire dont Ouolofs 450 000 (Sénégal), Toucouleurs 250 000, Mandingues 2 800 000 (haute et moyenne vallée du Niger), Qonahais 150 000 (bouche du Niger), Mossis 2 200 000 (Niger, Côte d'Ivoire), Haoussas 500 000 (est du Niger)]. **8 colonies : Sénégal** (192 000 km², 1 634 000 hab.), **Mauritanie** (400 000 km², 324 000 hab.), **Guinée française** (231 000 km², 2 240 000 hab.), **Côte d'Ivoire** (315 000 km², 4 000 000 d'hab.), **Soudan** (923 000 km², 4 000 000 d'hab.), **Niger** (1 200 000 km², 2 000 000 d'hab.), **Dahomey** (122 000 km², 1 110 000 hab.), **Haute-Volta** (370 000 km², 3 500 000 hab.). **Territoire sous mandat** (depuis 1918) : **Togo français** (56 500 km², 750 000 hab., 650 Européens).

Afrique-Équatoriale française (A.-É.F.) : 3 000 000 km², 3 500 000 hab. dont Européens 5 000. **4 colonies : Gabon** [274 870 km², 400 000 hab. (Pahoins et Pongués)] ; **Moyen-Congo** [240 000 km², 700 000 hab. (Batékés, Bacongos)] ; **Oubangui-Chari** [493 000 km², 1 200 000 hab. (Mandjas, Bayas, Barguirmens)] ; **Tchad** [1 248 000 km², 1 200 000 hab. (Kotokos, Salamas, Ouaddaiens)]. **Territoire sous mandat : Cameroun** (depuis 1918) [439 800 km², 2 000 000 d'hab. dont 3 000 Européens].

Côte française des Somalis : 22 000 km², 86 000 hab. (1 500 Européens dont 350 Français).

Madagascar : 592 356 km², 3 800 000 hab. (Hovas et Betsiléos) [40 000 Européens dont 25 000 Français]. **Dépendance :** *Comores* (2 185 km², 118 700 hab.).

Réunion (île française depuis 1642) : 2 512 km², 597 823 hab.

Iles du sud de l'océan Indien (îles françaises depuis 1842) : 7 216 km². Iles principales : *St-Paul, Amsterdam, Kerguelen, Crozet.*

■ **Amérique. Antilles françaises :** *Martinique* (1 080 km², 359 972 hab.) ; *Guadeloupe* (1 705 km², 386 987 hab.) ; *dépendances* (Marie-Galante : 520 km², la Désirade : 28 km², les Saintes : 48 km², St-Barthélemy : 27 km², St-Martin : 80 km² avec la Frégate et Tintamarre). **Guyane** [90 000 km², 114 800 hab. (Indiens, Noirs immigrés, créoles, Blancs)]. **St-Pierre-et-Miquelon** (26 et 185 km², 4 000 hab.) ; 240 km² avec quelques îlots dont l'île aux Chiens (280 hab.), le Grand-Colombier, l'île aux Vainqueurs. **Clipperton** (5 km², inhabité ; Pacifique, à 1 300 km du Mexique).

■ **Antarctide** ou **Antarctique.** *Terre Adélie* 900 000 km².

■ **Asie. Proche-Orient : 2 pays sous mandat : Liban** (10 500 km², 628 000 hab.), **Syrie** (171 600 km², 3 000 000 d'hab.).

Indochine : 740 000 km², 1 700 × 700 km, 23 000 000 d'hab. (Annamites 15 000 000, Cambodgiens 2 500 000, Chams, Thaïs, Moïs, Chinois 300 000, Européens 42 000). **1 colonie** : *Cochinchine* (66 000 km², 7 800 000 hab. dont 6 790 Français) ; **4 protectorats :** *Tonkin* (105 000 km², 7 400 000 hab.), *Annam* (150 000 km², 5 000 000 d'hab.), *Cambodge* (175 000 km², 2 400 000 hab.), *Laos* (214 000 km², 818 000 hab.). **1 dépendance de l'empire d'Annam :** les 11 îles *Paracels.* **Concessions françaises et territoires à bail :** *en Chine :* à *Shanghai, Canton, T'ien-Tsin, Han-K'eou, Kouang-Tcheou-Wan.* **Établissements français de l'Inde :** 520 km², 300 000 hab. (dont 1 600 Français). **5 villes :** *Pondichéry, Karikal, Yanaon, Mahé, Chandernagor.* **9 enclaves :** *Calicut, Masulipatam, Balassar, Gorèty, Jouqdia, Dacca, Cassimibazar, Surate* et *Patna.*

■ **Océanie.** 23 000 km², 100 000 hab. (4 500 Européens). **Nouvelle-Calédonie** et dépendances (18 650 km², 57 000 hab.). **Établissements français de l'Océanie** (4 000 km², 32 000 hab.), protectorat des *îles Wallis-et-Futuna ; îles de la Société* (Tahiti, Moorea, îles Sous-le-Vent) ; archipels des *Marquises, Gambier, Tuamotou* et îles *Tubuaï.* **Nouvelles-Hébrides** (12 000 km², 60 000 hab.), condominium franco-britannique.

STATUT DES INDIGÈNES

■ **Régime de 1833. Antilles, Guyane, Réunion, St-Pierre-et-Miquelon :** loi du 24-3, les personnes libres sont régies par le Code civil et ont le droit de vote.

■ **Colonies acquises après 1833.** Les indigènes ayant conservé leur statut civil personnel ne sont pas citoyens français et ne possèdent pas de droits électoraux (exceptions : *Inde, Sénégal* après la loi du 29-9-1916). Les indigènes peuvent accéder à la citoyenneté française par mesure individuelle (pour l'A.-É.F., décret du 6-9-1933).

Indigénat en Afrique noire [système supprimé en 1945 (en A.-É.F. décret du 22-12)] : les indigènes non citoyens sont sujets français. Depuis une ordonnance du 7-9-1840, ils sont soumis à un régime spécial de sanctions administratives sans intervention judiciaire. Les chefs de circonscription et de subdivision peuvent infliger des peines de simple police (15 F d'amende et 5 jours de prison). Le gouverneur général peut prononcer des internements et assignations à résidence (décrets du

31-5-1910 et du 15-11-1924). Les indigènes sont jugés au civil et au pénal (jusqu'au décret du 30-4-1946) par des tribunaux indigènes appliquant les coutumes locales (sauf celles « contraires aux principes de la civilisation française »). L'administrateur du lieu préside le tribunal, assisté de 2 assesseurs indigènes. **Notables évolués :** un décret de De Gaulle du 29-7-1942 fixe leur statut. Désignés individuellement, ils échappent aux peines de l'indigénat.

Histoire de la décolonisation

■ **1941-46** Syrie et Liban indépendants. **1944**-*30-1/5-2* **conférence de Brazzaville** prévoyant notamment la représentation des peuples d'outre-mer au Parlement et la création d'assemblées locales ; *-7-3* élargissement de l'octroi aux musulmans algériens de la citoyenneté française. **1945**-*8-5* soulèvement de *Sétif* (Algérie) ; *-2-9* Hô Chi Minh proclame la rép. démocratique du Viêt Nam (*début de la guerre d'Indochine* en 1946) ; *-22-12* décret supprimant le « statut de l'indigénat » ; *-25-12* création du franc CFA. **1946**-*19-3* loi créant les Dom.

■ **1946 L'Union française. Créée** par la Constitution du 13-10-1946. Comprend : **1°)** *la République française :* a) France métropolitaine ; b) départements et territoires d'outre-mer [les habitants sont citoyens français, élisent des représentants aux assemblées françaises (droit de vote limité à une partie de la population, dans certains territoires ; il y aura, jusqu'à la loi-cadre du 23-6-1956, *2 collèges électoraux* distincts, l'un pour les citoyens de statut français, l'autre pour les citoyens de statut personnel)] ; **2°)** *les territoires* (pays sous tutelle) et *États associés* (ont leur nationalité et leur système politique propres ; ils peuvent envoyer des délégués au Haut Conseil de l'Union ; Viêt Nam, Cambodge et Laos ont eu ce statut). **Organes :** *Président* (Pt de la République française), *Assemblée* (composée à égalité de conseillers représentant la métropole, et représentant Dom et Tom, pays membres de l'Union et États associés ; elle a l'initiative des lois et un pouvoir consultatif ; rôle effectif réduit), *Haut Conseil* (assemblée de diplomates).

Terres françaises en 2001

■ **Amérique.** *Depuis 1535 :* St-Pierre-et-Miquelon (avec interruptions : 1714-62, 1779-82, 1794-1801, 1804-13). *Depuis 1635 :* Guadeloupe, Martinique. *Depuis 1609 :* Guyane. *Depuis 1648 :* partie nord de l'île St-Martin et St-Barthélemy. **Antarctique.** *Depuis 1840 :* Terre Adélie. **Océan Indien.** *Depuis 1638 :* îles Glorieuses, la Réunion. *Depuis 1772 :* îles Crozet, Kerguelen. *Depuis 1776 :* île Tromelin. *Depuis fin XVIIIe s. :* îles St-Paul et Nouvelle-Amsterdam. *Depuis 1841 :* Mayotte. **Océan Pacifique.** *Depuis 1837 :* îles Wallis-et-Futuna. *Depuis 1842 :* îles Marquises, Tahiti, Moorea, îles du Vent. *Depuis 1843 :* îles Tuamotu, Australes ou Tubuaï. *Depuis 1844 :* îles Gambier. *Depuis 1853 :* Nouvelle-Calédonie. *Depuis 1858 :* île Clipperton. *Depuis 1887 :* îles Sous-le-Vent.

Terres qui furent françaises

■ **Afrique. Afrique du Nord française (AFN) :** *1830-1962* Algérie, *1881-1956* Tunisie, *1912-56* Maroc. **Afrique-Équatoriale française (A.-É.F.) :** *1839-1960* Gabon, *1891-1960* Congo, *1896-1960* Centrafrique (ex-Oubangui-Chari), *1899-1960* Tchad, *1919-60* Cameroun. *1884-1977* Djibouti (ex-Côte française des Somalis). **Afrique-Occidentale française (A.-O.F.) :** *1638-1758, 1770-1807, 1817-1960* Sénégal, *1842-1960* Côte d'Ivoire, *1857-1960* Mali (ex-Soudan), *1893-1960* Bénin (ex-Dahomey), *1893-1958* Guinée, *1897-1960* Niger, *1898-1960* Burkina (ex-Haute-Volta), *1902-60* Mauritanie, *1922-60* Togo.

■ **Amérique.** *1604-1763* Canada oriental (Acadie jusqu'en 1713), *1682-1803* Louisiane, *1655-1713* Terre-Neuve, *1612-1758* île du Cap-Breton, *1650-1803* Ste-Lucie, *1650-1762, 1779-83* Grenade, *1748-59* Dominique, *1626-1804* Haïti (ex-Saint-Domingue), *1783-1814* Tobago, *1764-66* Malouines (ou Falkland).

■ **Asie. Comptoirs de l'Inde :** *1673-1954* Pondichéry (occupée par les Anglais de 1693 à 1701, de 1761 à 1763, puis, avec les 4 autres comptoirs, de 1778 à 1783, de 1793 à 1802 et de 1803 à 1816), *1686-1951* Chandernagor, *1721-1954* Mahé, *1738-1954* Karikal, *1742-1763* Inde, *1751-1954* Yanaon, *1868-1936* Cheikh-Saïd, *1898-1943* Kouang-Tcheou-Wan, *1885* îles Pescadores, *1920-43* Liban, *1920-45* Syrie. **Concessions dans des villes chinoises :** *1858-1943* Canton, *1862-1946* Shanghaï, *1896-1943* Hankéou, *1842-1943* Hismen (ou Amoy), *1858-1943* Nankin, *1858-1943* Tientsin. **Indochine :** *1883-1954* Tonkin, *1884-1954* Annam, *1859-1954* Cochinchine, *1863-1954* Cambodge, *1893-1954* Laos.

■ **Europe.** *1066* îles Anglo-Normandes, *1756-63* Minorque, *1798-1800* Malte, *1797-99, 1807-09* îles Ioniennes.

■ **Océan Indien.** *1715-1814* Maurice (ex-Ile de France), *1742-1810* îles Seychelles, *1769-1794* îles Amirantes, *1843-1975* Comores (colonie 1912), *1883-1960* Madagascar (colonie 1896).

■ **Océan Pacifique.** *1887-1980* Vanuatu (ex-Nouvelles-Hébrides, condominium franco-britannique).

1946-*18/20-10* fondation à Bamako du Rassemblement démocratique africain (RDA) ; *-10-11* élection de 5 membres du MLTD (Messali Hadj) au collège des non-citoyens de l'Assemblée nationale. **1947**-*30-3* insurrection réprimée à Madagascar ; *-4-8* création du G^d^ Conseil de l'A.-O.F. (8 membres) et du G^d^ Conseil de l'A.-É.F. (6 membres) ; *-27-8 statut de l'Algérie* (13 départements avec assemblée algérienne) ; *-11-10/3-11* élections à l'Assemblée de l'Union française. **1949** la France reconnaît *l'indépendance du Viêt Nam.* **1949-50** *Cambodge* et *Laos* deviennent des *États indépendants associés* (indépendance totale 1953). **1950**-*28-1/3-2* Côte d'Ivoire, agitation pour la libération des leaders du RDA emprisonnés. **1952**-*30-3* élections des assemblées territoriales d'A.-O.F., A.-É.F., Cameroun, Togo, Madagascar ; *-22-11* Code du travail outre-mer. **1954**-*21-7 fin de la guerre d'Indochine ; -1-11 début de la guerre d'Algérie ;* cession à *l'Inde* des comptoirs français. **1955**-*22/26-5 Cameroun,* émeutes antifrançaises ; *-29-5 Tunisie,* autonomie interne ; *-18-11* collège électoral unique (pour Français et Africains) dans 41 villes d'Afrique et de Madagascar. **1956**-*2-3 indépendance du Maroc ; -20-3 de la Tunisie ; -28-4 le Sud-Viêt Nam quitte l'Union française ; -20-6* autonomie interne des États et territoires de l'Union française ; suffrage universel direct ; *-30-8 Togo république autonome.* **1957**-*20-1* rupture entre syndicats africains et centrales françaises ; *-31-3* élections au suffrage universel des collèges uniques ; *-25/30-9* revendications d'autonomie interne pour A.-O.F. et A.-É.F. (projet abandonné mai 1958).

■ **1958 La Communauté. Créée** par la Constitution de 1958, remplace l'Union française (voir col. a) ; *la Guinée* devient *indépendante ;* les autres membres africains de la Communauté, des *États autonomes.* **1960** *indépendance des États africains et de Madagascar ;* **1962** *de l'Algérie ;* **1974** *des Comores* (mais Mayotte la refuse) ; **1977**-*27-6* du territoire des *Afars et des Issas.* **1989** *Nlle-Calédonie* statuts nouveaux ; **1998** cesse d'être un Tom.

☞ Du fait de l'accession de leur pays à l'indépendance, les habitants des Tom perdront leur nationalité française. La loi n° 60-752 du 28-7-1960 leur permet de la conserver s'ils s'installent en France et font une « déclaration recognitive » au tribunal d'instance. La loi n° 73-42 du 9-1-1973 permet à ceux qui ont été français de le redevenir.

La Communauté

■ **Créée** par la Constitution de 1958 (titre XII), elle remplace l'Union française. Le titre XII est soumis à référendum dans chaque État et Tom (Madagascar et pays d'Afrique noire, sauf Somalie française) ; seule la Guinée vote non et devient indépendante. La Communauté est une association entre les États indépendants totalement souverains, la République française [France métropolitaine, départements algériens et sahariens, 4 départements d'outre-mer (Dom), 6 territoires d'outre-mer (Tom)] et 12 États dotés de l'autonomie interne (ils s'administrent et gèrent librement leurs affaires intérieures). A partir de 1960, les États ont progressivement acquis leur pleine souveraineté. Des accords bilatéraux et multilatéraux de coopération ont été signés avec la France.

Organes : *Président :* président de la République française. *Conseil exécutif :* Premier ministre français, chefs des gouvernements des autres États, ministres divers. *Sénat :* essentiellement consultatif (représentants des Parlements de chaque État). *Cour arbitrale :* les institutions communes ont un domaine de compétence générale (politique étrangère, défense, monnaie, politique économique et financière et matières 1res stratégiques) et des domaines de compétence particulière.

■ **Départements d'outre-mer (Dom).** *Martinique, Guyane, Guadeloupe et Réunion* depuis 1946 (devenues, depuis la loi du 31-12-1982, régions monodépartementales). Collectivités territoriales de la République. Régime législatif et organisation peuvent être adaptés aux particularités locales.

Conseil régional (à côté du conseil général, maintenu) : élu au suffrage universel et à la représentation proportionnelle (répartition des restes à la plus forte moyenne). Compétences générales (développement économique, social, culturel et scientifique, aménagement du territoire) et spécifiques (peut créer des agences) ; peut aussi proposer des modifications au règlement sur les compétences et l'organisation de la région, donner son avis sur les problèmes de coopération. **Comités consultatifs :** économique et social, de la culture, de l'éducation et de l'environnement.

■ **Territoires d'outre-mer (Tom).** *Wallis-et-Futuna, Polynésie française, Terres australes et antarctiques françaises.* Partie intégrante de la République française : leurs ressortissants sont citoyens français. **Organes :** *haut-commissaire* représentant la République ; représentants élus au Parlement et au Conseil économique et social. **Nlle-Calédonie :** gouvernement, Congrès et Sénat coutumiers, citoyenneté calédonienne sous condition de résidence. **Polynésie :** gouvernement et assemblée territoriale.

■ **Collectivités territoriales.** *Mayotte* depuis 1976 et *St-Pierre-et-Miquelon* depuis 1985. Administrées par un *préfet.*

Statistiques

Effort budgétaire global de l'État en faveur de l'Outre-Mer

Budget 2000 (en millions de F)	Dom et collectivités territoriales	Tom	Total
Charges communes	3 562	1 284	4 846
Enseignement scolaire	13 426	4 380	17 806
Intérieur	9 450	846	10 296
Outre-mer	4 987	1 377	6 364
Défense	2 295	1 875	4 170
Autres budgets	12 620	1 615	14 235
Total	*46 340*	*11 377*	*57 717*

Budget du secrétariat d'État à l'Outre-Mer (en millions de F). **Moyens de paiement :** *1985 :* 1 369,51 ; *90 :* 2 062,32 ; *93 :* 2 392,41 ; *96 :* 4 858,9 ; *97 :* 4 865,9 ; *98 :* 5 230,4 ; *99 :* 5 604,02 ; *2000 :* 6 373,25 [dont *dépenses ordinaires* 4 718,05 (dont *titre III :* 1 065,67, *IV :* 3 652,38) ; *dépenses en capital* 1 655,2 (dont *titre V :* 39,75, *VI :* 1 615,45)]. **Autorisations de programme :** *1998 :* 1 900 ; *99 :* 1 878 ; *2000 :* 1 849,96 (dont *titre V :* 39,5, *VI :* 1 810,46.

Légende : titre III : moyens des services. *IV :* interventions publiques. *V :* investissements exécutés par l'État. *VI :* subventions d'investissement accordées par l'État. Grands fonds d'investissements Fides et Fidom [fonds de développement de l'outre-mer : 3 sections : 1 générale (action directe de l'État) et 2 décentralisées (régionale et départementale)] dont les crédits sont directement versés au budget d'investissement des collectivités territoriales concernées.

Budget de l'Outre-Mer par actions (en millions de F, 2000). 6 373,24 dont *administration générale* 1 072,85 (dépenses de rémunérations et charges sociales 869,83 ; dépenses de fonctionnement courant et d'équipement administratif 203,02) ; *action en faveur de collectivités locales, établissements publics et divers organismes* 533,08 dont subventions aux établissements publics d'État en Nlle-Calédonie 14,71, dotations globales pour la Nlle-Calédonie 405,72 ; *de l'emploi et de l'insertion sociale* 3 149,17 dont fonds pour l'emploi dans les Dom 2 101,7, actions d'insertion en faveur des bénéficiaires du RMI dans les Dom 861,58, action sociale et culturelle 185,89 ; *logement dans les Dom et à St-Pierre-et-Miquelon* 918 ; *investissement et développement économique et social* 700,15 dont infrastructures en Guyane 18,25, subventions au fonds d'investissement des Dom (section générale) 217,5, au Fides (fonds d'investissement pour le développement économique et social) 143,99, diverses pour le développement de la Nlle-Calédonie 320,41.

Effectifs du secrétariat d'État à l'Outre-Mer. *1998 :* 6 079 ; *99 :* 5 547 ; *2000 :* 5 060 dont fonctionnaires 2 143 (administration centrale 279, Dom-St-Pierre-et-Miquelon-Mayotte 1 203, Tom 661) et service militaire adapté 2 917. **Statut** (en 2000) : 5 060 dont titulaires 2 028, contractuels 120, ouvriers 40, militaires sous contrat et de carrière 1 904, appelés du service national 968.

Effectifs civils et militaires en fonctions outre-mer (en 2000). 82 371 dont *Dom et collectivités territoriales* 66 313 dont Guadeloupe 14 191, Martinique 15 711, Guyane 9 315, Réunion 24 011, St-Pierre-et-Miquelon 531, Mayotte 2 291, services métropolitains 263 et *Tom et Nlle-Calédonie* 16 058 dont Nlle-Calédonie 6 644, Polynésie 8 625, Wallis-et-Futuna 435, TAAF 135, services métropolitains 219.

Dom

■ **Population (sans doubles comptes). Métropole** (mars 1999) : 58 518 748. **Dom** (mars 1999) 1 666 500 : Guadeloupe 422 496 ; Martinique 381 427 ; Guyane 157 213 ; Réunion 706 300. **Tom et Nlle-Calédonie** (1996) 430 523 : Nlle-Calédonie 196 836 ; Polynésie 219 521 ; Wallis-et-Futuna 14 166. **Collectivités territoriales** 137 636 : St-Pierre-et-Miquelon (en 1999) 6 316 ; Mayotte (en 1997) 131 320. **Total Outre-Mer** 2 235 595. **Total France entière** 60 754 343.

Échanges extérieurs (en 1998)

En millions de F	Importations	Exportations	Solde
Dom			
Guadeloupe	10 703,9	704,2	– 9 999,7
Martinique	9 997	1 692	– 8 305
Guyane	3 449,4	597,2	– 2 852,2
Réunion	15 310,2	1 215	– 14 095,2
Collectivités territoriales			
St-Pierre-et-Miquelon	359,1	38,1	– 321
Mayotte	914,7	19,2	– 895,5
Tom et Nouvelle-Calédonie (en millions de F CFP)			
Nouvelle-Calédonie	99 531	41 127	– 58 404
Polynésie Française	116 355	26 462	– 89 893
Wallis-et-Futuna	2 960	14	– 2946

■ **Crédits de l'État consacrés aux Dom** (en milliards de F). *1985 :* 16,1 ; *90 :* 25,8 ; *95 :* 36 (dont dépenses civiles 33,6, militaires 2,4) ; *97 :* 36 ; *98 :* 37. **Aux Dom, St-Pierre-et-Miquelon et Mayotte** *1999 :* 50,17 ; *2000 :* 51,23.

	Population active		Taux d'activité en %		Nombre de chômeurs		Taux de chômage en %	
	1990	1999	1990	1999	1990	1999	1990	1999
Guadeloupe	172 442	191 362	59,3	59,3	53 553	65 518	31,1	34,2
Martinique	164 877	173 950	59,6	58,5	52 967	56 973	32,1	32,8
Guyane	48 803	62 634	63,8	60,5	11 812	18 783	24,2	30
Réunion	233 622	298 847	55,5	58	86 108	124 203	36,9	41,6

Source : Insee, recensements de la population.

☞ **Bénéficiaires du RMI** (juin 1999) : 124 242.

☞ **L'évaluation du chômage** dans les Dom est difficile en raison du **travail informel.** Aux Antilles et en Guyane, en septembre 1998, 30 % des Rmistes exerçaient un travail informel. A la Réunion, en 1995, 27 000 personnes (sur une population active de 175 000 personnes) étaient concernées par le travail illégal. Un certain nombre de *chômeurs découragés* ne sont pas inscrits à l'ANPE, en raison de la pénurie des offres d'emploi et de la faible indemnisation du chômage.

■ **Concours des fonds structurels européens.** Fonds social européen (FSE), Fonds européen d'orientation de développement régional (Feder).

■ **Moyens de paiements** (dépenses ordinaires et crédits de paiement ; en millions de F, en 2000). Ensemble des ministères 46 340,53 dont Outre-Mer 4 987,46, Intérieur et Décentralisation 9 449,77, Justice 613,95. **Autorisations de programme.** Ensemble des ministères 4 892,62 dont : Outre-Mer 1 353,50, Intérieur et Décentralisation 1 115,67, Justice 41,82.

Dotations allouées (1994-99)

En millions d'écus	Feder	Feoga	FSE	IFOP	Total
Guadeloupe	160	74,5	104,3	6,2	345
Guyane	92,3	27,4	35,8	9,5	165
Martinique	166,5	67	89	7,5	330
Réunion	320,5	149	183	7,5	660
Total	*739,3*	*317,9*	*412,1*	*30,7*	*1 500*

Programme d'options spécifiques à l'éloignement et à l'insularité des départements d'outre-mer (Poséidom) adopté par le Conseil des ministres de la CEE le 22-12-1989. Desserte aérienne : productions agricoles et dérivés, approvisionnement. Financement : par fonds structurels et initiatives communautaires (Stride, Envireg ou Regis). *Programme Regis II :* 262 millions d'écus (dont Réunion 114, Guadeloupe 60, Martinique 60, Guyane 28).

■ Tom et Nouvelle-Calédonie

■ **Crédits consacrés aux Tom et Nouvelle-Calédonie** (en milliards de F). *1999 :* 12,01 ; *2000 :* 12,39.

Dépenses civiles et militaires

En millions de F	Civiles	Militaires	Total
Nouvelle-Calédonie	2 689	948	3 637
Polynésie française	3 737	1 661	5 398
Wallis-et-Futuna	213	4	217
Taaf	14	7	21
Total	*6 653*	*2 620*	*9 273*

■ **Crédits alloués** (dépenses ordinaires et crédits de paiement hors crédits non répartis et crédits correspondant au coût de gestion des services métropolitains). *Répartition dans le budget du secrétariat d'État à l'outre-mer* (en millions de F, en 2000) : 1 289,78 dont Nlle-Calédonie 906,7, Polynésie 274,7, Wallis-et-Futuna 49,97, TAAF 58,41. **Effort budgétaire global.** 11 215,15 dont Nlle-Calédonie 5 263,55, Polynésie 5 421,75, Wallis-et-Futuna 401,1, TAAF 128,75.

Terres Australes et Antarctiques françaises

V. légende p. 928.

■ Généralités

■ **Histoire. 1924**-*21-11* après prise de possession officielle, rattachées à Madagascar. **1938** décret au *Journal officiel :* « Les îles et territoires situés au sud du 60e parallèle de latitude sud et entre le 136e et le 142e méridien de longitude est sont sous la souveraineté française. » **1955-68** territoire d'outre-mer français (autonomie administrative et financière, siège provisoire à Paris). **1959**-*1-12 traité de l'Antarctique* (signé à Washington) : suspend les effets de la prise de possession, en réservant l'Antarctique aux expéditions scientifiques internationales (qui peuvent le parcourir sans autorisation spéciale de traversée d'un État membre) et en interdisant l'exploitation industrielle et commerciale. **1972** association à l'Union européenne (pas de compétence sur les zones de pêche). **1997**-*2-4* siège transféré à la Réunion (St-Pierre).

■ **Statut.** Tom à statut spécial depuis 6-8-1995. **Administrateur supérieur** (François Garde, né 13-10-1959, depuis le 24-5-2000) assisté d'un **secr. général** (Jean-Yves Hermoso), **Conseil consultatif :** 7 membres nommés par le gouv. pour 5 ans, *Pt :* contrôleur général des armées Jean-Pierre Charpentier. **Comité scientifique** BP 75, 29290 Plouzane, *créé* 13-1-1992, 12 membres, rattaché à l'*Institut français pour la recherche et la technologie polaires.* **Comité de l'environnement polaire** *créé* 29-3-1993, 15 membres. **Base de recherche :** rayons cosmiques, ionosphère, radioactivité naturelle, magnétisme, physico-chimie de l'atmosphère, glaciologie, météo, séismologie, biologie terrestre et marine, stations de réception des satellites. **Desserte régulière :** 2 navires [*Marion Dufresne II* (120 m, peut embarquer 110 passagers, 2 500 t de fret) vers Kerguelen, Crozet, St-Paul et Amsterdam, *l'Astrolabe* vers Terre Adélie], *l'Albatros, le Floréal* et *le Nivôse* pour la surveillance militaire et *la Curieuse* (vedette océanographique de 25 m). **Budget** (en millions de F, 2000). 137. **Effectif permanent** (en 2001) : 151. **Zone économique** de 200 milles autour des îles depuis 3-2-1978. **Pêche :** en 2000-01, totaux admissibles de capture (Tac) fixés à 1 300 t à Crozet, 5 200 t à Kerguelen. 6 bateaux français (*l'Austral* et *la Croix-du-Sud* de l'armement Sapmer, *le Kerguelen* de Tremarec de la Comata, *l'Antarctic I* des Armements réunionnais et *le Cap-Georges* et *le Cap-Kersaint* de Le Garrec), sont autorisés à y pêcher. Entre mars 1997 et oct. 1998, 14 navires pratiquant la pêche illicite y ont été arraisonnés (en 1998, 9 navires ; en 2000, 3).

☞ Dans le cadre du Traité d'interdiction des essais nucléaires, le CEA installe 4 stations de surveillance dans le Territoire (1 à Crozet, 2 à Kerguelen et 1 en Terre Adélie).

■ Les 4 districts

■ **Adélie (Terre). Situation :** partie de l'Antarctique entre 136 ° et 142 ° de longitude est ; 431 888 km². **Distances** (en km) : Tasmanie 2 700, Kerguelen 4 260, la Réunion 7 660, Afrique 7 970. 432 672 km² (terre ferme), 589 892 avec les terres revendiquées. Plateau recouvert de glaciers s'élevant à 2 000 m (à 200 km de la côte) et 3 000 m (au pôle). Près de la côte se réfugient l'hiver des manchots empereurs. **Population** (en 2000) : 26 hab. **Climat :** polaire, entre 0 et – 40 °C en hiver. Vents permanents, parfois violents. **Flore :** mousses, lichens ; grandes algues marines. **Faune :** phoques, léopards de mer, orques, oiseaux nicheurs (manchots Adélie et empereurs, pétrels, skuas, damiers) ; dans les fonds marins, échinodermes et 2 espèces de poissons. **Base permanente :** *Dumont-d'Urville* (créée 1958, près du pôle magnétique Sud, sur l'île des Pétrels dans l'archipel de Pointe-Géologie), 25 chercheurs et techniciens ; gérée partiellement par l'Institut français pour la recherche et la technologie polaires. **Histoire. 1840**-*18-1* découverte par le capitaine de vaisseau (plus tard amiral) Dumont d'Urville (1790-1842), qui lui donne le prénom de sa femme Adèle. **1924**-*21-11* rattachée à Madagascar. **1925** parc national. **1950**-*3-2* Max Douguet (capitaine de vaisseau) en prend possession au nom du gouvernement. **1950-51** hivernage à *Port-Martin* dirigé par A. F. Liotard puis M. Barré (détruit par le feu 14-1-1952). Une équipe réduite s'installe sur l'île des Pétrels, sur le site actuel de la base *Dumont-d'Urville.* **1950-52** expéditions [Paul-Émile Victor (1907-1995) y séjourne quelques semaines durant l'été austral, 1re fois en 1956]. **1989** affrontement entre ouvriers construisant un aérodrome à usage restreint et 15 militants de Greenpeace venus avec le *Gondwana* les en empêcher. **1993**-*12-2* mise en service d'une piste aérienne (commencée en 1982, achevée 1993, 1 103 m ; endommagée par une tempête, non restaurée).

☞ **Projet de base scientifique** (*Concordia*) : construction à partir de 1994 à 3 250 m d'alt., à 1 000 km des côtes, en zone australienne. Programme de forage glaciaire européen (*Epica*) en cours. *Coût :* 173 millions de F.

■ **Crozet (îles).** 515 km². **20 îles** dont *île aux Cochons* (ou *Hog*) 65 km², *des Apôtres, des Pingouins, de la Possession* (146 km², alt. maximale pic du Mascarin 934 m) et *de l'Est* 80 km². **Distances** (en km) : Kerguelen 1 480, Afrique 2 500, la Réunion 2 860, St-Paul et Amsterdam 2 900. **Climat :** subantarctique (4 °C moy.). *Pluies :* 2 500 mm/an, et vents permanents. **Flore :** herbacées. **Faune :** otaries, éléphants de mer, orques ; 36 espèces différentes d'oiseaux nicheurs ; 17 espèces de poissons. Réserve d'oiseaux de mer (albatros, pétrels géants, manchots). **Zone économique :** 658 000 km². **Base permanente :** *Alfred-Faure,* île de la Possession, *créée* 1964 (34 personnes en 2001). **Histoire. 1772**-*24-1* découvertes par Marion Dufresne (1729-92) qu'accompagnait le Lt Crozet, qui raconta l'histoire de l'expédition.

■ **Kerguelen** ou **îles de la Désolation** (nom donné par Cook en 1776). 7 215 km². **Environ 300 îles** (la plus grande : Grande Terre, 6 675 km², longueur 140 km). **Distances** (en km) : St-Paul et Amsterdam 1 420, la Réunion 3 400, Afrique 3 900, Australie 4 100. **Alt. maximale :** Mt Ross 1 850 m. **Climat :** frais l'été (7,4 °C), doux l'hiver (2,6 °C), très humide. Vents d'ouest violents. **Flore :** acaena, choux de Kerguelen, pas d'arbres. *Littoral :* algues gigantesques (*Macrocystis pyrifera).* **Faune :** lapins (introduits en 1878, ont ravagé les choux de Kerguelen) ; oiseaux de mer, manchots, éléphants de mer ; otaries (décimées au XIXe s., réapparues depuis 10 ans) ; moutons, rennes, mouflons (depuis 1950). **Zone économique :** 583 000 km², eaux très poissonneuses (poissons des glaces gunnari, légines, squamitrons). **Philatélie. Base permanente :** *Port-aux-Français, créé* 1950, 15 m d'alt. maximale, (67 personnes en 2001). **Histoire. 1772**-*12-2* découvertes par Yves-Joseph de Kerguelen de Trémarec (1734-97). **1901** revendiquées par l'Australie. **1987**-*20-3* décret, modifié le 20-12-1989 et repris par la loi du 26-2-1996, autorisant aux Kerguelen l'immatriculation de navires marchands si 25 % de l'équipage (dont le capitaine et 2 officiers) est français ; depuis avril 1990, 35 %. **1994** station de poursuite de satellites.

■ **Amsterdam** ou autrefois **Nouvelle-Amsterdam (île).** Origine volcanique. 85 km². 20 hab. en 1997. **Distances** (en km) : la Réunion 2 880, Australie 3 340, Afrique 4 350. **Alt. maximale :** 881 m au Mt de la Dives. **Climat :** doux. **Flore :** *algues* marines géantes ; *Phylica nitida* (arbre très rare). **Faune :** oiseaux de mer, bovidés sauvages, otaries, langoustes (quota 2000-01 : 340 t). **Base permanente** (depuis 1950) *Martin-de-Viviès* (24 personnes) [avec St-Paul, en 2001]. **Histoire. 1522**-*18-3* découverte par l'Espagnol Juan Sebastian del Cano. **1843**-*3-7* prise de possession par le capitaine Dupeyrat. **1870** Heurtin (Réunionnais) s'y établit quelques mois. **1893** mission Mouchez laisse dépôt de vivres pour les naufragés.

Saint-Paul (île découverte en 1559 par les Portugais). 7 km² (14 avec la lagune). Inhabitée. Volcan éteint (270 m) envahi par la mer. Vents violents quasi permanents : les « quarantièmes rugissants ». Langoustes (capture autorisée en 2000-01) : 340 t.

Guadeloupe

V. légende p. 950.

Pour en savoir plus voir www.quid.fr

☞ *Abréviations :* G. : Guadeloupe ; tep : tonne-équivalent pétrole.

■ Généralités

■ **Nom.** De Notre-Dame de Guadalupe d'Estremadure (donné par Christophe Colomb pour remercier N.-D. de l'avoir sauvé d'une tempête). Les indigènes l'appelaient *Calouacaera* ou *Karukera.*

■ **Situation.** 1 704,9 km². Archipel de 8 îles habitées dont 2 principales (Grande et Basse-Terre séparées par la Rivière salée) dans le groupe des îles du Vent. **Côtes :** 306 km. **Distances de Pointe-à-Pitre** (en km) : Paris 6 756, New York 2 969, Cayenne 1636, Caracas 862, Fort-de-France 196. **Climat.** Tropical humide adouci par les alizés. **Moyenne annuelle** (au Raizet, 1998) : 27,4 °C. **Précipitations** (Basse-Terre, en mm). *1977 :* 1 402 ; *98 :* 2 060. *Saison sèche (carême) :* janv.-mai (s'il est plus arrosé, on parle de carême vert) ; *humide* (ou hivernage) : juin-déc. **Cyclones :** de début juillet à fin oct. *Principaux* (classe) : *1996*-7-9 Hortense T. *1998*-20-9 Georges 03. *1999*-19-10 José 01. -19-11 Lenny 04.

Basse-Terre (Guadeloupe proprement dite). 43 × 21 km. 848 km². *Côtes* 180 km. A 130 km de la Martinique. *Alt. maximale :* la Soufrière (volcan) 1 467 m. *Grande-Rivière à Goyave* 32 km. *Origine* volcanique, montagneuse [pitons et mornes (collines)], bouleversée par les éruptions successives, parsemée de falaises escarpées, d'éboulis, de vallées encaissées et de ravins. *Forêts* tropicales, bananiers. **Grande-Terre.** 590 km². Morne-l'Escale. *Côtes* 260 km. *Alt. maximale :* 135 m. Surtout calcaire. Relief bas. Centre et sud : petits mamelons. Canne à sucre.

■ **Population.** *1686 :* 11 437 hab. ; *1759 :* 50 643 ; *89 :* 106 593 (Blancs 13 712, libres 3 058, esclaves 89 823) ; *1831 :* 119 663 ; *52 :* 121 041 ; *1901 :* 182 112 ; *36 :* 304 239 ; *46 :* 278 464 ; *54 :* 229 120 (avant 1954 : recensements défectueux et majorés) ; *61 :* 283 223 ; *74 :* 324 530 ; *82 :* 328 400 ; *90 (recensement) :* 386 987 ; *99 (recensement) :* 422 496 ; *2000 (est.) :* 426 493. Noirs, mulâtres, Indiens, créoles (Blancs nés aux Antilles, environ 12 000, dits Békés). **Métropolitains :** environ 8 000. **Étrangers** (en 1993) : 16 650 (4 % de la population, majorité d'Haïtiens et de Dominicains). **Age** (en 1997) : *– de 20 ans :* 33,3 % ; *+ de 59 ans :* 12,9 %. **D.** 247,8. **Taux** (en ‰, est. 1997) : *natalité :* 17,6 ; *mortalité :* 5,4 (*infantile* 8,3). *Accroissement naturel :* 12,3. *En 1990 :* il y avait 101 934 Guadeloupéens en France dont 76 763 en région parisienne. **Espérance de vie** (en 1997) : hommes 73,3 ans, femmes 80,4. **Régions** (en 1990) : côte sous le vent 25 350, côte au vent 47 565, Grande-Terre Nord 33 073, Marie-Galante 13 470, petites dépendances 4 650, îles du Nord 33 560. **Villes** (en 1999) : *Basse-Terre* 12 410 hab. [aggl. 21 080], Pointe-à-Pitre 20 948 (capitale économique, à 64 km) [aggl. 141 300 hab. (en 1990) dont Les Abymes 63 054].

Originaires de la Guadeloupe résidant en France métropolitaine (en 1990) : 161 806 (61 960 nés en métropole).

■ **Langues.** Français (*officielle,* 99 %), créole. Les Guadeloupéens originaires des îles anglaises parlent anglais (minorité). **Enseignement** (1998-99) : 115 100 élèves dont primaire 63 609, secondaire 51 491. *Établissements* (1998-99) : primaires et maternelles 348, collèges 47, LEP 17, lycées 21. **Religions.** Catholiques, sectes protestantes.

■ **Logement. Résidences principales** (en 1997) : 124 400 dont maisons en dur 66 300, immeubles collectifs 25 800, cases traditionnelles 20 200, maisons traditionnelles 8 500, habitations de fortune 3 600. **Peuplement des résidences principales** (en %, 1997) : logements surpeuplés 15,5, normaux 27,6, sous-peuplés 56,9.

■ **Histoire.** **1493**-*4-11* découverte par Christophe Colomb à son 2e voyage. **1635**-*28-6* occupée par les Français Jean Duplessis et Charles de l'Olive, représentant la Cie des îles de l'Amérique créée sous l'égide de Richelieu. **Vers 1640** les Caraïbes, après avoir éliminé les Arawaks qui habitent l'île, la quittent pour fuir les colons. **1666** la Cie des Indes occidentales succède à celle des îles de l'Amérique. **1674** la vend à la Couronne de Fr. Prospère (canne à sucre introduite 1644 et cultivée par des esclaves africains importés de 1660 à 1860 : 300 000). **1759-63** occupation anglaise ; Pointe-à-Pitre fondée. **1794**-*avril* occupation anglaise à Pointe-à-Pitre et Basse-Terre. *-Juin* abolition de l'esclavage annoncée par Victor Hugues, envoyé de la Convention ; les planteurs se rapprochent des Anglais, mais sont battus par Hugues soutenu par les Noirs. **1802** esclavage rétabli ; révolte réprimée par le Gal Richepanse (28-5-1802 Delgrès se fait sauter avec 300 h.). **1810-14** et **1815-16** occupation anglaise. **1815** traite abolie. **1833**-*28-4* création d'un Conseil colonial. **1843**-*8-2* séisme (magnitude 7,2) : 3 000 † à Pointe-à-Pitre. **1848** abolition de l'esclavage par Schœlcher ; effondrement de la production du sucre jusque vers 1860 ; introduction de salariés hindous. **1871** représentée au Parlement.

1946-*19-3* département. **1967**-*26-5* manifestation autonomiste, 40 †. **1973** région. **1976**-*août* crainte d'une éruption de la Soufrière, évacuation temporaire de 72 000 personnes (15-8/1-12). **1979**-*3-9* cyclones *Frédéric* et *29-10 David,* 316 millions de F de dégâts. **1980** cyclone *Allen.* Attentats du GLA (Groupe de libération armée). *-Déc.* Pt Giscard en G. **1981**-*5-1* attentat du GLA contre Chanel à Paris. *-14-2* Max Martin, directeur d'une bananeraie, tué. *-Printemps* cyclone. **1983**-*28-5 :* 17 attentats en G., Martinique, Guyane et à Paris (anniversaire de la révolte de 1802). *-14-11 :* 6 attentats de l'Alliance révolutionnaire caraïbe (ARC) : 23 blessés à Basse-Terre. **1984**-*22-1* parti LPG créé par Lucette Michaux-Chevry, Pte du Conseil général. Plusieurs attentats dont *15-1, 26-2, 23-7* (4 † indépendantistes). *-3-5* ARC dissoute. **1985**-*févr.* Luc Reinette, indépendantiste, condamné à 19 ans de prison (pour attentats). *-7-3* L. Michaux-Chevry échappe à un attentat. *-13-3* attentat (3 †). *-5/7-4* conférence « internationale des dernières colonies françaises » (indépendantistes des DOM-TOM). *-16-6* Reinette et 3 indépendantistes s'évadent de la prison de Basse-Terre. *-22/28-7* émeutes pour libération de Georges Faisans (condamné à 3 ans de prison pour avoir blessé avec un sabre un enseignant métropolitain en oct. 1984). *-29-7* Faisans libéré sous contrôle judiciaire. *-5/6-12* Pt Mitterrand en G. **1986**-*20-3* L. Michaux-Chevry secr. d'État à la Francophonie. **1987**-*1-7 :* 3 indépendantistes en fuite (Reinette, Henri Amédien, Henri Bernard) constituent un « Conseil national de la résistance guadeloupéenne » contre le « péril blanc ». *-21-7* Reinette, Amédien et Bernard remis à la France par St-Vincent. *-25/30-11 :* 21 attentats ARC. **1988**-*sept.* tempête *Gilbert.* **1989**-*25-1* nuit bleue à Pointe-à-Pitre (25 membres de l'ARC arrêtés en avril). *-20-4* affrontements à Port-Louis. *-Mai* Reinette condamné à 33 ans de prison, puis amnistié 23-5. *-13-7* Reinette et 5 autres indépendantistes amnistiés rentrent. *-16/17-9* cyclone *Hugo* [vitesse : 19 km/h ; diamètre de l'œil : 37 km ; vents : 210 à 250 km/h (ouragan classe IV)] : 5 †, 10 000 à 12 000 sans-abri ; destructions (en %) : cultures de bananes 100, canne à sucre 65, logements 30 ; coût de la reconstruction : 1,7 milliard de F. **1992**-*17-7* loi sur l'octroi de mer abolissant le protectionnisme. *-26-11* retour au calme (l'importation en métropole des bananes de Côte d'Ivoire et du Cameroun sera contrôlée). **1993**-*1-1* suppression douane avec Martinique. **1999**-*23/24-9* émeutes après l'interpellation de Guy Clavier, secrétaire général de l'UGTC, et l'arrestation d'Armand Toto (de l'UGTC) qui avait agressé des policiers. *-27-10* émeutes, la cour d'appel ayant décidé de maintenir Toto en détention (condamné à 4 mois de prison). *-Nov.* ouragan *Leny* (5 †, 50 blessés, 2 000 sinistrés).

■ **Statut.** Département d'outre-mer depuis 19-3-1946. Région depuis 31-12-1982. *Députés* 4 : 1 RPR, 2 apparentés PS, 1 apparenté PC ; *sénateurs* 2 : 1 RPR, 1 apparenté PS ; *député européen* 1 : RPR. *Conseil régional :* 43 membres [*Pte :* Lucette Michaux-Chevry (RPR)]. *Conseil général :* 42 membres [*Pt :* Dominique Larifla]. *Comité économique et social :* 40 membres. *Préfecture :* Basse-Terre (Michel Diefenbacher). *Sous-préfectures :* Pointe-à-Pitre et Marigot (St-Martin). *Arrondissements :* 3, *communes :* 34, *cantons :* 43.

■ **Partis.** **RPR :** Aldo Blaise. **UDF :** Marcel Esdras. **FGPS :** Dominique Larifla. **PC de G. :** *secr. général :* Christian Céleste depuis 13-3-1988. **P. progressiste démocrate guadeloupéen** créé 28-9-1991 par 500 dissidents du PCG, *leader :* Henri Bangou. **UPLG (Union populaire pour la libération de la G.)** fondée 1978, Lucien Perrutin. **Mouvement populaire pour la G. indépendante (MPGI)** fondé par Luc Reinette, Simone Faisans-Renac. **KLPG (Mouvement des chrétiens pour la libération de la G.)**. **Mouvement socialiste départementaliste guadeloupéen :** Abdon Saman. **Objectif Guadeloupe** fondé mars 2000, Lucette Michaux-Chevry. **KLNG (Konvwa pou liberasyion Nasyonal Gwadloup). MPGI (Mouvement populaire pour la Guadeloupe indépendante).**

■ **Élections législatives.** [*Abréviations :* abst. : abstentions ; app. : apparenté(s) ; diss. : dissidents ; div. : divers ; div. d. : divers droite ; div. g. : divers gauche ; écol. : écologistes ; ext. : extrême ; ext. g. : extrême gauche.] **14-6-1981 :** *abst.* 75,56 % (voix PC 25,64 %, PS-MRG 24,20, UDF-RPR 46,98) ; *élus* app. PS 1, PS 1, app. UDF 1. **16-3-1986 :** *abst.* 52,43 % ; *voix* (en %) : RPR 35,46, PS 27,8, PC 23,52, UDF 10,98, div. g. 1,24, FN 0,68, écol. 0,29 ; *élus :* PC 1, PS 1, div. d. 2. **12-6-1988 :** *abst.* 61,38 % ; *voix* (en %) : majorité présidentielle-PS 35,17, URC-RPR et app. 26,64, PC et app. 26,46, diss. RPR 11,73 ; *élus :* PS 2, PC 1, URC app.-RPR 1. **21-3-1993 :** *abst.* 56,25 % ; *voix* (en %) : majorité présidentielle 36,98, UPF 25,35, div. d. 14,67, div. g. 11,84, PC 7,82, div. 3,13, ext. g. 0,16 ; *élus :* PS 1, PPDG 1, div. d. 1, RPR 1. **1-6-1997** (2e tour) : *élus :* PS 1, PPDG 1, RPR 1, div. g. 1. **Régionales** (voix en % et, entre parenthèses, nombre de sièges). **16-3-1986 :** *abst.* 53,19 % ; RPR 33,09 (8 élus + div. d. 8), PS 28,65 (11), PC 23,77 (8), UDF 10,71 (3), div. g. 2,36, ext. 1,41. **22-3-1992 :** Objectif Guadeloupe 29,27 (15), PS 17,46 (9), PC 16,62 (8), PS diss. 15,38 (7), UPLG 5,49 (2), div. 15,78 (0) ; *annulées par le Conseil d'État le 4-12-1992.* **31-1-1993 :** *abst.* 54,06 % ; RPR/DUD 48,30, FGPS 17,09, FRUI.G (dissidents PS) 7,44, PPDG 8,90, UPLG 7,75, PC 6,05. **15-3-1998 :** *abst.* 45,4 % ; RPR 48,03 (25), PS 24,48 (12), div. d. 5,73 (2), PCG 5,28 (2). **Cantonales** (nombre d'élus). **25-9/2-10-1988 :** socialistes 13, communistes 9, ext. g. 1, div. g. 4 sur 36 sièges (div. d. 7, UDF 2). **Mars 1992** (sur 43 cantons) : FRUI.G 13 sièges, RPR/DUD 13, PPDG 8, FGPS 3, PC 3, UPLG 1, PS 1, sans étiquette 1. **20/27-3-1994 :** PS 8, div. g. 7, PS diss. 6, PPDG 6, RPR 6, div. d. 5, PC 3, UDF 1, indépendant 1. **15/22-3-1998 :** div. g. 11, PS 8, RPR 8, PPDG 6, div. d. 5, PCC 3, UDF 1, indépendant 1.

DÉPENDANCES

■ **La Désirade.** **Découverte** 1493. Rocher calcaire. 20 km² (11 × 2 km). A 10 km de Grande-Terre. **Côtes :** 30 km. **Altitude** *maximale :* Grande-Montagne 276 m. **Population :** 1 620 hab. (en 1999). **Chef-lieu :** *Grande-Anse.* Pêche. Jusqu'en 1952 : refuge de lépreux.

■ **Les Saintes.** **Découverte** 1493. Occupée par les Français depuis 18-10-1648. Ilots volcaniques ; pas de cours d'eau. 13 km². A 12 km de Basse-Terre. 8 îles dont *Terre-de-Haut :* 4 × 0,6 km et *Terre-de-Bas :* 4 km de long. **Population :** 3 036 hab. (en 1999 ; beaucoup descendent de marins bretons). **Altitude** *maximale :* 309 m. Pêche ; tourisme ; belle rade.

■ **Marie-Galante** (nom dérivé de la caravelle de Christophe Colomb). **Découverte** 1493. 158 km² (circulaire, diamètre 15 km). A 26 km du sud-est de Basse-Terre. **Altitude** *maximale :* Morne-Constant 204 m. **Côtes :** 83 km. Calcaire. **Population :** 12 400 hab. (en 1999). **Villes :** *Grand-Bourg* 5 934 hab. (écomusée de l'ancienne habitation Murat, XVIe s.), Capesterre 3 559 hab., St-Louis 2 995 hab. **Ressources :** canne à sucre. Élevage. Rhum (distillerie du Père Labat à Poisson). *Touristes :* environ 90 000 par an.

■ **Saint-Barthélemy.** Ile de formation volcanique. 21 km². A 205 km de la G., 29 km de St-Martin, 150 km de St-Thomas. **Côtes :** 32 km. **Altitude** *maximale :* 281 m. Pas de cours d'eau. **Population** [descendants de France venus aux XVIIe et XVIIIe s. des provinces de l'Ouest (Poitou notamment)] : *1782 :* 739 hab. (458 Blancs, 281 Noirs), *1815 :* 600, *35 :* 2 600, *1986 :* 3 059 (Blancs 95 %), *90 :* 5 038 ; *99 :* 6 852. **Chef-lieu :** *Gustavia.* **Histoire : 1493**-*24-8* Christophe Colomb découvre l'île. **1629** durant quelques mois, colonisée par Pierre Belain d'Esnambuc, gouverneur de St-Christophe. **1651** vendue à l'ordre de Malte. **1656** Indiens caraïbes chassent colons. **1659** une trentaine de colons se réinstallent. **1665** achetée par Compagnie des Indes occidentales. **1674** rattachée au domaine royal. **1785**-*7-3* cédée par la France au roi de Suède contre des avantages commerciaux à Göteborg (et pour obtenir du roi de Suède, Gustave III, son consentement au mariage du Bon de Staël avec Germaine Necker). **1785** port français. **1848** esclavage aboli, Noirs partent. **1852** incendie de Gustavia. **1878**-*16-3* rachetée par la France 320 000 F (+ 80 000 F de dédommagement aux rapatriés suédois). *Référendum :* 351 voix (contre 1) pour rattachement à la France. **XIXe-XXe s.** immigration d'environ 1 000 hab. à St-Thomas. **Économie :** *zone franche* (mais droit de quai de 4 % sur toutes marchandises importées ; total : 22 millions de F en 1996) ; *impôts directs nationaux :* refusés par les habitants se réclamant du traité du 10-8-1877 malgré la réfutation du Conseil d'État ; *locaux :* aucun perçu dans la pratique ; *TVA :* exonération sauf TVA immobilière. *Tourisme* (résidences secondaires de luxe) : 22 plages dont Colombier, Grande Saline et Grand-Fond. *Pêche.*

■ **Saint-Martin** (13 × 15 km). Ile à 250 km de la Guadeloupe, partagée avec les P.-Bas depuis 13-3-1648 (absence de frontière commune). **Climat** sec. **Partie française** (St-Martin) : 53,2 km² avec l'île de Tintamarre, *côtes* 72 km, *frontière* 10,2 km. **Altitude** *maximale :* Mt Paradis 424 m. **Population :** *1982 :* 8 000 hab. ; *90 :* 28 518 dont 16 000 étrangers ; *99 :* 29 078 ; 20 % originaires de l'île. **Chef-lieu :** *Marigot,* port français. Presque toute la pop. parle anglais. Cédée aux chevaliers de Malte *1651,* à la 2e Cie des Indes occidentales *1665,* à la Couronne *1674.* **Partie hollandaise** (Sint Maarten) : superficie 34 km², chef-lieu *Philipsburg.* **Économie :** *impôts directs nationaux :* contestés dans leur principe ; *locaux :* perçus comme en Guadeloupe ; *droits de quai ; TVA :* exonération sauf TVA immobilière. *Zone franche. 1990-mai* 350 kg de cocaïne saisis dans un avion. *-27-9* le conseil municipal de St-Martin (partie française) refuse l'installation de douaniers décidée par le gouvernement. *1991-27-11* 551 kg de cocaïne saisis et *1994-3-10* 800 kg. *Tourisme* (14 000 hab. en saison). *Élevage.*

Iles de la Petite-Terre. 1,7 km². **Altitude** *maximale :* 10 m.

Tintamarre. 1,2 km². Inhabitée. **Altitude** *max. :* 39 m.

■ ÉCONOMIE

■ **PNB** (en 1999). 8 970 $ par hab. 75 % du PNB vient de l'apport de la métropole (transfert de fonds publics en 1983 : 5 milliards de F), l'État assure 50 % de la protection sociale. **Population active** (en % et, entre parenthèses, part du PNB, en %) : agriculture 15 (15), industrie 20 (17), services 65 (68). *Total* (en 1998) : 182 200 (dont 126 300 actifs occupés et 55 900 chômeurs). **Chômage** (juin 1999) : 29,8 %. **Agents de l'État** (en 1996) : 17 289 dont éducation 9 282 ; poste, France Télécom 2 266. **Salariés des établissements publics nationaux** (en 1996) : 1 424. **Agents des collectivités territoriales** (emplois principaux au 31-12-1995) : 11 812 dont femmes 7 403. **RMI** (au 31-12-1998) : bénéficiaires 26 286, personnes couvertes par le RMI 48 854, versements effectués 559 millions de F.

■ **Budget** (en millions de F, 1998). **Dépenses État :** 7 874 (dont investissements 832) ; région 2 542 (1 484) ; département 5 873 (985) ; commune 4 975 (2 007). **Recettes État :** 4 227 (dont impôts directs et assimilés 1 798) ; région 2 542 ; département 5 873 ; communes 4 741.

■ **Agriculture.** **Terres** (1998, en ha). 170 500 dont *SAU* 50 446 [terres arables 23 938 (dont canne à sucre 12 894, banane 5 760, ananas 350, légumes 3 482), herbe 25 100, fruits 634, fleurs 160, pépinières et divers 14], *terres agricoles non cultivées* 17 000, *forêts* (en 1997) 64 405 (domaniales du littoral 1 502, départementalo-domaniales 27 754, mangroves 7 455, départementales 1 394), *territoire non agricole* 36 754. **Exploitations** (en 1997) : 11 936 dont (en %) de *– de 1 ha :* 29,2 ; *de 1 à – de 2 ha :* 23,8 ; *de 2 à – de 5 ha :* 32,7 ; *de 5 à – de 10 ha :* 10,8 ; *10 ha et + :* 3,5. *Mode de faire-valoir* direct 10 253, fermage 1 140, colonage 1 026. **Sucre** (canne récoltée et, entre parenthèses, sucre extrait, en milliers de t) : *1960 :* 2 000 ; *79 :* 1 111 (105) ; *80 :* 976 (92) ; *85 :* 520 (53) ; *90 :* 334 (25) ; *91 :* 622 (55) ; *92 :* 483 (38) ; *93 :* 748 (50) ; *94 :* 575 (45) ; *95 :* 376 (33) ; *96 :* 602,6 (48,8) ; *97 :* 659 (57,3) ; *98 :* 500 (38) ; *99 :* 500. **Rhum** (en 1998) : 62 679 hl d'alcool pur sucre. **Bananes** (en milliers de t) : *1988 :* 140 ; *89 (cyclone Hugo) :* 93 ; *90 :* 84 ; *92 :* 148,3 ; *93 :* 133,6 ; *94 :* 115,6 ; *96 :* 85,9 ; *97 :* 140 ; *98 :* 108,3. **Valeur finale** (en millions de F, 1998) : 1 360,4 dont bananes d'export. 245,2, canne à sucre 190,8, production animale 276,1.

Élevage (en milliers de têtes, 1999). Bovins 80, caprins 24, porcins 15, ovins 4. **Abattage** (en t de carcasses produites, 1998) : bovins 3 341, porcins 2 256, caprins 230, volailles 615. **Pêche** (en 1998). 2 034 marins-pêcheurs (en 1998), 1 073 navires armés. Consommation locale 15 802 t. *Prises* (en 1998) : 8 000 t. *Aquaculture :* chevrettes (écrevisses).

☞ **Problèmes agricoles :** rhum, sucre, bananes, ananas stagnent alors que les importations augmentent de 15 % par an. La production n'est plus compétitive sauf subventions (souvent mal réparties). *Prix de revient de la main-d'œuvre* 4 ou 5 fois plus élevé que dans les îles voisines (et jusqu'à 10 fois celui de Haïti). *Élevage :* échec faute d'éleveurs compétents. *Export.* couvrent 25 % des import.

■ **Énergie.** Importée pour 90 %, principalement hydrocarbures. Consommation : 659 000 tep. **Électricité :** 30 % de la consommation ; ventes : 1 145 millions de kWh (1998) ; 2 centrales thermiques à fuel [prix de revient du kWh (en 1997) : 0,55 F (France 0,42) ; puissance maximale appelée : 170 MW] ; 2 centrales hydrauliques (2 % de la production) ; géothermie potentiel 15 à 20 MW (centrale de 4,8 MW à Bouillante ; eau à 240 °C à 320 m de profondeur) ; ferme éolienne de La Désirade et à Marie-Galante ; centrale du Moule mixte bagasse-charbon (importé de Colombie) associée à la sucrerie Gardel (2 × 30 MW) inaugurée 9-4-1999. **Hydrocarbures** (en 1998) : 232 500 m³ consommés.

■ **Transports** (en 1998). **Aériens** (entrées et sorties) : *passagers :* 1 978 200 (dont transit 171 100) ; *fret* commercial 16 496 t, postal 2 936 t. **Maritimes :** *passagers :* 891 090 (dont transit 334 300) dont *inter-archipel* 714 760 (dont Marie-Galante 500 360, Les Saintes 214 400), *inter-îles* 176 330 (Guadeloupe, Martinique, non compris trafics entre Les Saintes et la Martinique) ; *marchandises :* 2 842 700 t (dont transit 334 300). **Routes** (en km, 1998) : nationales 339, départementales 609, communales 1 519. *Parc automobile* (en 1996) : utilitaires 32 428, particuliers 77 997, motos 3 342.

■ **Tourisme.** **Capacité globale d'accueil** (au 1-1-1998) : 11 555 chambres dont : *hôtellerie* 8 371 [168 hôtels dont 67 non classés (1 311 chambres), 30 *1* et *2* étoiles (1 388), 71 *3* et *4* ét. (5 672)] ; *gîtes de France* 1 279 ; *résidence de tourisme* 1 188 ; *villas et meublés* 338 ; *villages de vacances* 245 ; *UCPA* 134. **Tourisme hôtelier** (nombre de clients) : *1997 :* 147 000 ; *98 :* 133 000 (*durée moyenne de séjour* 6,1 j., *nuitées occupées* 850 000, *taux d'occupation des chambres* 65,3 %). **Basse-Terre :** parc national (créé 1989, zone centrale 17 380 ha, périphérie 16 200 ha) et réserve naturelle du Grand cul-de-sac marin (créée 1987, 1 620 ha en littoral, 2 100 ha en milieux marins) [voir aussi p. 208 b], classés réserve de biosphère par l'Unesco (novembre 1992) avec ensemble du Grand cul-de-sac marin, site Ramsar (décembre 1993), îlets Pigeon (plongée sous-marine), réserve marine de St-Barthélemy (créée 1996, 1 200 ha en milieu marin). **Espèces protégées** *animales :* 106 oiseaux (arrêté du 17-2-1989) dont le pic de la Guadeloupe, les hérons, les rapaces, la plupart des passériformes et tous les oiseaux marins ; 16 mammifères dont le racoon *(Procyon minor)* et les chauves-souris ; 18 reptiles et 4 amphibiens dont 2 grenouilles endémiques, 2 espèces d'iguanes (iguane délicatissima : 1/3 de la population mondiale) ; 6 tortues marines (2-10-1991) ; 1 insecte : le dynaste scieur de long (22-7-1993). *Végétales :* 36 dont les orchidées (26-12-1988).

■ **Commerce** (en milliards de F). **Import. :** *1985 :* 5,7 ; *86 :* 5,4 ; *87 :* 6,2 ; *92 :* 8,2 ; *93 :* 8 ; *97 :* 10,24 ; *98 :* 10,66 *dont* biens de consom. 2,53, biens d'équipement profes. 2, agroalim. 1,87, auto 1,31 ; **de** métropole 7,16, Allemagne 0,47, Italie 0,36, USA 0,3, Japon 0,2. **Export.** (en 1998) : 0,66 *dont* agriculture 0,24, agroalim. 0,21, biens d'équipement profes. 0,08, biens de consom. 0,06 ; **vers** métropole 0,53, Martinique 0,06, USA 0,01.

GUYANE FRANÇAISE

V. légende p. 950.

GÉNÉRALITÉS

■ **Nom.** Donné par les Indiens à la forêt, signifiant « sans nom ».

■ **Situation.** 83 534 km² (le plus vaste département). Côte nord-est de l'Amér. du Sud. A 7 052 km de Paris et 1 500 km des Antilles françaises. **Alt.** *maximale :* 851 m (montagne Bellevue de l'Inini). **Côtes :** 378 km. **Frontières** (en km) : Brésil 673 (dont fleuve Oyapock 370), Surinam 510.

■ **Régions. Zone côtière :** « terres basses » de 15 à 50 km de largeur (6 % de la superficie totale), constituées de dépôts quaternaires marins, bordées de mangroves ; « terres hautes », succession de petites collines comprenant du nord au sud plusieurs types de massifs : chaîne septentrionale type « appalachien » (350 m d'alt. maximale), massif central guyanais au relief de type « en cruche » (1 800 m d'alt. maximale), pénéplaine méridionale (150 m d'alt. maximale) ; *climat* équatorial chaud (26 °C à 28 °C) et humide ; pluie 2 600 à 4 000 mm/an (petite saison de déc. à févr., grande saison d'avril à juillet) ; petit été en mars, grande saison sèche d'août à déc. **Équatoriale :** forêts (94 % des terres), saison pluvieuse (15 déc.-15 févr.), sèche (15 févr.-15 avril), pluvieuse (15 avril-15 août), sèche (15 août-15 déc.). *Humidité :* 81 à 90 %.

■ **Population.** *1676 :* 1 519 hab. ; *1736 :* 5 113 dont 484 Blancs (+ 25 000 Indiens) ; *89 :* 14 540 dont 2 000 Blancs ; *1830 :* 23 747 (1 450 Indiens) ; *76 :* 18 230 ; *1954 :* 27 864 ; *82 :* 73 022 ; *90 (recensement) :* 114 678 ; *99 (rec.) :* 157 213 ; *2000 (est.) :* 172 605. En % : ville de Cayenne 65, côte 27, intérieur 8. **D.** 1,9. **Composition :** *Amérindiens :* 1ers habitants (6 groupes : Galibis, Arawaks et Palikours sur le littoral, Émerillons, Wayanpis et Wayanas en amont des grands fleuves) ; 2 000 à 5 000. *Bushinengs :* descendants des Noirs marrons (esclaves en fuite), vivent des 2 côtés du fleuve Maroni (Guyane et Surinam). Groupes ethniques : Boshs, Bonis, Djukas, Saramacas, Paramakas, Aloukous ; 3 500. *Métropolitains :* 30 000 (12 % de la population). *Chinois :* arrivés fin XIXe s., originaires de la province de Zhejiang, de Taïwan, de Hong Kong ou de Malaisie ; 4 000 à 5 000. *Hmongs :* réfugiés laotiens, arrivés en 1977, surtout à Cacao ; alimentent Cayenne en cultures vivrières ; 1 500 à 2 500. *Syro-Libanais* (ou Syriens) : 2 000. ÉTRANGERS : + de 50 % (à l'origine de 60 % des naissances). Immigration importante pour bénéficier d'avantages sociaux (AF, AJE, ALF, ASF et RMI) et sanitaires. *Brésiliens :* (ont tendance à se sédentariser) ; 20 000. *Haïtiens :* 25 à 30 000. *Surinamiens :* 10 000 arrivés surtout en 1985-90 ; environ 6 200 personnes provisoirement déplacées du Suriname (dont 4 070 dans 4 camps d'accueil). Beaucoup sont rentrés et les camps ont disparu. La pression sur la frontière reste cependant forte. *Guyaniens* (britanniques). **Age** (en %, 1997) : *– de 20 ans :* 66,3, *+ de 60 ans :* 8,4. **Taux** (en ‰, 1997) : *natalité* 29,8, *mortalité* 3,8. **Espérance de vie** (1997) : hommes 72,4 ans, femmes 78,7. **Originaires de Guyane résidant en métropole** (en 1990) : 14 598 dont nés en métropole 4 504. **Accroissement** (en 1997) : 26 ; solde migratoire (de 1982 à 90) + 24 900. **Villes** (recensement 1999). *Cayenne* (chef-lieu) 50 594 hab., St-Laurent-du-Maroni 19 211 (sous-préfecture fondée 1858, musée du Bagne), Kourou 19 107, Matoury 18 032, Remire-Montjoly 15 555, Mana 5 445, Macouria 5 050, Maripasoula 3 710, Apatou 3 628, Grand-Santi 2 862, Sinnamary 2 783, St-Georges 2 153, Papaïchton 1 650. **Enseignement** (en 1998-99). 48 718 élèves dont primaire 29 586, secondaire 19 132.

■ **Logement. Résidences principales** (zone côtière, 1997) : 37 100 dont (en %) maisons en dur 44,7, immeubles collectifs 33,2, maisons traditionnelles 15,1, cases traditionnelles 5,1, habitations de fortune 1,9. **Équipement** (zone côtière, en %, 1997) : eau dans le logement 91,4, électricité 97,2, WC 91,3, douche ou baignoire 94,5, tout-à-l'égout 63,6, ni eau ni électricité 2,7.

■ **Histoire. 1500** côte reconnue par Espagnols, nombreux aventuriers recherchant le pays fabuleux d'Eldorado. **1544** création de Cayenne. Les Français (avec Nicolas de Villegagnon en 1555 et Daniel de La Ravardière en 1604) la visitent, puis s'établissent en 1637. De nombreux essais de colonisation échouent : Poncet de Brétigny († 1644), la Cie des Douze Associés (1652), La Vrigne et Michel (1656), le Hollandais Spranger (1663-64), la Cie de la France équinoxiale (absorbée par celle des Indes occidentales). **1647** prise par Anglais (détruisent Cayenne). **1667** cédée aux Hollandais *(traité de Breda).* **1677** reconquise par l'amiral d'Estrées. **1713**-*11-4 traité d'Utrecht* fixant

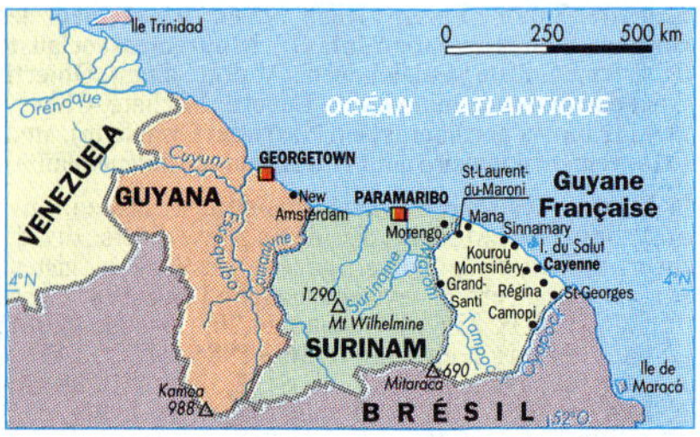

limites avec Brésil. **1763-65** expédition de Kourou (commandée par le frère de Turgot) : sur 15 000 émigrants, 10 000 emportés par fièvre jaune et typhoïde, d'autres furent rapatriés, d'autres se réfugièrent aux « îles du Diable » (appelées ensuite îles du Salut). **1766-68** assainissement avec le Suisse Josef Samuel Guisan. **1768** Cie de l'*Approuague.* **1794**-*4-2* abolition de l'esclavage. **1795** 1re déportation de condamnés politiques [Collot d'Herbois (y mourut), Billaud-Varenne (survécut) et le Gal Pichegru (s'évada)]. **1798** le Directoire déporte plus de 300 condamnés, majorité de prêtres, décimés par la maladie (de 1795 à 1800 au total 688 exilés en Guyane). **1802**-*20-5* esclavage et traite rétablis par gouverneur Victor Hugues. **1808**-*12-1* occupation portugaise. **1817**-*28-8* restituée à la France à la suite d'une convention entre France et Portugal (remise le 8-11) ; projets de colonisation (1822 baron Milius, 1828 mère Javouhey). **1831** traite abolie. **1848**-*27-4* esclavage aboli ; ruine des plantations (12 000 esclaves libérés). **1852**-*27-5* sert de *bagne* (le décret du 17-6-1938 le supprimera) [74 000 bagnards y furent envoyés, près de St-Laurent-du-Maroni, aux îles du Salut (île Royale 28 ha, 950 m de long ; île St-Joseph 20 ha, 650 m de long ; île du Diable 14 ha, 950 m de long) ; dans l'île du Diable, Dreyfus resta de 1894 à 1899]. **1855** un Brésilien (Paoline) trouve de l'or. **1928**-*6-8* Jean Galmot (1879-1928), ancien député 1919, jugé (16-2-1921), meurt au cours d'une émeute. **1930**-*9-6* divisée en 2 territoires : Guyane et Inini. **1943**-*17-3* ralliée à la France libre. **1945**-*23/25-2* émeutes de la garnison sénégalaise (7 †). **1946**-*19-3* *département français.* **1950**-*janv.* Raymond Maufrais (né 1-10-1926), explorateur, disparaît (pour le retrouver, son père, Edgar, montera 18 expéditions infructueuses de 1952 à 1964). **1951** 2 arrondissements : Cayenne et Inini (doté d'un statut particulier : décret du 26-10-1953). 15 cantons et 14 communes (loi du 2-8-1949). 9 cercles municipaux remplacent les communes à Inini (24-12-1952). **1953**-*août* départ des derniers bagnards. **1964**-*avril* création du CSG (Centre spatial guyanais). **1969** réorganisation : 2 arrondissements : Cayenne et St-Laurent-du-Maroni. **1975**-*1-8* « plan vert » de mise en valeur annoncé avec repeuplement de 30 000 ha (3 milliards de F en 10 ans). **1979**-*24-12* lancement de la fusée Ariane. **1983**-*28-5 :* 3 attentats (1 †). **1985**-*16/17-8* incidents à Kourou (1 légionnaire tué). **1987**-*avril* arrivée de 9 000 réfugiés surinamiens. **1989**-*24-6* contrat de plan, l'État consacrera 377,5 millions de F au développement de 1989 à 93. **1992**-*15/16-7* conférence à Awala-Yalimapo des Amérindiens de Guyane : regroupe 22 associations en une fédération. Pt : Félix Tiouka. -*12/18-10* grève générale. -*2/5-12* visite de Danielle Mitterrand aux Amérindiens. -*3/4-12* incidents à Cayenne (garde à vue de Maurice Saint-Pierre, libéré 4-12). **1993**-*10-12,* 1er congrès de la Fédération des organisations amérindiennes de Guyane. **1994** contrat de plan État/région (1994-98) : 1,5 milliard de F sur 5 ans, et programmation européenne : 1 milliard sur 5 ans. **1996**-*nov.* émeutes à Cayenne suite au mouvement de grève de lycéens. **1997**-*22/23-4* émeutes après l'arrestation de 10 indépendantistes. **1999**-*27-2* « Pacte de développement » préparé par les élus locaux. -*Sept.* des indépendantistes remplacent de nuit les plaques du boulevard Jubelin qui devient le « bd du noir marron Gabriel » (sa statue est installée dans la rue). **2000**-*13/14-3, 20/21-11, 27/28-11 et 29-11* Cayenne, émeutes ; incendie de l'hôtel des Impôts (registres du bagne détruits).

■ **Statut.** Département d'outre-mer depuis 19-3-1946. Région depuis juin 75. *Députés* 2, *sénateur* 1. *Arrondissements* 2 : Cayenne et St-Laurent-du-Maroni. *Communes* 22. *Conseil général :* 19 membres, *Pt* Stéphan Phinera ; *régional :* 31 membres, *Pt* Antoine Karam (PS) depuis 22-3-1992. *Conseil économique, social et régional :* 40 membres, *Pt* Lucien Prévot. *Préfet de région :* Pierre Dartout.

■ **Partis. Parti national populaire guyanais (PNPG)** créé 1985, avec d'anciens membres du Mouvement guyanais de décolonisation Moguyde, du Front national de libération de la Guyane (FNLG) des années 1970-80, de l'Union des étudiants guyanais (France) ; *leader :* José Dorcy. **Parti socialiste guyanais (PSG)** créé 1956, *secr. gén. :* Marie-Claude Verdan. **PS** créé 1991, *secr. gén. :* Pierre Ribardière. **Action démocrate guyanaise (AD),** *secr. gén. :* André Lecante. **Union des socialistes démocrates (USD)** ; *leader :* Théodore Roumillac. **RPR,** *secr. gén. :* Roland Ho-Wen-Sze. **UDF/UDG,** *Pt :* R. Chow-Chine. **Forces démocratiques guyanaises (FDG)** fondées 1989, *Pt :* Georges Othily. **Naissance de Walwari** fondée 29-9-1993, *Pte :* Christiane Taubira-Delannon. **Komité pou nou démaré la Gwyane. Mouvement de décolonisation et d'émancipation sociale (MDES),** indépendantiste.

■ **Élections législatives.** [*Abréviations :* abst. : abstentions ; app. : apparenté(s) ; div. : divers ; div. d. : divers droite ; div. g. : divers gauche ; div. opp. : divers opposition ; ext. d. : extrême droite ; ext. g. : extrême gauche ; indép. : indépendants ; Wal. : Naissance de Walwari.] **14-6-1981 :** *abst.* 50,82 %, div. g. 53,5, UDF-RPR 46,4 ; *élu :* 1 app. PS **16-3-1986 :** *abst.* 38,50 %, *voix* (en %) : div. g. 48,4, RPR-UDF 51,6 ; *élus :* 1 app. PS, 1 RPR. **5-6-1988 :** *abst.* 50,73 %, *voix* (en %) : PS 56,9 (1 élu), RPR 42,1 (1 élu). **21-3-1993 :** *abst.* 41,57, *voix* (en %) : div. g. 41,14, UPF 35,51, majorité présidentielle 17,88, div. d. 3,31, ext. d. 2,14) ; *élus :* div. g. 1, RPR 1. **1-6-1997** (2e tour) : *élus :* div. g. 1, RPR 1. **Régionales** (voix en % et, entre parenthèses, nombre d'élus). 16-3-1986 : *abst.* 37,59 %, div. g. 42,2 (15), RPR 29,14 (9), div. g. 11,97 (4), div. opp. 8,73 (3), FN 3,58, ext. g. 3,34, div. opp. 3,07. **22-3-1992 :** *abst.* 32 %, PS 39,55 (16), FDG 23,34 (10), RPR 5,84 (2), div. 31,28 (3). **15-3-1998 :** *abst.* 52,29 %, PS 28,28 (11), div. g. 22,56 (9), RPR 15,91 (6), indép. 8,6 (3), Wal. 6 (2). **Cantonales** (nombre d'élus). **20/27-3-1994 :** PSG 8, div. g. 7, RPR 2, UDF 1, div. d. 1. **15/22-3-1998 :** div. 7, PSG 5, div. 4, RPR 1, div. d. 1, Wal. 1.

☞ **Conflits frontaliers** *avec le Brésil :* par suite d'une erreur lors de la signature des traités d'Utrecht (1713-15), la France exerce sa souveraineté à l'est sur un territoire étendu que le Brésil revendique en 1840. *1895* combats franco-brésiliens à Mana. *1900* traité de Berne : arbitrage suisse fixant les frontières actuelles avec le Suriname qui réclame 4 000 km² (malgré un arbitrage du tsar de Russie conclu 1888).

ÉCONOMIE

■ **PNB** (en 1998). 9 340 $ par hab. **Population active** (en 1998) : 44 475 dont employés 14 817, ouvriers 11 017, professions intermédiaires 9 222, artisans et commerçants 3 956, cadres 3 918, agriculteurs 1 545. **Chômage** (en %) : *1993 :* 16 (8 000 personnes) ; *97 :* 26 (13 000) ; *98 :* 26,5 (16 200). **RMI** (déc. 1998) : 8 195 allocataires (144 millions de F). **Agents de l'État** (en 1996) : 7 031 dont éducation 3 541, établissements publics 807, poste, France Télécom 753 ; **des collectivités territoriales** (au 31-12-1995) : 4 928 emplois principaux.

■ **Budget** (en millions de F, 1998). **État :** *recettes* 1 200 dont impôts et taxes 597, recettes non fiscales 55, fonds de concours et comptes spéciaux du Trésor 548 ; *dépenses* 2 116 dont investissements 478, fonctionnement 653, comptes spéciaux 687, autres 298 ; *endettement* (en 1994) : 9 398. **Région :** *recettes* 414, *dépenses* 442. **Département :** *recettes* 898, *dépenses* 986. **Communes :** *recettes* 1 148, *dépenses* 1 020, *endettement* (en 1994) 612. Selon un audit (août 1992) : *dettes :* 804 (dont au titre des marchés publics 593) ; *recettes :* 495 (besoin de financement à court terme de 573, besoin immédiat de trésorerie 419). *Multiples anomalies :* surfacturation systématique des marchés, double rémunération des maîtres d'œuvre, surcoût de travaux, atteintes à la réglementation « nombreuses et touchant toutes les opérations », contournement des contrôles, etc.

■ **Agriculture. Terres** (en ha, 1998). 8 353 400 dont *SAU* 24 198 (terres arables 11 094, herbe 11 150, fruits 1 916, fleurs 26, pépinières et divers 12), *terres agricoles non cultivées* 6 900, *bois* 7 598 989, *terres non agricoles* 860 310. **Exploitations** (en 1997) : 4 263. **Production agricole** (en t, 1999) : riz 31 000, manioc 10 375, dachines 6 225 (en 1996), canne à sucre 5 000 (rhum 2 600 hl en 1998), bananes 5 000, ignames 1 031, agrumes 2 174 (en 1998), ramboutans 2 220, ananas 1 808 (en 1996), patates 540, grenadilles 100 (en 1996). **Population agricole :** 20 000 dont actifs 8 500 (cultivant en moyenne 2,6 ha).

■ **Forêts.** 7 598 989 ha (domaniales 7 540 989, des collectivités 8 700, privées 48 500). **Production** (en m³, 1998) : grumes 71 857, sciages et équarris 13 402, produits finis 1 864. **Commercialisation** (en m³) : *exportation* de grumes 29, sciages 5 364, équarris 5 945 ; *ventes locales* 13 752 m³. *Espèces :* 1 000 de plus de 10 cm de diamètre ; 6 000 végétales. **Essences :** environ 50 dont angélique (37 %), gonfolo (20 %), grignon franc (11 %), amarante, goupi, saint-martin rouge, Wacapou, jaboty et bois dits précieux (amourette, satiné rubané, bois serpent et moutouchi). **Insectes :** 400 000 espèces, 411 identifiées (dont 319 d'origine forestière) ; 464 sur 60 ha de forêt vierge à Kartabo (total du continent européen).

■ **Élevage** (en 1999). Volailles 92 000 000, porcins 10 400, bovins 8 852, caprins-ovins 2 800. **Viandes en carcasse** (en t, 1998) : porcins 1 245, volailles de chair 461, bovins 335, caprins-bovins 29, lapins 21. **Autosuffisance** (en t, 1998) : viande porcine 58,8, bovine 20,1, volailles 8,4. **Lait** (en 1998) 2 603 hl, **œufs** (en 1998) 9,23 millions. **Pêche** (en t, 1998). Crevettes, shrimps (entiers) 4 178, vivaneaux 1 391 ; *pêche artisanale :* poissons 3 300, crevettes 338 ; *industrielle :* crevettes 3 863, poissons 1 342 ; *export.* (en millions de F, 1998) : crevettes 161,8, poissons 39.

■ **Mines. Or** découvert 1855 ; production (en kg) : *1985 :* 402 ; *86 :* 326 ; *87 :* 514 ; *89 :* 544 ; *90 :* 870 ; *91 :* 1 420 ; *92 :* 2 140 ; *93 :* 2 800 ; *94 :* 2 260 ; *95 :* 2 500 ; *96 :* 2 580 (dont par orpailleurs 452) ; *98 :* 2 440 ; *99 :* 2 800 [déclarés ; en réalité 7 500 kg, enregistrés par la douane 4 900 kg. *Emplois :* 900 personnes déclarées mais 80 % des actifs sont clandestins] ; 300 t de rejets mercureux depuis le début de l'exploitation en 1855. Selon le rapport de Christiane Taubira-Delannon (apparentée PS) remis 15-12-2000 : « Si l'on prend en compte les coûts environnementaux, sanitaires et sociaux engendrés, on peut s'interroger sur la valeur ajoutée créée par l'activité aurifère ». **Autres :** bauxite, zinc, diamants, argent, plomb, manganèse, cuivre, platine, kaolin non exploités.

■ **Énergie. Électricité** (ventes en millions de kWh, 1998) : 510 dont **barrage** *de Petit-Saut,* sur le Sinnamary 429,4 ; 4 turbines de 116 MW (mises en service en 1997), coût 2,8 milliards de F, surface 310 km² de forêt équatoriale, eau 3 541 millions de m³, 6 000 km² de bassin versant, digue (740 m de long, haut. maximale 47 m). **Hydrocarbures** (consommation en milliers de m³) : 251,1.

Centre spatial guyanais à Kourou (voir à l'Index) *créé* en 1964, implanté le 9-4-1968. *Effectifs* (en 1998) : 1 500 dont 900 au centre.

■ **Transports. Aériens :** *aéroport :* 1. *Aérodromes :* 7. *Trafic* (en 1998) : passagers 422 100 (dont transit 18 000), fret commercial 5 570 t, postal 1 189 t. **Maritimes :** *ports :* 5 (Degrad-des-Cannes, Lavirot, St-Laurent-du-Maroni, Kourou, vieux port de Cayenne). *Trafic* (en 1998) : exportations 75 000 t, importations 501 300 t dont 219 400 d'hydrocarbures. *Passagers* (entrées et sorties, 1998) : Kourou/îles du Salut 55 300. **Routes** (en km, 1998) : nationales 432, départementales 385, communales 1 000. *Parc automobile* (en 1996) : 42 677 véhicules. **Tourisme** (au 1-1-1998). **Hôtels :** 34 (1 228 chambres). **Visiteurs :** 68 000 (séjour moyen 19,2 j) dont de métropole 67,6 %, Antilles françaises 19,1 %, USA et Canada 2,9 %.

■ **Animaux. Protégés :** singes saki et atèle, grand tamanoir, lamantin (mammifère aquatique, 3 ou 4 m), ocelot (félin, pelage tacheté, 55 à 90 cm), tatou géant (mammifère recouvert d'une armure osseuse jusqu'aux flancs), tortues luth et verte, caïman noir, etc. **Autorisés à la chasse mais interdits au commerce :** singe hurleur, biche, macaque, cariacou, caïmans à lunettes, à font lisse rouge et gris. **Chassables et commerciables car non menacés :** agami, marail et hocco (3 oiseaux), cabiaï (cochon d'eau marron feu), pécari à lèvre blanche et à collier, tatous de Kappler et à 9 bandes, agouti (gros rongeur gris olivâtre), paca (rongeur brun-roux), tapir (maïpouri, de la taille d'un petit poney avec 1 trompe), iguane.

☞ **Trafics nombreux :** œufs de tortue [en une nuit, un contrebandier peut en récolter jusqu'à 4 000, revendu 3 F au Surinam ; Javanais et Hindoustani en sont friands (pour leur vertus aphrodisiaques)], plumes, peaux, becs, griffes, fourrures, ou carapaces, grenouilles dendrobates (appréciées pour leurs couleurs), reptiles et amphibiens. L'ONCFS (Office national de la chasse et de la faune sauvage) ne dispose que de 3 gardes armés.

■ **Commerce** (en milliards de F, 1998). **Import. :** 3,44 *dont* agroalim. 0,68, 1/2 produits non métall. 0,27, énergie 0,22, métallurgie 0,19 ; **de** métropole 1,88, USA 0,52, Trinidad et Tobago 0,22. **Export. :** 0,59 *dont* biens d'équipement profes. 0,3, métallurgie 0,26, agriculture 0,18 ; **vers** métropole 0,56, Suisse 0,06, USA 0,02.

MARTINIQUE

V. légende p. 950.

GÉNÉRALITÉS

■ **Nom.** De saint Martin (fêté le 11 novembre, jour de la découverte de l'île en 1502).

■ **Situation.** Ile des Antilles, à 6 748 km de Paris, 3 150 km de New York, 120 km de la Guadeloupe. **Superficie :** 1 128 km². **Longueur :** 75 km, **largeur :** 12 à 35 km. **Côtes :** 350 km. **Cours d'eau principaux :** la Lézarde 33 km, rivière du Galion 20 km. **Centre :** plaines alluvionnaires (10 % de la superficie dont plaine du Lamentin 75 km²). **Nord :** 4 massifs volcaniques : du Morne-Jacob, le plus étendu ; des pitons du Carbet (1 196 m) ; du mont Conil ; la montagne Pelée (1 397 m ; en 1635, le sommet était nu : la végétation avait été décimée par une éruption récente). **Sud :** anciens volcans usés par l'érosion, plages de sable blanc. **Forêt** équatoriale ou savane dans les parties moins humides, mangrove sur côte basses. **Surface** (en ha, 1998) : 46 085 dont domaniale 12 000 (dont exploitée 1 300), départementale 1 085 (110), privée 33 000. **Climat.** Chaud et humide : pluies 1 à 6 m par an (moins de 1 h par jour) ; exemple : Le Lamentin *1997* : 1,573 ; *98* : 2,337 ; température 22 °C (fin de nuit) à 30 °C (mi-journée) ; ensoleillement 3 000 h/an (8 h par jour) ; *2 saisons* : sèche (carême) ; humide (hivernage). **Cyclones** *les plus dévastateurs : 1766* (14-8) : 440 † ; *1780* (12-10) : 9 000 † ; *1891* (18-8) : 700 † ; *1970* (17-8) : 44 † (tempête tropicale) ; *1979* (29-8) : cyclone *David* : 500 millions de F de dégâts ; *1980* (4-8) : *Allen* 8 † ; *1989* (17-9) : *Hugo* (vent 222 km/h) ; *1993* (14-8) : *Cindy* ; *1994* (10-9) : *Debby* (vent 100 km/h) ; *1995* (26-8) *Iris* 2 † ; (5-9) : *Luis* (vent 125 km/h) ; (14-9) : *Marylin* ; *1996* (8-7) : *Bertha* ; (7-9) : *Hortense* ; *1998* (20-8) : *Bonnie* ; (21-9) : *Georges*. Depuis 1886, on observe près de l'île un cyclone atteignant le stade de tempête tropicale tous les 3 à 4 ans, et un cyclone atteignant le stade d'ouragan tous les 10 ans. *Fréquence maximale* : août et septembre (80 %).

■ **Population.** *1664* : 4 505 hab. ; *1701* : 24 298 ; *1886* : 174 863 ; *1936* : 246 712 ; *74* : 324 832 ; *82* : 328 566 ; *90* : 359 579 ; *99 (juillet)* : 381 467 ; *2000* : 414 516. **D.** 338,2. **Age** (en 1997) : *- de 15 ans* : 24,2 %, *+ de 60 ans* : 15,5 %. En majorité mulâtres et catholiques. Békés (mot ibo : Blancs créoles) : 2 500. **Taux** (en ‰, 1997) : *natalité* 15,2, *mortalité* 6,4 (*infantile* 7), *nuptialité* 4,1, *accroissement* 8,8. **Espérance de vie** (en 1997) : hommes 74,9 ans, femmes 81,3. **Personnes nées en métropole et vivant à la Martinique :** 25 936. **Étrangers** (en 1990) : 3 133. **Villes** (en 1999) : *Fort-de-France* (chef-lieu) 94 049 hab., Le Lamentin 35 460, Schœlcher 20 845, Ste-Marie 20 098, Le Robert 21 240, Le François 18 559, St-Joseph 15 785, Ducos 15 240, Rivière-Pilote 13 057, La Trinité 12 890, Rivière-Salée 12 276, Gros-Morne 10 665, Le Lorrain 8 234, St-Pierre 4 453 (*1902* : avant l'éruption, 30 000, réhabitée depuis 1923). **Martiniquais en métropole** (en 1990) : 175 200 (dont 67 000 nés en métropole). **Solde migratoire** (1990-99) : – 11 000. **Naissances :** *1965* : 10 749 ; *78* : 5 065 ; *87* : 6 322 ; *90* : 6 437 ; *95* : 5 644 ; *96* : 5 669 ; *97* : 5 735. **Enseignement** (1998-99). 102 948 élèves dont *primaire* 55 163 (dont maternelles 19 766), *secondaire* 47 785.

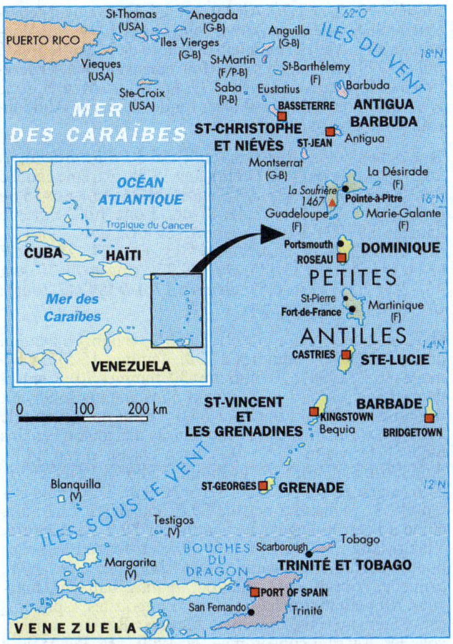

■ **Logement. Résidences principales :** *1997* : 125 200 dont maisons en dur 78 500, immeubles collectifs 31 800, maisons traditionnelles 6 000, cases traditionnelles 5 300, habitations de fortune 3 600 [dont (en %) logements surpeuplés 13,5, normaux 26,6, sous-peuplés 59,9] ; *99* : 151 012. **Équipement** (en %, 1997) : eau dans le logement 98, électricité 97,1, WC 93,6, douche ou baignoire 93,5, tout-à-l'égout 36,2, ni eau ni électricité 1.

■ **Histoire. Vers 130** établissement des *Arawaks,* originaires des forêts tropicales d'Amérique du Sud, descendants des inventeurs de la *culture « saladoïde »* (de Saladeros, village près de la côte vénézuélienne) fondée sur le manioc américain. **296** éruption volcanique, disparition des Arawaks. **Vers 400** arrivée d'autres *Arawaks* expulsés après 600 ou 700 par les *Caraïbes,* issus des mêmes origines ; manioc. **1300** éruption dévastatrice. **1502**-*11-11* découverte par Christophe Colomb (vers 1451-1506). **1635**-*20-1* début de la colonisation. *-15-9* prise de possession au nom de Louis XIII par Pierre Beslain d'Esnambuc. **1636** les Français de la Cie des îles d'Amérique exterminent les Caraïbes et importent 50 000 esclaves noirs de Guinée, Angola ou Sénégal, pour cultiver canne à sucre et plus tard cacao, café, épices (milieu XVIIIe s.). **1759-62** occupation anglaise. **1763**-*23-6* naissance de Joséphine Tascher de La Pagerie (future 1re femme de Napoléon Ier) à Trois-Ilets. **1790** prise du pouvoir par planteurs, agitation des Noirs. **1809-14** occupation anglaise. **1839** agitation des Noirs. *-11-1* séisme à Fort-de-France (400 †). **1848**-*23-5* esclavage aboli : la prod. de canne à sucre s'effondre jusque vers 1860. **1890**-*22-6* incendie, Fort-de-France détruite à 75 %. *-23-4* explosion phréatique (le magma réchauffe et vaporise l'eau contenue dans les nappes phréatiques superficielles, pulvérisant les roches encaissantes ; se produit sans apport de magma en surface). **1902**-*8-5* éruption de la montagne Pelée : *nuée ardente* [mélange de gaz, de cendres et de fragments de lave solidifiée (écoulement pyroclastique) qui s'écoule à 50/130 m/s] : 30 000 † (15 % de la pop. ; l'île perd 3/4 des créoles), St-Pierre détruit (2 survivants, dont Siparis, enfermé dans une prison, qui, libéré, se joindra au cirque Barnum, et 1 autre pers., qui ouvrira une épicerie). Une aiguille de 350 m s'édifie à partir d'oct. 1902, qui s'écroulera progressivement et disparaîtra en août 1903. *-20-5* nuée ardente. *-30-8* nuée ardente sur le Morne-Rouge (1 500 †). **1945-2001** Aimé Césaire (né 25-6-1913) maire de Fort-de-France. **1974**-*14/16-12* rencontre Pt Giscard d'Estaing-Pt Ford. **1980**-*déc.* Pt Giscard d'Estaing en Martinique. **1981**-*3-1* attentat au palais de justice de Fort-de-France. **1985** agitations autonomistes. **1986**-*15-3,* 2 attentats. **1993**-*1-1* nouvel octroi de mer. **1998**-*24-11* grève des ouvriers des plantations de bananes, soutenus par les dockers de Fort-de-France qui bloquent le port. **1999**-*10-1* accord sur les salaires. *-5-10* grève générale.

■ **Statut.** Département d'outre-mer depuis 19-3-1946 ; région monodépartementale. *Députés* 4. *Sénateurs* 2. *Préfet* 1 (Fort-de-France, Dominique Bellion depuis 1998). *Sous-préfets* 3 (Trinité, Marin et Saint-Pierre). *Conseil général :* 45 membres (*Pt :* Claude Lise). *Conseil régional :* 41 membres (*Pt :* Alfred Marie-Jeanne depuis mars 1998). *Arrondissements* 4. *Communes* 34.

■ **Partis.** UDF, *Pt :* Jean Maren. RPR, *secr. gén. :* Michel Charlone. **Fédération socialiste de Martinique,** *1er secr. :* Jean Crusol. **Parti martiniquais socialiste (PMS),** *Pt :* Ernest Wan-Ajouhu. **Parti communiste martiniquais,** *secr. gén. :* Armand Nicolas. **L'Action ou Union pour le renouveau de Ste-Marie,** *Pt :* Guy Lordinot. **Mouvement indépendantiste martiniquais (MIM),** *Pt :* Alfred Marie-Jeanne. **Rassemblement des démocrates martiniquais,** *Pt :* Félix Hilaire-Fortune. **Conseil national des comités populaires,** *Pt :* Robert Sae. **Mouvement des libéraux martiniquais,** *Pt :* Philippe Petit. **Forces martiniquaises,** *Pt :* Maurice Laouchez. **Combat ouvrier,** *Pt :* Gérard Beaujour. **Groupe révolution socialiste (GRS),** *Pt :* Philippe Pierre-Charles. **Mouvement des démocrates et écologistes pour une Martinique souveraine (Modemas),** *Pt :* Garcin Malsa. **Bâtir le pays martiniquais,** *Pt :* Pierre Samat. **Mouvement vivre à Schoelcher,** *Pt :* Luc Louison Clémenté. **Mouvement populaire franciscain,** *Pt :* Maurice Antiste. **Mouvement populaire pour la résistance m. (MPRM).**

■ **Élections législatives.** [*Abréviations :* abst. : abstentions ; app. : apparenté(s) ; div. : divers ; div. d. : divers droite ; div. g. : divers gauche ; div. opp. : divers opposition ; écol. : écologistes ; ext. d. : extrême droite ; ext. g. : extrême gauche ; ind. : indépendant(s).] **14-6-1981** (en %) : *abst.* 63,76, PC 6,43, PS 44,12, UDF-RPR 48,09. **16-3-1986** (en %) : *abst.* 41,48, union gauche 51,18, union opposition 42,44, ext. g. 3,01, div. opp. 2,01, FN 1,34 ; *élus :* 1 PS, 1 app. PS, 1 UDF-RPR, 1 RPR. **12-6-1988** (en %) : *abst.* 50,82, majorité présidentielle-PS 45,23, union opposition 28,69, div. g. 13,16, div. d. 12,89 ; *élus :* 3 PS, 1 app. PS. **21-3-1993** (en %) : *abst.* 56,96, UPF 41,42, majorité présidentielle 28,13, nationalistes 12,06, div. g. 9,54 ,PC 4,90, div. d. 2,28, ext. g. 1,29, ext. d. 0,18, div. 0,16 ; *élus :* UPF 1, RPR 2, PPM 1. **1-6-1997** (2e tour) : *élus :* RPR 2, PPM 1, ind. 1. **Régionales** (en % et, entre parenthèses, nombre d'élus). **16-3-1986 :** *abst.* 35,95, union gauche 41,34 (19), RPR 30,83 (14), UDF 18,94 (8), ext. g. 7,77, div. opp. 1,47. *Annulées le 22-2-1990.* **14-10-1990 :** P. progressiste martiniquais 32,8 (14), RPR-UDF 22,3 (9), MIM 16,5 (7), ind. de gauche 11,7 (5), de droite 9,7 (4), div. 7 (2). **22-3-1992 :** RPR-UDF 25,92 (16), MIM 16,02 (9), PPM 15,8 (9), PCM 11,7 (5), indépendants de droite 9,7 (4), écol.-indépendantistes 5,2 (2), France unie 1,8 (0). **15-3-1998 :** *abst.* 54,56, RPR-UDF 27,59 (14), MIM 24,56 (13), PPM 13,44 (7), div. g. 7,44 (4), PS 5,56 (3). **Cantonales** (nombre de sièges). **20/27-3-1994 :** PPM 10, div. g. 9, RPR 7, div. d. 7, PM 3, PCM 3, UDF 3, MIM 1, indépendants 1, div. 1. **15/22-3-1998 :** div. g. 13, PPM 11, RPR 6, div. d. 5, PCM 3, UDF 3, PS 2, ind. 2.

ÉCONOMIE

■ **Économie. PNB** (en 1999) : 12 830 $ par hab. **Population active** (en milliers, 1998) : 165,9 ; (en % et, entre parenthèses, part du PNB, en %) : agriculture 10 (6), industrie 17 (11), services 73 (83). *Actifs occupés* (en 1998) : 117 400. **Chômage :** *1995* : 42 800 ; *96* : 46 100 ; *97* : 49 100 ; *98* : 48 537 (29,3 % de la pop. active ; - de 25 ans : 57,8 %) ; *99* : 40 600 (28,1 % de la pop. active). **RMI** (au 31-12-1998) : bénéficiaires 26 563, personnes couvertes 45 993, versements (en 1998) 542 millions de F.

■ **Budget** (en millions de F, 1998). **État :** *recettes* 4 757 dont impôts et monopoles 3 011 (impôts directs et taxes 1 522, TVA 1 221), recettes non fiscales 578, fonds de concours, reversement et comptes spéciaux du Trésor 1 168 ; *dépenses* 8 309 dont investissements 756, fonctionnement 4 757, comptes spéciaux 1 373. **Région :** *recettes* 1 876 ; *dépenses* 1 921. **Départements :** *recettes* 2 439 ; *dépenses* 2 420. **Communes :** *recettes* 3 613 ; *dépenses* 3 328. **Endettement :** 900 millions de F.

■ **Agriculture. Terres** (en ha, 1998). 110 000 dont *SAU* 33 690 [*terres arables* 19 955 (dont bananes 11 200, canne à sucre 3 156, légumes 4 090), herbe 11 240, fruits 644, fleurs 282, pépinières et divers 19], *terres agricoles non cultivées* 15 340, *bois* 47 500, *terres non agricoles* 13 470. *Évolution de la SAU* (en milliers d'ha) : *1973* : 52,1, *89* : 36,6, *90* : 38,5, *96* : 33,4 ; *98* : 33,6. **Exploitations :** *1973* : 24 900 ; *93* : 10 365 dont de moins de 1 ha : 5 504 ; *97* : 5 391. **Production** (en t) : **bananes :** *1985* : 181 280, *90* : 245 980, *92* : 227 937, *94* : 169 000, *96* : 287 344 ; *97* : 318 155 ; *98* : 279 000. **Canne à sucre :** *1968* : 514 000, *80* : 265 000, *90* : 217 000, *94* : 202 000, *95* : 212 000 ; *96* : 216 800 ; *97* : 188 827 ; *98* : 189 000 ; *99* : 189 000. **Sucre :** *1968* : 37 000, *80* : 6 400, *90* : 6 579, *92* : 6 443, *94* : 7 000, *95* : 8 000 ; *96* : 7 722 ; *97* : 7 234 ; *98* : 7 000. **Rhum** (en hl d'alcool pur) : *1980* : 84 828, *92* : 74 325, *94* : 77 567 ; *96* : 66 959 ; *97* : 69 316 ; *98* : 69 000. **Autres** (en t, 1998) : ananas 20 822, dachine 13 250, melons 2 220, avocats 363, limes 143. Épices. Fleurs. **Élevage** (en milliers de têtes, 1999). Bovins 30, ovins 42, porcins 33, caprins 11 (en 1998). **Pêche** (en 1998). 1 254 navires armés, 5 850 t pêchées (en 1993), 7,9 exportées (en 1996) ; 6 000 t (en 1998). **Aquaculture** (en 1998) : 40 t de chevrettes (écrevisses).

■ **Industrie** (en 1998). *Ciment :* 233 600. *Consommation d'hydrocarbures :* 647 900 m³. *Électricité consommée :* 988 millions kWh. **Transports** (en 1998). **Aériens :** *passagers :* 1 765 400 (dont transit 194 700) ; *frêt* commercial 15 655 t, postal 2 793 t. **Maritimes :** *passagers* inter-îles 211 000, croisières 844 000 ; *marchandises* 2 692 000 t ; *plaisance :* bateaux 9 684, plaisanciers 22 650. **Routes :** 2 105 km.

■ **Tourisme** (au 1-1-2000). **Hôtels** (1999) : 117 (4 880 chambres) dont *non classés* 42 (550), *1 et 2 étoiles* 41 (1 157), *3 et 4 ét.* 29 (2 649), *VVF et clubs* 5 (524). **Gîtes**

ruraux (1998) : 335. **Touristes :** 993 441 dont de séjour 607 303 (dont plaisanciers 43 000), excursionnistes 386 138 (dont croisiéristes 339 086) ; de (en %) métropole et Dom 89, Europe 4,7, USA 2,7, Canada 0,9. **Recettes** (en milliards de F) : *1989* : 1,16 ; *96* : 1,57 ; *99* : 1,73.

■ **Commerce** (en millions de F, 1999). **Import. :** 10,59 *dont* biens de consom. 2,47 ; agroalim. 1,89 ; biens d'équipement prof. 1,53 ; produits énerg. 0,71 ; équipement auto. 1,52 ; *de* métropole 6,73 ; Europe 1,66 *dont* All. 0,44 ; Italie 0,34 ; USA 0,28 ; G.-B. 0,27 ; Japon 0,23. **Export. :** 1,71 *dont* agriculture 0,81 ; agroalim. 0,35 ; énergie 0,2 *vers* métropole 0,806 ; Guadeloupe 0,37 ; Europe 0,328 (dont G.-B. 0,208).

MAYOTTE

Carte p. 1172. V. légende p. 950.

GÉNÉRALITÉS

■ **Situation.** Océan Indien. **Distances :** France 8 000 km, Réunion 1 500, Seychelles 1 400, Afrique côte est 400, Madagascar 300. **Archipel** de 374 km². Une île principale : Grande-Terre et 19 îlots dont un habité : Petite-Terre ou Pamandzi. Iles volcaniques. **Côtes :** 185,2 km. **Alt.** *max.* : mont Bénara (660 m), mont Choungui (594 m). **Lagon** corallien (1 100 km²), limité par un récif de 160 km de long. **Climat :** tropical humide. *Saison des pluies* (oct. à mars) : mousson du nord, risques de cyclones ; 30 °C et +. *Saison sèche et tempérée* (avril à sept.) : alizés du sud-est. *Précipitations* : nord-ouest 1 500 à 2 000 mm/an ; nord-est 1 000 à 1 500 mm/an.

■ **Population.** *1841* : 3 000 hab. ; *1958* : 23 364 ; *66* : 32 607 ; *78* : 47 246 ; *85* : 67 205 ; *91* : 94 410 ; *97* : 131 320. *2000* : 149 000. **D.** 398. **Age :** - *de 20 ans* : 55,5 %. **Taux** (en ‰) : *natalité 1985* : 54,3 ; *97* : 40,5 ; *99* : 42,8 ; *mortalité 99* : 5,6. **Villes** (en 1997). *Mamoudzou* 32 733 hab., Dzaoudzi-Labattoir 10 792, Koungou 10 165, Sada 7 434. **Religion.** Musulmans (97 % pratiques animistes). **Langues.** 2/3 dialecte bantu principal (mahorais, anjouannais, grand-comorien) ou malgache (sakalave, antalaotsi), 1/3 combinaisons de ces derniers. 35 % parlent français (langue officielle). **Enseignement. Rentrée scolaire à Mayotte** (en 1999) : 48 799 dont primaire 26 024, collège 10 834, maternelle 7 440, lycée 2 315, LEP 1 606, PPF (classe préprofessionnelle de formation) 580. **Hors de Mayotte :** 2 078 dont lycéens en métropole 1 050, étudiants (métropole + Réunion) 862), lycéens à la Réunion 166.

■ **Histoire. 1527** reconnue par le Portugais Diego Ribeiro. **1831** conquise par le roi sakalave Adrian-Tsouli de Madagascar. **1841**-*25-4* la vend à la France contre une rente annuelle de 1 000 piastres (5 000 F) et l'éducation de ses enfants aux frais du gouvernement français à la Réunion. **1843**-*16-2* traité ratifié par la France. -*13-6* prise de possession. De Mayotte, l'influence française s'étend aux 3 autres îles de la colonie (administrée à partir de Dzaoudzi, chef-lieu de l'archipel jusqu'en 1962). **1848**-*27-4* abolition de l'esclavage. **1886-1912** les 3 autres Comores deviennent protectorat français, Mayotte reste colonie. **1908**-*9-4* Mayotte et les 3 autres îles sont rattachées au gouvernement général de Madagascar. **1912**-*25-7* loi transformant les protectorats en colonies. **1946**-*24-9* les Comores deviennent Tom. **1947** autonomie administrative pour les Comores (chef-lieu Dzaoudzi). **1958** *référendum* : l'assemblée territoriale des Comores choisit le statut de Tom, mais, à Mayotte, 85 % sont pour celui de Dom (raisons : rancœurs contre les anciens sultans d'Anjouan ; hostilité Sakalaves/Arabes comoriens). **1968** loi élargissant le régime de l'autonomie interne des Comores, Moroni capitale. Les Mahorais contestent cette décision.

1974-*22-12* vote pour l'indépendance : oui (99 %) dans les 3 îles, non (63,8 %) à Mayotte. **1975**-*6-7* Ahmed Abdallah proclame unilatéralement l'indépendance des Comores. -*21-11* « marche verte » des Comores (165 personnes) sur Mayotte, échec. -*13-12* loi reconnaissant l'indépendance des 3 îles et prévoyant 2 nouvelles consultations pour Mayotte. **1976**-*8-2* : 99,4 % des électeurs mahorais pour le maintien au sein de la République française. -*11-4* : 79,6 % réclament la départementalisation. -*27-12* statut original évolutif (après 3 ans, le conseil général pourra demander une consultation pour un statut définitif). **1979**-*22-12* loi prorogeant de 5 ans le statut de 1976. **1982**-*2-12* résolution de l'Onu sur le retour de Mayotte aux Comores, 110 voix contre 1 (France) et 22 abstentions. **1984** report du référendum. **1986**-*19-10* PM Chirac à Mayotte. -*20-12* inauguration télévision. **1987**-*28-3* convention de développement pour Mayotte. **1994**-*28-11* PM Balladur à Mayotte. **1995**-*5-4* convention de développement 1995-99 : 2 167 millions de F. **2000**-*27-1* signature d'un accord : l'île deviendra une collectivité départementale. -*2-7* référendum : 72,94 % de oui (abstention 29,9 %) ; après 2010, nouvelle loi prévue. **2001**-*28-2* loi présentée au Conseil des ministres : en 2004, le pouvoir exécutif (actuellement préfet) passera au Pt du Conseil général ; en 2007, après renouvellement du Conseil général, ses décisions seront exécutoires et ses pouvoirs progressivement élargis.

■ **Statut.** Collectivité départementale (loi du 13-6-2001). *Préfet* : Pierre Bayle. *Conseil général* de 19 membres. *Député* 1. *Sénateur* 1. *Communes* 17.

■ **Partis. Fédération de Mahorais (RPR)** fondée 1979, *Pt* : Moustoifa Mohamed. **Mouvement populaire mahorais** fondé 1966, *Pt* : Younoussa Bamana. **Front démocrate,** *secr. gén.* : Youssouf Moussa. **Association pour Mayotte française** fondée 1984, *Pt* : Didier Beoutis. **Parti socialiste mahorais** fondé 1991, *Pt* : Ibrahim Aboubacar. **Verts** fondés 1996, *secr. gén.* : Ali Attoumani. **Mouvement départementaliste mahorais (MDM)** fondé août 1999, *Pt* : Younoussa Ben Ali. **P. communiste rénové de Mayotte** fondé juillet 1999, *Pt* : Omar Simba. **Mouvement national-Fédération de Mayotte** fondé avril 1999, *Pt* : Bruno Mégret, *secr. gén.* : Mihidjae Abdou. **Wakaz** fondé 1995, *Pt* : Abddouroihmane Djamal.

■ **Élections législatives** (voix en %). **16-3-1986 :** *abstentions* 20,23 %, UDF-CDS 64,55 (1 élu), RPR 33,98, extrême gauche 0,02. **5-6-1988 :** *inscrits* 22 479, *abst.* 34,7 %, UDF-CDS 58,20 (1 élu), RPR 38,31, FN 1,41, divers droite 1,09, extrême gauche 0,97. **21-3-1993 :** *inscrits* 29 187, *abst.* 24,91 %, UDF-CDS 52,42 (1 élu), RPR 44,33, PS 3,24. **25-5-1997** (1er tour) : *inscrits* 37 425, *abst.* 29,7 %, UDF-FD 46,70, RPR 43,42, PS 3,98, Verts 0,53, divers 5,37. **1-6-1997** (2e tour) : UDF-FD 51,68 (1 élu), RPR 48,32.

■ **Économie. PNB** (en 1999) : 3 030 $ par hab. **Population active** (en 1997) : hommes 27 321, femmes 15 575. **Chômage** (en %, 1999) : 30 (hommes 30, femmes 70). **Confort domestique** (en %, 1997) : vivant dans une maison ayant des murs en dur ou semi-dur 64,6 ; ayant un toit en tôle 77,5 ; un sol en dur 72,9 ; l'eau dans la maison ou l'enclos 69,5 ; l'électricité 76,1 ; WC avec chasse d'eau 14,6 ; douche ou baignoire 15 ; ayant une radio 74,1 ; télévision 51,6 ; magnétoscope 26,2 ; réfrigérateur 37,3 ; congélateur 17,3 ; réchaud à pétrole 59,6 ; cuisinière 12,1 ; machine à laver le linge 7,7 ; ventilateur 29,9. **Agriculture.** Ylang-ylang : *1997* : 14,1 t, *98* : 11,5 t (fournit l'essence pour la parfumerie) ; vanille noire : *1997* : 4,5 t, *98* : 3,4 t ; cannelle, coprah, café, manioc, ananas, bananes, mangues, riz, petit maraîchage. **Pêche.** Langoustes, espadons, carangues, mérous, crevettes. **Élevage.** Bovins, caprins, volailles. **Énergie** consommée (en 1999) : 68 387 MWh ; *hydrocarbures* : 53 204 m³. **Base navale. Transports** (en 1999). **Aériens :** *passagers* 102 078 dont militaires 4 776, commerciaux 97 302 (46 825 entrées, 50 477 sorties), *frêt* 1 226 t (commercial 885, militaire 341, postal 397). **Maritimes :** *passagers* 49 288, *marchandises* débarquées 228 626 t, embarquées 51 319. **Tourisme** (en 1999). 21 000 visiteurs (de Réunion 10 700, métropole 8 600, divers 1 700), touristes de croisières 7 364 (34 escales de paquebots), 29 établissements, 263 chambres.

■ **Commerce** (en millions de F, 1999). **Export. :** 16,5 *dont* ylang-ylang 4,6, vanille 0,3, cannelle 0,3 ; **vers** (en %, 1997) métropole 80, Comores 15. **Import. :** 847,7 *dont* produits alimentaires 217,9, métaux 140,9, machines et appareils 103,8, matériel de transport 49,4, produits chim. 25 ; **de** (en %) métropole 66, Asie du Sud-Est 10, CEE 8, Afr. 7.

NOUVELLE-CALÉDONIE

V. légende p. 950.

☞ *Abréviations* : E. : Européens ; M. : Mélanésiens ; N.-C. : Nouvelle-Calédonie.

GÉNÉRALITÉS

■ **Nom.** Donné par James Cook en 1774, en souvenir de son Écosse natale. **Surnom :** le Caillou.

■ **Situation.** Iles du Pacifique (mer de Corail) à 18 368 km de Paris, 11 236 km de Los Angeles, 1 978 km de Sydney, 1 859 km d'Auckland (Nlle-Zélande). **Superficie :** 18 575 km². **Côtes :** 2 254 km. **Zone économique exclusive.** 1 450 000 km². **Climat.** Tempéré ou semi-tropical (moy. 22-24 °C) et salubre. *Saison sèche* avril-nov. (coupée de pluies en juillet), *pluvieuse et chaude* déc.-mars (cyclones déc.-avril) avec longues sécheresses, *fraîche* juin-sept.

Espèces : *flore* 3 500 ; *faune* terrestre 4 300 dont 47 de lézards et geckos ; poissons 1 000 ; mollusques marins 6 500.

■ **Population.** *1887* : 62 500 hab. [Européens *(Caldoches)* 30 %/Mélanésiens (*Canaques* ou « hommes » en Polynésien, 333 tribus) 68 %/autres 2 %] ; *1901* : 54 400 (41,8/53,3/4,7) ; *1921* : 47 500 (29,4/57,1/13) ; *1936* : 53 200 (29/54,1/16,9) ; *1951* : 65 500 (31,1/51,9/17) ; *1969* : 100 579 (41/46/13) ; *1989* : 164 173 [33,6 % (dont 61,4 % nés en N.-C.)] ; *1996 (rec. avril)* : 196 836 [dont Mélanésiens 86 788, Européens 67 151, Wallisiens et Futuniens 17 763, Tahitiens 5 171, Indonésiens 5 003, Vietnamiens 2 811 (dont 93 % dans le Grand Nouméa), Ni-Vanuatu 2 244, autres Asiatiques 856, autres 6 829, non déclarés 2 209] ; *2000* : 201 816 (M. 82 000, E. 64 000, autres 26 000). **Age :** - *de 20 ans* : 39,5 %, + *de 60 ans* : 7,5 %. **D.** 10,9. 104,9 hommes pour 100 femmes (en France 94,9). **Taux** (en ‰) : *natalité* : taux brut 22,3 (naissances hors mariage : 61,6 %) ; *mortalité* : 5,2. *Espérance de vie* : hommes 70 ans, femmes 74. **Autochtones :** 80 443 Mélanésiens déclarent appartenir à une des 341 tribus du territoire mais n'y résident pas forcément ; 28,7 % résident en tribu ; disposent de réserves foncières inaliénables (399 800 ha). **Européens** descendant de colons arrivés fin XIXe s. et d'anciens forçats, et vivant à Nouméa et côte ouest (95 %). **Immigration** (France) : 10 000 pers. par an.

Grande-Terre. 16 494 km² ; 400 × 42 km ; *côtes* 880 km ; *alt. maximales* : mont Panié 1 628 m ; mont Humboldt 1 618 m ; *montagne* aux paysages variés. *Ceinture de récifs-barrières,* délimitant le lagon, d'environ 40 m de profondeur. *Forêt* tropicale humide, *savane* à *niaoulis* (petit eucalyptus). **Population :** 146 261 hab. dont *Nord* 41 413 (32 246 Mélanésiens), *Sud* 94 015 (34 275 Mélanésiens). **D.** 8,9.

Villes (en 1996). *Nouméa* (fondé 25-6-1854), chef-lieu, 76 293 hab. (aggl. en 1983 : 85 000), Mont-Dore 20 780, Dumbéa 13 888, Lifou 10 007, Paita 7 862, Maré 6 896, Bourail 4 364, Canala 3 374, Houaïlou 4 332, Poindimié 4 340, Ouvéa 3 974, Koné 4 088, Thio 2 614, Koumac 2 647, La Foa 2 502.

■ **Dépendances** (population en 1996). **Beautemps-Beaupré** (îles). **Bélep** (archipel au nord-ouest) 69,5 km², alt. maximale 283 m, 923 hab. *Wala* (aérodrome). **Chesterfield** (îles) 1 km² à 580 km. Inhabitées. **Huon** (île) 0,13 km² à 290 km nord-ouest. Inhabitée. Guano. **Hunter** (île) 0,6 km², inhabitée. **Loyauté** (îles) archipel de 1 981 km² à 100 km nord-est de la Nouvelle-Calédonie, découvert 1792 par l'Anglais Ravers puis par d'Entrecasteaux, déclaré français en 1864 et 1865 (Ouvéa) ; 20 877 hab. ; 3 îles principales : **Ouvéa** 132 km², alt. maximale 46 m, 3 974 hab., *Fayaoué* ; **Lifou** 1 207,1 km², alt. maximale 104 m, 10 007 hab., *Wé* ; **Maré** 641,7 km², alt. maximale 138 m, 6 896 hab., *Tadine.* Noix de coco, coprah. **Matthews** (île) 0,54 km², inhabitée. **Pins** (île des ; nom donné par James Cook à cause des pins colonnaires) ou **Kounié** 152,3 km², alt. maximale 262 m, à 50 km au sud-est de la N.-C., 1 671 hab. ; *chef-lieu* : *Vao.* Abrita (1872-79) déportés de la Commune, puis condamnés de droit commun jusqu'en 1912. Tourisme. Pêche. **Surprise** (île) 0,6 km² ; inhabitée. **Walpole** (île) 1,25 km², à 180 km de Maré, guano. La Vanuatu revendique Hunter et Matthews.

■ **Langues.** Français *(officielle)* ; 33 vernaculaires parlées par 53 566 Mélanésiens de 14 ans et + *dont* le drehu (11 338), nengone (6 377), palci (5 498). **Religions.** *Catholiques* 92 000 (dont 47 000 Européens, 30 000 Mélanésiens, 10 000 Wallisiens) ; *protestants* (surtout évangélistes) 34 000 (dont 30 000 M., 3 000 Tahitiens, 1 000 E.) ; *musulmans* 4 000 (Indonésiens).

■ **Histoire. 1774**-*4-9* découverte par l'Anglais James Colnett, midship du capitaine Cook. **1788** La Pérouse

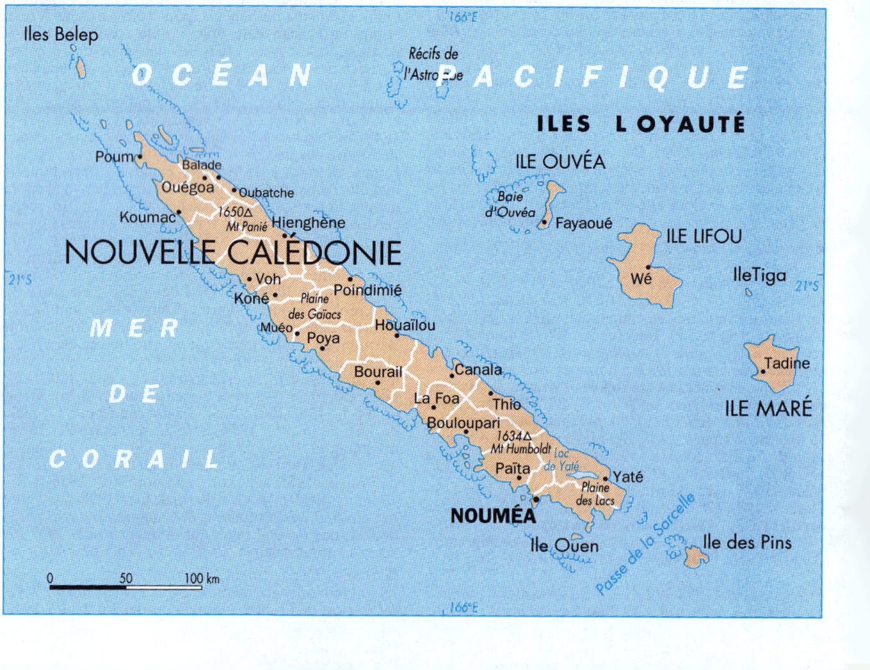

reconnaît le pays, ses bateaux (*la Boussole* et *l'Astrolabe*) font naufrage [on retrouvera *l'Astrolabe* en 1826 à Vanikoro (Salomon)]. **1792-93** Bruny d'Entrecasteaux recherche ces bateaux et explore côtes et îles. **1827-37** Dumont d'Urville reconnaît les îles Loyauté. **1841** la London Missionary Society les évangélise. **1843**-*21-12* arrivée de missionnaires (maristes) ; Mgr Douarre s'installe dans le nord à Balade, sur le point d'être colonisée par l'Anglais Paddon (établi île Nou). **1853**-*24-9* à la suite du massacre par les indigènes des 12 marins français de *l'Alcmène* (nov. 1850), le contre-amiral Febvrier-Despointes prend possession de la Grande-Terre et le 29-9 de l'île des Pins, qui est rattachée aux Établissements français d'Océanie (Tahiti). **1859** 43 colons installés sur 850 ha. **1860**-*18-1* colonie autonome. **1861** culture du coton. **1864** le capitaine de vaisseau Tardy de Montravel fixe le chef-lieu (appelé Port-de-France jusqu'en 1866) ; un colon, Higginson, découvre du nickel à Dumbéa. 1er convoi de 250 forçats. **1865** culture de sucre. **1868-1946** système des réserves indigènes. **1871** colonie pénitentiaire (île de Nou achetée à Paddon en 1857) ; arrivée d'Arabes, déportés sur Grande-Terre et l'île des Pins après la révolte en Algérie du bachaga el-Mokrani (1871), et d'Alsaciens-Lorrains. **1871-74** ruée vers l'or. **1872-78** 4 300 déportés après la Commune, répartis entre île Nou (300 condamnés pour assassinat ou pillage, mêlés aux autres forçats), presqu'île Ducos (1 000 condamnés à la détention dans une enceinte fortifiée, dont Louise Michel, qui deviendra institutrice), île des Pins (3 000 condamnés à la déportation simple). **1874** statut de gouvernement ; nickel exploité. **1878** *révolte canaque* menée par Ataï (128 Blancs et 1 200 M. †) ; les Mélanésiens sont regroupés dans des réserves (370 000 ha). **1880**-*juin Communards reviennent en métropole.* **1894** colonisation agricole ; le gouverneur Feillet développe le café. **1895** conseil général. **1896** arrivée de travailleurs javanais et hindous. **1897** dernière arrivée de forçats. **1917** *révolte canaque* près de Koné. **1922** arrivée des Tonkinois. *Révolte.* **1940**-*19-10* ralliement à la France libre. **1942-45** base militaire américaine (50 000 h.). **1945**-*22-8* création d'un siège de député, droit de vote pour certains autochtones (anciens combattants, pasteurs, chefs coutumiers) soit 1 444 Canaques sur 9 500 électeurs.

1946 *territoire d'outre-mer.* **1947** installation à Nouméa de la Commission permanente du Pacifique Sud. Les catholiques (père Luneau) fondent l'Union des indigènes calédoniens amis de la liberté dans l'ordre (Uicalo), et les protestants l'Association des indigènes calédoniens et loyaltiens français (AICLF). **1951** il y a 8 930 Mélanésiens électeurs sur 19 761. Henri Lafleur 1er conseiller de la Rép. élu ; Maurice Lenormand 1er député élu. **1953** Union calédonienne (UC) créée. **1956** de Gaulle en N.-C. **1957**-*22-7* autonomie. *-26-7* droit de vote pour tous les Canaques. Loi-cadre. 1 Mélanésien (Richard Kamouda) tué par policier (rixe) ; manif. *-6-10* élection assemblée territoriale : majorité UC. **1958**-*30-10* assemblée territoriale dissoute. *-7-12* élection : majorité UC. *-17-12* opte pour le maintien du statut de TOM. **1962**-*9-3* assemblée territoriale dissoute. *-Avril* élection : majorité UC. **1963**-*21-12* loi : conseil de gouvernement sous l'autorité du gouvernement. Boom du nickel. **1969** les *Foulards rouges,* étudiants canaques menés par Nidoish Naisseline (1er Canaque diplômé de l'enseignement supérieur), revendiquent l'indépendance. **1969-72** boom du nickel. **1972** élections : antiautonomistes vainqueurs. **1976**-*28-12* loi accordant une certaine autonomie. **1977**-*8-12* loi créant un 2e siège de député **1979**-*24-5* assemblée territoriale dissoute. *-Juillet* élection : Front indépendantiste 35 % des voix. *-22-8* manif. **1981**-*19-9* Pierre Declercq, secrétaire gén. de l'UC, tué. *-11-11 :* 20 000 manifestants contre l'indépendance. *-9-12* Christian Nucci haut-commissaire. *-21-12* réforme foncière. **1982**-*20-1* loi permettant au gouvernement de prendre des ordonnances jusqu'au 1-1-1983. *-Févr.* réforme fiscale. *-Juin* Jean-Marie Tjibaou, vice-Pt de l'UC, vice-Pt du conseil gouvernemental. *-22-7* bagarres à l'assemblée territoriale et dans les rues de Nouméa. *-5-9* Lafleur réélu député (91,95 % des voix). **1983**-*10-1 :* 2 gendarmes tués par des Mélanésiens (18 † dans forces de l'ordre depuis mars 1982). *-11-5* un Mélanésien tué par des Européens. *-23-12* assemblée territoriale rejette un avant-projet de statut d'autonomie.

1984-*6-9* nouveau statut d'autonomie. *-24-9* Front indépendantiste reconstitué en FLNKS. *-Oct.* barrages routiers, violences. *-18-11* élection territoriale. *-20-11 :* 200 membres du FLNKS occupent la mairie de Thio. *-22-11* séquestration du sous-préfet des Loyauté. CRS blessés par balles. *-23-11 :* 4 CRS tués par balles. *-25-11 gouvernement indépendantiste provisoire :* Pt Jean-Marie Tjibaou. *-30-11* Européens et Mélanésiens tués. *-Déc.* FLNKS forme gouvernement provisoire. *-2-12* Edgard Pisani délégué du gouvernement pour accélérer l'autodétermination. *-5-12 Hienghène,* embuscade [10 FLNKS tués (dont 2 frères de Tjibaou)] ; les 7 agresseurs seront acquittés le 29-10-1987. *-31-12 :* 3 attentats à Nouméa. **1985**-*7-1 plan Pisani :* indépendance-association, droit de vote après 3 ans de présence, statut spécial pour Nouméa. Statut de résident privilégié pour ceux refusant la nationalité canaque. *-11-1* Yves Tual, Européen (17 ans), tué ; *-12-1* émeutes à Nouméa, Éloi Machoro (né 1945, secr. général de l'UC) et Marcel Nonnaro tués dans un affrontement avec le GIGN, état d'urgence. *-19-1* Pt Mitterrand en N.-C. *-21-1* mine de Thio saccagée par des indépendantistes. *-23-1* état d'urgence prolongé jusqu'au 30-6 ; sabotage mine de Kouano. *-26-2 :* 30 000 manifestants pour la France. *-8-3* major de gendarmerie tué. *-Mars* troubles à Thio. *-26-3* Dick Ukeiwé propose une partition en longueur de la Grande-Terre. *-8-4* une enseignante tuée par pierres. *-11-4 :* 2 000 manifestants à Nouméa. *-22-5* Pisani nommé ministre chargé de la N.-C., et Fernand Wibaux délégué du gouvernement. *-24-5* Tjibaou condamné pour « atteinte à l'intégrité du territoire national » à 1 an de prison avec sursis et 10 000 F d'amende, sur citation directe d'Ukeiwé, Pt du gouvernement territorial. *-20-8* loi sur évolution de la N.-C. (promulguée 23-8). *-29-9* élections : 60,8 % contre indépendantistes. **1986**-*janv.* consul d'Australie expulsé. *-26-6 procès de Koindé* (assassinat des gendarmes), 10 ans de réclusion pour principal inculpé. *-17-7* loi sur le régime transitoire. *-23-7 Jean Montpezat* haut-commissaire. *-15-11* James Fels assassiné. *-2-12* Onu affirme le droit de la N.-C. à l'autodétermination (par 89 voix contre 24, 34 abstentions, 11 ne participent pas au vote). **1987**-*28-4* gendarme tué par délinquant. *-13-9 référendum :* inscrits 85 022, abstentions 40,89 %, pour maintien au sein de la Rép. 98,3 %, pour l'indépendance 1,70 %. 16,8 % de l'électorat canaque aurait voté pour la France. *-30-9 :* 2 gendarmes tués. *-6-11* Canaque tué par gendarme. *-Nov.* nouveau statut voté. *-28-12* Yeiwéné Yeiwéné (vice-Pt du FLNKS) arrêté 22-12, libéré. **1988**-*22-2* troubles à Poindimié (9 gendarmes pris en otage puis libérés). *-22-4* Fayaoué, 27 gendarmes pris en otage ; 4 gendarmes, 2 mobiles, 1 terroriste tués à Ouvéa. *-24-4 :* 11 gendarmes sont libérés. *-27-4 :* 8 nouveaux otages. *-29-4* José Lapetite assassiné (un des 7 agresseurs de Hienghène en 1984). *-5-5* opération Victor : assaut grotte de *Gossanah* contre ravisseurs : 19 ravisseurs (dont Waina Amosa et Wenceslas Lavelloi) et 2 militaires tués, 24 otages libérés ; enquête sur décès d'Alphonse Dianou (tué après s'être rendu ?). *-6-6* Albert Sangarné tué. *-26-6 accords de Matignon :* État/FLNKS (signés par Tjibaou)/RPCR (Lafleur) : du 14-7-1988 au 14-7-1989, administration directe par l'État puis nouveau statut appliqué. *-6-11 référendum* sur statut transitoire : *inscrits* 38 039 735, *votants* 14 043 134, *exprimés* 12 371 041, oui 9 896 298 (79,99 %), non 2 474 743 (20 %). *N.-C. : inscrits* 88 401, *votants* 55 908, *abstentions* 36,75 %, *exprimés* 51 349, oui 29 284 (57,02 %), non 22 065 (42,97 %). **1989**-*4-5* lors de la commémoration de la prise de la grotte de Gossanah, Tjibaou et Yeiwéné tués par Djubelly Wéa (pasteur de Gossanah), qui est tué, et André Tangopi arrêté puis libéré 6-2-1990. *-7-5* Rocard aux obsèques. *-26-6* Simon Loueckhote élu Pt du territoire. *-27-7* l'USTKE quitte le FLNKS (95 voix contre 14 et 9 abst.). *-Nov.* 150 indépendantistes libérés dont 26 détenus à Paris pour l'affaire d'Ouvéa et 21 à Nouméa. *-18-12* amnistie pour infractions commises avant 20-8-1988. Création de l'agence de développement de la culture canaque (ADCK) présidée par Marie-Claude Tjibaou. *Coût :* 320 millions de F.

1990-*18/25-2* Ouvéa, élections municipales remportées par FLNKS devant RPCR et FANC. *-24-3* Paul Néaoutine Pt du FLNKS. *-24-4* Ouvéa, élections municipales annulées. **1991**-*13-1* île des Pins, municipales (conseil dissous 24-11-1990), maire FLNKS élu 18-1. **1992**-*26-1* Fulk autodissous en vue de la création du congrès populaire. *-4-3* cyclone *Esaü*. *-10-3* cyclone *Fran.* Décès du préfet délégué Jacques Iekawé (né 1946). *-14/15-3* Nouméa, centre commercial saccagé. **1993**-*2/4-2* accords de Matignon : apport de 1 426 millions de F dont Nord 671 ; îles 314 ; Sud 420,5. **1996**-*19-4* échec négociations FLNKS-gouv. *-27-12* accord FLNKS-RPCR sur souveraineté partagée avec la France. **1997**-*30-1* reprise des discussions. *-1-11* rapport Essig approuvant le projet d'accord avec Eramet sur le partage du minerai. **1998**-*21-4 accord de Nouméa* État-FLNKS-RPCR (signé le 5-5 par Jospin, Wamytan et Lafleur). Reconnaissance de l'identité canaque, autonomie croissante, possibilité dans 15 ou 20 ans d'accéder à l'indépendance. Le centre culturel Jean-Marie-Tjibaou, inauguré par Lionel Jospin, conçu par Renzo Piano, composé de structures en bois lamellé-collé. *-6-7* à Versailles, le Congrès adopte le projet de loi constitutionnelle permettant de mettre en œuvre l'accord de Nouméa (827 voix pour, 31 contre et 27 abst.). *-8-11 référendum* (abst. 25,76 %), approbation de l'accord 71,87 % (provinces Sud 62,99, Nord 86,79, îles 95,47).

☞ **Présence militaire et policière :** *1983 :* 3 000 h. ; *85 (févr.) :* 6 000 ; *94 :* 4 000.

■ **Statut.** **Territoire à souveraineté partagée.** Statut fixé (pour 15 à 20 ans) par la loi organique et la loi du 19-3-1999 : reconnaissance de l'identité Kanak, transfert échelonné de compétences de l'État aux institutions de la Nouvelle-Calédonie, définition d'une citoyenneté calédonienne et mise en place de nouvelles institutions. **Haut Commissaire de la République** (juin 1999) : Thierry Lataste depuis juillet 1999. **Congrès** (élu 9-5-1999 [1]) : 54 membres élus à la proportionnelle [RPCR 24, FLNKS 18, FCCI 4, FN 4, Alliance (ex UNCT) 3, LKS 1]. Pt Simon Loulckotte (RSCR). **Assemblées des 3 provinces** (élues 9-5-1999 [1], membres dont, entre parenthèses, membres du congrès) : *total* 76 (54) dont *Sud :* 40 m. (32), *Pt :* Jacques Lafleur (RPCR 25 sièges) ; *Nord :* 22 (15), *Pt :* Paul Néaoutyine (FLNKS 14) ; *Iles Loyauté :* 14 (7), *Pt :* Robert Xowie (FLNKS 8). **Gouvernement collégial :** 11 membres élus par le Congrès à la proportionnelle (28-5-1999) (RPCR 6, FCCI 1, FLNKS 4), *Pt :* Jean Lèques (RPCR), *Vice-Pt :* Léopold Jorédié (FCCI). *-3-4* (alliance Rassemblement FCCI 7, FLNKS 3, UC 1), *Pt :* Pierre Frogier ; *vice-Pt :* Dewé Gorodey. **Sénat coutumier :** installé officiellement 27-8-1999 ; 16 m. (2 pour chacune des 8 aires coutumières) nommés pour 6 ans ; *Pt* (1999-2000) : André Théan-Hiouen.

Nota. – (1) Après annulation, nouveau scrutin 26-6-2000 aux Iles Loyauté.

Tribus. **Évolution : 1865-86** l'État, propriétaire de la terre, attribue à chaque tribu une réserve. Il peut nommer et destituer les chefs, dissoudre et créer des tribus et les déposséder de leur territoire. **1877** institution de la *grande chefferie,* groupant plusieurs tribus ; les chefs nommés sont responsables du maintien de l'ordre. **1988 conseil consultatif coutumier créé.** L'État conserve diplomatie, finances, maintien de l'ordre, justice, audiovisuel, grandes décisions économiques. **1998** (entre 1-3 et 31-12) *référendum d'autodétermination* auquel participeront ceux qui sont inscrits sur les listes et ceux qui résident sur le territoire depuis le 6-11-1988. **Nombre** (en 1997) : 52 grandes chefferies et 341 tribus, qui n'ont plus que des rapports lointains avec celles d'avant la colonisation. Certaines sont hébergées sur le territoire d'autres tribus.

■ **Partis.** **Front de libération national canaque et socialiste (FLNKS)** créé 24-9-1984, *Pt :* Rock Wamytan. Rassemble : **Union calédonienne (UC)** fondée 1952 par Maurice Lenormand, *Pt :* Bernard Lepeu, succède 10-11-1996 à François Burck ; avant, Jean-Marie Tjibaou [né *1936,* aîné de 8 enfants, sa grand-mère avait été tuée par des soldats français lors d'une révolte en 1917, *1965* ordonné prêtre, *1972* renonce à la prêtrise, *1977* maire de Hienghène et vice-Pt de l'UC « pluriethnique » puis « canaque » en 1978, *1979* conseiller territorial (Front indépendantiste 34,5 % des voix), *1982* vice-Pt du Conseil du gouv., *1989* (4-5) assassiné] ; **Union progressiste mélanésienne** (UPM) fondée 1974, *Pt :* Victor Tutugoro depuis 10-11-1996 ; **Parti socialiste calédonien** (PSC) fondé 1975, *Pt :* Jacques Violette ; **Parti de libération kanaque (Palika)** fondé 1975, *Pts :* Paul Néaoutyine (né 1951), Élie Poigoune et **Rassemblement démocratique océanien** (RDO) fondé 1994, *Pt :* Aloïsio Sako. **Rassemblement pour la Calédonie dans la République (RPCR)** fondé 1977, *Pt :* Jacques Lafleur [coalition de 5 partis : *Union pour la renaissance de la Calédonie* fondée 1977, *Pt :* Jean-Louis Mir ; *Sociaux-démocrates chrétiens-Entente toutes ethnies* fondés 1979, *Pt :* Raymond Mura ; *Rassemblement pour la Calédonie* (RPC) fondé 1977, *Pt :* Jacques Lafleur ; *Rassemblement de la République, Pt :* Dick Ukeiwé ; *Mouvement libéral calédonien* fondé 1971, *Pt :* Jean Lèques]. **Parti de libération kanaque socialiste (LKS)**, *Pt :* Nidoish Naisseline. **Mouvement pour la France (MPF)** fondé 1995, *Pt :* Claude Sarran. **Front national,** *Pt :* Guy George. **Fédération pour une nouvelle société calédonienne** (FNSC) fondée 1979, *Pt :* Jean-Pierre Aïfa. **Union des syndicats de travailleurs kanaks exploités** (USTKE), *Pt :* Louis Kotra Uregeï, fils adoptif de Yann Céléné Uregeï (ex-chef du Fulk). **Union océanienne** (UO) fondée 1989, *Pt :* Michel Hema, auparavant Muliana Kaleno (1938/12-8-1989). **Congrès populaire du peuple kanak** fondé 1992, *Pt :* Yann Céléné Uregeï. **Une Nouvelle-Calédonie pour tous** (UNCT) fondée 1995, *Pt :* Didier Leroux ; en 1998, des dissidents fondent **le Renouveau**. **Front de développement des îles Loyauté** (FDIL) fondé 1993, *Pt :* Cono Hamu. **Génération calédonienne** (CG) fondée 1995, *Pt :* Jean-Renaud Posap. **Fédération des comités de coordination des indépendantistes (FCCI)** créée mai 1998 : *Pt :* Raphaël Mapou ; composée des dissidents de l'UC, UPM et FDIL. **Front uni de libération kanak.**

■ **Élections.** **Législatives : 16-3-1986** (boycottées par FLNKS) : *abstentions* 49,61 % ; *voix* (en %) : union opposition 88,53, extrême gauche 8,99, FN-dissidents 2,57 ; *élus :* 1 RPR, 1 apparenté RPR. **5-6-1988 :** *Nouméa : inscrits* 45 216, *abst.* 46,35 % ; *voix* (en %) : URC-RPR 83,31, FN 13,74, extrême droite 2,93. *Bourail, Hienghène, Thio : inscrits* 43 007, *abst.* 59, 38 % ; *voix* (en %) : URC-RPR 86,17, FN 13,82. **21-3-1993 :** *Nouméa : inscrits* 48 047, *abst.* 42,31 % ; *voix* (en %) : RPR 53,26, divers droite 16,04, FLNKS 14,32, FN 5,68, extrême droite 4,79, MRG 1,88, divers gauche 1,39, droite 1,35 ; *élu* RPR 1. *Bourail, Hienghène, Thio : inscrits* 46 592, *abst.* 42,70 % ; *voix* (en %) : RPR 54,13, FLNKS 29,80, divers droite 8,76, MRG 2,90, divers gauche 2,20 ; *élu :* RPR 1. **1-6-1997** (2e tour) : *élus :* RPR 2. *Nouméa : inscrits* 51 845, *abst.* 44,75 % ; *voix* (en %) : RPR 63, divers droite 19,6. *Bourail, Hienghène, Thio : inscrits* 53 056, *abst.* 51,34 % ; *voix* (en %) : RPR 60,99, divers droite 39.

Conseils de région (24-4-1989) : *inscrits* 88 929, votants 50 138, *exprimés* 48 449 dont (en %) RPCR 64,46, FN 22,49, FC (extrême droite) 6,01, Entente (divers droite) 3,97, UPC 3,04. *Abst.* 100 % aux îles Bélep, 99,44 à Pouebo, 95,38 à Maré, 88,62 à Canala, 88,54 à Hienghène.

Congrès territorial (9-7-1995) : *abst.* 29,8 % ; *votants* 69 335 ; *voix* (en %) : RPCR 25,08 (22 sièges), FLNKS 13,52 (12 sièges), UNCT 7,96 (7 sièges), divers gauche 12,01 (7 sièges), divers droite 10,56 (6 sièges).

Congrès local (9-5-1999) : *inscrits* 108 359, votants 80 935, *abst.* 25,30 %, *exprimés* 79 169 ; *voix* (en %) : *indépendantistes* 41,29 (23 sièges) dont FLNKS 17,4 (12 s.), UNI (Union nationale pour l'indépendance) 7,71 (6 s.), FCCI 9,43 (4 s.), LKS 3,2 (1 s.) ; *anti-indépendantistes* 58,7 (31 s.) dont RPCR 38,85 (24 s.), Alliance 6,10 (3 s.), Front national 6,78 (4 s.).

■ Économie

■ **PNB** (en 1999). 10 300 $ par hab. **Population active** (en % et, entre parenthèses, part du PNB, en %) : agriculture 20 (3), industrie 16 (20), services 60 (72), mines 4 (5). **Emploi** (en %) : *Mélanésiens :* agriculteurs 23,7, artisans et commerçants 1,1, cadres 0,6, professions intermédiaires 6,8, employés 23,1, ouvriers 28,8. *Européens :* agriculteurs 2,2, artisans et commerçants 11,5, cadres 8, professions intermédiaires 25,4, employés 29,5, ouvriers, 18,5. **Salariés** (au 31-12-1991) : 40 982. **Chômage** (en %) : *1982 :* 20 ; *83 :* 6,2 ; *89 :* 16. **Impôt sur le revenu :** taux maximal 40 %. **Aide de la France** (en milliards de F) : *1984 :* 0,59 ; *85 :* 0,58 ; *86 :* 0,78 ; *87 :* 0,73 ; *89 :* 0,38. *De 1988 à 1998 :* dotations de 300 millions de F/an pour les fonctionnaires.

■ **Budget du territoire** (en milliards de F CFP, 1998). 71,1 dont dotations de fonctionnement 66,6 (fiscalité directe 17 ; indirecte 32,5 ; Régie des tabacs 4,3 ; dotation d'État 6,4 ; recettes diverses 1,3), d'investissement 5,1 ; aux collectivités 36,4 ; des provinces (Sud 13,8 ; Nord 8,8 ; îles Loyauté 5) ; dettes du territoire 14,4 (en 1995). **Crédits-contrats de développement** (en millions de F, 1993-97) : îles 488 (participation de l'État 64 %), Nord 1167 (57 %), Sud 902 (46 %).

■ **Agriculture.** **Terres** (en 1991) : 10 302 propriétaires possèdent 228 969 ha, *terres appropriées* 700 000 ha dont 378 000 aux Mélanésiens, *domaniales* 1 000 000 ha ; réforme foncière en cours pour redistribuer (avant 1998) 100 000 à 150 000 ha au profit des Malaisiens (qui revendiquent 270 000 ha) : *1989-91* : 42 700 ha restitués (dont province Nord 2 400 en 90). *Surfaces utilisées* (en ha, 1991) : céréales 504, pommes de terre 180, légumes et fruits 606, culture vivrière 7 610, caféiers 1 026. **Production** (en t, 1999) : légumes 3 252, fruits 2 301, maïs 2 000, céréales 1 730, coprah 345, sorgho 120 (en 1995), blé 97, café 37 [échec du plan café lancé en 1982], riz 5,9 (en 1990). **Forêts.** 1 500 000 ha (3/4 du territoire). Bois : 5 000 m³ (en 1998). **Élevage** (en milliers de têtes, 1999). Volailles 1 000, bovins 120, porcins 38, caprins 17, cerfs 12,5, chevaux 12, ovins 4. **Pêche** (en 1997). 3 000 t ; zone de pêche 7 000 000 de km² ; 302 bateaux. **Aquaculture** : crevettes : *1986* : 65 t ; *90* : 539 ; *96* : 964,4 ; *98* : 1 218.

■ **Mines.** **Nickel** [découvert 1864, 20 à 25 % des réserves mondiales (50 millions de t) : minerai garniérite (vert et riche, seul exploité) ou latérite (rouge, faible teneur)]. EXPLOITATIONS : 1°) *indépendantes* : Nickel Mining Corporation (famille Pentecost) : 540 000 t vendues au Japon ; Sté des Mines de la Tontouta, ou SMT : 360 000 t vendues au Japon ; Sté minière du Sud-Pacifique (SMSP) : 700 salariés sur 5 sites, exporte 1 381 000 t en 1996 [*17-4-1990* : J. Lafleur vend 85 % de ses actions à la province Nord (99 millions de F, soit le tiers de la valeur, mais 65 % avaient été achetées en 1987 30 millions de F ; associée avec Falconbridge (Sté canadienne) ; *1994* : dette de 4 milliards de F CFP] ; *Nouméa Nickel* : 160 000 t ; *Sopromines* : 35 000 t. 2°) *Publique* : *Sté Le Nickel* (SLN), filiale d'Eramet (dont l'État détient 55,5 % par Erap) : gisements à Thio et Kouaoua ; exploite de la garniérite (Doniambo) expédiée à Sandouville (mattes de ferro-nickel et nickel pur) et au Japon (125 000 t) ; 2 130 salariés ; assure 10 % du PIB. *1997* (1-2) protocole d'accord. Eramet reçoit de la SMSP le gisement de Poum et lui cède celui de Koniambo permettant d'alimenter une usine construite dans le nord. *Production minerais et*, entre parenthèses, *métal contenu* (en millions de t) : *1985* : 3,6 (0,072) ; *95* : 7 (0,119) ; *96* : 7,2 (0,124) ; *97* : 8,1 (0,137) ; *98* : (113) ; *99* : (90). *Export. minerais* (en millions de t) : *1990* : 2,2 ; *96* : 4,7. *Production métaux* (ferro-nickel et matte, en t) : *1990* : 41 961 ; *95* : 52 343 ; *96* : 55 000 ; *97* : 54 892. **Autres métaux** : *chrome* (6,2 t de minerai concentré en 1990, 70,3 en 88), *manganèse, fer, cobalt* (2ᵉ producteur mondial), *cuivre, giobertite, plomb, zinc.*

■ **Énergie.** En nov. 1999, découverte en mer, sous 2 000 à 2 500 m d'eau et 400 à 500 m de sédiments, d'un gisement d'hydrates de gaz (mélange d'eau et méthane) de 80 000 km². Recherches de pétrole en cours.

■ **Transports.** **Routes** : 5 764 km en 1996 (dont territoriales 283 en 1997). *Voitures particulières* : 57 000. **Transports aériens** : *aéronefs civils* : 113 dont avions 46, hélicoptères 16, planeurs 5, ULM 46. 15 aéronefs (10 avions et 5 hélicoptères) exploités en transports publics sur 25 aérodromes (dont 5 hélistations) et 6 plates-formes ULM. *Compagnies domestiques* : 4 (Air Calédonie, Aviazur, Hélicocéan et Air Turquoise). *Mouvements d'avions* : 207 par jour pour 726 personnes. *Décollages et atterrissages* : 9 de l'aéroport international de Nouméa-La Tontouta (853 passagers). En 1996, Aircalin a transporté 35,1 % des passagers de vols internationaux (Air France 32, AOM 9,3, Qantas 9,1, Corsair 8,8).

■ **Tourisme.** **Visiteurs** : *1990* : 85 213 ; *91* : 83 524 ; *92* : 80 840 ; *95* : 86 256 ; *96* : 91 121 ; *97* : 100 000 (dont, en %, Japonais 32,5, métropolitains 28, Australiens 15,8, Néo-Zélandais 7,4). **Hébergement** (au 1-1-1999) : *hôtels* 55 (4 800 lits) ; *gîtes* 41 (866 lits) ; *campings* 14.

■ **Commerce** (en milliards de F CFP). **Balance** : *1995* : – 35,6 ; *96* : – 42,9 ; *97* : – 40,9 [**export.** : ferro-nickel 27,9, minerai de nickel 14,7, mattes 7,18 ; **vers** métropole 15,6, Japon 14,7, USA 5,6, Inde 1,2, All. 1,03/**import.** : produits miniers et pétroliers 10,6, vins 1,1, sucre 0,3, riz 0,3 ; **de** (en %) *France 41,5*, UE (sauf France) 14,8, Australie 13, Nlle-Zélande 5,1, USA 5,1, Japon 4,1] ; *98* – 58,4 (*export.* : 41,1 ; *import* : 99,5).

■ **Rang dans le monde** (en 1999). 3ᵉ nickel.

POLYNÉSIE FRANÇAISE

V. légende p. 950.

☞ *Abréviation* : P. : Polynésie.

GÉNÉRALITÉS

■ **Situation.** Océanie. **Superficie** : 4 167 km² (3 521 habitables) dispersés sur 5 500 000 km². A 17 100 km de Paris, 8 800 km de Tokyo, 6 200 km de Los Angeles, 5 700 km de Sidney. *Ensemble de 118 îles et atolls du Pacifique.* 5 archipels d'origine volcanique (Société, Marquises, Australes, Gambier) ou corallienne (Tuamotu). **Alt.** *maximale* : Mt Orohena 2 241 m. Toutes les îles (sauf Marquises) ont un récif barrière, coupé de passes. **Côtes** : 2 525 km. **Zone d'expansion économique de 200 miles** : 4,5 millions de km². **Marées** faibles, semi-diurnes, avec influence prépondérante de la Lune ; à Papeete très faibles (influences Soleil-Lune égales), marées des quartiers nulles ; à la pleine et à la nouvelle lune : marnage 20 à 35 cm ; « hautes » mers vers 1 h et 13 h ; autres marées hautes plus faibles et à heures variables.

■ **Climat.** Tropical variant avec latitudes. *Papeete* : moy. 26 °C, mars 28 °C (mois le plus chaud), août 20 °C (le plus froid). *Humidité* : relative moy. : 78 %. *Été* : déc. à avril, *hiver* : juin à oct. *Pluies* : 2 500 à 3 000 mm (Marquises), surtout déc. à févr. (le moins, juillet à nov.). **Cyclones** récents importants : *févr. 1878* : 117 † ; *janv. 1903* : 517 † ; *05, 06* : 150 † ; *58, 67, 68, 70, 76, 81, 82* Lisa (10-15/12) ; *83* Nano (23-27/1), Orama Nisha (27-28/2), Reva (8-17/3), Veena (9-14/4), William (12-22/4) ; *91* Vasa (31-12) ; *97* Maupiti, Bora Bora. *Risques par siècle* : 1 au nord des Marquises, 1 à 3 des Marquises au nord des Tuamotu, 4 à 8 des Tuamotu aux Gambiers (en passant par Tahiti et Bora-Bora), 30 à 50 des îles Cook aux îles Australes. **Flore.** *Fleurs* : tiaré (emblème de Tahiti), hibiscus, bougainvillées, frangipaniers, camélias, orchidées. *Fruits* : mangues, papayes, avocats, caramboles, corossols, ananas, pamplemousses, oranges. **Faune.** Cochon, chien, poulet, rat de cocotier amenés par les 1ᵉʳˢ Polynésiens. Le capitaine Cook importa bétail et chats. *Poissons communs* : thons, dorades.

■ **Population.** *1983* : 166 753 hab. ; *88* : 188 814 ; *96 (rec. 3-9)* : 219 521 dont *Polynésiens et assimilés* : 164 997 [dont Polynésiens (Maoris : teint clair, cheveux lisses, gens de mer et agriculteurs) 132 356 ; Demis (nés d'unions très anciennes entre Maoris et Blancs ou plus récemment entre Maoris et Chinois) 32 641] ; *Européens et assimilés* : 23 685 (dont Européens 20 898, métis à dominante européenne 2 787) ; *Asiatiques et assimilés* : 9 155 (dont Asiatiques 7 961, métis à dominante asiatique 1 194) ; *autres* : 1 194 ; *98* : 224 340 ; *2000* : 249 110 ; *2 011 (prév.)* : environ 310 000. **D.** 70,7. **Français métropolitains** : 2 781, **Chinois** : 5 681. **Age** (en %, 1996) : – *de 20 ans* : 43,1 ; *20 à 59* : 50,9 ; *60 et +* : 6. **Mariages** (en 1994) : 1 263. **Naissances** (en 1994) : 5 025. **Décès** (en 1994) : 1 058. **Taux bruts** (en ‰, 1994) : *natalité* 23,5, *mortalité* 4,9 (*infantile* 9,4), *accroissement* 18,5. **Croissance annuelle moyenne** (1988-96) : 1,9 %. **Villes** (recensement 1988). *Papeete* (de *pape*, eau, et *ete*, panier) fondée 1818 par le missionnaire Crook (chef-lieu à Tahiti) 23 555 hab. (aggl. Faaa 24 048, Pirae 13 366), Uturoa (île de Raiatea) 3 098.

Langues. Français, tahitien *(officielles).* **Religions** (en %). Protestants 54, catholiques 30, divers 10. Sans religion déclarée 6.

■ **Histoire.** **1595**-*21-7* l'Espagnol Mandaña visite Fatu Hiva (Marquises). **1605** l'Hispano-Portugais Queiros traverse les Tuamotu. Découvre Tahiti et la nomme « Sagitaria » (du latin *sagitta*, flèche, rappelant le cône volcanique, en forme de faisceau de flèches). **1767**-*17-6* Samuel Wallis (1728-95) découvre Tahiti qu'il nomme « King George's Island ». **1768**-*2-4* Louis Antoine de Bougainville (1729-1811) la redécouvre, la baptise la « Nouvelle Cythère » et ramène un Tahitien qui accréditera la légende du bon sauvage de Rousseau. **1769, 1773** et **1777** James Cook (Angl., 1728-79) visite Tahiti et certaines îles Sous-le-Vent, Marquises et Australes. **1791** le capitaine Étienne Marchand (1755-93) prend possession de plusieurs des Marquises qu'il appelle « îles de la Révolution » au nom du roi de France. **Avant 1793** chaque île a un chef indépendant [**Pomaré Iᵉʳ** né 1751, † 3-9-1803 ; 1,95 m ; fils de Hapai, chef de Paré (1720-1802)] et un gouvernement propre. **1793** dynastie des Pomaré (« Nuit de la toux »). Tahiti et les îles forment les États du protectorat. **1795** Joseph Ingraham (Amér.) découvre les îles du Nord. **1796** James Cook, envoyé par la Royal Society de Londres, arrive à Tahiti pour observer le passage de Vénus devant le Soleil. **1797** arrivée des protestants de la Sté missionnaire de Londres. **1803** **Pomaré II** (1782/7-12-1821 ; 1,93 m), fils de Pomaré Iᵉʳ (se convertit au protestantisme 1807, baptisé 1819 ; une partie de la population devient protestante). **1821** *Territaria*, dit **Pomaré III** (1820/21-1-1827), fils de Pomaré II. **1827** *Aimata*, dite **Pomaré IV** *Vahiné* (1813/17-9-1877), dernière sœur de Pomaré III. **1836** le pasteur George Pritchard (1796-1883) installé à Papeete depuis 1824 et qui fait fonction de consul d'Angleterre, expulse des missionnaires catholiques français. **1838**-*29-8* le capitaine de vaisseau Abel Aubert Dupetit-Thouars (1793-1864) obtient réparation de Pomaré IV. **1842**-*1-5 les îles Marquises deviennent françaises.* -*9-9* Pomaré IV ayant, sur l'insistance de Pritchard, fait du protestantisme la religion officielle, Dupetit-Thouars l'oblige à reconnaître *le protectorat français.* **1843**-*25-3* Louis Philippe ratifie acceptation provisoire du protectorat. -*17-4* capitaine de vaisseau Armand Bruat nommé gouverneur de l'Océanie française ; troubles (Pomaré déposée, Pritchard expulsé, retour de Pomaré). -*6-11* Dupetit-Thouars proclame *l'annexion* de Tahiti à la France ; Papeete fondée, site choisi par Armand Bruat. **1844** *protectorat français sur Gambier* (annexion 1881). -*13-3* Pritchard expulsé. -*21-3* début de l'insurrection. **1847**-*1-1* soumission des derniers révoltés. **1877** *Ariiane*, dit **Pomaré V** (3-11-1839/12-6-1891), 2ᵉ fils de Pomaré IV ; **1880**-*29-6* sans enfants, il cède à la France ses droits sur Tahiti, mais conserve titre, pavillon, droit de grâce, rente viagère. **1881** annexion des Gambier et des îles Australes. **1888** annexion des îles Sous-le-Vent ; l'ensemble devient les *Établissements français de l'Océanie.* **1891**-*9-6*/**1893** 1ᵉʳ séjour de Paul Gauguin [né 1848 ; peint 66 toiles ; en France 30-8-1893 au 3-7-1895 ; revient en 1895 (1901 Hiva-oa), y meurt 8-5-1903]. **1900** *annexion des îles Australes.* **1914**-*22-9* les cuirassés allemands *Scharnost* et *Gneisenau* coulent la canonnière *Zélée* et tirent sur la place du marché (1 †). **1940**-*1-9* ralliement à la France libre. Plébiscite : 5 564 oui, 18 non. **1942** Bora Bora base américaine. **1946** création d'une assemblée représentative des Établissements français de l'Océanie ; devient TOM. -*2-6* départ des Américains. **1956**-*23-6* loi-cadre : autonomie. **1957** les *Établissements français de l'Océanie* deviennent la *Polynésie française.* **1958**-*nov.* référendum pour rattachement à la France. **1963**-*4-2* installation du Centre d'expérimentation du Pacifique (10 000 pers.). **1971**-*déc.* 44 nouvelles communes (total 48). **1977**-*12-7* autonomie locale. **1982-83** 6 cyclones (dégâts : 880 millions de F). **1984** autonomie interne. **1987**-*7-2* Gaston Flosse, Pt du gouvernement, démissionne (nommé secrétaire d'État chargé des problèmes du Pacifique). -*31-8/3-9* : 6 brûlés vifs (chasse aux démons) à Faïté (atoll, 180 hab.). -*7-12* Jacky Teuira (Pt du gouv.) démissionne. -*23-10* émeutes (8 immeubles incendiés, dégâts : 250 millions de F). **1990** crise économique, dépenses de fonctionnement publiques trop fortes. **1991**-*17-3* élections territoriales. **1992**-*7-4* Bérégovoy annonce la suspension des essais nucléaires jusqu'à l'été 1993 (entraîne importantes pertes économiques). **1993**-*27-1* accord-cadre du pacte de progrès signé. -*6-10* maintien du moratoire nucléaire. **1995**-*juillet* reprise des essais nucléaires. -*7-9* manif. aéroport de Tahiti (détruit à 90 %). **1996** autonomie renforcée et transfert de compétences au territoire en matière de transports et télécommunications. -*27-1* dernier essai nucléaire et démantèlement du Cep (voir p. 899 c). **1998**-*1-1* TVA de 1 à 3 %. **1999** Assemblée et Sénat votent un projet de loi constitutionnelle visant à faire de la P. un « pays d'outre-mer ».

■ **Statut.** Territoire d'outre-mer depuis 1946. Nouveau statut d'autonomie depuis 6-9-1984 et 12-4-1996. **Haut-commissaire de la République** : Jean Aribaud (né 30-11-1943). **Pt du gouvernement** : élu par Assemblée territoriale, choisit ses ministres : *1984* : Gaston Flosse (né 24-6-1931, RPR). *1987* : Jacky Teuira. -*9-12* : Alexandre Léontieff (né 20-10-1948, non inscrit ; 17-5-1995 arrêté ; 18-11-1997 condamné par le tribunal correctionnel de Paris pour corruption à 3 ans d'emprisonnement dont 18 mois fermes, 30 000 F d'amende, 5 ans de privation de droits civiques). *1991-4-4* : Gaston Flosse, réélu 28-5-1996. **Assemblée territoriale** : **Pts** : *1991* Émile Vernaudon (né 8-12-1944). *1992-2-4* Jean Juventin (né 9-3-1928). *1996-23-5* Justin Arapari. *2001-5* Lucette Taero. 49 conseillers (depuis 6-5-2001, avant 41) élus au suffrage universel pour 5 ans [5 circonscriptions : *îles du Vent* (32 (avant 22) subdivisions administratives), *Sous-le-Vent* 7 (8), *Tuamotu-Gambier* 4 (5), *Australes* 3 (3), *Marquises* 3 (3)]. **Comité économique, social et culturel** : consultatif 41 membres au maximum. **Comité d'État-territoire** : depuis août 1981. **Subdivisions administratives** 5. **Députés** 2. **Sénateur** 1. **Conseiller économique et social** 1. **Drapeau. Hymne. Jour férié** : 29-6 (autonomie).

■ **Partis politiques.** **Rassemblement pour la république de Polynésie (Tahoeraa Huiraatira) [RRP]** fondé 1958 (Gaston Flosse). **Union polynésienne,** comprenant : *Te Tiarama* fondé 1987 (Alexandre Léontieff) et *Pupu Here Ai'a,*

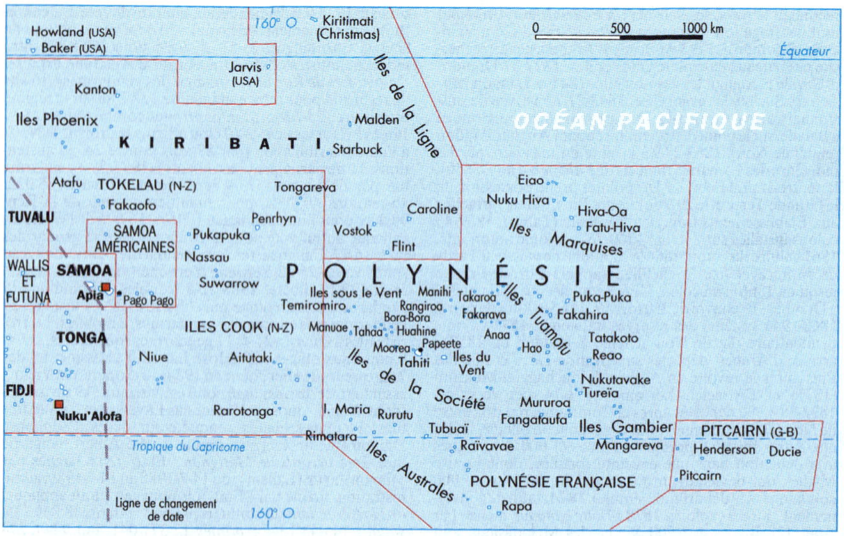

centriste fondé 1965 (vacant). **Te e'a No Maohi Nui** fondé 1985 (Jean-Marius Raapoto). **Pupu Taina** fondé 1976 (Michel Law). **Ia Mana Te Nunaa (Que le pouvoir soit au peuple)** fondé 1976, indépendantiste (Jacques Drollet). **Entente polynésienne** fondée 1977 (Arthur Chung). **Ai'A Api (la Patrie nouvelle)** fondé 1982 (Émile Vernaudon). **Te Aratia O te Nunaa** (Tinomana Ebb) fondé 1984. **Haere i Mua (En avant)** fondé 1994 (Alexandre Léontieff). **Tavini Huiraatira (Être au service du peuple)** fondé 1977, indépendantiste (Oscar Temaru). **Te Fetia Api (L'étoile nouvelle)** (Boris Léontieff).

■ **Élections législatives** (en %). **26-6-1988 :** *abstentions* 44 ; divers opposants 57,46, RPR 42,54 ; *élus* 2 divers opposants. **21-3-1993 :** *Ouest : abst.* 31,41 ; RPR 55,70, indépendantistes 44,29 ; *élu :* RPR 1. *Est : abst.* 30,62 ; RPR 50,15, majorité 27,07, indépendantistes 14,78, divers droite 4,81, divers gauche 1,28 ; *élu :* RPR 1. **25-5-1997** (1er tour) : 1re circonscription : Michel Buillard (RPR) 51,58, Oscar Temaru (indépendantiste) 41,62. **1-6-1997** (2e tour) : Émile Vernaudon (divers droite) 58,91, James Salmon (indépendantiste) 23,64.

A l'Assemblée territoriale. 16-3-1986 : RPR 25 élus, Ia Mana Te Nunaa 3, Pupu Here Ai'a 2, Ai'A Api 2, Te Aratia O te Nunaa 2, Front de libération de la P. 2, Taatira Polynesia 1, Porinesia No Ananahi 1, Te e'a No Maohi Nui 1. **17-3-1991 :** *abstentions* 21,65 % ; RPR 18 élus (31,41 % des voix), Union polynésienne 12 (Ai'A Api) [23,27], Patrie nouvelle 7 (12,28), Front indépendantiste de libération de la P. 4 (11,43). **12-5-1996 :** *inscrits* 126 370 ; *votants* 91 869 ; *abstentions* 27,31 % ; *exprimés* 90 674 ; RPR (Flosse) 38,73 %, 22 élus ; Tavini Huiraatira, (Être au service du peuple) ; Oscar Temaru, indépendantiste, 24,77 %, 10 élus ; Ai'A Api, Nouvelle Patrie (Émile Vernaudon), 15,77 %, 5 élus ; Fetia Api, Nouvelle Étoile (Boris Léontieff), autonomiste, 5,51 %, 1 élu ; Te Avei'a Mau, Vrai Cap, proche UDF (Tinomana Ebb), 5,27 %, 1 élu ; Alliance 2 000, 3,02 %, 1 élu ; Te Henua Enata Kotoa (Lucien Kimitete), Parti marquisien 1,19 %, 1 élu.

■ Subdivisions

Nota. – Population en 1996 ; (1) En 1984.

■ **5 archipels. 1°) Iles du Vent** 162 686 hab. (est. 1992). **Tahiti** 1 042 km², 115 820 [1] hab. ; montagneuse, plaine côtière étroite, alt. maximales mont Orohena 2 241 m et mont Aroai 2 066 m. **Moorea** (lézard jaune) 132 km², 11 965 hab., alt. maximale mont Tohiea 1 207 m. **Mehetia Tetiaroa** à 47 km de Tahiti, plusieurs îlots dont 1 acheté par Marlon Brando. **Maiao** 10 km², 231 hab.

2°) Iles Sous-le-Vent. 507 km², 26 838 hab. (est. 1992). **Raiatea** à 200 km à l'ouest de Tahiti, 240 km², 8 560 hab., chef-lieu Uturoa. **Tahaa** 88 km², 4 470 hab. **Huahine** (fruit gris) 73 km², 2 îles et des îlots, 4 479 hab. **Bora Bora** (né le premier) 38 km², 5 767 hab., alt. maximale Otemanu 727 m, tombeau du navigateur Alain Gerbault (1893/16-12-1941 à Dili Timor). **Maupiti** 13 km², 963 hab. (nov. 1997, maisons détruites à 95 % par cyclone Osea). **Atolls : Mopelia** 3,6 km², **Scilly (ou Manuae)** [atoll de 140 îlots] 4 km², **Bellinghausen (ou Temiromiro)** 2,8 km², 28 hab. [1], **Tupai** (petite île) 11 km², 35 hab. [1].

☞ Iles du Vent et Sous-le-Vent forment *l'archipel de la Société* (1 647 km²) découvert par Wallis (1767), Bougainville (1768), Cook (1769), qui le nomma du nom de la Royal Society de Londres.

3°) Archipel des Tuamotu ou **Touamotou** 774 km², 15 370 hab. (est. 1992) [les Pomotus]. 78 atolls dont **Anaa** 29 × 6 km, 657 hab., **Tureia** 1 321 hab. [**Mururoa**, « grand secret » (base d'expériences nucléaires à 450 km d'Hao de 1963 à 1996). Selon le laboratoire indépendant de la Crii-Rad (février 1999), les 193 essais ont entraîné une contamination radioactive. Selon leurs prélèvements : à Mururoa, 13 729 térabecquerels, soit 371 fois plus que le seuil réglementaire ; Fangataufa, 3 482, soit 94 fois plus.], **Hao** (soutien logistique du centre d'expérimentation) 60 × 10 km, 1 666 hab., **Rangiroa** 75 km², 2 624 hab., **Makatea** 21 km², 58 hab. Sans sources ni rivières, cocotiers, nacre, phosphates exploités 1917-66 (épuisés).

Archipel des Gambier à 1 900 km de Tahiti. *Superficie :* 36 km². *Population : 1831 :* 2 141 hab. ; *1902 :* 480 ; *11 :* 1 512 ; *88 :* 620 ; *96 :* 1 087. **Iles** 8 principales dont **Mangareva** (620 hab., alt. maximale Mt Duff 441 m) et une vingtaine d'îlots. *Ville :* Rikitea. *Histoire : 1572 et 1606* signalé par les Portugais Fernandez et Queiroz. *1797* découvert par le capitaine anglais James Wilson (1760-1814), qui leur donna le nom de l'amiral anglais Gambier (1756-1833). *1834* missionnaires catholiques. *1836-25-5* roi Te-Wapotea baptisé : prend le nom de Gregorio Maputeo. *1844-16-1* protectorat français (officialisé 1871). *1881* annexion pour écarter Allemands. *1986* rattaché aux Tuamotu.

4°) Archipel des îles Australes ou **Tubuaï** à 600 km de Tahiti, 174 km², 6 563 hab. (est. 1992). **Iles** 5 volcaniques espacées de 160 à 230 km les unes des autres : **Rimatara** 8 km², 929 hab., **Rurutu** 29 km², 2 015 hab., **Tubuaï** 48 km², 2 049 hab., **Raïvavae** 16 km², 1 049 hab., **Rapa** 40 km², 521 hab. ; quelques **atolls.**

5°) Archipel des Marquises 1 274 km² à 1 500 km au nord-est de Tahiti. *Population : 1804 :* 50 000 hab. ; *1926 :* 2 000 ; *92 :* 8 300 ; *96 :* 8 064 ; *chef-lieu* Taiohae dans Nuku-Hiva. **Iles** 10 volcaniques dont **Nuku-Hiva** 330 km², 2 375 hab. ; mont Ketu 1 178 m, chute d'eau d'Ahuei (vallée d'Hakoui) 350 m, **Ua-Pou** 2 013 hab., **Ua-Huka** 77 km², 571 hab., **Hiva-Oa** (où Gauguin et Brel sont enterrés), 320 km², 1 837 hab. (mont Heani 1 260 m alt. max.), **Tahuata** 50 km², 637 hab., **Fatu-Hiva** 77 km², 631 hab.

■ **Une dépendance. Clipperton (atoll de) ou île de la Passion :** Pacifique Est par 10°18'N et 109°13'O. *Distances* (en km) : Tahiti : 6 500 ; Mexique : 1 300 et Guatemala : 2 300 ; atoll isolé, subcirculaire, 6 km² dont 2 émergés. *Relief* plat (alt. maximale 29 m), 7 km², *longueur* 3 km, *largeur* 2 km, *circonférence* 12 km. *Hauteur* maximale de la couronne 5 m, *largeur* max. 400 m, min. 45 m. **Climat :** *temp.* moyenne : 22 à 30 °C, humide. *Pluies* (mai à oct.) : tornades. *Faune :* aucun mammifère, lézard *Emoïa cyanura arundeli,* oiseaux, crabes terrestres (*Gecarcinus planatus Stimpson*) immangeables. *Flore :* cocotiers, filaos (importés), liane rampante. *Faune marine :* abondante, dauphins, marsouins, raies géantes, requins, thons, carangues. **Inhabité.** Zone de 200 milles, 425 220 km², pêche au thon. **Histoire. 1705** le pirate Clipperton et son équipage traversent le Pacifique du Mexique à Macao (19 000 km) et découvrent l'île. **1711**-*3-4* Martin de Chassiron et Michel du Bocage, commandants de deux frégates (*La Découverte* et *La Princesse*), la baptisent « île de la Passion ». Sir Edward Belcher dresse une première carte en 1839. **1858**-*17-11* annexée par la France. **1895** les Américains tentent d'exploiter le guano, à la demande d'un armateur havrais qui sollicitait la concession de l'exploitation des phosphates. **1897** la France reprend Clipperton mais le Mexique, accordant une autorisation d'exploitation, se considère souverain. **1906** le Mexique envoie 7 hommes (commandés par le capitaine Ramon Arnaud y Vignon) sur l'île (où il n'y a alors que 2 cocotiers) avec leur famille (40 personnes) et les oublie. Les Anglais débarquent ; l'exportation du guano reprend. Les Mexicains sont atteints de scorbut ; **1914** le croiseur américain *Cleveland* vient rapatrier l'équipage de la goélette *Nokomis* échouée là ; **1915**-*mai* Ramon Arnaud pense trouver du secours auprès d'un bateau qu'il croit apercevoir au large et chavire avec quelques hommes. Alvarez, un Noir, se déclare roi de l'île ; resté seul avec 4 femmes, il est assassiné par 2 d'entre elles à coups de marteau le 17-7-1917. Un croiseur américain, le *Yorktown*, venu vérifier l'absence de base ennemie, recueille les 4 femmes et leurs enfants le lendemain. **1931**-*31-1* arbitrage du roi d'Italie, Victor-Emmanuel III, l'île est reconnue à la France. **1935**-*26-1* la *Jeanne-d'Arc* marque la souveraineté de la France. **1936**-*12-6* rattaché à la Polynésie française. **1942**-*17-4* la marine américaine aménage une base aérienne de secours, puis une station radio météo, en 1944. **1945** la paix revenue, elle abandonne les lieux. *Ressource* exploitée entre 1898 et 1917 : guano (épuisé). **1973** la position de Clipperton permet à la France d'adhérer à l'Inter American Tropical Tuna Commission (TATTC), ouvre l'une des zones de pêche les plus riches du monde. **1978**-*mars* des radioamateurs opèrent une dizaine de jours. **1979**-*24-1* compétence juridictionnelle à Paris. **1980**-*7-4* station météo automatique. **1986**-*13-10* convention portant occupation du domaine public de Clipperton conclue entre le haut-commissaire de la République en Polynésie française et la Sté d'étude développement et exploitation de l'îlot Clipperton (Sedeic), pour une base de pêche permanente. Après études, projet abandonné. **Statut.** Classé depuis un arrêté interministériel du 18-3-1986 dans le domaine public maritime de l'État, gestion assurée par le ministre des Dom-Tom ; administré par le haut-commissaire en Polynésie.

■ Économie

■ **PNB** (en 1999). 12 270 $ par hab. **Population active** (en % et, entre parenthèses, part du PNB, en %) : agriculture 13 (4), industrie 19 (18), services 68 (78). **Nombre** (en 1996) : 70 044 (44 391 hommes et 25 653 femmes) dont 53 447 dans îles du Vent (38 % de leur pop.). *En 1988 :* sur 48 700 inactifs (33 934 Polynésiens et 5 773 Européens), 14,9 % étaient chercheurs d'un emploi (en 1990 : 10 %, soit 8 000 personnes). Fonctionnaires et assimilés (en 1988) : 23 863 (y compris 6 000 des communes et contractuels du territoire). **Chômage :** *1998 :* 13,2 %. Allocataires du **Smic** : *1993 :* 83 710 ; *94 :* 85 449.

■ **Budget du territoire** (en millions de F CFP, 1999). *Fonctionnement :* dépenses 61 759, recettes 82 943, *investissement :* dépenses 36 990, recettes 17 422.

■ **Concours financiers extérieurs** (en milliards de F CFP). *1990 :* 64,4 ; *91 :* 70 ; *92 :* 88 ; *99 :* 120,6 (dont civils 64,9, militaires 34,3). **Dépenses de l'État** (en milliards de F CFP) : *1990 :* 108 ; *91 :* 110,8 ; *92 :* 112,4 ; *93 :* 114,8 ; *94 :* 117,6 ; *96 :* 123,8. **Fiscalité :** ni impôt sur le revenu, ni droits de succession, ni ISF, mais droits de douane et TVA (9 %, depuis 1998).

■ **Concours financiers de l'État.** La convention du 25-7-1996 complète le dispositif du contrat de développement du 2-5-1994 conclu avec l'État pour 5 ans. *1er :* 1995-2000 ; *2e :* 2000-05. **Contrat de développement** (en milliards de F CFP) : *1er :* 54,8 ; *2e :* 40. **Aides fiscales à l'investissement** (loi « Pons » du 11-7-1986) : *1999 :* 52 dossiers agréés (montant global de 16 061 millions de F CFP). *2001-janv.* lois Paul et *-avril* lois Flosses permettent à une personne morale de déduire de l'impôt sur les sociétés 30 à 60 % des sommes investies.

■ **Agriculture. Terres** (en ha, 1987) : 352 100 dont surface agricole totale 36 480, *SAU* 35 025, surface agricole utilisée 25 648 dont terres arables 22 561 [dont maraîchage 209 (6 374 t en 1999), cultures vivrières 832 (1 446 t en 1999), fleurs 91, vanille 290, café 156, cocotiers 18 973, fruits 1 297 (7 779 t en 1999)]. **Production agricole** (en milliers de t) : **coprah :** *1989 :* 11 ; *90 :* 13 ; *91 :* 10 ; *94 :* 9,8 ; *95 :* 11 ; *96 :* 11 ; *97 :* 9,8 ; *98 :* 6,1 ; *99 :* 7,4. **Café** commercialisé : *1979 :* 180 ; *82 :* 55 ; *85 :* 53,2 ; *90 :* 6 ; *91 :* 13 ; *92 :* 4. **Autres** (en t, 1999) : ananas 3 708, pamplemousses 469, pastèques 930, taro 3 722, bananes dessert 469, tomates 1 076, bananes fei 281, salades 836, **vanille :** *1994 :* 40 ; *95 :* 35 ; *96 :* 28 ; *99 :* 16. *Fleurs* (en 1991) : plantes en pots 324 600, tiaré 127 974 000, roses 3 944 400, anthuriums 2 786 400, orchidées 2 736 000, alpinia et ophuli 1 998 600, *Huile* (en milliers de l, 1999) : coprah trituré 7,3, huile brute 4,2, raffinée 0,3. **Forêts.** 10 000 ha ; programme de reboisement 1977-2002 : 21 000 ha (plantation annuelle prévue 770 ha). **Élevage** (viande en t, 1999). Porcins 1 273, bovins 168, poulets 128. *Œufs* 2,48 millions de douzaines.

■ **Pêche** (en 1999). **Production** (en t) : hauturière 5 304, côtière 2 033, lagonaire 1 038. **Flotille** (nombre) : bonitiers palangiers 14, thoniers pêche fraîche 24, th. congélateurs 19, bonitiers canneurs 75, poti marara (embarcation en bois, 5 à 6 m, pêche le marara ou poisson volant) 166. **Aquaculture** (en t, 1999) : crevettes 44. **Huîtres :** nacrières et perlières (les plongeurs descendent à plus de 40 m). **Perliculture :** exportation (en kg) : *1990 :* 599 ; *91 :* 833 ; *92 :* 1 157 ; *94 :* 2 902 ; *95 :* 4 387 ; *96 :* 6 122 ; *99 :* 8 384. **Nacre :** exportation (en t) : *1999 :* 905.

■ **Industries.** Huileries. Phosphates (Mataïva) : prod. possible 10 millions de t/an pendant 10 à 15 ans.

■ **Énergie renouvelable** (potentiel). *Solaire* 5,3 kWh/m²/jour en moyenne ; *éolienne :* alizés du sud-est de 5 à 6 m/s ; *biomasse :* 50 000 t/an de déchets de coprah ; *hydroélectricité :* 15 à 20 MW équipables à Tahiti. **Électricité** (en 1999) : *production totale à Tahiti* 406,9 millions de kWh (dont hydraulique 119,1), *abonnés au réseau* 44 661 à Tahiti et 13 219 dans les autres îles.

☞ **Cep (Centre d'expérimentation du Pacifique) :** dépenses (en milliards de F CFP) : *1981 :* 16,8 ; *82 :* 18,4 ; *83 :* 27,3 ; *88 :* 36,8 ; *89 :* 35,7 ; *90 :* 40,2 ; *91 :* 42 ; *92 :* 40,4. *Effectifs* (armées et CEA) : *militaires : 1985 :* 5 000 ; *89 :* 4 170 ; *90 :* 4 400 ; *civils : 1985 :* 4 000 ; *89 :* 2 215 ; *90 :* 3 350. De juillet 1966 à janv. 1996, 193 essais nucléaires.

Nota. – *1996-98 :* démantèlement du site (coût : 135 millions de F) ; *1998 (juillet) :* fermeture prévue.

■ **Tourisme. Visiteurs** (nombre en milliers) : *1980 :* 89 ; *86 :* 161 ; *90 :* 132 ; *95 :* 178 ; *96 :* 164 ; *98 :* 188 ; *99 :* 210 (dont USA 68,8, métropole 58,7, Japon 14,2). **Revenus** (en 1999) : 47,2 milliards de F CFP. **Capacité hôtelière** (en 1999) : *hôtels* 3 396 chambres ; *hôtellerie familiale* 1 030 chambres ; *campings* 14.

■ **Commerce** (en milliards de F CFP, 1999). **Export. :** 21,3 *dont* perles de culture 17,3, huile de coprah 0,32, nacre 0,2, vanille 0,12 ; **vers** métropole 4,5, USA 2,6. **Import. :** 99,7 ; **de** (en %) métropole 37,9. **Balance :** *1992 :* – 75,9 ; *93 :* – 71,7 ; *94 :* – 65,5 ; *95 :* – 73,8 ; *96 :* – 71,1 ; *97 :* – 72,5 ; *98 :* – 89,9 ; *99 :* – 78,4.

■ La Réunion

Carte p. 900. V. légende p. 950.

■ Généralités

■ **Nom.** Donné par la Convention (décret du 23 ventôse an I, soit le 13-3-1793), à l'île Bourbon en souvenir de la réunion des Marseillais et des gardes nationaux pour l'assaut des Tuileries (10-8-1792).

■ **Situation.** Océan Indien. Long. E 55°30, lat. S. 21°. Forme avec l'île Rodrigues et l'île Maurice (à 210 km) l'archipel des *Mascareignes.* **Superficie :** 2 507 km² (72 × 51 km). **Distances** (en km) : Paris 9 180, Bombay 4 600, Djibouti 3 680, Johannesburg 2 825, Tananarive 880, Port-Louis (Maurice) 210. **Côtes :** 207 km dont plages 40 km. **Alt.** *maximale :* piton des Neiges 3 069 m, dominant trois cirques aux parois abruptes : Cilaos, Mafate et Salazie ; à l'est, piton de la Fournaise (2 631 m, au piton Bory encore en activité, éruption avril 1977). **Terrain :** volcanique, relativement fertile ; roches poreuses et friables. **Rivières** du Mât (34,7 km), des Galets, bras de Gilaos. **Flore.** 850 espèces de plantes supérieures (dont 30 % de l'île de la Réunion et 60 % de l'archipel) ; 240 espèces de théridophytes. **Climat.** Tropical tempéré, nombreux microclimats. *Saisons :* chaude et humide (déc.-mars), fraîche (mai-nov.). *Zone au vent* (côté est de l'île) : modérément chaude, très humide, pluie plus de 5 m/an ; *sous le vent* (côté ouest) : plus chaude et plus sèche, pluie 0,7 m. *Température :* de 18 à 31 °C (côte), de 4 à 18 °C (selon l'altitude). *Cyclones* tropicaux entre nov. et avril. La plupart naissent entre Diego Garcia et Seychelles ; ils peuvent atteindre la Réunion par le nord. D'autres se forment sur le canal du Mozambique, viennent par l'ouest et sont moins violents. *Liste depuis 1980 :* Hyacinthe 18 au 27-1-1980, Florine 7,1-1981, Gabrielle 6-2-1982, Clotilda 13 et 14-2-1987, Firinga 29-1-1989, Colina 19-1-1993, Hollanda 11-2-1994, Daniella 8-12-1994, Davina 10-3-1999.

■ **Population.** *1646 :* 12 hab. ; *1707 :* 734 dont 320 Noirs ; *35 :* 1 700 libres (et 6 500 esclaves) ; *77 :* 35 469 ; *1804 :* 65 152 ; *37 :* 110 000 ; *47 :* 108 829 (dont 60 718 esclaves) ; *72 :* 182 700 ; *87 :* 163 900 ; *1921 :* 173 190 ; *41 :* 220 955 ; *54* (1er rec. de type moderne) 274 400 ; *61 :* 349 282 ; *74 :* 476 675 ; *82 :* 515 814 ; *90 :* 597 828 ; *99 :* 706 300 ; *2000 :* 720 934 ; *2005 (prév.) :* 775 000. **D.** 287,6. **Age** (en %, 1997) : *– de 15 ans :* 29,3, *+ de 75 ans :* 2,2. **Espérance de vie :** hommes 70,4 ans, femmes 78,6. **Européens :** 120 000 (descendants de Français, Anglais, Allemands, Hollandais, Italiens). **Personnes nées hors de la Réunion et y vivant** (dont, entre parenthèses, métropolitains) : *1967 :* 13 122 (5 664) ; *74 :* 22 801 (12 174) ; *82 :* 35 581 (21 270) ; *90 :* 57 118 (37 487) ; *97 :* 78 500 (51 490). **Accroissement annuel :** *1990-2000 :* 1,9 % (naturel 1,6, migratoire 0,3). **Les métropolitains** sont dits *Z'oreilles* ou *Zoreilles* (comprenant mal le créole, ils font répéter, passant ainsi pour être « durs d'oreille ») ; on dit aussi qu'à l'origine les Z'oreilles étaient des Blancs qui coupaient une oreille à leurs esclaves qui avaient tenté de s'échapper afin de les reconnaître en cas de récidive. Les descendants des 1ers Européens

(« petits Blancs ») étaient pauvres et prolétarisés au début du XXe s. [600 vivent encore isolés (noms courants : Casabois, de Boisvilliers)]. La bourgeoisie créole actuelle est composée de descendants d'émigrants de fin XVIIIe, début XIXe s. **Indiens :** en majorité métis, 120 000 (dits *Malabars*, bien qu'importés de la côte de Coromandel et de Madras, religion tamoule brahmanique). **Chinois :** 20 000 (les 1ers arrivèrent vers 1860). **Indiens musulmans** dits *Z'arabes :* 7 000 (originaires de Bombay et du Gujarât après 1870), métis 200 000. **Taux** (en ‰, 1999) : *fécondité* 2,28, *natalité* 19,9, *mortalité* 5,4 (*infantile* 8 en 1998). **Naissances vivantes** (en 1999) : 14 112 dont 59,3 % hors mariage. **Solde migratoire :** *1980 :* – 4 682 ; *85 :* – 1 244 ; *86 :* – 168 ; *87 :* + 64 ; *88 :* – 1 563 ; *89 :* – 300 ; *90 :* + 1 100 ; *92 :* + 3 000 ; *93 :* + 1 000 ; *95 :* + 1 000 ; *96 :* + 2 400 ; *97 :* + 2 400 ; *98 :* + 2 400 ; *99 :* + 1 900.

Réunionnais en métropole (dont, entre parenthèses, nés à la Réunion) : *1974 :* 48 500 (34 990) ; *82 :* 109 720 (75 750) ; *90 :* 150 000 (92 350). Sur 12 000 jeunes arrivant chaque année sur le marché du travail, 3 000 trouvent un emploi dans l'île, 6 000 viennent en métropole.

■ **Enseignement** (1999-2000). Primaire 120 937 élèves, secondaire 96 168, supérieur 13 371, agricole 1 051 (en 95-96), paramédical et social 740. **Scolarisation :** *1975 :* 17,5 % ; *98-99 :* accès au niveau du bac : 57,5 %. *Académie* créée 1985. **Illettrés** (en %) : *1967 :* 39 ; *82 :* 21,3.

■ **Langues.** Français *(officielle),* créole. **Religions.** Majorité de catholiques ; musulmans (7 000) ; hindous ; bouddhistes.

■ **Logement** (en 1999). **Résidences principales :** 215 268 [dont (en %, 1997) : maisons individuelles en dur 49,3, habitations traditionnelles 25,8, immeubles collectifs 23,4, habitations de fortune 1,6] ; **logements vacants :** 19 230 ; **occasionnels** ou **secondaires :** 3 816]. **Équipement** (en %, 1997) : électricité 99, eau 97, douche ou baignoire 93, WC 89, eau chaude 66.

■ **Communes** (en 1999). *St-Denis* 131 557 hab. (chef-lieu), St-Paul 87 712 (à 27 km), St-Pierre 68 915 (86 km), Le Tampon 60 323 (93 km), St-Louis 43 519, St-André 43 174, Le Port 38 412, St-Benoît 31 560.

■ **Histoire. 1513**-*9-2* découverte par le Portugais Pedro de Mascarenhas. **1638**-*sept.* possession française, mais non colonisée, appelée île Bourbon. **1643** et **1654** sert à la déportation de mutins. **1664** concédée à Cie des Indes orientales. **1665** 1ers colons (Regnault + 20 personnes). **1715** introduction du café. **1719** passe à la Cie française des Indes orientales. **1735-46** Mahé de La Bourdonnais, gouverneur, développe la traite. **1739** St-Denis capitale (remplace St-Paul). **1764**-*4-8* achetée par la Couronne à la Cie. **1767**-*14-7* rétrocession effective à la Couronne. **1794**-*10-2* Assemblée coloniale adopte le décret de la Convention du 13-3-1793 changeant le nom de l'île en île de la Réunion. **1795**-*22-8* département. **1806**-*15-8* île Bonaparte. **1810**-*7-8* île Bourbon. **1810/15**-*6-4* occupation britannique. **1811**-*nov.* révoltes d'esclaves à St-Leu. **1830** traite officiellement interdite, affranchissements. **1848**-*6-9* appelée de nouveau île de la Réunion. *-20-12* esclavage aboli (60 318 libérés deviennent les égaux des 35 000 libres). **1865** crise du sucre. **1882** fin de l'immigration indienne, inauguration du chemin de fer. **1942**-*27/30-11* se rallie à de Gaulle après l'arrivée du *Léopard* (4 †). **1946**-*9-3* devient DOM.

1963 création du BUMIDOM qui encourage pendant près de 20 ans l'émigration vers la métropole. **1975** changement du franc CFA en franc français. **1980**-*janv.* cyclone *Hyacinthe* (du 15 au 27-1 ; 4 194 mm d'eau sur La Plaine-des-Palmistes : 25 †, 15 disparus, 7 500 sinistrés, récoltes de géraniums détruites à 100 %, vanille et tabac de 30 à 50 %). **1981**-*14-1* lancement de Radio-Free-Dom. *-11-12 :* St-Denis : 30 000 manifestants contre régionalisation. **1982**-*févr.* cyclone *Clotilda* (7 †, dégâts : 400 millions de F). *-2-3* décentralisation : le conseil régional devient collectivité territoriale, le conseil régional voit ses compétences élargies. **1986** lois de défiscalisation des investissements : boum économique. **1988**-*sept.* incendie de forêt (4 000 ha). **1989**-*28/29-1* cyclone *Firinga* (vents de 220 km/h) [3 †, 4 disparus ; dégâts : 1 milliard de F]. *-Juillet/août* scandales politiques. *-16-11 :* 7 condamnés pour fusillade lors des municipales de mars. **1990**-*mars* émeutes. *-Mai* CSA demande saisie du matériel de Télé-Free-Dom [1986-mars émet illégalement. -9-9 son responsable, Camille Sudre, condamné à 3 mois de prison avec sursis, à 800 000 F de dommages-intérêts et à la confiscation de son matériel ; 1988-mai jugement infirmé. 1989-mai Cour de cassation estime décision non fondée et renvoie l'affaire au 21-2-1991 (reportée au 26-9)]. **1991**-*22/26-2* émeutes après saisie de l'émetteur de Télé-Free-Dom (8 †). *-17-3* visite PM Rocard ; émeute. *-28-3* reprise des émissions Radio-Free Dom. **1992**-*16-3* Camille Sudre exclu de la majorité municipale de St-Denis ; *-30-4* son élection au conseil régional est invalidée. *-2-12* manif. quartier du Chaudron. **1994**-*13-11* Germain Nabénéza (45 ans) tue 7 personnes et se suicide (Ste-Marie). **1996**-*1-1* alignement du Smic local sur celui de la métropole. *-Oct.* procès de corruption et de financement politiques illégaux (remontant à 1990-92). **1997**-*6/7-3* incidents (quartier du Chaudron). *-Mars* grève illimitée des fonctionnaires contre le projet (appuyé par élus de droite et de gauche) de ramener de 53 % à 3 % la surrémunération des fonctionnaires à embaucher.

■ **Statut.** Département français d'outre-mer depuis 19-3-1946. Bidépartementalisation prévue en 2002. *Région* depuis 2-3-1973. *Préfet :* Jean Daubigny depuis 1998. *Conseil général :* 47 membres, *Pt :* Jean-Luc Poudroux depuis mars 1998. *Conseil régional :* 45 membres, *Pt :* Paul Vergès [(né 5-3-1925), PC, mis en examen juillet 1999 (déclaration sur fortune contestée)] depuis mars 1998. *Députés* 5. *Sénateurs* 3. *Arrondissements* 4. *Communes* 24. *Cantons* 47 (depuis 28-2-1991).

■ **Partis. Front national** fondé 1972, *Pt :* Alix Morel. **MRG** fondé 1977, *Pt :* Jean-Marie Finck. **Mouvement pour l'indépendance de la Réunion** fondé 1981. **PC réunionnais** fondé 1959, *Pt :* Paul Vergès. **PS :** *Pt :* Jean-Claude Fruteau. **RPR :** *Pt :* André Maurice Pihouée. **UDF** fondée 1978, *Pt :* Gilbert Gérard. **Par nous même** créé 1997.

■ **Élections législatives.** (*Abréviations :* abst. : abstentions ; div. : divers ; div. d. : divers droite ; div. g. : divers gauche ; div. oppos. : divers opposition ; écol. : écologistes ; ext. d. : extrême droite ; ext. g. : extrême gauche.) **16-3-1986 :** *inscrits* 278 193, *abst.* 25,33 % ; *voix* (en %) : union de l'opposition Michel Debré 38,86 (2 sièges), PC Paul Vergès 29,37 (2 sièges), div. oppos. 17,07 (1 siège), PS 13,70, div. g. 1,07, FN 1,01, div. oppos. 0,85. **12-5-1988 :** *inscrits* 293 054, *abst.* 26,64 % ; *voix* (en %) : URC-RPR-UDF Auguste Legros (2 sièges), URC-div. d. 13,97 (1 siège), PC Paul Vergès 39,97 (2 sièges), PS 9,4 ; div. d. 0,4. **21-3-1993 :** *abst.* 43,84 % ; *voix* (en %) : UPF 40,75, PC 25,95, majorité présidentielle 14,17, div. g. 8,30, div. d. 5,44, div. 2,41, écol. 2,24, ext. d. 0,45, nationalistes 0,18, ext. g. 0,05 ; *élus :* PS 1, PC 1, UPF 1, RPR 1, UDF-CDS 1. **1-6-1997** *(2e tour) : élus* PC 3, PS 1, div. d. 1. **Régionales. 16-3-1986 :** *abst.* 25,72 % ; *voix* (en %) : union opposition 36,78 (18 élus), PC 28,18 (13), div. oppos. 17,26 (8), PS 14,09 (6), FN 2,23. **22-3-1992 :** *abst.* 32,75 % ; *voix* (en %) : div. 33,46 (17 élus), UPF 32,41 (14), PC 17,94 (9), PS 10,53 (5), écol. 4,39, FN 1,24. Annulées 7-5-1993. **15-3-1998 :** *abst.* 38,06 % ; *voix* (en %) : PCR 31,93 (19 élus), UDF 15,03 (9), RPR 14,21 (8), div. 10,01 (5), div. d. 7,43 (4). **Cantonales. 20/27-3-1994 :** *élus :* PC 12, PS 12, UDF 11, div. d. 6, RPR 5, div. g. 1. **15/22-3-1998 :** *élus :* div. d. 13, PCR 10, PS 10, UDF 8, RPR 6, div. g. 2.

■ **Dépendances. Iles :** éparses. Entité créée par décret du 1-4-1960. *Statut :* dépendent du ministre des DOM-TOM qui les fait administrer par le préfet de la Réunion. Revendiquées par Madagascar et l'île Maurice. Depuis 1973, la Grand-Glorieuse, Juan de Nova et Europa sont occupées par des détachements de Forces armées dans la zone sud de l'océan Indien (FAZSOI). Toutes (sauf Bassas da India) sont habitées par des météorologistes, un gendarme (sauf Tromelin), et occasionnellement des scientifiques. Le soutien logistique est surtout assuré par l'armée de l'air et la Marine nationale. *Zone économique exclusive :* pêche sur 645 000 km^2, nodules polymétalliques. Arrêtés préfectoraux de 1975 et 1981 : classées en réserves naturelles. **Tromelin** 1 km^2 (1 500 × 700 m). *Distances :* Toamasina (Madagascar) 600 km, Réunion 535 km. *Nom :* du chevalier français qui y débarqua en 1776. Dépend de la Réunion depuis 1814. Accès par la mer difficile : atteinte par des embarcations légères (avril, mai, oct., nov.). *Sol :* dépôts coraliens sur éminence d'origine probablement volcanique. *Flore* (pauvre) : herbes grasses, arbustes peu denses. *Faune :* oiseaux de mer, tortues. *Ressources :* pêche ; aucune culture possible (manque d'eau et alizés quasi permanents. Dès 1954, station météo. *Zone économique :* 280 000 km^2. **Les Glorieuses** 5 km^2, banc madréporique, longueur 16 km. *Distances* (en km) : Diego Suarez (Madagascar) : 220, Mayotte : 270. *2 îles coraliennes : du Lys,* longueur – de 600 m ; *2 îlots : les Roches vertes, l'île aux Crabes ; Grande-Glorieuse* (diamètre 2 km) dunes (alt. max. 12 m), française depuis 23-8-1892. Vers 1912 un Français des Comores y installa une cocoteraie, exploitée jusqu'en 1958. *Flore :* filaos. *Faune :* sternes. Garnison militaire, stations météo et depuis 1955 radio. *Zone économique :* 48 350 km^2. **Juan de Nova** (St-Christophe) 4,4 km^2 (6 000 × 1 800 m). *Distances* (en km) : Madagascar : 150, Afrique : 250. Française depuis 18-2-1897, on en tira jusqu'à 12 000 t de guano par an. *Flore :* filaos, cocotiers. *Faune :* sternes. Garnison militaire, station météo. *Zone économique :* 61 050 km^2. **Bassas da India** *atoll* de moins de 1 km^2 à marée haute presque entièrement recouvert par la mer, *lagon,* diamètre de quelques km à marée basse. *Distances* (en km) : Europa : 130, Morombé (Madagascar) : 380, cap St-Sébastien (Mozambique) : 450. Français depuis 22-8-1897. *Zone économique :* 123 700 km^2. **Europa** 28 km^2, île circulaire, 16 km de diamètre, lagon 900 ha (dont 700 de mangrove) (Madagascar 350 km). Française depuis 25-2-1897. *Flore :* palétuviers, euphorbes, filaos, cocotiers. *Faune :* oiseaux de mer (frégates, fous, sternes), chèvres sauvages, migration de flamands roses, tortues de mer, moustiques. Garnison militaire, station météo depuis 1949. *Zone économique :* 127 300 km^2.

■ ÉCONOMIE

Source : TE Réunion 2001.

■ **PNB** (en $ par hab.). *1983 :* 4 400 ; *84 :* 3 261 ; *85 :* 3 522 ; *86 :* 3 933 ; *87 :* 4 910 ; *88 :* 5 300 ; *89 :* 5 750 ; *90 :* 8 860 ; *91 :* 8 400 ; *97 :* 8 264 ; *98 :* 7 270 ; *99 :* 7 600.

Population active (en 2000) : 309 900 pers. dont 179 500 ont un emploi ; (par secteur, 1996) : *agriculture* 9 100, *industrie* 26 300, *construction* 13 766, *tertiaire* (administration, commerce, éducation, services) 145 300, *fonction publique* (en 1998) : 48 404 dont de l'État 24 153, territoriale 19 350, hospitalière 4 901. **Chômage :** *1993 :* 37,9 % (– de 25 ans : 52,7) ; *94 :* 34,9 ; *97 :* 38 ; *fin 98 :* 37,7 ; *2000 :* 36,5 (hommes 34,4 ; femmes 39,1). **RMI :** *montant* (en millions de F) : *1989 :* 816,5 ; *90 :* 1 019,9 ; *91 :* 1 009,2 ; *92 :* 936,4 ; *93 :* 884,6 ; *94 :* 977,9 ; *95 :* 1 028,3 ; *96 :* 1 007,3 ; *97 :* 1 060,6 ; *98 :* 1 188,6 ; *99 :* 1 417,2 ; *allocataires* (et, entre parenthèses, nombre de personnes concernées) : *1990 :* 49 248 (141 609) ; *95 :* 51 310 (127 728) ; *99 :* 61 807 (147 500). *Allocation moyenne* (en 1999) : 1 910 F.

■ **Budget** (en millions de F, 1998). **État :** *recettes* 7 432,1 dont fiscales 4 722,9 (impôt sur le revenu 1 374,5, les sociétés 822,2, TVA 1 922), non fiscales et fonds de concours 641,4, reversement de fonds 14,2, comptes spéciaux du Trésor 2 053,6 ; *dépenses* 15 481 dont fonctionnement 12 191,2 (personnel 7 503,7), investissements 1 157,5, avances 2 104,5, commerce 27,8. **Région :** *recettes* 2 118 (fiscales 1 000) ; *dépenses* 2 090 (fonctionnement 855, investissement 1 235). **Département :** *recettes* 4 624 (fiscales 934, participation de l'État 2 436) ; *dépenses* 4 300 (fonctionnement 2 954, investissement 1 346). **Communes** (en 1996) : *recettes* 5 374 ; *dépenses* 5 266.

■ **Agriculture. Terres** (en ha, en 1999). 252 000 dont *SAU* 43 350 (canne à sucre 25 500, herbe 7 800, fourrage 2 650, fruits 2 185, légumes 1 600), *landes et friches* 56 950, *sols bâtis* 19 800, *bois et sols rocheux* 120 000, *divers* 11 700. **Exploitations** (en 1997) : 10 975. **Production** (en t, en 1999). Canne brassée 1 937 900, sucre 215 600, rhum 74 154 hl, et, en 1998, légumes 55 260, fruits 44 490, maïs 18 000, tubercules 8 700, piment 600, vanille verte 30, tabac 22 (en 1993), essence de géranium 6,25, essence de vétiver 0,24. **Élevage** (en milliers de têtes, 1999). Volailles 16 700, porcins 84,5, caprins 38, bovins 28,1, ovins 1,73. **Pêche** (en t, 1999). 5 812 [pêche industrielle 2 586 (dont langoustes 308), côtière 1 993, au large 1 233].

■ **Industrie.** Sucre, rhum, matériaux de construction, travail des métaux. **Électricité** (production en 1999). 1 655,9 millions de kWh (dont hydrauliques 29,4 %).

■ **Transports. Routes** (en km, 1994) : nationales 370 dont à 4 voies 73, départementales 754, voies communales 1 600. *Véhicules en circulation* (au 1-1-2000) : 247 751. **Transports aériens** (en 1999) : *passagers :* arrivées 709 990, départs 704 270 ; *frêt :* 15 629 t/7 666 t ; *postal* 2 959/1 189. **Transports maritimes :** *navires entrés :* 843 ; *marchandises* débarquées : 2 656 500 t, embarquées : 402 700 t ; *passagers* (arrivées/départs) : croisières 6 539/6 539 ; inter-îles 21 924/21 260.

■ **Commerce** (en milliards de F, 1999). **Export. :** 1,26 dont produits agricoles 0,88 (sucre 0,68) ; **vers** (en %) *France 62,2,* CEE 9. **Import. :** 15,8 dont biens d'équipement 5, biens de consommation 3,8, prod. agricoles 2,9, biens intermédiaires 2,6 ; **de** (en %) *France 63,3.*

■ **Tourisme** (au 1-1-2000). *Hôtels classés* 59 [2 700 chambres dont *3* et *4 étoiles* : 23 (1 533)], *gîtes ruraux* 126, *chambres d'hôtes* 269, *gîtes d'étape* 22. **Visiteurs** (en 1999) : 394 000 (dont de métropole 304 600, Maurice 40 500, Madagascar 12 300, CEE 12 000). **Sites :** le Volcan ; cirques de Cilaos, Mafate, Salazie ; le Maïdo (point de vue sur Mafate, randonnées) ; côte est (cascades, rivières).

■ SAINT-PIERRE-ET-MIQUELON (ILES)

V. légende p. 950.

■ GÉNÉRALITÉS

■ **Situation.** Amérique du Nord. **Superficie :** 242 km^2. **Côtes :** 120 km. Archipel (8 îles) à 250 km de Terre-Neuve. **Alt.** *maximale :* morne de la Grande Montagne 240 m. **Climat.** Rude (température moyenne annuelle 5,6 °C), vents et humidité, hiver long, froid et enneigé (parfois – 14 °C, – 17 °C) ; printemps froid et brumeux, été court

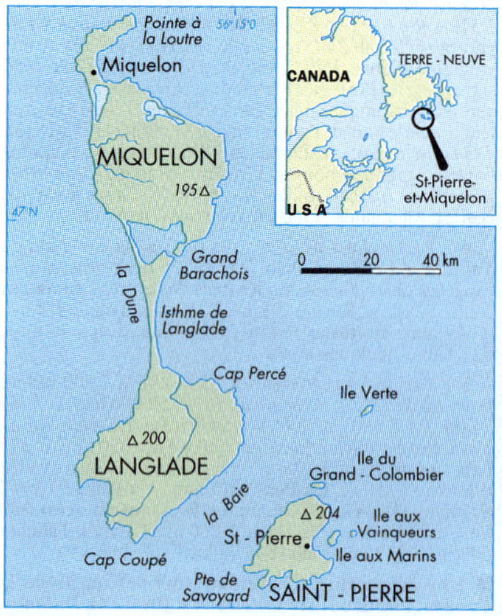

et frais (rarement > 20 °C). *Pluies* 1 400 mm/an. **Végétation.** Nordique : conifères ; *flore :* 900 espèces. **Faune.** 280 espèces d'oiseaux migrateurs. Ports libres de glace en hiver.

■ **Population.** *1887 :* 5 929 hab. ; *1902 :* 6 482 ; *21 :* 3 918 ; *36 :* 4 175 ; *51 :* 4 606 ; *74 :* 5 840 ; *82 :* 6 041 ; *90 :* 6 277 ; *99 :* 6 316 ; *2000 (est.) :* 6 896. **D.** 28,5. **Religion.** Catholiques 99 %. **Langue.** Français *(officielle).*

■ **Iles principales. St-Pierre** (26 km², 5 616 hab. en 1999, alt. maximale 207 m), **Langlade** (91 km²) et **Miquelon** (115 km², 698 hab. en 1999), à 6 km de St-Pierre [Langlade et Miquelon sont reliées par un isthme sablonneux de 12 km (la Dune)]. Plusieurs îlots : *île aux Marins* 0,50 km², *Grand-Colombier* 0,50 km², *île aux Vainqueurs* 0,10 km², *île aux Pigeons* 0,04 km².

■ **Histoire. 1520**-*21-10* découvertes par José Alvarez Faguendez (Portugais) ; appelées *îles des Onze Mille Vierges* (jour de la fête religieuse du même nom). **1536** nom actuel donné par Jacques Cartier. **1604** des pêcheurs français fondent un 1er établissement permanent. **1713** cédées à l'Angleterre *(traité d'Utrecht).* **1763**-*10-2* rendues à la France *(traité de Paris).* **1778** réoccupation anglaise. **1783** rendues à la France *(traité de Versailles).* **1793** occupation anglaise. **1802** restituées à la France. **1803** reperdues. **1814**-*14-5* rendues à la France *(traité de Paris).* **1941**-*déc.* se rallient à la France libre. **1946** TOM **1972**-*27-3* accord de pêche avec Canada. **1988** différend avec Canada sur quotas de morues pour chalutiers français (12 dont 6 de St-Pierre-et-Miquelon) et zones de pêche réservées. **1989**-*30-3* accord fanco-canadien pour un tribunal d'arbitrage. **1992**-*10-6* tribunal d'arbitrage de New York attribue à St-Pierre et Miquelon une zone économique exclusive de 24 milles autour de l'archipel et un couloir de 10,5 milles de large sur 200 milles de long au sud de l'archipel. **1993** ouverture du Francoforum (Centre de la francophonie). **1994**-*2-12* accords de coopération régionale France-Canada.

■ **Statut.** Collectivité territoriale depuis le 11-6-1985 (1976-85 : DOM). **Conseil général :** 19 membres élus (26-3-2000). **Sénateur** 1. **Député** 1. **Élections. 21-3-1993 :** *inscrits* 4 264, *abstentions* 17 %, UDS-CDS 73,78 %, RPR 26,21. **1-6-1997 :** *inscrits* 4 469, *abstentions* 16 %, UDF-FD 52,34 %, divers gauche 47,65. **Conseiller économique et social** 1. **Préfet** 1 (Jean-François Tallec). **Communes** 2 (St-Pierre, Miquelon-Langlade).

■ **Économie** (en 1998). **PNB :** 7 690 $ par hab. **Population active** (en 1999) : 3 261 personnes. **Chômage** (en 1999) : 10,27 % [409 personnes ; dépendant de l'activité du BTP et de la pêche, liées aux conditions climatiques (mars 1999 : 448 demandeurs d'emploi ; nov. 1999 : 297)]. **Pêche** (en t) : industrielle 1 900, artisanale 1 672. A partir de 1997, levée partielle du moratoire canadien permettant une reprise de l'approvisionnement en pêche fraîche de l'usine de transformation et de congélation de St-Pierre. Pêche artisanale et ateliers de transformation d'œufs de lump, crabes des neiges. *Station de quarantaine animale* (350 têtes). *Trafic portuaire :* 883 entrées, 578 000 tonneaux. *Trafic aérien :* 33 613 passagers, 1 256 vols internationaux. **Intervention de l'État :** 317 millions de F dont 117 d'investissements.

■ **Tourisme** (en 1999). **Visiteurs :** 10 300. **Hébergement :** *hôtels* 4, *motels* 2, *pensions* 10 ; *capacité* 193 chambres.

■ **Commerce** (en millions de F, 1999). **Export. :** 504 *dont* poissons congelés, salés, fumés et séchés, mollusques et crustacés. **Import. :** 371 *dont* produits manufacturés 260, produits alimentaires 71, produits pétroliers 20. **Déficit commercial :** *1992 :* – 204 ; *93 :* – 315 ; *94 :* – 331 ; *95 :* – 315 ; *96 :* – 350 ; *97 :* – 355 ; *98 :* – 321 ; *99 :* – 321.

WALLIS-ET-FUTUNA (ILES)

V. légende p. 950.

■ GÉNÉRALITÉS

■ **Situation.** Pacifique Sud. **Superficie :** 274 km². **Distances** (en km) : Nlle-Calédonie 2 500, Papeete 3 200, Honolulu 4 800, Paris 22 000. *Liaisons :* maritime mensuelle de Nouméa, d'Australie et de Nlle-Zélande, aérienne 1 fois par semaine Nouméa-Wallis-Papeete et retour, 2 avec Nouméa, et 4 entre Wallis et Futuna. **Climat.** Chaud et humide, *température moy.* 26,6 °C. *Hygrométrie* 80 %. *Pluies* 2 500 à 3 000 mm par an. Zone de formation de cyclones. **Flore.** 475 espèces dont fougères arborescentes, manguiers, cocotiers, pandanus, arbres à pain, bananiers, citronniers, orangers, taro, manioc, tubercules, ananas, ignames. **Faune.** Terrestre peu diversifiée, perruches, martins-pêcheurs, pigeons, râles, roussettes ; environ 600 espèces de poissons dans le lagon.

■ **Population.** *1842 :* 3 600 hab. ; *1996 (rec.) :* 14 166 dont Wallis 9 528 et Futuna 4 638 ; *2000 (est.) :* 15 283. *Émigration* en Nlle-Calédonie (en 1996) : 17 763 personnes. **D.** 55,8. *Taux de croissance :* 0,6 %. **Chef-lieu :** *Mata-Utu* (sur Uvéa) 1 137 hab.

■ **Religion.** Catholiques à 100 % (évêché à Lano).

■ **2 archipels. Wallis :** *Uvéa* [159 km², île volcanique, 95 km², alt. maximale mont Lulu 151 m, 80 % ne dépassent pas 40 m d'alt., lacs de cratères dont le plus grand est le lac Lalo-Lalo (diamètre 500 m, prof. 76 m), pas de cours d'eau mais des résurgences en bord de mer] ; 22 îlots d'origine volcanique ou madréporique situés sur le récif ou dans le lagon (prof. 43 m) ; *récif corallien* à 3 km du rivage, 1 seule passe, Honikulu au sud, 3 passes accessibles aux petites embarcations. **Futuna** (îles Horn) : à 240 km de Wallis, 110 km² dont *Futuna* (64 km², volcanique, alt. maximale mont Puke 524 m, côte escarpée, plaine côtière de 100 à 200 m, nombreuses sources, cascades) et *Alofi* [51 km² au sud-est, à 2 km, montagneuse, alt. maximale Mt Bougainville (ou Kolofau) 417 m, côte nord récifs, côte sud abrupte].

■ **Histoire. 1400 av. J.-C.** Austronésiens (poterie lapita). **XVe s.** colonisation de Wallis par les habitants de Tonga. **1616**-*28-4* les Hollandais Jacob Lemaire et William Cornélius Schouten découvrent Futuna et Alofi qu'ils appellent îles *Horn* (nom de leur ville natale, qu'ils ont aussi donné au cap Horn). **1767**-*16-8* l'Anglais Samuel Wallis s'arrête 1 jour à Uvéa. Ses officiers lui donnent son nom. **1768**-*11-5* Louis Antoine de Bougainville passe au large de Futuna et la baptise « l'Enfant perdu ». **1781**-*21-4* l'Espagnol F. A. Maurelle passe à Wallis qu'il baptise « l'île de la Consolation ». **1837**-*1-11* arrivée des pères maristes ; 1res missions érigent une théocratie (le père Chanel, martyrisé 28-4-1841, béatifié 1889, canonisé 12-6-1954 et déclaré saint patron de l'Océanie). **1842**-*5-4* traité de protection signé entre le Lavelua, roi de Wallis, et le Lt de vaisseau Mallet. 2 rois de Futuna (le *Tuiagaifo,* ou roi d'Alo, et le *Tuisigave,* ou roi de Sigave) demandent le protectorat. -*23-8* vicariat apostolique de l'Océanie centrale, Mgr Bataillon à Wallis. **1869-95** reine Amelia à Wallis. **1886**-*19-11* demande officielle de protectorat. **1887**-*5-4* le gouvernement français y souscrit ; Wallis et Futuna sont rattachées administrativement à la Nlle-Calédonie. Protectorat français à Wallis. **1888**-*27-11* rattaché au gouv. de Nlle-Calédonie. **1906** Dr Viala 1er résident médecin. **1909**-*juin* décret organisant l'administration française. **1913** roi de Wallis demande rattachement à la France. **1926**-*20-8* arrivée du navigateur Alain Gerbault sur le *Firecrest.* **1928**-*mars* 1re automobile : camionnette Ford. **1942**-*27-5 le Chevreuil* des Forces françaises libres touche Wallis. -*28-5* les Américains créent base *Navy 207,* 6 000 soldats à Wallis. **1953-58** reine *Aloisia.* **1959**-*12-3* roi *Tomasi Kulimoetoke.* -*27-12* référendum, 98 % pour entrée dans Union française : 4 307 oui sur 4 564 voix. **1961**-*29-7* érigé en TOM. **1979**-*mars* début de la radio. -*19-7 :* 1re visite d'un Pt de la République, Giscard d'Estaing. **1986** cyclone *Raja* à Futuna. -*Juillet* début de la télévision. **1993**-*3/4-1* cyclones *Kina* et *Nina.* -*13-3* Futuna, séisme ; rehaussement de l'île de 30 cm à 1 m (3 †).

■ **Statut.** Territoire d'outre-mer. **Administrateur supérieur** (représentant de l'État et exécutif du territoire) : Alain Waquet. **Conseil territorial,** consultatif, Pt administrateur supérieur, 6 membres [3 de droit (rois de Wallis, Alo et Sigave) et 3 nommés par l'administrateur supérieur]. **Assemblée territoriale :** 20 membres élus pour 5 ans à la proportionnelle (élections 16-3-1997 : RPR 14 voix, socialistes et divers gauche 6), *Pt :* Patalione Kanimoa depuis janv. 2001. **Député :** Victor Brial élu 1-6-1997 [*inscrits* 7 638, *abst.* 17,1 %, *voix :* RPR 51,34 %, Soc. 48,66]. **Sénateur :** Robert Laufoaulu. **Conseiller économique et social :** Kamilo Gata. **Administration :** *3 circonscriptions* (Uvéa, Alo, Sigave) recouvrant les 3 royaumes. **Royaumes : Wallis :** sur Uvéa ; *capitale :* Mata-Utu ; *roi (Lavelua)* choisi par les familles royales (société divisée en roturiers, familles nobles ou *aliki* et familles royales) : Tomasi Kulimoetoke ; 1 Premier ministre *(Kivalu)* ; 3 districts (Hihifo, Hahake et Mua) dirigés par des *faipules* et divisés en 20 villages dirigés par des chefs de village (Hihifo 4, Hahake 6, Mua 10). **Sigave :** sur Futuna ; *capitale :* Sigave ; *roi (Tuisigave) :* Pasilio Keletaona ; 6 villages. **Alo :** sur Futuna ; *capitale :* Alo ; comprend l'île d'Alofi ; *roi (Tuiagaifo) :* Sagato Alofi ; 9 villages. Les rois de Sigave et d'Alo ont 5 ministres, des chefs de village, un chef de cérémonie, un chef de la police.

■ **Économie. PNB** (en 1999) : 3 630 $ par hab. **Transferts publics** (en millions de F) : *1994 :* 266 ; *95 :* 298 ; *96 :* 276 ; *97 :* 319 ; *98 :* 329. **Chômage** (en %) : *1997 :* 24 ; *99 (juin) :* 40,7. **Agriculture.** 80 % de la pop. active. *Terres :* 25 % cultivées. *Production* (en milliers de t, 1995) : fruits de l'arbre à pain 16, bananes 4, taro 2, ananas, mangues, noix de coco 2, manioc 2, trocas 1,5 (en 1981), kapé 1 (en 1981), ignames 1. **Élevage** (nombre de têtes, 1995). Volailles 53 000, porcins 25 000 (en 1999), chevaux 75, bovins 50. **Pêche** (en 1995). 193 t. Accord avec Japon et Corée pour la pêche dans la zone des 200 milles. Barracudas, carangues, tazards, langoustes thonides. **Zone économique exclusive :** 271 050 km².

■ **Tourisme** (en 1990). **Visiteurs :** 1 800 (dont 1 750 métropolitains). **Hébergement** (en 1999) : *Wallis* 5 hôtels, *Futuna* 1 (soit environ 40 lits).

■ **Commerce. Export.** (en kg, 1997) : fruits à pain 3 717, coquillages 2 200, taros/kapés, ignames 1 031, artisanat 306. **Import.** (en t, 1985) : farine 448, sucre 289, viande 237, riz 205.

ALSACE — PAYS BASQUE — BOURGOGNE — BRETAGNE — CORSE
DAUPHINÉ — FRANCHE-COMTÉ — LORRAINE — NORD-PAS-DE-CALAIS — NORMANDIE
OCCITANIE — PROVENCE — ROUSSILLON — SAVOIE — WALLIS et FUTUNA
FUTUNA (ALO) — FUTUNA (SIGAVE) — POLYNÉSIE FRANÇAISE

COMMENT SE NOMMENT LES HABITANTS DE ?

☞ Suite de la p. 810.

Les appellations ont souvent changé au cours des siècles.

Calvi Calvais
Cambo-les-Bains Camboars
Cambrai Cambrésiens
Canari (Corse) Canarinchi
Cancale Cancalais
Canteleu Cantiliens
Carlat Carladais, Carladois
Carmaux Carmausins
Caro Carotins
Carpentras Carpentrassiens
Carrières-sous-Poissy Carriérois
Carroz-d'Arâches (Les) Carroziens
Carvin Carvinois
Cassel Casselois
Cassis Cassidens
Casteljaloux Casteljalousains
Castelnaudary Chauriens
Castelsarrasin Castelsarrasinois
Castifao Caccianinchi
Castres Castrais
Cateau (Le) Catésiens
Caudry Caudrédiens
Cauterets Cauterésiens
Celle-Saint-Cloud (La) Cellois
Cellé-sur-Braye Celletiers
Celles-sur-Belle Cellois
Céret Céretans
Cergy Cergynois
Cergy-Pontoise Cergypontins
Chagny Chagnotins
Challans Challandas, Challandais
Châlons-sur-Marne Châlonnais
Chalon-sur-Saône Chalonnais
Chalus Châlusiens, Chalussois
Chambly Chambliais
Chambon-Feugerolles (Le) Chambonnaires
Chamonix Chamoniards
Champagnole Champagnolais
Champdeniers Campidénariens
Champdieu Champdieulats
Champigny-sur-Marne Campinois, Campiniens
Champlitte Chanitois
Champsaur Champsaurins
Chamrousse Chamroussiens
Chantilly Cantiliens
Chapelle-de-Guinchay (La) Capelins
Chapelle-Saint-Luc Chapelains
Charenton-le-Pont Charentonnais
Charité-sur-Loire (La) Charitois
Charleville-Mézières Carolomacériens
Charlieu Charliandins
Charmes Carpiniens
Charolles Charollais
Charroux Charlois
Chartres Chartrains
Châteaubriant Castelbriantais
Château-Chinon Château-Chinonais, Dunois
Châteaudun Casteldunois, Dunois
Château-Gontier Castrogontériens
Châteaulin Châteaulinois, Castellinois
Châteauneuf-du-Pape Castels-Papals
Châteauneuf-sur-Charente Castelnoviens
Châteauneuf-sur-Loire Castelneuviens

☞ Suite voir Table des matières.

LA POLITIQUE

☞ Pour découvrir la sélection **Quid** des meilleurs sites Internet sur la politique, rendez-vous sur **www.quid.fr**

☞ Pour en savoir plus, lisez le Quid des présidents de la République et des candidats (éd. Robert Laffont, 1987).

☞ *Abréviations :* All. : Allemand ; Angl. : Anglais ; Esp. : Espagnol ; Fr. : Français ; It. : Italien.

QUELQUES TENDANCES

ANARCHISME

■ **Principes.** Du grec *anarkhia* : absence de commandement. Refus de l'autorité de l'État, revendication de l'initiative individuelle, de la liberté absolue et de la spontanéité, mais aussi de la solidarité. « La future organisation sociale doit être faite seulement de bas en haut, par la libre réunion et fédération des travailleurs dans les associations, puis dans les communes, les régions, les nations, et finalement dans une grande fédération internationale et universelle. » (Bakounine) Pour Bakounine, le passage à la nouvelle société s'effectuera par la violence. Le contrat anarchiste, selon Proudhon, est librement conclu entre ses membres ; chacun de ceux-ci reçoit autant qu'il donne, et jouit de sa liberté et de sa souveraineté, que rien ne vient limiter sauf les obligations précisées par le contrat (il y a en fait une multiplicité d'accords portant sur les besoins de chacun et non pas un seul contrat). *La Fédération anarchiste* prévoit la socialisation des moyens de production, la création de coopératives de production et d'associations artisanales et la répartition égalitaire des richesses.

Drapeau noir. 1830-*juillet* apparaît sur l'Hôtel de Ville de Paris. **1831-***nov.* apparaît à Reims, Grenoble, Lyon lors du mouvement des canuts. **1883** adopté par le mouvement anarchiste. **1917** on le retrouve en Russie. **1936** en Espagne (une moitié rouge avec CNT et l'autre noire avec FAI). **1968** à Paris.

Principaux anarchistes. Michel Bakounine (Russe, 1814-76), Camillo Berneri (It., 1897-1937), Pierre Besnard (Fr.), Carlo Cafiero (It., 1846-92), Buenaventura Durruti (Esp., 1896-1936), Luigi Fabbri (It., 1877-1935), Sébastien Faure (Fr., 1858-1942), William Godwin (Angl., 1756-1836), Pietro Gori (It., 1865-1911), Jean Grave (Fr., 1854-1939), James Guillaume (Suisse, 1844-1919), Friedrich Hegel (All., 1770-1831), François-Claudius Kœnigstein dit Ravachol (Fr., 1859-92), Piotr Alexandrovitch Kropotkine (Russe, 1842-1921 : « Paroles d'un révolté »), Ricardo Flores Mágon (Mexicain, 1873-1922), Errico Malatesta (It., 1853-1932), Saverjo Merlino (It.), Fernand Pelloutier (Fr., 1867-1901), Emile Pouget (Fr., 1860-1931), Manuel Gonzales Prada (Péruvien, 1848-1918), Pierre-Joseph Proudhon (Fr., 1809-65), Elisée Reclus (Fr., 1830-1905), Max Stirner (Kasper Schmidt, dit, All., 1806-56), Lev Tolstoï (Russe, 1828-1910), Auguste Vaillant (Fr., vers 1861-94).

Attentats anarchistes. Nombreux dans la 2de moitié du XIXe s. et au début du XXe s. : **Allemagne** : contre l'empereur Guillaume Ier. **Autriche** : assassinat en Suisse de l'impératrice Élisabeth (Sissi) par Luigi Lucheni en 1898. **Espagne** : contre Alphonse XIII en mai 1906 par Mateo Morral. **États-Unis** : Pt McKinley assassiné 6-9-1901 par Léon Czolgosz. **France** : par Ravachol (condamné à mort 23-6-1892, exécuté 11-7) ; bombe lancée dans la salle des séances de la Chambre des députés en déc. 1893 par Auguste Vaillant (exécuté 5-2-1894) ; assassinat à Lyon le 24-6-1894 du Pt de la Rép. Sadi Carnot par Santo Hieronimus Caserio (né 8-9-1873, exécuté 16-8-1894). **Italie** : assassinat du roi Humbert Ier par Gaetano Bresci le 29-7-1900. **Russie** : nombreux attentats entre 1865 et 1881.

■ **Organisations internationales. Internationale « antiautoritaire » :** *créée* 15-9-1872 au congrès de St-Imier (Suisse), après l'exclusion de Bakounine de l'Association internationale des travailleurs le 7-9-1872 au congrès de La Haye. Dissoute après 3 congrès : Bruxelles 1874, Philadelphie 1876, Verviers 1877. **Internationale des fédérés anarchistes (IFA) :** issue de l'Internationale anarchiste *créée* au congrès d'Amsterdam (24/31-8-1907) et réaffirmée à Berlin en 1921. Programme de Carrare en 1968, précisé par le congrès de Paris 1971. Sections nationales (fédérations géographiques ou ethniques), autonomes et solidaires.

■ **Organisations nationales. France :** *FCRA (Fédération communiste révolutionnaire anarchiste)* créée août 1913, après le congrès national organisé par la *FCA (Fédération de Paris et de sa banlieue).* A partir de 1920 (congrès de Paris en nov.), l'organisation tient plusieurs congrès sous divers noms (Union anarchiste, Union anarchiste communiste, Union anarchiste communiste révolutionnaire...) ; congrès clandestin à Toulouse en 1944 ; février 1946, unité rétablie ; *Confédération nationale du travail (CNT)* française créée à Toulouse (hebdomadaire : « Espoir »). **Espagne :** *Fédération des travailleurs de la région espagnole* (créée sept. 1881) ; *Fédération régionale Solidaridad Obrera* (1908) ; *Federacion Anarquista Iberica (FAI,* 1927). **Italie :** *Fédération anarchiste italienne* créée 1920-21, reconstituée sept. 1945.

■ **Essais de sociétés anarchistes. Amérique latine. Brésil** (colonie Cecilia, dans le Paraná, en 1891). **Mexique** (métropole socialiste d'Occident en 1881) ; échec de la création d'une « république socialiste de Basse-Californie » en 1911. **Paraguay** (coopérative Cosme, en 1896).

Europe. Ukraine : Nestor Makhno (1884-Paris, 1935), été 1918 à août 1921, à la tête d'une armée paysanne libertaire et disciplinée. **Bavière :** 1919, les anarchistes Gustav Landauer et Erich Müsham (1878-1934) dirigent quelques jours une République soviétique. **Espagne :** la *Confederación Nacional del Trabajo (CNT)-FAI* participe au gouvernement républicain avec 4 ministres le 1-8-1936. Des anarchistes de la CNT-FAI tentent (à partir de juillet) en certaines régions (Catalogne, Andalousie, Levant et Aragon) des essais de vie libertaire : collectivisation des terres (jusqu'en août 1937), socialisation des usines (jusqu'en août 1938). Ces essais furent décriés par leurs adversaires marxistes. **Italie :** création d'une République libertaire, près de Carrare, par des résistants, en 1939-45.

JOURNAUX ANARCHISTES

■ **Argentine.** *La Questione sociale* (Malatesta, 1885). *La Protesta* (1903, dirigée par G.I. Lafarga, puis D. Abad de Santillan) ; entre 1890 et 1904 : 64 périodiques (en espagnol, italien et français) et 6 revues d'art et de littérature.

■ **France. Avant 1914 :** *le Libertaire* (hebdomadaire fondé 1895 par Sébastien Faure). *Les Temps nouveaux :* fondé 1895 par Jean Grave (faisait suite au *Révolté* et à *la Révolte*). *L'Anarchie :* fondé 1905 par *Libertad*, hebdomadaire anarcho-individualiste (y collaborent notamment O. Mirbeau, G. Lecomte, L. Descaves, P. Adam, C. et L. Pissarro, K. Van Dongen, P. Signac). **Guerre de 1914-18 :** *Par-delà la mêlée :* fondé 1916 (succédant à *Pendant la mêlée* d'E. Armand et P. Chardon). *Ce qu'il faut dire :* fondé 1916 par Faure et Mauricius. **Entre les 2 guerres :** *l'En-Dehors* (1922-39, d'E. Armand). *Plus loin* (1926-39). *Le Libertaire* (reparu de 1919 à 1939). *La Voix libertaire :* organe de l'Afa (Association des fédéralistes anarchistes, 1928-39). **Après 1945 :** *l'Unique* (1945-56 d'E. Armand). *Le Monde libertaire :* 1954 (succède au *Libertaire*), hebdomadaire depuis 1977.

■ **Italie.** *Volontà* fondé 1913 par Malatesta, *Umanità nova* fondé 1920 par Gigi Damiani, *Pensiero e volontà* fondé 1924-26 par Malatesta.

■ **Anarcho-syndicalisme. Europe. Espagne :** *1911* création de la Confederación nacional del Trabajo (voir aussi ci-dessus) : 1 200 000 membres en 1936 ; clandestins de mai 1924 à janvier 1930, soutiennent la république proclamée le 12-4-1931, décrètent la grève générale du 13 au 15-4. **France :** début XXe s., courant favorable au syndicalisme révolutionnaire (charte d'Amiens en *1906*) et à la grève générale, avec notamment Fernand Pelloutier à la Fédération des Bourses du travail (de 1894 à 1901), et Émile Pouget, secrétaire adjoint de la CGT à partir de 1900. **Italie :** une partie des anarchistes organise mouvements revendicatifs et grèves violentes (*1894* Carrare, *1906* grève des travailleurs de la mer, *juin 1908* grève et soulèvement de Parme) et constitue une organisation syndicaliste révolutionnaire : congrès de l'Action directe à Bologne. *1910* création de l'Union syndicale italienne au congrès de Modène. *1912* le syndicat des cheminots, anarcho-syndicaliste depuis 1906, reste autonome ; Malatesta considère la grève générale comme un moyen insurrectionnel. Les anarchistes participent aux mouvements sociaux (émeutes, grèves) entre 1917 et 1922 ; *août et sept. 1920* ils ne peuvent transformer les occupations d'usines en mouvement révolutionnaire.

Amérique latine. Cuba, Mexique, Bolivie, Chili, Pérou : à partir de la fin du XIXe s. **Argentine :** essor avec l'arrivée des Italiens Malatesta (1885) et Pietro Gori (1898) ; *mai 1901* création de la Fédération ouvrière régionale argentine (Fora) ; *janv. 1919* participation aux grèves (chantiers métallurgiques de Vasena, « semaine sanglante ») ; *février-mars 1920* grève maritime ; *1921* en Patagonie.

☞ Les *Brigades rouges* en Italie et la *Bande à Baader* en ex-Allemagne fédérale se sont réclamées du marxisme-léninisme et n'avaient aucun point commun avec l'anarchisme.

CAPITALISME

■ **Définition.** Régime économique et social qui s'est constitué dans l'ouest de l'Europe entre la fin du Moyen Age et le XVIIIe s., puis s'est développé à la suite de la « révolution industrielle » anglaise. Expression utilisée par les économistes John Stuart Mill (Anglais, 1806-73) et Karl Marx (voir encadré p. 903 b) et par l'historien Arnold Toynbee (Anglais, 1852-83) et désignant 3 grands changements : 1°) *révolution agricole* (vers 1760) : suppression des vaines pâtures, *open fields,* qui obligeaient les propriétaires terriens à laisser paître dans leurs domaines les bêtes d'autrui (résultat : disparition de l'éleveur non propriétaire terrien ; progrès de la zootechnie : le poids moyen du bétail triple) ; 2°) *révolution démographique* (entre 1751 et 1801) : chute de la mortalité infantile ; multiplication de la main-d'œuvre ; 3°) *révolution manufacturière* (fin du XVIIIe s.) : création de la machine à vapeur (houille), des machines textiles, des hauts fourneaux.

Les bouleversements de la technologie et de l'organisation du travail se traduisent par : la parcellarisation des tâches, une intensification croissante du rythme du travail, des gains de productivité, la concentration et la centralisation des moyens de production et financiers, l'apparition de nouvelles industries, l'énorme augmentation de la production, le développement des services.

En régime capitaliste de marché, *les détenteurs des moyens de production* (terres, mines, usines) – *les capitalistes* – louent, en vue de la réalisation d'un *profit,* le travail d'autres personnes (les salariés) contre un salaire. *Les biens produits font l'objet d'un échange généralisé :* ce sont des marchandises dont les prix sont confrontés sur un *marché* (concurrence). *L'économie* utilise *la monnaie* (moyen de paiement des marchandises et unité qui permet d'exprimer leur prix) ; *le crédit* (source de création de moyens de paiement) y joue un rôle essentiel. *Les capitaux ont une forme :* 1°) *physique* (capital réel : biens matériels qui constituent les moyens de production et d'échange) ; 2°) *monétaire et financière* (valeur de ces biens en unités monétaires et titres juridiques de propriété). *La circulation,* généralisée à l'ensemble de l'économie, a une forme : 1°) *matérielle* (transport et stockage des biens produits) ; 2°) *monétaire et financière* (circulation des moyens de crédit et de paiement, des titres financiers).

☞ Voir aussi **Économie** (définitions), **Finances** (définitions) et **Crises** à l'Index.

■ **Critiques. « Réformistes » :** *les secteurs les moins rentables sont délaissés* même s'ils sont essentiels pour la collectivité (certaines mines, chemins de fer...). *Le système connaît des crises* (qui empêchent une utilisation rationnelle des moyens de production et une croissance régulière de la production) en raison du fonctionnement incontrôlé du marché, de la concurrence et du crédit (source de déséquilibre et de nombreux gaspillages). *Les investissements sociaux sont sacrifiés.* Une intervention croissante de l'État, un développement de la planification, un contrôle plus ou moins important des entreprises par les salariés, etc., sont donc indispensables.

« Révolutionnaires » (voir **Anarchisme** col. a, **Communisme, Marxisme** p. 903 a, **Socialisme** p. 905 a).

■ **Défense.** *Si le capitalisme repose sur un défaut de l'homme, la soif de puissance, qui se traduit par l'appât du gain, cet appât peut être un moteur du progrès.* Si le capitalisme s'intéresse aux secteurs rentables, ceux-ci sont aussi souvent les plus utiles.

Si l'homme est un instrument, c'est un instrument qu'il faut « soigner » pour qu'il fonctionne convenablement : on doit donc lui accorder du repos, un meilleur salaire et lui faciliter ses conditions de travail. Mais il n'est pas qu'un instrument : tout salarié d'une entreprise est, sinon le client de l'entreprise, du moins celui de multiples autres entreprises. Or, pour que le capitalisme « tienne », il faut vendre. Comme les salariés forment l'essentiel des acheteurs, pour qu'ils puissent acheter, il faut leur verser un salaire suffisant. Un État capitaliste ne peut donc négliger le niveau de vie de ses salariés ; sinon, c'est la ruine et la faillite de la chaîne [*objection* des critiques du capitalisme : l'exploitation du prolétariat n'a pas disparu, mais certaines de ses formes ont changé : l'augmentation des salaires, la réduction du temps de travail, etc., ont eu pour contrepartie une augmentation du rendement imposé aux travailleurs ; d'autre part, l'augmentation du niveau de vie (mesuré en valeurs d'usage : quantité de marchandises que les travailleurs peuvent consommer avec leur salaire) n'exclut pas la paupérisation (diminution du nombre d'heures de travail incorporées dans la consommation des salariés) ; cette tendance ne peut être contrecarrée que si la pression des travailleurs permet d'obtenir une élévation du salaire réel au moins égale à celle de la productivité].

Le capitalisme a permis l'industrialisation et le niveau de vie actuel. Cela n'a pas été sans mal pour la classe ouvrière qui a connu famines et misères, mais un autre système eût-il fait mieux et plus rapidement ? Ce n'est pas sûr, si l'on en juge par l'expérience soviétique qui a délibérément sacrifié plusieurs générations et pris plusieurs fois des retards considérables par suite d'erreurs [l'expérience soviétique n'est pas considérée comme probante par certains critiques marxistes pour qui le système instauré en URSS, dans les démocraties populaires et en Chine n'était qu'une variante du mode de production capitaliste (capitalisme d'État) : il s'agissait toujours de sociétés de classes où subsistait l'exploitation du prolétariat (maintien du salariat) et dont le fonctionnement était toujours réglé par la loi de la valeur (voir **Marxisme** ci-dessous), la force de travail y étant achetée en vue de l'extorsion d'une plus-value destinée à valoriser le capital. Dans ces sociétés, les fonctions habituellement assurées par le marché le sont par la planification (un capital social, centralisé, ayant remplacé une multitude de capitaux autonomes), et la gestion du capital est le fait non plus des capitalistes privés, mais d'une « bureaucratie »].

Collectivisme

■ **Principes.** Mise en commun des moyens de production (soit au niveau de la nation en général ou de l'ensemble des travailleurs, soit à un niveau plus restreint : village, communauté d'agriculteurs).

■ **Quelques dates.** **1869** au congrès de Bâle de la Ire Internationale, la tendance collectiviste (Français, Belges, Suisses), hostile au socialisme d'État des marxistes allemands, préconise une collectivisation décentralisée au bénéfice de communautés de travailleurs autonomes pouvant se fédérer. **1879** le congrès ouvrier de Marseille demande « la collectivité du sol, du sous-sol, des instruments de travail, des matières premières ». Par la suite, le socialisme réformiste d'Alexandre Millerand (1859-1943) souhaite la réalisation progressive et légale de la propriété collective des moyens de production.

Communisme

■ Évolution des idées

■ **Antiquité.** **Antisthène** (444-365), **Platon** (428-347) : « la République », et **Diogène** (413-327) préconisent la mise en commun des biens (et des femmes et des enfants) ; ces projets ne concernent qu'une catégorie d'hommes libres au sein d'une société esclavagiste non remise en cause.

■ **De la Renaissance au XIXe s. Les socialistes utopiques.** **Thomas More** (saint anglais, 1478-1535) : « l'Utopie » (1516), **Tommaso Campanella** (moine italien, 1568-1639) : « la Cité du Soleil », **Meslier** (curé français, 1664-1729) : « Mon testament », **Gabriel Bonnot de Mably** (Fr., 1709-85) : « Droit public de l'Europe », **Morelly** (Fr., vers 1717-après 1778) : « Code de la nature » ; communisme « utopique » d'inspiration religieuse ou morale, préconisant l'établissement d'une société égalitaire et sans propriété privée. **Claude-Henri de Rouvray, Cte de Saint-Simon** (Fr., 1760-1825) : « Système industriel ». **Socialistes associationnistes.** **Robert Owen** (Angl., 1771-1858) : crée les coopératives de production et de consommation en 1832, **Charles Fourier** (Fr., 1772-1837) : prévoit des *phalanstères* regroupant harmonieusement les individus, **Louis Blanc** (1811-82) et **Pierre-Joseph Proudhon** (1809-65, en fait anarchiste qui crée en 1848 une Banque du peuple, établissement « mutuelliste » dont s'inspireront plus tard coopératives et sociétés de secours mutuel). **Socialistes d'État.** **Léonard Simond de Sismondi** (Suisse, 1773-1842), **Johann Karl Rodbertus** (All., 1805-75), **Ferdinand Lassalle** (All., 1825-64, qui énonça la *loi d'airain* sur les salaires, selon laquelle le salaire de l'ouvrier ne pourra dépasser le montant minimal dont il a besoin pour survivre), **Charles Dupont-White** (Fr., 1807-78). **Socialistes de la chaire** [expression créée par **Henri-Bernard Oppenheim** (1819-80) au congrès d'Eisenach (Allemagne, 1872) où les professeurs d'université étaient nombreux]. **Gustav Schmoller** (All., 1838-1917), **Adolphe Wagner** (1835-1917). **Chrétiens.** **Félicité de Lamennais** (1782-1854, abbé français qui, désavoué par le pape en 1832, rompit avec l'Église), **Philippe Buchez** (Fr., 1796-1865), **Cte Charles de Coux** (1787-1864). **Courants communistes.** *D'inspiration religieuse* avec **Étienne Cabet** (Fr., 1788-1856) : « Voyage en Icarie » (1840), qui fonde une colonie communiste aux États-Unis (à La Nlle-Orléans), abolition de la propriété privée, fédération de communes ; *Babouviste et jacobin* avec **Albert Laponneraye** (Fr., 1808-48) : « Lettre aux prolétaires » (1833), et **Jean-Jacques Pillot** (Fr., 1809-77) : « Ni châteaux ni chaumières » (1840). *Matérialiste et plus scientifique* avec **Théodore Dézamy** (Fr., ?-1850) : « Code de la communauté » (1842) et **Auguste Blanqui** (Fr., 1805-81) qui précise la notion de lutte des classes et analyse les rapports de classes au niveau de la production, **Armand Barbès** (Fr., 1809-70), **Louis Blanc** (Fr., 1811-82), **Lahautière** (Fr.) : « Petit Catéchisme de la réforme sociale » (1839).

■ **Communisme scientifique.** **Marx** (qui doit beaucoup à Sismondi et Rodbertus), pour qui le socialisme devient inéluctable avec la disparition des classes.

Principes du marxisme. Analyse globale (philosophique, sociale et politique, économique) de l'histoire des sociétés, qui est celle de la lutte des classes. A chaque société correspond un mode de production où les rapports sociaux de production déterminent les superstructures : politiques, juridiques. C'est notamment le cas pour la dernière société apparue, le capitalisme. C'est aussi une théorie du devenir de l'humanité débouchant sur la société sans classes du communisme.

■ **Karl Marx** (All., Trèves 5-5-1818/Londres 14-3-1883). Famille juive aisée, père avocat, converti au protestantisme en 1824. Études de droit à Bonn, de philosophie à Berlin (marqué par Hegel). **1841** doctorat à Iéna (thèse sur Démocrite et Épicure). **1842** dirige le *Rheinische Zeitung* (Cologne). **1843** épouse Jenny von Westphalen (1814-81). Découvre Feuerbach. Son journal étant interdit par la censure, il émigre à Paris avec sa femme. **1844** rencontre *Friedrich Engels* (Allemand, 28-11-1820/5-4-1895), qui l'aidera. **1845** expulsé, rejoint Engels à Bruxelles ; écrivent en collaboration « la Sainte Famille » (1845), « l'Idéologie allemande » (1845-46, exposant pour la 1re fois le matérialisme historique). **1847** publie « Misère de la philosophie » (pamphlet en français contre l'idéalisme de Proudhon). **1848** publie à Londres avec Engels « le Manifeste du parti communiste », programme de la Ligue des communistes, société secrète de propagande révolutionnaire créée à Londres en 1847 ; *-février* expulsé de Belgique après la révolution parisienne ; *-juin* participe à la révolution allemande comme directeur du *Neue Rheinische Zeitung* (Cologne). **1849** *-mai* quitte la Prusse après l'échec de la révolution et se rend à Paris ; *-juillet* expulsé ; *-août* vit à Londres dans la pauvreté, assisté par Engels. Écrit « les Luttes de classes en France » (1850-59), « le 18 Brumaire de Louis-Napoléon Bonaparte » (1852-55), « Critique de l'économie politique » (1859) et « le Capital » (1er vol. 1867 ; 2e et 3e 1885 et 1894, édités à titre posthume par Engels). **1864** prend part à la fondation de la Ire Internationale. **Enfants** : *Jenny* (1844-83) épouse 1872 Charles Longuet (Fr., 1840-1903). *Laura* (née 1845) épouse 1868 Paul Lafargue (socialiste français, né 1842) dont plusieurs enfants morts en bas âge ; se suicident ensemble en 1911. *Edgar* (1847-56). *Guido* (1849-50). *Franziska* (1851-52). *Eleanor* (1856-98), compagne à partir de 1884 d'Eduard Aveling (1851-98, médecin anglais, traducteur du Capital).

Aspects. **Philosophique** (voir col. c et **Matérialisme dialectique** p. 329 a). **Social et politique** (voir col. c et **Socialisme** p. 905 a). **Économique** : selon Marx, le mode de production capitaliste se distingue fondamentalement des différents modes de production antérieurs (communauté primitive, puis sociétés de classes – donc d'exploitation – issues de la décomposition de celles-ci : esclavagisme, féodalité...).

• Les biens ne sont pas produits en fonction de leur utilité immédiate *(valeur d'usage)*, mais en fonction de leur aptitude à être substitués les uns aux autres (mesurée par la *valeur d'échange*, qui fait abstraction de leurs particularités). Une valeur d'usage, pour être reconnue en tant que telle, doit d'abord être reconnue en tant que valeur d'échange. La valeur d'échange des marchandises est mesurée par la quantité (durée et intensité) de travail abstrait (social) que leur production a nécessité.

• La production capitaliste tend (en moyenne) à réduire en permanence le temps de travail nécessaire à la production de chaque valeur d'usage. Il s'ensuit une dépréciation continuelle, en termes de valeur d'échange, des éléments de la production : pour une même quantité de travail, la quantité de valeur d'usage produite augmente. C'est la *loi de la valeur* – ou de l'élévation de la productivité.

• Les rapports de production capitalistes sont caractérisés par une aliénation : les travailleurs – qui ne disposent plus que de leur *force de travail* – sont contraints de vendre (aliéner) l'usage de celle-ci aux capitalistes (qui se sont approprié les *moyens de production* : machines, bâtiments, matières premières...). Ils reçoivent en échange un *salaire* qui leur permet de se procurer les moyens d'existence dont ils ont besoin. Leur force de travail est devenue ainsi une *marchandise*. Ces rapports sont maintenus par la domination des moyens de production *(capital constant)* – détenus par les capitalistes – sur le *travail vivant* (travailleurs salariés vendant leur force de travail) qui permet d'imposer aux travailleurs la discipline du travail et une productivité supérieure.

• La force de travail crée de la valeur ; elle produit une quantité de valeurs d'usage supérieure à celle qui lui est strictement nécessaire pour se maintenir en vie et assurer la production. Les capitalistes s'approprient les résultats de la production. La différence entre le salaire qu'ils versent et la valeur globale des marchandises représente le *surtravail* (ou temps de travail non payé). Celui-ci devient la *plus-value* que s'attribuent les capitalistes.

• Capitalistes et travailleurs (producteurs) sont en lutte permanente à propos du salaire et de la productivité. Pour élever celle-ci, les capitalistes doivent continuellement moderniser le capital constant. Pour cela, ils utilisent la plus grande partie de la plus-value afin d'accroître le capital. Ce mécanisme de l'accumulation *(reproduction élargie)* a pour but, à son tour, d'extraire une plus-value supplémentaire, et ainsi de suite.

• Mais le mouvement du capital – inséparable de la lutte du prolétariat contre son exploitation – engendre ses propres contradictions. D'une part, il entraîne une concentration croissante du capital ; celle-ci renforce l'opposition entre le caractère social (collectif) de la production – qui devrait logiquement aboutir à la propriété collective des moyens de production – et l'appropriation privée de ces mêmes moyens. D'autre part, il détruit les formes d'économie antérieures et accroît ainsi l'importance (quantitative) de la classe (antagoniste) des salariés. En outre, la modernisation des moyens de production implique l'élévation tendancielle de la *composition organique*, du rapport entre le capital constant et le capital variable, élévation qui entraîne une baisse tendancielle du taux de profit. Pour combattre cette baisse, le capital est contraint à une « fuite en avant », chaque étape de l'accumulation créant les besoins d'une accumulation encore plus forte. Ainsi, pour augmenter le *taux d'exploitation* (rapport de la plus-value au capital variable), il faut accroître la productivité, donc élever la composition organique du capital ; celle-ci entraîne à son tour une baisse du taux de profit, et ainsi de suite. Ces efforts du capital pour contrecarrer cette tendance contribuent à aggraver la condition du prolétariat (travailleurs en surnombre et exploitation accrue, se traduisant par une dévalorisation de la force de travail). Les antagonismes se renforcent donc. A terme, le développement de ces contradictions aboutira à une crise plus grave que les précédentes ; le prolétariat s'appropriera alors l'usage des conditions de production pour lui-même. Le prolétariat comprend les salariés qui n'ont que leur salaire pour vivre (à l'opposé des propriétaires de moyens de production ou de moyens d'échange, comme les commerçants). La prolétarisation réduit à l'état de salariés les indépendants (petits exploitants agricoles, artisans, détaillants). C'est le prolétariat qui, dans la société capitaliste, crée la plus-value que s'approprient les capitalistes. La lutte de ces classes conduit nécessairement à la dictature du prolétariat (la classe ouvrière étant seule capable de surmonter les contradictions qui mènent le capitalisme à sa destruction), cette dictature étant une phase transitoire vers le *communisme* (société sans classes qui met fin aux conflits entre l'homme et la nature, l'homme et l'homme, l'individu et l'espèce, l'existence et l'essence, l'objectivation et l'affirmation de soi, la liberté et la nécessité).

☞ Le *lumpenproletariat* (de l'allemand) est la partie la plus misérable du prolétariat, incapable de se révolter.

Société de classes. Selon la thèse avancée notamment par Lewis H. Morgan, puis Marx et Engels, elle serait apparue au néolithique et aurait été précédée par une société sans classes, celle du *communisme primitif.* Plusieurs mouvements d'inspiration chrétienne ont voulu abolir cette société inégalitaire (1420-37) : les *taborites,* en Bohême, plébéiens et paysans de tendance hussite, dirigés par Ziska puis Procope, contre la féodalité et l'Église catholique, qui furent écrasés par bourgeoisie et noblesse ; au XVIe s. (1513-25), les paysans d'Allemagne dirigés par le prédicateur Thomas Münzer (1489-1525), qui furent écrasés par les princes, les Églises et la bourgeoisie coalisés ; au XVIIe s., en Angleterre, le mouvement urbain des *niveleurs* (1646-50), dirigé par John Lilburne (1614-57), Richard Overton (1642-63) et William Walwyn (1600-80) qui réclamaient la souveraineté pour le seul peuple et l'égalité pour les biens et pour les terres.

A la fin du XVIIIe s., *« conspiration des Égaux » babouviste.* **François Noël**, dit **Gracchus Babeuf** (23-11-1760/exécuté 26-5-1797), qui préconisait la production en commun et l'obligation au travail, voulait organiser un mouvement de masse capable de s'emparer du pouvoir (« fondateur du 1er parti communiste agissant », d'après Marx) ; il anima à Paris le journal *le Tribun du peuple* et le club du Panthéon (fermé en février 1796 par Bonaparte), puis agit dans la clandestinité.

■ Principes

■ **Sur le plan économique.** Mise en commun de tous les biens (moyens de production et biens de consommation). Il se distingue donc du *collectivisme* (mise en commun des seuls biens de production), du *socialisme agraire* (mise en commun des terres seules) et du *socialisme d'État* [mise en commun de ce que seul l'intérêt général exige (exemple : ressources énergétiques)].

■ **Sur le plan social.** La part de chacun varie selon les théoriciens : « A chacun selon ses capacités, à chaque capacité selon ses œuvres », dit Saint-Simon. « De chacun selon ses capacités, à chacun selon ses besoins », dit Fourier.

■ **Sur le plan philosophique.** Le communisme a actuellement pour théorie le matérialisme dialectique (voir p. 329 a). En raison de sa position philosophique et sociale (niant parfois la famille ou les droits de l'individu), le communisme est en général rejeté par l'Église catholique. Dans certains pays, celle-ci a pu parvenir à une certaine entente avec le parti communiste (par exemple en Pologne).

■ Grandes dates

■ **1864.** **Ire Internationale** (voir à l'Index). Apparition de *partis socialistes nationaux :* Allemagne 1863-69. *France* 1874-82-90. Danemark 1878. Espagne 1879. P.-Bas 1881. Russie 1883. Belgique et Suède 1885. Norvège 1887. Italie 1891. G.-B. 1893-1900. Suisse 1893. USA 1900, etc.

■ **1917-1928.** **URSS** : prise du pouvoir par le parti bolcheviste en nov. 1917 (voir à l'Index). Création à Moscou de la IIIe Internationale le 2-3-1919 ; organe exécutif : le *Komintern* (voir à l'Index). 1921-28 : NEP (Nouvelle Politique économique) inaugurée par Lénine, qui rétablit provisoirement et partiellement le capitalisme privé.

■ **Le bolchevisme.** A partir de 1900-03, la majorité *(bolchinstvo)* des socialistes russes, groupée derrière Lénine, opposée à la minorité *(menchinstvo)* [groupée derrière Martov (Jouli Ossipovitch Cederbaum, dit, 1873-1929) et Paul Axelrod (1850-1928)], voulait un parti centralisé, composé de révolutionnaires professionnels, et refusait l'adhésion d'éléments *progressistes* bourgeois. En 1912, les bolcheviks s'étaient séparés des mencheviks (les 2 groupes coexistaient au sein du POS-DR, Parti ouvrier social-démocrate de Russie, depuis 1902) et avaient constitué un parti marxiste indépendant qui, vainqueur en oct.-nov. 1917, deviendra en 1918 le parti communiste (mais le mot de bolchevisme sera souvent employé dans un sens polémique pour désigner le communisme russe). Courant doctrinaire du communisme se caractérisant, selon Lénine, par le refus du compromis, l'usage des seuls moyens illégaux, la contestation du parti au nom de la spontanéité des masses. Horner (1873-1960), Estelle Sylvie Pankhurst (1882-1950), Herman Gorter (1864-1927) et Alexandra Kollontaï (1872-1952) furent gauchistes. Aujourd'hui, on englobe souvent sous ce terme *communistes libertaires, maoïstes* et *trotskistes.*

■ **Le léninisme.** Terme utilisé par les adversaires de Lénine en 1903, puis repris notamment par Staline en 1924, Zinoviev en 1925 (et Mao Tsé-toung en 1960) pour désigner les théories de Lénine (Vladimir Ilitch Oulianov, dit, 1870-1924), qui publia : « Le Développement du capitalisme en Russie » (1899), « Que faire ? » (1902), « Matérialisme et Empiriocriticisme » (1909), « l'Impérialisme, stade suprême du capitalisme » (1917), « l'État et la Révolution » (1917), « le Socialisme et la Guerre » (1917), « la Dictature du prolétariat et le renégat Kautsky » (1919), « le Gauchisme, maladie infantile du communisme » (1920).

Principes. Le léninisme, qui se présente comme le développement du marxisme, se caractérise notamment par : l'importance accordée au rôle dirigeant de l'avant-garde, et en particulier du parti, qui doit préparer la révolution prolétarienne et organiser le pouvoir après la conquête de celui-ci (dictature du prolétariat) ; l'importance de l'alliance avec les masses paysannes pour la classe ouvrière révolutionnaire ; l'analyse de l'impérialisme, considéré comme stade ultime du capitalisme avant la révolution prolétarienne. Pour Lénine, l'aggravation des *contradictions internes du capitalisme* devenu monopoliste (entre le capital et le travail, entre les métropoles impérialistes et leurs colonies, entre les capitalismes nationaux) conduit inéluctablement à la guerre mondiale, puis à la révolution qui en résultera. Cette révolution peut ne triompher que dans un seul pays, mais soutiendra ensuite les mouvements de lutte des classes ouvrières nationales et de libération des peuples colonisés contre l'impérialisme.

Avant 1990, le peuple soviétique et le peuple chinois se réclamaient du marxisme-léninisme mais l'interprétaient d'une façon différente.

■ **Trotski** (Lev Davidovitch Bronstein, dit, 1879-1940). Prône, *avant la révolution d'octobre 1917,* la révolution permanente. Partout où la révolution bourgeoise est impossible (pays arriérés et coloniaux), seul le prolétariat – même s'il est très minoritaire – peut, après s'être organisé en parti de classe, entreprendre la lutte révolutionnaire contre la bourgeoisie en entraînant la paysannerie (qui est potentiellement révolutionnaire). La dictature du prolétariat assure la victoire de la révolution socialiste permanente (elle se poursuit par la suite), mais cette révolution ne peut s'achever qu'au niveau mondial. *A partir de 1936,* Trotski analyse notamment le stalinisme (excroissance bureaucratique de l'économie collectiviste dans un État ouvrier arriéré, que la poursuite de la révolution détruira), le fascisme (dernière solution de la bourgeoisie avant la révolution), et élabore une stratégie « de transition » qui constituera le fondement théorique de la IVe Internationale (voir p. 955 a). Trotski publia : « Histoire de la révolution russe » (1932), « la Révolution permanente » (1932), « la Révolution trahie » (1937), « l'École stalinienne de falsification » (1937), « Staline » (1940).

Après la guerre de 1939-45 ses idées furent reprises par la IVe Internationale. Plusieurs courants s'en réclament aussi [Amérique latine : Posadas ; Europe : P. Frank, P. Lambert et G. Healy, et Michaelis Raptis (Grec, 1911-96, dit « Pablo »)]. Le trotskisme influence les expériences chinoise et cubaine. *Depuis 1968,* les mouvements trotskistes se sont développés dans les pays occidentaux, notamment en France (voir p. 776 et suivantes).

Hors d'URSS

■ **1919-38. Allemagne :** le groupe *Spartakus,* avec Karl Liebknecht (13-8-1871/assassiné 15-1-1919) et Rosa Luxemburg (5-3-1870/assassinée 15-1-1919), essaie de prendre le pouvoir à Berlin, mais échoue (répression par Noske, *semaine rouge* du 6 au 11-1-1919). **Hongrie :** action de Béla Kun (1886-exécuté 1937 en URSS pour déviationnisme) du 21-3 au 1-8-1919. **Mongolie extérieure :** victoire du PC en 1924. **Chine :** échec d'un coup de force à Canton (1927). **Création de partis communistes :** *1919* Bulgarie, Norvège ; *1920 France ; 1921* Italie, Chine, Japon. **Interdiction :** Yougoslavie *(1921),* Finlande *(1923),* Bulgarie *(1923).* **1928-40.** Renforcement de la discipline imposée par le Komintern aux PC nationaux. **1936** *participation de certains PC à des fronts populaires :* Espagne (février), France (mai), Chine (mai).

■ **1939**-*23-8* le pacte germano-soviétique, *28-9* le partage de la Pologne et *30-11* la guerre de Finlande déroutent les militants communistes des pays européens. **1941**-*22-6* attaque allemande en Russie, alliance de mouvements de résistance communistes et d'autres tendances dans les pays occupés par l'Allemagne (et par le Japon en Chine). **1943**-*15-5* dissolution du Komintern.

■ **1944-1953. Victoire des partis communistes :** Albanie (1945), Corée (1945), Hongrie (1945), Yougoslavie (1945), Allemagne orientale (août 1946), Roumanie (nov. 1946), Pologne (janv. 1947), Tchécoslovaquie (avril 1948), Chine (1949). **Création du Kominform** (5-10-1947) pour assurer l'unité d'action des PC nationaux sous le contrôle de l'URSS (la Yougoslavie en sort en juin 1948) ; des purges suivent en Hongrie : Rajk exécuté (15-10-1949) ; en Pologne : Gomulka chassé du parti (nov. 1949) ; en Tchécoslovaquie : Slansky exécuté (3-12-1952).

■ **1953-1957.** Après la mort de Staline (5-3-1953) : *détente internationale,* armistice en Corée (1953), en Indochine (1954). **Déstalinisation** progressive amorcée au XXe congrès, le 25-2-1956, quand Khrouchtchev (1894-1971) dénonce à huis clos les crimes de Staline ; le passage au socialisme par la voie légale et parlementaire est admis, ainsi que la collaboration avec les autres partis ouvriers ou socialistes. **Dissolution du Kominform** (17-4-1956). **Victoire des partis communistes :** *Viêt Nam* (1954, Viêt Nam du Nord reconnu), *Cuba* (1959-65). **Soulèvements réprimés :** *Allemagne démocratique,* Berlin-Est (17-6-1953) ; *Pologne,* Poznán (28-6-1956) ; *Hongrie* (23-10/4-11-1956). Mais l'URSS renonce aux contrôles économiques asservissants et négocie.

■ **1957-1973.** *Divergence entre URSS et Chine* (voir à l'Index). Succès d'un courant prochinois en Occident. Création de groupements maoïstes contestataires dans divers pays. Émeutes diverses en 1966. *Intervention soviétique en 1968 en Tchécoslovaquie* lors du « printemps de Prague » (voir à l'Index). *Inde :* en 1958-59, le PC gouverne l'État du Kerala.

■ **1974-1980.** Extension du communisme. **1974-75** *Portugal :* gouvernements procommunistes du Gal Vasco Gonçalves, le PC soutient le Mouvement des forces armées et propose un « grand mouvement unitaire de masse » ; **1975** *Viêt Nam du Sud, Laos, Cambodge ;* **1976** *Angola ;* **1977** *Éthiopie ;* **1978** *Afghanistan.*

■ **1980-90.** Retournement. **1°) Contestations** « feutrées » puis plus véhémentes au sein de différents PC occidentaux (en particulier italien et français), affirmant que chaque pays peut avoir sa propre voie vers le socialisme (eurocommunisme). *Mouvements dissidents en URSS* (milieux intellectuels : Andreï Sakharov, Aleksandr Soljenitsyne, Leonid Pliouchtch, Sergeï Koraliev, Vladimir Boukovski...) et dans plusieurs démocraties populaires ; *en Pologne :* création d'un syndicat indépendant [*Solidarnosc* (Solidarité)], 22-9-1980 ; *en Tchécoslovaquie...* **2°) Après l'arrivée de Gorbatchev au pouvoir,** *glasnost* (transparence) et *perestroïka* (restructuration) entraînent le retrait soviétique d'Afghanistan, le départ des Cubains d'Angola, une remise en cause du régime communiste en Europe de l'Est (rejet des dogmes, des hommes, élections libres).

■ **Après 1990.** Indépendance des pays Baltes, dislocation de l'URSS. Voir chacun de ces pays dans le chapitre **États.**

☞ Parlant du communisme en Hongrie, Imre Poszgay déclara en oct. 1989 : « C'était une impasse. Il enseignait la propriété collective, il a créé la propriété bureaucratique. Toutes les fonctions économiques et sociales ont été remplacées par une coordination bureaucratique. Il a tué l'initiative individuelle et la passivité est devenue le comportement dominant. »

Démocratie

■ **Définition.** Du grec *kratos* et *dêmos,* pouvoir du peuple. S'oppose à l'*aristocratie* (*aristos,* excellent : gouvernement d'une classe privilégiée), la *théocratie* (autorité émanant de Dieu), la *monarchie* (gouvernement d'un seul, du grec *monos,* seul, et *arkhein,* commander) et l'*oligarchie* (gouvernement d'un groupe, de *oligoï,* peu nombreux).

■ **Types. Démocratie directe.** Les citoyens votent directement les principales lois ou principaux règlements (réalisable dans de petits pays, par exemple certains cantons suisses) ; **indirecte :** le peuple délègue des pouvoirs à des élus (députés, sénateurs, etc.).

Démocratie parlementaire. Les ministres sont responsables devant le Parlement (exemples : France, G.-B.). Aux USA, la démocratie n'est pas parlementaire ; les ministres sont responsables devant le Président et non devant le Parlement.

Démocratie chrétienne. Origine : libéralisme catholique (1830-48) de Félicité de Lamennais (1782-1854), Philippe Buchez (1796-1865), Frédéric Ozanam (1813-53), en réaction contre la misère des ouvriers ; **catholicisme social** (1850-60) de Mgr Von Ketteler (1811-77), Albert de Mun (1841-1914), René de La Tour du Pin (1831-1924), qui aide les ouvriers par l'instruction, les cercles ouvriers et les œuvres sociales ; le terme **démocratie chrétienne** (1890-1901) apparut en 1891 après la publication de l'encyclique *Rerum novarum* de Léon XIII sur la condition des ouvriers. Marc Sangnier (1873-1950) prend en 1902 la direction de la revue *le Sillon* (fondée 1894 par Paul Renaudin) et ouvre des cercles d'études (employés, ouvriers, étudiants) dits sillonistes. Marius Gonin (1873-1937) et Adéodat Brissard († 1938) fondent *les Semaines sociales,* le 1-8-1904 ; des abbés deviennent députés (abbés Lemire, Garnier, Naudet, Six). **Principes :** le pouvoir appartient au peuple qui applique les principes chrétiens des Évangiles. **Applications : en France,** avant 1939, 2 partis démocrates-chrétiens : PDP (Parti démocrate populaire) fondé 1924 avec Georges Champetier de Ribes (1882-1947), JR (groupement Jeune république) fondé 1912 avec Marc Sangnier et, en 1944, MRP (Mouvement républicain populaire) ; actuellement, CDS (Centre des démocrates sociaux, puis Force démocrate en 1995 ; voir à l'Index) ; **en Italie,** au pouvoir depuis 1945.

Démocratie populaire. Nom donné (qu'il figure ou non dans leur dénomination) avant 1990 à : Afghanistan, Albanie, Algérie, Allemagne de l'Est, Angola, Bénin, Bulgarie, Chine, Congo, Corée du Nord, Cuba, Hongrie, Laos, Mongolie-Extérieure, Mozambique, Pologne, Roumanie, Sud-Yémen, Tchécoslovaquie, Yougoslavie, Viêt Nam.

Pour ces pays, le peuple ne représentait pas l'ensemble des citoyens, mais le *prolétariat* au nom duquel avait été faite la révolution qui avait donné naissance au régime. Les autres citoyens ne devaient pas s'exprimer (ils étaient des ennemis ou tout au moins des obstacles au bonheur du peuple). Le peuple donnait naissance au parti appelé à le diriger. Le parti était contrôlé par la « base » qui faisait part de ses désirs, transmis par la pyramide des cellules, fédérations, comités, congrès, aux dirigeants qui en appliquaient la synthèse. Il n'y avait pas d'opposition tolérée (s'opposer au parti, c'était s'opposer au peuple). Une liste unique (souvent de coalition) était proposée et obtenait de 90 à 99,99 % des voix.

Droite et gauche

Le 11-9-1789, les défenseurs d'un pouvoir monarchique fort se groupèrent à la droite du président de l'Assemblée nationale constituante. Depuis, les expressions droite et gauche ont vu leur contenu évoluer. Les libéraux de gauche sont devenus la droite sous Louis-Philippe et des idées de gauche ou d'extrême gauche ont été, après un certain temps, inscrites au programme de la droite dont les différents groupes ont souvent adopté un langage « révolutionnaire ».

Fascisme

De l'italien *fascio,* faisceau. Nom du régime établi par Benito Mussolini (1883-1945) en Italie (de 1922 à 45), reposant sur la dictature d'un parti unique, le corporatisme et le nationalisme. Il rejetait la croyance dans le progrès, la démocratie, le pacifisme, et cultivait l'obéissance au chef du parti, Mussolini, « le *Duce* qui a toujours raison ».

Aujourd'hui, le qualificatif *fasciste* est employé le plus souvent pour fustiger racisme, totalitarisme, impérialisme ou des procédés comme le recours à la terreur, la restriction de certaines libertés, etc.

Libéralisme

■ **Origine.** Au XVIIIe s. un courant apparaît : philosophes (Voltaire, Diderot...) et *physiocrates* français (Quesnay, Gournay...). Au XIXe s. se forme l'école économique libérale classique représentée par les Anglais Adam Smith (1723-90), Thomas Robert Malthus (1766-1834), David Ricardo (1772-1823), John Stuart Mill (1806-73), et par les Français Jean-Baptiste Say (1767-1832) et Frédéric Bastiat (1801-50). En France, depuis l'instauration de la IIIe République, des formations politiques, de droite ou de gauche, se sont réclamées du libéralisme.

■ **Principes.** Courant philosophique, politique et économique recouvrant des tendances de diverses origines et au contenu variable selon les époques. Sur le plan politique, le libéralisme défend les droits de l'individu à l'intérieur de la société, face notamment à l'État dont les pouvoirs doivent être limités. Dans le domaine économique, le libéralisme est partisan de la libre entreprise et de la concurrence, l'intervention de l'État, lorsqu'elle est considérée comme nécessaire, ayant pour seul rôle de corriger les abus des « lois du marché ».

Maoïsme

■ **Origine.** Doctrine des partisans de Mao Tsé-toung (1893-1976), qui publia : « Problèmes stratégiques de la guerre révolutionnaire en Chine » (1936), « De la pratique » (1937), « Des contradictions » (1937), « la Démocratie nouvelle » (1940), traités et textes de circonstance ; « le Petit Livre rouge », censé exprimer sa pensée, a été composé et publié par le Mal Lin Biao (1908-71), ministre de la Défense, dans les années 1960.

■ **Principes.** Se présente comme le développement du marxisme-léninisme, en fonction de la révolution chinoise. Ses partisans accusaient les « révisionnistes soviétiques » : **1°)** de trahir les luttes de libération nationale des peuples du tiers-monde en ne les soutenant pas dans leur combat contre l'impérialisme américain sous le prétexte de vouloir maintenir la coexistence pacifique. **2°)** D'avoir une politique « social-impérialiste », notamment vis-à-vis des pays de l'Europe orientale (invasion de la Tchécoslovaquie). **3°)** De restaurer le capitalisme en URSS en y réinstallant la notion de profit.

Pour le maoïsme, adepte de la « révolution permanente » (exemple : la « révolution culturelle » chinoise de 1966-69), il faut lutter sans cesse contre l'embourgeoisement du parti et transformer les mentalités du peuple, notamment par la lutte idéologique, afin d'améliorer la production (importance des stimulants idéologiques).

« Aussi longtemps que la lutte de classes continue, dans l'ordre spirituel aussi bien que matériel, le danger de restauration capitaliste subsiste, et par conséquent la dictature du prolétariat doit être maintenue. La victoire complète du socialisme n'est pas l'affaire de 1 ou de 2 générations ; pour être définitive, elle exige 5 ou 6 générations, voire davantage. »

■ **Applications.** A influencé différents partis communistes, notamment ceux d'Asie du Sud-Est et une partie de l'extrême gauche occidentale (France, Italie...).

NATIONAL-SOCIALISME

■ **Origine.** Doctrine composite exposée en 1920 par l'ouvrier *Anton Drexler* (1884-1942), puis par *Adolf Hitler* (1889-1945) dans « Mein Kampf » (1925-27), reposant sur : un État autoritaire [*Johann Gottlieb Fichte* (1762-1814), *Friedrich Hegel* (1770-1831), *Bismarck* (1815-98)] ; une nation jugée supérieure (gardant « pure » sa race, en rejetant notamment les Juifs) ; le recours à la guerre et à la violence (culte de la force).

■ **Applications.** Hitler négligea l'aspect socialiste de la doctrine, il s'en tint à la lutte contre le marxisme, « générateur de conflits sociaux », les Juifs, « exploiteurs », et le parlementarisme, « source de faiblesse », à la planification autarcique et au combat pour « l'espace vital » en Europe. L'abréviation *nazi*, désignant les partisans du national-socialisme, est très utilisée comme injure politique.

NIHILISME

■ **Origine.** Du latin *nihil*, rien. Apparu en Russie après l'échec des réformes d'Alexandre III (1845-94), il voulait repartir sur des bases neuves, à la lumière des sciences nouvelles et en balayant toutes les idées acquises. Souvent confondu avec l'anarchisme. **Principaux nihilistes.** *Nicolaï Dobrolioubov* (1836-61), *Dimitri Pissarev* (1841-68), *Nicolaï Tchernychevski* (1828-89).

PROGRESSISME

Professe des idées politiques ou sociales avancées. De 1893 à 1914, l'Union progressiste désirait être en dehors de toute idéologie et faire progresser le régime en matière économique et sociale. Aujourd'hui, les progressistes défendent souvent des idées soutenues par les marxistes.

RADICALISME

État d'esprit plutôt que doctrine immuable, demandant une rupture avec les institutions passées. Le radicalisme a beaucoup évolué dans la vie politique française. Les radicaux ont combattu pour le suffrage universel et les grands principes des droits de l'homme. Les radicaux-socialistes ont mis l'accent sur les réformes sociales tandis que d'autres radicaux ont pu se rapprocher des républicains modérés en prônant le libéralisme.

SOCIALISME

☞ **Applications :** le socialisme recouvre (ou a recouvert) des réalisations diverses [les Républiques populaires, les États scandinaves (sauf la Finlande) qui se sont dits socialistes ; les États fascistes et nazis (socialismes nationaux)] et des doctrines souvent opposées quant à leurs objectifs et à leurs moyens. Le socialisme a pu être « de gauche » ou modéré (par exemple la social-démocratie allemande ou scandinave).

• *La plupart des partis socialistes des pays développés* (Europe occidentale, Australie, Nlle-Zélande), plus ou moins réformistes, insistent sur la lutte progressive contre les inégalités économiques et sociales et les défauts du capitalisme de marché. Ils préconisent des mesures sociales et fiscales, des nationalisations, la planification, la réforme ou la transformation légale de l'État, le respect de la démocratie pluraliste, le soutien au mouvement coopératif...

• *Le camp dit socialiste,* avant 1990, comprenait l'URSS et diverses républiques dites socialistes (Europe de l'Est, certains pays du tiers-monde), la Chine. Un parti unique se réclamant du marxisme-léninisme détenait le pouvoir. Selon la thèse officielle, le maintien de l'État – devenu socialiste – correspondait à la phase de dictature du prolétariat. Pour la Yougoslavie, voir à l'Index.

• *Certains pays du tiers-monde* se sont réclamé d'un socialisme « adapté à leurs particularités ».

TOTALITAIRE (RÉGIME)

Régime où une équipe dirigeante et une organisation monolithique (parti de masse) détiennent tous les pouvoirs. L'opposition est privée d'existence légale. Étaient totalitaires les régimes fasciste, national-socialiste et communiste.

DROITS DE L'HOMME

■ **Quelques dates. 1215** Angleterre, la *Magna Carta* (grande charte) promulguée par Jean sans Terre définit les libertés. **1530** Francisco de Vilona reconnaît aux « Indiens » le droit de ne pas être soumis à l'esclavage. **1679** Angleterre, l'*Habeas corpus :* (« Que tu aies ton corps ») consacre le respect de la personne humaine en interdisant toute arrestation ou détention abusives. **1689** confirmé par le *Bill of Rights.* **1787** Constitution américaine comprenant une Déclaration des droits de l'homme. **1788**-*1-5* France, torture abolie par déclaration royale. **1789** France, Déclaration des droits de l'homme et du citoyen. **1794** esclavage et traite des Noirs abolis en France (rétablis 1802, abolis 1848). **1833** esclavage et traite des Noirs interdits dans colonies anglaises. **1898** France, Ligue des droits de l'homme créée. **1923** la Société des Nations distingue les droits de l'enfant de ceux de l'adulte. **1942** Charte de l'Atlantique : instaure le principe d'autodétermination des peuples. **1945** tribunal de Nuremberg : 1re cour internationale appelée à juger des crimes contre l'humanité. Charte des Nations unies : naissance de l'Onu. **1948**-*10-12* Déclaration universelle des droits de l'homme signée par les 48 États membres de l'Onu. **1950** Convention européenne de sauvegarde des droits de l'homme et des libertés fondamentales, Commission et Cour de justice créées. **1965** Convention internationale contre la discrimination raciale, adoptée par Onu. **1975** Conférence d'Helsinki sur la sécurité et la coopération en Europe : fait du respect des droits de l'homme une composante des relations internationales. **1984** Convention internationale contre la torture, les traitements inhumains ou dégradants. **1986** Charte africaine des droits de l'homme adoptée par l'OUA et ratifiée par 42 États. **1989** Convention des droits de l'enfant de l'Onu.

TEXTES

☞ **Déclaration des droits de l'homme et du citoyen du 26 août 1789** (voir p. 726 b).

DÉCLARATION DES DROITS DE L'HOMME ET DU CITOYEN DU 24 JUIN 1793

■ **Origine.** La Constitution de l'an I (24-6-1793) est précédée d'une nouvelle déclaration (35 articles).

■ **Texte.** Le peuple français, convaincu que l'oubli et le mépris des droits naturels de l'homme sont les seules causes des malheurs du monde, a résolu d'exposer dans une déclaration solennelle ces droits sacrés et inaliénables, afin que tous les citoyens, pouvant comparer sans cesse les actes du gouvernement avec le but de toute institution sociale, ne se laissent jamais opprimer, avilir par la tyrannie ; afin que le peuple ait toujours devant les yeux les bases de sa liberté et de son bonheur ; le magistrat la règle de ses devoirs ; le législateur l'objet de sa mission. – En conséquence, il proclame, en présence de l'Être suprême, la déclaration suivante des droits de l'homme et du citoyen.

Article 1er : Le but de la société est le bonheur commun. Le gouvernement est institué pour garantir à l'homme la jouissance de ses droits naturels et imprescriptibles. **2 :** Ces droits sont l'égalité, la liberté, la sûreté, la propriété. **3 :** Tous les hommes sont égaux par la nature et devant la loi. **4 :** La loi est l'expression libre et solennelle de la volonté générale ; elle est la même pour tous, soit qu'elle protège, soit qu'elle punisse ; elle ne peut ordonner que ce qui est juste et utile à la société ; elle ne peut défendre que ce qui lui est nuisible. **5 :** Tous les citoyens sont également admissibles aux emplois publics. Les peuples libres ne connaissent d'autres motifs de préférence, dans leurs élections, que les vertus et les talents. **6 :** La liberté est le pouvoir qui appartient à l'homme de faire tout ce qui ne nuit pas aux droits d'autrui : elle a pour principe la nature ; pour règle la justice ; pour sauvegarde la loi ; sa limite morale est dans cette maxime : *Ne fais pas à un autre ce que tu ne veux pas qu'il te soit fait.* **7 :** Le droit de manifester sa pensée et ses opinions, soit par la voie de la presse, soit de toute autre manière, le droit de s'assembler paisiblement, le libre exercice des cultes ne peuvent être interdits. – La nécessité d'énoncer ces droits suppose ou la présence ou le souvenir récent des despotismes. **8 :** La sûreté consiste dans la protection accordée par la société à chacun de ses membres pour la conservation de sa personne, de ses droits et de ses propriétés. **9 :** La loi doit protéger la liberté publique et individuelle contre l'oppression de ceux qui gouvernent.

10 : Nul ne doit être accusé, arrêté ni détenu, que dans les cas déterminés par la loi et selon les formes qu'elle a prescrites. Tout citoyen, appelé ou saisi par l'autorité de la loi, doit obéir à l'instant ; il se rend coupable par la résistance. **11 :** Tout acte exercé contre un homme, hors des cas et sans les formes que la loi détermine, est arbitraire et tyrannique ; celui contre lequel on voudrait l'exécuter par la violence a le droit de le repousser par la force. **12 :** Ceux qui solliciteraient, expédieraient, signeraient, exécuteraient ou feraient exécuter des actes arbitraires sont coupables, et doivent être punis. **13 :** Tout homme étant présumé innocent jusqu'à ce qu'il ait été déclaré coupable, s'il est jugé indispensable de l'arrêter, toute rigueur qui ne serait pas nécessaire pour s'assurer de sa personne doit être sévèrement réprimée par la loi. **14 :** Nul ne doit être jugé et puni qu'après avoir été entendu ou légalement appelé, et qu'en vertu d'une loi promulguée antérieurement au délit. La loi qui punirait les délits commis avant qu'elle existât serait une tyrannie ; l'effet rétroactif donné à la loi serait un crime. **15 :** La loi ne doit décerner que des peines strictement et évidemment nécessaires : les peines doivent être proportionnées au délit et utiles à la société. **16 :** Le droit de la propriété est celui qui appartient à tout citoyen de jouir et de disposer à son gré de ses biens, de ses revenus, du fruit de son travail et de son industrie. **17 :** Nul genre de travail, de culture, de commerce, ne peut être interdit à l'industrie des citoyens. **18 :** Tout homme peut engager ses services, son temps ; mais il ne peut se vendre, ni être vendu ; sa personne n'est pas une propriété aliénable. La loi ne reconnaît point de domesticité ; il ne peut exister qu'un engagement de soins et de reconnaissance, entre l'homme qui travaille et celui qui l'emploie. **19 :** Nul ne peut être privé de la moindre portion de sa propriété sans son consentement, si ce n'est lorsque la nécessité publique légalement constatée l'exige, et sous la condition d'une juste et préalable indemnité.

20 : Nulle contribution ne peut être établie que pour l'unité générale. Tous les citoyens ont le droit de concourir à l'établissement des contributions, d'en surveiller l'emploi, et de s'en faire rendre compte. **21 :** Les secours publics sont une dette sacrée. La société doit la subsistance aux citoyens malheureux, soit en leur procurant du travail, soit en assurant les moyens d'exister à ceux qui sont hors d'état de travailler. **22 :** L'instruction est le besoin de tous. La société doit favoriser de tout son pouvoir les progrès de la raison publique, et mettre l'instruction à la portée de tous les citoyens. **23 :** La garantie sociale consiste dans l'action de tous, pour assurer à chacun la jouissance et la conservation de ses droits ; cette garantie repose sur la souveraineté nationale. **24 :** Elle ne peut exister, si les limites des fonctions publiques ne sont pas clairement déterminées par la loi, et si la responsabilité de tous les fonctionnaires n'est pas assurée. **25 :** La souveraineté réside dans le peuple ; elle est une, indivisible, imprescriptible et inaliénable. **26 :** Aucune portion du peuple ne peut exercer la puissance du peuple entier : mais chaque section du souverain assemblée doit jouir du droit d'exprimer sa volonté avec une entière liberté. **27 :** Que tout individu qui usurperait la souveraineté soit à l'instant mis à mort par les hommes libres. **28 :** Un peuple a toujours le droit de revoir, de réformer et de changer sa Constitution. Une génération ne peut assujettir à ses lois les générations futures. **29 :** Chaque citoyen a un droit égal de concourir à la formation de la loi et à la nomination de ses mandataires ou de ses agents.

30 : Les fonctions publiques sont essentiellement temporaires : elles ne peuvent être considérées comme des distinctions ni comme des récompenses, mais comme des devoirs. **31 :** Les délits des mandataires du peuple et de ses agents ne doivent jamais être impunis. Nul n'a le droit de se prétendre plus inviolable que les autres citoyens. **32 :** Le droit de présenter des pétitions aux dépositaires de l'autorité publique ne peut, en aucun cas, être interdit, suspendu ni limité. **33 :** La résistance à l'oppression est la conséquence des autres droits de l'homme. **34 :** Il y a oppression contre le corps social lorsqu'un seul de ses membres est opprimé. Il y a oppression contre chaque membre lorsque le corps social est opprimé. **35 :** Quand le gouvernement viole les droits du peuple, l'insurrection est, pour le peuple et pour chaque portion du peuple, le plus sacré des droits et le plus indispensable des devoirs.

DÉCLARATION DES DROITS ET DES DEVOIRS DU 5 FRUCTIDOR AN III (1795)

■ **Origine.** L'acte constitutionnel du 5 fructidor an III (22-8-1795) décrété par la Convention est précédé d'une nouvelle déclaration des droits et des devoirs de l'homme, plus modérée car votée après la chute de Robespierre le 9 thermidor. Les nouveaux droits de 1793 sont supprimés, ceux de 1789 réduits dans leur portée ou disparaissent. Apparition de devoirs : « Nul n'est bon citoyen s'il n'est bon fils, bon père, bon frère, bon ami, bon époux. »

■ **Texte.** Le peuple français proclame, en présence de l'Être suprême, la déclaration suivante des droits et des devoirs de l'homme et du citoyen.

Droits. Article 1er : Les droits de l'homme en société sont la liberté, l'égalité, la sûreté, la propriété. **2 :** La liberté consiste à pouvoir faire ce qui ne nuit pas aux droits d'autrui. **3 :** L'égalité consiste en ce que la loi est la même pour tous, soit qu'elle protège, soit qu'elle punisse. L'égalité n'admet aucune distinction de naissance, aucune hérédité de pouvoir. **4 :** La sûreté résulte du concours de tous pour assurer les droits de chacun. **5 :** La propriété est le droit de jouir et de disposer de ses biens, de ses revenus, du fruit de son travail et de son industrie. **6 :** La loi est la volonté générale, exprimée par la majorité générale des citoyens ou de leurs représentants. **7 :** Ce qui n'est pas défendu par la loi ne peut être empêché. Nul ne peut être contraint de faire ce qu'elle n'ordonne pas. **8 :** Nul ne peut être appelé en justice, accusé, arrêté ni détenu, que dans les cas déterminés par la loi, et selon les formes qu'elle a prescrites. **9 :** Ceux qui sollicitent, expédient, signent, exécutent ou font exécuter des actes arbitraires sont coupables et doivent être punis. **10 :** Toute rigueur qui ne serait pas nécessaire pour s'assurer de la personne d'un prévenu doit être sévèrement réprimée par la loi. **11 :** Nul ne peut être jugé qu'après avoir été entendu ou légalement appelé. **12 :** La loi ne doit décerner que des peines strictement nécessaires et proportionnées au délit. **13 :** Tout traitement qui aggrave la peine déterminée par la loi est un crime. **14 :** Aucune loi, ni criminelle, ni civile, ne peut avoir d'effet rétroactif. **15 :** Tout homme peut engager son temps et ses services, mais il ne peut se vendre ni être vendu ; sa personne n'est pas une propriété aliénable. 16 : Toute contribution est établie pour l'utilité générale ; elle doit être répartie entre les contribuables en raison de leurs facultés. 17 : La souveraineté réside essentiellement dans l'universalité des citoyens. 18 : Nul individu, nulle réunion partielle de citoyens ne peut s'attribuer la souveraineté. 19 : Nul ne peut, sans une délégation légale, exercer aucune autorité, ni remplir aucune fonction publique. 20 : Chaque citoyen a un droit égal de concourir, immédiatement ou médiatement, à la formation de la loi, à la nomination des représentants du peuple et des fonctionnaires publics. 21 : Les fonctions publiques ne peuvent devenir la propriété de ceux qui les exercent. 22 : La garantie sociale ne peut exister si la division des pouvoirs n'est pas établie, si leurs limites ne sont pas fixées, et si la responsabilité des fonctionnaires publics n'est pas assurée.

Devoirs. Article 1er : La déclaration des droits contient les obligations des législateurs : le maintien de la société demande que ceux qui la composent connaissent et remplissent également leurs devoirs. 2 : Tous les devoirs de l'homme et du citoyen dérivent de ces deux principes, gravés par la nature dans tous les cœurs : – Ne faites pas à autrui ce que vous ne voudriez pas qu'on vous fît. – Faites constamment aux autres le bien que vous voudriez en recevoir. 3 : Les obligations de chacun envers la société consistent à la défendre, à la servir, à vivre soumis aux lois, et à respecter ceux qui en sont les organes. 4 : Nul n'est bon citoyen s'il n'est bon fils, bon frère, bon ami, bon époux. 5 : Nul n'est homme de bien, s'il n'est franchement et religieusement observateur des lois. 6 : Celui qui viole ouvertement les lois se déclare en état de guerre avec la société. 7 : Celui qui, sans enfreindre les lois, les élude par ruse ou par adresse, blesse les intérêts de tous ; il se rend indigne de leur bienveillance et de leur estime. 8 : C'est sur le maintien des propriétés que reposent la culture des terres, toutes les productions, tout moyen de travail et tout l'ordre social. 9 : Tout citoyen doit ses services à la patrie et au maintien de la liberté, de l'égalité et de la propriété, toutes les fois que la loi l'appelle à les défendre.

☞ **Préambule de la Constitution** (voir p. 726 c).

Charte internationale des droits de l'homme

Se compose de 5 textes :

■ **La Déclaration universelle des droits de l'homme.** N'a pas la forme d'une convention internationale conclue sous les auspices des Nations unies, mais celle d'une simple résolution adoptée par l'Assemblée générale le 10-12-1948 à Paris au palais de Chaillot, lors de la 3e session (sept.-déc. 1948) par 48 voix avec 8 abstentions (2 absents : Honduras, Yémen). Le texte avait été rédigé par le Français René Cassin (1887-1976). Juridiquement, elle n'a qu'une force morale, mais son influence, considérable, n'a cessé de s'accroître.

■ **Deux pactes internationaux.** Destinés à donner une forme juridiquement obligatoire aux droits reconnus dans la Déclaration universelle des droits de l'homme.

Pacte international relatif aux droits économiques, sociaux et culturels (entré en vigueur le 3-1-1976). *États parties* (au 15-3-1993) : 119 (pour lesquels ratifications et adhésions sont entrées en vigueur après expiration du délai de 3 mois prévu par les Pactes et le Protocole) ; ils s'engagent à assurer progressivement le plein exercice des droits reconnus dans le Pacte, et à présenter des rapports sur les mesures adoptées et les progrès accomplis (examinés par le Conseil économique et social).

Pacte international relatif aux droits civils et politiques (entré en vigueur le 23-3-1976). *États parties* (au 15-3-1993) : 116, qui s'engagent à respecter et à garantir, à tous les individus se trouvant sur leur territoire, les droits reconnus dans ce Pacte, et à présenter des rapports sur les mesures adoptées (examinés par un Comité des droits de l'homme composé de 18 personnes).

■ **Protocole facultatif se rapportant au Pacte international relatif aux droits civils et politiques** (entré en vigueur le 23-3-1976). Le Comité des droits de l'homme a compétence pour recevoir et examiner les communications émanant de particuliers qui relèvent de la juridiction d'un État partie au Protocole et qui prétendent être victimes d'une violation par cet État de l'un des droits énoncés dans le Pacte. 67 *États parties* (au 15-3-1993).

■ **2e protocole facultatif se rapportant au Pacte international relatif aux droits civils et politiques** visant à abolir la peine de mort, adopté 15-12-1989, entré en vigueur le 11-7-1991. 17 *États parties* (au 15-3-1993).

Déclaration universelle des droits de l'homme (adoptée à Paris le 10-12-1948)

■ **Texte. Préambule.** *Considérant* que la reconnaissance de la dignité inhérente à tous les membres de la famille humaine et de leurs droits égaux et inaliénables constitue le fondement de la liberté, de la justice et de la paix dans le monde ;

Considérant que la méconnaissance et le mépris des droits de l'homme ont conduit à des actes de barbarie qui révoltent la conscience de l'humanité et que l'avènement d'un monde où les êtres humains seront libres de parler et de croire, libérés de la terreur et de la misère, a été proclamé comme la plus haute aspiration de l'homme ;

Considérant qu'il est essentiel que les droits de l'homme soient protégés par un régime de droit pour que l'homme ne soit pas contraint, en suprême recours, à la révolte contre la tyrannie et l'oppression ;

Considérant qu'il est essentiel d'encourager le développement de relations amicales entre nations ;

Considérant que dans la Charte les peuples des Nations unies ont proclamé à nouveau leur foi dans les droits fondamentaux de l'homme, dans la dignité et la valeur de la personne humaine, dans l'égalité des droits des hommes et des femmes, et qu'ils se sont déclarés résolus à favoriser le progrès social et à instaurer de meilleures conditions de vie dans une liberté plus grande ;

Considérant que les États membres se sont engagés à assurer, en coopération avec l'Organisation des Nations unies, le respect universel et effectif des droits de l'homme et des libertés fondamentales ;

Considérant qu'une conception commune de ces droits et libertés est de la plus haute importance pour remplir pleinement cet engagement ;

L'Assemblée générale proclame la présente Déclaration universelle des droits de l'homme comme l'idéal commun à atteindre par tous les peuples et toutes les nations afin que tous les individus et tous les organes de la société, ayant cette Déclaration constamment à l'esprit, s'efforcent, par l'enseignement et l'éducation, de développer le respect de ces droits et libertés et d'en assurer, par des mesures progressives d'ordre national et international, la reconnaissance et l'application universelles et effectives, tant parmi les populations des États membres eux-mêmes que parmi celles des territoires placés sous leur juridiction.

Article 1er : Tous les êtres humains naissent libres et égaux en dignité et en droits. Ils sont doués de raison et de conscience et doivent agir les uns envers les autres dans un esprit de fraternité.

2 : Chacun peut se prévaloir de tous les droits et de toutes les libertés proclamés dans la présente Déclaration, sans distinction aucune, notamment de race, de couleur, de sexe, de langue, de religion, d'opinion politique ou de toute autre opinion, d'origine nationale ou sociale, de fortune, de naissance ou de toute autre situation. De plus, il ne sera fait aucune distinction fondée sur le statut politique, juridique ou international du pays ou du territoire dont une personne est ressortissante, que ce pays ou territoire soit indépendant, sous tutelle, non autonome ou soumis à une limitation quelconque de souveraineté.

3 : Tout individu a droit à la vie, à la liberté et à la sûreté de sa personne.

4 : Nul ne sera tenu en esclavage ni en servitude ; l'esclavage et la traite des esclaves sont interdits sous toutes leurs formes.

5 : Nul ne sera soumis à la torture, ni à des peines ou traitements cruels, inhumains ou dégradants.

6 : Chacun a le droit à la reconnaissance en tous lieux de sa personnalité juridique.

7 : Tous sont égaux devant la loi et ont droit sans distinction à une égale protection de la loi. Tous ont droit à une protection égale contre toute discrimination qui violerait la présente Déclaration et contre toute provocation à une telle discrimination.

8 : Toute personne a droit à un recours effectif devant les juridictions nationales compétentes contre les actes violant les droits fondamentaux qui lui sont reconnus par la Constitution ou par la loi.

9 : Nul ne peut être arbitrairement arrêté, détenu ou exilé.

10 : Toute personne a droit, en pleine égalité, à ce que sa cause soit entendue équitablement et publiquement par un tribunal indépendant et impartial, qui décidera, soit de ses droits et obligations, soit du bien-fondé de toute accusation en matière pénale dirigée contre elle.

11 : **(1)** Toute personne accusée d'un acte délictueux est présumée innocente jusqu'à ce que sa culpabilité ait été légalement établie au cours d'un procès public où toutes les garanties nécessaires à sa défense lui auront été assurées. **(2)** Nul ne sera condamné pour des actions ou omissions qui, au moment où elles ont été commises, ne constituaient pas un acte délictueux d'après le droit national ou international. De même, il ne sera infligé aucune peine plus forte que celle qui était applicable au moment où l'acte délictueux a été commis.

12 : Nul ne sera l'objet d'immixtions arbitraires dans sa vie privée, sa famille, son domicile ou sa correspondance, ni d'atteintes à son honneur et à sa réputation. Toute personne a droit à la protection de la loi contre de telles immixtions ou de telles atteintes.

13 : **(1)** Toute personne a le droit de circuler librement et de choisir sa résidence à l'intérieur d'un État. **(2)** Toute personne a le droit de quitter tout pays, y compris le sien, et de revenir dans son pays.

14 : **(1)** Devant la persécution, toute personne a le droit de chercher asile et de bénéficier de l'asile en d'autres pays. **(2)** Ce droit ne peut être invoqué dans le cas de poursuites réellement fondées sur un crime de droit commun ou sur des agissements contraires aux buts et aux principes des Nations unies.

15 : **(1)** Tout individu a droit à une nationalité. **(2)** Nul ne peut être arbitrairement privé de sa nationalité, ni du droit de changer de nationalité.

16 : **(1)** A partir de l'âge nubile, l'homme et la femme, sans aucune restriction quant à la race, la nationalité ou la religion, ont le droit de se marier et de fonder une famille. Ils ont des droits égaux au regard du mariage, durant le mariage et lors de sa dissolution. **(2)** Le mariage ne peut être conclu qu'avec le libre et plein consentement des époux. **(3)** La famille est l'élément fondamental de la société et a droit à la protection de la société et de l'État.

17 : **(1)** Toute personne, aussi bien seule qu'en collectivité, a droit à la propriété. **(2)** Nul ne peut être arbitrairement privé de sa propriété.

18 : Toute personne a droit à la liberté de pensée, de conscience et de religion ; ce droit implique la liberté de changer de religion ou de conviction ainsi que la liberté de manifester sa religion ou sa conviction seule ou en commun, tant en public qu'en privé, par l'enseignement, les pratiques, le culte et l'accomplissement des rites.

19 : Tout individu a droit à la liberté d'opinion et d'expression, ce qui implique le droit de ne pas être inquiété pour ses opinions et celui de chercher, de recevoir et de répandre, sans considérations de frontières, les informations et les idées par quelque moyen d'expression que ce soit.

20 : **(1)** Toute personne a droit à la liberté de réunion et d'association pacifiques. **(2)** Nul ne peut être obligé de faire partie d'une association.

21 : **(1)** Toute personne a le droit de prendre part à la direction des affaires publiques de son pays, soit directement, soit par l'intermédiaire de représentants librement choisis. **(2)** Toute personne a droit à accéder, dans des conditions d'égalité, aux fonctions publiques de son pays. **(3)** La volonté du peuple est le fondement de l'autorité des pouvoirs publics ; cette volonté doit s'exprimer par des élections honnêtes, qui doivent avoir lieu périodiquement, au suffrage universel égal et au vote secret ou suivant une procédure équivalente assurant la liberté du vote.

22 : Toute personne en tant que membre de la société a droit à la sécurité sociale ; elle est fondée à obtenir la satisfaction des droits économiques, sociaux et culturels indispensables à sa dignité et au libre développement de sa personnalité, grâce à l'effort national et à la coopération internationale, compte tenu de l'organisation et des ressources de chaque pays.

23 : **(1)** Toute personne a droit au travail, au libre choix de son travail, à des conditions équitables et satisfaisantes de travail et à la protection contre le chômage. **(2)** Tous ont droit, sans aucune discrimination, à un salaire égal pour un travail égal. **(3)** Quiconque travaille a droit à une rémunération équitable et satisfaisante lui assurant ainsi qu'à sa famille une existence conforme à la dignité humaine et complétée, s'il y a lieu, par tous autres moyens de protection sociale. **(4)** Toute personne a le droit de fonder avec d'autres des syndicats et de s'affilier à des syndicats pour la défense de ses intérêts.

24 : Toute personne a droit au repos et aux loisirs et notamment à une limitation raisonnable de la durée du travail et à des congés payés périodiques.

25 : **(1)** Toute personne a droit à un niveau de vie suffisant pour assurer sa santé, son bien-être et ceux de sa famille, notamment pour l'alimentation, l'habillement, le logement, les soins médicaux, ainsi que pour les services sociaux nécessaires ; elle a droit à la sécurité en cas de chômage, de maladie, d'invalidité, de veuvage, de vieillesse, ou dans les autres cas de perte de ses moyens de subsistance par suite de circonstances indépendantes de sa volonté. **(2)** La maternité et l'enfance ont droit à une aide et à une assistance spéciales. Tous les enfants, qu'ils soient nés dans le mariage ou hors mariage, jouissent de la même protection sociale.

26 : **(1)** Toute personne a droit à l'éducation. L'éducation doit être gratuite, au moins en ce qui concerne l'enseignement élémentaire et fondamental. L'enseignement élémentaire est obligatoire. L'enseignement technique et professionnel doit être généralisé ; l'accès aux études supérieures doit être ouvert en pleine égalité à tous en fonction de leur mérite. **(2)** L'éducation doit viser au plein épanouissement de la personnalité humaine et au renforcement du respect des droits de l'homme et des libertés fondamentales. Elle doit favoriser la compréhension, la tolérance et l'amitié entre toutes les nations et tous les groupes raciaux ou religieux, ainsi que le développement des activités des Nations unies pour le maintien de la paix. **(3)** Les parents ont par priorité le droit de choisir le genre d'éducation à donner à leurs enfants.

27 : **(1)** Toute personne a le droit de prendre part librement à la vie culturelle de la communauté, de jouir des arts et de participer au progrès scientifique et aux bienfaits qui en résultent. **(2)** Chacun a droit à la protection des intérêts moraux et matériels découlant de toute production scientifique, littéraire ou artistique dont il est l'auteur.

28 : Toute personne a droit à ce que règne sur le plan social et sur le plan international un ordre tel que les droits et libertés énoncés dans la présente Déclaration puissent y trouver plein effet.

29 : **(1)** L'individu a des devoirs envers la communauté, dans laquelle seule le libre et plein développement de sa personnalité est possible. **(2)** Dans l'exercice de ses droits et dans la jouissance de ses libertés, chacun n'est soumis qu'aux limitations établies par la loi exclusivement en vue d'assurer la reconnaissance et le respect des droits et libertés d'autrui et afin de satisfaire aux justes exigences de la morale, de l'ordre public et du bien-être général dans une société démocratique. **(3)** Ces droits et libertés ne pourront en aucun cas s'exercer contrairement aux buts et aux principes des Nations unies.

30 : Aucune disposition de la présente Déclaration ne peut être interprétée comme impliquant pour un État, un groupement ou un individu un droit quelconque de se livrer à une activité ou d'accomplir un acte visant à la destruction des droits et libertés qui y sont énoncés.

■ **Dates d'entrée en vigueur des conventions** adoptées sous les auspices de l'Onu. **Apatrides** : statut : 6-6-1960, réduction des cas : 13-12-1975. **Crime d'apartheid** (élimination et répression) : 18-7-1976. **Crimes de guerre et contre l'humanité** (imprescriptibilité) : 11-11-1970. **Discrimination raciale** : 4-1-1969. **Droits civils et politiques** : pacte 23-3-1976. **Droits économiques, sociaux et culturels** : pacte 3-1-1976. **Droits de l'enfant** : 2-9-1990. **Esclavage** (Convention, amendée) : 7-5-1955 ; abolition : esclavage, traite et institutions et pratiques analogues : 30-4-1957. **Femme** : droits politiques : 7-7-1954 ; élimination de toute forme de discrimination : 3-9-1981 ; nationalité de la femme mariée : 11-8-1958. **Génocide** (prévention et répression du crime de) : 12-1-1951. **Mariage** (âge minimal et enregistrement) : 9-12-1964. **Rectification** (droit international) : 24-8-1962. **Réfugiés :** statut : 21-4-1954 ; protocole : 4-10-1967. **Torture : 26-6-1987. Traite des êtres humains et prostitution d'autrui** (répression) : 25-7-1951.

☞ **Droits de l'homme dans l'islam :** en 1948, plusieurs pays musulmans ont refusé de s'associer sans réserves à la Déclaration des droits de l'homme, n'acceptant pas, notamment, l'article 18 affirmant le droit pour chacun de choisir sa religion. Le 19-9-1981, une « Déclaration islamique universelle » fut proclamée à Paris par le Conseil islamique pour l'Europe, affirmant que la raison à elle seule ne peut constituer un guide infaillible pour organiser la société, une révélation étant nécessaire ; les droits fondamentaux de l'homme sont détaillés, étant précisé que la loi musulmane en fixe les limites.

Convention européenne des droits de l'homme

■ **Origine.** *Signée* à Rome le 4-11-1950, entrée en vigueur le 3-9-1953, *complétée et amendée* par 12 protocoles additionnels ; vise avant tout les droits civils et politiques ; institue un mécanisme judiciaire de garantie internationale. *Ratifiée* par les 43 États membres du Conseil de l'Europe (promulguée en France en 1974).

■ **Droits garantis.** Droit à la vie, à la liberté, à la sûreté ; à une bonne administration de la justice (droit le plus fréquemment invoqué) ; au respect de la vie privée et familiale, du domicile et de la correspondance. Liberté de pensée, de conscience et de religion ; d'expression et d'opinion, y compris droit de recevoir et de communiquer des informations ; de réunion pacifique et d'association (y compris droit de fonder des syndicats). Droit de se marier et de fonder une famille. Interdiction de la torture et des peines ou traitements inhumains ou dégradants. Interdiction de l'esclavage, de la servitude, du travail forcé et obligatoire. Interdiction de la rétroactivité des lois en matière pénale. Interdiction de la discrimination dans la jouissance des droits et libertés garantis par la Convention. Droit au respect des biens ; à l'instruction. Engagement par les États contractants à organiser, à des intervalles raisonnables, des élections libres au scrutin secret, dans des conditions qui assurent la libre expression de l'opinion du peuple sur le choix du corps législatif. Droit de circuler librement et de choisir sa résidence ; de quitter un pays y compris le sien. Interdiction d'emprisonnement pour manquement à une obligation contractuelle ; d'expulsion individuelle ou collective de ses propres ressortissants, d'expulsions collectives d'étrangers ; droit pour les étrangers à des garanties procédurales en cas d'expulsion du territoire d'un État ; droit d'un condamné à faire réexaminer sa condamnation par une juridiction supérieure ; droit à ne pas être poursuivi ou condamné, en matière pénale, en raison d'une infraction pour laquelle on a déjà été acquitté ou condamné. Égalité de droits et de responsabilités des époux dans le mariage.

■ **Contrôle. Cour européenne des droits de l'homme unique et permanente (CEDH) :** *créée* par le protocole nº 11 à la Convention et entrée en vigueur le 1-11-1998. Remplace la Commission qui avait fonctionné depuis le 12-7-1954 et la Cour ayant fonctionné depuis le 12-7-1959. Exerce les fonctions de la Commission quant à la recevabilité des requêtes, négocie en vue d'un règlement amiable, établit les faits, puis décide, à la majorité, s'il y a eu ou non violation de la Convention et alloue à la victime une réparation équitable.

Membres : 40 magistrats (1 par pays membre du Conseil de l'Europe). Procédure essentiellement écrite. Audience solennelle. *Délai d'attente :* entre la saisine de la Commission et celle de la CEDH, environ 6 ans.

La Cour doit faire respecter les principes contenus dans la Convention européenne des droits de l'homme. Parmi eux : le droit à un procès équitable par un tribunal indépendant et impartial, le respect de la présomption d'innocence et une juste défense. Le requérant doit avoir un intérêt personnel à agir et être fondé à s'estimer victime d'un État qui le prive d'une liberté ou d'un droit figurant dans la Convention ou dans l'un de ses additifs (« protocoles »). Il doit avoir épuisé toutes les voies de recours judiciaires dans son pays, sans avoir obtenu satisfaction. En France, Conseil d'État pour litiges relatifs à l'impôt sur le revenu, Cour de cassation pour ISF, droit de propriété et état des personnes. Il dispose alors de 6 mois pour adresser sa requête à la Commission européenne qui examine la recevabilité de la demande. En cas de rejet, sa décision est sans appel. Sinon, elle porte la demande du requérant à l'attention du ministère des Affaires étrangères puis viennent les échanges de mémoires et l'audience solennelle. Procédure gratuite. Pas d'avocat obligatoire. L'arrêt rendu par la Cour est sans appel.

Redressement fiscal ordonné par l'Administration. Il doit avoir le caractère d'une sanction pénale pour être attaqué devant la CEDH. Ex. : majoration pour mauvaise foi (40 %), manœuvre frauduleuse (80 %) ou opposition à un contrôle fiscal (150 %). Ces sanctions étant infligées par l'Administration elle-même, le juge français, selon la jurisprudence du Conseil d'État, ne peut les moduler. Le contribuable n'a donc pas droit à un procès équitable. La Cour européenne peut annuler la sanction et condamner l'État français à rembourser le contribuable. Les intérêts de retard, qui ne sont pas d'ordre pénal, ne peuvent être attaqués devant la Cour. **Décisions possibles :** *de rejet ; de satisfaction* (la Cour donne raison au plaignant sans condamnation pécuniaire de l'État), *de satisfaction équitable* (la Cour fixe le montant de la réparation financière). Une fois l'arrêt rendu, le justiciable n'a pas à s'adresser à nouveau aux tribunaux français. L'État procédera directement au remboursement.

Comité des ministres du Conseil de l'Europe : surveille l'exécution des arrêts rendus par la Cour européenne.

■ **Statistiques.** Du 1-11-1998 au 31-1-2000 : dossiers provisoires ouverts 51 772 (dont France 6 653) ; *requêtes* enregistrées 21 135 (Fr. 2 044), déclarées irrecevables ou rayées du rôle 11 062 (985), communiquées au Gouvernement 3 230 (258), déclarées recevables 1 883 (138) ; *arrêts* 631 (81), satisfaction équitable 7 (0), règlement amiable 275 (15), de radiation 15 (2).

Charte des droits fondamentaux de l'Union européenne

Le 2-10-2000, la Convention chargée par les Conseils européens de Cologne (juin 1999) et de Tampere (octobre 1999) d'élaborer un projet a terminé ses travaux entamés en décembre 1999 (15 représentants des exécutifs, 16 du Parlement européen et 30 des parlements nationaux, plus le commissaire représentant la Commission). Le texte, accueilli favorablement par le Conseil européen informel de Biarritz (13/14-10-2000), a été solennellement proclamé, conjointement par le Parlement européen, la Commission et le Conseil lors du sommet de Nice des 7/8-12-2000 et publié comme accord inter-institutionnel au *JOCE* (C. 364 du 18-12-2000). Il avait été envisagé de procéder à une révision de l'article 6-2 du traité sur l'Union européenne afin d'ajouter une référence à la Charte comme expression majeure des droits fondamentaux que l'Union européenne s'engage à respecter, mais certains États membres (ex. la G.-B.) étant hostiles, la question du statut de la Charte devrait être examinée par la prochaine Conférence intergouvernementale en 2004.

■ **Préambule.** Les peuples de l'Europe, en établissant entre eux une union sans cesse plus étroite, ont décidé de partager un avenir pacifique fondé sur des valeurs communes. Consciente de son patrimoine spirituel et moral, l'Union se fonde sur les valeurs indivisibles et universelles de dignité humaine, de liberté, d'égalité et de solidarité ; elle repose sur le principe de la démocratie et le principe de l'État de droit. Elle place la personne au cœur de son action en instituant la citoyenneté de l'Union et en créant un espace de liberté, de sécurité et de justice. L'Union contribue à la préservation et au développement de ces valeurs communes dans le respect de la diversité des cultures et des traditions des peuples de l'Europe, ainsi que l'identité nationale des États membres et de l'organisation de leurs pouvoirs publics aux niveaux national, régional et local ; elle cherche à promouvoir un développement équilibré et durable et assure la libre circulation des personnes, des biens, des services et des capitaux, ainsi que la liberté d'établissement. A cette fin, il est nécessaire, en les rendant plus visibles dans une Charte, de renforcer la protection des droits fondamentaux à la lumière de l'évolution de la société, du progrès social et des développements scientifiques et technologiques. La présente Charte réaffirme, dans le respect des compétences et des tâches de la Communauté et de l'Union, ainsi que du principe de subsidiarité, les droits qui résultent notamment des traditions constitutionnelles et des obligations internationales communes aux États membres, du traité sur l'Union européenne et des traités communautaires, de la Convention européenne de sauvegarde des droits de l'homme et des libertés fondamentales, des Chartes sociales adoptées par la Communauté et par le Conseil de l'Europe, ainsi que de la jurisprudence de la Cour de justice des Communautés européennes et de la Cour européenne des droits de l'homme. La jouissance de ces droits entraîne des responsabilités et des devoirs tant à l'égard d'autrui qu'à l'égard de la communauté humaine et des générations futures. En conséquence, l'Union reconnaît les droits, les libertés et les principes énoncés ci-après.

■ **Chapitre 1. Dignité : article 1. Dignité humaine :** la dignité humaine est inviolable. Elle doir être respectée et protégée. **2. Droit à la vie :** 1. Toute personne a droit à la vie. 2. Nul ne peut être condamné à la peine de mort, ni exécuté. **3. Droit à l'intégrité de la personne :** 1. Toute personne a droit à son intégrité physique et mentale. 2. Dans le cadre de la médecine et de la biologie, doivent notamment être respectés : le consentement libre et éclairé de la personne concernée, selon les modalités définies par la loi, l'interdiction des pratiques eugéniques, notamment celles qui ont pour but la sélection des personnes, l'interdiction de faire du corps humain et de ses parties, en tant que tels, une source de profit, l'interdiction du clonage reproductif des êtres humains. **4. Interdiction de la torture et des peines ou traitements inhumains ou dégradants :** nul ne peut être soumis à la torture, ni à des peines ou traitements inhumains ou dégradants. **5. Interdiction de l'esclavage et du travail forcé :** nul ne peut être tenu en esclavage ni en servitude. Nul ne peut être astreint à accomplir un travail forcé ou obligatoire. La traite des êtres humains est interdite.

■ **Chapitre 2. Libertés : art. 6. Droit à la liberté et à la sûreté :** toute personne à droit à la liberté et à la sûreté. **7. Respect de la vie privée et familiale :** toute personne a droit au respect de sa vie privée et familiale, de son domicile et de ses communications. **8. Protection des données à caractère personnel :** toute personne a droit à la protection des données à caractère personnel la concernant. Ces données doivent être traitées loyalement, à des fins déterminées et sur la base du consentement de la personne concernée ou en vertu d'un autre fondement légitime prévu par la loi. Toute personne a le droit d'accéder aux données collectées la concernant et d'en obtenir la rectification. Le respect de ces règles est soumis au contrôle d'une autorité indépendante. **9. Droit de se marier et droit de fonder une famille :** le droit de se marier et le droit de fonder une famille sont garantis selon les lois nationales qui en régissent l'exercice. **10. Liberté de pensée, de conscience et de religion :** toute personne a droit à la liberté de pensée, de conscience et de religion. Ce droit implique la liberté de changer de religion ou de conviction, ainsi que la liberté de manifester sa religion ou sa conviction individuellement ou collectivement, en public ou en privé, par le culte, l'enseignement, les pratiques et l'accomplissement des rites. Le droit à l'objection de conscience est reconnu selon les lois nationales qui en régissent l'exercice. **11. Liberté d'expression et d'information :** toute personne a droit à la liberté d'expression. Ce droit comprend la liberté d'opinion et la liberté de recevoir ou de communiquer des informations ou des idées sans qu'il puisse y avoir ingérence d'autorités publiques et sans considération de frontières. La liberté des médias et leur pluralisme sont respectés. **12. Liberté de réunion et d'association :** toute personne a droit à la liberté de réunion pacifique et à la liberté d'association à tous les niveaux, notamment dans les domaines politique, syndical et civique, ce qui implique le droit de toute personne de fonder avec d'autres des syndicats et de s'y affilier pour la défense de ses intérêts. Les partis politiques au niveau de l'Union contribuent à l'expression de la volonté politique des citoyens de l'Union. **13. Liberté des arts et des sciences :** les arts et la recherche scientifique sont libres. La liberté académique est respectée. **14. Droit à l'éducation :** toute personne a droit à l'éducation, ainsi qu'à l'accès à la formation professionnelle et continue. Ce droit comporte la faculté de suivre gratuitement l'enseignement obligatoire. La liberté de créer des établissements d'enseignement dans le respect des principes démocratiques, ainsi que le droit des parents d'assurer l'éducation et l'enseignement de leurs enfants conformément à leurs convictions religieuses, philosophiques et pédagogiques, sont respectés selon les lois nationales qui en régissent l'exercice. **15. Liberté professionnelle et droit de travailler :** toute personne a le droit de travailler et d'exercer une profession librement choisie ou acceptée. Tout citoyen ou toute citoyenne de l'Union a la liberté de chercher un emploi, de travailler, de s'établir ou de fournir des services dans tout État membre. Les ressortissants des pays tiers qui sont autorisés à travailler sur le territoire des États membres ont droit à des conditions de travail équivalentes à celles dont bénéficient les citoyens ou citoyennes de l'Union. **16. Liberté d'entreprise :** la liberté d'entreprise est reconnue conformément au droit communautaire et aux législations et pratiques nationales. **17. Droit de propriété :** toute personne a le droit de jouir de la propriété des biens qu'elle a acquis légalement, de les utiliser, d'en disposer et de les léguer. Nul ne peut être privé de sa propriété, si ce n'est pour cause d'utilité publique, dans des cas et conditions prévus par une loi et moyennant en temps utile une juste indemnité pour sa perte. L'usage des biens peut être réglementé par la loi dans la mesure nécessaire à l'intérêt général. La propriété intellectuelle est protégée. **18. Droit d'asile :** le droit d'asile est garanti dans le respect des règles de la convention de Genève du 28-7-1951 et du protocole du 31-1-1967 relatifs au statut des réfugiés et conformément au traité instituant la Communauté européenne. **19. Protection en cas d'éloignement, d'expulsion ou d'extradition :** les expulsions collectives sont interdites. Nul ne peut être éloigné, expulsé ou extradé vers un État où il existe un risque sérieux qu'il soit soumis à la peine de mort, à la torture ou à d'autres peines ou traitement inhumains ou dégradants.

■ **Chapitre 3. Égalité : art. 20. Égalité en droit :** toutes les personnes sont égales en droit. **21. Non-discrimination :** est interdite, toute discrimination fondée notamment sur le sexe, la race, la couleur, les origines ethniques ou sociales, les caractéristiques génétiques, la langue, la religion ou les convictions, les opinions politiques ou toute autre opinion, l'appartenance à une minorité nationale, la fortune, la naissance, un handicap, l'âge ou l'orientation sexuelle. Dans le domaine d'application du traité instituant la Communauté européenne et du traité sur l'Union européenne, et sans préjudice des dispositions particulières desdits traités, toute discrimination fondée sur la nationalité est interdite. **22. Diversité culturelle, religieuse et linguistique :** l'Union respecte la diversité culturelle, religieuse et linguistique. **23. Égalité entre hommes et femmes :** l'égalité entre les hommes et les femmes doit être assurée dans tous les domaines, y compris en matière d'emploi, de travail et de rémunération. Le principe de l'égalité n'empêche pas le maintien ou l'adoption de mesures prévoyant des avantages spécifiques en faveur du sexe sous-représenté. **24. Droits de l'enfant :** les enfants ont droit à la protection et aux soins nécessaires à leur bien-être. Ils peuvent exprimer leur opinion librement. Celle-ci est prise en considération pour les sujets qui les concernent, en fonction de leur âge et de leur maturité. Dans tous les actes relatifs aux enfants, qu'ils soient accomplis par des autorités publiques ou des institutions privées, l'intérêt supérieur de l'enfant doit être une considération primordiale. Tout enfant a le droit d'entretenir régulièrement des relations personnelles et des contacts directs avec ses deux parents, sauf si cela est contraire à son intérêt. **25. Droit des personnes âgées :** l'Union reconnaît et respecte le droit des personnes âgées à mener une vie digne et indépendante et à participer à la vie sociale et culturelle. **26. Intégration des personnes handicapées :** l'Union reconnaît et respecte le droit des personnes handicapées à bénéficier de mesures visant à assurer leur autonomie, leur intégration sociale et professionnelle et leur participation à la vie de la communauté.

■ **Chapitre 4. Solidarité : art. 27. Droit à l'information et à la consultation des travailleurs au sein de l'entreprise :** les travailleurs ou leurs représentants doivent se voir garantir, aux niveaux appropriés, une information et une consultation en temps utile, dans les cas et conditions prévus par le droit communautaire et les législations et pratiques nationales. 28. **Droit de négociation et d'actions collectives :** les travailleurs et les employeurs, ou leurs organisations respectives, ont, conformément au droit communautaire et aux législations et pratiques nationales, le droit de négocier et de conclure des conventions collectives aux niveaux appropriés et de recourir, en cas de conflits d'intérêts, à des actions collectives pour la défense de leurs intérêts, y compris la grève. 29. **Droit d'accès aux services de placement :** toute personne a le droit d'accéder à un service gratuit de placement. 30. **Protection en cas de licenciement injustifié :** tout travailleur a droit à une protection contre tout licenciement injustifié, conformément au droit communautaire et aux législations et pratiques nationales. 31. **Conditions de travail justes et équitables :** tout travailleur a droit à des conditions de travail qui respectent sa santé, sa sécurité et sa dignité. Tout travailleur a droit à une limitation de la durée maximale du travail et à des périodes de repos journalier et hebdomadaire, ainsi qu'à une période annuelle de congés payés. 32. **Interdiction du travail des enfants et protection des jeunes au travail :** le travail des enfants est interdit. L'âge minimal d'admission au travail ne peut être inférieur à l'âge auquel cesse la période de scolarité obligatoire, sans préjudice des règles plus favorables aux jeunes et sauf dérogations limitées. Les jeunes admis au travail doivent bénéficier de conditions de travail adaptées à leur âge et être protégés contre l'exploitation économique ou contre tout travail susceptible de nuire à leur sécurité, à leur santé, à leur développement physique, mental, moral ou social ou de compromettre leur éducation. 33. **Vie familiale et vie professionnelle :** la protection de la famille est assurée sur le plan juridique, économique et social. Afin de pouvoir concilier vie familiale et vie professionnelle, toute personne a le droit d'être protégée contre tout licenciement pour un motif lié à la maternité, ainsi que le droit à un congé de maternité payé et à un congé parental à la suite de la naissance ou de l'adoption d'un enfant. 34. **Sécurité sociale et aide sociale :** l'Union reconnaît et respecte le droit d'accès aux prestations de sécurité sociale et aux services sociaux assurant une protection dans des cas tels que la maternité, la maladie, les accidents du travail, la dépendance ou la vieillesse, ainsi qu'en cas de perte d'emploi, selon les modalités établies par le droit communautaire et les législations et pratiques nationales. Toute personne qui réside et se déplace légalement à l'intérieur de l'Union a droit aux prestations de sécurité sociale et aux avantages sociaux, conformément au droit communautaire et aux législations et pratiques nationales. Afin de lutter contre l'exclusion sociale et la pauvreté, l'Union reconnaît et respecte le droit à une aide sociale et à une aide au logement destinées à assurer une existence digne à tous ceux qui ne disposent pas de ressources suffisantes, selon les modalités établies par le droit communautaire et les législations et pratiques nationales. 35. **Protection de la santé :** toute personne a le droit d'accéder à la prévention en matière de santé et de bénéficier de soins médicaux dans les conditions établies par les législations et pratiques nationales. Un niveau élevé de protection de la santé humaine est assuré dans la définition et la mise en œuvre de toutes les politiques et actions de l'Union. 36. **Accès aux services d'intérêt économique général :** l'Union reconnaît et respecte l'accès aux services d'intérêt économique général tel qu'il est prévu par les législations et pratiques nationales, conformément au traité instituant la Communauté européenne, afin de promouvoir la cohésion sociale et territoriale de l'Union. 37. **Protection de l'environnement :** un niveau élevé de protection de l'environnement et l'amélioration de sa qualité doivent être intégrés dans les politiques de l'Union et assurés conformément au principe du développement durable. 38. **Protection des consommateurs :** un niveau élevé de protection des consommateurs est assuré dans les politiques de l'Union.

■ **Chapitre 5. Citoyenneté : art. 39. Droit de vote et d'éligibilité aux élections au Parlement européen :** tout citoyen ou toute citoyenne de l'Union a le droit de vote et d'éligibilité aux élections au Parlement européen dans l'État membre où il ou elle réside, dans les mêmes conditions que les ressortissants de cet État. Les membres du Parlement européen sont élus au suffrage universel direct, libre et secret. 40. **Droit de vote et d'éligibilité aux élections municipales :** tout citoyen ou toute citoyenne de l'Union a le droit de vote et d'éligibilité aux élections municipales dans l'État membre où il ou elle réside, dans les mêmes conditions que les ressortissants de cet État. 41. **Droit à une bonne administration :** toute personne a le droit de voir ses affaires traitées impartialement, équitablement et dans un délai raisonnable par les institutions et organes de l'Union. Ce droit comporte notamment : le droit de toute personne d'être entendue avant qu'une mesure individuelle qui l'affecterait défavorablement ne soit prise à son encontre ; le droit d'accès de toute personne au dossier qui la concerne, dans le respect des intérêts légitimes de la confidentialité et du secret professionnel et des affaires ; l'obligation pour l'administration de motiver ses décisions. Toute personne a droit à la réparation par la Communauté des dommages causés par les institutions, ou par leurs agents dans l'exercice de leurs fonctions, conformément aux principes généraux communs aux droits des États membres. Toute personne peut s'adresser aux institutions de l'Union dans une des langues des traités et doit recevoir une réponse dans la même langue. 42. **Droit d'accès aux documents :** tout citoyen ou toute citoyenne de l'Union ou toute personne physique ou morale résidant ou ayant son siège statutaire dans un État membre a un droit d'accès aux documents du Parlement européen, du Conseil et de la Commission. 43. **Médiateur :** tout citoyen ou toute citoyenne de l'Union ou toute personne physique ou morale résidant ou ayant son siège statutaire dans un État membre a le droit de saisir le médiateur de l'Union de cas de mauvaise administration dans l'action des institutions ou organes communautaires, à l'exclusion de la Cour de justice et du Tribunal de première instance dans l'exercice de leurs fonctions juridictionnelles. 44. **Droit de pétition :** tout citoyen ou toute citoyenne de l'Union ou toute personne physique ou morale résidant ou ayant son siège statutaire dans un État membre a le droit de pétition devant le Parlement européen. 45. **Liberté de circulation et de séjour :** tout citoyen ou toute citoyenne de l'Union a le droit de circuler et de séjourner librement sur le territoire des États membres. La liberté de circulation et de séjour peut être accordée, conformément au traité instituant la Communauté européenne, aux ressortissants de pays tiers résidant légalement sur le territoire d'un État membre. 46. **Protection diplomatique et consulaire :** tout citoyen de l'Union bénéficie, sur le territoire d'un pays tiers où l'État membre dont il est ressortissant n'est pas représenté, de la protection des autorités diplomatiques et consulaires de tout État membre dans les mêmes conditions que les nationaux de cet État.

■ **Chapitre 6. Justice : art. 47. Droit à un recours effectif et à accéder à un tribunal impartial :** toute personne dont les droits et libertés garantis par le droit de l'Union ont été violés a droit à un recours effectif devant un tribunal dans le respect des conditions prévues au présent article. Toute personne a droit à ce que sa cause soit entendue équitablement, publiquement et dans un délai raisonnable par un tribunal indépendant et impartial, établi préalablement par la loi. Toute personne a la possibilité de se faire conseiller, défendre et représenter. Une aide juridictionnelle est accordée à ceux qui ne disposent pas de ressources suffisantes, dans la mesure où cette aide serait nécessaire pour assurer l'effectivité de l'accès à la justice. 48. **Présomption d'innocence et droits de la défense :** tout accusé est présumé innocent jusqu'à ce que sa culpabilité ait été légalement établie. Le respect des droits de la défense est garanti à tout accusé. 49. **Principes de légalité et de proportionnalité des délits et des peines :** nul ne peut être condamné pour une action ou une omission qui, au moment où elle a été commise, ne constituait pas une infraction d'après le droit national ou le droit international. De même, il n'est infligé aucune peine plus forte que celle qui était applicable au moment où l'infraction a été commise. Si, postérieurement à cette infraction, la loi prévoit une peine plus légère, celle-ci doit être appliquée. Le présent article ne porte pas atteinte au jugement et à la punition d'une personne coupable d'une action ou d'une omission qui, au moment où elle a été commise, était criminelle d'après les principes généraux reconnus par l'ensemble des nations. L'intensité des peines ne doit pas être disproportionnée par rapport à l'infraction. 50. **Droit à ne pas être jugé ou puni pénalement deux fois pour une même infraction :** nul ne peut être poursuivi ou puni pénalement en raison d'une infraction pour laquelle il a déjà été acquitté ou condamné dans l'Union par un jugement pénal définitif conformément à la loi.

■ **Chapitre 7. Dispositions générales : art. 51. Champ d'application :** les dispositions de la présente Charte s'adressent aux institutions et organes de l'Union dans le respect du principe de subsidiarité, ainsi qu'aux États membres uniquement lorsqu'ils mettent en œuvre le droit de l'Union. En conséquence, ils respectent les droits, observent les principes et en promeuvent l'application, conformément à leurs compétences respectives. La présente Charte ne crée aucune compétence ni aucune tâche nouvelles pour la Communauté et pour l'Union et ne modifie pas les compétences et tâches définies par les traités. 52. **Portée des droits garantis :** toute limitation de l'exercice des droits et libertés reconnus par la présente Charte doit être prévue par la loi et respecter le contenu essentiel desdits droits et libertés. Dans le respect du principe de proportionnalité, des limitations ne peuvent être apportées que si elles sont nécessaires et répondent effectivement à des objectifs d'intérêt général reconnus par l'Union ou au besoin de protection des droits et libertés d'autrui. Les droits reconnus par la présente Charte qui trouvent leur fondement dans les traités communautaires ou dans le traité sur l'Union européenne s'exercent dans les conditions et limites définies par ceux-ci. Dans la mesure où la présente Charte contient des droits correspondants à des droits garantis par la Convention européenne de sauvegarde des droits de l'homme et des libertés fondamentales, leurs sens et leur portée sont les mêmes que ceux que leur confère ladite convention. Cette disposition ne fait pas obstacle à ce que le droit de l'Union accorde une protection plus étendue. 53. **Niveau de protection :** aucune disposition de la présente Charte ne doit être interprétée comme limitant ou portant atteinte aux droits de l'homme et libertés fondamentales reconnus, dans leur champ d'application respectif, par le droit de l'Union, le droit international et les conventions internationales auxquelles sont parties l'Union, la Communauté ou tous les États membres, et notamment la Convention européenne de sauvegarde des droits de l'homme et des libertés fondamentales, ainsi que par les Constitutions des États membres. 54. **Interdiction de l'abus de droit :** aucune des dispositions de la présente Charte ne doit être interprétée comme impliquant un droit quelconque de se livrer à une activité ou d'accomplir un acte visant à la destruction des droits ou libertés reconnus dans la présente Charte ou à des limitations plus amples des droits et libertés que celles qui sont prévues par la présente Charte.

☞ Le 16-12-2000, le pape Jean-Paul II s'est dit « déçu par le fait que pas une seule allusion à Dieu, source suprême de la dignité de la personne et des ses droits fondamentaux, n'ait été insérée dans la Charte [...]. On ne peut pas oublier que c'est justement la négation de Dieu qui est à l'origine, dans le siècle passé, de la tyrannie des idoles, exprimée dans la glorification d'une race, d'une classe, de l'État, de la nation, du parti ».

ORGANISMES

PUBLICS

■ **Commission nationale consultative des droits de l'homme.** 35, rue St-Dominique, 75007 Paris. Auprès du Premier ministre. **Composition :** 103 membres (ministères, associations des droits de l'homme, experts, personnalités indépendantes). **Rôle :** *remet chaque année un rapport sur le racisme ;* donne des avis sur les questions, nationales et internationales, relatives aux droits de l'homme ou à l'action humanitaire. *Pt :* Alain Bacquet (né 9-1931).

■ **Commission nationale de l'informatique et des libertés (Cnil).** 21, rue St-Guillaume, 75340 Paris Cedex 7. *Instituée* par loi 6-1-1978. **But :** veiller au respect de la loi en informant les personnes de leurs droits et obligations, et en contrôlant l'application de l'informatique au traitement des informations nominatives afin qu'elle ne porte pas atteinte aux droits de l'homme et à la vie privée. **Composition :** 17 membres dont 3 nommés par décret en Conseil des ministres, 2 par les Pts de l'Assemblée nationale et du Sénat, 2 par le Conseil économique et social, 2 députés, 2 sénateurs, 6 nommés par les 3 hautes juridictions. *Pt :* Michel Gentot (né 8-1-1932). Traite en moyenne 66 000 dossiers de déclaration de fichier, 3 500 plaintes, 1 000 demandes de conseil, 200 demandes de radiation des fichiers commerciaux et 400 demandes d'accès à des fichiers de police ou de défense.

■ **Comité consultatif national d'éthique pour les sciences de la vie et de la santé (CCNE).** 71, rue Saint-Dominique, 75007 Paris. *Créé* par le décret nº 83-132 du 23-2-1983, inscrit dans la loi nº 94-654 du 29-7-1994, décret d'application nº 97-555 du 29 mai 1997. **Composition :** 39 membres dont 5 désignés par le Pt de la République et appartenant aux principales familles philosophiques et spirituelles, 19

■ **Fichiers informatisés. Nombre en France :** 785 000 déclarés à la Cnil (31-12-2000). **Obligations des détenteurs :** déclarer les traitements à la Cnil en en donnant les caractéristiques. Le secteur public doit en plus obtenir un avis favorable et ne peut passer outre qu'avec l'accord du Conseil d'État. **Protection des personnes fichées :** information du caractère obligatoire ou facultatif de la réponse, des destinataires des informations, du droit d'accès (droit de connaître les fichiers, de contrôler s'il existe des informations les concernant, de les vérifier et de les faire rectifier). Certaines données sensibles (dont les opinions politiques, philosophiques ou religieuses) ne peuvent être enregistrées sans l'accord des personnes, mais des dérogations sont prévues par décret pour la police et la défense. La Commission dispose de pouvoirs de contrôle ; elle peut saisir la justice et des pénalités sont prévues pour infraction à la loi du 6-1-1978. La Cnil tient à la disposition du public une liste qui précise, pour chaque fichier, le service auprès duquel il faut s'adresser pour exercer ce droit d'accès. On peut se rendre sur place, muni d'une pièce d'identité, et demander à l'organisme concerné de consulter les données personnelles, ou écrire en joignant une photocopie d'une pièce d'identité. L'accès direct ne s'applique pas pour les informations médicales et celles relatives à la police, la gendarmerie ou les renseignements généraux. *Pour respecter la non-violation du secret médical* (art. 378 du Code pénal), le patient doit demander au médecin de son choix d'être son intermédiaire auprès des détenteurs de fichiers relevant de la santé humaine. *Pour l'accès aux traitements intéressant la sûreté de l'État, la défense et la sécurité publique,* on doit s'adresser à la Cnil dont des membres magistrats ou anciens magistrats effectueront les vérifications nécessaires et en informeront les requérants. *Pour l'accès aux fichiers des Renseignements généraux (RG)* un décret du 14-10-1991 permet à la Cnil d'indiquer aux requérants qu'ils ne sont pas fichés et, s'ils le sont, de leur communiquer avec l'accord du ministre de l'Intérieur les informations dont la transmission ne risque pas de mettre en cause la sûreté de l'État, la défense et la sécurité publique. **Nombre de demandes d'accès aux fichiers des RG :** *1995* : 197 ; *96* : 252 ; *97* : 352 ; *98* : 282 ; *99* : 270 ; *2000* : 365.

☞ *Radiation des fichiers commerciaux et listes d'opposition :* s'adresser aux sociétés émettrices de messages de prospection commerciale, à l'Union française de marketing direct (« Stop publicité »), ou à France Télécom, qui recense les abonnés souhaitant figurer dans l'annuaire sans pour autant être démarchés par téléphone (« liste orange ») ou par fax (« liste safran »), ou apparaître sur Internet (tél. : 0 800 77 44 03), dans un annuaire inversé (0 800 55 97 02), l'annuaire www.annu.com ou le 3617 Annu (0 800 500 717).

■ **Automates d'appel.** Appareils diffusant des messages préenregistrés pouvant, sans intervention humaine, composer jusqu'à 10 000 appels téléphoniques en une heure, et parfois même enregistrer en retour les réponses ; la Cnil exige que l'accord des personnes soit recueilli pour l'utilisation de ce procédé.

choisis en raison de leur compétence et de leur intérêt pour les problèmes d'éthique, 15 appartenant au secteur de la recherche. *Pt* : Didier Sicard.

■ **Haut Commissariat des Nations unies pour les réfugiés (HCR).** 9, rue Kepler, 75016 Paris. Voir p. 916 b.

■ **Office français de protection des réfugiés et apatrides (Ofpra).** 45, rue Maximilien-de-Robespierre, 94136 Fontenay-sous-Bois Cedex. *Créé* par loi du 25-7-1952 et décret 2-5-1953 pour appliquer la convention de Genève du 28-7-1951. Organise la protection des réfugiés en France. Établissement public sous tutelle du ministère des Affaires étrangères. *Demandes en 1990* : 54 813 ; *95* : 20 415 ; *96* :17 405 ; *98* : 22 375 ; *99* : 30 907. *Accords en 1990* : 13 486 ; *95* : 4 742 ; *96* : 4 344 ; *98* : 4 342 ; *99* : 4 659.

Organisations non gouvernementales

■ **Action de chrétiens pour l'abolition de la torture (Acat).** 7, rue Georges Lardennois, 75019 Paris. *Créée* 1974. *Adhérents* : 10 000. 500 groupes en France. **Budget** : environ 6 millions de F. Membre de la Fédération internationale des Acat (Fi-Acat) qui a un statut consultatif auprès des Nations unies, du Conseil de l'Europe et de la Commission africaine des droits de l'homme et des peuples.

■ **Amnesty International.** *Siège international* à Londres. *Créée* 1961 à la suite de l'appel de l'avocat britannique Peter Benenson en faveur des « prisonniers d'opinion oubliés » et sous l'impulsion de Sean MacBride (prix Nobel de la paix, prix Lénine, ancien ministre des Affaires étrangères d'Irlande, ancien secrétaire adjoint de l'Onu, † le 15-1-1988 à 83 ans). **Statut** consultatif auprès des Nations unies, de l'Unesco et du Conseil de l'Europe, coopère avec la Commission internationale des droits de l'homme de l'OEA ; statut d'observateur auprès de l'OUA. *1977* : prix Nobel de la paix pour le mouvement. **But :** mouvement mondial de défense des droits de l'homme, indépendant de tout gouvernement, groupe politique, intérêt économique ou confession religieuse. Agit pour la libération de toute personne emprisonnée du fait de ses opinions, de son origine ethnique, de sa couleur, de sa langue ou de son sexe, et qui n'a pas eu recours à la violence ni préconisé son usage. S'oppose à la peine de mort et à la torture en toute circonstance. Demande que tous les prisonniers d'opinion soient jugés dans un délai raisonnable et bénéficient d'un procès équitable. S'oppose également aux exactions commises par des groupes d'opposition : prise d'otages, torture et meurtre de prisonniers, et autres homicides arbitraires. *Secr. général* : Irène Khan. **Financement :** contributions privées. **Budget** : *avril 1999 à avril 2000* : 17 815 000 £. **Membres** : 1 million d'adhérents et donateurs dans plus de 140 pays et territoires, et plus de 7 500 groupes de bénévoles dans presque 100 pays. Sections dans 55 pays. **Dossiers traités :** *1999* : 2 100 dossiers traités et interventions en faveur de plus de 4 500 personnes. **Section française** : 76, bd de La Villette, 75019 Paris (*fondée* 1971, 21 000 membres et près de 400 groupes, 180 000 donateurs).

☞ Amnesty International a recensé en 1999 des violations des droits de l'homme dans plus de 140 pays et territoires.

■ **France Libertés.** 22, rue de Milan, 75009 Paris. *Née en 1986* de la fusion de 3 associations présidées par Danielle Mitterrand, reconnue d'utilité publique depuis sa création, statut consultatif auprès du Conseil économique et social des Nations unies. **France Terre d'Asile.** 25, rue Ganneron, 75018 Paris.

■ **Ligue internationale contre le racisme et l'antisémitisme (Licra).** 42, rue du Louvre. *Fondée* 1927 par Bernard Lecache (1895-1968). *Pt* : Patrice Gaubert (élu 24-1-1999). *Revue* (trimestrielle) : « le Droit de vivre » (30 000 ex.).

■ **Ligue des droits de l'homme (LDH).** 27, rue Jean-Dolent, 75014 Paris. *Créée* juin 1898 par Ludovic Trarieux, ancien ministre de la Justice, pour défendre les victimes de l'arbitraire, de l'injustice ou de la discrimination et pour promouvoir l'application des principes affirmés dans les Déclarations de 1789 et 1793. A fondé la *Fédération internationale des droits de l'homme* en 1921. René Cassin, membre du comité central, fut l'un des principaux auteurs de la Déclaration universelle de 1948. *Pts* : *1898* Ludovic Trarieux (1840-1904) ; *1903* Francis de Pressensé (1824-91) ; *1914* Ferdinand Buisson (1841-1932) ; *1926* Victor Basch (1863-1944) ; *1944* Paul Langevin (1872-1946) ; *1946* Dr Sicard de Plauzolles ; *1953* Émile Kahn ; *1958* Daniel Mayer (né 29-4-1909) ; *1975* Henri Noguères (1916-90) ; *1984* Yves Jouffa ; *1991* Madeleine Rebérioux (8-9-1920) ; *1995* Henri Leclerc (8-6-1934) ; *2000-12-6* : Michel Tubiana (24-11-1952). *Adhérents* : *1900* : 12 000 ; *années 1930* : 200 000 ; *1996* : 10 000. *Publications* : « Hommes et Libertés », « LDH-Info » (mensuel), « Après-Demain » (mensuel) et ouvrages variés. *Campagnes d'opinion* contre la réforme du Code de la nationalité ; le droit de vote des résidents étrangers ; la défense de la laïcité ; la défense des libertés au Maroc, en Chine, en Roumanie, en Algérie ; l'abrogation de la dette ; contre l'extrême droite et le racisme ; pour le service public et la démocratie locale... *Action auprès des pouvoirs publics* : agit aussi par l'intermédiaire de l'intergroupe des parlementaires membres de la LDH. **Cidem (Civisme et Démocratie)** fondé 1984 par la Ligue des droits de l'homme et la Ligue de l'enseignement. **FIDH (Fédération internationale des ligues des droits de l'homme)** 120 ligues affiliées. *Pt* : Sidiki Kaba (Sénégalais) depuis 14-1-2001.

■ **Maison des droits de l'homme.** Université Paris-X Nanterre, Bât. F, salle 427, 200, av. de la République, 92001 Nanterre Cedex. *Créée* 1988. Organise des débats. Centre de documentation.

■ **Médecins du Monde.** 62, rue Marcadet, 75018 Paris. **Médecins sans Frontières (MSF).** 8, rue St-Sabin, 75011 Paris (voir à l'Index).

■ **Mouvement contre le racisme et pour l'amitié entre les peuples (Mrap).** 43, bd Magenta, 75010 Paris. *Créé* 22-5-1949. *Objectifs* : faire disparaître le racisme et les discriminations économiques, sociales et civiques, lutter contre les crimes contre l'humanité, intégrer les populations immigrées, notamment par l'exigence de l'égalité des droits ; sensibilisation basée sur l'histoire et les richesses de l'apport culturel qui résulte de l'immigration. *Comités locaux* : 200. 13 commissions : lutte contre l'antisémitisme et le néo-nazisme ; éducation ; Europe ; Afrique ; Méditerranée ; lutte contre l'extrême droite ; Proche et Moyen-Orient ; droit d'asile ; Amériques ; juridique ; Tsiganes ; jeunes ; immigration. Membre de la Commission nationale consultative des droits de l'homme. *Secr. général* : Mouloud Aounit. *Adhérents* : 7 000. *Publication* : « Différences » (mensuel, 7 000 ex.).

■ **Nouveaux Droits de l'homme.** 14, cité Vaneau, 75007 Paris. *Créé* 1977. Milite pour l'ajout de nouveaux articles à la Déclaration de 1789.

■ **SOS-Racisme.** 28, rue des Petites-Écuries, 75010 Paris. *Créé* oct. 1984. Déc. lance le badge « Touche pas à mon pote ». Membre de la CNCDH (Commission nationale consultative des droits de l'homme). *Dirigeants* : Harlem Jean-Philippe Désir (né à Paris 25-11-1959), démissionne 5-9-1992. *6-9-1992* Fodé Sylla [né au Sénégal 23-1-1963, venu en France à 11 ans, a fondé fin 1990 l'Obu (Organisation des banlieues unies)] ; réélu le 8-2-1998 au PS. *20-2-1999* Bouthi Malek (Neuilly-sur-S. 20-10-1964). *Publications* : « la Lettre de SOS Racisme », « Potes à Potes » (mensuels). *Adhérents* : 15 000 ; 300 comités nationaux, 20 pays, 30 « maisons des Potes ». Depuis 1987 : Semaine nationale d'éducation contre le racisme ; depuis 1996 : chantiers de solidarité internationale Banlieues du monde. *10-1999* campagne de lutte contre discrimination (entreprises, écoles, commerces, et surtout discothèques).

☞ **Autres organisations antiracistes :** Fédération des associations de solidarité avec les travailleurs immigrés (Fasti). Conseil des associations d'immigrés de France (Caif).

Législation du nouveau Code pénal (NCP)

■ **Infractions.** **Peine :** durée de l'emprisonnement (montant de l'amende) [peine complémentaire : PC].

Provocation à la discrimination, à la haine ou à la violence raciale (art. 24 alinéa 5 loi 29-7-1881) : 1 an au + (et/ou amende de 300 000 F au +) [PC : interdiction d'être éligible, d'exercer une fonction juridictionnelle pendant 5 ans au + (art. 131-26, 2° et 3° NCP)] ; **non publique** (art. R. 625-7 du NCP) : 10 000 F au + [PC : saisie et confiscation]. **Diffamation raciale** (art. 32 alinéa 2 loi 1881) : 1 an au + (et/ou 300 000 F au +) [PC : art. R. 625-7]. **Injure raciale** (art. 33 alinéa 3 loi 1881) : 6 mois au + (et/ou 150 000 F au +).

Apologie de crimes contre l'humanité (art. 24 alinéas 1er et 3 loi 1881) : 5 ans au plus (et/ou 300 000 F au plus) [PC : confiscation spéciale]. **Contestation de l'existence de crimes contre l'humanité définis par le statut du Tribunal international de Nuremberg de 1945** (art. 24 *bis* loi 1881) : 1 an au plus (et/ou 300 000 F au plus).

Mise en vente, distribution ou reproduction de publications étrangères interdites (art. 14 loi 1881) : 1 an au + (et/ou 30 000 F au +) [PC : saisie administrative des exemplaires et reproductions]. **Mise à la disposition de mineurs, exposition ou publicité d'ouvrages interdits aux mineurs** (art. 14 loi 16-7-1949) : 1 an au + (et/ou 25 000 F au +) [PC : saisie]. **Port ou exhibition d'uniformes, insignes ou emblèmes rappelant ceux des responsables de crimes contre l'humanité** (art. R 40-3° et R 41-1 du Code pénal) : 10 000 F au + [PC : confiscation, art. R. 625-1].

Interdiction de mémoriser des données portant sur la race (art. 31 et 42 loi du 6-1-1978) : 5 ans au + (et/ou 2 000 000 de F au +).

Crimes qualifiés de crimes contre l'humanité commis au cours de la 2de Guerre mondiale pour le compte d'une puissance européenne de l'Axe (art. 6 du statut du Tribunal militaire international de Nuremberg) : peine attachée aux crimes recevant la qualification de crimes contre l'humanité (exemple : réclusion criminelle à perpétuité sanctionnant la complicité d'assassinat) [PC : déchéance des droits civiques].

Crimes qualifiés de crimes contre l'humanité (commis après l'entrée en vigueur du nouveau Code pénal) et association en vue de commettre lesdits crimes (art. 212-1 à 213-3 du NCP) : réclusion criminelle à perpétuité [PC : art. 213-1 à 213-3 NCP : privation des droits civiques, interdiction d'exercer une fonction publique, confiscation des biens, interdiction du territoire français pour les ressortissants étrangers, interdiction de séjour, etc.].

Refus de fournir un bien ou un service, fondé sur une discrimination nationale, ethnique, raciale ou religieuse (art. 225-1 et 225-2, 1° du NCP) : 2 ans au + (et 200 000 F au +) [PC : art. 225-19 NCP : privation temporaire du droit d'éligibilité, affichage et diffusion du jugement, fermeture temporaire ou définitive d'établissement, exclusion temporaire des marchés publics, privation temporaire d'exercer une fonction juridictionnelle]. **Licenciement, sanction ou refus d'embauche discriminatoire** (art. 225-1 et 225-2, 3° du NCP) : 2 ans au + (et 200 000 F au +) [PC : *idem*]. **Entrave discriminatoire à l'exercice normal d'une activité économique** (art. 225-1 et 225-2, 2° du NCP) : 2 ans au + (et 200 000 F au +) [PC : *idem*]. **Subordination de la fourniture d'un bien, d'un service ou d'une offre d'emploi à une condition discriminatoire** (art. 225-1 et 225-2, 4° et 5° du NCP) : 2 ans au + (et 200 000 F au +) [PC : *idem*]. **Discrimination commise par un représentant de l'autorité publique** (art. 432-7 du NCP) : 3 ans au + (et 300 000 F au +) [PC : art. 432-17 NCP, dont privation des droits civiques, interdiction professionnelle, confiscation de l'objet ou du produit de l'infraction].

Violation de sépulture à caractère raciste ou antireligieux (art. 225-18 du NCP) : 3 ans au + (et 300 000 F au +) ; en cas d'atteinte à l'intégrité du cadavre : 5 ans au + (et amende de 500 000 F au +).

Crimes de droit international

☞ Concept né en 1915 après le génocide des Arméniens par les Turcs. Définis par l'Assemblée générale des Nations unies en 1945.

■ **Crimes de guerre (prescriptibles).** Violations des lois et coutumes de la guerre (pillage, assassinat, déportation des civils et prisonniers de guerre, exécution des otages). Répression organisée par les conventions de La Haye (1907), Genève (1949) et le statut du Tribunal international de Nuremberg du 8-8-1945 (ordonnances du 28-8-1944 et du 15-9-1948).

■ **Crimes contre l'humanité.** Le 11-12-1946, l'Onu confirme les principes du droit international reconnu par le statut de la cour de Nuremberg et par l'arrêt de cette cour. En nov. 1947, la Commission du droit international est constituée. Le 9-12-1948, l'Assemblée générale adopte le texte de la Convention pour la prévention et la répression du crime de génocide ; le génocide s'entend de l'un quelconque des actes ci-après, commis dans l'intention de détruire, en tout ou en partie, un groupe national, ethnique, racial ou religieux, comme tel : meurtre de membres du groupe ; atteinte grave à l'intégrité physique ou mentale de membres du groupe ; soumission intentionnelle du groupe à des conditions d'existence pouvant entraîner sa destruction physique totale ou partielle ; mesures visant à entraver les naissances au sein du groupe ; transfert forcé d'enfants d'un groupe à un autre. [En France, la loi du 26-12-1964 déclare imprescriptibles les crimes contre l'humanité en se référant aux textes internationaux fondés sur la charte du Tribunal international de Nuremberg, qui définissait ces crimes comme « l'assassinat, l'extermination, la réduction en esclavage, la déportation et tout acte inhumain commis contre toute population civile [...] ; ou bien les persécutions pour des motifs politiques, raciaux ou religieux [...] ». Le 20-12-1985, la Cour de cassation les a définis dans un arrêt comme « les actes inhumains et les persécutions qui, au nom d'un État pratiquant une politique d'hégémonie idéologique, ont été commis de façon systématique, non seulement contre des personnes en raison de leur appartenance à une collectivité raciale ou religieuse, mais aussi contre les adversaires de cette politique, quelle que soit la forme de leur opposition ». Le 20-12-1986, la Cour de cassation élargit la définition du crime contre l'humanité. Dès lors : « [...] constituent des crimes contre l'humanité, au sens de l'art. 6 (c) du Tribunal militaire international annexé à l'accord de Londres du 8-8-1945 (alors même qu'ils seraient également qualifiables de crimes de guerre selon l'art. 6 (b) de ce texte). »

Le *nouveau Code pénal* crée (loi du 22-7-1992) 4 infractions qualifiées de crimes contre l'humanité : le **génocide** (art. 211-1 : « Constitue un *génocide* le fait, en exécution d'un plan concerté tendant à la destruction totale ou partielle d'un groupe national, ethnique, racial ou religieux, ou d'un groupe déterminé à partir de tout autre critère arbitraire, de commettre ou de faire commettre, à l'encontre de membres de ce groupe : une atteinte volontaire à la vie ; une atteinte grave à l'intégrité physique ou psychique ; une soumission à des conditions d'existence de nature à entraîner la destruction totale ou partielle du groupe ; des mesures visant à entraver les naissances ; le transfert forcé d'enfants. Le génocide est puni de la réclusion criminelle à perpétuité. ») ; les **autres crimes contre l'humanité** (art. 212-1 : « La *déportation*, la *réduction en esclavage* ou la *pratique massive et systématique d'exécutions sommaires, d'enlèvements de personnes* suivis de leur disparition, *de la torture* ou d'actes inhumains, inspirées par des motifs politiques, philosophiques, raciaux ou religieux et organisées en exécution d'un plan concerté à l'encontre d'un groupe de population civile, sont punies de la réclusion criminelle à perpétuité. ») ; les **crimes de guerre aggravés** (art. 212-2 : « Lorsqu'ils sont commis en temps de guerre en exécution d'un plan concerté contre ceux qui combattent le système idéologique au nom duquel sont perpétrés des crimes contre l'humanité, les actes visés à l'article 212-1 sont punis de la réclusion criminelle à perpétuité. ») ; et la **participation à un groupement ou à une entente** en vue de préparer ces crimes (art. 212-3 : la participation à un groupement formé ou à une entente établie en vue de la préparation, caractérisée par un ou plusieurs faits matériels, de l'un des crimes définis précédemment est punie de la réclusion criminelle à perpétuité. Art. 213-4 : « L'auteur ou le complice d'un crime visé par le présent titre ne peut être exonéré de sa responsabilité du seul fait qu'il a accompli un acte prescrit ou autorisé par des dispositions législatives ou réglementaires, ou un acte commandé par l'autorité légitime. Toutefois, la juridiction tient compte de cette circonstance lorsqu'elle détermine la peine et en fixe le montant. » Le port en public ou l'exhibition d'uniformes, insignes ou emblèmes rappelant ceux d'organisations ou de personnes reconnues responsables de crimes contre l'humanité est puni d'une contravention de 5e classe, sauf si l'exhibition est nécessaire dans le cadre d'une évocation historique).

☞ Les poursuites pénales contre ces crimes imprescriptibles (art. 213-5) ne peuvent s'exercer qu'à l'encontre des auteurs (personnes physiques ou morales) de crimes commis après l'entrée en vigueur du nouveau Code pénal, le 1-3-1994. Pour les faits antérieurs, la répression est soumise aux règles de droit alors en vigueur.

Cas de Klaus Barbie (né Bad Godesberg 25-10-1913) : *1931* membre des Jeunesses nazies, *1935* des SS, *1942-44* responsable de la Gestapo à Lyon, *1945* sous le nom d'Altmann se réfugie au Pérou, *1952* et *1954* jugé en France par contumace et condamné à mort, *1972* réfugié en Bolivie, *1983*-7-2 extradé vers la France (Pompidou avait demandé son extradition mais la Cour suprême bolivienne avait demandé 5 000 $, ce qu'il avait refusé), écroué à Lyon, en raison de la prescription des crimes de guerre, il ne pouvait être rejugé que s'il était accusé de crimes contre l'humanité et si ceux-ci n'avaient pas déjà fait l'objet d'un jugement ; c'était le cas pour la déportation des enfants de la maison d'Izieu, qu'annonçait un télégramme présenté à Nuremberg, et pour la déportation des Juifs raflés dans la maison de l'Ugif (Union générale des israélites de France), rue Ste-Catherine à Lyon. *1989*-4-7 condamné à perpétuité à ce titre pour la déportation d'une cinquantaine d'enfants israélites, *1991*-25-9 † à Lyon.

Cas de Paul Touvier (né 3-4-1915) : *1943* chef de la Milice à Chambéry ; *-oct. 1943/sept. 1944* à Lyon. *1945* condamné à mort par contumace. *-28-12* condamné à 1 an de prison par défaut pour vol par le tribunal correctionnel de Chambéry. *1946-10-9* condamné à mort par contumace, à la dégradation nationale et à la confiscation des biens pour trahison par la cour de justice de Lyon. *1947-4-3* condamné à mort par contumace, à la dégradation nationale pour intelligence avec l'ennemi par la cour de justice de Chambéry. *-3-7* arrêté. *-9-7* s'évade. *1949-20-6* condamné à 5 ans de prison par défaut, 10 ans d'interdiction de séjour pour vol à main armée par le tribunal correctionnel de Lyon. *1971-23-11* gracié par Pompidou. *1981-27-1* mandat d'arrêt lancé. *1989-24-5* arrêté à Nice. *1991* libéré pour raison médicale. *1992-13-4* jugé par la cour d'appel de Paris (non-lieu : accusation de crime contre l'humanité non retenue). *1992*-26-11 la Cour de cassation casse partiellement l'arrêt confirmant le non-lieu pour d'autres affaires impliquant Touvier et renvoit l'affaire devant la cour de Versailles pour « complicité de crimes contre l'humanité » (exécution de 7 otages juifs à Rillieux-la-Pape, le 28-6-1944). *1993*-2-6 la cour de Versailles renvoit Touvier devant les assises. *1994*-17-3 Touvier rejugé est condamné à la réclusion criminelle à perpétuité. *1996*-17-7 meurt en détention.

■ **Crimes contre la paix.** Violation des règles établissant la paix (agressions) : par exemple, en 1919 et 1945, l'Allemagne a été accusée d'avoir porté atteinte « à la morale internationale et à l'autorité sacrée des traités de paix ».

■ **Torture.** Interdite par l'art. 5 de la Déclaration universelle des droits de l'homme, et, en Europe, par la Convention de sauvegarde des droits de l'homme, ratifiée par la France en 1974. Pratiquée dans beaucoup de pays.

LIBERTÉS

LIBERTÉ D'ALLER ET VENIR

■ **Définition.** S'étend à tous les endroits du pays appartenant aux collectivités publiques (État, départements, communes), destinés à l'usage public et aménagés à cet effet (rues, plages, fleuves...).

■ **Droit de quitter son pays.** Affirmé dans l'article 12 § 2 du Pacte international relatif aux droits civils et politiques et dans l'article 2 § 2 du protocole n° 4 de la Convention européenne des droits de l'homme. La jurisprudence du Conseil d'État et de la Cour de cassation l'ont confirmé. Le refus de délivrance ou le retrait d'un passeport constituent une voie de fait lorsqu'ils ne se rattachent pas à un pouvoir légal. Les restrictions au droit de quitter son pays ne peuvent être légales que dans le cadre d'une procédure judiciaire (peine privative de liberté ; détention préventive) et doivent être motivées et prévues par la loi.

■ **Droit d'entrer dans un pays.** Droit absolu dans son propre pays (aucune limitation prévue) mais nul ne peut entrer dans un pays étranger contre le gré des autorités de ce pays.

■ **Liberté de se déplacer sur le territoire national.** Les conventions internationales disposent que « quiconque se trouve régulièrement sur le territoire d'un État a le droit d'y circuler librement ». Le Conseil constitutionnel a reconnu valeur constitutionnelle au principe de la liberté d'aller et venir : le camping, la promenade en montagne ne peuvent être interdits. La suppression, le 20-5-1975, des fiches de police dans les hôtels correspond au respect de cette liberté.

Liberté de déplacement des étrangers : elle est soumise à des restrictions éventuelles et à la possession de documents particuliers. L'étranger doit présenter un titre (carte d'identité, passeport, visa, carte de séjour) en cas de contrôle d'identité effectué en application des articles 78-1 et 78-2 du Code de procédure pénale.

Les ressortissants de l'Union européenne sont régis par l'article 48, 3° (b) du traité de Rome sur la libre circulation des travailleurs. La directive européenne du 15-10-1968 a créé une « carte de séjour de ressortissant d'un État membre de la CEE », délivrée sur présentation d'un document d'entrée et d'une attestation de travail.

Selon l'article 26 de la Convention de Genève du 28-7-1951 sur le statut des réfugiés, « tout État contractant accordera aux réfugiés se trouvant régulièrement sur son territoire le droit d'y choisir leur lieu de résidence et d'y circuler librement sous les réserves instituées par la réglementation applicable aux étrangers en général dans les mêmes circonstances » (voir à l'Index).

Droit au nomadisme : loi du 3-1-1969 modifiée par la loi du 26-5-1977 relative à l'exercice des activités ambulantes et au régime applicable aux personnes circulant en France sans domicile ni résidence fixe. La loi du 31-5-1990 prévoit la mise en place dans chaque département d'un schéma départemental d'accueil des gens du voyage. La loi définit : 1°) **les personnes exerçant une activité ambulante** : marchands ambulants et forains. Les marchands ambulants souscrivent une déclaration renouvelable tous les 2 ans ; les forains doivent détenir un livret spécial de circulation valable 5 ans. 2°) **Les caravaniers** (sans domicile fixe mais justifiant de ressources régulières), qui doivent être titulaires d'un livret de circulation visé chaque année, et **les nomades** (sans ressources régulières), qui doivent détenir un carnet de circulation visé tous les 3 mois.

☞ **Commerçants ambulants. Ayant un domicile fixe depuis plus de 6 mois :** activité ambulante si elle est exercée en totalité hors de la commune (sauf pour les tournées des boulangers ruraux, par exemple). La préfecture délivre une carte permettant l'exercice d'activités non sédentaires à condition, pour les étrangers, de posséder un titre de séjour et l'autorisation d'exercer en France une activité commerciale, et de résider régulièrement en France depuis 5 ans (sauf pour les étrangers dispensés de la carte de commerçant étranger et ceux pouvant se prévaloir d'un accord international les assimilant, dans ce domaine, aux nationaux). **N'ayant ni domicile ni résidence fixe depuis 6 mois :** ne peut exercer que s'il est Français, originaire de l'UE ou de l'Espace économique européen, Andorran, Monégasque, Algérien titulaire d'une carte de résident ou ressortissant d'un pays pouvant se prévaloir d'un accord international l'assimilant, dans ce domaine, aux nationaux. A partir de 16 ans, doit posséder un livret de circulation délivré par la préfecture.

■ **Limites. Impossibilité de pénétrer dans la propriété d'autrui :** pénétrer constitue un délit (art. 226-4 du nouveau Code pénal ; voir **Violation de domicile,** à l'Index), passible d'une contravention de 1re classe (exemple : passage sur un terrain préparé ou ensemencé) ou de 2e classe (exemple : passage sur une vigne ou un champ de blé). **Exceptions :** *en cas d'enclave ; pour une réparation* (sur un bâtiment) ; *droit de puisage ; droit de pêche* (chez les riverains des cours d'eaux domaniaux, s'il existait avant 1965 une servitude de halage et de marche-pied le long du cours d'eau) ; *passage des piétons le long de la mer* (3 m de largeur sauf si le passage est à moins de 15 m d'une maison ou s'il faut traverser un terrain clos de murs et attenant à une maison) ; *passage pour skieurs et alpinistes* (pendant la période skiable, zone délimitée par le préfet ; le propriétaire doit enlever les obstacles et laisser le passage).

■ **Libre choix du domicile. Exceptions :** *enfants mineurs non émancipés :* domiciliés obligatoirement chez leurs parents ; *mari et femme :* depuis le 11-7-1975, peuvent avoir des domiciles distincts sans qu'il soit porté atteinte aux règles de la vie commune, mais doivent cohabiter ; *fonctionnaires nommés à vie* (autrefois magistrats) *et officiers ministériels* (avoués, notaires, huissiers) : doivent avoir leur domicile légal au lieu où ils exercent leurs fonctions ; *personnes ayant été en détention provisoire et remises en liberté :* doivent résider dans la ville où se fait l'information ou dans celle où se trouve la juridiction saisie de l'affaire ; *personnes en libération conditionnelle ; condamnées avec sursis ; étrangers faisant l'objet d'un arrêté d'expulsion ou qui doivent être reconduits à la frontière et qui justifient être dans l'impossibilité de quitter le territoire. Tout interdit de séjour* (étranger ou Français) doit indiquer où il a l'intention d'établir sa résidence.

Doivent signaler leur changement de domicile : *les possesseurs d'une voiture* (délai d'un mois, à la préfecture, sinon amende de 600 à 1 200 F) ; *les étrangers résidant en France* (dans les 8 j suivant l'arrivée, au commissariat ou à la mairie) ; *les condamnés avec sursis et mise à l'épreuve* (à l'agent de probation) ; *les hommes soumis au service national et les réservistes* (à la gendarmerie ou au consulat).

■ **Contrôles d'identité.** Peuvent avoir lieu en cas d'infraction ou de tentative d'infraction ou, quel que soit le comportement de l'intéressé, pour prévenir une atteinte à l'ordre public, notamment à la sécurité des personnes ou des biens. Celui qui ne peut justifier de son identité peut être retenu sur place ou dans un local de police pour les vérifications nécessaires, pendant 4 h au plus. S'il est mineur, le procureur de la République doit en être informé immédiatement et le mineur doit, sauf impossibilité, être assisté de l'un de ses parents ou de son tuteur.

Personnes habilitées à contrôler : officiers, sous-officiers et gardiens de la paix de la police nationale, CRS (pour certains, seulement sur l'ordre de leurs supérieurs), gendarmes, mais non les agents de la police municipale. Les contrôleurs assermentés (RATP, SNCF, etc.), gardes-chasse ou gardes champêtres, peuvent demander la justification de leur identité à ceux ayant commis une infraction qu'ils sont habilités à constater ou, sinon, les retenir pour les déférer devant l'autorité compétente (Code de procédure pénale, art. 20 et 21-1° et 78-1 à 78-3).

■ MESURES PRIVATIVES DE LIBERTÉ

■ **Procédure pénale. Avant le jugement :** *crime, délit flagrant :* possibilité d'audition des témoins, de vérification d'identité, de garde à vue. *Enquête préliminaire :* garde à vue. *Au cours de l'instruction :* contrôle judiciaire, art. 138 et suivants du Code de procédure pénale (obligation de se présenter périodiquement à la mairie ou à la gendarmerie, de ne pas se déplacer hors d'un certain périmètre, de remettre ses pièces d'identité, de ne pas fréquenter certains lieux ou personnes) ou détention provisoire (exceptionnelle, si elle est nécessaire pour mener l'instruction à bien, si la peine encourue est au minimum de 2 ans ; dure 4 mois ; renouvelable de 4 mois en 4 mois).

Après le jugement : *peines privatives :* emprisonnement ou réclusion criminelle. *Restrictives :* surtout de déplacement. *Interdiction de séjour :* de 2 à 10 ans, ne peut être prononcée contre des personnes de 65 ans ou plus. *Sursis avec mise à l'épreuve :* de 2 à 5 ans ; le condamné doit prévenir l'agent de probation de ses changements de résidence et de tout déplacement de plus de 8 j, obtenir l'autorisation du juge de l'application des peines avant d'aller à l'étranger, et peut se voir interdire certains lieux. *Dans le cadre de la libération conditionnelle.*

■ **Mesures de protection sanitaire.** *Placement des alcooliques dangereux :* décidé par le tribunal de grande instance, 6 mois renouvelables. *Internement des malades mentaux* (voir **Aliéné** à l'Index).

■ LIMITATIONS DUES AUX MOYENS DE TRANSPORT

■ **Avions.** *Circulation* libre au-dessus de la France (sauf dans certaines zones militaires ou pour raisons de sécurité publique). L'avion doit être *immatriculé* sur un registre tenu par le ministre chargé de l'aviation civile. On doit posséder les *certificats d'immatriculation, de navigabilité* (avion conforme à un type certifié), *de limitation des nuisances,* le *brevet d'aptitude au pilotage.*

■ **Bateaux.** *Permis obligatoire :* les bateaux de plaisance [sauf périssoires, canoës, kayaks et navires de moins de 2 tonneaux (excepté s'ils sortent des eaux territoriales pour aller à l'étranger)] doivent avoir un *port d'attache,* être *francisés* par l'administration des douanes et *immatriculés* auprès des affaires maritimes qui délivrent la carte de circulation.

■ **Camping-caravaning.** *Stationnement de caravanes et camping-cars* libre en dehors des terrains aménagés, sous réserve des réglementations préfectorales et d'une autorisation du maire (pour plus de 3 mois). *Camping* libre avec l'accord de la personne qui jouit du terrain, interdit sur emprise des routes et voies publiques, rivage de la mer, dans un rayon de 200 m des points d'eau captés pour la consommation, des sites classés, inscrits ou protégés, et à moins de 500 m d'un monument historique classé ou inscrit.

■ **Circulation routière. Véhicules :** voir le Code de la route et les divers règlements (ministre, préfets, maires). On doit détenir certains *papiers* (voir **Automobile** à l'Index). L'État *contrôle* si le véhicule est conforme aux règlements (freins, éclairage, signalisation, signaux d'avertissement, plaques, inscriptions) ; s'il ne l'est pas, le véhicule peut être immobilisé, mis en fourrière ou retiré de la circulation. Depuis le 1-1-1992, la loi prévoit un contrôle technique systématique des véhicules d'occasion.

Circulation : respecter le Code de la route, les interdictions [exemples : les poids lourds de plus de 6 t ou transportant des matières dangereuses ne peuvent circuler les samedis et veilles de jours fériés (à partir de 22 h pour les plus de 6 t et de 12 h pour les matières dangereuses) jusqu'au dimanche et jours fériés à 22 h (24 h pour matières dangereuses) ; accès aux autoroutes interdit aux piétons, cyclistes, cyclomoteurs, ensembles routiers comportant plusieurs remorques ; limitations pour sécurité publique (rues étroites, sinueuses ou sans trottoirs) ; circonstances exceptionnelles (jours de marché ou de manifestation sportive ou pendant la saison touristique) ; accès avec péage pour certains ponts et autoroutes (licites depuis la loi du 12-7-1979)]. *Stationnement :* est une faculté mais non un droit car c'est une entrave à la circulation, réglementée dans le Code de la route ; le Code des communes autorise le maire à prendre des mesures restrictives : stationnements interdits, limités, payants, réservés et tolérés [distinction entre stationnements abusif (ininterrompu au même endroit plus de 7 jours), gênant et dangereux]. Certains emplacements peuvent être payants pour faciliter la circulation, et non exclusivement pour procurer des ressources à la commune. Les emplacements doivent respecter droits d'accès et desserte des riverains. Les taxes sont les mêmes pour tous.

Permis de conduire : *refus* possible par le préfet, après avis de commissions spéciales, pour incapacité physique ; *suspension* (voir à l'Index) ; *retrait* par les tribunaux judiciaires pour 3 ans au maximum si le conducteur est condamné pour conduite en état d'ivresse, délit de fuite, homicide ou blessures involontaires (il peut ensuite solliciter un autre permis) ; par le préfet après un examen médical. *Recours possibles :* gracieux, devant le préfet ou le min. de l'Intérieur ; pour excès de pouvoir, devant le tribunal administratif ; en indemnité pour suspension illégale.

LIBERTÉ D'EXPRESSION

■ **Liberté d'opinion.** Conformément à la Déclaration des droits de l'homme, le droit pénal français considère qu'il n'y a pas d'opinion punissable par elle-même. *Limites :* l'apologie des crimes et certaines opinions qui contredisent le fonctionnement même d'un État de droit ; l'anarchisme, visé par la loi du 28-7-1894 édictée à la suite d'une vague d'attentats ; le racisme, dont l'expression publique est considérée, depuis la loi du 1-7-1972, comme un délit (voir p. 795 c).

Associations, réunions, manifestations, attroupements (voir à l'Index).

■ **Audiovisuel.** La radiodiffusion-télévision française était un **monopole d'État** (loi du 3-7-1972) jusqu'à la loi du 30-9-1986 modifiée, relative à la liberté de communication.

Droit de réponse sur les ondes et à la télévision (décret du 6-4-1987) : la demande doit intervenir dans les 8 j suivant l'émission incriminée. Elle doit préciser les imputations portant atteinte à l'honneur ou à la réputation de l'intéressé. Le directeur de la chaîne de radio ou de télévision doit répondre dans un délai de 8 j à compter de la demande. La réponse doit être diffusée dans des conditions équivalentes à celles de l'émission incriminée.

■ **Obligation de réserve.** Obligation morale, souvent invoquée mais sans base juridique (ni loi ni texte ayant valeur législative). Actuellement, constituerait une restriction de la liberté d'expression proclamée par les art. 10 et 11 de la Déclaration des droits de l'homme de 1789. *Cas des réfugiés :* selon l'art. 2 de la Convention de Genève du 28-7-1951 sur le statut des réfugiés : « Tout réfugié a, à l'égard du pays où il se trouve, des devoirs qui comportent notamment l'obligation de se conformer aux lois et règlements ainsi qu'aux mesures prises pour le maintien de l'ordre public. » L'expression par un réfugié de ses opinions politiques ne constituerait donc un manquement à ses devoirs à l'égard du pays d'accueil que si elle portait atteinte à l'ordre public. L'engagement que font souscrire certaines préfectures aux réfugiés de renoncer à toute activité politique et syndicale est sans effet.

■ **Presse. Liberté :** régie par la loi du 29-7-1881. Voir à l'Index. **Limites :** *droit de rectification :* reconnu aux dépositaires de l'autorité publique (par exemple un préfet) dont les actes ont été inexactement rapportés ; l'article rectificatif ne peut dépasser le double de l'article incriminé. *Droit de réponse :* toute personne désignée ou mise en cause dans une publication périodique peut répondre dans l'année qui suit (maximum de 50 à 200 lignes selon la longueur de la mise en cause) ; un quotidien doit publier la réponse dans les 3 j, un périodique dans le numéro qui suit le surlendemain de la réception. La publication intégrale doit être faite à la même place et dans les mêmes caractères. Le directeur de la publication peut refuser d'insérer une réponse trop longue, nuisant à l'ordre public, contraire à l'intérêt de tiers ou portant atteinte à l'honneur ou à la considération du journaliste ou du journal. *Délits commis par voie de presse :* exemples : délits ou crimes contre l'ordre public (apologie du crime, provocation à la haine, provocation des militaires à la désobéissance), ou contre le pouvoir (offense au chef de l'État, fausses nouvelles), contestation des crimes contre l'humanité (prévu par l'art. 24 *bis* de la loi du 29-7-1881 modifiée par la loi du 13-7-1990 tendant à réprimer tout acte raciste, antisémite ou xénophobe), outrage aux bonnes mœurs. *Diffamation :* voir à l'Index. *Presse étrangère, publications destinées à la jeunesse.*

INTÉGRITÉ CORPORELLE

■ **Libre disposition du corps de la naissance à la mort.** *Liberté de procréation et droit de fonder une famille :* implicitement reconnus. La *régulation des naissances* est rendue possible par la loi du 28-12-1967, modifiée par celle du 4-12-1974, autorisant la prescription et la vente de contraceptifs mais réprimant toute propagande antinataliste (la publicité pour les préservatifs, dans le cadre de la campagne de prévention du sida, faisant exception). La *stérilisation* volontaire, entendue comme moyen contraceptif, n'est pas autorisée en France. La stérilisation pratiquée sans le consentement de l'intéressé(e) est interdite et constitue le délit de coups et blessures volontaires.

■ **Location d'utérus.** Le tribunal de grande instance d'Aix-en-Provence avait considéré que l'adoption par la famille sociale après l'abandon de l'enfant par la mère biologique pouvait constituer une solution à ce type de problème. Le Comité d'éthique a estimé que cette cession d'un enfant est nulle par son objet et contractée en fraude vis-à-vis de la loi relative à l'adoption. La Cour de cassation a affirmé en assemblée plénière la nullité des conventions de mère porteuse et de l'adoption subséquente.

■ **Interruption volontaire de grossesse (IVG).** Autorisée en France par la loi (Veil) du 17-1-1975, puis par la loi du 31-12-1979 qui la soumet à des procédures précises. Ses opposants invoquent l'article 2 de la Convention européenne des droits de l'homme et des libertés fondamentales qui affirme le droit à la vie, et ses partisans, le respect de la vie privée de la mère et le droit de disposer de son propre corps.

Le Comité d'éthique a rappelé que l'embryon, et, *a fortiori*, le fœtus, est une « personne humaine potentielle ». Son utilisation à des fins thérapeutiques et de recherche doit être soumise au Comité d'éthique, qui ne délivre son autorisation que de manière exceptionnelle. Toute utilisation commerciale est formellement prohibée.

■ **Prostitution.** L'acte privé n'est ni réprimé ni interdit, mais le *racolage* passif ou actif, qui attente à la liberté d'aller et venir, est susceptible de sanctions pénales. Le *proxénétisme,* ou exploitation de la prostitution, est sanctionné. *Peines encourues :* jusqu'à 10 ans d'emprisonnement et 10 000 000 de F d'amende pour les formes aggravées.

■ **Atteintes à l'intégrité du corps. Illégales :** meurtre, assassinat. Mutilations sexuelles. Viol. Blessures. Coups volontaires. Torture, traitements inhumains ou dégradants, voir *Convention contre la torture et autres peines ou traitements cruels, inhumains ou dégradants* adoptée par l'Assemblée générale de l'Onu le 10-2-1984 (ratifiée par la France le 4-2-1985 ; entrée en vigueur le 26-6-1987). *Convention européenne pour la prévention de la torture et des peines ou traitements inhumains ou dégradants* du 26-6-1987 (ratifiée par la France le 30-12-1988). *Article 3 de la Convention européenne des droits de l'homme :* « Nul ne peut être soumis à la torture ni à des peines ou traitements inhumains ou dégradants. » Expériences médicales ou scientifiques effectuées sans le consentement de la personne : interdites par le *Pacte international sur droits civils et politiques* (article 7). La loi du 20-12-1988 (titre II *bis* du Code de la santé publique) reprend ce principe. La loi sur la bioéthique consacre le principe du consentement libre et éclairé. La loi distingue entre les expériences médicales avec bénéfice individuel direct (dont le malade peut espérer tirer un profit pour lui-même) et les expériences scientifiques sans bénéfice individuel direct, pour lesquelles des garanties supplémentaires sont encore imposées.

Légales : peine de mort abolie en France par la loi du 9-10-1981 ; la France a ratifié le 17-2-1986 le protocole nº 6 de la Convention européenne des droits de l'homme qui abolit la peine de mort sauf pour des actes commis en temps de guerre ou de danger imminent de guerre. La loi prévoit cependant des cas où la mort peut être infligée dans des conditions licites : certaines mesures de maintien de l'ordre comme la protection des personnes, l'arrestation, ou la répression d'une émeute ou d'une insurrection. **Légales du point de vue de la santé publique :** visites médicales réglementaires, dépistages d'alcool par alcootest et vérifications médicales cliniques et biologiques destinées à établir la preuve de l'état alcoolique d'un conducteur, vaccinations obligatoires, visites médicales et cures de désintoxication des toxicomanes et alcooliques...

CORPS HUMAIN

■ **Dons d'organes. Établissement français des Greffes** (d'organes, de tissus et de cellules), 5, rue Lacuée, 75012 Paris. **France Adot** (Fédération des associations pour le don d'organes et de tissus humains), *fondée* 5-8-1969, reconnue d'utilité publique, B.P. 35, 75462 Paris Cedex 10. **Omidot** (Organisme mondial pour l'information sur le don d'organes et de tissus), *Pte :* B. Van Haelewijck, c/o Abdot, chaussée de Waterloo, 550/11-Waterloosesteenweg, Bruxelles 1050.

■ **Don du corps à la science (renseignements). Région parisienne :** *Service du don des corps de l'université René-Descartes,* 45, rue des Sts-Pères, 75270 Cedex 06. **Province :** *laboratoires d'anatomie des facultés ou écoles de médecine.*

■ **Don du sang.** Donneurs bénévoles de 18 à 65 ans. *Contre-indications :* donneurs porteurs de virus (sida, hépatite..., voir le chapitre **Médecine** p. 119).

■ **Insémination artificielle.** Voir à l'Index.

■ **Prélèvement ou greffe d'organes, de tissus et de cellules. Lois sur la bioéthique** (29-7-1994). **Relative au respect du corps humain** (nº 94-653) : respect de l'intégrité du corps humain en dehors d'une nécessité thérapeutique pour la personne et avec son consentement, gratuité du don, anonymat entre donneur et receveur. **Relative au don et à l'utilisation des éléments et produits du corps humain, à l'assistance médicale à la procréation et au diagnostic prénatal** (nº 94-654) : abroge les lois Lafay et Caillavet, et fera l'objet, après évaluation de son application, d'un nouvel examen par le Parlement dans un délai maximal de 5 ans après son entrée en vigueur. *Principes généraux :* ces lois reprennent les règles de respect du corps humain (consentement et gratuité du don, anonymat donneur et receveur, absence de publicité au profit d'une personne déterminée), et précisent que les prélèvements sont soumis à des règles de sécurité sanitaire et de vigilance, définies par décrets en Conseil d'État. *Greffes d'organes, de tissus et de cellules :* un Établissement français des Greffes est créé ; prélèvements en vue de dons : *sur une personne vivante :* un organe ne peut être prélevé que dans l'intérêt thérapeutique direct d'un receveur ayant un lien familial direct ; le donneur doit être majeur et responsable, informé, et doit exprimer son consentement devant le Pt du tribunal de grande instance ; les tissus peuvent être prélevés dans un but scientifique ou thérapeutique, à condition que le donneur soit majeur [sauf en cas de don de moelle osseuse (art. L. 671-5) au bénéfice de son frère ou de sa sœur] et juridiquement responsable ; *décédée :* après constat de la mort, les prélèvements à but thérapeutique peuvent être effectués « dès lors que la personne concernée n'a pas fait connaître de son vivant son refus d'un tel prélèvement ; ce refus peut être exprimé par l'indication de sa volonté sur un registre national automatisé prévu à cet effet ; il est révocable à tout moment (...). Si le médecin n'a pas directement connaissance de la volonté du défunt, il doit s'efforcer de recueillir le témoignage de sa famille » ; si le défunt est un mineur ou dans l'incapacité de décider, tout prélèvement est subordonné à l'autorisation écrite des titulaires de l'autorité parentale. Un prélèvement à des fins scientifiques en dehors de l'autopsie ne peut être effectué sans le consentement du défunt, exprimé directement ou par le témoignage de sa famille ; les médecins qui établissent le constat de mort, d'une part, et ceux qui effectuent le prélèvement ou la transplantation, d'autre part, doivent faire partie d'unités distinctes, et la restauration du corps doit être assurée ; pour les tissus et cellules, les possibilités de prélèvements sont fixées par décret ; ils ne peuvent être effectués qu'à des fins thérapeutiques ou scientifiques et dans les mêmes conditions que celles prévues pour les organes ; le décret nº 94-416 du 24-5-1994 précise que tissus et cellules ne peuvent être prélevés que sur une personne décédée assistée par ventilation mécanique et conservant une fonction hémodynamique sauf pour la cornée, l'os cortical et la peau (arrêté du 24-5-1994) ; *les établissements et organismes* effectuant des prélèvements et ceux assurant la conservation des tissus et cellules doivent y être autorisés par l'autorité administrative, et aucune rémunération à l'acte ne peut être perçue par les praticiens effectuant des prélèvements ; *tissus prélevés* à l'occasion d'une intervention médicale, et conservés en vue d'une utilisation ultérieure : soumis aux règles générales d'éthique concernant la gratuité du don, l'anonymat du donneur et du receveur, l'absence de publicité au profit d'une personne déterminée, à celles concernant la sécurité sanitaire, et à celles adoptées pour la conservation et la distribution. *Utilisation des éléments et produits du corps humain :* les greffes d'organes et éventuellement certaines greffes de tissus ou cellules ne peuvent être réalisées que dans des établissements de santé autorisés à cet effet.

☞ **Cœur :** 90 centres habilités pour les prélèvements (30 pratiquent les transplantations) dont *hôpital de La Pitié,* 47, bd de l'Hôpital, 75013 Paris. **Moelle osseuse :** un fichier de 80 000 volontaires (fin 1994) de 18 à 50 ans, géré par France-Greffe de moelle, hôpital St-Louis, est connecté aux fichiers européens par l'European Donor Secretariat (EDS-St-Louis). **Os :** *Association pour les greffes et substituts tissulaires en orthopédie (gesto) ; Sofcot,* 56, rue Boissonnade, 75014 Paris. **Peau :** s'adresser de préférence aux *hôpitaux St-Louis,* 1, avenue Claude Vellefaux, 75010 Paris *et Cochin,* 27, rue du Fg-St-Jacques, 75005 Paris, ou *Hôpital Foch,* 40, rue Worth, 92150 Suresnes. **Yeux :** *Banque française des yeux,* 6, quai des Célestins, 75004 Paris. (Voir aussi p. 169 et suivantes.)

■ **Relations avec le médecin. Un contrat** existe avec le malade. Le médecin est lié à son malade par une *« obligation de moyens »,* non de *« résultat » ;* sa responsabilité peut être engagée en cas de faute *prouvée* par le malade ou sa famille. Le médecin s'engage à soigner et à guérir si possible, le malade à payer les honoraires, à collaborer avec le médecin et à suivre le traitement. Le médecin doit informer le malade (maladie, traitement, soins, risques). Le consentement du malade est nécessaire.

■ **Hospitalisation.** Elle nécessite en principe le consentement du malade. Le malade ou sa famille peuvent demander le transfert à domicile si l'état est très grave et le décès imminent. Si le malade veut sortir de l'hôpital contre l'avis des médecins, il doit signer une attestation par laquelle il reconnaît avoir été informé des dangers de sa sortie.

■ **Dossier médical.** Propriété de l'établissement. Conservé sous la responsabilité du chef de service. Depuis la loi du 31-12-1970, doit être communiqué au médecin traitant. Depuis le décret du 7-3-1974, avant la 2e semaine d'hospitalisation, on doit informer le médecin désigné par le malade ou sa famille s'il en fait la demande écrite.

■ **Protection de la santé publique.** Vaccinations obligatoires, déclaration des maladies contagieuses et vénériennes, vérification du taux d'alcoolisme, traitement des alcooliques dangereux et des toxicomanes (voir p. 181 a).

■ **Euthanasie.** *Passive :* un malade peut vouloir mettre fin à ses jours et demander clairement et formellement au médecin de cesser les soins qui pourraient les prolonger. *Active :* assimilée à un homicide ; peines allant jusqu'à la réclusion à perpétuité pour le responsable. *Limites au libre choix de sa propre mort :* le suicide volontaire est autorisé. Mais aider ou encourager activement une personne à mettre fin à ses jours constitue le délit de non-assistance à personne en danger au sens de l'article 223-6 du nouveau Code pénal. La propagande ou la publicité en faveur de produits préconisés comme moyens de se donner la mort est punie d'une peine maximale de 3 ans d'emprisonnement et de 300 000 F d'amende. Aider, à sa demande, un tiers à provoquer sa propre mort pour atténuer ses souffrances est passible de sanctions pénales, civiles et disciplinaires pour quiconque (en particulier le médecin). L'Assemblée médicale mondiale a cependant déclaré que « le médecin s'abstiendra de tout acharnement thérapeutique, c'est-à-dire de tout traitement extraordinaire dont personne ne peut espérer un quelconque bénéfice pour le patient ».

■ **Interdiction de l'esclavage, du travail forcé ou obligatoire.** Article 8 du Pacte international sur les droits civils et politiques et art. 4 de la Convention européenne des droits de l'homme. La France a aboli l'esclavage par le décret du 27-4-1848. Le travail forcé ou obligatoire est également interdit par l'article 2 de la Convention de l'Organisation internationale du travail. En France, les travaux forcés ont été supprimés par une ordonnance du 4-6-1960. La Convention européenne des droits de l'homme énumère dans son article 4 § 3 les travaux ou services qui ne sont pas considérés comme un travail forcé ou obligatoire : tout travail requis normalement d'une personne en détention ; le service militaire ou le service civil des objecteurs de conscience ; tout service requis dans le cas de crises ou de calamités qui menacent la communauté ; tout travail ou service qui fait partie des obligations civiques normales.

Respect de la vie privée

■ **Respect de l'identité.** Droit corrolaire du principe d'égalité et du refus par le droit français de toute discrimination fondée sur l'âge, le sexe, la race, ou la nationalité.

■ **Droit à l'homosexualité.** Des pays interdisent les relations homosexuelles entre hommes (Chypre, Irlande) ; d'autres fixent un âge minimal ou ne les mentionnent pas. Jurisprudence récente, européenne et française : respect du principe de non-discrimination et du droit des personnes à organiser librement leur vie sexuelle.

■ **Droit à changer de sexe.** Selon la Cour européenne des droits de l'homme : « On entend d'habitude par transsexuels les personnes qui, tout en appartenant physiquement à un sexe, ont le sentiment d'appartenir à l'autre ; elles essaient souvent d'accéder à une identité plus cohérente et moins équivoque en se soumettant à des soins médicaux et à des interventions chirurgicales afin d'adapter leurs caractères physiques à leur psychisme. Les transsexuels ainsi opérés forment un groupe assez bien déterminé et définissable. » Les intéressés peuvent demander le changement de leur prénom selon la procédure prévue à l'article 60 du Code civil.

■ **Protection générale.** *Convention européenne de sauvegarde des droits de l'homme et des libertés fondamentales* (article 8) : toute personne a droit au respect de sa vie privée et familiale (que la famille soit naturelle ou légitime), de son domicile et de sa correspondance. Une ingérence peut être considérée comme licite si elle constitue une mesure nécessaire à la sécurité nationale, à la sûreté publique, au bien-être économique du pays, à la défense de l'ordre, à la prévention des infractions pénales, à la protection de la santé ou de la morale ou à la protection des droits et libertés d'autrui. La jurisprudence de la Cour européenne des droits de l'homme interprète le droit au respect de la vie privée de manière extensive. *Loi n° 70-643 du 17-7-1970 :* affirme le principe du droit de chacun au respect de sa vie privée (art. 9 Code civil) et prévoit des sanctions pénales ; le juge des référés peut empêcher ou faire cesser une atteinte illicite à l'intimité de la vie privée.

Article 35 de la loi du 29-7-1881 : relatif à la diffamation (loi sur la presse), permet à une personne poursuivie pour diffamation de se disculper en prouvant la vérité du fait diffamatoire, sauf si les faits relatés concernent la vie privée de la personne (sanctionne celui qui allègue publiquement un fait qui porte atteinte à l'honneur ou à la considération d'une personne). Loi du 17-7-1978 (loi n° 78-753) modifiée par la loi du 3-1-1979 sur les relations entre l'administration et le public : garantit la liberté d'accès de chacun aux documents administratifs qui le concernent (art. 6 *bis*). Les administrations peuvent refuser la consultation ou la communication d'un document qui porterait atteinte au respect de la vie privée. La loi du 3-1-1979 sur les archives (n°79-18) fixe un délai de droit commun de 30 ans pour la consultation des archives publiques (art. 6) ; 100 ans pour les renseignements individuels concernant la vie personnelle et familiale ; 150 ans pour les renseignements individuels de caractère médical (art. 7). Loi du 6-1-1978 relative à l'informatique, aux fichiers et aux libertés (n° 78-17) : voir p. 908 c. *Secrets dont la divulgation est à la discrétion de la personne en cause :* renseignements relatifs aux ascendants, conjoints et descendants ; souvenirs de la vie privée qui appartiennent au patrimoine moral de l'individu ; opinions politiques protégées par le secret du vote ; vie intime ; état de santé.

Protection de la vie familiale : le droit à mener une vie familiale normale résulte d'un principe général du droit interne dégagé par le Conseil d'État, notamment dans un arrêt du 8-12-1978 (Gisti, CFDT et CGT).

Vie sentimentale : en général, le juge accorde réparation en cas de divulgation sans consentement d'informations sur la vie sentimentale, si ces informations ne présentent pas un intérêt public particulier. Le juge des référés, s'agissant de mineurs, a parfois ordonné la saisie des supports.

Secret de la fortune : fortune et ressources de chacun font partie du domaine de la vie privée dont le secret doit être garanti par la loi. Le tribunal de grande instance de Marseille a estimé que la publication dans un journal des ressources actuelles ou futures d'une personne et de son conjoint « constitue une atteinte illicite à la vie privée, tout ce qui a trait au patrimoine et aux ressources d'un individu ou de sa famille devant être considéré comme se rattachant à la vie privée ». Sur le fondement de l'article 9 du Code civil et de l'article 809 du nouveau Code de procédure civile, la garantie du secret de la fortune a été reconnue compatible avec le principe de la publicité de l'impôt, la loi prévoyant que les informations sur les impôts d'un contribuable ne peuvent être communiquées à d'autres contribuables que si ces derniers relèvent de la même direction des services fiscaux.

La publication ou la diffusion de ces informations par d'autres moyens « et visant des personnes nommément désignées est interdite », sous peine d'une amende fiscale égale au montant des impôts divulgués.

Liberté de l'apparence : un journal porte atteinte à la vie privée quand il révèle l'identité première d'une personne qui a changé de nom. La divulgation de l'image ou l'enregistrement de la voix d'une personne sans son autorisation sont illicites, *a fortiori* si cette image est dévalorisante au regard de la profession de la personne représentée. La révélation d'un état de grossesse ou de la maladie d'un mineur ou d'une personnalité connue (chanteur, acteur) peut être considérée comme une atteinte à l'image, et sanctionnée. L'image d'une personne ne doit pas être utilisée à des fins auxquelles elle n'aurait pas consenti, notamment commerciales ou publicitaires.

Informations nominatives : permettent « sous quelque forme que ce soit, directement ou non, l'identification des personnes physiques ». Entrent dans le cadre légal : domicile, adresse (numéro de la rue et de l'étage), nom patronymique, numéro de téléphone.

Secret des correspondances

■ **Secret des communications.** Figure dans l'article 11 de la Déclaration des droits de l'homme et du citoyen de 1789, et dans l'article 226-15 du nouveau Code pénal, qui punit l'interception ou le détournement des correspondances émises, transmises ou reçues par la voie des télécommunications et l'utilisation ou la divulgation de leur contenu, ainsi que la suppression ou l'ouverture de lettres ou de correspondances commise par des agents publics ou des particuliers de mauvaise foi.

■ **Possibilité d'écoutes.** La loi du 10-7-1991 énonce les cas limitatifs. **Interceptions ordonnées par l'autorité judiciaire :** dans le cadre d'une enquête sur une infraction, lorsque les nécessités de l'information judiciaire l'exigent et si la peine encourue est égale ou supérieure à 2 ans d'emprisonnement. Ne peut être prescrite que par un juge d'instruction, et conduite que sous son autorité et son contrôle. La décision du juge doit être écrite, comporter tous les éléments d'identification de la ligne à intercepter, indiquer l'infraction qui motive l'interception et la durée. Celle-ci est de 4 mois au maximum, renouvelables dans les mêmes conditions. Chaque opération d'interception fait l'objet d'un procès-verbal, de même que la transcription et la destruction des enregistrements.

☞ En cas d'appels téléphoniques anonymes, le juge d'instruction peut, après le dépôt d'une plainte, autoriser des écoutes téléphoniques pour identifier l'appelant.

Interceptions de sécurité : autorisées à titre exceptionnel (art. 3) : « (...) ayant pour objet de rechercher des renseignements intéressant la sécurité nationale, la sauvegarde des éléments essentiels du potentiel scientifique et économique de la France ou la prévention du terrorisme, de la criminalité et de la délinquance organisée, et de la reconstitution ou du maintien des groupements dissous en application de la loi du 1-1-1936 sur les groupes de combat et les milices privées. »

Les autorisations sont décidées par le Premier ministre, qui organise leur exécution et fixe le nombre maximal d'interceptions simultanées. La proposition d'interception doit être écrite et motivée par le ministre de la Défense, le ministre de l'Intérieur ou le ministre des Douanes, et soumise à l'autorisation du Premier ministre. Celle-ci est limitée à 4 mois renouvelables dans les mêmes conditions. L'exécution est effectuée sur ordre du ministre des Télécommunications. Une Commission nationale de contrôle des interceptions de sécurité (composée de 3 membres nommés par le gouvernement pour 6 ans non renouvelables) remet au Premier ministre un rapport d'activité annuel qui est rendu public. Si elle estime une écoute illégale, elle peut adresser au Premier ministre une recommandation visant à l'interruption de l'écoute ; celui-ci l'informera sans délai des suites données.

La loi envisage d'autres cas d'interception des communications privées, notamment la saisie de correspondances par le préfet et le contrôle de la correspondance des détenus par l'administration pénitentiaire, sauf celle destinée à l'avocat.

Par de simples citoyens : interdites. En outre, elles ne sauraient être utilisées comme moyen de preuve. Le fait d'utiliser un enregistrement de conversations téléphoniques constitue un délit du nouveau Code pénal (art. 226-1 et suivants) passible de 1 an de prison et 300 000 F d'amende, parfois avec saisie du matériel d'espionnage. Il faut qu'il y ait captation par un procédé technique (écouteur du téléphone), que cela porte sur des paroles tenues dans un lieu privé (cantine, bureau, pont de bateau), en dehors du consentement des intéressés, dans le but de porter atteinte à la vie privée. L'installation de mauvaise foi d'appareils conçus pour réaliser des interceptions de correspondances émises, transmises ou reçues par la voie des télécommunications est punie des mêmes peines.

■ **Correspondance confidentielle et sous pli fermé.** Art. 226-15 du nouveau Code pénal : « Le fait, commis de mauvaise foi, d'ouvrir, de supprimer, de retarder ou de détourner des correspondances arrivées ou non à destination et adressées à des tiers, ou d'en prendre frauduleusement connaissance, est puni d'un an d'emprisonnement et de 300 000 F d'amende. Est puni des mêmes peines le fait, commis de mauvaise foi, d'intercepter, de détourner, d'utiliser ou de divulguer des correspondances émises, transmises ou reçues par la voie des télécommunications ou de procéder à l'installation d'appareils conçus pour réaliser de telles interceptions. » *Exceptions :* les agents de la Poste peuvent convoquer le destinataire d'un pli en franchise ou présumé contenir des objets prohibés (de l'argent) pour ouverture du pli devant eux. L'administration pénitentiaire peut, pour raisons d'ordre public, ouvrir le courrier des détenus (sauf celui échangé avec des avocats). Le juge d'instruction peut faire de même, dans l'intérêt de la manifestation de la vérité.

■ **Civilement.** Le secret est protégé après réception par le destinataire, mais il ne peut être invoqué lorsque les faits contenus sont tombés dans le domaine public. Le destinataire a la propriété matérielle de la lettre reçue, mais l'auteur (ainsi que ses héritiers 50 ans après sa mort) en gardent la propriété morale.

Secret professionnel

■ **Obligations.** Article 226-13 du nouveau Code pénal : « La révélation d'une information à caractère secret par une personne qui en est dépositaire soit par état ou par profession, soit en raison d'une fonction ou d'une mission temporaire, est punie d'un an d'emprisonnement et de 100 000 F d'amende. » **Y sont tenus :** *professions de santé :* médecin, chirurgien, pharmacien, sage-femme, dentiste, masseur, orthophoniste, pédicure, nourrice-gardienne d'enfants, leurs collaborateurs et auxiliaires ; *travailleurs sociaux :* assistante sociale, auxiliaire de service social ; *personnes participant à l'administration de la justice ; fonctionnaires ;* certains *hommes d'affaires :* expert comptable, commissaire aux comptes, banquier ; *confidents nécessaires :* ministre du culte, psychologue, avocat, avoué, huissier, notaire, agent de change, courtier en valeurs mobilières ; *agents de l'administration fiscale ; journalistes.*

■ **Exceptions.** Art. 226-14 du nouveau Code pénal : « L'article 226-13 n'est pas applicable dans les cas où la loi impose ou autorise la révélation du secret. En outre, il n'est pas applicable : 1°) à celui qui informe les autorités judiciaire, médicales ou administratives de sévices ou privations dont il a eu connaissance et qui ont été infligés à un mineur de moins de quinze ans ou à une personne qui n'est pas en mesure de se protéger en raison de son âge ou de son état physique ou psychique ; 2°) au médecin qui, avec l'accord de la victime, porte à la connaissance du procureur de la République les sévices qu'il a constatés dans l'exercice de sa profession et qui lui permettent de présumer que des violences sexuelles de toute nature ont été commises. » Le secret est obligatoirement levé *dans l'intérêt de la justice,* l'obligation de déposer comme témoin primant le secret professionnel, ou *dans l'intérêt de l'État.* Les banques, les notaires, huissiers, greffiers, dépositaires des registres d'état civil et des rôles des contributions ou des autorités judiciaires doivent communiquer des renseignements aux services fiscaux. Le *secret médical* est levé pour dénoncer certaines affections dangereuses pour la santé publique (variole, maladies vénériennes professionnelles, alcoolisme) ; il ne concerne pas le médecin expert.

Nota. – Dans certains cas (avortement délictueux, sévices ou privations à mineurs de moins de 15 ans), avec l'accord de la victime, chaque profession peut lever le secret.

Atteintes à la vie privée (nouveau Code pénal).
Art. 226-1 : est puni d'un an d'emprisonnement et de 300 000 F d'amende le fait, au moyen d'un procédé quelconque, de porter atteinte volontairement à l'intimité de la vie privée d'autrui : 1°) en captant, enregistrant ou transmettant, sans le consentement de leur auteur, des paroles prononcées à titre privé ou confidentiel ; 2°) en fixant, enregistrant ou transmettant, sans le consentement de celle-ci, l'image d'une personne se trouvant dans un lieu privé. Lorsque les actes mentionnés au présent article ont été accomplis au vu et au su des intéressés sans qu'ils s'y soient opposés, alors qu'ils étaient en mesure de le faire, le consentement de ceux-ci est présumé. **Art. 226-2 :** est puni des mêmes peines le fait de conserver, porter ou laisser porter à la connaissance du public ou d'un tiers, ou d'utiliser de quelque manière que ce soit, tout enregistrement ou document obtenu à l'aide de l'un des actes prévus par l'article 226-1. Lorsque le délit prévu par l'alinéa précédent est commis par la voie de la presse, les dispositions particulières des lois qui régissent ces matières sont applicables en ce qui concerne la détermination des personnes responsables.

Photographies

■ **Droit à la personnalité.** On peut se défendre contre l'*altération de sa personnalité* par des montages photographiques ou la manipulation de son image (par exemple une légende) ou son *exploitation mercantile ou politique* (publicité, propagande).

■ **Respect de la vie privée.** On peut s'opposer à la publication de son image s'il s'agit d'un événement de sa vie privée, mais pas si l'on est le sujet ou le participant d'un événement. Si l'on figure accessoirement sur la photo d'un monument historique, d'un paysage ou d'un lieu public, on peut faire masquer son visage s'il est reconnaissable. On peut avoir consenti à la prise d'une photo, mais pas à son utilisation (art. 9 du Code civil, art. 226-1 et suivants du nouveau Code pénal).

■ **Droit à l'image.** Extension jurisprudentielle de l'art. 9 du Code civil. Principes : « Toute personne, quels que soient son rang, sa naissance, sa fortune, ses fonctions, a droit au respect de sa vie privée. » « Toute personne peut interdire la reproduction de ses traits. » « Le fait qu'une personne intéressant l'actualité se trouve dans un lieu public ne vaut pas renonciation au droit qu'elle a sur son image et sur sa vie privée. » « L'agence de photographie qui ne s'est pas assurée du consentement de la personne photographiée à la publication du cliché a commis une faute en vendant ce cliché. » « C'est à celui qui reproduit l'image d'apporter la preuve de l'autorisation et il ne suffit pas d'avoir acquis les droits du photographe. »

Arrêts de la Cour de cassation. **Gondrée c/ Sté Éditions Dubray** *(10-3-1999) :* Mme Gondrée a demandé en justice la saisie de cartes postales représentant son bien, le « café Gondrée » (1re maison libérée en 1944), la photographie ayant été prise sans autorisation. La cour d'appel de Caen avait rejeté sa demande, estimant qu'un immeuble exposé à la vue du public et réalisé à partir du domaine public et sa reproduction à des fins commerciales ne constituait pas une atteinte aux prérogatives reconnues au propriétaire. La Cour de cassation a rappelé que le propriétaire a seul le droit d'exploiter son bien sous quelque forme que ce soit : « L'exploitation du bien sous forme de photographies porte atteinte au droit de jouissance du propriétaire. » **Philippe Plisson (photographe) et le Comité régional du tourisme (CRT) c/ propriétaire de l'îlot de Roch-Arhon (Côtes-d'Armor)** *(2-5-2001) :* en nov. 1998, la cour d'appel de Rennes avait estimé que la diffusion de la photographie de l'îlot de Roch-Arhon prévue dans une campagne de publicité du CRT devait être interdite. La Cour de cassation souligne que pour s'y opposer le propriétaire doit faire la preuve d'un préjudice direct et certain.

■ **Sanctions.** *Droit de réponse. Suppression ou non-parution de l'image* ordonnées par le juge des référés (peut entraîner la saisie ou l'interdiction de vente d'un journal). *Réparation* par le tribunal. *Sanction pénale.*

ORGANISATIONS INTERNATIONALES

☞ Pour découvrir la sélection **Quid** des meilleurs sites Internet sur les organisations internationales, rendez-vous sur **www.quid.fr**

☞ *Abréviations :* intern. : international(e)[es], internationaux ; NU : Nations unies ; (p.p.p) : pas de population permanente.

ORGANISATION DES NATIONS UNIES (ONU)

DONNÉES GÉNÉRALES

■ **Siège.** Manhattan, New York (USA), construit 1947 sur terrain acheté 8,5 millions de $ par John D. Rockfeller junior (39 étages, 7 000 employés). **Création.** *Déclaration interalliée, Londres,* 12-1-1941 (14 États). *Charte de l'Atlantique,* 14-8-1941 (USA et G.-B.). *Déclaration de Washington,* 1-1-1942 (26 États). *Déclaration de Moscou,* 30-10-1943 (URSS, G.-B., USA, Chine). *Déclaration de Téhéran,* 1-12-1943 (USA, URSS, G.-B.). **Conférences :** *Dumbarton Oaks* (G.-B., USA, URSS, Chine, 27-8 au 17-10-1944). *Yalta* (G.-B., USA, URSS, 3/11-2-1945). *San Francisco* (25-4 au 26-6-1945) : élaboration définitive de la Charte de l'Onu (entrée en vigueur 24-10-1945) et du statut de la Cour internationale de justice, ratifiés par 51 pays en guerre contre l'Axe.

■ **Budget. Participation** fixée par un comité des contributions (réuni tous les 2 ans) en fonction de la population, du niveau d'industrialisation et du PIB de chaque membre. *Montant* (en %, 2001) : USA 22 (*1945 :* 30, *70 :* 25), Japon 19,63, All. 9,83, *France 6,5,* Italie 5,56, Royaume-Uni 5,09, Canada 2,57, Espagne 2,53, Brésil 2,23, P.-Bas 1,75, Australie 1,64, Russie 1,2, Argentine 1,156, Belgique 1,136, Suède 1,033. (Les autres États membres paient entre 0,001 et 0,01 % chacun.)

Budget ordinaire (en millions de $, 2000-01) : 2 536. **Crédits révisés** (en millions de $, 2000-01) : 2 533 dont politique, direction et coordination d'ensemble 457 ; affaires politiques et désarmement 259,9 ; justice et droit intern. 54,4 ; coopération internationale et développement 255,6 ; coopération régionale pour le développement 337,9 ; droits de l'homme et affaires humanitaires 119,5 ; information 142,5 ; services communs d'appui 433,6 ; activités financées en commun et dépenses spéciales 62,5 ; régime d'imposition du personnel 328,5 ; dépenses d'équipement 49,8 ; contrôle interne 18,8 ; compte pour le développement 13,1.

Participations aux opérations de maintien de la paix (en %, 1999) : USA 30,36 ; Japon 19,98 ; All. 9,8 ; *France 7,94 ;* G.-B. 6,18 ; Italie 5,43 ; Canada 2,75 ; Espagne 2,59 ; autres pays moins de 2.

☞ Situation financière difficile depuis 1985. *Arriérés* (en millions de $, au 1-1-2001) : 2 498 dont budget ordinaire 461, opérations de maintien de la paix 1 989, tribunaux pénaux internationaux (ex-Yougoslavie et Rwanda) 47.

Accord à l'Onu sur la baisse des contributions américaines : 189 États membres ont convenu que la contribution américaine passera de 25 % à 22 % [en deçà de la part amér. de l'économie mondiale (29 %) qui sert de référence pour la détermination des barèmes]. En échange, les USA s'engagent à payer leurs arriérés (selon les USA 826 millions de $, l'Onu 1 320), sinon leur plafond serait relevé dans 3 ans. Cette diminution ne sera pas étendue aux diverses institutions spécialisées de l'Onu. La différence de 3 % est comblée, immédiatement et pour 1 an, grâce à Ted Turner qui a versé 34 millions de $, via le département d'État, aux NU. Son geste fera baisser de 31 % à 26 % la part américaine dans le budget alloué aux opérations de maintien de la paix dans le monde qui sont de 3 milliards de $ par an. **Part du Japon :** diminue (20,5 % à 19,5 %), soit plus que le poids économique (15 %). La baisse des quotes-parts américaine et japonaise sera compensée par une contribution accrue des pays dits nouveaux riches (Singapour, Thaïlande, Corée du Sud, Brésil, Argentine, Chili, Pologne, Rép. tchèque et pays du Golfe).

Poids financier de l'UE à l'Onu : *part PNB mondial :* 30 %, participation à l'Onu : budget ordinaire 36 %, opérations de maintien de la paix 39 %, fonds et programmes de l'Onu 50 %, aide publique au développement (total mondial) 54 %. *Part de l'UE :* augmente de 0,3 % en raison du réajustement des barèmes individuels des pays à fort développement économique (G.-B., Irlande, Danemark et Grèce). Le 18-9-1997, Ted Turner, patron de CNN, a annoncé le don de 1 milliard de $ aux programmes humanitaires de l'Onu, à raison de 100 millions de $ par an pendant 10 ans.

■ **But.** Maintenir la paix et la sécurité internationale. Coopérer au développement économique et social de tous les peuples et le respect des droits de l'homme et des libertés fondamentales. Favoriser le désarmement et la réduction des budgets militaires.

■ **Charte.** Adoptée le 26-6-1945, en vigueur le 24-10-1945, 111 articles. Reprend les grands principes de la SDN : maintien de la paix dans le monde, droit des peuples à l'autodétermination, liberté des mers, libre accès de tous les États aux matières premières, coopération entre les peuples. Le chapitre 7 prévoit l'alliance militaire des États membres, qui doit assurer la « sécurité collective ». Le Conseil de sécurité peut *constater l'existence d'une menace contre la paix* (art. 39), prendre des mesures et décider des sanctions économiques (art. 41) ou une action militaire (art. 42). Des forces armées doivent être mises à sa disposition par les États membres (art. 43), en vertu d'accords spéciaux à négocier. Mais la notion de maintien de la paix par interposition de Casques bleus n'est pas dans la Charte (inventée par l'ancien secrétaire général Dag Hammarskjöld et le Canadien Lester Pearson pour mettre fin à la guerre de Suez en 1956). L'Onu n'est pas autorisée « à intervenir dans les affaires qui relèvent essentiellement de la compétence nationale d'un État » (art. 2).

■ **Membres.** *Originaires :* admis en 1945. 51 à des dates diverses dont *29* le 24-10 (entrée en vigueur de la Charte) et *22* du 25-10 au 27-12 (1ers à ratifier en 1945 : *-7-6* Nicaragua, *-8-8* USA, *-31-8 France, -4-9* République dominicaine, *-19-9* Nouvelle-Zélande, *-21-9* Brésil, *-24-9* Argentine, *-28-9* Chine, *-9-10* Danemark, *-11-10* Chili). *1950 :* 60 ; *55 :* 76 ; *60 :* 100 (le 7-10 avec le Nigéria) ; *65 :* 118 ; *70 :* 127 ; *75 :* 144 ; *80 :* 154 ; *84 : 159 ; 90 (23-4) :* 160, *(22-5) :* 159 (les 2 Yémen ayant fusionné) ; *94 (15-12) :* 185 ; *2000 :* 189. Derniers inscrits : *1980 : (25-8)* Zimbabwe, *(16-9)* St-Vincent et les Grenadines ; *81 : (15-9)* Vanuatu, *(25-9)* Bélize, *(11-11)* Antigua et Barbuda ; *83 : (23-9)* St Kitts et Nevis ; *84 : (21-9)* Brunei ; *90 : (23-4)* Namibie, *(18-9)* Liechtenstein ; *91 (17-9) :* Corée (Rép.), Corée (Rép. démocratique), Estonie, Lettonie, Lituanie, Marshall (îles), Micronésie ; *92 : (2-3)* Arménie, Azerbaïdjan, Kazakhstan, Kirghizistan, Moldavie, Ouzbékistan, St-Marin, Tadjikistan, Turkménistan, *(22-5)* Bosnie-Herzégovine, Croatie, Slovénie, *(31-7)* Géorgie ; *93 : (19-1)* Slovaquie, Tchèque (Rép.), *(8-4)* Macédoine, *(28-5)* Érythrée, Monaco, *(28-7)* Andorre ; *94 (15-12) :* Palau ; *99 (14-9) :* Kiribati, Nauru ; *2000 (sept.) :* Tuvalu.

■ **Nombre de membres par rapport aux États souverains.** *1950 :* 60 membres/85 États souverains (soit 71 %) ; *60 :* 99/112 (88) ; *70 :* 127/141 (90) ; *80 :* 154/165 (93) ; *90 :* 159/168 (95) ; *96 :* 185/191 (97) ; *2001 :* 189/192 (98,44).

États membres sanctionnés : Rhodésie (1966-79), Afrique du Sud (1979-93), Iraq (1990), Yougoslavie (1991-96 et 1998), Somalie (1992), Libye (1992), Libéria (1992), Haïti (1993-94), Angola [Unita] (1993), Soudan (1996), Sierra Leone (1997-98). **États non membres** (au 1-5-2001) : St-Siège, Suisse, Taïwan.

Observateurs : l'Assemblée générale des Nations unies a élevé la délégation palestinienne au rang de super-observateur depuis le 7-7-1998. Résolution votée par 124 voix contre 4 (USA, Israël, Micronésie et îles Marshall) et 10 abstentions.

■ **Entités secondaires (pays non indépendants). Noms du pays d'appartenance,** superficie en km² (population est. en 1996) : **Australie :** Ashmore et Cartier (îles) 5 (0) ; Christmas (îles) 135 (1 350) ; Corail (territoire des îles de la mer de) ; Heard et MacDonald (îles) 409 (0) ; Macquarie (îles) 175 (p.p.p) ; Norfolk (île) 35 (2 100). **États-Unis :** Baker (île) 1,5 (0) ; Howland (île) 2,6 (0) ; Jarvis (atoll) 4,3 (0) ; Mariannes du Nord (îles) 477 (59 300) ; Midway (îles) 5,2 (500) ; Navassa (île) 5,2 (p.p.p) ; Porto Rico 9 104 (3 766 000) ; Samoa américaines 199 (58 800) ; Vierges américaines (îles) 352 (97 600) ; Wakes (île) 7,8 (250). **Danemark :** Féroé (îles) 1 399 (43 500) ; Groenland 2 175 600 (56 000). **France :** Adélie (terre) 432 000 (p.p.p) ; Clipperton (atoll) 6 (0) ; Crozet (îles) 325 (p.p.p) ; Guadeloupe 1 780 (427 000) ; Guyane française 86 504 (149 000) ; Indien (îles éparses) 30,5 (p.p.p) ; Kerguelen (archipel de) 7 215 (p.p.p) ; Martinique 1 128 (394 000) ; Mayotte 373,2 (123 000) ; Nlle-Calédonie 18 576 (191 000) ; Polynésie française 4 000 (223 000) ; Réunion 2 512 (671 000) ; St-Paul et Amsterdam (îles) 61 (p.p.p) ; St-Pierre et Miquelon 242 (6 600) ; Wallis et Futuna (îles) 274 (14 700). **Norvège :** Bouvet (île) 59 (0) ; Jan Mayen (île) 380 (p.p.p) ; Pierre Ier (île) 249 (0) ; Svalbard 62 000 (p.p.p). **Nlle-Zélande :** Cook (archipel de) 236 (20 000) ; Niue (ex-île sauvage) 259 (2 300) ; Tokelau (îles) 12,2 (1 750). **Pays-Bas :** Antilles néerlandaises 800 (208 000) ; Aruba 193 (73 300). **Portugal :** Macao 18,7 (433 000). **R.-U. :** Anguilla 91 (9 000) ; Ascension (île de l') 88 (1 200) ; Bermudes 54 (61 400) ; Caïmans (îles) 264 (31 000) ; Géorgie du Sud 3 592 (p.p.p) ; Gibraltar 5,8 (27 100) ; Hong Kong 1 075,7 (6 304 000) ; Indien (territoire britannique de l'océan) 78 (p.p.p) ; Malouines (îles) 12 173 (4 000) ; Montserrat 102 (12 300) ; Orcades du Sud (îles) 622 (p.p.p) ; Pitcairn 47 (70) ; Ste-Hélène 122 (6 000) ; Sandwich du Sud 311 (p.p.p) ; Shetland du Sud 4 622 (p.p.p) ; Tristan da Cunha 200 (400) ; Turks et Caïques (îles) 500 (12 600) ; Vierges britanniques (îles) 153 (17 800). ***Couronne d'Angleterre :*** Anglo-Normandes (îles) 194,7 (154 200) ; Man (île de) 572 (69 800).

■ **Langues. Officielles :** anglais, arabe, chinois, espagnol, français, russe. **De travail :** anglais, français.

■ **Opérations de l'Onu.** Au total : de 1948 au 1-3-2001, 54 opérations et missions, plus de 850 000 h. (1 673 †, Corée exclue). *Au 1-3-2001 : personnel militaire et de police,* fourni par 87 pays sur 11 terrains d'action différents, *civile :* 38 905. *Personnel civil* international : 4 048 ; local : 75 887.

Coût des opérations (en milliards de $) : *1948/30-6-2000 :* 20,7 ; *1-7-2000/30-6-2001 (est.) :* 2,6 à 3. *Contributions non acquittées* (au 31-1-2001) : 2,6.

Opérations en cours (au 1-3-2001) : 15.

■ **Opérations terminées** (à mi-2001). **Grèce** *(1947-51).* Comité spécial des Nations unies sur les Balkans (Cosnub) observe les infiltrations étrangères.

Corée *(1950-53).* 15 nations : USA 7 divisions d'infanterie ; G.-B. 2 brigades ; Canada 1 ; Turquie 1 ; Australie 1 bataillon ; Thaïlande 1 ; Philippines 1 ; Éthiopie 1 ; Grèce 1 ; Colombie 1. L'Onu a perdu 38 500 h. Il y a un commandement unifié des Nations unies en Corée du Sud.

Suez *(1956-67).* Après l'expédition de Suez (voir à l'Index), l'Assemblée générale de l'Onu envoya en novembre 1956 une **première Force d'urgence des Nations unies (Funu I)** de 6 000 h. pour surveiller le cessez-le-feu (le terme de *« Casque bleu »* apparaît). 10 États ont participé au début (à la fin, 7). Nasser obtint le retrait de cette force en mai 1967. Peu après éclata la guerre israélo-arabe des 6 Jours. *Effectif maximal en févr. 1957 :* 6 073 ; *juin 1967 à la dissolution :* 3 378. *Pertes :* 90 † (dont 64 par fait de guerre ou accident). *Coût :* 220 millions de $.

Liban *(juin-déc. 1958).* **Groupe d'observations des NU au Liban (Gonul)** pour surveiller 6 mois les ingérences de la Rép. arabe unie. *Effectif maximal :* 591 (501 observateurs et 90 aviateurs) de 20 États. *Pertes :* néant. *Coût :* 3,7 millions de $.

■ **Premières ententes universelles.** **XVIIIe s.** projets de « *pacification universelle* », notamment celui de l'abbé de Saint-Pierre et de l'*Essai sur la paix perpétuelle* (1795) de Kant, qui prônait la création d'une fédération de peuples et l'établissement du règne universel du droit. **1864** (24-8) Croix-Rouge internationale. **1865** Union télégraphique internationale (Uti). **1874** (9-10) Union postale universelle (Upu). **1875** (20-5) Bureau international des poids et mesures. **1910** (23-9) Convention sur le sauvetage en mer. **1919** (26-7) Bureau international de l'heure (décidé 1913). **1934** (1-1) Union internationale des télécommnications (UIT) succède à l'Uti. **1944** (22-7) Banque internationale pour la reconstruction et le développement (Bird). Fonds monétaire international (FMI). (7-12) Organisation de l'aviation civile (OACI). **1945** (26-6) Charte des Nations unies.

■ **Société des nations (SDN).** **Origine : 1917**-*22-1* proposée par le Pt des USA Thomas Woodrow Wilson (1856-1924) ; *-5-6* France : vote d'un ordre du jour consacré à « la nécessité de garanties nouvelles de paix et d'indépendance pour les peuples grands et petits dans une organisation dès maintenant préparée de la Société des nations ». **1918**-*8-1* Wilson, dans un message au Congrès, présente les « 14 points » constituant les buts de guerre des USA. Le 14e indiquait la nécessité de constituer « une association générale des nations, en vertu de conventions formelles ayant pour objet d'offrir des garanties mutuelles d'indépendance politique et d'intégrité territoriale aux petits comme aux grands États ». **1919** ouverture à Paris de la conférence de la Paix. Les études de l'Anglais Cecil Hurst et de l'Américain Hunter Miller inspirent pour l'essentiel la rédaction des 26 articles du Pacte (élaboré à Paris, au 10 place de la Concorde, du 3-2 au 11-4, par le Pt Wilson et les délégués alliés) ; *-28-4* le Covenant de la SDN sera intégré aux différents traités de paix. 1ers membres de la SDN : 32 États ayant participé à la guerre dans le camp de l'Entente et 13 autres États demeurés neutres. Les USA avaient refusé d'en faire partie. **1920**-*10-1*, 1re réunion officielle. **1940**-*sept.* transfert des activités économique et financière à l'université de Princeton (USA). **1946**-*18-4* dernière séance à Genève. **Siège :** à Genève, au palais Wilson puis au palais des Nations (construit de 1929 à 1937). *Dissolution effective :* 3-7-1947, mais était déjà remplacée officiellement par l'Onu depuis octobre 1945. **États membres de la SDN. Date d'admission (date de retrait) :** Afghanistan 27-9-1934, Afrique du Sud 10-1-1920, Albanie 17-12-1920 (13-4-1941), Allemagne 8-9-1926 (21-10-1935), Argentine 10-1-1920 (du 4-12-1920 au 28-9-33), Australie 10-1-1920, Autriche 15-12-1920 (13-3-1938), Belgique 10-1-1920, Bolivie 10-1-1920, Brésil 10-1-1920 (14-6-1928), Bulgarie 16-12-1920, Canada 10-1-1920, Chili 10-1-1920, Chine 16-7-1920, Colombie 16-2-1920, Costa-Rica 16-12-1920 (1-1-1927), Cuba 8-3-1920, Danemark 8-3-1920, Rép. dominicaine 29-9-1924, Égypte 26-5-1937, Équateur 28-9-1934, Espagne 10-1-1920 (9-5-1941), Estonie 22-9-1921 (6-8-1940), Éthiopie 23-9-1923 (9-5-1936), Finlande 16-12-1920, *France 10-1-1920*, G.-B. 10-1-1920, Grèce 16-1-1920, Guatemala 10-1-1920 (15-5-1938), Haïti 30-6-1920 (8-4-1944), Hongrie 18-9-1934 (11-4-1941), Honduras 3-2-1920 (10-7-1938), Inde 10-1-1920, Iraq 3-10-1932, Iran 10-1-1920, Irlande 10-9-1923, Italie 10-1-1920 (13-12-1939), Japon 10-1-1920 (27-3-1935), Lettonie 22-9-1921 (5-8-1940), Libéria 30-6-1920, Lituanie 22-9-1921 (3-8-1940), Luxembourg 16-12-1920, Mexique 12-9-1931, Nicaragua 3-11-1920 (27-6-1938), Norvège 5-3-1920, Nlle-Zélande 10-1-1920, Panamá 8 1 1920, Paraguay 10-1-1920 (24-2-1937), P.-Bas 9-3-1920, Pérou 10-1-1920 (9-4-1941), Pologne 10-1-1920, Portugal 8-4-1920, Roumanie 14-9-1920 (11-7-1942), Salvador 10-3-1920 (10-8-1939), Siam 10-1-1920, Suède 9-3-1920, Suisse 8-3-1920, Tchécoslovaquie 10-1-1920, Turquie 18-7-1932, URSS 18-9-1934 (exclue 14-12-1939), Uruguay 10-1-1920, Vénézuela 3-3-1920 (11-7-1940), Yougoslavie 10-2-1920. **Effectif minimal :** 48 (en 1920 et 1940), **maximal :** 63 (en 1934). **Pays sous mandat** (art. 22 de la Charte) : « colonies ou territoires qui, à la suite de la guerre, ont cessé d'être sous la souveraineté des États qui les gouvernaient précédemment et sont habités par des peuples non encore capables de se diriger eux-mêmes dans les conditions particulièrement difficiles du monde moderne. Le bien-être et le développement de ces peuples forment une mission sacrée de civilisation. » Elle considérait que « la meilleure méthode est de confier la tutelle de ces peuples aux nations développées qui, en raison de leurs ressources, de leur expérience et de leur position géographique, seront le mieux à même d'assumer cette responsabilité et qui consentent à l'accepter ». **Fonctionnement : Assemblée générale** se réunit tous les ans à Genève où elle vote résolutions et recommandations. **Conseil :** 4 membres permanents [France, Angleterre, Italie et Japon puis URSS (sept. 1934)] ; 2 membres au 1-9-1939, France, G.-B., puis 9 non permanents, élus par l'Assemblée générale. En cas de conflit, la SDN avait le pouvoir de désigner l'agresseur et de décider d'éventuelles sanctions militaires, économiques ou financières. Ses décisions devaient être prises à l'unanimité. *Secrétaire général :* sir James Eric Drummond (1876-1951, Brit.), *1933* (juillet) Joseph Avenod (1879-1952, Fr.), *1940* (sept.) Sean Lester (1879-1959, Irl.). **Secrétariat :** 600 fonctionnaires des pays membres. **Institutions auxiliaires autonomes :** Cour permanente de justice internationale de La Haye, Commission internationale des mandats et Bureau international du travail rattachés à la SDN. Conférence sur le désarmement, réunie à partir de 1932. **Échecs :** la SDN montra vite ses limites. La règle de l'unanimité adoptée et le refus du Conseil la paralysaient. Elle entérina les résultats du coup de force polonais contre Wilno en 1920 et la Silésie en 1921, puis contre Memel par la Lituanie en 1923. La même année, l'Italie régla pacifiquement, d'État à État, un différend avec la Grèce. La SDN ne put mettre fin à la querelle opposant la Bolivie au Paraguay sur la question du Chaco, une médiation interaméricaine permit le retour de la paix. Lorsque le Japon occupa la Mandchourie chinoise en septembre 1931, la SDN lui demanda de retirer ses troupes mais sans le désigner comme l'agresseur. Elle ne put faire que le *« droit des peuples à disposer d'eux-mêmes »* soit appliqué à l'Autriche à laquelle on refusa l'*Anschluss* avec l'Allemagne ; aux Allemands des Sudètes, rattachés à la Tchécoslovaquie ; aux Allemands de Silésie, rattachés à la Pologne (malgré un plébiscite en 1921 en faveur de leur retour à l'Allemagne) ; aux Slovaques et aux Ruthènes, détachés de la Hongrie sans avoir été consultés pour être réunis aux Tchèques ; aux Hongrois de Transylvanie et du Banat oriental, cédés à la Roumanie. **Succès :** action entreprise par l'explorateur polaire norvégien Fridtjof Nansen au profit des prisonniers de guerre et des réfugiés russes et arméniens ; aide apportée aux réfugiés grecs repliés sur la Macédoine (échanges de populations Grèce/Turquie après le traité de Lausanne en 1923) ; règlement d'un conflit gréco-bulgare (1925) ; rétablissement en 1925 de la frontière Turquie/Iraq ; règlement d'un différend territorial Colombie/Pérou (1933) ; favorise un rapprochement franco-allemand (à partir de 1925) ; administration du corridor de Dantzig et de la Sarre ; organisation du plébiscite du 13-1-1935. *Influence dominante de la G.-B. :* sir Drummond dirigea le Secrétariat jusqu'en 1933, Arthur Henderson présida la Conférence du désarmement en février 1932. Elle eut la majorité au sein de l'Assemblée générale, avec ses *dominions* et des États « clients » (États scandinaves, Grèce, Égypte, Irak, Iran, Afghanistan). La France s'appuyait sur Pologne, Tchécoslovaquie, Roumanie, Yougoslavie. Au printemps 1935, la G.-B. fit entériner par la SDN les violations des clauses militaires du traité de Versailles par Hitler (réarmement officiel, création d'une armée de conscription, d'une aviation de guerre, d'unités blindées et d'une artillerie lourde) pour contrebalancer la décision de la France de prolonger la durée de son service militaire afin de compenser les classes creuses nées à partir de 1915. Le 18-6-1935, la G.-B. conclut un accord avec l'Allemagne, autorisant à se doter d'une marine de guerre égale au tiers du tonnage de la marine de guerre britannique. Mais elle s'opposa à l'invasion de l'Éthiopie par l'Italie (qui pouvait menacer, à terme, l'axe Le Caire-Le Cap) et mobilisa la SDN pour appliquer à l'Italie des sanctions économiques.

Opération des NU au Congo (Onuc) *[juillet 1960/juin 1964].* A la demande du gouvernement, le Conseil de sécurité envoie 20 000 h. rétablir l'ordre et maintenir l'unité du pays. Ils interviennent contre la rébellion katangaise et partent le 30-6-1964. *Pertes :* 234 †.

Force de sécurité des NU de la Nouvelle-Guinée occidentale (Irian occidental) [UNSF] *(oct. 1962/avril 1963).* Les P.-Bas remettent à l'Onu l'administration du pays. Force intérimaire de 1 500 h. facilite la transition des P.-Bas à l'Indonésie.

Yémen du Nord *(juillet 1963/sept. 1964).* **Mission d'observation des NU au Yémen : Unyom** (189 h. en 1963). Patrouille le long d'une partie de la frontière pour empêcher l'Arabie d'armer les monarchistes. Dissoute fin 1964 ; résultats nuls.

Mission d'observation des NU en Inde et au Pakistan (en anglais **Unipom**) *[sept. 1965/mars 1966]. Effectifs :* 96 h. *Coût :* 1,7 million de $.

Mission du représentant du Secrétaire général en République dominicaine (Domrep) *[mai 1965/avril 1966].*

Sinaï *(25-10-1973/24-7-1979).* Après la guerre du Kippour, en oct. 1973, la **2e Force d'urgence des NU (Funu II)** *[oct. 1973/juillet 1979]* sur la rive ouest du canal entre Égyptiens et Israéliens. Après le dégagement des forces, 7 000 h. sont redéployés le 25-10-1973 au Sinaï dans une zone tampon. Force dissoute 30-4-1980 ; 4 mois après : paix israélo-égyptienne. *Effectif maximal :* 6 973. (en févr. 1974) [dont Canada 1 097, Pologne 820, Finlande 640, Autriche 600, Kenya 600]. Juin 1976 : 4 200 h. *Pertes :* 52 † (dont 30 par accident plus 9 accidents aériens). *Coût :* 446 millions de $.

Mission de bons offices des NU en Afghanistan et au Pakistan (Ungomap) *[avril 1988/mars 1990].* Pour surveiller l'application de l'accord de Genève du 14-4-1988 sur le retrait soviétique. *Effectifs :* 35 observateurs militaires. *Sièges :* Kaboul et Islamabad. *Coût :* 8 millions de $ par an. Retrait 15-3-1990.

Groupe d'observateurs militaires des NU pour l'Iran et l'Iraq (Gomnuii) *[août 1988/févr. 1991].* Pour surveiller le cessez-le-feu Iran/Iraq. *Sièges :* Téhéran et Baghdad. *Effectif maximal :* 399 h. (en juin 1990). *Pertes :* 1 †. *Coût :* 220 millions de $ par an (*déficit :* 1,25 million de $).

Mission de vérification des NU en Angola (Unavem I) *[janv. 1989/juillet 1991].* Pour vérifier le retrait des troupes cubaines. *Effectifs :* 75 observateurs militaires. *Coût :* 16 millions de $. **(Unavem II)** *[juin 1991/févr. 1995].* Pour surveiller les élections (sept. 1992), prolongée 1er trim. 1994. *Effectifs :* 76 observateurs militaires. *Coût :* 182 millions de $. *Pertes :* 4 †. **(Unavem III)** *[févr. 1995/juin 1997]. Siège :* Luanda. Pour veiller à l'accord gouvernement angolais/Unita, surveiller le cessez-le-feu, démobiliser et désarmer l'Unita, déminer le pays. *Coût :* 254,1 millions de $ (en 1996). *Pertes :* 14 †.

Mission Onuven au Nicaragua *(1989-90). Effectifs :* 120 fonctionnaires, 40 observateurs. Pour vérifier le déroulement de la campagne électorale et des élections présidentielles et générales du 25-2. *Coût :* 5,5 millions de $.

Groupe d'assistance des NU pour la période de transition (Ganupt) *[avril 1989/mars 1990].* Pour maintenir l'ordre en Namibie pendant le retrait des Sud-Africains et assurer un scrutin libre lors de l'élection d'une Ass. constituante. *Début :* 1-4-1989, *fin :* 21-3-1990 ; *durée :* 51 semaines. *Effectifs :* 6 700 h. (4 300 militaires, 1 500 policiers, 900 civils) appartenant à 109 nationalités. *Pertes :* 17 †. *Coût :* 345,3 millions de $. *Déficit :* 23 millions de $.

Groupe d'observateurs des NU en Amérique centrale (Onuca) *[nov. 1989/janv. 1992].* Pour vérifier la cessation de l'assistance financière et en armement aux forces irrégulières et insurrectionnelles. Mandat élargi (mars 1990) à la démobilisation de la résistance nicaraguayenne. *Effectifs :* 200 observateurs et 826 militaires, 120 personnels d'appui, 150 fonctionnaires civils. *Coût :* 57 millions de $.

Contingent de gardes des NU en Iraq (UNGCI) *[1991/2000]. Siège :* Baghdad. *Création :* memorandum du 18-4-1991. Protection du personnel chargé de la répartition de l'aide humanitaire et de la population locale, escorter les convois de retour des réfugiés, maintenir un climat de sécurité pour favoriser ces retours. *Effectifs : sept. 1991 :* 500 gardes ; *juillet 92 :* 514 ; *93 :* 177 ; *avril 95 :* 62 ; *juillet 96 :* 139 ; *99 :* 80. *Fonds engagés* (pour 2000) : 30 millions de $. *Pertes :* 2 † au 7-12-1995.

Mission préparatoire des NU au Cambodge (Miprenuc) *[oct. 1991/mars 1992]* **et Autorité provisoire des NU au Cambodge (Apronuc)** *[mars 1992/sept. 1993].* Pour résoudre le conflit cambodgien, préparer et surveiller les élections libres de 1993 en assurant la paix civile, la reprise économique et le déminage ; *durée prévue :* environ 20 mois. *Effectifs :* 19 253 militaires, civils et policiers. *Coût :* 1,4 milliard de $. *Pertes :* 56 †.

Groupe d'observateurs des NU au Salvador (Onusal) *[juillet 1991/avril 1995].* Pour assurer la paix civile et le respect des droits de l'homme et surveiller les élections libres de 1992. Depuis, contrôle l'application des accords de Mexico gouvernement/guérilla (désarmée 15-12-1992). *Effectifs :* 310 observateurs militaires, 360 policiers, 146 fonctionnaires civils et 400 militaires d'appui. *Coût :* 35 millions de $. *Pertes :* 2 †.

Mission de vérification des NU en Érythrée (Unover) *[1992-93].* Pour vérifier le scrutin d'autodétermination d'avril 1993. *Siège :* Asmara. *Effectifs :* 22 fonctionnaires internationaux, 100 observateurs lors du scrutin. *Coût :* 3 millions de $.

Mission d'observation des NU en Afrique du Sud (Monuas) *[1992-94].* Observe la situation durant la transition démocratique et surveille les élections d'avril 1994. *Effectifs :* 110 observateurs civils et 1 778 autres en avril 1994. *Coût :* 40 millions de $.

Opération des NU au Mozambique (Onumoz) *[déc. 1992/déc. 1994].* Surveille le cessez-le-feu gouvernement/opposants Renamo et élections libres de 1993. *Effectifs :* 6 695 dont 354 observateurs militaires et 1 200 internationaux lors des élections. *Coût :* 329 millions de $. *Pertes :* 18 †.

Opération des NU en Somalie : Onusom I *[avril 1992/sept. 1993]* observe le cessez-le-feu entre parties somaliennes et escorte l'aide humanitaire. *Effectifs :* 696 observateurs militaires, personnels de sécurité, de logistique, d'appui, et fonctionnaires civils. *Coût :* 202 millions de F. En déc. 1992, le Conseil de sécurité soutient la proposition américaine de 16 000 h. sous commandement américain (*Unitaf*). **Onusom II** *[mars 1993/mars 1995] créée* lors du retrait de l'Unitaf, pour 9 mois, distribue l'aide humanitaire, assure la transition et surveille le cessez-le-feu. *Effectifs :* 24 566 h. au 31-1-1994 (max. 30 000 h.). *Coût :* 1 500 millions de $. *Pertes :* 134 †.

Mission d'observation des NU en Ouganda-Rwanda (Monuor) *[juin 1993/sept. 1994]. Effectifs :* 75 observateurs militaires. *Coût :* 8 millions de $.

Force de protection des NU en ex-Yougoslavie (Forpronu) *[mars 1992/déc. 1995].* Pour assurer le maintien du cessez-le-feu entre forces croates et fédérales yougoslaves et séparer les combattants (contingents de 28 pays). *Siège :* Zagreb ; détachements en Krajina (Croatie), aéroport de Sarajevo (Bosnie-Herzégovine), frontières Bosnie-Macédoine. *Effectif total :* 43 926 au 1-5-1995 (dont 4 707 Français) : troupes 37 843, civils 4 688, policiers 719, observateurs militaires 676. *Pertes :* 158 † au 24-4-1995. *Commandants en chef : (1992)* Gal Lars-Eric Wahlgren ; (*1993*-1-7) Gal Jean Cot (né 6-3-1934) ; (*1995*-1-3) Gal Bernard Janvier (né 16-7-1939). *Coût :* 1 900 millions de $ (1995). Statut modifié en mars 1995 par la création de l'**Opération des NU pour le rétablissement de la confiance en Croatie (Onurc)** et la **Force de déploiement préventif des NU (Fordeprenu) dans l'ex-république de Macédoine.** La Forpronu a continué ses activités en Bosnie-Herzégovine. La Fordeprenu continue son mandat (voir **Opérations en cours** p. 915 a).

Groupe d'observateurs des NU dans la bande d'Aouzou (Gonuba). Tchad/Libye *(mai-juin 1994).*

Opération des NU pour le rétablissement de la confiance en Croatie (Onurc) *[mars 1995/15-1-1996]. Lieu d'opération :* Croatie (sauf Slavonie orientale). *Siège :* Zagreb. *Effectifs :* 15 522 (mai 1995), 6 592 (à la fin de l'opération). Pour observer le cessez-le-feu et assurer le maintien de la paix civile dans les Krajinas et la Slavonie occidentale. *Coût :* n.c.

Administration transitoire des NU pour la Slavonie orientale, la Baranja et le Srem occidental (Atnuso) *[janv. 1996/janv. 1998]. Siège :* Zagreb. *Effectifs :* 3 436 h. Pendant un an jusqu'au retrait effectif des forces serbes de ces territoires croates. *Coût :* 110,4 millions de $ (en 1996). *Pertes :* 5 †.

Force de paix des NU (Fpnu) *[1996-98]. Siège :* Zagreb. *Effectifs :* 242 h. Pour surveiller et maintenir la paix civile dans les territoires croates anciennement peuplés de Serbes (les Krajinas), récupérés par les troupes croates à l'été 1995. *Coût :* n.c. *Pertes :* néant.

Mission d'assistance des NU au Rwanda (Minuar) *[oct. 1993/mars 1996]. Effectifs :* 5 154. *Coût :* 90 millions de $ (en 1995).

Mission d'observation des NU au Libéria (Monul) *[sept. 1993/sept. 1997]. Siège :* Monrovia. Pour surveiller le cessez-le-feu, l'embargo sur les armes, la démobilisation et les violations du droit humanitaire. *Coût :* 17,6 millions de $ (en 1996). *Pertes :* néant.

Mission d'observation des NU en Haïti (Minuha) *[sept. 1993/juin 1996]. Siège :* Port-au-Prince. Pour surveiller la tenue des élections législatives et présidentielle, former une nouvelle force de police et moderniser les forces armées en Haïti. Aide le gouvernement à maintenir un climat sûr et stable. *Coût :* 243 millions de $ (1996). *Pertes :* 6 †.

Mission d'appui des NU en Haïti (Manuh) *[juillet 1996/juillet 1997]. Siège :* Port-au-Prince. *Effectifs :* 1 560 h. Pour maintenir la paix et surveiller la démocratisation et les droits de l'homme. *Coût :* 57,2 millions de $. *Pertes :* néant.

Mission de vérification des NU au Guatemala (Minugua) *[janv.-mai 1997].*

Mission de transition des NU en Haïti (Mitnuh) *[août-nov. 1997].*

Mission internationale civile d'appui en Haïti (Micah) *[16-3-2000/6-2-2001]. Effectifs :* 150 fonctionnaires internationaux. *Coût :* 9,2 millions de $ (budget ordinaire des NU) et 14,7 (contributions volontaires).

Mission d'observation des NU au Tadjikistan (Monut) *[16-12-1994/15-5-2000]. Effectifs* (au 30-4-2000) : 18 observateurs militaires, 2 policiers, 52 fonctionnaires internationaux et 121 locaux. *Coût* (en 2000) : 18,7 millions de $. *Pertes :* 8 † au 31-8-1998.

Mission des NU en République centrafricaine (Minurca) *[avril 1998/15-2-2000]. Siège :* Bangui. *Effectifs :* 801 soldats, 85 fonctionnaires internationaux et 2 484 locaux. *Coût annuel :* 33,4 millions de $. *Pertes :* 1 † au 31-8-1998.

■ **Opérations en cours** (au 1-3-2001). 15. **Organisme des NU chargé de l'observation de la trêve en Palestine (Onust).** *Créé* 11-6-1948. *Siège :* Jérusalem. Pays participants : 19. *Lieux d'opération :* Égypte (Sinaï), Israël, Jordanie, Liban et Syrie. *Effectifs :* 142 soldats, 100 fonctionnaires internationaux et 114 locaux. *Coût :* 22,8 millions de $ (en 2000). *Pertes :* 38 † au 1-3-1998.

Groupe d'observateurs militaires des NU en Inde et au Pakistan (Unmogip). *Créé* 24-1-1949. *Sièges* et *lieu d'opération :* ligne de cessez-le-feu Inde/Pakistan au Jammu-et-Cachemire. *Effectifs :* 46 soldats ; 27 fonctionnaires internationaux et 44 locaux. *Coût :* 7,3 millions de $ (en 2000). *Pertes :* 9 † au 31-8-1998.

Force des NU chargée du maintien de la paix à Chypre (Unficyp). *Créée* mars 1964. *Siège :* Nicosie. *Effectifs :* 1 222 militaires, 35 policiers civils, 40 fonctionnaires internationaux et 143 locaux. Surveille le cessez-le-feu entre Chypriotes grecs et turcs, et maintient le calme dans la zone tampon (Ligne verte) dans Nicosie. *Coût :* 43,4 millions de $ (en 2000). *Pertes :* 170 † au 1-1-2001.

Force des NU chargée d'observer le dégagement (Fnuod). *Créée* juin 1974. *Siège :* Damas. Surveille le cessez-le-feu Israël/Syrie (plateau du Golan) et les zones de limitation des forces et des armements. *Effectifs :* 1 035 soldats, 34 fonctionnaires internationaux et 89 locaux. *Coût :* 37 millions de $ (en 2000). *Pertes :* 40 † au 1-1-2001.

Force intérimaire des NU pour le Liban (Finul). *Créée* mars 1978. *Siège :* Naqoura. *Lieu d'opération :* Sud-Liban. *Effectifs :* 5 716 soldats, 135 fonctionnaires internationaux et 349 locaux. Pour confirmer le retrait des forces israéliennes, rétablir paix et sécurité et aider le gouvernement libanais à restaurer sa souveraineté effective dans la région. *Coût :* 207 millions de $ (en 2000). *Pertes :* 240 † au 1-1-2001.

Mission d'observation des NU pour l'Iraq et le Koweït (Monuik). *Créée* avril 1991. *Siège :* Umm Qasr. *Lieu d'opération :* zone démilitarisée entre l'Iraq et le Koweït. Pour prévenir les violations de la zone démilitarisée et la frontière récemment démarquée entre l'Iraq et le Koweït, et surveiller le Khor Abdullah, bras de mer entre ces 2 pays. *Effectifs :* 1 096 soldats, 53 fonctionnaires internationaux et 152 locaux. *Coût :* 52,7 dont Koweït 33,5 millions de $ (en 2000). *Pertes :* 13 † au 1-1-2001.

Mission des NU pour l'organisation d'un référendum au Sahara occidental (Minurso). *Créée* sept. 1991. *Siège :* Laayoune. *Effectifs :* 229 soldats, 37 policiers, 242 fonctionnaires internationaux et 115 locaux. Pour surveiller le cessez-le-feu Maroc/Polisario, vérifier la réduction des troupes marocaines dans le territoire, consigner les troupes des 2 parties, veiller à la libération des prisonniers de guerre, organiser le retour des réfugiés, identifier et inscrire les électeurs habilités à voter et mettre en place le dispositif du référendum. *Coût :* 52,1 millions de $ (en 2001) [49,3 de juillet 2000 à juin 2001]. *Pertes :* 10 † au 2-12-1998.

Mission d'observation des NU en Géorgie (Monug). *Créée* août 1993. *Siège :* Sukhumi. *Effectifs :* 104 militaires, 84 fonctionnaires internationaux et 154 locaux. Pour observer le cessez-le-feu et la séparation entre troupes géorgiennes et rebelles abkhazes. *Coût :* 31 millions de $ (en 2000). *Pertes :* 3 † au 31-8-1998.

Mission des NU en Bosnie-Herzégovine et Groupe international de police (Minubh et Gip). *Créés* déc. 1995. *Siège :* Sarajevo. *Effectifs* (au 1-3-2001) : 1 820 policiers civils, 5 militaires, 319 fonctionnaires internationaux et 1 427 locaux. Pour surveiller la mise en œuvre des accords de Dayton, coordonner la mise en place des nouvelles institutions officielles fédérales de Bosnie, assurer la paix civile grâce à une unité de police internationale et coordonner l'action en matière de retour des réfugiés. *Coût :* 1 178,2 millions de $ (en 2000) [crédits autorisés (juillet 2000 à juin 2001) : 158,7 millions de $]. *Pertes :* 8 † au 1-10-1998.

Mission d'observation des NU à Prevlaka (Monup). *Créée* janvier 1996. *Siège :* Cavtat (Croatie). *Effectifs :* 27 soldats, 3 fonctionnaires internationaux et 6 locaux. Pour surveiller le maintien de la démilitarisation de la péninsule de Prevlaka en Croatie et éviter une invasion étrangère de la zone. *Coût :* inclus dans le budget de la Minubh. *Pertes :* néant au 1-10-2000.

Mission pour la vérification des droits de l'homme et de l'application de l'Accord général sur les droits de l'homme (Minugua) *[19-9-1994/31-12-2001]. Effectifs* (au 15-2-2001) : 72 fonctionnaires internationaux et 135 locaux, 4 observateurs militaires, 10 policiers. *Coût :* 61 millions de $ (en 2000).

Mission d'administration intérimaire des NU au Kosovo (Minuk). *Représentant spécial du secrétaire général : 1999*-6-7 Bernard Kouchner (France, né 1-11-1939) ; *2001*-13-1 Hans Haekkerup (Dan.). *Créée* 1999. *Siège* Priština (Kosovo). *Effectifs :* 4 364 policiers, 38 soldats, 452 fonctionnaires internationaux et 2 996 locaux. *Coût :* 427,6 millions de $ (en 2000). *Pertes :* 12 † au 1-10-2000.

Mission des NU en Sierra Leone (Minusil) *[depuis 22-10-1999]. Mandat :* 6 mois. *Effectifs* maximum autorisés : 13 000 soldats, 60 policiers civils ; actuel : *au 1-5-2001 :* 9 555 militaires, 33 policiers civils, 242 fonctionnaires internationaux et 298 locaux. *Coût :* 6 1ers mois : 200 millions de $ et 110 millions de $ si prorogation pour 6 mois supplémentaires [crédits autorisés (juillet 2000-juin 2001) : 589,7 millions de $]. *Pertes :* 25 † au 1-3-2001.

Mission des NU en Éthiopie et en Érythrée (Minuee) *[15-9-2000/15-3-2001]. Créée :* 31-7-2000. *Effectifs :* autorisés 4 200 militaires ; *au 15-3-2001 :* 3 571 militaires, 202 fonctionnaires internationaux et 64 locaux. *Coût* (juillet 2000-juin 2001) : 180 millions de $.

Administration transitoire des NU au Timor-Oriental (Atnuto) *[depuis 25-10-1999]. Effectifs :* maximum autorisés : 9 150 soldats, 1 640 policiers civils. *Au 1-3-2001 :* 8 067 soldats, 1 532 policiers, 925 fonctionnaires internationaux et 1 493 locaux. *Coût :* 800 millions de $ (en 2000) [proposé (juillet 2000-juin 2001) : 563 millions de $]. *Pertes :* 15 † au 1-1-2001.

Mission de l'Organisation des NU en République démocratique du Congo (Monuc) *[depuis 30-11-1999]. Siège :* Kinshasa. *Effectifs :* autorisés 5 537 militaires dont 207 observateurs militaires. *Au 1-3-2001 :* 207 observateurs militaires, 190 fonctionnaires internationaux et 143 locaux. *Coût :* 141,3 millions de $ (juillet 2000-juin 2001).

■ **Pertes françaises. Corée** 262 † sur 3 241 volontaires qui se sont succédé. **Israël** 1 † (Cel Serat) sur 125 observateurs en 1948 (25 observateurs en 1967). **Koweït** 1991 : 2 militaires †. **Liban** 1978-89 : 120 militaires + 3 CRS † sur 25 000 qui se sont succédé (Onust). **Ex-Yougoslavie** 1992-95 (24-4) : 36 †.

■ **Coût de la participation de l'armée française aux opérations de l'Onu** (en millions de F). *1992 :* 2 452 ; *93 :* 4 293 ; *95 (est.) :* 2 500.

■ **Remboursements de l'Onu.** *1989-93 :* 513 ; *95 (est.) :* 145 (dont ex-Yougoslavie 120).

ORGANES PRINCIPAUX

■ **Assemblée générale. Organisation :** 189 États membres en 2001 (à l'origine, 51). Aucun membre n'a été exclu. L'Indonésie se retira en mars 1965 pour protester contre l'admission de la Malaisie, mais revint le 28-9-1966. Chaque membre dispose de 1 voix (avant d'éclater en plusieurs États, l'URSS en avait 3 : Biélorussie, Ukraine et URSS). **Sessions :** *ordinaire* (du 3e mardi de sept ; à mi-déc.) : au début, élit son bureau, un Pt (chaque année par roulement un des 5 groupes d'États : Afrique, Asie, Europe orientale, Amérique latine, Europe occidentale et autres États), 21 vice-Pts des 6 grandes commissions : désarmement et sécurité internationale ; économique et financière ; questions sociales, humanitaires et culturelles ; questions politiques spéciales et décolonisation ; questions administratives et budgétaires ; questions juridiques. *Extraordinaire :* à la demande du Conseil de sécurité ou de la majorité des États membres ou d'un seul membre appuyé par la majorité des autres autres ; *extraordinaire d'urgence :* peut être convoquée dans les 24 h à la demande du Conseil de sécurité (vote de 9 de ses membres) ou de la majorité des membres, ou d'un seul membre appuyé par la majorité. **Commission de vérification des pouvoirs :** 9 membres nommés par l'Assemblée sur proposition du Pt à chaque session. L'Assemblée générale élit sur proposition du Conseil de sécurité le secrétaire général, les membres non permanents des différents organes et les juges de la Cour internationale de justice (conjointement, mais séparément du Conseil de sécurité) ; vote l'admission des nouveaux membres ; arrête le budget biennal de l'organisation. **Vote :** les recommandations sont votées à la majorité simple, les questions importantes (paix et sécurité, admissions, budget) à la majorité des 2/3. Les résolutions adoptées par l'Assemblée générale n'ont pas un caractère obligatoire et prennent la forme de recommandations.

■ **Conseil de sécurité. Organisation :** *membres :* 15 dont *5 permanents :* USA, Russie, France, G.-B., Chine, et *10 non permanents* élus pour 2 ans par l'Assemblée générale : Bangladesh, Jamaïque, Mali, Tunisie, Ukraine jusqu'au 31-12-2001 et Colombie, Irlande, Maurice, Norvège, Singapour jusqu'au 31-12-2002. En dehors des questions de procédure, la majorité de 9 voix comprenant obligatoirement celles des 5 membres permanents est requise. *Comités :* du désarmement ; pour l'admission de nouveaux membres ; des NU pour le contrôle de la trêve en Palestine ; plusieurs chargés de surveiller les embargos (Haïti, Iraq, Libye, Somalie, Angola, Rwanda). **But :** responsable de la sécurité internationale, il prend toutes mesures pour la maintenir ou la restaurer. En cas de menaces de guerre, il décide de l'envoi de forces de maintien de la paix. Il recommande à l'Ass. générale l'élection du secr. général et la candidature de nouveaux États. Les résolutions qu'il vote sont obligatoires. Tout État membre de l'Onu qui persiste à violer les principes énoncés dans la Charte peut, sur recommandation du Conseil, être exclu de l'Organisation par l'Ass. générale.

Un État de l'Onu qui n'est pas membre du Conseil de sécurité peut participer, sans droit de vote, aux débats du Conseil quand celui-ci estime que les intérêts de cet État sont concernés. Les États parties à un différend examiné par le Conseil, membres ou non de l'Organisation, sont invités à prendre part, sans droit de vote, aux débats du Conseil. Le Conseil détermine les conditions de participation d'un État qui n'est pas membre de l'Organisation.

☞ *Réforme du Conseil :* depuis 1993, un groupe de travail examine les propositions des États afin de réviser ou d'amender la Charte ; le 20-3-1997, le projet de modifier le nombre des membres (5 permanents sans droit de veto et 4 non permanents) est à l'étude.

Droit de veto : permet aux grandes puissances de paralyser le Conseil de sécurité. En cas de veto, l'Assemblée générale peut faire des recommandations par un vote à la majorité des 2/3. L'abstention et l'absence ne sont pas considérées comme un veto. **Ont fait usage du droit de veto** (au 30-4-2000) : URSS 118 fois. USA 67 (2 pour la Rhodésie, 29 pour le Moyen-Orient, 3 pour l'admission du Viêt Nam à l'Onu et 16 pour Afr. du Sud, Namibie, apartheid). G.-B. 30 (dont 2 fois avec la France dans l'affaire de Suez, 9 fois pour la Rhodésie). France 18 [enquête sur le régime de Franco 26-6-1946, question indonésienne 25-8-1947, 2 fois dans l'affaire de Suez, le 30-10-1956 (contre un projet américain et un projet soviétique demandant un cessez-le-feu immédiat entre Israël et Égypte), 31-10-1974 (expulsion de l'Afr. du Sud), 6-2-1976 sur Comores]. Chine 6 (conflit indo-pakistanais 5-12-1971, admission du Bangladesh en 1972). En juin 1950 (guerre de Corée), le Conseil n'a pu décider l'aide militaire à la Corée du Sud qu'en raison de l'absence de l'URSS. En 1990 et 91, le Conseil de sécurité, sans qu'aucun des 5 membres permanents n'oppose son veto, a pu, après l'invasion et l'annexion du Koweït par l'Iraq, adopter un embargo contre l'Iraq et autoriser implicitement la tenue d'un conflit armé contre cet État pour la libération du Koweït et la restauration de son gouvernement légitime.

■ **Secrétaire général.** *1946*-1-2 Trygve Lie (Norvège, 1896-1968 ; démissionne 10-11-1952) ; *1953*-10-4 Dag Hammarskjöld (Suède, 29-7-1905/18-9-1961, accident d'avion au Congo) ; *1961*-3-11 U Thant (Birmanie, 1909-74) ; *1972*-1-1 Kurt Waldheim (Autriche, né 21-12-1918) ; *1982*-1-1 Javier Pérez de Cuellar (Pérou, né 19-1-1920) ; *1992*-1-1 Boutros Boutros-Ghali (Égypte, né 14-11-1922) ; *1997*-1-1 Kofi Annan (Ghana, né 8-4-1938). **Élections :** élu pour 5 ans par l'Assemblée générale sur recommandation du Conseil de sécurité ; rééligible. **Rôle :** il peut être chargé, en plus de ses fonctions administratives, de n'importe quelle fonction, même politique, de médiation et de bons offices. Il soumet à l'Assemblée générale un rapport annuel sur les activités de l'Onu. **Service relevant du secrétariat général :** cabinet du secr. général. **Départements dirigés par des secrétaires généraux adjoints et des sous-secrétaires généraux :** *Affaires politiques, économiques et sociales, Opérations de maintien de la paix, Affaires de désarmement.* **Bureaux :** *Affaires juridiques, Communication et Information, Administration et Gestion, Coordination des affaires humanitaires* [secrétaire général adjoint : Sergio Vieira de Mello (Brésilien) depuis 14-11-1997] *créé* le 19-12-1991 ; chargé d'harmoniser les efforts des agences spécialisées de l'Onu et des organisations humanitaires non gouvernementales : « La souveraineté, l'intégrité territoriale et l'unité nationale des États doivent être respectées. L'aide humanitaire doit être fournie avec le *consentement* du pays concerné. » **Secrétariat de l'Onu.** *Effectifs :* 8 600 de 170 pays environ. Font le serment de ne solliciter ni recevoir d'instructions d'aucun gouvernement ni d'aucune autorité extérieure. **Office des NU à Genève (Onug) :** centre de conférences diplomatiques et instance pour le désarmement et les droits de l'homme. **A Vienne (Onuv) :** siège des activités des NU dans les domaines de la lutte contre la drogue, la prévention du crime et la justice criminelle. **A Nairobi (Onun) :** domaines de l'environnement et des établissements humains. **Services extérieurs du secrétariat :** *Centre d'information des Nations unies* [Genève ; Vienne et Paris (1, rue Miollis, 75015 Paris) et 72 autres centres répartis dans le monde]. **Fonctionnaires** (au 30-6-1999) : 32 856 dans le monde dont Secrétariat Onu 14 319, PNUD 4 808, Unicef 6 508, HCR 4 165.

■ **Conseil économique et social (Écosoc). Organisation :** 54 membres élus par l'Assemblée générale pour 3 ans, renouvelables par tiers chaque année. Les 5 grands ont toujours été réélus. **But :** coopération économique et sociale. Coordination des activités des institutions spécialisées (OIT, FAO, Unesco, etc.). Contrôle 5 commissions économiques régionales : Europe (UE à Genève), Asie et Pacifique (Cesap à Bangkok), Amérique latine (Cepalc à Santiago-du-Chili), Asie occ. (CEAO à Beyrouth), Afrique (CEA à Addis-Abeba), et d'autres commissions techniques (statistiques, droits de l'homme, sociale, condition de la femme, stupéfiants, population, sociétés transnationales, ressources naturelles, développement durable, énergie).

■ **Conseil de tutelle.** *Créé* en vertu du Chapitre XIII de la Charte. **Composition :** les 5 membres permanents du Conseil de sécurité, Chine, USA, Russie, France et G.-B. 11 territoires furent placés sous régime de tutelle ; ils ont tous accédé à l'indépendance ou se sont volontairement unis à un État pour constituer un État indépendant. Le dernier, les Iles du Pacifique (Palaos), administré par les USA, devint indépendant en 1994 et adhéra à l'Onu.

■ **Cour internationale de justice. Siège :** La Haye (P.-Bas). *Créée* 1946 en tant qu'organe judiciaire principal de l'Onu. **Organisation** (au 1-2-2001) : *Pt :* Gilbert Guillaume (4-12-1930, France). *Vice-Pt :* Shi Jiuyong (9-10-1926, Chine). *Greffier :* Philippe Couvreur (29-11-1951, Belgique). *Membres :* 15 de nationalités différentes élus pour 9 ans par l'Assemblée générale et le Conseil de sécurité (rééligibles). Renouvelables par tiers tous les 3 ans. *Greffe :* 68 fonctionnaires. *Budget :* 11 millions de $ pour 2001. 63 des 189 États membres de l'Onu ont reconnu sa juridiction comme obligatoire. Plus de 300 traités contiennent en outre des clauses relatives à sa juridiction en matière contentieuse. **But :** juger les différends que peuvent lui soumettre les États. Lorsque ceux-ci y recourent, l'arrêt rendu par la Cour est obligatoire pour eux. Depuis 1946, la Cour a rendu 70 arrêts. Donne des avis consultatifs (24 depuis 1946) à la demande de 5 organes, en particulier de l'Assemblée générale de l'Onu, du Conseil de sécurité et de 16 institutions spécialisées du système de l'Onu.

☞ **Tribunaux pénaux internationaux** créés par le Conseil de sécurité, pour juger massacres généralisés et organisés, campagnes de « purification ethnique » et viols systématiques, génocides, crimes contre l'humanité, violations des lois ou coutumes de guerre. Compétence limitée aux personnes physiques. Pas de jugement par contumace. *Peine maximale encourue :* prison à vie. *Pte :* Carla Del Ponte (Suisse) depuis 15-9-1999. **Pour l'ex-Yougoslavie (TPIY) :** *créé* 25-5-1993. *Siège :* La Haye. 2 chambres de 1re instance, chambre d'appel, bureau du procureur et greffe. 11 juges élus par l'Assemblée générale. 391 fonctionnaires de 53 pays. *Inculpés :* 100 (+ inculpations secrètes) dont acte d'accusation retiré 18, décédés 9 (dont 2 détenus), transférés pour exécuter leur peine 4, acquittés 2. *Accusés :* 67 (38 détenus à La Haye, 3 en liberté provisoire, 26 fugitifs). *Durée moyenne des procès :* + de 1 an. Arrêté par la Sfor (Force de stabilisation pour la paix) le 10-7-1997, Milan Kovacevic, médecin anesthésiste serbe de 57 ans, directeur de l'hôpital de Prijedor (Bosnie), 1er accusé (6-7-1998) à comparaître pour génocide devant le TPI. 10-1-2001 Biljana Plasic (née 7-7-1930, ancienne Pte de la Rép. serbe de Bosnie) inculpée pour génocide (période du 1-7-1991 au 31-12-1992). **Pour le Rwanda (TPIR) :** *créé* nov. 1994. *Siège :* Arusha (Tanzanie). 3 chambres dont 2 de 1re instance. Chambre d'appel commune avec celle du TPI et procureur commun aux 2 tribunaux. Greffe. 6 juges élus par l'Assemblée générale. 482 fonctionnaires de 64 pays. **Mises en accusations prononcées** début 1998 : TPI 73, plusieurs audiences publiques, 2 condamnations ; TPR 35, 3 procès en cours.

☞ **Cour pénale internationale (CPI).** Statut adopté en juillet 1998 par une conférence diplomatique réunie à Rome. *Pays signataires :* 120 pays ; USA, Libye, Iraq, Israël et Chine l'ont refusée. Entrera en fonction quand 60 États l'auront ratifiée. Pourra poursuivre les individus dont l'État a accepté la compétence de la Cour ou qui ont commis des exactions dans un pays signataire ; être saisie par un pays signataire, le Conseil de sécurité des Nations unies ou le procureur chargé de recueillir témoignages et informations. N'interviendra que si la justice du pays concerné ne peut pas s'exercer correctement. A titre transitoire, les pays peuvent, pendant 7 ans, ne pas reconnaître la compétence de la Cour pour les crimes de guerre. En août 1996, code de 20 articles adopté à Genève, prévoyant 4 catégories de crimes : de génocide, contre l'humanité, contre le personnel des NU, de guerre.

Depuis le *10-1-1974,* Paris ne reconnaît plus la juridiction obligatoire de la Cour internationale de justice de La Haye, celle-ci ayant examiné les plaintes australiennes et néo-zélandaises contre les essais nucléaires français. La France a dénoncé l'acte d'arbitrage de 1928 et récusé la compétence de la Cour en matière de défense nationale. Elle distingue sa participation au statut de la juridiction de la Cour et l'acceptation de sa juridiction obligatoire.

Autres organes des Nations unies

■ **Cnuced. Conférence des Nations unies sur le commerce et le développement. Siège :** Genève. **Création :** 1964 en tant qu'organe permanent de l'Assemblée générale des Nations unies. *Membres :* 191 ; *secr. général :* Rubens Ricupero (Brésil). **Budget** *annuel de fonctionnement* (en 2000) : 45 millions de $, plus 24 millions de $ de contributions extrabudgétaires pour des activités d'assistance technique. **But :** favoriser l'expansion du commerce international en vue d'accélérer le développement économique, surtout celui des pays en développement. **Sessions :** *1964 :* Genève ; *68 :* New Delhi ; *72 :* Santiago du Chili ; *76 :* Nairobi ; *79 :* Manille ; *83 :* Belgrade ; *87 :* Genève ; *92 :* Carthagène (Colombie) ; *96 :* Midrand (Afr. du Sud) ; *2000 :* Bangkok.

■ **FNUAP (UNFPA). Fonds des NU pour la population (United Nations Fund for Population Activities). Siège :** New York. **Création :** 1967.

■ **Habitat. Centre des NU pour les établissements humains (United Nations Centre for Human Settlements). Siège :** Nairobi. **Création :** 1978.

■ **HCR (UNHCR). Haut-Commissariat des NU pour les réfugiés (Office of the United Nations High Commissioner for Refugees). Siège :** Genève. Environ 275 bureaux dans 120 pays au 1-1-2000. **Création :** 14-2-1950 (entrée en vigueur : 1-1-1951). **Haut-commissaire** (mandat de 3 ans à partir du 1-1-2001) : M. Ruud Lubbers (née 7-5-1939 Pays-Bas) depuis 1-1-2001. **But :** au 31-12-1998, protection internationale et assistance à 11,5 millions de réfugiés dans le monde (21,5 millions de personnes avec rapatriés, et personnes déplacées à l'intérieur d'un territoire et autres relevant de sa compétence). **Budget** (en millions de $) : *1994 :* 1 307 ; *95 :* 1 140 ; *96 :* 1 169 ; *97 :* 995 ; *98 :* 984 ; *99 :* 1 045 ; *2000 :* 1 000. Dépenses administratives partiellement couvertes par le budget ordinaire de l'Onu (23,3 millions de $ en 2000). Assistance matérielle financée par des contributions volontaires, gouvernementales ou privées. Exemples de contributions : USA 245,2, Japon 99,8, Commission eur. 40,8, Norvège 40,3, *France 8,1,* donateurs privés 14,2.

Le HCR a toujours considéré que la Convention des NU de 1951 s'applique à quiconque craint avec raison d'être persécuté, quelle que soit l'identité des persécuteurs. Dans certains pays (exemple : Allemagne, France, Italie, Suisse), les demandes de statut de réfugié sont repoussées si la crainte de persécution émane d'acteurs non étatiques, même si le gouvernement des pays en question ne peut ni ne veut protéger ses ressortissants. La Convention de 1984 contre la torture et autres traitements, cruels, inhumains ou dégradants, et la Convention européenne de 1950 pour la sauvegarde des droits de l'homme et des libertés fondamentales ne font pas de distinction entre les acteurs responsables de torture ou autres traitements. Certaines coutumes traditionnelles peuvent être assimilées à une persécution (exemple : des femmes, qui ont subi des traitements durs ou inhumains pour avoir transgressé les mœurs de la société dans laquelle elles vivaient, peuvent être protégées. La Chambre des Lords, Royaume-Uni, a admis comme réfugiées 2 Pakistanaises maltraitées par leur mari, le gouvernement pakistanais n'étant pas disposé à les protéger parce qu'elles étaient des femmes).

■ **Réfugiés. Personnes relevant de la compétence du HCR** (au 1er janvier) : *1990 :* 14 916 498 ; *95 :* 27 437 000 ; *99 :* 21 459 620 ; *2000 :* 22 257 340 dont réfugiés 11 675 380, demandeurs d'asile 1 181 600, rapatriés 2 509 830, personnes déplacées et autres 6 890 530. **Principales populations réfugiées :** Afghanistan 2 562 000, Iraq 572 500, Burundi 525 700, Sierra Leone 487 200, Soudan 467 700, Somalie 451 600, Bosnie-Herzégovine 448 700, Angola 350 600, Érythrée 345 600, Croatie 340 400. 3 500 000 Palestiniens relevant du mandat de l'UNRWA (Office de secours et de travaux des Nations unies pour les réfugiés de Palestine dans le Proche-Orient) ne sont pas pris en compte ; ceux qui vivent hors de la zone d'activités de l'UNRWA sont considérés comme relevant de la compétence du HCR. Certains pays développés ne communiquent pas de statistiques par origine géographique ; beaucoup de réfugiés qui ont obtenu la nationalité dans leur pays d'accueil (exemple : les Vietnamiens aux USA) ne sont pas inclus dans les statistiques concernant les réfugiés. **Principales opérations de rapatriement volontaire** (en 2000) : Afghanistan 292 484 ; Yougoslavie 124 514 ; Érythrée 68 005 ; Somalie 53 899 ; Timor-Oriental 48 539 ; Libéria 42 363 ; Slovénie 40 900 ; Rwanda 26 262 ; Croatie 20 716. **Principaux pays de réinstallation** (réfugiés ne retournant pas chez eux, en 2000) : Croatie 9 535 ; Kenya 9 383 ; Yougoslavie 6 233 ; Pakistan 3 324 ; Égypte 3 087 ; Turquie 2 334 ; Jordanie 1 795 ; Syrie 1 734 ; Liban 1 522 ; Bénin 1 321 ; Inde 1 290 ; Thaïlande 1 248 ; Iran 1 111 162 ; Ghana 1 076. **Demandes d'asiles par pays choisis** (fin 2000) : USA 386 330 ; P.-Bas 84 466 ; Allemagne 70 260 ; G.-B. 66 195 ; Belgique 45 000 ; *France 30 910* (en 1999) ; Canada 30 176 ; Suisse 27 469 ; Tanzanie 21 420 ; Afrique du Sud 15 138 ; Iran 12 228 ; Égypte 11 179 ; Italie 113. **Principales populations déplacées assistées par le HCR** (fin 2000, pays, nombre de personnes déplacées/et de retours au cours de l'année) : Afghanistan 758 625/– ; Sri Lanka 706 514/– ; Azerbaïdjan 572 451/– ; Bosnie-Herzégovine 518 252/59 347 ; Russie 490 650/70 000 ; Érythrée 366 834/– ; Sierra Leone 300 000/200 000 ; Géorgie 272 101/284 ; Yougoslavie 267 500/– ; Angola 257 508/–. ONG partenaires du HCR sur le terrain : 473 au 1-7-2000. A travers le monde 30 millions de personnes sont déplacées au sein de leur propre pays et l'UNHCR assiste 5 millions d'entre eux dans diverses régions. Au total 50 millions de personnes, réfugiés ou personnes déplacées au sein de leur propre pays, ont dû fuir leur maison.

Principaux pays d'asile (nombre de réfugiés en milliers, 2000) : Pakistan (2001), Iran (1 868), Allemagne (906), Tanzanie (681), USA (507), Yougoslavie (484), Guinée (433), Soudan (401), Congo dém. (332), Chine (294), Arménie (281), Zambie (251), Ouganda (237), Kenya (206), Éthiopie (198), Inde (171), Algérie (170), Suède (157), G.-B. (150), P.-Bas (146), *France (130),* Népal (129), Iraq (128), Congo (123), Indonésie (123), Canada (121), Côte d'Ivoire (121), Thaïlande (105).

Principaux pays d'origine, nombre de réfugiés (en milliers, 2000) **et**, entre parenthèses, **principaux pays d'asile : Afghanistan** 3 567 (Pakistan 2 000, Iran 1 482, P.-Bas 24, Tadjikistan 15), **divers** 1 553 (USA 144), **Burundi** 567 (Tanzanie 538, Congo dém. 20, Zambie 1,8, Rwanda 1,5), **Iraq** 497 (Iran 386, Suède 26, P.-Bas 25, USA 19), **Soudan** 486 (Ouganda 212, Congo dém. 73, Éthiopie 72, Kenya 56), **Bosnie-Herzégovine** 455 (Yougoslavie 190, USA 106, Suède 54, Danemark 28), **Somalie** 442 (Kenya 137, Éthiopie 121, Yémen 57, USA 34), **Angola** 421 (Zambie 198, Namibie 17), **Sierra Leone** 402 (Guinée 309, Libéria 70, Gambie 11, USA 3), **Érythrée** 377 (Soudan 369, Éthiopie 3, Yémen 3), **Viêt Nam** 369 (Chine 294, USA 49, *France 14,* Suisse 3), **Congo (dém.)** 365 (Tanzanie 110, Congo 98, Zambie 45, Rwanda 29), **Croatie** 324 (Yougoslavie 290, Bosnie-Herzégovine 25, USA 5, Canada 4), **Azerbaïdjan** 283 (Arménie 281), **Libéria** 273 (Guinée 124, Côte d'Ivoire 118, USA 11, Ghana 10), **Sahara occidentale** 166 (Algérie 165), **Myanmar** 136 (Thaïlande 105, Bangladesh 22, Malaisie 5, USA 3), **Timor-Oriental** 122 (Indonésie 122), **Rwanda** 114 (Congo dém. 46, Tanzanie 27, Ouganda 14, Congo 7), **Gaza** 110 (Iraq 90, Libye 9, Danemark 5, Algérie 4), **Bhoutan** 109 (Népal 109), **Chine** 108 (Inde 92, USA 11, P.-Bas 3, Canada 2), **Sri Lanka** 101 (Inde 65, *France 16,* Suisse 14, Canada 10).

■ **PAM (WPF). Programme alimentaire mondial (World Food Programme). Siège :** Rome. **Création :** 1961.

■ **PNUD (UNDP). Programme des NU pour le développement (United Nations Development Programme). Siège :** New York. **Origine :** nov. 1965, de la fusion du Fonds spécial (institué 1959) et du Programme élargi d'assistance technique (institué 1950). **But :** assistance technique multilatérale et investissement. **Budget** (1997-98) : 800 millions de $ (contributions volontaires).

■ **PNUE (UNEP). Programme des NU pour l'environnement (United Nations Environment Programme). Siège :** Nairobi. **Création :** 1972.

■ **Unicef (Fise). Fonds des NU pour l'enfance (United Nations International Children's Emergency Fund). Siège :** New York. *Comité français pour l'Unicef :* 3, rue Duguay-Trouin, 75282 Paris Cedex 06 ; *Ambassadrice :* Emmanuelle Béart. **Création :** 11-12-1946 par l'Assemblée générale des Nations unies. A l'origine Fonds international de secours à l'enfance en Europe. **Organisation :** *conseil d'administration :* 36 représentants de gouvernements, sous contrôle du Conseil économique et social de l'Onu. *Directeur exécutif :* Carol Bellamy (USA, née 1942). *Bureau européen :* 37 comités nationaux. Centre d'emballage et d'emmagasinage (Unipac) à Copenhague (Danemark). *Interventions :* dans 161 pays en développement en faveur de plus de 1,8 milliard d'enfants de 0 à 15 ans (en 1998, 11 millions d'enfants sont morts de maladies et de malnutrition). *Ambassadeurs de l'Unicef :* représentants spéciaux, non salariés, envoyés par l'Unicef en mission pour soutenir la cause de l'enfance. Parmi eux Audrey Hepburn (†), Roger Moore, Liv Ulmann, Peter Ustinov, Harry Belafonte, lord Attenborough, Nana Mouskouri, Kim Phuc (Vietnamienne, brûlée au napalm le 8-6-1972), Julio Iglesias, Vanessa Redgrave. **Recettes** (en 1999) : 1 118 millions de $ venant de contributions volontaires gouvernementales et intergouvernementales, 61 % ; non gouvernementales 36 %. **Contribution française** (en millions de $, 1999) : gouvernementale 7,7 ; non gouvernementale 35 (y compris cartes de vœux). **Dépenses des programmes** (en %, 1999) : santé de l'enfant 33, approvisionnement en eau 9, services familiaux et communautaires pour enfants et femmes 14, nutrition de l'enfant 6, éducation formelle et non formelle 16, planification et services d'appui aux programmes 22.

■ **UNRWA. Office de secours et de travaux des NU pour les réfugiés de Palestine dans le Proche-Orient (United Nations Relief and Works Agency for Palestine Refugees in the Near East). Siège :** PO BOX 371, HQ Gaza City, BP 140157, Amman 11814 Jordanie. *Bureaux de liaison :* Le Caire, New York. **Création :** 8-12-1949 (début des activités le 1-5-1950). **But :** dispenser des services d'éducation, de santé et de secours aux réfugiés palestiniens victimes du conflit israélo-arabe de 1948 (plus de 54 % du budget pour l'éducation). *Réfugiés immatriculés auprès de l'Office* (au 30-4-2001) : 3 800 001 dont environ 32 % dans 59 camps. L'UNRWA vient aussi en aide à des personnes déplacées pour la 1re fois lors de la guerre de 1967. *Élèves* (1999-2000) : 468 651 dans 640 écoles. *Étudiants :* 4 860 dans 8 centres de formation professionnelle et pédagogique. *Bourses universitaires* 673. *Centres de santé* 123. **Financement :** principalement par contributions gouvernementales volontaires. **Budget** (en millions de $, 2000) : 301 [dont contributions : USA 86,6, UE 49,3 (G.-B. 19,2, Suède 18,2, Norvège 12,1, All. 5,4, *France 3,5*), Arabie saoudite 1,8].

Institutions spécialisées des Nations unies

■ **AIEA (IAEA). Agence internationale de l'énergie atomique (International Atomic Energy Agency). Siège :** Vienna International Centre, POB 100, A-1400 Vienne. **Création :** conférence de New York oct. 1956, établie en juillet 1957. **Organisation :** *conférence générale annuelle. Conseil des gouverneurs* de 35 membres. *Pt :* Sergio de Queiroz-Duarte (Brésil). *Secrétariat :* directeur général Mohamed Elbaradei (Égypte, né 17-6-1942) depuis 1-12-1997. 130 États membres. **Budget** (2000) : 226,3 millions de $ (contributions des États membres). **But :** accélérer l'utilisation pacifique de l'énergie atomique. Établir des normes de protection radiologique et de l'environnement ainsi que des mesures de sûreté et de protection de la population. Servir d'intermédiaire pour les matières nucléaires. Favoriser l'échange de connaissances et prévenir le détournement des matières fissiles et les installations nucléaires à des fins militaires. Appliquer les garanties dans le cadre du traité sur la non-prolifération des armes nucléaires. Après la guerre du Golfe, en 1991, l'AIEA a organisé 1 000 inspections en Iraq, afin de déterminer l'étendue du programme militaire nucléaire du pays, et de procéder à la destruction du matériel et à la restitution aux pays d'origine des matériaux fissiles saisis. En août 1995, la France a invité l'AIEA à vérifier les niveaux de radiations et les éventuels dommages causés à l'environnement après les essais nucléaires à Mururoa et Fangataufa.

■ **Bird (IBRD). Banque internationale pour la reconstruction et le développement (International Bank for Reconstruction and Development)** ou **Banque mondiale (World Bank). Siège :** Washington. **Création :** 1945. **Origine :** conférence de Bretton Woods, juillet 1944. **Organisation :** *Assemblée* des 181 États membres. *Conseil des gouverneurs,* réuni tous les ans, délègue une partie de ses pouvoirs à des administrateurs (24 membres : 5 représentant les 5 États ayant la plus forte participation et 17 élus par les 175 autres États). *Pt* choisi par les administrateurs : James D. Wolfensohn (USA, né 1-12-1933). **But :** financer, dans les États membres les moins favorisés, des projets ou programmes de développement économique et des programmes d'ajustement par des prêts aux gouvernements, à des organismes publics ou à des entreprises privées, avec la garantie du gouvernement intéressé. **Capital autorisé :** 180 milliards de $. L'essentiel des ressources prêtées par la Bird (10,9 milliards de $ d'engagements en 2000 pour 97 prêts) vient d'emprunts sur les marchés des capitaux.

AID (IDA). Association internationale pour le développement (International Development Association). Siège : 1818 H Street, N.W. Washington DC 20433, USA. **Création :** sept. 1960, filiale de la Bird. **Organisation :** même conseil d'administration et Pt que la Bird. *États membres :* 161. **But :** crédits de développement à 35 ou 40 ans, sans intérêts, commission de service de 0,75 % (exercice 1999 : 4,4 milliards de $ pour 126 crédits). **Ressources :** 20 milliards de $ de 1999 à 2001.

Centre international de règlement des différends relatifs aux investissements (Cirdi). Création : 1966. **Membres :** 132 États membres de la Bird. **Cas enregistrés :** 65 dont en 2000 : 38. Facilite le règlement, par voie de conciliation ou d'arbitrage, des différends relatifs aux investissements pouvant intervenir entre États membres et ressortissants d'autres États membres. Nombre de contrats d'investissement internationaux, de codes d'investissement nationaux et de conventions d'investissement bilatérales ou multilatérales disposent qu'il sera fait appel au Cirdi pour régler les litiges par voie d'arbitrage.

SFI (IFC). Société financière internationale (International Finance Corporation). Siège : Washington. **Création :** juillet 1956. **Organisation** (affiliée à la Bird) : *membres :* 174 États. *Même conseil de direction* et *Pt* que la Bird. **Capital autorisé :** 2,4 milliards de $. *Capital souscrit :* environ 2 milliards de $ au 30-6-1996. **But :** promouvoir le développement de ses États membres en finançant des entreprises privées par des prises de participation ou des prêts à long terme. **Sources de financement :** capital souscrit par les États membres, emprunts sur les marchés financiers (80 %) et auprès de la Bird (20 %). **Engagements** (en milliards de $) : *en portefeuille :* 21,7 ; *de l'exercice 2000 :* 3,9 (dans 81 pays). **Conditions de prêts :** taux du marché, prêts à long terme.

■ **Miga. Agence multilatérale de garantie des investissements. Création :** 1988. **Membres :** 152 États. **Sources de financement :** capital souscrit par les membres. **Montant cumulé des garanties émises :** 5,5 milliards de $ dont 1,2 en 2000. **Volume estimatif d'un investissement direct étranger (Ide) facilité :** 30 milliards de $. Facilite l'investissement essentiellement en garantissant les investissements contre les risques non commerciaux (transfert de devises, expropriation et conflits armés, par exemple). Fournit des services d'assistance technique visant à aider les pays à faire connaître les possibilités d'investissement qu'ils offrent et à les mettre mieux à même de promouvoir l'investissement. Juridiquement et financièrement indépendante de la Bird, elle a son propre personnel opérationnel et juridique, mais fait appel à la Banque mondiale pour certains services.

■ **FAO. Organisation pour l'alimentation et l'agriculture (Food and Agriculture Organization). Siège :** viale delle Terme di Caracalla, Rome 00100. **Création :** 16-10-1945. *Origine :* conférence de mai 1943 à Hot Springs (USA). **Organisation :** *conférence bisannuelle* des 180 États membres plus 1 membre associé, l'UE. *Conseil* de 49 m. élus par la conférence ; *directeur général* avec un personnel administratif permanent (secrétariat) : Jacques Diouf (Sénégal, né 1-8-1938) depuis 1-1-1994. **But :** améliorer le développement de l'agriculture, des pêches, des forêts (augmentation et meilleure distribution des prod. alim. et agr.) ; assistance technique aux pays en développement ; amélioration des revenus, du niveau de vie et de l'alimentation des milieux ruraux. **Budget :** *programme ordinaire (2000-01) :* 650 millions de $, financé par les 180 États membres selon un barème fixé par la conférence. Contributions du PNUD (8,5 %), des fonds fiduciaires nationaux (76,5 %) et du Programme de coopération technique (PCT) du budget ordinaire de la FAO (15 %) : 297,7 millions de $ en 1999 pour les opérations du programme de terrain.

■ **Fida (Ifad). Fonds international de développement agricole (International Fund for Agricultural Development). Siège :** via del Serafico 107, Rome 00142. **Création :** 1977. **Membres :** 161. **Pt :** Lennart Båge.

■ **FMI (IMF). Fonds monétaire international (International Monetary Fund). Siège :** 700, 19th rue, N.W. Washington DC 20431 ; en Europe, 64/66 avenue d'Iéna, 75116 Paris. A, de 1999 au 9-4-2000, financé 550 projets dans 115 pays accordant 6,83 milliards de $ en prêts et dons. **Création :** 27-12-1945 ; homologuée par l'Onu nov. 1947. **Origine :** conférence de Bretton Woods (New Hampshire, USA), 1/22-7-1944. **Organisation :** *directeur général : 1978 :* Jacques de Larosière (France, né 12-11-1929) ; *1987-janv. :* Michel Camdessus (France, né 1-5-1933) ; *1999 :* Horst Köhler (All., né 1943). *Conseil des gouverneurs :* 182 pays membres, 1 gouverneur par État membre ; candidats : la Suisse, les pays Baltes, l'Albanie ; *conseil d'administration :* 5 représentants permanents des 5 plus forts souscripteurs (USA, G.-B., France, Allemagne, Japon). Normalement, 16 représentants des autres États membres élus pour 2 ans. Actuellement, un administrateur supplémentaire (Arabie saoudite) en vertu de la règle que les 2 créanciers principaux du Fonds ont le droit de nommer 1 administrateur chacun s'ils ne figurent pas parmi les 5 mentionnés ci-dessus. Russie admise 27-4-1992 avec quota de 2 à 2,5 % du capital, donnant droit à 3,5 milliards de DTS (droits de tirage spéciaux), soit jusqu'à 20 milliards de $ de prêts. Quote-part totale des Républiques de l'ex-URSS constituant la CEI : 4,5 %. **But :** faciliter l'expansion et l'accroissement harmonieux du commerce international, promouvoir la stabilité et la liberté des changes ; système de prêts (capital équivalant à 91 milliards de DTS) et création de liquidités internationales sous forme de DTS. **Réserves en or** (au 31-1-2000) : 103 millions d'onces (3 217 t) acquises pour 6,8 milliards de $, valant 29,8 milliards de F ; au 31-7-1999 : 87 milliards de $ (à 94 pays). **Montant des prêts** (en milliards de DTS au 1-10-1999) : 67,17. **Remboursements d'emprunt** (en milliards de F) : *1990 :* 46,5 ; *91 :* 41,8. **Financements nets du FMI à la Russie** (1992-98) : 18,8 milliards de $.

■ **OACI (ICAO). Organisation de l'aviation civile internationale (International Civil Aviation Organization). Siège :** 999, rue de l'Université, Montréal, Québec, Canada H3C 5H7. *Pt :* Assad Kotaite (Liban). **Bureaux régionaux :** Bangkok, Le Caire, Dakar, Lima, Mexico City, Nairobi, Paris. **Secrétaire général :** Renato Claudio Costa Pereira (né 1936, Brésil) depuis 1-8-1997. **Création :** 7-12-1944, conférence de Chicago. Organisation provisoire juin 1945 ; définitive avril 1947. **Origine :** *1919* Commission internationale pour la navigation aérienne. *1928* Convention panaméricaine de La Havane. **Organisation :** *membres :* 187 États, *conseil permanent* de 33 membres élus pour 3 ans. *Commissions et comités spécialisés :* navigation aérienne, aide collective pour les services de navigation aérienne, juridique. *Secrétariat.* **But :** uniformiser les normes, pratiques recommandées et procédures ; aviation civile ; coopération technique avec les PVD. **Budget** (2000) : 55,4 millions de $.

■ **OIT (ILO). Organisation internationale du travail (International Labour Organization). Siège :** 4, route des Morillons, CH-1211 Genève 22. **Directeur général :** Juan Somavia (Chili, né 21-4-1941), depuis 4-3-1999. **Création :** agence autonome de la SDN (1919), associée à l'Onu (1946). **Organisation :** *membres :* 175 États. *Conférence internationale du travail* annuelle avec, pour chaque État : 2 représentants du gouv., 1 des employeurs et 1 des travailleurs. *Conseil d'administration,* réuni 3 fois par an, de 56 m. élus pour 3 ans (28 m. gouvernementaux, dont 10 de droit, représentants les principales puissances industrielles ; 14 représentants les employeurs et 14 les travailleurs). *Bureau international du travail (BIT) :* créé 1920, 1er directeur général : Albert Thomas (1878-1932) constitue le secrétariat permanent. **But :** établir la paix par le progrès social et l'amélioration des conditions de travail. *Activités :* élaboration d'un droit international du travail par des conventions que les pays sont invités à ratifier ; coopération technique (organisation, planification et formation de la main-d'œuvre, perfectionnement des cadres, coopératives, petites industries, sécurité sociale) ; travaux de recherche. Programmes spécifiques dans le domaine de l'emploi, des conditions de travail et de l'abolition du travail des enfants. **Budget** (2000-01) : 467,46 millions de $.

■ **OMI (anciennement OMCI). Organisation maritime internationale (International Maritime Organization). Siège :** 4, Albert-Embankment, Londres. **Secrétaire général :** W.A. O'Neil (Canada), depuis 1-1-1990. **Création :** conférence maritime de l'Onu, 2-3-1948. Institution spécialisée depuis 1959. **Organisation :** *membres :* 158 États. *Assemblée des États membres* se réunissant tous les 2 ans. *Conseil* de 32 m. *Comité de la sécurité maritime* se composant de tous les membres. *Secrétariat.* **But :** traiter des problèmes techniques maritimes, normes de sécurité, pollution des mers, convoquer des conférences maritimes internationales, élaborer des conventions internationales, échanger des informations techniques. **Budget** (2000-01) : 36,6 millions de £.

■ **OMM (WMO). Organisation météorologique mondiale (World Meteorological Organization). Siège :** 7 *bis,* av. de la Paix, CH-1211 Genève 2 (Suisse). **Secrétaire général :** Pr. G.O.P. Obasi (Nigéria), depuis 1-1-1984. **Création :** 1950. **Origine :** *1854* réseau d'informations météo transmises télégraphiquement, sur l'initiative de l'astronome français Urbain Le Verrier (1811-77). *1871* Comité météorologique international. *1878* Organisation météorologique internationale. **Organisation :** *membres :* 185 États et territoires. *Congrès* météorologique mondial tous les 4 ans, avec tous les membres. *Conseil exécutif* de 36 m. réuni au moins 1 fois par an. *Associations météorologiques régionales :* 6 (Asie, Afrique, Amér. du Sud, Amér. centrale et du Nord, Europe, Sud-Ouest Pacifique). *Commissions techniques :* 8. *Secrétariat.* **But :** faciliter la coopération pour la météo et l'hydrologie opérationnelle. **Budget** (2000-01) : 126,15 millions de F suisses.

■ **OMPI (WIPO). Organisation mondiale de la propriété intellectuelle (World Intellectual Property Organization). Siège :** 34, chemin des Colombettes, CH-1211 Genève 20. **Directeur général :** Kamil Idris (Soudan), depuis le 1-11-1997, pour 6 ans. **Création :** 1967 ; en 1974 institution spécialisée. Succède aux *Bureaux internationaux réunis pour la protection de la propriété intellectuelle* (Birpi) créés 1883. **Origine :** en 1883 *Convention de Paris* pour la protection de la propriété industrielle ; en 1886 *Convention de Berne* pour la protection des œuvres littéraires et artistiques. **Organisation :** *membres :* 175 États. **But :** promouvoir le respect, la protection et l'utilisation de la propriété intellectuelle à travers le monde ; s'applique aux inventions, marques, dessins, livres. *Traités administrés :* 21. *Personnel :* 800 fonctionnaires (85 pays). **Budget** (2000-01) : environ 409 millions de F suisses.

■ **OMS (WHO). Organisation mondiale de la santé (World Health Organization). Siège :** 20, avenue Appia, CH-1211 Genève 27. **Directeur général :** Gro Harlem Brundtland (Norvège, née 20-4-1939) nommée pour 5 ans depuis 21-7-1998. **Création :** 19-6/22-7-1946, conférence internationale de la santé, New York ; 7-4-1948, entrée en fonctions. **Origine :** *1853,* Convention sanitaire internationale (guerre de Crimée). *1864,* Convention de Genève : création de la *Croix-Rouge* (voir à l'Index). *1907,* Office international d'hygiène publique (Paris). *1923,* Organisation d'hygiène de la SDN (Genève). **Organisation :** *membres :* 191 États. *Assemblée mondiale* de la santé réunie 1 fois par an. *Conseil exécutif* de 32 membres renouvelable par tiers chaque année, se réunissant au moins 2 fois par an. *Secrétariat. Bureaux régionaux :* Afrique (Brazzaville), Amérique (Washington), Asie du Sud-Est (New Delhi), Europe (Copenhague), Méditerranée orientale (Alexandrie), Pacifique occidental (Manille), 150 représentations dans différents pays. **But :** amener tous les peuples au niveau de santé le plus élevé possible. **Budget** (prév. 2002) : 421,3 millions de $ (dont 92 des USA).

■ **Onudi (Unido). Organisation des NU pour le développement industriel (United Nations Industrial Development Organization). Siège :** BP 300, A-1400 Vienne (Autriche). **Directeur général :** Carlos Alfredo Magariños (Argentine), depuis 8-12-1997. **Origine :** ancien organe subsidiaire de l'Assemblée générale des NU créé 17-11-1966, devenu institution spécialisée des NU 11-1-1986. **Organisation :** *membres :* 168 États (1-1-2001). *Conférence générale* tous les 2 ans. *Conseil du développement industriel* 2 fois par an. **But :** soutien et promotion du développement industriel ; fourniture de services intégrés de coopération technique. **Budget** (2000-01) : 132,9 millions de $.

■ **UIT (ITU). Union internationale des télécommunications (International Telecommunication Union). Siège :** place des Nations, 1211 Genève 20. **Secrétaire général :** Yoshio Utsumi (né 1942, Japon). **Création :** *1865* Union télégraphique internationale. *1934* devenue Union internationale des télécommunications. *1947* institution spécialisée de l'Onu. **Organisation :** *membres :* 189 États membres et 657 membres de secteur ; *conférence de plénipotentiaires :* conférences et assemblées mondiales des radiocommunications et des télécommunications ; *conseil* de 46 m. élus par la conférence de plénipotentiaires. 3 *secteurs :* radiocommunications, normalisation et développement des télécommunications. *Secrétariat général.* **But :** réglementer, planifier et normaliser les télécommunications internationales. **Budget** (2000-01) : 333 millions de F suisses.

■ **Unesco. Organisation des NU pour l'éducation, la science et la culture (United Nations Educational, Scientific and Cultural Organization). Siège :** 7, place de Fontenoy, 75352 Paris 07 SP. **Directeur général :** *1946* Julian Huxley (G.-B.) ; *48* Jaime Torres Bodet (1902-suicide par revolver 15-5-1973) ; *62* René Maheu (France, 1905-75) ; *74* Amadou Mahtar M'Bow (Sénégal, né 20-3-1921) ; *87* (14-11) Federico Mayor (Espagne, né 1934) ; *99* (14-11) Koïchiro Matsuura (Japon). **Quelques dates :** **1942**-*16-11* Londres, Conférence des ministres alliés de l'éducation (CMAE). **1944** USA rejoignent CMAE. **1945**-*25-4/26-6* conférence de San Francisco évoque coopération intellectuelle. *-1-11* Londres, conférence en vue de la création d'une organisation pour l'éducation et la culture (Eco/Conf). *-16-11* acte constitutif signé par 37 pays. **1948** programmes des bourses (Afrique). **1950** campagne contre préjugés raciaux. **1952** Convention universelle sur droits d'auteur. **1954** URSS admise. **1958**-*3-11* siège parisien ouvert. **1960** 16 nouveaux États africains admis. *-8-3* appel pour le sauvetage des temples d'Abou-Simbel en Haute-Égypte.

Participation de la France aux organisations internationales (en 1992). Toutes contributions confondues (obligatoires, bénévoles et contributions aux organismes de recherche) : 3 400 millions de F (+ 19,4 % par rapport à 1991 ; 13e rang des contributeurs au système des Nations unies, 2,24 % des contributions totales). En 1991, la France a contribué à titre obligatoire à plus de 100 organisations internationales ; bénévole, à 100 organisations.

Principales contributions (en millions de F) : *obligatoires :* Onu 293, Otan 137, Conseil de l'Europe 111, OAA 109, OMS 103, Unesco 91, OCDE 85, AIEA 80, OIT 70. *Bénévoles :* Unicef 40, HCR 36,5, Centre international pour l'enfance 23, Fnulad (Fonds des NU pour la lutte contre l'abus des drogues) 10,2, Fnuap (Fonds des NU pour la population) 5,5, Programme alimentaire mondial 4,9, AIEA (fonds volontaire) 3,4, Programme pour le développement de la communication 2,6, Réfugiés Coordination Afghanistan 2.

1972-*6-3* Convention du patrimoine mondial. **1988** décennie mondiale du développement culturel. **1990** conférence mondiale sur l'éducation pour tous. **1992** Commission internationale sur l'éducation pour le XXIe s. (Pt : Jacques Delors) et Commission mondiale sur la culture et le développement (Pt : J. Perez de Cuellar) créées. **Organisation :** *membres :* 188 États. *Derniers admis :* oct. 1991 : États baltes, Tuvalu ; févr. 1993 : République tchèque ; déc. 1994 : Afrique du Sud. *Conférence générale* tous les 2 ans. *Conseil exécutif* de 58 membres élus par la conférence générale. Un amendement (oct. 1991) de l'acte constitutif de l'Unesco en fait désormais les représentants « directs » de leur pays d'origine et non plus des personnalités élues à titre personnel. *Commissions nationales :* 187. **But :** contribuer au maintien de la paix en resserrant, par l'éducation, la science, la culture, les sciences sociales et la communication, la collaboration entre les nations (exemple : alphabétisation, droits de l'homme, programme « L'homme et la biosphère », océanographie, développement culturel et préservation du patrimoine culturel). Les USA (en 1984), Singapour et la G.-B. (en 1985) ont quitté l'Unesco (en restant observateurs), accusant l'organisation de dérive idéologique, de politisation excessive et de mauvaise gestion lorsque Amadou Mahtar M'Bow en était le directeur général (la bureaucratie engloutissait, selon les USA, 70 % des ressources, alors que 7 % seulement étaient consacrés à la lutte contre l'illettrisme). Ils lui reprochaient la poursuite des débats sur le Nouvel Ordre mondial de l'information et de la communication, dit *Nomic* (attaque contre la libre circulation de l'information et contre les médias occidentaux), imaginé dans les années 1970, soutenu par l'URSS, promu par M'Bow. La Grande-Bretagne a réintégré l'Unesco le 11-7-1997. **Budget** (voté pour une période de 2 ans ; en millions de $) : *1977-78 :* 224,4 ; *79-80 :* 303 ; *81-83 :* 629,4 ; *84-85 :* 374,4 ; *86-87 :* 289,3 ; *88-89 :* 350,4 ; *90-91 :* 378,7 ; *92-93 :* 450 + 160 (ressources extrabudgétaires venues de l'Onu et des pays riches) ; *94-95 :* 455,5 ; *96-97 :* 518,4 ; *98-99 :* 554,4. Le Japon finance plus de 11 % du budget, la France 6 %.

☞ *Prix Félix Houphouët-Boigny pour la recherche de la paix.* Lauréats : **1991** Nelson Mandela, Frederik Willem De Klerk, **92** Académie de droit international de La Haye, **93** Yitzhak Rabin, Shimon Pérès, Yasser Arafat, **94** Jimmy Carter, Juan Carlos Ier, **95** Sadako Ogata (Japon), **96** Alvero Arzu (Guatemala), Rolando Moran (Guatemala), **97** Fidel Ramos (Philippines), Nur Misuari (Philippines), **98** George Mitchell (USA), Sheikh Hasina Wazed (Bangladesh), **99** la Communauté Sant'Egidio.

■ **Upu. Union postale universelle (Universal Postal Union). Siège :** Weltpoststrasse 4, 3000 Berne 15, Suisse. **Directeur général :** Thomas E. Leavey (USA), depuis 1-1-1995 (2e mandat le 1-1-2000). **Création :** traité de Berne 1874, entrée en vigueur le 1-7-1875. **Organisation :** *membres :* 189 États en janv. 2001. *Congrès postal universel* tous les 5 ans. *Conseil d'administration* de 41 membres élus par le Congrès. *Conseil d'exploitation postale* de 40 membres élus par le Congrès. *Bureau international* servant d'organe de liaison et de consultation aux administrations postales membres de l'Union. **But :** organiser, perfectionner et développer la collaboration postale internationale, participer à l'assistance technique dans les pays membres. **Budget** (2001-02) : 71,4 millions de F suisses.

Organismes et instituts divers sous l'autorité des Nations unies

■ **INSTRAW. Institut international de recherche et de formation pour la promotion de la femme (International Research and Training Institute for the Advancement of Women). Siège :** Saint-Domingue. **Création :** 1979.

■ **Unicri. Institut interrégional de recherches des NU sur la criminalité et la justice. Siège :** Rome. **Création :** 1968 sous le nom de Unsdri (mandat et nom modifiés en 1989).

■ **Unidir. Institut des NU pour la recherche sur le désarmement. Siège :** Genève. **Création :** 1980.

■ **Unitar. Institut des NU pour la formation et la recherche (United Nations Institute for Training and Research). Siège :** Genève. **Création :** 1965.

■ **Université pour la paix. Siège :** Ciudad Colón, San José, Costa Rica. **Création :** 1980.

■ **Unrisd. Institut de recherche des NU pour le développement social. Siège :** Genève. **Création :** 1963.

■ **Unu. Université des NU (United Nations University). Siège :** Tokyo. **Création :** 1973.

■ **Sièges** (par pays). **Autriche :** *Vienne* (centre inauguré le 23-8-1979, 80 000 m³ de bureaux) : AIEA (depuis 1957, 1 600 agents), Programme des NU pour le contrôle international des drogues (Pnucid), Onudi (depuis 1967, 1 200 agents). **Canada :** *Montréal :* OACI. **Costa Rica :** *Ciudad Colón :* Université pour la paix. **Dominicaine (Rép.) :** *St-Domingue :* INSTRAW. **États-Unis :** *New York :* FNUAP, Onu, Pnud, Unicef. *Washington :* Aid, AMGI, Bird, FMI, SFI. **France :** *Paris :* Unesco. **G.-B. :** *Londres :* OMI. **Italie :** *Rome :* CMA, FAO, Fida, Pam. **Jamaïque :** *Kingston :* ISBA. **Japon :** *Tokyo :* Unu. **Kenya :** *Nairobi :* Habitat, PNUE. **P.-Bas :** *La Haye :* Cour internationale de justice, Tribunal pénal international (crimes de guerre en ex-Yougoslavie). **Suisse :** *Berne :* Upu. *Genève :* Cnuced, HCR, OIT, OMC, OMM, OMPI, OMS, UIT, Unidir, Unitar, UNRISD. **Tanzanie :** *Arusha :* Tribunal international pour le Rwanda.

■ **Gatt. Accord général sur les tarifs douaniers et le commerce (General Agreement on Tariffs and Trade).** (Voir **Organisation mondiale du commerce,** ci-dessous.) Gérait depuis 1947 le commerce international des marchandises. **Cycles de négociations commerciales et multilatérales :** *Genève* (1947), *Annecy* (1949), *Torquay* (1950-51), *Genève* (1955-56), *Dillon Round* (1960-62), *Kennedy Round* (1964-67), *Tokyo Round* (1973-79), *Uruguay Round* [élargissant le champ des sujets couverts par le Gatt : 1°) libéralisation du commerce (tarifs, mesures non tarifaires, agriculture, textiles, produits tropicaux, etc.) ; 2°) adaptation des règles de l'Accord général et des codes du Tokyo Round (sauvegardes, subventions, dumping, obstacles techniques, etc.) ; 3°) nouveaux domaines (services, aspects commerciaux de la propriété intellectuelle et des investissements)]. **1986**-*20-9 Punta del Este,* conférence ministérielle, ouvre cycle de négociations entre 105 pays. **1988**-*9-12 Montréal,* conférence (désaccord USA/CEE sur agriculture). **1990**-*7-12 Bruxelles,* conférence finale échoue (subventions agricoles et services). **1991** reprise des négociations à Genève. **1992**-*20-11 Washington, accord de Blair House* entre USA et Communauté européenne : limitation des surfaces d'oléagineux en Europe et diminution des exportations agricoles subventionnées. **1993**-*7-7 Tokyo,* préaccord USA-UE-Japon sur réduction des droits de douane. *-14-12 Genève,* accord final. **1994**-*15-4 conférence ministérielle de Marrakech,* signature définitive. **1995**-*1-1* remplacé par l'OMC. Pour faciliter la transition, le Gatt resta en fonctions jusqu'au 31-12-1995, parallèlement à l'OMC.

OMC. Organisation mondiale du Commerce (voir **Gatt** ci-dessus). **Siège :** Centre William Rappard, 154, rue de Lausanne, CH-1211 Genève 21. *Internet :* www.wto.org ; email : enquiries@wto.org. **Création :** 1-1-1995 après 8 ans de négociations entre 120 pays. A la personnalité juridique d'une organisation internationale. **Directeur général :** Mike Moore (Nlle-Zélande, né 28-1-1949) depuis 1-9-1999 (jusqu'à sept. 2002). **Membres :** *à l'origine :* 81 ; *décembre 2000 :* 140. **Objectifs :** ceux du Gatt. Promouvoir, les échanges sur une base non discriminatoire, le relèvement des niveaux de vie et des revenus, l'utilisation optimale des ressources mondiales ; étendus aux services. Réduire les distorsions commerciales résultant d'une protection insuffisante de la propriété intellectuelle. Permettre aux pays en développement, en particulier les moins avancés, de mieux participer au commerce international, et promouvoir le développement et la protection de l'environnement. **Fonctions :** met en œuvre les 28 accords de l'Uruguay Round, y compris les accords plurilatéraux (aéronefs civils, marchés publics). Surveille les politiques commerciales des pays membres (volume couvert en milliards de $: marchandises 5 470 et services 2 000) et l'*Accord sur la protection de la propriété intellectuelle* (y compris par des sanctions pénales). Les règles relatives à la concurrence internationale (subventions, dumping, mesures de sauvegarde, etc.) ont été précisées. Des obstacles aux échanges, tarifaires ou non, ont été abaissés, en moyenne de 40 % sur 6 ans, afin de mettre le niveau des droits de douane à 3,5 % dans les pays développés. Réductions achevées en 1999. Les politiques sectorielles de protection (textile, agriculture, restrictions « volontaires » des exportations), tolérées par le Gatt, sont progressivement modifiées et éliminées. Les secteurs des services financiers et des télécommunications ont été largement libéralisés. Les négociations prévues par l'Uruguay Round pour 2000 dans l'agriculture et les services ont débuté. **Organisation :** *conseil général :* organe de règlement des différends et d'examen des politiques commerciales de ses membres (3 conseils : marchandises, services et propriété intellectuelle). Conférence ministérielle tous les 2 ans. *Comités spécifiques :* commerce et développement commercial, environnement, restrictions à des fins de balance des paiements. *Secrétariat.*

OCDE

■ **Organisation de coopération et de développement économiques (Organization for Economic Cooperation and Development). Siège :** château de la Muette (parc 2,5 ha), 2, rue André-Pascal, 75775 Paris Cedex 16. **Langues officielles :** anglais, français. **Création :** 14-12-1960 : signature à Paris de la Convention de coopération et de développement économiques, entrée en vigueur 30-9-1961 ; succède à l'OECE (Organisation européenne de coopération économique) instituée 16-4-1948 après les propositions faites le 5-6-1947 par le Gal *George C. Marshall* (31-12-1880/16-10-1959), secrétaire d'État américain, à Harvard. **Buts :** renforcer l'économie des pays membres pour la rendre plus efficace, promouvoir l'économie de marché, développer le libre-échange, contribuer à la croissance aussi bien des pays industrialisés que de ceux en développement.

Membres (30 au 1-7-2001 ; en italique, fondateurs). *Allemagne,* Australie (depuis 1971), *Autriche, Belgique, Canada,* Corée du Sud (1996), *Danemark, Espagne, États-Unis,* Finlande (1969), *France, Grèce,* Hongrie (1996), Irlande, Islande, Italie, Japon (1964), *Luxembourg,* Mexique (1994), *Norvège,* Nlle-Zélande (1973), *Pays-Bas,* Pologne (1996), *Portugal,* Rép. tchèque (1995), *Royaume-Uni, Slovaquie (2000), Suède, Suisse, Turquie.* La commission des Communautés européennes participe généralement aux travaux.

Organisation. Forum dont les 30 membres s'efforcent de coordonner leurs politiques économiques et sociales en vue de promouvoir leur bien-être économique et de contribuer au bon fonctionnement de l'économie mondiale, notamment en stimulant et en harmonisant leurs efforts en faveur des pays en développement. **Conseil :** un représentant de chaque pays membre. Siège au niveau des chefs des délégations permanentes (2 fois par mois) sous la présidence du secrétaire général, et au niveau des ministres (1 fois par an) sous la présidence du ministre d'un pays membre désigné annuellement ; le Conseil peut prendre à l'unanimité des décisions engageant la responsabilité des gouvernements membres. **Comité exécutif :** ouvert à tous les pays membres, il prépare les travaux du Conseil. **Comités et groupes de travail spécialisés :** plus de 200. **Délégations permanentes** des pays membres sous forme de missions diplomatiques dirigées par des ambassadeurs (ambassades économiques). **Secrétariat international :** 1 850 personnes adaptées aux besoins des comités et autres organes. *Secrétaires généraux : 1984* Jean-Claude Paye (né 26-8-1934), *96-juin* Donald Johnson (Canada) ; *Secrétaires généraux adjoints :* Thorvald Mœ, Hervig Schlögl, Seiichi Kondo, Sally Shelton-Colby.

Relations avec une trentaine d'autres organisations internationales intergouvernementales (OIG). Quelques rares organisations non gouvernementales (ONG) jouissent d'un statut consultatif dont : le Comité consultatif économique et industriel auprès de l'OCDE (Biac, représentant les groupements d'employeurs dans les pays membres) et la Commission syndicale consultative auprès de l'OCDE (Tuac, représentant les syndicats). **Publications.** Environ 130 titres par an.

■ **Organismes autonomes ou semi-autonomes.**

Agence internationale de l'énergie (AIE). *Créée* nov. 1974, agence autonome dans le cadre de l'OCDE. *But :* améliorer la structure de l'offre et de la demande mondiales d'énergie. *Membres :* pays de l'OCDE (sauf Corée du Sud, Islande, Pologne, Mexique et Slovaquie). La Commission des Communautés européennes participe aux travaux de l'Agence. *Directeur exécutif :* M. Robert Priddle.

Agence de l'OCDE pour l'énergie nucléaire (AEN). *Créée* déc. 1958 sous le titre *Agence européenne pour l'énergie nucléaire,* nom actuel depuis 1973, après l'adhésion du Japon. *Membres :* pays de l'OCDE (sauf Nlle-Zélande, Pologne et Slovaquie). *Directeur général :* Luis E. Echavarri ; *directeur général adjoint :* Sam Thompson.

Centre de développement. *Créé* 1962. *But :* développer recherche, communication et liaison pour le développement économique et social des pays en développement. *Membres :* Argentine, Brésil, Chili et pays de l'OCDE (sauf Australie, Hongrie, Nlle-Zélande, Slovaquie, Royaume-Uni, USA et Turquie). *Pt :* Jorge Braga de Macedo.

Centre pour la recherche et l'innovation dans l'enseignement (Ceri). *Créé* juillet 1968. *Membres :* tous les pays de l'OCDE. *Directeur :* John P. Martin.

Club du Sahel. *Créé* 1976. Lien entre pays du Comité inter-États de lutte contre la sécheresse dans le Sahel (Cilss) [Burkina Faso, Cap-Vert, Gambie, Guinée-Bissau, Mali, Mauritanie, Niger, Sénégal, Tchad], pays de l'OCDE et d'autres organisations internationales concernés. *Directeur :* Jacqueline Damon.

■ **Crédits** (en millions de $) **du plan Marshall (1948-52). Total (dont prêts) :** 12 992,5 (1 139,6). G.-B. 3 165,8 (336,9) ; *France 2 629,8 (128,4)* ; Italie 1 434,6 (72) ; RFA 1 317,3 ; P.-Bas 1 078,7 (150,7) ; Autriche 653,8 ; Grèce 628 ; Belgique-Luxembourg 546,6 (68,1) ; Danemark 266,4 (31) ; Norvège 241,9 (35) ; autres 515,4 (263,5).

ORGANISATIONS EUROPÉENNES

☞ Pour découvrir la sélection **Quid** des meilleurs sites Internet sur les organisations européennes, rendez-vous sur **www.quid.fr**

UNION EUROPÉENNE (UE)

☞ *Abréviations :* Eur. : Europe ; eur. : européen(ne)[s] ; intern. : international.

HISTOIRE

■ **Origines.** **Vers 1310** Pierre Dubois (vers 1250-après 1321), légiste de Philippe le Bel, propose d'instituer une république des chrétiens et l'arbitrage international. **1693** William Penn (G.-B., 1644-1718) publie l'*Essai pour la paix présente et future de l'Europe,* envisage un parlement eur., et le français comme langue eur. **1805** Napoléon Ier déclare qu'une seule loi doit régir l'Empire. **1842** le baron Miklos Wesselenyi propose la création d'« une confédération germano-magyaro-slavo-latine » regroupant tous les peuples riverains du Danube. **1848** Lamartine, alors ministre des Affaires étrangères, lance un manifeste pour l'Europe. **1849** Victor Hugo lance au congrès de la Paix un discours pour les « États-Unis d'Europe ». **1865**-*sept.* accord monétaire France, Italie, Suisse et Belgique, + la Grèce en 1868, créant l'*Union latine*. Parité fixe adoptée entre les différentes monnaies. **1867** Victor Hugo écrit : « Au XXe siècle, il y aura une nation extraordinaire. [...] Elle sera illustre, riche, puissante, pacifique, cordiale au reste de l'humanité. [...] Elle aura quelque peine à faire la différence entre un Gal d'armée et un boucher. [...] Elle s'appellera l'Europe. » (Préface du *Paris-Guide*). **1921**-*25-7* traité créant l'*Union économique belgo-luxembourgeoise (UEBL)* : frontières économiques abolies et monnaies liées par parité fixe et irrévocable. **1923** le comte Coudenhove-Kalergi (Autrichien, 1894-1972), fondateur du *mouvement paneuropéen,* demande la création des États-Unis d'Europe. **1925**-*29-1* Édouard Herriot publie un livre remarqué, *Europe. -16-10 accords de Locarno :* Allemagne, France et Belgique renoncent à modifier leurs frontières rhénanes. **1926** Gaston Riou crée l'*Union économique et douanière européenne.* Publication d'*Europe, ma patrie. -Sept.* grâce à Émile Mayrisch, sidérurgiste luxembourgeois, accord de cartel *(Entente internationale de l'acier)* entre producteurs allemands, français, belges et luxembourgeois (quotas annuels de production par pays). **1927** Louis Loucheur (1872-1931) préconise la constitution – par les gouvernements – de cartels européens du charbon, de l'acier et du blé. **1929**-*5-9* Aristide Briand (28-3-1862/7-3-1932), Pt de l'*Union paneuropéenne,* dépose à la SDN un projet pour les *États-Unis d'Europe* (avec lien fédéral et coopération économique).

■ **De 1943 à 1957.** **1943**-*21-3* Winston Churchill (1874-1965) propose un *Conseil de l'Europe.* **1944** création du Benelux (BElgique, NEderland, LUXembourg) ; convention douanière entrée en vigueur le 1-1-1948. **1946**-*19-9* discours de Churchill à Zurich suggérant à la France et à l'Allemagne de construire les *États-Unis d'Europe.* **1947**-*janv.* Churchill fonde le *Provisional United Europe Committee*, qui donnera naissance, en 1948, au Mouvement européen. *-5-6* annonce du *plan Marshall* d'aide américaine à la reconstruction de l'Europe. *-Juillet conférence de Paris*, 16 pays d'Europe occidentale acceptent le plan Marshall. **1948**-*17-3 traité de Bruxelles* créant l'**Union occidentale.** Coopération essentiellement militaire entre G.-B., France et Benelux, pour compenser le danger allemand à partir de 1950, dans le cadre de l'Otan, tout en se prémunissant contre une invasion soviétique. *-16-4* création de l'OECE (voir **OCDE** p. 918 c). *-7/10-5 congrès de La Haye :* mouvements favorables à l'union eur. *-Nov.* la G.-B. fait échouer le projet français de « Fédération eur. » comportant d'importants abandons de souveraineté. **1949**-*5-5* création du **Conseil de l'Europe.** **1950**-*9-5* Robert Schuman (29-6-1886/14-9-1963), ministre des Affaires étrangères, Français, propose de « placer l'ensemble de la production franco-allemande de charbon et d'acier sous une Haute Autorité commune, dans une organisation ouverte à la participation des autres pays d'Europe ». Idée proposée par Jean Monnet à Bidault le 28-4 (mémorandum du 3-5). *-Août* le Conseil de l'Europe recommande la création d'un marché commun de l'agriculture. Réunie en mars 1952, mars 1953 et juillet 1954, une conférence préparatoire ne parvient pas à un accord. *-19-9* création de l'*Union européenne des paiements (UEP).* **1951**-*18-4 traité de Paris* instituant la **Ceca :** All. féd., Belgique, France, Italie, Luxembourg, P.-Bas. **1952**-*27-5* Paris, traité de la CED signé (voir encadré ci-dessus). *-10-8 entrée en vigueur de la Ceca ;* Jean Monnet, 1er Pt. **1953**-*1-1* entrée en vigueur du prélèvement Ceca ; 1er impôt eur. *-10-2* ouverture du Marché commun pour le charbon et le minerai de fer. *-1-5* pour l'acier. **1954**-*20-5* le Benelux propose un marché commun. *-31-8* l'Assemblée nationale rejette la CED. *-23-10* accords de Paris créant **l'Union de l'Eur. occidentale (UEO)** modifiant le traité de Bruxelles de 1948. All. féd. et Italie deviennent membres. Protocole d'accession de l'All. féd. à l'Otan. **1955**-*1/3-6 conférence de Messine,* les ministres des Affaires étrangères des Six envisagent un Marché commun élargi à toute l'économie et à l'énergie nucléaire. Un comité d'experts, présidé par Paul-Henri Spaak (Belge, 25-1-1899/31-7-1972) prépare un rapport. La G.-B., invitée à y participer, cesse vite de prendre part aux travaux. *-5-8* signature de l'*Accord monétaire eur.* qui remplacera l'UEP début 1959. **1956** l'agriculture française connaît des excédents. La libération des échanges serait inefficace et dangereuse. *-Mai* Venise, conférence intergouvernementale préparatoire pour la création de CEE et Euratom.

Communauté européenne de défense (CED). **1950** *-26-10 : plan Pleven* approuvé par l'Ass. nat. par 343 voix contre 225 (communistes et RPF). Il prévoyait l'intégration des futures forces armées allemandes au sein d'une armée multinationale eur. aux ordres de la CED. Celle-ci aurait eu des objectifs exclusivement défensifs et aurait coopéré étroitement avec l'Otan. **1951**-*15-2 : conférence de Paris :* All. féd., Belgique, France, Italie, P.-Bas acceptent le principe. **1952**-*27-5 : traité de Paris :* signé par les 6 États instituant la CED. L'art. 38 stipule que la CED doit aboutir à une structure politique communautaire. Ce traité doit être ratifié par les Parlements des pays membres, ce qui est fait par tous, sauf la France. **1954** Pierre Mendès France, chef du gouv., propose un protocole visant à modifier le traité, mais il est rejeté. *31-8*, le traité non modifié est soumis à l'Ass. nat. qui refuse sa ratification. Ont voté pour : MRP ; contre : républicains sociaux (ex-RPF), PC ; socialistes, radicaux et républicains indépendants se sont partagés.

■ **Origine du nom.** Assyrienne ou phénicienne (« Ereb » signifiait obscurité ou coucher du soleil). **Mythologie :** *Europe* (« visage large », soit la pleine lune), déesse qui chevauche le taureau-soleil. Fille d'Agénor, roi de Phénicie. Zeus, amoureux d'elle, prit la forme du taureau sur lequel elle avait pris place. Il l'enleva en Crète, puis, transformé en aigle, la viola. Il en naquit 3 fils, dont Minos, qui deviendra roi de Crète. **Nom géographique :** *Europe* apparaît pour la 1re fois dans un hymne d'Homère à Apollon. Désignait une partie de la Thrace. Les Grecs apprenant à connaître les pays de la Thrace vers l'ouest, Europe désigna dès lors tous les territoires situés au-delà.

■ **Drapeau européen.** Azur à 12 étoiles d'or disposées en cercle [nombre invariable, symbole de la perfection et de la plénitude], adopté le 8-10-1955, après examen de 101 projets. Dessiné par Arsène Heitz, qui, se souvenant des 12 étoiles de la médaille miraculeuse de la rue du Bac (Paris), les mis sur fond bleu couleur de la Vierge. Le Conseil de l'Europe a offert à la cathédrale de Strasbourg un vitrail de Max Lugrand représentant la Vierge de Helkenheim, protectrice de la ville, en manteau bleu azur, portant la couronne aux 12 étoiles.

■ **Hymne européen.** 1re partie du prélude du 4e mouvement de la 9e Symphonie de Ludwig van Beethoven (1770-1827) écrite en 1824 sur l'« Ode à la joie » de Friedrich von Schiller (1759-1805). Adopté le 18-1-1972 par le Conseil de l'Europe, arrangement musical spécial d'Herbert von Karajan. Joué officiellement le 29-5-1986.

■ **Mitteleuropa.** En allemand (« Europe du milieu »), terme utilisé par les Autrichiens au congrès de Vienne. Idée d'un bloc politique et économique de l'Europe centrale germanophone englobant les Balkans jusqu'à la Volga. Soutenue par l'économiste Friedrich List (1789-1846) et le fédéraliste Konstantin Frantz (1817-1891).

■ **1957**-*25-3* **traité de Rome** créant **CEE (Marché commun)** et **Euratom.** **Ratification par la France : ASSEMBLÉE NATIONALE** *(9-7) : 345 pour,* dont 99 socialistes (sur 100), 25 radicaux (sur 45), 18 UDSR-RDA (sur 20), 11 radicaux dissidents (sur 13), 12 RGR (sur 13), 6 IOM (sur 7), 74 MRP (sur 74), 81 indépendants (sur 89), 11 paysans (sur 17), 1 poujadiste (sur 38), 2 non-inscrits (sur 11) ; *236 contre,* dont 143 communistes (sur 143), 6 progressistes ; *7 abstentions volontaires* (1 radical, 1 RGR, 3 indépendants, 1 UDSR, 1 paysan) ; *6 n'ont pas pris part au vote, 6 absents pour congé.* **SÉNAT** *(23-7) : 219 pour,* dont 59 de gauche démocrate (sur 76), 49 RI (sur 62), 15 IOM-RDA (sur 23), 3 centre républicain (sur 3), 17 Crars (sur 22), 21 MRP (sur 21), 55 socialistes (sur 56) ; *68 contre,* dont 14 communistes (sur 14), 4 gauche démocratique, 7 RI, 7 IOM-RDA, 25 républicains sociaux (sur 33), 4 Crars, 7 Rassemblement d'IOM (sur 8) ; *14 abstentions volontaires* (4 RI, 1 IOM-RDA, 7 républicains sociaux, 1 Crars, 1 Rassemblement d'IOM) ; *15 n'ont pas pris part au vote, 2 absents pour congé.*

■ **De 1958 à nos jours.** **1958**-*1-1* à Bruxelles, installation de la commission exécutive du Marché commun. *-15-1* 1re réunion des commissions eur. à Val-Duchesse. *-19-3 1re réunion du Parlement eur. à Strasbourg. -3-11 Stresa* (Italie), conférence fixant les grandes lignes de la Pac (politique agricole commune). **1959**-*20/21-7* Autriche, Danemark, G.-B., Norvège, Portugal, Suède, Suisse, réunis à Stockholm, décident de créer l'AELE (voir à l'Index).

1960-*4-1* Stockholm, convention instituant l'AELE (entrée en vigueur 3-5-1960). **1961**-*18/22/29/31-12* **1er marathon agricole :** élaboration de la Pac. **1962**-*14-1* passage à la 2e étape du traité de Rome. Accord sur la Pac : organisation des marchés, création du Feoga (voir à l'Index), application des règles de concurrence aux produits agricoles, détermination des prix minimaux, établissement d'un calendrier. *-Avril :* échec du *« plan Fouchet »* d'union politique eur. *-4-7* le Pt Kennedy propose un *partnership* atlantique. *-4-12* création d'un comité permanent des structures agricoles. **1963**-*22-1* Paris, *traité de coopération franco-allemand. -20-7* **1re Convention de Yaoundé,** association avec la CEE, de 18 pays africains et Madagascar. *-16/23-12* **2e marathon agricole :** compromis franco-allemand (lait, produits laitiers, viande bovine, riz, matières premières végétales...). **1964**-*5-2* adoption de règlements sur les 1res organisations communes de marchés pour certains produits agricoles et du règlement financier agricole *-15-12* **3e marathon agricole :** plan d'unification du prix des céréales. Nouveaux règlements (85 % de la production est sous organisation commune des marchés). **1965**-*8-4* **traité de fusion des exécutifs des institutions eur.** *-Juin* crise (7 mois) pour le financement de l'Europe verte, ouverte par la France. *-6-7* le représentant permanent de la France au Conseil regagne Paris, la délégation ne participe ni au Conseil, ni au Coreper (Comité de représentants permanents, voir p. 924 c), ni aux groupes de travail. *-25/26-10* la France refusant de siéger, le Conseil adopte à 5 les lignes directrices du financement de la Pac. **1966**-*28/29-1* la France accepte de reprendre sa place au Conseil (compromis de Luxembourg). Le vote à la majorité sera remplacé par le vote à l'unanimité lorsqu'un État membre considérera que « des intérêts très importants » sont en jeu. *-10-3* la France quitte l'Otan. *-11-5* décision sur le financement de l'exportation des excédents agricoles ; avancement au 1-7-1968 de l'Union douanière. **1967**-*11-5* candidatures de G.-B., Irlande, Danemark. *-15-5* fin des négociations du *Kennedy Round* au sein du Gatt. Renouvellement de l'accord sur le blé. Concessions sur la viande bovine à l'Argentine et au Danemark ; violentes réactions des producteurs français. *-1-7* **entrée en vigueur du traité de fusion des exécutifs** de CEE, Ceca et Euratom. *-21-7* Norvège candidate. *-18/19-12* veto français, au Conseil, à la poursuite du processus d'adhésion de la G.-B. **1968**-*1-7 Union douanière* : suppression des droits de douane entre États membres, pour les produits agricoles ne faisant pas l'objet d'une organisation commune des marchés. *-6* et *23-7* depuis les événements de mai, la Commission autorise la France à établir temporairement des contingents à l'importation pour produits sidérurgiques, textiles et électroménagers. *-18-12* **plan Mansholt :** modernisation en 10 ans des structures agricoles. **1969**-*23-7* le Conseil reprend l'examen des demandes d'adhésion (Danemark, G.-B., Irlande, Norvège). *-29-7* **2e Convention de Yaoundé** avec 18 États africains et Madagascar. *-24-9* **2e Convention d'Arusha** avec pays de l'Est africain [la 1re n'est pas entrée en vigueur (cause : retards de ratification)]. *-10-8* dévaluation du franc de 11 %. *-24-10* réévaluation du mark ; *montants compensatoires monétaires (MCM)* dans les échanges agricoles. *-1/2-12 La Haye,* chefs d'État et de gouv. des Six : accord de principe sur règlement financier agricole ; le *Pt Pompidou lève le veto français à l'entrée de la G.-B. -19/22-12 marathon :* mise en place des dispositions nécessaires au passage à la période définitive du Marché commun. **1970** traité prévoyant le financement progressif des Communautés par des ressources propres et l'extension des pouvoirs de contrôle du Parlement eur. en matière budgétaire. *-1-6* entrée en vigueur du *marché unique du vin. -15-10* **plan Werner** (Pierre, Lux., né 29-12-1913) pour créer une monnaie commune aux Six. *-27-10* adoption du *rapport Davignon* (Étienne, Fr., né 4-10-1932) sur l'unification politique. *-26-11* réforme du Fonds social eur. (FSE) permettant de financer des actions facilitant la mise en œuvre des politiques communautaires. **1971**-*1-1* entrée en vigueur du régime des ressources propres à la CEE pour financer la Pac. *-9-2* accord sur la mise en œuvre par étapes de l'Union économique et monétaire. *-23-3*, 100 000 agriculteurs à Bruxelles contre le plan Mansholt. *-25-3* accord sur prix et réforme des structures agricoles. *-Mai* All. féd. et P.-Bas font flotter leur monnaie. *Fin de l'Union économique et monétaire.* La livre anglaise flotte, puis la lire, le mark sera réévalué 2 fois, le franc décroche de sa parité. *-11-5* et *-19-5 mise en place et généralisation des MCM. -22/23-6* accord sur les principales conditions d'adhésion de la G.-B. *-13-9* le Conseil définit les principes d'une position commune de la CEE au sein du FMI. **1972**-*24-4* création du *Système monétaire eur. (SME) et* *du serpent monétaire*, en application d'une décision du Conseil (21-3). *-19/21-10 Paris*, les chefs d'État ou de gouvernement affirment « leur intention de transformer, avant la fin de la décennie, l'ensemble de leurs relations en une Union eur. ».

■ Union européenne à 9. **1973**-*1-1* **Danemark, G.-B. et Irlande entrent dans la CEE** ; accord de libre-échange CEE/pays de l'AELE qui n'ont pas adhéré à la CEE (Autriche, Portugal, Suède, Suisse). *-11-3* les 9 décident de ne plus soutenir le dollar et de rester liés par une marge restreinte de fluctuation (après réévaluation de 3 % du DM). G.-B., Italie et Irlande restent provisoirement en dehors du système. *-3-4* le Conseil adopte règlement et statuts du Fecom (Fonds eur. de coopération monétaire). *-28-4* et *1-5* **4e marathon agricole :** la France obtient la modification des prix prévus ; adoption de la résolution sur l'agr. de certaines régions défavorisées. *-27-6* accord des 9 pour une position commune au *Nixon Round. -3/7-7,* 1re phase de la *conférence d'Helsinki* (les 9 parlent d'une seule voix). *-14/15-12 sommet de Copenhague,* à la suite de la crise énergétique : accord pour introduire une politique énergétique commune. **1974**-*19-1* la *France quitte le SME*, flottement du franc, d'où *-28-1* établissement de MCM. *-Févr.* conférence de Washington sur le pétrole : désaccord français. *-1-4* le gouvernement travailliste britannique demande de renégocier les conditions d'adhésion acceptées par le précédent gouvernement conservateur. *-30-4* à la demande de la France, le Conseil agricole restreint les importations de viande de bœuf. *-8-5* le Danemark prend les mesures destinées à réduire ses importations, par une fiscalité indirecte. *-15-6* l'Otan adopte *la nouvelle « Charte atlantique ». -Juillet* organisation commune d'un marché pour *les graines de soja* et harmonisation des législations vétérinaires et phytosanitaires. *-15-7* fermeture jusqu'au 1-11 des frontières communautaires aux importations de bovins venant des pays tiers. *-9/10-12, 7e sommet* (Paris) : les États membres de la Communauté décident de se réunir régulièrement au plus haut niveau. **1975**-*28-2* **1re Convention de Lomé** entre la CEE et 46 États ACP (Afrique, Caraïbes, Pacifique). *-18-3* le Conseil adopte l'unité de compte eur. (panier de monnaies des États membres). *-5-6 référendum en G.-B.* (67 % pour maintien dans la Communauté). *-1-8 Helsinki :* signature de l'acte définitif de la Conférence pour la Sécurité et la Coopération en Europe (CSCE). **1976**-*14-3* le *franc français sort du serpent monétaire. -6-4* négociations du Gatt *(Tokyo Round)*. La Commission offre des concessions pour les produits tropicaux en faveur des pays en développement. **1977**-*1-1 zone de pêche étendue à 200 milles. -1-7 achèvement de l'Union douanière. -31-12* fin de la période de transition pour Danemark, Irlande et G.-B. **1978**-*7/8-4* Conseil à Copenhague : accord pour l'organisation des élections du Parlement européen. *-5-12* accord sur SME. **1979**-*13-3 entrée en vigueur du SME* et création de l'*ECU (European Currency Unit)* ou écu qui, le 1-1-1980, remplace l'UCE. *-7/10-6* **1re élection au suffrage universel** du Parlement eur. *-21/22-6* Conseil européen de Strasbourg : accord sur une politique commune de l'énergie. *-31-10* **2e Convention de Lomé.** *-13-12* rejet du projet de budget par le Parlement. *-17-12* Communauté signe accords du « Tokyo Round ». 1980-*30-5* contribution de la G.-B. réduite des 2/3 pour 1980 et 1981 ; le Parlement adopte le budget.

■ Union européenne à 10. **1981**-*1-1* **Grèce** entre dans la CEE. *-1-4* **Accords de Bruxelles :** démantèlement de MCM positifs (étape vers le retour à l'unité des prix). Augmentation moyenne des prix agricoles de 11 %. Rejet d'une supertaxe laitière proposée (la France aurait supporté 49 % de la dépense). Réforme de la politique commune des structures et mesures en faveur des jeunes agriculteurs. Programmes spécifiques pour Dom et Lozère. *-1-7* nouvelle organisation communautaire des marchés du sucre. *Marché unique :* les produits, sauf alcool et p. de terre, circulent librement à l'intérieur de la Communauté. Droits de douane, taxes équivalentes, subventions, restrictions quantitatives faussant la concurrence entre États membres sont supprimés. *Préférence communautaire* accordée par les États membres à la production communautaire (ils se protègent ensemble à la frontière extérieure commune contre les fortes fluctuations des prix sur le marché mondial et les importations à bas prix). *Responsabilité financière commune* par le Feoga (voir à l'Index). *Participation financière des producteurs* pour certains produits agricoles particulièrement excédentaires. *Seuils de production* (cadre pluriannuel) : en cas de dépassement, contribution des producteurs : réduction des prix de soutien ou autres mesures appropriées, c.-à-d. diminution de leurs « garanties ». *-5-10* réaménagement des parités monétaires au sein du SME (voir à l'Index). **1982**-*21-2,* 2e réaménagement. *-18-5* prix de la campagne agricole 1982-83 adoptés malgré désaccord britannique. Dégradation des rapports commerciaux entre Europe et USA. *-12-6,* 3e réaménagement monétaire. **1983**-*25-1* naissance de **l'Europe de la pêche (Europe bleue) :** quotas de pêche répartis entre pays membres selon besoins, capacités et système de soutien des prix minimaux. *-28/31-5 Williamsburg* (USA) : sommet économique occidental. *-5* et *6-12 sommet des 10 à Athènes :* échec des négociations sur problèmes de fond de la CEE. **1984**-*14-2* le Parlement eur. adopte, par 237 voix, contre 31 et 43 abstentions, le *projet de traité sur l'UE* (initiative du député eur. Altiero Spinelli). *-19/21-3 sommet des 10 à Bruxelles :* échec (désaccord sur le montant de la compensation à accorder à la G.-B.). *-10-6/19-7, 2es élections au suffrage universel du Parlement. -8-12* **3e Convention de Lomé. 1985**-*janv.* Jacques Delors, Pt de la Commission, lance « l'objectif 1993 » : suppression de toutes les frontières intérieures au 31-12-1992. *-25/26-2* réforme du règlement vitivinicole, applicable dès 1-9-1985 (distillation obligatoire à 50 % du prix d'orientation, à 40 % au-delà de 10 millions d'hl en cas d'excédents, le volume étant réparti entre les régions viticoles au prorata de leur contribution aux excédents, primes incitant à l'arrachage des vignes à hauts rendements et de celles produisant du raisin de table...) ; assouplissement du régime des quotas laitiers. *-30-3* accord des 10 sur le financement de « programmes intégrés méditerranéens » (la Grèce lève son opposition à l'entrée de l'Espagne et du Portugal). *-16-5* le Conseil des ministres ne peut fixer les prix des céréales et du colza, l'All. féd. s'opposant à leur baisse. *-14-6* (accords de *Schengen*), voir p. 923 a. *-17-7* création d'**Eurêka,** projet d'une Europe de la technologie.

■ Union européenne à 12. **1986**-*1-1* **Espagne** et **Portugal** entrent dans la CEE. *-18-2* **signature de « l'Acte unique européen »** élargissant les compétences de la CEE pour réaliser, d'ici à 1992, un véritable marché intérieur. 3 pays s'abstiennent : Danemark (se prononcera après référendum le 27-2), Italie et Grèce. *-28-2* signature par Danemark, Italie, Grèce [après référendum du 27-2 (56,2 % pour)]. *29-5* pour la 1re fois, le *drapeau eur.* est hissé devant les bâtiments des institutions communautaires. **1987**-*12-1* réajustement monétaire. *-29-1* accord agricole avec USA qui pourront vendre à l'Espagne les 2/3 de leurs importations de maïs pendant 4 ans. *-26-5* référendum en Irlande : la Constitution est modifiée, l'Irlande peut ratifier l'Acte unique. *-8/10-6* **Venise** sommet économique occidental : 8 participants, dont la CEE, adoptent 6 déclarations portant sur relations Est-Ouest, terrorisme, guerre Iran-Iraq et liberté de navigation dans le Golfe, coopération économique et monétaire, sida et drogue. *-1-7 entrée en vigueur de « l'Acte unique eur. ». 4/7-12* échec du sommet de Copenhague. **1988**-*févr.* la CEE adopte le « paquet Delors » : limitation des dépenses agricoles, aide aux régions défavorisées et réforme du budget eur. Objectif : soustraire 1 million d'ha à la culture. *-2/3-12* accord de Rhodes sur *Eurêka.* **1989**-*15/18-6, 3es élections* au Parlement eur. -*26/27-6* Madrid, plan Delors sur la création d'une Union économique et monétaire (voir p. 922 a). *-17-7* l'Autriche demande officiellement d'adhérer à la CEE. *-11-10* Strasbourg, *Jean-Paul II au Parlement eur. -10-11* chute du mur de Berlin. *-8-12* négociations dans le cadre du Gatt. Divergences CEE/USA qui envisagent de taxer à 100 % certains produits agricoles européens. *-15-12* **4e Convention de Lomé.**

1990-*19-1 Convention de Schengen,* voir p. 923 a. *-5-4,* 12 sessions plénières ordinaires se tiendront chaque année à Strasbourg ; les sessions extraordinaires auront lieu à Bruxelles (vote : 181 oui, 155 non, 18 abstentions). *-21-4 Dublin,* des discussions sur l'union politique seront entamées par un traité qui entrera en vigueur le 1-1-1993. Fixe des critères communs pour les États membres permettant de définir l'État responsable de l'examen de la demande d'asile, entre en vigueur le 1-9-1997. L'intégration de l'ex-RDA en 3 étapes sera étudiée. *-27-4* conférence sur les prix agricoles. *-1-7 Rome,* libre circulation des capitaux. *-27/30-11* **1re conférence des Parlements de la CEE** réunissant 85 délégués de l'Assemblée des communautés et 173 délégués des 20 chambres des Parlements des 12 États. Manifestations d'agriculteurs contre le Gatt à Bruxelles (*-13-11 :* 15 000 et *-3-12 :* 25 000). **1991**-*18-6* accord CEE/AELE instaurant un **Espace économique européen (EEE)** [ratifié en juillet] *-24-6* accord sur modalités de rapprochement des taux de TVA et d'accises. *-9/10-12* **Traité de Maastricht** (P.-Bas), voir p. 921 c. *-2-5 Porto,* traité instituant l'Espace économique européen signé. *-11/12-12* CE : *Édimbourg,* siège définitif du Parlement à Strasbourg, adopte le projet *Initiative eur. de croissance.*

1993-*1-1* **la CEE devient la CE (Communauté eur.)** dans le *traité de Maastricht* instituant **l'UE (Union européenne).** *-25-3* plan acier visant à supprimer les surcapacités. *-1-11* Union européenne créée par l'entrée en vigueur du traité de Maastricht. *-11-12 le sommet de Bruxelles* approuve le *Livre blanc pour l'emploi* de J. Delors (programme de grands travaux de 120 milliards d'écus sur 6 ans à partir d'emprunts). *-17-12* plan d'aide à la sidérurgie allemande, espagnole et italienne (50 milliards de F). **1994**-*1-1* **l'accord EEE** entre en vigueur (voir p. 927 c). *-29-3 compromis de Ioannina :* accord sur minorité de blocage dans l'Union élargie : 27 voix (procédure de concertation accrue si 23 à 26 voix contre un projet). *-22-9,* 11 États (refus de la G.-B.) adoptent une directive sur les comités d'entreprise eur. pour les entreprises transnationales de plus de 1 000 salariés. *-28-9* le Parlement approuve une résolution inspirée du projet chrétien-démocrate allemand d'une Europe à géométrie variable (noyau dur basé sur axe franco-allemand et UE élargie à Hongrie, Pologne, Slovaquie, Slovénie et Rép. tchèque vers 2000). *-25-10* plan acier arrêté (réduction de production insuffisante). *-9/10-12 Essen,* 14 projets prioritaires de grands travaux.

■ Union européenne à 15 (CE : Conseil européen). **1995**-*1-1* **Autriche, Finlande** et **Suède** deviennent membres. **1995**-*mars* Commission : projet d'accord de libre-échange avec Mercosur. *-Avril* Commission : *Livre vert sur monnaie unique :* passage graduel à partir de parités fixes et conduite des politiques monétaires par la Banque centrale eur. *-8-4 Versailles,* réunion des ministres des Finances sur la monnaie unique : préférence pour 1999 et délai de 1 an entre décision et mise en œuvre. *-26/27-6 Cannes,* CE ouvert aux pays d'Europe centrale et méditerranéens. *-19-9* France reporte accords de *Schengen. -22/23-9 Formentor* (Majorque), CE informel. *-28/29-9* accord de libre-échange avec Mercosur. *-4-11* révision de *Lomé IV* signée. *-27/28-11 Barcelone,* sommet méditerranéen : zone de libre-échange prévue en 2010. *-3-12 Madrid,* calendrier de passage à la monnaie unique adopté (« euro » préféré à « écu ») et liste des pays répondant aux critères de convergence établie 1998. **1996**-*1-1* élections municipales ouvertes aux citoyens de l'UE, qui pourront participer et se présenter dans l'État où ils résident sans en avoir la nationalité. *-29-3/été 1997* Turin, conférence intergouvernementale (CIG) : réforme des institutions, approfondissement de la politique étrangère et de sécurité commune (PESC), Europe des citoyens (voir p. 922 b). *-9-5, 1re journée de l'Europe* (décrétée 1993 par Conseil eur. de Turin). *-16-6* Luxembourg, réunion des ministres des Affaires étrangères. *-21/22-6 Florence,* CE : compromis dans la crise de la vache folle (voir à l'Index), accord sur coopération policière (Europol). *-23-10 Strasbourg,* dalaï-lama au Parlement eur. *-13/14-12 Dublin,* CE : *pacte de stabilité et de croissance* fixe règles de discipline budgétaire de la future zone euro (sanctions en cas de non-respect). **1997**-*7-3,* 1re eurogrève (usines du groupe Renault) et *-16-3 Bruxelles,* 1re manifestation eur. (contre la fermeture de l'usine de *Vilvorde* en Belgique). *-25-3 Rome,* réunion des ministres des Aff. étrangères pour le 40e anniversaire du traité. *-16/17-6 Amsterdam,* CE *:* accord sur pacte de stabilité et de croissance. *-2-10* **signature du traité d'Amsterdam en France.** [L'Ass. nationale adoptera le 3-3-1999 le projet de loi autorisant la ratification du traité d'Amsterdam par 447 voix contre 75 dont RPR 18, UDF 2, non-inscrit 1 (Philippe de Villiers), DL 1, socialistes 4, PCF 33 (sur 35), RCV 16 (dont MDC 8, Verts 6).] -1-5 **entrée en vigueur du traité d'Amsterdam.** *-20/21-11 Luxembourg, CE extraordinaire sur l'emploi :* lutte contre chômage des jeunes et prévention du chômage de longue durée. Aide à la création d'entreprises, modernisation des formes de travail. *-12/13-12 Luxembourg, CE sur l'élargissement de l'UE :* Estonie, Hongrie, Pologne, Rép. tchèque, Slovénie et Chypre. **1998**-*12-3 Londres,* **1re conférence européenne** (chefs d'État de l'UE, des 10 pays d'Europe centrale candidats et de Chypre) sur la coopération contre le crime, la préservation de l'environnement et la coopération régionale. *-31-3 Londres,* négociations sur adhésion de Hongrie, Pologne, Rép. tchèque, Slovénie, Estonie et Chypre. *-1/3-2/5 Bruxelles, CE :* désigne 11 pays qui participeront au lancement de la monnaie unique le 1-1-1999. Wim Duisenberg (Néerlandais) nommé Pt de la Banque centrale européenne (BCE). *-15/17-6 Cardiff,* CE : orientations sur croissance et emploi approuvées, modernisation du marché unique et promotion de l'esprit d'entreprise doivent être poursuivies. Accès aux informations européennes par Internet et intégration de l'environnement dans les politiques communautaires doivent être favorisés. *-24/25-10 Pörtschach (Autr.),* CE informel : relance de la croissance, création d'emplois, mise en œuvre de la politique étrangère et de sécurité commune (PESC) et d'un espace judiciaire européen. *-11/12-12 Vienne,* CE, ordre du jour : emploi, croissance, amélioration de la sécurité et de la qualité de vie, réforme des institutions, promotion de la stabilité en Europe, stabilisation des dépenses communautaires (opposition Espagne, Grèce, Portugal). **1999**-*1-1* début de l'UEM. *-5-1* la Commission suspend Paul van Buitenen, Néerlandais qui a écrit un rapport sur la gestion des fonds communautaires ; *l'office d'aide humanitaire de l'Union européenne (Echo)* admet avoir surfacturé des contrats conclu avec des entreprises de fourniture ou des prestataires de services pour que des conseillers ou des experts extérieurs à la Commission puissent être rétribués. *-14-1* le Parlement européen repousse une motion de censure déposée contre la Commission (par 293 voix contre 232) et crée un « comité d'experts » indépendant de 5 membres ; vote contre une résolution demandant la démission de 2 commissaires : Édith Cresson et Manuel Marin. *-11-2* la Commission suspend les activités du bureau d'assistance technique extérieure qui gère le programme de formation professionnelle Leonardo. Édith Cresson, commissaire européenne à la Recherche, est interrogée par la commission du contrôle budgétaire sur ce dossier et l'engagement comme « visiteur scientifique » de René Berthelot, un dentiste ami de Châtellerault. *-26-2 Petersberg (All.),* CE informel : réforme du financement global de l'UE. *-3-3* Jacques Santer présente un « code de bonne conduite » : les commissaires eur. ne pourront exercer aucune activité professionnelle, avoir un mandat d'élu et devront déclarer leurs intérêts et avoirs financiers et ceux de leur conjoint. *-15-3* le comité d'experts remet son « 1er rapport sur les allégations de fraude, de mauvaise gestion et de népotisme à la Commission eur. ». Les commissaires ne contrôlent plus les activités de leurs administrations ; Édith Cresson est la plus critiquée sur le plan individuel ; le Pt Jacques Santer, après une réunion avec les 20 commissaires européens, annonce dans la nuit la démission de la Commission. *-24/25-3 Berlin,* CE : accord sur budget communautaire de 2000 à 2006. *Romano Prodi* désigné Pt de la Commission eur. Déclarations sur Kosovo et droit des Palestiniens à un État. *-3/4-6 Cologne,* CE : résolution sur le « pacte européen pour l'emploi » adoptée. Javier Solana, secr. général de l'Otan, nommé haut représentant de l'UE pour la politique étrangère et de sécurité commune (PESC). *-15/16-10 Tampere (Finlande),* CE extraordinaire : questions de sécurité et de justice : réaffirme collaboration pour l'établissement d'un système d'asile eur. commun, fondé sur Convention de 1951 (de l'Onu sur les réfugiés), garantissant que personne ne sera renvoyé à une situation de persécution. *-10/11-12 Helsinki,* CE : ouverture des négociations d'adhésion avec Bulgarie, Lettonie, Lituanie, Malte, Roumanie, Slovaquie décidée pour début 2000. Turquie reconnue candidate officielle. Lancement d'une Conférence intergouvernementale (CIG) pour adapter les institutions communautaires à l'élargissement. Décision de créer d'ici 2003 une « capacité autonome » de 50 000 militaires.

2000-*23/24-3 Lisbonne,* CE : objectif : doter l'Europe de « l'économie la plus compétitive du monde dans les 10 prochaines années (taux de croissance moyen de 3 %, lutte contre chômage, développement de la Sté de l'information et modernisation du modèle social européen). *-19/20-6 Santa Maria de Feira,* CE : confirme l'entrée de la Grèce dans la zone euro au 1-1-2001 et souhaite que la CIG inclue les coopérations renforcées dans ses travaux sur la réforme des institutions. Compromis sur l'harmonisation de la fiscalité de l'épargne (l'Autriche obtient l'assurance du réexamen des sanctions imposées depuis le 4-2-2000 en raison de l'entrée de ministres d'extrême droite dans son gouvernement). *-14/10 Biarritz,* CE : sur la réforme des institutions. *-11-12 Nice* (traité adopté par le Parlement français en juin 2001), CE : **répondération des voix au Conseil :** pour restaurer l'influence des 4 « grands » (Allemagne, France, Royaume-Uni, Italie) auxquels s'ajouteront Espagne puis Pologne (voir p. 924 b). *Négociations commerciales :* vote à la majorité qualifiée pour échanges de marchandises, de services, décisions portant sur investissements, propriété intellectuelle. *Immigration, visas, asile :* prévoit le passage à la majorité qualifiée pour la coopération judiciaire en matière civile, sauf aspects touchant au droit de la famille. Pour certains chapitres sensibles (contrôle aux frontières extérieures, libre circulation et séjour des ressortissants des pays tiers), l'application de la majorité qualifiée est différée jusqu'au 1-1-2004. *Aides régionales :* passage à la majorité qualifiée à partir du 1-1-2007 pour la politique des fonds structurels. **Taille de la commission :** pendant au moins 10 ans, chaque État de l'UE sera représenté par 1 commissaire au sein de l'exécutif. Quand l'UE comptera 27 membres, le nombre définitif des membres du collège sera fixé, éventuellement, à moins de 27 (il y aurait alors une rotation par pays). **Coopérations renforcées :** mécanisme permettant à une « avant-garde » d'aller de l'avant sans que les autres pays puissent le leur interdire ; figurant dans le traité d'Amsterdam (1997), avec des restrictions. Le traité de Nice assouplit ce mode de fonctionnement. Le droit de veto dont disposait chaque État membre pour s'opposer à une « coopération renforcée » disparaît. Manifestations violentes (300 casseurs), 1 banque et des commerces incendiés. *-23/24-3 Stockholm,* CE : **dossiers prioritaires liés à l'approfondissement du marché intérieur :** *harmonisation des marchés des valeurs mobilières.* G.-B., Allemagne, Finlande, Suède ont ouvert à 100 % leurs marchés. La France observe les directives de 1996 (*électricité*) et de 1997 (*gaz*) qui imposent une ouverture respective de 30 et 20 %. *Libéralisation des services postaux :* Suède ouvre marché postal en 1994 ; Allemagne, P.-Bas, Danemark, Belgique, Suède veulent une ouverture rapide ; France, G.-B., Espagne, Italie une plus lente. *« Ciel unique européen » :* libéralisation du transport. Brevet communautaire pour inventeurs. *-7-6* Irlande, référendum contre ratification du traité de Nice 53,87 % ; abst. 65,3 %. *-12-6* France, Ass. nat. autorise les ratifications par 407 voix contre 27 (Verts, Chevènementistes, 6 RPR, 2 UDF, 4 communistes) et 113 abstentions. *-15/16-6* Göteborg CE : élargissement ; manifestations violentes.

Membres non fondateurs

■ **Autriche.** **1987**-*17-7* demande d'adhésion. **1989**-*31-7* avis favorable. **1994**-*12-6* référendum : 66 % pour entrée dans l'UE. *-24-6* traité d'adhésion signé. **1995**-*1-1* entrée.

■ **Danemark.** **1961**-*31-7*, 1re demande. **1967**-*11-5*, 2e demande. **1971**-*16-12* le Folketing autorise le traité d'adhésion (141 voix pour, 32 contre et 2 abstentions). La zone côtière des 12 milles sera réservée jusqu'en 1982 aux pêcheurs du Groenland (30 % de la population active) et des îles Féroé (24 %). **1972**-*22-1* traité d'adhésion signé, *2-10* ratifié par référendum [57 % des inscrits : 63,7 % des votants ; participation 89,4 % (la plus élevée depuis 1945)]. **1973**-*1-1* entrée.

■ **Espagne.** **1977**-*28-7* demande. **1979**-*5-2* ouverture des négociations. **1985**-*12-6* traité d'adhésion signé. **1986**-*1-1* entrée. **Industrie :** transition 7 ans sauf : automobile [contingent à droit réduit (17,4 %) élargi 3 ans], textiles (régime de surveillance 4 ans), sidérurgie (3 ans), monopoles nationaux (6 ans pour tabac et pétrole). **Agriculture :** transition 7 ans sauf : vin (production fixée à 27,5 millions d'hl, distillation obligatoire à 85 % de ce montant), matières grasses végétales (10 ans), fruits et légumes (4 ans pour améliorer des infrastructures, puis 6 ans pour démobilisation tarifaire). **Pêche :** transition 7 ans (plus aide de 28,5 millions d'écus pour restructurer la flotte). **Budget :** transition 7 ans avec solde neutre des paiements et versements. **Fiscalité :** TVA introduite 1-1-1986.

■ **Finlande.** **1992**-*18-3* demande d'adhésion. *-4-11* avis favorable. **1994**-*24-6* traité d'adhésion signé. *-16-10* ratifié par référendum : oui 57 %. **1995**-*1-1* entrée.

■ **Grèce.** **1959**-*8-6* demande à être associée. **1979**-*28-5* traité d'adhésion signé ; *-28-6* parlement grec autorise ratification. **1981**-*1-1* entrée. **Commerce extérieur :** transition 5 ans pour : abolition totale des droits de douane sur import. industrielles de la CEE, suppression des mesures de protection contre import. de la CEE, tarif extérieur commun aux import. de pays tiers, adhésion aux accords préférentiels de la CEE avec pays tiers. **Agriculture :** transition de : 5 ans pour l'alignement des prix grecs sur les prix communautaires (possibilité d'appliquer des montants complémentaires et d'évoquer la clause de sauvegarde) ; 7 ans pour pêches et tomates. *Mesures d'encouragement* spéciales pour coton, figues sèches et raisins secs (pour lesquels la Grèce sera le seul producteur européen). **Activités professionnelles :** transition de 7 ans pour la libre circulation des travailleurs ; prestations sociales identiques à celles des nationaux pour les travailleurs se trouvant dans la CEE depuis 3 ans. **Finances :** la Grèce sera bénéficiaire nette du budget de la CEE les 1res années ; transition de 3 ans pour adopter la TVA.

■ **Irlande.** **1967**-*11-5* demande. **1972**-*28-11* traité d'adhésion signé. *-10-5* ratifié par référendum : oui 83 %. L'Irlande protégera son ind. automobile et subventionnera plusieurs années ses autres secteurs. **1973**-*1-1* entrée.

■ **Portugal.** **1977**-*28-3* demande. **1978**-*6-6* ouverture des négociations. **1985**-*12-6* traité d'adhésion signé. **1986**-*1-1* entrée. **Industrie :** transition de 7 ans sauf : automobile (accord CEE-Portugal, en vigueur avant 1986, valable encore 2 ans), textile (surveillance de 3 ou 4 ans pour les export. portugaises vers la CEE). **Agriculture :** transition en 2 étapes pour 85 % de la production portugaise : 5 ans pour adapter les structures du marché portugais, puis 5 ans pour l'application. 7 ans pour fruits et légumes transformés, sucre et isoglucose. **Pêche :** 7 ans pour le Portugal, 6 ans pour les autres membres de la CEE (régime particulier pour produits à base d'anchois et de thon, conserves de maquereaux et sardines). **Budget :** 7 ans au bout desquels le Portugal devrait recevoir au minimum 1,2 à 1,6 million d'écus de plus qu'il ne versera au budget communautaire. **Fiscalité :** TVA introduite en 1990.

■ **Royaume-Uni (G.-B.).** **1961**-*9-8* 1re demande (après vote aux Communes le 3-8 : 315 pour, 5 contre, abstentions des travaillistes). **1963**-*14-1* **conférence de presse du Gal de Gaulle :** la G.-B. n'est pas prête à entrer. *-29-1* **candidature écartée** *sine die.* **1967**-*11-5*, 2e demande. **1971**-*28-10* les Communes votent pour l'adhésion : 356 pour, 244 contre, 22 abstentions. **1972**-*20-1* gouvernement autorisé à signer le traité d'adhésion : 298 pour, 277 contre. *-22-1* traité d'adhésion signé. *17-10* la Chambre des lords approuve le traité (161 voix pour, 21 contre). **1973**-*1-1* entrée. **Industrie :** 1er abattement tarifaire de 20 % : 1-4-1973 ; 2e : 1-4-1974 ; puis chaque début d'année. La G.-B. s'alignera progressivement sur le tarif extérieur et bénéficiera de contingents tarifaires pour certains produits. *Ceca :* adhésion en 5 ans et versement de 57 millions de $ comme participation au patrimoine de la Ceca. **Agriculture :** transition de 5 ans. La référence communautaire entre immédiatement en vigueur. La G.-B. applique en 6 étapes égales les prix agricoles du Marché commun. *Produits laitiers importés de Nlle-Zélande* par la G.-B. (transition de 5 ans : les export. néo-zélandaises de beurre diminuent de 20 %, celles de fromage de 80 %). **Pêche :** transition de 10 ans avant de se plier à la règle communautaire, libérale, en matière de droit d'accès aux zones de pêche côtière. Dans certaines régions, régime exceptionnel (comme dans 5 départements atlantiques français). **Budget :** transition de 5 ans (peut-être 10). *Contribution* au financement communautaire : *1973 :* 8,6 %, soit 220 millions de $, *5e année :* 18,9 %. *1980* et *81 :* réduction de 1 175 et 1 410 millions d'unités de compte (u.c.). *Fiscalité :* TVA introduite le 1-4-1973. *Monnaie :* abandon progressif du rôle de monnaie de réserve de la livre, diminution des balances sterling.

■ **Suède.** **1991**-*1-7* demande. **1992**-*31-7* avis favorable. **1994**-*24-6* traité d'adhésion signé. *-15-11* ratifié, référendum : oui 52,3 %. **1995**-*1-1* entrée.

Pays candidats (au 1-5-2001)

■ **Pays ayant fait officiellement acte de candidature. Bulgarie :** (**1993**-*8-3* accord d'association avec l'UE). **2000** négociation. **Chypre :** **1972**-*1-6* État associé au 1-6-1973. **1990**-*4-7* demande. **1993**-*29-6* avis favorable. **Estonie : 1998. Groenland :** **1972**-*22-1* membre de la CEE (comme territoire danois). **1985**-*1-2* quitte la CEE après référendum du 23-1 et devient associé comme territoire d'outre-mer. **Hongrie : 1991** accord d'association. **1994**-*1-4* demande. **Lettonie : 2000**-15-2. **Lituanie : 2000**-15-2. **Malte : 1970**-*5-12* État associé au 1-4-1971. **1990**-*14-7* demande. **1993**-*29-6* avis favorable. **1996**-*nov.* gouv. maltais souhaite retrait. **Maroc :** **1987**-*20-7* demande. *-oct.* rejet de la CEE (art. 237 du traité limite les possibilités d'adhésion aux seuls États européens). **1995** accord d'association. **Norvège :** **1967**-*21-7* demande. **1972**-*22-1* traité d'adhésion signé. *-25-9* rejeté par référendum : 53,9 % contre. **1992**-*25-11*, 2e demande. **1993**-*24-3* avis favorable. **1994**-*24-6* traité d'adhésion signé. *-28-11* référendum : 52,8 % contre. **Pologne :** **1991**-*16-12* accord d'association. **1994**-*8-4* demande. **Roumanie :** 1993-*mars* accord d'association. **1995** demande. **Slovaquie :** **1992**-*16-12* accord d'association. **1995** demande. **Suisse :** **1992**-*18-5* demande. *-6-12* référendum : 50,3 % contre (candidature maintenue). **Turquie :** **1987**-*14-4* demande. *-18-12* rejet CEE. **1995**-*6-3* accord d'union douanière (en vigueur 1-1-1996). **1997**-*13-12* éligible à l'adhésion. **1999**-*11-12* candidature retenue.

■ **Pays candidats à la candidature. Biélorussie, Slovénie, Rép. tchèque** (**1992**-*16-12* accord d'association). **Ukraine.**

☞ **Macédoine :** État associé 9-4-2001.

I. Les communautés

■ **Généralités. Comprennent :** Ceca, CE (auparavant, CEE ou Marché commun), Euratom ou CEEA. Depuis le 1-7-1967, Commission et Conseils de ces 3 communautés ont fusionné, laissant subsister les 3 traités existants. **Membres :** Allemagne, Autriche, Belgique, Danemark, Espagne, Finlande, *France,* Grèce, Irlande, Italie, Luxembourg, P.-Bas, Portugal, Royaume-Uni, Suède. **Siège :** rue de la Loi, 200, 1049 Bruxelles, et Bâtiment Jean-Monnet, rue Alcide-de-Gasperi, 2920 Luxembourg-Kirchberg.

■ **Communauté européenne du charbon et de l'acier (Ceca). Siège.** Rue Alcide-de-Gasperi, 2920 Luxembourg-Kirchberg. **Création.** Plan Schuman du 9-5-1950 ; traité de Paris signé 18-4-1951 ; entrée en fonction : 10-8-1952. **But.** Permettre un rapprochement politique entre les pays en créant un marché commun du charbon et de l'acier, et en abolissant tout obstacle à la circulation des marchandises. *Droits de douane abolis* pour charbon, minerai de fer et ferraille, 10-2-1953 ; acier, 1-5-1953 ; aciers spéciaux, 1-8-1954. Contingentement autoritaire de la production depuis 1980. Disparition des aides publiques à la sidérurgie fin 1985. **Pts (Haute autorité) :** *1952 (10-8)* Jean Monnet (Fr. 9-11-1888/16-3-1979, démissionne 10-11-1954) ; *1955 (1-6)* René Mayer (1895-1972) ; *1958 (6-11)* Paul Finet (Belg., † 18-5-1965 à 68 ans) ; *1959 (11-9)* Piero Malvestiti (It.) ; *1963 (8-10)* Dino Del Bo (It.) ; *1967 (du 1-3 au 1-7, intérim)* Albert Coppé (né 2-6-1911).

> ☞ Maurice Allais (prix Nobel d'économie) estime nécessaire un territoire fédéral propre à la Communauté européenne et indépendant de tout pays membre pour localiser les institutions européennes. 2 implantations sont possibles : 200 km² sur 3 zones contiguës en Allemagne, France et Luxembourg incluant les villes de Perl (All.), Sierck-les-Bains (Fr.) et Burmerange (Lux.) ; ou 400 km² sur 20 km, le long de la Lauter et 10 km de part et d'autre de la frontière franco-allemande.

■ **Communauté européenne (CE), ex-CEE (Communauté économique européenne) dite Marché commun. Siège.** 170, rue de la Loi, 1048 Bruxelles. **Création.** Voir p. 905 b. *1957*-25-3 signature du traité de Rome instituant la CEE ; *1958*-1-1 entrée en vigueur ; *1993*-1-1 devient CE. **Membres d'origine.** All. féd., Belgique, *France,* Italie, Luxembourg, Pays-Bas. **Autres membres** (voir col. a). **But.** Expansion continue et équilibrée, relèvement accéléré du niveau de vie par la libre circulation des marchandises, personnes et capitaux, création d'un tarif extérieur commun et mise en place de politiques communes : agriculture, commerce, concurrence, énergie et transports.

■ **CEEA (Communauté européenne de l'énergie atomique) ou Euratom. Siège.** 200, rue de la Loi, 1049 Bruxelles. **Création.** Traité de Rome signé 25-3-1957 (en vigueur : 1-1-1958). **But.** Promouvoir le développement de l'énergie nucléaire dans les 10 États membres. A facilité la réalisation de centrales nucléaires dont : Chooz (France), Grundremmingen, Lingen, Obrigheim (Allemagne fédérale) et l'installation expérimentale JET dans le domaine de la fusion. *Centre commun de recherches :* 2 000 chercheurs en 4 établissements : Karlsruhe (Allemagne), Geel (Belgique), Ispra (Italie), Peter (P.-Bas). **Commission de la CEEA (Pt) :** *1958 (6-1)* Louis Armand (1905-71, Fr.) ; *1959 (2-2)* Étienne Hirsch (né 24-1-1901 Fr.) ; *1962 (10-1)* Pierre Chatenet (1917-2001 Fr.).

Grand marché unique européen ou marché intérieur de la Communauté

■ **Origine.** Déjà inscrit dans le principe dans le traité de Rome de 1957. **Marché commun agricole, dit Europe verte** (évolution récente, voir à l'Index). *Fondé* 1-4-1962 sur : libre-échange des produits, niveau commun des prix pour les producteurs, solidarité financière, libre accès du consommateur aux meilleurs produits et préférence communautaire. Relève, par un système de taxes variables (*prélèvements*), les prix des produits importés au niveau des prix pratiqués dans le Marché commun. A l'inverse, accorde des restitutions à l'exportation des produits agricoles européens afin de permettre aux agriculteurs de pratiquer des prix concurrentiels sur le marché mondial (voir à l'Index). **Bilan.** Objectif atteint en matière de libre circulation des marchandises (union douanière, voir p. 923 a). **Abaissement des droits de douane** (tarifs industriels, en %) : *1-1-1959 :* 10 ; *1-7-1960 :* 20 ; *1-1-1962 :* 10 ; *1-7-1962 :* 10 ; *1-7-1963 :* 10 ; *1-1-1965 :* 10 ; *1-1-1966 :* 10 ; total : 80 ; *1-7-1968* abolition complète entre les 6 premiers membres (date prévue 1-1-1970).

☞ Le 12-3-1985, Jacques Delors, Pt de la Commission, présenta un programme qui prévoyait l'achèvement d'un marché intérieur avant la fin 1992 (Livre blanc de 282 mesures). Fin 1991, 232 dispositions étaient arrêtées. Plus de 80 % des mesures nécessaires pour garantir la libre circulation des hommes, marchandises, services et capitaux ont déjà été adoptées par la France. Depuis, la plupart des mesures ont été publiées dans des directives qui doivent encore être transposées par les États membres dans leur droit national à une date déterminée. De son côté, le traité de Maastricht instaurait le 10-12-1991 un marché unique (voir ci-dessous).

Dispositions de base pour la réalisation du Marché unique : suppression des écarts de fiscalité indirecte et de la différence des normes techniques et sanitaires, ouverture des marchés publics, actuellement presque tous réservés aux entreprises nationales (transparence de la publicité des offres qui devront être publiées dans les *JO* des communautés européennes, principe de l'appel d'offres ouvert, réglementation restrictive des appels d'offres restreints et des négociations de gré à gré), développement du SME, création d'une monnaie unique.

Traité sur l'Union européenne (traité de Maastricht)

■ **Conditions d'adoption.** **1991**-*10-12* conclues à Maastricht (P.-Bas) lors sommet des chefs d'États et du gouvernement des Douze. **1992**-*7-2 signées* par les ministres des Affaires étrangères. *-7-4 approuvées par le Parlement européen* (226 pour, 62 contre, 31 abstentions). **Ratification**

dans les pays membres. **Par référendum :** *Danemark 2-6-1992* non 50,7 % des voix ; *18-5-1993* oui 56,8 %. *Irlande 19-6-1992* oui 69 %. *France 20-9-1992* oui 51 %. **Par voie parlementaire :** *Luxembourg* 2-7-1992. *Belgique* 17-7-1992. *Grèce* 1-8-1992. *Italie* 29-10-1992. *Pays-Bas* 12-11-1992. *Espagne* 25-11-1992. *Allemagne* 2-12-1992 (Le 12-10-1993, la Cour constitutionnelle a déclaré le traité conforme à la loi fondamentale). *Portugal* 10-12-1992. *G.-B.* 20-5-1993 (Chambre des communes).

■ **Principales dispositions.** Institue une Union européenne (entrée en vigueur 1-11-1993). **Objectifs :** promouvoir un progrès économique et social durable, notamment par la création d'un espace sans frontières intérieures et l'établissement d'une union économique et monétaire avec une monnaie unique ; affirmer son identité sur la scène internationale par la mise en œuvre d'une politique étrangère et de sécurité commune ; renforcer la protection des droits et intérêts des ressortissants de ses États membres par l'instauration d'une citoyenneté de l'Union ; développer une coopération étroite dans le domaine de la justice et des affaires intérieures ; maintenir intégralement et développer l'acquis communautaire. Les institutions chargées d'accomplir les tâches confiées à l'Union sont le Parlement eur., le Conseil des ministres, la Commission, la Cour de justice et la Cour des comptes. L'Union respecte l'identité nationale de ses États membres dont les systèmes de gouv. sont fondés sur les principes démocratiques et les droits fondamentaux tels qu'ils sont garantis par la Convention des droits de l'homme et des libertés fondamentales signée à Rome le 4-11-1950.

■ **Action de l'Union.** **Entre les États membres :** élimination des droits de douane et des restrictions quantitatives à l'entrée et à la sortie des marchandises ; politique commerciale commune ; abolition des obstacles à la libre circulation des marchandises, des personnes, des services et des capitaux ; mesures relatives à l'entrée et à la circulation des personnes dans le marché intérieur ; régime assurant que la concurrence n'est pas faussée dans le marché intérieur ; rapprochement des législations nationales dans la mesure nécessaire au fonctionnement du marché commun ; politique dans le domaine social comprenant un Fonds social eur. ; renforcement de la cohésion économique et sociale ; politique dans le domaine de l'environnement ; renforcement de la compétitivité de l'industrie de la Communauté ; promotion de la recherche et du développement technologique ; encouragement et développement de réseaux transeuropéens ; contribution à l'épanouissement des cultures ; politique dans le domaine de la coopération au développement ; association des pays et territoires d'outre-mer, en vue d'accroître les échanges et de poursuivre en commun l'effort de développement économique et social ; contribution au renforcement de la protection des consommateurs ; mesures dans les domaines de l'énergie, de la protection civile et du tourisme.

■ **Principe de subsidiarité.** Précisé dans le traité à la demande de l'Allemagne et du Royaume-Uni : « Dans les domaines ne relevant pas de sa compétence exclusive, la Communauté n'intervient (...) que dans la mesure où les objectifs ne peuvent être réalisés de manière suffisante par les États membres et (...) peuvent être mieux réalisés au niveau communautaire. »

■ **Union économique et monétaire (UEM).** Principe arrêté à Madrid en juin 1989, confirmé par le traité de Maastricht du 10-12-1991. **3 étapes : 1°) 1-7-1990 : libération totale des mouvements de capitaux** dans les pays de la CEE (effective 1-1-1993, sauf pour la Grèce). **2°) 1-1-1994 : entrée en fonction de l'Institut monétaire européen (IME) :** *siège :* Francfort ; *Pts : mai 1996 :* A. Lamfalussy (Belg.) ; *1-7-1997 :* Willem Frederick (Wim) Duisenberg (P.-Bas). *Missions :* renforcer la coopération entre banques centrales nationales, surveiller le fonctionnement du SME, promouvoir l'usage de l'écu et proposer les conditions du passage à la monnaie unique. *Phase transitoire.* Le 2-5-1998, les ministres des Finances fixent les taux bilatéraux d'entrée des monnaies dans l'euro. Le 3-5, le Conseil européen établit la liste officielle des pays remplissant les *5 critères de convergence* requis pour la 3e étape (inflation ne dépassant pas de 1,5 point la moyenne des 3 meilleures performances des 15, taux d'intérêt à long terme n'excédant pas de plus de 2 points ceux pratiqués par les 3 pays où les taux sont les plus bas, déficit budgétaire inférieur à 3 % du PIB, dette nationale inférieure à 60 % du PIB et monnaie stable depuis 2 ans) [15 pays retenus (voir tableaux ci-contre)]. De même, il désigne Wim Duisenberg Pt de la Banque centrale européenne (BCE) pour 8 ans (mais il cédera sa place en 2002, en raison de son âge, à un candidat français). **3°) 1-1-1999 : institution d'un SEBC (Système européen de banques centrales)** composé de la *BCE* et des *banques centrales nationales,* chargé de déterminer et d'appliquer la politique monétaire de la Communauté, de détenir et gérer les réserves officielles de change des États membres, de promouvoir les systèmes de paiement ; **entrée en vigueur de la monnaie unique,** l'euro (taux 6,55957 F) [les monnaies nationales ayant encore cours] ; une clause d'exception *(opting out)*, en annexe au traité, permet à la G.-B. de ratifier le traité sans se prononcer sur la monnaie unique, qu'elle refuse. Le Danemark en a accepté le principe mais pourra organiser un référendum conformément à sa tradition constitutionnelle. **Date d'introduction des pièces et billets en euros [1] et retrait des monnaies nationales : 1-1-2002.**

Nota. – (1) L'euro remplace l'écu depuis le 3-12-1995.

Principe de cohésion : transfert de richesses des pays les plus riches vers les plus pauvres pour assurer la « cohésion » de la Communauté. Reconnu par le traité qui permet également une augmentation des « fonds structurels » (compensation) pour la période 1993-97. L'Espagne avait exigé des garanties sur ce principe de cohésion.

☞ Le 9-12-1998, la Cour européenne de justice a condamné (sans sanction) la France (1er État membre condamné à ce titre) qui a manqué « de manière manifeste et persistante » à son obligation de prendre des mesures pour faire cesser les « actes de vandalisme » contre des marchandises communautaires.

■ **Union politique.** **Politique étrangère commune :** les chefs d'État et de gouvernement devront décider à l'unanimité des sujets qui feront l'objet d'une action commune. **Défense commune :** l'UEO (Union de l'Europe occidentale) est chargée de l'élaboration de cette politique (voir p. 930 b). **Pouvoirs du Parlement européen :** en particulier, renforcement en matière législative. Outre le pouvoir de « codécision » dans un certain nombre de domaines, le Parlement devra donner un avis conforme pour la ratification des traités et approuver la nomination des membres de la Commission. **Compétences de l'Union :** élargissement des visas (politique commune), santé, grands réseaux (infrastructures transnationales de transports et télécommunications, éducation, formation, protection des consommateurs, culture et industrie). *Décisions* prises en Conseil de l'UE à l'unanimité (pour agriculture et industrie), sinon à la majorité qualifiée, et en association avec le Parlement eur. (procédure de codécision ou droit de veto). La majorité qualifiée est d'au moins 62 voix sur 87. Le Royaume-Uni ayant refusé la « charte sociale », un protocole autorise les autres membres à appliquer à 11 les décisions votées à la majorité qualifiée en matière d'hygiène, santé dans le travail, information et participation des travailleurs, égalité des sexes dans le travail. **Coopération politique et judiciaire :** renforcement.

■ **Citoyenneté de l'Union.** Est citoyen toute personne ayant la nationalité d'un État membre. Tout citoyen de l'Union est libre de circuler et de séjourner sur le territoire des États membres. Même non ressortissant, il a le droit de vote et d'éligibilité aux élections municipales (et aux élections au Parlement européen) dans l'État où il réside.

☞ A priori, 2 dispositions du traité sont contraires aux règles constitutionnelles françaises : 1°) *le droit de vote et d'éligibilité des ressortissants européens aux élections municipales et européennes* est contraire à l'art. 3 de la Constitution de 1958 : « sont électeurs (...) tous les nationaux français majeurs » ; 2°) *le préambule de la Constitution de 1946, repris par celle de 1958, prévoit seulement la possibilité de « limitations de souveraineté » :* le Conseil constitutionnel, dans sa décision de 1976, en a conclu que les « transferts de souveraineté » n'étaient pas autorisés. Or, la théorie admet qu'il y a « limitation » lorsqu'un pouvoir est transféré à une autorité au sein de laquelle les décisions doivent être prises à l'unanimité, et « transfert » lorsqu'elles peuvent être prises à la majorité (comme les décisions sur la monnaie unique). Le 11-3-1992, le Pt Mitterrand a saisi à ce sujet le Conseil constitutionnel (il y a déjà eu des transferts de souveraineté en 1957, lors de la signature du traité de Rome, et on vit depuis cette époque avec des dispositions « non constitutionnelles »).

■ **Principaux points de discussion.** **Diplomatie :** en matière de politique étrangère commune, décisions désormais prises à la majorité qualifiée, et non plus à l'unanimité. *Pour :* Allemagne, Belgique, Espagne, France, Italie, Luxembourg, Pays-Bas. *Contre :* Danemark, Irlande, Portugal, Royaume-Uni. *Décision :* la règle de l'unanimité est conservée, seules les modalités d'application pourront faire l'objet d'un vote à la majorité qualifiée. **Défense :** dépend de la responsabilité de l'UEO et non plus de l'Alliance atlantique. *Pour :* Allemagne, Espagne, France. *Contre :* Italie, P.-Bas, Portugal, Royaume-Uni. *Décision :* confiée à l'UEO. **Politique sociale :** possibilité d'arrêter à la majorité qualifiée des prescriptions minimales en matière de conditions de travail, information des salariés, égalité des sexes dans le travail. *Pour :* Allemagne, la Commission. *Contre :* Espagne, Grèce, Irlande, Portugal, Royaume-Uni. *Décision :* un protocole autorise les 11 à appliquer les décisions votées à la majorité, sans le Royaume-Uni en raison de son opposition. **Monnaie :** passage à la monnaie unique le 1-1-1997 (reporté au 1-1-1999) et engagement irréversible des Douze (puis des Quinze) à adopter l'euro. *Pour :* tous sauf Royaume-Uni. *Décision :* engagement irréversible sauf pour Royaume-Uni, passage à la monnaie unique adopté fin 1996 (reporté à 1998) pour les pays aptes.

■ Traité d'Amsterdam

Définit l'emploi comme une question d'intérêt commun. Renforce l'action sociale de l'Union, la lutte contre les discriminations au travail et la nécessaire égalité des chances. Les citoyens européens peuvent saisir la Cour

Critères de convergence (au 25-3-1998)	Inflation [1]			Déficit public (% du PIB)			Dette publique (% du PIB)			Taux d'intérêt à long terme		
	1996	1997	1998	1996	1997	1998	1996	1997	1998	1996	1997	1998
Allemagne	1,9	1,9	1,7	– 3,4	– 2,7	– 2,5	60,4	61,3	61,2	6,2	5,6	5,6
Autriche	2,5	1,8	1,5*	– 4	– 2,5	– 2,3	69,5	66,1	64,7	6,3	5,7*	5,6*
Belgique	2,3	1,6	1,3*	– 3,2	– 2,1	– 1,7	126,9	122,2	118,1	6,5	5,8	5,7
Danemark	2,1	2,3	2,1	– 0,7	0,7	1,1	70,6 [2]	65,1 [2]	59,5	7,2	6,3	5,6
Espagne	3,4	2,5	2,2	– 4,6	– 2,6	– 2,2	70,1	68,8	67,4	8,7	6,4	6,3
Finlande	1,6	1,4*	2	– 3,3	– 0,9	0,3	57,6	55,8	53,6	7,1*	6*	5,5
France	1,9	1,1*	1*	– 4,1	– 3	– 2,9	55,7	58	58,1	6,3	5,6	5,5*
Grèce	8,5	5,5	4,5	– 7,5	– 4	– 2,2	111,6	108,7	107,7			
Hongrie [3]			8,9			4,3			260			15
Irlande	1,1*	1,4	3,3	– 0,4	0,9	1,1	72,7 [2]	66,3 [2]	59,5	7,3*	6,3*	6,2*
Italie	4,3	2,4	2,1	– 6,7	– 2,7	– 2,5	124	121,6	118,1	9,4	6,9	6,7
Luxembourg	1,6	1,4*	1,6	2,5	1,7	1	6,6	6,7	7,1	6,3*	5,6	5,6
Pays-Bas	1,3*	2,2	2,3	– 2,3	– 1,4	– 1,6	77,2 [2]	72,1 [2]	70 [2]	6,2*	5,6	5,5
Pologne [3]			6,4			2,7			260			13
Portugal	2,6	2,1	2,2	– 3,2	– 2,5	– 2,2	65	62	60	8,6	6,4	6,2
Rép. tchèque [3]			2,5			2,5			260			7
Royaume-Uni	2,6	2,3	2,3	– 4,8	– 1,9	– 0,6	54,7	53,4	52,3	7,9	7,1	7
Suède	1,2*	2,2	1,5	– 3,5	– 0,8	0,5	76,7	76,6	74,1	8*	6,6	6,5
UE	2,6	2,1	1,9	– 4,2	– 2,4	– 1,9	73	72,1	70,5	7,3	6,2	6,1
Limite	2,7	2,8	2,8	– 3	– 3	– 3	60	60	60	9,1	8	7,8

Nota. – (*) 3 plus performants en matière d'inflation. (1) Indices implicites de prix de la consommation privée. (2) Décision Ecofin du 19-09-1994 écartant l'Irlande de la procédure de déficit public excessif, décision Ecofin du 03-06-1996 écartant le Danemark, décision du 12 mai écartant les Pays-Bas de la même procédure. (3) Mai 1999. *Source :* commission mars 1998.

Situation des pays d'Europe centrale et orientale au regard des critères de Maastricht

	Taux d'inflation			Taux d'intérêt	Déficit budgétaire			Dette publique			Système de change*	Secteur privé/PIB (%)
	1999	2000	**2001**	2000	1999	2000	**2001**	1999	2000	**2001**	Septembre 2000	
Valeur de référence	2	2,8	**3,2**	7,5	– 3	– 3	**– 3**	60	60	**60**	SME Bis	80
Bulgarie	0,3	8,3	**4,9**	5	– 1	– 1,5	**– 1,5**	93,6	95,5	**97,5**	A	60
République tchèque	2,1	4,1	**3,1**	7,1	– 4,2	– 4	**– 3,4**	29	29	**28,5**	B	77,2
Estonie	3,3	3,9	**4,8**	6,9	– 4,7	– 1,1	**– 0,90**	11	11,1	**11,8**	A	75
Hongrie	10	9,6	**5,8**	8,4	– 3,9	– 3	**– 3**	72,7	70	**63,8**	C	80
Lituanie	0,8	1,8	**3,4**	10	– 8,6	– 2,9	**– 2,5**	28,6	26,4	**26,7**	A	65
Lettonie	2,4	3,4	**4,1**	11,1	– 3,8	– 1,9	**– 1,6**	10,6	10,6	**10,4**	D	70
Pologne	7,3	10,1	**6,7**	12,3	– 3,7	– 2,4	**– 2,2**	43	43,9	**43,7**	E	65
Roumanie	44,8	44,2	**22,9**	45	– 40	– 3,5	**– 3**	32,3	31,1	**30,4**	E	60
Slovénie	6,1	8,7	**6,8**	n.d.	– 0,7	– 1	**– 1**	24,3	25	**25,5**	E	55
Slovaquie	10,6	12,1	**6,4**	7,7	– 4,1	– 5,7	**– 5,8**	26,5	28,5	**29**	E	84,5

Nota. – (*) A : Currency board (contre dollar en Lituanie, contre euro dans les autres pays) – B : Flottement contrôlé (avec référence à l'euro) – C : Bande de fluctuation (avec référence à l'euro) – D : Ancrage (peg) sur le DTS – E : Flottement libre (avec référence à l'euro).

☞ **% de population vivant sous le seuil de bas revenus** (niveau calculé dans chaque pays en fonction du pouvoir d'achat standard). Portugal 24, Grèce/Irlande 21, G.-B. 21, Espagne/Italie 19, All./Belgique 18, Autriche 17, *France 16,* Luxembourg 14, Danemark 11, P.-Bas 10, Finlande 6.

de justice sur des points qu'ils estiment contraires aux droits fondamentaux. Si le Conseil européen constate l'existence « d'une violation grave et persistante » de ces principes par un État membre, ce dernier pourrait se voir suspendre certaines de ses prérogatives européennes, notamment en matière de vote. L'Union peut prendre les mesures nécessaires pour combattre « toute discrimination fondée sur le sexe, la race ou l'origine ethnique, la religion ou les croyances, un handicap, l'âge ou l'orientation sexuelle ». Les droits des consommateurs sont renforcés. Met l'accent sur le droit à l'information du citoyen européen. Les dernières entraves à la libre circulation des personnes sont levées et la sécurité des personnes est renforcée. Dans les 5 années suivant l'entrée en vigueur du traité, le Conseil devra prendre les mesures nécessaires pour garantir la libre circulation des personnes et l'absence de tout contrôle (pour les citoyens de l'UE comme pour les ressortissants de pays tiers) au passage des frontières entre les États membres.

■ TERRITOIRE DOUANIER DE L'UE

■ **Régime normal.** Territoire des États signataires du traité de Rome et des traités d'adhésion des membres non fondateurs. **Allemagne** (sauf l'île de *Helgoland* et le territoire de *Büsingen*), **Autriche, Belgique, Danemark** (sauf îles *Féroé*), **Espagne, Finlande, France** (sauf Territoires d'outre-mer), **Grèce, Irlande, Italie** (sauf communes de *Livigno* et *Campione d'Italia,* eaux nationales du lac de Lugano comprises entre la rive et la frontière politique de la zone située entre *Ponte Tresa* et *Porto Ceresio*), **Luxembourg, Pays-Bas, Portugal, Royaume-Uni** (sauf *îles Anglo-Normandes* et *île de Man*), **Suède**.

■ **Régimes d'exception. 1°) Jungholz et Mittelberg** (Autriche, rattachés au domaine douanier allemand par les traités germano-autrichiens de 1868 et 1890) ; **Monaco** (en union douanière avec la France : convention du 18-5-1963) ; **St-Marin** (convention du 31-3-1939). **2°) Zones franches : du pays de Gex et de la Hte-Savoie** régies par un statut particulier (origine : traité de Paris du 20-11-1815 et de Turin du 16-3-1816 ; consacré par l'arrêt de la Cour de justice internationale du 7-6-1932 et la sentence arbitrale du 1-12-1933). Les opérations en zone franche sont soumises à des conditions proches de celles de l'entrepôt pour le stockage et de celles du perfectionnement actif pour la transformation sous sujétion douanière. Il est interdit de consommer en zone franche ou d'utiliser des biens d'équipement, outillage, énergie, n'ayant pas acquitté les droits de douane. **Le port franc de Hambourg** a hérité certains privilèges de son passé hanséatique : les opérations de perfectionnement actif effectuées ne sont pas soumises à des conditions d'ordre économique tant que la concurrence dans la Communauté n'en sera pas affectée.

☞ Fin 1988, les entraves économiques qui subsistaient entre les 12 États de la CEE coûtaient chaque année 120 milliards d'écus (840 milliards de F).

■ **Circulation. Convention de Schengen :** signée 19-1-1990, complète l'accord conclu à Schengen (Luxembourg, région « des 3 frontières ») le 14-6-1985, qui visait à supprimer progressivement les contrôles aux frontières communes des pays signataires (1985 : *France,* Allemagne, Belgique, Luxembourg, Pays-Bas ; 27-11-1990 : Italie ; 25-6-1991 : Espagne, Portugal ; nov. 1992 : Grèce ; 24-3-1995 : Autriche ; 19-12-1996 : Danemark, Finlande, Islande, Norvège et Suède). *Entrée en vigueur de l'espace Schengen* [théorique le 1-1-1993, reportée au 1-7-1993, puis au 1-1-1994 (reportée à une date ultérieure le 25-1-1994, en raison des retards du système informatique)], *effective le 26-3-1995 entre 7 des pays signataires* [Allemagne, Belgique, Espagne, France (limitée 26-3-1996 à l'Allemagne et à l'Espagne), Luxembourg, Pays-Bas, Portugal], *en avril 1998* pour 2 autres des pays signataires (Autriche : 1-12 ; Italie : fin oct.) et *fin 1998* Grèce ; *25-3-2001* Danemark, Finlande, Suède (membres de l'UE) et Islande, Norvège (non membres) [l'Union des passeports nordique (UNP) de 1957 assurait la libre circulation des citoyens entre les 5 pays (Danemark, Finlande, Suède, Norvège, Islande)]. Le compromis de 1996 prévoit que Norvège et Islande assureront leur part du contrôle des frontières extérieures de l'Union mais n'auront qu'un statut de pays associé, sans pouvoir de décision [contrôles maintenus avec 2 pays non signataires : G.-B. et Irlande (peu favorables)]. **Citoyens de l'UE :** liberté de circulation totale dans l'espace Schengen (contrôle systématique supprimé dans les aéroports). **De pays tiers :** les étrangers résidant dans un des pays membres et les étrangers en visite dans un des 8 pays signataires de la Convention, s'ils désirent se rendre dans l'un des 7 autres États, seront soumis à une déclaration obligatoire (à l'entrée du territoire ou auprès des autorités du pays dans lequel ils se rendent). **Touristes de pays tiers :** visa obligatoire pour les ressortissants de plus de 100 pays désirant pénétrer dans le nouvel espace (visa uniforme, valable pour les territoires des 8 premiers pays signataires). **Demandeurs d'asile :** toute demande sera étudiée par un seul État membre de Schengen. Sera responsable du traitement de la demande l'État où résident déjà, en qualité de réfugiés, des parents du demandeur ; l'État qui lui a délivré un titre de séjour ou un visa : celui qui a autorisé son entrée sans visa ou le 1er des 8 pays sur le territoire duquel le demandeur a pénétré, même irrégulièrement. **Immigrés illégaux :** harmonisation des politiques de refoulement (dispositions pénales réprimant l'aide à l'immigration illégale, et de droit interne concernant le rapatriement par les Cies de transport des ressortissants de pays tiers ayant fait l'objet d'un refus d'entrée). L'État responsable de ce refoulement est celui qui découvre sur son sol un étranger en séjour irrégulier.

■ **Contrôles. Entre l'extérieur et le bloc des 7 :** contrôles terrestres et maritimes renforcés ; contrôles d'identité mobiles inopinés possibles dans une bande de 20 km le long de la frontière et dans les espaces ouverts au trafic international. **Coordination policière et judiciaire :** accrue grâce au SIS (Système d'information Schengen).

Principales critiques. Trafic de drogue et terrorisme : danger de la disparition des contrôles aux frontières intérieures. La Convention se satisfait d'une déclaration d'intention des pays membres et accepte des différences sensibles entre les législations (Pays-Bas et Espagne tolèrent les drogues douces). La France avait décidé de ne pas appliquer la convention en 1993, en raison de l'insuffisance de la lutte contre le trafic des stupéfiants aux Pays-Bas et de l'incapacité de l'Italie et de la Grèce à surveiller leurs frontières extérieures. Depuis février 1994, un visa de sortie est exigé en France pour les ressortissants de 13 États et pour les Palestiniens (voir **Visa** à l'Index). Le 19-9-1996, la France reporte à nouveau les accords de Schengen (drogue et terrorisme invoqués).

Établissement des étrangers : la France apparaît plus attractive, notamment pour les clandestins : prestations sociales, scolarisation sans conditions, regroupement familial, mesures d'expulsion peu appliquées, naturalisation facile (aux Pays-Bas, il n'y a pas de régularisations collectives, les mesures d'éloignement sont exécutées ; en Allemagne, l'accès à la nationalité est difficile). **Immigration clandestine de l'Est :** en 1991, l'Allemagne comptait 550 000 demandeurs d'asile en instance, 490 000 « faux réfugiés politiques », 700 000 étrangers pouvant faire valoir une origine allemande et environ 500 000 clandestins. Mais le droit d'asile inscrit dans la Constitution allemande ne peut être modifié qu'à la majorité qualifiée des 2/3, difficile à réunir au Bundestag. **Du Sud :** du Maghreb, accès facile aux frontières du Portugal et aux frontières sud de l'Espagne (Ceuta, Melilla, Algésiras, Las Palmas, côte de Cadix, Málaga, Almería). **Renforcement des contrôles aux frontières extérieures :** coûteux et difficile à réaliser. La France devra redéployer ses moyens à la frontière suisse, dans 118 aéroports assurant des vols extra-Schengen, au tunnel sous la Manche et sur ses 3 000 km de frontières maritimes. **Aménagement des aéroports :** les passagers venant d'un État tiers, y compris ceux en transit, devront être contrôlés, ainsi que leurs bagages à main, à l'aéroport d'arrivée dans l'espace Schengen.

Principales mesures réclamées. Création d'un « espace judiciaire » dans les 8 pays concernés, harmonisation des législations sur la drogue, modification du droit d'asile en Allemagne, création d'une police européenne, mise en place de brigades mixtes aux frontières extérieures.

■ BUDGET DES COMMUNAUTÉS

■ **Parts dans le financement du budget communautaire** (en %, projet de budget 2000). Allemagne 25,9 ; *France 17,1* ; Royaume-Uni 13,6 ; Italie 13 ; Autriche 12,6 ; Espagne 7,2 ; Pays-Bas 6,1 ; Belgique 3,8 ; Suède 2,8 ; Danemark 2 ; Grèce 1,6 ; Finlande 1,4 ; Portugal 1,4 ; Irlande 1,1 ; Luxembourg 0,2.

■ **Dépenses prévues pour 2000 en milliards d'euros.** Crédit d'engagement (CE) et, entre parenthèses, crédit de paiement (CP) : 92,78 (89,65) ; Pac 40,90 (40,90) ; actions sociales structurelles 32,68 (32) dont fonds structurels (pour des projets de développement régionaux) 30,02 (29,2) [195 pour 2000-06] dont Espagne 42,89, Italie 28,39, Allemagne 28,05, Grèce 20,96, Portugal 16,41, G.-B. 15,51, *France 14,39,* Irlande 3,09, P.-Bas 2,6, Suède 1,85, Finlande 1,81, Belgique 1,79, Autriche 1,47, Danemark 0,55, Luxembourg 0,08 ; fonds de cohésion 2,66 (2,8) ; politiques internes 5,94 (5,63) ; actions extérieures 4,48 (3,36) ; dépenses administratives 4,72 (4,72) ; réserves 0,91 (0,91) ; préadhésion 3,17 (2,15) dont préadhésion agricole 0,53 (0,53), préadhésion structurelle 1,06 (0,30) ; aide préadhésion par pays (en millions d'euros) : Pologne 746, Roumanie 481, Bulgarie 204, Hongrie 184, Rép. tchèque 149, Slovaquie 95, Lituanie 94, Lettonie 76, Estonie 52, Slovénie 40 (total : 2 100 pour les 2 programmes Ispa et Phare) (voir col. c et p. 930 a).

■ **Répartition des dépenses** (crédit d'engagement, en %) : dépenses agricoles 47, actions structurelles 35, politiques internes 6, dépenses administratives 5, actions extérieures 4, préadhésion 2, réserves 1.

■ **Répartition des recettes** (crédit d'engagement, en %) : ressources PNB 47, ressource TVA 37, ressources propres traditionnelles (90 %) 15, recettes diverses 1.

Projet de budget de la Pac (en millions d'euros, en 2000) : mesures de marché 36 939 (dont produits végétaux 25 646, animaux 9 574, dépenses annexes 1 719) ; développement rural 3 587 (dont mesures d'accompagnement 2 627, transfert Feoga-Orientation 960). Total Feoga-Garantie 40 526.

Ressources de 2000 à 2006 (en milliards d'euros) : 213 274 dont Espagne 54 247 ; Italie 28 484 ; Allemagne 28 156 ; Grèce 24 021 ; Portugal 22 089 ; Royaume-Uni 15 635 ; *France 14 620* ; Irlande 3 808 ; Pays-Bas 2 635 ; Suède 1 908 ; Finlande 1 836 ; Belgique 1 829 ; Autriche 1 473 ; Danemark 754 ; Luxembourg 78 ; non réparties 11 701.

■ **Actions extérieures. Politique méditerranéenne :** 1 035 millions d'euros en CE d'aides financières aux pays tiers pour promouvoir la stabilité politique et renforcer la sécurité de la zone en contribuant à son développement durable. Le règlement Medo adopté en 1996, renouvelé en 1999, précise les mesures d'accompagnement financières et techniques de la réforme des structures économiques et sociales, dans le cadre du partenariat euro-méditerranéen avec 12 pays et territoires : Algérie, Chypre, Égypte, Israël, Jordanie, Liban, Malte, Maroc, Syrie, Tunisie, Turquie, Territoires autonomes de Gaza et Cisjordanie. **Coopération avec les nouveasux États indépendants de l'ex-URSS :** le programme Tacis repose sur un règlement arrivé à échéance fin 1999. *Budget 2000 :* 441 millions d'euros en CE et 391 millions d'euros en CP. **Coopération avec l'Afrique du Sud :** programmation pour 1996-99, 500 millions d'euros (125 millions d'euros par an). Le Conseil, dans l'attente de l'adoption d'un nouveau règlement pour la période 2000-06, a fixé à 112 millions d'euros les engagements de ce programme pour l'exercice 2000 (85 millions d'euros en CP). **Autres dotations** (aides alimentaire et humanitaire, coopération avec les pays d'Amérique latine, aide communautaire en faveur des organisations non gouvernementales, actions en faveur de la démocratie et des droits de l'homme, PESC, volets externes de certaines politiques communautaires hors accords de pêche) : 2 112 millions d'euros en CE et 1 849 millions d'euros en CP.

Projet de budget 2000 (CE et, entre parenthèses, CP) : 4 611 (3 437) dont actions extérieures 4 564 (3 407), PESC 47 (30), *réserves :* « Kosovo » 500 (280), « pêche Maroc » 155 (148), d'aide d'urgence 203 (203).

Aides de préadhésion, projet de budget pour 2000 (CE, en millions d'euros) : 3 166,7 dont préadhésion agricole (Sapard) 529, préadhésion structurelle (Ispa, Instrument structurel de préadhésion) 1 058, Phare 1 579,7 (dont aide économique aux Peco 1 418, coopération transfrontalière 159, coopération Euratom 2,6). Depuis la chute du mur de Berlin, l'UE apporte des aides à la transition dans les pays d'Europe centrale et orientale (*Phare*), les pays issus de l'ex-URSS (*Tacis*) et, l'ex-Yougoslavie. En 2000, elle a mis en place de nouveaux programmes d'aide à l'ajustement dans les pays candidats à l'UE, préfigurant les fonds structurels dont ils bénéficieront après leur entrée (les concours de la Banque mondiale et de la Berd cessant). *Ispa* (Instrument for Structural Policies for pre-Accession) et *Sapard* (Special Accession Programme for Agriculture and Rural Development). L'utilisation des fonds correspondants est subordonnée à un apport équivalent des pays candidats pour le financement de projets agréés en commun. Pour la Pologne (35 % du total des programmes d'aide) atteindrait pour Ispa 340 millions d'euros par an et pour Sapard 170, s'ajoutant aux programmes Phare (environ 400).

Versements agricoles au profit de la France (en millions d'écus) ; paiements totaux (entre parentèses paiements en France) : *1993 :* 34 748,2 (8 184,8) ; *97 :* 40 674,9 (9 141,7) ; *98 :* 38 748,1 (9 007,2).

Dépenses du Feoga-Garantie en 1998 (en millions d'écus courants) et, entre parenthèses, part de la France, en % : 38 748,1 (23,2). *Secteur animal 9 636,1 (12,4)* [dont lait et produits laitiers 2 596,7 (26,7) ; viande bovine 5 160,6 (22,4), ovine et caprine 1 534,6 (10,2), porcine 137,7 (1,8) ;

FINANCEMENT DES DÉPENSES EN 2000 (en millions d'euros)

ÉTATS MEMBRES	*Prélèvements agricoles nets (90 %)*	*Cotisations nettes du sucre* [1]	*Droits de douane nets (90 %)*	Ressources propres				*Correction en faveur du Roy.-Uni* [4]	TOTAL
				Total [2]	*« TVA »* [3]	*« PNB », réserves exclues*	*« PNB », réserves*		
Belgique	35,46	63,72	953,64	1 052,82	843,74	1 265,80	27,21	149,83	3 339,40
Danemark	7,83	36,18	231,21	275,22	566,18	833,19	17,91	98,63	1 791,13
Allemagne	146,70	297,72	2 585,79	3 030,21	8 453,81	10 573,05	227,29	729,63	23 013,99
Grèce	7,92	11,97	132,03	151,92	536,75	648,78	13,95	76,80	1 428,20
Espagne	30,69	42,03	607,50	680,22	2 426,62	2 933,11	63,05	347,19	6 450,19
France	*56,25*	*291,96*	*1 071,72*	*1 419,93*	*5 608,21*	*7 219,70*	*155,20*	*854,60*	*15 257,64*
Irlande	0,63	10,80	169,83	181,26	340,14	411,14	8,84	48,67	990,05
Italie	65,61	108,54	1 004,67	1 178,82	3 720,96	5 873,45	126,26	695,25	11 594,74
Luxembourg	0,63	–	19,53	20,16	81,93	99,03	2,13	11,72	214,97
Pays-Bas	157,95	70,83	1 336,23	1 565,01	1 573,81	1 902,30	40,89	225,18	5 307,19
Autriche	12,96	29,88	183,15	225,99	844,43	1 069,42	22,99	126,59	2 289,42
Portugal	39,15	3,78	123,21	166,14	468,20	565,93	12,17	66,99	1 279,43
Finlande	8,01	8,10	113,22	129,33	440,93	631,12	13,57	74,71	1 289,66
Suède	23,22	18,90	312,03	354,15	842,10	1 099,99	23,65	130,21	2 450,10
Roy.-Uni	398,97	52,02	2 226,24	2 677,23	5 806,81	7 018,83	150,89	– 3 635,98	12 017,78
Total	991,98	1 046,43	11 070,00	13 108,41	32 554,62	42 144,84	906,00	–	88 713,89

Nota. – (1) et de l'isoglucose (90 %). (2) Total ressources traditionnelles nettes (90 %). (3) TVA au taux uniforme. (4) Ressources propres TVA et PNB.

œufs et volailles 90,2 (67,3) ; autres actions 95,1 (10,3), pêche 21,2 (33)] ; *secteur végétal 26 569,6 (25,3)* [dont cultures arables 17 945,2 (30,2) ; sucre 1 776,6 (32,6) ; huile d'olive 2 266,7 (0,4) ; fourrages séchés et légumes secs 377,5 (23) ; plantes textiles et vers à soie 869,8 (4,6) ; fruits et légumes 1 509,5 (19,5) ; secteur vitivinicole 700 (28) ; tabac 870,3 (9,2) ; autres 254 (11,7)] ; *mesures d'accompagnement* 1 847,6 (8) ; *dépenses annexes* 494,8 (6).

■ **Comparaisons entre États membres. Ce qu'ils ont donné en 1997** (en % des recettes de l'UE) **et**, entre parenthèses, **ce qu'ils ont reçu** (en % des dépenses de l'UE) : Allemagne 28,2 (12,8) ; *France 17,5 (15,5)* ; G.-B. 11,9 (8,9) ; Italie 11,5 (10,7) ; Espagne 7,1 (14,3) ; P.-Bas 6,4 (3,2) ; Belgique 3,9 (5) ; Suède 3,1 (1,5) ; Autriche 2,8 (1,7) ; Danemark 2 (2) ; Grèce 1,6 (6,9) ; Finlande 1,4 (1,4) ; Portugal 1,4 (4,7) ; Irlande 0,9 (4,2) ; Luxembourg 0,2 (1,1).

Part de chaque État membre (en milliards d'écus, 1994-99) : Espagne 42,75 ; Italie 21,78 ; Allemagne 21,75 ; Grèce 17,94 ; Portugal 17,87 ; *France 14,96* ; G.-B. 12,9 ; Irlande 7,42 ; P.-Bas 2,46 ; Belgique 2 ; Finlande 1,68 ; Autriche 1,6 ; Suède 1,4 ; Danemark 0,78 ; Luxembourg 0,1.

Solde net des contributions au budget européen (en milliards d'écus, 1997) : Espagne 5,94 ; Grèce 4,37 ; Portugal 2,72 ; Irlande 2,68 ; Belgique 1,08 ; Luxembourg 0,73 ; Danemark 0,07 ; Finlande 0,06 ; Italie – 0,07 ; Autriche – 0,72 ; *France – 0,78* ; Suède – 1,13 ; G.-B. – 1,8 ; P.-Bas – 2,28 ; Allemagne – 10,94. **Solde budgétaire français** (en millions d'écus) : *1991 :* – 2 540 ; *92 :* – 1 443 ; *93 :* – 1 020 ; *94 :* – 2 626 ; *95 :* – 1 727 ; *96 :* – 460 ; *97 :* – 985.

■ **Part de la France. Ressources affectées par la France aux communautés** (en milliards de F) : *1994 :* 93,5 ; *95 :* 90,7 dont prélèvements sur recettes 88, contributions nationales 2,9, remboursement des frais de perception 1,2, versements directs 1.

Prélèvements sur les recettes de l'État. En milliards de F : *1988, loi de finance initiale* 54,77 (révisée 64,48) ; *89 :* 64,49 (61,5) ; *90 :* 63,5 (60,8) ; *91 :* 70,7 (78,5) ; *94 :* 90,8 (83,4) ; *95 :* 88 (80,4) ; *96 :* 89 (80,4) ; *97 :* 87 (88) ; *98 :* 91,5. **En % du PIB :** *1970-74 :* 0,2 ; *75-85 :* 0,8 ; *95-98 :* 1.

☞ Le prélèvement CEE représente 6,1 % des recettes fiscales de l'État, 29 % de l'IRPP, 61 % de l'impôt sur les sociétés.

Répartition (en milliards de F, projet 1995) : Feoga garantie 45,6 ; autres dépenses agricoles 3,5 ; pêche 0,16 ; politique régionale 16,8 ; sociale 6,9 ; recherche 3,2 ; actions diverses 1,6 ; coopération pays tiers 4,9 ; fonctionnement 5. **Dépenses des Communautés européennes en France** (en milliards de F, 1993) : 69,7 dont (en 1992) Feoga garantie 46,9 ; versements aux États 5,1 ; fonds social 3,7.

■ **Fraude** (en millions d'écus, 1996). 1 300 (4 500 cas) dont (1994) fraudes douanières 508, agricoles 484. **Par pays** (nombre de cas en 1992) : Italie 422 ; All. 383 ; G.-B. 311 ; *France 257* [dont fraudes douanières 137 (13 millions d'écus), agricoles 108 (5)] ; Belgique 129 ; Espagne 121 ; P.-Bas 111 ; Grèce 90 ; Danemark 54 ; Irlande 33 ; Portugal 11 ; Luxembourg 0.

■ ORGANISMES D'ACTION DES COMMUNAUTÉS

☞ *Abréviation :* u.c. : unité(s) de compte.

■ **Fonds européen de coopération monétaire (Fecom). Créé** 1972 pour gérer le mécanisme de change du SME et ses mécanisme de crédit. Devenu depuis l'instrument de réserve et le moyen de règlement entre banques centrales du SME. **Dissous** le 1-1-1994 au profit de l'Institut monétaire européen.

■ **Fonds européen de développement (FED). But :** faciliter les concours financiers des États membres aux États associés. **Sommes octroyées : 1°)** *dans le cadre des 3 premiers Fonds de développement* de 1958 au 31-1-1975 : 2,2 milliards d'u.c. aux associés d'Afrique et de Madagascar. **2°)** *4ᵉ Fonds* élargi à 46 pays d'Afrique et des Caraïbes et du Pacifique (ACP). **3°)** *5ᵉ et 6ᵉ* Fonds (1980-90). **4°)** *7ᵉ* Fonds (1990-95) : 10,9 milliards d'écus ; **5°)** *8ᵉ* (1995-99) : 13,3. **Répartition** (en %, 1995) : *France 23,44* ; All. 22,54 ; G.-B. 12,25 ; Italie 12,09 ; Espagne 5,63 ; Belgique 3,78 ; Suède 2,63 ; Autriche 2,55 ; Danemark 2,06 ; Finlande 1,42 ; Grèce 1,2 ; Portugal 0,94 ; Irlande 0,60 ; Luxembourg 0,28 ; divers 3,51. *Conventions de Lomé : 1ʳᵉ* (28-2-1975) du 1-4-1975 au 28-2-1980 : 3,1. *2ᵉ* (CEE et 58 pays) de 1981 à 1985 : 5,9. *3ᵉ* (66 pays) de 1986 à 1990 : 8,5. *4ᵉ* (70 pays) de 1990 à 1999 : 12 milliards d'écus.

■ **Fonds européen de développement régional (Feder). Création :** décidée 10-12-1974 (réunion de Paris). *Mise en œuvre :* 1-1-1975. **But :** corriger les déséquilibres régionaux de la CEE (résultant d'une prédominance agricole, des mutations industrielles et du sous-emploi) en fournissant une aide complémentaire aux actions des pouvoirs publics nationaux. **Dotation** au départ : 1,3 milliard d'u.c. (7,15 milliards de F), dont en *1975 :* 0,3 ; *76 :* 0,5 ; *77 :* 0,5 ; *78 :* 0,5 ; *79 :* 0,6 ; *85 :* 1,6. Depuis 1978, **quote-part** nationale pour 95 % des ressources et sections, « hors quote-part » pour 5 % (dont en % : Italie 39,39 ; G.-B. 27,03 ; *France 16,86* ; Irlande 6,46 ; All. féd. 6 ; P.-Bas 1,58 ; Belgique 1,39 ; Danemark 1,20 ; Luxembourg 0,09). **Taux d'intervention :** 20 % de l'investissement pour les activités industrielles, artisanales ou de services, 30 % des dépenses publiques pour les investissements en infrastructures (10 à 30 % si investissements de 10 millions ou plus d'u.c.). **Répartition des ressources :** Italie, G.-B., Irlande, Grèce, Espagne, Portugal 75 % ; *France 15 %* (Bretagne, Sud-Ouest, Nord, Est, Corse et DOM-TOM).

Nouvel Instrument communautaire (NIC). Dit aussi *« Facilité Ortoli »* du nom de son promoteur. Destiné à concourir au financement de projets d'investissement contribuant à accroître le degré de convergence et d'intégration des politiques économiques des États membres. **Montant total des emprunts** au titre du NIC : *1979 à 1990 :* 6 347,2 millions d'écus.

☞ **Fonds européen d'orientation et de garantie agricole (Feoga).** Voir à l'Index. **Fonds social européen (FSE).** Voir Conseil de l'Europe, p. 926 c.

■ II. STRUCTURES DE BASE

	Population		Sièges [3]		Votes [4]	
	Nombre	%	(1)	(2)	(1)	(2)
Allemagne	82 037 011	17,05	99	99	10	29
Royaume-Uni	59 279 831	12,32	87	72	10	29
France	*58 973 183*	*12,26*	*87*	*72*	*10*	*29*
Italie	57 612 615	11,97	87	72	10	29
Espagne	39 394 258	8,19	64	50	8	27
Pologne	38 666 983	8,04	–	50	–	27
Roumanie	22 488 595	4,67	–	33	–	14
Pays-Bas	15 760 225	3,28	31	25	5	13
Grèce	10 521 669	2,19	25	20	5	12
Rép. tchèque	10 289 621	2,14	–	20	–	12
Belgique	10 213 752	2,12	25	22	5	12
Hongrie	10 091 789	2,1	–	20	–	12
Portugal	9 979 450	2,07	25	20	5	12
Suède	8 854 322	1,84	22	18	4	10
Bulgarie	8 230 371	1,71	–	17	–	10
Autriche	8 082 819	1,68	21	17	4	10
Slovaquie	5 393 382	1,12	–	13	–	7
Danemark	5 313 577	1,1	16	13	3	7
Finlande	5 159 646	1,07	16	13	3	7
Irlande	3 734 901	0,78	15	12	3	7
Lituanie	3 700 799	0,77	–	12	–	7
Lettonie	2 439 445	0,51	–	8	–	4
Slovénie	1 978 334	0,41	–	7	–	4
Estonie	1 445 580	0,3	–	6	–	4
Chypre	751 500	0,16	–	6	–	4
Luxembourg	429 200	0,09	6	6	2	4
Malte	378 518	0,08	–	5	–	3

Nota. – (1) Au 1-1-2001. (2) Selon le traité de Nice. (3) Sièges attribués au Parlement. (4) Votes attribués au Conseil des ministres.

■ CONSEIL DE L'UE

■ **Siège**. *Sessions :* Bruxelles 9 mois ; Luxembourg en avril, juin et octobre. *Secrétaire général :* Bruxelles. **Organisation**. Réunit les représentants des 15 gouvernements (1 par gouvernement) en plusieurs compositions (relations extérieures, agriculture, problèmes économiques et financiers, énergie, environnement, pêche, transport, affaires sociales, etc.). **Présidence** confiée à tour de rôle pendant 6 mois à chaque État membre : **1994**-*1-1* Grèce ; *-1-7* Allemagne. **1995**-*1-1 France* ; *-1-7* Espagne. **1996**-*1-1* Italie ; *-1-7* Irlande. **1997**-*1-1* Pays-Bas ; *-1-7* Luxembourg. **1998**-*1-1* G.-B. ; *-1-7* Autriche. **1999**-*1-1* Allemagne ; *-1-7* Finlande. **2000**-*1-1* Portugal ; *-1-7 France*. **2001**-*1-1* Suède ; *-1-7* Belgique. **2002**-*1-1* Espagne ; *-1-7* Danemark. **2003**-*1-1* Grèce ; *-1-7* Italie. **2004**-*1-1* Irlande ; *-1-7* P.-Bas. **2005**-*1-1* Luxembourg ; *-1-7* G.-B. **2006**-*1-1* Autriche ; *-1-7* Allemagne. **2007**-*1-1* Finlande ; *-1-7* Portugal. **2008**-*1-1 France*. **Préparation des travaux :** assurée par le *Coreper* (Comité de représentants permanents), ayant rang d'ambassadeur auprès de la Communauté, assisté par une centaine de groupes de travail composés de diplomates ou fonctionnaires de divers ministères des États membres. **Rôle**. Organe de décision, il statue sur les propositions de la Commission après consultation du Parlement européen (si prévue par les traités) et du Comité économique et social. Décisions prises à la majorité simple, à la majorité qualifiée (62 voix sur 87, dont Allemagne, France, G.-B., Italie 10, Espagne 8, Belgique, Grèce, P.-Bas, Portugal 5, Autriche et Suède 4, Danemark, Finlande et Irlande 3, Luxembourg 2) ou à l'unanimité. Il ne peut amender les propositions de la Commission qu'à l'unanimité. Il peut inviter la Commission à lui soumettre des propositions (art. 152 du traité).

☞ **Conseil de l'Europe.** Voir p. 926 c.

■ COMMISSION DE L'UE

■ **Organisation. Membres :** *nommés* d'un commun accord entre les États membres après un vote d'approbation du Parlement européen, en général pour un mandat de 5 ans renouvelable. *Nombre :* 20 dont 2 pour Allemagne, Espagne, *France*, G.-B., Italie et 1 pour Autriche, Belgique, Danemark, Finlande, Grèce, Irlande, Luxembourg, P.-Bas, Portugal et Suède. Les commissaires s'engagent à agir en toute indépendance vis-à-vis des gouvernements et du Conseil, qui ne peut pas mettre un terme à leur mandat. Seule une motion de censure votée par le Parlement peut amener la démission collective de la Commission, qui sera alors remplacée. **Pt :** désigné par les gouvernements après l'approbation officielle du Parlement Européen. **CEE :** *1958-4-1* Walter Hallstein (All., *27-11-1901/30-3-1982*). **Commission unique :** *1967-1-7* Jean Rey (Belg., 1902-83) ; *1970-2-7* Franco Maria Malfatti (Italie) ; *1972-21-3* Sicco Mansholt (P.-Bas, *13-9-1908/1-7-1995*) ; *1973-31-12* François-Xavier Ortoli (Fr., 16-2-1925) ; *1977-6-1* Roy Jenkins (G.-B., 11-11-1920) ; *1981-6-1* Gaston Thorn (Lux., 3-9-1928) ; *1985-5-1* Jacques Delors (Fr., 20-7-1925) ; *1995-6-1* Jacques Santer (Lux., 18-5-1925), démissionne 16-3-1999 ; *1999-5-5* Romano Prodi (It., 9-8-1939). **Organigramme au 1-1-2001 :** *Pt :* Romano Prodi ; *Vice-Pt :* Neil Kinnock (G.-B., 28-3-1942), Loyola de Palacio (Esp., 16-9-1950) ; *membres :* Mario Monti (It., 19-3-1943), Franz Fischler (Aut., 23-9-1946), Erkki Liikanen (Finl., 19-9-1950), Frederik Bolkestein (P.-Bas, 1933), Philippe Busquin (Belg., 6-1-1941), Pedro Solbes Mira (Esp., 31-8-1942), Poul Nielson (Dan., 1943), Günter Verheugen (All., 28-4-1944), Christopher Patten (G.-B., 1944), Pascal Lamy (Fr., 8-4-1947), David Byrne (Irl., 26-4-1947), Michel Barnier (Fr., 9-1-1951), Viviane Reding (Lux., 27-4-1951), Michaele Schreyer (All., 9-8-1951), Margot Wallström (Suède, 28-9-1954), Antonio Vitorino (Port., 12-1-1957), Anna Diamantopoulou (Grèce, 1959).

Effectifs autorisés. Emplois permanents et, entre parenthèses, **temporaires** (2001) : Parlement et médiateur européen 3 491 (635) ; Conseil 2 586 (62) ; Commission [fonctionnement 16 409 (678), recherche et développement technologique 3 704 (0), Office des publications 522 (0), Office européen de lutte antifraude 194 (30), Centre européen pour le développement de la formation professionnelle 45 (36), Fondation européenne pour l'amélioration des conditions de vie et de travail 85 (0)] ; Cour de justice 765 (241) ; Cour des comptes 458 (94) ; Comité économique et social et Comité des régions (et structure organisationnelle commune) 714 (28). *Fonctionnaires de catégorie A :* 5 289 (*en %, 1996 : Français 16*, Allemands 12, Italiens 12, Belges 11, Britanniques 11, Espagnols 10, Grecs 6, Hollandais 5, Portugais 4, Danois 3, Irlandais 3, Autrichiens 2, Finlandais 2, Suédois 2, Luxembourgeois 1).

☞ 20 % sont traducteurs ou interprètes (les textes sont traduits en 11 langues). **Salaires mensuels brut :** 12 000 F à 84 000 F + prime de dépaysement (16 % du salaire brut) ; recrutés par concours : aux dernières épreuves, 475 reçus sur 30 000 candidats.

■ **Rôle.** Est chargée de proposer et d'exécuter les politiques communautaires. Gère les politiques communes, exécute le budget et dirige l'administration. Gardienne des traités, elle veille à l'application des dispositions juridiques prises par les institutions communautaires. Est la seule à avoir le droit d'élaborer des propositions de législation communautaire. Organe d'exécution, elle arrête les règlements d'application, applique les règles des traités aux cas particuliers, notamment en ce qui concerne la politique de la concurrence, gère les différents fonds communautaires et négocie les accords commerciaux. La Commission se réunit chaque semaine à Bruxelles.

☞ **Nombre de diplomates dans les représentations permanentes des États membres auprès de l'UE** (en 1998) : Grèce 60/65, Espagne 52, Suède 52, Autriche 50, G.-B. 49, Irlande 45, P.-Bas 45, Finlande 42, *France 42*, Portugal 42, Allemagne 40, Danemark 40, Italie 40, Belgique 30, Luxembourg 10.

■ PARLEMENT EUROPÉEN

■ **Sessions.** Palais de l'Europe, allée du Printemps, BP 1024/F, 67070 Strasbourg. **Session plénière :** 1 fois par mois (de 1958 à avril 1999, dans l'hémicycle du Conseil de l'Europe ; depuis, dans le nouvel hémicycle, bâtiment Louise Weiss, inauguré 15-1-1999) ; *terrain* 45 000 m², bâtiment 22 000 m² sur 17 niveaux et 3 sous-sols, 4 000 personnes peuvent y vivre ; *façade* en verre, 360 m de long, *hémicycle*, sphère en bois (chêne brut et cèdre rouge), 750 sièges et 628 gradins ; *tour* de verre et de grès, diamètre 100 m, haut. 60, bureaux 1 133 (dont 665 bureaux-chambres pour les députés) ; *coût :* 2,7 milliards de F.

■ **Organisation. Secrétariat général :** *Luxembourg* (Centre européen), plateau du Kirchberg, BP 1601, L-2929 Luxembourg. *Bruxelles*, Espace Léopold, rue Wiertz, BP 1047, B-1047 Bruxelles pour réunions plénières additionnelles ; [inauguré févr. 1998, *coût :* 10 à 14 milliards de F, 30 salles de réunion, 2 600 bureaux, 371 000 m²]. **Membres.** 626 (depuis le 1-1-1995) élus au suffrage universel direct. **Nombre de membres par pays** et, entre parenthèses, nombre d'habitants par député en milliers : Total 626 (1 070) ; Allemagne 99 (820) ; Royaume-Uni 87 (670) ; *France 87 (665)* ; Italie 87 (655) ; Espagne 64 (610) ; Pays-Bas 31 (495) ; Grèce 25 (415) ; Belgique 25 (405) ; Portugal 25 (395) ; Suède 22 (390) ; Autriche 21 (370) ; Danemark 16 (325) ; Finlande 16 (310) ; Irlande 15 (240) ; Luxembourg 6 (65). **Travail parlementaire.** Préparé par 17 commissions spécialisées et par les groupes politiques.

Débats du Parlement et de ses commissions : grâce à une interprétation simultanée, dans les 11 langues officielles de l'Union : espagnol, danois, allemand, grec, anglais, *français*, italien, néerlandais, portugais, finnois, suédois. Tous les documents parlementaires sont traduits et imprimés dans les 11 langues. **Pts : 1952** Paul-Henri Spaak (Belg., 1899-1972) [4]. **1954** Alcide De Gasperi (Italie, 1881-1954) [2] ; Giuseppe Pella (Italie, 1902-81) [2]. **1956** Hans Fuller (All., n.c.) [2]. **1958** Robert Schuman (Fr., 1886-1963) [2]. **1960** Hans Fuller. **1962** Gaetano Martino (Italie, 1900-67) [3]. **1964** Jean Duvieusart (Belg., 1900-77) [2]. **1965** Victor Leemans (Belg., né 21-07-1901) [2]. **1966** Alain Poher (Fr., 1909-96) [2]. **1969** Mario Scelba (Italie, 1901-91) [2]. **1971** Walter Behrendt (All., né 18-09-1914) [4]. **1973** Cornelis Berkhouwer (P.-Bas, né 19-3-1919) [3]. **1975** Georges Spenale (Fr., 1913-83) [4]. **1977** Emilio Colombo (Italie, né 11-4-1920) [2]. **1979** Simone Veil (Fr., née 13-7-1927) [3]. **1982** Pieter Dankert (P.-Bas, né 1934) [4]. **1984**-*juillet* Pierre Pflimlin (Fr., 5-2-1907/27-6-2000) [2]. **1987**-*janv.* lord Henry Plumb (G.-B., né 27-3-1925) [1]. **1989**-*juillet* Enrique Baron Crespo (Esp., né 1944) [4]. **1992**-*janv.* Egon Klepsch (All., né 30-1-1930) [2]. **1994**-*juillet* Klaus Hänsch (All., né 15-2-1938) [4]. **1997**-*janv.* José Maria Gil Robles (Esp., né 17-6-1935) [2]. **1999**-*20-7* Nicole Fontaine [(Fr., 16-1-1942) députée depuis 17-6-1984, élue sur liste Avec l'Europe le 13-6-1999], élue au 1er tour par 306 voix (contre 200 Mario Soares, socialiste portugais, 49 Heidi Hautala, Verte finlandaise). Groupe, Parti populaire européen et Démocrates européens (PPE-DE). **Bureau pour la France :** 288, bd St-Germain, 75007 Paris.

Nota. – De 1952 à 1979 : mandat de 2 ans passé depuis à 2 ans et demi. (1) Conservateur. (2) Démocrate-chrétien (3) Libéral. (4) Socialiste.

■ **Principales compétences.** Contrôle la Commission, politiquement responsable devant le Parlement européen ; investit le Pt de la Commission désigné par le Conseil puis vote sur la confiance à la Commission tout entière ; participe au processus législatif avec le Conseil à travers la procédure de consultation, de coopération depuis l'acte unique européen de 1987, et de codécision depuis le traité de Maastricht de 1993 (art. 189 B) [45 % de ses amendements sont incorporés dans la législation communautaire]. Le traité d'Amsterdam a renforcé ses pouvoirs de codécision ; partage le pouvoir budgétaire avec le Conseil des ministres pour les dépenses du budget communautaire ; ratifie ou rejette les accords d'adhésion de nouveaux États membres et les accords d'association ayant des incidences financières ou les accords commerciaux de l'Union avec les pays tiers ; dispose depuis le traité de Maastricht (art. 137 A) d'un pouvoir d'initiative ; nomme le médiateur européen, est consulté sur la nomination des membres de la Cour des comptes européenne. Peut le rejeter. Cas en 1979 pour l'exercice 1980 et en 1984 pour 1985, forçant le Conseil à reprendre la procédure. Contrôle son exécution et donne des charges. **Participation procédures :** *procédure de codécision* mettant à égalité Parlement eur. et Conseil, s'applique à la plupart des actes législatifs. En cas d'accord, l'acte est adopté en 1re lecture, en cas de désaccord, seule une conciliation réussie permet l'adoption de l'acte. *Procédure de consultation* s'applique à agriculture, fiscalité, concurrence, politique industrielle et de l'environnement soumis à l'unanimité, aux matières ayant trait à la création d'un espace de liberté, de sécurité et de justice. *Procédure de coopération* pour 2 dispositions de l'UEM. L'avis conforme s'applique aux Fonds structurels et cohésion. Un droit initiatique demande à la Commission de soumettre une proposition législative. **Dossiers controversés :** *tourisme :* fraudes dénoncées dès 1990 par un parlementaire européen, puis par la Cour des comptes (rapport 1996). Sur 134 projets comportant un financement de la Commission, 76 sont entachés de fraude. *Programmes « Med »* (aide aux pays méditerranéens) : la Cour des comptes a signalé en 1995 des irrégularités dans la gestion. *Echo* (Organisme d'aide humanitaire de l'UE) : en 1997, l'Uclaf a enquêté sur 4 contrats suspects signés en 1993 et 1994 (actions en ex-Yougoslavie et Afrique). *Bureau de sécurité* de la Commission : appels d'offres manipulés et surfacturations. *Programme « Leonardo » :* le BAT (Bureau d'assistance technique) administrant ce programme de formation professionnelle a été mis en cause (défaillances de gestion).

Élections au Parlement européen

☞ *Abréviation :* prop. : proportionnel.

■ **Mode de scrutin.** Suffrage universel proportionnel (sauf G.-B.) [avant 1979, les membres étaient désignés par les Parlements nationaux]. **Allemagne :** à l'échelon fédéral ou des Länder. Seules les listes ayant au moins 5 % des voix participent à la répartition des sièges. **Belgique :** 3 circonscriptions (Flandre, Wallonie, Bruxelles) ; 2 collèges électoraux (français, néerlandais) ; vote obligatoire ; panachage interdit. **Danemark :** national. **Espagne :** dans le cadre des provinces. **France :** national. **Élections européennes :** les étrangers de l'UE, résidents en France, inscrits sur les listes électorales avant le 31-12, peuvent voter (en 1994, 44 000 ont voté). En 1999, 1 300 000 étrangers de l'UE sont en âge de voter (dont Portugais 600 000, Italiens 230 000, Espagnols 200 000). **G.-B :** majoritaire pour les 71 circonscriptions anglaises, les 8 écossaises et les 5 du pays de Galles. **Grèce :** national ; listes bloquées : vote obligatoire. **Irlande :** dans les 4 circonscriptions. **Italie :** dans les 5 circonscriptions régionales : Nord-Est 15 sièges, Nord-Ouest 22, Centre 17, Sud 19, Sicile et Sardaigne 9 ; vote préférentiel et panachage possibles. **Luxembourg :** national. **Pays-Bas :** national. **Portugal :** national.

■ **Élections (juin 1999).** Participations en %, nombre de listes en italique, voix en % par liste. **Allemagne :** 45,2, *31 ;* SPD (social-démocrate) 30,7, CDU (chrétien-démocrate 39,3, écologiste 6,4, CSU (chrétien-démocrate) 9,4, FDP (libéral) 3, PDS (ex-RDA, ex-communiste) 5,8, autres 5,4. **Autriche :** 49,7, *7 ;* Österreichische Volkspartei (conservateur) 30,6, Sozialdemokratische Partei Österreichs (social-démocrate) 31,7, Freiheiliche Partei Österreichs (nationaliste) 23,5, écologistes 9,2, Liberales Forum (libéral) 2,6, Christlich Soziale Allianz (libéral-conservateur) 1,5, autres 0,9. **Belgique :** 91, *collège néerlandophone 9 :* Vlaamse Liberalen en Dem. (libéral) 21,9, Christelijke Volkspartij (centre droit) 21,7, Vlaams Blok (extrême droite) 15,1, Socialistische Partij (socialiste) 14,2, Volksunie (nationaliste) 12,2, écologistes 12, autres 2,9 ; *collège francophone 10 :* Parti réformateur libéral-Front des francophones-Mouvement des citoyens pour le changement (libéral) 27, PS 25,8, écologistes 22,7, Parti social chrétien (centre droit) 13,3, Front national (extrême droite) 4,1, autres 7,1 ; *collège germanophone 4 :* Christliche Soziale Partei (démocrate-chrétien) 36,5, autres 63,5. **Danemark :** 50,4, *11 ;* Venstre (libéral) 23,3, Det Konservative Parti (conservateur) 8,6, Socialdemokratiet (social-démocrate) 16,5, Juni Bevaegelsen Mod (Mouvement de juin) 16,1, Folkebevaegelsen Mod (Mouvement populaire anti-UE) 7,3, Socialistik Folkeparti (socialiste) 7,1, Det Radikale Venstre (centre gauche) 9,1, Dansk Folkeparti (extrême droite) 5,8, autres 6,2. **Espagne :** 64,3, *33 ;* Partido Popular (conservateur) 39,75, Partido Socialista Obrero Español (socialiste) 35,26, Izquierda Unida (extrême gauche) 5,77, CIU (régionaliste catalan) 4,44, Coalicion Europea (régionaliste) 3,21, Coalicion Nacionalista Europa de los Pueblos (régionaliste) 2,91, Bloque Nacionalista Galego (régionaliste gallicien) 1,65, Esukal Herritarrok (régionaliste basque) 1,46, écologistes 1,42, autres 4,13. **Finlande :** 30,1, *11 ;* Suomen Keskusta (centre droit) 21,3, Suomen Sosialidemokraattinen Puolue (social-démocrate) 17,8, Kansallinen Kokoomus (conservateur) 25,3, Vasemmistoliitto (ex-communiste) 9,1, écologistes 13,4, Svenska Folkpartiet (parti de la minorité suédoise) 6,8, Suomen Kristillinen Liitto (parti protestant, conservateur) 2,4, autres 3,9. **France :** 46,7, *20 ;* UDF (libéral) 9,28, RPR-Démocratie libérale (conservateur-libéral) 12,82, PS-PRG-MDC (socialiste, social-démocrate) 21,95, Rassemblement pour la France et pour l'indépendance de l'Europe [Majorité pour l'autre Europe en 1994] (conservateur) 13,05, Front national (extrême droite) 5,69, Mouvement national (extrême droite) 3,28, PCF 6,78, Chasse, Pêche, Nature et Traditions (conservateur) 6,77, Énergie Radicale [liste PS-PRG-MDC en 1999] (social-démocrate), écologistes 9,72, Lutte ouvrière (alliée à la LCR en 1999, extrême gauche) 5,18, autres 5,48. **Grèce :** 75,3, *40 ;* Panellino Socialistiko Kinima (socialiste) 32,91, Nea Dimokratia (conservateur) 36, Politiki Anixi (droite populiste) 2,27, Kommounistiko Komma Elladas (communiste) 8,67, Synapsismos tis aristeras kai tis proodou (coalition de gauche) 5,16, Dimokratiko Kinoniko Kinima (gauche) 6,84, autres 8,15. **Irlande :** 50,7, *16 ;* Fianna Fail (nationaliste, conservateur) 38,65, Fine Gael (libéral) 24,6, Labour Party (social-démocrate) 8,75, écologistes 6,7, Independent (Pat Cox, indépendant) 4,6, Independent (Dana, indépendant) 3,6, autres indépendants 6,8, Sinn Fein (nationaliste catholique, gauche) 6,3. **Italie :** 70,8, *20 ;* Forza Italia (conservateur) 25,2, Centro Cristiano democratico (chrétien-démocrate) 2,6, Democratici di Sinistra (centre gauche) 17,4, Socialisti Democratici Italiani (gauche) 2,1, Alleanza Nazionale (conservateur, ex-extrême droite), Patto Segni (centre droit), Movimiento Sociale Italiano (extrême droite) 1,6, Partito Popolare Italiano (centre droit) 4,3, Unione Democratici Europei (centre droit) 1,6, Cristiani Democratici Unitari (chrétien-démocrate) 2,1, Rinnovamento Italiano-Dini (gauche) 1,1, Lega Nord (régionaliste) 4,5, Rifondazione Comunista (gauche) 4,3, Comunisti Italiani (communiste) 2, écologistes 1,8, Lista Emma Bonino (pro-européen) 8,5, PRI/Liberali (libéral) 0,5, Sûdtiroler Volkspartei (parti de la minorité allemande) 0,5, Partito Socialista Democr. Ital. (socialiste), I Democratici (centre gauche) 7,7, La rete Mov. Dem. (centre gauche), Partito Pensionati (indépendant) 0,7, autres 1,2. **Luxembourg :** 85,8, *7 ;* Chrëschtlech Sozial Vollekspartei (chrétien-démocrate) 31,86, Lëtzebuerger Sozialistesch Aarbechterpartei (socialiste) 23,25, Demokratesch Partei (libéral) 20,81, écologistes 10,7, Aktiounskomitee fir Demokratie a Rentegerechtegkeet (indépendant) 8,96, autres 4,42. **Pays-Bas :** 29,9, *11 ;* Christen Democratisch Appel (chrétien-démocrate) 26,9, Partij van de Arbeid (social-démocrate) 20,1, Volkspartij voor Vrijheid en democratie (libéral-conservateur) 19,7, Democraten 66 (libéral) 5,8, Reformatorische Politieke Federatie-Staatkundig Gereformeerde Partij/Gereformeerd Politiek Verbond (alliance des partis protestants conservateurs) 8,7, GroenLinks (alliance gauche-écologiste) 11,9, Socialistische Partij (extrême gauche) 5, autres 1,9. **Portugal :** 40,4, *11 ;* Partido Socialista (socialiste) 43,06, Partido Social Democrata (centre droit) 31,09, Coligaçao Democratica Unitaria (Partido Cominista Português-Partido Ecologista, communiste et écologiste) 10,32, Partido Popular (conservateur) 8,17, autres (dont votes blancs et nuls) 7,36. **Royaume-Uni :** *Grande-Bretagne* 23,1, *29 ;* Labour Party (social-démocrate) 28,03, Conservative Party (conservateur) 35,77, Liberal democrat Party (libéral) 12,66, Scottish National Party (régionaliste écossais) 2,68, écologistes 6,25, Plaid Cymru (régionaliste gallois) 1,85, UK Independence Party (anti-européen) 6,96, Pro-European Conservative Party (conservateur, pro-européen) 1,38, autres 4,42 ; *Irlande du Nord* 57,7 ; Democratic Unionist Party (nationaliste protestant, conservateur) 28,03, Social Democratic Party (social-démocrate) 27,74, Ulster Unionist Party (conservateur) 17,38, Sinn Fein (nationaliste catholique, gauche) 17,11, Alliance Party (libéral) 2,09, autres 7,65. **Suède :** 38,8, *19 ;* Socialdemokrastika arbetarepartiet (social-démocrate) 26, Moderata samlingspartiet (conservateur) 20,7, écologistes 9,5, Vänsterpartiet (gauche, ex-communiste) 15,8, Centerpartiet (centre) 6, Folkpartiet Liberalerna (libéral) 13,9, Kristdemokraterna (démocrate-chrétien) 7,6, autres 0,5.

Taux d'abstention	1979	1984	1989	1994	1999
Allemagne féd.	34,1	43,2	38,5	40	54,8
Autriche					50,9
Belgique	8,6	7,8	7	–	9
Danemark	53	47	54	48	49,6
Espagne	–	31,1 [1]	45,2	41	35,7
Finlande					69,9
France	*39,3*	*43,3*	*51,1*	*44,9*	*53,3*
Grèce	21,4 [2]	23	22,3	–	24,7
Irlande	36,4	53	31,7	51	49,3
Italie	14,5	16,1	18,5		29,2
Luxembourg	11,1	13	13		14,2
Pays-Bas	42,2	49,5	52,8	68	70,1
Portugal	–	27,4 [1]	48,8	64,4	59,6
Royaume-Uni	67,6	68	64		76,9
Suède					61,2

Nota. – (1) 1987. (2) 1981.

■ **Élections (20-7-1999).** NOMBRE DE SIÈGES PAR PAYS : **Allemagne : 99** dont PPE-DE 53, PSE 33, V-ALE 7, GUE-NGL 6. **Autriche : 21** dont PPE-DE 7, PSE 7, V-ALE 2, non-inscrits 5. **Belgique : 25** dont PPE-DE 6, PSE 5, ELDR 5, V-ALE 7, TDI 2. **Danemark : 16** dont PPE-DE 1, PSE 3, ELDR 6, GUE-NGL 1, UEN 1, EDD 4. **Espagne : 64** dont PPE-DE 28, PSE 24, ELDR 3, V-ALE 3, GUE-NGL 4, non-inscrit 1. **Finlande : 16** dont PPE-DE 5, PSE 3, ELDR 5, V-ALE 2, GUE-NGL 1. **France : 87** dont PPE-DE 21, PSE 22, V-ALE 9, GUE-NGL 11, UEN 12, EDD 6, non-inscrit 1. **Grèce : 25** dont PPE-DE 9, PSE 9, GUE-NGL 7, TDI 5. **Irlande : 15** dont PPE-DE 5, PSE 1, ELDR 1, V-ALE 2, GUE-NGL 6. **Italie : 87** dont PPE-DE 34, PSE 17, ELDR 7, V-ALE 2, GUE-NGL 6, UEN 9, TDI 12. **Luxembourg : 6** dont PPE-DE 2, PSE 2, ELDR 1, V-ALE 1. **Pays-Bas :** 31 dont PPE-DE 9, PSE 6, ELDR 8, GUE-NGL 1, EDD 3. **Portugal : 87** dont PPE-DE 9, PSE 12, GUE-NGL 2, UEN 2. **Royaume-Uni : 87** dont PPE-DE 37, PSE 30, ELDR 10, V-ALE 6, EDD 3, non-inscrit 1. **Suède : 22** dont PPE-DE 7, PSE 6, ELDR 4, V-ALE 2, GUE-NGL 3. **Total : 626** dont PPE-DE 233, PSE 180, ELDR 50, V-ALE 48, GUE-NGL 42, UEN 21, EDD 16, TDI 19, non-inscrits 8.

Nota. – PPE-DE : Parti populaire eur. et Démocrates eur. PSE : Parti des socialistes eur. ELDR : Parti eur. des libéraux, démocrates et réformateurs. V-ALE : Verts-Alliance libre eur. GUE-NGL : Gauche unitaire eur.-Gauche verte nordique. UEN : Union pour l'Europe des nations. EDD : Europe des démocraties et des différences.

Résultats en France

1979	Voix	%	Sièges
Inscrits	35 180 531	100	
Votants	21 356 960	60,77	
Suffrages exprimés	20 242 347	57,53	
UFE (Veil)	5 588 851	27,61	25
PS et MRG (Mitterrand)	4 763 026	23,53	22
PCF (Marchais)	4 153 710	20,52	19
DIFE (Chirac)	3 301 980	16,31	15
Écologistes (Fernex)	888 134	4,39	–
Extrême gauche trotskiste [1]	623 663	3,08	–
Emploi-Égalité-Europe [2]	373 259	1,84	–
Défense interprofessionnelle [3]	283 144	1,40	–
Eurodroite [4]	265 911	1,31	–
Régions-Europe [5,6]	337	0	–
PSU [5,6,7]	332	0	–

1984	Voix	%	Sièges
Inscrits	36 880 688	100	
Votants	20 918 772	56,73	
Suffrages exprimés	20 180 934	54,72	
UDF-RPR (Veil)	8 683 596	43,02	41
PS (Jospin)	4 188 875	20,75	20
PCF (Marchais)	2 261 312	10,95	10
FN (Le Pen)	2 210 334	10,95	10
Verts	680 080	3,36	–
ERE	670 474	3,57	–
LO	417 702	2,06	–
Réussir	382 404	1,89	–
PCI	182 320	0,90	–
PSU-CDU	146 238	0,72	–
Utile	138 220	0,68	–
I 84	123 642	0,60	–
EUE	78 234	0,38	–
POE	17 503	0,08	–

1989	Voix	%	Sièges
Inscrits	38 297 496	100	
Votants	18 690 247	48,81	
Suffrages exprimés	18 150 976	47,39	
UDF-RPR (Giscard d'Est.)	5 241 990	28,88	26
PS (Fabius)	4 286 285	23,61	22
FN (Le Pen)	2 129 650	11,73	10
Verts (Waechter)	1 922 936	10,59	9
Centre (Veil)	1 529 320	8,42	7
PC (Herzog)	1 400 915	7,71	7
Chasse (Goustat)	749 739	4,13	–
LO (Laguiller)	258 660	1,42	–
Protection des Animaux (Alessandri)	188 569	1,03	–
Alliance (Joyeux)	136 229	0,75	–
MPPT (Gauquelin)	109 523	0,60	–
Rén. (Llabres)	74 324	0,41	–
Gén. Europ. (Touati)	58 994	0,32	–
RFL (Cheminade)	32 295	0,18	–
IDE (Biancheri)	31 547	0,17	–

1994	Voix	%	Sièges
Inscrits	39 019 797	100	
Votants	20 584 980	52,71	
Suffrages exprimés	19 487 470	49,94	
UDF-RPF (Baudis)	4 985 574	25,58	28
PS (Rocard)	2 824 173	14,49	15
Autre Eur. (de Villiers)	2 404 105	12,33	13
MRG (Tapie)	2 344 457	12,03	13
FN (Le Pen)	2 050 086	10,56	11
PC (Wurtz)	1 342 222	6,89	7
CPNT (Goustat)	771 061	3,95	–
Verts (Isler-Béguin)	574 806	2,94	–
Autre Pol. (Chevènement)	494 986	2,53	–
LO (Laguiller)	442 723	2,27	–
GÉ (Lalonde)	392 291	2,01	–
Sarajevo (Schwartzenberg)	305 633	1,56	–
Emploi (Touati)	125 340	0,64	–
PLN (Frappé)	103 621	0,53	–
PT (Gluckstein)	84 513	0,43	–
Régions (Siméoni)	76 436	0,39	–
DEUE (Touati)	71 814	0,36	–
PVE (Cotten)	56 658	0,29	–
Outre-mer (Montoussamy)	37 041	0,19	–
EPT (Aillaud)	290	0,00	–

1999	Voix	%	Sièges
Inscrits	38 580 192	100	
Votants	18 427 761	47,76	
Suffrages exprimés	17 336 053	44,94	
Abstentions	20 152 431	52,2	
Blancs et nuls	1 091 708	2,8	
PS-PRG-MDC (Hollande)	3 791 275	21,95	22
Rassemblement pour la Fr. et l'indépendance de l'Europe [8]	2 278 911	13,05	13
RPR-DL (Sarkozy)	2 173 067	12,82	12
Verts Écologie [9]	1 691 006	9,72	9
Nouvelle UDF (Bayrou)	1 602 225	9,28	9
Chasse, Pêche (Saint Josse)	1 194 378	6,77	6
PC (Hue)	1 184 576	6,78	6
Front national (Le Pen)	995 445	5,69	5
LO-LCR	906 839	5,18	5
Divers inclassables	677 415	3,9	0
Mouvement national (Mégret)	572 654	3,28	0
Mouvement écologiste indép.	268 262	1,6	0

Nota. – (1) A. Laguiller. (2) J.-J. Servan-Schreiber. (3) Ph. Malaud. (4) J.-L. Tixier-Vignancour. (5) J.-E. Hallier. (6) H. Bouchardeau. (7) n'avaient pas déposé de bulletins de vote dans les bureaux. (8) Pasqua-Villiers. (9) Cohn Bendit-Voynet.

☞ Le 28-1-2001 la Cour européenne de justice a prononcé en référé un « sursis à exécution » de la déchéance du mandat de député européen de Le Pen (intervenu le 23-10-2000 : condamnation en France à 1 an d'inéligibilité puis de la perte de ses mandats électifs nationaux dont celui de conseiller régional Provence-Alpes-Côte d'Azur).

Justice

■ **Cour de justice. Siège :** plateau de Kirchberg, 2925 Luxembourg. **Pt :** Gil Rodriguez Iglesias (né 26-5-1946), depuis le 7-10-1994. **Composition :** 15 juges et 8 avocats généraux nommés par les gouvernements pour 6 ans et renouvelables. **Compétences :** juge les différends nés de l'application des traités de la Communauté et du droit dérivé, selon les principes de l'effet direct du droit communautaire dans les États membres de la primauté du droit de l'UE sur les législations nationales. Peut être saisie par les États membres ou par une institution de la Communauté. Les juridictions nationales ayant à trancher des litiges relatifs au droit communautaire peuvent saisir la Cour d'une demande préjudicielle en interprétation ou appréciation de validité. La Cour a, en outre, d'autres compétences spécifiées dans les traités.

Arrêts rendus (en 2000) : 463 dont renvois préjudiciels 211, recours directs 178, pourvois 74. **Affaires réglées** (en 2000) : 526 dont moyennant arrêts 178, ordonnances moyennant ordonnance 211. **Affaires introduites** (en 2000) : 503 (dont renvois préjudiciels 224, recours directs 197, pourvois 74, procédures particulières 1). **Demandes en référé** (en 2000) : 4. **Affaires pendantes** (en 2000) : 803. **Durée moyenne des procédures** (vacances judiciaires comprises ; excluant les affaires dans lesquelles la procédure a été formellement suspendue) : *renvois préjudiciels* 21,6 mois, *directs* 23,9, *pourvois* 19.

☞ **1°)** En 1997, la France a été condamnée pour n'avoir pas abrogé la législation interdisant le travail de nuit des femmes (au mépris d'une directive de 1976) et risque une amende de 943 880 F/jour. **2°)** Elle fait l'objet de 5 procédures concernant les « oiseaux sauvages » et les dates d'ouverture de la chasse. Aucune État membre de l'UE n'a encore été condamné à de telles amendes.

■ **Tribunal de 1re instance. Créé :** 24-10-1989. *Entré en fonction* le 1-11-1989 ; *Pt :* Bo Vesterdorf (né 1945) depuis le 4-3-1998. **Compétences :** exerce en 1re instance les compétences conférées à la Cour de justice pour tous les recours en annulation, en carence, en réparation formés par des personnes physiques ou morales ; les procédures en matière de concurrence et affaires Ceca ; les litiges entre la Communauté et ses fonctionnaires et agents. Un pourvoi (limité aux questions de droit) peut être formé devant la Cour de justice. **Composition :** 15 membres. **Siège :** normalement en chambres. **Procédure :** les parties autres que les institutions doivent être représentées par un avocat inscrit au barreau de l'un des États membres.

Arrêts rendus (en 2000) : 116 dont recours de fonctionnaires 55, de propriété intellectuelle 6, autres 55. **Affaires réglées** (en 2000) : 344 dont moyennant arrêt 116, ordonnance 142. **Affaires introduites** (en 2000) : 398 dont recours de fonctionnaires 111, de propriété intellectuelle 34, autres 242, procédures particulières 11. **Demandes en référé** (en 2000) : 38. **Affaires pendantes** (en 2000) : 661. **Durée moyenne des procédures** (vacances judiciaires comprises, 2000) : arrêts sur recours 27,5 mois ; recours de fonctionnaires 15,6 mois, propriété intellectuelle 9,1 mois.

Cour des comptes

■ **Siège.** 12, rue Alcide-De-Gasperi L-1615 Luxembourg. **Créée** 22-7-1975 ; fonctionne depuis oct. 1977. Institution des communautés européennes depuis le traité sur l'Union européenne de févr. 1992. **Organisation.** 15 membres nommés pour 6 ans à l'unanimité par le Conseil après consultation du Parlement européen (au début, 4 membres ont été choisis par tirage au sort pour 4 ans). **Pt :** Jan Karlsson (Suède) élu pour 3 ans le 14-1-1999. **Rôle.** Contrôle légalité, régularité et bonne gestion financière des recettes et dépenses de la Communauté. Peut présenter, sur son initiative, des observations sur des points particuliers et rendre des avis à la demande des autres institutions. **Publications :** un rapport et une déclaration d'assurance (annuels), et des rapports spéciaux sur des thèmes d'intérêt particulier.

☞ Conventions avec des pays d'Afrique, des Caraïbes et du Pacifique (voir **ACP** à l'Index).

III. Autres organes

■ **Prévus par les traités. Comité consultatif (Ceca), Luxembourg.**

Comité économique et social. Siège : 2, rue Ravenstein, B-1000 Bruxelles. *Pt :* Göke Frerichs (Allemagne, né 22-10-1923) depuis 18-10-2000. *Secrétaire général :* Patrick Venturini (France, né 19-5-1950) depuis 19-10-1998. **Membres :** 222 (24 Allemands, 24 Britanniques, *24 Français*, 24 Italiens, 21 Espagnols, 12 Autrichiens, 12 Belges, 12 Grecs, 12 Néerlandais, 12 Portugais, 12 Suédois, 9 Danois, 9 Finlandais, 9 Irlandais, 6 Luxembourgeois), nommés pour 4 ans à titre personnel par le Conseil des ministres sur proposition des gouvernements. **Rôle :** la consultation du Comité par le Conseil, la Commission et le Parlement est obligatoire ou facultative selon les cas. Peut émettre des avis de sa propre initiative (175 avis en moyenne par an, publiés au *JO* des Communautés européennes).

Organes de gestion.

Agence d'approvisionnement d'Euratom.

Banque européenne d'investissement (BEI). Siège : 100 bd Konrad-Adenauer, L-2950 Luxembourg. **Créée** 1958. Instituée par le traité de Rome (25-3-1957). **Pt :** Philippe Maystadt depuis 1-1-2000. **But :** contribuer, par des prêts et des garanties, au développement équilibré de l'Union européenne. Ressources empruntées sur les marchés des capitaux ; intervient, sans but lucratif, dans tous les secteurs de l'économie quel que soit le statut de l'emprunteur (public ou privé). **Capital** (au 1-1-2001) : 100 milliards d'euros, souscrits par les États membres de l'UE (dont 6 sont versés ou à verser, le solde constitue un capital de garantie). **Prêts** (en milliards d'euros) : *encours au 1-1-2001 :* 198,9 ; *prêts en 2000 :* 36 (en France, plus de 3,3). En 1997, mise en œuvre du Programme d'action spéciale Amsterdam (Pasa). **Investissements principaux :** développement des régions les moins favorisées, initiative « Innovation 2000 », infrastructures de communication (principalement transports et télécommunications) ; environnement naturel et urbain ; capital humain (éducation et santé). *Financement de PME et collectivités locales* (en 2000, près de 27 000 PME-PMI financées sur des prêts globaux traditionnels). **A l'extérieur de l'UE :** coopération au développement dans les pays candidats à l'adhésion et des pays partenaires (ACP/PTOM, Afrique du Sud, pays du Europartenariat, Balkans, Amérique latine et Asie). En 2000 : 5,4 milliards d'euros. Certaines ressources sont gérées par la BEI sous mandat de l'UE (notamment pour des bonifications d'intérêt). La BEI est actionnaire de la Berd et gère le mécanisme de l'EEE (Espace économique européen).

Fonds européen d'investissement (FEI). Créé 1994 par la BEI, avec la Commission des Communautés et environ 76 banques commerciales. *Siège :* 43, avenue J.F.-Kennedy, L-2968 Luxembourg. **Pt :** Walter Cernoir. **Presse :** Marc Schublin. **Capital :** 2 milliards d'écus. **Objet :** garantir les engagements des banques commerciales en faveur des PME. En 1998, a accordé 2 599 millions d'écus de garantie. Il peut également prendre des participations dans le capital de fonds d'investissement.

Organes consultatifs spécialisés. Comité monétaire.

■ **Créés par les institutions. Groupes et comités consultatifs, Comité des gouverneurs des Banques centrales, Comités de gestion** (27) **et de réglementation.**

■ **Paracommunautaire/coopération politique. Conseil européen. Créé** 1974 ; réunit, en principe, 2 fois par an les chefs de gouvernement (pour la France : le chef de l'État) et le Pt de la Commission européenne avec les ministres des Affaires étrangères et un membre de la Commission. **Rôle** d'impulsion et d'orientation ; responsabilités opérationnelles touchant la politique étrangère et de sécurité de l'Union économique et monétaire.

■ **Banque centrale européenne, Francfort. Institut monétaire européen. Médiateur :** Jacob Magnus Söderman (Finlande, né 1938) depuis 12-7-1995. **Budget :** 1,2 million d'écus.

Conseil de l'Europe

■ **Création.** 5-5-1949 (signature du statut). **Siège :** Conseil de l'Europe, F-67075 Strasbourg Cedex. **Bureaux :** *Paris :* 55, av. Kléber. *Bruxelles :* Résidence Palace, 155, rue de la Loi. **Secrétaire général :** Walter Schwimmer (Autriche, né 16-6-1942) depuis 4-1-1999. Environ 1 500 fonctionnaires internationaux. **Représentant de la France** (avec rang d'ambassadeur) : Jacques Warin (né 19-3-1940) depuis 24-4-1997.

■ **Membres.** Tout État européen peut devenir membre à condition de reconnaître les principes. **États membres au 26-1-2001 :** 43 (en italique, membres fondateurs en 1949). Albanie (1995), Allemagne (1951), Andorre (1994), Arménie (2001), Autriche (1956), Azerbaïdjan (2001), *Belgique,* Bulgarie (1992), Chypre (1961), Croatie (1996), *Danemark,* Espagne (1977), Estonie (1993), Finlande (1989), *France,* Géorgie (1999), Grèce [1949 (s'est retirée en déc. 1969 parce qu'elle ne satisfaisait plus aux conditions ; réadmise en nov. 1974 après avoir changé de régime politique)], Hongrie (1990), *Irlande,* Islande (1950), *Italie,* Lettonie (1995), Liechtenstein (1978), Lituanie (1993), *Luxembourg,* Macédoine (1995), Malte (1965), Moldavie (1995), *Norvège, P.-Bas,* Pologne (1991), Portugal (1976), Rép. tchèque (1993), Roumanie (1993), *Royaume-Uni,* Russie (1996), St-Marin (1988), Slovaquie (1993), Slovénie (1993), *Suède,* Suisse (1962), Turquie (1950), Ukraine (1995). **Candidatures** (en 2001) : Monaco, Yougoslavie. *États bénéficiant du statut d'observateur :* Canada (1996), États-Unis (1995), Japon (1996), Mexique (1999), St-Siège (1970).

■ **Organisation. Comité des ministres** réuni 2 fois par an, au niveau des ministres des Affaires étrangères. **Délégués des ministres** (ambassadeurs représentant en permanence les États membres) avec les mêmes pouvoirs que les ministres. **Assemblée parlementaire** (1 session en 4 parties par an) : 301 représentants et un nombre égal de suppléants (de 2 à 18 par pays, selon la population). Siègent selon l'ordre alphabétique des pays (orthographe anglaise). *5 groupes politiques* (multinationaux) : partis socialiste, populaire européen, démocrate européen, libéral démocrate et réformateur, groupe pour la gauche unitaire européenne. *Invité spécial* (statut 1989) pour promouvoir la coopération avec les assemblées législatives nationales des pays de l'Europe centrale et de l'Est (Bosnie-Herzégovine, Yougoslavie ; observateurs : Canada, Israël, Mexique). **Langues** *officielles :* français et anglais ; *de travail :* allemand, italien et russe. **Journée de l'Europe :** 5 mai. **Budget** ordinaire plus budget des accords partiels : 211,7 millions d'euros (en 2001), répartis entre États membres au prorata de leur population et PNB.

Nota. – 1re réunion des chefs d'État et de gouvernement du Conseil à Vienne les 8/9-10-1993 ; 2e à Strasbourg les 10/11-10-1997.

■ **But.** Les principaux objectifs de l'Organisation sont de consolider la démocratie, les droits de l'homme et la prééminence du droit, de renforcer la cohésion sociale et de favoriser la prise de conscience d'une identité européenne commune dans le respect de la diversité culturelle. Ses travaux ont conduit à l'adoption de plus de 170 conventions et accords européens (dont la Convention européenne des droits de l'homme, la Convention culturelle européenne, la Charte sociale européenne et la Convention européenne pour la prévention de la torture) et de nombreuses recommandations. Ces instruments constituent un *corpus* harmonisé de textes de droit et procédures administratives ou judiciaires concernant notamment nationalité, droit de la famille, bioéthique, protection des enfants, réfugiés et demandeurs d'asile, protection des données et lutte contre corruption et criminalité. Depuis 1989 : soutient les pays de l'Est intégrés pour mettre en œuvre et consolider leurs réformes politiques, législatives et administratives [programmes d'Assistance au développement et à la consolidation de la stabilité démocratique (Adacs), avec le soutien de la Commission européenne].

■ **Congrès des pouvoirs locaux et régionaux de l'Europe.** **Créé** en 1994. Siège une fois par an à Strasbourg. Organe consultatif composé de 301 représentants et de 301 suppléants représentant plus de 200 000 autorités locales et régionales, 43 États membres du Conseil de l'Europe. 3 groupes politiques : socialiste ; parti populaire européen/démocrates chrétiens et libéral démocrate. Travaux dans le cadre de 2 chambres : Chambre des pouvoirs locaux, Chambre des régions. **Langues** *officielles :* français, anglais ; *de travail :* allemand, italien et russe. Adresse des avis, des recommandations et des résolutions au Comité des ministres et à d'autres organismes européens et internationaux.

■ **Cour européenne des droits de l'homme** (voir p. 907 a).

■ **Banque de développement du Conseil de l'Europe (Ceb).** **Créée** 1956. Fonctionne depuis 1960. **Membres** (au 1-1-2001) : 35. **Objectifs prioritaires :** aider à résoudre les problèmes sociaux posés par : réfugiés, personnes déplacées, migrants et victimes de catastrophes naturelles ou écologiques. **Autres secteurs d'intervention :** logements sociaux, création d'emplois, santé et éducation, environnement, zones défavorisées, patrimoine culturel. La banque finance jusqu'à 50 % du coût des projets. **Moyens d'intervention :** octroi de prêts et de garanties. Capacité de prêt 1999 : 1,5 à 2 milliards d'euros autorisé. **Répartition des financements** (en %, 1999) : Espagne 36, Allemagne 15, Grèce 13, Italie 9, *France 9,* Turquie 5, Finlande 4, Belgique 3, Pologne 2, Chypre 2, Hongrie 1, Croatie 1. **Chiffres clés** (en millions d'euros, 1999) : prêts déboursés 1 712 (13 573 depuis l'origine), projets approuvés 2 052.

■ **Centre européen pour l'interdépendance et la solidarité mondiales.** **Créé** 1989. **Siège :** Lisbonne. **Budget** (en 2001) : environ 2 millions d'euros.

■ **Autres accords partiels.** Regroupent une partie des États membres. **Toxicomanie :** Groupe Pompidou, *créé* 1971 ; action pluridisciplinaire contre l'abus et le trafic illicite de drogues. **Pharmacopée :** normes juridiquement applicables dans 27 pays européens et la CEE par environ 1 400 monographies de substances, plantes et préparations pharmaceutiques et 250 méthodes générales d'analyse des médicaments. **Eurimages :** *créé* 1988 ; fonds eur. destiné à développer la coproduction et la diffusion des œuvres cinématographiques et audiovisuelles ; *dotation* (en 2000) : 19 millions d'euros. **Commission européenne pour la démocratie par le droit** (« Commission de Venise ») : *créée* 1990 ; *développement* des institutions démocratiques et du droit constitutionnel. Regroupe (depuis janvier 2001) 40 États membres, 4 membres associés et 10 observateurs.

■ **Accord Eur-Opa risques majeurs.** **Créé :** 1987. Pour une meilleure prévention, protection et organisation des secours en cas de catastrophes naturelles et technologiques majeures entre les 24 États membres.

■ **Centres européens de la jeunesse (CEJ).** **Strasbourg : créé** 1972. Cogéré par gouvernements des États membres et organisations de jeunesse. En 1999, a accueilli 1 697 jeunes. **Budapest** (Hongrie) : **créé** fin 1995. **Budget** (en 2001) : 16 millions de francs pour les deux centres.

■ **Fonds européen pour la jeunesse (FEJ).** **Créé** 1973. **Siège :** Strasbourg. Cogéré comme le CEJ, soutient financièrement des organisations de jeunesse. Placé sous l'autorité d'un comité intergouvernemental qui lui est propre. **Budget** (en 2001) : 16 millions de francs.

Nota. – Depuis janvier 2000, le CEJ et le FEJ forment la **Direction de la jeunesse et du sport** tout en conservant leurs statuts respectifs.

■ **Infodoc (Division de l'information documentaire, partie de la Direction de la Communication et de la Recherche).** Gère le Centre d'information documentaire ouvert au public (collection de 3 000 documents du Conseil de l'Europe), le Centre d'information pour les utilisateurs institutionnels ouverts au personnel, aux institutionnels et sur autorisation spéciale à un public autre (500 périodiques, 40 000 livres).

■ **Naturopa** ou **Centre européen d'information et de documentation sur la conservation de la nature.** *Créé* 1967. Réseau d'agences dans plus de 41 pays. Bibliothèque spécialisée (5 000 ouvrages, 250 périodiques), organise des campagnes d'information. *Publications :* Naturopa, Bulletin de la stratégie paneuropéenne de la diversité biologique et paysagère.

AUTRES ORGANISATIONS EUROPÉENNES

■ **AELE (EFTA). Association européenne de libre-échange (European Free Trade Association).** **Créée :** Convention de Stockholm du 20-11-1959, en vigueur le 3-5-1960. **Siège :** 9-11, rue de Varembé, Genève. Bureau de Bruxelles : rue de Trèves, 74. **Secrétaire général :** William Rossier (Suisse, né 25-10-1952) depuis 1-9-2000. **Membres :** Islande, Liechtenstein, Norvège, Suisse. Ont quitté l'AELE pour l'UE : Royaume-Uni et Danemark (31-12-1972), Portugal (1985), Autriche, Finlande et Suède (31-12-1994). Les autres pays font partie, sauf la Suisse, de l'Espace économique européen (EEE, créé 1-1-1994). Des accords bilatéraux Suisse-UE sont entrés en vigueur le 1-7-2001. **Conseil :** 1 représentant par État membre ; présidé alternativement tous les 6 mois par l'un d'eux. **Comités permanents :** économique, consultatif, experts commerciaux, experts en matière d'origine et de douane, obstacles techniques au commerce, experts juristes, parlementaires des pays de l'AELE, de direction du Fonds du Portugal, du budget. **But :** abolition des obstacles aux échanges en Europe occidentale et maintien des pratiques libérales, non discriminatoires du commerce mondial. 31-12-1966 : abolition complète avec 3 ans d'avance des droits de douane et des restrictions quantitatives sur les produits industriels dans l'AELE. Pas de tarif extérieur commun. **Relations avec pays tiers : accords de libre-échange** avec Autorité palestinienne, Bulgarie, Estonie, Hongrie, Israël, Lettonie, Lituanie, Macédoine, Maroc, Mexique, Pologne, Roumanie, Slovaquie, Slovénie, Rép. tchèque et Turquie, négociés depuis 1991 et entrés en vigueur ; **accords intérimaires** avec Organisation de libération de la Palestine en 1998. **Accords de libre-échange** (en négociation en 2001) : Canada, Chili, Chypre, Égypte, Jordanie, Malte, Tunisie. **Déclarations communes de coopération** signées avec Albanie, Croatie, Égypte, Liban, Tunisie, Ukraine Mercosur, Yougoslavie et le Conseil de coopération du Golfe. **Commerce mondial** (exportations et, entre parenthèses, importations, en milliards de $) : *1993 :* 96,5 (86,1) ; *94 :* 106,7 (96,7) ; *95 :* 125,1 (114,6) ; *96 :* 129,8 dont Suisse 80,8 (113,5 dont 79,2) ; *97 (total) :* 240 (2,3 % du commerce mondial) ; *98 :* 104,9 milliards d'écus dont Suisse 7,2 (102,9 dont 67).

■ **Cefta (Central European Free Trade Agreement). Accord de libre-échange d'Europe centrale.** **Création :** décembre 1992 à Cracovie et entrée en vigueur en mars 1993. **Membres :** Hongrie, Pologne, Rép. tchèque, Slovaquie (fondateurs), Slovénie (1995), Roumanie (1997), Bulgarie (juillet 1998). **But :** prévoir l'élimination de toutes les barrières commerciales entre les États membres pour l'an 2000, organisation de transition qui devrait disparaître lorsque ses membres auront adhéré à l'UE.

■ **Club de Londres** ou **Nuclear Suppliers' Group (NSG).** **Créé :** janvier 1976. **Membres :** 34 pays, dont les suivants : membres de l'UE, principaux pays d'Europe centrale et orientale, Amérique du Nord, Russie, Ukraine, Corée du Sud, Afrique du Sud, Brésil et Argentine. **But :** coordonner les politiques d'exportations de matériels nucléaires (combustible, réacteurs et usines d'enrichissement ou de retraitement) sur la base des lignes directrices de Londres adoptées en 1977 et révisées en 1993 (définition de matériaux déclenchant l'intervention de l'AIEA en cas d'exportations vers des pays non dotés de l'arme nucléaire), et des lignes directrices de Varsovie de 1992 (transferts d'équipement à double usage, matériaux liés au nucléaire et technologies).

PARTICIPATION DES ÉTATS EUROPÉENS AUX ORGANISATIONS INTERNATIONALES

États (tous membres de l'Onu sauf St-Siège et Suisse)	AELE [1]	UE [2]	CEI [3]	C.NORD. [4]	COCONA [5]	OSCE [6]	EEE [7]	MCMN [8]	OTAN [9]	UEO [10]	COMMON-WEALTH
UE											
Allemagne [12]		×			×	×	×		×	×	
Autriche [12]		×				×	×				
Belgique [12]		×			×	×	×		×	×	
Danemark [12]		×		×	×	×	×		×		
Espagne [12]		×			×	×	×		×	×	
Finlande [12]		×		×		×	×				
France [12]		×			×	×	×		×	×	
G.-B. [12] (+ Gilbraltar)		×			×	×	×		×	×	×
Grèce [12]		×			×	×	×		×	×	
Irlande [12]		×				×	×				
Italie [12]		×			×	×	×		×	×	
Luxembourg [12]		×			×	×	×		×	×	
Pays-Bas [12]		×			×	×	×		×	×	
Portugal [12]		×			×	×	×		×	×	
Suède [12]		×		×		×	×				
AUTRES											
Albanie						×					
Andorre						×					
Biélorussie			×		×	×					
Bosnie											
Bulgarie					×	×		×		×[11]	
Chypre						×					×
Croatie											
Estonie					×	×				×[11]	
Géorgie			×			×		×			
Hongrie [12]					×	×				×[11]	
Islande [12]	×			×	×	×	×		×	×[11]	
Lettonie					×	×				×[11]	
Liechtenstein	×					×	×				
Lituanie					×	×				×[11]	
Macédoine											
Malte						×					×
Monaco						×					
Norvège [12]	×			×	×	×	×		×	×[11]	
Pologne [12]					×	×				×[11]	
Roumanie					×	×		×		×[11]	
Russie			×		×	×		×			
Saint-Marin						×					
Saint-Siège						×					
Slovaquie [12]					×	×				×[11]	
Slovénie						×				×[11]	
Suisse [12]	×					×					
Tchèque (Rép.)[12]					×	×				×[11]	
Turquie [12]					×	×		×	×	×[11]	
Ukraine			×		×	×		×			
Yougoslavie						×					

Nota. – (1) Association européenne de libre-échange. (2) Union européenne (exemple : Communauté économique européenne) ; – : États dont l'entrée dans l'UE est prévue. (3) Communauté des États indépendants. (4) Conseil nordique. (5) Conseil de coopération nord-atlantique. (6) Organisation pour la sécurité et la coopération en Europe. (7) Espace économique européen. (8) Marché commun de la mer Noire. (9) Organisation du traité de l'Atlantique-Nord. (10) Union de l'Europe occidentale. (11) Uniquement membres ou partenaires associés (depuis 9-5-1994 pour les 10 pays de l'Est). (12) Membre de l'OCDE.

■ **Club de Paris.** **Créé** 1956, réunit les représentants des États créanciers à la recherche de solutions de rééchelonnement favorables à un débiteur en difficulté ; agit au cas par cas.

■ **Espace économique européen (EEE).** **Créé** par accord du 14-2-1992 (ratifié 2-5), entre l'UE (Union eur.) et l'AELE, avec effet le 1-1-1994. Englobe l'AELE (3 pays sur 4 ; la Suisse a rejeté l'EEE par référendum le 6-12-1992) et l'UE (12 pays, 372 millions d'habitants, devenus 15 pays le 1-1-1995). Les pays de l'AELE se sont engagés à adopter environ 1 400 textes législatifs communautaires. L'AELE a prévu 2 milliards d'écus sur 5 ans pour développer les régions les moins favorisées de la Communauté (gestion assurée par la BEI, accord du 30-6-1992). La Cour de justice de l'UE sera seule compétente pour les problèmes de commerce, les autorisations de fusions d'entreprises et les aides d'État. **Poids de l'AELE dans les importations de l'UE** (en 1992) : 144,6 milliards de $ (9,5 %).

■ **Banque européenne pour la reconstruction et le développement (Berd).** **Créée :** 29-5-1990. Inaugurée 15-4-1991. **Siège :** Londres. **Pt :** *1991 :* Jacques Attali [Fr., né 1-11-1943 ; a démissionné 25-6-1993 (gestion dispendieuse reprochée)] ; *1993 :* Jacques de Larosière (Fr., né 12-11-1929) ; *2000 :* Jacques Lemierre (Fr. 1950). **But :** aider les pays de l'Est à aller vers une économie de marché. Intervient dans plusieurs domaines (conseils, capitaux, financement de programmes de formation, coordination de la politique de privatisation et de programmes régionaux de développement). **Capital :** 10 milliards d'écus (porté à 20 en juin 1996). **Actionnariat** (en %) : UE 51 (dont All. féd. 8,52, *France 8,52,* G.-B. 8,52, Italie 8,52, BEI 3, Commission UE 3) ; USA 10, Japon 8,52 ; divers 17,02 ; pays emprunteurs 12,3 (dont ex-URSS 6,3). **Bilan :** *bénéfices* avant provisions en millions d'écus : *1991 :* -7,1 ; *92 :* 3,8 ; *93 :* 43,8 ; *94 :* 24,9 ; *95 :* 82,9. *Projets approuvés* (1991-95) : 368 dans 24 pays pour 7,9 millions d'écus (5,9 effectivement signés).

■ **Comité de coopération de l'Europe centrale.** **Créée :** avril 1992. **Membres :** Hongrie, Pologne, ex-Tchécoslovaquie. **But :** zone de libre-échange.

■ **Conférence balkanique.** **Créée :** nov. 1997 à Héraklion (Crète). **Membres :** 7 pays, Albanie, Bulgarie, Grèce, Macédoine (ARYM), Roumanie, Turquie, Yougoslavie (RFY), et Bosnie-Herzégovine (observateur). Tenue à Héraklion en novembre 1997 pour renforcer la stabilité et la sécurité régionales, et la coopération économique et culturelle.

■ **Conférence sur la sécurité et la coopération en Europe (CSCE).** Pour faire le bilan sur les Accords d'Helsinki (3-7/3-8-1975) qui n'avaient pas de valeur juridique contraignante. L'Allemagne voulait doter la CSCE d'une force de maintien de l'ordre, la Suède parlait de 50 000 h. USA, G.-B., France, P.-Bas, Russie estimaient que cela ferait double emploi avec Onu, Otan ou UEO. Les Pays-Bas proposaient la création d'un poste de haut-commissaire pour les minorités de l'Ukraine et d'un « Institut européen des minorités nationales ».

Belgrade (1977-78), **Madrid** (1980-83), **Vienne** (nov. 1987). Recherche d'un accord sur 3 points (appelés « corbeilles ») : **1°)** la sécurité en Europe ; **2°)** la coopération en matière économique, scientifique, technique et d'environnement ; **3°)** la coopération en matière humanitaire et de droits de l'homme. URSS et pays de l'Est mettaient l'accent sur la 2e « corbeille », les pays de l'Ouest sur la 3e. 19 signataires du 1er *traité de désarmement conventionnel en Europe (CFE)* adopté le 15-11-1987 à Vienne et prévoyant des réductions substantielles des armes classiques de l'Atlantique à l'Oural. **Paris** (19/21-11-1990). 34 chefs d'État (dont Mitterrand, Bush, Gorbatchev) et de gouvernements signent la **Charte de Paris pour une nouvelle Europe** (l'Albanie est représentée par son ministre des Affaires étrangères ; assistent comme observateurs les représentants des 3 pays Baltes, « invités de la République », qui n'ont pu assister aux débats, l'URSS s'y étant opposée). Grands principes affirmés : **1°)** *une nouvelle ère de démocratie, de paix et d'unité :* droits de l'homme, démocratie et État de droit (les droits de l'homme et les libertés fondamentales sont inhérents à tous les êtres humains, inaliénables et garantis par la loi, la responsabilité première des gouvernements est de les protéger et de les promouvoir ; identités ethnique, culturelle, linguistique et religieuse des minorités nationales), liberté économique et responsabilités (croissance économique durable, prospérité, justice sociale, développement de l'emploi et de l'utilisation rationnelle des ressources), relations amicales entre les États participants (progrès de la démocratie, respect et exercice effectifs des droits de l'homme sont indispensables au renforcement de la paix et de la sécurité entre les États), sécurité (États libres de choisir leurs propres arrangements en matière de sécurité), unité (réalisation de l'unité nationale de l'Allemagne afin d'instaurer une paix juste et durable dans une Europe unie et démocratique) ; **2°)** *orientations pour l'avenir :* dimension humaine (liberté de circulation entre les hommes, les informations et les idées, ce qui est essentiel à la pérennité et au développement), sécurité (poursuivre la négociation sur les mesures de confiance et de sécurité, s'efforcer de les conclure avant la réunion à **Helsinki** les 9 et 10-7-1992), conclusion le plus tôt possible de la convention sur l'interdiction universelle, globale et effectivement vérifiable des

Pouvoirs exécutifs des États européens

	Régime politique	Chef de l'État				Premier ministre (ou chancelier en italique)		
		Nom date de naissance dynastie	Mode de désignation	Durée du mandat	Date d'accession	Nom date de naissance	Mode de désignation	Date de prise de fonction
Union européenne								
Allemagne	République fédérale	Johannes Rau (16-1-1931)	Élection par Assemblée fédérale	5 ans 2 mandats au maximum	23-5-1999 en fonction 1-7	*Gerhard Schröder (7-4-1944)*	Élection par Bundestag sur proposition du Pt	27-10-1998
Autriche	République fédérale	Thomas Klestil (4-11-1932)	suffrage universel direct	6 ans	8-7-1992 réélu 19-4-1998	*Wolfgang Schüssel (7-6-1945)*	par le président	4-2-2000
Belgique	Monarchie const. et parlementaire	S.M. Albert II (6-6-1934) (Saxe-Cobourg-Gotha)	héréditaire	à vie	9-8-1993	Guy Verhofstadt (11-4-1953)	par le roi	23-6-1999
Danemark	Monarchie const.	S.M. Margrethe II (16-4-1940) (Oldenbourg)	héréditaire	à vie	14-1-1972	Poul Nyrup Rasmussen (15-6-1943)	par la reine	25-1-1993
Espagne	Mon. const. et parlementaire	Juan Carlos Ier (5-1-1938) (Bourbon)	héréditaire	à vie	22-11-1975	José Maria Aznar (25-2-1953)	par le roi	4-5-1996
Finlande	République	Tarja Halonen (24-12-1943) Pte	suffrage universel direct 2 tours	6 ans 2 mandats au maximum	1-3-2000	Paavo Lipponen (23-4-1941)	par le Parlement	13-4-1995
France	République	Jacques Chirac (29-11-1932)	suffrage universel direct	7 ans mandat renouvelable	7-5-1995	Lionel Jospin (12-7-1937) socialiste	par le président	3-6-1997
Grande-Bretagne	Monarchie const.	S.M. Elizabeth II (21-4-1926) (Windsor)	héréditaire	à vie	6-2-1952	Tony Blair (6-5-1953) travailliste	par la reine	2-5-1997
Grèce	République	Constantin Stephanopoulos (15-8-1926)	par Chambre des députés	5 ans 2 mandats au maximum	10-3-1995 réélu 8-2-2000	Constantinos dit Costas Simitis (23-6-1936)	par le président	18-1-1996
Irlande	République	Mary Mc Aleese (27-6-1951) Pte	suff. univ. dir.	7 ans	11-11-1997	Bertie Ahern (12-9-1951)	par le président	26-6-1997
Italie	République	Carlo Azeglio Campi (9-12-1920)	par le Parlement et 58 délégués régionaux	7 ans mandat renouvelable	18-5-1999	Silvio Berlusconi (29-9-1936)	par le président	9-6-2001
Luxembourg	Mon. const.	Grand-Duc Henri (16-4-1955)	héréditaire	à vie	7-10-2000	J.-C. Juncker (9-12-1954)	par le grand-duc	20-1-1995
Pays-Bas	Monarchie const. et parlementaire	S.M. Beatrix (31-1-1938) (Orange-Nassau)	héréditaire	à vie	30-4-1980	Wim Kok (29-9-1938)	par la reine	22-7-1994
Portugal	République	Jorge Fernando Branco de Sampaio (18-9-1939)	suffrage universel direct	5 ans (maximum : 2 mandats consécutifs)	8-3-1996	Antonio Guterres (30-4-1949)	par le président	12-10-1995
Suède	Monarchie const. neutre	S.A.R. Carl-Gustav XVI (30-4-1946)	héréditaire	à vie	15-9-1973	Göran Persson (20-6-1949)	par le Pt du Parlement	21-3-1996
Autres États								
Albanie	République	Rexhep Meidani (17-8-1944)	par le Parlement	5 ans (maximum : 2 mandats consécutifs)	24-7-1997	Ilir Meta (24-3-1969)	par le président	27-10-1999
Andorre	Coprincipauté parlementaire	coprinces ↗ Jacques Chirac ↘ Joan Marti y Alanis évêque d'Urgel (29-11-1928)	↗ suff. univ. dir. en France ↘ par le pape	↗ 7 ans ↘ durée de l'épiscopat	21-5-1995 31-1-1971	Marc Forné Molne (30-12-1946)	par les coprinces	7-12-1994
Arménie	République	Robert Kotcharian (31-8-1954)	suff. univ. dir.	5 ans	9-4-1998	Andranik Markarian	par le président	20-5-2000
Biélorussie	République m. de la CEI	Alexandre Loukachenko (30-8-1954)	suff. univ. dir.	7 ans	20-7-1994	Ouladzimir Earmochine (1941)	par le président	21-2-2000
Bosnie-Herzégovine	République 2 entités autonomes	Présidence collégiale 3 vice-Pts Alija Izetbegovic (8-8-1925)	suffrage direct à 1 tour	2 ans	élu 28-11-1990 réélu 1991, 1996 et 1998	Milorad Dodik	par le président	10-1-1998
Bulgarie	République	Petar Stoïanov (25-5-1952)	suffrage universel direct 2 tours	5 ans	22-1-1997	Ivan Kostov (23-12-1949)	par le président	21-5-1997
Chypre	République m. du Commonwealth	Glafcos Clèridès (24-4-1919)	suff. univ. dir.	5 ans	14-2-1993 réélu 15-2-1998	–	–	–
Croatie	République	Stipe Mesic (24-12-1934)	suffrage universel	5 ans	18-2-2000	Ivica Racan (24-2-1944)	par le président	27-1-2000
Estonie	République	Lennart Meri (29-3-1929)	par le Parlement	5 ans (maximum : 2 mandats consécutifs)	5-10-1992 réélu 20-9-1996	Mart Laar (22-4-1960)	par le président	20-3-1999
Géorgie	République m. de la CEI	Edouard Chevarnadze (25-1-1928)	au suffrage universel à partir de 1995	5 ans	6-11-1992 réélu 5-11-1995 et 9-4-2000	Guiorgui Arsenichvili (9-11-1942)	par le président	11-5-2000
Hongrie	République	Ferenc Madl (29-1-1931)	par le Parlement	5 ans	4-8-2000	Viktor Ozban (31-5-1963)	par le président élu par le Parlement	6-7-1998
Islande	République	Ólafur Ragnar Grimsson (14-5-1943)	suffrage universel direct	4 ans	29-6-1996 réélu 2000	David Oddsson (17-1-1948)	par le président	30-4-1991
Lettonie	République	Vaira Vike-Freiberga (1-12-37) Pte	par le Parlement	4 ans	8-7-1999	Andris Berzins (4-8-1951)	par le président	5-5-2000
Liechtenstein	Monarchie const.	S.A.S. Hans-Adam II de Liechtenstein (14-2-1945)	héréditaire	à vie	13-11-1989	Dr Mario Frick (8-5-1965)	par le prince	15-12-1993
Lituanie	République	Valdas Adamkus (3-11-1926)	suffrage universel	5 ans	4-1-1998	Rolandas Paskas	par le président	27-10-2000
Macédoine	République	Boris Trajkovski (25-6-1956)	suffrage universel	5 ans	5-12-1999	Ljubco Georgievski (17-1-1966)	élu par le Parlement	31-11-1998
Malte et Gozo	République m. du Commonwealth	Guido de Marco (22-7-1931)	par la Chambre des représentants	5 ans	4-4-1999	Edward Fenech Adami (7-2-1934)	par le président	6-9-1998
Moldavie	République m. de la CEI	Vladimir Voronine	suffrage universel	4 ans	4-4-2001	Dimitru Braghis (28-12-1957)	par décret présidentiel	21-12-1999
Monaco	Principauté	S.A.S. Rainier III (31-5-1923) (Grimaldi)	héréditaire	à vie	9-5-1949	Michel Lévêque (ministre d'État fr.) (19-7-1933)	par le Pce sur proposition du Pt Rép. française	3-2-1997
Norvège	Monarchie const.	S.A.R. Harald V (21-2-1937)	héréditaire	à vie	17-1-1991	Jens Stoltenberg (16-3-1959)	par le roi	17-3-2000
Pologne	République	Aleksander Kwasniewski (15-11-1954)	suff. univ. dir.	5 ans	23-12-1995	Jersy Buzek (3-7-1940)	élu par la Diète	17-10-1997
Roumanie	République	Emil Constantinescu (19-11-1939)	suffrage universel direct	4 ans	17-11-1996	Mugur Isarescu	par le président	21-12-1999
Russie	Rép. féd.	Vladimir Poutine (7-10-1952)	suff. univ. dir. rééligible une fois	4 ans	26-3-2000	Mikhaïl Kassianov par intérim	par le président et approuvé par la Douma	17-5-2000
Saint-Marin	République	2 capitaines régents	élus par le Gd Conseil	6 mois		–	–	–
Slovaquie	République	Rudolf Shuster (4-1-1934)	suffrage universel	5 ans	15-6-1999	Mikulas Dzurinda (né 4-2-1955)	par le président	30-10-1998
Slovénie	République	Milan Kučan (14-1-1941)	suffrage universel direct	5 ans	22-4-1991 réélu 6-12-1992 et 23-11-1997	Janez Drnovšek (17-5-1950)	par le Parlement	24-4-1992
Suisse	République féd. neutre	Moritz Lenenberg (né 1946)	par l'Assemblée fédérale	1 an	2001	Annemarie Huber-Hotz	par le Parlement	15-12-1999
Tchèque (Rép.)	République associée à la CEI	Václav Havel (5-10-1935)	par l'Assemblée rééligible 1 fois	5 ans	2-2-1993 réélu 20-1-1998	Milos Zeman (28-9-1944)	par le président	17-7-1998
Turquie	République	Ahmet Necdet Seger (13-9-1941)	par l'Ass. nat.	7 ans	16-5-2000	Bülent Ecevit (28-5-1924)	par le président	17-1-1999
Ukraine	République	Leonid Koutchma (9-8-1938)	suff. univ. dir.	5 ans	10-7-1994 réélu 14-11-1999	Anatoli Kinakh	par le président adopt. par le Parlement	29-5-2001
Vatican	Gouvernorat (souverain absolu)	S.S. le Pape Jean-Paul II (Carol Wojtyla, 18-5-1920)	par le Sacré Collège réuni en conclave	à vie	16-10-1978	Secr. d'État Mgr Angelo Sodano (23-11-1927)	par le pape	1-12-1990
Yougoslavie (Serbie + Monténégro)	République fédérale	Vojislav Kostunica (24-3-1944)	suffrage universel	4 ans	7-10-2000	Zoran Zizic	par le Parlement fédéral	27-10-2000

Pouvoirs législatifs des États européens

	Nbre de chbres	Chambre haute					Chambre basse				
		Nom Nombre de membres	Mode d'élection	Durée du mandat	Date des dernières élections	Majorité (Parti, nombre de sièges)	Nom Nombre de membres	Mode d'élection	Durée du mandat	Date des dernières élections	Majorité (Parti, nombre de sièges)
Union européenne											
Allemagne	2	Bundesrat 69 m.	Par les gouv. des Länder	En fonction des échéances de chaque Land		CDU/CSU	Bundestag 672 m.	par moitié au suff. univ. dir. et à la proportionnelle personnalisée	4 ans	27-9-1998	SPD 298 s.
Autriche	2	Bundesrat 63 m.	par assemblées provinciales	5 ans ou 6 ans	9-11-1996	OEVP 27 s.	Nationalrat 183 m.	suffrage universel direct	4 ans	3-10-1999	SPOE 65 s.
Belgique	2	Sénat 71 m.	suff. univ. dir. et cooptation	4 ans	13-6-1999	VLD 11 s.	Ch. des repr. 150 m.	suff. univ. dir. proportionnel	4 ans	13-6-1999	VLD 41 s.
Danemark	1	–	–	–	–	–	Folketing 179 m.	suff. univ. dir.	4 ans	11-3-1998	PSD 63 s.
Espagne	2	Sénat 255 m.	scrutin majoritaire et 40 par les Communautés autonomes	4 ans	12-3-2000	PP 147 s.	Congrès des députés 350 m.	suff. univ. dir. proportionnel	4 ans	12-3-2000	PP 183 s.
Finlande	1	–	–	–	–	–	Diète 200 m.	suff. univ. dir.	4 ans	1999	Sociaux-dém. 51 s.
France	2	Sénat 322 m.	suffrage universel indirect	9 ans	27-9-1995	RPR 90 s.	Assemblée nat. 577 m.	suff. univ. dir. proportionnel	5 ans	2-6-1997	PS 242 s.
Grande-Bretagne	2	Ch. des lords intérimaire 730 m.	–	–	–	–	Ch. des communes 659 m.	suffrage universel direct	5 ans	7-6-2001	Travaillistes 413 s.
Grèce	1	–	–	–	–	–	Ch. des dép. 300 m.	suff. univ. dir.	4 ans	9-4-2000	Pasok 158 s.
Irlande	2	Sénat (Seanad Eireann) 60 m.	11 nommés par PM 43 désignés 6 représentants	5 ans	août 1997	Fianna Fail 29 s.	Ch. des députés (Dail Eireann) 166 m.	suffrage universel direct proportionnel	5 ans	6-6-1997	Fianna Fail 77 s.
Italie	2	Sénat 315 m.	suffrage universel direct	5 ans (10 à vie)	13-5-2001	Forza Italia 82 s.	Ch. des députés 630 m.	suffrage universel direct	5 ans	13-5-2001	Forza Italia 189 s.
Luxembourg	2	Conseil d'État 21 m.	–	15 ans au max.	–	–	Ch. des députés 60 m.	suffrage universel direct	5 ans	13-6-1999	Parti chrétien social 21 s.
Pays-Bas	2	1re chambre 75 m.	Par États provinciaux	4 ans	6-7-1999	CDA 20 s.	2e chbre 150 m.	suff. univ. dir. proportionnel	4 ans	6-5-1998	PVDA P. du travail 45 s.
Portugal	1	–	–	–	–	–	Ass. de la Rép. 230 m.	suff. univ. dir.	4 ans	10-10-1999	PS 113 s.
Suède	1	–	–	–	–	–	Riksdag 349 m.	suff. univ. dir. et 39 au suff. proportionnel	4 ans	1998	SAP 36,6 %
Autres États											
Albanie	1	–	–	–	–	–	Ass. pop. 140 m.	suff. univ. dir. et 40 au suff. proportionnel	4 ans	25-6 et 9-7-2001	P. soc. albanais
Andorre	1	Conseil Gén. des Vallées 28 m.	suffrage universel direct	4 ans	16-2-1997	UL 16 s.	–	–	–	–	–
Arménie	1	–	–	–	–	–	Conseil suprême 131 m.	–	–	30-5-1999	Coalition Miasnoutioum 57 s.
Biélorussie (Belarus)	2	Conseil de la République 8 m.	par États provinciaux	4 ans	–	–	Ch. des représentants 110 m.	suff. univ. dir.	4 ans	2000 et 2001	
Bosnie-Herzégovine	2	Chambre du peuple 15 m.	par législatures des 2 entités	2 ans	14-9-1996	–	Ch. des représentants 42 m.	suffrage universel direct	2 ans	12 et 13-9-1998	SDA 16 s.
Bulgarie	1	–	–	–	–	–	Ass. nat. 240 m.	suffrage universel direct	4 ans	18-6-2001	P. de Siméon II 120 s.
Chypre	1	–	–	–	–	–	Ch. des députés 56 m.	suff. univ. dir. proportionnel	5 ans	26-5-1996	Rass. dém. de dr. (Disy) 20 s.
Croatie	2	Ch. des comitats 68 m.	suffrage universel direct et 5 nommés par le Pt	4 ans	13-4-1997	HDZ 42 s.	Ch. des représentants 151 m.	suff. proportionnel	4 ans	3-1-2000	HDZ 46 s.
Estonie	1	–	–	–	–		Riigikogu 101 m.	scrutin proportionnel	4 ans	7-3-1999	coalition gouvernementale 53 s.
Géorgie	1	–	–	–	–	–	Parlement 235 m.	scrutin de liste 150 et uninominal à 2 tours 85	4 ans	31-10 et 14-11-1999	Union des citoyens 130 s.
Hongrie	1	–	–	–	–	–	Ass. nat. 386 m.	suffrage universel direct	4 ans	24-5-1998	Fidesz – P. civique 148 s.
Islande	1	–	–	–	–	–	Althing 63 m.	suff. univ. dir.	4 ans	8-5-1999	P. de l'Indép. 26 s.
Lettonie	1	–	–	–	–	–	Saeima 100 m.	suffrage universel direct	4 ans	3-10-1998	P. populaire 24 s.
Liechtenstein	1	–	–	–	–	–	Landtag 25 m.	suffrage universel direct	4 ans	12-2-2001	P. des citoyens 13 s.
Lituanie	1	–	–	–	–	–	Seimas 141 m.	suff. univ. dir.	4 ans	8-10-2000	P. libéral 36 s.
Macédoine	1	–	–	–	–	–	Sobranje 120 m.	suff. univ. dir.	4 ans	1-11-1998	VRMO 49 s.
Malte et Gozo	1	–	–	–	–	–	Ch. des représ. 65 m.	représentation proportionnelle	5 ans	5-9-1998	P. nationalistes 35 s.
Moldavie	1	–	–	–	–	–	Parlement 101 m.	scrutin majoritaire	4 ans	25-2-2001	PC 71 s.
Monaco	1	–	–	–	–	–	Conseil national 18 m.	suffrage universel direct	5 ans	8-2-1998	Union nat. et dém. 18 s.
Norvège	2	Lagting 41 m.	suff. univ. dir.	4 ans	15-9-1997	P. travailliste	Odelsting 124 m.	suff. univ. dir.	4 ans	15-9-1997	P. travailliste 65 s.
Pologne	2	Sénat 100 m.	scrutin libre	4 ans	21-9-1997	AWS 51 s.	Diète 460 m.	suffrage universel direct	4 ans	21-9-1997	AWS 201 s.
Roumanie	2	Sénat 143 m.	suff. univ. dir.	4 ans	3-11-1996	CDR	Ass. nat. 343 m.	suff. univ. dir.	4 ans	26-11-2000	PDSR 19,5 %
Russie	2	Conseil de la Fédération 178 m.	suffrage universel direct	4 ans	12-12-1995	Réformateurs	Douma d'État 450 m.	scrutin proportionnel par liste (50 %) et majoritaire uninominal à 1 t. / circ. (50 %)	4 ans	19-12-1999	PCFR 113 s.
Saint-Marin	1	Gd Conseil 60 m.	suffrage universel direct	5 ans	30-5-1993	Dém. chrét. 41, 41,37 %	–	–	–	–	–
Slovaquie	1	–	–	–	–	–	Conseil national 150 m.	représentation proportionnelle	4 ans	25/26-9-1998	HZDS 43 s.
Slovénie	2	Conseil national 40 m.	–	5 ans	–	–	Ass. nat. 90 m.	représentation proportionnelle	4 ans	15-10-2000	LDS 36,21 %
Suisse	2	Conseil des États 46 m.	par les cantons	4 ans	24-10-1999	PRD 18 s.	Conseil national 200 m.	représentation proportionnelle	4 ans	24-10-1999	PSS 55 s.
Tchèque (Rép.)	2	Sénat 81 m.	scrutin majoritaire à 2 tours	6 ans renouv. par 1/3 tous les 2 ans	13/21-11-1998	P. civ. dém.	Chambre des députés 200 m.	suffrage universel direct	4 ans	19/20-6-1998	CSSD 74 s.
Turquie	1	–	–	–	–	–	Assemblée nat. 550 m.	suffrage universel direct	5 ans	18-4-1999	DSP 136 s.
Ukraine	1	–	–	–	–	–	Verkhovna Rada 450 m.	suff. univ. dir.	4 ans	29-3-1998	PCU 121 s.
Vatican	0	–	–	–	–	–	–	–	–	–	–
Yougoslavie (Serbie + Monténégro)	2	Conseil des Rép. 40 m.	par les Assemblées de la Rép. du Monténégro et de la Rép. de Serbie	4 ans			Conseil des citoyens 138 m. (Serbie 108, Monténégro 30)	scrutin proportionnel à 1 tour	4 ans	3-11-1996	Coalition de gauche 64 s.

Prix international Charlemagne

Fondé 1949 par des notables d'Aix-la-Chapelle. **Attribué** le jour de l'Ascension, par Aix-la-Chapelle, à la personnalité qui a le plus contribué à l'entente et à la coopération internationale sur le plan européen. **Prix :** document-parchemin et médaillon d'Aix-la-Chapelle (sur une face, sceau du XIIe s.), et 5 000 DM.

Lauréats : 1950 Richard Coudenhove-Kalergi (Autr.). **51** Hendrik Brugmans (Belg.). **52** Alcide De Gasperi (Italie). **53** *Jean Monnet* (Fr.). **54** Konrad Adenauer (All. féd.). **55** sir Winston S. Churchill (G.-B.). **57** Paul Henri Spaak (Belg.). **58** *Robert Schuman* (Fr.). **59** George C. Marshall (USA). **60** Joseph Bech (Lux.). **61** Walter Hallstein (All. féd.). **63** Edward Heath (G.-B.). **64** Antonio Segni (Italie). **66** Jens Otto Krag (Danemark). **67** Joseph Luns (P.-Bas). **69** Commission des Communautés eur. **70** *François Seydoux de Clausonne* (Fr.). **72** Roy Jenkins (G.-B.). **73** don Salvador de Madariaga (Esp.). **76** Leo Tindemans (Belg.). **77** Walter Scheel (All. féd.). **78** Constantin Karamanlis (Grèce). **79** Emilio Colombo (Italie). **81** *Simone Veil* (Fr.). **82** Juan Carlos Ier (Esp.). **84** Karl Carstens (All. féd.). **86** ensemble des citoyens luxembourgeois. **87** Henry Kissinger (USA). **88** *François Mitterrand* (Fr.), Helmut Kohl (All. féd.). **89** *frère Roger* (Fr., Communauté de Taizé). **90** Gyula Horn (Hongrie). **91** Václav Havel (Tchéc.). **92** *Jacques Delors* (Fr.). **93** Felipe Gonzalez (Esp.). **94** Gro Harlem Brundtland (Norvège). **95** Franz Vranitzky (Autr.). **96** Beatrix Ire (P.-Bas). **97** Roman Herzog (All.). **98** Bronislaw Geremek (Pologne). **99** Tony Blair (G.-B.). **2000** William Jefferson Clinton (USA). **2001** György Konrad (Hongrie).

☞ **Prix non décernés :** 1956, 1962, 1965, 1968, 1971, 1974, 1975, 1980, 1983, 1985.

armes chimiques, détermination à œuvrer à l'élimination du terrorisme tant sur le plan bilatéral que par la coopération multilatérale).

Institutions nouvelles : **Conseil des ministres des Affaires étrangères** qui se réunissent au moins une fois par an. **Secrétariat** à Prague. **Centre de prévention des conflits** à Vienne. **Bureau des élections libres** à Varsovie chargé de faciliter les contacts et l'échange d'informations sur les élections dans les États participants.

Assemblée parlementaire : *États membres :* 51 États européens, USA, Canada. L'Albanie et les 3 États baltes y ont été admis en sept. 1991 et 10 républiques de la CEI le 30-1-1992 (sauf la Géorgie qui n'a pas demandé son adhésion). **Rome** (30-11/1-12-1993). Déclaration de principe sur caution éventuelle à des opérations de maintien de la paix par la Russie dans les pays voisins. Soutien du projet *Stabilité pour l'Europe,* proposé par la France à l'UE. Admission de la Macédoine, contestée par la Grèce. **Budapest** (5/6-12-1994). Divergences russo-américaines sur l'élargissement de l'Otan à l'Est, signature du traité de non-prolifération nucléaire par Ukraine, Biélorussie et Kazakhstan ; transformation de la CSCE en OSCE (voir plus bas).

■ **Conseil baltique. Créé :** 6-3-1992. **Membres :** Allemagne, Danemark, Estonie, Finlande, Lettonie, Lituanie, Norvège, Pologne, Russie, Suède.

■ **Conseil nordique. Créé :** 1952. **Membres :** Danemark, Finlande, Islande, Norvège, Suède. **But :** développer la coopération dans les domaines politique, économique et culturel, et harmoniser les législations des États membres.

■ **Eurocontrol. Créé :** 1960. **Membres** (en 1996) : 25 (30 prévus en 1997). **Siège :** Haren (Belgique). Comprend 1 centre de contrôle régional de l'espace (Maastricht), 1 centre de recherches et d'expérimentations (Brétigny-sur-Orge), 1 école de formation pour le personnel de contrôle de la navigation aérienne (Luxembourg), 1 centre chargé de collecter les redevances des compagnies aériennes pour le compte des États membres (Londres) et 1 centre de gestion des flux de trafic aérien européens.

■ **Groupe de Visegrad. Créé :** février 1991 à Visegrad. **Membres :** Hongrie, Pologne, Rép. tchèque, Slovaquie. **But :** favoriser la coopération dans les domaines politique, économique et culturel ; mise en place, à terme, d'une politique de sécurité commune. Accord de libre-échange entre les États membres (Cefta) entré en vigueur en mars 1993.

■ **Organisation pour la sécurité et la coopération en Europe (OSCE). Créée** déc. 1994. **Membres** (en 1997) : 54 États. **Budget** (en 1996) : 275 millions de F. **Paris** (20/21-3-1995). Le **Pacte de stabilité en Europe** est signé par 52 pays membres de l'OSCE, dont le but est de prévenir les conflits de frontières et de minorités en Europe centrale et orientale. **Sommet de Lisbonne** (2/3-12-1996) : négociation d'une future charte sur la sécurité européenne et modernisation du traité FCE.

■ **Pacte balkanique. Créé :** signé 9-8-1954. Développait le traité d'amitié et de coopération signé à Ankara en févr. 1953. **Membres :** Grèce, Turquie, Yougoslavie. N'est plus en vigueur.

■ **Phare (Pologne-Hongrie, aide à la restructuration des économies).** Opération conçue à l'issue de la réunion du G7, à Paris, en juillet 1989. **Membres :** 24 pays (12 États de la Communauté européenne et Australie, Autriche, Canada, Finlande, Islande, Japon, Norvège, Nlle-Zélande, Suède, Suisse, Turquie et USA). Gestion et coordination sont confiées à la Commission des Communautés européennes. Financé par le budget européen. Priorités fixées : restructuration de l'agriculture, amélioration de l'accès aux marchés, promotion des investissements, formation professionnelle, action sur l'environnement ; conditions d'éligibilité des candidats définies par le G24 en décembre 1989 : primauté du droit, respect des droits de l'homme, multipartisme et élections libres, évolution vers une économie de marché. **But :** 1°) favoriser un meilleur accès au marché communautaire en supprimant, en 1990, la plupart des restrictions quantitatives encore appliquées aux produits des PECO et en accordant à ceux-ci le bénéfice du système des préférences généralisées (SPG) ; 2°) soutenir la mise en place des grandes réformes permettant le passage à une économie de marché en finançant l'assistance technique requise. Phare n'a pas vocation à soutenir globalement l'économie des pays bénéficiaires ni à couvrir leurs besoins financiers ou monétaires. Cette tâche incombe au FMI ou à la Berd.

Comparaisons dans quelques pays

■ **Droit de vote (âge).** *Allemagne :* 18 ans (depuis 1972). *Belgique :* 21 (municipales 18). *Bulgarie :* 18. *Danemark :* 18 (depuis sept. 1978). *Espagne :* 18. *Finlande :* 18. *Grande-Bretagne :* 18. *Iran :* 16 (depuis 1979). *Irlande :* 18. *Italie :* 18. *Luxembourg :* 18. *Norvège :* 18. *Pays-Bas :* 18. *Suède :* 18. *Suisse :* 20 (Conseil national).

■ **Jour du vote.** *Allemagne* (législatives) : dimanche. *Belgique* (législatives) : 4e dimanche de mai (si c'est Pentecôte, le dimanche suivant). *Danemark :* mardi 9 à 21 h (20 h à la campagne). *Espagne :* dimanche. *Grande-Bretagne :* toujours en semaine de 7 h à 22 h. *Irlande :* en semaine. *Italie :* dimanche et lundi matin. *Luxembourg* (législatives) : 1er dimanche de juin (si c'est Pentecôte, le dernier dimanche de mai). *Norvège :* lundi 9 à 20 h (éventuellement le dimanche d'avant). *Pays-Bas :* en semaine un jour non choisi, mais la 43e journée après le dépôt des candidatures. *Suède :* dimanche.

■ **Référendum possible.** *Allemagne. Danemark* (pour ratifier traité international déléguant certains pouvoirs à un organisme extérieur). *Espagne. Irlande. Italie* (pour l'abrogation partielle ou totale d'une loi déjà votée par le Parlement ; 500 000 signatures au minimum). *Luxembourg. Norvège. Suède. Suisse.*

■ **Vote obligatoire.** *Belgique. Luxembourg.*

■ **UEO (WEU). Union de l'Europe occidentale (Western European Union). Créée :** 1955. **Siège :** 4, rue de la Régence, B-1000 Bruxelles. **Origine :** traité de Bruxelles 17-3-1948 puis traité de Bruxelles modifié signé le 23-10-1954. **États membres** *(sont tous signataires du traité de Bruxelles modifié) :* Allemagne, Belgique, Espagne, *France,* Grèce, Italie, Luxembourg, Pays-Bas, Portugal, Royaume-Uni. **Membres associés :** Hongrie, Islande, Norvège, Pologne, Rép. tchèque, Turquie. **Observateurs :** Autriche, Danemark, Finlande, Irlande, Suède. **Associés partenaires :** Bulgarie, Estonie, Lettonie, Lituanie, Roumanie, Slovaquie, Slovénie. **Organisation :** *Conseil* (1 représentant de chaque pays membre) se réunissant au niveau des min. des Affaires étrangères et de la Défense tous les 6 mois, au niveau des représentants permanents autant que nécessaire. *Secr. général : 1994* José Cutileiro (Portugal) ; *1999*-25-11 Javier Solana Madariaga (Esp.). *Assemblée :* siège à Paris. *Pt :* Klaus Buehler (All.), Union démocrate chrétienne (CDU) depuis le 1-1-2000. *Institut d'études de sécurité :* siège à Paris. *Centre satellitaire :* siège à Torrejon (Madrid). **But :** élaborer une approche européenne de la conduite d'opérations de gestion de crise. Depuis 1991, rôle et capacités opérationnelles développés en coopération avec l'UE et l'Otan. L'UE assumant de nouvelles responsabilités dans le domaine de la prévention des conflits et de la gestion de crise (décisions prises au Conseil européen de Cologne en juin 1999), l'UEO va lui abandonner ses responsabilités dans ce domaine. Au 1-7-2001, une structure allégée sera mise en place permettant aux États membres d'assurer les engagements du traité de Bruxelles modifié, et notamment ceux des articles V (défense collective) et IX (relations avec l'Assemblée parlementaire de l'UEO). Elle fournira une capacité de soutien au Groupe armement de l'Europe occidentale (GAEO) qui continuera d'exercer sa fonction de réflexion et de coopération dans le domaine de l'armement. L'Institut d'études de sécurité et le Centre satellitaire resteront sous la responsabilité de l'UEO jusqu'à ce que l'UE se dote, en 2002, d'un Centre satellitaire et d'un Institut d'études de sécurité à partir des organes UEO correspondants.

Quelques mouvements

■ **Union paneuropéenne de France.** 9, rue Huysmans, 75006 Paris. **Créée** 1923 par Richard Coudenhove-Kalergi avec entre autres, Joseph Caillaux, Alexis Léger, Saint John Perse et plus tard Alfred Fabre-Luce et Maurice Schumann. En 1960, est créé le *Comité Français pour l'Union paneuropéenne (CFUP). Pt :* Louis Terrenoire, *secr. général :* Alain Peyrefitte, *trésorier :* Georges Pompidou. En 1993, Yvon Bourges devient Pt du mouvement qui devient l'*Union paneuropéenne de France* (Jacques Chirac Pt d'honneur) au sein de l'Union paneuropéenne internationale (Pt : Otto de Habsbourg depuis 1973, également Pt du Comité international pour le français langue européenne). Depuis 1995, les *Jeunes paneuropéens-France. Comité directeur :* Michel Barnier, Michèle Alliot-Marie, Hervé Lavenir de Buffon, Alain Terrenoire. *Pt :* Yvon Bourges. *Vice-Pt :* Michel Habib-Deloncle.

Nota. – **Centre d'études et d'actions européennes :** 2, rue de Villiers, 92300 Levallois-Perret. *Pt :* Hervé Lavenir de Buffon.

■ **Union pour l'Europe fédérale.** 12, rue du Président-Carnot, 69002 Lyon. **Créée** 1998 à Lyon, sur les bases du Mouvement fédéraliste européen [créé 1947 par Henri Frenay (1905-88)]. Branche française de l'Union des fédéralistes européens (UEF). *Secr. général :* Daniel Hulas. *Adhérents :* France 300. *Pte :* Martine Méheut. *Publication :* « l'Europe fédérale » (périodique), « Envie d'Europe » (production audiovisuelle).

Position religieuse

■ **Autriche :** concordat. **Allemagne :** selon la Constitution, l'instruction religieuse est une matière d'enseignement ordinaire dans les écoles publiques. **Belgique :** concordat avec le Vatican. **Danemark :** Église d'État (luthérienne). **Espagne :** concordat de 1976 avec le Vatican. **Finlande :** Église d'État (luthérienne). **France :** régime de séparation, seul cas de l'Europe des 12 (voir **séparation** à l'Index). **Grèce :** la Constitution a été promulguée au nom de la Trinité sainte, consubstantielle et indivisible. Église orthodoxe protégée et contrôlée par l'État. Religion indiquée sur la carte d'identité. **Irlande :** la Constitution a été promulguée en raison de la Très Sainte Trinité. **Italie :** concordat de 1984 avec le Vatican. **Luxembourg :** concordat avec le Vatican. **Norvège :** Église d'État (luthérienne). **Pays-Bas :** l'Église salarie les prêtres. Séparation avec statut juridique privé des Églises ; depuis 1982, les Églises sont des personnalités morales de droit privé ; auparavant, l'Église réformée était protégée par l'État. **Portugal :** concordat avec le Vatican depuis 1941. **Royaume-Uni :** Église d'État (anglicane). **Suède :** Église d'État (luthérienne). **Suisse :** certains cantons ont une religion d'État (exemple : Valais), d'autres (comme Neuchâtel) un régime de séparation.

■ **Grands pays laïcs.** Ayant inscrit le principe de laïcité (séparation de la société civile et de la société religieuse) dans leurs institutions : France. Turquie : séparation inscrite dans la Constitution. En 1923, Mustafa Kemal avait aboli le califat, supprimé écoles et lois coraniques, et proclamé l'égalité de l'homme et de la femme en adoptant le Code civil suisse.

☞ En Allemagne, Autriche et dans la plupart des cantons suisses (sauf Genève et Neuchâtel), les Églises sont reconnues comme des corporations de droit public et peuvent lever des impôts sur les fidèles.

Organisations africaines

■ **Part de l'Afrique dans le monde.** Population 10 %, richesse 1 %, commerce 2 %. L'Afrique reçoit moins de 1/20 des flux de capitaux qui vont vers les pays en développement et 3 % des investissements étrangers réalisés dans les pays en développement. 260 millions d'Africains sur 600 millions vivent sous le seuil de pauvreté (moins de 1 $/jour) et 20 % vivent dans un pays en guerre. Malgré les accords de Lomé, les exportations des pays ACP (Afrique, Caraïbes, Pacifique) sur le marché européen n'ont cessé de décroître depuis 20 ans.

■ **Union africaine.** Lancée au sommet extraordinaire de Syrte I (Libye, 9-9-1999) adoptée au sommet de Lomé (Togo, juillet 2000), proclamée au sommet de Syrte II (1/2-3-2001) après la signature des 53 nations membres (OUA). Proclamée le 26-5-2001 après le dépôt, par la majorité obligatoire de 36 États sur les 53 de l'OUA, de leurs instruments de ratification relatifs à l'Acte constitutif de l'Union (entre en vigueur 30 j après).

■ **OUA (Organisation de l'Unité Africaine). Création :** 25-5-1963. **Siège :** Addis-Abeba (Éthiopie). **Pt :** celui d'un État membre désigné chaque année [1995 : Meles Zenawi (PM éthiopien) ; 1996 : Paul Biya (Cameroun) ; 1997 : Robert Mugabe (Zimbabwe)]. **Secrétaire général :** Amara Essy (Côte d'Ivoire) depuis 10-7-2001. **Membres :** 53 États [Afrique du Sud, Algérie, Angola, Bénin, Botswana, Burkina Faso, Burundi, Cameroun, Cap-Vert, Comores, Congo, Côte d'Ivoire, Djibouti, Égypte, Érythrée, Éthiopie, Gabon, Gambie, Ghana, Guinée, Guinée-Bissau, Guinée équatoriale, Kenya, Lesotho, Libéria, Libye, Madagascar, Malawi, Mali, Maurice, Mauritanie, Mozambique, Namibie, Niger, Nigéria, Ouganda, Rép. arabe sahraouie démocratique (RASD), Rép. centrafricaine, Rwanda, São Tomé et Principe, Sénégal, Seychelles, Sierra Leone, Somalie, Soudan, Swaziland, Tanzanie, Tchad, Togo, Tunisie, Zaïre, Zambie, Zimbabwe]. **Organisation :** *Conférence des chefs d'État et de gouv.* au moins 1 fois par an. *Conseil des ministres* 2 fois par an. *Commissions* (5). *Bureaux régionaux : New York* (Onu), *Genève* (Onu), *Lagos* (Commission scientifique, technique et de recherche), *Bruxelles* (Bureau permanent), *Niamey* (Centre d'études linguistiques et historiques par tradition orale), *Nairobi* (Bureau interafricain pour les ressources animales), *Yaoundé* (Conseil phytosanitaire interafricain), *Conakry* (Bureau de coordination pour l'aménagement intégré du Fouta-Djalon), *Le Caire* (Délégation permanente auprès de la Ligue des États arabes), *Banjul* (Commission des droits de l'homme et des peuples). **Budget** (1996-98) : 62 millions de $. **Arriérés** (avril 1997) : 35 millions de $.

Nota. – Le 15-4-1958, *1re conférence des États indépendants d'Afrique* à Accra (Ghana) : 8 États (Égypte, Éthiopie, Ghana, Libéria, Libye, Maroc, Soudan, Tunisie). L'Afrique du Sud, invitée, refuse, ne consentant à y siéger qu'en la compagnie de toutes les puissances coloniales exerçant des responsabilités sur le continent. 1961 (avril), conférence d'Accra : Ghana, Mali et Guinée forment une *Union des États africains.* Quand l'OUA est créée, ils la rejoignent. Le Maroc a quitté l'OUA le 12-11-1984, quand celle-ci a accueilli la RASD.

■ **BAfD** ou **BAD (Banque africaine de développement). Création** : 4-8-1963. **Siège** : Abidjan (Côte d'Ivoire). **Pt** : Omar Kabbaj. **Membres** : 77 États d'Afrique, d'Amérique, d'Asie et d'Europe.

■ **CEAO (Communauté économique de l'Afrique de l'Ouest). Création** : 16-4-1973. Entrée en vigueur du traité le 1-1-1974, successeur de l'Udeao [Union douanière des États de l'Afr. de l'Ouest (qui remplaçait l'Udao, créée 1959)]. **Siège** : Abuja (Nigéria). **Membres** : Bénin, Burkina Faso, Côte d'Ivoire, Mali, Mauritanie, Niger, Sénégal. *Observateurs* : Guinée, Togo. **Budget** (en 1999) : 14 661 085 $. **Buts** : promouvoir une politique active de coopération et d'intégration économique, développer les échanges commerciaux grâce à une zone d'échanges organisée. **Organisation** : *conférence des chefs d'État* (1 fois tous les 2 ans). *Conseil des ministres. Cour arbitrale. Secrétariat général.* **Secrétaire général** : Kadari Bamba (Mali) depuis avril 1994. Dissolution en cours à la suite de la conférence des chefs d'État du 15-3-1994. **Fonds de solidarité et d'intervention pour le développement économique communautaire (Fosidec)** *créé* oct. 1978, intervient par garantie et contre-garantie des emprunts, octrois de prêts, prises de participations, financements d'études communautaires, subventions. *Capital* : 13,5 milliards de F CFA. **Accord de non-agression et d'assistance en matière de défense (Anad)** *signé* juin 1977 entre CEAO et Togo. **Accord pour la libre circulation des personnes et le droit d'établissement à l'intérieur de la Communauté** signé oct. 1978.

■ **Cemac (Communauté économique et monétaire de l'Afrique centrale).** Remplace Udeac (Union douanière et écon. de l'Afr. centrale). Création : traité du 16-3-1994 à N'Djamena (Tchad) ; entrée en vigueur le 5-2-1998 au sommet de Malabo (Guinée équatoriale). **But** : redynamiser le processus d'intégration économique et monétaire par la recherche de la convergence des politiques macro-économiques, la stabilité de la monnaie commune par la gestion rigoureuse des économies, la sécurisation et l'amélioration de l'environnement des activités économiques et des investissements par un cadre réglementaire adapté, la promotion de la libre circulation des biens, services et capitaux, l'élargissement progressif de la liberté de circulation, de résidence et d'établissement des populations. **Membres** : ex-Udeac : Cameroun, Centrafrique, Congo, Gabon, Guinée équatoriale et Tchad (3 020 144 km² ; 30 900 000 hab. en 1999). **Siège** : ex-Secrétariat général de l'Udeac à Bangui (Centrafrique). **Pt** : 1 an dans l'ordre alphabétique des États membres (en 2001, Cameroun). **Institutions** : *Union économique de l'Afrique centrale (UEAC)* assume la coordination, l'harmonisation et la mise en œuvre des politiques économiques conformément aux dispositions juridiques. *Union monétaire de l'Afrique centrale (Umac)* intègre la coopération monétaire autour d'un institut d'émission commun, la *Banque des États de l'Afrique centrale* (*BEAC* à Yaoundé). *Unité monétaire légale,* le franc de la coopération financière en Afrique (FFCFA) ; 1 FF = 100 FCFA. *Parlement communautaire* a pour rôle essentiel de légiférer par voie de directives, comprend 5 députés par État. *Siège* : Malabo (Guinée équatoriale). *Cour de justice,* 2 chambres : judiciaire et des comptes, 2 magistrats par État. *Siège* : N'Djamena (Tchad). **Secrétariat exécutif** : 2 postes fixes, mandat 5 ans, renouvelable 1 fois. *Secrétaire exécutif* (poste camerounais) : Jean Nkuete depuis 25-6-1999. *Adjoint* (poste gabonais) : Dieudonné Mouiri Boussougou, reconduit le 25-6-1999. **Organes de la Communauté** : conférence des chefs d'État, au moins 1 fois l'an, Conseil des ministres (3 par État) se réunit 2 fois l'an, Comité ministériel, 2 ministres dont 1 des Finances, se réunit 2 fois par an, Comité inter-État, mandat 3 ans, 2 représentants par État (1 titulaire et 1 suppléant). **Organes spécialisés** : école inter-États de Douanes (EIED) créée 1975 à Brazzaville (Congo), Institut sous-régional de statistiques et de l'économie appliquée (ISSEA), créée 1984 à Brazzaville, Institut sous-régional multisectoriel de technologie appliquée de la planification et évolution des projets (Ista) créé 1981 à Libreville (Gabon), Communauté économique du bétail, de la viande (Cebevirha) créée 1987 à N'Djamena (Tchad). **Financement** : contributions égalitaires des États, concours financiers extérieurs et revenus de certaines prestations des organes de la Communauté.

■ **Cedeao (Communauté économique des États de l'Afrique de l'Ouest). Création** : 28-5-1975. Entrée en vigueur du traité : mars 1977. **Siège** : Lagos (Nigéria). **Membres** : Bénin, Burkina Faso, Cap-Vert, Côte d'Ivoire, Gambie, Ghana, Guinée, Guinée-Bissau, Libéria, Mali, Mauritanie, Niger, Nigéria, Sénégal, Sierra Leone, Togo. **Fonds de coopération, de compensation et de développement.**

■ **Comesa (Marché commun des États d'Afrique orientale et du Sud). Création** : 5-11-1993 à Kampala (Ouganda). **Siège** : Lusaka (Zambie). **Secrétaire général** : Joël Erastus Mwencha (Kenya). **Membres** [également de la zone d'échanges préférentiels (Zep, créée 1982)] : Angola, Burundi, Comores, Congo démocratique (ex-Zaïre), Érythrée, Éthiopie, Kenya, Madagascar, Malawi, Maurice, Namibie, Ouganda, Rwanda, Soudan, Swaziland, Tanzanie, Zambie et Zimbabwe.

■ **Communauté est-africaine. Création** : 1-12-1967. **Siège** : POB 1001 Arusha (Tanzanie). **Membres** : Kenya, Ouganda, Tanzanie. **But** : marché commun.

■ **Communauté pour le développement de l'Afrique australe (SADC, Southern Africa Development Community). Création** : 17-8-1992. **Origine** : Southern African Development Coordination Conference, SADCC, créée 1-4-1980 Lusaka (Zambie). **Siège** : Gaborone (Botswana). **Secrétaire exécutif** : Kaire Mbuende (Namibie). **Membres** : Angola, Botswana, Lesotho, Malawi, Mozambique, Swaziland, Tanzanie, Zambie et Zimbabwe (fondateurs) puis Namibie (1990), Afrique du Sud (1994), Maurice (1995), Seychelles et Rép. démocratique du Congo (1998). **But** : renforcer l'indépendance économique de ses membres, principalement vis-à-vis de l'Afrique du Sud.

■ **Conseil de l'entente. Création** : 29-5-1959. **Siège** : Abidjan (Côte d'Ivoire). **Membres** : Bénin, Burkina, Côte d'Ivoire, Niger, Togo (depuis le 9-6-1966). **Organisation** : *conférence des chefs d'État* 1 fois par an (précédée par un *Conseil des ministres*). *Secrétariat administratif* : est aussi celui du Fonds d'entraide et de garantie des emprunts du CE. **Secrétaire administratif** : Paul Kouame depuis 1999. **But** : organiser et développer la solidarité et la coopération économique entre les États membres. En milliards de F CFA : **Capital** (au 31-12-1995) : 9,87 ; **budget** de fonctionnement (en 1996) : 0,739.

■ **Groupe de Casablanca. Création** : conférence de Casablanca (1961). **Membres** : Algérie, Égypte, Ghana, Guinée, Libye, Mali, Maroc.

■ **Groupe de Monrovia. Création** : conférence de Monrovia (Libéria), 1961. Charte signée à Lagos (Nigéria) 1962. **Membres** : 12 États de l'Union africaine et malgache, plus Éthiopie, Libéria, Nigéria, Sierra Leone, Somalie, Togo, Tunisie, Zaïre. **But** : coopération politique, économique, diplomatique, culturelle et de défense.

■ **Union douanière d'Afrique australe (Southern African Customs Union). Création** : 11-12-1969. **Siège** : Pretoria (Afr. du Sud). **Membres** : Afr. du Sud, Botswana, Lesotho, Swaziland (fondateurs).

■ **UMA (Union du Maghreb arabe). Création** : 17-2-1989 lors du sommet constitutif de Marrakech. **Membres** : Algérie, Libye, Maroc, Mauritanie, Tunisie. **But** : développer les relations économiques et politiques entre les États membres, créer un espace économique maghrébin commun, une union douanière et permettre la libre circulation des biens et des personnes. **Institutions** : *Conseil présidentiel* (1 fois par an avec présidence tournante). *Conseil consultatif. Comité de suivi. Instance judiciaire. Secrétariat général* (Rabat, Maroc). *Banque maghrébine d'investissement et de commerce extérieur. Académie* et *université maghrébines. 4 commissions ministérielles* (économie, finances, ressources humaines, infrastructures et sécurité alimentaire). **Secrétaire général** : Mohamed Amamou (Tunisie, né 7-10-1933).

■ **Union économique et monétaire ouest-africaine (UEMOA). Création** : 11-1-1994. **Membres** : Bénin, Burkina Faso, Côte d'Ivoire, Guinée-Bissau, Mali, Niger, Sénégal, Togo. *Unité monétaire* : franc de la Communauté financière d'Afrique (F CFA), émis par la Banque centrale des États de l'Afrique de l'Ouest (BCEAO).

☞ **Organisations disparues. Comité permanent consultatif du Maghreb** : *créé* oct. 1964, n'a jamais eu d'activités. *Membres* : Algérie, Maroc, Mauritanie, Tunisie. *Buts* : coordination économique, échange d'informations techniques. **Conférence des chefs d'État de l'Afr. équatoriale** : créée 24-6-1959 par les États de l'ancienne Afrique-Équatoriale française, dissoute 28-5-1970. **UAMCE (Union africaine et malgache de coopération économique). OAMCE (Organisation africaine et malgache de coopération économique),** voir Quid 1974, p. 435 b. **UEAC (Union des États d'Afrique centrale)** : *créée* février 1968. *Membres* : Tchad, Zaïre. En déc. 1968, l'Empire centrafricain l'avait quittée. **Urac (Union des Républiques d'Afr. centrale)** : *créée* juin 1960. *Membres* : Rép. centrafricaine, Congo, Tchad. **Ocam (Organisation commune africaine et mauricienne)** : *siège* : Bangui (Centrafrique), *créée* juin 1966 à Tananarive, dissoute 25-3-1985.

ORGANISATIONS AMÉRICAINES

■ **AEC (Association des États de la Caraïbe). Créée** juillet 1994 par une convention signée à Carthagène (Colombie). **Membres** : 25 pays des Caraïbes et d'Amérique latine jouxtant le bassin des Caraïbes (dont Colombie, Cuba, Mexique et Venezuela), 2 associés (dont la France) et 13 pays observateurs. **But** : promouvoir l'intégration économique régionale.

■ **Alliance pour le progrès. Création** : 17-8-1961 à Punta del Este (Uruguay), dissoute 1975. **Membres** : USA et pays d'Amér. latine, sauf Cuba. **But** : programme d'assistance (10 ans) à l'Amér. latine.

■ **Aladi (Association latino-américaine d'intégration). Création** : traité de Montevideo (12-8-1980). Remplace l'Alale (Association latino-amér. de libre-échange, créée 18-2-1960), depuis 18-3-1981. **Siège** : Montevideo (Uruguay). **Membres** : Argentine, Bolivie, Brésil, Chili, Colombie, Cuba, Équateur, Mexique, Paraguay, Pérou, Uruguay, Venezuela. **But** : intégration économique et, à long terme, formation d'un marché commun latino-amér. **Organisation** : *Conseil des ministres des Affaires étrangères, conférence d'évaluation et convergence, Comité de représentants. Plusieurs organes auxiliaires.* **Secrétaire général** : Juan Francisco Rojas Penso (Venezuela).

■ **Alena [(Nafta)** ou **TLC (Tratado de Libre Comercio) Accord de libre-échange nord-américain]. Création** : conclu 12-8-1992, signé 18-12-1992. **Membres** : USA, Canada et Mexique (Chili en négociation mi-1995). **But** : réduire et éliminer en 15 ans les barrières tarifaires entre les 3 pays [zone de libre-échange depuis 1-1-1994. *Population* (en millions) : 364 (dont USA 250, Mexique 88, Canada 26). *Pop. active* : 163 (dont USA 125, Mexique 24, Canada 14). *Import.* (en milliards de $) : 661 (dont USA 487, Canada 115, Mexique 59). *Export.* (en milliards de $) : 591 (dont USA 422, Canada 124, Mexique 46). *PIB* (en milliards de $) : 6 285 (dont USA 5 422, Canada 580, Mexique 283). *Revenu/hab.* (en $) : USA 21 740, Canada 21 600, Mexique 3 484].

■ **BID [Banque interaméricaine de développement ; (IDB) Inter-American Development Bank]. Création** : 30-12-1959. **Siège** : Washington. **Membres** : 46 [28 pays régionaux (dont USA et Canada) et 18 pays extra-régionaux (dont 16 pays eur., dont All., Espagne, *France,* G.-B. et Italie) ; Israël et Japon]. **Organisation** : *Conseil des gouverneurs, conseil d'administration* : 14 membres ; *Pt* : Enrique Iglesias (Uruguay). **But** : prêts aux États et organismes publics avec la garantie des États.

■ **SII (IIC) : Sté interaméricaine d'investissement (groupe BID). Création** : 1986. **Membres** : 37 (26 pays latino-américains et caraïbes, USA, 8 pays européens, Japon, Israël). Mêmes siège et Pt que la BID. Participations et prêts aux PME privées.

■ **Caricom (Caribbean Community). Création** : traité de Chaguaramas (4-7-1973). A remplacé la Caribbean Free-Trade Association (Carifta) créée 1965. **Siège** : Georgetown (Guyana). **Membres** : Barbade, Guyana, Jamaïque, Trinité et Tobago (fondateurs) ; Antigua et Barbuda, Bahamas, Bélize, Dominique, Grenade, Montserrat, St-Christophe et Niévès, Ste-Lucie, St-Vincent et les Grenadines (depuis 1974) ; Suriname (depuis 4-7-1995). **But** : coopération économique, coordination de la politique étrangère commune pour santé, éducation, culture, communication, industrie. Accord sur tarif douanier commun (oct. 1992). Marché commun prévu. **Organisation** : *Bureau de la conférence des chefs de gouvernement* (depuis 1993), *Pt* : Owen Arthur (Barbade). *Secr. général* : Edwin Carrington.

■ **CBI (Caribbean Basin Initiative). Création** : 1983 par le Pt Reagan. **Principe** : exonérer de droits de douane les produits de 22 pays des Caraïbes et de l'Amér. centrale exportés vers USA, pour attirer les investisseurs.

■ **Communauté andine. Origine** : Pacte andin de Cartagène (26-5-1969). **Siège** : Lima (Pérou). **Secrétaire général** : Sebastián Alegrett. **Membres** : Bolivie, Chili (se retire en 1976), Colombie, Équateur, Pérou (fondateurs) ; Venezuela (1973). **But** : créer un vrai marché commun (Union douanière depuis 1995). Créer une Aire de libre-échange entre la Communauté andine et le Mercosur.

■ **Conseil de coopération de la région des Amazones. Création** : 1978. **Siège** : Lima (Pérou). **Membres** : Bolivie, Brésil, Colombie, Équateur, Guyane, Pérou, Suriname, Venezuela.

■ **Groupe de Rio. Création** : 1987. Succède au **Groupe de Contadora** (créé 1983). **Membres** : Argentine, Brésil, Colombie, Mexique, Panamá, Pérou, Uruguay, Venezuela, et en 1990 Bolivie, Chili, Équateur, Paraguay. Mécanisme permanent de consultation et de concertation politique en Amérique latine. **But** : renforcement de la démocratie et défense des droits de l'homme, intégration régionale, protection de l'environnement et politique sociale.

■ **Groupe des 3 (G3). Création** : 1991 (mémorandum de Guadalajara, Mexique). **Membres** : Colombie, Mexique, Venezuela. **But** : zone de libre commerce avec perspective d'intégration à l'Alena.

■ **MCCA (Marché commun centre-américain)** ou **MCAC (d'Amérique centrale). Création** : 1960 à Managua (par l'Odeca), 1990 sommet d'Antigua (Guatemala), Plan d'action économique pour l'Amér. centrale (Paeca). **Siège** : Guatemala. **Secrétaire général** : Haroldo Rodas Melgar. **Membres** : Guatemala, Honduras, Nicaragua, Salvador (fondateurs), Costa Rica (1962), Panamá (observateur). **But** : union douanière et zone de libre-échange, sept. 1997 accord d'union politique.

■ **Mercosur (Mercado Comun del Sur). Création** : 26-3-1991, traité d'Asuncion. **Siège** : Montevideo. **Secrétaire** : Manuel Olarreaja. **Membres** : Argentine, Brésil, Paraguay, Uruguay. *Associés* : Bolivie, Chili (juillet 1996), Pérou (1997). **But** : marché commun du sud de l'Amér. latine (depuis 1-1-1995, zone de libre-échange en 2000). **Échanges commerciaux Mercosur** (en millions de $, 1998) **intérieur/extérieur** : 20 411/75 968. **Population** (en millions) : 220 (voir chapitre **États** p. 945).

■ **Sica (Sistema de la Integracion centroamericana). Création** : Charte de San Salvador (14-10-1951 et 12-12-1962) créant l'**Organisation des États centre-américains** (Odeca) et protocole additionnel du 13-12-1991 de Tegucigalpa. **Siège** : San Salvador. **Membres** : Bélize (observateur), Costa Rica, Guatemala, Honduras, Nicaragua, Panamá, République dominicaine, Salvador. **Organes** : réunion des Pts, Conseil des ministres des Affaires étrangères, Conseil exécutif, secrétariat général. Parlement centraméricain,

Cour centraméricaine de justice, Comité consultatif. **But :** intégration politique, économique, culturelle, de l'environnement et sociale. **Réalisations :** intégration des 7 pays membres dans une alliance de sécurité régionale. **Administrateur du secrétaire général et secrétaire du Conseil exécutif :** Ernesto Leal Sanchez (Nicaragua).

■ **OEA (OAS). Organisation des États américains (Organization of American States). Création :** *1890 :* 1re conférence internationale américaine à Washington fonde l'Union internationale des Rép. américaines ; *1948 :* 9e conférence de Bogotá adopte la Charte de l'OEA ; *1970-88 :* Charte réformée. **Siège :** Washington. **Membres :** Antigua et Barbuda, Argentine, Bahamas, Barbade, Bélize, Bolivie, Brésil, Canada, Chili, Colombie, Costa Rica, Cuba (gouv. expulsé en 1962 ; le pays reste membre), Dominicaine (Rép.), Dominique, Équateur, Grenade, Guatemala, Guyana, Haïti, Honduras, Jamaïque, Mexique, Nicaragua, Panamá, Paraguay, Pérou, St-Christophe et Niévès, Ste-Lucie, St-Vincent et les Grenadines, Salvador, Suriname, Trinité et Tobago, Uruguay, USA, Venezuela. 49 observateurs permanents. **Organisation :** *Assemblée générale* (chaque année). *Consultation des min. des Relations extérieures* pour problèmes urgents. *2 Conseils :* permanent (Washington ; 1 représentant par pays) ; Conseil interaméricain pour le développement intégral. Plusieurs organisations, commissions, comités interaméricains. **Secrétaire général** (15-9-1994-2004) : César Gaviria Trujillo (Colombie). **Budget** (en 2001) : 84,374 millions de $.

■ **Pacte amazonien. Création :** 3-7-1978. **Membres :** Bolivie, Brésil, Colombie, Équateur, Guyana, Pérou, Suriname, Venezuela. **But :** politique commune de mise en valeur et d'exploitation de l'Amazone.

☞ Le 12-2-1993, *déclaration de Caracas* instituant zone de libre-échange (prévue 1995) entre Colombie, Costa Rica, Guatemala, Honduras, Mexique, Nicaragua, Panamá, Salvador et Venezuela.

■ **Sommets des présidents centraméricains** (Costa Rica, Guatemala, Honduras, Nicaragua et Salvador). Du 1er au 4e : sans le Nicaragua. **1er :** 1986 (mai) *Esquipulas I* (Guatemala). **2e :** 1987 (févr.) *Esquipulas II :* accord élaboré à partir du plan Arias C. **3e :** 1988 *San José :* déclaration d'Alajuela (16-1). **4e :** 1989 *Salvador :* déclaration de Costa del Sol (14-2). **5e :** 1989 *Honduras :* accord de Tela (7-8).

■ **Sommets ibéro-américains** (pays d'Amérique et d'Europe de langues espagnole et portugaise). **Création :** juillet 1991, à l'instigation du roi d'Espagne.

■ **Sommets des Amériques. 1er :** 1994 (déc.) à Miami ; **2e :** 1998 (avril) à Santiago (réunissant 24 pays américains). A l'occasion du **sommet de Miami,** une déclaration de principe a été adoptée. Elle met l'accent sur le renforcement de la démocratie à l'échelle du continent, l'ouverture des marchés et l'intégration continentale, ainsi que sur le développement durable et la lutte contre la pauvreté. **But :** créer une zone de libre-échange des Amériques (ZLEA) d'ici 2005.

■ **TIAR (Tratado Interamericano de Asistencia Reciproca). Création :** Rio, 2-9-1947. **Membres :** tous les États américains, sauf Antigua et Barbuda, Barbade, Bélize, Canada, Dominique, Grenade, Guyana, Jamaïque, St-Christophe et Niévès, Ste-Lucie, St-Vincent et les Grenadines, Suriname. **But :** traité d'assistance réciproque en cas d'agression contre un État américain. La décision d'intervenir ne peut être prise qu'à la majorité des États réunis en conférence (jusqu'au 17-5-1975, majorité des 2/3).

■ **ZLEA (AFTA) Zone de libre-échange des Amériques. (American Free Trade Association). Création :** *1990* (juin) : idée lancée par les USA – l'**Initiative des Amériques** ; *1994* (10 et 11/12) : créée au sommet des Amériques à Miami. **Membres :** 34 États. **But :** libre-échange de l'Alaska à la Terre de Feu à partir de 2005.

Organisations asiatiques et océaniennes

■ **Anzus (Australia, New Zealand, United States). Création :** San Francisco, le 1-9-1951, pour une durée illimitée. **Membres :** Australie, Nlle-Zélande, USA. **But :** traité de sécurité militaire dans le Pacifique (en août 1986, les USA ont suspendu leurs engagements à l'égard de la Nlle-Zélande).

■ **Apec (Asia-Pacific Economic Cooperation). Origines :** 1989 à l'initiative de l'Australie (préside depuis 1986 le groupe *Cairns,* ville du Queensland où le groupe a été créé). **Siège :** Singapour. **Pt :** Jack Whittleton (Canada). **Membres :** Australie, Brunéi, Canada, Chili, Chine populaire, Corée du Sud, Hong Kong, Indonésie, Japon, Malaisie, Mexique (depuis 1993), Nlle-Zélande, Papouasie-Nlle-Guinée (depuis 1993), Philippines, Singapour, Taïwan, Thaïlande, USA. **But :** à l'origine, forum de coopération régionale océanienne avec abolition des barrières douanières, transformé, depuis nov. 1994, en union économique avec intégration à 2 vitesses : des pays économiquement prêts en 2010, et des autres pays en 2020. *Pourcentage mondial :* population 40, production 60, commerce 41. *Marché* de 2,1 milliards de consommateurs. Rencontre la résistance de plusieurs pays asiatiques membres de l'Asean.

■ **Ansea (Asean). Association des nations du Sud-Est asiatique (Association of South East Asian Nations). Création :** 8-8-1967. **Siège :** Jakarta. **Membres :** Brunéi (depuis 7-1-1984), Cambodge (depuis 1998), Indonésie, Laos, Malaisie, Myanmar (depuis juillet 1997), Philippines, Singapour, Thaïlande, Viêt Nam (depuis 28-7-1995). **Organisation :** *secr. général :* Rodolfo C. Severino, Jr. (né 1936). **But :** coopération régionale. Projet d'une zone de libre-échange Afta (Asian Free Trade Area) en 2002. *Tarifs douaniers :* premières réductions 1-1-1994 ; taux maximal : 20 % les 5 premières années ; *objectif :* 0,5 % en 2000 et 0 % en 2003.

■ **ARF (Asean Regional Forum ; Forum régional de l'Asean).** Institué 1993. **Membres :** 9 pays de l'Asean, Australie, Cambodge, Canada, Chine, Corée du Sud, Inde, Japon, Nlle-Zélande, Papouasie-Nlle-Guinée, Russie, UE, USA. Dialogue politique relatif à la sécurité dans la zone Asie-Pacifique.

■ **ASACR (Saarc). Association sud-asiatique de coopération régionale. Création :** déc. 1985. **Siège :** Katmandou (Népal). **Membres :** Bangladesh, Bhoutan, Inde, Maldives, Népal, Pakistan, Sri Lanka. Le 2-4-1993, South Asian Preferential Trading Arrangement (SAPTA) créé. **Organisation :** *réunion des chefs d'État et de gouv., Conseil des ministres* (2 fois par an). **Comités :** *permanent, de programmation, technique, d'actions, de coopération économique.* **Secrétaire général :** Nihal Rodrigo (Sri Lanka) depuis 1-1-1999.

■ **ASEM Forum Europe-Asie (Asia-Europe Meeting). Création :** mars 1996. Réunions informelles euro-asiatiques entre 25 pays (et la Commission européenne). **Membres :** UE, Brunei, Chine, Corée du Sud, Indonésie, Japon, Malaisie, Philippines, Singapour, Thaïlande, Viêt Nam. Ont fait acte de candidature (Australie, Inde, Pologne, Russie). **But :** coopération économique, politique, scientifique et culturelle (désaccord sur le respect des droits de l'homme). **Sommets : 1996**-mars Bangkok (Thaïlande) ; -nov. Paris. **1997**-février. Singapour. **1998**-avril Londres (G.-B.).

■ **Bad (Banque asiatique de développement). Création :** 1966 à Manille (Philippines). **Siège :** Manille. **Pt :** Tadao Chino (Japon, né 21-1-1934). **Membres :** 59 pays d'Asie, d'Australie, d'Amér. du Nord, d'Europe et du Pacifique. **Capital** (en 1998) : 45,271 millions de $.

■ **Commission du Pacifique Sud,** devenue en 1998 la **Communauté du Pacifique (CPS),** connue sous le nom de **Secrétariat général de la Communauté du Pacifique. Création :** 28-1/6-2-1947 (convention de Canberra). **Siège :** 100, promenade Roger-Laroque, Anse Vata, BP D 5, Nouméa, Nlle-Calédonie (depuis 1950, pour la Commission). **Langues officielles :** anglais, français. **Membres** (en italique, fondateurs) : *Australie,* îles Cook (oct. 1980), Fidji (mai 1971), *France,* Guam (1983), Kiribati (1983), Mariannes du Nord (1983), Marshall (1983), Micronésie (1983), Nauru (juillet 1969), Niue (oct. 1980), Nlle-Calédonie (1983), *Nlle-Zélande,* Palau (1983), Papouasie-Nlle-Guinée (sept. 1975), *Pays-Bas* (retirés 1962 après accord du 15-8-1962 avec l'Indonésie lors du rattachement de la Nlle-Guinée néerlandaise sous le nom d'*Irian Jaya*), Pitcairn (1983), Polynésie française (1983), *Royaume-Uni,* Salomon (nov. 1978), Samoa américaines (1983), Samoa (oct. 1965), Tokelau (1983), Tonga (1983), Tuvalu (nov. 1978), *USA,* Vanuatu (1983) et Wallis-et-Futuna (1983). Total représentant 7,6 millions d'Océaniens sur 30 millions de km². **Directeur général :** Lourdes Pangelinan (Gam) depuis 6-1-1999. **Secrétaire général :** Robert Dun (Australie, né 1930) depuis 26-10-1995. **Organisation : conférence du Pacifique Sud,** née 1950, réunion des délégués des pays membres de la CPS tous les 3 ans, annuelle jusqu'en 1997, puis tous les 2 ans, en 1999 devient la **conférence de la Communauté du Pacifique. But :** assistance technique et développement des pays océaniens.

■ **Conférence de Bandung.** Du 18 au 25-4-1955 (Indonésie) ; réunit 29 pays (dont 16 anciens États « coloniaux » devenus indépendants) : Afghanistan, Arabie saoudite, Birmanie, Cambodge, Ceylan, Chine, Côte-de-l'Or (futur Ghana), Égypte, Éthiopie, Inde, Indonésie, Iran, Iraq, Japon, Jordanie, Laos, Liban, Libéria, Libye, Népal, Pakistan, Philippines, Siam, Soudan, Syrie, Turquie, Viêt Nam du Nord, Viêt Nam du Sud, Yémen. **Résultats :** a formulé les *10 principes de la coexistence :* **1°)** respect des droits humains fondamentaux en conformité avec les buts et les principes de la Charte des Nations unies ; **2°)** respect de la souveraineté et de l'intégrité territoriale de toutes les nations ; **3°)** reconnaissance de l'égalité de toutes les races et de l'égalité de toutes les nations, petites et grandes ; **4°)** non-intervention et non-ingérence dans les affaires intérieures des autres pays ; **5°)** respect du droit de chaque nation de se défendre individuellement et collectivement conformément à la Charte des Nations unies ; **6°) a.** refus de recourir à des arrangements de défense collective destinés à servir les intérêts particuliers des grandes puissances ; **b.** refus par une puissance quelle qu'elle soit d'exercer une pression sur d'autres ; **7°)** abstention d'actes ou de menaces d'agression ou de l'emploi de la force contre l'intégrité territoriale ou l'indépendance politique d'un pays ; **8°)** règlement de tous les conflits internationaux par des moyens pacifiques, tels que négociation ou conciliation, arbitrage et règlement devant des tribunaux, ainsi que d'autres moyens pacifiques que pourront choisir les pays intéressés, conformément à la Charte des Nations unies ; **9°)** encouragement des intérêts mutuels et coopération ; **10°)** respect de la justice et des obligations internationales.

■ **Conférences « au sommet » des pays non alignés. Belgrade** (1/6-9-1961) : 25 pays plus pays observateurs. Invite USA et URSS à « entrer en contact » pour éviter un conflit mondial, rejette le système des « blocs » et la thèse selon laquelle la guerre, même « froide », serait inévitable, la coexistence pacifique étant le seul choix devant la « guerre froide » et le risque d'une catastrophe nucléaire universelle ; affirme le droit des peuples à l'autodétermination, à l'indépendance et à la libre disposition de leurs richesses ; demande la création d'un fonds d'équipement contrôlé par l'Onu pour fournir une aide économique aux pays en voie de développement ; préconise le « désarmement complet et général ». **Le Caire** (5/10-10-1964) : 7 pays plus 10 pays observateurs, l'OUA, la Ligue arabe et divers mouvements de libération nationale. **Lusaka** (Zambie, 8/10-9-1970) : 65 pays, 10 observateurs (Viêt Nam du Sud et 9 pays d'Amér. latine). **Alger** (5/10-9-1973) : 65 pays, 6 observateurs (Amér. latine) et 3 invités (Autriche, Finlande, Suède), 4 organisations internationales (Onu, OUA, Ligue arabe et Ospaaa) et 15 mouvements de libération. **Colombo** (Sri Lanka, 16/19-8-1976) : 86 pays, 17 pays observateurs et 12 organisations. **La Havane** (Cuba, 3/8-9-1979) : 92 pays (le Cambodge n'est pas représenté) et 3 organisations membres (OLP, Organisation des peuples du Sud-Ouest africain, Front patriotique du Zimbabwe), 9 pays observateurs, 8 invités. **Delhi** (7/11-3-1983) : 97 pays (sur 164 États alors indépendants, dont 157 de l'Onu). **Harare** (Zimbabwe, 1/7-9-1986) : 102 pays. *Afrique :* 50 ; *Amér. latine et Caraïbes :* 18 ; *Asie et Proche-Orient :* 30 ; *Océanie* (Vanuatu) ; *Europe :* 3 (Chypre, Malte, Yougoslavie). **Belgrade** (1/7-9-1989) : 102 pays, 10 observateurs, 20 invités. **Larnaca** (Chypre 3-2-1992) : 150 délégués d'environ 50 pays étudient la réforme du mouvement. **Cartagena** (Colombie 14/20-10-1995) : 113 pays. Réforme de l'Onu demandée.

■ **Conseil de coopération du Golfe, Membres :** Bahreïn, Arabie saoudite, Oman, Qatar, Émirats arabes unis, Koweït.

■ **Forum du Pacifique Sud. Création :** 1971. **Siège :** Fidji. **Secrétaire général :** Ieremia T. Tabai (Kiribati, né 1950). **Membres :** 15 pays mélanésiens (Australie, îles Cook, Fidji, Kiribati, îles Marshall, États fédérés de Micronésie, Nauru, île de Niue, Nlle-Zélande, Papouasie-Nlle-Guinée, îles Salomon, Samoa occidentales, Tonga, Tuvalu, Vanuatu). **Membres associés :** Canada, Chine, Corée du Sud, *France* (exclue sept. 1995 à cause de la reprise des essais nucléaires, réintégrée 4-9-1996), G.-B., Japon, Union européenne, USA. **But :** encourager et promouvoir la coopération régionale et assister le développement des pays insulaires du Pacifique Sud.

■ **Otase (Seato). Organisation du traité de l'Asie du Sud-Est (South East Asia Treaty Organization). Création :** traité de Manille 8-9-1954. **Dissous** 30-6-1977. **Siège :** Bangkok (Thaïlande). **Membres :** Australie, G.-B., Nlle-Zélande, Philippines, Thaïlande, USA. Le Pakistan s'était retiré le 7-11-1973. **But :** pacte de défense contre l'agression communiste à l'extérieur, assistance aux membres contre subversion interne, coopération économique et culturelle.

■ **Plan de Colombo** (pour la coopération économique et le développement social en Asie et dans l'océan Pacifique). **Création :** 1-7-1951. **Siège :** Colombo (Sri Lanka). **Membres :** Afghanistan, Australie, Bangladesh, Bhoutan, Cambodge, Corée du Sud, Fidji, Inde, Indonésie, Iran, Japon, Laos, Malaisie, Maldives, Myanmar, Népal, Nlle-Zélande, Pakistan, Papouasie, Philippines, Singapour, Sri Lanka, Thaïlande, USA. **Organisation :** *Comité consultatif. Colombo Plan Council, Bureau du Plan de Colombo. Institut d'enseignement technique* (Manille). **But :** aide économique et technique assurée par des accords bilatéraux. **Programmes :** Drug Advisory for Public Administration ; South-South Cooperation Programme.

Autres organisations

Organisations politiques et économiques diverses

■ **Badea (Banque arabe pour le développement économique en Afrique). Création :** 18-2-1973 (opérationnelle mars 1975). **Siège :** Khartoum (Soudan). **Membres :** 18 États membres de la Ligue des États arabes.

■ **Bid (Banque islamique de développement). Création :** 1974. **Siège :** Djedda (Arabie). **Membres :** 51.

■ **BRI (Banque des règlements internationaux). Création :** mai 1930. **Siège :** Bâle (Suisse). **But :** favoriser les règlements financiers et harmoniser les normes de contrôle [grâce à un *comité des autorités,* créé en 1974, 32 membres + 9 en cours d'intégration. *Pt :* Willem F. Duisenberg (Pays-Bas, né 9-7-1935)].

■ **CAEM [(dit Comecon) Conseil d'assistance économique mutuelle (Council for Mutual Economic Assistance)]. Créé :** janv. 1949, **dissous :** 28-6-1991. **Siège :** Moscou. **Membres :** All. dém. (jusqu'à oct. 1990), Bulgarie, Cuba, Hongrie, Mongolie, Pologne, Roumanie, Rép. tchèque, URSS, Viêt Nam. La Yougoslavie participait aux travaux de certains organes depuis le 17-9-1964. **Convention avec des États non membres :** Finlande (16-5-1973), Iraq (4-7-1975), Mexique (13-8-1975), Nicaragua (16-9-1983), Mozambique (17-5-1985), Angola (1986), Éthiopie (1986), Yémen (1986), Afghanistan (1987).

■ **CCG (CCASG). Conseil de coopération des États arabes du Golfe (Cooperation Council for the Arab States of the Gulf). Création :** 1981 (Aboû Dabî). **Siège :**

Ar Riyâd (Arabie saoudite). **Secrétaire général :** Jamil Ibrahim Al-Hejailan (Arabie saoudite). **Membres :** Arabie saoudite, Bahreïn, Émirats arabes unis, Koweït, Oman, Qatar.

■ **Cocona (Conseil de coopération de l'Atlantique Nord). Création :** nov. 1992 à l'initiative de l'Otan. **Membres :** 16 pays de l'Otan, 5 d'Europe orientale, 3 baltes, 12 de la CEI. **But :** établir entre Otan et anciens membres du pacte de Varsovie une coopération (domaines civils et militaires). *1re séance :* 20-12-1991 ; *2e :* 20-3-1992.

■ **Cento (Central Treaty Organisation). Création :** 24-2-1955 [pacte de Baghdad entre Turquie et Iraq auxquels s'associèrent G.-B. (4-4), Pakistan (23-9), Iran (3-11)]. Le 24-3-1959, l'Iraq se retira ; le 21-8-1959, le nom de Cento fut adopté. En mars 1979, l'association fut dissoute. **But :** défense mutuelle et développement économique.

■ **Cocom (Comité de coordination pour le contrôle multilatéral des exportations). Création :** 1949 à Paris, dissous 31-3-1994. Regroupait 17 pays (membres de l'Otan sauf l'Islande), Japon, Australie. **Mission :** contrôler les ventes de technologies vers l'Est.

☞ **Groupes de Wassenaar et des principaux exportateurs d'armement :** *créés* 1993. *Membres :* Allemagne, *France*, G.-B., Italie, Russie, USA. *But :* contrôle des exportations de technologies vers les pays sensibles.

■ **CUEA (Conseil de l'unité économique arabe). Création :** 1957 (Le Caire). Entrée en vigueur : 1964. **Siège :** Le Caire (Égypte). **Membres :** 10 (Égypte, Iraq, Jordanie, Libye, Mauritanie, Palestine, Somalie, Soudan, Syrie, Yémen). Est à l'origine du **Marché commun arabe. Création :** 1964. **Membres :** Égypte, Iraq, Jordanie, Libye, Mauritanie, Syrie, Yémen. **Organisation :** 1 conseil, 6 comités permanents. **Secrétaire général :** *avant 1965 :* Dr Abdel Moneim el-Bana ; *73 :* Dr Abdel al El Sagyban, *puis* Dr Fakhri Kadori, Mahdi el-Obaidy, Dr Hani Khasawneh ; *88* Hassan Ibrahim ; *2000 :* Dr Ahmed Ahmed Goueli.

■ **Groupe de Cairns. Création :** 1986 à Cairns (Australie). **Membres :** 15 pays exportateurs de produits agricoles : Afrique du Sud, Argentine, Australie, Brésil, Canada, Chili, Colombie, Fidji, Indonésie, Malaisie, Nlle-Zélande, Paraguay, Philippines, Thaïlande et Uruguay.

■ **Ligue arabe. Création :** [à la suite du protocole d'Alexandrie 7-10-1944 ; à l'initiative du Pt du Conseil égyptien Moustapha el-Nahhas Pacha] 22-3-1945 pacte signé par 7 pays. **Siège :** Le Caire (temporairement transféré à Tunis entre 1979 et le 31-10-1990). **Membres** (fondateurs en italique) : Algérie (1962), *Arabie saoudite*, Bahreïn (1971), Comores (1993), Djibouti (1977), *Égypte* (après la signature du traité de paix israélo-égyptien du 26-3-1979, écartée de 1979 à 1989), Émirats arabes unis (1971), *Iraq*, *Jordanie*, Koweït (1961), *Liban*, Libye (1953), Maroc (1958), Mauritanie (1973), Oman (1971), Palestine (1976), Qatar (1971), Somalie (1974), Soudan (1956), *Syrie*, Tunisie (1958), *Yémen*. 241 millions d'habitants en 1992, 299 prévus en 2000. **Organisation :** Conseil de la Ligue, conseils ministériels spécialisés, comités permanents (affaires sociales, environnement, justice, santé, médias et information, transports, jeunesse et sports, etc.). **Secrétaire général :** *1945 :* Abdel Rahman Azzam (Égypte), *52 :* Abdel Khalek Hassouna (Égypte), *72 :* Mahmoud Riad (Égypte), *79 :* Chedli Klibi (Tunisie, né 1925), *91 (15-5) :* Esmat Abdel Méguid (Égypte), *2001 (16-5) :* Amr Moussa (né 1936, Égypte). **But :** défense des intérêts et resserrement des rapports entre États membres, coordination politique pour une collaboration étroite, sauvegarder leur indépendance et leur souveraineté.

■ **Ligue des peuples islamiques et arabes. Secrétaire général de l'Assemblée constituante :** Sayed Nofal (Égypte, né 1910).

■ **OCE (Organisation de coopération économique). Création :** 1985. A succédé à la Coopération régionale pour le développement (CRD) 1964-79. **Siège :** 1, Goulbou Alley, Kamranich, POB 14155-6176, Téhéran (Iran). **Membres** (fondateurs en italique) : Afghanistan, Azerbaïdjan, *Iran*, Kazakhstan, Kirghizistan, Ouzbékistan, *Pakistan*, Tadjikistan, Turkménistan, *Turquie*. **Organisation :** 3 conseils (des ministres, des députés, de planification régionale), 4 agences spécialisées. **Secrétaire général :** Dr Abdobrahim Gavahi. **Sommets :** *1992* Téhéran, *1993* Istanbul, *1995* Islamabad (Pakistan), *1996* Achgabat (Turkménistan), *1997* Achgabat (Turkménistan), *1998* Almaty (Kazakhstan), *2000* Téhéran (Iran). **Buts :** développement du commerce, soutien de la croissance économique régionale et consolidation des affinités culturelles et spirituelles.

■ **OCI (Organisation de la conférence islamique). Création :** 25-9-1969. **Siège :** Djeddah (Arabie saoudite). **Membres :** 56 États. *Conférence des chefs d'État et de gouvernement :* tous les 3 ans (*Pt :* cheikh Hamad Bin Khalifa, émir de Qatar) ; *des ministres des Affaires étrangères :* 1 fois par an (*Pt :* Sayed Ahmed El Bar, ministre des Affaires étrangères de Malaisie). **Comités permanents :** 4 [*Comité d'Al-Qods* pour la libération de Jérusalem (présidé par le Maroc) ; *Comité pour l'information et les affaires culturelles* (Comiac, présidé par le Sénégal) ; *Comité pour la coopération économique et commerciale* (Comcec, présidé par la Turquie) ; *Comité pour la coopération scientifique et technologique* (Comstech, présidé par le Pakistan)]. 9 organes subsidiaires et 11 institutions spécialisées et affiliées. **Secrétaire général :** Dr Abdelwahed Belkziz (Maroc, né 1939). **Buts :** consolidation de la solidarité islamique et coopération dans tous les domaines. Sauvegarde des lieux saints et soutien du peuple palestinien et des peuples musulmans pour la sauvegarde de leur dignité, de leur indépendance et de leurs droits.

G7. Sommet des chefs d'État ou de gouvernement des 7 premiers pays industriels occidentaux (Allemagne fédérale, Canada, *France*, G.-B., Italie, Japon, USA) qui assurent plus de 50 % de la production mondiale, près des 4/5 de la production des pays industriels. **Origine :** *1975* proposition d'un sommet monétaire par le Pt Giscard d'Estaing. **Lieux :** *1975* Rambouillet, *76* Porto Rico, *77* Londres, *78* Bonn, *79* Tokyo, *80* Venise, *81* Ottawa, *82* Versailles, *83* Williamsburg, *84* Londres, *85* Bonn, *86* Tokyo, *87* Venise, *88* Toronto, *89* Paris, *90* Paris, *91* Londres, *92* Munich, *93* Tokyo, *94* Detroit, *95* Halifax, *96* Lyon, *97* Denver (devient **G8** avec la Russie), *98* Birmingham, *99* Cologne, *2000* Okinawa. **Objet :** étude des problèmes économiques, monétaires et politiques.

■ **G15 (Groupe des quinze).** Rencontres entre pays en développement (PED), principe arrêté lors du 9e sommet des non-alignés à Belgrade en sept. 1989. Regroupe 17 PED : Algérie, Argentine, Brésil, Chili, Égypte, Inde, Indonésie, Kenya (depuis 1997), Jamaïque, Malaisie, Nigéria, Pérou, Sénégal, Sri Lanka (depuis 1998), Tanzanie, Venezuela et Zimbabwe. La Yougoslavie figurait parmi les membres fondateurs.

■ **OIM (Organisation internationale pour les migrations). Création :** 5-12-1951 sous le nom de CIME, devenu 1980 CIM, puis nov. 1989 OIM. **Siège :** 17, route des Morillons, CH-1211 Genève 19. **Membres :** 79 États ; 43 gouvernements observateurs associés aux travaux. **Directeur général :** Brunson McKinley (USA, né 8-2-1943) depuis 1998. **But :** transfert de migrants selon les besoins spécifiques des pays d'émigration et d'immigration ; réfugiés, personnes déplacées ou contraintes de quitter leur pays d'origine ; transferts de technologies en faveur de pays en développement par la migration de personnel qualifié ; forum à échanges de vues et d'expériences. **Réalisations :** en 50 ans, a pris en charge plus de 12 millions de personnes.

■ **Ospaa (Organisation de solidarité des peuples afro-asiatiques). Création :** 1957 au Caire. **Siège :** Le Caire. **But :** lutter contre le néocolonialisme, libérer les peuples et contribuer à leur développement. **Membres :** 78 pays d'Afrique et d'Asie.

■ **Ospaaal (Organisation de solidarité des peuples d'Afrique, d'Asie et d'Amérique latine). Création :** 1966 à la 1re Conférence tricontinentale réunie par Fidel Castro à La Havane. **Siège :** La Havane. En déclin depuis 1972. **But :** soutenir la lutte des peuples contre impérialisme, colonialisme et néocolonialisme. **Membres :** 10 (Afrique du Sud, Angola, Congo, Corée du Nord, Cuba, Guatemala, Guinée, Porto Rico, Syrie, Viêt Nam).

■ **Otan (Nato). Organisation du traité de l'Atlantique Nord (North Atlantic Treaty Organization). Création :** 4-4-1949. Traité de Washington. **Siège :** 1110 Bruxelles, Belgique (avant le 1-11-1967, à Paris). **Membres :** *à l'origine :* Belgique, Canada, Danemark, France, G.-B., Islande, Italie, Luxembourg, Norvège, P.-Bas, Portugal, USA. *1952 :* Grèce et Turquie. *1955 :* All. féd. *1982 :* Espagne. *12-3-1999 :* Rép. tchèque, Hongrie, Pologne. **Position de la France : 1958**-*3-7* accord bilatéral USA/G.-B. : échange d'informations militaires confidentielles. La France refuse d'accueillir les IRBM de l'Otan. -*17-9* de Gaulle réclame la création d'un directoire coiffant l'Otan. **1959**-*mars* la flotte française de Méditerranée quitte le commandement intégré. **1962**-*4-7* Kennedy lance l'idée d'« equal partnership », relation de partenaires Amérique/Europe unie ; -*sept.* propose une force multilatérale (MLF) et des fusées Polaris intégrées dans le dispositif de l'Otan. **1963**-*14-1* de Gaulle s'oppose à l'Europe atlantique « tentative hégémonique ». -*juin* l'escadre française de la Manche et de l'Atlantique quitte l'Otan. **1966**-*21-2* de Gaulle annonce le retrait des unités françaises du commandement intégré de l'Otan et demande l'évacuation des bases étrangères situées en France. -*1-7* les officiers français abandonnent leurs fonctions dans l'état-major de l'Otan. **1967**-*1-4* bases américaines et canadiennes évacuées. **1991**-*mars* la Fr. s'associe au système de défense ; **1993**-*janv.* accepte de placer ses unités de l'Eurocorps sous commandement de l'Otan. -*Avril* siège au Comité militaire avec voix délibérative ; **1994**-*29-9* est présente au sommet (Séville) ; **1995**-*15-12* décide que le chef d'état-major des Armées pourra assister aux réunions du Comité militaire et propose une participation accrue aux nouvelles missions de l'Alliance ; **1996**-*13-6* présente au Conseil des ministres de la Défense ; exige l'attribution du commandement de la zone Sud (Naples, Italie) à un officier européen en échange de sa réintégration effective. **Organe :** CONSEIL DE L'ATLANTIQUE NORD, composé des représentants des 19 gouvernements (les chefs d'État ou de gouvernement peuvent y siéger eux-mêmes), réuni en principe 2 fois par an à l'échelon ministériel et en session permanente à l'échelon des ambassadeurs. Assisté de comités (dont Comité des plans de défense et Groupe des plans nucléaires) et par un *secrétariat international*. SECRÉTAIRES GÉNÉRAUX DE L'ALLIANCE : *1952* (mars) : lord Ismay (G.-B., 1887-1965). *1957* (mai) : Paul-Henri Spaak (Belg., 1899-1972). *1961* (avril) : Dirk Stikker (P.-Bas, 1897-1979). *1964* (août) : Manlio Brosio (Italie, 1897-1980). *1971* (oct.) : Joseph Luns (P.-Bas, né 28-11-1911). *1984* (25-6) : lord Carrington (G.-B., né 6-6-1919). *1988* (juillet) : Manfred Wörner (All., 1934-94). *1994* (sept.) : Willy Claes (Belg., né 24-11-1938). *1995* (1-2) : Javier Solana (Esp., né 14-7-1942). *1999* (oct.) lord Robertson (G.-B., né 12-4-1946). COMITÉ MILITAIRE (siège en permanence à l'échelon des représentants des chefs d'états-majors qui, eux, se réunissent en principe 3 fois par an) : émet des avis. GRANDS COMMANDEMENTS DE L'OTAN : *Shape (Supreme Headquarters Allied Powers Europe)* commandé par le *Saceur (Supreme Allied Commander Europe)* à Mons (Belgique) : *18-12-1950 :* Gal Dwight Eisenhower (USA, 1890-1969). *30-5-1952 :* Gal Mathew Ridgway (USA, 1895-1993). *11-7-1953 :* Gal Alfred Gruenther (USA, 1899-1983). *20-11-1956 :* Gal Lauris Norstad (USA, 1907-88). *1-1-1963 :* Gal Lyman Lemnitzer (USA, 1899-1988). *1-7-1969 :* Gal Andrew Goodpaster (USA, né 12-2-1915). *15-12-1974 :* Gal Alexander Haig (USA, né 2-12-1929). *1-7-1979 :* Gal Bernard Rogers (USA, né 16-7-1921). *30-6-1987 :* Gal John Galvin (USA, né 13-5-1929). *Mai 1992 :* Gal John Shalikashvili (USA, né 27-6-1936). *4-10-1993 :* Gal George Joulwan (USA, né 16-11-1939). *Avril 1997 :* Gal Wesley Clark (USA, né 1945). *Mai 2000 :* Gal Joseph Ralston (USA, né 4-11-1943). *Aclant (Allied Commander Atlantic)* commandé par le *Saclant (Supreme Allied Commander Atlantic)* à Norfolk (USA) : *juin 2000 :* Lt Gal William F. Kernan ; *CUSRPG (Groupe de planification régional Canada-États-Unis)* à Arlington (USA). A part quelques unités de défense aérienne en état d'alerte permanent, la Force navale permanente de l'Atlantique *(Stanavforlant)* et la Force navale permanente en Méditerranée, les forces des pays de l'Otan demeurent, en temps de paix, sous commandement national. **But :** défense du territoire des pays membres, sauvegarde des valeurs qu'ils ont en commun. Depuis 1990-91, création de nouveaux partenariats en raison des changements en Europe de l'Est. **Partenaires :** Conseil de coopération nord-atlantique (CCNA), créé en déc. 1991, remplacé par le Conseil de partenariat euro-atlantique (CPEA), créé mai 1997 ; **Partenariat pour la paix,** programme de coopération militaire créé janv. 1994 avec Albanie, Arménie, Autriche, Azerbaïdjan, Bélarus, Bulgarie, Croatie, Estonie, Finlande, Géorgie, Irlande, Kazakhstan, Lettonie, Lituanie, Macédoine, Moldova, Ouzbékistan, Rép. kirghize, Roumanie, Russie, Slovaquie, Slovénie, Suède, Suisse, Turkménistan, Ukraine. Acte fondateur (Otan-Russie) signé 27-5-1997 à Paris entre l'Otan (élargie à certains pays d'Europe centrale) et la Russie. Établit un conseil conjoint permanent. Charte Otan-Ukraine, signée 29-5-1997 à Sintra, Portugal. **Coût de l'élargissement de l'Otan** (est. en milliards de $) : calculé par l'administration Clinton de 1997 à 2009 selon Pentagone : 27 à 35 ; par le Congrès : 60 à 125 ; par le Rand Corporation : 42 à 110.

☞ Suite de l'accord de paix pour la Bosnie à Paris du 14-12-1995, et de la résolution 1031 du Conseil de sécurité. Force de mise en œuvre (IFOR) créée le 16-12, opération « Joint Endeavour », remplacée 10-12-1996 par une *Force de stabilisation* (SFOR). En mars 1999, intervention en Serbie pour protéger le Kosovo et mise en place d'une Force de maintien de la paix (KFOR).

☞ Le 3-6-1996, accord de principe sur « l'Identité européenne de défense » devant permettre la création de forces d'intervention hors zone Otan sous commandement unique européen (Groupes de forces interarmées multinationales).

■ **MOAN (Sommet économique pour le Moyen-Orient et l'Afrique du Nord).** Casablanca, 30-10/1-11-1994, 60 pays. **Organisation :** comité directeur, secr. directeur. **But :** marché commun arabe (projet marocain), création d'une banque de développement régional (sous conditions), office de tourisme régional (en projet). *Population :* 250 millions d'hab. *PIB* (en millions de $) : 600 ; *commerce extérieur* (en millions de $) : 145.

■ **Sommet des pays turcophones.** Ankara : Azerbaïdjan, Kazakhstan, Kirghizistan, Ouzbékistan, Turkménistan, Turquie.

■ **Tafta (Transatlantic Free-Trade Agreement ou Convention transatlantique de libre-échange). Création :** déc. 1995. **Membres :** Canada, États-Unis et UE. **But :** coopération économique prévoyant la réduction progressive des obstacles douaniers ; accords politiques prévus (paix en ex-Yougoslavie et Proche-Orient, luttes anti-drogue et anti-terrorisme). **Sommets : 1995** (déc.) : Madrid. **1996** (déc.) : Washington. **1997** (mai) : La Haye.

■ **Traité de Varsovie. Création** 14-5-1955. **Dissous** 25-2-1991. **Siège :** Moscou. **Membres :** Allemagne dém., Bulgarie, Hongrie, Pologne, Roumanie, Rép. tchèque, URSS. **But :** traité d'assistance en cas d'agression armée. D'autres pays pouvaient adhérer, indépendamment de leur régime.

■ **WEF (World Economic Forum) ou Forum mondial de l'économie). Création** 1971 ; sous le nom de *Forum de management européen,* jusqu'en 1988 : colloque annuel de dirigeants d'entreprise élargi en 2000 aux chefs d'État et de gouvernement. **Siège :** Davos (Suisse). **Pt fondateur :** Klaus Schwab (Suisse, né 1939). **Rapporteur officiel** (en 1997) : William Bradley (USA). **Participants** (en 2001) : 60 pays dont 30 chefs d'État et de gouvernement.

ORGANISATIONS ATOMIQUES INTERNATIONALES

■ **Cern (Laboratoire européen de physique des particules). Création :** 15-2-1952, organisation provisoire : le Conseil européen pour la recherche nucléaire (Cern) ; 29-9-1954 : permanente. **Siège :** Genève. **Membres :** Allemagne, Autriche, Belgique, Danemark, Espagne, Finlande, *France*, Grèce, Hongrie, Italie, Norvège, P.-Bas, Pologne, Portugal, Roy.-Uni, Rép. tchèque, Slovaquie, Suède, Suisse. **Organisation :** *Conseil :* 2 délégués par État membre [*Pt :* Hubert Curien (Fr.). *Dir. général :* Christopher Llewellyn Smith (G.-B.)]. **Laboratoires** de part et d'autre de la frontière franco-suisse (Suisse 109 ha, France 487,5 ha). **Grandes machines :** 1 synchrotron à protons (28 GeV), 1 super synchrotron à protons de 6,4 km de circonférence

(450 GeV), 1 collisionneur électrons-positons (Lep, Large Electron Positon collider ; 87 + 87 GeV) de 27 km de circonférence creusé côté Jura, à cheval sur la frontière franco-suisse. **Budget de base** (en 1997) : 870 millions de FS.

■ **Eurochemic (Sté européenne pour le traitement chimique des combustibles irradiés). Création :** 20-12-1957, entrée en vigueur : 27-7-1959. **Siège :** Mol (Belgique). **Membres :** Allemagne, Autriche, Belgique, Danemark, Espagne, *France,* Italie, Norvège, Portugal, Suède, Suisse. **Évolution :** *1974,* arrêt de l'usine de retraitement. *1985-1-1* exploitation du site reprise par la Belgoprocess SA, filiale à 100 % de l'Ondraf (Organisme national des déchets radioactifs et des matières fissiles). *1990* liquidation terminée.

■ **European Atomic Energy Society. Membres :** Allemagne, Autriche, Belgique, Danemark, Espagne, Finlande, *France,* Grèce, Hongrie, Italie, Norvège, P.-Bas, Pologne, Portugal, Rép. tchèque, Roumanie, Royaume-Uni, Russie, Slovaquie, Suède, Suisse. **But :** échange de renseignements.

■ **Institut unifié des recherches nucléaires. Création :** 1956. **Siège :** Dubna (près de Moscou). **Membres :** Arménie, Azerbaïdjan, Biélorussie, Bulgarie, Corée du Nord, Cuba, Géorgie, Kazakhstan, Moldavie, Mongolie, Ouzbékistan, Pologne, Rép. tchèque, Roumanie, Russie, Slovaquie, Ukraine, Viêt Nam. **Dir. général :** Vladimir Kadyshevsky (Russie). **Budget** (en 2000) : 37,5 millions de $.

■ **Nordita (Institut nordique de physique théorique). Création :** 1957. **Siège :** Copenhague. **Membres :** Danemark, Finlande, Islande, Norvège, Suède. **Directeur :** *depuis 1-10-1994 :* Pr P. Hoyer. **But :** recherche et enseignement spécialisés. **Budget** (en 1999) : 17,4 millions de couronnes danoises.

Nota. – Voir aussi AIEA (Onu), Aenenea (OCDE), Euratom (Communauté européenne). Brevatome est une Sté française (détenue par CEA 24 % ; EDF 5 % ; Stés françaises 71 %) pour la gestion des brevets d'application nucléaire.

Club de Rome

■ **Origine.** *7/8-4-1968 :* réunion à Rome, à l'académie des Lincei, de Hugo Thiemann, Max Konztamm, Jean Saint-Geours, Alexander King, etc. invités par A. Peccei. **Statut.** Association de droit français. **Siège.** *Secrétariat général :* Rissener Landstr, 193, D-22559 Hambourg. **Membres.** 100 : chercheurs, professeurs, décideurs, publics et privés, du monde entier. **Organisation.** *Comité exécutif :* 12 membres. *Bureau :* 6 membres. *Pt :* prince El Hassan bin Talal. *Secr. général :* Uwe Möller (All., né 1935). **Cellules :** Allemagne, Australie, Autriche, Belgique, Bulgarie, Canada, Colombie, Espagne, Finlande, Italie, Maroc, P.-Bas, Pologne, Rép. tchèque, Roumanie, Russie, Slovaquie, Suisse, Ukraine, Venezuela, ex-Yougoslavie. **Sous-traitants :** au titre d'un organisme (Institut international pour les applications de l'analyse des systèmes, Centre d'analyse des systèmes de Cleveland, Institut de technologie de Hanovre, etc.) ou à titre personnel (J. Tinbergen, Thierry de Montbrial, U. Columbo, O. Giarini).

■ **But.** Étude de l'activité de l'humanité envisagée comme un système global à l'échelon mondial pour résoudre les problèmes nationaux.

■ **Rapports.** *Halte à la croissance ?* (D. Meadows, 1972) : d'ici à 100 ans : chute de la population et de la capacité industrielle, les limites de la planète étant atteintes (non-renouvellement des ressources naturelles), sauf si l'on utilise de façon sélective les progrès de la technologie et si l'on agit immédiatement sur les niveaux de la population et du capital. *Stratégie pour demain* (Mesarovic et Pestel, 1974) : prévoit plusieurs scénarios et des crises graves dans certaines régions, provoquant des réactions en chaîne. *RIO* (*Reshaping International Order : Du défi au dialogue*, J. Tinbergen, 1976) : nécessité du dialogue Nord-Sud. *Goals for Mankind* (E. Laszlo, 1977), *Beyond the Age of Waste* (*Sortir de l'ère du gaspillage*, D. Gabor, 1978), *Énergie, le compte à rebours* (T. de Montbrial, 1978), *On ne finit pas d'apprendre* (J. Botkin Malitza, M. Elmandjra, 1980), *Dialogue sur la richesse et le bien-être* (O. Giarini, 1981), *les Itinéraires du futur : vers des sociétés plus efficaces* (Hawrylyshyn, 1980), *l'Impératif de coopération Nord-Sud, la Synergie des Mondes* (J. Saint-Geours, 1981), *Microelectronics and Society* (A. Schaff, G. Friedrichs, 1982), *Le tiers-monde peut se nourrir* (René Lenoir, 1984), *la Révolution aux pieds nus* (B. Schneider, 1985), *l'Afrique face à ses priorités* (B. Schneider, 1987), *Questions de survie, la révolution mondiale a commencé* (A. King et B. Schneider, 1991), *le Scandale et la Honte* (B. Schneider, 1995), *le Télétravail, réalité ou espérance* (B. Schneider et N. Rosensohn, 1996). *Limites de la cohésion sociale* (P.L. Berger, 1997), *le Cercle océanique* (E. Mann Borgese, 1998), *Im Netz – Die Hypnotisierte Gesellschaft* (J.L. Cabrián, 1999), *Menschlichkeit Gewinnt* (R. Mohn, 2000).

Commission trilatérale

■ **Créée.** Oct. 1973. **Statut en Europe.** Fondation de droit néerlandais. Bureaux Paris (5, rue de Téhéran, 75008), New York et Tokyo. **Membres.** 160 Européens, 100 Nord-Américains (USA, Canada, Mexique), 105 de Pacifique-Asie (Corée, Japon, Malaisie, Philippines, Singapour, Thaïlande, Indonésie, Australie, Nlle-Zélande). **Organisation.** Pt d'honneur : David Rockefeller (depuis 1991), 3 co-Pts élus par leurs régions respectives ; *Europe :* Cte Otto Lambsdorff, ancien membre du Parlement allemand et ancien Pt du parti libéral, ancien ministre fédéral de l'Économie (depuis 1991) ; *2001 :* Peter Sutherland, Pt de BP et P-DG de Goldman Sachs international ; *Amér. du Nord :* Paul Volcker, ancien Pt de la Federal Reserve (depuis 1991) ; *Japon :* Yotaro Kobayashi, Pt de Fuji Xerox (depuis 1997). **Comité exécutif** (45 membres) dont : Umberto Agnelli, Michel Albert, C. Fred Bergsten, Georges Berthoin, Zbigniew Brzezinski, Hervé de Carmoy, Jessica Einhorn, Bill Emmot, Garret FitzGerald, Antonio Garrigues Walker, Alan Gotlieb, Toyoo Gyohten, Takashi Hosomi, Henry Kissinger, Cees Maas, Minoru Makihara, Kiichi Miyazawa, Joseph Nye, Andrzej Olechowski, Niels Thygesen, Otto Wolff von Amerongen, Lorenzo Zambrano, Robert Zoellick. Membres des partis démocrates de toutes les tendances, chefs d'entreprises, dirigeants d'organisations professionnelles, patronales et syndicales ouvrières, diplomates et anciens hauts fonctionnaires, éditorialistes et universitaires. **Comité français** (19 membres) : Michel Albert, Edmond Alphandéry, Raymond Barre, Georges Berthoin (Pt d'honneur européen), Michel Bon, Hervé de Carmoy (Pt), Jean-Claude Casanova, Bertrand Collomb, Alain Cotta, Michel David-Weill, Patrick Devedjian, Claude Imbert, Alain Joly, Denis Kessler, Daniel Lebègue, Pierre Lellouche, Thierry de Montbrial, Louis Schweitzer, Serge Weinberg. Anciens membres en Service public : Laurent Fabius, Alain Richard, Hubert Védrine. **Durée :** décision de renouvellement et poursuite des activités tous les 3 ans.

■ **Objectif.** A l'origine, intégrer le Japon dans un dialogue d'égal à égal avec les 2 autres pôles industrialisés du monde démocratique (Union européenne, USA/Canada), établir des relations entre partenaires égaux en vue de dégager des points de convergence ou des zones d'accord sur les grands problèmes et défis internationaux d'intérêt commun, sans pour autant gommer différences et aspirations nationales ; développer le sens d'une responsabilité commune vis-à-vis du reste du monde, particulièrement à l'égard des pays en développement et vers les nouvelles démocraties d'Europe par l'aide et l'appui en vue de la transition démocratique et de l'économie de marché. Pour 1998-2000, un effort particulier a été entrepris pour intégrer les pays non membres dans les réunions et travaux de la Trilatérale axés sur l'Asie pacifique dans le système international. Axe des travaux en 2001-2003 : mondialisation et gouvernance, poursuite du renforcement de l'approche multilatérale dans les affaires internationales. Le groupe européen de la Trilatérale a accueilli en 1998 Pologne, Hongrie, Rép. tchèque, Slovénie et Estonie. En 2000 : Mexique, Corée, pays de l'Asean (5), Australie, Nlle-Zélande.

Rapports annuels. 54 depuis 1973 [3 auteurs venant de chacune des régions formulent conjointement des recommandations d'actions à l'attention des décideurs publics (gouvernements) et privés (entreprises, etc.)]. Rapports européens depuis 1990 sur le processus de paix israélo-palestinien ; sur l'avenir de l'ex-Yougoslavie en 1999. **Réunions annuelles.** Plénières (Berlin 1998, Washington 1999, Tokyo 2000, Londres 2001), européennes (Stockholm 1998, Athènes 1999, Milan 2000, Budapest 2001) et nationales.

Internationales ouvrières

■ **Ire Internationale. Nom officiel :** Association internationale des travailleurs (AIT). **Création :** 28-9-1864 à Londres au meeting de St Martin's Hall. **Congrès :** Genève 1866, Lausanne sept. 1867, Bruxelles sept. 1868, Bâle 1869, La Haye 1872 (d'où les anarchistes sont exclus), Philadelphie 1876, où elle est dissoute le 15-7.

■ **IIe Internationale. Secrétariat :** Londres. **Congrès :** Paris (14-7-1889, création), Bruxelles août 1891, Zurich 1893, Londres 1896, Paris 1900, Amsterdam 1904, Stuttgart 1907, Copenhague 1910, Bâle 1912.

■ **IIIe Internationale. Création :** mars 1919 à Moscou par Lénine, sous le nom de **Komintern** (Kommounistitcheski Internatsional) dissous le 15-5-1943, complété par l'*Internationale syndicale rouge (ISR)* créée juillet 1921, disparue 1934, après le refus de la FSI (Fédération syndicale internationale) d'admettre les syndicats soviétiques. Le 5-11-1995, à Sofia (Bulgarie), 29 partis communistes (dont Albanie, Allemagne, Suisse et Turquie) ont reconstitué le Komintern « pour le triomphe de la révolution prolétarienne ».

L'Internationale

Écrite au lendemain du 4-9-1870 (et non en juin 1871, comme on l'a prétendu) par Eugène Pottier (1816/6-11-1887 à Lariboisière, inhumé au Père-Lachaise), ouvrier (alors dessinateur sur étoffe dans son propre atelier), membre de la Commune et chansonnier populaire. Mise en musique à Lille en 1888, à la demande de son maire Gustave Delory, par Pierre Degeyter [(Gand 8-10-1848/hôpital de St-Denis sept. 1932), ouvrier tourneur sur bois à Fives-Lille (Lille), et membre de la chorale du Parti ouvrier français, la « Lyre des travailleurs »], qui l'a entonnée pour la 1re fois le 23-7-1888. [En 1910, son frère Adolphe (1859-se pend en 1916) revendiqua la paternité de cette musique. Pierre lui intenta, en avril-juin 1901, un procès en contrefaçon jugé à Paris le 17-1-1914 au bénéfice d'Adolphe ; le 27-4-1915 Adolphe écrivit à son frère, reconnaissant avoir menti. Pierre reçut cette lettre le 20-12-1918 ; la cour d'appel de Paris lui donna raison le 23-11-1922 et ordonna que cette mention soit supprimée de la pierre tombale d'Adolphe au cimetière de Lille-Sud.] Chantée surtout dans le Nord, gagne la France entière lorsque Henry Ghesquière l'entonne au Congrès des organisations socialistes à Paris en 1899. Choisie comme hymne officiel par la IIe internationale en 1892. Hymne national de l'URSS de janv. 1918 au 1-1-1944 (remplacé par *L'Union indestructible des libres Républiques,* texte R. V. Mikhalkov et E. Registan, musique A. V. Alexandrov), l'Internationale restant l'hymne international des partis socialistes et communistes. En juin 1936, Maurice Thorez, secr. gén. du PC écrit : « Aux accents mêlés de *la Marseillaise* et de *l'Internationale* », texte qui réintroduit *la Marseillaise* dans le militantisme. Droits d'auteur (4 000 à 8 000 F par an jusqu'en 1992) versés à Marguerite Eckert (née 1903, petite-fille d'Eugène Pottier).

1re VERSION : « C'est la lutte finale. / Groupons-nous et demain / L'Internationale / Sera le genre humain.

Debout ! l'âme du prolétaire ! / Travailleurs, groupons-nous enfin. / Debout ! les damnés de la terre ! / Debout ! les forçats de la faim ! / Pour vaincre la misère et l'ombre / Foule esclave, debout ! Debout ! / C'est nous le droit, c'est nous le nombre : / Nous qui n'étions rien, soyons tout.

Il n'est pas de sauveur suprême : / Ni Dieu, ni César, ni tribun. / Travailleurs sauvons-nous nous-mêmes : / Travaillons au Salut commun. / Pour que les voleurs rendent gorge, / Pour tirer l'esprit du cachot, / Allumons notre grande forge ! / Battons le fer quand il est chaud !

Les rois nous soûlaient de fumée, / Paix entre nous ! guerre aux tyrans ! / Appliquons la grève aux armées, / Crosse en l'air ! et rompons les rangs ! / Bandit, prince, exploiteur ou prêtre / Qui vit de l'homme est criminel ; / Notre ennemi, c'est notre maître / Voilà le mot d'ordre éternel.

L'engrenage encor va nous tordre ; / Le Capital est triomphant ; / La mitrailleuse fait de l'ordre / En hachant la femme et l'enfant. / L'Usure folle en ses colères, / Sur nos cadavres calcinés, / Soudée à la grève des Salaires / La grève des assassinés.

Ouvriers, paysans, nous sommes / Le grand parti des travailleurs : / La terre n'appartient qu'aux hommes. / L'oisif ira loger ailleurs. / C'est de nos chairs qu'ils se repaissent ! / Si les corbeaux, si les vautours, / Un de ces matins disparaissent... / La terre tournera toujours.

Qu'enfin le passé s'engloutisse ! / Qu'un genre humain transfiguré / Sous le ciel clair de la Justice / Mûrisse avec l'épi doré ! / Ne crains plus les nids de chenilles / Qui gâtaient l'arbre et ses produits. / Travail étends sur nos familles / Tes rameaux tout rouges de fruits.

C'est la lutte finale. / Groupons-nous et demain / L'Internationale / Sera le genre humain. »

2e VERSION : « C'est la lutte finale : / Groupons-nous, et demain, / L'Internationale / Sera le genre humain.

Debout ! les damnés de la terre ! / Debout ! les forçats de la faim ! / La raison tonne en son cratère : / C'est l'éruption de la fin. / Du passé faisons table rase, / Foule esclave, debout ! debout ! / Le monde va changer de base : / Nous ne sommes rien, soyons tout !

Il n'est pas de sauveurs suprêmes : / Ni Dieu, ni César, ni tribun, / Producteurs, sauvons-nous nous-mêmes ! / Décrétons le salut commun ! / Pour que le voleur rende gorge, / Pour tirer l'esprit du cachot, / Soufflons nous-mêmes notre forge, / Battons le fer quand il est chaud !

L'État opprime et la loi triche ; / L'Impôt saigne le malheureux ; / Nul devoir ne s'impose au riche ; / Le droit du pauvre est un mot creux. / C'est assez languir en tutelle, / L'Égalité veut d'autres lois ; / « Pas de droits sans devoirs, dit-elle, / Égaux, pas de devoirs sans droits ! »

Hideux dans leur apothéose, / Les rois de la mine et du rail / Ont-ils jamais fait autre chose / Que dévaliser le travail ? / Dans les coffres-forts de la bande / Ce qu'il a créé s'est fondu. / En décrétant qu'on le lui rende / Le peuple ne veut que son dû.

Les rois nous soûlaient de fumées. / Paix entre nous, guerre aux tyrans ! / Appliquons la grève aux armées, / Crosse en l'air et rompons les rangs ! / S'ils s'obstinent, ces cannibales, / A faire de nous des héros, / Ils sauront bientôt que nos balles / Sont pour nos propres généraux.

Ouvriers, paysans, nous sommes / Le grand parti des travailleurs ; / La terre n'appartient qu'aux hommes, / L'oisif ira loger ailleurs. / Combien de nos chairs se repaissent ! / Mais, si les corbeaux, les vautours, / Un de ces matins, disparaissent, / Le soleil brillera toujours !

C'est la lutte finale : / Groupons-nous, et demain, / L'Internationale / Sera le genre humain. »

■ **IVe Internationale. Création :** 1938 par Trotski (1879/août 1940, assassiné). Poursuit son activité notamment en Amér. latine, en Extrême-Orient et, depuis les années 1960, en Europe (France, Italie, Portugal).

■ **Internationale socialiste. Origine :** *1919* après la dislocation de la IIe Internationale, les communistes ayant organisé le Komintern (mars), des socialistes indépendants allemands, autrichiens et suisses se groupent dans l'*Union de Vienne ; 1923*-mars congrès de Hambourg (423 délégués de 43 partis), réunification des tendances socialistes à l'exclusion des communistes. Devient l'*Internationale ouvrière et socialiste (IOS)* qui siège à Londres, Zurich, puis Bruxelles. *1939* interruption due à la guerre. *1944 Office de liaison et d'information socialiste (Silo)* constitué sous les auspices du parti travailliste anglais. *1947 (mars)* Anvers, devient le *Comité de la conférence socialiste internationale (Comisco),* exclut les partis sociaux-démocrates de l'Europe de l'Est qui ont fusionné avec les PC. *1951* congrès de Francfort, *Internationale socialiste* reconstituée. **Congrès depuis 1951 :** *1952* Milan ; *53* Stockholm ; *55* Londres ; *57* Vienne ; *59* Hambourg ; *61* Rome ; *63* Amsterdam ; *66* Stockholm ; *69* Eastbourne ; *72* Vienne ; *73* Paris (35 délégués, vice-Pt de l'Internationale : F. Mitterrand) ; *76* Genève ; *78* Vancouver ; *80* Madrid ; *83* Albufeira (Portugal) ; *86* Lima ; *89* Stockholm ; *92* Berlin ; *96* New York ; *99* Pariso. **Pts :** *1951-57* Morgan Philipps ; *57-63* Alsing Andersen ; *63* Erich Ollenhauer ; *64-76* Bruno Pittermann ; *76-92* Willy Brandt ; *92-99* Pierre Mauroy ; *99* António Guterres.

En 1999, l'Internationale socialiste rassemble 143 partis et organisations politiques.

■ **Internationale d'Amsterdam. Origine :** *1903 (7-7)* fondée à Dublin. **Conférences syndicales internationales du SSI :** *1901 (août)* Copenhague, *1902 (17-6)* Stuttgart, *1905* Amsterdam, *1907* Christiania, *1909* Paris, *1911* Budapest, *1913* Zurich [le SSI se transforme en *Fédération syndicale internationale (FSI)*]. *1919 (juillet)* congrès d'Amsterdam : effectivement créée.

FRANCOPHONIE

☞ En 1880, Onésime Reclus (géographe français, 1837-1916) invente le terme de « francophonie » pour définir l'ensemble des personnes et des pays utilisant le français à des titres divers.

QUELQUES DATES

■ **Avant le XVIIIe s. Le latin,** langue de l'Église catholique, reste également longtemps langue officielle dans certains pays d'Europe [France, pour la justice, jusqu'à Charles VIII ; pour les actes publics, jusqu'à François Ier (ordonnance ou édit de Villers-Cotterêts, 10-8-1539) ; Hongrie, jusqu'au XVIIIe s.]. Lettrés et savants publient en latin (jusqu'au début du XIXe s). **XIIIe s. le français** prend de l'importance (immigration angevine) ; Sicile, Naples ; croisades : Morée (Péloponnèse), Chypre, Constantinople, Palestine, Syrie ; les assises de Jérusalem et d'Antioche font du français la langue officielle de ces royaumes avant qu'il ne le devienne en France ; **XIVe s.** son rôle décroît. **XVIe s.** l'influence du français reprend. Le *1er acte notarié en français* date de 1532 et est rédigé à Aoste en Italie (le latin étant encore utilisé à Paris). **XVIIe s.** *1685* exode des protestants français. *1689*, dans son « Essai pour une paix présente et future en Europe », William Penn (Anglais, 1644-1718) propose de choisir le français comme langue européenne.

■ **XVIIIe s. 1714** *traité de Rastadt, le français est adopté pour la 1re fois dans la rédaction d'un traité* (jusqu'à la guerre de 1914-18, il restera la langue diplomatique). Il n'est pas une cour allemande ou italienne où l'on ne trouve des Français ministres, ingénieurs, fonctionnaires, chambellans, maîtres de ballet, académiciens, peintres ou architectes ; Frédéric II, le Pce de Ligne, Casanova, Grimm, l'abbé Galiani, Walpole, Catherine II, Marie-Thérèse, Joseph II écrivent un français excellent. Paris est la capitale universelle. Des écrivains allemands s'indignent que les Allemands réservent le français pour la conversation et ne parlent l'allemand « qu'à leurs chevaux ».

■ **XIXe s. 1800** apogée du français, servi par les émigrés comme par les conquêtes intellectuelles ou territoriales de la Révolution. Czartoryski, ministre des Affaires étrangères d'Alexandre Ier, en rend l'usage obligatoire dans la correspondance diplomatique de l'*État russe*. La *Prusse* l'adopte aussi jusqu'en 1862. Les souverains d'Europe correspondent entre eux en français. Le Mal Bernadotte peut régner en *Suède,* sous le nom de Charles XIV, jusqu'à sa mort en 1844, sans apprendre le suédois : les affaires de l'État sont traitées en français. En revanche, en 1800, le ministre anglais des Affaires étrangères, lord Grenville, recommande « à ses collaborateurs du Foreign Office de s'exprimer en anglais et non plus en français, dans leurs échanges de vues avec les représentants diplomatiques accrédités à Londres ». En 1887, la *Triple Alliance,* dirigée contre la France et rassemblant 2 États de langue allemande (Allemagne, Autriche) et 1 de langue italienne (Italie), est rédigée en français. En 1896, le français est adopté comme langue officielle des *jeux Olympiques,* restaurés à l'initiative d'un Français, le Bon Pierre de Coubertin. La charte olympique (art. 18) dit : « Les langues officielles du Comité international olympique sont le français et l'anglais (...). En cas de désaccord entre les textes français et anglais, le texte français fera autorité. » Il est d'usage que les cérémonies d'ouverture et de clôture des Jeux se déroulent en français (quitte à être traduites ensuite dans la langue du pays d'accueil).

> **Le français en Angleterre. 1066** conquête de l'Angleterre ; **1400** la 1re grammaire française : le *donat françois* paraît. **XIVe s.** Édouard III, le vainqueur de Crécy, ne sait pas l'anglais. Lois et protocoles sont libellés en latin et français jusqu'au XVe s. Henri IV (1367-1413) est le 1er roi dont l'anglais est la langue maternelle. Les procès-verbaux des séances du Parlement sont en français jusqu'en 1422 environ. Dans les tribunaux, le français est employé jusqu'au XVIIIe s., sauf une courte éclipse sous Cromwell.

■ **1900-20.** En 1914, le tsar *Nicolas II* écrit en français à la tsarine. Le français est reconnu comme langue diplomatique, l'anglais comme langue commerciale outre-mer, mais l'allemand, utilisé dans les relations administratives et commerciales du Proche-Orient, prend une importance croissante. En 1919, Clemenceau accepte que le *traité de Versailles* (28-6) soit bilingue. Les *traités de St-Germain* (10-9), *Neuilly* (27-11) et *Sèvres* (10-8-1920) stipulent que le texte français serait la seule version de référence au cas où surgiraient des contestations.

■ **1920-40.** L'enseignement du français devient obligatoire dans lycées et collèges de Pologne, Tchécoslovaquie, Hongrie, Roumanie. La Suède concède des privilèges uniques au français. Les élites des nations latines d'Europe et d'Amérique restent sous l'influence intellectuelle française. Le français règne aussi en Égypte, Syrie, Perse... Il y a en outre les Empires coloniaux français et belges centrés sur l'Afrique, mais cette primauté est attaquée. La *conférence navale de Washington,* en 1921, prétend adopter l'anglais comme seule langue de travail. En *Italie,* Mussolini proteste auprès du roi contre le maintien du français comme langue de la cour.

■ **1940 à nos jours.** En sept. 1940, l'Argentine abolit la primauté du français dans ses universités. L'Amérique latine suit (une réaction à ce mouvement s'est dessinée et, maintenant, le français est à égalité avec l'anglais). Les *traités de paix* (Paris, février 1947, avec Italie, Hongrie, Roumanie, Bulgarie et Finlande) sont rédigés en anglais, en russe et en français, mais seules les deux premières versions font loi (sauf pour l'Italie). Le *traité de San Francisco* (1946), rétablissant l'état de paix avec le Japon, ne connaît qu'un texte officiel : l'anglais. La *convention d'armistice en Palestine* (1948) est rédigée en français, ainsi que tous les traités conclus entre pays balkaniques depuis la fin de la guerre (2-9-1945). À la *conférence de Bandung,* en avril 1955, le français, accepté comme 3e langue de travail après l'anglais et l'arabe, n'est presque pas employé par les représentants de 62 % de la population mondiale.

A l'Onu : on distingue les *langues officielles* dans lesquelles sont traduits tous les documents des assemblées plénières, soit, depuis la création : anglais, espagnol, français, russe, arabe et chinois, et les *langues de travail* (anglais et français), en théorie à parité, mais en fait environ 90 % des documents préparés par le secrétariat de l'Onu sont rédigés en anglais. *Institutions spécialisées :* le français vient en 2e place, dépassant 10 % du total à l'OMCI, l'Office de l'Onu à Genève, l'UIT (24,5 %, langue de travail avec anglais et espagnol et constitue la langue de référence en cas de contestation) et l'Unesco (29 %). **A l'UPU :** il demeure la seule langue officielle.

Conférence d'Helsinki sur la sécurité et la coopération en Europe en 1975 (CSCE) : 6 langues en usage : anglais, français, allemand, russe, espagnol et italien. Lors de la 10e réunion anniversaire de l'acte d'Helsinki (30-7-1985), sur 35 pays représentés, 6 délégations s'expriment en français, 18 en anglais (notamment les délégations polonaise, grecque et portugaise).

Union européenne : français et anglais sont les langues de travail. La position dominante du français (seule langue de travail de 1958 à 1973) s'érode.

> ### PLURILINGUISME
>
> ■ **Initiatives françaises récentes. Dans l'UE :** *24/25-6-1994* conclusion du Conseil européen de Corfou : aspects linguistiques et culturels de la société de l'information. *31-3-1995* résolution du Conseil sur l'amélioration de la qualité et de la diversification de l'apprentissage et de l'enseignement des langues dans les États membres. *-12-6* conclusions du Conseil sur le respect de la diversité linguistique et la promotion du plurilinguisme dans l'ensemble des politiques et des actions communautaires : enseignement des langues européennes, information du consommateur, nouvelles techniques de communication, relations extérieures de l'Union. *-26/27-6* conclusions du Conseil européen de Cannes sur la diversité linguistique dans l'UE. **Dans le cadre du G7 :** conclusions de la présidence de la conférence ministérielle sur la société de l'information. *-Mai 1996* conférence de Midrand sur la diversité linguistique et culturelle.
>
> ■ **Initiatives de la communauté francophone.** *2-11-1995* résolution de l'Assemblée générale de l'Onu sur le multilinguisme. *2-12* résolution de la VIe conférence des chefs d'État et de gouvernements des pays ayant le français en partage, à Cotonou, sur la société de l'information.

NOMBRE DE FRANCOPHONES

■ **États et régions de Francophonie. Francophones réels** (et occasionnels) en % de la population : *Afrique :* 12,68 (18,45) dont Algérie 28,71 (28,71), Bénin 8,7 (16,67), Burkina Faso 6,31 (13,51), Burundi 2,66 (8,75), Cameroun 17,91 (25,9), Cap-Vert 1,26 (3,79), Centrafricaine (Rép.) 12,35 (38,82), Comores 7,12 (22,15), Congo 31,48 (26,3), Congo démocratique 4,35 (8,96), Côte d'Ivoire 27,97 (27,97), Djibouti 4,86 (19,45), Gabon 36,36 (54,54), Guinée 4,74 (9,47), Guinée-Bissau 0,09, Guinée équatoriale 0,12, Égypte 0,35 (0,16), Madagascar 0,57 (15,82), Mali 9,56 (9,56), Maroc 16,76 (24,73), Maurice 15 (57,73), Mauritanie 5,42 (4,17), Mayotte 29,17 (29,17), Niger 2,04 (7,14), Réunion 79,37 (15,06), Rwanda 2,97 (5), Sao Tomé-et-Principe 0,74, Sénégal 8,98 (13,75), Seychelles 6,76 (40,54), Tchad 2,98 (16,42), Togo 15,81 (28,37), Tunisie 27,63 (37,2). *Amérique :* 15,42 (7,21) dont Canada 22,41 (10,03), Dominique 2,11, États-Unis [Louisiane 2,5 (4), Nlle-Angleterre 1,11], Guadeloupe 80,28 (14,85), Guyane française 73,03 (19,74), Haïti 13 (10), Martinique 80,21 (14,84), Ste-Lucie 1,74, St-Pierre-et-Miquelon 100. *Asie :* 0,86 (0,94) dont Cambodge 0,19, Israël 5,17 (7,93), Laos 0,077, Liban 25,16 (23,23), Pondichéry 0,125 (0,25), Viêt Nam 0,13 (0,36). *Europe :* 42,29 (5,25) dont Belgique 45,1 (29,41), Bulgarie 1,19, *France 99,76,* Luxembourg 97,09, Macédoine 0,023, Monaco 93,75, Pologne 0,14, Roumanie 4,2 (13,27), Suisse 20 (30,14). *Océanie :* 62,93 (7,1) dont Nlle-Calédonie 80 (10), Polynésie française 80 (10), Vanuatu 26,5, Wallis-et-Futuna 71,43 (21,43).

■ **États non francophones. Nombre de francophones** (dont expatriés français) : États-Unis 1 630 000 (233 300), Soudan 400 000 (500), P.-Bas 213 000 (20 300), Allemagne 200 000 (165 000), Ouganda 200 000 (200), Turquie 100 000 (3 400), Afrique du Sud 100 000 (7 600), Australie 65 000 (41 800), Syrie 65 000 (1 900), Italie 60 000 (48 000), Malawi 50 300, Gambie 45 000, Brésil 30 000 (25 000), Venezuela 20 090 (5 800), Colombie 20 000 (3 900), Qatar 10 000 (700), Chili 10 000 (6 500), Lituanie 8 000 (300), Pérou 7 600 (2 500), Nigéria 7 500 (3 000), Pakistan 6 000 (700), Bolivie 5 000 (900), Équateur 5 000 (1 400), Norvège 4 500 (3 000), Costa Rica 4 000 (1 500), Oman 3 000 (500), Panamá 3 000 (500), Yémen 3 000 (300), Hongrie 3 000 (1 900), Philippines 3 000 (1 600), Islande 2 000 (200), Angola 2 000 (1 200), Lettonie 1 500 (100), Nicaragua 1 500 (400), Éthiopie 1 000 (600), Trinité-et-Tobago 800 (600), Zimbabwe 700 (400), Népal 600 (200), Estonie 400 (100), Bangladesh 300 (200).

■ **Francophones réels et,** entre parenthèses, **francophones occasionnels dans le monde** (en millions, en 1998). Afrique 32,2 (46,7), Amérique 10,5 (4,1), Asie 1,7 (1,6), Europe 67,9 (8,2). Total 112,7 (60,6) soit par rapport à la population 1,92 % (1,03 %).

■ **Nombre total d'enseignés en français en 1994** (hors France et île Maurice). 57 540 000.

STATUT DU FRANÇAIS

FRANCE

■ **Ordonnance de Villers-Cotterêts.** 192 articles. Datée et signée de François Ier le 5-8-1539, rédigée par le chancelier Guillaume Poyet, enregistrée par le parlement de Paris le 6-9-1539 ; elle a établi les registres d'état civil pour constater naissances et décès ; déterminé les limites précises entre la juridiction ecclésiastique et la juridiction séculière ; décidé, en matière pénale, que l'accusé répondrait lui-même aux interpellations qui lui seraient faites, qu'il pourrait entendre les dépositions avant de proposer ses répliques ; a institué les « amendes de fol appel » pour dissuader les plaideurs d'interjeter des recours abusifs ; ordonné que les actes notariés, procédures et jugements se feraient en français. **Art. 110 :** « Afin qu'il n'y ait cause de douter sur l'intelligence des arrêts de justice, nous voulons et ordonnons qu'ils soient faits et écrits si clairement, qu'il n'y ait, ni puisse avoir, aucune ambiguïté ou incertitude, ni lieu à demander interprétation. » **Art. 111 :** « Et pour ce que telles choses sont souvent advenues sur l'intelligence des mots latins contenus dans lesdits arrêts, nous voulons dorénavant que tous arrêts, ensemble toutes autres procédures, soit de nos cours souveraines et autres subalternes et inférieures, soit de registres, enquêtes, contrats, commissions, sentences, testaments, et autres quelconques actes et exploits de justice, ou qui en dépendent, soient prononcés, enregistrés et délivrés aux parties, en langage maternel français et non autrement. »

■ **Décret du 2 thermidor an II (20-7-1794).** « Nul acte public ne pourra, dans quelque partie que ce soit du territoire de la République, être écrit qu'en langue française. » (Sous peine de 6 mois d'emprisonnement et de destitution pour tout fonctionnaire ou officier public, tout agent du gouvernement, tout receveur du droit d'enregistrement.)

■ **Décret Lakanal du 27 brumaire an III (17-11-1794) sur les écoles primaires.** L'enseignement sera fait en langue française : l'idiome du pays ne pourra être employé que comme un moyen auxiliaire.

■ **Arrêté du Pt du Conseil du 2-2-1919.** Le français est la langue judiciaire des départements du Bas-Rhin, du Haut-Rhin et de la Moselle.

■ **Décret du 2-5-1953.** Le recours formé contre la décision du directeur de l'Office français de protection des réfugiés et apatrides devant la commission compétente doit être établi en français.

■ **Loi du 31-12-1975 (Bas-Lauriol).** L'emploi du français est obligatoire dans la désignation, l'offre, la présentation, la publicité écrite ou parlée, les modes d'emploi d'un article ou d'un produit.

■ **Loi constitutionnelle nº 92554 du 25-6-1992.** « La langue de la République est le français. » est inséré dans l'article 2 de la Constitution du 4-10-1958.

■ **Circulaire du 1er ministre aux ministres au 12-4-1994.** Relative à l'emploi du français par les agents publics.

■ **Loi du 4-8-1994 (Toubon) se substituant à celle du 31-12-1975.** Prévoit un dispositif de contrôle et de sanctions (amendes maximales *personnes physiques* 5 000 F, *morales* 25 000 F). Décret d'application 3-3-1995 ; circulaire d'application 19-3-1996.

☞ Le 29-7-1994, le Conseil constitutionnel avait, au nom de la libre communication des pensées et des opinions, proclamée par la Déclaration des droits de l'homme de 1789, refusé à l'État d'imposer à des personnes privées l'usage d'un français qu'il codifierait lui-même. L'obligation d'utiliser le français dans les actes de la vie sociale, commerciale et intellectuelle, reste maintenue, mais l'usage de termes étrangers, dont une commission aurait mis au point un équivalent français, ne pourra être prohibé. Par contre, l'État pourra imposer l'utilisation du français tel qu'il l'aura codifié aux personnes morales de droit public et aux personnes privées dans l'accomplissement d'un service public. Un arrêté du 3-5-1995 accorde les droits reconnus à la partie civile concernant les infractions aux dispositions des articles 2 à 7 et 10 de la loi du 4-8-1994 relative à l'emploi du français à l'Afal (Association francophone d'amitié et de liaison), l'Ailf (Association des informaticiens de langue française), l'Alf (Avenir de la langue française), le Cilf (Conseil international de la langue française), la DLF (Défense de la langue française).

■ **Position de la Cour de cassation.** Elle a énoncé qu'à peine de nullité, tout jugement doit être motivé en français (Cass. 2e civ., 11-1-1989, Bull. II, page 5). **Du Conseil d'État.** Il a rappelé qu'une requête non rédigée en français n'est pas recevable (CE, 22-11-1985, requête Quilleveret).

AUTRES PAYS

■ **Statistiques.** 44 États et 3 gouvernements appartiennent à la francophonie institutionnelle. Dans quelques autres pays (Cambodge, Dominique, Égypte, Grenade, Laos, St-Vincent, Ste-Lucie, Syrie, Viêt Nam) ou régions (val d'Aran, Jersey, Nouvelle-Angleterre, Pondichéry, vallées vaudoises) subsiste un attachement au français sans statut privilégié. Certains États, sans réel passé francophone, utilisent volontiers le français dans les instances internationales : Albanie, Angola, Arménie, Cap-Vert, Grèce, Guinée-Bissau, Italie, Pologne, Portugal, St-Thomas et Vatican.

■ **États totalement ou partiellement francophones.**

☞ *Légende :* o : langue officielle ou administrative de fait (éventuellement avec d'autres langues) ; e : langue d'enseignement (système public) exclusive ; ne : non exclusive ; p : langue enseignée à statut privilégié.

Afrique. Sud du Sahara : *Bénin,* o, e ; *Burkina Faso* o, e ; *Burundi* o (kirundi ne) ; *Cameroun* o (anglais), e (Cameroun oriental), ne (anglais) ; *Centrafricaine (Rép.)* o, e (secondaire), ne (sango, primaire) ; *Comores* o (arabe), e (secondaire), ne (comorien, primaire) ; *Congo* o, e ; *Côte d'Ivoire* o, e ; *Djibouti* o (arabe), e (secondaire), ne (arabe, primaire) ; *Gabon* o, e ; *Guinée* o, e ; *Madagascar* o (malgache), ne (malgache), p (primaire) ; *Mali* o, e ; *Maurice* o (anglais), ne (supérieur), p ; *Mauritanie* o (arabe), ne (arabe) ; *Niger* o, e ; *Rwanda* o (kinyarwanda), ne (kinyarwanda) ; *Sénégal* o, e, ne (en projet) ; *Seychelles* o (créole, anglais), p ; *Tchad* o (arabe), e ; *Togo* o, e ; *Zaïre* o, e (secondaire), ne (4 langues nationales). **Maghreb :** *Algérie* o (arabe), ne (arabe), p (filières arabisées) ; *Maroc* o (arabe), ne (arabe), p (filières arabisées) ; *Tunisie* o (arabe), ne (arabe).

Amérique. *Canada* o (Québec), o (anglais), e (Québec), p (hors Québec) ; *Louisiane* (USA) o (anglais), p ; *Haïti* o, e (secondaire), ne (créole primaire).

Asie. *Proche et Moyen-Orient : Liban* o (arabe), ne (arabe). Voir cob. b.

Europe. *Andorre* o (catalan), ne ; *Belgique* o, e (Wallonie), p (région flamande) ; *France* (avec DOM-TOM) o (tahitien Polynésie), e ; *Luxembourg* ne (allemand) ; *Monaco* o, e ; *Suisse* o (allemand, italien), e (pour les francophones), p (pour les non-francophones) ; *Val d'Aoste* o (italien). Voir col. b.

Océanie. *Vanuatu* o (anglais), ne (anglais).

■ **Enseignement dans les pays non francophones.** Le français est enseigné comme langue étrangère à plus de 25 millions d'élèves par environ 250 000 professeurs. Près de 100 millions de personnes apprennent ou ont appris le français comme langue étrangère.

■ QUELQUES PRÉCISIONS

■ **Amérique. Seule langue officielle. Outre-mer français. Guadeloupe :** 350 000 hab. et dépendances (Marie-Galante 16 341, Les Saintes 2 772, Désirade 1 592, St-Barthélemy 2 176, St-Martin 4 502) ; **Guyane :** 33 698 ; **Martinique :** 342 000 ; **St-Pierre-et-Miquelon :** 6 000. **Ile St-Martin** [divisée entre France (52 km², 4 500 hab.) et P.-Bas (34 km², 1 000 hab.) depuis 1648] : langue officielle avec néerlandais. **Autres cas. Argentine, Canada** (voir à l'Index). **Chili** (villages de vignerons français au sud, importantes colonies basques dans la région de Temuco). **États-Unis** (voir à l'Index). **Mexique :** *État de Veracruz :* environ 10 000 descendants d'émigrants francs-comtois et bourguignons. *Hauts Plateaux :* descendants des Barcelonnettes (émigration de Barcelonnette, Alpes-de-Hte-Provence, à partir de 1821, quand la filature des Arnaud de Jusiers ferma ses portes).

■ **Asie. Inde :** officiel avec le tamoul : **Pondichéry** [territoire de l'Inde (807 045 hab. en 1991), 492 km², ancien établissement français avec **Kârikâl, Mahé, Yanaon** et **Chandernagor** ; traité de cession 28-5-1956, ratifié 16-8-1962] : très peu enseigné (en dehors des établissements français). Communauté française de 20 000 personnes. **Liban** et **Syrie :** implanté dans les communautés maronite et grecque-catholique grâce aux établissements religieux d'origine française qui, après les massacres de 1860, ont scolarisé aux frais de la France les orphelins. Les établissements de langue française se sont développés de 1920 à 1943. **Turquie :** quelques Smyrniotes de citoyenneté française. *Enseignement :* 200 000 Turcs ont une connaissance bonne ou moyenne, 100 000 sommaire (plus Levantins). Lycées bilingues 7 750 élèves.

■ **Europe. Seule langue officielle. France, Monaco ; Luxembourg :** 85 % des hab. savent le français, mais parlent un dialecte. **Suisse :** cantons de Vaud, Neuchâtel, Genève et Jura (monolingue selon la Constitution, le français est langue officielle).

Langue officielle avec d'autres. Belgique (voir à l'Index). **Suisse :** *une des langues officielles :* cantons de Fribourg, Valais : Berne minoritaire.

Autres cas. Allemagne : 300 000 réformés descendent des huguenots (dont 30 000 inscrits à l'Association des huguenots). **Espagne :** 12 000 « pieds-noirs » d'Algérie, notamment autour d'Alicante. **Grèce :** 332 000 élèves en France, influence de l'Institut français d'Athènes (créé 1938). **Roumanie :** enseigné dans le primaire (161 000 élèves soit 38 % en 1990).

☞ Les Églises réformées, dites françaises, ou wallonnes, ou vaudoises, célèbrent leur culte en français : Pays-Bas (la famille royale appartient à l'Église « wallonne »), Allemagne (Taunus, Berlin), Italie (Piémont), Danemark, Suède, Irlande.

■ **Océanie. Seule langue officielle. Nouvelle-Calédonie :** le parler populaire, marqué par les origines des premiers colons français, le bagne et l'infanterie coloniale, se distingue par un accent « caldoche » et quelques expressions locales.

■ **Langue officielle avec d'autres. Polynésie française :** le tahitien, utilisé par 80 % de la population (depuis 1980 langue officielle à côté du français), progresse au détriment des autres dialectes locaux.

Nota. – 3 247 villes étrangères ont un nom français.

ORGANISATIONS

■ **Conférence des chefs d'État d'Afrique et de France. Origine :** à l'issue du « sommet » africain à Paris autour du Pt G. Pompidou (13-11-1973), il est décidé que les réunions regroupant des chefs d'État africains francophones auront lieu chaque année.

■ FRANCOPHONIE

■ **Sommet des chefs d'État et de gouvernement des pays ayant le français en partage.** 1re Paris (17/19-2-1996).

■ **Sommets de la francophonie : 1986** (17/19-2) : 1er Versailles, 41 pays. **1987** (2/4-9) : 2e Québec, 36 pays plus 3 invités. **1989** (24/26-5) : 3e Dakar. La France renonce au remboursement de la dette due par 35 pays d'Afrique. **1991** (19/21-11) : 4e Paris (Chaillot), 44 pays plus 3 observateurs (Bulgarie, Cambodge, Roumanie) plus 3 invités spéciaux (Louisiane, Nlle-Angleterre, Val d'Aoste). Institue le Conseil permanent de la Francophonie (CPF). **1993** (16/18-10) : 5e Grand-Baie, île Maurice, 47 pays et collectivités plus 4 invités (Louisiane, Moldavie, Nlle-Angleterre, Val d'Aoste). **1995** (2/4-12) : 6e Cotonou (Bénin). **1997** (14/16-11) : 7e Hanoï (Viêt Nam), 52 pays, Boutros Boutros-Ghali, secrétaire général. **1999** (3/5-9) : 8e Moncton (Canada, Nouveau-Brunswick), 55 pays.

■ **Organisation internationale de la francophonie.** Fondée sur le partage d'une langue et de valeurs communes. **Membres** (en 2000) : 51 États et gouvernements dont Albanie*, Belgique*, Bénin, Bulgarie, Burkina Faso, Burundi, Cambodge, Cameroun, Canada, Canada-Nouveau-Brunswick, Canada-Québec, Cap-Vert, Centrafricaine (Rép.), Communauté française de Belgique, Comores, Congo, Congo démocratique, Côte d'Ivoire, Djibouti, Dominique, Égypte, France, Gabon, Guinée, Guinée-Bissau, Guinée équatoriale, Haïti, Laos, Liban, Luxembourg, ARY Macédoine*, Madagascar, Mali, Maroc, Maurice, Mauritanie, Moldavie, Monaco, Niger, Roumanie, Rwanda, Ste-Lucie, São Tomé-et-Principe, Sénégal, Seychelles, Suisse, Tchad, Togo, Tunisie, Vanuatu, Viêt Nam. **Observateurs :** 4 (Lituanie, Pologne, Slovénie, Rép. tchèque). **Population :** plus de 500 millions. **Secrétaire général :** Boutros Boutros-Ghali (Égypte, né 14-11-1922) depuis le 16-11-1997. Assemblée consultative et opérateurs directs. **Cabinet du Secrétaire général :** 28, rue de Bourgogne, 75007 Paris.

Nota. – * États associés non membres de l'Agence intergouvernementale de la Francophonie.

■ **Agence intergouvernementale de la francophonie (ACCT).** 13, quai André-Citroën, 75015 Paris. **Création :** 20-3-1970 à Niamey (Niger). **Administrateur général :** Roger Dehaybe (Communauté française de Belgique) élu pour 4 ans en déc. 1997. **Membres :** 49 États et gouvernements. *Organes subsidiaires :* Institut des nouvelles technologies de l'information et de la formation à Bordeaux ; Institut de l'énergie et de l'environnement de la francophonie (Québec). *Bureaux régionaux :* Afrique de l'Ouest à Lomé (Togo), Afrique centrale et océan Indien à Libreville (Gabon), Asie-Pacifique à Hanoï (Viêt Nam). **Budget** (en millions de F en 2000 et, entre parenthèses, en 1996) : 451 (324).

■ **Assemblée consultative : Assemblée parlementaire de la Francophonie.** 235, bd St-Germain, 75007 Paris. **Fondée** 1967. **But :** coordonner l'action des 60 parlements membres de la Francophonie. **Pt :** Nicolas Amougou Noma (Cameroun). **Secr. général :** Jacques Legendre (France). **Membres :** les assemblées des 60 pays membres de la francophonie. **Budget annuel :** 7,5 millions de F. **Publications :** *Parlements et Francophonie* (trimestrielle), *la Lettre de l'APF* (bimensuelle), *Parlons doc* (trimestrielle).

■ **Crédits pour le développement de la langue française et la défense de la francophonie** (en millions de F, 2000). **AP et,** entre parenthèses, **DO + CP :** *budget général : 441,78 (5 228,10)* dont affaires étrangères 421 (5 121,21), environnement 0,30 (1,70), culture et communications 12,38 (57,82), enseignement scolaire (1,02) et supérieur (6,10), recherche et technologie 8,10 (22,60), jeunesse et sports (14,65), justice (3). *Comptes spéciaux du Trésor : (358,90)* dont soutien de l'ind. cinématographique et des programmes audiovisuels (73,50), compte d'emploi de la taxe parafiscale pour financement des organismes du service public de la radiodiffusion sonore et de la TV (358). *Total général : 441,78 (5 587).*

☞ **Budget** (en millions de F, 1999) : 1 133,76 dont Agence intergouvernementale de la francophonie 366,4 ; fonds francophone des inforoutes 34,8 ; agence universitaire de la francophonie 201,74 ; Université Senghor d'Alexandrie 16,15 ; Association intern. des maires francophones (AIMF) 31,65 ; TV5 : 483.

■ OPÉRATEURS DIRECTS DES SOMMETS DE LA FRANCOPHONIE

■ **Agence universitaire de la francophonie (AUF). [Association des universités partiellement ou entièrement de langue française–Université des réseaux d'expression française (Aupelf-Uref)].** BP 400, succursale Côte-des-Neiges, Montréal (Québec), Canada H3S 2S7. **Créée** 1961 à Montréal. **Fonds international de coopération universitaire (Ficu) :** *budget 1998 :* 11,415 millions de F. Aboli en mai 2001 ; **Université des réseaux d'expression française (Uref) :** *budget 1999 :* 200 millions de F. **Membres :** 398 institutions et réseaux institutionnels d'enseignement supérieur d'expression française dans 41 pays et 334 départements d'études françaises d'universités francophones et non francophones dans 138 pays. *Pt du cons. d'administration :* Arthur Bodson (Belgique). **Recteur :** Michèle Gendreau-Massaloux (France).

■ **TV5.** Chaîne de télévision multilatérale en français. Diffusion : regroupe les chaînes de télévision francophones. **Pt :** Jean Stock (France), TV5-Europe (19, rue Cognac-Jay, 75007 Paris), créée 1984. TV5-Canada-Québec (1755, bd René-Levesque, bureau 101, Montréal) créée 1988. TV5-Amérique latine et Caraïbes créée 1992. TV5-Afrique (1992), Asie (1997) et USA (1998).

■ **Université Senghor d'Alexandrie. Création :** 1989, au 3e sommet de Dakar, inaugurée nov. 1990.

■ **Association internationale des maires et responsables des capitales et métropoles partiellement ou entièrement francophones (AIMF).** 9, rue des Halles, 75001 Paris. **Création :** 1979. *Fonds de coopération* institué en 1990 pour améliorer les conditions de vie des citadins dans les pays d'Afrique francophone. **Congrès : 1977** (mars) Marrakech (Maroc). **Pt :** Jean Tibéri (France).

■ **Conférence des ministres de l'Éducation des pays ayant le français en partage (Confemen). Création :** 1960 à l'initiative de certains pays d'Afrique francophone. **Membres :** 31 États [Belgique (communauté française), Bénin, Burkina, Burundi, Cameroun, Canada (gouv. fédéral), Canada-Nouveau-Brunswick (1990), Canada-Québec, Cap-Vert, Centrafricaine (Rép.), Comores, Congo, Côte d'Ivoire, Djibouti, *France,* Gabon, Guinée-Bissau, Haïti, île Maurice, Luxembourg, Madagascar, Mali, Mauritanie, Niger, Rwanda, Sénégal, Seychelles, Tchad, Togo, Zaïre]. **Secrétariat** technique permanent à Dakar. **Dernière session ministérielle** à Yamoussoukro (Côte d'Ivoire) en oct. 1998.

■ **Conférence des ministres de la Jeunesse et des Sports des pays d'expression française (Confejes). Création :** 1969. **Siège :** Dakar (Sénégal). Se réunit une fois par an.

■ Autres organisations

■ **Forum francophone des affaires (FFA).** 380, rue St-Antoine Ouest, Montréal (Québec) Canada H2Y3X7. **Créé** 1987, sur une initiative du Canada et du Québec. **But :** développer les échanges économiques entre les pays francophones. **Secr. gén. :** Florian Rompré (Québec).

■ **Comité d'organisation des Jeux de la francophonie (CIJF).** 78, rue Olivier-de-Serres, 75015 Paris. Jeux créés 1987. *1ers jeux :* Maroc (1989). *2es :* France (1994). *3es :* Madagascar (1997). *4es :* Ottawa-Hull (Canada et Canada-Québec) [2001].

■ Organismes publics français

☞ **Ministres, puis secrétaires d'État (4-4-1992) chargés de la francophonie. 1986**-*2-5* Lucette Michaux-Chevry (née 5-3-1929) ; **1988**-*28-6* Alain Decaux (né 23-7-1925) ; **1991**-*15-5* Catherine Tasca (née 13-12-1941) ; **1993**-*29-3* Jacques Toubon (né 29-6-1941 ; ministre de la Culture et de la Francophonie) ; **1995**-*18-5*/**1997**-*3-6* Philippe Douste-Blazy (né 1-1-1953, ministre de la Culture chargé de l'usage et de l'enrichissement de la langue française) et Margie Sudre (née 17-10-1943, secrétaire d'État chargée de la Francophonie) ; **1997 :** Charles Josselin (né 31-3-1938, secrétaire d'État puis ministre délégué à la Coopération et à la Francophonie). **Crédits** (en 1994) : 67,27 millions de F.

■ **Ministère des Affaires étrangères.** Comprend le Service des affaires francophones et la Direction générale de la Coopération internationale et du Développement (DGCID). Verse la contribution statutaire du Service des affaires francophones à l'ACCT.

■ **Haut Conseil de la francophonie.** 72, rue de Varenne, 75007 Paris. **Créé :** 12-3-1984. **Pt** (vacant). **Pt d'honneur :** Léopold Sédar Senghor (né 9-10-1906 ; ancien Pt du Sénégal). **Secr. général :** Stélio Farandjis (né 16-4-1937).

■ **Conseil supérieur de la langue française.** 6, rue des Pyramides, 75001 Paris. **Créé :** 2-6-1989, présidé par le 1er ministre. **Vice-Pt :** Bernard Cerquiglini. **Mission :** présenter des recommandations au gouvernement sur l'usage, l'enrichissement, la diffusion de la langue française, et la politique à l'égard des langues étrangères.

■ **Délégation générale à la langue française** successeur du *Haut Comité de la langue française*, créé en 1966). 6, rue des Pyramides, 75001 Paris. **Créée** 2-6-1989, rattachée au ministère de la Culture le 21-3-1996. **Déléguée générale :** Anne Magnant. **But :** coordonner l'action des administrations en faveur de la langue française, veiller à l'application des textes relatifs à l'emploi du français, favoriser son utilisation comme langue de communication internationale et développer le plurilinguisme (concourt à la valorisation des langues régionales). Assure le secrétariat du Conseil supérieur de la langue française et de la Commission générale de terminologie.

■ **Commission générale de terminologie et de néologie. Créé :** 3-7-1996. **Pt :** Gabriel de Broglie. **Membres :** 18 personnalités. Placée auprès du Premier ministre, examine les listes de termes établies par les commissions spécialisées de terminologie, les soumet à l'Académie française et les transmet pour publication au JO après accord des ministres concernés.

■ **Agence pour l'enseignement français à l'étranger. Créée** 6-7-1990. Établissement public à caractère administratif sous tutelle du ministre des Affaires étrangères. **Directeur :** Jacques Verclytte. 270 établissements dans 125 pays, 6 000 enseignants titulaires, 158 477 élèves scolarisés. **Budget** (en 2001) : 2 milliards de F.

■ Principales associations francophones

■ **Association francophone d'amitié et de liaison (Afal).** 5, rue de la Boule-Rouge, 75009 Paris. Agréée par l'Unesco et le Conseil de l'Europe. **Fondée :** 1974, restructurée 1983. **Pt :** Jacques Godfrain (né 4-6-1943), député. **Pt d'honneur :** Xavier Deniau, député. **Secrétaire général :** Maurice Zinovieff (Comité orthodoxe des amitiés françaises dans le monde). **Associations membres :** 140. **Publication :** « *Liaisons,* revue des associations ayant le français en partage » publiée par l'Afal. **Budget** (en 2000) : 390 000 F.

■ **Alliance française.** 101, bd Raspail, 75006 Paris. **Créée :** 21-7-1883 au 215 Bd St-Germain. **Pt :** Jacques Viot (né 1921) depuis 1994. **Secr. général :** Jean Harzic (né 1936). **Objectif :** diffusion de la langue et de la civilisation françaises dans le monde grâce aux 1 009 comités ou associations affiliées dans 138 pays. **Activité enseignante** dans plus de 785 centres. *Étudiants* (en 1999) : 372 685 (dont Europe 80 472, Afrique 63 436, Amér. du Nord 22 405, Amér. latine 114 614, Antilles 15 948, Asie 66 699, Océanie 9 111).

Pays ayant le plus d'étudiants (en 1999) : Mexique 26 202, Brésil 23 524, Madagascar 18 654, Inde 18 200, Pérou 17 703. **Villes comptant le plus d'étudiants** (en 1999) : Bogota 6 875, Mexico 6 714, Quito 6 514, Buenos Aires 5 571. **En France :** *l'École de Paris* fonctionne toute l'année et reçoit environ 2 000 élèves par jour (depuis les débutants jusqu'aux professeurs de français stagiaires de langue étrangère).

■ **Conseil international de la langue française (Cilf).** 11, rue de Navarin, 75009 Paris. **Créé :** sept. 1967. **Membres :** 50 linguistes (Français, Canadiens, Belges, Suisses, Africains). **Pt :** André Goosse (Belg.). **Secr. général :** Hubert Joly. **Publications :** 55 dictionnaires, CD-Rom de 20 dictionnaires multilingues de 120 000 termes avec définitions, 2 revues : *la Banque des mots* (terminologie), *le Français moderne* (linguistique), collection de tradition orale monolingue et bilingue (80 fascicules publiés) et de manuels de formation en agronomie tropicale, mécanique et architecture (78 publiés). **Budget** (en 2000) : 2 millions de F. Dispose d'un centre d'enseignement du français langue étrangère : la **FPI Enseignement** à Paris, 75002, et d'un château : la Bûcherie (95510 Saint-Cyr-en-Arthies) pour séminaires. *Banque de données* orthographiques et grammaticales sur Minitel et Internet.

■ **Mission laïque française.** 9, rue Humblot, 75015 Paris. **Créée :** 1902. Gère 28 établissements en Espagne, États-Unis, Éthiopie, Grèce, Liban, Libye (18 000 élèves dont 20 % de Français, et 1 500 professeurs). Depuis 1975, anime un réseau d'écoles d'entreprises (enfants des expatriés des grandes firmes françaises : 38 établissements, 2 300 élèves, environ 150 enseignants).

■ **Autres organismes. Alliance francophone.** 26, av. Perrichont, 75016 Paris. **Créée :** 1992. **Président :** Jean-R. Guion. **Pt d'honneur :** Pierre Messmer. *Lettre trimestrielle :* « La Lettre de l'Alliance ». Associe francophonie et humanisme ; établissement d'un Passeport étudiant francophone ; création de l'Académie des gastrophones ; attribution d'un prix de poésie francophone internationale (prix Yvan Goll) : 25 000 F. *Adhérents* 921. **Centre international de documentation et d'échanges de la francophonie (Cidef).** 100, rue de Lille, 59200 Tourcoing. **Comité international pour le français langue européenne.** 70, av. de la Gde-Armée, 75017 Paris. **Fondé :** 1957. **Pt international :** l'archiduc Otto de Habsbourg. **Fondateur et Pt** de la section française : Hervé Lavenir de Buffon (né 10-10-1930). **Conseil international des radios-télévisions d'expression française (Cirtef).** 52, bd Auguste-Reyers, B 1044 Bruxelles, Belgique. **Créé :** 1978. *Secrétaire Gal :* Abdelkader Marzouki. **Fédération internationale des professeurs de français (FIPF).** 1, av. Léon-Journault, 92311 Sèvres Cedex. **Créée :** 1969. Congrès tous les 4 ans, 1er en 1996 à Tokyo (Japon), en 2000 à Paris. **Pt :** Dario Pagel (Brésil). **Institut international de Droit d'expression française (Idef).** 27, rue Oudinot, 75007 Paris. **Créé :** 1961. **Pt :** Raymond Barre. **Institut pour la coopération audiovisuelle francophone (Icaf).** 43, rue F. Gérard, 75016 Paris. **Créé :** 1982. **Pt :** André Delehedde. **Producteur délégué :** Dominique Gallet. **Rédactrice en chef :** Mona Makki. Produit notamment l'émission « Espace francophone » diffusée chaque semaine par France 3 et plus de 30 télévisions francophones dans le monde. **Office de coopération et d'accueil universitaire Richelieu International. Créé :** 1944 à Ottawa (en France 1969). **But :** rassembler francophones et francophiles. **Délégué général :** Grégoire Pagé, 1173, ch. Cyrville bureau, 200 Ottawa (Ontario) Canada K1J 7S6. **En Europe :** *bureau :* Élisabeth Renson, 202 av. de Genève, 74700 Sallanches, France. *Administrateur :* Janita Kinowski, 14, rue du Grand-Fossart, 59300 Valenciennes (France). **Union internationale des journalistes et de la presse de langue française (UIJPLF).** 3, cité Bergère, 75009 Paris. **Fondée** 1950. **Pt international :** Hervé Bourges ; **secr. international :** Georges Gros. Attribution d'un prix annuel (prix de la Libre Expression). *Membres :* 2 851 dans 115 pays. **Journal :** *La Gazette de la presse francophone.* **Centre de documentation et de lecture :** *la Pressothèque* 3, cité Bergère, 75009 Paris.

☞ **Grand Prix de la francophonie** (voir p. 342 a).

Latinité

Langues néolatines : espagnol, italien, français, portugais, roumain, catalan, galicien, occitan, provençal, romanche. **Origine :** issues du bas latin (issu du latin), langue d'un petit peuple fixé dans la région de Rome (Latium). **Concordances lexicales entre elles** (selon Henri Guiter, en %) : **espagnol** portugais 93, italien 82, roumain 75, français 72. **Portugais** italien 84, roumain 77, français 74. **Italien** français 81, roumain 76. **Français** roumain 67. **Locuteurs** [de 10 ans et plus (en 2000, en millions) : espagnol 403, portugais 261, français 231, italien 58, roumain 31. *Total* 984 [**langues germaniques** : anglais 431, allemand 77, néerlandais 27. *Total* 535].

■ Organismes intergouvernementaux

■ **Union latine. Siège :** 8, rue Colón, Santo Domingo, République dominicaine. **Secrétariat général :** 131, rue du Bac, 75007 Paris, France. **Bureaux :** Bucarest, Buenos Aires, Caracas, Chisinau, La Havane, La Paz, Lima, Lisbonne, Montevideo, Paris, Pétion-Ville, Quito, Rio de Janeiro, Rome, Santiago du Chili. **Pt du congrès :** Jean Musitelli (France). **Vice-Pts du congrès :** Adolfo Castells (Uruguay), José Rui Amaral (Mozambique). **Secrétaire général :** Bernardino Osio (Italie). **États membres** (en 2001) : Angola, Argentine, Bolivie, Brésil, Cap-Vert, Chili, Colombie, Costa Rica, Côte d'Ivoire, Cuba, Dominicaine (Rép.), Équateur, Espagne, *France,* Guatemala, Guinée-Bissau, Haïti, Honduras, Italie, Mexique, Moldavie, Monaco, Mozambique, Nicaragua, Panamá, Paraguay, Pérou, Philippines, Portugal, Roumanie, St-Marin, St-Siège (statut particulier), São Tomé-et-Príncipe, Sénégal, Uruguay, Venezuela. **Objectif :** mise en valeur et diffusion de l'héritage culturel et des identités du monde latin. **Langues officielles :** espagnol, italien, français, portugais et roumain.

■ **Oficina de educación ibero-americana (OEI). Créée** 1949. **Siège :** Madrid. **Membres :** pays hispanophones d'Amérique, Brésil, Guinée équatoriale, Philippines. **Secrétaire général :** Simón Romero. **Objectifs :** coopération en matière éducative à tous les niveaux. Nombreuses publications.

■ **Istituto italo-latino americano (IILA). Créé** 1966 sur l'initiative de Amintore Fanfani. **Siège :** Rome. **Membres :** pays d'Amér. latine (dont Brésil et Haïti). **Langues officielles :** espagnol, français, italien, portugais. **Objectifs :** développement et coordination des recherches culturelles, scientifiques et techniques. **Secrétaire général :** ambassadeur Magliano.

■ Organismes privés

Cultura latina. Association fondée pour la promotion en France des langues et cultures latines. **Créée :** 1981. **Pt :** Philippe Rossillon (1931-97). **Siège :** 65, bd des Invalides, 75007 Paris. Anime des radios (Radio latine, 101.8 FM à Paris, Radio Cora latina à Arles, Nîmes, Montpellier), un cinéma, une galerie et un bistrot (le Latina, 20, rue du Temple, 75004 Paris). **Association des professeurs de langues romanes. Centro d'Azione latino.** Association privée pour le développement des échanges Italie, Amérique latine. **Siège :** Rome. **Fundación latina** (Argentine). **Helvetia latina.** Suisses francophones et italiens.

■ Statistiques

■ **Espagnol** (en 2000, en millions de locuteurs). **Pays de langue officielle et (ou) maternelle espagnole :** *Amérique latine hispanique* 353 [dont Mexique, Amér. centrale (sauf partie du Bélize), du Sud (sauf Brésil, Guyane, Guyana, Suriname), *Caraïbes :* Cuba, Rép. dominicaine, Porto Rico], *Espagne* 43,3, *Guinée équatoriale* 0,47. **Total :** 396,8, *USA* 32,4 [hispanophones (en %) : Nouveau-Mexique 36,6 ; Texas 21 ; Californie 19,2 (Sud 22,6) ; Arizona 16,2 ; New York 9,5 (ville 19,9) ; Floride 8,8 (Miami 35,7)]. **Pays marqués par une influence espagnole :** *Philippines, Maroc* (Rif).

■ **Français** (voir p. 935 a et suivantes).

■ **Portugais. Pays de langue officielle ou maternelle portugaise. Europe :** Portugal. **Amérique :** Brésil. **Afrique :** Angola, Cap-Vert, Guinée-Bissau, Mozambique et São Tomé. **Asie :** Macao. **Pays où résident des minorités lusophones :** *France,* Afrique du Sud, USA, Canada, Venezuela, Allemagne ; zones d'émigration massive des Cap-Verdiens (USA, Sénégal), Inde (Goa).

Lusophones (en 2000, en millions de locuteurs). **Pays de langue maternelle** 198,6 : Portugal 11,2, Brésil 187,5. **Afrique** *lusophone* 11,2 : Mozambique, Guinée-Bissau 6,3, São Tomé, Cap-Vert, Angola 4,9. **Minorités** 2,3 dont *France 0,8,* Afr. du Sud 0,5, USA (Cap-Verdiens compris) 0,47, Canada 0,204, Venezuela 0,14, Allemagne fédérale 0,11. **Total :** 210.

■ **Italien. Pays de langue officielle et maternelle italienne** (en 2000, en millions de locuteurs) : Italie 57,4 ; Suisse italienne 0,64 ; St-Marin 0,22. **Autres communautés italiennes et italophones : Amérique** *du Nord* 1,874 : USA 1,354, Canada 520 ; *latine* 1,639 : Argentine 1,216, Brésil 255, Venezuela 168 ; **Europe** 1 900 : *France 922,* Allemagne fédérale 618, Belgique 360 ; **Océanie** *(Australie) :* 530. **Total :** 5 943.

■ **Roumain. Pays de langue officielle et maternelle roumaine** (en 2000, en millions de locuteurs). Roumanie 25,7, Moldavie 3,7. **Minorités :** Hongrie, ex-Yougoslavie ; diaspora roumaine (USA, *France,* Israël).

ÉTATS ET TERRITOIRES

GÉOGRAPHIE HUMAINE

☞ Pour découvrir la sélection **Quid** des meilleurs sites Internet sur la géographie humaine, rendez-vous sur www.quid.fr

☞ Voir **Origines de l'homme** p. 115 et **Diversité des hommes modernes** p. 117 c.
☞ *Abréviation :* hab. : habitants.

POPULATION DANS LE MONDE

QUELQUES DONNÉES

■ **Accroissement. Europe :** *XVIe et XVIIe s.*, taux de natalité 45 à 50 ‰, mortalité 35 à 45 ‰ ; de loin en loin, épidémies, famines et guerres réduisent brusquement la population [exemple : la peste noire *(1346-48)* de 20 à 35 % (50 % dans les villes), soit en France de 19 à 15 millions]. *2e moitié du XVIIIe s.*, abaissement de la mortalité infantile, amélioration des techniques agricoles. *Entre 1715 et 1789,* en France la population passe de 18 à 26 millions (taux moyen annuel de croissance de 0,5 ‰). *Fin du XVIIIe s.*, le contrôle des naissances s'amorce en France puis en Europe. **Tiers-monde :** *à partir de 1945,* le taux de mortalité baisse de près de 50 %, grâce à la science et à la technique occidentales, le taux de fécondité demeure identique, les taux de croissance annuels montent à 2 %, puis 3 %. Puis le taux de fécondité baisse dans la plupart des pays (*de 1965 à 75 :* – 10 à – 20 % pour Brésil, Égypte, Inde, Indonésie, Philippines, Turquie, Corée du Sud, Thaïlande ; – 34 % pour la Chine populaire, – 47 % pour Cuba) et le taux de croissance annuel régresse (*en 1991 :* 1,8 %).

Si le taux de croissance baissait à 1,2 % et s'y maintenait, la Terre atteindrait, en 10 000 ans, 88 000 milliards d'hab. ; s'il baissait à – 0,1 %, elle n'aurait plus que 182 000 hab.

■ **Densité** (en hab. par km², 1998). **Mondiale :** 44. **Les plus élevées :** Monaco 32 894. Singapour 5 624. Malte 1 214. Vatican 1 090. Maldives 909. Bahreïn 877. Bangladesh 866. Barbade 624. Nauru 529. Maurice 559. **Les moins élevées :** Guyane 4. Gabon 4. Botswana 3. Canada 3. Islande 3. Libye 3. Suriname 3. Mongolie 2. Namibie 2. Sahara occidental 1. Groënland 0.

☞ 1/10 du globe (constituant l'*œkoumène* ou *ékoumène*) est habité. 90 % des humains vivent dans l'hémisphère Nord (surtout entre 20 et 60° de latitude, les Esquimaux vivent jusqu'à 81°). En 2000, 6 milliards d'humains pourraient tenir en se serrant bien (4,8 humains par m²) dans le Val-d'Oise (1 246 km²).

■ **Accroissement annuel** (en %). **Mondial :** *1960 :* 2 ; *95 :* 1,4 ; *98 :* 1,3 (pays les plus développés 0,3, les moins développés 2,4). **Taux** (1998) **les plus élevés :** Liberia 6,2. Bande de Gaza 4,3. Somalie 4,2. Andorre 3,9. Érythrée 3,8. Yémen 3,7. Arabie 3,4. **Les plus bas :** *pays de l'Est :* Croatie – 0,1. Rép. tchèque – 0,2. Russie – 0,2. Biélorussie – 0,3. Lituanie – 0,3. Kazakhstan – 0,3. Arménie – 0,3. Albanie – 0,4. Ukraine – 0,4. Hongrie – 0,4. Roumanie – 0,4. Bulgarie – 0,7. Géorgie – 1,1. Estonie – 1,2. Lettonie – 1,5. *Pays occidentaux :* Canada 1. USA 0,8. *France 0,4.* Japon, G.-B., Suède 0,2. All., Belgique 0,1. Espagne, Italie, Portugal 0. **En millions de personnes :** *en 1750 :* – de 3 ; *1850 :* 6 à 7 ; *1900 :* 12 ; *50 :* 45 ; *70 :* 72 ; *90 :* 88 ; *94 :* 93. **Par continent** (en % annuel, 1998) : Asie 3 ; Afrique 2,4 ; Amér. latine 1,6 ; Europe 1,4 ; Amér. du Nord 0,8.

PAYS LES PLUS ÉTENDUS

	Superficie (km²)	%[1]	Pop. %[2]		Superficie (km²)	%[1]	Pop. %[2]
Russie	17 075 400	12,7	2,5	Iran	1 648 000	1,2	1,1
Canada	9 970 610	7,4	0,5	Mongolie	1 564 600	1,1	0,04
Chine	9 571 300	7	21,1	Pérou	1 285 216	0,9	0,4
USA	9 372 614	6,9	4,6	Tchad	1 284 200	0,9	0,1
Brésil	8 511 996	6,3	2,7	Niger	1 267 000	0,9	0,1
Australie	7 682 300	5,7	0,3	Éthiopie	1 251 282	0,9	1
Inde	3 287 263	2,4	16,6	Angola	1 246 700	0,9	0,2
Argentine	2 766 889	2	0,6	Mali	1 241 231	0,9	0,1
Kazakhstan	2 717 300	2	0,3	Afr. du Sud	1 221 037	0,8	0,7
Soudan	2 505 813	1,8	0,5	Bolivie	1 181 581	0,8	0,1
Algérie	2 381 741	1,7	0,5	Colombie	1 141 748	0,8	0,6
Congo	2 344 885	1,7	0,8	Mauritanie	1 030 700	0,7	0,04
Arabie s.	2 240 000	1,6	0,3	Égypte	997 738	0,7	1,1
Groenland	2 175 600	1,6	0,001	Ukraine	603 700	0,4	0,9
Mexique	1 958 201	1,5	1,6	*France*	*547 026*	*0,4*	*1*
Indonésie	1 904 569	1,4	3,5	Allemagne	357 041	0,2	1,4
Libye	1 775 500	1,3	0,09				

Nota. – (1) % de la surface mondiale des terres émergées. (2) % de la population mondiale en 1997. *Source :* Onu.

■ **Pays ayant moins de 100 000 habitants** (en milliers). Tonga 98. Grenade 93. Kiribati 81. Seychelles 76. Andorre 72. Dominique 71. Marshall (îles) 60. St-Kitts 39. Monaco 33. Liechtenstein 32. St-Marin 26. Palau 19. Nauru 11. Tuvalu 11. St-Siège (Vatican) 1. **Plus de 100 millions d'habitants** (en millions). **1950 :** Chine 555. Inde 358. USA 158. Russie 102. **1998 :** Chine 1 267. Inde 987. USA 273. Indonésie 209. Brésil 165. Russie 146. Pakistan 135. Japon 127. Bangladesh 127. Nigeria 109. **2050** (prév.) : Inde 1 529. Chine 1 478. USA 349. Pakistan 345. Indonésie 312. Nigeria 244. Brésil 244. Bangladesh 212. Éthiopie 169. Congo démocratique 160. Mexique 147. Philippines 131. Viêt Nam 127. Russie 121. Iran 115. Égypte 115. Japon 105. Turquie 101.

■ **Pays comprenant plus d'hommes que de femmes** (nombre d'hommes pour 100 femmes). Qatar 197,1. Émirats 176,6. Bahreïn 134,4. Arabie saoudite 125,8. Oman 110,4. Brunei 109,6. Libye 108,7. Pakistan 107,2. Inde 106,9. Papouasie-Nlle-Guinée 106,6. **Plus de femmes que d'hommes** (nombre de femmes pour 100 hommes). Lettonie 116,7. Ukraine 115,2. Russie 113,3. Biélorussie 112,9. Estonie, Lituanie 112,5. Géorgie 109,6. Moldavie 109,4. Hongrie 108,8. Swaziland 108,7.

■ **Pays ayant le plus de voisins.** Chine 15. Russie 14. Brésil 10. Allemagne 9. Soudan, Congo dém. 9. Autriche, France, Arabie saoudite, Tanzanie, Turquie 8.

ÉVOLUTION DE LA POPULATION PAR CONTINENT (en millions d'hab. et en % du total mondial)

Années	Afrique	%	Amér. du Sud et centrale	%	Amér. du Nord	%	Asie	%	Europe et Ex-URSS	%	Océanie	%	Total
- 35 000 [1]	—	—	—	—	—	—	—	—	—	—	—	—	0,6 à 4
- 5 000 [2]	—	—	—	—	—	—	—	—	—	—	—	—	6 à 60
- 400	17	10,4	5	3	1	0,6	102	62	36	22,2	1	0,6	162
+ 14	—	—	—	—	—	—	—	—	—	—	—	—	300
+ 200	30	11,7	9	3,5	1	0,3	161	62,8	55	21,4	1	0,3	256
600	24	11,6	12	5,8	2	0,9	135	65,5	32	15,5	1	0,4	206
1000	50	15	13	4	2	—	212	65	47	14	?	—	322
1340	—	—	—	—	—	—	—	—	—	—	—	—	450
1400 [3]	68	18,1	33	8,8	3	0,8	203	54,2	65	17,3	2	0,5	374
1650	100	21	1	0,2	7	1	257	55	103	22	2	0,4	470
1750	100	14	1	0,1	10	1	437	63	114	21	2	0,2	694
1850	100	9	26	2	33	3	656	60	274	25	2	0,1	1 091
1900	120	8	81	5	63	4	857	55	423	27	6	0,3	1 550
1950	198	8	168	6	163	6,5	1 376	55	576	23	13	0,5	2 494
1960	273	9	216	7,2	199	6,7	1 706	57	593	20	16,3	0,5	2 998
1970	352	9,7	283	7,9	226	6,3	2 027	58	702	17,8	19,3	0,5	3 609
1980	449	12,1	383	9	256	6	2 532	58	687	16	23,6	0,5	4 330
1990	647,5	12,2	448	8,4	275,8	5,2	3 108,4	58,7	785,6	14,8	26,4	0,5	5 292
1998	749	12,7	504	8,5	305	5,2	3 585	60,8	729	12,4	30	0,5	5 901

Nota. – (1) Éclosion des techniques. (2) Adoption de l'agriculture, élevage. (3) Peste noire, guerre de Cent Ans.

☞ **% des pays développés dans la population mondiale :** *1950 :* 33 ; *1970 :* 28,4 ; *1990 :* 22,8.

☞ 9 bébés naissent et 3 personnes meurent toutes les 2 secondes. La Terre comporte donc chaque seconde 3 habitants de plus, soit 10 600 par heure (254 000 par jour, 1 800 000 par semaine, 7 700 000 par mois, 93 000 000 par an, dont 85 000 000 dans le tiers-monde et 6 000 000 dans les pays développés).

■ **Malthusianisme.** Doctrine prescrivant la limitation des naissances, émise par Robert Malthus (pasteur britannique anglican, 1766-1834), dans l'*Essai sur le principe de population* (1798, complété en 1803 par *Aperçus sur les effets passés et présents relativement au bonheur de l'humanité*) : la faim et la misère sont étroitement liées « au désir constant que manifestent tous les êtres vivants de se multiplier plus que ne le permet la quantité de nourriture dont ils disposent. La population double tous les 25 ans selon une progression géométrique, tandis que la nourriture disponible en partant de l'état actuel de la Terre habitée augmente selon une progression arithmétique. » La procréation doit être freinée par la continence librement consentie ou organisée de façon répressive, en particulier chez les plus pauvres.

Jugée par les socialistes comme doctrine de classe refusant la solidarité (selon eux la pauvreté est due au régime de la propriété et non à la surpopulation), et rejetée par les catholiques opposés à toute intervention contraceptive, elle aboutira au *néomalthusianisme* (généralisation de la contraception).

Combien d'hommes ont vécu sur Terre ? Environ 80 milliards depuis l'origine (75 milliards sont morts, 5 milliards sont en vie). **Répartition des naissances** (en milliards) : *entre 600 000 et 10 000 av. J.-C. :* 10 ; *10 000 et 5 000 ans :* 10 ; *de 5 000 à l'ère chrétienne :* 29 ; *jusqu'à l'an 1 000 :* 9 ; *1 000 à 1 800 :* 12 (dont au XVIIIe s. 3,3) ; *1801 à 1900 :* 4,6 ; *1901 à 1987 :* 7,9 ; *1988 à 1997 :* 1,5. Pendant des millénaires, mortalité et fécondité se sont équilibrées, avec un léger gain pour la vie. La Terre parvint à son 1er milliard d'habitants vers 1801, à son 2e en 1925 (en 124 ans), son 3e en 1959 (en 34 ans), son 4e en 1974 (en 15 ans), son 5e en 1987 (en 13 ans), son 6e en 1999 (en 12 ans).

Combien d'hommes la Terre pourrait-elle nourrir ? 30 milliards s'ils vivaient comme les paysans du Bangladesh, 700 millions s'ils vivaient comme les Européens de l'Ouest.

■ **Age. Taux** (en %, en 1998) : **moins de 15 ans :** *monde :* 30 (pays les plus développés 19, les moins développés 43). **% les plus forts :** Ouganda 50. Somalie 48. Zambie 48. Angola 48. Congo démocratique 48. Niger 48. Yémen 48 ; **les plus faibles :** G.-B. 19. Allemagne 16. Grèce 16. Espagne 15. Italie 14 (*France 19,* USA 22). **Plus de 60 ans :** *monde :* 10 (pays les + développés 19, les moins développés 5). **% les plus forts :** Italie 24. Grèce 23. Allemagne 22. Japon 22. Suisse 22. Belgique 22. Bulgarie 21. G.-B. 21. Portugal 21. Espagne 21 (*France 20,* USA 16) ; **les plus faibles :** Ouganda 3. Koweït 3.

Plus de 60 ans. Nombre dans le monde (en millions d'hab.) : *1975 :* 350 ; *1995 :* 540 ; *2000 :* 590 ; *2010 à 2020 :* 1 000 (dont tiers-monde 72 %).

■ **Espérance de vie. Évolution : XVIIIe s. :** 30 ans (1 mort sur 4 naissances en France jusqu'en 1789-90 ; les épidémies, les famines pouvaient emporter 2/3 ou 3/4 des enfants de moins de 1 an). **1950 :** pays développés 66 ans, en développement 41 ans. **1990 :** 75 ans et 62 ans. Dans les pays de l'Est (sauf l'ex-Yougoslavie) et en ex-URSS, elle a régressé de 71 à 67,5 ans de 1964 à 1981 (alcool, insuffisance médicale, conditions d'existence). En Afrique, elle était en 1991 de 53 ans à cause de la mortalité infantile (20 % avant 5 ans), de la mort des femmes enceintes, des maladies endémiques (paludisme 250 millions de cas, schistosomiase 141, filariose 28). **2020** (est. de l'OMS) : 70 (pays en développement).

État en 1999 : voir p. 945.

Espérance de vie (en bonne santé) : Japon 74,5 ans ; Australie 73,2 ; *France 73,1* ; Rwanda 32,8 ; Sierra Leone 25,9.

■ **Nuptialité. Nombre de mariages annuels pour 1 000 habitants** (en 1999) : Allemagne 5,2. Australie 6. Autriche 4,8. Bélarus 7,3. Belgique 4,3. Bulgarie 4,2. Danemark 6,6 [1]. Finlande 4,7. G.-B. 5,1 [2]. Grèce 6,4. Hongrie 4,5. Irlande 4,9. Israël 5,9. Tchéquie 5,2. Italie 4,7 [2]. Japon 6,3 [2]. Luxembourg 4,9. Norvège 5,3. Nlle-Zélande 5,3 [2]. P.-Bas 5,6. Pologne 5,7. Portugal 6,8. Roumanie 4,9 [1]. Ukraine 6,1 [2]. USA 8,3 [2].

Nota. – (1) 1998. (2) 1997.

■ **Divorce dans le monde. Taux brut de divortialité** (en 1993) : *nombre de jugements de divorce définitifs prononcés par les tribunaux pour 1 000 hab.* (*Source :* Onu). **Taux les plus élevés :** Maldives 11,91 [2]. USA 4,6. Russie 4,3 [3]. Ukraine 4,2. Cuba 4,15 [3]. Porto Rico 3,97 [3]. **Taux les plus bas :** Jamaïque 0,61 [3]. Mexique 0,58. Turquie 0,47 [2]. Italie 0,39. Nicaragua 0,2 [1]. **Autres pays :** Albanie 0,69 [2]. Allemagne 1,67 [3]. Arménie 0,76. Australie 2,61 [3]. Autriche 2,07 [3]. Belgique 2,09 [2]. Bulgarie 1,26 [1]. Canada 2,94 [1]. Chypre 0,6. Danemark 2,52 [3]. Égypte 1,42 [3]. Espagne 0,59 [2]. Finlande 2,43. *France 1,89* [2]. Grèce 0,69. Hongrie 2,06. Iran 0,65. Islande 2,03 [3]. Israël 1,28 [3]. Japon 1,44 [3]. Lituanie 3,74. Luxembourg 1,98 [2]. Norvège 2,38 [3]. Pays-Bas 2,01 [3]. Pologne 0,68. Portugal 1,26. Roumanie 1,38. Royaume-Uni 2,96 [2]. Suède 2,53 [3]. Suisse 2,15. République tchèque 2,9 [3]. Turquie 0,47. Uruguay 3,15 [2]. Ex-Yougoslavie 0,65.

Nota. – (1) 1990. (2) 1991. (3) 1992.

☞ En France il y a 1 divorce pour 10 mariages contre 3 aux USA.

■ **Natalité. Nombre de naissances dans le monde** (en 1993) **: 143 000 000.**

Indice de fécondité (enfants par femme) et **taux de natalité pour 1 000 hab.** Voir p. 945.

■ **Naissances hors mariage pour 100 naissances vivantes** (en 1997). Islande 65,2. Suède 54,1 (*1970 :* 18,4 ; *80 :* 39,7 ; *90 :* 47). Norvège 48,7. Danemark 46,3. *France 38,9* [1]. G.-B. 36,7. Finlande 36,5. Slovénie 32,7. Bulgarie 30,1. Autriche 28,8. Irlande 26,6. Hongrie 25. Roumanie 22,2. P.-Bas 19,2. Allemagne 18 (Est 44,1, Ouest 14,3). Rép. tchèque 17,8. Belgique, Luxembourg 16,8. Slovaquie 15,1. Espagne 11,7 [1]. Pologne 11. Italie, Macédoine 8,9. Suisse 8,1. Croatie 7,3. Grèce 3,5.

Nota. – (1) 1996.

Dénatalité en Europe

Le remplacement des générations n'est plus assuré et la population vieillit (sauf en Irlande). Le remplacement des générations exigerait un taux de natalité de 2,1 naissances pour 1 000 habitants par an, or il est inférieur dans la plupart des pays (1,4 dans l'UE en 1997). *Causes :* travail des femmes, maîtrise de la fécondité à l'Ouest et forte baisse à l'Est (en 1997), diminution du nombre des mariages, augmentation du nombre des divorces.

Évolution de la chute de la fécondité en % (de 1975 à 1987) : **baisse :** Espagne – 47. Italie – 40. Portugal – 38. Grèce – 36 ; **hausse** (de 1984 à 90) : Suède + 27 ; *raisons :* congé parental avec allocation compensatrice de 15 mois (unique au monde) ; prestations sociales revalorisées (+ 50 % pour le 3e enfant, + 100 % pour les suivants) ; structures d'accueil développées ; généralisation du temps partiel.

Perspectives de population mondiale (en milliards d'hommes)

Selon l'indice de fécondité (publié en 1998 par l'ONU)

Taux	2050	2100	2150
Bas 1,57	7,7	5,6	3,6
Moyen 2,06	9,4	10,6	10,8
Haut 11,2	11,2	17,5	27

■ **Rapport des sexes.** Il naît environ 105 garçons pour 100 filles. Ce rapport s'éleva à la fin et au lendemain des deux guerres mondiales : Allemagne 108 et 108 ; Angleterre 106,5 et 106 ; *France 106,6 et 106,4 ;* Italie 106,5 et 106,2.

■ **Mortalité. Nombre de décès dans le monde** (en 1990) : 50 255 000.

Taux de mortalité pour 1 000 hab. Voir p. 945.

Taux de mortalité infantile. Définitions : *mortalité infantile rectifiée :* mortalité de la 1re année, y compris les faux mort-nés ; *intra-utérine :* mortalité dans l'utérus, quelle que soit la durée de gestation ; *mortinatalité :* mortalité dans l'utérus de fœtus de plus de 6 mois ; *mortalité fœto-infantile :* décès de la 1re année y compris les vrais mort-nés ; *néonatale :* décès des 28 premiers jours ou du 1er mois, selon les pays ; *post-néonatale :* décès de 1 à 11 mois ; *périnatale :* mortinatalité y compris les décès de la 1re semaine. La **létalité** est le nombre de décès dus à une maladie donnée, par rapport à 100 cas de cette maladie.

Surmortalité

Masculine : *en France, en 1861-65 :* 1,5 an *et en 1981 :* 8,2 ans (de 4 à 5 ans dans les autres pays industrialisés), notamment pour les 50 à 75 ans. Les *veuves* sont ainsi plus nombreuses que les veufs. **Féminine :** dans de nombreux pays du tiers-monde, la mortalité de 15 à 35 ans reste légèrement supérieure à celle des hommes.

☞ Pour les maladies communes aux deux sexes, la mortalité est plus forte chez l'homme. Certains attribuent ce fait à une moindre résistance organique de l'homme (aggravée par des activités à risques, une surconsommation alimentaire, le tabac, l'alcool), à l'amélioration sanitaire et à la baisse de la fécondité pour la réduction de la mortalité féminine.

Évolution de la population des principaux pays (en millions d'habitants)

	1800	1850	1900	1939	1998	2025 [8]	2050 [8]
Europe [1]	**155**	**195**	**293**	**380 [2]**	**728,9**	**702,3**	**627,7**
Albanie					3,1	3,8	4,3
Allemagne	24,8	35,9	56,3	78,6	82,1	80,2	73,3
Andorre					0,7	0,2	0,2
Autriche	14	17,5	26,1	6,6	8,1	8,2	7,1
Belgique	3	4,3	6,6	8,3	10,1	10	9
Biélorussie				10,4	10,3	9,5	8,3
Bosnie					3,7	4,3	3,8
Bulgarie			4,3 [3]	6,3 [4]	8,3	7	5,7
Croatie					4,5	4,2	3,7
Danemark	0,9	1,4	2,7 [3]	3,8 [4]	5,3	5,2	4,8
Espagne	10,5	15,6	18,6	25,5	39,6	36,7	30,2
Finlande	0,8	1,6	2,9 [3]	3,7 [4]	5,2	5,3	4,9
France	*28,7*	*36,4*	*40,6*	*41,3*	*58,7*	*61,7*	*59,9*
Grèce	0,9	1	2,7 [3]	7,1 [4]	10,6	9,9	8,2
Hongrie		13,2	20,8 [3]	9,2 [4]	10,1	8,9	7,5
Irlande	4,5	5,1	3,1 [3]	2,9 [4]	3,7	4,4	4,7
Italie	18,1	24,3	33,5	43,1	57,4	51,3	41,2
Luxembourg					0,4	0,5	0,4
Macédoine					2	2,3	2,3
Moldavie					4,4	4,5	4,5
Norvège	0,9	1,4	2,4 [3]	2,9 [4]	4,4	4,8	4,8
Pays-Bas	2,1	3	5,1	8,7	15,7	15,8	14,2
Pologne			12 [3]	34,7 [4]	38,7	39,1	36,3
Portugal		3,8	5,9 [3]	7,5 [4]	9,9	9,3	8,1
Roumanie	2	3,9	7 [3]	19,8 [4]	22,5	20	16,4
Royaume-Uni	18	27,3	44,9 [3]	47,5 [4]	58,6	60	56,7
Russie	44	57,2	95	109	147,4	137,9	121,3
Slovaquie					5,4	5,4	4,8
Slovénie					2	1,8	1,5
Suède	2,3	3,5	5,1	6,3	8,9	9,1	8,7
Suisse		2,3	3,3	4,2	7,3	7,6	6,7
Ukraine				31	50,9	45,7	39,3
Yougoslavie					10,6	10,8	10,5
Amérique (Nord)	**12,4**	**33**	**94,6**	**163,4 [2]**	**304,7**	**363,6**	**391,8**
Canada	0,5	11,8	5,3	11,5	30,6	37,9	42,3
États-Unis	5,3	23	75,9	131	274	325,6	349,3
Mexique	6,4	7	13,6	19,4	95,8	130,2	146,7
Amérique (Sud)	**13,6**	**28**	**51,4**	**110,6 [2]**	**335,7**	**460,9**	**534,4**
Argentine	0,3	0,8	4	13,9	36,1	47,2	54,5
Bolivie					7,9	13,1	16,9
Brésil	3,2	7,7	17,3	40,2	165,9	217,9	244,2
Chili	0,8	1,5	3	5	14,8	19,5	22,2
Colombie		2,2	4,9 [3]	8,7 [4]	40,8	59,8	71,6
Équateur					12,1	17,8	21,1
Paraguay					5,2	9,4	12,6
Pérou		2	4,6 [3]	6,8 [4]	24,8	35,5	42,3
Uruguay					3,2	3,9	4,4
Venezuela	0,78	1,5	2,4	3,5	23,2	34,8	42,2
Amérique latine					**503,5**	**696,7**	**808,9**
Cuba					11,1	11,8	11,1
Rép. Dominicaine					8,2	11,2	12,3
Haïti					7,9	11,9	15,2
Jamaïque					2,5	3,2	3,8
Amérique centrale					**130,5**	**188,5**	**222,5**
Guatemala					10,8	19,8	27,2
Honduras					6,1	10,6	13,9
Nicaragua					4,8	8,7	11,6
Salvador					6	9,1	11,2

	1800	1850	1900	1939	1998	2025 [8]	2050 [8]
Afrique	**100**	**100**	**150**	**191 [2]**	**748,9**	**1 298,3**	**1 766,1**
Afr. du Sud			5,9 [3]	10 [4]	39,4	46	52,5
Algérie		2,9	4,7	7,2	30,1	46,6	57,7
Congo dém. (ex-Zaïre)				10,3 [4]	49,1	104,8	160,3
Égypte	2,4	4,4	9,7	16,5	66	95,6	114,8
Éthiopie					59,6	115,4	169,4
Maroc			4,3	7,6	27,4	38,7	45,4
Nigeria				21	106,4	183	244,3
Tunisie			1,8	3	9,3	12,8	15
Asie	**630**	**810**	**930**	**1 244 [2]**	**3 585,4**	**4 723,1**	**5 268,5**
Arabie saoudite					20,1	39,9	54,5
Arménie					3,5	3,9	3,9
Azerbaïdjan					7,6	9,4	9,9
Afghanistan		4	5 [3]	11 [4]	21,4	44,9	61
Bangladesh			28,9 [6]	42 [7]	124,8	178,8	212,5
Bouthan					2	3,9	5,6
Cambodge					10,7	16,5	20,7
Chine	330	400	426 [6]	452,4	1 255,7	1 480,4	1 477,7
Corée du Nord					23,3	29,4	30,8
Corée du Sud					46,1	52,5	51,3
Ém. arabes unis					2,3	3,2	3,6
Géorgie					5,1	5,2	5,2
Inde	130	178,5	294,3	312,2	982,2	1 330,4	1 528,9
Indonésie			45 [3]	68,4 [4]	206,3	273,4	311,9
Iran			9	16 [4]	65,8	94,5	114,9
Iraq					21,8	41	54,9
Israël					5,9	8,3	9,4
Japon	25	33,3	46,7	70,8	126,3	121,2	104,9
Jordanie					6,3	12,1	16,5
Kazakhstan					16,3	17,7	18,7
Kirghizistan					4,6	6,1	7,4
Koweït					1,8	2,9	3,5
Laos					5,2	9,7	13,3
Liban					3,2	4,4	5,2
Malaisie					21,4	30,9	36,9
Mongolie					2,6	3,7	4,4
Myanmar			11,8 [3]	15,8 [4]	44,5	58,1	64,9
Népal			5,6	6,3 [7]	22,8	38	49,3
Oman					2,4	5	8,3
Ouzbékistan					23,6	33,4	40,5
Pakistan			18,2 [6]	28,3 [7]	148,2	263	345,5
Philippines	1,7	4	7,5	16	72,9	108,3	130,9
Singapour					3	4,2	4
Sri Lanka		2,5	3,5 [6]	6	18,5	23,5	25,9
Syrie					15,3	26,3	34,5
Tadjikistan					6	8,9	11,3
Thaïlande			8,2 [5]	14,8 [4]	60,3	72,7	74,2
Turkménistan					4,3	6,3	7,7
Turquie		31,5	24 [3]	17	64,5	87,9	100,7
Ex-URSS							
Viêt Nam			13 [6]	19,5 [4]	77,6	108	126,8
Yémen					16,9	38,9	58,8
Océanie	**2**	**2**	**6**	**11,1 [2]**	**29,6**	**39,6**	**46,2**
Australie	0,01	0,4	3,7	6,9	18,5	23,1	25,8
Nlle-Zélande			0,8	1,6	3,8	4,7	5,2
Papouasie-Nlle Guinée					4,6	7,5	9,5
Monde	**954**	**1 240**	**1 650**	**2 295 [2]**			

Nota. – (1) Europe sans Russie ni Turquie. (2) 1940. (3) 1910. (4) 1938. (5) 1911. (6) 1901. (7) 1941. (8) Projections de l'Onu, 1993.
Sources : Annuaire rétrospectif Insee, Ined, Onu.

Centenaires

☞ Un être sur 2 100 000 parviendrait à 115 ans.

■ **Nombre.** **Chine :** 2 050 (prév.). **États-Unis :** 20 000. **France :** *1953 :* 200 ; *70 :* 1 000 ; *82 :* 3 315 ; *90 :* 3 800 ; *95 :* 6 000 ; *99 :* 11 593 ; *2010 :* 18 000 ; *2050 :* 150 000 (selon Insee).

Cas légendaires de longévité d'après la Bible : *avant le déluge :* Adam (930 ans), Hénoch (965), Mathusalem (969) ; *après le déluge :* Abraham (275), Isaac (180), Jacob (147), Joseph (110) ; *époque plus récente :* dans Caucase, vallées andines, Géorgie américaine (120, 130, voire 140).

Espérance de vie à 100 ans en France : hommes 1,9 ans ; femmes 2,1.

Personnes qui deviendront centenaires en France : *nées en 1950 :* 1,5 % des hommes (6 % des femmes) ; *nées en 2001 :* 5 (16).

■ **Records. Femmes : record du monde :** Jeanne Calment, *France* (Arles, 21-2-1875/4-8-1997) 122 ans 165 j [à 90 ans, elle avait vendu son appartement en viager à un notaire d'Arles (décédé 24-12-1995) qui pensait à l'époque faire une bonne affaire]. **Autres cas :** *France :* Marie Brémont (25-4-1886/Candé, 11-6-2001) 115 ans 46 j, était devenue la doyenne de l'humanité le 9-11-2000. Lydie Vellard (St-Sigismond, 18-3-1875/17-9-1989) 114 ans 183 j. Gracieuse Costemza-Aiello-Inzirillo (Italie, 20-1-1871/Sarcelles, 16-1-1984) 112 ans 361 j, brodeuse. Eugénie Roux (Jura, 24-1-1874/Lyon, 21-6-1986) 112 ans 152 j. Augustine Teissier (Florensac, 2-1-1869/Nîmes, 8-3-1981) 112 ans 67 j, religieuse (sœur Julia). *États-Unis :* Carrie White (18-11-1874/15-2-1991) 116 ans 89 j. *Grande-Bretagne :* Charlotte Hugues (1-8-1877/4-1992) 114 ans 274 j. Anna Eliza Williams (née Davies ; 2-6-1873/27-12-1987) 114 ans 208 j.

Hommes : record du monde : Shigechiyo Izumi, *Japon* (29-6-1865/21-2-1986) 120 ans 237 j. Christian Mortensen, *USA,* (Skaarup, Danemark, 16-8-1882/25-4-1998) 115 ans 252 j. **Autres cas :** *France :* Tériihaérétéi Taaora (Polynésie, 14-6-1873/île de Raïatéa, 3-1-1991) 117 ans 204 j, cultivateur. Henri Pérignon [(Cabourg, 14-1-1879/18-6-1990) 110 ans 247 j, blanchisseur, décoré de la Légion d'honneur le 16-6-1990 (2 j avant sa mort)]. Jean Teillet (6-11-1866/Issy-les-Moulineaux, 12-3-1977) 110 ans 131 j, coiffeur. *Canada :* Pierre Joubert (15-7-1701/16-11-1814) 113 ans 124 j. **Doyen de l'humanité** (fin 2000) Antonio Todde, Italien, 111 ans.

■ **Quelques centenaires célèbres. Femmes :** *Fanny Thomas* (1867-1980) 113 ans 215 j (USA). *Mme Simone* (née Pauline Benda, 1877-1985) 108 ans. *Rose Kennedy* (née Fitzgerald, 22-9-1890/22-1-1995) 104 ans 6 mois, mère du Pt américain assassiné. *Marquise d'Harcourt* (née Marguerite de Gontaud-Biron, 9-2-1850/16-11-1953) 103 ans 10 mois. *Ninette de Valois* (née Edris Stannus) (Dublin 6-6-1898/3-2001) danseuse chorégraphe britannique. *Anna Mary Moses* (dite *Grandma Moses,* 1860-1961) 101 ans, peintre ; l'arthrite l'empêchant de poursuivre ses travaux de broderie, elle commença à peindre à 76 ans. *Man'ha Garreau-Dombasle* (née Germaine Massenet, 11-6-1898/3-8-1999) 101 ans et 54 j, femme de lettres. *Alexandra David-Neel* (23-10-1868/9-9-1969) 100 ans 10 mois, femme de lettres, exploratrice (Asie centrale). *Camille Mayran* (Mme Pierre Hepp, † 26-4-1989) 100 ans. **Décédées à près de 100 ans :** *Juliette Adam* (née Lamber, 1836-1936) 99 ans 10 mois, femme de lettres. *Denise Grey* (née Verthiey, 17-9-1896/13-1-1996) 99 ans 3 mois, actrice.

Hommes : *Annibal Camoux* (1638-1759) 121 ans 3 mois. *Bernard Delhom* (9-7-1885/13-2-1996) 110 ans 213 j, doyen des poilus. *Jean-Maxime Maximilien, Cte de Waldeck* (Prague, 17-3-1766/Paris, 30-5-1875) 109 ans, voyageur, peintre. *Jean Theurel* (8-9-1699/10-3-1807) 107 ans 6 mois, militaire (engagé à 17 ans, chevalier de la Légion d'honneur le 26-10-1804). *Agathon* (575-682) 107 ans (douteux), pape. *Georges Abbott* (1887-1995) 107 ans, auteur de comédies. *Juan Filloy* (1-8-1894/15-7-2000) 105 ans 11 mois, écrivain argentin. *Gal Marteau* (1890/2-12-1994) 104 ans 11 mois. *Celal Bayar* (1882-1986) 104 ans, ancien Pt turc. *Abdoulaye N'diaye* (1894-1998) 104 ans, dernier tirailleur sénégalais de la guerre de 1914-1918. *René Wurmser* (24-9-1890/9-11-1993) 103 ans 1 mois, biophysicien. *Antoine Pinay* (30-12-1891/13-1-1995) 103 ans, ancien Pt du Conseil. *André Laffargue* (1891/25-9-1994) 103 ans, général. *Charles Samaran* (28-10-1879/15-10-1982) 103 ans, historien. *Ernst Jünger* (29-3-1895/17-2-1998) 102 ans 10 mois, écrivain allemand. *Alexandre Gueniot* (1832-1935) 102 ans 10 mois, professeur de médecine. *Michel-Eugène Chevreul* (31-8-1786/9-4-1889) 102 ans 8 mois, chimiste. *Mis de L'Aigle* (1760-1862) 102 ans, général. *William David Coolidge* (1873-1975) 102 ans, physicien. *Stanislas Maczek* (1892-1994) 102 ans, général. *Henri Busser* (16-1-1872/30-12-1973) 101 ans 11 mois, pianiste et compositeur. *Henri Fabre* (29-11-1882/1-7-1984) 101 ans 8 mois, ingénieur (réalisateur du 1er hydravion). *Charles Le Maresquier* (16-10-1870/6-1-1972) 101 ans 3 mois, architecte (beau-père de Michel Debré). *Jacques Duclaux* (14-5-1877/13-7-1978) 101 ans 2 mois, biochimiste. *Colonel Fourcaud* (1897/2-5-1998) 101 ans, compagnon de la Libération. *Charles Oulmont* (1-11-1883/16-2-1984) 100 ans 3 mois, écrivain. *Paul-Louis Weiller* (29-9-1893/3-12-1993) 100 ans 2 mois, industriel, aviateur. *Mohamad Ali Araki* († 29-11-1994) 100 ans, grand ayatollah chiite (Iran). *Joseph Lewis* († 30-8-2000) 100 ans, cinéaste américain. **Décédés à près de 100 ans :** *Bernard Le Bovier de Fontenelle* (11-2-1657/9-1-1757) 99 ans 10 mois, écrivain. *Léon Noël* (28-3-1888/6-8-1987) 99 ans 4 mois, diplomate (1er Pt du Conseil constitutionnel). *Jean de Laborde* (29-11-1878/30-7-1977) 98 ans 9 mois, amiral. *Joseph Paul-Boncour* (4-8-1873/28-3-1972) 98 ans 8 mois, ancien Pt du Conseil. *Claude Autant-Lara* (5-8-1901/5-2-2000) 98 ans 6 mois, cinéaste. *Matthew Ridgway* (3-3-1895/26-7-1993) 98 ans 4 mois, général américain. *Maxime Weygand* (Bruxelles, 21-1-1867/Paris, 28-1-1965) 98 ans, général. *Philippe Pétain* (24-4-1856/23-7-1951) 95 ans 3 mois, maréchal, chef de l'État français.

☞ Voir également dans le chapitre **Famille** le tableau Espérance de vie en France : il indique le nombre de survivants à des âges donnés pour 100 000 personnes de la même génération.

■ **Taux de mortalité d'enfants de moins de 5 ans** *(par rapport à 1 000 naissances vivantes). 1950 :* 180 ; *90 :* 85 ; *2000 :* 67 (dont Niger 335, Sierra Leone 312, Afghanistan 264, Malawi 219, Guinée et Liberia 205, Guinée-Bissau 202).

Probabilité de décès d'un nouveau-né avant 5 ans (en %) : *1950 :* 25 ; *80 :* 12 ; *90 :* 10 ; *2000 :* 7.

■ **Décès maternels pour 100 000 naissances vivantes. XVIIIe s. :** 2 000. **1945 :** 80 à 200. **1974 :** 12 à 70. **1992 :** Roumanie 60,3 ; *France 11,9* [2] ; Pologne 9,9 ; Hongrie 9,9 ; Portugal 9,6 ; Norvège 8,2 [2] ; Danemark 7,4 ; Royaume-Uni 6,7 ; Pays-Bas 6 ; Espagne 5,5 [1] ; Suisse 4,6 ; Finlande 4,5 ; Autriche 4,2 ; Suède 3,2 [1] ; Grèce 2,9 [2].

Nota. – (1) 1990. (2) 1991.

☞ Une Africaine court 25 fois plus de risques de mourir d'une cause liée à la grossesse qu'une Européenne.

Prévisions

Le 12-10-1999, l'Onu annonçait symboliquement que la population mondiale avait atteint 6 milliards d'habitants (en fait, elle n'est connue qu'à 3 ou 4 % près).

■ **Prévisions faites en 1980. Naissances :** 143 millions/an vers l'an 2000 et au cours du XXIe s. En fait, le maximum (134) semble avoir été atteint vers 1985-90. **Accroissement** (différence entre naissance et décès) : 91 millions/an vers l'an 2000 ; et 81 en 2025. En fait le nombre a culminé vers 1985-90 (86) et pourrait revenir à 57 millions vers 2020-25. **Indice synthétique de fécondité (ISF)** : 3,2 enfants/femme en 2000 (il était de 5 vers 1950). *Estimation en 1999 :* 2,6. **Mortalité :** prévision de 1980 pour 2000 exacte. **Population totale :** 6 199 millions (en fait 6 055 en 1999). **Prévisions faites en 1974 et 1979.** Elles allaient jusqu'en 2050 et 2100 : on disposait des scénarios de T. Frejka (1974). Hypothèse centrale : prévision de 1974 pour 2100 : 12 257 millions ; de 1979 : 10 525 millions. **1950 et 1954.** Pas de prédiction au-delà de 1980. **1950-1957.** On relève de 20 % l'estimation proposée pour 1980. **Décennie 1970.** Prévisions faites pour 2050 et 2100 révisées à la baisse. **Décennie 1980.** Révision à la hausse. **Décennie 1990.** Révision à la baisse.

■ **Estimation totale moyenne de la population en 2050 et 2100.** *Prévision de 1973 :* 11,1/12,3 ; *1996 :* 9,4/10,4. *Niveau de fécondité supposé : après 2020-2030 :* entre 2,58 (2,96 en 1998) et 1,57 (hypothèse basse). *Évolution des estimations entre 1996 et 1998 :* Asie (– 175 millions), Afrique (– 280). Baisse de fécondité (Chine et Iran). Hausse de mortalité (Afrique). Espérance de vie en 2010-15 ramenée (à cause du sida) de 60,4 ans à 56,1 (47 au Botswana). *Taux de croissance* pouvant tomber à 1,2 %/an en 2000-2005 contre 2,9 % en 1990-95 (2,5 % attendus sans épidémie).

Hypothèse moyenne. La fécondité moyenne mondiale est supposée atteindre 2,1 enfants par femme vers 2030. Les niveaux actuels sont déjà inférieurs en Europe, Amérique du Nord, Japon et Chine. Il est dans le reste de l'Asie, l'Amérique latine et l'Océanie entre 2,5 et 3,5. En Afrique, il atteindrait 2,1 en 2040-2050 (il est de 5,5 en 1998).

58 % des couples de 15 à 49 ans utilisent une méthode contraceptive ou ont été stérilisés. Femmes stérilisées 19 %, hommes 4 %, femmes utilisant le stérilet 13 %, la pilule 8 %, couples s'en remettant au préservatif 4 %, autres méthodes 10 %.

■ **Espérance de vie vers 2050.** La moyenne mondiale dépasserait 76 ans (65 ans en 1998). Malgré le sida, l'Afrique comblerait une partie de son retard sur la moyenne mondiale (6 ans d'écart en 2050 contre 14 actuellement) et la population africaine augmenterait le plus (elle pourrait être multipliée par près de 4 en 1 siècle au lieu de 2 en Asie ou Amérique latine).

Population des villes

☞ *Abréviations :* hab. : habitants ; loc. : localité ; pop. : population.

■ Population urbaine globale

% de la population totale	1950	1970	1990	2000[2]
Monde	29,4	37	43,6	48,2
Pays développés	53,6	66,4	74,2	77,7
Pays en développement	17,4	25,3	34,4	40,4
Afrique	14,8	22,9	35,5	42,2
Amérique latine	41,1	57,4	75[1]	76,9
Amérique du Nord	63,9	73,8	75,2	78
Asie de l'Est	17,8	26,3	30,2	34,2
Asie du Sud	16,1	21,2	30,4	36,8
Europe	55,9	66,2	75,4	78,9
Océanie	61,2	70,8	71,9	73,1
Ex-URSS	38,3	56,7	69,2	74,3

Nota. – (1) 1993. (2) En 2025, selon la FAO (rapport 1997), 61 % (Amérique latine 85 %, Europe centrale et orientale 75 à 80 %, Afrique 60 %). *Source :* Onu.

■ Selon les pays

■ **Population urbaine** (en %, 1999). **Pays les plus urbanisés :** Monaco, Nauru, Singapour 100. Vatican, Belgique, Koweït 97. Andorre, St-Marin 95. Islande, Qatar 92. Bahreïn, Israël, Luxembourg, Uruguay 91. Malte 90. Argentine, G.-B., Liban, P.-Bas 89. **Les moins urbanisés :** Rwanda 6, Bhoutan 7, Burundi 8, Népal 11, Ouganda 14, Malaisie 15, Burkina, Éthiopie, Papouasie 17, Érythrée 18, Salomon 19, Niger, Vanuatu, Vietnam 20. **Intermédiaires :** Libye 88, Brésil 81, Japon, Mexique 78, Argentine, USA, Canada 77, Europe 75, Iran 62, Égypte 46, Indonésie 40, Pakistan 38, Algérie 37, Chine 35, Inde 29, Bangladesh 21.

■ Les plus grandes agglomérations

■ **En millions d'habitants** (*Source :* Onu). **En 1900** (entre parenthèses, ville) : Londres 6,5 (4,5). New York 4,2 (3,4). Paris 3,9 (2,7). Berlin 2,4. Tokyo 1,8 (1,4). Chicago 1,7. Vienne 1,6. Saint-Pétersbourg 1,4. Philadelphie 1,4. Manchester 1,2. Birmingham 1,2. Moscou 1,2 (1). Pékin 1,1 (1). Calcutta 1. Boston 1. Glasgow 1. Liverpool 1. Osaka 0,9. Constantinople 0,9. Hambourg 0,9. **1950 :** New York 12,3. Londres 10,4. Rhin-Ruhr 6,9. Tokyo 6,7. Shanghai 5,8. Paris 5,5. Buenos Aires 5,3. Chicago 4,9. Moscou 4,8. Calcutta 4,4. Los Angeles 4. Osaka-Kobe 3,8. Milan 3,6. Mexico 3. Philadelphie 2,9. Rio de Janeiro 2,9. Bombay 2,9. Detroit 2,8. Naples 2,8. Leningrad 2,6. **1975 :** New York 19,8. Tokyo 17,7. Mexico 11,9. Shanghai 11,6. Los Angeles 10,8. São Paulo 10,7. Londres 10,4. Buenos Aires 9,3. Rhin-Ruhr 9,3. Paris 9,2. Rio de Janeiro 8,9. Pékin 8,7. Osaka-Kobe 8,6. Chicago 8,1. Calcutta 7,8. Moscou 7,4. Bombay 7. Séoul 6,8. Le Caire 6,4. Milan 6,1. **2000** (entre parenthèses, estim. Insee) : Tokyo 26,4 (29,9). Séoul (20,7). Mexico 18,1. Bombay 18,1 ou 16,2. São Paulo 17,8. New York 16,6 ou 24,7. Lagos 13,4 [*1975 :* 3,3]. Los Angeles 13,1 ou 15,8. Calcutta 12,9 [*1975 :* 7,9]. Shanghai 12,9. Buenos Aires 12,6. Dacca 12,3 [*1975 :* 2,2]. Karachi 11,8 [*1975 :* 4]. Delhi 11,7 (14) [*1975 :* 4,4]. Jakarta 11 ou 15,1. Osaka 11 (15). Manille 10,9 ou 16,7. Pékin 10,8. Rio de Janeiro 10,6. Le Caire 10,6 ou 11. Moscou 10. Istanbul 10. Cologne 10. Paris 9,8. Londres 9,2. **2015** (prév. Onu) : Tokyo 26,4. Bombay 26,1. Lagos 23,2. Dacca 21,1. São Paulo 20,4. Karachi 19,2. Mexico 19,2. New York 17,4. Jakarta 17,3. Calcutta 17,3. Delhi 16,8. Manille 14,8. Shanghai 14,6. Los Angeles 14,1. Buenos Aires 14,1. Le Caire 13,8. Istanbul 12,5. Pékin 12,3. Rio de Janeiro 11,9. Osaka 11. Tientsin 10,7. Hyderabad 10,5. Bangkok 10,1.

☞ **Nombre d'agglomérations de plus de 1 million d'hab.** *en 1900 :* 16 ; *1997 :* 320 (dont 180 dans le tiers-monde).

Étrangers, émigration

■ **Europe. Nombre d'étrangers** (en milliers et, entre parenthèses, en % de la population, en 1992). **Allemagne** 6 496 (8) dont (en 1990) : Turquie 1 675, ex-Yougoslavie 652,5, Italie 548,3, Grèce 314,5, Pologne 241,3, Autriche 181,3,

Migrations transocéaniques

Nombre d'émigrants (en milliers) **de 1846 à 1932 et,** entre parenthèses, **variation.** Iles Britanniques 18 020 (64 %) [dont Irlande 5 443 (66)], Italie 11 092 (48), Autriche-Hongrie 5 196 (17), Allemagne 4 889 (15), Espagne 4 653 (31), Russie (1846-1924) 2 253 (4), Portugal 1 805 (48), Suède 1 203 (36), Norvège 854 (63), Pologne (1920-32) 642 (2,4), *France 519 (1,5),* Japon 518 (1,6). **Nombre d'immigrants jusqu'en 1932. USA** *1821 :* 34 244 (320 %). **Canada** *1821 :* 5 206 (550). **Brésil** *1821 :* 4 431 (110). **Uruguay** *1836 :* 713 (800). **Maurice** *1836 :* 573 (433). **Nlle-Zélande** *1851 :* 594 (475). **Argentine** *1856 :* 6 405 (500). **Australie** *1861 :* 2 913 (290). **Afrique du Sud** *1881 :* 852 (24). **Cuba** *1901 :* 857 (54).

Sources : statistiques d'après Ferenczi-Willcox (1929), Carr-Saunders (1936) et les recensements.

Espagne 134,7, Portugal 84,6, Maroc 67,5, Tunisie 25,9, Finlande 10,3, Algérie 6,7 ; autres pays 1 383,8. **Autriche** 561,8 (7,1). **Belgique** 909,3 (9) dont (en 1990) : Italie 241,1, Maroc 141,6, *France 94,2,* Turquie 84,9, Pays-Bas 65,2, Espagne 52,2, Allemagne 27,5, Grèce 20,9, Portugal 16,5, Tunisie 6,3, ex-Yougoslavie 5,8 ; autres pays 148,3. **Danemark** (en 1991) 169,5 (3,3). **Espagne** 391,3 (1). **France** (en 1990) 3 607,6 (6,4 % de la pop. totale) dont : Portugal 645,6, Algérie 619,9, Maroc 584,7, Italie 253,7, Espagne 216, Tunisie 207,5, Turquie 201,5 ; autres pays 878,7. **Italie** 925,2 (1,6). **Luxembourg** 119,7 (30,3). **Norvège** 154 (3,6) dont (en 1990) : Pakistan 11,4, Viêt Nam 6,9, Iran 5,9, Turquie 5,5, Allemagne 4,3, ex-Yougoslavie 4,2, Inde 3,5, Maroc 2,2, *France 1,8* ; autres pays 97,6. **Pays-Bas** 757,4 (5) dont (en 1990) : Turquie 203,5, Maroc 156,9, Allemagne 44,3, Royaume-Uni 39, Belgique 23,6, Espagne 17,2, Italie 16,9, ex-Yougoslavie 13,5, Portugal 8,3, Grèce 4,9, Tunisie 2,6 ; autres pays 161,7. **Portugal** (en 1990) 90. **Royaume-Uni** 1 985 (3,5). **Suède** 499,1 (5,7) dont (en 1990) : Finlande 119,7, ex-Yougoslavie 41,1, Iran 39, Norvège 38,2, Danemark 28,6, Turquie 25,5, Allemagne 13, Grèce 6,5, Italie 4, Espagne 2,9, *France 2,9,* Autriche 2,8, Suisse 2,1 ; autres pays 157,4. **Suisse** 1 213,5 (17,6) dont (en 1990) : Italie 378,7, ex-Yougoslavie 140,7, Espagne 116,1, Portugal 85,6, Allemagne 83,4, Turquie 64,2, *France 50,* Autriche 28,8, Grèce 8,3, Viêt Nam 7,2, Pologne 5, Hongrie 4,5 ; autres pays 127,6.

☞ **% des étrangers de l'UE par rapport au total des étrangers :** Allemagne 30. Belgique 61,4. Danemark 20. Espagne 58. *France 43.* Italie 48. Luxembourg 92. Pays-Bas 25,3. Portugal 27. Royaume-Uni 43.

Solde migratoire (pour 1 000 hab., est. 1999). Irlande 5, G.-B. 2,9, Pays-Bas 2,7, Luxembourg 2,7, Italie 2,3, Allemagne 2,3, Danemark 1,9, **UE 1,9,** Portugal 1,5, Grèce 1,4, Suède 1,4, Autriche 1,1, Belgique 1, Espagne 0,9, *France 0,8,* Finlande 0,6.

Résidents du Maghreb (en milliers, 1995). Allemagne 92 [1]. Benelux 366. Espagne 112. *France 1 470* (dont Algérie 620, Maroc 600, Tunisie 250). Italie 185 (Maroc 130, Tunisie 50). Suède 2,7 [1]. Suisse 7 [1].

Nota. – (1) 1989.

Travailleurs étrangers (en milliers, 1991). Allemagne 2 703. Autriche 296 [1]. Belgique 297. Danemark 74. Espagne 59. *France 1 505.* Luxembourg 55. Norvège 47 [1]. Pays-Bas 269. Royaume-Uni 960. Suède 244 [1]. Suisse 717 [1]. [Japon 590 [1].]

Nota. – (1) 1992.

Nombre de réfugiés et, entre parenthèses, **de demandeurs d'asile** (en milliers, 1998). Allemagne 1 049 (98,7), Autriche 84,4 (13,8), Belgique 36,1 (22), Danemark 57 (5,7), Espagne 5,6 (6,5), Finlande 11,7 (1,2), *France 147,3 (21,8),* Grèce 5,5 (2,6), Irlande 0,4 (4,6), Italie 73,4 (4,7), Luxembourg 0,7 (1,6), P.-Bas 118,7 (45,2), Portugal (0,3 (0,33), Royaume-Uni 102,7 (57,7), Suède 187 (13).

☞ **Demandes en Europe occidentale :** *1984 :* 89 000 ; *92 :* 687 000.

Naturalisations (en 1991) : Allemagne 141 630. Australie 118 510. Autriche 11 394. Belgique 1 409. Canada 118 630. Espagne 3 752. États-Unis 308 058. *France 72 213.* Norvège 5 055. Pays-Bas 29 110. Royaume-Uni 58 642. Suède 25 907. Suisse 8 757.

■ **Monde. Personnes déplacées.** *Selon le rapport du HCR (Haut-Commissariat pour les réfugiés) :* la convention de Genève de 1951 définit comme réfugié « toute personne ayant fui son pays et ne pouvant ou ne voulant pas y retourner, craignant à juste titre d'y être persécutée du fait de sa race, de sa religion, de sa nationalité, de ses opinions politiques ou de son appartenance à un groupe social particulier ».

En 2000 : le HCR a placé sous sa protection 21,3 millions de personnes, dont 1,2 de demandeurs d'asile, 2,5 de rapatriés et 6,9 de déplacés, les réfugiés représentant 11,6 millions. Il faut ajouter 20 à 30 millions de déplacés dans leur propre pays, qui ne reçoivent pratiquement ni aide ni protection : Congo-Kinshasa 2, Soudan 4, Indonésie 1, Colombie, ex-Yougoslavie, Burundi, Rwanda, Angola, etc. entre 1,5 et 2. Prise en charge par le HCR (en 1999) : moins de 7 millions dans le Caucase, ex-Yougoslavie, Afrique de l'Ouest et Sri Lanka. *Entre 1985 et 1994 (selon la Banque mondiale) :* plus de 80 millions de personnes ont été déplacées de force dans le monde pour permettre la création d'infrastructures. **Causes** (en %) : barrages 62,8, transports 15,8, énergie (mines) 4,8, protection de l'environnement 3,8, urbanisation 3,7, irrigation 3,6, adduction d'eau (égouts) 3, exploitation forestière 2,3, industrie 0,1.

Mouvements de nationaux et de réfugiés. Totaux par année : *1952 :* 77 664 ; *57 :* 194 156 ; *59 :* 105 736 ; *63 :* 64 505 ; *67 :* 53 610 ; *69 :* 89 774 ; *73 :* 79 332 ; *76 :* 67 026 ; *80 :* 290 130 ; *84 :* 140 372 ; *90 :* 227 363 ; *93 :* 238 665 ; *96 (sept.) :* 250 575 (OIM) ; *97 (août) :* 192 482 ; *98 (août) :* 146 993 ; **cumulés** *(1952-97) :* 10 006 364. **Principaux pays. Turquie et Iraq :** 500 000 à 2 000 000 de Kurdes déplacés en Turquie et 150 000 Kurdes irakiens en Iran. **Caucase** *(depuis 1988)* : 1 à 2 millions, soit à l'intérieur de leur propres pays, soit dans pays voisins. *1-1-2000 :* 300 000 en Arménie, 800 000 en Azerbaïdjan et 280 000 en Géorgie ; des centaines de milliers de Tchétchènes vivent au Daghestan, en Ingouchie et Ossétie du Nord. **Palestine** *(1-6-2000) :* 3,7 millions de Palestiniens en Jordanie, Liban, Syrie, Palestine (Cisjordanie et Gaza) ; *(1967)* plusieurs centaines de milliers de personnes déplacées en Israël et au Liban. **Corne de l'Afrique et région des Grands Lacs :** 12 millions, dont 470 000 Soudanais vers pays voisins, 350 000 Éthiopiens et Érythréens au Soudan, 300 000 Somaliens en Éthiopie et Kenya, 500 000 Burundais et 100 000 Congolais en Tanzanie. *(2000)* 2 millions déplacés au Congo, 1,4 million au Burundi et Rwanda et 4 millions au Soudan. **Angola :** 2 millions déplacés, plus de 300 000 au Congo et en Zambie. **Liberia et Sierra Leone :** 500 000 réfugiés en Côte-d'Ivoire et Guinée, 500 000 déplacés en Sierra Leone et 100 000 au Liberia. **Sahara occidental :** 165 000 réfugiés dans Ouest algérien ; *(depuis 1990)* 100 000-200 000 déplacés. **Afghanistan :** plus de 1 million déplacés. *Années 1990 :* 6 millions réfugiés en Iran et Pakistan ; *(2000)* 2,5 millions. **Sri Lanka :** 1 million déplacés ; *(2000)* 560 000 dans pays, 60 000 en Inde. **Ex-Yougoslavie :** plusieurs millions déplacés ; *(2000)* 1 million déplacés en Bosnie-Herzégovine et Yougoslavie, 300 000 réguiés en Europe (Allemagne, Suisse, Belgique, Italie). **Colombie :** 1,5 million déplacés. **Timor oriental et Indonésie :** plusieurs centaines de milliers déplacés dans montagnes, 280 000 dans partie occidentale de l'île, dont *(2000)* 120 000 rapatriés. Moluques, Sulawesi, Bornéo, Irian Jaya et province d'Aceh : 1 million déplacés suite à violences politiques et religieuses. **Par pays d'immigration de 1952 à 1993** (en milliers : nombre de réfugiés et, entre parenthèses, de nationaux) : Afrique et Moyen-Orient 104,6 (75,7). Amérique centrale et Caraïbes 21 (13,2). Amérique du Sud (autres) 28,8 (147,3). Argentine 11,2 (130,2). Asie 305 (2,6). Australie 333,4 (455,9). Canada 436,3 (114,2). Chili 16,3 (19,2). Europe 457,3 (10,6). Israël 428,5 (1,6). Océanie 18 (16,5). États-Unis 2 182,7 (44,2). Venezuela 4,4 (81,9). **Pays d'accueil** du monde riche : *(1999)* Allemagne, plus de 1 million réfugiés et demandeurs d'asile (285 000 selon Comité des États-Unis pour les réfugiés). Amérique du Nord 1,2 millions, dont États-Unis 1,1.

Entrées de migrants légaux (moyenne annuelle en milliers et, entre parenthèses, en % de la population totale). **Allemagne** *1970-75 :* 746 (1,2). *1976-80 :* 445 (0,7). *1981-84 :* 320 (0,5). *1985-89 :* 541 (0,8). **Australie** *1970-75 :* 133 (1). *1976-80 :* 69 (0,5). *1981-84 :* 98 (0,6). *1985-89 :* 118 (0,7). **Belgique** *1970-75 :* 58 (0,6). *1976-80 :* 48 (0,5). *1981-84 :* 37 (0,4). *1985-89 :* 82 (0,4). **Canada** *1970-75 :* 164 (0,7). *1976-80 :* 121 (0,5). *1981-84 :* 107 (0,4). *1985-89 :* 144 (0,5). **États-Unis** *1970-75 :* 385 (0,2). *1976-80 :* 511 (0,2). *1981-84 :* 574 (0,2). *1985-89 :* 729 (0,6). *1997-98 :* 500 (0,2). **France** *1970-75 :* 177 (0,3). *1976-80 :* 67 (0,1). *1981-84 :* 84 (0,1). *1985-89 :* 44 (0,08). **Pays-Bas** *1970-75 :* 49 (0,4). *1976-80 :* 61 (0,4). *1981-84 :* 41 (0,3). *1985-89 :* 57 (0,3). **Suède** *1970-75 :* 39 (0,5). *1976-80 :* 35 (0,4). *1981-84 :* 25 (0,3). *1985-89 :* 63 (0,7). **Suisse** *1970-75 :* 82 (1,3). *1976-80 :* 62 (1). *1981-84 :* 76 (1,2). *1985-89 :* 76 (1,1).

Nota. – Selon le HCR, les pays riches ont consacré en 2000 en moyenne 0,01 % de leur PNB à la cause des réfugiés. Exemples (en milliers de dollars) : États-Unis 245 231, Japon 99 769, Norvège 40 513, Commission européenne 40 850, France 8 092, donateurs privés 14 202.

CATASTROPHES

Nombre de morts (liste non limitative) **et de blessés** (bl.).

■ AVALANCHES

Allemagne *1965 (15-5) Garmisch :* 100 †. **Autriche** *1916 (13-12) Tyrol :* plus de 10 000 ; *1954 (12-1) Blons :* 380. **États-Unis** *1910 (1-3) Wellington :* 118. **France** *1892 (11/12-7) St-Gervais* (Hte-Savoie) : 200 ; *1970 (10-2) Val-d'Isère* (Savoie) : 42 ; *(16-4) Plateau d'Assy* (Hte-Savoie), glissement de terrain : 79 ; *1992 (21-11) Val-Thorens* (Savoie) : 7 ; *1994 (29-1) Champagny-en-Vanoise* (Savoie) : 6 ; *1998 (23-1) Les Orres* (Htes-Alpes) : 11. **Italie** *1618 (4-9) Plurs :* 1 500 ; *1916 (13-12) Alpes italiennes :* 10 000. **Népal** *1995 (nov.) :* 100 ? **Pérou** *1941 (13-12) Huaras :* 4 000 ; *1962 (10-1) Huascaran :* 3 000 à 4 000 ; *1970 (31-5) Huascaran (Yungay) :* 20 000. *1971 (19-3) Chungara :* 600. **Suisse** *1689 Saas (Grisons) :* 300 ; *1951 (24-2) :* 300 ; *1965 (30-8) Mattmark :* 88 ; *1970 (24-2) Rechingen (Valais) :* 29 ; *1978 (12-3) Les Diablerets :* 20 ?

■ CATASTROPHES MINIÈRES

Afrique du Sud *1910 Pretoria :* 344 † ; *1960 (21-11) Coalbrook :* 417 ; *1986 (16-9) Kinross :* 177. *1995 (10-5) Vaal Reef :* 105. **Allemagne** *1908 Radbod :* 360 ; *1946 Grimberg :* 439 ; *1960 Lisienthal* (All. féd.) : 184 ; *(22-2) Zwickau* (All. dém.) : 123. *1962 (7-2) Voelklingen* (Sarre) : 298 ; *1988 (1-6) Borken* (All. féd.) : 51. **Australie** *1936 Wonachaggi :* 208. **Belgique** *1956 (8-8) Marcinelle :* 263. **Bosnie** *1965 (7-6) Kakanj :* 127. **Chine** *1935 Lun-Chou :* 600 ; *1942 (26-4) Hinkeiko :* 1 549 ; *1996 (27-11) Chansi :* 91. **États-Unis** *1900 (1-5) Scofield* (Utah) : 200 ; *1907 (6-12) Monongah* (Virginie-Occ.) : 361 ; *(19-12) Jacobs Creek* (Pennsylvanie) : 239 ; *1909 (13-11) Cherry* (Illinois) : 259 ; *1913 (22-10) Dawson* (Nouveau Mexique) : 263 ; *1947 (25-3) Centralia* (Illinois) : 111 ; *1951 (21-12) West Frankfort :* 119 ; *1976 (9/11-3) Oven Fork* (Kentucky) : 15 ; *1981 (15-4) Redstone* (Colorado) : 15 ; *1984 (19-12) Hutington* (Utah) : 27 ; *1989 (13-9) Sturgis* (Kentucky) : 10. **France** *1876 St-Étienne* (puits Jabin) : 280 ; *1886 St-Étienne* (puits Chatelus) : 100 ; *1889 (3-7) St-Étienne* (puits Verpilleux) : 217 ; *1906 (10-3) Courrières :* 1 060 ; *1928 (30-6) Roche-la-Molière :* 48 ; *1950 (26-1) St-Elay-les-Mines :* 13 ; *1958 (21-11) Forbach :* 11 ; *1959 (29-5) Merlebach :* 26 ; *1974 (27-12) Liévin :* 42 ; *1976 (30-9) Merlebach :* 16 ; *1985 (25-2) Forbach :* 22 (103 blessés). **Inde** *1958 Chinakuri :* 182 ; *1965 (28-5) Dharbad :* 267 ; *1975 (27-12) Chasnala :* 350. **Japon** *1963 (9-11) Omuta :* 452 ; *1965 (1-6) Yamano :* 237. **Mexique** *1969 Barroterán :* 156. **Mozambique** *1976 (18-9) Tete :* 140. **Népal** *1976 (7-6) :* plus de 150. **Pologne** *1987 (4-2) Katowice :* 17. **Royaume-Uni** *1886 (12-12) Barnsley :* 361 ; *1910 Whitehaven :* 136 ; *1913 (14-10) Senghenydd :* 439 ; *1934 Wexham :* 264 ; *1966 (21-10) Aberfan (pays de Galles) :* 144 dont 116 enfants (glissement d'un crassier). **Russie** *1997 (2-12) Novokouznietsk* (Sibérie) : 61. **Slovaquie** *1961 (9-7) Dukla :* 108. **Taïwan** *1984 (5-12) Taïpei :* 94. **Turquie** *1992 (3-3) Kozlu :* 388. **Ukraine** *2000 (11-3) Krasnodon :* 80. **Yougoslavie** *1990 (26-8) Kreka :* 178. **Zimbabwe** (alors **Rhodésie**) *1972 (6-6) Wankie :* 457.

■ CHALEUR

Angleterre *Grand Londres 1976 (26-6 au 2-7) :* 400 †. **États-Unis** *1936 :* 4 678. *1966 (4-7) :* 1 300. **France** *1983 (fin juillet) :* 300. **Grèce** *1987 (juillet) :* 1 280.

■ ÉBOULEMENTS, GLISSEMENTS DE TERRAIN

Algérie *1993 (25-12) Oran :* 12 †. **Bangladesh** *1998 (été) :* 1 200. **Bolivie** *1992 (8-12) Llipi :* plusieurs centaines. **Brésil** *1966 (17-3) Rio :* 550 ; *1988 (5/13-2) région de Rio :* 500. **Chine** *1983 (9-3) Dongxiang :* 270 ; *1998 (été) :* 3 600. **Corée** *1972 (8) :* 410. **Colombie** *1974 (28-6) :* 200 ; *1985 (14/15-11) Armero :* 23 000 ; *1987 (27-9) Medellín :* 400 ; *1994 (2-6) Huila et Cauca :* 250 à 750. **Égypte** *1994 (2-11) Dronka :* 529. **États-Unis** *1938 (2-3) Los Angeles :* + de 200. **Haïti** *1963 (13-11) :* 500. **Hong Kong** *1972 (18-6) :* 100. **Inde** *1949 (15-2) Assam :* 500. **Italie** *1618 (4-9) Chiavenna :* 2 420. **Malawi** *1991 (10-3) :* 500. **Nicaragua** *1998 (3-11) :* 1 000. **Pakistan** *1998 (mars) :* 1 500. **Pérou** *1970 (31-5) Yungay :* 20 000 ; *1971 (18-3) :* 240 ; *1974 (avril)* à 200 km de Lima : 1 000. **Porto Rico** *1985 (7-10) Mameyes :* 129. **Suisse** *1806 (2-9) Rossberg* (15 millions de m^3, 3 villages ensevelis) : 1 000 ; *1881 (11-9) Elm* (nappe 1 400 m sur 500 m et 20 m d'épaisseur). **Turquie** *1980 (28-3) :* 60. **Venezuela** *1973 (30-8) Caracas :* 100 ; *1987 (sept.) :* 400.

■ EMPOISONNEMENTS

France. Buchy (Seine-Maritime) *1995 (21-5) :* monoxyde de carbone dans une galerie utilisée en 1944 par les Allemands. 3 adolescents et 6 adultes † (dont 5 sauveteurs). **Inde. Bhopâl** *1984 (3-12) :* fuite d'isocyanate de méthyle dans une usine de pesticide [3 849 †], voir à l'Index. **Italie. Seveso** *1976 (10-7) :* voir à l'Index.

☞ **Gaz de combat** (voir à l'Index).

■ ÉPIDÉMIES

Choléra. États-Unis *1832 :* New York 3 000 †, Nouvelle-Orléans 3 849. *1848 :* New York 5 000. **France** *1832-37 :* 100 000 [dont Paris (février-août 1832) 18 402] ; *1853-54 :* 143 000. **Indonésie** *1817-1832* (**Java** 400 000). **Russie** *1817-1832 :* 100 000. **Grippe espagnole.** *Avril-novembre 1918 :* 25 000 000 dont des centaines de milliers en France. **Maladie du sommeil. Ouganda** *1901-05 :* 200 000. **Malaria. Russie** *1923 :* des millions. **Oreillons. Fidji** *1875 :* 40 000. **Peste noire. Europe occidentale** *1347-51 :* 25 000 000. **Grande Peste. Eurasie** *1337-75 :* 75 000 000. **Paris** *1450 :* 40 000. **Londres** *1664-65 :* 75 000. **Vienne** *1679 :* 76 000. **Prague** 83 000. **Marseille** *1720 :* 50 000. **Canton** *1894 :* 100 000. **Indes** *de 1896 à 1917 :* 9 841 396 dont 1 315 000 en 1907. *1924 :* 377 500. **Iraq** *1875-1876 :* 20 000. **Mandchourie** *1910 :* 65 000. **Mongolie** *1910-11 :* 60 000. **Pérou** *1924 :* 108. **France** *1924 :* 4. **Typhus. France** *1628 :* Lyon, Limoges 85 000. **Pologne, Russie** *1914-15* 3 000 000.

■ EXPLOSIONS

☞ *Abréviations :* mun. : munitions.

Afghanistan *1982 (2-11) Salang,* tunnel, camion-citerne : 1 000 à 3 000 †. **Algérie** *1964 Bône,* bateau de mun. égyptien *Star of Alexandria :* 100. **Allemagne** *1902 (21-7) Primus,* bateau port Hambourg : 104. *1921 (21-9) Oppau,* 4 000 t de salpêtre plus usine à gaz : 561 ; *1948 (28-7) Ludwigshafen,* usine : 184. **Brésil** *1984 (25-2),* oléoduc : 508. **Canada** *1917 (6-12) Halifax,* collision cargo français *Mont-Blanc* chargé de mun. avec bateau belge *Imo* : 1 654. **Chine** *1935 (26-10) Lanchow,* arsenal : 2 000 ; *1948 (3-12) Kiangya,* bateau chinois : 1 000. **Colombie** *1956 (7-8) Cali,* camion de mun. : 1 100. **Corée du Sud** *1977 (11-11) Iri,* train de marchandises : 57 ; *1995 (29-4)* métro en construction : 110. **Cuba** *1960 (4-3) La Havane,* bateau de mun. français *La Coubre :* 100. **Espagne** *1947 (18-8) Cadix,* usine de torpilles : 300 ; *1978 (11-7)* camping de *Los Alfaques,* camion de carburant : + de 200 ; *1980 (23-10) Ortuella,* école : 51. **États-Unis** *1865 (27-4) Memphis,* bateau américain *Sultana* : 1 547. *1917 (10-4) Eddystone* (Penn.) usine mun. : 133. *1918 (18-5) Oakdale* (Penn.) : usine mun. : 158. *1937 (18-3) New London,* (Texas) école : 294 ; *1944 (17-7) Port Chicago* (Ca.), 2 bateaux de mun. : 322 ; *1947 (16-4) Texas City,* bateaux français le *Grandcamp,* chargé de nitrate entraînant l'explosion d'une usine de produits chimiques et du *High Flyer* aussi chargé de nitrate : 576 ; *1963 (31-10) Indianapolis :* 73 ; *1965 (9-8) Searcy,* dans le silo d'un missile Titan-II : 53 ; *1967 (29-7)* sur le porte-avions *Forrestal :* 134 ; *1973 (10-2) New York,* réservoir de gaz liquéfié : 40 ; *1977 (22-12) Westwego,* aspirateur à céréales : 35 ; *1985 (25-6) Hallett,* fabrique de feux d'artifice : 21 ; *1993 (26-2) New York,* tour : 6. **Finlande** *1976 (13-4) Lapua,* usine de mun. : 45.

France *1769 St-Nazaire :* 3 000. *1794 (31-8) Paris* poudrerie de Grenelle : 1 000. *1820 (16-10) Essonnes,* poudrière : 0 ; *1822 (26-7) Colmar,* poudrière : 12 ; *1879 (18-2) Angoulême,* poudrerie : 7 ; *1899 (5-3) Lagoubran* (près de

Lyon) n.c. ; *1915 (11-12) Le Havre-Graville,* usine belge d'obus, n.c. ; *1936 (16-11) St-Chamas* (B.-du-Rh.), usine de tolite : 51 (150 blessés) ; *1947 (28-7)* Brest *Océan Lyberty,* cargo norvégien de nitrate d'ammonium : 26. *1955 (11-6) Le Mans,* voiture lors des 24 Heures, voir à l'Index : 82 ; *1971 (4-1) Auch* (Gers) : 14 ; *(21-12) Argenteuil* (Val-d'Oise), gaz : 17 (44 blessés) ; *1973 (1-2) St-Amand-les-Eaux* (Nord), camion : 9 ; *1978 (17-2) Paris* (rue Raynouard), conduite de gaz : 12 ; *1989 (15-2) Toulon* (Var), gaz : 13 ; *1992 (9-11) La Mède* (B.-du-Rh.), raffinerie : 6 ; *1993 (24-10) Bordeaux,* gaz ? : 3 ; *1995 (21-4) Montreuil* (S.-St-D.), gaz : 2, *(8-11) Bailleul* (Nord), gaz : 3 ; *1996* (20-7) *Marseille,* gaz : 1. **Géorgie** *1984 (déc.) Tbilissi,* gaz dans un immeuble : environ 100. **Grèce** *1856 Rhodes,* poudrière dans une église : 4 000. **Inde** *1944 (14-4) Bombay,* bateau *Fort-Stikine* (mun.) : 800 à 1 400. *1975 (27-12) Chasnala,* mine : 431. **Indonésie** *1619 (19-11) îles de la Sonde,* bateau *Nieuwe-Hoorn* (mun.) : 154. **Iran** *1980 (19-8) Gatchsaran,* dépôt de matériels : 100. **Italie** *1769 Brescia,* poudrière dans une église, foudre : 3 000 ; *1945 (9-4) Bari, Liberty Ship* (mun.) : 360 ; *1979 (13-11) Parme,* hôpital : 20 à 25 ; *1982 (25-4) Todi,* exposition d'antiquités : 13. **Malaisie** *1991 (7-5)* fabrique de feux d'artifice : 40. **Mexique** *1984 (19-11) Mexico,* réservoirs de gaz : 452 (4 248 blessés, 31 000 sans-abri). ; *1992 (22-4) Guadalajara,* égout : 190. **Nigeria** *1998 (17-10)* pipeline *Jesse* : 700. *2000 (10-7) Adeje* : 250 ; *(15-7) Warri* : 30. **Pays-Bas** *2000 (13-5) Enschede,* entrepôt de feux d'artifice (Sté S. E. Fireworks, stocks de 100 kg de matériel pyrotechnique) : 20 (600 bl.) [1], 400 [1] maisons entièrement détruites, 1 000 [1] endommagées. **Royaume-Uni** *1918 (1-7) Chillwell,* fabrique d'explosifs : 134 ; *1974 (2-6) Flixborough,* usine chimique Nypro : 28 (100 bl.). **Russie** *1984 (21-6) Severomorsk,* entrepôt : 200 ; *1989 (3-6) Tcheliabinsk,* gaz sur voie ferrée : 650. **Venezuela** *1993 (28-9)* gazoduc : 53.

Nota. – (1) Bilan au 15-5-2000.

Famines

Nombre de morts en millions. Chine (Nord) *1333-37* : 4 ; *1877-78* : 9,5 ; *1892-94* : 1 ; *1928-29* : 3 ; *1959-61* : 30. **Éthiopie** *1974-75* : 0,2 ; *1984-85* : 0,3. **France** *1693* : des millions ; *1769* : 5 % de la pop. **Inde** *1769-70* : 3 à 10 ; *1869-70* et *1873* (ensemble) : 7 ; *1876-78* : 3,5 à Madras ; *1891-97* : 5 ; *1899-1900* : 1,25 à 3,25 ; *1943-44* : 1,5. **Irlande** *1846-51* : 1. **Nigeria** (Biafra) *1967-69* : 1. **Sahel** *1965-70* : plusieurs centaines de milliers. **Somalie** *1990-93* : 0,4. **Ex-URSS** *1921-22* : 1,5 à 5 ; *1943-44* : 1,5.

Incendies

Albanie *Fushe-Arreze,* entrepôt de vivres : 38 † (9-12-1991). **Allemagne** *Düsseldorf,* aéroport : 16 (11-4-1996). *Hambourg* : 100 (5/7-5-1842). *Karlsruhe,* théâtre de la Cour : 100 (28-2-1842). **Arabie saoudite** *La Mecque* : 138 (12-12-1975). *Mina,* campement : 343 (15-4-1997). **Argentine** *Saavedra,* hôpital psychiatrique : 79 (26-4-1985). **Autriche** *Vienne,* théâtre Ring : 850 (8-12-1881). **Azerbaïdjan** *Bakou,* tunnel ferroviaire : 300 (28-10-1995). **Belgique** *Bruxelles,* magasin Innovation : 322 (22-5-1967). *Heudsen* (collège) : 25 enfants (25-1-1974). *La Louvière,* café : 15 (1-1-1976). **Brésil** *Niteroi,* chapiteau de cirque : 323 (17-12-1961). *São Paulo,* gratte-ciel : 20 (24-2-1972) ; immeuble : 189 (1-2-1974). *Taubate* (pénitencier) : 152 (1961). **Canada** *Chapais,* dancing : 42 (1-1-1980). *Montréal,* cinéma : 71 (9-1-1927). *Québec,* Théâtre-Royal : 200 (12-7-1846) ; hospice : 50 (14-12-1927). **Chili** *Colina,* home d'enfants : 30 (29-9-1997). *Santiago,* église de la Compania, panique : 2 500 (8-12-1863). **Chine** *Antong,* théâtre : 700 (13-2-1937). *Canton,* théâtre : 1 670 (25-5-1845). *Fuxin,* discothèque : 233 (27-11-1994). *Karamay,* cinéma : 300 (8-12-1994). *Luayang,* centre commercial : 309 (25-12-2000). *Shanghaï,* théâtre : 900 (juin 1871). *Tchong-King,* docks : 1 700 (2-9-1949) ; forêts : 193 (mai 1987). **Colombie** *Bogotá,* magasins Vida : 101 (16-12-1958). **Corée du Sud** *Séoul,* hôtel Taeyonkak : 163 (26-12-1971) ; théâtre : 50 (2-12-1973) ; théâtre : 50 (3-11-1974). *Inchon,* salle de karaoké : 55 (30-10-1999). **Côte d'Ivoire** *Abidjan,* night-club : 41 (9-6-1977). **Danemark** *Copenhague,* hôtel Hafnia : 35 (1-9-1973). **Égypte** *Durunka* : 500 (2-11-1994). *Le Caire* : 4 000 (1824). **Espagne** *Escurial,* palais (2-10-1872) ; *Madrid,* théâtre : 270 (1928) ; dancing : 83 (17-12-1983). *Saragosse,* Colisée : 77 (12-11-1778) ; fabrique de meubles : 25 (11-12-1973) ; hôtel : 81 (12-7-1979) ; discothèque : 43 (13-1-1990). **États-Unis** *Atlanta* (Géorgie), motel Winecoff : 119 (7-12-1946). *Boston,* night-club : 492 (28-11-1942). *Bronx* (New York), dancing : 87 (25-3-1990). *Chicago,* gros dégâts : 250 (8-10-1871) ; théâtre iroquois : 603 (30-12-1903) ; théâtre : 383 (1923). *Cloquet* (Minnesota), forêt : 800 (31-10-1918). *Columbia* (Tennessee), prison : 42 (26-5-1977). *Columbus* (Ohio), pénitencier : 320 (21-4-1930). *Hartford* (Connecticut), cirque : 168 (6-7-1944). *Hinckley* (Minnesota), forêt : 559 (1-9-1894). *Hoboken* (New-Jersey), docks : 326 (30-6-1900). *Las Vegas,* hôtel Manila : 47 (14-11-1977) ; hôtel-casino M6M (26 étages, 2 076 chambres) : 84 (21-11-1980). *Natchez* (Mississippi), bal : 198 (23-4-1940). *La Nouvelle-Orléans* : 856 immeubles (21-3-1788). *New York,* ville à moitié détruite (21-4-1776) ; 650 immeubles (16-12-1835) ; Brooklyn, théâtre Conway : 295 (5-12-1876) ; *Général-Slocum,* bateau : 1 200 (15-6-1904) ; usine de chemisiers : 146 (25-3-1911). *Peshtigo* (Wisconsin), forêt : 1 152 (8-10-1871). *Sacramento* : 110 (10-12-1876). *Southgate* (Kentucky), dancing : 164 (28-5-1977).

France *Barbezieux* (Charente) : 9 (5-10-1985). *Créteil* (Val-de-Marne), immeuble : 7 (8-12-1993). *Landes* : 84, 123 000 ha détruits, 443 habitations (18-8-1949). *Marseille,* Nlles-Galeries : 75 (28-10-1938). *Nice,* théâtre : 70 (1880). *Paris,* Opéra : 21 (8-6-1781) ; salle construite pour un bal dans le jardin de l'hôtel particulier de l'ambassadeur d'Autriche, le P[ce] Schwarzenberg, Cité d'Antin : 100 dont la femme de l'ambassadeur de Russie (1-7-1810) ; magasins du Printemps : 1 (1880) ; Opéra-Comique : 115 (25-5-1887) ; Bazar de la Charité : 129 (4-5-1897) [123 femmes (dont D[chesse] d'Alençon), 6 hommes et garçonnets ; 400 bl.] ; Théâtre-Français : 1 (8-3-1900) Jane Henriot, pensionnaire ; rame de métro, station Couronnes : 84 (10-8-1903) ; Bon Marché : ? (1917) ; magasins du Printemps : 1 (28-9-1921) ; tunnel des Batignolles, 2 trains : 16 (100 bl.) (5-10-1921) ; Opéra-Comique : 103 (1923) ; 33, rue Édouard-Pailleron, CES : 20 dont 16 enfants (6-2-1973) ; hôtel : 13 (11-8-1976). *Rueil* : 90 (3-8-1947). *St-Jean-de-Losne* (Côte-d'Or), hospice : 30 (21-4-1980). *St-Laurent-du-Pont* (Isère), dancing « Le Cinq-Sept » : 147 (31-10-1970). *Tunnel du Mt-Blanc,* poids lourd : 41 (24-3-1999).

Guatemala asile : 225 (14-7-1960). **Hong Kong,** immeuble : 39 (20-11-1996). **Inde** *Ahmadnuggar* : 40 (11-5-1878). *Baripada,* lieu de culte : 164 (23-2-1997). *Mandi Dabwali,* école : 500 (23-12-1995). **Indonésie** *Bogor,* magasin : 78 (28-3-1996). **Iran** *Abadan,* cinéma : + de 425 (19-8-1978). **Irlande** *Dublin,* dancing : 46 (15-2-1981). **Italie** *Capo d'Istria* : 1 000 (8-6-1784). *Livourne* : 100 (7-6-1857). *Turin,* cinéma : 64 (13-2-1983). **Jamaïque** *Kingston,* hospice : + de 180 (21-5-1980). **Japon** *Hakodate* : 1 500 (22-3-1934). *Kawaji* : 43 (22-11-1980). *Kumamoto,* grand magasin : 101 (29-11-1973). *Osaka,* magasin : 119 (13-5-1972). **Myanmar** *Lashio,* habitations : 134 (20-3-1988). **Ouganda Kanungu,** église : 530 (17-3-2000). **Pays-Bas** *Amsterdam,* théâtre Schouwbourg : 25 (11-5-1772). **Philippines** *Quezon City,* dancing : 150 (19-3-1996). *Tabaco,* cinéma : 44 (21-4-1985). **Portugal** *Lisbonne* : 60 000 (2-11-1755) ; vieille ville : 1 (25-8-1988). **Royaume-Uni** *Bradford,* stade : 53 (11-5-1985). *Douglas* (île de Man), centre de loisirs : 51 (3-8-1973). *Exeter,* théâtre : 200 (4-9-1887). *Londres,* pont : 3 000 (juillet 1212) ; grand incendie, ville détruite : 6 (1-9-1666) ; Covent Garden : 22 (20-9-1808). *Richmond* : 72 (26-9-1811). **Russie** *Moscou* (1571) 200 000 ; (1812). *St-Pétersbourg,* cirque Lehmann : 800 (14-2-1836). **Suède** *Stockholm* (1751). **Suisse** *Burghoezli,* clinique psychiatrique : 28 (6-3-1971). **Syrie** *Amouda,* cinéma : 152 (13-11-1960). **Thaïlande** *Bangkok,* hôtel : 24 (20-4-1971), usine de poupées : 213 (10-5-1994). *Pattaya,* hôtel : 90 (11-7-1997). **Turquie** *Constantinople* : 7 000 (1729), 550 (15-6-1870). *Smyrne* : 3 000 logements, 4 000 bateaux (1772) détruite aux 3/5 (13-9-1922). **Venezuela** *Caracas,* prison : 25 (22-10-1996). *Lagunillas* : plus de 500 (14-11-1939).

Inondations, noyades

■ **Mers et fleuves. Allemagne** *1962 (16-2)* : Hambourg, 343 † (20 000 évacués) ; *1995 (janv.).* **Bangladesh** *1974* : 2 500 ; *1998 (déc.)* : 1 441. **Brésil** *1967* : 894 ; *1967* : 436 ; *1969* : 218 ; *1974* : 1 500. **Chine** *1642* : 300 000 ; *1887* : fleuve Jaune, 900 000 ; *1911* : 100 000 ; *1931* : 3 700 000 ; *1934* : milliers de sinistrés ; *1939* : 500 000 ; *1948* : 10 000 à 100 000 ; *1951* : 4 800 ; *1969* : 2 000 000 à Shantung ; *1998 (été)* : 4 150. **Corée** *1962* : 20 ; *1969* : 250 ; *1984* : 200. **Espagne** *1962* : Barcelone, 445 ; *1973 (oct.)* : province de Grenade, Murcie, Almería, 350 ; *1982 (oct.)* : province d'Alicante et Valence, + de 40. **États-Unis** *1889 (31-5)* Johnstown (Pa) 2 209 ; *1900 (8-9)* : Galveston, raz de marée, 6 000 ; *1927 (16-4)* : Mississipi (sur 7 États ; 30 km de largeur), 700 000 sinistrés ; *1928* : 2 000 ; *1937 (22-1)* : Ohio et Mississippi, 380 ; *1955 (août)* à la suite d'un ouragan, 250 ; *1972* : Rapid City, 236 †, 500 disparus ; *1993 (juin-août)* : Mississippi (sur 10 États) 50 †, 70 000 sans-abri.

France *1658* : Paris, 20 ; *1872* : Paris ; *1876* : Paris ; *1910* : Paris ; *1930 (2-3)* : Garonne et Tarn, 700 ; *1940 (oct.)* : Roussillon, 400 à 500 ; *1952* : Tarn, 16 ; *1958* : Gard, 38 ; *1960 (oct.)* : Centre, 7 ; *1965 (oct.)* : Bourgogne, 8 ; *1971 (été)* : 9 ; *1977 (juillet)* : Sud-Ouest, 16 ; *1980 (sept.)* : Le Puy, 7 ; *1983 (juillet)* : Centre et Sud-Ouest, 11 ; *1987 (14-7)* : Grand-Bornand (Hte-Savoie), 21 (camping) ; *1988 (3/7-10)* Nîmes (Gard), 10 ; *1992 (22-9)* : Vaucluse et B.-du-Rh., 10, Vaison-la-Romaine (Vaucluse) : 37 ; *1993 (3-10)* : Nîmes (Gard), 11 ; *(nov.)* : Corse, 5 ; *(déc.)* : Nord et Est ; *1994 (nov.)* : Sud et Corse, 4 ; *1995 (janv.)* : Ouest et Nord-Est, 15 ; *(févr.)* : Ile-de-France (Oise) ; *1996 (janv.)* : Hérault ; *1999 (12/13-11)* : Pyr.-Or., Aude, Hérault, Tarn, 33.

Guatemala *1949 (oct.)* : 40 000 ; *1982 (sept.)* : + de 1 300. **Honduras** *1974 (sept.)* : 9 000. **Inde** *1737* : golfe du Bengale, 300 000 ; *1955* : 1 700 ; *1968 (juillet-août)* : 2 000 ; *1968* : 1 000 ; *1968* : 780 ; *1970* : 500 ; *1979* : 5 000 à 15 000. **Iran** *1954* : 2 000. **Italie** *1951 (nov.)* : Pô, 100 à 280 ; Florence, 113 ; *1966 (4/5-11)* : Nord, 300 ; Arno, Florence (destruction d'œuvres d'art) ; *1985 (19-7)* : 200 ; *1994 (nov.)* : Tarano (Piémont), 54. **Madagascar** *1959* : 300. **Mexique** (Mexico) *1959* : 2 000. **Pakistan** *1953* : 10 000 ; *1955* : 1 700 ; *1998 (été)* : 1 200. **Papouasie** *1998 (17-7)* : 3 000. **Pays-Bas** *1228* : Frise, 100 000 ; *1284* : Zuiderzee, 10 000 ; *1424* : 100 000 ; *1953* : 1 800 (9,4 % des terres agricoles immergées, 34 000 bovins, 25 000 porcs, 100 000 volailles) ; *1995 (janv.)* : 100 000 évacués. **Philippines** *1972 (août)* : 454 ; *1991 (nov.)* : 5 000. **Pologne** *1997 (juillet)* : Oder-Neisse : 98. **Portugal** *1967 (nov.)* : 387. **Roumanie** *1970 (mai)* : + de 300. **Russie** *1287* : 50 000 ; *1421* : 10 000 ; *1824 (19-11)* : Neva, 10 000 ; *1973 (mars)* : 150. **Taïwan** *1999 (21-9)* : 2 000 †. **Tunisie** *1969* : 500. **Viêt Nam du Sud** *1964* : 7 000.

■ **Barrages (ruptures ou éboulements). Argentine** *1970 (4-1) Mendoza* : 100 †. **Brésil** *1960 (28-3) L'Oros* : 1 000. **Chine** *1975 Henan,* rupture barrages Banqiao et Shimantan : 230 000 ; *1993 (27-8)* (province du Qinghai) : + de 240. **Colombie** *1972 (25-2) Foledon* : 60. **Corée du Sud** *1962 (28-10) Sunchon* : 163. **Espagne** *1802* : 608 ; *1959 (9-1) Wega de Fera* : 144. **États-Unis** *1874 (16-5) Williamsburgh* (Massachussetts) : 144 ; *1884 (31-5) Johnstown* (Pennsylvania) : 2 204 ; *1928 (13-3) St Francis* (Californie) : 450 à 700 ; *1972 (26-2) Logan* (Virginie) : + de 450 ; *1976 (7-6) Teton* (Idaho) : 140. **France** *1895 (27-4) Bouzey* (Vosges) : 87 ; *1959 (2-12) Malpasset* (Var) : 423. **Grande-Bretagne** *1864 (12-3) Sheffield* : 250. **Inde** *1979 (11-8) Machhu* : environ 30 000. **Indonésie** *1967 (27-11) Kebumen* : 160. **Italie** *1923 (1-12) Gléno* : 600 ; *1963 (9-10) Vaiont* (Longarone) : 2 118 ; *1985 (19-7) Tesero* : 264. **Ukraine** *1961 (13-3) Kiev* : 145.

☞ **Noyades :** voir index naufrage. Dans la Loire (baignade) 18-7-1969 Juigné-sur-Loire, 19 enfants (7 à 12 ans).

Paniques, bousculades, effondrements

☞ Voir à l'index : catastrophes survenues dans des stades.

Afrique du Sud *2001 (11-4) Johannesburg,* entrée de stade : 43. **Arabie** *1991 La Mecque* : 1 426. **Argentine** *1968 (juin) Buenos Aires,* stade : 80 † (150 blessés). **Chine** *1941 (6-6) Chongqing,* raid aérien : 4 000. **Colombie** *1980 (10-1) Sincelejo,* effondrement d'une arène : 134. **Corée du Sud** *1994 (21-10) Séoul,* pont Sungsoo (4 voies, longueur 1,66 km, largeur 19,9 m) : 32. **États-Unis** *1937 (mars) New London* (Texas), école : 400 ; *1979 (3-12) Cincinnati,* concert pop. : 11 ; *1981 (17-7) Kansas City,* effondrement de passerelles dans un hôtel : 111 ; *1991 (29-12) New York,* match de basket de stars du rap : 8.

France *1770 (7-5) Paris,* Place Louis-XV, mariage du futur Louis XVI, feu d'artifice : 133 ; *1837 (15-6) Paris,* Champ-de-Mars, mariage du duc d'Orléans : 23 ; *1850 (16-4) Angers,* pont de Basse-Chaîne : 222 du 11e Léger + 3 civils ; *1971 (15-5) Sallen* (Normandie), plancher d'une salle lors d'un mariage : 13 noyés dans un puits ; *1994 (26-1) Nice,* effondrement du plafond dans un supermarché : 3. **Grande-Bretagne** *1879 (28-12) Firth of Tay* (Écosse), engloutissement d'un train : 200. **Hong Kong** *1918 (26-2)* effondrement tribune hippodrome et incendie : 604 ; *1993 (1-1)* réveillon : 20. **Russie** *1896 (20-5) Chodinskoye,* couronnement de Nicolas II : 3 000.

☞ **Le plus grand massacre :** 32,2 à 61,7 millions de tués en Chine de 1949 à 1965 (rapport Walker, USA, 1971).

Voir Séismes principaux, p. 83 a, marées et tempêtes p. 99 a, ainsi que les chapitres **Transports** et **Dernière heure.**

Langues

■ **Définition.** André Martinet (1908-99) distingue : **patois** (forme linguistique d'utilisation strictement locale et qui ne se maintient que du fait de l'inertie du milieu) ; **dialecte** (forme linguistique à l'échelle d'une province où les divergences entre parlers locaux sont tenues pour négligeables) ; **langue** (système voulu consciemment comme tel ; généralement lié à l'idée de nation).

■ **Nombre de langues parlées.** Selon certains auteurs, de 2 500 à 7 000, dont 90 % s'éteindraient d'ici à 2100.

■ **Nombre de mots d'une langue.** Ordres de grandeur (des mots sont créés tous les jours). Exemples : *anglais* 200 000. *Français usuel* 32 000 [dont 12 000 d'origine française (dont 4 200 couramment employés) ; 90 000 dans les gros dictionnaires]. C'est une langue riche parce que les Français sont nombreux et pratiquent davantage de métiers, mais en moyenne ils n'utilisent guère plus de mots qu'un Eskimo. *Latin* 50 000 mots connus. *La Bible* utilise 6 000 mots distincts.

Classification

Les différents systèmes de classification des langues imaginés depuis plus d'un siècle (langues analytiques, synthétiques, de types flexionnel, agglutinant, isolant) fondés sur le degré d'enchevêtrement des unités significatives (monèmes) sont controversés. Aujourd'hui on distingue des parentés, des groupes, aux liens souvent discutés.

Langues et dialectes de France

Nota. – Parlers locaux utilisés ailleurs qu'au centre du domaine d'oïl, en concurrence avec le français.

Légende – En italique : langues qui ne sont plus parlées aujourd'hui. Les langues indiquées par * ne forment pas une famille mais des groupes géographiques.

■ **Langues indo-européennes** (Europe et Asie du Sud-Est, avant les expansions récentes).

Langues indo-iraniennes : indo-aryen : *sanskrit* [*védique* (début du Ier millénaire av. J.-C. ?) et *classique*], *pâli*, hindi (utilisé par les hindous), ourdou (utilisé par les musulmans), bengali, pendjabi, gujarati, konkani, oriya, nepali, assamais, marathi, sindhi, cinghalais, tsigane dit gitan ou romani (principaux dialectes parlés en France : rom, manouche, sinto, gitan), etc.

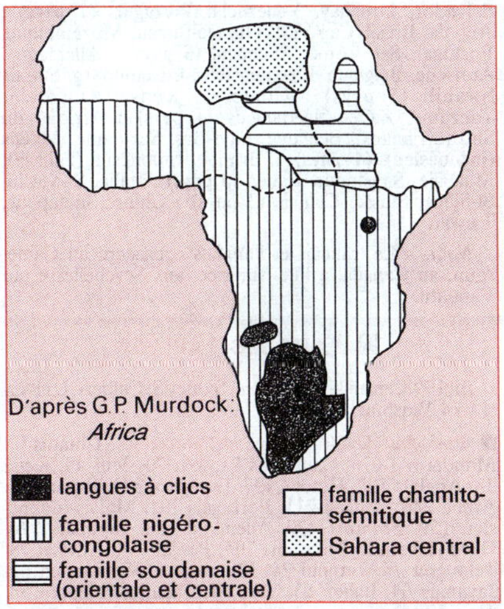

Iranien : *vieux-perse, avestique, pehlevi, parthe, sogdien,* persan moderne ou farsi, kurde, afghan, ossète, tadjik, baloutche, pashtou.

Hellénique : *grec ancien* (*linéaire B* ou *mycénien* attesté dès le IIe millénaire av. J.-C.) et grec moderne (démotique), tsaconien, pontique ; chypriote et cappadocien (dialectes).

Italique : *osque, ombrien, latin* et langues romanes dérivées du latin : italien, corse, sarde, espagnol (y compris judéo-espagnol, ladino), portugais, catalan, parlers d'oc [provençal, occitan (mot souvent employé pour l'ensemble des parlers d'oc), gascon], franco-provençal, français et parlers d'oïl (picard, wallon, etc.), romanche, frioulan, roumain.

Celtique : *gaulois, celtibère :* 1 branche brittonique [breton, gallois (en anglais : welsh, nom local : cymraeg) et *cornique* (Cornouailles), disparu au XVIIIe s.] ; 1 branche gaélique (irlandais, gaélique d'Écosse et *manxois*).

Germanique : branche ostique : *gotique, burgonde.* Branche nordique : islandais, féroïen, danois, suédois, norvégien [2 langues : riksmål (« langue du royaume », ou bokmål, « langue du livre », proche du danois), et landsmål (« langue de la campagne », ou nynorsk « nouveau norvégien », fixée en 1850 par Ivar Aasen à partir de la langue et des dialectes du Moyen Age)]. Branche occidentale : *anglo-frison,* anglais et frison ; *plattdeutsch* (Allemagne du Nord), néerlandais, afrikaans, luxembourgeois, allemand, dialectes alémaniques dont alsacien et schwyzerdütsch (Suisse).

☞ **Yiddish** (de *jüdisch-deutsch,* allemand des Juifs). Vieil allemand comprenant 10 % d'hébreu et 10 % de mots slaves. S'écrit en caractères hébraïques, y compris les voyelles (contrairement à l'hébreu). Répandu au XIVe s. en Alsace, Lorraine, France du Sud-Est, Italie du Nord. 1er livre yiddish imprimé à Venise au XVIe s. 1er journal, Amsterdam 1686 et Varsovie 1821.

Balte : *vieux-prussien,* letton, lituanien.

Slave : *au sud,* slovène, serbo-croate, macédonien, bulgare ; *à l'ouest,* polonais, tchèque, slovaque, sorabe ; *à l'est,* russe, biélorusse, ukrainien (ou ruthène). Le *vieux-slave* (vieux-macédonien ou vieux-bulgare) est attesté au IXe s.

Albanais : parlé en Albanie et au Kosovo (Serbie, ex-Yougoslavie) ; dialectes : tosque et gheg.

Anatolien : *hittite, louvite, lycien, lydien* attestés en Asie Mineure au IIe millénaire av. J.-C. Certains y ont rattaché l'*étrusque.*

Arménien (IVe s.) : parlé de nos jours en Arménie, en Azerbaïdjan (Haut-Karabakh) et en Turquie (nord-est).

Tokharien : parlé en Asie au Ier millénaire apr. J.-C.

■ **Afro-asiatiques** ou **chamito-sémitiques** (Proche-Orient et moitié nord de l'Afrique).

Sémitiques : *sémitique oriental : akkadien* ou *assyro-babylonien,* attesté par des documents du IIIe millénaire av. J.-C. aux environs de l'ère chrétienne (langue de l'Empire mésopotamien).

Sémitique septentrional : amorite, connu par des noms propres, grâce aux particularités de certains textes akkadiens du IIe millénaire av. J.-C. ; *ougaritique,* parlé jusqu'au XIIe s. av. J.-C. au nord de la Syrie sur le site actuel de Ras Shamra ; *éblaïte,* anciennement parlé à Ebla, Syrie.

Sémitique cananéen : phénicien, langue de Tyr, Sidon, Byblos, etc., attesté du IXe s. au Ier s. av. J.-C. ; sa variante *punique* a été parlée à Carthage ; *moabite,* du royaume de Moab, au sud-est de la mer Morte, connu par une

Les Tsiganes

Nom : du grec *Athinganoï* ou *Atsinkanos* : nom d'une secte de musiciens et de devins connue en Asie Mineure au XIe s., devenus *Zingari* en Italie et *Zigeuner* en Allemagne.

Composition : groupe culturel organique d'origine indienne comprenant les **Rom** (9/10 de la population totale) [en *tsigane :* homme ; appelés aussi *Bohémiens* (car munis de lettres de recommandation des souverains de Bohême), *Romanichels* (péjoratif, apparu au XIXe s., déformation de *Romani Tchave,* les gars tsiganes) ; *groupes en France : Lovara* (maquignons), *Tchoura* (rétameurs) et *Kalderash* (chaudronniers)], les **Mânouch** (nom d'origine indienne : homme) ou **Sinté** (*Sinti* venant du Piémont) (la majorité des Tsiganes français) [*groupes : Valstiké* (français), *Gashkané* et *Praïstiké* (allemands)], les **Kalé** [ou *Gitans* en français (Gitanos en espagnol venant d'Egitanos, Gypsies en anglais, Ejiftos). Dérivé du nom Égyptien, par référence à la Petite Égypte (Grèce), où ils ont longtemps séjourné (ils disaient expier par un pèlerinage une apostasie provoquée par les Sarrazins dans cette région) ; *groupes :* Andalous et Catalans ; présents en Espagne et dans le sud de la France]. Les **Yéniches** [nom signifiant sans domicile (nombreux émigrés en France au XIXe s.) ; surtout vanniers], qui ne sont pas tsiganes, mais d'origine germanique.

Langue (romani tchib) : descend du sanskrit (prouvé par le traité du Dr Pott, *Zigeuner in Europa und in Asien*), comme l'hindi, le pendjabi et le rajasthani. *Principaux dialectes :* balkanique (turc), vlax (valaque ; influencé par le roumain), carpathiques [hongrois (beash) et slovaque], sinto (allemand), calo (argot espagnol).

Religions en France : catholicisme et pentecôtisme. Pèlerinages (voir à l'Index).

Histoire : émigration ancienne vers l'ouest : Xe s. Perse, Grèce, 1150 Constantinople, XVe s. France (1re apparition à Paris vers 1427). XVIIIe s., présents dans tous les pays d'Europe. XIXe s. immigration vers USA, Canada, Mexique, Amérique centrale, Chili, Argentine. *1939-45 :* persécutions nazies (800 000 disparus) [France : 30 000 internés, plus de 15 000 déportés]. *1971 :* création du Comité international rom ; 1er congrès international à Londres (14 pays). *1978 :* congrès à Genève (26 pays). *1981 :* congrès à Göttingen (22 États, 300 délégués). Adoption d'un hymne et d'un drapeau, l'Onu accorde un statut consultatif au Comité rom.

Nombre (en milliers) : Albanie 80, Allemagne 100/120, Autriche 8/10, Belgique 5/10, Bulgarie 300/800, CEI (Ukraine et Biélorussie) 530, Danemark 2/3, Espagne 600/900 (dont Andalousie 300), Finlande 5/8, *France 180/300,* G.-B. 70/100, Grèce 85/120, Hongrie 400/800, Irlande 20/25, Italie 70/100, Norvège 0,5, Pays-Bas 30/35, Pologne 30/80, Portugal 30, Roumanie 50/2 500, Suède 6/10, Suisse 12/15, ex-Tchécoslovaquie 300/500, Turquie 530, USA 100/150, ex-Yougoslavie 700/900. *Total* 12 000/15 000.

inscription du VIIIe s. av. J.-C. commémorant les victoires du roi Mécha ; *hébreu,* attesté à partir du IXe s. av. J.-C. *Hébreu ancien* (1ers documents en caractères purement hébraïques) : le « Calendrier agricole » de Gezer (Judée), les ostraca de Samarie (IXe s. av. J.-C.), notes succinctes de comptabilité ; *michnique :* parlé entre IVe et IIe s. av. J.-C. ; *médiéval :* influencé par les langues dans l'ambiance desquelles s'est développée cette littérature, notamment par l'arabe ; *israélien :* à partir de 1880, mouvement Xoveve Ciyon constitué grâce à Eliezer Ben Yehuda (1858-1922).

Sémitique araméen : araméen ancien, parlé de la Palestine à l'Arabie du Nord, langue administrative de l'Empire achéménide ; *araméen occidental :* encore parlé dans l'Anti-Liban par quelques milliers d'individus à Ma'lula, Bax'a et Guba'din. *Judéo-araméen,* langue de certains documents de la mer Morte, des targoums et du Talmud palestinien (Ve s. apr. J.-C.) ; *samaritain* (une traduction de la Bible du IVe s. av. J.-C. et des textes liturgiques et religieux) ; *christo-palestinien,* traductions de documents bibliques et évangéliques et des textes religieux (VIIIe et IXe s.) des chrétiens melkites de Palestine ; *nabatéen,* connu par des inscriptions de Palmyre (du Ier au IIIe s.). *Araméen oriental,* représenté par le *syriaque,* parlé à Édesse (aujourd'hui Urfa), dans tout le Proche-Orient, du IIIe au XIIIe s., *babylonien talmudique* (textes de compilation aux IVe et Ve s.), *mandéen* (textes religieux à partir du VIIIe s.), néo-araméen oriental, encore parlé dans la région de Tur'Abdin, et en ex-URSS.

Sémitique méridional : arabe ancien, connu par des inscriptions sous les formes lihyanite, thamoudéenne, safaïtique, du IIe s. av. J.-C. au VIe s. apr. J.-C. *Arabe classique :* celui du Coran et de la littérature du VIIe s. à nos jours. Dialectes arabes en Arabie, Iraq, Jordanie, Palestine, Syrie, Liban, Égypte, Soudan, Maghreb, Mauritanie, Malte. *Sud-arabique ancien :* dialectes minéen, sabéen, awsanique, qatabanique, hadramaoutique (du IVe av. au VIe s. apr. J.-C.), représenté aujourd'hui entre Hadramaout et Oman et dans les îles côtières par les dialectes mahri, grawi, harsusi, botahari, soqotri). *Langues éthiopiennes : guèze* ou *éthiopien classique,* attesté dès le IIIe ou IVe s. apr. J.-C., parlé jusqu'au XIe s. environ, tigré et tigrigna au nord, amharique langue officielle de l'Empire, harari, gouragué parlés au centre et au sud, gafat et argobba, langues méridionales, pratiquement éteintes.

Chamitiques : *ancien égyptien* et *copte.* Libyco-berbère : *libyque,* berbère (kabyle, chaouah, tamazigt, chleuh, touareg, zenaga), *guanche* (parlé aux Canaries jusqu'au XVIe s., éteint ailleurs au XIXe s.).

Couchitiques : bedja, afar, saho, somali, galla, agaw, sidama, oromo.

Tchadiennes : haoussa.

■ **Négro-africaines.** Nilotique (lango, bari, masaï), bantou (swahili, lingala, zoulou), Niger-Cameroun (yorouba), ouest-africain (peulh-fulani-foulbé, ouolof, soussou, bambara-mandingue).

■ **Khoisan*** (Afrique du Sud). Hottentot (nama), bochiman.

■ **Ouraliques** (Europe de l'Est et Asie du Nord-Ouest). Finno-ougrien (finnois, estonien, hongrois, vogoule, live, permien, tchérémisse-mari), lapon. Mordve.

Samoyède (yurak, ienissei, selkup ou ostyak). On y rattache parfois le maïdu et les langues apparentées parlées en Californie.

■ **Altaïques (turques, mongoles et toungouzes*).** Asie du Nord-Est, avant expansions.

Turques : osmanli, kirghiz, tatar, tchouvache, ouïgour, iakoute ou yakoute (Sibérie), bachkir, turcoman, tarantchi, sarte, azerbaïdjanais, etc.

Mongoles : mongol, kalmouk, bouriate, khalkha.

Toungouze, mandchou : on y a rattaché le coréen, voire le japonais.

Asie du Nord-Est* : coréen, japonais, aïnou, paléo-sibériennes (ghiliak, tchouktche, koryak, kamchadal, etc.)

■ **Sino-tibétaines*** (Extrême-Orient). Tibétain, birman, lolo, chinois (mandarin, cantonais, etc.), thaï, siamois, laotien.

■ **Dravidiennes** (Inde). Tamoul, kannada, telougou, malayalam, brahui, etc.

■ **Austriennes*** (Asie du Sud-Est, océan Indien, Pacifique).

Austro-asiatiques : môn-khmer (cambodgien), vietnamien, *munda* (santali).

Malayo-polynésiennes : malais, indonésien, tagalog (Philippines), malgache, polynésien (tahitien, maori, langue de Samoa, de Wallis-et-Futuna, des îles Marquises), mélanésien [papou, rokotas (île de Bougainville, Salomon), langues des aborigènes d'Australie].

Amérindiennes* : *extrême Nord :* esquimau, inuit, aléoute. *Nord et centre Nord :* groupe na-dene, avec tlingit, sioux, navajo, apache, etc. *Du nord au sud :* algonkin, iroquois (cherokee, seneka, mohawk), maidu, hopi, utoaztèque (nahuatl, maya, zapotèque, otomi), quechua, aymara, carib, arawak, bororo, tupi-guarani, mapuche, etc.

■ **Langues caucasiennes** ou **caucasiques.** 3 groupes de langues au nord-ouest (tcherkesse, abkhaze) ; au nord-est (avar, tchétchène, ingouche) ; au sud (khartvéliennes dont le géorgien). Un nombre grandissant de linguistes y rattachent le basque : 6 dialectes principaux (France : souletin, bas-navarrais, labourdin ; Espagne : haut-navarrais, guipuzcoan, biscayen).

Isolées : Burushaki (nord de l'Inde), andaman (sud de Myanmar).

Langues à clics : parlées en Afrique du Sud. Caractérisées par des claquements de langues suivis d'ouvertures subites du palais.

Langues sifflées : les habitants s'appellent au moyen de modulations créées par le bout de la langue : **France :** *Aas* [Pyr.-Atl., ce langage n'est plus utilisé aujourd'hui (quelques personnes de plus de 65 ans le connaissent encore), comprend un vocabulaire béarnais restreint aux activités pastorales] ; **Espagne :** *Gomera* [(Canaries), silbo (sifflement) gomero (étudié pour la 1re fois par R. Verneau en 1923)] ; **Mexique :** *Oaxaca,* mazateco (d'une tribu indienne) ; **Turquie :** sud de *Görele.*

Pidgins, créoles et sabirs : parlers mixtes issus des contacts entre les langues des colons et navigateurs européens (Portugais, Espagnols, Français, Hollandais, Anglais, etc.) et des langues indigènes africaines ou asiatiques parlées par des esclaves noirs importés, des commerçants chinois, etc. *Lingua franca :* mélange français-italien-portugais-espagnol-arabe autrefois parlé autour de la Méditerranée (peut-être même sur les océans).

Créoles : *à base française :* Antilles (Guadeloupe, Martinique, Haïti), Réunion, île Maurice, Seychelles, etc. *A base anglaise :* saramaccan (Suriname), jamaïcain, krio (Sierra Leone), Beach-la-Mar, Chinese Coast pidgin. *A base portugaise :* papamiento (Curaçao), créole du Cap-Vert.

Langues universelles

Depuis le XVIIIe s., environ 500 à 600 « langues universelles » ont été proposées.

■ **Kosmos** (1844) de Eugen Lauda (Allemand).

■ **Sol-Ré-Sol** (1858) de Jean-François Sudre (1787-1862). Soutenue par Napoléon III et Victor Hugo ; langue parlée ou produite musicalement.

■ **Volapük** (1879) du prêtre catholique allemand Johann Martin Schleyer (1831-1912) [*vol* de l'anglais *world, a,* marque slave du génitif, *pük* de l'anglais *speak*] ; en 1880, elle avait des centaines de clubs et 500 000 adhérents.

■ **Blaia zimondel** (1884) de Cesare Meriggi.

■ **Espéranto. 1887** (26-7). « Langue internationale » : 1er livre publié à Varsovie en russe sous le pseudonyme « Doktoro Esperanto » (« Docteur qui espère ») par l'oculiste polonais juif Louis-Lazare Zamenhof (Białystok 1859-Varsovie 1917), il créa aussi une sorte de religion humanitariste : le hillélisme. Le nom *espéranto* désignera par la suite la langue elle-même. **1895** *La Esperantisto*, 1re revue en espéranto (publiée à Nuremberg) disparaît : elle a été interdite en Russie (où habitent 75 % des abonnés) pour avoir publié un essai de Tolstoï. **1898** 1re association espérantiste en France. **1904** en G.-B. **1905** 1er congrès universel à Boulogne-sur-Mer (France) : 688 participants de 20 pays. Paul Berthelot fonde la revue *Esperanto*. Zamenhof fonde une instance linguistique qui deviendra l'Akademio de Esperanto. **1908** Hector Hodler (Suisse) fonde l'Universala Esperanto-Asocio. **1913** création de la loge Espéranto (Grande Loge de France). **Années 1920** des francs-maçons du Grand Orient sont pour rendre l'étude de l'espéranto obligatoire. Pour d'autres, l'espéranto par sa facilité semble capable de nuire « à la culture intellectuelle en poussant les élèves à abandonner l'étude des langues nationales et en encourageant, dans les jeunes générations, la pratique du moindre effort ». **1954** et **1985** la Conférence générale de l'Unesco vote des recommandations en faveur de l'espéranto. **1987** congrès de Varsovie, 5 943 participants de 73 pays. **1998** Montpellier. **1999** Berlin. **2000** Tel-Aviv. **2001** Zagreb. **2002** Fortaleza (Brésil).

Littérature (traduite ou originale) : plus de 33 000 volumes [dont 200 dictionnaires (dont français-espéranto publié en 1992, swahili-esperanto en 1996) et terminologies techniques et scientifiques] ; environ 25 titres par mois. **Presse :** environ 250 publications régulières. **Radios :** 35 h 25 min d'émission par semaine (Radio Varsovie et Radio Pékin tous les jours ; Vatican, Corée, Estonie...). **Associations spécialisées :** 75 cheminots, médecins, enseignants, journalistes, etc. **Universités et instituts supérieurs :** 145 dont Chine 50, Pologne 12, Brésil 5, Corée du Sud 4, *France 2* (langue optionnelle ou matière libre pour le Deug et la licence, cette UV n'étant pas réservée aux étudiants en langues). **Bibliothèques :** *Allemagne* Aalen, *Autriche* Vienne (avec musée), *Espagne* Sant Pau d'Ordal (Catalogne avec musée), *France* Gray (Hte-Saône avec musée), *P.-Bas* Rotterdam, *Suisse* La Chaux de Fonds. **Centres culturels :** *France :* Baugé (M.-et-L.), Bouresse (Vienne). **Témoignages :** 1 215 rues (la 1re à Limoges en 1907), places, édifices publics, monuments baptisés du nom du Dr Zamenhof ou de l'espéranto dans 55 pays (dont 162 en France), et désignés sous le nom de ZEO (Zamenhof esperanto objekto).

Usage officiel : Académie internationale des sciences de St-Marin, Académie internationale des sciences Comenius (Suède). Divers documents de l'Onu, de l'Unesco, de l'OMS et des offices du tourisme.

Structure : apparentée aux langues dites agglutinantes (japonais, coréen, turc, finnois...), permet de former une multitude de mots à partir d'un nombre limité d'éléments (radicaux, préfixes, suffixes). L'invariabilité des éléments de base le rapproche des langues isolantes (vietnamien, chinois...). Toute lettre ne représente qu'un son, quelle que soit sa place par rapport à une autre lettre. L'espéranto s'écrit donc comme il se prononce. 40 % des mots sont compréhensibles pour un Russe après assimilation de la phonétique et de la structure. 6 lettres accentuées.

Alphabet

A	B	C	Ĉ	D	E	F	G	Ĝ	H	Ĥ	I	J	Ĵ
a	b	c	ĉ	d	e	f	g	ĝ	h	ĥ	i	j	ĵ
K	L	M	N	O	P	R	S	Ŝ	T	U	Ŭ	V	Z
k	l	m	n	o	p	r	s	ŝ	t	u	ŭ	v	z

Prononciation : c = *ts* comme dans *tsé-tsé* ; e : *modérément accentué* (*me*rci) ; g : dur comme dans *ga*nt ; j = *y* (*y*oga) ; o : modérément ouvert ; r : généralement roulé mais peut être grasseyé ; s = *ss* (cla*ss*e) (le son du *son* de *rose* s'écoute *z*) ; u = *ou* (c*ou*). 6 lettres portent un accent ĉ = *tch* (*Tch*èque) ; ĝ = *dj* (*dj*ebel) ; ĥ : ch guttural allemand (Ach !) ou « j » espagnol ; ĵ = *j* (*J*ean) ; ŝ = *ch* (*ch*at) ; ŭ = *ou* très bref (*ou*i). L'avant-dernière syllabe du mot est toujours accentuée [exemples : espéranto (espér**an**to) – estas (**es**tass) – moderna (mod**er**na)].

Grammaire (décrite par Zamenhof en 16 paragraphes) : simple, ne comportant pas d'exceptions.

Vocabulaire : mots formés par des racines (de 10 000 à 12 000) auxquelles on ajoute une ou plusieurs lettres caractéristiques [substantif (*o*) : *parolo* parole, *homo* homme ; adjectif (*a*) : *parola* oral(e), *homa* humain(e) ; adverbe (*e*) : *parole* oralement, *home* humainement ; pluriel (*j*) : *paroloj* paroles, *homoj* hommes, *parolaj* oraux, orales, *homaj* humain(e)s]. Accusatif en *-n* pour les noms et adjectifs compléments d'objet direct d'un verbe (Exemple : *Mi vidas la belan floron*, « Je vois la belle fleur »). Sur 2 629 racines on compte : racines romanes 63 %, étrangères au français 13 %, étrangères à l'anglais 30 %, étrangères à l'allemand 32 %, étrangères au russe 60 %.

Verbes : pas de verbes irréguliers. *Terminaisons* 12 qui expriment toutes les nuances du passé, du présent et du futur : 6 (identiques à toutes les personnes) pour l'infinitif et les temps simples ; 6 pour les temps composés et les participes (en français le seul verbe « avoir » a 45 terminaisons différentes). [Exemple : *aller* (« *iri* »). *Présent :* as (iras), *passé :* is (iris), *futur :* os (iros), *conditionnel :* us (irus), *impératif-subjonctif :* u (iru). *Présent de l'indicatif :* mi *iras* je vais ; ci *iras* tu vas ; li (ŝi) *iras* il (elle) va ; ni *iras* nous allons ; vi *iras* vous allez ; ili *iras* ils (elles) vont.]

Affixes : permettent de former un grand nombre de mots avec une seule racine ; exemple : bovo (bœuf), -ino (féminin) : bovino (vache), -ido (descendant) : bovido (veau), bovidino (génisse), -ejo (lieu affecté à) : bovejo (étable), -isto (profession) : bovisto (bouvier), -aro (ensemble de) : bovaro (troupeau de bovins). Connaissant une racine et la gamme des affixes, on peut construire tous les mots de la même famille.

Article : un seul défini et invariable : la.

Genre grammatical : aucun.

Préfixe : « mal » sert à former les contraires [Exemple : ami (aimer), malami (détester)].

☞ **Espéranto-France (Union française pour l'Espéranto) :** 4 bis, rue de la Cerisaie, 75004 Paris. **Sat-Amikaro :** 67, avenue Gambetta, 75020 Paris.

■ **Lingua** (1888), **anglo-franca** (1889), **latinesce** (1890-1901) George J. Henderson (Anglais).

■ **Mundo-lingue** (1888) de Julius Lott (1845-1905). 7 000 mots d'origine latine.

■ **Universala** (1893) d'Eugen Heintzeler (Allemand).

■ **Novilatin** (1895) d'Ernst Beerman (Allemand).

■ **Idiom neutral** (1902) de Woldemar Rosenberger.

■ **Tal** (1903) d'Albert Hoessrich.

■ **Perio** (1904) de Mannus Talundberg.

■ **Ido** (1907) de Louis Couturat (1868-1914) et Louis de Beaufront (n.c.-1935) (Français). Espéranto modifié dans un sens naturaliste (rapprochement avec les langues occidentales de grande diffusion).

■ **Latino sine flexione** ou **interlingua** (1908) de l'Italien Giuseppe Peano (1858-1932), de tendance naturaliste, le vocabulaire étant celui du latin avec abandon des désinences (les noms prennent normalement la forme de l'ablatif ; exemple : latino, flexione).

■ **Timiero** (langue numérique) [1921] de Thiemer.

■ **Novial** (1924) d'Otto Jespersen (1860-1943), linguiste danois (*nov* « nouvelle », *i* pour « international », *a* pour « auxiliaire », *l* pour « langue »), développement à partir de l'ido pour un équilibre entre naturalisme et régularité.

■ **Occidental** ou **interlingue** (1922) d'Edgar von Wahl (Estonien, 1867-1948).

■ **Interlingua** (1951) créée dans le cadre de l'International Auxiliary Language Association (créée 1929). Nom choisi par le Dr Alexander Gode (1907-70). Se veut une synthèse des langues romanes occidentales, conçue pour être intelligible par quiconque parle une de ces langues. **Article :** *défini : le* (le, la, les) [précédé de *a : al* (au, aux)] ; *de :* de ; *del :* du, des. *Indéfini : un* (un, une). **Pluriel :** *-s*, si la lettre finale est une voyelle, *-es*, si c'est une consonne. **Adjectif :** invariable, avant ou après le nom. **Adverbe de manière :** finale *-mente*, ou *-o*. Exemple : recente-mente, clar-o. **Comparatif :** *plus.* **Superlatifs :** *le plus, meno* ou *le meno.* **Pronom personnel :** *io, tu, el/ella, ello, nos, vos, elles, ellas, ellos.* **Adjectif possessif :** *mi, tu, su, nostre, vostre, su.* **Verbes :** 3 groupes (finale *-ar, -er, -ir*). **Conjugaisons (finales) :** présent, impératif : le radical seul. Passé ponctuel : *-t*, durable : *-va*. Futur : *-ra*. Conditionnel : *-rea*. Infinitif : *-r*. Participe présent : *-nte*. Passé : *-te*. Parfait, plus-que-parfait et futur antérieur : avec l'auxiliaire *haver.*

☞ Le **Basic** (British American Scientific International Commercial) **English** (1929) des Anglais Charles Ogden (1884-1957) et I.A. Richards (1873-1979) est plutôt une voie d'accès à l'anglais normal.

Statistiques

■ **Alphabets et écritures** (en millions d'utilisateurs). Latin 3 000. Idéogrammes chinois 950. Cyrillique 280. Devanagari 180. Écriture arabe et dérivés 180. Kana-syllabiques japonais 110. Alphabets bengali 110. Tégoulou-kannada 85. Gurmukhi 65. Coréen (hangul) 50. Tamoul 50. Thaïlao 38. Éthiopien 31. Gujarati 30. Malayalam 22. Birman 22. Oriya 20. Grec 9. Khmer 6. Géorgien 5,5. Arménien 4. Hébreu 4. Tibétain 3. Mongol 1.

■ **Groupes linguistiques** (en millions de locuteurs). Indo-européen 2 300, sino-thaï 1 300, mayalo-polynésien 300, chamito-sémitique 200, dravidien 200, bantou 150, ouralo-altaïque 142, divers 300. Total 5 000.

■ **Langues internationales officielles ou de situation privilégiée. Anglais (45 pays) :** Afrique du Sud, Australie, Bahamas, Barbade, Bélize, Botswana, Cameroun, Canada, Dominique, Fidji, Gambie, Ghana, Grande-Bretagne, Grenade, Guyane, Inde, Irlande, Jamaïque, Kenya, Kiribati, Lesotho, Liberia, Malawi, Maldives, Malte, Maurice (île), Nouvelle-Zélande, Nauru, Nigeria, Ouganda, Pakistan, Papouasie, Philippines, Salomon, Samoa, Seychelles, Sierra Leone, Singapour, Swaziland, Tonga, Tuvalu, USA, Vanuatu, Zambie, Zimbabwe. **Français (33 pays) :** Algérie, Andorre, Belgique, Bénin, Burkina, Burundi, Cameroun, Canada, Rép. centrafricaine, Comores, Congo dém. (ex-Zaïre), Côte d'Ivoire, Djibouti, *France*, Gabon, Guinée, Haïti, Luxembourg, Madagascar, Mali, Maurice, Mauritanie, Monaco, Niger, Pondichéry (Inde du Sud), Rwanda, Sénégal, Seychelles, Suisse, Tchad, Togo, Tunisie, Vanuatu. **Arabe (21 pays) :** Algérie, Arabie saoudite, Bahreïn, Djibouti, Égypte, Émirats, Iraq, Israël, Jordanie, Koweït, Liban, Libye, Maroc, Mauritanie, Oman, Qatar, Somalie, Soudan, Syrie, Tunisie, Yémen. **Espagnol (20 pays) :** Argentine, Bolivie, Chili, Colombie, Costa Rica, Cuba, Rép. dominicaine, Équateur, Espagne, Guatemala, Guinée équatoriale, Honduras, Mexique, Nicaragua, Panama, Paraguay, Pérou, Salvador, Uruguay, Venezuela. **Portugais (7 pays) :** Angola, Brésil, Cap-Vert, Guinée-Bissau, Mozambique, Portugal, Sao Tomé. **Allemand (5 pays) :** Allemagne, Autriche, Belgique, Liechtenstein, Luxembourg, Suisse. **Swahili (5 pays) :** Comores, Kenya, Ouganda, Tanzanie, Zaïre. **Néerlandais (4 pays) :** Afrique du Sud (afrikaans), Belgique, Pays-Bas, Suriname. **Malais (indonésien) (4 pays) :** Brunei, Indonésie (bahasa), Malaisie, Singapour. **Italien (4 pays) :** Italie, St-Marin, St-Siège, Suisse. **Chinois (3 pays) :** Chine, Singapour, Taïwan.

Nota. – Le français et l'anglais coexistent au Cameroun, au Canada, à l'île Maurice, aux Seychelles et au Vanuatu.

Langues parlées

En 1998, en millions. *Source :* Sidney S. Culbert, University of Washington.

■ **Par plus de 50 millions de personnes.** Chinois [1] : Mandarin 1 070, Cantonais 71, Wu 70, Min 49, Kejia 33. Anglais 508. Hindi [2] 497. Espagnol 392. Russe 277. Arabe 246. Bengali 211. Portugais 191. Malais-Indonésien 159. *Français 129.* Allemand 128. Japonais 126. Ourdou [2] (Inde, Pakistan) 105. Penjabi 94. Coréen 78. Telougou 76. Tamoul 74. Marathi 71. Vietnamien 67. Javanais 64. Italien 63. Turc 61. Tagalog-Philippin 58. Thaï 52.

Nota. – (1) Seule l'écriture fait l'unité du chinois. (2) Hindi et ourdou sont presque une même langue (l'hindoustani) mais l'hindi est écrit en Inde en caractères *nagari* ou *devanagari,* et l'ourdou au Pakistan en caractères arabes modifiés.

■ **Par 1 à 50 millions de personnes.** Afar [1,7] 1. Afrikaans [7] 10. Akan [7] 8. Albanais 5. Amharique [1] 20. Arménien [2] 5. Assamais [4,12] 23. Atchinais [9] 3. Aymara [11] 2. Azerbaïdjanais [2,3] 15. Bachkir [2] 1. Balinais [9] 3. Baoulé [7] 2. Batak Toda [9] 4. Bedja [7] 2. Béloutchi [8] 5. Bemba [7] 2. Berbère [7] ou Tamazirt 3. Béti [7] 2. Bhili [4] 6. Bicoli [5] 4. Biélorusse [2] 10. Birman 32. Brahui [3,8,10] 2. Bugi [9] 4. Bulgare 9. Bundankole [7] 1. Buyi [16] 2. Catalan [13] 9. Cebuano [5] 13. Chleuh [7] 3. Créole haïtien 7. Danois 5. Dimli (Turquie) 1. Djerma [7] 2. Dogri [4] 1. Dong [16] 2. Édo [7] 1. Efik-Ibibio [7] 6. Espéranto 2. Estonien [2] 1. Éwé [7] 3. Finnois 6. Fon [7] 1. Fulakunda [7] 2. Futa Jalon [7] 3. Galicien [13] 4. Ganda [7] 4. Géorgien [2] 3. Ghiliak [3] (en 1992) 2. Gilaki [3] 2. Gogo [7] 2. Gondi [4] 2. Grec 12. Guarani [11] 4. Gujarati [4,8] 41. Gusii [7] 2. Haddiya [1] 2. Hani [16] 1. Haoussa [7] 38. Haya [7] 1. Hébreu 5. Ho [4] 1. Hmong 6. Hongrois (magyar) 14. Iban [9] 1. Ibo (igbo) [7] 17. Ijaw [7] 2. Iloko [5] 7. Kabyle [7] 3. Kalenjin [7] 2. Kamba [7] 3. Kannada [4] 44. Kanouri [7] 4. Karen (Myanmar) 3. Karo-Dairi [9] 2. Kashmiri [4,8] 4. Kazakh [2] 8. Kejia [16] 34. Kenouz-Dongola [7] 1. Khmer 8. Khmer du Nord 1. Kikouyou [7] 5. Kimboundu [7] 3. Kirghiz [2] 2. Kitouba [7] 4. Kongo [7] 3. Konkani [4] 4. Kurde 11. Kurmanji 9. Kurukh [4] 2. Lampung [9] 2. Lao [15] 4. Letton [2] 2. Lingala [7] 7. Lituanien [2] 3. Louba-Louloua [7] 7. Louba-Shaba [7] 1. Louo [7] 4. Louri [3] 4. Lubu [9] 1. Luhya [7] 1. Luvale [7] 2. Macassar [9] 2. Macédonien 2. Madourais [9] 10. Magindanaon [5] 1. Makwa [7] 4. Malais de Pattani 1. Malayalam [4] 35. Malgache 12. Malinké-Bambara-Dyoula [7] 9. Mandchou [16] ? Mazandarani [3] 2. Mboundou [7] 3. Meithei [4,8] 1. Mendé [7] 2. Meru [7] 2. Miao, voir Hmong. Mien 2. Minangkabau [9] 6. Mongol (Khalkha + Mongolie intérieure) 7. Mordve [2] 1. Mossi (Mosé, Moré) [7] 5. Nahuatl [11] 1. Néerlandais-flamand 21. Népalais 16. Nganja [7] 5. Ngulu [7] 3. Norvégien 5. Noupé [7] 1. Nung 2. Nyamwezi-Sukuma [7] 6. Occitan 4. Oriya [4] 31. Oromo [7] 10. Ouïgour [2,16] 8. Ouolof (ou Wolof) [7] 7. Ouzbek [2] 18. Pachtô [3,8,10] 21. Pampango [5] 2. Panay-Hiligaynon [5] 7. Pangasinan [5] 2. Persan [3,10] 36. Peul-Pulaar-Fulani-Foulbé [7] 13. Polonais 44. Quechua A [11] 8. Rejang [9] 1. Rifia [7] 1. Romani 2. Roumain 20. Roundi [5] 6. Rwanda [7] 6. Samar-Leyte [5] 3. Sango [7] 4. Santali [4] 5. Sasak [9] 2. Serbo-croate 20. Shan (Myanmar) 3. Shona [7] 8. Sidamo [1] 2. Sindhi [8,4] 18. Singalais [6] 13. Slovaque 5. Slovène 2. Soga [7] 1. Somali [7] 5. Songye [7] 2. Soninké [7] 1. Sotho du Nord [7] 3. Sotho du Sud [7] 4. Soudanais [9] 26. Suédois 9. Swahili [7] 49. Swazi [7] 1. Sylhetti [12] 5. Tadjik [2] 5. Tatar [2] 8. Tausug [5] 1. Tchagga [7] 1. Tchèque 11. Tchiga [7] 1. Tchouvache [2] 2. Temne [7] 2. Thaï 51. Tho 2. Tibétain [16] 5. Tigrigna [7] 4. Tiv [7] 2. Tonga [7] 2. Toulou [4] 2. Tsonga [7] 3. Tswana [7] 4. Tujia [16] 2. Tumbuka [7] 2. Turkmène [2] 3. Ukrainien [2] 47. Wolaytta [1] 2. Xhosa [7] 8. Yao [1] 1. Yi [16] 7. Yiddish 6. Yorouba [7] 21. Zandé [7] 1. Zhuang [16] 15. Zoulou [7] 9.

Nota. – (1) Éthiopie. (2) Ex-URSS. (3) Iran. (4) Inde. (5) Philippines. (6) Sri Lanka. (7) Afrique. (8) Pakistan. (9) Indonésie. (10) Afghanistan. (11) Amérique du Sud. (12) Bangladesh. (13) Espagne. (14) Mongolie. (15) Laos. (16) Chine.

☞ Voir également dans le chapitre **États**, p. 950, les langues parlées dans chaque pays.

ÉTATS

☞ Pour découvrir la sélection **Quid** des meilleurs sites Internet sur les États, rendez-vous sur **www.quid.fr**

QUELQUES COMPARAISONS

Source : Population et Sociétés n° 348 (août 1999), et Population Reference Bureau (Washington).

Date d'entrée à l'Onu	Superficie [1]	Densité [2]	Population [3]		Age [4] %	Croissance moy. de la pop. (1995-2000)	% pop. urbaine (1995)	Taux				Espérance de vie [8]	PNB par habitant [9]	PIB [10]	Accès eau (en %) [11]	IDH [12] (1999)	VIH [13] (%)
			mi-2001	Prév. 2025				Natalité [5]	Mortalité [5]	Mortalité infantile [6]	Fécondité [7]						
MONDE	134 287	45,9	6 137	7 818	30/7	1,3	1,5	22	9	56	2,8	65/69	6 650	–			1,2
AFRIQUE	30 333	25,88	818	1 268	43/3	2,4	34	38	14	88	5,2	52/55	1 790	–			6,7
Afrique du Nord (septentrionale)	8 520	16,07	177	251	37/4	2	46	28	7	53	3,6	64/67	3 070	–			0,2
Algérie 8-10-1962	2 384	13,21	31	43	39/4	2,3	56	25	6	55	3,1	68/70	4 840	90,8	–	0,665	0,1
Égypte 24-10-1945	1 003	68,4	69,8	96	36/4	1,9	45	28	7	44	3,5	65/68	3 460	284,6	84	0,616	0,0
Libye 14-12-1955	1 762	3,18	5,2	8,3	37/4	2,4	86	28	4	33	3,9	73/77	–	24,4	95	0,756	0,1
Maroc 12-11-1956	447	63,42	29,2	40	33/5	1,8	48	26	6	53	3,4	67/71	3 320	101,9	57	0,582	0,0
Sahara occidental	252	1,16	0,25	0,39	–	–	–	46	17	140	6,8	-/-	–	0,2	–	–	0,0
Soudan 12-11-1956	2 509	11,77	31,8	50	43/3	2,1	25	34	11	74	4,9	55/57	–	11,6	60	0,475	1,0
Tunisie 12-11-1956	164	58,45	9,7	13	31/6	1,4	57	19	6	28	2,3	70/74	5 700	49,9	90	0,695	0,0
Afrique de l'Ouest (occidentale)	6 145	36,11	240	393	45/3	2,5	37	42	15	88	5,8	50/52	1 000	–			4,6
Bénin 20-9-1960	113	53,95	6,6	12	48/2	2,7	31	45	15	94	6,3	49/51	920	8,7	72	0,421	2,5
Burkina 20-9-1960	274	43,56	12,3	22	48/3	2,7	27	47	17	105	6,8	47/47	960	6,4	–	0,304	6,4
Cap-Vert 16-9-1975	4	107	0,45	0,5	43/7	–	–	37	7	31	4	65/72	4 450	0,8	–	0,677	0,0
Côte d'Ivoire 20-9-1960	323	45,92	16,4	26	42/2	1,8	44	36	16	112	5,2	45/47	1 540	24,2	72	0,422	10,8
Gambie 21-9-1965	11	118,64	1,4	2,7	46/3	–	–	43	14	82	5,9	51/54	1 550	0,9	–	0,391	2,0
Ghana 8-3-1957	239	84,57	19,9	26	43/3	2,7	36	32	10	56	4,3	56/59	1 850	33,2	65	0,544	3,6
Guinée 12-12-1958	246	30,2	7,6	13	44/3	0,8	30	41	19	98	5,5	43/47	1 870	7	55	0,398	1,5
Guinée-Bissau 17-9-1974	36	33,69	1,2	2,2	44/3	2,2	22	42	20	131	5,8	44/46	630	1	53	0,343	2,5
Libéria 2-11-1945	111	28,41	3,2	6	43/3	8,2	45	49	17	139	6,6	49/52	–	2,9	–	–	2,8
Mali 28-9-1960	1 242	9,06	11	22	47/3	2,4	27	50	20	123	7	45/47	740	5,8	48	0,375	2,0
Mauritanie 27-10-1961	1 027	2,6	2,7	5,4	44/2	2,7	54	43	15	106	6	49/52	1 550	2,7	64	0,447	0,5
Niger 20-9-1960	1 268	8,47	10,4	19	50/2	3,2	17	53	24	123	7,5	41/41	740	5,3	48	0,298	1,4
Nigéria 7-10-1960	925	120,68	126,6	204	44/3	2,4	39	41	14	75	5,8	52/53	770	144,3	50	0,456	5,1
Sénégal 28-9-1960	197	48,13	9,7	17	44/3	2,6	42	41	13	68	5,7	51/54	1 400	14,5	50	0,426	1,8
Sierra Leone 27-9-1961	72	67,42	5,4	9,9	45/3	3	36	47	20	153	6,3	42/47	440	2,5	34	0,254	3,0
Togo 20-9-1960	57	74,89	5,2	7,6	47/2	2,6	31	40	11	80	5,8	53/58	1 380	3	55	0,469	6,0
Afrique de l'Est (orientale)	6 369	36,66	252	398	45/3	2,6	22	42	16	97	5,7	49/51	850	–			11,0
Burundi 18-9-1962	28	239,11	6,2	11	48/3	1,7	8	42	17	75	6,5	46/47	570	2,9	58	0,324	11,3
Comores (les) 12-11-1975	2,2	347	0,6	1,1	46/5	–	–	47	12	91	6,8	54/59	1 430	–	–	0,506	0,1
Djibouti 20-9-1977	23	27,74	0,64	0,8	43/3	–	–	43	16	117	6,1	44/48	–	0,6	–	0,412	11,8
Érythrée 28-5-1993	118	32,63	4,3	8,3	43/3	3,8	17	43	13	80	6	53/57	1 040	–	7	0,346	2,9
Éthiopie 13-11-1945	1 106	56,67	65,4	118	44/3	2,5	13	44	15	97	5,9	51/53	620	35,3	26	0,298	10,6
Kenya 16-12-1963	581	51,86	29,8	33	44/3	2	28	34	14	74	4,4	48/49	1 010	37,6	45	0,519	14,0
Madagascar 20-9-1960	588	27,16	16,4	31	45/3	3	27	43	13	96	5,8	52/56	790	11,3	16	0,453	0,2
Malawi 1-12-1964	119	92,58	10,5	17	47/3	2,4	14	46	23	104	6,4	39/40	570	8	60	0,399	16,0
Maurice (île) 24-4-1968	2	579	1,2	1,4	26/6	0,8	41	17	7	16	2	67/74	8 950	16,5	100	0,764	0,1
Mayotte	0,4	–	0,17	0,36	47/2	–	–	41	10	75	5,6	57/61	–	–	–	–	0,0
Mozambique 16-9-1975	803	24,54	19,4	22	44/3	2,5	34	43	22	135	5,6	69/76	810	4,3	24	0,341	13,2
Ouganda 25-10-1962	241	90,36	24	48	51/2	2,8	13	48	19	97	6,9	42/43	1 160	25,9	42	0,404	8,3
Réunion (île de la) (Dom)	2,5	279,6	0,72	0,91	27/7			20	5	8	2,3	70/79	–	6,4	–	–	0,0
Rwanda 18-9-1962	26	297,42	7,3	8	44/3	7,7	6	39	21	107	5,8	39/40	880	4,9	–	0,379	11,2
Seychelles (les) 21-9-1976	0,45	171,11	0,08	0,09	29/8			18	7	10	2	67/73	–	0,4	–	0,755	0,0
Somalie 20-9-1960	638	15,83	7,5	15	44/3	4,2	26	48	19	126	7,3	45/48	–	5,7	–	–	0,0
Tanzanie 14-12-1961	946	35,47	36,2	60	45/3	2,3	24	41	13	99	5,6	52/54	500	17,3	49	0,421	8,1
Zambie 1-12-1964	753	12,18	9,8	14	45/2	2,3	43	45	22	95	6,1	37/38	720	7,5	53	0,431	20,0
Zimbabwe 25-8-1980	391	29,84	11,4	9,5	44/3	1,4	32	29	20	65	4	41/39	2 690	21,2	77	0,560	25,1
Afrique centrale	6 620	14,46	99	183	47/3	2,7	33	46	16	113	6,6	46/50	–	–			5,3
Angola 1-12-1976	1 248	10,33	12,3	20	48/3	3,2	32	50	25	198	6,9	37/39	1 100	10,2	32	0,398	2,8
Cameroun 20-9-1960	476	31,76	15,8	25	43/3	2,7	45	39	12	77	5,2	55/56	1 490	26,4	41	0,536	7,7
Centrafricaine (Rép.) 20-9-1960	624	5,8	3,6	4,9	44/4	1,9	39	38	18	98	5,1	43/46	1 150	2,1	23	0,378	13,8
Congo 20-9-1960	342	8,61	3,1	6,3	43/3	2,8	59	46	16	105	6,3	47/52	540	5,4	–	0,533	6,4
Congo (Rép. dém. du) [ex-Zaïre] 20-9-1960	2 348	22,03	53,6	106	48/3	2,6	29	47	16	106	7	45/50	–	26,8	–	0,479	5,1
Gabon 20-9-1960	268	4,57	1,2	1,4	40/6	2,6	50	32	16	57	4,3	51/54	5 280	8,1	67	0,607	4,2
Guinée équatoriale 12-11-1968	28	16,18	0,47	0,89	44/4			45	14	108	5,9	48/52	3 910	1,8	–	0,549	0,5
Sao Tomé-et-Principe 16-9-1975	1	147	0,17	0,33	48/4			43	8	54	6,2	63/66	–	0,1	–	0,609	0,0
Tchad 20-9-1960	1 285	5,96	8,7	18	48/3	2,6	21	49	16	103	6,6	48/52	840	4,5	24	0,393	2,7
Afrique australe	2 678	17,53	50	42	35/5	1,6	48	27	14	61	3,1	51/53	8 160	–			20,7
Afrique du Sud 7-11-1945	1 222	33,07	43,6	35	34/5	1,5	51	25	14	57	2,9	52/54	8 710	182,5	59	0,695	19,9
Botswana 17-10-1966	582	2,79	1,6	1,2	41/4	1,9	28	31	20	60	3,9	41/42	6 540	8,9	70	0,609	35,8
Lesotho 17-10-1966	30	71,77	2,2	2,4	40/5	2,2	23	33	13	84	4,3	52/55	2 350	1,9	62	0,582	23,6
Namibie 23-4-1990	825	2,09	1,8	2	43/4	2,2	37	36	17	68	5	47/45	5 580	–	60	0,638	19,5
Swaziland 24-9-1968	17	59,29	1,1	1,4	46/3			41	20	109	5,9	40/41	4 380	4,2	–	0,644	25,3

Nota. – (1) En milliers de km². (2) Habitants/km². (3) En millions. (4) En % < 15 ans/ > 64 ans. (5) Pour 1 000 hab. (6) Pour 1 000 naissances. (7) Enfants par femme. (8) Hommes/femmes, en années. (9) En dollars en 1999. (10) Produit intérieur brut en parité pouvoir d'achat (en milliards de dollars, 1990) [*Source :* CEPII (Centre d'études prospectives et d'informations internationales)]. (11) Accès de la population à l'eau potable. (12) Indice de développement humain. (13) Virus de l'immunodéficience humaine, % des 15-49 ans.

Date d'entrée à l'Onu	Superficie [1]	Densité [2]	Population [3]		Age [4] %	Croissance moy. de la pop. (1995-2000)	% pop. urbaine (1995)	Taux				Espérance de vie [8]	PNB par habitant [9]	PIB [10]	Accès eau (en %) [11]	IDH [12] (1999)	VIH [13] (%)
			mi-2001	Prév. 2025				Natalité [5]	Mortalité [5]	Mortalité infantile [6]	Fécondité [7]						
AMÉRIQUE	40 570	32,58	841	1 079	28/8			20	7	25	2,5	70/76	15 770	–			0,6
Amérique du Nord (septentrionale) (sans Mexique)	19 964	15,76	316	382	21/13	0,9	76	14	9	7	2,0	74/80	31 260	–			0,6
Canada 9-11-1945	9 982	3,12	31	36	19/13	1	77	11	8	6	1,4	76/81	25 440	607,4	99	0,932	0,3
États-Unis 24-10-1945	9 640	29,73	284,5	346	21/13	0,8	76	15	9	7	2,1	74/80	31 910	6 792,4	73	0,927	0,6
Amérique centrale et Mexique	2 483	54,52	138	190	36/5			26	5	30	3,1	71/76	6 900	–			0,5
Bélize 25-8-1981	23	10,48	0,26	0,44	41/5	2,4	47	25	6	22	3,2	70/74	4 750	1,1	–	0,732	2,0
Costa Rica 2-11-1945	51	78,88	3,7	5	32/5	2,5	50	22	4	12	2,6	75/79	7 880	19	100	0,801	0,5
Guatemala 21-11-1945	109	104,59	13	22	44/3	2,6	41	36	7	50	4,8	63/68	3 630	34,1	67	0,624	1,4
Honduras 17-12-1945	112	58,03	6,7	9,8	43/4	2,8	44	33	6	42	4,4	64/68	2 270	5,5	77	0,641	1,9
Mexique 7-11-1945	1 960	50,51	99,6	131	34/5	1,6	75	24	5	25	2,8	73/78	8 070	756,3	95	0,786	0,3
Nicaragua 24-10-1945	130	39,23	5,2	8,6	43/3	2,7	63	35	6	40	4,3	66/70	2 060	5,3	62	0,616	0,2
Panama 13-11-1945	76	38,16	2,9	3,8	31/6	1,6	53	25	5	17	2,6	72/76	5 450	13,2	84	0,791	1,5
Salvador 24-10-1945	21	300	6,4	9,3	36/5	2	45	30	7	30	3,5	67/73	4 260	19,4	53	0,674	0,6
Caraïbes	235	162,13	37	46	30/7	1,1	62	21	8	42	2,6	66/71	–	–			2,1
Antigua et Barbuda [11] 11-11-1981	0,4	175	0,07	0,08	28/8	–	–	22	6	17	2,4	68/72	9 870	0,7	–	0,828	0,0
Antilles néerlandaises	0,8	275	0,22	0,25	26/7	–	–	17	6	13	2,1	72/76	–	2,6	–	–	0,0
Aruba	0,2	–	0,1	0,19	22/9	–	–	17	6	26	1,8	75/82	–	–	–	–	0,0
Bahamas (îles) 18-9-1973	14	22,14	0,31	0,4	31/6	–	–	21	5	18	2,4	70/75	15 500	3,1	–	0,851	4,1
Barbade 9-12-1966	0,4	675	0,27	0,29	23/9	–	–	14	9	14	1,6	70/75	14 010	2	–	0,857	1,2
Caïmans (îles)	0,3	–	0,04	0,07	23/7	–	–	15	4	12	2,1	76/81	–	–	–	–	0,0
Cuba 24-10-1945	111	100,9	11,3	12	22/10	0,4	76	14	7	7	1,6	73/77	–	24,6	91	0,765	0,0
Dominicaine (République) 24-10-1945	49	173,47	8,6	12	35/5	1,7	65	26	5	47	3,1	67/71	5 210	30,8	73	0,726	2,8
Dominique 18-12-1978	0,8	100	0,08	0,08	33/9	–	–	16	8	16	1,8	70/76	5 040	0,3		0,776	0,0
Grenade 17-9-1974	0,3	300	0,09	0,1	38/4	–	–	21	8	14	2,4	63/66	6 330	0,4	–	0,777	0,0
Guadeloupe (Dom)	1,7	270,59	0,46	0,54	25/9	–	–	17	6	8	1,9	73/80	–	5,4	–	–	0,0
Haïti 24-10-1945	28	292,86	7	9,6	43/4	8,2	12	33	15	80	4,7	47/51	1 470	4	39	0,430	5,2
Jamaïque 18-9-1962	11	236,36	2,6	3,3	31/7	2,6	3,2	20	5	24	2,4	70/73	3 390	9,1	93	0,734	0,7
Martinique (Dom)	1,1	354,55	0,38	0,44	23/10			14	6	7	1,8	76/82	–	5	–	–	0,0
Porto Rico	9	433,3	3,9	4,2	25/10	0,8	73	15	7	11	1,9	71/80	–	43,2	97	–	0,0
St-Christophe et Niévès [11] 23-9-1983	0,4	111,1	0,04	0,05	31/9	–	–	20	11	24	2,5	66/71	10 400	8 119	–	0,781	0,0
Ste-Lucie 18-9-1979	0,6	250	0,16	0,21	33/6	–	–	19	6	14	2,1	70/73	5 200	0,7	–	0,737	0,0
St-Vincent et les Grenadines 16-9-1980	0,4	275	0,11	0,12	32/6	–	–	19	7	20	2,2	70/73	4 990	0,5	–	0,744	0,0
Trinité et Tobago 18-9-1962	5	260	1,3	1,4	26/7	0,5	72	14	8	17	1,7	68/73	7 690	7,5	96	0,797	1,1
Vierges (îles)	0,3		0,12	0,15	29/8			16	5	10	2,3	74/82	–	–			0,0
Amérique du Sud	17 888	19,37	350	462	31/6	1,5	78	23	7	31	2,6	67/73	6 730	–			0,5
Argentine 24-10-1945	2 784	13,31	37,5	47	28/10	1,3	88	19	8	19	2,6	70/77	11 940	278,1	65	0,827	0,7
Bolivie 14-11-1945	1 100	7,55	8,5	13	40/4	2,3	61	32	9	63	4,2	60/64	2 300	18,6	70	0,652	0,1
Brésil 24-10-1945	8 557	19,9	171,8	219	30/5	1,3	78	22	7	35	2,4	65/72	6 840	944,9	69	0,739	0,6
Chili 24-10-1945	757	20,08	15,4	19	28/7	1,4	84	18	5	10	2,3	72/78	8 410	185,3	91	0,844	0,2
Colombie 5-11-1945	1 140	37,14	43,1	60	32/5	1,9	73	24	6	21	2,6	68/74	5 580	200,4	75	0,768	0,3
Équateur 21-12-1945	284	44,37	12,9	19	34/4	2	58	28	6	30	3,3	68/73	2 820	49,7	55	0,747	0,3
Guyana 20-9-1966	215	4	0,7	0,65	31/5	–	–	21	8	40	2,5	62/68	3 330	1,6	–	0,701	3,0
Guyane (Dom)	90		0,2	0,29	31/5			27	4	17	3,4	72/79	–	–	–	–	0,0
Paraguay 24-10-1945	407	13,5	5,7	9,7	40/5	2,6	53	32	5	33	4,3	71/76	4 380	16	39	0,730	0,1
Pérou 31-10-1945	1 287	20	26,1	36	34/5	1,7	72	24	6	41	2,9	66/71	4 480	106,7	66	0,739	0,4
Suriname 4-12-1975	163	2,58	0,43	0,46	33/5	–	–	26	7	27	3,0	68/74	3 780	2	–	0,757	1,3
Uruguay 18-12-1945	178	18,64	3,4	4,0	24/13	0,7	90	16	10	17	2,3	70/78	8 750	27,9	89	0,826	0,3
Venezuela 15-11-1945	913	26,54	24,6	35	34/5	2	93	25	5	20	2,9	70/76	5 420	166,3	79	0,792	0,5
ASIE (sans Russie)	31 796	114,5	3 720	4 714	30/6	1,4	35	22	8	55	2,7	65/68	3 930	–			0,3
Asie occidentale	4 729	39,35	193	299	36/5	2,2	66	28	7	45	3,9	66/69	4 810	–			0,0
Arabie saoudite 24-10-1945	2 152	10,05	21,1	41	43/2	3,4	80	35	6	21	5,7	66/69	11 050	180,3	93	0,740	0,0
Arménie 2-3-1992	30	116,67	3,8	4,1	24/9	- 0,3	69	9	6	16	1,1	71/76	2 360	6,7	–	0,728	0,0
Azerbaïdjan 2-3-1992	87	88,5	8,1	9,8	32/6	0,5	56	15	6	13	2,0	68/75	2 450	11,7	–	0,695	0,0
Bahreïn 21-9-1971	0,7	620	0,72	1,7	31/2	–	–	21	3	9	2,8	70/75	–	6	–	0,832	0,2
Chypre 20-9-1960	9	87,8	0,88	0,99	23/10	–	–	13	8	7	1,8	75/79	19 080	10,1	–	0,870	0,1
Émirats arabes unis 9-12-1971	84	28,57	3,3	4,5	26/1	2	84	18	4	19	3,5	71/76	–	29,1	98	0,812	0,2
Géorgie 31-8-1992	70	71,43	5,5	4,8	20/13	- 1,1	58	9	9	18	1,2	69/77	2 540	8,4	–	0,729	0,0
Iraq 21-12-1945	439	52,7	23,6	40	42/3	2,8	75	37	10	92	5,3	58/60	–	27,2	77	0,586	0,0
Israël 11-5-1949	21	295,24	6,4	8,9	29/10	2,2	91	22	6	5	3,0	76/80	18 070	82,4	99	0,883	0,1
Jordanie 14-12-1955	89	75,28	5,2	8,7	40/5	3	71	27	5	31	3,6	69/71	3 880	22,9	98	0,751	0,0
Koweït 14-5-1963	18	111,1	2,3	4,2	26/1	3,1	97	20	2	9	4,2	72/73	–	32,8	100	0,833	0,1
Liban 24-10-1945	10	330	4,3	5,4	29/7	1,7	87	23	7	33	2,5	68/73	–	21,2	94	0,749	0,1
Oman 7-10-1971	213	11,79	2,4	4,9	41/2	3,3	13	39	4	18	6,1	69/73	–	33,1	88	0,725	0,1
Palestine (Territoires)	6		3,3	7,4	47/4			42	5	26	5,9	70/74	–	–	–	–	0,0
Qatar 21-9-1971	11	54,55	0,6	0,78	27/2	–	–	31	4	10	3,9	69/74	–	10	–	0,814	0,1
Syrie 24-10-1945	185	87,03	17,1	27	41/3	2,5	52	31	6	24	4,1	70/70	3 450	92	88	0,663	0,0
Turquie 24-10-1945	776	85,94	66,3	85	30/6	1,7	69	22	7	35	2,5	67/71	6 440	472,2	–	0,728	0,0
Yémen 30-9-1947	529	34,28	18,0	40	48/3	3,7	34	44	11	75	7,2	57/61	730	29,7	39	0,449	0,0
Asie Centre-Sud	10 780	138,48	1 505	2 061	37/4	1,8	29	27	9	72	3,4	60/62	2 250	–			0,5
Afghanistan 19-11-1946	653	34,82	26,8	46	43/3	2,9	20	43	19	154	6,0	46/44	–	29	–	–	0,0
Bangladesh 17-9-1974	144	897,22	133,5	181	40/3	1,7	18	28	8	66	3,3	59/59	1 530	139,4	84	0,440	0,0
Bhoutan 21-9-1971	47	44,68	0,90	1,4	42/4	2,8	6	40	9	71	5,6	66/66	1 260	2	–	0,459	0,0
Inde 30-10-1945	3 291	308,4	1 033,0	1 363	36/4	1,6	27	26	9	70	3,2	60/61	2 230	1 388,4	85	0,549	0,7
Iran 24-10-1945	1 635	41,46	66,1	88	36/5	1,7	59	18	6	30	2,6	69/71	5 520	79,2	90	0,715	0,0
Kazakhstan 2-3-1992	2 720	5,96	14,8	15	28/7	- 0,4	60	15	10	20	1,8	60/71	4 790	54,6	–	0,740	0,0

Date d'entrée à l'Onu	Superficie [1]	Densité [2]	Population [3] mi-2001	Population [3] Prév. 2025	Age [4] %	Croissance moy. de la pop. (1995-2000)	% pop. urbaine (1995)	Taux Natalité [5]	Taux Mortalité [5]	Taux Mortalité infantile [6]	Taux Fécondité [7]	Espérance de vie [8]	PNB par habitant [9]	PIB [10]	Accès eau (en %) [11]	IDH [12] (1999)	VIH [13] (%)
Kirghizistan 2-3-1992	199	23,6	5,0	6,5	35/5	0,6	39	20	7	23	2,4	65/72	2 420	8,2	81	0,702	0,0
Maldives (îles) 21-9-1965	0,3	966,7	0,29	0,52	46/3			41	9	69	5,8	60/63	–	0,5	–	0,716	0,1
Népal 14-12-1955	147	162,59	23,5	37	41/3	2,4	14	35	11	79	4,8	58/57	1 280	22,3	59	0,463	0,3
Ouzbékistan 2-3-1992	448	54,36	25,1	34	38/4	1,6	41	22	5	20	2,7	68/73	2 230	53,3	57	0,720	0,0
Pakistan 30-9-1947	797	196,6	145,0	252	42/4	2,8	35	39	11	91	5,6	60/61	1 860	281,3	62	0,508	0,1
Sri Lanka (Ceylan) 14-12-1955	66	284,85	19,5	23	28/6	1	22	18	6	17	2,1	70/74	3 230	54,4	70	0,721	0,1
Tadjikistan 2-3-1992	143	43,36	6,2	7,7	42/4	1,5	32	19	4	23	2,4	66/71	–	5,7	69	0,665	0,0
Turkménistan 2-3-1992	489	9,22	5,5	6,5	38/4	1,8	45	19	5	25	2,2	63/70	3 340	13,2	60	0,712	0,0
Asie du Sud-Est	4 500	115,24	519	685	32/5	1,5	34	23	7	44	2,8	64/69	3 210	–			0,6
Brunéi 21-9-1984	6	55	0,35	0,51	32/3	–	–	22	3	16	2,7	71/76	–	3	–	0,878	0,2
Cambodge 14-12-1955	181	61,88	13,1	16	43/4	2,3	21	28	11	95	4,0	54/58	1 350	12,8	13	0,514	4,0
Indonésie 28-9-1950	1 907	110,5	206,1	272	31/4	1,4	35	23	6	46	2,7	65/70	2 660	648,5	65	0,681	0,1
Laos 14-12-1955	237	22,78	5,4	9,0	44/4	2,6	22	39	14	104	5,4	51/54	1 430	17,6	51	0,491	0,1
Malaisie 17-9-1957	330	67,27	22,7	34	33/4	2	54	25	4	8	3,2	70/75	7 640	178,6	89	0,768	0,4
Myanmar (ex-Birmanie) 19-4-1948	677	67,36	47,8	60	33/5	1,2	26	28	12	92	3,3	54/57	–	128,9	60	0,580	2,0
Philippines 24-10-1945	300	253,33	77,2	108	37/4	2,1	54	29	6	31	3,5	64/70	3 990	170,6	83	0,740	0,1
Singapour 21-9-1965	0,6	6 000	4,1	8,0	17/6	1,4	100	14	5	3	1,6	76/80	22 640	90,7	100	0,888	0,2
Thaïlande 16-12-1946	514	119,69	62,4	72	24/6	0,9	20	14	6	22	1,8	70/75	5 950	376,4	89	0,753	2,2
Timor-Est	15	–	0,77	1,2	43/5	–	–	33	16	135	4,4	47/48	–	–	–	–	0,0
Viêt Nam 20-9-1977	332	240,36	78,7	104	33/6	1,6	21	20	6	37	2,3	63/69	1 860	123,6	47	0,664	0,2
Asie de l'Est (orientale)	11 788	122,48	1 503	1 669	22/8	0,9	37	15	7	30	1,8	70/74	5 750	–			0,1
Chine 24-10-1945	9 584	133,15	1 273,3	1 431	23/7	0,9	30	15	6	31	1,8	69/73	3 550	4 596,6	–	0,701	0,1
Chine-Hong Kong	1,1	6 297,27	6,9	8,4	17/11	2,1	95	8	5	3	1,0	77/82	22 570	141	–	0,880	0,1
Chine-Macao	0,02		0,44	0,63	24/8	–	–	9	3	4	1,2	75/80	16 940	–	–	–	0,0
Corée du Nord 17-9-1991	121	198,35	22,0	26	26/6	–	–	21	7	88	2,3	67/73	–	–	–	–	0,0
Corée du Sud 17-9-1991	99	472,73	48,8	53	22/7	0,8	81	14	5	8	1,5	71/78	15 530	535,5	83	0,852	0,0
Japon 18-12-1956	378	335,19	127,1	121	15/17	0,2	78	9	8	3	1,3	77/84	25 170	2 511,4	96	0,924	0,0
Mongolie 27-10-1961	1 568	1,72	2,4	3,4	34/4	1,7	61	20	7	37	2,2	61/65	1 610	–	54	0,618	0,0
Taïwan	36	607,7	22,5	25	21/9	–	–	14	6	6	1,7	72/78	–	382,3	–	–	0,0
EUROPE	23 015	98,4	727	717	18/15	0	74	10	11	9	1,4	70/78	14 970	–	–	–	0,3
Europe du Nord (septentrionale)	1 752	53,94	96	102	19/15	0,2	84	11	10	5	1,6	74/80	21 460	–	–	–	0,1
Danemark 24-10-1945	43	123,3	5,4	5,8	18/15	0,3	85	13	11	4	1,7	74/79	25 600	109,7	–	0,905	0,2
Estonie 17-9-1991	45	31,1	1,4	1,2	18/14	-1,2	73	9	13	10	1,3	65/76	8 190	10,7	–	0,773	0,0
Finlande 14-12-1955	339	15,4	5,2	5,3	18/15	0,3	63	11	10	4	1,7	74/81	22 600	93	98	0,913	0,1
Irlande 14-12-1955	70	52,9	3,8	4,5	22/11	0,7	58	14	9	6	1,9	74/79	22 460	68,2	–	0,900	0,1
Islande 19-11-1946	103	2,7	0,29	0,32	23/12	–	–	15	7	2	2,0	78/81	27 210	5,5	–	0,919	0,1
Lettonie 17-9-1991	65	36,9	2,4	2,2	18/15	-1,5	73	8	14	11	1,2	65/76	6 220	10,6	–	0,744	0,1
Lituanie 17-9-1991	65	56,9	3,7	3,5	20/13	-0,3	72	9	11	9	1,3	67/77	6 490	15,6	–	0,761	0,0
Norvège 27-11-1945	324	13,9	4,5	5,0	20/15	0,5	73	13	10	4	1,8	76/81	28 140	104,3	100	0,927	0,1
Royaume-Uni 24-10-1945	245	240	60,0	64	19/16	0,2	89	12	11	6	1,7	75/80	22 220	1 080,9	100	0,918	0,1
Suède 19-11-1946	450	19,8	8,9	9,4	19/17	0,3	83	10	11	3	1,5	77/82	22 150	164,3	–	0,923	0,1
Europe de l'Ouest (occidentale)	1 109	164,9	184	189	17/16	0,3	81	11	10	5	1,6	75/81	23 840	–	–	–	0,2
Allemagne 18-9-1973	357	230,2	82,2	80	16/16	0,1	87	9	10	4	1,3	74/81	23 510	1 488,4	–	0,906	0,1
Autriche 14-12-1955	84	97,6	8,1	8,3	17/15	0,5	56	10	9	5	1,3	75/81	24 600	153,1	–	0,904	0,2
Belgique 27-12-1945	31	329	10,3	10	18/17	0,1	97	11	10	5	1,6	75/81	25 710	190,4	–	0,923	0,2
France (métropole) 24-10-1945	*552*	*107*	*59,2*	*64*	*19/16*	*0,4*	*73*	*13*	*9*	*4*	*1,9*	*75/83*	*23 020*	*1 133,2*	*100*	*0,918*	*0,4*
Liechtenstein 18-9-1990	0,2	187,5	0,03	0,04	19/10	–	–	12	7	8	1,4	-/-	–	–	–	–	0,0
Luxembourg 24-10-1945	3	143,3	0,45	0,56	19/14	–	–	13	9	5	1,7	75/81	41 230	12,9	–	0,902	0,2
Monaco	0,002		0,03	0,04	15/23			20	17	4	0,0	-/-					0,0
Pays-Bas 10-12-1945	41	385,4	16,0	18	19/14	0,4	89	13	9	5	1,7	75/81	24 410	304,6	99	0,921	0,2
Suisse	41	180,5	7,2	7,6	18/15	0,7	61	11	9	5	1,5	77/83	28 760	149,2	100	0,914	0,5
Europe de l'Est (orientale)	18 835	92,1	303	287	18/13	-0,2	70	9	14	14	1,2	63/74	6 770	–	–	–	0,3
Biélorussie 24-10-12945	208	49	10,0	9,4	19/13	-0,3	71	9	14	9	1,3	62/74	6 880	57	–	0,763	0,3
Bulgarie 14-12-1955	111	73,9	8,1	6,6	16/16	-0,7	71	9	14	15	1,2	68/75	5 070	27,6	–	0,758	0,0
Hongrie 14-12-1955	93	107,5	10,0	9,2	17/15	-0,4	65	10	14	9	1,3	66/75	11 050	65,8	–	0,795	0,1
Moldavie 2-5-1992	34	129,4	4,3	4,5	24/9	0	52	11	11	18	1,4	64/72	2 100	7,2	56	0,683	0,2
Pologne 24-10-1945	324	120,1	38,6	39	20/12	0,1	65	10	10	9	1,4	68/77	8 390	259,6	–	0,802	0,1
Roumanie 14-12-1955	239	93,7	22,4	22	18/13	-0,4	55	10	12	19	1,3	67/74	5 970	67,6	62	0,752	0,0
Russie 24-10-1945	17 095	8,6	144,4	137	18/13	-0,2	76	9	15	16	1,2	59/72	6 990	–	–	0,747	0,2
Slovaquie 19-1-1993	49	110,2	5,4	5,2	20/11	0,1	59	10	10	9	1,3	69/77	10 430	38,2	–	0,813	0,0
Tchèque (République) 19-1-1993	79	129,1	10,3	10	17/14	-0,2	65	9	11	4	1,1	71/78	12 840	91,5	–	0,833	0,0
Ukraine 24-10-1945	604	83,6	49,1	45	18/14	-0,4	70	8	15	15	1,1	63/74	3 360	132,4	55	0,721	1,0
Europe du Sud (méridionale)	1 318	109,3	145	139	16/16	0,1	65	10	10	7	1,3	74/80	16 520	–	–	–	0,4
Albanie 14-12-1955	29	106,9	3,4	4,5	33/6	-0,4	37	17	5	12	2,8	69/75	3 240	7,9	76	0,699	0,0
Andorre	0,5	–	0,07	0,14	15/12	–	–	13	4	1	1,2	0/0	–	–	–	–	0,0
Bosnie-Herzégovine 22-5-1992	51	70,2	3,4	3,6	20/8	3	49	12	8	11	1,6	65/72	–	–	–	–	0,0
Croatie 22-5-1992	57	78,9	4,7	4,4	20/12	-0,1	64	10	11	8	1,4	70/77	7 260	–	63	0,773	0,0
Espagne 14-12-1955	507	78,3	39,8	37	15/17	0	76	10	9	5	1,2	74/82	17 850	555,1	–	0,984	0,6
Grèce 25-10-1945	132	80,3	10,9	10	15/17	0,3	65	10	10	6	1,3	76/81	15 800	117,9	–	0,867	0,2
Italie 14-12-1955	302	190,4	57,8	55	14/18	0	67	9	10	5	1,3	76/82	22 000	1 037,4	–	0,900	0,4
Macédoine 8-4-1993	26	76,9	2,0	2,2	23/10	0,6	60	14	8	15	1,9	70/75	4 590	–	–	0,746	0,0
Malte 1-12-1964	0,3	1 300	0,39	0,45	21/12	–	–	11	8	7	1,7	74/80	–	4,8	–	0,850	0,1
Portugal 14-12-1955	92	107,6	10,0	9,3	17/15	0	36	12	11	6	1,5	72/79	15 860	124,2	82	0,858	0,7
St-Marin 2-3-1992	0,06	500	0,03	0,03	15/16	–	–	12	8	3	1,3	76/83	–	–	–	–	0,0
Slovénie 22-5-1992	20	99,5	2,0	2,0	16/14	-0,1	64	9	10	4	1,2	72/79	16 050	–	98	0,848	0,0
« Yougoslavie » (Serbie-Monténégro) 24-10-1945	102	103,9	10,7	11	21/13	0,1	57	11	11	13	1,6	70/75	–	–	–	–	0,1
OCÉANIE (sans Hawaii)	8 573	3,5	31	40	25/10	1,3	70	18	7	28	2,5	72/76	17 940	–	–	–	0,1
Australie 1-11-1945	7 750	2,4	19,4	23	20/12	1	85	13	7	6	1,7	76/82	23 850	356,1	99	0,922	0,2
Fidji (îles) 13-10-1970	18	45,6	0,84	0,96	33/4	–	–	25	6	20	3,3	65/69	4 780	4,6	–	0,763	0,1
Guam	0,6	–	0,16	0,22	32/5	–	–	29	4	9	4,2	72/77	–	–	–	–	0,0
Marshall (îles) 17-9-1991	0,2	300	0,07	0,16	49/3	–	–	26	4	31	6,6	63/67	–	2,8	–	–	0,0
Micronésie (États fédérés de) 17-9-1991	0,7	171,4	0,12	0,19	44/4	–	–	31	6	34	4,6	65/67	–	–	–	–	0,0
Nouvelle-Calédonie (Tom)	19	11,1	0,22	0,29	30/6	2,1	62	22	5	7	2,6	70/76	21 130	2,4	–	–	0,0
Nouvelle-Zélande 24-10-1945	271	14,4	3,9	4,6	23/12	1	86	15	7	6	2,0	74/80	17 630	57,3	90	0,901	0,1
Palau	0,5	–	0,02	0,03	28/6	–	–	18	8	19	2,5	64/71	–	–	–	–	0,0
Papouasie-Nouvelle-Guinée 10-10-1975	463	10,4	5,0	8,3	39/4	2,2	16	34	11	69	4,8	56/55	2 260	14,4	31	0,570	0,2
Polynésie française (Tom)	4	57,5	0,24	0,32	30/5	–	–	21	5	8	2,6	69/74	22 200	–	–	–	0,0
Salomon (îles) 19-9-1978	29	15,2	0,46	0,95	43/3	–	–	41	7	25	5,7	67/68	2 050	1,3	–	0,747	0,0
Samoa (les) 15-12-1976	3	60	0,17	0,18	32/6	–	–	30	6	25	4,5	65/72	4 070	0,4	–	0,623	0,0
Vanuatu 15-9-1981	12	15,8	0,21	0,26	42/3	2,4	19	36	6	45	4,6	64/67	2 880	0,7	–	0,627	0,0

ABOÛ DABÎ
ADJMÂN
AFGHANISTAN
AFRIQUE DU SUD
ALBANIE
ALGÉRIE
ALLEMAGNE
ANDORRE
ANGOLA
ANGUILLA (2)
ANTARCTIQUE BRITANNIQUE (2)
ANTIGUA ET BARBUDA
ANTILLES NÉERLANDAISES
ARABIE SAOUDITE
ARGENTINE
ARMÉNIE
ARUBA
ASCENSION (Île de l') (2)
AUSTRALIE
AUTRICHE
AZERBAÏDJAN
BAHAMAS
BAHREÏN
BANGLADESH
BARBADE
BELGIQUE
BÉLIZE
BÉNIN
BERMUDES (2)
BHOUTAN
BIÉLORUSSIE
BOLIVIE
BOSNIE-HERZÉGOVINE
BOSNIE-HERZÉGOVINE (1)
BOTSWANA
BRÉSIL
BRUNÉI
BULGARIE
BURKINA-FASO
BURUNDI
CAÏMANS (Îles) (2)
CAMBODGE
CAMEROUN
CANADA
CAP-VERT
CENTRAFRICAINE (Rép.)
CHÂRDJAH
CHILI
CHINE
CHYPRE
COLOMBIE
COMORES
CONGO
CONGO (Rép. dém.)
CORÉE DU NORD
CORÉE DU SUD
COSTA RICA
CÔTE D'IVOIRE
CROATIE
CUBA
DANEMARK
DJIBOUTI
DOMINICAINE (Rép.)
DOMINIQUE
DOUBAÏ
ÉGYPTE
ÉMIRATS ARABES UNIS
ÉQUATEUR
ÉRYTHRÉE
ESPAGNE
ESTONIE
ÉTATS-UNIS
ÉTHIOPIE
FALKLAND (Îles) (2)
FÉROÉ (Îles)
FIDJI (Îles)
FINLANDE
FOUDJAÏRAH
FRANCE
GABON
GAMBIE
GÉORGIE
GHANA
GIBRALTAR (Ville)
GRÈCE
GRENADE
GROENLAND
GUATEMALA
GUINÉE
GUINÉE-BISSAU
GUINÉE ÉQUATORIALE
GUYANA
HAÏTI
HONDURAS
HONGRIE
INDE
INDONÉSIE
IRAN
IRAQ
IRLANDE
ISLANDE
ISRAËL
ITALIE
JAMAÏQUE
JAPON
JORDANIE
KAZAKHSTAN
KENYA
KIRGHIZISTAN
KIRIBATI
KOWEÏT
LAOS
LESOTHO
LETTONIE
LIBAN
LIBÉRIA
LIBYE
LIECHTENSTEIN
LITUANIE
LUXEMBOURG
MACÉDOINE
MADAGASCAR
MALAISIE
MALAWI
MALDIVES
MALI
MALTE
MAN (Île)

Nota : (1) Reconnu uniquement par la communauté musulmane, (2) Territoires dépendants du Royaume-Uni (seul le blason du territoire est représenté ; pour sa forme définitive prendre pour exemple le pavillon de Pitcairn)

Institutions Internationales et Organisations Régionales

* Autorité intergouvernementale sur la sécheresse et le développement.

☞ **Légende :** La capitale des États est signalée en italique. En tête de chaque pays nous indiquons les abréviations spécifiques à cet État et, en début de volume, voir la liste des abréviations couramment utilisées dans **QUID**. Voir aussi à l'Index le nom du pays (on trouvera pour certains, des renvois aux chapitres littérature, cinéma, armée, etc.), le nom des produits : charbon, pétrole, blé..., les mots : monnaie, devises, PNB, commerce extérieur, transports...

AFGHANISTAN
Voir légende ci-dessus.

☞ *Abréviations :* A : Afghanistan ; af. : afghan(s) ; Arabie S. : Arabie saoudite.

■ **Situation.** Asie. **Superficie :** 652 225 km². **Frontières** (en km) : Tadjikistan 1 206, Ouzbékistan 137, Turkménistan 744, Iran 936, Pakistan 2 430, Chine 76. **Altitude :** *maximale* 7 485 m, Naoshakh (Pamir), *minimale* 270 m, désert du Seistan. **Relief-végétation.** *Nord :* steppes ; *Centre :* montagnes calcaires couvertes de lœss ; *Est :* Hindou Kouch, primaire siliceux, environ 6 000 m d'alt. ; *Sud :* sable et désert. **Climat.** *Continental :* de – 30 à + 40 °C à Kaboul (record : – 46 °C en 1972) ; neige et pluies (350 mm, insuffisantes) hiver et début du printemps ; *des steppes* au nord de l'Hindou Kouch ; *désertique* au sud, max. + 50 °C. Vent 120 jours (de juin à sept. Seistan et sud du bassin du Helmand).

■ **Population** (en millions d'hab.). *1979 :* 17 (dont 1,5 à 2 de nomades) ; *1996 :* 18,6 ; *2000 :* 26,6 ; *2025 (prév.) :* 48. **Ethnies :** *Pachtoun* (38 %, 5 à 6 millions dont 2 de nomades) : à l'est et au sud. 3 groupes : pays de l'Est, Ghilzai, Durrani ; langue : pachto (à Kaboul, dari). *Tadjiks :* ancienne pop. d'Asie centrale ; langue : dari (25 %, 3 à 4 millions). *Hazaras :* ancienne pop. locale, au centre et à Kaboul ; langue : persan (19 %, 2 à 3 millions). *Ouzbeks* (6 %, 2 millions). *Turkmènes :* Turcs du Nord. *Nouristanis :* à l'est. *Baloutches :* au sud. *Kirghizes :* au Pamir. **Age :** *– de 15 ans :* 42,17 % ; *+ de 65 ans :* 2,86 %. **Accroissement :** 0 %. **Famine :** 25 % des enfants meurent avant 5 ans. **Espérance de vie** (en 2000) : 44 ans (60 % touchés par la tuberculose). **Mortalité infantile** (en 1999) : 149,8 ‰. **D.** 41 (295 à Kaboul, 5 dans le Helmand). **Alphabétisation :** 31,5 %. **Immigration :** hindoue depuis plusieurs siècles. **Émigration** (avant 1979) : Arabie S., Iraq, Émirats, All. féd. **Réfugiés** (en 2001) : *à l'intérieur* (déplacés) 700 000 ; *à l'étranger* 4 000 000 (Iran 1 500 000, Pakistan 2 000 000, Asie centrale).

■ **Villes** (est. 2000). *Kaboul* 2 450 000 hab., Mazâr-é Charif 2 500 000, Kandahâr 225 500, Hérât 177 300, Djalâlâbâd 57 824 (en 1982), Kunduz 57 112 (en 1982), Baghlan 41 240 (en 1982).

Nota. – En ville, les femmes portent le « tchadri », voile les recouvrant (avec un treillis à hauteur des yeux).

■ **Langues.** Pachto et dari (persan) *(officielles) ;* 30 autres langues et dialectes. **Religions.** Islam *(officielle) :* 84 % sunnites, 15 % chiites (Hazaras et Tadjiks). Hindouistes.

■ **Histoire.** Siège de civilisations très anciennes. **Av. J.-C.** **VIe-IVe s.** province (Bactriane) de l'empire iranien des Achéménides. **329** arrivée, sur le territoire actuel, d'Alexandre le Grand dont les successeurs (Séleucides) se maintiennent jusqu'en 250. **Apr. J.-C.** **50** les Kouchans venant de Chine prennent Kaboul. **652** arrivée des Arabes à Hérât, **698** à Kaboul. **971** dynastie ghaznévide fondée. **999-1030** sultanat de Mahmoud Ghaznévide (pillard, briseur d'idoles en Inde). **1221** invasion mongole (Gengis Khân). **1370-1405** Tamerlan envahit Hérât. **1404-1506** règnes des sultans timourides de Hérât. **1506-1722** partage entre Inde et Iran. **1520** Baber (officiellement roi de Kaboul) couronné (fonde la dynastie des Grands Moghols de l'Inde). **1708** fondation de la dynastie des Hotaks. **1722** révolte contre l'Iran. **1747** le Pachtoun **Ahmad Chāh Durrani** († 1773) crée un empire (capitale Kandahâr) englobant Iran (en partie), Pakistan, Pendjab, Cachemire. **1793** mort de Timour Chāh, fils d'Ahmad Chāh, l'empire Durrani se morcelle. Querelles entre les chefs des 2 plus puissantes tribus pachtoun : Mohammedzaï et Saddozaï (anarchie). **1839-42** **1re guerre anglo-afghane :** *1839-printemps* armée anglaise avec William McNaughton [6 000 partisans de Chāh Shuja, 10 000 en majorité cipayes (fantassins) de l'armée du Bengale, 5 000 de l'armée de Bombay et 30 000 suivants] entre en A. *-21-7* prend Ghazni. *-Août* entre dans Kaboul. *1840-sept.* retour de Dost Mohammad, fait prisonnier le 4-11-1839. *1841-2-11* Kaboul s'insurge. *-23-12* McNaughton assassiné. *1842-1-1* accord : 5 000 militaires et 12 000 civils britanniques quittent Kaboul ; embuscades pendant la retraite faisant 3 000 †. **1842-63** émir **Dost Mohammad** (Pachtoun barakzaï, † 1863) cherche à unifier le pays. **1855** *traité de Peshawar, statu quo* avec Anglais. **1860-85** la Russie annexe peu à peu toute l'Asie centrale. **1863-78** anarchie. **1878-80** **2e guerre anglo-afghane :** interrompue par épidémie de choléra ; *traité de Gandomak* (1879) : les Anglais contrôlent la politique extérieure et versent une « pension » au roi. **1881**-*oct.* l'émir **Abdur Rahman** (1844-1901) prend le pouvoir. **1885** incident de Panjdeh : Russes battent Afghans et prennent oasis. **1893**-*12-11 traité anglo-af.*, voir **Pachtounistan** p. 951 a. **1895-96** G.-B. et Russie attribuent à l'A. le corridor du Wâkhân (conduisant au Petit Pamir, peuplé de Kirghizes et d'Ismaélites), ainsi les 2 empires ne se touchent pas. **1901**-*3-10* **Habiboullah Khan** (1872-1919) succède à son père, Abdur Rahman. **1904-06** frontière avec Iran délimitée par Anglais. **1914-18** neutralité. **1919**-*20-2* Habiboullah assassiné par un inconnu. **Amanoullah Khan** (1892-1960), son neveu, prend le titre de roi. **3e guerre anglo-afghane :** *-8-8 traité de Rawalpindi :* indépendance totale de l'A. qui reprend le contrôle de ses affaires extérieures. **1921**-*févr. traité d'amitié avec URSS.* **1921-24** Russie verse 500 000 $ par an. **1928** palais royal incendié à Djalâlâbâd. **1929**-*14-1* Amanoullah abdique, remplacé par **Anayatoullah** (né 10-10-1888), son frère. *-17-1* abdique. Des musulmans traditionalistes dirigés par Habiboullah (chef tadjik, dit Batcha-é-Saqao : « fils du porteur d'eau ») prennent le pouvoir, anarchie. *-16-10* ordre rétabli ; le **Gal Mohammad Nadir Chāh** (1880-1933), descendant d'un frère de Dost Mohammad, devient roi. *-3-11* Batcha-é- Saqao exécuté. **1931** nouvelle Constitution rétablissant la monarchie ; restera en vigueur jusqu'en 1964. **1933**-*6-6* Mohammed Aziz (né 1875), frère de Nadir et père de Daoud (futur Pt de la Rép.), assassiné à Berlin. *-8-11* Nadir assassiné d'un coup de pistolet par un étudiant lors d'une distribution de prix ; **Mohammad Zāher Chāh** (né 15-10-1914), son fils, lui succède (1933-46 : régence de Hachem, 1946 de Chāh Mahmoud). **1939-45** neutralité. **1946** traité avec URSS. **1947** l'A. (contestant la ligne Durand de 1893) vote contre l'admission du Pakistan à l'Onu. **1951** adhère au plan de Colombo. **1953** Chāh Mahmoud démissionne au profit du *sardar* (Pce) *Mohammed Daoud* (beau-frère du roi Zāher Chāh), PM prosoviétique. **1955** Daoud fait équiper et entraîner l'armée par l'URSS. **1961-63** frontière avec Pakistan fermée. **1963** Daoud démissionne, Zāher règne seul (monarchie constitutionnelle). **Monarchie parlementaire.** **1964** Constitution. **1967** accord soviéto-af. pour exploitation à long terme du gaz naturel af. par l'URSS. **1968-72** manif. étudiantes contre Zāher Chāh. **1971-73** sécheresse, disette, 80 000 †. **1973**-*17-7* roi détrôné (*-24-8* abdication, exil à Rome).

République. Pce Mohammed Daoud (1909-78, cousin du roi) Pt. **1975** *Constitution,* parti unique. *-21-7* insurrections fondamentalistes soutenues par Pakistan. 1 seule, dans le Pansir, dure plusieurs jours. **1976** accord Iran-Afghanistan-Pakistan : reconnaissance par Daoud de la ligne Durand comme frontière. *-1-12* le coup d'État du Gal Mir Ahmed Shah échoue. **1977**-*14-2* nouvelle Constitution ; partis interdits. Accord commercial de 30 ans avec URSS. **1978**-*mars* Mir Akbar Khyber (né 1925, du PDPA), assassiné. *-27-4* coup d'État militaire, prosoviétique sous l'influence du PDPA, environ 3 000 † (dont le Pt Daoud et son frère Naim). *-30-4* **Noor Mohammad Taraki** (1917-79) du Khalq (Parti du peuple), Pt. Nationalisations, réforme agraire *(2-12),* remise des dettes des paysans envers grands propriétaires, abolition de l'achat de l'épouse, nouveau drapeau rouge *(19-10). -Juillet* le PM s'appuyant sur le Khalq évince les ministres du Parcham (Parti du drapeau). Insurrection au Nouristan. *-Août* Babrak Karmal exilé à Prague comme ambassadeur ; échec d'une tentative de coup d'État de ses partisans. *-5-12* traité avec URSS (amitié, coopération). Taraki, poussé par les Soviétiques, va tenter d'éliminer PM Hafizullah Amin (1929-79, communiste radical et nationaliste pachtoun, condamné par URSS pour son sectarisme). **1979**-*14-2* Adolf Dubs, ambassadeur américain, assassiné. *-Mars* soulèvement de la ville d'Hérât, 30 000 †. *-11-3* action du *Hezb-i-Islami* (Parti islamique) et du *Jamiyat-i-Islami* (Rassemblement islamique). *-27-3 Amin* PM. *-Été* tentative d'insurrection de chiites hazaras, alliés au Hezb-i-Islami, annulée ; répression : 300 Hazaras brûlés vifs en août ; ayatollahs Sayyed Sarwar Wâ éz et Aqaï Alim tués (liés aux ayatollahs Khuï en Iraq et Khomeyni en Iran). Début rupture chiites/communistes. *-5-8* mutinerie garnison de Bala-Hisar (Kaboul). *-Août* 5 000 militaires soviétiques en A.

1979-*14-9* **coup d'État, Amin** fait étrangler le 16-9 Taraki rentrant de Moscou. *-3-11* entrée de 20 bataillons soviétiques. *-15-12 :* 1 500 parachutistes soviétiques occupent base de Begram. *-24-12* **intervention militaire soviétique** (105e division aéroportée), 40 000 h., les Soviétiques diront avoir été appelés par le « gouvernement Karmal » et agir en vertu du traité d'amitié [en fait, l'URSS n'admet pas sur sa frontière sud un régime « progressiste » et nationaliste (les visées stratégiques : descente vers les mers chaudes, lutte contre l'intégrisme, n'auraient pas joué). L'état-major aurait désapprouvé l'invasion, à l'inverse du KGB qui constituera le *Khâd* (services secrets af.)]. Aucune résistance afghane (les conseillers soviétiques ayant fait enlever les batteries des tanks, pour vérifier leur résistance au gel). *-27-12 :* 5 000 soldats soviétiques à Kaboul ; Amin exécuté. *-28-12* **Babrak Karmal** (1929-96), revenu avec les Soviétiques, le remplace. **1980**-*1-1 :* 50 000 soviétiques. *-Janv.* guérilla. *-21/25-2* grève du Bazar à Kaboul et émeutes, plus de 500 civils †. *-8-10* attentat à Kaboul, 50 †. **1981**-*1-1 :* 115 000 Soviétiques. *-1/3-5* le Tribunal permanent des peuples, réuni à Stockholm, condamne l'URSS. *-16-6 sultan Ali Keshtmand* (né 1936) PM. *-8/9-9* manif. à Kaboul après rappel des réservistes. **1982** A. cède à URSS le corridor de Wâkhân (200 km) reliant l'A. à la Chine. *-Mai-juin* offensive soviétique et gouvernementale (20 000 h.) au Panshir (à 100 km au nord-est de Kaboul). *-30-10* attentat dans tunnel de Salang (2 675/3 363 m d'alt., reliant Kaboul au nord et à l'URSS, réparé en 1987), 700 Russes et 100 civils †. **1983**-*16-1 Dr Philippe Augoyard* (Français) capturé. *-Mars* condamné à 8 ans de prison. *-9-6* gracié. **1984** *-20-4* offensives soviétiques au Panshir. *-17-9 Jacques Abouchar,* journaliste français, condamné à 18 ans de prison. *-25-10* gracié. *-Déc.* Zabiullah tué par le *Khâd*. **1985** 150 000 Soviétiques. *-7-1* mutinerie de soldats soviétiques tadjiks (80 † ?). **1986** la résistance reçoit les missiles portatifs Stinger permettant d'abattre des hélicoptères soviétiques. *-4-5* Karmal démissionne du secrétariat du Parti. *-20-11* de ses fonctions de chef d'État (raisons de santé).

☞ L'Onu votera plusieurs fois en faveur du retrait soviétique. **1980**-*1-1 :* 104 voix pour, 18 voix contre (16 abstentions) ; *-11-11 :* 123 pour, 12 contre (11 abstentions) ; *-20-11 :* 111 pour, 22 contre (12 abstentions) ; **1981**-*déc. :* 114 pour, 21 contre (13 abstentions) ; **1985**-*13-11 :* 122 pour, 19 contre (12 abstentions).

1986-*20-11* **Mohammed Najibullah** (Patchoun, 1947-96) Pt du gouv. *-8-12* bombardement soviétique de Kandahâr, 450 †. **1987**-*15-1* Najibullah annonce un programme de réconciliation nationale, décrète un cessez-le-feu, ignoré. *Nouvelle Constitution* permettant aux non-communistes de jouer un rôle. *-Nov.* un frère du Pt et un demi-frère de Karmal rejoignent la résistance. **1988**-*janv.* succès gouvernemental à Khost. *-4-1 Alain Guillo*, journaliste français, condamné à 10 ans de prison pour espionnage (libéré 28-5). *-11-2* Sayed Bahâ'uddin Majrouh, poète, assassiné. *-14-4* Genève, accord sur retrait soviétique (entre A., Pakistan, URSS, USA) ; les résistants le rejettent. *-28-5 Hassan Sharq* PM. *-10-8* départ du 1er convoi soviétique de Kaboul (500 h., 100 véhicules). *-18-8* la résistance attaque base soviéto-afghane (600 à 700 †). *- Fin août* prend Bâmiân. *-24-12* Vorontsov (vice-ministre soviétique des Aff. étr.) rencontre ex-roi Zāher. L'URSS est pour son retour. *-30-12* Najibullah ordonne une trêve de 4 jours. **1989**-*3-1* cessez-le-feu rompu par la résistance. *-15-2* retrait soviétique total. *-18-2* la *choura* (résistants) élit **Ahmed Shah** chef de l'État. *-20-2* PM Sharq révoqué. *-Déc.* complot échoue. **1990**-*1-1* offensive des moudjahidin sur Djalâlâbâd. *-11-1* compromis de la résistance pour faire élire un gouv. en exil par une assemblée élue de 3 000 représentants. *-6-3* échec complot ; Gal Chāh Nawaz Tanaï (du Khalq, min. de la Défense) fait bombarder le palais présidentiel, puis s'enfuit au Pakistan : 100 à 300 †. *-6-4 :* 3 000 combattants et 7 000 résistants à Hérât devant se rendre officiellement au gouv. ouvrent le feu : 12 † (dont 2 généraux). *-4-5* levée de l'état d'urgence. **1991**-*avril* Asadabad, 400 † (Scud lancés). *-13-9* accord USA-URSS : suspendront leur aide militaire aux factions le 1-1-1992. *-Sept.* **Sibgatullah Modjaddedi** (né 1992), Pt du gouv. provisoire de la résistance, invité à Moscou. *-4-11* Rome, l'ancien roi Zāher blessé (couteau) par J.-P. Santos de Almeida (Portugais voulant l'empêcher de rentrer en A.). *-13-11* manif. royaliste à Kaboul organisée par Zia Khan Nassery. **1992**-*15-4 Najibullah* destitué. *-16-4* moudjahidin entrent dans Kaboul, luttes intestines Hezb-i-Islami/partisans de Massoud. *-15/28-4* gouv. du *Gal Hatif. -22-4* Ismaël Khan entre dans Hérât. *-24-4 accord de Peshawar* entre 10 partis islamistes pour un gouv. de coalition. *-28-4* **Sibgatullah Modjaddedi** Pt du Conseil islamique intérimaire du gouv. arrive du Pakistan.

1992-*28-6* **Burhannuddin Rabbani** (né 1940) du parti Jamiyat-i-Islami, nommé Pt pour 4 mois puis prolongé (sera élu Pt par la Haute Assemblée 30-1-1995). *-6-7 au 16-8 Abdoul Sabeur Farid* PM. *-Août* combats à Kaboul entre Hezb demandant le départ des milices ouzbeks du Gal Abdul Rashid Dôstom (né 1955 ; Ouzbek sunnite, ancien chef de milice de Najibullah) et les forces gouvernementales. *-29-8* cessez-le-feu à Kaboul, 2 400 †, exode de 500 000 Kaboulis ; les milices ayant soutenu les communistes doivent quitter la ville. *-14-11* bombardements de Kaboul par intégristes. *-Nov.* Babrak Karmal rentre en A. *-6/11-12* combats à Kaboul, 100 † et 1 000 bl. **1993**-*19-1/7-3* bataille de Kaboul. *-7-3* accord de paix : **Gulbuddin Hekmatyâr** (« Fleur-en-la-Foi Ami-de-la-Sagesse », né 1948, Pachtoun sunnite) PM. **1994**-*1-1 :* 5e bataille de Kaboul : troupes présidentielles appuyées par Russie contre Ouzbeks, Hekmatyâr (poussé par Pakistan) et Abd-al-Ali Mazâri (chiite de Hazâra, appuyé par Iran). *-12-1* aviation rebelle bombarde palais présidentiel. *-Sept.* Kaboul, combats Wahdat/Harakat (1 100 †). *-5-11* les *talibân* prennent Kandahâr. **1995**-*29-1* Dostom prend Kunduz. *-Févr.* victoire présidentielle à Ghazni. *-14-2* Hekmatyâr évacue Tchâr-Asyâb, occupée le 15-2 par les talibân (19-3 Massoud les en chasse). *-17-2* offensive présidentielle contre Wahdat. *-22-2* Massoud prend Sher Khan Bandar. *-6-3 :* 6e bataille de Kaboul : offensive gouvernementale contre chiites et talibân (repoussés 11-3). *-12-3* Ali Mazari (prisonnier des talibân depuis le 10-3) tué. *-Avril* glissement de terrain, 354 †. *-13-4* raid aérien russe sur Taloqan, 125 †. *-15-10* Bâmiân prise par *Hezb-è-Wahdat. Fin 95* disette à Kaboul (blocus). **1996**-*15-2* palais présidentiel : explosion d'un dépôt de munitions, 60 †. *-13-5* Hekmatyâr PM rallié au régime contre talibân. *-11-9* talibân prennent Djalâlâbâd, *-26/27-9* Kaboul. Ancien Pt Najibullah (alors assigné à résidence) tabassé, castré, attaché derrière une Jeep, achevé. *-27-9* instauration de la *charia.* Pt Rabbani quitte Kaboul. Massoud évacue Kaboul. *-Oct.* combats Massoud/talibân. *-9-10* Massoud allié à Dostom. *-14-10* reprend tunnel de Salang. **1997**-*janv.* talibân prennent zones nord de Kaboul. *-13-5* gouv. du Pt Rabbani à Mazar-i-Sharif (capitale du N.). *-24-5* talibân prennent Mazar-i-Sharif avec l'aide du Gal Abdul Malik. *-28-5* Malik s'allie aux chiites ; talibân abandonnent Mazar-i-Sharif. *-20-7* Massoud reprend zones nord de Kaboul. *-23-11* accord Onu-talibân sur éradication du pavot. **1998** séismes : *-4-2* Nord, 4 000 † ; *30-5* Nord-Est, 3 000 †. *-20-7* expulsion de 30 ONG humanitaires. *-8-8* talibân prennent Mazar-i-Sharif. *Mi-oct.* contrôlent 90 % du pays. **1999**-*mi-janv.* Massoud reprend Sheerin Tagab et Yawkawlang. *-14-3* accord de principe sur partage du pouvoir talibâns/opposition. *-6-7* USA décident des sanctions financières et commerciales. *-28-7* offensive des talibân contre Massoud (200 000 réfugiés dans la vallée du Panshir), repoussée en août. **2000**-*1-3* offensive des talibân contre Massoud. *-27-7* culture du pavot interdite. *-6-9* talibân prennent Taloqan, contrôlent 95 % du pays. **2001**-*17-2* prennent Bâmiân. *-26-2* fatwa ordonne la destruction des statues (commencée les 5 et 6-2 au musée de Kaboul). *-Mars* destruction (mines, explosifs, obus de chars) des 2 bouddhas de Bâmiân (sculptés à flanc de montagne à 2 500 m d'alt. ; ve s. : *Surkh But* (en persan : Bouddha rouge) ou *Solsol* (année après année) 53 m, *Khing But* (Bouddha blanc) ou *Shahmana* (la mère du roi) 35 m. *-4-4* Massoud en France.

Nota. – Wahhabites : non-Afghans venus en A. participer à la *djihād* (guerre sainte). Payés par l'Arabie S.

■ **Bilan. 1979-89. Forces en présence** (mai 1988) : *Parti gouvernemental :* Soviétiques 115 000 h. + 50 000 en URSS (150 000 soldats soviétiques en 1985), Afghans 20 000 à 30 000 h. (90 000 en 1979, nombreuses désertions). *Résistants* 100 000. **Pertes** (1979-89) : *humaines :* Russes 13 833 † (dont 2 343 en 1984), Afghans 1 242 000 (80 % civils) ; *matérielles russes* (1979-86) : 800 hélicoptères et avions, 1 500 blindés, 3 000 camions. **Déportés :** 50 000 (dont 10 000 enfants) selon *Die Welt*. **Prisonniers politiques :** 50 000. **Coût pour l'URSS :** 2 à 3 milliards de $ par an. **Aide à la résistance** (en millions de $) : *USA : 1984 :* environ 250 ; *1985 :* 470 (50 % des armes fournies sont détournées par corruption) ; *1991 :* réduction progressive. *Proche-Orient et Asie : 1987 :* 725.

Guerres intestines (de 1989 à mai 1996). *Tués :* 15 000 à 40 000.

■ **Statut.** *République.* Émirat islamique depuis oct. 1997. **Constitution :** 29-11-1987, révisée en mai 1990, non appliquée. **Conseil dirigeant :** créé 24-4-1992, 10 m. **Assemblée** de notables et de moudjahidin (424 m. soit 2 représentants pour chacun des 212 districts). **Conseil de la Guerre sainte :** 64 m. Consultatif. *Pt* Sibgatullah Modjaddedi (né 1922, élu 23-2-1989 Pt du gouvernement, en exil au Pakistan).

■ **Fête nationale.** *27-4* (coup d'État de 1978). **Drapeau** (2-12-1992). Bandes horizontales verte (islam), blanche et noire (ancien drapeau), au centre, armoiries [mosquée avec mirab et charia, inscription : chahadah et 1371 (soit 1992, prise du pouvoir par les moudjahidin)].

☞ **L'Hazarajat** (centre de l'A.) est autonome, de fait depuis 1979, officiellement depuis 1984.

☞ **Pachtounistan :** territoires où les Pachtous (Pouchtous ou Pathans ou « vrais Afghans »), qui se disent sémitiques et remonter au roi Saül, sont majoritaires. Dans un sens plus restreint : province frontière du nord-ouest du Pakistan sauf le tiers septentrional et la partie du Baloutchistan (nord de Quetta). *Nombre :* Pouchtous 14 millions dont au Pakistan 6,5, Afghanistan 8. Le roi Zaher et le sardar Daoud étaient Pouchtous. *Langue* de la famille iranienne enrichie d'emprunts à l'ourdou (vie quotifienne), à l'arabe, le persan (termes abstraits). **1893**-*12-11* traité émir Abdur Rahman (roi d'A.)/sir Mortimer Durand (colonel britannique) : la ligne *Durand,* délimite la frontière S.-E. coupant en 2 les territoires pachtoun. **1901** l'Empire britannique des Indes sépare du Pendjab la province de la frontière du Nord-Ouest (NWFP), regroupant les Pachtous de l'Inde. **1947**-*juillet* partition de l'Inde, la NWFP, musulmane à 90 %, demande à être pakistanaise. Les Afghans (soutenus par l'Inde indépendante) auraient voulu que les électeurs puissent choisir aussi le rattachement à l'A.

■ **Partis. P. de la Patrie :** nouveau nom, depuis juin 1990, du P. démocratique populaire af. (PDPA) fondé 1965, *secr. gén.* depuis 4-5-1986 Mohammed Najibullah [(1947-96), ancien chef du Khâd (police secrète)]. 2 tendances : *Parcham* (P. du drapeau, Karmal Keshtmand ; divisé en Najibis, Keshmandis Karmalistes), *Khalq* (P. du peuple, Taraki ; Gal Gulabzoï). **Front de la Paix** (appelé Front national avant juin 1990).

Mouvements. SUNNITES (7 organisations alliées depuis mai 1985). FONDAMENTALISTES : *Hezb-i-Islami* (parti islamique, radical) de Gulbuddin Hekmatyâr (Pachtoun). En 1979, soutenu par Pakistan qui lui a fourni l'aide américaine [car opposé à la revendication des Pachtoun afghans sur la NWFP]. *Hezb-i-Islami* de Yunus Khales : séparé en 1979 du précédent. *Jamiyat-i-Islami* (Sté de l'islam, modérée) de Burhannuddin Rabbani : C[dts] Ahmed Chāh Massoud (dans le Panshir) et Ismaël Khan (autour de Hérât), surtout influente parmi Tadjiks, Ouzbeks et Turkmènes du Nord, Alam Khan et Khalil (autour de Mazār-e Charif). *Ittihad-i-Islami* (Alliance islamique) d'Abdul Rasul Sayyaf (Wahhabite). TRADITIONALISTES : *Harakat-i-Inqelab-i-Islami* (Mouv. de la révolution islamique) de Mohammedi Nabi. MODÉRÉS : Pachtoun. Implantés au sud. *Jabha-e-Nijat-e-Milli* (Front de libération nat.) de Sibgatullah Modjaddedi (modéré-traditionaliste pachtoun). *Majaz-e-Milli* (Front nat. islamique) de Ahmed Gailani (royaliste pachtoun soutenu financièrement par l'Arabie S.).

CHIITES : *Sazman-é Nasr* (P. de la victoire), radicaux. *Harakat-i-Islami* du cheikh Assef Mohseni : commandant Anouari, islamiste modéré. La *Shura* (fondée 1979) de Sayyed Beheshti (modérée). Le *Nasr* (fondé 1979), pro-khomeyniste. Le *Sepah-i-Pasdaran :* créé par les pasdarans (gardiens de la Révolution) iraniens en 1983 (extrémiste). *Mustazafin :* intellectuels. *Kezelbash* de Kaboul (région de Bamiyan), gauchiste. Regroupement dans le *Hezb-i-Wahdat* (P. de l'unité de Karim Khalili), créé 1990, soutenu par l'Iran.

■ **Régime des talibân** (pluriel de *taleb* : étudiant). **Situation** (en avril 2001) : mouvement de réforme islamique créé en oct. 1994 au Pakistan. Sunnites du sud de l'A., membres des confédérations pachtoun Durrani et Ghilzai. *Recrutement :* jeunes réfugiés afghans éduqués dans des madrasas (écoles coraniques de tendance wahlabite). *Chef :* mollah Mohammad Omar Akhunzadah [né à Nodeh près de Kandahâr vers 1959, a perdu l'œil droit en 1989 (roquette russe), réside à Singesar ou Kandahâr, nommé par ses compagnons *Emir-oul-mominin* (commandeur des croyants)]. *Forces* (début 1995) : 25 000 h., 200 chars (100 opérationnels), 10 avions de combat. Imposent à Kaboul la loi islamique. **Mesures prises par les talibân** (loi du 2-3-1997 sur le commandement du bien et l'interdiction du mal et autres décisions ; il existe un ministère pour la promotion de la vertu et de lutte contre le vice) : *interdictions :* bijoux, cerf-volant, chaussettes blanches (érotique), chaussures à talons hauts, cinéma, écoles pour les filles, fêtes de mariage, fête du *Nawrouz* (début de l'année), jouets et poupées, maquillage, musique, photographie, rire aux éclats, sacs en papier, tableaux ou portraits chez soi, télévision, travail de la femme (sauf dans certains domaines liés à la santé) ; prescriptions pour la femme : voile (burga) pour sortir. *Écoles fermées : condamnent au nom de la charia le droit coutumier tribal :* autorisent la femme (qui n'héritaient pas) à recevoir une demi-part, interdisent de régler les dettes de sang par l'échange de femmes. *Part des femmes* (en %) *à Kaboul : avant 1996 :* enseignantes 70, fonctionnaires 50, étudiantes 50, médecins 40. **Position du Pakistan :** désir de contrôler l'A., pays d'accès à l'Asie restante, de rectifier la frontière, soutien (argent, armement) accordé en 1994 par Nasirulhah Baabu (ministre de l'Intérieur de Benazir Bhutto) pour récompenser l'A. *Montant : 1997-98 :* 30 millions de $. **Des USA envers les talibân :** soutien politique et diplomatique jusqu'en 1997 (les talibân sunnites étaient anti-iraniens, chiites), perspective d'un gazoduc traversant l'A. pour le gaz turkmène ; opposition depuis (l'A. refusant de livrer Ben Laden ; et les groupes américains de défense du droit des femmes faisant pression). **De l'ONU : 1999**-*15-10* résolution 1267 sommant les talibân d'extrader Oussama Ben Laden avant le 14-11, sinon embargo aérien de la compagnie nationale *Ariana* et gel des comptes bancaires à l'étranger (mise en application en nov.). **2001**-*19-1* embargo total sur les armes. **Alliance du Nord :** leader Ahmed Shah Massoud (Tadjik), vice-président du gouvernement (reconnu par la communauté internationale) a réuni plusieurs groupes ; *soutiens* (en avril 2001) : Inde, Iran, Russie.

■ **Oussama Bin Laden (Réseau).** Dirigé par Oussama Bin Laden [né 1955 ; 17e des 52 enfants d'un riche entrepreneur saoudien) ; *milieu des années 1980 :* crée le *Makhtab al-Khidamat (MAK)* avec Abdallah Azzam, chef des *Frères musulmans de Palestine,* pour financer l'installation des volontaires musulmans à Peshawar, qui affluent vers l'Afghanistan]. *Recrutement :* USA, Égypte, Arabie, Pakistan (+ de 10 000 combattants). Se sépare d'Azzam et crée 1988 l'*al-Qaeda* (la Base). Azzam † (voiture piégée) : scission du MAK, la faction extrémiste rejoint Bin Laden qui, rentré en Arabie, fonde le *Comité du Djihad* (regroupe *Gama'a al-Islamiya* égyptien, *Djihad* yéménite, groupe pakistanais *al-Hadith, Ligue des Partisans libanais, Gama'a al-Islamiya* libyen, groupe jordanien *Baït al-Imam* et le GIA algérien). **1991** au Soudan. **1996**-*août* publie une « Déclaration de guerre » contre USA. Expulsé du Soudan, se réfugie en Afghanistan. **1998**-*7-8* attentats simultanés contre ambassades américaines de Nairobi (Kenya) et Dar es-Salaam (Tanzanie). *-19-8* crée le « Front islamique mondial pour la djihad contre les juifs et les croisés » *(Al-Jabhah al-Islamiya al-'Alamiyah li-Qital al-Yahud wal-Salibiyyin),* regroupe des mouvements terroristes (dont le *Djihad islamique égyptien*). **1999**-*févr.* le *Front islamique mondial* déclare son intention de combattre les USA et ses alliés partout dans le monde, soutient des mouvements territoristes en Afghanistan, Bosnie, Kosovo, Tchétchénie, Tadjikistan, Somalie et Yémen.

■ ÉCONOMIE

☞ **Économie :** agriculture ruinée par 17 ans de guerre, populations déplacées, 2 à 10 millions de mines enfouies (400 000 mutilés). Contrebande vers le Pakistan (fruits, légumes, lapis-lazuli, tapis) et culture du pavot prospèrent.

■ **PNB** (en milliards de $). *1978 :* 4,3 ; *85 :* 3,4 ; *98 :* 9,88. **PNB** (en $ par hab.) : *1992 :* 300 ; *96 :* 424 ; *98 :* 380. **Inflation** (en %) : *1992 :* 58,2 ; *93 :* 34 ; *94 :* 20 ; *95 :* 14 ; *96 :* 14. **Dette extérieure** (en milliards de $). *1998 :* 5,46. **Pop. active** (en %) **et,** entre parenthèses, **part du PNB** (en %) : agr. 43 (35), ind. 5 (5), services 50 (60), mines 2 (0).

■ **Agriculture. Terres** (en millions d'ha, 1981) : 64,7 dont pâturages 30, t. arables 7,9 (12 % de la superficie, environ 52,4 % irriguées), forêts 1,9, divers 24,7 (30 % des t. non exploitées). **Production** (en milliers de t, 1999) : blé 2 834, riz 450, orge 330, maïs 240, p. de t. 235, coton 22 (en 1998), fruits, légumes, sésame, sainfoin, vigne, raisins secs, bett. à sucre. Parfois 2 récoltes par an en zone irriguée.

■ **Élevage** (en millions de têtes, 1999). Moutons 14,3, volailles 7, chèvres 2,2, bovins 1,5, ânes 1,16, chevaux 0,3, chameaux 0,26, mules 0,02. Surtout extensif, nomade et transhumant. Laine et peaux (astrakan *Karakul*).

■ **Drogue** (en 1999). 4 581 t d'opium (75 % de la production d'opium mondiale) ; éradication en cours.

■ **Industrie.** Artisanale : tissage, tapis, peaux, lingerie. Ciment 109 000 t (en 1991-92), engrais. **Mines.** *Charbon* 180 t (en 1998). *Gaz* (en milliards de m^3) : réserves 60 (en 1994), prod. 3,45 (en 1998). *Sel* 35 000 t (en 1990). *Lapis-lazuli* 8 000 kg/an (trafic avec Pakistan). *Émeraudes, mica, talc, uranium, or, cuivre, fer* (teneur 72 %), *asbeste, sulfure, chrome.* **Électricité.** Hydraulique 0,47 milliard de kWh (en 1993).

■ **Routes.** 22 000 km (en 1996). Pas de *chemin de fer.*

■ **Tourisme.** 4 000 visiteurs en 1997. **Saison :** mai à oct. (inclus), avril et nov. (possible). **Sites :** gréco-bouddhiques [Bâmiân (bouddhas géants)[voir col. a], Hadda] ; mosquées de Kandahâr et Hérât ; Mazâr-é Charif : musée et pèlerinage du Now-Roz (Nouvel An afghan le 21-3) ; ruines de Bost (Lachkargah) et de Bactres (Balkh) ; 7 *lacs* suspendus de Band-e Amir (3 000 m d'alt. ; se déversent les uns dans les autres), vallées d'Adjar et du Panjü, forêts du Paktya, Nouristan. **Jeu** du Bozkachi.

■ **Commerce** (en millions de $, 1996). **Export. :** 125 *dont* gaz, fruits, tapis, laine, fourrures. **Import. :** 496 *dont* céréales, textiles, pétrole, thé, sucre.

■ **Rang dans le monde** (en 1999). 20e ovins. 26e blé.

■ AFRIQUE DU SUD

Carte p. 952. V. légende p. 950.

☞ *Abréviations :* A. : Asiatiques ; Bl. : Blancs ; Égl. : Église ; M. : Métis ; N. : Noirs ; sud-afr. : sud-africain(s).

■ **Nom.** En bantou : *Azanie.* Jusqu'en 1910 : *Afr. du Sud britannique.* 1910-61 : *Union sud-africaine.* Depuis 1961 : *République d'Afr. du Sud.*

■ **Situation. Superficie :** 1 219 090 km² dont îles Marion 255 et Prince Edward 55. **Côtes :** 2 798 km. **Frontières** (en km) : Mozambique 491, Swaziland 430, Zimbabwe 225, Botswana 1 840, Namibie 855, Lesotho (enclave) 908. **Capitales.** *Pretoria,* capitale administrative (siège de la présidence, des ministères et des organismes publics), *Le Cap,* capitale législative (siège du Parlement – l'été austral, le gouv. se déplace au Cap où se tient la session parlementaire de janvier à juin), *Bloemfontein,* capitale judiciaire (siège de la Cour suprême). **Relief-végétation.** *Drakensberg* (alt. maximale, Mt aux Sources 3 282 m) ; chaîne (1 200 km de long, 60 km de large) sud-ouest/nord-est, parallèle à la côte, à 200 km environ à l'intérieur : les 2/3 au nord-est [plateau, alt. moy. 1 200 m, quasi désertique au sud-ouest (*Grand Karoo*), couvert de prairies au centre (*Highveld*), type semi-tropical (savane épineuse) au nord (*Bushveld* du Transvaal)] ; 1/3 au sud-ouest [pentes vers la mer (*Grand Escarpement*), végétation méditerranéenne près du Cap, forêt subtropicale vers l'océan Indien]. **Climat.** *Intérieur du Highveld :* hivers courts, temp. descendant en dessous de 0 °C, pluies 375 à 750 mm/an ; *littoral oriental :* étés chauds et humides (1 000 mm/an) ; *occidental* (Le Cap) : pluies en hiver (mai et août) ; *sud :* pluies en toutes saisons. En moyenne 464 mm/an.

■ **Distances de Johannesburg** (en km). **Par la route :** Le Cap 1 452, Durban 642, East London 900, Gaborone 347, Maputo 593, Maseru 430, Mbabane 371, Pretoria 56, Umtata 882, Windhock 1 805. **Par avion :** Kinshasa 2 788, Le Caire 6 265, Rio 6 700, Dakar 6 716, Paris 8 200, Londres 8 500, Moscou 9 170, New York 12 830, Tōkyō 13 522.

■ DÉMOGRAPHIE

■ **Population.** *2000 (est.) :* 43 420 000 hab.

Noirs (Bantous négroïdes). **Nombre** (en milliers, 1996) : 40 583 dont (en %) Zoulous 22,9, Xhosas 17,9, Afrikaners 14,4, Pedis 9,2, anglophones 8,6, Tswanas 8,2, Sothos 7,7, Tsongas 4,4, Swatis 2,5, Vendas 2,2, Ndebeles 1,5, autres 0,6. Viennent des grands lacs du centre de l'Afr. *1er groupe* arrêté dans le bassin du Congo, en Angola et plus au sud). *2e* (Sothos) fixé au Lesotho, au Botswana et dans certaines parties du Transvaal et du Cap (au nord). *3e* (Ngunis) au Natal le long de la côte est, jusqu'au nord-est de la province du Cap, entré en contact avec les Blancs venant de l'ouest (1750-70). Une part des foyers nationaux tswana, swazi et basotho a formé plus tard Botswana, Swaziland et Lesotho. Des peuples (Xhosas, Zoulous, Sothos du Nord et Vendas) ont été inclus dans l'Union sud-africaine, avec certains Tswanas, Swazis, Basothos et Tsongas Shangaans dans la partie la plus riche, le *Triangle bleu* (à l'est d'une ligne Blouberg-Port Elizabeth).

Asiatiques. Indiens : 1 045 600 (en 1996). *Vers 1860,* travailleurs sous contrat pour la canne à sucre du Natal, puis négociants, marchands ou artisans ; *1927, Cape Town Agreement* avec l'Inde, prévoyant un plan d'aide (retour payé et prime pour les candidats au rapatriement, lopin de terre pour les autres) ; *1949,* peu de retours malgré une augmentation de la prime. Aujourd'hui, ils sont marchands, courtiers, avocats (Gandhi le fut), médecins, entrepreneurs, industriels, maraîchers, planteurs de canne à sucre, ouvriers. **Malaisiens, Indonésiens, Chinois :** 10 000 (en 1995).

Indigènes. **Khoïsan** regroupant **San** ou **Bochimans** (chasseurs-cueilleurs), **Khoï** ou **Hottentots** (chasseurs-cueilleurs-éleveurs). Décimés par 2 épidémies de variole, les survivants se mêlèrent aux autres ethnies, constituant le noyau métis actuel.

Métis du Cap (**Cape Coloured** ou **Bruns**). De souche surtout hottentote mélangée.

Nombre d'habitants (sans les homelands depuis leur indépendance)

	Ensemble [1]	Noirs [1]	Blancs [1]	Métis [1]	Asiatiques [1]
1904	5,17	3,49	1,12	0,44	0,12
1911	5,97	4,02	1,28	0,52	0,15
1921	6,93	4,7	1,52	0,54	0,16
1936	9,59	6,6	2	0,77	0,22
1946	11,42	7,83	2,31	0,93	0,29
1960	15,1	10,93	3,08	1,51	0,48
1970	21,79	15,34	3,77	2,05	0,63
1980	25,08	17,06	4,5	2,7	0,8
1990	30,79	30,76	5	3,2	0,9
1996	40,6	31,1	4,4	3,6	1
2035 [2]	95,3 à 118,3	81,9	5,7	5,2	1,4

Nota. – (1) En millions. (2) Estimations.

■ **Age des habitants.** De *15 ans* : 32,5 % ; + de *64 ans* : 4,8 %. **D.** 35,6.

■ **Émigration** (en milliers). *1924-38* : 51,42 ; *39-45* : 18,89 ; *46-60* : 162,12 ; *61-80* : 224,55 ; *81-89* : 81,7 ; *90* : 4,7 ; *91* : 4,2 ; *92* : 4,2 ; *93* : 8,7 ; *94* : 10,8 ; *95* : 8,7 ; *96* : 9,7 ; *97* : 8,9. **Immigration** (en milliers). *1924-38* : 92,39 ; *39-45* : 16,68 ; *46-60* : 252,45 ; *61-80* : 681 ; *81-83* : 120 ; *85* : 17,2 ; *86* : 6,52 ; *87* : 7,95 ; *88* : 10,4 ; *89* : 11,3 ; *90* : 14,5 [dont 7 560 Européens (3 395 Anglais), 3 084 Africains, 839 Américains, 2 837 Asiatiques] ; *91* : 12,3 ; *92* : 8,6 ; *93* : 9,8 ; *94* : 6,1 ; *95* : 5 ; *96* : 5,4 ; *97* : 4,1. **Noirs étrangers résidant illégalement** (en 1995) : 8,5 millions (dont 3 arrivés en 1994). **Expulsions** (en 1999) : 35 000 Zimbabewéens.

■ **Taux démographiques** (pour ‰). **Natalité** (en 1993) : Noirs 34 ; Métis 22,3 ; Asiatiques 20 ; Blancs 13,6 (globale *de 1985 à 90* : 32 ; *99* : 27). **Mortalité :** N. 12 ; M. 7,7 ; Bl. 7 ; A. 5,7 (globale *de 1985 à 90* : 9,9 ; *99* : 11) ; **infantile** (en 1999) : 52. **Croissance annuelle** (en %, 1986-91) : N. 2,1 ; M. 1,9 ; A. 1,9 ; Bl. 0,8 (globale *1980-91* : 2,4 ; *1991-92* : 2,4 ; *97* : 2). **Espérance de vie** (en 1999). H. 55, F. 60 [*en 1992* : 64 (Bl. 73, N. 60, M. 63, A. 61)]. **Maladies transmissibles** : tuberculose respiratoire ; sida *est. 2000* : 6 000 000 de séropositifs. **Illettrés** (en 1998) : 7 à 8 %.

■ **Superficie habitable.** 28 % (13,7 % occupée par les foyers noirs, 14,3 par les Blancs, Métis ou Coloured (surtout Hottentots), Indiens et Bantous (hors de leur propre territoire). **Répartition des Noirs.** *Vers 1900* : 75 % résidaient dans les territoires nationaux (10 % dans les centres urbains des Blancs) ; *1960* : 6 et 38 ; *85* : 35,8 et 41,7.

Une émigration s'est faite progressivement du sud vers le nord. *1904* : la province du Cap abritait 46,6 % de la pop. totale (21,55 % en 1985), le Transvaal 24,5 % (32,2 % en 1985). *En 1994* : Cap-Ouest, -Nord et -Est 35 ; province du Nord, Mpuma-langa, Gauteng 39 %.

■ **Principales agglomérations** (en milliers d'hab., 1995). Le Cap 2 350 (dont Métis 1 256), Johannesburg [y compris Soweto (South Western Township)] 1 916 (dont Noirs 1 180), East Rand (avec Brakpan, Boksburg, Benoni, Nigel et Germiston) 1 378 (dont Noirs 878), Durban-Pinetown 1 137 (dont Indiens 575), Pretoria 1 080 (dont Noirs 504, Blancs 524), West Rand (avec Krugersdorp, Randfontein, Roodepoort, Carletonville) 870 (dont Noirs 551), Port Elizabeth-Uitenhage 853 (dont Noirs 455, Métis 204), Vanderbijlpark-Vereeniging-Sasolburg 773 (dont Noirs 553), Free State Goldfields 427 (dont Noirs 342), Bloemfontein 300 (dont Noirs 163), East London 270, Pietermaritzburg 228, Kimberley 167. *Townships noirs* : Alexandra et Soweto (est.) 5 000 (à Johannesburg), Crossroads (Le Cap) 100, Mamelodi (Pretoria), New Brighton (Port Elizabeth).

■ **Urbanisation** (en %, 1993). 65,5 (Cap-Est 55,4, Mpumalanga 43,2, KwaZulu 52,9, Nord-Ouest 43,9, Cap-Nord 78,2, Province du Nord 12,1, État libre 73, Gauteng 99,6, Cap-Ouest 95,1). 21 781 807 citadins en 1996.

■ LANGUES

■ **Langues officielles.** 11 dont afrikaans, anglais, xhosa, zoulou, setswana, sesotho, xitsonga, tshivenda, ndebele. L'usage de l'une de ces langues est un droit constitutionnel et chaque province peut en adopter une comme langue officielle. **Nombre de locuteurs :** *1993* : 29 728 000. **1°) Nguni** (18 106 000) : à l'est et au sud-est du pays (+ Zimbabwe, Swaziland), regroupe : *zoulou* (9 105 000) : KwaZulu et Natal ; *xhosa* (7 443 000) : Cap-Ouest, -Est, -Nord ; *swazi* (1 268 000) : Mpumalanga ; *ndebele* (290 000) : centre de Gauteng. **2°) Sotho** (9 451 000) : ouest et nord-ouest de la zone ngunie : *sotho méridional* (2 593 000) : carrefour État libre, KwaZulu-Natal et Lesotho ; *sotho occidental* ou *tswana* (3 155 000) : Nord-Ouest (avec Botswana). **3°) Sotho du Nord** ou **pédi** (3 703 000 : État libre et Province du Nord 3) ; *tsonga* (1 489 000) : Province du Nord (+Mozambique). **4°) Venda** (682 000) : Province du Nord (+Zimbabwe). **Afrikaans** (15,1 % de langue maternelle afr.) ; issu du hollandais du XVIIe s. avec influences hottentote, allemande, *française* (20 % des Afrikaners descendent des huguenots), anglaise, bantoue et orientale. *1925* langue officielle pour 60 % des Blancs et de nombreux Métis. 2e langue de nombreux immigrants et de Noirs). **Anglais** (9,1 % anglophones de naissance. *1795*, 1re occupation britannique. *1806*, 2e occupation, 80 anglophones. *1820*, 5 000 colons débarquent baie d'Algoa, 43 000 anglophones. *1822*, langue du gouv. et de l'administration. *1901*, langue officielle).

■ **Autres langues.** **Fanakalo** : 300 mots et expressions. A base de zoulou, d'anglais et d'afrikaans. **Khoe** (ou Khoï) ou **hottentotes** : Nord-Ouest 10 000 locuteurs. 5 groupes : *nama* (ou *namaqua*) ; *xiri* (ou *griqua*) ; *iora* (ou *korana*) ; *tschu-khwe* et *hai-num* (ou *heikom*). **Bochimanes** : « Bochiman » (Bushmen : gens de la brousse) désigne plutôt un mode de vie (chasse, cueillette, nomadisme). Peu parlées. 3 familles : *ixû* (ou *ju bochiman*) : environs de Grootfontein ; *hûa* (ou *!ô*, ou *ta'a*) : au nord de la province du Cap 230 ; *!wi* (ou *kwi* ou *bochiman du Cap*) : parlé par 30 personnes, des Kwi. Les 1ers hab. du Cap, de l'Orange et du Transvaal oriental ont presque disparu. Les 2 dialectes *!wi* survivants sont le *lexegwi* ou *!wi* oriental parlé dans les environs de Lake Chrissie, et le *n/huki* ou *!wi* de l'ouest parlé par 3 personnes dans le Kalahari Gemsbok Park.

■ **Langues usuelles parlées à la maison** (en millions de locuteurs et, entre parenthèses, en %, 1996). Isizoulou 9,2 (22,9), isihosa 7,1 (17,9), afrikaans 5,8 (14,4), sepedi 3,6 (9,2), anglais 3,4 (8,6), setswana 3,3 (8,2), sesotho 3,1 (7,7), xitsonga 1,7 (4,4), siswati 1 (2,5), tshivenda 0,87 (2,2), isindebele 0,58 (1,5).

■ RELIGIONS

■ **Statistiques** (en 1994). **Chrétiens** : 76,97 % (25 606 000) dont Églises africaines indépendantes 25,74 % (8 560 000), NGK 12,02 (3 990 000), catholiques romains 8,76 (2 914 000), méthodistes 6,78 (2 200 000), anglicans 4,39 (1 400 000), luthériens 2,9 (965 000), Égl. apostolique 1,59 (529 000), presbytériens 1,67 (556 000), Mission apostolique de la foi 1,51 (502 000), Congrégation unie 1,44 (479 000), NHK 1 (333 000), baptistes 0,93 (309 000), Égl. de l'Évangile 0,75 (250 000), GK 0,6 (200 000), Assemblée de Dieu 0,57 (190 000), Nouvelle Égl. apostolique 0,54 (180 000), divers 4,76 (1 584 000). **Non-chrétiens** : 23,03 % (7 600 000) : hindouistes 1,74 % (579 000), musulmans 1,09 (363 000), juifs 0,41 (136 000), confucianistes 0,02 (7 000), bouddhistes 0,01 (3 000), divers 0,13 (43 000), athées ou indéterminés 19,63 (6 500 000).

■ **Organisation.** **Églises réformées afrikaaners :** Église réformée hollandaise *(Nederduits Gereformeerde Kerk)*, Église réformée *(Gereformeerde Kerk)* et Église de nouveau réformée hollandaise *(Nederduits Hervormde Kerk)*. **Églises anglicanes :** *Église d'Angleterre d'Afr. du Sud* et *Église de la Province d'Afr. australe* (19 diocèses), dirigée par Mgr Desmond Tutu (né 7-10-1931, Noir, prix Nobel de la paix 1984) du 7-9-1986 au 2-6-1996. **Église africaine indigène** (AICS) : 2 courants : éthiopien et sioniste ou apostolique (la plus importante : *Église chrétienne de Sion*). Affiliée au Conseil international des Églises chrétiennes (ICC), elle a, en 1981, quitté le SACC, jugé trop politique ; présidée par Mgr Isaac Mokoena. **Église catholique :** 21 diocèses.

☞ **Le Conseil sud-africain des Églises (SACC),** créé en 1936, groupe 23 Églises et 52 % de la population. En mai 1987, le conseil œcuménique des Églises, auquel il appartient, s'était prononcé à Lusaka pour la lutte armée contre le gouvernement sud-africain. En mai 1991 et juillet 1992, il intervint dans les négociations entre partis.

■ HISTOIRE

☞ Restes d'hominidés découverts notamment à l'ouest du Gauteng (Transvaal central) dans la vallée de Blaauwbankspruit (sites de Sterkfontein, Swartkrans, Kromddraai, Coopers, Gladysvale, Gondolin et Drimolen). Plus à l'ouest, découverte en 1924 de l'*enfant de Taung (Australopithecus africanus)*.

■ **500 000 ans.** Peuplement khoisan (ethnie non noire, réduite à quelques îlots dans le désert). **Ier millénaire** immigration des Bochimans. **XIe s.** des Hottentots ou Namas (peut-être croisement de pasteurs hamites et de Bochimans). **1488** le Portugais Bartolomeu Dias (embarqué en avril 1487) double Le Cap, débarque le 3-2 à Mossel-Bay sur l'océan Indien. **1497** le Portugais Vasco de Gama double le cap de Bonne-Espérance. **1510**-*1-3* Almeida, 1er vice-roi des Indes portugaises, tué par les Khoisans (65 †). **1647**-*25-3* naufrage du *Nieuw-Haarlem* : 60 « colons forcés ». **1652**-*6-4* 1er colon hollandais, Jan Van Riebeeck, s'installe au Cap en vue de ravitailler les bateaux de la Cie des Indes. **1688** établissement d'environ 150 huguenots français (révocation de l'édit de Nantes). **1707** 800 colons blancs. **1713** 95 % des Namas meurent (variole) ; immigration bantoue. **1722** 1er immigrant portugais, Ignacio Ferreira. **Vers 1770** 1re rencontre avec des Noirs entre rivières Kei et Fish. **1779** 1re guerre *cafre*, ou guerre de frontières, des Boers contre envahisseurs bantous. **1781** flottille française du bailli de Suffren au Cap (surnommé « le Petit Paris »). **1795** 15 000 colons anglais (le stathouder, chassé par la révolution, a confié temporairement la colonie aux Anglais).

■ **XIXe s.** guerre entre Bantous ; les Zoulous s'imposent. **1802** colonie rendue à la Hollande. **1806**-*janv.* les Anglais occupent Le Cap. **1814**-*13-8* Le Cap officiellement cédé à G.-B. **1815** 3 despotes dévastent la moitié sud-est (*Chaka*, né vers 1787, roi des Zoulous ; 1818 tué par son demi-frère et successeur Dingaan) déclenchant le *mfecane* (vagues de déplacements jusqu'au Tanganyika). **1820** 3 500 colons anglais s'installent au Cap. **1828** *Mzilikazi*, ancien commandant des Zoulous sous Chaka et fondateur de la dynastie Matabélé ; *Mantatisi*, reine sotho des Batlokoas. **1834-39** *Grand Trek* : 14 000 Boers (25 % des Blancs du Cap) vont vers le nord-est (Natal réputé riche et fertile), fuyant l'administration britannique. Raisons : fermiers harcelés par tribus xhosas et hottentotes, les Anglais interdisant les représailles. 1ers départs : 200 pionniers conduits par Louis Trigardt (1783-1838) et Hans Van Rensburg, suivis plus tard de Piet Retief (1780-1838), Gerrit Maritz (1797-1838), Andries Potgieter (1792-1852) et Sarel Cilliers (futurs fondateurs du pays). **1836**-*16-10 Vegkop* : Boers battent Matabélés du Nord. **1837**-*juin Constitution de Winburg* (propose création de la libre province de Nlle-Hollande du sud-est de l'Afr.). Ndebeles battus à Marico. **1838**-*4-2* Retief et 60 h. massacrés par Zoulous. *-17-2* : 300 Blancs (dont 50 % d'enfants) et 200 serviteurs assassinés à Blaauwkraus. *-16-12* Andries Pretorius (1798-1853) bat 12 000 Zoulous avec moins de 500 h. à *Blood River* (rivière Ncome, rougie par le sang des Zoulous). Fondation du Transvaal [en 1849, devient Rép. sud-africaine (reconnue par G.-B. le 17-1-1852)]. **1839-43** Rép. boer du *Natal* annexée par G.-B. *2e trek* vers Transvaal (reconnu par G.-B. en 1852). **1848-58** arrivée de 5 000 colons britanniques dans le Cap-Est. **1852** indépendance du Transvaal. **1854**-*23-2* indépendance de l'Orange (fondé par les Hollandais, 1836). **1860** début de l'importation d'Indiens au Natal pour la canne à sucre (plus nombreux que les Blancs en 1900). **1864** *création de la Rép. du Transvaal*. **1866** *découverte du diamant* (Kimberley). **1868** *Moshe* (chef sotho), battu par les Boers, obtient le protectorat anglais. **1873** *or* à Pilgrim's Rest. **1877**-*12-4* G.-B. annexe Transvaal. **1879** Anglais battent Zoulous à *Ulundi*. *-1-6* décès du P^ce impérial Louis-Napoléon. **1881** **1re guerre anglo-boer :** *-21-2* victoire boer d'*Amajuba Hill*, autonomie du Transvaal. **1885** début de la politique anglaise d'encerclement des Boers : déclaration de protectorat du Transvaal au Zambèze, annexion du *Zululand* (1887), puis du *Tongaland* (1895). **1886** *ruée vers l'or* (mines du Witwatersrand). **1895**-*29-12*/**1896**-*2-1* échec du *raid de Jameson* contre les Boers.

1899-*11-10*/**1902**-*31-5* **2e guerre des Boers** *Orange* et *Transvaal* [Pt Paul Krüger (Clarens, Suisse, 1825-1904)] vaincus par Horatio Herbert Kitchener (Angl., 1850-1916), 448 000 Britanniques engagés (7 792 †) contre 40 000 Boers (6 000 †) dont la plupart des armes (allemandes) avait transité par la Namibie, alors allemande. Grâce à Lourenço Marques des armes françaises du Creusot arrivaient avec des volontaires européens sur les bateaux des Chargeurs Réunis. **1900**-*janv.* 118 000 Européens, 43 000 Noirs ou Métis dans les camps de concentration anglais (25 camps en 1901 ; 20 000 †) sous la responsabilité de Robert Baden-Powell (1857-1941). *-27-2* Cronje (chef boer) capitule avec 4 000 h. *-1-3* les Anglais délivrent *Ladysmith* (assiégée depuis 109 jours). *-5-4* colonel Cte Georges de Villebois Mareuil (né à Nantes 22-3-1847) à la tête d'une légion internationale (volontaires français et hollandais) tué à Boshof (Orange). *-18-5* les Anglais délivrent *Mafeking* (où résiste Baden-Powell depuis 13-10-1899). *-5-6* prennent *Pretoria*. **1902**-*31-5 paix de Vereeniging* consacrant la souveraineté britannique. **1904** Africains exclus des emplois qualifiés. **1906** soulèvement manqué du chef Dinizulu.

■ **Dominion.** **1910**-*mai* **Gal Louis Botha** (1862-1919, Union sud-africaine) PM. *-31-5* Le Cap, Natal, Transvaal et Orange forment *l'Union sud-africaine* et deviennent un dominion ; Lesotho, Botswana et Swaziland : protectorats exclus de l'Union. **1913** *Native Land Act :* possession garantie des terres ancestrales aux Noirs qui ne peuvent posséder des terres en zones blanches ; pour eux sont délimités 8 900 000 ha. **1914-18** Union sud-afr. participe à la guerre, 200 000 volontaires, 12 452 † (8 551 Blancs, 709 Métis, 3 192 Noirs). **1915**-*mai* occupation du sud-ouest africain appartenant à l'Allemagne (Namibie). **1919**-*août* **Gal Jan Christiaan Smuts** (1870-1950, républicain ; Mal 24-5-1941) PM. **1921**-*mai* massacre de Bulhoek, 163 Noirs †. **1922**-*mars* émeutes à Witwatersrand (remplacement de 4 000 ouvriers blancs par des Noirs moins payés), 534 †. *-Oct.* la Rhodésie du Sud refuse de se joindre à l'Union sud-africaine. **1924**-*avril* **Gal James Barry Munnik Hertzog** (1866/22-11-1942, nationaliste) PM. **1930** droit de vote accordé aux femmes. **1931** *statut de Westminster,* indépendance législative comme dominion. **1936** territoires alloués aux Noirs portés à 15,3 millions d'ha. **1939**-*6-9* **Gal Smuts** PM. Déclare la guerre à l'All. [218 260 participants (148 050 Blancs dont 12 878 femmes, 27 583 Métis, 42 627 Noirs, 6 000 †)]. **1947** prise des îles Edward et Marion. **1948** arrivée au pouvoir des Afrikaners. Élections législatives. *-Juin* **Dr Daniel François Malan** (1874-1959, P. nationaliste unifié) PM. Application de l'*apartheid.* **1949**-*15-1 émeutes à Durban,* 149 †. **1950**-*1-5* grève nat. **1952**-*26-6* 1re journée de désobéissance civique. P. communiste interdit. **1954**-*30-11* **Johannes Gerhardus Strijdom** (né 1901, nationaliste) PM. **1955** pétrole produit par Sasol à partir de charbon. **1957** base de *Simonstown* revient à l'Union sud-afr. **1958**-*24-8* **Charles-Robert Swart** PM. *-Sept.* **Dr Hendrik Frensch Verwoerd** (1901-66, nationaliste) PM. **1960**-*21-1* catastrophe minière à Clydesdale Colliery. *-21-3* émeutes noires contre passeports intérieurs à *Sharpeville,* 69 †, 200 blessés. *-30-3* état d'urgence. *-8-4* loi sur organisations illégales (adoptée par 128 voix contre 16) : le PAC et l'ANC sont interdits. *-5-10 référendum pour la République* [1 800 748 inscrits, 1 626 336 votants, 850 458 oui (52 %), 775 878 non (48 %)]. **1961**-*14-2 système décimal.*

■ **République.** **1961**-*mai* **Charles-Robert Swart** (1894-1982, nationaliste) Pt de la Rép. *-31-5* Rép. sud-africaine (RSA) détachée du Commonwealth. *-Déc.* l'ANC (clandestin) crée l'*Umkhonto we Sizwe* (« Lance de la nation »). **1961**-*déc. à fin* **1963** environ 300 sabotages. **1962**-*26-6* loi contre le sabotage. *-5-8* Nelson Mandela arrêté. **1963** début d'autonomie des **bantoustans.** *-12-7 :* 10 pers., dont W. Sisulu, arrêtées dans la ferme de Rivonia, louée par Arthur Goldreich, communiste blanc, qui en a fait le QG du PC sud-afr. [cache d'armes : l'ANC en voie d'acquérir ou de fabriquer 210 000 grenades à main, 1 500 dispositifs à retardement, 48 000 mines antipersonnel ; plan de renversement du gouv. par la force : « Opération Mayibuye »]. **1964**-*mai procès de Rivonia* (12-6 Sisulu, Mbeki, Mandela emprisonnés à vie). Les bases opérationnelles de l'Umkhonto avaient été achetées par des fonds du PC sud-afr. **1966**-*6-9* PM *Verwoerd assassiné* (poignardé) à l'Assemblée par Dimitri Tsafendas (Blanc déséquilibré, huissier du Parlement, condamné à perpétuité, 7-10-1918/1999 dans un asile psychiatrique). *-13-9 John Balthazar Vorster* (1915-83, nationaliste) PM.

1967-*31-5* **Theophilus Ebenhaezer Donges** (1898-1968, nationaliste) Pt ; malade, il ne peut tenir son poste. *-3-11 : 1re greffe du cœur* au Cap par le Pr Barnard.

1968-*10-4* **Jacobus Fouché** (né 6-6-1898, nationaliste) Pt. **1974** élections générales, victoire nationaliste. *-22-9* PM Vorster en Côte d'Ivoire. **1975**-*12-2* rencontre Vorster-Tolbert (Pt du Libéria) à Monrovia.

1975-*19-4* **Nicolaas Diederichs** (1903-78, nationaliste) Pt. **1976**-*janv./mars* opérations militaires sud-africaines dans le sud de l'Angola. *-16-6* au *28-2-1977 émeutes à Soweto* après décision d'imposer l'afrikaans comme langue d'enseignement, 575 † (dont 5 Blancs) dont 441 tués par police. *-26-10* **1er bantoustan indépendant** (Transkei). **1977** 1re expérience atomique dans le Kalahari. *-12-9 Steve Biko* (mouvement Conscience noire) assassiné en prison par des policiers. *-19-10* 17 mouv. anti-apartheid dissous.

1978-*28-9* **John Balthazar Vorster** Pt. *Pieter Willem Botha* (né 12-1-1916, nationaliste) PM (jusqu'au 3-9-1984 : fonction supprimée par la nouvelle Constitution). **1979**-*4-6* Vorster, malade, démissionne.

1979-*19-6* **Marais Viljoen** (né 2-12-1915, nationaliste) Pt. **1980**-*2-6* incendies terroristes de 2 complexes pétrochimiques à Sasolburg. *-17/20-6* émeutes au Cap, 30 à 60 †. **1981**-*janv.* raid au Mozambique, près de Maputo, 13 † ANC. *-Mai/juin* attentats de l'ANC. *-24-8* raid en Angola contre la Swapo, 450 à 500 † (8 Sud-Africains, 2 Namibiens). *-1/20-11* raid contre le PC de la Swapo à Chitequeta, 71 †. **1982** attentat contre locaux de l'ANC à Londres. *-Févr.* attentat contre Swapo, 201 †. *-1/2-7* grèves mines d'or (11 †, 5 000 licenciements). *-Août* raid en G.-B. contre Swapo (314 † dont 15 Sud-Africains). *-2-12* libération de Breyten Breytenbach (né 1939), poète-peintre condamné à 9 ans de prison pour sympathie envers ANC. *-9-12* raid au Lesotho, 30 † dont 4 chefs de l'ANC. *-19-12* attentat ANC contre centrale nucléaire de Koeberg (2 réacteurs touchés). **1983**-*20-5* voiture piégée (ANC) à Pretoria, 17 †. *-23-5* raid sud-africain sur Maputo, censé abriter des bases ANC (64 †). *-2-11 référendum :* 65,95 % des votants (Blancs), pour présidentialisation du régime, et association partielle et séparée des Métis et Indiens au pouvoir. *-4-11* création d'un front démocratique (500 organisations anti-apartheid). **1984**-*16-3 traité de N'komati* de non-agression avec Mozambique, puis de *Lusaka* avec Angola (plus de base arrière pour l'ANC). *-3-4* voiture piégée (3 †) à Durban. *-14-7* attentat (5 †) à Durban. *-22/28-8* élection de députés métis et indiens. *-3-9* nouvelle Constitution en vigueur.

1984-*5-9* **Pieter Willem Botha** Pt (poste de PM supprimé). *-Sept./mars 1985* violences dans townships, plus de 200 † (notamment à Crossroads, Langa, le 21-3, 20 Noirs †). *-15-9* 1er gouv. comprenant un ministre métis et un ministre indien. *-16-10* Mgr Desmond Tutu prix Nobel de la paix. *-11-11* Pt Botha en Fr. à Longueval. **1985**-*févr.* arrestation de leaders (UDF) ; Dennis Goldberg (emprisonné à vie en juin 1964) libéré ; Pt Botha en Fr. (visite privée). *-Avril* retrait sud-afr. du Sud angolais. *-13/14-4* émeutes près de Port Elizabeth, 8 Noirs †. *-28-5* bombe ANC à Johannesburg (16 blessés). *-14-6* raid au Botswana (13 † à Gaborone). *-21-7* état d'urgence dans 36 districts sur 265 (1/10e du territoire). *-24-7* la Fr. rappelle son ambassadeur, saisit le Conseil de sécurité de l'Onu d'un projet de résolution condamnant l'Afr. du Sud, suspend nouveaux investissements. *-1-8 Victoria Mxenge,* avocate noire, assassinée par des Noirs près de Durban. *-7/10-8* Durban : Noirs et Indiens s'affrontent, 73 †. *-28-8* manif. au Cap pour Mandela (9 †). *-5-9* agitation (Noirs et Métis) dans quartiers blancs du Cap et de Port Elizabeth. *-10-9* Reagan, contre l'apartheid, annonce des sanctions (vente de matériel informatique et de technologie nucléaire interdite). *-Oct.* Botha menace d'arrêter export. de chrome (88 % des import. américaines et 48 % des européennes ; 1 000 000 d'Américains perdraient leur emploi). *-18-10 Benjamin Moloïse* (28 ans) de l'ANC, accusé d'avoir participé au meurtre d'un policier noir, est pendu. *-19-10* Johannesburg, 2 500 Noirs saccagent voitures et boutiques et molestent des Blancs. *-13-12 :* 6 Noirs condamnés à mort pour lynchage du maire adjoint, noir, de Sharpeville. *-15-12* attentat (6 Blancs †). *-20-12* raid au Lesotho (9 †). *-22-12* attentats à Amanzimtoti (5 Blancs †). **1986**-*4-1* attentat (2 Blancs †). *-31-1* Botha annonce démantèlement juridique de l'apartheid. *-7-3* état d'urgence levé. *-14/17-3* affrontements (Xhosas/Basothos) dans mine d'or de Val-Reef (7 †), entre policiers et Noirs (9 Noirs †). *-26/27-3 :* 30 †. *-18-5* troubles à Crossroads, 40 †. *-19-5* raids contre Harare (Zimbabwe), Gaborone (Botswana), Lusaka (Zambie). *-31-5* manif. de 10 000 Blancs à Pretoria contre réformes en faveur des Noirs. *-9/10-6* troubles à Crossroads, 17 †. *-12-6* état d'urgence. *-16-9* incendie mine d'or de Kinross, 177 †. *-30-9* Reagan nomme un Noir, Edward Perkins, ambassadeur. *-2-10* Congrès américain vote sanctions contre l'Afr. du Sud. *-20-10* grève de 275 000 mineurs. **1987**-*janv./févr.* affrontements Xhosas (du Transkei) et Basothos (du Lesotho) à la mine d'or du Pt-Steyn, 39 †. *-7-1* rentrée des écoliers noirs après 2 ans de boycottage. *-23-1 :* 12 † dont 7 enfants près de Durban (Inkhata mis en cause). *-Janv.* USA, Oliver Tambo (Pt de l'ANC) déclare que « le meurtre de civils blancs aura un effet bénéfique : celui d'habituer les Blancs à saigner ». *-Févr.* USA retirent plusieurs minerais stratégiques des produits frappés par les sanctions. *-Mars* accord avec Mozambique pour rénover port de Maputo. *-20-3 Pierre-André Albertini* (professeur français coopérant, arrêté le 23-10-1986), condamné, au Ciskei, à 4 ans de prison pour transport d'armes. Sac de la chancellerie sud-africaine à Paris (dégâts : 500 000 F). *-6-5 législatives* (pour les Blancs) ; succès du P. national et du P. conservateur. *-20-5* Johannesburg : voiture piégée par ANC, 4 †. *-27-6* Pt Mitterrand refuse de recevoir lettres de créance de l'ambassadeur d'Afr. du Sud. *-Juillet* Johannesburg, attentat ANC, 68 blessés. *-7/30-8* grèves des mines (21 jours) : 300 000 grévistes, 10 †, coût 100 millions de $. *-7-9* Albertini libéré par échange (l'Unita relâche 133 soldats angolais, laisse partir 1 Néerlandais reclus dans son ambassade ; l'Angola relâche major Du Toit). *-Sept.* Natal, affrontement UDF/Inkhata. *-5-11* libération de 7 prisonniers incarcérés pour atteinte à la sûreté de l'État [dont John Wkosi, ancien dirigeant du PAC, et Govan Mbeki, ancien secr. du commandement de la branche armée de l'ANC, condamnés en 1963 et 64 à la réclusion à perpétuité]. **1988**-*févr.* plan, privatisation (électricité, PTT, transports, sidérurgie). Natal, affrontements UDF-Inkhata (plus de 400 †). *-24-2* interdiction d'activité politique pour 17 organisations anti-apartheid. *-25-3 :* 7 Noirs exécutés pour meurtre. *-29-3 Dulcie September* (Métisse, née 1935), représentante ANC, tuée à Paris ; Joseph Clue (agent sud-afr.) soupçonné. *-21/22-5* député métis et 9 personnes †. *-26-5 :* 2 policiers blancs condamnés à mort pour meurtre d'un Noir. *-3-6* attentat près de Johannesburg, 4 †. *-8-6* mobilisation des réservistes (325 000 h., qui appuient les 97 000 soldats réguliers) car menace cubaine sur frontière angolo-namibienne. *-9-6* état d'urgence reconduit pour un an. *-20-6* amnistie pour exilés politiques (ANC compris) renonçant à la violence. *-12/13-9* Botha reçu par Pt Chissano (Mozambique) et Pt Banda (Malawi). *-14-9* l'avion du pape Jean-Paul II contraint d'atterrir à Johannesburg. Botha reçu par Mobutu. *-Sept. municipales,* participation des Noirs : 26 % (Soweto 11 %). *-15-10* Botha en Côte d'Ivoire. *-15-11* un ancien policier blanc abat 6 Noirs à Pretoria. *-17-11* BBB (Mouv. de libération des Blancs) interdit. *-23-11* Botha gracie les « 6 de Sharpeville ». *-26-11* libération de 2 condamnés pour terrorisme, pour raisons de santé : Z. Mothopeng, 75 ans, Pt du PAC, condamné en 1979 à 15 ans, et H. Gwala, 79 ans, ANC, condamné à perpétuité en 1977. *-10-12* procès de « Delmas » : sur 22 dirigeants de l'UDF (branche légale ANC), 11 acquittés et 6 condamnés avec sursis. *-20-12* le seul ministre non blanc, Amichand Rajbansi, limogé (pour irrégularité). *-22-12 traité de New York :* avec Angola et Cuba, garantissant retrait des Cubains d'Angola, en échange de l'indépendance de la Namibie (prévue 1-11-1989). *-25-12* Natal : affrontements Inkhata/Front démocratique (9 †). Les luttes pour le contrôle des cités noires ont fait 3 500 † depuis 1987, dont 1 150 dans la région de Durban et 2 288 dans celle de Pietermaritzburg. **1989**-*8-1* ANC se retire d'Angola. *-18-1* Botha victime d'une congestion cérébrale. *-19-1* **Chris Heunis** (né 1927), Pt par intérim. *-15-3* **Pt Botha** reprend ses fonctions. *-4-6* écrivain Richard Rive assassiné. *-14-8* Botha démissionne. *-15-8* **De Klerk** Pt par intérim. *-6-9 législatives :* voir p. 954 c ; grève générale lancée par syndicats noirs et mouvements anti-apartheid. Selon Mgr Tutu, 23 manifestants tués par la police lors d'émeutes au Cap. *-13-9* marche pour la paix au Cap (autorisée), 20 000 à 100 000 pers. *-15-9* nouvelle marche.

1989-*20-9* **Frederik W. De Klerk,** dit FW (né 18-3-1936) Pt. *-15-10* Elias Motsoaledi, Ahmad Kathrada, Raymond Mhlaba, Andrew Mlangeni, Walter Sisulu, Jafta Masemula (PAC), Wilton Mkwayi (ANC, successeur de Mandela à la tête de la branche militaire) et Oscar Mheptha (90 ans) libérés. *-29-10 :* 1re réunion publique ANC et PC depuis 30 ans (50 000 à 70 000 pers.). *-7-12* service militaire réduit à 12 mois. *-8-12* complot d'extrême droite déjoué. *-9/10-12 :* 4 600 délégués de plus de 200 organisations anti-apartheid à la Conférence pour un avenir démocratique (CAD), rejettent le programme de De Klerk. **1990** légalisation ANC et PC. *-11-2* **Mandela libéré,** incidents (60 †) dans ghetto de Thokoza au Ciskei, au Cap et au Natal (heurts Zoulous/UDF : 48 †). *-24-2* De Klerk participe à un sommet de chefs d'État africains. *-25-2* à Durban (Natal), devant 100 000 pers., Mandela demande aux factions noires de renoncer à la violence. *-Févr.* exécution des condamnés à mort suspendue jusqu'au 5-3-1991. *-28/30-3* affrontements UDF/Inkhata (40 †). *-2/4-5* **1re rencontre officielle ANC/ gouv. :** accord de *Groote Schuw :* négociations ouvertes. *-Juin* état d'urgence levé. *-7-6* ANC renonce officiellement à la lutte armée. *-6-8* accord avec ANC sur le retour de 20 000 exilés ; affrontement ANC/Inkhata (500 †). *-1/5-12* environ 80 †. *-13-12* Oliver Tambo revient en Afr. du Sud. **1991**-*1-2* manifeste pour la nouvelle Afr. du Sud. *-4-2 :* 1re rencontre depuis 30 ans ANC/PAC. *-12-2* accords ANC/gouv. sur abandon lutte armée. *-15-2* assassinat du juriste noir Bheki Mlangeni. *-4-3* UDF dissous ; regroupe 600 assoc. et organisations d'opposition dont la Cosatu, le PC, l'ANC et des associations civiques, religieuses et estudiantines. *-16-4* réunion ANC-PAC à Harare. *-13-5* Afr. du Sud admise à l'OUA, *-31-5* au Mouv. des non-alignés, *-1-6* membre du Commonwealth. *-2-6* Mandela propose un référendum sur un *homeland* blanc. *-21-6* le Parlement réduit à 10 jours la détention d'un suspect (auparavant illimitée). *-4-7* visite du Pt Mitterrand. *-9-7 CIO (Comité international olympique)* reconnaît Comité national sud-afr. *-14-9* accord de paix De Klerk/20 organisations pour mettre fin aux violences entre factions noires. *-3-10* Nadine Gordimer prix Nobel de littérature. *-8/12-11* affrontements, mine d'or Pt-Steyn, 76 †. *-20/21-12* création de la Codesa. Dans l'année, plusieurs milliers d'exilés admis à rentrer, plusieurs centaines de détenus libérés. **1992**-*3/4-2* De Klerk et Mandela à Paris pour recevoir prix Houphouët-Boigny. *-28-2* relations diplomatiques reprises avec Russie. *-16-3 référendum* dans communauté blanche pour poursuite des réformes (abstentions 14,3 % ; sur 3 290 000 électeurs, 68,3 % votent oui). *-Mars* affrontements, 437 †. *-17-6* Inkhata à Boïpatong (Johannesburg) fief ANC, 39 † ; ANC rompt les négociations. *-3/5-8 :* 34 † en 2 jours, grève générale ANC/SACP/Cosatu. *-19-10* amendement constitutionnel autorisant l'accès de non-parlementaires aux postes ministériels (en pratique, les Noirs non éligibles). Mandela reconnaît que l'ANC aurait, dans les années 1980, pratiqué des tortures dans les camps (Ouganda, Tanzanie, Angola où vivaient des milliers de militants en exil).

1993-*12-2* accord ANC/gouv. *-20-2 :* 2 ministres métis (Sport, Population), 1 ministre indien (Tourisme). *-24-3* De Klerk reconnaît : « l'Afr. du Sud a produit 6 bombes atomiques », il les a fait démanteler depuis 1989. *-10-4 Chris Hani* (secr. général du PC) assassiné [14-10 *Janusz Walus* (émigré polonais de 38 ans) et *Clive Derby-Lewis*

■ **Sanctions économiques occidentales.** **Sanctions prises : 1985** USA embargo sur pièces d'or (Kruggerrands), ordinateurs et technique nucléaire. **1986** interdit d'importer charbon, fer, acier, uranium, fruits et produits manufacturés sud-afr. ; blocus pétrolier ; départ entreprises américaines. Mêmes mesures de la part de la CEE et du Commonwealth (sauf G.-B.). **Levées des sanctions : 1990**-*20-2* G.B. *-Déc.* CEE (sur investissements en Afr. du Sud). **1991**-*10-7* USA. *-21-10* Commonwealth : partielle. *-22-10* Japon. **1992** CEE. *-11-3* Fr. (sur embargo charbon). *-6-4* CEE (sur embargo pétrolier). *-15-4* CEE (partielle). **1993**-*29-9* OUA (sauf armes et pétrole). *-9-12* Onu. **1994**-*25-5* Onu, *-19-6* Israël (sur armes). **Conséquences :** *pertes de 1985 à 1990 :* 12 à 30 milliards de $ [désinvestissement et fuite des capitaux étrangers ; 50 % des 1 121 Stés étrangères parties (mais rachetées dans 2/3 des cas par des groupes sud-afr., parfois comme prête-noms pour les anciennes Stés)]. *Manque à gagner :* 15 % du revenu moyen.

(ancien député du P. conservateur) sont condamnés à mort (peine commuée en détention à perpétuité) confirmée en appel 30-11-1994]. *-Juillet* massacre dans église du Cap, 11 Blancs †. *-7-9* accord sur création d'un *Conseil exécutif de transition* (TEC), permettant aux Noirs d'être associés aux décisions gouvernementales (ratifié par Parlement 23-9). *-23/26-10 :* 38 Noirs tués dans banlieue de Johannesburg (dont 6 par le « supplice du collier »). *-12-11 Constitution intérimaire* (ratifiée 17). *-7-12 Conseil exécutif multiracial* (TEC) en fonction, comprenant Haute autorité de l'audiovisuel, Commissions des médias et électorale. *-13-12.* 3 Noirs tués par commando blanc. *-15-12* Mandela et De Klerk reçoivent le prix Nobel de la paix. *-30-12 :* 5 Noirs attaquent restaurant multiracial du Cap (4 †). **1994**-*1-1* les 7 millions d'hab. des 4 bantoustans indépendants deviennent citoyens sud-afr. *-18-/19-2* Natal, 15 sympathisants ANC assassinés. *-1-3 Walvis Bay* remise à la Namibie. *-18/24-3* Natal, 80 †. *-25-3* Durban, 60 000 à 200 000 manifestants pour ANC. *-28-3* Johannesburg, manif. zouloue, 53 †. *-31-3* Natal, état d'urgence. *-2/3-4* Natal, 19 †. *-8-4* échec sommet ANC/Inkhata. *-13-4* Natal, 27 †. Inkhata accepte de participer aux élections. *-23/25-4* Johannesburg, attentats, 16 †. *-26/27/28-4* **1res élections multiraciales :** nombreuses fraudes : ANC 62,65 % des voix. *-28-4* Force de défense sud-africaine devient Force nationale de défense (NDF). *-Mai* Gal Basie Smit, n° 2 de la police, démissionne (impliqué dans complots contre ANC).

1994-*10-5* **Nelson « Rolihlahla »** (en xhosa, « tirant la branche d'un arbre ») **Mandela,** Pt [né 18-7-1918 à Qunu, Transkei ; nom signifiant « Fauteur de troubles » ; originaire d'une famille princière (Tembo, tribu des Xhosas). *1958* épouse Winnie (voir encadré p. 956 a). *1962-5-8* arrêté ; *-7-11* condamné à 5 ans de prison pour incitation à la grève et pour avoir illégalement quitté l'Afr. du Sud. *1964-12-6* condamné à vie pour trahison. Contracte la tuberculose en prison (pénitencier de Robben Island), subit l'ablation de la prostate et une opération de la vessie. *1973-déc.* refuse d'être libéré contre renoncement public à lutte armée et exil au Transkei. *1985* même refus. *1986-89* 22 rencontres organisées entre lui et gouv. *1988-7-12* en résidence surveillée à Poarl. *1990-11-2* libéré. *1991-5-7* élu Pt de l'ANC. *1994-27-4* élu Pt de la Rép. par le Parlement. *1997* officiellement concubin de Graça Machel, veuve du Pt du Mozambique (l'épouse 18-7-1998)]. Investi à Pretoria devant 150 000 pers. et 5 000 invités (42 chefs d'État) [vice-Pts : *Thabo Mbeki* et *Frederik De Klerk* qui démissionnera le 30-6-1996]. *-13-7* Mandela opéré de la cataracte. Il dépose ses nom, signature et image dans l'agence de brevets américaine Beanstalk (droits réservés à un fonds pour la démocratie). *-20-7 Programme de reconstruction et de développement (RDP)* lancé. *-Août* 1 500 membres de l'Apla intègrent armée sud-africaine ; 10 000 † au KwaZulu-Natal depuis 1984. *-31-8* KwaZulu-Natal, état d'urgence levé. *-6-10* Afr. du Sud admise aux institutions de BrettonWoods. *-25/28-11* « guerre des taxis », 13 †. *-12-12* admise Unesco. *-Fin déc.* violences au KwaZulu-Natal, 55 †. **1995**-*janv./oct.* 2 600 † au Natal. *-6-1 Joe Slovo,* ministre du Logement et Pt du PC sud-afr., meurt. *-14-2* Conseil constitutionnel inauguré. *-13-3* double système de change (instauré sept. 1985) supprimé : 1 rand = 3,61 $. *-19/25-3* visite d'Elisabeth II. *-16/17-9* de Jean-Paul II. *-1-11 municipales,* victoire ANC : 63,78 % des sièges ; NP 16,43 %. *-1-12 Gal Magnus Malan* (ancien min. de la Défense) et 19 personnes inculpés pour 13 meurtres le 21-1-1987 au KwaZulu-Natal (acquittés 11-10-1996). **1996**-*9-4 :* 1re audience de la commission *Vérité et Réconciliation (TCR)* [créée par la loi du 27-7-1995 ; 16 m. ; *Pt* (depuis 29-11-1996) : Mgr Desmond Tutu], chargée d'identifier les violations des droits de l'homme et d'amnistier les auteurs de crimes politiques commis sous l'apartheid (entre 1-3-1960 et 5-12-1993 ; fin de l'enquête 31-7-1998, 7 000 demandes d'amnistie). *-13/16-7* Mandela en France. *-30-10 colonel de Kock* (responsable de la lutte anti-ANC pendant l'apartheid) condamné à perpétuité. *-24-12* Worcester, attentat supermarché (Boers, extrême droite), 3 †. **1997**-*6-2* Johannesburg, émeutes dans quartiers métis, 4 †. **1998**-*23-1* Pieter Botha, ancien Pt, comparaît devant la TCR; *-23-2* inculpé pour avoir refusé de coopérer avec la commission. *-27-2* fin de l'embargo américain sur les ventes d'armes imposé en 1963. *-Mars* visite du Pt Clinton. *-1-6* Siphiwe Nyanda, 1er général noir à la tête des armées. *-26/28-6* visite du Pt Chirac. *-Juillet* 40 † dans cités noires (rivalités ANC/UDM). *-25-8* Le Cap, attentat restaurant, 1 †. **1999**-*28-1* Le Cap, attentat, 11 bl. *-14-6* **Thabo Mbeki** (né 18-6-1942 ; Xhosa) élu Pt (sans vote car seul candidat), intronisé le 16-6. *-17-6 Jacob Zuma* vice-Pt.

■ RÉGIME AVANT 1994

APARTHEID (DÉVELOPPEMENT SÉPARÉ)

■ **Définition.** Développement séparé des races et création progressive d'États fondés sur les groupes linguistiques et culturels.

■ **Étapes.** **1911** *Bantu Labour Regulation Act :* oblige les travailleurs noirs à accepter un emploi sous peine de poursuites pénales. **1913** *Native Land Act :* divise l'Union sud-africaine en 2, laissant 7,3 % du territoire (12,7 % en 1936) aux Noirs ; sur le reste, seuls les Blancs peuvent posséder la terre. 50 % des terres arables sont en territoire noir. **1923** *Native Urban Area Act :* impose aux Noirs d'habiter certains quartiers réservés. **1927** *loi Hertzog* prohibant tout rapport sexuel hors mariage entre Blancs et Noirs. *Mines and Works Amendment Act* (Colour Bar Act) : réserve des emplois aux Blancs et interdit la délivrance de certificats d'aptitude aux Noirs et Asiatiques. **1944** *Apprenticeship Act n° 37 :* refuse aux Noirs la possibilité de recevoir une formation. **1945** *Bantu Consolidation Act :* habilite les inspecteurs du travail à délivrer et révoquer les permis de travail aux Noirs. **1949** loi de prohibition des mariages interraciaux. **1950** les dispositions de 1927 sont appliquées aux Indiens et aux Métis. *Group Areas Act n° 41 :* astreint la population à résider dans des zones distinctes. *Population Registration Act :* classe les Sud-Africains à la naissance selon la couleur de peau. **1951** *Black Authorities Act :* reconnaît les structures politiques et administratives traditionnelles des Noirs, le pouvoir territorial repose sur des autorités tribales et régionales. **1952** *Native Act n° 67 :* oblige les Noirs de 16 ans et plus à porter sur eux un *pass book* contenant leurs pièces d'identité, avec mention de l'origine tribale, leurs quittances d'impôts, etc. (interdiction de séjourner plus de 3 jours en zone urbaine sans autorisation spéciale). **1953** *Bantu Labour Act :* interdit aux Noirs de faire grève et de se syndiquer. *Bantu Education Act :* système d'éducation séparé pour les Noirs. *Separate Amenities Act :* ségrégation dans les lieux publics. **1956** *Industrial Conciliation Act :* interdit les syndicats ouvriers « mixtes ». **1957** *Immorality Amendment Act :* interdit tout rapport sexuel entre personnes de races différentes. *-30-1* Onu condamne pour la 1re fois l'apartheid. **1959** *Black Self-Government Act :* reconnaît 9 groupes ethniques noirs comme des entités nationales, et établit progressivement autonomie puis indépendance. *Promotion of Bantu Self Governing Act :* base du système des bantoustans, annonçant des déplacements massifs de population (1,5 million de 1960 à 70). La main-d'œuvre noire (indispensable) est ainsi refoulée hors des agglomérations blanches et privée de la citoyenneté sud-africaine. Certains États étaient éclatés géographiquement [Bophuthatswana, KwaZulu en 9 parties] au nom des découpages ethniques. **1966** *Group Areas Act :* amendé. **1970**-*26-2 Bantu Homeland Citizenship Act :* prive les Noirs de la citoyenneté sud-africaine.

■ **« Reflux ».** **1974**-*29-12 : 1er match à Johannesburg opposant une équipe blanche à une équipe noire.* **1975** 1ers officiers métis. **1976** plage multiraciale à Port Elizabeth. **1977** ségrégation supprimée par 12 firmes américaines, modification des églises réservées. **1978** crématoire multiracial au Transvaal. **1979** syndicalisation noire autorisée. **1980** mariage possible entre un Blanc et une Métisse. **1981** *Manpower Training Act, loi 56 :* sans discrimination d'ordre sexiste ou racial. *Labour Regulations Amendment Act, loi 57 :* supprime les emplois réservés, ouvre syndicalisme et centres d'apprentissage et de formation aux travailleurs de toutes races. **1982** réunion entre le gouv. des 4 États indépendants et celui de l'Afr. du Sud pour faciliter la coopération. **A partir de 1982** octroi d'un statut municipal aux zones urbaines noires. **1984**-*17-8 : 1re grève légale* lancée par un syndicat noir. *-27* et *-28-8 élection des chambres* métisse et indienne (réforme constitutionnelle du 2-11-1983). *Black Communities Development Act, loi 4 :* remplace Black Labour Act (1964) et Black (Urban Areas) Consolidation Act (1945), sections de lois ayant remplacé Black Land Act (1913) et n° 67 (1952) sur l'abolition des *pass laws* et la coordination des documents, sections du Bantu Law Amendment Act (1964, n° 44) et d'amendements ultérieurs. *Bilan du Group Areas Act :* 126 000 familles expulsées (66 % métisses, 32 % indiennes, 2 % blanches). **1985** l'apartheid est désigné comme un « concept dépassé » par le Pt Botha. Seule s'y réfère l'extrême droite sud-africaine. *-Avril* abolition des dispositions raciales de l'*Immorality Act* et de celles interdisant les mariages mixtes. *-1-9* abolition de la ségrégation dans bus et trains. **1986**-*avril* abandon des laissez-passer *(passes)* comportant une référence raciale (800 000 Noirs auraient été arrêtés entre 1981 et 1984 pour infraction au système des *passes*). *-Juillet* reconnaissance du droit de pleine propriété aux Noirs. *-Oct.* restitution de la citoyenneté sud-africaine aux ressortissants des TBVC (Transkei, Bophuthatswana, Venda, Ciskei) après 5 ans de résidence permanente en Rép. sud-africaine. Direction multiraciale des affaires régionales avec création des conseils chargés des services régionaux à partir du 1-7-1987, et des conseils exécutifs (remplacent les conseils provinciaux). **1987**-*12-8* disparition des dernières dispositions discriminatoires en matière d'emploi dans l'industrie minière. *-5-10* principe accepté : ouverture à toutes les races de certaines zones de résidence. **1988**-*29-6 Conseil national multiracial* créé pour doter le pays d'une nouvelle Constitution, au minimum 46 membres dont 30 Noirs. *-3-11* entrée en fonction de l'*Autorité exécutive conjointe* du KwaZulu-Natal : 5 Noirs (Pt : Oscar Dhlomo), 3 Blancs et 2 Indiens. **1989**-*févr. 1er pilote non blanc* (indien métis) à la SAA. *-29-6* Johannesburg ouvre à tous piscines, lignes d'autobus et centres de loisirs. *-16-11* ouverture des plages à tous. *-24-11* libre accès à 4 zones résidentielles. **1990**-*16-5* suppression de la discrimination raciale dans les hôpitaux. *-15-10* loi sur la ségrégation raciale dans les lieux publics (*Separate Amenities Act*) officiellement abrogée. **1991**-*17-6* abrogation officielle de l'apartheid et des dernières lois ségrégationnistes. **1994**-*19-11 Land Rights Act* restitue les terres confisquées depuis 1913 à leurs anciens propriétaires (au maximum 13 % du pays).

☞ L'Afr. du Sud, exclue de l'Onu (sauf du Conseil de sécurité) en 1974 pour non-représentativité de son peuple, siège à nouveau à la Conférence de désarmement depuis mai 1992, et à l'Assemblée générale depuis 23-6-1994.

■ **Enseignement** (en 1994). *Nombre d'élèves noirs scolarisés :* 11 967 590 (dont primaire 73 %, secondaire 21 %). *Élèves par professeur :* Noirs 38, Blancs 37,5 (en 1992). *Taux de réussite (examen de fin d'études secondaires) :* Noirs 48,5 % (80 % des candidats ; baisse de la contestation ; fréquentation en hausse) ; Métis 87,5 ; Asiatiques 92,5 ; Blancs 95. *Nombre de professeurs :* 365 403. *Enseignement supérieur :* 354 003 étudiants à l'université et 151 410 dans le technique ; 13 223 professeurs. **Budget** (en 1994-95) : 30 850 millions de rands (21,5 %).

■ **Domaine économique** (1988-89). **Agriculture** : 55 000 fermiers blancs (0,17 % de la pop.) possèdent 85 % des terres agricoles (jusqu'en 1994). **Revenus et impôts :** *Blancs :* perçoivent 54 % de l'ensemble des revenus des ménages [61,2 % en 1993], mais constituent 67,6 % des contribuables sud-afr. et paient 81 % de l'impôt sur le revenu ; *Noirs :* 36 (14,7 et 7,7) ; *Métis :* 7 (11,58 et 6,8) ; *Asiatiques :* 3 (6,03 et 7). **Salaire moyen** (en $, 1989) : Blancs 998, Asiatiques 561, Métis 397, Noirs 320.

■ **Lutte politique.** **1950** *Communism Act n° 44 :* la police peut assimiler l'opposition à l'apartheid à la poursuite d'objectifs « communistes ». **1953** *Public Safety Act n° 3 :* autorise le gouv. à déclarer l'état d'urgence et à agir par voie de décrets. *Criminal Amendment Act n° 8 :* réprime l'opposition politique, notamment la liberté d'expression visant à modifier la politique du gouv. **1955** *Criminal Procedure Act n° 56,* modifié 1965 : autorise la détention de 180 jours sans jugement. **1956** *Riotous Assembly Act n° 17 :* autorise de sévères restrictions à la liberté de réunion. **1960** *Unlawful Organizations Act n° 34 :* le chef du gouv. peut déclarer illégales des organisations et les dissoudre. **1963** *Publications and Entertainment Act n° 26 :* assimile à une infraction pénale l'exercice de la liberté de la presse lorsqu'un journal critique l'apartheid. **1967** *Terrorism Act n° 83 :* crée l'infraction de « terrorisme » (le gouv. peut poursuivre qui bon lui semble). **1976** *Internal Security Act :* vise toute organisation, publication ou personne mettant en danger la sécurité de l'État. **1982** *Intimidation Act :* loi sur la contrainte. *International Security Act n° 74 :* on peut déclarer illégale toute organisation constituant une menace à la sûreté de l'État ou qui prône le communisme.

☞ **Statut avant 1994.** République depuis le 5-10-1961. **Constitution** (approuvée par référendum le 2-11-1983, entrée en vigueur le 3-9-1984) promouvant les valeurs chrétiennes et civilisées, et garantissant l'égalité de tous devant la loi. **Exécutif : Pt de la Rép.** [élu pour 5 ans par un collège électoral (50 Blancs, 25 Métis, 13 Indiens choisis par leurs propres chambres parlementaires) ; les membres des 3 communautés (les Noirs sont exclus) peuvent devenir membres sans être membres du Parlement], assisté d'un cabinet (15 m. nommés par lui, 35 m. élus par les différentes chambres, et 10 nommés par l'opposition). **Législatif : Parlement** 3 chambres élues pour 5 ans : *Assemblée :* 178 députés blancs [166 élus à la majorité simple (province du Cap 56, Natal 20, Orange 14, Transvaal 76), 4 nommés par le Pt et 8 élus à la proportionnelle, représentant les partis]. *Chambre des représentants :* 85 Métis dont 80 élus (Cap 60, Natal 5, Orange 5, Transvaal 10), 2 nommés et 3 à la proportionnelle. *Chambre des délégués :* 45 Indiens dont 40 élus (Cap 3, Natal 29, Transvaal 8), 2 nommés et 3 à la proportionnelle. Les lois doivent être votées par les 3 chambres pour les questions d'intérêt général, par chaque chambre concernée pour les autres questions. Si un désaccord survient entre les chambres, le Conseil présidentiel tripartite décide en dernier ressort.

■ **Élections du 6-9-1989.** Les 3 communautés votent ensemble pour la 1re fois. *Candidats :* 763 pour 286 sièges. *Électeurs :* 5 600 000, dont 3 170 667 Blancs (68 % de participation) [dont P. national 1 036 499 (48 % des voix, 58 % en 1981, 52 % en 1987), P. conservateur 673 302 (31,2 %), P. démocrate 441 371 (20,4 % des voix, 27 % en 1981, 17 % en 1987)], Métis 1 775 751 (17,5 % de participation), Indiens 665 870 (20 % de participation). **Composition du Parlement tricaméral aux élections de 1989. Assemblée :** 178 m. : P. national 93 ; P. conservateur 39 ; P. démocrate 33 ; vacant 1. **Chambre des représentants :** 85 m. : P. travailliste 69 ; P. démocrate de la réforme 5 ; P. démocrate uni 3 ; P. de la liberté 1 ; indépendants 2. **Des délégués :** 45 m. : Solidarité 16 ; P. national du peuple 9 ; P. démocrate 3 ; P. national fédéral 1 ; P. du peuple d'Afr. du Sud 1 ; indépendants 6 ; P. du Mérite 3 ; P. uni 1.

■ STATUT DEPUIS 1994

■ **République.** Unitaire composée de 9 provinces. **Pt** élu pour 5 ans par l'Assemblée nationale parmi ses membres. **Constitution** adoptée le 8-5-1996 par le Parlement (421 voix pour, 2 contre, 10 abstentions) ; mise en vigueur progressive (1997-99). Parlement (élu pour 5 ans) comprend **Assemblée nationale** (400 m. élus au suffr. univ. direct), et **Conseil nat. des Provinces** (90 m., soit 10 par province, élus au suffr. indirect par assemblées provinciales). **Gouvernement** élu par Assemblée ; chaque parti disposant d'au moins 80 sièges désignera des vice-Pts (et disposera d'un poste de ministre s'il a au moins 20 sièges).

■ **Élections nationales du 2-6-1999.** **Nombre de sièges, % en italique** (entre parenthèses, **résultats de 1994**) : 400 sièges (100) dont ANC 266 (252) *66,36 (62,65),* P. démocrate 38 (7) *9,55 (1,73),* Inkatha 34 (43) *8,59 (10,54),* P. national 28 (82) *6,87 (20,39),* Mouvement démocratique uni 14 *3,42,* P. africain chrétien-démocrate 6 (2) *1,43 (0,45),* Front de la liberté 3 (9) *0,8 (2,17),* P. uni chrétien-démocrate 3 *0,78,* Congrès panafricain 3 (5) *0,71 (1,25),* Alliance fédérale 2 *0,54,* Front de la minorité 1 *0,3,* Mouvement de l'unité afrikaner 1 *0,29,* Organisation du peuple d'Azanie 1 *0,17.*

■ **Gouvernement du 11-5-1994.** *Répartition par parti :* ANC 18, P. national 6, Inkatha 3 ; *par race :* Noirs 14, Blancs 7, Indiens 5, Métis 1. 12 vice-ministres nommés, mais qui ne participent pas aux décisions gouvernementales. Depuis le 9-5-1996 (démission du vice-Pt De Klerk), le gouv. ne compte plus de NP, mais seulement ANC et IFP. **Présidente de l'Assemblée :** Frene Noshir Ginwala (ANC, née 1933, Indienne).

ÉTATS NOIRS (BANTOUSTANS)

■ **Bantoustans indépendants. Bophuthatswana** (ex-Tswanaland). 44 000 km², 7 parties disséminées en Afr. du Sud et au Botswana indépendant depuis 1966. **Population** (en 1990) : 1 959 000 hab. (+ 1 500 000 résidents en Afr. du Sud) ; dont (en %, est. 1982) : Tswanas 70 ; Sothos du Nord 7,4 ; Shangaans 6,3 ; Xhosas 3,1 ; Sothos du Sud 3 ; Zoulous 3. Sur 3 000 000 de Tswanas, 65 % vivent en dehors. **D.** 44,3. **Villes :** *Mmabatho* (capitale), Garankuwa, Mabopane. **Histoire : 1968** autonomie partielle, **1972**-*1-6* totale. **1977**-*6-12* rép. indépendante ; chef **Lucas Mangope** (né 27-12-1923) Pt. **1987**-*27-10* élections [*Assemblée législative :* 108 m. (12 désignés par le Pt ; 24 nommés par autorités régionales et 72 élus) *P. démocratique du Bophuthatswana* (BDP, *Pt :* L. Mangope) 66 ; *P. progressiste du peuple* (PPP de Peter Malebane-Metsing) 6]. **1988**-*10-2* : échec coup d'État de Malebane-Metsing. **1990**-*15-3* état d'urgence (sera levé 9-3-1991). **1991**-*déc.* participation à la Codesa. **1994**-*11-3* Mangope refuse de participer aux élections du 27-4, émeutes : 60 † (dont 3 extrémistes blancs). Placé sous tutelle conjointe du gouv. sud-afr. et du Conseil exécutif de transition. *-13-3* Mangope destitué. *-15-3 Mandela* accueilli en libérateur. **Ressources :** mines [platine (2e du monde), chrome, vanadium, rhodium, nickel, cuivre, diamant, amiante, chaux, fluor, calcite, manganèse (58 % des réserves naturelles)] ; salaires des migrants (28 %) ; tourisme (*Sun City*).

Ciskei. 8 500 km². *Côtes* 60 km. **Population :** 844 000 hab. (est. 1990) surtout Xhosas, + 1 million de résidents en Afr. du Sud. **D.** 99,3. **Villes** [*Bisho* (capitale, auparavant Swelitsha)] 8 000 hab. (en 1987), Mdantsane 350 000 hab. **Histoire : 1968**-*déc.* autonomie partielle. **1972** totale. **1980**-*4-12* référendum, 98,7 % pour l'indépendance. **1981**-*4-12* république indépendante ; *Pt :* **Dr Lennox Sebe** (né 1926). **1986**-*19-2* coup de force contre Pt : échec (1 †). *-Sept.* Charles Sebe, frère du Pt, emprisonné depuis 1984 pour complot, libéré par commando. **1990**-*4-3* **Gal Joshua « Oupa » Gqozo** (né 1954), soutenu par ANC, renverse Pt Sebe (27 †). *-6-3* état d'urgence. Conseil militaire. **1991**-*21-1* et *-9-2* échec de 2 tentatives de coup d'État. *-27-2* nouvelle Constitution prévoyant la réintégration dans l'Afr. du Sud. **1992**-*7-9* manif. ANC contre Gqozo, l'armée tire : 29 †. **1994**-*mars* mutinerie policière (42 otages). *-22-3* Gqozo démissionne après destitution par l'Afr. du Sud ; envoi de 2 administrateurs provisoires. **Ressources :** économie de subsistance (ananas, blé, légumes) ; élevage ; pas de mines ; début d'agriculture industrielle et d'industrialisation. 65 % du revenu nat. viennent des migrants.

Transkei. 43 798 km². **Population :** 3 301 000 hab. (est. 1990). 9 000 frontaliers et 342 000 travailleurs émigrés. **D.** 75,4. **Villes :** *Umtata* (capitale) 32 500 hab., Butterworth (Gcuma) 24 000 hab. **Histoire : 1972**-*23-12* autonomie. **1976**-*26-10* république indépendante. **1978**-*10-4* rompt momentanément ses relations diplomatiques avec l'Afr. du Sud qui lui refuse la souveraineté sur l'East Griqualand. **1979**-*19-2* chef **Kaiser Daliwanga Matanzima** élu Pt pour 7 ans. **1986**-*20-2* **Tutor Nyangilizwe Ndamase** Pt. *George Mantazima.* PM *-Oct.* élections *Assemblée :* 150 m. dont 75 chefs traditionnels nommés (5 chefs souverains et 70 chefs) et 75 élus pour 5 ans. **1987**-*2-10* Mantazima accusé de malversations, démissionne. *-5-10 Stella Sigcau* PM. *-30-12* renversée, conseil militaire présidé par Gal Bantu Holomisa. **1990**-*7-2* Holomisa légalise ANC. *-22-11* échec coup d'État (chef Craig Dulit), *-15-12* échec coup d'État de Matanzima (incarcéré jusqu'au 15-3-1991). **1993**-*8-10* raid militaire sud-afr. à Umtata, 5 †. **Ressources :** *terres* (en %) : pâturages et autres terres non productives 76, terres sèches 18,5, terres irriguées 0,1, forêts 5,1. 95 % des h. sont agriculteurs (95 % des champs ne dépassent pas 5 ha), méthodes archaïques. Maïs, sorgho, thé, café, fibres végétales ; *élevage* ; *minerais :* faibles gisements de cuivre, nickel, platine, titane, charbon, encore inexploités.

Venda. 7 088 km² divisés en 3 parties qui forment une entité. **Population** (en 1990) : 518 000 hab. dont Vendas 90 %, Shangaans 7 %, Pedis 3 %. 27 tribus. Environ 150 000 Vendas vivent en dehors, surtout en Afr. du Sud. **D.** 73,1. **Villes :** *Thohoyandu* (capitale), Sibasa, Makwarela. **Langues :** luvenda, anglais, afrikaans. **Histoire : 1969**-*oct.* autonomie partielle. **1973** autonomie totale. **1974**-*13-9* république indépendante, **Patrick R. Mphephu** Pt. **1988**-*mai* **Frank Ravele** Pt. **1990**-*5-4* **Cel Gabriel Ramushwana** prend le pouvoir. Constitution provisoirement suspendue. **Ressources :** *agriculture* (80 % de la pop.) : mangues, agrumes, arachide, coton, café, thé, maïs, agaves, fruits (sols fertiles) ; *forêts :* 14 600 ha (pins, eucalyptus) ; *minerais :* charbon, or, cuivre, phosphate, graphite, magnésite. *Barrages :* 7 majeurs, capacité 416 millions de m³. *Salaires des migrants :* 78 % du revenu national.

■ **Bantoustans autonomes. GazaNkulu.** 7 967 km² en 4 parties (3 après une première consolidation). **Population** (en 1989) : 700 349 hab. dont 88 % de Shangaans et 12 % de Tsongas, Sothos du Nord, Vendas, Swazis. Sur 750 000 Shangaans, 47 % vivent en zone blanche, 21,5 % dans les autres bantoustans. **D.** 87,9. **Villes :** *Giyani* (capitale) 476 694 hab. (en 1980). **Statut :** *Assemblée législative :* 43 élus, 43 nommés. *Dr Hudson Ntsanwisi* PM depuis 1973. **Ressources :** agriculture, magnésite, or, produits manufacturés, *salaire des migrants :* 69 % du revenu national.

KaNgwané. 5 056 km². **Population** (en 1989) : 583 535 hab. dont Swazis 82 %, Shangaans 18 %. **D.** 115,4 (sur 439 000 Swazis, 20 % vivent au Swazi, 23 % vivent dans d'autres bantoustans, 57 % dans la zone blanche du Transvaal). **Villes :** *Louisville* (capitale). L'Afr. du Sud envisagea en juin 1985 de céder ce territoire au Swaziland mais la Cour suprême sud-africaine s'y opposa. **Statut :** *autonomie* depuis 1-10-1977. *M.C. Zitha* PM depuis 15-4-1991. **Ressources :** sisal, café, charbon.

Lebowa. 25 276 km². Composé de 2 grands territoires et 17 petits (7 après une 1re consolidation). **Population** (en 1989) : 2 591 541 hab. Sothos du Nord : 56 % habitent sur place, 38 % en zone blanche, 6 % dans d'autres bantoustans. **D.** 102,5. **Villes :** *Lebowakgomo* (capitale), Seshego 29 000 hab. **Statut :** *autonomie* oct. 1972 (partielle août 1969). *Noko Ramodike* PM. **Ressources :** agriculture, mines (amiante, platine, chrome), mines à l'étude (chrome, diamants) ; *salaires des migrants :* 58 % du revenu national.

Qwaqwa. 902 km². Dans les monts Drakensberg, entre 1 700 et 2 500 m d'alt. **Population** (en 1989) : 286 205 hab. (Sothos du Sud). **D.** 317,3. **Villes :** *Witsieshoek* (capitale). **Statut :** *autonomie* depuis 25-10-1974. *T.Kenneth Mopeli* PM. **Ressources :** produits manufacturés.

KwaZulu-Natal. 32 395 km². Dans Natal, 70 parcelles, représentant 35 % de la province. **Population** (en 1989) : 4 867 063 hab. (Zoulous 98 %, Xhosas, Sothos du Sud et Swazis 2 %) ; 4 000 000 de Zoulous (2 000 000 résident dans le KwaZulu-Natal, 500 000 au Transvaal, 1 100 000 aux environs de Durban et 500 000 dans la zone blanche du Natal). **D.** 150,2. **Villes :** *Ulundi* (capitale), Umlazi 177 000 hab., Kwamashu 188 000, Madadeni 61 000, Ozizweni 56 000. **Histoire : début XIXe s.** roy. sous l'autorité de *Shaka Senzangokhona* (1785-1828), dit « le Napoléon noir », qui s'impose au Natal et réunit 283 tribus. **1838** vaincu par les Boers. **1879-80** annexion du reste du roy. du Natal par les Anglais. **1970**-*juin* autonomie. **1984**-*28-8* début affrontement entre partisans du PM et de l'UDF. **Statut :** *Constitution* du 15-3-1996 ; *roi* **Goodwill Zwelithini** (né 14-7-1948) depuis 20-9-1968, 4 épouses. *Mangosuthu Gathsa Buthelezi* (né 27-8-1928, descendant de Shaka et oncle du roi) PM [1965], limogé 20-9-1994. *Parti : l'Inkatha* (« conférence » en zoulou, *créée* 1920, 1 700 000 membres). *Chef traditionnel :* Amakoshi. **Ressources :** agricoles, sucre, coton, sisal, produits manufacturés ; *salaires des migrants :* 50 % du revenu national.

KwaNdebele. 2 399 km². **Population :** *1982 :* 156 260 hab. ; *89 :* 469 898. **D.** 195,9. **Capitale :** *Kwanhlanga.* **Histoire : 1979**-*1-10* autonomie. **1985**-*déc.* Moutsé, 120 000 Pédis du groupe Sotho détachés du Lebowa et rattachés au KwaNdebele se soulèvent, 160 †. **1986**-*30-7* Piet Ntuli, min. de l'Intérieur, chef des Imbokothos (organisation paramilitaire) tué (voiture piégée). *-12-8* l'Ass. législative repousse indépendance proposée par Afr. du Sud. **1988**-*déc.* élections majorité contre indépendance. **1990**-*30-4 James Mahlangu* PM.

■ **Justice. Exécutions :** *1986 :* 120 (Noirs 89, Métis 24, Blancs 6, Asiatiques 1) ; *1987 :* 164 (N. 102, M. 53, Bl. 9) ; *1988 :* 117 (N. 76, M. 38, Bl. 3) ; *1989-oct. :* 39 (N. 29, M. 8, Bl. 2). Peine de mort suspendue le 2-2-1990, abolie en juin 1995 (pas d'exécution depuis 14-11-1989). **Fouet** *(2 à 6 coups)* : 35 745 condamnés (juillet 1991-juin 1992). **Amnistie :** 18-12-1990 pour ceux qui ont quitté l'Afr. du Sud illégalement avant le 8-10-1990. *Retour des exilés* depuis 7-3-1991 : 170 personnes, 5 967 demandes. **Criminalité** (en 2000) : *Meurtres :* 21 683. *Tentatives de meurtres :* 22 000. *Viols de femmes :* 52 860 (1er rang mondial) ; *d'enfants et d'adolescents* (en 1998) : 14 223. *Cambriolages* (en 1998) : *de domiciles :* 170 000 ; *de locaux professionnels :* 70 700. *Vols de véhicules avec violences :* 11 500. *Attaques à main armée :* 171 500. Nombreux attentats. **Violences policières :** *1985 :* 879 (par la police 2/3, affrontements entre N. 1/3) plus 25 policiers (la plupart N. assassinés par des N.) ; *86 :* 1 298 [70 % victimes de violences entre N. dont 50 % brûlés vifs (*necklace :* pneu enflammé autour du cou)] ; *87 :* 661 ; *88 :* 114 ; *89 :* 1 403 ; *90 :* 3 699 dont 1 224 au KwaZulu-Natal et 68 policiers ; *91 :* 2 672 ; *93 :* 4 300 (2 000 à Johannesburg et 1 975 au Natal) ; *94 :* baisse ; *96 :* 1 237. **Violences entre Noirs :** *† de 1984 à 1992 :* environ 30 000 (beaucoup dans affrontements avec l'Inkatha). **Policiers tués :** *1990 :* 68 ; *91 :* 145 ; *92 :* 226 ; *93 :* 259 ; *94 :* plus de 200 ; *96 :* 142. **Décès lors d'une garde à vue :** environ 200 cas. **Prisonniers** (en 1993) : 100 000 (dont 1 700 enfants en 1994). **Police** (en 1992) : 60 000 dont 32 260 non-Bl. (1 pour 452 hab.) + réserve 37 000.

☞ **Pagad (Parti du peuple contre le gangstérisme et la drogue)** : *créé* 1996 ; associé, pour certains, à une centaine d'attentats commis au Cap depuis 1998.

■ **Partis. Multiraciaux. P. national (NP)** fondé 1912 par J.B.M. Hertzog, issu de la scission 1934 du Dr Malan ; *leader :* Marthinus Van Schalkwyk depuis 9-9-1997, remplace Frederik De Klerk et crée le NNP (New National Parti) ; conservateur (au pouvoir depuis 1948), a forgé l'apartheid, puis évolué vers le centre gauche, négociant avec les partis ; ouvert à toutes les ethnies en 1990. **P. démocrate (DP)** fondé 8-4-1989 par Zach De Beer (1928-99) et Wynan Malan, fusion du P. fédéral progressiste [PFP séparé 1958 du P. uni de sir Villien Graaff (8-12-1913/4-10-99)] avec de petites formations (IP, NDM) qui s'en étaient détachées, *leader :* Tony Leon. **P. socialiste** fondé 1997, *leader :* Strini Moodley. **Mouv. démocratique uni** fondé 27-9-1997, *leaders :* Roelf Meyer et Bantu Holomisa. **Alliance démocratique** fondée 2000, *leader :* Tony Leon.

Blancs. Herstigte Nasionale Party (HNP) fondé 25-10-1969 par des exclus d'extrême droite du P. national, dont le Dr Hertzog ; *leader :* Jaap A. Marais. **P. conservateur (CP)** fondé 1982 (nouvelle scission du NP), *leader :* Ferdinand Hartzenberg (opposé au partage du pouvoir avec les Noirs, prône la partition). 70 municipalités sur 110 au Transvaal. *Courants :Action For Own Future* (NKP, AFOF) qui prône des territoires ethniques), *AWB* (mouv. de résistance afrikaner) fondé 1973, extrême droite néo-nazie, *leader :* Eugène Terreblanche. **P. de l'État boer (BWB)** fondé 1988 ; *leader :* Robert Van Tonder ; veut fonder un État afrikaner (1990 : tentative de Carel Boshoff à *Orania* avec 400 partisans sur 2 700 ha). **Alliance de la liberté (Freedom Alliance)** fondée 12-10-1993. Regroupe partis retirés des négociations après adoption de la Constitution de transition : Inkhata (se retire ensuite), gouv. de KwaZulu, AVF, P. conservateur, gouv. du Bophuthatswana et du Ciskei, Front du peuple afrikaner. Afrikaner Volksfront-AVF fondé 7-5-1993 pour la création d'un État afrikaner ; *leader :* Ferdinand Hartzenberg. Dissous 7-11-1996. **Alliance fédérale** fondée 30-9-1998, *leader :* Louis Luyt.

Métis. P. de la liberté (FP), *leader :* Arthur Booysen. **P. réformé de la liberté (RFP).**

Indiens. P. indien de la réforme. Transvaal Indian Congress fondé 1902 ; *leader :* Essop Jassat.

Noirs. African National Congress (ANC) fondé 8-1-1912 (chrétien, libéral non violent). **Drapeau :** vert, jaune et noir. **Hymne :** *Nkosi Sikélél'i Africa* (« Dieu bénisse l'Afrique »). 700 000 m. Attire surtout Xhosas et Sothos. **1942** création de la *Youth League* qui oriente l'ANC vers l'activisme. **1949-52** tente de s'unir avec les organisations d'opposition métisses et indiennes. **1950** infiltré par le PC, collabore avec le Congrès indien dans le cadre d'un programme de désobéissance civique. **1955**-*26-6* adopte une Charte de la liberté et prône une société multiraciale malgré l'opposition du courant africaniste de l'ANC, qui dénonce la mainmise du PC sud-afr. *-Déc.* Albert Luthuli Pt (prix Nobel de la paix 1960) [auparavant, Dr Moroka]. **1959**-*avril* scission courant africaniste qui crée le PAC (voir ci-dessous). **1960**-*8-4* ANC interdit ; s'installe à Lusaka (Zambie). **1961**-*16-12* création de l'*Umkhonto we Sizwe* (UWS, « Fer de lance de la nation ») dirigé par Joe Slovo (1926-95, d'origine lituanienne) ex-colonel du KGB et secr. gén. du PC ; environ 10 000 h. (camps d'entraînement en Libye, Ghana, Éthiopie, Tanzanie, Ouganda) dont 500 actifs en Afr. du Sud. Lutte armée clandestine, avec le PAC et le Mouv. de la résistance africaine (ARM, composée d'universitaires blancs) : 400 opérations de sabotage (100 †). **1967** Oliver Tambo Pt [exilé 1964 à Dar es-Salaam, en liaison avec des organisations terroristes internationales aidées par les pays de l'Est et certains pays nordiques, chef d'état-major de l'UWS, († 24-4-1993)]. **1969-91**-*août* Alfred Nzo (1925-2000) secr. gén. de l'ANC. **1984** ANC chassé du Mozambique. **1987** Chris Hani (assassiné 10-4-1993) remplace Slovo à la direction militaire. **1989** ANC chassé d'Angola et de Zambie. **1990**-*2-2* ANC légalisé. **1991**-*5-7* Mandela élu Pt à l'unanimité, Walter Sisulu (né 18-5-1912) vice-Pt. *-29-9 Sam Ntuli* assassiné. *-27-10* ANC et PAC forment le Front patriotique ou Front uni. **1993**-*sept.* Thabo Mbeki (né 18-6-1942, fils de Govan Mbeki, ANC) chef d'état-major de l'UWS ; devenu vice-Pt le 19-12-1994. **Secr. gén. :** Kgalema Motlanthe. **1999**-*2-6* gagne les élections et forme le gouvernement.

Inkatha Freedom Party (IFP), *1922* organisation culturelle zouloue, *1975* parti politique : *P. de la liberté Inkatha, 1990* ouvert à toute ethnie, 1 500 000 m. dont 100 000 Blancs. *Pt :* Mangosuthu Gatsha Buthelezi (né 27-8-1928), dissident de l'ANC (car dominé par Xhosas et communistes), qui l'a condamné à mort. S'oppose à l'ANC par la violence, contestant son rôle d'interlocuteur privilégié du pouvoir, alors qu'il bénéficie lui-même de soutiens occultes pour lutter contre l'ANC. Allié à l'extrême droite blanche au sein de l'Alliance de la liberté.

Azapo [Organisation du peuple d'Azanie (nom revendiqué pour l'Afr. du Sud)] fondée 1978. Membre du National Forum fondé 1983 pour une Rép. socialiste. *Pt :*M. Mangena. Plus radical que l'ANC (l'Afrique aux Noirs), 110 000 m. PAC **(Congrès panafricaniste)** fondé par Robert Sobukwe, scission de l'ANC, en 1959. *1960*-28-3 interdit. Créa une branche armée clandestine, *Poquo* (« le Pur »), dirigée par Potlako Leballo, et établit des branches en exil. *1990*-2-2 légalisation. *Pt :* Stanley Mogoba, remplace Clarence Makwetu (né 1930) qui remplaçait Zaphania « Zeph » Mothopeng (élu 1986 en prison et libéré 1988). *Secr. gén. :* Michael Muendane. *Bras armé :* l'*Apla* (Armée de Libération du peuple d'Azanie). **Mouvement panafricaniste (PAM)** fondé déc. 1989 (branche interne et légale du PAC). **P. communiste sud-afr. (SACP)** fondé 1921 (ISL, *International Socialist League). 1950* interdit. *1953* reformé (clandestin) sous son nom actuel. *1990*-2-2 autorisé. 20 000 m. *Leaders : 1972 :* Yusuf Dadoo († 1983), vice-Pt du Conseil révolutionnaire de l'ANC ; *1983 :* Dan Tloome, trésorier gén. ANC ; *1991 :* Joe Slovo (1926-95) ; *1995 :* Raymond Mhlaba. *Secr. gén. : 1939-78* Moses Kotane ; *1986* Joe Slovo ; *1991*-6-12 Chris Hani (assassiné 10-4- 1993) ; *1993* Charles Ngakala. Appliquait directives de la IIIe Internationale, mal comprises par les Noirs dont la lutte est raciale et non sociale. Influent dans l'ANC (cadres). **P. chrétien uni de la conciliation** fondé 1986 par Mgr Isaac Mokoena et M. Tamasanja Linda.

■ **Winnie Madikisela-Mandela** **1934**-*16-9* naissance de Zaniewe Winnifred Madikisela (père enseignant puis min. de l'Agriculture du Transkei). **1958** épouse Mandela (2 filles : Zenani et Zindzi). **1962**-*5-8* Mandela arrêté. **1977**-*19-10* bannie de Soweto pour activités illégales. **1985**-*27-12* rentre à Soweto. **1989**-*17-2* exclue du mouv. anti-apartheid [soupçonnée d'avoir couvert l'assassinat, le 29-12-1988, de Stompie Moeketsie « Seïpeï », 15 ans, qui avait participé aux émeutes de 1986 (enlevé, amené au domicile de W. Mandela et battu à mort par ses gardes du corps, membres du Mandela Football Club). Le médecin qui examina la victime est assassiné, un membre du club sera poignardé : 9 inculpés]. **1990**-*19-3* mandat d'arrêt contre Winnie pour défaut de paiement de cotisations sociales (du 1-1 au 7-12-1989). *-8-8* Jerry Richardson, ancien garde du corps de Winnie, condamné à mort pour le meurtre de Seïpeï. **1991**-*14-5* Winnie reconnue coupable d'enlèvement et coups et blessures sur 4 jeunes le 28-12-1988 ; condamnée à 6 ans de prison. *-5-7* élue membre du comité exécutif de l'ANC (53,9 % des voix). **1992**-*13-4* Mandela se sépare d'elle. *-15-4* Winnie démissionne de son poste de l'ANC. *-3-5* réélue dans ANC. **1993**-*2-6* condamnée en appel à 6 ans de prison (transformés en prison avec sursis) et à une amende de 15 000 rands. *-20-11* échappe à un attentat. *-9-12* élue Pte de la Ligue des femmes de l'ANC. **1994**-*mai* ministre adjoint à la Culture. **1995**-*26-3* démise par Pt Mandela (accusée de corruption). *-12-4* rétablie (décision judiciaire). *-17-4* limogée à nouveau. *-18-4* hospitalisée. **1996**-*19-3* divorce prononcé. Winnie réclame 26 millions de F. *-29-3* exclue du gouv. **1997**-*févr.* Pte de la Ligue des femmes de l'ANC. *-Déc.* refute les accusations devant la Commission Vérité et Réconciliation.

■ **Syndicats.** 248 en 1995. Environ 20,57 % de la pop. active est syndiquée. **Principales centrales : Cosatu** *(Congrès des syndicats sud-afr.)* proches ANC et SACP, fondé 1985 ; Pt : Elijah Barayi ; secr. général Sam Shilava ; 1 300 000 m., 15 syndicats affiliés dont *Num (National Union of Mineworkers)* 400 000 m., *Numsa (métallurgistes)* 188 000 m., *Syndicat des travailleurs du textile* 185 000 m., **Uwusa** (*Union des travailleurs unis sud-afr.)* fondée 1986, sous la houlette de l'Inkatha. **Uactu** *(Conseil nat. des syndicats)* fondé 1986, 300 000 m. ; Pt : James Mndaweni ; fédération noire de 22 syndicats ; 2e syndicat d'Afr. du Sud. **Saawu,** Pt : M. Maboso ; 19 syndicats. **Sacol** *(Confédération sud-africaine du travail)* fondée 1956 ; conservatrice ; 6 syndicats. **Syndicats non enregistrés** (en 1990) : 330 000 m. dont *l'Union des travailleurs unis d'Afr. du Sud* fondée 1986. *Usatu (Syndicats unis d'Afr. du Sud)* fondé 1995 ; secr. générale : Audrey Rose ; cherche à rassembler les employés membres de syndicats non affiliés (estimés à 100 000). **Grèves :** *1993* : 790 ; *94* : 804.

■ **Fêtes nationales. Avant 1994 :** *6-4* (découverte de l'Afr. du Sud) ; *31-5* (proclamation de la Rép.) ; *10-10* (naissance de Krüger) ; *16-12* (bataille de Blood River). **Depuis 1994 :** *21-3* J. des droits de l'homme ; *12-4* de la famille ; *16-6* de la jeunesse ; *24-7* de la Constitution et fête nat. ; *9-8* de la femme ; *16-12* de la réconciliation. **Hymnes nationaux.** *Nkosi Sikélél'i Africa* (voir ANC p. 955 c), *Die Stem* (l'« Appel », hymne des Afrikaners).

■ **Drapeau** (27-4-1994). *1928* : bandes horizontales orange, blanche, bleue avec motif central aux couleurs de G.-B., Transvaal et Orange). *1994 (27-4)* : exprime la convergence et l'unification. Jaune, vert et noir (couleurs du drapeau de l'ANC), rouge, blanc et bleu (de la république des Boers).

■ **Provinces.** Le pays a été redécoupé en 1994 en 9 nouvelles provinces. Les bantoustans ont disparu et rejoint la République. Chaque région a une *assemblée provinciale* (30 à 86 m. élus à la proportionnelle à partir des listes régionales des partis ; lois approuvées à la majorité simple) et un *gouvernement (conseil exécutif* composé d'un *PM* et de *10 m.)* chargé d'administrer la province et de déterminer sa politique ; chacune peut adopter une constitution propre conforme aux principes de la Constitution nationale.

Population (en 1996 et, entre parenthèses, est. 1999). **Cap oriental :** 169 580 km². 6 302 525 hab. (6 658 670) dont N. 5 448 495 ; M. 468 532 ; Bl. 330 294 ; A. 19 356. **D.** 32,2. Capitale : *Bisho*. **Transvaal oriental** devenu **Mpumalanga :** 78 490 km². 2 800 711 hab. (3 003 327) dont N. 2 497 834 ; Bl. 253 392 ; M. 20 283 ; A. 13 083. **D.** 38,3. Capitale : *Nelspruit*. **Gauteng :** 17 010 km². 7 348 323 hab. (7 867 273) dont N. 5 147 444 ; Bl. 1 702 343 ; M. 278 692 ; A. 161 289. **D.** 414,4. Capitale : *Johannesburg*. **KwaZulu-Natal :** 92 100 km². 8 417 021 hab. (8 924 643) dont N. 6 880 652 ; A. 790 814 ; Bl. 558 182 ; M. 117 951. **D.** 94,6. Capitale : *Ulundi* (ou *Pietermaritzburg*). **Cap du Nord :** 361 830 km². 840 321 hab. (875 822) dont M. 435 368 ; N. 278 633 ; Bl. 111 844 ; A. 2 268. **D.** 2. Capitale : *Kimberley*. **Transvaal du Nord** devenu **Province du Nord :** 123 910 km². 4 929 368 hab. (5 337 267) dont N. 4 765 255 ; Bl. 117 878 ; M. 7 821 ; A. 5 510. **D.** 43,6. Capitale : *Pitersburg*. **Nord-Ouest :** 116 320 km². 3 354 825 hab. (3 562 280) dont N. 3 058 686 ; Bl. 222 755 ; M. 46 652 ; A. 10 097. **D.** 28,8. Capitale : *Mafeking*. **État libre d'Orange** devenu **État libre :** 129 480 km². 2 633 504 hab. (2 714 654) dont N. 1 223 940 ; Bl. 316 459 ; M. 79 038 ; A. 2 805. **D.** 21,5. Capitale : *Bloemfontein*. **Cap occidental :** 129 370 km². 3 956 875 hab. (4 170 971) dont M. 2 146 109 ; Bl. 821 551 ; N. 826 691 ; A. 40 376. **D.** 28,8. Capitale : *Le Cap*.

■ **Élections provinciales** (en % des voix) **du 26-4-1994 : Cap occidental :** P. national 53, ANC 33. **Cap oriental :** ANC 84. **Cap du Nord :** ANC 50, P. national 41. **État libre d'Orange :** ANC 77. **KwaZulu-Natal :** Inkatha 50, ANC 32, P. national 11. **Nord-Ouest :** ANC 83. **Gauteng :** ANC 58. **Transvaal oriental :** ANC 81. **Province du Nord :** ANC 92. **De déc. 2000 :** ANC 59, AD 23, IFP 9.

■ ÉCONOMIE

☞ **Place en Afrique** (en %, en 1992) : *superficie* : 4. *Pop.* : 6. *PNB* : 30. *Prod. industrielle* : 40 ; *minière* : 45 ; *sidérurgique* : 80 ; *électrique* : 50. *Réseau ferré* : 30. *Parc automobile* : 46. *Lignes téléphoniques* : 42. **Besoins :** *travailleurs de pays voisins* : Botswana 30 000, Lesotho 150 000, Malawi 30 000, Mozambique 260 000 (dont 200 000 clandestins), Swaziland 22 000.

■ **PNB** (en 1999). 124 milliards de $ (2 940 $ par hab.). **Répartition** (en $, par race, par hab. en 1993 et, entre parenthèses, en %) : Blancs 3 140 (57,5), Asiatiques 1 080 (19,8), Métis 835 (15,3), Noirs 402 (7,3). **Taux de croissance** (en %) : *1982* : – 0,8 ; *83* : – 2,1 ; *84* : 5,1 ; *85* : – 1,5 ; *86* : 1 ; *87* : 2,6 ; *88* : 3,5 ; *89* : 2,2 ; *90* : – 0,9 ; *91* : – 1 ; *92* : – 2 ; *93* : 1,1 ; *94* : 2,8 ; *95* : 3,4 ; *96* : 4,2 ; *97* : 2,6 ; *98* : 0,6 ; *99* : 1,9 ; *2000* : 3 (5 % sont nécessaires pour absorber les 300 000 Noirs qui arrivent chaque année sur le marché du travail). **Population active et,** entre parenthèses, **part du PNB** (en %) : agr. 14 (5), mines 9 (11), ind. 16 (31), services 61 (53). **Actifs** (en 1993) : 12 000 000 (Blancs 2 501 000, Métis 1 436 000, Asiatiques 404 000, Noirs 7 979 000). *Emploi* (en 1993) : agriculture 1 320 000, mines 607 500, ind. de transformation 2 016 000, bâtiment 696 000, commerce 1 512 000, transports 648 000, services 3 000 000. **Chômage** (en %) : *1993* : 29 ; *96* : 34 ; *97* : 37,5 ; *98* : 23 ; *2000* : 33. **Économie informelle :** 20 %.

■ **Agriculture. Terres** (en millions d'ha, en 1994) : 84,6 dont forêts 1,7, réserves naturelles 3,7, t. arables 10,6 (12 %), pâturages naturels 68,6. **Production** (en millions de t en 1999 et, entre parenthèses, en millions de rands, 1998) : canne à sucre 22,1 (118), maïs 7 (4 387 ; 3 521 000 ha), oranges 0,980, sorgho 0,43 (175), tabac 0,031, blé, arachide, tournesol, p. de t., coton, vigne, vin [superficie 104 179 ha, 870 millions d'hl (en 1997), export. 128 (en 1999)], raisin, légumes. Marijuana : 83 000 ha cultivés illégalement (ancien Transkei). **Handicap :** manque d'eau (sécheresse depuis mai 1992) ; projet *Highland Water Scheme* signé avec Lesotho en mars 1988 (terminé en 2017, fournirait 2 200 millions de m³ en 2025). **Élevage** (en millions de têtes, 1999). Poulets 42 (œufs : 314 000 t en 1998), moutons 28,6, bovins 13,5, chèvres 6,4, porcs 1,5. Laine mohair, viande, lait. **Forêts** (en 1998). 33 171 000 m³. **Pêche.** 570 000 t (en 1999).

☞ *Working for water (WFW)* programme lancé 1995 par le ministère des Eaux et Forêts pour éradiquer du pays les « plantes étrangères » (200 espèces) qui, pompant 2 à 3 fois plus d'eau que les indigènes, menacent la nappe phréatique, accroissent les problèmes d'incendie et d'inondation, provoquent l'érosion des sols et la destruction des rivières, obstruent réservoirs d'eau et estuaires, et dégradent la qualité de l'eau.

■ **Énergie. Charbon :** *production* (en millions de t) *1995* : 196 ; *96* : 206,4 ; *97* : 220,1 ; *98* : 222,8 ; *99* : 210,5. 110 mines en activité. *Réserves* : 8 % du monde, 115,5 milliards de t dont 55 récupérables économiquement. *Importé en France* : *1985* : 21,3 millions de t ; *86* : 18,6 ; *87* : 0,73 ; *88* : 0,91 ; *91* : 0,93 (embargo du 13-10-85 au 12-2-92) ; *97* : 2,2. **Électricité.** *1882* : réverbères électriques à Kimberley (1er réseau en 1890). *1923* : création de la Sté Eskom (52 % de la prod. africaine). *1991* : 25 centrales électriques. *1993* : 300 barrages (33 milliards de m³/an). **Thermique :** 19 centrales au charbon (85 % de la production). **Nucléaire :** *centrales Koeberg* (province du Cap), 1er réacteur nucléaire depuis 1984 et 2e depuis nov. 1985 : capacité 1 930 MW (10 % des besoins du pays). *Centres de recherche* : *Valindaba Pelinbada* (200 à 400 kg d'uranium enrichi produits de 1970 à 1980, arrêt mars 1995) et un autre à 45 km de Mossel Bay. **Production** (en milliards de kWh dont, entre parenthèses, nucléaires) : *1990* : 147,2 (8,5) ; *95* : 191,9 (11,9) ; *96* : 198,3 ; *97* : 210,3 (13,3) ; *98* : 205,4 (14,3) ; *99* : 192,8 (13,5). **Gaz naturel.** Off-shore au large de Mossel Bay depuis nov. 1985 (potentiel de plus de 4 millions de m³/jour), à 2 500 m ; fin 1992, complexe pour transformer le gaz en pétrole. **Production** (en 1999) : 1 616 462 t. Sasol produit rentablement du pétrole à partir du charbon. Secunda, qui alimente Sasol II (en 1980) et III (en 1982), est une des plus importantes mines souterraines du monde (40 millions de t par an).

■ **Industrie. 4 grandes régions :** *Transvaal* : ind. lourde et mines ; *Le Cap* : ind. alimentaire ; *Durban* (satellite « Pinetown ») : chantiers navals, raffinage du pétrole et pâte à papier ; *Port Elizabeth* et *Pretoria* : montage automobile. Ind. alimentaire, textile, chimique, engrais, sidérurgie (120 000 t d'acier par an).

■ **Mines. Or** (bassin du Witwatersrand) : *1871* : 1er gisement découvert à Eersteling (Transvaal). 57 mines en activité. *Production* (en t) : *1890* : 13,7 ; *1910* : 234 ; *70* : 1 000 ; *85* : 670 ; *90* : 602 ; *91* : 559 ; *92* : 611 ; *93* : 617 ; *94* : 584 ; *95* : 522,3 ; *96* : 494,6 ; *97* : 489 ; *98* : 474 ; *99* : 408. 40 % des réserves et 20 % de la production mondiales. *Problèmes* : épuisement des filons, forages plus profonds (1 500 à 4 000 m) et hausse des coûts d'exploitation à 439 $ l'once (prix mondial 300). *Effectifs* : *1987* : 520 000 ; *95* : 330 000 ; *98* : 185 000. *Accidents miniers* : *1911-94* : 69 000 † (plus de 1 000 000 de blessés ; *jusqu'en 1993* : 700 à 900 † par an ; *1994* : 424 †) ; *le 10-5-1995* à Vaal Reefs (la plus grande mine d'or d'Afr. du Sud : 50 000 employés), 105 † (à 1 700 m de profondeur) : une locomotive de 12 t, attachée à un wagonnet, tombe sur une cabine d'ascenseur qui s'écrase 500 m plus bas. Principale Sté : Goldco, réserves 3 700 t, prod. 200 t/an. **Diamants :** *production* : 10 705 221 carats (en 1998) ; 65 mines en activité. 24 % des réserves et 5 % de la production mondiales : CSO [*Central Selling Organisation, Pt* : Nicholas Oppenheimer (né 8-5-1945), fils de Harry (1908-2000)], filiale de De Beers (diamants, chiffre d'affaires en 1997 : 4,6 milliards de $) et l'*Anglo-American Corporation* (or, charbon, platine, uranium) contrôlent 85 % de la commercialisation mondiale des diamants de qualité « gemme ». **Fer** (en millions de t) : *1990* : 30,3 ; *95* : 20 ; *96* : 30,8 ; *97* : 33,2 ; *98* : 33,9. **Manganèse** (en millions de t) : *1990* : 4,4 ; *93* : 2,5 ; *98* : 3 ; *réserves* : 82 % du monde. **Chrome** (en millions de t) : *1990* : 4,2 ; *93* : 2,8 ; *98* : 6,5 ; *réserves* : 68 % du monde ; 22 mines sont en activité. **Cuivre (minerai,** en millions de t) : *1990* : 0,2 ; *95* : 0,19 ; *98* : 0,18 ; *99* : 0,14. **Étain (minerai,** en millions de t) : *1990* : 1,1 ; *93* : 0,5 ; *94* : 0,1. **Argent** (en t) : *1990* : 161 ; *94* : 195 ; *95* : 174 ; *96* : 168 ; *97* : 143 ; *98* : 145 ; *99* : 164. **Vanadium :** *production* (en 1997) : 15 590 t ; *réserves* : 44,8 % du monde). **Uranium (U 308) :** *production* (en t) : *1990* : 2 460 ; *96* : 1 436 ; *97* : 1 100 ; *98* : 994 ; *99* : 950. **Platine et métaux associés :** *production* (en 1998) : 200 000 t, seul producteur de platine primaire ; *réserves* : 55,7 % du monde. **Titane, zirconium, antimoine, spathfluor, amiante, andalousite, sillimanite, vermiculite,** etc. **Ferrochrome. Ferromanganèse :** *1997* : 499 000 t. **Ferrosilico-manganèse.**

■ **Transports. Aériens :** 148 aéroports dont 9 internationaux. **Voies ferrées** (en 1995) : 20 005 km (dont 9 087 électrifiés) ; écartement 1,065 m. **Routes** (en 1997) : 361 145 km (dont 72,2 % bitumés). **Maritimes** (en 1996) : 13 422 bateaux (dont 8 433 supertankers) empruntent chaque année la route du Cap ; trafic portuaire (pétrole exclu) : 13 500 bateaux, 340 millions de t. *Port principal* : Durban. **Taxis :** 480 sociétés.

■ **Tourisme. Visiteurs** (en milliers) : *1994* : 3 896 ; *95* : 4 684 ; *96* : 5 186 (dont Africains 4 038, Européens 953 ; Asiatiques 174 ; Américains 224 ; Océaniens 71) ; *97* : 5 655 ; *98* : 5 900. **Musées :** Le Cap, Johannesburg, Port Elizabeth, Kimberley, East London, Pretoria. **Mines :** or de Johannesburg, diamants de Kimberley. **Parcs :** *17 nationaux* (dont *Kruger* 20 000 km², 1er au monde, 336 espèces d'arbres, 147 sortes de mammifères, 510 espèces d'oiseaux, 8 870 éléphants en 1998), *81 régionaux, 118 réserves.* **Plages** de Nordoaek.

■ **Budget** (en milliards de rands). *1991-92* : 94,9 ; *1995-96* : 156,7 ; *1997-98* : 190,2 ; *1998-99* : 205,2 ; *2001-02* : 258,3. **Solde budgétaire** (en % du PIB) : *1996* : – 5,3 ; *97* : – 4,7 ; *98* : – 4,1 ; *99* : – 2,6 ; *2000* : – 2,8. **Inflation** (en %) : *1985* : 16,6 ; *90* : 14,2 ; *95* : 8,7 ; *96* : 7,4 ; *97* : 8,6 ; *98* : 6,9 ; *99* : 5,2 ; *2000 (est.)* : 4. **Dette publique** (en % du PIB) : *1994* : 55,5 ; *98* : 55,2 ; **extérieure :** *1985* : 23,5 ; *90* : 19 ; *96* : 21,1 ; *97* : 23,7 ; *98* : 24,2. **Affaires à capitaux noirs :** chiffre d'affaires inférieur à 2 % du PNB. Bourgeoisie noire urbaine (*buppies*, ou *black yuppies*). **Réserves en devises** (en 2000) : 7 milliards de $ (2,1 mois d'importations).

■ **Commerce** (en milliards de $). **Export. :** *1995* : 28,8 (*dont* prod. man. de base 8, mat. 1res sauf fuel 2,7, fuel et lubrifiants 2,2, prod. chim. 2, prod. alim. 1,8 ; *vers* G.-B. 2,3, USA 1,8, Japon 1,5, All. 1,4, Zimbabwe 1,1) ; *96* : 29,6 ; *97* : 30,3 ; *98* : 28,24 ; *99* : 28,3 ; *2000* : 33,5. **Import. :** *1995* : 27,1 (dont mach. et éq. de transport 12,1, prod. man. de base 3,7, prod. chim. 3,2, prod. man. divers 2,2, prod. alim. 1,2 ; *de* All. 4,5, USA 3,2, G.-B. 2,9, Japon 2,7, *France 1*) ; *96* : 27,3 ; *97* : 28,3 ; *98* : 26,8 ; *99* : 24,6 ; *2000* : 30,7.

■ **Rang dans le monde** (en 1999). 1er or. 4e diamants. 5e charbon. 7e vin, plomb. 9e fer, nickel, uranium. 10e ovins, cuivre.

ALBANIE

Carte p. 1291. V. légende p. 950.

☞ *Abréviations* : A. : Albanie ; alb. : albanais(e).

■ **Nom.** « Albania » apparut au XIe s. ; il vient d'une tribu illyrienne, située entre Krujë et Lezhë, appelée « Albanoï » par le grec Ptolémée (IIe s.) [ce nom semble être d'origine géographique (signifiant peut-être « montagne » et se rapprochant du mot *Alpe*)] ; le nom moderne « Shqipëria » apparaît après l'occupation ottomane (pays de ceux qui parlent « shqip », c'est-à-dire « clairement » ou « hommes du pays des aigles » (« shqiponja »).

■ **Situation.** Europe. 28 748 km² dont eaux intérieures 1 350. **Altitudes :** *maximale* mont Korab 2 731 m, *moy.* 708 m. **Longueur** (du nord au sud) : 340 km. **Largeur :** 75 à 150 km. **Côtes :** 362 km. **Fleuve le plus long :** le Drin 280 km. **Frontières** (en km) : Grèce 282, Kosovo 114, Macédoine 151, Monténégro 173. **Lacs :** *Shkodër* (360 km², prof. 7 à 13 m), *Ohrid* (311 km², alt. 695 m, prof. 286 m), *Prespë* (alt. 853 m, prof. 54 m), *Belsh* (45 km²), *Allaman* (22 km²). **Relief :** Alpes albanaises (Nord), montagnes (Centre), montagnes (Sud), bas pays (Ouest). **Climat.** Littoral : hiver humide et été sec ; en montagne : hiver plus froid et averses orageuses l'été. *Pluies* : 1 350 mm par an (Alpes du Nord plus de 2 200 mm/an). **Forêts :** 35 % de la superficie. **Faune :** il reste 800 ours ; 120 loups tués par an.

■ **Population** (en milliers d'hab.). *1930* : 1 003 ; *40* : 1 088 ; *50* : 1 215 ; *60* : 1 607 ; *70* : 2 136 ; *80* : 2 671 ; *92* : 3 363 (dont Albanais 3 000, Grecs, Épirotes [dans le Sud (Épire du Nord pour les Grecs) 60 officiellement (400 pour l'Église orthodoxe grecque)]. Roms, Roumains, Macédoniens) ; *2000* : 3 431 ; *2 025 (prév.)* : 4 000. Guègues au nord (à majorité musulmane) et Tosques au sud (à majorité musulmane) sont divisés par le fleuve Shkumbin. **Taux** (pour ‰, en 1999) : *natalité* 17 (21 à 33 en zone rurale), *mortalité* 5 (infantile 20). **Indice de fécondité** (en 1999) : 2 naissances par femme. **Espérance de vie** (en 1999) : hommes 70, femmes 76. **Age :** *– de 15 ans* 30,2 % ; *+ de 64 ans* 6,9 %. **D.** 119,3. **Pop. urbaine** (en 1998) : 38 %. **Albanais à l'étranger** (en millions) : *ex-Yougoslavie :* Kosovo environ 1,5 ; Macédoine 0,38 ; Monténégro 0,04 ; autres régions 0,088 ; *Turquie, Grèce* 1 à 2 ; *Syrie, Égypte, Italie* (appelés *Arbëresh*) 0,5 ; *USA, Australie, France* 1. **Villes** (est. 1999). *Tirana* 650 000 hab., Durrës (Durazzo) 85 400 (en 1990), Elbasan 83 300 (en 1990), Shkodër (Scutari) 81 900 (en 1990), Vlorë 80 000, Korçë (Koritza) 71 000, Fier 45 200 (en 1990).

■ **Langues officielles.** Albanais depuis 1912 [appelée *shqip,* langue indo-européenne du groupe thraco-illyrien, relativement proche du groupe gréco-arménien (nombreuses analogies avec l'ancien étrusque)] ; unifié de 1908 à 1972, synthèse de 2 dialectes : *geg* au nord et *tosk* au sud (d'où *Toscane,* « pays des Étrusques ») ; grec.

■ **Religions** (en 1997). Musulmans 70 %, orthodoxes 20 % (Église autocéphale depuis 12-4-1937), catholiques 10 % au nord (relations rompues avec Vatican du 21-5-1945 au 7-9-1991 ; *1945 :* 7 évêques, 200 prêtres, 200 religieuses ; *1991 :* 1 évêque, 30 prêtres, 30 religieux). Pratique interdite de 1967 à 1990 ; depuis 1990, construction d'églises et de mosquées autorisée. Appel à la hiérarchie orthodoxe grecque qui a envoyé, depuis 1998, 1 archevêque et 1 métropolite, 2 autres métropolites albanais ont été sacrés.

■ **Histoire.** Pop. préhistorique pélasgienne. **Av. J.-C. Fin du IIIe millénaire** remplacée par les Illyriens. **Ve s.-168** États illyriens indépendants. **229, 219** et **168** guerres illyro-romaines. Province romaine. **Apr. J.-C. 395-1347** province byzantine. **VIe s.** nombreuses incursions des barbares. **852-996** occupation bulgare dans le Centre ; **1050** serbe au nord. **1190-1216** principauté indépendante d'Arbërie, *capitale :* Kruja. **1272** *-21-2* Charles d'Anjou proclame le royaume d'Albanie. **1335-43** domination serbe (tsar Stefan Dushan, † 1355), sauf région de Durrës (Anjous de Naples). **Fin XIVe s.** 3 grandes familles : Balsha (Nord), Muzakaj (Sud), Topia (Krujë et Durrës) qui finit par dominer. Occupation vénitienne à Durrës, Lezhë et Shkodër. **1385** arrivée des Turcs (bataille de *Savra*). **1444**-*2-3 Ligue de Lezhë.* Résistance animée par *Georges Kastriote,* dit *Skanderbeg* (musulman devenu chrétien, 1405/18-1-1468) soutenu par la papauté, Naples et Venise. **XVIe s.** occupation turque, sauf dans les montagnes, révoltes épisodiques. **XVIIIe-début XIXe s.** pachaliks autonomes de Shkodër (famille des Bushatlli) et de Joannina (Ali, pacha de Tepelenë, décapité 3-2-1822, tête envoyée à Constantinople). **1877** Abdul Frashëri (1839-92), député de Janina, et des notables réclament l'autonomie. **1878**-*10-6 Ligue alb. de Prizren* (aujourd'hui en Youg.) forme soulèvement. **1881**-*déc.* proclame gouv. provisoire, répression turque [Abdul Frashëri, condamné à mort, gracié et emprisonné jusqu'en 1885 ; ses frères Sami (1850-1905) et Naim (1846-1900, poète) luttent sur le plan culturel].

1912-*28-11 Congrès de Vlorë,* déclaration d'indépendance avec **Ismaïl Qemal Bey. 1912**-*déc.*/**1913**-*juillet* les représentants européens à la conférence de Londres optent d'abord pour une autonomie albanaise sous contrôle turc et pour l'octroi à la Serbie d'un accès à l'Adriatique. **1913**-*printemps* défaite ottomane. Monténégro et Serbie occupent le nord de l'A. ; au sud, la Grèce prend l'Épire (avec 150 000 albanophones) jusqu'à Gjirokastër et Vlorë. Grecs, Serbes et Monténégrins comptent se partager l'A. France et Russie soutiennent Serbie et Grèce. L'Autriche (appuyée par l'Allemagne) craint la formation d'une Grande Serbie et s'oppose à ce que Belgrade obtienne un accès à l'Adriatique. *-29-7 Conférence des ambassadeurs à Londres :* compromis donnant naissance à une « principauté souveraine héréditaire et neutre sous la garantie des grandes puissances » (28 000 km²), 800 000 hab. sur 1 500 000 recensés dans les Balkans ottomans. Kosovo et pays d'Ohrid ont été attribués à la Serbie ; les régions de Pec et de Djakovica au Monténégro ; l'Épire (la Caméria) à la Grèce. *-13-8* Otto Witte († 13-8-1958), clown allemand [accompagné de Max Schlepsig (avaleur de sabres)], se faisant passer pour le neveu du sultan le P^ce Halim Eddine (dont on attend l'arrivée), est accueilli par le Gal Essad Pacha ; se fait couronner roi, dit déclarer la guerre au Monténégro, se constitue un harem. *-16-8* découvert, s'enfuit avec une partie du trésor.

Royaume. Maison de Wied. 1914-*7-3/3-9* règne de **Guillaume Ier**, P^ce d'A. [P^ce allemand *de Wied* (26-3-1876/18-4-1945)] sur l'intervention des grandes puissances (accepte le trône 6-2). *-7-3* arrive à Durës. *-5-9* quitte l'A. *-Sept.* règne de Burhan Eddin. *-Oct. Essad Pacha Toptani* PM (1863/13-6-1920 assassiné à Paris), à Durrës. **1915**-*26-4* traité secret de Londres (Russie-France-G.-B.) accordant à l'Italie un droit de protectorat sur l'A.

République. 1916-*10-12 Rép. de Korçë* (chef Themistokli Gërmenji, fusillé par le tribunal militaire de l'armée d'Orient 1917, puis réhabilité sous la pression de l'état-major). **1919**-*29-7* la Grèce prend l'Épire du Nord avec l'aval de l'Italie. Des parlementaires albanais offrent la couronne à Jérôme-Napoléon Bonaparte-Patterson (1878-1945) arrière-petit-fils de Jérôme Bonaparte. **1920**-*21-1* Haut Conseil d'État de 4 régents représentant catholiques, orthodoxes, sunnites et bektashi musulmans. *-Juin* Italiens refoulés. *-17-12* A. entre à la SDN. **1921**-*9-11* reconnue par France, G.-B., Italie, Japon. **1922**-*3-12 Zogu* PM. **1924**-*10-6* soulèvement populaire ; Zogu s'enfuit en Youg. *-16-6/14-12* gouv. démocratique de Mgr Fan Noli (1880-1966). *-10-12* Zogu revient. **1925**-*6-1* Zogu PM. *-21-1* **Zogu** élu Pt pour 7 ans. **1926**-*27-11* traité avec Italie. **1927**-*22-11* traité d'alliance avec Italie.

Royaume. 1928-*1-9* **Zogu Ier** proclamé **roi des Albanais** [Ahmed Bey Zogolli dit Zogu (8-10-1895/Paris 9-4-1961), fils de Djemal Pacha Zogu (1860-1905), gouverneur du Mat]. Marié 27-4-1938 à Géraldine (née 6-8-1915 à Budapest), fille du Cte Jules Apponyi de Nagy-Apponyi (1873-1924) et de Gladys Virginia Steuart (Américaine, 1891-1947). *Fils unique : Leka* [né 5-4-1939, filleul du roi Fayçal, taille 2,04 m, alors étudiant en droit à Paris, est investi le 15-5-1961 par une assemblée nationale en exil qui siège à Paris ; musulman ; 1962 vit en Espagne ; épouse 10-10-1975 Susan Cullen-Ward (Australienne, née 28-1-1941) ; 1977 arrêté en Thaïlande pour trafic d'armes ; 1979 quitte l'Espagne (accusé de détention d'armes) ; vit en Afrique du Sud (un fils : Leka, né 26-3-1982)]. **1937** droit de vote pour les femmes. **1939**-*7-4* invasion italienne. *-8-4* Zogu abdique. *-9-4* s'enfuit en Grèce puis en G.-B. **Roi d'Italie** se proclame roi d'A. représenté par un lieutenant, **Francesco Jacomoni**, remplacé février 1943 par **Gal Pariani. 1941**-*8-11* PC alb. créé, Enver Hodja anime le Front de libération nationale. **1943**-*11-9* occupation allemande. **Conseil de régence,** sous tutelle allemande : **Mehdi Frashëri** (bektashi), **Fuad Diba** (sunnite), **Lep Nosi** (orthodoxe) et **Anton Harap** (franciscain). **1944**-*avril* division SS-Skanderbeg créée. *-26-10* Conseil de régence s'efface. *-29-11* libération ; 28 000 † et 70 000 blessés sur 1 125 000 h. ; **Enver Hodja** (16-10-1908/11-4-1985) prend le pouvoir, tente de constituer une Église catholique détachée de Rome ; 15 000 exécutions, 15 000 internements. **1945** Zogu Ier en Égypte. *-2-12 élections :* Front démocrate (PC) d'Hodja 93 % des voix (seul candidat). Arrestation de prêtres et religieux opposés à l'Église nationale. **1946**-*2-1* Zogu Ier déposé.

République. 1946-*11-1 Rép. populaire* proclamée. Dr **Omer Nishani,** nationaliste démocrate, Pt du praesidium de l'Ass. populaire. Staline interdit à la Youg. d'annexer l'A. Exécution de Koçi Xoxe, 2e secr. du PC, partisan de Tito. **1947** *1re ligne de chemin de fer.* **1948** rupture avec Youg. **1951** persécution contre croyants, malgré compromis promulgué par le gouv. **1953**-*1-8* **Haxhi Lleschi** (né 1913) Pt du praesidium. **1955** entrée à l'Onu. **1961**-*3-12* relations diplomatiques rompues avec URSS ; privilégiées avec Chine communiste. **1967**-*29-12* nouvelle Constitution ; l'A. devient un « État athée ». Environ 2 200 édifices religieux saccagés. **1968** l'A. quitte pacte de Varsovie. **1974** incarcération des 3 derniers évêques alb. **1977** rupture avec Chine. **1979**-*15-4* séisme (100 000 sans-abri, 17 000 maisons et édifices détruits). **1981**-*18-12 Mehmet Shehu* (né 10-1-1913), PM depuis le 20-7-1954, se suicide (ou est abattu au cours d'une altercation avec Hodja). **1982**-*26-9* échec d'un débarquement de partisans de Leka Ier. *-10-10* Hodja accuse Shehu d'avoir été agent secret.

1982-*22-11* **Ramiz Alia** (né 18-10-1925) Pt du praesidium. **1983** reprise des relations commerciales avec Chine. *-Déc.* ferry-boat Durrës-Trieste. **1984-85** rapprochement avec voisins ; ouverture de 2 postes-frontière avec Grèce. **1986**-*mars* ouverture ligne aérienne Suisse-A. *-6-8* chemin de fer de 55 km dont 35 en A. reliant Shkodër à Titograd (Youg.) et au réseau européen (fermée 1988 : trafic nul). **1987**-*28-8* état de guerre levé avec Grèce qui a renoncé à ses revendications sur Gjirokastër (Épire) et Korçë. *-2-10* relations diplomatiques avec All. féd. **1988**-*7-3 :* 1re fois depuis 1954, anniversaire de la mort de Staline non célébré. *-17-3* loi interdisant de donner des prénoms chrétiens ou musulmans, les prénoms devant être « politiquement, idéologiquement et ethniquement » conformes à la loi [exemples : Ylli (Étoile) ou Miri (le Bon)]. *-Oct.* Mgr Troshani, dernier évêque catholique en A., libéré. **1990**-*janv.* réformes économiques (accès à la propriété autorisé). *-11* et *-14-1* manif. catholiques contre stalinisme. *-Févr.* troubles à Shkodër, Korçë et Sarandë. *-2-6* l'Assemblée vote la libre circulation des Albanais. *-Juin* milliers de réfugiés dans les ambassades d'All., de Fr. et d'Italie. *-13-7 :* 4 786 évacués (vers Italie 3 500, Fr. 544). *-30-7* relations diplomatiques avec URSS reprises. *-25-10* Ismaïl Kadaré, écrivain, réfugié en Fr. *-4-11 :* 1re messe (à Shkodër). *-21-11* déstalinisation décrétée. *-11-12* multipartisme autorisé. *-19/20-12* plusieurs Alb. abattus en voulant fuir en Youg. *-21-12* gouv. décide suppression des symboles de Staline (retire le 22-12 statue de 10 m de haut à Tirana). *-30-12* autorise droit de grève (sauf politique), liberté religieuse, droit à la propriété privée ; les Juifs alb. peuvent émigrer vers Israël. **1991**-*11-1* amnistie de 200 prisonniers politiques. *-12-1* Forum des droits de l'homme (créé 19-12-1990) légalisé. *-4-2* contestation étudiante. *-8-2* possession de voitures privées autorisée. *-20-2* à Tirana, statue de Hodja déboulonnée. *-21/22-2* manif. *-4/17-3* « libération » officielle des prisonniers politiques (64 encore détenus). *-6-3 :* 25 000 Alb. de souche serbe et monténégrine autorisés à émigrer vers la Youg. *-10-3* plus de 1 000 entrent au Monténégro. 19 275 réfugiés alb. arrivés en Italie depuis le 20-2 (dont 4 500 le 7-3). *-14-3* relations diplomatiques reprises avec USA (interrompues depuis 1939). *-31-3* et *-7-4 : 1res législatives* depuis 1946 : victoire du P. du travail. *-2-4* incidents à Shkodër, 3 †. *-3-4* grève générale. *-11-4* arrivée en Israël des 11 derniers juifs de la communauté alb. (300 arrivés depuis déc. 1990). *-30-4* **Ramiz Alia** élu Pt. *-22-5* relations diplomatiques avec G.-B. reprises (rompues depuis 1946). *-11-6* gouv. de coalition. *-14-6 :* 800 réfugiés reconduits par les autorités italiennes dans les eaux internationales. *-19-6* adhère à la CSCE. *-20-6* Tirana, statue de Lénine déboulonnée. *-8-8* cargos *Skanderbeg* (1 000 réfugiés) et *Vlora* (10 000 réfugiés) arrivent en Italie. *-Août* aide alimentaire et médicale de la CEE : 2 millions d'écus. *-15-8 :* 17 000 réfugiés en Italie ont regagné l'A. *-7-9* relations diplomatiques avec Vatican reprises. *-14-9* Tirana, 50 000 manifestants demandent démission du Pt. *-Sept.* lie là l'écu européen. Adhère à la Berd. *-5-10/16-10* manif. *-1-11* libération partielle des prix. *-7/8-12* pillage de vivres et incendie, 38 †. *-9-12* Tirana, 20 000 manifestants. *-12-12* manif. à Tirana. *-15-12* gouv. de techniciens. **1992**-*22/29-3 législatives :* succès du P. démocratique. *-6-4* Alia démissionne (en résidence surveillée sept. 1992 ; arrêté 20-8-1993 ; condamné 24-9-1994 à 8 ans de prison, à 9 ans 2-7-1995 ; libéré 7-7 ; arrêté 2-2-1996 pour « génocide et crimes communistes », libéré 14-3-1997, acquitté 20-10).

1992-*9-4* **Sali Berisha** (né 1-7-1944, P. démocratique) élu Pt. *-4-6* environ 2 000 pers. tentent de passer en Italie (refoulées au port de Durrës). *-Juillet* affrontements devant ambassades occidentales. *-16-7* Parlement vote l'interdiction des partis « fasciste, communiste, totalitaire ou stalinien ». *-2-12* A. adhère à l'Organisation de la conférence islamique. *-16-12* candidate à l'Otan. **1993**-*25-4* visite de Jean-Paul II. *-Mai Nedjmije Hodja* (née 1921, veuve d'Hodja, arrêtée 4-12-1991) condamnée à 11 ans de prison pour dilapidation de fonds publics ; libérée 10-1-1997. *-30-5 :* 1er congrès monarchiste. *-Juin* la Grèce expulse 30 000 travailleurs alb. (l'A. ayant expulsé l'archimandrite Chrysostome Maidonis, accusé de prôner la sécession de la minorité grecque et l'annexion par la Grèce de la moitié sud de l'A.). *-20-11* Leka Ier expulsé de Tirana. *-30-12,* 10 anciens responsables communistes condamnés pour enrichissement personnel. **1994**-*10-4 :* 2 militaires alb. tués par commando venu de Grèce. *-6-11* référendum constitutionnel : non 53,8 %. *-4-12 :* 8 ministres limogés. *-27-12 au* **1995**-*5-1 :* 1res manœuvres navales avec USA. *-23-9* loi interdisant jusqu'en 2002 aux hauts responsables, au pouvoir entre 1944 et 1991, d'exercer des responsabilités au sein du gouv., du Parlement, de la magistrature et des médias. **1996**-*20* et *-27-10 municipales :* victoire démocrate. **1997**-*15-1* banqueroute de la Sté Vefa [offrait 30 à 100 % d'intérêts par mois, environ 5 milliards de F perdus (soit 1/3 du PNB) et 300 000 victimes]. *-Janv./mars* émeutes, pillages des casernes, surtout régions de Vlora et Saranda. *-2-3* état d'urgence. *-3-3* Berisha réélu Pt par le Parlement. *-9-3* accord Berisha/opposition : gouv. de réconciliation nat., élections avant juin, amnistie. *-29-3* opération « Alba » autorisée par Onu : 6 000 h. (dont 1 000 Français), sous commandement italien, chargés d'apporter de l'aide [*bilan* (du 28-2 au 10-6-1997) : environ 1 500 †, 12 000 réfugiés en Italie]. *-12-4* retour de Leka Ier en A. *-29-6* référendum, 67 % refusent la monarchie. *-29-6/6-7 législatives* anticipées, succès PS. *-Juillet* Berisha démissionne.

1997-*24-7* **Rexhep Meidani** (né 17-8-1944, socialiste) élu Pt. Abrogation de l'état d'urgence. *-11-8* départ de la force de l'Onu. **1998**-*20-2* Tirana, 3 000 partisans du P. démocratique manifestent. *-12-9* Azem Hajdari, député démocrate Pt de la commission de la défense du Parlement, assassiné ; émeutes. *-14-9 Tirana,* émeutes (partisans de Berisha). *-22-11* référendum sur Constitution (oui 93,5 % ; abstentions 49,43). **1999** 450 000 réfugiés du Kosovo ; au 14-7, 391 000 ont regagné le K. **2000**-*1-10* Edi Rama (35 ans) maire de Tirana.

■ **Statut.** *République.* **Constitution** de nov. 1998. **Pt :** élu par l'Assemblée pour 5 ans. **PM :** *1982 (15-1)* Adil Carcani (1922-97). *1991 (22-2)* Fatos Nano (arrêté 1993, amnistié 11-3-1997) ; *(5-6)* Ylli Bufi (né 1949) PTA ; *(14-12)* Vilson Ahmeti (condamné 31-8-1993 à 2 ans de prison pour détournements de fonds). *1992 (12-4)* Alexander Meksi (né 8-3-1939) PDA. *1997 (12-3)* Bashkim Fino P. socialiste ; *(25-7)* Fatos Nano P. socialiste. *1998 (30-9)* Pandeli Majko (né 1967) P. socialiste, démissionne 26-10-1999. *1999 (27-10)* Ilir Meta (né 24-3-1969) P. socialiste. **Assemblée** 140 membres (100 élus directement et 40 à la proportionnelle) pour 4 ans. **Élections. 30-3, 7- et 14-4-1991 :** PDA 75 sièges, PTA 59, Omonia 5, Union des vétérans 1 ; **22/29-3-1992 :** PDA 92 sièges, socialistes 38, sociaux-démocrates 7, minorité grecque 2, républicain 1 ; **26-5 et 2-6-1996 :** abstentions 40,6 %, PDA 101 sièges (irrégularités ; retrait de 9 partis dont les socialistes) ; **16-6-1996 :** 17 partielles, abstentions 35 %, victoire du PDA ; **29-6 et 6-7-1997 :** 155 sièges [socialistes 79 (50,97 % des voix), P. démocratique 27 (17,42 %), coalition sociaux-démocrates/socialistes 21 (13,55 %) + 8 (5,16 %), divers 20]. **25-6 et 9-7-2001 :** succès socialiste.

Fêtes nationales. 1er janv., 11 janv. (proclamation de la Rép. populaire en 1946) ; 1er mai (solidarité internationale des travailleurs) ; 28 nov. (indépendance nationale en 1912 et Constitution de 1998) ; 29 nov. (libération de 1944). **Drapeau** (7-4-1992). Rouge, avec aigle noire bicéphale (surmontée d'une étoile jaune ajoutée 14-3-1946, retirée 7-4-1992).

■ **Partis. Communiste (PC)** fondé 1941, devient 1948 **P. du travail albanais (PTA)**, puis 12-6-1991 **P. socialiste albanais (PSSH)** : parti unique jusqu'en 1990 ; 110 000 m. ; Pt : *1991 (13-6)* Fatos Nano [*1941 (nov.)* Enver Hodja (1908-85) ; *1985 (13-4)* Ramiz Alia (né 1925)] ; *1997* Rexhep Meidani ; *1998* Fatos Nano. **P. démocrate albanais (PDSH)** fondé 1990 par Sali Berisha, légalisé 19-12-1990, Pts : Édouard Selami (limogé 5-3-1995), Tritan Shehu, Sali Berisha. **Mouvement pour l'unité démocratique de la minorité grecque, (BDMG) [ex-Omonia]** fondé 1991, Pt : Jorgo Labovitjadhi. **Républicain (PRSH),** Pt : Fatmir Meidiu Godo. **Écologique. Royaliste de l'union pour la légalité,** Pt : Spahica (incarcéré oct. 1998). **Social démocrate (PSDSH),** Pt : Gramoz Pashko. **De l'alliance démocratique (PAD),** Pt : Neritan Çeka. **Du mouvement de la légalité (PLL). Agraire (PA). Chrétien-démocrate (PDK). P. de l'unité nationale (BK).**

■ **Économie. PNB** (en 1999) : 947 $ par hab. **Croissance du PIB** (en %) : *1992 :* 9,7 ; *93 :* 10,9 ; *94 :* 9,4 ; *95 :* 13,3 ; *96 :* 9,1 ; *97 :* – 7 ; *98 :* 8 ; *99 :* 8 ; *2000 (est.) :* 7. **Indice des prix à la consommation** (moyenne annuelle, en %) : *1992 :* 193,1 ; *93 :* 85 ; *94 :* 21,5 ; *95 :* 8 ; *96 :* 12,7 ; *98 :* 20,3 ; *99 :* – 0,1. **Dette extérieure brute** (en % du PIB) : *1994 :* 47 ; *98 :* 29 ; *99 :* 25. **Pop. active** (en %) **et,** entre parenthèses, **part du**

PNB (en %) : agr. 55 (56), ind. 10 (13), services 25 (25), mines 10 (10). **Chômage** (en %) : *1992 :* 27 ; *95 :* 12,9 ; *98 :* 17,6 ; *99 :* 16 (sans doute 30 à 40). **Salaire moyen** (d'un fonctionnaire, en $) : *1993 :* 30 ; *98 :* 76. **Aides** *d'urgence* (UE, FMI, Banque mondiale) : 880 millions de $ en 1993 (dont UE 218) ; *humanitaire :* médicaments, nourriture, etc. **Envois des émigrés :** 400 millions de $ par an, 600 000 travailleurs. **Mafia** importante (drogue, prostitution, émigration clandestine). **Secteur privé :** 75 % du PIB en 1999.

■ **Agriculture.** Avant 1990 : secteur d'État 29,8 % de la prod., coopérateur 70,2 % (en 1989). **Terres** (en milliers d'ha, 1997) : 1 874,8 dont t. arables 700, forêts 1 026, pâturages 445, eaux intérieures 135, divers 258. Privatisation des terres : 413 000 ha sur 531 000 (en 1992). **Production** (en milliers de t, 1999) : blé 350, bett. à sucre 56, maïs 193, légumes 300 (en 1997), p. de t. 162, coton, tabac, haricots, vigne, mûriers, orge, riz, fruits. **Élevage** (en milliers de têtes, 1999). Poulets 4 862, moutons et chèvres 1 941, porcs 81, bovins 720. Viande, laine. **Pêche** (en 1997). 1 013 t.

■ **Énergie.** **Pétrole** (en millions de t) : *réserves :* environ 22 ; *production* (en 1999) : 0,3 (Cie Albpetrol). **Gaz naturel** (en 1998) : 16,5 millions de m^3. **Électricité** (en 1998) : 6,1 milliards de kWh, 96,6 % hydraulique ; *production* (en 1994) : – 50 %.

■ **Métaux.** **Acier** (en milliers de t) : *1989 :* 112 ; *90 :* 79 ; *91 :* 16. **Chrome** (en 1998) : 150 000 t. **Cuivre** (en 1998) : 54 000 t. **Nickel** (en 1993) : 200 t.

■ **Transports.** **Routes :** 18 000 km (en 1996). **Parc automobile :** *1990 :* 1 200 ; *99 :* 300 000 (dont 200 000 Mercedes volées). **Chemin de fer :** 742 km (en 1996). **Tourisme.** 22 355 visiteurs (en 1998).

■ **Commerce** (en millions de $). **Export./import. :** *1992 :* 72/524 ; *93 :* 123/421 ; *94 :* 139/549 ; *95 :* 202/650 ; *96 :* 213/913 ; *97 :* 137/620 ; *98 :* 207/795 ; *99 :* 265/885. **Exporte vers** All., ex-Tchécoslovaquie, Bulgarie, Roumanie, Italie, Chine, ex-Yougoslavie.

■ **Rang dans le monde** (en 1990). 17e nickel.

ALGÉRIE
V. légende p. 950.

☞ *Abréviations :* A. : Algérie ; alg. : algérien(s).

☞ Le 31-10-1838, la 1re appellation officielle « Algérie » paraît au *Bulletin des lois* nº 609 (ordonnance du roi des Français nº 7654 « sur l'administration civile de l'Algérie »). On parlait encore de « possessions françaises du Nord de l'Afrique ».

■ **Situation.** Afrique. **Superficie :** 2 381 741 km². **Altitude :** *maximale* Tahat (Hoggar) 3 010 m ; *minimale* chott Melghir – 30 m, *moy.* 900 m. **Côtes :** 998 km. **Frontières** (en km) : Maroc 1 559, Sahara occidental 42, Mauritanie 463, Mali 1 376, Niger 956, Libye 982, Tunisie 965.

■ **Régions.** **Algérie du nord :** 381 000 km², 3 zones parallèles au rivage s'étageant du nord au sud : *chaîne du Tell* (1 000 km × 125 km) entre mer et hautes plaines avec d'ouest en est : *monts de Tlemcen* (alt. maximale : djebel Kouabet 1 621 m) ; *massif des Beni Snouss* (djebel T'chouchfi 1 842 m) ; *Ouarsenis* (Œil du monde 1 985 m) ; *massif algérois* (Mouzaïa 1 608 m) ; *Djurdjura* (Lalla Khédidja 2 308 m) ; *Mt du Constantinois* [rejoignant au sud l'Atlas saharien (Aurès) : djebel Chelia 2 328 m]. *Plaines attenantes* d'ouest en est : plaines du *Sig* et du *Chlef* (Chélif) (Oranais) ; haute vallée du Chlef ; plaine de la *Mitidja* (Algérois), plaine de l'*Isser ;* plaine d'*Annaba* (pluies 300 à 1 000 mm, surtout févr.-mars et oct.-nov.). *Hautes plaines intérieures :* dépressions du *chott el Chergui,* du *chott el Hodna* et du *Tarf,* zone steppique, pluie 100 à 300 mm. *Atlas saharien* d'ouest en est : massifs des *Ksour* (djebel Mzi 2 200 m) ; de l'*Amour* (djebel Touilet 1 977 m) ; des *Ouled Naïl* (Bou Kahil 1 500 m).

Algérie saharienne : 2 000 000 de km², plaines et montagnes, parallèles à la côte. *Vallées sèches* (principales du nord au sud) : oued Saoura ; oued Tafassasset. *Dépression maximale :* chott Melghir : – 30 m. *Massif* du Hoggar (volcanique dominant le socle primaire, lui-même recouvert de calcaires crétacés) : monts Tahat 3 010 m, Tezoulagh 2 800 m, Ilamane 2 758 m, Assekrem 2 625 m, Adaouda 2 170 m.

☞ **Grande Kabylie :** massifs montagneux bordés au nord par la mer ; à l'ouest par l'oued Isser, de son embouchure à Palestro ; au sud par la route Palestro, Bouïra, Maillot, Akbou ; à l'est par la vallée de la Soummam. **Petite Kabylie :** à l'est.

■ **Côtes.** 1 200 km ; chaîne calcaire (nord de l'Atlas tellien) parallèle. 5 échancrures de fleuves côtiers : golfe d'Oran, baie d'Alger, golfes de Bedjâya, de Skîkda (baies de Collo et Stora), d'Annâba. Nombreux récifs.

■ **Climat.** Méditerranéen. *Nord :* hiver pluvieux et froid, été chaud et sec. *Sud :* sec et tropical, grands écarts de températures en hiver. Sahara (pluie < 100 mm ; température moy. jour 36 °C, nuit 5 °C).

	Températures		Pluies/an
	janvier	*juillet*	*en mm*
Oran	10,5 °C	23,1 °C	253
Alger	12,2 °C	24,5 °C	691
Annâba	12,9 °C	24,5 °C	476
Skîkda	13,5 °C	25,7 °C	621
Béchar	12,1 °C	31,7 °C	70

■ **Distances d'Alger** (en km). Aïn Salah 1 388, Annâba 600, Béchar 965, Bedjâya 263, Biskra 425, Constantine 431, El Goléa 968, Ghardâya 600, Laghouât 400, Oran 432, Ouargla 800, Skîkda 510, Soûq Ahrâs 623, Tamanghasset 1 970, Touggourt 767.

DÉMOGRAPHIE

■ **Population.** **Totale** (en millions d'hab.) : **1835 :** 1,87 dont Maures d'Espagne et arabophones (cultivateurs et ouvriers) 1,2, nomades 0,4, Kabyles 0,2, Juifs 0,03, Turcs et renégats 0,02, Kouloughlis 0,02. **1856** (1er recensement) : 2,31 (+ non-musulmans 0,16, dont Français 0,09). **1881 :** 2,86 (+ non-musulmans 0,41). **1891 :** 4,11 dont, entre parenthèses, Français (0,27). **1896 :** 4,34 (0,30). **1901 :** 3,78 (0,63). **21 :** 4,92 (0,79). **36 :** 6,2 (0,83). **54 :** 8,67 (0,98). **62 :** 10,24. **66 :** 11,98. **70 :** 13,75. **75 :** 16,02. **80 :** 18,67. **85 :** 21,76. **90 :** 24,7. **99 :** 30,8. **2000** *(prév.) :* 31,6. **Vers 2025** *(prév.) :* 47. **D.** 13,2. **Répartition :** 96 % de la pop. dans le nord sur 17 % des terres. **Âge :** *– de 15 ans :* 35,2 % ; *+ de 65 ans :* 4 %. **Pop. urbaine** (en %) : *1950 :* 22 ; *66 :* 31 ; *87 :* 49 ; *93 :* 54 ; *97 :* 57,14 ; *2010 (prév.) :* 66. **Naissances** (en milliers). *1975 :* 500 ; *85 :* 845 ; *90 :* 758,5 ; *98 (est.) :* 806.

Code	Tél.	Wilaya	Population (en 1998)	Densité hab./km² (en 1998)
01	049	Adrâr	311 615	0,71
02	027	Chélîf	858 695	179,10
03	029	Laghouât	317 125	12,66
04	032	Oum-el-Bouâghi	519 170	76,71
05	033	Bâtna	962 623	78,96
06	034	Bedjâya	856 840	262,20
07	033	Biskra	575 858	27,44
08	049	Béchar	225 546	1,40
09	025	Blida	784 283	497,30
10	026	Bouîra	629 560	141,80
11	029	Tamanghasset	137 175	0,25
12	037	Tébessa	549 066	38,60
13	043	Tlemcen	842 053	92,93
14	046	Tiâret	725 853	35,12
15	026	Tîzi-Oûzou	1 108 708	310,74
16	021	Alger	2 562 428	3 144,00
17	027	Djelfa	797 706	12,00
18	034	Djîdjel	573 208	222,40
19	036	Setîf	1 311 413	201,60
20	048	Saîda	279 526	41,33
21	038	Skîkda	786 154	195,27
22	048	Sidi Bel Abbes	525 632	57,80
23	038	Annâba	557 818	387,64
24	037	Guelma	430 000	104,85
25	031	Constantine	810 914	370,79
26	025	Médéa	802 078	90,50
27	045	Mostaganem	631 057	290,14
28	035	Msîla	805 519	43,00
29	045	Mascara	676 192	113,80
30	029	Ouargla	445 619	2,10
31	041	Oran	1 213 839	572,30
32	049	El-Bayad	168 789	2,14
33	029	Illizi	34 108	0,12
34	035	Bordj Boû-Arîrîdj	555 402	134,97
35	024	Boûmcrdês	647 389	435,00
36	038	Târf (El)	352 588	105,60
37	049	Tindoûf	27 060	0,17
38	046	Tîssemsîlt	264 240	83,80
39	032	El-Oued	504 401	9,24
40	032	Khenchela	327 917	33,40
41	037	Soûq-Ahrâs	367 455	80,90
42	024	Tipasa	506 053	274,14
43	031	Mîla	674 480	71,94
44	027	'Aïn ed Defla	660 342	135,00
45	049	Na'âma (En)	127 314	4,25
46	043	'Aïn Temoûchent	327 331	137,60
47	029	Ghardâya	300 516	3,50
48	046	Relizane	642 205	131,87
	213	Total Algérie	29 100 863	12,22

Décès. *1976 :* 163 ; *85 :* 138 ; *90 :* 113,5. *De moins d'un an : 1976 :* 59 ; *86 :* 37 ; *89 :* 29 ; *98 (est.) :* 164. **Espérance de vie :** *h.* 68 ans, *f.* 70 ans. **Taux brut** (en %) : **natalité :** *1980 :* 4,27 ; *85 :* 3,95 ; *92 :* 3 ; *99 :* 3 ; **mortalité :** *1980 :* 1 ; *90 :* 0,85 ; *99 :* 0,6 ; *infantile : 1976 :* 8,5 ; *91 :* 4,4 ; *99 :* 4,4. **Accroissement** (en %) : *1980 :* 3,2 ; *85 :* 3,1 ; *91 :* 3 ; *98 :* 2,9. **Fécondité :** 4,1 enfants par femme en 1999 (1,8 en Fr.). **Médecins par habitant :** 1 pour 2 000 en 1990. **Analphabètes** (en 1982) : *– de 17 ans :* 20,4 %, *17 à 60 :* 51,6, *+ de 60 :* 90,7. *Moyenne :* 31,1 % (en 1999). En 1998, 45 % des femmes.

Étrangers. *Marocains* 300 000 (en 1975, 30 000 expulsés). *Français :* voir ci-dessous. *Américains :* 2 000/3 000. *Soviétiques :* 1 500. **Émigrés :** 1 800 000 (dont en France 700 000). **Français en Algérie.** *1986 :* 51 924 (dont 2 300 pieds-noirs) ; *92 :* 24 440 immatriculés (76 000 à 100 000 avec Français d'origine algérienne), dont actifs 25 % ; *94-oct. :* 12 000 ; *96 :* 8 370 (dont + de 5 000 binationaux). **Visas français accordés en Algérie** (moy. par jour) : *1993-déc. :* 800 (à Alger) ; *1994-mars :* – de 400. **Demandes d'asile en France :** *1993 :* 1 098 ; *94 :* 2 385 (18 acceptées).

■ **Villes** (est. 1987). *El-Djezaïr* (« Les Iles », ex-Alger, fondée en 1492 par les Espagnols sur des îlots réunis au continent au XVIe s. par les Turcs) 3 705 000 hab. *(est.* 1999) [*1872 :* 48 000 ; *96 :* 98 642 (dont 45 651 Français) ; *1910 :* 100 000 ; *54 :* 192 890 Européens/162 150 musulmans (aggl. : 276 621/293 465)], Wahran (ex-Oran) 590 818, Qacentina (ex-Constantine ; antique Cirta) 438 717, Annâba (ex-Bône ; antique Hippone) 310 106, Bâtna (bivouac, fondée 1844) 182 375, Tîzi-Oûzou 100 749, Setîf 168 295, Blida 165 541, Sidi Bl'Abbês 151 397, Ech-Chélîf (ex-El-Asnam, ex-Orléansville) 129 127, Biskra 128 707, Skîkda (ex-Philippeville) 118 848, Mostaganem 112 820, Bedjâya (ex-Bougie ; export. de cire pour les chandelles) 112 693, Tébessa 107 391, Béchar 105 907, Tilimsêne (ex-Tlemcen) 100 405.

■ **Algériens en France.** **Vers 1900** arrivée des 1ers travailleurs. **1914-18** 90 000 réquisitionnés [*volontaires : 1914 :* 7 000 ; *15 :* 20 000 ; *16 :* 30 000 ; *17 :* 35 000 (+ 173 000 soldats dont 25 000 seront tués)]. **1919** 68 000 (la plupart rentreront). **1922** 50 000 entrées. **1922-24** 90 000. **1929-30** crise ; 42 000 retours. **1930** 43 000. **1945-62** émigration reprise (sauf 1958). **1954** environ 212 000 (300 000 selon d'autres sources). **1962** 400 000 (dont travailleurs 198 000 : entreprises et chantiers 77 890, industries mécaniques et électriques 43 722, métallurgie 14 597). *Indépendance :* les Algériens sont considérés comme citoyens français avec droit de libre circulation. **1964** accords franco-algériens permettant 12 000 sorties

par an en moy. **1965** remis en cause par l'A. **1968** contingent 35 000 par an de 1969 à 1971 et 25 000 de 1972 à 1973. **1971** 750 000. **1973**-*19-9* incidents à Marseille, l'A. suspend l'émigration. **A partir de 1975** retours plus importants que les entrées en Fr. **1977** *aide au retour* (10 000 F et transport gratuit). **1980** négociations franco-algériennes sur les retours. But : 35 000 départs/an jusqu'en déc. 1983. La carte de résidence des 280 000 installés en Fr. avant le 1-7-1962 sera renouvelée pour 10 ans à son échéance, celle des 400 000 arrivés après le 1-7-1962 sera prorogée automatiquement pour 3 ans et 3 mois si elle expire entre le 1-10-1980 et le 31-12-1983 (ensuite pas de renouvellement). **1983**-*1-1* : 816 000 en Fr., y compris femmes et enfants, 120 000 en cours de régularisation, 100 000 anciens harkis (70 000 en 1962), 400 000 jeunes nés en Fr. et ayant la nationalité française. **1995** 700 000 en Fr. + 1 000 000 binationaux. **2000** harkis (communauté) 153 000 ; *Juifs originaires d'A.* 200 000.

☞ **Tombes françaises en Algérie :** plus de 300 000 dans plus de 600 cimetières.

■ **Langues.** **Arabe** (*officielle,* 83 %) ; une loi du 17-12-1996 prévoit la généralisation de l'arabe à toutes les activités avant le 5-7-1998 (5-7-2000 pour l'enseignement supérieur). **Parlers berbères** ou **tamazight** (17 % ; en 1860 51 %, en 1952 30 %) [kabyle, chaouia, mozabite (du dialecte zenatyia), chenoui, targui (touareg ou tamahaqt ou tamacheq, ont conservé l'écriture berbère, le tifinagh)]. **Français** (enseignée de la 3e au bac à 4 300 000 élèves ; quotidiens francophones tirant à 700 000 exemplaires).

■ **Religions.** **Islam** *(officielle)* 19 000 000. **Catholiques** 60 000, dont 5 000 pratiquants, 280 prêtres, 1 000 religieuses (dont enseignantes 500, soignantes 200). **Juifs** *1994 :* 100 à 200 (*1936 :* 112 132 ; *62 :* 150 000 ; *63 :* 5 000).

■ Histoire

■ **Avant J. C.** **Paléolithique moyen** (chaud et humide), peuplement *atérien* (gisement de Bir el-Ater, dans les Némentcha, à 70 km au sud de Tébessa, à l'extrémité est du djebel Onk). **Néolithique ancien :** « escargotières » du Constantinois et du Sahara : collines de pierres, les *Capsiens* (Capsa, aujourd'hui Gafsa, Tunisie) sont mangeurs d'escargots. **Récent** au Sahara (humide) : civilisation brillante (gravures et peintures rupestres du Tassili des Adjers). **XVIe au IXe s.** *les Berbères* (descendants probables des Capsiens) entrent en contact avec les « peuples de la Mer » qui leur enseignent techniques égéennes et anatoliennes ; le Sahara devient désertique et se vide. **Vers 1250** Carthaginois ; fondation d'*Hippone.* **IXe s.** domination carthaginoise sur les côtes (intérieur contrôlé par chefs numides rivaux). **Vers 207** *Gayya* (roi des Massyles), fils de Zelalsen, meurt. *Ozalcès,* son frère, lui succède. **Vers 206** Ozalcès meurt ; *Capussa,* son fils, lui succède ; il est tué dans une bataille ; son vainqueur et rival Mazaètullus nomme roi le jeune *Lacumazès,* frère de Capussa, il s'en déclare le tuteur. *Massinissa* (le plus âgé de la famille royale), en apprenant la mort de son oncle Ozalcès et de son cousin Capussa, rentre d'Espagne pour accéder au trône. Rivalité avec *Syphax* [roi des Massyles, capitale Cirta (aujourd'hui Constantine, puis Qacentina)], pour des territoires que son père Gayya a déjà revendiqués. **Vers 203** *Syphax* vaincu par *Massinissa. Lacumazès* et *Mazaètullus* s'enfuient à Carthage. Massinissa envoie des émissaires pour ramener les 2 fuyards. Il unifie les 2 royaumes en *royaume de Numidie* dont il devient roi. **202** *Zama* (Scipion bat Hannibal), débuts de l'intervention romaine ; alliance romano-numide dans l'armée romaine. **Vers 149** Massinissa meurt. *Micipsa,* son fils, lui succède. **Vers 118** Micipsa meurt. Rivalité entre ses fils *Adherbal* et *Hiempsal Ier,* et son fils adoptif *Jugurtha* qui s'impose. Hiempsal est assassiné, Adherbal résiste, Jugurtha prend Cirta, arrête Adherbal et le met à mort car il voulait traiter avec les Romains. Il devient roi de Numidie, épouse la fille de *Bocchus,* roi des Maures. Après 7 ans de guerre contre les Romains, il est trahi par son beau-père qui le livre aux Romains. Condamné à mort, étranglé à Rome au Tullianum en 104. Le royaume est attribué à son frère *Gauda.* **46** *Thapsus* victoire romaine : Numidie répartie entre Mauritanie césarienne (capitale Caesarea, Cherchell) et Afrique proconsulaire (capitale Carthage).

■ **Après J.-C.** l'A. se romanise. Villes principales : Timgad, Tipasa, Tébessa, Hippone [Bône puis Annâba ; évêque *St Augustin* né 354 à Souk Ahras (ex-Tagaste), † 430]. **429** invasion *vandale.* **533** domination *byzantine.* **680** débuts de la *conquête arabe.* Invasion d'Oqba ibn-Nafaā. Résistance berbère jusqu'au début XIIIe s., islamisation puis arabisation. **VIIIe-début XVIe s.** dynasties musulmanes d'origine berbère : *Rustémides, Aghlabides* (750-910 englobant Tunisie), *Kharidjites* (hauts plateaux, capitale Tiaret VIIIe s.-910), *Fatimides* (A., Tunisie 910-73), *Zirides* (A., Tunisie), *Hammadites* (partie de l'A.), domination *almohade* (en partie 1060, en totalité 1147-1269), *hafside* (Tunisiens et Constantinois), *zianide* (Tlemcen). **Xe s.** invasion des *Beni Hillal.* **1450** la France obtient, moyennant redevance annuelle, la concession de côtes (près de Bône) [1518 confirmée ; 1692 droit exclusif d'exploiter les bancs de corail]. **XVIe-XVIIIe s.** les deys d'Alger, quasi indépendants de la Turquie, pratiquent la guerre de course contre les Européens ; représailles espagnoles 1541, 1774 ; françaises 1665, 1682-83, 1685, 1688. **1515** corsaires turcs restaurent l'unité. Protectorat nominal du sultan de Constantinople. **1535** Charles Quint prend Tunis. **1541**-*21-10* arrive devant Alger (+ de 500 navires, 12 000 marins, 22 000 h.) ; intempéries le mettent en déroute. **1553** la compagnie marseillaise des « Concessions d'Afrique » obtient du dey de pêcher le corail sur la côte ; elle construit, à 12 km à l'ouest de La Calle, le « Bastion de France ». Plusieurs fois détruit et relevé, ce comptoir sera évacué de 1799 à 1816, et détruit sur l'ordre du bey de Constantine en 1827. **1572** les Barbaresques d'Alger demandent au roi de Fr. de les prendre sous sa protection, notamment contre les Espagnols. Charles IX pense y envoyer son frère (le duc d'Anjou, futur Henri III). **1643**-*31-10* le duc de Beaufort (ancien « roi des Halles ») débarque à Djidjelli et l'évacue. **1659** l'agha des janissaires turcs détient le pouvoir en A. **1681**-*18-10* déclare guerre à la Fr. *-Déc.* les Algériens prennent un bâtiment de la marine royale ; son commandant français, le chevalier de Beaujeu, est vendu comme esclave. **1682**-*20-8/12-9* Duquesne bombarde Alger en représailles. **1683**-*juin/juillet* bombardement d'Alger (Algériens 300 †, Français 20 †) ; *-29-7 :* 17 chrétiens, dont le père Levacher, attachés à la bouche des canons algériens. **1684**-*2-4* Tourville devant Alger. *-28-4* paix proclamée pour 100 ans ; guerre recommence. **1708** Turcs prennent Oran. **1714** Fr. obtient concessions à La Calle, Bône et Collo sur le littoral. **1732**-*30-6* Espagnols débarquent près du cap Falcon. *-1-7* prennent Oran, s'y maintiennent ainsi qu'à Mers-el-Kébir jusqu'en 1792 (Peñon d'Alger et Bougie repris par les Barberousse). **1797** 2 négociants algérois, *Jacob Bacri* et *Busnach* (israélites détenant un monopole de vente), vendent (au triple du prix et avec des intérêts usuraires) pour 24 millions de F de blé à la Rép. française (impayés). **1798** projet d'expédition à Alger, Tunis, Tripoli pour lutter contre l'influence britannique. **1801**-*17-12* traité avec Fr. **1807** privilèges commerciaux accordés à la Fr. donnés à l'Angl. contre redevance annuelle de 267 000 F. **1808** projets d'expédition. Vincent-Yves Boutin (1772-1815, assassiné en Syrie) fait un relevé des fortifications. **1815** USA, excédés par la piraterie, envoient en Méditerranée 2 escadres contre le dey d'Alger : l'une d'elles, sous les ordres du commodore Decatur (frégate *Guerrière*), rencontre près du cap de Gate (Esp.) la frégate algéroise le *Mashuda* sur laquelle se trouvait le raïs Hamida (amiral algérien) qui est tué. **1816**-*27-8* Alger bombardée par escadre anglo-hollandaise (amiral lord Exmouth). **1818**-*1-3* le dey **Hussein** (Smyrne vers 1773-Alexandria, Italie 1838), créditeur de Bacri et Busnach, réclame 24 millions de F de blé à Louis XVIII. **1819**-*28-10* transaction, dette réduite à 7 millions. **1820** Hussein en reçoit 4. **1821** les 3 autres sont réclamés par d'autres créanciers et mis à la Caisse des dépôts en attendant le jugement (devant la cour d'Aix). **1826** Hussein écrit à Charles X pour se plaindre de la longueur du procès ; pas de réponse. **1827**-*29-4* à la réception officielle la veille du baïram, Hussein demande à Pierre Deval, consul de Fr. (depuis 1815), s'il a une lettre de Charles X. Réponse négative. Hussein furieux frappe Deval d'un coup de chasse-mouches. *-12-6* le capitaine de vaisseau Collet (avec 4 navires) arrive devant Alger en exigeant des excuses, Hussein refuse. *-16-6* rupture des relations diplomatiques et blocus des côtes d'A. *-4/5-10* combats, la flotte algérienne est rejetée dans le port. **1828** plusieurs escarmouches. **1829**-*3-8* échec des négociations ; le vaisseau *Provence* est bombardé.

■ **Période française.** **1830**-*25-5* départ du corps expéditionnaire de 37 577 h., 103 navires de guerre, 572 de commerce, 3 divisions (Loverdo, Berthezène, duc des Cars), C^{dt} en chef **M^{al} de Bourmont** [min. de la Guerre (1773-1846)]. *-14-6* débarquement à Sidi-Ferruch. *-19-6* l'agha Ibrahim, gendre de Hussein, battu à Staouëli. *-5-7 prise d'Alger*, le dey capitule et le 10-7 part pour Naples. Son trésor aurait dû rembourser les frais d'expédition mais une partie fut détournée, notamment à Paris. Occupation restreinte (Alger, Blida, Médéa, Oran, Bône, Bougie). *-8-7* bey de Titteri se soumet (*15-7* reçoit investiture officielle). Hassan, bey d'Oran, prêt à faire de même, mais, bloqué par indigènes dans Oran avec 800 Turcs, promet au **Gal Clauzel,** C^{dt} en chef débarqué à Alger le 2-8, de payer le même tribut qu'au dey d'Alger, si libre de gouverner seul la province (en cas d'occupation française d'Oran, contre remise des forts, serait transporté avec biens et famille dans port ottoman). *-Sept.* sultan marocain Abd er-Rahman, sollicité par habitants de Tlemcen, envoie comme gouverneur son parent Moulay Ali. Hassan proteste (Tlemcen appartenait au beylik d'Oran, qui devait suivre le sort de la régence d'Alger) et s'adresse à Mahi ed-Din qu'il fait venir à Oran. *-30-10* Louis-Philippe autorise Clauzel à transformer l'expédition primitive en occupation véritable. *-15-11* Clauzel destitue Bou Mezrag, bey de Titteri, et nomme à sa place Mostafa ben Omar. *-26-11* Médéa occupée. **1831**-*4-1* Hassan se retire (les Français occupant Oran), et demande son transfert à Alger, puis Alexandrie et La Mecque. Négociations Clauzel-bey de Tunis (Lesseps, consul de Fr., intermédiaire). *-31-1* **Gal Berthezène** (1775-1847) C^{dt} en chef. *-4-2* Clauzel nomme bey d'Oran Achmet (prince tunisien) contre 1 million de F et 200 hommes envoyés pour relever les Français. *-Avril* razzia tunisienne à Mostaganem. *-Fin juin* échec des négociations Fr./Tunisie (bey de Tunis souhaite prendre pour lui la régence d'Alger). Le sultan du Maroc, dont l'influence a décliné (Moulay Ali a été chassé de Tlemcen), utilise Mustapha ben Ismaël et Musserli qui réunissent plus de 1 200 hommes et installent des représentants du sultan à Médéa et Miliana. Le Marocain Bel Amri s'établit à Mascara et Tlemcen. *-6-12* **Savary duc de Rovigo** C^{dt} en chef. **1832**-*23-3* prise de la casbah de Bône. *-17-4 Mahi ed-Din* (père d'Abd el-Kader) attaque les Français près d'Oran et établit son camp à Sidi-Marouf, entre Oran et Mostaganem. *-1-5* somme le G^{al} commandant à Oran de se rendre. *-3-5* plusieurs milliers de musulmans attaquent Karguenta, faubourg d'Oran. *-4-5* fort St-Philippe attaqué (le cheval d'Abd el-Kader est tué sous lui). *-Mai* blocus d'Oran. *-2-11 Abd el-Kader* (1807-83) proclamé émir. **1833**-*29-7* Gal Desmichels occupe Mostaganem et Mazagran. *-29-9* Gal Trézel prend Bougie. **1834**-*26-2 traité de paix entre Gal Desmichels* (Louis Alexis, B^{on} 1779-1845) et *Abd el-Kader* qui reste souverain de tout l'Oranais (sauf Oran, Mostaganem et Arzew). *-13-7* Abd el-Kader, aidé des Français, bat Mostafa ben Smaïl. *-22-7* la Fr. annexe la régence d'Alger. *-29-7* **Gal J.-Baptiste Drouet d'Erlon** (1765-1844) *gouverneur général.* **1835**-*16-6* convention « du Figuier » : les Douaïr et Zmela deviennent « sujets français ». *-26/28-6 Macta :* Abd el-Kader bat Trézel. *-8-7* **Gal Bertrand Clauzel** (1772-1842) *gouverneur général.* *-3-12* sur l'Hébra, Clauzel et duc d'Orléans battent Abd el-Kader. *-6-12* prennent Mascara qu'ils abandonnent le 8-12. **1836**-*13-1* Clauzel force Abd el-Kader à lever le siège devant le Méchouar. *-24-4* G^{al} d'Arlanges encerclé (42 jours) par Abd el-Kader à Oran. *-6-7* Bugeaud bat Abd el-Kader sur la Sikkak. *-21-11* Clauzel ne peut prendre Constantine et se retire. **1837**-*12-2* **Gal Denis Damrémont** (1783-1837) *gouverneur général*, Bugeaud commande à Oran. *-20-5* convention de *Tafna.* Bugeaud renforce les pouvoirs d'Abd el-Kader qui disposera de 59 000 combattants. *-12-7* Abd el-Kader prend Tlemcen évacuée par les Français et par une partie des Kouloughli. *-6/13-10* siège (et chute) de *Constantine*. Damrémont tué. *-13-10* **Gal Sylvain Charles Valée** (1773-1846) *gouverneur général.* **1838**-*1-7* Abd el-Kader assiège Aïn Madhi, centre religieux de la confrérie des Tidjani, après 6 mois, le détruit. *-25-8* Mgr Dupuch, 1er évêque d'Alger. *-7-10* occupation de Stora et de Philippeville. **1839**-*oct.* expédition des *Portes de fer* du duc d'Orléans (interprétée comme une rupture du traité de Tafna). *-18-11* Abd el-Kader reprend la guerre. Les deys de Miliana et Médéa franchissent la Chiffa et envahissent la Mitidja. **1840**-*2/7-2 Mazagran,* 123 h. luttent contre 1 200 Arabes. Conquête totale décidée. *-1-3* armée française : 58 000 h. *-15-3* Valée occupe Cherchell. *-17-5* Médéa. *-1-11* arrêté confisquant les biens des Arabes rebelles. *-29-12* Valée rappelé en France. **1841**-*22-2* **Gal Thomas Bugeaud** (1784-1849) *gouverneur général* arrive à Alger. Mascara occupée. **1842**-*24-1* Tlemcen occupée. **1843**-*16-5* duc d'Aumale prend la *smala d'Abd el-Kader*. *-31-7* Bugeaud nommé M^{al}. **1844**-*1-2* arrêté organisant les bureaux arabes. *-30-5* victoire de Lamoricière à la Mouila. *-6/25-8* hostilités contre le Maroc ; Tanger et Mogador bombardés par le P^{ce} de Joinville. *-14-8* victoire de Bugeaud sur l'armée marocaine sur *l'Isly. -10-9 traité de Tanger* avec le Maroc : Abd el-Kader est déclaré hors-la-loi au Maroc et en A. **1844-47** 3 campagnes de Bugeaud en Kabylie. **1845**-*18-3* convention de *Lalla Maghnia* (fixe limites A./Maroc) ratifiée 6-8 à Larache. *-Mars* révolte de Bou Maâza dans l'Ouarsenis et le Dahra. *-19-6* le C^{el} Pellissier enfume des rebelles dans les grottes du Dahra. *-23/25-9* affaire du marabout de *Sidi Brahim* (colonne de chasseurs du C^{dt} de Montagnac, encerclée par 3 000 cavaliers d'Abd el-Kader, se fait massacrer plutôt que de se rendre). *-27-9* garnison française d'Aïn Temouch se rend. **1847**-*13-4* **Bou Maâza** se rend au C^{el} de Saint-Arnaud. Prise de Setîf. *-Juillet* Abd el-Kader, repoussé de la Mitidja, rentre au Maroc par Figuig. *-11-9* **duc d'Aumale** *gouverneur général* (arrive 5-10 à Alger). *-22-12* **Abd el-Kader** demande l'aman et, *-23-12* à Sidi Brahim, se rend à Lamoricière ; *-24-12* cérémonie officielle de reddition : il offre sa monture au duc d'Aumale [*-25-12* sur l'*Asmodée*, il part avec sa famille et 88 compagnons pour Toulon où il est interné au fort Lamalgue, quoique le duc d'Aumale lui ait promis d'être transporté à Alexandrie ou Akba, mais le gouvernement, l'armée, les Chambres (des députés et des pairs) craignent qu'il ne fomente de nouvelles révoltes. *1848-14-4* le gouvernement provisoire, à l'initiative de Lamartine, le fait transférer au château de Pau avec sa mère, 3 épouses légitimes, plusieurs concubines, 6 de ses 8 enfants, 2 frères et Kara Mohamed, l'ancien agha de sa cavalerie (en tout 89 personnes) ; *-2-11* part pour Amboise. *1852-11-10* le P^{ce} P^{t} Louis Napoléon vient lui annoncer sa libération ; *-27-10* va à Paris expliquer au Gal Courby de Coynard qu'à Sidi Brahim le massacre des prisonniers n'était pas de son fait (il était alors à 150 lieues) mais celui de ses khalifas (qui ne lui obéissaient plus) ; *-9-11* rentre à Amboise ; *-20-11* autorisé, ainsi que ses compagnons, à voter pour le plébiciste sur l'Empire ; *-2-12* aux Tuileries, félicite Louis-Napoléon devenu Napoléon III ; *-6-12* vient à Paris ; jusqu'au 11-12 réside à Amboise ; *-21-12* embarque à Marseille sur la frégate le *Labrador* ; *1853-7-1* arrive à Constantinople, se retire à Brousse (Turquie), Napoléon III lui octroie une rente annuelle de 100 000 F. *1855-28-2/2-3* séisme détruit Brousse ; *-sept.* séjour en France ; *-6-12* il s'établit à Damas. *1860-mars* il protège les chrétiens (voir **Syrie** à l'Index) ; en remerciements, décoré de la médaille pontificale et de la grand-croix de la Légion d'honneur, sa pension annuelle étant portée à 150 000 F ; du 9 au 14-7-1860, en 1865 et 1867 séjourne en France. *1869-16-11* participe à l'inauguration du canal de Suez. *1883-25-5* meurt à Damas, est enterré dans le mausolée d'Ibn Arabi. 5-7-1966 corps transféré en Algérie, enseveli au monument d'El-Alia ; il eut 10 fils et 6 filles ; son arrière petit-fils Idris Djazaïri (né 1936) pourrait faire figure de prétendant].

1848-*févr.* à **1851**-*déc.* **Cavaignac, Changarnier, Charon, Pélissier, d'Hautpoul** C^{dts} en chef. **1849**-*nov.* prise de l'oasis de Zaatcha. *-21-11* l'A. forme 3 *départements français.* **1850** *révolte kabyle* matée. Pélissier et Bosquet dévastent la Grande Kabylie, Saint-Arnaud la Petite. 450 insurgés parisiens de 1840 transférés en A. **1851-58** **M^{al} Jacques-César Randon** (1795-1871) *gouverneur général.* **1852** 6 500 suspects déportés en A. après le coup d'État du 2-12-1851 (2 catégories : « Algériens plus » soumis au régime des pénitenciers militaires et « Algériens moins » travaillant au défrichement (5 000 rentreront après l'amnistie de 1859). *-4-12* prise de Laghouât par Yusuf [(Elbe 1808-Cannes 16-3-1866), esclave puis mamelouk à Tunis ; 1830 s'échappe, s'engage au service de la Fr. ; en A. chef des mamelouks (futurs spahis) ; général de division 1856] et Pélissier. **1853** soumission de la Kabylie des Babors. **1857** pacification de la Kabylie par Mac-Mahon et Yusuf. *-Mai* construction de Fort-Napoléon (Fort-National). Prise d'Icheriden. *-Juillet* campagne du Djurdjura. Reddition de la femme du marabout *Lalla Fathma.*

Napoléon III, influencé par Ismaïl Urbain (1812-84), hésitera entre l'assimilation et un « royaume arabe ». **1858**-*24-6* création d'un *ministère de l'Algérie et des Colonies* (P^{ce} Jérôme Napoléon). *-9-8* Randon démissionne. **1859 Cte François de Chasseloup-Laubat** (1805-73) *ministre de l'A.* (P^{ce} Jérôme a démissionné). **1860**-*25-7* décret organisant la vente des terres. *-17/19-9* visite de *Napoléon III* et de l'impératrice Eugénie. *-24-11* **M^{al} Pélissier** (3-5-1794/7-6-1864) *gouverneur général.* Politique du « royaume arabe ». **1863**-*22-4* senatus-consulte prévoyant l'accession des Algériens à la propriété. **1864 M^{al} de Mac-Mahon** (1808-98) *gouverneur général* ; révolte en Kabylie des Babors. **1865** *25-5/8-6 :* 2e visite de *Napoléon III.* **1867**-*14-7* senatus-consulte permettant aux Algériens de jouir sur demande des droits du citoyen français. *-2-11* l'évêché d'Alger devient archevêché : Mgr Lavigerie (1825-92). **1868** famine, 35 000 †. **1870**-*24-10 décret Adolphe Crémieux* (1796-1880) rattachant l'A. au ministère de l'Intérieur et accordant la citoyenneté française aux israélites algériens (les autres indigènes ne souhaitaient pas abandonner leur statut personnel). **1871** révolte de *Mokrani* et du cheikh *El-Haddad.* Mahi ed-Din, fils d'Abd el-Kader, figure parmi les insurgés. Kabylie reconquise après des combats à Fort-National et à Icheriden (22/24-7). Accélération du peuplement européen. Islamisation et arabisation des régions berbères favorisées par l'Administration française. **1881**-*16-2* assassinat au Hoggar du *C^{el} Paul Flatters* (né 10-9-1832) ; révolte des Ouled sidi Cheikh. *-31-10* A. déclarée pacifiée. **1882** abandon du *projet de mer intérieure saharienne* du C^{dt} François-Élie Roudaire (1836-95) [bassin inondable (au-dessous du niveau de la mer) de 6 700 km^2, profondeur maximale 31 m] : le chott Rharsa est au-dessous du niveau de la mer, mais pas les chotts Jerid et Fejaj. Il faudrait percer 3 seuils : *Oudref* (à 45 m), *Kriz* (entre Jerid et Rharsa) et *Aslouj* (entre Rharsa et Melrhir).

1901-*17-4* Cies sahariennes créées. *-27-8* Laperrine C^{dt} des Territoires du sud algérien. Le père Charles de Foucauld (Strasbourg 15-9-1858/1916), désireux de convertir les musulmans au christianisme, s'installe près de Beni-Abbès (Sud-Oranais) puis (1905) se fixe à Tamenghest (ex-Tamanrasset, Hoggar), aumônier des militaires français et missionnaire auprès des Touareg (tué 1-12-1916 par des Senoussis venus de Libye et armés par les services secrets allemands). **1902**-*7-2* à Tit, le lieutenant Cottenest avec 130 Chamba repousse les Touareg. **1914-18** 173 000 Algériens mobilisés. **1922** mission Citroën Alger-Gao (1 camion de 5 t transporte la charge de 40 chameaux). **1925**-*mai* **Maurice Viollette** (1870-1960) *gouverneur général.* **1926**-*20-2 Messali Hadj* (1898-1974) crée *l'Étoile nord-africaine* dans la mouvance communiste [dissoute 20-11-1929 (jugement cassé pour vice de forme) et 26-1-1937 (6 000 adhérents en 1936)]. **1930** fête du *centenaire de la conquête.* *-4/12-5* Pt Doumergue en A. Il y a alors 26 153 colons européens, 1,8 % possèdent moins de 10 ha, 2,24 % exploitent de 10 à 50 ha, 15,3 % de 50 à 100 ha, et 73,4 % + de 100 ha. **1931**-*5-5* Association des Ouléma musulmans alg. fondée par le *cheikh Abdelhamid Ben Badis* (1899-1940). **1934**-*4/5-8 Constantine,* un zouave israélite ivre ayant uriné contre le mur de la mosquée, altercation puis émeutes (3 jours) : 27 † (25 juifs, 2 Arabes). **1936** Parti communiste algérien (PCA) détaché du PC français (interdit sept. 1955, soutiendra le FLN). *-11-3* Parti populaire alg. (PPA) fondé par Messali Hadj à Nanterre [interdit 26-9-1939, devient clandestin, avec l'OS (Organisation spéciale) secrète paramilitaire (1947-50)]. *-23-12 projet de loi Blum-Viollette* [droits politiques pour 20 000 à 25 000 Algériens en vue d'un collège unique (soldats, diplômés, élus locaux, médaillés du travail et secrétaires des syndicats ouvriers. A l'époque, députés et sénateurs d'A. sont désignés par 200 000 citoyens français : colons d'origine française, Européens naturalisés en A. et « indigènes » juifs naturalisés par le décret Crémieux de 1870)], rejeté par PPA et Européens. **1937**-*15-1* Congrès des maires d'A. rejette le projet Viollette. *-11-3* PPA (Parti du peuple algérien) fondé ; prendra le nom de l'*Étoile nord-africaine.* **1938** scission Ben Djelloul/Abbas qui fonde l'UPA. **1940**-*17-4* mort d'Abdel ben Badis (Bachir Brahimi lui succède). **1942**-*8-11 débarquement allié.* Alger siège du gouv. provisoire de la Rép. française. **1943**-*10-2 Manifeste du peuple alg.* de Ferhat Abbas (1899-1985). *-3-6* **Gal Catroux** (1877-1969) *gouverneur général.* **1944**-*7-3 :* 60 000 Algériens reçoivent la nationalité française. *-19-3* création des *Amis du Manifeste et de la liberté (AML),* mouvement unitaire réclamant l'émancipation de l'A. (environ 100 000 adhérents). **1945**-*24-4* Messali Hadj déporté. *-1-5* Alger, manif. nationale (répression à Oran, quelques †). *-8-5 Sétif,* 10 000 manifestants réclament la libération de Messali et l'indépendance ; les gendarmes essaient d'arracher les drapeaux alg. ; les insurgés tuent et pillent en Petite Kabylie [entre Bedjâya (Bougie) et Djîdjel (Djidjelli)]. Guelma, Kherrata, Périgotville, émeutes, environ 102 † dont 19 militaires. *Répression :* 10 000 h. engagés (*Triomphant* et *Duguay-Trouin*, croiseurs français, tirent depuis la rade de Bedjâya). 50 mechtas incendiées. *-22-5* reddition officielle des tribus à la plage des Falaises (près de Kherrata). *Bilan officiel de la répression :* selon Chataigneau : soldats français 14 †, musulmans 1 165 † [selon Adrien Tixier (min. de l'Intérieur) : 1 500 ; Charles Robert Ageron : 2 000 ; Benjamin Stora : 15 000 ; Robert Aron : 6 000 ; Jean Lacouture : 10 000 ; Prenant : 20 000 à 25 000 ; Ben Bella : 65 000 ; *El Moudjahid* (quotidien du FLN) : 85 000]. **1946**-*4-3* loi d'amnistie. *-Avril* Ferhat Abbas libéré reconstitue l'UDMA (Union démocratique du Manifeste alg.) : 11 élus sur 13 sièges pour le collège des non-citoyens aux élections à la 2e Assemblée constituante du 2-6 (forte abstention). *-13-10* Messali Hadj libéré. *-10-11* son « Mouvement pour le triomphe des libertés démocratiques » (MTLD) a 5 élus à l'Ass. nat. *-19-12 :* 10 condamnés à mort alg. (arrêtés mai 1945) exécutés. **1947**-*15/16-2* Ier congrès du PPA-MTLD : maintien clandestin du PPA, constitution d'un appareil légal, le MTLD, et de l'OS, organisation armée spéciale (armée dirigée à partir de nov. 1948 par Hocine Aït-Ahmed, Kabyle de 22 ans), noyau de la future Armée de libération nationale (ALN). *-27-8* adoption du *Statut de l'A.* au Conseil des ministres (voir encadré ci-contre). **1948**-*4/11-4* élections à l'Assemblée algérienne truquées (plus de 50 % des candidats MTLD sont arrêtés). **1949**-*5-4* poste centrale d'Oran : Aït-Ahmed et Ben Bella, chefs de l'OS, organisent un commando qui vole 3 150 000 F (anciens). **1950 Marcel Edmond Naegelen** (1892-1978) (socialiste) gouverneur. *-Mars/avril* démantèlement de l'OS par forces coloniales. **1951**-*5-8* Front alg. pour la défense et le respect des libertés avec PPA-MTLD, UDMA, Ouléma et PCA. **Roger Léonard** *gouverneur général.* Gal Cherrière, C^{dt} de la10^{e} région militaire. **1951**-*6-12* Claude Bourdet, dans l'*Observateur*, dénonce les méthodes de la police : « Supplice de la baignoire, gonflage à l'eau par l'anus, courant électrique sur les muqueuses, les aisselles et la colonne vertébrale ». **1952**-*14-5* Messali Hadj arrêté, mis en résidence surveillée à Niort (France). **1953**-*1/6-4* IIe congrès du PPA-MTLD. **1954**-*janv.* 2 tendances du PPA-MTLD : Comité central et Messali (majoritaires). *-Mars* 3e tendance : le Comité révolutionnaire pour l'unité et l'action (Crua), composé de membres du CCE et d'anciens de l'OS. *-5-4* Comité de libération du Maghreb arabe créé au Caire. *-29-5* charte d'union des Commandos nord-africains signée au Caire. *-Juin* direction collégiale du Crua des « 6 » présidée par Boudiaf. *-13/15-7* congrès des partisans de Messali (Hornu, Belgique) consacre scission du MTLD. *-9-9 séisme* à *Orléansville,* 1 450 †. *-Oct.* les « 6 » du Crua fixent au 1er nov. le déclenchement de l'insurrection. **1954-88** Mgr Léon Étienne Duval (1963-96) archevêque d'Alger (naturalisé algérien 11-2-1965, cardinal 22-2, † 30-5-1996).

Guerre d'Algérie

1954-*31-10/1-11* début de la guerre d'Algérie : 70 attentats, 7 † dont l'instituteur Guy Monnerot (23 ans) [Janine (21 ans), sa femme, laissée pour morte, mourra le 10-11-1994 à 61 ans] et le caïd Hadj Saddok lors de l'attaque, dans les gorges de Tighanimine, du car de Biskra à Arris (à la borne « Arris 18 km ») ; le FLN dispose d'environ 350 h. en armes dans les Aurès, 420 en Kabylie, 50 à 60 en Algérois et Oranie. *-5-11* dissolution du MTLD. *-12-11* Mendès France Pt du Conseil déclare : « L'A. c'est la Fr. On ne transige pas lorsqu'il s'agit de défendre l'intégrité de la République. » *-29-11* Grine Belkacem † dans les Aurès. *-Déc.* Messali Hadj fonde MNA *(Mouvement nationaliste alg.).* **1955**-*janv.* Boudiaf charge Tarbaiche d'organiser la Fédération de Fr. du FLN. *-26-1* **Jacques Soustelle** (1912-90) *gouverneur général.* *-15-1* Didouche Mourad †. *-11-2* Mostefa Ben Boulaïd arrêté. *-16-3* Rabah Bitat arrêté. *-31-3* loi état d'urgence (Aurès, Kabylie). *-11-5* le gouv. d'Edgar Faure décide de neutraliser les principaux chefs FLN. Le Sdece lance la mission *Hors-Jeu* entretenant le mythe de la « Main rouge » (contre-terroristes autonomes s'en prenant au FLN). *-16-5* effectifs militaires portés à 100 000 h. *-19-5* début du mouvement des rappelés en Fr. *-Juillet* Gal Lorillot commandant de la 10e région militaire (en mars 1956, C^{dt} suprême interarmées). *-20-8* insurrection généralisée de la wilaya 2 (Nord-Constantinois) avec Zighout Youssef : 39 localités attaquées à midi (171 civils français égorgés, dont 1/3 d'enfants, notamment à El-Halia, 35 † et Ain Abid) ; représailles : 1 273 musulmans exécutés. *-24/30-8* rappel des 60 000 disponibles. *-30-8* état d'urgence pour toute l'A. *-Nov.* création des SAS (Sections administratives spécialisées). *-11-9* et *-30-9* question algérienne inscrite à l'Onu. *-12-9* interdiction du P. communiste alg. *-21-12* ralliement de Kerbadou Ali avec 500 h. (Aurès). **1956**-*12-1* décrets sur pouvoirs spéciaux. *-2-2* Soustelle quitte Alger. *-6-2* Alger, jets de tomates des Européens contre Guy Mollet (PM) qui demande par téléphone au **Gal Catroux** de démissionner (nommé *ministre résident* depuis 8 jours mais encore en métropole), *-7-2* remplacé par **Robert Lacoste** (1898-1989, socialiste). *-14-2* USTA créée sous l'égide du MNA. *-21-2* Ferhat Abbas et Ahmed Francis passent en Fr. *-24-2* naissance de l'*Union générale des travailleurs alg.* (UGTA). *-9-3* Paris, manif. d'Algériens contre vote pouvoirs spéciaux (6 †). *-11-3 :* 455 voix (communistes compris) contre 76 (poujadistes et droite) votent pouvoirs spéciaux pour le gouv. *-12-3* l'Assemblée accorde des pouvoirs spéciaux en A. *-4-4* l'aspirant communiste Henri-François Maillot déserte en livrant des armes au FLN (tué 2-6). *-6-4* bataille du *Djeurf.* *-11-4* service militaire porté à 27 mois, rappel de 70 000 disponibles. *-12-4* Assemblée algérienne dissoute, beaucoup de musulmans ayant démissionné. *-Avril arrivée du contingent,* échec de négociations secrètes. *-22-4* Ferhat Abbas et le chef des Ouléma rallient le FLN au Caire. *-Mai* quadrillage de l'A. *-18-5* embuscade de *Palestro* (19 Français †). *-19-6* exécution de 2 membres du FLN ordonnée par les tribunaux (représailles : 49 colons †) avant assaut de la Casbah par Européens (70 musulmans †). *-20/21-6* bombe à Alger. *-Août* policiers, gendarmes et militaires sont chargés par le général Ely des interrogatoires de suspects dans le cadre des Dop (dispositifs opérationnels de protection) au sein d'un centre de coordination interarmées (CCI). Le Dop comprend 1 officier (en principe capitaine), 2 ou 3 officiers adjoints, 4 ou 5 sous-officiers, de 15 à 20 appelés, un ou plusieurs interprètes. *Méthodes :* passages à tabac, téléphone de campagne EE8, « touque » d'eau, génératrice (gégène à pédales) qui débite un courant supérieur à celui de l'EE8 (automne 1959 appellation Dop disparaît, fait place à « bataillons d'infanterie »). *-20-8/19-9* congrès du FLN à *La Soummam* (Kabylie) ; affirme la primauté du politique sur le militaire et de l'intérieur sur l'extérieur (rédacteur principal Abane Ramdane) ; la reconnaissance de l'indépendance est un préalable à l'ouverture de négociations ; désigne un Conseil nat. de la révolution algérienne (CNRA) qui désigne un comité de coordination et d'exécution de 5 membres ; refuse toute alliance avec MNA (ces rivalités causeront des milliers de †). *-Sept.* 600 000 h. en Algérie. *-1/5-9 négociations secrètes échouent à Rome,* la Fr. ne voulant pas aller au-delà de la personnalité algérienne. *-15-9* contacts Yazid-Comin à Rome. *-30-9* attentat des cafés *Milk Bar* (bombe posée par Zohra Drif) et *Cafétéria* (posée par Samia Laklidari). *-2-10* bataille du *djebel Amour.* *-16-10* l'*Athos* chargé d'armes tchèques est arraisonné au large d'Oran. *-22-10 l'avion d'Air Atlas* conduisant de Rabat à Tunis Ben Bella, Aït Ahmed, Boudiaf, Khider, Lacheraf, est détourné sur Alger ; ils sont prisonniers ; *conséquences :* plusieurs dizaines de Français tués à Meknès (Maroc) ; le roi du Maroc soutient FLN ; Français établissent barrage à la frontière algéro-marocaine. *-2/5-11 expédition de Suez.* *-1-12 Gal Salan*

■ **Statuts de 1830 à l'Indépendance.** **1830**-*5-7/* **1834**-*22-7* territoire étranger occupé par des troupes françaises. Le général C^{dt} en chef détient tous les pouvoirs. **1831**-*1-12* ordonnance créant le poste *d'intendant civil.* **1834**-*22-7* commandement et administration « des possessions françaises dans le nord de l'Afrique » confiés à un *gouverneur général* assisté d'un Conseil consultatif ; il dépend du ministre de la Guerre. **1845** ses attributions sont révisées. **1848** réduites (service des cultes, de l'instruction publique, de la justice et des douanes). **1852** renforcées. **1858**-*24-6* le ministre de l'A. et des Colonies, C^{dt} supérieur des forces militaires de terre et de mer, remplace le gouverneur général. *-27-10* décret centralisant à Paris l'administration de l'A. et attribuant aux préfets les pouvoirs du gouverneur général. **1860**-*10-12* poste de *gouverneur général* rétabli, instruction publique et service des cultes demeurent rattachés à Paris. **1870** chute de Napoléon III ; gouverneur général supprimé. **1871**-*29-3* gouverneur général civil établi : relève du min. de l'Intérieur (les 2 premiers seront, en fait, un amiral et un général). **1881**-*26-8* décret confiant à chacun des ministères intéressés les différents services de l'A. Le gouverneur général ne statue plus que par délégation des ministres sur des affaires limitativement énumérées. **1896**-*31-12* décret complété par celui du 25-8-1898, supprimant les rattachements ; le gouverneur général est nommé par décret du Pt de la Rép., sur propositions du min. de l'Intérieur. **1902**-*24-9* loi créant les 4 territoires du Sud-Algérie : Aïn Sefra (Colomb-Béchar), Ghardâya (Laghouat), Touggourt, les Oasis (Ouargla). **1947**-*27-8* l'Ass. nat. adopte, par 320 voix contre 88 et 186 abstentions, un *nouveau statut* de l'A. : « groupe de départements dotés de la personnalité civile et de l'autonomie financière ». Une *Assemblée algérienne* [120 m. en 2 sections (1er collège : citoyens de statut civil français ; 2e de statut musulman)] sera chargée de « gérer, en accord avec le gouverneur général, les intérêts propres de l'A. ». *Loi du 20-9* (art. 2) : les Français musulmans résidant en France métropolitaine jouissent des mêmes droits et devoirs que les citoyens français. **1955** *loi du 7-8, décrets du 23-8 et du 11-1-1958 :* département de Bône ; 32 arrondissements créés (auparavant 20). **1956**-*28-6* 12 départements en 3 groupes : Alger (Alger, Médéa, Orléansville et Tîzi-Oûzou), Oran (Oran, Mostaganem, Tiâret et Tlemcen), Constantine (Constantine, Bâtna, Bône et Setîf). **1957**-*10-1 :* les 4 territoires du Sud sont englobés dans l'*Organisation commune des régions sahariennes*, puis découpés (*décret 7-8-1957*) en 2 départements (Oasis et Saoura). *Décrets de mai 1957, févr. 1958 et nov. 1959 :* 76 arrondissements. **1958** *décrets du 17-3 :* création de 3 départements : Bougie, Aumale et Sa'îda ; *du 14-4* (non appliqué ?) : départements regroupés en 5 territoires autonomes : Alger (Alger, Médéa et Aumale), Oran (Oran, Tlemcen et Sa'îda), Constantinois (Constantine, Bâtna, Bône et Sétîf), Chélîf (Mostaganem, Orléansville et Tiâret), Kabylies (Bougie et Tîzi-Oûzou). **1959** *décrets des 4 et 6-7 :* les 3 groupes de départements de 1956 deviennent circonscriptions d'action régionale ; *du 7-11 :* abroge décret du 17-3-1958 : départements de Bougie et d'Aumale supprimés (Sa'îda conservé). **1960** *du 3-12 :* département des Oasis 9 arrondissements (auparavant, 3), de la Saoura 6 (auparavant, 4).

■ **L'Algérie en 1954.** **Agriculture :** 7 200 000 ha cultivés (500 000 en 1830). Terres irriguées 50 000 ha. Sur 600 000 ha de bonnes terres : vignes 400 000, cultures maraîchères et industrielles 100 000, agrumes 30 000, fruitiers 26 000, oliviers à gros rendement 25 000. *Répartition des terres : autochtones :* 10 107 000 ha de terres agricoles, 274 000 ha de forêts, État 9 412 579 ha ; *Européens :* 2 818 000 ha de terres agricoles (1 million d'ha de terres colonisées venaient du domaine public, hérité du gouv. turc, dont 500 000 ha attribués gratuitement). *Exploitation moyenne :* européenne 109 ha, autochtone 14 ha (73 % des exploitations autochtones ont moins de 10 ha). **Routes :** 58 000 km. **Réseau ferré :** 4 375 km, dont 1 812 à voie étroite. **Téléphone :** 12 600 postes principaux. **Consommation d'électricité :** 827 milliers de kWh (dont hydraulique 356). **Revenu annuel moyen** (par personne, en anciens francs) : France : 350 000, Algérie : – de 50 000. **Population active :** musulmane 3 156 000 (87,8 % agriculture), européenne 331 000 (14,4 % agriculture, 28,6 % industrie, 8 % commerce et service). **Scolarisation :** 1 garçon sur 5, 1 fille sur 16. *Illettrés* en français : hommes 94 %, femmes 98 % (*en 1961,* enseignement primaire : élèves européens 109 300, musulmans 735 474). **Hygiène :** 1 médecin pour 5 137 hab. (1 pour 1 091 en Fr.) ; 1 dentiste pour 19 434 (1 pour 3 199) ; taux de mortalité infantile 13 % (Fr. 1,2 %).

(1899-1984) Cdt supérieur interarmées, chef de la 10e région militaire, remplace Lorillot. *-28-12* Amédée Froger, maire de Boufarik, assassiné (massacres de musulmans le jour des obsèques).

1957-*7-1 Gal Massu* (né 5-5-1908), Cdt de la 10e division de parachutistes, chargé du maintien de l'ordre à Alger : début de la **bataille d'Alger** (gagnée en juillet). *-10-1* loi créant l'OCRS ; *-16-1* attentat au *bazooka* contre bureau de Salan (Cdt Rodier tué). *-26-1* bombes dans 3 cafés : *Otomatic* (bombe posée par Danièle Minne), la *Cafétéria* (posée par Fadhila), *le Coq hardi* (posée par Djamila Bouazza ; 4 †, 60 blessés). *-28-1* grève générale décidée par FLN, brisée par l'armée. *-10-2* bombes stades d'El-Biar et du Ruisseau (11 †, 56 bl.). *-17-2* les chefs du CCE partent au Maroc et en Tunisie. Lebjaoui et Taleb à Paris. *-23-2* Labi Ben M'Hidi arrêté (sera tué). *-27-3* saisie du livre « La Question » d'Henry Alleg, journaliste communiste, décrivant les tortures qu'il a subies. *-13-4 Djamila Bouhired* (née 1935) arrêtée ; son adjoint, Sadi Yacef, tire sur elle pour qu'elle ne parle pas (elle est blessée) [accusée d'avoir posé une bombe dans un café près de l'université d'Alger, torturée, signe les aveux demandés ; son avocate, Gisèle Halimi (née en Tunisie), ameute les milieux intellectuels français (Simone de Beauvoir, Françoise Sagan, dont l'appartement sera plastiqué en juin) ; elle sera transférée à Fresnes, Pau puis Lisieux et libérée, faute de preuves, en mai 1962 ; épousera Jacques Vergès dont elle divorcera]. *-Avril* Guy Mollet crée une commission permanente de sauvegarde des droits et libertés individuelles, présidée par M. Béteille puis par le Pt Patin ; commission Béteille fait état de la torture. *-9-5* bataille de *Collo. -28-5* massacre de Mechta Casbah, près de *Melouza* (douar pro-MNA) par FLN (315 †). *-Juin* attentats (*3-6* arrêts autobus : 5 †, *10-6* casino de la Corniche : 11 †), manif., incidents à Alger ; combats dans Constantinois. Congrès UGTA à Paris. *-15-6* bataille de *Chéria. -21-6 Maurice Audin* (assistant faculté des sciences d'Alger), arrêté 11-6, disparaît. *-Juillet* Omar Boudaoud responsable du FLN en France. *-19-7* bataille de *Bouzegza. -20-7* ralliement de *Si Chérif* avec 300 h. *-29-7* bataille de *Ferna. -4-8* de *Bouzegza. -Sept.* Messali Hadj lance appel à la trève. *-12-9* démission de Paul Teitgen, ancien résistant torturé par la Gestapo, secrétaire général chargé de la police à la préfecture d'Alger ; sur 24 000 assignations à résidence signées, 3 024 des concernés ont disparu. *-15-9* achèvement des lignes Pedron (frontière marocaine) et Morice (tunisienne). *-24-9 Sadi Yacef*, chef FLN de la zone d'Alger, arrêté. *-30-9* Paris, projet de loi-cadre repoussé par Ass. nat. (279 voix contre 253). *-Sept.* Pierre-Henri Simon, écrivain catholique, publie « Contre la torture ». *-Oct.* partie de la direction du MNA et de l'USTA assassinée par FLN. *-8-10* Ali-la-Pointe cerné, tué par explosifs. *-15-10* Massu liquide la « zone autonome d'Alger » (arrestation du réseau de Saadi). *-3-11* bataille de *Timimoun. -6-11* accord armée française avec *Gal Mohammed Bellounis. -11-11* bataille de *Aïn Tame. -26-11* projet amendé de loi-cadre (adopté par 269 voix contre 200). *-26-12* Boussouf tue *Abane Ramdane,* attiré au Maroc. Arrivé à Alger, le capitaine Paul-Alain Léger († 27-12-1999 à 78 ans) crée une unité spéciale dite bleuite. **1957 :** création du comité Maurice-Audin dirigé par Pierre Vidal-Naquet, Madeleine Rebérioux et Laurent Schwartz.

1958-*janv.* frontière tunisienne bouclée par la *ligne Morice* (barrage électrifié mis en place à partir de juin 1957). *-7-1* début de l'exploitation pétrolière au Sahara. *-11-1* bataille du *djebel Alahoun.* Zou (une section du 23e régiment d'infanterie à 700 m de la frontière tunisienne), accrochée par des rebelles et prise sous le feu de mortiers et d'armes automatiques tirant de Tunisie, perd 19 h. (14 † et 5 prisonniers emmenés en Tunisie). Le gouv. français demande leur libération immédiate, sans succès. L'armée réclame le droit de poursuite en Tunisie et de riposte par-dessus la frontière. Le gouv. ne réagit pas. *-18-1* cargo yougoslave *Slovenija* arraisonné. *-31-1 loi-cadre* votée. *-7-2-* un avion de chasse français est mitraillé depuis Sakhiet. *-8-2* un 2e avion, touché, doit se poser en catastrophe à Tébessa. Des représailles sont décidées par le groupement aérien de Constantine avec l'accord du Gal Salan sans que le gouv. en soit averti. 11 h 10 : 25 avions attaquent Sakhiet-Sidi-Youssef, détruisent emplacements de DCA et casernements de l'ALN : 70 † dont 21 enfants d'une école. *-18/19-3* bataille de *Guelma. -Avril* direction de la Fédération de France du FLN s'installe en All. *-9-5* FLN exécute 3 militaires français ; télégramme de Salan à l'état-major général exprimant l'appréhension de l'armée devant l'éventualité de négociations. *-11-5* Alain de Sérigny, dans *Dimanche-Matin*, supplie de Gaulle : « Parlez, Parlez vite, mon Général. » *-13-5* Alger : grève générale décrétée par anciens combattants ; manifestants avec Joseph Ortiz, Pierre Lagaillarde, Robert Martel, prennent l'immeuble du gouvernement général, création d'un **Comité de salut public** (Pt : Gal Massu). **Salan** nommé délégué général du gouv. et Cdt en chef. *-14-5* Alger : Salan conclut une harangue par « Vive de Gaulle ! » *-16-5* Alger : manifestations fraternelles. *-21-5* colonel Godard, directeur de la Sûreté nationale en Algérie. *-1-6* de Gaulle investi à Paris. *-4-6* de Gaulle à Alger : « Je vous ai compris » ; à Mostaganem, il emploie (seule fois) l'expression « Algérie française ». *-6-6* Salan concentre pouvoirs civils et militaires. *-1/5-7* de Gaulle en A. *-16-7* Gal Bellounis tué [partisan d'une « voie intermédiaire » avec l'ANPA (500 h.) il s'était opposé au FLN]. *-25-8* à 2 h. du matin, un commando attaque le garage de la préfecture, bd de l'Hôpital à Paris, contre des stocks de carburant. *-15-9* Jacques Soustelle échappe à un attentat avant d'être pris, puis un tireur tue un passant qui tente de s'interposer. *-19-9 GPRA (gouv. provisoire de la Rép. algérienne)* formé au Caire, Pt Ferhat Abbas. *-28-9* référendum sur Constitution : 98 % de oui en A. *-28/29-9* de Gaulle à Alger. *-2/5-10* de Gaulle en A. *-3-10* annonce à Constantine un *plan* de développement de 5 ans. *-14-10* militaires quittent Comité de salut public. *-15-10 Gal Jouhaud* limogé. *-15/17-10* combats de l'*Akfadou. -23-10* conférence de presse, de Gaulle propose **« la paix des braves »,** rejetée *25-10* par GPRA. *-17-11* Azzedine capturé. *-28-11 Gal Vanuxem* limogé. *-23/30-11 législatives* en A. au collège unique, victoire des partisans de l'intégration. *-3/7-12* de Gaulle en A. *-12-12* Salan remplacé : **Paul Delouvrier** (25-6-1914/16-1-1995) délégué général, *-19-12* **Gal Challe** (1905-79) Cdt en chef.

1959-*3-1* bataille de *Berrouaghia. -Févr.* début du *plan Challe* (opérations héliportées menées d'est en ouest, d'un barrage électrifié à l'autre). *-Mars* Challe demande au bachaga Boualem d'armer 2 000 harkis. *-28-3* Cels *Amirouche* (wilaya III) et *Si-Haouès* (wilaya IV) tués. *Gal Allard* muté en Allemagne. *Si Salah* remplace Si M'Hamed († 5-5) [wilaya IV]. *-Mai* rencontre en Suisse des responsables des réseaux de soutien au FLN. *-Juillet* début opérations « Jumelles » et « Pierres précieuses ». *-27/31-8* de Gaulle en A. 1re **« tournée des popotes »** (« Moi vivant, jamais le drapeau FLN ne flottera sur l'A. ») *-16-9* de Gaulle proclame le droit des Algériens à l'autodétermination par référendum, propose sécession, francisation, association. *-28-9* refus du GPRA qui exige, avant toute discussion, l'indépendance totale. *-28-10* de Gaulle dit à l'armée d'A. : « Après un délai de l'ordre de plusieurs années viendra l'autodétermination. » ; Massu dit : « La pacification continue. » ; Delouvrier : « Nous nous battons pour une A. française. » *-28-11* le FLN désigne comme négociateurs Ben Bella et 4 dirigeants arrêtés en 1956. **1959 :** 4 auteurs algériens publient *De la gangrène.*

1960-*19-1 Massu* rappelé. *-22-1 Gal Crépin* le remplace. *-24-1/1-2* **semaine des barricades** à Alger (22 †, 150 bl. le 1er jour) avec *Pierre Lagaillarde* (né 1931, député d'Alger) et *Joseph Ortiz* (né 4-4-1917, patron du « Bar du Forum », Pt fondateur du Front national français, s'enfuit en Esp.). Crépin crée « gouvernement provisoire pour l'Algérie française et le Sahara ». Tête politique du maquis Résurrection-Patrie, responsable de plusieurs attentats OAS en France. Condamné à mort par contumace en mars 1961, amnistié 1968, regagne la Fr. et s'installe à Toulon (1970, y fonde le Club des nationaux et rapatriés ; meurt 15-2-1995). *-4-2* mouvement activiste dissous. *-Févr.* Bigeard et Godard limogés. *-10-2* dissolution des Unités territoriales. *-13-2 1re bombe atomique française* à Reggane. *-3/5-3* **2e « tournée des popotes » :** de Gaulle en A. insiste sur la nécessité d'une victoire complète et le droit de la Fr. à rester en A., mais parle d'une « A. algérienne liée à la Fr. », renouvelle l'offre de négociations. *-23-4* **Gal Crépin** remplace Challe. [Il restait alors 22 000 combattants de l'ALN (46 000 en mai 1958).] *-Mai* 1er numéro de *Vérité-Liberté*, revue qui dénonce la torture ; *Si Salah,* chef de la wilaya d'Alger, battu par Challe, *Si Mohamed,* chef de la wilaya IV, et *Lakdar* rencontrent de Gaulle secrètement (10-6 à Paris) et rentrent en A. *-6-5* bataille du *djebel M'zi. -Juin* création du FAF, présidé par le bachaga Boualem. *-21-6* Si Salah part pour la Kabylie. *-25/29-6* **entretiens de Melun**, rupture (GPRA constate qu'il s'agit de négocier le cessez-le-feu). *-Fin juin* Si Mohamed change d'attitude : fait exécuter Lakdar en sept., place en garde à vue Si Salah. *-20-7* Si Salah tué par troupes françaises alors qu'il tentait de passer en Tunisie. *-8-8* Si Mohamed tué dans les faubourgs de Blida par troupes françaises. *-5-9* Paris, conférence de presse : de Gaulle dénie à l'Onu le droit « d'intervenir dans une affaire qui est de la seule compétence de la France », « L'Algérie algérienne est en marche », « Qui peut croire que la France... en viendrait à traiter avec les seuls insurgés... de l'avenir de l'Algérie ? Ce serait admettre que le droit à la mitraillette l'emporte sur celui du suffrage. » Francis Jeanson, en fuite, accusé de rédaction et diffusion du bulletin *Vérité pour...*, de transport de fonds et de matériel de propagande du FLN, de location d'appartements pour les militants algériens recherchés : assez pour justifier l'inculpation d'« atteinte à la sûreté extérieure de l'État ». *Manifeste des 121* (écrivains, universitaires et artistes) sur « le droit à l'insoumission dans la guerre d'Algérie » dont Arthur Adamov, Simone de Beauvoir, Maurice Blanchot, Robert Blin, Jean-Louis Bory, Pierre Boulez, André Breton, Alain Cuny, Marguerite Duras, André Frenaud, Edouard Glissant, Claude Lanzmann, Henri Lefebvre, Michel Leiris, Jérôme Lindon, Eric Losfeld, Florence Malraux, André Mandouze, François Maspero, Théodore Monod, Maurice Nadeau, Claude Ollier, Hélène Parmelin, André Pieyre de Mandiargues, Bernard Pingaud, Alain Resnais, Jean-François Revel, Alain Robbe-Grillet, Christiane Rochefort, Claude Roy, Nathalie Sarraute, Jean-Paul Sartre, Claude Sautet, Simone Signoret, Claude Simon, Siné, Vercors, Pierre Vidal-Naquet. + de 3 000 jeunes ont refusé d'aller en Algérie, procès du « réseau *Jeanson* ». *-22-10* FLN attaque des postes de harkis à Paris. *-25-10* la police arrête 6 animateurs du réseau Curiel dont son chef. *-30-10* Salan en Espagne. *-3-11* Paris, *procès des barricades. -16-11* de Gaulle annonce un référendum sur l'autodétermination. *-23-11* **Jean Morin** délégué général. *-5-12* Lagaillarde (en liberté provisoire) rejoint l'Espagne. *-9/13-12* de Gaulle en A., violentes manifestations à Alger (11-12 : 96 †) et Oran (plusieurs †). *-19-12* l'Onu reconnaît le droit du peuple alg. à l'autodétermination.

1961-*8-1* **référendum sur l'autodétermination :** oui 75 % en métropole et 70 % en A. *-25-1* Me Popie, avocat libéral, est assassiné par 2 déserteurs recrutés par André Canal. *-Fin janv.* contact avec GPRA. *-20-1/10-2* Lagaillarde fonde en Espagne l'OAS (Organisation de l'armée secrète). *-Février* **Gal Gambiez** (né 1903) Cdt supérieur interarmées. *-20/22-2* entretiens secrets en Suisse : Pompidou/Bruno de Leusse/GPRA. *-2-3* fin du procès des barricades (ouvert 3-11-1960), les présents sont acquittés. *-30-3* annonce des pourparlers d'Évian. *-31-3* Camille Blanc, maire d'Évian où se déroulent les prépourparlers, est assassiné. *-22/25-4* **putsch des généraux** [Challe, Jouhaud, Zeller et Salan (rentré 23-4 d'Espagne où il s'était réfugié)] à Alger [Morin, Buron, Gal Gambiez, Gal Vezinet (1906-96) arrêtés par des insurgés], Gal Gouraud se rallie à Constantine. *-26-4* Challe se rend. *-6-5* Zeller se rend. *-20-5* ouverture de la *conférence d'Évian. -Mi-mai* création de la 2e OAS, à Alger, suivie de celle du Front nationaliste. *-31-5* commissaire Gavoury assassiné à Alger. *-Début juin* capitaine Sergent arrive à Paris où il fonde l'OAS/Métro (réseau Mission II). *-7-6* **Gal Ailleret** Cdt supérieur interarmées. *-13-6* rupture des pourparlers d'Évian à cause du statut du Sahara et des garanties de la minorité européenne. *-11-7* condamnation par contumace des auteurs du putsch, voir encadré col. b. *-20-7* **négociations à Lugrin** (Hte-Savoie). *-28-7* ajournement à cause du Sahara. *-Août* Salan dirige l'OAS. *-5-8 :* 1re émission-pirate de l'OAS à Alger. *-Août/sept.* en A. nombreux attentats FLN et OAS. *-2-9* instruction no 1 du Gal Salan qui prend la tête de l'OAS. *-5-9* conférence de presse, de Gaulle admet qu'une A. indépendante et associée à la Fr. aura vocation à revendiquer le Sahara. *-11-9* affrontements meurtriers entre Européens et musulmans d'Oran. *-Oct.* contacts secrets. *-17-10* Paris, manifestation de Nord-Africains : 11 538 arrêtés ; selon les autorités : 2 † et 24 blessés (selon d'autres sources : 140 † ; selon le FLN : 200 †, 400 disparus et 2 300 blessés). *-20-10* Bidault fonde CNR (Conseil national de la résistance) avec Soustelle et Gal Gardy. *-4-11* Abderhamane Farès arrêté à Paris. *-20-11* William Lévy, secrétaire général de la SFIO (Alger) est assassiné. *-21/22-11* bataille de *Bab'B'har, Oum Teboul. -14-12* André Canal arrive à Paris et fonde le réseau Mission III de l'OAS. *Nuit du 16/17 au 19-12* Lt-colonel Rançon, chef du 2e bureau d'Oran. *-28-12* Jean-Marie Curutchet prend la tête de l'ORO en métropole.

1962-*3-1* Alençon, Alfred Locusso, fonctionnaire réputé communiste et pro-FLN, assassiné. *-8-1* purge interne dans l'OAS. *-13-1* Cel Château-Jobert rallie l'OAS. *-29-1 El Biar,* OAS fait sauter la villa des « barbouzes » (agents de renseignements envoyés après l'échec du putsch du 22-4-1961) : des dizaines de †. *-31-1* Marcel Bouyer et Philippe Castille arrêtés. *-10/19-2* **négociations aux Rousses.** *-19-2* politique anti-OAS du Gal Katz. *-26-2* Cel Argoud s'évade des Canaries, rejoint Alger. *-28-2* Oran, voiture piégée, 30 victimes musulmanes. *-1-3* Yves Gignac (déjà arrêté à Paris le 13-5-1958 et le 24-1-1960) arrêté et soupçonné d'avoir été, de mai à août 1961, le délégué du Gal Salan (Mission «France I» et d'être son correspondant permanent en métropole (condamné à 15 ans de détention criminelle, gracié 23-12-1966, amnistié 1-4-1967). *Nuit 4/5-3* opération « Rock and Roll », plus de 100 explosions de plastic à Alger. *-7/18-3 conférence d'Évian. -15-3* Mouloud Feraoun, écrivain, tué par OAS. *-18-3* **accords d'Évian.** *-19-3* **cessez-le-feu** à 12 h. *-23-3* fusillades OAS/forces de l'ordre à *Bab el-Oued. -25-3 Jouhaud* arrêté à Oran ; incidents OAS/forces de l'ordre. *-26-3 fusillade rue d'Isly :* l'OAS manifeste pour protester contre le bouclage du quartier de Bab-el-Oued, la troupe tire pour briser la manifestation (49 †, 200 blessés dont 8 dans la troupe). Les soldats musulmans du contingent ont, semble-t-il, ouvert le feu à la suite du mouvement de panique d'un sergent européen, et prolongé le tir pour se racheter aux yeux du FLN. *-29-3* OAS tente de soulever les Européens d'Oranie ; en ville : « chasse aux musulmans ». *-30-3* Armand Belvisi arrêté. *-2-4* Cel Gardes ne peut implanter un maquis OAS dans l'Ouarsenis (40 OAS arrêtés). *-7-4* installation de *l'exécutif provisoire,* lieutenant *Degueldre,* chef des commandos OAS Delta, arrêté. *-8-4* **référendum en France sur accords d'Évian**, 90 % de oui. *-13-4* Jouhaud condamné à mort. *-18-4 Gal Fourquet* remplace Gal Ailleret (Xe Région militaire). *-20-4 Salan arrêté. -25-4* **Fouchet** haut-commissaire, Gal Fourquet Cdt supérieur interarmées. *-26-4* Oran, fusillades gendarmes/OAS. *-Mai* politique de la terre brûlée par OAS. *-2-5* voiture piégée à Alger, 62 †. *-19-5* pont aérien pour rapatriés. *-20-5* début négociations Louis Joxe, Belkacem Krim. *-Juin* programme de Tripoli, dénonce indigence idéologique du FLN (rédigé par Mostefa Lacheraf, Redha Malek, Mohammed Harbi, M. Benyahia). *-23-5* Salan condamné à la détention criminelle à perpétuité. *-26-5 :* 1re rencontre secrète J.-J. Susini (OAS)-Farès (Pt provisoire). *-1-6* OAS annonce trêve des attentats. *-6-6* reprise. *-7-6* anciens meurtriers du commissaire Gavoury exécutés. *-14-6* Oran, Gal Ginestet et médecin-colonel Mabille assassinés par OAS. *-17-6* Alger, accords cessez-le-feu OAS-FLN (Susini-Mostefai). Accords Susini-Farès, capitulation de l'OAS à Oran. *-25-6 Gardy* et *Dufour* arrêtent le combat ; Oran, incendie (explosion des réservoirs de pétrole). *-28-6* dernier groupe OAS quitte Oran. *-1-7* **référendum pour l'autodétermination** (voir à l'Index). *-5-7* Oran : 200 à 300 pieds-noirs massacrés, l'armée (Gal Joseph Katz) intervient avec

Putsch d'Alger et complot de Paris

Condamnations fermes : *15 ans de détention criminelle :* Gaux Challe, Zeller, Bigot. *12 ans :* Gal Nicot. *10 ans :* Cdt Denoix de Saint-Marc, Gal Faure, Cel Vaudrey. *8 ans :* Cels Masselot et Lecomte. *7 ans :* Gal Gouraud, Cel de La Chapelle, Bernard Sabouret Garat de Nedde.

Condamnations à mort par contumace (7-7-1961) : Gaux Salan, Jouhaud, Gardy ; Cels Argoud, Broizat, Jean Gardes [(4-10-1914/18-7-2000), 2-3-1961 inculpé de complot (semaine des barricades), acquitté ; refugié Espagne puis Argentine], Godard, Lacheroy ; Cdt Vailly. Amnistie 31-7-1968.

Nota. – Capitaine Sergent (par contumace) 20 ans de détention criminelle.

retard. *-6-7* Roger Degueldre exécuté. *-24-7* Gal de Brébisson Cdt supérieur interarmées. *-19-10* le Conseil d'État rend l'« arrêt Canal » condamnant les tribunaux d'exception. *-28-11* de Gaulle gracie Gal Jouhaud. **1963**-*25-2* Cel Argoud arrêté. *-11-3* Cel Bastien-Thiry exécuté. *-Avril* Bidault part en exil ; Pierre Sergent transforme le CNR en Conseil national de la Révolution. *-30-11* Jean-Marie Curutchet arrêté. **1965**-*8-4* Gilles Buscia arrêté. **1968**-*24-7* loi d'amnistie pour les acteurs de l'OAS. *-Été* autodissolution du CNR.

Accords d'Évian

Signés le 18-3-1962 par les ministres Louis Joxe, Robert Buron et Jean de Broglie, et par le vice-Pt du GPRA Belkacem Krim. Comprennent un accord de cessez-le-feu applicable le 19-3 à 12 h et des déclarations publiées simultanément par les 2 parties (la version française mentionne des pourparlers avec le FLN, l'algérienne avec le GPRA). Il ne s'agissait pas d'un traité entre 2 États, mais d'un programme commun proposé à la ratification par référendum (France 8-4-1962, Algérie 1-7-1962).

■ **1°) Déclaration générale.** Résume les grandes lignes des accords. Partage les responsabilités du maintien de l'ordre et de l'administration entre le haut-commissaire de Fr., disposant de l'armée et de la police française, et un exécutif provisoire algérien à majorité musulmane disposant d'une « force locale », pendant la période transitoire allant jusqu'au référendum destiné à ratifier les accords et à créer l'État algérien dans un délai de 3 à 6 mois. Proclame la pleine souveraineté du futur État, garantit liberté et sécurité de tous ses habitants (et particulièrement les droits des Français d'Algérie), fixe les principes de la coopération économique et financière, culturelle et technique, le règlement des questions militaires et des litiges. « L'indépendance de l'A. en coopération avec la Fr. répond aux intérêts des deux pays. » L'A. s'engage à garantir les intérêts de la Fr. et les droits acquis des personnes physiques et morales. La Fr. accorde son assistance technique et culturelle et s'engage à apporter pour le développement économique et social une aide financière privilégiée.

■ **2°) Textes concernant la période intérimaire.** Jusqu'au référendum d'autodétermination en A., le 1-7-1962, la Fr. continuera à exercer sa souveraineté sur l'A.

■ **3°) Autres textes.** Déclaration des garanties promettant une amnistie générale pour les actes commis avant le cessez-le-feu et l'impunité pour les opinions émises avant le référendum d'autodétermination, ainsi que la liberté de circuler entre l'A. et la Fr. ; accorde aux Français d'A. le droit de bénéficier pendant 3 ans des droits civiques algériens (avec une représentation proportionnelle à leur nombre) avant de choisir leur nationalité définitive, et le respect de leurs droits civils, religion, langue et biens, même s'ils choisissent de rester en A. avec la nationalité française. D'autres garanties leur sont fournies : lien entre le maintien de la coopération française au développement de l'A. et le respect des intérêts français ; maintien de troupes françaises pendant 3 ans, et de bases aéronavales pendant 15 ans. La Fr. conserve aussi ses bases d'essai de fusées et de bombes atomiques au Sahara pour 5 ans.

■ **Application.** Jamais intégrale. Pour rompre le cessez-le-feu, l'OAS provoque des attentats afin de pousser le FLN à des représailles : enlèvements d'Européens (et de musulmans profrançais). 800 000 Français d'A. et plusieurs dizaines de milliers de Français musulmans menacés préfèrent partir. Avant le référendum du 1-7-1962, le CNRA de Tripoli dénonce les accords comme une *« plate-forme néocolonialiste »*, et préconise leur démantèlement par une politique de *« récupération des richesses nationales »* (programme réalisé de 1962 à 1971, jusqu'à la nationalisation des Stés pétrolières du Sahara). Le gouv. français réagit aux décisions unilatérales d'Alger par des mesures de rétorsion, mais prolonge jusqu'en 1970 son aide budgétaire et maintient la coopération culturelle et technique aussi longtemps que l'A. la juge utile.

☞ Musulmans profrançais menacés en mars 1962 (selon l'Onu) : 263 000 h. (dont militaires de carrière 20 000, du contigent 40 000, harkis 58 000, moghaznis 20 000, membres des GMPR et GMS 15 000, groupes civils d'autodéfense 60 000, élus anciens combattants fonctionnaires 50 000).

Bilan de la guerre d'Algérie

☞ Conflit appelé « officiellement » « opérations de maintien de l'ordre » jusqu'à la loi 99 882 du 18-10-1999 (proposée par Jacques Floch, député PS, et votée à l'unanimité au Sénat et à la Chambre) le qualifiant de « guerre ». La loi du 19-12-1974 situe la fin des combats en Algérie au 2-7-1962, date limite d'attribution de la carte du Combattant au titre de l'Algérie. En juin 1999, l'Assemblée nationale française reconnaît la guerre d'Algérie, en juillet le Pt Bouteflika réhabilite les pères fondateurs du nationalisme algérien, Messali Hadj et Ferhat Abbas.

■ **Nombre global de morts.** 300 000 ou de 500 000 à 600 000 (d'après *Le Monde*, sept. 1985) ; ou d'après l'amiral de Gaulle (*France-Soir,* 19-3-1992) en 8 ans : 55 000 Européens civils et militaires (dont 25 000 par accident), 180 000 musulmans, 1 900 victimes d'assassinats par le FLN (en A. et en France).

☞ D'après la charte d'Alger, il y avait, au 19-3-1962, 300 000 orphelins (dont 30 000 complets), 1 000 000 de martyrs, 3 000 000 de personnes déplacées, 400 000 détenus et internés, 300 000 réfugiés (au Maroc et Tunisie surtout), 700 000 émigrés vers les villes.

Victimes civiles du FLN du 1-11-1954 au 19-3-1962. Européens : tués 2 788, disparus 875. **Musulmans :** tués par attentats 16 378, disparus 13 296 (sans tenir compte des blessés décédés, des victimes de ratissages et regroupements).

Victimes de l'OAS (de 1961 à 1963). 2 700 dont 2 400 Algériens.

■ **Bilan militaire français du 1-11-1954 au 19-3-1962. Forces de l'ordre en Algérie. Au 1-11-1954 :** *armée :* 40 000 h. dont 5 000 opérationnels ; *police en uniforma* 5 000 h. (dont de nombreux musulmans) ; *fonctionnaires* de la police judiciaire 660, des renseignements généraux 350 ; *gendarmerie* 2 300 h. **Effectifs engagés :** 2 000 000. **Morts :** 24 614 dont *armée de terre :* 23 716 [dont 15 583 tués (combat ou attentat), 7 917 accidents, 1 114 par maladie, suicide ou noyade] ; *armée de l'air :* 898 [583 tués (opérations et accidents aériens), 239 accidents divers, 76 de maladie] ; *marine :* 371. **Blessés :** 64 985 (35 615 au combat ou par attentat, 29 370 par accident). **Disparus ou prisonniers :** 1 000. **Expédition de Suez** (nov. 1956) : 15 Français tués. **Tués au combat** ou **par attentat** (de juillet 1962 à janvier 1964) : *armée de terre :* 19 : *marine nationale :* 1 (explosion accidentelle d'une grenade) ; *armée de l'air :* 19 (par accident aérien 6, accident ou maladie 13).

Supplétifs. En 1961, il y avait au moins 250 000 musulmans (1 000 000 avec leur famille) engagés dans la lutte contre le FLN. **Catégories : harkis** (1re en nov. 1954, officialisés 8-2-1956) : membres d'une *harka* (mouvement, expédition), unité d'auxiliaires musulmans de statut civil rattachée à une unité militaire française. **Groupes mobiles de protection rurale (GMPR) puis de sécurité (GMS),** *moghaznis* (gardes armés des Sections administratives spéciales). **Unités territoriales (UT) et Groupes d'autodéfense : nombre** (maximum en 1960) : 120 000 supplétifs, dont 60 000 harkis. Il y avait aussi 60 000 Français musulmans servant dans l'armée. Après la conclusion de l'accord des Rousses (févr. 1962), plan de réduction des effectifs militaires (engagés libérés sur leur demande avec des avantages de carrière, appelés maintenus dans leurs unités ou versés dans celles de la force locale du maintien de l'ordre) et plan de licenciement des supplétifs (sauf les GMS, versés dans la force locale). Les harkis devaient choisir : retour à la vie civile avec prime, contrat de 6 mois de personnel civil des armées, ou engagement dans l'armée dans la limite des places disponibles. Ils pouvaient demander à être transférés en France (la majorité préféra être licenciée sur place). 10 000 à 150 000 seront massacrés. En mai 1962, le gouvernement français craignant de faire le jeu de l'OAS interdit les initiatives d'officiers qui tentaient de transférer leurs anciens subordonnés en métropole, et ordonna leur refoulement. A partir de juin, les harkis menacés furent recueillis dans les camps militaires en nombre limité. Entre 1962 et 1970, 43 000 furent évacués en métropole (dont la moitié en 1962). Le recensement de 1968 faisait état de 85 000 Français musulmans nés en Algérie (138 000 avec leurs enfants nés en France) [400 000 en 2000]. Depuis le 1-1-1999, les rapatriés, anciens membres des formations supplétives et assimilés ou victimes de la captivité en Algérie (anciens harkis), peuvent, à 60 ans, bénéficier d'une rente viagère de 9 000 F au maximum par an si leurs ressources ne dépassent pas le plafond permettant de percevoir le minimum vieillesse [au 1-1-2000 : 43 947 F par an (76 977 F pour un couple)].

■ **Bilan des forces rebelles. Effectifs :** 336 748 (ALN 32 290, organisation civile FLN 204 458). Maximum ALN 50 000 armés (dont 32 000 en Tunisie et Maroc). En janvier 1962, il reste en Algérie 3 400 réguliers, 12 000 auxiliaires. **Morts :** 157 600 [au combat 143 600, victimes des purges internes et de la guerre civile FLN/MNA 14 000 (au minimum), tués par armées marocaine et tunisienne 2 000]. **Combattants musulmans tués au combat :** 4 545 (3 200 supplétifs/1 345 militaires), morts hors combat 2 070 (1 095/975). Selon le ministre algérien des Anciens combattants, 132 290 Algériens ont servi dans l'ALN dont 71 395 ont été tués.

■ **Après le 19-3-1962. Européens :** 25 000 disparus. **Musulmans :** 150 000 (?) supplétifs tués.

■ **Coût de la guerre. Coût total** pour l'État français : environ 50 milliards de F (*1956 :* 5 ; *57 :* 7,5 ; *58 :* 8 ; *59 :* 9 ; *60 :* 10 ; *61 :* 9,5). **Pertes de devises :** 1,5 milliard de $ (achats supplémentaires, manque à exporter, rapatriement en Italie des salaires des immigrés italiens venus remplacer les colons maintenus sous les drapeaux...).

Réfugiés (déc. 1959) : Tunisie 151 903, Maroc 110 245.

■ **Terrorisme algérien en France du 1-1-1956 au 23-1-1962.** 12 989 agressions, 4 176 † et 8 813 blessés (musulmans 3 957 †, blessés 7 745 ; métropolitains civils 150 †, blessés 649 ; militaires 16 †, blessés 140 ; policiers 53 †, blessés 279). *Effectifs de la Fédération de France du FLN* (été 1961) : selon police 124 000, FLN 234 000. De janv. 1955 à mars 1962, le FLN a collecté en France environ 40 milliards d'anciens francs.

Bilan de la colonisation

■ **Charges pour la France** [services civils et dépenses militaires (en millions de F-or)]. *1831-34 :* 52,2 ; *1835-40 :* 227,4 ; *1841-47 :* 561,9 ; *1848-71 :* 1 669 ; *1872-90 :* 2 472. Total *1831-1900 :* 4 981 ; *1901-13 :* 875 ; *1919-39 :* environ 8 000 millions de F courants. *1952-62 :* l'A. achète à la France 3 350 milliards d'anciens francs mais la Fr. transfère en A. 3 528 milliards. *1961 :* l'A. achète pour 421 milliards, la France lui verse 638 milliards pour rétablir la balance des paiements. **Commerce extérieur de l'Algérie** (en milliards de F courants) : *1830-1900 :* 18 dont plus de 12 avec la France. *1919-39 :* 60. Le vin représente 55 % des exportations (payé 25 % plus cher que le cours mondial).

☞ Selon Jacques Marseille, l'A. n'a pas été rentable pour la Fr. sur une longue durée (mais elle a pu l'être pour certains Français).

■ **Biens français. Abandonnés :** estimés à environ 25 à 50 milliards de F. Après le départ des Français, leurs biens ont pu être nationalisés (entraînant l'expropriation ou la dépossession), parfois avec indemnisation, ou déclarés vacants et récupérés. Depuis le 1-6-1962, un bien était considéré vacant après 2 mois. 220 000 locaux ont ainsi été déclarés vacants. En 1980, le régime a été assoupli.

■ **Rapatriés. Aide reçue :** *réinstallation :* 14 milliards de F ; *indemnisation* (nombre de bénéficiaires et, entre parenthèses, indemnités en milliards de F) : *1970 :* 162 400 (26,4) ; *78 :* 310 000 (26,4) ; *87 :* 430 000 (30).

■ **Algériens et,** entre parenthèses, **Français d'Algérie tués au combat.** *Algérie, Crimée, Italie, Indochine, Mexique, Madagascar 1842-98 :* 3 125 ; *1870-71 :* 5 000 ; *1914-18 :* 26 150 (12 000). *Maroc 1907-35 :* 1 500 ; *1939-40 :* 2 600 (2 700). *Levant 1919-41 :* 2 100 ; *1943-45 :* 6 000 (10 000). *Indochine 1945-54 :* 3 à 4 000. *Algérie 1954-62 :* 4 600 (+ de 60 000 massacrés en 1962).

Chefs de la révolution

■ **Les 11 chefs historiques de la révolution, fondateurs en mars 1954 du Comité révolutionnaire pour l'unité et l'action (Crua).** Nés entre 1912 et 1932 (moyenne d'âge 33 ans). **Origine :** ruraux ou de souche rurale de l'est du pays (Alger, Kabylie, Constantinois), sauf Ben Bella (de Marnia, frontière marocaine). Descendants de grandes familles déclassées (Boudiaf, Aït-Ahmed, Ben M'Hidi), et de petits notables (Ben Boulaïd, meunier et entrepreneur de transports ; Belkacem Krim, fils d'un colporteur devenu caïd ; Didouche, fils d'un cafetier-restaurateur ; Khider et Bitat étaient de modestes salariés). **Langue parlée :** 4 étaient berbérophones (Abane, Aït-Ahmed, Krim, Ben Boulaïd), les autres, arabophones, maîtrisaient l'arabe écrit (Aït-Ahmed et Khider). Tous avaient une éducation musulmane (Khider et, dans une moindre mesure, Ben Bella étaient profondément musulmans ; Aït-Ahmed et Boudiaf étaient de tendance laïque). D'instruction primaire française, Ben M'Hidi, Ben Bella, Aït-Ahmed avaient entamé des études secondaires. Boudiaf, Ben Bella (qui fut décoré) et Krim avaient servi dans l'armée française ; Boudiaf, Abane, Krim dans l'administration. Tous s'étaient engagés dans le PPA-MTLD et dans l'OS : ils avaient connu la clandestinité, certains la prison (Ben Bella s'en était évadé). Le 22-10-1956, Ben Bella, Boudiaf, Khider et Aït-Ahmed, les 4 responsables de l'extérieur, furent arrêtés à la suite du détournement de l'avion marocain les transportant à Tunis ; Abane (qui, libéré de prison en janv. 1955, avait rejoint le FLN) put imposer au congrès de la Soummam les décisions qu'il avait inspirées en leur absence : primauté de l'intérieur sur l'extérieur, du politique sur le militaire, représentation des anciens partis ralliés dans les instances dirigeantes du FLN. Après le transfert de la direction d'Alger à l'extérieur en 1957, Abane fut abandonné par Krim, et assassiné par ordre du Cel Boussouf. Le pouvoir exécutif revint aux colonels de *wilayas,* Krim, Boussouf et Ben Tobbal, associés et rivaux. Sur les 11 chefs historiques, 3 sont morts au combat ou en captivité (Didouche 1955, Ben Boulaïd 1956, Ben M'Hidi 1957) ; 3 ont été assassinés par des compatriotes (Khider 1967, Krim 1970, Boudiaf 1992) ; 5 ont été emprisonnés ou exilés après l'indépendance. 2 étaient en vie au 1-5-2001 : Ben Bella, Aït-Ahmed).

Hocine Aït-Ahmed (né 1926). *1956* membre du FLN au Caire et du CNRA, 1er responsable de l'OS (Organisation spéciale). *-22-10* arrêté avec Ben Bella. *1962* libéré. *1964-19-10* arrêté pour avoir créé le 29-9-1963 le FFS (Front des forces socialistes), levé des troupes et organisé l'« insurrection kabyle » (lorsque les Marocains lançaient « la guerre des sables » pour reprendre la région de Tindouf), condamné à mort pour « menées contre-révolutionnaires », gracié. *1966-30-4/1-5* s'évade de la prison d'El-Harrach ; exilé. *1989* amnistié (*15-12* retour en A., *juillet 1992* en Suisse).

Ahmed Ben Bella (voir p. 963 a).

Mustapha Ben Boulaïd (1917-56). Membre du Comité central du MTLD. *1954* responsable des Aurès. *1956-22-3* tué (poste radio piégé).

Mohamed Larbi Ben M'hidi (1923-57). Responsable de l'insurrection en Oranie. *4-3-1957* exécuté.

Rabah Bitat (19-12-1925/Paris hôpital Broussais, 10-4-2000). Responsable de l'Algérois. *1955-févr.* arrêté. *1962-20-3* libéré. Ministre d'État du GPRA, vice-Pt de l'A. *1966* ministre des Transports. *1977* député Pt de l'Assemblée populaire nationale (démissionne 1990), député jusqu'en 1992.

Mohamed Boudiaf (1919-92). Carte n° 1 du FLN. Chargé des relations maquis/Le Caire. *1954-3-6* Pt du Crua. *1956-22-10/1962* arrêté avec Ben Bella, ministre puis vice-Pt du GPRA. *1962 libéré ; -sept.* fonde le PRS [Parti de la révolution socialiste (marxiste)]. *1963-25-6* arrêté ; libéré, s'exile au Maroc. *1992-16-1* rentre, Pt du Haut Comité d'État. *-29-6* assassiné.

Mohamed Khider (1912-67). *1946-nov.* député MTLD d'Alger. *1951* au Caire, membre de la délégation du FLN. *1956-22-10* arrêté avec Ben Bella. *1962* libéré. *1963* dans l'opposition, quitte l'A. Détenteur du trésor de guerre du FLN, bloqué dans une banque genevoise. *1967-3-1* assassiné à Madrid.

Belkacem Krim (1922-70). Responsable de la Kabylie au début de la guerre, avec son adjoint Ouamrane. Colonel. *1956* membre du CCE. *1958* vice-Pt du GPRA à sa création. *1960* ministre des Forces armées, des Affaires étrangères. *1961* de l'Intérieur. *1962* signataire des accords d'Évian, opposé à Ben Bella. *1967-19-10* crée le MDRA (Mouvement démocratique pour le renouveau algérien). *1969-7-4* condamné à mort par contumace pour avoir inspiré un complot découvert en févr. 1968 (attentat contre Kaïd Ahmed, responsable du FLN). *1984* réhabilité. *1970-20-10* assassiné à Francfort.

Didouche Mourad (1927-55). Chef du maquis nord-constantinois. *1955-18-1* tué au combat.

■ **Autres chefs. Aït Homouda Amirouche** (colonel) tué 29-3-1959 ; décima ses maquis qu'il croyait infestés de traîtres. **El-Haouès Ben Abdelkader** tué 29-3-1959 ; chef de la zone III de la wilaya I, puis de la wilaya VI. **Amar Ouamrane** (1919-92). **Abane Ramdane** (né 1920, bachelier) assassiné au Maroc, déc. 1957. **Sadi Yacef** garçon boulanger, militant du MTLD ; 1955 rallié FLN ; 1956-57 rôle important dans la bataille d'Alger ; 1957-*24-9* capturé, condamné à mort ; 1962 gracié, libéré. **Zighout Youcef** (1921-56) organise résistance constantinoise, puis commande wilaya II ; tué 25-9-1956 dans une embuscade.

Gouvernements algériens du 1-11-1954 a l'indépendance

■ **Comité national de la révolution algérienne (CNRA)** dont l'exécutif est le *Comité de coordination et d'exécution* (*CCE,* créé au Congrès de la Soummam). *Front de libération nationale (FLN)* mouvement fondé 10-11-1954, parti unique (1962-89). **Branche militaire :** *Armée de libération nationale (ALN)* divisée en 5, puis 6 *wilayas* (provinces) autonomes dirigées par un colonel ; dotée en janv. 1960 d'un état-major général siégeant à l'extérieur (Tunisie et Maroc). Ses soldats s'appellent *moudjahidine* (combattant de la guerre sainte : *djihad*).

■ **Gouvernement provisoire de la république algérienne (GPRA). 1er : 1958**-*19-9* (et **2e : 1960**) Pt **Ferhat Abbas** (né 1899, près de Taher, † 24-12-1985, Alger). [Pt de l'Assoc. des Étudiants musulmans. *1931* publie un livre, *le Jeune Algérien*. *1933* pharmacien à Sétif, fonde un journal, *l'Entente*. *1937* fonde l'Union populaire algérienne. *1939* s'engage (service sanitaire). *1940* rentre à Sétif. *1943-10-2* publie avec Ahmed Boumendjel *Amis du Manifeste et de la liberté* ; envoyé en résidence forcée. *1944* crée le mouvement des Amis du Manifeste et de la Liberté. *1945* fonde avec Ahmed Boumendjel, le Dr Saadane et Ahmed Francis l'UDMA. *1946-juin* député de Setif. *-Nov.* battu. *1954* pris de court par le soulèvement. *1955 (début)* contact avec maquis. *1956-22-4* rejoint au Caire le FLN, Pt du CCE. *1958-sept.* Pt du GPRA. *1961* remplacé par Ben Khedda. *1962* se rallie au groupe de Tlemcen. 1er Pt de l'Assemblée. *1964* en résidence forcée. *1965-janv.* libéré. *1976* s'élève contre le pouvoir personnel, placé sous surveillance. *1984-nov.* rétabli dans ses droits.] Vice-Pt *Belkacem Krim* (1922-70). **3e : 1961**-*27-4* **Youssef Ben Khedda**.

■ **Gouvernement exécutif provisoire.** *1962-7-4* **Pt Abderrahmane Farès** (1911-91). Vice-Pt *Roger Roth* (né 1912).

Algérie indépendante

■ **Youssef Ben Khedha** (né 1920). **1962**-*5-7 indépendance ;* Ben Khedha, Pt du GPRA, s'installe à Alger. Oran : la foule envahit le quartier européen, 500 pieds-noirs tués, Gal Katz n'intervient qu'en fin de soirée à la demande du FLN (il y aura 5 000 tués en Oranie entre juillet et nov.). *-22-7* bureau politique constitué par Ben Bella à Tlemcen. *-3-8* Ben Bella et Boumediene à Alger ; GPRA s'incline. *-3-9* Alger prise par troupes soutenant Ben Bella. *-20-9 : 1re Ass. nat. élue* [liste unique des candidats du FLN ; les autres partis furent interdits : PPA (sigle repris par le MNA de Messali Hadj, resté en exil en Fr.), PCA, PRS de Mohammed Boudiaf, FFS de Hocine Aït-Ahmed] et référendum sur ses pouvoirs (5 265 377 oui, 18 637 non). *-25-9 proclamation de la Rép.* *-27-9* Boudiaf quitte FLN pour fonder PRS (Parti de la révolution socialiste). *-29-9* **Ben Bella** PM, Boumediene min. de la Défense. *-Nov* P. communiste interdit. **1963**-*26-3* autogestion des exploitations agricoles vacantes. *-Avril* Ben Bella secr. général du bureau politique du FLN (remplace Khider qui a démissionné le 16). *-17-5* Boumediene 1er vice-Pt du Conseil. *-8-9 Constitution* adoptée par référendum (5 166 185 oui, 105 817 non), régime présidentiel, FLN parti unique.

■ **Ahmed Ben Bella** (né 25-9-1918). [Fils d'un paysan de Marnia, adjudant des tabors marocains ; *1944,* décoré de la médaille militaire. *1949* chef pour l'Oranie de l'OS (Organisation spéciale), attaque la poste d'Oran pour remplir la caisse du FLN, incarcéré à Blida, s'évade. *1951-21-6,* condamné par contumace aux travaux forcés à perpuité. *1952* se réfugie au FLN du Caire (chargé des relations extérieures). *1956-22-10* arrêté, après détournement de son avion ; détenu jusqu'au 18-3-1962. Devient secr. gén. du FLN. *1979-juillet* interné, puis *-4-7* en résidence surveillée à Msîla (en compagnie de sa femme Zohra, épousée en captivité, et de leurs 2 filles adoptives). *1980-31-10* libéré, vit en Suisse. *1990-27-9* revient en A.]. **1963**-*15-9 élu Pt de la Rép.* *-29-9* « dissidence » en Kabylie [Cel Mohand Ou el-Hadj (1911-72), plus tard rallié à Ben Bella] et Aït-Ahmed leader du Front des forces socialistes (FFS). *-1-10* nationalisation des propriétés des colons français. *-3-10* Constitution suspendue, Ben Bella prend les pleins pouvoirs. *-8/9-10* combats près de Tindouchi : 15 †. *-4-11* fin de la dissidence (cessez-le-feu). **1964**-*20-2* accord avec Maroc sur zone démilitarisée. *-Mars charte d'Alger* votée par congrès du FLN, se réfère au socialisme scientifique. *-10-4* le dinar remplace le franc. *-14-4* début nationalisations (minoteries, industries alimentaires). *-15-6* départ de l'armée française. *-Juillet* opposition : Khider en Suisse, Aït-Ahmed et Cel Chaabani forment le « Comité de défense de la révolution ». *-20-9* élection d'une *Assemblée constitutionnelle :* 85 % pour listes uniques FLN. *-17-10* Aït-Ahmed arrêté en Kabylie (condamné à mort puis gracié). **1965**-*16-6* accord FLN/Front des forces socialistes (Aït-Ahmed) pour mettre fin à la lutte armée. *-19-6* prise du pouvoir par un Conseil de la révolution de 26 membres (*1968* 10 m., *1977* 8 m.). Ben Bella arrêté.

■ **Colonel Houari Boumediene** [Mohamed Brahim Boukharrouba (1932-78)]. **1965**-*10-7 Pt du Conseil de la révolution,* chef du gouvernement, ministre de la Défense. *-29-7* accord franco-algérien sur hydrocarbures et développement industriel. **1966**-*8-4* convention franco-algérienne de coopération culturelle et technique. *-7-5* nationalisation des Stés minières étrangères. **1967**-*3-1* Khider assassiné à Madrid. *-Janv.* Code communal. *-5-2* élection des 1res assemblées populaires communales. *-Mai-juin* évacuation bases françaises de Reggane et Colomb-Béchar. *-5-6* « état de guerre avec Israël », rupture relations diplomatiques avec USA. *-24-8* nationalisation d'Esso et Mobil. *-15-12* putsch du colonel *Zbiri,* chef d'état-major, échoue. **1968**-*1-2 évacuation base française Mers-el-Kébir.* *-25-4* Boumediene blessé (attentat). *-13-5* nationalisation du marché des produits pétroliers et du gaz (49 Stés nationalisées dont 48 françaises). *-12-6* de chimie, mécanique, ciment, alimentation. *-11-7* la Fr. restitue 300 œuvres d'art venant du musée d'Alger. **1969**-*1-1* entrée en vigueur de l'accord sur la main-d'œuvre algérienne en Fr. *-15-1 accord avec Maroc* qui renonce à Tindouf. *-26-3* charte de la Wilaya. *-19-6* complexe sidérurgique d'Annâba inauguré. **1970**-*1-1 : 1er plan quadriennal* de développement. *-6-1 traité de coopération* tuniso-algérien. *-27-5 accord de Tlemcen* (sur frontières A.-Maroc). *-20-10 Belkacem Krim* assassiné à Francfort. **1971**-*24-2 nationalisations :* oléoducs, gaz naturel et 51 % des avoirs des Stés pétrolières françaises. *-16-4* service national obligatoire à partir de 19 ans. *-30-6* accord CFP-Sonatrach. *-14-7* réforme agraire. *-21-9* accord Elf-Erap-Sonatrach. *-16-11* ordonnance sur gestion socialiste des entreprises. **1972**-*15-6* accord A.-Maroc (coopération et règlement du litige frontalier). *-20-12* Kaïd Ahmed (1924-78), alias Cdt Slimane, responsable du FLN depuis déc. 1967, déchargé de ses fonctions. **1973** mouvement clandestin : *Soldats de l'opposition algérienne (SOA)* lancé par Mouloud Kaouan (ancien dirigeant FLN, créateur en 1963 du Front démocratique et social alg., emprisonné de juillet 1965 à 1968). *-1-5* discours annonçant la nationalisation du pétrole. *-19-6* grande raffinerie d'Arzew inaugurée. *-19-9* l'A. décide de ne plus envoyer de travailleurs en Fr. à cause d'incidents racistes. *-28-12* médecine gratuite. **1974** *2e plan quadriennal. -3-6 Messali Hadj* (né 1898, depuis 1952 en France) *meurt.* **1975**-*10-4 Giscard en A.* (1er Pt français en visite officielle). *-Déc.* nationalisation des dernières Stés françaises importantes. **1976**-*janv.* tension avec Maroc à propos du Sahara occidental ; destruction d'une colonne algérienne par l'armée marocaine. Plusieurs attentats en Fr. contre des organismes alg. (Office nat. de tourisme, journal *El Moudjahid)* par SOA. *-12-5* enseignement privé payant supprimé (38 000 élèves concernés). *-27-6 référendum pour Charte nationale* (98,51 % pour). *-19-11 pour Constitution* (99,18 % pour). *-10-12 Boumediene élu Pt* par 99 % des voix. **1977** relations diplomatiques rompues avec Égypte (cause : visite Pt Sadate à Jérusalem). *-27-4* nouveau gouv. formé principalement de gestionnaires. *-23-12* libération de 6 Français pris à Zouérate le *1-5* par le Polisario (détenus en A.). **1977-78** rapports tendus avec Fr. qui reproche à A. d'aider le Polisario. **1978**-*20-11* Boumediene dans le coma, meurt *27-12* (*29-12* enterré au « carré des Martyrs » de l'indépendance à la droite d'Abd el-Kader). **Rabah Bitat**, Pt de l'Ass. populaire nationale, chef de l'État par intérim.

■ **Colonel Chadli Bendjedid** [(né 14-4-1929 à Bouteldja près de Bône). *1955* rejoint maquis FLN. *1959* commandant du 13e bataillon zone Nord. *1961* adjoint de Boumediene au PC zone Nord. *1963* membre du bureau fédéral du FLN de Constantine. *1964* commandant de la IIe Région militaire, Oran. *1965* membre du Conseil de la révolution. *1969* colonel. *1979* coordonnateur des affaires militaires, min. de la Défense]. **1979**-*7-2* Pt de la Rép. (candidat unique : 99,5 % des voix). *-8-3* **Ahmed Abdel Ghani** (1927-96) PM. *-1-11* Bruno de Leusse (secr. général du Quai d'Orsay), Georges Gorse (ancien ministre) en A. pour le 25e anniversaire de la rébellion. *-30-11* l'A. récupère partie du « trésor de guerre » FLN (placé en Suisse : 6 milliards de F français de l'époque) et devient propriétaire d'une banque en Suisse. **1980**-*11-3* interdiction d'une conférence de Mouloud Mammeri à Tîzi-Oûzou ; manif. en Kabylie *(printemps berbère). -10-10 tremblement de terre à El-Asnam :* 3 000 †, 55 000 logements détruits (80 % de la ville, coût 10 milliards de dinars) ; pertes pour l'économie : 30 milliards. **1981** Bouteflika, ancien min. des Aff. étr., exclu du Comité central du FLN. *-Mars* affrontements à Tîzi-Oûzou et Alger (problèmes berbères). *-19-5* à Alger et Annâba, affrontements avec étudiants intégristes (plusieurs †) et à Bedjâya (problèmes berbères). *-28-9* heurts à Laghouat entre intégristes et policiers, 1 †. *-Oct.* problème du rapatriement des archives conservées à Aix-en-Provence (200 tonnes, 7 km de rayonnages, période 1830-1962), 134 caisses avaient été restituées en 1975 lors du voyage de Giscard. *-30-11* Mitterrand en A. **1982**-*3-2 accord sur le gaz :* l'A. livrera à la Fr. 9,15 milliards de m^3 par an à partir de 1983, à un prix supérieur au marché d'environ 20 % (l'A. sera payée par Gaz de Fr. et le ministère de la Coopération). *-8-2* décès du *bachaga Benaïssa Saïd Boualem* [(né 1906) ancien chef de l'Ouarsenis, Cel de l'armée française, 1958 député d'Orléansville, vice-Pt de l'Ass. nat. ; réfugié depuis 1962 à Mas Thibert près d'Arles]. *-9-2* découverte de 926 cadavres à Khenchela (Aurès) près d'une caserne qui abritait un centre de transit. *-19-5* Mitterrand fait escale en A. *-Juin* protocole de coopération avec la Fr. *-Juillet* peines de 3 à 12 ans de prison pour les 6 « comploteurs du cap Sigli ». *-17-12* Chadli en Fr. (1re visite d'un Pt alg. depuis l'indépendance). **1983**-*26-2* Chadli rencontre Hassan II. *-7-4* libre circulation avec Maroc. *-7-11* Chadli en Fr. **1984**-*13-1 Chadli réélu* [inscrits 10 154 715, votants 9 776 952 (non 56 482, nuls 36 322)]. **Janu Abdelhamid Brahimi** PM. *-19-10* Mitterrand en A. *-23-10* réhabilitation posthume de 21 anciens chefs du FLN dont Khider, Krim, Ramdane, Cel Chaabani, Si Salah. *-24-10* création du grade de général. *-1-11* Claude Cheysson (min. des Aff. étr.) en A. pour 30e anniversaire de la rébellion. **1985** le cours du pétrole s'effondre. *-4-5* émeutes casbah d'Alger (1 †). *-5-7* environ 30 fils de chouhades (martyrs de la guerre d'indépendance) arrêtés après manif. *-9-7 :* 14 arrestations (dont Pt de la Ligue des droits de l'homme, Ali Yahia, et le chanteur Ferhat Mehenni) pour avoir tenté de célébrer le 5-7, anniversaire de l'indépendance, en marge des cérémonies officielles. *-21-10* combat à Laarba (5 gendarmes et 1 intégriste tués). *-29-10* Aït Menguellet, chanteur kabyle, condamné à 3 ans de prison pour détention d'armes. *-31-10* échauffourées à Tîzi Oûzou. *-8-12* jeunes manifestants à Constantine et Sétif contre modification du bac (4 †). *-15-12* procès des membres de la LADH et des fils de chouhades. *-24/26-12* congrès FLN. *-25-12* procès des partisans de Ben Bella arrêtés 1983 pour détention d'armes [sur 37 accusés : 21 acquittés, 3 (en fuite) condamnés à 20 ans de réclusion, les autres à des amendes et 13 ans de prison ferme]. **1986**-*16-1* référendum pour nouvelle Charte nationale (affirmant le peuple alg. arabe et musulman) : oui 98,37 % (11 218 398 inscrits, 10 761 462 votants) ; *Pt :* élu au suffrage universel pour 5 ans, rééligible. *-21-5 :* 15 000 Touareg en situation irrégulière reconduits vers Niger et Mali. *-8-11/10-1-1987* manifestants étudiants à Constantine (2 †) et *-11/12-11* Sétif (1 †). *-17-12* Abdennour Ali-Yahia, Pt de la LADH, arrêté. **1987**-*janv.* Mustapha Bouyali, leader islamique, abattu par police. *-16-2* retour de Bouteflika. *-26-2 élections :* participation 87,29 % (*1977 :* 72,65 % ; *82 :* 71,74 %), les 295 sièges vont au FLN, parti unique (il présentait 3 candidats dans chaque circonscription). *-7-4 Ali Mecili* (né 1940, fondateur 1963 du FFS avec Aït-Ahmed, exilé 1965), avocat, assassiné à Paris. *-28-6/1-7* Kadhafi en A. **1988**-*6-2* Kadhafi en A. *-16-5* relations diplomatiques reprises avec Maroc (rompues par Maroc en févr. 1976 à cause du Sahara occidental). *-5-6* réouverture progressive de la frontière avec Maroc. *-10-6* Zeralda, *1er sommet maghrébin. -28-6* projet d'union A.-Libye. *-4/5-10* émeutes à *Bab el-Oued :* lycéens et écoliers (environ 2 000). *-6/12-10* état de siège dans l'Algérois ; la révolte gagne 80 % des villes (sauf Est et Kabylie). *-7/10-10* manifestants (20 000 à 30 000), à l'initiative des mosquées. *-21-10* bilan : 159 † (selon certains, plus de 500 † dont 250 à Alger), 3 743 arrêtés, 923 libérés et 721 jugés (dont 153 relaxés). *-29-10* M. Messaadia (FLN) et Gal Lakehal-Ayat (chef de la Sécurité militaire) limogés. *-2-11 :* 694 libérations. *-3-11 référendum* pour amendements à la Constitution (oui 92,27 %, participation 83,08 %). Ne se réfère plus au socialisme. Pouvoirs séparés ; pas de parti unique ; rôle de l'armée limité. Régime présidentiel. *-5-11* **Kasdi Merbah** (Abdallah Khalef 16-4-1938/assassiné 21-8-1993) PM. *-12-11* retour de partisans de Ben Bella, après rupture avec Mouvement pour la démocratie en A. (en exil). *-16-11* LADH dénonce utilisation de la torture. *-24-11* relations diplomatiques reprises avec Égypte après 11 ans. *-22-12 Chadli réélu Pt* avec 81,47 % des voix, en fait 18,8 % ? (88,56 % de participation). **1989**-*12-1* accord sur prix du gaz avec la Fr. (rétroactif au 1-1-1987). *-6-2* Chadli au Maroc (1re visite d'un Pt alg. depuis 1972). *-23-2 référendum pour Constitution* (oui 73,4 %). Haut Conseil de Sécurité (HCS) : organe consultatif prévu par art. 162 [*créé* 24-10-1989 ; *membres :* 11 (4 militaires) ; nomme le chef de l'État]. *-4-3* armée se retire du comité central FLN. *-9/10-3* Mitterrand en A. *-3-4* Ass. pop. supprime Cour de sûreté de l'État. *-3-7* loi autorisant *multipartisme. -Mai* émeutes à Soûq-Ahrâs. *-Juillet/sept.* manif. et grèves. *-8-9* LADH reconnue, dirigée par Mohamed Ben-Yahyia. *-9-9* **Mouloud Hamrouche** (né 3-9-1943) PM. *-29-10* séisme à Alger (magnitude 6). *-20-11* agrément du PPA rejeté [déposé 28-8 par Mohammed Memchaoui (né 1917) neveu de Messali Hadj]. *-15-12* Aït-Ahmed rentre d'exil. *-21-12* plus de 100 000 femmes en *hidjab* et *khimmar* (foulard islamique) manifestent devant l'Ass. pop. nationale à l'appel de la Ligue de la daawa islamique contre la « recrudescence des agressions contre islam et musulmans ». **1990**-*10-1* environ 100 Frères musulmans attaquent la police à Alger pour obtenir la libération de l'un d'eux, arrêté pour « commerce illégal sur la voie publique ». *-16-1* commando chiite attaque palais de justice de Blida. *-25-1* Alger : manif. du mouvement culturel berbère. *-31-1* Chadli autorise retour des exilés politiques. *-8-3* Journée de la femme : des millions de femmes manifestent pour abrogation du Code de la famille voté 1984. *-20-4* Alger, manif. du FIS (Front islamique de salut) [environ 100 000]. *-12-6 élect. locales et régionales :* succès islamistes (FLN 18,3 % des votants et 17,5 % des inscrits, FIS 54,3 % et 37,7 %). Le FFS avait décidé de se tenir à l'écart de ce scrutin. *-30-7* amnistie pour émeutes de 1988. *-27-9 Ben Bella* rentre d'exil. *-26-12* Parlement décide généralisation de l'arabe. **1991**-*févr.* Alger, 400 000 manifestants pour Iraq. *-1-4* loi électorale (scrutin majoritaire uninominal à 2 tours). *-25-5* grève générale illimitée lancée par FIS. *-27-5 :* 30 000 à 100 000 manifestants du FIS à Alger. *-4-6* affrontements à Alger avec FIS, 17 †. *-5-6* état de siège pour 4 mois, Hamrouche démissionne, report des législatives des 27-6 et 18-7. **Sid Ahmed Ghozali** (né 1937) PM (démissionne 8-7-1992). *-6-6* couvre-feu à Alger et dans 3 départements. *-7* et *9-6* fin grève générale lancée par FIS 25-5. *-30-6* Abassi Madani (né 1931) et Ali Benhadj (né 1956), dirigeants du FIS, arrêtés pour « conspiration armée » (condamnés 15-7-1992 à 12 ans de réclusion). *-Début juillet* nombreux islamistes arrêtés. *-7-7* Mohammed Saïd, porte-parole du FIS, arrêté. *-Du 5-6 au 2-8 :* 55 †, 326 bl.,

3 000 arrestations. *-9-9* prêt de 2,8 milliards de F par la CEE. *-27-9/29-10* Abdelkader Hachani, responsable du FIS, en prison. *-29-9* état de siège levé. *-30-9* dinar dévalué de 22 %. *-4-10* Alger, manif. islamistes. *-28-10* Conseil constitutionnel déclare inconstitutionnel le vote d'un conjoint pour l'autre. *-1-11* Alger, 300 000 manifestants du FIS. *-29-11 :* 3 militaires tués par groupe armé islamiste (chef Tayeb El-Afghani sera arrêté le 23-2-1992). *-7/15-12* accrochages armée/groupe El-Afghani, 25 islamistes et 4 militaires †. *-26-12 législatives :* 41 % d'abstentions ; sur 430 sièges, FIS 188 (43,72 % des suffrages), FFS 25, FLN 16, Indépendants 3, 198 sièges en ballottage. *2e tour* prévu 16-1-1992 n'a pas lieu. Le FIS a perdu plus de 1 million de voix par rapport aux élections municipales de juin 1990. **1992**-*2-1 :* 300 000 manifestants pour sauver la démocratie à Alger. *-3-1 :* 41 recours déposés devant le Conseil constitutionnel (dont FLN 174, FFS 30, FIS 17). *-4-1* Ass. nat. dissoute. *-9-1* Alger, manif. de femmes contre FIS. *-11-1* Chadli démissionne sous la pression de l'armée, état d'urgence instauré, élections suspendues.

■ **Intérim assuré par Abdelmalek Benhabiles** (né févr. 1921, diplomate, secr. général de la présidence de la Rép., Pt du Conseil constitutionnel depuis 1989). **1992**-*12-1* **Haut Conseil de Sécurité (HCS)** annule législatives et crée, le *14-1,* le **Haut Comité d'État (HCE)** qui doit gouverner jusqu'en déc. 1993 (prolongé 30-1-1994), *Pt :* **Mohamed Boudiaf** (voir p. 962 c). *Membres :* Khaled Nezzar (général-major, min. de la Défense depuis 27-7-1990), Ali Kafi (ancien diplomate, secr. général de l'Organisation nationale des moudjahidine), Tedjini Haddam (né janv. 1921, médecin, 1964-70 ministre des Affaires religieuses puis de la Santé, ambassadeur à Tunis et Riyâd, recteur de la mosquée de Paris depuis 10-6-1989), Mohammed Ali Haroum (avocat, ministre des Droits de l'homme depuis 18-6-1991). *-22-1* Abdelkader Hachani, Pt provisoire du FIS, et 7 dirigeants du FIS arrêtés. *-9-2* état d'urgence pour 12 mois. *-29-3 :* 397 municipalités sur 1 541 et 14 assemblées départementales sur 48 dissoutes (à majorité FIS). *-1-4 :* 7 000 détenus du FIS. *-29-6* Boudiaf assassiné à Annâba pendant un discours (assassin présumé : Boumaarafi Lembarek, sous-lieutenant, inculpé 12-7) ; 41 bl. dans l'assistance. *-1-7* obsèques, 100 000 personnes.

1992-*2-7* **Ali Kafi** (né 1928) coopté Pt du HCE ; le HCE coopte *Redha Malek* (né 1931), Pt du Conseil consultatif nat. (CCN) pour élaborer les lois. *-4-7* décret reportant l'application de la loi sur généralisation de l'arabe. *-9-7* **Belaïd Abdesslam** (né 1928) PM. *-15-7* Abassi Madani et Ali Benhadj, Pt et vice-Pt du FIS, condamnés à 12 ans de prison. *-8-8* suspension des journaux *le Matin, la Nation* et *El Djezair El Youm* pour « malveillance » et diffusion de « fausses nouvelles ». *-17-8* expulsion de Fr. vers Pakistan d'Eddine Kerbane, chef des Afghans. *-25-8* mosquée construite illégalement à El-Eulma près de Sétif, démolie. *-26-8* attentat aéroport d'Alger, 9 †, 128 bl. *-5-12* couvre-feu à Alger et dans 6 départements. *-14-12* Alger, 5 policiers tués. **1993**-*8-1* procès de 79 militaires pour atteinte à la sûreté de l'État (20 condamnés à mort). *-9-2* état d'urgence prolongé. *-10-2* Gal Mustapha Belloucif condamné à 15 ans de prison pour détournement de fonds publics. *-13-2* le Gal Khaled Nezzar échappe à un attentat (voiture piégée par télécommande) revendiqué par FIS. *-14-3* Hafid Senhadri, ministre du CCN, blessé dans attentat, meurt le 18. *-22-3* Alger, 100 000 manifestants contre terrorisme. *-28-3* relations diplomatiques avec Iran rompues. *-Fin juin Chréa,* embuscade : 49 militaires tués. *-7-7 Tlemcen,* 7 islamistes tués. *Blida,* 5 anciens militants communistes tués. Incendies criminels détruisant 30 000 ha de forêts. *-4-8* Ben Bella à Alger après exil d'un an en Suisse. *-21-8* **Redha Malek** (né 1931) PM. *-30-10 :* 3 Français, enlevés le 25, libérés. *-30-11* ultimatum du GIA (Groupe islamique armé) incitant étrangers à quitter l'A. *-18-12* fin du bornage avec frontière tunisienne. **1994**-*15-1* islamistes attaquent caserne de Telaghmet (près de Sidi Bl' Abbès) : 60 militaires tués. *-19-1 :* 780 islamistes détenus au Sahara libérés. *-25/26-1* échec de la Conférence nationale de consensus (créée 13-11-1993).

1994-*30-1* **Gal Liamine Zeroual** (né 3-7-1941) nommé chef de l'État pour 3 ans par le HCS. Fin du mandat du HCE. *-7-3 :* 107 islamistes libérés. *-10-3* un millier de détenus s'évadent de la prison de Tazult (400 km au sud-est d'Alger), 39 arrêtés. *-22-3* Alger, 50 000 manifestants contre terrorisme. *-10-4* dinar dévalué de 40 %. *-11-4* **Mokdad Sifi** (né 21-4-1940) PM. *-16-4* Sayah Attia, un des chefs du GIA, tué. *-Fin avril* rencontre Zéroual/islamistes à Blida. *-30-5 Abdelkader Bensalah* Pt du CCN. *-18-8* séisme à 80 km d'Oran, 150 †. *-13-9* Abassi Madani et Ali Belhadj en résidence surveillée. *-20-9* réunion gouv./opposition (sans FFS ni FIS). GIA interdit enseignement du français dans région de Blida. *-21-9* grève générale en Kabylie. *-26-9* Chérif Gousmi, chef du GIA, abattu. *-2-10* GIA, Mohamed Saïd nommé chef politique et Djamel Zitouni responsable militaire. *-8-10* réseau du GIA démantelé à Paris (95 interpellés). *-1-11* bombe dans cimetière de Mostaganem, 5 scouts tués. *-26-12* Marseille, GIGN libère Airbus d'Air France pris en otage par commando GIA le 24 à Alger (ils voulaient le faire exploser avec ses passagers au-dessus de la tour Eiffel). **1995**-*janv.* GIA enjoint aux Occidentaux d'évacuer leurs ambassades avant *7-1*. *-5-1* FIS condamne violences contre civils. *-6-1* interdit de participer à l'élection présidentielle. *-13-1* Rome, 8 représentants de l'opposition (FLN, FFS, FIS, Mouvement pour la démocratie en A., P. des travailleurs, en-Nahda, Jeunesse musulmane contemporaine et Yahya Abdenour, porte-parole de la rencontre) signent un *Contrat nat.* pour sortir l'A. de la crise. *-21-1* mutinerie prison de Serkadji à Alger (4 gardiens †) ; *-11-2 :* 6 gardes nationaux tunisiens † à Tamerza. *-12-2* Rachid Mimouni (né 20-11-1945), écrivain, meurt au Maroc. *-22-2* assaut des forces de l'ordre, 99 †. *-20-3* Abassi Madani et Ali Belhadj remis en prison. *-11-7* imam Abdelbaki Sahraoui, co-fondateur du FIS, assassiné à Paris. *-17/18-8* séisme magnitude 5,6 à Mascara : 171 †. *-16-11 présidentielle :* boycott du FIS, FLN et FFS, participation 74,92 % (16 millions d'électeurs dont 630 000 inscrits en Fr.). Zéroual élu au 1er tour avec 61,34 % des voix (en fonction le 27-11), Mahfoud Nahnah (né 1938, Pt du Mouvement de la Société islamiste, MSI-Hamas) 25,38 %, cheikh Saïd Sadi (né 26-8-1947, secr. général du Rassemblement pour la culture et la démocratie, RCD, fondé en 1989, et Pt du Mouvement pour la Rép., MPR) 9,29 %, Noureddine Boukrouh (né 1945, Pt du P. du renouveau algérien) 3,78 %. *-29-11 :* 641 islamistes (détenus depuis 1992) libérés. *-30-12* **Ahmed Ouyahia** (né 2-7-1952) PM. **1996** un Conseil consultatif national (CCN) de 60 membres remplace l'Assemblée populaire de 430 membres élus pour 5 ans. *-19-2* levée du couvre-feu en vigueur depuis 3 ans à Alger. *-14/15-9* conférence d'entente nat. : environ 1 000 délégués. *-21-10* Ali Boucetta, maire d'Alger-centre, tué par balle perdue (accrochage police/islamistes). **1997** ramadan ; plus de 300 †. *-8-7* Abdelkader Hachani, no 3 du FIS, libéré après 5 ans de prison. *-15-7* Abassi Madani, leader du FIS, libéré après 6 ans de prison. *-21-9* AIS ordonne l'arrêt des combats à partir du 1-10. *-22-9* à Benthala (près d'Alger), 400 †. *-27* et *30-10* manifestations contre fraude électorale le 23-10. **1998**-*19/20-1* Alger : mission d'information de 3 secrétaires d'État européens : Derek Fatchett (G.-B.), Benita Ferrero-Waldner (Autriche) et Georges Wohlfart (Luxembourg) et du commissaire européen chargé du Maghreb et du Proche-Orient. *-Janv.* 1 000 † pendant le ramadan. *-4-1* région de Relizane, 400 à 870 †. *-8/12-2* visite de 9 parlementaires européens. *-Nuit du 21 au 22-2* explosion criminelle du gazoduc Hassi R'Mel-Arzew. *-Juin-juillet* émeutes et manif. en Kabylie contre l'assassinat de Matoub Lounès (le 25-6). *-5-7* loi sur l'arabisation en vigueur. *-18-7 Chlef,* 15 militaires †. *-11-9* Gal Zeroual annonce une élection présidentielle anticipée à laquelle il ne sera pas candidat. *-18-10* Mohamed Adami, min. de la Justice, démissionne. *-15-12* **Smaïl Hamdani** PM.

1999-*27-4* **Abdelaziz Bouteflika** (né 2-3-1937) élu Pt le 15-4 avec 73,79 % des voix ; participation 60,25 % (23 % selon le MOAL) ; 6 candidats sur 7 se sont retirés la veille, prétextant des fraudes ; malgré leur retrait, Ahmed Taleb Ibrahim (indépendant, soutenu par l'ex-FIS) obtient 12,53 % des voix, Abdallah Djaballah (MRN, ancien leader du parti En-Nahda, islamiste) 3,95 % ; Hocine Aït-Ahmed (Front des forces socialistes, un des 9 chefs historiques, Kabyle) 3,17 % ; Mouloud Hamrouche (ancien PM réformateur de 1989 à 1991) 3 % ; Mokdad Sifi (ancien PM de 1994 à 1995, RND) 2,24 % ; Youcef El-khatib (médecin, indépendant) 1,22 %. *En France :* 680 763 Algériens sont appelés à voter. *-6-6* l'AIS déclare arrêt définitif de la lutte armée. *-3-7* loi sur la concorde civile prévoyant une amnistie partielle des islamistes (doivent se rendre avant le 13-1-2000 ; concerne les auteurs de crimes de sang ou de viols risquant au maximum 20 ans de prison) ; votes : *Parlement* (8-7) : 228 voix pour, 1 contre, 16 abst. ; *Sénat* (11-7) : 131 voix pour, 5 abst. *-5-7* fête nationale, grâce de 5 000 islamistes incarcérés pour avoir servi de « relais au terrorisme » (pas de sang sur les mains). *-22-8 :* 22 walis (préfets) sur 48 limogés pour dépravation et désinvolture. *-16-9* référendum sur la loi de concorde civile : participation 85,06 %, oui 98,63 %. *-1-11* grâce de 5 000 détenus (d'avril à nov., 14 500 personnes libérées). *-22-12* séisme (intensité 5,8) dans le N.-O. : 28 †. *-23-12* **Ahmed Benbitour** (né 1946) PM. **2000**-*13-1* date limite pour l'amnistie. *Décret :* prise en charge, prime (10 000 dinars, soit 1 000 F) et indemnité mensuelle (3 000 dinars, soit 300 F) pour les islamistes, en échange de la dissolution de l'Armée islamique du salut de Madani Mezrag, de la Ligue islamique pour la prédication et le combat (Lidd) d'Ali Benhadjar. Au 9-2-2000, au moins 2 organisations n'avaient pas déposé les armes : les Groupes islamistes armés (GIA) et leurs dissidences ; le Groupe salafiste pour la prédication et le combat (GSPC) d'Hassan Hattab. *Du 13-1 au 1-3,* plus de 250 † dont 20 civils. *-16/17-6* Bouteflika en France : la France convertira 400 millions de F de créances en investissements et accordera plus de 180 000 visas à des Algériens. *-16-6* Mascara, attentats : 13 †. *-26-8* **Ali Benflis** (né 1944) PM. **2001**-*8-2* Habib Souaïdia (ancien officier) publie *la Sale guerre,* déclenchant une polémique sur le rôle de l'armée. *-Avril à juin :* Kabylie : émeutes, 60 † ? Voir le chapitre **Dernière Heure.**

Bilan de la guerre civile. De 1992 à mai 2001 : 5 000 à 7 000 disparus. **De 1990 à 2000 :** 150 000 † (dont en 2000 : 2 700). **2001 (janv.-mars)** : environ 400 †. **Depuis 1992 :** 3 attentats contre le Transmest (gazoduc). **Depuis 1994 :** nombreux attentats notamment **à la voiture piégée** (exemples : *1995-30-1* Alger devant le commissariat central 42 †, 256 bl. ; *-6-8* Boufarik 11 † ; *-17-8* Club des Pins 2 † ; *1997-7-1* Alger 20 †) ; ou **bombes déposées** [exemples : *1995-31-8* Alger, devant siège Sûreté 9 † ; *-2-9* Meftah 60 à 80 † (officiellement 6 †, 83 bl.) *-5-10* Drâa ben Khedda 9 † ; *-12-12* Ain Naadja 15 † ; *1996-11-2* Alger, devant Maison de la Presse 18 † ; *-20-3* Tizi-Ouzou 6 † ; *-29-3* Bordj Ménalel 3 †]. **Attaques dans transports :** *1995-1-10* Laghouat, car 18 † ; *1996-8-3* train Tlemcen-Oran 12 † ; *-7-8* à un faux barrage 34 †.

■ **Assassinats. 1993**-*16-3* Djilali Liabès, sociologue. *-17-3* Laadi Flici, médecin. *-26-5* Tahar Djaout, écrivain et journaliste. *-15-6* Mahfoud Boucebsi, psychiatre. *-22-6* M'Hammed Boukhobza, sociologue. *-21-8* Kasdi Merbah (né 16-4-1938) ancien PM (1988-89) par le GIA ou des militaires ? *-21-9 :* 2 géomètres français à Sidi Bl' Abbès. *-14-10* Mustapha Abada, ancien directeur de la TV. *-17-10 :* 2 officiers russes. *-19-10 :* 3 techniciens italiens. *12/13-12 :* 12 Croates. *-28-12* Youssef Sebti, écrivain. **1994**-*8-5* Hélène Saint-Raymond (petite sœur de l'Assomption) et Henri Vergès (frère mariste) à Alger. *-31-5* Salah Djebaili, recteur de l'Université des sciences et techniques de Bab-Ezzouar. *-7-6* Ferhat Cherkit, journaliste. *-18-6* Me Youcef Fathallah, Pt de la Ligue alg. des droits de l'homme. *-5-7* Brahim Benazina, du Rassemblement patriotique nat. *-6-7 :* 7 marins italiens. *-11-7 :* 7 étrangers et 4 Algériens. *-20-7* Mohamed Lamine Legoui, journaliste. *-3-8 :* 5 Français (3 gendarmes, 2 agents de l'ambassade de France à Alger). *-29-9* Cheb Hasni, chanteur de raï. *-8* et *10-10 :* 2 Français. *-18-10 :* 1 Français et 1 Italien. *-23-10 :* 2 religieuses espagnoles. *-27-12* 4 pères blancs (dont 3 Français) à Tizi-Oûzou. **1995**-*27-3* Mohamed Abderrahmani, directeur d'*El Moudjahid.* *-5-5 :* 5 coopérants dont 2 Français à Ghardaïa. *-21-5* Malika Sabour, journaliste. *-23-5* Bakhti Benaouda, écrivain et professeur. *-27-5* Mourad Hmaïzi, journaliste. *-31-7* les corps d'Abd el-Kader Hattab, un des chefs du GIA, de 9 de ses lieutenants et de son épouse, tués par un groupe rival dirigé par Saïd Makhloufi, sont retrouvés. *-3-9 :* 2 religieuses (française et maltaise). *-28-9* Aboubakr Belkaïd (ancien ministre de la Communication). *-4-11* Ahmed Khalfoun, journaliste ; Mahiou M'Barek (FFS). *-10-11 :* 2 Françaises (petites sœurs du Sacré-Cœur). *-27-11* Gal Mohamed Boutighane, Cdt des garde-côtes. *-30-11 :* 2 marins letons. *-5-12* Khadidja Dahmani, journaliste alg. *-18-12* Mohammed Sellami, organisateur de la résistance aux islamistes à Boufarik. *-20-12* Mohamed Belkacem, producteur de TV. **1996**-*13-1* documentaliste à *l'Indépendant.* *-27-3 :* 7 trappistes français enlevés à Tibéhirine près de Médéa (21-5 égorgés par GIA). *-1-8* Mgr Pierre Claverie (né 8-5-1938), évêque d'Oran depuis 21-5-1981, et son chauffeur (7 personnes condamnées à † le 23-3-1998 pour implication dans l'attentat). *-20-9* Bechiri Boudjema, dit Cheb Aziz, chanteur. *-Nov.-déc.* 200 †. **1997**-*29-1* Abdelhak Benhamouda, chef de l'UGTA. *-21/22-4 :* 93 civils près d'Alger. **1998**-*25-6* à Tazmalt, Matoub Lounès (chanteur berbère, né 26-1-1956, enlevé 25-9-1994 par le GIA, libéré 10-10). **1999**-*22-11* Abdelkader Hachani (44 ans), no 3 du FIS dissous, assassiné à Alger. **2000**-*16-12* Médéa, 16 élèves et 1 enseignant †. *-17-12* car de voyageurs, 19 †. *-18-12* à Ouled Mahieddine, 3 familles, 22 †. **2001**-*janv.* 4 ingénieurs russes †. *-20-1 :* 23 bergers †.

■ POLITIQUE

■ **Statut.** *République démocratique et populaire.* **Constitution** promulguée le 7-12-1996 après référendum du 28-11-1996 (votants 79,8 %, oui 85,81 %). *Islam* religion d'État. **Pt :** élu pour 5 ans, 2 mandats possibles, pouvoirs élargis. **Conseil de la nation :** 144 membres dont 48 désignés par le Pt et 96 (2 par wilaya) élus au suffrage indirect pour 6 ans dans les conseils municipaux et départementaux. **Assemblée populaire nat. :** 380 m. élus à la proportionnelle pour 5 ans (nouvelle loi électorale adoptée par le Conseil nat. de transition le 2-3-1997). **Organisation administrative.** 48 *wilayas* (31 avant le 15-12-1983) [*wali :* préfet], 160 *dairates* (sous-préfectures), 1 541 *communes.* Depuis le 4-2-1984, *Assemblées populaires communales* (APC), élues au suffrage universel pour 5 ans. *Assemblées populaires de wilayas ou départementales* (35 à 55 m.), élues pour 5 ans. **Élections. Assemblée populaire nat. (5-6-1997) :** 10 496 352 votants dont émigrés 236 003, participation 65,49 % : 380 sièges dont (voix en % et, entre parenthèses, nombre de sièges) RND 40,8 (156), MSP 18,2 (69), FLN 16,8 (62), En-Nahda 8,9 (34), FFS 5 (20), RCD 5 (19), Indépendants 2,9 (11), PT 1,1 (4), PRP 0,8 (3), UDL 0,3 (1), PSL 0,3 (1). **Locales (23-10-1997)** *boycott du FIS ;* **municipales :** participation 66,16 %, 13 123 sièges dont RND 7 242, FLN 2 864, MSP 890, FFS 645, RCD 444, Indépendants 508, En-Nahda 290 ; **départementales :** 1 880 sièges dont RND 986, FLN 373 et MSP 260. **Au conseil de la nation (25-12-1997) :** élus 96 dont RND 80, FLN 10, FFS 4, MSP 2.

■ **Fêtes. Nationales :** *1er mai* (Travail), *5 juillet* (Indépendance, FLN, Jeunesse), *19 juin, 1er novembre* (Révolution). **Religieuses :** Aid el-Fitr, Aid el-Adha, Awal Moharram, Achoura, El-Mawlid Ennabawi. **Devise.** « La révolution par le peuple et pour le peuple. » **Drapeau** (3-7-1962). 2 bandes verticales : verte (islam), blanche (pureté), au centre, croissant et étoile rouges (islam, période ottomane).

■ **Partis et organisations.** **« Al-Irchad Wal Aslah ». Islamique. Alliance nat. des Indépendants,** légalisée 4-7-1990. **El-Oumma,** légalisé 18-7-1990, *Pt :* Benyoussef Ben Khedda ; se dissout le 31-3-1997 pour protester contre la nouvelle loi électorale. **Front des forces socialistes (FFS)** créé 1963, légalisé 20-11-1989, *Pt :* Hocine Aït-Ahmed (né 1926). **Front islamique de salut (FIS)** créé 10-3-1989, légalisé 14-9-1989, *Pt :* Cheikh Abassi Madani (né 1939) ; prône la *Charia,* interdisant alcool, mixité, indécence, prostitution ; aile dure autour de Ali Benhadj (né 1956), imam de la mosquée El-Sunna à Bab-El-Oued (condamné juillet 1987 pour intégrisme), *Pt provisoire* 30-6-1991 : Abd el-Kader Hachani et depuis 23-1-1992 : Othmane Aïssani ; 1992-*4-3* dissous par tribunal d'Alger ; 1995-*mars Pt :* Madani Merzak nommé par l'Armée islamique du salut (AIS) ; fusion prévue de l'AIS et du GIA (Groupe islamique armé). **Mouvement algérien des officiers libres (MOAL)** fondé 1998, dirigé par des officiers en fuite ou dans la clandestinité, en Espagne Cel B. Ali. **Mouvement de la société islamique (MSI-Hamas)** créé 1990, *Pt :* cheikh Mahfoud Nahnah, modéré prosaoudien ; devient en avril 1997 le **Mouvement de la Société pour la paix (MSP). Front de libération nat. (FLN)** créé 1-10-1954 (parti unique jusqu'en 1989), *Pt :* Chadli Bendjedid (démission 28-6-1991) ; secr. général : Boualem Benhamouda ; comité central : 265 m., 258 702 militants, 10 709 cellules en 1983 [3 réunions en congrès extraordinaire : 1980 (adoption du plan quinquennal), 1986 (nouvelle charte), 28 au 30-11-1989 (attitude du FLN dans une situation pluraliste) ; 6 réunions ordinaires entre 1956 (Soummam) et 1988 (3ᵉ mandat du Pt Chadli)]. **Mouv. alg. pour la justice et le développement** (MAJD) créé 1990, fondateur Kasdi Merbah, *Pt :* Abd el-Kader Merbah. **Mouvement pour la démocratie en A.** (MDA), *Pt :* Ahmed Ben Bella, fondé 1982, légalisé 11-3-1990, dissous en juin 1997. **Mouv. démocratique pour le renouveau alg.**, *Pt :* Slimane Amirat. **Mouv. de la renaissance islamique** (MRI) devient en mars 1997 **En-Nahda** (Renaissance), *Pt :* Saad Guetty, pro-Frères musulmans égyptiens. **Mouvement de la réforme nationale** (MRN), fondé 1999 par dissidents de En-Nahda, *Pt :* Abdallah Djaballah. **P. de l'avant-garde socialiste** (PAGS) créé janv. 1966, reconnu 12-9-1989, *secr. général :* Chérif El-Hachemi, remplace PCA ; se dissout en déc. 1992. **P. du renouveau alg.** fondé 1989, *Pt :* Noureddine Boukrouh. **P. nat. pour la solidarité et le développement** (PNSD) créé 1989, *Pt :* Mohamed Cherif Taleb. **P. de la révolution socialiste** (PRS). **P. social-démocrate** (PSD) reconnu 4-9-1989, *Pt :* Abderrahmane Abjerid. **P. des travailleurs** (PT), *Pte :* Louisa Hanoune. **Rassemblement arabique-islamique** (RAI) légalisé 7-8-1990, *Pt :* Laid Grine. **Rassemblement pour la culture et la démocratie** (RCD) (berbériste) créé 11-2-1989, *secr. général :* Dr Saïd Sadi (né 1947). **Union des forces démocratiques** (UFD) créée 23-1-1989 ; Afghans (Algériens ayant combattu en Afghanistan, environ 2 000) proches du FIS, *Pt :* Eddine Kherbanne. **Rassemblement nat. démocratique** (RND) créé 21-2-1997, transfuges du FNL qui soutiennent le Pt Zéroual, *Pt :* Ahmed Ouyahia. **Ettahadi** ex-P. communiste, *Pt :* Hacheni Chérif. **Mouvement pour la démocratie et la citoyenneté** (MDC) créé 7-3-1997 par des dissidents du FFS, *Pt :* Saïd Khelli. **Wafa** (Fidélité et justice), mouvement pro-islamiste, fondé 1999, *Pt :* Ahmed Taleb-Ibrahimi depuis 17-12-1999, interdit en nov. 2000.

Organisations de masse. **Union générale des travailleurs alg.** (UGTA) fondée févr. 1956, 1 300 000 adhérents. **Union nat. des paysans alg.** (UNPA). **Union nat. des femmes alg.** (UNFA). **Union nat. de la jeunesse algérienne** (UNJA). **Organisation nat. des moudjahidine** (ONM), anciens combattants. **Organisation socialiste des travailleurs** (OST), trotskiste.

☞ **Opposition armée :** environ 20 000 islamistes dans les maquis. **Mouvement islamique armé (MIA),** *fondateur :* Mustapha Bouyali (27-1-1940/tué dans une embuscade en févr. 1987) ; repris 1991 par Abd el-Kader Chebouti († 1993), Kamreddine Kerabane et Abdel Rezaq Redjam. **Mouvement pour l'État islamique (MEI)** fondé vers 1970, ouest, décimé par armée et ralliements au GIA. **Armée islamique du salut (AIS)** créée 1993, *leader :* Madani Merzak ; branche militaire du FIS ; implantée dans O. et E. (1 000 à 3 000 membres) ; observe un cessez-le-feu depuis 1997 ; dissoute 4-1-2000. **Groupe islamique armé (GIA)** créé début 1990 par Mansouri Meliani, ancien disciple de Bouyali. 3 000 h. *Émirs :* Mansouri Meliani (arrêté, jugé mai 1993, exécuté), Moh Leveilly (abattu par l'armée), *nov. 1992* Abdelkhak Layada (alias Abou Adlane, en prison depuis juin 1993), *juin 1993* Mourad Si Ahmed (alias Djaafar el-Afghani, abattu par l'armée le 26-2-1994 à 29 ans), *févr. 1994* Gousmi Chérif (abattu 26-9-1994), *nov. 1994* Djamel Zitouni [alias Abou Abderrahamane Amine : « le Père de la créature du Clément » (né 1964) tué 16-7-1996 par le GIA ?], *juill. 1996* Antar Zaouabri [alias Abou Tahla (nom d'un compagnon de Mahomet)], tué par l'armée le 22-7-1997, *déc. 1996* Farid Hamani (alias Abou Selman). Bras militaire du FIS, devenu son rival ; implanté Algérois et Jijel. **Mouvement islamique pour la prédication et le jihad** créé 22-7-1996 par dissidents du GIA ; *émir :* Mustapha Kertali. **Front islamique du jihad armé (Fida)** créé août 1994 par dissidents du GIA ; regroupe intellectuels et politiques, utilise voiture piégée, *chefs :* Mohamed Brahimi (alias Abou Hamman ou Moh Lunettes, tué 9-5-1996 à Alger), Abdelkader Seddouki (alias Ahmed Abou el Fida, aurait été tué 26-3-1997).

■ **Enseignement.** En arabe (avant 1990, seulement les 2 premières années du primaire, puis bilingue ; puis généralisé : loi du 17-12-1996). **Population scolarisable :** *1989-90 :* 6 390 000. *Taux de scolarisation* (1986-87) 83,3 %. *Effectifs* (1991-92) : primaire 4 317 018, moyen 1 467 617, secondaire et technique 831 798, supérieur (en 1990) 285 930 (*1963 :* 3 000 ; *70 :* 10 000). **Baccalauréat :** 4 % d'une classe d'âge l'obtiennent. **Enseignants** (1991-92) : primaire 156 937 (99,72 % d'Algériens), moyen 85 140 (98,63), secondaire et technique 48 957 (85,4), supérieur 20 562 (en 1989).

■ ÉCONOMIE

■ **PNB** (en $ par hab.). *1960 :* 1 276 ; *87 :* 2 722 ; *88 :* 2 340 ; *89 :* 2 170 ; *90 :* 2 060 ; *95 :* 1 600 ; *96 :* 1 724 ; *97 :* 1 500 ; *98 :* 1 630. **Croissance du PIB** (en %) : *1995 :* 3,9 ; *96 :* 4 ; *97 :* 1,3 ; *98 :* 3,9 ; *99 :* 2,8. **Population active** (en %) **et,** entre parenthèses, **part du PNB** (en %) : agr. 25 (12), ind. 26 (23), services 45 (39), mines 4 (26). **Chômage** (en %) : *1983 :* 15,5 ; *90 :* 25 ; *96 (sept.) :* 28,1 ; *98 (janv.) :* 28 ; *99 (juin) :* 30. *Nombre de chômeurs :* 2 000 000 (55 % de moins de 20 ans). **Économie parallèle** (ou *trabendo*) importante. Crise économique : chute du prix du pétrole.

■ **Agriculture. Terres utilisées** (en milliers d'ha, 1989) : total 39 500 (en 1991) [42 800 en 1972] ; *SAU* 7 675 dont t. labourables 7 097 (cultures herbacées 3 699, jachères 3 398), cultures permanentes 577 (prairies naturelles 34, vignes 105, arbres fruitiers 437), pacages et parcours 31 053, terres non agricoles 993. *Utilisation 1963-64 et,* entre parenthèses, *en 1988 :* céréales 2 802 (3 200), légumes secs 58 [141 en 1987], cultures maraîchères 84 (287), industrielles 17 (21), fourrages artificiels 61 (811), naturels 151 (187), viticulture 351 (157), agrumes complantés 45 (44), en rapport 0 (39), olives 106 (163), dattes 48 (71), figues 34 (38), autres fruits complantés 23 (120), en rapport 0 (82). *Cultures sous serres : 1986 :* 3 500 ha, *89 :* 9 000. *Autres plantes :* alfa, crin végétal. **Production** (en millions de t., 1999) : céréales 4,6 (*1985-86 :* 2,5 ; *86-87 :* 3,8 ; *87-88 :* 1,8 ; *95 :* 2 ; *96 :* 4,6) dont blé 1,15 (22 % des terres arables), dur 0,75, tendre 0,3, orge 0,48 (14 % des terres arables), avoine 0,01, maïs, sorgho. Pommes de terre 0,99, tomates 0,3, oignons 0,31, haricots verts, carottes, melons et pastèques 0,4. Tabac 0,004. Agrumes 0,41 dont oranges 0,3, mandarines, clémentines 0,08, fruits divers 0,1. Raisin de table 0,13. Olives 0,12. Dattes 0,36 (7 500 000 palmiers sur 60 000 ha). Figues 0,7 (en 1994). **Vignes :** *superficie* (en milliers d'ha) : à vin : *1885 :* 48,6 ; *1928 :* 221 ; *39 :* 400 (de table 5) ; *62 :* 351 ; *70 :* 292 ; *80 :* 199 ; *84 :* 123 (de table 30) ; *87 :* 79 (de table 40). *Production* (en millions d'hl de vin) : *1928 :* 13,6 ; *39 :* 17 ; *64 :* 10,5 ; *65 :* 14 ; *80 :* 2,8 ; *85 :* 0,94 ; *90 :* 0,49 ; *95 :* 0,50 ; *96 :* 0,50 ; *97 :* 0,46 ; *98 :* 0,46. *Rendement* (en hl à l'ha) : *1962 :* 45 ; *83 :* 10 ; *85 :* 15,8 ; *86 :* 20,1 ; *87 :* 11,5.

Révolution agraire : 1962 22 000 domaines abandonnés par les Européens sont transformés en coopératives de moudjahidine ou en domaines autogérés. **1970-71** plus de 1 million d'ha (dont 0,4 de bonnes terres) redistribués. **1ʳᵉ phase (14-7-1970) :** porte sur terres collectives [communales, domaniales, religieuses (habous)]. Bilan au 1-1-1973 : 1 232 dons (600 000 ha), 50 000 attributaires (35 % des candidatures) avaient reçu 700 000 ha, groupés en coopératives de prod. (Capra). Coopératives polyvalentes de services (CAPCS), 600 prévues, 1 000 villages agricoles socialistes à réaliser avant 1980. L'ordonnance de nov. 1971 avait interdit toute transaction foncière entre particuliers et toute aliénation à des particuliers, aux fins d'exploitation privée, des terres appartenant à l'État ou aux collectivités locales. **2ᵉ phase (15-9-1972/mars 1973) :** recensement des terres. Suppression de la grosse propriété. Création de l'UNPA (Union nat. des paysans alg. ; 1 000 000 en 1975). **3ᵉ phase :** réglementation : eaux, forêts, pastoralisme. Concerne 35 000 à 40 000 petits éleveurs et 4 000 gros propriétaires qui emploient 120 000 à 130 000 bergers. **1983** transactions entre particuliers possibles à certaines conditions ; le domaine public peut être redistribué, s'il s'agit de terres non exploitées « en zone saharienne ou présentant des caractéristiques similaires ». Plus de 40 000 ha de terres vierges attribués à 5 000 personnes dans le Sud (lots de moins de 5 ha) deviendront pleine propriété des attributaires si une production significative est constatée dans les 5 ans. **1988** (loi du 8-12-1987) regroupement des producteurs. Libre association des paysans auxquels l'État consent un droit de jouissance perpétuel sur les terres (moyennant redevance), et un droit de propriété sur tous les biens de l'exploitation autres que la terre (cession à titre onéreux). Droits cessibles. Objectif : 26 000 exploitations au lieu de 3 159. *Bilan au 31-12-1988 :* 99,68 % des domaines agricoles concernés, 25 375 exploitations nouvelles. Manque de techniciens. 98 % des fermes autogérées sont déficitaires. En 15 ans, 4 barrages édifiés (1,5 milliard de m³ d'eau). *Coût de distribution :* 65 % du prix des produits alim. (en 1962, 35 %). **1990** 13 500 faux paysans auraient profité de la loi de 1987.

Autonomie alimentaire (en %) : *1962 :* 70 ; *82 :* 30 ; *88 :* 25 ; *95 :* 10 à 15. **Importations** [1994, en milliers de t et, entre parenthèses, en millions de $] : blé 3 000 (780), lait 400 (560), sucre 950 (320), huile 400 (200) ; 500 millions de $ de médicaments.

■ **Forêts. Superficie** (en milliers d'ha) : *1830 :* 5 000. *1988 :* 4 000. [Forêt proprement dite 1 794 (dont pin d'Alep 1 058, chêne-liège 287, thuya 108) ; maquis 1 876]. **Production** (en 1998) : 2 735 000 m³. **Parcs nationaux** (en ha). *Hoggar* 4 500 000, *Tassili* 100 000, *El-Kala* 78 400, *Bellezma* 26 250, *Chréa* 26 000, *Djurdjura* 18 500, *Taza* 3 807, *Theniet El-Had* 3 616, *Gouraya* 2 080. **Désert.** 90 % de la superficie, il conquiert chaque année plusieurs dizaines de milliers d'ha. **Barrage vert :** lancé 1971, reboisement de 3 millions d'ha sur 1 500 km de long et 10 à 20 km de large.

■ **Élevage** (en milliers de têtes, 1999). Volailles 90 000, moutons 18 200, chèvres 2 895, bovins 1 650, ânes 230, chameaux 115, mulets 82, chevaux 67. L'A. importe 1/3 de sa viande. **Pêche** (en milliers de t). *1970 :* 25,7 ; *75 :* 37,7 ; *80 :* 33,3 ; *85 :* 66 ; *90 :* 90,7 ; *95 :* 106 ; *98 :* 92,6.

■ **Énergie. Électricité :** *production* (en mégawatts) : *1987 :* 13,8 ; *90 :* 16,1 ; *95 :* 19,7 ; *96 :* 20,6 ; *97 :* 19,7 ; *98 :* 21,6. **Pétrole :** *production* (y compris condensats et liquides de gaz naturel, en millions de t) : *1980 :* 51,5 ; *81 :* 40 ; *82 :* 45 ; *83 :* 43,7 ; *84 :* 44 ; *85 :* 44 ; *86 :* 46 ; *87 :* 49,8 ; *88 :* 53 ; *89 :* 52 ; *90 :* 55,2 ; *91 :* 58,4 ; *92 :* 58 ; *93 :* 56,3 ; *94 :* 55,7 ; *95 :* 56,8 ; *96 :* 59,3 ; *97 :* 60,2 ; *98 :* 58,9 ; *99 :* 56,5. Gisement d'Hassi-Messaoud découvert août 1956 à Edjelé, apprécié pour sa pureté et sa légèreté. *Réserves : 1999 :* 1 255 millions de t. *Revenus pétroliers* (en milliards de $) : *1990 :* 12 ; *93 :* 8 (baisse du prix du brut) ; *94 :* 8 ; *95 :* 9,5 ; *96 :* 12,5 ; *2001 (prév.) :* 16. Les USA achètent environ 50 % de la prod. **Gaz :** liquéfié à Skikda ou Arzew, ou transporté par oléoduc (2 500 km) vers l'Italie. Gazoduc Maghreb-Europe en service le 9-11-1996 (9,5 milliards de m³ attendus ; 1 385 km ; coût 2 milliards de $) : *production* (en milliards de m³) : *1980 :* 11 ; *85 :* 40 ; *90 :* 50,6 ; *95 :* 58,1 ; *96 :* 62,1 ; *97 :* 68,9 ; *98 :* 73,8 ; *99 :* 82. Gisement d'Hassi-R'Mel découvert nov. 1956. *Réserves : 1999 :* 3 770 milliards de m³. *Modules de traitement du gaz :* 5 (capacité annuelle : 92 milliards de m³ de gaz, 18,2 millions de t de condensats, 3,4 millions de t de GPL). *Capacité de transport :* 61 millions de t de brut, 61,5 milliards de m³ de gaz. *Transformation :* 21,5 millions de t de produits raffinés (Skikda : capacité 20 000 000 de t), 31 milliards de m³ d'équivalent-gaz sous forme de GNL, 1,5 million de t d'engrais, 600 000 t de produits pétrochimiques. *Prix du gaz payé par la France : 1988 :* 1,97 $ par million de BTU (25 m³) ; *89 :* 2,28 $. **Charbon :** *réserves :* 40 millions de t (bassin d'Abadla). **Nucléaire :** *Draïra* réacteur NUR (NUclear Research) livré par Argentine 4-4-1989 (1 MW). *Aïn Oussera* (40 à 60 MW) d'origine chinoise 1993. **Énergie solaire :** *potentiel :* 5,2 millions de terawatts/h.

☞ **Sonatrach** (Cie nationale pour recherche, transport, transformation et commercialisation des hydrocarbures). *Fondée* 31-12-1963. 12 Stés. Depuis les nationalisations de 1971, chargée de l'exploitation ; *production* (en 1981) : 98,5 % du pétrole alg. (31 % en 1971). *Export. de gaz* (en milliards de m³, 1987) : GNL 13,4, par gazoduc 10,06. Apporte 98 % des devises du pays (en 1995).

■ **Autres ressources minières** (en millions de t, 1999). **Fer** 1,2. 80 % d'Ouenza (exploité depuis 1921). **Plomb** 0,7. **Zinc** 4,3. **Cuivre** 0,001 (en 1985). **Mercure** 0,224. **Phosphates** (découverts 1885 par Philippe Thomas) 0,9 en 1999. **Uranium.**

■ **Industrie** (à 70 % de ses capacités en 1995 ; importe 6 milliards de $ de pièces détachées). **Aciérie** d'El-Hajar (capacité 2 000 000 de t/an). Projet à Bellara. **Ind. alimentaire** (farine, semoule). Huile d'olive 21 000 t (en 1995). **Ciment** 6,9 millions de t (en 1993). **Engrais** 771 900 t (en 1987). **Textile. Automobiles** (licence Fiat).

■ **Transports** (en km, 1996). **Routes :** 103 440. **Voies ferrées :** 3 210 (1ʳᵉˢ lignes : 1862 Alger-Blida, 1870 Philippeville-Constantine, 1871 Alger-Oran) dont 301 électrifiés. **Flotte :** importante.

■ **Tourisme. Visiteurs :** *1991 :* 722 682 ; *92 :* 616 152 ; *93 :* 571 999 ; *94 :* 336 226 ; *95 :* 97 650 ; *96 :* 93 491 ; *97 :* 635 000.

■ **Commerce** (en milliards de $). **Export./import :** *1995 :* 9,58/9,15 ; *96 :* 10,94/10,10 ; *97 :* 13,96/9,09 ; *98 :* 13/10. **Export. vers la France :** *1970 :* 3,5 ; *75 :* 3,2 ; *76 :* 3,3 (93 % hydrocarbures) ; *77 :* 3,9 ; *78 :* 3,2 ; *79 :* 4,7 ; *80 :* 7,3 ; *81 :* 13 ; *82 :* 25,9 ; *83 :* 23,4 ; *84 :* 24,8 ; *86 :* 11,7 ; *88 :* 8 ; *89 :* 9,5 ; *90 :* 10,6 ; *92 :* 9,9 (96,3 % d'hydrocarbures) ; *93 :* 7,8 ; *94 (oct.) :* 6,7. **Import. de France :** *1970 :* 3,1 ; *75 :* 8 ; *76 :* 7 ; *77 :* 8,8 ; *78 :* 6,9 ; *79 :* 8,2 ; *80 :* 11 ; *81 :* 12,9 ; *82 :* 14 ; *83 :* 18,6 ; *84 :* 23,6 ; *86 :* 15,9 ; *88 :* 9,5 ; *89 :* 12,7 ; *90 :* 14,8 ; *92 :* 11,7 ; *93 :* 11,9 ; *94 (oct.) :* 10,6. **Import.** (en %) : *1999 : de* France 23,3 ; USA 9,6 ; Italie 8,7 ; Allemagne 7,3 ; Espagne 5,5.

■ **Finances** (en milliards de dinars). **Budget :** *1999 :* dépenses 1 361, recettes 937 (pétrole à 15 $ le baril). *Recettes en devises* (en milliards de F) : *1985 :* 13 ; *88 :* 8. *Déficit budgétaire* (en milliards de dinars) : *1993 :* 180 (50 % des recettes) ; *1995 (est.) :* 148 (1 % du PIB) ; *1999 :* 424. **Balance des paiements courants** (en millions de $) : *1999 :* 20 ; *2000 :* 8 500 ; *2001 (prév.) :* 5 800.

Inflation (en %) : *1990 :* 16,7 ; *91 :* 22,8 ; *92 :* 32 ; *93 :* 31,3 ; *94 :* 29 ; *95 :* 32,2 ; *96 :* 21,7 ; *97 :* 8,3 ; *98 :* 7,1 ; *99 :* 8,5. **Dette extérieure** (en milliards de $) : *1990 :* 25 ; *93 :* 26 (dont dette publique 13,5) ; *94 :* 28,9 ; *95 :* 35,4 ; *96 :* 34,7 ; *97 :* 33 ; *98 :* 32,3 ; *99 :* 30 ; *2000 :* 26,8. En % du PNB : *1985 :* 78,6 ; *99 :* 58,7. *Service :* 22 % des export. **Rééchelonnements des dettes :** *juin 1994 :* partie de la dette publique (auprès du Club de Paris) ; *mai 1995 :* dettes commerciales 3,2 milliards de $ sur 4,7 (auprès des banques créancières). **Prêts** (en milliards de $) : *1994 :* FMI 1 ; UE 0,8 ; *1995 :* Banque mondiale 0,15 ; FMI 1,8. *France* (en milliards de F) *1994 :* 6 ; *95 :* 5. **Argent des immigrés :** transferts de France (en millions de F) : *1973 :* 640 ; *76 :* 1 000 ; *80 :* 97. **Salaire** (Smic, début 1996) : 5 000 dinars (560 F). **Réserves en devise** (en janvier 2001) : 12,2 milliards de $.

☞ **Valeur du $ en dinars :** *1996 :* 56,19 ; *97 :* 58,41 ; *98 :* 60,35 ; *99 :* 69,31 ; *2000 :* 73,34 ; *2001 (janv.) :* 75,41.

■ **Plans de développement** (en milliards de dinars). **Préplan** *(1967-69) :* 12 (priorité sidérurgie) ; **1ᵉʳ plan :** *1970-73 :* 36 (priorité mécanique) ; **2ᵉ plan :** *1974-77 :* 110 (priorité mécanique) ; **3ᵉ plan :** *1978-81 :* 160 à 250. **Plans quinquennaux : 1ᵉʳ :** *1980-84 :* priorité aménagements sociaux et industriels ; **2ᵉ :** *1985-89 :* 550 investissements prévus (dont 300 pour les programmes non achevés du 1ᵉʳ plan, industrie 174, agriculture et hydraulique 79, habitat 76, éducation 45, équipement collectif 45, santé 8).

■ **Privatisation.** Une participation étrangère est possible (jusqu'à 49 %) dans l'exploitation pétrolière.

■ **Rang dans le monde** (en 1999). 4ᵉ réserves de gaz. 5ᵉ gaz nat. 14ᵉ phosphates.

ALLEMAGNE

Carte p. 966. V. légende p. 950.

☞ *Abréviations :* All. : Allemagne ; all. : allemand(e)(s) ; All. féd. : Allemagne fédérale ; Autr. : Autriche ; Berlin-E. : Berlin-Est ; Berlin-O. : Berlin-Ouest ; DM : deutsche Mark.

■ **Nom officiel.** République fédérale d'Allemagne. **Nom allemand.** Deutschland. *Deutsch* vient du vieil allemand *diutisca* repris du latin *theodiscus* [de *thiudisk,* adjectif gothique de *thiuda* (peuple)], qui a donné *tudesque* en vieux français et *tedesco* en italien. Forme altérée en *theodischus* puis *teudischus* puis *deutsch.* **Autres noms.** *Germain* est issu du celtique *gair* (voisin) et *man* (homme) pour désigner les Celtes *Cénomans* d'une confédération politique de Belges des Ardennes ; puis les Belges ont continué à appeler Germains leurs remplaçants non celtiques. Les nations de langue romane diront « pays des Alamans » [*Allemagne* (en français), Alemagna (italien), Alemania (espagnol), Alemanhia (portugais)] qui tiraient leur nom de *alle Männer* (tous les hommes) car ils ne constituaient pas un peuple, comme les Teutons ou les Érules, mais une

confédération de tribus établies à l'origine sur l'Elbe et qui migrèrent vers l'ouest au IIIe s. Longtemps, le mot Allemagne désigna les pays de langue germanique (on disait *les Allemagnes*).

■ **Situation.** Europe. **Superficie :** 356 978 km² [dont ex-RFA 248 403, ex-RDA 107 680, Berlin 891] (1890 : 540 496 ; 1937 : 470 622). **Longueur** *maximale* 853 km. **Largeur** *maximale* 453 km. **Altitude** *maximale* Zugspitze (massif du Wetterstein) 2 962 m. **Côtes :** 2 389 km. **Frontières** (en km) : Autriche 784, Belgique 167, Danemark 68, France 451, Luxembourg 138, Pays-Bas 577, Pologne 456, Suisse 334, Rép. tchèque 646. La frontière (1 393 km) entre les 2 Allemagnes (Ouest et Est) était matérialisée par le *rideau de fer* [80 500 km de barbelés ; occupant 344 km² en All. de l'Est ; les troupes est-all. (14 000 h. et 600 chiens) tiraient sans sommation ; 2 230 000 mines avaient été posées (la dernière fut retirée le 1-11-1985)]. **Nombre de morts lors de tentatives de passage :** *de 1961 à 89 :* + de 200.

■ **Régions. Extrême-Sud :** Alpes bavaroises ; alt. maximale : Zugspitze 2 962 m. **Sud :** plateau bavarois (préalpes, avec élevage laitier), montagne (Thuringe, Mittelgebirge, Erzgebirge) ; alt. maximales : Fichtelberg (Erzgebirge) 1 214 m, Brocken (Harz) 1 142 m [on disait que la nuit de Walpurgis (30-4) les sorcières s'y réunissaient]. **S.-O. :** Forêt-Noire (montagne hercynienne ; forêts de résineux, élevage laitier). **S.-E. :** monts de Bohême (montagne hercynienne ; avec forêts, seigle, pommes de terre) ; entre les 2 massifs hercyniens : plateaux calcaires de Souabe et de Franconie (jurassique, non plissé ; porcs, céréales). **Centre-Ouest** (rive gauche du Rhin) : 3 parties, du sud au nord : plateau du Palatinat (sédimentaire ; cultures fourragères), bordé à l'est par la plaine du Rhin (cultures intensives, vignes sur les coteaux) ; massif schisteux rhénan au sud, Taunus, 880 m (pauvre, boisé ; vignes dans la vallée de la Moselle et du Rhin) ; bassin de Cologne. **Centre-Est :** prolongation des massifs rhénans (élevage laitier, forêt ; céréales dans le bassin de la Weser). **Nord :** grande plaine d'anciens dépôts morainiques et de sable ; bords de terrasses de lœss (blé) au pied des massifs centraux. **Extrême-N.-O. :** polders, vers la mer du Nord. **Extrême-N.-E. :** dépôts glaciaires et moraines (landes buissonneuses et caillouteuses, seigle ; dunes vers la Baltique). Les bassins de Cologne et de Westphalie sont en grande partie urbanisés (Ruhr).

■ **Iles les plus grandes** (en km²). Rügen 926,4 ; Usedom 445 (dont partie allemande 373) ; Fehmarn 185,4 ; Sylt 99,1 ; Föhr 82,9 ; Nordstrand 50,4 ; Pellworm 37,4. **Principaux lacs** (en km²). Bodensee (lac de Constance) 538,5 (dont partie allemande 305) ; Müritz 115,3 ; Chiemsee 82 ; Schweriner See 60,6 ; Starnberger See 57,2 ; Ammersee 46,6 ; Plauer See 38,7 ; Kummerower See 32,9 ; Steinhuder Meer 29,4. **Fleuves** (longueur en km et, entre parenthèses, longueur navigable). Rhin 865 (en All. 778), Elbe 725 (sur 1 165), Danube 647 (386), Main 524 (384), Weser 440 (440), Saale 427 (124), Spree 382 (147), Ems (jusqu'au Dollart) 371 (238), Neckar 367 (201), Havel 343 (243), Moselle 242 (242), Neisse 199 (sur 256), Oder 162 (sur 912).

☞ **Helgoland :** 0,5 km², 3 000 hab. Reliée au continent jusqu'à 5500/4500 av. J.-C. ; appelé Fosiles-land. *787* christianisée, appelée Heiliges Land (terres aux bancs inondés). *XIVe s.* repaire de pirates. *1714-16* danoise. *1807* anglaise. *1890* cédée à l'All. contre Zanzibar. *1919* fortification démantelée ; reconstruite par Hitler ; base de sous-marins. *1945* 18-5 raid anglais (961 avions en 6 vagues). *1952* rendue à l'All.

■ **Canaux de navigation** (longueur en km). Mittellandkanal (depuis 1938) 321,3 ; de Dortmund à l'Ems (1899) 269 ; du Main au Danube (1989) 124 ; latéral de l'Elbe (nord-sud, 1976) 112,5 ; de Kiel (mer du Nord-Baltique, 1895) 98,7 ; de l'Oder à la Spree (1935) 83,7 ; de l'Oder à la Havel (1914) 82,8 ; Küstenkanal (côtier, 1935) 69,6 ; hanséatique (Elbe-Lübeck, 1900) 62 ; de Wesel à Datteln (1929) 60,2.

■ **Climat.** Type maritime au nord et nord-ouest (0,3 °C janv., 17,1 °C juillet), continental au sud (1 °C janv., 19,1 °C juillet), instable, pluies réparties sur toute l'année : Alpes 2 000 mm, centre (surtout orages d'été) 800 mm, nord (minimum en févr.) 600 mm, Rhénanie, hivers relativement doux (1,9 °C à Cologne), étés lourds. *Jours de gel :* Hambourg 62, Mayence 62, Munich (518 m d'alt.) 105.

POPULATION

■ **Évolution** (en millions d'hab.). *1816 :* 23,5 ; *1825 :* 28 ; *1855 :* 34,6 dont (Prusse 17,2, Bavière 4,5) ; *1865 :* 39,5 ; *1875 :* 42,5 (y compris Alsace-Lorraine) ; *1885 :* 46,7 ; *1895 :* 52 ; *1900 :* 56,35 ; *1905 :* 60,3 ; *1910 :* 64,9 dont [Prusse 40,16, Bavière 7, Saxe (royaume) 4,8, Wurtemberg 2,4, Alsace-Lorraine 1,9] ; *1913 :* 67 ; *1939 :* 79,5 ; *1990 :* 79,1 ; *2000 (est.) :* 82,69 ; *2025 (prév.) :* 80. **D.** 223,8. **Émigration** (avant 1914) : *1881 :* 220 902 (dont vers USA 206 189) ; *1910 :* 25 531. **Étrangers** (avant 1914) : *1890 :* 433 266 ; *1900 :* 778 737 ; *1910 :* 1 259 873. **Naissances** (par an en milliers) : *1991 :* 830 ; *95 :* 765 ; *97 :* 812. **Taux** (pour ‰, 1999) : *natalité* 10, *mortalité* 10. **Espérance de vie** (en 1998) : 77 ans.

■ **Ex-Allemagne de l'Ouest : nombre d'habitants** (en millions) : *1946 :* 46,5 (dont 6,5 réfugiés) ; *60 :* 55,4 ; *70 :* 60,7 ; *74 :* 61,8 ; *80 :* 61,5 ; *85 :* 61,01 ; *90 :* 63,3 (**D.** 254).

■ **Ex-Allemagne de l'Est : nombre d'habitants** (en millions) : *1946 :* 18,4 ; *47 :* 19,1 ; *55 :* 18 ; *60 :* 17,2 ; *65 :* 17 ; *70 :* 17 ; *75 :* 16,8. *80 :* 16,6 ; *85 :* 16,6 ; *90 :* 16,1 (**D.** 150). **Minorités nationales :** 150 000 Sorabes de Lusace, descendants des Slaves ; 10 000 Danois. **Espérance de vie :** h. 69 ans, f. 75.

MIGRATIONS

■ **Allemands à l'étranger.** *1989 : URSS* 2 038 603, *Pologne* 800 000 soit 2 % de la pop. (90 % des Polonais d'origine all. ne parlent pas l'allemand, interdit jusqu'aux années 1980), *Roumanie* 220 000 à 300 000 (Saxons de Transylvanie et Souabes du Banat), *Hongrie* 200 000, *ex-Tchécoslovaquie* 50 000, *Yougoslavie* 15 000. En 1985 les associations de réfugiés de l'Europe de l'Est comprenaient 2 200 000 membres (dont 300 000 de Silésie, 140 000 des Sudètes, 125 000 de Hte-Silésie).

■ **Allemands de l'Ouest émigrés à l'Est.** *1955-61 :* 279 000. **RDA** *:1962-77 :* 51 000 ; *84 :* 36 000 ; *85 :* 25 000 ; *86 :* 19 982 ; *87 :* 12 958, **Pologne :** *1962-77 :* 96 200, **URSS :** *1962-77 :* 7 000.

■ **Allemands venus de l'Est en All. de l'Ouest (Übersiedler). 1945-1990 :** 6 944 000. 1°) *Allemands des provinces orientales expulsés* (*Vertriebene*) des pays sous tutelle soviétique, et réfugiés dans les zones occupées (dès 1944-45). 2°) *Allemands de l'Est réfugiés* (*Flüchtlinge*) ayant fui le régime communiste dans leur zone d'occupation (1947) et en RDA (1949). **De 1945 à la construction du mur de Berlin :** *1945-48 :* 732 100 ; *49 :* 129 245 ; *50 :* 197 788 ; *51 :* 165 648 ; *52 :* 182 393 ; *53 :* 331 390 ; *54 :* 184 198 ; *55 :* 252 870 ; *56 :* 279 189 ; *57 :* 261 622 ; *58 :* 204 092 ; *59 :* 143 917 ; *60 :* 199 188 ; *61 :* 155 402 (dont 30 415 en juillet, dont 51,4 % de moins de 25 ans). *Total :* 3 419 042 (dont par Berlin-Ouest 1 649 070). **Après la construction du mur :** *du 15-8-1961 au 31-12-1977 :* 177 204 ; *1981 :* 15 433 ; *82 :* 13 208 (9 113 légalement, 4 095 fugitifs) ; *83 :* 11 343 ; *84 :* 40 974 (dont 34 982 légalement, 3 651 fugitifs, 2 341 rachats) ; *85 :* 24 912 ; *86 :* 26 178 ; *87 :* 18 958 ; *88 :* 39 832 ; *89 :* 343 854 ; *90 :* 238 384 ; *91 :* 170 000 ; *92 :* 80 000. **Retours RFA vers RDA :** *1964-75 :* 33 000 ; *75-84 :* 14 314.

Nota. – Depuis 1989, 5 à 7 % de la population de l'ex-RDA a émigré.

■ **Allemands de souche venus d'autres pays de l'Est (Aussiedler** [1]**). Pologne :** *1951-84 :* 718 300 ; *85-90 :* 1 372 182 ; *91 :* 40 129 ; *92 :* 17 742 ; *93 :* 5 431. **Roumanie :** *1950-93 :* 400 000 (dont *1988 :* 13 000 ; *89 :* 23 397 ; *90 :* 111 150 ; *91 :* 32 000 ; *92 :* 16 146 ; *93 :* 5 811). **Ex-Tchécoslovaquie :** *1950-93 :* 105 000. **URSS :** *1950-90 :* 403 258 (dont *1962-77 :* 51 000 ; *86 :* 753 ; *87 :* 15 000 ; *88 :* 47 572 ; *89 :* 98 134 ; *90 :* 147 950) ; *91 :* 147 000 ; *92 :* 195 576 ; *93 :* 207 347. **Total :** *1945-46 :* 6 000 000 ; *47-49 :* 2 000 000 ; *50-93 :* 3 000 000 (dont *1988 :* 202 673 ; *89 :* 377 055 ; *90 :* 397 073 ; *91 :* 221 995 ; *92 :* 230 489 ; *93 :* 219 000) ; *1990-2000 (prév.) :* 2 500 000.

Nota. – (1) *Article 116 de la Loi fondamentale :* est allemand « quiconque possède la nationalité all. ou a été admis sur le territoire du Reich tel qu'il existait au 31-12-1937, en qualité de réfugié ou d'expulsé d'appartenance ethnique all., ou de conjoint ou descendant de ces derniers ». Une loi du 3-9-1971 avait précisé la provenance géographique donnant droit au statut d'*Aussiedler,* et donc à la nationalité all. : Allemands ayant quitté « les territoires all. de l'Est actuellement (jusqu'en 1990) sous administration étrangère, Dantzig, Estonie, Lettonie, Lituanie, Union soviétique, Pologne, Tchécoslovaquie, Hongrie, Roumanie, Bulgarie, Albanie et Chine ». Depuis le 1-1-2000, nouveau Code de la nationalité fondé sur le droit du sol (celui de 1913 l'était sur le droit du sang).

Populations expulsées (entre parenthèses, **autorité de tutelle en 1938**) : Allemands des Sudètes (Tchécoslovaquie) 2 910 000, de Hongrie (Hongrie) 213 000, de Transylvanie et du Banat (Roumanie) 149 000, de Voïvodine et du Banat (Yougoslavie) 297 000. **Allemands expulsés des territoires détachés de l'All. en 1945** (entre parenthèses, **autorité de tutelle avant 1945/État bénéficiaire des territoires détachés de l'All.**) : Allemands de *Silésie* (All./Pologne) 3 210 000 ; *Prusse-Orientale* (All./Pologne et URSS) 1 960 000 ; *Posnanie et Hte-Silésie* (All. avant 1919, Pologne 1919-39, All. 1939-45/Pologne) 688 000 ; *Brandebourg Oriental* (All./Pologne) 395 000 ; *Dantzig* (État libre 1919-39, All. 1939-45/Pologne) 291 000 ; *Memel* (Lituanie 1919-39, All. 1939-45/URSS) 78 000.

ÉTRANGERS

■ **Avant 1914.** *1871 :* 206 755 (5,04 %) ; *1910 :* 1 259 873 (19,10).

■ **Ex-Allemagne de l'Ouest. Nombre total** (en millions) **sans déduction des naturalisations et,** entre parenthèses, **avec :** *1960 :* 0,7 (0,7) ; *71 :* 2,74 (2,74) ; *75 :* 4,02 (3,99) ; *80 :* 4,23 (3,96) ; *85 :* 4,38 (4,07) ; *90 :* 5,2 ; *92 :* 6,8. **% par rapport à la population totale :** *1974 :* 4 ; *88 :* 7,6 (Francfort 21, Munich 18, Berlin 13) ; *90 :* 8,3.

Nombre par nationalité (en millions) : **Turcs** *1960 :* 0,006 ; *67 :* 0,17 ; *70 :* 0,47 ; *75 :* 1,08 ; *80 :* 1,46 ; *85 :* 1,40 ; *90 :* 1,67. **Yougoslaves** *1967 :* 0,14 ; *70 :* 0,51 ; *75 :* 0,68 ; *85 :* 0,60 ; *90 :* 0,6. **Italiens** *1961 :* 0,20 ; *67 :* 0,41 ; *75 :* 0,60 ; *86 :* 0,53 ; *93 :* 0,55. **Grecs** *1967 :* 0,20 ; *73 :* 0,41 ; *85 :* 0,28. **Espagnols** *1967 :* 0,18 ; *71 :* 0,27 ; *73 :* 0,29 ; *85 :* 0,15 ; *90 :* 0,13. **Autrichiens** *1967 :* 0,12 ; *71 :* 0,16 ; *74 :* 0,18 ; *85 :* 0,17 ; *90 :* 0,18. **Polonais** *1988 :* 0,16 ; *90 :* 0,24. **Portugais** *1967 :* 0,02 ; *74 :* 0,12 ; *85 :* 0,07 ; *90 :* 0,08. **Néerlandais** *1967 :* 0,10 ; *75 :* 0,11 ; *90 :* 0,11. **Français** *1961 :* 0,02 ; *67 :* 0,04 ; *75 :* 0,06 ; *84 :* 0,07.

Depuis 1973, entrée interdite aux travailleurs venant d'autres pays que la CEE (statut spécial pour les Turcs), et de pays voisins de l'Est. *Aide au rapatriement :* 30 000 F. (plus 4 500 F pour chaque membre de la famille, cotisation sociale remboursée après 2 ans d'attente).

Immigration (par an en milliers) : *1987* : 614 ; *88* : 904 ; *89* : 1 522 ; *90* : 1 651 (dont Allemands de souche 397), d'ex-RDA 410, étrangers 457.

Demandes d'asile : *1967-79* : 176 394 ; *80* : 107 818 ; *81* : 43 391 ; *82* : 37 423 ; *83* : 19 737 ; *84* : 35 278 ; *85* : 73 832 ; *86* : 99 650 ; *87* : 57 379 ; *88* : 103 076 ; *89* : 121 318 ; *90* : 193 063.

■ Ex-Allemagne de l'Est (avant 1990). **Ouvriers étrangers :** 85 000 à 100 000 [de Pologne (25 000), Hongrie, Mozambique, Viêt Nam (60 000)].

■ Allemagne réunifiée (en milliers). **Réfugiés** (fin 1999) : 2 850 dont ex-Youg., 212, Bosnie 53. **Résidents étrangers** (au 1-1-1998) : 7,36. **Émigrants** *1991* : 582 ; *92* : 701 ; *93* : 796 ; *94* : 740 ; *95* : 700 ; *96* : 677. **Immigrants** *1991* : 1,18 ; *92* : 1,48 ; *93* : 1,26 ; *94* : 1,07 ; *95* : 1,09 ; *97* : 0,95. **Immigrés** (janv. 1998) : Turcs 2 107 ; ex-Yougoslaves 721 ; Italiens 608 ; Grecs 363 ; Polonais 283 ; Bosniaques 281 ; Croates 207 ; Autrichiens 185 ; Portugais 132 ; Espagnols 132. **Français en All. :** *1993* : 165 dont 111 officiellement immatriculés. **Demandes d'asile :** *1991* : 256 ; *92* : 438 ; *93* : 323 ; *94* : 127 ; *95* : 128 ; *97* : 158. **Naturalisations :** *1999* : 143 267.

Villes

■ Population (est. au 1-1-1999). *Berlin* (capitale) 3 398 822, Hambourg 1 700 089, Munich 1 188 897, Cologne 962 580, Francfort 643 857, Essen 603 194, Dortmund 591 733, Stuttgart 581 961, Düsseldorf 568 440, Brême 543 279, Duisbourg 523 311, Hanovre 516 157, Nuremberg 487 145, Dresde 452 827, Leipzig 437 101, Bochum 393 326, Wuppertal 372 218, Bielefeld 321 831, Mannheim 308 903, Bonn 304 629, Gelsenkirchen 284 085, Karlsruhe 276 536, Wiesbaden 267 187, Mönchengladbach 264 662, Münster 264 489, Halle 260 838, Augsbourg 254 610, Chemnitz 251 903, Brunswick 247 241, Aix-la-Chapelle 244 429, Krefeld 243 499, Magdebourg 239 462, Kiel 237 337, Oberhausen 222 456, Rostock 207 431, Erfurt 202 931.

Langues

■ Officielle. **Allemand :** le *germanique ancien* (né vers 1200 av. J.-C. dans la région du Jutland) a gardé plusieurs traits de l'indo-européen primitif : déclinaisons avec le génitif en *s*, alternance vocalique dans les racines, notamment dans les verbes (conjugaison « forte ») ; lexique commun, notamment les relations de famille : *Vater*, latin : *pater*, « père », et les formes verbales essentielles : *ist* « est », *sind* « sont ». Beaucoup de ses mots (noms de lieux) ont été empruntés aux Celtes, voisins des Germains pendant 2 millénaires : *rix : Reich ; durum : thür.* Ils ont été modifiés par la force de l'accent tonique (sur la 1re syllabe) et par la « 1re mutation consonantique » : le *p* devient *f* ; le *g* devient *k* ; le *ph* devient *b*. **Au IVe s. av. J.-C.** le germanique se coupe en 3 groupes : *oriental* (gothique, burgonde, vandale) aujourd'hui disparu ; *nordique* (devenu le groupe scandinave) ; *occidental* ou *westique* (anglais, néerlandais, allemand). **Au VIIe s.** une « 2e mutation consonantique » différencie les langues westiques en 2 groupes : *bas-allemand* (Nord et G.-B.) qui garde les consonnes *p, t, k ; haut-allemand* (Sud) avec *f* ou *pf, tz, ch* [anglais : *pan, sleep* (allemand : *Pfanne, schlaf-*) ; anglais : *set* (allemand : *sitz-*) ; anglais : *book* (allemand : *Buch*)]. Le *haut-allemand* devient langue culturelle et littéraire à partir de 1200. Le *bas-allemand* reste la langue commerciale et maritime. **Hoch-Sprache :** langue officielle du haut-allemand, proche du bas-allemand ; était parlée en Thuringe au XVIe s. ; répandue par Luther, codifiée pour la 1re fois en 1663. Syntaxe influencée par celle du latin classique. Compte actuellement 1/6 de racines étrangères assimilées (français, puis latin et grec) servant à former des mots composés.

☞ **Orthographe :** *1901-02* fixée par la *Conférence de Berlin* en 1945 ; les ministres de l'Éducation des Länder confient une réforme aux éditions Duden. *1994 (22/24-11) entretiens de Vienne* (pays parlant allemand). L'Institut pour la langue allemande de Mannheim coordonne les travaux. *1996-1-7* accord pour nouvelle orthographe ; *1998-14-7* accord de la Cour constitutionnelle. Les ministres des Länder des Affaires culturelles fixent au 31-7-2005 la fin de la transition. *2000-1-8* le *Frankfurter Allgemeine Zeitung (FAZ)* renonce à appliquer la réforme : 68 % des Allemands sont pour son annulation.

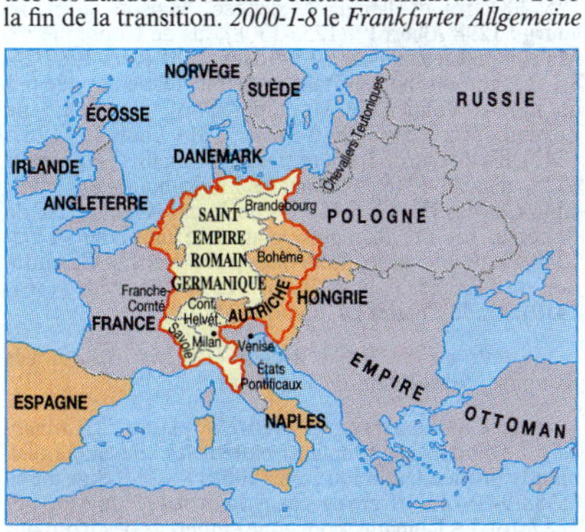

Le Saint Empire au XVIe s.

Dialectes modernes. **Haut-allemand :** *allemand supérieur.* 3 dialectes méridionaux [alémanique (avec notamment parlers alsacien et suisse), austro-bavarois, franconien supérieur]. **Allemand moyen :** 2 dialectes centraux (franconien moyen et haut-saxon). **Bas-allemand :** 1 dialecte, le « bas-saxon », son dialecte occidental étant devenu le néerlandais. **Sorabe** (en Lusace) : langue slave, appelée aussi « wende de Lusace ». Depuis 1969, entre Dresde et Cottbus : langue officielle à côté de l'allemand dans administration et tribunaux ; enseignée depuis 1950 (langue principale dans certains établissements). En recul [*1880* : 166 000 ; *1945* : 100 000 ; *2000* : 80 000 (Saxe 60 000, Brandebourg 20 000) dont 40 000 locuteurs]. *En ex-All. de l'Ouest* 47 % des Allemands pratiquent quotidiennement leur dialecte.

Langues étrangères. *En ex-Allemagne de l'Ouest* 58 % parlent anglais (85 % des 14-34 ans), 22 % français, 7 % italien, 5 % espagnol et 1,6 % russe.

Religions

■ Allemagne réunifiée (en 1996). Protestants 28,2 %, catholiques 28 %, musulmans 2,7 %, juifs 0,54 %.

■ Protestants. **Grandes dates de la Réforme : 1517**-*31-10* à Wittenberg (Saxe), le moine *Martin Luther* (10-11-1483/14-2-1546) rédige 95 thèses sur les indulgences, et les aurait affichées sur la porte de l'église. **1520** il publie les « Écrits réformateurs » : *l'Appel à la noblesse allemande, la Captivité de Babylone* et *la Liberté chrétienne ;* la bulle *Exsurge Domine* l'excommunie, mais il la brûle solennellement à Wittenberg. **1521** la diète de Worms le met au ban de l'Empire ; l'Électeur de Saxe l'abrite dans le château de la Wartburg où il traduit la Bible en allemand. **1522** Luther retourne à Wittenberg où, en 1525, il épouse une ancienne religieuse, Katharina von Bora. **1529** *colloque de Marbourg :* désaccord luthériens/zwingliens (Zurich) sur la sainte cène. **1530** *Melanchthon* (Philipp Schwarzerd, dit ; 1497-1560) présente à la diète d'Augsbourg la *Confession de Foi* de l'Église luthérienne *(Confessio Augustana).* **1542** union hussites de Bohême/luthériens. **1555** *Paix de religion d'Augsbourg :* Charles Quint reconnaît l'existence du protestantisme allemand selon le principe de l'unité confessionnelle des États *(cujus regio, ejus religio :* « tel royaume, telle religion »). **1563** catéchisme de Heidelberg, publié en français, exposant la doctrine calviniste. **1648** *traités de Westphalie* fixant la carte confessionnelle de l'Europe. **1660** 1re communauté piétiste fondée à Francfort, par l'Alsacien Philippe Spener (1635-1715). **1733** 1re Sté missionnaire, créée par Frères moraves ou *Herrnhuter* [disciples de Spener (piétistes), regroupés 1721 à Berthelsdorf (Lusace), par le Cte Nicolas de Zinzendorf (1700-60)].

Statistiques : *depuis 1991 :* les Églises des 2 All. sont réunifiées. L'EKD *(Evangelische Kirche in Deutschland)* comprend 24 Égl. régionales *(Landeskirchen)* : 8 formant l'Union des Égl. évangéliques luthériennes d'All. (VELKD) ; 7 formant l'Égl. évangélique de l'Union (EKU) ; 9 autres (dont 2 luthériennes, 5 unifiées et 2 réformées). *Membres* (au 1-1-2000) : 27 099 000 protestants dont Égl. luthériennes 13 426 000, réformées 410 000, unifiées 13 263 000. *En 1998* : 180 730 membres de l'EKD ont quitté leur Église. *Paroisses* (au 1-1-2000) : 17 790. *Pasteurs* (au 1-1-2000) : 23 881.

■ Catholiques romains (y compris uniates). Ex-Allemagne de l'Ouest : 42,9 % (en 1987), 26 400 000 (Sarre, Bavière, Bade-Wurtemberg, Rhénanie-Westphalie, Rhénanie-Palatinat) [22 évêchés (avec Berlin-Ouest), 12 436 prêtres (en 1989)]. En 1987, 81 598 catholiques sont « sortis de l'Église ». Ex-Allemagne de l'Est : 7 % (en 1987), 1 200 000 (1 037 églises et chapelles, 1 300 prêtres, 130 prêtres réguliers, 35 ordres religieux, 300 couvents et cloîtres). Le diocèse de Meissen était entièrement en RDA, ceux de Görlitz, Schwerin, Magdebourg et Erfurt étaient des circonscriptions d'évêchés de RFA dirigés par des administrateurs apostoliques. L'évêché de Berlin couvrait les 2 parties de la ville (474 000 catholiques dont 120 000 en RDA et 80 000 à Berlin-Est).

■ Juifs. *1900* : 570 000 ; *33* : 530 000 (dont 160 000 à Berlin). Ex-Allemagne de l'Ouest : *1988* : 27 552 (dont 6 199 à Berlin). Ex-Allemagne de l'Est : *1946* : 3 100 ; *52* : 2 600 ; *89* : 800 (officiels) et 2 000 à 3 000 d'origine juive non recensés. Un rabbin (poste vacant depuis 1966), 8 synagogues, 1 oratoire. Allemagne réunifiée : *1990* : 28 000 ; *93* : 40 823 ; *95* : 65 000 ; *2000* : 80 000 (beaucoup venus de l'ex-URSS).

■ Musulmans (en 1999). 3 040 000 (3,7 %).

☞ **Impôt d'Église :** depuis la sécularisation des biens d'Église le 25-2-1803, les autorités civiles prélèvent sur les fidèles 8 à 10 % de leur impôt sur le revenu. *Produit* en milliards de DM (déduction faite des frais administratifs, civils, ecclésiastiques) : protestants 8,42 ; catholiques : 8,46.

Histoire

■ Avant J.-C. **Protohistoire** faiblement peuplée de Ligures à l'ouest jusqu'au XVe s. av. J.-C. **1500 à 109** population celtique dense, créant les civilisations du bronze récent, de *Hallstatt* (âge du fer, 1000 av. J.-C.), de *La Tène*. Contact étroit avec Germains en Thuringe et dans le bassin de l'Elbe (frontière à 100 km à l'ouest de l'Elbe). Certaines tribus sont dites germano-celtiques (exemples : *Cimbres et Teutons*). **Vers 400** (La Tène I) les *Belges* (nord du Main) émigrent sur la rive gauche du Rhin, sont remplacés par des tribus germaniques. Au sud du Main, les *Celtes* construisent des forteresses et résistent aux *Germains* jusqu'en 113 av. J.-C. **113-109** *Cimbres* et *Teutons* occupent la rive droite du Rhin jusqu'à l'Helvétie (Suisse) ; battus par Marius à Aix (103 av. J.-C.), ils sont exterminés, mais les Celtes sont chassés d'All., ne conservant que Norique (Sud-Bavière et Autriche) et Bohême. **85** le Celte *Arioviste* devient le chef des Germains de la rive droite du Rhin (Confédération des Suèves ou Souabes) ; il attaque la Gaule, occupe l'Alsace vers 61. **58** César le bat et rejette les Germains sur la rive droite du Rhin. **15** les Romains prennent Rhétie et Norique.

■ Après J.-C. **8** les Romains attaquent l'All. du Nord, mais *Arminius* (Herrmann) bat Varus près d'Osnabrück. **A partir de 90** ils construisent un *limes* (fortification continue) du confluent Main-Rhin jusqu'au Danube. Au sud du *limes* est organisée la province des *champs Décumates* (Celtes et légionnaires romains ; capitale Augusta Raurica, près de Bâle). Augsbourg devient un évêché chrétien au début du IVe s. **405** les Germains franchissent le *limes* et envahissent l'Empire romain. Resteront germanisés : Norique et Rhétie (par Bavarois), champs Décumates et Helvétie (par Alamans), nord-est de la Belgique sur la rive gauche du Rhin (par Francs et Saxons). **496** *Clovis*, roi des Francs (rive gauche du Rhin), bat *Alamans*, annexe future « Franconie » et vassalise terres alémaniques jusqu'en Autriche. *St Fridolin* († 511) : moine irlandais, évangélise la Rhénanie, puis s'établit entre Bâle et Constance, dans l'île de Seckingen ; très populaire, son prénom, souvent utilisé, servira aux Alliés pendant la guerre de 1914-18, désignant les soldats allemands. **531** fils de Clovis, alliés aux *Saxons* (Allemands du N.), conquièrent et annexent la Thuringe. **A partir de 535** les Slaves occupent l'est de la Germanie jusqu'à la *Saale*. **768 Charlemagne** (742-814), fils de Pépin le Bref, roi des Francs. **782-85** conquiert et annexe la Saxe au nord de la Thuringe ; baptise les habitants. **Vers 790** s'installe à Aix-la-Chapelle. **Vers 794-98** chapelle palatine octogonale construite (hauteur 30,55 m sous voûte). **800** couronné empereur. **814** enterré à Aix (le 19-5-1000 Otton III fera ouvrir son tombeau : Charles est assis sur un trône. Il porte sa couronne d'or et tient son sceptre. Otton recouvre le corps exhumé de vêtements blancs, lui coupe les ongles (qui en poussant avaient troué ses gants), remplace un bout de son nez manquant par un morceau d'or, détache une dent et prend la croix pendue à son cou. En 1166 Frédéric Barberousse élèvera le corps ; depuis 1215 est dans une châsse en or. **814**-*28-1* **Louis Ier le Pieux** ou le Débonnaire (778-840), fils de Charlemagne, roi (de France), couronné empereur pour Gaule, Germanie (« Francie occidentale » et « orientale ») et Italie. **840 Lothaire Ier** (795-855), son fils. **843** *traité de Verdun, la Francie occidentale* (futur royaume de France) est détachée de l'Empire. *La Lotharingie* (au centre) et *la Francie orientale* demeurent unies (au Xe s. la Lotharingie se disloquera en Basse-Lorraine, Hte-Lorraine, royaumes de Bourgogne et de Provence, Italie du N., qui rentreront dans la mouvance du roi de Germanie). **855 Louis II** (825-875), fils de Lothaire, empereur. **875 Charles II le Chauve** (823-877), fils de Louis Ier, roi (de France de 840 à 877). **881 Charles III le Gros** (839-888), fils de Louis Ier, déposé. Roi (de France 884-887), empereur d'Occident 881-887. **887 Arnulf** († 899), fils illégitime de Carloman, lui-même fils de Louis le Germanique, élu (empereur d'Occident 896-99). **901 Louis III l'Aveugle** (880-928), fils d'Arnulf, roi d'Allemagne. **911 Conrad Ier** († 918), duc de Franconie, élu roi d'Allemagne.

Maison de Saxe. **919 Henri Ier** l'Oiseleur (vers 876-936), fils du duc de Saxe, duc de Franconie et de Saxe.

■ Saint Empire romain germanique (Ier Reich) [en allemand *Heiliges Reich*, appellation attestée 1157]. **Étendue :** comprend les royaumes de Germanie et d'Italie et, à partir de 1032, celui de Bourgogne. Après le XIIIe s., perd ses possessions à l'ouest au profit de la France, et à partir du XVe s. ne conserve, en Italie, que le N.-O.

Élection de l'empereur : Princes électeurs (de Kurfürsten). *Jusqu'au XIIIe s.* 10 à 100 nobles participent à l'élection de l'empereur. *1356 Bulle d'Or* fixant à 7 le nombre *d'électeurs : 3 ecclésiastiques* (archevêques de Cologne, Mayence, Trèves), *4 laïcs* dont 3 deviendront protestants au XVIe s. [margrave de Brandebourg, duc de Saxe, comte palatin du Rhin (à Heidelberg)] et 1 restant catholique (roi de Bohême). *1623* le vote du Cte palatin (protestant) est attribué au duc de Bavière (catholique). *1648* 8 électeurs avec le Cte palatin ; le duc de Bavière conserve son vote. *1697* le duc de Saxe se fait catholique. *1708* un 9e électeur avec le duc de Hanovre (protestant). *1778* le vote du Cte palatin (Mannheim devient capitale), duc de Bavière et catholique, est attribué rétroactivement au duc de Hanovre qui reçoit sa charge honorifique de grand sénéchal. *1803* la France annexe les 3 électorats ecclésiastiques (Mayence, Trèves, Cologne) et les 4/5 de l'ancien Palatinat devenu bavarois (rive gauche du Rhin). L'électorat de Mayence est transféré à Ratisbonne. 4 nouveaux électeurs laïcs : duc de Salzbourg (ancien évêché) remplacé 1804 par le grand-duc de Wurzbourg (ancien archevêché), grands-ducs de Hesse-Cassel, de Bade, de Wurtemberg qui a pris le titre de roi. La Confédération du Rhin est proclamée ; la *dignité électorale abolie.* (Après 1493, les empereurs n'ont plus été couronnés par le pape, sauf Charles Quint à Bologne.)

962-*9-2* **Otton Ier le Grand** (912-973), fils d'**Henri Ier l'Oiseleur**, voulant restaurer l'Empire romain et carolingien, se fait couronner empereur par le pape, épouse Adélaïde. **973 Otton II** (955-983), fils d'Otton Ier, épouse Théophano (de Byzance, † 15-6-991). **996**-*21-5* **Otton III** (980/24-1-1002), fils d'Otton II. Prend le titre d'*empereur romain* et vient s'installer à Rome. **1002 Henri II le Saint** (973-1024), petit-fils d'Henri Ier.

ROYAUMES ALLEMANDS

■ **Autriche.** Voir à l'Index.

■ **Bavière. 788** Charlemagne crée un duché de Bavière. **1070** dynastie des Welfen *(Guelfes)*, hostile aux Hohenstaufen. **1180** donné à la famille *de Wittelsbach* par Frédéric Barberousse. **1648** reçoit dignité électorale et Haut-Palatinat ; plusieurs élus empereurs dont Charles VII, allié de Louis XV, 1742-45. **1779** *traité de Teschen :* unie au Palatinat rhénan. **1801** perd Palatinat rhénan. **1803** reçoit plusieurs évêchés en compensation au Recez. **1805**-*26-12* royaume. **Maximilien Ier Joseph** (27-5-1756/13-10-1825), électeur 1799/1806. **1813** allié de Napoléon, se retourne contre lui. **1815** récupère Palatinat rhénan. **1825**-*13-10* **Louis Ier** (25-8-1786/Nice 29-2-1868), fils de Maximilien Ier, mécène, amant de Lola Montez (1818-61), danseuse, qu'il fit Ctesse de Lansfela. **1831** gouvernement autoritaire. **1833** entrée dans le Zollverein. **1848**-*20-3* abdique. **Maximilien II Joseph** (20-11-1811/10-3-1864), fils de Louis Ier. **1864**-*10-3* **Louis II** (25-8-1845/13-6-1886) [1,92 m, 110 kg à sa mort ; fils de Maximilien II, connu pour ses châteaux : *Neuschwanstein* (commencé 1869, inachevé ; alt. 965 m, 5 935 m^2), *Linderhof* (1874-78), *Schachen* (refuge alpin, décor oriental), *Herrenchiemsee* (copie de Versailles, commencée 1878, corps central achevé) ; imaginait un nouveau château à *Falkenstein* ; protecteur de Wagner]. **1866** Bavière alliée à l'Autriche contre la Prusse ; battue, doit payer 30 millions de florins et céder 3 cantons (30 000 hab.). **1867** Louis II fiancé à Sophie de Bavière [sa cousine (sœur de Sissi) ; fiançailles rompues (il est homosexuel), elle épousera le duc d'Alençon]. **1886**-*8-6* Louis II déclaré incurable (démence) et incapable de régner. *-10-6* régence de son oncle *Léopold* (12-3-1821/12-11-1912). *-12-6* accepte d'être interné au château de Berg. *-13-6* à 22 h 30, on retrouve son corps dans le lac de Starnberg près du rivage et celui du Dr von Gudden (étranglé) au bord de l'eau ; on parlera de suicide, d'évasion manquée (Louis II aurait tué Gudden qui voulait l'empêcher de fuir), d'assassinat. Indépendance de fait, mais alliance militaire avec Prusse. **1886**-*13-6* **Otton Ier** (27-4-1848/11-10-1916), frère de Louis II [inapte à régner (démence), régence de *Léopold,* à sa mort, régence de son fils *Louis ;* déposé 1913]. **1913**-*nov.* **Louis III** (7-1-1845/18-10-1921) son fils. **1918**-*nov.* abdique. *-8-11* Kurt Eisner (né 1861) proclame la République. **1919**-*21-2* devenu PM, assassiné par officier monarchiste. *-4-4* République soviétique, le 5 écrasée par armée fédérale. **1921-23** von Kahr prépare restauration. **1933** perd autonomie.

Héritiers : Pce Ruprecht (1869-1955) [fils de Louis III], ép. 1°) 1900 Marie-Gabrielle (1878-1912) [née duchesse en Bavière (nièce de Sissi et sœur de la reine Élisabeth de Belgique)] ; 2°) 1921 Antonia de Luxembourg (1889-1945 au camp de Buchenwald). **Albrecht** (3-5-1905/8-7-1996) [fils de Ruprecht et de Marie-Gabrielle], ép. 1°) 1930 Marita Draskovich von Trakostjan (1904-69) [*1944* déportés à Sachsenhausen, Flossenburg, Dachau et Tyrol ; *1945* libérés par les Alliés] ; 2°) 1971 Maria Jenke Keglevich von Buzin (1921-83). **Franz** (né 4-7-1933) [fils d'Albrecht et de Marita].

■ **Hanovre.** Primitivement duché de Brunswick-Lunebourg. **1692** prend le nom de sa capitale en recevant la dignité électorale. **1714** l'Électeur devient roi d'Angleterre. **1803** occupé par les Français. **1805** cédé à la Prusse. **1807-14** divisé en royaume de Westphalie (Jérôme Bonaparte) et département français. **1837** séparé de l'Angleterre, l'Électeur garde la dignité royale (roi du Hanovre).

■ **Prusse. Vers 1061 Burchard de Zollern** [de la maison des Hohenzollern (château, près de Hechingen)], ancêtre des Hanovre, *roi en Prusse ;* l'aîné des descendants fut Cte en 1111, et un autre, Frédéric, burgrave de Nuremberg vers 1200.

Margraves de Brandebourg. Ascaniens. 1134 Albert l'Ours acquiert seigneurie de Branibor en pays slave, sur rive droite de l'Elbe ; prend le titre de marquis (margrave) de Brandebourg. **1170** Otton Ier. **1184** Otton II. **1205** Albert II. **1220** Jean Ier et Otton II (**division de la Marche : lignée de Stendal :** *1258* Jean Ier. *1266-81* Jean II. *1266-1304* Conrad Ier. *1266-1308* Otton IV. *1286-1305* Jean IV. *1308-19* Valdemar. *1319-20* Henri II. **Lignée de Salzwedel :** *1258-67* Otton III. *1267-68* Jean III. *1267-98* Otton V. *1267-1300* Albert III. *1280-86* Otton VI. *1298-1308* Hermann. *1308-17* Jean V). **1235** dignité électorale. Des marchands colonisent 2 îles de la Spree où sont fondés Cölln (du latin *Colonia*) en 1237 et *Berlin* (1242). **Wittelsbach.** *1323-51* Louis le Vieux. *1351-65* Louis le Romain. *1352-73* Otton le Paresseux. **Luxembourg.** *1373* Charles IV. *1378* Sigismond. *1388-1411* Jost de Moravie.

Princes-électeurs de Brandebourg. 1415-*30-4* **Frédéric Ier** (21-9-1372/20-9-1440) [Frédéric VI de Hohenzollern, burgrave, obtient électorat et margraviat de Brandebourg]. **1440 Frédéric II** (19-11-1413/10-11-1471). **1470 Albert-Achille. 1472** suzeraineté sur Poméranie. **1486 Jean le Cicéron**, son fils. **1499 Joachim Ier**, son fils. **1521** le grand maître des chevaliers Teutoniques (Prusse polonaise), Albert de Hohenzollern, cadet de Brandebourg, devient protestant. **1525** transforme sa seigneurie ecclésiastique en duché héréditaire, vassal du roi de Pologne (hors Empire). **1535 Joachim II ; 1539** devient protestant. **1571 Jean-Georges,** son fils. **1598 Joachim-Frédéric. 1608 Jean-Sigismond** (1572-1619), son fils. **1618** hérite de la Prusse. **1619 Georges-Guillaume. 1640 Frédéric-Guillaume** (16-11-1620/9-6-1688) [le Grand Électeur]. **1657** ducs de Prusse s'affranchissent de la suzeraineté polonaise. **1688 Frédéric III**, son fils, épouse 1°) 1679 Élisabeth-Henriette de Hesse-Cassel (1661-83) ; 2°) 1684 Sophie-Charlotte de Hanovre (1668-1705) ; 3°) 1708 Sophie-Louise de Mecklembourg-Schwerin (1685-1735). **1700**-*nov.* convention de la Couronne : l'empereur Léopold Ier érige le duché en royaume pour récompenser les services rendus par Frédéric III et son père contre Louis XIV et Turcs. **1713** reconnu par la France, au traité d'Utrecht.

Rois de Prusse. 1701-*18-1* **Frédéric Ier** (11-7-1657/25-2-1713) (Frédéric III couronné roi de Prusse devient Frédéric Ier).

1713-*févr.* **Frédéric-Guillaume Ier** (15-8-1688/31-5-1740), le *roi-sergent,* fils de Frédéric Ier. 1706 épouse Sophie-Dorothée de Hanovre (1687-1757). Organise un État militaire.

1740-*avril* **Frédéric II le Grand** (1,59 m) [24-1-1712/17-8-1786], *roi en Prusse,* son fils. Épouse 1733 Élisabeth-Christine de Brunswick-Wolfenbüttel (1715-97). Haï par son père, il est emprisonné ; se forme à la culture française ; entre dans la franc-maçonnerie en 1736 ; type du « despote éclairé » du XVIIIe s. (culture raffinée jointe à l'étatisme totalitaire). Ami de Voltaire. **1740** la Prusse comprend : marche de Brandebourg et duché de Prusse contigus et des pays isolés, duchés de Magdebourg, Givosen, Clèves et Gueldre ; principautés de Halberstadt, Minden et Meurss ; comtés de Nuremberg, Ravensberg, Holstein, Tecklemberg et Lingen, 13 baronnies ou seigneuries éparses ; territoire de Turnout en Brabant. Au total, 2 500 000 hab., revenu 7,5 millions d'écus allemands. *-Oct.* cherchant à faire de la Prusse le 1er État d'All., agresse l'Autriche. **1742** conquiert Silésie (qu'il se fait attribuer au traité de Dresde 25-12-1745). **1743** fonde l'Académie de langue française de Berlin (protestante, devant contrebalancer les académies catholiques et latinophones de Munich et de Vienne). **1756** s'allie à l'Angleterre contre France et Autriche, subit de graves revers pendant la guerre de Sept Ans [notamment *Kunersdorf,* devant les Russes (12-8-1759) : armée anéantie, les Russes à Berlin]. **1763** conserve Silésie ; reconstruit son royaume ravagé. **1772** participe au 1er partage de la Pologne.

1786-*août* **Frédéric-Guillaume II** (25-9-1744/16-11-1797), *roi en Prusse,* neveu de Frédéric II. Épouse 1°) 1765 Élisabeth de Brunswick-Wolfenbüttel (1746-1840) [mariage dissous 1769] ; 2°) 1769 Frédérique-Louise de Hesse-Darmstadt (1751-1805). **1792** guerre contre France révolutionnaire. **1793** reçoit de vastes territoires polonais (restitués en partie 1807). **1795** *traité de Bâle :* abandonne possessions de la rive gauche du Rhin.

1797-*nov.* **Frédéric-Guillaume III** (3-8-1770/7-7-1840), *roi en Prusse,* fils de Frédéric-Guillaume II. Épouse 1°) 22-12-1793 Louise de Mecklembourg-Strelitz (1776/19-7-1810) dont Frédéric-Guillaume IV, Guillaume Ier et Charlotte (1798-1860) qui épouse 1817 Nicolas Ier de Russie (1796-1855) ; 2°) 1824 (morganatiquement) Augusta von Harrach (1800-73) Pcesse de Liegnitz. **1803** Recez (voir p. 969 c) échange Clèves contre 5 évêchés, 6 villes, 5 abbayes. **1805** échange Neuchâtel et Ansbach contre Hanovre pris aux Anglais. **1807** perd ses territoires à l'ouest de l'Elbe. **1813**-*mars* déclare la guerre à la France. **1814** échange Hanovre contre Rhénanie. **1816**-*11-6* unification douanière. **1834** achète Pté de Lichtenberg (rive gauche du Rhin) au duc de Saxe-Cobourg.

1840-*juin* **Frédéric-Guillaume IV** (15-10-1795/2-1-1861), *roi en Prusse,* fils de Frédéric-Guillaume III. Épouse 1823 Élisabeth de Bavière (1801-73). **1849** acquiert Ptés de Hohenzollern-Hechingen et Hohenzollern-Sigmaringen (les Pces lui cèdent leurs droits de souverains). **1857** attaques d'apoplexie. *-23-10* Guillaume (son frère) vicaire du royaume. **1858**-*7-10* régent.

1861-*2-1* **Guillaume Ier** (22-3-1797/9-3-1888), *roi en Prusse,* épouse 11-6-1829 Augusta de Saxe-Weimar (1811-90). *-18-10* se couronne à Königsberg. Élections : libéraux : 260 sièges sur 352 au Landtag. **1862**-*11-3* dissout la Chambre. *-6-5* victoire libérale. *-23-9* Bismarck PM. **1864** condominium austro-prussien sur Schleswig, Holstein, Lauenbourg. **1866** guerre des Duchés : Prusse récupère Hanovre, atteint 400 000 km^2 d'un seul tenant, garde province de Posen et renonce à la Saxe (voir encadré p. 970). **1871** empereur allemand (voir p. 971 a). **Superficie :** *1815 :* 278 125 km^2 ; *66 :* 348 000. **Population** (en millions d'hab.) : *1815 :* 10 ; *50 :* 17,7 ; *71 :* 25 (dont Polonais 3, Danois 0,2).

■ **Saxe. IXe-Xe s.** duché, comprend presque tout le nord de l'All. **1165** 1re foire à Leipzig. **1180** vaincue par Frédéric Barberousse, et démantelée. Plus tard se développent Basse-Saxe (futur Hanovre) et Haute-Saxe. **1356** duc de Haute-Saxe (ou Saxe-Wittenberg) Électeur (bulle d'Or). **1694 Frédéric Auguste Ier** (1670-1733). **1697** se convertit au catholicisme ; élu roi de Pologne (Auguste II). **1806** Napoléon nomme Frédéric-Auguste III roi de Saxe (Ier) [1750-1827]. **1807** nommé grand-duc de Varsovie. **1813**-*18-10* Leipzig, ses troupes font volte-face contre Napoléon. **1815** perd Saxe prussienne, titre royal confirmé. **1866** alliée à l'Autriche, vaincue par Prusse. **1871** entre dans l'Empire all. **1918**-*13-11* **roi Frédéric-Auguste III** (1865-1932) abdique. **1920**-*1-11* Constitution. **1933** autonomie supprimée.

■ **Wurtemberg. IXe s.** partie du « duché de Souabe ». **1135** comté. **1310** bailliage de Basse-Souabe (capitale : Stuttgart). **1495** duché ; vassal du duc d'Autriche. **1599** devenu protestant et fief direct de l'Empire. **1733-37 duc Charles Alexandre** (conseiller : Süss Oppenheimer) essaie, en vain, de rétablir le catholicisme. **1797-1816 duc Frédéric** (1754-1816) lutte contre France. **1802** lui cède Montbéliard et possessions de la rive gauche du Rhin. **1803**-*27-4* devient Électeur du St Empire. **1806**-*janv.* devient le roi **Frédéric Ier** ; membre de la Confédération du Rhin. **1813**-*nov.* se retourne contre Napoléon. **1815** royauté confirmée. **1816 Guillaume Ier** (1781-1864), son fils. **1864-91 Charles Ier** (6-3-1823/6-10-1891), son fils. **1866** allié à l'Autriche, battu par Prusse. **1871** entre dans l'Empire all. (État autonome). **1891 Guillaume II** (1848/1921), son petit-neveu. **1918**-*nov.* renversé. **1919**-*26-4* Constitution. **1933** autonomie supprimée.

Héritiers : 1921 Albrecht (1865-1939), petit-fils d'Alexandre (1771-1833), frère de Frédéric. **1939 Philippe** (1893-1975), son fils. **1975 Carl** (né 1-8-1936), son fils, ép. 1960 Diane d'Orléans (née 24-3-1940, fille du Cte de Paris).

Saliens et Franconiens. 1027 Conrad II le Salique (vers 990-1039), fils d'Henri, Cte de Spire. L'appellation *Empire romain* réapparaît en 1034. **1039 Henri III le Noir** (1017-56), son fils. **1056 Henri IV** (vers 1050/Liège 7-8-1106), son fils [Rodolphe de Souabe (1077-80) antiroi]. **1075** *querelle du sacerdoce* (le pape) et *de l'Empire* (le souverain allemand). *Querelle des Investitures :* décret papal décidant qu'aucun laïque n'aura plus le droit de nommer un évêque, un prieur d'abbaye, un curé de paroisse ; Henri IV refuse. **1076**-*14-12* le pape Grégoire VII lui interdit « de gouverner le royaume d'All. et d'Italie », et « délie tous les chrétiens du serment qu'ils ont contracté envers lui ». **1077** *Canossa,* Henri IV, excommunié, se présente devant cette ville, sans insigne royal, vêtu de bure et nu-pieds, s'incline devant Grégoire VII qui le fait attendre 3 jours dans la neige, avant de lever son excommunication. **1084** Henri IV fait proclamer un antipape, Clément III, et prend Rome. Grégoire VII, assiégé (château St-Ange), sera libéré par les soldats (musulmans) de Robert Guiscard. **1106 Henri V** (vers 1081-1125), fils d'Henri IV. **1122** *concordat de Worms,* l'empereur garde l'investiture des biens temporels. **Maison de Saxe** (Supplinburg). **1125 Lothaire III** (vers 1060-1137). **Maison de Hohenstaufen : 1138 Conrad III** (1093-1152), duc de Franconie. **1152 Frédéric Ier Barberousse** (1122-90), son neveu. Essaye de soumettre l'Italie (qui dépend théoriquement de lui), puis y renonce (paix de Constance 1183). **1190 Henri VI le Cruel** (1165-97), fils de Frédéric Ier. **1198 Otton IV** (1175 ou 1182-1218), fils d'Henri le Lion, duc de Saxe. Philippe de Hohenstaufen (1198-1208) antiroi. **Vers 1200** 1ers croisés fondent *l'ordre des chevaliers Porte-Glaive* (grands manteaux blancs frappés d'une croix et d'une épée écarlates) [*1207* battent Livoniens. *1212* repoussent Danois. *1229* battus par Lituaniens, font appel aux chevaliers Teutoniques (manteaux blancs frappés d'une croix noire à liséré d'argent). *1237* s'installent sur la Vistule (Marienburg). *1243* occupent la Courlande (forteresses avec donjons carrés, reliés par des remparts de brique)]. **1215-50 Frédéric II de Hohenstaufen** (né 1194, petit-fils d'Henri VI, 3 fois excommunié) hérite du royaume de Naples-Sicile, et veut soumettre toute l'Italie (voir **Croisades** p. 626) ; sera vaincu par papes Grégoire IX et Innocent IV. **1250 Conrad IV** (1228-54), son fils. **1250-73** interrègne. **Alphonse X le Sage**, de Castille, de janvier à avril 1257, élu roi (Richard de Cornouailles, prétendant). **Maison de Bohême. 1253-78 Ottokar II** (1230-78), fils de Venceslas Ier roi de Bohême (1205-1253, seul roi couronné de l'Empire), lutte contre Alphonse et Richard, il sera chassé par Rodolphe (qui suit) et tué à Dürnkrut. **1254** l'appellation de *Saint Empire* apparaît.

Maison de Habsbourg. 1273 Rodolphe Ier (1218-91), roi des Romains. **Maison de Nassau : 1292 Adolphe** (1248 ou 1255-98), roi d'Allemagne, déposé. **Maison de Habsbourg : 1298 Albert Ier** (1255-1308), fils de Rodolphe Ier. **Maison de Luxembourg : 1308 Henri VII** (vers 1269/24-8-1313, empoisonné en Italie avec une hostie donnée par un moine, Politien de Montepulciano), fils du Cte de Luxembourg. **Maison de Bavière : 1314 Louis IV** (1287-1347), fils du duc de Bavière, roi des Romains ; empereur 1328, déposé 1346. **Maison de Luxembourg-Bohême : 1346 Charles IV** (1316-78), fils de Jean l'Aveugle, roi de Bohême, roi des Romains, couronné empereur 1355. **1348-51** grande peste. **1356** *bulle d'Or* fixant la Constitution de l'Empire (voir p. 967 c). **1378 Venceslas** (1361-1419), fils de Charles IV, abdique 1411.

Électeur palatin. 1400 Rupert (1352-1416), roi des Romains, compétiteur de Venceslas.

Maison de Luxembourg. 1410-*15-7* plaine de *Tannenberg* , Polonais et Lituaniens battent les chevaliers allemands (armée teutonique : 83 000 h.). *-20-9* **Sigismond** (1368/9-12-1437), frère de Venceslas, roi de Hongrie 31-3-1387, roi des Romains, couronné empereur des Romains 31-5-1433.

NOBILIAIRE ALLEMAND

■ **Saint Empire.** Ancienne noblesse *(Uradel)* : *empereur, roi, grand-duc, duc, prince régnant (Fürst), prince (Prinz)* et les titres « ministériaux » *landgrave* (Cte d'un pays, assez rarement porté), *margrave* (Cte d'une *marche,* frontière, d'où est venu « marquis » en France), *comte palatin* (d'abord juge à la cour impériale, dénommée le Palais, et aussi juge pour les pays de droit saxon, d'où le terme de Palatinat ; ces juges étaient aussi gouverneurs nés et receveurs des finances de l'Empire), *burgrave* (Cte d'une forteresse ou *Burg,* gouverneur de châteaux et maisons royales), *comte* (avec traitement d'altesse), *comte* (de haute naissance), *baron, chevalier, noble* portant le « von », *rhingrave* (Cte du Rheingau), et *wildgrave* (Cte forestier) dans la région du Rhin.

En 1521, le *Reichsmatrikel* (registre d'immatriculation impérial) reconnaissait comme *Reichsfürsten* (princes d'Empire) 7 électeurs *(Kurfürsten),* 4 archevêques, 46 évêques, 28 princes laïcs *(Weltfürsten),* 64 prélats, 13 abbesses d'Empire, 4 grands maîtres des ordres, 135 comtes, et des chevaliers nobles libres *(Edelherren),* tous exerçant une souveraineté. Par ailleurs, des « titres du Saint Empire » furent conférés par les empereurs, titres d'honneur sans base de souveraineté territoriale. Ils subsistent encore en Europe (France, Espagne, Italie...) et l'on indique alors « Pce de X... Saint Empire ». En 1806, à la fin du St Empire, il y avait 347 États et 1 740 territoires semi-indépendants, 350 000 nobles (y compris 50 000 nobles polonais du fait des 3 partages de la Pologne). Les chevaliers du St Empire comptaient 350 lignées et possédaient 668 domaines « immédiats » (ne relevant que de l'autorité impériale, sans interposition d'un autre État entre leur domaine et l'empereur).

■ **Depuis la dissolution du Saint Empire (1806).** L'All. a connu diverses transformations, notamment en 1815, la *médiatisation,* voir ci-contre.

■ **État actuel.** Environ 50 000 personnes d'origine, dont 8 000 à 10 000 portent des noms de famille différents. La particule *von* n'est pas toujours nobiliaire : dans l'Allemagne du Nord et de l'Ouest, beaucoup de familles bourgeoises la portent devant le nom comme indicatif du lieu de leur origine ; *les « traitements »* [*Kgl Hochheit* (Altesse Royale), *Durchlaucht* (Altesse Sérénissime), *Erlaucht* (Altesse Illustrissime)] ont été supprimés en 1919 (pour la Prusse, les qualifications d'altesse ont été abolies par la loi du 26-6-1920) et par le tribunal administratif fédéral (11-3-1966). Le nom des terres nobles relié au patronyme est considéré par la loi comme partie du nom de famille, par exemple Kress von Kressenstein. **Titres** (hormis les titres souverains toujours portés dans les maisons encore régnantes en novembre 1918) : *Herzog* (duc), *Fürst* (prince chef de la famille), *Prinz* (qualité princière ou titre), *Graf* (comte) [titres : *Altgraf* (altgrave, comte ancien, antique, de *alt* = vieux) ; *Burggraf* (burgrave) ; *Landgraf* (landgrave, comte d'un pays, d'une province, land) ; *Markgraf* (margrave) ; *Pfalzgraf* (comte palatin) ; *Rauhgraf* (raugrave), en latin *Comites Hirsuti,* comte forestier des pays rudes et sauvages (notamment entre Meuse et Moselle) ; *Rheingraf* (rhingrave ou ringrave, comte du Rhin, du Rheingau, district du Rhin) ; *Vizegraf* (vicomte) ; *Wildgraf* (wildgrave, comte sauvage dit comte forestier comme les raugraves)]. *Baron* [baron (seulement pour la noblesse d'origine étrangère : le titre allemand correspondant est *Freiherr*)], *Ritter* (chevalier), *Edler* (noble). Le titre nobiliaire hérité fait partie du nom (il passe aussi aux membres féminins et aux enfants naturels des filles). Un « trafic d'adoptions » s'est pour cette raison développé (moyennant finances). **Nombre de titres portés :** 90 maisons subsistantes avec titre de prince (y compris maisons médiatisées) ; 555 avec titre de comte ; 835 de baron. Pas de statistiques pour chevaliers *(Ritteren)* et nobles (avec le « von »).

Titres. 1°) Maisons ayant régné jusqu'en nov. 1918 : titre dignitaire porté par le chef de chaque maison. *Anhalt* (duc). *Bade* (margrave ou grand-duc). *Bavière* (duc). *Brunswick-Lunebourg* (Pce de Hanovre, duc de Brunswick-Lunebourg). *Hesse* (landgrave et Pce). *Lippe* (Pce). *Mecklembourg-Schwerin* (duc, titre porté par la reine de Hollande). *Oldenbourg* (grand-duc). *Prusse* (Pce). *Reuss* (Pce héréditaire). *Saxe* (grand-duc de Saxe-Weimar-Eisenach). *Saxe-Cobourg-Gotha* (Pce et duc, margrave de Meissen). *Schleswig-Holstein* (duc de Schleswig-Holstein-Sonderburg-Glücksburg). *Schwarzburg* (Pce). *Waldeck-Pyrmont* (Pce). *Wurtemberg* (duc). Les membres de ces familles portent tous le titre de prince.

2°) Princes, ducs et comtes des États médiatisés en 1815 : en réorganisant la Confédération germanique, le congrès de Vienne, en 1815, laissa subsister 83 États (appartenant à 50 maisons) qui avaient été souverains dans le St Empire. Ces États devinrent alors les premiers vassaux des 39 États souverains subsistant en 1815, puis des États membres de l'Empire all. institué en 1871. Leurs dynasties ont gardé certains privilèges (égalité de naissance avec les maisons souveraines, exemptions d'impôts, statut pour la gestion de leurs biens), constituant le *Fürstenrecht* ou « droit des princes » ; ces dispositions sont théoriquement en vigueur bien que l'article 109 de la Constitution de Weimar ait prescrit leur suppression (seule une loi prussienne du 23-6-1920 fut prise en exécution de cet article). Le transfert des biens de la haute noblesse à une fondation de famille demeure autorisé avec des avantages fiscaux. **En 1845 :** on pouvait relever 1 titre d'archiduc (pour *Schaumbourg,* alors à l'Autriche), 4 de duc (*Arenberg, Cröy, Looz-Corswarem, Dietrichstein*), 36 de prince, 40 de comte, 2 de baron. Il s'y ajoutait 11 autres maisons médiatisées titulaires de hautes dignités ou suzeraines à titre personnel (5 princes, 6 comtes) dont les possessions n'avaient pas formé des États. D'anciens États souverains ont été assimilés aux États médiatisés en 1815, ceux annexés par Napoléon en 1810-11 (duché d'Arenberg et Pté de Salm appartenant aux princes de Salm-Salm et de Salm-Kyrbourg) et ceux punis par les coalisés (Ptés d'Isenbourg-Birstein et de la Leyen). Fut aussi assimilée, en 1845, la maison de Bentinck qui avait possédé la seigneurie de Kniphausen, État membre de la Confédération germanique de 1826 à 1854, donc souveraine à ce moment. En 1926, l'État allemand attribua aux médiatisés un capital en marks-or comme indemnité de rachat de leur souveraineté, et en échange les assujettit à l'impôt. **En 1977 :** 49 familles médiatisées subsistaient (représentant environ 700 descendants masculins), ayant donné naissance à 78 maisons : 3 titres de duc *(Arenberg, Cröy* et *Looz-Corswarem),* 1 prince et comte, 52 princes et 32 comtes. En outre, ces chefs de maisons médiatisées peuvent porter des titres historiques datant du Saint Empire : duc (7) ou autres titres de prince, comte, baron, anciens titres tels que comte palatin (1), seigneur (1), comte et seigneur, comte et noble seigneur, comte (féodal), landgrave (2, pour les *Fürstenberg*).

3°) Ducs, princes et comtes sans souveraineté : titres de haute dignité datant du XVIIIe s. et venant du Saint Empire (6 princes et 1 comte) ou de Bavière (1 prince *Wrede* 1814, 1 comte *Rechtern-Limpurg* 1819) ; 12 titres de princes créés en Prusse aux XIXe et XXe s. dont *Bismarck* 1871, *Blücher* 1861, *Eulenburg* 1900, *Pless* 1850.

☞ Les princes avaient droit au prédicat d'altesse sérénissime (*Durchlaucht,* décision de la diète germanique du 13-8-1825) et les comtes à celui d'altesse illustrissime (*Erlaucht,* décision du 14-2-1829, du 12-6-1845 pour la maison de Bentinck).

Guelfes (Welfen). Famille ducale de Souabe soutenue par la papauté. Ils régnaient sur le Brunswick, et la branche des Guelfes de Limbourg sur le Hanovre à partir de 1034. Henri X le Superbe (vers 1100-39), duc de Bavière, épousa la fille de l'empereur Lothaire II, et devint le plus puissant Pce allemand, mais ne put empêcher son rival, le Gibelin Conrad III de Hohenstaufen, de monter sur le trône impérial.

Gibelins (Hohenstaufen). De l'italien *ghibellini,* déformé de l'allemand *Waiblingen,* nom d'un château de Frédéric II ou de Conrad II de Hohenstaufen, près de Stuttgart. Ils soutenaient l'empereur d'Allemagne.

Rivalités. Les 2 familles avaient commencé à s'opposer en Allemagne dès 1137. Cent ans plus tard, leur rivalité s'étendait à l'Italie (où elle resta vivace jusqu'au XIVe s.). En 1215, à Florence, une partie de la population opta pour Otton IV le Guelfe et pour l'Église, l'autre pour Frédéric II de Hohenstaufen. Les Gibelins prédominaient à Sienne, Pise, Rimini, Modène, Pavie, Crémone ; les Guelfes à Florence, Milan, Bologne, Mantoue, Ferrare ; certains empereurs furent Guelfes et certains papes Gibelins (tels Nicolas IV, Martin III, Jules II, Léon X).

Maison de Habsbourg. **1438**-*18-3* **Albert II** (1397/27-10-1439), gendre de Sigismond, roi des Romains ; non couronné par le pape. **1452**-*19-3* **Frédéric III** (1415/ 19-8-1493), fils d'Ernest, duc d'Autriche, empereur des Romains. **1493 Maximilien Ier** (1459/12-1-1519), fils de Frédéric III, 1er empereur élu des Romains (10-2-1508), 1er roi de Germanie. **1499** Confédération suisse quitte l'Empire. **1519 élection. Candidats :** Frédéric duc de Saxe (Allemand), Charles [seigneur des P.-Bas et roi d'Aragon et de Castille (Bourguignon français de langue), chef de famille des Habsbourg], François Ier (roi de France), prêt à donner la moitié de son revenu annuel (3 millions de livres) pour être élu, ne peut trouver de crédit auprès des banquiers génois, florentins, allemands. Donc Marguerite d'Autriche (fille de Maximilien Charles) s'entendit avec les marchands d'Anvers (Fugger et Welser), les Génois (Fornari, Vivaldi) et les Florentins (Gualterotti) qui avancèrent à Charles 800 000 florins (dont 543 000 par les Fugger), payables en lettres de change aux électeurs après l'élection). Elle s'assure l'appui de la ligue souabe (25 000 h.) commandée par Franz von Sickingen. **1519**-*27-6* à Francfort les 7 électeurs [archevêques de Trêves, Mayence, Cologne, Cte-palatin du Rhin (Wittelsbach), margrave de Brandebourg (Hohenzollern), duc de Saxe-Wittenberg, roi de Bohême] élisent roi des Romains à l'unanimité Frédéric (qui refuse la Couronne). -*28-6* **Charles V,** Charles Quint (1500/21-9-1558), fils de Philippe le Beau, Cte de Flandres (fils de Maximilien Ier), roi d'Espagne sous le nom de Charles Ier (1516-56), élu roi des Romains. **1520**-*24-2* élu empereur. **1520**-*23-10* couronné à Aix-la-Chapelle. **1524-25** révolte paysanne : antiseigneuriale, anticléricale (grève des dîmes). Touche Alsace, Pays rhénans, Souabe, Saxe et Thuringe. Dans certaines régions, se transforme en mouvement millénariste (attente de la fin des temps). **1525**-*févr.* Thomas Müntzer et son groupe à Mülhausen (Thuringe) instaurent une théocratie populaire. -*15-5* sont écrasés à Frankenhausen. **1526**-*29-8* ligue de Torgau s'allie aux princes luthériens (Philippe de Hesse, l'Électeur Jean de Saxe, George de Brandebourg, le Pce d'Anhalt, les deux princes de Brünswick-Lunebourg). **1527** obtiennent la liberté d'organiser leurs Églises suivant leurs idées. Cette ligue répond à la ligue catholique de Dessau de juillet 1525. **1529** diète de Spire accorde des secours contre Ottomans, qui dévastent Hongrie. Anabaptistes déclarés ennemis publics. La liberté de conscience est accordée jusqu'à la tenue d'un concile général, sauf les dogmes de Luther sur la cène qu'on défendit d'enseigner. -*19-4* les luthériens protestent d'où le terme de *protestants.* **1531**-*févr./oct.* ligue de Smalkalde (regroupe États luthériens d'Allemagne). **1535**-*juin* anabaptistes écrasés à Münster. **1555**-*25-9* Charles Quint concède à la *ligue de Smalkalde* liberté religieuse *(paix d'Augsbourg)* . Doit lutter contre rois de France François Ier et Henri II. **1556**-*3-2* abdique ; l'Empire est de nouveau séparé de la monarchie espagnole. **1556**-*24-2* **Ferdinand Ier** (10-3-1503/25-7-1564), frère de Charles Quint, garde seulement l'héritage autrichien (dans l'Empire : duchés d'Autriche et Silésie, royaume de Bohême ; hors de l'Empire : royaume de Hongrie). **1564**-*24-7* **Maximilien II** (1-8-1527/12-10-1576), son fils. **1576**-*12-10* **Rodolphe II** (18-8-1552/20-11-1612), son fils. **1612 Mathias** (1557/20-3-1619), son frère. **1618-48** *guerre de Trente Ans* entre empereur (catholique) et princes protestants, seuls (1618-23) puis aidés par Danemark (1625-29), Suède (1630-48), France (1635-48). **1619 Ferdinand II** (8-7-1578/15-2-1637), fils de Charles duc de Styrie, petit-fils de Ferdinand Ier. **1631** les Suédois prennent Francfort-sur-l'Oder et massacrent la garnison. **1637**-*27-11* **Ferdinand III** (13-7-1608/2-4-1657), fils de Ferdinand II. **1648**-*24-10 traité de Westphalie* réduisant le pouvoir de l'Empire et attribuant la souveraineté à 343 États all. (villes, évêchés, seigneuries). Les Provinces-Unies (P.-Bas) cessent de faire partie de l'Empire. **1648-1714** l'Empire participe aux guerres contre Louis XIV, surtout celle de la Succession d'Espagne. Les princes « vendent » leur alliance au plus offrant. **1657 Léopold Ier** (1640/5-5-1705), fils de Ferdinand III. Mazarin a tenté de faire élire Louis XIV. **1672** 100 protestants français en Brandebourg. **1673-74** Louvois fait dévaster le Palatinat. **1685** édit de Postdam pour attirer les protestants français (chassés par la révocation de l'édit de Nantes). **1705 Joseph Ier** (26-7-1678/17-4-1711), fils de Léopold Ier. **1711 Charles VI** (1-10-1685/20-10-1740), frère de Joseph Ier, empereur, roi de Hongrie et de Bohême, dernier Habsbourg mâle. **1713-14** *traités d'Utrecht et de Rastatt :* plusieurs États importants (dont 2 royaumes) émergent parmi les 343 États all. **XVIIIe s.** les États all. prennent part aux guerres européennes (Bavière, Saxe et Cologne sont alliés de la France ; le Hanovre est lié à l'Angleterre ; Prusse et Autriche sont rivales).

Maison de Bavière. **1742 Charles VII** (1697-1745), Électeur de Bavière.

Maison de Habsbourg-Lorraine. **1745**-*13-9* **François Ier** (8-12-1708/18-3-1765), fils de Léopold Ier, duc de Lorraine, mari de Marie-Thérèse (fille de Charles VI). **1757** au titre de forces auxiliaires de l'impératrice (reine Marie-Thérèse), 100 000 Français occupent (6 ans) le nord-ouest de l'All. **1765**-*18-8* **Joseph II** (13-3-1741/20-2-1790), fils de François Ier. **1790**-*30-9* **Léopold II** (5-5-1747/1-3-1792), frère de Joseph II. **1792**-*7-7* **François II** (5-7-1768/2-3-1835), fils de Léopold II, couronné roi de Hongrie 6-6-1792, élu roi des Romains, couronné à Francfort 14-7-1792, à Prague roi des Romains 5-8-1792, empereur élu des Romains, roi de Germanie, archiduc d'Autriche. **1792-1815** guerres de la Révolution et de l'Empire. **1803**-*24-3* **Recez** de la diète de Ratisbonne (du latin *recessus,*

■ **Invasions germaniques. Vers l'an 200** les *Goths* (originaires de Suède) viennent disputer aux *Sarmates* les plaines de la Russie méridionale ; ils se partagent en *Ostrogoths* (du Don inférieur au bas Dniestr) et en *Wisigoths* (plus à l'ouest, jusqu'au Danube). *Jutes, Angles, Saxons :* pénètrent en Angleterre ; *Frisons :* en Hollande ; *Francs, Burgondes :* en France ; *Alamans :* en Allemagne et en Helvétie ; *Lombards :* en Italie (Nord, Centre) ; *Suèves :* en Espagne du Nord ; *Wisigoths :* en Espagne (Centre et Sud). *Vandales* (après traversée Espagne) occupent Afrique du Nord, Sardaigne et arrivent à Rome. **Ve s.** *Huns d'Attila* provoquent la poussée germanique déterminant la chute de l'Empire romain d'Occident.

Drang Nach Osten (« poussée vers l'est »). IXe-XIVe s. 300 000 à 400 000 colons peuplent Silésie, Brandebourg, Mecklembourg, Poméranie, Saxe, Prusse (conquise sur Lituaniens par chevaliers Teutoniques et Porte-Glaive, ouvre la voie en Russie occidentale et pays Baltes ; vers le sud, des colonies all. atteignent Carpates et Transylvanie). **XVIIIe s.** Frédéric II installe en Prusse plus de 300 000 colons d'All. du S. et du S.-O. **1763** Catherine de Russie installe 20 000 All. sur cours moyen de la Volga. *Plus tard* 40 000 All. s'installent en Ukraine.

La Hanse. Regroupait (au XIVe s.) plus de 150 villes (All. du Nord, côtes de Baltique et Scandinavie). *Capitale :* Lübeck. *Comptoirs permanents :* Bergen (Norvège), Londres et Bruges. Par Novgorod, drainait vers la Baltique le commerce russe (miel, fourrure) ; par Vistule, Elbe et Oder, faisait transiter dans ses ports blé et métaux d'Europe centrale et orientale. Contrôlait pêcheries scandinaves (hareng), acheminait vers Bruges (échanges Méditerranée/Atlantique/Europe du N.) épices, soieries, laines anglaises, draps flamands, sel, vins français, bois, métaux, fourrures, poisson, blé.

Guerre des Duchés

■ **Causes. 1815** Holstein et Lauenbourg (fiefs de la famille royale danoise) forment avec le Schleswig (province danoise) une unité administrative. **1852** *protocole de Londres :* les duchés de Schleswig et de Holstein restent attachés au Danemark, mais gardent leur caractère allemand. **1863**-*30-3* lettre patente de Guillaume Ier de Prusse séparant Holstein du Schleswig, laissé sous la domination du Rigsraad danois. -*Août* Schönbrunn, Guillaume Ier et Bismarck rencontrent François-Joseph et Rechberg (min. des Affaires étrangères autrichien). Bismarck voudrait que la Prusse obtienne les duchés contre son aide à l'Autriche en Lombardie, mais Guillaume Ier dit « n'avoir aucun droit sur les duchés ». -*9-11* Frédéric VII de Danemark fait voter une Constitution unitaire pour son royaume, abolissant les privilèges des duchés. Diète de Francfort. Bismarck s'y oppose. -*15-11* Frédéric VII meurt sans avoir ratifié la Constitution. Christian IX (duc Christian de Glucksbourg, marié à une cousine du roi), qui lui succède, ratifie la Constitution mais ne peut être proclamé duc de Holstein (titre ne pouvant se transmettre par la lignée féminine). Le plus proche héritier par lignée masculine, le duc d'Augustenbourg, revendique les 2 duchés (inséparables en vertu d'un décret du XVe s.). Cependant, d'après le protocole de Londres, il peut renoncer à ses droits contre 2 millions de thalers, ce qu'il accepte ; mais son fils refuse cette transaction et se fait proclamer, le même jour, duc de Holstein-Schleswig (affirmant qu'on a forcé la main à son père). Bismarck (qui veut annexer les duchés) envoie à Vienne le Gal Manteuffel signer avec Rechberg un protocole prévoyant l'intervention austro-prussienne pour faire respecter les accords de Londres. La diète de Francfort, qui appuie le duc d'Augustenbourg, envoie les troupes de Saxe et Hanovre occuper le Holstein ; le duc y rentre avec elles et s'installe à Kiel.

■ **Déroulement. 1864**-*16-1* Autriche et Prusse demandent à Christian IX, qui refuse, d'abolir la nouvelle Constitution. -*1-2* troupes austro-prussiennes entrent dans les duchés. -*18-4* les Prussiens prennent Duppel ; le Danemark demande un armistice. Pour ne pas s'attirer l'hostilité de l'Angleterre, Bismarck entérine la prise de pouvoir du duc d'Augustenbourg. -*Août* Bismarck prévoit d'annexer les duchés contre l'appui de la Prusse à l'Autriche en Lombardie ; Guillaume Ier refuse l'annexion. Bismarck transfère la marine de guerre prussienne de Dantzig à Kiel. Les juristes concluent que l'héritier légitime est Christian IX ; comme il a cédé ses droits à la Prusse et l'Autriche (après sa défaite), ces 2 pays en sont conjointement les souverains légitimes. -*30-10* paix signée. Duchés placés sous administration de Prusse et Autriche. Des juristes examinent les droits du duc d'Augustenbourg. La Prusse occupe le Lauenbourg.

■ **Conséquences. 1865**-*14-8 convention de Gastein* entre Guillaume Ier et François-Joseph : la Prusse administre le Schleswig et garde sa mainmise sur Kiel, l'Autriche administre Holstein et Lauenbourg mais vend ses droits sur ce dernier à la Prusse pour 2 millions et demi de thalers. Les 2 duchés sont admis dans le Zollverein. Leur indivisibilité est réaffirmée. -*4-10* Bismarck voit Napoléon III à Biarritz, lui fait comprendre que la Prusse ne s'opposera à aucune tentative d'annexion de provinces de langue française ; Napoléon III ne formule aucune revendication précise et le -*2-11*, à St-Cloud, confirme à Bismarck sa neutralité et approuve le projet d'agrandissement de la Prusse en union avec l'All.

Guerre prusso-autrichienne

■ **Causes. 1866**-*janv.* Bismarck veut pour la Confédération germanique un Parlement élu au suffrage universel. -*28-1* adresse une note comminatoire à Rechberg sur l'administration des duchés. -*Fin mars* la Prusse concentre ses troupes. -*8-4* traité d'alliance offensif et défensif Prusse/Italie (valable 3 mois). Napoléon III a encouragé les Italiens à signer. Guillaume Ier était réticent. Bismarck complote contre l'Autriche. -*Mi-avril* l'Autr. demande à la Prusse d'interrompre ses préparatifs militaires. -*7-5* Bismarck est victime d'un attentat mais réussit à maîtriser le jeune illuminé, Blind, qui a tiré sur lui et l'a blessé (Blind se suicidera le 8-5 en prison). Bismarck, admiré pour son courage, conforte sa popularité. -*12-5* mobilisation générale prussienne. -*1-6* l'Autriche soumet la question des duchés devant la diète de Francfort. -*8-6* tablant sur une guerre austro-prussienne longue et la victoire autrichienne, la France, se posant en médiateur, demande alors des avantages territoriaux sur le Rhin à une Prusse exsangue. Un traité secret signé avec l'Autriche lui garantissait la Vénétie et prévoyait la création d'un État allemand indépendant, sous influence française, sur la rive gauche du Rhin. Bismarck fait entrer les troupes prussiennes dans le Holstein (d'où les Autrichiens se retirent), et fait occuper Kiel. Napoléon III offre à l'Autr. de rester neutre contre la cession de la Vénétie. -*11-6* l'Autriche demande à la diète de se mobiliser contre la Prusse. L'Autr. est isolée : la Russie lui reproche de l'avoir trahie pendant la guerre de Crimée ; la G.-B. n'a pas d'armée et, depuis la mort du Pce Albert (1861), s'intéresse moins aux affaires du continent ; Napoléon III espère des compensations territoriales de la Prusse (la gauche en France est pour l'unité italienne et hostile à l'Autr. catholique) ; l'Italie veut libérer la Vénétie. -*14-6* la Confédération germanique décrète une procédure d'exécution fédérale contre la Prusse (Bavière, Wurtemberg, grand-duché de Bade, Saxe, Hesse et Hanovre engagés aux côtés de l'Autr.). -*15-6* l'Autr. déclare la guerre à la Prusse.

■ **Forces.** *Autriche* 528 000 h. (dont 460 000 combattants), corps de bataille 300 000 h., le reste des troupes étant à Vienne, en Hongrie pour raisons de sécurité intérieure et en Italie, alliée de la Prusse depuis le 8-4-1866 (avec l'archiduc Albrecht, 74 000 h.). Gal Benedek dispose de 270 000 h. dont 23 000 Saxons. *Prusse* : 270 000 h. commandés par Moltke sont chargés de neutraliser les troupes de la Confédération.

■ **Opérations.** *Bohême : -15-6* Prussiens envahissent Saxe, entrent en Bohême par le nord-ouest et le nord-est après un ultimatum de 24 h, l'armée prussienne envahit Saxe, Hanovre, Hesse, puis bat les armées dispersées de Bavière, Bade, Wurtemberg. -*16-6* François-Joseph cède, par une convention secrète, la Vénétie à la Fr. (qui la rétrocédera à l'Italie quelle que soit l'issue de la guerre). -*20-6* l'Italie déclare la guerre à l'Autriche. -*24-6 Custozza,* l'archiduc Albert bat l'armée italienne. -*3-7 :* 2 armées, dirigées par Moltke, se rejoignent à Königgrätz (en tchèque *Hradec Králové*) où les attendent Benedek et son armée (bataille de *Sadowa*) : les Prussiens (220 000 h.) battent les Autrichiens (200 000 h.) ; pertes : Autrichiens 24 000 † et 10 000 prisonniers, Prussiens 10 000 † et blessés. Bismarck refuse d'avancer en direction de Vienne ; la guerre continue 3 semaines en Moravie. -*20-7* devant *Lissa,* 6 navires vétustes, de l'escadre du contre-amiral Tegetthoff, coulent 2 cuirassés italiens neufs (*Rè d'Italia* et *Palestro*) et mettent 3 autres navires hors de combat. -*22-7* armistice (médiation de la Fr.). -*23-7* choléra dans l'armée prussienne (forte chaleur, manque d'eau). Armistice. -*26-7 Nikolsbourg,* préliminaires de paix signés. -*1-8* Drouyn de Lhuys (min. des Affaires étrangères français) demande des *compensations* (les territoires bavarois de la rive gauche du Rhin et Mayence). Bismarck refuse et explique qu'il ne serait pas opposé à l'extension française vers la Belgique. Benedetti (au nom de Napoléon III) propose à Bismarck un traité d'alliance offensif et défensif permettant à la France de prendre Belgique et Luxembourg contre la reconnaissance du fait accompli en Europe centrale (Bismarck se servira d'une copie de ce projet secret pour dresser en 1870 l'opinion anglaise contre la France). -*2-8 armistice de Nikolsburg* (Mikulov en Moravie). -*18-8 traités d'alliance* Prusse/ 21 petits États allemands. Traités signés avec Bade, Wurtemberg, Bavière et Hesse-Darmstadt. -*23-8 paix de Prague :* Confédération germanique dissoute. L'Autr. (qui paie une indemnité de 40 millions de thalers) cède la Vénétie à l'Italie, renonce à tout contrôle sur les duchés. La Prusse annexe duchés danois, Hanovre, Hesse, Nassau, Francfort, et réalise son unité territoriale.

« action de se retirer » : procès-verbal d'une séance voté au moment de se séparer ; désigne les textes juridiques adoptés par les diètes d'Empire) : Bonaparte annexe la rive gauche du Rhin et ramène les États souverains all. de 343 à 39 ; les autres sont « *médiatisés* » (voir encadré p. 969) ; principautés épiscopales supprimées. L'électorat de Mayence est transféré à Ratisbonne mais l'archevêque Dalberg conserve le titre d'archichancelier d'Empire. Les évêchés all. disparaissent en tant que puissance temporelle au profit de Prusse, Bavière et principauté de Hanovre. 4 nouveaux électorats sont créés (Bade, Wurtemberg, Hesse-Kassel et archevêque de Salzbourg). Il y a désormais 6 protestants (Bade, Wurtemberg, Hesse-Kassel, Brandebourg-Prusse, Hanovre et Saxe) et 4 catholiques (Autriche-Bohême, Bavière, Mayence-Ratisbonne et Salzbourg). Dans le Collège des princes, les protestants disposent de 70 voix (catholiques 54). Les villes libres d'Empire *(freie Reichstädte)* passent de 51 à 6 (Lübeck, Hambourg, Brême, Francfort, Nuremberg et Augsbourg). **1804** François II prend le titre d'empereur héréditaire d'Autriche (couronné tel, mais prenant le titre d'empereur élu). **1805**-*26-12 traité de Presbourg :* les Habsbourg doivent admettre la disparition du St Empire. **1806** *fin officielle du St Empire.*

■ **De la fin du Saint Empire au IIe Reich. 1806**-*12-7* traité de la Confédération du Rhin groupant 37 États [rejointe en 1807, après la défaite de la Prusse, par le royaume de Westphalie (roi : Jérôme Bonaparte, 1784-1860)] ; protecteur : Napoléon Ier. Diète à Francfort sous la présidence d'un Pce primat, Conseil des princes. Après *Iéna* (14-10-1806), la Confédération comprend toute l'All. (sauf Prusse, Autriche, Holstein danois, Frise) : 326 000 km², 15 millions d'hab., 4 royaumes, 5 grands-duchés, 11 duchés et 16 principautés. Autriche et Bohême sont détachées de l'All.. Le *6-8* François II abdiquera et deviendra empereur d'Autriche (voir à l'Index). La Prusse (qui a refusé l'offre de Napoléon de créer une confédération des États du Nord en majorité protestants) deviendra un État étranger. Les grands-duchés de Bade, de Berg, de Francfort et de Hesse-Darmstadt, les duchés d'Anhalt et de Nassau adoptent le *Code civil.* **1809** Université de Berlin fondée [recteur : Fichte (1762-1814)]. **A partir de 1810** révolte contre le blocus continental et la domination française. L'Empire français annexe le nord de l'All. et y crée 5 nouveaux départements : Bouches de l'Elbe (préfecture Hambourg), Bouches du Weser (Brême), Ems-Oriental (Aurich), Ems-Supérieur (Osnabrück) et Lippe (Münster). **1813**-*16/19-10 « bataille des Nations »* à Leipzig : fin de la domination française en All.

1815 *congrès de Vienne.* -*10-5* acte fédéral allemand. -*8-6* création de la **Confédération germanique** [*Deutscher Bund,* présidée par l'empereur d'Autriche, et une diète siégeant à Francfort formée de représentants des gouvernements (et non d'élus des peuples), dépourvue de pouvoirs, sorte de congrès de diplomates]. **1819**-*23-3* l'étudiant Karl Sand tue August von Kotzebue (dramaturge né 1761 ; auteur d'articles antilibéraux) ; la *Burschenschaft* (Association générale des étudiants) est dissoute. **1828**-*11-1* **union douanière** Prusse/Hesse-Darmstadt. -*18-1* **union douanière** Bade/Wurtemberg. -*26-3* association des États de l'All. moyenne (Saxe, Gd duché de Saxe Weimar, Hesse Nassau, Francfort, etc.). **1829**-*27-5* traité Prusse-Wurtemberg-Bavière. **1831** Saxe (févr.) et Hesse électorale (août) y adhèrent. **1832**/*mars* **1848** le *Vormärz* s'étend (personnifiant le monde de l'intelligentzia de gauche). **1833**-*22-3* traité du **Zollverein** pour 8 ans à compter du 1-1-1834. Union douanière prussienne et union douanière de l'All. du Sud (Bavière, Wurtemberg) fusionnent ; puis Saxe et Thuringe [*1835* Bade, Nassau ; *1836* Francfort ; *1842* Luxembourg ; *1844* Brunswick ; *1851* (7-9) Hanovre et Oldenbourg ; *1853* (4-4) Zollverein renouvelé pour 12 ans ; *1854* couvre toute l'All. (sauf Mecklembourg et Lübeck qui adhèrent en 1868, et Brême et Hambourg qui adhèrent en 1888)]. **1834**-*1-5* Steuerverein (Union des impôts) en zone nord à l'instigation du Hanovre (1844 le Brunswick la quitte). **1840** mouvement nationaliste et antifrançais. Thiers envisage la guerre après l'ultimatum lancé par Angleterre, Russie, Prusse, Autriche, au pacha d'Égypte Méhémet Ali, allié de la France. Nicolas Becker (Allemand, 1809-48), écrit *l'Hymne au Rhin (Deutscher Rhein)* : « Ils ne l'auront pas / le libre Rhin allemand / Quoique semblables à des corbeaux avides, / Ils s'enrouent à le réclamer. » Alfred de Musset (1810-57) réplique le 15-6-1841 : « Nous l'avons eu, votre Rhin allemand. / Il a tenu dans notre verre. / Un couplet qu'on s'en va chantant / Efface-t-il la trace altière / Du pied de nos chevaux marqué de votre sang (...) ? » **1848** tentatives pour reconstituer une All. unitaire et démocratique. **1849**-*janv.* il est entendu que le Reich aura un empereur élu et sans pouvoir, une chambre haute et une chambre élue. -*13-1* le Parlement fait de l'Autriche un pays étranger à l'Empire. -*9-3* l'Autrichien Schwarzenberg préconise un collège de 7 membres présidé par l'Autriche pour diriger le Reich, collège complété par un Conseil des États de 70 membres (dont 32 Autrichiens). Les députés de gauche, auxquels on concède le suffrage universel, direct et secret, se rallient au groupe *Petits Allemands.* -*27-3* Constitution votée avec empereur héréditaire. -*28-3* Frédéric-Guillaume IV de Prusse (1795-1861) élu empereur par 267 voix contre 263. -*18-5* Parlement convoqué à Francfort : divisé en *Petits Allemands* (mené par H. von Gagern ; pour un État dirigé par la Prusse) et *Grands Allemands* [souhaitant intégrer l'All. dans l'Empire d'Autriche au même titre que Bohême, Hongrie ou Italie ; conservateurs et catholiques sont pour une fédération d'États monarchiques dirigée par Autriche et Prusse (avec éventuellement la Bavière) ; d'autres, à gauche, craignant la Prusse, souhaitent une république démocratique « une et indivisible »]. -*26-5 union restreinte* constituée par Prusse, Saxe et Hanovre ; la Bavière refusant, le traité est précaire car l'accord définitif de Saxe et Hanovre est lié à l'acceptation des États du Sud. -*19-6* Parlement dispersé. -*30-9 Pillnitz,* la Prusse accepte le maintien du *statu quo ante.* **1850**-*27-2* Saxe et Hanovre signent avec Bavière et Wurtemberg *l'alliance des quatre rois* prévoyant une fédération (avec directoire des 7 membres présidé par l'Autriche). Von Brück, ministre autrichien, propose l'entrée de l'Autriche dans le Zollverein qui constituerait un ensemble de 60 millions d'hab. (dont Prusse 17,7 ; Autriche 30 ; Bavière 4 ; Saxe 2) qui pourrait s'étendre à Suisse, Belgique, Pays-Bas et Scandinavie. -*28/29-11 reculade d'Olmütz* ; entrevue Manteuffel (Prusse)/Schwarzenberg (Autriche) ; la Prusse doit

Bismarck

■ **Otto, Pce von** (1815/30-7-1898). Propriétaire terrien (noble) en Prusse. Vit jusqu'en 1847 sur son domaine de Kniephof. *1847* député au Landtag de Prusse. *1848* chef du groupe d'extrême droite. *1859* (29-1) ambassadeur en Russie. *1862* à Paris ; (8-10) ministre-Pt de Prusse et min. des Affaires étrangères. **Objectifs politiques. 1o)** *Faire de la Prusse la seule grande puissance d'Allemagne : a)* élimine l'Autriche de l'All. en l'attirant dans la guerre contre le Danemark (1864), puis après la guerre Prusse-Autriche [où l'Autriche est battue (1866)], l'oblige à quitter la Confédération allemande, mais l'épargne pour garder son alliance ; *b)* ramène dans l'ensemble germanique la Bavière et les États du Sud (indépendants de fait depuis 1866, mais unis à la Prusse par un traité d'alliance devant expirer le 1-8-1870), en déclenchant la guerre franco-allemande en juillet 1870 ; *c)* fait proclamer l'Empire d'All. le 18-1-1871 par les princes allemands, la couronne impériale étant offerte à Guillaume Ier de Prusse. **2o)** *Faire de l'Allemagne la 1re puissance d'Europe : 1878* congrès de Berlin. *1882* alliance avec Autriche et Italie, *Triplice* qui isole la France. Favorise le développement industriel (Ruhr, Silésie). Est réticent devant l'expansion coloniale (1re annexion : Sud-Ouest africain 1884), mais, en 1888, Guillaume II entreprend de faire de l'All. une puissance mondiale (flotte, colonies, commerce extérieur). Bismarck, craignant l'hostilité anglaise, tente de s'y opposer ; disgracié le 20-3-1890, il se retire dans ses domaines (Friedrichsruh, Varzin).

renoncer à son projet d'union restreinte et accepter le rétablissement de la Confédération. **1851**-*7-9* traité unissant au 1-1-1854 Steuerverein/Zollverein. **1863** Ferdinand Lassalle (1825/31-8-1864 duel au pistolet) constitue l'Union générale allemande des travailleurs (dirigée après sa mort par J. B. von Schweitze, qui fonde le journal *Sozial-Demokrat*) [1868, adhère à l'Internationale. Union des associations des travailleurs all. de tendance marxiste fondée]. **1864** *guerre des Duchés* (voir encadré p. 970). **1866**-*18-8* traité Prusse/22 États du Nord, Saxe, Mecklembourg, principautés de l'All. centrale. -*Sept.* la Confédération germanique est dissoute ; une Constitution, approuvée par le 1er Reichstag (élu févr. 1867), prévoit 2 Chambres : le *Bundesrat* (assemblée des Pces qui restent souverains dans leurs États, mais avec suprématie de la Prusse qui dispose de 17 voix sur 43, et d'une minorité de blocage pour toute modification de la Constitution), et le *Reichstag* (assemblée populaire élue au suffrage universel avec pouvoirs limités). Le roi de Prusse est Pt de la Confédération et la représente à l'étranger ; Gal en chef de l'armée unifiée, il décide seul de la paix ou de la guerre et garde l'état-major entièrement sous sa dépendance. **1867**-*17-4* **Confédération de l'All. du Nord** (formée en sept. 1866) réunit 22 États all., sauf Bade, Wurtemberg, Bavière, Hesse. Bismarck publie les traités d'alliance secrets signés avec les États du Sud de l'Allemagne. Luxembourg (qui reste dans le Zollverein) déclaré neutre, évacué par l'armée prussienne, forteresse rasée. **1869** Parti social des travailleurs créé (lassalliens dissidents). **1870**-*15-7* **guerre franco-allemande** (voir à l'Index).

■ **Empire allemand (IIe Reich, 1871-1918).** **1871**-*18-1* : IIe Reich proclamé (jour anniversaire du couronnement du 1er roi de Prusse, Frédéric Ier, à Königsberg en 1701), dans la galerie des Glaces à Versailles. Il comprend tous les États all. (sans l'Autriche), soit 25 États [*4 royaumes* (Bavière, Prusse, Saxe, Wurtemberg) ; *6 grands-duchés* (Bade, Hesse-Darmstadt, Mecklembourg-Schwerin, Mecklembourg-Strelitz, Oldenbourg, Saxe-Weimar), *5 duchés* (Anhalt, Brunswick, Saxe-Altenbourg, Saxe-Cobourg-Gotha, Saxe-Meiningen-Hildburghausen), *7 principautés* (Lippe-Detmold, Reuss-Gera-Ebersdorf, Reuss-Greitz, Schaumbourg-Lippe, Schwarzbourg-Rudolfstadt, Schwarzbourg-Sondershausen, Waldeck), *3 villes libres* (anciennes villes hanséatiques : Brême, Hambourg, Lübeck) ; 1 territoire d'Empire : Alsace-Lorraine]. **Superficie** : 540 496 km². **Population** : 43 millions d'hab. (*minorités* : 5 millions dont Danois, Français d'Alsace-Lorraine, Polonais). Luthériens 60 %, catholiques 40.

Constitution du 16-4-1871 : monarchie fédérale héréditaire ayant à sa tête un empereur [le roi de Prusse (1er empereur protestant)]. Parlement (*Reichstag*) : 382 élus pour 3 ans au suffrage universel (dont Prusse 236, Bavière 48, Saxe 23, Wurtemberg 18) [ne peut pas renverser le chancelier qui ne dépend que de l'empereur, peut dissoudre la Chambre, déclarer la guerre ; il est le chef des armées, et l'état-major ne dépend que de lui ; il n'y a pas de ministres d'Empire ; le chef de l'exécutif s'entoure de secrétaires d'État] et un Conseil fédéral (*Bundesrat*) [avec 58 représentants dont Prusse 17, Bavière 6, Saxe 4, Wurtemberg 4, etc.] ; *l'Alsace-Lorraine* deviendra « *terre d'Empire* », commune à tous les États [avait été autrefois terre d'Empire (comme principautés de Liège, Franche-Comté, Provence), la moitié de la Moselle relevait de la France depuis 1559].

1871-*18-1* **Guillaume Ier** (22-3-1797/9-3-1888, voir encadré p. 968 c), empereur allemand, roi de Prusse. -*16-4* Constitution. **1872**-*8/9-9* Berlin, les 3 empereurs, Guillaume Ier, Alexandre II (Russie) et François-Joseph Ier (Autriche) se rencontrent (bousculade dans la foule, 11 † étouffés). **1873**-*22-10 traité signé* : les 3 pays s'engagent à maintenir le *statu quo* en Europe. -*Nov.* **Bismark** chancelier. **1873-79** *Kulturkampf* : lutte pour la civilisation (en fait contre le catholicisme). **1873**-*mai*/**1874**-*mai* le ministre du Culte, Falk, fait voter des mesures limitant les privilèges scolaires de l'Église et le nombre de couvents, transformant prêtres et évêques en fonctionnaires, obligeant les futurs prêtres à étudier dans les universités d'État, laïcisant l'état civil et expulsant les jésuites. **1874**-*13-7* un ouvrier catholique tire sur Bismarck et le blesse légèrement. **1875** *congrès de Gotha* : fusion des 2 partis socialistes. **1878** Léon XIII facilite l'apaisement religieux. -*11-5* Hœdel, ferblantier fou, tire sur Guillaume Ier sans l'atteindre. -*2-6* Nobiling le blesse grièvement. -*21-10* loi contre les socialistes. **1880** liberté redonnée aux évêques, abandon progressif des lois anticléricales. **1881** *traité* : All., Autriche et Russie s'engagent à maintenir une neutralité bienveillante en cas de guerre franco-allemande ou anglo-russe. **1882**-*20-5* *Triplice* (alliance All.-Autriche-Italie). **1883**-*15-6* loi d'assurance en cas de maladie. **1884** début de l'expansion coloniale. Inauguration du monument du Niederwald (un hasard empêche l'explosion d'une machine infernale destinée à tuer les souverains). -*6-7* loi d'assurance en cas d'accident. **1888**-*9-3* Guillaume Ier meurt à 91 ans.

1888-*9-3* **Frédéric III** (18-10-1831/15-6-1888, d'un cancer), fils de Guillaume Ier, règne 99 jours ; épouse 25-1-1858 Pcesse Victoria d'Angleterre (21-11-1840/5-8-1901), fille de la reine Victoria, 7 enfants.

1888-*15-6* **Guillaume II** (27-1-1859/4-6-1941). Fils de Frédéric III, empereur allemand et roi de Prusse ; bras atrophié, plus court de 20 cm ; épouse *1°*) 27-2-1881 Augusta-Victoria de Schleswig-Holstein (1858/1921) ; *2°*) 1922 Hermine de Reuss (1887/7-8-1947 ; veuve de Jean-George de Schœnaich-Carolath). **1889**-*22-6* loi d'assurance en cas de vieillesse et d'incapacité de travail. **1890**-*20-3* Guillaume II oblige Bismarck à démissionner et se lance dans une politique de prestige et d'expansion économique, le « nouveau cap » (*Neuer Kurs*). -*23-3* **Cte Leo von Caprivi** (Gal) [1831-99] chancelier. -*1-5* : 1re fête du Travail. -*14-6* l'All. acquiert de G.-B. l'île d'Heligoland (1 km²) contre Zanzibar. **1891**-*févr.* impératrice Victoria (mère de Guillaume II) en visite en France (écourtée car manif. hostiles). **1894**-*29-10* **Pce Chlodwig zu Hohenlohe** (1819-1901) chancelier. **1895** ouverture du canal de Kiel (début de la rivalité navale anglo-all.). **1898**-*28-3* loi sur la marine de guerre ; important programme de constructions navales (amiral Tirpitz). **Fin XIXe s.** naissance du pangermanisme, revendiquant l'hégémonie en Europe centrale. **1900**-*juillet* expédition de Chine menée par l'All. pour venger l'assassinat du ministre all. von Ketteler par un soldat mandchou. Guillaume II demande de ne pas faire de quartier : « Faites-vous la réputation qu'avaient les Huns et Attila. » Loi militaire permettant un réarmement intensif (renforcée 1911). -*17-10* **Pce Bernhard von Bülow** (1849-1929) chancelier. **1899-1902** aide les Boers contre l'Angleterre. **1905** *Björkö*, Guillaume II essaye de s'allier avec son cousin, le tsar Nicolas II (échec). -*Nov.* rivalité franco-all. au Maroc, l'All. abandonne ses droits, la France lui cède 275 000 km² en A.-É.F. **1909**-*14-7* **Theobald von Bethmann-Hollweg** (1856-1921) chancelier. **1911**-*26-5* nouvelle Constitution pour l'Alsace-Lorraine. **1912**-*12-1* *législatives* : victoire du SPD (social-démocrate). **1913**-*1-7* la loi militaire renforce armée et marine. **1914**-*juillet-août* entraîné dans la guerre (influence de l'état-major all. ; sottise du chancelier Bethmann-Hollweg), Guillaume II, Cdt suprême des armées, joue surtout un rôle d'apparat. **1916**-*19-3* les socialistes opposés à la guerre (dont Karl Liebknecht) lancent le mouvement spartakiste. **1917**-*14-7* **Georg Michaelis** (1857-1936) chancelier. -*25-10* **Cte Georg von Hertling** (1843-1919) chancelier. **1918**-*3-10* **Pce Max de Bade** (1867-1929), héritier du Grand-Duché, chancelier, déclare (sans y avoir été autorisé) que Guillaume II abdique, puis il démissionne et nomme **Friedrich Ebert** (social-démocrate) pour le remplacer. -*29-10 Wilhelmshaven*, les marins refusent d'appareiller pour l'Angleterre. -*4-11* révolte de soldats à Kiel. -*7-11* en Bavière, à Munich. -*8-11* révolte Kurt Eisner ; proclame la République en Bavière. -*9-11 Berlin*, révolution. Guillaume II signe à la villa Neubois à Spa (Belgique), sa résidence de guerre, son abdication comme empereur d'Allemagne. -*10-11* part pour la Hollande. -*28-11* sous la pression de l'Angleterre, renonce à ses droits à la couronne de Prusse ; résidera jusqu'à sa mort au château d'Amerongen (à 9 km de Doorn). **1919** déclaré responsable de la guerre par les signataires du traité de Versailles, protégé par la reine, reste en Hollande. **1920-41** écrit ses Mémoires. La *loi de juillet 1922* pour la protection de la République, reconduite à plusieurs reprises, lui interdit le retour pour 5 ans. Le Kronprinz, lui, fut autorisé à rentrer dès 1923. Après 5 ans sur l'île de Wieringen aux P.-Bas, il s'établit grâce au chancelier Stresemann dans ses propriétés de Cecilienhof à Potsdam et Œls en Silésie.

☞ **Descendance de Guillaume II** : *Kronprinz* qui suit ; *Eitel-Frédéric* (1883-1942), ép. 1906 Sophie d'Oldenbourg (1879-1964) ; *Adalbert* (1884-1948), ép. 1914 Adélaïde de Saxe-Meiningen (1891-1971) ; *Auguste-Guillaume*, dit Auwi, nazi SS (1887-1949), ép. 1908 Alexandra-Victoria de Schleswig-Holstein-Sonderbourg-Glücksbourg (1887-1957) ; *Oscar* (1888-1958), ép. 1914 Ina Marie von Bassewitz-Levetzow (1888-1973) ; *Joachim* (1890-1920, suicide), ép. 1916 Marie-Auguste d'Anhalt (1898-1983) ; *Victoria-Louise* (1892-1980), ép. 1913 Ernest-Auguste III de Hanovre (1887-1953).

Kronprinz (Guillaume III, 6-5-1882/1951), épouse 6-6-1905 Cécile de Mecklembourg-Schwerin (1886-1954) ; 1918-*11-11* quitte son commandement ; *13-11* part pour la Hollande ; *1-12* renonce à ses droits aux couronnes impériale et royale de Prusse ; 1923-*nov.* rentre de Hollande ; réside au château d'Œls, à 34 km de Breslau ; retraite fixée par Stresemann ; plus tard, retrouve sa résidence de Cecilienhof (bâtie de 1913 à 1917) à Postdam ; 1932 vote pour Hitler ; 1933-*21-3* Hitler l'associe à la cérémonie inaugurale du nouveau Reichstag. **Enfants : Guillaume** (4-7-1906/26-5-1940 de ses blessures en France) renonça à ses droits en 1933 en épousant Dorothée von Salviati (1907-72]. **Louis-Ferdinand** (9-11-1907/25-9-1994), ép. 2-5-1938 grande-duchesse Kira (1909-67), fille du grand-duc Cyrille, chef de la maison impériale de Russie (1876-1938). *Enfants : Frédéric-Guillaume* (9-2-1939), ép. 1°) 1967 Waltraud Freydag (née 1940, divorce 1976), 2°) 1976 Ehrengard von Reden (1943) ; *Michel* (22-3-1940), ép. 1°) 1966 Jutta Jörn (1943), 2 enfants, 2°) Brigitte von Dallwitz (1937) ; *Marie-Cécile* (28-5-1942), ép. 1965 duc Frédéric-Auguste d'Oldenburg (né 1936, divorce 1976) ; *Kira* (27-6-1943), ép. 1973 Thomas Liepsner (né 1945, divorce 1974) ; *Louis-Ferdinand* (1944/1977 accident), ép. 1975 Ctesse Donata de Castell-Rüdenhausen (née 1950, se remariera au duc Friedrich d'Oldenbourg), 2 enfants dont Georges-Frédéric (10-6-1976) chef de famille depuis la mort de son grand-père en 1994, Cornélie-Cécile (posthume 1978) ; *Christian-Sigismond* (14-3-1946), ép. Nina zu Reventlow (1954), 2 enfants ; *Xénia*, (1949-92), ép. 27-1-1973 Per-Edvard Lithander (Suédois né 1944, divorce 1978), dont 2 enfants.

☞ La couronne impériale allemande et royale de Prusse se transmet par ordre de primogéniture masculine, à l'exclusion des filles et de leur descendance. Les dynastes doivent être luthériens et épouser (avec autorisation du chef de famille) des Pcesses issues de maisons souveraines.

■ **République.** **1918**-*9-11* **Friedrich Ebert** (1871-1925, SPD) chancelier. A 14 h, le social-démocrate Scheidemann (autorisé par Ebert) proclame la République face à la foule devant le Reichstag : les sociaux-démocrates créent, contre les conseils ouvriers (partout en formation), le *Conseil des délégués du peuple* (3 membres du SPD et 3 de l'USPD). *Karl Liebknecht* (1871-1919) proclame, à 16 h, la République socialiste. -*10-11* les sociaux-démocrates et l'extrême gauche (*spartakiste*) menée par Liebknecht et Rosa Luxemburg (Juive polonaise, née à Zamosk, 1870-1919) s'affrontent. Entrevue secrète Gal Wilhelm Grœner (1867-1939) [successeur de Ludendorff à l'état-major] et Ebert : la Reichswehr soutiendra le nouveau gouvernement qui se solidarisera avec les officiers pour qu'ils puissent maintenir l'ordre et la discipline au sein des troupes. -*11-11* **armistice**. -*12-11* après l'abdication de l'empereur d'Autriche Charles Ier, l'Autriche signe un traité d'union avec l'All. -*6-12* Alliés occupent Cologne. -*10-12* Ebert, haranguant les troupes de retour à Berlin, leur crie : « Vous n'avez été vaincus par aucun ennemi. » -*27-12* Polonais occupent Posen. Ruée des corps francs du *Baltikum* luttant pour conserver la Courlande à l'All. (Cdts : Bischoff, Bermondt-Avaloff, Rossbach...). -*31-12* le *Spartakusbund* (créé en janv. 1916 par des socialistes d'extrême gauche, Karl Liebknecht, Rosa Luxemburg, Léo Jogisches, Clara Zetkin, Paul Levi, Wilhelm Pieck, etc.) fonde le KPD (Kommunistische Partei Deutschlands). **1919**-*5-1 Berlin*, révolte *spartakiste*. -*11-1* spartakistes occupent le quotidien *Vorwärts* (social-démocrate) ; les troupes gouvernementales les saccagent le siège du KPD. -*15-1* Liebknecht et Rosa Luxemburg, en fuite, sont arrêtés et assassinés. -*19-1 élection de l'Assemblée nationale constituante* (socialistes 163 sièges, centristes 88, démocrates 75, nationalistes 42, socialistes indépendants et divers 31). -*28-1 Brême* (aux mains d'un conseil d'ouvriers et de soldats depuis le 9-11-1918), érigée en Rép. socialiste indépendante (10-1), est reprise par le Cel Gerstenberg. -*6-2* l'Ass. constituante se réunit dans le théâtre national de *Weimar*. -*11-2* élit **Friedrich Ebert** Pt de la Rép. (il n'a pas convaincu Max de Bade d'accepter le titre de régent). -*13-2* **Philippe Scheidemann** (1865-1939, SPD) chancelier. -*21-2 Kurt Eisner*, PM bavarois, assassiné. -*Févr./mars* soulèvements communistes à Berlin, Munich, etc., réprimés par Gustav Noske (1868-1946, ancien bûcheron, ministre de la Guerre) [*4/13-3* semaine sanglante : 1 200 †, 10 000 bl.]. -*4-4 Rép. soviétique en Bavière*, écrasée le 1-5 par l'armée fédérale. -*10/12-5 Leipzig*, grève brisée. -*1-6 Rép. de Rhénanie*, proclamée à l'instigation de la France, sans succès auprès de la population. -*20-6* Scheidemann démissionne pour protester contre les clauses du traité de paix. -*21-6* **Gustav Bauer** (1870-1944, SPD) chancelier. La flotte all., qui était internée à *Scapa Flow* (G.-B.) et qui devait être livrée, se saborde [5 cuirassés, 9 croiseurs (10 bateaux de ligne légers), 49 torpilleurs]. -*23-6* l'Assemblée constituante accepte traité de paix (par 237 voix contre 138). Berlin, devant la statue de Frédéric le Grand, des corps francs et des étudiants brûlent les drapeaux français conquis en 1870-71 (selon le traité, devaient être rendus). -*28-6* **traité de Versailles**. -*12-7* les Alliés lèvent le blocus ; Anglais et Français rétablissent leurs relations commerciales avec l'All. L'« arrangement rhénan », signé en même temps que le traité de Versailles, crée la *HCITR* (Haute-Commission interalliée des territoires rhénans, présidée par Tirard).

■ **République de Weimar (du 19-1-1919 au 30-1-1933).** **Ministères** : 21. **Dissolutions du Reichstag** : *1924* : 13-3 et 30-10 ; *1928* : avril ; *1930* : 18-7 ; *1932* : 1-6 et 12-9. **1919**-*31-7* l'Assemblée constituante adopte à Weimar une nouvelle Constitution, en vigueur 14-8. -*22-9* les Alliés contraignent l'All. à garantir le respect de l'indépendance autrichienne. -*30-9* l'Assemblée constituante se transporte à Berlin. -*28-11* la Lettonie, souhaitant l'indépendance, confisque terres et biens immobiliers all. et déclare la guerre à l'All. -*16-12* troupes all. évacuent Lettonie et Lituanie. **1920**-*10-2 Schleswig-Nord* plébiscite l'union avec Danemark (75 431 oui ; 25 329 non). -*12-2 Hte-Silésie* placée sous la tutelle de l'armée française et de la commission de contrôle alliée. -*24-2 fondation du Parti national-socialiste*. -*13/17-3* tentative de coup d'État monarchiste à Berlin par *Wolfgang Kapp* (24-7-1858/12-6-1922). Le gouv. se réfugie à Stuttgart, mais la grève générale ordonnée par les syndicats fait avorter le putsch. -*24-3 Schleswig-Sud* avec Flensbourg opte pour l'All. par 248 148 voix contre 13 029. -*27-3* **Hermann Müller** (1876-1931, SPD) chancelier. -*3-4* l'armée écrase la révolte de la Ruhr. -*16/17-4* les Français occupent Francfort, Darmstadt et Hanau jusqu'à ce que l'armée all. évacue la Ruhr. -*5-5* All. et Lettonie signent *traité de Berlin*. -*6-6* élection d'un *Reichstag* remplaçant l'Ass. nationale ; Parti du peuple (libéral), centristes et démocrates forment la nouvelle coalition (communistes 500 000 voix, 4 députés ; nationaux-socialistes 200 000 voix, 3 députés). -*25-6* **Konstantin Fehrenbach** (1852-1926, centre catholique) chancelier. -*5/16-7 conférence de Spa* sur dommages de guerre (voir encadré p. 972). -*11-7* plébiscite en Prusse-Orientale et -Occidentale (Allenstein et Marienwerder) : 97 % pour rattachement à l'All. **1921**-*24/29-1 conférence de Paris* (voir encadre p. 972). -*8-3* en représailles contre nonpaiement des premières indemnités, *Français et Anglais occupent la Ruhr* (Düsseldorf et autres villes). -*20-3 plébiscite en Hte-Silésie* : 63 % pour l'All. -*6-5 traité de paix germano-soviétique*. -*10-5* **Dr Joseph Wirth** (1879-1956, centre) chancelier. -*28-5 Walter Rathenau* (1867-1922) min. des Réparations. -*25-8 traité de paix germano-américain* (le Sénat américain ayant rejeté le traité de Versailles le 19-11-1919). -*26-8 Matthias Erzberger* (né 1875), min. des Finances, assassiné (juin 1919, accusé de corruption, avait dû démissionner, jugé trop conciliant avec les Alliés ; 26-1-1920 blessé grièvement par un ancien cadet). -*30-9 les Français évacuent la Ruhr*. -*6-10* accord franco-all. pour paiement en nature des indemnités. -*25-10* All. et Pologne acceptent principe du partage de la Hte-Silésie proposé par SDN. -*12-11* effondrement du mark. -*22-11* **Dr Wilhelm Cuno** (1876-1933, sans parti) chancelier. *De 1919 à 22* : 354 assassinats polititiques (par groupes d'extrême droite), 24 condamnés à la prison. **1922**-*20-3* rappel des troupes américaines de Rhénanie. -*16-4 traité de Rapallo* : l'All. renonce à ses droits sur les entreprises all. en Russie nationalisées par l'URSS. En échange de crédits

Clauses du traité de Versailles

■ **Pertes territoriales.** **Europe :** Moresnet, Eupen, Malmédy (cédés à Belgique), Sarre (soumise à plébiscite 1935), Alsace-Lorraine (Fr.), Hte-Silésie (Pologne), Memel (Lituanie), Prusse-Occidentale et Posnanie (Pologne), Nord-Schleswig (Danemark). **Empire colonial** [superficie, population de couleur et, entre parenthèses, population blanche vers 1913] : *Afrique orientale* (Rwanda, Burundi cédés à la Belgique et Tanganyika à la G.-B.) 995 000 km², 7 661 000 hab. (5 336). *Sud-Ouest africain* (actuelle Namibie cédée à Union sud-africaine) 835 000 km², 260 300 hab. (14 830). *Cameroun* cédé à G.-B. et France 790 000 km², 3 850 000 hab. (1 871). *Togo* cédé à G.-B. et France 87 200 km², 1 032 000 hab. (368). *Congo* 275 000 km² rétrocédés à la France. *Nouvelle-Guinée orientale* (terre de l'empereur Guillaume) [archipels Bismarck, Carolines orientale et occidentale cédés au Japon ; Mariannes cédées à l'Australie] 242 476 km², 601 700 hab. (1 427). *Iles Marshall* cédées au Japon. *Iles Samoa* cédées à Nlle-Zélande 2 572 km², 37 540 hab. (557). En Chine : *Canton* cédé à G.-B. *Chan-Toung* cédé au Japon. *Kiao-Tchéou* (cédé à l'All. depuis 1898) 552 km², 37 540 hab. (350) occupé par le Japon de 1914 à 1922.

■ **Pertes économiques** (en %). Céréales 15, pommes de terre 17, charbon 30, mines de fer 80, étain 70, plomb 25. Doit, pour l'Entente, construire à ses frais, pendant 5 ans, 200 000 t annuelles de bateaux et livrer, pendant 10 ans, 23 millions de t de charbon.

■ **Criminels de guerre.** *Selon l'art. 227 :* « Les puissances alliées et associées mettent en accusation publique Guillaume II pour offense suprême contre la morale internationale et l'autorité sacrée des traités. » Un tribunal spécial doit être constitué « pour déterminer la peine qu'il estimera devoir être appliquée ». Mais le gouvernement hollandais ayant refusé de livrer Guillaume II, son procès n'a pas eu lieu. *L'art. 228* prévoit le jugement des criminels de guerre [*1921-mai/1922-déc.* 1 seul procès de criminels à Leipzig : 888 accusés y sont acquittés, 13 condamnés à des peines légères (non purgées)].

■ **Réparations.** **1919**-*28-6 l'art. 232* charge une commission interalliée (dite « des réparations ») d'établir un « état de paiement » ; l'intégralité des engagements de l'All. devra être amortie en 30 ans, à compter du 1-5-1921 ; *selon l'art. 234,* la commission peut « étudier de temps en temps les ressources et les capacités de l'All. », et reçoit « tous pouvoirs pour étendre la période et modifier les modalités de paiement ». **1920**-*5/16-7 conférence de Spa* fixe la répartition des versements all. (France 52 % ; Empire britannique 22 ; Italie 10 ; Belgique 7 ; Japon 0,75 ; Portugal 0,75). **1921**-*24/29-1 conférence de Paris :* l'All. doit 269 milliards de marks-or. *-27-4* la commission fixe la dette all. au titre des réparations à 132 milliards de marks-or, portant intérêt à 5 % à partir du 1-5-1921. *-5-5* notification à l'All. : le capital sera décomposé en 3 tranches de bons : A (12 milliards), B (38), C (82) portant intérêt à 5 % avec amortissement de l %/an ; le service de la dette est assuré par le versement annuel d'une somme fixe de 2 milliards de marks-or et d'une somme variable égale à 26 % du montant des exportations all. Paiements en devises ou en nature. *-20-6* la Yougoslavie obtient 5 % des versements all. **1922**-*14-11* l'All. demande un moratoire de ses engagements et l'ouverture d'un emprunt pour la stabilisation du mark. *-Déc.* les gouvernements ne peuvent se mettre d'accord sur une action commune et recouvrent leur liberté. **1923**-*9-1* la Conférence des réparations constate, contre les voix anglaises, que l'All. a manqué à ses obligations. *-11-1 occupation de la Ruhr* par France et Belgique (qui l'exploitent malgré la résistance passive all.). *-Sept.* l'All. demande à négocier. *-30-11* la commission convoque 2 comités d'experts : l'un (*Pt* MacKenna, ancien chancelier de l'Échiquier) pour évaluer les avoirs all. à l'étranger et chercher les moyens d'en obtenir le rapatriement (terminera ses travaux par un aveu d'impuissance), l'autre (*Pt* Gal Dawes) pour « rechercher les moyens d'équilibrer le budget et les mesures à prendre pour stabiliser la monnaie all. ». **1924**-*9-4 plan Dawes* réduisant les annuités de réparations (sans les suspendre), qui s'élèveront progressivement de 1 milliard de marks-or pour la 1re année à 2,5 pour la 5e (versement considéré comme standard). *-11-4* l'All. accepte. *-30-8* entrée en vigueur après une conférence interalliée (ayant réglé à Londres les conditions d'application) et un vote du Reichstag pour les réformes exigées. *-10-10* prêt de 800 millions de marks-or à l'All. contre des garanties déterminées pour faciliter son redressement. **1928**-*16-9* nouveau comité d'experts ; l'All. (admise entre-temps à la SDN), ayant fait reconnaître « la nécessité d'un règlement complet et définitif du problème des réparations », prendra part à ses travaux sur un pied d'égalité avec les autres puissances. **1929**-*9-2* ouverture du comité (*Pt* Owen D. Young). *-7-6 plan Young :* commission des réparations dissoute, contrôle supprimé (l'All. paiera 34,5 milliards de marks-or en 59 ans, en engageant les chemins de fer all. jusqu'en 1988 auprès d'une banque internationale), annuités all. divisées en 2 tranches (*1 conditionnelle :* correspondant aux annuités des dettes interalliées ; *1 inconditionnelle :* qui ne peut, en aucun cas, être soumise à un moratoire). **1929**-*août* et **1930**-*janv. La Haye,* 2 conférences réglant les modalités d'application. *-17-5* entrée en vigueur du plan Young. **1931**-*20-6* Hoover (Pt des USA), sur un appel désespéré de l'All., propose de suspendre 1 an les paiements intergouvernementaux (France accepte si la tranche inconditionnelle continue d'être payée et s'engage à remettre à la disposition de la Reichsbahn les sommes en question au fur et à mesure de leur encaissement théorique). *-1-7* entrée en vigueur du moratoire Hoover. *-10-11* le gouvernement all. demande à la Banque des règlements internationaux de convoquer le comité consultatif prévu par le plan Young pour examiner la capacité de paiement all. en vue d'un nouveau moratoire à partir du 1-7-1932. *-22-11* comité consultatif de Bâle propose une suspension du transfert de l'annuité conditionnelle et suggère une action concertée pour un meilleur règlement. **1932**-*16-6/9-7 conférence de Lausanne :* l'All. fait un dernier versement de 3 milliards de Reichsmarks.

bancaires et d'un appui technique all., l'URSS autorise l'All. à expérimenter sur son territoire les armes interdites par le traité de Versailles, et à former les personnels destinés à les utiliser. Les *Panzer* s'entraîneront à Kama, la future *Luftwaffe* à Lipietzk, et de nouveaux gaz de combat seront testés à Saratov. *-24-6* Rathenau, min. des Aff. étr., assassiné par Erwin Kern et Hermann Fischer (membres de Consul, organisation secrète nationaliste). **1923**-*11-1* troupes françaises et belges commencent à pénétrer dans la Ruhr, qui servira de gage. Puis arrivent ingénieurs, techniciens et comptables français, belges et italiens de la Mission interalliée de contrôle des usines et des mines (Micum), chargés de prendre le contrôle des entreprises allemandes. Un cordon douanier (gendarmes et douaniers français et belges) est établi entre territoires occupés et reste de l'All. ; 147 000 personnes sont expulsées (dont 46 000 fonctionnaires prussiens et leurs familles). La HCITR crée la *Régie franco-belge des chemins de fer* fonctionnant avec des cheminots français et belges volontaires, puis des Rhénans payés en « francs Régie ». L'All. proclame la résistance passive. *-13-8* **Gustav Stresemann** (1878-1929, Deutsche Volkspartei) chancelier et min. des Affaires étrangères. *-15-9* taux d'escompte de la Banque d'All. à 90 %. *-27-9* Stresemann décide la fin de la résistance passive et la reprise du travail. *-1-10* échec du coup d'État de la Reichswehr noire. *-11-10 :* 1 £ vaut 10 000 millions de marks. *-21-10 Rép. de Rhénanie* proclamée à Aix-la-Chapelle par Léo Deckers, pour la zone d'occupation belge. *-22-10 :* 2 autres *Républiques rhénanes* proclamées en zone française : Dorten (catholique libéral) à Bad Ems, Matthes (révolutionnaire) à Coblence. Émeutes communistes en Saxe et désordres monarchistes en Bavière. *-2-11 Matthes* liquide la Rép. rhénane d'Aix-la-Chapelle. *-8-11 putsch de Munich.* Les SA cernent la brasserie Bürgerbräukeller où le chef du gouv. bavarois, von Kahr, tient meeting. Avec un revolver, Hitler monte à la tribune. *-9-11 :* 3 000 SA marchent sur le centre de Munich ; fusillade ; 16 nazis tués. Hitler se cache (11-11 arrêté). *-15-11* création du *Rentenmark.* *-23-11* **Dr Wilhelm Marx** (1863-1946, centre catholique) chancelier. **1924**-*1-1* sur ordre de Poincaré, Dorten est exilé à Nice. *-31-1* Heinz, Pt du gouv. autonomiste du Palatinat, assassiné. *-12-2* massacre de *Pirmasens* (40 autonomistes rhénans tués par un corps franc nazi venu de la rive droite du Rhin ; Poincaré interdit aux Français d'intervenir : fin de l'autonomisme rhénan). *-4-5* succès des communistes (3 700 000 voix) et des nationaux-socialistes (1 900 000 voix) aux élections du Reichstag. *-30-8* fin du contrôle naval de l'All. *-30-11* les troupes franco-belges *évacuent la Ruhr.* *-7-12 élections :* les socialistes reprennent des sièges aux nationalistes (900 000 voix, 14 députés) et communistes (2 700 000 voix). **1925**-*15-1* **Dr Hans Luther** (1878-1969, indépendant) chancelier, conserve Stresemann aux Affaires étrangères. *-28-2* mort du Pt Ebert.

1925-*12-5* **M[al] Paul von Hindenburg** (1871-1934) élu Pt le 26-4 au 2e tour (48,3 % des voix). *-8-6 pacte rhénan de sécurité :* l'All. garantit l'inviolabilité des frontières française et belge. *-13-7* les Français commencent à *évacuer la Rhénanie.* *-5/16-10* **conférence de Locarno** sur la sécurité européenne : *traité de garantie mutuelle* (signé à Londres le 1-12) entre France, Belg., Tchéc., Pologne et All. *-12-10 accord commercial* germano-soviétique. *-1-12* les Britanniques évacuent Cologne. **1926**-*24-4 traité d'amitié* avec URSS. *-17-5* **Wilhelm Marx**, centriste, redevient chancelier. *-8-9 All. entre à la SDN.* *-23-9* rencontre entre Aristide Briand et Gustav Stresemann à Thoiry. **1927**-*31-1* fin du contrôle interallié du désarmement. *-13-5 vendredi noir* à la Bourse ; effondrement économique (chômeurs : *1927 :* 380 000, *29 :* 1 200 000, *31 :* 5 500 000, *33 :* 6 000 000). *-16-7* loi sur la protection sociale et le chômage. **1928**-*20-5 législatives :* nazis 800 000 voix (12 sièges), communistes 3 200 000 voix. *-28-6* **Hermann Müller** (socialiste) chancelier. **1929**-*1-5 mai sanglant,* 31 † à Berlin (manif. réprimée). *-7-6 plan Young.* *-9-7* des dirigeants conservateurs [dont Alfred Hugenberg (magnat de la presse)] décident de collaborer avec Hitler et les nazis. *-6/13-8* conférence de La Haye ; All. accepte plan Young et *Alliés évacuent Rhénanie.* *-3-10* Stresemann meurt. *-25-10 Vendredi noir :* crise économique mondiale. *-30-11 :* 2e zone de Rhénanie : évacuée. *-22-12* référendum all. : acceptation du plan Young. **1930**-*23-1 Wilhelm Frick,* nazi, PM de Thuringe. *-Févr.* Horst Wessel (militant nazi, auteur d'une chanson de marche qui deviendra un hymne officiel après sa mort : *Horst-Wessel-Lied*) tué dans rixe avec communistes. *-28-3* **Dr Heinrich Brüning** (1885/30-3-1970, Norwich-Vermont, USA, centre) chancelier ; dissout Reichstag. *-30-6 évacuation totale anticipée de la Rhénanie par les Français.* *-14-9* élections au Reichstag : socialistes 143 sièges et communistes 77 (4 500 000 voix), nazis 107 (6 400 000 voix). *-12-10 évacuation totale de la Sarre par les Français.* **1931**-*21-3* publication d'un projet d'union douanière austro-allemande : la Fr. proteste. *-13-7* banqueroute de la Danat Bank : fermeture des banques jusqu'au 5-8. **1932**-*13-3 élection présidentielle.* 1er tour, majorité requise 18 830 000 de voix, Hindenburg 18 661 000, Hitler 11 338 000, Ernst Thaelman (communiste) 4 982 000, colonel Duesterberg 2 557 000, Winter 111 000. *-10-4 :* 2e tour, **Hindenburg** élu avec 19 367 000 de voix (53,11 %) [Hitler 13 419 000 (36,8 %), Thaelman 3 706 000]. *-14-4* Brüning supprime par décret les armées privées (SA de Hitler, qui se soumet). *-24-4* élections régionales : nazis vainqueurs en Prusse, Bavière, Wurtemberg et Hambourg. *-8-5* accord secret Hitler/Schleicher à propos des SA en échange de la dissolution du Reichstag. *-12-5* le Reichstag vote la confiance à Brüning. *-13-5* le Gal Groener, min. de la Défense, démissionne sous les injures des députés nazis. *-1-6* **Franz von Papen** (1879-1969) chancelier. *-4-6* dissout Reichstag. *-15-6* lève l'interdiction qui frappe les SA. Émeutes (centaines de morts). *-20-7* von Papen interdit manif. politiques. Loi martiale à Berlin et arrestation de socialistes. *-27-7* meetings d'Hitler à Potsdam, Brandebourg et Berlin. *-31-7 élections au Reichstag :* nazis 230 sièges (13 732 000 voix), socialistes 133, centristes 97, communistes 89 (5 200 000 voix). *-30-8* Goering Pt du Reichstag. *-12-9* motion de censure votée contre von Papen par 512 voix contre 42 ; dissolution du Reichstag. *-21-9/3-1-12* procès de Leipzig. *-6-11 élections au Reichstag :* nazis 196 sièges (11 750 000 voix). *-17-11* von Papen démissionne. *-19-11* un groupe important d'industriels et financiers demande que Hitler soit chancelier. *-24-11* Hitler refuse, Hindenburg lui refusant les pleins pouvoirs. *-2-12* **Gal Kurt von Schleicher** (1882/30-6-1934 assassiné) chancelier. **1933**-*4-1* entrevue Hitler-von Papen, puis 5-1 avec des industriels. Hitler peut renverser Schleicher (avec les communistes) et le soutien des milieux d'affaires. *-28-1* chute de Schleicher.

1933-*30-1* **Adolf Hitler** [20-4-1889 à 17 h 30 à Braunau-sur-Inn (Autriche)/30-4-1945]. *Père* Aloïs (1837-1903) douanier autrichien, enfant naturel légitimé d'une domestique autrichienne, Maria-Anna Schicklgruber, et d'un père inconnu qui aurait pu être : 1°) un fils Frankenberger de 19 ans de la famille juive chez laquelle, âgée alors de 40 ans, elle servait (révélation de l'avocat de Hitler, Hans Frank, 1946) ; 2°) Johann Georg Hiedler, ouvrier meunier qu'elle épousa 5 ans après la naissance d'Aloïs ; 3°) le frère de celui-ci, le paysan Johann Nepomuk Hüttler. *Mère* Clara Poelzl (1859-1908, 3e femme d'Aloïs). [*1904* échoue à l'examen d'entrée des Beaux-Arts (section Architecture). *1905-12* peintre à Vienne, puis *1912-14* à Munich (on connaît 2 000 aquarelles, 200 dessins, des centaines de croquis). *1914-févr.* réformé. *-3-8* engagé volontaire dans l'armée bavaroise, croix de fer de 2e cl. *1918-août* croix de fer de 1re cl. (gazé et brûlé aux yeux). *1919-janv.* démobilisé, chômeur. *-Mai* « officier politique » (responsable de

■ **Parti national-socialiste (nazi).** **Origine : 1920** *fondé* le 24-2 au Hofbraü de Munich. Le *Deutsche Arbeiterpartei* [Parti des travailleurs all. (DAP)] devient *Nationalsozialistische Deutsche Arbeiterpartei* (NSDAP), abrégé en parti *nazi* [Hitler en devient le *Führer* (guide)]. **1921**-*21-1 :* 1er congrès (3 000 membres). Rejoint par Goering (qui devient chef des SA), Hess, Otto et Gregor Strasser, Rosenberg, Frick, Röhm et Ludendorff. 2 tendances : Strasser et Röhm, socialistes, hostiles au grand capital, et Rosenberg, penseur du parti, pour la lutte contre le bolchevisme. **1923**-*8/9-11* échec d'un putsch à Munich. **1925**-*25-2 :* 1er meeting du parti reconstitué. **1933**-*14-7* parti unique. **Programme :** proclamé intangible à Bamberg en 1926. *Points 2 et 3 :* nécessité d'abroger les traités de 1919 (Versailles et St-Germain) et remise en cause des frontières établies. *4 :* définition de la nationalité all. (biologique et non juridique : sont all. ceux qui sont de « sang all. »). *5 :* les Juifs ne sauraient bénéficier de la nationalité all. *6 :* les non-Allemands seront écartés des fonctions publiques. *7 :* les Juifs seront expulsés en cas de crise. *10 :* chacun doit travailler. *11 :* suppression de « l'esclavage de l'intérêt bancaire ». *13-14 :* les trusts doivent être nationalisés, les grandes entreprises familiales doivent faire participer leurs salariés à leurs bénéfices. *15-16 :* les classes moyennes, retraités, petits commerçants, petits industriels doivent être protégés de la menace du capitalisme et favorisés par l'État. *17 :* réforme agraire par expropriation des grands domaines sans indemnité. *20-21 :* l'esprit national doit être inculqué à l'école dès l'âge de raison. L'État doit protéger et développer la « race allemande » en assurant la protection de la mère et de l'enfant, en développant la culture physique. *22 :* rétablissement de la conscription, dissolution de « l'armée de mercenaires » imposée par le traité de Versailles. *23 :* l'État contrôle art, littérature, presse. Cette dernière est interdite aux non-Allemands. *24 :* la religion doit rester dans son domaine et ne pas offenser le sentiment moral de la race germanique ; elle devra se débarrasser du judéo-matérialisme. *25 :* l'État centralisé est dirigé par le pouvoir dictatorial du Comité politique. **Adhérents** (en milliers) : *1922* (22-1 ; 2e congrès) : 6 ; *23* (27-1 ; 3e congrès) : 22 ; *27 :* 70 ; *28 :* 108 ; *29 :* 178 ; *30 :* 250 ; *31 :* 800 ; *32 :* 1 300 ; *33 :* 4 000 ; *39 :* 8 000. **Électorat** (en %) : *1924 (4-5) :* 6,6 ; *(7-12) :* 3 ; *28 (10-5) :* 2,6 ; *30 (14-9) :* 18,3 ; *32 (31-7) :* 37,3, *(6-11) :* 33,1 ; *33 (5-3) :* 43,9.

■ **Sections d'assaut.** *Sturmabteilung (SA) :* service d'ordre créé 5-10-1921 (uniforme brun issu des réserves des troupes allemandes d'Afrique qui viennent d'être démobilisées).

Svastika (ou croix gammée)

Origine : mot sanscrit signifiant « de bon augure ». Vient de Chine. Symbole bénéfique chez les Touareg. On distingue le *svastika sinistrogyre* ou *sauvastika* (figurant une roue tournant vers la gauche) symbolisant plus fréquemment la nuit, la déesse Kālī et certaines pratiques magiques, et le *svastika dextrogyre* (tournant vers la droite) imitant par la rotation de ses branches la course quotidienne apparente du Soleil ; utilisé par des civilisations non indo-européennes, notamment en Amérique du Nord et dans le monde méditerranéen. Hitler prit comme emblème un svastika dextrogyre noir, le considérant comme un symbole « aryen », remontant aux Indo-Européens primitifs. Utilisé en Inde par hindous, bouddhistes, jaïns (emblème du 7e Tīrthamkara : ses 4 branches sont supposées rappeler au croyant les 4 domaines dans lesquels l'homme peut renaître : le monde animal ou végétal, l'enfer, la terre, le monde de l'esprit). Le mot **« croix gammée »** est d'origine gréco-phénicienne (allusion aux 4 branches, qui ont chacune la forme d'un gamma majuscule, tournant vers la droite). On en trouve sur les poteries grecques. Au début du scoutisme, elle était décernée à ceux qui avaient rendu service au mouvement.

SS

1923-*mars* garde spéciale créée par Goering pour protéger Hitler. Quelques fidèles prêtent serment et se nomment la *Stabswache* (corps de garde). *-Mai* nouveaux gardes du corps : la *Stosstruppe Adolf Hitler* (uniforme : casquette noire, brassière à bords noirs portant croix gammée, emblème à tête de mort). *Uniforme SS :* en drap noir, culotte d'équitation, tunique et casquette plate. *Devise SS : Mein ehre heisst Treue* (« Mon honneur s'appelle fidélité »). Le terme de *Schutzstaffel* ou *SS* (section de protection) apparaît [*origine du nom :* « Saal Schutz » (protection de salles) : chargés d'empêcher les communistes de parvenir jusqu'aux salles de réunion]. **1925** la SA *(Sturmabteilung)*, organisation de protection des réunions, est interdite en Prusse et Bavière, et les manif. politiques d'Hitler ne sont autorisées qu'en Saxe et Thuringe, très à gauche à l'époque. Des organisations de protection *(Sturmstaffel* ou *Schutzstaffel* ou *SS)* de 10 hommes environ avec 1 chef sont créées dans des petites villes. **1926** la SA est reconnue officiellement ; la SS reste à l'arrière-plan avec Ehrard Eiden, puis se développe quand l'adjoint de celui-ci, Heinrich Himmler, devient le chef suprême *(Reichsführer SS)* assisté de Reinhard Heydrich [7-3-1904/4-6-1942, chef du RSHA, service de sécurité SS (voir encadré col. c)]. **1929** la SS compte 280 h. ; sous les ordres du Cdt en chef de la SA, Franz Pfeffer von Salomon, est tenue par les dirigeants NSDAP pour une sorte de service de recrutement de lecteurs pour la presse du parti. *-Avril* Heydrich soumet à Hitler et à Salomon un projet d'ordre SS fondé sur la race. **1930**-*29-1* Himmler développe la « Schutzstaffel », débauchant des SA. *Fin d'année,* Hitler scinde la SA de la SS, qui reste soumise à Salomon mais devient autonome (uniforme SS noir). **1934**-*20-7* après la Nuit des longs couteaux (voir p. 974 a), autonomie de la SS. Le Reichsführer SS est sous les ordres directs du Cdt en chef de la SA (Hitler). Une grande partie des jeunes cadres SS vient des Napola où ils ont été préparés à l'éthique de l'Ordre noir. Ceux de moins de 1,70 m sont éliminés. **1939** *3 branches :* **Allgemeine SS** (la SS générale) : environ 180 000 h. (civils prenant leur service le soir et le dimanche ; possèdent un pistolet) ; **SS-Verfügungstruppen** : troupes « à la disposition » : formations militarisées permanentes de 15 000 h. ; 4 régiments [*1er : SS Leibstandarte Adolf Hitler :* la garde du corps de Hitler commandée par Sepp Dietrich, troupe de parade, formera pendant la guerre la 1re division de la Waffen-SS ; *2e : Germania ; 3e : Deutschland ; 4e : Der Führer* (recrutement autrichien) donnant naissance à la 2e division Waffen-SS, la Das Reich] ; **SS-Totenkopfverbände** : formation « Tête de mort » ; gardes des camps de concentration ; 4 régiments dont 1 d'origine autrichienne [9 000 h. ; chef : Theodor Eicke (tué en Russie en 1943) qui formera la 3e division de la Waffen SS Totenkopf].

Himmler, Heinrich (1900-45). Ingénieur agronome. *1923* participe au putsch de Munich. *1925* entre dans la SS. Pour la sélection raciale. *1934* chef de la SS et de la Gestapo. *1939* s'efforce d'éliminer les Juifs européens. *1944* nommé Gal de groupe d'armées, se révèle incapable. *1945-mai* essaye de négocier une reddition par l'intermédiaire du Cte Bernadotte. *-22-5* arrêté sous un déguisement 15 jours après la capitulation, *-23-5* s'empoisonne.

Jeunesse hitlérienne

Fin 1938 la *Hitlerjugend* comprend 7 700 000 membres. **1939**-*mars* loi : tous les jeunes Allemands doivent y entrer. *De 6 à 10 ans :* apprentissage comme *Pimpf ; 10 ans : Jungvolk* (doit prêter serment) ; *14 à 18 ans :* Jeunesse hitlérienne (éducation sportive, idéologique, maniement d'armes) ; *18 ans :* service de travail, puis dans l'armée. Organisations parallèles pour les filles.

Gestapo

1933-*30-1* police du parti nazi créée : *Gestapo (Geheimestaatspolizei amt).* **1935** Dr Frick (min. de l'Intérieur du Reich) centralise les services. **1936**-*17-6* décret unifiant la police [2 branches : *police d'ordre* (*Ordnungspolizei ;* uniforme et bureaux administratifs) ; *de sûreté* (*Sicherheitspolizei ;* 2 sections : criminelle « Kriminalpolizei » et Gestapo « Geheimestaatspolizei »)]. *Chef :* Himmler, assisté de Heydrich [ayant sous leurs ordres directs environ 50 000 agents en civil et 200 000 soldats en uniforme noir (*Schutzstaffel* ou SS)]. Heydrich désigne comme ennemis de l'intérieur : marxistes, communistes, pionniers de la Bible, Juifs, francs-maçons et clergé politique. *Siège central :* 8, Prinz-Albrecht-Strasse à Berlin.

RSHA

Reichssicherheitshauptamt ou **Service central de sûreté nationale :** *fondé* sept. 1939 ; certaines de ses sections sont sous l'autorité du Parti, d'autres sous celles de l'État. Subordonné à Himmler, dirigé par Heydrich. *Comprend 6 sections principales (Amt ou bureau) : Amt I :* service du personnel [dirigé par Werner Best, puis par Bruno Streckenbach (adjoint officiel de Heydrich, juillet 1940-début 1943), puis par Schulz et Ehrlinger]. *II :* problèmes juridiques, économiques et administratifs. *III :* service des renseignements intérieurs (SD intérieur) : organisme du Parti. *IV :* Gestapo : organisme de l'État [recherche des adversaires du régime et répression (service central : 1 500 agents)]. *V :* police criminelle : Kripo, organisme de l'État (service central : 1 200 agents). *VI :* renseignements à l'étranger (SD extérieur) : organisme du Parti (service central : 300 à 500 agents). *VII :* recherches idéologiques, documentation. *Personnel intégré à la SS :* tous portent l'insigne du SD.

SD

Sicherheitsdienst ou **Service de sécurité du Parti national-socialiste :** *fondé* en 1931, sous les ordres de Heydrich pour surveiller les membres du Parti et détecter les éléments subversifs. Dispose d'agents secrets ou ordinaires, d'informateurs et d'indicateurs. *1937 :* 3 000 membres, 50 000 informateurs. Chargé aussi, officieusement, de surveiller l'armée.

Camps de prisonniers

Effectifs en sept. 1939 : Sachsenhausen 6 000, Buchenwald 5 300, Dachau 4 000, Ravensbrück 2 500, Flossenbürg 1 600, Mauthausen 1 500.

Sort des Juifs

Émigration : 1935-*été* après un voyage au Moyen-Orient, le SS Leopold Edler von Mildenstein suggère de pousser les Juifs à émigrer en Palestine par l'intermédiaire des mouvements sionistes. Himmler est convaincu. Une direction des affaires juives est créée au sein du SD. Mildenstein fait appel à Adolf Eichmann (jeune SS autrichien ; ancien représentant de commerce né en 1906, incorporé au SD). **1937** Eichmann devient chef du service *Organisations sionistes* et entre en relations avec Feivel Polkes [Juif polonais émigré en Palestine, l'un des chefs de la *Haganah* (organisation juive d'autodéfense) ; invité à Berlin]. *-26-2* Eichmann et Polkes se rencontrent. *-2-10* Eichmann et Hagen vont à Haïfa négocier avec la Haganah. Polkes accepte d'aider le SD par ses informations contre une mensualité de 15 livres. **1938** Eichmann devient le chef de la *Direction centrale pour l'émigration juive* à Vienne. Il organise l'émigration forcée des 300 000 Juifs d'Autriche (les riches doivent subvenir aux frais de voyage des pauvres ; des organisations de secours juives viennent à leur aide). *-Automne* 45 000 Juifs quittent l'Autriche. *-Oct.* le gouvernement polonais déclare que les passeports des Juifs polonais vivant hors de ses frontières sont périmés. *-28-10* Heydrich (chef de la police de sécurité) fait arrêter 17 000 personnes vivant en All. et les déporte. **1939**-*24-1* Heydrich reçoit l'ordre de reprendre l'émigration juive. Une *Direction centrale pour l'émigration juive* est créée à Berlin (Heinrich Müller). 78 000 Juifs quittent l'All. ; en Bohême et en Moravie, Eichmann fait partir 30 000 autres Juifs avec la collaboration SD/Haganah (chef : Eliahu Golomb). Les Juifs sont transportés clandestinement par bateau en Palestine pour échapper à la surveillance de l'aviation et de la marine anglaises chargées de s'opposer à cette invasion dont ne voulaient pas les Arabes. *-Été* Pino Ginzburg (dirigeant sioniste) obtient l'autorisation d'embarquer directement, à Hambourg et à Emden, les Juifs partant pour la Palestine (départs organisés discrètement). Il reste 200 000 Juifs en All. lorsque la guerre interrompt l'émigration vers la Palestine. Eichmann propose alors de transplanter les Juifs en Pologne à Nisko (au sud-ouest de Lublin) ; Heydrich approuve : 300 000 Juifs y sont envoyés par trains de marchandises. Mais Hans Frank (gouverneur général de Pologne) s'y oppose et obtient satisfaction. Eichmann imagine de transporter 4 000 000 de Juifs à Madagascar (que la France doit céder à l'All.). Hitler approuve, puis change d'avis. **1941**-*31-7* Heydrich reçoit de Goering l'ordre de lui soumettre le plus tôt possible un projet de mise en pratique de la « solution finale ». **1942**-*20-1* Conférence de Wannsee (Berlin) où l'on évoque le refoulement des Juifs vers l'Est (avec élimination naturelle par le travail).

Camps de déportation, voir p. 694 a.

☞ **De 1949 à 1997,** la République fédérale d'Allemagne a versé environ 100 milliards de DM (340 milliards de F) aux victimes de l'Holocauste. En janv. 1998, elle s'apprêtait à verser 200 millions de DM (668 millions de F) à la suite d'un accord avec les associations de victimes du génocide des Juifs, représentées par la Jewish Claims Conference of New York (JCC). **Bénéficiaires potentiels :** 17 000 à 20 000.

☞ **Travailleurs forcés :** 10 millions enrôlés (dont 1,5 à 2,6 survivants en 1999). L'industrie allemande et l'État fédéral prévoient 10 milliards de DM (5,1 milliards d'euros) pour les indemniser. 300 000 survivants des camps de concentration toucheront chacun 7 500 euros et 1 million de déportés de 2 500 à 3 000 euros.

---

propagande anticommuniste du gouv. bavarois) ; membre du parti ouvrier all. (proche du révisionnisme du SPD, mais plus nationaliste ; fondé par un ouvrier, Drexler, qui a rejoint Gottfried Feder, théoricien, et le capitaine Roehm ; 60 membres). *1920-5-1* responsable de la propagande. *-4-2* quitte l'armée. *-24-2* guide du *Parti national-socialiste* qui est fondé. *1921-29-7* Pt du Parti. *1923-8/9-11* participe au putsch de Munich, après l'échec se cache (arrêté peu après). *1924-24-2* procès des putschistes. *-1-4* Hitler condamné à 5 ans de détention dans la forteresse de Landsberg. *-20-12* libéré ; a rédigé en prison *Mein Kampf* (« Mon combat » ; dicté à Hess, publié 1925) exposant sa doctrine (nationalisme all. conquérant, racisme germanique, socialisme, totalitarisme). *1925* fonde la SS. *-25-2 :* 1er meeting du Parti nazi reconstitué. Le gouv. de Bavière interdit à Hitler, pour 2 ans, de prendre la parole en public. *-7-4* renonce à la citoyenneté autrichienne. *1928-été/1931* idylle avec Geli Raubal, sa nièce. Elle se suicidera. *1932-24-2* conseiller de l'État de Brunswick à sa légation de Berlin (acquiert ainsi la nationalité all.). *-10-4 présidentielle :* battu au 2e tour par Hindenburg. *-Été* Eva Braun devient sa maîtresse. **1933**-*30-1* chancelier (prête serment à 11 h 17). Gouv. de coalition. 2 ministres nazis, Frick (Intérieur) et Goering (Intérieur en Prusse). *-1-2* Hindenburg dissout Reichstag. *-22-2* Goering crée une force de police regroupant SA, SS et Stahlhelm. *-27-2 incendie du Reichstag* [les nazis accusent les communistes et proclament l'état d'urgence ; plus de 4 000 membres du PC all., le KPD (dont Thälmann, chef du KPD, et Ernst Torgler, Pt du groupe parlementaire communiste), et des sociaux-démocrates et libéraux sont internés ; Goebbels accuse les communistes all. (aux ordres de Moscou) d'avoir voulu déclencher un soulèvement général (la tentative d'incendie du Reichstag en étant le signal) ; la veille, la Ligue des combattants du front rouge avait envoyé « l'ordre d'alerte suprême » aux « formations d'autoprotection des masses rouges » ; l'incendie aurait été allumé par Marinus Van der Lubbe (Néerlandais, né 1909, inscrit aux Jeunesses communistes hollandaises 1925, exclu 1929, arrivé le 18-2 à Berlin) arrêté avec le député communiste Torgler ; le 9-3, 3 communistes bulgares, Gueorgui Dimitrov (en All. depuis 1929), Vassil Tanev et Blagoï Popov (arrivés depuis peu de Moscou) sont aussi arrêtés ; seront acquittés le 23-12, mais remis en prison avant d'être expulsés vers Moscou par avion le 27-3-1934 (Staline leur ayant accordé la nationalité soviétique le 15-2). Torgler sera libéré en 1936. Van der Lubbe est décapité à la hache le 10-1-1934 (le 21-4-1967 le Landgericht de Berlin-Ouest cassera le jugement du 23-12-1933 et condamnera Van der Lubbe à 8 ans de prison pour « tentative d'incendie avec effraction » ; le 15-12-1980 il sera acquitté ; en avril 1981, en appel, le Kammergericht cassera le jugement du 15-12-1980, aucun nouveau document ne permettant de conclure que Van der Lubbe « a été accusé et condamné à tort »)]. *-28-2* Hindenburg promulgue une *ordonnance pour la protection du peuple et de l'État* fondée sur l'art. 48 de la Constitution : « Le Pt de la Rép. peut, lorsque l'ordre et la sécurité publique sont considérablement troublés ou menacés, prendre les mesures nécessaires pour les rétablir (...). A cette fin, il peut suspendre provisoirement tout ou partie des droits fondamentaux » stipulés par ailleurs : *habeas corpus,* inviolabilité du domicile, secret postal, liberté d'expression, liberté de réunion, liberté d'association, respect du droit de propriété (notamment contre les réquisitions). *-5-3 élections au Reichstag* (en % des voix) : nazis (NSDAP) 43,9, Droite conservatrice 8, Zentrum 11,2, SPD 18,2, KPD 12,2. *Répartition des sièges :* nazis 288 sièges sur 647, centre 96, gauche 208 ; coalition avec le parti national de Hugenberg (DNVP). KPD (communiste) interdit. *-6-3* occupation des sièges des partis socialiste et communiste, des syndicats et des maisons d'édition. *-9-3* mandats des députés communistes annulés. *-14-3* Goebbels min. de la Propagande. *-22-3* création de 2 *camps de déportés :* Dachau et Oranienbourg. *-23-3* le Reichstag (réuni à l'opéra Kroll) vote les pleins pouvoirs à Hitler (par 441 voix contre 94 ; sauf SPD). *-1-4* boycott des commerçants juifs (la communauté juive internationale ayant annoncé un boycott mondial des produits all.). *-7-4* fonctionnaires d'ascendance juive chassés de leur poste. *-21-4* dissolution des syndicats. *-26-4* création de la *Gestapo*. *-2-5* Berlin, les SA occupent la maison des syndicats. *-10-5* fondation, par Robert Ley (1890-1945), du *Deutsche Arbeitsfront* (Front all. du travail). *-21/26-6* Berlin, semaine sanglante dans les quartiers ouvriers de Köpenick. *-22-6* SPD (parti socialiste) dissous. *-27/29-6* partis de droite dissous. *-1-7* livres de Marx, Kautsky, Heinrich Mann, Ernst Gläser, Erich Kästner, Friedrich Wilhelm Förster, Sigmund Freud, Emil Ludwig, Werner Hegemann, Theodor Wolff, George Bernhard, Erich Maria Remarque, Alfred Kerr, Tucholsky, Ossietzky brûlés à Berlin (place de l'Opéra) : à chaque paquet une voix clame le nom de l'auteur et énonce la sentence que Goebbels (min. de la Propagande) a énoncée. *-4/5-7* parti catholique dissous. *-14-7* parti nazi unique. *-15-7* loi sur cartels obligatoires. *-26-7* loi prescrit la stérilisation des malades mentaux et des grands criminels (400 000 stérilisés dont femmes 50 %). *-23-9* Hitler donne le 1er coup de pioche de l'autoroute Francfort-sur-le-Main/Heidelberg. *-17-10 :* 1re élection pour le parti unique national (92 % des voix).

-19-10 conférence du désarmement. -27-11 Force par la joie créée (organisation loisirs et fondation idéologique) *-1-12* loi proclamant l'unité entre parti unique et État, les députés siégeant en uniforme. **1934**-*26-1 traité de non-agression* avec Pologne. *-27-1* déclaration de loyauté envers Hitler signée par représentants de l'Église évangélique. *-30-1* fin de la souveraineté des Länder all.. Suppression des parlements des Länder. *-24-4* Tribunal du peuple créé pour procès de haute trahison. *-29/30-6* **Nuit des longs couteaux** (l'expression vient d'un chant de la SA s'inspirant du souvenir des officiers prussiens de 1806 qui avaient aiguisé symboliquement leur sabre sur les trottoirs de l'ambassade de France à Berlin) : Hitler se décide à agir contre les SA, après une dernière réunion à Godesberg avec Goebbels ; il s'envole vers minuit pour Munich et arrive à 4 h du matin ; vers 6 h, un convoi se rend à Bad Wiessee où, dans la pension Hanselbauer, la plupart des chefs SA sont réunis ; les SS bondissent, Hitler les suit, revolver au poing ; autour de la Maison brune, où de nombreux SA sont rassemblés, des SS montent la garde ; à la gare, des SS arrêtent à leur descente du train les chefs SA qui viennent à Munich, convoqués par Röhm pour assister à une confrontation prévue depuis des mois entre SA et Hitler. Goering et Himmler avaient imaginé un complot : Goebbels assurera que Röhm voulait faire disparaître Hitler et nommer régent le Pce Auguste-Wilhelm (3e fils de Guillaume II, rallié au nazisme). Hitler, persuadé par l'armée que des menaces pesaient sur lui, a voulu liquider une opposition révolutionnaire, pour rassurer la droite et l'armée [or, pour Röhm, le national-socialisme devait « aiguiser les longs couteaux pour accomplir la révolution et socialiser l'All. », et la SA (3 000 000 d'hommes) devait absorber la Reichswehr, l'armée régulière (100 000 h.)]. *-1-7* Hitler, poussé par la SS de Himmler et de Heydrich, fait fusiller à la prison de Munich Ernst Röhm (né 28-11-1887, arrêté chez lui), les principaux chefs SA, le Gal Kurt von Schleicher (et sa femme), le Gal von Breder, Gregor Strasser (90 tués, 2 500 arrestations). A Berlin, 18 agents de la Gestapo abattent plusieurs autres responsables des SA à leur domicile ou à leur bureau. Lutze devient chef des SA. *-2-7* exécutions cessent vers 4 h du matin [nombre officiel d'exécutions : 83 (116 selon les opposants) ; on a parlé de 1 000]. *-20-7 concordat avec Rome. -1-8* loi assurant le cumul des fonctions de Pt et de chancelier. *-2-8* Hindenburg meurt.

■ **IIIe Reich (1934-1945).** **1934**-*2-8* **Adolf Hitler** Führer du Reich ; les membres du gouvernement prêtent serment. *-19-8 plébiscite :* 90 % des suffrages pour Hitler. *-20-12* toute critique du NSDAP ou du gouvernement est un délit punissable. **1935**-*1-1* (au 30-6-1944) amiral *Wilhelm Canaris* (né 1-1-1887 ; 1,60 m) chef des services secrets de l'Abwehr (au 30-6-1944 chef d'état-major de la section guerre économique, impliqué dans le complot du 20-7, pendu 9-4-1945). *-13-1* plébiscite en Sarre pour retour à l'All. (90 % de oui). *-16-3* l'All. rétablit le service militaire obligatoire et abolit les servitudes militaires (partie V du traité de Versailles) ; la SDN lui infligera un blâme platonique. Le mémorandum all. invoque comme raison la signature du pacte franco-soviétique du 2-5-1935, qu'il considère comme une violation de l'esprit de Locarno. Or le pacte n'est pas encore en vigueur (il lui manque la ratification du Sénat) ; le discours de Hitler du 21-5 devant le Reichstag a lieu 3 semaines après la signature du pacte. Hitler a déclaré que l'All. remplirait toutes les obligations découlant de Locarno, en respectant la zone démilitarisée du Rhin. L'All. pouvait demander un arbitrage prévu par le traité de Locarno. *-18-5* l'All. peut reconstituer une flotte de guerre. *-21-5* Juifs exclus du service militaire. *-15-9* Nuremberg, le Parlement, en séance extraordinaire, vote 3 lois nouvelles : *1°)* le drapeau à croix gammée devient l'emblème national ; *2°)* loi distinguant 2 catégories : les citoyens (de race pure et auxquels sera octroyée une lettre de citoyenneté leur conférant leurs droits civiques) et les sujets (qui ne jouiront pas de ces droits ; pour obtenir leur lettre, ils devront prouver, par leur conduite, leur fidélité au Reich) ; *3°)* loi dite « pour la protection du sang et de l'honneur allemands » interdisant tout mariage Juif/Allemand et tout rapport en dehors du mariage, sous peine de 10 ans de prison ; les mariages conclus dans ces conditions seront annulés. *-18-10* loi pour la protection de la santé héréditaire. *-22-10* l'All. quitte la SDN. *-14-11* loi de protection de la race. **1936**-*7-3* l'All. prétexte que le pacte franco-soviétique (ratifié à Paris le 27-2-1934) viole les articles 42 et 43 du traité de Versailles (interdisant d'intervenir militairement sur la rive gauche du Rhin et à moins de 50 km de la rive droite), et dénonce illégalement le traité de Locarno de 1925 ; réoccupe la *zone démilitarisée* [à l'est du Rhin, bande de 50 km de large de la Suisse à la Hollande ; à l'ouest du Rhin, l'ancienne zone d'occupation alliée s'étend du Rhin à la France, au Luxembourg, à la Belgique et à la Hollande (total : 56 400 km^2, dont 26 900 km^2 à l'ouest du Rhin)]. 30 000 h. de la Wehrmacht s'y installent, quelques bataillons poussent jusqu'à Sarrebruck, Trèves et Aix-la-Chapelle. *-23-4* traité de commerce avec URSS. *-18-6* intervention en Espagne. *-1/16-8* XIe Olympiade à Berlin. *-Automne* plan de 40 ans (autarcie). *-Sept.* Himmler fonde la *Lebensborn* (« Fontaine de vie ») : 11 000 enfants y naissent de 1936 à 1945, dont plus de 50 % illégitimes. *-25-10* pacte germano-italien. *-1-11* Mussolini parle de l'*axe* Rome-Berlin. *-14-11* l'All. dénonce les clauses du traité de Versailles assurant la liberté du transit à travers l'All. par les fleuves navigables et les canaux les plus appropriés (concerne une partie de l'Elbe, Oder, Neisse, Danube, Rhin et diverses voies fluviales placées sous le contrôle de commissions internationales, le canal de Kiel) ; les zones franches à Hambourg et Stettin sont données à bail à la Tchécoslovaquie. *-25-11 pacte anti-Komintern* avec le Japon (y adhèrent l'Italie 1937-6-1 ; la Hongrie, la Mandchourie 1934-24-2 ; l'Espagne 27-3). **1937**-*30-1* Hitler évoque la restitution des colonies all. *-18-7* Munich, Hitler inaugure l'exposition « Art dégénéré ». *-28/29-9* Mussolini à Berlin. *-Oct.* duc de Windsor rend visite à Hitler et Goering. **1938**-*janv.* expulsion des Juifs russes ; expropriation des biens juifs. *-Févr.* Ribbentrop (nazi, min. des Affaires étrangères), von Fritsch (chef d'état-major), von Blomberg (min. de la Guerre) éliminés. *-12-3* annexion de l'Autriche **(Anschluss).** *-4-4* statut légal enlevé aux institutions communautaires juives. *-26-4* décret sur la déclaration des biens juifs. *-Mai* déportations à Dachau. *-3/10-5* Hitler en Italie. *-Juin* destruction de la synagogue de Munich. 1re femme résistante exécutée : Liselotte Hermann. *-Juillet* carte d'identité spéciale pour les Juifs. *-6/15-7* **conférence d'Évian,** à l'initiative de Roosevelt, pour trouver des pays d'accueil (hors des USA) pour 650 000 Juifs que l'All. veut expulser. 32 États représentés ; échec. *-18-8* général Beck, chef d'état-major des armées, opposé à la politique aventureuse d'Hitler, démissionne. *-15-9* à Berchtesgaden, Hitler dit à Chamberlain qu'il veut rattacher les Sudètes à l'All. *-22/24-9* Hitler et Chamberlain se rencontrent à Godesberg. *-25/26-9* Londres, Daladier et Bonnet confèrent avec Chamberlain. *-29-9* conférence de Munich (Hitler, Daladier, Chamberlain, Mussolini) ; accords signés le 30-9 à 1 h 30 : attribution des territoires des *Sudètes* à l'All. qui les occupe le 1-10. *-28-10* Gestapo arrête 17 000 Juifs et les refoule dans le *no man's land* entre All. et Pologne. *-7-11* Herschel Grynzpan (17 ans, Juif polonais dont les parents, vivant à Hanovre depuis 1914, venaient d'être expulsés d'All.) abat Ernst von Rath, secrétaire d'ambassade d'All. à Paris (mort le 8-11). *-8-11* manif. antijuives. *-9-11* on apprend la mort de Rath ; Goebbels organise un pogrom qui débute à Berlin le 10-11 au matin **(Nuit de cristal) :** bris des devantures de 7 500 magasins juifs, incendie et pillage de 267 synagogues (36 à 91 † ; Goering, Himmler, Ribbentrop désapprouvent), arrestation et internement de Juifs [30 000 à Dachau, Buchenwald et Sachsenhausen (2 000 mourront)]. *-23-11* décret excluant les Juifs de la vie économique. *-6-12* pacte de non-agression avec France. 1res rencontres entre Yorck von Wartenburg et Moltke d'où naîtra le *« Cercle de Kreisau »*. **1939**-*9-1* Berlin, nouvelle chancellerie inaugurée. *-14-3 Slovaquie* proclame son indépendance. *-15-3* Pt Hacha remet à l'All. Bohême et Moravie que les Allemands occupent. *-18-3* Neurath protecteur du Reich pour Bohême et Moravie. *-20-3* Berlin, sur décision du gouvernement : 1 300 tableaux et 3 825 aquarelles ou gravures d'« art dégénéré » brûlés dans la cour des Pompiers. *-23-3* Allemands entrent à *Memel. Slovaquie* devient protectorat all. *-22-5* alliance militaire germano-italienne **(pacte d'Acier).** *-Été* rencontre d'opposants animée par Schulze-Boysen et Arvid Harnack [débuts de la *« Rote Kapelle »* (Orchestre rouge)]. *-23-8* **pacte de non-agression** avec URSS (un protocole secret annexe prévoit le partage de la Pologne : en cas de réorganisation politico-territoriale des régions appartenant à l'État polonais, les sphères d'intérêt de l'All. et de l'URSS seront délimitées approximativement par la ligne des fleuves Narew, Vistule et San. La question de savoir s'il paraît souhaitable et conforme aux intérêts respectifs des parties de maintenir un État polonais indépendant, et de quelle façon cet État serait délimité, ne pourra trouver une réponse qu'ultérieurement, en fonction de l'évolution de la situation politique. Dans tous les cas, les deux gouvernements résoudront cette question à l'amiable). *-27-8* cartes de rationnement pour nourriture et vêtements. *-1-9* instructions de Hitler sur malades incurables (*Gnadentod*, mort administrée : acte de grâce).

Guerre. **1939**-*1-9* All. envahit la Pologne. *-3-9* G.-B. et France déclarent la guerre à l'All. (voir **Guerre 1939-45** p. 688 a). [Unity Mitford (1948) qui admire Hitler tente de se suicider (2 balles dans la tête) est ramenée en G.-B.]. *-17-9* l'armée soviétique entre en Pologne et occupe 200 000 km^2. **1940**-*23-6* Hitler à Paris (unique fois). *-Juillet/août* 1res prestations discrètes de dignitaires protestants et catholiques contre l'assassinat de malades mentaux. *-25-8* Berlin, 1res attaques aériennes. *-29-8* Berlin, 1ers tués dans bombardements. *-27-9* pactes d'assistance avec Italie et Japon : Hongrie (20-11), Roumanie (23-11), Slovaquie (24-11) et en 1941 Bulgarie (1-3), Yougoslavie (25-3), Croatie (15-6). **1941**-*2-3* Bulgarie, entrée des troupes all. *-27-3* Yougoslavie, coup d'État contre le régent Paul. *-13-5* décret : les règlements internationaux ne joueront pas à l'Est. Actions militaires contre civils non sanctionnées. *-28-5* Grèce conquise par armée all. *-21-6 Solution finale* (extermination des Juifs d'Europe) mise en application en URSS. *-17-7* Alfred Rosenberg ministre responsable des territoires occupés de l'Est. *-18-8* Radio-Belgrade (allemande) diffuse comme dernier disque « Lili Marleen » [poème « la Jeune Sentinelle » écrit avril 1915 par Hans Leip, mis en musique en 1938 par Norbert Schultze, chanté par Lale Andersen (Danoise) ; chanson reprise en Libye par les soldats allemands et anglais et chantée en Amérique par Marlène Dietrich]. *-3-9 :* 1ers gazages expérimentaux à Auschwitz. *-15-9* étoile jaune *(Judenstern)* obligatoire. *-16-10* déportation systématique des 1ers Juifs berlinois. *-23-10* émigration juive interdite (environ 254 000 Juifs avaient quitté l'All. de 1933 à 39, et 23 000 autres la quitteront en 1940 et 41). *-7-12 décret (Erlass)* de Hitler dit **« Nuit et Brouillard »** *(Nacht und Nebel)* [aurait, à l'origine, porté le titre NN, initiales du latin *Nomen nescio* (« Je ne sais pas le nom »)] : « Tout habitant des territoires occupés de l'Ouest, présumé coupable de crimes contre le Reich ou contre les troupes d'occupation, doit être exécuté ou déporté clandestinement en All. pour y disparaître sans qu'aucune information soit donnée à son sujet. » Hitler quitte Berlin et vit dans un QG en Russie, puis en Prusse-Orientale. *-11-12* All. et Italie déclarent la guerre aux USA. **1942**-*20-1* conférence des SS à *Wannsee* sur la Solution finale sous la présidence de Heydrich. *-24-1* interdiction aux Juifs d'utiliser les transports publics. *-8-2* Albert Speer (min. de l'Armement) succède à Fritz Todt (4-9-1891/8-2-1942). *-31-8/mars 1943* nombreux membres « Orchestre rouge » arrêtés. 57 condamnés à mort ou suicidés. **1942-44** Himmler fait fabriquer 700 milliards de fausses £ (420 mis en circulation) et faux $ par des faux-monnayeurs prisonniers de droit commun. **1943**-*3-1* Hitler proclame une « guerre totale ». *-13-1* hommes et femmes (dont les forces de travail sont utilisables) sont mobilisés. *-22-2* Hans et Sophie Scholl (du réseau de résistance de la Rose blanche) pendus à Munich. *-Mars* plusieurs tentatives d'attentats contre Hitler par des officiers, échecs. *-12-4* Martin Bormann secrétaire du chef suprême. *-19-4* début de l'insurrection du ghetto de Varsovie. *-11-6* Himmler ordonne de liquider les ghettos en Pologne. *-21-6* même mesure en URSS. *-12/13-7* près de Moscou, le comité national « Allemagne libre » est fondé (*Pt :* Erich Weinett, poète). *-25-7/3-8* Hambourg en flammes après 7 attaques aériennes. *-11/12-9* près de Moscou, Fédération des officiers allemands (prisonniers, BDO) fondée. **1944**-*mars* Berlin, nombreux bombardements. *-5-7* arrestation de réseaux communistes et de sociaux-démocrates. *-20-7* attentat contre Hitler (légèrement blessé). *-8-8* URSS, le Mal Paulus déclare aux prisonniers de guerre all. et au peuple all. que l'All. a perdu la guerre et qu'il faut se séparer de Hitler afin de former un nouvel État démocratique. *-Mi-août* opération « Orage » : 5 000 opposants arrêtés préventivement. *-Août/mars 1945* nombreux résistants condamnés et exécutés. *-12-9* protocole et *14-11 accord de Londres* déterminant 4 zones d'occupation et 1 territoire spécial de Berlin. *-15/16-10* Horthy (Hongrois) annonce un armistice, mais il est destitué et arrêté. *-Nov.* Hitler se réfugie dans un bunker sous la chancellerie de Berlin ; abusant de médicaments, il perd peu à peu la raison. **1945**-*13/14-2* bombardements de Dresde (voir à l'Index). *-Avril* **Goebbels** chancelier [Joseph (1897-1945) ; 1,62 m, 50 kg, 1 jambe plus courte de 5 cm. Fils d'ouvrier. Études de philosophie. *1922* de tendance socialiste, s'inscrit au Parti nazi (à l'aile gauche). *1927* fonde le journal nazi *Der Angriff* (« l'Attaque »). *1928* chef de la propagande du Parti. *1933-13-3* ministre de l'Information publique et de la Propagande. *1943-13-2* promoteur de la « guerre totale ». *1944* chef de la répression après le putsch manqué du 20-7. Chargé de la direction de la guerre totale en août]. Assassinat, sur ordre de Himmler, d'internés (dont Dietrich Bonhoeffer, Wilhelm Canaris, Hans von Dohnanyi, Georg Elser, Albrecht Haushofer, Hans Oster). *-25-4 :* 318 bombardiers Lancaster larguent, en 1 h 30, 1 232 t de bombes sur l'Obersalzberg à Berchtesgaden (Bavière) ; des SS détruisent le reste (les bunkers, creusés de 25 à 70 m de profondeur, où 2 500 personnes survécurent aux bombes). *-30-4/1-5* à Berlin dans le bunker, Hitler ni cliniquement fou ni dépendant des drogues, mais atteint de dépression, d'inflammation du côlon, de troubles cardiaques et de la maladie de Parkinson, et « bourré » de médicaments, se suicide en se tirant une balle dans la bouche avec un walther 7,65 (après avoir avalé une capsule de cyanure), avec une dizaine de ses compagnons dont sa maîtresse (depuis 1932) Eva Braun (née 1912,

SITUATION ÉCONOMIQUE

■ **Avant 1939.** **Production industrielle** (1938, base 100 en 1928) : indice général 127. Ind. lourde 144, biens de consom. 116. **Revenu national** (1938, en milliards de Reichsmarks) : 79,8. **Chômeurs** (en milliers) : *1924-mai :* 321 ; *-déc. :* 283 ; *1928 :* 269 ; *1930-juillet :* 1 000 ; *1932-juillet :* 5 392 ; *-nov.* 5 355 ; *1933-févr. :* 5 599 ; *1938 :* 0,2. **Autoroutes** (1933-39) : 2 953 km construits, donnant du travail à 210 000 pers. **Logements** (1934-39) : 200 000 construits. **Dépenses militaires** (1939) : 17 % du PIB (10 % en G.-B., 20 % en France ; entre 1935 et 1939, l'All. consacra 13 % de son PIB à la défense et la France moins de 5 %) ; la préparation à la guerre commence véritablement en 1936 (avions de combat conçus : Dornier 17, Messerschmitt 109 et Stuka, 1ers essais 1937 ; blindés : PZKW I et II sortent 1933-34, chars modernes 1936-37). A partir de 1936, la production d'armement joue un rôle essentiel dans la croissance. **Agriculture** (1935-39, moyenne en q/ha, en All. et, entre parenthèses, en Fr.) : *avoine* 24 (14), *blé* 27 (16), *pommes de terre* 176 (114). **Commerce extérieur : part de l'Allemagne dans les importations** (en %, 1939) : Bulgarie 52, Yougoslavie 42, Roumanie 40, Hongrie 29,7, Grèce 29. *Amér. latine (1937) :* Chili 26 (part des USA 29,1), Équateur 24,1 (39,6), Brésil 20 (24,3), Mexique 14,8 (64,6), Argentine 10,3 (16,4). **Évolution du mark** (cours du $) : *1918-1-10 :* 4,20 ; *1921-1-7 :* 75 ; *1922-1-7 :* 402 ; *1923-1-1 :* 7 260, *-1-7 :* 160 000 ; *-1-9 :* 13 millions ; *-1-10 :* 242 millions ; *-30-11 :* 4 200 milliards. Le 15-11-1923, création du *Rentenmark* (stabilisation de la monnaie). 30-8-1924, création du *Reichsmark,* à la parité de 1914. **Évolution des prix de gros** (janvier 1913 : indice 1) : *1920-1-1 :* 12,6 ; *1921-1-1 :* 14,4 ; *1922-1-1 :* 36,7, *juillet :* 101 ; *1923-1-1 :* 2 785, *juillet :* 74 787, *août :* 944 041, *sept. :* 70 958 000, *15-11 :* 750 000 000 000.

■ **1939-45.** **Production industrielle** (indice 100 en 1938) : *1939 :* 110 ; *40 :* 109 ; *41 :* 130 ; *42 :* 130 ; *43 :* 138 ; *44 :* 118. **Main-d'œuvre** (en millions de personnes, en mai) : *1939 :* 39,1 (femmes 14,6) + étrangers et prisonniers de guerre 0,3 ; *43 :* 30,3 (14,8) + 6,3 ; *44 :* 29 (14,8) + 7,1. **Rations distribuées** (en calories) : 1938-39 : 3 239 ; *1942-43 :* 3 510 ; *sept. 1944-janv. 1945 :* 2 828.

Frais d'occupation perçus par le Reich (en milliards de DM, 2d semestre 1940 et, entre parenthèses, en 1944 du 1-1 au 10-9) : total 4 (84) dont *France 1,75 (35,25),* P.-Bas 0,8 (8,75), Belgique 0,35 (5,7), Danemark 0,2 (2), Italie (après sept. 43) (10), autres pays occupés 0,9 (22,3).

Procès de Nuremberg

■ **1942**-*13-1* Londres, *conférence interalliée* avec les représentants de 8 gouvernements en exil et du Comité de la France libre : demande que la fin de la guerre ait pour aboutissement principal, entre autres, le châtiment des coupables des crimes contre l'humanité, quel que soit leur degré de responsabilité. **1943**-*oct.* Londres, *Commission des crimes de guerre des Nations unies* créée ; regroupe Afrique du Sud, Australie, Belgique, Canada, Chine, France (CFLN), G.-B., Grèce, Inde, Luxembourg, Nlle-Zélande, Norvège, Pays-Bas, Pologne, Tchécoslovaquie, USA. *-20-10* Londres, 1re réunion aux Affaires étrangères [l'URSS, qui revendique 7 représentants (1 pour chacune de ses Républiques qui fut siège des combats : Ukraine, Biélorussie, 3 Républiques baltes, République carélo-finnoise et Russie), est absente]. La Commission ne dispose pas d'enquêteurs (mars 1944 : aucune preuve reçue attestant des massacres de Juifs en Pologne). *-30-10 déclaration de Moscou :* les ministres des Affaires étrangères [Cordell Hull (USA), Anthony Eden (G.-B.), Molotov (URSS)] évoquent 2 types de criminels : ceux ayant commis leurs crimes dans un seul lieu (seront jugés dans le pays même), et ceux, les ayant commis dans différents pays (seront punis en vertu d'une décision commune des gouvernements alliés). *-28-11/2-12 conférence de Téhéran, Roosevelt/Staline/Churchill.* Lors d'un dîner, Staline déclare que 50 000 officiers all. doivent être passés par les armes ; Churchill déclare que ni lui ni l'opinion publique anglaise ne sauraient tolérer des exécutions d'officiers en masse. **1944**-*22-10 conférence de Yalta :* Churchill aborde la question de la punition des criminels.

■ **1945** Truman refuse les exécutions sommaires et charge Robert Jackson (juge à la Cour suprême depuis 1941 ; nommé officiellement le 2-5-1945 procureur général) de la préparation du procès. Les USA souhaitent que l'accent soit porté sur le « complot » nazi pour dominer l'Europe (avec un nombre limité d'accusés), mais aussi sur les organisations [instruments principaux du complot (cabinet du Reich, corps des chefs politiques du Parti, haut commandement des forces armées all., SS, SA et Gestapo)]. La G.-B. souhaite un procès rapide (moins de 2 semaines) et propose 10 noms. *-26-6 conférence :* Nikitchenko (Soviétique) critique la notion de crime contre la paix et la mise en accusation des organisations, et souhaite (en accord avec le Français Robert Falco) que l'accent soit mis sur les crimes de guerre (les nazis sont des criminels non parce qu'ils ont déclenché une guerre d'agression, mais pour l'avoir menée de façon criminelle, violant lois et coutumes de la guerre et commettant d'innombrables atrocités). *-2-8* Nikitchenko accepte que le complot soit aussi retenu ; le procès se tiendra à *Nuremberg* (zone d'occupation américaine), le siège permanent du tribunal étant à Berlin où se déroulera la séance d'ouverture le 18-10-1945. *-8-8 accords de Londres et statut du tribunal militaire international* signés par les chefs des 4 délégations (France, G.-B., URSS, USA). Tous les gouvernements des Nations unies peuvent adhérer aux accords (Grèce, Danemark, Yougoslavie, Pays-Bas, Tchécoslovaquie, Pologne, Belgique, Éthiopie, Australie, Honduras, Norvège, Panamá, Luxembourg, Haïti, Nlle-Zélande, Inde, Uruguay, Paraguay y adhéreront). La procédure sera anglo-saxonne. Les décisions devront être prises à la majorité des 3/4. *L'art. 6* définit les crimes retenus comme crimes contre la paix (tous les accusés seront inculpés de « plan concerté ou complot ») : direction, préparation, déclenchement ou poursuite d'une guerre d'agression, ou de violation des traités, assurances ou accords internationaux, ou participation à un plan concerté ou à un complot pour l'accomplissement de l'un des actes qui précèdent. Les crimes de guerre sont définis dans le droit international depuis le début du siècle comme toutes violations des lois et coutumes de la guerre (assassinat, mauvais traitement des civils, des prisonniers ou des personnes en mer, déportation de civils pour travaux forcés ou tout autre but, exécution des otages, pillage des biens publics ou privés, destruction sans motif des villes et villages). Crimes contre l'humanité (définition après 15 versions préliminaires) : assassinat, extermination, réduction en esclavage, déportation et tout acte inhumain commis contre toute population civile, avant ou pendant la guerre, ou persécution pour des motifs politiques, raciaux ou religieux, lorsque ces actes ou persécutions (qu'ils aient constitué ou non une violation du droit interne du pays où ils ont été perpétrés) ont été commis à la suite de tout crime de guerre (ou en liaison avec lui) entrant dans la compétence du tribunal. Cette définition limite dans le temps la notion de crime contre l'humanité (le mot *juif* n'est pas prononcé). La France souhaite que les persécutions soient définies comme un crime indépendant. Elle avait déjà proposé, lors du massacre des Arméniens pendant la guerre de 1914-18, que, compte tenu des « crimes de la Turquie contre l'humanité », les Alliés annoncent que tous les membres de l'État ottoman et leurs agents (impliqués dans les massacres) soient considérés comme personnellement responsables de leurs actes ; que l'accusé ait agi conformément aux instructions de son gouvernement ou d'un supérieur hiérarchique ne le dégagera pas de sa responsabilité, mais pourra être considéré comme un motif de diminution de la peine, si le tribunal décide que la justice l'exige *(art. 8)*. *-29-8* liste des accusés rendue publique (24 noms), ainsi que la liste des organisations (cabinet du Reich, corps des chefs politiques du Parti nazi, SS, Gestapo, SA, état-major général et haut commandement des forces armées all.). *-18-10* Berlin, séance inaugurale. *-20-11* le procès s'ouvre à 10 h à Nuremberg (le palais de justice et la prison, reliés par un tunnel, l'hôtel de ville et le Grand Hôtel sont pratiquement les seuls monuments encore debout après les bombardements).

Règles de procédure définies par le tribunal militaire international ; art. 13 de son statut : il s'engage à adopter autant que possible une procédure rapide et non formaliste ; *art. 19 :* décrète qu'il n'exigera pas que soit rapportée la preuve de faits de notoriété publique, mais les tiendra pour acquis ; *art. 21 :* nul recours en grâce possible. *Débats en 4 langues :* allemand, anglais, français, russe. *Composition : 8 juges* (dont 4 suppléants) : G.-B. : Justice Lawrence (Pt), Norman Birkett ; USA : Francis Biddle (suppléant John Parker) ; France : Donnedieu de Vabres (Robert Falco) ; URSS : I. T. Nikitchenko (Lt-Cel A. F. Voltchkov). *Procureurs :* USA : Robert Jackson ; G.-B. : sir Hartley Shawcross (fréquemment retenu à Londres, souvent représenté par Maxwell-Fyfe) ; URSS : Gal R. A. Rudenko (adjoint : Cel Y. V. Pokrovsky) ; France : François de Menthon [en janv. 1946, nommé min. de la Justice, est remplacé par Auguste Champetier de Ribes (avocat assisté par Edgar Faure et Charles Dubos)]. *1 substitut français :* Serge Fuster (alias Casamayor). L'URSS parle au nom des pays devenus ses satellites (notamment la Pologne), la France au nom des pays occupés de l'Ouest (Belgique, Pays-Bas, Norvège, Luxembourg). Il n'y a plus que 21 accusations sur les 24 présentées [*Gustav Krupp :* cas dissous pour raison de santé ; *Robert Ley :* chef du Front du travail, s'est pendu le 25-10-1945 dans sa cellule avant l'ouverture du procès ; *Martin Bormann :* né 1900, s'est suicidé le 2-5-1945 (os expertisés en 1998, on le disait mort le 15-2-1959 d'un cancer de l'estomac soigné par Mengele à Humenau) enterré à Ita, Paraguay (sera jugé par contumace)]. Chaque accusé a choisi un avocat sur une liste où, en principe, ne figure aucun nazi. Les organisations criminelles ont eu des avocats commis d'office. *Chefs d'accusation : nº 1 :* plan concerté ou complot ; *nº 2 :* crimes contre la paix ; *nº 3 :* crimes de guerre ; *nº 4 :* crimes contre l'humanité. Les inculpés se déclarent non coupables.

■ **1946**-*31-8* les 21 accusés font leurs dernières déclarations. *Audiences publiques :* 403. *Témoins entendus :* à charge 33, à décharge 61. *Accusés ayant comparu personnellement à la barre :* 19. **Dernière séance :** 14 h 50, durée *audience finale :* 45 minutes (moins de 2 minutes par condamné). Presse exclue. *Annonce des verdicts.* Le Pt déclare ensuite que le juge soviétique a demandé que soit mentionné son désaccord concernant les 3 acquittements, la peine de prison à vie de Rudolf Hess et l'acquittement de 3 des « organisations ». *Concernant les acquittés :* le tribunal préconise leur libération immédiate, mais la police all. est prête à les arrêter pour les traduire devant des tribunaux all. Le Cel Andrus leur offre l'hospitalité dans sa prison, où ils restent 4 jours. *Dépositions écrites produites par la défense :* 143. [La commission d'enquête, chargée de recueillir les témoignages relatifs aux organisations, nommée par le tribunal, avait présenté 101 témoins entendus à la demande de la défense, 1 809 dépositions écrites (d'autres témoins) fournies, 6 rapports résumant le contenu d'autres dépositions écrites (38 000 écrites, signées par 155 000 personnes pour les chefs politiques, 136 213 pour les SS, 10 000 pour les SA, 7 000 pour le SD, 3 000 pour l'état-major général et l'OKW, 2 000 pour la Gestapo).] *Documents à charge versés contre les accusés et organisations :* plusieurs milliers.

Condamnés à la pendaison : Hermann Göring [né 12-1-1893, 53 ans ; fils d'un haut fonctionnaire colonial, as de l'aviation (1914-18 : 30 victoires). *1920* épouse une Suédoise. *1922* appelé au Parti nazi. *1923-9-11* blessé lors du putsch de Munich. Assure le financement du Parti par l'aristocratie et la haute finance. *1933-39* ministre de l'Air. *1933-avril* crée la Gestapo, mais doit en laisser la direction à Himmler. *1935* remarié à l'actrice Emmy Sonnemann, mène un train de vie fastueux. *1938* Reichsmarschall. *1940* perd son influence auprès de Hitler après l'échec de la bataille d'Angleterre. *1945-23-4* tente de prendre en main le pouvoir, Hitler étant incapable de l'exercer. Accusé de trahison, il doit abandonner ses fonctions. Arrêté par les Américains. *1946* condamné à mort (passe, en captivité, de 118 à 83 kg)], il s'empoisonne le 15-10 à 22 h 45 (cendres dispersées dans l'Isar). **Exécutés le 16-10-1946** (entre 1 h 11 et 2 h 52 du matin, dans la salle de gymnastique de la prison où avaient été dressés 3 gibets, devant 45 témoins ; leurs cendres seront dispersées avec celles de Göring) : **Joachim von Ribbentrop** (né 30-4-1893 ; 53 ans), min. des Affaires étrangères, arrêté le 14-6-1945. **Ernst Keitel** (né 22-9-1882 ; 64 ans) Generalfeldmarschall, chef du haut commandement, arrêté 13-5-1945. **Ernst Kaltenbrunner** (né 1903 ; 43 ans), chef des camps de concentration, arrêté 15-5-1945. **Alfred Rosenberg** (né 12-1-1893 ; 53 ans), ministre des Territoires occupés de l'Est. **Hans Frank** (né 23-5-1900 ; 46 ans), gouverneur général de Pologne, arrêté 6-5-1945. **Wilhelm Frick** (né 12-3-1877 ; 69 ans), min. de l'Intérieur puis protecteur de Bohême-Moravie en 1943. **Julius Streicher** (né 12-2-1885 ; 61 ans), propagandiste de l'antisémitisme (journal *Der Stürmer* fondé 1923), arrêté 23-5-1945. **Fritz Sauckel** (né 27-10-1894 ; 51 ans), organisateur du travail obligatoire. **Alfred Jodl** (né 10-5-1890 ; 56 ans), chef d'état-major général. **Arthur Seyss-Inquart** (né 22-7-1892 ; 54 ans), Autrichien, a préparé l'Anschluss, gouverneur des Pays-Bas, arrêté mai 1945. *Bourreau* (ayant exécuté les 10 condamnés) : *John C. Woods* (1950 se tue accidentellement en manipulant une nouvelle chaise électrique).

Condamnés à la prison à vie (nul ne pourra voir sa peine réduite sans l'accord unanime des 4 puissances) : **Rudolf Hess** [(né 26-4-1894, de mère anglaise ; *1917* sous-Lt d'infanterie, blessé ; muté dans l'aviation. *1922* membre du Parti nazi. *1923* participe au putsch de Munich : devient l'ami intime de Hitler. *1933-1-12* ministre sans portefeuille. *-21-4* suppléant de Hitler. *1941-10-5* féru d'astrologie, tente, pour des raisons astrales, de négocier la paix avec l'Angleterre en se rendant, à bord de son avion personnel, en Écosse (il saute en parachute sur Kilmarnock à 20 km de la propriété du duc de Hamilton). *-13/15-5* voit sir Ivone Kirkpatrick (représentant du gouvernement). *-10-6* voit lord chancelier Simon *(idem)*. Churchill refuse de le recevoir.] Condamné à la prison à vie à Nuremberg. Incarcéré à Spandau (Berlin), où il restera le seul prisonnier après le 30-9-1966. Il n'obtint jamais sa grâce (opposition des Russes) et se suicidera en se pendant (certains ont parlé d'assassinat) le 17-8-1987 à 93 ans après 46 ans de détention. La captivité de Hess, surveillé par 50 soldats, revenait à 8 millions de F par an à l'All. **Walther Funk** (56 ans, 18-10-1890/31-5-1960), Pt de la Reichsbank, arrêté 11-5-1945, libéré 16-5-1957, jugé inapte à la détention. **Erich Raeder** (70 ans, 24-4-1876/6-11-1960), grand amiral, libéré 2 6-9-1955 pour raisons de santé. **A 20 ans de prison : Baldur von Schirach** (39 ans, 1907-74), Führer de la jeunesse, se livre 5-6-1945, libéré 1-10-1966. **Albert Speer** (40 ans, 1905-81), architecte, min. de l'Armement en février 1942 [responsable de la politique (fin 1942) et de l'économie de guerre (sept. 1944)], libéré 1-10-1966. **A 15 ans : Bon Constantin von Neurath** (72 ans, 1873/14-8-1956), min. des Affaires étrangères, libéré 6-11-1954 pour raisons de santé. **A 10 ans :** Karl Dönitz (55 ans, 1891-1980), grand amiral, arrêté fin mai 1945, libéré 30-9-1956.

☞ Ces 7 condamnés resteront en prison à Nuremberg avant que la forteresse de *Spandau* (conçue en 1882 pour 600 détenus), dans le secteur britannique de Berlin, soit prête à les accueillir le 18-7-1947. La prison, dont ils sont les seuls occupants, devient une prison internationale ; elle sera détruite après la mort de Hess.

Acquittés : Hjalmar Schacht (69 ans, 1877-1970), min. de l'Économie (arrêté juillet 1944 par les Allemands ; restera en prison jusqu'en avril 1947 : condamné à 8 ans de travaux forcés ; son avocat fait appel : acquitté en 1948 ; 1952 consultant du gouvernement indonésien, puis de différents pays du Moyen-Orient). **Franz von Papen** (66 ans, 1879-1969), chancelier du Reich ; 1947 traduit devant un tribunal de dénazification : condamné à 10 ans de travaux forcés ; 1949 fait appel : peine réduite ; libéré, mourra dans sa famille. **Hanz Fritzsche** (46 ans, † 1953), adjoint de Goebbels (au bout de 4 mois, traduit devant la cour de Nuremberg chargée de la dénazification : condamné à 5 ans de prison ; sept. 1950 libéré).

Nazis poursuivis

■ **Procès dans chacune des zones d'occupation.** 5 006 inculpés (dont condamnés à mort 794, exécutés 486). *Parmi ces procès,* 12 sont conduits à Nuremberg (en zone américaine) par Telford Taylor, appelés « procès successeurs » ou « procès des professionnels » ; au *1er procès :* des médecins, *2e :* Gal Milch, *3e :* juristes, *4e :* Oswald Pohl (chargé de l'Office principal de l'administration économique de la SS et de la bureaucratie des camps de concentration), *5e et 6e :* industriels, *7e :* généraux ayant opéré dans le Sud-Est de l'Europe, *8e :* membres du RSHA (voir encadré p. 973 c), *9e :* Otto Ohlendorf et d'autres chefs des Einsatzgruppen, *10e :* Krupp, *11e :* essentiellement diplomates, *12e :* généraux ayant attaqué l'URSS.

1949 création de la RFA et de la RDA, remplaçant les gouverneurs militaires par des hauts-commissaires alliés qui s'en remettent aux tribunaux all. pour les crimes nazis selon le droit pénal all. **1950-55** 628 condamnés (essentiellement des gardiens de camps de concentration). **1955** seules les personnes suspectées de meurtre avec préméditation peuvent encore être l'objet de poursuites judiciaires. Les procès commencent devant les tribunaux all. jugeant des Allemands pour des crimes commis contre d'autres Allemands (condamnés pour des délits généralement mineurs : 5 288). Preuves difficiles à réunir, suspects souvent introuvables. **De 1945 à 1955,** les tribunaux ont surtout examiné les crimes commis contre des citoyens allemands : assassinats des antinazis après 1933, exécutions sommaires pratiquées par les fanatiques de la dernière heure, personnel médical responsable du programme d'« euthanasie ».

☞ 60 000 à 80 000 Allemands et Autrichiens partirent en Argentine, dont 3 000 à 8 000 nazis, dont 50 criminels de guerre (la plupart via Rome ou Gênes).

A partir de 1956, les tribunaux, assistés depuis 1959 par l'Office central de recherche des criminels nazis, installé à Ludwigsburg, examinent le dossier des camps de concentration et des massacres commis sur le front de l'Est. Erwin Schüle (1er directeur) a été chargé de l'enquête qui aboutit, à Ulm, au procès « de l'escadron ». Un Cdt SS, responsable du massacre de Juifs en Lituanie, en 1941, a été déclaré non coupable par un tribunal de dénazification. **En 1986,** 1 300 procès étaient en cours en All. Sur 120 000 criminels nazis vivants, 20 000 avaient été jugés ; 7 500 vivaient en Argentine. *Disparus :* Heinrich Müller (né 2-5-1900), Richard Rucks et Josef Mengele [né 1911 ; médecin-chef d'Auschwitz, responsable de 300 000 †, réfugié au Paraguay puis au Brésil, † 1979 ; corps exhumé

6-6-1985 à Embu (Brésil), reconnu comme le sien].

Le 16-2-1996, les parquets de Cologne et de Francfort ont annoncé qu'ils offraient 1,7 million de F de récompense à toute personne qui permettra l'arrestation d'*Aloïs Brunner* (né Autriche 8-4-1912, signalé en Syrie, puis Amér. du Sud), collaborateur d'Eichmann et principal artisan de la déportation à Auschwitz de plus de 100 000 Juifs entre 1941 et 1945 ; on l'a dit mort en 1996. Le 2-3-2001, condamné par contumace à la réclusion criminelle à perpétuité par la cour d'assises de Paris. Reconnu coupable de crimes contre l'humanité pour avoir déporté de Drancy, le 31-7-1944, 345 enfants juifs (284 assassinés). En août 1993, Kurt Hubert Franz (né 1915), ancien commandant de Treblinka, a été libéré après 28 ans de prison (1965 condamné à perpétuité).

☞ **L'Allemagne elle-même** a poursuivi 91 000 nazis, du 8-5-1945 à août 1986 ; 6 479 ont été condamnés dont 12 à mort, 160 à la prison à vie, et 6 192 à des peines de prison limitées.

■ **Procès dans les pays occupés.** Les criminels qui ont commis leurs forfaits dans un seul pays sont ramenés dans ce pays pour y être jugés devant des tribunaux ordinaires (cas pour Norvège, Danemark et Yougoslavie), des tribunaux militaires spéciaux (Grèce et Italie) ou des tribunaux spéciaux (Tchécoslovaquie et Pologne). Sont jugés, selon les pays, en vertu du droit pénal ordinaire, selon la création de délits spéciaux se rapportant à la période nazie avec effet rétroactif ou selon un système mixte adaptant la législation existante. *Rudolf Höss,* témoin à Nuremberg, sur Auschwitz, est condamné à mort en Pologne et pendu à Auschwitz en 1947. *Dieter Wisliceny* (délégué d'Eichmann en Slovaquie, Grèce et Hongrie) est condamné à mort et exécuté à Bratislava en 1947.

Procès de nazis en France : *Klaus Barbie* (voir à l'Index). *Karl-Albrech Oberg* et *Helmut Knochen* (né 14-3-1910), condamnés à mort le 20-9-1954, peine commuée le 10-4-1958 en perpétuité et 31-12-1959 en 20 ans de détention ; libérés 26-11-1962 (remise de peine).

1960-*23-5* Ben Gourion (PM israélien) annonce qu'*Eichmann* (chef du service IV-B-4 du RSHA ; chargé en 1941 de la « Solution finale du problème juif » ; arrêté 1945 par les Alliés ; évadé) a été ramené d'Argentine en Israël par les services secrets israéliens ; après un procès de 8 mois, il est pendu le 31-5-1962 à 56 ans ; ses cendres seront jetées en haute mer, hors des eaux territoriales d'Israël. **1964** le service central engage plus de 700 enquêtes. -*Octobre à sept.* **1965** importants procès dont : à Düsseldorf, celui de *10 tortionnaires de Treblinka,* et à Francfort, de *22 membres du personnel d'Auschwitz.* En 1965, la prescription de 20 ans pour les meurtres devant jouer dans la plupart des pays européens, le crime contre l'humanité est déclaré imprescriptible en All. et en France (loi du 26-12-1964, votée à l'unanimité). **1968**-*26-11* l'Assemblée générale de l'Onu adopte la convention sur l'imprescriptibilité des crimes contre l'humanité.

Rôle de Beate et Serge Klarsfeld : 1970 ils ont traqué les nazis vivant en paix en All. fédérale, Amérique latine ou Syrie pour qu'ils soient jugés. **1979**-*23-10* grâce à leurs actions, les procès de *Kurt Lischka* (adjoint permanent du commandement de la Gestapo et du SD en France occupée), d'*Herbert Hagen* (chef du service des affaires juives du SD, un temps le supérieur d'Eichmann, chef des SS de la police all. en France à partir de 1942) et d'*Henrichsohn* (1941-42 adjoint de Dannecker et de Röthkte au service des affaires juives de la Gestapo), s'ouvrent. **1980**-*févr.* Hagen condamné à 12 ans de prison. **1983** Klaus Barbie, extradé de Bolivie, est jugé (voir à l'Index).

■ **Bilan.** Les 3 Occidentaux (USA, France, G.-B.) ont prononcé 5 025 condamnations, dont 806 à mort.

épousée le 28-4-1945, Goebbels étant leur témoin). [Les cadavres seront découverts par les Soviétiques (celui d'Hitler sera identifié par son dentiste) puis le 8-5 seront confiés à la 3e armée de choc et le 21-12-1946 enterrés au QG du Smerch. Le 13-3-1970, Youri Andropov, Pt du KGB, recommandera de les incinérer. En avril, les cendres furent dispersées dans un petit affluent de l'Elbe. Seul subsistera un fragment du crâne d'Hitler percé d'une balle]. -*1-5* après la mort d'Hitler, Goebbels (ayant tenté avec Bormann de conclure un armistice séparé avec les Soviétiques) s'empoisonne au cyanure avec sa femme Magda et leurs 6 enfants [leurs restes, retrouvés entre les 3 et 5-5, et le 30-5, seront enterrés à Magdebourg le 21-2-1946, puis brûlés et dispersés en avril 1970]. -*2-5 capitulation de Berlin* sans conditions, signée par le dernier Cdt (Gal Weidling). **Grand amiral Karl Dönitz** (1891-1980) Pt du Reich. -*8-5 reddition sans condition* des forces all. signée à Reims. -*9-5* ratifiée à Berlin par Keitel.

■ **Résistance aux nazis.** La *Schwarze Kapelle* (« Orchestre noir »), née vers 1930, est opposée à la *Rote Kapelle* (« Orchestre rouge »), née après l'agression contre l'URSS (regroupe chrétiens et juifs, dont une centaine de membres seront arrêtés le 30-8-1942).

■ **Tentatives manquées d'attentats contre Hitler.** Une douzaine connues, qui échouèrent par suite de défaillances techniques ou à cause de changements de programme de dernière minute. **Maurice Bavaud,** étudiant en théologie, neuchâtelois (pendu le 14-5-1941). **Georg Elser** (né 1903), ébéniste, dispose un engin le 8-11-1939 lors de la parade célébrant à Munich l'anniversaire du putsch de 1923 [à 21 h 35, le plafond de la brasserie (Bürgerbräukeller) s'écroule : 8 †, 60 blessés ; Hitler, visé, était parti à 21 h 07 par le train, et non en avion, à cause du brouillard] ; a agi seul ; arrêté, torturé, avoue le 13-11 ; interné en camp de concentration en déc. ; abattu 9-4-1945 sur ordre de Himmler. **Lieutenant Fabian von Schlabrendorff** le 13-3-1943 place une bombe dans l'avion devant ramener Hitler de Winnitza (Ukraine) à son quartier général de Rastenburg (Prusse) ; 2 paquets d'explosifs camouflés dans des bouteilles de cognac sont remis à un colonel qui les prend à bord ; un produit corrosif devait attaquer un fil, libérant le détonateur ; l'explosion devait se produire 1 demi-heure après le décollage, mais en raison de perturbations, le pilote s'élève plus haut que prévu et le liquide gèle ; l'avion arrive sans encombre à Rastenburg. **Colonel Rudolf von Gersdoff** (chef du 2e bureau à l'état-major du groupe d'armées Centre, en Russie) le 21-3-1943 place 2 bombes dans sa capote et reste aux côtés de Hitler, décidé à sauter avec lui pendant la cérémonie prévue au musée de l'Armée, à Berlin, en l'honneur des héros morts ; le mécanisme est réglé sur 7 min, mais le froid prolonge le délai de 15 ou 20 min. **Capitaine von dem Bussche** (janvier 1944) et **lieutenant Ewald von Kleist** (février 1944) : échecs (emploi du temps d'Hitler modifié). **Colonel Cte Claus von Stauffenberg** (né 5-11-1907, chef d'état-major de l'armée de l'intérieur) : 1944 *opération Walkyrie* montée pour assassiner Hitler. Le Gal Ludwig Beck, ancien chef d'état-major général, devait devenir chef d'État, et le Mal von Witzleben Cdt en chef de la Wehrmacht. -*11-7* Stauffenberg, voulant supprimer à la fois Hitler, Göring et Himmler (plusieurs haut-gradés, dont les Maux Rommel et von Kluge, le souhaitaient), apporte une bombe à Berchtesgaden ; mais, Himmler n'étant pas là, il ne la déclenche pas. -*15-7* Hitler est dans sa « tanière » à Rastenburg (QG en Prusse-Orientale), Himmler et Göring sont absents ; Stauffenberg quitte la pièce et prévient ses complices à Berlin qu'il va quand même placer la bombe, mais Hitler est parti lorsqu'il revient dans la salle. -*20-7* il se décide à tuer Hitler, même seul ; lors d'une conférence dans des baraquements aux fenêtres ouvertes à cause de la chaleur, Stauffenberg prend place près de Hitler et dépose une serviette, contenant la bombe, contre le pied de la table ; puis sous prétexte d'un coup de téléphone, il quitte la conférence (4 minutes avant l'explosion prévue) ; entre-temps, un des officiers présents, gêné par la serviette, la pousse de l'autre côté du pied (qui protégera Hitler du souffle de l'explosion) ; à 12 h 42 la bombe explose. Stauffenberg croit Hitler tué et s'envole pour Berlin. Hitler n'est que blessé [plaies au dos (chute d'une poutre), brûlures aux jambes, cheveux calcinés, bras droit paralysé, tympans éclatés] ; il y a 4 † et plusieurs blessés graves. A Berlin, les conjurés occupent, en fin de journée, certains bâtiments, mais à 21 h, Hitler s'adresse au pays. A 23 h, les conjurés sont arrêtés ; Stauffenberg et 3 autres conspirateurs sont condamnés par une cour martiale à être exécutés sur-le-champ. Beck, qui s'est raté en se suicidant, est achevé ; von Kluge (30-10-1882/18-8-1944) et Rommel (15-11-1891/14-10-1944) seront contraints de se suicider ; 7 000 arrêtés (dont 5 000 exécutés). A Paris, le Gal Stülpnagel, croyant Hitler tué, et ayant fait arrêter les 1 407 membres de la SS et de la police, les relâche.

■ **Déserteurs de la Wehrmacht condamnés entre 1939 et 1945.** 35 000 dont 22 750 à mort (15 000 exécutés).

■ **De la fin du IIIe Reich à la réunification. 1945**-*23-5 Commission de contrôle alliée* prend le contrôle de l'All. Dönitz et le gouv. du Reich (dirigé par le Cte Johann-Ludwig Schwerin von Krosigk) sont arrêtés. Dissolution du gouv. all. et du Parti nazi. -*5-6 Déclaration de Berlin,* les 4 commandants en chef se réfèrent aux frontières de 1937. L'État all. demeure mais ses fonctions sont assumées (en indivis) par les Alliés. Chacune des 4 zones d'occupation est administrée par un gouverneur militaire ; les 4 Cdts en chef forment 1 conseil de contrôle allié (siège : Berlin) pour administrer l'All. dans son ensemble. Les décisions des organes de coordination sont prises à l'unanimité. -*11-7/-2-8* **conférence de Potsdam** au château de Cecilienhof définit de façon floue la politique d'occupation (dénazification, démilitarisation, démocratisation, décentralisation, réparations). Américains, Britanniques et Soviétiques entérinent aussi le principe de l'expulsion des Allemands se trouvant en Pologne, Tchécoslovaquie et Hongrie. Les territoires à l'est de la ligne Oder-Neisse, y compris Dantzig et la Prusse-Orientale, sont confiés à l'administration soviétique. La fixation définitive des frontières doit intervenir lors du traité de paix avec l'All. Création d'un Conseil des ministres des Affaires étrangères des 4. -*7-8* la France récuse le principe d'administrations centrales all. pour les 4 zones, mais considère comme définitive la ligne Oder-Neisse, installe en Sarre un gouv. ami et rattache la Sarre à l'ensemble économique français. -*20-11* ouverture du *procès de Nuremberg.* **1946**-*11-10* verdict (voir encadré p. 975). -*15/16-10* exécutions. **1947**-*1-1 fusion des zones américaine et britannique* (*bizone* décidée 2-12-1946). -*25-2* Prusse définitivement dissoute ; Berlin et Sarre ont des statuts spéciaux. -*29-5* Américains et Britanniques décident de faire élire, et non plus de nommer, les membres de l'administration de la bizone, qui comprend 1 Conseil économique *(Wirtschaftsrat)* faisant fonction de Parlement et 1 Conseil exécutif *(Exekutivrat)* représentant les Länder et diverses administrations spécialisées. -*25-6* Conseil économique constitué : 52 membres venus des assemblées régionales [CDU-CSU 20 membres, SPD 20, petits partis 12 (dont KPD 3)], qui élisent leur Pt, *Erich Köhler* (qui sera aussi le 1er Pt du Bundestag). -*30-6* zones d'occupation. ZONE SOVIÉTIQUE : *Mecklembourg* (incorporation de la partie occidentale de la province prussienne de Poméranie), *Brandebourg* (province prussienne), *Saxe-Anhalt* (fusion province prussienne de Saxe/Anhalt), *Saxe* (incorporation d'une petite partie de la province prussienne de Basse-Silésie), *Thuringe.* ZONE BRITANNIQUE : *Rhénanie-du-Nord-Westphalie* (23-3-1946 fusion Nord de province rhénane prussienne/province prussienne de Westphalie, 21-1-1947 incorporation de la Lippe), *Basse-Saxe* [1-11-1946 fusion Hanovre (province prussienne)/Oldenbourg, Brunswick et Schaumburg-Lippe], *Schleswig-Holstein* (province prussienne), *Hambourg.* ZONE AMÉRICAINE : *Brême, Hesse* [19-9-1945 fusion plus grande partie de Hesse/province prussienne de Courhesse (Kurhessen) et plus grande partie de province prussienne de Nassau. Kurhessen et Nassau constituaient la province de Hesse-Nassau jusqu'en 1944), *Bavière* (sauf Palatinat rhénan), *Wurtemberg-Bade* (parties N. de Bade et Wurtemberg)]. ZONE FRANÇAISE : *Rhénanie-Palatinat* (22-5-1946 fusion partie S. de province rhénane prussienne/Palatinat rhénan bavarois et quelques parties de Hesse et province prussienne de Nassau), *Bade* (-du Sud), *Wurtemberg-Hohenzollern* (fusion partie N. du Wurtemberg/le Regierungsbezirk prussien de Sigmaringen). **1948**-*5-2* **statut de Francfort** pour la bizone. *Conseil économique :* 104 membres ; *Conseil des Länder de la bizone (Länderrat) :* 24 membres, issus des gouvernements régionaux, forment la seconde Chambre. *Conseil administratif* devient une sorte de gouvernement. -*23-2/-6-3* et *20-4/-7-6* **conférence des 6** à Londres (3 Occidentaux : Belgique, P.-Bas et Luxembourg). -*27-2* **accords de Londres** sur la dette all. : 14 millions de marks dont 7 datant d'avant-guerre (remboursement des emprunts Young et Dawes, dette de la Prusse) et 7 d'après-guerre (*plan Marshall,* aides britannique et française). -*2-3* Conseil administratif élit son directeur général (Hermann Pünder) et ses directeurs (pour l'Économie Ludwig Erhard). -*20-6* deutsche Mark introduit à l'Ouest et à Berlin-Ouest. -*23-6* blocus de Berlin (voir p. 980 a). **1949**-*8-4* zone française rejoint la bizone. -*4-5* accord quadripartite prévoyant la levée, le 12-5, du blocus et du contre-blocus imposé en représailles, et la réunion à Paris du Conseil des ministres des Affaires étrangères. -*10-5* Bonn capitale fédérale provisoire. -*23-5* **Loi fondamentale** (le nouvel État allemand comprend les 3 zones occidentales ; correspond à 52 % de la superficie et à 62 % de la population de 1937). -*14-8 1res élections* au Bundestag. -*Août* en prévision d'un nouveau blocus, réserves de vivres et de charbon constituées pour au moins 6 mois (entreposées à Berlin-Ouest dans 250 lieux tenus secrets). Après la réunification, la majeure partie sera donnée à l'URSS à titre humanitaire.

1949-*12-9* **Theodor Heuss** (1884-1963) élu Pt. -*15-9* **Konrad Adenauer** [5-1-1876/19-4-1967, 1917-1933 maire de Cologne ; 3-3 destitué ; 1933-44 arrêté ; 1945 maire de Cologne ; 1949 Pt de la CDU] chancelier. -*21-9 fin du gouv. militaire.* -*7-10* RDA créée (voir p. 978 a). **1950**-*9-5* plan Schuman. **1951**-*18-4* traité créant la Ceca signé. -*Mai* révision du statut d'occupation. **1952**-*22-1* fin de la dénazification. -*26-5 convention de Bonn* **rétablissant souveraineté** . -*1-6* création du *rideau de fer.* **1955**-*5-5* entrée en vigueur des accords de Paris (signés 23-10-1953), traité mettant fin à l'état de guerre entre All., USA, France et G.-B., statut d'occupation aboli, All. adhère à UEO et entre à l'Otan. -*9-5* reconnaissance diplomatique. -*Sept.* adopte la *« doctrine Hallstein » :* la reconnaissance diplomatique de la RDA (All. de l'Est) par tout État autre que l'URSS entraînera la rupture des relations diplomatiques de l'All. fédérale avec cet État. **1957**-*1-1 Sarre rattachée* à l'All. (après plébiscite 23-10-1955). -*25-3* traités de Rome. **1958**-*8-9* attentat anti-américain à Francfort (2 †, 11 bl.).

1959-*1-7* **Heinrich Lübke** (1894-1972) élu Pt. **1961**-*août* **mur de Berlin** (voir p. 980 b). **1963**-*22-1 traité (de l'Élysée) d'amitié et de coopération franco-all.* -*15-10* Adenauer démissionne. -*16-10* **Ludwig Erhard** (1897-1977, CDU) chancelier. **1965**-*8-4* CEE créée. **1966**-*1-12* **Kurt Georg Kiesinger** (6-4-1904/9-3-1988, CDU) chancelier. **1967**-*2-6* Benno Ohnesorg, étudiant, abattu par un policier à Berlin, lors d'une manif. contre la visite du chah d'Iran. Cette date donnera son nom au groupe de résistance dit « mouvement du 2-Juin ». **1968**-*2-4* incendie d'un grand magasin à Francfort ; Andreas Baader, Gudrun Ensslin et 2 autres terroristes condamnés à 3 ans de prison. -*11-4* attentat contre le porte-parole du mouvement étudiant Rudi Dutschke (1940-79). -*7-11* Beate Klarsfeld gifle Kiesinger sur une tribune de la CDU en le traitant de « nazi ». -*14-11* recommence à Bruxelles.

1969-*5-3* **Gustav Heinemann** (1899-1976) élu Pt. -*21-10* **Willy Brandt** [né Herbert Frahm, Lubeck 13-12-1913/8-10-1992, 1933 socialiste, fuit en Norvège après avoir tué un SA qui l'a insulté, 1938 épouse Karlotta Thorkildsen, Norvégienne, devient norvégien (1943 s'en sépare) ; lorsque la Norvège fut occupée, se déguisa en soldat norvégien et se constitua prisonnier ; le 9-6-1940, Hitler libère les Norvégiens et Brandt gagne la Suède ; 1945 rentre en All. ; 1947 redevient all. ; 1957 maire de Berlin ; 1964 Pt du SPD] chancelier. L'All., renonçant à la *doctrine Hallstein,* commence à négocier avec RDA sur circulation et trafic postal. **1970**-*19-3* Erfurt, rencontre Brandt/Willi Stoph (PM de RDA). Début de l'*Ostpolitik* (acceptation du *statu quo* par des pays satellites de l'URSS). -*14-5* Baader libéré par un commando de la Fraction armée rouge (Far). -*12-8 traité germano-soviétique de Moscou :* URSS et All. féd. considèrent comme inviolables les frontières de tous les États en Europe. -*Déc.* Brandt en Pologne. -*7-12 traité de Varsovie germano-polonais :* la ligne Oder-Neisse constitue la frontière occidentale de la Pologne. *-17-12* accord sur le transit Berlin-Est/Berlin-Ouest. **1971**-*3-9 accord quadripartite* (France, G.-B., URSS, USA) sur Berlin. *-Oct.* Brandt prix Nobel de la Paix. *-17-12* accord avec RDA sur circulation entre Berlin-O. et All. féd. **1972**-*26-4 traité inter-allemand sur circulation. -17-5* Bundestag ratifie traités de Moscou et de Varsovie. *-24-5* Heidelberg, attentat contre QG américain visant l'ordinateur programmant des bombardements amér. au Viêt Nam, 3 † : Irmgard Möller, ex-membre de la Far, condamné (libéré 31-12-1994). *-Juin-juillet* arrestation de la **bande à Baader** (16 meurtres + 100 tentatives et 88 blessés) [début du procès 20-5-1975] : Andreas Baader (né 1943, condamné à la prison à vie 28-4-1977 ; suicidé le 17/18-10-1977) ; Jan-Karl Raspe (1944/suicidé 17/18-10-1977) et Holger Meins (1941, † 19-11-1974 après 53 jours de grève de la faim) à Francfort ; Gudrun Ensslin (suicidée 17/18-10-1977) à Hambourg ; Ulrike Meinhof (née 1934, suicidée 8/9-5-1976) à Hanovre. *-7-11 traité inter-allemand* normalisant rapports All. féd./RDA. *-20-12* accord Sénat Berlin-O./RDA sur laissez-passer. *-21-12* **traité fondamental** entre les 2 All. reconnaissant l'existence de la RDA, repoussé par Bundesrat par 21 voix contre 20 le 3-4-1973 (n'empêchera pas sa ratification, le Bundestag l'ayant approuvé), accepté le 25-5-1973. **1973**-*11-12* traité de Prague sur normalisation des rapports avec Tchéc. *-18-12 entrée à l'Onu.* **1974**-*6-5 Brandt démissionne* [arrestation le 24-5 de son conseiller Günter Guillaume (1927-95), en fait Peter Lohse capitaine de la RDA, accusé d'espionnage ; le 28-9-1981 sera gracié, expulsé le 1-10 (échangé contre 34 agents occidentaux détenus à l'Est ; en nov. 1981, 9 sont relâchés)]. *-Mai* **Helmut Schmidt** (23-12-1918, SPD) chancelier.

1974-*15-5* **Walter Scheel** (né 8-7-1919) élu Pt. *-21-11* le mouvement du 2-Juin tue Günter von Drenkmann, Pt de la cour d'appel de Berlin-O., pour venger Meins, mort 2 jours avant en prison. **1975**-*30-1 convention de Bonn* du 2-2-1971 ratifiée (permet de poursuivre, en All., les nazis condamnés par contumace en France). *-23-2* enlèvement du candidat à la mairie de Berlin-O., Peter Lorenz (leader CDU), relâché 5-3 contre libération de 6 membres du mouvement du 2-Juin. *-24-4* prise d'otages avortée à l'ambassade d'All. de Stockholm. Le gouvernement all. refuse de négocier (3 †) ; Bernd Rössner, condamné à la prison à perpétuité, sera gracié le 2-5-1993. *-9-10* accords germano-polonais (ratifiés au Bundesrat le 19-2 par 276 voix contre 191) : l'All. verse un crédit de 1 milliard de marks à taux symbolique, octroie une compensation forfaitaire de 1,3 milliard de marks aux Polonais ayant travaillé dans des entreprises nazies ; 125 000 Polonais de souche all. pourront émigrer en All. féd. dans les 4 ans (plus de 250 000 demandent à partir). **1976** plusieurs attentats. **1977**-*7-4* procureur général tué. *-5-9* l'organisation Matin rouge enlève *Hans-Martin Schleyer* (né 1915), Pt du patronat (3 gardes du corps et chauffeur tués), et le tue 42 jours plus tard (corps retrouvé 19-10). *-13-10* détournement d'un Boeing 737 de la Lufthansa ; le commando demande la libération de 11 détenus de la bande à Baader, les passagers sont libérés à Mogadiscio. *-18-10* à la suite des suicides en prison de Baader, Gudrun Ensslin, Jan-Karl Raspe (voir ci-dessus), la Far menace de commettre 100 000 attentats. *-11-11* suicide d'Ingrid Schubert (33 ans) en prison à Stadelheim. **1978** affaire *Lutze* (espionnage).

1979-*23-5* **Karl Carstens** (1914-92) élu Pt. *-Juin* échec d'un attentat de la Far contre Gal Haig (Cdt Otan en Europe). **1980**-*26-9* attentat à Munich à la fête de la Bière : 13 †, 211 blessés. *-Déc.* émeutes du mouvement alternatif à Berlin-O. : 120 bl. **1981**-*28-2 :* 50 000 manifestants antinucléaires à Brokdorf. *-10-5* Heinz Herbert Karry, min. des Finances de Hesse, favorable au nucléaire, assassiné. *-Mai* manif. de squatters à Berlin-O., Göttingen, Heidelberg, Fribourg. *-31-8* attentat de la Far (base Otan de Ramstein : 20 bl.). *-15-9* Gal Frederick James Kroesen, Cdt des forces terrestres américaines en Europe, blessé par la Far : 1 †. *-28-9 :* 3 000 All. de l'Est émigrent à l'Ouest moyennant paiement. *-10-10 :* 250 000 pacifistes manifestent à Bonn. *-11/13-12* Helmut Schmidt en RDA invité par Honecker. **1982**-*1-10* le Bundestag adopte la « motion de défiance constructive » de l'opposition (256 voix pour, 235 contre, 4 abstentions, 2 députés absents) ; **Helmut Kohl** (né 3-4-1930 ; 1,93 m, 120 kg ; CDU) chancelier. *-11-11* Brigit Mohnhaupt et Adelheid Schulz arrêtées. *-16-11* Christian Klar et dirigeants de la Far arrêtés.

1984-*23-5* **Richard von Weizsäcker** (né 15-4-1920) élu Pt. *-Nov.* groupe *Flick* accusé de corruption : avait en 10 ans donné plus de 25 millions de marks aux partis [Cte von Lambsdorff (né 10-12-1926), min. de l'Économie, compromis, démissionne le 26-6 ; sera condamné en février 1987 pour fraude fiscale (amende 180 000 DM). Rainer Barzel, Pt du Bundestag, démissionne]. *-18-12* attentat manqué contre l'école militaire de l'Otan à Oberammergau. **1985**-*7-1* bombe près d'un oléoduc de l'Otan. *-3-2* Ernst Zimmermann, industriel, assassiné par la Far. *-30-5* attentats anti-Otan à Francfort (gros dégâts matériels). *-19-6* bombe à l'aéroport de Francfort : 3 †, 32 bl. *-Août* Hans Joachim Tiedgen, conseiller du contre-espionnage all., passe à l'Est. *-19/21-9* Willy Brandt en RDA. *-27-10* Hesse, 3 écologistes au gouv. [1 ministre (Joschka Fischer, Environnement) et 2 secr. d'État]. *-24-11* attentat anti-américain à Francfort (23 bl.). **1986**-*19/21-2* visite de Horst Sindermann, Pt de la Chambre du peuple de RDA. L'affaire Flick ébranle les partis. *-5-4* discothèque la Belle à Berlin-O., bombe (Libye ?) : 2 † (dont 1 Américain), 118 bl. *-18-5* manif. antinucléaire à Wackersdorf [usine de retraitement (1 350 t/an) prévue en 1993, à 150 km de l'Autriche] : 300 bl. *-7-6* à Broksdorf : 27 bl. *-9-7* Heinz Beckurts, directeur général de Siemens, et son chauffeur tués par gauchistes. *-13-10* élections en Bavière, recul SPD (– 4,2 %), CSU (– 2 %), les Verts passent de 2,7 à 7,3 % des voix et ont 16 députés. **1987**-*11-3* **Kohl** réélu chancelier. *-7/11-9* Honecker en All. féd. *-10-10* suicide d'Uwe Barschel [chef du gouv. du Schleswig-Holstein (avait démissionné après scandale)]. **1988**-*mai* l'ancien Pt de la communauté juive, Werner Nachmann, aurait détourné 110 millions de F. *-3-10* F. J. Strauss meurt. *-11-10* Lambsdorff élu Pt du FDP. *-11-11* P. Jenninger, Pt du Bundestag, démissionne après un discours ambigu sur la « Nuit de cristal ». *-3-12* démission de la direction des Verts (parti condamné pour détournement de fonds). **1989**-*1-1* suppression des contrôles aux frontières de l'All. féd. *-29-1* poussée extrême droite et écologie aux élections de Berlin-O. *-12-3 municipales* en Hesse (Francfort), poussée extrême droite et écologie (Daniel Cohn-Bendit adjoint au maire). *-23-5* **Weizsäcker** réélu Pt (881 voix sur 1 022). *-1-7* réforme de la poste fédérale. *-7-8* l'All. ferme ses ambassades : Berlin-Est (où 130 Allemands de l'E. se sont réfugiés), *-13-8* Budapest (occupée depuis une semaine par 180 Allemands de l'E.), *-23-8* Prague (*3-9* les 3 500 Allemands de l'E. qui y sont réfugiés sont autorisés à émigrer), *-19-9* Varsovie (occupée par 110 Allemands de l'E.). *-9/14-11* Kohl en Pologne. *-9-11* la RDA ouvre sa frontière avec la RFA (voir p. 978 b). *-24-11* Genscher remet à la Roumanie une aide de 500 millions de DM. *-30-11* Alfred Herrhausen, directeur de la Deutsche Bank, assassiné par la Far (charge télécommandée). *-Déc.* l'All. refuse de signer la convention de Schengen (du 14-6-1985 préconisant la libre circulation entre All. féd., France, Benelux) car elle n'est pas applicable aux Allemands de l'E. *-18-12* SPD se prononce dans la « déclaration de Berlin » pour l'unité du peuple all. **1990**-*28-1 élections régionales en Sarre :* SPD 54,4 % des voix. *-10-2* Kohl à Moscou. *-20-2* les 12 de la CEE se prononcent pour la réunification. *-25-4 Oskar Lafontaine* échappe à un attentat à Cologne [agresseur : Adelheid Streid (née 1948)]. *-18-5 traité d'union monétaire économique et sociale* (DM unique le 1-7). *-21-6* ratifié par Bundestag (les députés de Berlin votent également). *-1-7* entrée en vigueur de l'union monétaire. *-16-7 accord Kohl-Gorbatchev :* l'All. réunifiée restera dans l'Otan. *-27-7* attentat manqué contre Hans Neusel, secrétaire d'État à l'Intérieur, revendiqué par la Far. *-12-8* fusion FDP/BFD (ancien Parti libéral est-all.). *-31-8* **traité d'unification** *(Einigungsvertrag)* signé à Berlin-Est (palais Unter den Linden), approuvé le 20-9 par le Parlement est-all. [299 voix pour (sur 380), 80 contre (P. communiste et extrême gauche), 1 abstention] et à Bonn par le Bundestag [442 voix pour, 47 contre (Verts et ultra-conservateurs représentant les Allemands expulsés des territoires de l'Est en 1945), 3 abstentions] et adopté le 21-9 à l'unanimité par le Bundesrat. *-12-9 signature à Moscou de* **l'accord « 2 + 4 »** (2 All. + vainqueurs de 1945) rétablissant la souveraineté pleine et entière de l'All. unifiée et réglant le retrait des troupes soviétiques de RDA (achevé 31-12-1994). *-13-9* services militaire 12 mois (auparavant 15), et civil 15 mois. *-18-9* traité de coopération franco-all. du 22-1-1963 et son protocole additionnel du 22-1-1988 sont appliqués à l'All. unie. *-27-9* congrès d'unification du SPD. *-1-10* à New York, déclaration officielle des ministres des Affaires étrangères de France, G.-B., URSS, USA, affirmant suspendre, à partir du 3-10-1990, leurs droits issus de la victoire de 1945.

■ **Depuis la réunification officielle.** **1990**-*3-10* à 0 h, la RDA adhère à la RFA, plus de 1 000 000 de manifestants à Berlin. *-9-10 traité germano-soviétique sur le retrait des troupes soviétiques* (l'All. versera 12 milliards de DM sur 4 ans + crédit gratuit de 3 milliards de DM). *-10-10* 8 espions de la Stasi arrêtés après la reddition de Klaus Kuron, du contre-espionnage fédéral. *-14-10 élections régionales* dans les 5 nouveaux Länder. *-19-10* siège du PDS perquisitionné : 107 milliards de marks auraient été illégalement virés en Norvège et aux P.-Bas, via la Sté est-all. Putnik. *-26-10* Wolfgang Pohl, Pt du PDS, arrêté après ses aveux. *-Nov.* aide alimentaire à l'URSS (700 millions de DM de vivres stockés à Berlin). *-9/10-11* Gorbatchev à Bonn. Traité de bon voisinage et coopération avec URSS. *-14-11 traité germano-polonais* confirmant la ligne Oder-Neisse. *-2-12 1res législatives panallemandes :* succès CDU/CSU. *-15-12* dernier réacteur nucléaire de RDA arrêté (Greifswald) après incidents. *-17-12* accusé d'avoir renseigné la Stasi, Lothar de Maizière (ministre et vice-Pt de la CDU) démissionne. *-20-12 1re réunion du Parlement unifié* (662 députés, dont 144 de la partie Est). *-21-12* la France réclame à l'All. le remboursement de dettes de la 2de Guerre mondiale (37 milliards de F de 1945 + 261 millions de Reichsmarks). **1991**-*17-1* **Kohl** réélu chancelier. *-18-3* manif. contre le chômage. *-20-3 :* 70 000 manifestants à Leipzig, *-25-3 :* 40 000 à 50 000. *-26-3 :* 4 anciens responsables de la Stasi arrêtés. *-1-4* Detlev Rohwedder (né 1933), responsable de la privatisation des entreprises de l'ex-RDA, assassiné par la Far (ou la Stasi). *-8-4* visa aboli pour Polonais : 91 000 franchissent la frontière (500 000 étaient prévus). *-20-6 Berlin* sera la capitale (vote Bundestag : 338 voix pour, 320 contre). *-Août* charnier de la Stasi découvert à Dresde (600 prisonniers polonais). *-17-8* cercueils de Frédéric II le Grand et de Frédéric-Guillaume Ier ramenés au château de Sans-Souci à Potsdam (abrités depuis 1945 au château de Hechingen). *-18/20-9* Mitterrand à Berlin et dans nouveaux Länder. *-Oct.* Hans-Jochen Vogel annonce son retrait. *-3-10* attentats contre foyers d'immigrés. *-4/5-10* tombe d'Adenauer profanée. *-7-10 traité germano-tchécoslovaque* de coopération. *-Sept.-oct.* agressions xénophobes. *-8-11* Berlin : statue de Lénine démontée (œuvre de Nikolaï Tomsky, inaugurée 15-4-1970 : hauteur 19 m, poids 400 t, 120 pièces), coût 340 000 F. *-11-12* décision du transfert des principaux ministères et services politiques du gouv. à Berlin ; Bonn reste le centre administratif avec 65 % des fonctionnaires **1992**-*12-1* manif. communiste à Berlin pour le 73e anniversaire de la mort de Rosa Luxemburg. *-Mai* 400 agressions racistes. *-19/23-10* Élisabeth II d'Angleterre en visite officielle (à Dresde le 22). Nombreux attentats ou manif. contre immigrés (dont le 22-8 à Rostock). Manif. antiracistes dont *8-11* Berlin, *13-12* Hambourg : 300 000 manifestants, et 500 000 le *20-12*. *-19/20-12* tombe de Marlene Dietrich profanée à Berlin. **1993**-*10-2* début du procès Croissant. *-1-7* loi restreignant le droit au statut de réfugié politique entre en vigueur. Rudolf Seiters, min. de l'Intérieur, démissionne après mort suspecte du terroriste Wolfgang Grams le 27-6. *-Août* « Topaze » et « Turquoise » (Rainer Rupp, né 1946, et Christine-Ann Rupp, Britanniques) arrêtés (de 1978 à 1989 ont renseigné ex-RDA et URSS sur Otan ; Rainer condamné à 12 ans de prison le 17-11-1994). *-28-10* Mathias Rust libéré par anticipation. *-14-11 :* 200 néonazis arrêtés lors d'une commémoration. *-25-11* Volkswagen, accord sur semaine de 29 heures. *-2-12* Pt von Weizsäcker agressé à Hambourg. *-5-12 :* 6 généraux de l'ex-RDA mis en accusation pour leur responsabilité dans les tirs sur fugitifs est-all. *-26-12* tombe de Marlene Dietrich de nouveau profanée. **1994**-*23-1* Manfred Brunner crée Parti du deutsche Mark (contre monnaie commune européenne). *-9-3* tuerie au tribunal d'Euskirchen : 7 †. *-24/25-3* synagogue incendiée à Lübeck. *-15-4* faillite du promoteur Jürgen Schneider. *-28-4* consommation du cannabis dépénalisée.

■ **1994**-*1-7* **Roman Herzog** (né 5-4-1934), élu Pt le 23-5, en fonction. *-31-8* départ des derniers soldats russes. *-8-9* Bundestag rejette le projet de loi d'amnistie pour déserteurs de la Wehrmacht. *-2-11* procès de Wolfgang Vogel, avocat intermédiaire dans échanges d'espions et d'émigrés de 1962 à 1989. *-15-11* **Kohl** réélu chancelier. **1995**-*janv.* inondations. *-17-1* procès d'Arno Funke, 44 ans, dit « Picsou » (« Dagobert » en allemand), maître chanteur, auteur de 6 attentats et tentatives d'incendie contre grands magasins. *-24-2* formations néonazies (P. ouvrier libertaire et Liste nationale) dissoutes. *-23-4* attentat contre Josef-Theodor Blank, député CDU (Cellules anti-impérialistes, ou AIZ, apparues 1992, mises en cause). *-10-8* le règlement obligeant les écoles publiques à accrocher un crucifix dans chaque classe en Bavière est déclaré inconstitutionnel. *-13-11* procès d'Egon Krenz [ancien Pt de RDA ; condamné 25-8-1997 à 6 ans et demi de prison pour sa responsabilité dans la mort d'environ 900 personnes ayant cherché à fuir à l'Ouest (il sera remis en liberté le 13-9) ; condamnation confirmée en appel 8-11-1999, pourvoi rejeté 12-1-2000, incarcéré 13-1]. **1996**-*18-1* incendie criminel (Libanais jaloux) dans un foyer d'immigrés de Lübeck, 10 †. *-15-6* Bonn : 300 000 manifestants contre plan d'austérité de 50 milliards de marks. *-7-9 :* 250 000 manifestants dans 6 villes. *-24-12* église évangélique de Sindlingen près de Francfort : une femme fait exploser 2 grenades ; 3 †, 13 bl. **1997**-*7-1* début du 2e procès de Marcus Wolf, chef (1958-86) des services secrets est-all. *-Juillet-août* grave crue de l'Oder (Allemagne orientale). *-Sept.* abandon du projet de réforme fiscale. *-15-10* Kohl désigne Wolfgang Schäuble (né 18-9-1942, Pt du groupe parlementaire CDU-CSU) comme son successeur. *-27-10* Berlin, manif. des scientologues contre la surveillance des pouvoirs publics. *-Nov.-déc.* nombreuses manif. d'étudiants pour de meilleures conditions d'études (2 000 000 d'étudiants pour 900 000 places). **1998**-*5-2 :* 1res manif. de chômeurs dans une centaine de villes. *-11-7 :* 10e *Love parade* de Berlin, 1 000 000 de personnes. *-27-9 législatives :* SPD 40,9 %, CDU-CSU 35,2 %. *-27-10* **Gerhard Schröder** (né 7-4-1944, SPD) élu chancelier (351 voix pour, 287 contre et 27 abstentions). **1999**-*19-4* Berlin, 1re session du Bundestag (Reichstag rénové par Norman Foster, Anglais).

■ **1999**-*1-7* **Johannes Rau** (né 16-1-1931, social démocrate) élu Pt le 23-5. *-9-11* 10e anniversaire de la chute du Mur (G. Bush, H. Kohl, M. Gorbatchev présents). **2000**-*1-6/31-10* **Exposition universelle de Hanovre** (thème : Homme, nature et technique) ; 18 millions de visiteurs, déficit 2,4 milliards de marks. *-14-6* accord avec industriels sur arrêt des centrales nucléaires avant 2021 et du retraitement des déchets avant 2005. *-14-7* réforme fiscale adoptée. **2001**-*9-1* Karl-Heinz Funke (ministre de l'Agriculture) et Andrea Fischer (min. de la Santé) démissionnent (vache folle). *-2-3* le tribunal de Bonn abandonne les charges retenues (financement occulte de la CDU révélé 5-11-1999) contre Kohl : amende de 150 000 euros.

☞ **Actions violentes :** *1983 :* de gauche 1 540 (dont 215 attentats). *1984 :* de gauche 1 269 (dont 148 attentats), néonazies 74 (dont 11 attentats). *1990 :* néonazies 270. *1991 :* néonazies 1 483, 3 † (92 % des victimes sont étrangères). *1992 :* néonazies 2 584 (sur 4 100 délits racistes) ; 17 † (8 étrangers, 9 Allemands), 850 bl. *1993 :* 2 232 (xénophobes) [9 † dont 5 Turcs (incendie à Solingen le 29-5)]. *1994 :* 1 489 (xénophobes). **Délits :** *1992 :* 6 291 519. *1993 :* 6 750 613 (meurtres et tentatives de meurtres : + 17 %).

ALLEMAGNE DE L'EST (RDA)

■ **Histoire. De 1945 à 1990 (réunification).** **1945** zone d'occupation soviétique *(Sowjetische Besatzungszone, SBZ)* [108 780 km^2, 30 % du potentiel économique du Reich]. *-9-6* constitution de l'administration militaire soviétique (Mal Joukov). *-14-7* P. communiste d'All. (KPD), P. social-démocrate d'All. (SPD), Union chrétienne-démocrate (CDU) et P. libéral-démocrate (LDP) forment le Bloc démocratique. *-27-7 :* 11 administrations centrales installées. *-Sept.* début d'une réforme agraire (expropriation des propriétaires possédant plus de 100 ha, des responsables nazis et des criminels de guerre). Réforme judiciaire. **1945-50 :** 11 camps d'internement soviétiques dont anciens camps nazis [Buchenwald (32 000 prisonniers dont 6 000 à 12 000 † ; détruit janv.-févr. 1950), Sachsenhausen, Bautzen] ; 200 000 à 250 000 détenus [dont anciens nazis, collaborateurs, adolescents soupçonnés de sabotage, non communistes (6 000 sociaux-démocrates)],

90 000 †. **1946**-*21/22-4* KPD et SPD fusionnent en P. socialiste unifié d'All. (SED). *-30-6* après plébiscite en Saxe, expropriation sans indemnisation des grandes entreprises et anciennes entreprises d'armement. **1948** amnistie partielle : 28 000 libérés, 13 945 transférés à la Stasi, 20 000 à 30 000 déportés en URSS. *-Automne* dernières élections libres : municipales, élections aux assemblées des Landtage et au conseil municipal de Berlin. *Résultats en zone soviétique sauf secteur de Berlin* (en %) : SED 47 ; CDU 25,4 ; LDP 24,6. Les « recommandations de Londres » des 3 puissances (USA, G.-B., France) en vue de la constitution d'un État fédératif ouest-all. et la réforme monétaire séparée, du 20-6, dans les zones occidentales, accélèrent la division de l'All. **1949**-*30-5* IIIe Congrès populaire all. adopte Constitution et élit le Conseil populaire all. qui, après la fondation de l'All. féd. en sept., devient, le *7-10,* Chambre populaire provisoire et constitue un gouvernement **(fondation de la RDA).**

1949-*11-10* **Wilhelm Pieck** (1876/7-9-1960, menuisier) élu Pt, et **Otto Grotewohl** PM. **1950**-*6-6 traité de Zgorzelec* (Görlitz) avec Pologne : ligne Oder-Neisse frontière commune (*9-6* RFA refuse de reconnaître l'accord). *-29-9* admission au CAEM (Comecon). *-15-10 :* 1re Chambre du peuple, élue sur liste unique. **1951**-*27-1* protocole avec Pologne sur frontière Oder-Neisse. Accord inter-zones entre les 2 All. **1952**-*juillet : 15 districts* (*Bezirke,* regroupant 36 arrondissements urbains et 191 ruraux) remplacent les 5 *Länder* (Mecklembourg, Saxe-Anhalt, Brandebourg, Saxe, Thuringe). **1953**-*13/14-5* augmentation de 10 % des normes de production dans l'industrie (baisse de 1/10 du salaire mensuel). *-16-6* Berlin, manif. : 10 000 ouvriers contre nouvelles normes (décidées par le SED). *-17-6* émeutes réprimées par l'Armée rouge et forces est-all. [Berlin : 25 † (environ 400 † dont 267 manifestants selon les Occidentaux), 4 000 emprisonnés, au moins 22 condamnés à mort]. **1954**-*23-3* l'URSS octroie la souveraineté à RDA. **1955**-*14-5 membre du pacte de Varsovie. -20-9* traité avec URSS mettant fin à l'occupation soviétique (maintien du régime provisoire dans le secteur soviétique du grand Berlin). *-Sept.* l'URSS laisse à la RDA le contrôle de ses frontières.

1960-*7-9* Pt Pieck meurt. *-12-9* le **Conseil d'État** [28 membres élus pour 5 ans ; présidé par **Walter Ulbricht** (1893/1-8-1973)] élit un collectif qui remplace le Pt de la Rép. **1961**-*30-7* le sénateur américain Fulbright déclare ne pas comprendre pourquoi la RDA ne ferme pas ses frontières. *-13-8* **début de la construction du mur de Berlin.** *-17-8* protestation USA, France, G.-B. *-Sept.* retraités est-all. peuvent visiter leur famille à l'Ouest 1 fois par an. **1963**-*déc.* Berlinois de l'O. peuvent visiter leur famille à l'E. **1964**-*12-6 traité d'amitié avec URSS* garantissant l'intégrité territoriale. *-Sept* **Willi Stoph** PM. **1968**-*6-6 Constitution adoptée* par référendum (94,5 % des voix). *-20-8* troupes est-all. participent à l'occupation de la Tchéc. **1970**-*19-3* Stoph rencontre Willy Brandt, chancelier de RFA, à Erfurt, et 21-5 à Kassel. **1971**-*3-5* Ulbricht (secrétaire général du Parti) démissionne pour « raison de santé » (remplacé par Erich Honecker ; mais reste Pt du Conseil national de défense jusqu'au 24-6 et Pt du Conseil d'État). **1972**-*24-11 entrée à l'Unesco. -21-12 traité fondamental* avec RFA (voir p. 977 a). **1973**-*9-2* relations diplomatiques avec France et G.-B. *-3-7* RDA et RFA participent ensemble pour la 1re fois à une conférence internationale (celle de la CSCE à Helsinki). *-1-8* Ulbricht meurt. *-18-9* entrée à l'Onu.

1973-*3-10* **Willi Stoph** (né 8-7-1914) élu Pt du Conseil d'État et **Horst Sindermann** PM. **1974**-*2-5* représentant diplomatique permanent à Bonn. *-9-10* loi complétant la Constitution. **1976**-*30-6* le pasteur Oskar Bruesewitz s'immole par le feu.

1976-*29-10* **Erich Honecker** (1912-94) Pt du Conseil d'État et **Willi Stoph** PM. *-16-11* Wolf Biermann, chanteur contestataire, immigré 1953 en RDA, est privé de sa nationalité est-all. **1977**-*11-10* manif. antisoviétique de 1 000 jeunes à Berlin-E. **1978**-*28-5* heurts jeunes/police à Erfurt. **1979**-*1-8* nouveau Code pénal (amendes décuplées ; 5 à 8 ans de réclusion pour crimes contre l'État, résistance aux mesures de l'État, délits commis par plusieurs personnes ; 5 ans de prison pour Allemand de l'Est répandant à l'étranger des nouvelles portant préjudice à la RDA) ; *-11-10* amnistie pour Rudolf Bahro (économiste condamné 30-6-1978 à 8 ans de prison pour espionnage) et Nico Hüber. **1981**-*14-6* élections au suffrage univ. à la Chambre populaire de Berlin-E., condamnées par Occidentaux (selon l'accord quadripartite de 1971, les représentants de Berlin-O. et E. ne doivent pas être élus directement). *-11/13-12* Helmut Schmidt en RDA. **1982**-*7-2* manif. pacifiste à Berlin, puis *-13-2* à Dresde (organisée par Églises évangéliques et intellectuels). **1983**-*avril* après la mort de 2 Allemands de l'Ouest lors de contrôles en RDA, Honecker annule projet de visite à Bonn. *-27-7* Franz Josef Strauss rencontre Honecker à Berlin-E. *-1-9* journée mondiale de la Paix, manif. devant ambassades américaine et soviétique. **1984 :** 40 800 départs autorisés. **1987**-*17-7* peine de mort abolie. *-7/11-9* Honecker en All. féd. **1988**-*7/8-1* en France. **1989**-*15-1* manifestation pour l'anniversaire de la mort de Rosa Luxembourg et Karl Liebknecht. Des jeunes réclament la liberté de penser. *-19-1* déclaration d'Erich Honecker : « Dans 50 ou 100 ans, le mur sera encore là. » *-2-5* Hongrie commence à démanteler le rideau de fer (entre 1966 et 1968, sur 13 500 tentatives de fuite recensées, 300 passages réussis) ; exode accentué en été par les ambassades ouest-all. de Prague et Varsovie. *-7-5 municipales :* SED 98,85 % des voix. *-7-6* manifestation silencieuse à Leipzig et à Dresde, tous les 7 de chaque mois, contre les élections truquées puis, à l'automne, marches en faveur des réformes tous les lundis soir. *-19-8* à l'occasion d'un pique-nique, 500 Allemands de l'Est passent la frontière hongroise à Sopron, vers l'Occident (200 000 Allemands sont en vacances en Hongrie). *-23-8* fuite massive vers Autriche. *-10-9* frontière hongroise ouverte aux Allemands de l'Est (10 000 passent). *-12-9* RDA accuse Hongrie de porter atteinte à sa souveraineté en permettant à ses ressortissants de quitter la Hongrie vers l'Autriche. *-13-9 :* 13 000 réfugiés en Bavière. *-25-9* départ de 20 000 Allemands de l'Est (10 meurent noyés en traversant le Danube entre Tchécoslovaquie et Hongrie) ; 8 000 manifestants à Leipzig. *-26-9 :* 200 des 1 200 réfugiés à l'ambassade de Prague retournent en RDA (on leur promet qu'ils pourront émigrer légalement dans les 6 mois). *-29-9* plus de 2 500 réfugiés à l'ambassade de Prague. *-1-10 :* 8 000 venus de Prague et Varsovie en RFA (« trains de la liberté »). *-3-10* RDA suspend libre accès à Tchéc., mais autorise sortie des 10 000 réfugiés des ambassades. *-5-10 :* 8 trains de réfugiés en Bavière. *-7-10* Gorbatchev à Berlin-E (40e anniversaire de la RDA) : la foule conspue le gouvernement mais acclame Gorbatchev qui critique l'absence de réformes : « Celui qui vient trop tard sera puni par la vie. » *-9-10 :* 70 000 manifestants à Leipzig (Krenz, vice-Pt, aurait annulé l'ordre de Honecker d'autoriser la police à tirer). *-16-10 :* 150 000 manifestants. *-17-10* pont aérien Pologne/RFA pour 1 600 réfugiés à Varsovie. *-18-10* Honecker abandonne ses fonctions (se réfugie à Moscou) ; Krenz secrétaire général du SED. *-23-10 :* 300 000 manifestants à Leipzig.

☞ **Sort d'Erich Honecker : 1989**-*5-12* assigné à résidence. **1990**-*10-1* opéré d'une tumeur au foie. *-30-1* libéré (accusé de haute trahison, conspiration anticonstitutionnelle, abus de pouvoir et corruption). *-16-2* admet avoir approuvé le truquage des élections communales du 7-5-1989. *-Mars* jugement de Honecker et de 14 membres du bureau politique. *-3-12* admis dans hôpital soviétique. **1991**-*janv.* incarcéré quelques heures puis relâché pour raisons de santé. *-13-3* transféré clandestinement en URSS dans avion soviétique. *-11-12* réfugié à l'ambassade du Chili à Moscou (asile politique refusé). **1992**-*29-7* renvoyé en All., incarcéré à Berlin (accusé de 49 meurtres et de 25 tentatives d'homicide). *-12-11* début du procès. **1993**-*12-1* reconnu inapte à être jugé pour raisons de santé. *-14-1* part pour le Chili où il meurt à Santiago le 29-5-1994.

1989-*24-10* **Egon Krenz** (né 1937) élu Pt du Conseil d'État et responsable des armées ; manif. dans plusieurs villes. *-26-10 Dresde,* 100 000 manifestants. *-27-10* amnistie pour condamnés pour franchissement illégal de la frontière. *-31-10/1-11* Krenz à Moscou. *Leipzig* et *Dresde,* centaines de milliers de manifestants. *-2-11* Harry Tisch, chef du syndicat unique FDGB, et Margot Honecker (femme d'Erich), min. de l'Éducation, démissionnent. *-3-11* plus de 100 000 manifestants. *-4-11 :* 500 000 / 1 000 000 à Berlin-E. *-5-11* passage libre à l'Ouest, par les pays de l'Est, 10 000 arrivent en RFA par la Tchéc. *-6-11 Leipzig et Dresde,* 300 000 manifestants pour la démission du gouv. *-7-11* Stoph, PM, démissionne. *-8-11* bureau politique du SED démissionne. *-9-11* **ouverture des frontières interallemandes.** Rendant compte de la séance du 8-11 du comité central du parti, Günter Schabowski déclare dans une conférence de presse que les citoyens de RDA peuvent dorénavant voyager sans restrictions. La déclaration se propage ; des milliers d'Allemands de l'E. se pressent dans les heures suivantes aux différents points de passage ; privés d'instructions, les gardes se résignent à lever les barrières. 1er passage ouvert à 22 h : la *Bornholmer Strasse* reliant Pankow et Wedding. *-11-11* des centaines de milliers d'Allemands de l'E. le franchissent. *-12-11* en 72 heures 3 millions passent à l'Ouest. *-13-11* **Hans Modrow** (né 27-1-1928, SED) élu Pt du Conseil des ministres à l'unanimité (à bulletin secret et non à main levée) ; Günther Maleuda (né 1931) élu Pt du Parlement (246 voix sur 478). 1/3 des Allemands de l'E. obtiennent leur visa pour voyager en RFA (5 188 510 visas délivrés, dont 2 700 000 le 12) ; de fin juin au 13-11, 153 000 ont choisi de rester en RFA. *Leipzig :* 300 000 manifestants. *-14-11* Lothar de Maizière, réformateur, élu Pt du CDU [92 voix sur 118 ; remplace Gerald Götting (né 1933)]. *-17-11* Modrow s'oppose à la réunification, mais envisage une nouvelle entente *(Vertragsgemeinschaft)* entre les 2 All., allant « bien au-delà du traité fondamental » de 1972. *-19-11 :* 1,7 à 3 millions d'Allemands de l'E. en visite en RFA ; manifestations. *-20-11 :* 6 000 anarchistes et gauchistes manifestent à Berlin-O. *-24-11* SED prêt à abandonner son rôle dirigeant (qu'il tenait de l'article 1er de la Constitution : la RDA était un État socialiste dirigé par la « classe ouvrière et son parti marxiste-léniniste »). *-27-11 Leipzig :* affrontements partisans/adversaires de l'unification. *-28-11* Kohl : programme en 10 points pour unification de l'All. *-1-12* Krenz mis en cause à la Ch. du peuple dans un débat sur la corruption. *-3-12* direction du SED démissionne. *-5-12* anciens dirigeants assignés à résidence ; locaux de la sécurité d'État occupés par manifestants. *-6-12* Alexander Schalck-Golodkowski, ex-secrétaire d'État au Commerce extérieur, accusé de trafic d'armes et de détournement de devises, se livre à la police. *-7-12* 1re « table ronde », représentants du gouvernement/groupes d'opposition. *-19-12* Dresde, rencontre Kohl/Modrow. *-21/22-12* Berlin : ouverture de 2 passages à la porte de Brandebourg, inaugurée par Kohl et le PM Modrow [le périmètre devient zone de promenade, mais l'axe formé par l'avenue Unter den Linden et celle du 17-Juin reste fermé (protection bétonnée antichar de 3 m d'épaisseur devant la porte)].

1989-*7-12* **Manfred Gerlach** (né 8-5-1928) élu Pt du Conseil d'État ; plusieurs centaines d'Allemands de l'E. pénètrent en zone militaire soviétique du Harz. *-8-12* congrès du SED : Gregor Gysi élu secrétaire général ; Wolfgang Berghofer, maire de Dresde et chef de file des rénovateurs, vice-Pt (refuse présidence). *-9/10-12 :* 1 million de visiteurs est-all. en RFA. *-19-12* Willy Brandt à Magdebourg (50 000 pers.). *-19/22-12* Helmut Kohl en RDA [100 000 pers. à Dresde (drapeaux sans leur emblème)]. *-20/22-12* Mitterrand reçu par Gerlach (va à Leipzig). *-22-12 ouverture de la porte de Brandebourg* (2 passages piétonniers inaugurés par Kohl et Modrow). **1990**-*3-1* dizaines de milliers de manifestants à Berlin-E. à l'appel du SED contre extrême droite. *-7-1 :* 15 000 artisans manifestent à Halle. *-8-1 :* 80 000 manifestants à Leipzig critiquent PM et chef du SED. *-11-1* grèves pour démocratisation plus rapide. *-15-1* Berlin-E., siège de la Stasi saccagé par manifestants ; grèves contre lenteur des réformes et pour référendum sur réunification. *-22-1* Uta Nickel, min. des Finances (SED), démissionne (accusée de paiements illégaux) ; 200 000 manifestants dans grandes villes. *-25-1* crise (départ des 4 ministres CDU). *-1-2* Modrow se prononce pour All. unique. *-6-2 Leipzig :* 100 000 manifestants contre Gysi et l'Église protestante (pour avoir donné asile à Honecker). *-7-2* le russe n'est plus obligatoire à l'école. *-8-2* RDA reconnaît sa responsabilité dans l'Holocauste (accepte de verser 100 millions de $ d'indemnités). *-13/14-2* Modrow et 14 ministres à Bonn. *-20-2* Kohl lance à Erfurt, devant 100 000 pers., la campagne de l'Alliance pour l'All. *-22-2* Markus (Micha) Wolf, chef de la Stasi (1958-87) réfugié en URSS. [24-9 arrêté à la frontière germano-autrichienne (libéré sous caution 4-10, procès 10-10 ; condamné à 6 ans de détention ; a fait appel)]. *-18-3* **1res élections libres** avec isoloir (obligatoire pour la 1re fois). Sur 24 partis participants, 12 obtiennent des sièges. *Alliance pour l'All.* 48,5 % (193 sièges) [dont (voix en % et, entre parenthèses, nombre de sièges) : CDU 40,91 (163), DSU 6,32 (25), DA 1 (4), SPD 21,84 (88), PDS 16,33 (66)], *Fédération des démocrates libéraux* (LDP, FDP et DFP) 21, *Alliance 90* (Nouveau Forum, Démocratie maintenant, et Initiative pour la paix et les droits de l'homme) 12, *P. paysan* 9, *P. vert* et *Union indépendante des femmes* 8, NDPD 2, ALJ (communiste) 1, *Alliance d'action de la gauche unie (marxiste)* 1, DFD *(Union démocrate des femmes)* 1. 10 % des élus (40 députés) auraient été liés à la Stasi.

1990-*1-3* coalition électorale « Allianz für Deutschland » (CDU + CSU + Demokratischer Aufbruch). *-18-3* **Lothar de Maizière** (né 1940, CDU) Pt du Conseil des ministres. *-5-4* Parlement abolit référence constitutionnelle à un État « socialiste et communiste ». **Sabine Bergmann-Pohl** Pte de la Chambre du peuple. *-12-4* nouveau gouv. (CDU 11 ministres, SPD 7, LDP 3, DSU 2, DA 1). *-26-4 :* 6,2 millions de DM versés aux survivants de l'Holocauste. *-Avril* 40 000 prisonniers politiques réhabilités. *-6-5 municipales. -18-5 traité monétaire avec RFA. -1-7 union monétaire avec RFA. -1-7* DM introduit en RDA. *-22-7 loi sur la reconstitution des Länder. -24-7* libéraux quittent le gouv. *-1-8* loyers augmentés de 360 %. *-23-8* Chambre du peuple adopte une résolution pour l'unification le 3-10, par 294 voix contre 62 et 7 abstentions : elle pourra s'autodissoudre et proclamer l'adhésion à la RFA. *-31-8* traité d'unification RDA/RFA signé. *-19-9* la Ch. du peuple adopte le traité d'unification. *-3-10* **jour de l'unité allemande**. La RDA cesse d'exister.

1991-*8-3* lancement du programme « Aufschwung Ost » (pour l'essor de l'Est). *-1-4* Detlev Rohwedder (Pt de la Treuhand) assassiné. Remplacé par Birgit Breuel. *-14-5* impôts sur revenu et sociétés augmentés de 7,5 %. *-21-9* Hoyerswerda (Saxe) manifestations xénophobes.

■ **Statut. 1945-1990 (2-10).** République démocratique populaire. **Chambre du peuple** (400 députés élus pour 5 ans), où sont représentés tous les partis et certaines organisations de masse ; scrutin proportionnel : listes séparées dans les districts, mais mandats répartis nationalement (0,25 % nécessaires pour 1 siège). **Stasi** *(Ministerium für Staatssicherheit,* ministère de la Sécurité d'État) *fondée* 1950 ; employés : 85 000 à 110 000 ; indicateurs : 100 000 à 500 000. Avait noyauté les églises (écoutes dans les confessionnaux ; 3 évêques sur 7 émargeaient au budget de la Stasi) ; ordonnait l'enfermement d'opposants en hôpital psychiatrique. Dissoute 17-12-1989. Son chef, le Gal Erich Mielke (28-12-1907/22-5-2000), sera condamné le 26-10-1993 à 6 ans de prison pour le meurtre (qu'il nie) de 2 policiers all. (en 1931), et coinculpé dans le procès Honecker (peine confirmée 10-3-1995).

■ **Partis. P. du socialisme démocratique (PDS), ex-SED** créé 31-1-1990. Abandonne l'emblème des mains croisées de l'Union de la gauche, exclut 12 anciens directeurs, dont Egon Krenz et Günter Schabowski. **P. socialiste unifié d'All. (SED)** fondé 21/22-4-1946 (fusion du PC et du PS-démocrate d'All.) ; *membres : 1989 :* 2 432 439 ; *90 (janv.) :* 1 200 000 ; *(mars) :* 700 000 ; *secrétaire général : 1971 :* Erich Honecker ; *1989 (8-12) :* Gregor Gysi (né 1948). **P. démocrate paysan (DBD)** fondé 1948 ; *membres :* 11 500 ; Günther Maleuda (né 1931, démissionne juin 1990) fusion avec CDU en 1990 ; **Libéral démocrate (LDP)** fondé 5-7-1945 ; *membres :* 105 000 ; Manfred Gerlach (démissionne févr. 1990 en tant que Pt) ; 27-3-1990 devient BFD (Bund Freier Demokraten) ; août ; fusion BFD/FDP. **Union démocrate-chrétienne (CDU)** fondée 26-6-1945 ; *membres :* 140 000 ; Lothar de Maizière depuis 14-11-1989. Fusion avec CDU ouest-all. en 1990. **Union sociale all. (DSU),** Hans-Wilhelm Ebeling (né 1934, Pt déposé janv. 1990) ; représentée en 2000 dans quelques conseils municipaux. **Renouveau démocrate (DA)** fondé 2-10-1989 ; Wolfgang Schnur (né 1945, démissionne 12-3-1990) ; fusionne avec CDU en 1990. **P. national démocrate (NDPD)** fondé 25-5-1948 ; *membres :* 110 000 ; Heinrich Homann (démissionne nov. 1989) ; fusionne avec BFD 28-3-1990. **P. social-démocrate (SPD)** fondé sept. 1989 (sous le nom de SDP), Ibrahim Böhme (né nov. 1944 ; démissionne 2-4-1990, accusé de collaborer avec Stasi) ; fusion avec le SPD ouest-all. en 1990.

■ **Syndicats. Freier Deutscher Gewerkschaftsbund (FDGB)** *fondé* 1945, unique jusqu'en 1989. *Pt* : Harry

Tisch, arrêté nov. 1989, remplacé par Annelis Kimmel (jusqu'en déc.) ; 9 500 000 membres ; dissous 30-9-1990. **Reform** *fondé* 23-10-1989, 1er syndicat indépendant.

■ **Armée. Est-allemande :** *1989 :* 173 000 h. (94 500 conscrits) et 400 000 réservistes (jusqu'à 65 ans), réduite à 70 000 h. en 1990 (135 généraux et 3 800 officiers limogés). Service militaire : 18 mois, ramené à 12 en 1990 (dans la marine de 3 ans à 18 mois). *Milices de combat* (groupes de combat de la classe ouvrière) *créées* 1953, dotées en partie d'armement lourd, 450 000 h., dissoutes 30-6-1990. **Forces soviétiques en RDA :** *1982 :* 530 000 soldats ; *89 :* 19 divisions (15 terrestres, 4 aériennes), 750 chasseurs-bombardiers (dont des Mig-29), 7 650 chars (dont des T-80) ; *90 :* 338 000 h. (dont 3 500 à Berlin + 208 000 membres de leurs familles) ; 152 désertions officielles soviétiques, dont 50 demandes de droit d'asile (110 selon sources all., qui annoncent 6 000 désertions) ; *92 :* 200 000 h. (+ familles et employés 140 000). **Retrait** total : 31-8-1994 (évacuation de 4 209 chars, 6 208 blindés, 3 682 pièces d'artillerie, 691 avions, 683 hélicoptères). *Coût pour l'All.* (en milliards de DM) : 13,5 (dont construction de 36 000 logements pour les soldats rapatriés et leurs familles 7,8 ; frais d'entretien des soldats soviétiques 3 ; transport des troupes et du matériel vers l'URSS 1 ; aide à la reconversion professionnelle 0,2 ; intérêts d'un crédit de 3 milliards utilisé par l'URSS sur 4 ans 1,5 ; + 0,25 annoncés en févr. 1991, + 0,55 en déc. 1992).

☞ En 1989, plusieurs milliers de prisonniers politiques étaient encore en prison. L'ex-RDA condamnait également des innocents à de lourdes peines pour les vendre contre de fortes devises. La RDA « vendit » ainsi à la RFA, de 1962 à 1984, 31 775 détenus politiques et 250 000 citoyens est-all. voulant émigrer (135 000 à 500 000 F par personne).

■ STATUT (ALLEMAGNE RÉUNIFIÉE)

■ **République fédérale.** Avant le 3-10-1990, elle n'était pas juridiquement un État souverain ; les 3 grandes puissances, USA, France, G.-B., se réservaient les droits et responsabilités antérieurement détenues par elles. L'All. était juridiquement toujours en guerre (aucun traité de paix n'ayant été signé jusqu'à cette date avec ses anciens ennemis). Elle n'avait pas d'autonomie militaire (absence de contrôle sur les armes étrangères).

Constitution : *Loi fondamentale* de la RFA : adoptée le 8-5-1949 par le Conseil parlementaire. Son préambule précisait : « Durant une période transitoire, le peuple all., dans son ensemble disposant librement de lui-même, reste convié à parachever l'unité et la liberté de l'All. » L'*art. 146* disposait que « la Loi cessera d'avoir effet le jour où entrera en vigueur la Constitution adoptée par le peuple all., libre de ses décisions ». L'*art. 23* prévoyait que les Länder qui se reconstitueraient en RDA pourraient adhérer, chacun de leur côté, à la RFA. Selon les accords de Paris (23-10-1954), les États signataires devaient coopérer pour atteindre, par des moyens pacifiques, leur but commun : une All. réunifiée, dotée d'une Constitution libérale et démocratique telle celle de la RFA, et intégrée dans la CEE.

Modification : la Loi fondamentale, conçue comme une Constitution provisoire lors de sa rédaction, a été modifiée, pour signifier que l'unification de l'All. était terminée, excluant explicitement les territoires allemands cédés après la guerre à la Pologne et à l'URSS [nouveau préambule : « (...) Le peuple allemand (...) disposant librement de lui-même a achevé dans la libre autodétermination l'unité et la liberté de l'All. »]. *L'art. 23*, qui permettait le rattachement *d'une partie de l'Allemagne* à la RFA, a été supprimé (après avoir été utilisé par la Sarre en 1956 et la RDA le 23-8-1990). Sa suppression interdit par exemple à la Silésie (Pologne) de demander son rattachement à la RFA, comme elle pouvait le faire jusqu'alors. *Un nouvel art. 23* traite désormais de l'Union européenne, stipulant que « la Fédération est habilitée à transférer les droits de souveraineté pour permettre sa réalisation ». **Finances :** *l'art. 7* du traité de réunification a étendu l'ensemble de la structure fiscale de la RFA à la RDA (dispositions transitoires pour la répartition du produit des impôts entre l'État fédéral et les Länder de RDA). *L'Union monétaire* a été fixée (texte du 23-4-1990) au 1-1-1991, *salaires et traitements* devant être échangés sur la base du niveau d'alors (sans versements compensatoires pour la résorption des subventions et pour la mise en œuvre de la réforme des prix en RDA). Le système des *retraites* de la RDA doit être adapté à celui de la RFA (70 % du revenu net du travail moyen pour 45 années d'assurance). Les *réserves monétaires et de crédit* des Allemands vivant en RDA doivent être échangées au taux de 2/1 (possibilité d'échanger jusqu'à 4 000 marks-Est par personne au taux de 1/1).

Droit : *l'art. 8* du traité étend l'ensemble du droit ouest-all. à la RDA (bien que certaines lois est-all. demeurent compatibles avec la Constitution et les directives européennes). Le droit est-all. sera considéré comme un droit régional des Länder. *L'art. 10* étend l'ensemble du droit communautaire à la RDA. **Traités internationaux :** ceux de la RFA s'appliquent, sauf exception. **Réhabilitation :** *l'art. 17* prévoit une réhabilitation des « *victimes du régime d'injustice du Parti communiste* » et prescrit qu'il leur soit versé une indemnisation. Les décisions de la justice et de l'administration est-all. restent cependant en vigueur. Les Allemands de l'Est peuvent demander leur révision. **Économie :** l'All. unie s'engage à poursuivre et à intensifier les relations économiques avec le Comecon développées par la RDA, dans le respect des règles de l'économie de marché et des compétences de l'UE *(art. 29)*. Les dettes de la RDA seront transférées sur un fonds spécial, puis réparties dès 1994 à parts égales entre l'État fédéral et les Länder de l'ex-RDA. Les recettes des privatisations des entreprises est-all. devront uniquement servir au désendettement des Länder de l'ex-RDA ou à prendre des mesures d'aide financière sur ce territoire *(art. 21 à 25)*. **Députés :** jusqu'aux élections du 2-12-1990, la Chambre du peuple est-all. a délégué 144 députés au Bundestag ouest-all. *(art. 42)*.

■ **Président** (élu par la *Bundesversammlung* ou Assemblée fédérale : en 1999, 669 membres du *Bundestag* et le même nombre de délégués élus par les diètes des *Länder*, pour 5 ans, renouvelables 1 fois) [voir ci-après]. **Chancelier** (élu par le Bundestag sur proposition du Pt).

■ **Fête nationale.** 3-10 **fête de la Réunification** (3-10-1990). **Hymne.** *Origine : 1797* mélodie *Gott erhalte Franz den Kaiser : « Dieu protège l'empereur Franz »* composée par Joseph Haydn (1732-1809) pour l'anniversaire de l'empereur François Ier le 12-2 [paroles de Leopold Haschka (1749-1827)]. *1841* August Heinrich Hoffmann né à Fallersleben (1798-1874) adapte à la mélodie les paroles de son *Lied der Deutschen* (la 1re strophe commence par *Deutschland über Alles :* « l'All. au-dessus de tout » c-à-d. la patrie avant tout). *1922* hymne national all. pour toute l'All. (les États all. avaient leur hymne propre). *1945* interdit par les Alliés, l'hymne actuel devenu *« Einigkeit und Recht und Freiheit für das Deutsche Vaterland »* (« Unité et droit et liberté pour la patrie allemande ») se limite au 3e couplet. **Drapeau** (adopté 23-5-1949). Bandes horizontales noire, rouge, jaune (couleurs des uniformes lors des guerres napoléonniennes).

Répartition des sièges au Bundestag (y compris les députés de Berlin)

	SPD	CDU	CSU	FDP	Divers
1949	136	117	24	53	80
1953	162	198	57	48	44
1957	181	225	55	41	17
1961	203	201	50	67	–
1965	217	202	50	49	–
1969	237	201	50	30	–
1972	242	186	49	41	–
1976	224	201	53	40	–
1980	228	185	52	54	–
1983	202	202	53	35	28
1987 (1)	186	174	49	46	42 (2)
1990	239	268	51	79	25 (3)
1994	252	244	50	47	79 (4)
1998	298	198	47	43	83 (5)

Nota. – (1) Berlin (CDU 11, SPD 7, FDP 2, Verts 1) compris. (2) Verts. (3) PDS (ex-communistes) 17, Alliance 90 (écologistes et gauche alternative) 8. (4) Alliance 90 et Verts 49, PDS 30. (5) Alliance 90 et Verts 47, PDS 36.

■ **Chambres.** Siègent à Berlin. **Bundestag** (Ch. des députés). *Pt :* Wolfgang Thierse (SPD) depuis oct. 1998. *Avant la réunification :* 520 membres (dont députés de Berlin-O. 22) participant à l'élection du Pt de la Rép. (art. 54), du Bundestag (art. 40) et du chancelier (art. 63). *Depuis la réunification :* 669 (672 en 1998). Députés élus pour 4 ans, une moitié directement, l'autre à la représentation proportionnelle personnalisée. Chaque électeur dispose de 2 voix : la 1re pour un des candidats de sa circonscription (élu à la majorité simple ou relative : *mandat direct*) ; la 2e, d'après les listes présentées par les partis dans les Länder. La répartition globale des sièges accorde à chaque parti des sièges directs et mandats de liste (parti). *Pouvoir législatif exclusif* pour : affaires étrangères, défense, questions de nationalité, d'immigration et d'émigration, change, crédit, monnaie, traités de commerce, poste fédérale ; *concurremment avec les diètes des Länder* en matière de droit civil et pénal, état civil, dommages de guerre, droit économique, prévoyance sociale, etc. **Élections générales** (en %) : **1990**-*2-12 :* ensemble de l'Allemagne CDU/CSU 43,8 [dont CDU 36,7 ; CSU 7,1]. SPD 33,5. FDP 11. Verts (Ouest) 3,9. PDS 2,4. Républicains (extrême droite) 2,1. Alliance 90 et Verts (Est) 1,2. Les « Grises » (3e âge) 0,8. Parti écologiste-démocrate (droite) 0,4. NPD (extrême droite) 0,3. DSU 0,2. Ligue chrétienne (partisans de l'interdiction de l'avortement) 0,1. Divers 0,2. **1994**-*16-10 :* CDU-CSU 41,5 (dont CDU 34,2, CSU 7,3). SPD 36,4. FDP 6,9. Alliance 90 et Verts 7,3. PDS 4,4. Républicains 1,9. Divers 1,6. **1998**-*27-9 :* SPD 40,9. CDU 28,4. CSU 6,7. Verts 6,7. FDP 6,2. PDS 5,1. REP 1,8. DVU 1,2. Pro DM 0,9. Grises 0,3. NPD 0,3. Autres 1,4. **Chambre du Peuple** (en %) : **1990**-*8-3 :* Droite 53,4 (Alliance 48,1) dont CDU 40,8, Libéraux 5,3. Gauche 41,2 (SPD 21,9, PDS 16,4, Verts/Alliance 90 2,9). **Bundestag** (en %) : **1990**-*2-12 :* Droite 54,7 (CDU 41,8, Libéraux 12,9). Gauche 41,4 (SPD 24,3, PDS 11,1, Verts/Alliance 90 6). **1994**-*16-10 :* Droite 42 (CDU 38,5, Libéraux 3,3). Gauche 55,6 (SPD 31,5, PDS 19,8, Verts/Alliance 90 4,3). Extrême droite 1,3. **1998**-*27-9 :* Droite 30,5 (CDU 27,2, Libéraux 3,3). Gauche 61 (SPD 35,3, PDS 21,7, Verts-Alliance 90 3,8). Extrême droite : 2,7.

☞ Le *Deutsche Reichspartei* (DRP) comprenant d'anciens nazis, qui ont eu 1,8 % des voix et 5 députés en 1949, n'existe plus. Le *Parti communiste* (KPD), qui eut 15 sièges et 5,7 % des voix en 1949, a disparu du Bundestag en 1953, n'ayant que 2,2 % des voix, et a été interdit en 1956.

Nota. – **Aide de l'État aux partis :** répartie selon les suffrages obtenus (minimum 0,5 %), à-valoir de 20 % les 2e et 3e années de la législature et pendant celle de l'élection.

Base : 1 DM par électeur inscrit jusqu'à 5 millions de voix ; 1,3 par tranche de 5 millions de voix ; 0,5 pour 1 DM reçu des particuliers ou entreprises (max. par parti : 115 millions de DM ; max. déductible : 6 000 DM par particulier, 12 000 par ménage). **Montant** (en millions de DM, 1994) : *aide publique directe :* 228 (max. 230) dont SPD 88,74 ; CDU 74 ; CSU 17,8 ; Verts 15,5 ; FDP 14,38 ; PDS 10,6 ; DVU 1 ; *aide par fondations d'intérêt public :* 1,994.

Bundesrat (Conseil fédéral) : *siège :* Berlin (depuis 2000). *Membres* (représentant les Länder) : 69 nommés par les gouvernements des Länder, 3, 4, 5 ou 6 sièges selon la population (avant la réunification, 41 m. + 4 m. consultatifs pour Berlin-O.).

■ **Cours suprêmes de la Fédération.** Tribunal constitutionnel fédéral, Cour de cassation, Tribunal administratif fédéral, Cour fédérale d'arbitrage social, Tribunal fédéral du travail, Cour fédérale en matière fiscale.

■ **Droit de vote.** A 18 ans (depuis 1971 ; ex-RDA depuis 1949). **Éligibilité** à 18 ans depuis le 1-1-1975. A Hambourg, les étrangers résidant depuis 8 ans en All. peuvent participer aux votes des assemblées d'arrondissement.

■ **Troupes étrangères.** *Total : 1990 :* 248 000, *95 :* 132 000. Britanniques *1990 :* 72 000, *95 :* 23 500 ; français *1990 :* 55 000, *95 :* 18 000 ; belges *1990 :* 26 600, *96 :* 3 000 ; canadiennes *1990 :* 8 000, *95 :* 1 200 ; néerlandaises *1990 :* 7 800, *95 :* 2 000.

■ LÄNDER

GÉNÉRALITÉS

■ **Statistiques. Länder :** 16 dont 3 villes-États (Berlin, Hambourg et Brême). **Districts** administratifs (*Regierungsbezirk*) : 32. **Cercles** *(Kreis) : 1960 :* 565 ; *70 :* 542 ; *90 :* 543 dont ex-RFA 328, ex-RDA 215 ; *92 :* ex-RFA 237, ex-RDA 189 ; *99 :* 440. **Communes :** *1960 :* 24 505 ; *70 :* 22 510 ; *92 :* ex-RFA 8 505, ex-RDA 7 384 ; *95 :* 14 727 ; *98 :* 14 197 ; *99 :* 13 854.

■ **Institutions.** *Domaine de la Fédération :* politique étrangère, y compris la défense, chemins de fer fédéraux, monnaie, politique douanière et commerciale, unification du système judiciaire, charges (sociales) issues de la guerre. *Domaine des Länder :* enseignement, police, maintien de l'ordre, sécurité, soin de faire appliquer les lois fédérales.

Le *Landrat* exerce les fonctions d'un sous-préfet, contrôle les administrations communale et étatique du *Kreis.* Le *Kreistag,* parlement à l'échelle de l'arrondissement, est compétent pour les tâches intercommunales : ponts et chaussées, chemins de fer d'intérêt local, assistance aux mineurs, hôpitaux, assistance sociale, etc., mais le Kreis n'a pas d'instructions à donner aux communes, qui ne lui sont pas subordonnées. Les communes rurales appartiennent à un Landkreis. Dans les grandes villes le 1er bourgmestre (Oberbürgermeister) et le conseil municipal ont responsabilités et compétences du Landrat et du Kreistag. Les *Regierungspräsidenten* contrôlent le Landrat et l'administration urbaine pour le compte du Land. Les Länder peuvent prescrire aux communes la forme que doit prendre leur autonomie, contrôler leur budget et même en modifier les limites territoriales.

LISTE DES LÄNDER

☞ Superficie (au 1-1-1999), population et densité (est. au 1-1-2000), religion (entre parenthèses : % de protestants et de catholiques au 1-5-1970), *capitale* (en italique) et villes principales (est. au 1-1-1999).

EX-ALLEMAGNE DE L'OUEST

☞ *Abréviations :* p. : protestants ; c. : catholiques.

■ **Bade-Wurtemberg** (formé 1951 par fusion de 3 Länder formés 1945 : Bade, Wurtemberg-Bade, Wurtemberg-Hohenzollern). 35 751,63 km², 10 475 932 hab. **D.** 293 (*1-1-1980 :* p. 44,4 ; c. 47,2), *Stuttgart* 581 961 hab., Mannheim 308 903, Karlsruhe 276 536, Fribourg-en-Brisgau 200 980, Heidelberg 139 285, Ulm 115 701. **Districts :** Karlsruhe, Stuttgart, Tübingen et Fribourg.

■ **Basse-Saxe** (formée 1-2-1946 par l'ancien Hanovre et les Länder de Brunswick, Oldenbourg et Schaumbourg-Lippe). 47 613,51 km², 7 898 760 hab. **D.** 166 (p. 74,6 ; c. 19,6), *Hanovre* 516 157 hab., Brunswick 247 241, Osnabrück 165 283, Oldenbourg 154 325. **Districts :** Hanovre, Weser-Ems, Brunswick et Lunebourg.

■ **Bavière.** 70 547,96 km², 12 154 967 hab. **D.** 172 (p. 25,7 ; c. 69,4), *Munich* 1 118 897 hab., Nuremberg 487 145, Augsbourg 254 610. **Districts :** Haut-Palatinat, Souabe, Basse-Franconie, Hte-Franconie, Franconie centrale, Hte-Bavière, Basse-Bavière.

■ **Berlin. Superficie :** 891,67 km². *Territoire* (en %, 1995) : surface bâtie 42,3 dont (en 1994) habitations 26,2 et industries 4,7 ; surface industrielle non bâtie 0,8 ; surface de loisirs (parcs, terrains de jeux et squares) 10,5 ; voies de transport 13,2 ; superficie agricole 6,5 ; forêts 17,5 ; eaux 6,4 ; autres surfaces 2,8. **Étendue :** nord-sud 38 km, est-ouest 45 km. **Altitude** *maximale :* le Grand Müggelberge 115 m, le « Teufelsberg » composé des décombres de la guerre de 1939-45, 115 m (Ouest). **Arbres :** *dans* forêts 35 millions, d'alignement 400 965. **Fleuves :** la Sprée, la Havel. **Lacs :** *les plus grands* (en ha) : Grand Müggelsee (767), Tegeler See (375), Seddinsee (376), Langer See (284) ; *le plus profond :* Tegeler See (16 m ; la plupart : 2 à 8 m de profondeur). **Climat :** moyennes annuelles : température 9,4 °C ; pluies : 599,5 mm. **Population** (en milliers d'hab.) : *1600 :* 9 ; *1614 :* 12 ; *1648* (après la guerre de Trente Ans) : 6 ; *1710 :* 57 ; *1800 :* 172 ; *vers 1840 :* 400 ;

1871 : 932 ; *1900* : 2 712 ; *1914* : 1 900 ; *1936* : 4 300 ; *1943* : 4 490 ; *1945* (après la guerre) : 3 200 ; *1989* : Berlin-O. 2 150 ; Berlin-E. 1 270 ; *1994* : 3 452 ; *1995* : 3 446 (dont étrangers 435,6 dont Turcs 137,8 ; ex-Yougoslaves 78,9 ; Polonais 30,6 ; CEI 11,4 ; Italiens 11 ; Grecs 10,2 ; Anglais 8,3 ; Français 8) ; *1996* : 3 467,3 ; *1998* : 3 399 dont étrangers 12,7 % ; *2000 (est.)* : 3 386,7 ; *2010 (prév.)* : 4 900 à 5 700. **D.** 3 804. **Arrondissements** : 12 (au 1-7-2001). **Monuments** : *Reichstag* construit 1885-94, aménagé par Norman Foster, siège du Bundestag. *Château Bellevue*, siège de la Présidence. *Hôtel de Ville* (néo-Renaissance, 1861-69). *Tour TV*, 369 m (voir à l'Index). **Voies navigables** : 197 km. **Réseau routier** : 5 269,5 km (dont autoroutes 64). *Berliner Ring (périphérique extérieur)* : origine 1935 (pour Hitler, devait délimiter sa capitale, « Germania », peuplée par 8 000 000 d'hab.). Longueur : *1940* : 128 km, *1996* : 196 km. **Véhicules** (en 1995) : 1 397 400. **Lignes** *métro* (U. Bahn) : 9 ; *RER* (S. Bahn) : 13 ; *tramway* : 28 ; *autobus* : 164. **Aéroports** 3. **Gares** de grandes lignes 7.

Histoire. 1244 1re mention dans un document. **1325** le curé de Bernau, partisan du pape Jean XXII, assassiné. Berlin est excommunié jusqu'en 1344. **1451** résidence permanente des Pces électeurs de Hohenzollern. **1486** résidence permanente du Pce. **1539** introduction de la Réforme. **1677** accueil de 700 calvinistes français. **1685**-*29-10 édit de Postdam* permettant à 6 000 huguenots de s'installer (20 % de la pop. en 1720). **1701** capitale du royaume de Prusse. **1709** les 5 villes résidentielles autonomes (Berlin, Cölln, Friedrichswerder, Dorotheenstadt et Friedrichstadt) sont réunies. **1791**-*6-8* ouverture de *la porte de Brandebourg* dans l'axe de l'avenue Unter den Linden, « Sous les tilleuls ». *Largeur* : 65,50 m, *hauteur* : 28 m. Néoclassique (modèle : Propylées de l'Acropole), architecte Karl Gothard Langhans ; passage sous l'arche centrale réservé au roi, puis à l'empereur. Défilé des troupes les jours de victoire. *Quadrige et déesse de la Paix* : enlevés par Napoléon Ier en 1806, rapportés 1814, détruits 1945, refondus 1958 et remis en place (sauf aigle prussienne et Croix de fer). **1806**-*27-10* entrée de Napoléon ; occupation française jusqu'à fin 1809. **1809** 1re assemblée de députés et 1er maire élus. **1871** capitale du IIe Reich. **1920**-*27-4* création du *Grand Berlin* (incorporation de 7 villes, 59 villages et 27 domaines : 4 millions d'hab.). **1945**-*2-5* capitulation ; bilan : 20 % des bâtiments détruits, 50 % endommagés (sur 250 000), 75 millions de m^3 de décombres ; 100 000 tués, 20 000 morts violentes, 6 000 suicides, au moins 20 000 viols. -*11-7* suivant les accords de Londres du 14-11-1944 : divisé en 4 secteurs occupés et administrés en commun par un commandement allié (la *Kommandatura*) [*France 11,8 %* de la superficie, G.-B. 18,7 %, USA 23,9 %, URSS 45,6 % ; garnisons à Berlin-O. : *2 700 Français,* 3 300 Britanniques, 6 200 Américains]. -*30-11* création de 3 couloirs aériens pour desservir Berlin (Hambourg ; Buckebourg/Hanovre ; Francfort-sur-le-Main). **1948**-*20-3* après la décision de la conférence des 6 ministres des Affaires étrangères occidentaux de créer un État ouest-all., le Mal Sokolowski quitte le Conseil de contrôle. -*16-6* le représentant soviétique quitte la *Kommandatura*. -*17-6* accords de Londres transmis au Mal Sokolowski. -*20-6* Occidentaux introduisent le *deutsche Mark* à Berlin-O. -*1-7* Sokolowski déclare que l'administration conjointe de Berlin a cessé d'exister.

Blocus de Berlin (24-6-1948/12-5-1949) : communications terrestres Berlin-O./All. occidentale coupées par les Russes « pour des raisons techniques » ; Américains et Anglais organisent un pont aérien [opérations américaine « Vittles » (victuailles) puis britannique (déclenchée 28-6-1948 appelée « Knicker » puis 2-7 « Carter-Paterson » et 3 semaines + tard « Plainfare ») seront coordonnées le 15-10 date de la création du CALTF (Combined Air Lift Task Force)] : 277 728 vols en 322 jours [avions partent de 11 aérodromes de la bizone anglo-américaine, se posent à Tempelhof (secteur américain), Gatow (anglais), puis Tegel (construit du 1-8 à nov. 1948 secteur français) ; les hydravions britanniques utilisent les plans d'eau de la Havel, notamment pour évacuer les enfants berlinois ; 300 avions peuvent prendre part en même temps au pont aérien : répartis sur 5 niveaux, séparés par 13,5 km, volant à 270 km/h en empruntant les couloirs nord (Hambourg-Berlin) et sud (Wiesbaden-Francfort-Berlin) d'accès à Berlin et en retournant par le corridor central (Buckeburg-Berlin) à leur base de départ ; un appareil se pose ou décolle toutes les 90 secondes environ ; le pont emploie 60 000 personnes (aérodromes de bizone 30 000, déchargement 20 000, équipages 500)], achemine 2 500 000 t (dont charbon 62 %, vivres 27 %), 57 000 passagers ; à partir de juillet 1948, près de 650 A/R quotidiens, 2 500/5 000 t de fret. Au total, 85 C-47, 117 C-54, 5 C-82 *Packet* et un C-74 *Globemaster* américains, des centaines de *Lancastrian, Dakota, Avro York, Hasting Halton,* etc... et des hydravions britanniques *Sunderland* [record : 16-4-1949, 1 344 appareils transportent 12 940 t (l'équivalent de 22 trains de 50 wagons)]. Les Soviétiques étaient convaincus que le pont ne résisterait pas à l'hiver. Ils cherchèrent à gêner les pilotes : 733 incidents répertoriés du 10-8-1948 au 15-8-1949 dont projecteurs aveuglant les pilotes 103, avions de chasse gênants 96, interférences radio 82, Klaxons et sirènes 77, fusées aveuglantes 59, tirs sol-sol 55, tirs de DCA 54, produits chimiques 54, tirs air-sol 42, explosions au sol 39, bombardements sur polygones 36, tirs air-air 14, ascensions de ballons captifs 11, lancements d'objets non identifiés ou largages de parachutistes 7, tirs de roquettes 4. Le 25-4-1949, l'agence Tass annonce que les Soviétiques souhaitent mettre fin au blocus. *Coût* : 76 † (31 Américains, 40 Britanniques, la plupart pilotes, 5 civils allemands), USA 350 millions de $, G.-B. 17 millions de £, All. 150 millions de marks. -*30-11* le SED (P. socialiste unifié) nomme un nouveau conseil municipal « démocratique » à l'Est.

1950-*1-10 Constitution du Land de Berlin* promulguée. **1953**-*17-6* insurrection à Berlin-Est. **1955**-*5-5* accords de Paris, intégration pratique de Berlin-O. à la RFA limitée en droit international. Les 22 membres du Bundestag (élus par la Chambre des députés de Berlin) n'ont pas plein droit de vote ; les lois fédérales sont adoptées à Berlin avec l'accord des Alliés par un acte formel de la Chambre des députés. Berlin-O. étant démilitarisé, il n'y a pas de service militaire obligatoire ; le port d'uniformes de la Bundeswehr y est interdit. Berlin-O. est intégré aux Communautés européennes. **1958**-*27-11* ultimatum soviétique : les Occidentaux devront quitter Berlin-O. dans les 6 mois ; une « ville libre » démilitarisée sera établie. **1961**-*13-8* construction du mur, voir ci-dessous. **1962**-*18-6* Rudolf Müller, en s'évadant, tue le Vopo Reinhold Muhn (dont la RDA fera un héros). **1963**-*23-6* Kennedy, sur la place de l'hôtel de ville de Schöneberg, déclare : « Ich bin ein Berliner. » **1971**-*3-9* accord quadripartite ; l'URSS reconnaît les liens de fait unissant Berlin-O. à l'All. féd. **1984**-*22-10* mur abattu sur quelques mètres pour laisser passer un gazoduc de 60 cm de diamètre venant de RDA. **1987**-*déc.* « initiative de Berlin », Pt Reagan prévoit l'amélioration de la desserte de Berlin et des manif. internationales comme les jeux Olympiques. **1989**-*29-1* l'extrême droite a 7,5 % des voix et 11 députés à la Chambre des députés. -*9-11* ouverture du mur (voir p. 978 b). **1990**-*1-1* exactions porte de Brandebourg : aile endommagée, chute d'un écran géant (1 †, 50 blessés). -*12-6* le conseil municipal de Berlin-E. et le sénat de Berlin-O. tiennent leur 1re réunion commune dans l'hôtel de ville rouge. -*2-10* dissolution du commandement militaire allié. -*3-10* rétablissement officiel de l'unité de Berlin qui devient la capitale. -*2-12 législatives* [CDU 40 % des voix et 84 sièges ; SPD 30,5 % ; PDS 10 % (24 dans la partie Est) ; Alternatifs 9 % ; FDP 7,2 %] et *municipales*. **1991**-*24-1* Eberhard Diepgen, Pt du CDU, élu maire par le parlement régional, à la tête d'un sénat de 15 membres. -*20-6* vote du Bundestag faisant de Berlin son siège (337 voix pour, 320 contre ; transfert officiel en 1998). **1994**-*11-1* siège de la Présidence transféré à Berlin (château de Bellevue). -*Mars* début du retrait des forces françaises. -*8-9* départ des dernières troupes occidentales. **1995**-*été* Christo empaquette le Reichstag. -*22-10* nouvelle Constitution berlinoise adoptée par référendum (75,1 % de oui). **1996**-*5-5* référendum sur la fusion avec le Land de Brandebourg (non : 45,7 % des Berlinois et 62,7 % du Brandebourg). **2001**-*16.6* Klaus Wowereit (SPD) maire.

Économie Dette municipale (en 2001) : 235 milliards de F (Berlin ne reçoit plus les aides fédérales qui couvraient 50 % de son budget). **Apport de population à la suite du transfert des organes d'État** : *gouvernement et Parlement* : 15 000 personnes. *Ambassades et Länder* : 18 500 personnes. **Coût** (en milliards de DM) : hébergement : 9, déménagement : 50.

Activités culturelles (en 1994) : universités 13 (132 000 étudiants) ; musées 167 ; théâtres 51 ; cinémas 208 ; opéras 3, orchestres symphoniques 8, chorales 800 ; philharmonie ; zoos 2 (Zoologischer Garten, Tierpark) ; bibliothèques 250. **Communication avec la RFA avant la réunification** : Berlin-O. avait 117 km de frontières avec la RDA et communiquait avec la RFA par des autoroutes de transit [vers Helmstedt (Basse-Saxe) 172 km (la plus courte), Hambourg, Francfort et Nuremberg/Munich] ; des lignes ferroviaires de transit, des jonctions aériennes [mais Lufthansa n'était pas autorisée à desservir Berlin-O. ; en 1988 avait été créée Euroberlin-France (Air France 51 %, Lufthansa 49)]. **Transports** : 3 aéroports (environ 12,5 millions de passagers par an).

☞ **Mur de Berlin (dit le « Mur de la honte »). Construction : 12 et 13-6-1961** ville close de grillages et barbelés ; 13-8 : avec l'agrément du pacte de Varsovie, la RDA construit un mur autour de Berlin-O. Avant le 13-8, il y avait 81 points de passage ; 69 furent fermés (barbelés ou murs de brique) le 13-8, et 4 autres le 23-8 (porte de Brandebourg le 14-8). 7 points de contrôle restèrent, dont Checkpoint Charlie, ouverts en permanence. De sept. 1949 à août 1960, 3 600 000 personnes avaient fui la RDA pour l'Ouest, la plupart passant la ligne de démarcation à Berlin-O. (500 000 pers. la traversaient par jour). Réseau de communication ferroviaire et métropolitain fermé ; 63 000 Berlinois de l'E. perdent leur emploi à Berlin-O. et 10 000 Berlinois de l'O. perdent le leur à Berlin-E. *Après l'accord quadripartite de 1971* et des arrangements interallemands, 10 points de passage furent établis, dont 1 réservé aux étrangers (Checkpoint Charlie), une partie réservée uniquement aux Allemands de l'O. et une autre uniquement aux Berlinois de l'O. **Caractéristiques** : hauteur minimale 3,5 m, longueur 155 km (dont 43,1 entre Berlin-O. et Berlin-E., et 111,9 entre Berlin-O. et RDA), 61 km de palissades en grillage métallique, 9 km de murs divers, 106,4 km de fossés interdisant la circulation automobile, 293 miradors, 25 abris bétonnés, 293 postes de chiens de garde ; mines au sol jusqu'en 1985 et dispositifs automatiques de tir jusqu'en 1984, comme pour toute la frontière. 500 000 m^2 de forêts rasés et transformés en *no man's land,* réseaux électrifiés, barrages antichars et sous-marins au fond des rivières. *A partir de 1965,* le 1er mur est remplacé par des blocs de béton de 3,5 m de hauteur, surmontés d'un tuyau pour empêcher la prise de mains ou de grappins ; au pied une large surface découverte bordée par un fossé de 2,5 m de profondeur. On avait utilisé 107,3 km de dalles en béton destinées à l'autoroute Berlin-Rostock (jamais construite). **Passages** : *d'août 1961 au 8-3-1989* : 588 tués à la frontière ; 115 blessés par balles ; 38 818 ont pu passer [dont 4 000 par escalade, 57 par souterrains (le + long 145 m, largeur 0,70, profondeur 12) ou traversée de la Spree à la nage] dont 565 soldats. *1res victimes* : 19-8-1961 : Rudolf Urban (47 ans), tombé en s'échappant ; 24-8-1961 : Günter Liftin (24 ans) par balle. *Dernières victimes* : mars 1988 : Winfried Frundenberg, mort de froid dans la nacelle d'un ballon en plastique qu'il avait fabriqué ; 13-2-1989 : Chris Gueffroy (20 ans) par balle. **Démantèlement en 1990**-*févr.* 100 m en moyenne par nuit ; 39 points de passage. -*19/20-2* 3 km détruits entre Reichstag et Checkpoint Charlie (remplacés par une clôture métallique). -*13-6* Bernauer Strasse démolition officielle [par 300 soldats des troupes frontalières de RDA, puis 600 sapeurs de la Bundeswehr ; en 4 mois, les 43 km de mur sont rasés ; fin d'année 1991, destruction complète terminée ; 6 pans de mur sont conservés pour servir de mémorial, à la Bernauer Strasse et à la Mühlenstrasse (où 118 artistes de 21 pays réalisent une fresque : *Est-Side-Gallery*)]. **Vente du mur en 1990** : prix moyen 300 à 400 F ; panneau de béton avec graffiti 301 500 F ; mot courant sur 8 fragments 1 200 000 F.

■ **Brême** (ville libre hanséatique). 404,23 km^2, 663 065 hab. **D.** 1 640 (p. 82,4 ; c. 10,22), *Brême* 543 279 hab.. Bremerhaven 124 686.

■ **Hambourg** (ville libre hanséatique fondée 889). 755,33 km^2 (y compris îles de Neuwerk et Scharhörn, 7 km^2), 1 704 725 hab. **D.** 2 257 (p. 73,6 ; c. 8,1).

■ **Hesse.** 21 114,82 km^2, 6 051 966 hab. **D.** 287 (p. 60,5 ; c. 32,8), *Wiesbaden* 267 187 hab., Francfort-sur-le-Main 643 857, Cassel 198 071, Darmstadt 137 511. **Districts :** Gieben, Darmstadt, Kassel.

■ **Rhénanie-Palatinat** (Rheinland-Pfalz). 18 846,88 km^2, 4 030 773 hab. **D.** 203 (p. 40,7 ; c. 55,71), *Mayence* 185 970 hab., Ludwigshafen 164 645, Coblence 108 959. **Districts :** Coblence, Trèves, Hesse rhénane-Palatinat.

■ **Rhénanie du Nord-Westphalie** (Nordrhein-Westfalen). 34 079,86 km^2, 17 999 800 hab. **D.** 528 (p. 41,9 ; c. 52,5), *Düsseldorf* 568 440 hab., Cologne 962 580, Essen 603 194, Dortmund 591 733, Duisbourg 523 311, Bochum 393 236, Wuppertal 372 218. **Districts :** Cologne, Düsseldorf, Münster, Detmold, Arnsberg.

■ **Sarre.** 2 570,18 km^2, 1 071 501 hab. **D.** 417 (p. 73,8 ; c. 24,1), *Sarrebruck* (à 3 km de la France) 184 850 hab. **1919** administré par la France. Mines de charbon concédées à la France « en toute propriété » comme compensation des ravages infligés par l'armée all. aux houillères du Pas-de-Calais et du Nord. **1935**-*13-1* plébiscite : pour le rattachement à l'All. 90,7 % ; le *statu quo* 8,9 ; l'union avec la France 0,4. -*1-3* remise officielle à l'All, qui rachètera les mines en bloc à un prix payable en or, déterminé par 3 experts (nommés par All., France et SDN). Prix de cession : 900 millions de F [valeur 1935 ; en 1922, était estimée à 1 800 millions de F (valeur 1935)]. **1946**-*12-2* détachée de la zone française d'occupation. -*18-12* incluse dans le territoire douanier français. **1955**-*23-10* plébiscite pour retour à l'All. (423 440 voix ; pour un statut européen 201 975). **1957**-*1-1* rattachée à l'All.

■ **Schleswig-Holstein.** 15 768,80 km^2, 2 777 275 hab. **D.** 176 (p. 86,3 ; c. 6), *Kiel* 237 337 hab., Lübeck 214 017.

Nouveaux Länder (ex-RDA)

■ **Brandebourg.** Nom venant de Brennaburg, forteresse des Slaves vaincus en 1157 par le Cte et margrave Albert l'Ours. 29 476,35 km^2, 2 601 207 hab. **D.** 88. *Potsdam* 129 798 hab., Cottbus 114 872, et *en 1989* Brandebourg-sur-Havel 94 600, Francfort-sur-Oder 88 100.

■ **Mecklembourg-Poméranie occidentale.** 23 171,04 km^2, 1 789 322 hab. **D.** 77. *Schwerin* 105 213 hab., Rostock 207 431, et *en 1989* Neubrandenburg 91 200, Stralsund 74 566.

■ **Saxe.** 18 412,83 km^2, 4 559 686 hab. **D.** 242. *Dresde* 452 827 hab., Leipzig 437 101, Chemnitz 251 903, et *en 1989* Zwickau 101 900, Görlitz 77 000. **Districts :** Chemnitz, Leipzig, Dresde.

■ **Saxe-Anhalt.** 20 446,83 km^2, 2 648 737 hab. **D.** 130. *Magdebourg* 239 462 hab., Halle/Saale 260 838 et *en 1989* : Dessau 103 200, Halle/Neustadt 93 000. **Districts :** Magdebourg, Dessau, Halle.

■ **Thuringe.** 16 171,70 km^2, 2 449 082 hab. **D.** 151. *Erfurt* 202 931 hab., Gera 116 419 et, *en 1989,* Iéna 100 900, Weimar 63 300.

Religions (en %)

[*Abréviations* : c. : catholiques ; év. : évangélistes ; m. : musulmans.]

■ Bade-Wurtemberg : év. 36, c. 41 ; Basse-Saxe : év. 57, c. 19 ; Bavière : év. 23, c. 66 ; Berlin : év. 26, c. 9, m. 6 ; Brandebourg : év. 26, c. 2 ; Brême : év. 43, c. 10, m. 4 ; Hambourg : év. 41, c. 10, m. 4 ; Hesse : év. 47, c. 29, m. 3 ; Mecklembourg-Poméranie occidentale : év. 21, c. 4 ; Rhénanie du Nord-Westphalie : év. 30, c. 48, m. 3 ; Rhénanie-Palatinat : év. 34, c. 50 ; Sarre : év. 20, c. 69 ; Saxe : év. 25, c. 4 ; Saxe-Anhalt : év. 17, c. 6 ; Schleswig-Holstein : év. 62, c. 6 ; Thuringe : év. 30, c. 9.

■ Partis et mouvements

■ **Union chrétienne-démocrate d'Allemagne (CDU).** Créée 1945. *1982-98* au pouvoir. *1er leader* : Konrad Adenauer (1876-1967). *Pte* (depuis 11-4-1999) : Angela Merkel (née 17-6-1954). *Membres* (en 2000) : 630 173. Parti gouvernemental de 1949 à 69, et de 1982 à 98. Pour l'intégration européenne, l'Alliance atlantique, une économie sociale de marché. -*21-8* accepte amende de 3,3 millions d'euros infligée par Bundestag pour dons occultes [Kohl, Pt CDU, pendant 25 ans, avait avoué avoir reçu 1,07 million d'euros de donateurs dont il ne voulut pas révéler l'identité].

☞ **Caisse noire :** aurait été alimentée par un marchand d'armes et Elf [qui en 1992 avait décidé de construire une raffinerie avec Thyssen à Leuna (ex-RDA)].

■ **Union chrétienne sociale en Bavière (CSU).** Créée 1945. *Leader :* Edmund Stoiber (né 28-9-1941) depuis 1999 ; *secr. général :* Thomas Goppel (né 30-4-1947) depuis 1999. *Membres* (au 1-1-2001) : 177 760. Indépendante, alliée de la CDU. Depuis 1949, forme un groupe parlementaire. Parti au pouvoir en Bavière. 52,9 % des voix aux élections du 13-9-1998 au Parlement de l'État.

■ **Parti communiste allemand (KPD).** Créé avril 1969 (s'était présenté sous le sigle ADF), marxiste. Héritier du KDP déclaré inconstitutionnel en 1956. *Pt :* Heinz Stehr. *Membres* (en 1998) : 7 000. *Hebdomadaire :* « Notre Temps ». Y sont rattachés Jeunesse ouvrière socialiste all. (20 000 m.) et groupe Spartakus (2 000 m.). Aurait reçu, en 1988, 70 millions de DM de la RDA où ont été formés 5 000 cadres. **Parti communiste est-allemand** (PDS) : *Pte :* Gabi Zimmer.

■ **Union populaire allemande (DVU, Deutsche Volksunion).** Créée 1971, parti depuis 1987. *Leader :* Gerhard Frey (né 1933). *Membres :* 15 000. Extrême droite. *Élections régionales* (voix en %) : *1992 (5-4) :* Schleswig-Holstein 6,3 ; *1998 (26-4) :* Saxe-Anhalt 13,2.

■ **Parti libéral (FDP).** Fondé 11/12-12-1948 à Heppenheim (Hesse). Fusion des partis libéraux des 3 secteurs d'occupation occidentale. *1949-56* et *1961-66* coalition gouvernementale avec CDU/CSU ; *1969-82* avec SPD ; *1982-98,* avec CDU/CSU ; *depuis 1998,* opposition (6,2 % des voix aux législatives). A fourni les 1er et 3e Pts de la Rép. : Theodor Heuss (1949-59) et Walter Scheel (1974-79). *1990* (12-8) fusion avec 3 partis libéraux de l'ex-RDA (dont BFD). *1993* (11-6) Klaus Kinkel (né 17-12-1936) *Pt* [remplace Otto Cte Lambsdorff (né 20-12-1926)]. *1993-95* échecs électoraux. *1995* (18-5) Kinkel démissionne, remplacé le 10-6 par Wolfgang Gerhardt. *Secr. général :* Guido Westerwelle. *Membres* (en 1999) : 65 000.

■ **Bündnis 90/Die Grünen (Alliance 90-les Verts. Parti écologiste).** 2-5-1992, les Verts s'allient avec Alliance 90. Fondé 1980, entre autres par Petra Kelly. *Membres* (au 1-1-2000) : 50 275. *Dirigeants :* Claudia Roth, Fritz Kuhn ; représentés de 1983 à 90 et depuis 1994 au Bundestag. Voix aux législatives (en %) : *1980 :* 1,5 ; *83 :* 5,6 ; *87 :* 8,3 ; *90 :* 3,8 ; *94 :* 7,3 ; *98 :* 6,7.

■ **Jungsozialisten** (dits **« Jusos »**). Jeunes socialistes de la SPD (16 à 35 ans). *Pt :* Ralf Ludwig. *Membres :* 186 000.

■ **Extrême droite.** *1993 :* 64 500 néo-nazis (dans 78 organisations), *94 :* 56 600 (82 organisations), y compris les républicains. *Activistes : 1993 :* 5 600, *94 :* 5 400 [Front nouveau (fondé par Michael Kühnen, † 1991), FAP (Freiheitliche Deutschen Arbeiterpartei), Deutsche (ou Neue) Alternative (interdit déc. 1992), Nationale Offensive et Nationalistische Front (interdit nov. 1992)].

■ **P. national-démocrate (NPD).** Fondé 1964. *Leader :* Udo Voigt. *Membres* (en 2000) : environ 7 000.

■ **Die Republikaner (REP).** Fondé 27-11-1983 par 2 anciens députés de la CSU opposés à Franz-Josef Strauss, « opportuniste » vis-à-vis de la RDA, et par Franz Schönhuber, ancien Waffen-SS, seul chef du parti en 1985 (démissionne mai 1990). *Pt :* Rolf Schlierer. *Membres :* 15 000. Nationaliste : pour le rétablissement de l'All. dans ses terres et ses droits antérieurs à 1945. *Représentation* (en % des voix) : *régionales : 1986* (oct.) : Bavière 3 ; *1989* (29-1) : Berlin-O. 7,5 ; *1992* (5-4) : Bade-Wurtemberg 10,2. *Législatives : 1994* (16-10) : 1,9.

■ **Rote-Armee-Fraktion (RAF) (Fraction de l'Armée rouge)** . **1re génération :** *Bande à [Andreas] Baader* (arrêté 1968, libéré par un commando le 14-5-1970, repris 1972, † suicidé 18-10-1977). 26 % de femmes. Dirigeant présumé : Helmut Pohl (né 1940), emprisonné à vie à Schwalmstadt. Annonce sa dissolution (avril 1998). *Roter Morgen* (Matin rouge) : 2 000 m. **2e :** chefs vite arrêtés. **3e :** membres venant du *Mouvement du 2-Juin* et du *Collectif des patients socialistes*, emprisonnés. A la mort de leurs chefs éclate. Les *Revolutionäre Zellen (Cellules révolutionnaires)* prendront la « relève » jusque dans les années 90. Le 15-5-1985, fusion avec *Action directe* (AD).

■ **Sozialdemokratische Partei (SPD) [Parti social-démocrate].** *1875* congrès de Gotha : fusion de l'Association des ouvriers all. (fondée 23-5-1863 par Lassalle) et du Parti ouvrier social-démocrate all. (créé 1869 par Bebel et Liebknecht) ; interdit sous Bismarck. **1912** législatives : 35 % des voix. *1917*-6/8-4 l'aile gauche crée l'USPD. *1928-30* au pouvoir. *1933*-22-6 dissous. *1946* reconstitué par Schumacher. *1959*-13/15-1 abandonne, à Bad-Godesberg, toute référence au marxisme sous l'influence de Herbert Wehner. *Leaders :* Ferdinand Lassalle (1825-64), August Bebel (1840-1913), Friedrich Ebert (1871-1925), Kurt Schumacher (1895-1952), Erich Ollenhauer (1901-63), Willy Brandt (1913-92, démissionna de la chancellerie 23-3-1987), Hans-Jochen Vogel (né 3-2-1926) ; *mai 1991 :* Björn Engholm (né 9-11-1939) ; *23-6-1993 :* Rudolf Scharping (né 2-12-1947) ; *16-11-1995 :* Oskar Lafontaine (né 16-9-1943, dit « le Napoléon de la Sarre ») ; *12-4-1999 :* Gerhard Schröder (né 7-4-1944). *Vice-Pts :* Johannes Rau (né 16-1-1931), Renate Schmidt (née 12-12-1943), Wolfgang Thierse (né 1943), Heidemarie Wieczorek-Zeul (née 21-11-1942), Rudolf Scharping (né 2-12-1947), Wolfgang Clement. *Secr. gén. :* Franz Müntefering. *Membres* (au 1-1-2000) : 742 759 (dont, en 1994, ouvriers 24,5 %, employés et fonctionnaires 38,4 %). Au pouvoir de 1969 à 1982 et depuis le 27-9-1998. Partisan de l'intégration européenne et de la coopération avec l'Est. Fusionne 27-9-1990 avec le SPD est-allemand (35 000 m.).

Élections fédérales du 16-10-1994	CDU-CSU		SPD		FDP		Verts		PDS	
	%	Sièges	%	Sièges	%	Sièges	%	Sièges	%	Sièges
Bade-Wurtemberg	43,3	37	30,7	25	9,9	8	9,6	8	0,8	1
Basse-Saxe	41,3	28	40,6	28	7,7	5	7,1	5	1,07	1
Bavière	51,2	50	29,6	29	6,4	6	6,3	6	0,5	1
Berlin	31,4	9	34	9	5,2	2	10,2	3	14,8	4
Brême	30,2	2	45,5	3	7,2	–	11,1	1	2,7	–
Hambourg	34,9	5	39,7	6	7,2	1	12,6	2	2,2	–
Hesse	40,7	20	37,2	19	8,1	4	9,3	5	1,1	1
Rhénanie du Nord-Westphalie	38	58	43,1	66	7,6	12	7,4	11	1,0	1
Rhénanie-Palatinat	43,8	15	39,4	14	6,9	2	6,2	2	0,6	–
Sarre	37,2	4	48,8	5	4,3	–	5,8	–	0,7	–
Schleswig-Holstein	41,5	10	39,6	10	7,4	2	8,3	2	1,1	–
Brandebourg*	28,1	6	45,1	12	2,6	1	2,9	–	19,3	4
Mecklembourg-Poméranie*	38,5	7	28,8	4	3,4	1	3,6	–	23,6	3
Saxe*	48,0	21	24,3	9	3,8	1	4,8	2	16,7	6
Saxe-Anhalt*	38,8	10	33,4	7	4,1	1	3,6	1	18,0	4
Thuringe*	41	12	30,2	6	4,1	1	4,9	1	17,2	4
TOTAL	41,5	294	36,4	252	6,9	47	7,3	49	4,4	30

Élections aux Parlements des Länder	Date des élections	Députés (total)	CDU CSU	SPD	PDS	Verts	DVU	FDP	Alliance 90 et Verts	RP	Divers
Bade-Wurtemberg [1]	24-3-96	155	69	39	–	19	–	14	–	14	–
Basse-Saxe	1-3-98	157	68	83	–	12	–	–	–	–	–
Bavière [1]	13-9-98	204	123	67	–	–	–	–	14	–	–
Berlin	10-10-99	169	76	42	33	–	–	–	18	–	–
Brême	6-6-99	100	42	47	–	–	1	–	10	–	–
Hambourg	21-9-97	121	46	54	–	–	–	–	21	–	–
Hesse	7-2-99	110	50	46	6	8	–	–	–	–	–
Rhénanie du Nord-Westphalie	14-5-00	231	88	102	–	–	–	24	17	–	–
Rhénanie-Palatinat	24-3-96	101	41	43	–	–	–	10	7	–	–
Sarre	5-9-99	51	26	25	–	–	–	–	–	–	–
Schleswig-Holstein	27-2-00	89	33	41	–	–	–	7	5	–	3
Brandebourg*	5-9-99	89	25	37	22	–	5	–	–	–	–
Mecklembourg-Poméranie*	27-9-98	71	24	27	20	–	–	–	–	–	–
Saxe*	19-9-99	120	76	14	30	–	–	–	–	–	–
Saxe-Anhalt*	26-4-98	–	–	47	25	(3,2 %)	16	(4,2 %)	–	–	–
Thuringe*	12-9-99	88	49	18	21	–	–	–	–	–	–

Nota. – * Ex-RDA. (1) En Bavière : CSU.

■ **Nouveau forum.** Créé 1989. Groupe d'action de citoyens. *Leaders :* Karolin Schubert, Mathias Büchner, Michael Bonehr.

■ **P. socialiste unifié d'All. (PSUA).** Fondé 1946 fusion du PC et du PSD d'All. de l'Est ; *1984* (déc.) : devient PSD-PDS ; *1990* (févr.) : devient **P. du socialisme démocratique (PDS).** 90 000 m. (en 2001). *Pte :* Gabriele Zimmer depuis oct. 2000. Antimilitariste. Pour la démocratie et la justice sociale.

■ **P. contre l'euro.** Fondé janv. 1998 à Berlin, transfuges du P. libéral ; veut un référendum sur l'euro.

■ ÉCONOMIE

ALLEMAGNE RÉUNIFIÉE

■ **Statistiques. Population active** (en %) **et,** entre parenthèses, **part du PNB** (en %) : agr. 3 (2,5) ; mines 1 (1) ; ind. 36,1 (36,5) ; services 59,9 (60). **PNB** (en $ par hab.) : *1991 :* 22 730 ; *94 :* 25 100 ; *95 :* 27 510 ; *96 :* 26 885 ; *97 :* 25 755 ; *99 :* 28 280. **Croissance** (en % du PIB) : *1990 :* 5,7 ; *91 :* 3,7 ; *92 :* 1,5 ; *93 :* – 1,2 ; *94 :* 2,9 ; *95 :* 1,9 ; *96 :* 1,4 ; *97 :* 1,5 ; *98 :* 2,2 ; *99 :* 1,6 ; *2000 :* 3,1 ; *2001 (est.) :* 2,6 à 2,8. **Chômage** (en % et, en millions de demandeurs d'emplois) : *1992 :* 7,7 (3,2) ; *93 :* 8,9 (3,5) ; *94 :* 9,6 (4) ; *95 :* 9,4 (3,7) ; *96 :* 10,4 (4,2) ; *97 :* 11,4 (4,7) *(avril) :* 9,3 [Est 17,3 ; Ouest 7,4] (3,8) ; *98 :* 10,6 ; *99 :* 9,8 ; *2000 :* 9,2.

■ **Données financières** (en milliards de DM). **Budget :** *1992 :* 435,6 ; *93 :* 458,6 ; *95 :* 484,6 ; *96 :* 451,3 ; *97 :* 439,9 ; *98 :* 463,3 ; *99 :* 465,3 ; *2000 :* 478,8. **Dette publique globale fédérale :** *1990 :* 1 050 ; *91 :* 1 174 ; *92 :* 1 300 ; *93 :* 1 509 ; *94 :* 1 660 ; *95 :* 2 000 ; *96 :* 2 100 ; *2000 :* 2 340 (fédérale 1 504). Selon Theo Waigel, min. des Finances, 300 milliards sont à imputer à des ministres des Finances sociaux-démocrates, 700 aux Länder et aux communes et 450 sont l'héritage de 40 ans de communisme en RDA. **Service de la dette** : *1992 :* 45,8 ; *94 :* 74 ; *95 :* 100 ; *96 :* 65 (14,2 % du budget total de l'État en 1994) ; *98 :* 82 ; *99 :* 77,4. **Financement** (en 1991) : emprunts directs 333, obligations d'État 269, crédits bancaires 528. **Déficit budgétaire** (fédéral + local) : *1990 :* 93,6 (3,3 % du PNB) ; *91 :* 123,5 (4,5) ; *92 :* 148,6 ; *93 :* 227,7 ; *94 :* 100 ; *95 :* 114 (2,6) ; *96 (est.) :* 101 ; *97 (est.) :* 53,3 ; *99 :* 56. **Déficit fédéral :** *1991 :* 53,2 ; *92 :* 39,3 ; *93 :* 66,9 ; *94 :* 50,6 ; *95 :* 50,5 ; *96 :* 78,5 ; *97 :* 64,6 ; *98 (est.) :* 56,4 ; *99 :* 53,5 ; *2000 :* 49,5. **Inflation** (en %) : *1991 :* 4,8 ; *92 :* 5 ; *93 :* 4,2 ; *94 :* 2,7 ; *95 :* 1,7 ; *96 :* 1,5 ; *97 :* 1,8 ; *98 :* 1 ; *99 :* 0,6 ; *2000 :* 1,7 ; *2001 (est.) :* 1,9. **Réserves** (en milliards de $) : *1995 :* 85 ; *2000 :* 56,9 + or 111,5 millions d'onces.

☞ En 1995, la plupart des dépenses débudgétisées furent reprises en charge par Fédération et Länder (fonds pour les privatisations, l'unité, l'apurement des créances des Länder de l'Est), soit 400 milliards de DM. En outre, les Länder de l'Ouest dépensèrent 70 milliards de DM (système de péréquation étendu à l'ex-RDA).

Endettement des Länder : *ex-RFA : 1991 :* 347 (*ex-RDA :* 5) ; *95 :* 417 (134) ; **des communes :** *ex-RFA : 1991 :* 130 (*ex-RDA :* 5) ; *95 :* 155 (112).

Fiscalité. Taux de prélèvement total de l'État et de la Sécurité sociale (en %) : *1990 :* 44,4 ; *91 :* 43,7 ; *92 :* 43,2 ; *94 :* 45,7. **Part des impôts dans le PIB** (en %) : *1990 :* 22 ; *94 :* 25. **Impôts sur le revenu :** *taux* (en %) *maximal (et minimal) : 1998 :* 53 (25,8) ; *99 :* 53 (23,9) ; *2000 :* 51 (22,9) ; *2001 :* 48,5 (19,9) ; *2003 :* 47 (17) ; *2005 :* 42 (15). **Impôts sur bénéfices des Stés** (en %) : *2000 :* mis en réserve 40, distribués 30 ; *2001 :* 26,38 (25 % + taxe de solidarité égale à 5,5 % du taux de l'impôt). **TVA** (à partir du 1-1-1993) : 15 % au lieu de 14 (apport de 12,5 milliards de DM). **Politique fiscale récente. Revenu minimal imposable** (en DM) : *2000 :* 13 449 ; *2005 :* 15 011. **Salaire moyen** net mensuel : 2 700 DM (en 1997).

■ **Comparaisons en % entre ex-RFA et,** entre parenthèses, **ex-RDA. Productivité** (en 1992) : indice 100 (40). **Salaires :** *1990-91 :* 100 (60) ; *93 :* 100 (68). **PNB** (en milliards de DM, 1992) : 2 773 (231). **PIB** par habitant (en DM, 1992) : 76 000 (27 000). **Croissance** (en %) : *1990 :* + 4,9 (– 13,4) ; *91 :* + 3,6 (– 28,4) ; *92 :* + 1 (+ 5,1) ; *93 :* – 1,7 (+ 5,8) ; *94 :* + 2,3 (+ 9,2) ; *95 :* + 1,5 (+ 6,3). **Inflation** (en %) : *1990 :* 2,7 (9,8) ; *91 :* 3,5 (12,8) ; *92 :* 4,1 (11,2) ; *93 :* 4,2 (9) ; *94 :* 3 (4 à 5).

■ **Situation économique des nouveaux Länder** (en milliards de DM, prix 1991). *PIB : 1991 :* 206 ; *92 :* 222,1 ; *93 :* 235 ; *94 :* 256,7. *Investissements productifs : 1991 :* 92,1 ; *92 :* 117,7 ; *93 :* 134,2 ; *94 :* 156,3 (dont bâtiments 103,9 ; équipements 52,4). *Échanges : 1991 :* – 152,3 (export. 46,9/import. 199,2) ; *92 :* – 189,9 (51,7/241,6) ; *93 :* – 199,2 (54,6/253,8) ; *94 :* – 210,8 (66,9/277,7). **En milliers de personnes : population en âge de travailler** (en 1994) : 10 540. **Migration vers l'All. de l'Ouest :** *1991 :* 250 ; *92 :* 200 ; *93 :* 173 ; **vers All. de l'Est :** *1991 :* 81 ; *92 :* 112 ; *93 :* 119 ; **pendulaire vers All. de l'Ouest :** *1991 :* 541 ; *92 :* 506 ; *93 :* 607 ; *94 :* 550. **Population active totale :** *1989 :* 9 610 (49 % de femmes) ; *90 :* 4 100 ; *95 :* 6 411 (45 %) ; **par secteur d'activité** (en 1995 et, entre parenthèses, 1989) : administration publique 1 303 (2 040), services 1 244 (622), commerce et transports 1 123 (1 535), construction 1 063 (622), industrie 1 032 (3 254), agriculture et sylviculture 228 (971), énergies et mines 106 (351) ; **bénéficiant de mesures spéciales :** aide à la création d'emplois (ABH) *1990 :* 148 ; *95 :* 190 ; salaires subventionnés *1995 :* 109 ; en chômage partiel *1990 :* 1 794 ; *95 :* 72 ; **inactive bénéficiant de mesures spéciales :** formation continue *1990 :* 45 ; *95 :* 255 ; à plein temps (préretraite) *1990 :* 460 ; *95 :* 370. **Chômage total :** *1990 :* 642 (dont 55,2 % de femmes) ; *95 :* 1 003 (63,7 %) ; taux de chômage (en %) *1990 :* 7,3 (hommes 6,4/femmes 8,2) ; *95 :* 14,3 (10,1/18,7). **Commerce extérieur** (en milliards de DM, en 1989 et, entre crochets, en 1994) : total 41,10 (12,14) dont *importations* 41,1 (dont ex-URSS 15,05) [10,17 (dont ex-URSS 1,98)], *exportations* 41,10 (dont ex-URSS 16,57) [12,14 (3,41)]. **Indicateurs par rapport aux anciens Länder de l'All. de l'Ouest** (base 100 en 1991 et, entre parenthèses, en 1994) : PIB/habitant 31,3 (48,7), coûts salariaux unitaires (rémunération brute du travail salarié rapportée à la productivité du travail) 158 (135,7), productivité (PIB par actif) 31 (52,7). **Mise à niveau des infrastructures :** *télécommunications :* investissement de l'État (en milliards de DM) : *1991 :* 6,65 ; *92 :* 11 ; *93 :* 10 ; *94 :* 11 ; *95-97 (est.) :* 35,35. *Lignes téléphoniques* (nombre) : *1990 :* 1 800 000, *mi-95 :* 5 800 000. *Routes* (fin 1994) : 7 000 km mis en état (investissement : environ 9 milliards de DM) [*axes nouveaux :* 200 km construits (investissements *1991 :* 1,9 milliard de DM ; *92 :* 3,5 ; *93 :* 3,4 ; *94 :* 4,2)]. *Infrastructures ferroviaires :* investissements *1994 :* 23,6 milliards de DM. *Infrastructures de transports :* investissement prévu jusqu'en 2012 de 452 milliards de DM (dont aux nouveaux Länder 1/3) + aides publiques de 82 milliards de DM pour mise en état des transports dans villes et communes.

■ **Agriculture.** **Terres cultivées** (en milliers d'ha, 1997) : 17 335 dont arables 11 832 ; pâturages 5 251,4. **Production** (en millions de t, 1999) : betterave à sucre 25,6 ; blé 19,6 (20 % des terres cultivées) ; orge 13,3 (18 %) ; p. de t. 11,4 ; seigle 4,5 (6 %) ; maïs 3 ; colza 2,8 ; avoine 1,5 ; raisin 1,3. **Élevage** (en millions de têtes, 1999) : porcins 26,2 ; bovins 14,9 ; ovins 2,2. **Forêt :** 30 % des terres ; *production* 39 052 000 m^3 (en 1998). **Pêche :** 333 600 t (en 1998). **Vigne :** 10 830 000 hl de vin (en 1999). **Couverture de la demande** (en %) : p. de t. 90, porc 87. **Part dans le PNB** (en 1990) : 1,2 % (1,4 % en 1980). **Actifs** (en millions) : *ex-RFA : 1990 :* 0,8. *Ex-RDA : 1989 :* 0,85 ; *93 :* 0,17. **Importance des aides :** *ex-RDA :* sociétés jusqu'à 50 % des revenus, fermes individuelles 70 % ; *ex-RFA :* 28 %.

■ **Énergie.** **Mines** (en millions de t) : **charbon :** *1995 :* 58,8 ; *96 :* 53,1 ; *97 :* 51,2 ; *98 :* 45,3 ; *99 :* 43,9 [*actifs : 1950 :* 500 000 ; *92 :* 82 000 ; *97 :* 46 791 ; *2 000 (prév.) :* 30 000 (subventions en milliards de DM : *1997 :* 51,2 ; *98 :* 45,3)]. En 2005, il n'y aura plus qu'une dizaine de mines (Sarre et Ruhr) ; regroupement des mines dans Deutsche Steinkohle AG (filiale de Rag). **Lignite :** *1995 :* 200 ; *96 :* 179 ; *97 :* 177 ; *98 :* 165,9 ; *99 :* 179. **Pétrole :** 2,74 (en 1999). **Gaz** (en milliards de m^3) : *1995 :* 20,2 ; *96 :* 21,3 ; *97 :* 21,5 ; *98 :* 21 ; *99 :* 22,5. **Électricité** (en 1998) : 543,6 milliards de kWh dont nucléaire 161,7. Programme gelé depuis 10 ans (opposition Verts-SPD). **Abandon du nucléaire :** *14-6-2000 :* accord gouvernement/industriels (RWE, Veba, Viag) prévoyant durée moyenne de vie de chacune des 19 centrales (32 ans à compter de l'entrée en service), la 1re fermera en 2002 à Obrigheim, la dernière en 2021 à Neckarwestheim-II. A compter du *1-7-2000 :* interdiction du retraitement des déchets (ils seront stockés). L'acheminement pour retraitement de déchets nucléaires à l'usine de La Hague (Fr.) et Sellafield (G.-B.) cessera le 1-7-2005. **Consommation d'énergie primaire** (en millions de t d'équivalent pétrole, 1999) : 330,1 dont combustibles produits pétroliers 132,1, combustibles solides 80,5, gaz naturel 72, électricité 45,5.

■ **Industrie.** **Sidérurgie** (production d'acier, en millions de t, ex-RFA et, entre parenthèses, ex-RDA) : *1970 :* 40,3 (5) ; *80 :* 43,8 (7,3) ; *85 :* 40,5 (7,8) ; *90 :* 38,4 (5,6) ; *92 :* 36,7 (3) ; *93 :* 34,4 (3) ; *97 :* 45 ; *98 :* 44 ; *99 :* 42 (fonte 27,9). *Actifs* (en milliers, ex-RFA et, entre parenthèses, ex-RDA) : *1993 :* 125 000 (5 000). *Ex-RFA :* fermeture des sites (concurrence Europe de l'Est, surproduction et surtaxes américaines). **Chimie :** *actifs : 1993 :* 538 000. **Mécanique :** 1re au monde (20,7 % de parts de marché, devant Japon 18,9 %). *Effectifs :* 1 100 000 pers. *Entreprises :* 5 000 PME (Mittelstand). *Production en baisse. Raisons :* chute des commandes, taux d'intérêt élevés, faiblesse du $ et du yen, montée des impôts et des charges sociales, hausse des salaires depuis 1991, concurrence japonaise. **Emplois supprimés** (en milliers) : *automobile :* Volkswagen 12,5 (en 1992), 36 (de 1993 à 1997) ; Mercedes 24 (en 1994) ; Daimler-Benz 12,5 (en 1995). *Électronique :* Siemens 15 (en 1993). *Textile :* 14 (en 1992). En %, pour l'All. : *1994 :* 6 ; *95 :* 3 ; *de 96 à 99 (est.) :* 2,5.

■ **Entreprises.** **Faillites en ex-RFA** *: 1985 :* 13 625 ; *91 :* 8 445 ; *92 :* 9 500 ; *93 :* 12 000 (ex-RDA : 2 000). **Privatisations** (avant l'an 2000) : Lufthansa (en 1994), Telekom (en 1995, totale en 1998, bénéfice 170 à 290 milliards de F), compagnies de chemins de fer Bundesbahn et Reichsbahn (en 1994), fusionnées dans une société par actions (Deutsche Bahn AG).

Investissements. **Allemands en ex-RDA** (en milliards de DM) : *1994 :* 177 ; **à l'étranger :** *1993-94 :* 53. **Étrangers en All.** (en milliards de DM) : *fin 1993 :* 221 (dont USA 51, P.-Bas 40). **Directs français en All. et,** entre parenthèses, **all. en France** (en milliards de F) : *1985 :* 0,8 (2,1) ; *86 :* 1,2 (1,4) ; *87 :* 0,6 (2,4) ; *88 :* 3,4 (3,7) ; *89 :* 6,8 (6,1) ; *90 :* 11,6 (6,6) ; *91 :* 8,3 (9,9). **En Europe orientale** (entre parenthèses, projets 1992) : 2, soit 28,5 % des investissements (52,8), dont Tchéc. avec Skoda, Hongrie 0,55 (0,25) ; ex-URSS 0,25 (0,18) ; Roumanie 0,015 (0,015) ; Pologne 0,01 (0,15) ; Bulgarie (0,011) ; Albanie (0,015).

■ **Travail et salaires.** **Durée du travail** (en h/an) : 1 643 (*France 1 763,* USA 1 904, Japon 2 119). (En h/semaine et, entre parenthèses, jours de vacances/an) : *1960 :* 44,6 (15,5) ; *75 :* 40,3 (24,3) ; *91 :* 38,3 (30,7).

Nota. – Au 1-1-1994, semaine de 28,8 h chez Volkswagen ; au 1-10-1995, de 35 h dans la métallurgie.

Syndicat principal : DGB (Deutscher Gewerkschaftsbund). *Membres* (en milliers, 2000) : 8 228.

☞ Il y avait en All., en 1999, 550 000 personnes (dont 110 000 All. d'autres pays de l'Est) sans domicile fixe, et 1 à 7 millions vivant sous le seuil de pauvreté, 4,6 millions bénéficiant de l'aide sociale. *Millionnaires* (en DM et hors patrimoine en 1996) ouest-allemands : 24 966 (Est : 290).

■ **Transports** (en km, 1997). **Routes :** 228 860 dont autoroutes 11 190 ; routes fédérales 41 700 ; 1re classe 86 717 ; 2e 89 253. **Voies ferrées :** 40 756 (18 164 électrifiés). **Voies d'eau :** rivières navigables 4 842 ; canaux 2 087.

■ **Tourisme** (en milliers, 1998) . **Visiteurs :** 15 593 dont venant des P.-Bas 1 832 ; USA 1 588 ; G.-B. 1 350 ; Suisse 816 ; Japon 800 ; Italie 790 ; *France 747.*

■ **Commerce** (en milliards de $) . **Export./import. :** *1995 :* 508,4/444,6 ; *96 :* 524,2/458,8 ; *97 :* 512,5/445,7 ; *98 :* 543,4/417,4 ; *99 :* 541,1/472,2. **Export** (en milliards de DM, 1996) : machines et équipements de transport 383,1 ; produits man. 119 ; produits chim. 101,9 ; produits alim. 31,4 ; *vers France 84 ;* G.-B. 61,6 ; USA 60,1 ; P.-Bas 57,3 ; Italie 57,2. **Import.** (en milliards de DM, 1996) : de machines et équipement de transport 229,9 ; produits man. 100 ; produits chim. 59,3 ; produits alim. 53,9 ; fuel et lubrifiants 52,8 ; *de France 71 ;* P.-Bas 57,4 ; Italie 55 ; USA 48,9 ; Japon 34. **Balance des paiements** (en milliards de DM et, entre parenthèses, en % du PNB). *1990 :* + 76,1 (2,9) ; *91 :* – 32,9 (1,1) ; *92 :* – 32,9 (0,5). **Échanges Allemagne-pays de l'Est** (en milliards de DM, 1997). **Export./import. :** Slovénie 3,5/4, Hongrie 10,5/10, Pologne 19,6/13,6, République tchèque 15,9/12,9, Slovaquie 4,5/4,1, pays Baltes 2,9/1,9, Russie 14,5/16,8, autres pays de l'UE 5,6/2,4.

■ **Rang dans le monde** (en 1999). 1er orge. 2e lignite. 4e porcins, potasse. 6e vin.

EX-ALL. DE L'OUEST AVANT LA RÉUNIFICATION

■ **Mines.** **Sel. Potasse** (Basse-Saxe, Hesse, Bade-Wurtemberg, réserves : 2 milliards de t, couvrent 6,6 % des besoins). **Plomb** (30 % des besoins couverts). **Zinc** (50 %). **Fluospath. Feldspath. Baryte. Graphite. Fer** (Salzgitter) : 68 000 t (en 1987). **Cuivre.**

■ **Énergie.** **Barrages** (retenues en millions de m^3 d'eau) : *Schwammenauel* (Roer, y compris le barrage d'entrée) 205,5 ; *Edersee* (Eder, Fulda) 202,4 ; *Bigge* (Bigge, Lenne, Ruhr) 171,8 ; *Forggensee* (Lech) 165. **Charbon. Électricité** (consommation en milliards de kWh) : *1960 :* 116 ; *70 :* 243 ; *85 :* 409 ; *89 :* 435. **Gaz** (consommation en milliards de m^3) : *1960 :* 28 ; *70 :* 41 ; *88 :* 33. **Gaz naturel** (en milliards de m^3) : *réserves* (en 1982) : 175 ; *prod.* (en 1987) : 17,5. **Houille** (bassins de la Ruhr, d'Aix-la-Chapelle et de la Sarre) : *réserves :* 230 milliards de t (soit pour + de 600 ans). *Prod.* (en millions de t) : *1957 :* 149 ; *60 :* 142 ; *70 :* 111 ; *85 :* 89 ; *89 :* 71 ; *90 :* 71. *Pourcentage de houille dans la consommation d'énergie : 1957 :* 70 ; *68 :* 34 ; *79 :* 19 ; *90 :* 19. *Effectifs* (en milliers de pers.) : *1957 :* 604 ; *68 :* 272 ; *79 :* 183 ; *90 :* 133. **Lignite** (à l'ouest de Cologne, un peu en Hesse et Bavière) : *réserves :* 61 milliards de t exploitables à ciel ouvert (soit pour 50 ans). *Prod.* (en millions de t) : *1970 :* 107,8 ; *85 :* 120 ; *89 :* 109. **Nucléaire :** *uranium* importé (des gisements ont été découverts). *Centrales :* 21. *Surgénérateur nucléaire de Kalkar* [à 70 km de Düsseldorf (construit 1972-87) : coût 7 milliards de DM, puissance 300 MGW (devait être l'équivalent du Phénix français, en attendant la construction d'une centrale de 1 200 MGW analogue au Super-Phénix), arrêté définitivement]. *Réacteur à haute température* (HTR) de Hamm-Uentrop (300 MW) : coût 4 milliards de DM, abandonné 1989. **Pétrole** (en millions de t) : *réserves :* 47 (en 1982) ; *production :* 3,9 (en 1988).

■ **Industrie.** Concentrée, très moderne. Une certaine cogestion est souvent appliquée. Taux d'autofinancement élevé. Petites et moyennes entreprises (1 800 000) occupent 60 % de la population active. L'État intervient peu : ni nationalisations, ni planification. Mais il y a des *Stés d'État* souvent puissantes, gérées comme des Stés privées depuis 1960, et l'État et les Länder contrôlent de larges secteurs (gaz, électricité, transports, crédit, minerai de fer, constructions navales). Certaines ont été vendues au secteur privé : industries métallurgiques en tête, constructions navales, automobiles, gros matériel d'équipement mécanique, électrique et électronique. Certaines fabrications ont quasiment disparu : optique de précision, appareils photo et transistors. Industrie chimique puissante (caoutchouc et textiles synthétiques, engrais, colorants, produits pharmaceutiques, matières plastiques). Cuir, textiles et confection en déclin.

ZONES INDUSTRIELLES. **Basse-Saxe** (Hanovre, Brunswick) : chimie et mécanique (Volkswagen) profitent du Mittelland Canal. **Sarre :** sidérurgie, chimie, céramique. **Carrefour Rhin-Main-Neckar** (Francfort, Ludwigshafen, Mannheim) : industries de transformation. **Ruhr :** 8 000 km^2, 15 millions d'hab. : mines, terrils, hauts fourneaux, aciéries, usines de toutes sortes. Bassin houiller le plus riche d'Europe occidentale, qui a donné naissance à une puissante industrie lourde, métallurgique et chimique, fournit 4/5 du charbon allemand, 3/4 de l'acier, 50 % de la production chimique. Important chômage. **Au Sud :** extraction ancienne abandonnée, textiles, métallurgie regroupés dans les vallées. **Düsseldorf :** métropole financière et commerciale. **Cologne :** nœud de communications, centre d'affaires, industries variées. Krefeld et Mönchen-

RÉUNIFICATION DE L'ALLEMAGNE

■ **Pacte de solidarité (1995-2005).** **Objectifs :** reconstruction économique de l'ex-RDA et rééquilibrage des budgets des Länder. **Moyens** (en milliards de DM) : 100 à 170 (4 à 5 % du PNB) par an (dont 1 supplément consacré par les banques nationales à la privatisation) [*1992 :* 130 ; *93 :* 137 (4,4 % du PIB) ; *94 :* 160]. **1°)** *Transferts annuels à l'ex-RDA : 1995 :* 60 à 75 : aide fédérale + système de péréquation des Länder étendu à l'ex-RDA 55,8 [44 % des recettes de la TVA (37 % en 1993)] + remboursement des dettes par l'État 40. **2°)** *Versements supplémentaires : 1993 :* 2 (emplois d'utilité collective) + 3,7 (Fonds de l'unité all.) ; *94 :* 8,8 (Fonds). **3°)** *Nouveaux emprunts de la Treuhandanstalt* (environnement et protection des sites industriels). **Mesures.** **« Programme fédéral de consolidation »** (19-1-1993). **Hausse des recettes :** *nouveaux impôts :* assurance-vie taxée de 10 % (en 1993) à 12 %, puis 15 % (en 1995), vignette autoroutière (prévue 1994, repoussée), taxe sur carburants + 10 % (en 1994, repoussée), supplément de 7,5 % sur impôt sur le revenu (« impôt de solidarité » 1995, devant rapporter environ 28 milliards de DM), impôt sur la fortune relevé, projet de taxe de 30 % des revenus du capital (depuis 1-1-1993) étendu aux étrangers, avantages fiscaux supprimés. [*Économie* (en 1995) : 20 à 28 milliards de DM (dont impôt de solidarité 12).] **Réduction des dépenses :** hausse des salaires limitée à 3 % en 1993, aide sociale réduite [aides aux réfugiés polonais, personnes en difficulté, allocation chômage – 3 % (*économie :* 15 milliards de DM)], subventions fiscales supprimées (*économie :* 9 milliards de DM), allocations logement et familiales en baisse (indexées sur revenus), dépenses fédérales limitées (en milliards de DM) [*1993 :* 4,2 (3 % de hausse) ; *1993-96 :* budget défense – 2,4, aides directes aux agriculteurs supprimées, subventions à industrie charbonnière – 0,25, chantiers navals – 0,16)].

■ **Coût de la réunification** (en milliards de DM). Pour la RFA. *Selon le ministère de l'Économie de RFA :* 500 ; *des experts du gouv. fédéral :* 300 sur 10 ans [dont 200 pris en charge par le budget fédéral (qui atteint 300 en 1990)] ; *la Deutsche Bank :* 30 par an (endettement supplémentaire en 1991 : 3 % du PNB) ; *la Dresdner Bank :* 10 par an ; *d'autres sources :* 10 à 20 pour les Länder. **Répartition :** *en % du revenu brut :* ouvriers 4 ; cadres et employés 3,5 ; retraités et chômeurs 2,2 ; agriculteurs 1,8 ; travailleurs indépendants 1,7 ; fonctionnaires 1,7. *En DM/mois :* travailleurs indépendants 320 ; cadres et employés 280 ; ouvriers 260 ; fonctionnaires 150 ; agriculteurs 130 ; retraités et chômeurs 90.

☞ Depuis 1995, 4 % du PIB de l'Allemagne réunifiée finance le redressement de l'Est.

■ **Transferts de fonds publics à l'ex-RDA** (contributions en milliards de DM). En 1995, État fédéral 151, assurance-chômage 25, caisses de retraite 14, Länder et communes de l'Ouest 14, Union européenne 7, péréquation entre Länder (est.) 50. *Total :* 204 (depuis 1990, 1 000 dont État fédéral 500). **Versés à l'URSS pour la réunification** (en 1990) : 13,5 milliards de DM (45 prévus de 1991 à 1995). *1993 :* 91 et 93 (transferts budgétaires normaux) + 12 supplémentaires ; *95 :* 70 (transferts normaux) + 10 supplémentaires dont *Fonds d'amortissement de l'héritage (Erblastentilgungsfund)* 40, qui a repris, fin 1994, les dettes de la Treuhandanstalt (250 milliards) et du Fonds de l'unité all. (140) [durée prévue 30 ans] ; *péréquation financière entre Länder* 60 [dont État fédéral 40 (26 en l'an 2000), Länder de l'O. 20 (18)] ; *subventions de la Treuhand* 6 ; *versements aux Länder de Brême et Sarre* 5 à 6.

Programme « Œuvre commune pour la reprise à l'Est » (fin 1991) : *coût :* 22 milliards de DM, couvert par taxe de solidarité de 7,5 %.

■ **Coût pour l'UE.** 1,5 à 2 milliards d'écus par an (part de la RFA 27 %, *France 21 %,* G.-B. 16 %). *1992-94 :* 4,5.

■ **Coût du déménagement de Bonn à Berlin.** De 82 à 200 milliards de DM.

■ **Privatisations.** **1re phase :** une loi de la RDA du 17-6-1990 a confié (jusqu'au 31-12-1994) à la *Treuhandanstalt* [4 000 salariés (en 1993) ; *Pte :* Birgit Breuel (née 1937)] la privatisation de 14 000 Stés d'État (80 % de l'économie de la RDA), qui ont été divisées en 40 000 entreprises, représentant 1,7 milliard d'ha de terrains, 25 000 commerces, 7 500 hôtels et restaurants, 2 000 pharmacies, 900 librairies, etc. Ensemble estimé à 2 000 milliards de F. Sur les 340 milliards de dettes des entreprises, la Treuhand a donné sa garantie pour 65 milliards. **2e phase** (1-1-1995) : 4 organismes créés : 2 Stés immobilières gérant participations immobilières et propriétés agricoles ; BMGB (Beteiligungs-Management-Gesellschaft GmbH) chargée des 69 participations industrielles dans le secteur public ; BVS (Office fédéral pour les tâches spéciales issues de la réunification) chargé du respect des 75 000 accords conclus [2 000 personnes (600 en 1998)]. **Bilan.** **Entreprises privatisées :** *1992* (30-11) : 10 669 ; *93* (31-12) : 12 734 ; *94* (31-12) : 13 935. **Produit des privatisations** (en milliards de DM) : *1991* (30-12) : 19,5 ; *92* (30-10) : 35,2. **Investissements** (en milliards de DM) : *1991* (30-12) : 114 ; *92* (30-11) : 165,1 ; *93* (31-12) : 184 ; *94* (31-12) : 200. **Emplois garantis** (en milliers) : *1991* (30-12) : 930 ; *92* (30-11) : 1 362 ; *93* (31-12) : 1 500. **Effectifs** (en milliers de pers.) : *1990 :* 4 000 ; *93 :* 550 à 600 [de juin 1991 à nov. 1992 : 2 000 entreprises liquidées entraînant une perte de 270 000 emplois (commerce, mécanique, textile, électricité)]. **Endettement de la Treuhand** (en milliards de DM) : *1991 :* 167 ; *92-94 :* 270. **Déficit annuel** (en milliards de DM) : 20 ; *1992 à 95 :* 30.

■ **Chiffres clés** (en milliards de DM). **Déficit :** *1991 :* 25 ; *de 1992 à 94 (est.) :* 30. **Dette :** *1992 :* de 200 à 500 (dont 17,6 auprès de la Russie) ; *93 :* 400 ; *95 (est.) :* de 350 à 400.

■ **Statut des biens mobiliers et immobiliers en ex-RDA.** **Biens expropriés par les Russes entre 1945 et 1949 :** ne peuvent être restitués. Compensation plafonnée à 300 000 DM. **Autres biens** (certains expropriés depuis 1933) restitués, mais le propriétaire initial doit apporter un investissement égal à celui d'un acquéreur potentiel (sinon indemnité, calculée sur prix des années 1930). *Nombre de demandes* (en millions) : *1991 :* 1,2 ; *février 1993 :* 2,5. *Indemnités versées aux ex-propriétaires est-all.* (prévues de 1994 à 2004) : 17 milliards de DM (dont 10 prélevés sur le budget de l'État, 7 sur indemnités et gains de la Treuhand).

gladbach : coton et fibres artificielles. **Au Centre :** charbon peu profond, métallurgie lourde, ind. chimique, ind. diversifiées (Dortmund, Bochum, Gelsenkirchen, Essen, Wuppertal). Port : Duisbourg-Ruhrort. **Au Nord :** couches plus profondes, extraction récente, usines isolées.

■ **Revenu national** (en milliards de DM, 1989). 1 751,1. Rémunération des salariés 1 176,1 ; revenu de l'entreprise et de la propriété 575. **Dette publique** (en % du PNB) : *1969 :* 19 ; *89 :* 41. **Épargne des ménages :** 2 260 milliards de DM en 1986 (soit 91 000 DM par ménage). **Avoirs nets à l'étranger** (en milliards de DM) : *1985 :* 125 ; *juillet 1989 :* 427 (RFA 2e créancier du monde). **Exportations de capitaux** (en milliards de DM, 1989) : 120.

■ **Commerce extérieur** (en milliards de DM, 1990). **Import. :** 550,6 *de France 60,4 ;* P.-Bas 52 ; Italie 45,2 ; USA 38,2 ; Belg.-Lux. 35 ; G.-B. 34,7 ; Japon 32,2 ; Suisse 21,2 ; Autriche 21. **Export. :** 642,8 *vers* (en 1989) *France 84,3 ;* Italie 59,8 ; P.-Bas 54,4 ; G.-B. 59,3 ; Belg.-Lux.46,6 ; USA 46,6 ; Suisse 38,1 ; Autriche 35,2 ; Suède 18,2. **Échanges avec l'Europe de l'Est** (export./import. en millions de $) : URSS 5 366,4/3 912,2, Pologne 1 641,6/1 657,2, Hongrie 1 572/1 286,4, Tchécoslovaquie 1 384,9/1 251,6, Bulgarie 891,6/182,4, Roumanie 789,6/327,6.**Balance** (en milliards de DM) : **commerciale :** *1974 :* + 51 ; *75 :* + 37,3 ; *80 :* + 8,9 ; *81 :* + 27,7 ; *82 :* + 51,3 ; *83 :* + 42,1 ; *84 :* + 54,1 ; *85 :* + 73,3 ; *86 :* + 112,6 ; *87 :* + 107,7 ; *88 :* + 128 ; *89 :* + 135 ; *90 :* + 105,4 ; **des paiements :** *1985 :* + 35 ; *86 :* + 28,5 ; *87 :* + 37 ; *88 :* + 46,7 ; *89 :* + 19 ; *90 :* 77,4.

■ **Rang dans le monde** (en 1989). 3e prod. lignite. 4e rés. lignite, potasse. 5e rés. charbon, porcins.

Ex-All. de l'Est avant la réunification

Selon une enquête officielle (févr. 1994), la plupart des statistiques est-allemandes furent truquées (exemple : productivité estimée à 50 % de celle de la RFA, en fait, moins de 25 %).

■ **Population active** (en %) **et,** entre parenthèses, **part du PNB** (en %). Agr. 11 (9), mines 2 (3), ind. 48 (64), services 39 (24). **Nombre** (en milliers de personnes, 1986) : 8 938,2 dont ouvriers et employés (y compris apprentis) 7 945,3 ; adhérents des coopératives de production 815,3 (dont coopératives agricoles 621,1 ; artisanales 164,2) ; chefs d'entreprises mixtes et gérants de commerce commissionnés 25,2 ; autres catégories 177,6 (dont exploitants agricoles et maraîchers 6 ; artisans chefs d'entreprise 109,6 ; commerce de gros et de détail, chefs d'entreprise 37,7 ; travailleurs indépendants 11,8). **Chômage latent** (en %) : *1980 :* 3 ; *85 :* 9,3 ; *90 :* 21 (dont 757 000 sans emploi et 1 900 000 salariés à temps partiel).

■ **Agriculture.** En 1945, biens nazis et domaines de plus de 100 ha furent confisqués et morcelés en fermes de 4 à 9 ha remises à 550 000 ouvriers, réfugiés ou paysans pauvres. La collectivisation se fit entre 1952 et 1960. **Terres** (en milliers d'ha, 1986) : 10 833,1 dont SAU 5 837 (en 1989) ; oseraies 1,6 ; forêts 2 983 (en 1989) ; terres incultes 77,5 ; landes 103,4 ; exploitations industrielles 97,9 ; cours d'eau et étangs 291,5. **Terres agricoles privées** (en 1988) : 5 %, 14 200 pers., 6 000 fermes appartenant à des particuliers ou à l'Église. **Exploitations socialistes** (en 1986) : fermes d'État 465 ; coopératives de production agricole 3 890 ; surface agricole utilisée (en %) 95 dont : fermes d'État 7,5 et coopératives 91. **Machines de l'agriculture socialiste** (en 1986) : tracteurs 161 515 ; moissonneuses-batteuses 17 461. **Production** (en millions de t, 1989) : prairies et pâtures 36,4 (en 1986) ; maïs vert et ensilé 12,9 (en 1986) ; p. de t. 11,7 ; céréales 10,9 (blé 4,1 ; orge 4 ; seigle 2 ; avoine 0,6) ; cultures dérobées (masse verte) 9,7 (en 1986), betterave à sucre 5 ; betterrave fourragère 2,6 (en 1986) ; oléagineux 0,4 (en 1986). *Rendements* (en q par ha, 1989) : betterave à sucre 346 (en 1986) ; blé 54 ; seigle 31,2 ; p. de t. 26. **Élevage** (en millions de têtes, 1989). Poules pondeuses 24,8 ; porcins 12,4 ; bovins 5,7 (dont vaches 2) ; ovins 2,6. **Pêche** (en t, en 1986). Côtière et hauturière 247 700, intérieure 24 821 (carpes 13 121, truites 6 196).

■ **Énergie. Électrique :** 118,9 milliards de kWh en 1989 [dont en %, centrales thermiques au lignite 83,7 (en 1988) ; nucléaire 10,5 (4 réacteurs soviétiques à eau légère de 440 MW et 1 de 80 MW) ; autres combustibles 4,6 (en 1988) ; hydraulique 1,5 ; pétrole 0,6 ; houille 0,2].

■ **Production.** En milliards de m³ : *gaz domestique* 11,2 (en 1988). En millions de t : *lignite* (+ briquettes) 301 (en 1989) ; *sulfate de soufre* 0,88 ; *engrais* potassiques 3,5 ; phosphatés 0,3 ; azotés 1,2 ; *fibres synthétiques* 0,16 ; *acier* brut 7,8 (en 1988) ; laminé 5,6 ; *ciment* 12,2 (en 1989). En milliers d'unités : automobiles 218 [dont *Trabant* 600 cm³, 23 chevaux, 3 337 h de travail, 11 000 DM (2 ans de salaire d'un enseignant) ; *Wartburg* (+ de 22 000 DM)] ; camions 45 ; motos 73,4 ; machines à laver 495 ; réfrigérateurs 1 018 ; téléviseurs 712 (dont couleur 502).

■ **Environnement.** Par an 5 millions de t d'anhydride sulfureux rejetées ; l'Elbe charrie vers l'ouest 10 t de mercure, 24 t de cadmium et 142 t de plomb, et la Werra, polluée par les mines de potasse, 10 millions de t de chlorure de sodium et de magnésium. Sur 3 millions d'ha de forêts, 650 000 gravement atteints ou morts, 2 millions endommagés et 300 000 intacts.

■ **Salaire moyen mensuel** (en mark-Est, 1989). 800 à 1 000 ; ouvrier : 1 400 ; directeur d'usine : 2 200. Disparité de 1 à 10 avec la RFA.

■ **Coût de la vie** (en mark-Est, 1989). *Poste TV :* 7 000 ; *baladeur :* 150 à 200 ; *chaussures de qualité :* 200 ; *chemise :* 200 ; *tee-shirt :* 150 ; *collants :* 40 ; *pain* [2 sortes : le « 78 », pain de seigle : 78 pfennig ; le « 93 » : 93 pfennig (*Brötchen* à 5 pfennig)] ; *loyer* (4 pièces soit environ 100 m²) : 100 ; *voyage en bus ou en tramway :* 20 pfennig.

■ **Rang dans le monde** (en 1988). 1er prod. lignite. 2e ciment (en 1985). 3e machines à laver (en 1985), potasse.

Andorre

Carte p. 1061. V. légende p. 950.

☞ *Abréviation :* A. : Andorre.

■ **Situation.** Europe. 467,76 km². Deux vallées (del Norte et del Orien) se réunissent à Andorre et forment le Gran Valira. **Frontières** (en km) : Espagne 63,9, France 36,6 ; 65 km à plus de 2 500 m, 1 km au-dessous de 1 000 m. **Altitude** *maximale :* pic Coma Pedrosa 2 942 m ; *minimale :* 840 m. Pays habité le plus élevé d'Europe. **Climat.** *Températures :* hiver 2 à 15 °C, été 25 à 35 °C ; *pluies :* 904 mm par an ; abondantes au printemps, 12 à 14 jours en été ; *neige :* 10 jours par an à Sant-Julia (à 940 m d'alt.), 50 à Soldeu (à 1 840 m).

■ **Population.** *1932 :* 4 039 hab. ; *60 :* 8 792 ; *97 (1-1) :* 65 300 dont Andorrans 13 654 (7 447 nés en Andorre), étrangers 44 205 (dont Espagnols 28 521, Portugais 6 981, Français 4 423, autres 4 280) ; *2000 (est.) :* 80 000 ; *2025 (prév.) :* 130 000. **D.** 162. 28 % ont moins de 20 ans. 40 hameaux sur 7 paroisses : *Andorre-la-Vieille* (chef-lieu, 1 029 m, plus haute capitale d'Europe) 21 513 hab. (1998), Les Escaldes (station thermale, 1 053 m) 15 289, Encamp (à 1 240 m) 10 163, St-Julia-de-Loria 7 637, La Massana (à 1 288 m) 5 874, Canillo (à 1 564 m) 2 645, Ordino 2 098.

■ **Langue.** Catalan *(officielle).* **Religion.** Catholique.

■ **Histoire.** Terre d'« aprision » (nouvellement défrichée, devenue propriété privée). Sous Louis le Débonnaire, bénéficie de franchises (comme d'autres régions de repeuplement de la Marche hispanique). **988** l'évêque d'Urgel (dont A. dépend déjà en 839) reçoit du Cte de Barcelone, Borel, les alleux que celui-ci y possède, et devient ainsi suzerain temporel des Vallées. **Vers l'an 1000** inféode l'A. aux Vtes de Caboet, le fief passe par successions et mariages aux vicomtes de Castelbon, puis aux Ctes de Foix. **1278** et **1288** les paréages règlent un conflit entre évêque et Cte de Foix, son vassal. **1401** Isabelle, épouse d'Archambaud de Grailly, sœur du Cte Mathieu de Foix, mort sans enfant, reconnue comme héritière ; Jean de Foix de Grailly (1412-36), son fils, lui succède et ajoute le Cté de Bigorre, reçu de Charles VII ; Gaston IV (1436-72), fils de Jean, rachète la vicomté de Narbonne et épouse Éléonore d'Aragon, fille de Jean II roi d'Aragon et de Navarre (elle hérite de la Navarre). **1479** son petit-fils, François Phébus, devient roi de Navarre ; Catherine (sœur héritière de François) transmet ses domaines à la maison d'Albret, par son mariage avec Jean d'Albret (1484) ; **1589** Henri III, roi de Navarre et Cte de Foix, vicomte de Béarn et seigneur d'Andorre, fils de Jeanne d'Albret et d'Antoine de Bourbon, devient roi de France (Henri IV). **1607** il rattache à la Couronne les droits de coseigneurie des Ctes de Foix ; passent ensuite aux chefs de l'État français, héritiers des Ctes de Foix. **1793** en raison de l'origine féodale des liens entre l'A. et la France, les républicains refusent de recevoir les Andorrans et leur tribut. **1806**-*27-3* tradition féodale rétablie par Napoléon. **1835** évêque d'Albi nommé coprince pour contrecarrer les mesures coercitives de l'Espagne à l'égard de l'évêque d'Urgel, carliste. **1913** route avec Espagne. **1933**-*10-6* le tribunal des Corts dissout le Conseil général ; *-29-7* Conseil provisoire ; *-31-8* élections au suffrage universel ; du *-8* au *9-10 :* 50 gendarmes français envoyés. **1936-40** présence de gendarmes français. **1941**-*2-10* suffrage universel aboli ; **1947** rétabli. **1967**-*23-10* de Gaulle en A. **1973**-*25-8* les 2 coprinces (Pt Pompidou et évêque d'Urgel) se rencontrent pour la 1re fois depuis 7 siècles à Cahors. **1978**-*19-10* Pt Giscard d'Estaing et évêque d'Urgel célèbrent en A. le 7e centenaire des paréages ; depuis 1278, 56 coprinces épiscopaux et 50 Français se sont succédé. **1981** séparation des pouvoirs. **1982**-*janv.* **Oscar Ribas Reig** PM. **1984**-*mai* **Josep Pintat Solens** PM. **1986**-*29-6* visite du Pt Mitterrand. **1991**-*1-7* accord avec CEE (signé 1989) entre en vigueur. **1992**-*30-1 :* 300 manifestants contre parlementaires. *-5* et *12-4 législatives,* succès d'Oscar Ribas. **1993**-*14-3* vote pour Constitution, 74,2 % des voix ; indépendance. *-3-6* traité avec France et Espagne. *-28-7* entrée à l'Onu. *-26-10* les 2 coprinces en A. pour célébrer l'entrée en vigueur de la Constitution. **1994**-*10-1* **Oscar Ribas Reig** (AND) PM. *-10-11* entrée au Conseil de l'Europe. *-25-11* Ribas démissionne [perd question de confiance (20 voix contre 8)]. *-7-12* **Marc Forné Molne** (né 30-12-1946, UL) PM. **1997**-*15/16-9* visite du Pt Chirac.

■ **Statut.** *Coprincipauté parlementaire.* **Souverains :** l'*évêque d'Urgel* (Joan Marti y Alanis depuis 31-1-1971), coprince épiscopal, représenté sur place par Némésis Marqués ; et le Pt de la Rép. française (Jacques Chirac depuis 21-5-1995), coprince français, représenté sur place par Frédéric de Saint-Sernin. **Constitution** du 4-5-1993. **Conseil général des vallées** [28 membres (14 élus sur listes nationales, 14 sur listes paroissiales, soit 2 par paroisse)] élit syndic général (Francese Areny). **Élections du 16-2-1997 :** Agrupament Nacional Democràtic (AND) : 6 élus ; Nova Democràcia (ND) : 2 ; Unió Liberal (UL) : 16 ; Unió Parroquial : 2 ; Iniciativa Democràtica Nacional (IDN) : 2. **Chef du gouvernement** élu par le Conseil général, nommé formellement par les coprinces, responsable devant le Conseil législatif (révocable à la majorité) composé de 9 ministres. **Justice.** Coutume (en matière civile et commerciale), *codes :* pénal, de procédure pénale, administratif. Tribunal supérieur en appel, tribunal des Corts (pénal), tribunal des Bailes (1re instance), affaires civiles, pénales et commerciales ; *Conseil supérieur de la justice* nomme juges et magistrats ; *Tribunal constitutionnel :* 4 membres (1 désigné par chacun des coprinces, 2 par le Conseil général). **Diplomatie.** 46 ambassadeurs accrédités et 2 résidents (Fr. et Esp.) depuis 1993.

■ **Titres.** Noblesse abrogée *de facto* au XVIIIe s., on peut inclure des titres dans les actes de baptême, mariage, sépulture. *Titre subsistant :* Areny, baron de Plandolit.

■ **Fête nationale.** 14-3 (Constitution) et 8-9 (couronnement de la Vierge de Meritxell, patronne de l'Andorre). **Jours fériés :** 25 et 26-12 ; 6-1 (les Rois) ; lundi de carnaval (février) ; après-midi du vendredi saint ; lundi de Pâques ; lundi de Pentecôte ; 15-8 ; 1-11 ; 11-11 et 8-12 (Immaculée Conception). **Drapeau** (adopté 10-7-1996). Bandes verticales bleue, jaune et rouge (emprunts aux drapeaux français et espagnol), au centre, armoiries écartelées (mitre et crosse de l'évêque d'Urgel, 3 bandes rouges du Cte de Foix, 4 bandes rouges de la Catalogne et 2 vaches du Béarn). **Devise :** *Virtus unita fortior.* **Hymne.** *Le Grand Charlemagne.*

■ **Économie. PNB** (en 1999) : 16 325 $ par hab. **Emploi** (en % des salariés) : commerce 27, bâtiment 19, tourisme 17, industrie 4. **Ressources :** *terres arables* 3,98 %, *forêts* 23,67 %, *pâturages de haute montagne* 44,24 %. Céréales (blé, seigle, orge), tabac (1 023 t en 1996), p. de t., élevage (bovins, ovins, chevaux, lapins), textiles et articles d'habillement, artisanat (céramique, joaillerie). **Budget** (en 1998) : 1,45 milliard de F. **Dette publique** (en 1995) : 0,5 milliard de $. **Taxes :** pas d'impôt sur le revenu, taxes de résidence dans les hôtels, sur les primes d'assurances, sur les importations (dont celle sur le carburant). **Tourisme.** 80 % du PIB. Environ 10 000 000 de vis. par an, 11 997 chambres (en 1998). *Sports d'hiver* (en 1994-95) : 1 700 000 pers. **Monnaies :** française et espagnole. **Union postale :** France et Espagne avec figurines propres à l'A. Franchise postale dans les vallées. **Commerce** (en milliards de F, 1997). **Import. :** 6,28. **Export. :** 0,28 *dont* appareils électriques 19,84 %. **Union douanière** avec UE depuis 1989.

Angola

V. légende p. 950.

☞ *Abréviations :* A. : Angola ; sud-afr. : sud-africain.

■ **Situation.** Afrique. **Superficie :** 1 246 700 km² (y compris Cabinda 7 270 km²). **Longueur :** du nord au sud 1 277 km. **Largeur :** 1 236 km. **Côtes :** 1 600 km. **Frontières** (en km) : Namibie 1 376, Zambie 1 110, Rép. dém. du Congo 2 511, Congo 201. **Altitude** *maximale :* Mt Moco 2 620 m. **Régions :** littoral (plaines et plateaux) ; montagnes, plateaux intérieurs (1 000 à 2 000 m). **Climat.** Tropical influencé par l'altitude, le courant froid du Benguela et les vents secs du Kalahari. Au nord, saison des pluies d'oct. à mai ; sec au sud-ouest.

■ **Population.** *1999 :* 12 500 000 hab. : Bantous, Bochimans, Vatuas ; 400 000 Européens, 150 000 Euro-Africains avant l'indépendance (90 % sont partis) ; *2000 (est.) :* 12 780 000 ; *2025 (prév.) :* 25 000 000. **D.** 10,3. *Accroissement :* 2,5 % par an. **Age** (en %) : *– de 15 ans :* 43,2 ; *+ de 64 ans :* 2,7. **Espérance de vie** (en 1999) : *h. 45, f. 48 ans.* **Mortalité infantile :** 125 ‰. **Immigrés :** 50 000 *Namibiens* dont 20 000 au sud-est de la capitale, 30 000 *Zaïrois* dans le Nord. **Réfugiés** (fin 1999) : 1 500 000 à 2 000 000 déplacés : en Zambie 160 000, ex-Zaïre 15 000, Congo 20 000.

■ **Langue officielle.** Portugais (autres langues : ombundu, kimbundu, kikongo, tschokwe, kwanyama, n'ganguela). **Analphabètes :** 80 %. **Religions.** Catholiques 38 %, animistes 47 %, protestants 15 %.

■ **Villes.** *Luanda* (aggl.) 2 250 000 hab. (en 1995), Lobito-Benguela 300 000, Huambo (ex-Nova-Lisboa) 400 000 (en 1995), Malanje 200 000, Lubango 150 000. **Urbanisation :** 60 %.

■ **Histoire.** **XIIIe s.** royaume de Kongo, capitale Mbanza, qui deviendra São Salvador. **1482** découverte par le Portugais Diogo Cão. **1484** la région côtière devient province portugaise. **1574** prend le nom du roi noir N'gola. **XVIe s.** fondation de comptoirs. **XVIIe s.** centre de traite des esclaves. **1617** le n'gola (roi) Kiluanji est décapité, sa fille N'Zinga reprend la lutte. **1641** occupation par Hollandais. **1648** chassés par des colons brésiliens. **1656** traité reconnaissant indépendance du N'dongo. **1665** Antonio Ier battu à Ambuila par Portugais ; le Kongo perd son indépendance. **1705** le clergé impose Pedro IV comme roi, Beatriz (inspiratrice de la secte des antoniens), qui est

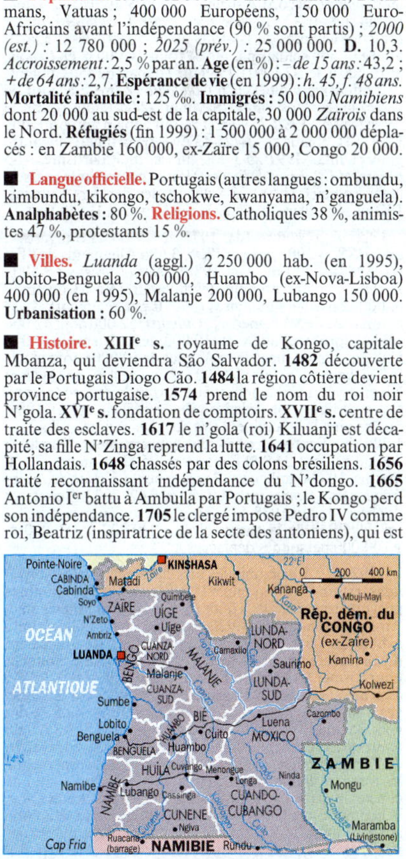

contre, est brûlée. **Fin XIXe s.** après le congrès de Berlin, la domination portugaise s'étend. **1955** province portugaise. **1956** fondation du MPLA et de l'UNPA. **1961**-*4-2* rébellion : 2 000 Blancs assassinés ; représailles : 10 000 †, des centaines de milliers de Noirs se réfugient au Congo. **1962** fondation du FNLA. **1966** fondation de l'Unita. **1972**-*déc.* MPLA et FLNA forment un Conseil suprême de libération de l'A. (CSLA), Pt Holden Roberto, vice-Pt Agostinho Neto. **1974**-*24-4 révolution des Œillets* au Portugal : indépendance prévue. -*17-6* cessez-le-feu Portugal/Unita. Étendu au FNLA et au MPLA. Affrontements Blancs/Noirs (juillet 35 † ; nov. 50 †). Rivalités entre les 3 mouvements. **1975**-*15-1 accords d'Alvor* Portugal/3 mouvements : gouv. de transition, indépendance prévue 11-11. -*Mars* guerre civile, MPLA contre FNLA et Unita. Exode de 400 000 Portugais. -*Oct.* intervention sud-africaine dans le sud contre MPLA. -*11-11* double proclamation d'indépendance.

Depuis l'indépendance. **1975**-*11-11* **Agostinho Neto** (11-9-1922/Moscou, 11-9-1979, cancer) chef du MPLA et Pt de la *Rép. populaire d'A.* à Luanda. Guerre civile entre celle-ci (aidée par Cubains et Russes) et *Rép. populaire et démocratique d'A.* à Huambo [FNLA et Unita (aidée par CIA), Afr. du Sud et Zaïre], jusqu'en janv. 1976. Après des revers, en nov., MPLA contre-attaque (déc.-janv.) avec Cubains (15 000 militaires, 7 000 à 8 000 experts civils). **1976**-*fin janv.* retrait sud-afr. -*8-2* MPLA prend Huambo. -*Mi-février* victoire MPLA. Le FLNA abandonne la lutte armée : Holden Roberto s'installe à Kinshasa, puis à Paris, et Jonas Savimbi (chef de l'Unita) au sud près de la Namibie. Plusieurs dizaines de milliers de † ; plantations détruites. **1977**-*27-5* échec d'un coup d'État à Luanda organisé par Nito Alves (tendance « noiriste » au sein du MPLA) : 20 000 †. **1978** les Fapla (forces régulières angolaises : 30 000 h.) et 23 000 Cubains combattent l'Unita. -*4-5* bombardement sud-afr. de Kassinga (+ de 700 †). -*24-6* Gal Eanes (Pt portugais) rencontre Neto en Guinée-Bissau. -*19-8* rencontre Neto/Mobutu (Pt du Zaïre) à Kinshasa. -*10-10* Huambo, 2 attentats (40 †). -*15-10* Mobutu à Luanda. -*9-12* PM *Lopo do Nascimento* destitué ; charges de PM et de vice-PM supprimées. **1979**-*21-9* **José Eduardo Dos Santos** (né le 28-8-1942) Pt. **1981-82** plusieurs raids sud-africains. **1982**-*8-12* début de négociations Afr. du Sud/Angola au Cap-Vert. **1984**-*3-1* raid sud-afr. contre Swapo (331 †). -*16-2 accords de Lusaka* avec Afr. du Sud qui retirera ses troupes d'A. de 1986 à 1989, l'A. réprimant les infiltrations de la Swapo. -*19-4* attentat Unita à Huambo (24 †). -*Été* échec offensive contre Unita. **1985**-*1-4/31-5* : 181 combats Unita/MPLA (1 020 †). Raids sud-afr. *1-7* (61 †), *16-9* et *18-9*. -*Sept./oct.* échec offensive MPLA. **1986**-*7-2* dernier combat de Savimbi à Huambo. -*5-8* attaque de Cuito-Cuanavale, 22 avions détruits. **1987**-*5-6 Forces territoriales namibiennes* (SWATF), sous commandement sud-afr., attaquent base Fapla. -*3-7* choléra : 3 000 †. -*23-7/nov.* offensive MPLA contre Mavinga repoussée. -*21/23-9* Dos Santos en France. **1988** bombardements sud-afr. dans le sud. -*17-3* avancée des Cubains sur 250 km. -*27-4* avion cubain abattu par erreur par missile cubain : 26 officiers tués. -*Mai* renforts cubains. -*29-6* embuscade cubaine au barrage des Calueque : 12 Sud-Afr., 300 Angolais et Cubains † ; 8 Mig-23 détruisent bases arrière sud-afr. -*8-8 Genève,* accord A.-Cuba-Afr. du Sud : cessez-le-feu, retrait sud-afr. -*22-12 New York, traité A.-Cuba-Afr. du S.* : repli des Cubains du 1-4-1989 au 25-5-1991 [les 2/3 la 1re année (3 500 soldats par mois) ; puis 14 000 h. en 6 mois, et 10 000 h. le 1-7-1991]. **1989**-*10-1* départ de 450 Cubains. -*9-2* offensive Unita. -*22-6 Gbadolite* (Zaïre) : accord de cessez-le-feu Dos Santos/Savimbi. -*24-6* Unita rompt le cessez-le-feu. **1990**-*25-1* arrêt retrait cubain après attaque Unita (4 Cubains †). -*24/25-4* à *Evora* (Portugal) rencontre gouv./Unita. **1991**-*26-3* loi sur le multipartisme. -*1-5 accords d'Estoril ou de Bicesse* (Port.) gouv.-Unita : cessez-le-feu (officiel 31-5). -*25-5* départ des derniers Cubains. L'Onu surveillera le cessez-le-feu (Unuven II : 400 h.).

Forces présentes (de 1975 à 1991). **Étrangères :** *ex-URSS :* 3 500 ; *pays de l'Est :* 3 500 Allemands de l'Est (en 1987), 600 (en mars 1988) ; *Nord-Coréens :* 2 500 ; *Portugais :* 3 500 communistes de l'amiral Rosa Constinho [4 000 conseillers militaires (5 à 10 par régiment) ; base aéronavale de Moçamedes] ; *Cubains :* 52 000 dont 42 000 soldats professionnels et 10 000 techniciens [310 000 Cubains se sont succédé en A., plus de 10 000 y sont morts (officiellement 2 100) ; 10 000 enfants de 4 à 7 ans avaient été envoyés à Cuba pour y être formés] ; *Swapo* (organisation de libération de la Namibie) : 7 000 h. qui, en 1989, ont rejoint la Namibie ; ANC (contre-régime sud-afr.) : 1 200 h. **Forces armées du gouvernement (Fapla) :** 74 000 h. dont 24 000 fantassins, 1 500 aviateurs, 2 500 marins, 10 000 miliciens. Recrutement obligatoire, rafles fréquentes. *Armement :* 100 chars T-62, 200 hélicoptères de chasse depuis 1988, Mig-23, SU-22 soviétiques, missiles sol-air. **Bilan de la guerre civile :** 230 000 à 350 000 †, 1 100 000 personnes déplacées.

1992-*3-1* : 4 Britanniques tués dans embuscade. -*Avril-mai* retour des premiers réfugiés. -*11-8* combats progouvernementaux/Unita (5 †). -*Sept.* mutinerie militaire au Cabinda : 9 †. -*19/20-9* affrontements police/Unita à Luanda : 6 †. -*25-9* : 3 Français tués. -*26-9* accident d'hélicoptère Onu : 14 †. -*27-9* Fala et Fapla fusionnent pour former les FAA (Forces armées angolaises). -*29/30-9 législatives* (MPLA 129 sièges, 53 % des voix ; Unita 70 sièges, 34 % des voix) et *présidentielle* (Dos Santos 49,57 % des voix, Savimbi 40 %) ; 90 % de participation. -*17-10* Savimbi conteste les résultats (9 à 12 % de fraude) et retire ses forces de l'armée unifiée. Guerre Unita/forces gouvernementales (nov. : « Toussaint sanglante », 10 000 †). Pierre Falcone et intermédiaire franco-russe : achats d'armes (Mig, hélicoptère, artillerie). **1993**-*6-3* Unita prend Huambo après 55 jours de combat : 12 000 †. -*Août/sept.* guerre des villes, armée gouvernementale (contrôle 65 % de la pop.)/ Unita (occupe 3/4 du pays). -*26-9* embargo pétrolier et militaire de l'Onu contre Unita. -*6-10* Unita accepte élections de sept. 1992 et validité des accords de Bicesse. **1994**-*févr.* combats à Cuito (assiégée 21 mars ; 50 000 civils †). -*24/25-2* Dos Santos en France. -*22-9* train déraille : 300 †. -*27-10* mandat Onu prolongé jusqu'au 8-12. -*11-11* l'armée prend Huambo. -*16-11* trêve. -*17-11* reprise des combats. -*20-11* accord de paix signé à *Lusaka.* -*22-11* cessez-le-feu. **Bilan :** *de 1992 à mars 1994 :* 30 000/50 000 †, 1 700 000 pers. déplacées. **Coût** (en 1993) : 20 milliards de $. **Famine** menaçant 2 à 3 millions de pers. **Mines** (en 1995) : 10 à 15 millions de mines posées. *Au 26-5-1999 :* 1 600 000 personnes déplacées.

1995-*8-2* Onu autorise envoi de 6 450 Casques bleus (Unavem III) [accord avec Unita 15-4]. -*5-3* reprise des combats. -*6-5* rencontre Dos Santos/Savimbi à Lusaka ; -*11-8* à Franceville ; -*25-9* à Bruxelles. **1996**-*11-1* départ des mercenaires sud-africains. -*16-2* environ 14 000 soldats de l'Unita cantonnés. -*1-3* rencontre Dos Santos-Savimbi à Libreville. -*27-7* Unita remet 700 t d'armes à l'Onu et poursuit le désarmement de ses 63 000 soldats. -*Août* Savimbi refuse un poste de vice-Pt. **1997**-*22-1* Savimbi « conseiller principal » du Pt. -*11-4* gouv. d'unité et de réconciliation nat. formé. -*29-10* résolution 1335 de l'Onu sanctionnant l'Unita pour non-respect des accords de 1994. **1998**-*12-3* Unita refuse sa légalisation par le gouv. -*Mars* offensive de l'Unita. -*Juillet* Onu décrète embargo sur exportations de diamants. -*31-8* : 4 ministres, 7 vice-ministres et 70 membres du Parlement de l'Unita suspendus. -*Déc.* offensive Unita contre Cuito et Huambo. -*23-12* et *2-1-1999* : 2 avions de l'Onu abattus (23 †). **1999**-*29-1* Dos Santos concentre les pouvoirs de Pt, PM et commandant en chef. -*20-3* départ de la Monua (créée 30-6-1997, environ 1 000 Casques bleus). -*5-10* la Sté De Beers annonce un embargo sur les achats de diamants angolais qui financeraient l'Unita. -*13-12* intervention namibienne contre l'Unita. **2001**-*5-5* attaques Unita.

■ **Statut.** *République.* **Constitution** du 15-11-1975, modifiée oct. 1976, sept. 1980, mars 1991 et août 1992. **Pt** (désigné par MPLA) : José Eduardo Dos Santos. **PM** poste supprimé le 29-1-1999. **Provinces :** 18. **Assemblée :** 220 m. **Fête nationale.** 11 nov. **Drapeau** (adopté 11-11-1975). Inspiré des drapeaux du MPLA et de l'URSS. Bandes horizontales rouge et noire. Au centre, roue crantée, machette et étoile jaunes.

■ **Partis.** **Mouvement populaire de libération de l'Angola-Parti du travail (MPLA-PT)** créé déc. 1956, regroupe des militants de l'ancienne *Ligue nationale africaine,* de l'*Association régionale des naturels de l'A.* et du *Mouv. pour l'indépendance nationale de l'A.* ; *principaux chefs :* Dr Agostinho Neto (11-9-1922/10-9-1979), Mario de Andrade, et le révérend père Joachim Rocha Pinto de Andrade qui forment en 1977 le MPLA-P. du travail ; *chef actuel :* José Eduardo Dos Santos. **Front national de libération de l'Angola (FNLA)** créé 1962, regroupe l'*Union des populations de l'A.* (UPA), issue de l'*Union des populations du Nord de l'A.* (UPNA, créée 1956) ; constitua, en avril 1962, un gouv. révolutionnaire angolais en exil (GRAE, appuyé par les missions protestantes) ; inactif depuis 1984 ; *chef :* John Gilmore (alias Holden Roberto, né 1923) ; 3 000 maquisards (Bakongos) contrôlant le nord. **Union nationale pour l'indépendance totale de l'Angola (Unita)** créée mars 1966 (scission du FNLA) ; 23-4-1988 forme un gouvernement provisoire à Jamba (PM Jeremias Chitunda) ; parti politique depuis 18-3-1991 ; *chef :* Jonas Savimbi (né 3-8-1934), favorable à l'Occident. *Base ethnique :* Ovimbundus, majoritaires en A. (40 %). *Forces* (1997-98) : 20 000 h. puis 8 000. *Soutiens : diplomatiques :* Afr. du Sud, Zaïre, Maroc, USA (250 millions de $ reçus de 1986 à 1991), pays occidentaux ; *militaires :* Afr. du Sud, USA (missiles Stinger). Armes vendues contre diamants par des marchands (Bulgarie, Ukraine, Émirats). **Parti d'appui à démocratie et au progrès de l'Angola (Padpa),** opposition, *Pt :* Carlos Leitao.

■ **Économie.** **PNB** (en 1999) : 160 $ par hab. **Croissance** (en %) : *1995 :* 9,2 ; *96 :* 11,6 ; *97 :* 7,6 ; *98 :* 9,5 ; *99 :* 1,9. **Population active** (en %) et, entre parenthèses, **part du PNB** (en %) : agr. 58 (6), ind. 12 (6), mines 4 (39), services 26 (38). **Inflation** (en %) : *1995 :* 11 011,1 ; *96 :* 905,3 ; *97 :* 111,1 ; *98 :* 121,4 ; *99 :* 286,1. **Dette extérieure** (en milliards de $) : *1985 :* 1,4 ; *91 :* 7,7 ; *97 :* 7,3 ; *98 :* 7,9. **Chômage** (en 1995) : 25 %. **Cours du $** (en kwanzas) : *1992-1-10 :* 2 800 ; *-15-10 :* 3 400 ; *-1-11 :* 3 800 ; *-15-11 :* 4 500. *1993-1-1 :* 7 000 ; *-14-1 :* 8 000. *1994-1-3 :* 120 000. *1995-15-1 :* 500 000 à 1 600 000. **Pauvres :** 51,5 %.

Agriculture. **Superficie** (en milliers d'ha, 1981) : 124 670 dont terres arables 3 500, pâturages 29 000, forêts 53 670, divers 38 500. **Production** (en milliers de t, 1999) : manioc 2 500 ; bananes 295, canne à sucre 340, patates douces 190 (autres légumes 263), maïs 428, millet et sorgho 102 ; huile de palme 50, pamplemousses 38 (autres agrumes 82), p. de t. 19 ; coton 6 (en 1998), café 5 (240 en 1974), tabac 4, sisal 1 (71 en 1973). *Il faut importer :* céréales, canne à sucre et haricots. **Élevage** (en milliers de têtes, 1999). Volailles 7 000, bovins 3 900, caprins 1 470, porcins 800, ovins 336. **Forêts.** 43 % des terres, 6 472 000 m3 (en 1998). **Pêche** (en t). *1972 :* 600 000 ; *85 :* 74 500 ; *90 :* 106 900 ; *94 :* 80 700 ; *95 :* 93 800 ; *98 :* 145 800.

Énergie. **Pétrole** (en millions de t) : *réserves* (en 1999) : 738 (plusieurs gisements « géants » off-shore découverts en 1996-97). *Production : 1974 :* 8,7 ; *75 :* 4,7 ; *85 :* 11,2 ; *90 :* 24 ; *95 :* 31,2 (dont les 2/3 offshore de Cabinda) ; *96 :* 35,4 ; *97 :* 36,5 ; *98 :* 36 ; *99 :* 38,5 (42 % du PIB). 1 raffinerie de pétrole (capacité 1 500 000 t). **Mines.** **Manganèse** (*vers 1973 :* 950 000 t). **Cuivre.** **Fer** (Kassinga). **Uranium.** **Asphalte.** **Diamants** (en millions de carats) : *1995 :* 2,6 ; *96 :* 2,25 ; *97 :* 1,11 ; *98 :* 2,9 ; *99 :* 3,4. Privatisations depuis 1989 (plantations et cimenteries). Forte contrebande. **Industrie.**

■ **Cabinda.** **Frontières** (en km) : côtes 200, Congo 200 et Congo démocratique (ex-Zaïre) 300. **Superficie :** 7 270 km2. **Population :** 600 000 hab., 60 000 réfugiés ex-Zaïre et Congo (Bakongos, Blancs). **Histoire : XIVe s.** principauté bakongo dépendant du roi du Kongo (capitale Mbanza Congo en Angola). **XVIe s.** occupation portugaise. **1734** française, **1737** portugaise. **1885**-*1-2* protectorat portugais (traité de Simulambuco). **1956** rattachée à l'A. **1963** fusion : Mouvement de libération de l'État du Cabinda (MLEC), Comité d'action d'union nationale cabindaise (CAUNC), Alliance du Mayombe (Alliama) en Front de libération de l'enclave du Cabinda (FLEC, *Pt :* Antonio Lopes). **1975**-*nov.* occupée militairement par l'A. avec aide soviéto-cubaine. **1992**-*sept. élections :* abstention (seuls votants, troupes d'occupation, 16 000 h.). **1994** armée. **1995**-*28-9* cessez-le-feu avec FLEC. **Gouvernement** (Pts) : **1996**-*12-11* Benicio Mavungu ; **1998** Antonio Luis Lopez. **Ressources :** pétrole, diamants, phosphates, manganèse, café, cacao, pêche.

Bois, farine, papier, sucre, gaz, ciment. **Transports** (en km). **Voies ferrées :** 2 952 (en 1987). **Routes asphaltées :** 76 626 (en 1997).

Commerce (en milliards de $). **Export./import. :** *1994 :* 3,1/3 ; *95 :* 3,8/3,5 ; *96 :* 5,0/4,4 ; *97 :* 5,2/4,6 ; *98 :* 3,8/4,5. **Rang dans le monde** (en 1999). 5e diamants. 20e millet. 25e pétrole.

ANGUILLA

Carte p. 895 b. V. légende p. 950.

■ **Situation.** Archipel des Antilles, 96 km2 (dont Anguilla 91 et Sombrero 5), côtes 61 km, 12 000 hab. (est. 2000). **D.** 120. **Capitale :** *La Vallée* 795 hab. **Histoire.** **1650** colonie britannique. **1958**-*3-1* à **1962**-*31-5* membre de la Fédération des Indes occidentales. **1967**-*11-7/-1-8* et **1969**-*17/19-3* se sépare *de facto* de St-Kitts et Nevis. **1976**-*10-2* autonomie. **1980**-*12-9* séparation légalisée.

■ **Statut.** *Colonie britannique, membre du Commonwealth.* **Constitution** 1982, amendée 1990. **Gouverneur :** Peter Johnstone, depuis 4-2-2000. **PM :** *1976-77* et *1980-84 :* Ronald Webster (P. du peuple) ; *1977-80* et *1984-94 :* Emile Gumbs (Alliance nationale) ; *1994-mars :* Hubert Hugues (P. uni d'Anguilla) ; *2000-6-3 :* Osbourne Fleming (né 1940). **Conseil exécutif.** **Ass. législative :** 7 membres élus, 2 d'office, 2 nommés. **Drapeau** (adopté 30-5-1990). En haut à gauche, drapeau du Royaume-Uni ; à droite, écusson de l'île (adopté 1967), bande bleue (la mer), 3 dauphins (amitié, sagesse, force).

■ **PNB.** 10 120 $ par hab. (en 1999). **Siège** de Stés financières (environ 500). **Pêche** (en 1995). 350 t. **Visiteurs** (en 1996). 86 239 dont 37 498 touristes.

ANTARCTIQUE (Pôle Sud)

Carte p. 985. V. légende p. 950.

☞ *Abréviation :* A. : Antarctique.

☞ **Nunatak :** mot d'origine esquimaude : piton rocheux émergeant de l'inlandsis. **Polynie :** étendue d'eau libre au milieu de la banquise. **Rookerie :** colonie d'oiseaux (ex. : manchots). **Vent catabatique :** air froid et dense s'accélérant en descendant le long de la pente de l'inlandsis.

■ **Situation.** Continent. A 990 km de l'Amér. du Sud, 2 000 de la Nlle-Zélande. Divisé en 2 par les monts transantarctiques, prolongement géologique des Andes. *A. oriental :* masse continentale plus ou moins continue ; *occidental :* plus réduit, presque entièrement dans l'hémisphère occidental, semble composé pour l'essentiel d'une plate-forme glaciaire et d'archipels d'îles glaciaires soudées. La calotte glaciaire daterait de 34 millions d'années (oligocène). **Superficie :** 13 000 000 de km2 (14 000 000 en comptant les glaces). 98 % couverts de glace permanente (épaisseur 2 160 à 4 500 m, eau douce issue de neige gelée). Contient 70 % de toute l'eau douce de la Terre. **Altitude :** *maximale* Mt Vinson 4 897 m ; *moy.* 2 300 m. **Fleuve :** *Onyx,* en été 30 km, alimenté par la fonte du glacier de Wright dans la dépendance de Ross. **Lac souterrain :** *Vostok :* 10 000 km2 à 3 725 m sous la calotte glaciaire.

Côtes. Bordées par une zone de glace aux contours instables. La mer est libre sur une partie du littoral l'été, la surface gelée (sur 1 à 2 m d'épaisseur) passe en hiver de 2 000 000 à 20 000 000 de km2 (soit environ à 1 000 km des côtes). La calotte glaciaire forme au large de vastes plates-formes (épaisseur 250 à 1 300 m). Les plus importantes : barrières de Ross, de Filchner, de Ronne et d'Amery. **Pack** (glaces flottantes) : formé sur le continent ou en bordure, poussé par les vents vers le nord dans la mer. Passe de 2 600 000 km2 en mars à 18 800 000 km2 en sept. En hiver, il recouvre l'A. et peut s'étendre au nord jusqu'à 55o de latitude sud. Largeur des fleuves de glace : 10 à 100 m. Épaisseur 1,5 m (moy.) à 3 m. **Icebergs** (parfois plus de 60 × 100 km ; hauteur 100 m au-dessus du niveau de la mer (400 à 500 m au-dessous) : se détachent par clivage de la plate-forme et, entraînés par des courants, se déplacent d'environ 18 km par jour. On en rencontre jusqu'à 45o de latitude sud dans le Pacifique et jusqu'à 35o de latitude sud dans les océans Atlantique et Indien. *A24 :* iceberg géant séparé en 1986 [13 000 km2, emportant 2 stations scientifiques (Droujnaïa, russe ; General-Belgrano,

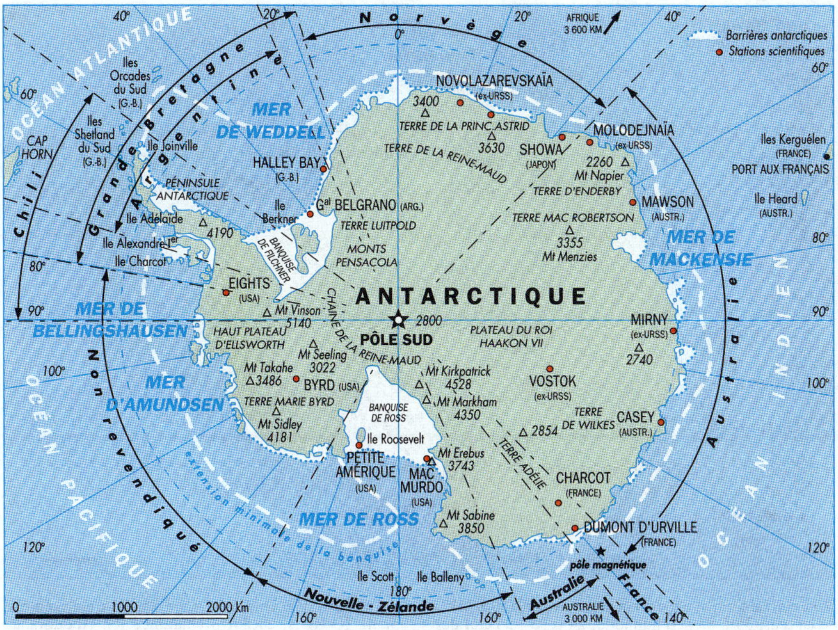

argentine)]. **Plateau continental :** 4 000 000 de km², longueur moy. 30 km (moy. mondiale 70 km), profondeur : parfois plus de 800 m.

Climat. Même ensoleillement qu'à l'équateur : altitude élevée, faible densité de l'atmosphère et transparence exceptionnelle de l'air. Pour l'essentiel, le rayonnement solaire est réfléchi dans l'espace par la calotte glaciaire et la banquise. **Températures :** *record :* – 89,6 °C le 21-7-1983. *Moyenne :* janvier : côte 0 °C (plateau – 30 °C) ; juillet : – 20 °C (– 65 °C). **Cyclones :** nés entre 60e et 70e de latitude est, se déplacent vers le sud le long des côtes. **Neige :** plateau moins de 5 m par an, côte et péninsule 50 cm.

Faune et flore. A l'intérieur, pas de vie animale ni végétale. Près des côtes, algues, lichens, mousses, hépatiques, nombreux oiseaux (manchots, albatros), pinnipèdes (éléphants et léopards de mer, phoques) ; mer riche en plancton, cétacés (baleines), petits crustacés (krill), poissons et calmars. **Nombre** (en milliers) : phoques 10 000 (protégés depuis 1978), baleines 850, oiseaux marins 400. **Consommation** (en millions de t) : poissons 17, calmar 20, krill 100. **Chasse : otaries** (fourrure) : *début XVIIIe s.* aux Kerguelen ; *1822* arrêt (peu nombreuses) ; *fin XIXe s.* reprise temporaire. **Éléphants de mer** (huile identique à celle de baleine) : *fin XVIIIe s.* dans l'Atlantique Sud ; *début XXe s.* île Macquarie et Géorgie du Sud (jusqu'en 1964) ; chasse moins rentable. **Baleines :** *1904* Géorgie du Sud ; *1911* îles Shetland du Sud ; *1926* chasse industrielle ; *1935* Convention internationale pour la réglementation de la chasse à la baleine (SDN) ; *1946* Commission internationale baleinière (CIB) ; *1982* moratoire sur activité commerciale de chasse (effectif en 1986). **Krill :** *1977* pêche commerciale se développe ; *1982 :* 500 000 t ; *1990 :* 400 000 t (10 % des captures mondiales de crustacés).

Nota. – Depuis le 1-4-1994, les chiens de traîneaux sont interdits en A. (l'accord international sur la protection de l'environnement proscrit l'introduction d'espèces étrangères à la faune indigène).

■ **Histoire. 1739**-*1-1* le Français Jean Bouvet de Lozier (1705-86) découvre l'île Bouvet. **1744**-*janv.* l'Anglais **James Cook** (1728-79) relève « une chaîne de 97 collines de glace ». **1820**-*17-1* **Faddei Faddeievitch Bellingshausen** (né 1779 en All. sous le nom de Fabian Gottlieg von Bellingshausen, † 1852 ; au service du tsar Alexandre Ier) n'a pas vu le continent ; fait le tour de la banquise mais estime qu'« il n'existe pas de continent austral ». *-20-1* les Anglais **William Smith** et **Edward Bransfield** (1795 ?-1852) découvrent la pointe nord de la péninsule ; **1821**-*févr.* l'Américain **John Davis** en foule le sol. **1840**-*19-1* le capitaine de vaisseau **Dumont d'Urville** (1790-1842) aperçoit l'A. ; *-20-1* y débarque [au même moment se trouve une expédition américaine avec **Charles Wilkes** (1798-1877), qui aurait longé de 1839 à 40 le continent sur 2 500 km dans le quadrant australien ; dans son rapport du 11-3-1840, Wilkes affirme « avoir vu le 19-1 au matin la terre au sud et à l'est » (car il a appris en Tasmanie que Dumont d'Urville avait découvert l'A. dans l'après-midi du 19) alors que son journal de bord ne l'indique pas. Pourtant la côte découverte s'appelle toujours « terre de Wilkes », malgré le passage de Wilkes en cour martiale aux USA sur plainte de ses officiers pour « injustice, cruauté, mensonge et conduite scandaleuse »]. **1841 James Ross** découvre un volcan actif (4 023 m), qu'on appelle Erebus (nom d'un de ses vaisseaux) ; 1re ascension 1908. **1897-1899** le Belge **Adrien de Gerlache** (1866-1934) explore les mers antarctiques sur le *Belgica* ; **1905** directeur technique de l'expédition du Pce Philippe d'Orléans. **1911**-*14-12* le Norvégien **Amundsen** atteint le pôle Sud. **1912**-*17-1* **Robert Scott** retrouve Amundsen, mais ils meurent de froid en rentrant à la fin mars. **1946** opération « High Jump » : cartographie aérienne du continent. **1949-52** Norvégiens, Suédois et Britanniques hivernent en terre de la Reine-Maud. **1949-53** Français hivernent en terre Adélie. **1956-58** création du Comité scientifique pour la recherche antarctique et de l'Année géophysique internationale : 12 pays installent 48 stations ; **Vivian Fuchs** (11-2-1908/11-11-1999) et **Edmund Hillary** : 1re traversée à pied de l'A. (3 453 km en 99 j) ; arrivent le 2-3-1958 à la base Scott de Ross Island. **1959** traité sur l'Antarctique (12 pays), couvrant la zone au sud du 60e parallèle. **1964** protection faune et flore ; introduction de sites protégés. **1966** 1res images du pourtour de l'A. (satellite *Tiros*). **1982** Comité pour la conservation des ressources vivantes créé.

Stations scientifiques (en 1996) : 35 ouvertes en hiver. *Touristes :* en été, plus de 9 000.

■ **Statut.** Régi par le **traité de l'Antarctique** signé à Washington par 12 nations (Afrique du Sud, Argentine, Australie, Belgique, Chili, France, G.-B., Japon, Nlle-Zélande, Norvège, URSS, USA) le 1-12-1959 (entré en vigueur le 23-6-1961 pour 30 ans, étendu le 1-6-1972 à la protection des phoques et le 20-5-1980 à la faune et flore marines). Il a suspendu toutes revendications et démilitarisé le continent, dont il a établi le libre usage à des fins scientifiques et météorologiques. Il s'applique pour les régions situées au sud du 60e degré de latitude sud. De 1961 à 1996, 32 pays y ont adhéré.

On distingue : **1°) les possessionnés :** 7 États qui ont chacun fait valoir formellement et unilatéralement des prétentions sur certaines parties de l'A. : *Argentine* (îles Orcades, îles Shetland du Sud et une partie du continent entre 25° et 74° de longitude ouest ; 6 bases permanentes), *Australie* (voir à l'Index), *Chili* (voir à l'Index), *France* (terre Adélie), *Norvège* (terre de la Reine-Maud entre 20° de longitude ouest et 45° de latitude est), *Nlle-Zélande* (terre de Ross, 730 000 km² au total), *Royaume-Uni* (5 425 000 km², territoire de l'A., créé le 3-3-1962, comprenant Orcades du Sud 622 km², Shetland du Sud 4 622 km², terre de Graham et partie du continent antarctique entre 20° et 80° de longitude ouest). Leur souveraineté n'est reconnue que par eux-mêmes, mais n'est ni contestée ni critiquée sauf par ceux qui ont des prétentions superposées (exemples : Argentine, Chili, G.-B.). **2°) Les parties consultatives :** 26 États qui ont au minimum une base et participent aux travaux et conférences, dont les 12 signataires originaires et ceux ayant adhéré depuis : Pologne, Tchécoslovaquie (divisée en 1993), Danemark, Hollande, Roumanie, Brésil, Bulgarie, Allemagne, Uruguay. Un État devient partie consultative s'il démontre un intérêt pour l'A. constaté souverainement par les parties originaires. **3°) Les signataires non consultatifs :** qui n'ont jamais envoyé d'expéditions nationales et n'ont pas de bases : Papouasie-Nlle-Guinée (1981), Italie (1981), Pérou (1981), Espagne (1982), Chine (1983), Inde (1983), Hongrie (1984), Suède (1984), Finlande (1984), Cuba (1984), Corée du Sud (1986), Grèce (1987), Corée du Nord (1987), Autriche (1987), Équateur (1987), Canada (1988), Colombie (1989), Suisse (1990), Guatemala (1991), Ukraine (1992), Slovaquie (1993), Rép. tchèque (1996), Turquie (1996).

Conférence consultative : annuelle depuis 1991.

Convention de Wellington : adoptée 2-6-1988 : complète le traité de 1959, envisage l'exploitation des ressources minières (le traité de 1959 interdit toutes activités autres que scientifiques) ; doit être ratifiée par 16 des 20 pays représentés à Wellington (signée par 10 États : Afr. du Sud, Brésil, Corée du Sud, USA, Finlande, Norvège, Nlle-Zélande, Suède, URSS et Uruguay). *En 1989 :* la France et l'Australie l'ont rejetée ; 4 autres États devraient y adhérer : Belgique, Italie, Inde, Mexique. *1990 :* ratification suspendue. **Conférence de Madrid** (22-4-1991) : *-29-4* accord interdisant l'exploitation minière pendant 50 ans pour protéger l'environnement. *-4-7* ratifié par USA. *-4-10* signé à Madrid par 31 des 40 signataires du traité de 1959. Seule la recherche scientifique est autorisée, avec évaluation d'impact préalable. Comité pour la protection de l'environnement créé.

Exploitation des icebergs

Plus de 10 000 milliards de m³ de glace dérivent (icebergs) et fondent chaque année dans l'Antarctique et les mers avoisinantes. Le plus grand iceberg mesuré atteignait 8 000 milliards de m³.

Projet. Récupérer cette eau douce et abaisser les températures côtières de pays désertiques en remorquant des icebergs [de 1 200/1 500 m de long, épais de 250/300 m, d'un volume de 100 millions de m³ (50 à 80 à l'arrivée)]. **Modes de déplacement imaginés :** 5 à 6 remorqueurs (traction 600 à 700t) ; mâts sur l'iceberg équipés de voiles ; hélices sous-marines de 50 m de diamètre ; pagayeurs mécaniques (plusieurs centaines) le long de la ligne de flottaison. **Vitesse :** 1 nœud. Les icebergs de l'Antarctique seraient préférés à ceux de l'Arctique, plus petits, plus instables (formes irrégulières) et devant passer par Gibraltar et Suez (ce qui serait peu facile) ou Le Cap (ce qui allongerait le trajet).

■ **Bases permanentes** (en 1999-2000). 36 dont **Afrique du Sud :** Sanae. **Allemagne :** Georg von Neumayer. **Argentine :** Gal Belgrano II, Esperanza, Teniente Jubany, Vicecomodoro Marambio, Orcadas, Gal San Martin. **Australie :** Casey, Davis, Mawson. **Brésil :** Cdt Ferraz. **Chili :** Capitán Arturo Prat, Gal Bernardo O'Higgins, Pt Eduardo Frei. **Chine :** Chang Cheng, Zhongshan. **Corée :** King Sejong. **France :** Concorde, Dumont d'Urville. **G.-B. :** Halley, Rothera, Signy. **Inde :** Maitri. **Japon :** Fuji, Showa. **Nlle-Zélande :** Scott Base. **Pologne :** Henryk Arctowski. **Russie :** Bellingshausen, Mirny, Molodejnaïa, Novolazarevskaïa. **Ukraine :** Vernadsky. **Uruguay :** Artigas. **USA :** Mc Murdo, Palmer, Pôle Sud.

■ **Scar (Scientific Committee for Antarctic Research).** *Fondé* 1958. *Réunions spéciales* (2 fois par an depuis 1982).

■ **Terres australes.** 20 îles ou groupes d'îles épars dans l'océan Austral entre 37e et 60e de latitude sud. **Secteurs atlantique** (plus froid) : îles *Tristan da Cunha, Gough, Falkland* (ou *Malouines,* 16 380 km²), *Géorgie du Sud, Sandwich du Sud, Orcades du Sud* appartenant à la G.-B. et île *Bouvet* à la Norvège. **Indien :** îles *Amsterdam, Saint-Paul, Crozet* appartenant à la France (voir encadré p. 891 a) ; île *Marion* à l'Afr. du Sud ; île *Heard* (alt. maximale : Big Ben 2 750 m) à l'Australie. **Pacifique :** îles *Bounty, Antipodes, Auckland, Campbell* à la Nlle-Zélande, île *Macquarie* à l'Australie.

Températures moyennes annuelles : vers le 50e parallèle, Bouvet – 1,5 °C, Kerguelen + 4,6 °C, Heard + 1,5 °C, Macquarie + 4,8 °C, Campbell + 6,6 °C.

☞ **Expédition Transantarctica :** environ 6 000 km [Jean-Louis Étienne (France), Will Steger (USA), Viktor Boyarski (URSS), Geoff Somers (G.-B.), Keizo Funatsu (Japon), Qin Dahé (Chine)] ; *28-7-1989* départ de Mirny ; *11-2-1990* arrivée au pôle Sud ; *-3-3* retour.

Antigua et Barbuda

Carte p. 895 b. V. légende p. 950.

☞ *Abréviation :* A. : Antigua.

■ **Situation.** Antilles. **Superficie :** 441,6 km² : *Antigua* 280 km², 64 500 hab. ; *Barbuda* (à 40 km) 160 km², 1 400 hab., autrefois à la famille Codrington ; *Redonda* (à 48 km) 1,6 km², inhabitée. **Côtes :** 153 km. **Altitude** *maximale :* Boggy Peak 403 m. **Climat.** Tropical. **Saisons** *humide* juillet à nov., *sèche* déc. à juin. **Température :** moy. 26,7 °C.

■ **Population.** *2000 (est.) :* 68 000 hab. ; *2025 (prév.) :* 80 000. **D.** 159. **Capitale :** *St John's and Codrington* 22 342 hab. (en 1991). **Langues.** 95 % anglais, 5 % anglais et français. **Religion.** Anglicane.

■ **Histoire. 1493** Christophe Colomb découvre l'île qui sera nommée d'après l'église de Santa Maria de la Antigua à Séville. **1520** 1re tentative espagnole pour s'installer. **1629** visite de Français, trouvent l'île inhospitalière. **1632** les Anglais colonisent A., cultivent tabac et canne à sucre. **1650** esclaves noirs dans les plantations. **1661** Barbuda colonisée. **1667**-*juin* traité de Breda : A. est britannique. **1669** les *îles Leeward* comprenant A., Barbuda, St-Kitts, Nevis, Anguilla ; Montserrat et Dominique sont rattachées. **1834** esclavage aboli. **1843**-*8-2* séisme. **1871** *fédération des îles Leeward* (A., St-Kitts, Anguilla, Montserrat, Dominique, îles Vierges britanniques) ; siège à A. **1956**-*30-6* fédération dissoute, devient colonie. **1958**-*3-1* A. devient membre indépendant de la Fédération des Indes occidentales jusqu'à sa dissolution, le 31-5-1962. **1966** association avec G.-B. (effective 27-2-1967). **1968** accord avec Barbade et Guyane pour zone de libre-échange. **1972** rejoint Communauté des Caraïbes et Marché commun. **1981**-*1-11 indépendance.* **1995**-*sept.* cyclone *Luis.*

■ **Statut.** *Monarchie parlementaire, membre du Commonwealth.* **Constitution** du 1-11-1981. **Chef de l'État :** reine Élisabeth II. **Gouverneur général :** sir James Beethoven Carlisle (né 5-8-1937) depuis 10-6-1993. **PM :** Lester Bryant Bird (né 21-2-1938) depuis 9-3-1994 (ALP). **Sénat :** 17 m. nommés par le gouverneur. **Chambre des représentants :** 17 élus pour 5 ans. **Élections du 9-3-1999 :** Antigua Labour Party (ALP, fondé 1968) 12 sièges. **Fête nationale.** 1-11 (indépendance). **Drapeau** (adopté 27-2-1967). « V » formé par 2 triangles rouges (Victoire) ; au centre :

blanc (espoir), bleu (mer Caraïbe), soleil (nouvelle ère) sur fond noir (héritage africain).

■ **Économie.** **PNB** (en 1999) : 9 070 $ par hab. **Terres** (en km²) : agriculture 69,1, forêt 47,9, improductives 74,4, arables 55,1. **Production :** rhum, fruits, légumes. **Élevage** (en 1999). 16 000 bovins, 12 000 chèvres, 12 000 moutons, 2 000 porcs. **Pêche** (en 1997). 500 t.

Tourisme. **Ressources** (en 1997) : 65 % du PIB, 260 millions de $. **Visiteurs** (en 1997) : 462 114 dont 231 000 par avion, 227 443 en croisière et 17 974 plaisanciers.

Commerce (en millions de $). **Export./import. :** *1996 :* 38/365 ; *97 :* 38/370 ; *98 :* 36/385 ; *99 :* 38/414.

ANTILLES NÉERLANDAISES
Carte p. 895 b. V. légende p. 950.

■ **Situation.** Amérique. **Superficie :** 800 km². 2 groupes d'îles distantes de 1 000 km. **Frontières :** 10,2 km avec la Guadeloupe. **Côtes :** 364 km. **Altitude** *maximale :* St Christoffelberg (Curaçao) 372 m.

■ **Population.** *2000 (est.) :* 210 134 hab. ; *2 025 (prév.) :* 260 000. **D.** 287,5. A l'origine, 42 nationalités. **Siège du gouvernement :** *Willemstad* 50 000 hab. **Langues.** Néerlandais *(officielle),* papiamento (mélange de portugais, néerlandais, anglais, espagnol), anglais. **Religions** (en 1992). Catholiques 82 %, protestants 2 %.

1°) Iles Sous-le-Vent (Leeward). A 60 km du Venezuela. *Climat :* tropical tempéré par alizés du nord-est, vent 7,2 m/s à Curaçao. *Températures :* moyenne 27,5 °C ; mois le plus froid janv. (jour 28,5 °C ; nuit 21,3 °C), le plus chaud sept. (jour 30 °C ; nuit 26 °C). *Pluies :* 500 à 750 mm par an, surtout nov.-déc., peu de mars à oct. (averses juillet-août), humidité moy. 76 %. **Curaçao :** 444 km², longueur 61 km, largeur 7 km. 151 448 hab. (en 1995). *Willemstad* (capitale) ; centre commercial, raffinerie depuis 1916 ; grottes de Hato. *1499* découverte par Alfonso de Ojeda ; occupée par Espagnols ; *1527* Hollandais ; *1634* Anglais. *1816* rendue aux P.-Bas. *1863* esclavage aboli. **Bonaire** ou **île des Flamants :** 288 km², longueur 38,6 km, largeur 4,8 à 11,3 km. 14 218 hab. (en 1995). *Kralendijk* (capitale).

2°) Iles du Vent (Windward ou **les Trois S).** A 800 km au nord. Même climat. *Températures :* moyenne 26,5 °C (janv.-févr. 24,5 °C ; août-sept. 27,5 °C). *Pluies :* 1 080 mm, surtout mai-déc. **Saint-Martin** (partie sud, Sint Maarten ; le nord appartient à la France) 34 km². 38 567 hab. (en 1995). *Philipsburg* (capitale) ; *11-11-1493* découverte par Christophe Colomb ; *1648* partage avec la France ; pas de frontière matérialisée. **Saba** 13 km². 1 200 hab. (en 1995). *The Bottom* (capitale). **Saint-Eustache** (Sint Eustatius) 21 km². 1 900 hab. (en 1995). *Oranjestad* (capitale).

■ **Statut.** *Acquises par les Pays-Bas* (auparavant, à l'Espagne). Autonomie depuis 29-12-1954. **Constitution** d'avril 1955. **Chef de l'État :** reine Beatrix des P.-Bas. **Gouverneur** (nommé pour 6 ans, représente le souverain des P.-Bas) : Jaime M. Saleh depuis 1990. **PM :** Miguel Arcangel Pourrier depuis 8-1-1999. **Ass. législative** (22 m. élus pour 4 ans). **5 territoires :** Curaçao, Bonaire, St-Eustache, Saba, St-Martin. **Drapeau** (adopté 1959). Fond blanc ; bandes rouge verticale et bleue horizontale ; au centre, 6 étoiles blanches (les îles) devenues 5 depuis 1986, Aruba ayant fait sécession.

BONAIRE

CURAÇAO

SABA

SAINT-MARTIN

■ **Économie.** **PNB** (en 1999) : 10 200 $ par hab. **Population active** (en %) **et**, entre parenthèses, **part du PNB** (en %) : agr. 5 (1), ind. 20 (18,5), services 75 (80,5). **Agriculture.** **Terres** (en millions d'ha, 1981) : 96 dont arables 8, blé, café, légumineuses. **Élevage.** **Pêche** (en 1997). 1 100 t. **Mines.** Soufre, sel, phosphates. **Industrie.** *Raffinage du pétrole* (en millions de t) : *1985 :* 37 ; *89 :* 9,7 ; *92 :* 11,8. *Construction navale, électronique, textile, tabac.* **Zone franche** à Curaçao. **Tourisme** (en 1997). **Ressources :** 40 % du PNB. **Visiteurs :** 712 842 et environ 1 000 000 en croisière. **Commerce** (en millions de $, 1995). **Export./import. :** *1995 :* 1 522/1 841 ; *96 :* 1 269/2 519 ; *97 :* 1 488/2 083.

ARABIE SAOUDITE
V. légende p. 950.

☞ *Abréviation :* A. : Arabie.

■ **Situation.** Asie. **Superficie :** 2 240 000 km². De l'ouest à l'est 1 500 km, du nord au sud 2 000 km. Désertique en grande partie, bois dans le Hedjaz. *Pluies* moy. 100 mm dans l'intérieur à 450 mm par an dans le Hedjaz (Asie 275 mm). **Alt.** *maximale :* 3 015 m. **Régions naturelles :** plaine

(Tihama) sablonneuse longeant la mer Rouge (50 à 70 km de largeur, 35 à 85 % d'humidité, 24 à 35 °C l'été) que surplombent le *Hedjaz* [(en arabe « barrière montagneuse »), en partie boisée, 1 000 à 3 015 m (max.), capitale : *La Mecque*] et l'*Assir* [« l'inaccessible », capitale : *Abhâ* (plantations de café)] ; plateau *(Nadj)* désertique, alt. moy. 1 000 m, climat continental, hiver froid et pluvieux, été très sec (au maximum 40 °C à Riyâd et 9 % d'humidité en juillet), capitale : *Riyâd* ; plaine (500 km de longueur) formant la majeure partie de la province de *Hassa ;* au nord et au sud, 2 déserts (le grand *Nafûd* et le *Rub'al Khâlî*). Hiver doux sauf en montagne. **Côtes :** mer Rouge 1 760 km, Golfe 650 km. **Frontières** (en km) : Émirats arabes unis 457, Qatar 60, Koweït 222, Iraq 814, Jordanie 728, Yémen 1458, Oman 676.

■ **Population.** *1992 (rec.) :* 16 929 294 hab. (sous-estimé) ; *2000 (est.) :* 21 660 000 ; *2025 (prév.) :* 40 000 000. **D.** 9,3. **Accroissement** (en %) : 3,7. **Age :** *- de 15 ans :* 42,6 % ; *+ de 64 ans :* 2,6 %. **Espérance de vie** (en 1998) : 72 ans. **Mortalité** *infantile :* 29 ‰ (en 1999). **Pop. sédentaire** (en %) : *1970 :* 26 ; *90 :* 78, *ruraux* 15,4 %, *nomades* 6,6 % (50 % en 1968 ; officiellement 1 109 972 dont 210 000 Bédouins des régions frontalières). **Étrangers** (en milliers, au 1-1-1995) : 6 256 (Indiens 1 229, Égyptiens 1 195, Pakistanais 779, Philippins 600, Bangladais 446, Yéménites 424, Indonésiens 249, Soudanais 243, Syriens 168, Jordaniens 155, Sri Lankais 135, Koweïtiens 123, Palestiniens 111, Turcs 92) ; représentent 70 à 80 % de la pop. active. **Réfugiés** (en 1999) : 128 600 dont 123 000 Palestiniens. **Enseignement** (en 1996). Primaire 2 211 808 élèves, collège 864 795, secondaire 467 705, supérieur 185 000.

■ **Villes** (rec. 1992). *Riyâd* (en arabe « jardins ») 2 620 000 hab. (en 1995). Djeddah (ancienne capitale diplomatique et port principal) 1 490 000 (est.), [20 000 en 1960]. La Mecque 965 697 [capitale religieuse (mosquée sacrée, 9 minarets, record mondial) ; *pèlerins* (en milliers) : *vers 1938 :* 50 ; *1985 :* 1 600 dont 852 de l'étranger dont Iraniens 150, Égyptiens 131, Pakistanais 88 ; *1988-89 :* 775 ; *2001 :* 1 800]. Médine 608 295 (en 1992) [depuis 1984, vieille ville rasée et transformée, sauf le tombeau-mosquée de Mahomet, le sanctuaire (passé de 28 000 à 165 000 m²) accueillera 167 000 fidèles, les terrasses (67 000 m²) 90 000. 10 minarets de 92 m de hauteur]. Tâ'if (alt. 1 630 m) 416 121 (en 1974). Hufûf 225 847 (en 1992). Dharan 73 691 (en 1992).

■ **Langue officielle.** Arabe. **Analphabètes** (en 1997) : 25 % ; hommes 14,9 %, femmes 35,5 %. **Religion officielle.** Islam wahhabite et minorité chiite (ismaéliens, 7 à 10 % de la pop.). L'ensemble du pays étant considéré comme une mosquée, l'exercice d'un autre culte que l'islam est interdit ailleurs que dans des lieux prévus à cet effet.

■ **Histoire.** **Jusqu'en 300 environ apr. J.-C.** occupée par tribus arabes *kindaïtes* (royaume de Kinda au centre de l'Arabie), fait partie du royaume de Saba (voir Yémen). **Vers 300** Kinda morcelé en tribus bédouines. Hedjaz forme plusieurs principautés marchandes, la plus prospère est La Mecque (tribu des Quraychites). **617** apparition de l'islam. **634-44** Omar conquiert Perse, Syrie, Iraq, Égypte. **644-50** Othman conquiert Arménie et Tunisie. **668-XVᵉ s.** monde musulman gouverné par dynasties omeyyades et abbassides. **XVᵉ s.** rivalités internes. **XVIᵉ s.**

■ **Tentatives d'unification du monde arabe.** **850** expansion maximale de l'arabo-islamisme, des Pyrénées aux Indes. Maroc et Espagne arabisés cesseront de faire partie d'un ensemble cohérent. Perse et Afghanistan ne seront jamais arabisés. **1187** Saladin le Grand (Kurde), chef des Ayyoubides, unifie Égypte et Syrie. **1250** Baïbars (Turc), chef des Mamelouks, unifie Égypte, Syrie et Hedjaz. **1516** Selim Iᵉʳ (Turc), chef des Ottomans dont l'empire au XVIᵉ s. comprendra les pays arabophones, de l'Algérie à l'Iraq.

Turcs gouvernent le monde arabe, sauf l'Arabie centrale *(Nadj).* **XVIIIᵉ s.** cheikh Mohammed ibn Abdulwahab (1703-92) prône une réforme religieuse, retour à l'islam orthodoxe : opposition aux chiites. **1744** accord avec Pᶜᵉ de Derieh, Mohammed ibn Saoud, qui fonde le 1ᵉʳ État saoudien. **Début XIXᵉ s.** Abdallah ibn Saoud, fils de Mohammed. **1804** Saoudiens prennent Médine (trésors comme butin). **1811-18** la Turquie demande à Mehemet Ali, gouverneur d'Égypte, de lutter contre la réforme (Abdallah ibn Saoud exécuté à Constantinople ; tombeaux et mausolée de Médine restaurés) mais les Saoudiens retrouvent leur force. **1824** 2ᵉ État saoudien (imam Turki ibn Abdullah Saoud).

1902 Abd el-Aziz ibn Abderrahmane al-Saoud connu comme Ibn Seoud [24-11-1876/9-11-1953, de la famille des Saoud (régnant dans le Nadj, mais réfugiée à Koweït en 1891 après avoir été déposée par Ibn al-Rachid)] émir de Haiel et allié des Turcs, reprend l'émirat de Riyâd ; roi ; a eu 14 femmes et 200 concubines ; **1902-12** reprend tout le Nadj à la famille Rachid ; **1902**-*15-1* entre à Ar Riyâd. **1912-27** ralliement de l'est (1913), du sud (l'Assir, ajoutée par Fayçal en 1921), de La Mecque (prise 14-10-1924), de Médine (prise 5-12-1925) [coupole du mausolée de Mahomet endommagée (puis restaurée et embellie)], de Djeddah (prise 23-12-1925), fondation des royaumes du *Hedjaz* (29-8-1926) et du *Nadj* (mai 1927). **1932**-*22-9* royaume d'A. saoudite après union du Nadj et du Hedjaz. **1933** 1ʳᵉ concession accordée (à Standard Oil of California). **1934**-*20-5 traité de Tâ'if* avec le Yémen qui place les provinces d'Assir, Nadjrân et Djîzân sous contrôle saoudien. **1938**-*3-3* découverte du pétrole (puits 7 à – 1 441 m à Dammam). **1945**-*13-2 accords du « Quincy »* (rencontre ibn Saoud/Roosevelt sur le *Quincy* au large de Djeddah) ; l'A. cède le monopole d'exploitation des gisements pétroliers aux USA. **1950** *Tap-Line* (Trans-Arabian Pipeline), qui réduit le trajet de 5 000 km à 1 800 (par Suez), inauguré (coût 300 millions de $). **1952** la G.-B. occupe l'oasis de *Buraimi* et la partage entre Aboû Dabî et Oman ; 1ʳᵉ frappe de monnaie, 1ᵉʳˢ billets de banque. **1953**-*9-10* Conseil des ministres créé.

1953-*12-11* **Saoud ibn Abdul-Aziz** (9-11-1902/12-2-1969, son fils) roi. **1961** 1ʳᵉ école pour filles, 1ʳᵉ université. **1962** esclavage aboli. **1964**-*3-11* Saoud (alcoolique, prodigue et incapable) déposé par conseil de famille et Conseil des oulema (sages).

1964-*3-11* **Fayçal** (1906-75, son demi-frère) roi. **1969** complot déjoué. **1973**-*17-10* l'A. se joint à l'embargo pétrolier. **1975**-*25-3* Fayçal assassiné par son neveu Fayçal ben Moussaid ben Abdulaziz (décapité).

1975-*25-3* **Khaled** (1913-82, son demi-frère) roi. *-21-12* cheikh Ahmed Zaki Yamani (né 2-7-1930, ministre du Pétrole) pris en otage à Vienne, libéré (voir p. 997 a). **1976** nombreuses importations (bateaux attendant de 4 à 6 mois à Djeddah pour décharger). **1977**-*22-1* Pt Giscard d'Estaing en A. **1978**-*30-5* roi Khaled à Paris. **1979** l'A., étant contre l'accord israélo-égyptien, rompt avec Égypte ; *-20-11/-5-12* environ 300 personnes de diverses tribus (étrangers : Yéménites, Égyptiens), dirigés par Al-Kahtani (26 ans, présenté comme le *Mahdi*), attaquent la Grande Mosquée de La Mecque (officiellement 304 † dont 127 gardes nationaux, selon certains 270 à 400 †). La France envoie des gendarmes du GIGN conduits par le capitaine Barril (avant d'intervenir, ils se convertissent à l'islam). **1980**-*9-1 :* 63 rebelles exécutés. **1981**-*26-9* Pt Mitterrand en A. **1982**-*13-6* Khaled meurt.

1982-*13-6* **Fahd ibn Abdelaziz** (né 1924, son demi-frère, chef des « 7 Soudeyri », fils d'Ibn Seoud et de son épouse préférée, Hassa Bent Ahmad al-Soudeyri) roi. **1985**-*11-7 :* 1ᵉʳ astronaute arabe et musulman, le Pᶜᵉ sultan ben Salman, neveu du roi Fahd, est fêté à son retour. **1986**-*29-10* Yamani remplacé par Hicham Nazer. **1987**-*31-7* La Mecque, incident pèlerins/chiites et service d'ordre : 402 † dont 275 Iraniens. **1988**-*juin* emprunt d'État de 8 milliards de $. *-3-7* l'A. achète 100 milliards de F d'armement à G.-B.

(dont 50 avions Tornado, 60 Hawk, 80 hélicoptères, 6 dragueurs de mines). G.-B. devra acheter 20 millions de t de pétrole par an. *-16-11* l'A. reconnaît l'État palestinien. **1989**-*4-1 :* 3e secr. de l'ambassade d'A. à Bangkok assassiné par Djihad islamique. *-29-3* imam de la mosquée de Bruxelles (saoudien) et son adjoint assassinés. *-10-7 :* 2 explosions à La Mecque, revendiquées par la Génération de la colère arabe (1 †). *-17-7* nouvelle explosion. *-21-9 :* 16 chiites koweïtiens décapités (accusés des attentats). **1990**-*2-2 :* 3 diplomates saoudiens tués à Bangkok. *-2-7* La Mecque, panique dans un tunnel : environ 400 †. *-21-7* relations diplomatiques avec Chine. *-29-8* achète pour 2,2 milliards de $ (6 à 8 milliards prévus) d'armes américaines. *-Nov.* 48 rabbins (du corps expéditionnaire américain, comprenant 8 000 juifs) autorisés à venir en A. **1991 guerre du Golfe.** *Dépenses* (en milliards de $) : aide aux USA : 15 (prévus). *Coût de la force alliée :* 48 (voir à l'Index). *-20-2* relations diplomatiques reprises avec Iran (rompues depuis avril 1988). *-13-10* le roi rend leurs passeports aux femmes qui avaient manifesté en 1990 pour conserver leur permis de conduire. **1994**-*23-5* pèlerinage, bousculade à Mina : 270 †. *-14-9* arrestation de cheikh Salman el-Awadah ; manif. à Bouraïdah. **1995**-*janv.* incident frontalier avec Yémen : 50 †. *-13-2 :* 100 000 étrangers clandestins expulsés en 6 semaines. *-26-2 mémorandum d'entente* avec Yémen confirme traité de 1934. *-Mai* 57 milliards de $ de contrats américains depuis févr. dont ATT 23, Boeing et McDonnell-Douglas 34. *-21-10* mosquée de Qouba, attentat : 8 †. *-13-11* Riyâd, attentat à la mission américaine d'encadrement de la garde : 7 † dont 5 Américains et 1 Indien, revendiqué par « Tigres du Golfe » (4 accusés décapités 31-5-1996). *-29-11* roi Fahd victime d'une embolie cérébrale. **1996**-*1-1* Pce Abdallah devient régent. *-22-2* le roi reprend ses fonctions. *-25-6* Khobar près de Dahran : camion piégé (par intégristes saoudiens) : 19 Américains †, 386 bl. *-6/8-7* visite du Pt Chirac. *-26-8* QG Alliés transféré à El-Iskan près de Riyâd. **1997**-*15-4* incendie dans camp de pèlerins à Mina : 343 †, 1357 blessés. *-16-10* expulsion de clandestins (est. 100 000). **1998**-*9-4* La Mecque, bousculade à Mina : 118 †. **2000**-*21-8* convention pour éradiquer, discrimination contre les femmes, réserves sur 2 points : la femme peut donner sa nationalité à ses enfants et choisir librement son conjoint. **2001**-*5-3* La Mecque, bousculade : 35 †, 100 bl.

■ **Statut.** *Monarchie islamique.* **Roi** et **PM :** gardien des 2 lieux saints (La Mecque, Médine) vêtu de l'*abaya* traditionnelle. **Héritier** depuis 1982 **et vice-PM :** Pce Abdallah (né 1924, demi-frère du roi, fils d'Abd-el Aziz et d'une femme de la tribu des Chammars). Environ 4 200 princes du sang sur les 40 000 liés à la famille royale occupent de nombreux postes. **Loi du royaume :** Coran et Sunna. **Loi fondamentale :** promulguée 1-3-1992, organise l'État et les règles de succession (le roi choisit le plus apte parmi les fils et petits-fils d'ibn Saoud, auparavant le plus âgé des fils). **Conseil consultatif** *(Majilis as Choura) :* créé 1-3-1992, 90 m. et 1 Pt (cheikh Mohammad ben Ibrahim ben Joubair) nommés pour 4 ans par le roi. **Provinces :** 13 depuis 16-9-1993, dirigées chacune par 1 émir ayant rang de ministre (désigné ou révoqué par le roi). **Partis politiques.** Aucun. **Mouvements d'opposition : Comité de défense des droits légitimes** (CDLR en anglais) créé 3-5-1993 par 6 intellectuels et religieux, *porte-parole :* Mohamed el-Massaari, expulsé (réfugié en G.-B. depuis avril 1994). **Mouvement pour la réforme islamique en Arabie (MIRA)** créé à Londres 22-3-1996 par Saad al-Faqih, dissident du CDLR. **Comité pour le conseil et la réforme (CCR)** dirigé de Khartoum puis (mai 1996) d'Afghanistan par Oussama ibn Laden. **Fête nationale.** 22 sept. (création du royaume d'Arabie, 1932). **Emblème.** 2 sabres surmontés d'un palmier (aucune prospérité n'est possible en dehors de la justice). **Drapeau** (adopté mars 1938). Vert (islam) portant (en blanc) un sabre et la formule : « Il n'y a de Dieu que Dieu, Muhammad est le prophète de Dieu. »

■ **Justice.** Sanctions définies par le Coran. Pour homicide : mort ; vol : ablation de la main sauf circonstances atténuantes ; adultère par un époux : lapidation (si 4 témoins l'attestent), par un célibataire : flagellation (si 1 seul témoin l'atteste). *Exécutions : 1995 :* 188 (dont 62 Saoudiens) ; *1996 :* 70 (la majorité pour trafic de drogue) ; *1999* (1-1/1-7) : 49. **Garde nationale :** 60 000 h.

■ Économie

■ **PNB.** *Total* (en milliards de $) : *1985 :* 92 ; *90 :* 98 ; *95 :* 140 ; *98 :* 147 ; *99 :* 130. *Par hab.* (en $) : *1985 :* 7 965 ; *90 :* 6 853 ; *93 :* 8 050 ; *94 :* 7 800 ; *95 :* 7 040 ; *96 :* 7 432 ; *97 :* 7 150 ; *98 :* 7 110 ; *99 :* 6 090. **Taux de croissance du PIB** (en %) : *1996 :* 8,7 ; *98 :* 2,3 ; *99 :* 8,8. **Chômage :** *1996 :* 20 %. **Population active** (en %) **et** , entre parenthèses, **part du PNB** (en %) : agr. 9 (7), ind. 24 (16), mines 2 (36), services 65 (41). *Travail des femmes :* permis dans certaines fonctions et certains métiers compatibles avec les traditions.

■ **Agriculture. Terres** (en milliers d'ha, 1990) : cultures : *1976 :* 0,1 ; *86 :* 2,3 ; *90 :* 35 ; forêts 18. 435 000 ha irrigués (en 1993). **Production** (en milliers de t, 1999) : blé [*1980 :* 50 ; *85 :* 1 700 ; *86 :* 2 000 (soit 200 % des besoins, subvention en août de 600 $ la tonne ; importée, la tonne de blé coûterait 200 $) ; *94 :* 2 500 ; *95 :* 2 453 ; *96 :* 1 200 ; *97 :* 1 500 ; *98 :* 1 800 ; *99 :* 1 800] ; dattes 600 [106 137 ha de palmeraies] ; orge 400 ; tomates 500 ; pastèques 400 ; oignons 250 ; sorgho 220 ; raisins 137 ; melons 130 ; agrumes 41 ; millet 14 ; café ; figues ; gomme arabique. **Élevage** (en millions de têtes, 1999). Ovins 8,31 ; caprins 4,4 ; volailles 0,83, chameaux 0,4 ; bovins 0,2 ; ânes 0,1. **Pêche** (en 1997). 54 000 t. Perles.

Nota. – Depuis 1964, l'A. saoudite a poussé les Bédouins à devenir paysans sur les nouvelles terres irriguées (960 000 ha en 1992).

■ **Pétrole. Réserves** (en milliards de t, 2000) *prouvées :* 35,9 [*probables* 40, rang mondial (25,9 %)]. **Production** (en millions de t) : *1946 :* 8 ; *72 :* 285 (50 % du PIB) ; *80 :* 495 ; *81 :* 490 ; *82 :* 325 ; *83 :* 246 ; *84 :* 229 ; *85 :* 165 ; *86 :* 264 ; *87 :* 209 ; *88 :* 251 ; *89 :* 255 (24 % du PIB) ; *90 :* 334 ; *91 :* 410 ; *92 :* 420 ; *93 :* 406 ; *94 :* 427 ; *95 :* 426,7 ; *96 :* 434,6 ; *97 :* 442,1 dont 97 % des champs de l'Aramco [origine Arabian American Oil Cy, créée 31-1-1944 ; actionnaires initiaux : Socal (aujourd'hui Chevron) 30 % et Texaco 30 %, puis Esso 30 %, et Socony (aujourd'hui Mobil) 10 % ; durée de la concession : 60 ans. *1972 :* l'État prend 25 % du capital, *1974 :* 60, *1980 :* 100] et 3 % de la zone neutre exploitée en commun avec le Koweït ; *98 :* 442,8 ; *99 :* 411,8. **Revenus** (en milliards de $) : *1955 :* 0,34 ; *60 :* 0,35 ; *80 :* 84,4 ; *81 :* 115,5 ; *82 :* 78,9 ; *83 :* 45 ; *84 :* 36,3 ; *85 :* 26 ; *86 :* 18,1 ; *87 :* 20,4 ; *88 :* 20,2 ; *89 :* 23 ; *90 :* 40 ; *91 :* 45 ; *92 :* 37 ; *93 :* 33 ; *94 :* 37 ; *95 :* 33 ; *2000 (est.) :* 60.

■ **Gaz** (en milliards de m³). *Réserves :* 5 379 (en 2000). *Production : 1991 :* 30,2 ; *95 :* 38 ; *96 :* 41,3 ; *97 :* 45,3 ; *98 :* 46,8 ; *99 :* 47,5.

■ **Réserves diverses.** Phosphates, gypse, marbre, cuivre, uranium. Commercialisation prochaine de cuivre, zinc, or (6 t en 1998 des mines de Mahd Adh Dhahab), argent, fer.

■ **Eau.** Nappes d'*eau fossile* (de plus de 10 000 ans) non renouvelables 75 %, renouvelables 10 % (réserves épuisées avant 2010 par la culture avec tourniquet) ; *eau de mer* dessalée 15 % (à Ar Riyâd, 830 millions de m³ amenés par 2 conduites de 466 km). *Consommation* (en millions de m³) : nappe 9 500, dessalement 100 (24 stations).

■ **Transports** (en km). **Voies ferrées :** environ 700. **Routes** (en 1996) : 1re classe 43 200, 2e 96 000. **Oléoduc** *transarabique* [golfe Persique, Yanbu (mer Rouge)] : 1 200.

■ **Tourisme** (en 1997). 3 594 000 (hommes d'affaires, invités officiels, pèlerins).

■ **Finances** (en milliards de $). Poids financier presque égal à celui des USA. **Avoirs à l'étranger :** *1973 :* 5 ; *83 :* 150 ; *85 :* 90 ; *87 :* 110 ; *93 :* 50 ; *95 :* 64,9. **Dette extérieure :** *1996 :* 80 ; **publique intérieure :** *1995 :* 100. **Réserves en devises :** *1994 :* 7,4 ; *2000 :* 19,6 ; **en or :** 4,6 millions d'onces. **Budget** (déficit en milliards de rials saoudiens) : *1986 :* – 77,8 ; *90 :* – 25 ; *91 :* – 25 ; *92 :* – 30 ; *93 :* – 10 ; *94 :* – 20 ; *95 :* – 15 (dépenses 150, revenus 135) ; *96 :* – 18,5 ; *98 :* – 13. **Impôt** unique de 2,5 % (« part du pauvre » ou *zekkat*), pas d'impôt sur revenu ni sur bénéfices des Stés (sauf pour Stés étrangères). **Aides** (en milliards de $). **Aux pays en voie de développement** (environ 50 pays) : *1973-89 :* 59,5 ; **à l'URSS :** *1990 :* 4. **Inflation** (en %) : *1980 :* 3,2 ; *85 :* – 3,3 ; *86 :* – 3 ; *87 :* – 0,9 ; *88 :* 1 ; *89 :* 1,1 ; *90 :* – 2,2 ; *91 :* 4,4 ; *92 :* – 0,1 ; *93 :* 1,1 ; *94 :* 0,6 ; *95 :* 5 ; *96 :* 1,3 ; *97 :* 4 ; *98 :* – 0,3 ; *99 :* – 2,5.

■ **Commerce** (en milliards de $). **Export./import. :** *1994 :* 42,6/23,3 ; *95 :* 50/28,1 ; *96 :* 60,7/27,7 ; *97 :* 60,7/28,7 ; *98 :* 38,8/30 ; *99 :* 50,8/28. *Interdiction d'importer :* alcools, viande de porc, stupéfiants et publications contraires à l'islam. **Balance des paiements :** *1993 :* – 17,2 ; *94 :* – 10,4 ; *95 :* – 5,3 ; *96 :* 0,215 ; *97 :* 0,6 ; *98 :* 0,1.

■ **Rang dans le monde** (en 1999). 1er réserves de pétrole, production de pétrole. 5e réserves de gaz naturel. 10e production de gaz naturel.

■ Argentine

V. légende p. 950.

☞ *Abréviation :* A. : Argentine.

■ **Situation.** Amér. du Sud. **Superficie :** 3 761 274 km² dont partie continentale 2 791 810 (provinces 2 780 200, ville de Buenos Aires 200, Malouines 11 410) et partie antarctique 969 464 (Antarctique argentin 964 847, Géorgie du Sud 3 560, Orcades du Sud 750, Sandwich du Sud 307). **Longueur :** 5 222 km. **Largeur** *maximale :* 1 460 km, *minimale :* 399 km. **Altitude** *maximale :* Aconcagua 6 959 m. **Frontières** (en km) : 9 376 (avec Chili 5 308, Bolivie 742, Paraguay 1 699, Brésil 1 132, Uruguay 495). **Côtes :** 4 989 km (sans l'estuaire du Río de la Plata qui a 200 km de largeur). **Fleuves :** Uruguay (du nord au sud), Paraná, Pilcamayo, Salado, Desaguadero, Río de la Plata, Negro, Chubut, Deseado (d'ouest en est), Santa Cruz, Río Gallegos. **Régions. Ouest :** montagnes (cordillère des Andes) ; *du nord au sud :* Puna (alt. 3 000 m), plateau désertique et raviné ; oasis de Tucuman (2 700 m), 2 000 mm de pluies par an ; Andes centrales (7 000 m), désertiques (rochers, éboulis, peu de neige avant 4 000 m), avec à leur pied (vers l'est) les sierras préandines ou Piémont subandin (alt. 2 100 m), 600 mm de pluies, cultures irriguées, vignes ; Andes de Patagonie (alt. 3 600 m), froides, humides (neiges éternelles à 1 000 m). **Centre et Est :** plaines (du nord au sud) : *Chaco* boisé et humide, *Mésopotamie argentine* entre Paraná et Uruguay : savane, blé, maïs. **Pampa :** 1 000 000 de km² de lœss, plate, sans cailloux (céréales, élevage). *Humide :* province de Buenos Aires, tempérée, chaude et humide (pluies : 830 mm/an) ; *sèche :* climat continental et pluies irrégulières. **Patagonie :** glacier *Perito-Moreno* (190 km², 15 km de largeur et 80 à 100 m de hauteur). *Terre de Feu,* froide (pluies : 156 mm/an) ; terrasses caillouteuses.

☞ **Ile des États :** découverte 24-11-1616 par le Hollandais Shouten, contournée pour la 1re fois le 5-3-1643 par le Hollandais de Brauwer ; phare inauguré 25-5-1884 à San Juan de Salvamento à 70 m d'alt. (lat. sud 54° 43' 24", longitude ouest 63° 47') : maison octogonale [diamètre 11 m, hauteur 6,50 m, mât de 24,50 m (?), réduit à 6,50 m, puis posé sur le toit. 9 lampes à l'huile de colza, portée 14 milles. Fonctionne jusqu'au 30-9-1902 (remplacé par un phare sur l'île de l'Observatorio]. Le *Phare du bout du monde* fut le titre d'un roman de Jules Verne publié 1905.

■ **Dépendances revendiquées. Iles Malouines** (Falkland, voir p. 1095 a) à 500 km de l'A. 11 410 km². **Orcades du Sud** (Orkney), **Géorgie du Sud, îles Sandwich du Sud** (voir p. 1095 a), **Antarctique argentin** (964 847 km²).

Chenal du Beagle : 1811 traité fixant limites A./Chili ; étaient chiliennes les îles au-dessus du chenal, jusqu'au cap Horn. **1815** l'A. estime que, le chenal obliquant plein sud au débouché des îles de Navarrino, Picton, Nueva et Lennox sont dans les eaux argentines. **1826** exploré par le Britannique Fitz Roy, capitaine du *Beagle,* qui cherchait un passage plus protégé que le tour du cap Horn. **1902** arbitrage britannique. **1977** Cour internationale de La Haye (désignée 22-7-1971 par la reine Élisabeth) en faveur du Chili. **1978**-*25-1* l'A. en refuse les termes. **1979**-*8-1* A. et Chili soumettent leur différend au pape. **1980**-*12-12* Jean-Paul II propose souveraineté du Chili sur les îles au-dessous du chenal ; navigation et exploration des ressources naturelles partagées entre les 2 pays. **1984**-*18-10* traité de paix et d'amitié. *-24-11* approuvé par référendum (80 % oui). N'est plus revendiqué.

■ **Population** (en millions d'hab.). *1800 :* 0,3 ; *1850 :* 0,8 ; *1900 :* 4 ; *1935 :* 13,5 ; *1961 :* 20,9 ; *1996 :* 35,2 ; *2000 (30-6) :* 37,03 ; *2025 (prév.) :* 47. **D.** 13,3. [*Origine* (en 1960) : Européens (surtout Espagnols et Italiens) 86 %, Criollos (créoles) 12 % surtout au nord-est, Indiens 2 %.] Italiens 1 260 000, Espagnols 860 000, *Français 35 000,* Indiens de 20 000 à 30 000 [Matacos et Tobas (au nord) ; Guaranis (nord de Mésopotamie) ; Araucans (ouest de la province de Neuquen et Patagonie)] ; métis d'Indiens : nombreux au nord-ouest. **Accroissement** (en %) : 1,4. **Age** (en %) : *– de 15 ans :* 27,7 ; *+ de 64 ans :* 9,7. **Espérance de vie** (en 2000) : 73,1 ans. **Taux** (en ‰, 2000) : *natalité* 19,9, *mortalité* 8. **Immigration** (en millions de personnes) : Espagnols, Italiens et, loin derrière, Portugais, Allemands, Hollandais, quelques ex-Yougoslaves, Syriens, Autrichiens, Français. *1860-1930 :* 8 (dont 4 repartirent) ; *1947-51 :* 0,63 ; *depuis 1963 :* 0,06 Boliviens ; *1992-96 :* 266 898 immigrants. *En 1914 :* 30 % de la population était née hors d'A. ; *1971 :* 9,3 % ; *93 :* 40 000 Coréens. **Population urbaine** (en 2000) : 89,6 %.

☞ On dit en Argentine : « Les Mexicains descendent des Aztèques, les Péruviens des Incas et les Argentins du bateau. »

■ **Langues.** Espagnol *(officielle),* guarani (3 à 4 %). **Analphabètes** (en 1991) : 3 %. **Religions** (en %). Catholiques 92,7 (le Pt doit être catholique), protestants 1,9, juifs 1,6, autres 3,8.

■ **Villes** (en milliers d'hab., mi-1991). *Buenos Aires* (capitale fédérale depuis 1880, aggl.) ; 13 250 (en 2000) [*1650 :* 4 ; *1730 :* 16 ; *1850 :* 120 ; *84 :* 365 ; *1901 :* 850 ; *07 :* 1 100 ; *14 :* 1 576 ; *47 :* 2 981 ; *56 :* 3 553 ; *91 :* 2 961], Córdoba 1 200 (en 1999), La Matanza 1 111, Rosario 950 (en 1999), Mar del Plata 900 (en 1999), La Plata 676 (en 1992), Tucumán 642 (en 1992), Moron 641, Lomas 572, Quilmes 509, Santa Fé 342. Projet de transférer la capitale à Viedma et à Carmen-de-Patagones (1 000 km au sud de Buenos Aires, 35 000 hab.), voté 1987, abandonné. **Ville la plus au sud**, Terre de Feu (à 140 km du cap Horn) : Ushuaia, 40 000 hab. (est. 1999).

■ **Histoire. Période précolombienne :** la région du Río de la Plata est occupée par les guerriers *charruas* ; à l'ouest de Buenos Aires vivent les pasteurs *quérandis,* qui ont enseigné aux Espagnols l'usage du *lazo ;* au sud, les *Tehuelches,* chasseurs semi-nomades. Les *Diaguitas* vivent dans le nord-ouest en petites bourgades aux maisons en pierre. **1516** Juan Díaz de Solis (Espagnol, vers 1450-1516) parcourt l'estuaire du Río de la Plata qu'il appelle *Mar Dulce.* **1526** Sebastian Cabot (Italien, 1476-1557) remonte le Río Parana, recherchant la *Terre du Roi Blanc* à l'embouchure du Río Carcarana, crée *Santi Spiritus.* **1536** Pedro Men-

doza (Espagnol, 1487-1537) fonde Buenos Aires ; **1580** Juan de Garay (1527-83) la refonde. **1593-1796** les terres du Río de la Plata sont divisées en 2 gouvernements (Buenos Aires et Paraguay). **1776** vice-royauté du Río de la Plata créée (5 millions de km^{2} : Argentine, Bolivie, Paraguay, Uruguay et une partie du Brésil et du Chili). **1782** A. divisée en 8 intendances et 7 gouvernements. **1801** 1er périodique de Buenos Aires : le *Telegrafo Mercantil.* **1806**-*25-6* Quilmes, les Anglais (C^{dt} Popham) débarquent ; *-27-6* prennent Buenos Aires ; *-12-8* reprise par Liniers (1753-1810) [fidèle à l'Esp., fait Cte de Buenos Aires, Cte de la Lealtad (Loyauté) et vice-roi du Río de la Plata]. **1807**-*5-7 :* 2e invasion anglaise, Liniers ordonne à Whitelocke d'abandonner Buenos Aires. *-7-7* traité de paix. **1809** Liniers démissionne, accusé de complicité avec Napoléon Ier. **1810**-*25-5* révolution de mai, les chefs militaires refusent d'appuyer le vice-roi. Le Cabildo reconnaît l'autorité de la junte qui devient le 1er gouv. national, Pt Cornelio Saavedra. *-28-6* Liniers fusillé par révolutionnaires (les Français se battant pour les Espagnols). **1812-20** guerre de libération menée par le Gal Jose de San Martín (1778-1850). **1812**-*12-2* le Gal Manuel Belgrano (1770-1820) crée le drapeau national. **1813** esclavage et titres de noblesse abolis. Création de l'hymne et de l'écu nationaux. **1816**-*9-7* déclaration d'indépendance. Provinces unies de la Plata (congrès de Tucumán).

République. Dissensions entre unitaires (Lavalle) et fédéraux (Dorrego). **1818** Jose de San Martín traverse les Andes : libération du Chili et du Pérou. **1819**-*20-4* Constitution. **1820** chute du gouv. national. *-23-2 traité du Pilar* mettant fin aux Provinces unies. **1826**-*févr.* création du pouvoir exécutif national. *-7-2* **Bernardino Rivadavia** (1780-1845) élu Pt. **1827**-*juillet* **Vincente Lopez y Planes** Pt. *-Août* **Manuel Dorrego** Pt (déposé et exécuté). **1828**-*déc.* **Juan Lavalle** († par accident) Pt. **1829**-*avril* présidence vacante. *-Déc.* **Juan Manuel de Rosas** (1793-1877 en exil en G.-B., cendres rapatriées 1-10-1989) Pt. **1833 Juan Balcarce** Pt. **1835**-*août* gouv. du **Gal Juan Manuel de Rosas** pour une large autonomie des provinces. Des *mazorcas* sont chargés d'assassiner les suspects. **1852**-*3-2* Caseros, de Rosas vaincus par Urquiza. *-Févr.* **Lopez y Planes** Pt. *-Mai* **de Urquiza** (assassiné 1870) Pt. *-Oct.* **Valentino Alsina** Pt. *-Déc.* **Manuel Pinto** Pt. **1853** *Constitution fédérale. -Nov.* **de Urquiza** Pt. **1860**-*févr.* **Santiago Derqui** Pt. **1861**-*sept.* **Juan Esteban Pedernera** Pt ; **Bartolomé Mitre** Pt. **1865-70** *guerre de la Triple Alliance* contre Paraguay avec Uruguay et Brésil. **1868-86** développement économique. **1868**-*oct.* **Domingo Faustino Sarmiento** († 1888) Pt. **1869** *Code civil.* **1874**-*oct.* **Nicolas Avellaneda** Pt. **1880** début de l'immigration : l'A. est contrôlée par les capitaux anglais. **1880**-*oct.* **Gal Julio Argentino Roca** (1843-1914) Pt. **1886**-*12-10* **Miguel Juarez Celman** Pt. *-Août* **Carlos Pelligrini** (1848-1906) Pt. **1892**-*oct.* **Luis Saénz Peña** Pt. **1895**-*janv.* **José E. Uriburu** Pt. **1898**-*12-10* **Gal Roca** Pt. **1902** grèves ouvrières à Buenos Aires. **1904**-*12-10* **Manuel Quintana** (1834-1906) Pt. **1906**-*12-3* **José Figueroa Alcorta** (1860-1931) Pt. **1910**-*12-10* **Roque Saénz Peña** (1851-1914) Pt. **1912** loi électorale (suffrage universel, secret obligatoire). **1914**-*9-8* **Victorino de la Plaza** (1840-1919) Pt. **1916** suffrage universel. Union civique radicale au pouvoir. *-2-3* Buenos Aires, règlement municipal interdisant aux hommes de danser le tango sur le trottoir. *-12-10* **Hipólito Yrigoyen** (1850-1933) Pt. **1918** affaiblissement de la G.-B. et naissance d'un capitalisme argentin. *-Juillet* déclare la guerre à l'Allemagne. **1920** entrée à la SDN. **1922**-*12-10* **Marcelo Torcuato de Alvear** (1868-1942) Pt. **1928**-*12-10* **Hipólito Yrigoyen** Pt. **1930**-*6-9* **Gal José Félix Uriburu** (1868-1932) prend le pouvoir. **1932**-*20-2* **Gal Agustin P. Justo** (1876-1943) Pt. **1935**-*24-6* Carlos Gardel [né à Toulouse, officiellement 11-12-1890 (en fait 1885)], chanteur de tango, tué dans un accident d'avion ; avait enregistré plus de 800 titres. **1938**-*20-2* **Roberto Marcelino Ortiz** (1886-1942) Pt. **1939** neutre pendant la guerre (Perón est favorable à l'Axe). **1942**-*25-6* **Ramón S. Castillo** (1871-1944) Pt, déposé par colonels. **1943**-*4-6* coup d'État : **Gal Arturo Rawson-Corvalan** (1885-1952) Pt. *-7-6* **Gal Pedro Pablo Ramirez** (1884-1962) Pt. **1944**-*15-1* séisme à San Juan : 10 000 †. *-26-1* rompt avec Allemagne et Japon. *-25-2* **Gal Edelmiro Julian Farrell** (1887-1980) Pt. **1945-55** 50 000 à 80 000 Allemands, Autrichiens, Croates (dont 19 000 établis définitivement), 3 000 à 8 000 étaient nazis (50 criminels de guerre belges et français) dont Josef Mengele (arrivé 1949, † Brésil 1979), Eichmann (enlevé 1960 par Israéliens) ; l'A. a recueilli une grande partie du butin des nazis (amené par sous-marin). **1945**-*19-9 :* 250 000 manifestants (marche de la Constitution et de la liberté) ; état de siège. *-12-10* manifestation contre Perón. *-10-10* Farell destitue Perón (vice-Pt, ministre de la Guerre et secrétaire d'État au Travail et à la Prévision) qui est emprisonné île Martin-Garcia ; *-16-10* rapatrié pour raison de santé.

1946-*4-6* **Gal Juan Domingo Perón** [8-10-1895/1-7-1974 ; ép. 1°) Aurelia Tizón 19-10-1945 ; 2°) 22-10-1945 (religieusement 12-12) Eva « Evita » Maria Ibarguren, fille illégitime de Juan Duarte (7-5-1919/26-7-1952 à 20 h 25, actrice) ; 3°) 1961 Maria Estela « Isabel » Martínez (née 4-2-1931, danseuse argentine qu'il a rencontrée à Panamá) ; G^{al} 4-6-1946, il est surnommé « Pocho », le scooter, qu'il affectionne] élu le 24-2 Pt avec 55 % des voix, malgré l'opposition de l'oligarchie et des USA. Loi privant les homosexuels du droit de vote à Buenos Aires. **1947**-*6-6* Evita en Europe (Espagne, Italie, Portugal, France, Suisse) ; retour 23-8. *-9-9* vote des femmes. **1949** réforme de la Constitution. Perón, avec Evita, obtient le soutien des *descamisados* (« sans-chemise »), grâce à la doctrine justicialiste (nationalisme, neutralité, réforme sociale) et aux réformes pratiquées depuis 1943 au secrétariat d'État au Travail. Nationalise chemins de fer, téléphone et certaines entreprises, mais ne fait pas de réforme agraire. Projets : foyers, siège de la CGT, écoles, colonies de vacances, hôpitaux, cliniques, etc. Confie le journal d'opposition *la Prensa* à la CGT, syndicat unique. Dispose d'une majorité des 2/3 à la Chambre. **1950**-*9-1* Evita s'évanouit. Cancer de l'utérus diagnostiqué. **1951**-*22-8* la CGT prie Perón et Evita d'accepter la présidence et la vice-présidence de la nation. *-31-8* Evita contrainte de refuser. *-28-9* échec coup d'État du Gal Benjamín Menéndez. *-18-10* « Jour de la sainte Evita ». *-2-11* Evita opérée. *-11-11* Perón réélu Pt. Répression. **1952**-*1-5* dernier discours public d'Evita. *-7-5* nommée « chef spirituel de la nation ». *-26-7* Evita meurt. *-9-8* corps déposé au siège de la CGT où il sera embaumé ; on prévoit de lui élever un monument de 137 m de haut (statue commandée en Italie, 43 000 t de marbre de Carare). **1955**-*16-9* Perón renversé par révolte militaire, qui révèle la corruption du régime (28-9 part au Paraguay ; 10-11 Panamá ; puis Espagne).

1955-*20-9* **Gal Eduardo Lonardi** (1896-1956) Pt. *-13-11* renversé ; **Gal Pedro-Eugenio Aramburu** (1903-70) Pt. *-15-11* des officiers enlèvent le cercueil d'Evita (caché en Italie, sera rendu à Perón le 29-8-1971). **1956**-*9-6* révolte d'officiers péronistes (condamnés à mort). **1958**-*1-5* **Arturo Frondizi** (1908-95) Pt. **1962**-*29-3* **José Maria Guido** (1910-75) Pt. **1963**-*12-10* **Arturo Umberto Illia** (1900-83) Pt. **1964**-*3/6-10* de Gaulle en A. **1966**-*28-6* Illia destitué par Gal Julio Alsogaray. Partis interdits. *-29-6* **Gal Juan Carlos Ongania** (1914-95) Pt. **1969**-*mai* troubles à Rosario, Córdoba ; Augusto Vandor, syndicaliste, assassiné. **1970**-*29-5* Gal Aramburu enlevé [par des *montoneros,* péronistes de gauche, qui veulent l'échanger contre le corps embaumé d'Evita (24 faux cercueils avaient été fabriqués)] ; sera assassiné. *-Juin* agitation, Ongania destitué par junte. *-18-6* **Gal Roberto-Marcelo Levingston** (né 1920) Pt. *-Août* José Alonso, syndicaliste, assassiné. **1971**-*22-3* Levingston renversé par junte. *-26-3* **Gal Alejandro Lanusse** (1918-96) Pt. *-8-9/10* coup d'État militaire échoue. **1972** terrorisme (extrême gauche, dont certains montoneros), enlèvement et assassinat en mars du directeur de la filiale Fiat. *-17-11* Perón rentre triomphalement d'exil (après 17 ans dont 13 à Madrid) mais renonce à se présenter et part le 14-12. **1973** 190 enlèvements politiques. *-11-3 élections :* justicialistes (pour Perón) 49,59 % des voix, radicaux (Ricardo Balbin) 21,10 %, Alliance populaire fédéraliste (Francisco Manrique) 14,70 %, divers 7,13 %. *-25-5/13-7* **Hector Cámpora** (1909-80) déclaré élu avant le 2e tour. *-27-5* Balbin se retire. *-20-6* retour triomphal de Perón, fusillade à l'aérodrome d'Ezeiza (péronistes orthodoxes contre montoneros). *-13-7* Cámpora démissionne. *-13-7/12-10* **Raúl Lastiri** (1915-78) Pt. *-Sept.* José Rucci, secrétaire général de la CGT, assassiné.

1973-*12-10* **Gal Juan Domingo Perón** (sa 3e femme « Isabel » vice-Pte) élu Pt par 61,5 % des voix devant Balbin (23,34 %) et Manrique (12,11 %) ; lutte contre marxistes. **1974** action de l'ERP (*Armée révolutionnaire du peuple :* 5 000 membres). *-Mars* libération du directeur d'Esso contre 14 200 000 $. *-1-5* tension CGT péroniste/montoneros. *-1-7* Perón meurt à 13 h 15 (grève CGT en signe de deuil).

1974-*29-6* **Maria Estela** (dite **Isabel) Martínez de Perón** (née 4-2-1931) le remplace, s'appuyant sur un groupe fascisant dirigé par José López Rega (ancien coiffeur, † 9-5-1989), ministre du Bien-Être social. Assassinats (dont Arturo Mor Roig, ex-min. de l'Intérieur), contre-terrorisme (gangs incontrôlés de l'Alliance anticommuniste d'A.). 120 000 manifestants contre le régime à Buenos Aires : 1 †. ERP et montoneros [4 000 h. bien équipés grâce aux rançons des enlèvements d'hommes d'affaires (exemple : en 1975 : 60 millions de $ payés par les frères Born)] ont subi des pertes (Mario Roberto Santucho et Benito José Urteaga). *-Sept.* montoneros passent à la clandestinité. *-6-11* état de siège. *-17-11* corps d'Eva Perón rapatrié de Madrid ; exposé dans la maison de la CGT, il aurait été enlevé par les militaires, réenterré à Milan puis transféré en 1972 dans la demeure de Perón à Madrid (en échange, les montoneros rendent le cercueil du Gal Aramburu qu'ils ont déterré en 1973). **1975** nombreux assassinats dont l'ex-consul américain à Córdoba, John Egan (28-2). *-11-7* grève générale : López Rega démissionne (part pour l'Espagne) ; anarchie, inflation (800 %). *-13-9/17-10* Isabel Perón laisse provisoirement le pouvoir au Pt du Sénat, Italo Luder (né 1920). *-4-11* état de siège. *-18/22-12* rébellion d'aviateurs, échec. *-23/24-12* bataille contre gauchistes près de Buenos Aires (+ de 100 †). *-Déc.* Roberto Quieto, marxiste (ex-Far montonero) arrêté. *-25-12* Gal Videla lance ultimatum de 3 mois au gouv.

1976-*24-3* **coup d'État militaire.** Congrès dissous, partis interdits (Isabel Perón arrêtée, *23-6* privée de ses droits politiques). *-29-3* **Gal Jorge Rafael Videla** (né 2-8-1925) Pt. *-Mars/juin 1978* répression (dirigée par Gal Antonio Domingo Bussi) frappant maquisards, terroristes, avocats, politiciens, ecclésiastiques, journalistes, universitaires, et tout suspect figurant dans le carnet d'adresses d'un « subversif ». À l'École supérieure mécanique de la marine (Esma) 5 000 † (?) sous la torture. **1977**-*30-4* **Mouvement des mères de la place de Mai** apparaît à Buenos Aires [sur la place de Mai (à l'origine, une dizaine de femmes demandent des informations sur leurs enfants enlevés par l'armée) ; *emblème :* foulard blanc ; refusera l'indemnité de 100 000 $ par disparu offert en 1995 par le Pt Menem]. **1978**-*1-8* attentat contre l'amiral Lambruschini, chef d'état-major de la marine (3 † dont sa fille). **1980** *Pérez Esquivel* prix Nobel de la paix (détenu d'avril 1977 à juin 78). **1981**-*20-3* Isabel Perón condamnée à 8 ans de prison pour détournement de fonds (*6-7* libérée, rétablie dans ses droits civiques en avril 1983 et réhabilitée politiquement en sept.). *-29-3* **Gal Roberto Viola** (1924-94) Pt. *-9-9* Ricardo Balbin (77 ans, Union civique radicale) meurt. *-11-12* Viola destitué. *-21-12* **Gal Leopoldo Fortunato Galtieri** (né 1926) nommé par la junte. **1982**-*2-4/19-6 guerre des Malouines* (coût : 850 millions de $, voir encadré p. 1095 a). *-26-4 :* 1re manif. à Buenos Aires contre régime. *-5-5* peso dévalué de 16,6 %. *-11/12-6* visite du pape. *-15-6* manif. à Buenos Aires. *-17-6* Galtieri démissionne. *-1-7* **Gal Reynaldo Bignone** (né 1928) nommé Pt par la junte. Junte dissoute. Gouv. : 10 ministres dont 1 seul militaire. *-13-7* junte reconstituée. *-12/16-8 Las Tres A* (Alliance anticommuniste argentine) dissoute. *-10-12* les militaires remettent le pouvoir à Alfonsín. **Disparus sous la dictature :** 30 000 pers. selon les associations de défense des droits de l'homme, 6 500 a dit le capitaine de frégate Astiz en 1998 [1 500 à 2 000 jetés vivants (après injection de sédatif) dans l'Atlantique par des avions de l'aéronavale et de la préfecture maritime].

1983-*10-12* **Raúl Alfonsín Foulkes** (né 1926, radical) Pt. *-31-10* élu avec 7 659 530 voix (52 % des suffrages) [Italo Luder (péroniste) 5 936 556 voix, Oscar Allende (intransigeant) 344 434 voix]. *Élections législatives, provinciales et municipales. -16-12* abrogation du décret « d'autoamnistie » des militaires. **1984** *arrestations* (*janv.* de Bignone, Galtieri ; *22-2* amiral Anaya ; *23-2* Lami Dozo ; *22-6* Viola ; *2-8* Videla). *-22-10* Alfonsín en France. *-2-11* conventions collectives suspendues pour 1 an. **1985**-*21-2* Isabel Perón, Pte du Parti justicialiste, démissionne. *-Avril* procès des généraux. *-14-6 plan Austral* (avec Juan Sourrouille, min. de l'Économie) ; l'austral (0,80 $) remplace le peso (1 A = 1 000 P), gel des prix (*15-6*) et des salaires (*30-6*), impôt d'« épargne obligatoire » pour gros contribuables. *-17/21-9* Alfonsín en France. *-Oct.* 9 attentats à la bombe. *-25-10* état de siège 60 jours. *-9-12* sur 9 C^{dts} des 3 juntes (de 1976 à 82) jugés pour violations des droits de l'homme, 5 condamnés à la prison dont 2 (Gal Videla et amiral Massera) à perpétuité, Gal Viola à 17 ans, amiral Lambruschini 8 ans (libéré févr. 1990), Gal Agosti 4,5 ans (libéré avril 1989) ; 4 acquittés (Gal Galtieri, amiral Anaya, Gal Lami Dozo, Gal Omar Graffigna). **1986**-*28-4* Conseil suprême des forces armées acquitte « faute de preuves » le Lt *Astiz* accusé d'enlèvements et disparitions [dont de 2 religieuses françaises, Alice Dumon (43 ans) et Léonie Duquet (62 ans), les 8 et 10-12-1977, pour lesquelles le parquet de Paris avait ouvert le 14-5-1982 une information judiciaire ; Astiz, alors prisonnier des Britanniques aux Malouines, avait été libéré le 12-6, puis le 25-3-1985 faisait l'objet d'un mandat d'arrêt international ; libéré le 7-12, il bénéficiait de la prescription ; 27-12-1987, promu capitaine de frégate par Alfonsín (menacé d'une rébellion) ; 16-3-1990 condamné (à Paris) par contumace à la réclusion criminelle à perpétuité ; 23-1-1998 destitué]. *-16-5* les responsables de la défaite des Malouines condamnés et dégradés (amiral Anaya 14 ans de prison, Gal Galtieri 12, Gal Lami Dozo 8). *-17-10* Alfonsín en France. *-2-12 :* 50 000 manif. contre la décision d'Alfonsín de mettre un terme aux procès des militaires. **1987**-*16/19-4* L^{t}-colonel Aldo Rico (de l'école d'infanterie de Campo de Mayo) déclenche la rébellion d'un régiment près de Cordóba pour s'opposer à l'arrestation du C^{dt} Barreiro (qui avait refusé de comparaître devant un tribunal pour violation des droits de l'homme). *-4-6* loi amnistiant militaires et policiers poursuivis pour violations des droits de l'homme sous la dictature (sera annulée par le Parlement les 24 et 25-3-1998). *-24-6* libération de l'ex-commissaire général de la police de Buenos Aires, de l'ex-C^{dt} de l'armée de terre, d'Astiz et de 11 de ses coaccusés de l'Esma (centre de torture). *-29-6* tombe de Perón profanée ; un correspondant réclame 8 millions de $ en échange de son sabre et de ses mains. *-6/9-10* Pt Mitterrand en A. *-Nov.* on révèle qu'Osvaldo Sivak a été enlevé en 1985 par des policiers qui ont demandé une rançon de 1 million de $ et l'ont tué. **1988**-*17/18-1 rébellion du L^{t}-colonel Aldo Rico* à Monte Caseros matée (après avoir tenu l'aéroport de Buenos Aires) : 278 militaires arrêtés. *-3-8 plan Primavera* contre inflation : gel des prix de 15 j, hausses limitées (1,5 à 3,5 %) les 3 mois suivants, dévaluation de l'austral de 10 %, restriction des dépenses publiques. *-25-9* Banque mondiale prête 1,25 milliard de $. *-29-11* Isabel Perón s'installe en A. *-2/6-12 rébellion de l'école d'infanterie* (Campo de Mayo, Buenos Aires) avec le C^{el} Mohamed Ali Seineldin (3 †). *-9-12* C^{dt} Hugo Avete (qui avait pris le contrôle de la base de Mercedes) arrêté. Les mutins réclamaient : amnistie pour les militaires, hausse du budget militaire et départ du chef d'état-major de l'armée (Gal José Dante Caridi) qui démissionne le 20-12. *-24-12* dévaluation de l'austral (252 % en 1988). **1989**-*23-1* gauchistes du MTP (Mouvement Tous pour la patrie) attaquent garnison de la Tablada : 40 †. *-2-2* austral dévalué de 6,5 % (perd en fait 70 %). *-1-5* plan d'austérité. *-14-5* Menem élu avec 49,2 % des voix et la majorité des grands électeurs devant Eduardo Angeloz (radical, 36,9 %). *-28-5* plan économique : libéralisme, privatisations. *-Fin mai* magasins d'alimentation pillés à Rosario et Buenos Aires (19 †). *-29-5* état de siège pour 30 jours. *-Juin* amiral Massera libre. *-4-7* Carlos Monzón condamné à 11 ans de prison.

1989-*8-7* **Carlos Saúl Menem** [né 2-7-1930 de parents syriens (père marchand ambulant à Damas) convertis au catholicisme. *1965* épouse Zulema Fatima Yoma (née 1937, d'origine syrienne et musulmane ; *1990-juin* séparés, *1995-mars* divorce). Avocat, ancien caudillo de la Rioja, dont il est élu gouverneur en 1973. *1976/1980-10-2* emprisonné au pénitencier de Magdalena. *1983 et 87* réélu gouverneur péroniste, mais nommé aux primaires contre l'appareil du P. justicialiste. *1990-juin* séparé officiellement de sa femme qui menace de passer à l'opposition (se dit l'amie du syndicaliste Saul Ubaldini et rencontre en prison le C^{el} rebelle Seineldin)]. *-11-7* magasins pillés après annonce d'un plan d'austérité. *-14-7* † de Miguel Roig, ministre des Finances (crise cardiaque). *-Août* droits d'exportation des grains réduits de 20 %, droits de douane à l'importation pour agrochimie réduits. *-1-9* suppression de l'impôt sur capital et patrimoine. *-Oct.* FMI prête 1,4 milliard de $. *-7-10* amnistie pour 213 militaires [27 généraux et amiraux condamnés pour violation des droits de l'homme pendant la « guerre sale » de 1976 à 1983, ainsi que les 3 Cdts en chef de la guerre des Malouines (Galtieri, Lami Dozo et Anaya), les meneurs des putschs de 1987 et 1988] et 64 montoneros (terroristes d'origine péroniste). *-10-10* privatisation partielle du pétrole. *-Nov.* 5 000 km de voies ferrées privatisées. Suppression du contrôle des changes et libéralisation des prix (mais blocage des tarifs publics). **1990**-*1-1* suppression des placements à terme supérieurs à 1 million d'australs (leurs taux d'intérêt accumulés atteignaient 1 200 % par an). *-8-1* chute de 54 % des indices boursiers (après 2 jours de suspension des cours). *-12-2* magasins pillés à Rosario. *-15-2* reprise relations diplomatiques avec G.-B. *-6-8* Antonio Cafiero, chef du P. péroniste, démissionne. *-10-8* Menem, nommé chef du parti, délègue ses fonctions à son frère Eduardo, Pt du Sénat. *-Nov.* l'A. envoie sans l'accord du Congrès 2 navires de guerre et des troupes dans le Golfe. *-15-11 :* 30 000 à 100 000 manifestants à Buenos Aires. *-28-11* l'A. renonce avec Brésil à toute utilisation militaire de l'atome. *-3-12* rébellion militaire [Cel Mohammed Ali Seineldin (catholique intégriste)] réprimée. *-5-12* Pt Bush en A. (1re visite d'un Pt américain depuis Eisenhower en 1960). *-30-12* Buenos Aires, 30 000 manifestants après la libération des anciens chefs de la dictature et de Mario Eduardo Firmenich, cofondateur des montoneros. **1991**-*8-1* les 7 officiers responsables de la rébellion du 3-12 condamnés à la prison à perpétuité. *-Févr.* plan de rigueur du min. de l'Économie Domingo Cavallo : plan de privatisation. *-24-2* Raúl Alfonsín échappe à un attentat. *-1-4 :* 1 $ = 10 000 australs. *-24-7* Amira Yoma (secrétaire d'audience à la présidence), belle-sœur du Pt Menem, accusée d'avoir blanchi des narcodollars (scandale : *Yomagate*), démissionne (avril 1994 : non-lieu). *-2-8* visite Pt chilien. *-2-9* les 15 responsables de la rébellion du 3-12-1990 condamnés (de 2 ans à perpétuité). *-11-8, 8-9, 27-10 et 1-12 élections partielles* (23 gouverneurs, responsables locaux et moitié de la Chambre) : victoire péroniste. **1992**-*1-1* le peso remplace l'austral. *-2-1* loi visant à indemniser les victimes de la dictature. *-17-2* Menem en France. *-17-3* attentat ambassade d'Israël : 28 †, 235 bl. *-26-10* Carlos Grosso, maire de Buenos Aires, démissionne (corruption). *-9-11* grève générale. *-6-12* accord sur la dette. **1993**-*10-3* Buenos Aires, manif. contre privatisation du régime des retraites. *-11-3* les organisations juives pourront faire des recherches sur les nazis. *-Juin* pétrole privatisé. *-14-11* accord secret Menem-Alfonsín (opposition radicale) : *pacte démocratique* donnant au Parlement le droit de réformer la Constitution (pour permettre au Pt un second mandat, interdit jusque-là). *-4-12* UCR approuve le pacte par 196 voix sur 284. *-Déc.* troubles à Santiago del Estero (Nord-Est) : 9 †. **1994**-*10-4 élections* Constituante : P. justicialiste 43 % des voix, UCR 21 %, Modin 6,4 %. *-6-7 :* 80 000 manifestants. *-18-7* bombe contre Association mutuelle israélite argentine : 86 †, 300 bl. *-4-8* fin de l'embargo américain sur les armes (disposé par G.-B. depuis 1982). *-24-8* nouvelle Constitution en vigueur. *-21-10* conflit réglé avec Chili sur la Laguna del Desierto. *-15/18-11* Pce Andrew en A. *-Déc. Pagina 12* publie la liste des « 70 personnalités qui font l'objet d'une procédure » pour corruption. **1995**-*mars* prêts internationaux (en millions de $) 6 700 dont FMI 2 400, Banque mondiale et BID 2 600. *-15-3* † de Carlos (fils aîné de Menem) et de Silvio Oltra (pilote de course) dans accident d'hélicoptère (attentat ?). *-14-5* **Menem** réélu au 1er tour par 47,7 % des voix (il en faut 45 %) devant José Octavio Bordon [péroniste, chef du « Frepaso »] 28,2 % et Horacio Massaccesi (UCR) 16,4 %. **1996**-*30-3* mutineries dans 10 prisons. *-8-8, 26/27-9 et 26-12* grèves générales. **1997**-*25-1* José Luis Cabezas, journaliste enquêtant sur la corruption, assassiné. *-17/18-3* visite du Pt Chirac. *-26-10 législatives* partielles (moitié des sièges) : Alliance 45,6 %, justicialistes 36,1 %. **1998**-*9-6* Gal Videla, ancien chef de la junte, arrêté pour « détournement d'enfants en captivité » et incarcéré (500 enfants auraient été enlevés et adoptés par des militaires). *-13-8* la Cour suprême clôt les recherches sur les disparus de la dictature militaire. *-Oct.* Menem en G.-B. **1999**-*20-1* Gal Bignone arrêté. *-10-12* **Fernando de la Rua** (né 15-9-1937, Alliance) élu 24-10 Pt au 1er tour (48,5 % des voix) ; Carlos « Chacho » Alvarez (Frepaso) vice-Pt (démissionne 6-10-2000) ; E. Duhalde (PJ) 38,1 % ; D. Cavallo 10,1 %. **2001** crise économique depuis 3 ans. *-2-3* José Luis Machinea, min. de l'Économie, démissionne. *-4-3* Ricardo Lopez Marphy (49 ans) lui succède, puis *-21-3* Domingo Cavallo. *-23-3* loi de compétitivité. *-26-5* Menem (70 ans) épouse Cecilia Bolocco (36 ans, Chilienne, ancienne Miss Univers). *-7-6* Menem arrêté pour ventes illégales d'armes à Croatie (6 500 t) et Équateur (75 t) soumis à embargo de l'Onu.

■ **Statut.** *République fédérale.* **Constitution** de 1853, révisée 1994 et 1997. **Pt** et **vice-Pt :** élus pour 4 ans au suffrage universel (renouvelable 1 fois depuis 1994). Avant 1994, ils devaient être catholiques. **Sénat :** 48 membres nommés par les provinces pour 9 ans et renouvelables par tiers tous les 3 ans. Depuis 1995, 72 soit 3 sénateurs par province élus pour 6 ans. **Chambre des députés :** 257 membres élus au suffrage universel renouvelables par moitié tous les 2 ans (à 18 ans, vote obligatoire) ; **24-10-2000 :** 130 élus (Alliance 63, PJ 50), Alliance a en tout 127 sièges. **Divisions :** *capitale fédérale* (district) : Buenos Aires ; *23 provinces* ayant leurs propres Constitutions, législatures, tribunaux et élisant leur gouverneur. **Drapeau** (adopté 12-2-1812 à la bataille de Rosario par Gal Manuel Belgrano). Bandes horizontales bleue, blanche et bleue (ciel au soleil levant). Au centre, « soleil de mai » ajouté en 1818. **Fêtes nationales.** 25-5 (anniversaire de la révolution de 1810). 20-6 journée du drapeau. 9-7 indépendance. 17-8 anniversaire de la mort de San Martín. **Noblesse.** **Titres** *conférés par l'Espagne* (1675-1809) : 7 (2 marquis, 5 comtes) ; *par le St-Siège :* 2 marquis. Port des titres interdit.

■ **Partis.** **Justicialiste** fondé 1945 par Perón, 3 000 000 de membres, *Pt :* Carlos Menem ; composé de 3 mouvements : **Front rénovateur, justice, démocratie et participation** fondé 1985 par Carlos Menem ; **Mouvement national du 17-Oct. :** Herminio Iglesias ; **officialistes :** José Maria Vernet. **Union civique radicale (UCR)** fondée 1890, 1 410 000 m., *Pt :* Rodolfo Terragno depuis 17-11-1995. **Mouvement pour la dignité et l'indépendance nat. (Modin)** fondé 1991, *Pt :* Aldo Rico. **Alliance** fondée 3-8-1997, regroupe **Union civique radicale** et **Front pour un pays solidaire (Frepaso,** *leader* : Carlos Alvarez). **Action pour la République** fondée 1998 par Domingo Cavallo.

■ ÉCONOMIE

■ **Avant l'indépendance.** L'A. intéressait peu les Espagnols. Elle n'avait pas de métaux précieux. Le nord-ouest andin fournissait des mulets au Pérou. Les communications avec l'Europe se faisaient à travers les Andes, par Lima sur le Pacifique. **Après l'indépendance (1816).** Économie fondée sur le *quebracho* , le maté dans les *misiones,* la chasse au bétail introduit d'Europe mais redevenu sauvage dans la pampa. Les gauchos abattaient les bêtes pour le cuir ou pour attacher leur cheval (il n'y avait pas d'arbres). L'*asado*, grillade de bœuf, est resté un plat national. **De 1880 à 1920** l'A. se développe : 4 500 000 immigrants, investissements britanniques (réseau ferré) et américains. **Avant 1930** l'A. est la 8e puissance économique mondiale : le peso est une des 5 grandes monnaies mondiales. **De 1939 à 1945** gros bénéfices pendant la guerre permettant de racheter les placements européens. **De 1946 à 1955** Perón veut gouverner contre les grands propriétaires, au profit des masses urbaines sur lesquelles il s'appuie. Les salaires montent, l'immigration reprend. Les exploitations agricoles, mal rémunérées, restreignent leur production. L'A. perd des clients. **Avec les dictatures militaires** et la crise du pétrole, forte émigration (3 à 4 millions d'Argentins). **De 1980 à 1989** baisse du PIB de 10 %. **En 1987-89** la monnaie s'effondre, le niveau de vie baisse. **En 1991** amélioration (PNB + 5 % ; 1er excédent budgétaire : 0,2 milliard de $). **1993** 11 millions d'Argentins vivent sous le seuil de pauvreté. **1995** programme d'austérité. *-Janv.* 5,3 milliards de F d'économies (17 % du budget). *-Mars* réduction de 5 milliards de F (salaires des fonctionnaires supérieurs à 2 000 $, assiette fiscale sur biens personnels élargie). *-14-3* TVA passe de 18 à 21 %. *-Avril* fuite des capitaux depuis février : 8 milliards de $ (crise du peso mexicain).

■ **Privatisations prévues.** **1990-94** pour 20 à 40 milliards de $: *téléphone* (il fallait parfois 20 ans pour avoir une ligne), *radio, TV* (en partie), *chemins de fer, électricité* (dont barrage de Yacitera), *eau* et *gaz.* **1995** *frappe de la monnaie, centrales nucléaires, pétrochimie.* **1996** *poste, aéroports.*

■ **PNB** (en 1999). 7 620 $ par hab. **Sous le seuil de pauvreté** (est. fin 2000) : 13 200 000 pers. **Croissance** (en %) : *1989 :* – 5 ; *93 :* + 6,5 ; *94 :* + 7 ; *95 :* – 4,4 ; *96 :* 4,6 ; *97 :* 7,6 ; *98 :* 4,5 ; *99 :* – 3,2 ; *2000 (est.) :* 0,5. **Population active** (en %) **et**, entre parenthèses, **part du PNB** (en %) : agriculture 11 (5), industrie 23 (24), mines 6 (6), services 60 (63). **Chômage** (en %) : *1989 :* 18,5 ; *93 :* 9,9 ; *94 :* 12 ; *95 :* 18,5 ; *96 :* 17 ; *97 :* 14,2 ; *98 :* 13 ; *99 :* 14,5 ; *2000 (juillet) :* 15,4 + pers. sous occupées. **Salaire minimal** (en 1992) : 200 $/mois (1 kg de pain = 1 $). Le prix du bœuf entre pour 50 % dans le calcul de l'indice du coût de la vie. **Retraites** (en 1994) : 1 200 F/mois. **Inflation** (en %). *1975 :* 343 ; *80 :* 88 ; *81 :* 131 ; *82 :* 230 ; *83 :* 433,7 ; *84 :* 688 [en *1954 :* 1 $ = 14 pesos ; *84 : 1 $* = 400 millions d'anciens pesos (40 000 nouveaux pesos)] ; *85 :* 627 ; *86 :* 90,1 ; *87 :* 182,8 ; *88 :* 343 ; *89 :* 4 923 ; *90 :* 1 344 ; *91 :* 84 ; *92 :* 17,5 ; *93 :* 7,3 ; *94 :* 3,9 ; *95 :* 3,4 ; *96 :* 0,2 ; *97 :* 0,5 ; *98 :* 0,9 ; *99 :* 1,2. **Dette extérieure** (en milliards de $) : *1985 :* 48,4 ; *88 :* 67 (8 % du PNB) ; *89 :* 65 ; *90 :* 100 ; *96 :* 88 ; *97 :* 115 ; *98 :* 119,1 ; *99 :* 150 (publique 123, privée 30) ; intérêts en 2001 : 15. **Dette publique** (en % du PIB, 2001) : 48,4. **Transferts à l'étranger** (en milliards de $) : *1983-88 :* 40 ; *91 :* 50 ; *2000 :* 25. **Afflux de capitaux extérieurs** (en milliards de $) : *1991-94 :* 37,6. **Déficit du secteur public** (en % du PIB) : *1989 :* 6 ; *96 :* 2,2 ; *98 :* 1,2. **Réserves en devises** (en milliards de $) : *1994 :* 14,3 ; *99 :* 26,3 : *2000 :* 25. **Monnaie :** le 1-1-1992, le peso a remplacé l'austral [créé 14-6-1985 pour remplacer le peso d'alors (1 austral = 1 000 pesos)] qui avait perdu 99 % de sa valeur (1 $ = 1,25 austral en 1985 et 10 000 en avril 1991). **Aide internationale** (accordée 16-12-2000) : 39,7 milliards de $ (dont 13,7 du FMI).

■ **Agriculture.** **Terres** (en milliers d'ha, 1989) : 276 689 (en 1980) dont arables 26 000, cultivées en permanence 9 750, pâturages 142 300, forêts 60 050 (en 1980), eaux 3 020 (en 1980), divers 35 219 (en 1980). **Régions agricoles :** *pampa :* champs, élevage. Vaches « créoles » croisées avec shorthorn, hereford, aberdeen angus, exportées surtout en G.-B. ; Chaco aride, Santa Gertrudis : croisements de créole, de shorthorn et de zébu de l'Inde. Élevage laitier : pie noire hollandaise. *Est :* maïs, luzerne. *Ouest :* blé, sorgho, grain pour bétail, lin (pour sa graine) en recul, tournesol et arachide. *Estancias :* des dizaines de milliers d'ha, 40 000 dans le sud (30 millions d'ha abandonnés). Agriculture extensive. Rendement à l'ha faible mais productivité forte par personne employée. *Extrême nord-est :* cultures tropicales (maté, coton, thé, tabac). *Pied des Andes :* au nord, canne à sucre (gagne, grâce à l'irrigation, vers l'ouest du Chaco) ; au centre, ressources en eau de la montagne : agriculture « méditerranéenne » (vignobles de Mendoza et de San Juan, plantés de cépages français) ; rendements élevés ; oliviers, figuiers, pêchers (extension menacée par l'épuisement des réserves en eau) ; au sud, pommiers et poiriers. *Patagonie :* moutons à laine transhumant l'été dans les Andes, toisons épaisses (6 kg de laine par animal). En 1991, des centaines de milliers de moutons sont morts (cendres du volcan Hudson). L'érosion dégrade le sol, les lapins font des ravages. 160 000 hommes travaillent à cheval. **Superficie moyenne des exploitations :** 270 ha (en 1970). **Production** (en milliers de t, 2000) : canne à sucre 19,4 (en 1999), maïs 15,9, soja 20,1, blé 14,2, tournesol 6,2, riz 1,5 (en 1999), sorgho 3,32, p. de terre 3,45 (en 1999), thé, maté, raisin 2,4, agrumes 2,38, coton, lin 0,7 (en 1997), orge 0,50, avoine 0,30 (en 1997), haricots 0,3, tabac 0,12 (en 1997), millet 0,04 (en 1997), seigle 0,04 (en 1997), vin. **Élevage** (en millions de têtes, 1999). Poulets 64, bovins 55 (58,7 en 1981), ovins 15,7, caprins 5,4, chevaux 3,3, porcins 3,2, dindes 3, canards 2. **Production** (en milliers de t, 1996) : viande bœuf et veau 2 471, volailles 641, porc 184, mouton et agneau 64. Lait 9 176. Peaux 350. Laine 109. **Pêche** (en 1999). 1 012 800 t.

■ **Énergie.** **Charbon :** 300 000 t (en 1998). **Pétrole** (en millions de t) : *1980 :* 28,4 ; *85 :* 23,5 ; *90 :* 24 ; *95 :* 38,1 ; *98 :* 44,9 ; *99 :* 42,7 ; *réserves* (est. 2000) : 376. *Gisements les plus importants :* Patagonie (1er découvert 1907 à Comodoro Rivadavia). En bordure de mer, mais hauts-fonds, tempêtes et envasement du Paraná n'autorisent que des pétroliers de petit tonnage. Compagnie d'État YPF (Yacimentios petroliferos fiscales). **Gaz naturel** (en milliards de m^3) : *production 1998 :* 29,8 ; *99 :* 33,6 ; *réserves 1999 :* 613 milliards de m^3. **Uranium** (en t) : *production 1995 :* 65 ; *99 :* 6 ; *réserves 1999 :* 3 000 à 7 000. **Électricité** (en 1998) : 70,7 milliards de kWh dont *hydroélectricité* 32,9 % (en 1996) [barrage binational A./Uruguay : *Salto Grande* sur Uruguay]. Barrages en construction : A./Paraguay : *Yacireta* sur Paraná [construit 1983-94 : digue 70 km, retenue 1 600 km^2 ; produira 30 % (17 000 GWh/an) de l'électricité annuelle, bénéfice attendu : 600 millions de $ par an), financé aux 2/3 par Banque mondiale, 1/3 par l'A., coût final : 4 milliards de $ et 4 de frais financiers] ; *Piedra del Aguila* sur le Río Limay (fin 1993). *Centrales nucléaires* 7,5 (en 1998) : *Atucha 1* (en 1974) 335 MW, *Embalse* (en 1983) 600 MW ; 4 prévues dont 2 arrêtées (manque de financement). 1 usine d'enrichissement d'uranium, 2 de retraitement ; 6 centres de recherche. **Mines.** *Fer, étain, plomb.* **Industries.** *Alimentation* (sucreries, minoteries, huileries, viandes). *Fer :* Patagonie [3,7 millions de t d'acier (en 1999) à Bahia Blanca, Córdoba, Campana, San Nicolás et Ensenada]. *Chimie et mécanique ; ciment ; automobile* [Sevel (Fiat-Peugeot), Ciadea (Renault), Autolatina (Ford-Volkswagen)] ; *machines agricoles ; textiles :* laine, coton. *Bunge et Born* (fondé 1884 ; 60 000 salariés, chiffre d'affaires 10 milliards de $; à l'origine exportation de céréales, puis alimentation, textile, pétrochimie, finance).

■ **Transports.** **Chemins de fer :** 33 000 km (en service). Rails et matériel à renouveler ; 5 % des voies peuvent supporter des vitesses supérieures à 100 km/h. **Routes :** 220 000 km, 80 % du trafic des marchandises. **Flotte marchande** (en 1993) : 1 413 bateaux. **Tourisme.** **Sites :** *Mésopotamie,* chutes de l'Iguazú (275 chutes, 80 m de hauteur), *Nord* (Jujuy et Salta montagneux), *Cuyo* (au pied des Andes), *Córdoba* (montagnes), *plages* (dont Mar del Plata), *Patagonie* (plus de 1 000 lacs dont Nahuel, Huapi, Buenos Aires, Argentino, Viedma), *Terre de Feu,* réserve de Valdes. **Visiteurs** (en 1998) : 4 859 867.

■ **Commerce** (en milliards de $). **Export :** *1995 :* 21,1 ; *96 :* 24 ; *97 :* 26,2 ; *98 :* 27 ; *99 :* 23,3 *dont* agroalimentaire 8,2, pétrole 3, produits manufacturés 6,9 ; **vers** Brésil, UE, Asie, USA. **Import :** *1995 :* 18,8 ; *96 :* 22,2 ; *97 :* 28,5 ; *98 :* 29,5 ; *99 :* 25,5 ; **de** Brésil, USA, Italie, Allemagne, *France,* Espagne, Japon, Chine, Chili. **Balance des paiements** (en milliards de $) **:** *1990 :* 14,4 ; *99 :* – 12,3.

■ **Rang dans le monde** (en 1999). 5e vin, bovins. 6e maïs. 10e coton. 12e blé.

■ ARMÉNIE (RÉPUBLIQUE D')

Carte p. 1276. V. légende p. 950.

☞ *Abréviation :* A. : Arménie.

■ **Situation.** **Superficie :** 29 800 km^2. Enclavée (Géorgie, Azerbaïdjan, Turquie et Iran). **Frontières** (en km) : Azerbaïdjan 787, Géorgie 164, Iran 35, Turquie 268. **Géographie :** 90 % du territoire à plus de 1 000 m. **Altitude** *maximale :* Mt Aragatz 4 095 m. **Forêts** et broussailles : 12 %. **Lac** *le plus grand :* Sevan 1 300 km^2 (alt. 1 950 m). **Climat :** continental ; hivers froids (jusqu'à – 40° C). *Erevan :* janv. – 3 °C, août 25 °C.

■ **Population** (en millions d'hab.). *1989 :* 3,03 ; *96 :* 3,77 ; *99 :* 3,8 (Arméniens 97 %, Kurdes-Yézidi 1,6 %, Russes 0,8 %, autres 0,6 %) ; *2000 (est.) :* 3,66 ; *2025 (prév.) :* 4. **D.** 127,8. **Villes.** *Erevan* (fondée 782 av. J.-C.) 1 000 000 d'hab. (en 1999). Gumri (ex-Leninakan) 121 000 (en 1998), Vanadzor (ex-Kirovakan) 74 000 (en 1998). **Pop. urbaine** (en 1998) : 69 %. **Taux** (en ‰, 1999) : natalité 12, mortalité 6, *infantile* 15. **Espérance de vie :** 72 ans (en 1998).

■ **Langues.** Arménien (alphabet national : 32 consonnes et 6 voyelles ; inventé au ve s. par un moine, Mesrop Mashtots ; s'écrit de gauche à droite), russe.

■ **Religions.** Chrétiens. Église apostolique dirigée par le *catholicos* (voir p. 537 c). Rapprochement des branches du catholicos d'Etchemiadzine (Arménie) et du catholicos de Cilicie (Liban)] et par 2 *patriarches* (Jérusalem et Istanbul). *Minorités :* protestants, orthodoxes (Russes), catholiques, yezidi.

■ **Histoire. Av. J.-C.** **610** parmi les vassaux du roi mède Cyaxare se trouve une tribu thraco-illyrienne, les *Haïkans*

■ **Ancienne Arménie.** Europe. A cheval sur Anatolie et Caucase. Hauts plateaux, montagnes (Alpes pontiques, Caucase, Taurus) et plaines. *Altitude maximale :* mont Ararat (5 172 m). *Fleuves* coulant vers des dépressions et non vers la mer (endoréisme).

■ **Population avant 1914.** *Selon les Arméniens :* 4 000 000 à 5 860 000 hab. (en Turquie 3 788 000, Russie 2 072 000) dont 3 211 000 chrétiens, 2 308 000 musulmans, 341 000 de religions diverses ; en Turquie *selon le Livre jaune français (1893-97) :* 1 555 000 ; *l'Annuaire britannique (1917) :* 1 056 000 ; *les sources turques :* 1 295 000 dont 120 000 Arméniens d'Istanbul ou d'Anatolie occidentale.

■ **Arméniens dans le monde** (en milliers, 1996). 6 500 dont **Arménie** (République) 3 646 ; **autres Républiques de l'ex-URSS** 1 150 (Géorgie 550, Russie 500, Ukraine 100) ; **reste du monde** 2 200 dont *Afrique :* 15. *Amérique :* USA 800, Canada 200, Argentine 100, Brésil 30, Uruguay 20, Venezuela 5, autres 30. *Moyen-Orient :* Syrie 110, Iran 80, Liban 80, Turquie 50 (dont Istanbul 45), Arabie saoudite 15, Iraq 12, Égypte 6, Israël 3, Jordanie 2. *Extrême-Orient :* 15. *Europe : France 350/400* (beaucoup d'origine cilicienne), Bulgarie 15, Grèce 15, G.-B. 12, Roumanie 6, Allemagne 5, Italie 5. *Océanie :* 25. *Autres :* 15.

(fondateur mythique : Haïk), qui se fixent dans le royaume de l'Urartu ; adoptent civilisation locale (anatolienne), fondent nation arménienne. Les Arméniens sont évoqués dans les archives de Ninive et de Babylone. **549-331** satrapie de la Perse achéménide. **480** vassaux de Xerxès, combattent à Marathon contre Grecs. **334-190** autonome dans l'empire d'Alexandre, puis l'État des Séleucides. **322-215** *1re dynastie* Oronte Ier. **190** Gal grec Artaxias proclame l'indépendance ; capitale *Artaxata* (haut bassin du fleuve Araxe). **Vers 80** *Tigrane le Grand* (95-54), descendant d'Artaxias, conquiert rives de la Caspienne, devient « roi des rois » ; capitale *Tigranocerta* (aujourd'hui Diarbékir), en Turquie. **69** protectorat romain. **Apr. J.-C. 114-117** province romaine (cap. *Artaxata*). **Vers 135** Hadrien rétablit autonomie. **Début du IVe s.** alliance *Tiridate III*, roi d'A., et Romains contre Perses sassanides. **IVe s.** christianisée par saint Grégoire l'Illuminateur (v. 240-326) évêque à Césarée, *catholicos* de l'A. **301** christianisme religion d'État. **354** 1er synode arménien. **387** coupée en 2 : ouest (Arsace II) byzantin, est ou Persarménie (cap. *Dwin*) annexé par Perse. **411** 1er texte publié en arménien. **451** Église arménienne se rallie à l'interprétation monophysite de la nature du Christ (rejette en fait le concile qui se tient sans elle à Chalcédoine). **551** concile de Dwin : devient autocéphale (se sépare de Byzance et Rome). **642** raids arabes. **654** protectorat arabe. **852** calife écrase A. **IX-Xe s.** A. entre Byzance et Arabes. Émergence de royaumes arméniens : des *Bagradites* (cap. *Ani*) et des *Ardzrouni* (cap. *Van*). Dynastie impériale des Porphyrogénètes. Évêchés d'Antioche et de Tarse. **1022** domination de Byzance. **1071** invasion turque ; exode vers Crimée, Pologne, Moldavie, Transylvanie, Hongrie, Chypre, Égypte, ports de la Méditerranée. Domination des Touraniens.

Royaume arménien de Cilicie ou **Petite Arménie. 1137-1375** dynastie des *Roubénides* (cap. *Sis*), alliés des croisés de Terre sainte : mariages entre princesses arméniennes et souverains francs d'Orient. **1190** Henri VI (empereur germanique) remet à Léon II d'A. la couronne royale. **1199** Léon II sacré par le catholicos ; empereur byzantin envoie également une couronne. **1236** conquise par les Mongols. **1374** Léon VI de Lusignan dernier roi. **1375** envahie par Mamelouks.

Grande Arménie. XIIIe-début XIVe s. partagée entre émirats seldjoukides. **1236** joug mongol. **1293** Sis, siège du catholicossat. **Fin XIVe s.** conquise par Tamerlan puis Turcomans. **1461** 1er patriarche arménien à Brousse puis Istanbul. Déportation d'artisans arméniens à Istanbul (pris par Ottomans en 1453). **1515** Selim Ier écrase chah de Perse et s'empare de l'A. **1555** partagée entre Perses et Ottomans. **1828** *traité de Turkmentchaï* avec Perse laissant à la Russie une zone avec Erevan et Etchmiadzine (27 000 km²). Les Arméniens de Turquie (pour 2/3 environ) voient dans le protectorat russe (et dans l'annexion à la Transcaucasie) le moyen de protéger la chrétienté arménienne contre les musulmans (au XIXe s., environ 150 000 Arméniens de Perse et de Turquie se réfugient dans provinces caucasiennes). **1839** *Tanzimat* ou réformes. **1853-55** guerres russo-turques, Crimée. **1856** migration des musulmans du Caucase (1 million) vers A. et Cilicie, et de Tchétchènes, Abkhazes et Oubykhs vers Empire ottoman. Désormais, on parle d'A. orientale ou A. russe (Erevan, Nakhitchevan), incorporée à l'Empire russe. **1859** 1re insurrection arménienne à Zeytoun. **1860**-*24-5 Constitution nationale* octroyée aux Arméniens (ratifiée par sultan 17-3). **1860-70** insécurité (famine, répression, troubles kurdes). **1864** réforme administrative dans l'Empire ottoman *(vilayet)*. **1875**-*oct.* insurrection arménienne à Zeytoun. **1876-78** agressions kurdes et turques contre A. **1877-78** *guerre russo-turque* ; Arméniens des régions de Bayazid, Diadin, Alachkert exterminés. Kars et Ardahan annexées par les Russes. **1878**-*3-3 traité de San Stefano :* Turcs promettent autonomie. *-13-7 traité de Berlin,* art. 61 : la Turquie promet des réformes dans les provinces peuplées d'Arméniens. Kars et Ardahan cédées aux Russes. **1878-94** promesse de réformes, cosignée par les 6 grandes puissances, non appliquée en A. (violences, déclin économique). **1885** parti révolutionnaire arménien *Armenakan* créé à Van. **1887** Genève, parti *hentchak* (social-démocrate) créé. **1890** Tiflis, parti *dachnak* créé. *-Juin* 1re émeute à Erzurum : environ 100 † ; émeutes à Istanbul. **1891** création des régiments kurdes des Hamidié. **1892-94** manif. à Kayseri, Yozgat, Tokat, Corum et Merzifon. **1894**-*août* affrontement Arméniens/Turcs, massacres et autodéfense des Arméniens de Sassoun (après arrestation de Mihran Damadian, activiste hintchak) : 3 500 à 6 000 † (?). Double Alliance envoie commissaires, puis France, Russie et Angleterre exigent réformes. **1894-96** massacres généralisés des Arméniens par Turcs ordonnés par Abdül-Hamîd II (répression après manif. hintchak). **1895** 24 soulèvements arméniens en Anatolie orientale. *-Juillet* révolte à Zeytoun. Massacres en A. occidentale, soulèvement de Van. *-18-9* manif. à Bab Ali et Istanbul contre sultan. Début d'un mouvement d'autodéfense arménien dans les villes. *-30-9* Istanbul, manif. armée des Arméniens pour occuper Sublime Porte (siège du gouv.) [172 Arméniens tués]. *-24-10* Zeytoun (Suleymanli) : les Arméniens refusant de payer les impôts, le comité hintchak arme la population (des milliers de †). *-25-12* : 3 000 Arméniens brûlés dans la cathédrale d'Ourfa ; 300 000 †, 50 000 conversions forcées. 1re émigration (Caucase, USA). **1896**-*28-1* fin de la révolte de Zeytoun. Épidémies : typhus, dysenterie, variole. *-14-6* Van, résistance et autodéfense (préparée par dachnak) contre soldats turcs et musulmans. *-26-8* Istanbul, commando dachnak occupe la Banque ottomane (fondée 1863, capitaux français et anglais) et menace de la faire sauter si les signataires du traité de Berlin continuent d'ignorer son art. 61 (exigeant haut-commissaire européen choisi par les 6 puissances et qui désignerait gouverneurs, sous-préfets et administrations de district ; milice, police et gendarmerie : autochtones commandés par officier européen ; réforme judiciaire selon modèle européen ; liberté de religion, d'enseignement et de presse ; 3/4 des revenus nationaux affectés aux besoins locaux ; arriérés d'impôts annulés ; 5 années d'impôts exonérées et 5 suivantes assignées à indemniser dommages dus aux désordres ; biens empruntés restitués ; retour des émigrés ; amnistie). Sur intervention russe, les terroristes quittent Turquie pour Marseille, sans rien obtenir. *-Fin août* Istanbul, milliers d'Arméniens tués. **1897** raid punitif dachnak contre Kurdes de Khanassor. **1903**-*12-6* gouv. tsariste confisque les biens de l'Église arménienne dans l'Empire russe. **1904**-*mars/avril* révolte à Sassoun. **1905**-*21-7* attentat arménien (dachnak) d'une jeune femme, Roubina, contre Abdül-Hamîd, échoue (chef : anarchiste belge Édouard Joris, gracié) : 26 ou 80 † (?). **1905-06** guerre Arméniens/Tatars en Transcaucasie orientale. Autodéfense arménienne organisée par dachnak. **1907** P. dachnak membre de la IIe Internationale. *-Déc.* Paris, congrès des partis d'opposition à l'Empire ottoman (organisé par dachnak). **1908**-*juillet* révolution des Jeunes Turcs déclenchée (Salonique). **1909** tuerie en Cilicie. *-1-4* massacres d'Adana (20 000/30 000 †). **1912** 1re guerre balkanique : la Russie relance la question arménienne. **1914**-*févr.* accord Turquie et 6 grandes puissances sur réformes dans l'A. turque sous contrôle de 2 inspecteurs généraux scandinaves. *-Août* repli russe et migration des Arméniens de Van (200 000). *-4-11* offensive russe en A. turque (60 000 Arméniens servent dans l'armée russe, sauf sur front oriental). **1915**-*début* 5 000 à 6 000 volontaires arméniens s'engagent en Transcaucasie aux côtés des Russes (dont Gal Antranik). *-Janv.* la Turquie désarme les soldats arméniens de son armée (beaucoup sont fusillés). *-26-3* Arméniens de Zeytoun évacués (4 058 recueillis par navires français). *-17-4* gouverneur de province assiège Van (50 000 h.) avec troupes kurdes et réclame 3 000 combattants. *-20-4* Arméniens de Van refusent dachnak, et organisent autodéfense et un gouv. arménien provisoire (Pt Aram Manoukian). Troupes du gouverneur pillent et détruisent villages (50 000 † ?). *-24-4* Istanbul, 2 345 journalistes, écrivains, poètes, médecins, avocats, prêtres et autres notables arrêtés. *-16-5* armée russe libère Van (31-7, se retire en emmenant 200 000 Arméniens sous sa protection). *Déportation des Arméniens de l'Empire ottoman* (à pied ou en chemin de fer) vers déserts de Syrie, d'Iraq ; meurent d'épuisement et de privations, d'épidémies, de massacres : *selon certains Arméniens :* 1 200 000 à 1 500 000 † ; *selon d'autres :* 40 à 50 % de la population arménienne de l'Empire ottoman ; *selon les Turcs :* 300 000 † ; *selon Jusem MacCarthy* (démographe américain) : 500 000 ; *pour le « Tribunal permanent des peuples »* [qui a siégé à la Sorbonne (Paris) du 13 au 16-4-1984] les Arméniens ont été incontestablement victimes d'un génocide. *-27-5* loi turque favorisant l'extermination. *-1-6* le gouvernement ottoman ordonne le transfert des Arméniens d'Anatolie centrale et orientale vers la Syrie. Ceux d'Istanbul et d'Izmir en sont exclus. *-Juin/oct.* résistance arménienne à Chabine-Karahissar, Mussadagh, Karahussar (djebel Moussa), Ourfa. **1915-16** conquête de l'A. turque (Van, Bitlis, Erzuroum). **1916** volontaires arméniens de Chabine-Karahissar intégrés aux unités régulières de l'armée russe du Caucase (Gal Antranik). *-26-4* décret du gouv. provisoire sur A. turque. *-Mai/sept.* réfugiés arméniens rapatriés en A. turque. *-13-10* Conseil national arménien formé à Tiflis. **1917**-*févr.* révolution russe. *-Déc.* formation du corps arménien, puis armistice russo-turc. **1918**-*févr.* reprise des hostilités avec Turquie. *-Mars/sept.* conflit arméno-tatar à Bakou. *-3-3 traité de Brest-Litovsk :* Russie restitue à Turquie territoires conquis en 1914-16 et provinces annexées en 1877-78 (Kars).

République démocratique fédérative de Transcaucasie. 1918-*28-3* indépendance proclamée. *-13-4* déclare la guerre à la Turquie. *-Mai* éclate en 3 républiques indépendantes : Azerbaïdjan (27-5), Géorgie (26-5), Arménie. *-23/24-5* victoire arménienne de *Sardarabad.*

République indépendante d'A. (9 000 km², cap. *Erevan*). **1918**-*28-5* proclamée par Conseil arménien. *-4-6 traité de paix arméno-turc de Batoum.* La Turquie reconnaît l'A. *-28-7* les Anglais débarquent à Bakou, puis rembarqueront à l'arrivée des Turcs (16-9). *-30-10* défaite des Turcs (*armistice de Moudros*) ; Alliés occupent les ports de Géorgie. *-Oct./nov.* Fr. occupe Cilicie. *-Déc.* conflit territorial arméno-géorgien. **Hiver 1918-19** 180 000 à 200 000 † de famine et du typhus. **1919** Kars et Ardahan annexés par l'A. ; l'A. couvre 46 000 km². *-Janv./nov.* 150 000 Arméniens rapatriés en Cilicie sous protectorat français. *-12-2* conférence de la paix de Paris, délégation de l'A. intégrale (délégation de la Rép. d'A. et délégation nationale arménienne) présente mémorandum. *-Avril* conflit arméno-tatar (s'intensifie entre A. et Azerbaïdjan pour la possession du Haut-Karabakh, du Zanguezour et du Nakhitchevan) ; blocus de la Rép. arménienne ; début de l'arrivée des secours américains. *-28-5 Acte du 28-Mai :* unification de l'A. turque et russe proclamée ; *Alexandre Khatissian* PM. *-Été* Rép. indépendante d'A. commence à fonctionner (1er gouv. Katchaznouni). *-Sept./nov.* IXe congrès du parti dachnak à Erevan (décision de l'opération Nemesis). *-Nov.* les Soviétiques s'allient aux Turcs kémalistes contre les 3 républiques de Transcaucasie. **1920**-*28-1 Conseil supérieur allié reconnaît de facto* A. (46 000 km²), Géorgie, Azerbaïdjan. *-22/23-3* insurrection arménienne au Haut-Karabakh. *-27-4* l'Armée rouge occupe Azerbaïdjan. *-1-5* Alexandropol, révolte des communistes arméniens. *-5-5* gouv. dachnak dirigé par H. Ohandjian et Rouben Ter-Minassian (écrase communistes et « arménise » l'A. en chassant les Tatars). *-1-6* Sénat américain refuse mandat sur l'A. proposé par Wilson. *-10-8 traité de Sèvres* reconnaît l'indépendance de l'A. (Wilson fixe ses limites). A. dirigée par FRA (Dachnaktsoutioun) majoritaire. Les Turcs kémalistes rejettent le traité signé par Turquie. *-1/8-9* congrès des peuples d'Orient à Bakou. *-23-9* armée kémaliste envahit Rép. arménienne. *-15-11* SDN rejette demande d'admission de la Rép. arménienne. *-29-11* soulèvement des communistes arméniens ; armée rouge envahit l'A. *-2-12 traité d'Alexandropol* arméno-turc : Turquie récupère Kars et Ardahan.

République socialiste soviétique d'A. (29 800 km², 700 000 hab., cap. *Erevan*). Les dachnak se replient au Zanguezour. **1921**-*févr.* révolte paysanne (dachnak) renverse gouv. communiste et chasse Russes. *-18-2* Comité de salut de la patrie dachnak. *-15-3* Berlin, Talaat Pacha, ancien min. de l'Intérieur turc, tué par Soghomon Téhlirian (acquitté juin). *-21-3 traité de Moscou* Russie-Turquie : frontière transcaucasienne reconnue. *-2-4* retour du pouvoir soviétique en A. avec Miasnikian. *-28-7* Istanbul, Béhbou Khan Djivanchir, min. de l'Intérieur de l'Azerbaïdjan, tué par Missak Torlakian (acquitté nov.). *-13-10 traité de Kars* républiques transcaucasiennes soviétisées/Turquie, fixant frontières actuelles. *-20-10* accord franco-turc d'Ankara : Fr. évacue Cilicie. Nouvel exode arménien (vers Liban et Syrie). *-5-12* Rome, Archavir Chirakian tue Saïd Halim Pacha, ancien Pt du Conseil turc. **1922**-*12-3* l'A. fait partie de l'Union fédérale des Républiques socialistes soviétiques de Transcaucasie, incorporée à l'URSS. *-17-4* Berlin, Chirakian et Aram Yérganian tuent Djémal Azmi, responsable de massacres. *-25-7* Stephan Dzaghikian, Bédros Der Boghossian et Ardachès Kévorkian tuent Djémal Pacha, membre du triumvirat de l'Ittihad, à Tiflis (Géorgie). *-13-9* incendie de Smyrne (Grecs et Arméniens jetés à la mer). **1923**-*7-7* Karabakh devient un *oblast* autonome azerbaïdjanais. *-24-7 traité de Lausanne :* SDN reconnaît la frontière arméno-turque : dispersion des 700 000 à 800 000 réfugiés arméniens ; début de la diaspora arménienne. **1924**-*9-2* Nakhitchevan république autonome. **1936**-*5-12 dissolution de l'Union fédérale de Transcaucasie* : l'A. devient une Rép. socialiste soviétique fédérée. **1946** Staline invite réfugiés arméniens à regagner l'A. soviétique. **1946-48** retour d'environ 100 000 Arméniens. **1965**-*24-4* cinquantenaire du génocide. CDCA (Comité de défense de la cause arménienne) créé en Fr. **1966** Parti national unifié en A., créé par P. Harikian, demande indépendance de l'A. soviétique. **1975-85** terrorisme arménien [Asala (Armée secrète arménienne de la libération de l'A.), Justiciers du génocide arménien, Ara (Armée révolutionnaire arménienne, 1981), Nouvelle résistance arménienne (1977)] exige reconnaissance du génocide arménien par Turquie. **1987**-*18-6* Parlement européen conditionne l'entrée de la Turquie dans CEE à la reconnaissance du génocide arménien. *-17/19-10* manif. à Erevan. **1988**-*11/26-2* manif. pour le rattachement à l'A. du Haut-Karabakh (4 400 km², 180 000 hab. dont 80 % Arméniens). *-7-12* séisme : Spitak détruite à 100 %, Leninakan à 80 %, environ 50 000 †, 500 000 sans-abri. **1989** blocus économique de l'A. par Azerbaïdjan. *-15-4* siège du KGB attaqué à Erevan (1 †). *-Mai* légalisation du Mouvement national (*Hay Hamazgaïne Charjoum*). *-1-12* Parlement vote rattachement du Haut-Karabakh à l'A. **1990**-*27-5* affrontements Arméniens/militaires soviétiques à Erevan (20 †). *-Juillet* Gorbatchev désarme les milices. *-4-8* Levon Ter-Petrossian élu Pt du soviet suprême.

République indépendante. 1990-*23-8* indépendance. **1991**-*fin avril* offensive soviétique contre A. : dizaines de †, 4 000 réfugiés au Haut-Karabakh. *-4-5* Moscou, rencontre Gorbatchev/Ter-Petrossian. *-9/10-5 :* 3 villages attaqués : 48 †. *-21-9* référendum ratifiant indépendance (oui 98 %). *-16-10* **Levon Ter-Petrossian** (né 9-1-1945) élu Pt de la Rép. (83 % des voix). *-21-12* adhère à la CEI. **1992** intervention au Haut-Karabakh (voir p. 998 c). *-Janv.* entrée Onu. *-28-5* au FMI. *-1-7* H. Maroukhian, Pt du parti dachnak (hostile à Ter-Petrossian), expulsé. *-14-8* milliers de manifestants pour démission de Ter-Petrossian après défaites au Karabakh. **1993**-*12-2* **Hrant Bagratian** (né 18-10-1958) PM. **1994**-*7/8-8* Ter-Petrossian en France. *-17-12* Ambartsoum Galastian (38 ans), ancien maire d'Erevan, assassiné. *-22-12* : 10 députés démissionnent. *-28-12* parti dachnak suspendu. **1995**-*mars* Cour suprême interdit activité politique des Arméniens de la diaspora en A. *-24-4* musée du Génocide inauguré à Erevan. *-12-6* cessez-le-feu au Karabakh. Accorde des bases militaires à la Russie pour 25 ans. *-6-11* loi excluant la double citoyenneté pour les Arméniens de la diaspora. **1996**-*5-3* procès de 31 membres du Dachnak (tentative de coup d'État du 29-7-1995). *-11/14-6* Ter-Petrossian en France. *-22-9* **Ter-Petrossian** réélu Pt (51,76 % des voix devant Vazguen Mánoukian 41,2 %). *-25-9* manif. à Erevan : 48 bl. *-25/29-9* armée entre à Erevan, se retire le 29. *-26-9* : 7 députés arrêtés pour « tentative de coup d'État ». *-4-11* **Armen Sarkissian** PM. **1997**-*20-3* **Robert Kutcharian** PM. **1998**-*6-2* Pt Petrossian démissionne. *-9-2* interdiction du P. Dachnak (nationaliste) levée.

1998-*16* et *30-3* **Robert Kutcharian** (né 31-8-1954) élu Pt. *-10-4* **Armen Darbinian** (né 1965) PM. *-29-5* l'Assemblée nationale française reconnaît le génocide de 1915, à l'unanimité (le Sénat le 7-11-2000 et, en dernière lecture, l'Assemblée le 18-1-2001). Il a été reconnu par la Cour martiale ottomane en 1919, la sous-commission des Droits de l'homme de l'Onu en 1985, le Parlement européen en 1987, le Sénat belge le 24-4-1998. **1999**-*11-6* **Vazguen Sarkissian** [né 5-3-1959, chef du Yerkrabah (Gardien du pays), organisation paramilitaire de vétérans de la guerre du Karabakh, force politique] PM. *-27-10* fusillade au Parlement : 8 † (V. Sarkissian PM, Karen Demirtchian Pt du Parlement, 2 vice-Pts et 3 députés) par commando de Naïri Hovnanian. *-3-11* **Aram Sarkissian,** frère du PM assassiné, PM. **2000**-*2-5* limogé. *-20-5* **Andranik Markarian** PM.

☞ **Conflit avec Azerbaïdjan :** certains envisagent de céder la bande de Meghri (qui unirait Nakhitchevan et Azerbaïdjan) contre le couloir de Latchine (unissant Arménie et Ht-Karabakh).

■ **Statut.** *République membre de la CEI.* **Constitution** du 8-7-1995. **Pt :** élu pour 5 ans, au suffr. univ. **Parlement :** 131 députés élus pour 4 ans. **Élections législatives du 30-5-1995 :** 131 sièges dont Coalition Miasnoutioum (Unité : P. du Peuple et Mouvement républicain) 57, P. communiste 10, P. dachnak 8, Droit et Unité 7, Pays des lois 6, Union nat. démocratique 6, Mouvement nat.-panarménien 1, P. Arakeloutioun 1, indépendants 33, sièges annulés 2. **Drapeau** (adopté 24-10-1990). 3 bandes horizontales : rouge (sang), bleue (espoir et ciel), orange (travail).

■ **Partis.** **Alliance** (**P. républicain d'A.** fondé 1990 ; Andranik Markarian, **P. populaire** fondé 1998 ; Stepan Demirdjian). **P. démocratique arménien** (ancien PC dissous en sept. 1991, relégalisé en 1992) ; Aram Sarkissian. **Mouv. national panarménien** fondé 1989 ; Vano Siradeghian. **Fédération arménienne révolutionnaire-Dachnaktsoutioun** fondée 1890 à Tiflis, interdite sous les communistes, autorisée 1991 ; Vahan Hovanissian. **Union nationale démocratique** fondée 1991 ; Vazguen Manoukian. **P. libéral démocratique-Ramkavar** fondé 1905 ; Haroutioum Karapetian. **Union pour l'autodétermination nationale** Rouben Mirzakhanian. **P. communiste arménien** Vladimir Darbinian. **P. libéral-démocrate** Viguen Khachatrian. **Union du droit constitutionnel** Hrant Khachatrian. **P. État de droit** fondé 1998 ; Arthur Baghdassarian. **Union pour l'autodétermination nat.** Nersès Zeynalvandian. **P. Avenir digne** fondé 1999 ; Lioudmila Haroutiounian.

■ **Économie.** **PNB** (en 1999) : 506 $ par hab. **PIB** par hab. (parité de pouvoir d'achat en $) : *1989 :* 5 062 ; *93 :* 1 853 ; *96 :* 2 242. **Population active** (en %) **et,** entre parenthèses, **part du PNB** (en %) : agr. 22 (41), ind. 42 (25), mines 3 (2), services 33 (32). **Chômage** (en 1999) : 11,5 %. **Inflation** (en %) : *1991 :* 140 ; *92 :* 824 ; *93 :* 10 978 ; *94 :* 4 960 ; *95 :* 176 ; *96 :* 22 ; *97 :* 20 ; *98 :* – 1,3 ; *99 :* 2. **Salaire** *minimal* (en 1999) : 20 $; *moyen :* 36 $. **Secteur privé :** 60 % du PIB (en 1998). **Réserves en devises** (en millions de $) : *1994 :* 32 ; *2000 :* 318.

■ **Agriculture.** 48 % des terres cultivées. **Production** (en milliers de t, 1999) : orge 71, tomates 145, p. de t. 425, blé 220, fruits 136, raisin 106. **Élevage** (en milliers de têtes, 1999). Volailles 3 000, ovins 575, bovins 512, porcins 57. **Privatisations :** depuis 1991 (87 % des terres et 3/4 du cheptel). **Mines.** Cuivre, molybdène, sel, gypse, or, marbre, tuf, obsidienne. **Industrie** (fonctionne à 20 % de sa capacité de 1989). Ciment, tapis, cuir, vin.

■ **Électricité** (en milliards de kWh). *1992 :* 9 ; *96 :* 6,2. Économie désorganisée par le séisme de 1988 et le blocus des Azéris de 1989, l'A. dépendant de l'extérieur (70 % du commerce avec Russie) et de l'aide de la diaspora : prod. nationale en baisse de 45 à 52 % en 1992 (remontée partielle depuis).

■ **Déficit public** (en % du PIB). *1992 :* 30,6 ; *98 :* 5,2.

■ **Commerce** (en millions de $). **Balance :** *1993 :* – 99 ; *94 :* – 178 ; *95 :* – 403 ; *96 :* – 566 ; *97 :* – 660 ; *98 :* – 682 (*export. :* 220 *vers* Belgique 49,8, Russie 40, Iran 31,4, Turkménistan 22,7, USA 11,5, Géorgie 9,5, All. 9,3, G.-B. 8, Pays-Bas 7,9 ; *import. :* 902 *de* Russie 191,4, USA 96,3, G.-B. 69, Iran 63,9, Turquie 56,8, Belgique 54,6, EAU 54,4, Italie 34,5, All. 34, *France 27,5*) ; *99 :* – 545 (export. 222/import. 767).

Aruba

Carte p. 895 b. V. légende p. 950.

■ **Situation.** Amérique (îles Sous-le-Vent). A 30 km du Venezuela. **Superficie :** 193 km². **Longueur :** 30 km, largeur 10 km. **Côtes :** 68,5 km. **Population.** 69 539 hab. (est. 2000) [dont 2 300 Anglais, 840 Vénézuéliens]. **D.** 360. **Capitale.** *Oranjestad* 21 000 hab. **Langues.** Hollandais, papiamento, anglais, espagnol.

■ **Histoire.** **1499** découverte par Alonzo de Ojeda. **1636** acquise par Pays-Bas. **1800-03** et **1807-16** domination anglaise. **1828** partie des Antilles néerlandaises. **1954**-*29-12* gouvernement autonome. **1977**-*mars* référendum. **1983**-*12-3* accord de La Haye : autonomie pendant 10 ans, puis indépendance. **1986**-*1-1* autonomie effective.

■ **Statut.** **Chef de l'État :** reine Beatrix des Pays-Bas. **Gouverneur** (nommé pour 6 ans, renouvelables) : Olindo Koolman depuis 1-1-1992. **PM :** Jan Hendrik Eman depuis 29-7-1994. **Assemblée :** 21 membres élus pour 4 ans (le 12-12-1997). **Drapeau** (adopté en 1976). Fond bleu ; 2 bandes rouges en bas, 1 étoile rouge en haut et à gauche.

■ **Économie.** **PNB** (en 1999) : 13 180 $ par hab. **Pêche. Industrie :** *raffinerie de pétrole,* de 1925 à 1985, partiellement réouverte en 1993, à Sint-Nicolaas (Exxon de 1924 à 1985, Coastal Aruba Refining Co depuis 1989) ; *construction navale.* **Place financière** off shore. **Tourisme. Visiteurs** (en 2000) : 1 211 229. **Site :** pont naturel d'*Andicouri.* **Commerce** (en millions de $). **Export./import. :** *1997 :* 12/578 ; *98 :* 24/614 ; *99 :* 29/782.

Australie

V. légende p. 950.

☞ *Abréviations :* A. : Australie ; austr. : australienne ; conserv. : conservateur ; lib. : libéral ; trav. : travailliste.

■ **Situation.** A 20 048 km de la G.-B. par Le Cap. **Superficie :** 7 741 000 km², dont Tasmanie 68 401 km² (14 fois la France). **Côtes :** 36 735 km (dont Tasmanie 3 200). **Longueur :** 3 180 km (3 680 avec Tasmanie). **Largeur :** 4 000 km. **Relief :** pour les 3/4, un plateau, altitude moy. 300 m (moy. mondiale 700 m) [végétation : eucalyptus, acacias]. Centre : dépression (du lac Eyre au golfe de Carpentarie) avec grand bassin artésien (6 grandes nappes d'eau souterraines sous 60 % du continent), monolithe d'Uluru ou Ayers Rock (hauteur 348 m, largeur 3,6 km) ; à l'ouest : plateau couvert de latérite, grès, sable (Grand Désert de sable, désert Victoria) ; au sud-ouest : petite plaine. A l'est du plateau, chaîne de hauts plateaux (nord-sud) : cordillère australe, parallèle à la côte orientale, alt. moy. 1 000 m. Au sud-est (région de Melbourne), Alpes australes (sommets de 1 800 m, Mt Kosciusko dans les Snowy Mountains 2 228 m). **Grande Barrière de Corail** ou **Reef** (à l'est du Queensland) : longueur 2 300 km, largeur 19 km (au nord) à 240 km (au sud). **Fleuves :** Murray 2 600 km [affluents : Darling (2 700 km), Murrumbidgee, Lachlan], draine la dépression. Fleuves côtiers : courts, débit peu important sauf dans le Nord tropical. **Climat.** Tempéré 2/3, tropical 1/3 ; *été :* déc.-févr., *automne :* mars-mai, *hiver :* juin-août, *printemps :* sept.-nov. Dans le nord, climat tropical : été (saison humide), pluies en janv., févr. et mars ; hiver (sec). *Pluviosité :* – de 250 mm/an sur 40 % du territoire, – de 500 mm sur 70 % (évaporation intense) ; Sydney 1 223 mm/an, Melbourne 658, Darwin 1 659, Brisbane 1 152. *Température moy. :* juillet : 25 °C au nord, 8 °C au sud ; janv. : 28 °C au nord, 17 °C au sud.

Distances de Canberra (en km). Adélaïde 970, Brisbane 950, Darwin 3 260, Hobart 880, Melbourne 470, Perth 3 180, Sydney 240.

■ **Faune.** **Marsupiaux :** *kangourous :* 40 millions de 48 espèces (6 éteintes, 13 raréfiées). Développement dû à l'absence de carnassiers. Ordre des macropodes [grands-kangourous, osphranters (wallaroos), wallabies (petits kangourous, ou kangourous des rochers), rats-kangourous, wombats (80 à 120 cm, 20 à 40 kg)]. Certains arboricoles, la plupart sont terrestres et herbivores. [Environ 1 million sont exportés vers Italie (chaussures), G.-B. et Japon (100 000), *France (10 000).*] *Koala :* sorte d'ours marsupial. **Chevaux sauvages** (brumbies). **Thylacine** (loup de Tasmanie, 120 cm, haut. 60 cm, disparu 1933). **Dingo** (chien jaune sauvage). **Monotrème** (ovipare) : ornythorinque *(platypus).* **Oiseaux :** 750 espèces (55 de perroquets) ; émeu et casoar (oiseaux aptères ne se trouvant qu'en A.), cygne noir, oiseau-lyre, merle bâtisseur de bosquets ou *bowerbird,* dindon sauvage, poule de Mallee. **Lapins :** *1859* Thomas Austin introduit à Geelong 12 spécimens par bateau pour la chasse. *1940* ils sont environ 1 milliard. *1950* introduction volontaire de la myxomatose venue du Brésil ; environ 100 millions meurent en 2 ans. *1995* ils sont environ 200 à 300 millions ; *à l'automne* le virus de la fièvre hémorragique du lapin (VHD : Viral Hemorragic Disease, ou RCV : Rabbit Calici Virus), en cours d'expérimentation, s'échappe d'un laboratoire (sans doute transporté par mouche ou moustique) sur l'île de Wardang, à 5 km au large d'Adelaide, où on le testait ; *fin 1995* se répand et tue de nombreux lapins.

■ **Population** (en millions d'hab.). *1810 :* 0,01 (dont 48 % de forçats) ; *1821 :* 0,038 ; *1850 :* 0,4 ; *1900 :* 3,7 ; *20 :* 5,4 ; *39 :* 6,9 ; *61 :* 10,55 ; *76 :* 14 ; *98 :* 18,75 ; *99 :* 19 ; *2000 (est.) :* 18,84 ; *2025 (prév.) :* 23. **D.** 2,5. **Accroissement** (en %) : 1,2. **Age :** *– de 15 ans :* 20,9 % ; *+ de 64 ans :* 12,4 %. **Espérance de vie** (en 1999) : hommes 76 ans, femmes 81 ans. **Origine** (en %, 1991) : Australie 75,5, G.-B. 6,65, Irlande 0,3, Chine 0,5. **Aborigènes** (australoïdes) [*ab origine :* « présents depuis l'origine »] NOMBRE : *vers 1788 :* 300 000 (en 500 clans parlant plus de 300 langues) ; *1971 :* 106 290 ; *81 :* 144 665 ; *91 :* 265 378 (avec hab. des îles du détroit de Torres) ; *2001 (est.) :* 427 162. CONDITIONS DE VIE : difficiles. Pas de mammifères sauvages ni de plantes (sauf la noix de macadamia) domesticables. Étaient chasseurs et collecteurs et ne connaissaient pas la roue. STATUT : *1967* reconnaissance de leur statut de citoyen, obtiennent le droit de vote. *1972* ministère des Affaires aborigènes créé. *1976* restitution progressive des terres. *1984* tenus de s'inscrire sur les listes électorales. *1990* ASTIC (Commission des Aborigènes et des insulaires du détroit de Torres). *1991* Conseil de réconciliation aborigène. *1992* juin, la Haute Cour de justice restituant à Eddie Mabo, insulaire du détroit de Torres, le territoire de ses ancêtres. *1993 Native Title Act,* créant un titre foncier. Disposent de titres de propriété inaliénables sur plus de 600 000 km² (1/10 du pays), alors qu'ils ne représentent que 1,5 % de la population ; touchent des royalties sur les opérations minières effectuées sur leurs terres et bénéficient de fonds alloués pour eux ; 66 % sont urbanisés. -22-1 loi permettant aux Aborigènes d'être propriétaires fonciers au 1-1-1994. *1996* la Cour suprême décide d'accorder des baux de pâturages particuliers au Queensland ne mettant pas nécessairement fin aux titres que possèdent les Aborigènes de Wik et Thayorre sur ces terres. *1998*-7-7 loi limitant les droits fonciers des Aborigènes. *2000*-27/28-5 *Corroboree 2000,* manifestation à Sydney pour la réconciliation avec les Aborigènes. ÉTAT ACTUEL : beaucoup sont retournés sur leurs terres, éloignées souvent des écoles et des hôpitaux (mortalité infantile élevée). Souhaitent un « traité » leur permettant de jouir d'un « développement séparé ». Beaucoup sont conscients que certaines de leurs coutumes ne respectent pas les droits fondamentaux de l'individu (exemple : celle permettant aux plus vieux de prendre de force pour épouses de plus jeunes filles). *Génération volée :* un rapport d'avril 1997 reconnaît que, de 1885 à 1997, 30 à 50 % des enfants aborigènes (70 000 à 100 000) ont été arrachés à leurs mères et placés dans des institutions pour leur offrir une meilleure éducation. **Chinois :** *1888 :* 50 000 ; *1921 :* 17 000 ; *33 :* 11 000 ; *90 :* 50 000. Loi restreignant l'immigration asiatique 1855 (Victoria), généralisée 1901 *(Keep Australia White),* abolie 1973. **Autres :** 1 408 747. **Urbanisation :** 84,7 % de la pop. **Étrangers. Pays de naissance** (en milliers d'hab., 1997) : total 17 892 dont G.-B. et Irlande 1 124, Viêt Nam 696, Nlle-Zélande 291, Italie 261, Yougoslavie 167, Grèce 126, Allemagne 110, P.-Bas 87, Malaisie 76, Liban 70, Croatie 46, Serbie 9, autres 2 271. **Naturalisés :** *du 1-1-1945 au 1-1-1970 :* 647 951 (150 395 Italiens, 74 704 Hollandais, 69 314 Polonais, 68 074 Grecs, 50 003 Allemands, 49 830 Yougoslaves, 31 490 Hongrois, 20 291 Ukrainiens, *2 656 Français*) ; *en 1983 :* 88 825 ; *89 :* 119 140 ; *91 :* 122 498 ; *93 :* 128 544.

Nota. – Depuis déc. 1992, le serment d'allégeance à la Couronne britannique n'est plus nécessaire pour obtenir la citoyenneté australienne.

Immigration totale nette (en milliers de pers.). 3 400 depuis 1945. *1954-61* : 585 ; *61-66* : 395 ; *66-71* : 591 ; *71-76* : 281 ; *76-81* : 379 ; *82* : 103 ; *83* : 53 ; *84* : 57 ; *85-86* : 93 ; *86-87* : 114 ; *87-88* : 143 ; *88-89* : 145 ; *89-90* : 121 ; *90-91* : 121 ; *92-93* : 80 ; *93-94* : 63 ; *94-95* : 87 ; *95-96* : 99 ; *96-97* : 85 ; *97-98* : 77 ; *98-99* : 68. **Réfugiés** (en milliers) : *1945-92* : plus de 500 ; *89-90* : 11,9 (dont 6,8 Asiatiques) ; *91-92* : 7,1 ; *92-93* : 10,9 ; *93-94* : 11,3. Environ 1 hab. sur 5 n'est pas né sur place (plus de 1 million de demandes d'immigration par an).

☞ **En 2030** : 25 % des Australiens auront du sang asiatique (venant des 800 000 Australiens de cette origine).

■ **Langues.** Anglais (*officielle*). **Parlées à la maison** (en %, 1997) : anglo-australien 81 ; italien 2 ; chinois 1,9 ; grec 1,5 ; allemand 0,5 ; espagnol 0,5 ; vietnamien 0,8 ; langue aborigène 0,3.

■ **Religions** (en %, 1996). Catholiques 27 (4 606 700 membres), anglicans 22 (4 018 200 m.), Église unie 7,5 (1 387 700 m.), presbytériens 3,8 (732 000 m.), orthodoxes 2,8 (474 900 m.), baptistes 1,7 (279 800 m.), luthériens 1,5 (250 900 m.), Église du Christ 0,4. Bouddhistes 1,1 (139 800 m.).

■ **Histoire.** **Vers 70000-36000 av. J.-C.** établissement des australoïdes (Aborigènes) venant d'Asie (l'A. était alors sans doute reliée à la Nouvelle-Guinée). **IIe s. av. J.-C.** le mathématicien grec Ptolémée place un continent sur sa carte à l'endroit de l'A. **XVIe s.** l'existence d'une *Terra Australis* est soupçonnée en Europe. **1606** l'Espagnol Luis de Torres franchit le détroit qui porte son nom, puis viennent les Hollandais : Willem Jansz (1606), Hendrik Brouwer (1611) [l'A. sera appelée *Nlle-Hollande* jusque vers 1850], Dirk Hartog (1616) et Abel Tasman (1603-59) en 1642 qui reconnaissent les côtes. **1688** l'Anglais William Dampier (1651-1715) débarque en A. occidentale avec des boucaniers (pirates). **1770** James Cook (1728-1779) [qui débarque de l'*Endeavour* le 20-4 à Botany Bay] prend possession de l'A. orientale, après avoir découvert les limites du continent (baptisé Nlle-Galles du Sud). **1772-*30-3*** le Français Louis de Saint-Allouarn, commandant le *Gros Ventre* (300 t), débarque dans la baie de la Tortue sur l'île Dike Hartog (l'enseigne Mengau de La Haye enterre une bouteille avec 2 écus de 6 F et un parchemin revendiquant le territoire au nom de Louis XV) mais pas de colonisation ; le Français Nicolas Marion du Fresne en Tasmanie. **1783** James Mario Matra (Amér., 1745-1806) propose d'établir une colonie à Botany Bay. **1788-*26-1*** le Cdt Arthur Phillip [1738-1814, parti le 13-5-1787 d'Angleterre avec 11 navires (*First Fleet*) et 1 530 personnes dont 736 forçats] débarque à Botany Bay, rencontre La Pérouse et prend possession de l'est. *1re colonie pénitentiaire* à Port Jackson (Sydney), 117 forçats. **1794** exploration de Mathew Flinders (1774-1814) et George Bass de la côte sud, 1er à faire le tour de l'Australie (terminé 9-6-1803). **1801-02** Thomas Baudin (1754-1803), envoyé par Bonaparte, explore l'A. **1808-22** Lachlan Macquarie (1762-1821), gouverneur de Nouvelle-Galles du Sud, fonde la 1re banque, favorise l'émancipation des convicts. **1813** découverte d'un passage dans les Blue Mountains qui ouvre la voie vers l'ouest. **1820-80** nombreux *bushrangers* (bandits, fils de bagnards affranchis) ; les plus célèbres : Ben Hall et Ned Kelly (1854-80). **1821** missionnaires en Nlle-Galles du Sud et en A. occidentale. **1826** arrivée de colons britanniques. **1838** massacre de *Myall Creek* (Aborigènes). **1842** des luthériens de Silésie plantent des vignes (Barossa Valley). **1848** 1re tentative de traversée du continent (est-ouest) : mort de l'explorateur allemand Ludwig Leichhardt (1813-48). **1851** découverte de *mines d'or* à Bathurst en Nlle-Galles du Sud, **1852** dans le Victoria. Arrivée massive d'immigrants. **1854-*30-11*** Eurek Stuckade : Peter Labor (1827-89) et des chercheurs d'or se révoltent contre les impôts ; élèvent une barricade (stockage) à Ballarat ; enlevée le 3-12 (28 † : 22 mineurs, 6 soldats). **1860** échec de la 1re traversée sud-nord : 3 †, 1 survivant. **1861-*juin*** 1re coupe Melbourne (course de chevaux). **1867** suppression de la transportation des forçats [déjà arrêtée en 1840 en Nlle-Galles du Sud et en 1853 en Tasmanie ; 160 000 (dont 20 000 femmes) auraient été envoyés en A.]. **1892-93-*sept.*** à Coolgardie : Arthur Dailey et William Ford et **1893-*juin*** à Kalgoorlie : Patrick Hannan découvrent de l'or. **1901-03 Edmond Barton** (1849-1920) 1er PM. **1901-*1-1*** *fédération du Commonwealth d'A.* Déclin des mines d'or. **1914-18** l'A. participe à la 1re Guerre mondiale (60 000 † sur 300 000 engagés volontaires). **1927** Canberra devient capitale. **1936** instauration des tribunaux indigènes. **1939 Robert Menzies** (1894-1951) PM (lib.). **1939-45** A. participe à la 2de Guerre mondiale. **1941-*28-8*** **Fadden** PM. *-6-10* **John Josef Curtin** (1885-1945) PM (trav.). **1942-43** attaque japonaise repoussée. **1945-*13-7*** **Joseph Chifley** (1885-1951) PM (trav.). **1949-*19-12*** **Robert Menzies** PM (lib.). **1956-57** test nucléaire à Maralinga (à 850 km au N.-O. d'Adélaïde). **1966-*26-1*** **Harold Holt** (1908-67, noyade) PM (lib.). **1967-*19-12*** **John McEwen** (1900-80) PM (conserv.) **1968-*10-1*** **John Gorton** (né 9-9-1911) PM (lib.). **1970-*24-10*** Leonard Casley, refusant un quota de blé imposé par le gouv. d'A. occidentale, déclare sa propriété (75 km², 30 hab.) indépendante sous le nom de Hutt River Province (puis Principauté) qui n'est reconnue par personne. **1971-*10-3*** **William McMahon** (1908-88) PM (lib.). **1972-*2-12*** : 1re victoire travailliste aux élections depuis 23 ans. **Edward Gough Whitlam** (né 11-7-1916) PM (trav.). **1974-*déc.*/1977** sir *John Kerr* gouverneur (1914/24-3-1991). **1975-*16-9*** Papouasie indépendante. *-11-11* Kerr dissout le gouv. Whitlam et le Parlement. *-13-12 élections* : victoire des conservateurs (P. libéral et P. national agraire) confirmée aux élections du 10-12-1977, du 18-10-1980 et de juillet 1982, **John Malcolm Fraser** (né 29-5-1930) PM (lib.). **1983-*févr.*** Chambre dissoute. *-5-3* victoire travailliste. **Robert James Lee** (dit **Bob**) **Hawke** (né 9-12-1929) PM (trav.). **1986-*2-3*** abolition des derniers liens juridiques avec G.-B (*Australia Act* voté par le Parlement britannique). *-27-3* : 6 bombes, 22 bl. à Melbourne. *-27-5* Greenpeace appelle la CEE à boycotter les importations de viande et peaux de kangourous, les quotas d'abattage étant dépassés (1,8 million de kangourous tués en 1985 et 2,6 en 1986). **1987-*22-1*** bombe au consulat de Turquie : 1 †. *-Juin* Lyndia Chamberlain, condamnée à la prison à vie le 28-10-1982, reconnue innocente du meurtre de sa fille Azaria (9 semaines) : enlevée le 17-8-1980 par un dingo (chien sauvage). **1988** bicentenaire ; Expo. universelle à Brisbane. **1989-*16-6*** Hawke à Paris. *-18-8* PM Rocard en A. (48 h). **1990-*24-3*** *législatives* anticipées. **1991-*19-12*** **Paul Keating** (né 18-1-1944) PM (trav.). **1992** Alan Bond (né G.-B. 1958), en faillite, condamné à 2 ans et demi de prison (accord sur règlement de dettes en 1995). *-Févr.* Keating lance plan de reconstruction économique *One Nation*. **1993-*19-9*** il informe Élisabeth II de la volonté d'établir une République avant 2001. **1994-*janv.*** incendies (6 000 ha, 4 †) dus à la sécheresse. *-6-9* John Newman (47 ans), député travailliste, assassiné. **1995-*été*** manif. antifrançaises contre essais nucléaires à Mururoa. *-17-6* consulat de France incendié à Perth. **1996-*11-3*** **John Winston Howard** (né 26-7-1939, lib.) PM. **1998-*févr.*** convention sur la Constitution (152 membres, 89 pour la République, 52 contre, 11 abstentions). *-13-6* élections au parlement du Queensland, parti populiste *One Nation*, 23 % des voix. *-Août* Rodney Ansell (44 ans), chasseur de crocodiles ayant inspiré le film *Crocodile Dundee*, tué en tentant de s'échapper après avoir tué un policier. *-Automne* engagement militaire au Timor-Oriental (voir Indonésie). *-6-11* référendum sur la République (non : 54,7 %), pour l'ajout à la Constitution d'un préambule faisant allusion, en particulier, aux Aborigènes (oui : 20 %, non : 61 %). **2000-*1-7*** TVA de 10 % introduite. (15-9/1-10) jeux Olympiques à Sydney.

■ **Statut.** *Monarchie constitutionnelle. État fédéral (Commonwealth).* 6 États et 2 territoires métropolitains. Membre du Commonwealth. **Chef de l'État** : reine Élisabeth II. **Gouverneur général** : sir William Deane (né 4-7-1931) depuis 16-2-1996, représentant la reine, chef de l'État et de l'exécutif. **Parlement fédéral** : *Sénat* : 76 m. élus au suffrage univ. pour 6 ans, renouvelable par moitié tous les 3 ans (12 par État, 2 par territoire). *Chambre des représentants* : 148 m. élus au suffrage univ. pour 3 ans (représentation de chaque État en fonction de sa pop. ; minimum 5 députés). **Élections à la Chambre du 3-10-1998** (nombre de sièges) : P. libéral 78, travailliste 69, indépendants 1. **Référendums** : 38 organisés de 1901 au 3-9-1988 dont 8 positifs (il faut la majorité absolue à l'échelon national et dans au moins 4 États sur 6).

■ **Fête nationale.** 26 janv. (*Australia Day* : arrivée de la 1re flotte anglaise à Sydney 1788). **Drapeau.** Adopté 22-5-1909. Bleu avec drapeau de la G.-B. dans l'angle gauche, 1 étoile à 7 pointes représente les 6 États et le territoire du Nord et 5 étoiles, la Croix du Sud. **Hymne.** *Advance Australia Fair* (depuis avril 1984).

■ **Partis.** **Travailliste** (ALP : Australian Labor Party) fondé 1890, *leader* : Kim Beazley. **Libéral** fondé 1944, *leader* : John Howard. **Travailliste conservateur-catholique** fondé 1956, *leader* : John Kane. **National** (conserv.) fondé 1916 (Guntry Party jusqu'en 1982), *leader* : Tim Fischer. **Communiste** fondé 1920, dissous 1990. **Socialiste** fondé 1971, devient en 1996 le **P. communiste d'A.**, *leader* : P. Symon. **Démocrate** fondé 1977 par Donald Chipp, *leader* : Meg Lees. **One Nation** fondé 1977, *leader* : Pauline Hanson, extrême droite. **Verts**, *leader* : Louise Ciossley.

■ États et Territoires

☞ Chaque État a un **gouverneur** (nommé par la reine), un **gouvernement** de 12 à 17 ministres, un **parlement** (compétent à l'intérieur des circonscriptions administratives et concurremment au Parlement fédéral pour impôt, recensements et statistiques) comprenant : *conseil législatif* ou *chambre haute* (sauf Queensland depuis 1922 et Territoire-du-Nord), *assemblée législative* ou *chambre basse.*

■ **6 États** [superficie, population au 1-1-2000 (est.), capitale en italique et villes principales]. **Australie-Occidentale** 2 525 500 km², 1 873 800 hab., *Perth* (fondée 1829) 1 295 100 hab. (avec Freemantle), Albany (fondée 1826) 11 186 hab.[1] Bunbury 2 567 hab.[1] **Queensland** 1 730 648 km² 3 539 500 hab., *Brisbane* (colonie pénitentiaire fondée 1826, à 20 km de la côte ; municipalité de 1 220 km²) 1 520 600 hab., Cairns 70 000 hab.[1] **Australie-Méridionale** 984 800 km², 1 495 800 hab., *Adélaïde* [fondée 1836 par des hommes libres (dite *Church City*)] 1 079 200 hab. **Nlle-Galles du Sud** 801 600 km², 6 451 700 hab., *Sydney* [fondée 1842 ; Opéra (1959-73) de Joern Utzon (Dan.) ; Sydney Tower 320 m ; Harbour Bridge (vers 1930)] 3 879 400 hab., Newcastle 465 900[1] hab., Wollongong 253 600 hab.[1] **Victoria** 227 600 km², 4 741 500 hab., *Melbourne* (capitale fédérale 1901-27) 3 283 000 hab., Geelong 152 700 hab.[1], Ballarat 83 000 hab.[1] (musée de Sovereign Hill). **Tasmanie** (île détachée de l'A. il y a environ 9 500 ans) 67 800 km² à 240 km de l'A. (détroit de Bass, mont Ossu 1 617 m), 469 900 hab. *1642* découverte par Tasman. *1803-54* sert de bagne. *1825* État. *1830* ratissage de l'île (opération *Black Line*) : 135 Tasmaniens exilés à l'île Flinders, *1876* Triganini, dernière Tasmanienne, meurt. [*1972-90* : 6 000 Tasmaniens se prétendent héritiers des Aborigènes (descendants bâtards d'aventuriers réfugiés aux îles Furneaux).], *Hobart* 194 800 hab.[1], Launceston 92 000 hab.[1] Culture du pavot (depuis 1972) sur 8 000 ha, produisant 80 t de morphine (40 % de la prod. mondiale légale).

Nota. – (1) En juin 1996.

■ **2 Territoires intérieurs.** **De la capitale australienne** (créée 1911) 2 400 km², 311 200 hab., *Canberra* 344 800 hab. **Du Nord** 1 346 200 km², 194 300 hab., *Darwin* 82 400 hab. (fondé 1879, détruit 25-12-1974 par cyclone Tracy, 68 † ; reconstruit 1979).

■ **7 Territoires extérieurs.** **Antarctique australien.** 6 119 818 km², sous la tutelle de l'A. depuis 7-2-1933. Dépendant du ministère des Sciences. Terres autres que Terre Adélie situées sur 60° de latitude sud entre 160° et 45° de longitude est avec les îles *Heard* (258 km²), *McDonald, Macquarie* (175 km²), 25 hab. (dépendant de la Tasmanie), station météo de Garden Cove.

Ile Christmas. 135 km². A 2 623 km de Perth, 360 de Java, 417 des Cocos. 2 564 hab. (en 2000) dont 1 300 Chinois, 800 Australiens d'origine européenne et 400 Malais. **D.** 18,5. **Histoire :** *1888-6-6* annexée par G.-B., administrée par l'A. *1900* rattachée à Singapour. *1958-1-1* colonie séparée, administrée par G.-B. *-1-10* Territoire australien. *Conseil* : 9 membres élus.

Iles Cocos (Keeling). 14,2 km², 655 hab. (est. 1996) dont 200 Européens (en 1984). **D.** 47,2. A 3 685 km à l'ouest de Darwin et 2 768 au nord-ouest de Perth. 27 îlots de corail constituent 2 atolls distincts (le plus grand : 10 km × 400 m, *West Island*, 190 hab. ; *Home Island*, 413 hab.). **Histoire :** *1609* découvertes par William Keeling. *1826* John Clunies Ross s'y établit et fait planter des cocotiers. *1857* possession britannique. *1886* concession à perpétuité donnée aux descendants de Ross. *1955-23-11* souveraineté austr. *1978* l'A. achète les îles 26 milliards de F aux Clunies-Ross. *1979* gouvernement local. *1984* vote pour rattachement à l'A.

Ile Lord Howe. A 702 km au nord-est de Sydney, longueur 11,5 km, largeur 1,5 km (dorsale : longueur 3 000 km, largeur 500 km), 300 hab. (en 1986), volcanique. **Altitude** *maximale* : Mt Gower 866 m. **Découverte** 1788 par l'Anglais Ball qui en prend possession le 13-3-1789. *Administrée* par la Nlle-Galles du Sud. **Tourisme.**

Ile Norfolk. 34,6 km². A 1 670 km au nord-est de Sydney. 1 892 hab. (en 2000) [beaucoup issus des 193 descendants des mutinés du *Bounty* transférés de l'île Pitcairn en 1856]. **D.** 63. **Histoire :** *1774-oct.* découverte par Cook. *1788/1813* et *1826/55* siège d'un pénitencier. *1914* rattachée à l'A. *1979-mai* autonomie partielle. **Ville :** *Kingston.* **Commerce** : semences, fruits, légumes, café. **Tourisme** : 36 514 vis. en 1998. Timbres-poste.

Iles de la mer de Corail. 5 km². 3 hab. **Chef-lieu :** *Willis Island* (station météo). Administrée par Norfolk.

Iles Ashmore et Cartier. 5 km². Inhabitées. Mer de Timor ; réserve naturelle depuis 16-8-1983 ; administrées par le département de la Science.

Iles Heard et McDonald. 412 km². Inhabitées. Près de l'Antarctique. Administration austr. depuis 26-12-1947 (département de la Science).

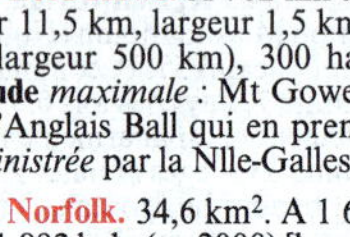
CHRISTMAS (île)

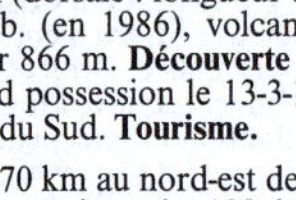
NORFOLK (île)

■ Économie

■ **PNB** total (en milliards de $). *1985* : 153,8 ; *90* : 298,2 ; *95* : 336,9 ; *97* : 393,9 ; *98* : 344,8 ; *99* : 381,6. **Par hab.** (en $) : *1985* : 9 800 ; *90* : 17 740 ; *95* : 18 720 ; *97* : 20 650 ; *98* : 18 480 ; *99* : 20 120. **Croissance** (en %) : *1997* : 3,5 ; *98* : 4,7 ; *99* : 4,4 ; *2000* (est.) : 3,4. **Population active** (en %) **et**, entre parenthèses, **part du PNB** (en %) : agr. 5,3 (4), mines 4 (7), ind. 22,1 (22), services 68,6 (67). **Chômage** (en %) : *1990* : 8,3 ; *95* : 8,7 ; *96* : 8,5 ; *97* : 8,6 ; *98 (oct.)* : 7,7 ; *99 (mars)* : 7,4.

■ **Budget** (en milliards de $ australiens, 1996-97). *Dépenses* 129,7 ; *recettes* : 130,2. **Inflation** (en %) : *1990* : 7,1 ; *91* : 3,5 ; *92* : 0,3 ; *93* : 1,8 ; *94* : 1,9 ; *95* : 2,5 ; *96* : 1,8 ; *97* : 0,3 ; *98* : 1,7 ; *99* : 1,5. **Dette extérieure** (en milliards de $ australiens) : *1989* : 109 ; *90* : 122 (65 % dus à la spéculation boursière) ; *91* : 133,5 ; *92* : 163 (42 % du PIB) ; *93* : 168. **Réserves** *en devises* (en milliards de $) : *1994* : 11,3 ; *2000* : 18,1 ; *en or* (en millions d'onces) : *1996* : 7, 9 ; *2000* : 2, 6.

■ **Agriculture.** 125 000 propriétés (arides 40 %, élevage et agr. 60 %, 6 % cultivées). **Terres agricoles** (en millions d'ha, 1991-92) : 466 dont céréales 16,4, pâturages 30,8, vaine pâture 418,8. **Production** (en millions de t, 1999) : canne à sucre 36,9, blé 21,2, orge 4,3, avoine 1,21 (en 1997), sorgho 1 (en 1997), p. de t. 1,37, raisin 1, riz 1,41, oranges 0,47, coton 0,69, tomates 0,42, pommes 0,34, maïs 0,31, oignons 0,24, bananes 0,22, carottes 0,18, poires 0,16. **Vin** (celui de Barossa Valley est le plus connu). 742 000 t (en 1999). **Forêts** (en milliers d'ha, 1994). 40 818 (29 748 de forêts d'État) dont eucalyptus 27,9, eucalyptus tropical 6,5, cyprès 4,1, forêt pluviale 2,1, plantation 1 (Tasmanie, cordillière, régions côtières), 500 variétés d'eucalyptus. 22 935 000 m³ (en 1998). **Élevage** (en millions de têtes, 1999). Ovins 119,6, volailles 65, bovins 26,7, porcins 2,68. **Viande** (en milliers de t, 1996) : bœuf et veau 1 702, mouton et agneau 555, volailles 490, porc 329. **Laine** (en 1997) : 684 000 t. **Pêche** (en 1999). 229 000 t. Huîtres perlières.

■ **Énergie** (en 1999). **Charbon** (en millions de t) : 251,4 (60 % à ciel ouvert). *Réserves* : 771 (51 récupérables, soit 310 ans de durée de vie, dont 65 % en sous-sol). **Lignite** (en millions de t) : 40,5 [réserves 123,6 (41,7 récupérables)]. **Pétrole** (en millions de t) : *production* : *1984* : 30,9 ; *90* : 27,6 ; *95* : 25,4 ; *97* : 28,8 ; *98* : 27,4 ; *99* : 24,5 (autosuffisance à 80 %) ; *réserves* : 273. **Gaz naturel** (en milliards de m³) : *réserves* : 3 310 ; *production* : 31,7. Mise en service d'un gisement dans le North West Shelf (production augmentée de 50 % dès 1995). **Électricité** (en 1998) : 176,8 milliards de kWh dont 17,2 d'origine hydraulique.

■ **Mines** (en millions de t, 1999). **Fer** 161,4 (massif de Pilbara à 1 000 km de Perth). **Bauxite** 46,5 (30 % des réserves mondiales, 41 % de la prod. mondiale). **Manganèse** 2,18. **Argent** 1,5. **Zinc** 1. **Plomb** 0,51. **Cuivre** 0,67. **Nickel** 0,13. **Uranium** 0,008 (réserves 0,11 à 0,30 t). **Étain** 0,27. **Tantale. Zircon. Diamants** (Kimberley) 29,8 millions de carats. **Or** (en t) *1903* : 119 ; *80* : 17 ; *85* : 57 ; *90* : 241 ; *95* : 250 ; *97* : 284 ; *98* : 312 (réserves 2 466) ; *99* : 300. **Opales** *bleues* : Coober Pedy (Austr.-Méridionale, découvert 1915) et *noires* (Lightning Ridge).

■ **Industrie.** Sidérurgie, construction automobile, aéronautique, mécanique, métallurgie, raffineries de pétrole, chimie, électronique. Développement industriel faible par rapport aux possibilités des mines. **Transports. Chemins de fer** : 33 372 km. **Routes** : 803 500 km.

Nota. – Projet MFP (*Multifunction Polis*) : ville de 50 000 hab. près d'Adélaïde.

■ **Tourisme** (en 1999). **Visiteurs** : 4 500 000, dont (en 1997) venant du Japon 813 900, Nlle-Zélande 685 700, G.-B. 410 600. **Quelques sites** : Gold Coast (Queensland), Cap Leeuwin (sud-ouest), plage de Bondi (Sydney), marina de Dawesville, parc national royal (fondé 1879, 7 884 ha), parc national de Kakadu (344 000 km², créé 1979), Flinders Rangs (Austr.-Méridionale), Tasmanie (région des 3 000 lacs, parc national des Cradle Mountains), Uluru (Ayers Rock, le plus gros monolithe du monde : 3 500 × 2 500 m, haut. 348 m), monts Olga.

■ **Commerce** (en milliards de $ US). **Export./import.** : *1996* : 60,3/65,4 ; *97* : 62,9/65,9 ; *98* : 55,9/64,6 [(en %) *exporte vers* USA 21,8 ; Japon 14 ; Chine 6,9 (dont Hong Kong 1,1) ; G.-B. 6,1 ; Allemagne 5,7/*importe de* Japon 20 ; Chine 9,1 (dont Hong Kong 4,7) ; USA 8,8 ; Corée du S. 7,2 ; Nlle-Zélande 6,4 ; G.-B. 3,4] ; *99* : 56/69,2.

■ **Rang dans le monde** (en 1999). 1er plomb, bauxite, diamants, étain. 2e ovins, uranium, nickel, or. 3e zinc, fer. 4e charbon, argent. 5e cuivre. 6e coton. 7e canne à sucre. 8e vin, lignite.

AUTRICHE

V. légende p. 950.

☞ *Abréviations* : Autr. : Autriche ; chanc. : chancelier ; gouv. : gouvernement, min.-Pt : ministre-président.

■ **Nom.** *Ostmark* (« marche de l'Est », 803 sous Charlemagne), puis *Ostarrichi* et *Oesterreich* (« État de l'Est », 996 dans un document d'Otton III, empereur d'All.).

■ **Situation.** Europe. **Superficie** : 83 858,68 km². Montagneux à 70 %. Plaines et collines au nord (vallée du Danube) et à l'est (Burgenland). **Frontières** : 2 707 km dont avec Allemagne 784, Rép. tchèque 362, Slovaquie 91, Hongrie 366, Slovénie 330, Italie 430, Suisse 168, Liechtenstein 36. **Régions** : Alpes orientales (6/10 du territoire) ; Préalpes (1/10), Précarpathes (1/10) ; bordure de la plaine pannonienne (1/10) ; hauts plateaux du massif de Bohême ; bassin de Vienne (1/20). **Danube** : 350 km en Autr. **Altitude** *maximale* : Grossglockner (massif du Tauern) 3 797 m. **Climat.** *Centre* : modéré-continental ; *ouest et montagnes* : alpin (janvier – 2,7 °C ; juillet 18 °C ; pluies 1 359 mm) ; *est* : « pannonien » (janvier – 0,9 °C ; juillet 19,5 °C ; pluies 680 mm).

■ **Population** (en millions d'hab.). *1800* : 9 ; *56* : 17,5 plus Hongrie 13,2 ; *1900* : 26,1 + 20,8 ; *34* : 6,76 ; *81* : 7,5 ; *99* : 8,1 ; *2 000 (est.)* : 8,08 ; *2025 (prév.)* : 8. **D.** 96,6. **Age** (en %) : *– de 15 ans* : 16,7 ; *+ de 64 ans* : 15,4. **Espérance de vie** (en 1998) : 77 ans. **Étrangers** (en milliers) : *1951* : 323 ; *81* : 291 ; *91* : 533 ; *95* : 723 ; *97* : 720. **Réfugiés** : *1981* : 34 557 ; *85* : 6 724 ; *90* : 22 789 (dont 12 200 Roumains) ; *91 (juin)* : 27 306 ; *92* : 16 238 ; *93* : 4 744 ; *94* : 5 082 ; *95* : 5 920 ; *96* : 6 991 ; *99* : 16 600. **Émigration** : 300 000 (surtout en All., Suisse, Italie).

■ **Langues.** Allemand 99 %, slovène, croate, tchèque, hongrois 1 %. **Religions** (en %). Catholiques 84,3, luthériens 5,6, autres Églises 3, islamiques 1, israélites (environ 70 000), sans religion 6.

■ **Villes** (est. 2000). *Vienne* (ancien camp romain de Vindobona) 1 608 144 hab. (*vers 1700* : 80 000 ; *1754* : 175 400 ; *1910* : 2 083 630 ; *20* : 1 841 326). Graz 240 967 (à 197 km). Linz 188 022 (à 178 km). Salzbourg 144 247 (à 290 km). Innsbruck 111 752 (à 471 km). Klagenfurt 91 141 (à 297 km). Sankt-Pölten 49 352. Bregenz 26 571 (à 675 km). Eisenstadt 10 349 (en 1992).

Bundesländer (en italique : capitales)	**Superf.** (en km²)	**Pop.** (est 1999)
Basse-Autr. [1] *(St-Pölten)*	19 171	1 540 400
Burgenland *(Eisenstadt)*	3 965	278 000
Carinthie [3] *(Klagenfurt)*	9 533	563 900
Haute-Autriche [2] *(Linz)*	11 980	1 378 200
Salzbourg *(Salzbourg)*	7 154	516 400
Styrie [4] *(Graz)*	16 388	1 202 800
Tyrol *(Innsbruck)*	12 648	668 300
Vienne [5] *(Vienne)*	415	1 605 800
Vorarlberg *(Bregenz)*	2 601	348 600

Nota. – (1) Niederösterreich. (2) Oberösterreich. (3) Kärnten. (4) Steiermark. (5) Wien.

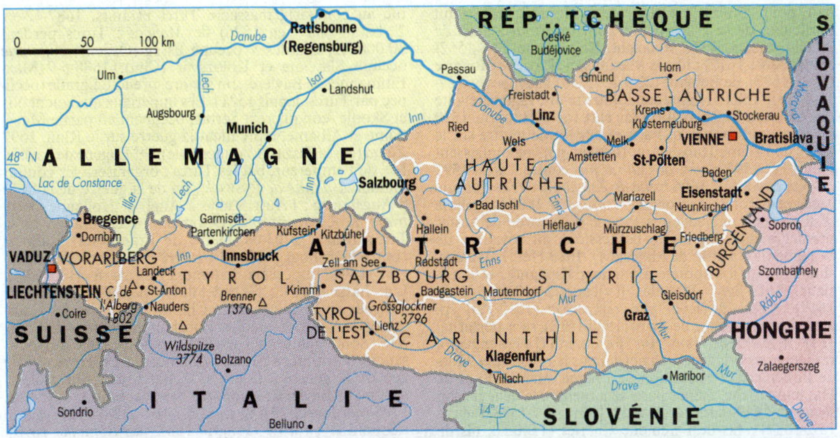

DISLOCATION DE L'AUTRICHE - HONGRIE

■ HISTOIRE

Région de peuplement celtique ancien, romanisée au **IIe s. après J.-C.** (Norique). **IVe s.** dépend du diocèse d'Illyrie. **Ve-VIIe s.** invasion des Bavarois et Alamans à l'ouest, puis des Avars à l'est. **811** marche créée par Charlemagne victorieux des Avars. **Vers 950** Otton (912-73), empereur, crée une « marche danubienne » contre les Hongrois. **955** les écrase sur le Lech. **976** marche de l'Est sous domination des Babenberg.

■ **Margraves d'Autriche. 976 Léopold Ier de Babenberg** l'Illustre († 994). **994 Henri Ier** († 1018), son fils. **1018 Adalbert** († 1055), son frère. **1055 Ernest** († 1075), son fils. **1075 Léopold II** le Beau († 1095), son fils. **1095 Léopold III** le Pieux (saint, † 1136), son fils. **1136 Léopold IV** (1108-1141), son fils. **1141 Henri II Jasomirgott** (1112-77), son frère. **1156 duché héréditaire.**

■ **Ducs d'Autriche. 1156 Henri II Jasomirgott. 1177 Léopold V** (1157-94), son fils ; acquiert Carniole, Styrie (1192). **1194 Frédéric Ier** (1175-98), son fils. **1198 Léopold VI** le Glorieux (vers 1176-1238), son frère. **1230 Frédéric II** le Batailleur (1210-46), son fils, chassé 1237, restauré 1246. **1246-51** interrègne. **1251 Ottokar II Prémisle** (1230-78, tué à la bataille de Dürnkrut dans le Marchfeld, sans héritier) ; acquiert Bohême (1254-73). **1278 Rodolphe II** [1218-91 ; roi de Germanie 1273 ; roi des Romains ; *empereur* (Rodolphe Ier) ; 1273 s'attribue l'Autr. (élu roi) et la Styrie, administrées par son fils Albert]. **1282 Albrecht Ier** (1255-1308), son frère, investi duc d'Autr. par la diète ; les duchés de Styrie, Carinthie, Carniole et Frioul lui sont remis et constituent les « possessions héréditaires » des Habsbourg ; *roi des Romains* 1298. **1298 Rodolphe III** le Débonnaire (1282-1307), son frère. **1308 Frédéric III** le Beau (1286-1330), son frère. **1330 Albrecht II** le Sage (1298-1358), son frère. **1358 Rodolphe IV** le Magnanime (1339-65), son fils. **1363** réunit Tyrol et Autr. Fonde l'université de Vienne. **1365 Albrecht III** à la Tresse (1349-95), frère de Rodolphe IV. **1395 Albrecht IV** le Patient (1377-1404), son fils. **1404 Albrecht V** l'Illustre (1397-1439), son fils, roi de Bohême et de Hongrie 1437 (Albrecht II comme *roi des Romains* 1438). **1439 Ladislas** le Posthume (1440-57), son fils.

■ **Archiducs d'Autriche. 1453 Frédéric V** à la Grosse Lèvre (1415/19-8-1493), petit-neveu d'Albrecht III [roi d'Allemagne et *empereur des Romains* sous le nom de Frédéric III (1452-93)], ép. Éléonore de Portugal (1436-67). **1477**-*21-4* rivalité pour la succession de Charles le Téméraire, duc de Bourgogne, mort le 5-1. Louis XI (roi de France) désire conquérir Artois, Flandre, Hainaut, Charolais, Franche-Comté : les populations résistent par fidélité à Marie de Bourgogne (1457-82), fille de Charles le Téméraire, qui épouse (1477) Maximilien, fils de Frédéric III. **1482**-*21-9 traité d'Arras* : Marguerite, fille de Maximilien et Marie, épousera le dauphin et lui apportera en dot Franche-Comté et Artois. **1486**-*juin* la régente de France Anne de Beaujeu s'oppose au remariage de Maximilien, devenu roi des Romains, avec Anne, héritière de Bretagne. Incursion des impériaux stoppée en sept. **1490**-*déc.* Maximilien épouse par procuration Anne de Bretagne (titre : *reine des Romains*). **1491** Charles VIII (suzerain des ducs de Bretagne) casse le mariage d'Anne et l'épouse. Il perd ses droits sur Artois et Franche-Comté (dot de son ex-épouse, Marguerite). **1493**-*août* **Maximilien Ier** [22-3-1459/12-1-1519 ; duc de Tyrol (1490) ; roi d'Allemagne (1486-1519) ; *empereur* (1508-19)] ép. *1°)* Marie de Bourgogne (1457-82), voir ci-dessus ; *2°)* Maria Bianca Sforza († 1510). **1496** fusion des maisons de Habsbourg-Bourgogne et d'Espagne : Philippe Ier le Beau [(1478-1506), roi de Castille (1504-06)], fils de Maximilien et de Marie, épouse Jeanne la Folle [(1479-1555), reine de Castille (1504-55) et d'Aragon (1516-55)]. **1515** *traité de Vienne* avec Vladislav Jagellon. **1519**-*mai* **Charles V** [**Charles Quint** (Gand 24-2-1500/Espagne 21-9-1558) ; fils de Philippe Ier ; roi d'Espagne (Charles Ier 1516-56) ; *empereur* (1519-56)] ép. Isabelle de Portugal (1503-39). **1522** *traité de Bruxelles* : Charles Quint cède à son frère, l'archiduc Ferdinand (1503-64), les « pays héréditaires » habsbourgeois contre le royaume de Naples, que Ferdinand avait reçu de leur grand-père, Ferdinand d'Aragon. Une partie de la diète hongroise soutient contre lui le candidat national Jean Zapolya, voïévode de Transylvanie, qui préfère s'allier aux Turcs. **1525-26** François Ier (roi de France), prisonnier de Charles Quint, évite le démembrement de son royaume. **1526** Louis II, roi de Hongrie et de Bohême, tué à *Mohács* (bataille contre Turcs). Son beau-frère, Ferdinand, lui succède (voir ci-dessous). **1529** *26-9/14-10* Turcs de Soliman le Magnifique assiègent Vienne, mais abandonnent (20 assauts, perdent 80 000 h.). **1533** *1er traité austro-turc* Soliman/Ferdinand. **1555-56** Charles Quint abdique ; son fils, Philipe II le Beau, hérite de l'Espagne, des Pays-Bas et de la Franche-Comté. **Ferdinand Ier** [(Espagne 10-3-1503/Vienne 25-7-1564) ; frère cadet de Charles Quint ; roi de Bohême (1527-63), de Hongrie (1526-62) ; *empereur* (1556-64)] ép. 1521 Anne de Hongrie (1503-47) dont il aura 15 enfants. Le pape Paul IV refuse de le reconnaître comme empereur mais Ferdinand passe outre. Les 2 branches des Habsbourg restent unies contre la Fr., qui passe alors pour protestante. A sa mort, Ferdinand partage son héritage entre ses 3 fils : l'aîné *Maximilien* : Bohême et Hongrie, Basse et Haute-Autriche et dignité impériale ; *Ferdinand* (1529-95) : Tyrol, Vorarlberg et territoires en Alsace, Bade et Suisse (Autriche antérieure ou *Vorderösterreich*) ; *Charles* (1540-90) : Autriche intérieure ou *Innerösterreich* (Styrie, Carinthie, Carniole et Trieste). **1564**-*juillet* **Maximilien II** [(Vienne 1-8-1527/Ratisbonne 12-10-1576) ; fils de Ferdinand ; *empereur* (1564-76)] ép. 1548 Marie (1528-1603), fille de Charles Quint. **1568** *traité d'Andrinople* : la Turquie reconnaît, pour 25 ans, le partage de la Hongrie et le statut particulier de la Transylvanie pour un tribut annuel de 30 000 ducats. **1576 Rodolphe II** [(Vienne 18-8-1552/Prague 20-1-1612) ; fils de Maximilien II, roi de Hongrie (1572-1608), de Bohême (22-9-1575/1611), *empereur* (27-10-1575)]. **1582** Vienne abandonnée pour Prague ; révolte de l'archiduc Mathias qui se fait élire roi de Hongrie. **1590** les Espagnols occupent Paris et tentent de mettre sur le trône de Fr. une Habsbourg, Isabelle, puis reconnaissent Henri IV. **1593** *guerre de Quinze Ans* contre Turcs. **1597** révolte paysanne. **1606** *traité de Zsitva-Torok :* la Turquie renonce au tribut et reconnaît le *statu quo.* **1609** Rodolphe se maintient au pouvoir à Prague et accorde de vastes privilèges aux différentes confessions du royaume de Bohême (la « Lettre de Majesté »). **1610** Henri IV assassiné alors qu'il s'apprête à attaquer Espagnols et impériaux. **1612**-*janv.* **Matthias** [(Vienne 24-12-1557/20-3-1619) ; frère de Rodolphe ; *empereur* (1612-19)] ép. archiduchesse Anne de Tyrol (1585-1618), sans postérité. **1618-48** *guerre de Trente Ans :* Ferdinand II s'est engagé à respecter les privilèges religieux, mais la révolte des États de Bohême (défenestration de Prague, mai 1618) et de Haute-Autriche, menée par Tschernembl, le délie de son serment. **1619**-*mars* **Ferdinand II** [(Graz 9-7-1578/Vienne 15-2-1637) ; fils de l'archiduc Charles (1540-90, fils de Ferdinand Ier) ; roi de Bohême (1617-27), de Hongrie (1618-25) ; *empereur* (1619-37)] ép. *1°)* 1600 Marie-Anne de Bavière (1574-1616) ; *2°)* 1622 Éléonore de Mantoue (1598-1635). **1620** défaite des rebelles protestants (en majorité tchèques) à la bataille de la Montagne Blanche. Répression des protestants de Haute-Autriche. La noblesse de Basse-Autriche demeurée loyale conserve ses privilèges confessionnels. Ferdinand dépouille (sans convoquer la diète) l'Électeur palatin Frédéric V qui avait accepté des révoltés la Couronne de Bohême. **1625** intervention danoise. **1629** édit de restitution remettant en cause la paix d'Augsbourg et suscitant l'inquiétude des princes (y compris ses alliés de la Ste Ligue). La présence de Wallenstein et de l'armée impériale en All. du Nord fait craindre qu'une monarchie héréditaire ne s'établisse, la nomination de celui-ci comme « amiral des mers baltique et océane » montre que, associé au projet d'Olivarès, Ferdinand veut chasser les Suédois de la Baltique. **1631** Wallenstein battu à Leipzig et **1632** à Lutzen par le roi de Suède Gustave Adolphe (qui y est tué 16-11-1632). **1634** Wallenstein, vainqueur à Nördlingen ; assassiné à Eger. **1635** *paix de Prague* mais la Fr. intervient aux côtés de Suède et Hesse-Cassel. **1637**-*févr.* **Ferdinand III** [(Graz 13-7-1608/Vienne 2-4-1657) ; fils de Ferdinand II ; roi de Bohême (1625), de Hongrie (1627)] épouse Marie-Anne d'Espagne († 1646). **1645** défaite de *Jankau* (Bohême), Vienne menacée par Suédois qui envahissent la Basse-Autriche et assiègent Brno (Brünn). Turenne bat ses alliés bavarois à *Nördlingen. Traité de Münster :* garantit les libertés germaniques et cède l'Alsace à la Fr. moyennant 3 millions de livres tournois pour l'archiduc. **1648** *traité de Westphalie :* l'Autr. perd Alsace (acquise par la France) et seigneuries suisses (dont Argovie). Ferdinand III consacre ses États à la Vierge Marie qu'il fait la « généralissime de ses armées ». **1652** impose la réforme cath. en Basse-Autriche, reconnaissant aux seuls nobles luthériens la « liberté de conscience » sans leur accorder la liberté de culte. **1658**-*juillet* **Léopold Ier** [(Vienne 9-6-1640/5-5-1705) ; roi de Bohême 1656, 2e fils de Ferdinand III] ép. Éléonore de Neubourg († 1720). **1661** *guerre avec Turcs* à propos de la Transylvanie placée sous protectorat turc depuis 1568. Le Pce de Transylvanie, Georges II Rakoczi, attaqué par Turcs et Tatares, sollicite appui des Hongrois et de la cour de Vienne. Échec de Montecuccoli en Transylvanie faute de ravitaillement. **1663** Achmet Köprülü prend Neuhäusl (Nové Zamky) : panique à Vienne. **1664** Léopold Ier demande l'aide des contingents allemands et français (Louis XIV envoie 8 000 h.). *-1-8 Saint-Gotthard :* Moggersdorf, Montecuccoli bat Turcs. *-10-8 Vasvar :* trêve de 20 ans avec Turquie. Indignation des Hongrois. Conjuration pour élire un roi de leur choix. **1665** Léopold Ier recueille l'Autr. antérieure (sans l'Alsace), la branche de Ferdinand, fils de Ferdinand Ier, étant sans descendance. **1668** Hongrois négocient avec Louis XIV qui semble les abandonner. **1670** leur chef, le Cte Pierre Zrinyi, demande la protection des Turcs. Complot découvert, répression. Léopold Ier ne peut imposer à la Hongrie le retour au catholicisme. **1671** noblesse et armée se soulèvent ; insurrection des Malcontents (soutenus par la France durant la guerre de Hollande, puis par les Turcs à partir de 1682) qui font de leur chef, Emeric Thököly, un roi de Hongrie, vassal de la Turquie et qui, pour le soutenir, décident d'intervenir. **1672-1713** Louis XIV place son petit-fils Philippe sur le trône d'Esp. et récupère Franche-Comté, Artois, Flandre, Hainaut, Cambrésis ; **1679** résiste à Vienne ; *paix de Nimègue.* **1680-1740** apogée de l'art baroque. **1681** compromis avec les modérés à la diète de *Sopron.* Mais Thököly, encouragé par Louis XIV, refuse de se soumettre et se place sous protectorat turc. **1683** *2e siège de Vienne* (14-7 au 12-9) par Turcs de Kara Mustapha (110 000 h.). *-12-9 bataille du Kahlenberg :* Turcs battus par armée de secours (65 000 impériaux, armée des cercles allemands, corps bavarois, corps saxon ; 25 000 Polonais commandés par Jean III Sobieski) ; pertes : Turcs 15 000 h., artillerie et bagages, alliés 1 500 †. **1684**-*8-7* impériaux occupent Pest. *-14-7* assiègent Buda [*oct.* décimés par les maladies, lèvent le siège (20 000 †)]. L'Autr. forme, contre la France, avec Esp., Bavière et Saxe, la *ligue d'Augsbourg.* Constitue la *Sainte Ligue* avec Venise, Pologne et Saint-Siège, et obtient l'aide des princes allemands (Bavière, Saxe, Brandebourg). **1685**-*16-8 bataille de Tothmegyer :* duc de Lorraine bat Turcs. *-19-8* prend Ersékújvár après siège de 5 semaines (garnison passée au fil de l'épée). **1686**-*2-9* Charles V de Lorraine prend Buda (baïonnette utilisée pour la 1re fois ; Ali Pacha tué au combat) ; massacre Turcs et Juifs. **1687**-*12-8 :* 2e bataille (1re en 1526) de *Mohács :* Turcs perdent 30 000 h. ; Charles V occupe Esseg (Osijek). *-Automne* occupe Slavonie et Kolozsvár (Cluj). **1688**-*6-9* Max-Emmanuel de Bavière, son gendre, prend Belgrade (occupée par Turcs depuis 1521). Les impériaux atteignent Nis et Skopje, conquièrent Serbie, occupent en partie Macédoine et Albanie, reprennent la guerre sur le Rhin. **1697** *Zenta* (sur la Tisza en Yougoslavie), Pce Eugène de Savoie, Mal de l'empereur, bat les Turcs ; organisera les confins militaires. *Traité de Ryswick :* fin de la guerre de la ligue d'Augsbourg ; l'Autr. s'allie à Angl. et Hollande. **1699** *traité de Karlowitz* avec Ottomans : récupération de la Transylvanie. **1703-08** guerre de François II Rakoczi contre Habsbourg. **1704-14** *guerre de Succession d'Espagne.* **1704** impériaux battent Français à Höchstädt. L'archiduc Charles, fils cadet de Léopold Ier, était destiné à régner sur l'Espagne mais Charles II, dernier des Habsbourg de Madrid, fait d'un Bourbon (le petit-fils de Louis XIV) son légataire universel. Léopold Ier, allié aux puissances maritimes (Grande Alliance de La Haye, 1701) déclare la guerre à Louis XIV. Bat Franco-Bavarois et occupe la Bavière ; remporte des succès aux Pays-Bas. **1705**-*mai* **Joseph Ier** [(Vienne 26-7-1678/17-4-1711) ; fils de Léopold Ier ; roi de Hongrie 1687, *des Romains* 1690]. **1706** impériaux vainqueurs à *Turin* ; **1708** prennent *Lille.* **1709** *Malplaquet,* Français vaincus. **1711**-*avril* **Charles VI** [(1685-1740), frère de Joseph Ier, roi de Hongrie et de Bohême] épouse Élisabeth de Brunswick († 1750). **1713**-*19-8 Pragmatique Sanction :* déclare ses possessions indivisibles et en proclame héritière sa fille Marie-Thérèse. *Traité d'Utrecht :* l'Angl. exige que le reste des Pays-Bas soit donné aux Habsbourg d'Autr. L'Autr. bloque donc la politique française du « pré carré ». **1714** *traité de Rastatt :* termine la guerre de Succession d'Esp. : l'Autr. renonce à Espagne et Alsace, reçoit Milan, Naples, Sardaigne, côte de Toscane et P.-Bas espagnols. **1716-18** *guerre austro-turque.* **1716** *traité de Westminster* avec George Ier d'Angl. Pce Eugène déclenche les hostilités ; *-5-8* bat (avec 70 000 h.) grand vizir Silahdar Ali Pacha (30 000 † dont Ali). *-Mi-oct.* prend Temesvar (Timisoara) ; **1717**-*juin* prend Belgrade défendue par 30 000 h. (bat l'armée de secours du grand vizir Halil Pacha avec 60 000 h.). **1718** Charles VI échange Sardaigne contre Sicile avec duc de Savoie. Début de colonisation du Banat évacué par Ottomans. **1733** *guerre de Succession de Pologne.* **1735** *traité de Vienne :* l'Autr. vaincue cède Naples, Sicile aux Bourbons d'Espagne, Toscane, Lorraine à Stanislas, reçoit Parme et Plaisance. **1738-39** *guerre austro-turque.* **1739** *traité de Belgrade :* perd Bosnie, Serbie, Valachie. **1740**-*16-10* Frédéric II de Prusse prend Silésie autrichienne.

■ **Maison de Habsbourg-Lorraine. 1740**-*oct.* **Marie-Thérèse** [(13-5-1717/29-11-1780), fille de Charles VI, couronnée « roi » de Hongrie 25-6-1741, reine de Bohême 12-5-1743] ép. 12-2-1736 François Ier, duc de Lorraine et de Bar, 1708-65 [issu du Cte Albert d'Alsace († 1033) et de Gérard, duc héréditaire de Lorraine († 1048)] qui laissa, après son mariage, la Lorraine à Stanislas Leszczynski en échange du grand-duché de Toscane (acquis à la mort du dernier Médicis en 1737] ; ils eurent 16 enfants dont Marie-Antoinette (1755-93) reine de Fr., Marie-Caroline (1752-1825) reine des Deux-Siciles, Ferdinand duc d'Este-Modène. **1741-48** *guerre de Succession d'Autr.* [Marie-Thérèse ne peut prétendre à la couronne impériale ; pour faire élire son époux empereur, elle n'a ni argent, ni armée, ni expérience. Frédéric II de Prusse lui réclame la Silésie pour prix de son suffrage ; Charles-Albert, Électeur de Bavière, revendique la Couronne de Bohême et brigue la couronne impériale. La France (Fleury) le soutient pour en faire un empereur dévoué aux intérêts français. Marie-Thérèse, qui reçoit des Anglais des subsides, et des Hongrois, réconciliés, argent et soldats, défend ses possessions contre Prusse, alliée à France, Saxe, Bavière, Sardaigne, Espagne]. **1742**-*juillet traité de Berlin :* l'Autr. cède la Silésie à la Prusse qui abandonne la coalition. **1745**-*13-9* **François de Lorraine,** époux de Marie-Thérèse, élu roi des Romains avec prise du titre d'empereur élu des Romains, roi de Germanie : **François Ier. 1748** *traité d'Aix-la-Chapelle :* l'Autr. perd définitivement la Silésie cédée à la Prusse en 1742, Parme, Plaisance et Guastalla cédées aux Bourbons. **1752** Haugwitz (1711-1794, chancelier, principal ministre) puis Cte (Pce en 1764) *Kaunitz* (1711-94, chanc. d'État) réforment État et finances, encourageant industrie, créent écoles primaires, font des universités des institutions d'État. **1756**-*1-5 : 1re alliance franco-autrichienne* (après 279 ans d'hostilité) conclue avec Bernis à Jouy-en-Josas, *« renversement des alliances »* [pour reconquérir la Silésie, l'Autr. a besoin d'un allié ; l'ennemi no 1 de la Fr. est l'Angl. (rivalité coloniale)]. **1756-63** *guerre de Sept Ans :* l'Autr. tente de reprendre la Silésie avec l'aide de la France. **1763**-*15-2 traité d'Hubertusburg :* l'Autr. vaincue, la perd définitivement ainsi que Parme, Plaisance et Guastalla (cédés aux Bourbons). **1765**-*août* **Joseph II** [(Vienne 13-3-1741/20-2-1790) ; fils de Marie-Thérèse et de François Ier] épouse *1°)* 1760 Isabelle de Bourbon-Parme (1741-63) ; *2°)* 1765 Marie-Josèphe de Bavière (1739-67). Empereur, corégent en Autriche, Hongrie, Bohême, Galicie. **1770** Louis, dauphin, futur Louis XVI, épouse Marie-Antoinette, fille de Marie-Thérèse ; le peuple français, anti-habsbourgeois, déteste sa future reine. Les « Patriotes » restent opposés à l'abandon des Pays-Bas (préférant le « pré carré » aux conquêtes coloniales). **1772** l'Autr. reçoit la Galicie au *1er partage de la Pologne* (confirmation au 3e partage 1795). **1775**-*5/6* acquiert Bukovine des Turcs. **1777-78** *guerre des Patates.*

1780-*29-11* Marie-Thérèse meurt ; Joseph II gouverne seul. **1781** inaugure le *joséphisme* (despotisme éclairé) : liberté de la presse, tolérance des sectes, suppression du costume imposé aux Juifs, dissolution des ordres mendiants, fermeture de couvents (738), interdiction des cérémonies extérieures du culte et du costume religieux, désignation des évêques par l'empereur, abolition de la peine de mort, de la corvée et des douanes intérieures, institution du mariage civil. **1788-91** *guerre austro-turque.*

1790-*févr.* **Léopold II** [(Vienne 5-5-1747/1-3-1792) ; frère de Joseph II ; épouse 1765 Marie-Louise de Bourbon-Espagne (1745-92) dont 16 enfants, dont François II qui suit et Ferdinand (1769-1824) grand-duc de Toscane (1790)] *empereur.*

1792-*1-3* **François II** [(Florence 12-2-1768/Vienne 2-3-1835) ; fils de Léopold II. Épouse : *1°)* 1788 Élisabeth de Wurtemberg (1767-90) dont Ludovika (1790-91) ; *2°)* 1790 Marie-Thérèse de Bourbon-Naples (1772-1807) dont 13 enfants dont Marie-Louise (1791-1847) qui épousera Napoléon Ier et Ferdinand qui suit ; *3°)* 1808 Marie-Ludovika d'Autriche-Este, Pcesse de Modène (1787-1816), sans postérité ; *4°)* 1816 Caroline-Auguste (dite Charlotte-Auguste) de Bavière (1792-1873), sans postérité]. Les « Patriotes » français au pouvoir déclarent la guerre à François II et envahissent P.-Bas. L'Autr. sera de toutes les guerres antirévolutionnaires jusqu'en 1809 *(traité de Vienne).* **1794** procès et exécution de Martinovics et des jacobins de Vienne.

■ **Empire d'Autriche. 1804** François II se proclame *empereur* héréditaire d'Autriche et porte pendant 2 ans ce titre avec celui d'empereur romain germanique ; la monarchie autrichienne englobe une partie des territoires du Saint Empire (pays héréditaires, Bohême, possessions en Italie du Nord et aux P.-Bas) et des territoires qui n'en ont jamais fait partie (Hongrie, Transylvanie, Galicie, Bukovine). La « Pragmatique Sanction » de 1713 a consacré un régime d'union personnelle, chaque État demeurant autonome. **1805** *Austerlitz,* Napoléon vainqueur des Autrichiens et Russes ; occupe Vienne ; *traité de Presbourg :* Autr. perd Tyrol et Vorarlberg (réunis à la Bavière), puis Vénétie, Istrie, Dalmatie et Toscane ; acquiert Salzbourg. **1806** Napoléon regroupe les États allemands clients de la France dans la *Confédération du Rhin ;* François dissout le St Empire, fait déposer les insignes dans le trésor impérial *(Schatzkammer)* de Vienne et devient *François Ier.* **1809** guerre avec la France. *-21/22-5* Napoléon mis en échec par l'archiduc Charles à *Essling ;* bat celui-ci le 6-7 à *Wagram.* Tyrol, soulèvement d'Andreas Hofer (1767-1810) contre Bavarois et Français. *-Oct. traité de Schoenbrunn :* l'Autr. perd Salzbourg, Trieste, Carniole, une partie de la Carinthie et de la Croatie (toutes incorporées aux provinces Illyriennes) et Trieste. **1810** l'Autr. s'allie à Napoléon (qui, le 1-4, ép. Marie-Louise, fille de François Ier) ; **1812** envoie un corps d'armée contre la Russie ; **1813** se retourne contre Napoléon (alliance avec Prusse et Russie). **1814-15** *congrès de Vienne :* récupère ou reçoit Tyrol, Vorarlberg, Istrie, Trieste, Dalmatie, Lombardie-Vénétie. Metternich (qui a tenté de s'opposer au retour des Bourbons en faveur d'une régence de Marie-Louise) et les Anglais soutiennent la Fr. contre Prusse et Russie. François Ier est Pt de la nouvelle Confédération germanique et, avec Metternich, s'efforce, par la *Ste-Alliance* (inspirée par le tsar), de faire respecter les traités de 1815. **1818** *congrès d'Aix-la-Chapelle :* la France est admise. **1820**-*déc. congrès de Troppau* (Opava) ; l'Autr. reçoit le mandat d'intervenir contre la révolution napolitaine. **1821**-*janv. congrès de Laibach* (Ljubljana). *-Févr.* l'armée autrichienne rétablit à Naples le pouvoir absolu du roi. *-Avril* intervient au Piémont sur demande du roi Victor-Amédée pour réprimer l'insurrection libérale. Début de l'insurrection grecque : Metternich, attaché à l'intégrité de l'Empire ottoman, refuse d'intervenir. *-22-10* manifeste avec G.-B. l'intention de s'opposer à toute intervention russe. **1822**-*été congrès de Vérone.* **1827** *traité de Londres :* Russie, G.-B., Fr. imposent un blocus à l'Empire ottoman. **1829** *traité d'Andrinople :* Grèce autonome. **1831** l'Autr. intervient en Romagne (révolte) pour le pape.

■ **Les Metternich. Clément :** Pce de (12-5-1773/11-6-1859). Fils de diplomate, études à Strasbourg (université germanophone, mais ville de garnison francophone), culture raffinée. *1794* diplomate. *1801-03* ministre d'Autr. à Dresde. *1803-06* à Berlin. *1806-09* ambassadeur à Paris, adversaire de la Révolution et de Napoléon. *1809* min. des Affaires étrangères après la défaite de Wagram et la paix de Vienne, s'allie provisoirement à Napoléon. *1810* négocie mariage de celui-ci avec Marie-Louise. *1812* envoie un corps de troupes contre la Russie. *1813* (9-9) signe la convention de Teplitz avec les coalisés russo-prussiens. *1813-15* essaie en vain de faire accepter par Napoléon une paix de compromis puis de sauvegarder la régence de Marie-Louise en s'opposant au retour des Bourbons. Lors du congrès de Vienne, manœuvre pour éviter un affaiblissement trop grand de la Fr., et met au point la Ste-Alliance pour extirper la révolution d'Europe. La France des Bourbons y est associée de fait. *1821* chancelier, organise le congrès de Vérone (1823), qui charge la Fr. de briser la révolution libérale espagnole. *1827* contré par Fr., Angl. et Russie, doit laisser la Turquie accorder l'indépendance aux Grecs. *1830* ne peut empêcher la Fr. de rejoindre le camp libéral (Angl.). *1848* renversé par la révolution viennoise, exilé. *1851* revient à Vienne, se retire de la politique active (mais est souvent consulté par l'empereur et des étrangers comme Bismarck).

Richard : son fils (7-1-1829/1-3-1895). *1859* Pce de Metternich, ambassadeur à Paris ; il fut classé 1er à la « dictée de Mérimée », avec 3 fautes. *1870-4-9* aide l'impératrice Eugénie à s'enfuir. Sa femme, Pauline (1836-1921), était une des femmes en vue de l'époque.

1835-*mars* **Ferdinand Ier le Débonnaire** [(Vienne 19-4-1793/Prague 21-6-1875) ; fils de François Ier ; sujet à des accès d'épilepsie] ép. 1831 Marie-Anne de Sardaigne (1803-84), sans postérité. **1848**-*13-3* révolution à Vienne. Manif. d'étudiants et bourgeois libéraux devant la diète de Basse-Autriche. Un médecin lit l'adresse présentée par Kossuth le 3-3 à Presbourg ; des étudiants tentent de convaincre les représentants de la diète d'adopter un texte réclamant liberté de la presse, libertés universitaires, droits civiques, un gouvernement représentatif et l'émancipation des paysans ; d'autres manifestants cherchent à atteindre la chancellerie *(Ballhausplatz)*, pour réclamer le départ de Metternich. La troupe tire (50 †). Metternich démissionne, se réfugie en Angleterre. La Cour permet la création d'une garde nationale bourgeoise, accorde la liberté de la presse, promet une Constitution, forme un gouv. provisoire (Pt : Cte Kollowrath). *-15-3* révolution à Budapest. *-17/18-3* à Venise et Milan, gouv. provisoire. *-22-3* le Cte Zichy, commandant la garnison autrichienne, s'y rend. Le maréchal *Radetzky* , Cdt en chef, décrète la loi martiale en Lombardie-Vénétie. *-7-4 Louis Batthyány* Pt du Conseil en Hongrie. *-Juin* Prague, congrès panslave, Windischgraetz occupe la ville. *-25-4* Constitution « provisoire » publiée par *Bon Pillersdorf.* Chambre haute : archiducs majeurs, membres nommés par l'empereur (dont 150 grands propriétaires fonciers). Chambre des députés : 383 membres. *-15-5* émeute ; gouv. du Bon Pillersdorf capitule ; 1re *Assemblée constituante* élue au suffrage universel. *-26-5* émeute : la Cour s'installe à Innsbruck. « Comité de salut public » fondé à Vienne (Pt : Adolphe Fischhof, médecin). *-30-5* domestiques et pauvres assistés, jugés trop dépendants, sont privés du droit de vote. *-Juillet* ouverture du Parlement (*Reichstag*) à Vienne. *-8-7* Pillersdorf démissionne. Vienne, l'archiduc Jean, qui représente Ferdinand Ier, son neveu, donne l'investiture à un cabinet Wessenberg. *-27-7 Custozza,* Radetzky bat Charles-Albert, roi de Sardaigne-Piémont. *-Août* la Cour rentre. *-5-8 Milan,* Radetzky rentre en vainqueur. Armistice. *-Oct.* sécession Hongrie. *-8-10* journée révolutionnaire à Vienne : la foule prend le ministère de la Guerre et massacre le ministre, le Cte Latour. La Cour s'installe à Olmütz (Olomouc), rejointe par le gouv. puis le Parlement (qui se fixe à Kremsier). Vienne, les ouvriers nomment une commission exécutive qui confie les troupes au Gal Joseph Bem. *-31-10* le Pce Windischgraetz (Cdt en chef depuis 16-10) rentre dans Vienne épaulé par troupes croates et serbes de Jelaćić (gouverneur de Croatie) [répression brutale]. *-Nov.* le Pce *Félix Schwarzenberg* († 1852) Pt du conseil autrichien. *-1-12* Ferdinand Ier abdique.

1848-*2-12* **François-Joseph Ier** [(Schönbrunn 18-8-1830/21-11-1916), fils de François Charles (1802-78) ; frère de Ferdinand Ier et de Sophie de Bavière (1805-72)]. Ép. 24-4-1854 Élisabeth de Bavière, dite « Sissi » [née 24-12-1837 avec 1 dent (comme Napoléon 1er) ; 1,72 m, tour de taille 50 cm ; de hanches 65 cm ; belle, sportive, instable, qui à partir de 1859 voyage (Madère, Corfou, Angl., Irlande) négligeant mari et enfants sauf sa dernière fille Marie-Valérie ; 1867 pousse au compromis avec Hongrie ; favorise la relation de son mari avec Mme Schratt (actrice du Burgtheater) ; assassinée d'un coup de lime le 10-9-1898 à Genève, devant l'hôtel « Beau-Rivage » où elle était descendue, par Luigi Lucheni (né 21-4-1873), anarchiste italien ; il avait songé à assassiner le duc d'Orléans, mais celui-ci était reparti ; condamné à la prison à vie, se pendit 10-10-1910 à Genève, son cerveau fut analysé et trouvé normal, sa tête conservée dans un bocal fut rendue à l'Autr. en 1986 ; en 1999, ses mémoires ont été publiées]. Le règne de François-Joseph (68 ans) est le plus long de l'histoire après celui de Louis XIV devenu roi à 5 ans (72 ans). Catholique et conservateur, il voulut « faire durer » : 1°) *à l'intérieur* en faisant des concessions aux opposants les moins extrémistes (en 1867, affaibli par la défaite vis-à-vis de la Prusse, il doit favoriser les Hongrois, au détriment des Slaves et Roumains, en érigeant la Hongrie en royaume autonome) ; 2°) *à l'extérieur,* en compensant par des annexions ses pertes territoriales (1859 perd la Lombardie ; 1863 acquiert le Holstein ; 1866 perd la Vénétie ; 1878 occupe Bosnie-Herzégovine, etc.). **Enfants : Sophie** (1855/29-6-1957). **Gisèle** (1856-1932) ép. 1873 Léopold de Bavière (1846-1930). **Rodolphe** (21-8-1858/30-1-1889, Pce héritier) épouse 10-5-1881 Stéphanie de Belgique [21-5-1864/1945, remariée 22-3-1900 au Cte (puis Pce) Lónyay de Nagy], dont 1 fille : Élisabeth [2-9-1883/1963, ép. 1°) 1902 Pce Otto de Windischgraetz (1873-1952) dont elle divorce 26-3-1924 ; 2°) 1848 Léopold Petznek (1881-1956)]. Rodolphe aurait eu un fils de l'archiduchesse Maria-Antonia de Toscane (1858-83), Carl Rodolphe Salvador Pachmann né 7-3-1883. **Marie-Valérie** (22-4-1868/1924) ép. 31-7-1890 archiduc François Salvator d'Autriche-Toscane (21-8-1866/1939), 10 enfants.

Frères : Ferdinand-Maximilien (1832-67), empereur du Mexique (Maximilien Ier, 10-4-1864) où il fut fusillé, voir à l'Index. **Charles-Louis** (30-7-1833/19-5-1896), épouse : 1°) 1856 Marguerite de Saxe (1840-58). 2°) 1862 Marie-Annonciade de Bourbon-Siciles (1843-71) dont *François-Ferdinand* (18-12-1863/28-6-1914), ép. 1-7-1900, morganatiquement, Sophie Ctesse Chotek von Chotkowa und Wognin (1-3-1868/28-6-1914), faite (1909) duchesse de Hohenberg (1 fille et 2 garçons privés de droits dynastiques) ; il passait (à tort ?) pour chef du parti de la guerre, partisan d'accorder aux Slaves les mêmes droits qu'aux Allemands et Hongrois ; assassiné à Sarajevo (voir p. 996 a). *Otton* (21-4-1865/1-11-1906), ép. 2-10-1886 Marie-Josèphe de Saxe (31-5-1867/1944), père de Charles Ier (empereur) qui suit et de Maximilien (1895-1942), époux 1917 de Françoise de Hohenlohe (1897-1952). *Ferdinand* (1868-1915), ép. 1909 morganatiquement Berta Czuber (1879-1979). *Marguerite* (1870-1902), ép. 1893 Albrecht duc de Wurtemberg (1865-1939). 3°) 1873 Marie-Thérèse de Portugal (1855-1944) dont *Marie-Annonciade* (1876-1961), abbesse. *Élisabeth-Amélie* (1878-1960) ép. 1903 Aloys, Pce de Liechtenstein (1869-1955). **Louis-Victor** (15-5-1842-1919) exilé de la Cour après un scandale, mort célibataire.

■ **La tragédie de Mayerling.** **Rodolphe** est mort le 30-1-1889 à *Mayerling* (à 40 km de Vienne, dans un pavillon de chasse remplacé depuis par un couvent), avec sa maîtresse, la baronne **Marie Vetsera** (rencontrée en 1888, elle avait 17 ans). Il l'aurait tuée puis se serait suicidé (il avait déjà proposé à une autre femme un suicide commun). On a dit qu'il était acculé à un échec sentimental et politique, que Marie aurait été enceinte et, ils auraient découvert qu'ils étaient demi-frère et demi-sœur (François-Joseph ayant eu des relations avec la baronne Vetsera). Rodolphe, libéral, redoutait la Russie et l'Allemagne. Il aurait souhaité une alliance française pour venger Sadowa. L'impératrice Zita, en mars 1983, a déclaré que Rodolphe avait été assassiné pour des raisons politiques [Clemenceau l'aurait fait approcher par Cornelius Herz (financier américain d'origine bavaroise) pour fomenter, avec son accord, un complot contre son père afin de faire passer l'Autr. dans le camp français ; Rodolphe, ayant refusé, aurait été assassiné]. Après un 1er refus de funérailles religieuses, le Vatican, à la suite d'un 2e télégramme chiffré de François-Joseph, accepta en adoptant la thèse du suicide dans un moment de folie. Le tombeau de Marie Vetsera a été profané 2 fois : *1°)* 1946 par des soldats soviétiques ; *2°)* le 8-7-1991 par Franz Flatzelsteiner, marchand de biens, qui vola le cercueil. On le retrouvera le 23-12-1992. Le crâne (incomplet) retrouvé ne porte pas de trace de balle, mais des marques de coups (houe de jardinage ?).

1849-*avril* Hongrie proclame déchéance des Habsbourg. *-Mai/août* révolution hongroise écrasée par impériaux (dont des Croates) et par une armée russe venue au secours de l'empereur. *Rivalité austro-prussienne. -10-5* Schwarzenberg répond au projet de Frédéric-Guillaume de Prusse d'« Union restreinte » (constituée par les chefs d'État allemands, et non par une assemblée populaire, à laquelle on associerait l'Autr. « a posteriori ») par une réponse dilatoire. *-Août* capitulation hongroise à Vilagos. *-Automne* coalition d'États allemands (Bavière, Saxe, Wurtemberg, Hanovre) redoutant l'hégémonie prussienne. **1850** union douanière Autr. et Hongrie. *-Printemps* le grand-duc de Hesse-Cassel, contesté par ses sujets, demande l'intervention de la Confédération qui, ne possédant pas d'armée, charge l'armée bavaroise de le rétablir dans ses droits ; la Prusse se sent menacée (la Hesse-Cassel la sépare de ses possessions rhénanes) et refuse à la Confédération toute ingérence dans les affaires d'un État de l'Union restreinte. *-Oct.* Bregenz, François-Joseph rencontre les rois de Bavière et de Wurtemberg et arrête un plan au cas où la Prusse s'opposerait à l'intervention bavaroise. *-25-10* la Prusse occupe la Hesse. L'Autr., soutenue par États allemands et Russie, concentre 130 000 h. en Bohême. *-2-11* Frédéric-Guillaume IV de Prusse dissout l'Union restreinte, décrète la mobilisation générale en Prusse, refuse d'évacuer la Hesse-Cassel et envoie le Gal Manteuffel (Pt du Conseil prussien) négocier avec Schwarzenberg à Olmütz. *-27-11* la Prusse doit évacuer Hesse-Cassel, démobiliser et participer à la conférence de Dresde. *-29-11 « reculade d'Olmütz ».* **1851** Confédération germanique restaurée. *-31-12* lettres patentes suspendant la Constitution. **1853**-*18-2* Libényi (Hongrois) frappe François-Joseph d'un coup de couteau à la nuque. Italie, insurrection inspirée par Mazzini sévèrement réprimée. **1854** *guerre de Crimée : traité d'alliance* Autr./Prusse met la Confédération germanique en dehors du conflit. *-Juillet* François-Joseph concentre son armée en Bukovine et Transylvanie et somme la Russie d'évacuer les principautés roumaines. La Russie accepte pour éviter un 2e front, mais maintient en Ukraine une grande partie de son armée (qui lui manquera à Sébastopol). *-Déc. traité d'alliance* avec France et G.-B. ; l'Autr. n'a pas le temps de déclarer formellement la guerre à la Russie. **1855**-*18-8* concordat avec St-Siège. **1859** Napoléon III, lié au carbonarisme italien et au roi de Piémont, déclare la guerre à l'Autr. pour lui enlever la plaine du Pô. Mais, pour sauver une future entente franco-autrichienne, renonce à conquérir la Vénétie (en 1857 François-Joseph avait nommé gouverneur général de Lombardie et Vénétie son frère l'archiduc Maximilien dont les sympathies libérales étaient connues). *-4-6* Gal Gyulai attaqué par Fr. et Piémont, battu à *Magenta. -24-6* à *Solférino,* François-Joseph et Hess battus. *-11-7 armistice de Villafranca :* François-Joseph accueilli à Vienne aux cris de « A bas l'Empereur ! Vive Maximilien ! ». *-17-7 manifeste de Laxenburg :* promet des réformes. *-10-11 paix de Zurich :* Autr. cède Lombardie à la Fr. qui l'échange avec Piémont contre Nice et Savoie. **1860** fin du néo-absolutisme. *-5-3* décret donnant plus de pouvoir au « Conseil d'Empire » *(Reichsrat)* qui passe de 8 à 59 membres (composition élargie). Pt : archiduc Rainer. *-20-10* lettres patentes constitutionnelles : loi fondamentale, basée sur la « Pragmatique Sanction » de 1713 reconnaissant la nécessité « d'accorder les conceptions et revendications juridiques des pays et des peuples avec les besoins effectifs de la monarchie ». **1861** lettres patentes de février : retour au centralisme. *Conseil d'Empire :* Chambre des seigneurs (*Herrenhaus ;* 130 membres : archiducs majeurs, chefs des maisons nobles auxquelles l'empereur a accordé la dignité de membres de la Chambre haute, archevêques ayant rang de Pces et 38 membres nommés par l'empereur en raison des services rendus à l'Église, l'État, la science ou l'art) ; Chambre des députés [343 députés désignés par les diètes provinciales (à partir de 1873, élus par les collèges électoraux ou « curies »)]. *Suffrage censitaire :* pour être électeur, payer au moins 10 florins par an (25 F) de contribution directe. *Corps électoral :* en 4 curies (grands propriétaires nobles, villes, corporations, communautés rurales). Un électeur inscrit dans 2 curies différentes peut voter 2 fois. **1863** Autr. exclue du *Zollverein. -1-8* Francfort, François-Joseph réunit un congrès des Pces allemands (boycotté par la Prusse). **1864** *guerre des Duchés :* victoire austro-prussienne sur le Danemark, voir à l'Index. **1865**-*14-8 convention de Gastein* avec Prusse. **1866**-*15-6 guerre avec la Prusse et l'Italie* provoquée par Bismarck à propos de l'administration des duchés danois, voir à l'Index. *Opérations en Bohême : 15-6* Prussiens envahissent Saxe, entrent en Bohême par N.-O et N.-E. *3-7 :* 3 armées (total : 221 000 h.), dirigées par Moltke en présence du roi, se rejoignent à l'ouest de *Königgrätz* (*Hradec Kralové* en tchèque) et battent Benedek [215 000 h. (dont 23 000 Saxons)]. Victoire dite *Bataille de Sadova* en France : avantages prussiens : meilleur commandement, fusils, chargés par l'arrière, à cadence de tir 5 fois plus rapide. *Pertes :* Autrichiens 43 000 †, blessés et prisonniers ; Prussiens 9 000 †. La guerre continue encore 3 semaines en Moravie, le choléra sévissant dans l'armée prussienne. *Allemagne :* la 4e armée prussienne bat Hanovriens, Hessois et Bavarois alliés à l'Autriche. *Italie* (alliée à la Prusse depuis 8-4-1866) : Italiens battus par archiduc Albrecht à Custozza (24-6) et par contre-amiral Tegetthof dans bataille navale de Lissa (20-7). *-23-8 Paix de Prague :* Confédération germanique dissoute, Autriche boutée hors d'Allemagne. Prusse obtient 20 millions de florins de réparations (50 millions de F) et annexe Hanovre, Hesse-Cassel, Francfort, Schleswig-Holstein. Italie reçoit Vénétie en vertu d'une convention secrète (16-6) en échange de la neutralité de la France, François-Joseph avait promis de céder la Vénétie à Napoléon III qui la rétrocéderait à l'Italie, quelle que soit l'issue de la guerre. Affaibli par la défaite de Sadova, François-Joseph est obligé d'accorder l'autonomie à la Hongrie (compromis austro-hongrois).

■ **1867-*mai* compromis austro-hongrois. Naissance de l'Autriche-Hongrie.** **1867** (détails : voir encadré p. 997) [Les ministres présidents cités ci-dessous sont ceux de la partie autrichienne (Cisleithanie) ; les ministres des Aff. étr. sont communs aux deux parties.] *-Août* Napoléon III et Eugénie à Salzbourg. *-Oct.* François-Joseph et Élisabeth à Paris pour l'Exposition universelle. *-Déc.* 203 députés au Parlement (au lieu de 343) dont pour Bohême 54, Basse-Autriche 28, Galicie 38, Moravie 22, etc. 4 curies ; les députés au Reichsrat sont élus par les diètes provinciales et, à partir de 1873, par les collèges électoraux. *-30-12* **Pce Karl von Auersperg** (1821-85), min.-Pt. **1868** réformes libérales en Hongrie. *-26-9* **Eduard, Cte Taaffe** (1833-95), min.-Pt. **1870** abolition du concordat. *-25-1* **Léopold Hasner** (1819-91), min.-Pt. *-15-4* remplacé par **Alfred, Cte Potocki** (1817-89). *-17-7* gouvernement autrichien déclare sa neutralité ; Andrássy (ministre président hongrois) conseille une mobilisation partielle. Mais après les 1ers revers subis par les Français (à Forbach et Wissembourg), François-Joseph, qui avait souhaité entrer en guerre un peu plus tard, reste neutre [l'Autr. était d'ailleurs encore épuisée militairement et financièrement, Hongrois et germanophones étaient pro-Allemands, et François-Joseph en voulait à Napoléon III d'avoir en 1867 abandonné à son sort son frère Maximilien, empereur du Mexique. **1871**-*7-2* **Karl-Sigmund, Cte Hohenwart** (1824-99), min.-Pt. *-Oct.* échec, compromis austro-bohême à cause de l'opposition des Allemands d'Autriche et du gouvernement hongrois (ce dernier menaçant de rompre les liens avec l'Autriche), *Gyula Cte Andrássy* (8-3-1823/18-2-1890, Hongrois) *min. des Aff. étr. -31-10* **Ludwig Holzegthan** (1810-76), min.-Pt. *-25-11* **Pce Karl von Auersperg**, min.-Pt. **1872**-*sept.* Berlin, entrevue Guillaume Ier/Alexandre II/François-Joseph. **1873**-*9-5* krach financier. **1876**-*automne* Cte Andrássy négocie un compromis avec Russie qui, sous couvert de protéger les Slaves des Balkans, s'est immiscée dans le conflit balkanique. **1877**-*15-1 accord de Budapest :* Andrássy accepte annexion de la Bessarabie par la Russie et indépendance des principautés roumaine, serbe et bulgare, mais un grand État slave ne sera pas créé dans les Balkans ; en compensation, l'Autriche-Hongrie pourra occuper la Bosnie-Herzégovine. **1878**-*3-3 San Stefano, traité Russie-Turquie :* Russie annexe Bessarabie, partie de l'Arménie ; Grande Bulgarie indépendante créée (violation des accords de Budapest). *-Juin congrès de Berlin :* Russie restitue une partie de ses conquêtes ; Bulgarie constitue une principauté vassale de la Turquie ; Roumélie orientale restituée au sultan ; Roumanie cède la Bessarabie et reçoit la Dobroudja ; principauté de Serbie obtient son indépendance et quelques agrandissements territoriaux ; Turquie garde le sandjak de Novipazar (empêche une éventuelle fusion Serbie-Monténégro) ; l'Autr. peut occuper militairement et administrer, pour une durée indéterminée, la **Bosnie-Herzégovine** (la Turquie en reste souveraine), et peut tenir garnison dans le sandjak de Novipazar. *-Été* Autr. occupe Bosnie-Herzégovine (Turcs, Serbes résistent ; 4 000 Autrichiens †). **1879** fin de l'ère libérale. Démission d'Andrássy. *-18-2* **Karl von Stremayr** (1823-1904) min.-Pt. *-12-8* **Eduard, Cte Taaffe**, min.-Pt. *-7-10 Duplice :* traité d'alliance défensive avec Allemagne stipulant que si l'une des 2 est attaquée par la Russie, l'autre doit lui prêter assistance ; si l'une est attaquée par un tiers (exemples : France, Italie...), l'autre n'est tenue qu'à une neutralité bienveillante. (François-Joseph veut conserver ses territoires de nationalités différentes et, redoutant la doctrine française des « nationalités », choisit l'alliance allemande.) *Bon Haymerlé min. des Aff. étr.* **1881** *Gustav Kalnovky* (29-12-1832/13-2-1898) *min. des Aff. étr. Alliance des Trois Empereurs* (Autr.-Hongrie, Allemagne, Russie). **1881-1914** la Fr. considère l'Autr. comme un adversaire : 1°) opposition des anticléricaux français à la politique catholique de Vienne ; 2°) opposition du « principe des nationalités » à l'expansion germanique dans le S.-E. européen ; 3°) alliance franco-russe (dirigée contre l'All.) amenant les Français à prendre parti contre l'Autr. dans le S.-E. européen (où elle gêne la Russie). **1882** *Triplice* (l'Italie rejoint la Duplice). *-8-12* Vienne, incendie du Ringtheater : 380 †. Cens électoral abaissé de 10 à 5 florins. **1885**-*11-3* règlement des métiers *(Gewerbeordnung) :* travail limité à 11 h pour ouvriers d'usine, travail des enfants et travail de nuit des femmes interdits. **1887** assurances sur accidents du travail créées (1889 : en vigueur). **1889**-*30-1* à *Mayerling,* l'archiduc héritier Rodolphe (1858-89) se suicide (voir encadré p. 995 b). *-Oct.* l'archiduc Jean (branche de Toscane) résigne titre, droits et apanages et prend le nom de *Jean Orth.* **1893**-*nov.* Pce **Alfred Windisch-Graetz** min.-Pt. **1895** *Agénor Cte Goluchowski* (1849-1925) *min. des Aff. étr. -18-6* **Erich, Cte Kielmansegg** (1847-1923), min.-Pt. *-29-9* **Casimir, Cte Badeni** (1846-1909), min.-Pt. **1897** fondation de *Sécession,* association d'artistes pour abolir les frontières entre l'art et les arts appliqués [ou École viennoise ; fondée 1897 par des peintres : Gustav Klimt (1862-1918), Koloman Moser (1868-1918) et des architectes : Joseph-Maria Olbrich (1867-1908), Josef Hoffmann (1870-1956) ; bénéficie du soutien d'Otto Wagner (1841-1928)]. *-28-11* **Paul, Bon Gautsch von Frankenthurn** (1851-1918), min.-Pt. **1898**-*5-3* **Franz-Anton, Pce Thun-Hohenstein** (1847-1916), min.-Pt. *-10-9* impératrice Élisabeth assassinée (voir p. 995 a). **1899**-*17-10* **Manfred, Pce Clary-Aldringen** (1852-1928), min.-Pt. *-21-12* **Heinrich von Wittek** (1844-1930) min.-Pt. **1900**-*18-1* **Ernst von Koerber** (1850-1919) min.-Pt. **1905** crise constitutionnelle austro-hongroise. *-1-1* **Paul, Bon Gautsch von Frankenthurn,** min.-Pt. **1906** politique antiserbe du *Cte Lexa-Aerenthal (min. des Aff. étr.). -30-4* **Konrad, Pce Hohenlohe-Schillingsfürst** (1863-1918), min.-Pt. *-3-6* **Max Wladimir, Bon Beck** (1854-1943), min.-Pt. **1907**-*mars* suffrage universel masculin en Cisleithanie. **1908**-*5-10* l'Autr.-Hongrie annexe formellement Bosnie-Herzégovine. *-14-11* **Richard, Cte Bienerth** (1863-1916), min.-Pt. **1911**-*27-6* **Paul, Bon Gautsch von Frankenthurn,** min.-Pt. *-31-10* **Karl, Cte von Stürgkh** (1859/21-10-1916), min.-Pt. **1912**-*17-2 Leopold Cte Berchtold* (18-4-1863/21-12-1942), *min. des Aff. étr.* **1914**-*28-6* archiduc héritier François-Ferdinand et sa femme assassinés à Sarajevo par Gavrilo Princip, Serbe de Bosnie, membre de l'organisation secrète *Mlada Bosna,* armée par l'« Union ou la mort » dite « Main noire » (organisation nationaliste serbe dirigée par le colonel Dimitriévic du service de renseignements serbe). [Procès du 12 au 23-10-1914 (la mort ne peut être requise contre des moins de 20 ans) : 6 complices de plus de 20 ans sont condamnés à mort (exécutés). PARTICIPANTS DIRECTS : *Mehmedbasic* (échappé) ; MOINS DE 20 ANS : *Cabrinovic, Grabez* et *Princip* († 28-4-1918 en prison), *Vaso Cubrilovic* († 1990, après carrière universitaire et politique), *Cvetko Popovic* († 11-6-1980) sont libérés après la guerre.] *-14-7* mobilisation partielle en Russie. *-19-7* le Conseil de la Couronne décide d'adresser un ultimatum à la Serbie demandant entre autres de pouvoir contrôler l'enquête sur l'attentat ; il est remis le 23-7 à 18 h au Pt du Conseil serbe Pašic. *-25-7* la Serbie cède sur tous les points sauf sur la participation de fonctionnaires autrichiens aux investigations en Serbie. *-28-7* l'Autr.-Hongrie déclare la guerre à la Serbie. *-1-8* l'All. déclare la guerre à la Russie puis *-3-8* à la France. *-5-8* l'Autr. déclare la guerre à la Russie. *-12-8* la Fr. déclare la guerre à l'Autr. **Guerre mondiale** (voir p. 680 a). **1915**-*janv. Cte Burian min. des Aff. étr. -23-5* l'Italie déclare la guerre à l'Autr. *-Mai* Londres, des réfugiés yougoslaves d'Autr. forment un comité national. *-Nov.* Paris, Comité tchèque formé. **1916**-*août* la Roumanie déclare la guerre à l'Autr.-Hongrie. *-31-10* **Ernst von Koerber** min.-Pt. *-21-11* François-Joseph meurt à 21 h 05, à Schönbrunn.

1916-*nov.* **Charles Ier** [(17-8-1887 Persenburg, Autriche/1-4-1922 Funchal, Madère) ; petit-neveu de François-Joseph [lui-même fils d'Otton (21-4-1865/1-11-1906), 2e fils de Charles-Louis, et de Marie-Josèphe de Saxe], couronné roi de Hongrie (30-12), empereur ; ép. 21-10-1911 Zita de Bourbon-Parme née 9-5-1892, fille du Pce Robert de Bourbon, duc de Parme (1848-1907) et de sa 2e femme Maria Antonia de Bragance (1862-1959). Exilée 3-4-1919, ayant toujours refusé de signer une déclaration de loyauté à la Rép., elle put cependant revenir en visite en Autr. à partir de mai 1982 ; † en Suisse 14-3-1989, obsèques solennelles à Vienne]. *-Déc. Ottokar Cte Czernin* (26-9-1872/4-4-1932) *min. des Aff. étr. -20-12* **Heinrich, Cte Clam-Martinitz** (1863-1932) min.-Pt. **1917**-*avril* USA déclarent la guerre à Allemagne et Autr. ; tentatives de paix séparées avec France. Caillaux, qui tente de détacher Charles Ier de l'alliance allemande (affaire des lettres de Charles au Pce Sixte de Bourbon-Parme, son beau-frère), est écarté (puis emprisonné) par les radicaux Ribot et Clemenceau. *-24-6* **Ernst Seidler von Feuchtenegg** (1862-1931) min.-Pt. **1918**-*févr.* révolte de la flotte austro-hongroise à Cattaro. *-3-3* Brest-Litovsk, *traité Allemagne/Autriche/Russie. -2-4* Cte Czernin vante, devant le conseil municipal de Vienne, l'alliance avec l'All. ; Clemenceau publie la lettre de Charles offrant une paix séparée. *-Avril* Czernin démissionne. *-24-7* **Max, Bon Hussarek von Heinlein** (1865-1935)], min.-Pt. *-4-10* le *Reichsrat* vote une résolution du socialiste Viktor Adler, père de Friedrich, reconnaissant aux peuples de l'Empire leur droit à l'autodétermination. *-7-10* proclamation à Paris de la *République de Tchécoslovaquie. -15/31-10* le gouv. hongrois se comporte comme s'il était à la tête d'un État indépendant dont la moitié fait cependant déjà partie (théoriquement ou de fait) du « Royaume des Serbes, Croates et Slovènes », de la Tchéc. et de la Roumanie ; il retire les unités hongroises du front italien. *-17-10* Charles Ier annonce la création de nouveaux États en Cisleithanie mais sans porter atteinte à l'intégrité territoriale de la Hongrie (fureur des Slaves du Sud). *-21-10* Ass. nationale provisoire de la Rép. démocratique d'Autr. allemande [constituée par les députés germanophones de l'ancien Reichsrat (y compris ceux de Bohême et Moravie)] proclame son rattachement à la République all. *-23-10* Michel Karolyi fonde un Conseil national hongrois. *-24-10 Gyula Cte Andrássy* (fils) [30-6-1860/11-6-1929] *min. des Aff. étr. -27-10* **Heinrich Lammasch** (1853-1920) min.-Pt. *-28-10* émeute à Prague : le Conseil national tchèque prend le pouvoir. *-29-10* Commission nationale des Serbes, Croates et Slovènes (formée le 6-10) proclame l'indépendance et forme le 1-11, avec la Serbie, un nouvel État (« Royaume des Serbes, Croates et Slovènes »). *-30-10* l'administration autrichienne quitte Prague. *Révolution des marguerites :* Karolyi au pouvoir en Hongrie. Constitution du gouvernement social-démocrate de **Karl Renner** (1870-1950). *-31-10* Lammasch transmet ses pouvoirs à un gouvernement provisoire de l'Autr. allemande. Les Ukrainiens de Galicie font sécession. *-4-11 armistice avec Italie. -11-11 armistice franco-allemand* (ne concerne pas l'Autr.-Hongrie). Charles Ier renonce à « participer aux affaires de l'État ».

■ **République.** **1918**-*12-11* Parti social-démocrate au pouvoir ; l'Autr. proclamée république, **« part constitutive de la Rép. d'Allemagne »**. *-13-11* Karolyi va voir Franchet d'Esperey (Cdt français du front d'Orient). *Armistice de Belgrade* Hongrois/armée d'Orient. *-14-11* République proclamée à Prague ; *-16-11* proclamée en Hongrie.

1919-*févr.* **Karl Seitz** (1869-1950) Pt de l'Assemblée. *-16-2* élection d'une Ass. constituante élue à la proportionnelle : 72 sociaux-démocrates, 69 sociaux-chrétiens, 26 nationaux allemands et 3 sans étiquette. *-15-3* Constituante élit un gouv. de coalition dirigé par **Karl Renner,** social-démocrate, chancelier. *-23/24-3* Charles Ier part pour la Suisse. *-2-4* l'Ass. nationale vote le bannissement de la famille impériale. *-15-6* tentative de putsch communiste échoue. *-21-7* grève générale. *-10-9 traité de St-Germain-en-Laye* démembre l'Autr. (l'art. 88 interdit la réunion de l'Autr. à l'All., souhaitée par la population et votée par le Parlement autrichien en nov. 1918). Clemenceau a poussé au démantèlement de l'Empire (qui avait duré 4 siècles 1526-1918) en 7 pays (Pologne, Tchécoslovaquie, Roumanie, Hongrie, Autriche, Italie, Royaume des Serbes, Croates et Slovènes). Raisons : le « principe des nationalités » (pourtant tous les États successeurs de l'Autr. sont de nouveau des pays pluriethniques, sauf Autr. et Hongrie) et la volonté de détruire une puissance catholique. **1920**-*7-7* **Michael Mayr** (1864-1922) chanc. *-1-10* Constitution. Du 10-6 à 1938, les sociaux-chrétiens auront la majorité au Parlement. A partir de 1920, les 2 partis auront une milice armée : les sociaux-démocrates, le *Republikanischer Schutzbund* (« Association de défense républicaine », 62 000 m. en 1932) ; les sociaux-chrétiens, la *Heimwehr* (« Défense de la patrie », 23 000 m.).

1920-*9-12* **Michael Hainisch** (1858-1940) Pt de la Rép. **1921**-*avril* et *-oct.* l'empereur Charles tente de revendiquer ses droits en Hongrie. *-21-6* **Johannes Schober** (1874-1932), chanc. *-Déc.* la Hongrie occidentale germanophone, attribuée à l'Autr. [sauf Sopron (en allemand : *Ödenburg*) qui, avec 4 villages, reste hongrois] en vertu des traités de St-Germain et du Trianon, devient officiellement autrichienne, après référendum, sous le nom de *Burgenland.* Environ 290 000 hab. [dont Allemands 220 000, Croates 45 000, Hongrois 25 000 (dont plusieurs milliers de fonctionnaires et autres quittent le pays)]. **1922** inflation [causes : abondance des fonctionnaires, paiement des réparations, séquelles de l'économie de guerre (1 couronne-or = 13 285 couronnes-papier)]. *-31-5* **Mgr Ignaz Seipel** (1876-1932) chanc. *-Oct.* prêt de la SDN contre renonciation à *l'Anschluss.* **1924**-*20-11* **Rudolf Ramek** (1881-1941) chanc. **1926**-*20-10* **Mgr Ignaz Seipel** chanc. **1927**-*juin* manif. socialiste, prise du palais de justice (90 victimes).

1928-*déc.* **Wilhelm Miklas** (1872-1956) Pt de la Rép. **1929**-*avril* Mgr Seipel démissionne (remplacé par Hans Schuber). *-4-5* **Ernst Streeruwitz** (1874-1952) chanc. *-26-9* **Johannes Schober** (1874-1932) chanc. **1930**-*30-9* **Carl Vaugoin** (1873-1949) chanc. *-4-12* **Otto Ender** (1875-1960) chanc. **1931**-*19-3* protocole d'union douanière avec Allemagne. Opposition de la Cour internationale de justice. *-11-5* faillite de la Creditanstalt (banque). *-20-6* **Karl Buresch** (1878-1936) chanc. *-13-9* putsch manqué de la Heimwehr. **1932**-*avril élections :* succès relatif des nationaux-socialistes autrichiens. *-20-5* **Engelbert Dollfuss** (4-10-1892/assassiné 25-7-1934) social-chrétien, chanc. ; régime autoritaire (« État corporatif »). Dollfuss nomme le chef de la Heimwehr de Vienne, Emil Fey, secr. d'État à la Sécurité publique. *-17-10* Fey interdit tout défilé au Schutzbund, aux communistes et aux nationaux-socialistes. **1933**-*30-1* Hitler, arrivé au pouvoir en All., réclame l'Anschluss, mais les partis autrichiens sont contre le national-socialisme. *-30-2* Schutzbund dissous. *-4-3* Parlement dissous. *-30-5* Parti communiste dissous. *-20-6* Parti national-socialiste dissous. *-7-7* création d'un corps de volontaires de 35 000 h. Devant le renforcement de la droite, les sociaux-démocrates décident l'épreuve de force. **1934**-*24-1* Dollfuss cherche à prévenir la guerre civile : 200 sociaux-démocrates arrêtés (armes saisies). *-12/16-2* combats Schutzbund/police, armée, Heimwehr, à Vienne, Linz et Steyr. *Pertes* Schutzbund : 118 † et 279 bl. (selon le journaliste anglais George Eric Rowe : 1 500 à 2 000 †, et 5 000 bl.), forces gouvernementales : 47 † et 152 bl. ; civils 109 † et 259 bl. Les sociaux-démocrates se réfugient à l'étranger (Tchécoslovaquie). *-25-7* Dollfuss assassiné lors d'un putsch avorté des nazis (ses assassins Planeta et Holzweber seront exécutés le 31-7, et réhabilités le 5-5-1938). *-29-7* **Kurt von Schuschnigg** (1897-1977) chanc. *-2-10* congrès du P. nazi autrichien à Vienne ; nazis agressent des israélites célébrant le nouvel an juif. **1935**

ENFANTS DE CHARLES Ier

☞ *Titulature complète des archiducs d'Autriche :* princes impériaux et archiducs d'Autriche, princes royaux de Hongrie et de Bohême (AA.II. et RR).

Otto d'Autriche (Altesse impériale et royale ; 20-11-1912), parfois titré duc de Bar. Chef de la maison et souverain de la Toison d'or qu'il confère rarement. *1935* docteur ès sciences politiques et sociales de Louvain. *1936-37* le chancelier von Schuschnigg songe à le rétablir sur le trône. *1937* condamné à mort par Hitler, se réfugie en Amérique. *1961*-31-5 pour pouvoir revenir en Autr., renonce à son appartenance à la dynastie et à la Couronne d'Autr. *1978* naturalisé allemand pour se présenter aux élections européennes. *1979* élu au Parlement européen comme député allemand ; Pt de l'Union paneuropéenne. *1988*-déc. va à Budapest (Hongrie) pour la 1re fois depuis 1918. Épouse à Nancy, 10-5-1951, **Pcesse Regina de Saxe-Meiningen,** Desse en Saxe (née 6-1-1925), fille du Pce Georges (1892-1946). **7 enfants** (Altesses impériales et royales, archiducs ou archiduchesses) : *Andrea* (30-5-1953), ép. 20-7-1977 Charles Eugène Cte de Neipperg (20-10-1951) d'où 3 fils et 2 filles ; *Monika* (13-9-1954) ép. 21-6-1980 Luis de Casanova-Cardenas y Baron, duc de Santangelo (24-4-1950), d'où 4 fils ; *Michaela,* sa jumelle, ép. Eric Alba Teran d'Antin (21-5-1920) d'où 2 fils et 1 fille, divorce en 1993, ép. 22-10-1994 Cte Hubert von Kageneck (10-8-1940) ; *Gabriela* (14-10-1956) ép. 30-8-1978 Christian Meister (1-9-1954) d'où 1 fils et 2 filles, divorce en 1997 ; *Walburga* (5-10-58) ép. 5-12-1992 Cte Archibald Douglas (27-11-1949) d'où 1 fils ; *Charles* héritier (11-1-1961) [en droit, chef de la maison puisqu'il n'a pu, vu son âge, renoncer à ses droits, élu oct. 1996 député autrichien au Parlement européen] ép. 31-1-1993 la baronne Francesca Thyssen-Bornemisza (7-7-1958), d'où Éléonore (28-2-1994), Ferdinand (21-6-1997), Gloria (15-10-1999) ; *Paul-Georges* (György ; 16-12-1964), depuis 1996 ambassadeur de Hongrie, chargé des relations avec l'Union européenne, ép. 18-10-1997 Pcesse Eilika d'Oldenburg (22-8-1972) d'où Zsofia (12-1-2001).

Adélaïde (1914-71). Docteur ès sciences politiques, non mariée.

Robert (archiduc d'Autriche-Este ; 8-2-1915/7-2-1996) [cette branche régna jusqu'en 1860 sur le duché de Modène en Italie ; le dernier souverain, François V duc d'Este, mourut en 1875 sans postérité mâle]. Épouse à Brou, 29-12-1953, **Marguerite de Savoie-Aoste** (7-4-1930), fille d'Amédée de Savoie, duc d'Aoste (1898-1942) et de la Desse née Anne d'Orléans (1906-86, sœur du Cte de Paris). **5 enfants :** *Marie-Béatrice* (11-12-1954) ép. 26-4-1980 à Chartres le Cte Riprand von Arco-Zinneberg (25-7-1955), 5 filles ; *Laurent Otton* (16-12-1955) ép. 22-9-1984 Astrid de Belgique (5-6-1962), 2 fils, 2 filles ; *Gérard* (30-10-1957) ; *Martin* (21-12-1959) ; *Isabelle* (23-3-1963) ép. 27-4-1997 Cte Andrea Czarnocki (né 1960).

Félix (31-5-1916). Vit au Mexique. Épouse à Beaulieu, 19-11-1952, **Anne d'Arenberg** (1925-97), fille du Pce et duc Robert d'Arenberg et de la Pcesse née Gabrielle de Wrede. **7 enfants :** *Maria del Pilar* (18-10-1953) ép. 8-6-1980 Vollrad von Paschinger (2-1-1952) ; *Charles* (18-10-1954) épouse *1°)* 4-9-1994 Martina Donath, divorce en 1997 ; *2°)* 12-5-1998 Anne-Claire Lacrambe (15-2-1959) ; *Kinga* (13-10-1955) ép. 8-6-1985 Bon Wolfgang von Erffa (6-9-1948) ; *Ramón* (28-1-1958) ép. mai 1994 Bettina Götz dont Félix (12-12-1996) et Sophie (12-3-1998) ; *Myriam* (21-11-1959) ép. 24-6-1983 Jaime Corcuera Acheson (12-1-1955) ; *Istvan* (22-9-1961) ép. 11-9-1993 Paola de Temèsvary dont 1 fille Margaretha (25-3-1999) ; *Viridis,* son jumeau, ép. 14-10-1990 Carla Dunning-Gribble (29-5-1961).

Charles-Louis (10-3-1918). Vit en Belgique. Épouse à Belœil (Belgique), 17-1-1950, **Yolande de Ligne** (6-5-1923), fille d'Eugène, 12e prince de Ligne. **4 enfants :** *Rodolphe* (17-11-50) ép. 1976 Hélène de Villenfagne de Vogelsanck (9-9-1954) dont 8 enfants ; *Alexandra* (10-7-1952) ép. 15-9-1984 Hector Riesle (16-2-1943, Chilien) ; *Charles-Christian* (26-8-1954) ép. 6-2-1982 Marie-Astrid de Luxembourg (17-2-1964) dont 5 enfants ; *Marie-Constance* (19-10-1957).

Rodolphe (5-9-1919). Vit en Belgique. Épouse 1°) 22-6-1953, **Ctesse Xenia Tschernyschew-Beszbrasov des Ctes Cernichev** (11-6-1929/20-9-1968). **4 enfants :** *Marie-Anne* (19-5-1954) ép. 25-11-1981 Pce Pierre Galitzine (25-3-1955) ; *Charles-Pierre* (5-11-1955) ép. 2-5-1998 Pcesse Alexandra von Wrede (12-5-1970) ; *Siméon* (29-6-1958) ép. 13-7-1996 Pcesse Maria Paloma de Bourbon-Siciles (née 5-4-1967) dont 2 fils Johannes (29-10-1997) et Ludwig (16-11-1998) ; *Jean* (1962-75). 2°) 15-10-1971, **Pcesse Anne-Gabrielle de Wrede** (11-9-1940) : **1 enfant** *Catherine* (14-9-1972) ép. 9-1-1999 Cte Massimiliano Secco d'Aragona (19-7-1967).

Charlotte (1-3-1921). Épouse 25-7-1956 **duc Georges de Mecklembourg-Strelitz** (4-10-1899/6-7-1963), veuf d'Irène Mihailovna Raiewski (1892-1955, veuve du Cte Alexandre Tolstoï), sans postérité.

Élisabeth - Charlotte (31 - 5 - 1922 posthume/6-1-1993). Épouse 12-9-1949 **Pce Henri de Liechtenstein** (5-8-1916). **5 enfants.**

☞ Le 16- 4-1996 le Parlement autorise le retour en Autriche de Félix et Charles-Louis qui venaient de renoncer à leurs prérogatives impériales.

Schuschnigg abolit loi d'exil concernant les Habsbourg. **1936** crise économique, plus de 20 % de chômeurs. *-11-7* accord avec Hitler, Schuschnigg obligé d'accepter 2 ministres « nationaux » (proches des nazis) contre levée des sanctions économiques. **1937** il envisage de faire appel à l'archiduc Otto de Habsbourg mais renonce à une restauration (opposition d'Allemagne, Italie et Petite Entente). **1938**-*12-2 accord de Berchtesgaden* Hitler/Schuschnigg, imposé sous la menace d'une invasion : amnistie des nazis ; ministres nazis au gouv. dont Arthur Seyss-Inquart (Intérieur et Police). *-12-3 invasion allemande* (opération « Otto » ; accueillie avec enthousiasme par une partie de la pop., mais des dizaines de milliers de personnes sont emprisonnées et des centaines se suicident) pour empêcher le référendum projeté par Schuschnigg. *-13-3* proclamation de l'**Anschluss** (« rattachement »). Pt Miklas démissionne. *-15-3* Hitler acclamé à Vienne. *-Mars* **Arthur Seyss-Inquart** (né 22-7-1892, condamné à mort à Nuremberg, exécuté 16-10-1946) chanc.*-10-4* plébiscite contrôlé par la Gestapo : 99,75 % pour l'union avec l'All. Karl Renner (ancien chancelier social-démocrate) appelle à voter oui. *-9-11* pillage des synagogues. **Victimes de l'Anschluss** : les Juifs viennois : 180 000 pers. (10 % de la pop.) dont 10 000 emprisonnées ; avant sept. 1939, 60 000 émigrent en « rachetant » leur liberté aux nazis (dont Freud, mort en exil à Londres). **1944**-*avril* Vienne bombardée par Anglo-Saxons pour la 1re fois. **1945**-*13-4* les Russes occupent Vienne ; *-27-4* gouv. provisoire tripartite (SPOE-OEVP-KPOE) de **Karl Renner** SPOE, République rétablie. *-8-5* fin de la guerre. **Bilan de la guerre** : 600 000 † dont 380 000 dans Wehrmacht, 2 700 résistants exécutés, 9 270 tués par Gestapo, 6 420 † emprisonnés en Europe occupée, 16 493 opposants † dans les camps, 12 622 Viennois † dans bombardements et 130 000 Juifs † en camp de concentration.

1945-*juillet* 4 zones d'occupation mises en place. *-20-10* gouv. Renner reconnu par les Alliés. *-25-11* élections (OEVP et SPOE, 94 % des voix ; communistes 5 %). *-20-12* **Karl Renner** élu Pt de la Rép. *-21-12* **Léopold Figl** (1902-65), OEVP, chanc. (gouvernement tripartite dont 1 ministre communiste). Dénazification sous contrôle du Conseil allié (130 000 poursuivis, 13 000 condamnés, 43 à mort dont 30 exécutés, et plus de 100 000 éliminés de la fonction publique. **1947**-*20-11* gouvernement OEVP-SPOE ; les communistes s'en retirent. **1949** *Karl Gruber* (min. des Affaires étrangères) oriente l'Autr. vers l'Ouest.

1951-*juin* **Theodor Körner** (1873-1957), SPOE, Pt de la Rép. **1953**-*21-4* **Julius Raab** (1891-1964), OEVP, chanc. (gouv. OEVP-SPOE). **1955**-*15-4 mémorandum de Moscou* : l'Autr. s'engage à exercer une neutralité permanente sur le plan international. Condition préalable pour que l'URSS accepte la conclusion, le *15-5, du traité de Vienne,* signé au Belvédère, rétablissant souveraineté intégrale de l'Autr. mais sans mention de la neutralité permanente. *Points essentiels :* interdiction de toute union politique ou économique avec All. ; reconnaissance des droits de l'homme, des droits des minorités slovènes et croates, des institutions démocratiques ; dissolution des organisations nationales-socialistes et fascistes ; maintien de la loi de 1919 (seuls les Habsbourg qui ont renoncé à leurs prérogatives et dont la déclaration de renoncement a été acceptée par le Gouv. fédéral et par la commission principale du Conseil national ont le droit de séjourner en Autr.). L'URSS restitue les entreprises qu'elle administrait. En échange, l'Autr. payera une indemnité jusqu'à fin 1963. *-25-10 fin de l'occupation* (évacuation de 56 000 Russes, 15 000 Américains, 2 800 Britanniques, 540 Français). *-26-10* Ass. nat. vote à l'unanimité une **loi constituante instaurant la neutralité permanente**. *-15-12* entrée à l'Onu.

1957-*juin* **Adolf Schärf** (1890-1965), SPOE, Pt de la Rép. **1958**-*mai* les socialistes, avec Bruno Kreisky, s'orientent vers le centre. **1961**-*11-4* **Alfons Gorbach** (1898-1972), OEVP, chanc., gouv. OEVP-SPOE **1964**-*2-4* **Josef Klaus** (né 15-8-1910), OEVP, chanc., gouv. OEVP-SPOE.

1965-*juin* **Franz Jonas** (4-10-1899/24-4-1974) Pt de la Rép. **1966**-*19-4* Klaus forme gouv. OEVP après victoire OEVP aux élections. **1970**-*mars* législatives. *-21-4* **Bruno Kreisky** (1911-90), SPOE, forme gouv. SPOE minoritaire avec le soutien du FPOE. *-Mai* accord austro-italien sur Tyrol du Sud. Prospérité économique. **1971**-*5-11* après élections anticipées, **Kreisky** forme gouv. SPOE majoritaire. **1972**-*22-7* traité de libre-échange avec CEE.

1974-*23-6* **Rudolf Kirchschläger** (20-3-1915/30-3-2000) Pt de la Rép. **1975**-*22-10* ambassadeur de Turquie tué (par des Arméniens ?). *-21-12* prise en otage au siège de l'Opep (à Vienne) de ministres de l'Énergie et de 70 personnes par 6 terroristes (dont « Carlos ») : 2 † ; libération des derniers otages en Libye le 23-12. **1978** référendum contre l'énergie nucléaire après avoir déjà construit une centrale (seul pays au monde). **1981**-*29-8* attentat synagogue de Vienne (2 †, 18 bl.) par 2 Palestiniens. **1983**-*24-5* la SPOE ayant perdu la majorité absolue, **Alfred Sinowatz** (né 5-2-1929) chanc., socialiste, forme gouv. SPOE-FPOE. **1984**-*20-6* Oczen Erdogan, attaché commercial turc à Vienne, tué par Arméniens. *-29-12* report des travaux du barrage de Hainburg (pris sur dernière grande forêt fluviale d'Europe). **1985** scandale des vins additionnés de diéthylène glycol (antigel) ; *au 15-8 :* 803 vins frelatés découverts. **1986**-*16-6* **Franz Vranitzky** (né 4-10-1937), SPOE, chanc., coalition SPOE/FPOE renouvelée.

1986-*8-7* **Kurt Waldheim** (né 21-12-1918) élu Pt de la Rép. malgré une campagne l'accusant d'avoir participé à des crimes de guerre en Yougoslavie en 1942 (thèse invalidée par une commission d'historiens). En % : *1er tour (4-5) :* 49,64 (Steyrer 43,66, Meissner-Blau 5,5, O. Scrinzi 1,2) ; *2e tour (8-6) :* 53,9 (Steyrer 46,1). A cause de l'élection en sept. de Jörg Haider à la présidence du FPOE, rupture de la coalition SPOE-FPOE. *-23-11* législatives. **1987**-*21-1* **Vranitzky** chanc. ; forme gouv. SPOE-OEPV. **1989**-*19-1/25-1* Karl Blecha, min. de l'Intérieur, et Leopold Gratz, Pt du Parlement, démissionnent après enquête (ouverte 1983) sur escroquerie à l'assurance (*Lucona* volontairement coulé 23-1-1977). *-Avril* 3 aides-soignantes et 1 infirmière ont tué en 6 ans au moins 49 malades (pavillon 5, hôpital de Lainz, Vienne). *-27-6* les min. des Aff. étr. autrichien et hongrois sectionnent les barbelés entre les 2 pays. *-13-7* Vienne, Abdel Rhaman Ghassemlou, dirigeant kurde iranien, assassiné. *-17-7* demande d'adhésion CEE. **1990**-*sept.* ancien chancelier Sinowatz et 2 ex-ministres, Leopold Gratz et Karl Blecha, inculpés (scandale *Voest* : 2 filiales, Noricum et Hirtenberger, auraient, malgré loi sur neutralité, livré 200 canons et 100 000 obus à l'Iran en guerre). Waldheim rencontre Saddam Hussein à Baghdad et ramène 142 Autrichiens. *-6-10 régionales* en Haute-Autriche (FPOE 17,7 % des voix). *-7-10 législatives. -10-11 municipales* à Vienne (FPOE 22,5 %). **1991**-*19-9* site de Hauslabjoch du glacier de Similaun [à 3 200 m d'alt., Tyrol du Sud dans l'Ötzal (territoire italien à 92,56 m de la frontière autrichienne)], découverte d'un cadavre datant de 3500 à 2600 ans av. J.-C.

1992-*8-7* **Thomas Klestil** (né 4-11-1932), OEVP, Pt de la Rép. En % : *1er tour (26-4) :* 37,19 [Rudolf Streicher (SPOE) 40,68, H. Schmidt (FPOE) 16,41, R. Jungk (Verts) 5,72] ; *2e tour (24-5) :* 56,89. *-12/15-10* Klestil en France. *-26/27-11* incendie palais de la *Hofburg* (salle des Redoutes détruite). *-26-12* amendement constitutionnel renforçant répression contre néonazis. **1993**-*23-1 :* 200 000 manifestants antiracistes à Vienne. **1994**-*25-1* Klestil se sépare de sa femme, Edith. *-12-6* référendum : 66,58 % pour adhésion à l'Union européenne. *-9-10 législatives :* droite nationaliste progresse. **1995**-*1-1* entrée dans l'Union européenne. *-9-1* schilling dans SME. *-14-4* le cardinal Hans Hermann Groër (né 13-10-1919), archevêque de Vienne, accusé de pédophilie, démissionne. **1996** célébration du millénaire de l'Autriche. *-13-10 européennes :* 21 députés (SPOE 7, OEVP 7, FPOE 6, Verts 1). *-29/30-10* à Vienne, vente de 8 000 œuvres d'art volées par les nazis à des Juifs disparus dans les camps (est. 17 à 20 millions de F) au bénéfice des survivants. **1997**-*18-1* démission du chancelier Vranitzky. *28-1* **Viktor Klima** (né 4-6-1947), SPOE, chanc., gouv. SPOE-OEVP. *-1-12* État-membre de Schengen. **1998**-*11/12-2* visite du Pt Chirac. *-19-4* **Klestil** réélu [63,5 % des voix, devant Gertraud Knoll (évêque protestante) 13,6 ; Heide Schmidt (Forum libéral) 11,1 ; Richard Lugner 9,9 ; Karl Walter Novak 2]. **1999**-*11-2* Franz Fuchs (49 ans) auteur de 3 attentats (4 †) et de 23 lettres piégées (1993-95) condamné à la prison à vie (se suicidera). **2000**-*31-1* l'UE décide de réduire les contacts bilatéraux si l'extrême droite FPOE participe au gouv. *-3-2* le Parlement européen vote (406 voix pour, 113 contre) une résolution enjoignant à la Commission de Bruxelles d'appliquer l'art. 7 du traité d'Amsterdam, autorisant l'UE statuant à l'unanimité (sauf le pays concerné), à suspendre un pays qui contrevient à l'art. 6 (liberté, démocratie, respect des droits de l'homme et des libertés fondamentales et État de droit). *-4-2* **Wolfgang Schüssel** (né 7-6-1945), OEVP, chanc. ; gouv. OEVP-FPOE (conservateurs-populistes) ; vice-chancelier *Susanne Riess-Passer* (FPOE) ; 10 min. [5 OEVP (dont Agriculture, Aff. étr., Éducation, Économie, Intérieur), 5 FPOE (dont Affaires sociales, Défense, Finances, Infrastructure, Justice)], 4 secr. d'État (2 OEVP, 2 SPOE). Jörg Haider reste gouverneur de Carinthie. *-19-2* Vienne, 150 000 à 300 000 manifestants contre Haider (20 000 en France). *-26-7 :* 14 membres de l'UE confient à 3 « sages » (l'ancien Pt finlandais Matti Ahtissari, l'Espagnol Marcelino Oreja et l'Allemand Jochen Frowein), désignés par la Cour européenne des droits de l'homme, l'évaluation de la situation démocratique en Autr. Rapport remis le 8-9. *-12-9* sanctions levées. *-11-1 Kaprun*, incendie dans le funiculaire du Kitzsteinhorn, 159 †. **2001**-*25-3* Vienne *municipales :* SPOE (Michael Haüpl) 46,8 %, FPOE (Haider) 20,2 ; Verts 12,4 ; OEVP 16,4.

EMPIRE D'AUTRICHE-HONGRIE

■ **La Double-Monarchie** (loi fondamentale du 21-12-1867). 674 140 km^2 (2e pays d'Europe après Russie) ; 51 390 000 hab. [rec. de 1910] (3e après Russie et All.). 2 parties : chacune avec parlement et gouv. (et ministre-président) ; en commun, le monarque (appelé *empereur* en Autriche et *roi* en Hongrie) et les ministres des Affaires étrangères (qui porte aussi le nom de min. de la maison impériale et royale), de la Guerre et des Finances ; le ministre des Aff. étrangères faisant, de fait, fonction de ministre-président commun aux 2 parties. L'armée demeure « impériale et royale » « K.u.K. ». *Palais à Vienne* La Hofburg (2 600 pièces) et Schönbrunn.

Devise des Habsbourg : AEIOU : en latin, *Austria Est Imperare Orbi Universo* ou *Austria Erit In Orbe Ultima* (« l'Autr. perdurera toujours dans l'Univers ») ou, en allemand, *Alles Erdreich Ist Österreich Untertan* (« Il appartient à l'Autr. de régner sur l'Univers ») ou *Allen Ernstes Ist Österreich Unersetzlich* (« l'Autr. est toujours irremplaçable ») ; attribuée à Ferdinand III.

I. Partie autrichienne (Cisleithanie, du nom de la Leitha, affluent du Danube, frontière entre Basse-Autriche et Hongrie). S'appelait officiellement « les royaumes et pays représentés au Reichsrat (Parlement) ; dotée en 1915 d'armoiries, on l'appelle alors officiellement Autriche) : capitale Vienne. « **Kronländer** » (provinces semi-autonomes disposant chacune d'une diète) ; le Parlement de Vienne est élu au suffrage universel masculin (chacun peut s'exprimer dans sa langue maternelle) ; **Basse-Autriche** (Vienne) 3,5 millions d'hab. (Allemands, minorité tchèque). **Haute-Autriche** (Linz) 0,9 (Allemands). **Salzbourg** 0,2 (Allemands). **Styrie** (Graz) 1,4 (Allemands, minorité slovène). **Carinthie** (Klagenfurt) 0,4 (Allemands, minorité slovène). **Carniole** (Laibach = Ljubljana) 0,5 (Slovènes, minorité allemande). **Trieste** 0,2 (Italiens, minorité slovène). **Görz** (Gorizia) 0,3 (Slovènes, minorité italienne). **Istrie** (Pola) 0,4 (Croates, Italiens, minorité slovène). **Dalmatie** (Zara) 0,7 (Croates, minorité serbe). **Tyrol** (Innsbruck) 0,9 (Allemands, Italiens). **Vorarlberg** 0,2 (Allemands). **Bohême** (Prague) 6,8 (Tchèques, Allemands). **Moravie** (Brno) 2,6 (Tchèques, Allemands). **Silésie** (Troppau) 0,8 (Allemands, Polonais, Tchèques). **Galicie** (Lemberg = Lviv) 8 (Polonais, Ukrainiens = Ruthènes). **Bukovine** (Czernowitz) 0,8 (Ukrainiens = Ruthènes, Roumains, Allemands). **Total :** 300 190 km^2, 28,6 millions habitants (dont Allemands 10,2, Tchèques 6,5, Polonais 5,1, Ukrainiens ou Ruthènes 3,6, Slovènes 1,3, Italiens et Ladins 0,9, Croates 0,7, Roumains 0,3, Serbes 0,1).

II. Partie hongroise (Transleithanie, dont l'empereur d'Autr. est le roi). Capitale Budapest. État centralisé, autonomie (modeste) pour la Croatie. Au Parlement de Budapest (élu au suffrage censitaire), les ethnies autres que hongroises (55 % du total de la population) sont représentées par peu de députés. On ne peut s'y exprimer qu'en hongrois. **Royaume de Hongrie** 279 750 km^2, 18,3 millions d'hab. (Hongrois, fortes minorités roumaine, allemande, slovaque, serbe, croate). **Royaume de Croatie** (Agram = Zagreb) 43 100 km^2, 2,6 millions d'hab. (Croates, minorités serbe, allemande). **Total :** 322 850 km^2, 20,9 millions d'hab. (dont Hongrois 10, Roumains 3, Allemands 2,1, Slovaques 2, Croates 1,9, Serbes 1,1, Ukrainiens ou Ruthènes 0,5, Slovènes 0,1, divers 0,3). Les *Confins* militaires (supprimés en 1873) dont les habitants étaient divisés en 9 régiments relèvent de 2 gouvernements : de Croatie et d'Esclavonie (capitale Karlstadt) ; de Hongrie (capitale Péterwardein).

III. Bosnie-Herzégovine (depuis 1878). Capitale Sarajevo. Administrée en commun par Autriche et Hongrie. Son occupation, « provisoire » mais sans date limite, est accordée à l'Autr. au congrès de Berlin (13-7-1878). Le territoire reste théoriquement turc jusqu'à son annexion décidée unilatéralement par l'Autr. le 8-10-1908 : 51 100 km^2, 1,9 million d'hab. dont Serbes 0,8, Bosniaques musulmans 0,6, Croates 0,4, divers 0,1.

■ **Nationalités (groupes ethno-linguistiques)** composant l'empire dans son ensemble (recensement de 1910, en millions d'hab.). Allemands 12,3, Hongrois 10, Tchèques 6,5, Polonais 5,1, Ukrainiens ou Ruthènes 4,1, Roumains ou Valaques 3,3, Croates 2,9, Serbes 2, Slovaques 2, Slovènes 1,4, Italiens et Ladins 0,9, Bosniaques musulmans 0,6, divers 0,4. Répartition entre Croates, Serbes et Bosniaques obtenue par recoupements (hasardeux, leur langue commune étant le serbo-croate).

■ **Ordres.** 4 dont 2 nobiliaires : l'ordre des seigneurs (*Herrenstand*) qui exerçaient tous les pouvoirs locaux (pour y entrer il fallait être homme de qualité dans le *Ritterstand*, avoir conclu une alliance très notable et payer 2 080 florins), et celui des chevaliers (*Ritterstand*), le clergé et les villes libres. **Titres nobiliaires** : *Erzherzog* (archiduc) conféré pour la 1re fois en 1453 par l'empereur du St Empire. *Grossherzog* (grand-duc) pour le souverain de Toscane (qui dépendait de la maison d'Autriche jusqu'en 1859) et qui fut conféré pour la 1re fois par le pape à Cosme de Médicis, alors duc de Florence. *Fürst* et *Prinz* quand aucune souveraineté territoriale ne s'attache ou comme « qualité » pour les membres de maisons dynastiques, sauf pour la maison d'Autriche dont les membres dynastes portent le titre d'archiduc (archiduchesse). 1804 : Pces impériaux et archiducs d'Autriche, Pces royaux de Hongrie et de Bohême. *Graf* (comte). *Freiherr* (baron). *Ritter* (chevalier). Les titres du St Empire étaient reconnus en Autriche (État du St Empire jusqu'en 1806 dont le chef de la maison d'Autriche était l'empereur). Aux titres autrichiens s'ajoutèrent ceux de la Galicie (comte et baron) lors de son incorporation à l'Autriche, et ceux de la partie de la Pologne annexée fin XVIIIe s. La noblesse a été abolie le 3-4-1919 et, le 19-4-1919, le port des titres de la particule et des armoiries proscrit (ils ne figurent donc plus dans les textes officiels). Ainsi, Otto d'Autriche (fils du dernier empereur) n'est en Autriche que « Dr Otto Habsburg-Lothringen ».

Titres autrichiens de « prince » *conférés directement par l'empereur d'Autriche :* Clary et Aldringen (1767 et 1905), Collalto (1822), Dietrichstein (1868), Hanau (Hesse et Autriche 1853), Hohenberg (1900) et titre de duchesse (personnel 1900) pour l'épouse morganatique de l'archiduc héritier François-Ferdinand (assassinés tous deux à Sarajevo en 1914), Kinsky (Bohême 1746), Lynar (1807), Lieven (St Empire 1779 et Autriche 1846), Rohan (titre français reconnu comme prince en Autriche 1808), Starhemberg (St Empire et Autriche 1765), Thun et Hohenstein (1911), Weikersheim (1911). **Accordés en Hongrie** (éteints aujourd'hui) : Perényi, Koháry, Rakoczi et Grassalkovich (voir Hongrie). **Émanant de la Pologne et reconnus en Autriche :** Radziwill (St Empire 1544, Pologne 1564, Autriche 1784-1883, puis Russie également), Sanguszko (Pologne 1569, Autriche 1785), Poniatowski (Pologne 1764).

INSTITUTIONS

■ **Statut.** *Rép. fédérale.* **Neutre. Constitution** 1920, modifiée 1929. **Bundesrat (Conseil fédéral) :** élu pour 5 ou 6 ans par les diètes : 63 m.(SPOe 26 sièges, OeVP 27, FPOe 10 au 9-11-1991). **Nationalrat (Conseil national) :** 183 m. élus au suffrage universel direct pour 4 ans. **Pt fédéral :** élu au suffrage universel pour 6 ans, désigne **chancelier** (et vice-chancelier) et son cabinet qui sont responsables devant le Conseil national. **États :** 9 *Bundesländer* ayant chacun une diète (voir encadré p. 993 a). **Fête nationale.** 26 oct. (vote en 1955 de la neutralité permanente). **Drapeau** (adopté 1-5-1945). 3 bandes horizontales : rouge, blanche, rouge.

Élections au Conseil national
(sièges obtenus et, entre parenthèses, % des voix)

Partis	1983	86	90	94	95	3-10-1999
SPOe	90	80	80	65	71 (38,1)	65 (33,15)
OeVP	81	77	60	52	53 (28,3)	52 (26,91)
FPOe	12	18	33	42	40 (21,9)	52 (26,91)
LF	—	—	—	11	10 (5,5)	(3,65)
Verts	—	8	10	13	9 (4,8)	14 (7,4)
KPOe	—	—	—	—	(0,3)	(0,48)

■ **Partis.** **Sozialdemokratische** (avant 1991 : **Sozialistische) Partei Oesterreichs (SPOe)** fondé 1889, rétabli 1945 (500 000 m.) ; *Pt :* Alfred Gusenbauer. **Oesterreichische Volkspartei (OeVP)** [chrétien-démocrate] fondé 17-4-1945 ; 600 000 m ; *leader :* Wolfgang Schüssel (né 1945). **Freiheitliche Partei Oesterreichs (FPOe)** [national-libéral] fondé 1955 (40 000 m.) ; *leader : 1986*-13-9 Jörg Haider (né 26-1-1950 ; gouverneur de Carinthie 1989-91 et depuis 8-4-1999), démission 28-2-2000, *2000* Suzanne Riess-Passer. *% du FPOe aux législatives : 1983 :* 5 ; *86 :* 9,7 ; *90 :* 16,6 ; *94 :* 22,64 ; *95 :* 21,9 ; *99 :* 26,9. **Parti communiste (KPOe)** fondé 1918 ; *leader :* Walter Baier ; n'est plus représenté à l'Assemblée depuis 1959 [5 000 m. (155 000 après 1945)]. **Les Verts** fondé 1982 ; *leader :* Alexander van der Bellen. **Liberales Forum (LF)** [centriste] fondé 1993 d'une scission au sein du FPOe ; *leader :* Friedhelm Frischenschlager.

ÉCONOMIE

■ **PNB** (en 1999). 24 050 $ par hab. **Budget** (en milliards de schillings, 1997) : dépenses 743,8 ; recettes 675,9. **Déficit budgétaire** (en milliards de schillings) : *1990 :* 63 ; *95 :* 117,9 ; *97 (est.) :* 68. **Déficit public** (en % du PIB) : *1995* : 5 ; *96 :* 3,9 ; *97 :* 2,7. **Inflation** (en %) : *1990 :* 3,3 ; *95 :* 2,2 ; *96 :* 1,9 ; *97 :* 1,3 ; *98 :* 0,9 ; *99 :* 0,7 ; *2000 :* 2,3 ; *2001 (est.) :* 1,5. **Dette publique** (en milliards de schillings, 1997) : 1,66 ; en % du PIB : *1996 :* 69,5 ; *97 :* 66,1. **PIB** (en 1995) : 2 352 milliards de schillings. **Taux de croissance** (en %) : *1990 :* 4,2 ; *95 :* 2,1 ; *96 :* 2 ; *97 :* 2,5 ; *98 :* 3,3 ; *99 :* 2,2 ; *2000 :* 3,5. **Réserves en devises** (en milliards de $) : *1998 :* 22,4 ; *2000 :* 14,3.

■ **Population active** (en %) **et,** entre parenthèses, **part du PNB** (en %). Agr. 6,9 (3), mines 1 (0,7), ind. 33,8 (35,3), services 58,3 (61). **Actifs** (en 1998) : 3 719 400 [dont (en 1997) salariés 3 075 900]. **Travailleurs étrangers :** 298 600 dont ex-Yougoslaves 147 234, Turcs 52 820. **Chômage** (en %) : *1980 :* 1,9 ; *85 :* 4,8 ; *90 :* 5,4 ; *95 :* 6,5 ; *96 :* 7 ; *97 :* 7 ; *98 :* 7,2 ; *99 :* 7,1 ; *2000 (est.) :* 6,9.

■ **Agriculture.** **Terres** (en %, 1995) : arables 33,3, pâturages 10,8, forêts 41,5, eaux 1,6, divers 12,8. **Production** (en milliers de t., 1999) : betterave 3 000, maïs 1 728, blé 1 416, p. de t. 660, pommes 399. **Élevage** (en milliers de têtes, 1999). Poulets 13 950, porcins 3 810, bovins 2 172 ; lait (en milliers de t) : 3 105. **Vin** (en milliers d'hl, 1998) : 1 800. **Bois** (en 1998) 14 033 000 m^3. Cellulose, papier.

■ **Énergie** (en 1994). *Consommation* totale d'énergie ; 1 141 pétajoules (dont pétrole 41, gaz naturel 22, charbon 11 %, hydraulique 14, autres 12). **Pétrole** (en millions de t, 1997) : *réserves* 15, *production* 1 (en 1999), *import.* brut 7,5, raffiné 3,2, *consom.* 10,8. **Gaz** (en milliards de m^3, 1995) : *production* 1,8 (en 1999), *import.* 5,3, *consom.* 7,3. **Lignite** (en millions de t, 1995) : *production* 1,1 (en 1999), *import.* 3,9, *consom.* 4,7. **Électricité** (63,99 % d'origine hydraulique [en milliards de GWh, 1999] : *production* 58,7 dont hydraulique 41,2, *consom.* 54,4 (en 1995), *export.* 9, *import.* 8,7 (en 1995). **Mines** (en milliers de t, 1996). **Fer** (l'Erzberg, la montagne de Fer, est la plus grande mine de fer à ciel ouvert d'Europe) 2 263 (en 1997). **Zinc** et **plomb** 279. **Graphite** 12. **Sel** 516. **Transports** (en km). **Voies ferrées :** 5 672 (en 1998). **Routes :** 35 361 (en 1999). **Voies fluviales :** 350 (en 1996). **Tourisme** (en millions de nuitées, 1998). 110,7 dont étrangers 74 % (All. 58,4, P.-Bas 7,4). **Personnes vivant du tourisme :** 400 000. **Chiffre d'affaires** (en milliards de schillings) : *1995 :* 147 ; *96 :* 148,3 ; *97 :* 134,6 ; *98 :* 158,4.

■ **Commerce** (en milliards de $). **Export./import. :** *1996 :* 57,8/67,3 ; *97 :* 58,6/64,8 ; *98 :* 62,7/68,2 [*dont* machines et équipements de transport 25,97/27 ; biens manufacturés intermédiaires (acier, textiles, papier...) 16,49/12,28, de consommation 8,54/11,33 ; produits chimiques 5,79/7,28 ; alimentaires, boissons et tabac 2,85/4,15 ; combustibles 0,59/2,82] ; *99 :* 64,6/68,8. **Balance des paiements courants :** *1997 :* – 5 ; *98 :* – 4,8.

■ **Rang dans le monde** (en 1999). 15e vin. 19e fer. 24e orge. 27e lignite.

AZERBAÏDJAN (RÉP. D')

Carte p. 1228. V. légende p. 950.

☞ *Abréviations :* A. : Azerbaïdjan ; Ht-K. : Haut-Karabakh.

■ **Situation.** Europe. **Superficie :** 86 600 km^2. Composé de 2 territoires (Azerbaïdjan et Nakhitchevan) et d'une région autonome (Haut-Karabakh). **Frontières** (en km) : Arménie 787, Géorgie 322, Iran 611, Russie 284, Turquie 9. **Côtes :** 800 km. **Climat.** Méditerranéen, aride, chaud et humide. *Températures moy.* à Bakou : janv. 1° C, juillet 27 °C. *Pluies :* 200 à 300 mm/an en plaine.

■ **Population** (est. 2000). 8 000 000 hab. (en % : Azéris 90, Dagestans 3,2, Russes 2,5, Arméniens 2,3, divers 2). **D.** 88,9 (en 1999). **Taux** (en %, 1999) : *natalité* 17, *mortalité* 6 (infantile 20), *accroissement* 14,3. **Espérance de vie** (en 1998) : 70 ans. **Villes** (en 1997) : *Bakou* (de *bad kube,* « la ville des vents », presqu'île d'Apcheron) 1 708 000 hab. (est. 1999) dont 200 000 Russes en 1988 ; Gandja [ex-Elizabetpol (1804), ex-Kirovabad (1920) a repris son nom d'origine] 300 000 ; Soumgaït 300 000. **Azéris dans le monde** : Iran 30 000 000, reste de l'ex-URSS 2 000 000, Turquie 1 000 000.

■ **Langue.** Azéri (langue turque orientale) ; écrite en caractères persans jusqu'en 1929, latins de 1929 à 1939, cyrilliques de 1939 à 1991, et latins depuis 1991.

■ **Religions.** Musulmans en majorité (chiites 70 %, sunnites 30), orthodoxes (Russes), juifs.

■ **Histoire.** **Ve s.** nom attesté. **IVe s. av. J.-C.** conquis par Perses. **VIIe s. apr. J.-C.** conversion à l'islam. **XIe s.** influence turque. **XIIIe s.** invasion mongole. **XVIe s.** instauration de l'islam chiite. **Jusqu'en 1804,** appelé *Albanie du Caucase* (en Arabe *Arran*) et peuplé de Turcomans chiites, fait partie des empires iraniens. **1804** tsar Alexandre conquiert Gandja (qui devient Elizavetpol) sur la Perse (résistance de Djavad Khan), puis **1806** Bakou. **1813** *traité russo-persan de Gulistan :* Bakou annexée, devient capitale d'un gouvernorat. **1828** *traité russo-persan de Turkomantchay* confirmant celui de 1813. **1847** Bakou, 1er puits de pétrole. **1883** chemin de fer transcaucasien. **1897-1907** oléoduc Bakou-Batoumi. **1905** Bakou : pogroms anti-arméniens. **1911** Mammad-Emin Rasulzade fonde le parti *Moussavat* (Égalité). **1917**-*mars* à Bakou, un gouvernement dirigé par l'Arménien Stepan Shaumian fait sécession et reste uni aux bolcheviks russes. *-20-9* les séparatistes s'unissent à Arménie et Géorgie en une *Fédération de Transcaucasie.* **1918**-*mars* pogroms antimusulmans à Bakou. *-28-5* République d'A. proclamée à Gandja (1re république du monde musulman). *-4-6* alliance avec Germano-Ottomans contre communistes de Bakou. *-28-7/16-9 :* 1re occupation anglaise de Bakou (Gal Dunsterville), 1 500 hommes. *-17-9* Fath Ali Khan Khoysky occupe Bakou et y établit le gouvernement de la Rép. dém. d'A. Pogroms antiarméniens. *-17-10* armistice de Moudros, 2e occupation anglaise (Gal Thomson). *-7-12* élections, victoire des sociaux-démocrates. **1920**-*12-1* reconnu *de facto* par Alliés. *-27-4* conquis par Armée rouge. *-28-4 République soviétique de l'A.* proclamée. **1921**-*1-2 :* 1er congrès du P. communiste azéri ; 120 000 Azéris déportés en Sibérie. Haut-Karabakh et Nakhitchevan attribués à l'A. et Zenguézour à l'Arménie. **1922**-*12-3* partie de la *Rép. soviétique de Transcaucasie* (avec Arménie et Géorgie). *-30-12 République fédérée.* **1923** 1er gisement offshore exploité. **1936**-*5-12* République socialiste de l'URSS. **1988**-*20-2* le soviet du Haut-Karabakh demande son rattachement à l'Arménie. *-28-2* Soumgaït, pogroms antiarméniens : 32 †. *-21-5 :* 1er secrétaire du PC destitué. *-19/24-11* affrontements Arméniens-Azéris à Gandja. *-21-11 :* 100 000 manifestants à Bakou. **1990**-*1/7-1* manif. d'Azéris aux frontières pour libre circulation avec Iran. *-13-1* Bakou, pogroms antiarméniens : 34 †. *-19/20-1* intervention de l'Armée rouge, 100 † ; état d'urgence. *-23-9* A. proclame sa souveraineté. *-Nov.* rejette appellation « socialiste et soviétique ». **1991**-*30-4* assaut des Omons et forces spéciales azéris contre 2 villages arméniens : 36 †.

■ **République indépendante.** **1991**-*30-8 indépendance.* *-Sept.* **Ayaz Moutalibov** (1938-2000), secrétaire du PC azéri, élu Pt (plus de 90 % des voix). *-9-11* reconnaissance officielle par Turquie. *-8-12* membre de l'Organisation de la Conférence islamique (1re république ex-soviétique admise). **1992**-*janv.* référendum, 99,6 % pour l'indépendance. *-26-2* massacre du village azéri de Khodjali : 477 †. *-6-3* Moutalibov, accusé par Front populaire (nationaliste) de soumission à Moscou, démissionne. **Yakoub Mamedov** Pt intérimaire. *-14/15-5* échec coup d'État de Moutalibov. *-7-6* **Aboulfaz Eltchibey** (1938-2000), chef du Front populaire, élu Pt au suffrage universel (64 % des voix). *-7-10* refuse de signer traité de la CEI. *-12-10* traité russo-azéri d'amitié, de coopération et de sécurité mutuelle. Cel Suret Husseinov (rebelle) prend Gandja (69 †). **1993**-*18-6* Eltchibey s'enfuit. *-29-8* référendum pour destitution Eltchibey : oui 93 %. *-24-9* Parlement vote adhésion à CEI. *-3-10* **Heydar Aliev** (né 10-5-1923, élu chef de l'État par le Parlement le 30-6) élu Pt. **1994**-*19-3* bombe dans le métro de Bakou : 12 †. *-29-9* Afyettin Djalilov, vice-Pt du Parlement, assassiné. *-2-10* état d'urgence à Bakou. *-4-10* rebelles prorusses prennent Gandja (reprise le 5). *-5-10* échec d'un coup d'État. *-6-10* PM *Suret Husseinov* limogé. *-10-10* **Fouad Kuliev** (né 1947) PM. **1995** échec coup d'État pro-Turcs. *-13/17-3* Bakou, affrontements armée/unités de la police dissoutes (36 †). *-4-9* PC interdit par Cour suprême. *-28-10* incendie métro de Bakou : 300 †. **1996**-*11-4* Moutalibov, ancien Pt, arrêté à Moscou (libéré 13-5). *-19-7* Fouad Kuliev, PM, destitué. *-20-7* **Artur Rassizade** (né 26-2-1935)PM. *-11-9* Rassul Gouliev, Pt du Parlement, écarté et remplacé *-16-10* par Murtuz Aleskerov. **1998**-*12-2* peine de mort abolie. *-11-10* **Aliev** réélu Pt au 1er tour (76,11 %). **2000**-*25-11 Bakou*, séisme 26 †, 300 bl.

■ **Statut.** *République membre de la CEI.* **Constitution** approuvée par référendum 12-11-1995. **Pt** élu au suffrage univ. pour 5 ans. **Parlement :** 125 m. élus pour 5 ans dont 100 au scrutin uninominal par circonscription et 25 à la proportionnelle. **Élections du 5-11-2000 :** victoire du P. du Nouvel A. **Drapeau** (adopté 5-2-1991). 3 bandes horizontales bleue (peuple turc), rouge (influence européenne) et verte (islam). Au centre, croissant et étoile à 8 branches (8 peuples turcs) blancs.

■ **Partis.** **P. du Nouvel A.** (fondé 1992, Heydar Aliev). **Front populaire de l'A.** (fondé 1989, Aboulfaz Eltchibey). **P. historique Moussavat** (fondé 1991, Issa Gambar). **P. de l'indépendance** (fondé 1991, Etibar Mammedov).

■ **Haut-Karabakh.** 4 400 km^2. 192 400 hab. (en 1990) dont 120 000 Arméniens et 40 000 Azéris. Ancienne «région autonome» séparée de l'Arménie par le corridor de Latchine (largeur 4 km). **Capitale :** *Stepanakert* (nom azéri : *Khankendi*) 33 000 hab. **Histoire : 1923**-*7-7* région autonome rattachée à l'A. **1988**-*20-2* Parlement du Ht-K. demande réunification avec Arménie. *-Juillet* négociations à Rome sous égide CSCE. **1989**-*janv.* combats : dizaines de †. **1991**-*20-1/28-11* administré directement par Moscou. *-14-5* décret de déplacement des Arméniens : hommes en détention en Azerbaïdjan, femmes et enfants doivent partir en Arménie ou en Russie. *-16-5* désarmement des volontaires arméniens (l'armée encerclait les villages et les miliciens azéris faisaient les contrôles). *-23-5* affrontements : 3 †. *-2-9* députés arméniens du Ht-K. et du district de Chaoumian proclament indépendance. *-25-9* Parlement d'A. supprime statut d'autonomie. *-10-12* référendum : Arméniens du Ht-K. votent à 99 % l'indépendance et demandent adhésion à CEI. **1992**-*2-1* administration directe du Pt Moutalibov. *-31-1* CSCE décide l'envoi d'une commission. *-26-2* Arméniens prennent Khodjali : 477 †. *-28-2* retrait des troupes de l'ex-URSS. *-5-3 :* 57 †. *-11-3* l'Arménie refuse le plan de paix turc. La Turquie menace de lui interdire l'accès à la mer Noire par son territoire. *-10-5* Arméniens prennent Choucha et Latchine. *-Août* Stepanakert, bombardement par avions azéris : 20 † ; 60 000 réfugiés à Bakou. *-13-8* mobilisation générale. **1993**-*23-7* Arméniens prennent Agdam. *-25-7* cessez-le-feu. *-24-10* Arméniens atteignent frontière iranienne. *-24-12* affrontements. *Bilan depuis 1989 :* 20 000 †. **1994**-*16-5* cessez-le-feu Arméniens/Azéris. *-22-12* **Robert Kotcharian** est élu Pt pour 3 ans par le Parlement et au suffr. univ. le 24-11-1996 (voir **Arménie**). **1996**-*24-11* réélu (86,11 % des voix). **1997**-*20-3* devient PM d'Arménie. *-1-9* **Arkadi Goukassian** élu Pt.

■ **Nakhitchevan.** 5 500 km^2. 350 266 hab. (en 1998). **Capitale :** *Nakhitchevan* 66 800 hab. **Histoire : 1828**-*28-4* annexée par Russie. **1916** Rép. turque du Nakhitchevan **1921** *traité de Kars* (soviéto-ottoman) garantit appartenance à l'A. **1924**-*9-2* République autonome (enclavée entre Arménie et Iran). **1990** sécession de l'URSS. **1992** Pt du parlement local : Heydar Aliev. *-24-10* échec coup d'État par 200 militants locaux du Front populaire azéri. **1998**-*29-12* république autonome.

■ **Économie.** **PNB** (en 1999) : 530 $ par hab. **PIB** en parité de pouvoir d'achat (en $ par habitant) : *1989 :* 3 076 ; *95 :* 986 ; *96 :* 1 019. **Population active** (en %) **et,** entre parenthèses, **part du PNB** (en %) : agr. 34 (31), mines 4 (25), ind. 20 (15), services 42 (29). **PIB** (variation en %) : *1992 :* – 22,6 ; *93 :* – 23,1 ; *94 :* – 19,7 ; *95*– 11,8 ; *96 :* 1,3 ; *97 :* 5,8 ; *98 :* 10 ; *99 :* 7,4. **Chômage** (en % ; taux officiel déc. 1999) : 1,2. **Inflation** (en %) : *1991 :* 112 ; *92 :* 913 ; *93 :* 1 130 ; *94 :* 1 664 ; *95 :* 412 ; *96 :* 19,8 ; *97 :* 3,7 ; *98 :* – 0,8 ; *99 :*– 8,6 ; *2 000 :* 9,9.**Salaire moyen mensuel** (en 1999) : 45 $. **Déficit public** (en % du PIB) : *1997 :* – 1,7 ; *98 :* – 3,7. **Secteur privé :** 45 % du PIB. **Dette extérieure brute** (en % du PIB) : *1999 :* 15.

■ **Agriculture.** **Production** (en millions de t, 1999) : céréales 1,8, blé 0,81, légumes 0,4, fruits 0,3, p. de t. 0,33, raisin 0,14, coton 0,12, riz ; (en t) tabac 15 100, thé 1 000. **Élevage** (en milliers de têtes, 1999). Ovins et caprins 5 132, bovins 1 910 ; viande 89 300 t. **Pêche** (en 1997). 35 260 t. Caviar. **Énergie.** **Électricité** (en 1999) : 16,8 milliards de kWh. **Pétrole** (en millions de t, 1999) : *réserves* 511 (en partie sous-marines), *production* 13,8 [1er puits Bakou (Bibi Heybat), 1847]. **Gaz** (en milliards de m^3, 1999) : *réserves* 1 000 à 3 000, *production* 5,5. **Mines.** **Fer :** 3 900 t. **Alunites. Sel gemme. Molybdène.** **Industrie.** Matériaux de construction, raffineries, mécanique, chimie, électrotechnique, verre, porcelaine, faïence, bois. **Transports** (en km). **Routes :** 45 870 (en 1997). **Voies ferrées :** 2 118 (en 1994).

■ **Commerce.** **Export./import.** (en millions de $) : *1996 :* 630/961 ; *98 :* 606/1077 ; *99 :* 929 (dont produits pétroliers 75,9 %, agroalimentaires 6,5 %)/1004. (En %, 1999) : Italie 37,7/n.c., Russie 8,9/15,8 ; Géorgie 7,7/0,7, Turquie 7,4/9,9, *France 6,3/1,7,* USA 3,2/5,8.

■ **Rang dans le monde** (en 1996). 17e tabac.

Bahamas (Iles)

Carte p. 1045. V. légende p. 950.

■ **Nom.** De l'espagnol *baja mar,* « mer basse ». Autrefois appelées îles *Lucayes.*

■ **Situation.** Amérique (au nord des Caraïbes). **Superficie :** 13 939 km^2. **Altitude** *maximale :* 122 m (île de Cat). Environ 700 îles (30 habitées) et 2 400 récifs s'étendant sur 885 km. **Côtes :** 3 542 km. **Principales îles** (pop. en 1990) : *Nouvelle-Providence* (207 km^2, 171 542 hab.), *Grande-Bahama* (1 373 km^2, 41 035 hab.), *Andros* (5 957 km^2, 8 155 hab.), *Abaco* (1 681 km^2, 10 061 hab.), *Eleuthera* (518 km^2) et *Spanish Wells* (0,8 km^2) 10 524 hab., *Exuma* (290 km^2, 3 539 hab.), *île du Chat* (388 km^2, 1 678 hab.), *Bimini* (23 km^2, 1 638 hab.), *Inagua* (985 hab.), *île Longue* (448 km^2, 3 107 hab.). **Végétation :** savane et pins. **Distance de Nassau** (en km) : Andros 56, Abaco 104, Eleuthera 96, Exuma 56, Bimini 208, île Longue 256. **Climat.** *Temp.* 21 à 30 °C. *Pluies* abondantes mais brèves : mai à oct. Saison sèche : 15 déc.-30 avril.

■ **Population.** *2000 (est) :* 302 000 hab. (dont 85 % de Noirs) ; *2025 (prév.) :* 420 000. **D.** 21,7. **Capitale :** *Nassau* (sur Nouvelle-Providence) 172 000 hab. (est. 1997). **Immigrants illégaux haïtiens** (est.) : 25 000. **Langue** (officielle). Anglais. **Religions** (en %). Baptistes 29, anglicans 23, catholiques 22.

■ **Histoire.** **1492**-*oct.* découvertes par Christophe Colomb. **Vers 1600** peuplées par la Cie des Aventuriers d'Eleuthera fuyant des persécutions religieuses aux Bermudes. **XVIIe s.** centre de piraterie jusqu'à l'expédition punitive des Espagnols à Charles Town (Nassau). **1717** attribuées par traité à l'Angleterre. **1728** Parlement et bases d'une Constitution. **1783** colonie britannique. **1958** *3-1* membre de la Fédération des Indes orientales. **1964**-*7-1* autonomie interne ; *Roland Symonette* PM. **1967**-*16-1/août Lynden Oscar Pindling* (22-3-1930/26-8-2000) PM. **1973**-*10-7* indépendance. **1984** PM et des ministres compromis (concussion, drogue). **1992**-*19-8 Hubert Alexander Ingraham* (né 4-8-1947) PM. **1995** refus de la république. **1999**-*sept.* cyclone *Floyd.*

■ **Statut.** *Monarchie. Membre du Commonwealth.* **Constitution** de 1969. **Sénat :** 16 m. nommés par le gouv. sur proposition du PM. **Assemblée :** 40 m. élus pour 5 ans au suffrage univ. **Chef d'État :** reine Élisabeth II. **Gouverneur général :** Orville A. Turnquest (né 19-7-1929) depuis 3-1-1995. **Élections législatives du 14-3-1997 :** Mouvement libre national (FNM), H. Ingraham 34 sièges ; Parti libéral progressiste (PLP, crée 1953 ; électorat noir), Perry Christie 6 sièges. **Drapeau** (adopté 10-7-1973). Bandes horizontales bleue (mer Caraïbe), jaune (sable des plages) et bleue. A gauche, triangle noir (force du peuple).

■ **Économie.** **PNB** (en 1999) : 11 930 $ par hab. **Population active** (en %) **et,** entre parenthèses, **part du PNB** (en %) : 6 (5), mines 1 (1), ind. 10 (10), services 83 (84). **Chômage** (en %) : *1999 :* 7,8. **Croissance** (en %) : *1998 :* 3 ; *99 :* 3 ; *2000 :* 4,9. Pas d'impôts. **Inflation** (en %) : *1995 :* 2,8 ; *96 :* 1,4 ; *97 :* 0,5 ; *98 :* 1,4 ; *99 :* 1,3. **Dette extérieure** (en 1998) : 2,55 millions de $. **Place financière** (400 banques). **Immatriculations de navires** (pavillons de complaisance) : *1977 :* 58 000 t (60 navires) ; *82 :* 600 000 t (129 navires) ; *94 :* 34 200 000 t (965 navires). **Agriculture.** 40 000 ha cultivés (agrumes, canne à sucre, tomates, agaves) ; déficit. **Forêts.** 28 % des terres. **Pêche.** 10 000 t (en 1997), surtout homards et langoustes. **Tortues. Sel marin. Mines.** Aragonite, sel, soufre. **Industrie.** Raffinage du pétrole (Freeport, fermé en 1988). **Drogue.** Transit (cannabis, cocaïne) vers USA. **Tourisme. Visiteurs** (en 1997) : 1 617 595 et 1 743 736 en croisière ; 70 % du PNB. **Plages :** Abacos, Treasure Cay, Eleuthera, Inagua, Long Island, San Salvador, Andros, Berry Islands, Bimini, Exuma. **Commerce** (en millions de $, 1999). **Export. :** 380. **Import. :** 1 808.

Bahreïn

Carte p. 986. V. légende p. 950.

■ **Nom.** Signifie « les deux mers », allusion à l'insularité du pays et à sa nappe d'eau souterraine.

■ **Situation.** Asie. **Superficie :** 1 000 km^2. 33 îles en 2 archipels : *1°) Bahreïn* [15 îles : Manama (en arabe « lieu du repos »), Muharraq, Sitra, Nabi-Salih, Oumm-Nasan, Jeda, Abou-Maher, Abou-Chahin, Oumm-Al-Sobban, Nouaym, Soulouta, Oumm-el-Chajar-el-Sagjira...] ; *2°) Hawar* (nombreux îlots). **Côtes :** 161 km. **Altitude** *maximale :* djebel Ad-Dukhan (archipel de Bahreïn) 135 m. Awal (île principale) reliée depuis nov. 1986 à l'Arabie saoudite (pont 25 km). **Climat.** Chaud et humide. *Temp.* moyennes 18,5 °C (janv.), 39,1 °C (août). *Pluies* 5,6 mm (déc.), 5,7 (janv.) ; saison sèche (févr.-nov.).

■ **Population.** *1999 :* 700 000 hab. dont (en %) : Bahreïnis 63, Asiatiques 13, autres Arabes 10, Iraniens 8] ; *2025 (prév.) :* 2 000 000. **D.** 1 001. **Accroissement** (en %) : 2,8 par an. **Age** (en %) : *– de 15 ans :* 30 ; *+ de 64 ans :* 2,9. **Mortalité :** *infantile 8.* **Langues.** Arabe *(officielle),* anglais (compris par 70 %), persan (40 %). **Religions** (en 1981). Musulmans 298 140 (chiites 65 %, sunnites 35 %), chrétiens 25 611, divers 27 047. **Villes** (en 1991). *Manama* 148 000 (en 1999), Muharraq 74 254, Judhaf 44 769, Sitra 36 755, Rifaa 45 596, Isa Town 34 509.

■ **Histoire.** **1507-1622** présence portugaise. **1783** la dynastie al-Khalifa, venue du Koweït, prend le pouvoir. **1820** présence britannique. **1871** protectorat britannique. **1925** pétrole découvert. **1932** début de l'exploitation. **1951** et **1965** grèves anticoloniales violentes. **1961**-*2-11* cheikh **Issa ben Salman al-Khalifa** (1933-99) émir, dirige le pays à partir de 1971. **1970** l'Iran renonce à ses prétentions. **1971**-*14-8 indépendance.* **1975**-*27-8* Parlement dissous. **1981**-*13-12* coup d'État pro-iranien déjoué : 73 arrestations. **1986**-*26-4* l'armée du Qatar enlève 29 techniciens et ouvriers étrangers sur l'îlot de Facht al-Dibel, revendiqué par les 2 pays. *-12-5* libérés. **1994**-*nov.* pétition (4 000 pers.) demandant à l'émir de rétablir la vie parlementaire suspendue en 1975, arrestations. *-5/31-12* émeutes contre chômage et arrestation le 5-12 du cheikh Ali Salmane (chef religieux) : 9 †, 1 600 arrestations. **1995**-*6-1/30-3* mouvements sociaux. *-15-1* Salman exilé à Dubaï, puis Londres. **1996-97** manif., fermeture de mosquées, incendies et bombes dans hôtels, restaurants : arrestations. **1999**-*6-3* cheikh **Hamad ben Issa al-Khalifa** (né 28-1-1950, fils d'Issa) émir. **2001**-*14-2* référendum sur le projet de charte nationale (Parlement à 2 chambres dans les 2 ans, séparation des pouvoirs, égalité homme/femme. *17-3* la Cour internationale de la Haye maintient les îles Hawar sous la souveraineté de Bahreïn et la zone de Zoubara sous celle du Qatar.

■ **Statut.** *Émirat.* **Constitution** du 6-12-1973, suspendue depuis 1975. **PM :** cheikh Khalifa ben Salman al-Khalifa (né 1935) depuis 19-1-1970. **Majlis ès Shoora** (conseil consultatif de 30 membres nommés par l'émir dont 15 chiites, 15 sunnites) depuis 16-12-1992. *Pas de partis politiques.* **Fête nationale.** 16 déc. (intronisation de l'émir 1961, et indépendance de 1971). **Drapeau** (adopté 1959). Blanc et rouge (couleurs des États du Golfe) séparés par une ligne brisée.

■ **Économie.** **PNB** (en 1999) : 7 430 $ par hab. **Croissance** (en %) : *1999 :* 3. **Population active** (en %) **et,** entre parenthèses, **part du PNB** (en %) : agr. 5 (1,2), ind. 34 (26,4), services 60 (54,9), mines 1 (17,5). **Inflation** (en %) : *1993 :* 2,5 ; *94 :* 0,8 ; *95 :* 2,7 ; *96 :* – 0,2 ; *97 :* – 5,4 ; *98 :* 0,4 ; *99 :* 1,5. **Chômage** (en %) : *1981 :* 6,6 ; *91 :* 14,8 ; *99 (est.) :* 15. **Déficit budgétaire** (en millions de $) : *1990 :* 103 ; *93 :* 167 ; *97 :* 624. **Place bancaire :** *nombre d'établissements financiers : 1984 :* 76 ; *91 :* 51 ; *92 :* 45 ; *99 :* 183 dont 47 offshore. *Bourses de l'or* (avoirs des « banques offshore » *en oct. 1983* : 58 milliards de $; *89* : 72,6 ; *juin 91 :* 51 ; *fin 98 :* 69,3).

Agriculture. 3 % des terres cultivées. Dattes (20 000 t en 1996), légumes, fruits. **Élevage.** Volailles, ânes. **Pêche** (en 1997). 10 050 t. Perles (*1950 :* 1 000 bateaux de pêche ; *82 :* 10).

Énergie. **Pétrole** (en millions de t) : *réserves* 29 (en 1996), *production 1995 :* 6,49 ; *96 :* 6,57 ; *97 :* 6,57 ; *98 :* 8,29, 40 % du PNB. *Raffineries* (capacité en millions de t/an) : *1939 :* 1,6 ; *92 :* 7,5 ; *95 :* 18. **Gaz** (en milliards de m^3) : *réserves* 167 (en 1996), *production : 1995 :* 4,75 ; *96 :* 1,68 (dont 27 % réinjectés pour accroître la prod. pétrolière).

Industrie. **Chantiers navals :** cales sèches de Manama (375 × 75 m pour pétroliers de 550 000 tpl) et d'Asry. **Usine d'aluminium** de la Sté Alba [alimentée par gaz, bauxite d'Australie, production 500 000 t/an].

Tourisme (en 1997). **Visiteurs :** 1 848 000 ; **revenus :** environ 260 millions de $.

Commerce (en milliards de $). **Export./import. :** *1996 :* 4,7/4 ; *97 :* 4,38/3,77 ; *98 :* 3,27/3,29.

■ **Rang dans le monde** (en 1996). 2e réserve de pétrole.

Bangladesh

Carte p. 1113. V. légende p. 950.

☞ *Abréviations :* B. : Bangladesh ; Pak. : Pakistan.

■ **Situation.** Asie. **Superficie :** 144 000 km^2. Plaine alluviale (deltas du Gange et du Brahmapoutre). Collines au sud-est et au nord-est. **Frontières** (en km) : Inde 4 092,62, Myanmar 283,36. **Côtes :** 2 700 km (+ rivages fluviaux 4 000 km). **Altitude** *maximale :* 1 230 m, Keokradang 1 053 m. **Climat.** *4 saisons :* mousson d'hiver nov./févr. (saison sèche), soufflant du nord-ouest ; été mars/mai (orages) ; mousson d'été, juin/sept. (vents et pluies du sud et du sud-ouest) ; automne (mousson d'été), orages, temp. décroissantes. *Temp.* moyennes à Dhaka : janv. 19 °C, juillet 29 °C. *Pluies* annuelles : ouest 1,27 m ; sud-ouest 2,54 ; Sylhet 5,08. **Projet de contrôle des inondations :** 4 000 km de digues devant pour protéger 80 % du pays. **Eau polluée** (mares : risques de dysentrie ; puits : arsenic ; 35 à 77 millions de Bangladais boivent une eau dépassant le seuil d'innocuité de 0,01 mg/l d'arsenic).

■ **Population** (en millions d'hab.). *1991* (rec.) : 111,46 ; *mi-98 (est.) :* 128 ; *2000 (est) :* 128,31 ; *2025 (prév.) :* 177. *Rurale* 80 %, *urbaine* 20 %. **D.** 891. **Accroissement** (en %) : 2,1 par an. **Age** (en %) : *– de 15 ans :* 36,4 ; *+ de 64 ans :* 3,3. **Mortalité** *infantile :* 82 ‰ (une des + élevées du monde). **Espérance de vie :** (en 1998) 58 ans. **Médecins :** 1 pour 5 286 hab. **Illettrés** (en %, 1998) : 60. **Principales ethnies :** Bengalis 98 %, Chittagong Hill Tracks 700 000 (dont Chakmas 250 000, Moghs 150 000, Murangs 50 000), Tipras, Garos, Hajongs, Santals 500 000. **Émigrés :** 1 000 000 (dont G.-B. 400 000). **Réfugiés :** 22 000 Rohingyas (musulmans birmans du Myanmar).

■ **Langues.** *Bangla* (ou *bengali*). Classique (verbes et pronoms plus longs, nombreux mots d'origine sanscrite) ou courant (admet des mots persans, arabes, anglais, proche cependant du sanscrit primitif) ; alphabet (avec enjolivures) utilisé depuis XIIe s. pour de nombreux textes écrits dans d'autres dialectes. Anglais : courant. **Religions.** Musulmans 88,30 %, hindous 10,5 %, bouddhistes 0,54 %, chrétiens 0,33 %. Islam religion d'État depuis 7-6-1988.

■ **Villes** (en 1991). *Dhaka* (ex-Dacca, créée 1608 ; 2 000 mosquées) 10 000 000 hab. (est. 2000), Chittagong 2 040 663, Khulna 877 388, Rajshahi 517 136.

■ **Histoire.** Le B. (Bengale oriental) a formé jusqu'à la fin du XIIe s., avec le Bengale occidental, le royaume de Vangalam. **1199-1202** conquis par Mohamed Bakhtijar (musulman), devient émirat vassal des sultans de Delhi, puis des empereurs moghols ; seul l'État du Vangalam se convertit à l'islam. **1757** bataille de Plassey ; conquête anglaise. **1906** Dhaka, résistance antianglaise (Ligue musulmane, 1906). **1947**-*14-8* constitue le Pakistan oriental. **1970**-*nov.* cyclone (plus de 300 000 †). *-7-12 élections :* triomphe autonomiste [ligue *Awami,* fondée 23-1-1949 par le sheikh Mujibur Rahman (1920-1975) et le maulana Bashani (1882-1976), Pt du BKS (Association des paysans du B.), chef de l'aile prochinoise du NAP (National Awami Party, fondé 25-7-1957)]. **1971**-*1-3* ajournement de l'Ass. nat. *-25-3* répression (milliers de Bengalis tués par armée pakistanaise). *-26-3* proclamation de la *Rép. populaire du B. ;* Mujibur Rahman arrêté. *-17-4* gouv. provisoire (en Inde). *-Sept.* André Malraux propose aux guérilleros de commander une unité sous leurs ordres. *-4-12* Indiens attaquent, alliés à l'armée de libération du B. (Moukhti Bahini). *-6-12* Inde reconnaît le B. *-16-12* capitulation des forces pakistanaises, épuration des « razakars » (dont Biharis), collaborateurs des Pakistanais. **1972**-*10-1* Mujibur libéré ; URSS et pays de l'Est (janv.), G.-B. (févr.) reconnaissent le B. *-12-1* Constitution provisoire. **Abu Sayed Chowdhury** (1921-87) Pt, *Mujibur Rahman* PM. *-12-3* départ des troupes indiennes. *-19-3* liens de coopération avec Inde. **1973**-*7-3 élections :* succès Awami. *-Déc.* accord avec Pak. sur transfert de populations (Bengalis du Pakistan au B. et Biharis du B. au Pakistan). **Mohammedulla** Pt. **1974**-*22-2* Pak. reconnaît le B. Inondations, famine (dizaines de milliers de †). **1975**-*25-1* **Mujibur Rahman** nommé Pt pour 5 ans. *-Janv./août Man Soor Ali* PM. *-15-8* coup d'État. *-16-8* Mujibur Rahman tué par officiers putchistes. **Khondakar-Moshtaque Ahmed** (né 1918) Pt. *-4/10-11* coup et contre-coup d'État militaire : **Abusadat Sayem** Pt, puis administrateur de la loi martiale. **Gal Zia ur-Rahman** administrateur de la loi martiale. **1976**-*30-11* Khondakar-Moshtaque Ahmed arrêté, coup d'État échoue (plusieurs centaines de †). Rébellions dans le nord (Garos) et l'est (Chakmas). 561 membres de l'armée de l'air seront pendus après le putsch. **1977**-*avril* **Gal Zia ur-Rahman** Pt. *-30-5* référendum : 99 % des voix pour lui. **1978**-*avril* cyclone (10 000 †, 200 000 réfugiés de Birmanie). *-3-6* Zia ur-Rahman élu Pt avec 78 % des voix ; **1981**-*30-5* assassiné par officiers rebelles (lui-même avait fait assassiner ses adversaires et avait échappé à une vingtaine de coups d'État). **Justice Abdus Sattar** Pt. *-1-6* fin rébellion, Gal Mohammed Manzur, auteur présumé du putsch, tué. *-Sept.* affrontements près de Chittagong, tribu chakma (500 †). *-25-9* exécution de 12 officiers ayant participé à l'assassinat du Pt. **1982**-*24-3* coup d'État militaire renverse Pt. Gal Hussain Ershad, administrateur de la loi martiale ; **Ahsanuddin Chowdhury** († 31-7-1987) Pt ; *-11-12* se proclame chef de l'État et libère chefs de l'opposition. **1983**-*déc.* **Hussain Ershad** (né 1-2-1930) Pt. **1984**-*mars Ataur Rahman Khan* PM. *-27-9* émeutes contre loi martiale (4 †). **1985**-*mars* loi martiale réinstaurée (après levée partielle en déc.). *-21-3 référendum :* participation 72 %, dont 94,14 % pour le maintien de la junte jusqu'aux élections générales. *-Mai* cyclone au sud-est (15 000 †). **1986**-*15-10* Ershad réélu Pt. *-10-11* loi martiale suspendue, Constitution remise en vigueur ; élections : fraudes, violences (environ 25 † et 500 bl.). **1987** troubles (Chittagong) : résistance des Chakmas. *-Avril* inondations (1 600 †). *-10-11* Hartal (grève générale), manif. contre Ershad (14 †). *-27-11* état d'urgence (2 †). *-6-12* Parlement dissous. **1988**-*10-2* municipales (120 †). *-Sept.* inondations (2 000 †, 43 millions de sinistrés, dégâts 2,6 milliards de $, cultures détruites 35 millions d'ha), 3,3 millions de paysans sans travail. Déficit alimentaire de 2 millions de t. *-29-11* cyclone côte sud (2 000 †). **1989**-*22/24-3* Ershad en France.

1990-*févr.* visite Pt Mitterrand. *-8-10* **Abdul Rahman Biswas** (né sept. 1926, PNB) Pt par intérim. *-27-11* état d'urgence, chefs de l'opposition arrêtés. *-4/6-12* Ershad démissionne (condamné à 13 ans de prison, libéré 9-1-1991). *-5-12* **Shahabuddin Ahmed,** Pt de la Cour suprême, nommé vice-Pt par intérim ; état d'urgence levé et Parlement dissous. **1991**-*27-2* législatives (1res libres depuis 1971). *-20-3 Bégum Khaleda Zia* (née 15-8-1945) PM. *-29/30-4* cyclone (300 000 † ; dégâts : plus de 2 milliards de $). *-10-10* **Abdul Rahman Biswas** élu Pt par 172 voix sur 330 devant Badrul Haider Chowdhury, ligue Awami. **1992**-*mars* réfugiés birmans. *-20/21-6* Dhaka et Chittagong, émeutes (2 †). *-9-11* police tire dans camp de réfugiés rohingyas (8 †). **1993**-*7-1* Dhaka, fusillade entre extrémistes (6 †). *-6-2* bagarre entre étudiants (3 †). *-26-3* naufrage d'un ferry (150 †). *-22-9* grève étudiants contre violences islamistes. **1994**-*30-1 municipales :* Dhaka et Chittagong passent à la ligue Awami (6 †). *-7-4* Dhaka, manif. (3 †). *-12/13-11* grève générale. *-24* et *29-12* grève générale pour réclamer des élections. *-28-12* démission des députés de l'opposition. **1995** grèves générales (*3-1 :* 3 jours ; *16-10 :* 4 jours ; *10-11 :* 6 jours ; *9-12 :* 3 jours). **1996**-*15-2 législatives :* PNB 300 sièges. *-27-3* élections annulées (95 % d'abstentions). *-30-3 Habibur Rhaman* PM. *-13-5* cyclone (environ 500 †, 11 000 maisons détruites). *-26-6 Hasina Wajed* (née 27-9-1947, fille du Pt Mujibur Rahman) PM. *-23-7* **Shahabuddin Ahmed** élu Pt (entre en fonction le 9-10). **1998**-*juin/sept.* 2/3 du pays inondés (1 000 †).

■ **Statut.** *République unitaire.* Démocratie de type parlementaire, membre du Commonwealth. **Constitution** du 16-12-1972, amendée en 1973, 1974, 1975 (régime présidentiel), 1977, 1979, 1988 et 1991 (régime parlementaire). **Assemblée nationale** *(Jatiya Sangsad) :* 330 membres dont 300 élus au suffrage universel pour 5 ans + 30 femmes nommées par le Parlement. **Élections du 12-6-1996 : PNB** 114 sièges, ligue Awami 178, Jatiyo Party 33, Jammat-e-Islami 3, P. socialiste 1, Islami Oikya Jote 1. **Divisions** 5. **Districts** 64. **Thanas** 490. **Unions** 4 451. **Wards** 13 353. **Villages** 86 650. **Fêtes nationales.** *26-3* (indépendance), *16-12* (victoire contre Pak.). **Drapeau** (adopté mars 1971). Rond rouge (lutte pour la liberté), fond vert (fertilité).

■ **Partis. Ligue Awami** (Hasina) fondée 1949, *leader* : Sheikha Hasina Wajed. **P. nationaliste du B.** (**PNB**) fondé 1978 par des partisans de Zia ur-Rahman, *leader* : Bégum Khaleda Zia (sa veuve). **Coalition de gauche** (7 partis), *leader* : Iqbal Majumder. **Jammat-e-Islami** (P. religieux musulman) fondé 1941, *leader* : Ghulam Azam. **P. National (Jatiya Party)** fondé 1983, 2 factions, *leaders* : Mizanur Rahman Chowdhury Gal H.M. Ershad.

AFFAIRE TASLIMA NASREEN.

1993-*24-9 fatwa* du Conseil des soldats de l'islam contre Taslima Nasreen (1 250 $ pour la tuer) pour son livre *la Honte* paru en Inde en février. **1994**-*4-6* le gouv. lance un mandat d'arrêt (retiré le 5-8) contre elle pour avoir, dans une interview, insulté l'islam. 50 charmeurs de serpents exigent sa mort et menacent de lâcher ceux-ci dans la nature si elle n'est pas pendue avant la fin du mois. *-19-6* : 5 000 élèves des écoles religieuses de Dhaka manifestent pour demander sa mort. *-30-6* manif. à Dhaka : 150 bl. *-29-7* Dhaka, 200 000 islamistes manifestent, exigeant sa pendaison. *-3-8* se présente devant la Haute Cour de justice et est remise en liberté sous caution. *-9-8* quitte secrètement le B., se réfugie en Suède, puis en juin 1995 à Berlin. **1998**-*10-9* rentre au B., sa mère étant malade. **1999** rentre en Suède.

■ ÉCONOMIE

■ **PNB** (en 1999). 370 $ par hab. **Croissance du PIB** (en %) : *97* : 5,7 ; *98* : 5,7 ; *99* : 5,1. **Population active** (en %) **et**, entre parenthèses, **part du PNB** (en %) : agr. 56 (38), ind. 13 (18), mines 1 (2), services 30 (42). **Inflation** (en %) : *1991* : 7,2 ; *92* : 4,3 ; *93* : 0 ; *94* : 3,6 ; *95* : 8,9 ; *97* : 3,9 ; *98* : 9,6 ; *99* : 6,3. **Aide étrangère** : 55 % du programme annuel de développement. **Transferts des expatriés** (en 1999) : 1,7 milliard de $. **Taux de l'usure** : jusqu'à 20 % par jour dans certains villages. **Pauvreté** : 50 % des hab. vivent au-dessous du seuil de pauvreté. **Endettement global** (en 1998) : 16,12 milliards de $.

■ **Agriculture.** 15,18 millions d'ha (cultivés 64 %) dont 9 donnent 1,5 récolte par an, 75 % sont en rizières. **Surface irriguée** (en milliers d'ha) : *1975* : 1 441 ; *92* : 3 100 (34 % des terres arables). **Production** (en millions de t, 1999) : riz 29,8 ; canne à sucre 6,9 ; blé 1,9 ; p. de t. 1,7 ; jute 0,81 ; bananes 0,62 (en 1998) ; thé ; légumineuses ; coton. **Élevage** (en millions de têtes, 1999). Volailles 123 ; caprins 34,4 ; bovins 23,4 ; ovins 1,1 ; buffles 0,88. **Production** (en 1998) : *lait* : 2 142 000 t ; *viande* : 364 000 t. **Pêche** (en 1999). 1 552 400 t. **Forêts.** 13 % des terres.

■ **Énergie. Électricité** : 11,8 milliards de kWh (en 1997) ; *villages électrifiés* : 40 % (en 1995). **Charbon** (région de Jamalganj) : *réserves* : 2 100 millions de t. **Tourbe. Gaz** (en milliards de m³, 1999) : *réserves* : 714 ; *production* : 7,3 ; 14 gisements, 7 exploités. **Industrie** (80 % des ressources en devises). Jute, ciment, engrais, papier, cuir, produits alim., constructions navales, prêt-à-porter, produits pétroliers, produits de la mer congelés.

■ **Transports** (en km). **Voies ferrées** : 2 706,01 [dont à voie large (1 676 mm) 883,59, étroite (1 000 mm) 1 822,51]. **Routes** : 155 000 dont 14 000 asphaltés ; **voies navigables** : 8 431. **Tourisme** (en 1997). **Visiteurs** : 184 000. **Sites** : *Rajshahi* monastère bouddhique, *Mahastangarh* ancienne capitale royale, *Kantanagar* temple hindou (1772), *Mainamati* centre bouddhique (Comilla), *Dhaka* mosquée (700), *Khulna* mosquée, *Cox's Bazar* ville balnéaire à 152 km de Chittagong (fondée 1798, 120 km de plages), *Foy's lake* (Chittagong), *Sundarbans* (forêts, tigres royaux), *château Lalbagh* (1678), *palais du Dighapatia Maharaja* (Natore).

■ **Commerce** (en milliards de $). **Export./import.** : *1995* : 3,7/6 ; *96* : 4/6,2 ; *97* : 4,8/6,5 ; *98* : 5,1/6,8 ; *99* : 5,3/7,3. **Export.** (en 1996-97) : prêt-à-porter 2 150, crevettes et grenouilles 353, produits en jute 340, cuirs et peaux 185, jute brut 110 ; **vers** Europe de l'O. 49, USA 33, Japon 2,7, Hong Kong 2,4. **Import.** : biens d'équipement 2 000, textiles 1 200, filés 345, produits pétroliers 315, blé 178 ; **de** Inde 16, Europe de l'O. 15, Chine 9, Japon 7, Corée du S. 6, Singapour 6.

■ **Rang dans le monde** (en 1999). 5e riz. 12e thé, bovins.

■ BARBADE

Carte p. 895b. V. légende p. 950.

■ **Situation.** Antilles. **Superficie** : 430 km². **Côtes** : 97 km. **Altitude** *maximale* : Mt Hillaby 337 m. **Climat.** Tropical. *Temp.* 24 à 28 °C. Saison sèche, et humide de juillet à nov. **Population.** *2000 (est.)* : 269 000 hab. dont (en 1996) Noirs 80 %, métis 16 %, Blancs 4 % ; *2025 (prév.)* : 300 000. **D.** 626. **Langue.** Anglais. **Religions.** Anglicans 70 %, pentecôtistes, catholiques 4 %, méthodistes 9 %, frères moraves. **Villes** (en 1980). *Bridgetown* 7 517 hab. (aggl. 92 401), Holetown, Speightown, Oistins.

■ **Histoire. 1627** colonie britannique. **1639** 1er Parlement. **1834** abolition de l'esclavage. **1954** gouvernement ministériel (*PM* : Grantley Adams). **1958**-*3-1*/**1962**-*31-5* membre de la Fédération des Indes-Occidentales. **1961**-*16-10* autonomie interne. **1966**-*30-11 indépendance.* **1968**-*1-5* entre à la Carifta. **1973**-*13-8* forme le Caricom.

■ **Statut.** *Monarchie. Membre du Commonwealth.* **Constitution** du 30-11-1966. **Sénat** (21 m. nommés), **Assemblée** (28 m. élus pour 5 ans). **Chef de l'État** : reine Élisabeth II. **Gouverneur gén.** : sir Clifford Husbands (né 5-8-1926) depuis 1-6-1996. **PM** : *1976 (2-9)* : John Michael Adams (1931-85) ; *1985 (11-3)* : Bernard St John (né 16-8-1931) ; *1986 (28-5)* : Errol W. Barrow (1920-87) ; *1987 (1-6)* : Erskine Sandiford (né 1937) ; *1994 (6-9)* Owen S. Arthur (né 17-10-1949). **Élections du 20-1-1999** : **BLP** (P. travailliste de la Barbade, fondé 1938, Owen S. Arthur) 26 sièges, **DLP** (P. travailliste démocrate, fondé 1955, David Thompson) 2 sièges, **NDP** (P. nat. démocratique, fondé 1989, Richard Hayes) 0 siège. **Fête nationale.** 30 nov. (indépendance). **Drapeau** (adopté 30-11-1966). 3 bandes verticales : 2 bleues (le ciel, la mer) de part et d'autre d'1 bande jaune (le sable) avec, au centre, une pointe de trident noir pour l'indépendance et la rupture avec le passé.

■ **Économie. PNB** (en 1999) : 4 400 $ par hab. **Population active** (en %) **et**, entre parenthèses, **part du PNB** (en %) : agr. 13 (7), ind. 15 (19), services 71 (73), mines 1 (1). **Croissance** (en %) : *2000* : 2,2. **Chômage** (en %) : *1994* : 22 ; *98* : 13 ; *2000* : 9,3. **Inflation** (en %) : *1993* : 1,1 ; *94* : 0,1 ; *95* : 1,9 ; *96* : 2,4 ; *97* : 7,7 ; *98* : – 1,3 ; *99* : 1,6. **Dette extérieure** (en 1998) : 477 millions de $. **Centre d'affaires** offshore (6 000 sociétés).

■ **Agriculture.** *Canne à sucre* : surface cultivée en *1980* : 16 000 ha ; *93* : 9 000 ha, *prod.* : 449 000 t (en 1999) de canne et 53 000 t de sucre (58 373 t en 2000). Mélasse, rhum, ignames. **Élevage. Pêche** (en 1997). 3 000 t. **Énergie. Pétrole** : *1997* : 48 000 t. **Gaz.**

■ **Industrie.** Raffineries, composants électroniques, informatique. **Tourisme** (en 1998). 512 397 visiteurs ; 509 975 de croisière.

■ **Commerce** (en millions de $). **Export./import.** : *1995* : 245/691 ; *96* : 287/743 ; *97* : 289/888 ; *98* : 257/791.

■ BELGIQUE

Carte p. 1001. V. légende p. 950.

☞ *Abréviation* : Belg. : Belgique.

■ **Situation.** Europe. **Superficie** : 30 528 km². **Frontières** : 1 444,5 km (avec *France 620,* P.-Bas 449,5, Allemagne 161,5, Luxembourg 148, côtes 65,5). **Altitude** *maximale* : 694 m (signal de Botrange, Ardennes) ; *minimale* : 0,05 m (De Moeren, près de Furnes). **Climat.** Tempéré océanique, moy. 9,8 °C ; *pluie* 780 mm par an ; *gel* 60 jours par an (Ardennes moy. 8,6 °C, pluie 1 000 mm, gel 96 jours).

■ **Régions.** 4 bandes parallèles du nord au sud : 1°) *basse Belg.* (largeur 45 km ; alt. 0-100 m) : *Flandre maritime* à l'ouest : polders, cultures maraîchères et élevage laitier intensif, dunes sur les côtes ; *Flandre intérieure* au centre : plaine à blé et betteraves avec cultures industrielles, urbanisation très poussée ; *Campine* à l'est : terres sablonneuses, récemment converties à la culture maraîchère. 2°) *Moyenne Belg.* (largeur 80 km ; alt. 100-250 m) : plateaux et collines de limon (blé, betteraves, élevage à l'étable), urbanisation du sillon Sambre-Meuse. 3°) *Ardennes* (largeur 120 km ; alt. 250-600 m) : croupes schisteuses avec landes, prairies, forêts. *Famenne* (dépression schisteuse), *Condroz* (contrefort des Ardennes avec couche de limon, alt. moy. 300 m.), *hautes Fagnes* à l'est, élevées et marécageuses (tourbières). 4°) *Lorraine belge* (largeur 25 km ; alt. 250 m) : terrasses argileuses, forêts défrichées (blé, betteraves). *Enclave de Baarle-Hertog* aux P.-Bas : 7 km², 2 096 hab.

■ **Distances de Bruxelles** (en km). Amsterdam 198, Anvers 41, Bruges 89, Charleroi 49, Douvres 115, Gand 55, Genève 656, Liège 89, Londres 226, Madrid 1 546, Milan 902, *Paris 242.*

■ **Enclaves allemandes en Belgique.** La voie ferrée joignant Eupen à Malmédy, attribuée à la Belgique (art. 21, 1° du traité de Versailles), empruntait 8 fois le territoire allemand dans la région de Montjoie ; le traité du 24-9-1956 a rectifié en partie ces enclaves, la Belgique cédant en échange des fagnes (tourbières à l'est d'Eupen).

■ DÉMOGRAPHIE

■ **Population** (en millions d'hab.). *1846* : 4,34 ; *66* : 4,83 ; *1900* : 6,69 ; *10* : 7,42 ; *40* : 8,29 ; *60* : 9,18 ; *70* : 9,65 ; *76* : 9,82 ; *95* : 10,13 ; *96* : 10,17 [dont 5,90 (58 %) d'expression néerlandaise, *3,26 (31,9 %) française,* 0,07 (0,69 %) allemande, 0,95 (9,35 %) bilingue des 19 communes de Bruxelles-capitale ; + de 80 % francophones] ; *98* : 10,19 ; *99* : 10,2 ; *2000 (est.)* : 10,23. *2025 (est.)* : 10. **D.** 335. **Age** (en %) : *– de 15 ans* : 17,5, *+ de 64 ans* : 16,8. **Pop. urbaine** : (en 1998) 97 %. **Naissances pour 1 000 hab.** : *1964* : 17,01 ; *70* : 14,56 ; *75* : 12,15 ; *80* : 12,56 ; *85* : 11,59 ; *90* : 12,38 ; *92* : 12,39 ; *93* : 11,90 ; *94* : 11,42 ; *95* : 12,28 ; *96* : 11,36 ; *97* : 11,4 ; *98* : 11,4 ; *99* : 11,3.

Émigration (au 1-1-1974) : environ 450 000 Belges vivaient à l'étranger dont : *France 125 000,* USA 63 000 (inscrits dans les consulats ; 225 000 Belges ou d'origine belge, la plupart naturalisés), Canada 57 000, Zaïre et Afr. centrale 28 000, G.-B. 24 000, P.-Bas 22 000, Afr. du Sud 14 000, All. féd. 13 500 (+ 61 500 militaires et membres de leur famille), Amér. latine 12 000 (dont Argentine 5 500, Brésil 2 500, Chili), Luxembourg 6 500, Australie 6 000, Suisse 5 000, Afr. du Nord 4 000, Espagne 3 250, Italie 2 500, Proche-Orient 2 000, Asie 1 800, Afr. occidentale 1 500, autres pays 5 000 (*1998* : solde migratoire : 21 030).

Étrangers (au 1-1-2000) : 897 110 dont Italiens 200 281, Marocains 121 984, *Français 107 240,* Néerlandais 85 763, Turcs 69 183, Espagnols 45 917, Allemands 34 321, Britanniques 26 156, Portugais 25 560. La loi du 13-6-1991 confère, à partir du 1-1-1992, la nationalité belge aux moins de 18 ans de la 3e génération. Les plus de 18 ans doivent faire une déclaration à l'état civil. Ceux de la 2e génération et de moins de 12 ans obtiennent la nationalité belge sur déclaration de leurs parents. *Est. 1992* : 130 000 personnes concernées.

Régions et provinces	Population (au 1-1-2000)	Superficie (en ha)
Bruxelles-capitale	*959 318*	*16 138*
Région flamande	*5 940 251*	*1 352 225*
Anvers (Anvers)	1 643 972	286 738
Limbourg (Hasselt)	791 178	242 214
Flandre-Orientale (Gand)	1 361 623	298 224
Brabant flamand (Louvain)	1 014 704	210 615
Flandre-Occidentale (Bruges)	1 128 774	314 434
Région wallonne	*3 339 516*	*1 684 429*
Brabant wallon (Wavre)	349 884	109 056
Hainaut (Mons)	1 279 467	378 569
Liège (Liège)	1 019 442	386 231
Luxembourg (Arlon)	246 820	443 972
Namur (Namur)	443 903	266 601
Total	*10 239 085*	*3 052 792*

■ **Langues. Officielles. Français** (officielle depuis 1830 ; 1ers textes officiels : charte de Chièvres (1194), de Liège (1236) ; **néerlandais** (officielle depuis 1898) ; *1923* arrêté royal ordonnant de traduire les textes législatifs en néerlandais. *1963* publication de la traduction néerlandaise de la Constitution (1831) ; **allemand. Autres idiomes. Romans** : *wallon* (est du Hainaut, Brabant wallon, provinces de Liège, Namur et Luxembourg) ; *picard* (ouest du Hainaut) ; *champenois* (sud de la province de Namur) ; *lorrain roman (gaumais)* [sud de la province du Luxembourg, arr. de Virton] ; **flamands** (Brabant, Limbourg, région d'Anvers, de Gand, Ostende, etc.) ; **franciques** (ripuaire et mosellan).

■ **Religions.** Pas de religion d'État. Traitements et pensions des ministres des cultes reconnus (catholique romain, protestant évangélique, anglican, musulman, hébraïque, orthodoxe et « laïc ») sont à la charge de l'État. **Catholiques** : 79 % [7 008 prêtres diocésains ; séminaristes (en 1987) : 185 néerlandophones, 115 francophones ; ordinations (1989) : 36 ; 1 archevêque ; 7 évêques ; 55 ordres religieux masculins, 543 couvents ; 387 congrégations féminines, 2 798 couvents (27 310 religieuses) ; 6 250 écoles (1 033 000 élèves)]. *Pratique du dimanche* (en 1995) : 14,9 %. **Protestants** : 125 000 (88 pasteurs). **Israélites** : 35 000 (27 rabbins). **Anglicans** (11 chapelains). **Orthodoxes** (29 officiants).

■ **Régions.** 3 : *bruxelloise, flamande et wallonne* (voir p. 980 b et c). **Villes** (au 1-1-2000). *Bruxelles* (créée vers 997) 133 859 hab. (dont 35,5 % d'étrangers), aggl. (19 communes) 959 318 ; Anvers 446 525 (aggl.) ; Gand 224 180 ; Charleroi 200 827 ; Liège 185 639 ; Bruges 116 246 ; Schaerbeek 105 692 ; Namur 105 419 ; Mons 90 935 ; Louvain 88 014 ; Anderlecht 87 812 ; La Louvière 76 568 ; Alost 76 313 ; Malines 75 438 ; Uccle 75 221 ; Courtrai 74 790 ; Ixelles 73 174 ; Molenbeck-Saint-Jean 71 219 ; Saint-Nicolas 68 290 ; Hasselt 68 058 ; Tournai 67 379 ; Ostende 67 279 ; Genk 62 842 ; Seraing 60 557 ; Roulers 54 199 ; Verviers 53 148 ; Mouscron 52 492 ; Forest 45 555.

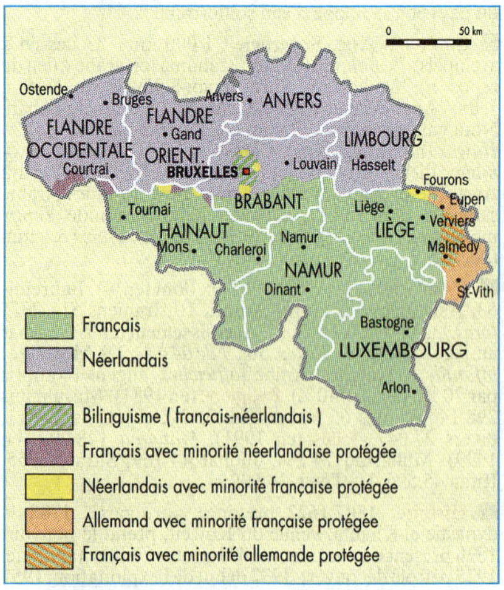

HISTOIRE

■ **Période préromaine.** 5 tribus celtiques : Éburons, Nerviens, Ménapiens, Morins et Segni (sous-tribu des Trévires), installées vers 250 av. J.-C., venant de la rive droite du Rhin ; font partie des Belges ou Belques ou Volques, Gaulois vêtus du pantalon-sac *(bouge)* et non de la braie étroite. Une tribu germanique, Aduatuques ou Tongres, installée en 113 av. J.-C., lors de l'invasion des Cimbres. **57 av. J.-C.** Jules César conquiert en 5 ans Gaule et Belgique, entre Seine et Rhin, bat les tribus belges dont Ambiorix, chef éburon, adversaire acharné.

■ **Période romaine.** Répartie entre Belgique Seconde (capitale Reims) et Germanie inférieure (capitale Cologne). Cités principales : *Aduatuca* (Tongres), *Turnacum* (Tournai) ; centre militaire : Bavai. **IVe s. apr. J.-C.** christianisme apparaît (ne se répandra qu'aux VIe et VIIe s.). **Ve s.** Francs saliens, puis Francs ripuaires occupent le Nord. **843** *traité de Verdun* : partage entre France et Lotharingie : la marche de Flandre (ouest de l'Escaut), bien que germanophone, est attribuée au roi de France. **879** Lotharingie absorbée par l'Allemagne. **IXe-XIIe s.** formation des fiefs belges [comté de Flandre (français), duchés de Brabant et Limbourg, comtés de Hainaut, Namur, Luxembourg, principautés épiscopale de Liège et abbatiale de Stavelot-Malmédy (impériaux)]. Participation aux croisades.

■ **XIIe au XIVe s.** **1191 Baudouin V** († 18-12-1195), Cte de Hainaut, appuyé par les Flamands, bat Philippe Auguste et devient Cte de Flandre (Baudouin VIII) et de Hainaut. **1194 Baudouin VI** (IX de Flandre) [1171-1205], son fils ; **1202** part pour les croisades ; **1204**-*2-5* Constantinople, couronné empereur (Baudouin Ier) ; **1205** tué au combat. En partant, Baudouin a confié ses comtés et ses 2 filles [Jeanne et Marguerite (nées vers 1200)] à un conseil de régence présidé par son frère cadet, Philippe le Noble (Mis de Namur). Mais Philippe Auguste les place à Paris sous sa sauvegarde (selon l'usage pour les enfants mineurs d'un vassal empêché). Mathilde marie Jeanne à un de ses neveux, Ferrand de Portugal. **1211** Jeanne et Marguerite regagnent Bruges. Ferrand, mal accueilli (il a dû céder au roi Aire et St-Omer), recherche des alliances (roi d'Angleterre, Cte de Bourgogne, empereur). Guerre contre Philippe Auguste. **1214**-*27-7* Ferrand battu à Bouvines, enfermé au Louvre 12 ans. Jeanne gouverne seule. Marguerite épouse Bouchard d'Avesnes. **1215**-*12-1* Innocent III excommunie Bouchard (il avait été ordonné). **1216** Bouchard lutte contre Jeanne ; vaincu, enfermé à Gand ; **1221** Marguerite obtient sa libération. **1225** un « faux Baudouin » apparaît. Louis VIII, roi de Fr., le démasque et le fait mettre à mort. **1226** Marguerite abandonne Bouchard. **1227** Ferrand, libéré, rentre à Bruges († sans postérité 1234). Marguerite épouse Guillaume de Dampierre, en aura 3 fils et 3 filles. **1237** Jeanne épouse Thomas de Maurienne († 1241), sans postérité. **1244** Jeanne meurt, Marguerite prend possession des 2 comtés de Hainaut (qui relève du prince-évêque de Liège, et est donc un arrière-fief de l'empire) et de Flandre (érigée jadis en Cté par Charles le Chauve) relève principalement de la Couronne de France. **1246**-*juillet* : « dit de Péronne » : Louis IX et Blanche de Castille décident que, à la mort de Marguerite, la Flandre ira aux Dampierre (fils de Marguerite et de Guillaume) et le Hainaut aux Avesnes (Jean et Baudoin, fils de Bouchard et de Marguerite). Jean d'Avesnes proteste. **1251** Dampierre battu dans l'île de Walcheren. À la suite d'une rébellion en Hainaut, Marguerite ordonne une répression sévère puis remet le Hainaut pour le rendre à merci à Charles d'Anjou, frère de Louis IX, qui accepte. **1252** Marguerite affranchit les serfs. **1256** « dit de Péronne » confirmé par députés des villes des 2 comtés. **1275-78** *guerre de la Vache,* région de Namur (15 000 †) : un voleur ayant été pendu, son suzerain saccage la ville où avait eu lieu l'exécution ; les Liégeois prennent parti contre lui, et Ctes de Namur, de Luxembourg et de Brabant le soutiennent ; Philippe III (roi de Fr.) impose arbitrage. **1280** Marguerite meurt. **1285-1319** 2e soulèvement : victoire.**1302**-*18-5 matines de Bruges* : les habitants massacrent des milliers de Français.-*11-7 Courtrai,* bataille des *Éperons d'or* : Cte de Flandre, Guy de Dampierre et milices communales battent les Français. **1304** défaite à *Mons-en-Pévèle.* **1322 Louis** (vers 1304-1346), **Cte de Nevers et de Rethel,** hérite la Flandre de son grand-père (Robert de Béthune). **1328** soulèvement : Flamands battus par Philippe VI, roi de Fr., beau-père de Louis. **1337** révolte de Gand : Jakob Van Artevelde (vers 1290-1345) nomme *Simon Van Halem* régent ; s'allie aux Anglais ; unit Gand, Bruges, Ypres (formant en 1343 les Trois Membres de Flandre). **1345**-*24-7* J. Van Artevelde tué dans émeute. **1346 Louis de Mâle** (1330-84), Cte de Flandre, épouse Marguerite de Brabant (fille du duc Jean III) ; **1356** prend Bruxelles ; **1357** en est chassé. **1379** Gantois se soulèvent ; **1381** Filips Van Artevelde (né 1340, fils de Jakob) devient leur chef ; **1382** prennent Bruges ; -*27-11* sont battus à West-Rozebeke par Charles VI roi de Fr. (F. Van Artevelde tué).

■ **1384-1477 période bourguignonne.** **1384 Philippe le Hardi** (1342-1404) hérite la Flandre (à la mort de Louis de Mâle, père de sa femme Marguerite), et entreprend l'unification des P.-Bas. **1404 Jean sans Peur** (28-5-1371/10-9-1419, assassiné), fils de Philippe le Hardi. **1419 Philippe III le Bon** (30-6-1396/15-6-1467), fils de Jean. **1421** achète Cté de Namur. **1435**-*21-9 paix d'Arras* : dispense d'hommage de vassalité pour Cté de Flandre. **1441** annexe duché du Luxembourg. **1453** écrase Gantois (Gavres). **1465** protectorat sur Liège. **1467 Charles le Téméraire** (10-11-1433/5-1-1477), fils de Philippe III. **1473** Malines siège d'Institutions : « Grand Conseil » et « Chambre du Conseil » à Dijon et Lille, « Conseil de Flandre » et « Chambre des comptes » à La Haye, « états généraux » itinérants ; joueront un rôle unificateur vers 1560-81 ; rôle, gardé dans les futures Provinces-Unies (appelées, en diplomatie, Leurs Htes Puissances ou Leurs Htes Seigneuries les États généraux des Provinces-Unies des P.-Bas). Dans les P.-Bas du Sud (espagnols puis autrichiens), leur rôle déclinera (non convoqués entre 1630 et 1789). **1477**-*5-1* **Marie de Bourgogne** (13-2-1457/27-3-1482), fille unique de Charles le Téméraire. -*11-2* obligée par Gantois à signer le *grand privilège de par-deçà.* -*18-8* épouse Maximilien d'Autriche. **1479**-*17-8* Maximilien bat roi de Fr., Louis XI, à Guinegatte et sauve la Flandre. **1482 Philippe Ier le Beau** (1478/25-9-1506) hérite des P.-Bas à la mort de sa mère Marie ; son père, Maximilien, est régent.

■ **1506-1713 période espagnole.** **1506 Charles Quint** (24-11-1500/21-9-1558), fils de Philippe Ier et de Jeanne la Folle ; régence de sa tante Marguerite d'Autriche ; **1515**-*5-1* émancipé ; **1519** devient empereur d'All. **1526** *traité de Madrid* : la Flandre cesse de faire partie du royaume de Fr. Avec Brabant, Hainaut, Namur, Luxembourg (mais non Liège), figure dans un bloc des 17 provinces des P.-Bas. Industrie et Anvers en plein essor ; depuis 1425, université de Louvain foyer intellectuel européen. **1549**-*2-6 Bruxelles,* entrée de Charles Quint (commémorée par la fête de l'*Ommegang*). **1555**-*25-10* Charles Quint abdique. **1555 Philippe II d'Espagne** (21-5-1527/13-9-1598), fils de Charles Quint. **1559-67** Marguerite d'Autriche (1521-86), Desse de Parme, fille naturelle de Charles Quint, gouverne (PM : *cardinal de Granvelle,* archevêque de Malines ; chef militaire : Alexandre Farnèse, fils de Marguerite). **1565** début *guerre des « gueux »* : nom donné par le conseiller Berlaymont aux nobles wallons, flamands et néerlandais, catholiques et calvinistes, unis contre Espagnols. **1576**-*4-11* sac d'Anvers par Espagnols. **1579**-*6-1 Union d'Arras* (Hainaut, Artois, Lille, Douai et Orchies), puis en opposition. -*23-1 Union d'Utrecht* : (P.-Bas du Nord, Flandre, Brabant, Tournai). **1581**-*26-7* Philippe II déchu par les états généraux ; division des P.-Bas en 3 entités ; *P.-Bas actuels* : État fédéral (les futures Provinces-Unies) sous la souveraineté de différents «stadhouders» (Guillaume d'Orange pour Hollande, Zélande et Utrecht) ; *Flandre et* Brabant : indépendance sous la souveraineté de François de Valois, duc d'Anjou ; *reste de la Belg. actuelle* : maintien de la domination espagnole et catholique (exode de milliers de protestants wallons et flamands vers Hollande, Angleterre ou Allemagne) sur des principautés indépendantes les unes des autres. Blocus maritime d'Anvers par Provinces-Unies : décadence du commerce maritime. **1599 Isabelle d'Autriche** (12-10-1566/1-12-1633), fille de Philippe II, et Albert (1559-1621), son mari (fils de Maximilien II empereur d'Allemagne), sans postérité. **1621** Isabelle, seule. Restauration économique, renaissance culturelle. **1633 Philippe IV d'Espagne** (1605-65), fils de Philippe III (1578-1621). Isabelle devient, jusqu'à sa mort en 1633, gouvernante-générale pour son neveu. **1648** *traité de Münster* : paix définitive avec Provinces-Unies (fermeture de l'Escaut, cession Flandre maritime, Nord-Brabant et Maastricht). **1659** *traité des Pyrénées* : la Fr. récupère la Flandre francophone. **1665 Charles II d'Espagne** (1661-1700), fils de Philippe IV. **1678** *traité de Nimègue* : échange de territoires entre France et Pays-Bas espagnols. **1692** Maximilien Emmanuel de Bavière gouverneur. **1701 Philippe V d'Espagne** (1683-1746), petit-fils de Louis XIV. **1706** *Ramillies,* Français battus par Angl.-Bataves. **1711 Maximilien-Emmanuel de Bavière** Pce souverain des P.-Bas (en fait uniquement Luxembourg et Namur) que Philippe V lui cède.

■ **1713-95 période autrichienne.** **1713-14** *traités d'Utrecht et de Rastatt* : à l'issue de la guerre de Succession d'Esp., Philippe V renonce aux P.-Bas. **1713 Charles VI de Habsbourg** [(1685-1740), fils de Léopold Ier empereur d'Autriche (1711-40)], auquel M.-E. de Bavière cède ses nouveaux territoires quand ses États héréditaires lui sont rendus. . **1716** gouverneur Gal Eugène de Savoie (représenté par le Mis de Prié, piémontais). **1723** port d'Ostende fondé, remplace Anvers (Escaut fermé). **1725** archiduchesse Marie Élisabeth régente. **1740 Marie-Thérèse** (1717-80), sa fille. **1741** Frédéric Cte de Harrach gouverneur intérimaire. **1744 Alexandre-Charles de Lorraine** († 1780), époux de Marie-Anne de Habsbourg († 1744), gouverneur. **1780 Joseph II** (1741-90) empereur, son fils. **1788-89** intrigues du duc d'Orléans pour obtenir la souveraineté des P.-Bas. **1789** révolution brabançonne chasse les Autrichiens ; un aventurier français, Armand-Louis de Béthune (1770-94), fils du duc de Charost, tente de se faire couronner roi de Brabant ; arrêté, se réfugie en Fr. -*30-11* indépendance du Cté de Flandre, -*21-12* Cté de Hainaut, *23-12* Cté de Namur, -*26-12* ville et seigneurie de Tournai-Tournésis, -*27-12* duché de Brabant (et marquisat d'Anvers), -*31-12* seigneurie de Malines. **1790 Léopold II** (1747-92) empereur, frère de Joseph II. -*11-1* états généraux proclament à Bruxelles *l'indépendance des États belges unis* dirigés par un Congrès souverain (à présidence hebdomadaire) et par un ministère dirigé par un PM. Chef de l'exécutif : Hendrik van der Noot. -*21-11* alors que les troupes autrichiennes ont presque reconquis le pays, le

Congrès souverain (très réduit) proclame Charles de Habsbourg, 3e fils de l'empereur, grand-duc héréditaire de Belgique, espérant amadouer l'envahisseur. **1790-91** régence du Pce-archevêque Ferdinand-Maximilien de Rohan-Guéménée dans la Pté de Liège révoltée. **1791**-*déc.* Armand Louis de Béthune recrute des volontaires pour envahir le Brabant. **1792 François II** (1768-1835) empereur, fils de Léopold II, représenté par Albert Casimir de Saxe, duc de Teschen, époux de sa sœur Marie-Christine. *-6-11* Français vainqueurs à *Jemmapes.* **1793**-*1-3/8-5* France annexe Provinces belgiques unies, Stavelot-Malmédy et Liège. *-18-3* Français battus à *Neerwinden,* les P.-Bas retournent à l'Autriche. *-11-9* Béthune, arrêté à Calais, sera guillotiné. **1794**-*26-6* Français vainqueurs à *Fleurus,* liens entre P.-Bas et Habsbourg définitivement tranchés.

■ **1795-1814 période française.** **1795**-*1-10* annexion définitive des Provinces belgiques unies, de Stavelot-Malmédy et Liège (à Liège, sur 10 000 votants, 9 980 pour) ; *-26-10* du duché de Bouillon ; **1795-1814** forment 9 départements français. *Réalisations :* port d'Anvers ; complexe industriel de Liège. **1797** *traité de Campo Formio :* François II renonce à la B. **1798** loi Jourdan : service militaire obligatoire engendrant la *guerre des paysans* (dure 2 mois en Flandre néerlandophone et dans l'Est germanophone ; en déc. massacre de Hasselt). **1814**-*juillet* royaume des P.-Bas réunit Hollande, P.-Bas autrichiens et évêché de Liège.

■ **1814-1830 période hollandaise.** **1815 Guillaume Ier des P.-Bas** (1772-1843). **1815**-*19-2* traité relatif à la Belg. signé au nom du Pce d'Orange. Les anciens P.-Bas espagnols et habsbourgeois sont catholiques ; les anciens P.-Bas orangistes sont protestants (avec une frange Sud catholique). Les Belges francophones, lisant la presse parisienne, sont libéraux. **1830**-*25-8* Bruxelles : *la Muette de Portici* (opéra d'Auber, paroles de Scribe, exaltant l'insurrection des Napolitains contre le régime espagnol) ; au 4e acte, quand le ténor La Feuillade entonne le grand air « Amour sacré de la patrie / Rends-nous l'audace et la fierté / A mon pays je dois la vie / Il me devra la liberté », la foule se déchaîne. La garde bourgeoise rétablit l'ordre, mais Guillaume Ier envoie avec son fils Guillaume (héritier) 6 000 h. à Bruxelles. *-1-9* Guillaume plaide auprès de son père la séparation administrative du Nord et du Sud. *-13-9* délégation de députés belges à l'ouverture des états généraux à La Haye. *-23-9* Frédéric, 2e fils de Guillaume Ier, entre à Bruxelles avec 12 000 h., 4 jours de combats (1 800 †). *-24-9* **Charles Rogier** (1800-85) Pt de la Commission administrative. *-26-9* Pt *(de facto)* du gouvernement provisoire. *-26/27-9* l'armée hollandaise évacue Bruxelles, puis la Belg. sauf la citadelle d'Anvers (enlevée en déc. 1832 par le Mal français *Gérard*). *-28-9* **Lodewijk De Potter** Pt *(de facto)* du Comité central du gouvernement provisoire «de la Belg.». *-4-10* proclamation de l'indépendance.

■ **Création de la Belgique.** **1830**-*6-10* formation d'une Commission constituante. *-3-11* élection au suffrage censitaire des 200 membres du *Congrès national,* qui proclament le 24-11 la déchéance des Nassau. *-4/20-11 conférence de Londres* (Angleterre, Autriche, France, Prusse, Russie) reconnaît la séparation Belg./Hollande. *-13-11* **Charles Rogier** Pt *(de facto)* du Comité central du gouvernement provisoire. **1831**-*20-1 neutralité perpétuelle* décidée. *-3-2* le Congrès élit roi le *duc de Nemours* (16 ans, 2e fils du roi de France Louis-Philippe) par 97 voix contre 74 pour le duc de Leuchtenberg (fils d'Eugène de Beauharnais), et 21 pour l'archiduc Charles d'Autriche, ancien gouverneur des Pays-Bas autrichiens. *-7-2 Constitution.* *-17-2* Louis-Philippe refuse pour son fils (l' Angl. ayant mis son veto). *-24-2* **régence** : **baron Érasme-Louis Surlet de Chokier** (1769-1839). *-4-6* Leopold Ier élu roi. *-9-7 traité des 24 articles* adopté par le Congrès (126 pour, 70 contre). *-17-7* arrivée du roi à La Panne.

■ **Royaume** (en gras responsable du gouvernement). **1831** *-21-7* **Léopold Ier, duc de Saxe, Pce de Saxe-Cobourg Saalfeld** (16-12-1790/10-12-1865) élu 4-6 roi des Belges (sur la proposition de Joseph Lebeau ; 152 voix sur 196 présents au Congrès national) ; prête serment le 21-7. Épouse *1°)* 2-5-1816 Pcesse Charlotte de Grande-Bretagne (7-1-1796/6-11-1817) ; 1 fils né et † le 5-11-1817. *2°)* 9-8-1832 Louise-Marie d'Orléans (3-4-1812/11-10-1850), fille du roi des Français Louis-Philippe et sœur du duc de Nemours. 4 enfants : *Louis-Philippe* (24-7-1833/16-5-1834) ; *Léopold II* (voir col. b) ; *Philippe* (24-3-1837/17-11-1905), Cte de Flandre, épouse 25-4-1867 Pcesse Marie de Hohenzollern-Sigmaringen (17-11-1845/26-11-1912) [5 enfants dont Albert Ier] ; *Marie-Charlotte* (7-6-1840/19-1-1927) épouse 27-7-1857 archiduc Maximilien d'Autriche (6-7-1832/fusillé 19-7-1857), empereur du Mexique. En 1830, Léopold Ier avait accepté la couronne de Grèce, mais, ses revendications politiques n'ayant pas été acceptées, il avait abdiqué avant d'avoir régné. *-26-2* **Albert Goblet d'Alviella** (1790-1873) Union-libérale. *-27-2* **Étienne de Gerlache** (1785-1871) Union-catholique, Pt du Conseil des ministres. *-10-3* **Albert Goblet d'Alviella**, Union-libérale *-23-3* **Étienne de Sauvage** (1789-1867), Union-libérale, chef du Cabinet. *-22-7* Hollandais battent Belges à Hasselt et prennent Louvain. *-2-8* invasion hollandaise, 10 jours de campagne, aide française (50 000 h.), retrait hollandais. *-3-8* **Charles de Brouckère** (1796-1860) Union-libérale *-14-10* conférence de Londres ; impose à la Belg. le *traité des 24 articles,* consacrant indépendance et neutralité : Maastricht, Luxembourg, bouches de l'Escaut sont enlevés à la Belg. *-12-11* **Félix de Mûelenaere** (1794-1862) Union-catholique, et **Cte Barthélemy de Theux de Meylandt** (1794-1874) Union-catholique, ministres d'État. **1832**-*26-3* **Charles de Brouckère**, Union-libérale, Commissaire du Roi. *-17-9* **Albert Goblet d'Alviella**, Union-libérale, ministre d'État. *-20-10* **Joseph Lebeau** (1794-1865) Union-libérale, chef du Cabinet. **1834**-*4-8* **Cte Barthélemy de Theux de Meylandt**, Union-catholique **1839**-*19-4* traité de Londres, roi des P.-Bas reconnaît l'indépendance belge. **1840**-*18-4* **Joseph Lebeau**, Union-libérale **1841**-*13-4* **Jean-Baptiste Nothomb** (1805-81) Union-catholique. **1845**-*30-7* **Sylvain Van de Weyer** (1802-74) Union-libérale **1846**-*31-3* **Cte Barthélemy de Theux de Meylandt**, Union-catholique **1847**-*6-4* loi interdisant d'offenser le roi. *-12-8* **Charles Rogier**, libéral **1848** (puis 1866) neutralité menacée par la Fr. **1852**-*31-10* **Henri de Brouckère** (1801-91) libéral **1855**-*30-3* **Pieter de Decker** (1812-91) Union-catholique **1857**-*9-11* **Charles Rogier,** libéral **1863** Belg. rachète aux P.-Bas le droit de péage sur l'Escaut, libérant le port d'Anvers.

■ **1865**-*17-12* **Léopold II duc de Saxe, Pce de Saxe-Cobourg-Gotha,** (9-4-1835/17-12-1909), fils de Léopold Ier. Épouse *1°)* 22-8-1853 Marie-Henriette de Habsbourg-Lorraine (23-8-1836/19-9-1902), fille de l'archiduc Joseph, prince palatin de Hongrie et de Bohême, et de Marie-Dorothée de Wurtemberg ; 3 enfants : *Louise* (18-2-1858/ 1-3-1924) épouse 4-2-1875 Philippe Pce de Saxe-Cobourg Gotha (28-4-1844/4-7-1921) [1897 le Cte Geza Mattachich († 1921) enlève Louise ; ils sont emprisonnés momentanément en 1898 ; en 1904, Mattachich l'enlève à nouveau, elle obtiendra le divorce le 15-1-1906] ; *Léopold* (12-6-1859/22-1-1869) ; *Stéphanie* (21-5-1864/23-8-1945) épouse 10-5-1881 Rodolphe archiduc héritier d'Autr. (1858-89), puis 22-3-1900 Elémer Pce de Lonyay (1863-1946) ; *Clémentine* (30-7-1872/8-3-1955) épouse 14-11-1910 Pce Victor Napoléon (1862-1926). *2°)* 15-12-1909 Blanche Delacroix (13-5-1883/12-2-1948) d'où 2 fils Lucien et Philippe (Blanche remariée 18-8-1910 à Emmanuel Durrieux, † 1917, qui adopte ses fils). **1868**-*3-1* **Walthère Frère-Orban** (1812-96) libéral **1870**-*2-7* **Jules d'Anethan** (1803-88) cath. **1871**-*7-12* **Jules Malou** (1810-86) cath. **1878** succès libéral. *-19-6* **Walthère Frère-Orban**, libéral **1884** défaite libérale. *-16-6* **Jules Malou**, cath. *-26-10* **Auguste Beernaert** (1829-1912) cath. **1890**-*1-1 Laeken,* château royal de 1782, incendié († de Mlle Drancourt, gouvernante de la Pcesse Clémentine) ; sera reconstruit. **1894**-*26-3* **Jules de Burlet** (1844-97) cath. **1896**-*25-2* **Paul de Smet de Naeyer** (1843-1913) cath. **1899**-*24-1* **Jules Van Den Peereboom** (1843-1917) cath. *-5-8* **Paul de Smet de Naeyer**, cath. **1907**-*1-5* Bon **Jules de Trooz** (1857-1907) cath. **1907**-*28-11* Léopold II lègue à la Belg. le Congo, qui lui appartenait depuis 1885 *(acte de Berlin).* **1908**-*9-1* **François Schollaert** (1851-1917) cath. *-18-10* loi faisant du Congo une colonie belge. **1909**-*17-12* Léopold II meurt, laissant 130 millions de F à la baronne de Vaughan (15 seulement à ses propres filles). Stéphanie et Louise attaquent son testament (Poincaré plaidera pour Stéphanie) et réclament chacune 1/4 du Congo.

■ **1909** *-23-12* **Albert Ier** dit « le roi chevalier » (8-4-1875/17-2-1934, chute en escaladant des rochers à Marche-les-Dames), neveu de Léopold II, fils de Philippe [Cte de Flandre (frère de Léopold II), 24-3-1837/17-11-1905] et de Marie de Hohenzollern (17-11-1845/26-11-1912). Épouse 2-10-1900 Élisabeth de Wittelsbach (Desse en Bavière) 25-7-1876/ 23-11-1965, fille de Charles Théodore, duc en Bavière, et de Marie-José de Bragance, infante du Portugal. 3 enfants : *Léopold III*, duc de Brabant, puis roi (voir col. c) ; *Charles* , Cte de Flandre (10-10-1903/1-6-1983), régent du 20-9-1944 au 20-7-1950, épouse 14-9-1977 Jacqueline Ctesse de Peyrebrune (née 16-2-1921) ; *Marie-Josée* (4-8-1906/2001), épouse 8-1-1930 Humbert, Pce de Piémont (15-9-1904/18-5-1983), roi Humbert II d'Italie (9-5/13-6-1946)]. **1911**-*18-6* Bon **Charles de Broqueville** (1860-1940, Cte en 1920) cath. **1912**-*1-6* **Gérard Cooreman** (1852-1926) cath. Lettre ouverte de Jules Destrée au roi : « Il n'y a pas de Belges, il n'y a que des Flamands et des Wallons. » **1914**-*2-8* la Belg. refuse l'ultimatum allemand de laisser passer l'armée allemande. *-4-8* l'All. viole la neutralité belge, crée un « Conseil des Flandres » avec August Borms (fusillé 1946), et tente d'installer un Conseil wallon. Protégée par les inondations volontaires de l'Yser, la famille royale s'installe à La Panne. Liège résiste (en 1919, le Pt français Poincaré remettra à la ville la Légion d'honneur ; le café viennois devient en Fr. le café liégeois). *Pertes belges lors de la guerre de 1914-18 :* 40 000 militaires (10 % de l'effectif maximal de l'armée), 6 000 civils (en août 1914), 2 614 déportés et 3 000 civils, morts de sept. 1914 à nov. 1918. **1918**-*22-11* élections au suffrage universel égalitaire. **1919**-*18-6 traité de Versailles :* la Belg. reçoit Eupen (176 km^2, 30 000 hab.), Malmédy (813 km^2, 33 000 hab.), St-With (1 469 km^2), le territoire neutre de Moresnet (956 km^2), et un mandat sur le Rwanda-Urundi. *21-11* **Léon Delacroix** (1867-1929) P. cath. **1920**-*7-9* accord militaire défensif avec Fr. **1920**-*20-11* Bon **Henri Carton de Wiart** (1869-1951) P. cath. **1921**-*21-4* municipales : femmes votent pour la 1re fois. *16-12* **Georges Theunis** (1873-1966) P. cath. **1922** *union économique avec Luxembourg.* Légion nationale fondée par Paul Hoornaert (avocat liégeois † en déportation en févr.1944) : 5 000 sympathisants dont 1 000 « chemises bleues » ; rejoint la résistance en juin 1941. **1925**-*13-5* Vte **Aloys Van de Vyvère** (1871-1961) P. cath. *-17-6* Vte **Prosper Poullet** (1868-1937) P.cath. *16-10 accords de Locarno* garantissant frontières. **1926**-*20-5* **Henri Jaspar** (1870-1939) P. cath. **1931**-*5-6* **Jules Renkin** (1862-1934) P. cath. *Verdinaso (Verbond van Dietsche Nationaal Solidaristen :* Union des nationaux-socialistes thiois) fondée par Joris Van Severen (arrêté par les Français en 1940 et fusillé) [1934 se tourne vers le fascisme : salut à la romaine et emblème de la charrue, de la roue dentée et de l'épée (15 000 h. dont 5 000 « chemises vertes ») ; milite pour État « grand belge » regroupant pays flamand, Wallonie, Flandre française et P.-Bas. 1941-*mai* aile pronazie du Verdinaso fusionne avec VNV *(Vlaams Nationaal Verbond :* Union nationaliste flamande ; créée 1933 par Staaf De Clercq qui était pour un État purement flamand ; 25 000 adhérents ; les plus extrémistes étant avec *De Vlag* et Jef Van de Wiele constituant la légion *Algemeene SS Vlaanderer*)]. **1932**-*22-10* Cte **Charles de Broqueville**, P.cath.

■ **1934**-*23-2* **Léopold III** (3-11-1901/25-9-1983), fils d'Albert. Épouse : *1°)* 10-11-1926 (religieusement) et 19-11 (civilement) Pcesse Astrid de Suède, Desse de Vestrogothie (17-11-1905/29-8-1935, accident de voiture à Küssnacht en Suisse) ; *2°)* morganatiquement (religieusement 11-9-1941, civilement 6-12), Mary Lilian Baels (née 28-11-1916) [Pcesse de Belg. connue sous le nom de Pcesse de Réthy] ; abdique 15-7-1951. *Enfants de Léopold III : du 1er mariage :* Pcesse *Joséphine-Charlotte* (née 11-10-1927) [épouse 9-4-1953 Pce Jean grand-duc de Luxembourg (voir à l'Index)] ; roi *Baudouin Ier ;* roi *Albert II ; du 2e mariage : Alexandre* (né 18-7-1942) [épouse 1991 (mariage annoncé 1998) Léa Wolman (2 fois divorcée)], *Marie-Christine* (née 6-2-1951) [épouse : 1°) 23-5-1981 Paul Druker (né 1938), divorce juillet 1981 ; 2°) 28-9-1989 Jean-Paul Gourgues] ; *Maria-Esmeralda* (née 30-9-1956) [épouse avril 1998 Salvador Moncada (né 1945)]. *20-11* **Georges Theunis**, P. cath. **1935**-*mars* belga dévalué. *-25-3* Vte **Paul Van Zeeland** (1893-1973) P. cath. **1936** la Belg. redevient neutre. *-24-5* législatives : PS 32,10 % (au lieu de 37,11 % en 1932), 70 députés (73 en 1932) ; P. catholique 27,67 % (38,55 %), 61 députés (79) + 2 démocrates-chrétiens ; P. libéral 12,40 % (14,28 %), 23 députés (24) ; *rexistes* (voir encadré ci-dessous) 11,5 % [21 députés sur 202 (Flandre 3, Wallonie et Bruxelles 18), 12 sénateurs] ; VNV (nationalistes flamands) 7,12 % (5,92 %), 16 (8) ; PC 6,06 % (2,81 %), 9 (3). *-21-11* Courtrai, Degrelle s'élève contre P. catholique. *-20-11* décret épiscopal condamne le rexisme. **1937**-*24-3* France et G.-B. délivrent la Belg. de ses obligations militaires. *-25-10* All. s'engage à respecter neutralité belge. *-23-11* **Paul-Émile Janson** (1872-1944) P. cath. **1938**-*15-5* **Paul-Henri Spaak** (1899-1972) PS. *-Oct.* municipales : échec rexiste. **1939**-*21-2* Bon **Hubert Pierlot** (1883-1963) P. cath. *-2-4* législatives : rexistes 4,4 % des voix, 4 députés. **1940**-*10-5* attaque allemande (2 millions de Belges se réfugient en France). *-25-5* le gouv. Pierlot se réfugie en France. *-28-5 :* 4 h du matin, Léopold III (Cdt en chef des armées) capitule. *-30-5 Limoges,* assemblée partielle du Parlement belge, affirme que Léopold III ne peut pas régner, le gouv. *Pierlot* estimant « que le roi a rompu le lien qui l'unissait à son peuple et que, placé sous le pouvoir de l'envahisseur, il n'est plus en situation de gouverner », annonce assumer désormais les pouvoirs constitutionnels dévolus au souverain (art. 82 de la Constitution), et s'installe à Londres ; Léopold III, se considérant comme prisonnier volontaire à Laeken, refuse tout contact politique et toute intervention ; cependant le 19-9, il voit Hitler à Berchtesgaden mais n'obtient pas la libération des prisonniers de guerre (sauf des Flamands parce que, dit Hitler, « ils se sont montrés sympathiques et nous ont témoigné de la confiance »). **1944**-*7-6* sur ordre de Hitler, le roi est emmené dans la forteresse de Hirchstein, sur les bords de l'Elbe. *-9-6* famille royale emmenée en All. *-3-9* Bruxelles libéré. *-5-9 traité de Londres :* formation du *Benelux.* *-8-9* gouv. en exil rentre de Londres. **1945**-*12-2* **Achille Van Acker** (1889-1976) PS. *7-5* Léopold III, libéré à Ströbl (Autriche) où il avait été transféré, se retire à Prégny (Suisse, au Reposoir). *-10-5* le **Pce Charles,** régent, et une délégation lui signifient que son retour immédiat serait inopportun. *-29-5* la gauche (socialiste et communiste) exige son abdication, le P. libéral est pour son effacement volontaire, le P. catholique lui est fidèle. *-20-7* Van Acker démissionne. *-20-9* **régence du Pce Charles.** *-17-10* accord signé à Prégny : il y aura un référendum. **1946**-*13-3* **Paul-Henri Spaak**, PS. *-31-3* **Achille Van Acker**, PS. *-3-8* **Camille Huysmans** (1871-1968) PS. **1947**-*20-3* **Paul-Henri Spaak**, PS.

☞ **Pertes dues à la guerre :** *1940 :* 6 516 militaires et 12 000 civils ; *de 1943 à 1945 :* 19 570 civils (dont bombardements du 1-1 au 31-8-44 : 6 500, combats de la Libération 2 622, offensive des Ardennes 1 205), 12 000 déportés ; israélites : 28 000 déportés (la plupart récemment arrivés en Belg. , 1 200 revenus, 140 000 travailleurs envoyés en Allemagne).

1949 adhère au *Pacte atlantique.* *-11-8* **Gaston Eyskens** (1905-88) CVP. **1950**-*12-3* référendum : 57,68 % pour retour du roi, 41,3 % contre (Hainaut et province de Liège ont voté contre ; 72 % des Flamands et 42 % des Wallons ont voté pour). *-8-6* **Jean Duvieusart** (1900-77) PSC. *-20-7* les Chambres votent une motion constatant que l'impossibilité de régner pour Léopold III a cessé. **1950**-*22-7* **retour du roi Léopold III** suivi de grèves et de manifestations. *-30-7 :* 3 † à Grâce-Berleur. *-10-8* Léopold III nomme Baudouin Pce royal et Lt Gal, lui confère les pouvoirs souverains. Quand Baudoin prête serment (11-8), le Pt du PC belge, Julien Lahaut, crie « Vive la République ! » ; il sera assassiné quelques mois plus tard. *-16-8* **Joseph Pholien** (1884-1968) PSC. **1951**-*16-7* Léopold III abdique.

Léon Degrelle (né 15-6-1906 de père français). *1930* direction de Christus-Rex, maison d'édition de l'Action catholique. *1932* fonde la revue *Rex. 1935* chef du rexisme (pour un pouvoir fort et antiparlementaire, un système social corporatif, chrétien, proche du fascisme). *-25-3 :* 1er grand meeting à Bruxelles. *1937-11-4* élections partielles : Degrelle 69 242 voix, Paul Van Zeeland élu avec 275 880 voix. *1940* partisan d'une entente avec l'All., *10-5* arrêté et emprisonné en France (camp du Vernet, Ariège). *-22-7* libéré, crée la légion « Wallonie ». *1941-8-8* combat avec elle contre URSS du côté allemand. *1944-29-12* condamné à mort par contumace. *1945-1-5* Gal de brigade SS. *-7-5* réfugié en Espagne. *1954* naturalisé Espagnol. *1994-31-3* meurt en Espagne.

■ **1951**-*17-7* **Baudouin** (7-9-1930/31-7-1993 villa Astrida, Motril, Esp.), fils de Léopold III. Épouse le 15-12-1960 Doña Fabiola de Mora y Aragon (née 11-6-1928, Madrid), fille de Gonzalo Mora y Fernandez, Mis de Casa Riera, Cte de Mora et de Blanca de Aragon y Carillo de Albornoz. Sans enfants.

1952 Belgique membre de la *Ceca*. *-15-1* **Jean Van Houtte** (1907) CVP. **1954**-*22-4* **Achille Van Acker**, PS. **1956**-*8-8* Marcinelle, incendie dans la mine (263 †). **1957** membre du *Marché commun.* **1958**-*avril, Bruxelles :* Exposition universelle, 45 millions de visiteurs. *-23-6* **Gaston Eyskens**, CVP. **1960**-*30-6 Congo* indépendant. *-14-12* début de manifestations, ouvrières en Wallonie (crise économique). *-15-12* mariage du roi. *20-12* loi unique (prévoyant restriction des allocations-chômage et de l'assurance maladie) discutée au Parlement. Grève insurrectionnelle. **1961**-*22-1* fin de la grève. *-13-2* loi unique adoptée. *-25-4* **Théodore Lefèvre** (1914-73) CVP. **1962**-*1-7 Rwanda-Urundi* indépendant. **1965** querelles linguistiques. *-27-7* **Pierre Harmel** (1911) PSC. **1966**-*19-3* **Paul Van Den Boeynants** (22-5-1919/9-1-2001) PSC. **1967**-*22-5* Bruxelles, incendie magasin Inno (325 †). **1968**-*17-6* **Gaston Eyskens** CVP. **1970** *révision de la Constitution :* autonomie culturelle (art. 59 bis) et régionalisation (art. 107 quater), mise en place des conseils économiques régionaux (CER) et des Stés de développement régional (SDR) prévus par la loi Terwagne. **1973**-*26-1* **Edmond Leburton** (18-4-1915/15-6-1997) PSB. **1974** discussions de Steenokerzeel. Échec. Loi *Perin-Vandekerkhove* (régionalisation préparatoire). Création des conseils régionaux (consultatifs). *-25-4* **Léo Tindemans** (16-4-1922) CVP. **1976** tentative Moreau-Claes de règlement global de la régionalisation ; échec (Volksunie réticente, PSC refuse). **1977** *pacte d'Egmont,* accepté par partis fédéralistes ; le CVP, pourtant signataire, le fait échouer. **1978**-*20-10* **Paul Van Den Boeynants** PSC. **1979**-*3-4* **Wilfried Martens** (19-4-1936) CVP. **1980**-*27-7* attentat contre un car scolaire (juifs) à Anvers (1 †, 19 bl.). *-8/9-8* vote du projet gouvernemental de régionalisation ; pour Bruxelles, rien n'est réglé. Les exécutifs régionaux restent à l'intérieur du gouvernement central. **1981**-*2-4* crise économique : « gel » de la régionalisation. *-6-4* **Mark Eyskens** (29-4-1933) CVP. *-Oct.* bombe devant la synagogue d'Anvers (3 †, + de 100 bl.). *-17-12* **Wilfried Martens** CVP. **1982**-*22-2* dévaluation (8,5 %, 1re depuis 33 ans). *-16-3* manif. à Bruxelles des sidérurgistes de Liège et Charleroi (179 policiers et 100 manifestants blessés). **1984**-*2-10 /déc. 1985* attentats des Cellules communistes combattantes (CCC, dirigées par Pierre Carette). **1985**-*20-4* attentat des CCC contre siège de l'Otan à Bruxelles (1 †). *-1-5* voiture piégée des CCC à Bruxelles (2 †). *-29-5* stade du *Heysel,* Bruxelles, des hooligans britanniques attaquent des supporters italiens lors de la finale de la coupe d'Europe des clubs champions (39 † dont 31 Italiens, 600 bl.). *-Mai* visite de Jean-Paul II. *-16-7* démission du gouvernement Wilfried Martens après celle (15-7) du vice-PM et min. de la Justice Jean Gol ; refusée par le roi Baudouin. *-9-11* supermarché d'*Alost,* 8 tués par gangsters. *-6-12* attentat des CCC à Liège (1 †). *-16-12* arrestation de 4 membres présumés des CCC. **1986**-*6-4* réévaluation de 1 %. *-23-5* plan de rigueur. *-25-6 Van Den Boeynants* (ancien PM) condamné à 3 ans de prison avec sursis et 620 000 FB (95 000 FF) d'amende pour fraude fiscale et usage de faux. **1987**-*15-10 W. Martens,* PM, démissionne (il n'a pas trouvé de solution au problème des *Fourons,* commune en majorité francophone mais rattachée à la Flandre ; le bourgmestre, José Happart, refusant de passer un examen linguistique, avait été destitué puis réélu). *-13-12* élections, succès socialiste. Longue crise ; le gouvernement obtient à la Chambre les 2/3 requis pour continuer la révision de la Constitution entamée en 1970. **1988**-*9-5* **W. Martens** PM (coalition, il a fallu 187 jours pour former le gouv.). *-30-7* projet de loi transférant une série de compétences aux Régions et aux Communautés. *-26-9* procès des 4 membres présumés des CCC. *-23-12* rapports tendus avec Zaïre. **1989**-*6-1* lois spéciales sur cour d'arbitrage et institutions bruxelloises. *-14-1 Van Den Boeynants* (ancien PM) enlevé par des truands, libéré contre 63 millions de FB [févr. : ravisseurs identifiés ; 27-5 à Rio, Patrick Haemers (organisateur du rapt) arrêté ; 14-5-1993 se suicide]. *-16-1* loi spéciale sur finances des Communautés et Régions. *-Mars* assassinat de l'imam Abdallah Ahbal, chef de la communauté musulmane de Belg. (avait rejeté la condamnation à mort de Salman Rushdie) et, le *3-10,* de Joseph Wibran, Pt du Comité des organisations juives de Belg. ; actions revendiquées par « les Soldats du droit ». *-1-12* bombe à l'université libre de Bruxelles (3 bl.). *-Déc.* URSS verse 25 millions de FB pour les dégâts causés par la chute d'un Mig-23 le 4-7 (1 †). **1990**-*29-3* Chambre des députés vote dépénalisation de l'avortement par 126 voix contre 69 (12 abstentions) [le Sénat l'avait approuvée le 6-11-1989 par 102 voix contre 73 et 7 abstentions]. *-13-5* Baudouin, pour ne pas promulguer cette loi, abdique 36 h (art. 82 de la Constitution), le Conseil des ministres assure la *régence.* *-5-4* le Parlement (députés et sénateurs) redonne le pouvoir (245 pour, 93 abstentions) à Baudouin. *- Déc.* plan de restructuration de l'armée. **1991**-*11-1* terroriste palestinien Nasser Saïd libéré en échange des 4 otages du Silco. *-Mai* Bruxelles, émeutes de Maghrébins. *-18-7* Liège, *André Cools* (né 1928), ex-vice-PM du PSW, assassiné par 2 tueurs tunisiens (condamnés, à Tunis, à 20 ans de prison). *-Oct.* Chambres dissoutes. *-29-11* législatives. **1992**-*7-3* **Jean-Luc Dehaene** (7-8-1940) CVP (démissionnera 14-6-1999). *-3-7* service militaire réduit à 8 mois pour appelés, sera supprimé le 1-1-1994. *-30-11/2-12* visite roi et reine en France. **1993**-*25-4* Bruxelles, 20 000 manifestants contre séparatisme.

■ **1993**-*9-8* **Albert II** (né 6-6-1934), fils de Léopold III, frère de Baudouin Ier. Épouse 2-7-1959 Donna Paola Ruffo di Calabria (née 11-9-1937, Italie), fille du Pce Fulco Ruffo di Calabria, duc de Guardia Lombarda, Cte de Sinopoli. *Enfants : Philippe* (né 15-4-1960, surnommé Flupke), duc de Brabant, Pt de l'Office belge du commerce extérieur depuis 1993, épouse 4-12-1999 Mathilde d'Udekem d'Acoz (née 20-1-1973 ; 1,76 m) ; *Astrid* (née 5-6-1962), épouse 22-9-1984 Lorenz de Habsbourg-Lorraine archiduc d'Autriche-Este (né 16-12-1955, voir p. 996 c) dont 4 enfants : Amedeo (né 21-2-1986), Maria-Laura (née 26-8-1988), Joachim (né 9-12-1991), Luisa-Maria (née 11-10-1995) ; *Laurent* (né 19-10-1963).

1993-*26-11* grève générale (1re depuis 1936) contre « le plan global pour l'emploi, la compétitivité et la sécurité sociale » du gouv. **1994**-*21-1* démissions de Guy Coëme, vice-PM [affaire « achats des hélicoptères Agusta » (corruption)], Guy Spitaels (chef du gouv. wallon et Pt du PS en 1988) et Guy Mathot (PS wallon, ministre au moment de l'affaire). *-8-3* suicide du Gal Jacques Lefèvre (né 1930), ancien chef d'état-major de la force aérienne. *-Mai* Didier Pineau-Valencienne, P.-D.G. de Schneider, incarcéré 12 j. *-22-3* Frank Vandenbroucke, min. des Aff. étr., démissionne. *-9/10-10* communales : poussée de extrême droite. *-8-12* démission de Léo Delcroix, ministre de la Défense. **1995**-*1-3* service militaire supprimé. *-4-6* visite Jean-Paul II. *-5-6* selon le cardinal Godried Daneels : « Un procès en béatification du roi Baudouin n'est pas pour l'instant à l'ordre du jour. » *-18-6 :* 180e commémoration de Waterloo, l'instituteur (60 ans) jouant Napoléon est pris d'un malaise cardiaque. *-Oct.* Willy Claes, secr. général de l'Otan et ancien ministre, impliqué dans scandale *Agusta.* *-Oct.* grèves d'étudiants. *-3-10* Ahmed Zaoui, un des chefs présumés du GIA, acquitté (arrêté le 1-3, comparaissait pour association de malfaiteurs). **1996**-*13-8* Marc Dutroux (pédophile) arrêté. *-17-8* découverte des corps de Julie Lejeune et de Mélissa Russo, enlevées le 25-6-1995 à Grasse-Hollonge près de Liège. *-20-10* Bruxelles, *« marche blanche »* (environ 300 000 manifestants) à la mémoire des victimes de la pédophilie. **1997**-*27-2* annonce de la fermeture de l'usine Renault de Villevorde le 31-7 (effective 4-9), 3 097 salariés licenciés prévus ; le 20-3-1998, Renault sera condamné à 1,6 million de FF d'amende pour non-respect du droit du travail. *-16-3* Bruxelles, 100 000 manifestants pour l'emploi (dont Jospin, Hue, Nicole Notat). *-15-10* arrestation d'Andras Pandy, pasteur d'origine hongroise, soupçonné d'avoir assassiné entre 1986 et 1990 ses 2 épouses et 4 de ses 8 enfants. *-9-11* émeute à Anderlecht (après qu'un trafiquant immigré a été tué par la police). **1998** *-Juillet* la Cour européenne de justice condamne la Belgique pour refus du droit de vote (aux municipales) aux ressortissants de l'UE. *-23-12* la Cour de cassation condamne 10 personnalités dont Serge Dassault, Willy Claes (socialiste, ancien secrétaire gal de l'Otan) et Guy Spitaels (ancien Pt du PSB), accusés d'avoir accepté pour leurs partis des avantages financiers des Stés *Dassault,* pour le contrat Caraspace de + de 1 milliard de FF en 1989 (équipement électronique et avions F-16), et *Agusta* (contrat du 8-12-1988 : 46 hélicoptères militaires), à des peines de prison avec sursis et des amendes. **1999**-*28-5* taux élevé de dioxine dans des poulets et œufs révélé tardivement ; *-1-6 :* 2 ministres, Karel Pinxten (CVP, Agriculture) et Marcel Colla (SP, Santé), démissionnent. *-13-6 législatives :* succès des libéraux. *-17-6* Charleroi, match Angl./All. : bagarres. *-11-7* gouvernement **Guy Verhofstadt** (VLD) : 18 ministres (dont 3 femmes) dont libéraux 7, socialistes 6, écologistes 5. **2000**-*10/30-1* régularisation des sans-papiers en Belg. depuis le 1-10-1999 (40 000 demandes déposées). *-8-10* municipales à Anvers : Vlaams Blok, 33 % des voix.

Albert II

■ POLITIQUE

■ **Statut.** *Monarchie constitutionnelle et parlementaire.* **Constitution** 7-2-1831, révisée 1888, 1893, 1919-21, 1970, 1980, 1988, 1991 [fils aîné du roi (héritier) ou, à défaut, le petit-fils aîné ; titré duc de Brabant (arrêté royal du 24-12-1840), son fils aîné Cte de Hainaut]. Depuis 8-3-1991, succession par primogéniture absolue ou cognatique (les filles aînées montent sur le trône même si elles ont des frères cadets). 1993-*6-2 :* art. 1er révisé pour transformer le pays en État fédéral ; ratifié par le Parlement le 14-7, entré en vigueur après les élections de déc. 1995. **Gouvernement :** en général, coalition (partis traditionnels) depuis 1919. Depuis 1967-71, secrétaires d'État adjoints aux ministres, et parité confirmée : ministres francophones et néerlandophones, PM non compté.

■ **État fédéral.** Composé de 3 Communautés et de 3 Régions. *Compétences de l'État* : finances, défense, justice, sécurité sociale, affaires étrangères et, en partie, santé publique et affaires intérieures. **Communautés :** *compétences :* culture, enseignement, audiovisuel, médecine, protection de la jeunesse, emploi des langues, recherche scientifique. **Régions :** *compétences :* aménagement, urbanisme, environnement, rénovation rurale, logement, eau, tutelle des provinces et communes, emploi, travaux publics, transports, économie, crédit, commerce extérieur, agriculture, énergie, recherche.

■ **Sénat.** *Compétences* (réduites) : fonctions constituantes et législatives, règlement des conflits entre Communautés, traités internationaux. *Membres* (âges minimal 21 ans) : 71 (pour 4 ans) dont 40 élus (par collège électoral néerlandais 25, français 15), 21 désignés par les Conseils de Communauté en leur sein (dont 10 francopho-

ÉLECTIONS À LA CHAMBRE DES REPRÉSENTANTS ET AU SÉNAT DE 1916 À 1999

(*Source* : Parlement)	1916	1968	1971	1974	1977	1978	1981	1985	1987	1991	1995	1999[3]
Chambre des représentants												
PSC-CVP (social-chrétien)	96	69	67	72	80	82	61	69	61	57	41	32
PS-SP (socialiste)	84	59	61	59	62	58	61	67	70[1]	63	41	33
PRL-PVV (VLD depuis 1992, réformateur libéral)[2]	20	47	34	30	33	37	52	46	48	46	39	41
FDF (Front démocrate des Bruxellois francophones)	–	12	24	25	15	15	8	3	3	3	–	–
PCB (communistes)	–	5	5	4	2	4	2	–	–	–	–	–
VU-ID (nationalistes flamands)	–	20	21	22	20	14	20	16	16	10	5	8
Écolo-Agalev	–	–	–	–	–	–	4	8	9	17	11	20
UDRT	–	–	–	–	–	1	2	1	–	–	–	–
Vlaams Blok	–	–	–	–	–	1	1	1	2	12	11	15
ROSSEM (P. des libertins)	–	–	–	–	–	–	–	–	–	3	–	–
FN-NF	–	–	–	–	–	–	–	–	–	1	2	1
Autres	2	–	–	–	–	–	1	1	3	–	–	–
Total Chambre	*202*	*212*	*212*	*212*	*212*	*212*	*212*	*212*	*212*	*212*	*150*	*150*
Sénat												
PSC-CVP (social-chrétien)	81	64	61	66	70	73	56	60	55	52	10	9
PS-SP (socialiste)	73	53	49	50	52	53	52	61	65	56	11	8
PRL-PVV (VLD dep. 1992)	17	37	29	27	26	27	43	42	39	41	11	11
FDF	–	8	19	21	15	15	6	2	2	2	–	–
PCB Communistes	–	2	1	1	1	2	1	–	–	–	–	–
Volksunie VU	–	14	19	16	17	11	17	12	13	8	2	2
Écolo-Agalev	–	–	–	–	–	–	5	6	8	19	3	6
UDRT	–	–	–	–	–	–	1	0	0	–	–	–
Vlaams Blok	–	–	–	–	–	–	–	–	1	6	3	4
Autres	1	–	–	–	–	–	–	–	–	1	–	–
Total Sénat	*172*	*178*	*178*	*181*	*181*	*181*	*181*	*183*	*183*	*185*	*40*	*40*

Nota. – (1) Pour la 1re fois depuis 1936, les socialistes (flamands et francophones) sont, avec 31 % des voix, le parti majoritaire à la Chambre. (2) Depuis 1995, PRL-FDF-VLD. (3) en 1999 échec des sociaux-chrétiens et des socialistes, mais coalition entre libéraux, socialistes et verts.

nes, 10 flamands et 1 germanophone), 10 cooptés par les partis (4 francophones et 6 flamands) plus 2 sénateurs de droit (Pce Philippe et Pcesse Astrid). *Pt :* Frank Swaelen (CVP).

■ **Chambre des représentants.** *Compétences :* contrôle le gouv., responsabilité des ministres, budgets, armée, naturalisations, fonctions législative et constituante avec le Sénat. *Membres* (âge minimal 21 ans) : 150 élus au suffrage universel à la proportionnelle pour 4 ans. *Pt :* Raymond Langendries (PSC). *% des voix obtenues au 13-6-1999 :* CVP 14,9 ; VLD 14,3 ; PS 10,16 ; PRL-FDF 10,14 : Vlaams Blok 9,87 ; SP 9,55 ; PSC 7,7 ; Écoco 7,36 ; Agalev 6,99 ; PSC 5,88 ; VU-ID 5,56 ; VU 4,7 ; FN 1,45.

☞ Vote obligatoire.

■ **Communautés. Flamande** (Vlaamse Gemeenschap, 6 000 000 d'hab.). PARLEMENT (Vlaamse Raad) ; 124 membres (118 élus directs dans les arrondissements flamands ; 6 choisis par les élus bruxellois flamands en leur sein). *Pt :* Norbert de Batselier (SP). *Siège :* Bruxelles. *Composition* (en 1999) : 28 CVP, 27 VLD, 20 SP, 22 VB, 12 VU, 12 Agalev, 1 UF. GOUVERNEMENT : 11 membres (dont 1 Bruxellois) : 7 CVP, 3 SP. MINISTRE-PRÉSIDENT : Luc Van den Brande (CVP). **Française de Belgique** (4 100 000 hab.). PARLEMENT (Conseil de la Communauté française) ; 94 membres (75 élus directs dans les arrondissements wallons ; 19 choisis par les élus bruxellois francophones en leur sein). *Pte :* Anne-Marie Corbisier (PSC). *Siège :* Bruxelles. *Composition* (13-6-1999) : 35 PS, 28 PRL-FDF, 18 PSC, 10 Écolo, 1 FN, 2 divers. GOUVERNEMENT : 4 membres (dont 1 Bruxellois) : 3 PS, 1 PSC. MINISTRE-PRÉSIDENTE : Laurette Onkelinx (PS). **Germanophone** (68 000 hab., 3 876 km²). PARLEMENT (Rat der Deutschsprächiger Gemeinschaft) ; 25 membres (élus directs des 9 communes des cantons d'Eupen et Sankt Vith). *Pt :* Manfred Schunk (CSP). *Siège :* Eupen. *Composition* (13-6-1999) : 9 CSP, 6 PFF, 4 SP, 3 PDB-PJU, 3 Écolo. GOUVERNEMENT : 3 membres : 2 CSP, 1 SP. MINISTRE-PRÉSIDENT : Joseph Maraîte (CSP).

■ **Régions. Flamande** (Vlaamse Gewest 13 522 km², 5 898 824 hab.). PARLEMENT : Vlaamse Raad (voir Communauté flamande ci-dessus) ; 118 membres : élus directs flamands, traitent des questions ne touchant que la Région flamande, sans les élus bruxellois. *Siège :* Bruxelles. Le Vlaamse Raad fusionne institutions régionale et communautaire. Seule assemblée à siéger *hors* de la Région qu'elle représente. GOUVERNEMENT : voir Communauté flamande, pas de membre bruxellois. **Wallonne** (16 844 km², 3 320 805 hab.). PARLEMENT : wallon (ex-Conseil régional wallon) ; 75 membres [élus directs des arrondissements wallons (dont germanophones)]. Les franchophones siègent au Conseil de la Communauté française. *Pt :* Yvon Biefnot (PS, depuis mars 1997). *Siège :* Namur. *Composition* (13-6-1999) : 25 PS, 21 PRL, 14 PSC, 14 Écolo, 1 FN. GOUVERNEMENT : 7 membres : 4 PS, 3 PSC. MINISTRE-PRÉSIDENT : Robert Collignon (PS). **Région de Bruxelles-capitale** (161 km², 950 597 hab.). PARLEMENT : de la Région de Bruxelles-capitale ; 75 membres (élus directs des 19 communes de la Région de Bruxelles-capitale ; 19 francophones sont choisis par leurs pairs pour siéger au Conseil de la Communauté française ; 6 Flamands sont choisis par leurs pairs pour siéger au Vlaamse Raad élargi). *Pt :* Armand de Decker (PRL-FDF). *Siège :* Bruxelles. *Composition* (13-6-1999) : 27 PRL-FDF, 13 PS, 6 PSC, 14 Écolo, 2 FN, 3 CVP, 6 divers, 4 Vlaams Blok, 1 Volksunie. Les francophones forment la commission communautaire française (COCOF) et les néerlandophones la Vlaamse Gemeenschapscommissie (VGC). Chaque commission traite des problèmes de sa communauté. PT DE LA COCOF : Robert Hotyat (PS) ; DE LA VGC : Robert Garcia (SP). GOUVERNEMENT : 8 membres (5 ministres, 3 secrétaires d'État) : 3 PRL-FDF, 2 PS, 1 CVP, 1 SP, 1 Volksunie. MINISTRE-PRÉSIDENT : Charles Picqué (PS) ; *président du collège COCOF :* Hervé Hasquin (PRL-FDF) ; *VGC :* Jos Chabert (CVP).

☞ Outre les Fransquillons de Flandre, il existe également 125 000 francophones vivant dans la périphérie bruxelloise mais en Région flamande (Brabant flamand, 6 communes). Statut spécial pour les francophones : Crainhem, Wezembeek, Wemmel, Drogenbos et Rhode St Genèse : 66 % de francophones ; une dizaine sans statut spécial : environ 15 % de francophones. Représentés par 5 élus provinciaux et 1 député (Vlaamse Raad).

■ **Divisions. Administrative :** 10 provinces, 43 arr., 214 cantons, 589 communes (*1920 :* 2 838, *32 :* 2 670, *72 :* 2 359, *75 :* 589, *77 :* 596). **Judiciaire :** 26 arr., 222 cantons. **Électorale :** 214 cantons.

■ **Fêtes. Nationale :** 21-7 (prestation du serment constitutionnel de Léopold Ier en 1831) ; **de la dynastie** (en l'absence des souverains) : 15-11 depuis 1866, sous Léopold II, jour de la St-Léopold. En 1909, Albert Ier choisit le 26-11 (St-Albert). Mais 3 ans plus tard, sa mère la Pcesse Marie étant morte ce jour-là, il déplaça la fête au 15-11. Cette date étant proche de celle de l'armistice après 1918, la fête fut déplacée au 27 puis rétablie le 15-11 à partir de 1934 [les francophones célèbrent le 27-9 (anniversaire de la victoire sur les Hollandais dans le parc de Bruxelles en 1830) et les néerlandophones le 11-7 (anniversaire de la bataille des Éperons d'or, 1302)]. **Drapeaux. National :** hissé 26-8-1830, avec 3 bandes horizontales ; adopté 23-1-1831 : 3 bandes verticales noir, jaune et rouge (couleurs issues des armes du Brabant). **Bruxelles-capitale :** d'azur à l'iris stylisé d'or bordé d'argent). **Communauté flamande :** lion noir aux griffes et langue rouges sur fond jaune ; **française et région wallone :** d'or au Coq hardy de gueules ; **germanophone :** lion rouge entouré de 9 quintefeuilles bleues sur fond blanc et surmonté d'une couronne royale. **Emblème héraldique.** Lion *(Leo Belgicus)* avec la devise « l'Union fait la force ».

Les Fransquillons (Franskiljoen) : Flamands monolingues en français (3,5 % en Flandre et Limbourg, 1 % à Anvers), appartiennent généralement au commerce et à la banque. Entre 1880 et 1950, de nombreux écrivains et poètes de langue exclusivement française étaient de Flandre [Flamands bilingues (20 % en Flandre, 18 % à Anvers)].

■ **Justice.** *Peine de mort :* abrogée dans le Code pénal ; n'était plus appliquée depuis un siècle, sauf en 1918 à Furnes (le bourreau étant en zone occupée, on fit venir de Paris Antoine Deibler) ; le dernier bourreau belge est mort en 1929 sans avoir officié.

HYMNE NATIONAL BELGE

La Brabançonne. Musique de François Van Campenhout. **Paroles** écrites en 5 versions ; *Ire version : 1830* par l'orateur français Louis-Alexandre Dechet (dit Jenneval, tué 18-10-1830) ; en *1860*, Charles Rogier refait le 4e et dernier couplet : « Ô Belgique, ô mère chérie / À toi nos cœurs, à toi nos bras. / À toi notre sang, ô Patrie. / Nous le jurons tous : tu vivras. / Tu vivras toujours grande et belle / Et ton invincible unité / Aura pour devise immortelle : "Le Roi, la Loi, la Liberté" *(ter).* »

☞ **Wallonie :** « Le chant des Wallons ». **Flandre :** « Vlaamse Leeuw ». **Bruxelles** et **Germanophones :** n'ont pas d'hymne.

■ PARTIS

■ **Partis dits traditionnels. Christelijke Volkspartij (CVP) – Parti social-chrétien (PSC)** fondé 18-8-1945, succède au Bloc catholique d'avant-guerre. Liste unitaire jusqu'en 1968. Scission définitive en 1972. **CVP :** néerlandophone. *Membres :* 120 000. *Pt : 1979* Léo Tindemans (né 16-4-1922) ; *1982* Frank Swaelen (23-3-1930) ; *1988* Herman Van Rompuy (31-10-1947) ; *1992* Johan Van Hecke (2-12-1953) ; *1996-juin* Marc Van Peel (18-9-1949) ; *1999 :* Stefaan De Clerck. **PSC :** francophone. *Membres :* 3 000. *Pt : 1979* Paul Vanden Boeynants (22-5-1919) ; *1982* Gérard Deprez (3-8-1943) ; *1996-mars* Ch.-Ferdinand Nothomb (3-5-1936) ; *1998-juin* Philippe Maystadt (14-3-1948) ; *1999-23-10* Joëlle Milquet (17-2-1961).

Socialistische Partij (SP) – Parti socialiste (PS) succède en 1945 (PS belge) au Parti ouvrier belge (POB) fondé 5/6-4-1885. Scission le 26-11-1978 en 2 ailes linguistiques (congrès constitutifs PS à Namur, SP à Gand). **PS :** francophone. *Membres :* 110 000. *Pt : 1978* André Cools (1928 18-7-1991 ass) ; *1981* Guy Spitaels (3-9-1931) ; *1992-6-1* Philippe Busquin (6-1-1934) ; *1999-10-10* Elio Di Rupo (18-7-1951). **SP :** néerlandophone. *Membres :* 90 000. *Pt : 1978* Willy Claes (24-11-1938) ; *1989* Frank Vandenbroeck (21-10-1955) ; *1994-11-10* Louis Tobback (31-5-1938) ; *1999-16-10 :* Patrick Janssens.

Vlaamse Liberaal-Democraten (VLD) – P. réformateur libéral (PRL) héritiers du Parti libéral fondé 14-6-1846 (1er parti belge). Parti unitaire sous le sigle PLP-PVV jusqu'en 1972. *Pt : 1961* O. Vanaudenhove ouvre le parti aux chrétiens (succès). **PRL :** francophone. *Membres :* 38 500. *Pt : 1979* Jean Gol (8-2-1942/18-9-1995) ; *1982* Louis Michel (2-9-1947) ; *1988-92 :* 2 Pts : Antoine Duquesne (3-2-1941), Daniel Ducarme (8-3-1954) ; *1992* Jean Gol ; *1995-21-10* Louis Michel ; *1999-21-11* Daniel Ducarme. [1976 : PLP + 1/2 RW = PRLW ; 1979 : PRLW + PLDP bruxellois = PRL] ; *1993 :* fédération PRL/FDF (alliance) ; *1998 :* fédération PRL/FDF/MCC (alliance). **VLD :** néerlandophone. *Membres :* 85 000. *Pt : 1982* Guy Verhofstadt (11-4-1954) ; *1985* Annemie Neyts (17-6-1944) ; *1989* Guy Verhofstadt (démissionne en mai 1995) ; *1995* Herman de Croo (12-8-1937) ; *1997-7-6* Guy Verhofstadt. *1999-20-11* Karel de Gucht [1992 : PVV (P. liberté & progrès) devient VLD – Parti du citoyen.]

■ **Ecolo (Écologistes confédérés dans l'organisation de luttes originales).** *Dirigeants :* Jacques Bauduin, Brigitte Ernst de la Graete, Philippe Defeyt.

Anders gaan leven (Agalev) écologistes flamands. **Vivre et travailler autrement** ; écologistes néerlandophones. Fondé 1982. *Pt :* Wilfred Bervoets. *Membres :* 4 000.

■ **Autres partis nationaux. Divers :** PH-HP (Parti humaniste) issu du « Mouvement » ; fondé 1989. PLN-NWP (Parti de la loi naturelle) *fondé* 1993. **Extrême droite :** PFN (Forces nouvelles) ; PCN (communautaire national). **Front national-Nationaal Front (FN-NF),** fondé 1984 par Daniel Féret (7-8-1944), député européen, Pt réélu le 4-5-1996. 1991 : 1ers élus en Wallonie et à Bruxelles, pas d'élus flamands ; *élus 1995 :* Chambre : 2 ; Parlement bruxellois : 6 ; Parlement wallon : 2 ; Parlement flamand : 0. **Front nouveau** fondé 1996, dissidence du FN extrême droite ; *Pte :* Marguerite Bastien. **Vlaams Blok** fondé 29-5-1979 ; fusion de 2 partis d'extrême droite flamands : VVP (Parti populaire flamand) et VNP (Parti national flamand) ; pour l'indépendance de la Flandre, réclame départ des immigrés et francophones de Flandre et rattachement du nord de la France (Hazebrouck-Dunkerque) à la Flandre. 15 députés, 6 sénateurs, 2 parlementaires européens. *Membres* (en 2001) : 17 953. *Pt-fondateur :* Karel Dillen (16-10-1925), député européen ; *depuis juin 1996 :* Frank Vanhecke (30-5-1959), député européen. **Extrême gauche :** PTB (Parti du Travail de Belgique)-PVDA (Partij van de Arbeid) [maoïste khmer rouge] ; POS (Parti ouvrier socialiste)-SAP (Socialistische Arbeiderspartij) [IVe Internationale]. **EDB (Entente des Belges – Eenheid der Belgen)** fondée 1995 ; unitariste ; fusion du BEB (Belgique-Europa-België) et d'UNIE ; pas d'élus. **PC (Parti communiste)-KP (Kommunistische Partij)** fondé 1921 ; plus d'élus depuis 1987 ; cartel gauche unie en 1994 (échec). *Pt francophone :* Pierre Beauvois, *membres :* 500 ; *Pt néerlandophone :* Ludo Loose. *Membres :* 1 500. **PDB (Partei der Deutschsprachigen Belgier)** [P. des germanophones de Belgique] fondé 1971 ; *Pt :* Alfred Keutgen ; allié au mouv. Juropa (Jeunes Européens) depuis 1995 (15 % Conseil de la communauté germanophone). Branches germanophones du PS (SP), PRL (PFF), PSC (CSP), Écolo. **UDRT (Union pour la défense et le respect du travail) : RAD (Respect aan den Arbeid)** fondée 1976. Poujadiste, proche de l'UDCA. Plus d'élus depuis 1985. *Pt :* Robert Hendrickx ; en sommeil. **Rossem – Rossum** fondé 1991. Anarchiste ; 3 élus en 1991 ; dissous. **VU (Volksunie)** [Union populaire] fondé 14-12-1954 ; 1991 : VU-VVD (Vlaamse Vrije Democraten – Démocrates flamands libres) centre-gauche ; pour l'indépendance de la Flandre. *Membres :* 16 000. *Pt : 1975* Hugo Schiltz (28-10-1927) ; *1979* Vic Anciaux (24-12-1931) ; *1986* (rejoint VLD) Jaak Gabriels (22-9-1943) ; *1992* Bert Anciaux (11-9-1959, fils de Vic) ; *1998* Patrik Vankrunkelsven (2-5-1957) ; *2000* Geert Bourgeois (6-7-1951) ; *2001 :* Fons Bozginon (12-7-1966). **WOW (Waardig Ouder Worden)** « Vieillir dignement », 3e âge) fondé 1995. **MCC (Mouvement des Citoyens pour le Changement)** fondé 7-3-1998, *Pt :* Gérard Deprez (ancien Pt du PSC).

MOUVEMENTS FLAMANDS (activisme violent) : **Voorpost** (Avant-Garde) ; **VMO (Vlaams Militante Orde** [Ordre militant]) ; **TAK (Taal Aktie Komitee** [Comité d'action linguistique]) ; **Were-Di** (« Défends-toi »). **Écolo :** écologistes francophones ; confédéré en Organisation de luttes originales ; fondé 1980 ; *secr. :* J. Morael et I. Durant. *Membres :* 2 500.

MOUVEMENTS FRANCOPHONES : FDF (Front démocratique des francophones) fondé 1964 ; défense des francophones de Bruxelles et périphérie. *Membres :* 6 000. *Pt : avant 1977* Léon Defosset ; *1977* Antoinette Spaak (27-6-1928) ; *1984* Georges Clerfayt (23-4-1935) ; *1995-oct.* Olivier Maingain (3-8-1958). Allié jusqu'en 1985 au RW, fédération avec le PRL depuis 1993. **UF (Union des francophones)** alliance fondée 1994. Défense des francophones périphérie bruxelloise. *Élus :* 5 conseil Brabant flamand ; 1 Parlement flamand. **RW (Rassemblement Wallonie-France)** *Pt :* Henry Gendelren regroupe depuis 27-1-1999 **Rassemblement wallon** fondé 20-2-1968, fusion de 4 partis autonomes wallons et 25 MOUVEMENTS WALLONS : **Wallonie région d'Europe** (autonomiste) *Pt :* J. Happart, député européen PS. **AGIR (Avant-Garde d'initiative régionaliste)** fondée 1989, extrême droite. **FRW (Front régional wallon)** fondé 1992, extrême droite. *Pt :* Luc Michel. **Wallonie libre** (indépendantiste) *Pt :* R.-E. Evrard.

☞ **Vivant :** nouveau parti prône le revenu minimum universel ; 3 % aux législatives du 13-6-1999 ; *Pt :* Roland Duchatelet.

■ **Noblesse.** Selon la Constitution, aucun privilège ne peut lui être attaché ; elle n'a qu'un caractère honorifique. Appartiennent à la noblesse officielle du royaume les descendants légitimes du nom de ceux dont la noblesse ou les titres ont été reconnus ou concédés de 1815 à 1830 par le roi Guillaume Ier des Pays-Bas et, après 1831, par le roi des Belges, ainsi que ceux qui, eux-mêmes, ont levé des lettres patentes nobiliaires. Lorsque le territoire belge et celui des Provinces-Unies furent unis (1814) pour former le royaume des Pays-Bas (1815), la noblesse y avait perdu toute existence légale depuis l'annexion des provinces belges à la France (le décret de l'Assemblée nationale française de juin 1790, abolissant la noblesse, étant entré en vigueur dès sa publication en novembre 1795).

Titres : hiérarchie (disposition du 12-12-1838) : *prince, duc, marquis, comte, vicomte, baron, chevalier.* Les non-titrés ont droit au titre d'*écuyer* (en néerlandais : *jonkheer* pour les hommes, *jonkvrouw* pour les femmes). Tous ceux qui font partie de la noblesse ont droit, en français, à la qualification de messire (sans correspondant pour les femmes), en néerlandais à celle de *Hoogwelgeboren Heer* ou *Hoogwelgeboren Vrouw,* et *Hooggeboren Heer* ou *Hooggeboren Vrouw,* s'ils ont un titre de vicomte ou un titre supérieur.

Statistiques : de 1814 à 1986, 1 459 familles ont fait l'objet de reconnaissance ou d'anoblissement : 761 reconnues avant 1795 (date de l'application des lois françaises abolissant la noblesse), dont 358 éteintes ; 11 titrées par Napoléon, dont 5 étrangers ; 37 anoblies par Guillaume Ier, dont 23 étrangers ; 586 anoblies par les souverains belges depuis 1831, dont 111 étrangers. De 1987 à 99, 236 anoblissements. En 1986, 980 familles nobles subsistaient (dont 401 antérieures à 1789) : 9 princières, 5 ducales, 10 ayant titre de marquis, 85 de comte, 35 de vicomte, 317 de baron, 113 de chevalier, les autres ayant titre d'écuyer. En 2000, 25 nouvelles faveurs nobiliaires ont été accordées.

Familles princières belges : *Arenberg* (St Empire 1576, admis en Belgique en 1953) ; *Bernadotte :* Pce et duc de Ponte Corvo (1806), Pce héréditaire de Suède et Norvège (1810), titre personnel de Pce concédé en Belgique 1938 ; *Béthune-Hesdigneul* (1781, titre des Pays-Bas catholiques, reconnu en Belgique 1888 et 1932, éteint 1976) ; *Croÿ*, Pce de Solre (1677) et du St Empire (1742) ; *Habsbourg-Lorraine* (St Empire 1274, admis en Belgique en 1978) ; *Ligne* (St Empire 1601) ; *Lobkowicz* (St Empire 1624, admis en Belgique 1958) ; *Looz-Corswarem* (1825 ; l'aîné est duc : 1734) ; *Mérode*, confirmation des titres de Pce de Rubempré et d'Everberg (1823), Pce de Grimberghe (1842), titre de Pce de Mérode à tous (1930) ; *Riquet de Caraman-Chimay* (incorporé dans la noblesse belge 1824, avec le titre de Pce de Chimay).

Familles ducales belges : *Arenberg* (1612 duc d'Arschot pour l'aîné ; 1644 titre de duc avec souveraineté St Empire, autorisé en Belg. en 1993), *Beaufort-Spontin* (duc 1782 aux P.-Bas catholiques. Anciens Pces du St Empire en 1783), *Croÿ, Looz-Corswarem* [duc 1734, titre des P.-Bas catholiques anciens, avec souveraineté en St Empire (Rehina-Wolbeck) 1803], *Ursel* (duc 1716, titre des P.-Bas catholiques anciens, autorisé en Belg. en 1884).

■ ÉCONOMIE

■ **PNB** (en 1999). 234,01 milliards de $, 22 880 $ par hab. **PIB** par hab. (en FB/an, 1997) : royaume 852 104, Wallonie 667 786, Flandre 880 655, Bruxelles 1 307 040. **Population active** (en %) **et,** entre parenthèses, **part du PNB** (en %) : agr. 2,3 (1,2), ind. 25,9 (28,4), services 71,9 (70,4). **En milliers de pers. en 1999 :** primaire 85,7 secondaire 956,4, tertiaire 2 757,1, chômeurs 505,3, frontaliers 54,1. *Secteur public* (en 1999) : 986 460 personnes occupées. **Croissance** (en %) : *1992* : 1,8 ; *93* : – 1,6 ; *94* : 2,2 ; *95* : 2,1 ; *96* : 1,5 ; *97* : 2,2 ; *98* : 2,6 ; *99* : 2,5 ; *2000* : 3,8. **Chômage** (en %) : *1980* : 7,8 ; *85* : 13,2 ; *90* : 9,7 ; *95* : 9,9 ; *96* : 9,7 ; *97* : 9,2 ; *98* : 9,5 ; *99* : 8,8 ; *2000* : 7.

■ **Budget** (en milliards de FB, 2000). **Recettes** (en milliards de FB, 1999) : Trésorerie de l'État fédéral 1 589,5 ; **dépenses :** 1 651,9. **Dette officielle du Trésor :** 10 127,8 (101,1 % du PIB) dont en monnaies étrangères 347,2. **Réserves de change de la Banque nat.** (en 1999) : 491,9 dont encaisse or 96,9. **Stock de monnaie fiduciaire** (en 2000) : 476,5. **Dette extérieure** (en 1999) : 3 085,1 (32,7 % du PIB) [le 21-3-1998, la Banque nationale a vendu 229 t d'or (50 % de ses réserves) pour 92 milliards de FB] ; **publique** (en % du PIB, 1999) : 115. **Inflation** (en %) : *1990* : 3,5 ; *91* : 3,2 ; *92* : 2,4 ; *93* : 2,8 ; *94* : 2,4 ; *95* : 1,5 ; *96* : 2,1 ; *97* : 1,6 ; *98* : 0,95 ; *99* : 1,3 ; *2000* : 2,5.

☞ **Balance des comptes courants** (en milliards de FB) : *1985* : 41,3 ; *90* : 123 ; *95* : 420 ; *96* : 435 ; *97* : 484.

■ **Agriculture. Utilisation du sol** (en 19998, en %). Prairies, cultures, pâturages permanents 29, terres labourables 29, forêts 20, terrains résidentiels 7, transports et télécommunications 6, fagnes, landes, friches 5, industries, commerces, bureaux 3, parcs, terrains de loisirs 1. Productive et intensive. Exploitations 20,5 ha en moy. *Wallonie :* forêts, céréales, betteraves, élevage extensif ; *Flandre :* élevage intensif, p. de t., lin, houblon, tabac, maraîchage, fleurs. **Balance agricole :** bénéficiaire (+ 6 584 milliards de FB, en 99). **Production** (en millions de t, 1999) : bett. à sucre 6,1 ; p. de t. 2,7 ; froment 1,6 ; orge 0,35 ; seigle 0,04, avoine 0,03. **Élevage** (en milliers de têtes, 1999). Poulets 39 483, porcins 7 706, bovins 3 085, dindes 278, ovins 160, canards 39, chevaux 31. **Pêche** (en 1999). 18 071 t dont mollusques et crustacés 1 583.

■ **Énergie. Charbon :** *production* (en millions de t) : *1960* : 24 ; *85* : 6,2 ; *90* : 1 ; *92* : 0,3 ; *93* : fermeture. **Gaz** (en millions de m³) : *1990* : 654,6 ; *95* : 432,9 ; *96* : 422,4 ; *97* : 372,1 ; *98* : 379,4. ; *99* : 378,1. **Électricité** (en milliards de kWh, 1999) : 84,5 dont 49 d'origine nucléaire (*1981* : 48). La Belgique a décidé en déc. 1988 de geler son programme nucléaire. **Consommation d'énergie primaire** (en millions de t d'équivalent pétrole, 1999) : 57,3 dont produits pétroliers 23,6, gaz naturel 14,8, électricité nucléaire 11, combustibles solides 7,5.

■ **Industrie.** Textile, sidérurgie, métallurgie. **Production** (en milliers de t, 1999) : fonte 8 430, acier 10 931, zinc 232, plomb 109, cuivre 368.

■ **Flotte marchande** (au 1-1-2000) : 17 navires (dont, en 1997, sous pavillon luxembourgeois 16, belge 10, divers 4) jaugeant 322 414 t brut. **Transports** (en km, au 1-1-1999). **Routes :** autoroutes 1 691, régionales 12 542, provinciales 1 349, communales 130 900. **Voies ferrées :** 3 472. **Voies navigables :** 1 569,30 (en 96). **Tourisme** (en 1999). 28 477 256 nuitées d'étrangers.

■ **Commerce** [en milliards de FB, 2000 (Belg. et Lux.)]. **Export. :** 8 114 *dont* électrotechnique 1 316, prod. chimiques 1 229, matér. de transport 1 109, produits agricoles 755, plastiques 664, textiles 448, minerais 419 *vers* France 1 427, All. 1 359, Pays-Bas 1 015, USA 480. **Import. :** 7 753 *dont* électrotechnique 1 398, produits chimiques 1 012, matér. de transport 912, minerais 727, produits agricoles 672, plastiques 444, textiles 368 *de* France 1 427, Pays-Bas 1 310, All. 1 283, USA 567, Japon 222. **Balance** (en milliards de $) : *1990* : – 2 ; *91* : – 2,7 ; *92* : – 1,59 ; *93* : 7,27 ; *94* : 11,64 ; *95* : 14,51 ; *96* : 13,05 ; *97* : 10,09 ; *98* : 7,5 ; *99* : 7,5. **Port d'Anvers :** *trafic* (en millions de t) : *1998* : 119,78 ; *1999* : 115 (15 400 navires).

■ **Rang dans le monde** (en 1999). 21e uranium, 22e p. de t., porcins.

BÉLIZE

Carte p. 1106. V. légende p. 950.

☞ *Abréviation :* B. : Bélize.

■ **Nom.** *Honduras britannique* jusqu'au 1-6-1973.

■ **Situation.** Amérique centrale. **Superficie :** 22 960 km² (dont eau 160). **Frontières :** 516 km ; avec Mexique 250, Guatemala 266. **Côtes :** 386 km. *Longueur maximale :* 186 km. *Largeur maximale :* 118 km. **Altitude** *maximale :* Victoria Peak 1 160 m. **Relief :** fraction du plateau du Yucatán, bordé par 2 chaînes (alt. 1 100 m) : *Maya* (côtière) et *Cockscomb*. Barrière de corail de 300 km et atolls. **Turneffe Islands :** 3 atolls : Lighthouse Reef [avec le Trou bleu (diamètre 305 m, prof. 122 m.), Glover's Reef]. **Climat.** Tropical. 10 à 35 °C. **Saisons :** *sèche* févr.-mai ; *humide* mai-févr. *Pluies :* moy. Nord 1,30 m/an, Sud 4,30 m. De 1955 à 77, 6 ouragans.

■ **Population.** *2000 (juillet)* : 249 183 hab. ; *2025 (prév.)* : 400 000. **D.** 10,9. **Age :** – *de 15 ans* : 43 % ; + *de 64 ans* : 3. *En %* : Noirs et métis 44,1, Créoles 31, Mayas 9,2, mulâtres (Afro-Caraïbes : Garifunas) 6,2, divers 9,5. **Taux :** (en ‰, 2000) : natalité 32,29 ; mortalité 4,81, infantile 25,97.

■ **Langues.** Anglais *(officielle)*. *Parlées* (en %) : créole 75, anglais 50 (seul pays anglophone d'Amérique centrale), espagnol 32, maya ketchi 10. **Religions** (en %). Catholiques 62 , anglicans 12, méthodistes 6, mennonites 4.

■ **Villes et districts** (en 1997). Bélize 53 915 (éprouvée par cyclones 1931 et 1961), Orange, Walk 15 035, Corozal 7 715 *Belmopan* 6 785 hab.

■ **Histoire. Xe s.** occupé par les Mayas. **Vers 1638** établissement de bûcherons anglais. **Jusqu'en 1798** nombreuses attaques espagnoles. **1765** *Constitution.* **1786** 1er superintendant britannique. **1853** Ass. législative présidée par le superintendant. **1862** *colonie* avec Lt-gouverneur dépendant du gouverneur de la Jamaïque. **1884** le Lt-gouverneur devient gouverneur. **1964**-*16-1* autonomie interne. Le Guatemala revendiquant le B. rompt relations diplomatiques avec G.-B. **1971** membre de la Carifta. **1974**-*8-12* du Caricom. **1975** l'Onu reconnaît le droit du B. à l'indépendance. **1978** litige frontalier avec Guatemala (zone riche en pétrole). **1981**-*11-3* accord Guatemala-G.-B. prévoyant l'indépendance au B., moyennant droit de passage vers l'Atlantique pour le Guatemala (eaux territoriales, possibilité d'exploiter fonds marins, facilités dans les ports). *-21-9 indépendance* (reconnue par Guatemala 11-9-91). **1994** départ de 2 000 militaires britanniques.

■ **Statut.** *Monarchie. Membre du Commonwealth.* **Constitution** du 21-9-1981. **Chef de l'État :** Élisabeth II. **Gouverneur général :** sir Colville Young (né 20-11-1932), depuis 17-11-1993. **PM :** Saïd Musa (né 19-3-1944), depuis 27-8-1998, élu pour 4 ans. **Chambre des députés :** 29 membres élus pour 5 ans au suffrage universel. **Élections du 27-8-1998** : *P. démocratique uni* (fondé 1974, conservateur, Dean Barrow) 3 sièges. *P. uni du peuple* (fondé 1950, George Price) 26. **Sénat :** 11 membres nommés pour 5 ans.

■ **Fête nationale.** 21 septembre. **Drapeau.** 21-9-1981 : bleu à bords rouges ; motif : 2 hommes avec des outils et devise *« Sub umbra floreo, Je fleuris à l'ombre »*.

■ **Économie. PNB** (en 1999) : 2 750 $ par hab. **Population active** (en %) **et,** entre parenthèses, **part du PNB** (en %) : agr. 37 (22), ind. 10 (22), services 43 (56). **Inflation** (en %) : *93* : 1,6 ; *94* : 2 ; *95* : 2,9 ; *96* : 5,8 ; *97* : 1,1 ; *98* : - 0,5 ; *99* : - 0,9. **Croissance** (en %) : *98* : 0,5 ; *99* : 4.

■ **Agriculture. Terres** (en %) : forêts 90, arables 5,1 (dont cultivées 4). **Production** (en milliers de t, 1999) : canne à sucre 1 141 (42 % des terres cultivées), oranges 170, bananes 67, pamplemousses 44, maïs 38, riz 9, gomme de sapotillier (pour chewing-gum), marijuana. **Forêts.** Bois tropicaux 188 000 m³ (en 1998). **Pêche** (en 1997). 3 000 t dont 600 de homards (en 1995).

■ **Transports.** Routes 2 872 km, canaux 825 km, aéroports 44 (dont 3 avec piste en dur).

■ **Tourisme** (en 1998). 348 703 visiteurs ; 95 000 ha de réserves, sites mayas.

■ **Commerce** (en millions de $). **Export./import. :** *1995* : 165/231 ; *96* : 171/230 ; *97* : 193 (vers USA 45,5 %, G.-B. 30) / 283 (de USA 52 %, G.-B. 5, Mexique 3) ; *98* : 150/320.

BÉNIN

Carte p. 1099. V. légende p. 950.

☞ *Abréviation :* B. : Bénin.

■ **Nom.** Dahomey jusqu'au 26-10-1975. *Le Royaume fon d'Abomey,* correspondant au Dan-Homé historique, couvrait environ 1/5 du territoire actuel. *Royaume du Bénin* (800 km sur 300 entre bas Niger, basse Volta et côte Atlantique ; apogée XVIIe et XVIIIe s.). 4 ethnies principales : Dendi-Bariba, Yoruba (Nigéria et B. actuels), Fon (B. et Togo actuels), Ewés (Togo et Ghana actuels).

■ **Situation.** Afrique. **Superficie :** 112 622 km². **Frontières** (en km) : Niger 266, Burkina 306, Nigéria 773, Togo 644. **Côtes :** 121 km. **Longueur :** 700 km. **Largeur :** 125 km au sud, 325 au nord. **Altitude** *maximale :* 698 m (Mt Aledjokoura). **Cours d'eau :** Oueme 450 km (dont 200 navigables), Mono 350 (100 navigables), Couffo 125. **Régions.** *Côtière :* rectiligne, basse, sablonneuse, bordée de lagunes et d'une cocoteraie de 2 à 5 km de largeur. *Intermédiaire :* terre de barre, plateau d'argile ferrugineuse avec dépressions marécageuses, – de 400 m. *Moyenne :* plateau silico-argileux entre Savalou et Atacora, forêt clairsemée. *Massif de l'Atacora :* 500 à 800 m, château d'eau du Dahomey et du Niger. *Plaines du Niger :* silico-argileuses, caractère soudanien. **Climat.** *Sud :* équatorial, humide, 23 à 32 °C, 4 saisons : pluies (grande saison mars-juin, petite juillet-août), sèche (grande saison déc.-févr., petite déc.-févr.) ; *nord :* écarts de température plus marqués en s'éloignant de la côte, humidité diminuant, tropical, 2 saisons : pluies (mai-oct.), sèche (nov.-avril) ; harmattan (déc.-mars).

Départements	Superficie en km²	% de terres cultivées sur t. cultivables	Pop. (1997)	Villes
Atlantique	3 312	54	1 253 943	Cotonou
Atacora	31 625	9	755 294	Natitingou
Borgou	52 098	7	990 264	Parakou
Mono	4 009	43	793 202	Lokossa
Ouémé	4 545	56	1 027 830	*Porto-Novo*
Zou	19 174	15	960 070	Abomey

■ **Population** (en millions d'hab.). *1920* : 1,2 ; *40* : 1,4 ; *50* : 1,67 ; *60* : 2,05 ; *89* : 4,591 ; *96* : 5,592 ; *99* : 6,2 ; *2000 (est.)* : 6,22 dont Fons, Adjas, Nagots, Peuls, Aïzos, Sombas, Baribas, Yorubas, Pila-Pila, Mahis ; *2025 (prév.)* : 12. **D.** 55,2. **Étrangers :** 32 000 dont Européens 6 000 *(Français 2 800)*. **Age** (en %) : – *de 15 ans* : 47,5 ; + *de 64 ans* : 2,3. **Mortalité :** *infantile* 94 ‰. **Espérance de vie** (en 1999) : *h.* 51, *f.* 55 ans. **Sida** (en 1997) : 78 000 séropositifs. **Langues.** Français *(officielle)* et (en %, en 1992) : fon (42,2), dendi (2,8), yoruba (12,1), mina, goun, bariba (8,6), fulani, somba, yoabou, azo, adja (15,2), pila-pila, peulh (6,1), otamari (6,1), yoa-lokpa 3,8. **Alphabétisation** (en 1998) : 38,5 % (27 % en 1985). **Religions** (en %). Animistes 65, musulmans 10 à 15, catholiques 14, protestants 6.

■ **Villes** (en 1996). *Porto-Novo* 179 138 hab., Cotonou 536 827 (à 30 km), Djougou 134 099, Parakou 103 577 (450 km), Natitingou 57 153 (530 km), Abomey 55 000 (en 1982) [135 km], Lokossa 15 000 (en 1982). **Pop. urbaine** (en 1998) : 41 %.

■ **Histoire. Vers 1625** royaume fon du Dahomey autour d'Abomey. **1850** la Fr. noue des relations avec populations côtières. **1851** *traité* Fr./**Ghezo** (1818-58), roi du Dan-Home (comptoir d'Ouidah). **1868**-*19-5 traité* Fr./**Glélé** († 1889, roi depuis 1858) qui cède territoire de Cotonou (traité renouvelé 19-4-1878). **1880** territoires de Grand-Popo et de Porto-Novo sous protectorat français. **1890** expédition française pour mettre fin aux razzias de **Kondo,** dit **Béhanzin** (1844-1906, fils de Gléglé, roi 1889 à 93). *-3-10 arrangement de Ouidah, traité* Fr./Béhanzin qui s'engage à respecter le protectorat français sur Porto-Novo, possessions regroupées dans les établissements du Bénin (1893), qui devient *la colonie du Dahomey* (10-3-1893). **Début 1892** nouvelles razzias. *-16-7* intervention militaire du Cel Alfred-Amédée Dodds (né 1842) ; *-17-11* prend Abomey. Béhanzin, en fuite, est déchu et remplacé par son frère Azo Li Ago (qui sera déchu en 1900). **1894**-*25-1* Béhanzin se rend. **1899** entre dans A.-O.F. **1958**-*4-12* république au sein de la Communauté. **1959**-*17-1/1-2* s'associe au Mali. **1960**-*1-8 indépendance ;* **Hubert Maga** (né 10-8-1916) Pt. **1963**-*30-10* Maga renversé ; **Christophe Soglo** Pt. **1964**-*20-1* **Sourou Migan Apithy** (1913-89) Pt (vice-Pt en 1960), et *Justin Ahomadegbé* PM. **1965**-*29-11* Apithy démissionne. *-Nov./déc.* **Tahirou Congacou** Pt, renversé 22-12-1966 par l'armée. *-22-12* Gal **C. Soglo** (né 28-6-1909) Pt. **1967**-*18-12* Soglo remplacé par **Lt-Cel Alphonse Alley** (né 9-4-1930), Pt, *Maurice Kouandete* PM. **1968**-*31-3* nouvelle Constitution ; *-5-5* présidentielle annulée, l'armée nomme le 28-6 le **Dr Émile Derlin Zinsou** (né 23-3-1918) Pt et chef du gouv. **1969**-*déc.* **Paul-Émile de Souza** (1931/17-6-1999) Pt ; triumvirat militaire ; *-10-12* Lt-Cel Kouandete écarte Zinsou. **1970**-*mars* présidentielle (annulée). *-7-5* gouv. d'union nationale remet le pouvoir à un Conseil présidentiel de 3 membres [Maga, Ahomadegbé (né vers 1917), Apithy] (Pt assisté alternativement par chacun des 2 autres pour 2 ans). **1972**-*23-2* putsch : échec. *-26-10* réussi. **Gal Mathieu Kérékou** (né 2-9-1933) Pt. Constitution suspendue. **1974**-*nov.* nationalisations. **1975**-*juin* capitaine Aikpe, min. de l'Intérieur, accusé d'adultère avec la femme du chef de l'État, est abattu. *-18-10* complot de Zinsou (exilé à Paris) échoue. *-30-11 Rép. populaire.* **1976**-*1/2-2 :* 11 « zinsouistes » condamnés à mort. **1977**-*17-1* tentative de complot soutenue par Gabon et Maroc ; commando (58 Européens, 22 Africains) de Bob Denard (condamné par défaut à 5 ans de prison le 16-10-1991 à Paris) [6 † dont 2 mercenaires]. **1979**-*nov.* législatives : 97,9 % pour liste unique. **1980**-*5-2* Kérékou élu Pt. **1983**-*janv.* visite Pt Mitterrand. **1984**-*31-7* Kérékou réélu Pt. *-1-8* amnistie. **1987** crise économique. **1989**-*2-8* Kérékou réélu Pt par l'Ass. nationale. *-Déc.* le B. renonce à l'idéologie marxiste-léniniste adoptée 30-11-1974 (« camarade » ne sera plus obligatoire). **1990**-*19/27-2* conférence nationale, 488 délégués. *-27-2* Constitution de 1977 suspendue, Parlement dissous. *-9-3* Haut Conseil de la Rép. (**Mgr Isidore De Souza** Pt), 27 membres. *-12-3 Nicéphore Soglo* PM (360 voix sur 430), transition. *-31-3* Kérékou accepte des élections libres. **1991**-*20-2* législatives (48 % d'abst.). *-24-3* **Nicéphore Soglo** (né 29-11-1934) élu Pt (67,7 % des voix, Kérékou 34,2 %) ; 95 % des voix dans le Nord (violences : 2 †) ; *-4-4* en fonctions. **1995** *-14-11* attentat roquette contre siège du VIe sommet de la francophonie (2/4-12) pour obtenir libération de Jean-Claude Soglo arrêté début nov. **1996**-*3-3 :* 1er tour présidentielle (Soglo 35,69 %, Kérékou 33,94, Houngbedji 19,71). *-18-3 :* 2e tour : Gal **Mathieu Kérékou** élu Pt (52,49 %) devant Soglo (47,51 %). *-4-4* en fonctions. *-8-4 Adrien Houngbédji* PM. **1998**-*8-5* se retire. *-14-5* gouvernement sans PM (pas prévu dans la Constitution). **2001** *-4-3 :* 1er tour présidentielle : Kérékou 47,06 %, Soglo 28,94, Adrien Houngbedji 13,47, Bruno Amoussou 4,01. *-22-3* **Kérékou** réélu 2e tour (84,06 %) devant Bruno Amoussou (Soglo et Houngbedji s'étant retirés).

■ **Statut.** *République.* **Constitution** du 2-12-1990 (adoptée à 93,2 %). **Pt :** élu pour 5 ans. **Assemblée nationale :** élue pour 4 ans à la proportionnelle, 83 membres. **Élections des 28-3 et 28-5-1995 :** PRB (P. de la renaissance du B., Soglo) 20 sièges, PRD (P. du renouveau démocratique, Houngbédji) 19, FARD-Alafia (Front d'action pour le renouveau et le développement-Alfia, Saka Salé) 10, PSD (P. social démocratique, Bruno Amoussou) 8, UDS (Union pour la démocratie et la solidarité nationale, Adamou N'Diaye Mama) 5, divers 21 ; **du 30-3-1999** : succès de l'opposition. **Partis** déclarés en 1995 : 83. **Fête nationale.** 1er août. **Drapeau** (adopté 16-11-1959). 1 bande verticale verte, 2 horizontales jaune et rouge (3 couleurs de l'Afrique).

■ **Économie.** **PNB** (en $ par hab.) : *1982* : 330 ; *84* : 256 ; *90* : 421 ; *93* : 460 ; *94* : 360 ; *98* : 390 ; *99* : 370. **Croissance :** *1998* : 4,4 ; *99* : 4,7 ; *2000* : 5,5. **Population active** (en %) **et,** entre parenthèses, **part du PNB** (en %) : agr. 56 (36), ind. 6 (12), mines 3 (4), services 35 (48). **Inflation** (en %) : *1992* : 2,4 ; *93* : 2,1 ; *94* : 35 ; *95* : 16,1 ; *96* : 5 ; *97* : 3,5 ; *98* : 5,7 ; *99* : 0,3.

Budget (en milliards de F CFA). **Recettes :** 243,7 (dont extérieurs 77,51). **Dépenses :** 239,2. **Solde** (hors dons) : – 46,1. **Dette à long terme** (en millions de $) : *1990* : 964 ; *95* : 1 646 ; *96* : 1764 ; *97* : 1 748. **Aide** (en millions de $) : *1995* : 283 ; *96* : 297 ; *97* : 275.

■ **Agriculture.** **Terres** (en milliers d'ha, 1979) : 11 262 dont : arables 675 (en 90), cultivées en permanence 330 (en 90), pâturages 442, forêts 4 020, eaux 200, divers 4 810. **Production** (en milliers de t, 1999) : manioc 1 343, ignames 1 302, maïs 823, coton 150 (en 1998), sorgho 112, arachides 84, millet, cacao. Autosuffisance alimentaire. **Forêts** (en 1998). 5 994 000 m3. **Pêche** (en 1997). 44 000 t. **Élevage** (en milliers de têtes, 1999). Poulets 25 000, bovins 1 345, caprins 1 013, ovins 634, porcins 470.

■ **Mines.** **Pétrole** (en millions de t) : *réserves* 37, *production 1988* : 0,45 ; *90* : 0,24 ; *95* : 0,14 ; *96* : 0,13. **Or. Phosphates. Marbre. Calcaire. Fer. Kaolin. Industries.** Sucreries, cimenteries, textile, brasseries, huileries. **Transports** (en km, en 1996). *Chemins de fer* : 578, *routes* : 6 787 (dont 20 % bitumées). **Tourisme** (en 1997). 150 000 visiteurs. *Village lacustre de Ganvié, parcs nationaux.*

■ **Commerce** (en millions de $). **Export./import. :** *1995* : 614/895 ; *96* : 654/748 ; *97* : 540/749 ; *98* : 545/771.

■ **Rang dans le monde** (en 1999). 14e coton.

BERMUDES (ILES)
Carte V. p. de garde. V. légende p. 950.

■ **Situation.** Amérique du Nord. **Superficie :** 53 km2 (150 îles dont 20 habitées, s'étendant dans l'Atlantique sur 35 km à 917 km de la Caroline du Nord, 1 241 de New York, 1 664 de Miami). **Côtes :** 103 km. **Altitude** *maximale* : Town Hill 79 m. **Climat.** Doux et humide (ni rivière ni réserve d'eau douce). *Temp.* : moy. 21 °C, max. 31,1 °C, min. 8,3 °C. *Pluie* : 1 463 mm/an.

■ **Population.** *2000* : *(est.)* 63 022 hab. dont Noirs 60 %. **D.** 1 189. **Capitale :** *Hamilton* 1 100 hab. (en 1994). **Langue.** Anglais *(officielle).* **Religions** (en %). Anglicans 37, catholiques 14, autres chrétiens 34.

■ **Histoire.** **1503** découvertes par l'Espagnol Juan de Bermúdez. **1609** l'amiral George Somers s'y échoua. **1684** colonisées par les Britanniques. **1968**-*8-6* autonomie. **1973**-*10-3* sir *Richard Sharples* (gouverneur) assassiné ; émeutes raciales en 1968, 72, 73, déc. 77. **1995**-*avril* base militaire britannique fermée. *-17-8 référendum* sur indépendance : abstention 42 %, non 73,7 %. *-Sept.* base militaire américaine (6 km2, louée depuis 1941 pour 99 ans, 2 200 h.) fermée.

■ **Statut.** *Colonie britannique.* Autonomie. Membre du Commonwealth. **Constitution** du 8-6-1968. **Chef de l'État :** Élisabeth II. **Gouverneur :** John Thorold Masefield, depuis 4-6-1997. **PM :** Jennifer Smith depuis 9-11-1998. **Sénat :** 11 membres. **Chambre :** 40 membres élus pour 5 ans. **Élections du 5-10-1993 :** P. uni des Bermudes (fondé 1964, Pamela F. Gordon) 22 sièges, P. progressiste travailliste (fondé 1963, Jennifer Smith) 18 sièges. **Sénat :** 11 membres nommés dont 5 par gouv., 3 par gouverneur et 3 présentés par l'opposition. **Fête nationale.** 4 mai. **Drapeau** (adopté en 1915). Rouge avec drapeau anglais et écusson montrant un lion tenant un bouclier portant l'épave du *Sea Venture,* bateau des 1ers arrivants en 1609.

■ **Économie.** **PNB** (en 1999) : 34 470 $ par hab. **Finance offshore :** 60 % du PNB. *Banques. Assurances. Sièges de Stés étrangères* (10 000, avantages fiscaux jusqu'en 2016). **Agriculture** (production en milliers de t, 1996). P. de t. 1, légumes et melons 3. Bananes. Fleurs. Plantes médicinales. **Élevage** (en milliers de têtes, 1995). Volailles 20 000 (en 1993), caprins 1 000, bovins 1 000, porcins 1 000. **Pêche** (en 1995). 444 t. Langoustes (se raréfient). **Transports. Routes :** 240 km. **Tourisme** (en 1996). 571 676 vis., 32 % du PNB ; saison : mars à déc.

Commerce (en millions de $). *1997* : – 562 (*export.* : 57 dont essences concentrées, fleurs, produits de beauté et pharmaceutiques, *vers* Jamaïque, USA, Esp., G.-B ; *import.* : 619 dont viande, pétrole, vêtements, machines, *de* USA, Japon, G.-B., Antilles néerlandaises, Canada, *France*) ; *98* : 45/629.

BHOUTAN
V. légende p. 950.

☞ *Abréviation* : B. : Bhoutan.

■ **Nom.** Signifie « extrémité du Tibet ». *Nom officiel* : *Druk Yul* (« pays des Dragons »).

■ **Situation.** Asie. **Superficie :** 46 500 km2. **Frontières** (en km) : Inde 605 et Chine 470.

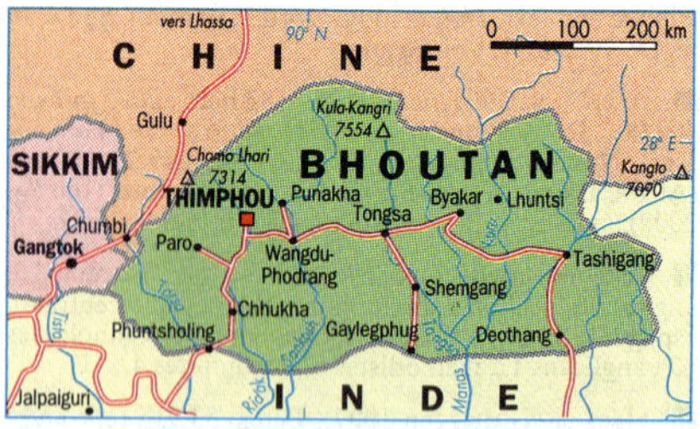

■ **Régions.** **Méridionale** (largeur 50 km) : forêts, orchidées, bois précieux. Pluviosité + de 4 m/an. Éléphants, tigres, buffles, rhinocéros, cerfs, langur doré (singe que l'on ne trouve que là). **Centrale :** tempérée, vers 1 650 m : érables, bouleaux, châtaigniers ; puis plus haut : conifères, mélèzes, pins, sapins, rhododendrons, épicéas, genévriers. **Nord ou alpine :** Grand Himalaya (4 000 et 6 000 m ; alt. maximale : Gangar Punsum 7 561 m) ; touche les neiges éternelles ; plantes rares (pavots bleus, saxifrages, gentianes, primevères). Daims musqués, moutons bleus, takins.

■ **Population.** *1997* : 1 860 000 hab. ; *2000 (est.)* : 2 030 000. **D.** 43,7. **Accroissement** (en %) : 2,94. **Age** (en %) : *- de 15 ans* : 40,2 ; *+ de 64 ans* : 3,9. **Mortalité** *infantile* : 71 ‰. **Espérance de vie** (en 1998) : 61 ans. **3 ethnies principales :** *Scharchops* (à l'est), descendants des 1ers habitants mongoloïdes ; *Ngalops* (à l'ouest), descendants d'immigrants du Tibet, occupant les 5 vallées ; *Népalais* (au sud), implantés début XXe s. (environ 28 % de la pop. en 1996).

■ **Langues.** Dzongkha (tibétain) *[officielle],* bumthangkha (Bhoutan central), sharchopkha (à l'est), népali (au sud). Nombreux dialectes. Anglais officiel dans l'enseignement. **Analphabètes :** 58 %. **Religions.** D'État (bouddhisme du Mahayana) ; école religieuse officielle (Drukpa, de la grande école religieuse des Kagyupa). *Monastères et temples* : plus de 1 000 dont Kyichu et Taksang (vallée de Paro), Jampey et Kujey (vallée de Bumthang), Phajoding, Tango et Cheri (vallée de Thimphou).

■ **Villes.** *Thimphou* 30 000 à 45 000 hab. (en 1990), alt. 2 400 m. Jusqu'en 1955, alternance entre Punakha (capitale d'hiver) et Thimphou (été).

■ **Histoire.** **VIIIe s. Padmasambhava introduit le bouddhisme. IXe s.** occupation tibétaine. **XIIIe s.** Phajo Drugom Shigpo fait de l'école Drukpa Kagyupa du bouddhisme Mahayana l'école dominante. **XVIIe s.** Zhabdrung Nyawang Namgyel († 1651) unifie pour la 1re fois le pays : le *desi* ou *deb raja* (affaires temporelles) et le *jey Khenpo* (affaires religieuses). **1865** *invasion* britannique : le B. cède un territoire contesté (plaine des Duars, 12 000 km2) contre pension annuelle. **1907**-*17-12 monarchie* : **Ugyen Wangchuck** († 1926), *penlop* (gouverneur) de Tongsa, nommé par les représentants laïcs et du clergé monarque héréditaire. **1910** traité avec G.-B., chargée des relations extérieures. **1926**-*août* **Jigme Wangchuck** (1905-52) fils de Ugyen. **1949**-*8-8* traité ratifié avec Inde, devenue indépendante, qui représente le B. pour les affaires étrangères. **1952**-*28-10* **Jigme Dorji Wangchuck** (1927/21-7-1972). **1971** B. admis à l'Onu. **1972**-*21-7* **Jigme Singye Wangchuck** (né 11-11-1955), couronné et confirmé par Conseil des chefs 2-6-1974 (en nov. 1988, a célébré officiellement ses noces avec 4 femmes nées en 1955, 57, 59 et 63 épousées en secret en 1979). **1974** B. s'ouvre au tourisme. **1987** l'Assemblée ferme officiellement le pays au tourisme (les temples sont un lieu de méditation et non de visite). **1988**-*juin* port du costume national sous peine de prison et utilisation du *dzongkha.* **1990** des étudiants (d'origine népalaise) créent le Parti populaire du B. et demandent une démocratisation. *-Sept.* manifestants venant d'Inde (100 à 300 †). **1990-95** 87 000 d'origine népalaise s'expatrient (nouvelle loi sur immigration et nationalité).

■ **Statut.** *Monarchie* (seul royaume bouddhiste au monde). **Roi :** *druk gyalpo* (roi-dragon). **Ass. nationale** (*Thsogdu,* créée 1953) : 150 membres dont 105 élus représentent le peuple, 34 le gouvernement, 10 le clergé, 1 l'industrie. **Conseil royal** (créé 1965) : 9 membres dont 6 personnalités, 2 moines et 1 Pt nommé par le roi. **Conseil des ministres :** créé 1968. **Partis :** aucun. L'Inde s'occupe des relations extérieures et finance 55 % du budget du Plan. 40 % des enseignants, 30 % des fonctionnaires sont Indiens. Influence du chef religieux, le *jey Khenpo.* **Districts (Dzong,** « forteresse ») : 18. **Fête nationale.** 17-12 [installation du 1er roi (1907)]. **Drapeau** (adopté 1971). [entrée à l'Onu] ; 2 triangles : jaune safran (pouvoir royal) et rouge-orange (pouvoir spirituel bouddhiste) ; symbole national, dragon blanc (pureté et loyauté).

■ **Économie.** **PNB** (en 1999) : 510 $ par hab. **Population active** (en %), **et,** entre parenthèses, **part du PNB** (en %) : agr. 91 (42), ind. 4 (8), mines 1 (1), services 4 (49). **Dette** (en millions de $) : *1996* : 104 ; *98* : 170. **Inflation** (en %) : *1996* : 8,8 ; *97* : 7 ; *98* : 8,5. **Croissance** (en %) : *1997* : 5 ; *98* : 7, 1 ; *99* : 6,5. **Aide** (de 1987 à 1992) : 500 millions de $ (dont Inde 300). **Monnaie :** XVIe s., pièces de cuivre *(zangtam)* ; vers 1960, d'argent *(tiktung),* puis cuivre et nickel. Récemment, monnaie de papier *(ngultrum).* La monnaie indienne a aussi cours légal.

Agriculture. Forêts 63 %, terres cultivées 5 % (vallées fertiles 250 km2). **Production** (en milliers de t, 1999) : oranges 58, riz 50 (19 % des terres cultivées), maïs 39, p. de t. 34, blé 5, orge 4, millet, sarrasin, cardamome, pommes, jute, tabac. **Élevage** (en milliers de têtes, 1999). Bovins 435, volailles 171, porcins 75, ovins 59, caprins 42, chevaux 30, ânes 18, mulets 10, buffles 4. **Forêts** (en 1998). 1 702 000 m3. Papier, résine, huile de citronnelle.

Mines. Charbon, cuivre, dolomite, gypse, graphite, plomb, zinc, ciment. **Électricité.** Barrage sur la Chukha (1 600 MW en 1995). Vente d'électricité pour 20 millions de $/an à l'Inde. 10 % des habitations électrifiées. **Artisanat.** Bois, or, argent, allumettes, conserveries, tissage, distillerie. **Timbres. Transports.** *1971* : 1re route asphaltée. *1996* : 3 285 km. **Tourisme** (en 1997). **Visiteurs :** 5 000. **Recettes :** 5,8 millions de $.

Commerce (en millions de $). **Export./import. :** *1995* : 20/132 ; *96* : 121/164 ; *97* : 120/188 ; *98* : 146/203.

☞ **Sports :** tir à l'arc ; *keshey* (lutte), *poungdo* (lancer), *dokor* (lancer d'une pierre plate), *soksom* (javelot), etc.

BIÉLORUSSIE (BÉLARUS)
Carte p. 1228. V. légende p. 950.

☞ *Abréviation* : B. : Biélorussie.

■ **Nom.** Au début, soumise au Pce de Kiev dont l'État s'appelait *Rous'* (en français Ruthénie, dérivant de la prononciation Roussénie, puis Russie) [habitants : Ruthènes (Roussènes) puis Russiens]. **XIIe s.** État de Kiev divisé : chaque territoire prend des appellations différentes : Petite-Russie, Grande-Russie, Russie rouge, noire, blanche, etc. La *Russie blanche* [occidentale (le blanc étant chez les Slaves symbole de l'Ouest) ou propre (libre, car à l'époque le territoire n'avait pas été occupé par Tartares ou chevaliers Teutoniques) ou *Biéla Rous'* (désignant à l'origine l'est de la Russie intégrée au grand-duché de Lituanie), ce territoire est appelé en français Ruthénie blanche, Biéloruthénie, Russie blanche ou Biélorussie (habitants : Blancs-Ruthènes, Biéloruthènes, Blancs-Russiens ou Biélorussiens)]. **XVIIe s.** Pierre le Grand, souverain de la Moscovie, invente le terme de *Rossiia* pour désigner son empire, et le fait traduire en français (langue de la diplomatie) par Russie (habitants : Russes). **XVIIIe s.** Après la conquête de Biélorussie et Petite-Russie, les Russes parlent de « Petits-Russes » pour les Petits-Russiens (devenus entre-temps les Ukrainiens) et de « Biélorusses » pour les Biélorussiens. **XXe s.** époque stalinienne : le terme russe de *Biélorussia* remplace celui de Biéla Rous'. Les noms « Biélorussie » et « Biélorusse » convenaient mieux car il y a confusion entre les *Blancs-Russiens,* ses habitants, et les *Russes blancs* (réfugiés politiques antisoviétiques). **1941-45** les nazis reprennent l'appellation de Biélarous (transcrit selon la phonétique allemande *Belarus*). **1991**-*11-9* le Parlement biélorusse réintroduit l'appellation *Biélarous* (repris pour l'étranger sous sa forme germanisée de *Bélarus*).

■ **Situation.** Europe. **Superficie :** 207 595 km2. **Altitude** *moyenne* : 160 m ; *maximale* : 346 m. **Frontières** (en km) : Russie 959, Ukraine 891, à l'ouest Pologne 605, Lituanie 502, Lettonie 141. **Régions :** *nord* : terres pauvres (28 % cultivées). *Centre* : terres cultivées 32 %. *Sud* : Polésie et région de Gomel : forêts et maraîchages, terres cultivées 23 %. **Lacs :** 10 780. **Faune :** loups, ours, sangliers, renards, bisons d'Europe dans les réserves d'État. **Climat.** Continental modéré. Températures moyennes à Minsk : janv. – 6 °C ; juillet 18 °C. *Pluies* : 550 à 700 mm.

■ **Population** *2000 (est.)* : 10 280 000 hab. dont (en %, 1997), Biélorusses 78, Russes 13, Polonais 4, Ukrainiens 3. **D.** 49,5. **Taux** (en ‰, 1999) : *natalité* 9, *mortalité* 13, *accroissement* – 3,2. **Espérance de vie** (en 1999) : *h.* 63, *f.* 74 ans. **Villes** (en 1999). *Minsk* 1 725 100 hab. Gomel 503 700, Moghilev 371 300, Vitiebsk 358 700, Grodno 308 900, Brest 300 400, Bobrouisk 228 000.

■ **Langues officielles.** Biélorussien (depuis 1995). Écriture cyrillique (sauf i et y). Russe (*rétablie officielle* par référendum 14-5-1995, 82,4 % des voix pour).

■ **Religions.** Orthodoxe (2/3). Catholiques (1/3). Uniates (Ukrainiens). Baptistes. Évangélistes. Musulmans. Juifs.

■ **Histoire.** **IXe-XIIe s.** principauté de Polotsk. **XIIIe-XVIe s.** centre de la grande principauté de Lituanie. **1569** union avec la Pologne, formation de la *Rzecz Pospolita.* **Fin XVIIIe s.** rattachée à Russie. **1863** insurrection indépendantiste de Kastous Kalinovski. **1918**-*25-3* république populaire proclamée. **1919**-*1-1* **République socialiste soviétique de Biélorussie** créée. **1921** partage entre Pologne et URSS. **1922**-*30-12* partie de l'URSS. **1945** membre de l'Onu. **1986** 130 000 hab. évacués après l'explosion de Tchernobyl en Ukraine le 26-4. **1989**-*août* pape nomme 1er évêque depuis la guerre. **1990**-*27-7* B. proclame sa souveraineté. **1991**-*3-7* indépendance proclamée. **Stanislas Chouchkevitch** Pt. *-11-9* prend le nom de Bélarus. *-8-12* accords de Minsk avec Russie et Ukraine. *-21-12* adhère à CEI. **1994**-*15-1* visite de Bill Clinton. *-26-1* Chouchkevitch destitué par Parlement. *-28-1* **Gal Miatcheslav Hrib** Pt. *-18-2* grève générale pour démission du gouvernement. *-14-4* accord avec Russie prévoit levée des barrières douanières et commerciales le 1-5. *-10-7* **Alexandre Loukachenko** (né 30-8-1954) élu Pt avec 80,1 % des voix [devant Viacheslav Kebitch 19,9 (23-6 1er tour : Loukachenko 44,8, Kebitch 17,3, Zenon Pazniak 12,9)], investi le 20-7. **1995**-*14-5* législatives (1er tour) et 4 référendums : oui à plus de 80 % pour l'intégration économique à Russie, l'accès du russe au rang de langue nationale, le retour à certains symboles de l'ère soviétique et la possibilité donnée au Pt de dissoudre le Parlement. *-28-5, 29-11 et 10-12* législatives (2e, 3e et 4e tours). **1996**-*2-4 traité d'union* devant aller jusqu'à la réunification avec Russie ; manif. *-26-4* environ 60 000 manifestants à Minsk pour le

10e anniversaire de Tchernobyl (en fait contre le traité d'alliance avec Russie). *-19-10* manif. contre le référendum prévu. *-24-11 référendum sur la Constitution :* 70,5 % pour. *-18-11 Mikhaïl Tchiguir* (né 24-5-1948 ; PM depuis 20-7-1994) démis par le Pt, *Sergueï Ling* (né 7-5-1937), PM. **1997**-*2-4* accord signé visant à réunifier B. et Russie. **1998**-*13-1* statut d'invité spécial du Conseil de l'Europe suspendu pour non-respect des principes de la démocratie. *-22-6* départ de 20 ambassadeurs, le Pt ayant « confisqué » leurs résidences. *-10-12* retour de 5 ambassadeurs. *-25-12 Moscou,* signature d'une déclaration pour créer une « union » de la B. avec la Russie avant l'an 2000. **1999**-*6* et *16-5* présidentielle organisée par l'opposition, annulée pour irrégularités. *-30-5* bousculade dans le métro de Minsk (54 †, 100 bl.). *-17-10* marche pour la liberté organisée par l'opposition, 10 000 à 15 000 personnes. **2000**-*21-2 Ouladzimir Earmochine* (né 1941). PM. *-15/29-10* législatives. **2001** *-18-3 :* 3e tour des législatives.

■ **Statut.** *République membre de la CEI.* **Constitution** du 15-3-1994, révisée 24-11-1996. **Pt** élu pour 7 ans ; *Chambre basse* de 110 membres élus pour 4 ans. **Élections du 15-10-2000 :** boycott de l'opposition ; *Chambre haute* désignée par les autorités régionales. **Membre** de CEI, Union Biélorussie/Russie (Pt Alexandre Lou Kachenko élu 26-1-2000), OSCE, Initiative centre-européenne. Partenariat pour la paix de l'Otan. **Fête nationale.** 27 juillet (indépendance). **Drapeau** (adopté 16-5-1995). Gauche, bande verticale rouge et blanche représentant les vêtements de laine. Droite, bandes horizontales rouge et verte (couleurs de la B. soviétique).

■ **Partis.** Environ 20 représentés au Parlement : **P. agrarien** (fondé 1992), Semyon Sharetsky (réfugié en Lituanie depuis juillet 1999). **Front populaire biélorusse** (fondé 1992), Zenon Paznyak (réfugié aux USA depuis 1996), Vincuk Viacorka. **P. paysan biélorusse** (fondé 1991), Yaugen Lugin. **P. libéral démocratique de B.** (fondé 1994), Syargey Gaydukevitch. **P. national démocratique de B.** (fondé 1990), Viktar Navumenka. **Union citoyenne,** Stanislav Bogdanevitch. **P. social démocrate,** Nikalai Statkevitch. **P. union civile,** Anatoli Lebedko.

■ **Économie.** **PNB** (en 1999) : 1 960 $ par hab. **Population active** (en %) **et**, entre parenthèses, **part du PNB** (en %) : agr. 19 (24), mines 1 (1), ind. 30 (25), services 50 (50). **Croissance** du PIB (en %) ; *1995 :* – 10,4 ; *96 :* 2,8 ; *97 :* 10,4 ; *98 :* 8,3 ; *99 :* 1,5. **Dette extérieure** (en milliards de $) : *1995 :* 1,441 ; *96 :* 1,561 ; *97 :* 1 086 ; *98 :* 1 008 (en 1999, 23 % du PIB). **Inflation** (en %) : *1992 :* 971,2 ; *93 :* 1 190,9 ; *94 :* 2 219,6 ; *95 :* 709,3 ; *96 :* 52,7 ; *97 :* 63,9 ; *98 :* 73,2 ; *99 :* 293,7. **Population sous le seuil de pauvreté** (90 $ par mois) : *1997 :* 32 % ; *98 :* 44 % ; *2000 :* 80 %.

■ **Agriculture.** **Terres cultivées** (en %) : *1986 :* 45 ; *93 :* 32 (suites de Tchernobyl). **Production** (en millions de tonnes, 1999) : p. de t. 8, céréales 5,77 [blé 0,6, orge 1,25], bett. à sucre 1, lin 0,05. **Élevage** (en milliers de têtes, 1999). Volailles 45 265 (en 1995), bovins 4 515, porcins 3 608, ovins 122. **Pêche** (en 1995). 15 000 t. **Forêts** (33 % du territoire).

■ **Énergie** (en 1998). **Pétrole** (en millions de t) : *réserves :* 262 ; *production :* 1,80. **Gaz** : *production :* 300 millions de m.^{3}. **Mines.** Tourbe, soufre, potasse 4 000 000 de t (en 1999). **Industrie.** Chimie, raffinage de pétrole, armement, divers (TV, réfrigérateurs, camions, bicyclettes, électronique), textile, bois. **Transports** (en km). **Voies ferrées :** 5 523. **Routes :** 51 000. **Tourisme** (en 1997). 250 000 visiteurs.

■ **Commerce** (en milliards de $). **Export./import. :** *1994 :* 2,51/3,07 ; *95 :* 4,71/5,56 ; *96 :* 5,65/6,94 ; *97 :* 5,38/8,69 ; *98 :* 7,07/8,35 ; *99 :* 5,92/6,66.

■ **Rang dans le monde** (en 1999). 2e potasse. 9e p. de t. 23e orge.

☞ Après l'explosion de Tchernobyl (Ukraine), 70 % des radionucléides sont retombés en Biélorussie. *En 2000 :* 23 % du territoire est encore contaminé, plus de 2 millions d'hab. y vivent.

BOLIVIE

Carte p. 987. V. légende p. 950.

☞ *Abréviation :* B. : Bolivie.

■ **Situation.** Amérique du Sud. **Superficie :** 1 098 581 km^2. **Altitude** *maximale :* 6 542 m (Sajama). **Frontières** (en km) : Brésil 3 400, Pérou 900, Argentine 832, Paraguay 750, Chili 861. **Régions. 1°) Ouest : Andes** (les plus hauts sommets : Sajama 6 542 m, Illiampu 6 421, Aukohuma 6 380, Illimani 6 322, Huayna Potosi 6 095, Chaupi Orckon 6 018, piste de ski de Chacaltaya 5 200 m et **hauts plateaux de l'Altiplano** (3 500/4 000 m ; 840 × 140 km ; 102 300 km^2) ; minerais, pétrole et gaz. Sel : *Salar* de Coipasa et Uyuni, dépression comblée par des dépôts salins, contient aussi du lithium. **Lacs :** *Titicaca* [8 300 km^2 (dont Bolivie 3 814 et Pérou 4 486), 171 × 64 km, prof. 274 m, à 3 810 m d'altitude], *Poopó* (1 337 km^2, prof. 3 à 4 m, alt. moyenne 3 686 m.). Paysans aymaras : cultures surtout autour des lacs (p. de t., orge, fèves, quinoa, maïs) ; bovins, lamas et alpacas. **Yungas** [zone intermédiaire, vallées étroites et chaudes coupant la *puna* (steppe)] : 14 % de la superficie, 38,9 % de la population. Alt. 500/3 000 m. CULTURES : *régions subtropicales :* bananes, citrons, coca, café, canne à sucre. Paysans en majorité aymaras ; *vallées* des flancs de la Cordillère (alt. 800 à 3 000 m). *Tempérées :* pâturages, céréales, fruits, tubercules, légumes. Paysans en majorité quechuas. **2°) Nord-Est : plaines :** 70 % de la superficie, 19,9 % de la population. Alt. 134/800 m. Climat tropical. Savanes et prairies naturelles coupées de forêts et de rivières, souvent navigables. Terres très riches : canne à sucre, coton, soja, tabac, manioc, riz. Bovins. Forêts : bois précieux, caoutchouc, amandes du Brésil. Chasse et pêche. Pétrole, gaz naturel. **3°) Est : Llanos :** plateau et savane ; **Chaco :** plaine, sable, désert.

■ **Climat.** Saison sèche et froide d'avril à oct., pluies (temps chaud) de nov. à mars ; *zone torride :* plaines du Nord et de l'Est ; *semi-torride :* 750 à 1 805 m, moy. 20 °C ; *tempérée* 1 500 à 2 650 m, 15 °C à 25 °C ; *semi-froide :* haut plateau 2 650 à 3 700 m, 12 °C ; *froide :* 3 700 à 4 350 m, 9 °C à 12 °C. *Températures moyennes :* La Paz 10 °C. Sucre 12 °C (24 °C en nov.- déc., 7 °C en juin).

■ **Population.** *1826 :* 1 000 000 d'hab. ; *1854 :* 2 326 123 ; *2000 (est.) :* 8 330 000 dont (en %) Amérindiens 65, métis 25, Blancs 10 ; *2025 (prév.) :* 13 000 000. **D.** 7,6 (hauts plateaux 12,6, vallées 12, basses terres 1). **Pop. rurale :** 48 % (100 % Indiens dans l'Altiplano, environ 60 % à La Paz, Européens ou métis 75 % dans les Yungas). **Age** (en %) : *– de 15 ans :* 39,1, *+ de 64 ans :* 4,5. **Taux** (en ‰, est. 1999) : *natalité* 30 ; *mortalité* 10 (infantile 67) ; *croissance* 24,1 %. **Langues** (en %). Espagnol *(officielle)* 55 ; indiennes : quechua 34,4, aymara 25,2, guarani 1. **Analphabétisme :** 15,5 %. **Religion officielle.** Catholiques 95 %.

■ **Villes** (en 1997). *La Paz* 1 100 000 hab. (est. 1999) [siège du gouvernement, à 3 631 m d' alt., capitale la plus haute du monde.] *Sucre* 163 563 (fondée 1538 ; capitale constitutionnelle ; centre du pouvoir judiciaire, à 2 844 m, appelée Chuquisaca avant 1825). Santa Cruz 914 795. Cochabamba (du quechua « lac et plaine ») 521 284 (à 2 570 m). Oruro 202 548 (à 3 740 m). Trinidad 175 588 (en 1992). Potosi 122 962 (à 4 040 m, 3 960 au niveau de la cathédrale, 160 000 vers 1650). Cobija 9 973 (en 1992). **Distances de Sucre** (en km) : La Paz 740, Cochabamba 366, Oruro 501, Santa Cruz 608, Potosi 166, Villazon 596. **Régions administratives** [en km^2 et, entre parenthèses, population (est. 1998)] : La Paz 133 985 (2 313 877) ; Potosi 118 218 (755 895) ; Santa Cruz 370 621 (1 703 901) ; Beni 213 564 (346 180) ; Pando 63 827 (54 489) ; Oruro 53 588 (386 980) ; Chuquisaca 51 524 (562 917) ; Cochabamba 55 631 (1 445 990) ; Tarija 37 623 (379 704).

■ **Histoire.** **400 av. J.-C.-1200 apr. J.-C.** civilisation de Tiahuanacu (à 3 844 m d' alt., à 80 km de La Paz) 100 000 hab. **Vers 1200** l'Inca Manco Kapac l'incorpore à l'Empire inca. **1532** domination espagnole. **XVIIIe s.** missions jésuites. Révoltes de Alejo Calatayud (1731), Tupac Katari (1770, écartelé le 15-11-1781), Gabriel Tupac Amaru (1780). **1776** rattaché à la vice-royauté de la Plata. **1809**-*25-5* **à 1825** luttes pour l'indépendance, Manuel Goyeneche contre Antonio Balcarce. **1824**-*6-6* Ayacucho, victoire de Antonio José de Sucre (1795-1830, Gal équatorien au service de Bolivar 1785-1830). **1825**-*6-8 indépendance* proclamée à Chuquisaca. *République,* nommée Bolivie en l'honneur de **Bolivar** Pt (*Sucre* vice- Pt). **1825-60** 70 Pts, 11 Constitutions. Guerres civiles et contre Chili. **1836-39** confédération avec Pérou. **1879-83** *guerre contre Chili ;* alliée au Pérou, B. battue, cède *Atacama* (120 000 km^2 ; actuellement dans la province chilienne d'Antofogasta), perdant accès à la mer. **1903**-*17-10* traité de Petropolis. B. cède Acre et Mato Grosso au Brésil contre 2,5 millions de £ sterling. **1928**-*5-12 fort de Vanguardia :* combat B. Paraguay **1932**-*18-7*/**1935**-*12-6 guerre contre Paraguay* [guerre fomentée par les pétroliers américains (qui soutenaient la B.) et anglais, qui misaient sur le Paraguay]. **1938**-*21-5* Buenos-Aires : traité de paix B./Paraguay. *-10-10* sentence arbitrale (frontière fixée). **1940**-*15-4* **Gal Enrique Penaranda del Castillo** (1892-1969) élu Pt. **1941**-*25-1* des intellectuels, dont des députés avec Victor Paz Estenssoro, fondent le MNR (Mouvement nationaliste révolutionnaire). **1942**-*21-12* manif. de mineurs de la mine de Patino Siglo XX (400 †). **1943**-*7-4* B. déclare guerre à l'Axe. *-20-12* conspirateurs provoquent la chute du régime des « barons de l'étain ». *-9-12* Le Lt- Cel **Gualberto Villaroel-Lopez** (1908-46) prend le pouvoir avec le MNR. **1946**-*juillet* Villaroel doit démissionner ; les barons organisent une insurrection (Villaroel est pendu le 21 à un réverbère de La Paz et ses proches collaborateurs assassinés). Paz Estenssoro exilé en Argentine et 1949 en Uruguay. **1949** soulèvement des mineurs, répression. **1951**-*6-6* **Victor Paz Estenssoro** (né 2-10-1907) élu Pt. Pt **Mamerto Urriolagoitia** (1895-1974) provoque un « putsch » ; déposé en mai, remplacé par **Gal Hugo Ballivian Rojas** (né 1901) ; annule élections. **1952**-*févr.* MNR déclenche grèves et marches de la faim. *-8-4* Hernan Siles Zuazo, second de Paz, appelle MNR et carabiniers à l'insurrection. Après 3 jours de guerre civile (600 †), reddition de l'armée. *-13-4* **Victor Paz Estenssoro** rentre d'exil (foule en liesse), Zuazo lui remet le pouvoir. Nationalisation des mines (le *31-10* nationalisation de mines d'étain), contrôle ouvrier, abolition des *latifundia,* monopole du commerce extérieur, réforme éducative, vote universel, salaire minimal vital à échelle mobile. **1953**-*juin* suffrage universel. *-2-8* réforme agraire. **1956**-*août* **Hernan Siles Zuazo** (1913-96) Pt. **1960**-*6-8* **Victor Paz Estenssoro** Pt. **1964**-*4-11* junte militaire [**Gal René Barrientos Ortuño** (1919-69)] renverse Paz (exil au Pérou). **1966**-*4-7* **Barrientos** élu Pt. **1966-67** guérillas. **1967**-*25-4* Régis Debray (Fr.) arrêté ; *-27-4* condamné à 30 ans de prison (libéré 23-12-1970). *-24/25-6* massacre de la St-Jean (mines).

1969-*27-4* Barrientos tué (accident d'hélicoptère), **Luis Adolfo Siles Salinas** (né 1925) Pt. *-26-9* renversé par **Gal Alfredo Ovando Candia** (1918-82). **1970**-*6-10* Candia renversé par **Gal Juan José Torres Gonzales** (né 5-3-1919, assassiné en Argentine 2-6-1976) qui accepte aide soviétique. **1971**-*19/22-8* **Cel** (puis **Gal**) **Hugo Banzer Suarez** (né 10-5-1926) prend le pouvoir (+ de 300 †), constitue le Front populaire nationaliste avec appui MNR et Phalange ; gèle salaires, interdit syndicats et partis de gauche, se maintenant grâce à répression. **1974**-*29-1* émeutes à Cochabamba (+ de 100 †). *-7-11* soulèvement militaire à Santa Cruz (échoue). *-9-11* « ordre nouveau ». Constitution suspendue. Élections ajournées. Paz Estenssoro exilé au Paraguay puis au Pérou. **1976**-*11-5* Joaquim Zenteno Anaya (né 1921), ambassadeur, tué à Paris. *-14-6* grève de solidarité étudiants/mineurs. **1977**-*22-12* amnistie partielle. **1978**-*janv.* fin de la grève de la faim de 1 500 personnes (commencée déc. 1977) ; Banzer cède : amnistie, liberté syndicale. *-17-3* rupture diplomatique avec Chili [26-8-1975 B. demande au Chili un corridor territorial jusqu'à la côte et une enclave ; 19-12 Chili refuse l'enclave, accepte corridor de 3 000 km^2 contre un territoire équivalent en B. ; Pérou, consulté obligatoirement, accepte (29-11-1976), mais exige territoire commun aux 3 pays ; Chili refuse]. *-21-7* **Gal Juan Pereda Asbun** (né 17-7-1931) élu le 9-7 Pt contre Zuazo (UDP), nombreuses fraudes. *-19-7* élection annulée. *-21-7* coup d'État de Pereda. *-1-11* tentative de coup d'État. *-24-11* coup d'État, junte avec **Gal David Padilla Arancibia** (né 1924) appuyé par UDP. **1979**-*1-7* présidentielle : aucun candidat n'a la majorité, le Congrès doit trancher. *-8-8* **Walter Guevara Arze** (1912-96) nommé Pt du Sénat pour 1 an. *-1-11* coup d'État (300 †), **Cel Alberto Natusch Busch** (né 1933) au pouvoir. *-16-11* **Lidia Gueiler Tejada** (née 1926), Pte de la Chambre des députés, élue Pte par intérim (jusqu'au 6-8-80).

1980-*22-3* Luis Espinal (jésuite) arrêté et assassiné. *-30-6* présidentielle. *-17-7* **Gal Luis Garcia Meza-Tejada** (né 1926), Pt après avoir mené un soulèvement contre la Pte (centaines de †). **1981**-*mai* l'armée abandonne lutte contre drogue. *-27-6* échec du putsch des généraux H. Cayoja et L. Añez (en exil). *-3-8* soulèvement militaire à Santa Cruz contre Garcia Meza (démissionne, compromis dans trafic de drogue ; sera extradé du Brésil le 14-3-1995 pour purger 30 ans de prison en B.). *-11-8* **Gal Waldo Bernal Pereira** (né 1933) Pt. *-4-9* **Gal Celso Torrelio Villa** (3-6-1933/23-4-99) Pt. **1982**-*26-5* amnistie générale et levée des mesures restrictives contre partis et syndicats. *-19-7* **Gal Guido Vildoso Calderon** (né 1934) nommé par les Cdts en chef des 3 armées. Manif. et grèves syndicales. *-10-10* Parlement élit **Hernan Siles Zuazo** (1914-96, UDP, centre gauche) Pt. *-17-11* dévaluation du peso de 150 %. **1983**-*févr.* Klaus Barbie (naturalisé Bolivien le 7-10-1957 sous le nom de K. Altmann), arrêté 26-1 pour fraude financière, expulsé. **1984**-*30-6* putsch (191e en 160 ans) échoue. Zuazo, séquestré une dizaine d'heures, est libéré. *-Nov.* dévaluation du peso de 350 % ; Zuazo décide d'abréger son mandat. **1985**-*9-2* peso dévalué de 400 %. *-26-3* grève générale de 16 jours. *-14-7* présidentielle : 18 candidats, aucun n'a la majorité absolue [Gal Banzer, parti ADN 28,57 % des voix, Paz Estenssoro, MNR 26,42 % (soutenu par le Mir, dont le Pt, Paz Zamora, mobilise la gauche contre Banzer)]. *-6-8* **Victor Paz Estenssoro** (né 2-10-1907) élu Pt par le Congrès. *-29-8* libéralisation des prix, change flexible, secteur public restructuré, gel des salaires. *-4-9 et 4-10* grève générale. *-19-9* état de siège et couvre-feu pour 90 jours *-6-10* accords MNR (majoritaire)/Action démocratique nationale (opposition). **1986**-*mai* réforme fiscale. *-10-6* plan de réduction de 90 % des cultures de coca. *-16-7* arrivée de militaires américains. *-22/27-8 :* 5 000 mineurs marchent sur La Paz, protestant contre licenciement de 20 000 mineurs sur 26 000 (baisse de l'étain). *-28-8* état de siège. **1987**-*2-1* boliviano remplace peso (1 boliviano = 1 million de pesos). **1988**-*19-7* loi n° 1008 sur le régime de la coca et des substances contrôlées. *-20-7* Roberto Suarez (56 ans), « roi » de la cocaïne, arrêté. La B. refuse son extradition vers USA. *-8-8* G. Schultz (secrétaire d'État américain) échappe à un attentat. **1989**-*7-5* élections Congrès et présidence. *-5-8* aucun n'ayant la majorité [Gonzalo Sánchez de Lozada (MNR, 23,07 % des voix), Banzer (ADN, 22,70 %) et Jaime Paz Zamora (Mir, 19,63 %)], le *-6-8* le Congrès élit **Jaime Paz Zamora** (né 5-4-1939) Pt. Alliance gouvernementale Paz-Zamora/Banzer. *-15-11* état de siège (le gouv. dénonce une collusion POR/MNR). **1991**-*22-3* Cel Luis Arce Gómez (né 1939), ancien min. de l'Intérieur, condamné aux USA à 30 ans de prison (trafic cocaïne). *-29-7* décret permettant aux trafiquants de drogue qui se livreront avant novembre d'éviter l'extradition aux USA. **1992**-*24-1 accord avec Pérou* donnant à la B. accès au Pacifique et zone franche dans le port d'Ilho (500 km de la Paz). *-6-6* élections : succès du MNR. **1993**-*6-8* **Gonzalo Sánchez de Lozada** (né 1-7-1930, MNR) Pt (élu 6-6 avec 36 % des voix) en fonction *-26-9 Victor Hugo Cardenas,* vice-Pt, 1er Indien à diriger la B. par intérim pendant le voyage aux USA du Pt. **1994**-*sept.* manif. d'agriculteurs contre l'arrachage de 3 000 ha de coca. **1995** *-18-4/16-10* état de siège devant révolte des enseignants. **1996**-*27-9* La Paz, 25 000 paysans manifes-

Ernesto Guevara de La Serna (dit **Che**) né 14-6-1928 en Argentine. Médecin. *1951-52* périple à moto en Amér. du Sud. *1954* Guatemala, participe à la résistance aux mercenaires venus renverser Arbenz. Se réfugie au Mexique. *1955-juillet* rencontre Castro. *1956-59* guérilla à Cuba. *1958* gagne la bataille de Santa Clara. *1959-3-1* entre à La Havane avec Castro. *1959-10-2* naturalisé Cubain, *-26-11* directeur de la Banque nationale. *1961-24-1* min. de l'Industrie. *1963* doute du régime soviétique ; croit à une révolution sud-américaine étendue : mis à l'écart. *1964* représente Cuba dans le monde. *1965* au Congo (ex-belge) avec lumumbistes. *1966-oct.* en Bolivie pour créer un « 2e Viêt Nam ». *1967-8-10* capturé. *-9-10* exécuté à La Higuera, sa tête (envoyée à la CIA) et ses mains (coupées pour vérifier les empreintes) seront remises à la famille. *1997-5-7* découverte de ses restes à Villegrande *-12-7* remis à Cuba *-17-10* inhumés à Santa Clara.

☞ Sa photo la plus connue : prise 5-3-1960 par Alberto Korda (Diaz Gutierre).

tent contre réforme agraire (adoptée le 11-10). **1997**-*14-3* visite du Pt Chirac. *-6-8* Gal **Hugo Banzer Suarez** (né 10-5-1926) Pt (*1-6*, 20,8 % des voix devant Carlos Duran 17 %). **1998**-*22-5* séisme (50 †). **2000** soulèvements paysans contre l'éradication de la coca.

■ **Statut.** *République.* **Constitution** du 19-11-1826, révisée 1947. **Provinces :** 16. **Pt** élu au suffrage universel à un tour pour 5 ans (si pas de majorité, élu par le Congrès). **Congrès :** *Sénat* (27 membres élus pour 5 ans) et *Chambre des députés* (130 m. élus pour 5 ans). **Élections du 6-1-1997** (nombre de députés et, entre parenthèses, de sénateurs) : ADN 32 (11), MNR 26 (4), MIR 23 (7), UCS 21 (2), Condepa 19 (3), MBL 5 (104). **Fête nationale.** 6-8, réunion de la 1re Constituante. **Drapeau** (adopté 30-11-1851). Bandes horizontales : rouge (valeur de l'armée), jaune (ressources minérales), vert (agriculture).

■ **Partis.** MNR-MRTKL, coalition fondée nov. 92. **Mouv. nationaliste révolutionnaire (MNR)** fondé 1942, *Pt :* Gonzalo Sanchez de Lozada, 700 000 m., centre droite. **Mouv. révolutionnaire Tupac Katari de Libération (MRTKL)** fondé 1978, *Pt :* Victor Hugo Cardenas. **Action démocratique nationaliste (ADN)** fondée 1979 par Hugo Banzer, *Pt :* Marcelo Ostria Trigo, libéral. **Mouvement de la gauche révolutionnaire (MIR)** fondé 1971, gauche, *Pt :* Oscar Eid Franco. **Conciencia de patria (Condepa)** fondée 1988, populiste, *Pt :* Remedios Loza. **Union civica solidaridad (UCS)** fondée 1989 par Max Fernandez, populiste, *Pt :* Johnny Fernandez. **Movimiento Bolivia libre (MBL)** fondé 1985, gauche, scission du MIR, *Pt :* Miguel Urioste.

ÉCONOMIE

■ **PNB.** *1985 :* 507 $ par hab. ; *90 :* 590 ; *95 :* 780 ; *98 :* 1 050 ; *99 :* 1 000. **Croissance** (PIB en %) : *1995 :* 4,4 % ; *96 :* 3,9 ; *97 :* 5 ; *98 :* 4,4 ; *99 :* 1,5. **Population active** (en %) **et,** entre parenthèses, **part du PNB** (en %) : agr. 50 (20), ind. 14 (10), services 26 (50), mines 10 (20). **Chômage** (en %) *1995 :* 19 ; *96 :* 19,1. **Inflation** (en %) : *1991 :* 21,4 ; *92 :* 12 ; *93 :* 8,5 ; *94 :* 7,8 ; *95 :* 7,9 ; *96 :* 12,4 ; *97 :* 4,7 ; *98 :* 7,68 ; *99 :* 3,1. **Dette extérieure** (en milliards de $) : *1995 :* 4,7 ; *98 :* 4,6. **Aide de la Banque mondiale** (en millions de $) : *1995 :* 426. *96 :* 725 ; *97 :* 1 080. **Pouvoir d'achat** des salaires (d'août 1985 à décembre 1990) : 75 %. **Pop. sous le seuil de pauvreté :** *2000 :* 70 %.

☞ **Cycles** du quinquina (1847-64) ; **caoutchouc** de cueillette (1880-1914) ; **étain** (fin XIXe s.-1985) [aux mains des « barons » : Simon Patino (1860-1947, en 1941 il fournit 21 000 t de minerai) ; Mauriccio Hochschild (11 000 t en 1941) ; Félix Aramayo (2 600 t en 1941). Nationalisé, repris par la Comibol (Corporation minière de B.) 26 000 salariés (le 31-10-1952), produit 70 % de l'étain. *Crise en 1981-87* (cours mondiaux : de 3 à 6 $ la livre ; coût de production : 9 $). *Entre février 1986 et mars 1987 :* 23 000 mineurs sont licenciés].

■ **Agriculture. Terres** (en milliers d'ha, 1997) : 23 263 dont cultivées 2 028, pâturages 11 233, forêts 9 673, eaux 241, divers 1 741. **Production** (en milliers de t, 1999) : canne à sucre 4 160, soja 940, p. de t. 783, maïs 613, riz 189, blé 141, café 23, coton 22, bananes, légumes, quinoa, coca (voir plus bas), manioc, soja. **Forêts** (en 1998). 1 989 000 m³. En juillet 1989, accord avec la *Conservation International Foundation* (pour aider à la préservation des ressources naturelles), et la *Citycorp International Bank* (qui rachètera 650 000 $ une partie de la dette extérieure). **Élevage** (en milliers de têtes, 1999). Volailles 56 000 (en 1996), ovins 8 575, bovins 6 556, porcins 2 715, caprins 1 585. Laine (lamas), fourrures. **Pêche** (en 1997). 6 038 t.

■ **Énergie** (en 1999). **Pétrole** 1 394 000 t. **Gaz** 3,7 milliards de m³. **Mines** (en milliers de t, 1999). **Zinc** 143. **Antimoine** 5,9. **Étain** *1945 :* 43 ; *95 :* 18 ; *98 :* 11 ; *99 :* 12 [teneur en étain 1,5 à 2,5 % (aujourd'hui 0,3 %)]. **Plomb** 11. **Tungstène** 0,58. **Cuivre** *1880 :* 2, *1917 :* 37,4, *95 :* 0,07. **Bismuth. Nickel. Wolfram. Soufre. Vanadium. Argent** 422. **Or** (en kg) *1881 :* 160, *1902 :* 580, *16 :* 4,5, *97 :* 13 291 ; *98 :* 16 000 ; *99 :* 15 000. **Industrie.** Affinage des métaux.

■ **Transports** (en 1996). **Routes :** 53 153 km ; **voies ferrées :** 3 200 km.

■ **Tourisme** (en 1997). **Visiteurs :** 375 000. **Sites :** lac Titicaca, Copacabana, vallée de la Lune, Tihuanaco, Chacaltaya, La Paz, Sucre, Potosí, Oruro [carnaval : danse des diables *(diablada)*, fondé 1606].

■ **Commerce** (en millions de $). **Export./import. :** *1996 :* 1 130/1 360 ; *97 :* 1 160/1 640 ; *98 :* 1 100/1 760 ; *99 :* 960/1 400. **Contrebande** *(export.) :* 1/5 des concentrés d'étain et 4/5 de l'or.

■ **Rang dans le monde** (en 1999). 6e étain. 10e argent. 11e zinc. 16e plomb. 21e or. 24e cacao. 27e riz. 29e canne à s., ovins.

☞ **Coca :** 3,1 % du PIB (pour certains 13 à 15 %). **Superficie cultivée :** *vers 1980 :* 50 000 ha ; *1996 :* légalement 12 000 ha [vallées des Yungas près de La Paz pour l'usage traditionnel (feuilles mâchées par les paysans : 100 g de feuilles sèches de coca fournissent 305 calories à travers 19 g de protéines, 46 g d'hydrates de carbone et 3,3 à 5 g de graisse ; ces 100 g de coca peuvent satisfaire aux besoins journaliers d'un adulte en calcium, fer, phosphore et vitamines A, B2, C et E), avec interdiction de la transformer en cocaïne] ; illégalement 32 000 ha [(région du Chaparé) pour la transformation en pâte] ; *2000 :* 2 000 ha. (?). Doit disparaître avant 2002. **Production** (en 1994) : 90 000 t de feuilles, soit 400 t de cocaïne (environ 10 t saisies par an) ; 20 % de la consommation mondiale. **Chiffre d'affaires** *cocaleros* (producteurs de coca) : 1,5 à 4 milliards de $ par an, dont 0,5 restent en B. La Banque centrale de La Paz est autorisée par décret, depuis 1985, à ne pas enquêter sur leur origine. 350 000 à 600 000 personnes en vivent.

BOSNIE-HERZÉGOVINE
(Fédération croato-musulmane de Bosnie)
Carte p. 1291. V. légende p. 950.

☞ *Abréviations :* B. : Bosnie ; B.-H. : Bosnie-Herzégovine.

■ **Situation.** 51 129 km² (dont Herzégovine 9 119). **Frontières** (en km) : Croatie 932, Monténégro 215, Serbie 312. **Côtes :** 20 km. **Altitude** *maximale :* Mt Maglic 2 386 m.

■ **Population.** *2000 (est.) :* 4 340 000 hab. dont **analphabètes** (en 1997) : 14,5 %. **D.** 74,5. **D.** 74,3. **Réfugiés** (en 1999) : 830 000 déplacés. **Réfugiés à l'étranger :** ex-Youg. 180 000, All. 53 000, Croatie 23 000. **Réfugiés étrangers en Bosnie-Herzégovine :** Croatie 40 000, ex-Youg. 20 000. **Religions** (en 1990). Musulmans (Slaves islamisés sous occupation ottomane) 43 % surtout dans les villes ; Serbes (orthodoxes) 31 % surtout à la campagne ; Croates (catholiques) 17 % au nord et au S.-O. **Peuple musulman de B.-H. :** nationalité créée 1968 par Tito pour les Slaves de B.-H. qui ne se reconnaissaient ni Serbes, ni Croates ; se réclamer de la nationalité musulmane ne signifie pas nécessairement une appartenance confessionnelle. **Langues.** Bosniaque, serbe et croate.

■ **Capitale.** *Sarajevo* [de *Bosna Saray* (« Palais de Bosnie ») ou *Sarayova* (« Plaine du palais »)] : *1991 :* 525 980 hab. ; *93 :* 300 000 ; *97 (est.) :* 360 000 (dont 19 000 Serbes, 21 000 Croates) ; *99 (est.) :* 465 000.

HISTOIRE

■ **Bosnie. VIIe s.** peuplée de Slaves. **Xe s.** début d'organisation en État. **948** soumise par le grand *zupan* (préfet) de Serbie, Caslav Klonimirovié, avec l'aide des Byzantins, ses suzerains. **960** réincluse et annexée par Michel Kresimir II. **991** domination bulgare. **1018** byzantine. **1042** réunie au royaume croate par Étienne Ier. **Fin Xe s.-1250** hérésie bogomile ; 33 *djed* ou papes bogomiles reconnus par les bogomiles byzantins *(1110)*, les cathares de France *(1222)*, d'Italie. **Début XIIe s.** indépendance ; gouvernée par des *ban* (chefs). **1138** province de Hongrie-Croatie. **1167-80** domination byzantine. **1180** vassale de Hongrie-Croatie, mais autonome en fait, gouvernée par des *ban* (ban Kulin). **1299** possession des princes croates Subic de Bribir. **1322** vassale de Hongrie-Croatie. **1377** le ban Tvrtko Ier Kotromanic (1354-91) couronné roi des Serbes et de la Bosnie. **1463** conquête turque, islamisation. Le sultan Mehmed II garantit la liberté de confession aux chrétiens du sandjak de Bosnie. **1516** persécutions sporadiques. **1878** occupation militaire puis **1908** annexion par Autriche-Hongrie qui ne réunit pas la Bosnie-Herzégovine. **1914**-*28-6* attentat de Sarajevo (voir à l'Index). **1918**-*26-10* indépendance des territoires slovènes, croates et serbes de l'Autr.-Hongrie. Le Conseil national de Zagreb décrète l'union des Serbes, Croates, Slovènes : 1er gouvernement national de B.-H.

■ **Herzégovine. VIIe s.** peuplée de Slaves. **IXe s.** principautés (Zeta, Raska). **1322-1463** incluse dans Bosnie. **1391-1482** gouvernée par ducs croates indépendants Kosatcha. **1448** duc Étienne Voukitchitch Kosatcha titré *Herzog* (« Herceg » en croate) par l'empereur germanique Frédéric III. Territoires (*Terre du Herceg* ou *Hercegovina*) : actuelle Herzégovine, sud-est et sud-ouest de Bosnie actuelle, Dalmatie centrale jusqu'à Kotor, nord du Monténégro actuel, sud-ouest de la Serbie actuelle (17 000 km²). **1470-82** conquête turque ; sandjkak d'Herzégovine inclus dans pachalik de Bosnie en 1580. **1832-51** autonome dans l'empire turc *(pachalik)*, gouverné par le vizir Alipacha Stotchévitch. **1875-78** insurrection chrétienne. **1878** Pljevlja *(Pliévlia)* et Prijepolje *(Priyépolië)* incorporés au sandjkat de Novi Pazar, Niksic *(Nikchitch)*, Piva et Banjani *(Baniani)* au Monténégro ; occupée. **1908** annexée avec Bosnie par Autriche-Hongrie. **1941**-*10-4* province de l'État indépendant de Croatie. **1943** 15 000 à 20 000 volontaires dans l'armée allemande. La plupart dans la 13e Waffen-Gebirgs-Division der SS Handschar, formée fin 1943 *(Brigadeführer Sauberzweig)*. Instruite près du Puy-en-Velay (Fr.), puis lutte contre titistes, en liaison avec oustachi croates ; combat fin 1944 (Vardar devant Zagreb) ; 1945, anéantie.

■ **Indépendance. 1991**-*juin/sept.* déclaration d'autonomie de 6 enclaves serbes en Bosnie. *-15-10* proclamation de la souveraineté de la B.-H. par une coalition islamo-croate au Parlement. *-Déc.* affrontements armés entre Musulmans favorables à l'indépendance, Croates au rattachement à la Croatie, Serbes au maintien dans la Fédération. **1992**-*29-2* et *1-3 référendum sur indépendance ;* participation 60 % (boycottage des Serbes) ; oui 62,78 % des inscrits (99,43 % des Musulmans). *-3-3 proclamation de l'indépendance. -20-3* accord de Sarajevo à l'issue de négociations sous l'égide de la CEE, sur une fédération de 3 entités constituantes. *-28-3* les Serbes de B.-H. proclament la **« République serbe de B.-H. »** (8e république et 4e État serbe de la Yougoslavie). *-5-4* début du siège de *Sarajevo* par l'armée fédérale. *-6-4* la CEE reconnaît l'indépendance de la B. *-7-4* proclamation d'une République serbe, début du départ des Musulmans et des Croates ; USA reconnaissent la B. *-8-4* état d'urgence. *-22-5* admission à l'Onu. *-Nov.* milices serbes (200 000 h., chef Radovan Karadzic) et 100 000 h. de l'ex-armée fédérale contrôlent plus de 70 % de la B. ; les Croates contrôlent l'Herzégovine occidentale où ils établissent un État croate autonome, l'**Herceg-Bosna** (capitale *Mostar*). Les Bosniaques ne contrôlent plus que 10 000 km². **1993**-*2-1 Conférence nationale de la paix* à Genève (Vance/Owen) : État décentralisé ; 10 provinces (3 à dominante serbe, 43 % du territoire ; 3 croates, 15 % ; 3 musulmanes, 25 % pour 44 % de la population avant la guerre). Démilitarisation de la région de Sarajevo avec administration commune. Présidence composée de 3 représentants de chacune des unités constituantes. *-8-1* vice-PM *Hakija Turajlik* tué par un milicien serbe. *-Janv.* Bosnie centrale, combats Croates/Musulmans. *-12-4* Onu autorise le recours à la force pour faire respecter la zone d'exclusion aérienne. *-16-5* Serbes de B. rejettent par référendum le plan *Vance/Owen*. **1994**-*5-2* un obus fait 66 † sur le marché de Sarajevo. *-9-2* sous l'impulsion de la France et des USA, ultimatum de l'Otan pour que les Serbes retirent leurs armes lourdes au-delà de 20 km de Sarajevo avant le 21-2. *-17-2* les Serbes obtempèrent, puis réinstallent leurs armes au fil des mois. *-28-2* 1re attaque aérienne de l'Otan : 4 avions serbes abattus. *-29-2* accord B./Yougoslavie, sous l'impulsion des USA, pour une Fédération croato-musulmane en B. *-Août* l'enclave sécessionniste musulmane de Bihac occupée par armée bosniaque (en majorité musulmane). **1995**-*1-1* cessation des hostilités. *-3-3* création de la Force de réaction rapide (FRR) pour renforcer la Forpronu. *-25-5 Tuzla* bombardée par Serbes de Bosnie (71 †). *-26-5* représailles des avions de l'Onu. Les jours suivants, les Serbes prennent en otage plus de 370 casques bleus. Derniers libérés le 18-6. *-7/11-7* Serbes de Bosnie (Gal Ratko Mladic, né 12-3-1943) prennent *Srebenica*, assiégée depuis 1992 ; l'Onu reste passive (14 au 16-7 : 5 000 à 8 000 Musulmans massacrés, 25 000 déportés ; Gal Radislav Krstic, responsable, arrêté 2-12-1998) puis, *-fin juillet, Zepa. -5-8* armée croate reprend la *Krajina*, territoire croate des Serbes sécessionnistes depuis 1991. L'action conjointe de l'armée gouvernementale bosniaque permet de désenclaver *Bihac* (nord-ouest de la B.). *-28-8* marché de Sarajevo bombardé par Serbes de B. (41 †). *-30-8* Otan et FRR lancent opération *Deliberate Force* contre les Serbes. *Pale,* capture de 2 pilotes français de Mirage 2 000 (José Sauvignet et Frédéric Chiffot) abattus par missile (libérés 12-12). *-8-9 accord de Genève :* reconnaissance de l'intégrité de la B.-H. qui admet l'existence d'une *« République serbe »* sur son territoire. *-16-9* reprise du pont aérien sur Sarajevo, interrompu depuis avril. *-26-9 accord de New York* sur futures institutions. *-5-10* cessez-le-feu de 60 jours, en vigueur le *-12-10. -8/9-12* Londres, conférence sur le suivi des problèmes civils de la paix. *-12-12* référendum sur accords : une partie des Serbes de Sarajevo vote à 90 % contre. *-14-12* **signature à Paris des accords de paix** [négociés du 1er au 21-11-1995 sur la base aérienne de Wright-Patterson à *Dayton* (Ohio, USA) entre **Slobodan Milosevic** (Pt serbe), **Franjo Tudjman** (Pt croate) et **Alija Izetbegovic** (Pt bosniaque) sous la direction de Richard Holbrooke (sous-secrétaire d'État américain)]. *-20-12 (Jour J)* l'Ifor (Otan) remplace la Forpronu (Onu) ; opération « Effort concerté ». B. rentre au FMI. *-20/21-12* Bruxelles, conférence sur la reconstruction de la B.

■ **Force de paix internationale. Implementation Force** ou **Ifor** (remplace le 20-12-1995 la Forpronu pour 1 an), PC interarmées à Kiseljak près de Sarajevo. Relève du Gal George Joulwan (USA) Cdt suprême des forces alliées de l'Otan en Europe et, sur le terrain, de l'amiral Leighton Smith (USA) Cdt de l'Otan pour le sud de l'Europe (Naples) ; adjoint : Gal Bernard Janvier (Français). EFFECTIFS : 60 000 h. RÉPARTITION EN 3 ZONES : *Sud-Est* (française, Gal Robert-Jean Rideau, 13 500 h. dont 7 500 Français, 1 200 Espagnols, 2 100 Italiens, 900 Portugais), comprend Mostar (PC logistique), Sarajevo (QG), enclave de Gorazde et son corridor ; *Nord* (américaine, 20 000 Américains), comprend Tuzla (PC), Brcko et son corridor ; *Sud-Ouest* (britannique, 12 000 Britanniques), comprend Bosnie centrale et Gorni-Vakuf (PC). Participation allemande : base logistique et médicale, 4 000 à 5 000 h. ; russe 4 000 h. *Bilan :* 55 † dont 13 Français (accidents de la route ou mines, pas de morts au combat). **Stabilization force** ou **Sfor** remplace le 21-12-1996 l'Ifor. Durée prévue 18 mois (30-6-1998), prolongée en déc. 1997. Commandant : Gal William Crouch (USA, Cdt des forces terrestres de l'Otan en Centre-Europe à Heidelberg. Second : Gal Marc Waymel (Français). EFFECTIFS (févr. 1999) : 30 500 h. dont des Allemands. 2 200 pré-positionnés en Croatie. 3 commandements terrestres : *Nord* (Tuzla et couloir de Posavina) USA, 8 500 h. ; *Sud-Ouest* (Banja-Luka) G.-B. ; *Sud-Est* (Sarajevo, Mostar, Gorazde) 9 500 h. (dont 450 en Croatie) France, état-major à Ortijes (près de Mostar), Gal Yves Le Châtelier, 3 groupements multinationaux (au total 3 500 Français, 2 030 Allemands, 1 700 Italiens, 1 420 Espagnols, 800 Marocains, 400 Ukrainiens, 330 Portugais, 200 Égyptiens, 30 Albanais, 10 Jordaniens). **Following Force** succède à la Sfor en juillet 1998.

1996-*29-1 Haris Silajdzic* (SDA), PM depuis 23-6-1994, démissionne. *-18-1 (J + 30)* fin prévue du retrait des forces non originaires de B. et repli des belligérants de part et d'autre d'une zone de séparation. *-30-1 Hasan Muratovic* PM. *-31-1* départ des casques bleus. *-Févr.* exode des Serbes de Sarajevo. *-2-2 (J + 45)* fin de l'échange de zones sensibles entre belligérants. *-17/18-2 Rome :* 1er sommet du suivi de l'application de la paix. *-19-3* partage effectif entre la Féd. croato-musulmane et la République serbe de Bosnie. Sarajevo, réunifiée, passe sous contrôle du gouvernement central, fin de 4 ans de siège. *-30-6* **Radovan Karadzic** (soupçonné de crimes de guerre) abandonne la présidence de la Rép. serbe à la vice-Pte **Biljana Plavsic** puis, le *-19-7,* tous ses mandats officiels. *-14-9* élections sous le contrôle de l'Ifor, participation 104 % d'où contestation. *-30-9* 1re réunion de la présidence collégiale. *-9-11* Gal Ratko Mladic (chef d'état-major de l'armée des Serbes de Bosnie) destitué par B. Plavsic. **1997**-*3-1* **gouvernement fédéral :** 12 m. dont 2 PM (*Haris Silajdzic*, Musulman et *Boro Bosic*, Bosno-Serbe) qui doivent effectuer une rotation hebdomadaire et 1 vice-PM, *Neven Tonic* (Croate). -*12/13-4* Jean-Paul II à Sarajevo. -*17-8* Otan contrôle police de Pale. -*28-8* Serbes pro-Karadjic prennent à l'Otan Brcko et Bijeljina. -*13/14-9* municipales, succès nationaliste (SDA, SDS et HDZ). **1998** *Milorad Dodik PM*. -*janv.* force de paix de l'Otan : 30 000 h. maintenus. **1999**-*5-3* le tribunal d'arbitrage fait de Brcko (unique poste de passage entre les 2 parties de la Rép. serbe de Bosnie) un district neutre autonome.

Bilan de la guerre (1991/1-1-1996). *Morts* 250 000 (dont 67 soldats français). *Femmes* violées 20 000, torturées 50 000. *Enfants* exécutés 15 000. *Réfugiés* environ 3 000 000. **Coût de la reconstruction** (est.) : 5,1 milliards de $. **Poursuites** engagées par le Tribunal pénal international de La Haye pour l'ex-Yougoslavie (créé par Onu le 25-5-1993, en fonction le 24-7-1994). En 1996, a inculpé 75 criminels (dont 66 officiellement en fuite et 7 détenus à La Haye) : 51 Serbes de Bosnie [dont Radovan Karadzic et les G^aux Ratko Mladic et Radislav Krstic inculpés pour « génocide » à Srebrenica en juillet 1995 ; le Gal Djordje Djukic inculpé 1-3-1996 pour « bombardement de cibles civiles » à Sarajevo], 3 officiers serbes de l'ancienne armée youg., 18 Croates de Bosnie, 3 Bosniaques musulmans. 29-11-1996 1re condamnation : Drazen Erdemovic (Croate) à 10 ans de prison. En mars 2000, Gal Tihomir Blaskic à 45 ans (record de peine du TPI). (Voir Organisations internationales, p. 913). En févr. 2001, 3 condamnés pour viols.

■ **Force de stabilisation de l'Otan (Sfor).** *1999* : 31 000 h. ; *2000* (avril) : 19 000 h.

■ **Statut.** *République* comprenant 2 entités autonomes : *Fédération de Bosnie-Herzégovine croato-musulmane* (51 % des terres), *République serbe de Bosnie (Republica Srpska)* [49 % des terres], séparées par une ligne de démarcation d'environ 1 000 km. *Capitale :* Sarajevo, unifiée sous contrôle bosniaque. Constitution : annexe 4 des accords de Dayton (version amendée de la Constitution de 1974). *Présidence collégiale :* 3 membres élus au suffrage direct à 1 tour, pour 2 ans par les 3 communautés (croate, serbe, bosniaque) ; celui qui a le plus de voix devient Pt pour 2 ans, il s'occupe de la politique étrangère et nomme le PM. **Drapeau** (adopté 4-2-1998). Imposé par le haut représentant international. Inspiré du drapeau de l'Europe. Fond bleu nuit. Triangle jaune (forme de la Bosnie) et bande d'étoiles blanches.

☞ *Haut représentant civil de la communauté internationale en Bosnie :* lord Owen (G.-B.) ; *1995 (juin) :* Carl Bild (Suède) ; *1997 (30-5)* Carlos Westendorp (Espagne) ; *1999 (12-7) :* Wolfgang Petritsch.

Présidence collégiale (élue 12/13-9-1998). **Musulman :** *Alija Izetbegovic* (né 8-8-1925 ; 28-11-1990 élu Pt de la Rép. avec 81,46 % des voix, réélu 1991, 14-9-1996 et 1998 avec 87 % des voix ; P. d'action dém., SDA) **Serbe :** *Zviko Radisic* (P. socialiste serbe, élu avec 51 %) [*1996-98 :* Momcilo Krajisnik (né 1945)]. **Croate :** *Ante Jalavic* (Union dém. croate de B.-H., HDZ, élu avec 53 %) [*1996-98 :* Kresimir Zubak (né 29-11-1947)]. **PM :** *1996* (30-1) Izudin Kapetanovic, *1997* (3-1) Haris Siladjzic (né 1945) ; **co-PM :** *1998* (oct.) Haris Siladjzic (PHB) et Boro-Bosic (SD) remplacé en *1999* (3-2) par Svetozar Mihajlovic ; **vice-PM :** Neven Tonic (HDZ) **Assemblée bicamérale. Chambre des représentants** [42 membres (28 de la Fédération de Bosnie-Herzégovine et 14 de la Rép. serbe, élus pour 2 ans les 12 et 13-9-1998)] et **Chambre du peuple** [15 délégués (5 Croates, 5 Musulmans, 5 Serbes) désignés par les législatures des 2 entités pour 2 ans].

Fédération de Bosnie-Herzégovine croato-musulmane. Pt et vice-Pt désignés par le Parlement. **Pt :** Ejup Ganic ; **vice Pt :** Vladimir Soljic ; **PM :** Edhem Bicakcic. **Chambre des représentants :** 140 membres (élus à la proportionnelle pour 2 ans ; 12/13-9-1998 : SDA 68 sièges, HDZ 28, SDP 19, P. social dém. 6, divers 19. **Chambre du peuple :** 74 membres (30 Bosniaques, 30 Croates, 14 minorités) élus dans les 10 cantons.

République serbe de Bosnie. Capitale : Banja Luka (auparavant Pale). **Pt :** *14-9-1996 :* Biljana Plavsic (Pte, née 1930) [accusée de génocide, se rend en 2001 au TPIY de La Haye], *12/13-9-1998* : Nikola Poplasen (candidat SRS et SDS), élu pour 2 ans par 324 033 voix devant Biljana Plavsic (Sloga) 286 914 voix ; 5-3-1999 destitué par C. Westendorp ; 23-11-2000 Mirko Sarovic (SDS) par 50 % des voix ; **vice-Pts :** Mirko Sarovic et Svetozar Mihajlovic ; **PM :** Milorad Dodik (depuis 19-1-1998). **Assemblée nationale :** 140 membres élus à la proportionnelle pour 2 ans. *Élections des 12/13-9-1998 :* SDS (P. démocrate serbe) 19, SDA 15, SNS (Alliance nationale serbe) 12, SRS (P. radical serbe) 11, SPRS (P. socialiste) 10, divers 16.

■ **Principaux partis. Bloc démocratique patriotique (DPB)** coalition Parti populaire serbe Nikola Pasic (NRS Nikola Pasic), de la patrie (OS), paysan ouvrier (SRS, parti radical serbe de Radovan Karadzic), démocrate (DS) et du centre démocratique (SDC). **Hrvatska demokratska zajednica (HDZ ;** fédération de plusieurs cantons ethniques avec garantie des droits des minorités), Communauté démocratique croate, fondée 1990, représentant Croates de Stjepan Kljujic, *Pt :* Ivo Lozancic. **P. pour la B.-H. (SBIH)** fondé 13-4-1996 par Haris Silajdzic. **SMIP :** Alliance pour la paix et le progrès ; coalition Parti socialiste de la Rép. serbe (SPRS), des sociaux-démocrates indépendantes (SNSD de Milorad Dodik), Gauche yougoslave (JUL), social-libéral (SLS) et le Nouveau parti ouvrier (NRP). **Stranka demokratske akcije (SDA ;** pour un État unitaire : armée, police et monnaie communes), parti d'action démocratique, d'Alija Izetbegovic *Pt*, représentant les Musulmans. **Szpska-demokratska stranka** [SDS ; pour un découpage avec 3 États : serbe de Bosnie (2/3 du territoire où « les Serbes sont en position dominante » : Krajina 63,4 % ; Herzégovine de l'Est 61,9 ; Romanija 39 ; Semberija 51,8) ; croate (Herzégovine de l'Ouest et enclave de 125 000 ha en Bosnie centrale) et musulman (le reste). Découpage ne tenant compte ni des minorités importantes (Musulmans 18,5 % en Krajina, 25,2 % en Herzégovine de l'Est), ni des enclaves (8 communes serbes à plus de 50 % et 6 croates à plus de 45 % dans la « Rép. musulmane »), ni des territoires en multipropriété (exemple : Mostar, 34,8 % de Musulmans, 33,8 % de Croates)], parti serbe démocratique, fondé 1990, représentant Serbes de Radovan Karadzic, *Pt* Momcilo Krajisnik depuis 19-10-1997. **ZLBIH :** liste unifiée d'opposition formée juin 1990. Parti croate paysan (HSS), Union sociale-démocrate de B.-H. (USDB), Parti social-démocrate (SDP) Parti républicain et de l'Organisation bosniaque musulmane (MBO).

■ **Économie.** Détruite par la guerre. **PIB** (en 1999) : 4 853 millions de $ (1050 $ par hab.). **PNB** (en $ par hab.) : *1990 :* 3 060 ; *94 :* 700 ; *98 :* 1 490 ; *99 :* 1 060. **Dons** (en millions de $) : *1996 :* Banque nationale de prêts 358, USA 294, Japon 108, P.-Bas 100, France 13). **Croissance** (en %) : *1995 :* 21 ; *96 :* 69 ; *97 :* 30 ; *98 :* 18 ; *99 :* 12. **Chômage** (en %) : *2000 :* 40 à 50. **Inflation** (en %) : *1992 :* 64 218 ; *93 :* 38 825 ; *94 :* 533,5 ; *95 :* – 12,1 ; *96 :* – 21,2 ; *97 :* 11,8 ; *98 :* 4,9 ; *99 :* – 0,6. **Dette extérieure brute** (en 1999) : 68 % du PIB.

Agriculture (en milliers de t, 1999). P. de t. 380, maïs 160, choux 66, blé 63, prunes 35, orge 33, bett. à sucre 1 ; (en t) fraises 5 000, framboises 5 000, noix 700, amandes 400, châtaignes 400. **Élevage** (en milliers de têtes, 1999). Poulets 4 000, bovins 350, ovins 285, porcins 80, chevaux 50. **Forêts. Mines.** Fer, charbon, lignite, sel gemme, plomb, zinc, manganèse, bauxite, baryte, réserves hydroénergétiques 16 milliards de kWh. **Commerce extérieur** (en millions de $). **Export./import. :** *1995 :* 24/254 ; *96 :* 58/1 204 ; *97 :* 193/1 555 ; *98 :* 352/2 120 ; *99 :* 518/ 2 431. **Transactions courantes** (en 1999) : – 39,7 % du PIB.

■ **Tourisme. Visiteurs** (en 1997) : 100 000. **Sites :** *Parcs* naturels de Kozara (3 375 ha) et Sutjeska (17 250 ha). *Sarajevo, Mostar ; montagnes* Jahorina, Bjelasnica. *Stations thermales :* Banja Vrucica, Ilidza, Guber, Fojnica, Kiseljak, Laktasi.

BOTSWANA

Carte p. 952. V. légende p. 950.

■ **Situation** Afrique. **Superficie :** 581 730 km², dont 2/3 désert du Kalahari. **Frontières** (en km) : Afrique du S. 1840, Namibie 1360, Zimbabwe 813. **Altitude** *maximale :* 1 489 m (Mt Otse), *minimale* 503 m. **Climat.** Été (oct.-mars) chaud (parfois 40 °C) et humide, hiver (avril-sept.) sec, chaud le jour (26 °C) avec nuits fraîches, gelées matinales épisodiques. *Pluies :* 600 mm par an au nord-est à 250 au sud-ouest. Différend frontalier avec Namibie sur 3 îles dans la bande de Caprivi (Situngu, Luyondo et Kasikili).

■ **Population.** *1996 (est.) :* 1 531 000 hab. dont 6 000 Européens ; Bochimans (1ers hab. de l'Afrique, en voie de disparition) ; *2000 :* 1 620 000 ; *2025 (prév.) :* 2 000 000. **D.** 2,8. **Régions** (tribus principales et population en 1991) : *Centre* (Bamangwato) 395 564, *Kweneng* (Bakwena) 169 835, *Gaborone* 133 791, *Ngwaketse* 129 474, *Kgatleng* (Bakgatla) 57 168, *Nord-Est* (Bakalaka) 43 361, *Sud-Est* (Bamalete, Batlokwa) 31 101, *Kgalagadi* (Bakgalagadi, Basarwa) 30 873, *Ghanzi* (Bakgalagadi) 24 695. **Age** (en %) : *– de 15 ans* 40,6, *+ de 64 ans* 4,1. **Mortalité** *infantile :* 56 ‰ (en 1999). **Espérance de vie** (en 1998) : 47 ans. **Sida** (est. 2000) : 36 % de la pop.

■ **Langues.** Anglais *(officielle)*, setswana. **Religions.** Chrétiens (60 %), musulmans (environ 1 000), animistes (peu nombreux).

■ **Villes** (en 1991). *Gaborone* 133 468 hab., Francistown 65 244 (à 457 km), Selebi-Phikwe 39 772 (402 km), Molepolole 29 212 (en 1988), Lobatse 26 052, Mochudi 23 852 (en 1988).

■ **Histoire. 1885** protectorat britannique *(Bechuanaland)*. **1966**-*30-9* *indépendance ;* **Seretse Khama** Pt. **1974**-*sept.* Parlement dissous. **1980**-*18-7* **sir Quett Ketumilé Masiré** (né 23-7-1925) élu par le Parlement, réélu 10-9-1984, 10-10-1989 et 17-10-1994. **1988**-*28-3* raid sud-africain (4 †). **1998**-*31-3* Masiré se retire, remplacé jusqu'aux élections de 1999 par le vice-Pt. Festus Mogae. **1999**-*16-10* **Festus Mogae** (né 21-8-1939) élu Pt.

■ **Statut.** *République, membre du Commonwealth.* **Constitution** du 30-9-1966. **Pt** : élu pour 5 ans par le Parlement (max. 2 mandats). **Assemblée :** 47 membres dont 40 élus pour 5 ans au suffrage universel et 7 élus par l'Assemblée. **Chambre des chefs :** 15 membres. **Élections du 16-10-1999.** BDP (Botswana Democratic Party, fondé 1962) 33 sièges, BNF (Botswana National Front, fondé 1967) 6, BCP (Botswana Congress Party) 1. **Fête nationale.** 30 sept. **Drapeau** (adopté 30-9-1966). Bandes horizontales blanches et noire (harmonie raciale), sur fond bleu (vie et eau).

■ **Économie. PNB** (par hab.) : *1985 :* 765 ; *95 :* 3 100 ; *96 :* 3 842 ; *97 :* 3 310 ; *98 :* 3 070 ; *99 :* 2 940. **Croissance** (en %) : *1995 :* 4,4 ; *96 :* 6 ; *97 :* 5,7 ; *98 :* 4,8 ; *99 :* 7. **Population active** (en %) et, entre parenthèses, **part du PNB** (en %) : agr. 60 (5), ind. 10 (4), mines 7 (48), services 23 (43). **Chômage** (en 1999) : 21 %. **Inflation** (en %) : *1997 :* 9,3 ; *98 :* 6,7 ; *99 :* 7,1. **Dette extérieure** (en millions de $). *1994 :* 736 ; *98 :* 627. **Aide** (de 1995 à 1999) : 5,1 milliards de $.

Agriculture. Terres (en milliers d'ha, 1979) : arables 1 360, pâturages 44 000, forêts 962, eaux 1 500, divers 12 215. **Production** (en milliers de t, 1999) : céréales *1981 :* 60 ; *83 :* 14 ; *84 :* 9,7 ; *85 :* 16, sorgho 7, maïs 5, légumineuses 12, arachides, coton, haricots, agrumes. **Forêts.** 1 637 000 m³ de bois (en 1998). **Élevage** (en milliers de têtes, 1999). Bovins 2 380 (3 500 en 1977), volailles 2 000, caprins 1 900, ovins 250, ânes 235, chevaux 32, porcins 7. Procure les revenus de 85 % de la pop. *Sécheresse :* 1981-84 (abattage de 900 000 têtes), 1989.

Mines. Diamants [1967, découverte à Orapa, 2e mine du monde : ouverture Letlhakana (1977) et Jwaneng (1982)] 154 carats/100 t de minerai, *production* (en 1999) : 21 300 000 de carats. **Charbon** 816 724 t. **Soude** 174 222 t (en 1992). **Cuivre** 19 000 t (1999). **Nickel** 24 000 t (en 1999). **Manganèse. Amiante. Transports** (en km, 1996). **Routes :** 18 327 dont 4 600 goudronnés. **Voies ferrées :** 888. **Tourisme. Visiteurs :** 770 000 (en 1997). **Sites :** *parcs et réserves* 17 % du territoire (Chobe, Okavango, Moremi). En 1998, 79 000 éléphants. *Sun City.*

■ **Commerce** (en milliards de $). **Export./import. :** *1995 :* 2,16/1,6 ; *96 :* 2,21/1,46 ; *97 :* 2,82/1,92 ; *98 :* 2,06/1,98.

■ **Rang dans le monde** (en 1999). 2e diamants.

BRÉSIL

Carte p. 1010. V. légende p. 950.

☞ *Abréviation :* B. : Brésil.

■ **Nom.** Du bois *brésil*, abondant au XVIe s. et utilisé pour teindre les tissus (couleur de braise). Avant 1500 : *Pindorama.*

■ **Situation.** Amérique du Sud. **Superficie :** 8 547 403,5 km² (environ 50 % du continent sud-américain) dont eaux 55 457 km². *Pourtour* 23 086 km, *longueur* 4 394,7 km, *largeur* 4 319,4 km. 90 % du territoire se situent entre équateur et tropique du Capricorne. **Frontières** (en km) : Bolivie 3 400 km, Pérou 1 560, Colombie 1 643, Guyana 1 119, Venezuela 2 200, Paraguay 1 290, Argentine 1 224, Uruguay 985, Guyane française 673, Suriname 597. **Côtes :** 7 491 km. **Altitude** *maximale :* Pico da Neblina 3 014 m. *Basses terres* 41 % de la superficie, *hautes terres* 58,5 %, *aire culminant à plus de 1 200 m* 0,5 %. **Flore :** 56 000 espèces (dont 3 850 n'existent qu'au B.).

■ **Régions.** Socle précambrien recouvert de roches sédimentaires s'abaissant d'est en ouest (plateaux 5/8 du territoire, plaines 3/8). L'**Amazonie** correspond à une gouttière du socle ; forêt (*mata*) amazonienne. *Nord-est :* plateaux (alt. moyenne inférieure à 1 000 m) limités par des reliefs de côte. *Est et sud-est :* hautes terres (chapada Diamantina, serra do Espinhaço entre 1 000 et 1 800 m) drainées par le Rio Grande. *Végétation* semi-aride (*caatinga*) dans région de São Francisco, campos (savanes) dans le Mato Grosso, *cerrados* (beaucoup d'arbustes) dans Brésil central. Forêt atlantique *(Mata Atlântica)*. Bordure côtière. 91 % de sa superf. disparus depuis le XVe s., 62 000 ha perdus depuis 1987 dans l'État de São Paulo. Menacée par projet de mégalopole de 40 millions d'hab. le long de la route São Paulo-Rio (450 km). *Hydrographie :* 8 bassins, Amazone (plus grand bassin du monde), Tocantins, São Francisco, Paraná, Uruguay, Atlântico do Sul (4 parties : nord et nord-est, est et sud-est), Paraguay ; 44 000 km navigables. *Sertão :* plaines arides du nord-est ; région peu connue à population clairsemée.

■ **Climats. Équatorial :** en Amazonie. *Temp. moy.* 24 à 26 °C. *Pluies* 2 500 mm par an réparties sur l'année. Pas d'hiver. Parfois *friagem* (froid) : 12 °C. Flore équatoriale. **Tropical :** plateau central, une partie du nord-est et du sud-est. 2 saisons : chaudes, l'une sèche, l'autre pluvieuse. *Temp.moy.* + 20 °C. *Pluies* 1 000 à 1 500 mm par an en été. Végétation *cerrado.* Forêt-galerie dans les vallées humides. **Semi-aride :** sertão du nord-est, vallée du Rio São Francisco au nord du Minas Gerais. *Temp. moy.* 27 °C. *Pluies* 800 mm par an. **Tropical d'altitude :** parties plus élevées du plateau atlantique, São Paulo et Minas Gerais, parties montagneuses du Rio de Janeiro et Espirito Santo, nord du Paraná, sud du Mato Grosso do Sul. *Temp. moy.* 18 à 22 °C. Hiver, parfois la pénétration d'air polaire venant de l'Atlantique parvient à provoquer des gelées. *Pluies* 1 000 à 1 500 mm, surtout l'été. **Subtropical :** sud de São Paulo et du Mato Grosso, peut aller jusqu'au nord du Paraná. *Temp. moy.* < 20 °C. Amplitude thermique annuelle 9 à 13 °C. En hauteur, neige possible. *Pluies* 1 500 à 2 000 mm. **Tropical atlantique :** du Rio Grande do Norte à São Paulo. *Temp. moy.* 18 à 26 °C. *Pluies* 1 200 mm par an : automne et hiver dans le nord-est, été dans le sud ; au sud de Bahia, pluies toute l'année.

■ DÉMOGRAPHIE

■ **Évolution** (en millions d'hab.). *1500 :* 5(?). *1890 :* 14,3 hab. ; *1900 :* 17,4 ; *20 :* 30,6 ; *40 :* 41,2 ; *60 :* 70 ; *80 (rec.) :* 119 ; *91 (rec.) :* 146,8 ; *2000 (rec. 1-8) :* 169,54 ; *2020 (prév.) :* 207,7. **D. :** *1890 :* 1,7 ; *1900 :* 2,1 ; *20 :* 3,6 ; *40 :* 4,9 ; *60 :* 8,3 ; *96 :* 18,4 ; *2000 :* 19,8. **Accroissement annuel** (en %) : *1890 :* 2,01 ; *1900 :* 2 ; *20 :* 2,9 ; *40 :* 1,5 ; *60 :* 3 ; *80 :* 2,5 ; *90 :* 1,64 ; *95 :* 1,33 ; *96 :* 1,38 ; *99 :* 1,3. **Taux** (pour ‰, 2000) : *natalité :* 19,97 ; *mortalité :* 6,7 [*infantile :* 37,41 (en 1998 : nord-est 57,9, nord 35,2, sud 22,4)]. **Espérance de vie** (en 2000) : *h.* 64,3, *f.* 72,1 ans. **Naissances** (en 1999) : 3 295 000. 50 000 filles mères de 9 à 14 ans en 1997. **Décès** (en 1999) : 1 102 000. **Mariages** (en 1995) : 734 045. **Analphabètes** (15 ans et +) : *1998 :* 13,8 % (sud 8,1, nord 11,8, nord-est 27,5). **Pop. urbaine** (en 2000) : 81,22 %.

☞ Sur 60 millions d'enfants, 20 millions vivent dans la misère, 7 à 9 millions à l'abandon (dans la rue, où beau-

coup de *pivettes* vivent de rapines), 500 000 se prostituent, 6 000 auraient été tués depuis 1986 (3 000 depuis 1993).

■ **Répartition** (en millions, 1999). **Blancs** 86,6 (dont 1 million d'origine allemande en 1990). **Métis** [Blancs et Indiens (*caboclo* : paysan pauvre)] et **mulâtres** [Blancs et Noirs : beaucoup de Noires pratiquent l'« hypergamie » (recherche de partenaires plus blancs qu'elles)] 64. **Noirs** 8,6 (surtout Bantous et Soudanais). Introduits entre 1550 et 1850 (40 % de la traite totale des esclaves de 1500 à 1800 et 80 % de 1801 à 1850). Jusqu'à 1850, travaillent dans canne à sucre, mines, puis dans tertiaire et artisanat ; 1850-88 (abolition de l'esclavage), revendus aux producteurs de café (Rio de Janeiro, São Paulo). **Asiatiques** 0,742 [Japonais]. **Indiens** 0,261. **Divers** 0,017.

Indiens. Langues : 100 (3 troncs linguistiques : tupi, macro-je, aruak). **Nombre :** *1550* (arrivée des Portugais) : 3 à 6 millions ; *1900 :* 1 million (environ 230 tribus autochtones). *1950 :* 45 429 ; *vers 1970 :* 200 000 ; *1989 :* 230 000 dont 140 000 sous la protection de la Funai *(Fundação Nacional do Indio)* sur 41 009 630 ha ; 50 000 sous celle des missions religieuses ; 40 000 dispersés dans la forêt. *Taux d'accroissement* 3,7 %. **Statut : 1967** (loi fondamentale) : inaliénabilité de leurs terres (possession permanente et usufruit exclusif des richesses naturelles). **1970** « Statut de l'Indien » : le sous-sol appartient à l'État, mais la Funai doit être consultée et accorde seule les autorisations. **1980**-*8-8* les Indiens attaquent les établissements blancs d'Amazonie (12 ouvriers agricoles blancs tués à São Felix de Xingu). **1989**-*févr.* colloque à Altamira : 20 nations indiennes représentées s'élèvent contre la déforestation et le projet du barrage de Xingu. **1991**-*nov.* réserve de 49 000 km^2 attribuée (Pará et Mato Grosso) aux 498 Mekragnotire. *-24-12* décret-loi créant 22 réserves totalisant 22,18 millions d'ha sur 8 États pour Tikunas, Pataxos, Kaimbes, Karajas et Jurunas. *Bilan :* 10,52 % du B. leur sont concédés et 183 réserves créées. **1992**-*janv.* territoire délimité à 94 000 km^2 entre Roraima et Amazonie ; *-nov.* réserve de 1 220 km^2 pour Araras (Mato Grosso).

☞ Les évêques brésiliens ont dénoncé la disparition des Indiens comme un génocide organisé. La Bird accuse la Funai d'irrégularités.

Indiens Yanomami (« êtres humains » en indien ; ancien nom : *Guaharibos,* « hommes-singes ») : 22 000 dont 13 000 au sud du Venezuela et 9 000 dans le Roraima sur 94 000 km^2, riches en minerais. Tous les 2 ans, déplacent le *shaponoo* (case centrale, où vivent 60 à 80 personnes) pour aller 5 km plus loin défricher. Les os des morts sont pilés et mélangés à une compote de bananes bouillies que parents et amis mangent (le corps des vivants devient ainsi le lieu où gisent les morts). Territoire envahi depuis 1987 par 45 000 chercheurs d'or (*garimpeiros*) ; 120 aérodromes ; menace de malaria et de maladies vénériennes ; accord (9-1-1990) pour les réinstaller ailleurs, non respecté ; décret (15-11-1991) présidentiel créant parc indigène sur territoire yanomami.

■ **Immigration.** *De 1819 à 1975 :* Portugais 1 788 402, Italiens 1 630 944, Espagnols 724 506, Allemands 263 413, Japonais 260 000 [1908, 1934 interruption par quotas, 1990 reprise (visa de 3 ans renouvelable) ; *entrées 1989 :* 1 000, *90 :* 45 000, *91 :* 62 000], *Français 51 567,* Libanais 25 297, divers 892 820, total 5 626 312. **Population étrangère** (en 1991) : 606 636 dont Portugais 224 849, Japonais 67 024, Italiens 53 543, Espagnols 47 047, Allemands 17 591, Argentins 19 679, Polonais 7 078, Libanais 10 857, Uruguayens 16 824, Soviétiques 6 073, Chiliens 18 096, Boliviens 11 938, Paraguayens 12 871, Américains 9 204, *Français 6 100.*

D'après la Constitution de 1946, le nombre annuel d'immigrants de chaque nationalité (sauf Portugais) ne pouvait excéder 2 % du total des immigrants de ces pays admis au Brésil entre 1926 et 46.

■ **Langue officielle.** Portugais.

■ **Religions** (en millions, 1991). Catholiques 121,8 (119 en 1998), protestants 13,1 (dont pentecôtistes 8,1 et évangélistes 4,3), spirites 1,6, Témoins de Jéhovah 0,75, bouddhistes 0,23, mormons 0,09, juifs 0,08. Église universelle du règne de Dieu (fondée 1977 par Emir Macedo) 3, églises orientales 0,3. **Sectes :** une centaine (10 % de la pop.). **Cultes afro-brésiliens traditionnels :** *camdomblé* (pratiqué par Noirs), *umbanda* (emprunté au spiritisme d'Alan Kardec et au catholicisme). *Macumba* (rite de sorcellerie), terme utilisé par les étrangers à ces groupes.

■ Histoire

■ **Avant J.-C. Vers 5000** peuplé d'Amérindiens venus de Colombie. **Vers 1000** culture du manioc en Amazonie et Orénoque. **Vers 100** observatoire astronomique. **Après J.-C. 1492** bulle *Inter Coetera :* le pape Alexandre VI Borgia attribue, à partir d'une ligne imaginaire nord-sud (long. 38° W) à 100 lieues à l'ouest des îles du Cap-Vert, les terres en deçà aux Portugais, au-delà aux Espagnols. **1494**-*juin traité de Tordesillas,* déplaçant cette ligne (long. 46° 30' W) à 370 lieues du Cap-Vert.

■ **1500**-*21* ou *22-4* le Portugais *Pedro Alvares Cabral* aborde à Porto Seguro, nomme la terre Santa Cruz ; *-26-4 :* 1re messe ; **1503** s'y établit. **1525** *conférence de Badajoz* (Jean III de Portugal et Charles Quint) : le Portugal obtient le B. Plusieurs tentatives de conquête par des pirates ou des expéditions officielles : *France antarctique* [1557-67, dans la baie de Rio de Janeiro par Nicolas Durand de Villegaignon (vers 1510-71), seigneur de Torcy et vice-amiral de Bretagne, qui débarque le 10-11-1555 avec 600 colons (André Thevet, moine cordelier, l'accompagnait ; malade, il revint en Fr. en 1556 rapportant du *pétun :* tabac) ; puis son neveu M. de Boissy, seigneur de Bois-le-Comte] et *France équinoxiale* [1594-1615 dans l'île de Maranhão (Maragnan, 60 × 35 km) ; Daniel de La Touche, seigneur de la Ravardière († vers 1635, St-Malo) construit en 1612 fort St-Louis, capitule 4-11-1615 devant Jeronimo de Albuquerquo] ; *Hollande* à Bahia (1624-25) et Pernambuco (1630-54). **1538** 1ers esclaves africains. **XVIIe s.** introduction du café. Début des *bandeiras* (expéditions armées), qui partent du littoral de São Paulo. Les *bandeirantes* partent vers l'intérieur chercher des esclaves indiens, découvrir des mines d'or et de pierres précieuses. Dépassent les limites du traité de Tordesillas : d'où conflits armés avec Espagne (Rio de la Plata). **1695**-*20-11* mort de Zumbi du *quilombo* (communauté d'esclaves fugitifs) de Palmares. **1701-13** B. allié de l'Angleterre contre Louis XIV. **1710** Jean-Charles Duclerc (Français) débarque avec 1 000 h. à Guaratiba. 640 h. prisonniers dont Duclerc (sera assassiné). **1711**-*21-9* amiral René Duguay-Trouin (avec 17 navires, 5 500 h.) prend Rio puis repart après rançon versée. **1750**-*13-1 traité de Madrid* annulant traité de Tordesillas, moyennant la cession à l'Esp. de l'Uruguay. **1763** Rio siège de la vice-royauté (avant, à Bahia). **1777**-*1-10 traité de San Ildefonso* fixant les limites définitives. **1789** échec du soulèvement *Inconfidencia Mineira* [refus du paiement du *quinto* (impôt sur l'or), envisage de fonder une république, 12 conspirateurs dénoncés et condamnés à mort dont 1 exécuté (Silva Xavier, dit Tiradentes)]. **1807**-*nov.* Napoléon envahit Port. et abolit par décret la monarchie : la reine, dona Maria Ire (1734-1816), le Pce régent, dom João, et la cour (15 000 personnes) se réfugient au B. Ouverture des ports au commerce intern. (fin du monopole portugais). **1815**-*16-12* le B. devient royaume à la mort de dona Maria Ire. *-20-3* le Pce régent est *acclamé* roi dom João VI (1767-1826), roi du Port., du B. et de l'Algarve. **1821**-*26-2* après la défaite de Napoléon, il part pour le Portugal, en laissant au B. son fils, dom Pedro, comme régent ; à Lisbonne, les députés des Cortes veulent rendre au B. son ancien statut de colonie. **1822**-*9-1* dom Pedro, décidant de ne pas rentrer à Lisbonne où les Cortes le rappellent, déclare : « Je resterai. » *(fico) -13-5* la Chambre municipale de Rio lui offre le titre de « Défenseur perpétuel du Brésil ». *-7-9 indépendance* proclamée par don Pedro. Devient un empire (8,5 millions de km^2, 4 000 000 hab.).

■ **Empire. 1822**-*12-10* **Pedro Ier** (12-10-1798-Lisbonne 24-9-1834), fils de Jean VI, roi du royaume uni du Portugal, du Brésil et de l'Algarve, épouse 1°) 1817 Léopoldine d'Autriche (1797-1826), 2° 1829 Amélie (31-7-1812/26-1-1873) fille d'Eugène de Beauharnais, duc de Leuchtenberg. **1824**-*25-3 Constitution.* **1825**-*29-8* João VI reconnaît l'indépendance du B. **1826**-*10-3* roi du Portugal à la mort de son père. *-29-4* laisse le Portugal à sa fille Marie II. **1831**-*7-4* abdique.

1831-*7-4* **Pedro II** (Rio 2-12-1825-Paris 5-12-1891), fils de Pedro Ier, épouse 1843 Thérèse de Bourbon-Siciles (14-3-1822/28-12-1889) ; déclaré majeur à 15 ans. **Héritiers** (voir ci-dessous). *Régence :* Gal Lima e Silva, députés Costa Carvalho et Braulio Muniz. Séditions militaires à Rio et dans le Nord. **1834**-*12-8 Acte additionnel à la Constitution.* Régence d'un citoyen : l'abbé Diogo Antonio Feijó. **1840**-*23-7* gouverne effectivement. **1841-45** plusieurs insurrections. **1843**-*16-3* fonde Petrópolis à 66 km de Rio. **1850** traite des Noirs abolie. **1851-52** guerre contre l'Argentine ; **1865-70** contre le Paraguay (qui veut restreindre la navigation brésilienne sur Paraguay et Paraná). **1871**-*28-9* loi *Rio Branco* ou du « ventre libre » : les enfants des négresses naîtront libres mais resteront au service des maîtres de leur mère jusqu'à 21 ans. **1877-79** sécheresse : 50 000 † dans le Nord-Est. **1880-1912** fièvre du caoutchouc en Amazonie. **1888**-*13-5* abolition définitive de l'esclavage : crise sociale et économique. **1889**-*9-11* conspiration ourdie par Benjamin Constant Botelho de Magalhaes (1833-91, dit le *fondateur de la République,* qui enseignait le positivisme à l'école militaire ; ayant participé à l'hommage public rendu par ses élèves, le 22e bataillon d'infanterie est déplacé). Insurrection militaire (Gal Deodara da Fonseca). *-15-11* Pedro II abdique. *-17-11* quitte secrètement le B. (son corps et celui de sa femme seront ramenés en 1920 dans la cathédrale de Petrópolis).

Héritiers de la Couronne

1891 Isabelle (Eu, Fr. 27-7-1846/14-11-1921), fille de Pedro II, *ép.* 15-10-1864 Gaston d'Orléans (1842-† 1922 sur le *Massilia*) Cte d'Eu, fils aîné de Louis duc de Nemours (1814-96, fils du roi Louis-Philippe) dont *Pierre d'Alcantara* Pce de Grão Para (15-10-1875/29-1-1940, épouse 14-11-1908 Élisabeth Dobrzensky de Dobrzenicz 1875-1951) qui renonce à ses droits le 30-10-1908 en faveur de son frère Louis mais est revenu sur cette renonciation [a pour enfants Isabelle Ctesse de Paris (née à Eu 13-8-1911) ; Pierre (né 19-2-1913, épouse 18-12-1944 Maria de la Esperanza de Bourbon-Siciles, née 14-6-1914, dont il a eu 4 fils et 2 filles) ; *Jean* (né 15-10-1916) épouse 29-4-1949 Fatima Sherifa (1923), 1 fils] ; *Louis* (26-1-1878/26-3-1920, épouse 4-11-1908 Maria-Pia de Bourbon-Siciles, 1878-1973, 3 fils). **1921 Pierre-Henri d'Orléans et Bragance** (13-9-1909/5-7-1981) fixé au Brésil en 1946, fils de Louis, épouse 19-8-1937 Pcesse Marie de Bavière (née 9-9-1914) dont 8 Pces et 4 Pcesses [nés entre 1938 et 59, dont Louis-Gaston qui suit ; Eudes (né 8-6-1939 dont 3 fils, 3 filles) ; Bertrand (né 2-2-1941) ; Isabelle (née 5-4-1944) ; Pierre (né 1-12-1945 dont 1 fils, 4 filles) ; Fernand (né 2-2-1948 dont 3 filles) ; Antoine (né 24-6-1950 dont 2 fils, 2 filles)]. **1981 Pce Louis-Gaston d'Orléans et Bragance** (né 6-6-1938), son fils.

■ **Ire République. De 1889 à 1930** « politique des gouverneurs » : le Pt appuie les gouverneurs des États ; ceux-ci assurent l'élection de représentants qui font, au Congrès, la politique du pouvoir central. **1889**-*nov.* **Mal Manuel Deodoro da Fonseca** (1827-92). **1891**-*mars-avril* mate révolte. *-23-11* **Mal Floriano Vieira Peixoto** (1839-95). **1894**-*nov.* **Prudente de Morais e Barros** (1841-1902). **1897** massacre de Canudos (Nordeste), 7 000 soldats encerclent communauté mystique, conduite par Antonio Vicente Mendes Maciel (Conseilheiro) [20 000 †]. **1898**-*15-11* **Manuel Ferraz de Campos Salles** (1841-1913). **1900** **Francisco de Assis Rosa et Silva** (1857-1929) Pt par intérim. **1902**-*15-11* **Francisco de Paula Rodrigues Alves** (1848-1919). **1903** traité de Pétrópolis : incorpore le territoire de l'Acre au pays. **1906**-*15-11* **Afonso Moreira Pena** (1847-1909). **1909**-*14-6* **Nilo Procopio Peçanha** (1867-1924). **1910**-*15-10* **Mal Hermes Rodrigues da Fonseca** (1855-1923), neveu du 1er Pt. **1914**-*15-11* **Venceslâu Bráz Pereira Gomes** (1868-1966) malade, n'assume pas le pouvoir, remplacé (1919) par le vice-Pt *Delfim Moreira da Costa*

Ribeiro (1868-1920). **1919**-*28-7* **Épitácio da Silva Pessoa** (1865/13-2-1942). **1920** loi d'exil de la famille impériale abrogée. **1922**-*15-11* **Artur da Silva Bernardes** (1875-1955). **1925** loi d'exil abrogée. **1926**-*15-11* **Washington Luis Pereira de Souza** (1869-1957) déposé par une révolution (1930).

■ **IIe République.** **1930**-*24-10* **Gal Augusto Tasso Fragoso** (1869-1945) chef du gouv. provisoire. *-3-11* **Getúlio Dornelles Vargas** (1882-1954) chef du gouv. provisoire *-24-10 révolution* (chef Getúlio Vargas), l'État de São Paulo demande la remise en vigueur de la Constitution. **1934**-*16-7 nouvelle Constitution.* **1937** G. Vargas, élu Pt , proclame un « *État nouveau* », octroie une charte constitutionnelle. **1942**-*22-8* déclare guerre à All. et It. après torpillages de navires brésiliens.

1945-*28-10* **José Linhares** (1886-1957). **1946**-*31-1* **M^{al} Eurico Gaspar Dutra** (1885-1974). *-18-9 nouvelle Constitution.* **1951**-*31-1* **Getúlio Dornelles Vargas** (19-4-1883/24-8-1954, suicide, son fils étant mis en cause dans attentat contre un journaliste). Loi interdisant discrimination raciale. **1954**-*24-8* **João Café Filho** (1899-1970) ; *-10-11* démissionne. **1955**-*3-11* **Carlos Coimbra da Luz** (1894-1961). *-11-11* **Nereu De Oliveira Ramos** (1889-1958). **1956**-*31-1* **Juscelino Kubitschek de Oliveira** [1902/22-8-1976, accident de voiture (?)]. **1960**-*21-4 Brasília* devient *capitale fédérale.*

1961-*31-1* **Jãnio da Silva Quadros** (1917-92) ; démissionne 25-8. *-2-9* acte additionnel, le B. passe du régime présidentiel au régime parlementaire. *-7-9* **João Marques Goulart** [1918/6-12-1976, arrêt cardiaque (?)]. **1963**-*6-1* acte additionnel révoqué, régime présidentiel restauré, conforme à la Constitution du 18-9-1946. **1964**-*1-4* Goulart renversé. **Paschoal Ranieri Mazzilli** (1910-75) Pt par intérim (2-4/15-4). *-15-4* **M^{al} Humberto de Alencar Castelo Branco** (1900-67). Gouv. militaire. **1967**-*15-3* **M^{al} Arthur da Costa e Silva** (1902-69). **1968** escadrons de la mort créés par des policiers contre le « laisser-aller ». **1968-73** « *miracle brésilien* » (croissance de 11 à 12 % par an, influence de *Delfim Neto,* min. des Finances). **1969**-*31-8* da Costa se retire (thrombose cérébrale).

1969-*31-8* junte militaire. *-30-10* **Gal Emilio Garrastazu Medici** (1905-85). *-17-10* nouvelle Constitution. *-13-12* prolongation de l'acte institutionnel V, le Pt met fin aux activités du Congrès, suspend droits politiques de tout citoyen pour 10 ans, « casse » parlementaires et fonctionnaires, supprime l'*habeas corpus* pour délits contre la « sécurité nationale » (de 1968 à 78, 4 582 personnes « cassées » dont 3 783 mises à la retraite d'office). **1970** plusieurs diplomates enlevés et échangés contre des prisonniers politiques. **1974**-*15-3* **Gal Ernesto Geisel** (1908-96). Épidémie de méningite à São Paulo (4 000 † en une semaine). **1974-75** difficultés économiques. **1977**-*avril* modification des modalités d'élection des gouvernements et du tiers des sénateurs. **1979**-*15-3* **Gal João Baptista de Oliveira Figueiredo** (1918-99, parti Arena) élu 15-10-1978 par 355 voix, devant Gal Euler Bentes Monteiro (226 voix). Le commissaire Fleury (« cerveau » des escadrons de la mort) meurt lors d'une partie de pêche. *-28-8* amnistie sauf pour terroristes. *-15-9* retour de Miguel Arraes (PSB). *-Juin à oct.* échec de la réforme du système des partis. **1980**-*juillet* visite Jean-Paul II. **1981** amnistie : Luis Carlos Prestes, chef du PC en exil à Paris, peut rentrer ; Pt Figueiredo en France. **1984**-*25-4* le Congrès refuse l'élection du Pt de la Rép. au suffrage universel.

1985-*15-1* **Tancredo de Almeida Neves** (né 4-3-1910) élu Pt par 480 voix contre 180 à Paulo Salim Maluf (53 ans) ; *-15-3* opéré d'urgence. *-16-3* passation de pouvoirs à **José Sarney** (né 3-4-1930) : vice-Pt. *-21-4* Neves meurt. *-10-5* décision : présidentielle au suffrage universel, droit de vote pour 20 millions d'analphabètes. *-11-7 :* 10 partis légalisés dont les 2 PC. *-14/18-10* Pt Mitterrand au B. *-15-11 municipales,* 1er scrutin libre depuis 20 ans : le PMDB remporte 17 capitales du pays sur 23, mais échoue à São Paulo (l'ancien Pt Quadros « l'homme au balai » est élu), et à Rio [Roberto Saturnino Braga (PDT) élu] ; suivi par PDT et PT ; 2 principaux perdants : PFL droite et PDS. **1986**-*28-2 plan tropical* (ou *Cruzado 1*) de redressement : prix, salaires, tarifs publics bloqués pour 6 mois ; l'économie cesse d'être indexée ; nouvelle monnaie : 1 cruzado = 1 000 cruzeiros. *-15-11* élections : victoire du PMDB ; 1re femme noire député (Benedita da Silva). *-21-11 plan Cruzado II* ou *plan Bresser :* hausses (en %) des tarifs publics : téléphone, électricité 35, poste 100, alcools, voitures 80, carburant 60. **1987**-*20-2* moratoire partiel sur dette extérieure. *-18-5* le Pt annonce qu'il ramènera de 6 à 5 ans son mandat présidentiel. *-Mai* échec du plan Cruzado. *-12-6 plan Cruzado novo,* blocage des prix et salaires pour 90 jours. *-30-6* émeute à Rio (47 bl., 100 autobus détruits), hausse de 50 % des transports en commun (contraire au gel des prix) annulée. *-21-12* environ 133 chercheurs d'or tués (affrontements avec police). **1988**-*févr.* pluies, État de Rio (251 †, 10 000 sans-abri). *-22-3* l'Ass. constituante vote par 334 voix contre 212 pour que le Pt soit doté des pleins pouvoirs, Pt Sarney restera encore 2 ans. *-Avril* vente aux enchères d'une partie de la dette. *-Août* parc *das Emas* (centre-ouest) : 40 000 ha sur 120 000 incendiés (des milliers d'animaux tués). *-2-9 nouvelle Constitution* ; droit de grève reconnu ; torture, racisme, terrorisme et trafic de drogue considérés comme crimes imprescriptibles ; censure abolie ; droit d'initiative populaire : proposition de lois par 1 % de l'électorat. *-Oct.* droit de vote à 16 ans. *-15-11 municipales :* la majorité présidentielle ne conserve que le Nordeste. *-22-12* l'écologiste *Chico Mendes* tué par Darly et son fils Darcy Alves, éleveurs (15-12-1990 : condamnés à 19 ans de prison ; 15-2-1993 : évadés ; 30-6-1996 : Darly repris). **1989**-*15-1 plan Été :* gel des prix et salaires ; dépenses publiques courantes en baisse de 50 %, nouveau cruzado (= 100 cruzados) dévalué de 17 %. *-Janv. à mai* 4 dévaluations. *-Juin* abandon du *plan Été,* dévaluation de 1,29 %. Scandale financier à la Bourse. *-9-11* Silvio Santos, propriétaire d'une chaîne de TV, Parti municipaliste, déclaré non éligible comme Pt. *-23-12* Gabriel Maire (prêtre français) assassiné. **1990**-*21-2* base spatiale inaugurée à Alcantara, coût 115 millions de $.

1990-*15-3* **Fernando Collor de Mello** [né 1949, élu Pt au *1er* tour 15-11-1989 : 27 % des voix, *2e tour* 7-12 : 43 % (Lula 38)]. *16-3 plan Collor* d'austérité : pendant 18 mois, retraits d'argent limités ; gel de 80 % des avoirs des comptes bancaires supérieurs à 1 000 $; taxes sur transactions mobilières. Effets : chute de la Bourse (São Paulo – 60 %, Rio – 50 %) et de l'or. *-19-3* cruzado redevient cruzeiro. *-9-5 :* 20 à 25 % des 1 600 000 fonctionnaires licenciés et entreprises publiques « non stratégiques » privatisées. *-3-10* et *-25-11 élections fédérales. -Nov.* Neuza Maria Goulart Brizola, fille de Leonel Brizola, gouverneur de Rio, impliquée dans trafic de drogue. **1991**-*4-2 plan Collor II :* blocage prix et salaires. *-Mars* 950 appartements de Rio occupés par des habitants des favelas. *-14-3* après échec de ses 2 plans, Collor propose « grand projet de reconstruction nationale ». *-5-4* tribunal fédéral de São Paulo juge inconstitutionnel le gel des avoirs brésiliens. *-8-5* Marcilio Marques Moreira (59 ans) remplace Zelia Cardoso de Mello (37 ans, min. de l'Économie, démissionnaire). *-3-9* Rosane Collor, femme du Pt, Pte de la Légion brésilienne d'assistance (1 milliard de $ par an ; 10 000 salariés) démissionne (accusée de détournement de 175 000 $). *-6-9* João Alvino Malta Filho, beau-frère de Collor, accusé de tentative de meurtre. *-12/22-10* Jean-Paul II au B. **1992**-*30-3* Collor obtient démission de son cabinet. Nouveau cabinet « à la moralité insoupçonnable ». *-17-5* gouverneur d'Acre assassiné. *-25-5* affrontement Collor/son frère Pedro. *-2-6* P^{ce} Pedro Thiago d'Orléans et Bragance (13 ans, enlevé 26-5) libéré. *-Juin* Paulinho Paiakan, cacique des Indiens Kayapos, écologiste, accusé de viol. *-26-7* mutinerie prison de São João do Mereti (banlieue de Rio) [12 †]. *-Août* Rosane Collor aurait reçu illégalement 500 000 $ en 2 ans. *-16-8 Brasilia :* 100 000 manifestants pour démission de Collor. *-24-8* Collor aurait reçu 6,5 millions de $ de pots-de-vin depuis 1989 et laissé son ami Paulo Cesar Farias (PC) monter recyclage de fonds secrets. *São Paulo :* 200 000 manifestants ; *-26-8 Brasilia :* 80 000 ; *-18-9 São Paulo :* 700 000. *-29-9* Ass. nationale, par 441 voix contre 48, destitue Collor (privé de ses droits civiques jusqu'en 2000).

1992-*2-10* **Itamar-Augusto Cautiero Franco** (né 28-6-1931), vice-Pt, devient Pt par intérim. *-2/3-10* mutinerie prison de São Paulo : 111 à 200 †. *-4-11 :* 2 000 Indiens Guajajaras prennent 400 otages dans État de Maranhão. *-29-12* Collor démissionne ; *-30-12* Sénat le condamne à 8 ans de suspension de ses droits politiques (12-12-94, le Tribunal suprême l'acquitte par 5 voix contre 3, faute de preuves). **1993**-*21-4 référendum* (votants 67 010 409 sur 90 256 552 inscrits) [pour République 68 % (présidentielle 57 %, parlementaire 25 %), monarchie 12 %]. *-2-8* création du *cruzeiro real* (= 1 000 cruzeiros). *-Août* 16 Indiens Yanomami tués par chercheurs d'or. *-30-8 :* 31 policiers responsables du massacre de 21 pers. (favella Vigario-Geral de Rio). *-2-9* Claudio Romero, Pt de la Funai, destitué. *-29-11* Farias arrêté en Thaïlande (en fuite depuis le 30-6). **1994**-*21-1 :* 18 députés et sénateurs accusés d'avoir détourné en 5 ans 20 milliards de $. *-1-3* entrée en vigueur de l'unité de valeur réelle ou URV (liant le B. au $), remplacée 1-7 par le *real.*

1995-*1-1* **Fernando Henrique Cardoso** (né 18-6-1931, social-démocrate), élu Pt 3-10-1994, 1er tour : 54,3 % des voix [Luis Inacio da Silva (dit Lula), P. des travailleurs, 27 %] entre en fonction. *-6-3* real dévalué de 4,5 %. *-22-6* real dévalué de 6,45 %. *-Août-nov.* manif. de paysans pour la distribution de terres non cultivées promises à 200 000 familles lors de la campagne présidentielle. *-12-11* décret d'expropriation de 112 000 ha répartis entre 3 264 familles. *-28-11* manif. à Rio contre la violence. *-23-12* Alexandro Roberto de Castro, dirigeant du Mouv. des paysans sans terre, assassiné. **1996**-*13/14-2 Rio,* pluies et inondations pendant le carnaval (74 †, milliers de sans-abri). *-17-4* manif. de paysans sans terres dans l'État de Pará (23 † par police). **1997**-*11-3* visite du Pt Chirac. *-25-7* manif. des « laissés pour compte ». *-2/5-10* visite de Jean-Paul II. *-10-11* plan de rigueur. **1998**-*mars* État de Roraima : 6 000 à 20 000 km^2 de forêts incendiées. *-Juin* Nordeste, sécheresse. *-4-10* Cardoso réélu Pt au 1er tour (53,96 % des voix). *-28-10* plan d'austérité pour 1999-2001 contre aide du FMI. *-13-11* accord avec FMI : aide 41,5 milliards de $. **1999**-*13-1* dévaluation de 8,9 %. *-15-1* la Banque centrale laisse flotter le real. *-5-2 :* 7 États décident de ne payer qu'une partie de leur dette à l'État. *-2/18-2 São Paulo,* carnaval : 114 tués. *-27-8* mort de dom Helder Camara (né 7-2-1909), dit l'évêque rouge, ancien archevêque de Recife. **2000**-*18-1* baie de Rio, marée noire (rupture oléoduc sous-marin) : 1 300 t répandues. *-22-4 :* 5e centenaire du Brésil, manif. indiennes réprimées. *-Oct.* Marta Suplicy (55 ans, sexologue, P. des travailleurs), élue maire de São Paulo. **2001**-*25 au 30-1* Porto Alègre, forum social, anti-Davos sur la mondialisation. *-26-1* José Bové (Fr.), avec mouvement des sans-terre, arrache du soja transgénique de Monsanto ; *-29-1* arrêté puis relâché. *18-2* mutinerie de 15 000 prisonniers [État de São Paulo (16 †)].

■ POLITIQUE

■ **Statut.** *République fédérale* (26 États, 1 district fédéral, siège de la capitale). **Constitution** du 5-10-1988. *Vote* obligatoire sous peine d'amende. **Chambre des députés :** 513 m. élus pour 4 ans. **Sénat fédéral :** 81 m. élus pour 8 ans, renouvelables tous les 4 ans pour 1/3 ou 2/3. **Pt de la Rép. :** élu au suffrage universel à 2 tours pour 4 ans, depuis oct. 1994 non renouvelables, 4-6-1997 renouvelables (avant, Pt élu, par le Congrès pour 5 ans, non rééligible). Nomme et révoque les ministres (non responsables devant le Parlement), ne peut dissoudre les chambres. **Gouverneurs, conseillers municipaux, maires :** élus pour 4 ans. **Fête nationale.** 7 sept. (en 1889 : 14 juillet). **Drapeau** (adopté 15-11-1889). Fond vert (forêt), triangle jaune (ressources minérales) portant une sphère bleue avec 27 étoiles (1 par État) représentées sous forme de constellations et une bande blanche portant la devise : *« Ordem e progresso ;* Ordre et progrès ». **Noblesse. Titres :** *prince :* réservé aux membres de la famille impériale ; *duc :* 3 titres octroyés par l'Empire dont 2 à une descendance naturelle de l'empereur ; *marquis ; comte ; vicomte ; baron.* Pas de réglementation officielle, les titres sont utilisés dans la vie sociale.

■ **Élections.** (*Abréviations : Pg.* : Parti gouvernemental. *O* : Opposition. *B* : votes blancs ou nuls.) **Chambre des députés** (en %). **1994** (3-10 et 15-11) : 506 m. dont PMDB 107 sièges, PFL 83, PSDB 64, PPR 49, PT 47, PP 36, PDT 35, PTB 30, PL 16, PSB 13, PC do ; B 9, divers 17. **1966 :** *Pg :* 50,5 ; *O :* 28,4 ; *B :* 21. **1970 :** *Pg :* 48,4 ; *O :* 21,3 ; *B :* 30,3. **1974 :** *Pg :* 40,9 ; *O :* 37,8 ; *B :* 21,3. **1978 :** *Pg :* 40 ; *O :* 39,3 ; *B :* 20,7. **1982 :** *Pg :* 36,6 ; *O :* 48 ; *B :* 15,1. **Sièges en 1986 :** 487 sièges : PMDB 259, PFL 115, PDS 36, PDT 24, P. des travailleurs 19, P. travailliste brésilien 19, PL 7, PDC 3, PCB 2, PCDB 2, PSB 1. **1990** (3-10/25-11) : 503 sièges : PMDB 109, PFL 85, PDT 46, PDS 44, PRN 40, PSDB 38, PTB 37, PT 35, PDC 22, PL 15, PSB 10, PSC 5, PCDB 5, PRS 4, PCB 3, PTR 2, PST 2, PMN 1. **1998** (4-10) : 513 s. dont PFL 106, PSDB 99, PMDB 82, P. progressif 60, PB 31, PT 58, PDT 25, divers 52. **Sénat.** 81 sièges : PMDB 26, PFL 14, PSDB 10, PTB 7, PDT 7, PRN 4, PDS 3, PDC 3, PT 1, PSB 1, PST 1, PMN 1, divers 3. *(3-10 et 15-11-1994)* renouvellement de 2/3 : PMDB 21 sièges, PFP 18, PSDB 11, divers 9. **1998** (4-10) : 81 s. dont Brazilian democratic movement 27, PFL 20, PSDB 16, PT 7, P. progressif 5, PSB 3, PDT 2, PSB 1. **Ass. des États. 1990** (25-11) 1 036, PMDB 207, PFL 171. **Élection des gouverneurs** (15-11-1985, 1re fois depuis 1965) : plus de 59 millions d'inscrits. 686 grands électeurs (479 députés, 69 sénateurs, 138 élus territoriaux) ; sur 27 gouverneurs, 16 d'opposition.

■ **Partis. P. démocratique social (PDS)** fondé 1980, Tasso Jereissanti et Amaral Neto ; ancien parti du régime militaire. **P. du front libéral (PFL)** fondé 1984, Ricardo Fiuza. **P. du mouvement démocratique brésilien (PMDB)** fondé 1980, Antonio Paes de Andrade ; remplaçant l'ancien MDB. **P. démocrate travailliste (PDT)** fondé 1980, Leonel Brizola. **P. des travailleurs (PT)** fondé 1980, José Dirceu. **P. communiste brésilien (PCB)** créé vers 1920, fut légal 2 ans (1945-47) avant 1985, prosoviétique. **P. communiste du Brésil (PC do B),** proalbanais, fondé 1922, Aldo Rebelo. **P. socialiste brésilien (PSB)** fondé 1947, Miguel Arraes. **P. social-démocrate brésilien (PSDB)** fondé 1988, Artur de Tavola. **P. démocrate-chrétien (PDC),** Mauro Borges. **P. travailliste brésilien (PTB),** fondé 1980, Luis de Paiva. **P. libéral (PL),** Alvaro Valle. **P. de reconstruction nationale (PRN)** fondé 1988, Fernando Collor de Mello. **P. national socialiste** (illégal), néonazi (10 000 m.). **Mouvement des travailleurs sans terre** fondé 1978.

■ ÉTATS

Légende : États et territoires, superficie en km^2, habitants (est. au 1-8-2000) et densité (**D.**), capitale (en italique, 1996) et distance de Brasília.

■ **Nord.** Amazonie. 3 869 637,9 km^2, 45,25 % du territoire, 12 919 949 hab., **D.** 3,34. Population urbaine : 69,7 %. 81 % de l'eau douce du B. [l'Amazone (découvert 1542 par Francisco de Orellana, Lt de Pizarre) déverse dans l'océan, sur 200 km, 1/5 de l'eau douce du globe, 6 270 km, bassin de 6 000 000 km^2, 1 100 affluents, 3 à 14 km de large (50 km lors des crues), 30 à 100 m de profondeur, 65 m de pente de la frontière à la mer, 120 000 m^3 de débit par s (max. 320 000 m^3/s)]. 80 % des réserves de bois mais déforestation (incendies *1987 :* 204 000 km^2, *88 :* 80 000) ; réserves : sel gemme, étain, manganèse, bauxite, fer. Représente 4 % du revenu national.

Acre (AC) : État depuis 1962. 153 149,9 km^2, 557 337 hab., **D.** 3,6 ; *Rio Branco* 228 857 hab. (2 249,7 km).

Amapá (AP) : État depuis 1990. 143 453,7 km^2, 475 843 hab., **D.** 3,3 ; *Macapá* 220 962 hab. (1 783,2 km).

Amazonas (AM) : 1 577 820,2 km^2, 2 840 889 hab., **D.** 1,8 ; *Manaus :* fondée 1669 sur rio Negro ; prospère 1890-1920 (hévéa) ; opéra 1896 [fermé 1907, rouvert 17-3-1990 après travaux (148 millions de F.)] ; récession jusqu'en 1967 [devenue zone franche, traite le pétrole brut brésilien et vénézuélien] ; 1989-91, baisse 40 %. 1 157 357 hab. (1 929,4 km). Territoire en litige entre Amazonas et Pará (2 680 km^2, 4 000 km^2 peuplés de 20 000 Yanomami, soit 40 % du Roraima)].

Pará (PA) : 1 253 164,5 km^2, 6 188 685 hab., **D.** 4,9 ; *Belém* 1 144 312 hab. (1 585,5 km).

Rondônia (RO) : État depuis 1981 (avant, Territoire fédéral du Guaporé puis de Rondônia). 238 512,8 km^2, 1 377 792 hab., **D.** 5,8 ; *Porto Velho* 294 227 hab. (1 902 km).

Roraima (RR) : État depuis 1990. 225 116,1 km^2, 324 152 hab., **D.** 1,4 ; *Bõa Vista* 165 518 hab. (2 490 km). 33 000 km^2 (forêt et savane) incendiés début 1998.

Tocantins (TO) : État depuis 1990, 278 420,7 km^2, 1 155 251 hab., **D.** 4,2 ; *Palmas* 86 116 hab. (622,5 km).

■ **Nord-Est.** 1 561 177,8 km^2, 18,38 % du territoire, 47 679 381 hab., **D.** 30,5. Population urbaine 69,04 %.

Ceinture côtière fertile et plateau du *sertão* (polygone de sécheresse ; mortalité infantile 74,7 ‰).

Alagoas (AL) : 27 933,1 km^2, 2 817 903 hab., **D.** 100,9 ; *Maceió* 723 142 hab. (1 486,3 km).

Bahia (BA) : 567 295,3 km^2, 13 066 764 hab., **D.** 23,3 ; *Salvador* 2 211 539 hab. (1 062,1 km), 365 églises.

Ceará (CE) : 146 348,3 km^2, 7 417 402 hab., **D.** 50,7 ; *Fortaleza* 1 905 513 hab. (1 684,2 km). Territoire en litige entre Ceará et Piauí, 2 614 km^2.

Maranhão (MA) : 333 365,6 km^2, 5 638 381 hab., **D.** 16,9 ; *São Luis* 780 833 hab. (1 518,5 km).

Paraíba (PB) : 56 584,6 km^2, 3 436 718 hab., **D.** 60,7 ; *João Pessoa* 549 363 hab. (1 716,6 km).

Pernambuco (PE) : 98 937,8 km^2, 7 910 992 hab., **D.** 80 ; *Recife* 1 346 045 hab. (1 657,4 km) [île Fernando de Noronha 26 km^2, 1 295 hab. (en 85), à 2 150 km].

Piauí (PI) : 252 378,6 km^2, 2 840 969 hab., **D.** 11,3. *Teresina* 655 473 hab. (1 308,6 km).

Rio Grande do Norte (RN) : 53 306,8 km^2, 2 770 730 hab., **D.** 52 ; *Natal* 656 037 hab. (1 774,6 km).

Sergipe (SE) : 22 050,3 km^2, 1 779 522 hab., **D.** 80,7 ; *Aracaju* 428 194 hab. (1 293,2 km).

■ **Sud-Est.** 927 286,2 km^2, 10,85 % du territoire, 72 262 411 hab., **D.** 77,9. Population urbaine 90,5 %. Ceinture côtière fertile et *campos cerrados* (savane), *limpos* (sans arbres), *alpinos* (+ de 1 000 m). % par rapport au Brésil : superficie 2,9, PIB 40, pop. 44,1, prod. industrielle 60.

Espirito Santo (ES) : 46 184,1 km^2, 3 093 171 hab., **D.** 67 ; *Vitória* 265 874 hab. (947,6 km).

Minas Gerais (MG) : 588 383,6 km^2, 17 835 488 hab., **D.** 30 ; *Belo Horizonte* 2 091 371 hab. (614 km).

Rio de Janeiro (RJ) : 43 909,7 km^2, 14 367 225 hab. (*1820* : 45 000, *70* : 235 000), **D.** 327,2 ; *Rio* 5 551 538 hab. (aggl. 10 192 097 hab., 931,3 km). [Habitants (appelés *Cariocas*.) *1710* : 12 000, *1808* : 50 144, *1900* : 691 565, *1939* : 1 896 948. *1502 -1-1* site découvert par Gaspar Lemos (accompagné d'Amerigo Vespucci). *1503* André Gonçalves y établit un port et le nomme « fleuve de Janvier », ayant pris la baie pour un estuaire ; *1565* ville fondée (Saint-Sébastien du rio de Janeiro) ; capitale du B. de 1763 à 1960, Niterói étant la capitale de l'État de Rio. *15-3-1975* fusion des États de Rio et de Guanabara, pour contrebalancer l'influence de l'État de São Paulo.] Climat chaud et humide ; terrains défavorables (marécages, collines à pic : on a remblayé l'océan, percé des tunnels). Activités des quartiers actuels : Nord (industrie, zone portuaire) banlieue Baixada Fluminense, comprenant 2 500 000 de pauvres venus du Nord-Est ; Centre (affaires, commerce) ; Sud (résidences élégantes : Flamengo, Botafogo, Copacabana, Ipanema, Leblon). 2e port du B.

☞ *Samba* : origine : *batuque* de Bahia, introduit par les esclaves en 1870 ; naquit dans le bar de Tia Ciata *(baiana)* à Rio, au début du siècle.

Nota. – En 1992 : 7 635 assassinats et 146 enlèvements ; en 1993 : 656 enfants de moins de 18 ans assassinés dont 72 % avaient entre 15 et 18 ans.

São Paulo (SP) : 248 808,8 km^2, 36 966 527 hab., **D.** 148,6 ; *São Paulo* 9 839 066 hab. ([aggl. 16 583 234 hab. (18 000 000 en 97), 870,5 km)] ; s'accroît de 600 000 nouveaux venus par an. Une des plus fortes concentrations industrielles du monde, notamment dans la zone polluée de Cubatão. En 1997, 35,6 % du PIB national et 50 % de la prod. ind.

■ **Sud. Superficie :** 577 214 km^2, 6,76 % du territoire, 25 671 211 hab., **D.** 43,4. Population urbaine 80,93 %. Montagneux au nord, plaine et pampa au sud. Seule région où il y ait un hiver. 1er du pays pour : tabac, maïs, soja, blé, sorgho, avoine, seigle, orge, graines de lin. Porcins et ovins.

Paraná (PR) : 199 709,1 km^2, 9 558 126 hab., **D.** 47,9 ; *Curitiba* 1 476 253 hab. (1 077,2 km, 400 km de São Paulo et 70 km de l'océan).

Rio Grande do Sul (RS) : 282 062 km^2, 10 179 801 hab., **D.** 36,1 ; *Porto Alegre* 1 288 879 hab. (1 614,1 km). 8 % du PNB, 12 % des exportations.

Santa Catarina (SC) : 95 442,9 km^2, 5 333 284 hab., **D.** 55,9 ; *Florianópolis* 271 281 hab. (1 310 km).

■ **Centre-Ouest.** 1 612 077,2 km^2, 18,8 % du territoire, 11 611 491 hab., **D.** 7,2. Population urbaine 86,73 %. Plateau central assez élevé avec chaînes de montagnes et vallées fertiles.

District fédéral (DF) : 5 822,1 km^2, 2 043 169 hab., **D.** 350,9 ; *Brasília* 1 821 946 hab (est. 96). Construite autour d'un lac artificiel de 40 km de long. **1789** projet de capitale à l'intérieur (raisons surtout stratégiques) ; **1823** idée et nom dus à José Bonifacio de Andrade e Silva. **1890** projet de transfert inclus dans la Constitution provisoire ; **1955** le Pt Café Filho dépossède le Goiás du futur district fédéral ; *1956*-9-3 création de la Cie Nova-Cap ; **1957**-*10-1* décret du Pt Kubitschek transférant la capitale. Raisons. 1°) *Économiques* : centre de développement pour le plateau central. 2°) *Politiques* : fin de la rivalité entre les 2 capitales : São Paulo (financière) et Rio (politique). 3°) *Écologiques* : climat sain (alt. 1 152 m ; temp. 17-22 °C), eaux abondantes, cadre naturel (savane vallonnée, appelée *mato* ou *cerrado*). Réalisation. *Lauréats du concours* (1956) : Lucio Costa (Toulon, 1902-98, urbaniste) et Oscar Niemeyer (Rio, 1907, architecte des bâtiments officiels). **1960**-*21-4* inauguration. **1970** transfert du corps diplomatique.

Goiás (GO) : 341 289,5 km^2, 4 994 897 hab., **D.** 14,6 ; *Goiânia* 1 003 477 hab. (173 km). *Nom* : celui des Indiens *Guaiases* (fleurs des champs). Démembré oct. 1988 pour créer l'État de Tocantins.

Mato Grosso (MT) : 906 806,9 km^2, 2 075 275 hab., **D.** 2,7 ; *Cuiabá* 433 355 hab. (875,6 km).

Mato Grosso do Sul (MS) : État formé 1979. 358 158,7 km^2, 2 498 150 hab., **D.** 5,8 ; *Campo Grande* 600 069 hab. (878,2 km).

ÉCONOMIE

■ **PNB** total (en milliards de $). *1982* : 274,6 ; *85* : 222 ; *90* : 402 ; *95* : 545 ; *96* : 599,8 ; *97* : 754,5 ; *98* : 783,2 ; *99* : 349,18 ; par habitant (en $) *1982* : 2 170 ; *85* : 1 640 ; *90* : 2 680 ; *95* : 3 590 ; *96* : 3 801 ; *97* : 4 676 ; *98* : 4 720. **PIB** total (en milliards de $) : *1997* : 871 ; *98* : 552, *99* : 557 ; par tête (en $) : *1996* : 4 920 ; *97* : 5 038 ; *98* : 4 792 ; *99* : 3 419. **Population active** (en %) **et**, entre parenthèses, **part du PNB** (en %) : agr. 30 (11), ind. 20 (32), mines 4 (5), services 46 (52). **Total** (en 1998) : 71 676 219 hab. dont hommes 42 312 927, femmes 27 650 186. **Chômage** (en %) : *1996* : 10,5 ; *98* : 7,6 ; *fin 1999* : 19. **Déficit public** (en % du PNB) : *1985* : 30 ; *89* : 83 ; *91* : 21,5 ; *97* : 4,7 du PIB ; *98* : 7,83. **Inflation** (en %) : *1980* : 110,2 ; *81* : 95,2 ; *82* : 99,7 ; *83* : 211 ; *84* : 223,8 ; *85* : 235,1 ; *86* : 65 ; *87* : 415 ; *88* : 993 ; *89* : 1 863 ; *90* : 1 585 ; *91* : 475 ; *92* : 1 149 ; *93* : 2 489 ; *94* : 929 ; *95* : 21,9 ; *96* : 9,1 ; *97* : 4,3 ; *98* : 2,49 ; *99* : 8,43 ; *2000 (est.)* : 5,8. **Réserves en devises** (en milliards de $) : *1985* : 10,7 ; *90* : 7,6 ; *95* : 50,4 ; *96* : 59 ; *97* : 51,4 ; *98* : 43,6 ; *99* : 36,6 ; *2000 (nov.)* 32,5. **Balance des paiements courants** (en milliards de $) : *1996* : – 23,14 ; *97* : – 30,91 ; *98* : – 33,61 ; *99* : – 25. **Croissance du PIB** (en %) : *1976* : 10,3 ; *77* : 4,9 ; *78* : 5 ; *79* : 6,8 ; *80* : 9,2 ; *81* : – 4,4 ; *82* : 0,7 ; *83* : – 3,4 ; *84* : 5 ; *85* : 8,3 ; *86* : 7,5 ; *87* : 3,6 ; *88* : 0 ; *89* : 3,6 ; *90* : – 4,3 ; *91* : 1,2 ; *92* : – 1,5 ; *93* : 3 ; *94* : 6 ; *95* : 4,2 ; *96* : 2,66 ; *97* : 3,27 ; *98* : – 0,22 ; *99* : 0,79 ; *2000 (est.)* : 2,5 à 4 ; *(2001 prév.)* : 3,8. **Monnaie.** *Période coloniale* : real (R) ; *1833-1942* : milreis (RS) ; *1942-64* : cruzeiro (CR $) ; *1964-67* : cruzeiro (CR $) ; *1967-70* : cruzeiro nôvo (NCR $) ; *1970-84* : cruzeiro (CR $) ; *1984-86* : cruzeiro (CR $) ; *1986 (28-2)-89* : cruzado (CZ $) ; *1989 (15-1)* : cruzado nôvo (NCZ $) ; *1989-93* : cruzeiro (CR $) ; *1993 (2-6)-94* : cruzeiro real (CR $) ; *1994 (1-7)* : réal (R $). **Cours moyen du $ en réals** : *1995* : 0,92 ; *96* : 1,01 ; *97* : 1,08 ; *98* : 1,16 ; *99* : 1,81 ; *2000* : 1,83 ; *2001* (au 26-1) : 1,975. **Privatisations** (1991-98) : pour 68 milliards de $.

■ **Niveau de vie.** 30 % des familles disposent de – de 100 $ par mois (salaire minimum en févr. 2000 : 136). Sur 60 millions d'actifs, 28 gagnent – de 152 $ par mois (dont 14,5 – de 76 $ par mois). 34 millions sont sans argent pour manger. 15 % des – de 5 ans souffrent de dénutrition chronique. Au moins 500 000 enfants se prostituent. *Salaire minimum* mensuel (3-4-2000) : 151 réals (610 F).

■ **Dette extérieure** (en milliards de $). **Montant** : *1979* : 52 ; *80* : 70,2 ; *85* : 105,1 ; *90* : 121 ; *97* : 160 ; *98 (janv.)* : 235 dont dette publique 86. **Remboursement annuel** : *1989* : 11 ; *90* : 5 ; *95* : 5,1 ; *2000 (est.)* : 3,4. **Capitaux étrangers.** 10 à 20 % en moyenne (automobile 100 %, chimie, produits pharmaceutiques, électronique très importante). **Investissements étrangers** (en milliards de $) : *1993* : 0,9 ; *94* : 2,2 ; *95* : 3,9 ; *96* : 9,9 ; *97* : 17 ; *98* : 25,9 ; *99* : 30.

■ **Fiscalité.** 76 % des contribuables ont cessé de payer l'impôt sur le revenu, plus de 50 % des entreprises ne paient pas les contributions au Fonds social, 86 % ignorent la contribution extraordinaire au plan d'intégration sociale et 31 % ne cotisent pas aux caisses de retraites.

■ **Agriculture. Développement : 1°)** *monoculture de la canne à sucre* (XVIIe-XVIIIe s.), avec défrichement massif de la forêt ; **2°)** *monoculture du café* (XIXe s.) ; **3°)** *caoutchouc* (début XXe s.) : les défrichements donnent des champs de cannelle, cacao, maïs ; **4°)** *monoculture du café* (milieu XXe s.) : cours fluctuant, recul des cultures vivrières ; **5°)** fin XXe s., *réhabilitation des cultures vivrières.* **Difficultés : 1°)** *climatiques* (sécheresse dans le nord-est, gel dans le sud) ; **2°)** *réformes structurelles* ; 1964, l'État a tenté de redistribuer les terres : échec (en oct. 1985, il y avait de 10,5 à 12 millions de travailleurs ruraux démunis, et l'appropriation des grandes exploitations par des propriétaires privés et multinationaux s'était renforcée) ; réforme agraire décidée sur 416 millions d'ha de *latifundia* (grandes propriétés) avec installation de 7 millions de familles (*au 31-12-1986* : 3,7 millions d'ha distribués à 15 000 familles) ; opposition des grands propriétaires (*fazendeiros* qui pourchassent les *posseiros*, squatters de terres inoccupées) ; 430 000 km^2 devaient avoir été distribués en 1989. 9 % de la main-d'œuvre a moins de 14 ans : mobilité excessive des salariés, moyens (production, commercialisation, transport) vétustes. *1988-mai* : échec du projet de redistribution devant l'Assemblée (84 partisans tués en 1988). Cecilio do Rego Almea posséderait 70 000 km^2 de forêt. 50 % des terres fertiles sont détenues par 4 % de la population. **Réalisations** : 55 % de la surface agricole utile est inexploitée. *Se développent* : irrigation (*1980* : 1 481 219 ha), électrification, routes d'accès, techniques, diversification des cultures (soja et orangeraies).

Conflits agraires : *nombre en 1988* : 621 ; *89* : 500 ; *surfaces concernées* (en millions d'ha) : *1987* : 17,6 ; *88* : 20 ; *89* : 14,5. **Morts** : 1 500, de 1965 à 94.

Régions agricoles : *S.-E.* : café, maïs, bovins, agrumes, canne à sucre, coton. *Sud* : bovins, porcins, ovins, riz, p. de t., haricots, tabac, agrumes, blé, maïs, soja. *N.-E.* : cacao, canne à sucre, coton, élevage. *Amazonie* : peu d'agriculture ; élevage, riz, jute, poivre, mauve, cacao, hévéa, palmier à huile. *Nord* : élevage. *Centre-ouest* : riz, maïs, soja, élevage.

Production : café (en millions de t.) *1991* : 1,52 ; *92* : 1,29 ; *93* : 2,56 ; *94* : 2,61 ; *95* : 1,86 ; *96* : 2,68 ; *97* : 2,34 ; *98* : 3,38 ; *99* : 3,26 ; *2000* : 3,66. **Divers** (en millions de t, 2000) : canne à sucre 325 ; jute 113,5 ; soja 32,6 ; maïs 32 ; millet 27,9 ; manioc 21,8 ; riz 11 ; oranges 5,68 ; haricots (*feijoes* dont est tiré le plat principal, *feijoada*) 3 ; blé 1,94 ; tabac ; cacao ; sisal 0,193 ; coton 1,9.

■ **Projet « Proalcool ».** *Décidé* 1975. *Lancé* 1979 : carburant végétal (alcool de canne à sucre ou de manioc). (*En 1927* : les voitures marchaient avec un mélange alcool (75 %)-éther (25 %). Devait assurer indépendance énergétique, 70 % des transports se faisant par camions.) *Coût* : 7 milliards de $. Inconvénient : réintroduction de la monoculture de la canne à sucre sur 7,5 % de la superficie cultivable au détriment des cultures vivrières (soja, haricot, maïs, p. de t.). *1986* : échec (baisse des cours du pétrole brut et concurrence du gasoil). *1990* : 4 500 000 voitures sur 9 000 000 utilisent l'alcool (prix de revient du baril 50 à 60 $, + de 4 fois celui du pétrole ; prix de vente fixé par la loi à 31 % de celui du pétrole domestique : baril à 88 $). *Coût au litre* : 2,20 F, soit 80 centimes de moins que l'essence. *% de voitures à alcool* : – de 50 % des ventes (*1985* : *85 %*). *Alcool produit (en 1986)* : 9,96 millions de m^3. *Économie de devises de 1975 à 84* : 7 milliards de $. **Coût** pour le gouvernement fédéral (1973-96) : 80 milliards de F, non rentable (prix 2 à 3 fois plus élevé que celui de l'essence) ; a fait fuir 1 200 000 ouvriers agricoles.

■ **Forêts.** *Superficie* : 3 972 240 km^2, 47 % du pays ; *production* : 197 816 000 m^3 (en 1997). *Produits de cueillette* (Amazonie, N.-E.) : babaçu, caoutchouc (jusqu'en 1912, 1er producteur mondial de borracha, exporte 42 000 t, ce qui lui fournit 1/3 de ses devises, *1993* : 29 000 t, *94* : 30 000), cire de carnauba, noix du B., fibre textile (*piassava*), noix de cajou, bois. **Forêts disparues de 1973 à 1998** : 517 069 km^2 dont en *1995* : 29 059, *96* : 21 130, *97* : 13 037. Programme *Avança Brasil* (jusqu'en 2020) : destruction de 20 à 42 % de la forêt. Surexploitation illégale de compagnies asiatiques que laissent faire les politiciens locaux.

■ **Élevage** (en millions de têtes, 1999). Volailles 764,9 (en 1997) ; bovins 163,4 ; porcins 27,4 ; ovins 18,3, caprins 10,5 ; chevaux 6,3 ; mulets 1,9 ; ânes 1,3. **Pêche** (en 1998). 855 000 t.

■ **Énergie. Pétrole** (en millions de t) : *réserves 1995* : 523,6 ; *97* : 908 ; *98* : 1 612 ; *99* : 1 728 ; *prod. 1981* : 10,6 ; *85* : 27,2 ; *90* : 31,6 ; *95* : 34,65 ; *96* : 39 ; *97* : 42 ; *98* : 47,6 ; *99* : 56,8. **Gaz** (en milliards de m^3) : *réserves 1992* : 125 ; *prod. 1989* : 6 ; *92* : 6,75 ; *95* : 7,7 ; *96* : 8,8 ; *97* : 9,5 ; *98* : 10,8. **Charbon** (en millions de t) : *réserves 1999* : 6 496 ; *prod. 1988* : 7,3 ; *90* : 4,6 ; *95* : 5,2 ; *98* : 5,6 ; *99* : 6,46. **Électricité** : *1999* : 332 306 GWh (dont hydroélectricité 90,81 en 1997). *Complexe hydroélectrique d'Itaipu* (à 14 km de Foz do Iguaçu, 200 000 hab.) le 1er du monde. Décidé 22-6-1966 avec le Paraguay (le Paraná est un fleuve frontière) ; mise en route de l'usine en 1983. Capacité 29 milliards de m^3 ; surface inondée 1 460 km^2 ; puissance installée 12 600 000 kW (18 générateurs) ; coût : 16 milliards de $. *Usine hydroélectrique de Tucuruí* à 300 km de Belém, 4e du monde et 1re du Brésil. Puissance finale 8 millions de kW (24 générateurs). 23-11-1984 mise en service de 2 générateurs (660 MW). **Nucléaire** : *Angra I* (réacteur de 626 MW construit par USA à 130 km de Rio) depuis avril 1982 en régime expérimental ; *Angra II* (1 300 MW, terminé en 1999). Pour l'an 2000, 60 centrales étaient prévues (75 000 MW), 7 suspendues en 1984. *Uranium* : réserves *en 1990* : 255 100 t. Le B. maîtrise l'ensemble du cycle du combustible nucléaire depuis 1987 (1re expérience réussie d'enrichissement de l'uranium dans la centrale d'Abramar à Ipero-São Paulo), mais sa Constitution lui interdit de produire l'arme atomique.

■ **Mines. Production** (en millions de t, 1999) : fer 135,6 (en 1998), ciment 39,9 (en 1998), aluminium 11,7 (en 1998), sel 6,83, talc 0,45, charbon 5,5, phosphates 5, gypse 1,6, amiante 0,19, zinc 1,43. **% des réserves mondiales** (en 1999) : niobum 87, tantalite 62,5, graphite 20,9, talc 19, kaolin 12,7, vermiculite 8,2, étain 7,9, fer 6,4, aluminium 5,9, magnésite 5,2, nickel 4,1, or 4,1, zirconium 2,3, cuivre 1,8, zinc 1,3.

■ **Industrie.** Alimentation, textile, automobile (1 585 630 véhicules en 1998), métallurgie, mécanique et chimie, matériel électrique (complexe de São Paulo). *Armement* : 95 % exporté. *Petrobras* (entreprise d'État) contrôle 90 % de la capacité de raffinage. *Chantiers navals* (parmi les plus modernes du monde). Sur les 200 plus grandes entreprises : 72 publiques, 91 privées et 37 étrangères.

■ **Transports. Routes** (en km, 1999) : *total 1 724 924* : *non revêtues 1 560 677 (revêtues 164 247)* : fédérales 14 844 (55 905) ; régionales 107 912 (75 973) ; municipales 1 429 296 (16 993). *Grands axes* (en km) : Cabedelo/ Benjamin Constant (Transamazonienne, transversale) 4 918 (dont 928 construits au 1-10-1985) dont 1/3 envahi par la forêt ; Limeira/Mancio Lima (diagonale) 4 196 ; Fortaleza/ Jaguarão (longitudinale) 4 468 ; Touros/Rio Grande (longitudinale) 4 517. **Voies ferrées** : *1854* : 15 km ; *90* : 9 200 ; *1993* : 30 379 ; *99* : 28 056, dont (en 1997) 2 112 électrifiées : concentrées dans le sud-est, mais avec 2 antennes vers Brasília. 88 % à voie étroite. *En 1985* ouverture São Luís/Carajas (890 km, bassin minier). **Fleuve** : *San Francisco*, ou « Fleuve de l'Unité », traverse 5 États. Actuellement en déclin (navigation fluviale + cabotage = 11 % du trafic total). 2 193 bateaux en 1985. **Réseau aérien** : dense. **Conduites** (en km, 1999) : gazoducs 6 491, oléoducs 8 957, minéraux 567. **Conteneurs embarqués et débarqués** (en millions de t, 1999) : 22,22 dont à Santos 8,26, Rio de Janeiro 2,13, Rio Grande 1,84.

■ **Tourisme** (en 1999). **Visiteurs :** 5 107 169 dont d'Arg. 1 548 571, USA 559 367, Paraguay 501 425, Uruguay 383 741, All. 282 846, Ital. 177 989, Chili 170 564, Bolivie 145 070, *Fr. 131 978,* Angl. 125 607. **Sites touristiques. Nord :** forêt amazonienne. *Manaus* (alt. 92,9 m). *Belém.* **Nord-est :** *São Luis* fondée 1612 par Français, nom donné en hommage à Louis XIII. *Natal* (« Noël »), la 1re église fut consacrée le 25-12-1599. Mermoz y atterrit en 1930, après 1re traversée de l'Atlantique). *Recife,* la « Venise brésilienne », Chapelle dorée. *Olinda,* ville coloniale. *Salvador de Bahia,* fondée 1549 ; églises baroques. **Sud-est :** villes baroques. *São João del Rei, Sabara, Mariana, Congonhas do Campo ; Ouro Preto* (« or noir », on y a trouvé des pépites d'or mélangées avec du sable noir, alt. 1 179 m). *Tiradentes* (grottes : « Maquiné », explorée 1935, largeur 440 m ; « Lapinha », explorée 1930, alt. 790 m, longueur 511 m, profondeur 40 m). *Rio de Janeiro :* carnaval (*nombre de morts : 1985 :* 205 ; *93 :* 82 ; *94 :* 63 ; *95 :* 154 ; *96 :* 277 ; *99 :* 37 ; *2000 :* 47). Pain de sucre, 395 m, pic du Corcovado, 710 m (statue du Christ du Français Landowski, 38 m, inaugurée 1931), Jardin botanique, stade de Maracanã (150 000 places), baies et plages de Copacabana, Ipanema, Leblon, Barra da Tijuca. *São Paulo,* alt. 760 m, centre économique. **Sud :** *Vila Velha,* ville en rochers. *Chutes d'Iguaçu* (en indien, « eau grande »), puissance hydraulique de 1 200 000 HP. 275 chutes en demi-cercle : largeur 2 700 m, hauteur 60 à 80 m, dénivellement de 752 à 200 m. *Rio Grande do Sul :* chute du Caracol (120 m). *Canyon de Taimbézinho :* parc national de Aparados da Serra, précipices, longueur 23 km (faille aux parois de 400 à 500 m de hauteur). *Canyon de Fortaleza,* dénivellement de 1 000 m. *São Miguel das Missões,* ruines de l'église. **Centre-ouest :** *Brasilia* (alt. 1 152 m), architecture moderne (Oscar Niemeyer et Lucio Costa).

■ **Commerce** (en milliards de $). **Export./import. :** *1992 :* 35,8/23,1 ; *93 :* 38,6/27,7 ; *94 :* 43,5/36 ; *95 :* 46,5/53,8 ; *96 :* 47,7/56,9 ; *97 :* 53/65 ; *98 :* 51,1/60,6 ; *99 :* 48/51,7. *Exporte* prod. industriels 30,23 [dont matér. de transport 6,56 ; métall. 5,01 ; primaires 17,78 (dont minerais 2,94, soja 3,78, café 2,44, viande 1,93, sucre 1,91)]. *Importe* biens de consom. 8,82 (dont aliments 3,06), mat. 1res 19,31 (dont chimiques 9,27, céréales 1,87), pétrole 4,3, biens de capital 25,29 (dont machines et mat. électr. 18,49, véhicules 5,67).

■ **Rang dans le monde** (en 1999). 1er café, canne à sucre, oranges, fer, zinc. 2e bovins. 3e maïs, porcins. 4e bois, cacao, bauxite. 5e étain. 6e phosphates. 7e coton, nickel. 8e riz. 10e diamants.

BRUNÉI

Carte p. 1174. V. légende p. 950.

■ **Nom.** *Negara Brunei Darussalem* (« Nation de Brunei, demeure de la paix »). **Situation.** Asie. Forme 2 enclaves au nord-ouest de Bornéo (à l'ouest, 3 districts : Belait, Brunei Muara 570 km^2, Tutong 1 166 km^2, à l'est Temburong). 5 765 km^2. **Côtes** 160 km. **Frontière** (en km) : Malaisie 381. **Altitude** *maximale :* 396 m. **Climat.** Tropical (température : 24 à 30 °C ; *pluie :* 2 540 à 5 080 mm).

■ **Population.** *1960 :* 84 000 ; *70 :* 136 000 ; *84 :* 215 943 ; *92 :* 267 800 ; *93 :* 276 300 ; *96 (est.) :* 305 100 ; *99 :* 320 000 ; *2000 (est.) :* 334 000 ; *2025 (prév.) :* 530 000. Malais 69 %, Chinois 18 %. **D.** 53,3. **Capitale.** *Bandar Seri Begawan* 50 000 hab. (est. 1995) ; palais du sultan : 1 788 pièces, 300 salles de bains. **Langues.** Malais (*officielle,* 50 %), anglais (3 %), iban (proto-malais). **Analphabètes** (en 1998) : 9 %. **Religions.** Islam (*officielle*) 67 %, bouddhistes 13 %, chrétiens (1 prêtre) 10 %, animistes.

■ **Histoire. 1341** 1er sultanat installé par les Arabes. **XVe s.** sultanat musulman avec Awang Alak Betatar ; tributaire du royaume hindou de Majapahit (Java), puis indépendant, sultan Bolkiah (1473-1521). **XIXe s.** centre de la traite des esclaves en Asie du Sud-Est. **1888-1971** protectorat britannique. **1929** pétrole découvert à Serria. **1950-*juin* Omar Ali Saifuddin III** sultan. **1959** autonomie. **1962** échec d'un coup d'État par Rakyat (Parti populaire) ; intervention anglaise (envoi des gurkhas). **1963** ne rejoint pas la Fédération malaise. **1967**-*4-10* Omar abdique. **Hassanal Bolkiah Muizzaddin Waddaulah** [né 15-7-1946 ; 2 épouses : Saleha (2 fils, 4 filles), Mariam (2 fils, 2 filles)] sultan, couronné 1-8-1968 ; Pce héritier (intronisé officiellement le 10-8-1998) : Al-Multadee Billah (né 1974). **1979** association avec G.-B. **1984**-*janv. indépendance.* -*7-1* adhésion à l'Asean. **1998** le Pce Jefri, frère du sultan, soupçonné de détournement, est mis à l'écart.

■ **Statut.** *Monarchie islamique, membre du Commonwealth.* **Constitution :** 29-9-1959, amendée 1965 et entrée en vigueur 1-1-1984. **Conseils :** religieux, privé, de cabinet, de succession. **Partis :** interdits depuis 1988. **Revendication :** Limbang au Sarawak. **Fête nationale.** 23 février. **Drapeau** (adopté 29-9-1959). Fond jaune (sultan), armoiries en rouge (ajoutées en 1959), en biais bandes du dessus blanc, du dessous noir (principaux ministres).

■ ÉCONOMIE

■ **PNB.** 4 790 $ par hab (en 1999). **Population active** (en %) **et,** entre parenthèses, **part du PNB** (en %) : agr. 2 (3), ind. 23 (12), mines 5 (40), services 70 (45). **Croissance** (en %) : *1996 :* 3,6 ; *97 :* 4,1 ; *98 :* 1 ; *99 :* 0,5. **Chômage** (en %). *1994 :* 8. **Fortune** (étatique) du sultan : 40 milliards de $. Pas d'impôts ; éducation et soins gratuits. **Inflation** (en %) : *1995 :* 3,5 ; *96 :* 2,5.

■ **Agriculture. Terres** (en milliers d'ha, 1979) : cultivées en permanence 9, pâturages 6, forêts 415 [36 % du territoire, bois 296 000 m^3 (en 1998)], eaux 50, divers 93. **Production :** riz 1 000 t (en 1997), manioc, patates douces, bananes, légumes, pamplemousses, caoutchouc (abandonné). **Élevage** (en milliers de têtes, 1999). Volailles 3 109, porcins 5, buffles 4, bovins 2. **Pêche.** 5 000 t (en 1997).

■ **Énergie. Pétrole** (en millions de t) : *réserves :* 184 ; *production : 1980 :* 12,5 ; *85 :* 7,5 ; *90 :* 7,9 ; *95 :* 7,9 ; *97 :* 8 ; *98 :* 7,7 ; *99 :* 8,9. **Gaz** (en milliards de m^3) : *réserves* (au 1-1-1996) : 400 ; *production : 1981 :* 7 ; *90 :* 9 ; *95 :* 9,3 ; *96 :* 11 ; *98 :* 11,3 ; *99 :* 9,3. **Industrie.** Raffinerie de pétrole. Liquéfaction du gaz.

■ **Tourisme.** 850 000 visiteurs (en 1997).

■ **Commerce** (en millions de $ de Brunéi, 1995). **Import. :** 2 953 *dont* machines et équip. de transp. 1 033, produits man. 908, alim. 324 ; **d'** Europe de l'Ouest 506, Singapour 937, Malaisie 406, USA 261. **Export. :** 3 388 *dont* pétrole 1 475, gaz 1 561 ; **vers** Japon 1 882, Corée du S. 530, Thaïlande 372, Singapour 312, Philippines 21. **Balance** (en millions de $) : *1991 :* 1,5 ; *92 :* 1,2 ; *93 :* 1 ; *94 :* 0,6 ; *95 :* 0,4.

■ **Rang dans le monde** (en 1999). 30e gaz naturel.

BULGARIE

V. légende p. 950.

☞ *Abréviation :* B. : Bulgarie.

■ **Situation.** Europe (Balkans). **Superficie :** 110 993,6 km^2. **Frontières** (en km) Roumanie 609 (dont Danube 470), mer Noire 378, Grèce 499, Turquie 259, Serbie 318, Macédoine 148. **Altitudes :** *moyenne* 470 m, *maximale* Moussala 2 925 m, Vihren 2914 m. **Dimensions** *maximales :* est-ouest 520 km, nord-sud 330 km. **Cours d'eau** (longueur en B. en km) : Danube 470, Iskar 368, Toundja 349, Maritsa 322. **Régions :** *B. du Nord :* entre chaîne de Stara Planina et Danube, plateaux et plaines fertiles, climat continental (*moy. :* janv. à Pleven – 1,7 °C, juillet + 23,6 °C ; pluies 550 mm). *B. du Sud :* montagnes (Stara Planina et Sredna Gora au nord, massifs de Rhodope au sud, de Rila et de Pirine au sud-ouest) et bassins (plaine de Thrace, vallée de Sofia, vallée des Roses), climat méditerranéen de transition : conifères, maquis.

■ **Population** (en millions d'hab.). *1900 :* 3,73 (96 346 km^2) ; *30 :* 5,77 (103 146 km^2) ; *40 :* 6,37 ; *50 :* 7,27 (110 669 km^2) ; *60 :* 7,9 ; *70 :* 8,51 (110 912 km^2) ; *80 :* 8,88 ; *92 :* 8,473 ; *99 :* 8,19 ; *2000 :* 8,05 ; *2025 (prév.) :* 7. **Age :** *- de 15 ans :* 15,6 %, *+ de 64 ans :* 16,5 %. **D.** 72,5. **Espérance de vie** (en 1999) : *h.* 65, *f.* 74 ans. **Taux** (en ‰, 1999) : *natalité* 8 ; *mortalité* 14 (infantile 14). **Minorités :** Turcs 9,8 % (822 000 en 1992, 155 000 Turcs bulgares ont émigré en Turquie, 115 000 de 1969 à 78 ; de mai à oct. 1989, 310 000 expulsés ; au 1-1-1990, 80 000 revenus), Arméniens, Juifs, Grecs, Roumains, Tsiganes 3,4 % (280 000).

■ **Langues.** *Bulgare (officielle) :* slave, contient des éléments russes, latins, grecs, turcs (alphabet cyrillique, du nom de Constantin le Philosophe, connu sous le nom de Cyrille, 826-869) ; codifié langue littéraire au XVIIIe s. *Turc* (*1959* devient langue étrangère. *1974* peu enseigné. *1992* rétabli). **Religions.** Église séparée de l'État. En %, orthodoxes 86,3, musulmans 12,7 [*1946 :* 938 418 ; *92 :* 1 078 000 Turcs, dont 164 000 Pomaks du Rhodope (chrétiens hérétiques convertis à l'islam au Moyen Age), 113 000 Tsiganes] ; catholiques latins 65 800, uniates 15 000 ; juifs 5 000 à 8 000 (50 000 en 1939).

■ **Villes** (est. 2000). *Sofia* 1 199 000 hab., Plovdiv 370 000 (à 156 km), Varna 301 421 (470 km), Bourgas 219 000 (385 km), Roussé 169 000 (320 km), Stara Zagora 151 218 (231 km), Pleven127 945 (174 km), Dobritch 111 000 (512 km), Sliven 107 267 (203 km), Choumen 91 126 (386 km).

■ **Histoire. Ier s.** pays thrace conquis par Rome. **VIe s.** slavisation. **VIIe s.** pénétration des Proto-Bulgares (tribu turque, venue d'Asie centrale). **681** khan **Asparoukh,** fils de Koubrat le Grand, signe traité de paix avec Constantinople et unifie les tribus slaves et proto-bulgares peuplant Dobroudja et Bulgarie du Nord d'aujourd'hui jusqu'à la rivière Timok ; constitue le 1er État slave-bulgare, la B. (capitale : Pliska, puis Preslav). **701-21** khan **Tervel** fait la paix avec voisins du Sud, puis, allié de Constantinople, bat Arabes (712). En récompense, reçoit titre de « césar », devenu en bulgare « tsar », et territoires au sud des Balkans. **777-803** khan **Kardam. 803-14** khan **Kroum,** consolidation et expansion territoriale. **814-831** khan **Omourtag** (successeur de Kroum) reconstruit la 1re capitale, Pliska, détruite par les Byzantins ; guerres victorieuses contre la monarchie franque, paix de 30 ans avec Constantinople, travaux de construction. **852-889 Boris Ier** († 907). **864** conversion au christianisme, Église nationale. **870** adoption du rite tsarigradien. **885** adoption et propagation de l'écriture et des lettres slaves de Cyrille et Méthode. **893-927 Siméon le Grand** († 927), fils de Boris, reconnu « tsar »

(empereur) en 913 par Constantinople, en 926 par Rome ; guerres victorieuses contre Constantinople. État puissant. **926** Église avec patriarcat. « Age d'or » de la culture bulgare. **967** Constantinople, appelle le Pce Svetoslav de Kiev, qui conquiert le nord de la B. et s'allie à **Boris II** (970-71) contre Byzantins. **971** Constantinople conquiert B. du Nord-Est ; la B. occidentale résiste sous le roi **Samouil** (997/6-10-1014), s'étend, puis est soumise par l'empereur Basile II Bulgaroctone (958-1025), le « tueur de Bulgares ». **Fin Xe s.** luttes intestines, hérésies, mouvement des Bogomiles. **1018-1185** domination byzantine. **1185-87** insurrection de Tarnovo, dirigée par les frères Assen Ier et Petar. Libération : 2e royaume bulgare (capitale : Tarnovo). **1197-1207** expansion sous Kaloïan. Guerres victorieuses contre les croisés. **1218-41 Ivan Assen II. 1277** Ivajlo (ancien porcher, à la tête de paysans révoltés contre Mongols, Byzantins et boyards) tue le roi Constantin Assen, et se fait proclamer tsar de Bulgarie ; **1280** assassiné par Jean IV Assen III. **XIIIe et XIVe s.** essor de Tarnovo, foyer de la culture bulgare, puis luttes dynastiques, démembrement féodal, subversion bogomile. **2de moitié du XIVe s.** 2 royaumes : Tarnovo et Vidin. **1389** *Cassovie :* Bulgares battus par les Turcs. **1396-1878** domination ottomane. Insurrections (1404-13, 1598, 1686, 1688, 1689, 1737, 1835-37, 1841, 1850, 1862, 1875, 1876) des *haïdouks* (résistants contre les Turcs) ; 150 000 Bulgares émigrent en Russie et Roumanie. **1444**-*10-10* Varna : Ottomans battent croisés et Hongrois. **XVIIIe-XIXe s.** renaissance bulgare. Rôle de Pasij (1722-89), moine d'Hilendar. Prospérité. **1870**-*27-2* Église bulgare autonome (exarque à Istanbul jusqu'à l'indépendance). Mouvement révolutionnaire et de libération : Georges Rakovski (1821-67), Ljuben Karavelov (1837-97), Vasil Levski (1837-pendu févr. 1873), Christo Botev (1849-76). **1876**-*avril* insurrection nationale (30 000 †, des milliers de Bulgares emprisonnés ou exilés). **1877**-*12-4*/**1878**-*13-1* guerre russo-turque. **1878**-*3-3 traité préliminaire de San Stefano :* B. autonome dans frontières ethniques ; -*13-7 traité de Berlin :* principauté tributaire du sultan ; au nord : province autonome de Roumélie orientale, au sud : reste possession de l'Empire ottoman. Macédoine et Thrace restituées à Turquie. Roumanie prend Dobroudja du Nord, Serbie prend Nish et Pirot. **1879**-*3-4* Sofia capitale. -*16-4 Constitution.*

Principauté. Maison de Battenberg. 1879-*17-4* **Alexandre Ier de Battenberg** (5-4-1857/17-11-1893) [candidat proposé par Russie, neveu de la tsarine, protégé de Bismarck ; *13-7* entrée solennelle à Sofia) ; élu (27-8) à l'unanimité par l'Assemblée des notables de B.]. -*Oct.* 1res élections : sur 36 mandats : Bulgares 31, Grecs 3, Turcs 2. **1881**-*9-5* Alexandre Ier suspend Constitution, confie pouvoir à autre général russe (Ernsoth) et le renvoie après 2 ans (brouille avec tsar Alexandre III). **1883**-*19-9* Constitution remise en vigueur. **1885** *Roumélie,* -*10-2* création à Philippopolis (Plovdiv) du « Comité révolutionnaire secret » présidé par Zacharie Stojanov. -*8-9* conjurés de Roumélie arrêtent le gouverneur (Gavril-Pacha) qui est reconduit à la frontière ottomane ; gouvernement provisoire adresse télégramme au Pce Alexandre (« union proclamée »). Russie favorable [mais pas sous Alexandre (avec qui le tsar était brouillé)] et soutient l'union. -*2-11* Serbie déclare la guerre. -*19-11* repli serbe. **1886**-*19-2 paix de Bucarest :* statu quo. -*14-3* firman turc confirme Alexandre comme Pt de B. et lui transfère le gouvernement de la Roumélie orientale en qualité de gouverneur général. -*5-4 convention de Tophane* reconnaît union B.-Roumélie. (96 000 km^2, 3 millions d'hab.). -*9-8* complot d'officiers russophiles, Alexandre s'enfuit ; coup de force de Stephan Stamboulov, Pt de l'Assemblée, lui permet de revenir avec le consentement de l'Autriche-Hongrie et de l'Angleterre, mais le tsar Alexandre III veut son départ. -*17-8* Alexandre Ier abdique [devenu comte von Hartenau, sert dans l'armée autrichienne comme général-major et épouse en 1889 une cantatrice, Joanna Loisinger (1865-1951) ; meurt à Graz le 19-11-1893].

Régence. 1886-*sept.* **Stephan Stamboulov** (1854-95, assassiné) qui s'appuie sur bourgeoisie liée aux intérêts autrichiens et anglais ; **Petko Karavelov** (1840-1903) jusqu'au 5-10 ; **Sava Atanasov Moutkourov** (1852-91). **Gueorgui Jivkov** (1844-99) depuis 1-11.

Royaume. Maison de Wettin. 1887-*25-6* **Ferdinand Ier de Saxe-Cobourg-Gotha,** duc en Saxe [Vienne 26-2-1861/ Cobourg 10-9-1948, fils du Pce Auguste de Saxe-Cobourg (1818-81) et de la Pcesse Clémentine d'Orléans (1817-1907), fille du roi Louis-Philippe], *épouse* 1°) 20-4-1893 Marie-Louise de Bourbon-Parme (17-1-1870/31-1-1899 dont Boris, Pce de Tirnovo (voir Boris III qui suit), Cyrille (17-11-1895, tué par les communistes 1-2-1945), Pce de Preslav, Eudoxie (11-1-1898), Nadejda (30-1-1899). 2°) 28-2-1908 Éléonore Pcesse Reuss-Köstritz (22-8-1860/12-9-1917]. Élu Pce de Bulgarie. **1891**-*20-7* Dimitar Blagoev (1856-1924) fonde P. ouvrier social-démocrate bulgare (1903 scission en 2 partis socialistes : POSDB et socialistes de gauche). **1893** mouvement de libération nationale dans la population bulgare en Macédoine et dans la région d'Andrinople, dirigé par la future Organisation révolutionnaire intérieure de Macédoine et d'Andrinople (Orima). **1894** Ferdinand, catholique, accepte que son fils Boris soit baptisé orthodoxe avec le parrainage du tsar (aussitôt reconnu par la Russie). -*Mai* Stamboulov démissionne mais, furieux, se lance dans campagne contre Ferdinand. La Cour charge un officier de l'éliminer ; **1895**-*15-7* coup de sabre, meurt 3 jours plus tard. **1899** création du P. agrarien bulgare (PAB) par Alexandre Stambolijski (1879-1923), chef en 1904. **1903**-*2-8 insurrection de la Saint-Élie et de la Transfiguration,* dirigée par l'Orima, écrasée par la Turquie. **1908**-*juin* Ferdinand abolit vassalité avec la Turquie (paiement du tribut). -*22-9* proclame à Tirnovo l'indépendance de la B. -*5-10* déclare Roumélie orientale indépendante et prend le titre de roi (tsar) [reconnu par Turquie 20-4-1909]. **1912** alliance balkanique (B., Serbie, Grèce, Monténégro) bat Turquie ; guerre entre alliés pour se partager Macédoine, prise aux Turcs. **1913** B. battue. *-28-7 traité de Bucarest :* la B. perd 7 695 km^2 (Grèce et Serbie ont une partie de la Macédoine ; Turquie : Andrinople ; Roumanie : Dobroudja du Sud dont Silistra). **1915**-*6-9 traité de Sofia,* B. alliée à All. et Autr. **1918**-*3-5 : 2e traité de Bucarest :* récupération de Dobroudja du Sud. *-27-9* après la percée sur le front bulgare à Dobro Polé, insurrection de soldats. *-29-9* fin guerre. *-3-10* Ferdinand abdique.

1918-*3-10* **Boris III** (30-1-1894/28-8-1943), fils de Ferdinand Ier, *épouse* 25-10-1930 Pcesse Jeanne de Savoie (13-11-1907/26-2-2000) [fille du roi Victor-Emmanuel III d'Italie ; enfants : Marie-Louise (13-1-1935), Siméon II (qui suit)]. **1919**-*27-11 traité de Neuilly :* B. cède 11 278 km^2 (à Grèce : Thrace occidentale ; Roumanie : Dobroudja du Sud ; Yougoslavie : vallées du Timok et de la Stroumitza) et doit verser 2,25 milliards de F-or (rééchelonnés, puis abandonnés 1938). **1920**-*21-5*/**1923**-*9-6* gouv. Stambolijski (formé par le PAB). **1920**-*mars* législatives : agrariens (40 % des voix). **1922** réforme agraire : étendue max. des propriétés 30 ha. **1923**-*avril* législatives : agrariens (212 sièges sur 245), communistes (16). *-9-6 coup d'État militaire. -14-6* Stambolijski torturé puis assassiné. *-Sept. insurrection* (Georges Dimitrov et Vassil Kolarov) échoue, répression (20 000 victimes ?). **1925** gouv. *Alexandre Tsunkov* (1870-1959). Attentat contre Boris III dans l'église Sveta Nedelia (Sofia) [128 †]. B. et Turquie prévoient la liberté d'immigration dans les 2 sens. **1929** crise économique, politique : le *Zveno* (l'« Anneau », groupe de militaires et d'intellectuels) est créé (programme autoritaire républicain) prônant une fédération avec Yougoslavie. **1931** gouv. *A. Liaptchev,* plus modéré. **1934**-*19-5* coup d'État du *Zveno* : Constitution suspendue, Assemblée dissoute, partis interdits, gouv. de *Kimon Gueorguiev.* **1935**-*janv.* le roi chasse les « républicains » ; *G. Kioseivanov* PM (jusqu'en 1940). **1940**-*15-2 Bogdan Filov* PM. *-7-9 traité de Craiova :* Roumanie rend Dobroudja du Sud (7 500 km^2). **1941**-*1-3* adhère au *Pacte tripartite. -2-3* troupes allemandes entrent en B. Partant de B., Allemagne attaque Yougoslavie et Grèce. *-24-6* débuts du mouvement des partisans. *-6-12* G.-B. déclare guerre à B. **1943**-*mars* B. accepte de déporter 11 363 Juifs de Thrace et Macédoine qu'elle administre (ils mourront à Treblinka). *-10-3* manif. oblige Boris III à retirer le décret d'expulsion des Juifs bulgares. *-23-5* minorité juive sauvée (50 000). *-5-6* USA déclarent guerre à B. *10-8* sur l'initiative du PCB, fondation du Comité nat. du Front de la Patrie (agrariens, Zveno, socio-démocrates, radicaux et intellectuels indépendants). *-28-8* mort de Boris III (empoisonné ?) [inhumé au monastère de Rila, exhumé 24-4-1946, tombe retrouvée en 1991 dans les jardins du palais de Vrania, cœur inhumé 23-8-1993 à Rila].

1943-*28-8* **Siméon II** (16-6-1937), son fils, *épouse* 21-1-1962 Marguerite Gomez-Acebo y Cejuela (Espagnole, 6-1-1935), expulsé le 16-9-1946, réside à Madrid. 5 enfants : *Pce Kardam* [Pce de Tirnovo (2-12-62), épouse 11-7-96 Miriam Ungria-Lopez dont Boris (12-10-97) et Beltran (23-3-99)], *Pce Kyril* [Pce de Preslav (11-7-64), épouse 15-9-89 Rosario Nadalje de Puigdorfila (née 1969) dont Mafalda (1994) et Olimpia (1995)], *Pce Kubrat* [Pce de Panaguiourichte (5-11-65), épouse 2-7-93 Carla Royo-Villanova (née 1969) dont Mirko (26-4-95) et Lukas (15-7-97)], *Pce Konstantin-Assen* [Pce de Vidin (5-12-67), épouse 7-7-94 Maria Garcia de la Rasilla dont Umberto et Sofia (20-11-99)], *Pcesse Kalina* (19-1-72).

☞ Seule la famille royale possède un titre : Pce de Tirnovo pour le Pce héritier, Pces de Preslav, de Panaguiourichte et de Vidin.

Régents élus jusqu'au 9-9-1944 : *Pce Cyrille* (17-11-1895/ fusillé 1-2-1945, frère de Boris III), *Bogdan Filov* (1883/ fusillé 2-2-1945), *Gal Mikhov* (17-11-1894/fusillé 2-2-1945) ; *ensuite jusqu'en 1946 : Todor Pavlov, Veneline Ganev, Zv. Bobochevski -15-9 Bogilov* PM.

1944-*1-6 Bagrianov* PM. *-2-9 K. Mouraviev* gouverne avec participation de partis démocratiques en dehors du Front de la Patrie. *-5-9* URSS déclare guerre à la B. *-6-9* B. demande armistice. Insurrection, gouvernement du Front de la Patrie (antifasciste) dirigé par *Kimon Guéorguiev* (1882-1969). *-9-9* B. déclare guerre à Allemagne. *-11-9* armistice avec URSS (ratifié 11-10). *-28-10* armistice avec G.-B. et USA. Les troupes bulgares libèrent des régions de Yougoslavie, Hongrie et Autriche. **1944-45** 16 000 fusillés sans procès. **1945**-*18-11* législatives truquées. **1946**-*8-9 référendum* (république : 4 509 354 voix, monarchie : 175 232, bulletins nuls : 123 690).

République populaire. 1946-*15-9* République populaire proclamée, **Vasil Kolarov** (1877-1950) Pt provisoire. *-27-10 législatives :* 468 sièges [Front de la Patrie (communistes, agrariens, socialistes, Zveno et indépendants) 362 sièges (dont 275 aux communistes), opposition 99 sièges]. Purges (17 000 †). Influence de Gueorgui Dimitrov (1882-1949), délégué de Moscou, 1946-1949 inspire la politique. **Gueorgui Dimitrov** (18-6-1882/2-7-1949), accusé en 1933 de l'incendie du Reichstag) PM. **1947**-*10-2 traité de Paris :* B. garde Dobroudja du Sud. *-23-9* Nicolas Petko, chef du P. agrarien (dissous 16-8), jugé et pendu. *-4-12* Constitution, **Mintcho Netchev** (1897-1956) Pt du praesidium de l'Assemblée nationale *-23-12* nationalisations (industrie, mines, banques). **1948**-*févr. et mars* radicaux et Zveno fusionnent avec Front de la Patrie. *-18-3 traité d'amitié* avec URSS ; *-23-4* Tchécoslovaquie ; *-29-5* Pologne ; *-16-7* Hongrie. *-11-8* partis socialiste et communiste fusionnent. *-29-12 :* 1er plan quinquennal. **1949** autorise Juifs à émigrer en Israël. *-Déc.* Traïtcho Kostov, vice-Pt du Conseil, pendu (réhabilité 1956). *-20-7* **Vassil Kolarov** (16-7-1877/23-1-1950) PM. **1950-51** 153 998 Turcs émigrent en Turquie. **1950**-*20-1* **Valko Tchervenkov** (1900-80) PM. *-Mai* **Georgi Damianov** (1892-1958) Pt du praesidium. **1953**-*13-12* interdiction de quitter le pays. **1956**-*18-4* **Anton Yougov** (né 5-8-1904) PM. **1958**-*nov.* **Dimitar Ganev** (1898-1964) Pt du praesidium. **1962**-*27-11* **Todor Jivkov** (1911/5-8-1998) PM. **1964**-*23-4* **Georgi Traikov** (1898-1975) PM. **1965**-*avr.* échec d'un complot anti-URSS. **1968** *accord avec Turquie :* 115 000 émigrés en 10 ans. **1971**-*10-4* **Todor Jivkov** (1er secrétaire du PCB depuis 4-3-1954 ; PM depuis 27-11-1962) Pt du Conseil d'État. *-16-5 Constitution. -9-7* **Stanko Todorov** (1920-96) PM. **1978** assassinats à *Londres* de dissidents (parapluie empoisonné) : *-11-9* Gueorgui Markov, *-29-9* Vladimir Simeonov. **1979**-*janv.* URSS envisage de transformer la B. en 16e République fédérale de l'URSS. **1981**-*18-6* **Gricha Philipov** (1919-94) PM. *-Juillet* Ljoudmila, fille de Jivkov, férue de nationalisme, meurt (tuée par KGB ?). **1982** services secrets bulgares accusés d'avoir participé à l'attentat contre le pape. **1984**-*8-5* « bulgarisation » des noms turcs obligatoire en 1985 : frictions (+ de 100 †). *-Août* attentats à la bombe. **1986**-*19-6* **Gueorgui Atanasov** (né 25-7-1933, incarcéré 2-9-93 pour 10 ans pour détournement de fonds, gracié août 1994 pour raison de santé) PM. **1987**-*10-5* liberté de voyager. **1988**-*juillet* 2 zones franches créées : Vidin et Rousse (plus tard : Bourgas, Plovdiv, Lom, Svilengrad). Chudomir Alexandrov, no 2 du régime, réformiste modéré, limogé. **1989**-*3-1* des Stés par actions remplacent les combinats. Secteur privé toléré, jusqu'à 10 employés par entreprise. *-18/19-1* Pt Mitterrand en B. *-20-5* affrontements gendarmes/musulmans (4 †). *-1-6 :* 1er départ massif de turcophones (300 000 en 3 mois). *-3-6* Banque nationale perd monopole : 8 banques commerciales créées. *-16-9* avantages accordés aux agriculteurs. *-10-11* chute de Todor Jivkov [*1989-22-11 :* 13 de ses résidences rendues à la nation. *-8-12* Jivkov exclu du comité central, puis du PC, comme son fils Vladimir et son collaborateur Milko Balev. *1990-18-1* inculpé d'abus de pouvoir, de corruption et d'avoir « attisé la haine nationale », en détention provisoire. *1991-14-3* jugé pour avoir bulgarisé des noms musulmans. *1992-sept.* condamné à 7 ans de prison (en fait résidence surveillée) pour détournement de fonds et abus de pouvoir. *1996-9-2* acquitté. *1998-5-8* mort]. **Petar Mladenov** (22-8-1936/31-5-2000 min. des Affaires étrangères depuis 1971) le remplace comme secrétaire général du PC, Pt du Conseil d'État. *-18-11* manif. de 50 000 personnes contre régime. *-25-11* dissolution du département politique de la milice. *-10-12 :* 100 000 manifestants pour des réformes. *-15-12* l'Assemblée nat. vote l'amnistie des prisonniers politiques ; 10 000 manif. contre PC. *-29-12* les musulmans peuvent utiliser leur langue et pratiquer l'islam. **1990**-*7-1* Atanasov et 2 dirigeants conspués par 10 000 manifestants pour avoir restitué leurs droits aux musulmans. *-14-1* manif. contre régime. *-15-1* Parlement abolit rôle de dirigeant du PC. Mladenov renonce à sa fonction de chef du PC. *-3-2* gouvernement **Andreï Loukanov** (26-9-1938/2-10-1996, assassiné ; arrêté du 9-7 au 30-12-92) comprenant uniquement des communistes (1re fois depuis 1947). *-25-2* manif. de 50 000 à 200 000 personnes contre PC. *-26-2* manif. de 15 000 personnes et *-1-3* de 10 000. *-5-3* les musulmans peuvent retrouver leur nom d'origine. *-8-3* manif. de 45 000 personnes contre PC. *-3-4* Conseil d'État supprimé, **Petar Mladenov** élu Pt de la République pour 18 mois. *-10 et 17-6* élect. Assemblée constituante. *-Juillet* le corps (embaumé depuis 1949) de Dimitrov, enlevé de son mausolée, est incinéré. *-6-7* Mladenov démissionne sous la pression de la rue (sera inculpé le 19-5-1990). *-16-7 Nicolaï Todorov* élu Pt du Parlement. *-18-7* grèves anti-Turcs dans plusieurs villes. *-23-7* à Sofia, manif. de 200 000 personnes en souvenir de Dimitrov.

République. 1990-*1-8* **Jelio Jelev** (3-3-1935, philosophe, 1er Pt de l'UFD et fondateur 1988 du Club pour la glasnost et la perestroïka), élu Pt par le Parlement (retrait des 2 candidats par 284 voix sur 384) et *Gal Atanas Semerdjiev* (min. de l'Intérieur) élu vice-Pt. *-7-8* **Loukanov,** PM, démissionne. *-17-9* Sofia, 30 000 manifestants pour UFD. *-20-9* **Loukanov** PM ; Gal Dobri Djourov (min. de la Défense) exclu de la direction du PSB. *-25-9* Sofia, 20 000 manifestants contre gouvernement ; *-18-11 :* 120 000. *-26-11* grève générale déclenchée par syndicat d'opposition Podkrepa. *-29-11* Loukanov démissionne. *-7-12* **Dimitar Popov** (né 25-6-1927) PM (en fonctions 27-12). **1991**-*17-3* Sofia, manif. de 50 000 personnes pour élections ; *-15-4 :* 20 000. *-3-5* Marie-Louise, sœur de Siméon II, accueillie par dizaines de milliers de Bulgares. *-16-5 :* 16 000 manif. *-23-5* accord électoral prévu oct. 91. *-5-6* Parlement annule référendum prévu le 6-7 sur la forme du régime (république ou monarchie). *-12-7 nouvelle Constitution. -22-9* Sofia, manif. monarchiste (discours enregistré de Siméon II appelant à voter pour la démocratie aux législatives du 13-10 et dénonçant l'illégitimité du référendum de 1946). *-8-11* **Filip Dimitrov** (né 31-3-1955, UFD) PM (par 128 voix contre 90). **1992**-*20-2* ouverture Bourse de change. **Jelev** élu Pt au suffrage universel [*-12-1, 1er tour :* 44,66 % des voix, devant Velko Valkanov (indépendantiste soutenu par PSB) 30,44 %, Gantchev 16,77 %. *-19-1, 2e tour :* 52,88 % des voix]. *-Janv.* procès de l'affaire du « parapluie » de 1978 (voir plus haut) : *-7-1* suicide (?) du Gal Stoïan Savov, ancien vice-min. de l'Intérieur, accusé d'avoir détruit le dossier Markov (assassiné 1978). *-22-2* Sofia, 20 000 manifestants. *-23-4* loi sur la privatisation. *-19-5* patriarche Maxime révoqué. *-19-6* Gal Vladimir Todorov condamné à 14 mois de prison pour avoir détruit une partie du dossier Markov. *-Juillet* émigration de Turcs bulgares vers Turquie. *-18-8* purge : 1 216 officiers renvoyés. *-24-9 Stefan Savov,* Pt du Parlement, démissionne. *-9-12* loi de « décommunisation de la science ». *-12-12* Sofia, manif. de 20 000 personnes pour élections. **1993**-*30-12* **Luben Berov** (né 6-10-1925, ex-communiste) PM. *-8-3* accord d'association avec l'UE. *-25-8* visite de la reine Jeanne, veuve de Boris III. **1994**-*19-1* visite du Pt Mitterrand. *-17-10* Parlement dissous. **1995**-*25-1* **Jan Videnov** (né 22-3-1959, PSB) PM. **1996**-*27-1* **Nicolaï Dobrev** PM *-12-2* **Stefan Sofiyanski** PM. *-25-5* visite Siméon II. *-16-10* **Rénéta Indjova** (née 1953) PM. *-27-10 et -3-11* présidentielle. **1997**-*10-1* manif. pour élections anticipées (250 bl.). *-22-1* **Petar Stoïanov** (né 25-5-1952) Pt [élu 2e tour *3-11-1996 :* UFD, 59,73 voix devant Ivan Parazov (PSB). *-15/16-4* visite Siméon II. *-19-4* législatives : succès démocrate. *21-5* **Ivan Kostov** (né 23-12-1949) PM. *-18-9* Todor Jikov remis en liberté. **1998**-*25-9* accord pour 1999-2001 : soutien 1,55 milliard de $ dont 50 % versés par FMI. **1999**-*4-6* la Cour constitutionnelle décide de restituer à la famille royale les biens confisqués en 1947 (notamment le palais de Vrania). *-5-7* nouveau lev (1 pour 100 anciens). **2001 :** *-18-6 législatives* parti Siméon II 120 sièges.

■ **Statut.** *République.* **Constitution :** 12-7-1991. **Pt de la République :** élu pour 5 ans au suffrage universel direct. **Ass. nat. :** 240 m. élus pour 4 ans, révocables avant par électeurs. **Gouvernement :** élu par l'Ass. nat. et responsable devant elle. **Régions économiques :** 28 (depuis 19-12-1998 ; avant 9, depuis 26-8-1987). **Fêtes nationales.** 3 mars (libération du joug ottoman 1878), 24 mai (Saints Cyrille, Méthode et Boris). **Drapeau** (adopté 22-11-1990). Bandes horizontales blanche, verte et rouge (blanc et rouge : couleurs slaves).

Élections (nombre de sièges et, entre parenthèses, % des voix). **Assemblée constituante** (1990) : 6,5 millions d'électeurs, 37 partis. *1er tour (10-6) :* 90,7 % de participation ; PSB 172 (47,1 %), UFD 107 (36,2), Mouvement des droits et des libertés 21 (6,3), UAPB (agrarien) 16 (8), divers 3. *2e tour (17-6) :* 75,2 % de participation ; PSB 210 (sur 67 circonscriptions), UFD 145, MDL 23, UAPB 16, autres 6. **Assemblée nationale : 18-12-1994 :** PSB 125 (52,08 %), UFD 69 (28,65), Union populaire 18 (7,5), MRF 15 (6,25), Business Block 13 (5,42) ; **19-4-1997 :** UFD + alliés 137 (51,16 %), PSB 58 (24,2), Union pour le salut national 19 (7,57), Gauche européenne 14 (5,52), Business Block 12 (4,97) ; **17-6-2000 :** MNS II (Mouvement national Simeon II) 43 % des voix (120 sièges), Droite 18 %, socialistes 17 %.

Partis. P. socialiste bulgare (PSB), nom pris le 3-4-1990 par le P. communiste (fondé 1891), 320 000 m., *chef :* Gueorgui Purvanov depuis 24-12-1996. **Union des forces démocratiques (UFD)** fondée déc. 1989, regroupe 15 partis et mouvements, *Pt : 1990* Filip Dimitrov (né 1955) ; *94* (fév.) Ivan Kostov ; *2001* (27-6) Ekaterina Mihailova. **P. communiste bulgare** fondé 1990 par des membres de l'ex-PC, devient mars 1990 P. socialiste bulgare, *Pt :* Vladimir Spassov. **Union du peuple** fondée 1994, regroupe le P. agrarien (fondé 1899 par Anastasia Moser) et le P. démocratique (fondé 19-12-1989 par Stefan Savov). **Mouvement pour les droits et libertés (MDL)** fondé 1990, musulman, *Pt :* Ahmed Dogan (favorable à la monarchie). **Business Block,** George Gantchev.

ÉCONOMIE

■ **Restitution des biens nationalisés par le régime communiste. 1991** loi sur terres agricoles. **1992** ateliers, magasins, appartements, maisons rendues à leurs anciens propriétaires. **1997**-*7-11* les propriétaires d'anciennes entreprises étatisées obtiendront des actions dans les entreprises actuelles ou deviendront copropriétaires des bâtiments publics construits sur leurs terrains. À défaut, ils recevront titres ou bons pour participer à la privatisation. (6 000 entreprises industrielles avaient été nationalisées en 1947). *-11-11* restitution de forêts nationalisées. **1998** *-4-6* restitution des biens de la famille royale.

■ **PNB** (en $ par hab.). *1992 :* 1 008 ; *93 :* 1 450 ; *94 :* 1 187 ; *95 :* 1 330 ; *96 :* 1 696 ; *97 :* 1 170 ; *98 :* 1 410 ; *99 :* 1 430. **PIB** (évolution en %) : *1991 :* – 11,7 ; *92 :* – 7,3 ; *93 :* – 1,5 ; *94 :* 1,8 ; *95 :* 2,9 ; *96 :* – 10,1 ; *97 :* – 7 ; *98 :* 3,5 ; *99 :* 2,6 ; *2000 (est.) :* 5,2. **Population active** (en %) **et,** entre parenthèses, **part du PNB** (en %) : agr. 16 (16), ind. 38 (31), mines 2 (2), services 44 (47). **Chômage** (en %, au 31-12) : *1992 :* 15,2 ; *96 :* 10,5 ; *98 :* 16 ; *99 :* 14,1 ; *2000 (déc.) :* 16,4. **Inflation** (en %) : *1988 :* 10 ; *89 :* 10 ; *90 :* 50 ; *91 :* 338,5 ; *92 :* 79,4 ; *93 :* 64 ; *94 :* 122 ; *95 :* 33 ; *96 :* 311 ; *97 :* 578,6 ; *98 :* 22,9 ; *99 :* 0,4 ; *2000 (est.) :* 2,8. **Dette extérieure** (en milliards de $) : *1970 :* 1,1 ; *85 :* 4,1 ; *90 :* 11 ; *94 :* 13,4 ; *95 :* 9,1 ; *96 :* 9,3 ; *98 :* 9,2 ; *99 :* 10,2 (80 % du PIB) ; *2000 (nov.) :* 10,1. **Salaire moyen mensuel** (secteur public, en $) : *1992 :* 83,6 ; *95 :* 102,7 ; *99 (est.) :* 124. **Déficit budgétaire** (en % du PIB) : *1995 :* 6,2 ; *96 :* 13 ; *97 :* 6,2 ; *98 :* 2 ; *2000 (oct.) :* 3,9. **Secteur privé** (en % du PIB) : *1992 :* 18 ; *96 :* 45 ; *99 :* 75 ; *2000 (sept.) :* 66,2. **Population vivant sous le seuil de pauvreté** (en %) : *1990 :* 30 ; *97 :* 53. **Investissements étrangers** (en %, 1999) : P.-Bas 27,9 ; All. 10,23 (101,3 millions de $) ; USA 6,59 ; G.-B. 6,42 ; Suisse 1,74.

■ **Agriculture.** *En 1938 :* 80 % de la population, 73 % du PNB. **Terres** (en milliers d'ha, 1990) : 6 159 dont arables 6 203, cultivées en permanence 4 805 (en 1998), pâturages 1 516, forêts 3 877 (en 1998) [35 % des terres], eaux 1 263, divers 1 010. 20,5 % des terres cultivées sont irriguées. **Production** (en milliers de t, 1999) : blé 2 637, maïs 1 719, orge 659, tournesol 610, p. de t. 566, tomates 428, raisin 371, feuilles de tabac 52, bett. à sucre 45, soja 18, riz 11, légumes, fruits ; vin 2 470 000 hl. **Secteur agricole privé :** 15,4 % des terres arables (50,1 % viande, 47 % œufs, 48 % fruits, 48 % légumes et 29 % fourrages). *En janv. 1993 :* 450 000 ha ont été redistribués (sur 5 000 000 ha, 4 500 000 seront rendus aux propriétaires, 280 000 aux municipalités, 77 000 resteront à l'État, 130 000 à des divers). **Forêts** (en 1998). 3 041 000 m^3 de bois.

■ **Élevage** (en millions de têtes, 1999). Volailles 15,6, ovins 2,77, porcins 1,72, caprins 1,04, bovins 0,67, ânes 0,276. **Pêche** (en 1997). 14 500 t.

■ **Énergie. Électricité** (en milliards de kWh) : *1970 :* 19,5 ; *80 :* 34,8 ; *85 :* 41,6 ; *89 :* 44,3 (dont, en %, charbon 61,1, nucléaire 32,8, hydroélectricité 6,1) ; *90 :* 42,1 ; *92 :* 35,6 ; *93 :* 37,9 ; *94 :* 38,1 (dont, en %, thermique 56, nucléaire 40, hydraulique 4) ; *95 :* 40,7 ; *96 :* 41,4 ; *97 :* 42,7 ; *98 :* 41,6 ; nucléaire [centrales (type VVR soviétique) de *Kozlodoui :*

produit 2 760 MW, soit 38 % de l'énergie nationale ; 6 réacteurs dont 4 de 440 MW chacun (*1er* : arrêté 3-9-91, rouvert 1997 ; *2e* : arrêté 28-11-91, rouvert 1992, fermé 3-1-93, doit rouvrir), et 2 de 1 000 MW, 4 réacteurs devraient être fermés avant 2006 ; *Béléné* : 4 réacteurs de 1 000 MW chacun, en construction ; arrête en 1990 pour des raisons d'environnement] ; hydroélectricité (86 centrales). **Charbon** (en millions de t) : *réserves* : 4 800 (dont lignite 93 %), *production* (en 1999) : charbon 0,105, lignite 30,8. **Pétrole :** *1991* : 60 000 t ; *95* : 43 000 t ; *97* : 24 000 t ; *98* : 24 000 t ; *99* : 24 206 t. **Gaz naturel.**

■ **Mines.** Fer, plomb, cuivre, zinc, argent 23 t (en 1999). **Industrie** (en millions de t, 1997) : ciment 1,6 ; acier 2,6 ; mécanique, électricité, chimie, alimentation (vins et spiritueux, cigarettes). **Transports** (en km). **Routes** (en 1997) : 36 724 dont autoroutes 314, nationales 3 078. **Voies ferrées** (en 1998) : 6 470 dont 63,1 % électrifiées.

■ **Tourisme** (en 1999). **Visiteurs :** 5 056 250. **Revenus :** 403 millions de $.

■ **Commerce** (en milliards de leva, 1998). **Export. :** 7 570 *dont* (en milliards de $ US) fer et acier 505, pétrole et prod. pétroliers 265, tabac 164, réacteurs et chaudières 262, engrais 172 ; **vers** Italie 960, Russie 416, Grèce 665, ex-Youg. 195. **Import. :** 8 765 *dont* (en milliards de $ US, 1997) fuel et lubrifiants 1 499, réacteurs et chaudières 447, machines et équip. électriques 199, auto et pièces 185, papier 100 ; **de** (en 1996) Russie 337, All. 98, Italie 53, Grèce 30, *France 27*. **Export./ import.** (en milliards de $) : *1995* : 5,34/5,64 ; *96* : 4,89/5,07 ; *97* : 4,91/4,43 ; *98* : 4,19/4,96 ; *99* : 3,96/5,45.

■ **Rang dans le monde** (en 1999). 13e lignite. 16e vin.

BURKINA FASO
(ancienne Haute-Volta)
V. légende p. 950.

■ **Nom.** Officiel depuis 4-8-1984 : Burkina Faso, « Pays des hommes intègres » de *Burkina* (du mooré : « Homme intègre ») et *Faso* (du dioula : « terre de nos ancêtres »). *Nom des habitants* : Burkinabé.

■ **Situation.** Afrique. **Superficie :** 274 200 km². **Distances :** Cotonou 810 km, Abidjan 830, Conakry 1 450, Dakar 1 450, Atlantique 500. **Frontières** (en km) : Bénin 306, Côte d'Ivoire 584, Ghana 548, Mali 1 000, Niger 628, Togo 126. **Altitude** *maximale* : Tenakourou 747 m. **Plateaux** (moy. 500 m). **Zones de végétation** du nord au sud : *steppe, savane arbustive* et *savane boisée* avec des forêts-galeries le long des cours d'eau. La faible déclivité du relief gêne l'écoulement des eaux des 3 Volta : Noire *(Mouhoun)*, Blanche *(Nakambe)* et Rouge *(Nazinon)* qui drainent le pays. **Surface cultivable :** 110 000 km².

■ **Climat.** *Nord* : présaharien (pluies 400 mm par an) ; *Centre et Sud* : soudanais (pluies + de 1 000 mm). *2 saisons* : sèche et fraîche nov.-févr., puis chaude de mars à mai ; pluvieuse (hivernage) juin-oct. (pluies irrégulières : sécheresses prolongées).

■ **Population.** *2000 (est.)* : 12 060 000 hab ; *2025 (prév.)* : 21 000 000. *En %* : Mossis 48, Peuls10, Lobis-Dagaris 7, Bobos 7, Mandés 7, Sénoufos 6, Gourounsis5, Bisas 5, Gourmantchés 5. Européens 3 350 (dont *2 358 Français*). **D.** 42,3 (centre 37, parfois 125 à 150). A l'étranger 2 500 000 (2/3 en Côte d'Ivoire ou Ghana). **Age** (en %) : *– de 15 ans* : 47,6, *plus de 64 ans* : 2,9. **Mortalité** *infantile* : 94 ‰. **Espérance de vie** (en 1998) : 45 ans. **Sida :** 7 % de la pop. touchée en 2000.

■ **Langues.** Français *(officielle)*, ougour (gourmamooré utilisé par Gourmantchés et Mossis, Sénoufos, Dogons, etc.), mandé (Nord : dont le dioula utilisé dans échanges commerciaux ; Sud : dont le bissa), foulfouldé (parlé par les Peuls), tamacheq (par les Touareg). **Religions** (en %). Animistes 65, musulmans 25, chrétiens 10.

■ **Villes.** *Ouagadougou* 824 000 (en 1995), Bobo-Dioulasso 268 926 (en 1991) [à 356 km] ; (en 1986) : Koudougou 105 826, Banfora 99 344, Ouahigouya 74 322.

■ **Histoire.** Peuplement paléolithique et néolithique. A une époque inconnue, au pays lobi, murs de pierre et d'argile de 3 à 7 m de haut. Hypothèses : Phéniciens, Égyptiens, Portugais, Berbères. **XIIe s. apr. J.-C.** à l'ouest, villages indépendants. A l'est, **Ouedraogo** fonde le royaume mossi de Tenkodogo. **1180** son fils aîné **Rawa** fonde le royaume mossi de Zandoma (plus tard roy. de Yatenga) ; son 2e fils, **Zoungrana,** règne à Tenkodogo. **Vers 1200** son 3e fils, **Diaba Lompo,** fonde le royaume de Gourmantché (mossi, mais comprenant 17 fiefs vassaux). **XIIIe s.** Oubri, fils de Zoungrana, fonde le royaume de Ouagadougou ; sa dynastie comptera 34 rois. **XVIe s.** exploration par le Soudanais Tarikh el-Fettach. **XVIIe s.** par le Soudanais Tarikh el-Soudan. **1799** par l'Écossais Mungo Park. **1810** Ibrahim Bi Sady crée émirat peul et convertit l'Est voltaïque à l'islam. **1877** exploration par l'Allemand Barth. **1888** 1re expédition (non militaire) française (Binger). **1896** Yatenga protectorat français. **1896-97** occupation des 3 autres royaumes mossis ; mission Voulet-Chanoine. **1901** territoire militaire. **1904** rattaché au Ht-Sénégal-et-Niger. **1916** agitation nationaliste. **1919** colonie de *Haute-Volta* distincte. **1932** partagée entre Côte d'Ivoire, Niger et Soudan. **1947** Hte-Volta reconstituée. **1958**-*11-12* république autonome au sein de la Communauté. **1959**-*9-2* **Maurice Yaméogo** (1921-93) élu Pt de la Rép. **1960**-*5-8 indépendance.* **1965**-*22-2* Paul Zoungrouna (3-9-1917/4-6-2000) 1er cardinal d'Afrique noire francophone. **1966**-*4-1* Yaméogo démis par l'armée (arrêté, condamné pour détournement de fonds, libéré 1970, retrouve ses droits civiques 1983, réhabilité mai 1991). *-4-1* **Lt-Cel Sangoulé Lamizana** (né 31-1-1916) Pt. **1970**-*juin* nouvelle Constitution. **1971** *2e Rép.* L'officier le plus ancien dans le grade le plus élevé devient chef de l'État. Lamizana, promu Gal, reste chef de l'État ; *Gérard Kango Ouedraogo* et Joseph Ouedraogo, du RDA deviennent PM et Pt de l'Assemblée nationale. **1974**-*8-2* coup d'État militaire, Assemblée dissoute, Constitution suspendue ; Lamizana reprend le pouvoir. *-Déc.* conflit frontalier avec Mali. **1975**-*17/18-12* grève générale. **1976** gouvernement d'union nationale. **1977**-*nov.* Constitution. **1978** 3e Rép. *-Avril* élection au système tripartite (victoire du RDA). Lamizana élu Pt au 2e tour. **1980**-*25-11* coup d'État du **Cel Saye Zerbo** (né 1932, musulman, Samo) après grève des enseignants de 55 jours. Non sanglant : suppression du tripartisme et des droits syndicaux. **1981**-*4-3* coopération renforcée avec France. **1982**-*7-11* coup d'État (6 †, 30 bl.) du **Cdt Jean-Baptiste Ouedraogo,** médecin. *-8-12* mort de Moro Naba Kougri, empereur des Mossis (intronisé 1957), à Ouagadougou (avait une cour, des « ministres », et tranchait des litiges mineurs ; bien que musulman, il était le chef d'une religion animiste). **1983**-*17-5 capitaine Thomas Sankara,* PM prolibyen, arrêté ; *-30-5* relâché. *-4-8* coup d'État : **Thomas Sankara** (21-12-1949/15-10-1987) Pt. *-15-11* anciens dirigeants arrêtés. **1984**-*3-5* Cel Zerbo condamné à 15 ans de détention dont 7 avec sursis. *-28-5* coup d'État (échec). *-11-6 :* 7 conjurés exécutés. *-19-8* gouvernement dissous ; 14 ministres (membres de la Lipad) sur 18 nommés chefs de chantiers. **1985**-*6-8* clémence pour Zerbo et J.-B. Ouedraogo. *-19/29-12* conflit avec Mali pour zone de l'Agacher (160 km de long) [100 †]. *-Déc.* partagée : Mali en reçoit 40 %. **1986**-*févr.* Sankara à Paris. *-22-12* jugement Cour de La Haye sur différend avec Mali accepté. **1987**-*15-10* coup d'État, Sankara tué (100 †). **Capitaine Blaise Compaoré** (né 1951), Pt du Front populaire. **1988** *-juillet* politique de « rectification » **1989**-*18-9* échec coup d'État du Cdt Jean-Baptiste Lingani, ministre de la Défense, et du capitaine Henri Zongo, ministre de la Promotion économique (exécutés). *-25-12* coup d'État déjoué. **1990**-*29-1* visite Jean-Paul II. **1991**-*18-1* multipartisme. *-2-6* référendum pour Constitution : 49 % de votants (93 % oui, boycott de l'opposition à l'élection présidentielle). *-7-10* Ouagadougou, 10 000 manifestants pour une conférence nationale. *-1-12* Compaoré élu Pt avec 86,4 % des voix (72,7 % d'abstentions). *-9-12* attentats contre opposants : Clément Ouedraogo, secrétaire général du PTB, assassiné, Tall Moctar, démocrate révolutionnaire, et Marlène Zebango, blessés. **1992**-*16-6 Youssouf Ouédraogo* PM. **1994**-*20-3 Rock Marc Christian Kaboré* PM. **1996**-*6-2 Kadré Désiré Ouédraogo* (né 1953) PM (reconduit 7-6-1997 et 11-1-1999). *De janv. à avril* épidémie de méningite, 2 045 †. **1998**-*15-11* Compaoré réélu Pt (87,52 %, boycott de l'opposition). *-13-12* manifestations (assassinat du journaliste Norbert Zongo qui enquêtait sur l'assassinat du chauffeur de François Compaoré, frère du Pt).

■ **Statut.** *République.* **Constitution** du 2-6-1991. **Pt :** élu pour 7 ans au suffrage universel. **Provinces :** 45. **Départements :** 301. **Chambre des représentants :** 120 membres nommés pour 3 ans. **Assemblée :** 111 m. élus pour 5 ans. **Élections du 11-5-1997 :** CDP (Congrès pour la démocratie et le progrès) 101 sièges.

■ **Partis. Congrès pour la démocratie et le progrès** fondé 1996, 10 partis, Arsène Bognessan Yé. **P. pour la démocratie et le progrès** fondé 1996, Joseph Ki-Zerbo. **Rassemblement démocratique africain (RDA),** Gérard Ouédraogo. **Alliance pour la démocratie et la fédération (ADF)** fondée 1990, Herman Yaméogo.

■ **Fête nationale.** 11 déc. **Drapeau** (4-8-1984). Bandes horizontales rouge (révolution) et verte (ressources minérales), avec étoile d'or (guide de la révolution).

■ **Économie. PNB** ($ par hab.) : *1982* : 180 ; *85* : 136 ; *92* : 380 ; *95* : 230 ; *99* : 230. **Croissance** (en %) : *1998* : 6,2 ; *99* : 5,8 ; *2000 (est.)* : 5,7. **Population active** (en %) **et,** entre parenthèses, **part du PNB** (en %) : agr. 75 (39), ind. 10 (14), services 13 (45), mines 2 (2). **Inflation** (en %) : *1995* : 7,8 ; *96* : 7 ; *97* : 6,2 ; *98* : 5,2 ; *99* : – 1,1. **Dette extérieure** (en milliards de $) : *1990* : 1,17 ; *95* : 1,58 ; *97* : 1,34 ; *98* : 2,2.

Agriculture. Terres (en milliers d'ha, 1990) : arables 2 620, cultivées 13, pâturages 10 000, forêts 7 140, eaux 40, divers 7 607. **Production** (en milliers de t, 1999) : sorgho 1 250, millet 973, canne à sucre 400, maïs 378, légumes 254, arachides 213, riz 89, coton 136 (en 1998). **Forêts** (en 1998). 10 794 000 m³ de bois. **Élevage** (en millions de têtes, 1999). Volailles 19 ; caprins 7,3 ; ovins 6,3 ; bovins 4,55 ; porcins 0,59 ; ânes 0,02. **Pêche** (en 1997). 8 000 t. **Mines. Phosphates** (Kodjari). **Antimoine.** **Or** (Poura, *réserves* 20 t, *production* 2,5 t, en 1996). **Manganèse** (Tambao, *réserves* 17 000 000 t). **Calcaire** (Tin Hrassan, *réserves* 60 000 000 t). **Industrie.** Minoteries, textile, huileries, sucreries, brasseries, cigarettes.

■ **Transports** (en km). **Routes :** 13 134. **Voies ferrées** métriques 622 (frontière ivoirienne-Ouagadougou) ; en construction 340 (Ouagadougou-Tambao) ; projet 365. **Tourisme** (en 1997). 138 000 visiteurs.

■ **Commerce. Export. :** coton, or, produits de l'élevage ; **vers** *France,* Taïwan, Chine. **Import. : de** *France,* Côte d'Ivoire, USA. **Export./import.** (en millions de $) : *1990* : 151/540 ; *91* : 948/603 ; *92* : 896/545 ; *93* : 801/555 ; *94* : 349/390 ; *95* : 536/532 ; *96* : 306/700 ; *97* : 205/530 ; *98* : 105/536.

■ **Rang dans le monde** (en 1999). 5e millet. 17e coton.

BURUNDI
V. légende p. 950.

☞ *Abréviation* : B. : Burundi.

■ **Situation.** Afrique centrale. Pays enclavé à 1 200 km de l'océan Indien et 2 000 km de l'Atlantique entre Rwanda, ex-Zaïre, Tanzanie. Bordé sur 150 km par le lac Tanganyika. **Superficie :** 27 834 km² dont lacs 1 885. **Frontières** (en km) : Rép. du Congo 233, Rwanda 290, Tanzanie 451. **Altitude** *maximale* : Mt Heha 2 670 m. **Régions :** plaine côtière de l'Imbo, montagnes de la crête Congo-Nil, hauts plateaux centraux, dépression du Mosso à l'E. **Lacs :** Tanganyika (32 000 km², 650 km, 25 à 65 km, profondeur 1 470 m, alt. 775 m), Kachamiringa, Rwihinda (3,5 km²), Cohoha (69 km²), Rweru (103 km²), Kanzigiri (7,5 km²). **Climat.** *2 saisons sèches* (janv. et juin-oct.), *2 de pluies* (oct.-déc. et févr.-juin) ; plaine de l'Imbo : tropicale, zones d'altitude plus fraîches. *Temp. moyennes* : 17 à 24 °C. *Pluies* : 800 à 1 800 mm.

■ **Population.** *2000 (est.)* : 6 300 000 hab. dont Hutu 85 %, Tutsi (très grands) 14 %, Twa 1 % ; *99* : 5 700 000 hab ; *2025 (prév.)* : 10 000 000. **Age** (en %) : *– de 15 ans* : 47,1, *+ de 64 ans* : 2,9. **D.** 225. **Pop. rurale :** 93 %. **Croissance** (en 1999) : 2,9 %. **Mortalité** *infantile* : 127 ‰ (malnutrition : 30 % des enfants). **Fécondité :** 7 enfants par femme. **Espérance de vie** (en 2000) : 51 ans. **Immigration :** Rwandais 250 000, Zaïrois 20 000, Européens et Asiatiques 3 000. **Réfugiés** (en 1999) : 800 000 déplacés. 290 000 en Tanzanie, 20 000 en Rép. démocratique du Congo. **Pop. sous le seuil de pauvreté** (en 2000) : 60 %. **Sida :** *1999 (est.)* : 360 000.

■ **Langues.** Kirundi (du groupe bantou, langue nationale) et français (2e langue administrative) ; kiswahili. **Religions.** Catholiques 62 %, animistes 32 %, protestants 5, musulmans 1.

■ **Villes** (est. 1999) *Bujumbura* (auparavant, *Usumbura* fondée 1897 par Allemands) 500 000 hab., Gitega (alt. 1 696 m) 50 000 (à 100 km), Ngozi 50 000 (à 125 km), Rumonge 13 000.

■ **Histoire.** Peuplé par les Twa, apparentés aux Pygmées, puis par les Bahutu (langue : bantou) et les Batutsi (ou Hamites). **1795-vers 1852** royaume unitaire avec **Ntare IV Rugaamba**. **1852-1908 Mwezi II Kisabo. 1871**-*25-11* à Murgere (10 km de Bujumbura) Stanley rencontre Livingstone. **1890** colonisation allemande. **1892** arrivée de l'Autrichien Oscar Baumann. **1897** implantation allemande. **1899** intégré dans l'Afr.-Orientale allemande. **1903**-*6-6* traité de Kiganda : devient protectorat allemand rattaché à l'Afr.-Orientale all. **1908-15 Mutaga II. 1915 Mwambusta IV** (1912-77). **1919** partie du Rwanda-Urundi administrée par la Belgique. **1923** mandat belge. **1925** province du Congo belge. **1946** tutelle belge. **1959** autonomie. **1961**-*18-8 élections* : UPRONA (80 % des voix) avec **Louis Rwagasore** PM neutraliste, ami du Congolais

Lumumba, opposition à toute discrimination raciale [(Hutu et Tutsi), 58 sièges sur 64]. *-13-10,* Rwagasore assassiné ; **André Muhirwa** PM *-21-12* autonomie interne. **1962**-*1-7 indépendance.* Parité au gouvernement Hutu/Tutsi ; *-16-10 : Ire Constitution.* **1965**-*15-1* **Pierre Ngendandumwe**, Hutu (PM depuis 7-6-1963) assassiné. *-10-5* élections : UPRONA 21 sièges sur 33. PM tutsi. *-Oct.* échec coup d'État hutu. Massacres ethniques. **1966**-*8-7* **Mwambusta IV** déposé par son fils Ndizeye (19 ans) qui devient (1-9) **Ntare (le lion) V** (1947-72), **Michel Micombero** PM ; *-28-11* Ntare déposé.

1966-*28-11* République avec capitaine (puis Lt-Gal) **Michel Micombero** (1940/16-7-1983, en exil), Pt. **1969** complot échoué (23 conjurés fusillés), massacres. **1972**-*29-4* insurrection hutu à Bujumbura et dans le Sud ; Ntare V tué ; *-30-4* coup d'État manqué, répression militaire : milliers de Hutu tués. *Bilan total :* + de 100 000 †. **1976**-*1-11* Micombero renversé, exilé en Somalie. *-9-11* **Jean-Baptiste Bagaza** (né 24-8-1946, Tutsi), Pt. **1981**-*18-11* référendum pour Constitution (98,6 % des voix). **1982**-*oct.* Pt Mitterrand au B. **1984**-*31-8* Bagaza élu Pt au suffrage universel **1986-87** expulsions de missionnaires. **1987**-*3-9* coup d'État, major **Pierre Buyoya** (né 24-11-1949, Tutsi) au pouvoir ; *-2-10* devient Pt (libéralisation religieuse). **1988**-*15/25-8* massacres dans le Nord [villageois hutu, convaincus d'une menace d'extermination proche, assassinent paysans tutsi ; répression de l'armée, en majorité tutsi] : 5 000 (bilan officiel) à 20 000 † ; plus de 56 000 Hutu réfugiés au Rwanda. Le B. refuse une enquête internationale. *-19-10 Adrien Sibomana* PM, Hutu ; les 12 ministres hutu deviennent majoritaires au gouv. **1989** retour des réfugiés hutu du Rwanda (1 000 restent). **1990**-*5/6-9* visite de Jean-Paul II. **1991**-*janv.* Charte de l'unité nationale ; multipartisme. *-5-2* approuvée à 89,2 % (abstentions : – de 4 %). *-Fin nov.* affrontements avec Hutu [551 † (ou 3 000)]. *-Déc.* 10 000 réfugiés au Rwanda. **1992**-*4-3* échec coup d'État militaire. *-10-3 Constitution* instaurant multipartisme : 93 % pour. *-1-4* gouv. à 60 % hutu. *-3-5* crise avec Rwanda. *-Sept.* épidémie de méningite (209 †). **1993**-*1-6* **Melchior Ndadayé** (1953-93, Hutu) élu Pt par 64,79 % des voix. *-28-6* législatives. *-21-10* révolte, Ndadayé assassiné par des militaires tutsi, massacres pour venger le Pt (environ 200 000 †) ; réfugiés : Rwanda 375 000, Tanzanie 295 000, Zaïre 39 000. *-6-11* les ministres quittent l'ambassade de France pour un hôtel à 5 km de Bujumbura. **1994**-*13-1* **Cyprien Ntaryamira** (Hutu ; 6-3-1955/6-4-1995) élu Pt par l'Ass. nationale (78 voix sur 79), en fonction le 5-2. *-7-2 Anatole Kanyenkiko* PM. *-7-3* Bujumbura : environ 200 †. *-6-4* Pt tué dans accident d'avion ainsi que celui du Rwanda. *-10-9* forum des partis politiques reconnus et des représentants de la société civile : accord sur partage des pouvoirs et désignation du Pt. *-30-9* l'Assemblée désigne **Sylvestre Ntibantunganya** (né 8-5-1956, Hutu), Pt par intérim (investi 1-10-1994). *Anatole Kanyenkiko* PM. *-Fin juillet* 2 000 † dans 4 camps de réfugiés lors d'affrontements Hutu/Tutsi. **1995**-*23-2 Antoine Nduwayo* PM. **1996**-*15/25-6* : 300 civils hutu † province de Gitega. *-25-6 sommet d'Arusha :* accord pour une intervention extérieure pour mettre fin à la guerre civile. *-Avril/juillet* selon l'Onu : milliers de civils †. *-20-7* : 341 Tutsi tués. *-22-7* deuil nat. de 7 j décrété. *-23-7* Ntibantunganya vient aux obsèques : accueilli avec des mottes de terre ; se réfugie à l'ambassade amér. *-25-7* coup d'État du major **Pierre Buyoya** (né 24-11-1949, Tutsi) qui devient Pt par intérim. *-31-7 Pascal-Firmin Ndimira* (Hutu) PM. *-31-7 Arusha* (Tanzanie) : sommet du comité régional de l'OUA : embargo contre le B. (levé partiellement 16-4-1997, suspendu 23-1-1999). *-9-9* Mgr Joachim Ruhuna, archevêque, assassiné. *-3-12 :* 500 tués par l'armée à Butaganza dans une église. *Déc.* massacres de civils. **1997**-*févr.* 500 000 regroupés dans des camps pour séparer civils et rebelles. **1998**-*1-1* attaque rebelle, aéroport de Bujumbura et camp militaire de Gakumbu (284 † : 180 civils, 100 rebelles et 4 soldats). *-21-6 Arusha :* cessez-le-feu entre 17 factions (en vigueur 20-7). *-Juin* Buyoya intronisé Pt. **1999**-*sept.* l'armée (tutsi) regroupe 800 000 Hutu dans des camps (dont 350 000 autour de la capitale). **2000**-*21-2 Arusha,* reprise (arrêt depuis juin 1998) des négociations de paix. *-28-8* accord de paix État/19 partis (mais pas les rebelles). **2001**-*févr.* famine touchant 100 000 pers.. *-8-4* échec coup d'État (lieutenant Pasteur Ndakarutimana, Tutsi).

☞ *Bilan depuis 1993 :* 200 000 à 250 000 †, 1 300 000 réfugiés dont 500 000 en Tanzanie.

■ **Statut.** *République unitaire,* laïque et démocratique depuis le 28-11-1966. **Constitution :** du 13-3-1992, amendée en 1998. **Pt :** élu pour 5 ans. **Ass. nationale :** 81 membres élus pour 5 ans. **Élections du 29-6-1993 :** FRODEBU 65 sièges, UPRONA 16. **Fête nationale.** 1er juillet (indépendance). **Drapeau** (adopté 28-6-1967). 2 côtés triangulaires verts (l'espérance), 2 rouges (lutte pour l'indépendance) sur fond blanc (la paix) ; 3 étoiles rouges pour les 3 ethnies. **Devise :** « Unité, Travail, Progrès. »

■ **Partis.** 19 dont **Union pour le progrès national (UPRONA)** fondée 1958 par Pce Louis Rwagasore, Pt : Charles Mukasi. **Front pour la démocratie au Burundi (FRODEBU)** parti du Pt Ndadayé, fondé 1992, Jean Minani. **Parti de libération du peuple hutu (PALIPEHUTU)** fondé 1980, extrémiste. **Parti de réconciliation du peuple (PRP)** fondé 1992, Mathias Hitimana.

■ ÉCONOMIE

■ **PNB** (en $ par hab.). *1985 :* 230 ; *91 :* 205 ; *95 :* 140 ; *98 :* 130 ; *99 :* 100. **Population active** (en %), entre parenthèses, **part du PNB** (en %) : agr. 56 (54), ind. 15 (20), services 29 (26). **Inflation** (en %). *1995 :* 14,9 ; *96 :* 26,5 ; *97 :* 31,2 ; *98 :* 12,5 ; *99 :* 3,4 ; *2000 :* 21. **Dette extérieure** (en 2000) : 1,2 milliard de $. **Aide** (en 1997) : 115 millions de $.

■ **Agriculture. Terres** (en km²) : utilisables 23 023 (dont utilisées 7 925, pâturages 8 123, boisements 900). **Production :** café (*moyenne :* 30 000 t par an) 30 000 t en 1999 (soit 80 % des export.), thé, bananes (1,54 million de t en 1996), patates douces, manioc, maïs, sorgho, blé, coton, haricots et pois, ignames, riz, oléagineux, éleusine. **Élevage** (en milliers de têtes, 1999). Caprins 900, bovins 329, ovins 165, porcins 61. **Pêche** (en 1997). 20 296 t. **Mines.** Kaolin, or. *Non exploitées :* nickel (5 % des réserves mondiales), vanadium, phosphates.

■ **Tourisme** (en 1997). **Visiteurs :** 11 000. **Sites :** sources du Nil (2 145 m d'altitude, la plus au sud, à Rutovu, découverte 1934 par l'Allemand Burchard Waldeker), chutes de la Karera, colline d'arbres sacrés de Banga, forêt de la Kibira, parc national de la Ruvubu, Gitega (tambourinaires), lac Tanganyika.

■ **Commerce** (en millions de $). **Export./import. :** *1993 :* 62/205 ; *94 :* 121/224 ; *95 :* 106/234 ; *96 :* 39/127 ; *97 :* 84/121 ; *99 :* 72/172.

■ **Rang dans le monde** (en 1999). 22e thé.

CAÏMANS (ÎLES)

Carte p. 1048. V. légende p. 950.

■ **Situation.** Antilles. **Superficie :** 262 km². Ancien nom : *îles de la Tortue.* 3 îles : *Grand Caïman* (longueur 34 km, largeur 14,5 km, 197 km²) 37 473 hab. *(est. 1999)* ; *Caïman Brac* à 131 km [longueur 19 km, largeur 3 km, alt. maximale 43 m (Bluff)] 1 822 hab. *(est. 1999)* ; *Petit Caïman* à 7,5 km de Caïman Brac (longueur 16 km, largeur 3 km) 115 hab. *(est. 1999)* . **Côtes :** 225 km. **Climat.** *Températures moy.* 29 °C (hiver 24 °C). **Population.** *1999 (est.) :* 39 410 hab. (*1802 :* 933 dont 551 esclaves). **D.** 150. **Ville.** *George Town* 20 626 hab. (en 1999). **Langues.** Anglais, dialectes. **Religions.** Protestants, anglicans, catholiques.

■ **Histoire. 1503**-*10-5* découvertes par Christophe Colomb. **1670** cédées avec Jamaïque par l'Esp. à la G.-B. **1670-1959**-*4-7* dépendent de la Jamaïque. **1958**-*3-1*/**1962**-*31-5* partie de la Fédération des Indes-Occidentales. **1962**-*31-5* colonie.

■ **Statut.** *Colonie britannique.* **Constitution :** 26-7-1972. **Gouverneur :** Peter Smith depuis 1999. **Assemblée législative :** 15 m. élus et 3 fonctionnaires ; *speaker :* capitaine Mabry Kirk Connell (depuis 27-11-1996). **Conseil exécutif :** 5 m. élus et 3 fonctionnaires, présidé par le gouverneur (John Wynne Owen depuis 1995). **Drapeau.** Fond bleu. Drapeau anglais. En haut et à gauche, écusson : lignes bleue et blanche (mer), 3 étoiles (principales îles), lion d'Angleterre, cimier : tortue (faune) et ananas (hospitalité). Devise : *He hath founded it upon the seas* (« Il les a fondées au-dessus des mers »).

■ **Économie. PNB** (en 1999) : 21 600 $ par hab. **Dette** (en 1999) : 98,3 millions de $. **Place financière** (fin 1999). 59 922 sociétés, 669 Cies d'assurances, 570 banques. Pas d'impôt direct. Secret bancaire absolu (sauf argent de la drogue). **Pêche. Tourisme** (en 1999). 1 430 056 vis. 70 % du PNB. 95 % de la pop. active.

■ **Commerce** (en millions de $). **Balance :** *1994 :* – 325 ; *95 :* – 395 ; *96 :* – 375 ; *97 :* – 357 ; *98 :* – 420 ; [*export. :* 1,2 ; *import. :* 421,3 ; produits alimentaires, textile, matériaux de construction, *de* (de 1998 est., en %) USA 83, Antilles néerl. 9, G.-B. 2,6, Japon 2,5].

CAMBODGE

Carte p. 1285. V. légende p. 950.

☞ *Abréviations :* C. : Cambodge ; camb. : cambodgien(ne) ; Viet., viet. : Vietnamien(s), vietnamien(s).

■ **Situation.** Asie. **Superficie :** 181 035 km². **Frontières** (en km) : Viêt Nam 1228, Thaïlande 803, Laos 541. **Côtes :** 443 km. **Régions :** plaine centrale du Tonlé Sap (lac régularisant le cours du Mékong ; il le rejoint à Phnom Penh puis s'en sépare sous le nom de Tonlé Bassac ; se jette dans le Pacifique au Viêt Nam ; inverse son cours plusieurs mois par an à cause des pluies) et du Mékong (1 432 mm de pluie à Phnom Penh, inondation annuelle dans les 2 plaines) ; plateaux de forêts et savanes au nord et à l'est ; monts au sud. **Altitude** *maximale :* Mt Aural (1 813 m) [5 473 mm de pluie à Bokor, 7 917 en 1923] ; plaine côtière au sud. **Climat.** *Saison des pluies :* juin à oct. (27-35 °C), *fraîche :* nov. à fév. (17-27 °C), *chaude :* mars à mai (29-38 °C). *Température moy. :* à Phnom Penh 27 °C.

■ **Population** (en millions d'hab.). *1962 :* 5,73 (5,33 Khmers, 0,218 Vietnamiens, 0,163 Chinois, 0,014 divers) ; *74 :* 7,89 ; *79 :* 5,5 ; *87 :* 7,69 [dont 93 % de Khmers *(1950 : 0,004 Français)*] ; *92 (rec. Onu) :* 11 ; *98 :* 11,44 ; *2000 (est.) :* 12,1. **D.** 66,8. **Age** (en %) : *– de 15 ans :* 41,9, *+ de 64 ans :* 3,5. **Mortalité** *infantile :* 90 ‰. **Fécondité :** 5,2. **Espérance de vie :** *h.* 53,8, *f.* 58,7 ans. **Population rurale :** 84,3 %. **Alphabétisation :** hommes 81,8 %, femmes 58 %. **Réfugiés :** 702 967 arrivés en Thaïlande dont 651 544 accueillis dans des pays tiers depuis 1975 (dont USA 421 750, *France 75 500,* Canada 39 900, Australie 36 000). Retour progressif depuis avril 1992. **Immigration** (depuis 1979) : 600 000 Vietnamiens (300 000 ont été naturalisés Cambodgiens, au total 1 000 000 étaient prévus), 100 000 Thaïlandais. **Cambodgiens au Viêt Nam** dans le delta du Mékong (dits Khmers kroms) : 1 000 000 ; les derniers sont revenus en 1998.

■ **Langues.** Cambodgien (khmer, *officielle*), français (passible de mort sous Pol Pot).

■ **Religions. Bouddhistes** (Petit Véhicule) : relifion officielle, majoritaires à 90 % (*1975 :* 2 500 à 3 000 monastères, 54 000 bonzes et 40 000 novices ; *1990 :* 500 pagodes, quelques milliers de bonzes) ; *1980 :* interdiction aux moins de 50 ans de devenir religieux, cours obligatoires d'éducation marxiste pour les bonzes maintenus jusqu'en 1987 ; *1988 :* culte rétabli ; *1989* (10-1) : le gouv. présente ses excuses aux bouddhistes ; (15-4) : Heng Samrin et Hun Sen participent à une procession ; (30-4) : le bouddhisme redevient religion d'État (révision de la Constitution). **Musulmans :** environ 500 000 [Chams : 250 000, exterminés à 70 % par Khmers rouges (mosquées détruites, pratique interdite), puis protégés par Viêt Nam (écoles coraniques rouvertes pour garder le soutien financier du Moyen-Orient)]. **Chrétiens :** *1959 :* 10 % de cath. ; *1970 :* 65 000 cath. et 3 000 protestants (rapatriements massifs de Vietnamiens : 250 000 dont 60 000 cath.) ; *1977 :* 0,5 % de cath. [*1975-79 :* extermination de 5 000 cath. (églises détruites) et de 3 000 protestants (13 des 14 pasteurs)] ; *2000 :* 21 000 cath. (dont 13 000 Vietnamiens), 25 000 protestants.

■ **Villes** (est. 2000). *Phnom Penh* (capitale depuis 1866) 999 800 d'hab. (*1976-79 :* 10 000/20 000 hab.). Kompong Cham 1 608 900, Battambang 793 130, Siem Reap 696 200.

■ **Histoire. Ier-VIe s.** royaume indianisé du Funan sur le cours moyen du Mékong. **Milieu VIe s.** conquête par les Kambuja (ancêtres des Khmers). **802-vers 836 Jayavarman II,** culte du dieu-roi. **877-889 Indravarman Ier. 889-910 Yasovarman Ier** fonde Angkor (*1177* détruite par les Chams, reconstruite par Jayavarman VII), politique de conquête. **944-968 Rajendravarman. 1002-50 Suryavarman Ier. 1113-vers 1150 Suryavarman II,** apogée. **1177** sac d'Angkor par les Thaïs. **1181-vers 1218 Jayavarman VII.** Perte des conquêtes, bouddhisme florissant. **Début XIIIe s.** invasion siamoise. **1431** chute d'Angkor devant Siamois. Angkor abandonnée au profit de Phnom Penh. **1516-66 Ang Chan** restaure le pays et construit une nouvelle capitale, *Lovêk* (pillée par Siamois en 1594). **1555** établissement du christianisme. **Début XVIIe s.** Hollandais à Phnom Penh. **XVIIe-XVIIIe s.** guerres civiles, intervention Cochinchine et Siam. **XVIIIe s.** delta du Mékong colonisé par les Viet. **1845** Siam et Viêt Nam exercent protectorat conjoint. **1848-49 Ang Duong** († 1860) essaie de reconstruire le pays et n'arrive pas à obtenir la protection de la France. **1853** appel au consul de France à cause d'amputations territoriales par Siam et Viêt Nam. **1860 Norodom Ier** († 1904), son fils (couronné 3-8-1864). **1863**-*11-8* protectorat français. **1867**-*15-7 traité franco-siamois :* le Siam renonce à sa suzeraineté sur le C. mais garde provinces annexées. **1907**-*23-3 : 2e traité franco-siamois :* Battambang, Siem Reap et Sisophon restitués au C. **1904**-*25-4* **Sisowath,** son frère. **1927**-*9-8* **Sisowath Moniwong** (1875-1941), son fils. **1940**-*déc.* attaque du Siam soutenu par Japon. **1941** malgré victoire navale de Koh Chang, le C. cède des territoires au Siam (récupérés en 1945).

1941-*23-4* **Norodom Sihanouk** (né 31-10-1922), arrière-petit-fils de Norodom Ier, élu par le conseil des dignitaires, roi à 19 ans (*Deva-Raj,* « roi-dieu »), couronné 28-10 (l'amiral Decoux, gouverneur général de l'Indochine, dépose la tiare d'or sur son front). **1942**-*20-7* manif. anti-française à Phnom Penh. **1945**-*9-3* Japonais imposent à Sihanouk un conseiller antifrançais (Son Ngoc Thanh). *-11-3* ordre du Japon : Sihanouk déclare indépendance du C. *-14-8 Son Ngoc Thanh* PM. *-Sept.* troupes françaises reprennent le contrôle. *-Oct.* Thanh exilé en France jusqu'en 1951 ; *Pce Monireth* PM. **1946** Constitution ; formation de partis politiques. *-Sept.* élection d'une Assemblée qui doit approuver la Constitution (dissoute 1948). **1949**-*8-11* État indépendant associé. **1952** inondations. **1953**-*9-11 indépendance.* **1954**-*24-7 accords de Genève :* retrait des troupes françaises et du Viêt-minh (terminé janv. 1955). **1955**-*2-3* **Norodom Suramarit** (6-3-1886/3-4-1960), fils de Sihanouk qui abdique en sa faveur ; fonde *Sangkum Reastr Niyum* (communauté socialiste populaire) et une doctrine (« socialisme bouddhiste royal khmer»). *-18/24-4* assiste à la conférence de Bandung. *-19-12 accords de Paris ;* le C. quitte l'Union française. **1960**-*3-4* **Sihanouk** à la mort de son père, redevient **chef de l'État** (5-6) sans être roi. *-Avril/juin* régence du Pce Monireth. *-30-9* formation du PC khmer. **1962**-*juillet* accords de Genève sur Laos. Inondations. **1963**-*mai* Saloth Sar (futur Pol Pot), Khieu Samphan, Ieng Sary, Son Sen gagnent le maquis. **1965**-*3-5* relations diplomatiques avec USA rompues. **1966**-*30-8* de Gaulle au C. (discours de Phnom Penh). *-25-10 Gal Lon Nol* (1913-85) PM. *-26-10* Sihanouk crée un contre-gouv. **1967**-*avril* agitation communiste armée (province de Battambang). *-30-4* Lon Nol démissionne. *-1-5* Sihanouk forme un « gouv. d'exception », *Son Sann* (5-10-1911/Paris, 19-12-2000) PM. **1968**-*17-1* fondation de l'armée révolutionnaire du Kampuchéa. *-31-1 Penn Nouth* († 18-5-1985 à 80 ans) PM. **1969**-*18-3* bombardements secrets du C. par Américains. *-11-6* relations diplomatiques avec USA reprises. *-1-8* Penn Nouth démissionne (santé). *-14-8 Lon Nol* « gouv. de sauvetage ». **1970**-*mars* PC aligne 5 000 h. *-8-3* ambassade du Nord-Viêt Nam saccagée. *-18-3* **coup d'État** (Pce Sisowath Sirik Matak, vice-PM et cousin du PM, Gaux Lon Nol et Cheng Heng, soutenus par CIA) ; Sihanouk (en voyage en France, URSS et Chine) destitué par les 2 Chambres à l'unanimité (accusé d'avoir autorisé Nord-Vietnamiens et Viêt-cong à aménager des bases militaires en violant la neutralité consacrée par les accords de Genève de 1954). *-29-4* intervention militaire sud-vietnamienne et américaine. *-Mai* 3 630 bombardements américains depuis 14 mois (Viêt-congs repoussés à l'intérieur du C.). *-5-5* Sihanouk forme à Pékin un *gouv. royal d'Union nat. du Kampuchéa (Grunk)* avec Khmers rouges.

République khmère dite « de Phnom Penh ». 1970-*9-10* proclamée. **1971**-*7-2* combats gouv. et Sud-Vietnamiens contre 4 000 Khmers rouges. *-20-10* état d'urgence. **1972**-*12-3* **Lon Nol dissout l'Ass. constituante.**-*20-3* **Son Ngoc Thanh** PM. *-4-6* élections : abstentions massives ; Lon Nol réélu. **1973**-*17-3* attentat aérien contre palais de Lon Nol par capitaine So Photra, gendre de Sihanouk (47 †). *-15-8* fin officielle des bombardements américains. **1974**-*11-2* Phnom Penh (3 millions de réfugiés) bombardée par les Rouges (139 †). *-4-6* Phnom Penh : émeutes (1 ministre et son conseiller tués). *-16-6* **Long Boret** (né 3-1-1932), républicain, PM. **1975**-*janv.* Phnom Penh assiégée par 20 000 Khmers rouges. *-1-4* Lon Nol part. *-17-4* **Phnom Penh prise par Khmers rouges** ; installent des bases, vident la Bibliothèque nationale pour y installer des porcs, détruisent des monastères, villes évacuées, vieillards et malades abattus sur place ou mourant sur les routes, Vietnamiens expulsés, tentative de s'emparer de plusieurs îles vietnamiennes. *-12-5* cargo américain *Mayaguez* arraisonné, récupéré par les marines le 15-5 ; bombardements américains. *-28-5* nationalisation des plantations d'hévéas. Journalistes étrangers interdits ; massacres. *-9-9* Sihanouk rentre. **1976**-*3-1* nouvelle Constitution. *-2-4* **Sihanouk** choisi Pt à l'unanimité par l'Ass. populaire élue 20-3-1976, démissionne, en résidence surveillée.

République du Kampuchéa démocratique. 1976-*5-4* proclamée. **Khieu Samphan** (né 27-7-1931) chef d'État. **Pol Pot** PM [25-5-1928/15-4-1998, ex-Saloth Sar, change de nom 1976 ; à Paris (1949-53) à l'école de radioélectricité rue Violet, rate ses examens] ; création du PC du Kampuchéa (Angkor). *-Sept.* épuration des anciens cadres formés au Viêt Nam. **1977**-*avril* soulèvement militaire échoue. *-Mai* monnaie supprimée. *-3-12* rupture avec Viêt Nam après combats frontaliers. **1978**-*mai* coup d'État échoue. *-Juin* 70 000 soldats vietnamiens occupent une zone de 40 km de profondeur au C. oriental. *-3-12* création avec Heng Samrin (déserteur Khmer rouge) du FUNSK (Front uni national pour le salut du Kampuchéa) qui lutte aux côtés du Viêt Nam. *-25-12* offensive viet. (armée camb. 80 000 engagés ; Viet. 615 000, dont 200 000 engagés) : des milliers de †. **1979**-*6-1* Sihanouk libéré ; arrive à Pékin, va à l'Onu. *-7-1* Viet. prennent Phnom Penh. *-11-1* gouv. « proviet. » avec des Khmers rouges reconvertis et des cadres revenus de Hanoï (PM **Pen Sovan** puis **Heng Samrin** et **Hun Sen**), Pt : **Heng Samrin** ; *République populaire du Kampuchéa proclamée.* Affrontements Khmers rouges, sihanoukistes et nationalistes de Son Sann. Famine. Dizaines de milliers de réfugiés en Thaïlande et à Phnom Penh (paysans). *-5-3,* 5 des résistants forment les Forces armées nationales de libération du peuple khmer. *-21-9* l'Onu (Assemblée générale) décide que seuls les Khmers rouges représentent valablement le Cambodge. *-9-10* Son Sann forme avec eux le FNLPK à Sokh-Sann. *-Oct.* aide alimentaire internationale acceptée. *-15-12* **Khieu Samphan** PM (remplace Pol Pot). *-Déc.* Khmers rouges forment un « Front de grande union nationale » contre Viêt Nam. **1980**-*janv.* 150 000 soldats viet. Les USA commencent secrètement à financer l'armée du Pol Pot. *-20-3* monnaie réintroduite. **1982**-*21-2* accord Sihanouk/Khmers rouges. *-22-6 gouv. de coalition du Kampuchéa démocratique* antivietnamien à Kuala Lumpur (Malaisie) reconnu par Onu. **Sihanouk** Pt, *Khieu Samphan* vice-Pt, **Son Sann** PM. Guérillas, 50 000 maquisards contre Viet. **1983** inondations : banlieue de Phnom Penh évacuée. **1984** armée vietnamienne attaque camps de réfugiés du Nord-Ouest. **1985**-*janv.* FNLPK (15 000 combattants et 7 000 sans armes, 150 000 civils dans 8 bases) perd Ampil. *-13-2* Khmers rouges (35 000/40 000 h.) perdent Phnom Malai. *-8-3* ANS perd Tatum ; Gal King Men (né 1940) tué. *-22-12* repli du FNLPK. **1985-90** Plan K5, édification d'un « mur » de 700 km le long de la Thaïlande ; mobilise les civils dans une région minée et impaludée (30 000 †). **1986**-*20-3* Viêt Nam rejette proposition de Sihanouk d'un gouv. quadripartite (les 3 de l'opposition et Heng Samrin). **1987**-*20-5* « journée de la haine » anti-Khmers rouges à Phnom Penh, Sihanouk brûlé en effigie. *-2/4-12* rencontre Sihanouk/Hun Sen à Fère-en-Tardenois. **1988**-*20/22-1* à St-Germain-en-Laye : accord sur multipartisme. *-30-1* Sihanouk démissionne de la présidence de la résistance. *-16-2* la reprend. *-27-5* Viêt Nam annonce retrait avant déc. de 50 000 h. sur 120 000. *-5-7* Bangkok : accords Son Sann/Khieu Samphan/Sihanouk sur politique envers Viêt Nam. *-11-7* Sihanouk redémissionne, s'exile en Fr. *-24/28-7 Bogor* (Indonésie) : rencontre Hun Sen, Khieu Samphan, Son Sann, Pce Ranariddh et représentants de l'Asean, Laos et Viêt Nam. Aucun accord signé. *-7/8-11* rencontre Sihanouk/Hun Sen à Fère-en-Tardenois. *-2-12* Viêt Nam annonce retrait de 18 000 h. le 15-12 ; 50 000 *bodoï,* resteront sous les ordres de l'armée camb. *-14-12* à Fère-en-Tardenois, Khieu Samphan reconnaît Sihanouk chef des Khmers, même après retrait viet. **1989**-*6-1* accord Chine/Viêt Nam sur retrait définitif viet. en sept., sous contrôle international. *-12-2* Sihanouk Pt de la coalition de résistance. *-3-4* film *La Déchirure* projeté à Phnom Penh (Haing Ngor, l'acteur principal sera assassiné à Los Angeles le 26-2-1996). *-5-4* annonce officielle du retrait viet. avant fin sept. (50 000 h.).

État du Cambodge. 1989-*30-4* nouveau nom. *-2/3-5* rencontre Sihanouk/Hun Sen à Jakarta. *-28-8* conférence internationale sur le C. à Paris : échec. *-16/26-9* retrait total des 26 000 Viet. *-26-10* offensive khmère rouge contre Païlin (Thaïlande convoite mines de rubis et de saphirs ; Khmers rouges payés entre 500 et 1 500 bahts pour acheminer et protéger les mineurs). **1990**-*7-1 :* 6 attentats à Phnom Penh et attaque de Battambang : QG des forces gouvernementales détruit (35 †). *-3-2* Sihanouk abolit drapeau, hymne des Khmers rouges et nom de Kampuchéa. *-21-2* rencontre Hun Sen à Bangkok (accord sur intervention Onu). *-15-7* Khmers rouges attaquent train (53 †). *-18-7* USA arrêtent soutien à la résistance, négocieront avec Viêt Nam. *-9/10-9* conférence de Jakarta sur le C. : le gouvernement et les 3 factions acceptent plan de paix. *-25-11* plan-cadre : C. sous contrôle d'une autorité provisoire de l'Onu (Apronuc) jusqu'aux élections libres (refusé par gouv.) ; Conseil national suprême (CNS) transitoire de 12 m. **1991**-*10-2* Khmers rouges attaquent Battambang. *-15-4* prennent Kompong Trach. *-1-5* cessez-le-feu provisoire. *-Juin* rompu par Khmers rouges. *-17-7* Pékin, accord entre les 4 factions camb. **Sihanouk élu Pt du Conseil national suprême.** *-29-7* Son Sann remplace Sihanouk à la tête de la résistance. *-26/29-8* réunion du CNS à Pattaya. *-Sept.* inondations (200 000 sans-abri et 400 000 ha de rizières détruites). *-9-9* plan de sauvegarde d'Angkor (Unesco). *-23-10 conférence de Paris : accords de paix.* *-13-11* Ngo Dien, ambassadeur du Viêt Nam depuis 1979 (en fait proconsul), quitte le C. *-14-11* Sihanouk à Phnom Penh (palais de Chamcar Mon). *-17-11* délégation khmère rouge à Phnom Penh (1re fois depuis 1978).

1991-*20-11* **Sihanouk chef de l'État** (destitution de 1970 jugée illégale). *-22-11* accord avec Thaïlande sur rapatriement de 370 000 réfugiés. *-26-11* manif. anti-Khmers rouges. *-27-11* Khieu Samphan à Phnom Penh, évite lynchage (retourne à Bangkok). *-2-12* Khmers rouges demandent protection par 800 casques bleus à Phnom Penh. *-25-12* Khmers rouges attaquent convoi alimentaire (10 †). *-30-12* réunion du CNS (Khieu Samphan présent). **1992**-*6-4* **Chea Sim** chef de l'État. *-8-7* Khmers rouges refusent plan de désarmement prévu. **1993**-*9-2* Sihanouk revient à Phnom Penh (absent depuis nov. 1992). *-11/12-2* visite Pt Mitterrand. *-23/28-5* Ass. constituante élue sous contrôle Onu : FUNCINPEC 45, 47 % des voix, PPC (procommuniste) 38,22 %. *-3-6* gouvernement national provisoire. *-10/17-6* sécession de 6 provinces de l'est pro-PPC, refusant les résultats du scrutin. *-14-6* la Constituante attribue à Sihanouk les « pleins pouvoirs spéciaux ».

1993-*21-9* **Sihanouk** proclamé roi [le 15-9, l'Ass. constituante a rétabli la monarchie (113 voix pour, 5 contre, 2 abstentions)] ; *-23-9* rentre de Pékin à Phnom Penh. *-24-9* son fils, **Norodom Ranariddh,** élu PM. *Hun Sen* nommé 2e PM. *-7-10* Sihanouk opéré d'un cancer à Pékin. *-Nov.* 600 déserteurs khmers rouges enrôlés dans l'armée. *-15-11* retrait total de l'Apronuc. **1994** combats contre Khmers rouges. *-9-2* forces royales prennent Anlong Veng. *-19-3* Païlin contrôlée par Khmers rouges. *-8-4* Sihanouk rentre à Phnom Penh. *-18-5* retourne à Pékin se soigner. *-2-7* échec coup d'État du Pce Chakrapong (expulsé 4-7 en Malaisie, se réfugie en France) et du Gal Sin Song (arrêté, s'évade 4-9, réfugié en Thaïlande). *-11-7* gouv. provisoire de solidarité et de salut national du Kampuchéa, Pt : **Khieu Samphan.** *-26-7* Jean-Michel Braquet (Français), Mark Slater (Anglais), David Wilson (Australien), enlevés par Khmers rouges (1-11 : mort confirmée). **1995**-*1-1* interdiction (au 1-5) de l'abattage du bois (en 25 ans, 1/3 des surfaces boisées détruites). *-4-1* Sihanouk rentre de Pékin. *-14-3* Paris : conférence internationale sur la reconstruction du C. (CIRC). *-26/27-7* Khmers rouges tuent plus de 20 gouvernementaux. *-30-9 :* 3 jets de grenades à Phnom Penh (34 bl.). *-21-11* Pce Norodom Sirivudh, demi-frère du roi, soupçonné dans tentative d'assassinat de Hun Sen ; expulsé du Parlement (exilé en France le 21-12, condamné à 10 ans de prison par contumace en févr. 1996). **1996**-*janv./févr.* combats contre Khmers rouges dans le Nord-Ouest. *-22/24-4* Sihanouk à Paris. *-Août* 4 000 rebelles ralliés aux Khmers rouges. *-Oct.* fuite en Thaïlande de 5 responsables khmers rouges dont Son Sen. 5 000 rebelles ralliés (1 000 soldats, 4 000 civils). *-Nov.* 8 000 rebelles ralliés. *-3-11* accord de paix gouv./Khmers rouges de Ieng Sary (rallié début août ; 28-8 crée le Mouvement dém. nat. uni ou DNUM ; 9-9 reconnaît le gouv.) en échange d'une amnistie. **1997**-*1-1* Sihanouk renonce à son titre de *varman* (cuirasse ou protecteur de la nation) qu'il détient depuis 1941. *-30-3* Phnom Penh, attentat à la grenade contre une manif. du PNK (20 †). *-10-6* Son Sen (né 1930) exécuté (règlement de comptes entre Khmers rouges). *-18-6* Pol Pot arrêté. [condamné (25-7) à la prison à vie (résidence surveillée)]. *-5-7* partisans du Pce Ranariddh (en séjour en France) repoussés vers la frontière, fuite de nombreux habitants de Phnom Penh. *-31-7* Khieu Samphan se rallie à Ranariddh. *-6-8 Ung Huot* élu par l'Assemblée co-PM en remplacement du Pce. *-29-8/oct.* et *-3-12/ 5-1-1998* Sihanouk à Siem Reap et à Phnom Penh. **1998**-*1-2* Khmers rouges créent Mouvement des paysans pauvres pour réunifier les forces nationales et renverser Hun Sen. *-27-2* cessez-le-feu ; *-1-3* rejeté par Khmers rouges. *-4-3* Ranariddh condamné par contumace à 5 ans de prison pour trafic d'armes ; *-18-3* à 35 ans de prison et 300 millions de F d'amende pour collusion avec Khmers rouges ; *-21-3* gracié par Sihanouk. *-26-3* Anlong Veng, bastion des Khmers rouges, repris. *-15-4* Pol Pot meurt à 73 ans. *-5* et *-13-6* ralliement de 4 000 anciens Khmers rouges. *-Sept.* manifestations d'opposants (plusieurs †). *-7-9* Sam Rainsy arrêté pour tentative de meurtre et de renversement du gouv. *-24-9* attentat manqué contre Hun Sen. *-13-11* accord : Hun Sen dirigera un gouv. de coalition (PPC-FUNCILEP) et le Pce Ranariddh devient Pt de l'Assemblée. *-Déc.* revient à l'Onu. Ralliement de 5 000 Khmers rouges. **1999**-*30-4* entre à l'Asean. *-13-7* mort de l'actrice Piseth Pilika (attentat 6-7). **2001** procès des Kmers rouges prévu.

Bilan (depuis 1975). MORTS : *chiffres officiels (donnés en 1990) :* 3 314 768 [massacres, sévices, famine (800 000), etc.] dont en % : médecins 91, pharmaciens 83, dentistes 58, officiers de santé 52, infirmières 45, sages-femmes 32. DESTRUCTIONS : 5 857 écoles, 1 987 pagodes, 108 mosquées, églises catholiques de Phnom Penh, 796 établissements médicaux, Banque centrale et usines. Selon Pol Pot, « le C. révolutionnaire n'avait besoin que d'un million de pers. » ; il envisageait d'en exterminer encore 5 millions. PERTES VIETNAMIENNES (depuis 1979) : 60 000 h. (selon le Viêt Nam : 25 000 dont 15 000 en 1980-81 sur 200 000 envoyés). *Estimation* (publiée par « Population n° 6 », 1998) : morts violentes 600 000 à 2 millions.

Nota. – « Musée du Génocide » à Tuol Sleng : plus grand centre de détention et de torture (d'avril 1975 à janv. 1979) ; 20 000 disparus (7 survivants).

■ **Opération « Cambodge » (1-1-1992/15-11-1993).** Confiée à l'**Apronuc (Autorité provisoire de l'Onu au Cambodge).** *Effectifs* (mars 1993) : 22 000 (60 pays) dont 16 000 militaires (32 pays, dont *France 1 354,* Japon 700), 3 585 policiers, 2 500 fonctionnaires civils plus 50 000 employés locaux. *5 missions : 1°)* démobilisation, désarmement et cantonnement de 70 % des 4 factions militaires (150 000 à 250 000 h.), déminage [entre 600 000 et 4 millions de mines (500 † par mois)] et destruction d'armes ; *2°)* création d'un « environnement politique neutre » permettant l'élection « libre et équitable d'une Assemblée constituante » ; *3°)* relèvement et reconstruction du pays ; *4°)* rapatriement et réinstallation des 350 000 réfugiés ; *5°)* protection de la souveraineté et de l'intégrité du C. *Coût :* 22 milliards de $. 22 †.

■ **Statut.** *Royaume.* **Constitution :** 21-9-1993, promulguée le 24-9-1993. **Roi** (élu par le conseil du trône, 7 membres) : Pce Norodom Sihanouk (né 31-10-1922), appelé depuis 22-10-1991 Altesse royale ou « Monseigneur Papa » *(Samdech Euv),* ép. la Pcesse Monique [titre : épouse du roi régnant *(Preah Reach Akka-Muhèsey)* et non reine]. Si les Khmers rouges ont tué 14 de ses enfants et petits-enfants, il a encore, de 3 épouses, 7 enfants en vie dont 4 fils. **Hun Sen** [Samdech (né 1951, ancien Khmer rouge, vice-Pt au PPC)] ; **Pce Norodom Ranariddh** (né 2-1-1944) [fils aîné de Sihanouk et de la Pcesse Phap Kanhol (1920-68, ancienne danseuse étoile du ballet royal) ; docteur d'État (diplôme français) en droit public (a été professeur 18 ans à l'université d'Aix-en-Provence)] (FUNCINPEC). **Assemblée** élue 26-7-1998, 122 sièges dont FUNCINPEC 43, PPC 64, PSR (Sam Rainsy) 15. **Fête nationale.** 9 nov. (indépendance). **Drapeau** (adopté 1989). 2 bandes bleues en haut et en bas (le roi), bande rouge (la nation). Au centre, en blanc, temple à 3 tours sur un haut soubassement (religion).

■ **Partis. P. du peuple cambodgien** (PPC, ex-PC depuis nov. 1991 ; a rompu avec le socialisme, soutient Sihanouk), *leaders :* Hun Sen et Chea Sim. **Front uni national pour un C. indépendant, neutre, pacifique et coopératif (FUNCINPEC)** fondé mars 1981, *chef :* Pce Norodom Ranariddh, fils de Sihanouk, 3 000 à 4 000 m. (nord et ouest du C.). Soutenu par Malaisie et Singapour (France et USA en sous-main). **Front nat. de libération du peuple khmer (FNLKP)** a donné naissance au PLDB et au PLB ; armée **Forces armées de libération nationale du peuple khmer (FALNPK) ;** fondées 1979, *Pt :* Son Sann (ancien collaborateur de Lon Nol), *Cdt en chef :* Gal Sak Sutsakhan, 5 000 h. longtemps soutenus par USA. **P. démocratique libéral bouddhiste (PDLB)** fondé 1992 par *Pt :* Son Sann (1911-2000). **P. de la nation khmère (PNK)** fondé 1995 par Sam Rainsy. **Parti du Kampuchéa démocratique (PKD)** ou **Khmers rouges** *(Armée nat. du Kampuchéa démocratique, ANKD),* fondée 1960, *chef :* Khieu Samphan (né 1931) [auparavant, Son Sen (16-6-1930) qui avait remplacé Pol Pot depuis sept. 1985 ; *autres chefs :* Ieng Sary (né 1929 ; ex-beau-frère de Pol Pot ; rallié au gouv. en 1996), Nuon Chea (né 1927), Gal Chhit Choeun, alias Ta Mok, dit le Boucher, arrêté 6-3-1999]. 16 000 à 20 000 h. armés par Chine et USA en 1993 (150 000 en 1990) ont contrôlé une partie de l'ouest du C. (Païlin, Cardamomes) et encerclé des centres urbains.

☞ Le C. revendique plusieurs milliers de km^2 annexés par le Viêt Nam et la Thaïlande.

■ ÉCONOMIE

Activité de subsistance dans les villages, de marché noir dans les villes jusqu'au départ de la mission de l'Onu.

■ **PNB** (en 1999). 260 $ par hab. **PIB par secteur** (en %) : services 43,2, agriculture 35,8, industrie 2. **PIB** (en milliards de $) : *1990 :* 1,11 ; *95 :* 2,92 ; *96 :* 3,11 ; *97 :* 3,03 ; *98 :* 2,87 ; *99 :* 3,14 ; *2000 (est.) :* 3,43. **PIB** par habitant (en $) : *1990 :* 130 ; *95 :* 284 ; *99 :* 268 ; *2000 (est.) :* 285. **Inflation** (en %) : *1989 :* 50 ; *90 :* 100 ; *91 :* 150 ; *92 :* 112,5 ; *93 :* 41,1 ; *94 :* 17,8 ; *95 :* 2,9 ; *96 :* 9 ; *97 :* 9,1 ; *98 :* 12,6 ; *99 :* 4 ; *2000 (est.) :* 4. **Croissance** (en %) : *1995 :* 7,6 ; *98 :* 1 ; *99 :* 4 ; *2000 (est.) :* 5 à 6. **Dette extérieure** (en millions de $) : *1988 :* 500 ; *93 :* 383,3 ; *95 :* 1 964 ; *98 :* 2 040. **Aide** (en millions de $) : *internationale 1979-82 :* 400 ; *92-93 :* 880 ; *93-94 :* 1 000 ; *96-97 :* 518. *1er donateur :* Japon (*1993 :* 220) ; *2e :* France (*1993 :* 50 plus 0,25 pour l'envoi de 1 400 casques bleus et fonctionnaires) ; *URSS 1986-87 :* 2 600 (*1990 :* arrêtée) ; *Viêt Nam.* Engagement du FMI de financer l'équilibre de la balance des paiements pendant 3 ou 4 ans. 35 millions de $ récupérés aux USA sur comptes bloqués du maréchal Lon Nol.

■ **Agriculture. Terres** (en milliers d'ha, 1982) : arables 2 800, cultivées en permanence 1 800, pâturages 580, forêts 13 372 (surexploitées) [70 000 en 97], eaux 452, divers 654. **Production** (en milliers de t) : riz (paddy) [*1969 :* 3 800 ; *79 :* 565 ; *89 :* 2 100 ; *90 :* 2 400 ; *91 :* 2 400 ; *92 :* 2 254 ; *93 :* 2 500 (déficit 171) ; autosuffisant avec 3 500 ; occupe 1 800 000 ha (70 % des terres cultivées) contre 2 280 000 en 1960 ; *94 :* 2 223 ; *95 :* 3 300 ; *96 :* 3 390 ; *97 :* 3 437 ; *98 :* 3 415 ; *99 :* 3 800]. *En 1999 :* canne à sucre 138, manioc 90, noix de coco 53, soja 51, maïs 50, patates douces 35, tabac, kapok, coton ; caoutchouc 40 (mal cultivé ; 53 en 1969) ; jute 2,8 (en 1990) ; fruits ; légumes. **Élevage** (en milliers de têtes, 1999). Poulets 10 000, canards 4 000, bovins 2 821, porcins 2 438, buffles 694. **Forêts.** 75 % des terres (principale richesse du pays). **Production :** 8 008 000 m^3 (en 1998). **Déforestation :** 1,6 % par an. **Pêche** (en t, 1999). 124 000 dont (en 1995) *eau douce* 81 300 (110 000 en 70) ; *marine* 31 200 (40 000 en 70).

Nota. – *Trafic de pierres précieuses* (50 % de la production thaïlandaise), dont Khmers rouges tirent de 100 à 400 millions de $/an (100 000 mineurs thaïlandais) ; *bois*, coupes massives incontrôlées.

■ **Industrie.** Artisanat, conserveries. **Transports** (en km). **Voies ferrées :** 649 (1 370 en 1970) 10 % en service. **Routes** 13 350 (2 600 asphaltées), 500 carrossables. **Navigation intérieure** (Mékong, Tonlé Sap) : 1 400.

■ **Tourisme.** **Sites :** *Phnom Penh* : fête des Eaux vers le début nov. quand les eaux du Tonlé Sap se retirent vers la mer ; pavillon Napoléon III (dans palais Khemarin) offert en 1876 à Norodom Ier (servit à l'impératrice Eugénie lors de l'inauguration du canal de Suez). *Temples d'Angkor*, capitale khmère de 900 à 1431, réoccupation au XVIe s. : redécouverts au XIXe s. 600 temples érigés de 800 à 1431, dont : *Angkor Vat*, « la ville qui est un temple » (construite sous Suryavarman II, 1113-1150 ; 162,6 ha ; temple pyramidal, entouré d'un mur de 1 280 m, pouvait accueillir 80 000 fidèles). Édifiés sans fondations, sans ciment, et envahis par la végétation et livrés au vandalisme. *Banteay Srei*, « forteresse Preak des femmes » [construite sous Rajendravarman, 944-968, à 26 km au nord-est d'Angkor Vat : statues en grès rose (certaines dérobées par Malraux)], bains royaux, monastère de Prak Khan, Ta Prohm, « temple de la jungle ». *Angkor Thom*, « la grande ville » (construite sous Suryavarman Ier, 1002-50, cité cruciforme abritée derrière une enceinte, temple du Bayon construit sous Jayavarman VII, 1181-vers 1218, de 13 tours à 4 faces souriantes, terrasse des Éléphants). **Autres sites hors Angkor** (200 temples, sur 400 km²) : Preah-Vihear (temples du Xe et XIe s.). **Visiteurs** *avant 1970* : 300 000/an ; *91* : 1 500 ; *92* : 3 000 ; *95* : 219 680 ; *96* : 260 489 ; *97* : 218 843 ; *98* : 186 333 ; *99* : 262 907 (USA 30 301, Chine 26 805, *France 23 754*).

■ **Commerce** (en millions de $). **Export./import :** *1990* : 86/164 ; *91* : 212/245 ; *93* : 283/486 ; *94* : 463/755 ; *95* : 809/1 213 ; *96* : 659/1 109 ; *97* : 675/1 102 ; *98* : 705/1 097 ; *99 (est.)* : 1 026/1 227 ; *2000 (est.)* : 932/1 312. *(export.* : bois, caoutchouc/*import.* : or, cigarettes). **Balance des paiements** (en millions de $) : *1995* : 98 ; *96* : 69 ; *97* : 34 ; *98* : 18. **Balance courante** (dont, entre parenthèses, transferts officiels et dons) : *1997* : – 319 (200) ; *98* : – 324 (195) ; *99* : 243 (191) ; *2000 (est.)* : – 411 (195).

■ **Rang dans le monde** (en 1999). 15e riz.

CAMEROUN
Carte p. 1192. V. légende p. 950.

☞ *Abréviation* : C. : Cameroun.

GÉNÉRALITÉS

■ **Situation.** Afrique. **Superficie :** 475 650 km². **Altitude** *maximale* : 4 070 m [Mt Cameroun, 17 éruptions en 200 ans ; dernières 1977, 1982, 1999 (28-3)]. **Régions :** *sud* : plaine côtière, bas plateaux et monts volcaniques, pluies 1,5 à 4 m, forêts. *Centre* : plateaux de l'Adamaoua, 800 à 1 500 m, pluies 1,25 m, saison sèche 5-7 mois. *Nord* : plaine de la Bénoué, monts Alantika et de Mandara, pluies moins abondantes, savanes. **Frontières** (en km) : Guinée équatoriale 189, Gabon 298, Congo 523, Rép. centrafricaine 797, Tchad 1 094, Nigéria 1 690. **Côtes :** 402 km.

■ **Population.** *1996 (est.)* : 13 560 000 hab. ; *99* : 15 500 000 ; *2000 (est.)* : 15 130 000 ; *2025 (prév.)* : 29 000 000. **D.** 31,8. **Age** (en %) : – *de 15 ans* 42,7, + *de 64 ans* 3,3. **Mortalité** *infantile* : 77 ‰. **Fécondité** : 5,2. **Espérance de vie** (en 1998) : 55 ans. **Pop. urbaine** (en 1999) : 49 %. **Ethnies :** 200 dont au sud : Pygmées, Bantous (Makas, Fangs, Bassas Bakokos, Doualas, Betis), Bantoïdes (Bamilékés qui contrôlent la plupart des grandes affaires, Bayas) ; au nord : Soudanais, Paléosoudanais (Massas, Toupouris, Mboums, Dourous), Néo-Soudanais, Hamites, Peuls, Sémites, Arabes Choas. **Étrangers :** Européens 15 000 (dont *9 000 Français*), Nigérians 70 000, Guinéens équatoriaux 30 000. **Émigration :** 33 000 en France.

■ **Villes** (en 1999, *est.*). *Yaoundé* 1 200 000 hab. (est. 2000), Douala 1 500 000 (est. 2000), Nkongsamba 800 000 (est. 2000), Garoua 313 000, Bamenda 271 800, Maroua 238 200, Bafoussam 217 100, Ngaoundéré 167 100, Kumba 115 600.

■ **Langues.** *Français* et anglais *(officielles)*. 220 langues et dialectes (dont pidgin, bamiléké, fang, fufulde, béti, moundang, toupouri, bakossi). **Scolarisation** (en %). 67 (30,90 au nord, 92,1 centre et sud). **Religions** (en %). Animistes 45, catholiques 21, musulmans 20, protestants 14.

■ **Histoire.** **XVe s.** atteint par le Portugais Fernando Poo, attiré au **XVIIe s.** négriers, **au XVIIIe s.** négociants et missionnaires britanniques. **1868** 1er comptoir de la firme Eduard Woermann. **1884**-*12-7* E. Woermann persuade chefs doualas de signer traité de protectorat allemand. Gustav Nachtigal (1834-85) occupe le C. pour l'All. **1911** la Fr. cède partie du Congo pour avoir les mains libres au Maroc. **1913** *traité anglo-allemand* reconnaissant la rivière Akpayafé comme frontière avec Nigéria. **1916** Français et Anglais battent Allemands au C. (1 800 Allemands plus 700 auxiliaires). **1919**-*28-6 traité de Versailles* : mandats français [432 000 km² sans compter les 278 000 km² du Congo cédés à l'All. en 1911 et qui retournent à l'A.-É. F.)] et britannique (89 270 km²). **1940**-*27-8* rallié à la France libre. **1945**-*24-9 au 9-10* complots de colons. *-25-9* grèves à Douala (70 à 80 † dont 1 Européen). Mandats transformés en tutelles. **1955**-*22/26-5* émeutes, 21 †. **1955-62** révolte de l'UPC. **1958**-*13-9* son chef, Ruben Um Nyobe, est tué. *-31-12* C. français, autonomie interne.

1960-*1-1 indépendance*. *-5-5* **Ahmadou Ahidjo** (né 5-8-1924), musulman peul, au pouvoir. Révolte des Bamilékés. **1961**-*11/12-2* plébiscite au C. britannique : le Nord fusionne avec Nigéria, le Sud avec C. ex-français ; les 2 constituent une fédération (1-10-1961). **1966** unification des partis des 2 régions. **1972**-*21-5* référendum pour État unitaire (99,97 % oui). **1974** mise en service du *Transcam* (622 km de chemin de fer Yaoundé/Ngaoundéré). **1982**-*4-11* Ahidjo démissionne pour raisons de santé (le 18-7-1983 quitte le C. ; sera le 28-2-1984 condamné à mort par contumace et gracié ; vivra en France et au Sénégal jusqu'à sa mort à Dakar le 30-11-1989).

1982-*6-11* **Paul Biya** (né 13-2-1933) Pt, **Bello Bouba Maïgari** (né 1947) PM. **1983**-*févr.* Pt Biya en Fr. *-21/22-6* Pt Mitterrand au C. *-22-8* complot ; échec. *-23-8* **Luc Ayang** PM par intérim. *-27-8* Ahidjo démissionne de l'UNC (remplacé 14-9 par Biya). **1984**-*14-1* Biya élu Pt (99,98 % des voix). *-25-1* poste de PM supprimé. *-6-4* putsch « nordiste » du Cel Saleh Ibrahim échoue (70 à 300 †). *-15-8* du gaz carbonique s'échappe du lac Monoun et **1986**-*21-8* du lac Nyos (1 746 †) [voir p. 86 c]. *-25-8* relations rétablies avec Israël. **1987**-*24-4* Biya réélu ; *législatives* : le RDPC présente 2 listes pour la 1re fois. **1990**-*janv.* USA annulent dette d'assistance économique (20 milliards de F CFA) et accordent rééchelonnement de la dette bilatérale (6 milliards). *-26-5* Bamenda, 20 000 manifestants à l'appel du FSD (6 †). *-Août* selon *International News Hebdo*, 650 milliards de F CFA auraient été détournés depuis 1986. *-6-12* loi sur multipartisme. **1991**-*21-2*, 1re réunion publique de l'UPC. *-5-3* expulsion de l'écrivain Mongo Betti, rentré le 24-2 après 32 ans d'exil. *-11-4* manif. *-13-4* Kombo (4 †). *-25-4* **Sadou Hayatou** PM. *-16-5* Douala (4 †). *-Juin* le Pt refuse la conférence nat. *-16-7* manif. à Meiganga (9 †). *-1-10*, 1re université catholique à Yaoundé. *-3-12* fin du contrôle militaire dans l'Ouest et le Nord. **1992** *-29/30-1* affrontements dans le Nord (35 †). *-9-4* **Simon Achidi Achu** PM. *-Août* 2 religieuses assassinées. *-11-10* Biya réélu Pt (39,9 %) devant John Fru Ndi (35,9) ; résultats contestés. *-27-10/29-12* état d'urgence (région de Bamenda) : Fru Ndi en résidence surveillée. **1994**-*6-1* le Nigéria occupe 2 îles camerounaises. Les 2 pays se disputent la presqu'île pétrolière de Bakassi (1 000 km²). Fr. impliquée (accord de défense franco-camerounais). *-22-3* affrontements dans le Nord entre Arabes Choas et Kotokos. **1995**-*14/16-9* visite de Jean-Paul II. *-1-11* C. admis dans le Commonwealth. *-3-12* Boeing 737 s'écrase près de Douala, (67 †, 5 disparus, 6 survivants). **1996**-*3-2* affrontements avec Nigérians (presqu'île de Bakassi, région frontalière riche en pétrole). *-19-9* **Peter Mafany Musonge** (né 3-12-1942) PM. **1997**-*17-5 législatives* : RDPC 109 sièges, FSD 43. *-12-10* **Biya** réélu Pt avec 92,54 % des voix. **1998**-*14-2* banlieue de Yaoundé : explosion de 2 wagons-citernes d'essence (120 †).

■ **Statut.** *République*. **Constitution :** 2-6-1972, plusieurs fois révisée dont 10-1-1996. 10 *régions*, 58 *départements*. **Sénat** créé en 1996. **Ass. nationale :** 180 membres élus au suffrage universel pour 5 ans. **Pt :** élu pour 7 ans au suffrage universel. **Partis.** Environ 100 dont **Rassemblement démocratique du peuple camerounais (RDPC)** fondé 1966, remplace 31-3-1985 l'UNC (parti unique jusqu'en déc. 1990), *leader* : Paul Biya, secr. général : Joseph-Charles Doumba. **Union des populations camerounaises (UPC)** fondée *10-4* 1948, interdite en 1955 et 1960, mènera guérilla réprimée (plus de 3 000 †), reconstituée 1991, divisée en 2 branches en 1997, *leaders* : Frédéric Kodock et Nedh Ntumazah. **Union nat. pour la démocratie et le progrès (UNDP)** fondée 1991, *leader* : Bello Bouba Maïgari. **Front social démocratique (FSD)** fondé 16-3-1990, *Pt* : John Fru Ndi, implanté dans le Nord-Ouest, anglophone. **Mouvement social pour la nouvelle démocratie (MSND)**, *leader* : Yondo Black. **Union démocratique du C.** fondée 1991, *leader* : Adamou Ndam Njoya.

☞ **Southern Cameroun National Council (SLNC)**, sécessionniste, créé 1985 **(All Anglophone Conference)** interdit 2-5-2000.

■ **Fête nationale.** 20 mai. **Drapeau** (adopté 20-5-1975). 3 bandes : verte (espérance), rouge (unité) et jaune (prospérité). 1 étoile (pour l'unité) ajoutée 1975 (auparavant 2, représentant C. français et C. britannique).

■ **Économie.** **PNB** (en $ par hab.) : *1995* : 710 ; *96* : 749 ; *97* : 620 ; *98* : 630 ; *99* : 560. **Population active** (en %) **et,** entre parenthèses, **part du PNB** (en %) : agr. 63 (22), ind. 10 (18), services 25 (48), mines 2 (12). **Croissance** (en %) : *1998* : 5,2 ; *99* : 4,9. **Inflation** (en %) : *1993* : 34 ; *94* : 13,9 ; *95* : 4,5 ; *96* : 4,3 ; *97* : 4,4 ; *98* : 2,2 ; *99* : 0,5. **Dette extérieure** (en milliards de $) : *1993* : 7,5 ; *98* : 7,7.

■ **Agriculture.** **Terres** (en milliers d'ha, 1979) : arables 5 899, cultivées en permanence 1 014, pâturages 8 300, forêts 25 750, eaux 600, divers 5 982. **Production** (en milliers de t, 1999) : canne à sucre 1 350, manioc 1 500, plantain 1 000, bananes 986, maïs 600, sorgho 439, cacao 150, ignames 110, millet 71, café 62, coton 61, caoutchouc 54, tabac 2. **Élevage** (en milliers de têtes, 1999). Poulets 20 000, bovins 5 900, ovins 3 880, caprins 3 800, porcins 1 430. **Forêts** (en 1998). 15 172 000 m³. **Balance agricole** positive (2,1 % du PNB). **Pêche** (en 1998). 97 100 t.

■ **Énergie.** **Pétrole** (en millions de t) : *réserves* : 55, exploité depuis *1978 (off-shore)*, *prod. 1990* : 8,2 ; *92* : 6,5 ; *94* : 5,48 ; *95* : 5 ; *96* : 5 ; *97* : 6,3 ; *98* : 5,3. **Gaz :** *réserves* : 110 milliards de m³, usine de liquéfaction prévue à Kribi. **Mines.** Cassitérite, titane, or. Bauxite et fer non exploités. **Industries.** *Hydroélectricité* 2,9 milliards de kWh. *Aluminium* (Alucam) 187 200 t (en 1998), *pâte à papier, ciment, agroalimentaire* (bière). **Transports** (en km, 1999). **Voies ferrées :** 1 016. **Routes :** 50 000 (4 120 bitumés). **Tourisme.** 102 000 visiteurs (en 1997).

■ **Commerce** (en milliards de $). **Export./import. :** *1990* : 2/1,4 ; *91* : 1,83/1,17 ; *92* : 1,84/1,16 ; *93* : 1,44/0,89 ; *94* : 1,37/0,72 ; *95* : 1,65/1,2 ; *96* : 1,77/1,23 ; *97* : 1,86/1,36 ; *98* : 2,3/2,17 *(export.* : pétrole, cacao, café, bois, aluminium) ; **vers** P.-Bas, *France*, Italie, Espagne, Gabon ; **de** *France*, All., USA, Benelux, Guinée, Italie, Brésil, P.-Bas, Japon.

■ **Rang dans le monde** (en 1999). 5e cacao.

☞ 1er des pays corrompus (selon Transparency International).

CANADA
Carte p. 1019. V. légende p. 950.

☞ *Abréviations* : All. : Allemands ; Brit., brit. : Britanniques, britannique(s) ; C. : Canada ; Can., can. : Canadien(s), canadien(s) ; Colombie-Brit. : Colombie-Britannique ; fr. : français ; gouv. : gouverneur ; It. : Italiens ; Q. : Québec.

■ **Nom.** En algonquin : « lieu de rencontre ».

■ **Situation.** Amér. du Nord. **Superficie :** 9 970 610 km² (2e pays du monde après la Russie) dont eaux intérieures : 755 180 km², soit 18 fois la France. **Frontières :** 8 892 km avec USA (dont Alaska 2 476, au sud 6 416). **Côtes :** 243 791 km (la plus grande baie du monde : baie d'Hudson, 12 268 km de côtes, 822 324 km²). **Fuseaux horaires :** 6 [de – 3 h 30 (TU Terre-Neuve, à l'est) à – 8 h (Yukon, à l'ouest)]. **Altitude** *maximale* : 6 050 m (Mt Logan au Yukon, gravi pour la 1re fois en 1925). **Glaciers :** 2 % (îles de l'Arctique 150 000 km², continent 50 000 km²).

Distances d'Ottawa, capitale fédérale (en km) : Montréal 190, Toronto 399, Québec 460, Winnipeg 2 218, Calgary 3 553, Vancouver 4 611.

■ **Régions.** **Toundra arctique :** au nord de la limite sud du pergélisol continu (état qui se maintient à – de 0 °C plusieurs années). **Région inuit** (378 000 km²) : au nord du passage de Parry (74° de latitude nord) : îles *Ellesmere*, *Axel Heiberg* (1/3 recouvert de glace), *Parry* et *Reine-Elizabeth* ; toundra pauvre. **Basses terres sédimentaires arctiques** (409 000 km²) : îles de l'Arctique au sud du passage de Parry *(Banks, Victoria, Pce-de-Galles, Somerset* et *Southampton)*, plaine côtière de l'Arctique, y compris *delta du Mackenzie* : toundra riche et humide : lichens, mousses, herbes et carex. **Bouclier arctique** (1 412 000 km²) : % dans les districts de *Mackenzie* (Territoires du N.-O.) 20, *Keewatin* (N.-O.) 80, *Franklin* 30, au *Québec* 15. A l'est, toundra humide, avec des îlots de « toundra buissonneuse » ; à l'ouest, terrains rocheux *(barren grounds)*.

Savane subarctique et forêt boréale : du Mackenzie à Terre-Neuve : pergélisol (sol gelé en permanence), par endroits, dans le Sud et le Nord. **Terres de la baie d'Hudson** (303 000 km²) : organiques sans affleurement rocheux (épinette et tamarak, avec sous-bois d'aulnes et de saules). **Bouclier subarctique et boréal** (3 354 000 km²) : 40 % du *Mackenzie*, 10 % du *Keewatin*, 35 % du *Saskatchewan*, 60 % du *Manitoba*, 80 % du *Québec* et 55 % de l'*Ontario* ; toundra, forêt (50 à 160 km de largeur) : épinette ; zones boisées du Nord : savane, épinette noire ; forêt boréale, de Terre-Neuve à la Colombie-Britannique (épinette, sapin, mélèze, pruche, pin). **Plaines intérieures** (1 479 000 km²) : 300 à 1 000 km de largeur (avec quelques vallées et collines) : végétation semblable à celle du bouclier boréal. **Appalaches, Acadien boréal** (150 000 km²) : *Terre-Neuve* et *Gaspésie* [péninsule dominée par monts *Chic-Choc* dont mont Jacques (1 288 m)], *Québec* (peu accidenté).

Forêt tempérée de l'Est : de la Nlle-Écosse (océan Atlantique) au lac Supérieur (Ontario). **Appalaches, Acadien tempéré** (210 000 km²) : hautes terres des cantons de l'Est, au *Québec, Nouv.-Brunswick, Nlle-Écosse* et *île du Pce-Édouard* (épinette rouge, sapin baumier, bouleau jaune, érable à sucre, hêtre). **Bouclier tempéré can.** (161 000 km²) : rocheuses avec poches intermédiaires de sable, silt et argile (érable à sucre, tremble, bouleau jaune, pruche, pin rouge, pin blanc). **Basses terres du St-Laurent** (181 000 km²) : entre *Appalaches* (séparées de la plaine du St-Laurent par la *faille Champlain*, alt. maximale : 1 100 à 1 200 m) et bouclier (roches sédimentaires, terrains vallonneux, dépôts glaciaires), collines *Montérégiennes* (200 et 500 m) : hêtre et érable, chêne blanc, hickory, noyer, tilleul d'Amérique, cerisier.

Prairies (337 000 km²) : 10 % de l'*Alberta*, 35 % du *Saskatchewan* et 5 % du *Manitoba* ; quelques tremblaies ; grande partie labourée pour le blé.

Ouest du C. : cordillère : zones forestières boréales, subalpines, côtières et du Columbia. **Est** (458 000 km²) : montagnes bien découpées (Mackenzie, Richardson et Rocheuses) 60 %, plateaux et contreforts (Porcupine et Laird et contreforts des Rocheuses) 30 %, plaines (Old Crow, Eagle et Mackenzie) 10 %. **Intérieur** (821 000 km²) : plateaux (Stikine, Hyland et Yukon) 55 %, montagnes (British, Selwyn, Cassiar, Omineca, Skeena, Hazelton et Columbia) 40 %, basses terres (fossés des Rocheuses, Tintina et Shakwak) 5 %. **Végétation :** au nord, forêts mixtes ; au sud, montagnes boisées, prairies, terres pauvres où pousse l'armoise). **Ouest** (313 000 km²) : relief accentué, élevé : massif St-Élie (alt. maximale du C. : Mt Logan, 6 050 m), chaîne côtière et montagnes formant îles Reine-

Charlotte et Vancouver. De Vancouver à l'Alaska : fjords ; régions forestières subalpines et côtières.

■ **Lacs** (en km^2). *Supérieur* 82 100 (dont 28 700 au C.), long. 563 km, prof. max. 405 m. *Huron* 59 600 (dont 36 000 au C.), long. 332 km, prof. max. 229 m. *Grand Lac de l'Ours* 31 326. *Grand Lac des Esclaves* 28 570 (le + profond : 614 m). *Érié* 25 700 (dont 12 800 au C.), long. 388 km, prof. max. 64 m. *Winnipeg* 24 390. *Ontario* 18 960 (dont 10 000 au C.), long. 311 km, prof. max. 244 m.

■ **Fleuves.** *Saint-Laurent* 1 167 km, frontière USA/Canada sur 183 km. Après Montréal, reçoit le Richelieu, s'élargit pour former le lac St-Pierre, se rétrécit jusqu'à Québec et l'île d'Orléans où commence son estuaire. Reçoit Saguenay, Manicouagan. Ile d'Anticosti (943 km^2, 250 ha) à son embouchure. *Mackenzie* 4 241 km (le + long), dans les Territoires du N.-O. *Yukon, Columbia* (coulent en partie aux USA), *Nelson, Saskatchewan, de la Paix, Churchill.*

■ **Climats. Côte Pacifique :** frais et sec en été ; doux, nuageux et enneigé en hiver. **Colombie-Britannique :** selon l'altitude (côté au vent et humide des montagnes : neiges abondantes l'hiver ; vallées sèches abritées : été torride ; écarts marqués de température entre le jour et la nuit sur hauts plateaux). **Zone intérieure :** continental (hiver rigoureux, été court et chaud, rares précipitations). **Nord de l'Ontario et Québec :** hiver froid, été chaud, abondantes précipitations toute l'année. *Atlantique :* continental humide malgré l'influence de l'océan sur le littoral. **Iles du Nord, côte Arctique, baie d'Hudson :** arctique constant [hiver long interrompu quelques mois chaque année (température moy. au-dessus de 0 °C ; précipitations faibles)]. **Zone boréale transitoire :** hiver long et rigoureux (mais l'été dure plus longtemps) : précipitations, légères dans l'Ouest, abondantes dans péninsule d'Ungava.

Chutes de neige (en cm) : Québec 337, Ottawa 221,6, Montréal 214,2, Vancouver 54,9. **Précipitations** (nombre de jours) **et total annuel** (en mm) : Québec 178 (1 207,7), Vancouver 164 (1 167,4), Montréal 162 (939,7), Ottawa 159 (910,5), Toronto 139 (818,9).

■ DÉMOGRAPHIE

■ **Population** (en millions d'hab.). *1800 :* 0,3 ; *51 :* 2,35 ; *1901 :* 5,37 ; *31 :* 10,38 ; *41 :* 11,51 ; *51 :* 14,01 ; *61 :* 18,24 ; *71 :* 21,57 ; *81 :* 24,7 ; *91 :* 27,9 ; *2000 (1-7) :* 30,75 ; *2026 (prév.) :* 36,19. **D.** 3,1. **Taux** (en ‰, 1999) : *natalité :* 11, *mortalité :* 7, *accroissement :* 10,42. **Espérance de vie** (en 1998) : 79 ans. **Age** (en %) : *- de 15 ans :* 19,2, *+ de 64 ans :* 12,7. **Pop. urbaine** (en 1998) : 77 %. **Canadiens français :** *1698 :* 0,015 ; *1713 :* 0,018 ; *1754 :* 0,55.

☞ 60 % de la pop. vit le long de l'axe économique du St-Laurent, appelé le « corridor », de Montréal à Toronto et Windsor ; génère environ 55 % du PNB.

■ **Acadiens.** 6 millions dont 4 de francophones ; descendent des 3 380 premiers colons (dont 1 425 femmes) venus de France avant 1680 : en majorité de Poitou et Saintonge (les Québécois sont plus souvent d'origine normande ou picarde). Établis en Acadie (Nlle-Écosse), française jusqu'au traité d'Utrecht (1713). Les Québécois sont restés français 50 ans de plus (traité de Paris, 1763) ; ils ont été l'objet de tentatives d'assimilation plus brutales. **Implantation :** *a)* ancienne Acadie, annexée par la G.-B. en 1713 : Terre-Neuve 2 655 ; île du P^{ce}-Édouard 6 080 ; Nlle-Écosse 36 030 ; Nouv.-Brunswick 234 030 (total : 278 795). *b)* Québec 300 000 (dont Montréal 100 000). *c)* USA (Nlle-Angleterre 75 000 ; Louisiane 600 000).

■ **Autochtones** (en 1996). 799 010 dont Indiens 554 290, métis 210 190, Inuit 41 080.

■ **Amérindiens. Nombre :** *1500 :* 200 000 ; *1900 :* 100 000 ; *61 :* 208 286 ; *81 :* 491 460 ; *91 :* s'identifiant comme Indiens 470 615 (207 470 dans les réserves) ; *96 :* 554 290 (dont Ontario 118 830, Colombie-Brit. 113 315, Manitoba 82 990, Alberta 72 645, Saskatchewan 75 205, Québec 47 600), et s'identifiant comme métis 210 190 ; *2 000 (prév.) :* 600 000. On regroupe les 11 nations en 10 grandes familles linguistiques. **Langues et dialectes :** 50 (dont algonquin, iroquois, sioux, athapascan, kootenayen, salishen, wakashen, tsimshen, haida, tlingit, cri, ojibway et inuktitut). **Réserves :** 2 237, de quelques ha à des milliers. *Superficie totale* 24 840 km^2. Les terres de la Couronne ne peuvent être vendues ou louées sans l'accord du « conseil de la bande » (subdivision d'une tribu) et l'autorisation du ministre des Affaires indiennes. **Statut : 1763** « proclamation royale » reconnaissant le droit des Indiens sur les terres encore non aliénées après 200 ans de présence française. **1876** loi sur les Indiens : de sujets de la Couronne, deviennent « pupilles de la nation » (leurs biens et leurs personnes placés sous tutelle relèvent du min. de l'Intérieur). Par 11 traités, cèdent à l'État fédéral 2 millions de km^2 (en contrepartie de faibles annuités). **1936** Affaires indiennes transférées à une division du ministère des Ressources et des Mines. **1951** loi définissant le statut de l'Indien : prévoit le régime de gestion des terres, le processus électoral du « conseil de la bande » et la gestion des successions. Le terrain de la réserve appartient à l'État. S'il souhaite bâtir, l'autochtone doit en faire la demande au ministre des Affaires indiennes. Les conseils de bande (élus par les membres de la bande) peuvent adopter des règlements touchant à la protection de la faune et de la flore, à la circulation et au maintien de l'ordre dans la réserve. **1960** peuvent participer au processus électoral. **Fin des années 1960** le ministre responsable peut annuler les règlements. Publication d'un *Livre blanc* sur la politique indienne recommandant d'abroger la loi sur les Indiens et de supprimer leur statut particulier (texte rejeté par les intéressés). **1982** la Constitution reconnaît les « droits existants, ancestraux ou issus de traités des peuples autochtones » [les Indiens inscrits descendent du côté paternel d'une personne considérée comme indienne (ou membre d'une bande indienne en 1874) ou sont les conjoints d'un Indien inscrit bénéficiant d'avantages légaux]. Les restrictions prescrites par la loi sur les Indiens freinent l'investissement dans les réserves (d'où leur pauvreté et leur dépendance envers l'assistance sociale). Mais les Indiens sont exemptés de toute taxation sur le territoire de la réserve (d'où trafic des cigarettes, alcool et essence) et peuvent organiser loteries et casinos. **1990** la Cour suprême confirme le droit de propriété des régions traditionnelles des Indiens et de juridiction sur les ressources naturelles qu'elles contiennent. **Contestations :** revendications territoriales déposées au bureau des revendications, ouvert depuis 1974 : sur environ 2 millions de km^2. Les Indiens exigent le respect des traités passés et dénoncent les traités iniques [exemple : 500 km^2 de terre vendus autour de Toronto contre un lot de perles et 10 shillings (1788)]. Les *Dénés* et *métis* (15 000 au nord-ouest du C.) ont obtenu le 5-9-1988 des droits de propriété sur 180 000 km^2 (qui resteront à la Couronne) et recevront 500 millions de $ sur 20 ans. Les *Yukons* avaient obtenu 25 000 km^2 et 200 millions de $. Les *Mohawks* ont obtenu le 26-11-1990 25 millions de $ sur 5 ans. Les *Algonquins* (que Français et Anglais n'ont jamais conquis puisqu'aucun traité n'a été signé) revendiquent 650 000 km^2 (40 % du Québec et partie de l'Ontario avec Montréal et Ottawa). Les *Attikamels-Montagnais* revendiquent 500 000 km^2 (30 % du Québec).

Organisation : *principaux regroupements :* Conseil national des métis, Conseil national des autochtones et Assemblée des 1res Nations. *Pt :* Ovide Mercredi (du groupe Cri du Manitoba) depuis le 12-6-1991. *Bandes :* 603 reconnues, vivant dans 2 634 réserves.

Conflits dans les réserves : MOHAWKS : *début 1988 :* après des affrontements, la police envahit la réserve d'Akwesame (territoire à cheval sur Québec, Ontario et État de New York) et saisit cigarettes de contrebande, armes et drogue ; *sept. :* même opération à Kahnawake, les Mohawks bloquent le pont entre C. et USA ; *26-9-1990* après 78 jours, les Mohawks, revendiquant un territoire à Oka, se rendent (1 policier tué le 11-7). INNUS (Labrador) : *oct. 1988 :* 250 campent près de la base aérienne de Goose Bay, protestant contre les vols qui perturbent les caribous. CRIS du Lubicon (Alberta) : *6-10-1978 :* n'ayant pas signé le traité de 1899, se déclarent « indépendants » et réclament une réserve de 234 km^2.

■ **Inuit** (*Inu,* « être humain » et *It,* « plusieurs » en inuktitut) ou **Esquimaux** (« mangeurs de viande crue », à l'origine injure des Hurons). Réunis dans le cadre de la *Conférence circumpolaire inuit,* fondée 1977 et reconnue comme organisme non gouvernemental par l'Onu. **Nombre au Canada :** *1961 :* 11 835 ; *81 :* 25 390 ; *91 :* 36 215 ; *96 :* 41 080 (dont Territoires du N.-O. 24 600, Québec 8 300, Terre-Neuve 4 265, Ontario 1 300). **Nombre total :** 107 000 [dont Groenland 45 000, Alaska 36 000, Canada 30 000 (dont Québec 4 900), Russie 2 000].

Nunavik (500 000 km^2 dont péninsule d'Ungava, de nombreuses îles proches du littoral et une partie de la baie James à l'ouest) : nom choisi par les Inuit (« le pays où vivre »). La plus grande partie du territoire continental est située dans le Kativik, région créée en 1975, autrefois connue comme Nouveau-Québec ou Grand Nord. A l'est, monts Torngat [mont d'Iberville (1 622 m)]. *3 zones de végétation : nord :* toundra, *sud :* taïga, *centre :* toundra forestière. Pergélisol sur une bonne partie de la péninsule d'Ungava (jusqu'à 275 m de profondeur à Salluit). *Températures :* entre – 40 °C en janv. et + 20 °C en juillet. **Histoire : 1912** Terre de Rupert répartie entre Manitoba, Ontario et Québec. **Années 1940** les gouvernements du Canada, de Québec, et les autorités militaires américaines (Fort Chimo, actuellement *Kuujjuaq,* et Poste-de-la-Baleine, ou *Kujjuarapik*) s'y établissent pour des projets miniers et hydroélectriques. **1950 et 1963** des groupes familiaux inuit quittent leurs camps pour les nouveaux villages construits par le gouv. fédéral. **1975** Convention de la baie James et du Nord québécois : le Québec accorde aux Inuit 225 millions de $ d'indemnités, lors de la construction du complexe hydroélectrique qui leur enlève la jouissance de 610 000 km^2. **1986** référendum crée région socioculturelle du Nunavik.

■ **Immigration. Totale :** 4 971 000 dont Europe 2 333 000 dont G.-B. 655 540, Asie 1 562 770, Caraïbes et Bermudes 279 405, Amérique centrale et du Sud. 275 820, USA 244 695, Afrique 229 300, Océanie et autres 49 025. **Selon les périodes :** *avant 1961 :* 1 054 930 ; *1961-70 :* 788 580 ; *1971-80 :* 996 160 ; *1981-90 :* 1 038 990 ; *1991-96 :* 159 987. **Années récentes** (du 1-7 au 30-6) : *1991-92 :* 265 405 ; *92-93 :* 234 457 ; *93-94 :* 220 123 ; *94-95 :* 216 988 ; *95-96 :* 224 870 ; *96-97 :* 216 045 ; *97-98 :* 174 169 ; *98-99 :* 189 965 ; *99-2000 :* 226 837 dont Chine 36 664, Inde 28 004, Pakistan 14 163, Philippines 10 063, Corée du Sud 7 602, Sri Lanka 5 832 [dont travailleurs qualifiés 118 307, gens d'affaires 13 645, familles 60 426] ; *réfugiés* 29 966 (dont 3 258 Kosovo). De nombreux Chinois, originaires de Hong Kong et Taïwan, se sont installés dans la région de Vancouver. **Réfugiés politiques :** *1993 :* 53 000 ; *94 :* 28 300.

■ **Émigration.** *1996 :* 47 230 pers.

■ **Ressortissants français.** 160 000 dont Montréal 50 000, Québec 10 000.

■ **Canadiens nés à l'étranger** (rec. 1971). 3 295 530 dont G.-B. 933 000, USA 309 640, Portugal 71 540, Inde 38 875 (*rec. 1981 :* 16,1 % de la population).

■ **Principales villes** (avec aggl., en 1999). *Ottawa-Hull* 1 065 000, Toronto 4 680 300, Montréal 3 438 500, Vancouver 2 016 600, Calgary 933 700, Edmonton 929 100, Québec 688 100, Winnipeg 677 600, Hamilton 665 200, London 418 700, Kitchener 415 000, St Catharines-Niagara 389 600, Halifax 352 600, Victoria 316 200, Windsor 291 700.

■ **Langues maternelles** (rec. 1996). *Réponse simple :* anglais 16 890 615, *français 6 636 660,* langues non officielles 4 598 290 [dont chinois 715 640, italien 484 500, allemand 450 140, polonais 213 410, espagnol 212 890, portugais 211 290, pendjabi 201 785, ukrainien 162 695, arabe 148 555, néerlandais 133 805, tagalog (philipino) 133 215, grec 121 180, vietnamien 106 515, cri 76 840, inuktitut (esquimau) 26 960, autres langues non officielles 1 198 870]. *Réponse multiple :* 402 560 dont anglais et langues non officielles 249 545 ; anglais et français 107 945 ; français et langues non officielles 35 845 ; anglais, français et langues non officielles 9 225. En % : anglais 59,2, *français 23,8* (*1951 :* 29), polyglotte 5,3, chinois 2,5, italien 1,7, allemand 1,6, autres 6,3. **Langue parlée à la maison** (rec. 1996) : *réponse simple :* 27 947 665 dont anglais 19 031 335, français 6 359 505, langues non officielles 2 556 830 [dont chinois 586 805, italien 215 100, pendjabi 154 485, espagnol 141 640, portugais 123 325, polonais 119 640, allemand 114 085, vietnamien 93 775, arabe 91 575, tagalog (philipino) 72 505, grec 68 710, tamoul 55 675, cri 49 855], autres 429 025. *Réponse multiple :* 580 460 dont anglais et français 119 965 ; anglais et langue non officielle 397 435 ; français et langue non officielle 48 660 ; anglais, français et langues non officielles 14 395.

Législation : *1867 :* autorise français ou anglais dans débats parlementaires à Ottawa et à Québec et au sein des tribunaux fédéraux et du Québec. *1927 :* timbres-poste en 2 langues. *1936 :* billets de banque en 2 langues. *1959 :* interprétation simultanée des débats à la Chambre des communes. *1969 :* 1re loi sur langues officielles. *1974 :* loi sur emballage et étiquetage. *1988 :* sur langues officielles.

■ **Religions** (en milliers, 1997). Catholiques romains 12 498, Église unie du C. 2 018, anglicans 780, évangélistes 290, pentecôtistes 226, presbytériens 152, mormons 146, baptistes 138, orthodoxes ukrainiens 120, mennonites (en 1995) 114, Témoins de Jéhova 110, Armée du Salut 92, juifs 35, musulmans 35.

■ Histoire

■ **20000 av. J.-C.** arrivée de tribus d'Asie par le détroit de Béring. **Apr. J.-C. VIe-XVe s.** peuplement des territoires du Nord-Est (encore non recouverts de glace) par des Esquimaux (venus d'Alaska) et des Norrois (« Vikings » venus d'Islande). **Vers 550** le moine irlandais *St Brendan* (selon 2 manuscrits médiévaux : *le Voyage de St Brendan l'abbé* et *le Livre de Lismore*) avec 17 moines, aurait atteint la « Terre promise aux saints » sur un *curragh* (bateau garni de cuir), au cours d'un pèlerinage de 7 ans qui les aurait menés au Groenland et à Terre-Neuve ; Brendan aurait ensuite regagné son monastère (en 1977, le trajet fut effectué sur un *curragh* moderne par Timothy Severin). **IXe s.** Islandais chassés d'Islande, fixés au Groenland, exploitent le bois du Labrador et de Terre-Neuve. **986** un marchand norvégien, *Bjarni Herjulfson* (selon 2 récits médiévaux islandais : le *Flateyjarbók* et *le Livre de Hauk*), rend visite à son père au Groenland. **1000** le Norvégien *Leif Eriksson* (selon Helge Ingstad, qui a découvert en 1960 l'anse aux Meadows, le seul site viking trouvé à Terre-Neuve et reconnu officiellement en Amér.) débarque sur l'île de Baffin (Helluland), puis au Labrador (Markland), enfin à Terre-Neuve qu'il appelle Vinland [à cause du raisin indigène d'Amér. du Nord, la *Vitis labrusca,* ou de *vin* (en vieux norrois « pâturage »)]. **1004-5** *Thorvald,* frère de Leif, hiverne dans le Vinland puis, explorant la région du St-Laurent, est tué par des Indiens ; les survivants de l'expédition ramènent son corps au Groenland en 1007. **1010** l'Islandais *Thorfinn Karlsefni,* beau-frère de Leif, s'établit avec 60 hommes et 5 femmes au Vinland où sa femme met au monde un garçon, *Snorri* (1er Européen né en Amérique). **1014** les colons islandais retournent au Groenland à cause des attaques des Indiens et de l'absence de femmes. **1121** l'évêque groenlandais Éric meurt au Vinland. **1347** les Groenlandais livrent du bois labradorien en Islande. **1356** le Norvégien *Paul Knutson* prend la tête d'un groupe de colons. La plupart meurent en Amérique, les autres retourneront en Norvège en 1364. **1476** le marin danois *Johannes Scolp* et le noble portugais *João Vaz Corte Real,* chargés par les rois Alphonse de Portugal et Christian Ier de Danemark de trouver une route de la soie vers la Chine, partent du Danemark et explorent baie d'Hudson, golfe et fleuve du St-Laurent ; ils rentrent au Danemark sans avoir trouvé de passage vers l'Asie. **Vers 1485** *Christophe Colomb* séjourne en Islande et enquête sur l'existence du Vinland. **1497**-*24-6* *Jean Cabot* (Génois, 1450-99) explore le Canada. **XVIe s.** pêcheurs basques (Terre-Neuve, Île aux Basques). **1524** C. redécouvert par le Florentin *Giovanni da Verrazano* (1480-Brésil 1527 ?), envoyé par François Ier. Le Nord-Est est appelé Nouvelle-France. **1534**-*24-7 Jacques Cartier* (Français de St-Malo, 1491-1557) prend possession du C. au nom de François Ier et remonte le St-Laurent (1536). **1583** *Humphrey Gilbert* (vers 1537-1583) prend possession de Terre-Neuve au nom de l'Angleterre. **1604** 1re installation de colons fr. (île de Ste-Croix, actuellement aux USA). **1605** les Français fondent Port-Royal en Acadie (aujourd'hui Nouvelle-Écosse). **1608**-*3-7 Samuel de Champlain* (Français, 1570-1635) fonde le Québec et devient sieur de Monts. **1612** Champlain nommé Lt du vice-roi (Pce de Condé). **1627** *Cie de la Nlle-France ou Cent-Associés* fondée par Richelieu pour développer la colonie (1645 cède ses privilèges à la Compagnie des habitants). **1629** Champlain capitule devant flotte anglaise. **1632** *traité de St-Germain-en-Laye :* les Anglais rendent le C. **1633** Champlain 1er gouverneur. **1639** Marie de l'Incarnation [Marie Guyert (1599-Québec 1672), épouse 1615 Claude Martin († 1619)] part évangéliser les Hurons. **1642** Montréal fondé. **1649** le père *Jean de Brébeuf* (né 1593 à Condé-sur-Vire, canonisé en 1930), apôtre des Hurons, périt, victime des Iroquois. **1660** il y a 2 300 colons français au C. **1661** Sté des Indes occidentales fondée. **1663** révocation de la charte de la Cie : le C. est assimilé à une province française (expansion du blé pour ravitailler la Fr. ; interdictions de cultiver le tabac, pour ne pas concurrencer St-Domingue, et de transformer les fourrures, pour ne pas concurrencer la Fr.). **1665-72** intendance de *Jean Talon ;* peuplement français. **1670** 2 coupeurs de bois français, Groseilliers et Radisson, fondent la Cie de la baie d'Hudson [création de comptoirs (troc de peaux) ; *1787* lutte contre la concurrence de la Cie du Nord-Ouest fondée à Montréal, puis les 2 Cies s'unissent ; le gouvernement rachète leurs droits en 1869]. **1672** *Louis Jolliet* (1645-1700) et le père *Jacques Marquette* (1637-75) atteignent le Mississippi par le Wisconsin. **1672-82** *Cte de Frontenac* (1622-98) gouverne ; essor économique. **1680** *René Cavelier de La Salle* (1643-87, assassiné par un compagnon) descend le Mississippi et fonde la Louisiane (de Louis XIV). **1687** Indiens Micmacs et Malécites s'allient aux Français contre les Anglais *(guerre de la ligue d'Augsbourg).* **1689-98** Frontenac gouverneur.

■ **1689 guerre franco-anglaise** (Algonquins et Hurons alliés aux Français ; Iroquois aux Anglais). **1713** *traité d'Utrecht :* Louis XIV abandonne Acadie (aujourd'hui Nouv.-Brunswick et Nlle-Écosse), Terre-Neuve et territoires de la baie d'Hudson à l'Angl. (les Français y soutiendront les Indiens révoltés contre les colons anglais ; les Acadiens n'auront pas le droit de se replier au C. resté fr.). Art. 13 : la Fr. garde le droit d'envoyer des pêcheurs à Terre-Neuve dans les conditions qu'ils avaient pratiquées jusque-là (en revenant chaque année et en s'installant sur la côte pour trancher la morue et la sécher, mais sans que jamais leurs constructions puissent affecter un caractère permanent) sur le *French Shore* (littoral de Terre-Neuve entre les caps Ray et St-John). **1740** Halifax fondée. **1750** Nlle-France englobe vallées du St-Laurent et Mississippi jusqu'au golfe du Mexique, avec 85 000 hab. (Nlle-Angleterre : 1 500 000 hab., sur un territoire 20 fois moindre). *Origine sociale des 10 000 Français immigrés de 1608 à 1760* (dont 2 500 en 1668) : soldats 3 500, « filles du Roy » (ouvrières pauvres, veuves, orphelines, recrutées comme futures épouses) 1 100, prisonniers 1 000, engagés 3 900, colons libres 500. Il y a également de nombreux immigrants anglais, notamment à Montréal. **1754**-*17-4 guerre de Sept Ans :* Fr. [alliée aux Indiens, entre autres Pontiac (né 1720), chef des Outaouais, assassiné par un Indien d'une autre tribu] : 900 h. ; Angl. : 1 850 h., dont 450 Américains. **1755-60** déportation (le *Grand Dérangement*) de 15 000 Acadiens fr. vers d'autres colonies brit. (Massachusetts, Maryland, Caroline, Virginie, Connecticut, Nlle-York, Pennsylvanie, Georgie) ou françaises (St-Domingue, Louisiane). *Motif :* ont refusé le « serment d'allégeance » à la Couronne qui les aurait obligés à porter les armes contre les territoires demeurés fr. (le traité de 1713 les dispensait de ce serment, mais l'Angl. a déclaré ce statut caduc, à cause de l'état de guerre). **1756** *Louis, Mis de Montcalm* (Gal, 1712-59), envoyé par la Fr., essaye de rétablir la situation, mais les colons fr. sont 65 000 et les Anglais 1 200 000. **1759**-*18-9* Québec : Gal anglais James Wolfe bat Montcalm (Wolfe est tué ; Montcalm, blessé, meurt le 19). **1760** *Ste-Foy, Mis de Vaudreuil* (1698-France 1778), gouverneur général du C., capitule (jugé en Fr., acquitté). *-8-9* Montréal se rend aux Anglais. **1763**-*10-2 traité de Paris :* Fr. renonce à la Nlle-France, cède à l'Angl. le C., constitué par la province de Québec, et la rive gauche du Mississippi (reste de Louisiane donné à l'Esp.) ; l'île du Pce-Édouard rattachée à la Nlle-Angleterre et les territoires au nord-ouest d'Ottawa constituent un territoire de chasse interdit à la colonisation. L'Angl. renonce à imposer au Québec protestantisme et institutions brit. en échange de la liberté religieuse accordée aux huguenots fr. Noblesse, gros commerçants fr. quittent le C., des anglophones (en majorité écossais) les remplacent.

■ **1774 Acte de Québec.** Permet aux Français de conserver institutions et religion (le terme *Canayen* désigne désormais les Canadiens cath. et francophones). **1775** *-13-11/* **1776**-*17-6* les Américains soulevés contre l'Angl. prennent Montréal, mais échouent devant Québec. **1776-83** 6 000 colons anglais « loyalistes » quittent États insurgés pour se fixer au C. (sur des terres confisquées aux Canayens). **1789** sir Alexander Mackenzie (1794-1820) découvre le fleuve Mackenzie et atteint l'océan Arctique. **1791** divisé en Haut et Bas-C., séparés par la rivière des Outaouais. Le Haut-C. (Ontario aujourd'hui), peuplé d'une majorité de loyalistes de Nlle-Angl., adopte le système légal et gouvernemental anglais ; le Bas-C. ou Québec, essentiellement fr., garde les lois civiles françaises, mais adopte le Code criminel anglais. **1792** *1re élection d'un Parlement :* 35 députés de langue française (pour 14/15 de la pop.) ; 15 de langue anglaise (pour 1/15). **1799** le Parlement vote subsides de 20 000 livres pour aider la G.-B. en guerre contre la Fr. **1801** nouveaux subsides, fournis par souscription (« fonds patriotique »). **1813** des envahisseurs américains sont battus à *Châteauguay ;* les combats se poursuivent jusqu'en 1818 (fixation de la frontière au 49e parallèle). **1837-38** *rébellions des patriotes* dans Haut et Bas-C. [leaders : francophone : Louis-Joseph Papineau (1786-1871), exilé à Paris 1839-47, amnistié 1847 ; anglophone : William Lyon Mackenzie (1795-1861), exilé aux USA 1839-49, amnistié 1849] ; 12 Canayens exécutés à Montréal ; nombreux départs de Canayens aux USA (total 1837-1910 : 500 000). **1840**-*23-3 Acte d'union,* Haut-C. (480 000 hab.) et Bas-C. (750 000 hab. dont 510 000 Can. français) deviennent le C.-Uni. **1840-1900** immigration massive d'Irlandais, cath. et anti-anglais (alliés des Canayens, mais anglophones), qui anglicisent le pays. **1852** université Laval fondée à Québec. **1854** régime seigneurial aboli. **1867**-*1-7 Acte de l'Amérique du Nord britannique* créant la Confédération du C., comprenant Nouveau-Brunswick, Nlle-Écosse, Ontario, Québec. (Création du Sénat. Art. 93 prévoit un système scolaire à base religieuse plutôt que linguistique.) **Vte Charles Monck** (1819-84) gouverneur. **Sir John Alexander Macdonald** (1815-91) PM. **1868**-*nov.* **lord John Young Lisgar** (1807-76) gouv. **1869** révolte des métis (francophones) du Manitoba, dépouillés de leurs terres par nouveaux immigrants anglophones (leader : Louis Riel (né 1844), député en 1871, expulsé du Parlement). **1872**-*juin* **Cte de Dufferin et Ava** (1826-1902) gouv. **1873**-*1-7* rattachement de l'île du Pce-Édouard. *-7-11* **Alexander Mackenzie** (1822-92), libéral, PM. **1877** loi limitant droits de l'enseignement confessionnel. **1878**-*17-10* **Macdonald** PM. *-Nov.* **Mis de Lorne** (1845-1914) gouv. **1883**-*oct.* **Mis de Lansdowne** (1845-1927) gouv. **1885** 2e révolte des métis, au Saskatchewan [Louis Riel pendu 16-11]. **1888**-*juin* **lord Stanley de Preston** (1841-1908) gouv. **1890** Manitoba abolit les dispositions garantissant l'usage du français à l'école. **1891**-*16-6* **sir John Joseph Caldwell Abbott** (1821-93) PM. **1892**-*5-12* **sir John Sparrow David Thomson** (1844-94) PM. **1893**-*sept.* **Cte d'Aberdeen** (1847-1934) gouv. **1894**-*21-12* **sir Mackenzie Bowell** (1823-1917) PM. **1896** ruée vers l'or du Klondike. *-1-5* **sir Charles Tupper** (1821-1915) PM. *-11-7* **sir Wilfrid Laurier** (1841-1919) 1er Canadien français PM. *-Déc.* or découvert près de Dawson City. **1898**-*nov.* **Cte de Minto** (1845-1914) gouv. **1900** Ottawa, incendie. **1904** la Fr. renonce à l'exclusivité de ses droits de pêche sur une partie de la côte de Terre-Neuve. *-Déc.* **Cte Grey** (1851-1917) gouv. **1905**-*1-9* rattachement de l'Alberta et du Saskatchewan. **1911**-*oct.* **Arthur duc de Connaught et de Strathearn** (1850-1942) gouv.*-10-10* **sir Robert Laird Borden** (1854-1937) PM. **1914** (1-8)/**1918** (11-11) *1re Guerre mondiale :* 628 462 mobilisés, dont 424 589 engagés volontaires, 60 000 †. **1916** l'Ontario limite l'usage du français dans les écoles. *-Nov.* **duc de Devonshire** (1868-1938) gouv. **1919** début de l'emprise économique des USA sur le C. **1920**-*10-7* **Arthur Meighen** (1874-1960) PM. **1921**-*août* **lord Byng of Vimy** (1862-1935) gouv. *-29-12* **William Lyon Mackenzie King** (1874-1950) PM libéral. **1926**-*oct.* **Vte de Willingdon** (1866-1941) gouv. *-28-6* **Arthur Meighen** PM. *-25-9* **Mackenzie King** PM. **1930**-*7-8* **Richard-Bedford Becket** (1870-1947) PM.

■ **1931 Statut de Westminster.** Le C. devient *dominion* indépendant, mais Londres enlève 110 000 km^2 au Québec pour les donner à Terre-Neuve, qui ne fait pas partie du dominion (Labrador). *-Avril* **Cte de Bessborough** (1880-1956) gouv. **1935**-*nov.* **John Buchan, lord Tweedsmuir** (1875/11-2-1940) gouv. *-23-10* **Mackenzie King** PM. **1936** **Maurice Duplessis** (1890-1959) PM conservateur. **1939** *-10-9* le C. déclare la guerre à l'All., les Québécois se montrent réticents devant le service en Europe (10 000 déserteurs). **1940**-*juin* **Cte d'Athlone** (1874-1957), frère de la reine Mary, gouv. **1942**-*27-4 référendum* (2 744 653 oui, 1 481 345 non) permettant « d'employer hors du dominion les troupes recrutées par conscription ». *-1-8* service militaire obligatoire. **1944** les Can. participent au débarquement en Normandie. 37 217 † durant la guerre. **1946**-*avril* **Vte Alexander of Tunis** (1891-1969) gouv. **1948**-*15-11* **Louis Stephen Saint-Laurent** (1882-1973) PM libéral. **1949**-*31-3* rattachement de Terre-Neuve. **1952**-*févr.* **Vincent Massey** (1887-1967) gouv. (1er Can.). **1957**-*21-6* **John George Diefenbaker** (1895-1976) PM. **1959** ouverture de la voie maritime du St-Laurent. *-Sept.* **Gal Georges Philéas Vanier** (1888-1967) gouv. **1963**-*22-4* **Lester Bowles Pearson** (1897-1972) PM. **1967** de Gaulle au Québec. Voir p. 1022 a. *-17-4* **Roland Michener** (1900-91) gouv. Exposition universelle de Montréal. **1968**-*23-4* **Pierre Elliott Trudeau** (18-10-1919/28-9-2000, Québecois) PM. **1970** terrorisme du FLQ (Front de libération du Québec). **1974**-*14-1* **Jules Léger** (1913-80) gouv. **1976** Montréal : jeux Olympiques d'été. **1978**-*1-11* **Trudeau** PM ; le gouvernement fédéral propose aux provinces de réexaminer la répartition de l'impôt et le contrôle des dépenses fédérales. **1979**-*22-1* **Edward R. Schreyer** (né 21-12-1935) gouv. *-22-5* élections, succès conservateur. *-4-6* **Joseph Clark** PM. **1980**-*18-2* élections, succès libéral. *-3-3* **Trudeau** PM. *-20-5 référendum* sur indépendance du Québec : non 59 %. **1982**-*17-4* rapatriement de Londres de la Constitution canadienne et adoption de la Charte canadienne des droits et libertés. *-18/25-7 :* 1re assemblée mondiale des Premières Nations : 2 000 à 3 000 autochtones représentant 250 nations de plus d'une douzaine de pays se réunissent à Regina (Saskatchewan). **1983**-*15/16-3* conférence constitutionnelle à Ottawa sur droits des autochtones ; propositions rejetées par Indiens de Colombie-Brit., n'ayant signé aucun traité avec le C., et Trudeau qui refuse le principe de souveraineté nat. pour les Indiens. **1984**-*14-5* **Jeanne Sauvé** (1922-93) gouv. *-7-6* **John Turner** (né 1929) PM. *-4-9* élections, succès conservateur. *-9/20-9* Jean-Paul II au C. *-17-9* **Brian Mulroney** (20-3-1939, Québecois) PM. **1986**-*20/22-2* Mulroney en Fr. *-25/29-5* Pt Mitterrand au C. **1987**-*3-6 accord du lac Meech,* entre PM et les 10 PM provinciaux, reconnaît au Québec un statut de « Sté distincte », non ratifié. La Cie de la baie d'Hudson (possédait en 1838 3 millions de milles carrés) vend ses derniers comptoirs. *-31-7 Edmonton :* tornade (27 †, dégâts 250 millions de $). **1988**-*2-1* accord de libre-échange avec USA (ratifié 30-12). *-25/29-1* Jeanne Sauvé en Fr. (1re visite d'État d'un gouv. can.). *-21-11* élections, succès conservateur. **1989**-*31-3* accord franco-can. sur droits de pêche au large de Terre-Neuve. *-Été* 6,4 millions d'ha de forêt incendiés. *-6-12* Marc Lépine (25 ans) tue 14 étudiantes à l'École polytechnique de Montréal (deuil national de 3 jours). **1990**-*29-1* **Ramon John Hnatyshyn** (né 16-3-1934) gouv. *-29-5* loi recriminalisant l'avortement. *-8/9-6* Québec obtient le statut de « Sté distincte » en échange de l'adhésion à la Constitution canadienne. *-21-6* Manitoba et Terre-Neuve refusent de ratifier l'accord du lac Meech dans les délais (avant le 23-6). *-23-6* Québec décide de négocier de gouvernement à gouvernement avec Ottawa. *-11-7/29-8* affrontements police/Mohawks, opposés à l'agrandissement d'un golf près de Montréal (1 policier †). *-6-9* législatives en Ontario, succès social-démocrate : 74 sièges sur 130. **1991**-*3-4* **Rita Johnston** PM de Colombie-Brit. **1992**-*28-8* **accord de Charlottetown** entre PM fédéral, 10 PM provinciaux, les représentants des 2 territoires et les 4 représentants des autochtones ; réforme Sénat et Chambre, le Québec sera une « Sté distincte » dans la Confédération, autonomie des minorités indiennes. *-26-10* référendum sur cet accord : non 54,4 % (Colombie-Brit. 68, Manitoba 62, Alberta 60, Saskatchewan 55, Québec 55, Nlle-Écosse 51), oui 44,6 % (île du Pce-Édouard 74, Terre-Neuve 63, Nouv.-Brunswick 61, Ontario 50,1). **1993**-*24-2* Mulroney démissionne. *-25-6* **Avril Phaedra** (dite **Kim**) **Campbell** (née 1947 ; épouse

1972 Nathan Divinski, divorce 1982, conservateur) PM. *-24-10* législatives. *-4-11* **Jean Chrétien** (né 11-1-1934, Québecois, 18e de 19 enfants, père scieur de long) PM. Le C. signe l'*Alena,* accord de libre-échange nord-américain. **1994**-*7/9-1* Chrétien en France. **1995**-*8-2* **Roméo Le Blanc** (né 18-12-1927) 1er Acadien gouv. général. *-9-3* arraisonnement du chalutier espagnol *Estai.* Négociations avec l'Union européenne sur pêche au turbot au large de Terre-Neuve. *-Juin* incendie de forêts : 1 million d'hectares. *-30-10* référendum sur l'indépendance du Québec. *-27-11* Jean Chrétien dépose au Parlement un projet de loi reconnaissant le Québec comme « une Sté distincte ». **1997**-*22-3* suicide collectif de 5 m. de l'ordre du Temple solaire à St-Casimir (Québec). **1998**-*janv.* vague de froid (25 †). **1999**-*7-10* **Adrienne Clarkson** (née 10-2-1939) gouv. générale. *-1-9* visite Pt Chirac.

Élections à la Chambre des communes
(% de voix et, en italique, nombre de sièges)

	22-5-79	18-2-80	4-9-84	24-10-93	2-6-97	27-11-00
P. libéral	39,9 *114*	44,3 *147*	22,8 *40*	41,6 *177*	38,5 *155*	41 *173*
P. prog.-conser.	36,1 *136*	32,4 *103*	49,6 *211*	16 *2*	18,8 *20*	12 *12*
Bloc québécois				14 *54*	10,7 *44*	11 *37*
Nouveau P. dém.	18 *26*	19,2 *32*	18,6 *30*	6,6 *9*	11 *21*	8,5 *13*
Crédit social.	4,5 *6*	*0*	*0*	*0*	*0*	0
Alliance canadienne[1]				18 *52*	19,4 *60*	25 *66*
Divers	1,5 -	*0*	*1*	*1*	1,6 *1*	0

Nota. – (1) En 2001.

ORGANISATION POLITIQUE

■ **Statut.** *État fédéral, membre du Commonwealth.* **Constitution** du 17-4-1982 remplace celle du 1-7-1867 ; après le rapatriement de l'Acte de l'Amér. du Nord brit. voté 2-12-1981 par Parlement canadien (246 voix contre 24) et 17-2-1982 par Chambre des communes brit. (334 voix contre 44) malgré l'opposition du Québec, qui ne voulait pas voir restreindre l'autonomie des provinces. **Fête nationale.** 1er juillet. **Drapeau** (adopté 15-2-1965). National : bandes latérales rouges, et feuille d'érable rouge à 11 pointes sur fond blanc représentant la neige (ajoutée 22-10-1964). **Grandes armoiries.** *Composition :* léopards d'Angleterre, lion d'Écosse, harpe d'Irlande, lis de France, feuilles d'érable du Canada. **Hymne officiel** (depuis 1-7-1980). *O Canada* (1880).

■ **Pouvoir exécutif.** **Chef d'État :** reine Elizabeth II représentée par le **gouverneur général** qu'elle nomme pour 5 à 7 ans (sur l'avis du PM can. assisté d'un conseil privé). **PM** choisit son cabinet. **Pouvoir législatif. Parlement fédéral : Sénat :** *membres :* 104 ; présentés par le PM et nommés à vie par le gouv. général (retraite à 75 ans), Ontario 24, Québec 24, Nlle-Écosse 10, Nouv.-Brunswick 10, Terre-Neuve 6, Colombie-Brit. 6, Manitoba 6, Alberta 6, Saskatchewan 6, île du Pce-Édouard 4, Yukon 1, Territoires du Nord-Ouest 1]. *Composition* (en avril 1999) : P. libéral 56, progressiste 43, indépendant 5. **Chambre des communes :** 301 membres élus pour 5 ans au suffrage universel ; répartition revue après chaque rec. ; en 1997 : Terre-Neuve 7, Nlle-Écosse 11, Nouv.-Brunswick 10, île du Pce-Édouard 4, Québec 75, Ontario 103, Manitoba 14, Saskatchewan 14, Alberta 26, Colombie-Brit. 34, Yukon 1, Territoires du Nord-Ouest 2. Seul organe auquel le cabinet ait à rendre des comptes. Après 3 lectures, vote les lois.

■ **Partis.** **P. libéral** fondé 1867, *leader :* Stockwell Day depuis 8-7-2000. **P. conservateur** fondé 1854, devenu 1942 **P. progressiste-conservateur,** après absorption du P. progressiste ; *leader :* Joe Clark depuis 14-11-1998 ; Jean Charest parti en avril 1998 au P. libéral québécois. **Bloc québécois** fondé 1990, *leader :* Gilles Duceppe. **P. réformiste (Reform Party)** fondé 1987 par Preston Mannings (né 1949, fils d'Albert Mannings, PM de l'Alberta 1943-86) ; devient **Alliance canadienne,** *Pt :* Stockwell Day depuis juillet 2000. **Nouveau P. démocratique** fondé 1961 par fusion de la CCF (Cooperative Commonwealth Federation) et du CTC (Congrès du travail du C., 140 000 m.), tendance socialiste, *leader :* Alexa McDonough. **Green Party** fondé 1983, *leader :* Deborah Roberts.

■ **Référendums.** **Nationaux :** *1898* sur la prohibition (seul le Québec est contre), le gouvernement fédéral laisse les provinces choisir. *1942* sur la conscription (seul le Québec est contre), sera adoptée en 1944. *1980* (20-5) sur le statut du Québec (non). *1992* (26-10) sur réforme constitutionnelle. **Provinciaux :** rares (voir Histoire du Québec, col. c). **Municipaux :** courants.

■ **Pouvoir judiciaire.** La *Cour suprême,* instituée 1875, juge en dernier ressort les litiges de nature criminelle et les procès en matière civile. 9 juges.

CONFÉDÉRATION CANADIENNE

■ **Provinces fédérées** (10). *1867* Ontario, Québec, Nouveau-Brunswick, Nlle-Écosse. *1870* Manitoba (ancien État de la Rivière-Rouge). *1871* Colombie-Britannique. *1873* île du Pce-Édouard. *1905* Alberta, Saskatchewan. *1949* Terre-Neuve [après référendum : 78 408 pour, 71 466 contre (partisans d'un gouvernement autonome)]. Chacune a son parlement (1 chambre). **Pouvoir exécutif :** exercé par le Lt-gouverneur en conseil nommé par le gouv. général. *Pouvoirs relevant uniquement de la province :* pouvoirs constitutionnels provinciaux (sauf sur ce qui touche le Lt-gouv.), propriété, souveraineté sur ressources, droits civils, impôts directs, emprunts, aménagements, vente des terres de la Couronne, hôpitaux provinciaux, licences commerciales, travaux publics sauf décision contraire du pouvoir fédéral, justice (le gouv. nomme les juges des cours provinciales), éducation. *État fédéral :* gère chemins de fer, ports et aéroports. **Divisions :** régions et sous-régions administratives, municipalités, comtés, cités, villes, cantons, districts municipaux.

ALBERTA

Alberta (nom de la 4e fille de la reine Victoria, épouse du Mis de Lorne, gouverneur du C.). 638 233 km² dont 16 796 d'eau. 2 997 200 hab. (au 1-7-2000) [dont, en 1982, Brit. 761 665, All. 231 005, *Français 94 665,* It. 24 805]. **D.** 4,7. **Villes** (en 1996) : *Edmonton* 891 500 hab., Calgary 851 600, Lethbridge 60 053. **Langue maternelle** (en 1996) : anglais 2 159 275, français 52 380. **Ressources :** *agriculture* 8 000 exploitations de plus de 445 ha ; plan d'irrigation pour 364 200 ha dans le Sud-Est. *Charbon. Gaz naturel. Pétrole. Céréales.* **Commerce** (en milliards de $ can., 1990) : *export./import. :* 15,6/4. **PM :** Ralph Klein (né 1942). **Emblème :** rose aciculaire (églantine) [1930]. **Devise :** *Fortis et liber* (« Fort et libre »).

COLOMBIE BRITANNIQUE

Colombie-Britannique [appelée avant 1858 Columbia (du nom du fleuve) pour le Sud, et Nlle-Calédonie pour le Centre]. 892 677 km² (dont eau douce 18 070). 4 063 800 hab. (au 1-7-2000) [dont, en 1982, Brit. 1 265 445, All. 198 315, *Français 96 550,* It. 53 795, Chinois 44 315 (plus de 100 000 hab. descendent de Chinois venus vers 1860 construire le Canadian Pacific Railway), Danois 21 205]. **D.** 4,6. **Villes** (en 1996) : *Victoria* 313 400 hab. (aggl.), Vancouver 1 891 400 (aggl. dont 350 000 Chinois). **Langue maternelle** (en 1996) : anglais 2 785 020, français 53 040. **Forêts :** 75 % du territoire (54 % des réserves canadiennes). **Pêcheries** (1er rang). **Commerce** (en milliards de $ can., 1990) : *export./import. :* 16,4/14,2. **PM :** Ujjal Dosanjh. **Emblème :** cornouiller de Nuttall (1956). **Devise :** *Splendor sine occasu* (« Éclat sans ternissure »).

ILE DU PRINCE ÉDOUARD

Ile du Pce-Édouard [nom depuis 1799 (fils du roi, duc de Kent, père de la reine Victoria, commandant en chef de l'Amérique du Nord britannique) ; puis île St-Jean jusqu'en 1798]. 224 km x 6 à 24 km ; 5 660 km² ; 138 900 hab. (au 1-7-2000) [dont, en 1982, Brit. 92 285, *Français 15 325,* All. 955]. **D.** 24,5 (la plus forte du C.). **Villes :** *Charlottetown* (fondée 1767) 30 000 hab. (en 1991), Summerside 7 474 (en 1991). **Langue maternelle** (en 1996) : anglais 124 805, français 5 500. **Ressources :** pomme de terre, porcins, pêcheries. **Commerce** (en milliards de $ can., 1990) : *export./import. :* 0,16/0,045. **PM :** Patrick Binns. **Emblème :** sabot de la Vierge ou sabot de Vénus *(Cypripedium acaule)* [orchidée] depuis 1947. **Devise :** *Parva sub ingenti* (« Les grands protègent les petits »).

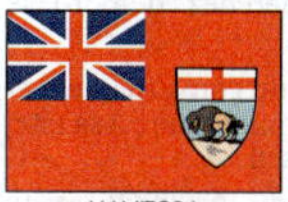
MANITOBA

Manitoba [du mot cri *man-into-wah-paow* (« le passage du Grand Esprit »)]. 547 704 km² (dont eau douce 101 590). 1 147 900 hab. (au 1-7-2000) [dont, en 1982, Brit. 414 125, All. 123 056, Ukrainiens 123 000, *Français 86 510*]. **D.** 2,6. **Villes :** *Winnipeg* 676 700 hab. (aggl., en 1996), Brandon 39 175, Thompson 14 385. **Langue maternelle** (en 1996) : anglais 813 055, français 47 665 (langue usuelle : *1971 :* 4 % ; *91 :* 2,4). **Forêts :** 50 % du territoire. **Mines :** or, nickel, zinc, pétrole. **Céréales :** dont blé 50 %. **Commerce** (en milliards de $ can., 1990) : *export./import. :* 2,9/3,3. **PM :** Gary Doer. **Emblème :** crocus des prairies (adopté 1906). **Devise :** *Gloriosus et liber* (« Glorieux et libre »).

NOUVEAU-BRUNSWICK

Nouveau-Brunswick (du roi George III, de la maison de Brunswick). 71 569 km² dont 1 350 d'eau. 756 600 hab. (au 1-7-2000). **D.** 10,8. Une partition entre région francophone et région anglophone a été envisagée. **Villes** (en 1996) : *Fredericton* 78 950 hab., St John (capitale de l'Acadie 1691-1701) 125 705, port de commerce, Moncton 113 491. **Langue maternelle** (en 1996) : anglais 473 260, français 239 730. **Ressources :** forêt, pêche, pomme de terre. **Chômage :** 12 % (30 % chez les francophones). **Commerce** (en milliards de $ can., 1990) : *export./import. :* 3,1/2,7. Très endetté. **PM :** Bernard Lord. **Emblème :** violette cucullée (adoptée 1936). **Devise :** *Spem reduxit* (« L'espoir renaît »).

NOUVELLE-ÉCOSSE

Nouvelle-Écosse [du nom du roi d'Écosse (Jacques VI, Jacques Ier d'Angleterre), en latin *Nova Scotia ;* appelée Acadie jusqu'en 1713, y compris île du Cap-Breton (auparavant, île Royale)]. 52 841 km² (dont eau douce 2 650). 941 000 hab. (au 1-7-2000) [dont, en 1982, Brit. 611 310, *Français 80 215,* All. 40 910]. **D.** 18,7. **Ville** (en 1996) : *Halifax* 346 800 hab., port. **Langue maternelle** (en 1996) : anglais 836 240, français 35 040. **Forêts :** 75 % du territoire. **Pêcheries** (2e rang). **Gaz :** île de Sable. **Commerce** (en milliards de $ can., 1990) : *export./import. :* 2,2/3,2. **PM :** John F. Hamm. **Emblème :** fleur de mai (épigée rampante) [adopté 1901]. **Devise :** *Munit haec et altera vincit* (« L'un défend, l'autre conquiert »).

ONTARIO

Ontario [de l'iroquois *Kanadario* (« eau vive »)]. 916 734 km² (dont eau douce 177 390). 11 669 300 hab. (au 1-7-2000). **D.** 15,7. **Villes** (en 1996) : *Toronto* 4 444 700 hab. (aggl.), Ottawa (avant 1855 : Bytown) [cap. fédérale] 1 613 000 (aggl.), en partie au Québec (Ottawa, Hull 920 000) et en Ontario (693 000), Hamilton 650 400 (aggl.) [*1851 :* 30 775, *1901 :* 208 040], London 416 100 (aggl.), Kitchener 403 300 (aggl.), Windsor 291 700, Oshawa 280 900. **Langue maternelle** (en 1996) : anglais 7 694 635, français 479 285. **Ressources :** *au nord :* or, argent, amiante, uranium ; *au sud :* industrie utilisant hydroélectricité (Niagara, Outaouais, St-Laurent) ; pétrochimie, sidérurgie à Hamilton (5,1 millions de t). Dépend de l'Alberta pour matières premières et du Québec pour débouchés. Représente 38 % du PNB du C., 52 % du PIB, 52,6 % des articles manufacturés. **Commerce** (en milliards de $ can., 1990) : *export./import. :* 70,4/79. **Chômage** (en 1992) : 11,2 %. **PM :** Mike Harris. **Parcs :** 220 (dont parc Algonquin, créé 1893, 7 600 km², 1 600 km de voies navigables par canot). **Emblème :** trille à grande fleur (adopté 1937). **Devise :** *Ut incepit fidelis sic permanet* (« Fidèle elle a commencé, fidèle elle demeure »).

QUÉBEC

Québec [de l'algonquin « passage étroit » ou « détroit » (rétrécissement du St-Laurent)]. Connu comme Nelle-France ou le C. (1534-1763), province de Québec (1763-90), Bas-C. (1791-1840), Rép. du Bas-C. (1837-38), Canada-Uni (1840-67), et, depuis 1867, province de Québec ; *surnom :* la Belle Province. **Régions :** *basses terres du St-Laurent* (3 060 km, 1 300 000 km² de bassin versant, 13 000 m³/s) ; *plateau des Laurentides* [entre rivières Outaouais et Saguenay ; alternance crêtes et vallées (600 à 800 m) : Mts Ste-Anne (815 m), Tremblant (968 m), Raoul-Blanchard (1 158 m)] ; *chaîne des Appalaches* 1 300 m (s'étendent jusqu'en Gaspésie) ; *fjord du Saguenay* (800-1 100 m). **Lacs et rivières :** plus de 1 million. **Superficie :** 1 357 812 km² dont 183 890 d'eau. **Climat :** au sud : humide. Hiver froid. Été : rarement plus de 28 °C. *Pluies :* 76 à 139 cm par an. **POPULATION.** *1665-66 :* 3 215 hab. ; *vers 1730 :* 50 000 ; *1851 :* 890 000 ; *81 :* 1 359 000 ; *1911 :* 2 006 000 ; *51 :* 4 056 000 ; *81 :* 6 568 000 ; *87 :* 6 805 900 ; *91 :* 7 080 600 ; *2000 (1-7) :* 7 372 400 [origine française 74,6 %, britannique 4,2 % et diverses 20 % ; autochtone moins de 1 %, soit 65 570 (58 088 Amérindiens en 10 nations et 7 482 Inuit)]. **D.** 6,3. **Taux** (en ‰, 1994) : *natalité* 12,4 ; *fécondité* 1,5 en 1997 ; *(1956-61 :* 4,2 ; *66-71 :* 2,3 ; *81-86 :* 1,5) ; *mortalité* 7,1 ; *accroissement* 5,2 (naturel 5,4 et migratoire – 0,1). **Émigration :** *depuis 1967 :* 5 000 à 10 000 par an, vers d'autres provinces canadiennes. **Immigration internationale :** *1990-94 :* 212 413 ; *99* (en %) : *France 7,5, ex-URSS* 6,5, Chine 6,3 ; Youg. 5,7, Algérie 5,6. Encouragement à l'immigration francophone (objectif 80 %). **Chômage** (en %) : *1989 :* 9,4 ; *93 :* 13,2 ; *95 :* 11,3 ; *97 :* 11,2 ; *98 :* 9,7 ; *2000 (est.) :* 8,1. **Villes** (en 1996) : *Montréal* 3 359 000 hab. [métropole, fondée 1642 (*1851 :* 57 715 ; *1901 :* 266 736), Communauté urbaine de Montréal 1 799 314 hab. avec St-Laurent 73 358, St-Léonard 74 083 et Verdun 62 112]. *Laval* 335 009. *Longueuil* 137 134. *Québec* 697 600 hab., capitale fondée en 1608 (*1851 :* 42 052 ; *1901 :* 68 840), région administrative (Rive-Nord) 647 297 hab. et Chaudière-Appalaches (Rive-Sud) 382 440, soit 1 029 737, avec Ste-Foy 74 328, Charlesbourg 73 962, Beauport 72 259 et Lévis 42 635. *Chicoutimi* et *Jonquière* 166 600. Région administrative du Saguenay-Lac-Saint-Jean 294 343 (Sherbrooke 150 000, Hull 65 764 et Gatineau 99 971). Région de l'Outaouais 306 210 (Trois-Rivières 143 600). **LANGUE.** **1969** loi fédérale sur les langues officielles. Adoption à Québec de la loi 63 (pour promouvoir la langue française). **1974**-*31-7* loi 22 faisant du fr. la langue officielle et de l'anglais la langue d'enseignement. **1977**-*26-8* « charte de la langue française » [loi 101 de Camille Laurin (1922/11-3-1999)], primauté du français au travail et sur la place publique. **1979**-*13-12* la Cour suprême du C. déclare inconstitutionnels 3 chapitres de la loi 101. **1984** la Cour suprême, s'appuyant sur la nouvelle Const. du C., bien que le Québec ne l'ait pas ratifiée, déclare illégale l'obligation pour les parents venant d'autres provinces d'inscrire leurs enfants dans des écoles françaises. **1986**-*22-12* la cour d'appel déclare inconstitutionnel l'art. 58 de la loi 101 qui fait du fr. la seule langue autorisée dans l'affichage commercial. **1988**-*15-12* la Cour suprême déclare inconstitutionnelles les dispositions de la loi 101 imposant le seul usage du fr. dans affichage, publicité et dénomination des Stés. *-21-12* l'Assemblée nationale du Q. vote (91 voix contre 26) loi 178 maintenant l'affichage en fr. à l'extérieur des commerces et permettant le bilinguisme à l'intérieur des magasins avec prédominance du français. **1993**-*23-6* loi 86 autorisant sous conditions l'anglais dans affichage commercial. **Langue maternelle** (en 1996) : anglais 586 435, français 5 700 150.

☞ On appelle *joual* (prononciation de « cheval ») le français populaire parlé (peu) au Québec. L'accent québécois viendrait de l'accent parisien des « filles du Roy » promises aux premiers colons au XVIIe s.

RELIGIONS (en 1991). **Catholiques** 5 861 205 [soit 87,3 % ; 22 diocèses, 1 976 paroisses, 4 287 prêtres (5 382 en 1961), 32 528 religieuses et religieux]. L'Église catholique a gardé un rôle prépondérant (hôpitaux, presse, universités) jusqu'en 1968. De 1960 à 69, les ordinations ont diminué de 57,7 %. **Anglicans du C.** 96 060. **Presbyté-**

riens 18 865. **Baptistes** 27 505. (Il y a 20 000 francophones protestants.) **Juifs** 97 730.

Histoire récente. 1918 émeutes au Q. de Can. fr. refusant la conscription dans l'armée brit. **1935 Maurice Duplessis** (1890-1959) fonde l'Union nationale (au pouvoir 1936-39 et 1944-60). **1940** les Québécoises obtiennent le droit de vote au provincial, droit qu'elles avaient au fédéral depuis 1921. **1954**-*25-10*/**1957** puis **1960**-*oct.*/**1986** Jean Drapeau (18-2-1916/12-8-1999) maire de Montréal. **1960**-*22-6* victoire du P. libéral provincial (alors nationaliste), le PM **Jean Lesage** (1912-80) lance une politique d'émancipation : *la Révolution tranquille* et *Maître chez nous !* Création de l'Action socialiste pour l'indépendance et du Rassemblement pour l'indépendance nationale du Q. (RIN). **1961**-*5-10* délégation générale du Q. à Paris (reconnue officiellement par la Fr. le 1-1-1965). **1963** développement d'un courant séparatiste (leader Pierre Bourgault). -*Mars* naissance du Front de libération du Q. (FLQ), terroriste (il aura 35 m. en oct. 1970 et disparaîtra fin 1972). **1966**-*5-6* **Daniel Johnson** (9-4-1915/26-9-68) PM (Union nat. réformée). **1967**-*22/26-7* de Gaulle au Q. -*24-7* du balcon de l'hôtel de ville de Montréal, il crie : « Vive le Q. libre ! » ; protestation du gouvernement can., annulation du voyage à Ottawa. **1968**-*2-10* **Jean-Jacques Bertrand** (20-6-1916/22-2-73) PM. **1970**-*29-4* **Robert Bourassa** (14-7-1933/2-10-96, PL) PM. -*30-4* victoire électorale du P. libéral. -*5-10* le FLQ enlève James Cross, conseiller commercial brit. (libéré 3-12). -*10-10* Pierre Laporte, ministre du Travail et de l'Emploi du Q., enlevé par indépendantistes (assassiné 17-10). -*21-12* arrestation de certains des ravisseurs (Paul Rose, condamné à la prison à vie, sera libéré le dernier en sept. 1982). **1974**-*déc.* Jérôme Choquette crée le P. national. **1976**-*15-11* victoire du PQ [les anglophones se sont détournés du P. libéral (à cause de la loi 22), plusieurs centaines ont quitté le Q.]. -*26-11* **René Lévesque** (24-8-1922/1-11-87, PQ) PM.

1980-*20-5* référendum nat. sur la souveraineté-association : 4 367 136 inscrits dont votants 85,5 % (non 60 %, oui 40 %). **1980-81** Trudeau renforce la centralisation, décevant ceux qui avaient voté *non* en espérant une Constitution favorable aux provinces. **1981**-*13-4* élect. : Lévesque et PQ ont 80 députés (dont 3 anglophones) sur 122. **1984** le gouv. accepte le « beau risque » dans ses négociations avec Ottawa. -*3-9* bombe gare de Montréal (3 Français †). **1985**-*janv.* congrès du PQ, 65 % écartent l'option « souveraineté » pour les prochaines élect. -*29-9* **Pierre-Marc Johnson** (né 5-7-1946, PQ, fils de Daniel) PM. -*2-12* succès libéral ; **Robert Bourassa**, quoique lui-même battu, nommé PM. **1986**-*20-1* élect. partielles C[té] de St-Laurent : Bourassa élu (par 16 135 voix contre 1 692 à Sid Ingerman du P. démocratique). **1987**-*23-6* Ass. nationale du Q. entérine *accord du lac Meech* du 3-6 entre le PM du C. et ses 10 homologues provinciaux ; si les 5 demandes ministérielles du Q. sont ratifiées par les autres provinces, le Q. adhérera à la Const. canadienne, avec le statut de « société distincte ». -*23-6* l'Ass. nationale ratifie par 95 voix contre 18. -*Sept.* 2e sommet francophone au Q. (Mitterrand et Chirac présents). -*23/24-10* : 1re visite d'Élizabeth II depuis oct. 1964. **1988**-*18-12* manif. à Montréal (la Cour suprême avait déclaré le 15-12 que le Q. ne peut interdire l'anglais comme langue d'affichage). -*19-12* à cause du projet de loi linguistique de Bourassa, le Manitoba retire son appui à l'accord du lac Meech. -*20-12* démission de 3 ministres québécois anglophones. -*30-12* traité de libre-échange avec USA ratifié. **1989**-*25-9* succès libéral Bourrassa réélu PM. **1990**-*23-6* échec des négociations sur la ratification de l'accord du lac Meech : opposition du Manitoba et de Terre-Neuve.

1991-*9-8* congrès conservateur reconnaît le droit à l'autodétermination du Q. **1992**-*26-10* référendum sur l'accord de Charlottetown rejeté au Q. et au C. : projet de réforme constitutionnelle. **1994**-*11-1* **Daniel Johnson** (né 24-12-1944) PM. -*12-9* **Jacques Parizeau** (né 9-8-1930, PQ) PM. **1995**-*30-10* : 2e référendum sur indépendance du Q., participation 93,52 %, non 50,58, oui 49,42. -*31-10* Parizeau démissionne, effet le 23-12. **1996**-*29-1* **Lucien Bouchard** (né 22-12-1938, chef du P. québécois) PM. **1997**-*23-7* Québec, inauguration d'une statue de De Gaulle. **1998**-*20-8* la Cour suprême du Canada reconnaît la légitimité du référendum du gouvernement québécois qui, en cas de victoire du oui, devra négocier avec le gouv. fédéral. -*30-11* Bouchard réélu PM. **2000**-*29-6* le gouv. fédéral légifère sur la nécessité d'une plus grande « clarté » d'une éventuelle question référendaire au Q. **2001**-*11-1* Bouchard démissionne et se retire. -*8-3* **Bernard Landry** (né 9-3-1937, PQ) PM.

Statut. Assemblée nationale : 125 députés élus pour 5 ans au scrutin majoritaire uninominal à un tour. Redécoupage des circonscriptions favorise les régions rurales moins peuplées [circonscription la moins peuplée : îles de la Madeleine (10 357 électeurs), la plus peuplée : Montmorency (46 666)]. **L[t]-gouverneur :** *1997* Lise Thibault. **PM :** Bernard Landry depuis 8-3-2001. **Fête nationale.** St-Jean-Baptiste (24 juin) et fête du drapeau (24 mai). **Drapeau** « le fleurdelisé ». Bleu avec une croix blanche et des fleurs de lis blanches (officiel depuis 21-1-1948). **Emblème floral** (adopté 1999) : iris versicolore, avant lis blanc ou de la Madone, depuis 1963 ; **aviaire** (1987) : harfang des neiges ; **arbre** (1993) : bouleau jaune. **Devise :** Je me souviens.

Partis. P. libéral du Québec (indépendant du P. libéral fédéral), créé 1848/50 ; *chef :* Daniel Johnson depuis déc. 1993, se retire en mars 1998. **P. québécois** (PQ ou péquiste), créé 14-10-1968 par René Lévesque lors de la fusion Souveraineté-Association/Ralliement nat. ; pour la souveraineté du Q. avec une association économique avec le C. *Membres : 1976 :* 300 000 ; *89 :* 115 000 ; *95 :* 190 000 ; *96 :* 195 000. *Pts : 1968 :* René Lévesque (démission 20-6-1985) ; *1985 (25-9) :* Pierre-Marc Johnson ; *1988 (17-3) :* Jacques Parizeau ; *1996 (27-1) :* Lucien Bouchard ; *2000 (2-3) :* Bernard Landry. **Action démocratique du Q.**, créée janv. 1994, *leader :* Mario Dumont.

Sièges *et % des voix*	1970	1973	1976	1979	1981	1985	1989	1994	1998
P. lib. (fédéral)	71 *45*	28 *34*	2 *34*	26 *33,8*	42 *46*	99 *56*	92 *49,9*	47 *44,3*	48 *43,55*
Union nationale	17 *20*	11 *18*	11 *18*	11 *18,2*	- *4,6*	--	--		
Rall. créditiste	13 *11,5*	1 *1*	1 *5*	1 *4,6*	--	--	--		
P. québécois	7 *23*	69 *41*	76 *41*	71 *41,4*	80 *49,2*	23 *38*	29 *40,1*	77 *44,7*	76 *42,87*
C. indépendant	--	1 *2*	1 *2*	1 *2*	- *0,2*	--	--		
Nouv. P. dém.						- *2,4*	- *1,2*		
P. de l'Égalité							4 *3,6*		
Action dém.							1 *6,5*	1 *6,5*	
Divers						- *2,6*	- *5,2*	0 *4,5*	1 *11,81*

Ressources. Hydroélectricité, 59,4 % de la prod. canadienne (baie James, voir col. c) ; uranium près de la baie James ; aluminium 9,4 % du monde (3e prod.), pâtes et papier, 2,8 % du monde (8e), réserves d'eau douce, 3 % du monde. **Industries :** aérospatiale, télécommunications, électronique, matériel de transport, hydroélectricité, biotechnologies, ingénierie-conseil, pharmaceutique. **Commerce** (en milliards de $ can., 1998) : *export.* 57,6, *vers* USA 42,8, All. 10, G.-B. 1,2, *France 0,90.* **Croissance du PIB** (en %) *1994 :* 3,9 ; *95 :* 1,9 ; *96 :* 1,4 ; *97 :* 3,3 ; *98 :* 2,8 ; *99 (est.) :* 3,5.

SASKATCHEWAN

Saskatchewan [en cri *kisiiskatchewanispi* (rivière aux flots rapides)]. 570 113 km² (dont eau douce 81 630). 1 023 600 hab. (au 1-7-2000). **D.** 2,1. **Villes** (en 1996) : *Regina* 199 200 hab., Saskatoon 222 100. **Langue maternelle** (en 1996) : anglais 816 955, français 19 075. **Ressources :** blé (60 % du C.). Potasse, pétrole, gaz, charbon, métaux, urnanium. **Commerce** (en milliards de $ can., 1990) : *export./import. :* 4,6/1,4. **PM :** Roy Romanow (né 1939). **Emblème :** lis rouge orangé (1941). **Devise :** *Multis e gentibus vires* (« Nos peuples, notre force »).

TERRE-NEUVE

Terre-Neuve (alt. max. : Gros-Morne 806 m) **et Labrador** (du portugais *terra de laborador :* « terre de labour », nom donné par Corte Real) [alt. max. : mont Torngat 1 800 m, plateau 300 à 700 m]. 371 635 km² (dont eau douce 34 032). 538 800 hab. (au 1-7-2000) dont Esquimaux 1 055. **D.** 1,6. **Villes** (en 1996) : *Saint John's* 177 800 hab., Corner Brook 22 410 (en 1991). Entrée dans la Confédération canadienne en 1949. Brouille avec Q. sur la région côtière du Labrador et l'île de l'Assomption, placées en 1821 par l'archevêque de Québec sous la juridiction du vicaire apostolique de Terre-Neuve et détachées du Q. par la G.-B. en 1926. **Langue maternelle** (en 1996) : anglais 538 695, français 2 275. **Ressources :** pêche (morue, baleine), bois et papier, fer, nickel, amiante, cuivre, or, uranium, pétrole. **PM :** Brian Tobin. **Emblème :** sarracénie pourpre (1954). **Devise :** *Quaerite prime regnum dei* (« Cherchez d'abord le royaume de Dieu »).

■ **Territoires.** Relèvent directement du gouvernement et du Parlement can. élu. Chacun a un commissaire à sa tête, nommé par le gouv. assisté d'un conseil.

TERRITOIRE DU NORD-OUEST

Territoires du Nord-Ouest [y compris l'archipel arctique can. (dont îles de la Reine-Elizabeth : île d'Ellesmere 196 236 km², île Devon 43 178, îles Sverdrup, îles Parry, île Banks ou Terre de Banks 10 628, île Victoria 217 291, île du P[ce]-de-Galles 33 339, île Somerset 24 790, île de Baffin ou Terre de Baffin 507 451)]. 3 426 320 km² (dont eau douce 133 294). Depuis 1999, 1 346 389 km² affectés au Nunavut. 42 100 hab. (au 1-7-2000) [dont, en 1989, Inuit 37 %, Indiens 17 %, Brit., *Français,* All.]. **D.** 0,01. **Langue maternelle** (en 1996) : anglais 35 835, français 1 355, autres 41,6. **Villes** (en 1990) : *Yellowknife* 15 179 hab. (en 1991), Inuvik 2 740. **PM :** Stephen Kakfwi. **Emblème :** dryade à feuille étroite (adopté 1957).

TERRITOIRE DU YUKON

Territoire du Yukon (de *Yuhkane,* dans la langue ingalik « grande rivière »). 531 844 km² (dont eau douce 4 480). 30 700 hab. (au 1-7-2000) [dont, en 1982, Brit. 8 945, All. 1 555, *Français 1 230*]. **D.** 0,1. **Langue maternelle** (en 1996) : anglais 26 405, français 1 100. Indiens athapaskan : 6 groupes (Kutchin, Han, Tutchone, Inland Tlingit, Kaska et Tagish). **Villes** (en 1997) : *Whitehorse* 24 031 hab., Dawson City (capitale de 1898 à 1951) 2 151, Watson Lake 1 791. **PM :** Piers McDonald. **Emblème :** épilobe à feuilles étroites (adopté 1957).

NUNAVUT

Territoire du Nunavut (« notre terre » en inuktitut). **Superficie :** 1 900 000 de km² en partie pris sur territoires du N.-O. **Population** (au 1-7-2000) : 27 700 hab. dont 85 % d'Inuit. **D.** 0,01. **Age** (en 1999) : *- de 25 ans :* 56 %. **Taux de natalité** (en 1999) : 29 ‰. **Ville** (en 1999) : *Iqaluit* 4 500 hab. **Langue :** inuktitut. **Histoire :** *– 1000 av. J.-C.* installation de groupes d'Inuit dans l'Arctique canadien. *1926* établissement d'un parc à gibier comme réserve de chasse exclusive des Inuit dans les îles de l'Arctique (agrandi en 1929 et 1942). *1976* l'*Inuit Tapirisat* du Canada (association représentant les Inuit du C.) demande la création du Nunavut. *1990* accord de principe. *1992-nov.* référendum : 8 000 votants, oui 69 %. *1993-5-5* accord signé entre Inuit et gouv. des territoires du N.-O., accordant aux Inuit la gestion de 350 000 km² de terres dont 36 000 avec des droits miniers, et le versement de 1 milliard de $ sur 14 ans. *1993 loi sur le Nunavut* approuvée par le Parlement. *1999-4-4* devient Territoire. **PM :** Paul Okalik depuis 5-3-1999. **Économie :** ressources minières. **Budget** financé à 95 % par le budget fédéral. **Chômage :** 30 %. **Drapeau :** or pour symboliser les richesses de la terre, bleu celles de la mer et du ciel, rouge représentant le Canada. L'*inuksuk* symbolise les cairns guidant les voyageurs et marquant lieux sacrés ; l'étoile est le *Niqirtsuituq* (étoile polaire) guide des navigateurs. **Devise :** *Nunavut Sanginivut* (« Nunavut, notre force »).

■ Économie

■ **PNB.** *Total* (en milliards de $ can.) : *1990 :* 578,6 ; *95 :* 564,6 ; *97 :* 580,45 ; *98 :* 561,7 ; *99 :* 591,5. *Par hab.* (en $) : *1990 :* 22 040 ; *91 :* 20 040 ; *95 :* 29 606 ; *96 :* 20 116 ; *97 :* 19 640 ; *98 :* 18 960 ; *99 :* 19 340. **PIB :** *1997 :* 877,9 ; *98 :* 901,8 ; *99 :* 957,9 ; par tête : 31 414 $. **Taux de croissance du PIB réel** (en %) : *1998 :* 3,5 ; *99 :* 3,9 ; *2000 (est.) :* 4,5. **Inflation** (en %) : *1990 :* 4,5 ; *91 :* 5,6 ; *92 :* 1,5 ; *93 :* 1,7 ; *94 :* 0,7 ; *95 :* 1,6 ; *96 :* 1,2 ; *97 :* 1,4 ; *98 :* 1 ; *99 :* 1,7. **Budget** (en milliards de $ can.) : *déficit : 1989-90 :* 30,5 ; *90-91 :* 28,5 ; *91-92 :* 31,5 ; *92-93 :* 40,5 (6 % du PIB, record historique) ; *93-94 :* – 42 ; *94-95 :* – 37,4 ; *95-96 :* – 28,6 ; *96-97 :* – 8,8 ; *97-98 :* 0. **Dette publique** (en milliards de $ can.) : *1984 :* 208 ; *92 :* 420 ; *96 (est.) :* 595,3 (71,1 % du PIB en 1996-97) ; *97-98 :* 580 (68 %) ; *98-99 :* 576,8 (64 %). **Population active** (en %) **et,** entre parenthèses, **part du PNB** (en %) : agr. 4,4 (5), mines 4 (7), ind. 18,2 (20), services 73,4 (68). **Chômage** (en %) : *1990 :* 8,1 ; *92 :* 11,8 ; *95 :* 9,5 ; *97 :* 9,2 ; *98 :* 8,5 ; *99 :* 7,6 ; *2001 (janv.) :* 6,9. **Pauvreté :** *1983 :* 17 % ; *91 :* 12,2 ; *92 (juin) :* 11,6 (1 700 000 pers.).

■ **Agriculture. Terres** (en milliers de km², 1979) : arables 730, forêts 3 417, vierges 4 334, urbanisées et développées 34. Terres cultivées : 5 %. Sur les 11 % de terres cultivables, 85 % sont dans l'Ontario et les Prairies. 82 % des terres agricoles sont dans l'ouest du pays. **Production** (en millions de t, 2000) : blé 26,8, orge 13,4, canola 7,1, maïs 6,8, p. de t. 4,2 (en 1999), avoine 3,3, pois 2,9, soja 2,7, viande 2,6 (en 1987), lin 0,69, seigle 0,26. *Blé* (de printemps) surtout dans Prairies : Manitoba, Alberta, Saskatchewan (25 % des terres cultivées, 75 % exportés, 2e pays exportateur, rendement : 2 610 kg/ha), avoine, orge (9 % des terres cultivées), maïs (Ontario), oléagineux (colza, lin, soja, tournesol), tabac (Ontario), légumes [Québec (p. de t.), Nouv.-Brunswick]. **Élevage** (en milliers de têtes, 2000). Bovins 12 275, porcins 12 148, vaches laitières 1 122, ovins 988. **Fourrures, peaux :** piégeage 63 %, élevage 37 % ; vison, renard, chinchilla. **Forêts.** 453 millions d'ha (50 % productifs, 25 % ayant un intérêt commercial). Gestion dépendant des provinces (prévue dans la Const.). **Propriétaires** (en %) : État fédéral 11, provinces 80, privés 9 (430 000 personnes). **Production :** 191 178 000 m³ (en 1998) ; 1er producteur de papier journal (31 % de la prod. mondiale, 85 % exportés), 2e de pâte à papier (16 %), 3e de bois d'œuvre (16 %). *Prod.* de bois de sciage : 180 millions de m³ en 1993 (7 fois les coupes françaises à pop. égale) [pertes : 143 millions de m³ (54,5 % d'incendies). En 1989, les incendies ont détruit 73 millions d'ha et les insectes 19 millions]. **Commerce :** 17 % des export. Principaux clients (en %) : USA 65, CEE 15, Japon 11. **Chiffre d'affaires** (en 1990) : 19,7 milliards de $ can. soit 3,4 % du PIB. **Employés :** 888 000 dont 348 000 directs. **Pêche** (en millions de t, 1997). 1,03 (Terre-Neuve et Pacifique).

■ **Énergie. Pétrole** (en millions de t) : *réserves :* 1 013 (en 1999), 86 % de la production : gisement de l'Athabasca (sables bitumineux contenant 84 % de sable, 11 % de pétrole, 5 % d'eau) *; production : 1985 :* 84 ; *90 :* 91 ; *91 :* 92 ; *92 :* 97 ; *93 :* 83,9 ; *94 :* 86,8 ; *95 :* 89,5 ; *96 :* 91,4 ; *97 :* 95,6 ; *98 :* 100,3 ; *99 :* 116,8. **Charbon** (en milliers de t) : *1999 :* 72,31. **Gaz** (en milliards de m³) : *réserves :* 1 307 (en 1999) ; *production : 1985 :* 84 ; *90 :* 107 ; *94 :* 149 ; *95 :* 158,6 ; *96 :* 164 ; *97 :* 165 ; *98 :* 169 ; *99 :* 174,9. **Électricité** (en 1998) : 540,9 milliards de kWh dont nucléaire 72,8 (84 en 1992), hydraulique 334.

Complexes hydroélectriques des baies James et d'Hudson (nord-ouest du Q.) : *projet en 1971 :* 4 réservoirs de 765 à 4 275 km² (Caniapiscau). A long terme, 11 centrales en 3 complexes : *La Grande,* réalisée (de mai 1973 à déc. 1985), coût 14 milliards de $; *3 centrales souterraines* [LG2 (la plus grande du monde, inaugurée 1979), LG3 (en 1982), LG4 (en 1984)] abritent 37 groupes turbines-alternateurs, puissance totale 10 282 MW. Les rivières Eastmain et Opinaca au sud, Caniapiscau (Koksoak) à l'est furent détournées (215 barrages et digues en rochements, soit 262 400 000 m³). *En 1975,* la Sté d'énergie de la baie James a accepté de verser sur 20 ans (1978-98) 115 millions de $ aux Cris et 90 aux Inuit. Un revenu minimal garanti de 10 000 $ a été prévu pour les familles de chasseurs et trappeurs. Castors et sauvagines ont dû émigrer à cause du changement de niveau des eaux et, *en 1984,* 10 000 caribous se sont noyés en franchissant une chute d'eau. *Depuis 1987,* libération de méthylmercure par les bactéries qui digèrent tourbières et forêts immergées. *Grande Baleine :* se jette dans la baie d'Hudson. 1 000 km² inondés. Centrale de 3 000 MW. *Coût* (est.) : 12,6 milliards de $ can. En sept. 1991, projet ajourné. **Nottaway-Boradback-Rupert :** projet ajourné.

■ **Minéraux** (en milliers de t, 1999). **Métaux :** argent 1,17, colbalt 2, cuivre 580, fer (minerai) 33 004, nickel 177, platine (métaux du groupe I) 0,014, uranium 9,89, zinc 960, or 0,158, plomb 8 300. **Non-métaux :** amiante 345, potasse 8 345, sel 12 643, soufre 8 792, tourbe 1 216.

■ **Industrie.** Auto, machines agricoles, pâte à papier, de bois, alimentaire, fer et non ferreux, raffinage de pétrole, chimie, textile. **Contrôle étranger** (80 % par USA) : pétrole (raffinage) 99,9 % ; pétrole et gaz (prod.) 82,6 ; 1res transformations des métaux 84,9 ; ind. minière 60,5 ; manufacturière 68,7.

■ **Transports. Voies ferrées** (en 1990) : 86 880 km. **Routes** (en 1995) : 912 200 km (dont Trans-Canada Highway 7 699, ouverte 1962, reliant une côte à l'autre, Victoria à St-Jean-de-Terre-Neuve). **Navigation :** sur Grands Lacs et St-Laurent, 3 769 km (construction avec USA du *St Lawrence Seaway :* navires de 28 000 tx peuvent rejoindre les Grands Lacs). **Oléoducs et gazoducs :** 196 000 km.

■ **Tourisme. Curiosités :** *Anse aux Meadows* (établissement européen, 1000 apr. J.-C.). *Edmonton :* West Edmonton Mall 48,6 ha. *Ile Anthony. Louisbourg :* forteresse, village des années 1740. *Moncton :* côte magnétique. *Montréal* [vieux quartier, basilique Marie-Reine-du-Monde (1870-86), copie de St-Pierre de Rome, oratoire St-Joseph pouvant accueillir 4 000 personnes, croix illuminée de 30,50 m de hauteur, parc olympique]. *Nanaimo :* mi-juillet, course dans d'anciennes baignoires (côte du Soleil près de Vancouver). *Ottawa* [forme anglicisée d'Outaouais (tribu indienne)] : Parlement, tour de la Paix (89 m, carillon 53 cloches), musées des Beaux-Arts, de l'Aviation, des Civilisations. *Québec :* fondée 1608, muraille vieille ville, N.-D.-des-Victoires (1688), musée de la Civilisation. *Rossland* (ville de l'or, découvert 1880). *Toronto :* CN Tower, 553 m (la plus haute du monde, voir à l'Index), Centre des Sciences, Ontario Place. *Chutes du Niagara* (46 m). *Chute Montmorency* (76 m). *Trail* (la plus grande usine de plomb et de zinc du monde). **Parcs** [34 nationaux (sur 180 156 km²) et 82 historiques nationaux] : dont Banff (*1885* le plus ancien 6 641 km²), Dinosaur, Kluane, Moresby Sud (île Anthony), Nahanni, Rocheuses canadiennes, Wood Buffalo (précipice à bisons Head-Smashed-In), Ellesmere (1986). **Visiteurs** (en 1999) : 19,37 millions (dont Américains 15,2).

■ **Commerce** (en milliards de $). **Export./import. :** *1996 :* 205,4/174,3 ; *97 :* 217,7/200,5 ; *98 :* 217,4/204,6 ; *99 :* 242,8/220. [(en milliards de $ can.) : *exporte vers* USA 308,1, Japon 8,4, G.-B. 4,8, Chine 2,7, All. 2,4./*importe de* USA 215,4, Japon 15, Mexique 9,5, Chine 8,9, G.-B. 8,1, All. 6,9]. **Balance des paiements** (en milliards de $ can.) : *1997 :* – 13,9 ; 98 : – 14,3 ; 99 : – 3,4.

■ **Rang dans le monde** (en 1999). 1er nickel. 2e orge. 3e gaz naturel. 4e cuivre. 6e blé, bois, diamants. 8e argent, fer. 10e lignite.

CAP-VERT

V. légende p. 950.

■ **Situation.** Afrique, à 455 km de Dakar. 4 033 km². Zone maritime : 600 000 km². **Iles** [10 îles, dont 9 habitées et 8 îlots en 2 groupes : *Barlavento (au vent) :* Santo Antão, 779 km², São Vicente (227 km², Mindelo 50 000 hab.), Santa Luzia, Bramo, Rojo 45 km², São Nicolau 388 km², Sal 216 km², Boa Vista 620 km², Branco, Raso ; *Sotavento (sous le vent) :* Maio 269 km², São Tiago (991 km², 145 957 hab.), Fogo (476 km², São Filipe 10 651 hab.), Brava 67 km², Luís Carneiro, Sapado Grande, Cima]. **Côtes :** 2 000 km. **Altitude** *maximale :* 2 829 m (pic Canon, volcan, île de Fogo). **Climat.** Tropical sahélien, 22 à 28 °C.

■ **Population.** *1996 :* 400 000 hab. A l'étranger : 700 000. Métis 71 %, Blancs 1 %, Noirs 28 % ; *2000 (est.) :* 437 000 ; *2025 (prév.) :* 530 000. **D.** 108,4. **Age :** *– de 15 ans* 43,6 %, *+ de 64 ans* 6,4 %. *Taux de fécondité :* 5,3 enfants/femme. **Émigration** (en 1997) : 700 000. **Immigration :** réfugiés angolais. **Capitale.** *Praia* (sur São Tiago) 100 000 hab. (est. 1999). **Langues.** Portugais *(officielle)*, crioulo (officielle). **Religions** (en %). Catholiques 90.

■ **Histoire. 1456** découverte probable par le Vénitien Ca' da Mosta, au service du Portugal. Escale des navires négriers, paiement de droits. **1968** famine. **1974**-*12-12* autonomie. **1975**-*30-6* élections décidant fusion avec Guinée-Bissau. *-5-7 indépendance.* **Aristides Maria Pereira** (né 17-11-1923) Pt. [PM : **Pedro Rodrigues Pires** (né 29-4-1934)]. **1980**-*14-11* coup d'État en Guinée-Bissau, fin du projet de parti commun. **1990**-*28-9* multipartisme adopté. **1991**-*13-1* législatives : MPD 56 sièges, PAICV 23. *-25-1* **Carlos Veiga** (né 21-10-1949) PM. *-31-1* police politique dissoute. *-22-3* **Antonio Mascarenhas Monteiro** (né 16-2-1944) Pt (élu le 17-2-1991 avec 73,5 % des voix ; réélu 18-2-1996). **1995**-*17-12 législatives :* MPD 50 sièges, PAICV 21, P. de la convergence démocratique 1. **2000**-*29-7* **Antoni Gualberto do Rosario** PM.

■ **Statut.** *République.* **Constitution** du 7-9-1980, amendée en sept. 1990 et en 1999. **Assemblée :** 72 membres élus pour 5 ans. **Partis. P. africain de l'indépendance du Cap-Vert** (PAICV) fondé 19-1-1981, Pedro Pires. **Mouvement pour la démocratie** (MPD) fondé mai 1990, Carlos Veiga. **P. du travail et de la solidarité** (PTS) fondé 9-11-1998. **Fêtes nationales.** 13 janv. (démocratie), 20 janv. (héros), 8 mars (femme), 1 mai (travail), 1 juin (enfant), 5 juillet (indépendance), 12 sept. (nation). **Drapeau** (adopté 25-2-1992). 5 bandes (2 bleues : Atlantique, 2 blanches et 1 rouge : route du progrès) et 10 étoiles en cercle (les îles).

■ **Économie. PNB** (en 1999) : 1 190 $ par hab. **Population active** (en %) **et,** entre parenthèses, **part du PNB** (en %) : agr. 48 (15), services 36 (66), ind. 15 (18), mines 1 (1). **Croissance :** *1999 :* 8 %. **Inflation :** *1999 :* 3 %. **Chômage :** *1996 :* 27 à 31 %. **Dette extérieure** (en millions de $) : *1980 :* 20 ; *85 :* 91 ; *90 :* 152 ; *98 :* 253. **Aide** (en millions de $) : *1997 :* 144 ; *98 :* 162. **Transferts des émigrés** (en millions de $) : *1994 :* 60 (17 % du PNB).

■ **Agriculture. Terres** (en %) : cultivées 5 à 10 (58 000 ha en 1995), pâturages 9, forêts 0,3. **Production** (en milliers de t, 1999) : canne à sucre 13, maïs 10 (rendement 0,5 t à l'hectare, 25 à 80 % des terres cultivées selon les pluies), bananes 7, noix de coco 5, manioc 4, légumes divers 4, p. de t. 2, café. **Élevage** (en milliers de têtes, 1999). Poulets 1 000, porcins 636, caprins 110, bovins 22, ovins 9. **Déficit agricole** (en 1991) : 43 millions de $ (14,3 % du PNB). **Pêche** (en 1997). 10 039 t. Conserveries.

■ **Mines.** Sel, gypse, pouzzolane (réserves : 11 millions de t), ciment. **Services.** *Port* d'escale à São Vicente. *Aéroport :* île de Sal.

■ **Tourisme** (en 1998). 60 000 visiteurs.

■ **Commerce. Export./import.** (en millions de $) : *1994 :* 5/210 ; *95 :* 9/252 ; *96 :* 24/208 ; *97 :* 43/215 ; *98 :* 33/218. **Export. :** bananes, crustacés, poisson ; **vers** Port., P.-Bas, Esp. **Import. : de** Portugal, P.-Bas, Brésil, USA, Japon.

CENTRAFRICAINE (République)

V. légende p. 950.

☞ *Abréviation :* fr. : français.

■ **Situation.** Afrique. 622 984 km². **Frontières** (en km) : Cameroun 797, Congo 467, Soudan 1 165, Tchad 1 197, ex-Zaïre 1 577. **Altitude** *mgx.* mont Ngaoui, 1 410 m, *moy.* 590, *min.* 334. **Climat.** Équatorial à tropical en allant d'ouest en est et du sud au nord. *Pluies :* 750 mm au nord (Birao) à 1 700 mm dans le Sud (Bangassou, Rafai). *Saison sèche* principale : nov. à mars. *Température* moy. : 25 à 32 °C. Savane. Forêt dense 92 500 km².

■ **Population.** *1921 :* 730 000 ; *46 :* 1 040 000 ; *60 :* 1 227 000 ; *75 :* 2 054 610 ; *94 :* 3 210 000 (dont 55 % rurale et 45 % urbaine) [dont (en 1979) 684 000 Gbayas, 573 000 Bandas, 196 000 Saras, 182 000 Manzas, 181 000 Mbums, 128 000 Mbakas, 40 000 Oubanguiens (Banziris, Yakomas, Sangos, Bourakas), 37 000 Nzakaras, 7 000 Zandés] ; *2000 (est.) :* 3 640 000 ; *2025 (prév.) :* 6 000 000. **D.** 5,8. **Age :** *– de 15 ans* 43,4 %, *+ de 64 ans* 3,7 %. **Taux** (en ‰, 1999) : *natalité* 38 ; *mortalité* 17 (infantile 97). **Espérance de vie** (en 1998) : 45 ans. *Sida en 1999 :* 300 000 séropositifs, 30 000 malades. **Européens :** *1900 :* 80 ; *15 :* 163 (dont 130 Français) ; *21 :* 1 923 ; *31 :* 4 646. **Français** (civils) : *1960 :* 5 500 ; *89 :* 3 300 (plus 1 300 militaires) ; *96 :* 2 400. **Est du pays :** *XVIIe s.* peuplé, *XIXe s.* dépeuplé par esclavagistes arabes, *1990* déserté (moins de 50 000 hab. sur 200 000 km²). **Analphabètes** (en %, 1998) : h. 43, f. 68. **Réfugiés** (en 1999) : 55 000 dont Soudan 35 000 et Congo dém. 15 000.

■ **Langues.** *Français, sango* (officielle depuis 21-2-1991). **Religions** (en %). Animistes 24, cath. 25, protestants 25, musulmans 15.

■ **Villes** (en 1998). *Bangui* 553 000 hab. (en 1999) [*1931 :* 18 889 ; *50 :* 38 000 ; *70 :* 200 000], Berbérati 41 891 (à 600 km), Carnot 41 000, Bouar 39 676 (455 km), Bambari 38 633 (385 km), Bangassou 33 000 (750 km), Bossangoa 31 502 (305 km), Mbaiki 16 000.

■ **Histoire. Jusqu'à la fin du XIXe s.** zone de passage ravagée par la traite des esclaves. **1889**-*10-5* Michel Dolisie, frère d'Albert Dolisie (1856-99), crée un poste au coude de l'Oubangui et le nomme *Bangui* (« les Rapides » en dialecte local). **1890-91** exploration de Paul Crampel (1804-91, tué près de Ndélé). **1891** Alfred-Louis Fourneau (1860-1930), Poumayrac (tué 17-5-1892), Casimir Maistre (1863-1957). Membre du Congo français. **1894**-*13-7* Oubangui, détaché du Congo, devient une colonie ; premiers missionnaires. **1901** création d'un impôt indigène. **1903**-*29-12* création du territoire de l'*Oubangui-Chari.* **1910** fédération de l'Afrique-Équatoriale française. **1911**-*4-11* accord franco-allemand, ouest de l'Oubangui-Chari intégré au Cameroun allemand. **1919** redevient français. **1909 et 1928** insurrections contre impôt et travail forcé (aboli 1946). **1928-31** révolte du Kongo-Wara (« guerre du manche de houe ») : 50 000 combattants contre 1 000 tirailleurs et gardes régionaux, plus 3 000 pisteurs et porteurs (milliers de †). **1940**-*sept.* l'Oubangui se rallie à la France libre, son bataillon de tirailleurs s'illustre à Bir Hakeim. **1958**-*juillet* **Barthélemy Boganda** (né 1904, prêtre, né 1904 à Bobangui, Lobaye) PM. *-1-12* rép. autonome. **1959**-*29-3* Boganda tué dans accident d'avion. *-Mars* **David Dacko** (né 24-3-1930) PM (ancien instituteur de l'ethnie mbaka).

1960-*13-8* **indépendance ; David Dacko** Pt (fin 1963, demande que mandat soit porté de 5 à 7 ans et d'être élu au suffrage universel) ; **1964** candidat unique : élu. *29-9* reconnaît la Chine populaire. **1965**-*15-1 emprunt national obligatoire* (sur 500 millions de F CFA prévus 182 millions rentreront dans les caisses de l'État). **1966**-*1-1* Bangui, coup d'État du colonel **Jean Bedel Bokassa** [22-2-1921/ Bangui 3-11-1996, Mbaka, ex-capitaine de l'armée française, Bedel pour Jean-Baptiste de La Salle (« B. de L. »), neveu de Boganda. Il a 33 enfants dont 6 de Catherine, née 1949. Devenu empereur, il donna le titre de prince (ou princesse) à son oncle maternel Ambroise Denguiade, sa sœur Catherine Ghagalama, et à ses enfants : Jean-Bedel (prince héritier), Charlemagne, Saint-Cyr, Nicaise, Martine, etc.] Pt. (arrêté et gracié en sept. 1993.) *-4-1* Constitution abrogée. **1969**-*11-4* coup d'État du Lt-Cel Alexandre Banza échoue. **1970**-*30-8* réforme agraire. **1972**-*2-3* Bokassa Pt à vie. *-29-7* décret contre le vol (1er vol une oreille coupée, 2e l'autre oreille, 3e une main, 4e exécution). **1973**-*7-4* Auguste M'Bongo min. d'État arrêté (mourra en prison). **1974**-*19-5* Bokassa maréchal. *-Déc.* coup d'État du Gal Lingoupou échoue. **1975**-*janv.* **Elizabeth Domitien** PM. Coup d'État échoue. **1976**-*3-2* Bokassa échappe à un attentat : 8 condamnés à mort [dont Fidèle Obrou, époux de la fausse Martine (Bokassa avait eu en Indochine une 1re fille ; il reconnut 20 ans plus tard une fausse Martine avant de retrouver la vraie), qui a disparu depuis]. *-Sept.* D. Dacko conseiller personnel de Bokassa. *-4-12* proclamation de l'empire. *-Déc.* **Ange Félix Patassé** PM. **1977**-*6-1* appartenance au Mesan (Mouvement pour l'évolution sociale de l'Afrique noire) obligatoire à 18 ans. *-4-12* couronnement de l'empereur Bokassa Ier, coût environ 140 millions de F, soit 1/5 du budget du pays ; sa grande tenue de maréchal est la réplique de celle de Ney au sacre de Napoléon Ier ; 5 000 invités, aucun chef d'État officiel présent, Robert Galley, ministre de la Coopération, représente la Fr. **1978**-*juillet* **Henri Maidou** PM. *-7-12* Pce Georges, fils aîné de l'empereur, déchu pour « propos diffamatoires ». **1979**-*19/20-1* Bangui, émeutes d'étudiants contre le port de l'uniforme, répression (150 à 500 †). *-17/19-4* manif., nombreuses arrestations, meurtres d'environ 100 enfants. *-22-5* Sylvestre Bangui, ambassadeur en Fr., constitue un Front de libération des Oubanguiens. *-16-8* commission africaine conclut à la participation de Bokassa aux meurtres d'avril. *-20/21-9* opération *Barracuda,* coup d'État à Bangui (Bokassa étant en Libye). **David Dacko,** ramené dans un Transall avec des parachutistes fr. pour maintenir l'ordre, prend le pouvoir. *-24-9* Bokassa obtient l'asile en Côte d'Ivoire, la Fr. le lui ayant refusé [24-12-1980 condamné à mort par contumace. Déc. 1983 s'installe en Fr. 23-10-1986 rentre en Centrafrique, y est arrêté. 12-6-1987 condamné à mort (peine commuée le 29-2-1988 en détention à perpétuité puis à 10 ans de réclusion, gracié le 1-9-1993). 24-9-1991 ses biens du Loir-et-Cher [1 château (Villemorant, Neung-sur-Beuvron), 1 ferme, 1 hôtel-restaurant] sont vendus aux enchères : 6 347 000 F. 30-9-1993 libéré]. *-Sept.* **Bernard Ayandho** PM. **1980**-*mars* le Mesan devient l'Union démocratique centrafricaine. *-Nov.* **Jean-Pierre Le Bouder** PM. *2-12* arrivée du Cel français Jean-Claude Mantion. **1981**-*24-1* complices de Bokassa exécutés. *-1-2* référendum pour Constitution (oui 837 410, non et nuls 22 037). *-15-3* David Dacko réélu Pt (50,23 % devant Ange Patassé 38,11, Abel Goumba 22). *-Avril* **Simon Bozanga** PM. *-14-7* attentat Cinéma-Club Bangui (3 †, 32 bl.) revendiqué par Mouvement centrafricain de libération nationale. *-18-7* partis dissous. *-21-7/16-8* état de siège. *-1-9* Dacko démissionne, partis interdits. **Gal André Kolingba** (né 12-8-1935) Pt du comité militaire de redressement national (CMRN). **1982**-*3-3* échec coup d'État de Patassé, qui se réfugie à l'ambassade de Fr. puis est expulsé le 13-4. *-25-10* Kolingba en Fr. **1983**-*août* création du P. révolutionnaire centrafricain. *-26-11* tentative de rétablissement de Bokassa (échec). **1984**-*9-10* attaque à Markounda (4 †). *-12/13-12* Pt Mitterrand en Centrafrique. **1985**-*21-9* CMRN dissous, 6 civils au gouvernement. **1986**-*27-3* Bangui : un avion Jaguar fr. s'écrase (35 †). *-21-11* référendum pour la Constitution. Pt élu pour 6 ans au suffrage univ. Parti unique. **1988**-*15/18-2* Kolingba en Fr. **1991**-*6-3* création d'un poste de PM. *-24-9* Gal Bozizé acquitté pour sa participation au coup d'État de 1982, maintenu en détention. **1992**-*1-8* début du « grand débat nat. » boycotté par opposition. *-25-10* législatives et présidentielle, suspendues le 26, annulées 29-10 par Cour suprême. **1993**-*17-1* Kolingba crée Conseil nat. politique provisoire de la Rép. (CNPPR) pour gérer le pays. *-22-8,* 1er tour législatives et présidentielle [8 candidats : Kolingba (12,10 %), Patassé (37,31), Abel Goumba

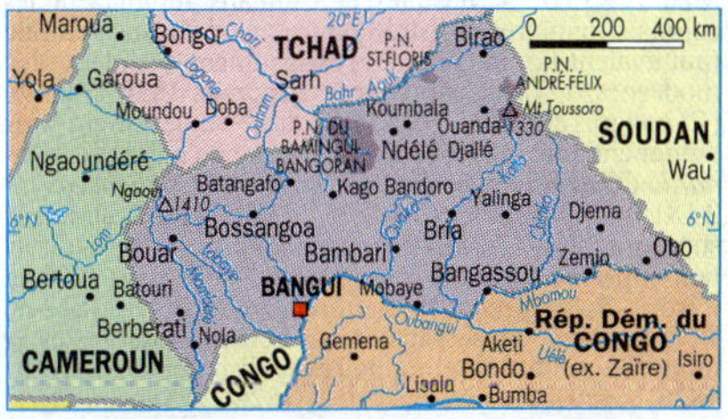

(21,68), Dacko (20,10), Énoch Lakoué, François Bozizé, Timothée Malendoma, Ruth Rolland]. *-28-8* décret modifiant Cour suprême et commission électorale. *-29-8* la France le qualifie de coup d'État et suspend la coopération. *-30-8* annulation du décret. *-19-9* : 2e tour : **Ange Félix Patassé** (né 25-1-1937, ingénieur agronome, ancien PM de Bokassa de sept. 1976 à juillet 1978 et chef du MLPC) élu Pt par 363 297 voix (52,47 %) devant Abel Goumba 315 935 (45,62 %). *-28-10* **Jean-Luc Mandaba** PM. *-22-11* reprise du travail des fonctionnaires en grève depuis 7 mois. **1994** *-20/21-4* Bangui, manif. étudiantes. *-14/15-10* inondations (région de Ndélé). **1995**-*11-4* Mandaba démissionne. *-12-4* **Gabriel Koyambounou** PM. **1996**-*18/21-4*, 1re mutinerie de 100 à 200 soldats réclamant leur solde. Déploiement d'unités françaises. *-18/21-5*, 2e mutinerie, 200 soldats occupent le centre de Bangui. Pillages. Intervention française (2 300 h.). *-26-5* accord mutins/armée française. *-27-5* bilan : 43 †. *-30-5* loi d'amnistie. *-6-6* **Jean-Paul Ngoupandé** PM. *-15-11*, 3e mutinerie (capitaine Anicet Sautet). *-16-11*, 1 500 soldats français à Bangui. *-8-12* trêve. **1997**-*4-1* Bangui, 2 militaires fr. assassinés. *-25-1* accord de «réconciliation nat.» conclu. *-30-1* **Michel Gbezera-Bria** (né 1946) PM. *-20-2* troupes fr. remplacées par la Mission interafricaine de surveillance des accords de Bangui (Misab). *-22/23-3* affrontements anciens mutins Misab (11 †). *-14-4* couvre-feu à Bangui. *-Juin* affrontements entre milices ; étrangers évacués. *-2-7* cessez-le-feu mutins et Misab. **1998**-*5-3* « pacte de réconciliation nat. ». *-27-3* Onu crée Mission des Nations unies en Rép. centrafricaine (Minurca), 1 350 h. pour 3 mois à partir du 15-4, prolongée [l'armée française qui a quitté Bouar (déc. 1997) et Bangui (avril 1998) laissera 200 h. sous uniforme Onu jusqu'au 28-8-1999]. **1999**-*4-1* **Anicet Georges Dologuélé** PM ; *-30-8/-12-9* Patassé en Lybie pour demander aide ; *-19-9* Patassé réélu Pt au 1er tour (51,63 %). **2000**-*22-2* départ de la Minurca. *-27-11* à **2001**-*fin janvier* grève des fonctionnaires (12 mois de salaire arriérés). *-28-5* coup d'État du Gal Kolingba : échec.

■ **Statut.** *République.* **Constitution** du 7-1-1995, approuvée par référendum le 28-12-1994 (82,06 % pour, 45 % de participation). **Pt :** élu pour 6 ans renouvelables une fois. **Ass. nationale :** 85 députés élus pour 5 ans au suffrage universel (22-11-1998 : MLPC 47, UFAP 53, Indép. 9). **Conseil économique et régional. 16 préfectures et Bangui.** **Fête nationale.** 1er déc. (proclamation de la Rép. 1958). **Drapeau** (adopté 1-12-1958). Bandes horizontales bleue (avec étoile jaune, espoir d'union avec la France), blanche, verte et jaune, surmontées d'une bande verticale rouge (amitié entre couleurs françaises et panafricaines).

■ **Partis. Rassemblement démocratique centrafricain** fondé 6-2-1987, parti unique jusqu'au 22-4-1991, A. Kolingba. **Front patriotique pour le progrès (FPP)** fondé 1972, *Pt :* Abel Goumba. **Alliance pour la démocratie et le progrès (ADP)** fondée 1991 par Dr Jean-Claude Conjugo (tué 1-8-1992 lors d'affrontements à Bangui), *Pt* François Pehoua. **Parti libéral démocrate (PLD)** de N. Kombot-Naguémon **P. social-démocrate (PSD)** fondé par Énoch Dérant Lakoué. **Mouvement pour la libération du peuple centrafricain (MLPC)** fondé 1979, *Pt :* Hugues Dobozendi. **Mouvement pour la démocratie et le développement,** *Pt :* David Dacko. **P. de l'Unité nat.,** *Pt :* J.-P. Ngoupandé. **Mouvement de libération du peuple centrafricain,** *Pt:* Ange Patassé. **[Union des forces acquises à la Paix :** regroupe les partis d'opposition.]

ÉCONOMIE

■ **PNB** (en $ par hab.). *1991 :* 410 ; *93 :* 360 ; *94 :* 320 ; *95 :* 365 ; *96 :* 342 ; *97 :* 320 ; *98 :* 300 ; *99 :* 331. **Population active** (en %) **et,** entre parenthèses, **part du PNB** (en %) : agr. 66 (51), ind. 9 (5), services 22 (29), mines 3 (15). **Croissance économique réelle** (en %) : *1994 :* 7,3 ; *95 :* 4,6 ; *96 :* 5 ; *97 :* – 2 ; *98 :* 2 ; *99 :* 5,1. **Inflation :** *1992 :* – 1,9 ; *93 :* – 2,1 ; *94 :* 24,6 ; *95 :* 19 ; *96 :* 4 ; *97 :* 1,1 ; *98 :* 3,7 ; *99 :* 2,6. **Aide française :** 20 à 25 % du PNB . **Dette extérieure** (en milliards de $) : *1995 :* 1 ; *96 :* 1 ; *97 :* 1,13 ; *99 :* 0,75.

■ **Agriculture. Terres** (en milliers d'ha, 1988) : cultivées 5 000 (1/3 du pays, soit 20 000 000 d'ha, pourrait être cultivé). **Production** (en milliers de t, 1999) : manioc 608, ignames 200, bananes 105, arachides 100, maïs 95, canne à sucre 90, banane-plantain 68, coton 48, sorgho 33, sisal, sésame 28,6, café 12, millet 12, riz 21. **Élevage** (en milliers de têtes, 1999). Poulets 3 000, bovins 2 500, caprins 1 500, porcins 300, ovins 250. Apiculture. **Pêche** (en 1997). 12 500 t. **Bois** (en m^3, est. 2000). 300 000 de grumes, 65 000 de sciages.

■ **Mines. Diamants** (en milliers de carats) : *1960 :* 500 ; *92 :* 414 (valeur 16,9 milliards de F CFA) ; *93 :* 400 ; *94 :* 495 ; *95 :* 478 (autant seraient vendus en contrebande) ; *96 :* 560 ; *97 :* 400 ; *98 :* 430 ; *99 :* 480 (dont 60 % exportés en fraude). **Or** (en kg) : *1991 :* 191,3 ; *92 :* 155 ; *93 :* 175,3 ; *94 :* 138 ; *95 :* 98 ; *96 :* 39 ; *97 :* 36 ; *98 :* 24. **Uranium** (réserves 20 000 t, non exploitées). **Hydroélectricité** (en millions de kWh/an). *1993 :* 93,6 (80 % de la consommation) ; *95 :* 96. Mise en service du barrage sur la Mbali en 1991.

■ **Transports** (en 2000). **Routes :** 24 000 km dont 1 000 bitumés. **Fret :** 53 100 t (trafic international). **Voies navigables :** Congo-Oubangui Sangha (2 à 3 mois sur 12, le niveau insuffisant ne permet pas de charger à plein les barges). **Tourisme** (en 1997). 22 000 visiteurs (surtout chasseurs).

■ **Commerce** (en milliards de $) : **Export. /import. :** *1995 :* 1,18/0,67 ; *96 :* 1,55/1,34 ; *97 :* 1,67/0,22 ; *98 :* 1,37/0,68 ; *99 :* 1,56/0,82 (diamants, coton).

■ **Rang dans le monde** (en 1999). 11e diamants.

CHILI

Carte p. 987. V. légende p. 950.

☞ *Abréviations :* All., all. : allemand(s) ; C. : Chili.

■ **Nom.** Viendrait d'un oiseau du centre du pays ou du mot *quechua* : Là où finit la terre.

■ **Situation.** Amér. du Sud. **Superficie :** 756 626,3 km^2 (plus 1 250 000 km^2 revendiqués dans l'Antarctique et îles du Pacifique). **Longueur :** 4 270 km, **largeur** moyenne 175 km (maximale 445 km, minimale 90 km). **Altitude** *maximale :* Tres Cruces 6 753 m. **Frontières** (en km) : Pérou 160 (ligne de la Concorde), Argentine 5 150 et Bolivie 861. **Côtes :** 6 435 km en suivant les sinuosités.

■ **Climat.** Influencé par courant froid de Humboldt (15 à 18 °C sur côte) ; le brouillard (la *camanchaca*) couvre la côte vers le nord. *Santiago :* température moyenne : janv. 20,1 °C, avril 12,7 °C, juillet 9,3 °C.

■ **Organisation administrative.** 13 régions, 51 provinces et 342 communes. **Régions** (du nord au sud) **Tarapacá :** 58 688,1 km^2, 405 183 hab., pêche, farine et huile de poisson, tourisme. **Antofagasta :** 126 443,9 km^2, 474 487 hab., cuivre. **Atacama :** 75 573,3 km^2, 278 058 hab., cuivre, or, argent, fer. **Coquimbo :** 40 656,3 km^2, 586 062 hab., manganèse, fer, or. **Valparaiso :** 16 396,1 km^2, 1 578 861 hab., tabac, conserveries, ciment, fleurs, tourisme. **Région de la capitale :** 15 349 km^2, 6 189 964 hab. **Libertador Gal Bernardo O'Higgins :** 16 341, 4 km^2, 798 911 hab., cuivre, fruits. **El Maule :** 30 325,3 km^2, 922 843 hab., bois, fruits. **El Biobío :** 36 929,3 km^2, 1 956 104 hab., hydroélectricité, papier, bois, fer, acier, raffinerie de pétrole, farine de poisson. **La Araucanía :** 31 842,3 km^2, 883 251 hab., agriculture, bois. **Los Lagos :** 67 013,1 km^2, 1 072 619 hab., agriculture, pêche, bois. **Aisén del Gal Carlos Ibañez del Campo :** 108 494,4 km^2, 96 405 hab., élevage, bois, pêche, tourisme. **Magellanes y Antártica chilena :** 1 382 033,5 km^2 dont 132 033,5 en Amérique du Sud et 1 250 000 en Antarctique, 158 907 hab., pétrole, gaz, charbon, élevage.

■ **Population** (en millions d'hab.). *1835 :* 1,01 ; *54 :* 1,44 ; *1907 :* 3,22 ; *40 :* 5,02 ; *52 :* 5,93 ; *60 :* 7,37 ; *70 :* 8,89 ; *2001 (est.) :* 15,40 ; *2025 (prév.) :* 16,14. Métis 66 % (Indiens et Européens) ; Européens non métissés 25 % (surtout All.), Indiens 5 % [Araucans (parlant picunche, pehuenche, mapuche, huilliche) dont 500 000 *Mapuches* et *Huilliches* provenant d'Arauco, Malleco, Cautin] ; quelques centaines de descendants d'*Onas* et d'*Alacalufes* dans l'extrême Sud ; habitants de *Rapa Nui* (île de Pâques). **D.** 20,1 (Centre 73, Sud 1,2). **Age :** *- de 15 ans :* 28,1 %, *+ de 64 ans :* 7,3 %. **Taux** (pour ‰, en 1999) : *natalité* 20, *mortalité* 6 (infantile 12) ; accroissement 13,6. **Population urbaine** (en 2001) : 85,8 %. **Espérance de vie** (est. 2000-05) : 75, 96 ans. **Émigrés :** 160 000 (dont 500 interdits de séjour).

☞ 75 % des Chiliens descendent des Espagnols qui se métissèrent avec les *Picunches*. Aux XIXe et XXe s., importante immigration européenne : Allemands (en majorité ; les recrutements officiels eurent lieu en 1840 et 1860 ; installés dans la région des lacs et forêts) ; Anglais à Valparaiso ; Italiens, Arabes, Yougoslaves, *Français* (quelques familles au XVIIIe s., dont les Pinochet, d'origine bretonne, Letelier, Subercaseaux, Labbé, Morandé).

■ **Langue.** Espagnol. **Religions** (en %). Catholiques 76,7. Évangélistes 12,4. Protestants 0,8, autres 4,3, sans 5,8.

■ **Villes** (juin 2001). *Santiago du Chili* 5 568 588 hab., Concepción 385 259 (à 580 km), Viña del Mar 346 513 (151 km), Valparaiso 285 327 (145 km), Talcahuano 284 836 (594 km), Temuco 280 365 (676 km), San Bernardo 254 632, Antofagasta 254 562 (1 186 km), Rancagua 217 837.

■ **Histoire. Peuplements anciens :** *Atacameños :* Nord, agriculteurs ; *Diaguitas :* Nord, agriculteurs, savent fondre le cuivre ; *Changos :* côte nord et centrale, pêche ; *Picunches, Araucaños* et *Huilliches :* Centre et Sud, agriculteurs, éleveurs ; *Chiquillanes, Pehuenches, Puelches, Poyas, Techuelches* et *Onas :* cordillière centrale et Sud, nomades, vivent de la cueillettes et de la récolte des fruits ; *Cuncos, Chonos, Alacalufes* et *Yaganes :* zone des canaux, connaissent la navigation à voile. **1480** les empereurs incas du Pérou conquièrent le C. jusqu'au río Maule, au 35e degré de lat. sud ; stoppés par les Indiens Araucans (en espagnol : *Araucanos,* mot forgé en 1569 par le poète Alonso de Ercilla). **1520** Magellan découvre le détroit qui porte son nom. **1536** *Diego de Almagro* passe du Pérou au C. par la vallée de Copiapó. **1541** *Pedro de Valdivia* (vers 1497-1553) fonde Santiago. **1553** rébellion indigène contre les fondations espagnoles. **1557-61** Garcia Hurtado de Mendoza continue la conquête. **1561-1810** capitainerie générale dépendant du vice-roi du Pérou. **1598** le gouverneur Martin Garcia Oñez de Loyola tué par les indigènes, destruction des villes au sud du fleuve Biobío. **1647** Santiago détruite (séisme). **1655** sous le gouverneur Antonio de Acuña y Cabrera, rébellion indigène jusqu'au fleuve Maule. **XVIIIe s.** Basques et Catalans remplacent les colons originaires d'Estrémadure, Andalousie, Castille (qui avaient fait la conquête) et insufflent des idées plus modernes. **1778** C. capitainerie générale. **1810** 1re junte (1er congrès en 1811). **1814** échec du 1er soulèvement pour l'indépendance. **1816-18** 2e soulèvement, victoires de *Bernardo O'Higgins Riquelme* (1778-1842) à *Chabahuco* (12-2-1817) et *Maipu* (5-4-1818). O'Higgins directeur suprême. **1818**-*12-2 indépendance. -Sept.* **O'Higgins** directeur suprême. **1823**-*28-1* démission d'O'Higgins exilé au Pérou. *-Janv.* **Ramon Freire** directeur suprême. **1823-30** 1re anarchie : conservateurs et libéraux, fédéralistes et unitaires, politiciens et militaires se disputent le pouvoir. **1826** **Manuel Blanco Encalada**, **1826-27** **Agustin Eyzaguirre**, **1827** **Ramon Freire**, **1827** **Francisco Antonio Pinto**, **1829** **Francisco Ramon Vicuña**, **1830** **Francisco Ruiz Tagle**, **1830-31** **José Tomás Ovalle** Pt. **1830** victoire des conservateurs à Lircay. **1831** **Fernando Errázuriz** Pt. *-Sept.* **Joaquin Pietro** Pt. **1833** *Constitution.* **1836-39** guerre du Pacifique contre Pérou et Bolivie, le C. vainqueur s'agrandit des provinces d'Antofagasta (120 000 km^2, pris à la Bolivie), d'Arica et de Tacna (au Pérou) [traité d'Ancón]. **1841**-*sept* **Manuel Bulnes Prieto** Pt. **1844** Espagne reconnaît l'indépendance du C. **1851**-*sept.* **Manuel Montt** Pt. **1861** victoire des libéraux. *-Sept.* **Jose Joaquin Perez** Pt. **1871**-*sept.* **Federico Errázuriz Zañartu** Pt. **1876**-*sept.* **Anibal Pinto** Pt. **1879-84** guerre du Pacifique. **1881**-*sept.* **Domingo Santa Maria** Pt. **1884** après 350 ans de lutte contre les Européens, les Indiens signent un traité avec le gouv. chilien. **1886**-*sept.* **José Manuel Balmaceda** Pt. **1891** guerre civile perdue par Pt Balmaceda (se suicide), puis régime politique parlementaire. *-Sept.* **Jorge Montt** Pt. **1896**-*18-9* **Federico Errázuriz Echaurren** (1850-1901) Pt. **1901**-*18-9* **Germán Riesco Errázuriz** (1854-1916) Pt. **1906**-*18-9* **Pedro Montt y Montt** (1846-1910) Pt. **1907** massacres à Iquique. **1910**-*16-8/6-9* **Elias Fernandez Albano** Pt. *-6-9* **Emiliano Figueroa Larraín** (1866-1931) Pt. *-23-12* **Ramón Barros Luco** (1835-1919) Pt. **1915**-*23-12* **Juan Luis Sanfuentes Andonaegui** (1858-1930) Pt. **1920**-*23-12* **Arturo Alessandri Palma** (1868-1950) Pt, Mouvement réformiste de gauche. **1924**-*11-9* abdique sous la pression de militaires réformistes. **Gal Luis Altamirano** Pt. **1925**-*1/23-3* **Emilio Bello Codecido** (1869-1941) Pt. *-23-3/10-10* **Arturo Alessandri Palma** Pt. *-10-10/3-12* **Luis Barros Borgono** (1858-1943) Pt. *-3-12* **Emiliano Figueroa Larraín,** libéral, Pt. **1926** arbitrage du Gal américain Pershing dans la question de Tacna (revendication péruvienne). **1927**-*4-5* Figueroa démissionne sous la pression de son min. de la Guerre, **Carlos Ibañez del Campo** (1877-1960) qui se fait élire Pt le 21-7. **1927-32** anarchie. **1929**-*3-6 traité de Lima ;* le C. rend la province de Tacna au Pérou, mais garde celle d'Arica contre indemnités. **1931**-*26-7* Ibañez démissionne ; **Juan Esteban Montero** (1879-1959) Pt. **1932**-*4-5* renversé par insurrection. *-4/16-6* « République socialiste » qui dure 13 j. *-17-6* Cels Marmaduke Grove et Eduardo Matte, taxés de communisme, exilés à l'île de Pâques. *-Juillet* **Carlos Dávila Espinoza** (1887-1955) assume la présidence, renversé *-14-9* par **Gal Bartolomé Blanche** (1879-1970), min. de l'Intérieur, doit laisser le pouvoir le *-1-10* à **Abraham Oyanedel Urrutia.** *-24-12* **Arturo Alessandri Palma** revient au pouvoir. **1938**-*24-12* victoire du Front populaire, avec le radical **Pedro Aguirre Cerda,** (1879-1941) Pt. **1941**-*janv.* socialistes quittent la coalition. *-25-11* Cerda meurt ; **Geronimo Mendez Arancibia** Pt. **1942**-*2-4* **Juan Antonio Ríos Morales** (1888-1946), radical, Pt. **1946**-*27-6* Rios meurt ; *-4-11* **Gabriel González Videla** (1898-1980), radical, Pt appuyé par les communistes. **1948** loi de défense de la démocratie ; communistes mis hors la loi (loi abrogée 1958). **1952**-*4-11* **Carlos Ibañez del Campo** Pt. **1958**-*4-11* **Jorge Alessandri Rodriguez** (1896-1986), fils d'Arturo, élu Pt contre Salvador Allende avec 32 000 voix d'avance. **1960**-*9-6* séisme magnitude 9,5 (2000 †). **1964**-*4-11* **Eduardo Frei Montalva** (1911/janvier 1982) démocrate-chrétien, soutenu par la droite, élu Pt avec 55,6 % des suffrages. **1969** *Pacte andin* (Colombie, Équateur, Pérou, Bolivie, Chili depuis fin 1973, Venezuela). **1970**-*4-9 présidentielle :* Allende (l'Unité populaire) 36,3 % des voix ; Alessandri (conservateur) 34,98 et Radomiro Tomic († 1992, démocrate-chrétien) 27,84. *-24-10* n'ayant pas la majorité absolue, Allende est élu Pt par le Congrès (les démocrates-chrétiens ayant voté pour lui).

Le royaume d'Araucanie. 1858 Antoine Orllie de Tounens (né 12-5-1825 à Chourgnac, Dordogne), ex-clerc puis avoué à Périgueux, vend son étude ; *-22-8* arrive au Chili. **1859**-*déc.* gagne l'Araucanie (sud du C.) pour y soulever les Indiens et en faire un État indépendant avec la Patagonie. **1860**-*17-11* se proclame roi d'Araucanie et *20-11* de Patagonie sous le nom d'Orllie-Antoine Ier. **1861**-*déc.* se fait confirmer roi par quelques centaines d'Araucaniens. Annonce au gouvernement chilien la fondation du nouveau royaume. **1862**-*5-1* arrêté ; *-2-9* jugé par la Cour de Santiago qui le déclare fou et le renvoie. **1863**-*3-3* rentre en France. **1869** revient en Araucanie. **1871**-*août* rentre en France. **1874**-*avril* 2e tentative ; *-juillet* est arrêté en mer et écroué à Buenos Aires ; *-31-10* libéré, repart pour la France. **1876** 3e tentative ; tombe malade à Buenos Aires, est opéré et rapatrié. **1878**-*17-9* meurt en France dans la misère en laissant son trône à M. Laviarde († 1902), qui prit le nom d'Achille Ier. Des traités signés avec les Espagnols, dont celui de Quillen 1645, reconnaissaient l'indépendance des Indiens, au sud du fleuve Bio-Bío ; si la Constitution chilienne de 1833 englobait l'Araucanie dans son territoire national, la région et ses habitants restaient non soumis à l'autorité chilienne (en 1860).

1970-*4-11* **Salvador Allende Gossens** (1908-73) Pt. *-2-12* 1res expropriations des grands domaines. **1971**-*4-4* municipales, l'Unité populaire a 49,75 % des voix. *-11-7* le Parlement vote à l'unanimité la nationalisation du cuivre. *-20-7* gouv. perd contrôle des 2 assemblées du Congrès. Fernando Sanhueza (démocrate-chrétien) élu Pt de la Chambre. *-13-8* USA coupent des crédits. *-1/2-12* manif. à Santiago contre pénurie alimentaire. État d'urgence. *-9-12* gouv. suspend convertibilité de la monnaie. **1972**-*11-10* état d'urgence (grève des camionneurs). *-30-10* opposition lance une procédure contre 4 ministres. *-31-10* gouv. démissionne. *-2-11* gouv. du **Gal Carlos Prats,** Cdt en chef, min. de l'Intérieur. *-5-11* fin grève des camionneurs. **1973**-

mars législatives : opposition (Code) 54,70 %, Unité populaire 43,9, fraction socialiste (Usopo) aucun élu, votes blancs et nuls 1,91. Il fallait à l'opposition 2/3 des sièges dans les 2 assemblée pour rejeter les décrets d'insistance du Pt. *-28-3* militaires quittent gouv. *-20-6* Sénat destitue 2 ministres. *-27-6* état d'urgence à Santiago après tentative d'attentat contre Gal Prats. *-28-6* régiment de blindés attaque le palais présidentiel : révolte matée en 3 h. Allende réclame pleins pouvoirs ; Parlement refuse. *-3-7* fin de la grève des mineurs d'El Teniente. *-5-7* nouveau gouv., sans militaires. *-25-7* grève des camionneurs. *-27-7* Arturo Araya Peters, aide de camp naval d'Allende, assassiné (extrêmes droite et gauche s'accusent). *-2-8* grève des transports en commun. *-7-8* découverte du complot d'Altamirano (soc.) pour prendre 2 cuirassés et bombarder Valparaiso. *-9-8* gouv. comprenant des Cdts des 3 armes. *-18-8* Gal Ruiz (min. des Travaux publics et Cdt en chef des forces aériennes) démissionne. *-22-8* Chambre des députés signifie que le gouv. a souvent enfreint la Const. et demande aux militaires (garants de celle-ci) de veiller à son respect ou de se retirer. *-23-8* Allende accepte démission du Gal Prats, min. de la Défense, et du Cdt en chef des forces armées. *-24-8* Gaux Guillermo Pickering et Mario Sepulveda démissionnent. *-27-8* l'amiral Raúl Montero, Cdt en chef des forces navales, min. des Finances, démissionne. *-28-8* nouveau gouv., avec 4 militaires. *-5-9* des milliers de femmes réclament à Santiago la démission d'Allende. *-11-9* **coup d'État militaire :** Gal Pinochet, Gal Gustavo Leigh, Cdt en chef de l'armée de l'air (1920-99), Gal Cesar Mendoza (1915-96), amiral Toribio Merino (1915-96) ; la junte annonce la découverte d'un complot rouge pour le 19-9. Allende se suicide. *-21-9* partis de l'Unité populaire [communistes, socialistes, radicaux, gauche chrétienne, Mapu (Mouvement d'action pour l'unité populaire)] dissous. Formations autorisées : Démocratie chrétienne, P. national (conservateur), P. démocrate radical et gauche radicale. *-18-10 :* 1 000 usines réquisitionnées restituées. **1974**-*11-6*, 100 000 fonctionnaires licenciés. **Bilan du coup d'État :** *tués :* 4 000 (sources officielles), 10 000 (les 6 premiers mois selon l'AFP) ; *détenus :* 90 000 en 18 mois ; *exilés :* 163 000.

1974-*26-6* **Gal Augusto Pinochet Ugarte** (né 25-11-1915) chef suprême de la nation. *-30-9* Gal Prats et son épouse, Sofia Cuthbert, assassinés (voiture piégée) à Buenos Aires. (Arancibia Clavel, agent de la Dina, sera condamné à perpétuité en Argentine, le 21-11-2000) *-8-10* affrontement avec l'armée : Miguel Enriquez, secr. général du Mir (gauche révolutionnaire), tué. **1975**-*9-12* l'Onu condamne la torture au Chili par 95 voix (dont USA et Fr.) contre 11 (dont Égypte et 10 pays d'Amér. latine) et 23 abstentions (dont Chine, Albanie, Cambodge). **1976** opération Condor [conçue 1975 avec Manuel Contrera, chef de la Dina (police politique)] (Chili, Argentine, Uruguay, Paraguay, Bolivie, Brésil décident de faire la chasse aux militants de gauche). *-12-8* Dina dissoute. *-21-9* Orlando Letelier, ancien ministre d'Allende, tué à Washington [le Gal Manuel Contreras (ancien chef de la Dina) et son adjoint le Cel Pedro Espinoza, arrêtés le 22-9-1991 et reconnus coupables, seront condamnés 30-5-1995 à 7 et 6 ans de prison]. *-30-10* C. quitte Pacte andin (fondé 1969). *-17-12* Luis Corvalán, secr. gén. du PC, échangé contre dissident russe Vladimir Boukovski. **1977**-*4-1 référendum,* 4 173 547 votants (75,30 %) contre 1 130 185 (20,39 %) appuient Pinochet dans sa défense de la dignité du C. et réaffirment la légitimité du gouv. *-9-3* état de siège aboli. *-19-4* amnistie générale. *-19-6* annulation des expropriations de terres (10 millions d'ha appartenant à 5 000 grands propriétaires avaient été distribués à 100 000 paysans). *-12-12* le C. ayant été condamné pour la 4e fois pour violation des droits de l'homme, Pinochet annonce un référendum contre l'« ingérence étrangère ». **1978**-*4-1* référendum sur la gestion de Pinochet, 75 % de oui. *-8-1* Washington : procès des assassins de Letelier [8 inculpés (3 Chiliens et 5 Cubains anticastristes) ; accusé principal : Gal Contreras] ; élect. syndicales, droit de grève instauré. *-11-3 état de siège levé* (non l'état d'urgence). *-24-7* Pinochet destitue Gal Leigh, membre de la junte, pour hostilité au plébiscite. *-1-10* Cour suprême refuse d'extrader les 3 inculpés du meurtre de Letelier. **1978 à 82** expansion économique [influence d'experts américains monétaristes (Chicago Boys), disciples de Milton Friedmann]. **1980**-*11-9* référendum : 67 % pour « Const. de la liberté » (excluant les partis à vocation antidémocratique) ; prévoit un retour à une « démocratie limitée ». Pinochet restera Pt jusqu'en 1989 ; à la fin du mandat, un plébiscite sur une candidature unique pour la succession sera organisé. En 1980, le Mir revendique plus de 100 attentats. **1982**-*22-4* gouv. avec 14 militaires. *-24-12 :* 125 Chiliens autorisés à rentrer. **1983**-*14-1 :* 70 retours autorisés. *-11-5 :* 1re *protesta* (manif. contre le régime) [2 †]. *-Juillet* banques étrangères restreignent crédits : crise, chômage. *-11/16-8 :* 4e *protesta* (24 †). *-30-8* Gal Urzua Ilanez, maire de Santiago, assassiné. *-18-11 :* 500 000 manifestants à Santiago (1 †). **1984** plusieurs *protestas*. *-1-5* manif. (100 bl.). *-4-9* manif. (9 † dont le père André Jarlan, Français, né 1941). *-8-9 état de siège rétabli*. *-30-10* grève générale (8 † ; 20 policiers et militaires tués en quelques semaines). *-6-11* attentats. *-27/28-11 protestas.* **1985**-*3-3* séisme magnitude 7,6 (Santiago 135 †). *-27-3 protesta*. *-17-6* état de siège levé. *-9-8* journée de défense de la vie (3 †). *-4-9 protesta* (10 †). *-5/6-11 protesta :* 3 †. *-21-11 :* 300 000 à 500 000 manifestants pour démocratie chrétienne. **1986**-*3/4-7 protesta* (6 †). *-7-9* attentat manqué contre Pinochet (5 †). *-8-9 état de siège*. *-11-9 :* 3 prêtres français expulsés. *-23-10 :* 5 auteurs de l'attentat (du Front patriotique Manuel Rodriguez) arrêtés. **1987**-*2-2* levée du couvre-feu (de 2 h à 5 h, appliqué depuis nov. 1984) à Santiago. *-25-2* partis politiques de plus de 30 000 adhérents (sauf PC) autorisés. *-1-4* Jean-Paul II au C. *-3-4* messe : émeutes à Santiago (1 †, 600 blessés). *-15/16-6* opération de police à Santiago (12 †). *-18-6* obsèques de 3 des 12 tués ; affrontements. **1988**-*11-8* les évêques demandent aux militaires de désigner un *candidat de consensus,* repoussant indirectement Pinochet. *-27-8 état d'urgence levé*. *-30-8* la junte désigne Pinochet comme candidat (si le « oui » l'emporte, il gardera le pouvoir jusqu'en 1997, sinon il gouvernera 15 mois avant de nouvelles élect. et la désignation du Pt de la Rép. en mars 1990). *-1-9* levée des mesures d'exil pour 500 pers. environ : *Isabel Allende,* fille de l'ancien Pt, et José Oyarce, ancien ministre communiste du Travail, rentrent. *-4-9 :* 400 000 manifestants à Santiago. *-11-9 :* 100 000 pour le 15e anniversaire de la mort d'Allende. *-24-9 Hortensia Allende,* femme d'Allende, 74 ans (dite « la Tencha »), rentre. *-1-10* plus de 1 million de manifestants à Santiago. *-5-10* référendum sur la succession présidentielle : 7 251 943 votants, non 54,71 %, oui 43,1, votes nuls 1,31, blancs 0,97. *-21-10* démission du gouv. ; un commando d'extrême gauche occupe Los Quenes. *-3-11* junte remaniée, 13 généraux sur 50 versés dans la réserve. *-7-11* Gal Sinclair représente Pinochet à la junte des commandants en chef (corps législatif). **1989**-*18-4* grève générale (2 †). *-26-4* gouv. démissionne à la demande de Pinochet, puis est maintenu. *-31-5* accord gouv.-opposition sur réforme constitutionnelle. *-30-7* référendum sur 54 amendements à la Charte constitutionnelle (en particulier la réduction du mandat présidentiel de 8 à 4 ans). Inscrits 7 556 613, votants 7 066 628, blancs et nuls 429 976, exprimés 6 636 652, oui 6 056 440, non 580 212. *-11-8* démission du gouv. *-4-9* Jegar Neghme, dirigeant du Mir, assassiné. *-14-12* présidentielle. *-29-12* marxistes-léninistes de Clodomiro Almeyda et socialistes rénovés de Jorge Arrate forment un seul parti socialiste.

1990-*11-3* **Patricio Aylwin Azócar** (né 26-11-1918, avocat ; *1971* Pt du Sénat, *1973-75* soutient Pinochet) investi [(démocrate-chrétien) Pt élu 14-12-1989 avec 55,2 % des voix devant Hernán Büchi Buch 29,4 % (démocrate et progressiste, candidat gouvernemental), Francisco Javier Errazuriz Talavera 15,4 % (centre)]. Pinochet reste jusqu'en 1997 Cdt en chef de l'armée. *-Mars* relations diplomatiques avec URSS, RDA, Pologne, Tchéc. et Youg. rétablies. *-20-3 :* 1re session des 2 Chambres réunies en congrès à Valparaiso (depuis 16 ans). *-21-3* Gal Gustavo Leigh tué (attentat). *-Juillet* charniers découverts. *-4-9 transfert des cendres du Pt Allende* à Santiago (enterré 1973 à Viña del Mar, à 100 km de Santiago). *-Nov.* loi permettant au Pt de la Rép. de gracier tout détenu ayant commis un délit pour raison politique avant le 11-3-1990. *-14-11* commando Lautaro tue 4 policiers en libérant un des dirigeants d'extrême gauche. **1991**-*1-2* Aylwin ferme la colonie *Dignidad* [15 000 ha à 400 km de Santiago, baptiste (fondée 1961 par Paul Schäfer, Allemand poursuivi pour délits sexuels), accusée d'être un camp de travail concentrationnaire où les tortures sont courantes]. *-23-3* Parlement amende la Constitution pour permettre au Pt de recouvrer son droit de grâce pour les prisonniers politiques (200 concernés). *-1-4* Jaime Guzmán, ancien conseiller de Pinochet, sénateur de Santiago depuis déc. 1989, assassiné ; traité de libre-échange avec Mexique. **1992**-*28-6* municipales, victoire coalition présidentielle. *-11-7* Aylwin en Fr. **1993**-*11-9 :* 20e anniversaire du putsch à Santiago (2 †, 50 bl.).

1994-*11-3* **Eduardo Frei Ruiz-Tagle** [né 24-6-1942, fils d'Eduardo (1911-82), Pt 1964-70] investi Pt [élu 11-12-1993 (58,01 % des voix), démocrate-chrétien soutenu par une coalition de gauche, devant Arturo Alessandri (Udi pro-Pinochet et Rénovation nationale) 24,39 %]. *-14-10* accepte partage territorial avec Arg. qui concède la Laguna del Deserto (532 km²), **1996**-*25-6* Chili associé au Mercosur. **1998**-*10-3* Pinochet, Cdt suprême des armées depuis 1973, reçoit le titre de commandant en chef méritant, remplacé par Gal Ricardo Izuieta. *-11-3* sénateur à vie.

2000-*11-3* **Ricardo Lagos Escobar** (né 2-5-1938), socialiste, Pt [1er tour (12-12-1999) 47,96 % des voix, Joaquin Lavin 47,52, communistes 3,2 ; 2e tour (16-1-2000) 51,32 %]. **2001**-*janv.* statue de S. Allende inaugurée devant la Moneda.

■ **Bilan récent. Personnes ayant été arrêtées depuis 1973 :** 150 000 (détenues fin 1993 : 19). **Exilés :** officiellement 10 000 opposants condamnés après le putsch. 1ers retours autorisés en 1984. Selon la *commission Vérité et Réconciliation* (mars 1991) : 2 279 † irréfutables depuis 1973 (640 non prouvés) dont 957 détenus politiques, 1 068 victimes d'agents d'État, 164 de la violence policière (au cours de manif.) et 90 par l'action de particuliers ; suicide d'Allende confirmé ; le compositeur Victor Jara, torturé, fut assassiné le 15-8-1973.

■ **Statut.** *République.* **Constitution** du 11-3-1981, révisée en juillet 1989 et nov. 1991. Vote obligatoire. **Pt** élu pour 6 ans au suffrage univ. **Chambre des députés :** 120 m. élus 11-12-1997, concertation 70 (DC 39, PRSD 4, PPD 16, PS 11) 70 sièges. **Sénat :** 46 m. dont 37 élus et 9 nommés (dont par forces armées 4, Cour suprême 2, chef de l'État 3). **Fête nationale.** 18-9 (autonomie 1810). **Drapeau** (adopté 18-10-1817). Bandes horizontales blanche (neige des Andes), rouge (sang des patriotes), carré bleu (ciel) avec une étoile blanche. **Noblesse.** *Titres conférés par l'Espagne :* 21 (1 duc, 11 marquis, 7 comtes, 1 vicomte, 1 baron). Ne sont plus officiellement reconnus, mais toujours en usage.

■ **Partis.** Interdits en 1973, rétablis 1987 (sauf PC, rétabli en 1990). **Alliance démocratique : P. démocrate-chrétien (DC)** fondé 1957, *Pt :* Enrique Krauss. **P. pour la démocratie (PPD). P. radical socialiste-démocrate (PRSD)** fondé 1973, *Pt :* Luis Angel Santibañez. **P. radical** fondé 1863, *Pt :* Carlos Gonzales Marquez. **Droite républicaine et Socialistes** sauf almeydistes. **Bloc socialiste** formé du **P. socialiste Briones** et du **Mapu (Mouvement démocratique populaire)** regroupant almeydistes (partisans de Clodomiro Almeyda). **P. communiste** (moins de 30 000 m., contre 50 000 en 1973), *Pt :* Gladys Marin. **P. libéral** créé 8-9-1999, *Pt :* Adolfo Balla. **Mouvement de la gauche révolutionnaire (Mir)** fondé par Bautista Van Schouwen, *Pt :* Andres Pascal Allende. **Union pour le Chili** 48 (Rénovation nationale 25, Union démocrate indépendante 22, Union Centre-Centre 1). **Union Centre-Centre. P. pour la démocratie,** *Pt :* Jorge Schaulsohn Brodsky. **P. des Verts et Humanistes** fondé 1993, *Pt :* Andres Koryzma. **Rénovation nationale** fondée 1987, *Pt :* Andres Allamand. **Union démocratique indépendante** fondée 1989, *Pt :* Jovino Nova Vasquez. **Front patriotique Manuel-Rodriguez (FPMR)** fondé 1983, *chef :* Daniel Huerta (communiste, prône lutte armée, *-30-4-1997* y renonce). **Mouvement de la jeunesse lautaro (MJL)** [mouvement de guérilla fondé fin années 1980 ; autres noms : *Mouvement d'action populaire unie-Faction lauraro (Mapu/L), Forces populaires rebelles lautaro (FRPL)*], *chef :* Guillermo Ossandon (arrêté 15-6-1994). **Syndicats.** *Centrale unitaire des travailleurs chiliens* reconstituée 20-8-1988. 300 000 m.

■ **L'Affaire Pinochet. Origine :** 2 enquêtes de l'Audience nationale espagnole (la plus haute juridiction pénale du pays) sur : 1°) la disparition entre 1973 et 1990 d'Espagnols au Chili (91 entre 1976 et 1983) qualifiée de « Génocide, torture et terrorisme », dossier instruit depuis févr. 1996 par le juge Manuel Garcia Castellon ; 2°) l'« opération Condor », réseau créé et dirigé par Pinochet (y participaient les dirigeants d'Argentine, Brésil, Bolivie, Chili, Paraguay et Uruguay), dossier ouvert en mai 1997 par le juge Baltasar Garzon. **Faits : 1998**-*16-10* sur requête du juge Garzon, Pinochet est arrêté à Londres à la London Clinic où il a été opéré le 9-10 d'une hernie discale ; assigné à résidence. *-28-10* la Haute Cour de Londres reconnaît son immunité diplomatique comme ex-chef d'État, et invalide son arrestation. *-30-10* la Cour décide sa mise en liberté sous contrôle judiciaire (à la clinique). L'Audience espagnole se déclare compétente pour le juger (des procédures sont aussi en cours en Suisse, Suède et France). *-3-11* demande d'extradition espagnole. *-25-11* les 5 pairs de la Chambre des lords refusent par 3 voix contre 2 l'« immunité souveraine ». *-9-12* Jack Straw, ministre de l'Intérieur anglais, autorise l'extradition. *-17-12* le comité d'appel de la Chambre des lords casse le jugement des pairs du 25-11 car lord Leonnard Hoffmann pouvait être « de parti pris », étant lié à Amnesty International. **1999**-*11-1* procès en appel devant 7 lords. *-24-3* par 6 voix contre une, les lords refusent l'immunité : Pinochet pourra être poursuivi pour des faits commis entre 1988 et 1990 (le 29-9-1988, le délit de supplice pouvant entraîner la mort, commis hors de G.-B., est devenu un crime selon la loi britannique). *-27-5* la Haute Cour rejette l'appel des avocats de Pinochet. *-8-10* elle autorise l'extradition vers l'Espagne. **2000**-*5-1* expertise de médecins : Pinochet n'est pas en état de suivre son procès (rapport publié le 16-2). *-11-1* Straw estime ne pas pouvoir autoriser l'extradition. *-8-2* La Haute Cour juge recevables les recours déposés le 25-1 par la Belgique et 6 organisations des droits de l'homme. *-15-2* elle ordonne de communiquer le dossier médical aux 4 États (Espagne, France, Belgique, Suisse) qui ont demandé l'extradition. *-2-3* Straw annonce à 8 h son intention de libérer Pinochet qui quitte à 13 h 15 la G.-B. pour le Chili. *-25-3* le Congrès adopte (113 voix pour, 27 contre, 3 abst.) un amendement à la Constitution accordant l'immunité aux anciens Pts dont Pinochet (qui fait l'objet de 110 plaintes au Chili au 10-6-2000). *-5-6* cour d'appel lève son immunité parlementaire. *-8-8* la Cour suprême lève son immunité parlementaire (14 voix contre 6). *-1-12* inculpé par le juge Juan Guzman Tapia pour avoir été l'« auteur intellectuel » et le «coauteur» de l'exécution, en oct. 1973 par la « caravane de la mort », de 75 prisonniers politiques et assigné à résidence. *-20-12* annulé par la Cour suprême parce qu'il n'a pas été interrogé comme l'exige le Code pénal. **2001**-*29-1* inculpé et assigné à résidence. *-12-3* mis en liberté sous caution (3 400 $).

☞ Fin janv. 2001, 214 plaintes déposées.

■ **Dépendances. Iles de Pâques** (en pascuan : *Rapa Nui* et *Sala y Gómez*). 180 km² (dont 60 % parc national), 2 800 hab. (en 1992). A 3 700 km du C., 4 000 de Tahiti ; volcanique, formée par l'émersion de Poiké (à l'est) il y a 3 millions d'années, Rano Kau (au sud-ouest), 2 millions, et Tereveka (au nord), 300 000 ans. 500 000 eucalyptus y ont été plantés récemment. **Chef-lieu :** Hanga Roa. **Historique :** IVe s. peuplée par Polynésiens venus des Marquises. VIIe-XVIIe s. 5 000 hab. *1722*-5-4 découverte (le jour de Pâques) par le Hollandais Jacob Roggeveen. En *1774* décrite par Cook et en *1786* par La Pérouse. *1862* les Péruviens chasseurs d'esclaves pour le guano déportent 1 000 h. et en tuent plusieurs centaines (dont le roi et les dignitaires religieux). *1868* des marins anglais du *Topaz* s'emparent du *moai* (statue) *Hoa haka nana ia* (« Celle qui brise les vagues »), aujourd'hui à Londres. *1872* des marins français de la *Flore* renversent plusieurs statues et rapportent une tête (au musée de l'Homme). *1868-1877* Dutrou-Bornier, aventurier français, maître de l'île, réduit la population à 111 personnes avant d'être tué. Objets usuels et sculptures rituelles peu à peu emportés. *1888-9-9* l'île devient chilienne. **Statues :** de 3 à 8 m (8 à 60 t), en tuf ou basalte provenant du volcan Rano Raraku (à 70 km), dressées entre le VIIe ou VIIIe s. et XVIe ou XVIIe s. [dites *moai* ; plusieurs centaines en ruine ; 28 redressées sur leur piédestal *(ahu),* notamment celles de l'ahu Akivi (le seul où les moai regardent vers la mer), Tahai, Nau Nau ; sur la plage d'Anakema, 15 moai (record) de l'ahu Tongariki]. **Rongo-rongo :** tablettes de bois gravées (25 connues de la fin du XVIIIe s.) utilisées notamment lors de cérémonies religieuses. **Touristes :** 3 000 à 4 000 par an.

Desventuradas (îles San Ambrosio et San Felix). 3,32 km^2, inhabitées. **Archipel Juan Fernández.** 3 îles à 650 km ouest de Valparaiso. **Histoire :** *1563* découvert par l'Espagnol Juan Fernández (1530-vers 1599). *1680* un Indien Mosquito, abandonné par son capitaine, survit 3 ans (inspire le personnage de Vendredi à Daniel Defoe). *1703/-14-2-1709* Alexander Selkirk (1676-1721, Écossais), débarqué par son capitaine, y vit 4 ans (inspire Daniel Defoe qui publiera Robinson Crusoé en 1719). *1750* garnison espagnole. *1810* devient chilien. Bagne un certain temps. *1935* parc nat. sur Robinson. 3 îles : **Más a Tierra** ou **île de Robinson Crusoé :** où vécut Selkirk. Colonisée depuis 1877. Alt. maximale : El Yunque (900 m). 147 km^2 et 200 hab. environ. Pêche à la langouste et saumon. **Más Afuera, île Alexander** ou **Selkirk :** 86 km^2. Alt. maximale : Los Innocentes 2 500 m. Environ 10 hab. **Ilot de Santa Clara** ou **île aux Chèvres :** 3 km, inhabité. **Antarctique.** 1 205 000 km^2 revendiqués (entre 53° et 90° de longitude ouest, 202 hab.).

■ ÉCONOMIE

■ **PNB. Total** (en milliards de $) : *1990* : 27,8 ; *95* : 58,50 ; *98* : 75,15 ; *99* : 69,71. **Par hab.** (en $) : *1990* : 2 010 ; *95* : 4 090 ; *98* : 5 070 ; *99* : 4 640. **Croissance :** *1991* : 5,5 % ; *92* : 10,2 ; *93* : 5,7 ; *94* : 4,5 ; *95* : 8,5 ; *96* : 7,2 ; *97* : 5 ; *98* : 3,8 ; *99* : – 1 ; *2000* : 5,6. **Population active** (en %) **et**, entre parenthèses, **part du PNB** (en %) : agr. 12 (9), mines 6 (9), ind. 24 (29), services 58 (53). *Total* actifs : 4 794 000 (en 91). **Chômage** (en %) : *1981* : 30 ; *85* : 13,9 ; *90* : 7,4 ; *95* : 7 ; *2000* : 8,3. **Salaires :** min. 100 $ par mois (min. vital réel 120 $).

☞ Environ 20 % des Chiliens se partagent 4,7 % du revenu national (4,6 % en 1980) ; 20 % des plus riches se partagent 56,9 % du revenu (55 % en 1980) ; 23 % sont au-dessous du seuil de pauvreté.

■ **Inflation** (en %). *1975* : 340,7 ; *76* : 174,3 ; *77* : 63,5 ; *78* : 30,3 ; *79* : 38,9 ; *80* : 31,2 ; *81* : 9,5 ; *82* : 20,7 ; *83* : 23,1 ; *84* : 23 ; *85* : 26,4 ; *86* : 17,4 ; *87* : 21,5 ; *88* : 12,7 ; *89* : 21,4 ; *90* : 27,3 ; *91* : 18,7 ; *92* : 12,7 ; *93* : 12,2 ; *94* : 8,9 ; *95* : 8,2 ; *96* : 6,6 ; *97* : 6 ; *98* : 4,7 ; *99* : 2,3 ; *2000* : 4,5. **Dette extérieure** (au 31-12, en milliards de $) : *1975* : 5,3 ; *80* : 11 ; *85* : 19,3 ; *90* : 17,4 (dont 4,9 rééchelonnés 12-12-90) ; *95* : 21,7 ; *2000* : 35,9. **Privatisations.** *Total* : environ 3,6 milliards de $ (10 % du PNB). **Fiscalité :** augmentée en 1992. TVA de 16 à 18 %, impôts sur les bénéfices de 10 à 15 %.

■ **Agriculture. Terres** (en milliers d'ha., 1997) : arables 2 293 ; pâturages 12 932 ; forêts 1 098 ; improductives 5 684. Zone de développement de Copiapo (fruits). **Production** (en milliers de t, 1999) : bett. à sucre 3 125 ; blé 1 197 ; p. de t. 995 ; raisins 880 ; pommes 840 ; maïs 624 ; agrumes 255 ; avoine 176 ; orge 81 ; riz 61 ; haricots 54 ; tabac ; légumes ; fruits. Vins réputés. **Forêts** (en 1998). 31 670 000 m^3. Zone économique de Puerto Montt. **Élevage** (en millions de t, 1999). Bovins 4,1 ; ovins 4 ; porcins 2,2 ; caprins 0,7 ; chevaux 0,41 ; laine ; viande. **Pêche et aquaculture** (en t, 1999). Poissons 5 117 917, algues 261 481, mollusques 110 402, crustacés 38 870, divers 58 468. **Farine de poisson** (en 1999) : 997 830 t.

■ **Énergie. Pétrole** (en millions de t, 1996) : *réserves* 62, *production 1995* : 0,64 ; *96* : 0,45 ; *97* : 0,75 ; *98* : 0,44 ; *99* : 0,44. **Gaz naturel** (en milliards de m^3, 1999) : *réserves* 116, *production* 2,9. **Charbon** (en millions de t, 1999) : *réserves* 3 900, *production* 0,50. **Électricité** (en 1999) : *production* 37,4 milliards de kWh (dont hydroélectricité 18,4 en 1997). **Mines** (en millions de t). **Cuivre** 4,24 (en 1999) [3,14 en 1996] : Chuquicamata (découverte 1915, plus grande mine du monde à ciel ouvert, 4,5 km, prof. 740 m, 25 % des réserves et 13 % de la prod. mondiales, 10 % du cuivre raffiné) ; mine de la Escondida (ouverte 14-3-1991) ; coût de prod. l'un des plus bas ; *réserves* : 1,8 milliard de t de minerai (teneur en minerai 1,60 %). **Fer** 5,21 (en 1999) [réserves 2 940 millions de t], 0,8 % des réserves mondiales, 1 % de la prod. mondiale. **Nitrate** 0,87 (en 1985). **Molybdène** 0,0027 (en 1999) ; 25 % des réserves mondiales. **Manganèse, phosphates. Borax. Or** 51 t (en 1999). **Argent** 1 380 t (en 1999). **Lithium. Industrie.** *Bois, papier, acier.* Zone de développement de Temuco.

■ **Transports** (en km, 1998). **Routes :** 79 200. **Voies ferrées :** 5 925. **Tourisme** (en 1997). 1 690 000 visiteurs.

■ **Commerce** (en milliards de $). **Export./import. :** *1996* : 15,4/17,8 ; *97* : 16,7/19,7 ; *98* : 14,8/18,8 ; *99* : 15,1/15,6.

■ **Rang dans le monde** (en 1999). 1er cuivre. 4e pêche. 5e argent. 12e vin, or.

CHINE

Carte p. 1027. V. légende p. 950.

☞ *Abréviations :* C. : Chine ; Ch., ch. : Chinois, chinoise(s) ; J. : Japon ; Jap., jap. : Japonais, japonaises ; M. : Mandchourie ; T. : Tibet. Voir **Art chinois** p. 454 c.

■ **Noms.** *Qin* (Tch'in), nom de la 1re dynastie chinoise (221-206 av. J.-C.) ; *Cathay,* donné par Marco Polo [nom d'une peuplade mongole, les Khitan ou Kitat, fondateurs du royaume chinois de *Liao,* dans la région de Pékin (Xe s.)], peut-être nom ancien de Jingdezhen, Changnan, capitale de la porcelaine chinoise. Appelée aussi autrefois l'*Empire du Milieu* ou *Céleste Empire* (aujourd'hui : *Zhongguo* : « le pays du Milieu »).

■ **Situation.** Asie. **Superficie :** 9 597 000 km^2 (la 3e du monde). **Altitude** *maximale :* Everest (Chomolongma, voir col. c) 8 846 m. **Distances :** ouest-est 5 000 km ; nord-sud 5 500. **Frontières** (en km) : Afghanistan 76, Bhoutan 47, Myanmar 2 185, Corée du N. 1 416, Hong Kong 30, Inde 3 380, Kazakhstan 1 533, Kirghizstan 858, Laos 423, Macao 0,34, Mongolie 4 673, Népal 1 236, Pakistan 523, Russie 3 645, Tadjikistan 414, Viêt Nam 1 281. **Conflits frontaliers :** *avec la Russie :* la C. a revendiqué 1 000 000 de km^2 cédés en 1858 (traité d'Aïgoun). Selon les accords conclus en 1989, il ne resterait que 2 % des 3 000 km de frontières en litige. *Avec l'Inde :* la C. réclame à l'Inde les 2/3 de la North East Frontier Administration (Nefa) [83 578 km^2 au nord-est de l'Inde] ainsi que quelques zones dans la région du Sikkim. L'Inde réclame l'Aksai Chin (37 000 km^2 au nord-est du Cachemire permettant l'accès au Sinkiang à partir du Tibet) occupé par la C. depuis oct. 1962, le conflit portant sur 2 000 des 4 500 km de frontière commune. **Côtes :** 14 500 km.

■ **Divisions géographiques. 1°) Plateaux du Tibet :** alt. moy. 4 000 m ; steppes glacées [le « Toit du monde » (600 000 km^2)]. **2°) Cuvette du Sinkiang :** désert du Tarim (dont Takla-Makan) et Dzoungarie séparés par les monts Tian Shan. **3°) Déserts du Nord-Ouest :** de Gobi, de la Mongolie-Intérieure au Tsinghaï, Kansou, Ningsia. **4°) Plateaux de lœss du Chensi et du Chansi. 5°) Bassin du Setchouan et plateaux calcaires du Kouangsi et du Yunnan. 6°) Grande plaine orientale :** de la Mandchourie au nord au Guangdong au sud.

■ **Principales entités géographiques. Centre :** vers 33° de latitude nord, plaine, climat plus chaud et plus humide ; agriculture intensive, riz et blé. Le *Yang-Tsé-Kiang* (Yangzi Jiang), qui la traverse, a facilité la pénétration économique des Européens qui ont créé à Hankou (devenu l'un des faubourgs de Wuhan) une industrie textile (coton) et métallurgique (utilisant charbon et fer extraits plus au sud). *Wouhan,* carrefour ferroviaire. *Nankin,* centre industriel. *Shanghaï* (principal comptoir européen avant 1949), industries : mécaniques, chimiques, pétrochimiques, horlogerie, textiles.

Sud : *collines* accidentées, climat tropical, cultures arbustives (théier, mûrier, canne à sucre, coton, riz), minerais non ferreux. Culture intensive : 3 récoltes de riz ; main-d'œuvre abondante. *Canton :* aggl. principale. *Bassin rouge du Setchouan,* entouré de montagnes, refuge contre les envahisseurs. Culture intensive : riz ; terres basses : blé et millet ; hauteurs : canne à sucre, coton ; porcs ; industrie utilisant charbon et fer des gisements situés au sud du Yang-Tsé. *Tchongking,* centre industriel actif, terminus de la navigation, carrefour ferroviaire et routier.

Nord : montagnes entourant une plaine fertile [ancienne fosse marine remblayée par les fleuves ; principalement par le *Houang-Ho* qui a entraîné les lœss des plateaux de l'intérieur] au milieu de laquelle se dresse la péninsule du Shandong *Chantoung.* Plus vers l'est, en arrière des montagnes du *Chansi,* hauts plateaux de la boucle du *Houang-Ho* (région de l'Ordos). *Population :* environ 170 millions d'hab. dans la plaine du nord, 15 villes de plus de 100 000 hab., 2 centres dominent : *Tientsin,* port maritime et centre industriel ; *Pékin* (*Beijing :* cap. du Nord), cap. politique et culturelle, centre industriel et carrefour.

Mandchourie : plaine allongée du nord au sud, dominée par des montagnes à l'ouest et à l'est : *Grand Khingan* séparant la M. des hauts plateaux mongols ; « Alpes » coréennes à l'est séparant la plaine de la péninsule de Corée. Vers le nord, collines *(Petit Khingan)* précédant la vallée de l'*Amour* (Heilungkiang), qui traverse l'Extrême-Orient soviétique. Au sud, presqu'île du *Liaotoung,* montagne isolée au milieu de plaines alluviales ; hivers très froids, étés chauds. Influence de la mousson, pluies d'été abondantes vers le sud ; plaine couverte par une savane. Dans le nord, élevage extensif, vastes zones encore inexploitées. *Grandes villes :* Chenyang *(ex-Moukden),* cap. régionale. Harbin *(ex-Kharbine),* nœud ferroviaire. Dans le Liaotoung, Lüda (*ex-Dalian, ex-Port-Arthur*).

Sinkiang (Xinjiang) : nord-ouest : 1 350 000 km^2, continental. 2 dépressions séparées par la chaîne des *Tian Shan* (7 430 m au mont Tomur) dont l'Ouest constitue la frontière sino-soviétique. Au nord, la *Dzoungarie* qui communique avec la dépression du Turkestan russe. Au sud, la *Kashgarie,* dépression fermée, drainée par le *Tarim,* qui descend du *Pamir* et se perd dans les marais du *Lob Nor.* Route Kashgar-Pakistan par le Karakoram. *Climat :* été chaud et sec, hiver rigoureux ; la fonte des neiges des montagnes du pourtour permet la vie d'oasis (Hetian-Khotan, Yarkand, Kashgar). *Population :* 14 millions d'hab. (dont 50 % de Ouïgours), densité faible (8,2 hab. par km^2). *Économie : 1°)* charbon, pétrole, fer et métaux non ferreux, métaux rares et précieux (uranium) dans les montagnes ou à leur pied ; *2°)* oasis : légumes, céréales et fruits. *3°)* élevage et peausseries ; *4°)* communications avec les plaines orientales, en dépit des distances énormes, assez faciles (hauts plateaux peu accidentés). Traversé par les anciennes routes du thé et de la soie ; par chemin de fer à Lantchéou ; liaisons aériennes. *Centre principal :* Ouroumtsi *(Ürümqi)* près de gisements (charbon, fer, pétrole), carrefour aérien et aéroport international. *Lob Nor :* centre d'essais nucléaires, 1re base de lancement de fusées.

■ **Montagnes.** Couvrent les 2/3 de la superficie totale : Mts *Altaï* (en mongol : « montagnes d'or ») alt. 3 000 m, au nord du Sinkiang et en Mongolie ; Mts *Tian Shan* [alt. moy. 3 000 à 5 000 m, maximale 7 443 m ; traversent le Sinkiang (comprennent une dépression, la fosse de Turfan, avec le lac Aykingkol, à 154 m)] ; Mts *Kunlun* (2 500 km de longueur) du Pamir au Setchouan, alt. moy. 5 000 m ; plusieurs sommets dépassent 7 000 m ; Mts *Qinling :* traversent le centre de la C. sur 1 500 km (alt. 2 000 à 3 000 m), entre les bassins du Houang-Ho et du Yang-Tsé ; Mt *Karakorom* (en ouïgour : « montagne violette et noire ») : alt. maximale 8 611 m (Mt Qogir), à la frontière du Cachemire ; Mts *Gangdise* (en tibétain : « roi des montagnes »), sud du Tibet, 6 000 m ; max. Mt Kangrinboqe (en tibétain : « trésor des neiges ») ; pèlerinages bouddhistes ; *Himalaya* (« demeure des neiges ») ; 40 pics dépassant 7 000 m ; max. 8 846 m : Everest [Chomolongma (en tibétain : « déessemère du monde ») voir 90 a]. Chaînes orientales (entre plateaux centraux et plaines), direction : sud-ouest/nord-est, alt. moy. 1 000 m, point culminant : Mt Changbai.

■ **Cours d'eau. Fleuves :** plus de 1 500 ont un bassin supérieur à 1 000 km^2. *Débit (total) :* 2 700 milliards de m^3 (force hydraulique potentielle 5 800 millions de kW). Yang-Tsé-Kiang [*Changjiang* (fleuve Bleu, en fait jauni à cause des boues qu'il charrie)] : longueur 5 520 km ; bassin 1 800 000 km^2 ; navigable par des bateaux de 10 000 t (en hautes eaux) jusqu'à Tchong-King, descendu depuis sa source sur des radeaux en 1987. Projet de barrage pour faciliter la navigation et arrêter les inondations (200 en 2 000 ans : en 1954, 350 000 † et 1 million de pers. déplacées). Houang-Ho [*Huanghe* (fleuve Jaune), surnommé « le Chagrin de la Chine », 4 345 km] le plus limoneux du monde (1 600 millions de t par an) ; son lit est rehaussé par les alluvions et le fleuve doit être contenu dans des digues (26 déplacements importants au cours de l'histoire, grosses crues de printemps-été). Si-Kiang [*Xi Jiang* (fleuve de l'Ouest)], 2 655 km, navigable ; grossi de 2 rivières également navigables : Pé-kiang (*Beijiang,* rivière du Nord), Tong-kiang (*Dongjiang,* rivière de l'Est) ; à partir de Canton, divisé en plusieurs bras dont le plus important est le Tchou-kiang [*Zhujiang* (rivière des Perles)]. Heilungkiang [*Heilung Jiang* (Dragon noir)], fleuve Amour : 4 667 km, frontière avec la Russie. **Canaux :** le grand canal nord-sud de Pékin à Hongtchéou, 1 899 km ; canal Hounan-Kouangsi. **Lacs :** 370, dont 130 ont plus de 100 km^2 (lac Qinghai, 4 456 km^2 à 3 194 m d'altitude).

■ **Iles revendiquées. Taïwan et îles connexes de Diaoyu** (Shenkaku également revendiquée par le Japon comme faisant partie des Ryukyu, et par Taïwan) : 5 îles inhabitées et 3 rochers. Diaoyu 4,3 km^2, Huanghe 1, Nanxiao, Beixiao et Chiwei 1,3.

Xisha (Paracels) : revendiquées par Viêt Nam ; *1909* mission hisse le drapeau chinois sur 2 des principales îles. *1921*-20-3 rattachées à la préfecture de Hainan. *1931*-4-12 le gouverneur général de l'Indochine revendique les droits de l'Annam. *1938*-juin procède à l'occupation (C. alors en guerre avec Japon). *1945*-9-3 coup de force japonais contre l'Indochine. *1946*-juin débarquement français. *1947*-7-1 débarquement chinois et *17-1* français dans l'une des Paracels. Les Chinois nationalistes se maintiennent jusqu'au 15-5-1950. *1950*-mars détachement français relevé par Viêt Nam. -Mai une des îles occupée par militaires et civils dépendant de Pékin. *1956* opération du Viêt Nam du Sud.

Pratas : île Tungsha (atoll 8,5 km^2 et récifs de coraux : bancs de Vereker N. et S.

Nansha (Spratley) : archipel (104 îles, îlots, récifs coralliens et bancs de sable dispersés sur 810 km du N. au S. et 900 d'E. en O.). Ile la plus grande : Taiping 0,49 km^2. Le Viêt Nam a installé des militaires sur 24 îlots et atolls, les Philippines sur 6, la C. sur 7, la Malaisie sur 3, Taïwan sur 2. Zone stratégique. Poisson. Pétrole off-shore (réserves 18 milliards de t). HISTOIRE : *1874* le navire hydrographique *HMS Rifleman* y plante le pavillon britannique. *1883* Allemagne débarque une mission hydrographique qui se retire sous la pression de Pékin. *1924-28* les Japonais exploitent phosphates dans l'une des îles. *1927-33* la Fr. prend possession des îles. *1933* -26-7 avis de souveraineté publié au *JO* (les îles les plus importantes étaient habitées épisodiquement par des pêcheurs ch. venus de Hainan). G.-B., Japon protestent. *1938* la Fr. construit une station de radio et de météo sur Itu-Aba *(T'ai P'ing). 1939* -4-4 le Japon occupe certaines îles (la Fr. proteste). *1941-45* base pour sous-marins japonais. *1945* Chinois occupent Itu-Aba. *1951*-7-9 Viêt Nam affirme ses droits. *1988* la C. coule 2 bateaux vietnamiens (77 †) et occupe 6 îlots. *1992* -25-2 Viêt Nam se considère comme État souverain, se substituant à la Fr. (accords du 8-3-1949 et traité du 4-6-1954). *1995*-janv. la C. prend le récif de Mischief (zone philippine).

Banc de Macclesfield.

■ **Climat. Températures moyennes :** *en janv. et juillet 1987* (en °C) : Pékin – 3,6 ; + 26,6. Shanghaï + 5,1 ; + 27. Canton + 15,9 ; + 28,5. Wouhan + 5,2 ; + 27,4. Ouroumtsi – 11,4 ; + 24,5. Chenyang + 10,8 ; + 24,3. Harbin – 20,1 ; + 21,7. **Meilleure période :** avril-mai ou sept.-oct. **Par régions :** *Ouest* (Mongolie, Sinkiang, Tsinghaï, Kansou) : précipitations faibles, amplitude thermique élevée. *Nord-Est :* continental. Hiver très froid, été chaud, max. de pluies. *Plaine centrale :* températures douces. *Hauts plateaux lœssiques :* continental. Hiver froid dans plaines du Yang-Tsé-Kiang, tempéré au Tchekiang et au Fukien. Pluies (1 100 mm) en juin.

■ **Faune. Espèces :** *oiseaux :* 1 150 (13,4 % des espèces connues). En 1958, campagne de destruction pour les empêcher de manger les récoltes : les habitants tapent dans leurs mains pour affoler les oiseaux qui tombent d'épuisement. *Mammifères :* 400 (11,1 %). *Reptiles et amphibiens :* 420. *Animaux propres à la C. :* panda géant, rhinopithèque, takang (environ 1 000), cerf aux lèvres blanches, crossoptilon brun, dauphin aux nageoires blanches, alligator chinois, crocodile-légor. **Flore. Plantes supérieures :** 32 000 espèces (dont 2 000 vivrières) et 2 800 essences d'arbres. **Projet :** reboiser 100 millions d'ha.

■ DÉMOGRAPHIE

■ **Population estimée** (en millions d'hab.). *2 apr. J.-C. :* 65 ; *280 :* 30/40 ; *609 :* 60 ; *742 :* 75 ; *1110 :* 100 ; *1193/5 :* 120 ; *1291 :* 80 ; *1393 :* 70 ; *1562 :* 180 ; *1701 :* 175 ; *1850 :* 430 ; *1911 :* 430 ; *53* (rec.) : 581,3 ; *64 :* 694,6 ; *82* (rec.) : 1 004 ; *90 (1-7) :* 1 133,68 (rec.), dont Han 1 042,48 (92 %), minorités 91,2 (8 %) ; *2001* (rec.) : 1 265 (1 300 à 1 500 selon certains) ; *2060 (prév.) :* 2 000 (objectif maximal 1 400). **Minorités :** 55 minorités nationales (pop. en millions au rec. de 1990). *Zhuang* [ou *Dchouang,* autonomie en 1948, cap. : Nanning (Kouangsi)] 13,3. *Mandchous* 9,8. *Hui* (ou *Houei* ou *Douganes,* descendants des nestoriens (?) ; se disent descendants des soldats de Tamerlan) 8,6. *Miao* 7,4. *Ouïgours* (musulmans de langue turque) 7,2. *Yi* 6,6. *Tujia* 5,7. *Mongols* 4,8. *Tibétains* 4,6. *Bouyei* 2,5. *Dong* 2,5. *Yao* 2,1. *Coréens* 1,9. *Bai* 1,6. *Hani* 1,2. *Kazakhs* 1,1. *Li* 1,1. *Dai* 1. *Lisu* 0,5 [1]. *She* 0,4 [1]. *Lahu* 0,34 [1]. *Va* 0,3 [1]. *Shui* 0,3 [1]. *Dongxiang* 0,3 [1]. *Naxi* (ou Nasis) 0,2 [1]. *Tu* 0,1 [1]. *Kergez* 0,1 [1]. *Qiang* 0,1 [1]. *Daur* 0,09 [1]. *Jingpo* 0,09 [1]. *Mulam* 0,09 [1]. *Xibe* 0,08 [1]. *Salar* 0,07 [1]. *Bulang* 0,06 [1]. *Gelao* 0,05 [1]. *Maonan* 0,04 [1]. *Tajik* (Tadjiks) 0,02 [1]. *Pumi* 0,02 [1]. *Nu* 0,02 [1]. *Achang* 0,02 [1]. *Evenki* 0,02 [1]. *Uzbeks* (Ouzbeks) 0,01 [1]. *Benglong* 0,01 [1]. *Gin* 0,01 [1]. *Chino* 0,01 [1]. *Yugur* 0,01 [1]. *Bonan* 0,01 [1]. *Monba* 0,006 [1]. *Drung* 0,004 [1]. *Oroqen* 0,004 [1]. *Tatar* 0,004 [1]. *Russes* 0,003 [1]. *Lhoba* 0,002 [1]. *Hoche* 0,001 [1]. *Divers* 0,8 [1]. **Taux d'accroissement** (en %, 1982-90) : Han 10,8 ; minorités 35,2.

Nota. – (1) En 1982.

■ **Données générales. Répartition par sexe :** *h.* 51,59 %, *f.* 48,41 %. **D.** 131,8. 2/3 de la pop. vit sur 1/6 des terres [bande côtière de Shanghaï à Canton *(Guangzhou)* 500, bassin Rouge 250], Tibet 1,6 (la plus faible). **Pop. rurale :** (en %) : *1970 :* 88 ; *98 :* 70. **+ de 64 ans :** 7 %. **– de 15 ans :** 25,4 %. **Espérance de vie** (en 1999) : *h.* 69, *f.* 73 ans. **Taille moyenne** *1949 :* homme 1,64 m, femme 1,52 m ; *1988 :* h. 1,67, f. 1,56. **Naissances** (en millions) : *1990 :* 23,8 ; *91 :* 22,6 (baisse due à l'année du Mouton, qui porterait malchance aux nouveau-nés) ; *92 :* 21,2 dont 8 d'illégales. **Décès** (en millions) : *1992 :* 7 (30 % incinérés). **Mesures démographiques :** *pop. souhaitable pour atteindre un niveau de vie comparable à celui de l'Occident* (est. officielle) : 600 millions. Il ne faudrait pas plus d'un enfant par famille jusqu'en 2060. Politique de l'enfant unique (en 1979) concernant les Ch. de souche (Han) : congés de maternité, soins et scolarisation gratuits pour le 1er enfant ; amende de 1 200 $ en cas de 2e enfant, sauf dans certains cas [parents enfants uniques ; 1er enfant handicapé ; appartenance à une minorité ; 1er enfant de sexe féminin (une seule autre naissance alors possible 4 ans après)]. A la campagne, les parents sont favorisés dans la distribution des lopins individuels. Hausse de l'âge min. du mariage (h. 22 ans, f. 20 ans, sinon camps de travail). Encouragement au mariage tardif. Libéralisation de l'avortement (22 % des couples). *Taux de naissances masculines :* 111 pour 100 féminines (dans le monde : 105). *Raisons :* infanticide, sous-enregistrement des naissances féminines (« adoptions » non déclarées par foyers urbains), avortement sélectif (amniocentèse servant à détecter le sexe).

■ **Taux. Natalité** (pour ‰) : ***1954 :*** 37,87 ; *64 :* 39,1 ; *70 :* 33,43 ; *75 :* 23,01 ; *80 :* 20,91 ; *85 :* 21,04 ; *90 :* 20 ; *95 :* 17,12 ; *96 :* 16,98 ; *99 :* 16. **Indice de fécondité :** *1980 :* 2,1 enfants par femme ; *90 :* 2,5 ; *95 :* 2,4 ; *98 :* 2 ; *99 :* 1,8. **Mortalité** (pour ‰) : ***1950 :*** 18,81 ; *81 :* 6,36 ; *96 :* 6,56 ; *99 :* 7. **Infanticides :** *1994 :* filles 55, garçons 64. **Croissance :** *1957 :* 23,33 ; *59 :* 19 ; *60 :* – 4,57 ; *70 :* 25,83 ; *80-85 :* 12 ; *90 :* 14,4 ; *95 :* 10,5 ; *98 :* 9,5. **Divorces** (en %) : *1979 :* 4 ; *97 :* 13,1.

☞ *1986-95 :* baby-boom dû au relâchement de la planification familiale (depuis 1984, nombreuses exceptions à l'enfant unique et mariages avant l'âge légal) et à l'arrivée à la nuptialité des générations 1962-72 [femmes 20-29 ans : *en 1982 :* 81 millions ; *87 :* 97 ; *90 :* 100 ; *95 :* 125]. Enfants nés hors quota : 20 à 30 % des naissances.

■ **Santé.** 400 millions de Chinois manqueraient d'iode. 7 souffriraient de déficience iodine. Plus de 35 auraient un goitre (surtout dans le Sichuan). **Sida** (en 1998) : officiellement 11 170 cas d'infection et 300 000 séropositifs. **Toxicomanes enregistrés :** *1995 :* 520 000 (consommateurs 2 000 000). **Tabac :** 800 000 † en 1999.

■ **Villes** (en millions d'hab., 1993). *Pékin (Beijing)* 12,8 (en 1998) [voir p. 1026 b] ; Shanghaï 14,57 (en 1998) [la plus grande ville industrielle] ; Tientsin *(Tianjin)* 9,48 (en 1998) ; Chenyang (*Shenyang,* ex-Moukden) 3,86 ; Wouhan *(Wuhan)* 3,86 ; Chongqing 3,78 ; Canton *(Guangzhou)* 3,56 ; Harbin 3,1 ; Chengtu *(Chengdu)* 2,67 ; Nankin *(Nanjing)* 2,43 ; Sian *(Xi'an)* 2,36. **Taux d'urbanisation** (en %) **et,** entre parenthèses, **étude Kirkby :** *1982 :* 20,6 (15) ; *90 :* 26,2 (21).

Nota. – En 1990, 12 000 bourgs, 450 municipalités (dont 30 de plus de 1 million d'hab.). Depuis 1980, exode rural : pop. « flottante » de 50 à 80 millions d'hab. (1 à 2 à Shanghaï et Pékin).

☞ Plusieurs centaines de milliers de femmes et d'enfants sont vendus chaque année.

■ **Réfugiés** (en 1999). **A l'étranger :** Tibétains en Inde 110 000, Népal 20 000. **En Chine :** 292 800 dont 292 000 Vietnamiens.

■ **Chinois à l'étranger** (ou **outre-mer,** dits *Huaqiaos ;* en milliers). **Vers 1910 :** 6 000 à 7 000 dont **Asie du S.-E. :** Indes néerlandaises 1 825, Thaïlande 1 500, Malaisie (avec Singapour) 900, Macao 570, Hong Kong 444, Indochine française 250, Birmanie 130, Philippines 40. **Amériques :** États-Unis 133 à 200 (dont Hawaii 27), Antilles britanniques 80, Pérou 47, Brésil 20, Canada 12 à 35, Cuba 10. **Sibérie :** 37. **Australie :** 25. *Durée du passage :* Australie 60 à 85 jours, Californie et Pérou 70 à 120, Antilles 147 à 168. Mortalité pendant traversées 12 à 15 %. *Coût d'un passage :* Hong Kong/San Francisco 100 $; Macao/Pérou 70 ; Canton/Australie 66. (Profit sur chaque travailleur migrant : 233/243 $).

En 1997 : Singapour (1990) 2 102 795, USA (1990) 1 645 472, Canada (1991) 586 645, Sarawak 475 800, Cambodge (1963) 425 000, Japon (1996) 234 264, Malaisie (1991) 218 200, Australie (1986) 196 374 (11,30 % de la pop.), G.-B. (Chinois nés en Asie, 1981) 154 363, Myanmar (1996) 113 718, Corée (1930) 67 794, Brunéi (1995) 45 200, Pérou (1967) 30 000, Cuba (1967) 25 000, *France (1990) 14 051,* Maurice (1972) 12 849, Mexique (1917) 10 000, *Polynésie fr. (1996) 8 800 (4,1 %),* Panamá (1967) 8 600, Laos (1996) – de 5 300 (1975 : 64 500), Fidji (1998) 5 000, Madagascar (1975) 4 039, Réunion (1941) 3 833.

■ **Analphabètes** (en 1998). H. 9 %, f. 25 %. **Taux de scolarisation** (en %) : *1959 :* 2 ; *2000 :* 81,3.

■ LANGUES

■ **Majoritaire.** *Han* (92 % de la pop.), groupe linguistique apparenté aux langues thaïe et tibéto-birmane, notamment au lolo indochinois (monosyllabique). Chaque mot est composé d'une syllabe invariable (tendance à la bisyllabisation). Certaines combinaisons fixes deviennent véritablement polysyllabiques [exemple : *ren* « hommes », *ren-lei* « humanité » (mot à mot : « homme catégorie »)]. L'écriture comporte un signe par syllabe. Langue écrite ancienne, invariable depuis 2 000 ans (sauf simplification d'une liste des caractères vers 1950), peut être lue mais ne correspond pas au langage parlé. *Langues parlées :* seules utilisées, y compris dans les publications, 3 variétés majeures : N. et N.-O. (Pékin) ; O., S.-O. et S. (Nankin) : mandarin [*putonghua,* langue commune (500 millions), officielle fondée sur la prononciation de la région de Pékin, créée du VIIe au IXe s. par les lettrés] ; dialectes du Sud-Est : de Shanghaï (Kiangsou et Tchekiang), cantonais (Kouangtoung, Kouangsi). *Caractères :* environ 40 000 idéogrammes dont 6 000 d'usage courant. *Prononciation :* varie d'une région à l'autre. **Minoritaires** (voir col. a).

■ **Méthodes de transcription en caractères latins. Wade-Giles** (anglais, utilisé par Taïwan), **Efeo** (École française d'Extrême-Orient), **Hanyu Pinyin** (utilisé par Chine populaire et organismes internationaux), **Tongyong Pinyin** (lancé à Taïpei en 1996). *Avantages :* absence d'apostrophes et de traits d'union, échanges par télex facilités, etc.

■ **Fa Lun Gong.** Société de la roue de la loi fondée 1992 par Li Hongshi (né 13-5-1951, ancien fonctionnaire, émigré aux USA depuis 1997). Secte reconnue par l'administration sportive de l'État. Syncrétisme des théories bouddhiques, taoïstes et chinoises du *qijong* (techniques de respiration) qui désigne les forces de l'énergie cosmique. Grâce à des exercices, on active une roue invisible située dans l'abdomen qui aspire les bonnes énergies et refoule les mauvaises. *Adeptes* : 100 000 000 (Chine : 80 000 000). **1999**-*25-4*, 10 000 adeptes à Pékin pour demander la reconnaissance du mouvement. *-22-7* mouvement interdit, nombreuses arrestations, autodafé des livres. **2000**-*22-7* et *-1-10* manifestations. **2001**-*23-1*, 5 adeptes s'immolent par le feu. *Bilan* (juillet 1999 à oct. 2000) : 450 condamnations pénales, 600 personnes en psychiatrie, 10 000 en camps de travail, environ 100 † en détention.

Inconvénients : l'indication du ton (4 en chinois mandarin) ne suffit pas à préciser le sens (le chinois ne connaît ni déclinaison ni conjugaison, et c'est la place des mots dans la phrase qui détermine leur sens) : selon la modulation, *ma* peut signifier mère, chanvre, injure ou cheval. Le *p* de Wade est transcrit en pinyin b ; le *ts*, j ; le *t*, d ; le *hs*, x ; le *ku* (en Efeo *kou*), gu, etc. Ainsi, *Changhai* est transcrit Shanghai ; *Chantoung* : Shandong ; *Chen Po-ta* : Chen Boda ; *Chou En-lai* : Zhou Enlai ; *Chu Teh* : Zhu De ; *Hang-tchéou* : Hangzhou ; *Hopei* : Hebei ; *Kouang-tchéou* (Canton) : Guangzhou ; *Kouang-tong* : Guangdong ; *Kouo-min-tang* : Guomindang ; *Kuo-Mo-jo* : Guo Moruo ; *Lieou Chao-k'i* : Liu Shaoqi ; *Lin Piao* : Lin Biao ; *Mao Tsé-toung* : Mao Zedong ; *Nanking* (Nankin) : Nanjing ; *Peiking* (Pékin) : Beijing ; *Setchouan* : Sichuan ; *Sin-kiang* : Xinjiang ; *Sou-tchéou* : Suzhou ; *Tchang Kaï-chek* : Jiang Jieshi ; *Tchiang Ts'ing* : Jiang Qing ; *Tchou Teh* : Zhu De ; *Teng Siao-ping* : Deng Xiao-ping ; *Tibet* : Xizang ; *Tientsin* : Tianjin.

Religions

■ **Position officielle.** La Constitution de 1982 a rétabli explicitement la liberté religieuse. Le Parti préconise l'athéisme, les religions n'étant qu'un produit de l'oppression naturelle et sociale. Elles représentent une conception inversée du monde engendrée dans certaines conditions historiques pendant lesquelles l'humanité restait incapable de connaître la loi objective de la nature, de la société et la sienne propre. Les persécutions antireligieuses sont suspendues. Depuis le 6-2-1993, interdiction de toute activité religieuse d'origine étrangère (écoles, organisations, prosélytisme). Bouddhisme et taoïsme, mêlés au confucianisme, qui est plutôt une philosophie, se sont transformés (surtout depuis le XIVe s.) en une religion populaire variant selon les régions, mais ayant en commun le culte des ancêtres (les 2 clergés restent distincts).

■ **Statistiques.** **Bouddhistes** 150 000 000. **Taoïstes** 30 000 000.

Musulmans (islam introduit au VIIe s. par des commerçants arabes dans les ports du Kouanghoung et du Foukien et sur la route de la soie. *XIIIe s.* conquête de Gengis Khan et afflux de musulmans) 35 000 000 selon les autorités, 158 000 000 selon les religieux. *En 1990* : 50 mosquées ont été fermées dans le Nord et la construction de 100 autres a été interdite. **Hui** environ 6 400 000 (surtout dans le Nings'ia).

Catholiques. *Histoire* : *635* présence chrétienne : moine syrien Olapen (ou Aloben) à Chang'an, *1245, 1582* ; *1679*-12-10 : 1er évêque chinois Grégoire (Lopez) Luo Wenzao (sacré 8-4-1685 ; † 27-2-1691) ; se développe après 1840. *1949*-9-6 dernier évêque nommé avant la prise du pouvoir par les communistes : Mgr Matthias Duan Yinming [(22-2-1908/10-1-2001), en 1958, après la rupture avec Rome, accepte d'ordonner d'autres évêques (14) nommés par les communistes, sans l'aval du pape. Pendant la Révolution culturelle, en camp de rééducation. Libéré 1973, reprend son diocèse en 1979]. **Évolution depuis 1948** : *1949-55,* 70 évêques expulsés. *1951* internonce et missionnaires expulsés. *1957*-15-7/-2-8 *Association patriotique des cath. chinois* (église « officielle »), fondée par Zhou Enlai, rassemble 4 % des fidèles [rupture avec Rome évitée (non déclarés schismatiques)]. -15-12 1ers évêques élus. *1958*-13-4 Joseph Li Taouan (év. légitime) sacre 2 évêques sans mandat papal. *Jusqu'en 1978* une église ouverte (Nantang à Pékin). *1981*-juin Mgr Deng, évêque de l'Église cath. chinoise, nommé évêque de Canton par Jean-Paul II, destitué. *1989*-nov. conférence épiscopale fidèle à Rome créée ; ses participants seront arrêtés. *1990*-fin juillet Mgr Xie Shiguang et 14 prêtres et diacres de l'Église cath. clandestine accusés d'avoir ouvert un séminaire, ordonné des prêtres et prêché à des moins de 18 ans, arrêtés. *1993*-janv. 20 à 30 évêques encore en prison, 17 évêques, 30 prêtres détenus ou assignés à résidence. *2000*-3-5 le Vatican rappelle que les évêques « patriotiques » sont illégitimes. *-Mai* 1 évêque nommé avec accord du Vatican. Zhejiang, Fujian : les chrétiens refusant d'adhérer à l'Association patriotique (catholiques) ou au Mouvement des 3 autonomies (protestants) sont poursuivis. La police ferme ou détruit leurs églises ou temples, maisons ou appartements. Des évêques sont arrêtés. **Statistiques** : *fidèles* (en millions) : *1990* : 1 ; *1947-48* : 3,25 ; *90* : 3,3 à 6 ; *2000* : 10 (+ église nationale 5). *Clergé. 1900* : prêtres blancs 759, chinois 409. *1947-48* : 5 588 prêtres (2 542 chinois), 1 077 frères (663 chinois) et 6 543 religieuses (4 717 chinoises), 803 grands séminaristes. *1990* : 1 000 prêtres, 60 évêques officiels consacrés sans l'autorisation du St-Siège (60 clandestins), 700 séminaristes officiels. *1999* : séminaire 25 (1 000 à 1 500 séminaristes, noviciat 40, 2 000 jeunes filles), évêques 70 officiels (dont 30 reconnus secrètement par Rome) et 50 approuvés par Rome, mais non reconnus par le gouvernement. *Églises. 1900* : 3 930. *2000* : 5 000. *Autres établissements* : 3 universités, 189 écoles secondaires, 1 500 primaires ; 216 hôpitaux, 781 dispensaires, 5 léproseries, 254 orphelinats ; 29 ateliers de typographie, 55 publications ; observatoires de Zikawei et Zosé créés par les jésuites de Shanghaï. *Canonisés et béatifiés. 1996*-1-1 : 1er canonisé de l'Église chinoise : Jean-Gabriel Perboyre (né en France 1802 ; en Chine en 1835, prend le nom de Tong Weng Siao, torturé et tué en 1840). 229 martyrs chinois mis à mort avant 1930 ont été béatifiés. *2000*-1-10 : 120 « martyrs » canonisés (prêtres et laïcs chinois, missionnaires étrangers) victimes de persécutions sous Ming (1368-1644) et Qing (1644-1911). Plus de 70 auraient été tués en 1900 (insurrection des Boxers). **Chinois catholiques hors de Chine** 1 344 591 dont Taïwan 301 677, Hong Kong 265 800, Macao 30 000, reste du monde 747 114.

Protestants 15 000 000 (Sun Yat-sen et Tchang Kaï-chek étaient baptistes), 4 000 pasteurs (très âgés).

Juifs [présence attestée à Kaifeng (province du Honan) sous les Han (206 av. J.-C. -220 apr. J.-C.). XIXe s. dans les ports ouverts et en Mandchourie] *1939* : environ 30 000 ; *56* : 400 ; *57* : ils gagnent Israël.

Histoire

Histoire ancienne

■ **Avant J.-C. 1 million d'années** hommes de *Yuanmou* et de *Lantian*. **Paléolithique ancien** (environ 460 000 à 230 000 ans) *homme de Pékin, Homo erectus pekinensis* ou *sinanthrope* [fossile découvert près de Pékin en 1921, grotte de Zhoukoudian (Choukoutien)]. **Vers 7000** civilisations du Yang-shao (matriarcat, clans) ; **vers 5000** de Long-shan (patriarcat, clans divisés en classes sociales). Dynasties légendaires [IVe millénaire (?)-début IIe] : époque des souverains civilisateurs, cultures de Yang-shao (construction par damage de la terre, habitations en forme de fosse, etc.). **Dynasties Yao, Shun. Xia** (Hsia) : **2205-1766** (capitale Anyi). États esclavagistes ; âge du Bronze, culture d'Erlitou. **Shang** (Chang) : **1766-1122** (capitale Anyang), développement de l'esclavage ; apogée du bronze. **Xe s.** char à timon à 2 chevaux, principes de l'écriture, fortifications des villes, agriculture prédominante, structure féodale (roi et classe noble assument les fonctions politiques, religieuses, militaires et économiques), culte des ancêtres royaux. Sépultures royales avec mobilier funéraire en bronze. Art de la ronde-bosse. Ornements architecturaux en marbre, céramiques rouges et noires.

Chou (Zhou Tchéou). **De l'Ouest** (Xi-Zhou) : **1111-770** capitale Haojing, civilisation du Bronze jusqu'au sud de la Mongolie (vallée du Yangzi) ; à partir du Xe s., cités indépendantes (le roi n'est qu'un arbitre). Travail du fer et des perles de verre. **De l'Est** (Dong Zhou) : **770-476 : époque Chunqiu** (des **Printemps et Automnes** ou des **Hégémons**, *722-481*), 140 principautés : passage de l'esclavagisme à la féodalité.

Zhanguo (Chan Kuo), **époque des Royaumes combattants : 453-221** guerre entre les 7 grands royaumes ch. dont le Qin qui annexe les 6 autres (Qi, Chu, Yan, Zhao, Han, Wei) entre 256 et 221. L'art devient profane. Bronzes et jades décorés de courbes et d'animaux. Incrustations d'or, d'argent. Sépultures du royaume Chu. Boîtes, ustensiles et ornements en bois revêtus de laque. Plus ancienne peinture sur soie connue.

Qin (Chin). **221-206** : 1er État féodal (multinational et unitaire) fondé par l'empereur Q'in (prononcé T'sin qui donne le mot Chine) ; Shi Huang Di règne de 221 à 210 (200 000 déportés). **213** livres brûlés, sauf précis de médecine, astronomie, agriculture. **209** insurrection conduite par Chen Sheng et Wu Guang.

■ **Han (206 av. J.-C.-220 apr. J.-C.). De l'Ouest (206 av. J.-C.-6 apr. J.-C.).** Extension de l'art funéraire. Sculpture monumentale, peinture murale, dalles ciselées. Objets en laque polychrome. Figurines peintes, les *mingqi*, utilisées au cours des rites mortuaires. **9-22** : usurpation de Wang Mang. **17-18** insurrections populaires des *Lulin* (Insoumis) et des *Chimeï* (Sourcils rouges). **De l'Est (25-220)** : **184** insurrection des *Huangjin* (Turbans jaunes). **220-265** 1er empereur (Qin Shi Huangdi). **220 à 380** insurrections d'inspiration taoïste, armées autonomes chargées de la répression, affaiblissement du pouvoir des Han. Grandes invasions en C. du Nord de hordes turco-mongoles (IIe et IIIe s.).

3 Royaumes, 220-280 : *Wei* ou *Cao-Wei*, Chine du N., *Shu* ou *Shu-Han* au Setchouan, *Wu* en Chine du S. **Dynasties des Jin occidentaux 265-316** : capitale Luoyang (Henan) ; succèdent aux *Caowei* en 265, puis absorbent les *Wu* en 280. **Dynasties du Nord et du Sud 317-589** : *au Nord* : 16 royaumes des 5 Barbares (304-439) : **386-535** *Wei du Nord* (Bei Wei) ou *Toba-Wei* (capitale : Luoyang dès 493) ; **534-550** *Wei orientaux* (Dong Wei) [capitale : Ye (sud du Hebei)] ; **535-557** *Wei occidentaux* (Xi Wei) [capitale : Ye (Sud du Hebei)] ; **550-577** *Qi du Nord* (Bei Qi) [capitale : Ye (Sud du Hebei)] ; **557-581** *Zhou du Nord* (Bei Zhou) [capitale : Chang'an]. *Au Sud* : **317-420** *Jin orientaux* ou *Dongjin* [capitale : Jian-kang (Nanking)] ; **420-479** *Song* ou *Liu-Song* ; **479-502** *Qi* ou *Nan-Qi* ; **502-557** *Liang* ; **557-589** *Chen*. Développement de la peinture, critique d'art, sculptures monumentales (lions ailés). Sanctuaires rupestres (grottes de Dunhuang).

Sui (Souei) : **581-611** conquête par les Souei (C. du Nord) de l'empire du Sud (cap. : Nankin). Unification (grands travaux : canal approvisionnant le Honan, le Chansi, la vallée de la Wei ; greniers).

Tang : 618-906 armées indépendantes. **684** règne de l'impératrice du Ciel, Wu Hou (624-705). **755** l'empereur Xuanzong (712-756) doit faire pendre sa favorite (depuis 741) Yang Guifei, à laquelle l'armée reproche d'avoir favorisé les barbares d'An Lushan, qui se sont révoltés. Retour aux sources anciennes, proscription des cultes étrangers. **755-63** rébellion militaire. **780** impôt foncier sur étendue et valeur des terres, renforcement des armées du Palais. Relations importantes avec Asie centrale, Iran, Inde, Asie du Sud-Est ; cultes étrangers reconnus, essor du bouddhisme. **843-45** début du néo-confucianisme.

Sous les Sui et les Tang : multiplication des fondations religieuses. Grands artistes à la fois poètes, érudits, musiciens, calligraphes et peintres (paysage monochrome). Cour utilisant bijoux, miroirs. Nombreux objets funéraires (cavaliers, danseuses, génies, animaux). Apparition du martelage. Porcelaine blanche.

■ **X^e-XIIe s. Cinq Dynasties 907-960.** Unités régionales en royaumes puis empires. Elles se succèdent au Honan (reste de l'empire Tang divisé en 7 royaumes).

Royaume de Liao, 916-1125, dynastie Song, 960-1279 développement des arts (académie de l'empereur artiste Huizong). Toits courbés et grandes charpentes. Animaux et fleurs réalistes. Analogies entre calligraphie et peinture. Influence du bouddhisme zen.

Royaume de Jin, 1115-1234 réunification de la C. **1127** chassés du Nord par l'empereur Jin (mandchou), les Song se fixent à Hangzhou. Renouvellement des classes dirigeantes, concours de recrutement, expansion commerciale en Asie du Sud-Est et dans l'océan Indien (progrès maritimes : gouvernail d'étambot, treuil, ancre, boussole marine ; techniques commerciales : effets de commerce, assignats, monnaie de cuivre). L'État contrôle les monopoles (sel, thé, alcool), la fiscalité commerciale dépasse l'imposition agraire. Forte urbanisation.

Vie intellectuelle : réformistes [Fan Zhongyan (989-1052) et Wang Anshi (1027-86)], systèmes philosophiques cosmologiques fondés sur des calculs, école néo-confucéenne [Zhu Xi (1130-1200)], critique des sources en histoire, développement de l'épigraphie et de l'archéologie ; parallèlement à la littérature de style antique (dynastie des Han, époque des Royaumes combattants), littérature en langue vulgaire (roman, conte, théâtre) diffusée par l'imprimerie.

■ **Yuan, 1279-1368.** Fédération de peuples de la steppe formée au début du XIIIe s. autour du chef mongol Gengis Khan (empereur des mers, † 1227) ; attaque Asie centrale, Proche-Orient, Russie méridionale, Mandchourie, Corée, C. du Nord, 1215 occupe Pékin. Koubilaï Khan (1214-94) achève la conquête de la C. du Sud et fonde la dynastie des Yuan, installe sa capitale à Pékin. 1274 et 1281 les Mongols poussent jusqu'au Japon, 1293 à Java. **1279** les Yuan anéantissent les Song du Sud et unifient une grande partie de l'Asie. A la tête les tribus mongoles, au

Quelques inventions et découvertes chinoises

■ **Avant J.-C. XIVe s.** *système décimal.* **VIIIe** ou **IXe s.** *déclinaison du champ magnétique terrestre.* **VIIIe s.** (au moins) *laque.* **IIe s.** *acier* : redécouvert 1845 par William Kelly (Kentucky, USA) avec 4 experts chinois. *Suspension à la Cardan* : en Occident, décrite par Jérôme Cardan (1501-76). *Harnais. Taches solaires* observées par Gan De, qui dresse le 1er catalogue d'étoiles, 200 ans avant le Grec Hipparque. **Ier s.** *brouette* de Guo Yu. *Boulier* (abaque). *Pompe à godets* (carrés en chaîne).

■ **Après J.-C. Ier s.** *pétrole et gaz naturel* : forage à plus de 30 m. *Porcelaine* (en Occident, encore très rare au XVe s.). **IIe s.** *bateaux à roues* : actionnés par des pédaliers. **IIIe s.** *étrier* : inconnu des Perses, Mèdes, Romains, Assyriens, Égyptiens, Babyloniens et Grecs (au début : étriers de fer et de bronze). Vikings et peut-être Lombards ont répandu l'étrier en Europe. *Machine cybernétique* (ou 1030 av. J.-C.) : chariot de 3,30 × 2,75 m surmonté d'une statue en jade orientée vers le sud quelle que soit la direction du chariot. *Valeur précise de pi* : Archimède l'avait calculée jusqu'à la 3e décimale et Ptolémée jusqu'à la 4e. Au IIIe s., Liu découvre la valeur de 3,14159, puis au Ve s. Zu Chongzhi et son fils 3,1415920203. **577** *allumettes* : faites avec du soufre. **VIIe s.** *pont à arc surbaissé* : par Li Chun, grand pont de 37,50 m construit en 610 sur le Jiao (restauré XXe s.). Pont : Marco Polo (1189) sur le Yongsding, 213 m (11 arches de 19 m). **683 à 727** *horloges mécaniques* : de Yixing. **812** *papier-monnaie* : effet à vue. **Xe s.** *immunologie.* **954** *fonte* : le plus grand objet d'une pièce célébrant la victoire de l'empereur Shizong sur les Tartares : lion de Zhangzou (haut 6 m et creux). **Vers 1 000** *poudre* : utilisation à des fins militaires. **1027** *odomètre.* **1088** *horloge hydraulique à échappement.* **1601** pagode Yu Quan à Dangyang (Houpei) : la plus ancienne, entièrement en fonte.

☞ *En 695 apr. J.-C.* : l'impératrice Wu Zetian fit construire une colonne de fonte octogonale (hauteur 32 m, diamètre 3,60 m, 10 345 t), surmontée d'une « voûte de nuages » de 3 m et d'une circonférence de 9 m, soutenant 4 dragons de bronze de 3,60 m portant une perle dorée.

bas les derniers peuples conquis ; institutions chinoises conservées (notamment système fiscal et assignat) ; relais de poste favorisant les échanges avec l'extérieur. **XIIIe-XVe s.** nombreux voyageurs dont *Marco Polo,* 1254-1324 (qui, selon Frances Wood, ne serait en fait jamais allé en C.), moines franciscains. Mission chrétienne : Jean de Mont-Corvin (1289) puis André de Pérouse (vers 1307-26), Odoric de Pordenone (1318-30), Jean de Marignolli (1342-46). **1308** sacre du 1er archevêque de Pékin, Jean de Mont-Corvin (1247-1328). **1362** martyre de l'évêque Jacques Ceffagni ; communautés musulmanes (influence en astronomie et cartographie) ; installation du lamaïsme. *Vie artistique :* apogée du théâtre (dramaturges : Ma Zheyuan, Guan Hanqing). L'art du paysage continue la tradition des Song.

■ **Ming, 1368-1644.** Dynastie fondée à Nankin par Zhou Yuanzhang (un des chefs du soulèvement contre les Mongols). Reconstruction économique, recensement de population, cadastre, cloisonnement social (métier ou fonction sont héréditaires ; système maintenu jusqu'au début du xve s.), centralisme politique [coupure avec classes commerçantes, intellectuelles (accentuée avec l'installation de la cap. à Pékin en 1450) ; autoritarisme], expansion militaire vers la Mongolie. **1399 à 1443** Cheng Ho, le Grand Eunuque, ministre de l'empereur Yung-lo, organise 7 expéditions maritimes dans l'océan Indien (70 vaisseaux, 30 000 h.) et fonde un empire commercial ch. des Philippines à la Somalie ; installe sa cour à Pékin (1421). **1450-1500** cet empire s'effondre, mais les Ch. s'organisent à l'étranger en confréries *(gangxi)* qui maintiennent leurs traditions. **XVIe s.** menace mongole (Pékin assiégée 1552). Renouveau du théâtre, essor du roman en langue vulgaire (de mœurs, psychologique et sentimental) ; ouvrages techniques (pharmacopée, médecine, géographie, agriculture). Bibelots recouverts de laque affluent en Europe. **1513** arrivée du Portugais Jorge Alvares. **1520** 1er ambassadeur portugais à Pékin. Voyage de Fernão Mendes Pinto (1509-83). **1557** la C. cède Macao aux Portugais. **1582** arrivée de *Matteo Ricci* (1552-1610), jésuite. Piraterie japonaise, grand artisanat (tissage, porcelaine, fonte), riches marchands. Introduction de la patate douce, de l'arachide et du maïs (à l'origine de l'essor démographique du xviiie s.). **XVIIe s.** crise opposant les eunuques à des fonctionnaires intègres, faillite financière, taxation alourdie, insurrection artisans et paysans. Dernier empereur Ming, Chongshen (Sizong 1628-44).

■ **Ts'ing** (Qing), **1644-1911.** **1618** les tribus Jurgchen de Mongolie orientale conquièrent la Mandchourie en 1635, prennent le nom de Mandchous, s'emparent de Pékin, puis de l'empire des Ming (à la faveur de la crise sociale régnant alors). Au début, mesures très dures (imposition du port de la natte *(bianzi)* et du costume mandchou, expropriation des paysans, etc.), adoucies surtout par l'empereur Kangxi (1662-1722) qui consolide son pouvoir en maintenant en place les anciennes élites chinoises et en élargissant son empire en Asie centrale et au Tibet. **1645** port de la natte imposé pour les mandarins. Adam Schall von Belle (1592-1666) dirige l'Observatoire impérial. **1656** 1er diplomate russe à Pékin. **1669** Ferdinand Verbiest [(1623-88) jésuite flamand] directeur du Bureau impérial d'astronomie. **1688**-*22-8 traité de Nertschinsk* [en latin, négocié par l'intermédiaire de 2 jésuites (pères Gerbillon et Pereira)] : frontière russo-chinoise sur le fleuve Kerbetchi. **1693-1715** querelle des Rites (le Vatican condamne ceux liés au culte des ancêtres et à Confucius, les missionnaires les tolèrent) compromettant les Jésuites. **1736-96** essor (exportation vers Asie du Sud-Est et Europe de thé, soieries, laques, cotonnades, quincaillerie). **A partir de 1800** déclin : densité trop élevée, centralisme (immobilisme), récession, dépréciation de l'argent (monnaie chinoise) par rapport à l'or (pays occidentaux).

La Chine, « semi-colonie »

Origine. **1555** les Portugais fondent Macao, ont l'exclusivité du commerce à partir de Goa (Inde), achètent soie, porcelaine et or en C., les revendent au Japon. **Après 1576** (création d'un évêché), activité de missionnaires jésuites. **1615** Paul V autorise la messe en chinois. **1638** (fermeture du Japon), l'activité portugaise se concentre sur la C. **1683** le père Matteo Ricci essaye de créer une Église catholique chinoise dégagée d'attaches politiques avec l'Occident. **1699** (alliance anglo-portugaise), des marchands anglais (dont beaucoup de colons américains) s'introduisent à Canton. Privés de droits politiques, ils résident à Macao ; ils n'envisagent pas de coloniser la C., mais d'y profiter des privilèges commerciaux portugais (laissant le Japon aux Hollandais). **1705** Mgr de Tournon envoyé du pape Clément XI, expulsé 1706.

1729 opium interdit (décret peu appliqué). **1742** la bulle *Ex quo singulari* condamne l'expérience des jésuites. **1773** la Cie des Indes exporte de l'opium en C. **1793** ambassade de lord Macartney (5 vaisseaux, 700 h.), échec. **1796** peine de mort pour les trafiquants. **1816**-*28-7* William Pitt (lord Amherst) expulsé avec 75 h. **1820** C. fermée à la pénétration européenne, derniers jésuites expulsés. A Canton, un commerce se maintient avec les Anglais (cotonnades et opium des Indes contre thé et soie). **1833** fin du monopole de la Cie des Indes, les États princiers développent la culture du pavot, les prix baissent, on n'exporte plus. **1834** mission de lord Napier : 3e échec anglais : les Anglais refusent de se soumettre au *k'eou-t-eou* (3 génuflexions successives, chacune accompagnée de 3 prosternations). **1re guerre de l'opium (1839-42). 1839** édit interdisant l'importation de l'opium remis en vigueur, 200 Britanniques expulsés de Canton, 20 000 caisses détruites, blocus ch. à la suite de rixes, Jardine pousse la G.-B. à intervenir. *-4-9* et *-3-11* flottes chinoises détruites. **1841**-*24-5* les Anglais (sir Hugh Gough venu avec 20 navires et 4 060 soldats) bombardent Canton. **1842** Anglais occupent Shanghaï. *-29-8 traité de Nankin* (1er traité inégal). G.-B. obtient l'ouverture au commerce de 5 ports (Canton, Amoy, Foutchéou, Ningbo, Shanghaï) et l'île de Hong Kong. **1844** USA (*traité de Ho-hia 3-7*) et France (traité *de Whampoa 24-10*) obtiennent des garanties. La Fr. protégera également missionnaires et catholiques chinois. **1856-60 : 2e guerre de l'opium. 1856**-*8-10* la police chinoise arraisonne l'*Arrow* (bateau enregistré à Hong Kong), père Chapdelaine (Fr.) exécuté. **1857** Français et Anglais prennent Canton ; famine, 8 millions de †. **1858**-*28-5 traité d'Aïgoun :* la Russie reçoit la rive gauche de l'Amour (2 500 000 km^2). L'Amour devient frontière, le territoire entre l'Oussouri et la côte, un condominium sino-russe. *-2-6* et *28-6 traité de Tientsin* (Tianjin) après intervention franco-anglaise, accorde à G.-B., USA, Fr. et Russie l'ouverture de 11 nouveaux ports ; non respecté. **1859**-*25-6* envoi de plénipotentiaires franco-anglais, repoussés à Peiho. **1860** corps expéditionnaire envoyé (Français : 7 953 h. ; Anglais : 12 613). Intervention : Gal Cousin-Montauban (1796-1878), victorieux à Palikao 21-9-1860 [avec 1 200 soldats face à 50 000 Tartares (après victoire anglo-française le 18-9 à Tchang-Kia-Ouan)], *sac du palais d'Été* près de Pékin *(Yuen min Yuen) :* incendié sur l'ordre de lord Elgin en représailles (les Chinois ayant tué 20 prisonniers : 13 Anglais, 7 Français). **1881** la C. cède à la Russie la vallée de l'Illi. **1885** renonce à l'Annam après l'attaque de Courbet à Foutchéou et à Formose (la C. était intervenue au Tonkin avec les Pavillons-Noirs). Les 5 puissances (All., G.-B., Fr., Russie, USA), ne pouvant obtenir un protectorat exclusif, passent un accord tacite (« dépècement »). Elles obtiennent des concessions à bail (99 ans) [*Allemagne :* Kiao-tchéou et Ts'ing-tao ; *Angleterre :* Wei-hai-wei (en plus de Hong Kong depuis 1842 et d'un quartier de Shanghaï depuis 1848, fusionné 1863 avec zone américaine) ; *France :* Canton et un quartier de Shanghaï depuis 1849 ; *Russie :* Liaodong et Port-Arthur ; *USA :* un quartier de Shanghaï depuis 1849]. Droits reconnus : bases navales avec entretien d'une flotte, exploitation des mines, création d'usines avec autour des zones d'influences (monopole commercial et industriel) : *Allemagne :* Chantoung ; *Angleterre :* bas Yang-Tsé-Kiang ; *France :* Yunnan ; *Russie :* Mandchourie.

Certains organismes d'État ch. sont confiés à des commissions étrangères (exemple : de 1861 à 1908, un Anglais, sir Robert Hart, est inspecteur des douanes. **1894** la C. essaie de restaurer son pouvoir en Corée, le Japon l'en empêche. **1895**-*17-4 traité de Shimonoseki :* le Japon obtient Formose. *-8-11* les Occidentaux obligent le Japon à rétrocéder à la C. la presqu'île de Liaodong avec Port-Arthur. **1896**-*22-5* traité secret d'alliance avec Russie contre les ambitions japonaises en Mandchourie, permettant la construction du Transsibérien. **1898**-*6-3* l'Allemagne obtient à bail Jiao-zhou (Kiaochow). *-27-3* la Russie se fait céder les ports de Dalian et Port-Arthur. *-5-4* la Fr. obtient à bail Kowang-Tchéou-vuan (Kouang Tchéou) (traité 16-11). *-9-4* la C. reconnaît le Yunan zone d'influence française. *-Juin* G.-B. obtient cession des Nouveaux Territoires au nord de Hong Kong (bail 99 ans). **1899**-*été* la révolte des Boxers s'étend au Zhili et Honan (devise de leurs drapeaux : *Mié-iang-pao-tsing,* « anéantir l'Européen »). **1900**-*10-6* amiral anglais Seymour quitte Tientsin pour Pékin, avec 1 100 h. *-13-6* les Boxers envahissent Pékin. *-20-6* ministre allemand le Bon von Ketteler tué à Pékin. *-21-6/-14-8* Pékin, *siège des légations étrangères* délivrées par un corps expéditionnaire international. Ts'eu-hi fuit à Sian. Pékin et le *palais impérial d'Été* mis à sac par les troupes étrangères. *-Oct.* nouvelle tentative d'insurrection de Sun Yat-sen à Huizhou. **1901**-*29-1* édit impérial ouvrant l'ère de la *Nouvelle Politique. -10-5* exécution du chef boxer. *-7-9* signature du protocole des Boxers, la C. s'engage à punir les chefs et fonctionnaires et à verser sur 40 ans 450 millions de taëls (1,6 milliard de francs-or) aux Puissances. **1905**-*5-9 traité de Portsmouth,* fin de la guerre russo-japonaise. Japon reçoit droits acquis par la Russie en Mandchourie du Sud. *-12-12 traité C.-Japon* ; la C. reconnaît droits du Japon en Mandchourie. **1906** C. cède Sakhaline à la Russie. *-27-4* la C. reconnaît les droits de la G.-B. sur le Tibet. **1907**-*7-9* les Britanniques entrent à Lhassa et imposent au Tibet des concessions commerciales.

1914 *investissements occidentaux :* 1 610 millions de $ [dont G.-B. 38 % ; Japon 13,6 % (contre 0,1 % en 1900)]. *-7-11* Japon prend Ts'ing-Tao aux Allemands. **1915** Japon élimine All. **1925**-*31-5* renonciation conditionnelle à l'exterritorialité de l'URSS. **1928** renonciation de Belgique, Danemark, Espagne, Italie et Portugal. **1930**-*20-4* G.-B. restitue Weï-Haï-Weï (cédé à bail). **1941** Japon élimine Angl. **1945** Japonais vaincus ; les Anglais récupèrent Hong Kong. **1946** concessions étrangères de Shanghaï supprimées. **1948** seules subsistent *Macao* (Portugal) [redevenue ch. 20-12-1999] et *Hong Kong* (G.-B.) [redevenue chinoise en 1997].

Empereurs Ts'ing (Qing)

☞ *Légende :* les empereurs sont désignés par leur nom posthume ou nom de temple ; entre crochets : nom porté avant d'être intronisé. Noms donnés en pinyin et, entre parenthèses, en Efeo.

1644 Qing Shizu (Ts'ing Che-tsou) ; [Fulin (Foulin), né 1638] ; *ère* Shunzhi (Chouen-tche). **1661 Qing Shengzu** (Ts'ing Cheng-tsou) ; [Xuanhua (Hiuan-houa), né 1645] ; *ère* Kangxi (K'ang-hi). **1723 Qing Shizong** (Ts'ing Che-tsong), né 1678 ; *ère* Yongzhen (Yong-tchen). **1735 Qing Gaozong** (Ts'ing Kao-tsong) ; [Hongli (Hong-li), né 1711] ; *ère* Qianlong (K'ien-long). **1796 Qing Renzong** (Ts'ing Jen-tsong) ; *ère* Jiaqing (Kia-k'ing), né 1760. **1821 Qing Xuanzong** (Ts'ing Hiuan-tsong), né 1782 ; *ère* Daoguang (Tao-kouang). **1851 Qing Wenzong** (Ts'ing Wen-tsong), né 1831 ; *ère* Xianfeng (Hien-fong). **1862 Qing Muzong** (Ts'ing Mou-tsong) ; *ère* Tongzhi (T'ong-tche, 1856/12-1-1875) ; pendant ces 2 règnes, le pouvoir est aux mains de Cixi (Ts'eu-hi) (29-11-1835/15-11-1908), sa mère, épouse de Hien-fong (né 17-11-1834), co-régente 1861-73, régente 1881 au 4-3-1889, co-régente 22-9-1898. **1875 Qing Dezong** (Ts'ing Tö-tsong), né 2-8-1872 ; [Zaitian (Tsai-t'ien)] ; *ère* Guangxu (Kouang-siu). **1908 Qing Xundi** (Ts'ing Hiun-ti) ; [Puyi (P'ou-yi)] ; *ère* Xuantong (Siuan-t'ong) né 1906, sans enfant, détrôné 12-12-1912, nov. 1924 expulsé de la Cité interdite, se réfugie à la légation japonaise, 23-2-1925 évacué sur T'ien-tsin (ville internationale), mars 1932 nommé par les Japonais régent puis 1-3-1934 empereur de Mandchourie sous le nom de Kang Teh, 1945 détrôné ; 14-6 capturé par les Russes, 1950 remis à la C., rééduqué, devient jardinier puis aide-bibliothécaire, 1959 épouse Li Shurian († 9-6-1977) ; meurt le 17-10-1967 à Pékin (tué par des gardes rouges ?) ; son frère Pu Jie mourra le 28-2-1994 à 87 ans. **1967** prétendant Uy-Yan (né 1918) désigné par Puyi.

Chine impériale moderne

1849 famine et épidémies (15 millions de †). **1851** Hong Xiuquan (1813-64, qui se croit le 2e fils de Jéhovah et le plus jeune frère de Jésus) fomente une révolte mystique chrétienne et régénératrice, se proclame « roi céleste », fonde l'empire de la Grande Paix **(Tai Ping)**, prend Nankin (1853). Les Taïpings prônent l'égalitarisme et interdisent tabac, alcool, pieds bandés, abandon des petites filles, vente des servantes-esclaves et mariages forcés. Ruinés par calamités naturelles et impôts, des millions de paysans menacés par la famine les soutiennent. Des lettrés, d'anciens officiers, des propriétaires fonciers se joignent à eux par nationalisme antimandchou. Une longue marche vers le nord les mène à Nankin. **1853** contrôlent les plus riches provinces. 112 armées (plus de 3 millions d'h.). **1855** ségrégation des sexes abandonnée : mariage obligatoire des célibataires de 15 à 49 ans par tirage au sort. Les grands dignitaires peuvent épouser plus d'une femme. **1864** vaincu à Nankin par le gouvernement impérial aidé de l'étranger [l'Américain Ward, puis l'Anglais Charles George Gordon (1833-85)], Hong Xiu se suicide (ou meurt de faim) le 1-6-1864. *Bilan :* + de 20 millions de †. **1876** 1er chemin de fer. **1876-78** famine (10 millions de †). **1895**-*26-10 :* 1er projet avorté de soulèvement de Sun Yat-sen à Canton. **1896** début des troubles des **Boxers** [*Yi He quan* « les poings vertueux et harmonieux ») sectes des 8 trigrammes] dans le Chantoung, voir encadré col. c. **1897**-*11/23-10* Londres, enlèvement de Sun Yat-sen par des agents impériaux. **1898**-*avril* Kang Youwei fonde la Société pour la sauvegarde de l'État *(Baoguohui). -11-6/-21-9* réforme des *Cent-Jours*. L'impératrice Ts'eu-hi reprend le pouvoir et fait arrêter les chefs réformistes ; **1902** autorise mariages mixtes Chinois/Mandchous ; interdit le bandage des pieds des fillettes. **1905**-*20-8 Tokyo,* Sun Yat-sen crée la Ligue jurée *(Tongmenghui). -Sept.* suppression des examens mandarinaux. *-11-12* mission d'enquête sur systèmes politiques européens. **1906**-*1-9* adhésion du trône au principe constitutionnel. **1908**-*15-11* Ts'eu-hi meurt. *-2-12,* son petit-neveu Puyi (2 ans et 10 mois) empereur, son père *Zaifeng* (1883-1952) est régent. **1911**–*21-2* traité de commerce avec USA. *-13-4* mariages chinois/étrangers autorisés. *27-4 Canton* tentative d'insurrection de Sun Yat-sen. *-9-5* nationalisation des chemins de fer. *-10-10 (double dix)* Wuchang, un officier, Li Yuang-hong (1864-1928), tente de prendre le pouvoir. *-29-12* indépendance de la Mongolie-Extérieure ; Sun Yap sera élu Pt à Nankin.

République

■ **1912** *-1-1* **Sun Yat-sen** proclame, à Nankin, la République. *-12-2* Puyi abdique. *-10-3* **Gal Yuan Shikai** (1859-1916) élu 15-2 Pt à titre provisoire (le 10-10 : pour 5 ans). *-25-8* la Ligue jurée *(Tongmenghui)* devient *Guomindang* (P. nationaliste). **1913**-*janv.* le dalaï-lama *proclame l'indépendance du Tibet. -20-3* assassinat de Song Jiaoren, dirigeant du Guomindang. *-12-7* soulèvement des forces du Guomindang et du Sud contre Yuan Shikai. *-7-10* Yuan Shikai élu Pt de la Rép. pour 5 ans. *-4-11* dissout le Guomindang et le *15-12* l'Assemblée nationale. **1914**-*3-7 accord de Simla* ôtant à la C. le contrôle des zones extérieures du Tibet et de la Mongolie. *-6-8* la C. se déclare neutre. *-2-9* le Japon prend les possessions allemandes du Chantoung. **1915**-*18-1,* 21 demandes faites par le Japon. *-7-5* ultimatum japonais réclamant leur acceptation. *-25-5* Shikai accepte. *-7-6* traité C.-Russie-Mongolie reconnaissant l'autonomie de la Mongolie avec suzeraineté chinoise. *-12-12* Shikai se proclame empereur. **1916**-*22-3* renonce (il meurt le 6-6). *-7-6* **Li Yuang-hong** (1864-1928) Pt. *-1-8* rappel de l'Ass. nationale, depuis 1913 à Pékin. *-27-8 :* 1700 Chinois (dont Chou-en-lai), recrutés pour les usines de guerre, arrivent à

Paris. **1917**-*juin/juillet* Gal Shang Xun tente de restaurer l'Empire. -*12-6* Ass. nationale dissoute. -*1-8* vice-Pt **Feng Guozhang** Pt par intérim. -*14-8* C. entre en guerre aux côtés des Alliés (*1917-18 :* 27 000 Ch. employés à creuser des tranchées en Fr.). -*25-8* Sun Yat-sen forme un gouvernement militaire à Canton. -*1-9* élu Grand Maréchal de l'Armée et de la Marine. **1918**-*1-6* Sun Yat-sen chassé de Canton par les militaristes locaux. -*10-10* **Xu Shichang** Pt. **1919**-*20-2* échec des négociations de paix entre Japonais et révolutionnaires du Sud. -*30-4* Conférence de paix de Versailles décide le transfert au Japon des droits allemands sur le Chantoung. -*4-5* Pékin, révolte des étudiants contre le gouv. qui venait d'accepter les conditions du traité de Versailles, favorables aux Japonais. -*19-5* grève générale des cours et boycottage antijaponais. -*5-6* les marchands et ouvriers de Shanghaï appellent à la grève pour soutenir les étudiants. -*28-6* la C. refuse de signer le traité. **1921**-*7-4* Canton, gouv. républicain de **Sun Yat-sen** (12-11-1866/12-3-1925). -*1-7* Shanghaï, fondation du PC chinois. **1922**-*3-2* Sun Yat-sen chassé de Canton par son ancien allié Chen Jiongming. -*6-2* Washington : *traité des 9 puissances* (Belgique, France, G.-B., Italie, P.-Bas, Portugal, USA, Japon et Chine) : respect de la souveraineté, indépendance et intégrité de la Chine, maintien de l'égalité des chances pour le commerce et l'industrie de toutes les nations, interdiction d'y rechercher des droits ou privilèges spéciaux susceptibles de porter atteinte aux ressortissants d'États amis. Les droits allemands sur le Chantoung sont rendus à la C. -*11-6* **Li Yuang-hong** Pt. **1923**-*26-1* déclaration Sun-Joffé qui permet la coopération Guomindang-URSS. -*21-2* Sun Yat-sen reprend direction du gouv. de Canton. -*Févr.* grève des cheminots de la ligne Pékin-Hankou. -*22-6* **Wu Yulin** Pt. -*Oct.* **Tsao Kun** Pt. -*Nov.* Canton, arrivée du conseiller politique soviétique Mikhail Markovitch Gruzenberg, dit Borodine (1884-1951). **1924**-*oct.* arrivée du conseiller militaire soviétique Galen, dit Blücher. -*Nov.* **Tuan Chi-jui** (ou Duan Qirui, 1865-1936) Pt. **1925**-*12-3* Sun Yat-sen meurt à Pékin [sa veuve Song Qingling (1892-1981), sœur de Song Meiling, épouse de Tchang Kaï-chek, rompt avec le Guomindang et part pour URSS ; 1944 vice-Pte de la Rép. populaire]. -*15-5* Shanghaï, ouvrier tué lors d'une grève. -*30-5* Shanghaï, police britannique tire sur des manifestants.

■ **1926** -*20-3 :* 1er coup de force du Gal Tchang Kaï-chek : incident de la canonnière *Zhongshan* à Canton. -*Juillet* départ de l'*expédition du Nord (Beifa)* qui prend Changcha et Wouhan. **1927**-*21-3 :* 3e *insurrection de Shanghaï* (victorieuse). -*12-4* Shanghaï, Tchang Kaï-chek massacre communistes et syndicalistes. -*Juin* **Chang Tsolin** (ou Zhang Zuolin, 1875/4-6-1928) Pt. -*1-8* insurrection communiste de *Nanchang* (naissance officielle de l'Armée rouge). -*Août/déc.* retraite provisoire de Tchang Kaï-chek qui épouse Song Meiling. -*Août* soulèvement communiste de la Moisson d'automne (Houpei, Hounan). -*11/13-12* insurrection communiste de Canton écrasée (milliers de †). Après la défaite, Mao se réfugie dans les Jinggangshan et mobilise les paysans du Kiangsi où est proclamée une rép. des Soviets en 1931. **1928**-*avril* reprise de l'expédition du Nord qui prend Pékin (juin). -*4-6* Chang Tsolin assassiné par Japonais. -*29-6* Pékin devient Peiping. -*10-10* gouv. national à Nankin : **Tchang Kaï-chek. 1930**-*mars* 1re des 5 campagnes d'anéantissement des communistes du Kiangsi. **1931**-*janv.* 28 bolcheviks éliminent Li Lisan (1899-1967) et prennent la direction du PC. -*Été* inondation du Yangzi. -*18-9 incident de Moukden,* Japon envahit la Mandchourie. **1932**-*janv.* **Lin Sen** (1862/2-8-1943) Pt. -*Janv./mars* guerre de Shanghaï (incidents sino-japonais). -*9-3* la Mandchourie devient *Mandchoukouo* -*5-5* armistice avec Japon. **1933**-*27-2* Japonais prennent Jehol. **1934**-*18-10* départ de la **Longue Marche** (369 jours, 12 000 km parcourus, 18 chaînes de montagnes et 24 fleuves franchis, 54 grandes villes prises ; terminée le 20-10-1935) au nord du Chensi. **1936**-*juin* révoltes des deux Kouang (Kouangtoung et Kouangsi) matées. **1937**-*7-7 incident du pont Marco-Polo* à Lugougiao (Lou-Kou-Chiao), début de la guerre sino-japonaise (dure jusqu'en 1945). -*27-7* Japonais prennent Pékin. -*Fin sept.* victoire de Lin Biao à Pingxingguan. -*Fin nov.* Japonais prennent Shanghaï (3-12 défilent dans les concessions). -*13-12 à fin févr. 1938* Japonais prennent Nankin (200 000 à 300 000 Ch. massacrés). -*14-12* Pékin : gouvernement provisoire de la C. du Nord appuyé par Japon. **1938**-*30-1* gouv. de Pékin fusionne avec celui du Hopei oriental et s'installe à Nankin avec Wang-Ching-Wei (1883/10-11-1944). -*Mai* chute de Xuzhou, destruction des digues du fleuve Jaune. -*Oct.* début de la guerre d'usure (Wuchang et Hankou évacuées). -*18-12* gouv. Wang-Ching-Wei se sépare du gouv. de Tchoung King. **1939**-*26-7* USA dénoncent traité de commerce du 21-2-1911. **1940**-*30-3* gouv. national à Nankin (Wang-Ching-Wei). -*1-8* quitte la SDN. -*30-11* traité gouv. de Nankin/Japon. **1941**-*4-1,* 4e armée communiste se révolte. -*8-12* Japon occupe concession britannique de Tien-Tsin et concession internationale de Shanghaï. -*9-12* C. déclare guerre au Japon. **1942** route de la Birmanie coupée jusqu'en 1945. -*Oct.* USA et G.-B. renoncent à leurs droits d'extraterritorialité. **1943**-*21-2* Japon occupe Kouang-Tchéou, cédé à bail à la France le 16-11-1898. -*23-2* gouv. de Vichy renonce aux droits d'exterritorialité de la France en Chine.

1943-*10-10* **Tchang Kaï-chek** [1887-1975, à ses débuts membre d'une triade (organisation mafieuse) du Gang vert, Cdt en chef des armées du Nord 1926, généralissime 1928, directeur du Guomindang 1938.] Pt (élu 13-9 par Kuomintang). **1944**-*10-11* Wang-Ching-Wei † à Tokyo ; Tchen-koung-Po Pt du gouv. de Nankin. **1945** -*8-8* Soviétiques entrent en Mandchourie. -*14-8* capitulation du Japon (de 1931 à 45, environ 20 millions de Chinois massacrés par Jap.). Armée gouvernementale nationaliste de Tchang : 2 500 000 h. dont 39 divisions d'élite formées et équipées par les Américains, marine et force aérienne ; Armée rouge : 910 000 h. plus auxiliaires ; en tout 2 200 000 h. -*Août* nationalistes tâchent de reprendre le contrôle de l'ensemble du pays. Se réinstallent à Nankin qui devient leur capitale ainsi qu'à Shanghaï et Pékin (occupée le 17-9). -*Fin de l'année* réoccupent progressivement la Mandchourie qui est complètement évacuée par les Russes au printemps 1946. -*11-10/10-11* accords Tchang-Mao, communistes évacuent régions situées au sud du Yang-Tsé-Kiang et participent à la conférence prévue janv. 1946. **1946**-*10-1* trêve prévoyant la cessation des hostilités. Accrochages nombreux ; nationalistes ne reprennent que partiellement la péninsule du Shantung. -*13-3* armée gouvernementale entre à Moukden après départ des Soviétiques. -*17-4* communistes entrent à Changkun. -*5-5* gouv. replié à Nankin. -*Juillet* offensive du gouvernement dans Shantung et Kiangsu. -*Nov.* Zhou Enlai, qui négocie au nom des communistes, quitte Nankin pour Yenan. **1947** Mandchourie, Lin Piao attaque. -*10/20-3* conquête de la C. du Nord engagée. *Principaux généraux de l'Armée rouge :* Lin Piao, Chen Yi ou Liu Po Cheng. -*19-3* nationalistes prennent Yenan (capitale). -*21-11* 1res législatives. -*25-12 Constitution.* **1948**-*19-4 :* 1re Assemblée nationale élit Tchang Kaï-chek Pt. -*24-4* Lin Piao prend Moukden (Shenyang) ; -*avril* Luoyang ; -*19-6* Kaifeng ; -*sept.* Tsi-nan. -*Nov.* communistes reprennent Yenan ; -*24-12* Kalgan ; **1949**-*15-1* occupent Tientsin. -*20-1* Gal Fu Yi négocie sa capitulation. -*23-1* communistes rentrent à Pékin. Des généraux nationalistes se rallient aux communistes. -*Févr.* administration nationaliste à Canton. -*20-4* communistes franchissent le Yang-sé ; -*23-4* prennent Nankin. Li Tsung-jen rejoint Canton ; -*23-4* Shangaï ; -*août* Lanchow.

1949-*21-1* **Li Tsung-jen** Pt. (Tchang Kaï-chek se retire de la présidence).

République populaire

■ **La Chine sous Mao. 1949**-*21-9* **Mao** (1893-1976) Pt. -*1-10* **Rép. populaire proclamée.** -*15-10* communistes prennent Canton ; gouvernement nationaliste à Chungking. -*27-10* communistes prennent Chengdu. D'oct. 1949 à janv. 1976, **Zhou Enlai** PM (a séjourné à Paris 1922-24). -*30-11* communistes à Chungking. -*5-12* Li Tsung-jen part pour USA. -*10-12 Tchang Kaï-chek réfugié à Taïwan* avec 600 000 h. -*16-12* Mao à Moscou, négocie avec Staline. Reconnaissance par Israël. *Pertes de la guerre civile (1927-49) :* environ 50 millions de † [dont 1 à 3 millions (officiellement 830 000) liquidés après la victoire de Mao]. **1950**-*6-1* la G.-B. reconnaît la C. populaire (échanges de chargés d'affaires 1954, d'ambassadeurs 1972). -*14-2* traité d'amitié, d'alliance et d'aide matérielle avec URSS, crédit de 300 millions de $ obtenu. -*Août* communistes occupent Hainan. -*25-10 :* 54 divisions de « volontaires » chinois participent à la *guerre de Corée.* **1951**-*21-2* règlements sur la suppression des éléments contre-révolutionnaires (5 catégories : bandits, despotes locaux, agents secrets du Guomindang, chefs des partis non communistes, membres des Stés secrètes). Exécutions : 5 millions (1 % de la pop.). [Mao avait conseillé de condamner à mort environ 20 % des inculpés, mais les « tribunaux populaires » ont dépassé ce chiffre.] -*23-5 traité de Pékin avec Tibet :* la C. reconnaît le gouv. lamaïque et accorde l'autonomie. -*15/20-10* occupation militaire du Tibet. -*Déc. Campagne « des 3 Anti » :* corruption, gaspillage et bureaucratisme. **1952**-*avril « des 5 Anti ».* **1953**-*1-1* début du *Ier plan quinquennal.* -*3-2* la VIIe flotte américaine reçoit l'ordre de ne plus gêner les opérations nationalistes contre le continent. -*27-7 fin de la guerre de Corée.* **1954**-*mars/mai* (Viêt Nam) bataille de Diên Biên Phu : conseillers chinois ; livraison d'armes au Viêt-minh. -*Août/oct.* Constitution. -*Oct.* Khrouchtchev à Pékin. L'URSS restitue Port-Arthur, annule les dernières concessions russes en C. (chemin de fer, Stés mixtes), accroît l'aide économique. **1956**-*févr.* XXe congrès du PC de l'URSS, Khrouchtchev prononce un réquisitoire contre Staline ; la C. distingue mérites et erreurs du défunt. -*2-5* discours de Mao, les **Cent Fleurs** : « Que cent fleurs s'épanouissent, que cent écoles rivalisent. » *But :* rectifier le style du travail au sein du Parti, améliorer les rapports entre pouvoir et masses, inciter intellectuels, scientifiques et techniciens à participer davantage aux débats publics et à se rapprocher du Parti. **1957**-*8-6* mouvement **antidroitier** contre 550 000 intellectuels jugés « trop critiques ». -*Oct.* accord sur livraison d'armes atomiques avec URSS. **1958**-*avril* 1re commune populaire fondée. -*Mai* Mao décrète le **« Grand Bond en avant »** (collectivisation accélérée des terres, inscrite dans une réforme communale ; multiplication des entreprises industrielles à petits hauts fourneaux) ; bombardement des îles de Quemoy et Matsu (aux nationalistes). Élimination des oiseaux pour protéger les cultures ; conséquences : ravages par insectes, vers, etc. **1959**-*10/27-3* rébellion au Tibet réprimée (voir p. 1034 a). Khrouchtchev n'accorde pas à Mao le soutien escompté.

1959-*27-4* **Liu Shaoqi** (1898/1969) Pt (destitué en 1968). -*20-6* URSS répudie l'accord d'oct. 1957 sur la bombe atomique. -*30-9* Khrouchtchev à Pékin plaide pour entente avec USA ; il est mal reçu, 1ers incidents frontaliers sino-russes au Sinkiang. **1960**-*21-4 :* 1ers grands textes antirévisionnistes à Pékin. -*20-6* PC roumain attaque dirigeants chinois ; Albanie se rallie à Pékin. -*16-7* URSS rappelle ses spécialistes, met fin à presque toute assistance. -*Nov.* conférence des 81 PC à Moscou, 2e « déclaration de Moscou », compromis que C. et URSS interpréteront en sens opposé. *Échec du « Grand Bond en avant » :* de 1958 à 61, prod. de céréales tombe de 200 à 143 millions de t : 20 millions de décès supplémentaires, 32 millions de naissances en moins. Explications de Mao : 1°) fin de l'aide soviétique ; 2°) déformation des directives par les leaders prosoviétiques : Deng Xiaoping, Peng Chen (1902-97) maire de Pékin. Liu Shaoqi (Pt). Mao lance contre eux le « mouvement d'éducation socialiste » (1962). **1961-62** incidents aux frontières Sinkiang-URSS. 50 000 Kazakhs et Ouïgours tentent de passer au Kazakhstan (URSS). Fermeture de la frontière et répression du côté chinois. Révolte de 5 000 musulmans dans la vallée de l'Ili. **1962**-*sept.* la C. accuse URSS de soutenir l'Inde. -*Oct.* crise de Cuba : la C. accuse Khrouchtchev de « capitulationisme ». **1963**-*mars* Mao propose le soldat Lei Feng († 1962 à 22 ans) comme modèle. -*Mai* campagne *« des 4 Purifications ».* -*6/20-7* rencontre délégués ch./russes pour réconciliation ; échec. -*5-8 traité de Moscou* sur interdiction partielle des essais nucléaires (dénoncé par C.). -*20-8* URSS annonce que plus de 5 000 violations de frontière ont été commises par la Chine en 1962. -*7/9-9* incident à la gare frontière de Naouchki entre cheminots chinois et douaniers soviétiques. *Guerre avec l'Inde* (motif : après l'occupation du Tibet par la Chine, l'Inde dénonce le traité). **1964**-*27-1* la Fr. établit des relations diplomatiques avec la C. (échange d'ambassadeurs). Aucune mention de Taïwan dans le communiqué. -*Févr.* rapport Souslov devant le PC soviétique reprenant les accusations russes contre la C. Échec des conversations de Pékin au sujet des frontières. -*10-7* Mao dénonce empiétements URSS. -*16-10 : 1er essai nucléaire chinois.* **1965**-*11-2* Brejnev-Kossyguine tentent une réconciliation, notamment par l'unité d'action au Viêt Nam. -*Mars* Moscou, 19 PC préparant une conférence internationale des PC, la C. refuse de s'y rendre. -*Sept.* Mao charge Lin Biao de définir une nouvelle politique extérieure : lutte armée contre les impérialismes dans tous les continents. -*Fin de l'année* 10 PC sont passés dans le camp chinois (3 au pouvoir : Albanie, Corée du Nord, Nord-Viêt Nam ; 7 dans l'opposition : Indonésie, Japon, Laos, Malaisie, Thaïlande, Sud-Viêt Nam, Nlle-Zél.) ; 13 PC ont eu une scission prochinoise : Australie, Belgique, France, Espagne, Suisse, Brésil, Colombie, Mexique, Paraguay, Birmanie, Ceylan, Inde, Liban ; 4 ont des fractions prochinoises dans leurs rangs : Autriche, Équateur, Pérou, Népal. A Cuba, le PC (au pouvoir) hésite puis choisit le camp soviétique (la C. condamne dès lors le « castrisme »).

1966-69 Révolution culturelle. En principe, il s'agit de « prévenir le révisionnisme » ; en fait, en créant les *« gardes rouges »,* armés et conditionnés idéologiquement, Mao met les cadres du Parti sous contrôle militaire, fait persécuter intellectuels et cadres compétents, élimine ses principaux adversaires : Peng Chen, Liu Shaoqi et Deng Xiaoping. En sept., le Comité central interdit que l'on s'oppose aux gardes rouges. -*Juin à sept. 1971* « le Petit Livre rouge » (citations extraites des œuvres de Mao Zedong) tiré à 800 millions. **1967**-*25-1* incidents avec des étudiants chinois à Moscou. -*26-1/12-2* siège de l'ambassade soviétique à Pékin. 40 divisions soviétiques sur la frontière devant 50 à 60 divisions chinoises (soit plus de 600 000 h.). Sinkiang, Kazakhs et Ouïgours fuient en URSS. **1967-68** comités maoïstes en province (consignes : faire la révolution, promouvoir la production). **1968**-*31-10 Mao reprend la présidence jusqu'à sa mort* (9-9-1976), [en fait, poste occupé d'oct. 1968 à janv. 1975 par Tung Pi-Wu, de janv. 1975 à juillet 1976 par Chu Teh et de juillet 1976 à mars 1978 par Soong Ching-ling (veuve de Sun Yat-sen)]. **1969**-*2/15-3* incident avec URSS [32 Chinois tués, 22 Russes (?)] au sujet de *l'île Damansky* [Chen-Pao (Zhin Bao) pour la C.] sur l'Oussouri, souvent recouverte par les eaux. Selon la C., le traité de Pékin (nov. 1860) aurait inclus Damansky en C. et l'URSS l'aurait admis en 1964. *Lin Biao* critique la « superstructure » soviétique (créatrice d'une nouvelle bourgeoisie bureaucratique). La C. veut rapprocher cadres et masses (l'URSS réplique : la C. veut appauvrir les cadres, car elle vise l'austérité générale tandis que l'URSS veut le bien-être des masses). -*10-6* incident avec URSS (Xinjiang). -*31-10 Liu Shaoqi* privé de ses fonctions (12-11, meurt en prison ; mort annoncée 10 ans après). -*11-11* négociations avec URSS à Pékin.

1970-*5-1* **Dong Buin** Pt par intérim. -*26-8/6-9 Mal Lin Biao* (1908-71) essaie de se faire élire Pt de la Rép. Détente amorcée avec USA. Reconnaissance par Italie. **1971**-*10/17-4* visite d'une équipe de ping-pong américaine. -*9-7* voyage secret de *Kissinger* à Pékin. -*8* et -*11-9* tentatives d'assassinat de Mao par Lin Biao (attaque du train). -*13-9* Lin Biao meurt [accident d'avion sur territoire mongol en fuyant Pékin (ou abattu le 11-9 dans un restaurant à Pékin sur ordre de Jiang Qing, femme de Mao)]. -*26-10* **admission à l'Onu** par 76 voix contre 35 et 17 abst. (Taïwan expulsée) ; la C. devient membre permanent du Conseil de sécurité. Début du IVe plan quinquennal (1971-75). **1972**-*21/28-2* Pt Nixon en C., USA reconnaissent que Taïwan fait partie de la C. (29-9 relations diplomatiques reprises). -*1-9* visite de *Tanaka*, PM japonais : le Japon reconnaît la C. -*Automne : campagne contre Confucius* [philosophe (551-479 av. J.-C.)] *et Lin Biao* pour avoir fait assassiner (?) un adversaire progressiste, Sheo Cheng-mao (Tchao Koung, roi de Lou, † 501). L'All. féd. reconnaît la C. **1973** la tendance « aller à contre-courant » qui a pris en main la critique contre Lin Biao et Confucius, tente de lancer une 2e révolution culturelle, visant principalement Zhou Enlai (semi-échec : tout se terminera en 1975). -*12-4 Deng Xiaoping* réapparaît en public après disgrâce de 6 ans. -*Sept.* Pompidou en C. **1974**-*20-1* la C. occupe 4 archipels, les Hsisha (Paracels) et réaffirme sa souveraineté sur les 2 îlots de Nansha [(Spratley) que le Viêt Nam du Sud occupait], les Chung-sha (Macclesfield Bank) et Tung-sha (Pratas) ; critique de Lin Biao. **1975**-*janv.* la C. accepte les dispositions des traités de 1858 et 60, demande à l'URSS (qui refuse) la restitution de 20 000 km^2 occupés par la Russie en violation de ces traités. La C. soutient Pt Mobutu, le Shah, Gal Pinochet. Deng Xiaoping vice-Pt du Parti, vice-PM et chef d'état-major général (en Fr. en avril). -*Août* troubles dans usines, notamment à Hangzhou. -*Oct.* incidents frontaliers avec Inde : dizaines de soldats indiens tués (?). -*Nov.* journaux muraux (*dazibaos*) à Pékin contre le min. de l'Éducation. -*3/7-12* Pt amér. Ford en C. **1975-76** inondations du fleuve Jaune dans le Honan (700 000 †). **1976**-*8-1 Zhou Enlai* (né 1898) meurt. -*8-2* **Hua Guofeng** [né 1909, ancien commissaire politique de Canton (1972), ministre de la Sécurité publique et vice-PM (1975)], PM par intérim. -*Févr.* dénonciation d'infiltrations soviétiques au Sinkiang. -*Mars/avril* campagne d'affiches contre Deng Xiaoping (ex-vice-PM) et ceux qui « suivent les voies capitalistes ». -*8-3* météorites dans le N.-E. -*5-4* manif. de modérés à Pékin (place Tiananmen, 100 †). -*7-4 Deng Xiaoping destitué*, **Hua Guofeng** PM. -*15-4* reprise relations diplomatiques avec Inde. -*29-5* Yunnan, séisme. -*6-7* Mal Zhu De meurt. -*28-7* tremblement de terre à Tangshan et Fengnan (242 000 †). -*30-7* alerte sismique à Pékin. -*9-9* Mao meurt à 82 ans (crise cardiaque). -*19-9* funérailles.

■ **Après Mao.** Plus de président, mais un Conseil d'État ; les fonctions de chef de l'État sont assurées par le **Mal Ye Jianying** (né 1898). **1976**-*6-10* **« bande des Quatre »** arrêtée : Zhang Chunqiao (né 1911 ; ex-vice-PM), Yao Wenyuan [né 1924, journaliste, (ex-membre du bureau politique du Parti) libéré 5-10-1996], Wang Hongwen (1934-92 ; ex-vice-Pt du Parti), Jiang Qing (épouse de Mao). -*26-12* Mal Ho Lung († 1969 ?) réhabilité. Les cadres épurés pendant la révolution culturelle reviennent en masse. *Hua Guofeng* Pt du Comité central. **1977**-*janv.* Pékin, affiches réclament retour au pouvoir de Deng Xiaoping. -*Mars* dizaines d'exécutions en province. -*16/21-7* **Deng Xiaoping** (22-8-1904/19-2-1997, secr. du Comité central 1956-67), rétabli dans ses fonctions par le Comité central, exerce en partie un pouvoir dictatorial. Purges (milliers de fusillés). -*12/18-8* : XIe congrès du PCC : nouvelle Constitution, *Hua Guofeng* Pt du Comité central (n'exerce pas la réalité du pouvoir). **1978** *Confucius réhabilité*. -*1-2* abandon de la politique d'autosuffisance (des régions, localités, entreprises) au profit de la « spécialisation » et de la « coordination » entre unités de production. -*26-2/5-3* : 1re session de la 5e Ass. nationale populaire (3 500 délégués, dont des religieux) : **Hua Guofeng** confirmé Pt du parti et PM, nouvelle Constitution. -*Mars* **Ye Jianying** Pt. -*3-4* traité commercial avec CEE. -*4-4* Pékin, affiches dénonçant les « clowns politiques » au pouvoir. -*3-7* suspension aide au Viêt Nam. -*7-7* rupture avec Albanie demeurée maoïste. -*12-8* traité sino-jap. de paix et d'amitié. -*Août* rétablissement des privilèges des « Chinois d'outre-mer » (dans le Kouangtoung, 1/8 de la pop. reçoit des virements de parents de l'étranger ; restitution des villas fermées en 1966 aux propriétaires légitimes). Incidents frontaliers sino-vietnamiens. -*Nov.* libération des derniers « tenants de la droite » envoyés en 1957 en camps de rééducation. 160 000 Sino-Vietnamiens rentrent en C. -*1-12* réhabilitation du Mal Peng Tehuai et de Tao Chu confirmée. -*15-12* relations diplomatiques reprises avec USA. **1979** le « Grand Bond en avant » (voir p. 1030 b) est qualifié de « Grand Bond en arrière » ; les 4 modernisations de Zhou Enlai redeviennent la doctrine officielle. -*10-1* les « anciens capitalistes » retrouvent leurs biens confisqués. -*28-1/5-2* Deng Xiaoping aux USA (propose coalition antisoviétique). -*Févr.* le Parti décide de ne plus appliquer les étiquettes attribuées aux 8 catégories nuisibles : propriétaires fonciers, paysans riches, contre-révolutionnaires, mauvais éléments, droitistes, militaires et policiers du Guomindang, agents ennemis capitalistes (la 9e catégorie était les intellectuels sous la révolution culturelle) ; suppression officielle des étiquettes le 2-1-1984. -*17-2* **l'armée chinoise entre au Viêt Nam** pour le punir d'avoir envahi le Cambodge. -*5/16-3* se retire (*bilan :* tués Chinois 26 000, Vietnamiens 30 000) -*5-3* Constitution garantissant droit de grève, liberté d'expression, affichage de journaux muraux. -*Avril* la C. dénonce le traité sino-soviétique du 14-2-1950. -*10-10* : 5 000 étudiants manifestent à Pékin. -*11-10* : 1er congrès depuis 20 ans des vieux partis démocratiques. -*Oct./nov.* Hua Guofeng en Europe (en Fr. 15/21-10).

1980 réhabilitations : -*23/29-2* Liu Shaoqi (deuil nat. à sa mémoire le 17-5), Li Lisan (1896-1967) ; -*19-3* Qu Qiudai [secr. général du PC (1927-28), fusillé par le Guomindang en 1935]. -*10-9* **Zhao Ziyang** (né 1919) PM. -*29-10* explosion gare de Pékin (10 †, 81 bl.). -*31-10* Kang Sheng (1903-75) exclu du PC à titre posthume. -*17-11 Confucius* reconnu comme « une des gloires de la nation ». -*20-11* début du procès des « 2 cliques contre-révolutionnaires » : les 5 Gaux complices du Mal Lin Biao (1908-71) et la « bande des Quatre » plus Chen Boda. Les 2 « cliques » répondent de « persécutions » contre 729 511 pers. (34 274 en sont mortes dont 420 hauts cadres). **1981**-*25-1* Jiang Qing, veuve de Mao, condamnée à mort avec 2 ans de sursis (non exécutée). **1982**-*31-5/5-6 PM Zhao Ziyang* au Japon. -*Juin* dissidents Wang Yizhe et He Qiu condamnés à 14 et 10 ans de prison. -*3-7* visite du panchen-lama au Tibet (1re fois depuis 1964). -*Juillet* reprise en main du Sinkiang (agitation religieuse et incidents entre Han et Ouïgours depuis 1981). -*18/20-6* athlètes soviét. à Pékin (1re fois depuis 17 ans). Réhabilitation de 3 millions de cadres du PC exclus après 1976. **1983**-*févr.* reprise des négociations C./URSS : à Moscou ; commissions frontalières sur Oussouri et Amour (ouvertures de points de passage).

1983-*18-6* **Li Xiannian** (1909-92) Pt. -*Août* 700 000 arrestations, 5 000 (?) droits-communs exécutés, interdiction de posséder des chiens, extermination des 400 000 chiens de Pékin (risque de rage). **1984**-*janv.* PM Zhao Ziyang aux USA. -*2-7* mort d'Ochi Huyakt (né 1900), dernier descendant (32e génération) de Gengis Khan. -*26-9* accord avec G.-B. sur Hong Kong. **1985**-*janv.* 1res actions (60 000 à 50 yuans = 1,5 million de $) émises depuis plus de 30 ans. -*6-3* : 1er concours de beauté depuis 1949, parrainé par firme de cosmétique occidentale. -*3-7* Mgr Ignatius Gong Pinmei libéré sous condition. -*18-9* manif. antijaponaise d'étudiants. -*Déc.* manif. à Uruma (4 000 à 10 000 personnes) et à Pékin (400) contre essais nucléaires au Sinkiang. -*24-12* cathédrale de Pékin rouverte. **1986**-*3-5* un avion de Taïwan atterrit à Canton. -*19-5* accord entre les 2 Chine (1re conversation). -*18-6* accord C.-USA : des fusées chinoises lanceront des satellites américains. -*6-7* yuan dévalué de 15,8 %. -*Été* campagne du « Double Cent », favorisant les débats dans la presse sur la liberté intellectuelle et la réforme politique : -*12/19-10* reine d'Angl. en C. -*22-10* accord avec Portugal sur Macao. -*5-11* : 3 navires de guerre américains à Ts'ing-tao (1re visite de ce genre depuis 1949). -*Déc.* manif. d'étudiants dans 17 villes (dont Hofei, Shanghaï et Pékin). Rapprochement avec Pacte de Varsovie (sauf URSS). **1987**-*janv.* incidents avec Viêt Nam [tués : Chinois 600, Vietnamiens 500 (?)] ; 3 intellectuels expulsés du PC pour « libéralisme bourgeois » (Liu Binyan, Fang Lizhi et Wang Ruowang) ; réforme politique accélérée et rééquilibrage du commerce extérieur. -*16-1* Hu Yaobang, secr. général du Parti, destitué (il n'a pas réprimé assez durement les manif. de déc. 86). -*Mai* incendie dans N.-E. (Heilongkiang) [1 000 000 d'ha ravagés, environ 200 †]. -*Août* d'autres intellectuels expulsés du PC. -*Oct.* manif. nationalistes au Tibet. -*Nov. Li Xiannian,* 1er Pt de la C. à venir en Fr. -*25-10* Zhao Ziyang secr. général du Parti. -*4-11* **Li Peng** PM. -*30-11* relations normales avec Laos. -*7-12* manif. étudiante à Pékin (1 000 †). **1988**-*2-4* statues de Mao à l'université de Pékin démolies.

1988-*8-4* **Gal Yang Shangkun** (1907-98) Pt. -*18-5* Deng Xiaoping « refuse le socialisme intégral », conseille « un socialisme conforme à chaque pays ». -*25-5* Jiang Qing, veuve de Mao, sort de prison. -*22-6* selon Deng Xiaoping, le maoïsme est responsable de 20 ans de « grandes souffrances ». -*26-6,* 2 évêques protestants consacrés à Shanghaï. -*30-11* traité avec Mongolie sur frontière commune. -*1-12* min. des Affaires étrangères à Moscou (1re visite depuis 30 ans). **1989**-*5-1* : 300 étudiants africains de Pékin et 130 de Nankin demandent leur rapatriement (à la suite d'incidents le 24-12-1988). -*Févr.* l'URSS retirera 260 000 soldats en 2 ans de ses territoires asiatiques, 65 000 h. de Mongolie, et toutes ses escadrilles. Elle maintiendra de 500 000 à 700 000 h. le long de sa frontière avec la C. -*15-4* mort de Ha Yaobung (né 1915, secr. Gal du PC 1982-87) ; -*22-4* manif. étudiantes durant ses obsèques. -*26-4* le *Quotidien du peuple* publie ces mots de Deng Xiaoping : « Une petite minorité de gens exploite les étudiants. Ils veulent semer le trouble dans l'esprit des gens, et créer le chaos à travers le pays. C'est un complot bien planifié pour répudier le parti communiste et le système socialiste au niveau le plus élémentaire. » -*27-3* : 1 million de manifestants place Tiananmen pour réclamer que le journal retire ce jugement. -*Mai* 1re délégation officielle de Taïwan à Pékin pour réunion de la Banque asiatique de développement. -*2-5* Shanghaï, manif. étudiante. -*4-5* rassemblement place Tiananmen. -*8-5* après 15 jours de grève, de nombreux étudiants reprennent les cours. -*13-5* Tiananmen, ils débutent grève de la faim. -*15/18-5* visite de Gorbatchev. -*17-5* : 1 million de manifestants à Pékin, demandent démission de Deng Xiaoping. Visite de Gorbatchev à la Cité interdite annulée. -*19-5* **Tiananmen, Li Peng** (PM) fait appel à l'armée ; la pop. la bloque à l'entrée de Pékin. -*20-5* loi martiale. -*21-5* : 1 million de manifestants. -*24-5* l'armée se replie en banlieue. -*29-5* les étudiants érigent une réplique de la statue de la Liberté rebaptisée « Déesse de la Démocratie ». -*Nuit du 2 au 3-6* l'armée ne peut pas reprendre pacifiquement le contrôle de Tiananmen ; -*nuit du 3 au 4-6* elle tire (1 500 à 3 000 †, plusieurs milliers de bl.). -*24-6* Jiang-Zemin remplace Zhao Ziyang (secr. général du PC destitué). -*20-7* Paris, formation d'un *Front démocratique*. -*1-8* les dirigeants n'auront plus droit à une nourriture spéciale. -*11-8* Yu Zhijian condamné à perpétuité pour avoir profané un portrait de Mao. -*16-9* Deng Xiaoping apparaît en public (1re fois depuis le 9-6). -*20-9* † de Chen Boda, ancien secr. de Mao. -*7-10* la C. proteste contre Nobel de la paix attribué au dalaï-lama. -*9-11* Deng Xiaoping démissionne de la présidence de la commission militaire du PC (remplacé par Jiang Zemin). -*Déc.* yuan dévalué de 21,2 %. *Du 4-6 à fin 1989,* le gouv. reconnaît 40 exécutions et 6 000 arrestations (selon certains : 10 000 à 30 000). **1990**-*10-1* loi martiale levée. -*20-1* : 573 « contre-révolutionnaires » libérés. -*27-1* nouvel an lunaire, concert du rocker Cui Jian autorisé. -*8-2* la Banque mondiale prête 30 millions de $ pour reloger 175 000 pers. à la suite du tremblement de terre d'oct. 1989 dans Chansi et Hobei. -*Avril* Chai Ling, étudiante dirigeante du « Printemps de Pékin », réfugiée en France ; 10 000 dissidents chinois dans le monde dont 2 500 en France. Troubles au Sinkiang (22 †). -*23/26-4* Li Peng en URSS. -*Mai* 67 banques japonaises accordent 2 milliards de $ de crédit. -*10-5,* 211 prisonniers du « Printemps de Pékin » relâchés. -*25-6* astrophysicien dissident Fang Lizhi, réfugié à l'ambassade américaine depuis le 7-6-1989, autorisé à émigrer. -*Sept.* Zhao Ziyang réapparaît en public. -*3/7-9* visite secrète des Vietnamiens Nguyên Van Linh (secr. général du PC) et Pham Van Dông. -*22-9* Mal Xu Xianqian meurt. Pékin, XXIIe Jeux asiatiques. -*24-9 réconciliation avec le Viêt Nam.* -*2-10* détournement d'avion à Canton (127 †). -*20-12* bourse de Shanghaï (fermée depuis 41 ans) rouverte, 7 Stés cotées, capitalisation boursière 175 millions de $, 25 maisons de titres (le marché des valeurs a été réintroduit en C. en 1984). **1991**-*2-4* Duanmu Zheng annonce : 715 dissidents condamnés pour participation aux événements de 1989. -*Mai* point de transit avec Inde ouvert à Garbyang (6 en 1962) ; réconciliation avec URSS (accord sur frontière). -*Juin/août* inondations du Yang-Tsé sur 2 000 km (2 078 †, 155 millions de sinistrés). -*5-11* « normalisation » des relations avec Viêt Nam. -*15-11* visite de James Baker, secr. d'État américain. -*20-11* journaliste dissidente Dai Qing libérée (arrêtée 1989). -*28-11* procès de Zhai Weimin, dirigeant étudiant du « Printemps de Pékin ». -*24-12* mort du dissident Wen Jie (gerbe de 4 roses rouges et 6 noires, symbole du « Printemps de Pékin »). **1992**-*9-3* traité de non-prolifération nucléaire (ratifié fin 1992). -*Juillet* 1ers paris officiels depuis 42 ans sur l'hippodrome de Huangku. Inondations dans le Sud (1 000 †). -*8/10-8* troubles à Shenzhen lors d'une émission d'actions en Bourse (2 †). -*23/28-10* visite de l'empereur Akihito du Japon. -*17-12* visite du Pt Eltsine. -*23-12* la Fr. ayant vendu 60 *Mirage* à Taïwan, consulat de Fr. à Canton fermé et Stés françaises exclues de la construction du métro.

■ **Mao Tsé-toung (Mao Zedong).** Né 26-12-1893 à Shaoshan dans le Hounan. Surnom : le « Grand Timonier ». *1921*-1-7 participe à la fondation du PCC à Shanghaï. *1927* crée, après l'échec du soulèvement de la « moisson d'automne » dans les monts Jinggang, la République du Kiangsi. *1931* Pt. *1934* Longue Marche. *1935*-8-1 Pt du PCC. *1945* confirmé par le VIIe congrès à Yenan. *1949* -1-10 Pt du « gouvernement central du peuple ». *1954* Pt de la C. populaire. *1959* Liu Shaoqi lui succède. *1968*-31-10 Pt jusqu'à sa mort. *1969*-avril Pt du Parti. *1973*-août Xe congrès consacre son autorité sur Parti et C. *1976* -9-9 meurt. *1977*-août mausolée de marbre achevé (néoclassique grec hauteur 33 m) place Tiananmen. Corrompu par le pouvoir, il se vantait d'avoir dépassé l'empereur Q'in (460 lettrés brûlés) en ayant fait exécuter 46 000 intellectuels. Selon le Dr Li Zhisui (1919-95, son médecin de 1954 à 1976), c'était un obsédé sexuel consommant des aphrodisiaques. **Femmes :** Yang Kaihui (1901-30) épousée 1920, 3 fils, exécutée à Tchangcha. **He Zizhen** (1909-84) épousée 1928, 6 (?) enfants dont Li Min (né 1936), répudiée 1938, s'établit à Shanghaï 1949, 40 ans dans un hôpital psychiatrique. **Jiang Qing** (1913-91), née Li Jinhai, fille de forgeron, demi-prostituée. *1933* adhère au PC, actrice de cinéma (sous le nom de Li Yunhe), rencontre Kang Sheng, futur chef des services secrets communistes. *1937* rejoint les communistes sous le nom de Lan Ping (« Pomme bleue »). *1938* rencontre Mao et l'épouse en nov. *1940* a une fille, Li Na. *1949-59* séjours en URSS pour soigner un cancer. *1962* 1re apparition en public. *1964* lance les « opéras modernes révolutionnaires ». *1966* dirige les « radicaux de Shanghaï ». *1976* -9-9 éloignée du pouvoir. *1981*-25-1 condamnée à mort avec sursis de 2 ans. *1982* peine commuée en détention à perpétuité. *1991*-14-5 se suicide.

Victimes. Selon un document officiel chinois, *ère maoïste :* 80 millions de † entre 1949 et 1987 dont 43 de faim pendant le « Grand Bond en avant » (1958-61) ; 1 pendant la révolution culturelle ; 5 dans les camps de travail (les *laogai*) ; au moins 7 dans les campagnes de répression politique des années 50 ; 1,2 au Tibet. **Selon les dissidents :** 160 millions de victimes (« Grand Bond en avant » 60, Révolution culturelle 100). *État intérieur :* famine dans beaucoup de provinces, trafics (certains organisés par l'armée), 6 % de la pop. au-dessous du seuil de subsistance. *Détenus :* 12 à 16 millions dans des camps (dont 1,1 en prison proprement dite).

1993-*27-3* **Jiang Zemin** (né 17-8-1926), secr. général du PCC) et chef des armées, Pt. -*Mai* Xu Wenli libéré. -*Août* arraisonnement, détroit d'Ormuz, du cargo *Chin-Hinhe,* soupçonné (à tort) par la CIA de transporter des produits chimiques destinés à l'Iraq. -*9-9 accord sino-indien* pour un règlement frontalier ; -*14-9* Wei Jingsheng, dissident né 1950, condamné en oct. 1979 à 15 ans de prison, libéré (mars 1994 interpellé, 13-12-1995 condamné à 14 ans, expulsé 16-11-1997). -*8-12* : 8e détournement d'avion sur Taïwan en 5 mois (C. soupçonnée d'étudier la défense aérienne de l'île). -*18-12* rencontre sino-taïwanaise (pour rapatriement des demandeurs d'asile). -*26-12* centenaire de la naissance de Mao célébré. **1994**-*début mars* plusieurs dissidents interpellés, dont Wei Jingsheng, avant l'arrivée du secr. d'État américain Warren Christopher. -*31-3* bateau de touristes taïwanais incendié (32 †) par pirates militaires (?). -*1-4* Wei Jingsheng arrêté. -*6-4* Xu Wenli arrêté (libéré 12-4). -*7/10-4* Balladur (PM) en C. La Fr. demande des explications sur l'observation des droits de l'homme en C. -*6-6* accident d'avion près de Sian (160 † dont 13 étrangers). -*23-7* la C. renonce au monopole du téléphone. -*8/12-9* Jiang Zemin à Paris. **1995**-*8-4* suicide de Wang Baosen, vice-maire de Pékin (corruption). -*Avril* Chen Xitong, maire de Pékin, limogé (corruption). -*15-8* : 6 militants de Greenpeace interpellés place Tiananmen à Pékin. -*17-8* : 43e essai nucléaire. -*4/15-9* : 4e Conférence mondiale des femmes à Pékin. -*3-12* Longgang, manif. d'ouvriers (6 †). **1996**-*3-2* Yunnan, séisme (magnitude 7) [214 †, 14 000 blessés]. -*10-2/25-3* manœuvres militaires dans le Fujian pour intimider Taïwan. -*9/12-4* visite Li Peng en France. -*Juin* inondations (surtout dans le Hubei) (556 †). -*Juillet* Gal He Ping, gendre de Deng Xiaoping limogé. -*13-10* Wang Xizhe, dissident, se réfugie à Hong Kong, puis aux USA. -*30-10* Wang Dan, dissident, condamné à 11 ans de prison pour « subversion » (sera expulsé 19-4-1998). -*1-12* yuan devient convertible. -*7-12* Zhang Zongai, dissident, condamné à 5 ans de prison. *Avril-déc.* troubles au Xinjiang, voir p. 1033 c. **1997**-*19-2* mort de Deng Xiaoping. -*25-2* funérailles officielles. -*2-3* cendres dispersées d'un avion au large des côtes. -*7-3* Pékin, bombe (séparatistes Ouïgours) dans autobus (3 †). -*15/18-5* Pt Chirac en C. -*1-7* G.-B. rétrocède Hong Kong. -*26-10/2-11* Jiang Zemin aux USA. **1998**-*24-1* Liaoning, explosion dans mine de charbon (77 †). -*9-2* Wang Bingzhang, dissident exilé aux USA (entré irrégulièrement en C. 28-1) expulsé ; voulait créer le Parti de la justice. -*16-3* Jiang Zemin réélu Pt (2 841 voix pour, 29 contre, 25 abstentions). -*17-3* **Zhu Rongji** PM. -*25-6/3-7* visite du Pt Clinton. -*Juin/Août* débordement du Yang-Tse, digues dynamitées pour laisser déborder le fleuve sur les campagnes pour protéger les villes (3 656 † au 8-10, 21 000 000 d'ha de terres arables endommagés, plus de 25 milliards de $ de dégâts). *-16-7* Chen Xitong, ancien maire de Pékin, arrêté en 1995, inculpé de corruption (condamné le 31-7 à 16 ans de prison). *-24-7* le Pt demande à l'armée de renoncer à ses activités économiques. *-Déc.* condamnation pour « subversion » de démocrates (parti fondé juin 1998 par Wang Youcai, interdit) : Qin Yongmin à 12 ans de prison, Xu Wenli à 13 ans et Wang Youcai à 11 ans. **1999**-*6-1* Liaoning, bombe dans un bus (19 †). *-8* et *9-1* Daolin (Hunan), manifestations paysannes (1 †). *-10-1* mise en liquidation de la Guandong International Trust and Investment Company (Gitic, institution financière de Canton), passif : 23 milliards de F. *-17-1* Changsha (Hunan) : bombe dans un bus (37 bl.) et *Canton* : bombe (2 †). *-25-1* Yizhang (Hunan), bombe sur un marché (6 †). *-Févr.* province du Xinjiang, manif., arrestations. *-22-10* Jiang Zemin en France. *-30-10* lois contre les « cultures hérétiques ». **2000**-*18-3* Chen Shui-lian chef du Parti démocratique et progressiste (DPP) élu Pt. *-Mai* 1re semaine de congés payés accordée par le gouvernement. *-Août* manif. de 20 000 paysans dans le Centre pour protester contre une taxe. *-25-12* Luoyang (Henan), incendie dans un centre commercial (311 †). **2001**-*6-3* Fanglin, explosion dans une école primaire où les enfants sont contraints de fabriquer des pétards (41 †). *-16-3* Shijiazhuang (capitale du Hebei), explosion de 4 bombes (108 †) ; un sourd-muet accusé. *-1-4* collision à 130 km de l'île de Hainan au-dessus en haute-mer à 2 400 m. d'alt. F-8 chinois (pilote tué)/ Aries-2 (avion-espion américain) qui doit se poser en urgence à Lingshui (Hainan). *-12-4* équipage (24 militaires dont 3 femmes) libéré 11 jours après.

INSTITUTIONS

Statut. *République populaire* : « État socialiste de dictature démocratique du Peuple, dirigé par la classe ouvrière et fondé sur l'alliance des ouvriers et des paysans » ; le peuple participe à la gestion de l'État. État unifié multinational. **Constitution** du 4-12-1982 : 138 articles dont : *art. 3* : « Tous les organes de l'État pratiquent le "centralisme démocratique". » *4* : « Toutes les nationalités sont égales en droits (...). Elles jouissent de la liberté d'utiliser et de développer leurs usages et coutumes. Autonomie régionale là où les minorités nationales vivent en groupes compacts. » *6* : « Le régime économique socialiste a pour base la propriété publique socialiste des moyens de production, c.-à-d. la propriété du peuple entier et la propriété collective des masses laborieuses. » *7* : « L'économie d'État est un secteur socialiste fondé sur la propriété du peuple entier ; elle est la force dirigeante de l'économie nat. » *8* : « Production, approvisionnement et vente relèvent des communes populaires rurales, des coopératives agricoles de production et de l'économie coopérative sous ses diverses autres formes ; crédit et consommation relèvent du secteur socialiste de l'économie fondé sur la propriété collective des masses laborieuses. Les travailleurs qui participent à ces organisations économiques collectives rurales ont le droit, dans les limites définies par la loi, d'exploiter des parcelles de terre cultivable ou montagneuse réservées à leur propre usage, de se livrer à des productions subsidiaires familiales et de posséder des têtes de bétail à titre individuel. Les diverses formes de l'économie coopérative qui englobent les entreprises des aggl. urbaines s'occupant de l'artisanat, de l'industrie, du bâtiment, des transports, du commerce et des services appartiennent toutes au secteur socialiste de l'économie. » *9* : « Les ressources minières, les eaux, les forêts, les terres montagneuses, les prairies, les terres incultes, les bancs de sable et de vase et les autres ressources naturelles sont propriété d'État. Exceptions : les forêts, terres montagneuses, prairies, terres incultes et bancs de sable et de vase qui, en vertu de la loi, relèvent de la propriété collective. » *10* : « Dans les villes, la terre est propriété d'État. A la campagne et dans les banlieues des villes, elle est propriété collective, exception faite de celle qui, en vertu de la loi, est propriété d'État ; de même, les terrains pour construction de logements et les parcelles de terre cultivable ou montagneuse réservées à l'usage personnel sont propriété collective. Nulle organisation, nul individu ne peut s'approprier des terres, en faire un objet de transactions, les donner à bail ou les céder illicitement à autrui sous d'autres formes. » *15* : « L'État pratique une économie planifiée. » *18* : « Les entreprises, les autres organisations économiques et les citoyens de pays étrangers sont autorisés à faire des investissements en C. et à y pratiquer diverses formes de coopération économique avec les entreprises ou les autres organisations économiques chinoises. » *25* : « L'État encourage le planning familial pour assurer l'harmonie entre la croissance démographique et les plans de développement économique et social. » *35* et *36* : « Les citoyens jouissent de la liberté de parole, de presse, de réunion, d'association, de manifestation et de la liberté religieuse. Les groupements religieux et les affaires religieuses ne sont assujettis à aucune domination étrangère. » *37* à *40* : « La liberté individuelle, la dignité personnelle et le domicile des citoyens sont inviolables. La liberté et le secret de la correspondance des citoyens sont garantis par la loi. » *42* : « Les citoyens ont droit au travail et le devoir de travailler. » *48* à *49* : « La femme jouit de droits égaux à ceux de l'homme dans tous les domaines (...). L'homme et la femme reçoivent une rémunération égale pour un travail égal. Le mariage, la famille, la mère et l'enfant sont protégés par l'État. Mari et femme ont le devoir de pratiquer le planning familial. » **Amendements inscrits dans la Constitution :** *27/29-3-1993* : notion d'économie de marché socialiste. *15-3-1999* : reconnaissance de l'entreprise privée.

Dirigeants élus le 16-3-1998 par l'Assemblée nationale populaire (à bulletin secret, pour 5 ans) : *Pt de la Rép.* : **Chen Shui-lian** (depuis 18-3-2000), secr. du PC chinois et Pt de la Commission militaire de l'État (depuis 9-11-1989). *Vice-Pt* : Hu Jintao (né 1932).

Assemblée populaire nationale : organe suprême du pouvoir d'État. *Comité permanent* : 155 m. *Pt* : Li Peng (né 1929) depuis 16-3-1998. *Députés* : 2 979, (élus du 10-10-1997 au 1-3-1998) pour 5 ans par les assemblées populaires de provinces, régions autonomes (1 pour 800 000 hab.) et municipalités (1 pour 100 000 hab.) relevant de l'autorité centrale, et par les forces armées. Se réunit 1 fois par an sur convocation de son Comité permanent. Pouvoirs législatifs. Nomme le PM du Conseil des affaires d'État et, sur proposition de celui-ci, les membres du Conseil élisent le Pt de la Cour suprême et le procureur général du Parquet populaire suprême. Depuis 1988, vote à bulletin secret.

Conférence consultative politique du peuple chinois (CCPPC) : 2e chambre à rôle consultatif. 2 083 m. *Pt* : Li Riuhan (né 1934).

Gouvernement : « Conseil des affaires d'État », membres élus par l'Ass. pour 5 ans. **Élections du 17-3-1998** (38 membres) : *PM* **Zhu Rongji** (né 1-10-1928), *secrétaire général* : Wang Xonghyu, *conseiller spécial* : Wu Yi, *vice-PM* : Li Lanqing Qian Quichen, Wu Bangguo, Wen Jiabao.

Fête nationale. 1er octobre (proclamation de la République). **Drapeau** (adopté 1-10-1949). Rouge avec une grande étoile jaune (le progrès du Parti) et 4 petites (les classes sociales).

Parti communiste chinois. *Fondé* juillet 1921. **Comité central** : 319 membres dont 189 titulaires et 130 suppléants (moyenne d'âge en oct. 1992 : 56 ans), **secr. général** : *1980* (févr.) Hu Yaobang (1915/15-4-1989), destitué 16-1-1987. *1987* (25-10) Zhao Ziyang (né 1919). *1989* (24-6) Jiang Zemin (né 17-8-1926). **Bureau politique** : 22 m. (moyenne d'âge en 1984 : 76 ans ; en nov. 1987 : 64) dont 7 en comité permanent [Jiang Zemin, Li Peng, Zhu Rongji, Li Ruihuan, Hu Jintao, Wei Jiangxing, Li Lanqing]. **Membres** : 58 000 000 (en 1997) ; entre 1982 et 1986 : 151 935 exclus pour raisons disciplinaires ; entre 1988 et 1993 : 730 000 sanctionnés pour corruption. **Congrès** : tous les 5 ans. **Ier** : *juillet 1921*, Shanghaï. **IIe** : *juillet 22*, Shanghaï. **IIIe** : *juin 23*, Canton. **IVe** : *janv. 25*, Shanghaï. **Ve** : *avril 27*, Hankou. **VIe** : *juillet-sept. 28*, Moscou : 84 délégués représentent 40 000 membres, nouvelle ligne menant au *lilisanisme* (révolution ouvrière et urbaine) et à son échec ; Mao, appuyé par l'armée et la révolution paysanne, l'emporte sur Li Lisan. **VIIe** : *avril-juin 45*, Yen-ngan : union autour de Mao ; programme de coalition avec les bourgeois patriotes en vue de la révolution socialiste. **VIIIe** : 1re session *sept. 56*, 2e *mai 58*, Pékin : « Grand Bond en avant ». **IXe** : *avril 69*, Pékin : élimination de Deng Xiaoping, Liu Shaoqi etc. **Xe** : *24/28-8-73* Pékin : modification des statuts, remaniement du bureau, condamnation du « groupe anti-Parti » de Lin Biao et Chen Boda. **XIe** : *août 77*, Pékin. **XIIe** : *sept. 82*, Pékin. **XIIIe** : *oct. 87*, Pékin ; Deng Xiaoping se retirera en nov. 97 mais restera Pt de la Commission militaire du Comité central. **XIVe** : *-12/19 oct. 92*, « système d'économie socialiste de marché aux caractéristiques chinoises » ; Commission centrale des conseillers dissoute ; nombre de fonctionnaires réduit de 25 % sur 3 ans. **XVe** : *12/18 sept. 97* : ouverture au privé des entreprises publiques.

Armée. *1982* : 4 238 210 h. (0,4 % de la pop.) ; *1985* -30-10 conscription obligatoire (500 000 appelés chaque année) ; *89* : 3 000 000. *Budget* : 9,7 milliards de $ (en 1997).

Organisations secrètes chinoises. *La plus ancienne connue* : triade des « Sourcils Rouges » (visait à renverser la dynastie Han au début de l'ère chrétienne). *Triades modernes* : apparues fin XVIIe s. luttant contre la dynastie mandchoue des Ch'ing puis pratiquant divers trafics. Le 1er Pt de la République chinoise, en 1912, est un membre de la triade des Trois Harmonies. Après 1949, certaines se sont repliées à Taïwan, Hong Kong et aux USA. *Activités* : prostitution, usure, fraudes à la carte de crédit, jeux, piratage de logiciels informatiques, disques et bandes vidéo.

Sun Tee On (Vertu nouvelle et Paix). *Membres* : 60 000 dont 45 000 à Hong Kong. *Implantée* : Australie, Macao, Thaïlande, Viêt Nam, Canada, Rép. dominicaine, USA. **14K.** Union des triades du Sud-Est en 1947 par Gal Kot Siu Wong. S'installe à Canton, 14, route Po Wah (siège de la triade Hung Mun). 1949 : à Hong Kong. *Implantée* : Australie, Canada, Chine, USA, G.-B., Macao, P.-Bas, Taïwan, Philippines, Japon.

Fédération Wo. *Créée* 1908 à Hong Kong. *Membres* : 28 000. *Implantée* : Canada, Chine, USA, Taïwan.

Bambou Uni (Chuk Luen Bong). *Créée* : 1956 à Taïwan. *Clans* : 13. *Membres* : 10 000 à 20 000. *Implantée* : Canada, Japon, USA.

Bande des 4 mers. *Membres* : 2 000 à 5 000. *Implantée* : Taïwan.

Tian Dao Man. *Implantée* : Taïwan.

Grand Cercle. *Implantée* : Chine. Trafic de l'immigration illégale.

Exécutions. *1990-99* : 27 599 condamnés à mort, 18 194 exécutés dont 1 263 en 1999. **Prisonniers** (en millions). *1992* : 12 ; *95* : 8 à 10 (dont prisonniers jugés et condamnés à une peine de réforme par le travail). Chaque année, 500 000 personnes sont jugées. 500 000 autres envoyées en camps de rééducation par le travail. On « passe » en camp de travail obligatoire après avoir purgé sa peine. **Lieux de détention** : *Laogai*, camps de réforme par le travail. 1 155 camps. 50 millions de prisonniers y sont passés depuis 1949. *Laojiao*, camps de rééducation par le travail. *Jiuye*, camps de placement en travail obligatoire. *Centres de détention* pour personnes en attente de procès et pour condamnés à une peine de moins de 2 ans.

Organisation administrative 22 provinces, 5 régions autonomes (plus Hong Kong et Macao), 4 municipalités, 335 préfectures, 666 villes, 2 142 comtés, 717 districts urbains.

PROVINCES

☞ Superficie, population (est. 1998), capitale (en italique) et population (est. au 31-12-1990).

Honan 167 000 km², 93 100 000 hab., *Tcheng-Tcheou (Zhengzhou)* 1 710 000. **Chantoung** 153 300 km², 88 400 000 hab., *Tsinan* 2 320 000. **Setchouan** 567 000 km², 84 900 000 hab., *Tchengtou* 2 810 000. **Kiangsou** 103 000 km², 71 800 000 hab., *Nankin (Nanjing)* 2 500 000. **Kouangtoung** 178 000 km², 71 400 000 hab., *Canton (Guangzhou)* 3 580 000. **Hopei** 188 000 km², 65 700 000 hab., *Chekiatchouang* 1 320 000. **Hounan** 210 500 km², 65 000 000 hab., *Tchangcha* 1 330 000. **Anhouei** 139 900 km², 61 800 000 hab., *Hofei* 1 000 000. **Houpei** 186 000 km², 59 100 000 hab., *Wouhan* 3 750 000. **Tchekiang** 101 800 km², 44 600 000 hab., *Hang-tchéou (Hangzhou)* 1 340 000. **Kiangsi** 169 000 km², 41 900 000 hab., *Nantchang* 1 350 000. **Liaoning** 146 000 km², 41 600 000 hab., *Chenyang* 4 540 000. **Yunnan** 394 000 km², 41 400 000 hab., *Kounming* 1 520 000. **Heilongkiang** 469 000 km² 37 700 000 hab., *Harbin* 2 830 000. **Koueitchéou** 176 000 km², 36 600 000 hab., *Koueiyang* 1 530 000. **Chansi** 156 000 km², 36 000 000 hab., *Taïyuan* 1 960 000. **Foukien** 121 000 km², 33 000 000 hab., *Foutchéou (Fuzhou)* 1 290 000. **Chensi** 206 000 km², 31 700 000 hab., *Sian* 2 760 000. **Kilin** 187 000 km², 26 400 000 hab., *Tchangchoun* 2 110 000. **Kansou** 454 000 km², 25 200 000 hab., *Lantchéou* 1 510 000. **Haïnan** 34 000 km², 7 500 000 hab., *Haïkou* non communiqué. **Tsinghaï** 721 000 km², 5 000 000 hab., *Sining* 650 000.

RÉGIONS AUTONOMES

Hong Kong (*abréviation* : H.K.) En cantonais *heung gong* : « port parfumé ». **Situation.** Asie (presqu'île de Kowloon et 237 îles sur la côte sud de la Chine à 130 km de Canton). 1 067,65 km² (avec les eaux internationales 2 903,5) dont Hong Kong et îles adjacentes 78,94, Kowloon et île de Stonecutters 11,31, New Kowloon et Nouveaux Territoires 973,77. **Frontière** avec Chine 30 km. **Côtes** : 733 km. **Altitude** *maximale* : Tai Mo Shan 957 m. **Climat** : *mars-mai* : chaud jour, froid nuit ; *juin-août* : chaud, pluies ; *sept.-nov.* : chaud jour, froid nuit ; *déc.-févr.* : frais, sec (15,9 à 18,6 °C). **Population.** *1845* : 23 817 hab. ; *61* : 119 321 ; *81* : 160 420 ; *1901* : 368 987 ; *31* : 840 473 ; *41* : 1 640 000 ; *61* : 3 129 648 ; *81* : 4 986 560 (57 % nés à H.K.) ; *99 (est.)* : 6 900 000 ; *2000 (est.)* : 6 894 000 ; *2011 (prév.)* : 8 100 000. 97 % d'origine chinoise. **Age** : *- de 15 ans* : 18,90 %, *+ de 65 ans* : 10,19 %. **D.** 6 457 (en moy. 4 pers. pour 12 m²). **Répartition** (en 1991) : Hong Kong 1 250 993 hab. ; Kowloon et New Kowloon 2 030 683 [165 000 hab./km² (1 000 000 à Walled City) ; 6 m²/pers.] ; Nouveaux Territoires 2 374 818 ; population sur jonques et sampans 17 620. **Étrangers** (en 1985) : Vietnamiens 64 000 dont 22 000 internés (en 1991), Philippins 32 200, Américains 15 200, Indiens 15 200, Anglais 14 900 (plus 6 000 militaires), Malaisiens 9 700, Thaïlandais 9 660, Australiens 8 000, Portugais 7 700, Japonais 7 500, Canadiens 7 200, Pakistanais 7 100, *Français 1 700*. **Émigrés** (en moy. 60 000/an depuis 1989) : *pays d'accueil* : Canada 400 000, Australie, USA, G.-B. [environ 1 500 000 Chinois de H.K. possèdent un passeport britannique mais, depuis 1982, ne peuvent plus s'établir en G.-B. (Nationality Act du 20-10-1981) ; cependant le droit de résidence a été accordé à 225 000 Hongkongais (50 000 familles) depuis 1992]. **Immigrés de Chine** : *de 1977 à 80* : 392 300 illégaux rapatriés en Chine depuis 1980 ; **du Viêt Nam** : *de 1975 à 89* : 170 000 (coût 2 milliards de F), parqués dans 18 camps. *Depuis 22-11-1989* : rapatriement forcé. *Nombre restant* (au 1-6-1995) : 20 000. **Capitale** : *Victoria* 2 100 000 hab. (en 1988). **Langues.** Anglais (parlé ou compris par 5 % de la population) et chinois (*officielles*). Cantonais, koklo, hakka, szevap, autres langues chinoises. **Religions.** Bouddhistes, taoïstes, chrétiens (10 % de la population ; 25 000 départs en 1991-93), musulmans, juifs (1 500), hindous, sikhs.

Histoire. **1840**-*févr.* *1re guerre de l'opium* déclenchée pour défendre les intérêts de commerçants anglais (William Jardine, James Matheson). **1841**-*20-1* convention de Chuenpi, colonie britannique. *-26-1* Charles Elliott

(G.-B.) prend possession de l'île. **1842**-*29-8 traité de Nankin*, la Chine cède à perpétuité l'île à la G.-B. **1843**-*26-6* colonie et port franc. **Années 1850** centre d'émigration vers USA et Australie (ruées vers l'or). **1856** *2e guerre de l'opium.* **1860**-*26-3* convention de Pékin, la Chine cède à perpétuité Kowloon et les îles Stonecutters. **1898**-*9-6* convention de Pékin, au -1-7 location par la Chine de Hong Kong, Kowloon et des Nouveaux Territoires pour 99 ans (jusqu'au 1-7-1997) ; l'entrée des résidents chinois munis d'un visa doit être libre. **1938** prise de Canton par Japonais, afflux de réfugiés. **1941**-*25-12*/**1945**-*1-8 occupation japonaise.* **1946** interdiction de fumer de l'opium. **1949** afflux de réfugiés chinois. **1952** et **1967** émeutes. **1971**-*oct.* concubinage (toléré par les anciennes lois chinoises) aboli. **1972** tunnel routier entre île de Hong Kong et Nouveaux Territoires. **1975** Elizabeth II 1re souveraine britannique à H. K. **1979-82** 2 lignes de métro construites. **1982**-*15-6* Deng Xiaoping déclare que la Chine veut retrouver sa souveraineté en 1997 ; retrait de 6 milliards de $. -*Sept.* ouverture négociations Chine/G.-B. Chute du $ HK. Groupe immobilier Carrian s'effondre. **1983**-*23-9* Samedi noir : le $ US vaut 9,50 $ HK. **1984**-*13-1* émeutes (1 million de $ de dégâts). -*19-12 accord Chine et G.-B. :* H. K. sera rétrocédé à la C. le 1-7-1997. **1985**-*sept.* réorganisation ; élections indirectes au conseil législatif. **1986**-*oct.* Elizabeth II à H. K. **1989** baisse en Bourse. -*Mai/juin* inquiétude (événements de C.) [1 million de manifestants]. -*Été* PADS (Programme de grands travaux publics) adopté. **1990**-*4-5* affrontements police/Vietnamiens réfugiés. **1991**-*15-9 : 1res législatives libres :* participation 40 % ; Démocrates unis 17 sièges sur 18 au Conseil législatif. **1992**-*9-7 sir Christopher Francis Patten* (né 12-5-1944) gouverneur pour 5 ans. -*9-10* plan Patten de démocratisation repoussé. **1993**-*2-4*/*16-12* négociations reprises avec Chine. -*25-8* lord Kadoorie (né 1899), émigré juif de Baghdad, milliardaire et 1er habitant de H.K. à avoir été fait pair du royaume, meurt. **1994** élection des conseils de district. **1995**-*5-3 municipales,* victoire du P. démocrate et de l'ADPL. -*17-9 élections au Conseil législatif* [*(Legco)* ; 60 membres (30 élus par représentants socioprofessionnels, 20 au suffrage universel et 10 cooptés)] : P. démocrate 29 sièges, Alliance démocratique 6, P. libéral 10, indépendantistes 11, divers 4. **1996**-*mars* Legco provisoire. -*3-10* un « Comité préparatoire » (94 membres de H. K. et 56 de Chine) choisit les 400 m. du « Comité de sélection » qui désigne le « chef de l'exécutif » le 11-12. **1997**-*1-7* rétrocession à la Chine. Arrivée de 4 500 soldats chinois, 21 blindés, 6 hélicoptères et 400 véhicules. -*Juillet* modification du système électoral. -*Automne* crise financière. -*29-30-31/12 :* 1 300 000 volailles abattues (grippe : risque de transmission à l'homme). **2001**-*12-1* Anson Chan, secrétaire en chef de l'administration, démissionne.

Statut. Région administrative spéciale depuis le 1-7-1997 et pour 50 ans. **Loi fondamentale** (*Basic Law*) promulguée le 4-4-1990 après adoption par l'assemblée populaire chinoise ; appliquée depuis 1-7-1998. **Pt : Chen Shui-lian. Chef de l'exécutif** (citoyen chinois de plus de 40 ans, pour 5 ans, 2 mandats au max.) : Tung Chee-hwa (né 1937 à Shangaï, armateur), choisi par le Comité de sélection le 11-12-1996 ; en place jusqu'en 2002. **Conseil exécutif** *(Exco).* **Conseil législatif provisoire (CLP)** : 60 membres nommés le 21-12-1996 par le Comité de sélection parmi 130 candidats ; sera remplacé au plus tard le 30-6-1998 par un Conseil législatif (60 sièges : circonscriptions 20, socioprofessionnels 30, nommés par Pékin 10). *Élections du 24-5-1998* (20 députés élus au suffrage universel) : P. démocrate 9, Alliance dém. pour l'amélioration de HK 5. *Du 10-9-2000* (au suffrage universel de 24 des 60 m., 30 m. choisis par des collèges socioprofessionnels et 6 par un comité électoral de 800 personnalités) : Alliance dém. pour l'amélioration de KH (Dab) 29,6 %, P. démocrate 34,7 %. *De 2004* (30 m. élus, 30 m. nommés). **Fête nationale :** 1/2 oct. **Drapeau** (adopté en 1997) : fond rouge, fleur de bauhinia blanche à 5 pétales. **Partis. P. démocrate** *fondé* 1994 (Martin Lee), fusion de *Démocrates unis* (Martin Lee) et *Meeting Point* (Anthony Cheung Bing-Leung). **Association pour la démocratie et le niveau de vie (ADPL),** Lee Yiu-Kwan. **Alliance démocratique pour l'amélioration de H. K. (DAB)** fondée 1992, Tsang Yok-Sing. **Fédération libérale démocratique Kouo-min-tang. Alliance démocratique pour l'amélioration de H. K.** (pro-Pékin).

Économie. PNB (en 1999) : 23 940 $ par hab. **Population active** (en %) **et,** entre parenthèses, **part du PNB** (en %) : agr. 0,7 (0,2), ind. 27 (21), services 72,3 (78,8) [% le plus élevé du monde]. **Chômage** (en %) : *1993 :* 2,1 ; *94 :* 2 ; *95 :* 3,5 ; *96 :* 2,9 ; *98 :* 4,8 ; *99 :* 6,3. **Inflation** (en %) : *1990 :* 9,5 ; *91 :* 12 ; *92 :* 10 ; *93 :* 9 ; *94 :* 8 ; *95 :* 9 ; *96 :* 6,3 ; *97 :* 5,8 ; *98 :* 2,8 ; *99 :* – 4. **Taux de croissance** (en %) : *1985 :* 0,8 ; *90 :* 2,8 ; *95 :* 5,3 ; *96 :* 4,7 ; *97 :* 5,7 ; *98 :* – 5,1 ; *99 :* 3,1 ; *2000 (est.) :* 5,5. **Salaire moyen** (en 1992) : 400 $ (Chine 60). **Agriculture. Terres** (en km^2, 1984) : constructions 174, bois 125, pelouses et taillis 625, terres arables 75, piscicultures 21, marécages 1, divers 46. **Production** (en t, 1999) : légumes 76 000, fleurs (186 802 $ H.K.), fruits 5 230. 45 % des aliments viennent de Chine. **Élevage industriel** (en milliers de têtes, 1997). Poulets 3 184, pigeons 824,4, porcs 110, cailles 28,8, canards 28,5, bovins 32. **Pêche** (en 1996). 189 100 t. **Mines.** Kaolin, quartz, feldspath. **Eau** (en millions de m^3). Stockée 586 (17 réservoirs, dont *Plover Cove* 230, *High Island* 280) ; fournie par Chine 620. **Industrie.** Textile, électronique, photo, horlogerie, bijouterie, matières plastiques, jouets, caoutchouc, constructions navales, chaussures, ivoire (60 millions de $ de revenus par an ; originaire de Doubaï). 67 % des entreprises ont moins de 10 salariés. **Transports** (en km, 1992). **Routes :** 1 865 (en 1998). **Tramways :** 33. **Voies ferrées :** 43,2. **Aéroports :** *Kai Tak,* 25,1 millions de passagers (en 93) ; *Chek Lap Kok* (1998) sur île artificielle de 1 250 ha et 5 km de longueur [réunissant 2 îles inhabitées (Chek Lap Kok 302 ha et Lam Chan 8 ha)]. Capacité : 1re piste : 40 avions/h et 35 millions de passagers/an (87 en 2040). Coût total : 20,3 milliards de $. **Tourisme** (en 1996). **Visiteurs :** *1997 :* 11 702 735 dont Japon 2 382 890, Chine populaire 2 311 184, Taïwan 1 821 279, USA 751 275, G.-B. 397 153, Australie 310 597, Thaïlande 265 844 (en 1995) ; *98 :* 9 600 000.

Commerce (en milliards de $). **Export./import. :** *1994 :* 182,5/180,4 ; *95 :* 208/213,5 ; *96 :* 218/220,1 [(en milliards de $ HK) : *exporte* 212,1 *dont* vêtements 69,4, matériel électrique 30,3, textiles 13,6, montres et horloges 13, équip. de télécom. 8,5 ; **vers** Chine 61,6, USA 53,8, All. 11,3, Japon 11,3, G.-B. 10,5 ; *Réexportations :* 1 185 ; **vers** Chine 417, USA 242, Japon 80, All. 47,2, G.-B.35,9, Taïwan 26,6 ; *importe* 1 535 ; **de** Chine 570,4, Japon 208,2, Taïwan 123,2, USA 121, Corée du Sud 73,3] ; *97 :* 228,8/231,4 ; *98 :* 173,9/184,9 ; *99 :* 173,8/n.c.). **Investisseurs étrangers à HK :** 1er Chine (10 à 20 milliards de $ HK, 75 % du total), 2e Japon. **Place financière.** 2e d'Asie (1re en 1993 pour transactions sur or), 560 établissements (365 étrangers). Bourse (3e du monde). *Grandes Stés de négoce (hongs) :* Jardine, Swire. **Port** franc. **Avoirs en devises** (en 1996) : 50 milliards de $.

☞ **Organisations criminelles chinoises** (blanchiment de l'argent sale de la drogue, jeux, prostitution, racket dites *triades* (du triangle, symbole des sociétés secrètes autrefois) : environ 50 dont Sun Yee On (40 000 membres), 14 K (20 000), Who Hop Wo (20 000), Who Shing Wo.

■ **Macao. Nom.** *Ao-Mun* en chinois. **Situation.** Asie. **Superficie :** 23,6 km^2. A 60 km de Hong Kong (environ 55 min par jetfoil). Comprend la *ville de Macao* [péninsule sur estuaire de la rivière de Canton (rivière des perles) 7,8 km^2 ; 4 × 1,6 km ; 390 928 hab. (en 1994)], les *îles de Taïpa* [6,2 km^2, 17 736 hab.(en 1994)] et *Coloane* (7,6 km^2, 2 469 hab.(en 1994), terre récupérée 2,2 km^2 ; habitants sur l'eau : 2 995 (en 1994). Reliées par pont entre Macao et Taïpa, et chaussée de Coloane à Taïpa. **Altitude** *max.* 170,6 m. **Climat.** Temp. moyenne 22,3 °C ; humidité 75 à 90 % ; pluies 1 000 à 2 000 mm (mai-sept.). **Frontière :** 0,34 km avec Chine. **Côtes :** 40 km. **Saison touristique :** oct. à déc. **Population** *2000 (est.) :* 445 594 hab. (en % : Chinois 95, Portugais 3, divers 2) ; *2025 (prév.) :* 630 000. **D.** 18 881. **Taux** (‰, 2000) : *natalité* 9,5, *mortalité* 3,1. **Langues.** Chinois, portugais, anglais. **Religions** (en %). Bouddhistes 17 ; catholiques 7 ; protestants 2 ; divers 74.

Histoire. 1557 donnée au Portugal pour l'aide apportée contre le pirate Chang Tsé Lao. **1887**-*1-12* droits portugais « d'occupation perpétuelle » reconnus par la Chine (les frontières ne seront jamais définies). **1951** province portugaise. **1966**-*déc.* des gardes rouges, venus du continent, organisent des manif. contre le refus du gouverneur d'autoriser l'ouverture d'une école chinoise. Cède l'autorité politique à la Chine mais conserve l'administration légale de la colonie, à la demande de la Chine craignant qu'une rétrocession de Macao n'ait des répercussions fâcheuses sur la santé financière de Hong Kong. **1975**-*juillet* complot militaire échoue. -*30-12* départ de la garnison portugaise. **1976**-*1-1* création d'une force de sécurité. -*17-2* statut organique accordé par le Portugal : autonomie interne. **1986** accord avec la Chine ; redeviendra chinoise (sous administration spéciale). **1996-97** guerre des « triades » chinoises [exemples : la 14K et Soi Fong (ou Wo ou Lock, Gasosa en portugais)] pour le contrôle des jeux. **1999**-*20-12* restitution à la Chine ; région administrative spéciale de Macao (RASM). **2001**-*déc.* fin du monopole du jeu exercé par Stanley Ho.

Statut. Région administrative spéciale depuis le 20-12-1999 et pour 50 ans. **Pt :** Chen Shui-lian. **Chef de l'exécutif :** Edmund Ho Hau Wah (né mars 1955) depuis 24-5-1999 (élu 15-5-1999 par un comité de recommandation de 200 m.). Assisté de 5 secrétaires généraux et de 2 commissaires. **Conseil exécutif :** 7 à 11 m.. **Conseil législatif :** jusqu'au 15-10-2001, 23 m. (16 élus et 7 nommés), ensuite 27 m. (20 élus et 7 nommés).

Ancien statut : *Territoire chinois sous admin. portugaise.* Statut du 17-2-1976, révisé 1990. **Gouverneur** (nommé par le Pt portugais après consultation des autorités locales) : Gal Vasco Rocha Vieira de 1991 à 1999. **Secrétaires adjoints** (7) nommés par Pt portugais. **Conseil supérieur de sécurité :** 12 m. **Ass. législative :** 23 m. (16 élus et 7 nommés pour 4 ans). **Conseil consultatif. Fête nationale :** 1er oct.

Économie. PNB (en 1999) : 17 190 $ par hab. **Croissance** (en %) : *1990 :* 6 ; *91 :* 3,3 ; *92 :* 12,1 ; *93 :* 5 ; *94 :* 4 ; *95 :* 4 ; *96 :* 0,3 ; *98 :* 1,5 ; *99 :* – 2,9. **Population active** (en %) **et,** entre parenthèses, **part du PNB** (en %) : agr. 0 (0), ind. 30,1 (40), services 69,3 (59,9), divers 0,6. **Chômage** (en %) : *1991 :* 0,3 ; *99 :* 6. **Inflation** (en %) : *1990 :* 8 ; *91 :* 10 ; *92 :* 8 ; *93 :* 7 ; *94 :* 6,3 ; *95 :* 8,6 ; *96 :* 4,8 ; *97 :* 0,9 ; *98 :* 3,5 ; *99 :* 6,4. **Industrie.** Textile, explosifs, feux d'artifice, allumettes, transistors, optique, jouets, fleurs artificielles, électricité, céramique, chaussures. **Transports.** Aérodrome sur l'île de Taipa, récupéré sur la mer (ouvert 8-12-1995). **Tourisme** (en milliers, janv.-nov. 2000). **Visiteurs :** 8 352 dont venant de Hong Kong 4 520, Chine 2 069, Taïwan 1 202, Japon 132, USA 67, G.-B. 41, Corée 40, Philippines 38, Australie 25, Canada 23, Malaisie 22, Thaïlande 22, Singapour 21, All. 13, Nlle-Zél. 4 ; [5 190,5 par mer ; 3 137,5 par terre ; 834,2 par aéroport international]. **Jeux :** 11 casinos, 1 course de chevaux, 1 course de lévriers. **Recettes** (en 1999) : 13,1 milliards de patacas (25 % du PIB). La STDM (Sociedade de Tourismo e Diversoes de Macau) de Ho Hung-wah, alias Stanley Ho, a le monopole du jeu depuis 1961 et jusqu'en 2001 (10 casinos, chiffre d'affaires : 2 milliards de $, 31,8 % des revenus vont au gouvernement). **Commerce** (en milliards de $, 1999). **Export./import. :** 3,9/2,5 (*exporte* textile, électronique, *vers* USA, UE ; *importe de :* Hong-Kong, Chine, UE).

■ **Kouangsi.** 236 000 km^2, 46 800 000 hab., *Nanning* 1 070 000 hab.

■ **Neimenggu (Mongolie Intérieure).** 1 183 000 km^2, 23 400 000 hab., *Houhehot* 890 000.

■ **Sinkiang (Xinjiang).** 1 646 900 km^2, 17 500 000 hab. [Han 38 %, minorités (47) 62 % dont Ouïgours 40 à 45 %, Kazakhs 7, Kirghizes 1, Mongols 1, Hui 0,8]. **Religions :** musulmans, bouddhistes. **Capitale :** *Ouroumtsi* 1 160 000 hab.

■ **Ningxia Hui.** 66 000 km^2, 5 400 000 hab., *Yinchuan* 576 000 (1982). **Pétrole** (1/3 des réserves chinoises).

Histoire. 1755 conquis par Qianlong. **1758-1884** province chinoise. **1865** Yakub Beg fonde un royaume éphémère. **Années 30** quasi-protectorat soviétique. **1944** autonomistes proclament « République du Turkestan oriental » dirigée par Saifudin et Burban. **1949** ralliés à Pékin. 300 000 Ch. y résident. **1955** régime autonome. **1990**-*avril* Aktouch, soulèvement : 300 h. revendiquant une « République du Turkestan oriental » ; **1992**-*févr.* Ouroumtsi (6 †) ; -*juin* Kashgar (10 †) ; **1993**-*été* émeutes. -*Mars* commando attaque le polygone d'essais nucléaires de Lop Nor. **Front national uni révolutionnaire du Turkestan oriental (FNUR)** [*leaders :* 1949, Aysa Beg ; 1990, Youssoupbek Moukhlissi].

■ **Tibet** (Xizang en chinois, Pö en tibétain). (*Abréviations :* DL : dalaï-lama ; PL : panchen-lama ; T. : Tibet.) **Situation :** 1 228 600 km^2, montagneux ; *altitude :* de 4 000 à 6 000 m. **Forêt** (en millions d'ha) : *1950 :* 25,2 ; *85 :* 13,6. **Population :** 2 500 000 hab. *Colons chinois* majoritaires en Amdo et dans le Kham, en augmentation rapide en U Tsang. *Tibétains* (ou *Bod* en langue locale) appelés *T'oufan* par les Chinois (qu'ils associent parfois à la peuplade mongole Tuppat). *Exilés :* 120 000 [Inde, Népal, Bhoutan, USA 4 000 (?), Suisse 2 000, *France 80*]. *Analphabètes :* 70 %. *Espérance de vie :* 45 ans. *Mortalité infantile :* 150 ‰. **Capitale :** *Lhassa* (alt. 3 684 m) 150 000 hab. (est. 1995) dont 100 000 Chinois, 50 000 Tibétains. **Religion. Principaux dirigeants spirituels et temporels : dalaï-lama** (« Océan de sagesse ») : chef des Gelukpa (les Bonnets jaunes). 13 millions de Tibétains ; **panchen lama** (Bonnets rouges) influence traditionnelle sur le monastère de Tashilumpo à Shigatsé et dans sa région, au centre du Tibet ; **karmapa** (Bonnets noirs). **Monastères :** *nombre : 1950 :* 6 200 dont 3 000 habités ; *59 :* 2 200 ; *66 :* 550 ; *70 :* 10 ; *78 :* 8 ; *80 :* 45. Plus de 90 % du patrimoine détruit. *Depuis 1980,* 178 monastères rouverts ; *en 1984,* un séminaire bouddhiste ouvert à Lhassa (200 étudiants). *Principaux :* Zuglakang (VIIe s.), Zhaibung et Sera (à Lhassa), Zhaxilhunbu (à Xigaze), Palkor (à Gyangze, terminé 1429 ; sur 13 temples, 8 restent dont 6 non réparés). Drepung (10 000 lamas avant 1959, 3 000 en 1960 et 233 en 1981). *Pagode aux 100 000 bouddhas* (32 m et 9 étages). **Moines :** *1959 :* 500 000 (1/10 de la pop.) ; *87 :* 15 000. **Potala :** palais (1642-95), largeur 400 m, hauteur 118 m (13 étages), 1 000 fenêtres.

Histoire. Avant le VIIe s. 6 tribus primitives Nan-Gi-Mi'u (« petits hommes nains »), fruit de l'union du grand singe de la forêt avec démone des rochers. *Ire dynastie :* 7 rois Nam-La-Khri (« ceux qui trônent dans le ciel ») ; 8e roi, Drigum, répandit le Bon-Po, religion initiale du Tibet. 6 rois « legs », donnant aux Tibétains charbon de bois, fer, cuivre et argent. Règne des « 7 Lde », puis de 5 autres rois (fin du VIe s.). *Domaine royal :* région de *Yar-Lung* (cap. : Pying-Ba ; résidence royale : château de Tagtse, « pointe de tigre »). **569-649/650** règne de Songtsen Gampo (32e roi du T.), 1er grand roi de l'époque tibétaine, qui fonde Lhassa ; **639** marié à Pcesse ch. Wen Ch'eng et à Pcesse népalaise Bhrikuti (deviendront déesses Tara verte et blanche). **779** (ou 791) bouddhisme religion d'État avec prédicateur indien Padma Sambhava (fonda 1er couvent en 749 ; créa 1res sectes, « Anciens » ou « Rouges »). **792-794** concile de Lhassa confirme séparation spirituelle T./C. **XIe s.** moines indiens se réfugient au T. dont Atiça (982-1054), apôtre de la renaissance bouddhiste. **821** traité de paix avec la C. Rayonnement de l'ascète Milarepa (1040-1123). **XIIe-XVIIe s.** vassal des Mongols. **1391-1475 Geddun Truppa** 1er dalaï-lama. **1434-1534** lutte entre familles princières de Ü et de Tsang. **1475** naissance de **Gendün Gyatso** (2e DL). **1578** Altan Khân donne titre de *dalaï* à **Sonam Gyatso** (3e DL, né 1543). **Début XVIIe s.** Ch. occupent l'est du Tibet. **1642 Ngawang Lobsang Gyatso** (5e DL, † 1682). Construit le *Potala.* **1650** *Chökyi Gyaltsen* 1er panchen-lama. **1717** Tartares ravagent Lhassa. DL demande l'aide de la C. : 2 000 hommes chassent les Tartares. **1720** empire mandchou ; T. sous protectorat [au sommet : DL, 4 *ka-lon* (ministres laïcs nobles) et 1 ministre moine]. **XIXe s.** la G.-B. essaie de pénétrer au T. (1904 à Lhassa). Garnison ch. rend à Lhassa. **1811** Thomas Manning (Anglais) s'introduit en C. **1826** Moorcraft (Anglais) s'installe à Lhassa déguisé en Indien du Cachemire. **1904**-*3-8* colonel sir Francis Younghusband avec 4 000 h. atteint Lhassa. DL s'enfuit en Mongolie. *Traité :* T. reconnaît protectorat brit. sur Sikkim, accepte de commercer avec l'Inde. Les Britanniques ramènent leurs troupes en Inde après le traité. DL, réfugié à Ourga, propose aux Anglais d'oublier les malentendus. **1908**-*sept.* l'empereur refuse de recevoir le DL, arrivé à Pékin, sur un pied d'égalité avec l'un de ses prédécesseurs. Quelques semaines après, mort de l'empereur et de l'impératrice douairière. Les Tibétains y voient un châtiment du ciel. **1909**-*déc.* DL rentre à Lhassa. Ch. conquièrent T., détruisent des lamaseries (notamment celle de Ba-Tant). **1910**-*févr.* DL réfugié en Inde. Ch. occupent tout le T. **1911** *révolution* (C. devient république). -*Nov.* garnisons ch. tuent leurs officiers. Les Tibétains maîtrisent les révoltes. **1912** garnisons renvoyées. **1914** *conférence de Simla* (Chine, G.-B., Tibet) : divisé en T. intérieur chinois et T. extérieur autonome ; la C. ne reconnaît pas cette division.

1924-*28-2* Alexandra David-Neel (1868-1969) 1re Européenne à pénétrer à Lhassa avec Yongden, jeune lama qu'elle a adopté. DL revient à Lhassa.

1938 Tenzin Gyatso (né 6-7-1935) reconnu 14e DL, intronisé 18-2-1940. **1949**-*9-7* gouvernement renvoie l'ambassade ch. -*11-8* proclame sa séparation d'avec la C. ; DL invite bouddhistes à se dresser contre le communisme. **1950**-*7-10* entrée des troupes ch. (400 000 h.). **1951**-*23-5* accord signé sous contrainte par représentants du DL : reconnaît le T. comme partie intégrante de la C. qui promet une large autonomie (promesses non tenues). -*Oct.* DL et PL nommés membres de la Conférence consultative de la Rép. populaire. **1954** assistent au 1er Congrès nat. **1956**-*22-4* comité pour préparer l'administration du T. comme région autonome. **1959**-*19/20-3* rébellion réprimée (10 000 †) ; Tenzin Gyatso s'enfuit en Inde, où il crée à Dharamsala un gouv. en exil. Le PL accepte de collaborer avec la C. comme Pt en exercice du Comité (le DL, quoique en exil, est nommé Pt). **1961** collectivisation. **1963** DL réhabilite les sharmapas, bannis pendant 200 ans par les DL précédents. **1964**-*déc.* DL, déclaré traître, démis ; PL, démis aussi, s'évade d'un camp et se réfugie en Mongolie-Extérieure. **1965** PL emprisonné pour 10 ans. Resté au T.après la fuite en exil du DL, fait d'abord acte d'allégeance aux Ch. Ayant critiqué leurs excès dans une lettre à Mao Zédong, est emprisonné, maltraité pendant la Révolution culturelle (1966-76), placé en résidence surveillée. Libéré : rôle honorifique. † janvier 1989 (circonstances mal élucidées). -*1-9* région autonome créée. -*9-9* Ngapo-Ngawang Jigma nommé Pt de la région autonome. **1966-68** nombreux temples et monastères détruits. **A partir de 1979,** 4 délégations envoyées en C. par DL pour discuter de son éventuel retour : la C. estime que ce dernier n'a pas renoncé à l'indépendance et qu'il a « internationalisé » la question du Tibet. **1981** 16e karmapa-lama meurt ; Tai Situ, le sharmapa, les rimpotchés Gyaltsab et Jamgon Kongtrul doivent identifier la réincarnation de leur maître. **1982**-*3-7* PL rentre à Lhassa. **1987** le tibétain redevient langue officielle (ne l'était plus depuis 1959). -*Sept./oct.* troubles (13 † le 1-10). **1988**-*mars* troubles. -*Avril* l'Ass. populaire chinoise réélit le PL, qui déclare le *4-4* que le DL peut rentrer au T. s'il reconnaît la souveraineté chinoise. -*15-6* Parlement européen de Strasbourg, DL propose semi-indépendance du T., en association avec C. ; -*26-6* la C. refuse. -*10-12* manif. à Lhassa pour 40e anniversaire de la Déclaration univ. des droits de l'homme (1 à 18 †). **1989**-*28-1* mort du 10e PL (son héritier ne peut être qu'un enfant né à la même époque, dans le corps duquel l'âme du défunt aurait transmigré). -*5-3* Lhassa, émeutes (12 †) et -*8-3* loi martiale. -*17-4* Parlement européen de Strasbourg, DL propose à la C. statut d'autonomie. -*Juin* 13 fusillés. -*10-12* remise du prix Nobel de la paix au DL. **1990**-*1-5* levée de la loi martiale. **1993**-*24-5* émeutes. -*24-10/17-11* séjour en France du DL (16-11 reçu par Pt Mitterrand). **1995**-*14-5* DL désigne comme 11e PL *Gendum Choekyi Nyima* (né 25-4-1989). -*17-7* Pékin refuse et exile l'enfant et sa famille à Pékin. -*5/11-11* : 75 dignitaires religieux convoqués à Pékin désignent *Gyaincain Norbu* (6 ans), intronisé le 8-12. **1999**-*juillet* ramené au T. -*28-12* Ugyen Trinley Dorge (né 26-6-1985, intronisé 1993), 17e karmapa-lama reconnu par C. et DL, s'évade de Tsurphu, près de Lhassa, et rejoint le 5-1-2000 le DL en Inde à Dharamsala (1 400 km). **2000**-*16-1* un enfant de 2 ans intronisé, 7e réincarnation du Rimpoché (lama réincarné) du monastère de Reting au N. de Lhassa, (le 6e est mort en 1997).

Bilan 1950-90 : environ 2 000 000 de † (faim, torture, exécutions sommaires, déportation dans les camps de travail...).

Économie. Revenu moyen (en 1994) : 750 F (1 200 yuans). La C. aurait installé au T. plusieurs douzaines de centres militaires nucléaires (1er en 1971) et effectué des essais en 1982. Pour les Ch., le T. riche en métaux précieux a l'avantage de dominer l'Inde. **Agriculture :** ancestrale (orge, chèvre, yak) ; transformée : échec du blé en terrasses. **Tourisme :** 40 000 visiteurs (en 1987).

☞ **Salut officiel des Tibétains :** langue tirée, marque de soumission exigée au XVIIe s. des Tibétains prisonniers des Mongols, depuis que l'un d'eux fut accusé du meurtre d'un geôlier par des incantations (rendant la langue noire, selon la coutume).

Municipalités particulières

Pékin (Beijing) 17 000 km^2, 12 500 000 hab. (dont ville 7 000 000). **Shanghaï** 5 970 km^2, 14 600 000 hab. (dont ville 7 830 000) [1 % de la pop., 10 % du PNB, 15 % des revenus de l'État]. **Tientsin** (Tianjin) 11 000 km^2, 9 600 000 hab. (ville 5 770 000). **Chongqing** 30 600 000 hab.

Économie

☞ La plupart des statistiques chinoises sont douteuses.

■ **PNB. Total** (en milliards de $) : *1991* : 415 ; *95* : 780,8 ; *96* : 901,9 ; *98* : 962 ; *99* : 991. **PNB** (en $ par hab.) : *1991* : 360 ; *95* : 610 ; *99* : 790. **Croissance annuelle du PIB** (en %) : *1995* : 10,2 ; *96* : 9,7 ; *97* : 8,8 ; *98* : 7,8 ; *99* : 7,1 ; *2000* : 7,8 ; *2001 (est.)* : 8. **Pop. active** (en millions, 1994) : 614,7 dont agr., forêt, pêche 333,8, ind. 96,1, commerce 39,2, construction 31,8, transport 18,6, éducation, culture 14,3, fonctionnaires 10,3, mines 9,1, services sociaux 6,2, santé, sports 4,3, banque, assurance 2,6, énergie, eau 2,4, divers 45,4 (en plus, employés des entreprises privées et travailleurs individuels 15,5). **Population active et,** entre parenthèses, **part du PNB** (en %) : agr. 63 (24), ind. 17 (41), services 16 (28), mines 4 (7). **Chômage** (en %) : *1990* : 2,5 ; *95* : 2,9 ; *99 (janv.)* : 3,1. **Pauvreté** (seuil de) : *1995* : 24 $; *1999* : 63 $. Fin 1997, concerne 50 millions de personnes. **Accidents du travail :** *1993* : 60 000 †. **Incendies :** *1994* : plus de 30 000 (+ de 1 300 †).

Agriculture

■ **Grandes régions.** *Sud* (climat tropical) : riz (2 récoltes), mûrier (soie), agrumes, canne à sucre, thé sur les collines. *Centre* (bassin du Yang-Tsé-Kiang) : riz (1 récolte), développement récent du coton. *Nord* (terre de lœss ; climat tempéré, mais contrasté) : blé, millet, maïs, kaoliang (sorgho) ; patates douces, p. de t., soja, arachides, mûrier (soie), coton. *Mandchourie* (Nord-Est) : soja, bois. *Mongolie-Intérieure* : moutons. *Xinjiang* : oasis irriguées (céréales, fruits, coton). *Tibet* voir col. a.

■ **Difficultés.** *Désertification* : 1 300 000 km^2 (13,3 % du pays). Augmente de 1 000 km^2 par an. *Surface agricole restreinte* : terres cultivées : 10 % ; absence de bétail, donc d'engrais animal. Morcellement [moy. des exploitations 0,15 ha (USA 15 ha)]. *Productivité insuffisante* : priorité aux petits motoculteurs, traction humaine encore employée. Sous-équipement. *Rendement à l'ha* assez élevé (jardinage), *par agriculteur* : minime. **Grandes famines récentes :** *1920-21* (Nord), *1928, 1931, 1932* (Nord-Ouest) ; *1942-43* Hunan ; *1959-61* : résultat de la collectivisation accélérée du « Grand Bond en avant », plusieurs millions de victimes ; *1980-81* (sécheresse ou inondations) ; *1985* : 21 millions d'ha (sur 131) sinistrés ; *1988* : inondations.

■ **Facteurs favorables.** Travail minutieux du paysan (remonte la terre, cultive les moindres surfaces, utilise engrais, notamment excréments humains) ; perfectionnements techniques (meilleures semences, semis plus serrés, labours plus profonds) ; généralisation de l'engrais chimique (achats d'usines) ; maîtrise de l'irrigation (1er rang au monde pour la surface irriguée : 55 millions d'ha).

■ **Organisation rurale.** Plusieurs niveaux. **Provinces :** voir p. 1032 c. **Régions :** 6 régions économiques. **District :** unité administrative et économique qui possède des usines, livre des équipements comme des moteurs, bateaux ou machines aux communes populaires. **Communes populaires :** environ 54 352 en 1982. 80 % des Ch. y vivent. Chacune rassemble 10 000 à 40 000 ruraux sur environ 2 000 ha. Dirigées par un comité révolutionnaire élu. Possèdent une milice. Tiennent l'état civil. Dirigent enseignement, justice, crédit, approvisionnement, hôpital. Doivent résoudre les problèmes agricoles, hâter le passage au communisme, réaliser de grands travaux. Remplacées depuis 1983 par les **cantons** ou **communes** dont dépendent les **villages administratifs. Brigades de production :** environ 677 000 en 1979. Correspondent aux anciens villages. En moyenne par commune : 12,7 brigades de 1 140 personnes sur 152 ha. Entreprennent les gros travaux d'aménagement (hydraulique) des champs. Possèdent les établissements que les équipes ne peuvent gérer ou qui sont rentables sous sa gestion. Ont une infirmerie. **Équipes de production :** environ 5 100 000 en 1979. Correspondent souvent aux anciens hameaux. 7,6 équipes par brigade, regroupant en moy. 20 à 30 familles (soit environ 150 pers.) sur 20 ha. Disposent d'animaux de trait, de machines et de main-d'œuvre. Commune et brigade peuvent s'en servir moyennant compensation. Depuis 1976, les membres ont parfois la jouissance de lopins individuels (5 à 7 % des terres cultivées des communes, 100 à 150 m^2) dont la production, destinée à la consommation familiale, peut, en cas de surplus, être vendue sur des marchés spontanés. **Unité budgétaire de base :** se charge de l'organisation de la prod. et de la répartition des revenus. Jouit de l'autonomie financière, prend à son compte pertes et profits. A un dispensaire. **Commune suburbaine :** environ 40 000 personnes cultivant de 2 000 à 6 000 ha. **Fermes d'État :** 2 000 sur plus de 4 millions d'ha : 5 millions de salariés, 3,7 % des terres cultivées. Souvent situées sur les terres nouvellement défrichées. Un système de contrat tend à privatiser l'agriculture. **Part du privé.** *Entreprises* : *1985* : 10 700 000 (28,3 millions de pers.). *Chiffre d'affaires 1985* : 78,3 milliards de yuans. *1986-87* : 1 million d'entreprises rurales ont fermé.

■ **Utilisation des terres** (en milliers d'ha, 1979, Taïwan inclus). 959 696 dont arables 98 550, cultivées en permanence 760, pâturages 220 000, forêts 115 700 (en 1987, 12,7 % du pays), eaux 29 200, divers 495 486. **Production** (en millions de t, 1999). **Grains** (1er producteur mondial) : *1991* : 432 (12,3 import.) ; *99* : 503 ; *2000 (est.)* : 460. **Autres produits :** légumes 202 ; riz 200,4 ; maïs 126,2 ; patates douces 120 (en 1997) ; blé 114,4 ; canne à sucre 89,3 ; p. de t. 55,3 ; soja 13,7 ; bett. à sucre 12,5 ; arachides 12 ; colza 8,27 (en 1998) ; sorgho 5,8 ; coton 4 ; tabac 3,9 ; orge 3,7 ; haricots 3,6 ; millet 2,8 ; thé 0,72 ; sésame 0,5 ; caoutchouc 0,4 ; jute 0,26 (en 1998) ; soie 0,064. 80 % des céréales sont autoconsommées dans la région de production. *Rendements* (en kg/an) : riz 5 738, blé 3 318. **Forêts** (en 1998). 291 865 000 m^3. Projet de reboiser 80 millions d'ha en 20 ans. **Élevage** (en millions de têtes, 1999). Poulets 2 800 ; porcins 429,1 (47 % du cheptel mondial) ; canards 463 (65 % du cheptel mondial) ; ovins 127,1 ; bovins 107,5 ; buffles 20,8, chevaux 10. **Viande** (en millions de t, 1996). 58,3 (*1952* : 3,4 ; *65* : 5,5 ; *78* : 8,6). **Pêche** (en 1999). 39,3 millions de t dont (en 1995) 13,6 en mer.

Énergie

■ **Consommation d'énergie primaire** (en millions de t d'équivalent pétrole, 1998). 1 082 dont charbon 615, pétrole 190, électricité 54, gaz 17, autres 206.

■ **Charbon.** 1er rang mondial. **Bassins principaux :** *Chine du Sud* : Wouhan ; *Mandchourie du Sud* : double bassin du Hoang-Ho (Chensi, dans la boucle ; Chansi, à l'est). **Production** (en millions de t) : *1946* : 10 ; *60* : 232 ; *75* : 432 ; *80* : 620 ; *85* : 850 ; *90* : 1 090 ; *91* : 1 058 ; *92* : 1 100 ; *93* : 1 141 ; *94* : 1 094 ; *95* : 1 240 ; *96* : 1 350 ; *97* : 1 326 ; *98* : 1 137 ; *99* : 909,1. **Réserves :** 1 010 milliards de t (accessibles 71 milliards).

■ **Électricité** (en milliards de kWh). *1952* : 73 ; *78* : 257 ; *85* : 380 ; *90* : 621 ; *95* : 1 007 ; *96* : 1 080 (hydraulique 17,4 % ; nucléaire 1,33) ; *99* : 1 204. **Hydroélectricité. Exploitable :** 900 milliers de kWh (plus fort potentiel mondial). **Puissance installée :** 125 000 MW (7 % du potentiel utilisé, plan de 50 ans pour l'aménagement du Hoang-Ho) ; projet : barrage de Sanxia (levée de 150 à 165 m, lac de 500 km de long., capacité 1 300 MW, coût 10 milliards de $).

☞ **Barrage des Trois-Gorges** sur le Yang-Tsé-Kiang (gorge de Xiling). Environ 2 000 000 de personnes déplacées. *Construction 1re phase* (1993-97) : canal de dérivation de 2 km (inauguré 8-11-1997) pour assécher le lit principal. *2e phase* (1998-2003) : 1re moitié du barrage en eau (135 m. au-dessus du niveau de la mer), mise en route des 12 premières turbines. *3e phase* (2004-2009) : 2e moitié, écluses et ascenseur à bateaux. *Hauteur* 150 m (portée à 1,75 m. ?). *Longueur* 2 309 m. 57 millions de m^3 de terre, 27 millions de m^3 de béton. *Lac de retenue* (taille finale en 2013) : 640 km de long, à 175 m. au-dessus du niveau de la mer, 40 milliards de m^3 d'eau, 1 000 km^2 inondés (12 villes et 4 500 villages, 1 500 000 à 1 800 000 personnes déplacées). *Puissance* : 18 200 MW (26 groupes turbo-alternateurs de 700 MW). *Production* annuelle (pleine capacité) 84,7 milliards de kWh. *Coût* : 175 milliards de F (initial 78). Conséquences écologiques et archéologiques difficilement mesurables.

Nucléaire. Centrales dont *Qinshan I* : 300 MW (arrêtée) ; *II* (vers 2002, 100 % chinoise) et *III* (vers 2002, technologie canadienne) *Daya Bay* [Kouantoung (Guany dong)] *I* : 1 000 MW (en 1993), *II* : 1 000 MW (en 1993), *III* : 2 × 600 MW (en 2005). *Ling Ao* (vers 2003, coopération avec la Fr.). *Lianyungang* (russe prévue 2005, coût + de 3 milliards de $) 2 × 1 000 MW. *Objectif* : 9 000 MW.

■ **Gaz naturel** (en milliards de m^3). **Production :** *1952* : 0,008 ; *65* : 0,11 ; *75* : 8,85 ; *80* : 14,3 ; *86* : 20,6 ; *90* : 14,4 ; *99* : 24 ; *2000 (est.)* : 25. **Réserves :** 1 877.

■ **Pétrole** (en millions de t). **Production :** *1952* : 0,44 ; *65* : 11,31 ; *75* : 77 ; *80* : 106 ; *85* : 125 ; *90* : 138 ; *95* : 150 ; *99* : 158,9. **Réserves** (en 1999) : 3 264. **Principaux champs** (en 1995) : Daqing (découvert en 1959) 56,2 ; Shengli (en 1962) 30 ; Liaohe (en 1964) 15,6 ; Xinjiang 7,9 ; Zhongyuan (en 1981) 4,1. **Import. :** *1996* : 22,6 ; *97* : 33,8. **Export. :** *1996* : 20,33 ; *97* : 19,82.

Minerais et métaux

Production (en millions de t, 1999). **Aluminium** 2,24. **Antimoine** (à Xikuangshan) 0,06 (en 1996). **Argent** 1 330 t (en 1999). **Bauxite** (à Shangong et Hounan) 9. **Béryllium. Bismuth** 1,1 (en 1994). **Cinabre** [à Tongren (Koueitchéou)]. **Cuivre** 0,48 [à Dongchuan (Yunnan), Gaolan, Kansou, Tongling (Anhui)]. **Étain** [à Gejiu (Yunnan)] 0,057. **Fer** [à Anchang (M.), Sinkiang ; teneur 50 %] 178,5. **Germanium. Lithium. Magnésium** 0,07. **Manganèse** 1,68 (en 1996). **Mercure** 0,600. **Molybdène** 0,33. **Nickel** 0,051. **Niobium. Or** (production classée secret d'État, 400 mines) 0,0001. **Phosphates** 20. **Plomb et zinc** [à Shuikoushan (Hounan)] 0,57. **Tantale. Thorium. Tungstène** (à Dayu) 0,015 (en 1996). **Uranium.**

Part de la Chine dans les réserves mondiales de minerais et métaux non ferreux (en %). Amiante 29,0 ; antimoine 51,9 ; bauxite 0,7 ; cuivre 1,8 ; diamant 1 ; étain 25,4 ; manganèse 1,7 ; mercure 8,1 ; molybdène 9,1 ; nickel 1,5 ; or 5,8 ; plomb 8,5 ; terres rares 51,3 ; titane 14,7 ; vanadium 14,2 ; zinc 3,3.

Industrie

■ **Grandes zones. Mandchourie du Sud** (Chenyang, Anshan) : métallurgie, chimie. **Canton :** soie et coton. **Shanghaï :** métallurgie, port 100 millions de t (1/3 du trafic total ch., 16,5 % des export. chinoises). **Vallée du Yang-Tsé-Kiang :** Wouhan, Nankin (métallurgie), Tchongking (textiles, ind. de transformation). **Pékin** (port : Tientsin) : mécanique, chimie ; Baotou sur le Houang-Ho (nucléaire).

■ **Production** (en millions de t). **Acier :** *1938* : 31,8 ; *57* : 5,35 ; *65* : 12,23 ; *90* : 66,3 ; *95* : 94 ; *99* : 123,7 ; **fonte** 125,3 (en 1999). **Ciment :** *1957* : 7 ; *65* : 13 ; *78* : 65 ; *91* : 248 ; *95* : 450 ; *99* : 539,8. **Chimie :** *acide sulfurique* 18,8 (en 1996) ; *soude pure* 3,9 (en 1991) ; *caustique* 5,7 (en 1996) ; *engrais* 22,7 (en 1994). **Textiles :** *cotonnades* (en millions de m) 17,5 (en 1997) ; *filés de coton* 5,4 (en 1998). **Papier** (fabrique industrielle) et *carton* 26,3 (en 1996). **Sel brut :** 29,7 (en 1994) ; *détergents* 1,9 (en 1994). En millions d'unités : **machines agricoles** *tracteurs* 0,068 (en 1998) ; *motoculteurs* 0,8 (en 1990). **Machines** *à coudre 1952* : 0,07 ; *57* : 0,3 ; *69* : 1,2 ; *78* : 4,9 ; *96* : 6,8 ; *à laver 1998* : 12,1. **Réfrigérateurs :** *1998* : 10,1. **TV :** *1998* : 3,5. **Bicyclettes :** *1994* : 43,6 ; *98* : 23,1.

■ **Réalisations scientifiques.** 1re bombe atomique 1964 ; 1re bombe à hydrogène 1967 ; 1er satellite artificiel 1970 ; 1re récupération de satellite 1975.

Politique économique

■ **Sous Mao.** Artisanat modernisé tendant à « tout construire sur place » au rendement faible (répandant cependant une mentalité industrielle). Le développement a été gêné par des préoccupations idéologiques (limiter la formation d'une classe de technocrates urbains ; augmenter le rôle éducateur de l'usine, en sacrifiant au besoin la rentabilité) et par des soucis politiques et stratégiques (refus de l'aide technique et financière de l'URSS et des démocraties industrielles ; éparpiller les outils de production dans l'éventualité d'un conflit).

■ **Après la mort de Mao.** On renonce à tout construire sur place et on investit dans les transports. Les régions économiques sont restructurées ; l'aide technologique extérieure est recherchée. **1978** autorisation des entreprises privées, accord commercial avec Japon. **Avril 1979** *réajustement :* privilégier ind. légère, agr. et consommation. Changer le système des prix, salaires et main-d'œuvre en fonction des mécanismes du marché. Augmenter la productivité du travail. Renoncer à construire des usines en montagne pour des raisons militaires (ce qui augmente le coût de transport et engorge les chemins de fer). **Juillet 1980** création de *Stés mixtes* pour assimiler les techniques étrangères et fabriquer des produits destinés à l'exportation ; *zones franches ou économiques spéciales.* **1992** projet de complexe portuaire du delta du *Tumen* avec Corée, Japon et ex-URSS (durée 25 à 30 ans ; coût 170 milliards de F). *-Juillet* droit de licenciement sans limite et de dépôt de bilan. *-Oct.* XIVe Congrès lance « économie socialiste de marché ». Obligation de « se soumettre à la direction unifiée de l'État » supprimée. Shanghaï Vacuum : fabricant de téléviseurs, 1re entreprise à émettre des actions à Shanghaï pour les étrangers (une partie des capitaux réutilisée en spéculation immobilière). **1992-95** modification du statut en société par actions et application de la loi de 1988 sur faillites, afin de désengager le budget de l'État au profit de l'épargne privée. **Au 1-8-1992 :** 3 200 entreprises par actions, cotées en Bourse (Shenzhen et Shanghaï). **1993** les 9 plus grosses entreprises chinoises sont cotées à Hong Kong. **1994**-*1-1* change flottant pour le yuan (taux officiel 5,84 pour 1 $). Suppression des « certificats de devises étrangères » (Foreign Exchange Certificate).

■ **Investissements directs étrangers** (en milliards de $). *1990 :* 3,8 ; *92 :* 11,3 ; *95 :* 37,8 ; *96 :* 42,1 ; *97 :* 52,4.

■ **Affaires privées** (nombre en millions). *1949 :* 4 à 10 ; *56 :* 0,43 ; *65 :* 1 ; *70 :* aucune ; *78 :* 0,30 ; *80 :* 0,89 ; *82 :* 2,6 ; *85 :* 11,7 ; *90 :* 13 ; *94 :* plus de 20 (34,4 millions de salariés) ; *2000 (prév.) :* 30 (20 % du PIB, 50 millions d'actifs).

■ **Part du secteur d'État dans l'industrie** (en %). *1981 :* 74,5 ; *85 :* 71,2 ; *91 :* 65,1 ; *95 :* 47,1 ; *96 :* 43,5. **Faillites des entreprises du secteur d'État autorisées :** *1990-93 :* 1 287 ; *95 :* 2 200 ; *96 :* 6 222 ; *98 :* 4 498.

■ **Entreprises de l'armée.** 15 000 (dont 2/3 déficitaires). **Chiffre d'affaires :** 19 milliards de $.

■ **Zones économiques spéciales (ZES).** Enclaves offrant des conditions préférentielles aux investisseurs étrangers. **1979** création des 4 premières : *Shenzhen* près de Hong Kong (327 km², 3 000 000 d'hab.), *Zhuhai* près de Macao, *Shantou* (Swatow) près de Taïwan, *Xiamen* (Amoy) près de Taïwan. **1984** ouverture de 14 villes côtières dont Shanghaï. **1990** (avril) *Pudong* 350 km². **Zones de développement.** Créées en 1993 : 1 200 sur 7 500 km².

TRANSPORTS

■ **Aviation.** *Lignes* intérieures : 130 (réseau 150 000 km). *Régulières internationales :* 12 desservant 13 pays (*1950 :* 2).

■ **Marine marchande.** 13,9 milliards de t (en 1992), 603,8 millions de t chargées et déchargées.

■ **Routes.** *Longueur* (en km) : *1949 :* 81 000 ; *65 :* 515 000 ; *94 :* 1 117 821 ; *96 :* 1 185 800 ; *trafic marchandises :* 339 800 millions de t/km (en 91). **Automobiles :** *production* (en milliers) : *1975 :* – de 100 ; *81 :* 175,6 ; *84 :* 300 ; *88 :* 644,7 ; *90 :* 514 ; *91 :* 713 ; *96 :* 1 456 ; *99 :* 1 757,9. *Depuis avril 1994 :* les particuliers peuvent posséder une voiture. **Bicyclettes :** *production* (en millions) : *1952 :* 0,08 ; *57 :* 0,8 ; *65 :* 1,8 ; *78 :* 8,5 ; *89 :* 36 ; *91 :* 36 ; *98 :* 23,1. *Parc :* 200 pour 1 000 hab.

■ **Voies ferrées** *1876 :* 1re ligne (construction anglaise) ; *1900 :* 588 km (4 213 en construction, 6 639 concédés) ; *49 :* 22 000 ; *65 :* 36 000 ; *92 :* 53 565 ; *94 :* 53 992 ; *96 :* 56 700 dont 10 100 électrifiés. **Distances** *par voie ferrée de Pékin* (en km) : Chongqing 2 252, Huangzhou 1 651, Shanghaï 1 462, Kharbine 1 388, Nankin 1 157, Tientsin 137. **Traction** en majorité à vapeur ; vitesse commerciale : 50 km/h. **Trafic** *voyageurs* (en 1995) : 354,3 milliards/km dont 50 % en province ; *marchandises :* 1 285 milliards de t/km.

■ **Voies navigables.** 40 000 km, principalement sur Houang-Ho, Yang-Tsé-Kiang et le grand canal de 1 800 km (modernisé) les reliant à Pékin (97 millions de t transportées).

TOURISME

■ **Visiteurs** (en millions, dont, entre parenthèses, étrangers). *1978 :* 1,81 (0,22) ; *80 :* 5,7 (0,52) ; *85 :* 17,83 (1,37) ; *90 :* 27,46 (1,74) ; *95 :* 46,39 (5,88) ; *96 :* 51,12 (6,74 dont Japonais 1,55, Coréens du S. 0,69, Américains 0,58, Russes 0,56, Malais 0,3, Singapouriens 0,28, Philippins 0,24, Anglais 0,20, Australiens 0,19, Thaïlandais 0,19, Allemands 0,18, Indonésiens 0,14, *Français 0,12).* Compatriotes de Hong Kong, Macao, Taïwan 42,5 (dont Taïwanais 1,73) ; *98 :* 63,5. **Capacité :** *1990 :* 910 hôtels, 362 000 lits ; *2 000 (prév.) :* 1 000 palaces, 1 000 000 de lits. **Recettes** (en milliards de $) : *1978 :* 0,2 ; *90 :* 2,21 ; *95 :* 8,73 ; *96 :* 10,2. **Villes ou régions ouvertes.** *1978 :* 107 ; *82 :* 122 ; *97 (janv.) :* 1 283. *Zones touristiques spéciales* (créées en oct. 1992) : 11. **Lieux touristiques.** *Grottes* de Datong Shenxi (53 grottes, 50 000 statues). *Sculptures bouddhiques et rupestres :* Kansu, centres religieux de Dunhuang, de Maïgishan et de Binglingsi (Ping-Lingsseu) ; *monastère troglodytique* près de Tatong (Chansi). Pékin (Cité interdite). *Grande Muraille* (construite par l'empereur Wudi, environ 7 200 km). **Villes :** Nankin, Wuxi, Hangzhou, Shanghaï, Guilin, Canton, Kunming, Chengdu. *Sian* [tombeau de l'empereur Qin Shihuangdi († 210 av. J.-C.) gardé par une armée de soldats d'argile, retrouvé 1974, construit par 700 000 h.]. *Grottes-temples* de Long-men (Henan), dans le temple de Fangxian (VIIe s.), bouddha assis de 11 m de haut. *Setchouan,* vestiges datant de 2 000 à 4 500 ans (dont plusieurs milliers d'hommes en bronze de 1,50 à 2 m).

FINANCES

■ **Budget** (en milliards de yuans). *1995 dépenses :* 635,9 (dont défense 10 %), *recettes :* 569,2 dont impôts 446,1 ; *1998 :* 1 014. **Déficit** *1990 :* 15 ; *91 :* 21,1 ; *92 :* 20,7 ; *93 :* 63 ; *94 :* 67 ; *95 :* 66,6 ; *98 :* 46 ; *99 (est.) :* 150,3. En % du PIB : *1990 :* 2 ; *95 :* 1,7 ; *97 :* 1,6 ; *98 (est.) :* 5,1. **Réserves de devises** (en milliards de $) : *1981 :* 2,2 ; *84 :* 16,2 ; *85 :* 12 ; *90 :* 28,6 ; *92 :* 50 ; *97 :* 140 ; *2000 :* 188,3. **Dette extérieure** (en milliards de $) : *1985 :* 15 ; *90 :* 52,5 ; *95 :* 106,6 ; *99 (est.) :* 160,6. **Inflation officielle** (en %) : *1980 :* 7,5 ; *81 :* 2,6 ; *82 :* 1,9 ; *85 :* 8,8 (réelle 15 à 20) ; *86 :* 7,7 ; *87 :* 7,2 ; *88 :* 18,5 (réelle 30 à 40) ; *89 :* 17,8 (réelle 25 à 30) ; *90 :* 3,1 ; *91 :* 3,6 ; *92 :* 6,4 ; *93 :* 14,6 ; *94 :* 24,2 ; *95 :* 16,7 ; *96 :* 8,4 ; *97 :* 2,8 ; *98 :* 2,6 ; *99 :* – 3. **Épargne :** *1992 :* 1 150 milliards de yuans (1 000 yuans/hab., soit 175 $), 38 % du PNB, 2e rang mondial après Singapour : plus 20 % en 1 an. **Masse monétaire en circulation :** 70 milliards de $. **Recettes fiscales** (en 2000) : 153 milliards de $.

Dette des 148 000 entreprises d'État envers les banques publiques : 405 milliards de $ en 1995. **Dépôts bancaires privés :** 358 milliards de $.

■ **Monnaie pour étrangers.** Abandonnée en 1992. Billets libellés en yuans [Waihui, Foreign Exchange Certificate (Fec)] à l'opposé des billets pour les Chinois (renminbi, RMB) également libellés en yuans (coupures de 50 et de 100 à partir de 1987, auparavant de 1/100 de yuan à 10 yuans). Parité 1988 : 100 yuans Fec valaient 170 yuans RMB (fluctuations fréquentes). En réglant en Fec, l'étranger payait 70 % plus cher que les Chinois.

Cours moyen du renminbi-yuan : 1 $ = *1996 :* 8,317 ; *96 :* 8,298 ; *97* (au 13-3-2000) : 8,28.

CONDITIONS DE VIE

■ **Alimentation. Consommation par tête :** *par an* (en kg, 1990) : céréales 204 ; viande 20 ; poisson 6,5 ; œufs 6,3 ; lait 4. *Par jour :* 2 666 calories et 78,8 grammes de protéines. En 1989, 40 millions de pers. ne mangeaient pas à leur faim. **Prix alimentaires** bloqués afin de pouvoir assurer un minimun de 2 300 calories par jour. **Avantages sociaux.** Prestations (alimentées par des retenues de 3 à 11 % sur salaires). **Congés.** 8 jours par an (printemps 4 ; 1er mai 1 ; 1er oct. 1 ; nouvel an 2 ; mères de famille 1/2 journée le 8 mars (fête des enfants). **Corruption.** De 1993 à 1996 : 200 000 cas examinés par les tribunaux. **Femmes.** Nombreux enlèvements (vendues). **Prix** (exemples). Chemise blanche 13 F (3 jours de salaire), casquette de fourrure 40 F (7 jours), montre 150 à 1 200 F (1 à 8 mois), bicyclette 400 F, télévision 1 100 F (7 mois), voiture (30 ans ; 15 000 personnes en possèdent). **Retraite.** *Age* hommes ouvriers 55 à 60, intellectuels 60 ; femmes ouvrières 50, intellectuelles 60. *Pension* 60 à 80 % du salaire, primes non comprises. **Revenu annuel moyen.** *En 1993 :* un Shanghaïen gagnait en moyenne : 3 530 yuans (2 330 F) ; dépenses (en %) : nourriture 52,9 ; vêtements 11,7 ; produits électroménagers 8,6 ; loisirs 8,5 ; transp. et télécom. 5,7 (30,6 % des foyers possèdent le téléphone) ; loyer et charges (eau, électricité et gaz) 5,5. **Santé. Soins médicaux :** remboursés aux fonctionnaires et employés des entreprises d'État, soit 50 % des urbains et 10 % des ruraux. Statistiques (en 1998) : 2 914 000 lits d'hôpitaux ; 1 247 000 « médecins de villages », 340 000 médecins traditionnels, 350 000 à l'occidentale ; 1 219 000 infirmières.

COMMERCE

■ **Évolution** (en milliards de $). **Export./import. :** *1996 :* 151/131,5 ; *97 :* 182,6/136,4 ; *98 :* 183,5/136,9 ; *99 :* 194,7/158,5 (*dont* USA 41,9/19,5 ; Europe 35,5/32,7 ; Japon 32,4/33,8). **Des paiements courants.** *1996 :* 7,3 ; *97 :* 29,6 ; *98 :* 29,2 ; *99 :* 8,9.

■ **Rang dans le monde** (en 1999). 1er blé, coton, p. de t., riz, ovins, porcins, lignite. 2e maïs, thé, charbon, étain, fer, phosphate. 3e bois, canne à sucre, millet, bovins. 5e oranges, or. 6e argent, nickel, pétrole, zinc.

CHINE LIBRE (TAÏWAN)
(République de Chine)

Carte p. 1027. V. légende p. 950.

☞ *Abréviations :* C. : Chine ; Jap., jap. : Japonais, japonais ; T. : Taïwan.

■ **Nom (officiel).** *République de Chine,* fondée 1912 à Nankin par Sun Yat-sen [en 1949, son gouv. s'est établi à Taïpei, dans l'île de *Taïwan,* baptisée par les Portugais au XVIe s. Formose, *ilha Formosa (Belle île)*]. Taïwan est le nom de l'ancienne capitale, devenue Taïnan en 1887.

■ **Situation.** Mer de Chine (Asie orientale), traversée par le tropique du Cancer. Séparée du continent par le *détroit de Formose* ou *de Taïwan* (largeur 160 km environ). **Superficie :** 36 006 km². Archipels de Taïwan (22 îles dont Taïwan ; 35 834,35 km²), de Penghu (64 îles ; 126,86 km²). **Côtes :** 1 448 km. **Longueur :** 394 km. **Largeur :** 144 km. Le niveau de la terre baisse de 2 à 3 cm par an à cause des forages illégaux. **Distances** de Taïpei (en km) : Chine 220, Philippines 350, Manille 1 176, Japon 1 232, Tokyo 2 121, Sydney 9 100, New York 15 300. **Iles :** *Penghu* (ou *Pescadores :* « pêcheurs » en portugais) ; 89 013 hab. (est. 1999) ; à 188,9 km du continent, à 53,7 km de Taïpei, 64 îles, total 126,86 km² dont Penghu, Yuweng, Paishu. *Kinmen (Quemoy)* à 2, 31 km du continent, total 150,45 km² ; 51 731 hab., 2 grandes îles et 12 îlots. *Matsu* 28,8 km² ; 6 560 hab. en 1999, 19 îlots dont Nankan (ou Matsu) 10,4 km²) et Kaoteng à 9 250 m de la Chine. **Montagnes :** 64 % du territoire. Mt de Jade (Mt Morrisson) 3 952 m (alt. maximale), Hsüeh (Mt des Neiges) 3 884 m, Hsiukuluan 3 860 m, Wulameng 3 805 m, Nanhu 3 740 m, Ch'ilai (pic central) 3 559 m, Tahsüeh 3 529 m, Tapachien 3 505 m. **Climat.** Subtropical au nord, tropical au sud. *Température moy. :* hiver 16 °C ; été 24 à 30 °C. *Mousson :* nord-est d'oct. à mars, sud-ouest d'avril à sept. *Précipitations* annuelles : 2 515 mm (max. 5 600).

■ **Population** (en millions). *1951 :* 7,81 ; *61 :* 11,20 ; *70 :* 14,75 ; *80 :* 17,87 ; *90 :* 20,41 ; *2000 :* 22,17 ; *2025 (prév.) :* 25. **D.** 615,7. **Age** (en 1999) : *– de 15 ans :* 21,4 %, + de 64 ans : 8,5. **Espérance de vie** (en 1999) : hommes 72 ans ; femmes 78 ans. **Origine :** aborigènes [origines malaise et polynésienne, 402 000 (en 1999) dont 9 tribus principales : Ami 135 665, Atayal 80 614, Bunun, Paiwan, Pouyuma, Rukai, Tsou, Saisiyat, Yami ; dans les villes 46,3 %, réserves 53,7 % (visitées avec un laissez-passer, 240 000 ha protégés depuis 1949)], Taïwanais (Chinois arrivés au XIIe s., puis XVIe s., venus du Foukien) environ 11 679 000, Hakkas (venus au XIXe s. de la province de Canton) 4 000 000, Chinois réfugiés (en 1949) 8 877 641. **Étrangers** (en 2000) : 458 681 résidents. **Taux** (en ‰, 1999) : *natalité* 13,76 ; *mortalité* 5,68 ; *croissance* 10,1. **Sida** (fin 2000) : 3 160 cas détectés.

■ **Langues.** Chinois *(officielle),* taïwanais, hakka.

■ **Religions** (en 1998). Bouddhistes 4 860 000, taoïstes 4 650 000, protestants 423 000, catholiques 300 000, musulmans 53 000.

■ **Villes** (en 1999). *Taïpei* 2 641 312 hab. (9 718 par km²), Kaohsiung 1 475 505 (à 379 km), Taichung 940 589 (169), Tainan 782 060 (329), Keelung 385 201 (29).

■ **Histoire. IXe s.** tribus malaises et polynésiennes. **Vers le XIIe s.** arrivée des 1ers Chinois. **1622** Pescadores occupées par Hollandais. **1624** Taïwan prise par les Hollandais. **1662** Hollandais chassés par Coxinga et ses partisans opposés à la dynastie qing ; T. devient leur base. **1683** revient à la C. **1885** 22e province chinoise. **1895** guerre sino-japonaise : *-20-3* débarquement jap. *-8-5* C. cède T. au Japon *(traité de Shimonoseki). -25-5* les Taïwanais proclament la Rép., mais sont vaincus. **1903** révolte matée sauvagement par Jap. **1945**-*25-10* redevient province chinoise à statut spécial, puis ordinaire (1947). **1947**-*28-2* révolte des Taïwanais réprimée par Gal Chen Yi (28 000 †). **1949**-*19-5* loi martiale. *-8-12* nationalistes s'y réfugient (500 000 soldats, 1 600 000 civils) ; assaut des communistes contre Kinmen (7 000 soldats communistes tués, 13 000 prisonniers). **1950**-*5-1* Truman, Pt des USA, s'engage à ne pas fournir d'aide ou de conseil militaire aux nationalistes, mais la guerre de Corée remet tout en question. Selon D. Mendel, entre 1949 et 1955, 90 000 arrestations, 45 000 exécutions.

1950-*1-3* **Tchang Kaï-chek** (31-10-1887/5-4-1975) Pt. **1952**-*28-4* traité de paix avec Japon. **1953**-*10-1* réforme agraire. **1954**-*3-12* traité de défense mutuelle avec USA. **1955** accord de défense avec USA. **1958**-*29-7,* 4 avions chinois abattent un avion de T. *-17-8* préparatifs face à Kinmen sur côte du Foukien, en C. communiste : 189 000 h., 370 pièces d'artillerie, 267 avions. *-23-8/5-10* bombardements entre Kinmen et Hsiamen (Amoy, à 3 km). Bilan : plus de 500 000 obus tirés du continent, 39 avions communistes abattus (pour 2 de T.), 19 torpilleurs coulés (contre 1 ravitailleur de T.) [80 † civils, 2 600 habitations détruites et 2 000 endommagées à Kinmen]. **1960**-*17/19-8,* 150 000 obus tirés. **1961** fin des bombardements (sauf 500 obus bourrés de brochures de propagande à laquelle T. répond par haut-parleurs). **1964**-*27-1* T. dénonce l'établissement de relations diplomatiques Fr.-Pékin. *-1-2* ambassade de Fr. fermée. **1967**-*8-3* enseignement obligatoire porté à 9 ans. **1971**-*25-10* à l'Onu doit laisser son siège (détenu depuis 1949) à la Rép. populaire de C. **1972**-*29-9* relations diplomatiques rompues avec Japon. **1975**-*5-4* Mal Tchang Kaï-chek meurt.

1975-*5-4* **Yen Chia-kan** (1905-94) Pt (était vice-Pt). **1978**-*15-12* fin des bombardements à Kinmen (162 †, 800 blessés et 9 000 maisons endommagées).

1978 **Chiang Ching-kuo** (1910-88, fils de Tchang Kaï-chek) Pt. **1979**-*1-1* USA reconnaissent la C. communiste. Ambassade américaine fermée après reconnaissance de la C. populaire. Crise financière. Prêt américain de 500 millions de $ à long terme et faible intérêt ; rupture diplomatique USA-T. *-27-4* départ des derniers soldats américains. **1987**-*15-7* « loi martiale » abolie. *-Nov.* les Taïwanais peuvent se rendre en C. continentale voir leur famille. **1988**-*1-1* mesures de libéralisation pour la presse. *-13-1* Chiang Ching-kuo meurt.

1988-*13-1* **Lee Teng-hui** (né 15-1-1923) Pt (était vice-Pt). *-6-4 :* 1re délégation à Pékin. *-22-4* amnistie : 7 776 libérés. *-Juillet* Soong Mayling, veuve de Tchang Kaï-chek, quitte la vie publique. **1989** nouveaux partis autorisés. *-1-6 :* 1 million d'étudiants forment une chaîne pour recueillir des fonds pour étudiants chinois. *-4-6 :* 600 millions de F collectés par 24 entreprises, 1 000 litres de sang envoyés à Pékin par les étudiants, 1 million de journaux relatant la répression envoyés par ballon en C. **1990**-*7-1* Fr. suspend vente prévue de frégates (classe *La Fayette,* déplaçant 3 200 t, valeur unitaire de 1 200 millions de F) sur pression de la C. *-21-1* municipales : Kuomintang (283 maires sur 309, 650 conseillers sur 842). *-21/22-3* Lee Teng-hui élu Pt par l'Ass. nationale (641 voix sur 668). *-1-6* **Hau Pei-tsun** (né 13-7-1919) PM. **1991**-*1-1* amnistie (80e anniversaire de la Rép.), 4 705 libérés, 12 000 autres prévus dans l'année. *-30-4* fin officielle des hostilités entre T. et C. communiste. *-21-12* législatives (68,3 % de participation) : Kuomintang 71,2 % des voix ; PDP 23,9 ; ANID 2,6 ; autres 2,3. **1992**-*7-7* révision de la loi d'exil. *-11-11* bateau douanier chinois intercepté. *-19-11* contrat d'achat de 60 *Mirage* français (3,5 milliards de $). **1993**-*6-1* Kung Teh-cheng, 77e descendant en ligne directe de Confucius, abandonne présidence du Yuan des Examens. **1994**-*29-1* élections municipales et de *hsien* (districts) : 73,55 % de participation. KMT 56,75 % des voix ; PDP 15,17 ; NPC 1,09 ; sans étiquette 26,99. *-3-12 :* 1res élections multipartites au suffrage univ. des maires de Taïpei et Kaohsing et du gouverneur de l'île, victoire du PDP à Taipei et du KMT à Kaohsing et au poste de gouverneur. **1995** *-juillet/août* manœuvres chinoises autour de T., des missiles tombent en mer. **1996**-*8/20-3* manœuvres militaires chinoises pour intimider T. avant présidentielle. *-23-3* Lee Teng-hui (KMT) réélu (54 % des voix), Peng Ming-min (né 1923, PDP) 21,12 %, Lin Yang-kang (né 1927) 14,89 %, Chen Li-an (né 1937) 9,97 %. **1997**-*févr.* déploiement de missiles Patriot. *-22/27-3* visite du dalaï-lama. **1999**-*21-9* séisme (7,3 sur l'échelle de Richter) [2 321 †, environ 100 000 sans-abris, coût 9,2 milliards de $]. *-26-9* nouveau séisme. **2000**-*20-5* **Chen Shui-ban** (né 18-2-1951, indépendantiste du DDP) élu Pt 18-3 (39,3 % des voix). **Tang Fei** (né 15-3-1932) PM ; *-3-10* démissionne. *4-10* **Chang Chun-hsiung** (né 23-3-1938) PM.

■ **Statut.** *République.* **Constitution** du 1-1-1947 amendée en 1994, 97 et 2000. **Pt** et **vice-Pt** élus pour 4 ans au suffrage univ. direct depuis 1996, ne peuvent rester en fonction que 2 mandats consécutifs. **Vice-Pte** : Annette Lu depuis 20-5-2000. **Assemblée nationale** (Kuo Min-Ta-Huei), théoriquement pour toute la Chine, élue pour 4 ans. 334 membres dont 234 élus au suffrage univ. et 100 à la proportionnelle. *Élections du 23-3-1996 :* KMT 183 sièges, PDP 99, Nouveau P. 46, P. vert 1, divers 5. Depuis 2000, nommés sur liste par les partis à la proportionnelle. **5 Yuan : Exécutif** (cabinet ministériel de la Rép., 8 ministères, commissions d'État et offices ; *Pt :* le Premier ministre). **Législatif** [221 membres dont 176 élus au suffrage direct et 41 à la proportionnelle ; 8 pour les Chinois d'outre-mer. *Élections de mars 2000 :* KMT 114 sièges, P. démocrate progressiste 65, Nouveau P. 9, PPP 17, divers 16]. **Judiciaire. Des Examens** (responsable des examens nationaux, des nominations et de la gestion de la fonction publique). **De Contrôle** (avec pouvoirs de destitution, censure et vérification des comptes nationaux). **Divisions administratives :** 16 *districts, 5 villes provinciales, 2 à statut spécial* (Taïpei et Kaoshing) et *îles côtières* du Foukien (Kinmen et Matsu).

■ **Fête nationale.** 10 oct. (10e jour du 10e mois, dit *double dix*) anniversaire du soulèvement d'Outchang (1911). **Drapeau** (adopté 28-10-1928). Rouge (la Chine), carré bleu (le ciel), avec un soleil blanc.

■ **Partis.** **Kuomintang (KMT)** P. nationaliste chinois fondé en 1894 par Sun Yat-sen, 900 000 m. ; programme : tridémisme, les 3 principes du peuple énoncés en 1924 : nationalisme, démocratie, bien-être social, *Pt :* Lien Chan (né 1936) depuis 24-3-2000. **Nouveau P.** (scission du KMT, fondé 1993) 70 000 m. (en 1999), *Pt :* Hau Lun-pin. **P. démocrate progressiste (PDP)** fondé 6-11-1986 par Huang Hsin-chieh : 200 000 m., *Pt :* Hsieh Chang-ting depuis 22-7-2000 (drapeau vert orné des contours de l'île). **P. social-démocrate chinois** fondé 1991 par Ju Gau-jeng. **Alliance démocratique** fondée 1998. **P. pour le peuple (PPP)** fondé 31-3-2000, *Pt :* James Soong.

■ **Diplomatie.** Relations diplomatiques officielles avec 29 pays (dont plusieurs États d'Amérique latine). 99 bureaux de représentation dans 64 États.

■ **Relations avec la Chine populaire.** **1979**-*4-4* Chiang Ching-kuo : politique des « Trois non » : aux contacts, à la réconciliation et à la négociation. **1984**-*23-6* Deng Xiaoping : « Un pays, deux systèmes ». **1987**-*2-11* T. autorise visites familiales en C. **1988**-*10-6* C. fonde « Bureau des affaires de Taïwan » auprès du Département d'État. **1989** abandon du qualificatif de « bandit » appliqué aux produits importés de C., remplacé par « fait sur le continent ». *-10-6* T. autorise liaisons téléphoniques et postales avec C. **1990**-*7-10* T. : Commission pour la réunification nat. fondée auprès de la présidence. **1991**-*30-1* T. : Commission d'État aux affaires continentales fondée ; *-19-2* T. approuve Fondation des échanges entre les deux rives (SEF). *-14-3* T. : « Lignes directrices pour la réunification nationale ». *-1-5* T. affirme l'arrêt de la « Période de mobilisation générale contre les rebelles communistes ». *-16-12* Association des relations dans le détroit de T. (Arats) fondée à Pékin. **1993**-*27-4 :* 1er contact de haut rang entre T. et C. depuis 45 ans : Koo Chen-fu, Pt de SEF, et Wang Daohan, Pt d'Arats, à Singapour. **1996**-*8-3* C. tire des missiles au large de Taïwan, exercices militaires au Fukien 2 semaines. **1998**-*14-10* Koo Chen-fu, Pt de SEF, rencontre Jiang Zeming. **1999**-*9-7* Pt Lee Teng-hui énonce « les relations spéciales d'État à État ». **2000**-*18-3* référendum : 12,5 millions (sur 15) contre unification aux conditions de Pékin. **2001**-*1-1* Taïpei autorise l'établissement des « 3 mini-liaisons » entre Kinmen et Matsu de Taïwan et Amoy et Mawai au Fukien. *-6-2 :* 1re liaison maritime Xiamen-île de Kinmen. *-10-2* T. autorise correspondants de presse de C. **Visiteurs de T. en Chine :** *1988-2000 :* 15 882 679 (du continent vers T. 546 490). **Passages de pilotes :** *depuis 1949 :* 12 de C. passés à T. (dont 6 par Corée du Sud) ; *1981 et 1985 :* 2 de T. en C.

☞ Les 8 îles *Tiaoyutai* (à 88,6 milles marins au nord-est de T.), occupées par le Japon entre 1918 et 1939, et évacuées en 1945, sont revendiquées par la C. communiste et T. Station météo. automatique japonaise.

■ Économie

■ **PNB.** **Total** (en milliards de $) : *1951 :* 1,2 ; *67 :* 3,6 ; *78 :* 26,7 ; *87 :* 97 ; *90 :* 159,5 ; *95 :* 263 ; *99 :* 306,7 ; *2000 :* 316. **Par hab. :** *1997 :* 13 592 ; *98 :* 12 361 ; *99 :* 12 325 ; *2000 :* 14 315 ; *2001 (prév.) :* 14 756. **Population active** (en %, 2000) et, entre parenthèses, **part du PNB** (en %) : agr. 7,5 (2,1), ind. 37,21 (32,6), services 55,3 (65,3) ; 310 678 travailleurs étrangers. **Chômage** (en %) : *1995 :* 1,8 ; *99 :* 2,92 ; *2000 :* 3,27. **Inflation** (en %) : *1990 :* 4,1 ; *91 :* 3,5 ; *92 :* 4,5 ; *93 :* 2,9 ; *94 :* 4,1 ; *95 :* 3,7 ; *96 :* 3,1 ; *97 :* 0,9 ; *98 :* 1,7 ; *99 :* 0,2 ; *2000 :* 1,26. **Taux de croissance** (en %) : *1978 :* 13 (record mondial) ; *90 :* 5,2 ; *91 :* 7,3 ; *92 :* 6,8 ; *93 :* 6,9 ; *94 :* 6,5 ; *95 :* 6,3 ; *96 :* 6 ; *97 :* 6,18 ; *98 :* 4,57 ; *99 :* 5,42 ; *2000 :* 6,47 ; *2001 (prév.) :* 6,5. **Investissements** (en milliards de $) : *étrangers : 1998 :* 3,73 ; *99 :* 4,23. *Taïwanais à l'étranger : 1995 :* 1,35 ; *96 :* 2,16 ; *97 :* 2,89 ; *98 :* 3,29 ; *99 :* 3,22 ; en *C. : 95 :* 1,09 ; *96 :* 1,22 ; *97 :* 4,33 ; *98 :* 2,03 ; *99 :* 1,25. **Réserves** (en milliards de $) : Banque centrale (en 2000) 106,7 (1re au monde en 1992), épargne privée (en 2000) 77, or (en 1991) 4,93. En 1990, 113 t importées. *Handicaps :* coûts salariaux élevés, pénurie de main-d'œuvre dans l'industrie, monnaie gênant la compétitivité, dépendance vis-à-vis du marché américain. **Politique économique 1991-94 :** libéralisation du secteur bancaire. **Privatisations 1992-2000 :** 105 entreprises publiques. **Budget** (en milliards de $ de T., 2001) : *recettes :* 1 458 dont impôts 890, *dépenses :* 1 608 dont défense 15,5 %. **Dette** (en milliards de $) : *1985 :* 1,54 ; *90 :* 5,63 ; *95 :* 2,36 ; *98 :* 0,58 ; *2000 :* 0,24.

■ **Salaire ouvrier.** *Mensuel* (en $ de T., 1999) : 40 870 (44 h par semaine). **Équipement** (pour 100 foyers, en 1999) : téléviseurs couleur 99,5 ; réfrigérateurs 99,4 ; téléphones 97,5 ; lave-linge 94 ; deux-roues 80,2 ; magnétoscopes 74,1 ; climatiseurs 79 ; automobiles 53,8 ; ordinateurs 39. **Dépenses ménagères** (en %, 1998) : alimentation, boissons, tabac 25,2 ; logement 24,99 ; loisirs et culture 17,63 ; transport et télécom. 11 ; habillement 4,37 ; santé 8,24, divers 8,57.

■ **Agriculture.** **Terres** (en milliers d'ha, 1999) : arables 855, forêts 2 102. **Production** (en milliers de t, 1998) : canne à sucre 3 900 ; légumes 3 514 ; riz 1 916 (*surface cultivée 1975 :* 1 225 000 ha ; *99 :* 444 670) ; agrumes 481,7 ; ananas 316 ; pastèque 310 ; patates douces 218 ; bananes 215 ; maïs 201 ; noix d'arec 174 ; arachides 23 ; thé 21 ; champignons 7,9 ; asperges 6,3. Fleurs. Couvre 84 % des besoins. **Forêt** (en 1996). 45 900 m^3. **Élevage** (en millions de têtes, 1998). Poulets 120,5 ; canards 11,5 ; porcins 6,5 ; ovins 0,27 ; bovins 0,16 ; dindes 0,1. **Pêche** (en 1999). 1 363 867 t dont 239 304 de la pisciculture.

■ **Mines** (en t, 2000). Marbre 17 831 591 ; dolomite 19 257 ; sel 27 374 ; cuivre, pyrites, amiante, graphite, mica, soufre, marbre, talc.

■ **Énergie.** **Électricité :** *production* (en millions de kWh, 2000) : 156,5 dont nucléaire 37 [3 centrales et une en construction] ; hydraulique 7,9 ; thermique 93,3. **Charbon :** *réserves* (en 1998) : 102 821 000 t ; *production* (en 2000) : 83 380 t. **Gaz** (en milliards de m^3, 2000) : *réserves :* 11,56 ; *production :* 0,746. **Pétrole** (en millions de l, en 1998) : *production :* 37 ; *import. :* 47.

■ **Industrie.** *Chiffre d'affaires* (en milliards de nouveaux $ de T., 2000) : 9 142,4 dont (en %, 1998) informatique 28,9, métallurgie 26,9, chimie 24,4, habillement-alimentation 19,7. *Parc industriel et scientifique de Hsinchu :* fondé 1980, 605 ha.

■ **Transports** (en 1999). **Routiers :** *routes* 20 319 km dont 87 % revêtus. *Autoroutes* 538. *Véhicules* 17 022 700 dont motos 11 423 200. *Voitures volées : 1985 :* 8 000 ; *89 :* 20 000. **Voies ferrées :** 2 065 km dont 1 270 électrifiés. Projet TGV Taïpei-Kaoshing (340 km, *coût :* 11 milliards de $). **Bateaux :** 15 777 (soit 6 661 220 tonneaux). **Métro :** Taïpei, 62,6 km.

■ **Tourisme** (en millions de visiteurs). *1995 :* 2,33 ; *96 :* 2,35 ; *97 :* 2,37 ; *98 :* 2,3 ; *99 :* 2,6 ; *2000 :* 2,7.

■ **Commerce** (en milliards de $, 2000). **Export. :** 148,3 *dont* (en %, 1999) industrie lourde 67,3, agroalimentaire 1,3, produits agricoles 0,3, autres industries 31,1 ; **vers** (en %, 1998) USA 23,47, Hong Kong 21,13, Japon 11,2, Pays-Bas 3,3, Allemagne 3,29. **Import. :** 140 *dont* (en %, 1999) matières 1res 64,1, équipement lourd 26,4, produits de consommation 9,4 ; **de** (en %, 2000) Japon 27,54, USA 18, Corée du S. 6,42, All. 3,95, *France 1,3.* **Excédent commercial** (en milliards de $) : *1987 :* 18,65 ; *88 :* 10,9 ; *89 :* 13,9 ; *91 :* 13,3 (dont 8,2 avec USA) ; *92 :* 12 ; *93 :* 7,8 ; *94 :* 7,7. *95 :* 8,1 ; *96 :* 13,6 ; *97 :* 7,7 ; *98 :* 5,92 ; *99 :* 10,9 ; *2000 :* 8,3.

Export. (vers Chine)/**import.** (de Chine) : *1989 :* 3,33/0,59 ; *95 :* 19,43/3,09 ; *96 :* 20,73/3,06 ; *97 :* 22,46/3,92 ; *98 :* 19,84/4,11 ; *99 :* 21,31/4,52.

■ **Comparaisons entre Taïwan et,** entre parenthèses, **Chine. Population.** 21,87 millions d'hab. (1 200). **Effectifs militaires** (en milliers). **Total** : Taïwan 4 320 (4 130) dont active 450 (2 930), réserve 3 870 (1 200). **Terre :** 233,4 (2 200). **Air :** 64,6 (470). **Marine :** 63,4 (260). **Matériel** (en unités). **Terre :** chars d'assaut 1 300 (7 500/8 000), artillerie 1 400 (18 300), missiles sol-air 14 (n.c.). **Air :** avions de combat 460 (3 700), bombardiers 0 (420). **Marine :** sous-marins 4 (52), bâtiments de surface 30 (50), patrouilleurs et garde-côtes 50 (870), mines et anti-mines 16 (121), avions de l'aéronavale 32 (855). **Unités de fusées stratégiques :** 0 (80).

■ **Rang dans le monde** (en 1995). 17e porcins. 19e pêche.

■ Chypre

Carte p. 1037. V. légende p. 950.

☞ *Abréviations :* Brit., brit. : Britannique(s), britannique(s) ; C. : Chypre ; Chypr., chypr. : Chypriotes, chypriotes ; £ c. : livre chypriote.

■ **Nom.** Du grec *Cypros,* « cuivre ».

■ **Situation.** Ile de la Méditerranée (île d'Aphrodite, culte rendu dans l'Antiquité). 9 251 km^2. **Côtes :** 648 km. **Altitude** *maximale :* 1 953 m (Mt Olympe). **Climat.** *Pluies :* 500 mm par an (d'oct. à mars) ; *températures :* à Nicosie de 5 °C à 36 °C ; *ensoleillement l'hiver :* 5 h par jour (plaines), 3 h 30 (montagnes). **Distances** (en km). Turquie 70, Syrie 103, Égypte 380, Rhodes 800, Athènes 1 600.

■ **Population totale de l'île.** *1881 :* 186 173 ; *1901 :* 237 022 ; *31 :* 347 959 ; *60 :* 573 566 ; *85 :* 647 300 ; *92 :* 706 200 ; *95 :* 732 700 ; *99 :* 752 900 (dont Grecs 85,1 %, turcs 11,7, divers 3,2) ; *2000 (est.) :* 757 000 ; *2025 (prév.) :* 1 010 000. **D.** 81,8. **Taux de croissance naturelle :** 0,7 %. **Pop. de la partie grecque :** *1980 :* 508 600 ; *85 :* 541 100 ; *90 :* 571 200 ; *92 :* 584 500 (orthodoxes 78 %) ; *94 (déc.) :* 598 000.

■ **Langues** *(officielles).* Grec (85,1 %), turc (11,7 %).

■ **Villes** (en 1998). *Nicosie* (*Lefkosia* depuis 1995) 197 800 hab., Limassol 157 600, Larnaca 69 700, Paphos 40 000.

■ **Histoire. Av. J.-C.** **8000** inhabitée (boisée, peuplée d'éléphants et d'hippopotames nains). **Vers 7000** navigateurs néolithiques venus d'Asie, site principal : Khirokitia. **IIIe millénaire** renommée pour ses mines de cuivre. **Fin IIe millénaire** colonisée par Grecs ; occupée par Phéniciens, puis Égyptiens, Assyriens et Perses. **333** avec Alexandre le Grand, suit le sort de la Grèce. **58** passe à Rome. **Apr. J.-C.** **338** à Byzance. **1191** conquise par Richard Cœur de Lion, cédée aux Templiers, à Guy de Lusignan. **1192-1484** maison de Lusignan. **1197** royaume. **1489** cédée à Venise par Catherine Cornaro (veuve de Jacques II de Lusignan). **1570** occupée par Turcs. **1571** Turcs prennent Famagouste. **1878**-*4-6* convention avec la Turquie, la G.-B. peut occuper C. **1914**-*5-11* annexée par G.-B. **1923**-*24-7 traité de Lausanne* (art. 16 et 27), la Turquie renonce à ses droits sur C. **1925** colonie de la Couronne. **1931** émeutes à Nicosie : siège du gouv. incendié par partisans de l'*Enôsis* (union avec Grèce), soutenus par l'Église. **1933** partis interdits. **1940** 20 000 Chypr. grecs dans l'armée brit. Partis autorisés. P. communiste (40 % de l'électorat) organise des grèves et revendique l'Enôsis. **1950** *référendum :* 99 % pour rattachement à la Grèce. **1951**-*mars* Mgr Makarios III (chef de l'Église orthodoxe turque depuis 20-10-1950) revendique le droit à l'autodétermination ; la pop. grecque réclame Enôsis ; G.-B. refuse ; Turquie préfère le *Taksim* : rattachement du nord de C. à la Turquie et du Sud à la Grèce. **1955**-*1-4* Eoka [organisation pour la libération de l'île, commandée par Cel Georges Grivas, dit *Dighenis* (1899-1974)], soutenue par Makarios, déclenche lutte armée contre Brit.*-2-4* sir John Harding, gouverneur brit., échappe à un attentat. **1956** état d'urgence. Les Anglais s'appuient sur la minorité turque (police spéciale formée de Turcs). Attentats terroristes turcs. *-Mars* Makarios exilé, pendaison d'activistes de l'Eoka. **1958**-*juin* heurts Grecs/Turcs de C.

République. **1959**-*19-2 traités de Londres* et *Zurich :* C. devient une république. G.-B., Grèce, Turquie garantes de l'indépendance. La G.-B. garde 2 bases.

1959-*13-12* **Mgr Makarios III** (Michaël Christodoulou Mouskos, 13-8-1913/3-8-1977, évêque en 1948, archevêque et ethnarque en 1950) Pt. Se rapproche des non-alignés à l'Onu. **1960**-*16-8* indépendance proclamée. **1963**-*30-11* Makarios propose de modifier la Const. ; les Turcs, en désaccord, se retirent du gouv. et constituent des enclaves. *-Déc.* « semaine noire », affrontements Grecs/Turcs (134 † dont 108 Turcs, 20 000 déplacés). **1964**-*4-3* intervention des forces de l'Onu. (Unficyp) *-Août* plan Acheson proposé (nord de C. rattaché à la Turquie et Sud à la Grèce), refus du gouv. chypr. *-6-8* Grecs détruisent enclave turque de Mansura pour empêcher les Turcs de s'armer en Turquie. *-8/9-8* avions turcs bombardent la région de Mansura. **1967**-*nov.* guerre gréco-turque manque d'éclater. Tentative d'assassinat de Makarios. **1968**-*29-1* Fazil Kutchuk (1906-84) forme administration chyprio-turque. **1971** Gal Grivas revient de Grèce et lance terrorisme pour l'*Enôsis.* **1972**-*déc.* accord d'association avec CEE (en vigueur le 1-6-1973). **1973**-*28-2* Makarios, seul candidat, reconduit comme Pt. **1974**-*27-1* Grivas meurt. *-6-6* Makarios prépare une purge de la garde nat., de la police et de l'administration (renvoi en Grèce des officiers grecs). *-15-7* **coup d'État** de la garde nat. (rebelles légalistes) inspiré par la Grèce (on soupçonnera aussi les USA) ; Makarios renversé ; contingent (650 h.) et milice d'autodéfense (10 000 h.) turcs en état d'alerte. *-16-7* **Nicos Sampson** se proclame « Pt » et forme un « gouvernement » ; Makarios quitte C. dans un hélicoptère brit. *-17-7* fin de la résistance dans les principales villes ; 91 † depuis le début. *-20-7* intervention militaire turque invoquant abusivement le traité de garantie de 1960 ; *opération Attila :* aviation turque bombarde aéroport de Nicosie ; débarquement de

troupes turques à Five Mile Point Beach (10 000 h.) ; mobilisation générale en Grèce (pas d'opérations militaires) ; hôtels de Kyrenia et de Famagouste visés par avions turcs. Tête de pont turque consolidée entre Kyrenia et Nicosie. *-22-7* cessez-le-feu non respecté. *-23-7* Sampson démissionne (sera condamné à 20 ans de prison), **Glafcos Cléridès** (né 24-4-1919, Pt du Parlement) Pt par intérim. L'armée turque déporte des Chypr. grecs vers Mersin (l'Onu procédera à leur échange mais 1 619 Chypr. grecs manqueront). *-24/30-7* conférence (G.-B., Grèce, Turquie) à Genève. *-8-8/14-8,* 2e conférence [G.-B. propose de créer 5 cantons turcophones ; Grèce refuse ; Turquie tente de faire entériner le partage de l'île] : échec. *-14-8* les Turcs (qui ont agrandi leur zone de plus de 100 km^2 et disposent de 40 000 h. et de 300 chars) reprennent les hostilités (*opération Attila 2,* condamnée par l'Onu) ; la Grèce quitte l'organisation militaire de l'Otan. *-15-8* les Turcs prennent Famagouste, occupent le tiers nord de C. (37,2 %) jusqu'à la ligne *Attila* de Morphou à Famagouste par Nicosie (Chypre coupée en 2). 180 000 Chypr. grecs se réfugient hors de cette zone et 11 000 Chypr. turcs y sont transférés. Turquie accepte cessez-le-feu (la guerre a fait 4 000 † chypr. grecs, 500 † turcs et les 1 619 disparus dénombrés par l'Onu). *-24-8* fin d'Attila 2. *-28-8* M. Davies, ambassadeur des USA, tué lors d'une manif. des Chypr. grecs. *-1-11* Assemblée générale Onu exige départ des « forces étrangères » (turques). *-7-12* **Makarios** rentre à Nicosie. *-13-12* Conseil de sécurité prolonge pour 6 mois présence troupes Onu à C. **1975-***14-1* début des négociations Clérides-Denktas. *-13-2* les Chypr. turcs proclament un « État autonome, laïc et fédéré ». **1976-***17-2* reprise des négociations Grèce-Turquie. **1977-***3-8* Makarios meurt.

1977-*sept.* **Spyros Kyprianou** (né 28-10-1932) élu Pt. **1976-77** redémarrage économique. **1978-***19-2* commando égyptien essaye de délivrer 11 otages enlevés au Hilton de Nicosie et détenus par 2 Palestiniens sur l'aérodrome de Larnaca ; confusion (15 † égyptiens). Relations diplomatiques avec Égypte rompues (reprises plus tard). **1983-***15-11* proclamation d'indépendance de la République turque du Nord de Chypre. **1985-***25-9 :* 3 touristes israéliens tués par 2 Palestiniens et 1 Anglais (seront arrêtés). **1986-***3-8* terroristes attaquent base anglaise d'Akrotiri (2 bl.). **1987** *-17-10* accord union douanière étalé sur 15 ans avec CEE. **1988-***21-5* accrochage Chypr. turcs/soldats Onu (1 †). *-Févr.* **Georges Vassiliou** remporte l'élection présidentielle de la zone grecque. *-Fin févr.* Tokyo, rencontre Vassiliou/ PM turc Özal. **1990-***4-7* candidature à la CEE. **1993-***14-2* **Glafcos Clérides** (né 24-4-1919, conservateur du Disy) élu Pt au 2e tour (50,3 % des voix) contre Vassiliou (49,69). **1996-***11-8* à Dhérynia, manifestation de motocyclistes : Anastassios Isaac (manifestant grec) battu à mort par des Turcs (47 bl.). *-14-8* à son enterrement, à Dhérynia : Solomos Solomou (manifestant grec) tué par des colons turcs (11 bl.). *-8-9* un soldat turc tué et un bl. (tirs venus du côté grec). *-9-10* un Chypr. grec abattu par les forces chypr. turques pour avoir pénétré en zone turque ; *-15-10 idem* (1 †). **1998-***15-2* Clérides réélu Pt (50,8 %). *-29-12* renonce à déployer les missiles S-300 achetés en 1997 à la Russie 420 millions de $.

■ **Statut.** *République membre du Commonwealth,* candidate à UE. La *Constitution* du 16-8-1960 prévoyait 1 **Pt grec,** 1 **vice-Pt turc** élus pour 5 ans par leurs communautés respectives. **Conseil des ministres :** nommé par le Pt (6 du Disy et 5 du Diko en avril 1993). **Chambre des députés :** élue pour 5 ans au scrutin proportionnel [56 Grecs ; 1 maronite, 1 Arménien et 1 catholique (représentants des minorités religieuses) ; 24 Turcs qui ne prennent plus, depuis déc. 1963, part aux travaux]. **Élections du 26-5-1996** (sièges obtenus) : Disy 21, Akel 19, Diko 9, Edek 5, Kisos 5, Edi 2, KED 2. **Bases britanniques** à Akrotiri-Episkopi et Dhekelia (256 km^2). **Fête nationale.** 1er oct. (indépendance). **Drapeau** (adopté 16-8-1960). Blanc avec dessin de l'île (en jaune, couleur du cuivre) et 2 branches d'olivier représentant l'unité gréco-turque.

■ **Partis.** **Akel [P. progressiste des travailleurs** (gauche)] fondé 1941, succède au PC fondé en 1926, 14 000 m., *secr. général :* Dimitris Christofias. **Edek (P. socialiste de C.)** fondé 1969, *leader :* Dr Vassos Lyssaridès, prône démilitarisation et non-alignement, devient le **Mouvement social-démocratique (Kisos)**. **Diko (P. démocratique)** fondé 1976, *leader :* Tassos Papadopoulos. **Disy [Rassemblement démocratique** (droite)] fondé 1976, 23 000 m., *leader :* Nikos Anastasiades fusionne avec **P. libéral** fondé 1986, *leader :* Nicos Rolandis. **KED (Mouvement des démocrates libres)** fondé 1994, *leader :* Georges Vassiliou, devient **Démocrates unis** fondé en novembre 1996, *leader :* Georges Vassiliou. **Nei Orizontes,** *leader :* Nicos Koutsou.

■ **Mission de l'Onu (Unficyp).** *Effectifs 1990 :* 2 132 ; *93 :* 1 221 ; *96 :* 1 184. Dans la zone tampon ou *Buffer zone* (BZ) [3 % de la superficie de l'île] séparant les lignes de cessez-le-feu grecque et turque. *Coût annuel :* 30 à 40 millions de $. L'Onu surveille le bon fonctionnement des services publics desservant les 2 communautés.

■ ÉCONOMIE

■ **PNB** (en 1999). 12 100 $ par hab. **Taux de croissance** (en %) : *1996 :* 1,9 ; *97 :* 2,5 ; *98 :* 5 ; *99 :* 4,5 ; *2000 :* 4,8. **Population active** (en 1999) 314 400 ; **et**, entre parenthèses, **part du PNB** (en %) : agr. 9,5 (4,2), ind. 22,2 (20,8), services 68,3 (75). **Chômage** (en %) : *1990 :* 1,8 ; *95 :* 2,6 ; *99 :* 3,2 ; *2000 :* 3,5. **Inflation** (en %) : *1990 :* 4,5 ; *91 :* 5 ; *92 :* 6,5 ; *93 :* 4,9 ; *94 :* 4,7 ; *95 :* 2,6 ; *96 :* 3 ; *97 :* 3,6 ; *98 :* 2,2 ; *99 :* 1,7 ; *2000 :* 4,1. **Dette extérieure** (en 2000) : 1 929 millions de £). En 1999, 41 752 **Stés offshore** dont 29 banques.

■ **Agriculture. Terres :** agricoles 199 300 ha. **Production** (en milliers de t, 1999) : p. de t. 161,5, raisin 105,3, orge 112,7, oranges 52,8, pamplemousses 44,2, tomates 40, citrons 27,1, blé 14, olives 14, caroubes 5,4. **Élevage** (en milliers de têtes, 1999). Poulets 3 200, caprins 346, ovins 233, bovins 54. **Forêts.** 1 733 km^2 (18,7 %). **Pêche** (en 1999). 3 701 t. **Mines** (en t, 1999). Gypse 181 400, terre d'ombre 9 200, cuivre 4 000. **Industrie.** Chaussures, vêtements, produits alim., boissons et tabac.

■ **Transports.** 6e flotte mondiale (voir à l'Index), 1re source de revenus (avant le tourisme). Pas de voies ferrées. *Routes* (en 1999) : 11 009 km dont 6 559 asphaltés.

■ **Tourisme** (en 2000). **Revenus :** environ 20 % du PNB. **Visiteurs :** 2 886 202 dont G.-B. 1 362 907, All. 233 682, ex-URSS 146 003, Grèce 100 101, Suisse 78 972, P.-Bas 55 429, Israël 44 400, *France 36 582.*

■ **Commerce** (en millions de £ c., 1999). **Import. :** 1 970,9 ; **de** G.-B. 225,2, USA 212,5, Italie 176,6, Grèce 163,6, All. 135,2, Japon 132,7 ; *France 103,9 ;* Russie 58,9. **Export. :** 542,9. *Produits du pays* (incluant shipstores) : 219,7 dont produits ind. 167,8, produits agricoles 36,5. Approvisionnement bateaux et avions 38,7 (dont produits domestiques 8,7) ; **vers** (franco à bord, en 1996) Russie 113,7, Bulgarie 97,7, G.-B. 67,4, Grèce 37,6, All. 28,5, Liban 25,5, Arabie saoudite 18,7, Égypte 15,9. **Balance** (en milliards de $). *1992 :* -2, 3 ; *93 :* – 1, 7 ; *94 :* – 2 ; *95 :* – 2,5 ; *96 :* – 2, 6 ; *97 :* – 2,6 ; *98 :* – 2,6 ; *99 :* – 2,6 (*export.* 1/ *import.* 3,6).

« RÉPUBLIQUE TURQUE DU NORD DE CHYPRE »

■ **Situation.** 3 355 km^2 [37,2 % de C. ; en 1974, 70 % de la richesse nat., 50 % de l'industrie, 56 % des mines, 83 % des activités portuaires (Kyrenia et Famagouste), 65 % du potentiel touristique, 70 % du cheptel de l'île] ; la pop. turque représentait 18,2 % de la pop. totale de C. en 1960.

■ **Population.** *1994 (est.) :* 179 208 (musulmans sunnites 18 %) *1996 :* 200 587 dont Turcs 180 207. Chypriotes turcs, dont ceux venant de la zone grecque (180 000 Chypr. grecs ayant quitté la zone turque). 70 000 à 80 000 colons turcs d'Anatolie, 36 000 militaires et 20 000 membres de leurs familles. Il reste, en 1996, 476 Grecs et 187 maronites. **Villes** (en 1996). Nicosie (partie turque) 42 767, Famagouste 22 216, Kyrenia 7 843.

■ **Histoire.** **1975-***13-2* les Turcs créent dans la zone qu'ils occupent depuis 1974 [au nord de la ligne Erenköy (Kokkina)-Famagouste] *l'État fédéré turc de Kibris (EFTK)* avec comme Pt **Rauf Denktas** (né 27-1-1924 ; sera toujours réélu). **1983-***15-11* ils proclament son indépendance (seule la Turquie la reconnaît ; condamnée par la résolution 541 de l'Onu du 18-11-1983). **1985-***5-5* référendum pour Constitution. **2000-***19-4* Denktas reconduit (Dervis Eroglu se retire avant le 2e tour). *-18-7* manif. après refus du Gal commandant forces turques de voir rattachés police et pompiers au min. de l'Intérieur.

■ **Statut.** *République* (reconnue uniquement par la Turquie). **Pt** (élu au suffrage univ. pour 5 ans). **PM :** *Dervis Eroglu* (chef du PUN) depuis 1-8-1996. **Assemblée :** 50 membres élus au suffrage univ. pour 5 ans. **Élections législatives du 23-6-1985** : PUN 36,75 % des voix (28 sièges sur 50), PC 21,28 (12), P. socialiste 15,85 (10). **6-5-1990 :** PUN 54 % (34 sur 50). **12-12-1993 :** PUN 29,85 % (17), PD 29,19 (15), PRT 24,16 (13), TKP 13,3 (5). **Drapeau** (adopté en 1984). Blanc, croissant et étoiles rouges avec, de part et d'autre, une mince laize horizontale rouge.

■ **Partis.** **P. républicain turc (PRT)** fondé déc. 1970, *leader :* Ozker Ozgür. **P. démocratique du peuple (PD)** fondé 1991, *leader :* Ismet Kotak. **P. de libération communale (TKP)** fondé 1976, *leader :* Mustafa Akinci. **P. de l'unité nationale (PUN)** fondé 1975, *leader :* Dervis Eroglu. En 1990, opposition regroupée dans le **P. de la lutte démocratique (DMP). P. démocrate** fondé 1992, *leader :* Serdas Denktas. **P. de la renaissance** fondé févr. 1984, *leader :* Aytac Besesler. **P. nouveau de Chypre,** *leader :* Durduran.

■ **Économie. PNB** (en 1998) : 4 000 $ par hab. **Budget** (en 1991). 214 millions de $ dont (en %) impôt 66, aide turque 20, emprunt 14. **Inflation** (en %, 1999) : environ 60. **Agriculture. Production** (en milliers de t, 1995) : oranges 138 ; orge 84,6 ; pamplemousses 53,2 ; blé 16,1 ; p. de t. 15,1 ; citrons 12,2 ; melons 5,3 ; olives 2,7 ; caroubes 1,5 ; tangerines 1,3 ; tomates 1,1. **Élevage** (en milliers de têtes, 1995). Poulets 3 520 ; ovins 207,6 ; caprins 57 ; bovins 20. **Pêche** (en 1994). 400 t. **Tourisme** (en 1998). 393 000 visiteurs.

■ **Commerce** (en millions de $, 1995). **Export. :** 67,3 *dont* vêtements 23,8 ; agrumes 22 ; p. de t. 1,4 ; **vers** G.-B. 23,8 ; Turquie 20,2. **Import. :** 366,1 ; **de** Turquie 194,8 ; G.-B. 49,4.

☞ **Négociations gréco-turques depuis 1976 :** rencontres : Makarios-Denktas (27-1, 12-2 et 13-3-1977) ; Kyprianou-Denktas (17-1-1985) ; Vassiliou-Denktas (24-8-1988, 26-2-1990). Clérides-Denktas (26-5/1-6-1993, 18/29-10-1995). **Les Turcs,** minoritaires, veulent : État bizonal, Constitution confédérale à égalité de statut ; présence militaire turque jusqu'aux accords constitutionnels. **Les Grecs,** majoritaires, veulent : un État unitaire fort avec possibilité de retour pour les Grecs (100 000) chassés de la partie turque (ou au moins la liberté de circulation et des zones mieux équilibrées) ; le retrait des forces étrangères (turques) contre la renonciation éventuelle à leurs propres forces (garde nationale) ; le départ des « colons » turcs.

COLOMBIE

Carte p. 1038. V. légende p. 950.

☞ *Abréviations :* C. : Colombie ; lib. : libéral(aux).

■ **Nom.** Donné en l'honneur de Christophe Colomb (avant l'indépendance : Nouvelle-Grenade).

■ **Situation.** Amér. du Sud. 1 139 000 km^2. **Frontières** (en km) : Venezuela 2 050, Brésil 1 643, Pérou 2 900, Équateur 590, Panamá 225. **Côtes :** mer 3 208 km. **Altitude** *maximale :* 5 800 m (pic Colomb). **Régions :** littoral (tropical), Andes [30 % des terres, traversées par les vallées du Magdalena et de son affluent le Cauca (fleuve le plus long, 1 700 km)], les Ilanos (60 % du territoire, plaines, pâturages). **Climat.** *Terres chaudes* (jusqu'à 1 000 m d'alt.) moy. 24 à 28 °C, *tempérées* (1 000 à 2 000 m) 17 à 24 °C, *froides* (2 000 à 3 000 m) 8 à 17 °C, *Paramo* (3 000 à 4 000 m) 8 °C, *neiges éternelles* (plus de 4 800 m). *Été :* déc. à avril sur la mer Caraïbe (le reste de l'année, pluies fréquentes ; terres hautes : janv.-févr., juin-août et par endroits déc.).

■ **Dépendances. Mer Caraïbe :** îles de *San Andrés, Providencia* (26 km^2, à 850 km de la côte, tourisme), *San Bernardo, Rosario* et *Fuerte* ; **océan Pacifique :** *Gorgona, Gorgonilla, Malpelo* (1 km^2).

■ **Population.** *1999 :* 38 600 000 hab. ; *2000 (est.) :* 42 300 000 ; *2025 (prév.) :* 58 000 000. **D.** 37,1. **Croissance :** 1,7 %. **Age :** *– de 15 ans :* 32,2 %, *+ de 64 ans :* 4,7 %. *En % :* métis 50, Blancs 25, mulâtres 25, Indiens 1 (398 tribus), Noirs 4. *Pop. urbaine* (en 1993) : 72 %, *active :* 15 900 000 pers. (25 100 000 avec les enfants de plus de 12 ans). **Langues.** Espagnol, paez, wayuu ; et langues des familles : chibcha, caraïbe, arauca. **Analphabètes** (en 1998) : 9 %. **Religion.** Catholiques 96 %.

■ **Villes** (est. 1999). *Bogotá* (Santa Fé de Bogotá depuis 1991) 6 276 000 hab. (2 630 m d'alt., fondée 1538), Cali 2 111 000 (1 108 m d'alt.), Medellín 1 958 000 (1 474 m d'alt.), Barranquilla 1 226 000, Cartagena 877 000 (fondée en 1532).

■ **Histoire. Civilisations préhispaniques :** Muiscas [à l'origine du mythe de *l'Eldorado* ; Sinu ; Quimbayas ; Malagana (découverte 1992) dont San Agustín, Tierradentro et Calima]. Civilisation des Chibchas dans la Cordillère orientale ; cultivateurs venus d'Amér. centrale (2 royaumes : Zipa à Bogotá ; Zaque à Tunja). **1499** découverte par Alonso de Ojeda. **1500-02** R. de Bastidas commence la conquête espagnole. **1532** fondation de Cartagena. **1536-39** explorée par Gonzalo Jiménez de Quesada, qui fonde Santa Fé (Bogotá) en 1538 ; réunie au Venezuela et à l'Équateur. **1717** création de la vice-royauté de Nlle-Grenade. **1781-***6-3* les *communeros* lancent le 1er mouvement d'indépendance. **1810-15** 1er soulèvement. **1819-***7-8*

bataille du pont de Boyacá remportée par Bolívar. *Indépendance.* *-17-12* **création de la Rép. de la Grande Colombie** (comprend C., Venezuela, en 1821 Panamá, en 1822 Équateur) ; **Simon Bolívar** Pt. **1830** dissolution de cette Grande-C. (Venezuela et Équateur indépendants). **1831 Rép. de Nlle-Grenade. 1858** système fédéral : Confédération grenadine. **1863** *Constitution fédérale de « Río Negro »*, États-Unis de C. **1886** Constitution unitaire : **Rép. de C. 1849-79** les libéraux (anticléricaux et contre la centralisation) dominent, guerres civiles. **1879-89** lib. et conservateurs alternent. **1886-1930** hégémonie conservatrice. **1899 guerre des 1000 Jours** (guerre civile) ; lib. battus (1902) : 100 000 †. **1900** É. Loubet, Pt de la Rép. française, arbitre différend frontalier C./Costa Rica. *-5-2* Washington, 1er *traité Hay-Pauncefote* remplace le *traité Clayton-Bulwer* de 1850 et permet aux USA de construire le canal de Panamá (province colombienne). **1903** *indépendance de Panamá.* **1934-35** accords de frontières avec Pérou au sujet de *Leticia.* **1942**-*7-8* **Alfonso Lopez Pumarejo** (1886-1959) Pt (libéral). **1943**-*29-11* déclare guerre à l'All. (après torpillage du bateau *Ruby*). **1944**-*10-7* échec coup d'État du Cel Gil. **1946** conservateurs ont la présidence. **1948**-*9-4* Jorge Eliecer Gaitán (leader gauche libérale) assassiné, 3 jours d'émeutes (3 000 †). **1948-53** guerre civile lib./conservateurs *(bogotazo)* [250 000 †]. **1949**-*9-9* au Parlement, Carlos del Castillo (conservateur) tire et tue Jimenez (libéral). **Vers 1950** guérilla des FARC. **1950**-*27-11* **Laureano Gomez Castro** (1889-1965, conservateur) Pt. **1953**-*13-6* **Gal Gustavo Rojas Pinilla** (1900-75) dictateur. **1957**-*10-5* **Gal Gabriel Paris** leader de la junte. **1958** lib. et conservateurs constituent un Front national, conviennent d'alterner la présidence jusqu'en 1974 et de partager à égalité les postes gouvernementaux. *-7-8* **Alberto Lleras Camargo** (1906-90, libéral) Pt. **1962**-*7-8* **Guillermo Valencia** (1909-71, conservateur) Pt. **1964** guérilla des FARC. **1966** guérilla ELN. *-16-2* Camilo Torres Restrepo (né 3-2-1929), curé guérillero, tué. *-7-8* **Carlos Lleras Restrepo** (né 1908, libéral) Pt. **1970**-*7-8* **Misael Pastrana Borrero** (né 1923, conservateur, élu 21-4) Pt. **1974** Front national prorogé jusqu'en 1978 pour l'administration publique. *-7-8* **Alfonso Lopez Michelsen** (né 1913, libéral) Pt. **1975** redécouverte de la capitale des Taironas (incendiée 1630 par Espagnols). **1976** attentats, plus de 100 rapts. **1977**-*sept.* émeutes ouvrières (18 †). **1978**-*févr.* législatives, abstentions 67,5 %. *-7-8* **Julio César Turbay Ayala** Pt (né 1916, libéral, 2 320 034 voix) contre Belisario Betancur Cuartas (conservateur, 2 216 673) ; gauche socialiste, communiste et maoïste 70 000 ; populiste 70 000 ; abstentions 62,4 %. **1979**-*1-1* M 19 prend 5 000 armes dans des casernes : (2 400 arrestations). 400 paysans tués par FARC. **1980**-*27-2 :* 25 du M 19 prennent 14 ambassadeurs en otage lors d'une réception à l'ambassade de la Rép. dominicaine ; *-27-4* partent pour Cuba avec 12 otages qu'ils libèrent (sans avoir obtenu la libération de 311 prisonniers politiques). **1981** Rupture diplomatique avec Cuba. **1982**-*20-6 levée de l'état de siège* (durait depuis 34 ans).

1982-*7-8* **Belisario Betancur Cuartas** (né 4-2-1923, conservateur) élu Pt le 30-5 par 3 200 000 voix [devant A. López (libéral, 2 800 000) et Luis Carlos Galán (libéral, indépendant, 750 000)]. **1983**-*27-2* amnistie de 380 guérilleros. *-31-3* séisme : Popayán détruit à 90 %. *-22-11* ELN enlève le frère du Pt de la Rép. (sera libéré 7-12). **1984**-*28-5* cessez-le-feu avec FARC. *-23-8* avec EPL (Armée populaire de libération), autre accord avec ADO (trotskiste). *-24-8* avec M 19 : en 1984, 136 policiers tués, lutte contre la mafia. **1985**-*14/16-5* grâce pour guérilleros. *-Juin* M 19 et EPL rompent trêve. *-28-8* Ivan Marino Ospina, chef du M 19, est tué. *-6/9-11 :* 70 du M 19 occupent palais de justice de Bogotá (plusieurs magistrats †). *-14/15-11* coulée de boue du Nevado del Ruiz à *Armero* (23 000 †). **1986**-*30-1* purge dans la guérilla (164 exécutions). *-18-6* embuscade (32 militaires †). *-1-7* visite de Jean-Paul II.

1986-*7-8* **Virgilio Barco Vargas** (17-9-1921/13-5-1997) Pt [(libéral) élu 25-5-1986 avec 57 % des voix devant Alvaro Gómez Hurtado (conservateur) 37 %, Jaime Pardo Leal (communiste) 4 %, Regina de Liska 0,7 %]. *-Sept.* glissement de terrain (500 †). *-11-10* Jaime Pardo Leal tué ; manif. (5 †). **1988**-*13-3* municipales (1res depuis trente ans), succès social-conservateur. *-Mars* massacre de paysans de l'Urabá. *-20-7* M 19 libère Alvaro Gómez Hurtado, séquestré depuis 53 j. *-Août* recherche de la cargaison du *San José,* coulé 1708, évaluée 9 milliards de F. *-Nov.* guérilla à Ségovia (42 †). **1989**-*11-1* M 19 s'engage à ne plus attaquer les militaires ; aura un statut légal avant 1990. *-16-7* Monica de Greiff, 32 ans, min. de la Justice (démissionnera le 21-9, menacée de mort avec sa famille). *-18-9 :* 2 Israéliens, Yaïr Gal Klein et Arik Acek, accusés d'avoir entraîné des trafiquants, arrêtés. *-12-10* Pt Mitterrand en C. *-15-12* Pt Barco renonce à réformer la Constitution. **1990**-*15-2* sommet antidrogue de Cartagena [Pts Bush, Barco, Paz Zamora (Bolivie) et Alan García (Pérou)]. *-9-3* le M 19 se rend. *-11-3* législatives et municipales. *-14-7* Medellín : 40 tués par tireurs inconnus.

1990-*7-8* **César Gaviria Trujillo** (né 31-3-1947) Pt [(libéral) élu 27-5 avec 47,8 % des voix devant Alvaro Gómez Hurtado (conservateur) 23,7 %, Antonio Navarro Wolff (M 19) 12,4 %, Rodrigo Lloreda Caicedo (social-conservateur) 12,1 %]. *-9-12* élections de l'Ass. constituante : victoire d'Antonio Navarro (70 % d'abstentions). **1991**-*janv.* le P. révolutionnaire des travailleurs se rend. *-Févr./juillet* Ass. constituante. *-18-2* ELN et FARC acceptent discussions sur cessez-le-feu. *-21-2* police tue 7 des ravisseurs d'une femme d'affaires, Maria del Río Vargas (rançon 860 000 $). *-1-3* ELN se rend. *-20-3* affrontements avec guérilla (3 policiers †, plus de 50 militaires enlevés). *-31-5* mouvement Quintin Lame se rend. *-8-6* Congrès dissous. *-19-6* Ass. constituante interdit extradition des Colombiens recherchés dans d'autres pays (51 pour, 13 contre, 5 abstentions). *-4-7* fin état de siège. *-Juillet* offensive ELN, (500 millions de $ de dégâts). *-29-8* Esmeraldo Bethancour, un des fondateurs des FARC et de l'ELN, arrêté ; *-4/30-9* puis 31-10 négociations gouv./Coordination Simón-Bolívar (FARC et ELN). *-27-10* législatives, victoire des libéraux. *-10-11* Cartagena : manif. d'Indiens contre l'arrivée de la réplique de la caravelle *Santa Maria* (construite par fondation japonaise) **1992**-*4-2* négociations suspendues avec guérilla après la mort d'Angelino Durán, enlevé par guérilla. *-8-3* municipales, libéraux 61,9 %. *-10-3* reprise négociations avec guérilla à Tlaxcala (Mexique). *-4-5* rupture. *-8-11* état d'urgence de 90 j. contre guérilla et trafic de drogue. *-12-11* démission des chefs des 3 armes. *-4-12* ELN dynamite 5 aéroports. **1993**-*2-1* Humberto Javier Callejas, no 2 ELN, arrêté. *-5-2* état d'urgence prolongé de 90 j. *-8/10-8* visite privée de Fidel Castro. *-5-9* après qualification de la C. pour la coupe du monde de football : 76 † et 900 bl. *-18-11* Giuseppe Guariglia, consul d'Italie, enlevé 4 mois plus tôt, retrouvé †. **1994**-*17-1* pourparlers avec milices de Medellín. *-23-1* région d'Urabá : 35 tués par guérilla. *-9-4 :* 430 guérilleros se rendent. *-5-5* Cour constitutionnelle autorise consommation individuelle (jusqu'à 20 g de cannabis, 5 de haschisch, 2 de drogue synthétique et hallucinogène, 1 de cocaïne). *-6-6* coulée de boue (+ de 1 000 †). *-22-6* Francisco Caraballo, chef de l'EPL, arrêté.

1994-*7-8* **Ernesto Samper Pizano** (né 3-8-1950, libéral) élu 19-6 Pt avec 50,9 % des voix devant Andrés Pastrana (conservateur) 49,1 %. (Blessé en mai 1989 par 11 balles dont 4 ne purent être extraites, affirme avoir refusé 3,5 millions de $ du cartel de Cali pour financer sa campagne.) *-1-11 Pacto social* pour les plus démunis. *-17-11* pourparlers avec guérilla. **1995**-*5-1* manif. paysannes dans le Sud. *-Août* embuscade (40 †). *-25-8* Fernando Botero, ex-ministre de la Défense (démission 2-8), arrêté pour corruption (libéré 12-2-1998, remise de peine). *-16-8* état de choc intérieur pour 3 mois (état de siège) ; *-18-10* décision annulée par Cour constitutionnelle. **1996**-*fin août* violences des FARC. *-12-12* loi rétroactive permettant la confiscation des biens des narcotrafiquants. **1997**-*mars/avril* mutineries dans prisons. *-15-6* FARC libèrent 60 militaires pris 30-8-1996. *-26-10* élections locales (104 politiques †). *-25-11* loi (non rétroactive) rétablissant extradition (pour trafiquants). **1998**-*9-2* préaccord de paix de *Viana* (signé à Madrid avec ELN). *-1-3* affrontements armée/FARC (58 †). *-9-7* rencontre Pastrana/Marulanda, chef des FARC.

1998-*7-8* **Andrés Pastrana Arango** (né 17-8-1954) Pt [(conservateur) élu 21-6 avec 50,2 % des voix, avec appui des FARC]. *-14-10* annonce la démilitarisation pour 3 mois de 42 000 km2 et reconnaissance du statut politique des FARC (effective 7-11). **1999**-*7-1* négociations gouv./FARC. *-7/11-1* environ 200 tués par paramilitaires. *-19-1* FARC suspension des négociations. *-25-1* séisme, région d'Armenia (1 000 †). *-30-5* Cali : ELN prend 150 otages dans une église (dernier libéré 10-12). *-8-7* Bogotá, 287 guérilleros, 40 soldats et 31 policiers †. *-12-10 :* 30 « barons » de la drogue arrêtés. *-24-10* manifestations pour reprise des négociations de paix. **2000**-*12-4 :* 46 « barons » de la drogue arrêtés. *-20/21-7* affrontements guériller extrême droite, (+ de 110 †). *-Juillet* le Congrès américain approuve le « plan Colombie » : aide de 9,8 milliards de F sur 3 ans pour lutter contre drogue. **2001**-*févr.* négociations Pastrana/Marulanda, chef des FARC, zone démilitarisée de 42 000 km2 prolongée jusqu'au 9-10-2001.

■ **Statut.** *République.* **Constitution** de 1886, révisée 6-7-1991. **Pt :** élu au suffrage universel pour 4 ans ; ne peut se représenter. **Sénat :** 102 membres élus pour 4 ans dont, le 8-3-1998, PL 56, PSC 20, indépendants 24, indigènes 2. **Chambre des députés :** 165 membres élus pour 4 ans dont, le 8-3-1998, PL 88, PSC 40, indépendants 33, CRS 2, minorités ethniques 2. **Départements :** 32 (31 et 1 district), capitale : *Santa Fé de Bogotá.* **Fête nationale.** 20 juillet (indépendance). **Drapeau** (adopté 17-12-1819). Bandes horizontales, jaune (nation), bleu (mer, séparation d'avec l'Espagne), rouge (courage). **Armée.** 85 000 h. (terre 65 000, gendarmes 75 000, agents de renseignements 5 000). *Guérilleros :* 15 000 s'appuyant sur 75 000 paysans. *Miliciens :* 2 000 à 10 000 recrutés par propriétaires terriens contre guérilla. **Noblesse.** *Titres conférés par l'Espagne :* 7 (5 marquis, 2 comtes). Ne sont plus portés. **Prisons** (en 2000). Places 28 000 ; détenus 48 000.

■ **Partis et mouvements.** **Alliance nat. populaire (ANAPO)** fondée 1971, *leader :* Eugenia Rojas de Moreno Díaz. **Démocratie chrétienne** fondée 1964, *leader :* Juan Alberto Polo. **P. social-conservateur (PSC)** fondé 1849, *leader :* Misael Pastrana. **P. libéral (PL)** fondé 1815, *leader :* Alberto Santofinio Botero. **Oxygène libéral** fondé 1998 par Ingrid Betancourt (37 ans). **Union démocratique de la gauche** fondée 1982, comprend PC, PST (P. socialiste des travailleurs). **Mouvement trotskiste d'autodéfense ouvrière (ADO)** fondé 1977. **Mouvement du 19 avril (M 19)** formé 19-4-1970, réformiste nationaliste, en lutte armée (en 1973, appuyé par Cuba) avec chefs Carlos Teledo Plata et Jaime Bateman Cayon († 24-4-1983). Mars 1990, traité de paix avec le gouvernement. **Alliance démocratique M 19,** parti du Gal Rojas Pinilla, *leader :* Antonio Navarro Wolff et Otty Patiño). **Forces armées révolutionnaires de C. (FARC),** communistes, fondées vers 1950 [*chefs :* Manuel Marulanda Velez (dit *Tirofijo :* « Vise juste », vrai nom : Pedro Antonio Marin) et Óscar Riaño (né 1949, dit *El mono jojoy*)]. En 2000, 16 000 h. Constituent en nov. 1985 le **P. de l'union patriotique (UP),** branche dissidente depuis 1983 : **Front Ricardo Franco** (Javier Delgado). **Armée de libération nat. [Ejercito de Libéración nacional (ELN)]** fondée 1965, *chef :* 1982-98 Manuel Pérez Martínez (prêtre espagnol, né 1943, dit *Poliarco,* † de maladie 14-2-1998 ; Nicolas Bautista (dit *Gabino*) lui succède), 5 000 m. en 1998 devenue **P. de l'espérance, de la paix et de la liberté,** *leader :* Pablo Beltran (exilé à Caracas). **Union camilliste. Courant de rénovation socialiste (CRS)** dissident de l'ELN ; a cessé la lutte en 1994. **Front Quintin-Lame** (indigènes voulant récupérer les anciennes réserves). **Nouvelle force démocratique (NFD),** *leader :* Andrés Pastrana. **Forces paramilitaires [Autodefensas unidas de C (AUC)],** Carlos Castaño, + de 11 000 membres.

■ **Violences.** **ASSASSINATS** **1978**-*12-9* Rafael Pardo Buelvas, ancien min. de l'Intérieur. **1984**-*27-4* Rodrigo Lara Bonilla, min. de la Justice, par la mafia (drogue). **1986**-*30-8* Leonardo Posada Pedraza, député de l'UP (gauche). *-1-9* Pedro Nel Jiménez Obando, sénateur UP. **1989**-*18-8* Luis Carlos Galán, candidat à la présidence (par cartel de Medellín ?). *-5-10* Mgr Jésus Jaramillo, évêque d'Arauca, enlevé et assassiné par l'ELN. **1990**-*22-3* Bernado Jaramillo Ossa, candidat de l'UP à la présidence (cartel de Medellín accusé). *-26-4* Carlos Pizarro Leon Gomez, leader du M 19. **1991**-*16-2* Fortunato Gaviria, cousin du Pt (enlevé 12-2 ; assassiné par des droit-commun). **1994**-*19-7* Gal Carlos Gil Colorado, par guérilla. *-9-8* Mario Cepeda, seul sénateur communiste. *-21-9* Pt de la commission des lois de la Chambre, par ELN. **1995**-*2-11* Alvaro Gómez Hurtado, ancien dirigeant conservateur. **1997**-*8-8* Jorge Cristo Satrioun, sénateur. **1998**-*12-5* Gal Fernando Landazabal Reyes. **TENTATIVES** **1987**-*14-1* Enrique Parejo, ambassadeur de Hongrie (ex-min. de la Justice), blessé par tireur. **1995**-*27-9* Antonio José Cancino, avocat du Pt Samper, en réchappe (2 gardes du corps †). **ATTENTATS.** **1989**-*3-3* aéroport de Bogotá : 4 †. *-27-11* explosion Boeing d'Avianca : 107 †. *-6-12* Bogotá, 500 kg de gélinite devant siège de la police secrète, cratère de 13 m de diamètre et 3 m de profondeur : 63 †, 1 000 bl. **1991**-*16-2* Medellín : 22 †. *-17-2 :* 23 †. *-19-12 :* 8 †. **1993**-*fin janv./début févr.* 5 attentats voiture piégée : 25 †. *-15-4* Bogotá : voiture piégée : 11 †. *-12-7* contre oléoduc. *-5-11* Dario Londano, vice-Pt du Sénat, tué. **1995**-*12-6* Medellín : 27 †. **1996**-*16/17-12* bombe : nouvelle vague terroriste. **1997**-*27-2* Apartado, camion piégé : 10 †. **1999**-*13-8* Jaime Garzon (52e journaliste † depuis 1989). **SABOTAGES :** oléoduc *Caño-Limón-Covenas* : 691 fois (1982 à mars 1999), l'Ecopetrol ayant refusé de payer l'ELN. *Dégâts :* 7,5 milliards de F et 1,4 million de barils déversés. **RACKET :** de 1991 à 1998, la guerilla a amassé 5,3 milliards de $ [drogue, enlèvements (environ 3 600/an ; 1 Colombien *vaut* 100 000 à 200 000 $, 1 étranger 2 000 000 de $), extorsions de fonds].

Bilan. **1949-58 :** 280 000 †. **1986-90 :** 86 856 †. **1995 :** 30 000 † dont 1 500 dans affrontements guérilla/armée. **1996 :** Medellín 5 257 †, Bogotá 32 967 †, Cali 2 197 †. **1998 :** 1 213 civils †. **1999 :** 36 947 † violentes. **Enlèvements :** *1998 :* 2 216 ; *99 :* 2 465.

Zones de sécurité de la guérilla : FARC : 42 000 km2 ; ELN : 4 700 km2. **Personnes déplacés :** 1 500 000.

■ ÉCONOMIE

■ **PNB** (en 1998). 2 030 $ par hab. **Population active** (en %) **et**, entre parenthèses, **part du PNB** (en %) : agr. 30 (16), ind. 14 (27), services 51 (49), mines 5 (8). **Croissance** (en %) : *1995 :* 5,3 ; *96 :* 2,1 ; *97 :* 2,3 ; *98 :* 0,6 ; *99 :* – 4,3 ; *2000 (est.) :* 3. **Inflation :** *1990 :* 29,1 ; *91 :* 30,4 ; *92 :* 27 ; *93 :* 23,8 ; *94 :* 22,6 ; *95 :* 21 ; *96 :* 22 ; *97 :* 18,01 ; *98 :* 16 ; *99 :* 11,2. **Chômage** (en %) : *1985 :* 14,2 ; *90 :* 10,6 ; *95 :* 10 ; *99 :* 20. **Dette extérieure** (en 1999) : 35 milliards de $. **Population en dessous du seuil de pauvreté** (en %) : *1990 :* 50 ; *97 :* 57.

■ **Agriculture.** **Terres** (en milliers d'ha, 1981) : arables 4 050, cultivées en permanence 1 600, pâturages 30 000, forêts 52 450, eaux 10 021, divers 15 570. **Production** (en milliers de t, 1999) : canne à sucre 32 500 ; plantain 3 212 ; p. de t. 2 705 ; riz 2 059 ; manioc 1 804 ; bananes 1 430 (autres fruits 2 306) ; légumes 1 303 ; maïs 975 ; café 648 (17 % des t. arables, cultures sous futaies, arabica) ; sorgho 452 (90 % des export. faites à Uraba) ; soja 60 ; cacao 52 ; coton 40 ; blé 39 ; orge 12 ; tabac. Fleurs exportées aux USA. Grande propriété et *aparceria.* **Élevage** (en millions de têtes, 1999). Volailles 110, bovins 25,6, porcins 2,76, chevaux 2,45, ovins 2,19, caprins 0,9, ânes 0,7, mulets 0,5. **Bois** (en 1998). 18 618 000 m3. **Pêche** (en 1997). 199 000 t.

■ **Drogue.** **Superficie cultivée :** coca : 122 500 ha recensés protégés par FARC ou paramilitgaires. **Production de cocaïne** (en t) : *1995 :* 230 ; *99 :* 520 ; *2000 :* 570. 80 % de la drogue consommée aux USA viendraient de C. 1er transformateur de la cocaïne venant de Pérou, Bolivie et Équateur. *Marijuana :* 70 000 ha, 1er producteur. **Chiffre d'affaires :** 6 milliards de $ (5 à 10 % du PNB). **Personnes impliquées :** 600 000 à 1 700 000. **Guerre à la drogue** *(coût en 1997) :* destruction au défoliant (thébutirion) : 41 161 ha de coca, 6 962 ha de pavot, 8 ha de marijuana ; saisies : cocaïne 41 t, feuilles de coca 116 t, marijuana 135 t, pâte de pavot, morphine et héroïne 333 t ; laboratoires clandestins démantelés 215 ; pistes d'atterrissage détruites 58. D'août 1998 à juillet 1999, destruction (pluie d'herbicides) de 42 735 ha de coca et de 8 824 ha de pavot ; saisie de 131 t de feuilles de coca, 44 t de cocaïne et 583 kg d'héroïne et morphine.

Cartel de Cali. Chefs présumés : frères *Rodriguez Orejuela* [*Gilberto* (né 21-1-1939, arrêté 9-6-1995), *Miguel Angel* (arrêté 6-8-1995), *Jorge*], *José Santacruz Londonio* (arrêté le 4-7-1995, évadé le 11-1-1996, tué le 5-3-1996), *Javier Baena* (arrêté 7-5-1993), *Juan Carlos Ramirez* (se rend le 15-3-1996), *Juan Carlos Ortz.* **Cartel de Pereira.** Chef : *José Durán*, arrêté à Rome en sept. 1992. **Cartel de Medellín** créé 1981, après l'enlèvement de Maria Neves Ochoa (fille de Fabio) par le M 19 : en 2 mois, 700 partisans de la guérilla abattus. Maria libérée. À l'apogée (1985-86), fédère 200 clans. En 1984, a proposé au gouv. colombien de rembourser la dette ext. (25 milliards de $) en échange du libre trafic. Membres appelés *paisas.* **Dirigeants :** *Carlos Lehder* (né 1952), condamné (19-5-1988) à 150 ans de prison aux USA. *Gonzalo Rodriguez Gacha* (né 18-5-1947, tué par la police le 15-12-1989 avec son fils Freddy). Frères *Ochoa* [en sept. 1988, avaient sous menace de mort empêché la diffusion d'un reportage de TF1 ; se rendent le 18-12-1990. *Fabio Jorge Luis* (né 1949), arrêté 1984 à Madrid ; se rend le 15-1-1991. *Juan-David,* se rend le 16-2-1991]. *Pablo Escobar Gaviria* (né 1-12-1949) : *1970* enlève l'industriel Diego Aristizabel, puis investit dans l'import-export (voitures volées). *1980* vend cocaïne aux USA. Possède plus de 20 000 ha (Napoles-Naples), 6 hélicoptères et 40 bimoteurs. *1990* (17-1) le cartel se déclare prêt à suspendre le trafic et à déposer les armes. (22-1) libère Alvaro Diego Montoya Escobar, fils du secr. général de la présidence, enlevé 15 jours plus tôt. *1991* (19-6) Pablo, grâce à la médiation du père Rafael Garcia Hereros († 1992), se rend (la Constituante ayant voté l'interdiction d'extrader les Colombiens). (21-6) son frère Roberto se rend. *1992* (3-7) Pablo, en prison, exécute 3 membres suspects du cartel. (22-7) Pablo s'évade avec 9 codétenus. (27-10) Brances Muñoz Mosquera, dit *Tyson*, chef de l'organisation militaire du cartel, auteur de 500 meurtres dont 200 policiers, tué par la police. (31-12) Juan Jairo Posoda Valencia arrêté. *1993* (1-3) Luis Guillermo Londono White, homme d'affaires proche d'Escobar, assassiné ; José Fernando Posada, directeur financier du cartel, se livre à la police ; Hernán Dario Henano, chef de la sécurité d'Escobar, tué. (2-12) Pablo abattu par militaires. (18-12) Roberto blessé par lettre piégée reçue en prison. Entretiendrait 3 000 à 10 000 tueurs et contrôlerait 70 % du marché mondial de la cocaïne (300 milliards de $).

■ **Énergie.** **Pétrole** (en millions de t) : *réserves* 433 (1999) [Caño-Limón (220 000 barils/jour ; 320 000 prévus), El Tambor, Payoa, Santos, Putumayo, Cusiana (100 000 barils/jour)] ; *production 1985 :* 8,9 ; *90 :* 22 ; *95 :* 28,8 ; *98 :* 36,1 ; *99 :* 41,6. **Gaz** (en milliards de m³) : *réserves* 283 (en 1996), *production 1997 :* 6 ; *99 :* 7. **Charbon** (en millions de t) : *réserves* 4 100, *production* 17,5 (en 1999). **Hydroélectricité** (en milliards de kWh) : *potentiel* 200, *production* 46,1 (en 1998). En construction, barrage du Guavio et centrale hydroélectrique souterraine, production 1 600 MW (coût : 2 milliards de $). **Mines.** Or 20 t (en 1999) ; uranium, fer, zinc, mercure, nickel, argent, émeraudes (en 1997, 60 % de la prod. mondiale). **Industrie.** Textile, ciment, sucre, automobile, raffineries pétrole. **Transports** (en 1997). **Routes :** 115 564 km. **Voies ferrées :** 3 386 km.

■ **Tourisme.** **Visiteurs :** 1 193 000 (en 1997). **Sites :** *Bogotá,* musée de l'Or (25 000 pièces d'orfèvrerie précolombienne). *Zipaquira,* mine de sel transformée en cathédrale. *Lagunes* de Guaravita, de Ubate. Bassins de Neusa et Sisga. *Montagne* de Monserrate. *Ruines* de San Agustín, Leticia, Villa de Leyva, Neiva. *Villes coloniales :* Cartagena, Santa Marta, Mompox, Popayán, Tunja. *Parcs archéologiques :* San Agustín (Huila), Isnos (Huila) [parc San José], Tierradentro (Tolima) [parc de San Andrés de Pisimbala]. *Parcs naturels :* Sogamoso (Santander), Santa Marta (Magdalena) [parc de Tayrona et de la Sierra Nevada], Ipiales (Nariño), Cundinamarca (Bogotá) [cascade de Tequendama]. *Thermalisme :* Paipa. *Iles :* San Andrés, Providencia.

■ **Commerce** (en milliards de $). **Export./import.** *1994 :* 8,74/11 ; *95 :* 10,22/12,92 ; *96 :* 10,65/12,79 ; *97 :* 11,68/14,40 [dont (en millions de $) *export. :* pétrole 2 842, café 1 576, prod. chim. 895, textile et cuir 666, charbon 849, *vers* USA 4 217, Venezuela 781, Pérou 610, All. 602, Japon 348 ; *import. :* mach. et équip. de transp. 5 439, prod. chim. 2 936, légumes 1 176, métaux 789, *de* USA 5 599, Venezuela 1 261, All. 831, Japon 707, Mexique 477] ; *98 :* 11,3/14 ; *99 :* 12/10,3.

■ **Rang dans le monde** (en 1999). 2e café. 9e cacao, canne à sucre. 10e nickel. 11e bovins. 14e charbon.

COMORES

V. légende p. 950.

☞ *Abréviations :* C. : Comores ; Gde C. : Grande Comore.

■ **Situation.** Archipel de l'océan Indien. **Superficie :** 1 862 km² (2 236 km² avec Mayotte) ; îles d'origine volcanique frangées de récifs coralliens. **Côtes :** 340 km. **Altitude** *maximale :* Karthala 2 361 m (volcan en activité, éruption phréatique en 1991, modification du cratère, émission de gaz, apparition d'un lac). **Climat.** Tropical. *Saisons :* chaude et humide nov.-avril (moussons ; cyclones rares), max. 27 °C ; sèche mai-oct., max. 23 °C. Régions *au vent* plus humides que *sous le vent* (baobabs). *Pluies* en mm par an : Moroni 2 500, Boboni 5 434.

■ **Population.** *1980 (rec.) :* 335 150 hab. ; *91 (rec.) :* 446 817 ; *2000 (est.)* 578 400 ; *2025 (prév.) :* 1 160 000. Noirs (Bantous), Arabes, Malgaches dont 600 expatriés. **D.** 310,6. **Age :** *– de 15 ans :* 42,7 %, *+ de 64 ans :* 2,9 %. **Polygames :** *1966 :* 24,9 % des hommes mariés ; *86 :* 19,1 %. **Émigration :** vers Madagascar (reflux 1976) et Afrique (Est), tarie vers Réunion et France. **Langues.** Français, arabe et comorien (proche du swahili, 25 % de vocabulaire arabe *[officielles]*). **Religions.** Musulmans ; 1 500 chrétiens (créoles, Français d'origine et Malgaches).

■ **Iles principales** (population en 1991). **Ndzouani (Anjouan) :** 424 km². *Alt. maximale* 1 570 m. 188 953 hab. **D.** 445,6. *Villes : Mutsamudu* 10 000 hab., Domoni, Ouani. **Ngazidja (Grande Comore) :** 1 148 km². *Alt. maximale* 2 361 m (Karthala). 233 533 hab. **D.** 203,4. *Villes : Moroni* 21 000 hab. *(agglomération* 60 000), Mitsamiouli, Foumbouni. **Moili (Mohéli) :** 290 km². 24 331 hab. **D.** 83,9. *Ville : Fomboni* 4 500 hab.

■ **Histoire.** **IXe-XIIe s.** islamisation. Les 4 îles constituent depuis des sultanats séparés. Les sultans d'Anjouan, à certaines périodes, dominent Mohéli ou Mayotte. **1503** les Portugais abordent en Gde C. **1816** le sultan d'Anjouan demande la protection du gouverneur de la Réunion. **1841**-*25-4* le capitaine Passot négocie l'acquisition de Mayotte. **1843** occupation française de Mayotte. **1867 Raketaka** (Djoumbé Fatima), reine de Mohéli, exilée († 1878). **1875** le *tibe* (chef suprême de la Gde C.) **Saïd Achmet ben Saïd Ali** meurt, désignant pour successeur **Saïd Ali** (qui réalisa l'unité de l'île), fils de Saïd Omar d'Anjouan. **1883** demande le protectorat français, accordé en 1886 sur l'intervention du naturaliste Humblot. **1886** traité de protectorat avec sultans des 3 autres îles. **1888-97 Mohammed,** demi-frère de Salima, régent de Mohéli. **1888 Salima** (1874-1964), fille de Djoumbé et d'Émile Fleuriot de Langle, reconnue reine de Mohéli par la Fr. [1885 quittée ; 1901 épouse Camille Paule († 1946), gendarme français, et abandonne son roy. à la Fr.]. **1891** annexion d'Anjouan. **1892**-*25-7* de la Gde C. Les souverains perdent leurs droits (dont Saïd Ali, sultan *tibe* de la Gde C. ; Saïd Mohammed, son demi-frère, instauré 15-5 sultan d'Anjouan, † 1931). **Saïd Ali** reconnu sultan de la Gde C. **1893**-*20-11* Saïd Ali accusé de complot, exilé (abdique 1909, † 1916). **1897** colonie « Mayotte et dépendances », cap. : *Dzaoudzi.* **1912**-*25-7* annexion de la Gde C., Anjouan et Mohéli. **1914**-*4-7* rattachement à Madagascar. **1947** autonomie administrative et financière ; puis douanière en 1952. **1958** vote pour maintien en TOM. **1961**-*22-12* territoire autonome. **1962** *Saïd Mohammed Cheikh,* PM, élu Pt du Conseil de gouv. des C., capitale transférée de Dzaoudzi (îlot de 2 ha, trop petit, à Mayotte) à Moroni (Gde C.). **1970**-*avril Pce Saïd Ibrahim* PM. **1972**-*juin Saïd Mohammed Jaffar* PM. -*Oct. Ahmed Abdallah* PM (poste supprimé août 1975). -*22-12* élections : partisans d'Ahmed Abdallah (1919-89) [P. vert] 72 % des voix, de Saïd Ibrahim et Mohamed Ahmed [P. blanc] 26 % ; Abdallah élu Pt de la Chambre des députés. -*23-12* l'Assemblée vote pour l'indépendance (34 voix contre 5). **1974**-*22-12 référendum sur l'indépendance :* inscrits 174 918, suffrages exprimés 163 037 ; oui 154 184 (94,56 %), non 8 853 (5,44 %) [*Gde C.* oui 84 123 (99,98 %), non 21 ; *Mohéli :* oui 6 054 (99,88 %), non 5 ; *Anjouan :* oui 58 897 (99,92 %), non 44 ; *Mayotte :* oui 5 110 (36,18 %), non 8 783 (63,82 %)]. **1975**-*6-7* l'Assemblée des C. proclame l'*indépendance*. Mayotte déclare cette décision illégale. -*8-7* **Abdallah** élu Pt des C. -*3-8* déposé par le Comité nat. révolutionnaire. **Ali Soilih** prend le pouvoir : fonctionnaires renvoyés, archives brûlées, suppression du voile des femmes, comités révolutionnaires (rôle important des lycéens) dans chaque village. -*Août* **Saïd Mohammed Jaffar** Pt. -*21-11* échec d'une « marche neutre » comorienne à Mayotte (160 personnes). -*13-12* la France entérine l'indépendance des C. et laisse Mayotte choisir son statut. **1976**-*2-1* **Ali Soilih** élu Pt par le Conseil de la révolution. -*Janv. Abdelahi Mohammed* PM (poste supprimé avril 1977). -*8-2* référendum à Mayotte : 99,4 % pour rester dans la Rép. française. -*21-10* à l'Onu, 102 États (contre 1 ; 28 abstentions) protestent contre les référendums de Mayotte (atteinte à la souveraineté de

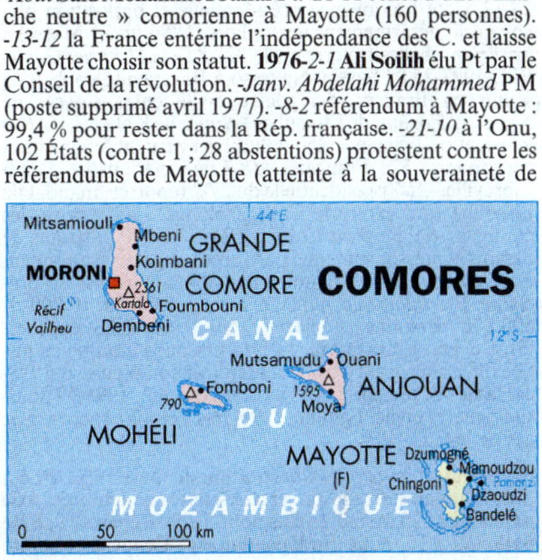

l'État comorien). **1977**-*13-5* loi fondamentale : les C. deviennent « une république démocratique, laïque et sociale ». Droit de vote à 14 ans. Partis, groupements et associations à caractère politique dissous. -*28-10* référendum pour maintien d'Ali Soilih au pouvoir : 155 558 votants, 55 % pour, 42,5 % contre, 2,5 % votes nuls. **1978** répression aggravée. -*13-5* Soilih, fou et drogué, renversé par Bob Denard (Gilbert Bourgeaud, Français, né 7-4-1929) et 50 mercenaires. **Directoire :** co-Pts Ahmed Abdallah (P. vert) et Mohamed Ahmed (P. blanc, † 27-1-1984). -*Mai Abdelahi Mohammed PM.* -*1-10* référendum pour Constitution : oui 90 %. -*22-10* **Ahmed Abdallah,** candidat unique, élu Pt (99,4 % des voix). -*Déc. Salim ben Ali* PM. **1979**-*1-1* Assemblée institue période de 12 ans avec parti unique. **1982**-*6-2* UDZIMA parti unique. -*Févr. Ali Mroudjae* PM. -*17/24-3* élections anticipées. -*24-10* Constitution révisée (renforcement du pouvoir central). **1984**-*8-3* putsch de la garde présidentielle ; échec (60 arrestations). -*30-9* Abdallah réélu (99 % des voix). **1985**-*janv.* réforme, PM supprimé. **1987**-*22-3* législatives, la majorité élue remporte les 41 sièges. -*30-11* complot Milot déjoué (3 †). Denard inculpé par cour d'appel de Paris (tentative de coup d'État au Bénin en 1977). **1988**-*30-4* UDZIMA devient l'Union régionale pour la défense de la politique du Pt Abdallah (URDPA). -*Oct.* Denard, devenu musulman (Saïd Mustapha M'Madijou), dirige la garde présidentielle (600 h. encadrés par 17 officiers français) payée par l'Afr. du Sud depuis 1979 (30 millions de F par an). **1989**-*5-11* référendum pour révision Constitution : oui 92,5 %, autorisant 3e mandat présidentiel et recréation du poste de PM. -*Nov.* Abdallah interdit de présenter des candidats aux élections locales de déc. -*26-11* Abdallah assassiné par mercenaires de sa garde. -*27-11* **Saïd Mohamed Djohar** Pt par intérim. -*13-12 :* 3 navires français se dirigent vers Gde C. -*15-12* Denard et ses mercenaires partent pour l'Afr. du Sud (qui leur a payé 6 mois de solde). -*22-12* Denard part pour la Fr. **1990**-*18-1* présidentielle ; fraude. -*11-3* **Saïd Mohamed Djohar** élu Pt (au 2e tour) avec 55,3 % des voix devant Mohamed Taki Abdoulkarim 44,7 %, abstentions 40 % (élection contestée). -*13-6* visite Pt Mitterrand. **1991**-*avril* grèves. -*29/30-4* manif. -*3-8* Djohar reconnu inapte à gouverner par Pt de la Cour suprême. **Ibrahim Ahmed Halidi** se proclame Pt. -*5-8* Moutsamoudou, manif., Halidi arrêté. -*Déc.* membres de la Cour suprême libérés. -*27-12 :* 22 partis signent pacte de réconciliation nat. **1992**-*7-1 Mohamed Taki Abdoulkarim* (rentré d'exil en nov. 1991) PM. -*7-6* référendum : 74,25 % pour Constitution. -*3-7* PM démissionne. -*26-9* échec coup d'État du fils du Pt Abdallah (Djohar étant en France). -*13* et *19-10* affrontements. -*22* et *29-11* législatives. **1995**-*28-9* Bob Denard et 30 mercenaires renversent Djohar. **Comité militaire de transition** dirigé par capitaine Ayouba Combo. 2 co-Pts : Mohamed Taki Abdoulkarim et Kamal Saïd Ali. -*29-9* la France envoie 3 bateaux : *4-10* débarquent 1 000 commandos français (opération « Azalée ») ; *6-10* Djohar conduit à la Réunion. PM *Caambi El-Yachourtu* assure l'intérim. -*5-10* Denard se rend, transféré en prison en Fr. -*31-10* de la Réunion, Djohar nomme *Saïd Ali Mohamed* PM. **1996**-*23-1* Djohar autorisé à rentrer aux C. -*6* et *16-3* présidentielle, **Mohamed Taki Abdoulkarim** (1936-98, UNDC) élu, 64,29 % des voix, devant Abbas Djoussouf. **1997**-*2-1 Ahmed Tabou* PM. -*24-12* levée du blocus d'Anjouan. **1998**-*6-11* **Tadjidine ben Saïd Massonde** Pt par intérim, -*22-11 Abbas Djoussouf* PM. **1999**-*29/30-4* coup d'État (le 18e depuis 1975) : **Cel Assoumani Azzali** chef de l'État le 6-5. -*1-12 Biarfi Tarmidi* PM. **2000**-*26-8* accord de paix avec Lt-Cel Saïd Aibed Abdérémane (dirigeant d'Anjouan) pour une confédération avec Anjouan. -*10-12 Ahamad mali* PM. **2001**-*17-2* accord avec Anjouan : union entre îles, nouvelle Constitution. **Anjouan.** **1997**-*18-2* affrontements syndicalistes/police. -*14/16-3* émeutes (4 †) ; -*14-7* (2 †). -*21-7* Abdallah Ibrahim, séparatiste, arrêté puis libéré. -*3-8 indépendance* proclamée. -*5-8* **Ibrahim** Pt. -*3-9* armée repoussée (300 militaires) [40 †, 10 civils †, 40 militaires †]. -*5-9* retrait des troupes. -*26-10* référendum, 99,88 % pour l'indépendance. -*8-12 Nouredine Bourhane* PM. **1998**-*10/11-2* affrontements. -*25-2* référendum, 99,54 % pour Constitution séparatiste. -*9-3 Chamasse Ben Saïd* PM. -*7-7* gouvernement dissous. -*11/12-7* échec de putsch d'Ahmed Mohamed Hanzi, ancien chef d'état major. -*Déc.* nouveaux affrontements. **2000**-*23-1* référendum, 94,7 % contre rattachement à la Grande Comore. **Mohéli.** **1997** émeutes. -*5-8* proclame *indépendance.* -*28-8* intervention comorienne.

■ **Statut.** République fédérale islamique. **Constitution** adoptée 20-10-1996 par référendum (85 % pour). **Pt** élu pour 5 ans au suffrage universel. **Conseil des îles :** *gouvernement* dans chaque île. **Sénat :** 15 membres (5 par île) choisis pour 6 ans par les conseils régionaux. **Assemblée :** 43 membres élus pour 5 ans. **Élections des 1 et 8-12-1996 :** RND 29 sièges, FNJ 2, Indépendantistes 2. **Partis :** *Rassemblement national pour le développement,* fondé 1996, union de 24 partis soutenant le Pt Taki. *Pt :* Ali Bazi Selim. *Front national pour la justice,* islamiste, *Pt :* Ahmed Abdallah Mohamed. *Forum pour le rétablissement de la démocratie,* fondé 1994, union de 12 partis d'opposition, *Pt :* Abbas Djoussouf. **Fête nationale.** 6 juillet (indépendance). **Drapeau** (adopté en oct. 1996). Vert avec croissant blanc (foi islamique), 4 étoiles blanches (les 4 îles, dont Mayotte) et les monogrammes d'Allah et Mahomet. **Accord d'assistance et de défense militaire** avec la France depuis 1978.

ÉCONOMIE

■ **PNB** (en 1999). 370 $ par hab. **Pop. active** (en %) **et,** entre parenthèses, **part du PNB** (en %) : agr. 65 (39), ind. 5 (11), services 30 (50). **Aide française publique bilatérale** (en millions de F) : *1996 :* 97,6 ; *97 (est.) :* 119,8.

■ **Agriculture** (en 1996). 42 % des terres cultivées. **Production** (en milliers de t) : noix de coco 60, bananes 57, manioc 50 (9 % des terres cultivées), riz 17 en 1999 (13 % des terres cultivées), patates douces 13, légumineuses 8, maïs 4, ignames, tarots, ambrevade, fruits, ylang-ylang, vanille, vétiver, girofle, coprah, basilic, cassie, oranger, lantana, poivre, cannelle, café. Riz importé d'Inde (41 500 t en 1995) et viande du Botswana. **Élevage** (en milliers de têtes, 1999). Caprins 128, poulets 66 (en 1986), bovins 50, ovins 20. **Pêche.** 13 000 t (en 1997). **Mines.** Pouzzolane. **Tourisme.** 26 000 visiteurs (en 1997).

■ **Commerce** (en millions de $). **Export./import. :** *1995 :* 46/103 : *96 :* 42/95 ; *97 :* 30/76 ; *98 :* 32 (vanille, ylang-ylang, girofle) / 80 (riz, pétrole, équip. de transport, ciment, fer acier).

CONGO

Carte p. 1041. V. légende p. 950.

■ **Situation.** Afrique, sur l'équateur. **Superficie :** 341 821 km². **Frontières** (en km) : Angola 201, Cameroun 523, Centrafrique 467, Gabon 1 903, ex-Zaïre 2 410. **Côtes :** 169 km (plaine de 50 km de largeur). **Altitude** *maximale :* 600 m. **Plateau :** savanes. **Forêt :** 50 % de la superficie ; domine au nord d'une ligne sud-ouest/nord-est (coton, café, cacao, hévéas, palmiers à huile). **Climat.** Équatorial, humide et chaud, 25 °C à Brazzaville. *Pluies :* 1 200 mm par an (variations importantes).

■ **Population.** *1999 :* 2 700 000 hab. ; *2000* (est.) : 2 980 000 ; 3 groupes ethniques (en %) : Kongos (ou Bakongos, à l'ouest de Brazzaville) 45, Tékés (ou Batékés, sur les hauts plateaux) 20, Mbochis 10 (agriculteurs, pêcheurs, chasseurs) ; *2025 (prév.) :* 4 000 000. **Immigrés :** *France 7 500,* Portugal 300, Sénégal, Mali, Rép. centrafricaine, Gabon 500. **Réfugiés** (en 1999) : 500 000 déplacés. Au Gabon 15 000, Congo dém. 10 000. Angolais au Congo 20 000, Congolais (dém.) au C. 15 000. **D.** 8,7. **Age :** *– de 15 ans :* 42,5 %, *+ de 64 ans :* 3,4 %. **Espérance de vie** (en 1998) : 49 ans. **Sida :** 8 % ; 80 000 †. **Mortalité infantile :** 107 ‰.

■ **Langues.** Français *(officielle),* lingala 50 %, munukutuba 30 %, lari 15 %. **Religions.** Catholiques 53,9 %, protestants 24,4 %, animistes 19 %, kibanguistes, salutistes, matsouanistes, quelques musulmans.

■ **Villes** (est. en 1995). *Brazzaville* 950 000 hab. (en 1997), Pointe-Noire 576 206, Loubomo 83 605, Nkayi 42 465.

■ **Histoire. XIVe-XVe s.** fondation du roy. du Maci Kongo (légendaire) agrandi par Nimi a Lukeni. **1484** le Portugais Diogo Cão découvre l'embouchure du fleuve Congo. **1880** *-10-9* Pierre Savorgnan de Brazza (1852-1905) signe avec Makoko, roi des Batékés, un traité de protectorat français. *-3-10* prise de possession du territoire entre les rivières Djoué et Mpila. **1881**-*1-7* la Sté de géographie de Paris et l'Association internationale africaine donnent le nom de Brazzaville à la station fondée par Brazza en octobre 1880. **1886** colonie française. *-27-4* Brazza, Commissaire général au Congo français. *-26-6* Congo et Gabon, séparés, restent sous autorité unique. **1888**-*11-12* regroupés en Gabon-Congo. **1891**-*30-4* devient le Congo français. **1892-96** révolte bahangala. **1903**-*29-12,* 4 territoires : Gabon, Moyen-Congo, Oubangui-Chari, Tchad. A Brazzaville : Commissaire général. **1910**-*15-1* l'Afrique-Équatoriale française (A.-E.F.) se substitue au Congo français. Gouverneur général à Brazzaville. **1911**-*4-11* la France cède à l'Allemagne partie du territoire. **1913** *Hte-Likouala :* soulèvement. **1915**-*15-4* Ht-Ogooué rattaché au Moyen-Congo. **1918**-*30-4* Kouilou, détaché du Gabon, rattaché au Moyen-Congo. **1921-34** chemin de fer Congo-Océan (Brazzaville-Pointe-Noire) construit grâce au travail forcé. **1940** André Matswa (né 1899), fondateur d'une religion syncrétique, condamné († en prison 1942). *-28-8* Moyen-Congo rallie la Fr. libre. **1944**-*30-1* discours de Brazzaville (de Gaulle pose les 1ers jalons de la décolonisation). **1945**-*21-11* Félix Tchikaya, chef du P. progressiste congolais (PPC) élu du 2e collège à l'Assemblée constituante. **1946** vice-Pt du Rassemblement démocratique africain (RDA) s'opposera à Jacques Opangault [Mouvement socialiste africain (MSA), originaire du Nord]. *-16-10* Ht-Ogooué réintégré au Gabon. **1949** capitale du Moyen-Congo transférée à Pointe-Noire. **1956**-*27-5* l'abbé Fulbert Youlou, battu aux législatives par Tchikaya, fonde l'Union démocratique pour la défense des intérêts africains (UDDIA), affiliée au RDA ; devient maire de Brazzaville. **1957** Rép. autonome. *-31-3 Opangault* (du MSA qui a obtenu la majorité à l'Assemblée territoriale) ; vice-Pt du gouvernement du Territoire. **1958**-*28-9* référendum Moyen-Congo (99,4 %) pour la Constitution de la Ve Rép. instituant la Communauté. *-28-11* Assemblée territoriale opte pour le statut d'État membre de la Communauté, proclame la République du Congo, s'érige en Assemblée constituante ; gouvernement provisoire ; PM (élu par l'assemblée) : l'*abbé Fulbert Youlou (1917-72).* **1959**-*16/20-2 Brazzaville :* émeutes opposant UDDIA et PPC (centaine de †). *-14-6* législatives : UDDIA/RDA de Youlou (57,6 % des voix) 51 sièges, MSA-PPC (41,9 %) 10 sièges. *-18-8/-7-12,* 4 lois constitutionnelles, le PM, **abbé Youlou,** devient le Pt de la Rép., l'Assemblée législative l'Assemblée nationale. J. Opangault vice-Pt du Conseil. **1960**-*15-8 indépendance.* **1961**-*2-3 Constitution. -28-3* présidentielle : Youlou, candidat unique, 97,53 % des voix. **1962**-*sept.* pogroms anti-Gabonais après un match de football. **1963**-*13/15-8* Youlou annonce la création d'un parti unique ; grève insurrectionnelle, les « Trois Glorieuses ». Youlou démissionne (mars 1965, s'évade de sa résidence surveillée, s'exile à Madrid, 8-6, condamné à mort par contumace). Gouvernement provisoire : *Alphonse Massamba-Débat. -11-9* Conseil national de la révolution (CNR). *-8-12* référendum pour la IIe Constitution : oui 86,9 %. *Législatives :* Mouvement national révolutionnaire (MNR) [89,4 % des voix] a tous les sièges. *-20-12* **Massamba-Débat** (né 1921, Bakongo, exécuté 25-3-1977) élu Pt de la Rép. ; *Pascal Lissouba* PM. **1964**-*juillet* MNR parti unique de droit. **1966**-*avril Ambroise Noumazalaye* PM. *-Juin* échec soulèvement militaire, capitaine Marien Ngouabi. **1968**-*12-01* renvoi du PM. *-1-8* Massamba dissout l'Ass. nat. ; crée un Comité de défense de la révolution, mais « lâché » par l'armée, se retire. *-4-8* Ngouabi crée un Conseil national de la révolution (CNR) où siègent Massamba-Débat (revenu sur sa démission), Lissouba, Noumazalaye. *-20-8 Alfred Raoul* nommé PM par le CNR. *-4-9* démission et arrestation de Massamba-Débat. **Alfred J. Raoul** (né 1938, Cabindais) chef de l'État. **1969**-*1-1* Acte fondamental : le Pt du CNR est chef de l'État. *-Janv.* **Cdt Marien Ngouabi** (Kouyou, tué 18-3-1977) le remplace. *-31-12* IIIe Constitution : République populaire. Le Pt du comité central du PCT, élu pour 5 ans par le congrès du parti, est Pt de la Rép. et nomme un Conseil d'État. Pas d'assemblée élue. Cdt Ngouabi élu Pt du comité central, Raoul vice-Pt du Conseil d'État. **1970**-*mars* échec coup d'État du Lt Kikanga. **1971**-*16-12* Aloise Monlendino-Massengo remplace Raoul (arrêté et accusé en février 1972 d'une tentative de coup d'État). **1972**–*févr.* échec du putsch « gauchiste » d'Ange Diawara (abattu avril 1973). **1973**-*avril* maquis démantelé. *-24-6* référendum pour la IVe Constitution : oui 77,63 %. Assemblée nationale populaire (ANP), élue pour 5 ans sur liste nationale unique. *-26-8 Henri Lopes* PM. **1975**-*févr.* « complot » déjoué, épuration des cadres. *-12-2 Louis Goma* PM. **1977**-*18-3* Ngouabi tué (attentat) ; un comité du PCT (Pt Cdt Sassou-Nguesso) assume tous les pouvoirs. *-22-3* cardinal Émile Biayenda assassiné. Comité militaire de 11 officiers. *-25-3* Massamba-Débat, accusé d'avoir inspiré le meurtre de Ngouabi, est exécuté avec 6 autres inculpés. *-3-4* **Gal Joachim Yhombi-Opango** (né 1939, Kouyou) nommé Pt par le comité militaire. **1979**-*5-2* destitué. *-8-2* **Gal Denis Sassou-Nguesso** (né 1943, Mbochi) Pt. *-8-7* Ve Constitution : oui 96,93 %. *Législatives :* liste unique du PCT 97,30 % des voix. **1982** *Brazzaville :* attentats [*20-3* (5 †) et *17-7* (4 †)]. **1984**-*août Ange Poungui* PM. *-23-9* législatives. **1986**-*17-8* jugé pour attentats de 1982, Ernest-Claude Ndalla, dit Ndala-Graille (ancien 1er secr. du PCT), condamné à mort, puis gracié. **1986-1988** crise, baisse des cours du pétrole (75 % du budget de l'État). Tutelle du FMI pour le rééchelonnement de la dette. **1987**-*sept.* Yhombi-Opango arrêté (accusé de complot) ; rébellion [capitaine Pierre Anga († 1988, Kouyou)] (50 † ?). **1989**-*30-7 Alphonse Poaty-Souchalaty* PM. **1990**-*4-7* comité central du PCT se prononce pour multipartisme. *-Oct./nov.* manif et grèves. *-6-12* Parlement approuve multipartisme et prolonge le mandat du Pt. jusqu'en 1994. **1991**-*8-1 Gal Goma* PM. *-25-2/10-6* **conférence nationale,** 1 100 représentants de 67 partis, 134 associations. Pt : Mgr Ernest Kombo, évêque d'Owando. *-1-4* début du retrait des 1 500 militaires cubains (à Pointe-Noire depuis 1977). *-4-6* Acte fondamental diminuant le pouvoir du Pt. Conseil supérieur de la République (CSR ; *Pt.* : Mgr Kombo ; 153 membres). *-8-6 André Milongo PM. -10-6* fin de la conférence : « lavement des mains » (pardon entre ennemis). *-14-8* Maurice Nguesso, frère du Pt, arrêté. *-31-10* Lekoundzou Itihi Ossetoumba, ancien min. des Finances, condamné à 15 ans de travaux forcés (détournement de fonds publics). **1992**-*20-1* échec coup d'État militaire. *-21-1,* 2 000 manifestants pour PM Milongo. *-15-3* référendum pour VIe Constitution, oui 96,32 % *-24-6* et *19-7* législatives, UPADS 47 sièges, MCDDI 28, PCT 15, RDPS 10, RDD 6, RDP 5, UFD 3, divers 16. *-2-8, 1er tour :* Lissouba 35,89 %, Kolélas 20,32 %, Sassou-Nguesso 16,87 %, Milongo 10,18 %, Thysthère-Tchikaya 5,78 %, Yhombi-Opango 3,49 %. *-16-8, 2e tour :* Lissouba 61,32 %, Kolélas 38,68 %. *-31-8* **Pascal Lissouba** (né 15-11-1931) Pt. *-1-9 Maurice Bongho-Nouarra* PM. *-17-11* Ass. nationale dissoute. *-30-11* Brazzaville, manif. (plusieurs †). *-5-12 Claude Da Costa* PM. **1993**-*mars* 147 Zaïrois expulsés se noient. *-2-5/6-6* législatives : UPADS 69 sièges, coalition PCT 49, URD 6, UPRN 1 ; 2e tour : opposition 9 sièges sur 11. *-23-6 Gal Yhombi-Opango* PM. *-16-7* état d'urgence. Antoine N'Gayot, Pt du P. pour la conscience nat., assassiné. *-3-11* nouveau 2e tour législatives : mouvance présidentielle 65 sièges sur 125, UDR 2, opposition URD-PCT 56. *-Nov./déc. Brazzaville,* affrontements entre milices (plus de 100 †). **1994**-*31-1* cessez-le-feu à Brazzaville. *-Févr.* déploiement d'une force d'intervention. *-6-3* Lissouba à Paris. *-10-3,* 8 000 fonctionnaires radiés sur 80 000. **De juillet 1993 à juillet 1994** guerre civile (2 000 †). **1995**-*24-12* accord mouvance présidentielle et opposition prévoyant le désarmement des milices. **1996**-*juillet* Mossaka prise par rebelles ; guerre civile. *-27-8 David Charles Ganao* PM. **1997**-*26-01* Sassou-Nguesso à Brazzaville après long séjour en France. *-5-6* guerre civile entre *Cobras* de Nguesso, *Zoulous* de Lissouba et *Ninjas* de Kokelas. *-8/20-6* « opération Pélican », 250 militaires évacuent 5 666 étrangers (dont 1 523 Français). *-18-7* négociations de paix à Libreville. *-21-7* présidentielle du 27-7 reportée, mandat de Lissouba (qui expire le 31-8) prolongé. *-8-8* reprise des combats. *-8-9 Bernard Kokelas* PM. *-7/14-10* partisans de Sassou-Nguesso, soutenus par forces angolaises prennent Brazzaville. *-15-10* Pointe-Noire. *-25-10* **Nguesso** se proclame Pt. *Bilan* (de juillet à oct.) : 5 000 à 10 000 †, 500 000 personnes déplacées, 6 000 expatriés évacués. Gros dégâts à Brazzaville. *-25-11* Lissouba attaque en justice Elf, les accusant d'avoir soutenu Sassou-Nguesso. **1998**-*6-1* le MCDDI se rallie au Gal Sassou-Nguesso. **1998-99** poursuite guerre civile. Famine. **1999**-*16-11* et *29-12* accords de cessez-le-feu.

■ **Statut.** *République.* **Constitution** de mars 1992. **Pt** élu pour 5 ans au suffrage universel. **Sénat :** 60 membres. **Ass. nationale :** 125 membres élus pour 5 ans. **Régions :** 9. **Fête nationale.** 15 août (indépendance). **Drapeau** (adopté 20-11-1959). Bandes verte, jaune et rouge en diagonale (couleurs africaines).

■ **Partis. P. congolais du travail (PCT)** fondé 31-12-1969, marxiste-léniniste, 10 000 m., unique (jusqu'en janv. 1991), Gal Denis Sassou-Nguesso ; *secr. gén. :* Ambroise Noumazalaye. **Union panafricaine pour la démocratie sociale (UPADS)**, Pascal Lissouba. **Mouvement congolais pour la démocratie et le développement intégral (MCDDI)** fondé 1990, Bernard Kokelas. **Rassemblement pour le développement et la démocratie (RDD)** fondé 1990, Saturnin Okabe. **Rassemblement démocratique pour le progrès social (RDPS)** fondé 1990, Jean-Pierre Thystère-Tchikaya.

■ ÉCONOMIE

■ **PNB** (en 1999). 590 $ par hab. **Population active** (en %) **et,** entre parenthèses, **part du PNB** (en %) : agr. 34 (13), ind. 20 (10), services 41 (52), mines 5 (25). **Chômage :** plus de 50 % des moins de 25 ans. **Inflation** (en %) : *1994 :* 28,7 ; *95 :* 5,5 ; *96 :* 9,7 ; *97 :* 21,6 ; *98 :* 6 ; *99 :* 3,6. **Dette extérieure** (en milliards de $) : *1996 :* 4,6 (annulation de 67 %) ; *2000 :* 5,2. **Croissance** (en %) : *1995 :* – 4 ; *96 :* + 5 ; *97 :* – 2 ; *98 :* 4 ; *99 :* 0,7 ; *2000 (est.) :* 8,7. **Aide française** (en millions de F) : *1990 :* 233 ; *92 :* 170 ; *93 :* 152.

■ **Agriculture. Terres** (en milliers d'ha, 1983) : arables 200, cultivées en permanence 20, pâturages 10 000, forêts 21 360, eaux 50, divers 2 139. **Production** (en milliers de t, 1999) : manioc 791 (60 % des terres), canne à sucre 455, plantain 99, bananes 46, avocats 26, patates douces 25, arachides 24, ananas 13, maïs 2, cacao 2, café 1. **Forêts** (en 1998). 4 314 000 m³. **Élevage** (en milliers de têtes, 1999). Poulets 2 000, caprins 312, ovins 115, bovins 75, porcins 45. **Pêche** (en 1998). 40 100 t.

■ **Énergie. Pétrole** (en millions de t) : *réserves :* 205 (en 1996) ; *production : 1985 :* 6 ; *90 :* 8,2 ; *95 :* 9,2 ; *96 :* 10 ; *97 :* 12,1 ; *98 :* 12,2 ; *99 :* 14,6 ; *revenus :* 3,54 milliards de F (en 1996) ; *97 :* 3,8 (85 % des exportations, 60 % des ressources). **Gaz :** *réserves :* 15 millions de m³ (en 1994), non exploité. **Hydroélectricité. Mines.** Potasse, uranium, plomb, or, fer (non exploité). **Industrie.** Sucre, brasseries, produits chim., ciment, tabac.

■ **Transports. Routes** (1996) : 12 800 km. **Congo-Océan :** *chemin de fer* Brazzaville/Pointe-Noire, commencé 1921, inauguré 1934 (20 000 † pour sa construction : maladies, mauvais traitements), 510 km.

■ **Tourisme** (en 1997). 19 000 visiteurs.

■ **Commerce** (en milliards de $). **Export./import. :** *1994 :* 0,95/0,61 ; *95 :* 1,16/0,65 ; *96 :* 1,54/1,36 ; *97 :* 1,74/0,80 ; *98 :* 1,25/1,23. Exporte pétrole, bois, contreplaqué.

■ **Rang dans le monte** (en 1999). 12e bois.

CONGO (République démocratique)

Carte p. 1041. V. légende p. 950.

■ **Nom.** D'origine portugaise, désignait au XVIe s. le fleuve Congo. Indépendant sous le nom de Congo, prend le nom de Zaïre (déformation de *nzadi,* « fleuve » en kikongo) le 27-10-1971. Redevient le Congo en 1997.

■ **Situation.** Afrique. 2 345 409 km². **Altitude** *maximale :* 5 122 m pic Marguerite, Mts Ruwenzori. **Frontières** (en km) : Angola 2 511, Burundi 233, Centrafrique 1 577, Ouganda 765, Congo 2 410, Rwanda 217, Soudan 628, Zambie 1 930. **Côtes :** 37 km. **Régions. Bassin du Zaïre :** *longueur* 4 700 km ; *débit* 40 000 m³/s ; forme avec ses *affluents* 14 166 km de voies navigables ; *source :* à Musofi, village du Shaba, sous le nom de Lualaba ; *alt.* 1 435 m ; *bief* 640 km (navigable jusqu'à Kongolo : portes d'Enfer) ; cours impétueux, entrecoupé de quelques biefs jusqu'aux Stanley Falls, redevient navigable à partir de Kisangani ; *grand bief vers l'ouest jusqu'à Kinshasa :* 1 734 km ; pénètre en amont de Kinshasa dans le pool Malebo (largeur 25 km) ; *de Kinshasa à Matadi :* nombreux étranglements créant des zones de rapides infranchissables (dénivellation de 265 m sur 300 km) ; *40 km avant Matadi,* à hauteur d'Inga, le cours s'abaisse de 102 m en 15 km ; *au-delà de Matadi :* élargissement de 4,6 km à Boma, et de 10 à Banana, son estuaire. **Plateaux à l'ouest :** monts de Cristal (1 050 m), séparant plaine intérieure de la plaine côtière ; collines du Mayombe avec forêt équatoriale ; **au sud** (le rebord de la cuvette comprend les plateaux du Kwango et Kasai ; région de savanes avec galeries forestières longeant les cours d'eau) ; **au sud-est** (massif du Shaba ; *altitude moyenne* supérieure à 1 000 m avec profondes dépressions ; forêt claire) ; **à l'est,** le rebord oriental est formé par une chaîne de montagnes ; relief dominant : « rift africain » (1 400 × 40 km) où se trouvent les lacs Nyassa, Tanganyika, Kivu, Mobutu [174 x 30 km, prof. 5 m, alt. 620 m, découvert 1864 par Samuel Baker (Angl.) qui l'appela Albert, prénom du mari de la reine Victoria. Appelé localement *Muitanzige* (Celui qui tue les sauterelles), car il est si large qu'elles ne peuvent le traverser] et Edouard (qui forment des frontières). **Climat.** *Équatorial* au centre [humide, chaleur uniforme (25 °C au min.), pluies réparties toute l'année (1 500 à 2 000 mm/an)] ; *tropical humide* au nord et au sud [à Kinshasa, alternance de saisons sèches (4 mois en tout) et humides ; à Lubumbashi, 6 mois de sécheresse relative] ; *d'altitude* à l'est ; *océanique* à l'embouchure du Zaïre. **Température** *maximale :* 26 à 28 °C. **Forêts.** 47 % de la forêt africaine ; plus de 1 million de km² : essences recherchées (afrormosia, ébène, wenge, iroko, sapelli, sipo, tiama, tola, kambala, lifaki).

■ **Population** (en millions d'hab.). *1984 (1-7, rec.)* : 29,67 ; *99* : 50,5 ; *2000* (est.) : 51,75 ; *2025 (prév.)* : 106. **Principaux groupes ethniques** (subdivisés en plus de 300 tribus) : *Pygmées* : les plus anciens, environ 100 000, surtout région de l'Ituri ; *Bantous* : occupent la plus grande partie du territoire national ; *Soudanais* : région des bassins de l'Ubangi et de l'Uélé ; *Nilotiques* : dans le nord-est du pays, peu nombreux ; *Hamites* : pasteurs ; plusieurs groupes bahima et batutsi. **Réfugiés** (en 1999) : 800 000 déplacés. **A l'étranger** : Tanzanie 100 000, Zambie 40 000, Rwanda 35 000, Angola 15 000, Congo 15 000, Rép. centrafricaine 15 000. **Réfugiés étrangers au Congo dém.** : 235 000 (dont Angolais 150 000, Soudanais 50 000, Burundais 20 000, Congolais 10 000). **D.** 22,1. **Age** (en %) : *- de 15 ans* : 48,3, *+ de 64 ans* : 2,6. **Taux** (en ‰, 1999) : *natalité* 48, *mortalité* 16 (*infantile* 106), *accroissement* 30,9. **Population urbaine** (en 1998) : 30 %. **Espérance de vie** (en 1998) : 51 ans. *h.* 47 ans, *f.* 51. **Étrangers** (en 1994) : Belges 3 000, Libanais 2 200, *Français 1 000*, Portugais 500, Grecs 500, Espagnols 440, Anglais 400. **Régions** (pop. en millions, 1994) : Kivu (divisé en 1988 en : N.-Kivu, S.-Kivu et Maniema) 7,6, Haut-Zaïre 5,4, Shaba 5,6, Bandundu 4,9, Équateur 4,7, Kasaï oriental 3,7, Kasaï occidental 3,1, Bas-Zaïre 2,5.

■ **Langues.** Français (*officielle*) ; nationales : lingala (ou langue du fleuve ; adoptée par armée), kiswahili, tshiluba, kikongo. Il y a plus de 400 dialectes. **Religions.** Catholiques (en 1985) 14 341 691 et 342 763 catéchumènes, protestants 8 000 000, kimbanguistes (Église du Christ fondée en 1921 par Simon Kimbangu) 700 000, animistes 1 000 000, musulmans 300 000 (1,25 %).

■ **Villes** (en milliers d'hab., est. 1994). *Kinshasa* (avant 30-6-1966 : Léopoldville) 4 655 (aggl. 6050 en 2000), Lubumbashi (ex-Élisabethville) 851, Mbuji-Mayi 806, Kolwezi 417, Kisangani (ex-Stanleyville) 417, Kananga (ex-Luluabourg) 393, Likasi (ex-Jadotville) 299, Bukavu 201, Matadi 190, Kikwit 182, Mbandaka 169, Bandundu 68 (en 1991), Kalémié (ex-Albertville).

■ **Histoire.** **1484** Diogo Cão, navigateur portugais, découvre l'embouchure du Zaïre et fonde une colonie. **1874-78** exploré par John Rowlands, sir Henry Morton Stanley (1841-1904) pour son propre compte, puis pour l'AIC *(Association intern. du Congo)*. **1876**-*sept.* Léopold II de Belgique organise conférence géographique internationale débouchant sur création de l'AIA *(Association internationale africaine)* chargée d'« ouvrir l'Afrique à la civilisation ; d'abolir la traite des esclaves ». **1878**-*30-10* accord Stanley/Léopold II : création de postes au Congo au moyen de traités conclus avec les chefs locaux au nom de l'AIA devenu CEHC *(Comité d'études du Haut-Congo)*. **1883** devient AIC présidée par Léopold II. **1884**-*15-11 congrès de Berlin,* AIC reconnue comme l'État indépendant du Congo (souverain à titre personnel : Léopold II, gouvernement à Boma, puis à Léopoldville). Exploite ivoire et caoutchouc de la région de l'Équateur. **1885** force publique créée. **1890-94** production de caoutchouc multipliée par 4. **1901** Léopold II accorde à la Belgique le droit d'annexer le Congo. **1904**-*24-7* Commission internationale d'enquête sur pratiques utilisées pour production du caoutchouc (mains coupées, prises d'otages). **1906**-*27-2/2-3* accusations des parlementaires belges : scandale. *-13-12* annexé à l'État belge. **1908**-*20-8* le Parlement belge accepte que le Congo devienne une colonie belge. **1954** 1re université (Lavanium). **1959**-*4-1* émeutes à Léopoldville (42 †). *-13-1* le roi admet l'indépendance. **1960**-*27-1 Tables rondes* à Bruxelles : indépendance prévue 30-6.

État indépendant. **1960**-*10/18-5* Parlement belge vote loi fondamentale du futur État. *-11/25-5* élections au Congo. *-Juin* **Joseph Kazavubu** (1913 ou 17/1969, Bakongo) Pt. *-23/24-6 Patrice Lumumba* [1925-61, Bakayo, ancien postier, dirigeant du MNC (Mouvement national congolais) emprisonné fin oct. 1999, libéré janv. 1960] PM. *-30-6 indépendance* ; roi Baudouin présent ; après départ des cadres belges, guerre civile. *-4-7 Coquilhatville,* révolte des Mumungos (environ 10 †). *-7-7* forces militaires belges interviennent pour protéger vie des Belges et mater mutinerie de la force publique (à Thysville le 6 puis Léopoldville le 9). *-11-7 Katanga,* appuyé par les Belges, **Moïse Tschombé** Pt (1919-69), se proclame indépendant le 19-7 (jusqu'au 15-1-1963) ; non reconnu. *-14-7* Lumumba fait appel à l'Onu (enverra environ 19 000 h.) et URSS. *-23-7* troupes belges quittent Léolpoldville. *-5-8* après protestations de Tshombé, Dag Hammarskjöld, secrétaire général de l'Onu, renonce au départ annoncé des casques bleus pour le Katanga. -8-8/ *Albert Kalondji* se proclame empereur des Balubas et chef de l'État autonome du *Sud-Kasaï* (démis 1962). *-5-9* Kazavubu renvoie Lumumba (avec accord Onu). *Joseph Ileo* PM. *-14-9* coup d'État militaire du C[el] Mobutu. Lumumba arrêté. Parlement et Constitution suspendus. **1961**-*17-1* Lumumba, livré à Tschombé par Kasavubu, assassiné lors du voyage (éliminaton décidée par le gouvernement belge, exécutée par des officiers et diplomates belges avec des complices congolais). *-Mars* mercenaires et gendarmerie katangaise reprennent Manono aux lubumbistes. *-15-5 République fédérale du Congo,* **Joseph Kasavubu** Pt. *-Juillet Cyril Adoula* PM. Antonio Gizenga vice-PM (18-8 renonce à son gouvernement installé à Stanleyville, le 13-12-1960 avec le soutien soviétique). *-Nov.* Gizenga rentre à Stanleyville, ses partisans tuent 13 aviateurs italiens et les mangent. **1962**-*14-1* Gizenga prisonnier. **1963**-*15-1* fin sécession du Katanga. **1964**-*mars* convention Congo/Belgique, portefeuille de l'ancien Congo belge (37 milliards de F belges) reste au Congo, dette de Belgique au nom du Congo divisée en 2. *-10-7* Tschombé, rappelé après reprise des révoltes, forme gouvernement de coalition, aidé des mercenaires de Mike Hoare. *-1-8 Constitution fédérale,* multipartisme. *-7-9 Christophe Gbenye* instaure république populaire à Stanleyville. *-24-11* : 600 paras belges interviennent à Stanleyville ; aidés par forces terrestres conduites par 150 mercenaires (1 800 Blancs, 300 Noirs sauvés). **1965**-*13-10* Tschombé renvoyé. *Évariste Kimba* PM.

1965-*24-11* **Gal Joseph-Désiré Mobutu,** dit **Mobutu Sese Seko Kuku Ngbendu Wa Za Banga** [« le coq qui chante victoire, le guerrier qui va de conquête en conquête sans que l'on puisse l'arrêter » (nom adopté en 1972) ; né 14-10-1930. 1949-57 engagé : sergent. 1957 journaliste. 1960-*30-6* secrétaire d'État. *-Juillet* colonel. *-11-11* L[t] général. 1982-*11-12* maréchal, † 7-9-1997, Rabat] renverse Pt Kasavubu et PM Kimba et dénonce corruption Congo/Belgique. *-Nov. Léonard Mulamba* PM. **1966**-*6-1* **Mobutu** Pt. *-2-6* Kimba (ex-PM) et 3 de ses ministres pendus. *-23-7* rébellion de 2 500 gendarmes katangais soutenus par mercenaires belges ; le « colonel » Bob Denard et 70 mercenaires se battent pour Mobutu. *-Oct.* Mobutu PM. **1967**-*4/24-6* référendum : régime plébiscitaire. *-30-6* Tschombé kidnappé dans un avion privé, incarcéré en Algérie (y meurt 29-6-1969). *-Juillet* combats mercenaires (Bob Denard, C[dt] Schramme). **1968**-*2-14* Pierre Mulélé torturé à mort. *-31-12* Union minière du Haut-Katanga nationalisée, devient Générale congolaise de minerai. **1970**-*31-10* **Mobutu** (40 ans, âge minimal requis par la Constitution) élu Pt (seul candidat). **1971**-*27-10* prend le nom de Zaïre : nouveau drapeau, nouvel hymne national. **1972**-*janv.* conflit avec catholiques, cardinal Malula expulsé. *-15-2* noms chrétiens rejetés, noms de lieux africanisés. **1973** *nationalisation* grandes entreprises. **1974**-*22-5* protocole de coopération militaire avec France (assistance et formation). *-Nov. nationalisation* des PME. **1975** soutient FNLA en Angola. *-Juin* complot déjoué. *-Août* fermeture chemin de fer Benguela, ligne Lubumbashi-Lobito [2 000 km (1 300 en Angola), transportant 30 % du cuivre exporté du Shaba, 80 % du matériel lourd importé]. *-7/9-8* Pt Giscard d'Estaing au Zaïre. **1976**-*17-9* retour à l'économie mixte. 60 % de la valeur des Stés privées est rétrocédée aux anciens propriétaires. **1977**-*mars guerre au Shaba* (ex-Katanga). *-Avril* soutien marocain (transport sur Transall français ; 2 soldats et 250 à 300 rebelles †) mais Shaba repris. *-2-12* Mobutu rééluPt (98,1 % des voix). **1978**-*6/16-3* complot déjoué (13 exécutions). *-11-5*, 2 500 à 4 000 h. du Front de libération nationale du Congo, formés par Cubains et armés par Soviétiques, venus d'Angola assiègent *Kolwezi* au Shaba ; des Européens sont massacrés. *-17-5* Pt Giscard d'Estaing décide d'intervenir (coopération militaire). *-19-5* parachutistes français du 2e REP (Légion) et belges lâchés sur Kolwezi (mort de 700 Zaïrois, 91 étrangers, 5 paras français, 1 Belge). *-21-5* Européens rapatriés en Europe. *-Juin* force interafricaine (Maroc, Gabon, Sénégal, Côte d'Ivoire, Togo). *-15-7* chemin de fer de Benguela rouvert (fermé août 1975). *-19/20-8* rencontre Mobutu/Pt angolais Neto à Kinshasa. **1979**-*30-6* les Zaïrois relèvent la force interafricaine. **1980**-*avril* visite de Jean-Paul II. **1982**-*oct.* sommet franco-africain à Kinshasa. **1983**-*20-5* Matadi, pont sur le Zaïre inauguré (722 m). **1984**-*28-7* Mobutu réélu Pt (99,17 % des voix). *-1-12* Pt Mitterrand au Zaïre. **1985**-*6-8 Philippe de Dieuleveult* (né 1951) et 6 coéquipiers français de l'expédition Africa Raft disparaissent en descendant le Zaïre. **1989**-*janv.* Zaïre dénonce « accords léonins » avec Belgique et exige réouverture du « contentieux ». *-26-7* accord Zaïre/Belg. : annulation de 11 milliards de F belges de dette zaïroise, renouvellement de la coopération belge. **1990**-*24-4* fin du parti unique : 3 partis. *-4-5 Lunda Bululu* PM de transition. *-11/12-5* opposants tués à Lubumbashi. *-22-6* : 700 coopérants belges renvoyés. *-18-12* multipartisme. **1991**-*9-4 Mulumba Lukoji* PM. *-13/15-4* manif. à Mbuji-Mayi (42 †). *-7-8* début de la conférence nationale. *-23/24-9* pillages (armée et civils) [117 †]. *-25-9* intervention des troupes françaises [4 Cies de légionnaires et d'infanterie de marine (600 h.), 4 Cies prélevées sur la Far (600 h.)] et belges (opération *Blue Beam* : 500 paras) pour évacuer ressortissants. *-1-10 Étienne Tshisekedi* (né 14-2-1932) PM. *-21-10* limogé. *-21/22-10* émeutes à Lubumbashi (10 †, 50 % des 1 000 à 1 400 Européens évacués). *-23-10 Mungul Diaka* (né 1933) PM. *-3/4-11* départ des troupes françaises et belges. *-26-11 Nguza Karl-I-Bond* PM. **1992**-*14-1* **conférence nationale.** *-22/23-1* tentative de putsch (conférence suspendue) [2 †]. *-24-1,* 5 † à Kinshasa. *-16-2* armée tire sur chrétiens (13 †). *-6-4* conférence reprend. *-18-4* se proclame souveraine. *-21-4* élit Mgr **Laurent Mosengwo** Pt. *-14-8 Étienne Tshisekedi* PM. *-Août/sept.* combats Shaba et Kasaï. *-Déc.* PM limogé. *-5-12* **Haut Conseil de la République** (HCR, Pt : Mgr Mosengwo) remplace l'*Assemblée* (210 membres élus sept. 1987 pour 5 ans au suffrage universel). **1993**-*15-1* HCR accuse Mobutu de haute trahison. *-24/29-1* émeutes Kinshasa : 1 000 † (dont 28-1, ambassadeur de France, Philippe Bernard et Christian Cattiaux) ; 1 300 étrangers évacués. *-19/27-2* Mobutu en séjour privé en France. *-17-3* Mobutu fait élire *Faustin Birindwa* (né 1943) PM (désavoué par HCR). *-Avril* troubles au Shaba (8 †). *-2-4* Birindwa forme gouv. *-20-4* fortune de Mobutu (3,5 milliards de $) sous surveillance Belg., Fr. et USA. *-18-5* Kinshasa, attentats (10 †). *-Juillet/août* Kivu, affrontements (4 000 à 6 000 †). *-12-8* Lisala pillée par militaires. *-21-10* monnaie : nouveau zaïre valant 3 millions d'anciens. *-13-12 Shaba* proclame autonomie. *-Fin déc.* Valentin Lubumba, du P. lubumbiste unifié, assassiné. **1994**-*14-1* après accord avec opposition, Mobutu et HCR, HCR remplacé par **Haut Conseil de la Rép. et Parlement de transition** (453 membres). *-15-2* Tshisekedi veut rester PM. *-14-6 Léon Kengo Wa Dondo* (né 22-5-1935, père médecin belge d'origine juive polonaise, mère à moitié rwandaise, adopté par famille zaïroise, UDI) élu PM. **1995**-*printemps* fièvre hémorragique *(virus Ebola)* dans la région de Kikwit, au 24-8 : 244 † sur 315 cas. *-6-8,* 6 Italiens tués par braconniers dans parc des Virunga. **1996**-*8-1* Kinshasa, avion s'écrase sur le marché (350 †). *-22-3* Mobutu s'attribue pouvoir législatif. *-Mars* Nord-Kivu, armée (Forces armées zaïroises ou Faz) et miliciens hutu rwandais massacrent Banyamulengés (Tutsi rwandais installés au Zaïre). *-Été* Faz et miliciens hutu basés dans les camps de réfugiés pourchassent les Tutsi dans le Sud-Kivu. *-22-8* Mobutu opéré d'un cancer de la prostate à Lausanne. Faz et miliciens hutu battus. *-Fin sept.* Fizi prise par les Banyamulengés. *-18/20-10* combats autour d'Uvira, 250 000 réfugiés hutu partent (fin oct.-début nov., ils sont environ 750 000). *-30-10* Bukavu pris. *-31-10/1-11* Goma pris. *-15-11* début du retour d'environ 500 000 réfugiés au Rwanda. Résolution 1080 (Onu) autorise une force de 10 000 à 15 000 h. pour aider les réfugiés jusqu'au 31-3-1997 (annulée 23-12 à cause du départ des réfugiés). *-26/27-11* Butembo pris. *-17-12* Mobutu rentre à Kinshasa. *-25-12* Buna prise. **1997**-*9-1/6-2* Mobutu en France (Roquebrune-Cap-Martin) pour des soins (*idem* du 21-2 au 21-3). *-22-1* contre-offensive des Faz au Kivu.

-31-1 Watsa pris. *-3-2* Kalémié, sur le lac Tanganyika, pris. *-4/5-2* environ 40 000 réfugiés partent en forêt région de Shabunda. *-5-2* Punia pris. *-9-2* Bafwasende (chef-lieu du Haut-Zaïre) pris. *-11-2* Isiro pris. *-17-2* Faz bombarde Bukavu (11 †, 36 bl.). *-23-2* Kalima pris. *-27-2* Kindu pris. *-15-3* Kisangani pris. *-21-3* retour de Mobutu. *-24-3* PM Kengo Wa Dondo démissionne. *-2-4 Étienne Tshisekedi* PM, destitué *9-4*. *-4-4* Mbuji-Mayi (ville du diamant) pris. *-9-4* Lubumbashi pris. *-11-4 G*[al] *Likulia Bolongo* PM. *-12-4* Kanaga pris. *-29-4* Kikwit pris. *-4-5* Pointe-Noire, rencontre Mobutu-Kabila sur bateau sud-africain. *-10-5* Mgr Monsengwo élu Pt du Parlement de transition, Kabila refuse de traiter avec lui. *-16-5* Mobutu décide « de se tenir à l'écart » et part pour le nord (Gbadolite) ; *18-5* pour le Togo, puis, *23-5,* le Maroc (mourra à Rabat 6-9-1997 ; biens personnels à l'étranger estimés à 7 milliards de $).

1997-*17-5* Kinshasa pris. **Laurent-Désiré Kabila,** dit **Mzée** (sage en Swahili) [né 27-11-1939 ou 1941 à Moba, Shaba, ethnie Baluba. 1960 colonel des jeunesses lubumbistes. 1963 rejoint la rébellion de Pierre Mulélé (disciple de Lumumba). 1964-*janv.*participe à l'insurrection du Kivu. 1965 fonde le Parti révolutionnaire du peuple, vit dans les maquis du Shaba et du Kivu, lutte avec ses Forces armées populaires (Fap), entouré de *kadogos* (enfants-soldats]. *-20-5 :* 2 hommes d'affaires français assassinés. *-28-5* Kabila a pleins pouvoirs. *-29-5* prête serment. **1998**-*janv.* choléra (200 †). *-Fin février* combats armée/milices maï maï dans le Nord-Kivu (300 †). *-1-6 :* « gouvernement de salut public » (dissous 21-2-1999). *-30-6* franc congolais remplace le nouveau zaïre. *-2-8* **rébellion** des banyamulenges (Tutsi d'origine rwandaise) dans le Kivu. *-5-8* Arthur Zahidi Ngoma dirige la rébellion (Pt du Mouvement politique des forces du futur). *-13-8* barrage d'Inga pris. *-26/29-11* Kabila à Paris. *-30-12/***1999**-*1-1,* 500 civils † par rebelles du RCD. *-1-6* Joseph Olengankhoy (opposant) libéré. *-10-7* Lusaka, cessez-le-feu signé sauf par 2 factions rivales du Rassemblement congolais pour la démocratie qui ne signe que le 31-8. *-23-9* arrivée d'observateurs de l'Onu. *-1-12* résolution 1279 de l'Onu prévoit 500 observateurs militaires et Monuc (Mission de l'Onu pour le Congo), mandat de 3 mois (jusqu'au 1-3-2000). **2000**-*24-2* résolution 1291 de l'Onu : accord pour envoyer 5 537 h. *-5/10-6* Kisangani, combats Rwandais/Ougandais (760 † dont 619 civils). *-16-6* résolution 1304 de l'Onu, embargo sur armes, retrait des forces étrangères. *-2-7* Kabila nomme 300 députés pour former une Ass. constituante et législative ; *-23-8* suspend l'application des accords de Lusaka ; *-24-8* autorise 5 500 casques bleus de l'Onu. *-14-12* résolution 1332 de l'Onu, envoi de 5 000 casques bleus. **2001**-*16-1* Kabila assassiné par garde du corps. *-17-1* **Joseph Kabila** (né 1972, général major, son fils) assume gouv. et commandement militaire ; *-24-1* le Parlement provisoire le proclame Pt. *-15-2* Lusaka : sommet sur processus de paix, déploiement prévu 26-2 de 2 500 casques bleus et de 500 observateurs, l'ancien Pt botswanais Ketumile Masire juge de paix ; processus refusé par Kagamé (Pt rwandais). *-22-2* Onu approuve le plan.

■ **Statut.** *République démocratique.* **Constitution** du 24-6-1974, révisée 1978, 80, 81 et 91. *Acte constitutionnel transitoire* du 30-3-1994 prolongé jusqu'en juillet 1997. **Pt :** élu pour 7 ans au suffrage universel. **PM :** élu par le Parlement. **Assemblée constituante** et législative depuis -2-7-2000. **Fête nationales.** 30-6 (indépendance, 1960), 24-11 (anniversaire du nouveau régime, 1965), 4-1 (jour des Martyrs de l'indépendance), 24-6 (jour du Poisson), 14-10 (jour de la Jeunesse), 27-10 [j des 3 Zaïre (pays, monnaie, fleuve)], 17-11 (forces armées zaïroises). **Drapeau** (adopté 17-5-1997). Fond bleu, au centre, étoile jaune (drapeau de l'État libre du Congo de 1877 à 1908), à gauche, 6 étoiles jaunes (provinces du Zaïre en 1960).

■ **Partis.** **Mouvement populaire de la révolution (MPR)** fondé 1966, tout Zaïrois en est membre de droit (unique avant 26-4-1990, *Pt :* Mobutu Sese Seko). **Opposition** [réunie dans l'**Usor (Union sacrée de l'opposition radicale)** fondée 1991, *Pt. :*Frédéric Kibassa-Maliba]. **Union pour la Rép. et la démocratie (URD)** fondée 1994, *Pt. :* Gérard Kamanda Wa Kamanda. **Union des fédéralistes et républicains indépendants (Uferi)** fondée 1990 ; scindée en 2 mouvements, Nguza Karl-I-Bond. **Union pour la démocratie et le progrès social (UDPS)** fondée 1982, *Pt* : Étienne Tshisekedi Wa Malumba (né 14-12-1932). **Rassemblement démocratique pour la Rép. (RDR),** *Pt* : Mungul Diaka. **P. démocrate et social chrétien (PDSC)** fondé 1990 ; scindé en 2 depuis 1994, *Pt. :* André Bo-Buliko. **Union des démocrates indépendants (UDI),** *Pt* : Thambwe Mwamba. **Front commun des nationalités (FCN),** *Pt* : Kamanda Wa Kamanda. **Alliance des forces démocratiques pour la libération du Congo-Zaïre (AFDL),** fondée 1996 par Kabila, regroupait 4 mouvements ; dissoute 20-4-1999. **Alliés de Kabila milices :** Hutu, Mayi-Mayi. **Forces étrangères :** Angola 2 000 soldats, Namibie 2 000, Zimbabwe 10 000. **Opposés à Kabila milices :** MLC (Mouvement pour la libération du Congo, Jean-Pierre Bemba, soutenu par Ouganda), RCD-Goma (Rassemblement congolais pour la démocratie-Goma, Dr Émile Ilunga), RCD-ML (Rassemblement congolais pour la démocratie-Mouvement de libération, Ernest Wamba dia Wamba, soutenu par Ouganda). **Forces étrangères :** Ouganda 9 000, Rwanda 10 000, Burundi (n.c.).

■ ÉCONOMIE

■ **PNB** (en $ par hab.). *1985 :* 141 ; *90 :* 230 ; *95 :* 120 ; *99 :* 100 . **Croissance** (en %) : *1996 :* 1,3 ; *97 :* 0,5 ; *98 :* – 5,7 ; *99 :* 0,7. **Pop. active** (en %) **et,** entre parenthèses, **part du PNB** (en %) : agr. 57 (38), ind. 10 (8), services 28 (45), mines 5 (9). **Inflation** (en %) : *1985 :* 23,8 ; *86 :* 46,7 ; *87 :* 85 ; *88 :* 82,7 ; *89 :* 104 ; *90 :* 264 ; *91 :* 2 154 ; *92 :* 4 129 ; *93 :* 1 987 ; *94 :* 2 377,3 ; *95 :* 542 ; *96 :* 395 ; *97 :* 175,5 ; *2000 (est.) :* 200. **Dette extérieure** (en milliards de $) : *1983 :* 4,1 ; *95 :* 10,3 ; ; *98 :* 12,2. Rupture avec FMI depuis 1987 (baisse investissements étrangers et départ des multinationales).

■ **Agriculture.** **Terres** (en milliers d'ha, 1980) : arables 5 800, cultivées 552 (6 % du territoire en 1988), pâturages 9 221, forêts 125 000 (en 1990), eaux 7 781, divers 33 907. **Production** (en milliers de t, 1999) : manioc 17 100 (30 % des terres cultivées), plantain 2 270 (en 1996), canne à sucre 1 750, maïs 1 220, arachide 414, riz 365, huile de palme 157, palmiste 70, café 46, hévéa 12, coton 9, cacao 7, thé 3, tabac 3. **Élevage** (en milliers de têtes, 1999). Volailles 34 000, caprins 4 172, porcins 1 100, ovins 930, bovins 900. **Forêts.** 49 534 000 m³ (en 1998). **Pêche.** 178 000 t (en 1998).

■ **Énergie.** **Charbon** (près de *Kalémie,* ex-Albertville, et *Luena* de mauvaise qualité) : *production* (en milliers de t) : *1990 :* 110 ; *91 :* 60 ; *92 :* 61 ; *93 :* 14 ; *94 :* 11. **Pétrole** (en 1999) : 1 250 000 t. **Gaz** *(lac Kivu).* **Barrages** *d'Inga :* I (terminé) 2 350 MW ; II (en construction) 1 272 MW ; III (projet) 1 200 MW. Cuivre de *Shaba* (en milliers de t) : *1988 :* 470 ; *90 :* 339 ; *95 :* 28 [mine de Kamoto vétuste ; prix de revient 118 cents/livre (moyenne mondiale : 104 cents)]. **Zinc :** 12 000 t (en 1999). **Cobalt** (en milliers de t) : *1990 :*10 ; *95 :* 4,1 ; *96 :* 4 ; *97 :* 3,1 ; *98 :* 4,5. **Argent** 35 t (en 1992). **Diamants** de *Lubilash, du Kasaï :* 2 100 000 de carats (en 1999) [prod. vendue au marché noir ; perte : 400 millions de $ par an]. **Étain** concentré : *1990 :* 2 200 t ; *94 :* 1 000 ; *95 :* 1 000. **Manganèse. Or** (en t) : *1990 :* 10,5 ; *91 :* 6,9 ; *92 :* 4,2 ; *93 :* 1,4 ; *94 :* 1,5 ; *95 :* 0,8 ; *98 :* 0,3 (plus 17 exportés clandestinement ?) ; *99 :* 9. **Wolframite. Monazite. Colombotantalité. Cassitérite. Cadmium.** **Industrie.** Produits alimentaires, ciment, textile. **Transports** (en km, 1996). **Routes :** 156 000, dont goudronnés 33 000. **Voies ferrées** (en cours de rénovation) : 5 138. **Voies navigables :**14 500. **Tourisme** (en 1997). **Visiteurs :** 30 000. **Parcs nationaux :** *la Virunga* (ex-P[ce] Albert de la Rwindi), 8 000 km² (35 000 éléphants, 22 000 hippopotames, 20 000 buffles, 15 000 antilopes, 500 lions) ; *l'Upemba,* 11 730 km² (3 000 éléphants, 1 000 antilopes noires, 500 zèbres) ; *la Garamba,* 5 000 km² (15 000 buffles, 15 000 antilopes, 5 000 éléphants, 580 girafes, 150 lions).

■ **Commerce** (en millions de $). **Import./export. :** *1990 :* 999/888 ; *91 :* 830/711 ; *92 :* 427/420 ; *93 :* 369/372 ; *94 :* 419/382 ; *95 :* 438/397 ; *96 :* 592/424.

■ **Rang dans le monde** (en 1997). 4ᵉ manioc. 5ᵉ diamants.

■ CORÉE

V. légende p. 950.

☞ *Abréviations :* C. : Corée ; J. : Japon.

■ **Nom.** Signifie « pays du matin calme ».

■ **Histoire. Av. J.-C.** **A partir de 700 000** peuplement. **2333** fondation de l'ancien Chosun par Tangun. **800-194** 3 roy. : Kodjoseum, Bouyé, Djin. **108** colonie chinoise de Nakland ; effondrement de l'État de Ko-Chosôn. **57 av.-668 apr. J.-C.** 3 roy. : Silla (fondé 57, sud-est, cap. *Kyong Jo*), Koguryo (fondé 37, nord), Paikche (fondé 18, sud-ouest, cap. *Puyo*). **372** introduction au Koguryo du bouddhisme (religion d'État jusqu'en 1932). **660** chute du roy. de Paikche, **668** du roy. de Koguryo. Le roy. de Silla unifie la C. **918-1392** dynastie Koryo. **935** chute de Silla. **1231** 1ʳᵉ invasion mongole. **1234** invention de l'imprimerie à caractères mobiles. **1274** 1ʳᵉ expédition au J. avec les alliés de la dynastie Yuan. **1281** 2ᵉ expédition. **1392-1910** dynastie Yi (Chosôn). **1394** *Séoul* (alors Hanyang) cap. du Chosôn. **1592** invasion japonaise (Hiyedoshi). **1637** la C. reconnaît suzeraineté mandchoue. **1839-66** persécutions anticatholiques (10 000 †). **1863 Kojong** roi. **1866**-*janv.* Mgr Berneux, vicaire apostolique, son coadjuteur Mgr Daveluy et 7 abbés français martyrisés. *-18-9/3-10* l'amiral Roze envoie de Tien-Tsin 3 navires en reconnaissance ; *-2-10* échec français devant Chôngjok ; *11-10 à fin nov.,* 7 navires détruisent Kang-hoa. **1876**-*26-2* traité de Kang-hoa avec J. qui obtient l'ouverture de ports. **1884**-*4-12* coup d'État, 7 ministres assassinés, légation japonaise incendiée. **1894**-*début* manifestations paysannes, encadrées par une nouvelle religion syncrétiste locale, le *Tonghak. -4-6* Kojong demande aide chinoise. *-15-7* J. met alors en place le gouv. de Kim Hongjip, *-25-7* insurrection des milices à Andong. *-1-8* leur déclare la guerre. *-17-8* bat Chinois à *Pyongyuang* et *17-9* sur le *Yalu. -27-11* J. prend *Port Arthur.* **1895**-*1-1* adoption du calendrier solaire. *-8-10* cheveux courts obligatoires [les Coréens doivent couper leur petit chignon (*sangtu*)]. *-12-2* J. détruit flotte chinoise à *Weihaiwei.* Un gouv. réformiste et un contrôle militaire sont mis en place à Séoul. La rébellion du Tonghak est réprimée. *-17-4 traité de Shimonoseki. -8-10* Séoul, Miura Goro, ambassadeur japonais, fait tuer **Minbi** (la reine Min, née 1851), impératrice de C. **1896-1905** rivalités Russie-J. **1897 Kojong,** devenu empereur, appelle la C. *empire de Taehan.* **1900-01** influence française (PTT, ch. de fer). **1905**-*5-9 traité de Portsmouth* reconnaissant le protectorat du J. *-17-11* traité de protectorat (non ratifié par Kojong). **1907** protectorat japonais, dissolution de l'armée coréenne. *-Juillet* Kojong abdique en faveur de son fils **Sunjong** (règne jusqu'en août 1910). [*1908* Yi Un (demi-frère de Sunjong, 1897-1970), 3ᵉ fils de Kojong, emmené comme otage au J. ; *28-4-1920* épouse P[cesse] Masako (ou Pang-ja ; Japonaise, 1912/30-4-89) dont 1 fils, Yi Ku, qui épousera une Américaine (Julia Mullock) et adoptera une fille (Eugenia).] Son PM, *Lee Wan-Yong* (1858-1926), collabore avec J. **1910**-*21-1* Kojong meurt au palais Toksu (empoisonné par les Japonais ?). *-29-8 annexée* au J., devient province de Chosun. **1919**-*1-3* manif. pour l'indépendance (mouvement Samil). *-13-4* nationalistes réprimés. Gouv. provisoire en exil dans la concession française de Shanghai. Certains émigrent aux USA. Des résistants s'établissent en Mandchourie. **1926** Kim Il-sung (1912-94) fonde l'*Union pour abattre l'impérialisme* (UAI). **1932**-*25-4* crée à Antu (Chine) l'*Armée de guérilla populaire antijaponaise* (AGPA), devenue l'*Armée révolutionnaire populaire de C.* **1936**-*5-5* crée l'*Association pour la restauration de la patrie en Mandchourie.* **1941**–*9-12* gouv. provisoire de C. en exil déclare guerre au J. et à l'All. par *Armée pour la restauration de l'indépendance.* **1941-45** enrôlement massif et forcé des Coréens dans armée et industrie par le Japon [dont le gouv. exprimera ses remords pour avoir obligé 200 000 Coréennes (dites « femmes de réconfort ») à se prostituer auprès de ses troupes]. **1945**-*12-8* armée soviétique entre en zone nord, administration militaire soviétique. *-15-8* capitulation japonaise. *-15-8* indépendance de la C. *-8-9* débarquement américain en zone sud, administration militaire américaine. *-15-8* gouvernement de la Rép. de C. *-9-9* gouvernement de la Rép. populaire démocratique de C. *-27-12* accord de Moscou. Commission mixte soviéto-américaine créée.

■ **Langue.** Coréen [altaïque ; caractères chinois jusqu'au XVᵉ s. ; alphabet hangul adopté 9-10-1446, appelé alors *Hunminjeongeum* (sons corrects pour l'instruction du peuple) par le roi Sejong (1397-1450) : 17 consonnes, 11 voyelles ; depuis, 3 consonnes et 1 voyelle ont disparu ; interdit par les Japonais de 1910 à 1931]. **Religions.** Bouddhistes, confucianistes, chrétiens (C. du Nord : 10 000). Mouvement Tonghak (« Savoir de l'Est »), religion nationaliste, fondé au XIXᵉ s. par Choe Che-u (1824-64) : mélange de confucianisme, de taoïsme et de pratiques chamanistes. **Costume national.** *Hanbok* (h. : pantalon et veste blancs ou pantalon gris et veste blanche ; f. : veste *chogori,* jupe *chima*). **Fleur.** *Mugunghura* ou hibiscus.

COMPARAISONS ENTRE CORÉE DU NORD ET, entre parenthèses, **CORÉE DU SUD.** **Armées :** *soldats* 1 040 000 [633 000 (plus 40 000 soldats américains)], *pièces d'artillerie* 10 850 (1 840), *avions de combat* 1 310 (455), *navires de guerre* 790 (38). **Population :** 21,9 millions (46,4). **PNB :** 21,2 milliards de $ (332). **PNB/hab.** 1 098 $ (6 823). **Commerce** (en milliards de $) : *export. :* 0,84 (133,2) ; *import. :* 1,27 (93,28). **Riz** (en millions de t) : 1,46 (5,09). **Voitures particulières :** 6 400 (1 950 000).

■ CORÉE DU NORD

(République populaire démocratique)

V. légende p. 950.

☞ *Abréviations :* C. : Corée ; C. du N. : Corée du Nord ; C. du S. : Corée du Sud ; J. : Japon ; N.-Cor. : Nord-Coréens ; S.-Cor. : Sud-Coréens.

■ **Situation.** Asie. 120 538 km². **Frontières** avec Chine 1 416 km, Corée du S. 238, Russie 19. **Côtes :** 2 495 km. **Longueur :** 400 km. **Largeur :** 110 km. **Altitude** *maximale :* Mt Paik Tou San 2 774 m. **Montagnes :** 79,5 % (65 % à moins de 500 m). **Lac :** Tcheun (cratère volcanique) : 9,16 km², périmètre 14,4 km, largeur 3,55 km, prof. 384 m (le plus profond lac de montagne du monde), débit

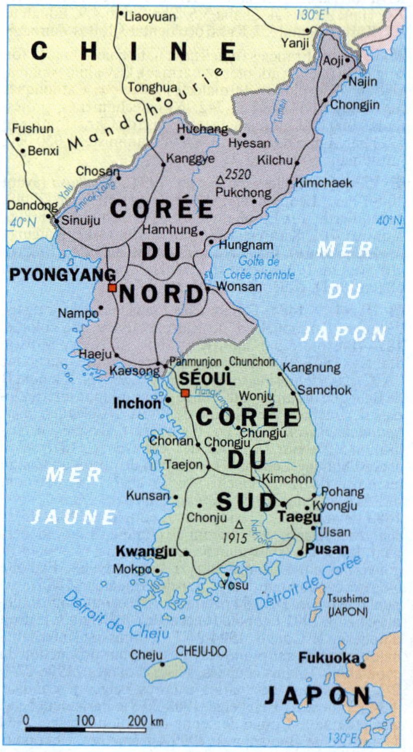

30 000 m^3, volume 1 955 millions de m^3. **Climat.** *Tempéré continental :* hivers froids, surtout aux confins soviétiques et chinois (– 6 °C en moy.) ; été : mousson (+ 27 °C dans le Sud). *Pluies :* avril-oct. (800-1 300 mm par an, 60 % de juin à août).

■ **Population** (en millions d'hab.). *1960 :* 10,5 ; *70 :* 14,3 ; *80 :* 18,1 ; *90 :* 21,7 ; *93 :* 21,2 ; *97 :* 24,5 ; *99 :* 21,4 ; *2000 :* 25,4 ; *2025 (prév.) :* 25. **D.** 210,7. **Taux** (en ‰) : *natalité : 1960 :* 39,1 ; *80 :* 24 ; *90 :* 24 ; *95 :* 24,1 ; *99 :* 21 ; *mortalité : 1960 :* 17 ; *80 :* 6 ; *95 :* 3,5 ; *99 :* 7 (infantile : 26) ; *accroissement naturel : 1960 :* 2 ; *70 :* 3,5 ; *76 :* 1,8 ; *99 :* 1,58. **Espérance de vie :** *1999 : h.* 67, *f.* 73 ans. **Pop. urbaine** (en %) : *1960 :* 40,6 ; *70 :* 54,2 ; *80 :* 56,9 ; *87 :* 59,6 ; *93 :* 61 ; *97 :* 62. **Villes.** *Pyongyang* 2 500 000 (en 1995) d'hab., Tcheungdjin 663 395 (en 1990). **Au Japon** (fin 1996) : 650 000 (dont 170 000 à Osaka).

■ **Histoire.** **1945**-*sept.* **Kim Il-sung** (dit **Kim Sung-ju,** 15-4-1912/8-7-1994) rentre avec l'appui de l'URSS. *-6-9 Rép. populaire de C. -10-10* rassemblement des membres du parti communiste de Corée des 5 provinces nord-ouest. **1946**-*2-2* Pt du Comité populaire provisoire de la C. du N. *-5-3* réforme agraire. *-Mai* pourparlers russo-américains pour réunification : échec. *-10-8* nationalisations. **1948**-*8-2* création de l'Armée populaire. *-25-8* élections (la C. du N. refuse qu'elles soient surveillées par l'Onu) : C. du N. 217 députés et C. du S. 360 (dont certains viennent siéger au Nord). *-9-9* l'Assemblée populaire suprême proclame la *République populaire démocratique de C. -26-12* retrait des troupes soviétiques.

Guerre de Corée

■ **Belligérants.** **Corée du Nord :** 9 millions d'hab. La plus forte capacité industrielle. Équipement soviétique : chars T-34, artillerie lourde, 150 avions (chasseurs Yak et bombardiers Ilyouchine) ; plusieurs milliers de Russes (1 division d'aviation basée en Chine du Nord-Est, 1 corps de sécurité), renfort de 30 000 Coréens résidents en Chine où ils ont combattu aux côtés de Mao. *Printemps 1950 :* 135 000 réguliers et unités de milice. **Corée du Sud :** armement défensif léger, sauf chars et avions. Les Américains avaient estimé en 1947 d'un intérêt limité le maintien de troupes en C. (il n'y eut que 500 conseillers).

■ **Déroulement.** **1949**-*mars* Kim Il-sung à Moscou. Parle d'attaque armée contre le Sud. Staline lui conseille de renforcer son armée. **1950**-*27-2* Kim Il-sung met au point à Moscou son projet d'invasion. *-15-5* voit Mao Tsé-toung : la Chine l'appuiera en cas d'intervention américaine. *-24-6* à 4 h du matin prenant prétexte d'une « agression sudiste », 5 divisions nord-coréennes (commandées par Kim Ir-Sen) pénètrent en C. du S. et prennent Séoul. *-27-6* USA interviennent sur demande de l'Onu (l'URSS membre permanent du Conseil de sécurité n'a pas mis son veto car elle refuse de siéger, la place de la Chine étant occupée par le représentant de Tchang Kaï-chek). 53 pays membres (sur 59) soutiennent les USA, 42 fournissent une contribution (dont 16 une participation militaire ; la France avec Gal Monclar). *-28-6* N.-Cor. prennent Séoul (3-7 Inchon, 20-7 Taejon). *-1-7* des troupes de l'Onu débarquent à Pusan (*16-9* à Inchon, *18/25-9* reprennent Séoul, *2-10* atteignent 38e parallèle, *19-10* prennent Pyongyang, *-26-10* atteignent frontière chinoise). *-25-10* Mao Tsé-toung ayant décidé le 25-9 d'aider Kim Il-sung, 500 000 « volontaires chinois » sous les ordres du Gal Peng Dehuai les repoussent (27-11) et franchissent le 38e parallèle (1-1-1951). **1951**-*4-1* prennent Séoul. *-21-1* troupes de Ridgway (1895-1993) reprennent Séoul (14-3), atteignent 38e parallèle (31-3). Front stabilisé. *-11-4* Gal Douglas MacArthur (1880-1964), C^{dt} en chef, partisan de l'offensive jusqu'en Chine, remplacé par Ridgway puis, en 1952, par Mark Clark (1896-1984). *-22-4* et *16-5* offensives chinoises : échec. **1953**-*27-7 armistice de Pan-Mun-Jom* signé par l'amiral Harrison et le Gal Nam Il. Syngman Rhee fait libérer 250 000 prisonniers n.-cor. qui refusaient d'être rapatriés. USA et URSS accordent leur garantie à la C. du N. et à la C. du S. Une commission de l'Onu (Polonais, Tchécoslovaques, Suisses et Suédois) surveille l'application de l'accord.

■ **Bilan de la guerre** (du 25-6-1950 au 27-7-1953). **Forces en présence** (au 25-6-1950). **Corée du Nord :** 100 000 h., 242 chars T-34, 211 avions Lavotchkine et Iakolev. Seront soutenus par les « volontaires chinois » (des centaines de pilotes russes déguisés en Chinois). **Corée du Sud :** 60 000 h. **Victimes.** **Corée du Sud :** *Coréens :* 58 127 †, 175 743 bl., 166 297 disparus ou prisonniers. *Américains :* 33 629 †, 103 284 bl., 5 178 disparus. 5 764 143 ont participé à la guerre. *Alliés de l'Onu :* 3 194 †, 11 297 bl., 2 769 disparus [dont *Français :* 3 421 (dont 262 †, 1 008 bl., 7 disparus) ; *Belges et Luxembourgeois :* 106 †, 350 bl.]. **Corée du Nord** *(est.) :* 300 000 †, 220 000 bl. **Chine populaire :** 200 000 †, 700 000 bl.

Zone démilitarisée. Longueur 249 km, largeur 4 km de part et d'autre de la ligne de démarcation à 48 km de Séoul ; troupes des N.-Cor. 1 160 000 h. (en 1991), des S.-Cor. 690 000 h., 37 000 (en 1998) Américains. 20 tunnels auraient été creusés par les N.-Cor. pour prendre à revers les S.-Cor. (30 000 h. par heure, à bord de Jeep, auraient pu y passer). [*1er découvert :* le 15-11-1974 : 3,50 km × 0,90 m, hauteur 1,20 m, profondeur 45 m ; *2e :* 19-3-1975 : 3,50 km × 2,10 m, hauteur 2 m, profondeur 50 à 60 m ; *3e :* 17-10-1978 : 1,60 km × 2 m, hauteur 2 m, profondeur 73 m ; *4e :* 3-3-1990 : longueur 2 m, diamètre 1,70 m, profondeur 145 m.] La C. du S. accusait en oct. 1984 la C. du N. d'avoir violé plus de 112 000 fois l'armistice depuis le 27-7-1953, et la C. du N. accusait USA et C. du S. de l'avoir violé plus de 310 800 fois de 1953 à déc. 1980.

1958 troupes chinoises se retirent. *-Juin* mouvement *Chollima* (« Cheval volant ») pour inciter les masses à dépasser les objectifs. **1960**-*févr.* méthode *Chongsanri* puis **1961**-*déc.* système *Taean* (techniques de gestion et d'administration). **1968**-*23-1* les N.-Cor. arraisonnent le *Pueblo*, navire espion américain (1 †). *-23-12,* 82 membres de l'équipage relâchés à 25 milles des côtes. **1971**-*12-4* et *6-8* C. du N. propose des conversations. **1972**-*10-1* C. du N. propose traité de paix entre les 2 C. *-4-7* dialogue reprend entre les 2 C. **1974**-*23-2* C. du N. propose accord de paix aux USA. Rapports tendus entre les 2 C. *-Avril* abolition des impôts. **1976** diplomates n.-cor. expulsés de Danemark, Norvège, Finlande, Suède pour trafic de drogue. **1980**-*10-10* Kim Il-sung propose le projet d'une Rép. confédérale démocratique de Koryo (RCDK). **1984**-*sept.* C. du S. accepte, de la C. du N., 12 millions de $ pour aider victimes d'inondations. *-Oct.* Kim Il-sung à Moscou (1re fois en 23 ans). *-15-11,* 1er face-à-face à Pan-Mun-Jom des délégations économiques des 2 C. *-23-11* évasion d'un Soviétique (3 soldats n.-cor., 1 garde sud-coréen tués). *-27-11* C. du N. rompt le dialogue. *Joint ventures* possibles avec Occidentaux. **1985** pourparlers envisagés. Signature du traité de non-prolifération nucléaire. **1986** Kim Il-sung à Moscou. **1988**-*3-9* boycott des JO de Séoul. *-Nov.* plan de paix en 3 ans, retrait américain de C. du S., armée des 2 C. réduite à 100 000 h. **1989**-*19-1* réunion tripartite à huis clos à Pan-Mun-Jom (1re depuis 1953). **1990**-*28-9* rapprochement avec Japon. **1991**-*17-9* entre à l'Onu. *-3-10* Kim Il-sung en Chine. *-12-11* refuse dénucléarisation et inspection des experts de l'AIEA. *-30-11* Moon en C. *-25-12* Kim Jong-Il C^{dt} en chef des forces armées. **1992**-*30-1* accord de garanties nucléaires avec AIEA. *-Juillet* émeutes de la faim. **1993**-*1-2* Russie rompt alliance militaire. *-8-3* état de semi-guerre (cause : manœuvres militaires C. du S.-USA). *-11-3* se retire du traité de non-prolifération nucléaire. *-15-3* fermeture des frontières. *-Déc.* CIA pense que la C. du Nord a la bombe atomique. **1994**-*janv.* achète 40 sous-marins russes. *-26-2* accord sur inspection des installations nucléaires, puis *4-4* refus.

1994-*18-7* **Kim Jong-Il** [né 16-2-1942, fils de Kim Il-sung ; depuis sept. 1973 il dirige le Parti ; en oct. 1980 désigné comme « dauphin » au cours du 6e congrès du P. du travail ; le 24-12-1991 est C^{dt} de l'armée ; et le 27-4-1992 devient maréchal]. *-21-10* Genève, accord USA-C. du Nord sur programme nucléaire. **1995**-*20-1* levée partielle de l'embargo américain (depuis 1950). *-25-2 M^{al} O Jin-u,* min. de la Défense et n° 2 du régime, meurt. *-Juillet/août* inondations : 5 millions de sinistrés, 500 000 sans-abri, 15 milliards de $ de dégâts, choléra. **1996**-*janv.* demande aide alimentaire internationale. *-Févr.* Sung Hye-rim, ex-épouse de Kim Jong-Il, se serait réfugiée aux P.-Bas et demanderait asile aux USA. *-4-4* C. du N. renonce aux obligations découlant de l'armistice de 1953. *-6-4* et *5-6* violations de la zone démilitarisée. *-Fin 1996* inondations. **1997**-*12-2* Hwang Jang-yop (né 1925, idéologue du régime et secrétaire du P. du travail) se réfugie à Pékin au consulat de C. du S. *-21-2 Hong Song-nam* PM. (18-3 aux Philippines, 20-4 à Séoul). *-Sept.* 9 dirigeants exécutés. **1998**-*5-9* **Kim Jong-Il** élu n° 1 du régime par l'Assemblée du peuple. Kim Il-sung nommé à titre posthume « Pt éternel ». **1999**-*15-6* un torpilleur qui aurait franchi la ligne de démarcation coulé par C. du S. (30 †). **2000**-*12/15-6,* 1re visite d'un Pt sud-coréen.

☞ **Famine :** *de 1995 à 1999 :* 2 à 3 millions de † ; *99 :* 200 000 †.

■ **Statut.** *République populaire.* **Constitution** du 27-12-1972, révisée 9-4-1992. Sept. 1998 supprime le poste du Pt de la Rép. et le Comité populaire central. Pouvoir suprême au Pt du Comité de la Défense (Kim Jông-il). **Vice-Pts :** Kim Yong-ju (frère du Pt), Li Jong-ok, Kim Pyong-Sik et Pak Song-chol (né 1912). **Ass. populaire suprême :** 687 m. élus pour 5 ans au suffrage universel. **Cabinet** (pouvoir exécutif) : dirigé par le *Premier,* Hong Song-nam depuis 21-2-1997 et comprenant 8 vice-Premier et les ministres. **Fêtes nationales.** 15-4 (anniversaire de Kim Il-sung), 9-9 (fondation de la Rép. populaire), 10-10 (fondation du P. du travail), 27-12 (fête de la Constitution). **Drapeau** (adopté 9-9-1948). Bandes horizontales : 2 bleues (souveraineté, paix et amitié), 2 blanches (pureté) et 1 rouge (communisme). Au centre, étoile rouge du P. ouvrier dans cercle blanc (communisme).

■ **Partis.** **P. du travail de C.** fondé 10-10-1945, 3 200 000 m., *secrétaire* : Kim Jong-Il, élu le 8-10-1997. **P. social-démocrate** fondé 1945, *Pt :* Kim Pyong-Sik. **P. du culte Tcheundo-Tcheungou** fondé 1946, *Pt :* Ryu Mi Yong. *Idéologie : Juche* (indépendance et autosuffisance) : indépendance politique, autodéfense et autosuffisance économique. Lancé par Kim Il-sung dans les années 1960.

■ **Prisonniers politiques.** 200 000 (dont 50 000 à Yodok).

■ Économie

■ **PNB** (en 1999). 10,9 milliards de $. 450 $ par hab. **Population active** (en %) **et,** entre parenthèses, **part du PNB** (en %) : agr. 40 (25), ind. 25 (25), services 30 (40), mines 5 (10). **Dette extérieure** (en 1998) : 7,43 milliards de $. Envoi de devises de 250 000 émigrés au Japon (1,8 milliard de $ en 93). **Croissance** (en %) : *1996 :* – 4,2 ; *97 :* – 6,8 ; *98 :* – 1,1 ; *99 :* 1. *Pénurie alimentaire et énergétique :* ration de riz par jour : *1996 :* 250 g ; *1997 :* 100 g.

■ **Agriculture.** **Terres** (en milliers d'ha, 1981) : arables 2 360 (en 1987), cultivées 90, pâturages 50, forêts 8 970, eaux 13, divers 766. **Production** (en milliers de t, 1999) : riz paddy 2 343, p. de t. 1 400, maïs 1 235, patates douces 450, haricots 400, légumineuses 300, blé 189, orge 106, soja, coton, soie, chanvre. **Forêts** (en 1998). 7 000 000 de m^3. **Élevage** (en milliers de têtes, 1999). Porcins 2 970, bovins 565, ovins 185, caprins 305, chevaux 47, ânes 3. **Pêche** (en 1998). 186 200 t. **Famine** en 1996.

■ **Énergie.** **Anthracite** : 71 000 000 de t (en 1995). **Lignite** : 24 100 000 (en 1998). **Hydroélectricité :** 23 milliards de kWh (en 1998) [64,27 % en 1996] ; *centrale de Kumgangsan* (1986-96) : 810 MWh de 4 réserves [dont Innam (hauteur 121,50 m), retenue 2,6 milliards de m^3, *coût :* 2 milliards de $; la C. du S. y voit une menace écologique et militaire (en cas de rupture de digue)]. **Nucléaire :** *centrale de Yongbyon* (90 km au nord de Pyongyang) : 2 réacteurs expérimentaux (3e commencé 1984, achevé 1994). **Pétrole importé d'URSS** (en milliers de t) : *1987 :* 800 ; *90 :* 410 ; *92 :* 30. **Mines** (en milliers de t, 1995). Fer 800 (en 1998), plomb 30 (en 1998), zinc, magnésite 1 600, wolfram, molybdène, cuivre, nickel, manganèse, bauxite, alunite, graphite 40, tungstène 900 t. Or 5 t. Argent 50 t (en 1997). **Industrie.** Engrais, acier, fonte, matériel électrique. **Zones spéciales :** Sonbong, Nampo. **Zone de libre-échange :** Tumen (projet 621 km^2). **Tourisme** (en 1997). 128 000 visiteurs.

■ **Commerce** (en millions de $). **Export. :** 560 (en 1998) *dont* (en 1994) tabac 15, soie 5,8, riz 2 ; **vers** (en 1994) Chine 199, Japon 322. **Import.** : 880 (en 1998) *dont* (en 1994) sucre brut 94, coton 22, blé 3, huile 12,3 ; **de** (en 1994) Chine 424, Japon 170.

■ **Rang dans le monde** (en 1999). 13e fer.

■ Corée du Sud

Carte p. 1042. V. légende p. 950.

☞ *Abréviations :* C. : Corée ; J. : Japon ; N.-Cor. : Nord-Coréens ; S.-Cor. : Sud-Coréens.

■ **Situation.** Asie. **Superficie :** 99 313 km^2. **Côtes :** 2 413 km. **Frontière :** avec C. du N. le long de la ligne de démarcation, 238 km. **Longueur :** 450 km. **Largeur :** 230 km. Montagnes (70 % de la superficie). **Altitude** *maximale :* 1 950 m (Mt Hanla). Plaines. **Grottes** de lave (dont une de 6,8 km de longueur). **Climat.** Tempéré continental. *Pluies :* juin, début juill., fortes en juillet, surtout dans le Sud. *Température moy.* 12,9 °C, écart maximal – 13,7 °C l'hiver, + 36,1 °C l'été. Le Japon revendique les îlots de Tokto (23 ha).

■ **Population** (en millions d'hab.). *1970 :* 32,24 ; *80 :* 38,12 ; *90 (1-11) :* 42,87 (dont 74,4 % urbanisés) ; *95 (rec.) :* 45,09 ; *97 (1-6) :* 45,99 ; *98 :* 46,4 ; *99 :* 46,9 ; *2000 :* 47 ; *2025 (prév.) :* 53. Une seule ethnie : les Han. Tradition matriarcale dans l'île de Cheju ; pêcheuses de coquillages à la plongée. **Émigration** (en 1997) : 5 541 166 dont vers J. 699 487, USA 2 000 438. *Départs pour l'étranger : 1987 :* 449 419 ; *88 :* 1 005 320 ; *89 :* 1 529 048 ; *91 :* 2 165 725 ; *97 :* 4 858 135. **D.** 476,3. **Taux** (en %) : *croissance :* 9,9 (en 1997) ; *natalité : 1970 :* 4,53 ; *80 :* 2,83 ; *90 :* 1,59 ; *99 :* 1,42 ; *mortalité :* 6 ‰ (infantile : 11). **Age :** *– de 15 ans :* 21,8 %, *+ de 64 ans :* 7 %. **Espérance de vie** (en 1999) : *h.* 70 ans, *f.* 77. **Divorces** (en 1997) : 2 %. **Étrangers** (en 1996) : 210 000 travailleurs (dont 66 % illégaux). *En 1995 :* résidents japonais 9 666, américains 7 009. **Villes** (en millions d'hab., 1998). *Séoul* 10,2 [0,44 en 1935 (à 50 km du 38e parallèle)], Pusan 3,8 (428 km de Séoul), Taegu 2,4 (300 km), Inchon 2,4 (29,5 km), Kwangju 1,3 (320 km), Taejon 1,3 (160 km), Ulsan 1 (402 km), Chonchu 0,32 (en 1995 ; 160 km).

■ **Religions** (en %, 1995). Bouddhistes 45,7 ; confucianistes 0,9 ; protestants 36,4 ; catholiques 13,1 [*1992 :* 3 millions, 1 712 prêtres (dont 201 étrangers), 5 399 religieuses (184 étrangères), 1 442 grands séminaires] ; divers 3,9. *Chamanisme* (animisme).

■ **Histoire** (voir **Corée**). **1941**-*3-6* gouvernement par intérim. **1948**-*10-5* Ass. nat. élue. *-7-7 Constitution. -20-7* **Syngman Rhee** (1875-Hawaï 1965) Pt. *-15-8* **Ire République** proclamée à la fin du gouv. militaire américain. *-9-12* l'Onu déclare le gouv. de Séoul seul légitime. **1949**-*26-6* Ahn Du-hui tue Kim Ku, ancien Pt du gouv. provisoire. *-29-6* fin du retrait des troupes amér. **1950**-*janv.* Dean Acheson exclut la C. du Sud du système défensif américain. *-Mai* élections. *-25-6 guerre de Corée* (voir col. a). **1953**-*27-7 armistice. -1-10* traité de défense mutuelle avec USA. **1960**-*19-4* émeutes d'étudiants pour la démocratisation. *-29-4* Rhee se réfugie à Hawaii ; système parlementaire instauré. *-29-7* élections, victoire démocrate, **Yun Po-Sun** (1897/19-7-1990) élu Pt. *-23-8* **IIe République.** **1961**-*16-5* coup d'État, PM *Chang Myun* déposé. Assemblée nat. dissoute, partis interdits. Conseil pour la reconstruction nationale avec Gal Park Chung-hee (1917-79). **1962**-*17-12* nouvelle Constitution. **1963**-*15-10* **Park Chung-hee** élu Pt. *-17-12* **IIIe République.** **1964-73,** 312 853 h. envoyés au Viêt Nam (4 624 †). **1965**- *22-6* traité nippo-coréen : J. reconnaît la mort de 21 919 Coréens durant la 2de Guerre mondiale et octroie 500 millions de $ (subventions 300 et prêts 200) ; envoi de forces s. cor. au Viêt Nam. **1968** *-21-1* attentat n. cor. contre Park : échec. **1971** Park réélu Pt contre Kim Tae-jung (45 % des voix). **1972** agitation étudiante. *-4-7* reprise dialogue entre les 2 Corée. *-17-10* loi martiale. *-21-11* référendum sur Constitution ; *yushin* (revitalisation) : oui 91,5 %. *-30-11/1-12,* 1re réunion du comité de coordination Nord-Sud à Séoul. *-23-12* Park réélu. *-27-12* **IVe République.** **1973**-*8-8* Kim Dae-jung, exilé à Tokyo, enlevé par services secrets s.-cor. et transporté en C. **1974**-*15-8* Pt Park échappe à un attentat, sa femme meurt. Tensions avec J., manif. antijaponaise à Séoul. **1975**-*12-2 référendum* sur politique du Pt : oui 74,7 %. *-Juin* dizaines d'opposants emprisonnés. **1976** Kim Dae-jung condamné à 5 ans de prison. *-18-8,* 2 officiers américains tués dans la zone démilitarisée à Pan-

Mun-Jom. **1978**-*7-7* Park réélu Pt. *-22-12* Kim Dae-jung libéré ; amnistie pour 5 368 prisonniers. **1979**-*janv.* détente entre les 2 Corée. *-27-2*, 1re rencontre de tennis de table avec C. du N. *-Oct.* Kim Young-sam, Pt du Nouveau P. démocrate, expulsé du Parlement. *-26-10* Pt Park assassiné par Kim Jae-kyu, chef coréen chef du Service central de renseignement. **1979**-*26-10* **Choi Kyu-hah**, ancien PM, Pt par intérim. *-12-12* coup d'État militaire.

1979-*12-12* **Gal Chun Doohwan** (né 23-1-1931) au pouvoir (aidé du Gal Roh). *-21-12* Kim Jae-kyu et ses 6 coaccusés condamnés à mort. **1980**-*17-5* Kim Dae-jung condamné à mort, puis à 20 ans de prison (16-12-1982 expulsé vers USA pour traitement médical). *-20-5* émeutes à Kwangju (après extension de la loi martiale), puis dans province de Cholla (200 à 2 000 †). *-27-8* Chun Doohwan élu Pt. 57 000 « antisociaux » arrêtés (dont 3 000 condamnés à la prison). *-Oct. référendum* pour Constitution : oui 91 %. **1981**-*24-1* loi martiale levée ; **Ve République.** *-3-3* Chun Doohwan réélu Pt pour 7 ans par collège électoral de 5 270 membres ; amnistie pour 5 221 prisonniers. **1982**-*avril* un policier ivre tue 55 personnes. *-20-5* scandale financier, démission de 11 membres du gouv., chute boursière. **1983**-*1-9* l'aviation soviétique abat un Boeing 747 de Korean Air (269 †). *-9-10* attentat à Rangoun (Myanmar) attribué à des agents nord-coréens lors de la visite du Pt Chun (18 † dont 5 du gouv. coréen). **1984**-*mai* Jean-Paul II en C. pour la canonisation de 103 martyrs (93 Coréens, 10 Français). **1985**-*8-2* Kim Dae-jung rentre. *-12-2* élections (en %) : PJD 35, NKDP 30, autres opposants 28, indéterminés 12, abst. 15. *-Avril* PM Fabius en C. *-21/23-9* des familles séparées par ligne de démarcation ont pu se réunir (1re fois depuis la guerre). **1986**-*14/16-4* Pt Chun en France. *-6-5* manif. étudiantes. *-20-5* un étudiant s'immole par le feu à Séoul. Heurts étudiants/policiers. *-14-9* bombe à l'aéroport de Séoul (5 †). *-Oct./nov.* manif. étudiantes. **1987**-*19-5* manif. pour le 7e anniversaire du soulèvement de Kwangju. *-10-6* manif. (1 000 bl. dont forces de l'ordre 700). Le cardinal de Séoul s'interpose entre la police et les étudiants réfugiés dans la cathédrale. *-11/15-6* manif. ; Pt Chun mis en garde par catholiques et bouddhistes (considérés comme « gardiens de la nation »). *-29-6* Pt Chun promet libéralisation. *-Juillet* 2 000 prisonniers libérés. *-1-7* Pt Chun accepte que son successeur soit élu au suffrage direct. *-10-7* abandonne à Roh la direction du PJD. *-Août* grèves. *-29-11* Boeing de Korean Air Lines explose en vol au large du Myanmar (115 †) : bombe déposée à bord par Kim Hyun-hee (née 1963, femme agent secret des N.-Cor., condamnée à mort 25-4-1989, amnistiée 12-4-1990 ; convertie au christianisme). *-17-12* émeutes (plusieurs †). *-27-12 référendum* pour Constitution (oui 93 %).

1988-*25-2* **VIe République. Roh Tae-woo** (né 4-12-1932) Pt, élu le 16-12 au suffrage univ. par 36,7 % des voix devant Kim Young-sam (28 %), Kim Dae-jung (27,1 %), Kim Jong-pil (8,1 %). **1988**-*10-2* C. du S. et Chine ouvrent des bureaux commerciaux. *-25-2 Kang Young-hoon* (né 30-5-1922) PM. *-31-3* Chun Kyung-hwan, frère cadet de l'ex-Pt Chun, arrêté pour corruption (métro de Pusan), sera condamné le 5-9 à 7 ans de prison et à 5,7 millions de $ d'amende ; Lee Sung-ja, femme de l'ex-Pt, soupçonnée. *-26-4* législatives (abst. 25 %). *-18-5* un étudiant se jette du haut de la cathédrale de Séoul. *-10-6* Séoul, 10 000 étudiants manifestent pour réunification. *-14-8* Séoul, 4 000 étudiants exigent départ des Américains. *-17-9*, 24e *jeux Olympiques à Séoul*. *-19-11*, 10 000 professeurs et étudiants manifestent pour l'arrestation de l'ex-Pt Chun. *-23-11* Chun s'accuse à la TV de corruption et de violation des droits de l'homme (« camps d'entraînement » de Samchong tenus par l'armée, où ont été envoyés des milliers de délinquants ; « centres de bien-être » pour vagabonds, handicapés et enfants abandonnés ; 2 254 militaires suicidés après mesures disciplinaires, et 180 tués par supérieurs). *-26-11* Roh demande le pardon pour Chun. *-2-12* accord commercial avec URSS. *-Déc.* 2 015 prisonniers politiques libérés. **1989**-*27-2* manif. anti-américaines (visite du Pt Bush). *-2-6* Kim Young-sam (PRD) en URSS. *-28-6* Suh Kyong-won (PPD) arrêtée pour être allée en août 1988 en C. du N. *-12-8* Kim Dae-jung accusé d'avoir reçu de l'argent de C. du N. *-20-11/2-12* Roh en Europe (30-11/2-12 : en Fr.). *-30-12* après 24 mois dans un monastère, Chun revient à Séoul devant Parlement. **1990**-*janv.* C. du S. rejette proposition de C. du N. de démanteler le mur les séparant, propose accord de libre passage. *-28-2*, 1 111 prisonniers politiques libérés. *-9/10-5*, 80 000 à 90 000 manifestants (dont 50 000 à Séoul). *-18-5*, 100 000 commémorent le massacre de Kwangju. *-23-7*, 70 députés PPD démissionnent. *-26-7* rencontre des PM des 2 Corée : 4/7-9 (Séoul), 15/17-10 (Pyongyang). *-30-9* relations diplomatiques rétablies avec URSS. **1991**-*30-1* contribution de 280 millions de $ à la guerre du Golfe. *-18-2*, 2 ministres remplacés (scandale financier). *-26-3*, 1res élections de conseils de base depuis 1960 dans 13 185 circonscriptions [progouvernement 75 % des voix (45 % d'abst.)]. *-19-4* rencontre Roh/Gorbatchev dans île de Cheju (1re visite d'un dirigeant soviétique). *-1-5* PM Rocard en C. Manif. pour demander démission du Pt, des étudiants s'immolent par le feu. *-24-5 Chung Won-shik* (né 1928) PM. *-9-9* poète Park No-hae condamné à perpétuité pour avoir créé le P. socialiste du travail (anti-État). *-17-9* les 2 Corée entrent à l'Onu. *-27-10* jour du yin et du yang (faste, a lieu tous les 60 ans selon le calendrier lunaire). *-12-11* min. des Affaires étrangères chinois Qian Qichen en C. (1er depuis 1953). *-11/13-12* Séoul, rencontre des PM des 2 Corée, accord de non-agression et de coopération. *-18-12* fin du retrait des armes nucléaires américaines (commencé 27-9). *-31-12* accord sur dénucléarisation entre les 2 Corée. **1992**-*24-8* relations diplomatiques reprises avec Chine. *-7-9* accord économique entre les 2 Corée. *-27/30-9* Roh en Chine. *-8-10 Hyun Soon-jon* PM. *-19-11* Eltsine à Séoul.

1993-*25-2* **Kim Young-sam** (né 20-12-1927) 1er Pt civil depuis 30 ans [élu 18-12-1992 par 41,96 % des voix devant Kim Dae-jung (PD) 33,82, Chung Ju-yung (PNU) 16,32, Park Chang-jong (Nouveau P. pour la réforme politique) 6,38]. *-6-3* grâce présidentielle pour 41 886 condamnés. *-7-8/7-11* Exposition internationale à Taejon. *-31-8* le gouv. accorde une pension aux « femmes de réconfort » obligées par les Japonais à se prostituer pendant la 2de Guerre mondiale. *-14-9* Pt Mitterrand à Séoul ; restitue un manuscrit (1822, le *Wekyujankak* sur les coutumes de la maison royale) saisi en 1866 par le contre-amiral Roze. *-13-10* le chef de l'Église de la mission Davera présente ses excuses pour avoir annoncé la fin du monde pour le 10-10. *-1-11* Chung Ju-yung, Pt de Hyundai, condamné à 3 ans de prison pour détournement de 62 millions de $ pour sa campagne électorale. *-16-12* **Hwang In-sung** (67 ans) PM. **1994**-*1-2* manif. à Séoul contre ouverture du marché du riz. *-Avril* signature pour la construction du TGV Séoul-Pusan avec la France. *-22-4* **Lee Yung-duk** PM. Brigitte Bardot menace de boycotter les produits sud-coréens si la C. ne fait pas cesser la consommation de viande de chien, illégale depuis 1983 (50 % des Coréens avouent en manger) [les chiens sont battus et étranglés avant cuisson, pour attendrir leur chair]. *-13/14-8*, 10 000 étudiants manifestent pour réunification. *-7-11* C. du S. propose une coopération économique (refusée 10-11). *-17-12* **Lee Hong-koo** PM. **1995**-*2/4-3* Kim Young-sam en Fr. *-29-4* explosion de gaz sur chantier du métro (100 †). *-29-6* effondrement du magasin Sampoong à Séoul (plus de 500 †, 900 bl.). *-29-9* Séoul, étudiants exigent poursuites contre anciens Pts Chun et Roh. **1996**-*août* affrontements police/étudiants pour la réunification. *-26-8 et 16-12* Chun Doohwan (arrêté 3-12-1995) condamné à perpétuité et Roh Tae-woo (arrêté 16-11-1995) condamné à 17 ans de prison (coup d'état militaire du 12-12-1979 et répression du 18-5-1980) [seront libérés 22-12-1997]. *-18-9* échouage d'un sous-marin nord-coréen, chasse à l'homme : 26 N.-Cor. et 4 S.-Cor. † (la C. du N. s'excusera le 29-12). *-11-10* entre à l'OCDE. *-Déc.* et **1997**-*janv.* grèves et manif. contre nouveau Code du travail le 26-12. *-23-1* faillite du *chaebol* (conglomérat) Hanbo Steel (corruption), dettes 5,8 milliards de $. *-25-2* le Pt présente ses excuses à la nation pour le scandale Hanbo auquel sont mêlés son fils et des membres de son parti. *-26-2* Lee Soo-sung démissionne. *-4-3* **Koh Kun** PM. *-19-3* faillite du groupe Sammi (sidérurgie), dettes 12,5 milliards de F. *-17-5* Kim Hyun-chul, fils du Pt, arrêté pour trafic d'influence et pots-de-vin. *-Nov.* crise financière. *-21-11* demande l'assistance du FMI. *-3-12* aide : 57 milliards de $ dont 21 du FMI contre une restructuration de l'économie. *-6-12* faillite du groupe Halla. *-10-12* Genève, négociations sur la paix entre les 2 Corée, USA et Chine.

1998-*25-2* **Kim Dae-jung** (né 3-12-1925, prix Nobel de la paix 2000) Pt, élu le 18-12-1997 (CNPN) avec 40,3 % des voix devant Lee Hoi-chang (GPN) 38,7 % et Rhee In-je (NPP) 19,2 %. *-3-3* **Kim Jong-pil** (né 1926) PM intérimaire. *-13-3*, 2 000 prisonniers libérés. *-22-6* sous-marin nord-coréen espion pris dans un filet (9 marins † à bord). *-Juillet* grèves contre chômage. *-Août* inondations. *-18-12* sous-marin nord-coréen coulé. **1999**-*15-6* la marine coule un torpilleur n.-coréen. **2000**-*13-1* **Park Tae-jon**, PM. *-11-5* démissionne (accusé de fraude fiscale). *-22-5* **Lee Han-dong** (né 1934), PM. *-13/15-6*, sommet intercoréen ; 1re visite officielle du Pt en C. du Nord. *-15-8* pour la 1re fois depuis 1953, 200 Coréens du N. et du S. se retrouvent en famille.

■ **Statut.** *République.* **Constitution** du 25-2-1988. **Pt** élu pour 5 ans, mandat non renouvelable (siège à la Maison bleue). **Assemblée nationale :** 273 m. élus pour 4 ans. 224 élus directement (dont la moitié par les électeurs des campagnes favorisés par le découpage électoral), 75 désignés par les partis, où la proportionnelle avantage le parti majoritaire au scrutin. **Élections du 13-4-2000 :** GPN 133 sièges, PDM (Parti démocratique du millénaire) 115, ULD 17, divers 8.

■ **Fêtes nationales.** 1-3 (mouvement d'indépendance contre Japon, 1919), 17-7 (Constitution de 1948), 15-8 (libération de 1945), 3-10 (fondation de la C. par Tangun en 2333 av. J.-C.). **Emblème national.** *Taeguk* : cercle divisé en 2 parties égales ; supérieure rouge représentant le yang (feu, chaleur, virilité) ; inférieure bleue, le yin (eau, froid, douceur). Symbolisent une conception ancienne de l'univers constitué de forces opposées et complémentaires. **Drapeau** (adopté 8-9-1948). Fond blanc (la paix), avec *Taeguk* (rouge et bleu) au centre et 4 symboles noirs représentant l'air, la terre, le feu et l'eau.

■ **Partis. P. pour l'unification nationale (PUN)** fondé 1991 par Chung Ju-yung (fondateur de Hyundai, † 21-3-2001), *Pt* : Kim Dong-gill (2-10-1928). **P. du peuple (PP). P. de la révolution démocratique du peuple (PRDP). P. communiste** interdit. **Nouveau P. du peuple** fondé 1994, *Pt* : Kim Pok-tong ; regroupe *New Political Reform Party* fondé 1992 et *United People's Party* fondé 1992. **Nouveau P. pour la réforme** fondé 27-11-1995, *co-Pts* : Hong Sung-woo et Chang Ul-byong. **Nouveau P. de Corée** fondé 1992 par Chae Mun-shick. **Nouveau P. pour le peuple (NPP)** fondé par Rhee In-je le 10-11-1997, *Pt : Lee Man-sop.* **Congrès national pour une politique nouvelle (CNPN)** fondé 5-9-1995, *Pt* : Lee Man-sup. **Union des démocrates libéraux (UDL),** partenaire de coalition du CNPN, fondée par Kim Jong-pil (né 7-1-1926) le 31-5-1995 après avoir été exclu du PNC, *Pt* : Park Tae-jun. **Grand parti national (GPN) ou Hannara,** opposition, fondé 24-11-1997, *Pt* : Lee Hoe-chang depuis 31-8-1998, *secr. gén.* : Shin Kyung-shik. Issu de la fusion du *P. pour une nouvelle Corée (PNC)* fondé 15-2-1996 et du *P. démocratique* fondé 15-2-1990. **P. libéral unifié** (PLU), fondé 21-2-1995, *Pt* : Kim Jong-pil.

■ **Forces américaines.** *1991* : 43 000 hommes ; *fin 95* : 30 000 ; *98* : 37 000.

■ ÉCONOMIE

■ **PNB. Total** (en milliards de $) : *1960* : 1,9 ; *70* : 8,1 ; *80* : 60,6 ; *90* : 251,8 ; *95* : 452 ; *96* : 480 ; *98* : 331,92 ; *99* : 406,5. **Par hab.** (en $) : *1970* : 253 ; *80* : 1 597 ; *85* : 2 242 ; *95* : 10 543 ; *97* : 10 550 ; *98* : 7 150 ; *99* : 8 680. **Population active** (en %) **et,** entre parenthèses, **part du PNB** (en %) : agr. 15 (4), ind. 23 (30,5), mines 0 (0,5), services 62 (65). Pop. active (en 1997) : 17 253 000 pers. **Taux de croissance** (en %) : *1990* : 6,5 ; *91* : 9,1 ; *92* : 5,1 ; *93* : 5,8 ; *94* : 8,6 ; *95* : 8,1 ; *96* : 7,1 ; *97* : 5,5 ; *98* : – 5,8 ; *99* : 10,2 ; *2000 (est.)* : 9,5. **Chômage** (en %) : *1990* : 2,4 ; *95, 96* : 2 ; *97* : 2,6 ; *98* : 6,8 (934 000 chômeurs), *1999* : 7 (1 760 000) [13,4 recalculé aux normes européennes] ; *2000 (est.)* : 6. **Travailleurs étrangers illégaux :** 99 537 au 1-1-1999.

■ **Salaire moyen mensuel d'un travailleur de l'ind. manufacturière** (en 1996). 1 520 $ (en 1995 : Taïwan 1 210, Japon 3 399). **Conflits du travail :** *1991* : 234 (25 millions de $ en pertes de production) ; *97* : 18 (122 millions de $). **Pauvreté :** touche 2 246 000 hab. (5,2 % de la pop.), dont 2 200 000 gagnent 48 000 wons par mois (360 F).

■ **Finances. Budget** (en milliards de $, 1997) : 87. **Inflation** (en %) : *1980* : 28,7 ; *85* : 2,5 ; *90* : 8,5 ; *95* : 4,7 ; *96* : 4,5 ; *97* : 4,5 ; *98* : 7,5 ; *99* : 0,8 ; *2000 (est.)* : 3. **Dette extérieure** (en milliards de $) : *1985* : 46,7 ; *89* : 29,4 ; *92* : 42,8 ; *95* : 127,2 ; *96* : 164,3 ; *98* : 146,2 ; *2001 (janv.)* : 133,4. **Dette intérieure** (début 1998) : 372 millions de $. **Aide extérieure :** 70 milliards de $ pour financer l'industrialisation. **Réserve en devise** (en milliards de $) : *1997 (nov.)* : 7,30 ; *1998 (30-11)* : 46,5 ; *2000* : 85. **Valeur du won en $:** *1997 (nov.)* : 1 963 ; *(3-12)* : 1 962 ; *98 (30-11)* : 1 250.

■ **Agriculture. Terres** (en milliers d'ha, 1997) : forêts 6 553 (66 %), t. arables 3 275 (en 1992, 3 069 dont SAU 2 260), cultivées 1 924 (1 834 en 1999), pâturages 53, eaux 27, divers 116. **Production** (en milliers de t, 1999) : riz 7 271 (1 067 000 ha en 1999) ; choux 2 702 ; pastèques 1 006 ; oignons 740 ; pommes 652 ; p. de t. 562 ; concombres 340 ; orge 331 ; melons 294 ; patates douces et ignames 293 ; poires 260 ; haricots 156 ; maïs 82. **Forêts.** 1 822 000 m³ (en 1998). **Élevage** (en millions de têtes, 1999). Poulets 88,3, porcins 7,9, bovins 2,48, canards 2,71, ruches 1,1, caprins 0,6, lapins 0,21 (en 1995). **Pêche** (en 1999). 2 419 200 t.

☞ **Problèmes :** exploitations de taille moyenne : 1 ha. Production agricole en diminution sauf principales céréales dont riz, importation de produits agricoles en augmentation, population agricole en baisse et catastrophes naturelles. Coûts de production élevés. **Pop. agricole** (en millions de pers.) : 4,47 (*ménages* 1,44).

■ **Énergie. Électricité** (en 1998) : 215,3 (239,3 en 1999) milliards de kWh (dont nucléaire 89,7, thermique 71,6, hydraulique 54) ; **nucléaire** : 16 centrales [14 en construction]. **Mines** (en millions de t, 1999). Anthracite 4,51, fer 0,3, graphite 8,3, plomb 7,2, zinc 17,9, argent, or, kaolin, cuivre, talc. **Industrie** (en millions de t., 1999). Textile 2 569,7, acier brut 41, automobiles 2 169 000 (unités), produits pétroliers (en millions de barils) 878,1, semi-conducteurs (en millions de $) 9 713, construction navale, ciment, électronique [magnétoscopes, TV couleur (en millions : *1985* : 3,8 ; *92* : 14,5 ; *97* : 16,4)]. **Bâtiment :** *chantiers à l'étranger* : principalement Moyen-Orient. **Conglomérats** (« chaebol ») : (en milliards de wons) *actifs* des 30 principaux : 437,9 en 2001 [soit 85 % du PIB ; chiffre d'affaires 445,4 en 2000] dont Samsung 69,9 Hyundai (fondé par Chung Ju-yung † 21-3-2001 à 86 ans), LG 52, SK 47,4, Hyundai Motor 36,1, Hanjin 21,3, Pohang Iron & Steel 21,2.

■ **Transports** (en km, 1997). **Routes :** 84 968 (dont autoroutes 1 889) ; **voies ferrées** (1re ligne ouverte en 1899) : 3 118 ; **voitures :** *1948* : 12 000 ; *97* : 14 millions.

■ **Tourisme. Visiteurs** (en 1998) : 4 542 159. **Revenus** (en 1998) : 5,76 milliards de $. **Sites :** *Séoul* (palais, musées), *Puyo* (cap. dynastie Paickjie), *Kyongju* (cap. dynastie Silla), *Pusan, Chongmyo* (sanctuaire), *mont Songni*, île de *Cheju* (volcanique, à 96 km au sud).

■ **Commerce** (en milliards de $, 1997) **Export./import. :** 1960 : 0,03/0,3 ; *70* : 0,8/1,9 ; *80* : 17/22 ; *90* : 65/69 ; *97* : 136/144 (*export.* : machines et équip. de transp. 68,1, produits man. 29, biens divers 12, produits chim. 9,1, produits alim. 2,3, *vers* USA 21,6, Japon 14,8, Hong Kong 11,7, Singapour 5,8, All. 4,8 ; *import.* : machines et équip. de transp. 48,1, fuel et lubrifiants 20,4, produits man. 19,2, produits chim. 13,1, matières 1res sauf fuel 10,4, *de* USA 29,9, Japon 21,8, Australie 5,9, All. 5,8) ; *98* : 134/100 ; *99* : 138,1/113,4. **Commerce intercoréen** (achats et, entre parenthèses, ventes au Nord) : *1988* : 1,04 (aucune) ; *89* : 22,24 (0,07) ; *90* : 12,2 (1,18) ; *95* : 222,8 (64,4) ; 98 : 92,21 (129,5). **Balance des paiements** (en milliards de $) : *1991* : – 8,3 ; *92* : – 3,9 ; *93* : + 1 ; *94* : – 3,8 ; *96* : – 23. **Tarif douanier moyen** (en %) : *1980* : 24,9 ; *91* : 10,1 ; *98 (objectif)* : 7,9.

■ **Crise financière 1997.** *1er semestre* : baisse de la Bourse, perte de confiance. *-20-10* krach de Hong Kong. *-Nov.* banques étrangères refusent de renouveler leurs prêts aux banques coréennes. Institutions financières étrangères rapatrient leurs capitaux. *-3-12* accord avec FMI sur aide internationale ; won dévalué de 40 % par rapport à fin 1996. **1998**-*janv./févr.* institutions financières internationales, dont le FMI, anticipent le versement de leur aide ; *-28-1* banques étrangères renouvellent leurs prêts à court terme. *-Mars/avril* marché des changes commence à se stabiliser.

■ **Problèmes économiques.** *Dépendance vis-à-vis de l'étranger* : 54 % des matières 1res sont importés (45,9 milliards de $ en 1998), dont 50 % réexportés après transformation. *Coût prévu* : pétrole 4 milliards de $/an, céréales 1.

Restructuration pour renforcer industries de pointe et haute technologie. Déséquilibres régional, industriel et social créés par l'industrialisation.

■ **Rang dans le monde** (en 1999). 9e pêche. 12e riz.

COSTA RICA

Carte p. 1106. V. légende p. 950.

■ **Nom.** Signifie « Côte riche » en espagnol (impression donnée à Christophe Colomb par les chefs indiens couverts d'or ou par l'exubérance du pays).

■ **Situation.** Amérique centrale. **Superficie :** 51 060 km². **Altitude** *maximale :* Chirripó Grande 3 820 m. **Frontières** (en km) : avec Nicaragua 309, Panamá 330. **Côtes :** mer des Caraïbes 200, Pacifique 1 200. **Largeur :** 119 à 259 km. **Longueur** *maximale :* 464 km. **Volcans :** 6 encore actifs (Irazu, Turrialba, Rincón de la Vieja, Poas avec un cratère d'1 km de diamètre, Arenal, Barva). **Climat.** *Côtes :* chaud et humide. *Plateau central :* tempéré (pluies de mai à nov.). *Température moy. :* 22 °C.

■ **Population.** *1998 :* 3 341 000 hab. (Blancs 85 %, métis 8, Noirs 3, Asiatiques 3) ; *2001 (31-1) :* 3 824 593 ; *2025 (prév.) :* 5 500 000. **D.** 74,9. **Age** (en %) : *– de 15 ans :* 32,1, *+ de 65 ans :* 5,2. **Taux** (en ‰, 2000) : *natalité* 21,88 ; *mortalité* 4,19 (*infantile* 11,8). **Espérance de vie** (en 1999) : 76,8 ans. **Croissance :** 1,77 %. **Pop. rurale :** 50,5 %. **Langues.** Espagnol *(officielle),* pidgin english, langues indigènes (bribri, cabécar, gaymi, maleku). **Religions.** Catholique *(officielle) ;* protestants 40 000.

■ **Villes** (en 2000). *San José* 1 356 442 hab., Alajuela 716 935 (à 23 km), Cartago 432 923 (22 km), Puntarenas 358 137 (130 km), Heredia 354 926 (22 km), Limon 340 756.

■ **Histoire.** **1502**-*18-9* découvert par Christophe Colomb. **1522** exploré par Gonzales Davila. **1524** Hernández de Cordoba, débarqué sur côte Pacifique, fonde Bruselas. **1537** érigé en duché de Veragua pour Luis Colomb, neveu de Christophe. **1540** province de Cartago créée. **1560** dépend de l'audience du Guatemala. **1821**-*15-9 indépendance.* **1878** concession de bananeraies à l'United Fruit (USA) qui construit un chemin de fer (achevé 1891). **1882** peine de mort abolie. **1924**-*8-5*/**1928**-*8-5* Ricardo Jimenez Oreamuno (1859-1945) Pt. **1931** Manuel Mora Valverde (1909-94) fonde parti communiste. **1928**-*8-5* **Cleto Gonzales Viquez** (1858-1937) Pt. **1936**-*8-5* **Leon Cortes Castro** (1882-1946) Pt. **1940**-*8-5* **Rafael Calderon Guardia** (1900-70) Pt. **1944**-*8-5* **Teodoro Picado Michaleski** (1900-60) Pt, déposé. **1948**-*14-4* **Santos Léon Herrera** (1874-1950) Pt. *-Avril-mai* guerre civile (1 000 †), après la non-reconnaissance de la victoire électorale d'Otilo Ulate Blanco, écrasé par **José Figueres Ferrer** (1906-90) qui devient Pt le 8-5. Junte révolutionnaire. **1949** armée supprimée. *-8-11* **Otilo Ulate Blanco** (1891-1973) Pt. **1953**-*8-11* **José Figueres Ferrer** Pt. **1958**-*8-5* **Mario Echandi Jimenez** (né 1915) Pt. **1962**-*8-5* **Francisco Orlich Bolmarich** (1907-69) Pt. **1966**-*8-5* **José Joaquin Trejos Fernandez** (né 1916) Pt. **1970**-*8-5* **José Figueres Ferrer** Pt. **1974**-*8-5* **Daniel Oduber Quiros** (1921-91) Pt ; apaisement des conflits après la « guerre de la banane » ; stabilité économique. **1978**-*8-5* **Rodrigo Carazo Odio** (né 1926) Pt ; occupations de terres et affrontements paysans/« garde civile et rurale » ; appui aux sandinistes du Nicaragua jusqu'à la chute de Somoza (1979). **1981** appui aux antisandinistes. **1982**-*8-5* **Luis Alberto Monge Alvarez** (né 29-12-1925) Pt. Incidents de frontière avec Nicaragua. **1986**-*2-2* **Oscar Arias Sánchez** (né 1940, PLN) élu Pt avec 53,3 % des voix (Rafael Calderón, Unité socialiste, 44,8) ; prix Nobel de la paix 1987. *-6/7-8 accords d'Esquipulas II* au Guatemala (plan de paix pour Amér. centrale). **1990**-*4-2* **Rafael Angel Calderón Fournier** (né 14-3-1949, Unité sociale chrétienne) élu Pt avec 51 % des voix. *-15/17-12* sommet des Pts centro-américains à Puntarenas. *-22-12* séisme. **1991**-*22-4* séisme. **1994**-*6-2* **José Maria Figueres Olsen** (né 24-12-1954, fils de José Figueres, P. de libération nationale) élu Pt. **1998**-*8-5* **Miguel Angel Rodriguez Echeverria** (né 9-1-1940 ; PUSC, élu 1-2) [46,8 % des voix, José Miguel Corrales (PLN) 44,3 % ; abstentions 29 %]. *-Oct.* cyclone *Mitch* (240 †).

■ **Statut.** *République.* **Constitution** du 7-11-1949. **Pt** élu pour 4 ans au suffrage universel, non rééligible depuis 1969, chef du gouvernement. **Assemblée nat. :** 57 membres élus pour 4 ans (élections 1-2-1998 : PLN 23 sièges, coalition anti-PLN 27, divers 7). **Provinces :** San José, Alajuela, Heredia, Cartago, Puntarenas, Guanacaste, Limón. **Fêtes nationales.** 15-9 (indépendance 1821), 12-10 (jour des cultures, découverte de l'Amér. par Colomb). **Drapeau** (adopté 29-9-1848). Bandes horizontales bleu, blanc, rouge, blanc, bleu. Sur la bande rouge, armoiries : 7 étoiles (7 provinces), mer Caraïbes, 3 volcans dans l'isthme, océan Pacifique.

■ **Économie.** **PNB** (en 1999). 3 000 $ par hab. **Croissance** (en %) : *1997 :* 3,8 ; *98 :* 5,5 ; *99 :* 8,3 ; *2000 :* 2. **Population active** (en %) **et,** entre parenthèses, **part du PNB** (en %) : agr. 28 (9,8), ind. 24 (27,3), services 48 (23,1). **Chômage** (en %) : *1999 :* 5,5 ; *2000 :* 5,2. **Inflation** (en %) : *1994 :* 19,9 ; *95 :* 22,6 ; *96 :* 13,9 ; *97 :* 11,2 ; *98 :* 12,4 ; *99 :* 12 ; *2000 :* 10,25. **Dette extérieure** (en 2000) : 3,01 milliards de $. **Déficit fiscal** (en 2000) : 3 % du PIB.

■ **Agriculture.** **Terres** (en milliers d'ha, 1981) : pâturages 2 090, forêts 1 730 (*1950 :* 80 % des terres, *92 :* 20 %), arables 283, cultivées 207 (dont en % : café 23,6, bananes 11,4, canne à sucre 11), eaux 4, divers 756. **Production** (en milliers de t, 1999) : canne à sucre 3 950, bananes 2 100, riz 262, café 147, maïs 30. **Élevage** (en milliers de têtes, 1999). Poulets 17 000, bovins 1 617, porcins 290, chevaux 115. **Forêts.** 5 311 000 m³ (en 1998). **Pêche.** 34 000 t (en 1995). **Industrie.** Agroalimentaire, textile, yachts de luxe, microprocesseurs. **Hydroélectricité.** 6,1 milliards de kWh (en 1999). **Routes** (en 1998). 37 273 km. **Tourisme.** 942 853 visiteurs (en 1998).

■ **Commerce** (en milliards de $). **Export./import. :** *1996 :* 3,77/4 ; *97 :* 4,35/5,58 ; *98 :* 5,54/5,79 ; *99 :* 6,71/6,34.

■ **Rang dans le monde** (en 1999). 12e café.

CÔTE D'IVOIRE

V. légende p. 950.

☞ *Abréviation :* C. d'Iv. : Côte d'Ivoire.

■ **Situation.** Afrique. 322 463 km². **Longueur :** 668 km. **Largeur :** plus de 500 km. **Frontières :** avec Ghana 668 km, Burkina Faso (ex-Hte-Volta) 584, Mali 532, Guinée 610, Libéria 716. **Côtes :** 515 km (300 de lagunes). **Altitude** *maximale :* crête du massif du Nimba (frontière guinéenne) 1 752 m. **Fleuves** *principaux* (en km) : Bandama 950, Comoé 900, Sassandra 650, Cavally 600. **Climat.** **1°)** *Sud-équatorial* région côtière (21 à 33 °C, 80 à 90 % d'humidité, pluies dans certaines zones 2 500 mm sur environ 140 j). *4 saisons : sèche* déc./fin avril (chaude avec quelques pluies), *« grandes pluies »* mai/mi-juillet, *courte saison sèche* mi-juillet/fin sept., *courte saison des pluies* oct./nov. **2°)** *Tropical humide* forêts et savanes (14 à 39 °C, 70 % d'humidité, 1 000 à 2 500 mm de pluies). *3 saisons : grandes pluies* mi-juillet/fin oct., *petites pluies* mi-mars/mi-mai, *saison sèche* nov./mi-mars et mi-mai/mi-juillet. **3°)** *Soudanais* (zone des savanes). *2 saisons : des pluies* juillet/nov., *sèche* déc./juin, avec petites pluies en avril. *Harmattan,* vent frais et sec venant du nord-est (déc./févr.). **Végétation.** **1°)** *Cordon littoral alluvionnaire* moitié est de la côte, profond d'environ 30 km : cocotiers et, vers l'intérieur, bananiers, palmiers à huile et hévéas. **2°)** *Forêt de type équatorial* environ 300 km de prof. et 120 000 km², café, cacao, ananas, igname, manioc. **3°)** *Plus au nord, savane* coupée de forêts, puis de plus en plus herbeuse, élevage, mil, coton et riz. **Parcs** (en ha) : Comoé, 1 150 000 ; Tai, 330 000 ; Banco, 3 000 ; Marahoue, 100 000 ; Mont-Peko, 34 000 ; réserve d'Asagny, 17 000 ; Mont-Sangbe, 95 000 ; les Étoiles, 500 ; Abokouamekro, 21 000.

■ **Population.** [en milliers d'hab. 1998 (rec. de nov.) 15 367 dont étrangers 4 (dont Burkinabés 2 239, Maliens 792, Guinéens 231, Ghanéens 133, Bénissois 107, Nigériens 102). *Français 1980 :* 60, *84 :* 45, *94 :* 28, *98 :* 20). **Réfugiés** (en milliers, 1999) 135 dont au Libéria 13. **Ethnies** (60 environ) : *au sud :* Brignan, Aladian, Appolonien, Adioukrou, Ébrié. *A l'ouest :* Krou, Dida, Bété (18 %), Wobé, Guéré, Dan, Yacouba. *Au centre :* Baoulé, Mangoro. *A l'est :* Agnis-Achanti, Abron, Baoulé (23 %). *Au nord :* Mandé [Malinké (11 %), Dioula] et Sénoufo (15 %). *Au nord-est :* Lobi. **D.** 49,3. **Age** (en %) : *– de 15 ans :* 46,4, *+ de 65 ans :* 2,2. **Espérance de vie** (en 1998) 47 ans. **Taux** (pour ‰) : *natalité* 50,9, *mortalité* 14,2 (*infantile* 96) ; (en %) : *accroissement* naturel 3,7, *migration* nette 1,2 ; *indice de fécondité :* 7,3 enfants/femme. **Sida** (en 1999) : séropositifs 900 000 (taux 20 à 32 % dans certains lycées).

■ **Langues.** Français *(officielle),* dioula et baoulé (langues commerciales entre les ethnies).

■ **Religions.** [en % Ivoiriens (et étrangers)]. Catholiques 20,8 (15,4), protestants 8,2 (2,2), harristes 1,6 (0,3), autres chrétiens 3,4 (2,2), musulmans 27,4 (70,5), animistes 15,4 (2,1), autres 1,9 (1,1), sans religion 20,7 (5,4), n.d. 0,6 (0,8).

☞ **Basilique N.-D.-de-la-Paix à Yamoussoukro :** réplique (plus grande) en béton de St-Pierre-de-Rome réalisée (1985-88) par Dumez (Sté française) et Pierre Falkhouny (Libanais). Inaugurée 9 et 10-9-1990 par Jean-Paul II. 90 000 m² ; 7 000 places assises, 11 000 debout, 35 000 sur le parvis en croix (190 × 150 m) et 300 000 sur le péristyle (84 colonnes de 25 m) ; (272 colonnes de 21 m, diam. 2,20) ; plus grande coupole du monde (160 m), vitraux (7 500 m²) fabriqués en Normandie ; parc 130 ha (3 fois le Vatican) ; coût : 1 à 1,5 milliard de F ; financée par Pt Houphouët-Boigny qui la donna au pape. (Après sa mort, les intérêts des économies de Houphouët, placées sur un compte spécial, sont versés chaque année au Vatican.) Caractère extraterritorial inscrit dans la Constitution.

■ **Villes** (en 1999). *Yamoussoukro* 110 000 [2 000 en 1954] (à 250 km) capitale politique depuis 21-3-1983, Abidjan (avec aggl.) 3 000 000 d'hab. (120 000 en 1960) dont 56 % nés hors de C. d'Iv. (quartier résidentiel de Cocody), Bouaké 600 000 (à 378 km), Daloa 135 000 (à 400 km), Korhogo 115 000, Man 89 000 [en 1988] (à 599 km).

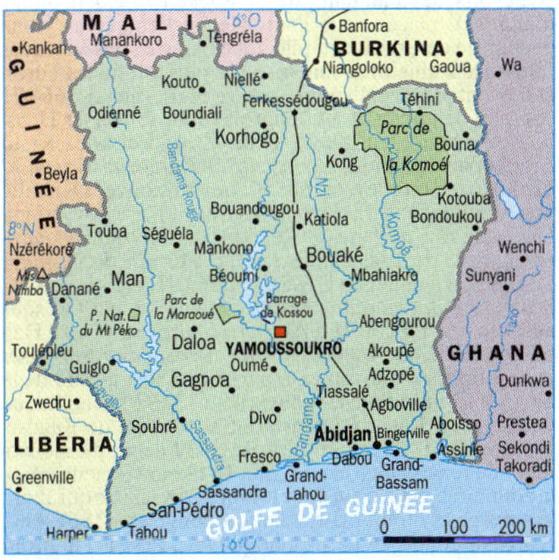

■ **Histoire.** **XIVe s.** visitée par des marchands dieppois, la « Côte des Dents » (défenses d'éléphants) reçoit des établissements à Assinie (1687-1705) et Grand-Bassam (officiellement français depuis 1842). **1469** découverte par le Portugais Soiero da Costa. **1681**-*1-8* Bossuet baptise Aniaba (Pce assinien confié aux missionnaires), 1er officier de couleur ayant servi sous le drapeau français (Louis XIV est parrain) ; repart 1701. **1842** l'amiral Bouet-Willaumez prend possession de la côte pour la France. **1887-89** Louis Binger (1856-1926), parti du Sénégal, parcourt 4 000 km et rejoint Grand-Bassam. **1889** protectorat français. **1891** Binger chargé de fixer les frontières avec Libéria (traité du 8-12-1892) et Côte-de-l'Or (12-7-1893). **1893**-*10-3* colonie (cap. : Grand-Bassam ; gouverneur : Binger). **1896-99** guerre contre Samory. **1904** intégrée à l'A.-O.F. **1932** agrandie du sud-ouest de la Hte-Volta. **1946**-*11-4* « loi Houphouët-Boigny » abolissant travail forcé. C. d'Iv. : TOM. **1947** retrouve ses frontières d'avant 1932 (reconstitution de la Hte-Volta). **1950** violences : *21-1* Bonaffé (3 †), *31-1* Dimbokro (14 †), *2-2* Seguela (3 †). **1958**-*14-12* **république** dans la Communauté. **1958-59** **Auguste Denise** (1906-91) Pt du gouv. provisoire. **1960**-*7-8 indépendance.*

1960-*27-11* **Félix Houphouët-Boigny** (Yamoussoukro, 18-10-1905 (ou 1903)/7-12-1993) [*Houphouët* veut dire « balayure à jeter » (pour éloigner le mauvais sort), *Boigny* (« bélier » en baoulé) ajouté 1945. Fils d'un chef traditionnel baoulé. *1910* chef de la famille. Baptisé vers 13 ans. *1918-20* École normale. *1925-40* médecin de brousse et planteur (gère affaires familiales). *1940* chef de canton. *1944-8-8* fonde Syndicat agricole africain (Pt de 1944 à 46). *1946*-avril fondateur et Pt du P. démocratique de C. d'Iv., -18-10 du RDA. *1946-52* conseiller général. *1947-59* grand conseiller de l'A.-O. F. *1952-60* conseiller territorial. *1956-60* maire d'Abidjan. *1957-59* Pt de l'Ass. territoriale, puis constituante. *1958* Pt du Gd Conseil de l'A.-O. F. *1945-59* député à la Constituante, puis à l'Ass.nat. française. *1956-59* plusieurs fois ministre en Fr. *1959-60* PM de C. d'Iv.] élu Pt avec 98 % des voix (réélu 7 fois dont *1980 :* 99,99 %, *85 :* 100, *90 :* 81,68). **1963** 2 complots (?) découverts. **1964** réformes (polygamie abolie). *-6-4* Ernest Boka, ancien ministre, † en prison (suicide ?). **1968**-*mai* et **1969**-*mai* agitation étudiante. **1973**-*juin* complot découvert. **1979**-*févr.* réconciliation avec Guinée (visite de Sékou Touré). **1980** droit de vote pour résidents étrangers. **1982** chute des cours café et cacao (perte des 3/4 des ressources à l'export.). *-9-2* manif. d'étudiants. *-4-3* universités rouvertes. *-21/23-5* visite Pt Mitterrand. **1983-84** crise, sécheresse, chute des cours café et cacao. **1986**-*12-4* visite PM Chirac. **1987**-*25-5* C. d'Iv. se déclare insolvable (baisse café et cacao), dette 4,5 milliards de F. *-Août* 3 Français assassinés en 3 mois. *-16-8* Aoussou Kofi, min. des Transports, enlevé par 2 Français, relâché 20-8 contre 6 millions de F. *-Nov.* prêt spécial français 1,4 milliard de $. **1990**-*févr.* manif. étudiante. Salaires des 110 000 fonctionnaires réduits de 15 à 40 %, taxation des salaires privés portée de 1 à 11 %. *-26-3* agitation à Abidjan. *-Avril* lycéen tué par police à Adzopé. *-15-4* plan d'austérité suspendu. *-30-4* poste de PM créé (*Alassane Ouattara* nommé), partis d'opposition légalisés (prévus dans la Constitution de 1960). *-Mai* manif. de soldats (conditions de vie). *-28-5* plan d'austérité. *-6-6,* 6 nouveaux partis autorisés. *-9/10-9* Jean-Paul II inaugure basilique de Yamoussoukro. *-29-9* Houphouët-Boigny accuse l'opposition d'avoir voulu assassiner le pape. *-28-10 présidentielle* (2 candidats pour la 1re fois : Houphouët-Boigny réélu avec 81,68 % des voix, Laurent Gbagbo (FP) 18,32 % ; abst. 30 %). *-2-11* ambassadeur d'Italie assassiné. FPI demande annulation présidentielle (listes électorales non publiées 10 j avant le scrutin). *-26-11 législatives. -24-12 municipales :* PDCI gagne dans 123 communes sur 135, FPI dans 6. **1991**-*mai* manif. d'étudiants violemment réprimées. **1992**-*18-2* manif. *-6-3* Gbagbo condamné à 2 ans de prison (*31-7* libéré). *-5-8,* 2 382 détenus libérés. **1993**-*7-12* **Henri Konan-Bédié** (né 1934) Pt. *Daniel Kaban Duncan* (né 1943) PM. **1994**-*12-1* dévaluation du F CFA. *-7-2* funérailles d'Houphouët à Yamoussoukro (26 chefs d'État, environ 30 PM). **1995**-*20-9* manif. interdites pour 3 mois (période électorale). *-2-10* émeutes à Abidjan, Bouaké, San Pedro et Ouangolodougou (3 à 7 †). *-22-10* Konan-Bédié réélu Pt (96,44 %) contre Francis Wodié (3,75 %) ; boycott de l'opposition, participation 40 à 56,03 %. **1996**-*30-5* pluies diluviennes sur Abidjan (28 †). **1999**-*21-1* Caisse de stabilisation des produits agricoles (Caistab) dissoute. *-12-11,* 16 cadres du RDR condamnés après manif. du 27-10. *-23-12* coup d'État du Gal **Robert Gueï** (né Kabakouma 16-4-1941). *-24-12* Bédié destitué part le 26-12 en exil (Togo, puis France). *-25-12* Comité national de salut public créé. **2000**-*4-1* gouvernement de transition, remanié 19-5. *-18-5 Seydou Elimane Diarra* (né 23-11-1933) PM. *-4/6-7* mutinerie. *-23/24-7* référendum pour Constitution (88,03 %). *-22-10* **Laurent Koudou Gbagbo** (né Mama près de Gagnoa 31-5-1945) élu Pt au 1er tour (59,36 %) devant Robert Gueï (32,72 %). *-24/27-10* affrontements interethniques (171 † dont 164 à Abidjan, 350 bl.). *-Oct. Pascal Affi Nguessan* (né 1953) PM. *-4-12* état d'urgence. **2001**-*7/8-1* échec d'un coup d'État..

■ **Statut.** *République.* **Constitution** du 16-10-1960 révisée 1971, 75, 80, 85, 86, 6-10-90, 30-6-98 et 7-2-2000. **Pt** (né de père et mère ivoiriens) élu au suffrage universel pour 5 ans. **Assemblée nationale :** 225 m. (élus pour 5 ans ; élections du 10-12-2000 et du 14-01-2001 : 223 s. pourvus dont FPI 96, PDCI 94, indép. 22, RDR 5, PIT 4, MFA 1, UDCY 1). **Sénat :** créé 1998. **Conseil écon. et social :** 120 m. **Fête nationale.** 7-8 indépendance. **Drapeau** (adopté 3-12-1959). Bandes verticales orange (savane), blanche (rivières) et verte (forêts). **Hymne.** *L'Abidjanaise.*

Partis. P. démocratique de la C. d'Iv.-Rassemblement démocratique africain (PDCI-RDA) fondé 30-4-1946, unique jusqu'en 1990, *secr. général :* Laurent Dona-Fologo (né 1940). **Front populaire ivoirien (FPI)** fondé 1982, *leader :* Laurent Gbagbo. **P. ivoirien des travailleurs (PIT)** fondé 1990, *Pt :* Francis Wodié. **Rassemblement des républicains (RDR),** centriste, fondé juin 1994. *Pt :* Alassane Dramane Ouattara depuis 1-8-1999, *secr. G^al :* Henriette Diabaté.

ÉCONOMIE

■ **PIB.** 66,6 milliards de F (en 2000). **PNB** (en 1999). 700 $ par hab.. **Croissance du PIB** (en %) : *1992 :* – 4,9 ; *93 :* – 0,4 ; *94 :* 2 ; *95 :* 7,1 ; *96 :* 6,9 ; *97 :* 6,6 ; *98 :* 6 ; *99 :* 1,5 ; *2000 (est.) :* – 2,6 ; *2001 (prév.) :* 0,1. **Population active** (en %) **et,** entre parenthèses, **part du PNB** (en %) : agr. 54 (37), ind. 14 (23), services 31 (39), mines 1 (1). 310 000 salariés déclarés. Bâtiment et travaux publics 5 000 pers. (50 000 en 1975). 4 millions de travailleurs immigrés. **Inflation** (en %) : *1990 :* – 0,8 ; *91 :*1,6 ; *92 :* 4,2 ; *93 :* 2,6 ; *94 :* 32,2 ; *95 :*7,7 ; *96 :* 3,5 ; *97 :* 5,2 ; *98 :* 1,6 ; *99 :* 1,2. **Déficit budgétaire :** *2000 :* 3,6 % du PIB. **Dette extérieure** (en milliards de $) : *1995 :* 19 ; *96 :* 18,4 ; *97 :* 15,1 ; *99 :* 16,8 ; *2000 :* 15,8. **Service de la dette** (% des export.) : *1993 :* 39,6 ; *97 :* 20,3 ; *98 :* 23,3 ; *2000 :* 20.

■ **Agriculture. Terres** (en milliers d'ha, 1984) : arables 2 840, cultivées 1 185, pâturages 3 000, forêts 2 900 [vers 1900 : 15 600 (*déforestation par an :* 300 ; *reboisement :* 4)], eaux 446 (en 1981). **Production** (en milliers de t) : café *1990 :* 286 ; *95 :* 150 ; *97 :* 230 ; *98 :* 332 ; *99 :* 365 ; *2000 :* 425,5. Cacao *1990 :* 781 ; *95 :* 810 ; *97 :* 1 ; *98 :* 1,11 ; *99 :* 1,07 ; *2000 :* 1,31 (40 % de la prod. mondiale). Autres produits (en 2000) : ignames 3 310, manioc 1 846, plantain 1 490, canne à sucre 1 155, riz 954, maïs 827, ananas 227, noix de coco 213, arachides 136, légumineuses 8. Caoutchouc. **Problèmes agricoles :** chute des cours cacao et café. Concurrence (notamment Brésil, Indonésie et Malaisie). **Forêts** (en 1998). 12 283 000 m³ dont bois de chauffage et charbon de bois 10 888 000 m³. Presque épuisées car surexploitées. **Élevage** (en milliers de têtes, 2000). Volailles 32 400, bovins 91 600, porcins 8 500, ovins et caprins 8 000. **Pêche** (en 1999). 77 000 t.

■ **Énergie. Pétrole** (en millions de t) : *réserves :* 42 ; *production : 1990 :* 0,3 ; *91 :* 0,16 ; *92 :* 0,06 ; *93 :* 0,02 ; *94 :* 0,02 ; *95 :* 0,5 ; *96 :* 0,8 ; *97 :* 1,5 ; *98 :* 0,49 ; *99 :* 0,49. **Gaz naturel :** *réserves :* 99 milliards de m³. **Électricité :** 3 213 milliards de kWh (en 1998). **Mines. Diamants :** 84 300 carats (en 1994). **Fer :** à Bangolo, non encore exploité. **Or :** 4 t (en 1999). **Nickel. Industries :** textile, alimentaire (100 000 t par an), bois, chimie. **Transports** (en km, 1998). **Voies ferrées :** Abidjan-Niger 1 333 dont Abidjan-Ouagadougou 1 147. **Routes :** 70 000. **Tourisme.** 274 000 visiteurs (en 1997).

■ **Commerce** (en milliards de $). **Export. /import. :** *1994 :* 2,8/1,9 ; *95 :* 3,8/2,9 ; *96 :* 4,5/2,9 ; *97 :* 4,5/2,7 ; *98 :* 4,6/3,3. *99 :* 4,6/3,3. **Part de la France** (en %) : *export.* 15/*import.* 25 à 30. **Investissements étrangers :** 50 %.

■ **Rang dans le monde** (en 1999). 1er cacao. 5e café.

CROATIE (HRVATSKA)

Carte p. 1291. V. légende p. 950.

☞ *Abréviations :* B.-H. : Bosnie-Herzégovine ; C. : Croatie ; Cr. : Croates ; cr. : croate(s) ; dém. : démocratique ; indép. : indépendance ; It. : Italie ; prov. : province(s) ; Youg. : Yougoslavie ; youg. : yougoslave(s).

■ **Situation.** Europe. 56 538 km². **Altitude** *maximale :* Dinara 1 830 m. **Frontières** (en km) : Slovénie 670, Hongrie 329, Bosnie 932, Serbie 241, Monténégro 25. **Relief :** *Nord :* plaine pannonienne ; *Sud :* chaîne des Alpes dinariques ; *côte :* Adriatique. **Lacs** (en km²) : 77,9 dont Vransko 30,7, Peruča (artificiel) 13, Prokljansko 11,1. **Fleuves :** *Save* 562 km (sur 945 km), *Drave* 305 (sur 749), *Kupa* 296, *Danube* 188 (sur 2 860). **Côtes :** 1 778 km, plus côtes des îles 4 012 km. **Iles et récifs :** 1 185 (dont 66 habitées). **Climat.** Méditerranéen et continental.

■ **Population. Évolution du territoire.** *Roy. de Croatie, Slavonie, Dalmatie* 55 372 km², 3 267 620 hab. (en 1910) ; *province de C. et Slavonie* 43 822 km², 2 739 593 hab. (en 1921) ; *prov. de Dalmatie* 12 732 km², 621 429 hab. (en 1921) ; *banat de Primorje nad Sava* 58 740 km², 3 606 053 hab. (en 1931) ; *banat de C.* 65 456 km², 4 024 601 hab. (en 1931) ; *État indépendant de C.* 102 725 km², 5 657 085 hab. (en 1941) ; *Rép. populaire de C.* 56 253 km², 3 756 807 hab. (en 1948) ; *Rép. de C.* 56 538 km², 4 784 265 hab. (en 1991). **Sur le territoire actuel** (en millions d'hab.) : *1857 :* 2,18 ; *80 :* 2,5 ; *1900 :* 3,16 ; *21 :* 3,44 ; *31 :* 3,78 ; *48 :* 3,78 ; *53 :* 3,94 ; *61 :* 4,16 ; *71 :* 4,43 ; *81 :* 4,6 ; *91 :* 4,78 (dont Croates 3,74, Serbes 0,58, Musulmans 0,043, Hongrois 0,022, Italiens 0,021, Tchèques 0,013) ; *2000 (est.) :* 4,48. **D.** 79,2. **Croates à l'étranger** (en milliers, 1996) : Amérique du Nord 1 450 (dont USA 1 300) ; du Sud 200 (dont Argentine 150) ; Nouvelle-Zélande 10 ; Europe 474 (dont Allemagne 270, Slovénie 54). *Dans la patrie ethnique* (en 1996) : Croates 5 000 (inclus une partie des réfugiés et personnes déplacées) ; fédération de Croates et Bosniaques 700 (exclus une partie des réfugiés et personnes déplacées) ; Voivodine 100. **Réfugiés** (en 1999) : 50 000 déplacés. *A l'étranger* 296 000 dont en ex-Youg. et Bosnie 40 000. **Réfugiés** en C. : 24 000 dont 23 000 Bosniaques.

■ **Langues.** Croate (standardisé XIXe s. par Ljudevit Gaj ; base : dialecte *štokavien-ijékavien*). **Religions** (en %, 1991). Catholiques 76,5, orthodoxes 11,1, musulmans 1,2, protestants 0,4, non-croyants 3,9, divers 6,9.

■ **Villes** (en 1991). *Zagreb* 981 000 hab. (est. 99), Dubrovnik 49 728, Split 189 388, Rijeka 167 964, Osijek 104 761, Zadar (Zara) 76 743, Pula 62 378.

■ **Histoire. Préhistoire** abri sous roche de Hušnjakovo brdo (période interglaciaire) : *homme de Krapina* (h. de Neandertal). **Néolithique** céramique peinte à Hvar (grottes de Marko et Grabac). **9 apr. J.-C.** guerres Illyriens/Grecs et Illyriens/Romains ; les Romains dominent actuelles C. et B.-H., et pays balkaniques. Des Illyriens romanisés des régions croates actuelles (Aurélien, Probus, Dioclétien et autres) deviennent empereurs romains. **395** *ligne de Théodose :* partage Empires romains d'Orient et d'Occident et passe par l'actuelle frontière serbo-bosniaque. **476** chute de l'Empire romain d'Occident. **480** Julius Nepos (dernier empereur) assassiné dans palais de Dioclétien à Split. **Du IVe au VIe s.** régions croates actuelles traversées par Goths, Huns, Ostrogoths, Gépides et Lombards. **VIe s.** domination de Byzance : Empire romain d'Orient. **614** menacée par alliance Avars/Slaves qui pénètrent jusqu'à l'Adriatique, détruisant Salone (Solin près de Split), cap. de la Dalmatie. L'empereur byzantin Héraclius Ier demande l'aide des Cr. [ennemis des Avars ou Horvats (en vieux perse « alliés ») ; ce seraient des Iraniens (1re mention, 520 av. J.-C.) émigrés au nord de la mer Noire (IIe-IIIe s. av. J.-C.) puis en Europe centrale, où ils ont fondé la C. Blanche autour de Cracovie *(Horvat)* et où ils se sont slavisés (les monts Carpates porteraient aussi leur nom) aux VIe-VIIe s. ; ils conquièrent prov. romaines de Pannonie, Dalmatie, Illyrie, Norique (Autriche du Sud, Slovénie, C., B.-H., Monténégro du S. actuels), occupées par Avars, et s'y établissent]. **625** Cr. battent Avars ; arrivent sur Adriatique. Héraclius leur attribue les terres conquises (Avars rejetés au nord du Danube). **Vers 800** 1re principauté au sud (1er *knez* ou prince au nom connu, Vicheslav), puis 2e au nord. Formation d'États : Croatie *carinthienne* (743), *pannonienne* (897), *dalmate* (siège du souverain suprême), *illyrique* (appelé C. Rouge, 753), s'étendant du Semmering (Autriche) à l'Albanie du S. (Vlorë, le Drin), et de la Carinthie occ. à l'Istrie et aux fleuves Mura, Drave et Danube. **VIIe et VIIIe s.** alliés indépendants de Byzance. **626-1097** dynasties nat. Kloukas-Trpimirovitch, Domagoyevitch, Svatchitch. Notamment Trpimir Ier (845-64), Tomislav (910-28, roi en 925 à Duvno en Bosnie) et Étienne Drzislav (969-95, roi de C. et Dalmatie 988). **630-880** christianisation. **799** *Lovran* (Istrie) : le margrave franc Éric, tentant de conquérir la C. dalmate, est vaincu et tué par duc Vicheslav. **803-845** suzeraineté franque (nominale 878) sur la C. littorale. **812** guerre entre Cr., alliés aux Francs, et Byzantins : nouvelle frontière (Albanie du Nord : sur le Drin). **812-23** soulèvement du knez Ljudevit contre domination franque, échec. **Milieu du IXe s.** consolidation de la P^té de C. littorale (C. Blanche) ; villes côtières et îles restent au pouvoir de Byzance, sous le nom de Dalmatie. **Vers 878** brève suprématie de Byzance. Essor de la côte sous le knez Branimir et surtout sous Tomislav (P^ce 910-28, roi à partir de 925) qui refoule assaillants bulgares, expulse Hongrois de C. pannonienne et obtient contrôle de partie byzantine de Dalmatie. **879**-*21-5* reconnaissance par le pape Jean VIII (le roy. de C. s'étend au max. sur 100 000 km²). **1000** conquête partielle de la Dalmatie par Venise et la C. (menaçait sa navigation sur Adriatique). **1060** Byzance confie administration de Dalmatie au roi Pierre Krešimir IV. **1075-89** Dmitar Zvonimir roi. **1097** dernier souverain nat., *Pierre Svačić,* tué (bataille contre Hongrois) sans descendant masculin. **1102-1918** union personnelle roy. de C.-Dalmatie/Hongrie *(Pacta Conventa).* C. gouvernée par ban (vice-roi) et, à partir de 1273, par Sabor (parlement de patriciens). **1242** *victoire de Grobnitchko Poliè :* princes cr. Fridik Ier et Bartoul III de Krk refoulent khan Batou (chef tartare de la Horde d'Or) qui a conquis Moldavie, Hongrie, Bulgarie. **1301-86, 1397-1408** maison d'Anjou de Naples. **1409** Ladislas le Magnanime (dernier roi angevin) vend la Dalmatie à Venise. **1493** noblesse cr. décimée par Turcs au champ de *Krbava.* **1526**-*29-8 Mohacs (Mohač) :* Turcs battent Hongrois (Louis II tué) et détachements cr. **1527**-*1-1* diète cr. choisit Ferdinand de Habsbourg (beau-frère de Louis II) pour souverain. **1573** révolte paysanne (20 000) en C. et Slovénie ; échec (nombreux †). **1593** Turcs définitivement arrêtés à Sisak. **1630** Autriche codifie par « les Statuts des Valaques » les droits et devoirs des habitants de la *Vojna Krajina* (Confins militaires), placée sous l'autorité de l'empereur [zone dépeuplée de Cr., fuyant pillages et guerre ; des Valaques (plus tard serbisés) se sont installés puis ont fui les Turcs, et doivent protéger l'empire contre ces derniers]. **1664-71** complot de nobles cr. et hongrois (pour renverser Habsbourg) échoue, ban de C., Petar Zrinski et knez Krsto Frankopan décapités. **1699** *traité de Karlowitz (Srijemski Karlovici) :* Hongrie reprend la C. qui forme avec Dalmatie non vénitienne et Esclavonie (Slavonie) le « roy. triunitaire » ou *roy. d'Illyrie* (40 200 km²). **1718** *traité de Požarevac :* reste de Srijem annexéà C. **1791** *traité de Svishtov :* reste de Lika annexé à C. (la C. atteint 41 575 km²). **1797** *traité de Campoformio :* restitue Dalmatie aux Cr. sous autorité de François II d'Autriche. Autriche annexe Dalmatie vénitienne. **1806-13** *« Prov. illyriennes » françaises* avec littoral ex-vénitien et, à partir de 1809, au sud de la Save, la C. méridionale (gouverneur : M^al Marmont, duc de Raguse). **1808**-*31-1* Marmont abolit rép. de Raguse-Dubrovnik. **1813** retour à l'Autr. **1830** début du mouvement de renaissance nat. croate. **1848** mouvements révolutionnaires en C. menés par le ban Josip Jelačić qui abolit le servage et étouffe la révolution hongroise. **1861** Ante Starčević fonde 1er parti politique cr. : HSP (P. du droit, conservateur). **1867** compromis austro-hongrois (monarchie bicéphale) : C. et Esclavonie (43 000 km²) font partie du roy. de Hongrie ; Dalmatie et îles (12 000 km²), de l'empire d'Autriche. **1868** compromis *(Nagodba)* hongro-cr. : C. et Esclavonie ont une autonomie restreinte au sein du roy. hongrois. **1871** Eugène Kvaternik proclame un gouv. nat., est tué dans l'insurrection. **1881** Confins militaires ou Croatie militaire (20 332 km²) unis à la C. civile (23 264 km²). **1905** coalition serbo-cr. de partis cr. et serbes pour l'indépendance des Slaves du Sud (remporte élections de 1906). **1915** *traité secret de Londres* promettant Dalmatie cr. à l'Italie. **1918**-*29-10* Parlement cr. proclame *indépendance de la vice-royauté de C.* Création de l'État des Slovènes, Croates et Serbes, capitale *Zagreb.* -*Nov.* occupation italienne. -*1-12* englobée dans *roy. des Serbes, Croates et Slovènes,* où la C. (ancienne Dalmatie et C.-Slavonie avec Medimurje) représente 22,7 % de la superf. (56 536 km²) et 26,7 % des hab. (3 716 000). Dalmatie du Nord-Ouest à l'Italie. Suppression du Parlement cr. qui ne ratifie pas l'Union. Opposition du P. paysan cr. des frères Radic (fondé 1904). -*5-12* Zagreb, manif. de régiments cr. (HSS) [15 †]. **1920** révolte de paysans. Création du P. socialiste, deviendra P. communiste. -*21-11 traité de Rapallo :* l'Italie obtient Trieste et ses environs, Istrie, Zadar et certaines îles (puis Rijeka malgré l'accord de 1924). **1921** Const. youg. du Vidovdan. Radic publie à l'étranger la Const. paysanne de la Rép. de C. et demande des négociations sur l'union des 3 peuples. **1927** coalition du P. paysan cr. et du P. démocratique serbe contre centralisme de Belgrade. **1928**-*20-6,* 3 députés cr. [dont Stjepan Radic, avec 90 % de l'électorat cr.] assassinés au parlement de Belgrade par un député monténégrin ; opposition clandestine. **1929**-*6-1* roi Alexandre de Youg. supprime Constitution, interdit partis et proclame roy. de Youg. -*7-1 Ante Pavelić* (1889-1959, dit le Poglavnick : « chef ») crée à Zagreb P. des *Oustacha* (« Insurgés », mot apparu en 1870 en Bosnie lors d'une rébellion contre Ottomans) pour l'indép. de la C. ; fuit en Autriche (17-1-1929) et Italie et se lie au P. révolutionnaire macédonien (VRMO ou Orim, organisation révolutionnaire intérieure macédonienne). **1934**-*9-10* Alexandre assassiné à Marseille par terroriste macédonien de l'Orim en rapport avec Oustacha. **1937** P. socialiste devient P. communiste cr. **1939**-*26-8* accord Cvetkovic (PM youg.) et Macek (P. paysan cr.) créant la *Banovina* cr. (64 456 km², 4 025 000 hab., cap. Zagreb, autonomie partielle) ; Macek vice-PM youg. **1941**-*25-3* Paul, régent, signe avec All. *pacte tripartite.* -*27-3* putsch du Gal Simović (poussé par services spéciaux britanniques) : remet en cause alliance avec nazis. -*6-4* attaque de l'All., Italie, Hongrie, Bulgarie. -*8-4 :* 1ers massacres massifs, par armée royale serbe (les *tchetniks*), de musulmans et de Cr. qui refusaient de défendre une Youg. dont ils ne voulaient pas. -*10-4* **État indépendant de C.** constitué à l'initiative du C^el Kvaternik (M^al 14-6) (incluant B.-H., excluant des parties importantes de Dalmatie) sous contrôle all. et italien. Pavelic rentre, signe pacte tripartite (All./Italie/Japon), déclare guerre aux USA et G.-B. -*6-5* rencontre Hitler. -*7-5 accord de Trzic* (Monfalcone) Mussolini/Pavelic : l'Italie a le sud de la rivière Zrmanja (Knin), Zadar et certaines îles. -*18-5 accord de Rome :* Pavelic propose la couronne donnée à Dmitar Zvonimir (1076) à la maison de Savoie. **Duc de Spolète** Aimon de Savoie [né 9-3-1900, neveu du roi d'Italie ; il n'occupera jamais son trône, reprendra le titre de duc d'Aoste à la mort de son frère Amédée (3-3-1942), abdiquera le 20-8-1943), s'exilera en Argentine en 1945 où il mourra à Buenos Aires le 29-1-1948] est désigné comme roi sous le nom de *Tomislav II.* La C. est partagée en 2 zones d'occupation par All. et Italie (1 seule en sept. 1943 après la capitulation de l'Italie). -*6-6* Hitler autorise Pavelic à mener une politique de terreur. -*22-6* soulèvement antifasciste cr. à Sisak (jusqu'en 1943 : plus de 100 000 h.). On compte alors en Slovénie, C. et B.-H. 300 000 h. en 26 divisions : 2 serbes, 1 monténégrine, 5 slovènes, 11 cr. et 7 bosniaques. *Annexion de la C. :* les chefs italiens de la IIe armée (Ambrosio, Roatta, Roboti) cherchent à s'appuyer sur les Serbes menacés. Collaboration militaire Italiens/tchetniks de Draa Mihailovic. *État cr.* reconnu par Allemagne, Bulgarie, Espagne, Finlande, *France,* Hongrie, Italie, Japon, Roumanie, Slovaquie. **1942**-*août* Conseil populaire antifasciste de libération nat. de Youg. (AVNOJ) créé à Bihác (Bosnie). **1943**-*29-11* Dalmatie, Istrie, îles du Kvarner, Zadar, Lastovo et autres territoires (italiens depuis 1920) sont restitués à la C. et à la Youg. **1941-45** environ 85 000 † dans le camp oustachi de Jasenovac dont 50 000 Serbes, 18 000 juifs, 10 000 Croates et musulmans, 10 000 tziganes (le camp, qui a servi aux communistes après la guerre, a été fermé en 1948). **1945**-*mai* reddition des Oustachis, des civils anticommunistes (ou fuyant le régime communiste qui s'installait à la Libération, à Bleiburg) livrés par Britanniques aux titistes (100 000 à 300 000 massacrés), et « chemin de croix » (marche jusqu'en Macédoine) des réfugiés anticommunistes. C. fait partie de la Youg. **1945-50** répression contre non-communistes [*cardinal Stepinac* (né 8-5-1898), archevêque de Zagreb, emprisonné de 1946 à 51, puis assigné à résidence jusqu'à sa mort 10-2-1960 ; béatifié 3-10-1998] et communistes non centralistes (A. Hebrang, chef du PC, mort en prison 1949). **1966**-*4-5* A. Rankovic, chef de la police youg., limogé ; début du Mouvement populaire *(Maspok)* ou « *printemps croate* » ; lutte pour la langue et la décentralisation. **1967** « Déclaration sur l'appellation et l'usage de la langue croate littéraire » *(Matrix Croatica).* **1971**-*nov.* grèves étudiantes. -*1-12* réunion de Karadzordzevo, fin du *printemps cr.,* arrestations, purges : 30 000 pers. **1974** nouvelle Const. youg. (défense terriroriale de la compétence des républiques). **1978** B. Busic, leader de l'émigration cr., assassiné à Paris par services secrets youg. **1980**-*4-5* mort de Tito. Tudjman, Gotovac, Veselica (dissidents politiques condamnés en 1972 à 2, 4 et 7 ans de prison et en 1981 à 3, 2 et 7 ans de prison supplémentaires) arrêtés. **1990**-*mars* désarmement de la défense territoriale cr. par armée youg. *-22-4* et *6-5,* 1res élections libres depuis 1945, victoire de l'Union dém. cr. (HDZ).

1990-*30-5* **Franjo Tudjman** (14-5-1922/10-12-1999) élu Pt par le Parlement. *-17-8* barricades à Knin, revendications autonomistes serbes. *-19-8* et *2-9* référendum (interdit) : minorité serbe pour une province autonome. *-22-12* nouvelle Const. de C. **1991**-*janv./mai* troubles. *-17-3* la Krajina (région sous contrôle serbe) proclame son rattachement à la Serbie (non exécuté). *-2-4,* 1res barricades serbes en Slavonie orientale (Vukovar, Osijek, Dalj). *-9-4* garde nat. créée (deviendra armée cr.). *-2-5* Borovo Selo, embuscade serbe contre policiers cr. (16 †). *-6-5* manif. à Split (1 soldat †). *-15-5* C. présidente de la Youg., mais son candidat, Stipe Mesíc, ne peut se faire coopter. *-19-5* référendum sur confédération avec possibilité d'indépendance ; participation en C. 83 %, oui 94 % (autonomie culturelle de la minorité serbe garantie). *-13-6,* 1ers tirs d'artillerie de l'armée youg. en Slavonie, **début de la guerre**. *-25-6 Parlement déclare la «désassociation»* de la C. *-27-6* intervention de l'armée youg. en Slovénie. *-7-7* à Brioni, sous l'égide de la CEE, déclaration d'indépendance suspendue pour 3 mois, retrait de l'armée youg. dans ses casernes. *-8-10 indépendance* proclamée (Mesíc, Pt cr. de la fédération, démissionne). *-23/24-10,* 1res attaques contre Dubrovnik (dureront jusqu'au 20-7-1992). *-7-11* début conférence de Londres, Pt lord Carrington. *-19-11* chute de **Vukovar** [44 639 hab., 3 mois de siège : assiégés 1 500 à 1 850 †, 2 600 disparus, 43 000 réfugiés ; assiégeants (soldats serbes) 6 000 à 8 000 † sur 35 000 à 40 000 soldats ; pertes matérielles : assiégeants 300 blindés (chars et transporteurs), 29 avions, 1 navire de guerre (sur Danube), 1 hélicoptère, une dizaine de lance-roquettes multiples]. *-Nov.* massacres de Cr. à Vocin, Skradin, Nadin. Destruction du pont de Maslenica (accès à Zadar), C. coupée en 2. *-22-11* Vukovar, armée youg. installe un gouv. de la « région autonome serbe de Slavonie, Baranja et Ouest-Srijem ». *-4-12* adoption, à la demande de la commission Badinter, de la « loi constitutionnelle sur les droits des Serbes et des autres minorités ». **1992**-*2-1 plan Vance :* départ de l'armée youg., désarmement des paramilitaires, régions occupées sous contrôle de l'Onu. *-Janv.* Serbes contrôlent 30 % de la C. [507 000 hab. dont 274 000 Serbes (les autres ont dû partir)]. *-3-1 cessez-le-feu de Sarajevo* armées cr./youg. Tudjman accepte plan Onu. *-7-1* armée youg. abat un hélicoptère de mission européenne (1 Français et 4 Italiens †). *-21-2* Onu vote envoi de casques bleus dans les 3 régions à fort peuplement serbe (Krajina, Slavonie orientale et occ.), arrivent le 4-4 (contingent français). *-16/17-5 accord de Split* sur projet de confédération croato-bosniaque entre Irfan Ajanovic (musulman) du SDA (parti au pouvoir en Bosnie-Herzégovine) et *Miljenko Brkic* [Cr. du HDZ (parti au pouvoir en C.)]. *-22-5 entre à l'Onu. -28-5* fin du siège de Dubrovnik. *-2-8 présidentielle* (Tudjman réélu, 56,73 % des voix) et *législatives. -20-9* départ des derniers soldats youg. de Prevlaka *-30-9* Genève, accord Tudjman/Cosic (Pt de Youg.). *-23-11* Genève, accord de cessez-le-feu serbo-croate. Les Serbes occupent 25 % du territoire de la C. A Londres, lord Owen, coprésident de la conférence de paix, dénonce la *purification ethnique* menée par les Cr. en Bosnie dans la perspective de la « cantonisation » prévue par le plan de paix. **1993**-*22-1* attaque cr. contre Serbes près de Zadar (pont de Maslenica) contrôlée par la Forpronu pour rétablir les relations N./S. 2 casques bleus français tués par soldats serbes. *-28-1* aéroport de Zadar et barrage de Peruca repris. *-7-2, 1res élections* à la *Chambre régionale* du Parlement (majorité HDZ). **Nikica Valentic** (né 1950) PM. *-20-6 référendum* sur l'union à la rép. serbe autoproclamée de Bosnie-Herzégovine. **1994**-*9-1* Bonn, rencontre Tudjman/ Izetbegovic (Pt de B.-H.), Tudjman propose alliance à la rép. musulmane en cas de disparition de l'union de B.-H. *-15-1* Izetbegovic refuse. *-18-3* Washington, accord-cadre croato-musulman prévoyant une confédération cr. et future fédération de B.-H. *-30-5* la kuna remplace le dinar. *-10-9* visite de Jean-Paul II. **1995**-*mai* Slavonie occidentale reprise (opération «Éclair»). *-4/7-8* Krajina reprise (opération «Tempête») ; 10 000 km^2 libérés en 4 j. *-13/17-9* opération «Mistral», Bosnie-Occidentale libérée. *-3-10* pré-accord avec Bosno-Serbes de Pale sur Slavonie. *-7-11* **Zlatko Matesa** (né 17-6-1949) PM. *-12-11* accord d'Erdut sur réintégration de la Slavonie occ. en C. Région démilitarisée, puis sous tutelle de l'Onu un an (renouvelable une fois) jusqu'aux élections. *-14-12 Paris,* signature des accords négociés à Dayton. **1996**-*15-1* Onu envoie mission civile et militaire en Slavonie (5 000 h.). *-14-3* levée partielle de l'embargo sur la C. *-3-4* accident d'avion : 35 † dont Ron Brown, secrétaire d'État américain au commerce. *-23-8* accord de reconnaissance mutuelle Croatie/Youg. *-26-11 Zagreb,* 100 000 manifestants contre Pt Tudjman. **1997**-*15-6* **Tudjman** réélu Pt. *-26-11 :* 100 000 manifestants contre la suppression d'une radio libre. **1998**-*15-1* C. retrouve le contrôle de la Slavonie orientale. *-2-10* visite de Jean-Paul II. *-3-10* cardinal Stepinac béatifié. **1999**-*9-8* Vinko Martinovic livré au Tribunal pénal international. *-4-10* Dinko Sakik, ancien commandant du camp de concentration de Jasenovac, condamné à 20 ans de prison pour « crimes contre l'humanité ». *-10-12* Tudjman meurt. **Vlatko Pavletic** Pt par intérim. **2000**-*23-1* et *6-2* **Stjepan,** dit **Stipe Mesic** (né 24-12-1934, centriste, dernier Pt de la Fédération yougoslave) élu Pt 56,21 % des voix, en fonctions 18-2. *-9-2* **Ivica Racan** (né 24-2-1944) SDP PM.

■ **Bilan de la guerre. Pertes humaines :** *du 17-8-1990 au 21-1-1993 :* tués 6 493, armée et police 4 259 (plus 600 à Vukovar), civils 2 198 (plus 1 200 à Vukovar), 13 788 disparus dont 416 enfants. **Dégâts :** environ 25 milliards de $. **Monuments historiques détruits :** 148 à *Osijek, Vukovar*-(monastère St-Jean XVe s., site préhistorique de Vucedol, château de Casimir Eltz, maisons du XIIe s.), *Karlovác, Dubrovnik* [125 palais et forteresses, 138 églises, 15 musées, 65 ouvrages (monastère des franciscains XIIIe-XVe s., églises Ste-Anne, Ste-Marie, Ste-Madeleine, Lazaret, Domus Christi)], *Sibenik, Varazdin, Zadar.*

☞ **Attentats :** *1962* contre consulats de Youg. (Bad Godesberg, 3 blessés) ; *1966* (Stuttgart) ; *1968* bombe au club youg. de Paris (1 †) ; *1971* ambassadeur youg. à Stockholm tué ; *1975-13-1* groupe « Jeune Armée cr. » revendique attentat d'Orly ; *-29-3* vice-consul assassiné à Lyon ; *1966-80* assassinats par services secrets youg. de 71 dissidents dont 58 Cr.

■ **Statut.** *République.* **Constitution** du 22-12-1990 supprimant le communisme. **Pt** élu pour 5 ans au suffr. univ. **Parlement** *(sabor).* **Chambre des représentants** (*Zastupnički dom*) : 151 membres élus pour 4 ans au scrutin proportionnel ; *élections du 3-1-2000 :* P. social-démocrate (SDP) 44, P. social-libéral croate (HSLS) 24, Communauté démocrate croate (HDZ) 46 (dont 6 représentants de la diaspora), P. paysan croate (HSS) 16, Diète démocrate d'Istrie (IDS) 4, P. du droit croate (HSP) 4, P. libéral (LS) 2, P. populaire croate (HNS) 2, Alliance de Primorje et Gorski Kotar (PGS) 2, P. de Slavonie et Baranja (SBHS) 1 et Union cr. des chrétiens-démocrates (HKDU) 1. **Chambre des régions** (*Zupanijski dom*) : 68 m. dont 63 (3 par comitat) élus au suffrage univ. pour 4 ans et 5 nommés par le Pt ; *élections du 13-4-1997 :* HDZ 42, HSLS 6, HSS 9, IDS 2, SDP 4, SDSS 1, HSP 2, indép. 2. **Régions-comitats :** 21. **Cantons :** 419. **Communes :** 6 694. **Fête nationale.** 30-5. **Drapeau** (adopté 22-12-1990). Bandes horizontales rouge, blanche et bleue (couleurs de la Croatie). Au centre, armoiries (carrés rouges et blancs) et, au-dessus, écussons de Croatie, Dubrovnick, Dalmatie, Istrie et Slavonie.

■ **Partis. Communauté dém. cr. (HDZ)** fondée 1989 par Franjo Tudjman, *Pt* : Ivo Sanader. **P. social-libéral de C. (HSLS)** fondé 1989, Drazen Budisa. **P. libéral (LS)** fondé 1997, Vlado Gotovac. **P. social-démocrate (SDP),** ancienne ligue des communistes de C., Ivica Racan. **P. populaire cr. (HNS),** Vesna Pusic. **P. cr. du droit (HSP)** fondé 1861, recréé 1990, Ante Djapic. **P. paysan cr. (HSS),** Zlatko Tomčic. **Alliance dém. de Rijeka et Gorski Kotar (PGS),** Nikola Ivanis. **Démocrates indépendants de C. (HND)** fondé 18-4-1994, Josip Manolic. **Action dalmate (DA)** fondée 1990, Mira Ljubic-Lorger. **Diète dém. d'Istrie (IDS),** Ivan Jankovic. **P. nat. serbe (SNS)** fondé 1993, Milan Djukic. **P. indép. démocratique serbe (SDSS),** Vojslav Stanimirovic. **Union chrétiens-démocrates (HKDU),** Marko Veselica.

■ **Krajina. Nom :** *Vojna Krajina,* « Confins militaires ». S'étendaient sur 25 % du territoire. **Superficie** (conquise et occupée) : 13 500 km^2 (dont 7 097 km^2 peuplés avant 1991 : Serbes 70 %). 250 000 Cr. sur 400 000 sont chassés. **Capitale :** Knin (14 000 hab. en 1991, n'a jamais fait partie des Confins militaires). **1991**-*19-12* Rép. serbe proclamée par le « parlement » local et débordant la région de ce nom. Coupe en 2 la C. occupée par des séparatistes serbes. **1992 Milan Babic** Pt. *-16-2* destitué. **1993**-*12-12* et **1994**-*23-1* **Milan Martic** Pt (élu avec 49 % des voix), *législatives. -30-3* cessez-le-feu avec Cr. **1995**-*5-8* redevient croate.

■ **Économie. PNB** (en milliards de $) : *1990 :* 17 ; *92 :* 9 ; *96 :* 19 ; *98 :* 21,3 ; *99 :* 19,9. **PNB** (en $ par hab.) : *1990 :* 2 560 ; *95 :* 3 000 ; *98 :* 4 340 ; *99 :* 4 460. **Population active** (en %) **et,** entre parenthèses, **part du PNB** (en %) : agr. : 13 (14), mines 2 (3), ind. 33 (48), services 52 (35). **Pop. active** (en 1998) : 1 732 000 pers. **Chômage** (en %) : *1990 :* 8 ; *95 :* 17,6 ; *96 :* 15,9 ; *97 :* 17,6 ; *98 :* 18,6 ; *99 :* 20,8. **Croissance PIB** (en %) : *1995 :* 6,8 ; *96 :* 6 ; *97 :* 6,8 ; *98 :* 2,5 ; *99 :* – 0,3 ; *2000 (est.) :* 3. **Indice des prix à la consommation** (en %) : *1992 :* 663,6 ; *93 :* 1 516,6 ; *94 :* 97,5 ; *95 :* 2 ; *96 :* 3,6 ; *97 :* 3,7 ; *98 :* 5,9 ; *99 :* 4,3. **Dette** (en milliards de F) : 14,5, + part croate de la dette fédérale yougoslave 17,5. **Dette extérieure brute** (en % du PIB) : *1995 :* 19 ; *99 :* 44. **Agriculture. Terres :** agricoles 3 100 000 ha, cultivées 1 000 000 ha. **Production** (en millions de t, 1999) : chanvre 2,9 (en 1995), maïs 2,13, bett. à sucre 1, p. de t. 0,72, blé 0,5, raisin 0,37, orge 0,12, vin. **Élevage** (milliers de têtes, 1999). Poulets 10 800, porcins 1 362, ovins 488, bovins 438, chevaux 16. **Forêts** (en 1998). 3 398 000 m^3. **Pêche** (en 1998). 28 300 t. **Énergie. Pétrole** (en 1999) : 1 000 000 de t. **Gaz** (en 1999) : 1,56 milliard de m^3. **Industrie.** Hydroélectricité, nucléaire, constructions navales, mécaniques et électriques, chimie, pharmacie, plastiques, colorants, carbones, textile, confection, meubles. **Transports** (en km, 1998). **Voies ferrées :** 2 726. **Routes :** 29 000 (autoroutes 485). **Tourisme. Visiteurs :** *1991 :* 629 000 ; *95 :* 1 324 000 ; *98 :* 4 111 356. **Parcs naturels :** Brioni (3 635 ha), Mljet(3 100 ha), Paklenica (3 617 ha). Plitvice (19 479 ha), Kornati (22 375 ha), Risnjak (3 014 ha), Krka (14 200 ha). *Régionaux :* Velebit (200 000 ha), Telašćica (6 706 ha), Loujsko Polje (50 650 ha), Biokovo (19 550 ha), Medvednica (22 826 ha), Kopački tršćak (17 770 ha).

■ **Commerce** (en milliards de $). **Export./import. :** *1995 :* 4,6/7,1 ; *96* 4,5/7,8 ; *97 :* 4,2/9,1 ; *98 :* 4,5/8,4 ; *99 :* 4,3/7,8.

■ **Rang dans le monde** (en 1999). 19e vin. 25e maïs.

CUBA

Carte p. 1048. V. légende p. 950.

☞ *Abréviations :* am. : américaine(s) ; Amér., amér. : Américains, américain(s) ; C. : Cuba ; Cub., cub. : Cubains, cubain(s) ; E. : Espagne ; Esp., esp. : Espagnols, espagnol(e).

■ **Situation.** Archipel de l'Atlantique. **Distances** (en km) : de Haïti 77, Jamaïque 140, USA (Floride) 190, îles Keys 150, Mexique 210. Les distances intérieures sont calculées depuis la coupole du Capitole où est conservé un diamant de 24 carats. **Superficie :** 110 860 km^2. **Côtes :** 5 745 km. **Rivières :** plus de 200 dont rio Cauto (370 km), rio Sagua la Grande (163 km). **Lacs** (en km^2) : La Leche (67), Barbacoa (19), Ariguanabo (9). **2 îles principales et habitées : Cuba** (surnommée « le crocodile des Caraïbes » à cause de sa forme) 104 945 km^2 (plus grande île des Caraïbes), 1 250 km x 191 km. *Massifs : sierra des los Organos* (alt. maximale Pan de Guajaibon 692 m) avec, au fond de certaines vallées, des *mogotes* (éminences coniques alignées), *sierra del Escambray* (Pico San Juan 1 056 m), *sierra Maestra* (alt. maximale Pico Turquino 1 974 m), *sierra Cristal* (Pico del Cristal 1 231 m). *Barrières de corail :* longueur 400 km. **Ile de la Jeunesse** [ancienne *île des Pins* ou *île au Trésor,* 2 200 km^2, longueur 54 km, largeur 58 km, alt. maximale 310 m, 60 000 hab. ; jusqu'à la fin du XVIIe s. repère des pirates et corsaires attaquant les galions chargés d'or (anglais : John Hawkins, Francis Drake, Thomas Baskerville et Henry Morgan ; hollandais : Alexandre Oliver Esquemeling et Pieter Pieterzon ; français : François Leclerc et Latrobe qui enterra un trésor découvert en 1809 sur 2 bateaux espagnols, non retrouvé)]. **1 600 îlots et récifs (cayos) :** 3 715 km^2 inhabités. 5 archipels : *Camagüey* (dont, en km^2, cayo Guillermo 13, cayo Coco 364, cayo Rimano 926), *Sabana* (Jardin del Rey) au nord, *Colorados* au nord-ouest, *Canarreos* au sud [dont île de la Jeunesse, cayo Avalor, cayo Largo (25 km × 7 km) et Jardin de la Reina] et *île Romano.*

■ **Climat.** Subtropical. *Pluies :* mai-oct. (moyenne 1 400 mm) ; *températures* La Havane : moy. hiver 22 °C, été 25 °C (maximale 35,8 °C, minimale 8,6 °C).

■ **Population** (en millions d'hab.). *1492 :* environ 0,1 dont Siboneyes, Guanajuatabeyes (nomades) et Tainos ; *1899 :* 1,57 ; *1919 :* 2,89 ; *31 :* 3,97 ; *43 :* 4,78 ; *53 :* 5,83 ; *70 :* 8,57 ; *91 :* 10,73 ; *2000 (est.) :*11,2 ; *2025 (prév.) :* 12,9. **En % :** Noirs 12 (mulâtres 21,9), Blancs 66, Asiatiques 0,1. **D.** 101. **Age :** *– de 15 ans* 21,4 %, *+ de 65 ans* 9,7 %. **Espérance de vie** (en 1998) : *h. :* 73 ans, *f. :* 78. **Mortalité infantile** (pour ‰, 1998) : 7,2 (1 médecin pour 275 hab.). **Émigration** aux USA : *1990 :* 1 500 000 [dont Miami 500 000 (est.), région New York 250 000]. *Évolution : 1959-61 :* 1re vague ; *62-65 :* USA ferment frontières ; *65-70 :* pont aérien avec Miami ; *70-79 :* environ 4 000 pers. par an ; *80-82 :* 125 000 *marielitos* (embarqués à Mariel) ; *1987-nov.* plus de 20 000 Cub. autorisés chaque année à entrer aux USA, mais 2 700 indésirables (malades, meurtriers, criminels) seront rapatriés à C. ; *90 :* 467 ; *91 :* 2 000 *balseros* (sur une bouée) ; *93 :* 3 656 . *94 (9-9) :* USA accordent 20 000 visas par an dont 6 000 tirés au sort ; *95 :* 190 000 demandes, 12 900 tirés au sort, 5 400 départs ; *96 :* 436 000 demandes (4 % de la population), 7 600 départs ; *97 :* 8 700 départs. **Taux de croissance** (en %) : *1907 :* 3,3 ; *53 :* 2 ; *70 :* 2,3 ; *81 :* 1,2 ; *85 :* 0,6 ; *90 :* 0,3. **Population urbaine** (en 1997) : 77 %.

■ **Langue.** Espagnol *(officielle).* **Religions.** 10-7-1992 liberté religieuse rétablie en partie. *Catholiques* 3 200 000 baptisés [(environ 60 % en 96) ; *pratiquants* (en %) : *1958 :* 17 ; *87 :* 0,5 ; *prêtres : 1959 :* 800 ; *86 :* 200 ; *91 :* 325. *Protestants* 90 000. *Juifs* 1 200 (en 1993). *Afro-cubains. Babalao :* prêtre le plus important, assisté de *babalochas* (hommes) et d'*iyalochas* (femmes). Culte de la *santeria :* 20 saints ou *orishas* (démons d'origine africaine) correspondant à un ou plusieurs saints catholiques. *Oloff :* Dieu, il créa le monde qu'il peupla d'orishas. *Ochu :* Vierge de la Charité du Cuivre (patronne de Cuba) ; mulâtresse sensuelle, maîtresse des fleuves, de l'or et de l'amour ; couleur : jaune. *Orula :* équivalent de St François d'Assise ; maître du *tablero d'Ifà* et de l'*okuele* (collier qui permet de prédire l'avenir). *Ogun :* St Pierre. *Yemaya :* Virgen de Regla (patronne de la baie de La Havane), appelée Vierge Noire.

■ **Villes** (en 1993). *La Havane* 2 221 000 hab. (en 1998) (fondée 1514 ; en 1554 : 3 000 hab.), Santiago de Cuba 440 084, Camagüey 293 961, Holguín 242 085.

■ **Histoire.** Peuplement d'Indiens siboneys et arawaks. **1492**-*28-10* Colomb s'arrête lors de son 1er voyage ; **1494** durant son 2e voyage, il appelle Cuba *Juana* en l'honneur du P^{ce} Júan, fils des rois catholiques. **1509** Sebastián de Ocampo fait le tour complet et conclut qu'il s'agit d'une île. **1510-14** conquête (avec 300 h.) par Diego Velásquez. **1511** ou **12** Baracoa fondée. **1512**-*2-2* Hatuey (aristocrate indien) brûlé vif. **1519**-*16-11* La Havane fondée. **1554** Jacques de Sores (Fr.) occupe Santiago de Cuba 1 mois. **Fin XVIe s.** association *Frères de la côte* créée. **1628** Matanzas, Pieter Hayn (Hollandais) : maîtrise des galions espagnols. **1662** un Anglais pille Santiago de Cuba. **1665** Nau (Français) pille Remedios. **1668** Henry Morgan avance jusqu'à Camagüey. **Du XVIe au XVIIIe s.** incursions de corsaires (agissant à la demande des gouv. européens) et de pirates. Des boucaniers chassent les bœufs sauvages pour en boucaner la viande, des flibustiers dévastent les possessions espagnoles. **1762-63** occupation anglaise. **1763**-*6-7 traité de Fontainebleau :* C. rendue aux Espagnols contre Floride. **1774** 40 000 esclaves. **1838** 1re voie ferrée en Amérique latine. **1840** 470 000 esclaves. **1868**-*10-10* Diego Carlos Manuel de Cespedes (18-4-1819/1874) proclame la libération de ses esclaves et engage les Cub. à se libérer de l'E. **1868-78** *guerre de 10 Ans :* autonomie relative, défaite des Cub. (environ 200 000 †). **1869** république proclamée à Guaimaro, *-10-4* **Carlos Manuel Cespedes** (né 1819) Pt ; **1872** démissionne ; **1874** tué (bataille de San Lorenzo). **1874-78** Antonio Maceo continue la lutte. **1878** autorité esp. restaurée. **1886** esclavage aboli. **1891** José Martí (28-1-1853/19-5-1895 à la bataille de Dos Rios) fonde le *Parti révolutionnaire cubain.* **1895**-*25-3* José Martí, avec Antonio Maceo († 1896 à la bataille de San Pedro) et le G^{al} dominicain Maximo Gómez, lance de St-Domingue le *manifeste de Montechristi*, création d'un gouv. républicain. *-11-4* débarque à Cuba. **1895-98** guerre

d'indépendance contre l'E. **1898**-*18-4* USA votent le retrait des Esp. de l'île et le droit de C. à l'indépendance. -*28-8* intervention des USA qui avaient notamment reproché aux Esp. d'avoir coulé le cuirassé *Maine* (266 † sur 510 h.) par une mine le 15-2 dans la rade de La Havane (en 1911, une commission d'enquête conclura à une explosion accidentelle). -*10-12 traité de Paris : indépendance*. **1899**-*1-1* à **1902**-*20-5* administration militaire amér. **1901**-*21-2* Constitution ; l'amendement du 2-3 du sénateur Orvill Platt (abrogé 1934), imposé par USA et ratifié le 12-6-1901 par l'Ass. constituante cubaine, oblige C. à soumettre tout accord diplomatique et militaire à l'autorisation des USA. **1902**-*20-5* **Tomas Estrada Palma** (1835-1908) Pt. **1903**-*22-5* USA obtiennent la base navale de Guantanamo, l'administration de l'île des Pins et des privilèges (tarifs préférentiels). Peuvent intervenir à C. chaque fois que paix sociale et sécurité y seront menacées. C. est assurée de vendre son sucre aux USA à un prix avantageux. **1906**-*29-9* troupes nord-américaines interviennent à la demande du Pt Tomas Estrada Palma qui veut assurer sa réélection. **1909**-*28-1* Amér. transmettent le pouvoir au **Gal José-Miguel Gomez** (1858-1921), nouveau Pt. **1912** et **17** interventions am. pour faire respecter traité de Paris. **1913**-*28-5* **Mario Garcia Menocal** (1866-1941) Pt. **1917** libéraux cub. contestent réélection frauduleuse du Gal Mario Menocal. Fusiliers marins amér. pénètrent dans la province de Camagüey ; y resteront jusqu'en 1920. **1921**-*20-5* **Alfredo Zayas y Alfonso** (1861-1934) Pt. **1924**-*20-5* dictature de **Gerardo Machado y Morales** (1871-1939). **1930** gouv. de **Ramón Grau San Martín** (non reconnu par USA) : autonomie universitaire, journée de travail de 8 h, nationalisation de l'électricité, vote des femmes. **1933** USA reconnaissent souveraineté de C. sur île des Pins. -*9/11-8* **Gal Alberto Herrera** Pt. -*11-8/5-9* **Carlos de Cespedes y Quesada** (1871-1939) Pt. -*10-9* **Ramon Grau San Martín** Pt (1887-1969). **1934**-*15/16-1* **Carlos Hevia** (1900-64) Pt. -*17-1* **Carlos Mendieta** (1873-1960) Pt. **1935**-*10-12* **José Barnet y Vinageras** (1864-1945) Pt. **1936**-*12-5/24-12* **Miguel Gomez y Arias** (1890-1951) Pt. -*24-12* **Federico Laredo Bru** (1875-1946) Pt.

Dictature de Batista. **1934**-*15-1* le colonel **Fulgencio Batista y Zaldivar** (16-1-1901/6-8-1973) devient chef d'état-major et manœuvre en coulisses. **1940**-*juillet* Const. démocratique. -*10-10* **Batista** Pt. **1944**-*10-10* **Ramon Grau San Martín** Pt. **1948**-*10-10* **Carlos Prio Socarras** (1903-1977, suicide) Pt avec le soutien des USA. **1951** Eduardo Chibas, fondateur du Parti orthodoxe, appelle les Cub. à se réveiller et se suicide. **1952**-*10-3* coup d'État de **Batista** (100 †). **1953**-*26-7*, 123 jeunes dirigés par le Dr Fidel Castro (26 ans), avocat, attaquent la *caserne de la Moncada* à Santiago de Cuba, échec (8 †, 60 prisonniers qui seront torturés et fusillés). -*1-8* Castro arrêté (condamné à 15 ans de prison, amnistié et exilé en 1955). **1954**-*10-3* Batista réélu Pt. **1955**-*6-5* Castro, amnistié, rassemble des combattants au Mexique. **1956**-*2-12* navire *Granma* (capitaine One Lio Pino) : à Bilic, Castro débarque 82 h., dont 20 arrivent à se réfugier dans la Sierra Maestra (dont le médecin argentin Ernesto « Che » Guevara, 14-6-1928/8-10-1967). -*5-12* bataille à *Alegria de Pio* (10 survivants, Guevara blessé). **1957** guérilla dans Sierra Maestra. -*Mai* prend cargo chargé d'armes. Guevara devient *commandante*. Les partisans adoptent le nom de *Mouvement du 26-Juillet*. Directoire des étudiants formé à La Havane. Guérilla dans la Sierra de l'Escambray. -*28-5* bataille d'Uvero. -*30-7* Frank Pais, dirigeant du « 26-Juillet », assassiné. **1958**-*févr.* un commando enlève puis libère Fangio (Argentin, champion auto). -*Printemps* opinion publique am. favorable à Castro. -*Avril* grève générale échoue ; Castro se rapproche des communistes. -*Mai* troubles Sierra Maestra. -*18-8* offensive de Castro en 2 colonnes : 1re : Camilo Cienfuegos (un des chefs de la guérilla) [Sierra de Los Oraganos], 2e : Che Guevara (Sierra de l'Escambray). -*24-12* bataille de Santa Clara (200 à 300 †) ; Guevara prend un train blindé (1 million de $) envoyé par Batista, dont le commandant, Florentino Rosell, acheté, fuit aux USA ; siège de Santiago et campagne de Raúl Castro dans l'Escambray.

Époque castriste. **1959**-*1-1* grâce à l'aide du Gal Eulogio Cantillo, avec lequel Castro avait tenté un accommodement, fuites de Batista avec sa famille vers la Rép. dominicaine, de Tabernilla (min. de la Défense), du Pt élu **Rivero Aguero,** du PM *Gonzalo Güell* ; 485 partisans de Batista exécutés. Manif. pour la libération des prisonniers (dont 1 000 politiques). Destruction du journal du sénateur ex-communiste Rolando Masferrer, chef d'une troupe d'assassins à gages (fuit à Miami). -*2-1* **Carlos Manuel Piedra y Piedro,** doyen des juges de la Cour suprême, sollicité comme Pt, ne peut former de gouv. et faire enregistrer sa prestation de serment. Cantillo propose à Castro de désigner le nouveau Pt. -*5-1* **Manuel Urrutia Lleo** (1901-81, juge qui avait innocenté les prisonniers lors du débarquement du *Granma*) nommé Pt provisoire, **José Miro Cardena** PM. -*7-1* nouveau régime reconnu par USA et Mexique. -*8-1* Castro entre à La Havane (les combats font 13 †). -*12-1 Castro* PM. -*Avril* 1er accord sur ventes de sucre à l'URSS. -*17-5* réforme agraire et expropriation des entreprises sucrières étrangères. -*Juin* 700 000 chômeurs. -*Juillet* Castro démissionne et accuse Urrutia de ne pas appliquer la politique réclamée par les révolutionnaires. -*18-7* **Osvaldo Dorticos Torrado** (1919-83) Pt désigné par le Conseil des ministres. -*26-7 Castro* redevient PM. -*Oct.* Hubert Matos arrêté. -*28-10* Camilo Cienfuegos disparaît (accident d'avion). **1960**-*févr.* accord commercial avec URSS. -*5-7* USA refusent d'acheter le reliquat du quota sucrier cubain, soit 700 000 t. -*9-7* URSS se porte acquéreur contre 300 000 t de pétrole à un prix préférentiel. Saisie des installations de Standard Oil, Texaco et Shell qui refusent de raffiner le pétrole soviét. -*6-8* nationalisation des entreprises am. -*8-8* USA décident embargo du commerce avec C. -*Sept.* 1re cargaison d'armes soviétiques arrive. -*19-10* embargo commercial amér. **1961**-*3-1* USA rompent relations diplomatiques. -*20-1* Kennedy Pt. -*15-4* des B-26 de l'US Air Force, camouflés aux couleurs cubaines, agissent contre aéroport de La Havane et base de Santiago (7 †, une dizaine d'avions détruits ou endommagés). -*17-4* débarquement de 1 500 anticastristes, armés par USA, à Playa Girón **(baie des Cochons)**. Kennedy annule le bombardement prévu d'installations vitales. -*19-4* après 72 h de combat, échec : 114 † (20 mois après, Castro échange avec USA 1 113 prisonniers contre 53 millions de $ de médicaments). -*25-4* Pt Kennedy décrète blocus économique. -*1-5* Castro proclame que la révolution est socialiste. -*19-5* C. devient *République démocratique socialiste cub.* -*2-12* adhère au marxisme-léninisme.

1962 création du *Parti uni de la révolution socialiste* (PC en 1965). USA annulent leurs importations de sucre. -*Janv.* OEA exclut C. par 14 voix contre 6 (Argentine, Bolivie, Brésil, Chili, Équateur et Mexique). -*Mars* USA étudient l'opération Mangouste pour éliminer Castro. -*8-9* un cargo soviét. suspect arrive à C. -*14-10* **crise des missiles** : pour intimider les USA, Khrouchtchev décide d'installer des missiles nucléaires ; en fait, il veut transformer Berlin-Ouest en « ville libre » (en chasser les garnisons occidentales). Le pilote Anderson (espion) rapporte les 1res photos de bases de missiles. -*22-10* USA décident une quarantaine défensive (blocus de C.) : 20 à 45 ogives nucléaires sont dans l'île, 36 autres sur un navire voguant vers C. ; elles auraient pu être dirigées vers les USA en quelques heures ; 42 000 soldats soviétiques se trouvent à C., qui déclare qu'elle luttera jusqu'à la mort et armera 270 000 h. -*26/28-10* Castro écrit à Khrouchtchev de lancer une attaque nucléaire sur USA. -*26-10* Khrouchtchev écrit à Kennedy que l'URSS est prête à retirer ses fusées en échange d'une promesse am. de ne pas envahir C. -*27-10* à l'est de C., un missile sol-air tiré d'une base soviét. abat un avion-espion U-2 : le pilote Anderson est tué. -*28-10* solution officiellement annoncée. L'URSS décide de démonter ses bases ; à l'époque, les USA disposaient de 300 fusées intercontinentales (URSS : 75), 144 missiles sous-marins Polaris (URSS : 0), 2 000 bombardiers lourds (URSS : 150). Khrouchtchev envoie publiquement une nouvelle lettre proposant le retrait des fusées en échange d'un retrait des fusées am. Jupiter (en Turquie), ce qui sera fait en 1963 (partie « non dite » du règlement). Castro ayant refusé tout contrôle à C., les fusées seront « déshabillées » en haute mer, lors de leur retrait, par les Soviét., à la vue de l'US Navy. -*20-11* Castro renonce aux bombardiers semi-lourds Iliouchine-18 que l'URSS lui avait livrés et dont Kennedy exige le retrait. -*21-11* blocus amér. levé. **1963** plusieurs raids anticastristes échouent. -*Avril/juin* 70 % des terres nationalisées. Guevara rejoint les guérilleros boliviens (tué 8-10-1967). **1965**-*1-10* nouveau PC cubain. Insurrection Sierra de l'Escambray réprimée. **1966**-*janv.* conférence tricontinentale à la Havane. Attaques verbales antichinoises. **1967** antirusses. **1968**-*13-3* petites entreprises nationalisées. C. approuve l'invasion de la Tchéc. **1968-69** liens resserrés avec URSS. **1969** commerce artisanal de détail et certains services nationalisés. **1970** Kissinger empêche l'installation d'une base de sous-marins nucléaires soviétiques. **1971**-*avril* loi « antipa-resse » (jusqu'à 2 ans de travaux forcés pour inactifs) : 100 000 demandent un emploi, 50 019 poursuivis d'avril 1971 à avril 1973, dont 32 846 pour avoir abandonné leur emploi sans raison valable. **1973**-*15-2* accord C.-USA pour extradition des pirates de l'air (1961-73 : 145 avions détournés sur C.). -*Fin 1973 à juin 1975* unité blindée cubaine en Syrie face à Israël. **1975**-*15-1*, 1re visite en Fr. d'un ministre cub. depuis 1959 (Carlos Rafael Rodriguez, vice-PM). Accord de coopération Fr.-C. -*10-7*, 3 diplomates cub. expulsés de Fr. (en relation avec l'affaire « Carlos »). -*29-7* OEA lève blocus imposé à C. en 1964. -*22-12* Castro reconnaît l'envoi de troupes en Angola (15 000 à 22 000 h., opération « Carlotta » en nov.).

1976-*15-2 référendum* pour Constitution (97,7 %). -*15-10* C. dénonce l'accord de 1973 sur piraterie. -*2-12* Ass. nat. créée. -*3-12* **Fidel Castro** Pt. **1977** envoi de 5 000 h. en Éthiopie contre Somalie. -*Avril* accord C.-USA sur zones de pêche. **1978**-*août/sept.* 48 prisonniers pourront demander asile aux USA. -*22-11* Castro prêt à libérer 3 200 prisonniers politiques (400 par mois) si USA les accueillent. Hubert Matos, héros de la révolution, libéré en nov. **1979** 100 000 exilés dits *gusanos* (« vers de terre ») en visite à C. **1980** Castro ouvre les frontières. -*Avril/mai* :125 000 pers. (dites *marielitos*) embarquent de Mariel pour Pérou, Costa Rica, Floride. **1982**-*21-10* poète Armando Valladares (arrêté déc. 1960) libéré. -*24-12* Andres Vargas Gómez libéré, après 20 ans de prison. **1983**-*23-10* Grenade, les Cubains se rendent aux Amér. pratiquement sans combattre (les officiers cub. seront dégradés en mai 1984). **1984**-*22/24-11* des experts en économie coiffent l'activité du gouv. **Osmany Cienfuegos** Pt. -*14-12* accord C.-USA, C. reprendra 2 746 délinquants et déséquilibrés mentaux partis 1980 en Floride, USA accorderont en 1985 des visas à 3 000 anciens prisonniers et à leurs proches, et statut de résident permanent aux 125 000 immigrés de 1980-82. **1985**-*1-7* loi autorisant chaque citoyen à devenir propriétaire de son logement. **1986**-*12-4* politique de « rectification » (« castroïka » : centralisation et étatisation de l'économie). -*Juillet* Ricardo Bofill, Pt du CCDH, réfugié à l'ambassade de Fr. à C., demande asile politique (4-10-1988, autorisé à partir). -*17-10* libération du dernier Américain emprisonné en 1961. -*Déc.* Eloy Gutierrez Menoyo (emprisonné depuis 1965 pour complot) libéré. **1987** chute du prix du pétrole (baisse de la valeur des réexportations cubaines de pétrole soviét.). -*25-4* Blas Roca (né 1908), chef communiste, meurt. -*28-5* Gal del Pino Díaz se réfugie aux USA (selon lui, 56 000 soldats cub. ont déserté depuis 3 ans). -*29-5* Robert Martín Pérez Rodriguez libéré après 28 ans de détention. **1988**-*12-9* ambassadeur et attaché commercial cub. à Londres expulsés. -*27-10* les *marielitos* pourront, fin 1989, venir 1 semaine à C. **1989**-*janv.* 44 prisonniers condamnés pour « atteinte à la sécurité de l'État » libérés. -*8-3* visite de Danielle Mitterrand. -*12-6* Gal Arnaldo Ochoa, collaborateur de Raúl Castro et ancien Cdt en chef en Angola, arrêté pour corruption et escroquerie, exécuté 13-7 (avec Cel Antonio de la Guardia, capitaine Martínez et Cdt Amado Padrón). Selon sa veuve, exécuté pour avoir critiqué l'intervention en Angola ; selon d'autres, pour avoir organisé, avec l'accord du pouvoir, un trafic avec des narco-trafiquants. [Le Gal Patricitio de la Guardia (frère d'Antonio), condamné à 30 ans de prison, sera libéré le 17-3-1997 puis arrêté de nouveau le 25-3.] -*31-8* Gal José Abrantès († 21-1-1991, infarctus), ancien min. de l'Intérieur destitué 29-6, condamné à 20 ans de prison pour négligence [sur le point d'être arrêté par USA pour trafic de drogue ? (dirigeait une section secrète du ministère de l'Intérieur chargée de contourner l'embargo amér., le département MC pour « monnaies convertibles », en fait « marijuana cocaïne »)]. **1990**-*mars* C. arrête son aide au Nicaragua. Ration de pain journalière réduite de 100 à 80 g. -*15-3* Castro au Brésil (1re fois depuis 1959). -*Juillet/août* réfugiés cub. dans des ambassades (Esp. 18, Belg. 9, Suisse 3). -*26-7* Castro autorise tout Cubain à partir si USA et CEE leur accordent des visas. **1991**-*mai* retour des derniers soldats d'Angola. -*16-7* Mario Chanes de Armas (dernier des *plantados historicos,* détenus condamnés dans les années 1960 pour refus de se soumettre aux séances de rééducation) libéré après 30 ans de prison. -*11-10* secrétariat du comité central du PC supprimé (contrôlait tous les ministères). -*14-10* IVe congrès du PC adopte principe de l'élection au suffrage univ. de l'Ass. nat. et réélit Fidel et Raúl Castro 1er et 2e secrétaires. Selon Castro, « le multipartisme est une multicochonnerie ». **1992**-*12-7* l'Ass. nat. se prononce pour le renforcement du pouvoir présidentiel et réaffirme le caractère socialiste de l'État. -*23/29-7* Castro en Europe (1re fois depuis 1959). -*16-8* sa sœur Juanita demande sa démission. -*23-9* Carlos Aldana évincé. -*Oct. Cuba Democracy Act* interdit aux filiales étrangères des Stés am. tout commerce avec C. Fidel Castro Díaz Balart, fils du Pt, en résidence surveillée pour avoir détourné 5 millions de $. -*Déc. municipales* au suffrage univ. ; 3 Cub. armés venus de Floride capturés (2 exécutés). **1993**-*24-2 législatives* (participation 98,75 %, 589 candidats uniques élus). -*8-7* Russie accorde crédit de 380 millions de $. -*17-7* autorisation de posséder des $ et de les dépenser. -*18-7* Castro refuse le multipartisme. -*9-9* Cuba accepte le départ de 11 Cub. réfugiés à l'ambassade du Mexique. -*22-12* Alina Fernandez Revuelta, fille naturelle de Castro, réfugiée aux USA. **1994**-*janv. Santiago de Cuba,* bateau de croisière, autorisé à ouvrir un casino. -*14-6*, 4e sommet ibéro-amér., Castro est en civil. -*13-7/9-8*, 5 navires cub. détournés vers USA. -*5-8* troubles à La Havane. -*12-8/13-9*: 32 000 *balseros* (de *balsa* : « radeau ») recueillis par les gardes-côtes américains. Parqués à Guantanamo et Panamá. -*9-9* accord C.-USA : C. restaure le contrôle aux frontières, USA accorderont 20 000 visas par an. -*1-10*

« marchés libres agricoles » (fermés depuis 1986) rouverts. *-1-12* « marchés indépendants et artisanaux » rouverts. **1995**-*12/17-2* Danielle Mitterrand à La Havane (visite privée). *-13/16-3* Castro en Fr. (visite privée), invité par Unesco, reçu par Pt Mitterrand. *-2-5* USA accueillent 30 000 Cub. réfugiés depuis l'été 94 à Guantanamo. *-21/25-10* Castro aux USA pour le 50e anniversaire de l'Onu. **1996**-*24-2 :* 1 Mig-29 abat 2 des 3 Cessna des *Hermanos al Rescate* (Frères du secours anticastristes, fondés mai 1991) [4 †]. *-6-3* USA votent la loi Helms-Burton renforçant l'embargo. *-2-6* décret-loi permettant la création de zones franches commerciales et ind. *-19-11* visite privée de Castro au Vatican. **1997**-*12-4/4-9,* 11 attentats (mercenaires salvadoriens ?). *-17-10* inhumation à Santa Clara des restes de Che Guevara. *-23-11* Miami, mort de Jorge Mas Canosa (né 2-1-1939) leader des Cubains en exil et dirigeant de la Fondation cubaine américaine (FNCA, créée 1981). *Noël* férié (1re fois depuis 1968). **1998**-*11-1 législatives* et *provinciales. -21/25-1* visite de Jean-Paul II. *-12-2* libération de 299 détenus politiques et de droit commun. *-15-3,* 4 dissidents dont Vladimiro Roca condamnés (à 5 ans de prison). *-19-3* assouplissement de l'embargo américain. **1999**-*6-1* plaintes : 2 déposées par Pierre Golendorf, photographe français, et Lazaro Jordana, peintre cubain (torturés en 1971 et 1982) pour « crimes contre l'humanité » ; une par Ileana de la Guardia, fille du colonel Antonio de la Guardia pour séquestration, tortures, assassinat, trafic international de stupéfiants ; déclarée irrecevable (en cassation 7-3-2000). *-13-3,* 4 dissidents condamnés à 6 ans de prison. *-15/16-11,* 9e sommet ibéro-américain (5 chefs d'État sur 21 se récusent). Répression contre les dissidents. **2000**-*28-6* Elian Gonzalez et son père rentrent à la Havane. **2001**-*13/16/17-12* visite de Poutine (Pt russe).

■ **Statut.** *République.* État socialiste d'ouvriers, de paysans et d'autres travailleurs manuels. *Libreta :* carte de rationnement, tient lieu de document d'identité. **Constitution** du 24-2-1976. Amendée 1992, pour garantir l'élection au suffrage universel direct de l'Assemblée nationale et garantir les investissements étrangers dans les entreprises mixtes (*joint ventures*). **Pt du Conseil d'État** (31 membres dont 1 Pt, 6 vice-Pts, 1 secr.) **et du Conseil des ministres :** Fidel Castro Ruz (né 13-8-1927, fils de Lina Ruz, servante d'Angel Castro, paysan de Galicie) depuis 3-12-1976, réélu 16-3-1993 et le 24-2-1998 pour 5 ans à l'unanimité des 595 députés présents (était PM depuis 1-1-1959), 1er secr. du PC, « Lider Maximo » ; en 30 ans, il aurait parlé 400 jours. Cible d'environ 100 attentats (au moins 8 de la CIA). **1er vice-Pt des 2 conseils :** Raúl Castro Ruz (frère de Fidel, désigné comme successeur), 2e secr. du PC, min. de la Guerre. **Assemblée nationale du pouvoir populaire :** 601 membres élus depuis 24-2-1993 (avant, 510 nommés par les assemblées municipales) pour 5 ans. **Provinces :** 14 divisées en 169 communes et 1 municipalité spéciale administrée directement (île de la Jeunesse), *assemblées provinciales* 1 192 membres élus, *assemblées municipales* 160. **Fête nationale.** 1-1. **Drapeau** (adopté 20-5-1902). Dessiné 1849 par le poète Miguel Teurbe Tolón. 5 bandes (3 bleues et 2 blanches) représentant les 5 provinces. Triangle rouge (symbole maçonnique de l'égalité) portant une étoile blanche à 5 branches (« La estrella solitaria » qui doit rejoindre « la constellation nord-américaine». **Oiseau national :** le tocororo.

« Commandants historiques » de la révolution cubaine. Fidel et Raúl Castro, Che Guevara (1928-67), Camilo Cienfuegos, Juan Almeida et Huber Matos [chef de la région militaire de Camagüey, détenu 20 ans pour avoir dénoncé en 1959 la dérive communiste du régime, exilé aux USA (chef de *Cuba Independiente y Democratica*)].

■ **Parti communiste de Cuba** fondé 1962 , *secr. gén. :* Fidel Castro, *bureau politique :* 24 membres, *comité central :* 150. **Opposition. Coalition démocratique cubaine** fondée 1911, liée à la Fondation cubano-am. de Miami. **Concertation démocratique cubaine** fondée 1991, modérée (chrétiens-démocrates et libéraux) ; *chefs :* Oswaldo Payas, Elizardo Sánchez (dirige Commission des droits de l'homme), Maria Elena Cruz (emprisonnée, chef d'*Alternativa Criterión*). **Autres mouvements. Alpha 66** (terroristes), *chef :* Andrés Nazario. **Plate-forme démocratique** (à Madrid), *Pt :* Carlos Alberto Montaner (libéral).

■ **Incarcérations. Loi de dangerosité :** punit de prison tout suspect avant même tout délit. *Selon Amnesty International :* 22 prisons d'État et 54 camps avec plus de 20 000 prisonniers politiques en 1961 ; 4 000 à 5 000 en 1978 (?) ; 300 à 400 en 1982. *Selon Fernando Arrabal :* 200 000 droits-communs et 50 000 politiques en 1984. *Selon la Commission cubaine des droits de l'homme et de la réconciliation nationale (CCDRHN) :* 500 politiques et 110 000 droits-communs en janv. 1998.

■ **Armée.** 200 000 h. **Présence soviétique :** 1 brigade de 1 500 h. depuis 1963 (*1992-20-11 :* 876 départs, *-28-12 :* 700), réseau de surveillance électronique de Lourdés. En 1992, C. aurait triplé son réseau de tunnels souterrains.

☞ **Comités de défense de la révolution (CDR) :** à l'origine, réseaux d'informateurs complétant l'action de la police, des milices et des services de sécurité.

■ **Base aéronavale américaine de Guantanamo.** 116,5 km^2, périmètre 30 km, 20 000 à 30 000 h., à 960 km de La Havane, accordée par traité (1903, renouvelé 1934), durée illimitée, contre une indemnité annuelle de 2 000 $ or que C. n'encaisse pas.

■ **Cubains en Afrique. Angola :** *de 1975 à 1988 :* plus de 300 000 Cub., civils et militaires, ont servi [*en 1988 :* 50 000 (dont plus de 50 % seraient atteints par le sida) ; 10 000 y sont morts (officiellement 2 016) ; 20 000 ont déserté] ; rapatriés de 1988 à mai 1991. **Éthiopie :** *1977 :* 5 000 ; *85 :* 5 000. C. disait agir par solidarité anti-impérialiste. Pour les Occidentaux, C. cherchait à exporter la révolution en Afrique après avoir échoué en Amérique latine ; s'acquittent ainsi de l'aide reçue de Moscou.

■ **Politique extérieure. Avant Castro (1959) :** les USA contrôlaient 40 % de l'industrie sucrière, 90 % des mines et haciendas, 80 % des services publics et 50 % des ch. de fer. Ils achetaient le sucre cub. à un cours supérieur au cours mondial (aide indirecte mensuelle de 250 millions de $) mais fournissaient 75 % des import. **De 1960 à 1990 :** accords avec URSS et *intégration au Comecon* (1972-90), auquel C. fournissait du sucre à un cours supérieur au cours mondial (*1980* + 172 % ; *81* + 31 ; *85* + 1 023 ; *89* + 447) en échange de l'aide soviétique (3 à 7,5 milliards de $, essentiellement sous forme de pétrole [1]). Import. (en millions de t) *1989 :* 13 ; *91 :* 8,5 ; *92 :* 6 (850 millions de $, 36 % des ressources en devises). *1987-nov.* accord sur l'immigration : plus de 20 000 Cub. autorisés chaque année à entrer aux USA, mais 2 700 indésirables (malades, meurtriers, criminels) seront rapatriés à C. **Depuis 1991 :** suppression de l'aide soviét. (commerce avec *Fr.,* Canada, Mexique), rapprochement tenté avec USA ; Reagan avait repoussé 3 fois les avances cubaines [1981 (2 fois) et avril 1982] et avait organisé une campagne de déstabilisation par les émissions de *Radio-Marti* [financée par Congrès amér. pour 7,5 millions de $ (émettait d'un ballon à 3 000 m au-dessus de l'île de Cudjoe Key)]. *1992* accords avec Kazakhstan (troc sucre-pétrole), avec Biélorussie (sucre-matières industrielles), avec Ukraine et Iran (sucre-pétrole) [7 milliards de $]. Avec pays de l'Est : 830 millions de $ (– 93 % en 3 ans). Sucre (*1996* et *1997 :* 1 500 000 t, *1998 :* 1 750 000 t) contre pétrole (base : sucre 1 000 000 t contre pétrole 3 000 000 t). **Relations avec la Chine :** *1966* brouille. *1988-juin* soutien lors des événements de Tiananmen. *1989* commerce sino-cub. +50 %. *1991-95* accord commercial [*export. cub. :* sucre (900 000 t en 91, Chine 2e client), acier, appareils médicaux et produits pharmaceutiques ; *import. cubaines :* produits alim., biens d'équip., cycles ; facilités de paiement et troc].

Nota. – (1) Cours de la t de sucre (en t de pétrole) *1988 :* 6 ; *92 (2e trimestre) :* 1,4.

■ **Noblesse.** *Titres conférés par l'Espagne :* 109 (57 marquis, 48 comtes, 4 vicomtes). Dans certains cas, le titre peut devenir patronyme.

■ ÉCONOMIE

■ **PNB** (en milliards de $). *1989 :* 12 ; *93 :* 6,5 ; *95 :* 7,15 ; *99 :* 9,02. **PNB par hab.** (en $) : *1990 :* 1 000 ; *95 :* 650 ; *98 :* 790 ; *99 :* 810. **Pop. active** (en %), **et,** entre parenthèses, **part du PNB** (en %) : agr. 23 (62), ind. 23 (8), services 50 (24), mines 4 (6). **Salaires mensuels** (en pesos cubains) : L^{t}-colonel 800, gynécologue 400, ouvrier spécialisé 250, instituteur 200 (artisans 100 par j en travaillant au noir). 2 carnets de rationnement (*libreta* en vigueur depuis 1959) permettent d'obtenir le strict nécessaire. **Travail obligatoire :** semaine de 5,5 j (1 samedi sur 2 ouvrable), le dimanche étant consacré au « travail volontaire » (pour certains). Depuis 1991, semaine ou mois de travail à la campagne n'est plus obligatoire mais conseillé. **Chômage :** 20 à 40 %, *1998 (officiel) :* 7 % ; *99 :* 7,1. **Monnaie :** peso cubain (non convertible, sauf pour comptes internationaux) = 1,35 $ en juillet 1994 (cours au noir 1 peso = 0,04 $ en avril 1994). **Inflation** (en %) : *1995 :* – 11 ; *96 :* – 4 ; *97 :* + 2,9. **Taux de croissance** (en %) : *1992 :* – 3 ; *93 :* – 10 ; *94 :* + 0,7 ; *95 :* + 2 ; *96 :* 7,8 ; *97 :* 2,5 ; *98 :* 3,1 ; *99 :* 6,2 ; *2000 (est.) :* 5. **Aide soviétique** (en milliards de $) : *1988 :* 4,5 (40 depuis 1961), soit 30 % du revenu national ; *89 :* 4,1 ; *90 :* 3,5 à 4 ; *91 :* 2,5 (technique 1,8, militaire 0,9) ; de la CEI : *1992 :* 0,65 ; *au 17-11-1993 :* 1,8. **Transferts des émigrés** (en 1998) : 1 milliard de $. **Dette extérieure** (en milliards de $) : *1994 :* 35,3 ; *95 :* 35,7 ; *96 :* 35,3 ; *99 :* 11 (sans compter dette à la Russie).

Situation économique 1990-95 : chute de l'activité industrielle (de 80 % : faute de carburant). Retour à la traction animale (100 000 taureaux de trait). Propriété d'État limitée aux moyens de production « fondamentaux » ; l'État peut créer des entreprises autogérées disposant de fonds propres, et les petits propriétaires peuvent vendre leurs terres à des agriculteurs privés si l'État n'exerce pas son droit de préemption ; investissements étrangers possibles. **1994-95** libéralisation accrue (fermes d'État improductives pouvant être transformées en coopératives ; certaines professions autorisées à travailler à compte privé), hausse des prix et imposition des revenus (supprimée depuis 1967). **Rations mensuelles des cartes d'alimentation** (1 livre cubaine = 460 g) : *à La Havane :* riz 6 livres ; sucre roux 3 livres ; raffiné 3 livres, légumes secs (pois chiches ou lentilles) 20 onces (environ 550 g) ; café 12 onces (environ 340 g) ; huile 0,5 litre ; sel 10 onces (environ 280 g) ; mortadelle 0,5 livre ; poisson 1 livre ; 6 oeufs. *En province :* un demi-morceau de savon à lessive (tous les 3 mois), de savon de toilette (tous les trois mois).

■ **Agriculture. Terres** (en millions d'ha, 1981) : cultivées 3 (en 91, dont canne à sucre 1,35), pâturages 2,5, jachères 0,34, forêts 1,9, divers 3,8. **Canne à sucre :** *production* (en millions de t) : *1963 :* 3 ; *70 :* 86 ; *81 :* 74 ; *85 :* 83 ; *90 :* 85,9 ; *95 :* 36 ; *96 :* 40 ; *97 :* 40 ; *98 :* 40 ; *99 :* 35 ; *2000 :* 40,6. **Sucre :** les accords de Genève de 1977 reconnaissaient C. comme le 1er exportateur (quota de 2,5 millions de t/an de sucre brut) ; *campagne 1980-81 :* 6,8 millions de t dont export 6,19 ; obligations internationales : 3 pour Comecon, 2,5 sur marché libre et 0,6 pour pays socialistes non membres du Comecon. *1989-90 :* 8,04 ; *90-91 :* 7,60 ; *91-92 :* 7 ; *92-93 :* 4,2 ; *93-94 :* 4 ; *94-95 :* 3,3 à 3,7 (manque de carburant, de pièces de rechange et d'engrais) ; *96 :* 4,4 ; *97 :* 4,2 ; *97-98 :* 3,2 ; *99 :* 3,76. **Divers** (en milliers de t, 1999) : riz 420, oranges 400, p. de t. 330, bananes 325, patates douces 220, tomates 139, plantain 100, mangues 72, citrons 19, tabac (pinar del Rio) 31, cacao, maïs, jute, café. **Forêts.** 2 756 000 m^3 (en 1998). Cèdre, acajou, teck. **Élevage** (en milliers de têtes, 1999). Volailles 19 000, bovins 4 650, porcins 2 400, chevaux 580, ovins 310. **Pêche** (en 1999). 128 700 t, langoustes, homards.

■ **Mines.** Nickel (en milliers de t) : *1995 :* 27 ; *96 :* 27 ; *98 :* 68 ; *99 :* 66 [coût élevé, technologie soviét. ancienne ; usines : Nicaro (1943), Moa (1961), Punta Gorda (« Che Guevara », 1987, arrêt partiel en 1990), Las Camariocas (en construction)]. Fer, cuivre, manganèse, chrome, cobalt, sel. **Pétrole.** Consommé (en milliers de t) : *1989 :* 11 600 ; *92 :* 6 900 (production locale *1992 :* 882 ; *93 :* 1 100 ; *94 :* 1 209 ; *95 :* 1 340 ; *98 :* 1 678 ; *99 :* 1 344). Raffinerie de Cienfuegos (pas mise en exploitation) et port de supertankers de Matanzas, en projet. **Centrale nucléaire** soviét. de Juragua (terminée à 90 % ; construction arrêtée en 1991, suspendue 1992), 2 réacteurs de 407 MW (au lieu des 440 prévus).

Nota. – Depuis nov. 1992, coupures de courant.

■ **Industrie.** Nationalisée à 100 % jusqu'en 1992 : sucrerie, tabac (280 millions de cigares en 1993), affinage du nickel, acier, ind. pharmaceutique.

■ **Tourisme. Visiteurs** (en milliers) : *1958 :* 30,2 ; *70 :* 1,6 ; *75 :* 34,2 ; *85 :* 193 ; *90 :* 350 ; *91 :* 424 ; *92 :* 490 ; *93 :* 546 ; *94 :* 619 ; *95 :* 742 ; *96 :* 950 ; *97 :* 1 200 ; *98 :* 1 400 ; *99 :* 1 650 ; *2000 :* 1 800. **Recettes** (en millions de $) : *1988 :* 152 ; *89 :* 168 ; *90 :* 180 ; *91 :* 250 ; *93 :* 700 ; *94 :* 900 ; *97 :* 1 750 ; *98 :* 1 800. **Sites :** vieille ville de La Havane, Trinidad (cité coloniale fondée 1514, 30 000 hab.), vallée de Vinalés, sierra de los Organos, plages de Varadero (à 142 km de La Havane, 10 000 hab.) et cayo Largo.

■ **Transports. Routes** (en 1996) : 26 500 km (dont autoroutes 1 000). **Voies ferrées** (créées 1837) : 8 000 km (en 1993). Pénurie d'essence et réduction des transports en commun.

■ **Commerce. Balance** (en milliards de $) : *1990 :* – 1,83 ; *91 :* – 0,14 ; *92 :* – 0,13 ; *93 :* – 0,71 ; *94 :* – 0,67 ; *95 :* – 1,23 ; *96 :* – 1,19 ; *97 :* – 2. (*export.* 1,9/*import.* 3,9). Exporte : sucre, minéraux, poisson, tabac [1].

Nota. – (1) Cigares havanes (en millions d'unités) *1990 :* 80 ; *93 :* 57 ; *98 :* 160.

■ **Rang dans le monde** (en 1999). 5e nickel. 8e canne à sucre. 21e oranges.

DANEMARK

Carte p. 1050. V. légende p. 950.

☞ *Abréviations :* D. : Danemark ; Dan., dan. : Danois, danois.

■ **Situation.** Europe. **Superficie :** *Danemark proprement dit* 43 093 km^2, dont presqu'île du Jutland 29 776 km^2, îles 13 317 km^2 [406 dont 97 habitées ; les plus grandes : *Seeland* 7 448 km^2, *Fionie* (Fyn) 3 486 km^2, *Lolland* 1 795 km^2, *Bornholm* 588 km^2, *Falster* 514 km^2]. **Côtes :** 7 314 km, point le plus éloigné de la mer 52 km. **Frontière :** 67,7 km avec l'All. **Relief :** *Ouest :* plat, landes sablonneuses ; *Est et Nord :* terres argileuses, collines, matériaux morainiques (traitement artificiel du sol pour l'agr.). **Altitude** *maximale :* 173 m (Yding Skovhøj), *moyenne :* 30 m. **Lacs :** 1 008 (dont 76 de plus de 0,5 km^2) [le plus grand : *Arresø* 40,6 km^2]. **Fleuve** *le plus long :* Gudenaa 158 km. **Climat.** Maritime tempéré du Gulf Stream (moyenne 8 °C). *Vent* fréquent. *Pluies* 830 mm sur 195 jours. *Neige* 6 à 9 jours par mois, de janvier à mars. *Mois le plus froid* mars, minimum – 12,6 °C, moyenne + 1,7 °C ; *le plus chaud* juillet maximum 30,2 °C, moyenne + 16,2 °C ; *gel* 70 jours par an sur les côtes, 120 jours à l'intérieur.

☞ Le D. contrôle les détroits qui font communiquer Baltique et mer du Nord. Les sous-marins qui les traversent (même s'ils ne passent pas par les eaux territoriales) doivent le faire en surface et après avoir hissé pavillon.

■ **Population** (en millions d'hab.). *1769 :* 0,80 ; *1901 :* 2,45 ; *30 :* 3,55 ; *60 :* 4,58 ; *70 :* 4,94 ; *95 :* 5,22 ; *98 :* 5,29 ; *99 :* 5,31 ; *2000 :* 5,33 ; *2020 (prév.) :* 5,57 ; *2025 (prév.) :* 5,3 ; *2030 (prév.) :* 5,65 ; *2040 (prév.) :* 5,67. **En % :** Danois 97,2, Allemands 0,2 (8 145 en 85), Suédois 0,2 (7 992 en 85). **D.** 123,7. **Age** (en %) : *– de 15 ans :* 18,4 ; *+ de 66 ans :* 15. **Pop. urbanisée** (en 1998) : 85,2 %. **Émigration** (en 2000) : 16 242 dont Europe 11 547, Amér. 1 782, Asie 1 494. **Étrangers** (en 2000) : 259 341 dont Europe 158 902, Asie 56 062, Afr. 25 384, Amér. 10 178, Océanie 1 180. **Couples homosexuels** (en 2000) : 5 198.

■ **Langue.** Danois. Langue germanique scandinave, dérivée du nordique commun *(urnordisk)* parlé jusqu'au IXe s. A partir de 1000, se différencie de l'islandais, du norvégien et du suédois en simplifiant phonétique et grammaire et en adoptant des mots romans et allemands ; redevient langue officielle en Norvège au XIVe s. Dialecte frison (germanique westique) parlé dans le S.-O.

■ **Sculpture de la Petite Sirène (1913).** En bronze, hauteur 1 m [héroïne d'un conte d'Andersen (1837) : dernière fille du Roi de la mer, elle sacrifia sa voix et sa queue en écailles pour s'attirer les faveurs d'un prince dont elle avait sauvé la vie au cours d'une tempête. Le prince n'en voulut pas et elle finit en ange] ; offerte par un brasseur, Carl Jacobsen, elle a été créée par Edvard Eriksen (1876-1959) qui prit sa femme pour modèle. La statue fut décapitée en 1964 par Jorgen Nash, artiste danois ; puis mutilée en 1984 (2 étudiants arrachèrent un bras puis le rendirent ensuite). Le 6-1-1998, la tête fut arrachée puis rendue le 9-1.

■ **Religions** (en 2000). Luthériens 85,1 % (religion d'État, le chef de l'État doit être luthérien), 33 177 catholiques, 15 071 Témoins de Jéhovah, 5 251 pentecôtistes 5 339 baptistes, 2 982 juifs, 1 387 méthodistes.

■ **Villes** (en 2000). *Copenhague* (« Port des marchands », château d'Elseneur) 653 983 hab. (aggl. 1 075 851), Aarhus 217 260 (à 282 km de Copenhague), Odense 145 062 (à 141 km), Aalborg 119 617 (à 385 km), Esbjerg 73 341 (à 278 km), Randers 55 761 (à 318 km).

■ **Histoire. VIIe s. av. J.-C.-XIe s. apr. J.-C.** peuplement scandinave : Germains nordiques navigateurs ne se distinguant pas des Norvégiens et des Suédois (Vikings). **IXe s.** invasion franque en Saxe : le roi Godfred barre l'isthme dan. à la hauteur de Schlesvig ; déclenche une guerre navale de harcèlement contre Europe chrétienne [bateaux à faible tirant d'eau : *knörr*, drakkar (le + grand : longueur 36 m)]. **911** Rollon, chef viking, devient duc de Normandie (française). **950** *runique* (le plus ancien d'Europe). **965** le roi **Harald** († vers 986) se fait baptiser. **1018** fondation d'un roy. bicéphale anglais et dan. par Knut le Grand ; missionnaires anglais convertissent Dan. **1066** Dan. chassés d'Angl. par Normands français. **1104** création de l'archevêché de Lund. **1157-1241** roy. intégré à l'Europe chrétienne par la dynastie des Valdemar. **1167** Copenhague fondée. **1241-1340** guerres intestines. **1397** *Union de Kalmar :* D., Islande, Norvège, Suède. Rompue 1438 et 1448.

Dynastie d'Oldenbourg. 1448-*20-8* **Christian Ier** (1426-81), fils de Dietrich, duc d'Oldenbourg, Norvège 20-7-1450, Suède 1457-68 ; épouse 28-10-1449 Ctesse Dorothée de Brandebourg-Klumbach (1430-95). **1481**-*21-5* **Hans Ier** (1455-1513), son fils (roi de Suède : Jean II 1497-1501) ; épouse 6-9-1478 Pcesse Christine de Saxe (25-12-1461/8-12-1521). **1513**-*20-2* **Christian II** (1481-1559), son fils, roi de Suède 3-11-1520, expulsé 15-4-1523 ; épouse 12-8-1515 infante Isabelle d'Espagne (18-7-1501/19-1-1525). **1523**-*29-1* **Frederik Ier** (1471-1533), fils de Christian Ier ; épouse 1°) 10-4-1502 Ctesse Anne de Brandebourg (27-8-1487/3-5-1514) ; 2°) 9-10-1518 Ctesse Sophie de Poméranie (1498/13-5-1568). La Suède (Gustave Vasa) quitte définitivement l'Union de Kalmar. **1525** Frederik Ier devient luthérien et autorise la liberté de conscience. **1533**-*10-4* **Christian III** (1503-59), fils de Frederik Ier. Ép. 29-10-1525 Ctesse Dorothée de Saxe-Lauenbourg (9-7-1511/27-10-1571). **1536** luthéranisme adopté. Après plusieurs guerres avec Suède, D. perd *(traité de Roskilde* 1658) Halland, Blekinge et Scanie (sud de la Suède) qu'il ne peut reconquérir (guerre de Scanie 1675-79). **1559**-*1-1* **Frederik II** (1534-88), fils de Christian III ; épouse 20-7-1572 Desse Sophie de Mecklembourg (4-9-1557/3-10-1631). **1588**-*4-4* **Christian IV** (1577-1648), son fils ; épouse 1°) 27-11-1597 Pcesse Anne-Catherine de Brandebourg (26-6-1575/29-3-1612) ; 2°) morganatiquement *31-12-1615* Christine Munk (6-7-1598/19-4-1658). **1648**-*28-2* **Frederik III** (1609-70), son fils ; épouse 18-10-1642 Desse Sophie de Brunswick-Lünebourg (24-3-1628/20-2-1685). **1670**-*9-2* **Christian V** (1646-99), son fils ; épouse 25-6-1667 Pcesse Charlotte de Hesse-Cassel (27-4-1650/27-3-1714). **1699**-*25-8* **Frederik IV** (1671-1730), son fils ; épouse 1°) 5-12-1695 Desse Louise de Mecklembourg-Güstrow (28-8-1667/15-3-1721) ; 2°) 4-4-1721 Ctesse Anne de Reventlow (16-4-1693/7-1-1743). **1730**-*12-10* **Christian VI** (1699-1746), son fils ; épouse 7-8-1721 Pcesse Sophie de Brandebourg-Kulmbach (28-11-1700/27-5-1740). **1746**-*6-8* **Frederik V** (1723-66), son fils ; épouse 1°) 11-12-1743 Pcesse Louise de Grande-Bretagne, fille de George II (7-12-1724/19-12-1751) ; 2°) 8-7-1752 Pcesse Juliana-Marie de Brunswick-Wolfenbüttel (4-9-1729/10-10-1796). **1766**-*14-1* **Christian VII** (1749-1808), son fils ; épouse 8-11-1766 Caroline (11-7-1751/10-5-1775), fille de Frédéric Pce de Galles. **1771** Johann Friedrich von Struensee (né 5-8-1737, médecin du roi) Cte et PM, partisan du despotisme éclairé, abolit servage, torture, prison pour dettes, corporations ; **1772**-*28-4* décapité, accusé de complot, a avoué être l'amant de la reine. **1773** Cte Andreas Peter Bernstorff (1735-97), min. des Affaires étrangères. **1784**-*14-4* Christian VII reconnu incapable de gouverner : son fils Frederik devient régent. **1807**-*5-9* les Dan. ayant soutenu Napoléon, les Anglais bombardent Copenhague. **1808**-*13-3* **Frederik VI** (1768-1839), fils de Christian VII (régent depuis 14-4-1784) ; épouse 31-7-1790 Marie de Hesse-Cassel (28-10-1767/21-3-1852). **1814**-*14-11 traité de Kiel :* le D. cède la Norvège à la Suède. **1839**-*3-12* **Christian VIII** (1786-1848), fils de Frederik VI ; épouse 1°) 21-6-1806 (divorce 1810) Desse Charlotte de Mecklenbourg-Schwerin (4-12-1784/13-7-1840) ; 2°) 22-5-1815 Pcesse Caroline de Schleswig-Holstein (22-6 -1796/9-3-1881). **1848**-*20-1* **Frederik VII** (1808-63), son fils ; épouse 1°) 1-11-1828 (divorce sept. 1837) Pcesse Wilhelmine (18-1-1808/30-5-1891) sa cousine, fille de Frederik VI ; 2°) 10-6-1841 (divorce 30-9-1846) Desse Caroline de Mecklenbourg-Strelitz (10-1-1821/1-6-1876) ; 3°) 7-8-1850 Louise Rasmussen (21-4-1815/6-3-1874). **1848-50** révolte des duchés du Schleswig et du Holstein que le D. perd après une guerre contre Prusse et Autriche (1864) (voir à l'Index).

Dynastie de Schleswig-Holstein-Sonderbourg-Glücksbourg. 1863-*15-11* **Christian IX** (1818-1906), dit le « grand-père de l'Europe », fils de Guillaume, duc de Schleswig-Holstein, descendant de Christian III ; épouse 26-5-1842 Pcesse Louise de Hesse-Cassel (1817-98). Enfants : *Frederik VIII ; Alexandra* (1844-1925) ép. 10-3-1863 le futur Édouard VII (1841-1910), roi d'Angl. en 1901 ; *Guillaume* (1845-1913) devenu 6-6-1863 Georges Ier, roi de Grèce ; *Dagmar* (1847-1928) ép. 9-11-1866 le futur Alexandre III (1845-94), tsar de Russie (19-3-1881) ; *Thyra* (1853-1933) ép. 21-12-1878 Pce Ernest Auguste II de Hanovre, duc de Brunswick-Lünebourg (1845-1923) ; *Waldemar* (1858-1939) ép. 22-10-1885 Marie d'Orléans (1865-1909).

1906-*29-1* **Frederik VIII** (3-6-1843/14-5-1912), fils de Christian IX ; épouse 28-7-1869 Pcesse Louise de Suède et de Norvège (1851-1926) dont 8 enfants [dont *Christian X* et *Charles* (1872-1957), roi de Norvège sous le nom de Haakon VII (18-11-1905)].

1912-*14-5* **Christian X** (26-9-1870/20-4-1947), fils de Frederik VIII ; épouse 26-4-1898 Alexandrine, Desse de Mecklembourg (1879-1952) dont 2 fils [*Frederik IX* et *Knud* (1900-76 ; épouse 8-9-1933 Pcesse Caroline-Mathilde de Danemark (1912-95) sa cousine)]. **1914-18** neutre. **1915** droit de vote accordé aux femmes, Parlement élu au suffrage universel. **1918** autonomie de l'Islande. **1920** l'All. rend, après plébiscite local, partie du Schleswig (3 822 km², 200 000 hab. dont 15 % de langue allemande). L'Islande devient indépendante mais le roi de D. en reste roi jusqu'en 1944. **1939**-*31-5* traité de non-agression. D./Allemagne. **1940**-*9-4* invasion allemande. Le gouv. accepte ultimatum de l'All. avec la promesse de respecter la souveraineté danoise. *-18-4* armée et marine licenciées. *-10-5* les Anglais occupent l'Islande. **1941**-*été* P. communiste banni, leaders arrêtés. *-25-11* D. contraint de signer pacte anti-Komintern. **1943**-*29-8* en raison de sabotages, l'All. exige un état d'exception, le gouv. dan. refuse, le roi est prisonnier dans son château, les Allemands instituent des cours martiales ; le gouv. se retire, l'armée et la marine sont dissoutes. *-31-8* combats de rues, la police refusant de prêter serment aux All. ; sabotage de 20 bateaux de guerre. *-1-10* persécutions contre juifs, 7 000 fuient en Suède (au moins 152 réfugiés dont 25 à 30 juifs expulsés vers l'All.). **1944**-*17-6* indépendance complète de l'Islande. *-27-6/5-7* et *16/21-9* grève générale. *-19-9* All. dissout police danoise. **1945** brigades danoises formées en Suède prêtes à intervenir avec 72 000 Suédois pour libérer le D. *-4-5* capitulation allemande. *-5-5* entrée des Anglais. *-11-5* Soviét. occupent île de Bornholm jusqu'en 1946. Épuration : 15 724 accusés, 76 condamnés à mort, 46 exécutés. 6 000 Danois s'étaient engagés dans la Waffen SS.

1947-*20-4* **Frederik IX** (11-3-1899/14-1-1972), fils de Christian X ; épouse 24-5-1935 Pcesse Ingrid de Suède (28-3-1910/7-11-2000), fille du roi Gustave VI Adolphe, dont 3 filles : *Margrethe ; Benedikte* [(29-4-44) ép. 3-2-68 Pce Richard Sayn Wittgenstein Berleburg (29-10-34), enfants : Gustav (12-1-69, fiancé en 2000 à Elvire Pasté de Rochefort, née 1968), Alexandra (20-11-70), Nathalie (2-5-75)] ; *Anne-Marie* [(30-8-46) ép. 18-9-64 Constantin II roi de Grèce (2-6-40), (voir Grèce)]. **1960** entrée dans AELE.

1972-*14-1* **Margrethe II** (16-4-1940), reine des Wendes et des Goths, Desse de Schleswig, Holstein, Stormarn, des Dithmarses, de Lauenbourg et d'Oldenbourg ; épouse 10-6-1967 Henri de Laborde de Monpezat (Français, né 11-6-1934), devenu Pce Henrik de Danemark. Enfants : *Frederik* (26-5-1968), *Joachim* [(7-6-1969), ép. 18-11-1995 Alexandra Manley (30-6-1964, Britannique de Hong Kong, père d'ascendance chinoise, mère autrichienne) dont Nikolaï (28-8-1999)]. *-2-10* référendum sur adhésion à la CEE : votants 89,8 % ; oui 57 % des inscrits, 63,5 % des votants ; non 32,6 %, et 36,5 % (Groenland : oui 4 062 voix, non 9 894 voix). **1973**-*1-1* entrée dans CEE. **1978**-*17-11* loi-cadre, autonomie interne au Groenland. **1982**-*28/30-4* visite Pt Mitterrand. **1984** le D. réaffirme ses droits sur l'île déserte de Hans (3 km²), découverte 1873 (le Canada, y ayant entrepris des recherches, en revendique la propriété). **1985**-*21-1* Parlement refuse projet de référendum de la CEE : 80 députés contre (sociaux-démocrates, radicaux, socialistes populaires et socialistes de gauche), 75 pour (conservateurs, libéraux, centristes démocrates et chrétiens du peuple). **1986**-*27-2* référendum sur l'acte unique (oui 56,2 % des voix, abst. 25,2 %). **1988**-*29-5* loi accordant l'égalité des droits aux homosexuels. *-30-5* Parlement envahi par des perturbateurs. *-2-7* arraisonnement du *Moby-Dick,* navire de Greenpeace. **1989**-*oct.* mariage entre homosexuels autorisé. **1991**-*23-3* accord avec la Suède pour un pont de 18 km entre les 2 pays (ratifié 14-8). **1992**-*2-6* référendum : participation 82,9 %, 50,7 % contre les accords de Maastricht. **1993**-*14-1* PM *Schlüter* démissionne (impliqué dans affaire des Tamouls de 1987, dite « Tamoulgate »). *-30-3* le Parlement approuve (par 154 voix contre 16) le traité de Maastricht amendé. *-18-5*, 2d référendum sur Maastricht : participation 86,2 %, oui 56,8 %. *-18-7* la reine est opérée (cancer col de l'utérus). **1998**-*28-5* référendum pour traité d'Amsterdam : participation 74,8 %, 55,1 %. **2000**-*28-9* référendum sur l'adhésion à l'Union monétaire européenne : participation 87,5 %, non 53,1 %.

■ **Statut.** *Monarchie.* **Constitution** du 5-7-1849, modifiée 1866, 1915 et 5-6-1953 (accession des femmes au trône). **Folketing** (Parlement) : 179 membres, dont pour Féroé 2, Groenland 2, élus pour 4 ans au suffrage univ. Pour être représenté, un parti doit avoir au moins 2 % des suffrages. **Ombudsman** contrôle l'administration, élu par Folketing. **Districts** *(amtskommuner) :* 14 ayant à leur tête un maire (élu dans et par le conseil de comté). **Bourg :** 1 (Frederiksberg) et *commune :* 1 (Copenhague) avec statut particulier.

Municipalités : 275 *(kommuner).* **Fête nationale.** 5 juin (Constitution). **Drapeau** *(Dannebrog,* adopté 1625). Fond rouge avec une croix blanche.

■ **Élections législatives** (% des voix et, entre crochets, nombre de sièges) : **12-12-1990 :** PSD 37,5 [69], PCP 16 [30], PSP 8,3 [15], PL 15,8 [29], PR 3,5 [7], PCD 5,1 [9], P. chrétien du peuple 2,3 [4], PDP 6,4 [12]. **21-9-1994 :** PSD 34,6 [62], PL 23,3 [42], PCP 15 [27], PSP 7,3 [13], P. progressiste 6,4 [11], PSL 4,6 [8], Verts 3,1 [6], PCD 2,8 [5], P. chrétien du peuple 1,8 [0], indépendants 1 [1]. **11-3-1998 :** gauche 90 sièges (dont PSD 63), droite 63 (dont libéraux 42, PPD 13, PDP 4). **Pourcentage maximal et minimal des voix obtenues depuis 1943 :** *PSD* 44,5 (en 1943), 25,6 (en 1973) ; *PCP* 23,4 (en 1984), 5,5 (en 1975) ; *PSP* 14,6 (en 1987), 3,9 (en 1977) ; *PL* 27,6 (en 1947), 10,5 (en 1987) ; *communistes* 12,5 (en 45), 0,7 (en 84).

■ **Noblesse.** Nouvelle instituée par Christian V le 25-5-1671. 31 domaines furent érigés en comtés et baronnies, selon leur importance, 11 appartenaient à des Danois, les autres à des familles d'origine allemande. Depuis 1849, aucune concession de titre ou de noblesse (sauf dans la famille régnante), mais des autorisations de transmission, confirmation et reconnaissance héréditaire de noblesse et de titres (une centaine environ). **Titres :** *prince* réservé à la famille royale (création du titre de P^{ce} de Danemark en 1967 pour Henri de Laborde de Monpezat quand il épousa la P^{cesse} Margrethe de Danemark, reine en 1972). *Duc* 1 (Decazes de Glücksberg) conféré 1818, reconnu en France 1822. *Landgrave* 1 (Blücher af Altona) reconnu 1818. *Comte* porté par le chef de famille, son fils aîné et sa fille aînée (si elle est née la première), les autres ayant le titre de baron ou baronne, sauf exceptions prévues par décret et accordant le titre à tous les membres de la famille. 56 plus 16 titres de « Cte de Rosenborg » accordés à des membres de la famille royale en certaines circonstances (mariage morganatique). *Baron* porté par toute la famille (sauf Berner et Hambro ; porté par le seul chef de famille). **Familles titrées** (en 1953) : 208 dont 56 à l'étranger et 152 au Danemark. **Nobles sans titre :** environ 3 000.

■ **Partis. P. social-démocrate (PSD)** fondé 1871, *Pt :* Poul Nyrup Rasmussen (né 15-6-1943) depuis 11-4-92, 60 000 m. **P. libéral (PL)** fondé 1870, *Pt :* Andus Fogh-Ramussen depuis 18-4-1998, 82 700 m. **P. conservateur populaire (PCP)** fondé 1916, *Pt :* Poul Andreassen depuis 22-8-1998, 30 000 m. **P. socialiste populaire (PSP)** fondé 1959, *Pt :* Holger K. Nielsen (né 23-4-1950), 6 500 m. **P. radical-libéral (PRL)** fondé 20-5-1905, *Pt :* Johannes Lebech (né 1948), 6 000 m. **P. georgiste** fondé 1919, *Pt :* Poul Gerhard Crone Kristiansen (né 15-11-1953), 2 000 m. **P. centre démocrate (PCD)** fondé 1973, *Pte :* Mimi Jacobsen, 1 700 m. **P. chrétien du peuple** fondé 13-4-1970, *Pt :* Jann Sjursen (né 20-10-1963), 6 300 m. **P. du progrès (PDP)** fondé 1972, *Pt :* Per Larsen depuis 27-9-1998, 10 000 m. **P. du peuple danois (PPD)** fondé 1995, *Pte :* Pia Kjaersgaard, 6 000 m. **Rénovation démocratique, Mouvement populaire contre l'Union européenne, Liste d'union-Les rouge-verts,** et **Mouvement du mois de juin :** chacun avec présidence collégiale. **Syndicat. Landsorganisationen i Danmark (LO)** lié au PSD, 1 509 828 m. (en 1993).

■ **Premiers ministres. 1929-42** Thorvald Stauning. *-Avril* coalition. **42**-*mai/nov.* Wilhelm Buhl (1881-1954). *-Nov.* Erik Scavenius, 50 % des ministres sans étiquette politique. **45**-*5-5/7-11* coalition gouvernementale de Wilhem Buhl [1]. *-7-11* Knud Kristensen (1880-1962) [2]. **47**-*13-11* Hans Hedtoft (1903-55) [1]. **50**-*30-10* Erik Eriksen (1902-72) [3]. **53**-*30-9* Hans Hedtoft (1903-55) [1]. **55**-*1-2* Hans Christian Hansen (1906-60) [1]. **57**-*28-5* H.C. Hansen [1]. **60**-*21-2* Viggo Kampmann (né 21-7-10) [1]. **62**-*3-9* Jens Otto Krag (1914-78) [1]. **68**-*2-2* Hilmar Baunsgaard (1920-89) [4]. **71**-*11-10* J.O. Krag [1]. **72**-*5-10* Anker Jorgensen (né 13-7-1922) [1]. **73**-*19-12* Poul Hartling (né 14-6-1914) [2]. **75**-*13-2* A. Jorgensen [1]. **82**-*10-9* Poul Schlüter (né 3-4-1929) [3]. **93**-*25-1* Poul Nyrup Rasmussen (né 15-6-1943) [1].

Nota. – (1) Social-démocrate. (2) Libéral. (3) Libéral conservateur. (4) Radical.

DÉPENDANCES AUTONOMES

■ **Iles Féroé** (en danois *Færøerne,* dans la langue féroïenne *Føroyar,* « îles aux moutons »). Atlantique, à 450 km au sud-est de l'Islande, 5 % du sol cultivable, 18 îles (1 398,85 km^2) dont 17 habitées, île la plus grande : Strømø 374 km^2. **Côtes :** 1 117 km. **Altitude** *maximale :* Slættaratindur 882 m. **Climat :** hiver doux (janv. 3,2 °C), été frais (juillet 10,8 °C). **Population** *2000 (est.) :* 45 296 hab. **D.** 32,4. **Langues :** féroïen et danois *(officielles).* **Religion :** luthériens. **Chef-lieu :** *Thorshavn* 16 000 hab. (en 1998). **Histoire : IXe s.** colonisation scandinave. **1035** dépendance norvégienne. **1298** législation sur l'agriculture *(Seyoabraevid).* **1380** rattachée au Danemark. **1540-50** Réforme. Luthéranisme religion d'État. **1709-1856** monopole du commerce royal. **1816** Assemblée de l'archipel supprimée. **1846** langue écrite élaborée. **1852** *Løgting* rétabli. **1906** partis politiques créés dont unioniste et autonomiste. **1927** P. social démocrate créé. **1939** Parti populaire créé. **1940-45** occupée par Britanniques. **1946** référendum pour indépendance mais élections anticipées au *Løgting* contre. **1948** autonomie politique. Parti républicain créé. **1974** restent en dehors de la CEE. **1977** zone économique exclusive (200 milles nautiques) créée. **2001** plan d'indépendance en 2012. **Statut :** région autonome. 2 députés au *Folketing.* **Gouvernement local** *(Landsstyrid)* de 8 m. présidé par le *Løgmadur* Anfinn Kallsberg. **Parlement** *(Løgting) :* 32 m. élus le 30-4-1998 : P. républicain 8, P. populaire 8, PSD 7, P. unioniste 6, P. séparatiste 2, P. du centre 1. **Fête nationale :** 28/29 juillet. **PNB** (en 1998) : 11 440 $ par hab. **Ressources :** p. de t., pêche (crises : *1985 :* 300 000 t ; *95 :* 275 741 t ; *98 :* 359 000 t. ; *99 :* 345 415), chasse à la baleine ; pas de forêt, landes (68 000 nuitées en 1999). Pétrole : non exploité. **Dette ext.** (en 1997) : 2,19 milliards de couronnes. **Chômage** (en 1998) : 7 %. **Subsides versés par le Danemark** (en 2000) : environ 1 milliard de couronnes.

■ **Groenland** (« pays vert »). Atlantique, à 300 km de l'Islande. 2 166 086 km^2 dont 410 449 libres de glace (plus grande île au monde après l'Australie) dont 44 800 km^2 d'îles côtières. 1 833 900 km^2 fonte annuelle 51 km^2 (85 %) recouverts par l'indlandsis (épaisseur moy. : 1,515 km et jusqu'à 2,7 km) et 341 700 km^2 libres de glaces. *Volume de glace :* 2 600 000 km^3 ; fonte annuelle 51 km^3. **Côtes :** 44 087 km. **Altitude** *maximale :* Gunnbjoerns Fjeld 3 733 m. Maigre végétation. **Climat :** *été :* + 30 °C au sud, + 5 °C au nord ; *hiver :* – 20 °C au sud, atteint – 40 °C au nord. **Population** *2000 :* 56 124 hab. sur 150 000 km^2 (surtout au sud-ouest) dont 6 755 Européens, Esquimaux (en indien « ceux qui mangent de la viande crue » : Inuit, « hommes » en inuktitut). *Taux* (‰, 1993) : natalité 21,2, mortalité 8,1. **D.** 0,37. **Villes** (en 2000) : *Nuuk* (ex-Godthaab) 13 838 hab., Sisimiut (ex-Holsteinborg) 5 371. 5 villes de plus de 1 000 hab., 60 villages ou campements de 30 à 600 hab. **Chômage** (en déc. 1993) : 5,9 %. **Langues :** groenlandais et danois *(officielles).* **Histoire : 400 av. J.-C.** peuplement esquimau. **Vers 982** colonisé par Éric le Rouge. **XIIe s.** colonie norvégienne de 12 000 m. assimilés ou dispersés vers 1500. **1397** colonie danoise. **1721** nouvel établissement dan. avec le pasteur Hans Egede. **1953** province danoise représentée par 2 m. au *Folketing.* **1979**-*17-1* référendum pour l'autonomie (votants 63,2 % dont oui 70,1 %, non 22,8 %, nuls 4,1 %). *-1-5* autonomie effective. **1982**-*23-2* référendum sur retrait du Marché commun : oui 52 %, non 46,1 % (effet au 1-2-1985). **1984**-*6-6* élections à l'Ass. du territoire : socialistes 11 sièges, modérés 11, extrême gauche indépendantiste 3. **1985**-*1-1* référendum, quitte la CEE mais reste associé. **1987**-*26-5* élections anticipées. **1994**-*22-2* mariage entre homosexuels autorisé. **Statut :** *Territoire autonome.* **Parlement** *(Landsting) :* 31 membres élus pour 4 ans ; *élections du 16-2-1999 :* (Siumut 12, Inuit Atagatigiit 7). **Exécutif** *(Landsstyre) :* 7 membres élus par le Parlement. 2 représentants au *Folketing. Haut-commissaire dan. PM :* Jonathan Motzfeldt (né 1937) depuis sept. 1997. **Drapeau :** adopté 1985 ; demi-cercle rouge (soleil) sur fond blanc (banquise), demi-cercle blanc sur fond rouge. **PNB** (en 1998) : 16 610 $ par hab. **Ressources** (en 1995) : chasse (peaux de phoques, 47 675, uniquement adultes). *Pêche* (en 1999) : 120 596 t dont crevettes, morue, saumon ; *1997 :* prise de 159 939 phoques, *98 :* de 184 baleines. *Élevage (en 1998) :* ovins 21 195, rennes domestiques 2 600, poulets 249, chevaux 129. Charbon, plomb, zinc, chrome, cuivre, molybdène. Uranium, pétrole, thorium, or, eau (projet d'exploitation). *Tourisme* (en 1998) : 200 573 nuitées. **Base américaine :** Thulé (et Søndre Strømfjord jusqu'en 1992).

ANCIENNES COLONIES DANOISES

■ **Europe. Islande** depuis 930, indépendante depuis 1944. **Groenland** autonome 1979. **Féroé** (voir col. a).

■ **Amérique. Antilles danoises** (50 îles, 344 km^2) dont *St-Thomas* (83 km^2, cap. Charlotte-Amalie) depuis 1672 ; *Ste-Croix* (218 km^2), française en 1650, cédée 1733 par Louis XV à Christian VI pour le remercier de l'aide accordée à son ambassadeur, le Cte de Plélo, et au G^{al} de La Motte de La Peyrouse, C^{dt} du corps expéditionnaire français à Dantzig, venus au secours du roi Stanislas Leszczynski ; *St-Jean* (52 km^2) depuis 1718. Achetées 25 millions de $ (en 1917) par USA.

■ **Asie. Bengale occidental** (Inde). Tranquebar et Serampur, sur l'Hooghly, de 1618 à 1845. **Iles Nicobar** (1 645 km^2) annexées 1756 sous le nom de Ny Danmark (rebaptisées îles Frédéric). Occupées 1789 à 1796 par Anglais (y avaient créé un pénitencier), réoccupées par D., cédées aux Anglais en 1858. **Canton** (Chine) : comptoir du XVIIIe s. au début du XIXe s.

■ **Afrique. Ghana :** à Accra, fort de Christiansborg, depuis 1699. A l'est, comptoirs de Tema et de Nimbo. Vers le Bénin, forts de Fridensborg, de Kœnigstein, de Binzenstein. Laissés aux Anglais en 1850 pour 50 000 livres.

ÉCONOMIE

■ **PNB** (en 1999). 31 170 $ par hab. **Croissance** (en %) : *1990 :* 1,8 ; *95 :* 3,8 ; *96 :* 3 ; *97 :* 3,4 ; *98 :* 2,9 ; *99 :* 1,1 ; *2000 (est.) :* 1,3. **Pop. active** (en %) **et,** entre parenthèses, **part du PNB** (en %) : agr. 5,6 (4,5), ind. 26,5 (26,5), services 66,9 (69), mines 1 (1). *Nombre total d'actifs* (en 1998) : 2 700 500. *Secteur public :* 939 100 (34,8 % de la main-d'œuvre). **Chômage** (en %) : *1995 :* 10,4 ; *99 :* 5,7 ; *2000 :* 5,4. **Inflation** (en %) : *1990 :* 2,6 ; *91 :* 2,4 ; *92 :* 2,1 ; *93 :* 1,2 ; *94 :* 2 ; *95 :* 2,1 ; *96 :* 2,1 ; *97 :* 2,2 ; *98 :* 1,9 ; *99 :* 2,5 ; *2000 :* 2,8. **Dettes de l'État** (en 1998) : 567,1 milliards de couronnes (48,5 % du PIB) ; **publique brute** (définition de Maastricht ; en % du PIB) : *1997 :* 60,8 ; *98 :* 56,2. **Balance des paiements** (en milliards de couronnes) : *1997 :* 6,1 ; *98 :* – 12,9 ; *99 :* 15. **Déficit budgétaire** (en milliards de couronnes) : *1997 :* – 12,6 ; *98 :* – 33,7 ; *99 :* – 10,8. **Prélèvements obligatoires :** 56 % du PIB. Impôt sur le revenu : taux maximal 68 % (78 % avec l'impôt sur la fortune), minimal 49 %. TVA 25 %. Taxe sur voiture particulière 80 %. **Investissements étrangers** (en milliards de couronnes) : *1998 :* 41,7 ; *99 :* 58,2.

■ **Agriculture. Terres agricoles** (en milliers d'ha, 1999) : 2 878,1 dont cultivées 2 644, forêts et divers 234,1. **Production** (en milliers de t, 1999) : blé 4 900, orge 3 500, bett. à sucre 3 414, p. de t. 1 477, seigle 470, avoine 155, colza. Horticulture. **Élevage** (en milliers de têtes, 1999). Volailles 19 968, porcins 11 626, bovins 1 887, dindes 616, canards 410, ovins 142, chevaux 40,4, oies 16. Visons pour les peaux. **Pêche** (en milliers de t, 1999). 1 308,1 dont 99 % dans océan Atlantique et 1 % dans eaux territoriales.

■ **Énergie.** Mer du Nord : **pétrole :** *production* (en millions de t) : *1978 :* 0,43 ; *93 :* 8,36 ; *96 :* 10,27 ; *97 :* 11,3 ; *98 :* 11,6 ; *99 :* 14,7 ; **gaz** (en milliards de m^3, 1999) : *production :* 7,8, *réserves :* 126 (Gnen près d'Ekofisk) ; **vent :** *prévisions 2005 :* 750 MW (fournis par 500 moulins) ; *2030 :* 50 % de la consommation actuelle. **Industrie.** Construction navale, farine de poisson pour l'élevage, bière, ind. alimentaire, conserveries de poisson, papier, chimie, métallurgie.

■ **Tourisme** (en 1999). 42 073 668 nuitées dont 17 935 579 danoises. **Transports** (en km, 1999). **Routes :** 71 462. **Voies ferrées :** 2 029 (en 1998). **Ponts entre les îles :** *Petit Belt* (1935) Fionie/Jutland, rail-route 1 178 m. *Storstrøm* (1937) Zélande/île de Falster, 3 200 m. *Grand Belt* (construit 1988-98) Fionie/Zélande, longueur 17,5 km : pont Ouest [Fionie, îlot de Sprogø, terminé mai 1993, 6,60 m, en fait 2 ponts (1 à 2 voies pour le train et 1 à 4 voies pour la route)] et pont Est [entre l'îlot et la Zélande (la route continue sur un pont suspendu à 63 m au-dessus de la mer, 6 800 m, 2 piliers de 254 m de hauteur, portée centrale 1 624 m ; le train emprunte un tunnel de 8 km formé de 2 tubes de 8,72 m de diam. et au max. à 70 m sous la mer ; le 1er train est passé le 6-4-1997, ouverture aux voitures 14-6-1998]. *Øresund* (pont-tunnel construit 1993/14-8-1999 inauguration, ouvert au public 1-7-2000, entre Copenhague et Malmö en Suède, coût 2,5 milliards d'euros : longueur 15 420 m, dont tunnel quadruple 3 520 m rail-route, formé de 20 éléments (longueur 176 m, largeur 42 m, 53 000 t construits à terre puis immergés et recouverts de pierres), île artificielle 4 055 m, pont rail-route 7 845 m, (57 m au-dessus de la mer au milieu de l'ouvrage).

■ **Commerce** (en milliards de couronnes, 1999). **Export. :** 344,7 *dont* produits alim. 67,8, machines et équip. de transp. 98,5, produits chim. 41,7, produits man. 39, matières 1res sauf fuel 13 ; **vers** All. 69, Suède 39, G.-B. 32, Norvège 20, *France 18.* **Import. :** 312,1 *dont* machines et équip. de transp. 113,4, produits man. 52, produits chim. 33, produits alim. 30,7 ; **de** All. 67,5, Suède 38,2, G.-B. 24,9, P.-Bas 24,8, *Fr. 18,3,* Norvège 13,6. **Balance** (en milliards de $) : *1995 :* 4,67 ; *96 :* 5,67 ; *97 :* 3,68 ; *98 :* 3,9 ; *99 :* 6,6 (*export.* 49,2/*import.* 42,6).

■ **Rang dans le monde** (en 1999). 12e pêche. 13e orge.

DJIBOUTI

Carte p. 1093. V. légende p. 950.

☞ *Abréviation :* D. : Djibouti.

■ **Nom.** « Assiette » en afar.

■ **Situation.** Afrique orientale. **Superficie :** 23 200 km^2. **Frontières :** avec Éthiopie 450 km, Somalie 65. **Côtes :** 370 km. **Altitude :** *maximale* 2 010 m (Moussa Ali), *minimale* – 150 m (lac Assal). *Sol* d'origine volcanique. Plateaux limités par d'énormes failles. A l'intérieur, plaines effondrées au milieu de plateaux et chaînes basaltiques. **Climat.** *Saisons :* chaude mai-sept. (40 °C en moyenne, max. 55 °C, 70 % d'humidité) ; fraîche oct.-avril (25 °C en moyenne). *Pluies :* rares et irrégulières (170,2 mm à Djibouti, 115,2 à Tadjoura). Pas de cours d'eau permanents.

■ **Population.** *2000 (est.) :* 687 000 hab ; *2025 (prév.) :* 1,1 million. Afars (même ethnie que les Danakils éthiopiens ; territoire compris entre Assab et lac Abbé) 37 % dont 10 000 à D., Somalis Issas 47 %, autres Somalis 55 000, Arabes 6 %, Européens 8 %, divers 3 000 (réfugiés de l'Ogaden environ 10 000). **Age :** *– de 15 ans* 42,6 %, *+ de 65 ans* 2,7 %. **Espérance de vie** (en 1998) : 51 ans. **D.** 29,6. **Étrangers** (en 1991) : 100 000 Somaliens réfugiés ; 50 000 Éthiopiens (début de rapatriement en sept. 1994) ; Yéménites ; environ 10 000 Français dont 3 500 militaires en 1996 (avant l'indépendance, 8 000) et 400 coopérants.

■ **Langues.** Arabe et français *(officielles),* afar et somali (nationales). **Religions** (en %). Musulmans chaféites 96, catholiques 2, orthodoxes 1, protestants 1.

■ **Villes** (en 1989). *Djibouti* 383 000 hab. (est. 1995), Ali Sabieh 4 000 (district 45 900) [à 98 km], Tadjoura 3 500 (district 45 100) [à 344 km par la route, 2 h 30 par mer : bac], Dikhil 3 000 (district 52 900) [à 117 km], Obock 1 500 (district 20 700) [419 km par la route, 3 h 30 par mer : bac].

■ **Histoire. 1862**-*11-3* convention sultans de Tadjoura, Raheita et Gobaad/France qui achète 10 000 thalers (52 000 F-or) le territoire d'Obock (bande côtière de 400 km^2 de Doumeira à Ras Ali). *-19-5* pavillon français hissé. **1884** occupation effective ; Léonce Lagarde (1860-1936) gouverneur jusqu'en 1894. **1888** Djibouti créée. **1896 Côte française des Somalis,** colonie, capitale à D. **1917** chemin de fer d'Addis-Abéba inauguré. **1935** 1er quai en eau profonde, construit sur la carcasse du *Fontainebleau* (vapeur échoué). **1942** ralliement à la Fr. libre. **1946** TOM. **1958** référendum pour statut de TOM. **1966**-*sept.* visite de De Gaulle, manif. (plusieurs †). **1967**-*19-3 référendum* (inscrits 39 512, oui 22 555, non 14 666) : nouveau statut avec Chambre des députés et gouv. local, prend le nom de **Territ. français des Afars et des Issas. 1972**-*12-3* Ligue populaire africaine pour l'indépendance (LPAI). **1975**-*23-3* le FLCS (Front de libération de la Côte des Somalis) enlève Jean Gueury, ambassadeur de Fr. en Somalie, et le relâche contre la libération d'Omar Osman Rabeh (interné en Fr.) et d'Omar Elmi. *-25/26-5* affrontements Afars/Issas (11 †). **1976**-*3/4-2,* 30 enfants de militaires pris en otage par FLCS, libérés par la force (1 enfant tué, 1 blessé † le 7-2, 1 rendu le 7-2 à Mogadiscio). *-17-7* le Pt Ali Aref Bourhan démissionne. **1977**-*mars* table ronde à Paris entre principaux partis et mouvements djiboutiens.

-8-5 législatives et *référendum :* votants 96 %, oui à l'indépendance 98,7 % des voix. *-27-6 indépendance.*

1977-*27-6* **Hassan Gouled Aptidon** (Issa, né 1916) Pt [réélu 12-6-1981 (84,7 % des voix), 24-4-1987 (90,30 %) et 7-5-1993 (60,76 %)]. *-15-12* attentat (6 †), démission du PM **Ahmed Dini Ahmed**, dissolution du Mouvement populaire de libération (Afar, extrémiste). **1978**-*7-11* activité volcanique à Ardou-Boka (à 80 km de D.). **1981** rapprochement avec Éthiopie. **1982**-*21-5 législatives.* **1986**-*7-9* Aden Robleh condamné par contumace pour complot. **1987**-*18-3* attentat (12 † dont 5 Français) [le 24-3-1991 : Adouani Hamouda Ben Hassan, Tunisien propalestinien, condamné à mort]. *-22/23-12* Pt Mitterrand à D. **1989**-*juin* Gouled en Fr. **1990**-*27-9* attentat du Mouvement de la jeunesse djiboutienne contre Café de Paris (1 Français de 6 ans †), 4 auteurs présumés arrêtés 10-10 (5 condamnés à perpétuité par contumace à Paris en nov. 1998). **1991**-*1-1* caserne attaquée (1 †). *-10-1* Ali Aref et 20 Afars arrêtés pour complot [condamnés juillet 1992 ; libérés 15-11-1993]. *-Mai/juin* opérations « Totem » et « Godoria » pour désarmer 40 000 réfugiés éthiopiens. *-10/15-7* Dire-Dawa : heurts Issas/Omoros (20 †). *-6-11* selon Amnesty International, 300 torturés en 1 an [dont 200 Somalis arrêtés après attentat du 27-9-1990 et 50 Afars en janv. 1991 (dont **Ali Aref Bourhan**)]. *-12/13-11* Afars du Frud attaquent Tadjoura (28 †), prennent villes du Nord (40 † ?) ; *-21-11* caserne d'Obock. *-27-11* cessez-le-feu. *-18-12* massacres d'Arhiba (8 à 40 † ?). *-31-12* démission de 14 députés RPP. **1992**-*3-1* rebelles attaquent caserne de Tadjoura (200 † ?). *-9-7* amnistie. *-23-8* attentat contre opposants. *-4-9 référendum* sur multipartisme (4 partis au max.) : oui 97 %. Boycott du Frud. *-Sept.* combats (50 †). *-3/4-11* Gouled en Fr. *-18-12* législatives : RPP 72 % (65 sièges), PRD 28 %. **1993**-*13-3* rebelles attaquent port de D. *-Mai :* Gouled réélu devant Mohamed Djama Elabe († 26-11-1996) PRD 25 %. *-5/10-7* guérilla afar repoussée. *-21-11* inondations (100 †, 100 000 sinistrés). **1994**-*26-12* accord de paix Frud/gouv. **1995**-*18-10* Bernard Borrel (juge français) tué. **1997**-*1-9* attaque du FRUD (11 †, 3 disparus). *-19-12 législatives.* **1999**-*9-4* **Ismaël Omar Guelieh** (né 1947 ; RPP) élu Pt (74,09 % des voix). **2000**-*7-2* accord de réconciliation gouv./Frud.

☞ **Les rebelles** ont été soutenus par 2 milices extérieures : Ougougoumo (fondée 1975) et Doko Hine (fondée 1978-79) en Éthiopie.

■ **Statut.** *République.* **Constitution** du 4-9-1992. **Pt** élu pour 6 ans. **PM** Barkhat Gourad Hamadou (né 1930, Afar) depuis 2-10-1978. **Chambre des députés :** 65 membres élus pour 5 ans. **Drapeau** (adopté 27-6-1977). Bandes bleue (Issas) et verte (Afars et espérance), triangle blanc (paix) et étoile rouge (unité). **Fête nationale** 27-6 (indépendance). **Défense.** 15 000 h. dont 500 FNS (forces nationales de sécurité). *Contingent français :* 3 500 h. (*prév. 2001 :* 2 500).

■ **Partis.** **Rassemblement populaire pour le progrès (RPP)** fondé 1979, parti unique de 1981 à 1992, Hassan Gouled Aptidon. **P. du renouveau démocratique (PRD)** fondé sept. 1992, Maki Houmed Gaba. **P. nat. démocratique (PND)** fondé 1992, Aden Robleh Awaleh. **Opposition illégale. Front pour la restauration de l'unité et de la démocratie (Frud)** afar, créé avril 1991, Ahmed Dini Ahmed, 2 000 h. contrôlait 2/3 du pays en 1992. **Front uni de l'opposition (FUO)** fondé Paris, 24-6-1992. **Groupe pour la démocratie et la république,** fondé 1996, Moumin Bahdon (condamné avec 4 députés à 5 ans de prison le 17-8-1996).

■ **Économie.** **PNB** (en 1999) : 810 $ par hab. **Population active** (en %) et, entre parenthèses, **part du PNB** (en %) : agr. 10 (3), ind. 10 (15), services 80 (82). **Dépenses publiques françaises pour Djibouti :** 1,1 milliard de F (50 % du PIB). **Chômage** (en 1998) : 58 %. **Agriculture.** Peu importante (90 % des terres sont désertiques, 500 ha irrigués et cultivés), légumes 22 000 t (en 1996). **Élevage** (en milliers de têtes, 1999). Semi-nomade ; caprins 507, ovins 463, bovins 269, chameaux 62, ânes 8. **Pêche** (en 1995). 500 t, coquillages, éponges. **Géothermie.** Projet près du lac Assal, vers 1 500 m de profondeur, eau à 150-250 °C, pourrait fournir 18 MW (soit 100 % des besoins de Djibouti). **Industrie.** Boissons non alcoolisées, laiterie, minoterie, bitume. **Port.** Ravitaillement. **Transports.** Aboutissement du chemin de fer d'Addis-Abéba (construit de 1896 à 1917, seul accès de l'Éthiopie à la mer : 781 km dont 106 à D.). **Tourisme.** 19 000 visiteurs (en 1997). **Commerce** (en millions de $, 1997). **Export. :** 189 *dont* produits alim., matér. de transp. ; **vers** *France,* Arabie, Yémen, Somalie, Éthiopie. **Import. :** 294 *dont* produits alim., qat, machines, vêtements, pétrole ; **de** *France,* Éthiopie, Japon, Italie, Arabie saoudite.

DOMINICAINE (République)

Carte p. 1048. V. légende p. 950.

■ **Situation.** Grandes Antilles, partie orientale de l'île d'*Isla espagnola* ou *Hispaniola* (ou St-Domingue). **Superficie :** 48 442 km². **Longueur :** 430 km. **Largeur :** 226 km. **Côtes :** 1 288 km. **Frontière :** avec Haïti 275 km. **Altitude** *maximale :* Pico Duarte 3 175 m. **Climat.** Tropical, tempéré à l'intérieur ; *pluies :* d'été, abondantes au nord et à l'est ; *cyclones :* surtout au début de l'automne (en 1998 : 1 milliard de $ de dégâts).

■ **Population.** *2000 (est.) :* 8 553 744 hab. dont (en % : mulâtres 75, Noirs 10, Blancs 15). **D.** 176,6. **Age** (en %) : *– de 15 ans* 34,5 ; *+ de 60 ans* 4,8. **Espérance de vie** (en 1998) : 71 ans. **Pop. urbaine** (en 1999) : 63 %. **Haïtiens :** 500 000 à 1 000 000, trafic de saisonniers pour canne à sucre (*braceros*).

■ **Langue.** Espagnol *(officielle).* **Religions.** Catholiques (95 %) *[officielle],* protestants (3 %).

■ **Villes** (en 2000). *Saint-Domingue* (Santo Domingo de Guzmán, fondée 1496, ex-Ciudad Trujillo 1936-61) 2 677 056 hab., Santiago de los Caballeros 580 745, La Romana 189 900, San Pedro de Macorís 179 686.

■ **Histoire.** **1492**-*5-12* découverte par Colomb. **1697** *traité de Ryswick :* tiers ouest de l'île cédé à la Fr. **1795** *traité de Bâle :* partie espagnole cédée à la Fr. **1801**-*26-1*/**1805** conquise par Toussaint Louverture (1743-1803) ; occupation haïtienne. **1801-09** occupation française. **1809-21** retour à l'Espagne. **1821**-*1-12 indépendance ;* **José Nunez de Caceres** (1772-1846) Pt. **1822**-*févr.* occupation haïtienne. **1844**-*27-2 indépendance.* Juan Pablo Duarte (1813-76) lutte contre Haïtiens, évincé et exilé. **1861**-*18-3*/**1865** *-3-3* occupation espagnole. **1904** USA prennent en charge la dette extérieure ; **1907** prennent le contrôle des douanes pour s'assurer du paiement de la dette. **1911**-*19-11* Ramon Caceres (né 1866, Pt depuis 1906) assassiné. **1916-24** occupation militaire amér. **1930**-*16-8* **Gal Rafael Trujillo Molina**, dit le Benefactor (1891/assassiné 30-5-1961), Pt. Gouvernement autoritaire. **1937** 10 000 à 20 000 Haïtiens exterminés « pour blanchir la race ». **1938**-*16-8* **Jacinto Bienenido Peynado** († 7-3-1940) Pt. **1940**-*7-3* **Manuel Troncoso de la Concha** (1878-1955) Pt. **1942**-*18-5* **Rafael Trujillo Molina** (1891-1961) Pt. **1952**-*16-8* **Hector Trujillo Molina** (né 1908, frère de Rafael) Pt. **1960**-*3-8* **Joaquin Balaguer Ricardo** (né 1904) Pt. **1962**-*18-1* **Rafael F. Bonelly** (né 1907) Pt du gouv. provisoire. **1963**-*27-2* **Juan Bosch Gavino** (né 1909) Pt (élu 20-12 1962) PRD (1res élect. libres depuis 38 ans) ; *-25-9* renversé ; triumvirat soutenu par l'armée. *-26-9/23-12* **Emilio de Los Santos** Pt. *-23-12* **Donald Reid Cabral** Pt. **1965**-*24-4 guerre civile* [partisans de Bosch et de Camaño contre ceux du Gal Antonio Imbert qui triomphent, soutenus par USA et forces de l'OEA (35 000 h.)], 3 000 †. *-25-4* **José Molina Urena** Pt. *-3-9* gouv. provisoire d' **Hector García Godoy** (1920-70). **1966**-*1-7* **Joaquín Balaguer Ricardo** (né 1-9-1907) élu Pt. **1970** réélu. **1973** guérilla réprimée, Camaño tué. Bosch quitte PRD et fonde PLD. **1978** Balaguer met fin au dépouillement des votes, mais sous la pression des USA devra s'avouer vaincu ; élections : PRD 51,61 % des voix, PRSC 42,1, PLD 1. *-16-8* **Antonio Guzmán Fernandez** (1911-82, PRD) Pt. **1979**-*3-9* cyclones *David* et *Frédéric* (plus de 1 200 †, 350 000 sans-abri, 90 % de l'agr. détruite ; environ 350 millions de $ de dégâts). **1982**-*4-7* Pt Guzmán se suicide (pots-de-vin mettant en cause son entourage). Élections : PRD 46 %, PRSC 36,5, PLD 9,6. *-16-8* **Salvador Jorge Blanco** (né 5-7-1926, PRD) Pt. **1984**-*23/24-4* émeutes (70 †). **1985** retrait des multinationales ; crise [la livre de sucre (5 cents sur marché mondial) revient à 15 cents]. **1986**-*16-5* élections : PRSC 41,56 %, PRD 39,46, PLD 18,37, abst. 27,8. **Joaquin Balaguer Ricardo** (PRSC) Pt, élu devant Jacobo Majluta (PRD). **1988**-*févr.* manif. contre vie chère (5 †), salaires augmentés de 30 %. *-27-11* ex-Pt Blanco, réfugié aux USA, condamné pour corruption à 20 ans de prison (amende : 77 millions de pesos et remboursement : 25). **1990**-*16-5* Balaguer réélu devant Juan Bosch (PLD). *-13-8* grève générale (12 †). **1992** 500e anniversaire de la découverte de l'Amérique : phare de Colomb inauguré à St-Domingue (croix 100 m, plus flamme et mausolée). **1994**-*16-5* Balaguer (aveugle) réélu 43,6 % des voix ; *législatives.* **1996**-*16-8* **Leonel Fernandez Reyna** (né 26-12-1953 ; PLD) Pt. **1997**-*mars* 20 000 Haïtiens expulsés. **1998**-*17-5 législatives :* victoire PRD **2000**-*16-8* **Hipolito Mejia Dominguez** (né 22-2-1941, PRD) élu *16-5* Pt (49,78 %, devant Danilo Medina 24,94 %).

■ **Statut.** *République.* **Constitution** du 28-11-1966. **Pt** élu pour 4 ans au suffr. univ. **Sénat :** 30 membres élus pour 4 ans. **Chambre des députés :** 149 membres élus pour 4 ans. **Fête nationale.** 27-2 (indépendance). **Drapeau** (adopté 6-11-1844). Croix blanche, représentant le mouvement de libération sur l'ancien drapeau bleu et rouge d'Haïti, dont la Rép. dominicaine faisait partie, au centre armoiries.

■ **Noblesse.** *Duc :* après l'arbitrage rendu en 1538 pour Diego Colón (fils de Christophe Colomb) en faveur de son neveu Luis Colón, celui-ci reçut le 16-3-1557, outre certains avantages, le titre de « duc de la Vega de la Isla de Santo Domingo » pour avoir renoncé également à certains de ses droits. Ce titre fut uni à celui de duc de Veraguas (voir **Panamá**). *2 titres concédés* quand le pays revint sous l'autorité de l'Espagne (1861-65) : *duc* de la Torre (1862) et *marquis* de las Carreras.

■ **Partis.** **P. réformiste social-chrétien (PRSC)** fondé 1964, Balaguer. **P. révolutionnaire dominicain (PRD)** fondé 1939, José Francisco Peña Gomez (Noir, † 10-5-1998 à 61 ans), Hipolito Mejia Dominguez et Hatuey Decamps. **P. de la libération dominicaine (PLD)** fondé 1973, Leonel Fernandez Reyna et Jaime Fernandez Mirabal.

■ **Économie.** **PNB** (en 1999) : 1 950 $ par hab. **Population active** (en %) et, entre parenthèses, **part du PNB** (en %) : agr. 39 (18), ind. 15 (21), services 43 (56), mines 3 (5). **Croissance** (en %) : *1998 :* 7,8 ; *99 :* 8,3 ; *2000 (est.) :* 8,5. **Chômage** (en %) : *1997 :* 15,5 ; *99 :* 14 ; *2000 :* 8. **Inflation :** *1989 :* 45,4 ; *90 :* 59,4 ; *91 :* 53,9 ; *92 :* 4,6 ; *93 :* 5,2 ; *94 :* 8,3 ; *95 :* 12,5 ; *96 :* 4,4 ; *97 :* 8 ; *98 :* 7 ; *99 :* 7 ; *2000 :* 5,3. **Dette extérieure** (en milliards de $) : *1995 :* 4,6 ; *99 :* 3,6. **Agriculture.** 161 propriétaires possèdent 22,5 % de la surface agricole ; 200 000 paysans travaillent sur moins de 11,5 % des terres cultivables. **Terres** (en milliers d'ha, 1981) : arables 885, cultivées en permanence 350, pâturages 1 520, forêts 633, eaux 35, divers 1 450. **Production** (en milliers de t, 1997) : canne à sucre 6 594, sucre 395 (en 1999), riz 551, bananes 361, mangues 185, avocats 155, manioc 137, tomates 58, cacao 51, café 34, oranges 33, tabac. **Élevage** (en milliers de têtes, 1999). Bovins 1 904, porcins 540, caprins 570, chevaux 329, ânes 145, ovins 105. **Pêche** (en 1997). 14 536 t. **Forêt** (en 1998). 562 000 m³. **Mines.** Or 3 t (en 1999), argent 6 t (en 1999), nickel 43 000 t (en 1999), bauxite. **Tourisme** (2000, est.) 3 000 000 de visiteurs. **Sites :** Santo Domingo (tombeau de Christophe Colomb), Playa Grande, Puerto Plata, Sosuán, Casa de Campo.

■ **Commerce.** (en milliards de $) : **Export./import.** *1995 :* 3,78/5,17 ; *96 :* 4/5,72 ; *97 :* 4,6/6,6 ; *98 :* 4,98/7,59 ; *99 :* 5,2/8,21. **Principaux clients** (en %) : USA 43,9, Belgique 9,3, Haïti 2,8, Corée 2,6, Canada 2,5, Japon 2,1 ; **fournisseurs :** USA 48,6, Venezuela 19,7, Mexique 8,1, UE 15,6. **Export. :** ferronickel, sucre, or et argent, café ; **vers** USA, P.-Bas, Porto Rico.

■ **Rang dans le monde** (en 1999). 8e nickel. 12e cacao.

DOMINIQUE

Carte p. 895. V. légende p. 950.

■ **Situation.** Antilles (îles du Vent). **Superficie :** 749,8 km². **Longueur :** 152 km. **Largeur :** 47 km. **Montagnes** volcaniques (alt. 1 640 m). 365 rivières. **Climat.** Tropical.

■ **Population.** *1999 (est.) :* 64 881 hab. ; *2000 (est.) :* 77 000 dont 95 % de race africaine et 500 à 600 Caraïbes. **D.** 102,7. **Villes.** *Roseau* 20 755 hab. (en 1991), Portsmouth 2 700. **Chômage :** 13 %. **Langues.** Anglais *(officielle),* français, créole martiniquais (75 %). **Religions.** Catholiques (80 %), anglicans et méthodistes (20 %).

■ **Histoire.** **1493**-*3-11* découverte par Colomb. **1625** occupée par les Français pendant la guerre de Trente Ans. **1763** cédée à l'Angl. après d'âpres disputes. **1772-83** et **1802-14** reconquise. **1956** autonomie. **1958**-*3-1*/**1962**-*31-5* membre de la Fédération des Indes orientales. **1967**-*1-3* État associé à la G.-B. **1978**-*3-11 indépendance.* **1979** cyclones *David* (29-8) et *Allen* (3-9) [222 millions de $ de dégâts, 3/4 des habitants sans abri]. **1981**-*19-12* tentative de coup d'État. **1993**-*25-10* **Vernon L. Shaw** (né 1930) élu Pt. **1995**-*12-6 législatives,* victoire du P. des travailleurs unis. *-14-6 Edison James* (né 18-10-1943) PM. **1998**-*2-10* Shaw réélu Pt. **2000**-*31-1 législatives,* succès du P. des travailleurs unis ; *Roosevelt Douglas* (58 ans, † 1-10-2000) PM. *-3-10 Pierre Charles* (né 1951) PM.

■ **Statut.** *République parlementaire.* Membre du Commonwealth. **Assemblée législative :** 31 membres dont 9 nommés, 1 d'office et 21 élus pour 5 ans. **Fête nationale.** 2/3-11 (indépendance). **Drapeau** (adopté 3-11-1978). Vert avec bandes croisées jaunes (Indiens), noires (sol) et blanches (eau) ; cercle central rouge avec perroquet (*sisserou,* emblème nat.) et 10 étoiles pour les paroisses.

■ **Économie.** **PNB** (en 1999) : 3 320 $ par hab. **Agriculture** (en milliers de t, 1996). Bananes 40, noix de coco 18, mangues 3, coprah 2, citrons 1, patchouli. **Pêche** (en 1997). 1 000 t. **Élevage** (en milliers de têtes, 1999). Volailles 115 (en 1986), bovins 13, caprins 10, ovins 8, porcins 5. **Mines.** Pierre ponce 100 (en 1996). **Industrie.** Rhum, savon. **Tourisme.** 65 000 visiteurs (en 1997).

■ **Commerce** (en millions de $). **Export./import. :** *1997.* 53/125 ; *98 :* 63/136 ; *99 :* 54/141.

ÉGYPTE

V. légende p. 950.

☞ *Abréviations :* Ég. : Égypte ; Égypt. : Égyptiens ; égypt. : égyptien(ne) ; dyn. : dynastie.

■ **Nom arabe.** Misr (la « métropole »).

■ **Situation.** Afrique et Asie (Sinaï). **Superficie :** 997 738,5 km² dont 55 390 habités [dont secteurs d'*Al Amreya* (gouvernorat d'Alexandrie) et d'*Ataka* (gouvernorat de Suez)]. **Reliefs :** *delta et vallée du Nil* 33 000 km² (voir p. 1033) ; *désert occidental* 671 000 km² : plateaux rocheux séparés par plusieurs dépressions où se trouvent les oasis (El-Farafra, El-Kharga, El-Dakhla, El-Bahareya, Siwa, vallée d'El-Natroun, dépression d'El-Katara – 137 m) ; *désert oriental* 225 000 km² : alt. de plus de

2 000 m près de la mer Rouge ; *Sinaï* 61 000 km^2 ; *Sud :* mont Ste-Catherine 2 641 m ; *Centre :* plateau El Teih ; *Nord :* lac El Bardawile). **Ressources hydrauliques** (en milliards de m^3, *prév.* 2000) : 74,5 dont eaux du Nil 57,7, du drainage agricole 7 ; *souterraines* du Delta et de la vallée 4,6, des profondeurs du désert 2,5 ; du drainage sanitaire 1,1, programme de l'administration de l'eau 1. *Désert* 96 %. *Haute Égypte* au sud de Qena (désert de la Thébaïde), *moyenne Ég.* entre Qena et le Caire, *basse Ég. :* delta du Nil. **Longueur :** 1 024 km. **Largeur :** 1 240 km. **Côtes :** Méditerranée 995 km, mer Rouge 1 941. **Frontières :** Soudan 1 273 km, Libye 1 150, Palestine 255. **Altitude** *max. :* jabal Ste-Catherine (Sinaï) 2 641 m.

■ **Climat.** Littoral chaud et humide, faibles variations (janv. 13,4 °C, août 26 °C) ; Le Caire (hiver) 12 à 20 °C, (été) 33 à 35 °C ; delta et moyenne Ég. : sécheresse, température maximale supérieure à 41 °C, hivers plus froids 7,5 °C, gel possible ; Louxor, Assouân (hiver) 23 °C, (été) 40 °C. *Pluies* (par an) : Alexandrie 200 mm ; au sud 80 mm ou moins. *Vent* de sable sec *(khamsin)* fréquent au printemps (la température peut s'élever de 20 °C en 2 h, le vent atteindre 150 km/h).

■ **Population** (en millions d'hab.). *1800 :* 4,5 ; *82 :* 6,7 ; *1907 :* 11,2 ; *37 :* 15,9 ; *47 :* 19,7 ; *86 (rec.) :* 48,3 ; *92 :* 55,2 ; *98 (1-1) :* 62,67 ; *2000 (est.) :* 68,12. **D.** 68,3 [1 069 dans les 55 309 km^2 habités (dont cultivés 35 580.)] **Age** (en %) : *– de 15 ans :* 35,1 ; *+ de 65 ans :* 3,8. **Espérance de vie** (en 1998) : 57 ans. **Accroissement** (en %) *1996 :* 2,08 ; *99 :* 2,09. **Taux** (en ‰) : *natalité : 1986 :* 40,1 ; *92 :* 26,2 ; *95 :* 27,7 ; *96 :* 27,6 ; *98 :* 26 ; *mortalité : 1986 :* 9,6 ; *95 :* 7,1 ; *96 :* 6,2 ; *98 :* 6 (*infantile :* 52). **Pop. urbaine** (en 1998) : 45 %.

Origine ethnique. **Arabes** (« Saïts ») : 4 %. **Coptes** (descendants des anciens Égypt.) 95 %, dont 88,5 % (musulmans) se sont croisés avec Arabes et musulmans d'origines diverses, et 6,5 % (chrétiens) sont restés des coptes purs, leur religion leur interdisant les mariages mixtes. Favorables aux Arabes qui les protégeaient contre Byzance, ils furent soumis à des impôts spéciaux à cause de leur religion, d'où de nombreuses conversions à l'islam. Bien traités sous Toulounides (868-905) et Fatimides (969-1171), ils furent asservis par les Turcs. Favorisés sous Méhémet Ali, allié à l'Occident (1804-49), ils forment la classe des fonctionnaires, une partie de l'intelligentsia égypt. au XXe s., puis des cadres du P. communiste égypt. Souvent en butte à des violences (églises brûlées en 1970, 77, 80 et 87 ; 90 assassinats par islamistes en 1992-93). Les conversions de coptes à l'islam sont fréquentes (motifs principaux : possibilité de divorce, ou désir d'épouser une musulmane). **Diverses :** Turcs, Berbères, Slaves.

Égyptiens à l'étranger : *1-1-1994 :* 2 610 000 (Iraq 1 à 2 millions, Émirats 1 million, Libye 250 000, Arabie, Koweït 180 000) employés dans construction, professions scientifiques et techniques (enseignement). **Étrangers en Égypte : 1897 :** 112 000 [Grecs 40 000, Italiens 20 000, Anglais 19 557 (dont 6 500 Maltais)]. **1990 :** 250 000. Libanais : *1976 :* 43 700, *vers 1990 :* 55 000.] **1999 :** 47 000 dont 40 000 Palestiniens. *Français 1897 :* 14 155 ; *1945 :* 25 000 ; *63 :* 700 ; *75 :* 2 100 (dont 300 religieux, 200 coopérants) ; *91 :* 3 041.

Villes (est. 1998). *Le Caire* 6 789 000 hab. [Grand Caire 13 millions en 1999 : nombreux migrants, habitant les cimetières ou vivant à 10 par pièce], Guizèh 4 779 000, Tantâ 3 437 000, Alexandrie 3 328 000, Shubra-el-Khema 811 000, Port-Saïd 469 000, Suez 417 000, Mahalla-el-Kôubra 408 000 (mi-1992). **Distances du Caire** (en km) : Alexandrie 221, Assouân 899, Charm-el-Cheikh 336, Hélouân 32, Ismaïlia 120, Louxor 670, Minîèh 247, Port-Saïd (fondé 1869) 220, Saqqarah 34, Suez 134.

■ **Langues.** Arabe *(officielle),* anglais, français. (Le *copte,* langue morte, est resté celle de la liturgie chrétienne.) **Analphabètes** (en 1998) : h 35 %, f. 58 %.

■ **Religions.** **Islam** (religion d'État). **Musulmans** sunnites 88,5 %. **Protestants** 250 000. **Baha'is** 50 000. **Juifs** 20 000 (*1948 :* 70 000).

■ **Coptes.** 6 000 000 ; du mot grec *aigyptos* du mot pharaonique *hikaptah* (Maison du Ka de Ptah, en fait l'Égypte). L'évangéliste Marc aurait prêché à Alexandrie entre 44 et 68 (date à laquelle il fut lynché par les adeptes du dieu Sérapis). *201* Origène enseigne à la Didascalée, école d'Alexandrie. *IVe s.* 40 évêchés dans le delta, 50 monastères au Wadi Natroum, plusieurs milliers de moines. Nombreux pélerins occidentaux, débarqués à Alexandrie, ils vont en Terre sainte par le Sinaï : souvenirs du Buisson sacré de Moïse, lieux de l'Exode et du Livre de Joseph. Persécutions (de Dioclétien en *284*). *391* religion d'État. *451* concile de Chalcédoine : Byzantins rétrogradent le patriarcat d'Alexandrie derrière ceux de Rome et de Constantinople, d'où des guerres entre orthodoxes, hellènes et préchalcédoniens égyptiens interrompues par l'invasion musulmane. *1875* abolition de l'impôt spécial des chrétiens. *1879* égalité chrétiens/musulmans (le fils de Mouallem Ghali, Boutros Ghali, devient min. des Finances, puis des Affaires étrangères). *1910* coptes (10 % de la population) détiennent 45 % des emplois publics. *Coptes* PM : 2 [Boutros Ghali (1908-10, assassiné par un musulman) et Toussef Wahba (1919-20)] ; min. des Finances, des Affaires étrangères : plusieurs ; de l'Intérieur, de la Justice, de l'Éducation, des Biens religieux : aucun. *1952* Nasser n'a pas de ministre copte et exclut les chrétiens de l'enseignement de l'arabe. Sadate se proclame « Pt musulman d'un État musulman » et emprisonne des personnalités coptes. *1981-mai* patriarche Shenouda assigné à résidence dans un monastère de Wadi Natroum ; *1985-6-1* rentre dans sa cathédrale. Les coptes sont en majorité préchalcédoniens, mais appelés orthodoxes ; communauté copte catholique, institutionnalisée. *1889,* 300 000 fidèles, patriarche Stefanos II Ghattas, en résidence au Caire, et 7 évêques.

■ HISTOIRE DE L'ANCIENNE ÉGYPTE

■ **Préhistoire.** 1res traces d'occupation humaine vers 700 000 ans av. J.-C. (climat humide jusqu'en 400 000/300 000). *Paléolithique :* chasseurs nomades, dessins rupestres de la région d'Assouân. *Néolithique* (10000 à 6000) : vie sédentaire, artisanat (tissage, vannerie, céramique domestique) ; climat humide vers 10000/8000 (jusqu'à 4000). Selon G. Moukhtar, l'écriture égypt. (nilotique) daterait du Négadien I (6000). *Énéolithique* (vers 5500) : bourgades, naissance de l'artisanat. Émail sur sable, métal ou pierre, sous forme de perles ; verre moulé ; vases de pierre dure. Ivoire et argile utilisés pour les premières rondes-bosses (usage magique) : oiseaux, poissons, bovidés, figurines de femmes et d'hommes nus. Figuration en relief en ivoire ou schiste.

■ **Cultures prédynastiques.** **4000 av. J.-C.** *primitif :* Badarien, Fayoumien A. **3800** *ancien :* Négadien I, Mérindien. **3500** *moyen :* Négadien II, Omarien A. **3200** *récent :* Omarien B. Méadien.

■ **Égypte pharaonique (3150 à 332 av. J.-C.).** Environ 207 pharaons. Dates discutables jusqu'à la XXVIe dynastie. **Période thinite (vers 3150-2778)** de *This*, ville d'origine supposée. **Ire dynastie (3150-2925)** 8 pharaons connus : *Nârmer* (ou *Menès*), roi du Sud, conquiert le Nord ; 3125 *Aha* ; 3100 *Djer* ; 3055 *Ouadji* (« Serpent ») ; 3050 *Den* ; 2995 *Adjib* ; *Semerkhet ;* 2960 *Qaâ*. Décoration simple : stèles-pancartes (où le défunt est figuré en relief). Petite sculpture en relief, utilisation du *papyrus* [feuilles obtenues en pressant plusieurs épaisseurs de fines bandes tirées de la tige : 20 feuilles forment un rouleau de 3 à 6 m de longueur (parfois 30 à 40 m) autour d'un bâton qu'on tient de la main gauche : on lit en déroulant de la main droite (d'où le mot « volume », du latin *volumen,* enroulement)]. **IIe dynastie (2925-2700)** 8 pharaons connus : *Hotepsekhemoui, Nebrê, Nineter, Quneq, Senedj, Peribsen, Sekhemib, Khâsekhem*.

Ancien Empire (période memphite, 2700-2190). IIIe dynastie (2700-2620) *Nebka, Djéser, Sekhemkhet, Khâba, Néferka (rê)* ?, *Houni*. **IVe dynastie (2620-2500)** *Snéfrou* (2620), *Kheops* (2590), *Djedefrê* (2565), *Khephren* (2558), *Baefrê, Mykérynos* (2532), *Chépseskaf* (2505). **Vers 2500** médecine (diagnostic, thérapeutique, chirurgie). **Ve dynastie (2500-2350)** *Ouserkaf* (2500), *Sahourê* (2492), *Néferirkarê Kakaï* (2480), *Chepseskarê* (2470), *Néferefrê* (2462), *Niouserrê* (2453), *Menkaouhor-Akaouhor* (2420), *Djedkarê Isési* (2411), *Ounas* (2380). **VIe dynastie (2350-2200)** *Téti* (2350), *Ouserkarê* (2340), *Pépi Ier* (2339), *Mérenrê Ier* (2297), *Pépi II* (2292), *Mérenrê II* (2203), *Nitocris* (2202). **VIIe dynastie** expéditions au Sinaï, en Nubie, relations avec Byblos. La féodalité est installée ; début d'anarchie sous Nitocris. *Architecture :* 1er monument à degrés *(Djéser)*, puis pyramides. Taille de la pierre, emploi de la couleur. *Peintures et reliefs :* grandes compositions avec sujets animés (*les Oies de Meïdoum,* sur un mortier de terre, IVe dynastie), art animalier, hiératisme des attitudes. *Développement de la statuaire* privée où se mélangent hiératisme et réalisme [*le Scribe accroupi,* au Louvre ; statue monumentale de Khephren (musée d'Art égyptien du Caire), en diorite (ses traits seront reproduits sur le grand sphinx)]. *Arts mineurs :* vases en albâtre, mobilier (lits posés sur pattes de lion, coffres à couvercle incrusté, chaises à porteurs avec tiges en forme de palmes), travail de l'or.

1re période intermédiaire (2263-2065 ou 2140-2022). VIIIe dynastie (memphite) *Néferkaouhor.* **IXe dynastie** (hérakléopolitaine) **2160** *Meribrê Khety Ier, Néferkarê, Nebkaourê (?), Khety II*. **Xe dynastie** (hérakléopolitaine) *Néferkarê Meribre, Ouahkarê Khety III, Mérikarê.* **XIe dynastie** les *Antef.* Affaiblissement de la royauté, croissance de la féodalité provinciale. L'architecture funéraire privée se développe ; reliefs peu soignés en général. Le bois domine dans la statuaire : allongement du corps.

Moyen Empire (vers 2061-1785) fondé par princes thébains. **XIe dynastie** (suite) *Nebhépetrê Montouhotep (II)* monte sur le trône sous le nom de *Séânkhibtaoui* ; proclamé roi des 2 Égypte (nom : *Nebhépetrê*) ; *Montouhotep III Séankhtaouief*, son 2e fils ; *Montouhotep IV Nebtaouirê*. **XIIe dynastie (1991-1785) : 1991** *Amenemhat Ier*. **1962** *Sésostris Ier* (Sénousret). **1928** *Amenemhat II.* **1895** *Sésostris II* fonde Kahoun. **1878** *Sésostris III.* **1842** *Amenemhat III.* **1797** *Amenemhat IV.* **1790-1785** *Néferousobek*.

2e période intermédiaire (1785-1570). XIIIe dynastie (1785) plus de 60 rois dont *Sékhemrê-Khoutaoui, Amenemhat V, Sobekhotep, Sobekemsaf Ier, Néferhotep, Sahathor, Dédoumésiou Ier*. **XIVe dynastie** plus de 60 rois (?) ; partiellement contemporaine de la XIIIe, à Xoïs et Avaris. Invasion d'Hyksôs, puis libération. Le pouvoir royal doit renoncer à son caractère surhumain ; l'art devient plus réaliste. Travail des métaux à motifs asiatiques (dessins en spirales) ; pierres précieuses ; nombreux objets : miroirs, barques des morts, scarabées, pendants d'oreilles (travail en or granulé). **XVe dynastie** (Hyksôs) 6 rois jusqu'en 1567 environ dont *Salitis, Yaqoub-Har, Khyan, Apophis Ier, Apophis II*. **XVIe dynastie** (contemporaine de la XVe en basse et moyenne Ég.). **XVIIe dynastie** (thébaine) *Rahotep, Antef V, Sobekemsaf II, Djehouty, Montouhotep VII, Nebiryaou Ier, Antef VII, Senakhtenrê Taa Ier « l'Ancien », Séqénenrê Taa II « le Brave », Kamosé*. Œuvres d'art rares. **Vers 1620** les frères de Joseph s'installent en Ég. (voir **Religions** p. 546 c).

Nouvel Empire (1570-1085) issu de Thèbes, restaure l'unité en chassant les envahisseurs, porte la guerre au-delà de la frontière orientale et étend sa protection intérieure. **XVIIIe dynastie (1570-1293)** conquiert le haut Nil et la Syrie jusqu'à l'Euphrate. **1570** *Ahmosis.* **1551** *Amenhotep Ier* (en grec *Amenophis*). **1524** *Thoutmosis Ier :* 1er pharaon à faire creuser sa tombe dans la vallée des Rois. **1518** *Thoutmosis II.* **1504** *Thoutmosis III.* **1498** *Hatchepsout* (fille de Thoutmosis Ier et de la Grande Épouse royale ; fait construire un grand temple funéraire et épouse Thoutmosis II, puis Thoutmosis III). **1459** *Amenhotep II* (ou *Aménophis*) fils de Thoutmosis III. **1419** *Thoutmosis IV* (1401-1353) fils d'Amenhotep II. **1386** *Amenhotep III* fils de Thoutmosis IV et de Mondemonia (1401-1391) ; épouse Tiyi ; réside à Thèbes, puis à Malgatta, pacifique ; homme de confiance : Amenhotep, fils de Hapou. **1350** *Amenhotep IV* (= *Akhenaton*), son fils, époux de Néfertiti [buste découvert 6-12-1912 (fouilles de l'Allemand Ludwig Borchardt) ressemblant à l'actrice Audrey Hepburn], résidant à Tell-el-Amarna ; révolution « amarnienne » : hérésie religieuse, culte du dieu solaire Aton. **1336** *Smenkhkarê (?).* **1334** *Toutankhamon* (« Parfait de vie est Amon ») [*nom de naissance :* Toutankhaton (« Parfait de vie est Aton ») ; *de règne :* Neb-Chépérou-Rê (« Maître des métamorphoses est Rê »), appelé *Nipchourouria* ou *Nipchouriria* dans des lettres babyloniennes. *Taille :* 1,67 m, règne de 1347 (11 ans) à 1338 (20 ans)]. Rétablit le culte d'Amon et fait revenir la capitale à Thèbes (tombeau, voir encadré p. 1055 a). **1325** *Ay,* son tuteur, épouse sa veuve et lui succède pour 4 ans. **1321** *Horemheb,* premier pharaon à ne pas être de descendance royale. **XIXe dynastie (1293-1188) : 1293** *Ramsès Ier*. **1291** *Sethi Ier* son fils. **1279** *Ramsès II*, son fils (1279-1213), épouse Néfertari, combat les Hittites. **1275** bataille indécise de *Quadesh ;* devant la menace assyrienne, traité de paix avec Hittites [roi Hattousili III (1264-1234) et sa femme la reine Poudouhepa]. **1246** Ramsès II épouse une fille d'Hattousili. **Vers 1230** départ des Hébreux vers la Terre promise. **1213** (juillet) mort de Ramsès II (sa momie retrouvée en 1881, rongée par des insectes et 60 champignons dont *Daedalea,* arrive 26-9-1976 au Bourget, est étudiée au musée de l'Homme à Paris et, soignée par irradiation à Saclay, retourne au Caire le 15-5-1977)**1212** *Merenptah* son fils. **1202** *Amenmès ; Sethi II.* **1196** *Siptah* ; reine *Taousert.* **1192** invasion des *Peuples de la mer* (Égée) : Philistins, Sardanes, Sicules, Tyrséniens. Ils sont en partie repoussés, en partie fixés comme mercenaires. **XXe dynastie (1188-1069)** [ramsesside] : **1188** *Sethnakht*. **1186** *Ramsès III*. Conquiert les Libyens et repousse l'envahisseur. **1154** *Ramsès IV.* **1148** *Ramsès V.* **1144** *Ramsès VI.* **1136** *Ramsès VII.* **1128** *Ramsès VIII.* **1125** *Ramsès IX.* **1107** *Ramsès X.* **1098** *Ramsès XI.* **1085** perte de la Syrie. L'art de la cour s'oriente vers le grandiose et l'idéalisme dans la figuration humaine. Les privilèges funéraires sont étendus aux ouvriers d'art. Monuments divins et funéraires plus grands et plus nombreux. Coloris sobres. Petits objets : *oushebtis*, objets de toilette (cuillers à fard en bois et ivoire, en forme de nageuse), colliers, parures de tête.

3e période intermédiaire (1069-945) division entre Nord où réside le pharaon (Tanio) et Sud soumis au grand prêtre d'Amon de Thèbes. **XXIe dynastie (1069-945)** à Tanis : **1069** *Smendès*. **1043** *Amenemnesout*. **1040** *Psousennès Ier*. **993** *Aménémopé*. **984** *Osorkon l'Ancien*. **978** *Siamon*. **959** *Psousennès II.* A Thèbes : **1054** *Pinedjem Ier* roi (après avoir été grand prêtre). **1054** *Masaharta* grand prêtre. **1045** *Menkheperrê*. **992** *Smendès*. **990** *Pinedjem II*. **969** *Psousennès III.* **XXIIe dynastie** [bubastite] **(945-730, dite libyenne) : 945** *Chéchonq Ier*. **924** *Osorkon Ier*. **890** *Chéchonq II*. **889** *Takélot Ier*. **874** *Harsiesis*. **870** *Osorkon II.* **853-671** résistance aux Assyriens, avec l'alliance des Hébreux. **850** *Takélot II.* **825** *Chéchonq III.* **773** *Pamay*. **767** *Chéchonq V.* **XXIIIe dynastie** (tanite) : **818** *Pétoubastis Ier ; Ioupout Ier ; Chechonq IV.* **787** *Osorkon III.* **764** *Takélot III.* **757** *Roudamon*. **XXIVe dynastie** (saïte) : **727** *Tefnakht*. **720** *Bocchoris*. **XXVe** (kouchite ou éthiopienne) : **747** *Pi(ânkh)y.* **715** *Chabaka* conquiert Basse Égypte (715). **690** *Taharqa*. **664** *Tanoutamon* (fin de la domination éthiopienne). Style rude, lourdeur des formes.

Basse Époque : dominations étrangères (663 av. J.-C.-315 apr. J.-C.) : XXVIe dynastie les Psammétiques (renaissance saïte) : **672** *Nékao Ier*. **664** *Psammétique Ier*. **610** *Nékao II*. **595** *Psammétique II*. **589** *Apriès*. **570** *Amasis*. **526** *Psammétique III.* **XXVIIe dynastie** (1re domination perse achéménide) : **525** *Cambyse II* prend Égypte ; selon Hérodote, 50 000 de ses soldats disparaissent dans une mer de sable en allant conquérir l'oasis de Sirva. **522** *Darius Ier*. **486** *Xerxès Ier*. **465** *Artaxerxès Ier*. **424** *Darius II.* **405** *Artaxerxès II.* **XXVIIIe dynastie** (saïte) : **405** *Amyrtée*. **XXIXe dynastie** (mendésienne) : **399** *Néphéritès Ier*. **393** *Psammouthis ; Achôris*. **380** *Néphéritès II.* **XXXe dynastie** (sébennytique) : **380** *Nectanébo Ier*. **362** *Tachos*. **360** *Nectanébo II* (341-339). **« XXXIe dynastie »** (341-332), avec 3 rois, retour des Achéménides après Artaxerxès III. *Période saïte,* archaïsante. Statuaire : larges masses, modelé pauvre, sillons profonds mais expression vigoureuse. Statuettes de dieux ou de prêtres coulées en bronze, en séries. **Dynastie macédonienne (332-305) :** *Alexandre III le Grand ; automne* **332**/*printemps* **331** séjourne en Ég. Proclamé roi et fils de Dieu, il fonde Alexandrie. *Arrhidaios* (Philippe III de Macédoine). *Alexandre IV Aigos*.

■ **Égypte lagide (305-30, Ptolémées).** (*Abréviation :* Pto. : Ptolémée.) Culture grecque (hellénistique ou alexandrine). **305 av. J.-C.** *Ptolémée Ier Sôter* (« le Sauveur »), [† 283/282], fils de Lagos ; satrape d'Ég. à la mort d'Alexandre (juin 323). **284** lègue sa satrapie à son fils *Pto. II Philadelphe* (« qui aime sa sœur ») [né 308] après avoir écarté l'aîné, *Pto. Kéraunos* (« la Foudre »). Pto. II répudie sa 1re femme, Arsinoé Ire, fille du diadoque Lysimaque, et épouse sa sœur Arsinoé II. Il ép. en 3es noces Bérénice Ire [† 278-277, qui avait épousé en 1res noces Philippos (Macédonien)]. **246** *Pto. III Évergète* (« le Bienfaiteur ») [né vers 284], fils de Pto. II et d'Arsinoé Ire, ép. Bérénice II (tuée

Pascal écrit dans ses *Pensées* : « Qui voudra connaître à plein la vanité de l'homme n'a qu'à considérer les causes et les effets de l'amour. La cause en est un *je ne sais quoi* (Corneille), et les effets en sont effroyables. Ce *je ne sais quoi*, si peu de choses qu'on ne peut le reconnaître, remue toute la terre, les princes, les armées, le monde entier. Le nez de Cléopâtre, s'il eût été plus court, toute la face de la Terre aurait changé. » Il supposait que Cléopâtre avait le nez long, car à l'époque les femmes camuses passaient pour laides.

221). **222** *Pto. IV Philopatôr* (« qui aime son père ») [né vers 244], fils de Pto. III et de Bérénice II, ép. Arsinoé III sa sœur (tuée 204). **204** *Pto. V Épiphane* (« qui apparaît, illustre ») ou *Eucharistе* (né 9-10-210), fils de Pto. IV, ép. 194/193 Cléopâtre Ire la Syrienne († 176). [A partir de 207-206, la Thébaïde fait sécession avec des pharaons indigènes d'origine nubienne, Hurgonaphor, puis Chaonnophris 201-200. Révolte matée par Komanos en 186.] **180** *Pto. VI Philometôr* (« qui aime sa mère ») [né 186/183], fils de Pto. V, ép. sa sœur Cléopâtre II, associée au pouvoir en 176 ; expulsé du trône en 164/163 par son frère, le futur *Pto. VII Eupatôr*. **145** *Pto. VII Eupatôr* (« de noble père »), fils de Pto. VI ; *Pto. VIII Évergète II Physcôn* (« bienfaiteur, gros ventre ») ou *Tryphon*, fils de Pto. V. **115** *Pto. IX Sôter Lathyros* (« sauveur, gesse ou pois chiche »), fils de Pto. VIII et de Cléopâtre III (fille de Pto. VI et de Cléopâtre II) avec laquelle il règne conjointement ; ép. sa sœur Cléopâtre V (née vers 140/135). De 110 au printemps 108, Pto. IX est remplacé par Pto. X. **107** *Pto. X Alexandre Ier* (né 141), fils de Pto. VIII, ép. Cléopâtre Bérénice III (fille de Pto. IX). **80** *Pto. XI Alexandre II* (né av. 101), fils de Pto. X, règna 18 ou 19 j. **80-58 et 55-51** *Pto. XII Neos Dionysos Aulètès* (« joueur d'aulos »), fils de Pto. IX, ép. Cléopâtre VI Tryphaina (« la Magnifique »). **58-55** *Bérénice IV* (née vers 78-75), fille de Pto. XII, règne jusqu'en 57 conjointement avec *Cléopâtre VI*. **51** *Pto. XIII* (né 61), fils de Pto. XII. *Cléopâtre VII Thea Philopatôr* (« déesse qui aime son père ») [69-30 av. J.-C.], fille de Pto. XII ép. Pto. XIII (51/47) et Pto. IX (47/44), ses frères. **48** *Pto. III* lutte contre Cléopâtre puis César. **47** *Pto. XIV Philopatôr* (né vers 59/58), fils de Pto. XII. *1er incendie de la bibliothèque d'Alexandrie*. Pto. XIV n'ayant que 11 ans, l'eunuque Pothin prend le pouvoir et chasse Cléopâtre, qui part en Syrie et lève une armée. Elle retrouve son frère en face de Pélusa (Port-Saïd) où Pompée, vaincu à Pharsale et poursuivi par César, leur demande asile ; il sera assassiné ; César débarque à Alexandrie. Ptolémée lui donne son chef et sa bague en signe de concorde. Pto. suscite un complot contre César (qui s'enfuit puis rassemble son armée et bat Pto. et rentre à Alexandrie). **46-44** Cléopâtre rejoint César à Rome pour 3 ans. **44** Cléopâtre quitte Rome et donne naissance à *Césarion*. Rentrée à Alexandrie, elle fait assassiner Pto. XIV et prend seule le titre de reine. **41-40** elle séduit le triumvir *Marc-Antoine* (86-30), gouverneur de l'Orient, qui dispute le pouvoir à Octave et Lépide. Elle l'emmène à Alexandrie, où il oublie sa femme Fulvie, et l'épouse. Elle lui donnera 3 enfants : *Alexandre Hélios* « le Soleil » (né 40) roi d'Arménie, *Cléopâtre Séléné* « la Lune » et *Ptolémée XV*. Puis Antoine se réconcilie avec Octave (il garde l'Orient) et épouse Octavie (sœur d'Octave). **34** Cléopâtre obtient qu'il répudie Octavie et que Césarion soit héritier du trône. **31**-*2-9* Octave provoque la bataille d'*Actium* où il bat Antoine, puis débarque en Égypte où il rallie flotte et cavalerie égyptiennes. **30** Croyant Cléopâtre morte, Antoine se tue. Cléopâtre plaide auprès d'Octave la cause de l'Égypte et celle de ses enfants, sans succès. Ayant appris qu'elle devait servir au triomphe d'Octave à Rome, elle s'empoisonne avec ses 2 servantes le 12-8 à 39 ans. La légende dit qu'elle se fit mordre par un aspic dissimulé dans un panier de figues (elle avait fait expérimenter sur des condamnés la virulence de diverses bêtes venimeuses). Octave fait assassiner Césarion et se déclare son successeur. Octavie recueille chez elle les enfants d'Antoine et de Cléopâtre [Cléopâtre Séléné, reine de Cyrène, épousera Juba II (roi de Mauritanie), élevé par Octavie ; leur fils, Ptolémée, sera tué par Caligula en 40 après J.-C.].

■ **Égypte romaine. 30 av. J.-C.** conquête romaine. **Après J.-C. Vers 50** province divisée en 3 « colonies » : Alexandrie, Delta et Heptanomide (groupe de 7 districts au sud). **54-68** légions envoyées contre roy. d'Axoum (Éthiopie). **Après 70** Alexandrie devient le grand centre de la diaspora juive (de langue grecque) ; les Juifs alexandrins fondent l'église chrétienne d'Ég. 1er évêque : Démétrius [(189) mais la tradition attribue la fondation à l'apôtre St Marc] ; principaux théologiens : Clément d'Alexandrie, Origène (professeur à la Didascalée), Athanase. Hadrien (117-138) va en Ég. (130). Noyade et divinisation d'Antinoos ; fondation d'Antinoé. **199** *Septime Sévère* (193-211) va en Égypte. *Caracalla* (211-217) donne le droit de cité aux Égyptiens. *Constantin* (306-337) libère le christianisme par l'édit de Milan. *Théodose* (379-395) fait du christianisme la religion officielle de l'empire. Destruction du *Serapeion* d'Alexandrie.

■ **Égypte byzantine. 395** partie de l'empire d'Orient. **451** concile de Chalcédoine, rupture avec Égl. byzantine (les coptes seront confondus à tort avec les hérétiques monophysites). **535** interdiction du dernier culte « païen », celui d'Isis ; destruction des bas-reliefs de Philae, croix gravées à leur place, sous Justinien. **Jusqu'en 538** Alexandrie dispute la suprématie à Constantinople. **538** *ordonnance de Justinien :* Ég. divisée en 5 « duchés », administrés directement depuis Constantinople. **619** Perses accueillis en libérateurs. **629** Héraclius. **639 conquête arabe** ; les monophysites accueillent favorablement les musulmans.

Histoire de l'Égypte moderne

■ **642**-*22-12* Alexandrie se rend après un siège de 14 mois. *2e incendie de la bibliothèque d'Alexandrie* (voir p. 359 b). Gal Amr ibn el-As rétablit le patriarche copte Benjamin, réfugié en Hte-Égypte. **660-750 califes omeyyades. 722, 770, 829** révoltes. **750-932 Abbassides. 868-904 Toulounides.** Ahmed Ibn-Touloun se proclame émir et conquiert Syrie et Mésopotamie. **935-946 Mohamed el-Ekhchid,** souverain indépendant. **969-1171** domination des **Fatimides** de Kairouan. **988** Le Caire, université al-Azhar fondée. **1001** traité calife Al-Hākim/Basile II fixant les limites de leurs possessions en Syrie. L'Ég. exporte des textiles vers Venise ou Amalfi, Russie, Esp., Scandinavie, et des esclaves vers l'est, l'Asie. **1055** églises fermées. **1070** milices turques pillent Le Caire et conquièrent la Syrie. **1099** les Fatimides perdent Jérusalem lors de la 1re croisade. L'Ég. se replie sur elle-même. **1154** calife Az-Zafir assassiné. Le vizir Ibn-Ruzzik s'empare du pouvoir et dispose du califat. **1161** Ibn-Ruzzik assassiné ; son fils est vizir. **1163** Shawar prend le pouvoir ; chassé, se réfugie en Syrie. **1164** soutenu par Nur Ad-Din, Shawar redevient vizir. S'allie aux Francs pour se débarrasser des Syriens et des Turcs venus de Syrie. **1167** les Francs tentent d'imposer un protectorat. **1169** Shawar assassiné par Turcs venus à son aide. Salah Ad-Din Yusuf Ibn Ayyub (Saladin) nommé vizir par le dernier calife « honneur de la foi » fatimide. **1171-1250 dyn. des Ayyubides** fondée par **Saladin** (Takrit, Mésopotamie 1138-Damas 1193, fils d'un soldat kurde). **1174** Nur Ad-Din meurt. Saladin est le vrai maître de l'Égypte et fonde la dynastie ayyubide qui étend son empire jusqu'à la Syrie musulmane. **1193** Saladin meurt. Son empire est partagé entre ses fils : l'Ég. revient à Al-Malik Al-'Aziz († 1198), puis à son frère Al-Malik Al-Afdal. **1200** Al-Malik Al-Afdal chassé par son oncle Al-'Adil qui confie l'Égypte à son fils Al-Kamil († 1238). **1218** croisés et Francs de Syrie occupent 2 ans Damiette, mais ne peuvent conquérir l'Ég. **1238** Al-'Adil II (fils d'Al-Kamil) est déposé par son frère As-Salih Ayyub qui se constitue une garde particulière avec des esclaves turcs qui, casernés dans l'île de Roda (près du Caire), prennent le nom de *bahrites* (soldats du fleuve). **1249** Louis IX (Saint Louis), à la tête de la 7e croisade, débarque à Damiette et marche sur El-Mansoûrah. **1250** les croisés, sans ravitaillement et décimés par une épidémie, se retirent. *-6-4* Saint Louis, dont la retraite est coupée, se rend (emprisonné à El-Mansoûrah), doit rendre Damiette, et payer une rançon pour son armée ; les mamelouks, victorieux, se débarrassent du dernier descendant de Saladin. **1250-1382 mamelouks** (de l'arabe « possédé ») **bahrites** [dynastie d'esclaves turcs achetés à l'origine par As-Salih Ayyub. Sa femme, Chagaret, cache à l'armée la mort de celui-ci et exerce le pouvoir en attendant le retour de Touranshah, fils d'As-Salih (impopulaire, il sera assassiné le 2-5). Chagaret ép. le nouveau sultan qu'elle fait tuer le 12-4-1257 ; elle est tuée à son tour le 28-4] prennent le pouvoir après avoir sauvé l'Égypte des Mongols à Ayn Galut. L'Ég. est gouvernée par des étrangers, d'origines diverses (en majorité Turcs). **1290** Qala'un meurt. Son fils, Al-Ashraf Salah Ad-Din Kahlil, devient sultan. **1291** prend St-Jean-d'Acre ; **1293** est tué par 2 émirs. **1296** le sultan Melik-el-Mansur (Allemand de l'ordre Teutonique converti à l'islam) conquiert partie de la Petite-Arménie. **1319 et 1320** massacres entraînent conversions forcées. **1365** Pierre Ier, roi de Chypre, prend Alexandrie (pillée). **1375** mamelouks d'Ég. prennent royaume chrétien de Cilicie arménienne. **1382 mamelouks circassiens :** Barquq renverse le dernier Bahrite et fonde la dynastie des Burdjites (du nom d'une tour de la citadelle du Caire ou *burdj*). **1453** sultan Méhémet II prend Constantinople ; étend progressivement sa domination sur le Proche-Orient. **1481** Le Caire, sultan Qaytbay accueille Pce Djem qui dispute le trône de Constantinople à son frère Bajazet II. **1507** *traité* sultan Qansuh Al-Ghawri/consul des « Catalans et Français ». **1509** sultan Qansuh Al-Ghawri tente de lutter avec Venise contre l'établissement des Portugais aux Indes, mais sa flotte est battue par Albuquerque dans l'océan Indien. **1516** sultan ottoman Selim Ier meurt au combat. **1517 Ottomans,** *Selim Ier* prend Le Caire, l'Ég. devient un pachalik turc. **1524** Ibrahim rétablit l'ordre ; un administrateur, le pacha, toujours étranger au pays, est nommé lieutenant par le sultan, désignera les *beys* mais ne disposera pas des troupes turques que commande l'*agha* (ou colonel) des janissaires. **1528** Sulayman renouvelle les garanties accordées aux Français en 1507 ; **1536** elles sont étendues à tout l'Empire ottoman sous le nom de capitulations. **XVIIe s.** l'autorité du sultan décline. Les mamelouks reprennent de l'influence (des rivalités opposent les beys) ; **XVIIIe s.** ils sont les vrais maîtres du pays malgré des rivalités entre leurs chefs. **1767** *Ali Bey,* chef mamelouk, se proclame sultan et conquiert la Syrie ; élimine ses concurrents, rétablit l'ordre et détache l'Ég. de la Turquie, à laquelle il refuse de payer tribut [chassé du Caire par son gendre, qui lui succède († 1773)]. **1785** l'officier de marine Truguet obtient la garantie de sécurité pour les caravanes qui transporteront des marchandises de Suez à Alexandrie, et la permission pour les navires français de naviguer en mer Rouge. **1786** le sultan envoie une flotte à Alexandrie pour combattre l'anarchie en Égypte (échec) ; les beys, chassés, reviennent au Caire.

■ **1798-1801 occupation française.** [Cause de l'expédition : idée de *Talleyrand* (lancée 3-7-1795) : remplacer les colonies des Antilles dont on était coupé (guerre avec Angl.) par l'Égypte pour produire coton et canne à sucre ; de *Barras :* écarter Bonaparte trop ambitieux ; de *Bonaparte :* percement du canal de Suez et ouverture de la route des Indes ; alibis donnés : *idéologique :* châtier les mamelouks coupables d'avoir fait subir des outrages aux Français établis à Saint-Jean-d'Acre, à Smyrne et au Caire (explication donnée au sultan de Constantinople), *scientifique :* étude des monuments, mœurs, flore, faune ; avivé par le *Voyage en Égypte* publié 1787 par Volney ; **1798**-*1* et *-2-3* expédition décidée. *-1-7* arrivée de la flotte devant Alexandrie (prise le 2-7). L'expédition, partie de Toulon le 19-5, comprend : 35 000 soldats, 21 mathématiciens, 3 astronomes, 17 ingénieurs civils, 13 naturalistes, 4 architectes, 8 dessinateurs, 10 gens de lettres, 22 imprimeurs et 1 pianiste [*savants* 167 formant la Commission des sciences et des arts de l'expédition d'Égypte (Regnault de Saint-Jean-d'Angély et son beau-frère Antoine Arnault s'arrêtant à Mate) dont Berthollet, Conté, Denon, Dolomieu, Monge, répartis en 10 catégories et percevant de 50 à 500 livres par mois] ; 1 légion grecque de 600 h., 1 légion copte de 800 h., 1 compagnie de mamelouks, 2 de janissaires à cheval, des janissaires à pied, la plupart ramenés en France en 1801 ; Bonaparte se présente comme un disciple du Prophète, la conversion de l'armée sera envisagée. *-21-7 bataille des Pyramides,* Bonaparte déclare à Imbaba : « Du haut de ces pyramides, soldats, 40 siècles vous contemplent » ; *Mourad Bey* (vers 1750/† 28-4-1801, peste), chef mamelouk, est battu. *-22-7* Bonaparte entre au Caire. Il crée 16 provinces gouvernées par un Gal, avec un intendant copte pour lever les impôts. *-2-8 Aboukir :* Nelson (Angl.) détruit la flotte fr. (11 vaisseaux, 2 frégates) ; Fr. : 1 700 †, 1 700 blessés ; Angl. : 218 †, 2 vaisseaux avariés. *-22-8 l'Institut d'Égypte* est créé [48 membres en 4 sections (mathématiques, physique, économie politique, littérature et arts) ; *Pt :* Gaspard Monge Cte de Péluse (1746-1818) ; *vice-Pt :* Bonaparte ; *secr. perpétuel :* baron Joseph Fourier (1768-1830), tous les 3 mathématiciens]. *-9-9* guerre Turquie/France. *-7-10* Mourad Bey battu à *Sediman* par Desaix (dit « le Sultan juste »). *-21-10* les 1res réformes imposées par les Français sont jugées vexatoires. Insurrection (300 † dont le Gal Sulkowski). Répression : mosquée al-Azhar bombardée [3 000 † (?)]. **1799**-*22-1* Samhoud : Desaix bat Mourad Bey. Bonaparte bat les Turcs soutenus par les Anglais à El-Arish (14-2) ; Kléber prend Gaza (25-2), Jaffa (6-3, 7 000 Turcs seront massacrés après la bataille) et défait les Turcs à Nazareth (7-4), Cana (11-4) au mont Thabor (16-4) ; échoue devant St-Jean-d'Acre (20-5) ; *-14-6* rentre au Caire ; *-25-7* bat 18 000 Turcs de Mustafa Pacha à Aboukir (capitule le 2-8) [pertes françaises 200 h.]. *-23-8* Bonaparte s'échappe d'Ég. malgré le blocus de la flotte anglaise (laisse le commandement à *Kléber*) et rentre en France (il écrira : « Il est difficile de voir une terre plus fertile et un peuple plus abruti. »). *-30-12* le Grand Vizir turc prend El-Arish. **1800**-*24-1* jugeant la lutte impossible, Kléber, pour préparer l'évacuation, signe la *convention d'El-Arish ;* l'Angl. refuse de la reconnaître et exige sa reddition sans condition. *-20-3* Kléber (avec 10 000 h.) bat les Turcs à *Héliopolis*, rétablit sa domination sur tout le pays. *-5-4* Mourad Bey traite avec la France : reçoit la Hte-Égypte avec le titre de Pce Saïd. *-25/27-4* Kléber reprend Le Caire. *-14-6* assassiné par le janissaire Souleïman-el-Alepi au Caire. *-15-6 Gal Menou* (1750-1810) lui succède (converti à l'islam en 1799 ; épouse une musulmane en mars) et favorise les notables aux dépens de l'élément étranger, Turcs et mamelouks. **1801**-*4-3* l'armée anglaise du Gal Ralph Abercromby débarque à Aboukir. *-21-3* Menou battu à Canope, Abercromby mortellement blessé. *-28-6* Belliard capitule au Caire. **1801**-*9-8* Khosrew Pacha vice-roi d'Ég. *-2-9* Alexandrie, Menou signe la capitulation. *-14-9* l'armée française rembarque à Aboukir. **Bilan de l'expédition. Effectifs :** 48 662 h. dont 32 738 de l'armée d'Orient, 12 907 d'équipage de la flotte et 3 017 des convois [300 femmes (épouses ou prostituées camouflées)]. *Infanterie :* 23 922 h. en 5 divisions (Gaux Desaix, Reynier, Kléber, Menou et Bon). *Cavalerie :* 3 030 h. (Gal Dumas) ; 700 chevaux. *Artillerie :* 3 137 h. (Gal Donmartin) ; 171 pièces ; 80 paires de bœufs. *Divers :* 168 off. de santé (dont Larrey et Desgenettes), 26 commissaires de guerre, 486 trésoriers et administrateurs. *Matériel :* 1,5 t/h. *Flotte :* 12 vaisseaux de guerre, 7 frégates, 9 bâtiments armés en flûtes, 5 bricks, 3 avisos ; bâtiments légers pour le Nil. [Au 6-6-1798 ; 4 100 seront laissés à Malte), 2 000 rapatriés entre 1798 et 1801, pertes 12 300 h. (57 % par peste et maladies), 21 122 h. rapatriés en 1801.] **Transport :** 280 navires de la flotte de transport de 10 nationalités ; capacité totale de 47 300 tonneaux. **Provisions :** 930 000 l de vin (dont 48 000 bouteilles de bourgogne), 120 000 pintes d'eau ; 3 mois de rations de campagne pour la flotte ; 160 t de vivres par vaisseau (biscuits, salaisons, farine, fromages, légumessecs, condiments).

1802-*22-10* masacre des beys mamelouks. **1803**-*11-3* troupes anglaises se retirent, laissant aux prises mamelouks et Turcs (dont Méhémet Ali) ; parmi ces derniers, un contingent albanais prend parti pour les mamelouks et chassent Khosrew. **1803**-*12-4* **Taher Pacha** ; *-27-5* assassiné. *-8-7* **El-Djezaïry** débarque à Alexandrie ; assassiné. **El-Bardissi** maître virtuel de l'Ég. **1804** les ulémas soulèvent la population contre les mamelouks. *-Févr.* Alfi, bey, rentre en Ég. ; *-mi-févr.* s'enfuit en Haute-Ég. **1805**-*févr.* Méhémet Ali rétablit Khosrew ; *-mi-févr.* destitué, s'embarque pour Istambul. *-Fin févr.* **Kourchid Pacha** nommé vice-roi. *- Début mai* Méhémet Ali nommé pacha de Djeddah. *- 12/13-5* plébiscité par ulémas.

1805-*18-6* **Méhémet Ali Pacha** (Albanais né à Cavalla, Macédoine, 1769/2-8-1849) vice-roi officiellement investi par la Sublime Porte. *-Fin août* Ibrahim et Toussoun en Ég. *-28-10* Kourchid part. **1806**-*juillet* tentative de destitution de Méhémet Ali par la Porte en échange du pachalik de Salonique. *-Oct.* mort de Bardissi. **1807**-*janv.* mort d'Alfi. *-17-3* débarquement anglais. *-21-3* défaite anglaise à Rosette. *-25-9* départ des Anglais. **1808**-*janv.* Méhémet Ali prend les biens de mainmorte ; *-mai* nationalise terres agricoles ; **1811**-*1-3* réunit traîtreusement dans la citadelle 470 chefs mamelouks et les fait massacrer au fusil par des

Albanais. *-Oct.* début de la campagne de Toussoun en Arabie. **1812**-*nov.* prise de Médine ; **1813**-*janv.* de La Mecque. *-Sept.* expédition de Méhémet Ali en Arabie ; **1815**-*19-6* rentre au Caire. **1811-18** aide au sultan contre wahhabites (en Arabie). **1816**-*23-9* campagne d'Arabie d'Ibrahim **1818**-*15-9* prise de Der'yeh. **1819**-*juillet* arrivée en Ég. de Joseph, dit Anthelme, Sève, futur Soliman Pacha. **1820**-*juin* campagne du Soudan, nord du Soudan conquis. **1821**-*27-5* Ismaïl arrive à Ombourman (future Khartoum). *-Sept.* Ibrahim au Soudan. **1822-23** Soudan conquis. **1822**-*oct.* Ismaïl assassiné. Khartoum fondée. **1823**-*avril* Méhémet Ali mate la rébellion crétoise. **1824-27** intervention en Grèce (flotte égypt. détruite à *Navarin* 30-10-1827). **1828**-*24-8* Champollion reçu par Méhémet Ali. **1830**-*7-8* Turquie accorde à Méhémet Ali le pachalik de Candie. **1831-39** Syrie occupée. **1831**-*21-1* Champollion quitte l'Ég. **1832**-*27-5* prise de St-Jean-d'Acre. *-8-7* « défaite des pachas ». *-14-8* prise d'Alep. *-21-12* victoire de Konya. **1833** Prosper Enfantin en Ég. avec des disciples. *-6-1* Ferdinand de Lesseps vice-consul de Fr. à Alexandrie. Méhémet Ali promu à la tête des pachaliks d'Acre, Jérusalem, Naplouse, Tripoli, Damas, Alep et district d'Adana ; **1834**-*28-6* quitte l'Ég. pour la Syrie ; *-29-7* rentre au Caire ; **1839** convention de Londres (des Détroits) renonce à ses conquêtes. *-9-7* flotte ottomane se livre à Méhémet Ali. **1840**-*7-6* Khosrew destitué. **1841**-*13-2/1-6* firman du Sultan reconnaît à Méhémet Ali un droit héréditaire au trône d'Ég. ; *-13-7 traité de Londres,* khédive indépendant de fait (de la Turquie), ne garde que l'Ég. ; *-1-9* abdique.

1848-*25-8* **Ibrahim Pacha** (1789/10-11-1848), fils de Méhémet Ali, vice-roi du 2-9 au 10-11-1848. **1848**-*10-11* **Abbas Hilmi Ier Pacha** (1813/ 13-7-1854, assassiné par 2 de ses mamelouks favoris), fils de Tusun (Toussoun), 2e fils de Méhémet Ali, vice-roi. **1851**-*11-11* Auguste Mariette (1821/Le Caire 18-1-1881) découvre le *Serapeum* (à Saqqarah). **1854**-*juillet* **Mohammed Saïd Pacha** (1822-63), oncle d'Abbas Ier (fils de Méhémet Ali, frère d'Ibrahim), vice-roi. *Réformes :* abolition de l'esclavage en Ég. et Soudan ; possibilité aux Égyptiens d'accéder aux hauts grades de l'armée et introduction (1858) de la notion de propriété privée. *Dette extérieure* de l'Ég. à sa mort : 250 millions de F. **1858** Mariette crée le *Service des antiquités,* 100 millions de F. **1863**-*juin* **Ismaïl Pacha** (1830-95), 2e fils d'Ibrahim. *Ambitions :* conquérir un empire (Abyssinie, sources du Nil), mais son armée se fait battre par les Éthiopiens et Ismaïl doit traiter à prix d'or avec les chefs locaux. **1866** Ismaïl, achetant les conseillers du sultan, obtient l'hérédité en ligne directe ; **1867** a le titre persan honorifique de khédive (souverain) avec le droit de conclure des traités de commerce avec l'étranger. **1869**-*17-11 canal de Suez* inauguré. **1870**-*1-1* dette égypt. : 38,74 en millions de £ sterling (budget 7,3). **1875** Ismaïl vend 176 602 actions du canal à la G.-B. ; il garantit les nouveaux emprunts de l'État sur ses propres biens, il suspend le remboursement des dettes égyptiennes. **1876-86**

Monuments et sites

■ **Hypogées.** Tombes creusées dans les falaises de la vallée du Nil : Beni Hassan. **Vallée des Rois :** Toutankhamon, Sethi Ier, Amenhotep II, Ramsès II, Ramsès IV, Ramsès VI, Horemheb et Thoutmosis III. **Vallée des Reines** (ou « porte des Filles, de la Sultane, ou des Femmes ») : Satré (épouse de Ramsès Ier, 1re reine enterrée), Touy (épouse de Sethi Ier), Néfertari (2e épouse de Ramsès II découverte 1902) [*1829 :* vallée explorée par Champollion. *1904 :* l'Italien Ernesto Schiaparelli découvre tombe de Néfertari. *1937 :* 35 sépultures mises à jour ; *68 :* 79 ; *89 :* 98]. **Tombeaux des Nobles :** Nakht (scribe et astronome d'Amon), Ramouza (gouverneur de Thèbes), Horemheb (scribe royal). **Mastabas.** Tombes de hauts fonctionnaires s'alignant autour des pyramides. **Temple funéraire** de la reine Hatshepsout à Deir el-Bahari (XVIIIe dynastie). **Ramesseum** édifié par Ramsès II.

Tombeau de Toutankhamon : découvert entre le 4 et le 26-11-1922 par Howard Carter (9-5-1874/2-3-1939) envoyé par lord Carnarvon (1866, † au Caire le 5-4-1923 d'une pneumonie), dans la Vallée des Rois ; ouverture officielle de la porte scellée 18-2-1923, du sarcophage 12-2-1924, accès à la momie 11-11-1925 [antichambre (7,85 × 3,55 m, contenant 600 objets) et 3 pièces explorées en 8 ans]. Nombre des archéologues qui avaient « violé » cette sépulture moururent de 1922 à 1930, « malédiction du pharaon » : les Égyptiens, disait-on, auraient imaginé un dispositif (poison ou autre) destiné à frapper ceux qui pénétreraient dans leurs nécropoles. En 1985, on a parlé d'une sorte d'allergie due à des champignons microscopiques développés dans le caveau fermé. En réalité, les archéologues furent victimes de maladies ou d'accidents sans rapport avec leur découverte.

■ **Pyramides et nécropoles.** 97 pyramides retrouvées, la plupart entre Le Caire et le Fayoum (à 100 km au sud-ouest du Caire). LA PLUS ANCIENNE : **Saqqarah** (pyramide de **Djoser**, construite par Imhotep) à 6 gradins, 62 m de hauteur (aujourd'hui 58,80 m), base 121 × 109 m, en pierres calcaires de Tura, *2650 av. J.-C.* Fouilles réalisées de 1926 à 2000 par l'archéologue français Jean-Philippe Lauer (1902/16-5-2001). LA DERNIÈRE RETROUVÉE : Saqqarah 5e pyramide de la **reine Merit Etes**.

Pyramides de Guizèh à 12,5 km au sud-ouest du centre du Caire : **Kheops** (*vers 2554* ou *2478* av. J.-C.) y compris le socle rocheux, 2 300 000 blocs de pierre de 1,5 à 15 t, 7 millions de t de pierre (2 521 000 m³ réduits à 2 352 000 m³), hauteur 137 m (avant 146,60 m), d'une face mesurée sur le plan incliné 186 m, marches (assises) 201 (à l'origine 215 à 220) de 1,50 m (la 1re) à 0,65 m, côté 230,38 m (auparavant 232,77 m) ; 2 barques solaires ont été découvertes (en 1954 et 1987 ; longueur 43 m, largeur 5,90 m, tirant d'eau 1,48 m, jauge 45 tonneaux). Son origine a été expliquée de façons diverses : tombeau royal, exercice de géométrie dans l'espace (utilisant les mesures et formules connues alors, par exemple : le rapport de la hauteur à la longueur est $\pi : 2 = 1{,}5708$), observatoire astronomique, construction gratuite (pour donner du travail aux ouvriers agricoles pendant les inondations), repère géodésique (permettant de retracer, à la fois sur le papier et sur le terrain, les limites des champs du delta après les inondations du Nil). On a même appelé « pouvoir de la pyramide » une force spéciale venant de ses proportions et de son orientation face au nord magnétique : la nourriture s'y dessécherait sans s'y corrompre et les lames de rasoir s'y affûteraient toutes seules. L'expérience n'a pas confirmé la réalité de ce double « pouvoir ». **Khephren** [ou Cephren] *(vers 2522* ou *2446 av. J.-C.)* hauteur 136,50 m (auparavant 143 m), côté 210,50 m, masse 1 659 200 m³. **Mykerinos** *(2489* ou *2413 av. J.-C.*[1]*)* hauteur 66 m (autrefois), côté 108 m, 260 000 m³ ; Bonaparte avait calculé que, avec les blocs des 3 pyramides de Guizèh, on pourrait entourer la France d'une enceinte de 3 m de hauteur sur 0,30 m de largeur. **Autres pyramides : Memphis** hauteur 10,30 m (auparavant 13 m) ; **Meïdoum** *(vers 2650/2500 av. J.-C.)* hauteur 90 m, côté 146 m. **Dahchour** pyramides de Snefrou (père de Kheops) : nord (côté 220 m, hauteur 105 m) ; sud (210 m, 105 m).

Nota. — (1) Date révisée selon les calculs de Kate Spence.

Thèbes. Assouân mausolée de l'Aga Khan. **Tounah el-Gebel** nécropole d'Hermoropolis sous les Ptolémées. **Bouitti. Quaret el Muzzawagat.**

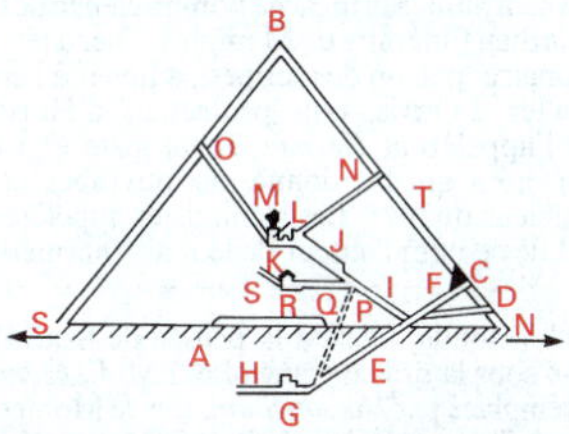

Coupe de la Grande Pyramide de Kheops. A Base ou assise rocheuse. B Sommet ou pyramidion. C Entrée ancienne (à la 13e assise). D Fausse entrée. EF Couloir d'entrée descendant ou descenderie de 103 m (hauteur 1,20 m, largeur 1,09 m). G Ancienne chambre primitive du mastaba. H Souterrain inachevé ou cul-de-sac. I Couloir ascendant (38 m). J Grande galerie (35 m). K Antichambre ou passage aux herses. L Caveau du roi Kheops : 10,45 × 5,20 m, hauteur 5,80. M Chambre de décharge ou de sécurité. N Conduit d'aération (?) au sud. O Conduit d'aération (?) au nord. P Puits. Q Couloir horizontal. R Chambre dite de la Reine : 5,70 × 5,20 m, hauteur 6,70 m. S Couloir obstrué ou inachevé. T Niveau primitif du revêtement.

Sphinx [*2500 av. J.-C.* (de 5000 à 7000 selon certains)] : en arabe *Abû l-Hol* (« Père de la terreur ») ; lion à tête humaine (celle de Khephren ?) ; étendu, face au Levant, taillé dans le roc (quelques parties rapportées sont des restaurations) ; coiffé du nemes avec l'uræus au front ; longueur 57 m (73,50 m avec le mur antiensablement qui entoure la statue), hauteur (du sol au haut de la coiffure) 20 m, face 5 m, oreille 1,37 m, nez 1,70 m ; nombreux désensablements (le dernier : 1925-26) ; dégradations de sa face : dues à l'érosion éolienne, aux exercices de tir au canon des mamelouks, aux mutilations religieuses d'un cheikh du XIVe s.

■ **Temples divers. Karnak** à 3 km de Louxor : *temple d'Amon :* 3 grands ensembles séparés, entourés chacun d'une enceinte en brique crue : Amoen, Mout et Khonsou [grande salle hypostyle : largeur 102 m, profondeur 53 m, 134 colonnes (12 formant la nef centrale), hauteur 23 m, à chapiteaux papyriformes ouverts, circonférence 15 m, 122 papyriformes à chapiteaux fermés, 2 obélisques de granit rose (hauteur 30 m)], **Abydos** *Sethi Ier* (XIVe s. av. J.-C.), **Abou-Simbel** (voir encadré col. c). **Louxor** *(vers 1500 av. J.-C.)* de l'arabe *El-Qusûr* (le camp) ; Thèbes appelée en égyptien *Ouaset* (nom de la province) ou *Niout* (la Ville), en latin *Diospolis magna ;* temple dépendant de celui de Karnak : longueur 260 m, largeur cour 55 m, cour de Ramsès II, 58 m ; 1er pylône de l'ouest : longueur 113 m, épaisseur 15 m ; grande cour : largeur 100 m, profondeur 80 m [2 obélisques de Ramsès II donnés à la France en 1831 par Muhammad Ali (la France a, en 1980, renoncé à ses droits sur le 2e) : celui de gauche (hauteur 25,03 m, base 2,51 m) resté sur place ; celui de droite (hauteur 22,83 m, base 2,44 m, 230 t) abattu le 1-11-1831, quitte Louxor le 25-8-1832 sur le *Luxor*, franchit la barre de Rosette le 1-1-1833, arrive quai de la Concorde à Paris le 23-11, est hissé au sommet du pont en août 1834 et érigé le 25-10-1836 devant la Cour et la foule place de la Concorde (voir à l'Index) ; *coût de l'expédition :* 1 350 000 F]. **Médinet-Habou, Edfou** (à 123 km au nord d'Assouân, le mieux conservé, *237 à 105 av. J.-C.,* longueur 137 m, largeur front pylône 79 m, hauteur 36 m), **Philae, Kom Ombo, Esna, Dendérah, Kalabsha, Bouitti, Deir el-Hagar** [à 45 km d'Assouân ; à 1 km, obélisque inachevé (longueur 42 m, 1 197 t, taille certainement abandonnée à cause d'une fêlure dans le granit, aurait été le plus grand obélisque connu)], **Balat, Khargeh.**

■ **Villes. Akhenaton : Alexandrie** phare [construit *vers 280 av. J.-C.* sur la pointe de l'île de Pharos (100 à 130 m de hauteur). *XIVe s.* détruit par un tremblement de terre. *1477* forteresse construite sur son emplacement. *1994* des plongeurs découvrent, sur environ 2 ha, un millier de blocs (colonnes, colosses, sphinx, obélisques)] ; plages de Montazah, Maamoura et San-Stéphans ; colonne de Pompée (*297* hauteur 25 m) ; mosquée d'Abou el-Abbass (*1767*) ; palais de Montazah, tour 180 m ; cathédrale St-Marc (tombeau de St Marc). **Le Caire :** citadelle de Saladin (*1183*) ; bazar de Khan Khalil ; musées national, copte, des Arts islamiques ; mosquées [d'Albâtre (*1830*, coupole 52 m, 2 minarets, 84 m), d'al-Azhar (université, *975*), Bleue (*1347*), du sultan Hassan (*1356*), d'Ibn Touloun (*878*, cour 162 × 161 m), Kaït-Bay (*1474*), de Mohamed Ali (*1830-49*), de Mouayyad (*1441*)] ; quartier copte (synagogue Ben Ezza, église St-Serge, musée copte) ; Archmounein. **Minia** (ou *Minièh*) [Touna El-Gebel].

■ **Divers. Colosses : Thèbes,** *colosses de Memnon* [2 statues de quartzite rouge (10,60 m plus socle 2,30 m) représentant Amenophis III assis]. **Karnak,** il reste 1 pied long de 2,90 m d'une autre statue de 18 m. **Memphis,** *Ramsès II* (20 m). **Cirques de montagne :** *Deir el-Bahari, Tell el-Amarna.* **Obélisques :** *Assouân, Louxor.* **Oasis :** *Fayoum, Farafreh, Khargeh.* **Barrages :** *Assouân (1er barrage :* 1902, *2e :* voir encadré p. 1058 b), *Esna, Nag Hammadi, Asiout, Mohamed Ali* (sud du Caire). **Monastères :** *Ste-Catherine, St-Antoine, St-Siméon* (VIe s.). **Iles :** *Amon, Kitchener* (île aux fleurs), *Éléphantine* (1 500 × 500 m), *Séhel,* des *Bananes.*

Pierre de Rosette (Rashîd, à 70 km d'Alexandrie), bloc de basalte (hauteur 73 cm, épaisseur 27 cm), trouvé le *15-7-1799* par Pierre Bouchard (1772-1832), capitaine du génie, couvert d'inscriptions gravées dans 3 écritures différentes déchiffrées par Jean-François Champollion (1790-1832). Il présenta sa traduction à l'Académie le 27-9-1822 en comparant le texte grec (54 lignes) aux textes en hiéroglyphes [nom, du grec *hiéros* (sacré) et *glyphein* (graver), inventé par Rabelais vers 1530] et en démotique (32 lignes) [travaux publiés 1834]. Rédigée en *196 av. J.-C.,* elle portait un décret de Ptolémée V Épiphane. Une reproduction due à Joseph Marcel fut envoyée à l'Institut de France en mars 1800. En 1801, les Anglais prirent la pierre ; aujourd'hui au *British Museum* (Londres, G.-B.).

■ **Temples sauvés par l'Unesco. Abou Simbel** (1963-68, *coût :* 36 millions de $) : 2 temples découpés en 1 036 blocs (certains de 30 t) plus 1 112 blocs venant des rochers autour, 33 t de résine pour consolider la pierre, puis reconstruction 64 m plus haut et 180 m en retrait. 2 dômes de béton recouverts de rochers et de sable restituent la forme initiale de la montagne. Le niveau des eaux du nouveau barrage a été porté à 182 m d'alt. (au lieu de 122 à 124 m pour les eaux de l'ancien barrage)]. Les 2 temples ont été créés *entre 1300 et 1233 av. J.-C.* par Ramsès II : *grand temple,* façade sculptée longueur 38 m, hauteur 31 m, 4 statues colossales de Ramsès II (hauteur 20 m, largeur 4 m). 2 fois par an (le 20-2 et le 20-10), grâce à l'orientation du temple, le soleil levant frappe les statues de Rê-Horakhty (le grand dieu solaire de l'Égypte, de Ramsès II divinisé, d'Amon, le dieu d'empire adoré dans le temple de Karnak), de Ramsès et d'Amon, dans le fond du sanctuaire, à environ 60 m de l'entrée ; les statues sont irradiées par la lumière solaire et se rechargent en énergie divine ; la statue de Ptah, dieu associé au royaume des morts, reste en grande partie dans l'ombre. *Petit temple* (culte de Néfertari, épouse de Ramsès II, et de la déesse Hathor), à 280 km au sud d'Assouân. **Temples de Philae :** ensemble englouti par les eaux, dans un bief entre l'ancien et le nouveau barrage d'Assouân (construit *1899,* exhaussé *1907 et 1929*) : 37 363 blocs de 1 à 5 t remontés à 500 m dans l'île d'Egilka (*1972-80*). *Coût :* 30 millions de $. **Autres temples remontés :** une vingtaine.

☞ **Conservation des fresques.** Leur support est en plâtre recouvert d'une couche de lapis-lazuli (pierre précieuse bleue) délayée dans du liquide. L'atmosphère sèche transforme le gypse du plâtre en sulfate de calcium anhydre (anhydrite) formant une couche dure, transparente et protectrice. **Dégradation des monuments.** *Causes :* vents de sable et pollutions atmosphérique (Guizèh est polluée directement par Le Caire, Saqqarah est recouverte d'un calcin brunnoir à cause du dioxyde de soufre et de carbone), souterraine (infiltration d'eau), ou due aux touristes (1 touriste produit, en 1 h, 110 calories et 130 g d'eau dans une atmosphère non ventilée à 22 °C).

■ **Villes englouties.** Plusieurs à cause de séismes. En 2000, le Français Frank Goddio découvre Herakleion dans la baie d'Aboukir et Menouthis (fondées au VIe s. av. J.-C.).

Religion égyptienne ancienne

■ **Divinités.** **Râ** (ou Rê, le Soleil) fils de la déesse **Nout** (le Ciel), qui toutes les nuits le recueille pour le rendre au monde le lendemain, gouverne l'Univers du haut du Ciel, et sert de source au *ba,* âme du monde et de tous les êtres. Devenu national grâce aux prêtres d'Héliopolis. **Geb,** dieu de la Terre, forme avec *Nout* et *Râ* la Triade primitive qui se transforme en ennéade (9 divinités) : *1 dieu créateur :* **Atoum,** dieu du chaos liquide, assimilé à Râ, soleil sortant de l'eau tous les matins ; *4 couples dieu-déesse :* **Chou** (air) et **Tefnout** (humidité) ; **Geb** et **Nout,** leurs enfants ; **Osiris** [nature double, puissance vitale dont une forme est le Nil et dieu de la civilisation (roi), fils de Geb et de Nout] et **Isis** (déesse reine et lune) sa sœur et épouse ; **Seth** (homme à tête de lévrier, dieu de violence, ténèbres), fils de Geb et de Nout, et **Nephtys** sa sœur et épouse.

Autres dieux importants. **Aker** génie à double tête personnifiant la terre. **Amon** (à Thèbes) maître de l'air, assimilé à Râ. **Anubis** (dieu de la mort et de l'embaumement) figuré par un homme à tête de chacal. **Apis** (dieu solaire, en forme de taureau) assimilé à Ptah (de son vivant) et à Osiris (après sa mort : Oser, Apis ou Sérapis). **Apopis** serpent géant qui attaque journellement le Soleil. **Athor** ou **Hathor** (déesse-vache, incarnation d'Isis). **Aton** (le disque solaire, répand la lumière de ses 2 mains) dieu créateur suprême des Nubiens (monothéistes) assimilé à Atoum-Râ. **Bastet** déesse-chatte associée à la Lune et protégeant la gestation et les naissances. **Bès** nain accroupi et barbu, génie bienfaiteur. **Chentaït** (la « veuve » d'Osiris) à l'origine déesse-vache. **Démiurge** créateur du monde éveillé à la vie dans l'Océan primordial, le Noun. A Héliopolis, l'aspect primordial est représenté par Atoum (aspect solaire par Râ). **Ennéade** à l'origine des 9 dieux de la famille d'Héliopolis. **Hâpy** crue du Nil ; génie de la fécondité et de l'abondance. **Hathor** espace clos dans lequel l'Horus solaire se déplace. **Héka** personnifie l'énergie vitale, le *ka,* mise en action. **Héqet** déesse-grenouille. **Horus** (figuré par un homme à tête de faucon) fils d'Osiris et d'Isis, dieu de l'horizon, le plus grand dieu de la période gréco-romaine. **Khepri** (dieu-scarabée). **Khnoum** (à tête de bélier, a modelé les hommes). **Maât** (fille de Râ, vérité et harmonie). **Min** ancien dieu de la fertilité. **Montou** dieu-faucon. **Mout** parèdre d'Amon à Thèbes. **Neith** déesse de la ville de Saïs, androgyne. **Nekhbet** déesse-vautour de la ville d'Elkab. **Nekheb-Kaou** serpent primordial. **Noun** Océan primordial. **Ophoïs** dieu-chacal. **Ouadjet** déesse-serpent de Bouto. **Ptah** (à Memphis) dieu créateur, assimilé à Atoum-Râ et supplantant peu à peu les autres dieux. **Sebek** ou **Sobek** dieu-crocodile, un des maîtres de l'Univers, incarnation de Râ. **Séchât** déesse patronnant les écritures et les tracés architecturaux. **Sekhmet** déesse-lionne, violente. **Selkis** déesse-scorpion. **Sia** incarne l'omniscience des dieux. **Sokaris** dieu funéraire de Memphis. **Thot** à tête d'ibis, dieu lunaire, patron des scribes ; a inventé l'écriture. Conseiller d'Osiris, puis protecteur d'Horus. Les Grecs l'appelèrent *Hermès Trismégiste* (3 fois très grand), nom qui fut donné aux ouvrages des néo-platoniciens du IIIe s. Les alchimistes appelèrent également ce nom l'auteur de leur art (hermétisme).

■ **Métaphysique.** Dieux et hommes possèdent une âme *(ba)* et des éléments corporels *(ka).* L'homme n'a qu'un seul *ka,* les dieux en ont plusieurs (Râ : 14), ce qui multiplie leurs chances d'atteindre l'immortalité. Les hommes peuvent atteindre aussi l'éternité, à leur manière : leur *ba* va rejoindre Osiris dans le ciel (où il reçoit la lumière du Soleil pendant qu'il fait nuit sur Terre) ; leur *ka* est réembaumé et vit dans son tombeau la vie éternelle des cadavres impérissables (« zone crépusculaire », « ciel de la nuit »).

Culte : perpétue l'union des *ba* et des *ka* divins. La statue du dieu représentant son *ka* et le prêtre faisant un geste rituel qui fixe le *ka* divin dans la statue. Exposée au Soleil, elle en reçoit le *ba* et ainsi le dieu habite son temple comme un être vivant. Offrandes, honneurs rendus sont ceux de la Cour pharaonique (les dieux ont sur terre un rang royal et les pharaons, descendants d'Horus et de Râ, reçoivent un culte divin).

Le Soleil est conçu comme une barque, le *ba* s'unit à la statue lors de ses escales et les obélisques sont des bittes d'amarrage.

Animaux sacrés : à l'origine, chaque division territoriale, chaque *nome* possède son totem. A l'époque tardive, on élève et adore des animaux près des sanctuaires (ibis et babouins près des temples de Toth, vaches près du temple d'Hathor à Dendérah ; déesse-chatte, Bastet, à Bubastis ; le taureau Apis est l'incarnation de Ptah). A leur mort, les animaux sacrés sont momifiés (le Serapeum de Memphis, galerie funéraire des taureaux Apis, par exemple).

contrôle financier (min. des Finances britannique et min. des Travaux publics français). **1879**-*25-6* démis par la Turquie sous la pression des puissances européennes.

1879-*août* **Tewfik Pacha** (1852/7-1-1892), 1er fils d'Ismaïl. **1880**-*28-12 École française du Caire* créée (érigée 17-5-1898 en *Institut français d'archéologie orientale*), *chef :* Gaston Maspero (1846-1916). **1882** révolte du Cel *Arabi Pacha* (1839-1911). *-20-5,* 6 vaisseaux britanniques et 6 français prennent position à Alexandrie, 1 britannique et 1 français mouillent à Suez. *-11-6* Alexandrie : 50 chrétiens tués par des musulmans. *-11-7* après l'échec de négociations, la marine britannique ouvre le feu. Les Français ont levé l'ancre le matin pour Port-Saïd. Les rebelles évacuent après avoir incendié quartiers européens. *-2-8* une armée anglo-indienne débarque à Suez. *-13-9* Tall al-Kébir : les Égypt. se débandent. *-24-9* le khédive, rétabli, fait son entrée au Caire sous la protection des Britanniques. **1882-85** Soudan perdu, puis reconquis (1896-99). **1888**-*29-10 Constantinople,* les grandes puissances (sauf USA) signent une convention stipulant la liberté de circulation dans le canal de Suez ; l'Ég., considérée comme faisant partie de l'Empire ottoman, n'est pas signataire.

1892-*janv.* **'Abbas Hilmi II** (1874-1944), fils de Tewfik Pacha. **1898**-*juillet* mission française Marchand arrive à *Fachoda. -25-9* Kitchener y arrive. *-3-11* Français évacuent Fachoda. **1899** la France renonce au bassin du Nil. **1899**-*19-1* G.-B. impose condominium anglo-égyptien au Soudan. **1902**-*10-12* haut barrage d'*Assouân* inauguré. **1906**-*oct.* l'Ég. a les pouvoirs administratifs sur le Sinaï (de Rafa au golfe d'Akaba), mais la Turquie s'en réserve la souveraineté. **1908** *Boutros Ghali,* copte anglophile, PM ; **1910** assassiné. **1911** *lord Kitchener* (1850-1916), maréchal, consul général et agent diplomatique de G.-B. au Caire. **1912**-*7-12* Ludwig Borchardt (archéologue all.) découvre le buste de la reine Néfertiti à Tell el-Amarna. **1914**-*18-12* **protectorat anglais** (l'Angl. est en guerre contre la Turquie). Le khédive, en vacances en Turquie depuis l'été 1914, est destitué. Le 12-5-1931, renoncera à son titre.

■ **Protectorat anglais.** **1914**-*19-12* **Hussein Kemal Pacha** (1853-1917), oncle d'Abbas Hilmi II, 2e fils d'Ismaïl, sultan d'Égypte. **1916**-*16-5* accords Sykes/Georges-Picot sur partage de l'Empire ottoman entre G.-B. et Fr.

1917-*18-10* **Fouad Ier** (26-3-1868/28-4-1936), sultan, frère d'Hussein (dont le fils a refusé le trône) ; épouse *1°)* 1895 Chievikar (1876-1947), divorce 1898 ; *2°)* 1919 Nazli (1894/ Los Angeles 1-6-1978) dont Farouk (qui suit) et Fathia (tuée 1976 par son mari Riad Ghali, roturier égyptien). **1918**-*23-11* demande l'autonomie pour l'Ég. et préconise l'envoi d'une délégation *(Wafd),* à Londres, avec Sâd Zaghlûl (1860/23-8-1927) pour ouvrir des négociations. Zaghlûl : interné à Malte, après un soulèvement en Ég., sera libéré et pourra participer à la Conférence de la paix. **1921**-*avril* rentre au Caire après l'échec des pourparlers. Révolte nationaliste. **1922**-*21-2* G.-B. abandonne principe du protectorat. *-15-3* **Ég. État souverain et indépendant** (mais la G.-B. contrôle relations extérieures, protection des minorités étrangères, sécurité des communications britanniques ou impériales, régime du Soudan). *-4/26-11* découverte du trésor de *Toutankhamon.* **1923**-*15-3* Fouad prend le titre de roi. *-18-4* nouvelle Constitution. **1924**-*janv.* élections : succès du Wafd : *Zaghlûl* PM. *-20-11* sir Lee Stack (Gal en chef anglais) assassiné au Caire. **1927**-*14-9* Mustapha Nahas Pacha: Pt du Wafd (avant Saad Zaghloul). **1929**-*11-4 Ismaïlia,* fondation de la Confrérie des Frères musulmans. **1930** Constitution suspendue ; **1935**-*12-12* rétablie. **1936**-*6-5* **Farouk Ier** [(11-2-1920/Rome 13-3-1965), fils de Fouad Ier, roi d'Égypte et du Soudan (1951-52) ; épouse 1°) 20-1-1938 Safinaz Zulficar (1921-88) qui prend le prénom de Farida, 3 filles : Férial, Fawzia et Fadia ; Farida, répudiée, divorce 1948 ; 2°) 6-5-1951 Narriman Sadek (née 1934), 1 fils : Fouad, divorce 1954]. *-26-8 traité anglo-égypt. :* les Anglais pourront occuper le canal de Suez 20 ans. **1937**-*8-5 Montreux :* convention abrogeant les capitulations. *-26-5* entrée à la SDN. **1938**-*3-1* scission au sein du Wafd : Parti « saadiste » fondé, fidèle à la pensée de Saad Zaghloul. **1940**-*24-6* sous la pression anglaise, PM *Ali Mâher* démissionne, remplacé par *Hassan Sabri.* Pierre Montet († 1966) découvre à *Tanis,* à 50 km de Port-Saïd, 5 tombes dont 3 inviolées (de Chéchonq II, Osorkon, Psousennès). *-16-9* Italiens pénètrent en Ég. et s'emparent de Solloum et Sidi Barrani. **1941**-*automne* Mal Aziz el-Masri, misant sur la victoire de l'Axe, part pour l'Iraq [son avion s'écrase après le décollage (on avait oublié de faire le plein)] ; il est arrêté. **1942**-*2-2* Farouk renvoie *Hussein Syrry,* PM, furieux que celui-ci ait rompu sans le consulter, sous la pression britannique, les relations diplomatiques avec l'État français du Mal Pétain. *-4-2* ultimatum anglais : nommer Nahas PM avant 18 h ; à 21 h, portes du palais forcées afin d'arracher la nomination. *-7-2 Nahas Pacha* (1876-1965), wafdiste, PM et gouverneur militaire. *-24-3* élections : Wafd 216 sièges (sur 264). *-21-6* Rommel (All.) avance en Ég. *-8-10* Anouar el-Sadate interné à Minieh après échec opération *Condor* menée par les services secrets allemands (s'évadera nov. 1944). *-3-11* All. évacuent l'Ég. **1944**-*9-10 Ahmad Mâher* PM. **1945**-*24-2* commandos des Frères musulmans, formés par leur « guide » Hassan el-Banna, assassinent au Parlement le PM Ahmad Mâher (frère d'Ali Mâher et leader du Parti saadiste) alors qu'il lisait la déclaration de guerre de l'Ég. à l'Allemagne. *-22-3* charte constituant la Ligue des États arabes ou « Ligue arabe ». *-8-5* fin de la guerre : 200 000 travailleurs au chômage. *-6-9* Nahas Pacha échappe à un attentat (grenade) ; Anouar el-Sadate soupçonné. **1946**-*9-2* manif. d'étudiants anglais (20 noyés). *-21-2* soldats anglais tirent sur manif. (15 †). *-4-7* troupes anglaises abandonnent Le Caire et se replient sur le canal. *-16-11* des étudiants abattent la statue de Farouk. **1948**-*4-4 Alexandrie,* émeute antimaçonnique. *-15-5 Palestine,* départ des derniers soldats anglais. Guerre avec Israël. *-8-12* Confrérie des Frères musulmans dissoute par le gouvernement. **1949**-*12-2* Hassan el-Banna, chef des Frères musulmans, assassiné ; famille de Nokrachy Pacha (assassiné par un Frère musulman 28-12-1948) soupçonnée. *-24-2* armistice Ég./Israël. **1950**-*3-1 législatives,* victoire du Wafd. *12-1 Nahas Pacha* PM. *-Sept.* scandale boursier sur coton : plusieurs ministre wadfistes impliqués. **1951**-*8-10* Nahas Pacha fait voter par le Parlement la dénonciation du traité anglo-égyptien de 1936 et des conventions de 1899 établissant condominium de l'Ég. et de la G.-B. sur le Soudan : présence militaire anglaise dans la zone du canal de Suez déclarée illégale (les 10 000 soldats prévus sont passés à plus de 60 000) et Soudan « propriété égyptienne » (la couronne passant à Farouk). *-16-10 Ismaïlia,* manif., soldats anglais tirent sur la foule. *-14-11 Le Caire,* manif. (1 million de pers.). *-18-12 faubourg de Kafr Ahmad Abdou* détruit par 6 000 soldats anglais. **1952**-*15-1 Tell el-Kébir,* un commando des Brigades de libération fait sauter un dépôt de munitions anglais (10 Égypt. †). *-25-1* Gal George Erskine écrase les Boulouks (1 000 h. de la police auxiliaire) responsables d'attentats (49 † dont 3 Anglais). *-26-1* émeutes, 475 cafés et magasins incendiés dont le Shepherd, hôtel de luxe. *-1-3 Naguib el-Hilali,* ancien wadfiste, PM. *-30-6 Hussein Sirry,* PM. *-22-7 et el-Hilali* PM. *23-7* coup d'État militaire (Néguib). *-26-7* Farouk abdique et part en exil sur son yacht, le *Mahroussa. -9-9* réforme agraire. *-29-10* Ég. reconnaît le droit à l'autodétermination du Soudan *-10-12* Constitution de 1923 abolie.

1952-*23-7* **Fouad II** (né 16-1-1952), fils de Farouk, roi d'Ég., du Soudan, du Kordofan et du Darfou ; épouse 5-10-1977 Dominique-France Loeb Picard (née 23-11-1948), Française, renommée Fadila. *Enfants :* Fawzia Latifa (12-2-1982) et 1 fils Fakr el-Din (25-8-1987). *-30-7* abolition de la noblesse. **1953**-*16-1* partis politiques dissous, sauf Frères musulman *-12-2* accord G.-B./Ég. sur le retrait de leurs troupes respectives du Soudan. *-30-3* convaincu d'avoir tenté d'organiser une révolte contre-révolutionnaire, l'ancien régent Rachad Mehanna condamné à la détention à vie. *-6-5* rupture des négociations Nasser/ Anglais engagées depuis 28-4. *-18-6* Fouad II déposé.

■ **République.** **1953**-*18-6* proclamation de la république ; **Gal Mohamed Néguib** (20-2-1901/1984) reste PM et Pt du Conseil de la Révolution. Nasser vice-PM et de vice-Pt du Conseil de la Révolution. Armée confiée à Abdel Hakim Amer. **1954**-*14-1* Frères musulmans dissous. *-25-2* Néguib destitué par le Conseil de la révolution. *-27-2* rappelé grâce au soutien populaire. *-18-4 Nasser* PM. *-23-7 Alexandrie,* bombe à l'entrée du cinéma Rio : Philip Natanson arrêté ainsi qu'un réseau de terroristes, de juifs de nationalité égypt. œuvrant pour le Mossad. *-27-7* accord : forces britanniques quitteront la zone du canal dans les 20 mois. *-19-10* accord final sur départ signé. *-26-10 Alexandrie,* attentat contre Nasser (1 ministre soudanais blessé) ; le tireur, Mahmoud Abdel Latif, des Frères musulmans, arrêté. *-30-10,* 18 000 Frères musulmans, dont Hodeiby, arrêtés. *-14-11* Néguib déposé.

■ **1954**-*nov.* **Gamal Abdel Nasser** (15-1-1918/28-9-1970) [biklachi (lieutenant-colonel)]. **1955**-*28-2 Gaza,* attaque surprise des parachutistes d'Ariel Sharon, contre base égypt. (1 Israélien avait été tué le 26 par des fedayins venus de Gaza) [8 † et 8 bl. isr., 37 † et 28 bl. égypt.]. **1956**-*13-6* départ des derniers soldats anglais. *-23-6* référendum pour Nasser. *-19/21-7* G.-B., USA et Banque mondiale refusent de financer le barrage d'Assouân. *-26-7* Nasser nationalise le canal de Suez. *-28/31-7* Guy Mollet (Pt du Conseil français) et Anthony Eden (PM britannique) envisagent une riposte militaire (23/24-8 précisée à la conférence de Sèvres). *-14-9* la Cie du Canal rappelle ses pilotes (mais les Grecs restent et l'Ég. en a recruté dans les pays de l'Est). *20-9* Gaston Deferre, min. fr. de l'Outre-Mer, suggère à Guy Mollet d'affamer l'Ég. en asséchant le Nil. *-22-9* les pays usagers du canal de Suez créent la Scua (Suez Canal Users Association), les Anglais avaient proposé la Association), Cascu (Coopérative Association of Suez Canal Users). *-28-10,* 2 émissaires français, Jacques Piette et Georges Plescoff, proposent à Néguib (à Karthoum) de remplacer Nasser. *-29-10* attaque israélienne : opération « Kadesh » avec l'aide aérienne française (voir Suez à l'Index). *-30-10* ultimatum franco-anglais interdisant aux belligérants d'approcher à moins de 16 km du canal ; 3 h 53 l'escorteur français *Kersaint* tire, devant Haïfa, sur le destroyer égyptien l'*Ibrahim-el-Awal* qui sera récupéré par Israël. Opération « mousquetaire » : 2 forces, 90 000 soldats (50 % anglais, 50 % français), avions 500 (300 anglais, 200 français), navires 130 (100 anglais dont 5 porte-avions, 30 français dont 2 porte-avions). *-31-10* ultimatum expire : attaques aériennes anglaise de Malte et franco-anglaise de Chypre [260 avions abattus dont 18 bombardiers à Louxor par 2 raids français partis de Lod (Israël)] ; intervention aéroportée franco-anglaise ; opération « omelette » (sur Port-Saïd le 4-11 à 7 h 30 par les Français, lâchés à 120 m d'altitude). *-5-11* l'Onu exige le cessez-le-feu. *-6-11* débarquement (objectifs Port-Saïd et Port-Fouad). Sous les pressions américaine (depuis le 31-10, les USA menacent de couler la livre à Wall Street) et soviétique (menace nucléaire), cessez-le-feu le 7-11. [*Pertes anglaises :* 22 †, 97 blessés, 8 avions (5 abattus, 3 détruits par accidents) ; *françaises :* 11 †, 44 bl, 2 avions (1 disparu, 1 hors service après accident)]. *-15-11* une force de l'Onu intervient. *-Nov.* canal fermé. *-22-12* fin de l'évacuation franco-britannique. *-23-12* Port-Saïd libéré. **1957**-*6-3* Isr. quittent la bande de Gaza. *-20-3* canal de Suez réouvert pour les navires de plus de 2 000 t. **1958**-*1-2* fédération Ég. et Syrie : *Rép. arabe unie (RAU). -8-3* fédération avec Yémen du N. : *États-Unis arabes.* **1959** construction haut barrage d'*Assouân,* crédits soviétiques. **1960**-*2-8* code instituant égalité hommes/femmes. **1961**-*28-9* sécession Syrie. *-26-12* fédération avec Yémen abolie. **1962-67** intervention au Yémen en faveur des républicains. **1962**-*10-11* Nasser envoie des troupes au Yémen. **1963**-*12-1 Assouân,* 1re pierre du haut barrage. *-4-4* relations diplomatiques, rompues depuis la guerre de 1956 , reprises avec France. *16-6* nationalisation de l'ind. pharmaceutique. **1964**-*13-5 à 10 h 45* ouverture des vannes du haut barrage d'Assouân devant Nasser, Krouchtchev et plusieurs chefs d'État arabes. **1965**-*6-3* traité commercial avec France : blé fr. *-15-3* Nasser réélu Pt par référendum avec 99,9 % des voix (6 847 014 voix contre 65). **1967**-*juin guerre avec Israël :* défaite ; canal de Suez inutilisable, Israël occupe Sinaï. *-10-6 à 16 h 30,* Israéliens signent le cessez-le-feu avec les Syriens. Opérations en Ég. et Jordanie terminées depuis 2 jours. *-14-9* responsable de la défaite, Mal Amer, démis de ses fonctions, se suicide *-15-12* fin de l'intervention égypt. au Yémen. **1970**-*7-8* cessez-le-feu accepté avec Israël. *-28-9 à 18 h 15,* Nasser meurt.

■ **1970**-*15-10* **Anouar el-Sadate** (25-12-1918/6-10-1981, assassiné ; était vice-Pt de la Rép. depuis 20-12-1969 ; élu par 90 % des voix). *-1-10* funérailles de Nasser (4 millions de pers.). *-9-11* alliance RAU-Libye-Soudan. **1971**-*15-1* haut barrage d'Assouân inauguré. *-13-5* élimination du vice-Pt *Ali Sabri* (20-8-1920/3-8-1991), favorable à l'URSS ; l'assassinat de Sadate était prévu. (Sadate échappera ensuite à plusieurs attentats fomentés par KGB.) *-27-5* traité d'amitié et de coopération avec URSS. *-1-9* la RAU redevient l'Ég. **1972**-*1-1* naissance officielle de l'*Union des rép. arabes* (Ég., Libye, Syrie ; *Pt :* Ahmed el-Khatib, Syrien). *-24-1* agitation étudiante, université du Caire fermée. *-18-7,* 21 000 conseillers militaires soviétiques expulsés. *-26-10* Gal Sadeck, chef de l'armée, démissionne. **1973**-*1-9* fusion Ég.-Libye reportée. *-Oct. guerre contre Israël* (voir p. 1136 c). *-12-9* reprise des relations diplomatiques avec Jordanie. Accord au km 101 avec Israël. *-15-11* échange des prisonniers. 2 000 soldats de l'Onu ont pris position dans la zone-tampon. **Infitah :** « ouverture » de l'Ég. aux capitaux étrangers, libéralisme économique (prôné par Osman Ahmad Osman (1917-99 ; devenu milliardaire), exploitation de main-d'œuvre égypt. **1974**-*18-1* accord sur désengagement des forces égypto-israéliennes. *-28-2* reprise relations diplomatiques avec USA (interrompues depuis 1967). Pt Nixon en Ég. **1975**-*1-1* révolte d'ouvriers à Hélouan. *-27-1* Sadate à Paris. *-23-3* mission Kissinger échoue. *-29-3* Sadate prolonge mandat des soldats de l'Onu jusqu'au 24-7. *-Avril* **Gal Mamdoul Muhammad Salem** (né 1918) PM. *-5-6 canal de Suez rouvert. -6-7* amnistie (2 000 politiques). *-Oct./nov.* Sadate aux USA ; aide américaine 848 millions de $. *-16-11* l'Ég. récupère puits de pétrole de Ras Sudr. *-10/15-12* Pt Giscard d'Estaing en Ég. **1976**-*28-1* plan d'austérité. *-Mars* tension avec Libye (3 000 Égypt. expulsés). *-15-3* traité de coopération avec URSS (de mai 1971) aboli. *-Déc.* entrée en service de l'oléoduc Suez-Alexandrie. **1977**-*18-1* émeutes au Caire (79 †) contre augmentations des prix (30 % sur sucre, pain, riz, sel, l'État ayant supprimé des subventions). *-10-2 référendum :* 99,42 % pour les mesures de répression. *-21/24-7* conflit armé avec Libye. *-19/21-11* Sadate en Israël. *-5-12* rupture diplomatique avec Algérie, Iraq, Libye, Syrie, Yémen du S. *-25/26-12* rencontre Begin-Sadate à Ismaïlia. **1978**-*21-5 référendum* pour le régime. *-Oct.* accords de *Camp David ;* projet de traité de paix avec Israël. **Moustapha Kalil** (né 1920) PM. **1979**-*26-3 traité signé avec Israël* (voir p. 1137 c). *-28-3* relations diplomatiques rompues avec pays arabes (sauf Oman, Somalie, Soudan). *-Avril* exclusion de la ligue arabe. *-19-4* référendum : 99,9 % pour traité de paix. **Coût des 4 conflits avec Israël** (estimation officielle) : 250 milliards de F en 30 ans, perte de 100 000 h. sur le champ de bataille, mobilisation permanente de 750 000 h., 20 % des ressources consacrées aux dépenses militaires, 36 % aux dettes.

1980-*25-1* l'Ég. récupère cols de Mitla et Giddi. *-30-4* droit islamique *(charia)* devient source principale de la législation. *-Mai* Sadate accuse les coptes de vouloir créer un État copte avec Assioût pour capitale. **Sadate** lui-même PM du nouveau gouv. **1981**-*févr.* Sadate en Fr. *-4-6 rencontre Begin-Sadate* à Charm-el-Cheikh. *-17-6* affrontements musulmans/coptes à Zawia el-Hamra (14 †). *-26/28-8* rencontre Begin-Sadate à Alexandrie. *-2* et *5-9,* 1 536 opposants (Frères musulmans, coptes, politiciens) arrêtés ; 65 mosquées nationalisées ; pape copte *Chenouda III* (né 1923) destitué, exilé dans le désert. *-10-9* plébiscite : 99,45 % pour politique de Sadate. *-15-9 :* 243 Soviétiques, dont l'ambassadeur Vladimir Polyakov, expulsés. *-6-10* Sadate assassiné pendant le défilé de la fête nationale par commando de 4 h. dirigés par Lt Khaled el-Istambouli [9 †, 38 bl. par balles parmi les officiels dont 1 diplomate chinois, et plusieurs † écrasés (panique)].

■ **1981**-*6-10* **Gal Mohammed Hosni Moubarak** (né 4-5-1928, était vice-Pt depuis avril 1975) élu Pt de la Rép. par 98,46 % des voix. *-8-10* affrontements avec intégristes à Assioût (100 † dont 68 policiers). **1982**-*janv.* **Ahmad Fouad Mohieddine** (1926-84) PM. *-6-3* procès des assassins de Sadate : 5 exécutés le 15-4, 12 peines de prison. *-25-4* Israël restitue Sinaï encore occupé. *-Oct.* Esmet el-Sadate, frère de l'ancien Pt, privé de ses biens (50 millions de $ amassés en 10 ans). *-24/26-11* Pt Mitterrand en Ég. **1984**-*juillet/oct.* mer Rouge minée (l'Ég. accuse Libye et Iran). *-Août* **Gal Kamal Hassan Ali** (1921-93) PM. *-Sept.* émeutes « du pain » (3 †). *-25-9* relations diplomatiques rétablies avec Jordanie. *-30-9* verdict clément pour accusés d'Assioût. *-1-12* Hussein de Jordanie en Ég. *-18-12* l'Ég. présente à la 15e Conférence des min. des Aff. étr. des pays musulmans. **1985**-*1-5* Chenouda III rétabli. *-5-5* **Ali Loufti** (né 1935, PND) PM. *-Juillet* arrestation d'extrémistes musulmans. *-20-8* Albert Atracki (né 1955), attaché israélien au Caire, tué par islamistes. *-6-10* à Ras-Burka, Soliman Khater, policier, tire sur touristes israéliens (7 †) ; sera retrouvé pendu en prison 7-1-1986. *-11-11 :* 4 Libyens, venus éliminer des opposants, arrêtés. *-23-11* Boeing 737 d'Egypt Air détourné sur La Valette (Malte) : un commando égypt. intervient (60 †). *-23/29-12* Pt Mitterrand au Caire (séjour privé). **1986**-*25/28-2* mutinerie de 2 000 à 3 000 appelés de la police croyant qu'on porterait leur service de 3 à 4 ans [107 †, dégâts 105 millions de $ (3 hôtels incendiés), milliers d'arrestations]. 26 644 conscrits démobilisés. *-19-3* attentat foire du Caire (1 Israélienne †). *-11/12-9* PM Peres (Israël) rencontre Moubarak à Alexandrie. Plusieurs complots pour assassiner Moubarak déjoués. *-Oct./déc.* agitation intégriste à Assioût. *-11-11* **Atef Sedki** (né 1930) PM. *-10/13-12* Pt Moubarak en Fr. **1987**-*févr.* intégristes incendient église à Sohag. *-12-2 référendum :* 88,9 % approuvent dissolution du Parlement. *-6/13-4* législatives. *-27-4* gouv. ferme bureaux de l'OLP. *-22-5* accord avec FMI (prêt de 250 millions de $ en échange d'une dévaluation et de la baisse des subventions aux produits de base). *-9-6* intégristes arrêtés avant attentats. *-27-9* PM Chirac inaugure métro du Caire (réalisé et financé par la Fr. ; 2,58 milliards de F). *-5-10 Moubarak réélu* Pt par 97 % des voix. *-Nov.* relations diplomatiques reprises avec Émirats, Iraq, Maroc, Koweït, Yémen du Nord, Bahreïn, Arabie. **1988**-*23-1* avec Tunisie. *-Févr.* Khaled Abdel Nasser (fils de Nasser), en fuite, inculpé pour attentats anti-israëliens et anti-américains (se livrera à la justice 6-6-1990 ; acquitté 2-4-1991). Conseil d'État autorise le *néqab* (voile ne laissant apparaître que les yeux) à l'université. *-26-6* pose de la 1re pierre de la *nouvelle bibliothèque d'Alexandrie* sur l'emplacement du palais de Ptolémée (ouverture vers l'an 2000, 200 000 volumes, puis 4 et 8 millions, coût 60 millions de $ pour construction et 40 pour constitution des collections et informatique). *-10-10* inauguration du nouvel opéra du Caire (33 millions de $, l'ancien avait brûlé en 1971). *-22-10* Akaba, rencontre roi Hussein, Arafat, Moubarak. *-25-10* Pt Mitterrand en Ég. *-5-11* l'Ég. réintègre l'Organisation arabe pour le développement industriel (et le Conseil de l'Union économique arabe le 4-12). *-20-11* l'Ég. reconnaît l'État palestinien ; relations diplomatiques avec Algérie rétablies (interrompues depuis 1977). **1989**-*22-1* découverte à Louxor de 5 statues : Aménophis III (1408-1372 av. J.-C.), reine Tiy, Horemheb son Gal devenu pharaon (1340-1314 av. J.-C.), déesse Hathor et statue non identifiée. *-21-2* **accords de Taba :** l'Ég. paie à Israël 38,15 millions de $ pour l'hôtel de Taba et le village de vacances de Rafi-Nelson près d'Eilat. *-15-3* retour de Taba à l'Ég. *-27-3* roi Fahd en Ég. *-Avril* 1 500 islamistes arrêtés. *-1-5* frontière avec Libye rouverte. *-13-5* Ég. réintègre l'Opep ; *-25-5* la Ligue arabe. *-9-6* élections à la Choura : victoire du PND. *-19-6* manif. contre difficulté de l'épreuve de français au bac. *-16-10* rencontre Moubarak-Kadhafi à Marsa-Matrouh (1re venue de Kadhafi en Ég. depuis 1973). *-27-12* relations diplomatiques avec Syrie rétablies (interrompues depuis 1977). **1990**-*4-2* Ismaïlia, attentat contre autocar israélien (9 †), revendiqué 6-2 par FPLP (palestinien). *-1-3* incendie hôtel Sheraton d'Héliopolis (16 †). *-Mars* attentat contre églises coptes. *-24-3* rencontre Moubarak-Assad en Libye. *-4-4,* 3 nouveaux partis autorisés : Verts (écologiste), Union démocratique (centre droit) et Misr el-Fatat (Jeune Égypte, populiste). *-26-4* manif. à Manfalout (4 †). *-30-4,* 16 intégristes tués par police à Khak. *-14-7* Pt Assad en Ég. (1re visite en 17 ans). *-Août 1990/févr. 1991 guerre du Golfe* (voir à l'Index). *-Oct.* Rifa'at Mahgoub, Pt du Parlement, assassiné. *-11-10 référendum* sur dissolution du Parlement, la Haute Cour constitutionnelle ayant, le 19-5, déclaré anticonstitutionnel le scrutin de liste à la proportionnelle qui avait régi l'élection du Parlement en 1987. *-3-11* Alexandrie, 1re université francophone internationale inaugurée. *-25-11* attentat anti-israélien (4 †, 23 bl.). *-29-11/6-12* législatives. **1991**-*juin* 1re visite depuis 1953 de Fouad (le dernier roi). *-22-11* Boutros Boutros-Ghali (né 1922, copte, universitaire, diplomate) secr. général de l'Onu. **1992**-*4-5* Sanbou, 13 coptes tués. *-21-7* PM israélien I. Rabin au Caire. *-11/12-8* émeutes à Edko (3 †). *-12-10* séisme au Caire : 564 † (émeutes le 17). *-15-10* Tama, 4 coptes tués. *-1-11,* 10 coptes blessés. **1993**-*16/17-3* Assioût, 10 islamistes tués. *-4-10 Moubarak réélu* avec 96,28 % des voix (nombreuses irrégularités), participation 84,16 %. *-6-10* Gal Chazli gracié (71 ans, chef d'état-major en 1973, partisan de la poursuite de la percée dans le Sinaï, condamné pour des mémoires divulguant des secrets militaires). **1994**-*11-3,* 4 coptes tués. *-25-4* Talaat Yassine Hammam, chef militaire de la Jamaa islamiya, recherché depuis 1989, tué. *-2/4-11* pluies près d'Assioût, glissements de terrain, explosion de dépôts de carburant (611 †). **1995**-*29-1* l'archéologue grecque Leana Souvaletzi annonce la découverte de la tombe d'Alexandre le Grand à El-Maraki près de l'oasis de Siwa à 750 km du Caire ; démenti en février. *-5-4* l'Unesco obtient le détournement de l'« autoroute des pyramides ». *-Mai* tombe de 128 chambres découverte dans la Vallée des Rois. *-26-6* attentat manqué à Addis-Abéba contre Pt Moubarak, revendiqué par Al-Djamadhia islamiya. *-28-7,* 200 Frères musulmans arrêtés. *-19-11* voiture piégée contre l'ambassade d'Ég. au Pakistan (16 †). *-23-11,* 54 Frères musulmans condamnés de 3 à 5 ans de prison ou aux travaux forcés, fermeture du QG de la confrérie au Caire. *-29-11* et *6-12 législatives :* irrégularités (42 †, centaines de bl., milliers d'arrestations, votes annulés dans la moitié des circonscriptions par le tribunal administratif). *-21-12* collision ferroviaire (75 †, 66 bl.). **1996**-*2-1* **Kamal El-Ganzouri** (né 1933) PM. *-15-3* cheikh al-Haq Ali Gad al-Haq, grand imam de l'université al-Azhar depuis 1982, meurt, remplacé le *27-3* par cheikh Mohammed Sayyed Tantaoui, grand mufti depuis 1986. *-26-9* naufrage d'un ferry sur le Nil (50 †). *-27-10* effondrement d'un immeuble de 12 étages au Caire (67 †). *-11-11* cheikh Nasr Farid Mohamed Nassel nommé grand mufti. **1997**-*13-2* province de Minîèh : attentat dans église copte (10 †). *-23-2* état d'urgence en vigueur depuis 1967 prolongé jusqu'en 2000. *-13-3* à Daoud, massacre (13 † dont 4 coptes et 4 musulmans). *-24-6* excision de nouveau autorisée dans les hôpitaux. *-30-6* et *2-7* émeutes contre hausse des fermages. *-15-10,* 3 dirigeants du Djihad condamnés à mort dont 2 par contumace et 53 à des peines de prison de 2 ans à la perpétuité. *-30-10,* 2 auteurs de l'attentat du 18-9 condamnés à mort. *-8-12* Jamaa islamiya annonce qu'il renonce à s'attaquer aux touristes. *-27-12,* 3 islamistes responsables de l'attentat du 17-11 condamnés à mort. *-28-12* Conseil d'État interdit l'excision. **1999**-*26-4,* 1 000 islamistes libérés. *-6-9* Moubarak blessé au bras à l'arme blanche par El Sayed Hussein Mahmoud Sliman, déséquilibré (tué sur place). *-26-9 référendum :* ratifie la désignation par le Parlement (à l'unanimité) comme Pt (93,79 % des voix, participation 79,20 %). *-5-10* **Atef Ebeid** (né 14-4-1932) PM. *-31-12 Al-Kocheh* (450 km au sud du Caire) émeutes anti-coptes (25 coptes †, 44 bl., 10 disparus, pillages). **2000**-*24/27-2* visite du pape Jean-Paul II au Caire et au monastère orthodoxe de Ste Catherine (Sinaï).

Société des Frères musulmans *(Jamiiyat Ikhwa al-Mouslimin) :* fondée à Ismaïlia en mars 1928 par Hassan el-Banna (1906/assassiné 2-2-1949, instituteur). *But :* restaurer un islam authentique. *Vers 1945* très puissante, *1948* dissoute, *1951* réautorisée, *1954* dissoute, *1966* épurée, *1970-75* membres libérés, *1976-94* tolérée, *1994-déc.* répression ; *leader :* Cheikh Temelsami. **Groupe Apostasie et exil** *(Al-Takfir wal-Hegro)* a assassiné un ministre de Sadate en 1977. **Groupe Guerre sainte** (El-Djihad) a tué Sadate en 1981, restructuré en **Groupe islamique** *(Jamaa islamiya). Guide en Égypte : 1928-49* Hassan el-Banna, *1949-86* Omar el-Telmessani, *1986-96* Hamed Abou al-Nasr (1913/20-1-1996), *depuis 21-1-1996* Moustapha Machehour. *Chef (?) :* Cheikh Omar Abdel Rahman (né 1939 ; aux USA depuis 1990) [cheikh aveugle du Fayoum où il créa un groupe radical dans les années 1970 ; septembre 1981, avait lancé la *fatwa* condamnant Sadate à mort ; mais, faute de preuves, fut libéré après le procès des assassins ; le 28-4-1994, condamné à New York à 7 ans de travaux forcés (impliqué dans attentat du World Trade Center le 16-2-1993 : 6 †, 1 000 blessés)]. *Idéologue :* Saïd Kotp, Frère musulman (livre : *Les Signes de piste).*

Attentats islamistes récents. 1992-*7-6* Farag Foda, écrivain (meurtrier pendu 26-2-1994). *-21-10* touriste britannique tué. *-25-10,* 3 touristes russes blessés. **1993**-*janv./févr.* autobus de touristes attaqués. *-5-2* touristes américains assassinés. *-26-2* Le Caire, 4 † (dont 3 touristes). *-27-3* Le Caire, 2 †. *-28-3* Assouân. *-30-3* pyramide de Khephren. *-11-4* Gal de la police tué près d'Assioût. *-21-5* Le Caire, voiture piégée, 7 †. *-8-6* Le Caire, 2 † ; bombe manque autobus de touristes, 2 † égyptiens. *-17-6* Le Caire, 7 †. *-18-7* Le Caire, 4 †. *-17-8* attentat manqué contre Gal Hassan al-Alfi, min. de l'Intérieur, 3 † (revendiqué 25-8 par intégristes Tala'eh el-Fatah). *-26-10,* 3 touristes tués au Caire (dont 1 Français). *-28-10* Gal de la police tué à Qena. *-25-11* PM Sedki échappe à attentat à Héliopolis (revendiqué par le Djihad). **1994**-*4-3* touristes allemands † (bateau mitraillé). *-26-8,* 1 touriste espagnol † (attentat contre un car). *-14-10* Naguib Mahfouz, prix Nobel de littérature 1988, poignardé (blessé) au Caire (auteurs pendus 29-3-1995). **1995**-*7-11* train Le Caire-Louxor, 11 bl. *-18-11* train Assouân-Le Caire, 1 †, 11 bl. **1996**-*18-4* devant l'hôtel Europa près du Caire, 18 touristes grecs †, et 15 bl. **1997**-*22-7* Minîèh (250 km du Caire), 6 policiers †. *-18-9* devant le musée du Caire, 10 † dont 9 Allemands et 11 bl. *-13-10* région de Minîèh, 9 policiers et 2 fonctionnaires †. *-17-11* Louxor devant le temple d'Hatchepsout, 62 † dont 58 touristes et 4 Égyptiens (2 policiers et 2 civils) 25 bl. (revendiqué 18-11 par Gamaât islamiya).

Victimes du terrorisme. *De 1992 à 98 :* 1 368 † (dont étrangers *1997* : 209 ; *98 :* 34). *De 1992 à févr. 98,* 104 condamnés à mort dont 68 exécutés.

■ **Statut.** *République.* **Constitution** de 1971 (amendée 1981) [*art. 1er :* définit l'Ég. comme un État socialiste démocratique ; *art. 4 :* le fondement économique de l'État est le système socialiste]. **Pt** élu par référendum pour 6 ans, sur proposition de l'Ass. du peuple. **Assemblée du peuple :** 454 m. (444 élus pour 5 ans au suffrage univ. et 10 nommés par Pt pour 5 ans) ; 30 sièges réservés aux femmes ; 50 % des élus doivent être ouvriers ou agriculteurs. **Élections législatives des 18-10 et 14-11-2000 :** 444 sièges dont PND 407, indépendants 37 (Frères musulmans 17, Wafd 7, Rassemblement progressiste 6, nassérien 3, Al Ahar 1, divers 3. **Choura** (Conseil consultatif) : 264 m. (2/3 élus, 1/3 nommé par Pt de la Rép.). **Gouvernorats (muhāfazāt) :** 26.

■ **Fête nationale.** 23-7. **Drapeau.** Adopté 4-10-1984 (bandes horizontales rouge, blanche et noire ; au centre, aigle dorée de Saladin). **Emblème :** aigle, avec « Fédération des républiques arabes ».

■ **Partis.** **P. libéral socialiste** fondé 1976, *Pt :* Mustafa Kamel Murad († 14-8-1998). **Nouveau P. Wafd** au pouvoir de 1919 à 1952, réapparu 1978, *Pt :* Fouad Serag el-Din (1910-2000) ; opposition. **P. national démocrate (PND)** fondé 1978, *Pt :* Hosni Moubarak. **P. socialiste travailliste (PST)** fondé 1978, suspendu mai 2000, *Pt :* Ibrahim Mahmoud Choukri. **Rassemblement progressiste unioniste (RPU),** marxiste, fondé 1976, *Pt :* Khaled Mohieddine.

■ ÉCONOMIE

■ **PIB** (en 1999). 92,25 milliards de $ (1 480 par hab.). **Croissance** (en %) : *1995-96 :* 4,3 ; *96-97 :* 5 ; *97-98 :* 5 ; *98-99 :* 5,7 ; *99-2000 :* 6,8. **Population active** (en %) **et**, entre parenthèses, **part du PNB** (en %) : agr. 36 (19), ind. 18 (15), services 40 (57), mines 6 (9). **Chômage** (en %) *1990 :* 15 ;

Problèmes économiques

Urbanisation : 96 % de la population vit sur 35 580 km^2 [(**D.** 1 600), population urbaine 44 % en 1995] : une grande partie des terres cultivables (vallée du Nil), gagnées par l'urbanisation, sont perdues pour l'agriculture. Crise du logement (155 000 logements construits par an, or il en manque 3 millions).

Coton : procure 50 % des devises étrangères. Développé au détriment des cultures vivrières.

Aménagement de la New Valley : perpendiculaire au Nil, le long du Soudan. Des canaux y déverseraient l'eau du lac Nasser dont les limons fertiliseraient le pays. Un essai sur 12 500 ha n'a pas été probant (coût des travaux : 4 200 F par ha irrigué).

Projet hydroélectrique d'El-Kattara : cuvette de 20 000 km^2 à 137 m au-dessous du niveau de la mer, dans le désert de l'Ouest. Lac de 50 m de prof., 2 600 km^2, créé grâce à un canal de 75 km creusé avec des explosifs atomiques pour amener les eaux de la Méditerranée. *Avantages :* fonctionnement de centrales sur le parcours ; modification du climat grâce à l'évaporation ; exploitation des sels marins.

Échec des réformes rurales : la politique agraire de Nasser (distribution de terres aux fellahs, pour créer des emplois primaires dans l'agr.) a échoué : *1°)* les postes créés couvrent moins de 20 % des demandes (expansion démographique) ; *2°)* analphabétisme rural fort : hommes 67 %, femmes 93 ; *3°)* rendement déficitaire des petites propriétés (devant fixer une main-d'œuvre nombreuse) [en 1975, Sadate a rendu 33 000 ha à 5 000 anciens propriétaires et 87 000 ha regroupés en fermes coopératives].

Projet de répartition des terres : *moins de 1 feddan* (0,42 ha) (18,2 % de la superficie) : 2 696 000 petits propriétaires (69,2 % du total). *Entre 20 et 50 feddans* (19 %) : 27 000 propriétaires moyens. *Plus de 100 feddans* (8 %) : 2 000 grands propriétaires.

Réformes économiques 1991-93 (en contrepartie de l'effacement de la dette) : libération des prix et du commerce, déréglementation de la production agricole, marché des changes libre, encouragement du secteur privé, privatisation secteur public (70 % du secteur industriel, 80 % des export.).

93 : 25 ; *95* : 12 ; *2000* : 7,8 (officiel). **Déficit budgétaire** (en % du PIB) : *1994-95* : 1,2 ; *97-98* : 0,9. **Balance des paiements** (en milliards de $) : *1994* : 0,03 ; *95* : – 0,25 ; *96* : – 1,44 ; *97-98* : – 2,34. **Réserves en devises** (en milliards de $) : *1992* : 10,6 ; *2000* : 13,1 ; *96* : 18,5. **Coût de la guerre du Golfe** (1990-91) : 27 milliards de $. **Dette extérieure** (en milliards de $) : *1970* : 1,7 (à long terme) ; *81* : 21 (16 à long terme) ; *86* : 40 (dont militaire 9) ; *90* : 48,8 (13 annulés par USA) ; *91* : 55 (en 90-91, Koweït et Arabie saoudite en annulent 7 et le FMI 50 % jusqu'en 1994) ; *92* : 92 ; *95* : 33 ; *96* : 35 (en oct., le Club de Paris annule 4,2 milliards de $) ; *97* : 26,9 ; *98* : 24,3. [En % du PIB, *1992-93* : 66 ; *97-98* : 38.] **Inflation** (en %) : *1985* : 13,5 ; *86* : 22,6 ; *87* : 19,7 ; *88* : 15,9 ; *89* : 21,3 ; *90* : 16,8 ; *91* : 19,8 ; *92* : 13,6 ; *93* : 10,3 ; *94* : 8,2 ; *95* : 9,5 ; *96* : 7,4 ; *97* : 6 ; *98* : 4,3 ; *99* : 4. **Aide :** *de 1973 à 1978* : 85 milliards de F des pays arabes pétroliers, USA, Europe occ. (*France* : plus de 1 milliard de F), Iran, Japon, et aide multilatérale. *Aide arabe* a cessé en 1979, à cause des négociations israélo-égyptiennes. *Aide américaine* (en milliards de $) : *1986* : 2,5 (dont aide militaire 1,2) ; *88* : 2,3 ; *92* : 2,7 (dont militaire 1,3). *Totale* : *1991-93* : 3,2 à 4,4. **Population sour le seuil de pauvreté** (en 2000) : 23 à 35 %.

Recettes invisibles (en milliards de $, 1998) : *canal de Suez en 1988* : 1,3 ; *94* : 1,99 ; *95* : 1,95 ; *99* : 1,7 ; *transferts des revenus égypt. à l'étranger* [*en 1983* : 4 ; *85* : 3,1 ; *89* : 9 ; *91* : 19 ; *92* : 16,8 ; *93* : 5,7 ; *94* : 3,7 ; *98* : 3,7 ; *99* : 3,7].

■ **Agriculture. Terres** (en %) : cultivables 5,5 (dont cultivées 3), désert 95. **Production** (en milliers de t, 1999) : canne à sucre (introduite au Moyen Age) 14 500, blé 6 347, riz 5 816, maïs 5 500, tomates 5 038, p. de t. 1 900, oranges 1 525, raisin 740, pastèques 730, dattes 680, millet 604, bananes 580, melons 470, oignons 448, haricots 442, coton 290, orge 150, lin. **Déficit alimentaire** (en %, 1986-87) : huiles 81, blé 80, sucres 60, céréales 55. **Élevage** (en milliers de têtes, 1999). Poulets 42 000, canards 9 000, ovins 4 400, caprins 3 250, buffles 3 150, bovins 3 150, ânes 1 720, chameaux 135, porcins 29. **Pêche** (en 1998). 505 000 t.

■ **Énergie. Gaz naturel** (en milliards de m^3) : *réserves* : 1 200 ; *production* : *1990* : 8,1 ; *95* : 12,4 ; *96* : *12,4* ; *97* : 13,2 ; *98* : 13,6 ; *99* : 15,3. **Électricité** (en 1998) : 57,6 milliards de kWh (dont 39,9 thermique en 1995, 11,9 hydraulique). **Pétrole** (en millions de t) : *réserves* : 398. *Production* : *1990* : 44 ; *95* : 44,3 ; *99* : 42,9. *Explorations* surtout off shore (golfe de Suez à 90 %). *Recettes* (en milliards de $) : *1984-85* : 2,1 ; *86* : 1,9 ; *90* : 1,5 (29 % des export.) ; *98* : 1,7 ; *99* : 1. **Charbon.** Sinaï. **Mines.** Fer, phosphates ; réserves (manganèse, or, zinc, étain, plomb, cuivre, potasse et uranium), localisation éloignée, peu exploitées. **Industries.** Textile, produits alim., tabac, métallurgie.

■ **Transports** (en km, 1996). **Routes goudronnées :** 40 000. **Voies ferrées :** 8 823 (dont ligne principale 5 649).

■ **Tourisme. Visiteurs** (en millions) : *1985* : 2,5 ; *90* : 2,6 ; *91* : 2,2 ; *92* : 3,2 ; *93* : 2,5 ; *94* : 2,6 ; *95* : 3,1 (dont *0,12 Français*, 0,29 Israéliens) ; *96* : 3,9 ; *97* : 4,08 (0,73 Israéliens) ; *98* : 3,5. *Capacité d'accueil* (en 1997) : 789 hôtels (140 741 lits). *Emploi* : officiellement 800 000 personnes (en fait 2 400 000). **Ressources** (en milliards de $) : *1992* : 2,7 ; *93* : 1,9 ; *94* : 2 ; *95* : 2,7 ; *96* : 3,2 ; *97* : 3,8 ; *98* : 2,8. *Développement* (1985-92) sur mer Rouge [marinas et ports de commerce ; villes balnéaires de Hurghada-Sud Sinaï (600 km au sud de Suez) et de Charm-el-Cheikh (336 km) ; oasis de Siwa et Safaga].

■ **Commerce** (en milliards de $). **Export./import. :** *1995* : 3,4/11,8 ; *96* : 3,5/13 ; *97* : 3,9/13,2 ; *98* : 3,1/16,2 ; *99* : 3,6/16. En 1998 : **export.** : 5,4 *dont* (1996-97, en %) pétrole et produits pétroliers 52,3, filés et tissés 12,3, produits agricoles 5,5 (dont le coton 2,2), alimentaires 3,1, chimiques 2,4 ; **vers** (en %) USA 11,4, Italie 11,2, Israël 8, Allemagne 6,8, Grèce 4,5, Singapour 3,9, *France 3,8*, Arabie saoudite 3,6. **Import.** : 16,5 *dont* machines et matériel de transport 27,4, prod. alimentaires 19,7, corps gras, produits minéraux et pétroliers 13,1, chimiques, en caoutchouc et en cuir 12,6 ; **de** (en %) USA 13,1, All. 8,7, Italie 7,1, Australie 3,6, Japon 3,4, Arabie saoudite 3,2, R.-U. 3,2, P.-Bas 2,9, Russie 2,9.

■ **Rang dans le monde** (en 1999). 9e oranges. 11e coton.

Le Nil

3e fleuve du monde. 6 671 km de longueur. **Bassin :** 2 870 000 km^2. **Source** (lac Victoria) : découverte le 30-7-1858 par John Henning Speke (Anglais, 1827-64). Grâce à son orientation sud-nord (unique au monde pour un fleuve de cette importance), draine des régions appartenant à 4 zones climatiques différentes : équatoriale, tropicale, tropicale-boréale, désertique. **Cataractes :** 6 (5 au Soudan, 1 en Ég.). **Débit :** 2 800 m^3/s (soit un apport de 0,93 l/s par km^2 de bassin) ; 84 milliards m^3/an [dont dus au Nil Bleu 54, Blanc 26 ; a varié de 48 (1813) à 150 (1880)]. *Apport annuel à Assouân* (en milliards de m^3) : *1985* : 56,1 ; *86* : 48,5 ; *87* : 41,1 ; *91* : 55 (?). **Vallée en Égypte :** longueur 1 200 km, largeur 32 km, dénivellation avec plateau avoisinant 400 m. **Delta** (7 branches principales, nombreuses sous-branches) : longueur 160 km, largeur 200 km (250 km près d'Ismaïlia, grâce à la 8e branche artificielle). **Crues :** cours supérieur (régime équatorial : pluie toute l'année) régularisé par la traversée des lacs Édouard, Albert et Victoria (réservoirs naturels). *Hautes eaux* (août-nov.) dues au régime tropical-boréal des 3 affluents éthiopiens qui ont chacun une crue d'environ 6 semaines : Sobat (oct.-nov.), Nil Bleu (sept.-oct.), Atbara (août-sept.). Avant la construction du barrage, il y avait des inondations annuelles (montée de 6,40 m puis, après des travaux, 4,60 m). Jusqu'au XIXe s., les eaux étaient recueillies dans des bassins qui fournissaient de l'eau durant 3 ou 4 mois après l'inondation ; puis on construisit des barrages permettant d'utiliser l'eau toute l'année (ainsi on passa de 2 à 3 ou 4 récoltes par an et l'on put cultiver maïs et coton). **Limon transporté :** *solide* 57 millions de t par an, soit 20 t par km^2 de bassin (dont argile 62 %, terre végétale 25) ; *dissous* 10,7 millions de t (3,7 t/km^2 de bassin), notamment bicarbonates (75 %). Teneur en chlorure de sodium forte, entraînant salinisation des terres. **Eau potable :** alimente l'Ég. et la bande de Gaza, occupée par Israël (600 000 hab.), reliée depuis 1917 au Delta par un aqueduc.

Assouân. Barrage (*es-Sadd*, la digue, ou *el-Khazzan*, le réservoir) : construit 1898-1902, surélevé 1907-12 et 1929-34 ; longueur 1 962 m ; largeur 27 m à la base ; hauteur 30,50 (*1912* : 35,50 ; *34* : 41,50), 20 m de retenue d'eau ; réservoir de 1 milliard de m^3 (5 en 1934).

Haut barrage (Sadd-el-Ali). Construit de 1959 à 1964 ; 35 000 pers. y ont travaillé (300 †). *14-5-1964* entrée des eaux du Nil dans le canal de dérivation. *15-1-1971* inauguré. *Fin 1972* mise en eau totale de la retenue. **Digue :** épaisseur base 980 m, sommet 40 m, longueur sommet 3 600 m, volume 47 200 000 m^3. *Coût* : 2 milliards de $ (40 % payés par URSS, 40 % remboursables en coton). **Lac Nasser :** 5 000 km^2 [2e du monde après Kariba (Zambèze)], largeur 10 à 30 km, longueur 500 km (2/3 en Ég., 1/3 au Soudan), prof. 175 m (en 1978), 150 m (en juillet 88), volume d'eau retenu 157 à 185 milliards de m^3 d'eau [soit 5 fois le débit annuel (dont 1/6 perdu par évaporation)] ; très poissonneux (pêche annuelle : 34 000 t) mais, la région étant sous-peuplée, il y a peu de débouchés. **Production :** 12 turbines (puissance installée 21 millions de kW). **Cote maximale** *des eaux* au-dessus du niveau de la mer : en amont 182 m, en aval 111 m. **Avantages :** accroissement des terres cultivables [(plus de 2 540 000 ha prévus) ; en fait 273 000 ha irrigués sur le plateau (dont 162 000 ont été abandonnés à cause des infiltrations de sel)] ; assurance de disposer de 400 000 ha de rizières (au lieu de 160 000 à 355 000 ha suivant le niveau) ; prod. de 10 à 12 milliards de kWh permettant l'implantation à Nag' Hammâdi d'une usine d'aluminium (bauxite importée) et à Hélouân d'une aciérie (minerais de fer de la région) ; régularisation de l'irrigation (sans le barrage, l'Ég. aurait subi, en 1972, une grave sécheresse ; en 1975, une crue dévastatrice ; en 1984, une sécheresse ; en 1996, une crue de 130 milliards de m^3) ; stabilisation du niveau du fleuve, autorisant une navigabilité permanente. **Inconvénients : 1°)** engloutissement des ruines de Basse-Nubie, perte du limon fertilisateur (60 à 180 millions de t/an ; 7 kg d'azote par ha) compensée par les engrais (2 millions de t nécessaires au lieu de 700 000 en 1957) ; **2°)** déplacement d'environ 60 000 Nubiens : en fait, à la suite de la montée des eaux (due à l'ancien barrage), les terres cultivables de la Basse-Nubie n'émergeant plus que 2 mois/an (le temps de procéder à une maigre récolte), les hommes devaient chercher du travail en Basse-Ég. ; **3°)** augmentation de la salinité des terres du Delta imposant irrigation et drainage ; **4°)** disparition du brusque flot d'eau douce et limoneuse qui se déversait périodiquement en mer : d'où pertes pour la pêche et remontée, par le canal de Suez, d'espèces prédatrices venues de mer Rouge ; **5°)** recul du Delta (30 m/an) privé des 150 millions de t de sédiments qui compensaient l'érosion marine ; **6°)** remplissage constant des canaux d'irrigation causant une endémie de bilharziose, dont 1 cas sur 10 est mortel [les bilharzies, vers parasites, ne peuvent être détruites que par un assèchement prolongé (au min. 3 semaines)] ; **7°)** dans la province de Tahrir, stérilisation provoquée par l'irrigation qui a dissous des gisements de sel gemme non repérés dans les sols.

☞ **Projet al Salam (la paix).** Début 1987. Dans le Sinaï jusqu'à El-Arish, 250 km. Eau du Nil. Bonification de 170 000 ha. **Projet Toshka (Nouvelle vallée).** Début 9-1-1997, fin prévue 2017. Permettra d'irriguer 500 000 ha. Canal de 320 km de Toshka au lac Nasser. Canal principal [cheikh Zayed (Émirats arabes unis)] de 70 km, 4 branches (168 km) permettant d'irriguer 225 000 ha. Eau pompée dans le lac Nasser (25 millions de m^3/j). Canal et pompage terminés en 2001. *Coût* : 9 milliards de F. En plus, bonification de 88 000 ha dans la région d'East Oweïnat et mise en valeur des oasis de Kharga, Dakhla et Farafra.

Partage des eaux (1 km^3 = 1 milliard de m^3). **1902-*15-5*** Addis-Abéba. Accord de frontières soudano/anglo-égypt., Éthiopie/ Érythrée, signé par Éthiopie et G.-B. d'une part ; par G.-B., Italie et Éthiopie d'autre part. Ménélik II s'engage à ne pas construire d'ouvrages sur Nil Bleu, lac Tana ou rivière Sobat, sauf accord avec G.-B. et Soudan. L'Éthiopie a dénoncé les accords de 1902, refusé ceux de 1929, projette de prélever 5,4 km^3/an. **1929** traité entre Égypte et Soudan (sous tutelle anglo-égypt.), des « droits acquis ». *Accords* : Ég. 48 km^3/an, Soudan 4. Le débit moyen du Nil étant estimé à 84 km^3/an, la masse d'eau restante (32 km^3/an), inutilisée, se perd dans la mer au moment de la crue, ou par infiltration et évaporation. **1956-*1-1*** Soudan indépendant : réclame renégociation, les besoins ayant augmenté depuis 1929. **1957** échec des pourparlers. Le Soudan se considère comme dégagé et prépare la construction du barrage de Roseires, sur le Nil Bleu. **1959-*7-10*** négociations reprises. *-8-11 traité* : sur un apport net du Nil de 74 km^3 (84-10 correspondant à l'évaporation du lac Nasser), l'Ég. obtient 55,5 km^3, le Soudan 18,5 km^3. L'Ég. financera le déplacement des Nubiens soudanais habitant la région du haut barrage, leur paiera des compensations et accepte la construction de 2 barrages au Soudan (Roseires sur Nil Bleu et Khachm al-Guirba sur Atbara). **Situation en 2015 (prév.)** [en milliards de m^3]. *Sources* : traditionnelles 59,2, non traditionnelles 10,3 à 15,3 dont nappes profondes 2,5 à 3,2, eaux usées 2, de drainage 3 à 7, total 69,5 à 74,5. *Disponibilité* (par hab. et par an) : 786 843 m^3.

Ressources hydrauliques à l'intérieur (en milliards de m^3). **Ht Barrage d'Assouân :** 55,5 (quote-part de l'Égypte ; accords de 1959 avec Soudan). **Nappe phréatique du delta et de la vallée** (alimentée par les eaux du Nil) : 2,6. **Réutilisation des eaux de drainage :** 4,7 (1998) ; **des eaux « municipales » usées :** 0,2 (en 1998). **Grande nappe souterraine du désert occidental :** Égypte, Soudan, Libye et Tchad. *Eau disponible* : 50 000 dont en Égypte : 20 000 au niveau des oasis (Kharga, Dakhla, Farafra et Bahriyya). *Exploitée* : 0,005 (1998). **Aménagement** (projets) : *Nil Blanc* : réservoirs pluriannuel du lac Albert, à capacité saisonnière de Nimulé ; canal de Jongleï (Soudan, entre Bor et Malakal : 360 km) [2 milliards de m^3 par an], accord de principe Égypte/Soudan, travaux commencés en 1979 ; achevés à plus de 50 % en 1983, interrompus par la guerre ; barrage de Gambéla sur le Baro avec canal collectant les eaux du Khormachar. *Nil Bleu* (7,5 milliards de m^3) : réservoir de stockage pluriannuel du lac Tana, rehaussement du barrage de Roseires. *Nil principal à l'aval de Khartoum* : barrage à Merawa.

☞ L'Éthiopie disposant des sources du Nil Bleu, du Sobat et de l'Atbara, qui fournissent 80 % des eaux du Nil, veut que les accords de 1959 (qui ne lui attribuaient rien) soient renégociés.

Consommation annuelle égyptienne en eau (en milliards de m^3). 60,7 dont 55,5 du Nil, 2,3 de la réutilisation des eaux de drainage et 2,9 de pompages dans la nappe souterraine s'étendant du Tchad à l'Ég. et renfermant une masse d'eau évaluée à 50 000 km^3, dont 20 000 environ en Ég., dans le sous-sol des oasis (Kharga, Dakhla, Farafra et Bahriyya). *Consommation domestique* : 6 dont 50 % perdue dans les canalisations. *Eau d'irrigation utilisée par an* : 8 000 m^3 (gratuite) par feddan (4 500 suffiraient). Depuis 1989, grâce au remplissage du lac Nasser, on a diminué le débit du Nil jusqu'à un seuil minimal suffisant pour la navigation : la perte est réduite à 2,5 km^3 et on envisage de récupérer ces eaux en les déviant vers les deux lacs du nord du delta – Barollos et Menzaleh –, transformés en réservoirs. **Volume d'eau disponible par hab.** (en m^3/j). *1972* : 4,4 ; *2000 (est.)* : 2,1.

ÉMIRATS ARABES UNIS

Carte p. 986. V. légende p. 950.

■ **Nom.** Autrefois *Trucial States* (« États de la Trêve »). *Émirats arabes unis* depuis le 2-12-1971. **Situation.** Golfe *(côte des Pirates).* **Superficie :** 83 600 km². **Longueur :** 600 km. **Frontières :** Arabie saoudite 457 km, Oman 410. **Côtes :** 1 318 km. **Altitude** *maximale :* 2 400 m.

■ **Population.** *1971 :* 180 000 hab. ; *91 :* 1 909 000 ; *96 :* 2 377 453 ; *2000 (est.) :* 3 130 000. 20 % d'autochtones, 80 % d'étrangers [41 % Pakistanais et Indiens, 19 % Arabes tiers (Libanais, Égyptiens, Jordaniens, Tunisiens), 10 % Européens ; en 1995, 80 000 Philippins]. **D.** 35. **Espérance de vie :** *h.* 73 ans, *f.* 76 ans. **Taux** (en ‰, 1998) : *natalité :* 24, *mortalité :* 2. **Pop. urbaine** (1998) : 84 %.

■ **Langues.** Arabe *(officielle)*, anglais *(commerciale).* **Enseignement :** *1930 :* aucune école ; *71 :* 28 000 à 30 000 élèves ; *93 :* 400 000 (15 000 étudiants). **Religions.** Islam. Chrétiens. Alcool toléré, plages et piscines ouvertes aux femmes. **Robe traditionnelle** des hommes (coton blanc ou coloré) : *disahdasha.*

■ **Histoire.** **XVIIe s.** comptoirs portugais. **1820**-*8-1/15-3 Traité général de paix,* avec les 7 cheikhs de la côte d'Oman, que la G.-B. reconnaît indépendants ; la côte d'Oman (dite *côte des Pirates*) devient *côte de la Trêve.* Les « Arabes amis » arborent un pavillon de la « Trêve » (rectangle rouge cerné d'une bande blanche). **1835** après la capture de 2 navires britanniques, l'adjoint du résident anglais à Bouchir propose aux cheikhs une trêve pendant la saison perlière du 21-5 au 28-11. Elle sera reconduite chaque année. **1843** trêve pour 10 années. **1853** « traité de paix perpétuelle », les cheikhs s'engagent à ne plus faire la guerre en mer ; en cas d'agression, la victime portera plainte devant les autorités britanniques de Bouchir ou de Bassora. **1885-1909** règne du **cheikh Zayed ben Khalifa al-Nahyan** (le plus long). **1892** accord officialisant tutelle G.-B. **1922-26 cheikh Sultan ben Zayed. 1926**-*4-8*/**1928 cheikh Saqr ben Zayed** (son frère). **1928 cheikh Chakhbut ben Sultan** (son fils), abdique 6-8-1966. Trêve maritime avec G.-B. **1930** crise : perles fines concurrencées par perles de culture japonaises. **1968**-*27-2* « déclaration d'union » des 9 émirats, création d'un conseil suprême : projet non réalisé. **1971**-*14-8* Bahreïn, *-1/9* Qatar indépendants. *-2-12* Fédération proclamée ; Bahreïn, Qatar et Râ's al-Khayma n'en font pas partie. Traité d'amitié avec G.-B. **1972**-*25-2* Khaled ben Mohamed al-Qassimi, souverain de Chârdjah, tué ; son frère, le Pce héritier Sultan ben Mohamed al-Qassimi, lui succède. *-23-12* Râ's al-Khayma 7e membre de la Fédération. **1975**-*12-7* Doubaï nationalise Stés pétrolières. **1990** *guerre du Golfe* (voir à l'Index). **1991**-*juillet* scandale de la BCCI (Banque internationale de crédit et de commerce). *-12-9* cheikh Zayed en France. **1996**-*1-10* entrée en vigueur de la loi votée le 9-4-1995 sur les résidents. *Au 1-12 :* 160 000 à 170 000 expulsions (Sri Lanka, Inde, Pakistan) et 150 000 régularisations. *-31-7* Sarah Balabagan (Philippine, 16 ans), libérée après 2 ans de prison et 100 coups de bâton (sur 5 jours), pour avoir tué de 34 coups de couteau le 19-7-1994 son patron qui tentait de la violer, ce qu'elle a démenti ensuite. Condamnée à mort, sauvée en appel le 16-9-1995 après campagne en sa faveur (Marie-Claire Mendès France).

■ **7 émirats** (population : est. 1997). **Aboû Dabî** 67 350 km² (86 %), 1 101 000 hab. (46 400 en 1968). *Cap. : Aboû Dabî* 799 000 hab. (en 1998). *Pétrole :* depuis 1962. Port de Mina Zayed. *Souverain :* cheikh Zayed ben Sultan al-Nhayan depuis 6-8-1966. **Doubaï** 3 900 km², 757 000 hab. *Pétrole :* depuis 1969. Aluminium : 170 000 t/an. Port Rachid (plus grand port artificiel du monde ; 11 millions de t de marchandises en 1991) et Jebel Ali (zone franche et pôle de frêt). Grand centre commercial ; 2 golfs, uniques au Moyen-Orient (4 à 5 millions de l d'eau/j). Oct. 2000, ouverture de *Dubaï Internet City*, zone franche pour commerce électronique. *Souverain :* cheikh Maktoum ben Rased al-Maktoum (né 1941) depuis 1990. **Chârdjah** 2 600 km², 439 000 hab. *Pétrole :* depuis 1874. Pétrochimie. Port Khalid. *Souverain :* cheikh Sultan ben Mohamed al-Qassimi (né 1942) depuis 1972. **Foudjaïrah** 1 150 km², 83 000 hab. Pêche, agriculture. *Souverain :* cheikh Hamaïd ben Mohamed al-Sharqi depuis 1974. **Adjmân** 250 km², 137 000 hab. Pêche, construction navale, commerce, ciment, eaux minérales, chrome, cuivre, fer. *Souverain :* cheikh Humaïd ben Rashed al-Nuaimi (né vers 1930) depuis 1981. **Oumm al-Qaïwaïn** 750 km², 39 000 hab. Pêche, perles et commerce. *Souverain :* cheikh Rashed ben Ahmed al-Mualla (né 1930) depuis févr. 1981. **Râ's al-Khayma** 1 700 km², 152 000 hab. *Cap. : Râ's al-Khayma.* Agriculture, pêche, cuivre, fer. Port Saop. *Souverain :* cheikh Saqr bin Mohammed al-Qassimi (né 1920) depuis 1948.

■ **Statut.** *Fédération de 7 émirats.* **Constitution** du 2-12-1971, définitive depuis 1997. **Conseil suprême des gouverneurs** comprenant les 7 émirs, élit Pt et vice-Pt pour 5 ans renouvelables. Chaque émir a le pouvoir absolu dans son émirat. **Pt :** cheikh Zayed ben Sultan al-Nahyan (né 1918) depuis 2-12-1971, fils du cheikh Sultan et petit-fils du cheikh Zayed ben Khalifa al-Nahyan. **Vice-Pt** (depuis 2-12-1971) **et PM** (depuis 30-4-1979) : Maktoun ben Rased al-Maktoum. **Conseil national fédéral :** 40 membres nommés pour 2 ans par les émirs (dont Aboû Dabî et Doubaï 8, Chârdjah et Râ's al-Khayma 6, les autres 4). **Fête nationale.** 2 déc. (Constitution). **Drapeau** (adopté 2-12-1971). À gauche, bande verticale rouge (ancien drapeau des Émirats). 3 bandes horizontales verte (arbres et fertilité), blanche (neutralité) et noire (pétrole).

■ **Économie.** **PNB** (en $ par hab.) : *1990 :* 18 767 ; *94 :* 23 000 ; *97 :* 15 397 ; *99 :* 18 560. **Population active** (en %) et, entre parenthèses, **part du PNB** (en %) : agriculture 5 (2), industrie 45 (19), services 46 (43), mines 4 (36). **Inflation** (en %) : *1995 :* 3,6 ; *96 :* 3,3 ; *97 :* 2,5 ; *98 :* 2,8 ; *99 :* 4. **Croissance** (en %) : *1995 :* 3 ; *96 :* 9,9 ; *97 :* 1,7 ; *98 :* 5,5 ; *99 :* 10. **Dette extérieure** (en milliards de $) : *1992 :* 10,80 ; *94 :* 14 ; *97 :* 12,3 ; *98 :* 12.

■ **Agriculture.** *1981 :* 13 000 ha cultivables dont 7 000 cultivés ; *1994 :* 1 300 000 ha cultivés. 120 millions d'arbres dont 18 de palmiers plantés sur 200 000 ha de désert. **Production** (en milliers de t, 1997) : tomates 445, dattes 240, aubergines 52. **Élevage** (en milliers de têtes, 1998). Volailles 15 000, caprins 1 000, ovins 350, chameaux 170, bovins 76. **Déficit balance agricole** (en 1993) : 1,06 milliard de $. **Pêche** (en 1997). 114 358 t.

■ **Énergie.** **Pétrole** (en millions de t) : *réserves :* 13 260 (10 % des rés. mondiales) dont (en %) Aboû Dabî 75, Doubaï 15, Chârdjah 5, Râ's al Khayma 5. Réserves 85 % des ressources ; *production : 1980 :* 84,2 ; *85 :* 60 ; *90 :* 110 ; *95 :* 113,6 ; *98 :* 121,4 ; *99 :* 108,8. *Compagnies :* Adco, Adma-Opco (Aboû Dabî). **Gaz naturel** (en milliards de m³) : *réserves :* 6 218 (50 % des rés. mondiales) ; *production : 1986 :* 10 ; *90 :* 22 ; *95 :* 28,5 ; *96 :* 33,8 ; *97 :* 35,8 ; *98 :* 37,1 ; *99 :* 34,2. **Revenu** pétrolier (en milliards de $) : *1981 :* 19,4 ; *84 :* 11,7 (24,5 avec gaz naturel) ; *88 :* 8,6 (avec gaz naturel) ; *89 :* 11,5 ; *97 :* 14 ; *98 :* 9.

■ **Industries.** Alimentaires, métaux, raffinage, aluminium (env. 400 000 t/an), produits chim., ciment (8 cimenteries). **Transports.** 6 aéroports, 2 Cies aériennes : Emirates Airlines, Gulf Air. **Tourisme** (en 1997). 1 792 000 visiteurs. Projet de parc de loisirs sur l'île artificielle « Lulu Island » (Aboû Dabî).

■ **Commerce** (en milliards de $). **Export./import. :** *1995 :* 27,8/21 ; *98 :* 42,7/24,7 ; *99 :* 43,3/34,7.

■ **Rang dans le monde** (en 1999). 3e réserves de pétrole. 6e réserves de gaz. 12e pétrole. 15e gaz.

ÉQUATEUR

Carte p. 1038. V. légende p. 950.

☞ *Abréviation :* Éq. : Équateur.

■ **Nom.** Au XVIIIe s., une mission scientifique dirigée par Louis Godin, Charles-Marie de La Condamine et Pierre Bouguer mesura le degré d'un arc de méridien sur l'équateur. La région fut ensuite désignée ainsi en Europe.

■ **Situation.** Amér. du Sud. **Superficie :** 256 370 km², y compris les îles *Galápagos.* **Côtes :** 2 237 km. **Frontières :** avec Pérou, 1 529 km, Colombie 586. **Altitude** *maximale* volcans les plus hauts du monde : *Chimborazo* (6 310 m) et *Cotopaxi* (5 896 m, en activité). **Régions :** *la Sierra* (cordillère des Andes), *la Costa* (plaine côtière), *el Oriente* (haut bassin de l'Amazone) et archipel des Galápagos. **Climat :** tropical sur la Costa (moy. 23-26 °C, saison des pluies de déc. à avril, 150 à 2 000 mm), équatorial tempéré par l'altitude dans la Sierra (moy. 12-18 °C, 2 saisons des pluies : oct.-nov. et févr.-mai, 1 500 mm environ), pluvieux uniforme dans l'Oriente, une seule saison moy. 22-26 °C, légère baisse de déc. à févr., pluie plus de 3 000 mm.

■ **Population** (en millions d'hab.). *1950 :* 3,2 ; *90 :* 10,8 (50 % sur littoral) ; *2000 (est.) :* 12,65. **D.** 48,4. Indiens 25 %, métis 55, créoles 10, Noirs 10. **Pop. urbaine** (en 1998) : 61 %. **Age** (en %) : *– de 15 ans* 36,2 ; *+ de 65 ans* 4,4. **Langues.** Espagnol *(officielle)* 93 % ; quetchua (7 %) et autres langues. Confédération des nationalités indigènes d'Équateur (Conaie) créée 1986. **Religions.** Catholiques 94 %, protestants 6 %.

■ **Villes** (est. 1997). Guayaquil 2 500 000 (bidonville 500 000) [port, à 416 km], *Quito* (à 2 800 m d'alt. près du volcan Pichincha) 1 560 000 hab., Cuenca (alt. 2 595 m) 398 000 (472 km), Ambato (alt. 2 570 m) 151 134 (en 95).

ÎLES GALÁPAGOS

Nom officiel : autrefois *Islas Encantadas* (« îles Enchantées ») formant la province de l'archipel de Colón (depuis 1892). **Situation :** Pacifique à 1 200 km de l'Éq. ; 7 964 km². *Alt. :* 2 150 à 3 050 m. *1996 (est.) :* 15 000 hab. **Climat :** tempéré, pluies rares. **13 grandes îles** dont (est. 1995) : *San Cristóbal* (en anglais : Chatham) 4 774 hab. ; *Santa Cruz* ou *Chávez* (Indefatigable) 7 420 hab. ; *Isabela* (Albermarle) 1 045 hab. (longueur 120 km ; bagne, fermé 1958) ; *Floreana* (Charles) 400 hab. ; *San Salvador* ou *Santiago* (James) et *Fernandina* (Narborough) (inhabitées). **17 îlots. 47 récifs. Faune :** 9 000 à 10 000 tortues géantes (11 espèces) ; iguanes marins, terrestres ; oiseaux ; millions de rats introduits par l'homme ; porcs, ânes, chiens, chats. **Ressources :** pêche, agr., tourisme (visiteurs : 70 000/an au max.). **Histoire : 1535** découvertes par le dominicain Tomás de Berlanga. 1er hab. permanent : Patrick Watkins (Irlandais). **XVIIIe s.** boucaniers et pirates remplacés par chasseurs de baleines et d'otaries (5 000 peaux d'otaries en 2 mois pour un seul chasseur). **1832**-12-2 intégrées à l'Éq. **1835** Darwin étudie la faune. **1942** base navale américaine (destruction de milliers d'iguanes). **1959** parc national. **1964** Santa Cruz ; Darwin Station (internationale) créée. **1970** tortues réadaptées îlot de Pinzón. **1979** patrimoine mondial de l'humanité. **1985**-*avril* incendie île Isabela (25 000 ha) ; 500 tortues sauvées par hélicoptère. **1994**-*avril* incendie île Isabela. **1995**-*3/16-9* grève pour obtenir un statut spécial. **2001**-*16-1* naufrage du *Jessica* au large de San Cristobal, marée noire (900 t).

■ **Histoire.** **Avant le Xe s.** roy. des Quitus, cap. *Quito.* **Vers 1000** conquête par le peuple maritime des Caras ou Caraques, dont les caciques se nommaient les shiris. **1370** l'Inca du Pérou Tupac Yupanqui entre en guerre contre le shiri Hualcopo. **XVe s.** défaite des Caras et achèvement de la conquête de l'actuel Éq. avec Huayna Capac. **1533** conquête anglo-espagnole (Pizarro et Benálcazar). **1563** *audiencia* à Quito. Rattaché à la vice-royauté du Pérou, puis en **1739** à la Nlle-Grenade. **XIXe s.** nombreux conflits avec Pérou sur frontières. **1809-22** lutte pour l'indépendance. **1822-30** partie de la Grande-Colombie. **1830** *indépendance.* *-Mai* **Gal Juan Flores** (1801-64) 1er Pt élu, déposé en 1835. **1835**-*août* **Vincente Rocafuerte** Pt. **1839**-*janv.* **Juan Flores** Pt, gouv. autoritaire. **1845**-*déc.* **Vincente Ramon Roca** Pt. **1850**-*déc.* **Diego Noboa Arteta** Pt, déposé. **1851**-*sept.* **José Urbina** Pt. **1856**-*oct.* **Francisco Robles** Pt. **1859**-*août* **Gabriel Gancia Moreiro** (conservateur) élu Pt. **1865**-*août* **Geronimo Carrion** Pt. **1868**-*janv.* **Javier Espinosa** Pt. **1869**-*août* **Gabriel Garcia Moreno** Pt, assassiné 6-8-1875. **1875**-*août* **Antonio Borrero y Cortezar** Pt, progressiste. **1877**-*juin.* **Ignacio de Veintemilla** Pt. **1884**-*févr.* **José Placido Caamano** Pt. **1888**-*août* **Antonio Flores** Pt. **1892**-*août* **Luis Cordero** Pt. **1897**-*janv.* **Gal Eloy Alfaro** Pt révolution libérale et anticléricale. **1901**-*1-9* **Gal Leonidas Plaza Gutirrez** (1865-1932) Pt. **1905**-*1-9* **Lizardo Garcia** (1842-1927) Pt, déposé. **1906**-*16-1* **Gal Eloy Alfaro** (1842-août 1911, assassiné) Pt. **1911**-*1-9/21-12* **Emilio Estrada** (1855-1911) Pt. **1912**-*22-12* **Charles Freile Zaldumbide** (1851-1926) Pt. *-6-3* **Francisco Andrade Marin** (1841-1935) Pt. *-1-9* **Leonidas Plaza Gutirrez** (1865-1932) Pt. **1916**-*1-9* **Alfredo Baquerizo Moreno** (1859-1951) Pt. **1920**-*1-9* **José Tamayo** (1858-1947) Pt. **1924**-*1-9* **Gonzalo Hernandez Cordoba-Rivera** (1863-1928) Pt, déposé, dernier radical renversé par des militaires. **1925**-*9-7* **Francisco Gomez de la Torre** Pt. **1926**-*1-4* **Isidro Ayora-Cueva** (1879-1978) Pt. **1931**-*24-8/15-10* **Luis Larrea Alba** (né 1895) Pt, déposé. *-15-10* **Alfredo Baquerizo Morreno** (1859-1951)Pt. **1932**-*28-8* **Carlos Freile-Larrea** Pt. *-2-9/4-12* **Alberto Guerrero Martinez** (1878-1941) Pt. *-4-12* **Juan Martinez Mera** (1875-1955) Pt. **1933**-*19-10* **Abelardo Moncayo** (1876-1950) Pt. **1934**-*1-9* **José Velasco Ibarra** (1893-1979) Pt [« Caudillo » : catholique, tantôt à droite, tantôt à gauche, nationaliste, révolutionnaire, francophile ; sera 5 fois Pt (4 fois renversé)]. **1935**-*21-8/26-9* **Antonio Pons** (né 1897) Pt. *-26-9* **Federico Paez** (1876-1974) Pt, déposé. **1937**-*22-10* **Alberto Enriquez-Gallo** (1885-1962) Pt. **1938**-*10-8* **Manuel Borrero** (né 1883) Pt. *-2-12* **Aurelio Mosquera Narvaez** (1883-1939) Pt. **1939**-*16-11* **Carlos Arroyo del Rio** (1893-1969) Pt. *-11-12* **Andres Cordova-Nieto** (né 1892) Pt. **1940**-*10-8* **Julio Moreno-Penaherrera** (né 1880) Pt. *-1-9* **Carlos Arroyo del Rio** (1893-1969) Pt. **1941** guerre avec Pérou (voir p. 1060 a). **1942**-*29-1 traité de Rio :* cède 174 565 km² au Pérou. **1944**-*29-5* Del Rio démissionne. *-1-6* **José Velasco Ibarra** (1893-1979) élu Pt ; déposé. **1947**-*23-8* **Carlos Mancheno-Cajas** (né 1902) Pt, déposé. *-2-9* **Mariano Suarez Veintemilla** (né 1897) Pt. *-19-9* **Carlos Arosemena Tola** (1894-1952) Pt. **1948**-*1-9* **Galo Plaza Lasso** (1906-87) Pt. **1952**-*1-9* **José Velasco Ibarra** Pt. **1956**-*1-9* **Camilo Ponce Enriquez** (1912-76) Pt. **1960**-*1-9* **José Velasco Ibarra** Pt. **1961**-*sept.* dénonce traité de Rio. *-10-11* **Carlos Arosemena Monroy** (né 1919) Pt. **1962-63** régime de gauche, alliance avec Fidel Castro. **1963**-*11-7* Arosemena renversé par militaires conservateurs ; **Ramon Castro Jijon** (né 1915) Pt. **1966**-*1-4* **Clemente Yerovi Indaburo** (né 1904) Pt. *-16-11* **Otto Arosema Gomez** (1925-84) Pt. **1968**-*1-9* **José Velasco Ibarra** Pt. **1969**-*26-5* adhésion au pacte andin. **1970**-*juin* Constitution suspendue ; pétrole à Lago Agrio. **1972**-*16-2 junte des généraux* « nassériens » [Pt : **Guillermo Rodríguez Lara** (1923-88 ; nationaliste de gauche, antiaméricain, économie dirigée)]. **1973** adhère à l'Opep. **1975** forte inflation. *-1-9* tentative de putsch (Gal González Alvear). **1976**-*11-1* triumvirat présidé par amiral **Alfredo Poveda Burbano** (non nassérien). **1977** violences [notamment *-19-10* grève de la sucrerie Aztra (120 †)] : Poveda, poussé par USA, admet retour à la démocratie. **1978**-*15-1 référendum* pour Const. démocratique, avec présidentielle à 2 tours. **1979**-*10-8* **Jaime Roldos Aguilera** (1940-81), « réformiste » en tête ; **1979**-*29-4* Pt. *-Oct.* « 2e choc pétrolier », amélioration financière. **1981**-*24-5* Roldos tué (accident aérien) ; remplacé par vice-Pt **Osvaldo Hurtado Larrea** (né 1939), démocrate-chrétien. **1981-84** relance : déficit, chute de la monnaie. **1983**-*mai* pluies diluviennes (600 † ; dégâts 1 milliard de $). **1984**-*6-5,* 1res élect. avec vote des analphabètes. *-10-8* **León Febres-Cordero** (né 1931), conservateur, Pt. **1985**-*9-11* grève générale contre austérité (6 †). **1986**-*janv.* monnaie stabilisée (1 $ = 95 sucres), dette extérieure rééchelonnée. *-14-3* mutinerie du Gal Frank Vargas réprimée. *-1-6* législatives et référendum : 58 % hostiles au pouvoir. **1987**-*16-1* Pt pris en otage (plusieurs †) par des militaires ; relâché contre libération du Gal Vargas. *-6-3* séisme (1 600 † ; dégâts 600 millions de $). *-21-7* un évêque et une religieuse tués par Indiens Aucas. **1988**-*10-8* **Rodrigo Borja-Cervallos** (né 19-5-1935), social-démocrate, Pt. *-11-8* reprise des relations diplomatiques avec Nicaragua. *-31-8* mort de Mgr Proano (né 29-1-1910), « évêque des Indiens ». **1989**-*15-8* accord avec FMI : crédit-relais. *-Oct.* Pt Mitterrand en Éq. **1990**-*4* et *-10-6* soulèvement indien. **1991**-*18-1* Pt Borja en France. **1992**-*9-1* Fujimori en Éq. (1re visite d'un Pt péruvien depuis 1941). *-Mai* 1 700 000 ha de terres distribués aux indigènes d'Amazonie (l'État peut les exproprier en cas d'exploitation pétrolière). *-10-8* **Sixto Durán Ballen** (né 1922) PUR, Pt [élu 5-7 avec 58 % des voix devant Jaime Nebot Saadi (social chrétien, né 1947) 38 %]. *-Sept.* plan d'austérité : dévaluation de 30 %, privatisations. **1994**-*16/17-6* soulèvement des Indiens contre réforme agraire. **1995**-*11-10* vice-Pt Alberto Dahik accusé de malversations se réfugie au Costa Rica. *-26-11 référendum* (sur 11 points), non 56,5 %. **1996**-*7-7* **Abdalá Bucaram Ortiz** [(né 20-2-1952) ; petit-fils d'immigrés libanais ; ancien champion de 110 m haies ; enrichi dans l'exploitation de mangues ; avocat ; maire de Guayaquil ; PRE] élu Pt devant Jaime Nebot Saadi. *-10-8* en fonctions. **1997**-*5-2* grèves et manif. *-6-2* Bucaram, déclaré mentalement inapte, destitué par le Congrès (44 voix pour, 34 contre, 2 abst.), exil au Panamá. *-9/11-2 Rosalia Arteaga* (née 1956), vice-Pte, se proclame Pte conformément à la Constitution. *-11-2* **Fabian Alarcon Rivera** (né 14-4-1947, Pt du Congrès) élu Pt (intérimaire) par les députés jusqu'au 10-8-1998. *-25-5* élection ratifiée par le peuple. *-30-11* Assemblée constituante élue (siège du 20-12 au 30-4-1998). **1998** scandale des vêtements usagés (donnés par USA et revendus). *-12-7* **Jamil Mahuad Witt** (né 29-7-1949), démocrate chrétien, élu Pt (53,3 % des voix) ; *10-8* en fonctions. **1999**-*10/11-3* grève générale. *-Juillet* grève générale, manifestations des Indiens. -30-9 décision de ne plus honorer la dette. **2000**-*6-1* état d'urgence. *-9-1* dollarisation de l'économie (effective le 10-9). *-21-1* coup d'État qui dure 4 h. : Carlos Solorzano (avocat), Antonio Vargas [leader de la Confédération des nationalités indigènes de l'E. (Conaie)] et C[el] Gutierrez remplacé par le Gal Carlos Mendoza. Mahuad déposé. *-22-1* **Gustavo Noboa Bejarano** (né 21-8-1937) vice-Pt investi Pt. *-10-9* dollar américain remplace le sucre (monnaie depuis 216 ans). **2001**-*janv.* 10 jours révolte Indiens contre hausse prix énergie et transports (3 †). *-2-2* état d'urgence. *-7-2* accord gouv./Indiens.

■ **Différend frontalier avec Pérou. 1930** l'Éq. réclame au Pérou une vaste région. **1941**-*janv.* guerre avec Pérou. **1942**-*29-1 protocole de Rio de Janeiro*, Éq. cède au Pérou 174 565 km². Fixe le tracé des 1 800 km de frontières avec Pérou. Susceptible d'interprétations divergentes à propos d'une bande de 78 km dans la Cordillère du Condor. (Après la découverte du cours du Cenapa, affluent de l'Amazone, l'Éq. estimera le traité de Rio inapplicable.) **1981**-*28-1/3-2* conflit. **1995**-*29-1* conflit avec Pérou sur 340 km² de forêt (riche en or ?). *Bilan au 11-2* : Pérou : 36 †, Éq. : 17 †. *-17-2* signature de la « déclaration de *paix de l'Itamaraty* ». *-22/26-2, -28-3, -9-5, -20/21-9* affrontements avec Pérou. **1998**-*26-10 accord de Brasília* ; donne à l'Éq. accès à l'Amazone avec droits de navigation ; création de 2 zones franches et de 2 parcs naturels protégés dans l'ex-zone de conflit ; traité de commerce et de navigation. Déminage (plus de 100 000 mines antipersonnel).

■ **Statut.** *République.* **Constitution** du 19-1-1978 (révisée 1998 ; en 150 ans, 18 Constitutions et 61 gouvernements). **Pt** élu pour 4 ans au suffrage universel. **Chambre :** 121 m. (101 provinciaux, 20 nationaux), élus pour 4 ans au suffrage univ. **Provinces** 21. **Fête nationale.** 10 août (1re déclaration d'indépendance de 1809). **Titres** *conférés par l'Espagne :* 6 (5 marquis, 1 comte). **Drapeau** (adopté 26-9-1860). Bandes horizontales jaune (fédération), bleue (indépendance) et rouge (courage), au centre, armoiries.

■ ÉCONOMIE

■ **PNB.** *1999 :* 1 120 $ par hab. **Croissance** (en %) : *1995 :* 2,3 ; *96 :* 2 ; *97 :* 3,3 ; *98 :* 0,4 ; *99 :* – 8 ; *2000 (est.) :* 1. **Population active** (en %) **et,** entre parenthèses, **part du PNB** (en %) : agr. 29 (13), ind. 15 (19), services 50 (48), mines 6 (20). **Chômage** (en %) : *1999 :* 19. **Inflation** (en %) : *1990 :* 48,5 ; *91 :* 48,7 ; *92 :* 60 ; *93 :* 31 ; *94 :* 27,3 ; *95 :* 22 ; *96 :* 25,1 ; *97 :* 30 ; *98 :* 43 ; *99 :* 60,7 ; *2000 (est.) :* 101. **Dette extérieure** (en milliards de $) : *fin 1997 :* 12,6 ; *99 :* 16. **Salaire minimum :** 138 $ par mois. **Population sous le seuil de pauvreté** (en %). *1995 :* 47 ; *98 :* 60.

■ **Agriculture. Terres** (en milliers d'ha, 1981) : arables 1 755, cultivées en permanence 865, pâturages 3 780, forêts 14 450, eaux 672, divers 6 834. **Production** (en milliers de t, 1999) : canne à sucre 7 000, bananes 4 563, riz 1 290, p. de t. 563, maïs 550 (13 % des terres arables en 1993), cacao 83 (11 % en 1995), café 57, coton 3 (en 1998). Fleurs. **Forêts** (en 1998). 11 340 000 m³. **Élevage** (en milliers de têtes, 1999). Bovins 5 534, porcins 2 786, ovins 2 180. **Pêche** (en 1999). 650 000 t dont crevettes 80 %.

■ **Énergie. Pétrole** (en millions de t) : *réserves :* 644 (en 1999) ; *production : 1985 :* 14 ; *87 :* 8,5 (destruction de 50 km d'oléoduc par séisme du 5-3) ; *88 :* 15,8 ; *90 :* 14,5 ; *95 :* 19,5 ; *99 :* 18,6. **Gaz :** *réserves :* 192 milliards de m³ ; *production* nulle. **Hydroélectricité :** *capacité installée :* 2 751 MW (en 1997) ; *production :* 9,59 GWh (en 1997). **Mines.** Or (10 t en 1999), cuivre, plomb, soufre, zinc, tungstène. **Industries.** Alimentation, textile, chimie, pétrochimie, métallurgie, mécanique. **Transports** (en km, 1997). **Routes :** 43 197. **Chemin de fer :** fermé 1995. **Tourisme** (en 1997) : 512 450 vis. *Recettes :* 281 millions de $.

■ **Commerce** (en milliards de $). **Export./Import** : *1994 :* 3,8/3,2 ; *95 :* 4,4/4 ; *96 :* 4,9/3,6 ; *97 :* 5,2/4,6 ; *98 :* 4,2/5,1. **Rang dans le monde** (en 1999). 8e cacao.

ÉRYTHRÉE

Carte p. 1093. V. légende p. 950.

☞ *Abréviations :* Ér. : Érythrée. Éth. : Éthiopie.

■ **Nom.** *Eritrea :* du grec *euthros,* « rouge », à cause de la mer Rouge. Choisi par Crispi, Pt du Conseil italien de 1887 à 1891.

■ **Situation.** Afrique. **Superficie :** 126 000 km². **Côtes** 1 151 km. Archipel de Dahlak (127 îles). **Frontières :** avec Soudan 605 km, Djibouti 113, Éthiopie 912.

■ **Population.** *2000 (est.) :* 3 810 000 hab. dont (en %) Tigrinya 50, Tigré 31, Saho 5, Afars 5. **D.** 30,2. **Espérance de vie** (en 1998) : 51 ans. **Réfugiés** (en 1999) : 250 000 personnes déplacées ; 320 000 au Soudan. **Langues.** Tigrinya, arabe, afar, tigré. **Religions** (en %, en 1995). Musulmans 46, orthodoxes 41,7, animistes 8,8, catholiques 3,5. **Villes** (en 1990). *Asmara* (à 2 400 m d'alt.) 374 000 hab., Massaoua 29 000, Assab 22 000.

■ **Histoire. 1869**-*15-11* la Cie maritime génoise Rubattino achète (6 000 thalers) Assab, 1re installation italienne sur la mer Rouge ; revendue au gouv. italien. **1890**-*1-1* colonie italienne (avant, l'Ér. ne formait pas une entité politique séparée). **1902** frontière délimitée entre Ér. (italienne, qui reçut Badmé et Tsorena) et Éth. **1941-51** administration militaire britannique. **1950**-*2-12* Onu en fait « une entité autonome fédérée à l'Éth. », avec gouv. et parlement ; l'arabe devient l'une des langues officielles. **1952** autonome, rattachée à l'Éth. **1961**-*1-9* insurrection. **1962**-*14-11* annexion par Éth., région administrative éthiopienne. Guérilla du FLE [Front de libération de l'Ér. créé en 1961 ; 1970 : 2 branches : musulmane (majoritaire) et chrétienne, soutenues par pays arabes limitrophes]. **1972** Soudan renonce à aider l'Ér., celle-ci renonçant à aider guérilla des Anyanyas, au Sud-Soudan. **1975** état de guerre (milliers de réfugiés fuient Asmara). **1978**-*nov.* Eth. (200 000 h. encadrés par Cubains et Soviét.) reprend Karen. FPLE (Front populaire de libération de l'Ér., fondé 1977) réduit à la « sierra Maestra » (Sahel, alt. 2 500 m, superf. 1 500 km²). **1979** Éth. ne peut reprendre Nakfa (cap. rebelle). *-Janv.* et *mars/mai* 8 000 soldats †. *-Juillet* 3 500 soldats †. **1984**-*20/21-5* FPLE détruit 33 avions à Asmara. **1985**-*25-8* Éth. reprend Barentu. **1986**-*14-1* FPLE détruit 40 avions à Asmara. **1987**-*15-3* Wolde Mayam unifie la rébellion. **1988**-*mars* succès rebelles (4 divisions éthiopiennes anéanties : 15 000 h., 50 chars pris, 3 conseillers soviétiques prisonniers). **1989**-*févr./mars* succès rebelles. **1990**-*7-2* offensive FPLE sur Massaoua (12 000 à 15 000 Éthiopiens †). Sécheresse. **1991**-*30-3* attaque FPLE contre Assab (seul accès à la mer Rouge) repoussée. *-2-4* FPLE contrôle Tigré, Gondar, Godjam et partie du Wollo, du Wollega et du Choa. *-25-5* FPLE prend Asmara. *-27/28-5* Londres, accord de cessez-le-feu. **1993**-*27-4* référendum : 99,8 % pour indépendance. *-3-5* Éth. reconnaît indépendance. *Bilan guerre de libération :* plus de 100 000 Érythréens †. *-24-5 indépendance officielle*. *-28-5* admise à l'Onu. *-Déc.* infiltrations islamistes du Soudan (20 †). **1994**-*6-12* relations diplomatiques avec Soudan rompues. **1995**-*avril* accord sur zone de libre-échange avec Éth. *-15-12* soldats érythréens débarquent sur la Grande Hanish (une des 3 îles revendiquées au Yémen). *-18-12 :* 195 soldats yéménites prisonniers (rapatriés à partir du 30-12). **1996**-*5-10* compromis sur îles Hanish. *-30-12,* 5 touristes belges †. **1997**-*7-11* nouvelle monnaie, le *nacfa.* **1998**-*6-5* guerre avec Éth. (390 km² contestés). **1999**-*23/27-2* Éth. reprend région de Badmé, perdue 1998 ; Ér. accepte plan de paix de l'OUA de nov. 1998. *-13-3* combats reprennent. *Bilan* (mai 1998/2000) : environ 100 000 †. **2000**-*12-5* offensive éth. *-18-6* cessez-le-feu. *-12-12 Alger,* accord de paix signé ; une commission neutre délimitera la frontière. **2000**-*20-2* début du retrait éth. ; zone tampon de 25 km prévue et casques bleus.

■ **Statut. République. Constitution** (23-5-1997). Conseil nat. de transition (mai 1997) doit former un gouvernement. **Pt et PM Issaias Afeworki** (né 2-2-1946), secr. général du FPLE devenu FPDJ (Front pour la démocratie et la justice), au pouvoir depuis mai 1991, élu Pt par l'Assemblée nationale le 22-5-1993, réélu mai 1997. **Vce-Pt :** Mahmud Ahmed Sherifo. **Assemblée nationale :** 150 m. (du comité central du FPLE plus de 60 m.). **Fête nationale.** 24 mai (indépendance). **Drapeau** (adopté 24-5-1993). Triangles vert, rouge (au centre, branche d'olivier entourée d'une couronne de feuilles d'olivier dorées (autonomie), bleue (couleurs du FPLE).

■ **Économie. PNB** (en 1999) : 160 $ par hab. **Population active** (en %) **et,** entre parenthèses, **part du PNB** (en %) : agr. 70 (20), ind. 10 (19), services 20 (61). **Croissance** (en 1998) : 4 %. **Aide :** 80 % du PNB. **Agriculture. Production** (en milliers de t, 1999) : sorgho 80, p. de t. 38, légumes 35, maïs, millet. **Élevage** (en millions de têtes, 1999). Ovins 1,57, bovins 1,55, caprins 1,4. **Pêche** (en 1997). 978 t. **Mines.** Cuivre, or (inexploitées). Pétrole : réserves offshore et Dankalie. **Transports. Routes** (en 1996) : 4 010 km. Chemin de fer et route Asmara-Massaoua détruits par la guerre. **Chemin de fer** (117 km) rouvert 1997. **Aéroport :** Asmara. **Port** (Massaoua) : 550 000 t débarquées, 11 000 t embarquées. **Tourisme** (en 1997). 492 000 vis.

■ **Commerce** (en milliards de $). **Export./Import. :** *1997 :* 4,9/3,9 ; *95 :* 5,3/5 ; *98 :* 4,2/5,6 ; *99 :* 4,5/3.

ESPAGNE

Carte p. 1061. V. légende p. 950.

☞ *Abréviations :* B., b. : Basque(s), basque(s) ; E. : Espagne ; Esp., esp. : Espagnols, espagnol(e)(s).

■ **Nom.** De *Hispania* [pays des lapins (?)] nom donné par les Phéniciens. Les Grecs l'appelaient *Iberia* ou pays de l'Èbre (*Iber*), d'où l'expression « péninsule Ibérique » (Espagne et Portugal).

■ GÉOGRAPHIE

■ **Situation.** Europe. **Superficie :** 504 750 km². **Frontières** (en km) : avec France 623, Andorre 65, Portugal 1 214, Gibraltar 1,2, Maroc 15,9. **Altitude** *moyenne :* 660 m. 40 % de 500 à 1 000 m ; 20 % à plus de 1 000 m ; *maximale :* 3 718m. (pic du Teide aux Canaries). **Montagnes** (alt. maximales) : *Pyrénées :* pic d'Aneto (dans la Maladeta) 3 404 m, Peña de Cerredo 2 678 m, Espignette 2 453 m ; *cordillère Centrale :* El Moro Almanzor 2 550 m ; *sierra Morena :* Estrella 1 299 m ; *chaîne Ibérique :* plateau 1 500 m (moy.) ; *cordillères Bétiques* (800 km de longueur) : Mulhacen 3 478 m (point culminant de la péninsule Ibérique).

■ **Régions. Espagne atlantique :** région montagneuse de Galice et cordillère Cantabrique (prairies, pommiers) ; plateaux centraux [culture extensive du blé, culture irriguée près des grandes retenues fluviales (Badajoz, Jarama)]. **Méditerranéenne :** viticulture dans collines non irrigables, amandiers, oliviers, orge en *dry farming ;* horticulture dans *huertas* irriguées (Valence, Murcie) ; 1/3 de la surface en *montes* (steppe épineuse) : Andalousie, Levant, Aragon et Catalogne, sud-est de la Navarre. Région de Grenade plus froide et humide (forêts).

■ **Côtes.** 3 904 km (plus celles des îles Canaries 1 126 km et des Baléares 910 km). **Littoral méditerranéen :** 1 670 km ; *Pyrénées* (Costa Brava) : rocheuse et découpée ; *vers Barcelone :* basse et sableuse ; *près de Tarragone et Castellón* (Costa Dorada) : collines caillouteuses sans plages ni falaises ; *Valence* (Costa del Azahar) : basse et rectiligne ; *au sud du golfe de Valence jusqu'à Málaga* (Costa Blanca, Costa de Almería, Costa del Sol) : rocheuse et escarpée. **Atlantique** (1 367 km) : SUD : à l'ouest de Gibraltar : *région de Huelva :* basse, récifs avec dunes ; NORD : *Galice :* très découpée avec rias profondes ; *au sud du golfe de Gascogne* jusqu'à la frontière française : montagneuse, peu découpée, hautes falaises et plages de sable. *Littoral Cantabrique :* 867 km.

■ **Fleuves. Se jetant dans la Méditerranée :** Èbre 910 km (affluents : Aragon 197 km, Sègre 261 km), Jucar 498 km, Guadalaviar ou Turia 280 km ; **dans l'Atlantique :** Tage 1 007 km (dont 730 en E.), Duero 895 km, Guadiana 778 km, Guadalquivir 657 km, Miño 310 km ; **côte Cantabrique :** Nalon 129 km.

■ **Climats. Continental :** hiver très froid (– 21 °C à Avila), été très chaud (+ 47 °C à Badajoz) ; sécheresse accentuée, anticyclone saharien proche (pluies : min. 284 mm/an à Salamanque). **Méditerranéen :** tiers sud-est de l'E. ; pluies hivernales, sécheresse au printemps et en automne, orages d'été ; au maximum 339 mm de pluie à Carthagène, 14 jours de pluie par an. **Montagnard :** hiver très froid, été frais et relativement humide (chutes de pluie et de neige 2,5 fois plus faibles sur le versant esp. que sur le versant français). **Atlantique :** vents d'ouest, hiver humide et doux, été frais (max. St-Jacques-de-Compostelle, 1 655 mm et 176 j de pluie/an).

Moyennes annuelles	Températures (en °C)			Pluies
	moy.	max.	min.	en litres /m²
Nord-Ouest et Cantabrique	13,6	40,2	– 12,1	1 235,6
Duero et Centre	12,3	44,2	– 22,5	436,9
Catalogne et haut Èbre	14	42	– 25	604,4
Levant et Sud-Est	17,6	44,9	– 7,3	368,8
Estrémadure, Guadalquivir et Sud	17,4	47	– 10,4	526,7
Baléares	16,8	38,5	– 4	543,6

■ DÉMOGRAPHIE

■ **Population** (en millions d'hab.). *XVIe s. :* 16 ; *1768 :* 9 ; *99 :* 10,5 ; *1833 :* 12,3 ; *57 :* 16,5 ; *77 :* 16,6 ; *1900 :* 18,6 ; *20 :* 21,4 ; *30 :* 23,8 ; *40 :* 26,2 ; *50 :* 28,4 ; *60 :* 30,9 ; *65 :* 31,9 ; *70 :* 33,7 ; *75 :* 35,4 ; *80 :* 37,5 ; *85 :* 38,6 ; *90 :* 38,87 ; *95 :* 40,46 ; *2000 (est.) :* 39,8 ; *2025 (prév.) :* 37,1 **D.** 79.

Age (%) : *- de 15 ans : 1981 :* 27,5 ; *91 :* 19,5 ; *96 :* 16,2 ; *97 :* 15,53. *+ de 65 ans : 1942 :* 7,2 ; *91 :* 13,8 ; *97 :* 15,92 ; *2040 (prév.) :* 22,7. **Espérance de vie** (en 1998) : 78 ans. **Taux** (‰) : *accroissement naturel : 1993 :* 0 ; *natalité : 1946-50 :* 21,4 ; *56-60 :* 21,5 ; *66-70 :* 20,2 ; *76-80 :* 17,1 ; *94 :* 9,3 ; *98 :* 9. *Mortalité : 1946-50 :* 11,6 ; *75 :* 8,4 ; *83 :* 7,4 ; *87 :* 8 ; *95 :* 8,7 ; *98 :* 9 ; *infantile : 1975 :* 18,9 ; *87 :* 11 ; *98 :* 5,5. **Fécondité :** *1975 :* 2,8 enfants/f. ; *86 :* 1,5 ; *96 :* 1,24 ; *99 :* 1,07. **Naissances** (en 1999) : 377 809. **Taille moyenne** (hommes) : *1978 :* 170,8 cm ; *85 :* 172,3 cm. **Toxicomanie :** *1983 :* 93 † par overdose ; *91 :* 817. **Sida** (cas diagnostiqués) : *1997 :* 4 648 ; *98 :* 3 945.

Immigrants (en milliers et, entre parenthèses, irréguliers). *1990 :* 538 (132) dont Europe 297 (35), Amér. latine 88 (22), Afrique 85 (60), Asie 42 (12), divers 26 (3) [non compris 57 (mineurs, réfugiés politiques et travailleurs temporaires)]. *1999 (est.) :* 800 en situation régulière et 200 sans-papiers. *Depuis 1992,* nombreux clandestins africains (3 000 à 6 000 par an) traversant par 20 sur des barques plates *(pateras)* prévues pour 4 ou 5. Des centaines de noyés. *30-9-1999,* accord avec Maroc pour accueil de Marocains de – 45 ans (séjour max. 9 mois par an, période renouvelable chaque année).

☞ **Illégaux : 2000**-*11-1* loi de déc. 1999 en vigueur ; autorise une légalisation très permissive. *21-3 au 31-7* 224 959 demandes de régularisation dont (en %) Marocains 32,3, Équatoriens 12,9, Colombiens 7,7, Chinois 5,8, Roumains 4,6, Algériens 3,1. En 2000, 137 500 régularisés, 61 365 refusés et 27 751 menacés d'expulsion. Loi du 23-12-2000, en vigueur 23-1-2001, plus restrictive, autorise l'expulsion des illégaux dans les 48 h. **2001**-*1-1 (est.)* 120 000 à 250 000 illégaux.

Gitans. 500 000. *Chômage* 70 % ; *analphabètes :* hommes 40 %, femmes 70 %.

Étrangers résidents (en milliers). *1991 :* 360,6 ; *93 :* 430,4 ; *96 (juin) :* 526 dont Marocains 78, Anglais 66,6,

Allemands 43,9, Portugais 37,5, *Français 32,* Argentins 18,2, Américains 15,9, Philippins 10,6 ; *99 :* 700.

Émigration (en milliers). *Vers 1900-39 :* 100/an vers Amér. latine. *Vers 1960-70 :* 100/an vers Fr., All., Suisse. *1987 :* 17 (retours 10). *1989 :* retours dépassent départs.

Espagnols à l'étranger (en milliers, 1984). **Amérique :** 2 251 dont Argentine 750, Venezuela 650, Uruguay 400, USA 140, Mexique 90, Chili 80, Cuba 60, Canada 25, Colombie 20, Panama 18,Rép. dominicaine 18. **Europe :** 1 392 dont *France 650* (*1989 :* 350 plus nationalistes, 145 de 1970 à 86), Allemagne 250, Suisse 250, G.-B. 90, Belgique 80, P.-Bas 45, Portugal 12, Italie 9, Pays nordiques 6. **Reste du monde :** 228 (Australie 78).

■ **Langues. Statistiques :** *espagnol* ou *castillan (officielle)* (73 %) ; *basque* (3 %), *catalan* (24 %), *galicien* (parlé par 70 % des Galiciens), *aranais* (val d'Aran). **Espagnol :** du latin, il conserve les voyelles *a* et *o* après l'accent ; a gardé en grande partie le vocabulaire ; se distingue des langues romanes par l'élément arabe [1 300 mots d'origine arabe dont 800 commençant par l'article *al*, consonnes *z (ceta)* et *j (jota)*]. Peu de variétés régionales (sauf aragonais), le pays ayant été repeuplé après le XIIIe s. par des colons originaires de la même région : Castille, Léon. **Galicien :** langue romane du groupe portugais, fréquence du *ch* (écrit *x*), voyelles nasales *en, an, on* (écrites *e, ã, õ*), et maintien du son *ou* à la fin des mots (écrit *o*). **Occitan :** langue officielle dans le val d'Aran.

Nota. – 32 % de la population parle au moins une langue étrangère.

☞ En 1991, 320 millions de personnes parlaient espagnol dans le monde (dont Mexique 76,7, Espagne 40, Argentine 32, Colombie 29,6, USA 26,5, Venezuela 18,9). *Espagnol d'Amér. du Sud :* plusieurs variétés (argentin, péruvien, antillais).

■ **Villes** (en milliers d'hab., est. 1998). *Madrid* (capitale depuis 1561, auparavant Valladolid) *1560 :* 15 ; *1600 :* 60 ; *1723 :* 130 ; *1843 :* 217 ; *1990 :* 3 121 ; *95 :* 3 029 ; *96 :* 2 866 ; *98 :* 2 881,5 ; *99 (aggl.) :* 4 072. Barcelone 1 505, Valence 739, Séville 701, Saragosse 603, Malaga 528, Bilbao 358, Las Palmas 352, Murcie 349, Palma de Majorque 319, Valladolid 319, Cordoue 309, Vigo 283, Alicante 272, Gijon 265, La Corogne 243, Grenade 241, Vitoria 216, Oviedo 199, Santander 184, St-Sébastien 178, Pampelune 171, Burgos 161, Cadix 143, Tarragone 112. 75 % des habitants vivent en ville. **Distances de Madrid** (en km) : Cadix 656, Barcelone 620, Malaga 566, Palma de Majorque 546, Vigo 543, Séville 541, St-Sébastien 465, Pampelune 411, Alicante 410, Cordoue 401, Santander 395, Bilbao 394, Valence 356, Saragosse 322, Burgos 240.

■ Religions

Au cours des siècles, la terminologie espagnole distingua **4 groupes : 1°)** *cristianos :* chrétiens. *Mozarabes :* chrétiens vivant en territoire arabe. *Elches :* chrétiens convertis à l'islam (d'un mot arabe signifiant « renégat »). **2°)** *Moros :* musulmans. *Moriscos :* convertis au christianisme. *Mudéjares :* vivant en territoire chrétien et autorisés à vivre selon leur propre religion, moyennant tribut. **3°)** *Judios :* juifs. *Conversos :* convertis au christianisme (obligés de se convertir depuis fin XIIe s). **4°)** *Marranos :* péjoratif (de l'arabe « défendu », désignant à l'origine le porc, dont la viande était interdite aux juifs et musulmans), juifs et musulmans convertis au christianisme, mais continuant à pratiquer leur propre religion.

■ **Catholicisme.** N'est plus religion d'État depuis 1978 (Constitution). *Nouveau concordat* signé 3-1-1979. Le précédent (du 27-8-1953) accordait à l'Église de nombreux privilèges [exemptions fiscales, dispenses du service militaire ; le catholicisme (religion officielle) devait être enseigné dans les écoles]. *Richesses de l'Église :* terres agricoles 100 000 ha, patrimoine bancaire, immobilier (exempté d'impôt) et artistique. *En 1990,* l'État a mis fin à son aide (13,35 milliards de pesetas), les contribuables pouvant déduire (jusqu'à 0,5 % de leurs revenus) les sommes qu'ils verseront volontairement à l'Église. *Pratiquants* (en %) : *1970 :* 87 ; *91 :* 49.

☞ **En 1990 :** diocèses 67. Évêques 78 (dont 2 cardinaux, 12 archevêques, 55 évêques, 9 auxiliaires). *Paroisses* 22 305. *Prêtres* diocésains 20 441 (21 155 en 1986). Ordinations : 230 (187 en 1986). *Religieux* 27 786 (dont 15 965 prêtres). *Religieuses* 55 834. *Diacres* permanents 100. *Séminaires* (en 1991-92) 1 929.

■ **Protestants.** *1529 :* réprimés par l'Inquisition. *Vers 1900 :* 500 ; *1992 :* 360 000.

■ **Juifs. Histoire : XIe s** environ 50 000 juifs en E. musulmane. **XIIIe s.** 200 000 en Castille. **1391** de nombreux juifs demandent le baptême sous la contrainte après des massacres. **1479** *Inquisition* d'E. (autorisée par bulle de Sixte IV du 1-11-1478) [dirigée au début contre marranes (juifs pseudo-convertis) ; *1480 :* 1er tribunal à Séville ; *1483-98* confiée au dominicain Tomás de *Torquemada* (1420-98) : 2 000 exécutions ; *1808* abolie par Joseph Bonaparte ; *1814* rétablie ; *1834-15-7* suppression définitive ; total des condamnés : 30 000]. **1483** juifs expulsés d'Andalousie. **1485**-*16-9* Saragosse, l'inquisiteur dominicain Pedro de Arbues est assassiné. **1490**-*juin* Benito Garcia Converso, accusé de posséder une hostie consacrée, est arrêté. Avoue sous la torture avoir voulu revenir au judaïsme. **1492**-*31-3 édit d'expulsion des juifs :* ont 4 mois pour se convertir (100 000 à 150 000 conversions), ou partir (départs pour Italie 90 000, Moyen-Orient 90 000, pays du Nord 90 000, Fr. 30 000, Maghreb 30 000). Selon certains, seulement 80 000 juifs restèrent alors en E., 40 000 à 50 000 furent expulsés ; *-2-8* tout juif présent en E. est passible de mort. *-30-9* les cimetières juifs doivent être détruits. **1869**-*5-6* édit abrogé par Const. du 26-5 (puis en 1935 et 1968) : culte autorisé en privé. **1880** Angel Pulido (1852-1932) attire l'attention sur les centaines de milliers de descendants des expulsés dont beaucoup parlent encore espagnol. **1909** culte officiel autorisé. **1924**-*20-12* les *sefardim* (sefarades) prouvent leur origine peuvent retrouver la nationalité espagnole s'ils en font la demande avant le 30-9-1930. **1935** Rép. invite les juifs à rentrer. **1942** la Croix-Rouge esp. intervient en faveur des juifs internés, déportés, séfarades ou non. **1959**-*2-10 :* 1re réouverture d'une synagogue depuis 1492 (6 000 juifs pourront transiter par l'Esp.). **1964** 1er symposium d'études séfarades. Tolède, musée judéo-esp. inauguré. **1965** communauté de Madrid et Fédération des communautés retrouvent un statut légal. **1968** décret révoquant l'édit d'expulsion. **1986** ouverture d'ambassades en E. et Israël. **1992**-*31-3* Juan Carlos à la synagogue Beit-Yaakov de Madrid célèbre l'acte officiel d'abrogation de l'édit d'expulsion. **Nombre :** *1992 :* 15 000 (dont 70 % venus du Maroc à la fin des années 1950, 30 % d'All., Europe centrale, Moyen-Orient après 1939-40, Argentine depuis les années 1950). **Synagogues :** 5 à Madrid, Barcelone, Malaga, Ceuta et Melilla ; 3 converties en musées par l'État : 1 à Cordoue, 2 à Tolède. Des communautés juives gardèrent le *judéo-espagnol* ou *djudezmo* [castillan, ou luso-castillan, du XVe s. hébraïsé avec emprunt de mots turcs, roumains, bulgares, serbes et grecs] souvent confondu avec le *ladino* (vocabulaire espagnol à syntaxe hébraïque) retenu par les rabbins pour traduire les Écritures en restant proches du texte hébreu. En 1939, environ 80 000 personnes (plus de 33 % des Juifs des Balkans) utilisaient encore le judéo-espagnol.

■ **Musulmans. Du IXe s. au XIIe s.** l'islam prend la place laissée vacante par l'arianisme (religion officielle au VIe s., interdite au VIIe s.). **1502** et **1609** expulsion des derniers 300 000 « morisques ». **1996** environ 250 000.

■ Histoire

■ **Période prémusulmane. Avant J.-C. Époque magdalénienne (vers 12000)** chasseurs de rennes et bisons peuplent le nord-ouest de l'E. ; civilisation d'*Altamira* (peintures rupestres). **Néolithique (4000-2500)** civilisation « asturienne », consommation de coquillages sur les côtes et multiplication de monuments funéraires mégalithiques [plus de 500 dolmens et menhirs, dont ceux de *Pena* et *Izarra* (Santander) ; hauteur : 16,80 m]. **Chalcolithique (vers 2000)** centre de *Los Millares*, qui a donné son nom à la civilisation rayonnant en Europe. Base de départ du « peuple aux gobelets campaniformes », qui fonde des colonies de guerriers et de techniciens (archers). **Age du bronze (1800-1000)** le cuivre esp. est mélangé à l'étain des Cassitérides par les Ligures [qui occupent le pays (voir **France**, protohistoire p. 616 b), ancêtres des Basques ?]. **Vers 1000** débarquement des *Tartessiens* (d'origine libyenne). Civilisation de type égéen (villes de pierre, bijoux d'or). Ville principale : *Tartessos* (appelée *Tarsis* dans la Bible) à l'embouchure du Guadalquivir. Les Tartessiens possèdent la côte du sud-est au cap Nao. **Xe s.** les Phéniciens fondent *Gadès* (Cadix) et monopolisent le commerce du cuivre. **VIIIe s.** Aganthonios, roi de Tartessos, bat les Phéniciens et accueille des colonies grecques (de Samos, puis de Phocée-Marseille) [principales : *Ampurias, Ibiza, Torre del Mar* (Malaga), *Hemeroscopion* (Denia)]. **VIIe s.** *Ibères*, autre peuple libyque venu d'Afrique par Gibraltar, peut-être avant les Tartessiens ; avancés jusqu'au bassin inférieur de l'Èbre, ils se seraient peu à peu substitués à eux (leur langue a fourni de nombreux mots au basque) : cités de pierre, armes en fer, élevage du cheval, culture de la vigne et de l'olivier, apprise des Grecs. Villes principales : Elche, Indica, Sagonte. (*La Dame d'Elche,* statue trouvée le 4-8-1897, vendue au Louvre et restituée à l'Espagne en 1941, serait un faux sculpté 1 mois auparavant.) *A la même époque,* des Celtes (civilisation de Hallstatt) pénètrent au nord-ouest et fondent 3 provinces : la Galice, une autour de Salamanque et une au sud du Tage. Sur le plateau central, se mêlent aux Ibères, fondant la nation celtibérique. **VIe s. (vers 590)** Phocéens à *Ampurias.* Ibères colonisent Aquitaine et Septimanie, habitées par Ligures. Carthaginois fondent des ports rivaux de ceux des Grecs [capitales : Carthagène (Carthago Nova), Barcelone (Barcino), Alicante (Lucentum)], étendent leur domaine vers l'intérieur pendant 3 siècles, fondent Helia Edetana (Belchite) et Hemantica (Salamanque). Échec devant Sagonte en 226 av. J.-C. **306-218** Romains chassent Carthaginois puis conquièrent la péninsule sur les Celtibères qui résistent jusqu'en 133 (prise de *Numance*), puis révolte de Sertorius (80-73).

133 av. J.-C.-409 apr. J.-C. centre de la culture romaine, Cordoue *(colonia patricia romana Cordubensis),* la *2e Rome*, pouvant battre monnaie comme Rome et peuplée de patrices romains émigrés (devient la capitale de la *Hispania ulterior*, après Auguste, 13 av. J.-C.). 3 empereurs seront d'origine hispanique : Trajan, Hadrien et Marc Aurèle. **Vers 44** ou **62** martyre de l'apôtre Jacques le Majeur ou de Jacques le Mineur, qu'on aurait confondus (tombe découverte 820-830, reliques cachées 1589, redécouvertes 1879). **134-135** Hadrien installe 50 000 familles juives déportées de Palestine.

Après 300 : 4 provinces : *Lusitanie* [cap. Emerita (Mérida)] ; *Carthaginaise* (Carthagène) ; *Tarraconaise* (Tarragone) ; *Bétique* [Hispalis (Séville) et Cordoue]. **409** invasion d'ariens : Vandales (Germains) et Alains (non-Germains : Sarmates) qui fondent roy. d'*Andalousie,* puis passent en Afr. du Nord ; *Quades* (Germains occidentaux païens, confondus longtemps avec les Suèves) fondent en Galice un roy. (11 rois, 412-585), païen jusqu'à 450, catholique 450 à 465, arien 465 à 586 ; *Wisigoths* (Germains orientaux) ayant séjourné longtemps à Byzance, fondent un puissant roy. arien, cap. Tolède [dominent la péninsule, 25 rois de 409 à 711 ; civilisation caractérisée par mosaïques et orfèvrerie ; personnage principal : St Isidore de Séville (560-636)]. **Vers 554** l'empereur byzantin (cath.) *Justinien* chasse Wisigoths ariens du sud-est, jusqu'au Tage ; rétablit hiérarchie cath. **586** roi wisigoth *Récarède* reconnaît la suzeraineté impériale et se convertit au catholicisme (587) ; les *Quades* (ou *Suèves*) redeviennent cath. et se fondent dans le roy. gothique. **616** l'empereur Héraclius cherche à obtenir l'expulsion des juifs ; le roi *Sisebut* en fait convertir de force 90 000 et persécute les autres ; à cause de l'hostilité juive, les Byzantins doivent se replier sur Ceuta en Afr. du Nord (631). **631-709** nombreuses guerres civiles, d'origine religieuse : la noblesse arienne s'allie aux juifs contre les rois ; le chef arien *Wittiza* règne de 701 à 709, puis est tué par le roi cath. *Rodrigue.* **710-11** renversement des alliances : les fils de Wittiza, repliés à Ceuta, obtiennent contre Rodrigue l'appui du Cte byzantin *Olban,* dit Julian ; 5 000 Berbères (ariens ou musulmans), commandés par *Tarik,* débarquent à Gibraltar ; en 5 ans, avec l'aide des anticatholiques (juifs et ariens), ils s'établissent dans la péninsule [en 711 bataille du Guadelete (10/20-6) ; Rodrigue, battu, est tué près de Salamanque quelques mois après].

■ **Espagne musulmane. 716-56** émirats dépendant de Damas ; fréquentes guerres civiles. **756-929** émirat indépendant. **756**-*15-5* Pce *Abd al-Rahman* († 788), survivant de la dynastie des Omeyyades massacrée à Damas, bat les émirs de Saragosse à *La Alaméda* et se fait proclamer « émir » descendant des califes avec autorité sur toute l'E. ; ses 6 successeurs lutteront contre noblesse locale (dite « renégate », c.-à-d. ralliée à l'islam, en réalité restée attachée à l'arianisme) ; nombreux soldats arabes et mamelouks importés d'Orient. **929-1038** califat de Cordoue. **929**-*16-2 Abd al-Rahman III* prend le titre de calife (défenseur de la Foi et Pce des Croyants). Son petit-fils Hixem II (976-1016), surnommé *Almanzor* (« le vainqueur »), fait des raids contre chrétiens d'Asturie-Galice, détruisant St-Jacques-de-Compostelle en 997. **1038-90** anarchie des roitelets (en arabe : *taïfas*). L'empire d'Almanzor éclate en 15 principautés, toujours en guerre. Almamoun, taïfa de Tolède, laisse Alphonse VI de Castille prendre sa cité (25-5-1085). **1090-1140** *empire almoravide*. L'empereur marocain **Yusuf ibn Tachfin** (Berbère), chef des intégristes almoravides, débarque à Algésiras en 1090 et unifie les royaumes musulmans. Cap. : Grenade. **1145** son petit-fils Tachfin laisse l'empire se morceler en 5 royaumes de taïfas. **1147-1245** *empire almohade*. **1147** Abd al-Mu'min, Berbère, *imam* et *mahdi* des Almohades (fondés en Mauritanie vers 1120) devient sultan du Maroc et prend roy. almoravide de Grenade (Tachfin tué). Son 7e successeur, *Asrasid* (1236-45), dernier calife d'E., laisse l'empire divisé en 6 royaumes dont 5 (Valence, Séville, Niebla, Almeria et Murcie) sont pris par les chrétiens. **1245-1492** *roy. de Grenade*. **1245** Mohammed le Rouge (1238-72), fondateur de la dynastie des *Nazaris*, se reconnaît vassal du roi de Castille et commence l'Alhambra de Grenade. 11 successeurs dont *Yusuf III* († 1227) qui devient empereur du Maroc (Grenade prospère).

■ **Royaumes hispano-chrétiens. Aragon :** formé de 2 comtés pyrénéens : Ribagorza (navarrais de *925 à 1037*) et Aragon (transformé en roy. en *1035*). **1104 Alphonse Ier le Batailleur** (vers 1073/1134-sept., devant Fraga) ; roi d'Aragon et de Navarre (1109 épouse Urraca, héritière d'Alphonse VI de Castille, 1114 mariage déclaré nul par le pape) ; sous son règne, la superficie de l'Aragon passe de 6 000 à 54 000 km.. **1112** acquisition du Cte de Provence (échange contre Cerdagne et Narbonnaise 1168). **1118**-*19-12* reconquiert Saragosse ; **1119** Tuleda ; **1120** Calatayud. **1125** expédition en Andalousie et au Levant (libère plus de 10 000 mozarabes). **1134 Ramire II**, frère et successeur d'Alphonse Ier le Batailleur, roi d'Aragon. Marie sa fille de 2 ans, Pétronille, avec le Cte de Barcelone Raimond Bérenger IV, auquel il confie l'administration du royaume, et se retire dans un couvent. **1162** union avec Barcelone. **1213** participation à la guerre des albigeois, défaite et mort de Pierre II à Muret. **1281** conquête de la Sicile sur Angevins. **1287** « privilège d'union » accordé aux aristocrates, qui les rend maîtres de la monarchie. **1297** conquête de la Sardaigne. **1327 Alphonse IV** (1299/Barcelone, 1336) roi d'Aragon. **1348** aristocrates écrasés par Pierre IV à Épila, perdent privilèges. **1391** persécutions antijuives. **1440** conquête du roy. de Naples. **1460** domaines italiens déclarés inséparables de la Couronne d'Aragon. **1461** capitulation de Villafranca qui affranchit villes commerçantes de l'autorité royale (oligarchies urbaines). **1492** Barcelone-Aragon et Castille unis.

Asturies et Galice (718-909) : principauté fondée par le chef cath. Pelayo (720-37), neveu de Rodrigue (?). Son 10e successeur, Alphonse III, se proclame, en 909, « roi de León ».

Castille : 824 Cte dépendant du roi d'Asturie-Galice. **935** indépendance (Fernand Gonzáles). **1035** roy. de Castille (Ferdinand Ier) ; **1038** de Castille-León. **1072 Alphonse VI** (1040-1109, roi de Castille et de León), privé du León par son frère Sanche et réfugié chez l'émir de Tolède, s'empare de l'ensemble de l'héritage de Ferdinand Ier à la mort de Sanche et prend la Galice à son frère Garcia. **1085**-*6-5* prend Tolède (succès qui lui vaudra le titre d'*Hispania imperator*). **1086**-*23-4* Zallaca (Sagrajas) : Youssef ben Tachfin, chef almoravide, bat Alphonse VI. *A partir de* **1091** autres défaites. **1094** Cid Campeador (de l'arabe *sidi*, seigneur, et de l'espagnol *campeador*, champion) conquiert Valence. **1095** Alphonse VI de Castille donne le comté de Portugal en dot à sa fille bâtarde Thérèse lors de son mariage avec Henri de Bourgogne. **1108**-*mai* Uclès : armée castillane écrasée. **1139** Alphonse Henriques, fils d'Henri de Bourgogne et de Thérèse, prend le titre de roi du Portugal. **1135-57** Alphonse VII, fils d'un seigneur franc-comtois, porte le titre d'« empereur » (vassaux : rois chrétiens de Navarre, Aragon, Portugal ; roi maure Saïf ed-Daoula ; Ctes de Barcelone, Toulouse, Provence ; nombreux seigneurs français). **1157** Castille et León se séparent. **1179** *traité de Cazorla* : partage conquêtes futures entre Aragonais et Castillans ; au nord de Biar : Aragon, au sud : Castille. **1195** *Alarcos*, al-Mansour (Almoravide) bat Alphonse VIII. **1197-1210** trêve. **1212**-*16-7* victoire de *Las Navas de Tolosa* des rois chrétiens espagnols (Alphonse VIII de Castille, Pierre II d'Aragon et Sanche III de Navarre) coalisés sur les Almohades, réduisant à l'Andalousie les territoires arabes (armée surtout française par solidarité avec le roi franc-comtois de Castille, Alphonse VIII). **1217** Henri Ier de Castille meurt. Sa sœur, Bérengère, renonce au trône en faveur du fils qu'elle a eu d'Alphonse IX de León, Ferdinand III, dont elle est séparée. **1230** Castille et León réunis. **1340** *Rio Salado* : Alphonse XI bat Mérinides et Grenadins. **1364-68** intervention dans la guerre de Cent Ans : dynastie anglophile (Pierre le Cruel) vaincue et remplacée par les Trastamare, alliés aux Français (victoire de Du Guesclin à Montiel 1368). **1369** Pierre Ier le Cruel assassiné par son frère et successeur Henri II de Trastamare. **1385**-*14-8* Portugais battent Castillans à Aljubarrota. **1388** paix avec l'Angleterre à Trancoso. Prévoit le mariage d'Henri, petit-fils d'Henri II et futur Henri III, avec Catherine de Lancastre, petite-fille de Pierre Ier, et l'attribution aux jeunes époux du titre de Pces des Asturies qui devient l'apanage des héritiers du trône de Castille. **1454** Henri IV (nov. 1425/12-12-1474) ép. Jeanne de Portugal dont Jeanne prétendue adultérine ; Henri désigne son demi-frère Alphonse († 1468) comme successeur.

Reconquête. Amorcée 722, bataille de Covadonga. *Navarrais :* Calahorra 1035 ; *Aragonais :* Barbastro 1064 (avec les Français de Guillaume de Montreuil), Huesca (cap. provisoire) 1096, Tudela 1110, Saragosse (cap.) 1118, Monzón 1143, Teruel 1171, Cuenca 1177 ; *Catalans et Aragonais fusionnés :* Baléares 1229-35, Valence 1238 ; *Castillans :* Tolède 1085 (cap.), Valence (conquête éphémère par le Cid 1096), Cordoue 1236, Murcie 1248, Séville 1248, Cadix 1263 ; *Rois catholiques :* Grenade 1492.

Catalogne ou **Gotolonia (« pays des Goths ») : 716-778** seigneuries wisigothiques ariennes ayant résisté aux musulmans dans Pyrénées. **778** ralliées à Charlemagne. **820** leur marquis carolingien [à Gérone (785), puis Lérida (800), Barcelone (801), Tortosa (811)] devient Cte héréditaire de Barcelone.

Navarre : 710 duc carolingien d'Aquitaine, Loup Ier, se proclame duc des Navarrais. **825** Iñigo Arista, montagnard basque, se proclame « roi de Pampelune ». **Vers 850** son fils (ou petit-fils ?), Garcia Iñiguez, devient roi de Navarre. **905** réunie à l'Aragon. **1029** Sanche III de Navarre prend possession du comté de Castille au nom de son épouse Munie-Elvire, sœur de Garcia II Sanchez ; **1032** prend terres relevant de Bermude III de León ; **1034** en occupe la capitale. **1035** par testament du roi en faveur de ses fils, la Navarre est divisée : Garcia obtient la Navarre, Ferdinand la Castille, Ramire l'Aragon, Gonzalve le royaume de Sobrarbe. **1234** passe à des seigneurs français (Thibaud de Champagne) ; **1284-1328** aux rois de Fr. (titrés « de France et de Navarre ») ; **1328** aux Valois-Évreux, puis à d'autres familles françaises. **1512** conquête par les rois cath.

■ **Espagne réunifiée. 1469 Ferdinand II d'Aragon** (roi à partir de 1479) **et V de Castille** [(10-3-1452/23-1-1516) ; fils de Jean II d'Aragon (1397-1479), et de Jeanne Enriquez (1425-68)] héritier de l'Aragon, Sardaigne-Sicile ; ép. 1°) 19-10-1469 **Isabelle Ire de Castille** (22-4-1451/26-11-1504) [fille de Jean II de Castille (1405-54) et de sa 2e épouse ; *1468* fait valoir à Henri IV son demi-frère, qu'ayant épousé sa cousine germaine sans dispense pontificale, son mariage est invalide et que sa fille Jeanne est illégitime ; Henri déshérite sa fille ; *1474* se proclame reine de Castille à la mort d'Henri IV ; dite *la Catholique*. Sa procédure de béatification, prévue pour 1992, a été suspendue en mars 1991]. 2°) Germaine de Foix, nièce du roi de France ; union personnelle de Castille et Aragon. **1474-79** lutte contre les partisans de Jeanne aidés du Portugal. **1479** Jeanne enfermée dans un couvent. **1483** Inquisition en Aragon. Thomas de Torquemada (1420-98), dominicain, est inquisiteur général. **1492**-*2-1* Ferdinand II et Isabelle Ire entrent dans Grenade. *Fin de la reconquête. -31-3* édit d'expulsion des juifs. *19/30-4* capitulation de Santa Fé, souverains espagnols s'engagent à soutenir l'expédition de Christophe Colomb. **1493**-*4-5* par la bulle *Inter Caetera*, le pape Alexandre VI délimite les zones d'influence de l'E. et du Port. sur les conquêtes futures (ligne tracée à 100 lieues à l'ouest des Açores). **1494** Ferdinand et Isabelle reçoivent d'Alexandre VI le titre de *Rois catholiques*. *-7-6 traité de Tordesillas* Ferdinand et Isabelle/Jean II de Portugal : déplace à 370 lieues à l'ouest des Açores la ligne tracée par Alexandre VI ; accorde au Port. toute terre découverte à l'est de la ligne et à l'E. toute terre découverte à l'ouest.

1504-*nov.* **Jeanne la Folle** (6-11-1479/2-4-1555), fille d'Isabelle Ire et de Ferdinand II. [Ép. 1496 Philippe Ier le Beau (2-7-1478/25-9-1506), archiduc d'Autriche.] Reine de Castille à la mort de sa mère. Son père Ferdinand qu'Isabelle, connaissant le déséquilibre mental de sa fille, avait nommé régent de Castille est chassé par Philippe Ier. **1506**-*25-9* Philippe Ier meurt. Jeanne, déjà déséquilibrée, refusant de croire son mari mort, traite son cadavre comme un corps vivant, le promenant en litière, le couchant dans le lit nuptial, l'habillant et le déshabillant ; **1509**-*5-5* enfermée au château de Tordesillas ; son père, Ferdinand, assure la régence. *-Mai* conquête d'Oran, expédition du cardinal Cisneros (commandant Pierre de Navarre). **1510**-*janv.* Ferdinand le Catholique envoie Pierre de Navarre en Afrique. Bougie (Algérie) occupée ; rois d'Alger, de Tunis et Tremecen se rendent tributaires du roi d'Espagne. **1512** Navarre reconquise. **1513** Conseil des Indes créé (*1521* Charles Quint « roi des Indes et des terres fermes de la mer Océane » ; vice-royautés : Mexico *1536*, Pérou *1543*, Nlle-Grenade *1719*, La Plata *1776*). **1516** reine d'Aragon à la mort de son père.

1516-*janv.*/**1556 Charles Ier de Habsbourg (Charles Quint** après 1519 ; Gand 25-2-1500 à 3 h 30/21-9-1558), fils de Jeanne la Folle et de Philippe Ier le Beau [souverain des P.-Bas depuis 1506 (à la mort de Philippe) sous la régence de sa tante Marguerite d'Autriche, émancipé 5-1-1515 ; régnera sur 1 500 000 km² avec + de 45 millions d'hab.] ; **1516**-*14-5* à Bruxelles, proclamé roi des Espagne et des Deux-Siciles et souverain des Amériques ; **1517** arrive en E. avec nombre de Belges et Flamands qui seront mal vus. **1518 guerre des Communes** *(comuneros)* [chef : Juan de Padilla (1490-1521, décapité)] ; *motifs proches :* peuple irrité contre prédominance flamande dans les cadres politiques de l'E. ; *lointains :* 1°) attachement des villes aux libertés locales *(fueros)* ; 2°) colère des pauvres contre « magnats ». *Déroulement :* **1518** soulèvement du roy. de Murcie et des grandes villes de Castille (Tolède, Ségovie, Zamora, Burgos, Madrid, Avila, Guadalajara, Sigüenza, Cuenca, etc.). **1519** Charles Ier élu empereur des Romains d'Allemagne sous le nom de *Charles V* ou *Charles Quint*. Impériaux incendient Medina del Campo ; Sainte Junte *(Junta santa)*, réunie à Avila, prend Valladolid et Tordesillas. *-Déc. : Germanía* (fraternité), mouvement populaire à Valence : les nobles fuient. **1519-21** Hernán Cortès conquiert Mexique. **1520** le mouvement gagne tout le roy. de Valence, puis Majorque ; l'aristocratie favorable jusque-là aux *comuneros* prend parti pour impériaux. **1521**-*23-4* connétable Inigo de Velasco écrase communaux à Villalar. *-18-7* duc de Segorbe écrase les *agermanados* à Almenara. **1522**-*19-5* un imposteur visionnaire, se prétendant le fils de don Juan et de Marguerite de Flandres, est exécuté. **1523** Majorque reconquise par impériaux, chefs rebelles exécutés. **1525**-*4-4* édit proclamant l'unité religieuse du royaume. *-Fin* décret général d'expulsion pour les non-baptisés. En fait, les morisques conservent leurs coutumes et leur foi, parlant un *algarabia* devenu notre « charabia ». **1526** Charles Quint ép. Isabelle de Portugal (1503-39) ; **1530** couronné empereur à Bologne. **1542** Conseil des Indes établi. **1552** Bartolomé de Las Casas (1474-1566), dominicain, publie la *Très Brève Relation de la destruction des Indes*, dénonciation des abus des colons. **1555**-*25-11* au palais de Candenberg près de Bruxelles, Charles Quint laisse à son fils Philippe, nommé duc de Bourgogne, les affaires des Pays-Bas esp. **1556**-*3-2* Charles Quint, abdications : en Espagne, au profit de son fils Philippe ; dans l'Empire, de son frère, qui devient l'empereur Ferdinand Ier ; *-13-9* s'embarque à Flessingue et se retire le 3-2-1557 au monastère de Yuste, où il mourra le 21-9-1558.

1556-98 Philippe II [(21-5-1527/13-9-1598) ; fils de Charles Quint et d'Isabelle de Portugal] ép. 1°) Marie de Portugal (1527-45) fille de Jean III ; 2°) 1554 Marie Tudor (1516-58) reine d'Angl. 1554-58 ; 3°) Élisabeth de France (13-4-1545/3-10-1568) ; 4°) 1570 Anne d'Autriche (1549-80) fille de l'empereur Maximilien II ; régent depuis 1543, laisse l'Empire à son oncle (Ferdinand, investi mars 1558) ; garde E., Amérique, P.-Bas et possessions d'Italie. **1558**-*21-9* mort de Charles Quint (le 30-8, avait assisté à sa

Grands traits de la politique

1°) Avant la réunification : après 1252 (conquête totale du roy. de Valence par la monarchie catalano-aragonaise) : les Castillans continuent à lutter contre les infidèles pour conquérir le roy. de Grenade, au besoin en s'alliant avec les nations chrétiennes (en fait, la France) et avec la papauté ; les rois de Castille, d'origine franc-comtoise, gardent le souvenir de l'empire castillan du XIIe s. et songent à réunifier la péninsule. Aragonais-Catalans-Valençais cherchent à échapper à leur tutelle et à s'étendre dans le bassin méditerranéen : Midi français, Italie, Grèce. La Navarre s'appuie sur les Français pour se défendre contre ses voisins.

2°) Sous les rois catholiques : reconquête sur les infidèles en Afrique (1480-97 : expéditions au Maroc et en Algérie, conquête de Melilla). Agrandissements en Cerdagne-Roussillon et Italie. Conquête des Canaries (1477). *Découverte de l'Amérique* (1492).

3°) Héritage bourguignon : l'arrivée sur le trône des Habsbourg, héritiers des ducs de Bourgogne (c.-à-d. essentiellement des Pays-Bas), modifie la politique. Charles Quint aspire à la suprématie mondiale afin d'imposer un ordre catholique. Principal adversaire : la France.

4°) Philippe II : ayant renoncé à l'All. mais pas aux Pays-Bas (héritage bourguignon), ni à l'Italie (tradition aragonaise), combat la Fr., puis l'Angl. séparée de Rome. Il continue la lutte contre les Nord-Africains et annexe le Portugal.

5°) Décadence : perte de l'Armada (1588), sécession des Pays-Bas. L'Espagne, sur la défensive en Méditerranée, veut compenser par des acquisitions ponctuelles ce qui a été perdu. Ainsi, Charles II (dernier Habsbourg d'E.) choisit un Bourbon comme héritier : la force du royaume de France doit permettre de maintenir dans l'ensemble l'héritage de Philippe II.

6°) Alliance française : le « *pacte de famille* » (15-8-1761) entre Bourbons de Fr. et d'E. permettra à ceux-ci de restaurer leur puissance (récupérations territoriales en Italie et Amér. du Nord). Après la chute des Bourbons, Charles IV choisit de rester l'allié de la Révolution et de Napoléon. Mais l'arrestation du pape Pie VII (5-7-1809) scandalise l'E., qui retourne à la politique cath. et antifrançaise.

7°) Fin de l'Empire d'outre-mer : révolte des colonies d'Amérique (fomentée par Angl. en 1820, puis USA en 1898). L'E. se replie (abandon d'alliances, y compris avec Fr.). Elle veut refaire sa force, pour garder ses idéaux (notamment la foi cath.), et reste neutre pendant les 2 guerres mondiales.

8°) Renouveau contemporain : après les progrès technologiques, financiers et démographiques des années 1960-80, l'Espagne souhaite : *1°)* prendre la tête des nations hispanophones (mais la tradition anticolonialiste la rend impopulaire) ; *2°)* s'intégrer aux démocraties industrialisées (alliance avec USA, entrée dans l'UE).

Or. *Conquistadores :* partis à la recherche de l'or, certains pour évangéliser de nouvelles terres. *Cycles de l'or : 1er : 1510-15* exploitation avec la « batea » (le tamis) ; *2e : 1551-60* or des mines de Buritica (actuelle Colombie), orpaillage. **Argent.** *Années 1520* apparaît ; *1561* l'emporte sur l'or [extraction par amalgame avec le mercure importé des mines d'Almadén (E.) ; exploitation des mines de Zacatecas (Nlle-E.)] ; *1575* production importante au Mexique, puis au Pérou. *Quantités importées : 1503-1660* d'Amérique 181 à 300 t d'or et 16 887 à 25 000 t d'argent.

LES GRANDES DÉCOUVERTES

Voir **Découvertes** et **explorations,** p. 87 c.

Amérique du Nord et du Centre. Christophe Colomb (Gênes 1451-1506 ; père guetteur puis tisserand). **Vers 1471** apparaît à Lisbonne. **1492**-*3-8* s'embarque à Palos avec 80 personnes sur 3 caravelles *(Santa Maria, Niña, Pinta)* ; *-11-10* débarque en Amérique ; *-12-10* île de Guanahani (Watling), archipel des Bahamas ; *-28-10* Cuba ; *-6-12* St-Domingue (Hispaniola). **1493**-*25-9/27-12* : 2e voyage vers St-Domingue. **1494**-*5-5* arrive à la Jamaïque. **1496**-*10-3/11-6* retour de Colomb. **1497**-*30-5/31-8* : 3e voyage de Colomb à St-Domingue. **1500**-*25-11* Christophe Colomb, tentant de défendre les Indiens contre mauvais traitements, est ramené chargé de fers, avec son frère et son fils Diego. **1502**-*11-5* : 4e et dernier départ de Colomb. **1502-04** isthme de Panamá. **1503**-*juin* Colomb échoue à la Jamaïque. **1504**-*7-11* retour de Colomb. **1506**-*20-5* meurt à Valladolid (de la goutte ?). Enterré à la Cartuja de Séville. **1541** transféré dans la cathédrale de St-Domingue où ses descendants légitimes ont fait souche [*1795* St-Domingue attribuée à la Fr., l'E. rapatrie le corps à la cathédrale de La Havane. *1898* l'E. ayant perdu Cuba, le min. de la Justice, descendant de Colomb, rapatrie le corps en E. ; *vers 1940,* le gouv. dominicain prétendra avoir découvert la vraie caisse contenant ses restes (en 1795, les Esp. auraient confondu ceux-ci avec ceux de son fils Diego].

Autres explorateurs : 1507 *Martin Alonso Pinzón* († 1493) et *Juan Díaz de Solís* († 1516) découvrent Yucatán. **1508** *Ocampo* fait le tour de Cuba. **1513** *Vasco Nuñez de Balboa* (vers 1475-1519) traverse Panamá, découvre le Pacifique (décapité pour insubordination 1517 à Acla, au Panamá). **1512** *Ivan Ponce de León* (vers 1460-1521) : Floride. **1518** *Juan de Grijalba* (vers 1489-1527) et *Hernández de Cordoue :* Campeche et Tabasco (Mexique). **1518-19** *Alvarez de Pineda :* tour du golfe du Mexique. **1519-21** *Pedro de Alvarado* (vers 1485-1541), sur ordre de Hernán Cortés : côte mexicaine du Pacifique. **1524-26** *Esteban Gomez :* côte de l'Atlantique Nord jusqu'au cap Hatteras (Caroline du Nord, USA). **1530** *Guzmán :* Arizona, Nouveau-Mexique. **1536** *Hernán Cortés* (1485/2-12-1547) : basse Californie. **1542** *Rodriguez Cabrillo :* baie de San Francisco.

Amérique du Sud. 1499 *Alonso de Ojeda* (1468-70/1515-16) : embouchure de l'Amazone et Guyane. **1508** *Diaz de Solis* et *Pinzón* : côtes de l'Argentine vers 40o de lat. S. **1515** *les mêmes :* côtes de l'Argentine plus au nord (La Plata). **1520** *Magellan* [Fernando de Magallanes (vers 1480/27-4-1521), Portugais au service de l'E. parti de Séville 15-8-1519] : détroit de Magellan, Terre de Feu. **1524** *Pizarro* (vers 1475/26-6-1541, assassiné par le fils de son rival Almagro qu'il avait fait étranger) : Pérou. **1533** *Sebastian Mayano de Belalcazar* (1480-1551) Quito, Chili. **1531-34** Pérou, Pizarro conquiert l'Empire inca. **1539** Almagro : río Maule, au sud du Chili. **1539-41** *Francisco de Orellana* († 1546) : descente de l'Amazone du Pérou à l'Atlantique.

Terres du Pacifique. 1521 *Magellan : -6-3* îles Mariannes ; *-31-3 :* Mindanao [(Philippines) ; y est tué le 27-4 à Mactan]. **1522** *Ivan Sebastian Elcano* (vers 1476-1526) ramène en E. la flotte de Magellan. **1564** *Legazpi,* parti des côtes mexicaines : Cebu (Philippines). **1569** *Pedro de Valdivia* (1500-54) conquérant du Chili, dépecé vivant par des anthropophages. **1570** Luçon (Philippines).

Principales routes maritimes espagnoles. Transatlantiques (départ de Séville jusqu'en 1600 ; de Cadix ensuite). Direction sud jusqu'aux Canaries ; traversée de l'Atlantique au 28e parallèle (alizés). Dans les Antilles : *a)* flotte de terre ferme : Carthagène (Colombie), Panamá, La Havane ; *b)* flotte de Nouvelle-Espagne (Mexique), La Havane. Les 2 flottes reviennent ensemble par Floride et Açores. **Pacifiques** [reliées à celles de l'Atlantique par l'isthme de Panamá et le Mexique (Acapulco)] : *a)* Pérou-Panamá (route de l'argent) ; *b)* Acapulco-Philippines (Manille) ; retour par Japon et Californie (vents d'ouest).

Nota. – Il n'y avait pas de liaisons directes Espagne-Philippines par l'océan Indien.

Conséquences des découvertes. 1o) L'E. devient la 1re nation du monde : assise territoriale, puissance économique (commerce des produits coloniaux : canne à sucre, maïs, haricots, pommes de terre, tabac ; exploitation des nouvelles terres) ; financière (70 % des réserves monétaires métalliques) ; tonnage de la flotte (en comptant la flotte hollandaise). Mais pas de suprématie démographique (disparition des Indiens). **2o)** L'E. se dépeuple, l'expansion vers Italie et Afrique du Nord s'arrête. **3o)** L'activité économique se tarit : terres en friche ; industrie paralysée par la baisse démographique. **4o)** La monarchie, qui dispose des ressources américaines, n'a plus besoin des subsides votés par les provinces et les villes et devient absolue. **5o)** Les Hollandais, sujets esp. lors des découvertes, profitent du régime colonial pour s'enrichir plus que les Esp. Ils deviendront indépendants. **6o)** Les Anglais deviennent les rivaux des Esp.

---

propre messe de requiem). **1561** Madrid capitale de l'E. (auparavant, Valladolid et Tolède). Autodafé de Séville contre protestants, échec définitif de la Réforme. **1568** début de la guerre des Quatre-Vingts Ans aux Pays-Bas esp. *-16-7* don Carlos (né 8-7-1545), fils de Philippe II et de Marie, meurt en prison ; violent, jugé inapte à régner, il aurait dû épouser Élisabeth (que Philippe, veuf, se garda) ; son père voulant l'écarter du trône, il complota avec les Pays-Bas révoltés et fut condamné ; il aurait eu une liaison avec Élisabeth. Soulèvement des morisques à Grenade. **1570**-*5-11* guerre contre morisques officiellement terminée (en fait, mars 1571) ; après campagnes de don Juan d'Autriche, fils naturel de Charles Quint, morisques déportés en Castille (insoumis émigrent vers l'Afrique). **1572**-*mars* les provinces calvinistes du nord des Pays-Bas esp. se soulèvent et choisissent Guillaume d'Orange comme chef. Don Diego de Espinosa, cardinal et inquisiteur d'E., Pt du conseil royal de Castille ; frappé de disgrâce, tombe en syncope. Sous prétexte de l'embaumer, on l'achève en lui ouvrant le ventre. **1574** Turcs reprennent Tunis aux Esp. **1576** crise économique et banqueroute. Sac d'Anvers par Esp. et pacification de Gand. Guillaume d'Orange fait sécession d'avec l'E. **1578** don Juan d'Autriche, vainqueur à Lépante, meurt à 33 ans à Bouges (Belg.) d'une fièvre maligne ou d'un empoisonnement. **1579**-*6-1* Alexandre Farnèse conserve à l'E. les provinces catholiques des Pays-Bas ; Artois, Flandres, Hainaut et Wallonie forment l'*Union d'Arras.* **1580-1713** *union avec Portugal* (en rébellion 1640). **1585-98** Philippe II, protecteur de la *Sainte Ligue* (cath.) en Fr., cherche à faire donner la Couronne de Fr. à sa fille Isabelle [*1588* complot avec Cazaulx à Marseille ; *1589* Mercœur en Bretagne ; *1590* occupation de Paris (par Alexandre Farnèse) ; *1592* Rouen ; *1593* les états généraux français refusent la candidature d'Isabelle ; *1595* défaite de Fontaine-Française ; *-16-1* la France déclare la guerre à l'E. ; *1598-2-5 traité de Vervins :* Philippe II reçoit le Charolais]. **1587**-*6-1* l'Anglais Drake pille Cadix. **1588** perte de l'*Invincible Armada* [65 vaisseaux (sur 7 000 marins et 19 000 soldats, commandés par le duc de Medina Sidonia, 12 000 †) contre 197 vaisseaux anglais] ; déclin amorcé [guerre à Elizabeth d'Angl. « qui favorisait l'hérésie » (P.-Bas)]. **1589-90** peste et famine en Catalogne. **1594** famine en Castille. **1596** l'Anglais Raleigh prend Cadix. **1597-1602** épidémie de peste. **1598**-*13-9* Philippe II meurt après une agonie de 53 jours. Peu avant de mourir, il a cédé P.-Bas, Franche-Comté et Charolais à sa fille, Isabelle-Claire, qui doit épouser l'archiduc Albert de Habsbourg quand celui-ci aura abandonné la pourpre cardinalice.

1598-*13-9* **Philippe III** (14-4-1578/31-3-1621), fils de Philippe II et d'Anne d'Autr. ; épouse 1599 Marguerite de Styrie (1584-1611 ; 8 enfants). Duc de *Lerma* (1550/17-5-1625) principal ministre. **1599** raréfaction de l'argent ; monnaie de *vellón* (billon) frappée jusqu'au 8-5-1626. **1604** paix avec Angleterre. **1609**-*9-4* trêve de 12 ans avec Provinces-Unies. *-22-9* édit : expulsion de 300 000 morisques d'Andalousie et d'Aragon (achevée mars 1612). **1612** mariages arrangés des enfants de Philippe III : l'infante Anne d'Autr. avec Louis XIII, l'infant Philippe avec la sœur de Louis XIII. **1615 traité d'Asti** E./Savoie. **1618**-*4-10* disgrâce et renvoi de Lerma. Son fils, le duc d'*Uceda,* lui succède aux affaires. **1621**-*31-3* Philippe III, relevant de maladie et indisposé par la chaleur d'une cheminée, demande que l'on éteigne le feu ; le Mis de Pobar refuse car c'est au sommelier, le duc d'Uceda, à le faire, or il est absent ; le roi est alors pris d'une fièvre qui l'emporte.

1621-*31-3* **Philippe IV** (8-4-1605/17-9-1665), frère de Philippe III ; épouse 1o) 1615 Élisabeth de France (1602-44, fille d'Henri IV) ; 2o) 1649 Marie-Anne d'Autriche (1635-96). **1621-43** gouv. d'un favori, le comte-duc d'*Olivares* [Gaspar de Guzmán (6-1-1587/22-7-1645), Grand d'Espagne en 1621]. **1621** état de guerre avec Hollande. **1622**-*7-10* Zuniga meurt. Olivares entre au Conseil d'État. **1625**-*1/6-11* échec du débarquement anglo-hollandais à Cadix. **1627**-*20-3* alliance avec Fr. contre Angleterre. *-Déc.* intervient dans la succession de Mantoue. **1630**-*15-11* paix avec Angleterre. **1636** l'E. entre dans la guerre de Trente Ans. **1639**-*21-10* l'amiral hollandais Tromp bat flotte esp. de l'amiral Oquendo devant Douvres. **1640**-*10-8* Français prennent Arras aux Esp. *-16-12* Catalogne fait sécession et s'allie avec la France. **1642** échec des complots espagnols contre Richelieu. *-7-10* défaite esp. à Lérida devant les Français. **1643**-*17-1* disgrâce d'Olivares [remplacé par son neveu *Luis de Haro* (1598-1661)]. *-19-5* Condé bat les Esp. à Rocroi. **1648**-*31-1 paix de Münster ;* fin de la guerre de Quatre-Vingt Ans ; l'E. reconnaît les Provinces-Unies. *-14-10 traité de Westphalie,* perd P.-Bas néerlandais. **1649-52** peste en Aragon, Catalogne, Levant et Andalousie. **1656** Catalogne soumise. **1658**-*14-6* bataille des Dunes, Turenne bat Esp. **1659**-*7-11 traité des Pyrénées* Luis de Haro/Mazarin (victoire de la Fr.). **1660**-*9-6* l'infante Marie-Thérèse (1638-83) épouse Louis XIV, roi de Fr. **1665** autodafé de Cordoue. *-17-9* Philippe IV meurt.

1665-*sept.* **Charles II** (6-11-1661/1-11-1700), fils de Philippe IV et de Marie-Anne d'Autriche, épouse 1o) 1679 Marie-Louise d'Orléans [1662-89, empoisonnée (?) par Olympe Mancini, Ctesse de Soissons, à l'instigation de l'Autriche craignant son influence] ; 2o) 1690 Marie-Anne de Neubourg (1667-1740), sans postérité. Fin du *siècle d'or espagnol.*

■ **Maison de Bourbon (1700-1808). 1700**-*nov.* **Philippe V** (19-12-1683/9-7-1746), duc d'Anjou, petit-fils de Louis XIV ; épouse 1o) 11-9-1701 Marie-Louise de Savoie (1688-1714) ; 2o) 16-9-1714 Élisabeth Farnèse (1692-1766). **1701**-*18-2* arrive au Buen Retiro. *-14-4* entrée solennelle à Madrid. **1701-14 guerre de la Succession d'Espagne :** Charles de Habsbourg (futur empereur Charles VI) est reconnu roi d'E. par Catalans et Aragonais. Les Castillans prennent parti contre lui et les Catalans. **1702**-*14-5* guerre déclarée par l'empereur Léopold Ier, les Provinces-Unies et l'Angl. qui redoutent que la France n'exploite le commerce des Indes. **1703**-*12-9* Vienne, Léopold Ier et l'archiduc Joseph renoncent à leurs droits au trône d'E. en faveur de l'archiduc Charles que l'empereur proclame sous le nom de Charles III. **1706**-*25-6* Das Minas et Galloway entrent à Madrid. *-27-6* Charles est proclamé roi ; *-29-6* proclamé aussi à Saragosse. *-5-8* Madrid revient à Philippe V. **1707**-*25-4 Almansa,* Espagnols commandés par Berwick et Français battent Anglais et Portugais ; blessés : Das Minas et Galloway (perd un œil). Duc d'Orléans, envoyé par Louis XIV pour commander l'armée franco-esp., arrive 24 h après ; *-6-5* entre dans Valence ; *-26-5* reprend Saragosse ; envahit Catalogne et assiège *Lérida* qui tombe. **1710**-*27-7 Almenara,* défaite. *-20-8* près de Saragosse, défaite. Philippe V part pour Valladolid. *-28-9* les Alliés occupent Madrid. L'envoi annoncé de troupes de secours par Louis XIV inquiète les Alliés, qui évacuent Madrid. *-3-12* Philippe V y rentre. *-9-12* Vendôme bat l'Anglais James Stanhope à Brihuega ; *-10-12* près de Villaviciosa, bat Autrichiens (sur 11 500 h. : 2 800 †, 5 600 prisonniers). Stahrenberg perd artillerie, bagages et drapeaux et s'enfuit. **1711**-*17-4* l'empereur Joseph Ier meurt. *-27-9* Charles, son frère, quitte Barcelone, laissant comme régente sa femme, Isabelle Christine de Wolfenbüttel. *-8-10* préliminaires de Londres. *-12-10* Charles est élu empereur sous le nom de Charles VI. **1712**-*29-1 Utrecht,* congrès pour paix France/G.-B. *-12-2* mort de la dauphine ; *-18-2* du dauphin (ancien duc de Bourgogne) ; *-8-3* du duc de Bretagne (dauphin seulement quelques semaines). Philippe V n'est plus séparé du trône de France que par le futur Louis XV (né 1710) et le duc de Berry (qui mourra 4-5-1714) mais il refuse de quitter l'E. Pour conserver ses droits, il aurait dû retourner à Versailles comme simple petit-fils de France ou accepter un échange avec Victor-Amédée II, duc de Savoie, qui serait venu régner sur l'E. et les Indes, Philippe V obtenant les États de Savoie et la Sicile ; *-29-5* il refuse. *-17-7* armistice franco-anglais. *-5-11* devant les Cortes et lord Lexington (envoyé anglais), *Philippe V renonce à ses droits à la Couronne de Fr.* pour lui-même et ses descendants. A Paris, sa renonciation est enregistrée au Parlement en présence de lord Shrewsbury, avec celles du duc de Berry et du duc d'Orléans au trône d'E. En cas d'extinction de la descendance de Philippe V, le duc de Savoie monterait sur le trône d'E. Cette loi « faisait passer avant les infantes tous les descendants mâles de Philippe V, en ligne directe ou collatérale, à la seule condition qu'ils fussent nés sur le territoire du royaume ». **1713**-*11-4 Utrecht,* paix entre France, G.-B., Provinces-Unies, Prusse, Portugal et Savoie (traité de Rastadt avec Empire : 6-3-1714). Philippe V signe sous la pression de Louis XIV. Italie et P.-Bas belges perdus ; alliance étroite entre Bourbons d'E. et de Fr. **1713-14** Catalans et Valenciens vaincus sont privés de leurs *fueros.* **1713**-*10-7* paix avec G.-B. ; *-13-8* avec duc de Savoie ; **1714**-*20-6* avec Province-Unies ; **1715**-*6-2* avec roi du Portugal. Philippe V garde Espagne et colonies, accorde à la Compagnie des mers du Sud l'*asiento* et le vaisseau de permission et abandonne à la G.-B. Minorque et Gibraltar. Il laisse la Sicile au duc de Savoie, qui reçoit le titre de roi. A l'empereur vont P.-Bas, Milanais, présides de Toscane, Sardaigne et royaume de Naples. **1724**-*15-1* Philippe V abdique (neurasthénique, il fut guéri par le castrat Farinelli qui chanta pour lui à son lever et à son coucher pendant 9 ans).

1724-*janv./août* **Louis Ier** (25-8-1707/31-8-1724), fils de Philippe V et de Marie-Louise de Savoie ; épouse 20-1-1722 Mlle de Montpensier (12 ans, 1709-42).

-31-8 **Philippe V** reprend le trône à la mort de son fils aîné, Louis Ier.

1746-*juillet* **Ferdinand VI** (29-3-1713/10-8-1759), 2e fils de Philippe V et de Marie-Louise de Savoie ; épouse 20-1-1729 Marie-Barbara de Bragance (1711/1758). Meurt dans une crise de folie.

1759 Charles III (20-1-1716/14-12-1788), fils de Philippe V et d'Élisabeth Farnèse (règne d'abord sur Parme 1730, Toscane 1731, Naples 1738) ; épouse 19-6-1738 Marie-Amélie de Saxe (1724-60). **1761**-*août pacte de famille* (Bourbon) : E. aux côtés de la France pendant la guerre de Sept Ans et la guerre d'Indépendance américaine (perd Minorque et Floride, les retrouve en 1783). **1767** Jésuites chassés. **1777-92** Cte de Floridablanca (1728-1808), ministre d'État de Charles III et de Charles IV, partisan du « despotisme éclairé ».

1788-*déc.* **Charles IV** (Naples, 11-11-1718/19-1-1819), fils de Charles III ; ép. 4-7-1766 Marie-Louise de Bourbon-Parme (1751-1819). **1792**-*nov. Manuel de Godoy* (12-5-1767/Paris 7-10-1851) amant depuis 1788 de Marie-Louise, PM. **1793-95** guerre avec Rép. française. **1795** traité de Bâle ; Godoy fait Pce de la Paix et Grand d'E. Alliance avec Fr. **1798** Godoy renvoyé, nommé capitaine général. **1800** Godoy PM. **1801**-*mai guerre des Oranges* avec Portugal. *-7-6 traité de Badajoz :* l'E. conserve Olivença et son territoire jusqu'au Guadiana (refusera de le rendre après le congrès de Vienne de 1815). **1804** guerre contre l'Angl. **1805**-*21-10* défaite de *Trafalgar.* **1806** Godoy seconde en secret coalition contre Napoléon, puis, après Iéna, se rapproche des Français. **1807** Godoy découvre rapports de Ferdinand ou Charles avec Napoléon Ier, fait emprisonner Ferdinand comme conspirateur. Napoléon l'oblige à suspendre la procédure. *-27-10 traité de Fontainebleau :* Charles IV remet sa couronne à Napoléon. **1808**-*18-3 soulèvement d'Aranjuez :* Godoy renversé. *-19-3* Charles IV abdique en faveur de son fils Ferdinand ; *-21-3* se rétracte ; *-6-5* cède la Couronne à Napoléon Ier ; s'exile en France, puis en Italie.

1808-*19-3* **Ferdinand VII** (13-10-1784/29-9-1833), fils de Charles IV et de Marie-Louise de Bourbon-Parme ;

épouse 1°) 6-10-1802 Antoinette de Bourbon-Siciles (1784-1806) ; 2°) 29-9-1816 infante Isabelle de Portugal, Pcesse de Bragance (1797-1818) ; 3°) 20-10-1819 Marie-Josèphe de Saxe (1803-1829) ; 4°) 11-12-1829 Marie-Christine de Bourbon-Siciles (27-4-1806/Le Havre, 22-8-1878) dont 2 filles, Isabelle II et Marie Louise (1832-90), puis elle épousera secrètement (28-12-1833) Fernando Augustin Muñoz y Sanchez (4-5-1808/Ste-Adresse, 12-9-1873), duc de Riansares et grand d'Espagne, son garde du corps, dont elle aura 8 enfants. Fait emprisonner Godoy. *-2-5* (*Dos de Mayo*) soulèvement de Madrid contre les Français. Murat occupe Madrid. Godoy délivré. *-10-5* conférence de Bayonne. Ferdinand VII abdique (interné à Valençay jusqu'en 1814). Godoy suit Charles IV et Marie-Louise en Fr. et en Italie, puis se retire 1819 à Paris (1830 remet son diplôme de Pce de la Paix au pape qui le fait Pce de Bassano, 1832 s'installe à Paris).

■ **Maison Bonaparte (1808-13).** **1808**-*juin* **Joseph-Napoléon Ier** (1768-1844), frère de Napoléon Ier. Marié, 2 filles ; surnommé *Pepe Botella* (« Jojo la Bouteille ») ou le *roi intrus.* **1810** Argentine indépendante ; **1817** Chili (San Martín), Venezuela (Bolívar) indépendants ; **1821** Pérou (San Martín ; guerre jusqu'en *1826*), Mexique, St-Domingue, Colombie indépendants ; **1822** Équateur indépendant ; **1824** Amér. centrale (rép. fédérale du Guatemala) indépendante.

■ **1813 Bourbons** restaurés. *-11-12 traité de Valençay,* **Ferdinand VII** restauré. **1819-23** *insurrection de Riego :* ancien officier fait prisonnier par les Français en 1808, converti aux idées révolutionnaires, oblige Ferdinand VII à accepter la Const. libérale du 7-3-1812. **1820** les troupes en partance pour l'Amér. du Sud se soulèvent avec le Gal O'Donnell, envoyé pour les mater. *-7-3* Const. de 1812 remise en vigueur. **1822**-*juillet* Ferdinand VII, prisonnier des libéraux, appelle les Puissances. *-20-10 congrès de Vérone.* **1823** expédition française (9 500 h.) décidée par le tsar à Vérone et dirigée par le duc d'Angoulême pour restaurer monarchie absolue. *-7-4* offensive (26 000 h.). *-24-5* entrée à Madrid sans combat. *-30-8* siège de Cadix qui capitule, Ferdinand VII libéré. *-31-8* prise du *fort du Trocadero,* de celui de *Sancti Petri* ; épuration sanglante des libéraux par Ferdinand VII. Riego est exécuté. **1824**-*24-2* traité : occupation française jusqu'en 1828. **1826**-*31-7 Valence :* autodafé.

1833-*29-9* **Isabelle II** (10-10-1830/Paris 9-4-1904), fille de Ferdinand VII et de Marie-Christine ; épouse 10-10-1846 François d'Assise de Bourbon (13-5-1822/Épinay-sur-Seine 16-4-1902, duc de Cadix, connu pour son homosexualité), fils de l'infant François de Paule (3e fils de Charles IV). **1833** Inquisition abolie. **1833**-*29-9* à **1840**-*17-9 régence de Marie-Christine,* sa mère [déconsidérée à cause de sa liaison avec Fernando Muñoz (voir plus haut)]. **Guerres carlistes (1833-76). Causes :** *1°) dynastiques,* le 10-5-1713, *Philippe V* avait décidé que les femmes ne seraient appelées à régner qu'en cas d'extinction de toute descendance mâle de Philippe V, directe ou collatérale. En 1789, *Charles IV* avait abrogé secrètement, avec le concours des Cortes (Parlement), cet acte de 1713 et rétabli l'ordre traditionnel espagnol des *Partidas* et, le 29-3-1830, Ferdinand VII avait promulgué cette décision par sa Pragmatique Sanction. À sa mort (1833), sa fille Isabelle devient ainsi reine, mais *Charles (don Carlos)* [1788-1855, l'oncle de celle-ci, frère puîné de Ferdinand VII] prétend qu'étant né en 1788, la décision des Cortes de 1789 faite secrètement ne peut lui être opposée. Il se pose ainsi en prétendant (ce qui provoquera 3 guerres civiles au XIXe s.). *2°) Politiques* [carlistes (traditionalistes) contre christinistes (pour la régente Marie-Christine), plutôt libéraux]. **1re guerre carliste (1833-39) : 1833**-*1-10* Charles revendique ses droits, le Nord se prononce pour lui. **1834**-*27-10* Marie-Christine l'exclut de la succession, lui et ses descendants. Les « puissances libérales » envoient contre le Gal Tomas de Zumalacarrégui (né 29-12-1788, chef carliste) 18 500 h. (Anglais 14 000, chef : lord Ewans ; Français 4 500, dont Bazaine). **1835**-*25-6* Zumalacarrégui est tué par les Anglais devant Bilbao. **1836**-*13-8 révolution de la Granja :* rébellion militaire, impose retour à la Constitution de Cadix de 1812. **1837** Madrid, insurrection. Constitution 1837 rétablit celle de 1812. **1838** Don Carlos échoue. Burgos : est battu par Espartero. **1839**-*31-8* signe avec Espartero la convention de Vergara. *-18-10* Marie-Christine dissout les Cortes. **1840**-*oct.* Marie-Christine abdique sous la pression des progressistes et se réfugie en Fr. **1840-43 régence du Gal Baldomero Espartero** (1793/8-1-1879, créé duc de la Victoire 1838). **1843**-*juillet* **Gal Manuel Ramon Narvaez** (1800-68) renverse Espartero. *-8-11* Isabelle II déclarée majeure à 13 ans. *-Déc.* Marie-Christine, rappelée, reprend le pouvoir. **1844** *Narvaez* fait duc de Valence et PM. **1845** Constitution censitaire en faveur de la royauté. Narvaez se retire. **1846** *mariages espagnols : Isabelle II* ép. François d'Assise de Bourbon ; sa sœur, *Marie-Louise* (née 30-1-1832), ép. Antoine d'Orléans, duc de Montpensier (31-7-1824/San Lucas 4-11-1890 ; 2e fils du roi des Français Louis-Philippe (qui souhaite le marier à la reine Isabelle, mais l'Angleterre s'y oppose), réfugié en E. après la révolution française de 1848, deviendra Gal esp. ; trop libéral, sera banni par Isabelle II en 1868 ; 1870 sera en vain candidat au trône d'E.). **1847**-*oct.* à **1850**-*janv. Narvaez* PM. **2e guerre carliste (1845-1849) :** le *Cte de Montemolín* (Charles, 1818-61, fils de don Carlos) débarque en Catalogne ; son Lt, Tristany, doit se replier en Fr. **1854**-*juin* révolution : Marie-Christine se retire à la Malmaison, puis au Havre. **1856**-*juillet/oct. Gal Leopoldo O'Donnel* (12-1-1809/5-11-1867) PM. **1856**-*oct.*/**57**-*oct. Narvaez* PM. **1858**-*juin*/**63**-*mai O'Donnel* PM. **1859-60** guerre au Maroc. **1860**-*3-2* victoire de Tétouan (O'Donnel fait duc de Tétouan). **1862** E. renvoie corps expéditionnaire au Mexique. *-22-6* échec coup d'État *Gal Juan Prim* (6-12-1814/30-12-1870). **1864**-*sept. Narvaez* PM. **1865** guerre contre Chili et Pérou (guerre du Pacifique). **1865**-*juin*/**66**-*juin O'Donnel* PM. **1866**-*juin Narvaez* PM. **1868**-*23-4* Narvaez meurt. *Luis Gonzalez Bravo* PM. *-Sept.* révolution dirigée par **Gal Francisco Serrano y Dominguez** (17-9-1810/26-11-1885) et **Gal Prim.** *-17-9-* Cadix, révolte des équipages des navires, dirigée par l'amiral Topete. 3 partis à l'origine de ce soulèvement : unionistes (bourgeoisie libérale modérée) et progressistes hostiles aux Bourbons [Isabelle et son fils (futur Alphonse XIII) et le petit-fils de don Carlos, qui se proclamera roi sous le nom de Charles VII], démocrates souhaitent une république fédéraliste. Élections aux Cortes constituantes : majorité monarchiste. *-30-9* Isabelle II doit abdiquer en faveur de son fils Alphonse XII. *-9-10* Prim soulève Madrid, Valence, Barcelone. *-20-10* Isabelle II s'enfuit en Fr. et se réfugie au Havre (abdique 25-6-1869 ; reviendra en E. en 1874). **1869**-*11-2* Serrano chef du gouv. provisoire. *-26-5* Constitution : monarchie héréditaire avec 2 Chambres, 1 Congrès ou Chambre des députés, choisi pour 3 ans par des élections directes, et 1 Sénat, choisi pour 12 ans par les députations provinciales. *-13-6 Serrano* élu régent, *Prim* PM. **1870** cherchent un roi ; *on évince :* Alphonse (fils d'Isabelle II), le duc de Montpensier [pour avoir tué le 12-3 (duel au pistolet) près d'Alarcon (à 8 km de Madrid) le Pce Henri de Bourbon (1er duc de Séville, frère du mari de la reine) qui, le 7-3, avait publié dans *La Epoca* un pamphlet injurieux sur lui ; le 13-4 Montpensier sera condamné (par un conseil de guerre) à s'exiler pour 1 mois de Madrid et à payer 30 000 F à la famille du disparu qui refusera] et don Juan de Bourbon (3e fils de don Carlos) ; *sont sollicités :* archiduc Charles (frère de François-Joseph et de Maximilien), Amédée de Savoie (frère de la reine du Portugal), duc de Gênes (petit-fils du roi de Saxe, étudiant à Oxford), Alfred de Saxe-Cobourg (duc d'Édimbourg, 4e enfant de la reine Victoria, Philippe de Saxe-Cobourg (Cte de Flandre, frère de Léopold II de Belgique et père du futur roi Albert Ier), Ferdinand de Saxe-Cobourg (roi douairier du Portugal, veuf de Maria du Portugal et père de Louis Ier, qui refuse pour ne pas perdre le douaire assuré par le Trésor portugais) ; Prim propose la Couronne au Pce Léopold de Hohenzollern (dont la candidature déclenchera la guerre de 1870 France/Allemagne) qui refuse (sur l'intervention de son oncle, le roi de Prusse) ; choisit Amédée, duc d'Aoste, qui accepte.

■ **Maison de Savoie.** **1870**-*16-11* **Amédée Ier** (30-5-1845/Turin, 18-1-1890) duc d'Aoste, 2e fils de Victor-Emmanuel II d'Italie ; épouse 1°) 1867 Maria Victoria del Pozzo de la Cisterna (1847-76) ; 2°) 1888 Letizia Bonaparte (1866-1926). *-30-12* Prim assassiné. **1871**-*2-1* Amédée élu roi par les Cortes. *-Janv./juillet Serrano* PM. **3e guerre carliste (1872-76) :** Thiers, redoutant une victoire de don Carlos (ou Charles VII, 1848-1909) duc de Madrid, qui favoriserait le retour de la monarchie en Fr., persuade les républicains de soutenir Amédée. Don Carlos occupe les 2/3 du pays, s'installe à Estella (Navarre), l'emporte sur les républicains (1873-74), mais est battu par le Gal Primo de Rivera, Lt d'Alphonse XII (Estella prise 19-2-1876) ; 70 000 †. Abolition des *fueros* en Guipuzcoa, Biscaye et Alava. **1873**-*11-2* Amédée abdique et retourne en Italie.

■ **1re République.** **1873**-*11-2* Parlement vote République (258 voix contre 32). *-24-2* **Stanislas Figueras y Moragas** (1819-82) chef du pouvoir exécutif. *-23-4* Ass. dissoute. *-10-6* réunion des Cortes (majorité monarchiste). *-11-6* **Francisco Pi y Margall** (1824-1901) chef du pouvoir exécutif. *-18-7* **Nicolás Salmerón y Alonso** (1838-1908). *-7-9* **Emilio Castelar y Ripoll** (1832-99). **1874**-*janv./déc.* **Francisco Serrano y Dominguez.** *-28-12* les Cortes offrent la Couronne à Alphonse XII.

■ **Maison de Bourbon.** **1874**-*29-12* **Alphonse XII** (28-11-1857/25-11-1885), fils d'Isabelle II et de François-d'Assise de Bourbon ; exilé depuis 1868 ; épouse 1°) 23-1-1878 Maria de las Mercedes d'Espagne, Pcesse d'Orléans et de Bourbon (1860-1878, fille du duc de Montpensier) ; 2°) 29-11-1879 Marie-Christine de Habsbourg (21-7-1858/6-2-1929). Appelé au trône par le Gal Martinez-Campos. *Serrano,* dictateur, s'exile (se ralliera ensuite à Alphonse XII). **1875**-*déc.*/**1881**-*févr. Antonio Canovas del Castillo* (8-11-1828/assassiné 8-8-1897 par l'anarchiste italien Angiolillo) PM conservateur. Constitution de 1876 assure alternance conservateurs et libéraux. **1881**-*févr. Praxedes Mateo Sagasta* (21-7-1828/5-1-1903) PM (1881-83 puis 85-90, 92-95, 97-99, 1901-02). **1885**-*25-11* Alphonse XII meurt ; *régence de la reine Marie-Christine* qui attend un enfant.

1886-*17-5* **Alphonse XIII** (17-5-1886/Rome, 28-2-1941), fils posthume d'Alphonse XII et de Marie-Christine. **1886-1902** *régence de sa mère Marie-Christine.* **1898** guerre hispano-américaine : Cuba (voir p. 1048 a), Porto Rico, Philippines (100 000 † esp.) perdus. **1902**-*17-5* règne personnel d'Alphonse XIII. **1905**-*31-3* en Fr., échappe à un attentat anarchiste. **1906**-*31-5* ép. à Madrid Pcesse Victoria Eugenia de Battenberg (24-10-1887/15-4-1969) ; attentat (28 †, 40 bl. ; bombe lancée sur le cortège par Matéo Morral qui, arrêté le 2-6, se suicidera). **1914-18** neutralité pendant la guerre mondiale (enrichissement). **1921** défaite dans le Rif (12 000 † dont le Gal Sylvestre). **1923**-*19-9*/**1930**-*28-1* dictature de **Miguel Primo de Rivera**, marquis d'Estella (1870-1930) : sera abandonné par les Catalans, dont il supprime l'autonomie, et par les milieux d'affaires (effondrement de la peseta, dû à la crise mondiale). **1926** fin de la guerre du Maroc. **1930**-*12-12* en soulevant la garnison de Jaca, 2 officiers républicains, le capitaine Fermin Galan et le lieutenant Garcia Hernandez, tentent de déclencher une insurrection. **1931**-*12-4 municipales :* victoire républicaine dans 41 provinces sur 50 ; *-14-4* Alphonse XIII part (abdiquera le 15-1-1941).

■ **Seconde République.** **1931**-*14-4* proclamée. *Déc. -28-6 élections :* victoire de la gauche. *-14-10 Manuel Azaña y Diaz* PM (jusqu'au 7-9-1933). *-9-12* Constitution. *10-12* **PtNiceto Alcalá Zamora** (1877-1949). **1932**-*janv.* Jésuites dissous. *-10-8* échec du putsch du *Gal José Sanjurjo* (1872-1936). Condamné à mort puis gracié, amnistié et libéré (1934), se réfugie au Portugal. **1933**-*2-9* réforme agraire. *-7-9 Alejandro Lerroux* PM. *-29-10* Phalange fondée par *José Antonio Primo de Rivera* (1903-36, fils de Miguel). *-19-11* et *-3-12 législatives :* droite 5 200 000 voix, gauche 3 000 000. Sièges : droite 203 (avant 40) [dont Action populaire 111, agrariens 31, traditionalistes et monarchistes 43, nationalistes basques 11] ; gauche socialiste 58 (avant 115) ; radicaux 5 (avant 58), Action républicaine 5 (avant 30) ; républicains conservateurs 14 ; progressistes 3 ; indépendantistes 4. **1934**-*5-10 :* 30 000 mineurs des Asturies prennent Mieres et se lancent à la conquête d'Oviedo et des provinces minières voisines (l'armée intervient : Gaux Domingo Batet, Eduardo Lopez Ochoa, Franco). **1936**-*7-1* Cortes dissoutes. *-16-2* et *-1-3 législatives :* Front populaire 4 910 818 voix, droite 4 300 000, centre 450 000. Sièges : gauche : 265 (dont socialistes 88, Garde rép. 79, Union rép. 32, Garde catalane 20, communistes 15), centre 64, droite 144. Le soir, les révolutionnaires manifestent leur joie : des permanences de partis de droite sont pillées, des églises incendiées. *-19-2 Portela Valladares,* PM, démissionne. *Azaña y Diaz* PM. *-31-3* agissements « arbitraires » de la gauche dans l'attribution des mandats ; la droite quitte le Parlement. *-5-4* unification des « Jeunesses socialo-communistes » sous l'égide communiste. *-7-4* Zamora, trop conservateur, est destitué.

1936-*mai* **Manuel Azaña y Diaz** (10-2-1880/Montauban 4-11-1940 ; marié à Dolores de Rivas ou doña Lola, † 1993 au Mexique) élu Pt de la Rép. *-13-5 Cesaren Quiroga* PM. *-16-6* aux Cortes, Gil Robles dresse un bilan des troubles depuis le 16-2 [269 †, 1 287 bl., 160 églises détruites (251 partiellement), 113 grèves générales, 228 partielles ; 146 explosions de bombes, etc.]. *-12-7* Madrid, un commando phalangiste tue José del Castillo, instructeur des milices communistes, que la droite désigne comme l'assassin de l'étudiant traditionaliste Llaguno. *-13-7* José Calvo Sotelo, leader monarchiste, tué par des gardes d'assaut de la police. *-15-7* Galice autonome. *-17-7* **début de la guerre civile** (voir encadré p. 1065). *Siège du gouvernement :* 1936 (6-11) Valence ; *1937* (31-10) Barcelone ; *1939* (25-1) Figueras, (10-2) Madrid. *-19-7 José Giral* PM. *-4-9 Francisco Largo Caballero* PM : sur 12 ministres, 6 sont socialistes. *-5-11 :* 2e gouv. Caballero (4 ministres anarchistes). *-6-11* gouv. à Valence. **1937**-*18-5 Juan Negrin,* socialiste prosoviétique, PM. *-31-10* gouv. à Barcelone. **1938**-*5-4*/**1939**-*mars* apogée du parti communiste esp. *-5-4 :* 2e gouv. Negrin appelé « Union nationale ». **1939**-*5-2* Azaña passe en Fr. *-28-2* réfugié à Paris, démissionne (déposé en avril 1939) ; **Juan Negrin** (1887-Paris 1956) lui succède ; part en France le 16-3 [*1977-18-3* Mexique cesse relations diplomatiques avec le gouv. républicain esp. en exil. *-23-6* gouv. de la Rép. en exil (Pt José Maldonado) met fin à sa mission].

Nouvel État

■ **1936** *-29-9* **Francisco Franco y Bahamonde** [El Ferrol (4-11-1892/20-11-1975), inhumé basilique Valle de los Caidos ; ép. Carmen Polo (1900/6-2-1988)]. Officier de carrière. *1925* Gal à 33 ans ; *1927-31* Cdt de l'académie militaire de Saragosse ; *1933* écarté, gouverneur des Baléares ; *1934* réprime la grève des Asturies ; *1935* chef d'état-major général de l'armée ; *1936-avril* écarté et envoyé comme gouverneur aux Canaries ; *-juillet* prend part au complot nationaliste du Gal Sanjurjo ; *-17/18-7* soulève Maroc esp., débarque en Andalousie ; *-20-7* assiste à la mort de Sanjurjo, chef de la junte militaire nationaliste ; *-29-9* élu chef de l'État avec titres de *Caudillo* (chef) et Gal des Armées. **1938**-*1-2 :* 1er gouvernement franquiste. *-18-7* Franco capitaine général. **1938**-*17-10* au 3-9-1942 Ramón Serrano Suñer (né 1901) ministre des Affaires étrangères (a épousé la sœur de la femme de Franco). **1939**-*20-2* adhère au pacte anti-Komintern. *-27-2* France et G.-B. reconnaissent Franco ; *-25-3* Mal Pétain, ambassadeur en E., présente ses lettres de créance. *-28-7* la France restitue à l'E. l'or déposé en France par le gouv. républicain. *-31-3* traité d'amitié avec Allemagne. *-1-4* fin de la guerre civile. *-18-10* Franco s'installe à Madrid.

1940-*14-6* l'E. occupe Tanger. *-23-10* entretiens Franco/Hitler à Hendaye. Franco pose à Hitler des conditions exorbitantes pour que l'E. entre en guerre : Gibraltar, Maroc français, Oranie, aide alimentaire et militaire. **1941**-*12-2* Franco/Mussolini à Bordighera. *-14-2* Franco/Pétain à Montpellier. *-28-6* création de la *División Azul* (45 000 Esp. participeront à la croisade antibolchevique, rappelée 25-9-42). **De 1941 à 1944** 30 000 Français internés momentanément en E. sans jugement après avoir franchi clandestinement les Pyrénées pour rejoindre la France combattante (23 000 h. s'engagent ; 12 000 tués au combat) ; 1 200 Français tués par les patrouilles allemandes ou morts de froid et 5 000 déportés (arrêtés par Allemands ou livrés à eux par des Espagnols).

1945-*17-7 : 3e loi fondamentale* du régime : Charte des Esp. *-18-9* E. obligée par Alliés à quitter Tanger. **1946**-*28-2* France ferme la frontière avec E. (rouverte 10-2-1948). *-12-2* l'Onu refuse d'admettre l'E. dans les organisations internationales. **1947**-*31-3* promulgation du Manifeste déclarant l'E. royaume catholique dont Franco est le *Caudillo,* ratifié le *6-7* par référendum sur loi de succession (14 145 163 oui, 1 074 400 non ou nuls). **1949**-*12-2* commando communiste fait dérailler un train (40 †). **1950**-*5-8* crédit américain (62 500 000 $). **1952**-*1-11* entrée à l'Unesco. **1953**-*26-9* pacte avec USA ; aides économique et militaire, défense mutuelle. **1955**-*14-2* entrée à l'Onu.

GUERRE CIVILE DE 1936-39

■ **Zones contrôlées (au début de l'insurrection). Par les nationalistes :** EN MÉTROPOLE : 240 000 km^2 [*au nord,* Castille, León, Galice, nord de l'Estrémadure, ouest de l'Aragon et 2 provinces basques (Navarre, Alava) ; *au sud,* triangle Algésiras-Cadix-Séville ; Baléares (sauf Minorque) et quelques noyaux (Cordoue et Grenade s'unissent rapidement à Séville ; d'autres tombent rapidement)]. COLONIES : 110 000 km^2 ; Canaries, protectorat du Maroc, colonies d'Ifni, Rio del Oro, Guinée équatoriale.

Par les républicains (gouvernement légal) : 266 811 km^2, 13 827 000 hab. (58,68 % de la population à fin juillet 1936). [Pays basque-Asturies ; Barcelone-Valence-Malaga (et Badajoz)].

Sur 50 provinces : 20 sont fidèles au gouvernement, 16 sont pour l'insurrection et 14 sont divisées.

☞ **Parti communiste :** *effectifs :* **1931**-*14-4* moins de 1 000 militants ; **1932** ils sont environ 2 000 ; **1933**-*déc.* 25 000 ; **1934**-*nov.* 133 296 ; **1936**-*avril/juillet* absorbe en plusieurs étapes la Jeunesse socialiste (50 000 militants). **Rôle :** pour certains, le PC voulait apparaître comme un parti d'ordre (il profite des excès anarchistes et tente de conquérir l'hégémonie chez les républicains). Les Soviétiques voulaient que la guerre dure pour qu'All. et Italie s'y engagent de plus en plus (sabotage des tentatives de compromis en 1937) ; les antifranquistes et antistaliniens furent liquidés et les courants non communistes affaiblis, même au prix de victoires franquistes (refus d'attaquer en Estrémadure au printemps 1937).

■ **Forces armées territoriales. Total** (juillet 1936, avant la rébellion) : 257 105 h. (dont métropole 209 978 h., Afrique 47 127). *Pourcentage de fidèles au gouvernement :* gardes d'assaut 70, génie 67, marine 65, carabiniers 65, aviation 60, santé 56, garde civile 51, infanterie 47, artillerie 47, intendance 43, cavalerie 40. La plupart des officiers supérieurs restent fidèles au gouvernement. La majorité des officiers subalternes choisissent l'insurrection. Sur 15 343 officiers, 7 600 restent dans le camp républicain (1 500, soupçonnés, sont fusillés ou assassinés ; 1 500 sont condamnés et emprisonnés ; 1 000 se cachent dans les ambassades ou rejoignent le camp nationaliste). 5 500 officiers (3 500 d'active et 2 000 ayant été mis à la retraite par la loi Azaña) servent le gouvernement. *Généraux et amiraux exécutés en service actif :* zone républicaine 22, zone nationaliste 17 ; par les républicains 32, par les nationaux 11.

Nationalistes : *1936-20-7 :* 140 604 h. (54,7 % des forces territoriales) ; *-30-10 :* 350 000 h. *1937-30-7 :* 500 000 ; *1938-30-7 :* 700 000 ; *1939-1-4 :* 800 000. **MILICES NATIONALISTES :** 30 000 h. *-Oct.* phalangistes 38 809 h., *requetés* (recrutés par les nationalistes) 22 107, monarchistes ou républicains modérés 6 192 [seront réunifiées avant le « décret d'unification politique » de Franco du 19-4-1937, créant la « Falange Española Tradicionalista » [fusionnant Phalange espagnole, Communion traditionaliste et tous les partis de droite, créant ainsi la nouvelle Phalange espagnole traditionaliste des juntes d'offensive nationale syndicaliste (FET de las JONS)]. *1938 :* 120 000 h.].

Républicains : *1936-20-7 :* 116 501 h. (45,3 % des forces territoriales) ; *-oct.* 450 000 ; chiffre indéterminé par la suite. **MILICES RÉPUBLICAINES :** anarcho-socialo-marxistes (mal armées, mal organisées et mal instruites, à valeur militaire limitée), *début sept. 1936 :* 60 000 h.

■ **Aide étrangère. AUX NATIONALISTES. Allemagne :** 16 000 h. (dont légion aérienne *Condor* 6 500). *Pertes :* 300 h. *Coût :* + de 500 millions de Reichsmark, dont matériel pour nationalistes 124 et Allemands 354. **France :** Bandera Juana de Arco 500 h. (capitaine Bonneville de Marsangy, tué 10-10-1937). **Irlande :** 600 h avec le G^{al} O'Duffy. **Italie :** volontaires italiens 75 000 h. (dont les escadrilles aériennes et 4 divisions de Chemises noires avec d'importants éléments de chars légers). *Pertes :* 6 000 h. *Aide matérielle :* 763 avions, 1 672 t de bombes, 1 930 canons, 10 500 mitrailleuses, 240 000 armes légères, 7 663 véhicules à moteur. **Portugal :** 7 000 à 12 000 volontaires *(Viriatos).* 1 100 officiers dans les unités espagnoles. *Pertes :* 670 h. A servi aux franquistes de relais avec l'extérieur et a facilité, en août 1936, la prise de Badajoz.

AUX RÉPUBLICAINS. Décidée 7-10-1936. **URSS :** *matériel* vendu à prix élevé, débarqué à Dunkerque et au Havre, et transitant en wagons plombés [*responsables français :* Jules Moch, Jean Moulin, Pierre Cot (entre oct. 1936 et mars 1939 : 127 000 t apportées par 164 navires, dont 34 soviét. soit : 900 chars, 198 canons, 8 000 camions, 9 000 véhicules divers, 500 000 fusils)] ; par voie maritime : 242 avions, 731 chars, 703 canons. *Personnel* (instructeurs, techniciens civils) : 2 500 h. **FRANCE :** *fournitures d'armes françaises* (selon des contrats fictifs passés avec Mexique et Lituanie, mais correspondant souvent à des contrats passés avec la Rép. espagnole avant la guerre civile) : 200 avions, 47 canons de 75. **VOLONTAIRES :** *23 bataillons* (dont 15 ayant transité par la France) *formant 6 brigades internationales* (créées 22-10-1936) ayant totalisé 35 000 h. dont 10 000 Français (2 500 à 3 000 †), 5 000 Allemands et Autrichiens, 4 000 Balkaniques, 5 000 Polonais (brigade Dombrovski), 3 500 Italiens, 2 800 Américains (brigades Abraham Lincoln), 2 500 Scandinaves, 2 000 Belges, 200 Britanniques. *Principaux chefs : Espagnol :* Valentín González, dit El Campesino [(1909/20-10-1983), G^{al} commandant la 46e division de choc des Brigades. Réfugié en URSS, promu M^{al}, il entra à l'école de guerre de Frounze, puis fut arrêté et envoyé au goulag. Évadé en 1948, se réfugia en Fr. ; 13-10-1961, interné à l'île de Bréhat, puis libéré, devint ouvrier]. *Allemand :* Walter Ulbricht. *Bulgare :* Georges Dimitrov. *Hongrois :* Laszlo Rajk. *Yougoslave :* Josip Broz, dit Tito. *Italiens :* Pietro Nenni, Palmiro Togliatti. *Français :* André Marty (inspecteur des Brigades internationales, surnommé le « boucher d'Albacete »), Charles Tillon, Rol-Tanguy. André Malraux dépendait du commandement aérien central (où il fut mal vu) et non des Brigades. Le 20-10-1938, décision de retrait (sur 13 000 h., 6 200 évacués entre nov. 1938 et janv. 1939).

☞ La carte de combattant a été attribuée en 1996 aux quelques dizaines de survivants français ayant participé aux combats aux côtés de l'armée républicaine espagnole en 1936-39, ceux-ci ayant été les premiers à combattre le fascisme et méritant à ce titre la reconnaissance de la Nation.

■ **Opérations. 1936**-*17-7 soulèvement au Maroc esp. (movimiento* préparé par Gal José Sanjurjo (1872-1936) et Gal Franco, C^{dt} général aux Canaries, soutenu par le financier Juan March) ; éclate à Melilla à 17 h. *-18-7* Franco rejoint secrètement le Maroc ; en Vieille Castille et León (Gal Emilio Mola Vidal, 1887/3-6-1937) et Andalousie (Gal Queipo de Llano, 1875-1951) Azaña, Martinez Barrio et Sanchez Roman conseillent de pactiser avec les insurgés et de former un gouv. de salut public qui engloberait la droite. A Radio-Madrid, la Pasionaria proclame *« No pasarán »* (« Ils ne passeront pas »). 1ers bombardements aériens ordonnés par le gouv. Les garnisons de Ségovie, Valladolid, Burgos, Pampelune constituent 4 colonnes mobiles qui marcheront sur Madrid ; le Gal Mola déclare qu'une *5e colonne* les y attend, mais les 4 colonnes sont arrêtées dans la Sierra de Guadarrama. *-19/20-7* Sanjurjo tué (accident d'avion à Lisbonne) en rejoignant Burgos où des insurgés l'attendaient, il aurait reçu l'infant don Juan (fils d'Alphonse XIII) qui venait d'entrer clandestinement en E. pour prendre part à la rébellion (Mola le fera reconduire à la frontière). *-21-7* des phalangistes de Valladolid, des *requetés* de Navarre et des contingents militaires partent vers la Sierra de Guadarrama. *-22-7* Franco demande à l'Italie 12 avions (bombardiers et transports). *-22/26-7 bataille de Guadarrama :* les troupes de Mola à 60 km de Madrid. *-23-7* pont aérien Maroc-Andalousie : Queipo de Llano peut se maintenir dans le sud. *-24-7* Comité de défense nationale créé à Burgos. *-25-7* Franco nommé chef des armées du Maroc et du Sud, et Mola chef des armées du Nord. *-26-7* Burgos : gouvernement provisoire, Pt Gal Cabanellas. *-30-7* Mussolini envoie 11 avions Savoia. 3 transports de troupes amènent des renforts marocains à Algésiras. *-Début août* le Front populaire propose sans succès à l'Allemagne de lui acheter avions et bombes en les payant en or. *-3-8* Franco membre de la Junte de défense nationale. *-5-8* Hitler lui envoie 30 Junker. *-14-8* nationalistes prennent *Badajoz :* leurs 2 zones sont réunies. *-20-8* le poète Federico Garcia Lorca exécuté par nationalistes. *-23-8* Madrid, une foule envahit la prison Modelo et abat la majorité des détenus politiques [dont Delgado Barreto (catholique populiste), Fernando Primo de Rivera et Julio Ruiz de Alda (phalangistes), Albiñana (nationaliste), le Gal Villegas, Martinez de Velasco, Alvarez Valdes et Rico Avello (ex-ministres et parlementaires de la Rép.)]. Le gouv. charge un tribunal populaire de juger les ex-ministres radicaux : Salazar Alonso, Abad Conde et Rafaël Guerra del Rio (accusés sans preuve d'avoir « favorisé le soulèvement », sont condamnés à mort). *-3-9* nationalistes prennent *Talavera, -4-9 Irun, -13-9 St-Sébastien, -27-9 Tolède. -29-9* troupes du Sud, marchant vers Madrid, délivrent *Alcazar* de Tolède (qui résistait depuis *18-7 ;* chef : C^{el} José Moscardo, 1878-1956). *-1-10* **Franco chef du gouv. nationaliste** et C^{dt} en chef des forces nationalistes ; armée du Nord (Mola), du Centre (Moscardo), du Sud (Queipo de Llano). *-16-10 :* 2e offensive, prise d'Oviedo et d'Illescas. *-Oct.* G^{aux} Goded et Burrel fusillés. *-Oct./déc.* échec nationaliste devant Madrid. *-6-11 gouv. républicain réfugié à Valence. -7-11/4-12* Santiago Carrillo délégué à l'Ordre public, plus de 8 000 Madrilènes exécutés au cours de théoriques « transferts » qui s'achèvent dans des fosses communes creusées à Paracuellos del Jarama, San Fernando de Henares et Torrejón de Ardoz. *-7-11* les Brigades intern. entrent en action à la Casa de Campo (parc de Madrid) contre nationalistes. *-18-11* All. et Italie reconnaissent Franco. *-19-11* avancée nationaliste sur Madrid stoppée à la Cité universitaire. *-20-11 José Antonio Primo de Rivera* (fondateur de la Phalange) fusillé par miliciens républicains à Alicante. *-Déc.* fronts stabilisés. **1937**-*janv./févr.* échec nationaliste d'encerclement de Madrid par le sud (vallée du Jarama). *-8/10-2* Italiens prennent *Malaga*. *-9-3* sur le *Guadalajara*, les républicains font 10 000 prisonniers. *-23-3* Italiens ne peuvent encercler Madrid par le nord (Guadalajara). *-30-3/21-10* offensive nationaliste contre zone républicaine Nord. *-26-4* Renteria, faubourg de **Guernica** [carrefour de 4 axes de communication ; abrite des usines d'armement, 3 bataillons et 3 hôpitaux militaires (soit environ 2 000 h.) ainsi que les forces en retraite], bombardements de quelques minutes par des avions all. (2 He 111 et 18 Ju 52) et italiens (1 Dornier 17, 3 Savoia 79 et 2 formations de 5 Fiat chacune), charge totale des bombes : 25 t ; les Ju 52 utilisent des bombes explosives de 50 et 250 kg et incendiaires de 1 kg ; incendie affectant 70 % des bâtiments. [La légende a fait de Guernica une ville ouverte bombardée un jour de marché pendant 3 h 15 min sans interruption (pop. mitraillée systématiquement à basse altitude). *Morts :* le gouv. basque a parlé de 1 654 † et 889 blessés ; d'autres de 600 à 30 000 † ; Arnaud Imatz (dans « La Guerre d'Espagne revisitée », parue sous sa direction, 2e édition 1993, préface de Pierre Chaunu) parle de 100 à 250.]. *-30-4* retraite de l'armée républicaine basque du Nord devant Gal Mola. *-1-5* fin de la résistance nationaliste au sanctuaire de Santa Maria de la Cabeza, commandée par le capitaine Cortès. *-3-5* Barcelone, guerre de rues Généralité catalane/PSUC (communiste)/anarchistes. *-3-6* Gal Mola meurt (accident d'avion à Pampelune). *-19-6* nationalistes prennent *Bilbao. -Juin* gouv. républicain réfugiéà Barcelone. *-6/28-7* contre-attaque républicaine à *Brunete* (secteur de Madrid) ; front du Nord dégagé. *-24-7* nationalistes prennent *Brunete. -14-8* reprise de l'offensive nationaliste. *-23-8 Santona,* armée basque battue devant Italiens. *-24-8/-6-9* républicains prennent *Belchite* (50 km au sud de Saragosse) : 6 000 † ; sera reprise le 11-3-38. *-26-8* nationalistes prennent *Santander* ; *-20-10 Gijón ; -21-10* reddition en masse des républicains. *-2-11 gouv. républicain quitte Valence pour Barcelone. -15-12* républicains prennent *Teruel.* **1938**-*8-1* républicains prennent *Teruel,* reddition du C^{el} nationaliste Rey d'Harcourt. *-8-2* victoire nationaliste sur l'Alfanbra au nord de Teruel (20 000 prisonniers). *-17/22-2* nationalistes (G^{aux} Varela et Aranda) reprennent *Teruel* ; Franco attaque en Aragon. *-9-3* lignes républicaines percées au sud de l'Èbre. *-15-4* nationalistes à *Vinaroz* (zone républicaine de l'Est coupée en 2). *-12-5* Portugal reconnaît Franco. *-15-6* Franco prend *Castellón. -24-8* nationalistes à 60 km de Valence. *-25-8* contre-attaque républicaine dans boucle de l'Èbre ; Valence dégagée. *-26-8/15-11 bataille de la boucle de l'Èbre ; républicains :* 30 000 †, 20 000 bl., 20 000 prisonniers (brigades intern. : 75 % de pertes), *nationalistes :* 33 000 (†, bl. et disparus). *-23-11* offensive des nationalistes en Catalogne ; **1939**-*26-1/1-2* prennent *Barcelone* (Valence devient cap.) ; *-5-2 Gérone* ; Azaña passe en France. *-8-2* nationalistes prennent *Figueiras ; -10-2* atteignent frontière. *-16-2* Negrín décide résistance à outrance. *-27-2* France et G.-B. reconnaissent Franco. *-2-3* M^{al} Pétain nommé ambassadeur. *-Mars* liquidation de la zone républicaine S. *-4-3/16-3* Madrid, « Conseil national de défense », dirigé par Gal Miaja, C^{el} Casado et le socialiste modéré Besteiro, prend le dessus sur anarchistes et socialistes réformistes, désarme communistes opposés à la reddition (2 000 †). Pt Negrín et gouv. républicain quittent l'E. Gal Miaja (1878-1958), C^{dt} en chef des républicains, dispose encore de 500 000 h. *-15-3* Casado, en accord avec Besteiro, communique à Franco le désir républicain de négocier la paix. *-28-3* la 16e division nationaliste du C^{el} Losas occupe *Madrid*. *-30-3* communiqué de victoire de Franco. Miaja quitte l'E. dans avion français. *-1-4* fin de la guerre. *-19-5* défilé de la victoire à Madrid.

■ **Bilan de la guerre. Victimes : selon Georges Roux :** 850 000 à 900 000 † dont 150 000 assassinés [115 000 par les Rouges (15 000 prêtres) et 35 000 par les nationalistes]. *Persécutions religieuses :* 7 113 exécutés dont 11 évêques, 4 184 prêtres, 2 635 religieux et 283 religieuses (228 béatifiés du 29-3-1987 au 10-5-1998). **Selon Hugh Thomas :** 410 000 † ; 110 000 nationalistes et 175 000 républicains dans les combats ; 25 000 victimes civiles de bombardements ; 126 000 assassinats et exécutions (86 000 par les républicains, 40 000 par les nationalistes). **Selon Bartolomé Benassar :** morts au combat 145 000 (dont 25 000 étrangers), d'actions de guerre (dont bombardements aériens) 15 000, d'homicides ou exécutions sommaires 134 000, de malnutrition ou de maladies 600 000. **Selon Salas Larrazábal :** 306 500 † dont *nationalistes :* 154 000 dont guerre civile 148 000 [71 500 militaires † en opération (dont 12 000 étrangers), 4 000 civils † au combat et 72 500 homicides et exécutions] ; guerre mondiale 4 500 † ; maquis et guérillas 1 500 †. *Républicains :* 152 500 † [dont guerre civile 143 500 dont 74 000 militaires † en opération (dont 13 500 étrangers), 11 000 civils † au combat] ; guerre mondiale 6 500 ; maquis et guérillas 2 500.

Surmortalité (maladie et malnutrition) : *républicains :* 385 500 † ; *nationalistes :* 245 000. 200 000 † des suites indirectes de la guerre.

Détenus : *1939 :* 270 719 h. (maximum) ; *43 :* 74 095 ; *47 :* 34 500.

Exécutés ou morts en prison (entre avril 1939 et juin 1944) : *selon Charles Folz* (journaliste américain) (1948) : 192 684 (ou 192 548 ?). *Selon Santiago Carrillo :* plus de 250 000. *Selon Gabriel Jackson :* 140 000. *Selon Ramon Tamames :* 100 000. *Selon Hugh Thomas :* plusieurs dizaines de milliers. *Selon le professeur Larrazabal* (du 1-1-1939 au 31-12-1959) : 22 716 (dont en *1939 :* 8 138 ; *1951 :* 7). Des tribunaux militaires ont siégé jusqu'en 1963. *Entre 1949 et 1963,* 45 peines de mort furent ainsi prononcées (19 exécutées) [dont *1960-8-3* Antonio Abad Donoso (anarchiste), *1963-20-4* Julián Grimau (dirigeant du PCE) ; *-17-8* Francisco Granados et Joaquim Delgado (Jeunesses libertaires) exécutés ; en 1996 les 2 vrais coupables avoueront] ; le Code pénal fut ensuite modifié et certains délits (grève, propagande illégale, etc.) furent rendus à la compétence des tribunaux civils, les délits politiques accompagnés de violences restant jugés par les tribunaux militaires.

Réfugiés (en janv.-févr. 1939) : 550 000 républicains se réfugient en France [dont recensés à la frontière 453 000 (militaires 270 000, civils 170 000, bl. et malades 13 000) ; clandestins 100 000 ; 70 000 rentrent en Espagne dès mars 1939 ; total réfugiés au 1-1-1940 : 300 000]. *Principaux camps en France :* Argelès-sur-Mer, St-Cyprien, Agde. **Émigrés :** Amér. latine 50 000.

Dommages matériels : 183 villes dévastées ; 250 000 maisons inhabitables, 250 000 partiellement détériorées ; 160 églises brûlées, 1 800 hors d'usage, 3 000 très endommagées ; 1/3 du cheptel et une grande partie de l'équipement agricole détruits ; matériel ferroviaire très endommagé ; 250 mines et fabriques détruites, mais les grandes usines de Barcelone et de Bilbao sont presque intactes, et l'irrigation de la région de Valence n'a pas souffert. Famine en avril 1939 dans la zone républicaine reconquise. Récolte de 1939 inférieure de 60 à 70 % à celle de 1935, d'où émigration intérieure ou vers étranger. De 1940 à 60, la province de Jaen perd 29,7 % de sa population ; Almeria 29,2 ; Albacete 26,7 ; Grenade 24,3.

Or de la République espagnole : 1936 *réserves :* 715 millions de $ (4e rang mondial) ; *-juillet* le gouv. républicain en vend une partie pour les 1ers achats d'armes ; *-sept.* évacue l'or de Madrid [en partie acheminé vers la France (base navale de Cartagena) ; *1936-juillet/1937-mars* vend à la Banque de France 27 % de ses réserves]. *-6/9-11* l'or arrive à Moscou. La Rép. esp. doit investir 734 millions de $ pour ses achats civils et militaires. **1937** 351,5 t d'or fin sont vendues à Moscou et la Rép. esp. reçoit ainsi 256 millions de $ transférés à Paris et 131,5 millions pour régler des armements soviétiques. **1938**-*26-2* les Soviétiques octroient un crédit de 70 millions de $ avec garantie (à 50 % sur l'or). *-28-4* vente du dépôt restant. **Argent :** le gouvernement américain en achète 1 225 t (15 millions de $) et 522,5 t sont vendues à des Cies privées en France. **1939**-*13-7* l'URSS accorde un prêt de 60 millions de $.

1943-49 « maquis espagnol » (soutenu par le Parti communiste à partir de la France) : *1944* entre 10 000 et 15 000 guérilleros passent en E. (par le val d'Aran jusqu'à Viella) et occupent plusieurs jours un territoire qu'ils espéraient voir reconnu par les Alliés. Les franquistes (45 000 hommes) feront 4 000 prisonniers. *Été 1947* (Barcelone) : offensive des groupes libertaires. *1948* échec : Santiago Carrillo ordonne la retraite (quelques groupes survivent en montagne jusqu'au début des années 1960).

☞ **Bilan (de 1943 à 1949) :** il y eut 953 assassinats, 5 963 attaques à main armée et 8 269 actes délictueux. 2 173 « guérilleros » furent tués, 467 capturés, 2 374 détenus et 546 se livrèrent. Il y eut 1 826 accrochages avec la Garde civile. Les forces de l'ordre arrêtèrent 19 444 complices. La Garde civile enregistra 257 † et 370 blessés. *Morts :* police 12, police armée 11, armée 27.

L'APRÈS-GUERRE (CIVILE)

■ **Réorganisation de l'enseignement.** 6 000 instituteurs (de gauche) ont été exécutés, 2 000 sont partis en exil (notamment au Mexique). 90 % des intellectuels ont émigré, dont 118 professeurs d'université. L'enseignement est confié à l'Église catholique.

■ **Aide américaine.** En1954, le PNB par tête est de 261 $. Les salaires minimaux (1956 : 36 pesetas par j) sont bas, le seuil de la pauvreté étant de 120 pesetas pour une famille de 2 enfants. Après accord avec USA, les produits américains affluent (116 millions de $ au lieu de 62). Il y a baisse de la peseta, faute de devises, mais la famine est évitée.

■ **Plan de stabilisation** (1959-67). L'E. entre dans l'OECE (plus tard OCDE) et au FMI. Les investissements étrangers s'accroissent. L'irrigation s'étend (en 1965 : 2 millions d'ha) ; la culture se modernise (25 000 tracteurs en 1954, 150 000 en 1964) ; la pop. agricole tombe à 17,5 % de la pop. active (émigration extérieure : *1962 :* 349 346 ; *63 :* 443 161 ; *64 :* 470 000 ; immigration intérieure : environ 700 000). En 1964, plan quadriennal, prévoyant une hausse du PNB de 6 % par an, réalisé à 77 %.

■ **Essor économique. Début de l'ère touristique :** *visiteurs* (en millions) : *1951 :* 1,26 ; *60 :* 6,1 ; *65 :* 14,2 ; *70 :* 24,1 ; *75 :* 30,1 ; *86 :* 47,3 (dont environ 25 pour plus de 24 heures). *Recettes* (en millions de $) : *1970 :* 1 500 ; *85 :* 7 500. **Importations :** surtout biens d'équipements, *1959 :* 676 (en millions de $) ; *70 :* 4 747. **Balance commerciale :** déficitaire (malgré le tourisme), couverture des import. par export. : *1971 :* 51 % ; *77 :* 57 %, mais les transferts des 1 800 000 travailleurs émigrés (*Fr.*, 467 millions de $ en 1970) et les investissements étrangers (700 en 1970) équilibrent presque la *balance des paiements.*

■ **Comparaison entre 1955 et 1976.** En millions de t : houille 12,4 (10,5), ciment 3,7 (25), minerai de fer 1,7 (3,8), acier 1,2 (11). Électricité (en millions de kWh) 12 (82,3). Constructions automobiles (en milliers) 14 (850) ; navales (1,6 million de tjb).

■ **Regret de Franco** (en 1980). 5 ans après sa mort, son régime, autrefois critiqué, laissait un certain regret dans le peuple (la crise mondiale ayant éclaté peu avant cette mort, l'opinion concluait que le franquisme avait su l'éviter), l'armée (inquiète du progrès des autonomistes), l'Église (inquiète devant la déchristianisation rapide) et les classes dirigeantes (inquiètes devant la récession).

1957-*25-2* « technocrates autoritaires » au 6e gouv. **1963**-*29-7* bombe à la direction de la Sûreté générale (30 bl.). *-28-12 :* 1er Plan de développement. **1968**-*6-5* blocus terrestre de Gibraltar (voir p. 1100 a). *-12-7* décret : le 2e personnage de l'État est l'héritier de la Couronne (pas nommé). *-14-10* Guinée esp. indépendante. *-20-12* famille Bourbon-Parme expulsée. **1969**-*14-3,* 2e Plan de développement. *-22-7* Juan Carlos nommé par les Cortes héritier de la Couronne et successeur de Franco à son décès. **1970**-*8-6* Franco reçoit de Gaulle au Pardo. *-29-6* accord commercial E.-CEE. *-3-12* procès de Burgos (voir Pays basque à l'Index). **1972**-*2-11* attentat contre Roger Tur, consul de Fr. à Saragosse (mort 7-11), par des maoïstes (30 ans de réclusion aux 5 assassins). **1973** reconnaissance de la RDA (10-1) et de la Chine (mars). *-20-12 l'amiral Luis Carrero Blanco* (né 4-3-1903, vice-Pt du gouv. depuis 22-9-67, PM depuis 8-6-1973) tué par ETA. Sa voiture Dodge Dart (1 738 kg) et ses 3 occupants (lui, son chauffeur et son garde du corps) ont été catapultés [par 3 charges d'une cinquantaine de kg chacune de goma 2 (plastic), commandées à distance] par-dessus les 5 étages d'un couvent, avant de retomber sur un patio intérieur situé au 2e étage : Opération *Ogro* (« Ogre »). 3 auteurs directs ; 2 arrêtés juillet 1975, libérés oct. 1977 après loi d'amnistie promulguée le 15 ; le 3e, J.M. Benaran Ordenana dit Argala, tué 21-12-1978 à Anglet (Fr.) [sa voiture explosera]. **1974**-*janv. Carlos Arias Navarro* (1908-89) PM. *-2-3* Salvador Puig Antich (Catalan anarchiste accusé du meurtre d'un policier en sept. 1972) exécuté. *-19-7/2-9 Juan Carlos* chef de l'État par intérim (Franco malade). Attentats attribués aux Gari (Groupes d'action révolutionnaire internationale), issus du MIL (Mouvement ibérique de libération, dont Puig Antich était membre). *-Juillet* caravane du Tour de Fr. attaquée. *-13-9* Madrid, bombe dans restaurant (13 †). *-7-12* droit d'association pour action politique si respect des principes du franquisme et allégeance au Mouvement nationaliste. **1975**-*22-8* décret-loi antiterroriste. *-27-9 :* 3 membres du Frap et 2 membres de l'ETA exécutés ; 9 pays européens rappellent leurs ambassadeurs. *-29/-30-9* grève générale au Pays basque. *-1-10 :* Madrid, 3 policiers tués. Manif. profranquiste (200 000 personnes). *-14-10* agonie du Gal Franco. *-30-10* Juan Carlos chef provisoire de l'État. *-14-11* accord Maroc-Mauritanie-E. sur Sahara esp. *-15-11* basque, catalan et galicien reconnus langues nationales. *-20-11* Franco meurt à 4 h 20.

■ **Maison de Bourbon. 1975**-*22-11* **Juan Carlos Ier** prête serment [né 5-1-1938, fils du Cte de Barcelone (voir encadré p. 1068) ; titré le 5-2-1941 Pce des Asturies par son père, puis après le 23-7-1969, SAR, le Pce d'Espagne] ; épouse 14-5-1962 Pcesse Sophie de Grèce (née 2-11-1938), fille du roi Paul Ier ; il avait accepté le 23-7-1969 sa désignation (faite le 22-7 par Franco et les Cortes) comme successeur de Franco. *3 enfants : Hélène* [(née 20-12-1963, titrée 3-3-1995 duchesse de Lugo) ép. 18-3-1995 Jaime de Marichalar Sáenz de Tejada (né 7-4-1963) 1 fils, Philippe Jean (né 17-7-1998) et 1 fille Victoria Frederica (née 9-9-2000)], *Christine* [(née 13-6-1965, titrée 26-9-1997 duchesse de Palma de Majorque) ép. 4-10-1997 Inaki Urdangarin y Liebaert (né 15-1-1968, 1,97 m, 102 kg, handballeur) titré duc de Palma de Majorque dont Jean Valentin (né 29-9-1999) et Paul Nicolas (né 6-12-2000)], *Philippe* [(né 30-1-1968), Pce des Asturies depuis 20-1-1977, projet d'union avec Eva Sannum, Norvégienne, 26 ans, mannequin (?)]. **1975**-*26-11* « indulto », amnistie partielle des prisonniers politiques. *-11-12* **Carlos Arias Navarro** PM. Gouv. : 3 ministres libéraux (Cte de Motrico, Antonio Garrigues, Fraga Iribarne). **1976**-*janv.* grèves (postiers réquisitionnés). *-24-1* traité de coopération de 5 ans avec USA : maintien des bases américaines, vente d'avions militaires à l'E., aide 1 200 millions de $. *-27-1* Cortes renouvelées pour 15 mois. *-6-2* décret-loi antiterroriste amendé. *-8-7* **Adolfo Suárez** (né 25-9-1932 ; créé duc de Suárez 8-3-1981) UCD, PM et Pt du Conseil. *-28-10* Juan Carlos à Paris (1re visite officielle d'un chef d'État esp. depuis 1905). *-12-11* grève générale : 500 000 sur 13 millions de travailleurs. *Nov.-11/12* Grapo (voir p. 1042 c) enlève A.M. de Oriol, Pt du Conseil d'État. *-15-12* référendum sur Const. : abstentions 22,6 %, bulletins blancs 3 %, oui 94,1 %, non 2,6 %. **1977** avocats communistes assassinés par extrême droite (Atocha) ; Gal Villaescusa (Pt du Conseil suprême de la justice militaire) enlevé. *-9-2* relations diplomatiques avec URSS normalisées. *-11-3* amnistie, sauf pour auteurs de « crimes de sang ». *-27-3* accident aérien (612 †) à Los Rodeos aux Canaries. *-9-4* PC esp. autorisé. *-15-6* élections aux Cortes constituantes, 1re élection au suffrage universel depuis 41 ans. *% des votes* (*et sièges*) : UCD (A. Suárez) 34,72 (165), PSOE (F. González) 29,25 (118), PCE (S. Carrillo) 9,24 (20), AP (M. Fraga) 8,34 (16), PDC (J. Pujol) 2,78 (11), PNV (Ajuriaguerra) 1,60 (8), PSP (E. Tierno) 4,46 (6), UC-DCC (Canellas) 0,95 (2), EC (H. Barrera) 0,75 (1), EE (Letamendia) 0,33 (1). *-30-7* amnistie ; *accord économique de la Moncloa*. *-24-11* entrée au Conseil de l'Europe. **1978**-*10-1* au *-6-2, 1res élections syndicales libres* depuis 40 ans. *-25-1* Joaquim Viola, ancien maire de Barcelone, et sa femme assassinés. *-8-7* feria de St-Firmin à Pampelune ; émeute (1 †) ; 135 000 touristes s'enfuient. *-11-7* St-Sébastien, affrontements avec police (1 †) ; au camping de Los Alfaques [215 †, 67 bl. (camion de carburant explosé)]. *-21-7* Gal Sánchez Ramos Izquierdo et Lt-Cel Rodriguez assassinés. *-26-10* vote final de la Constitution. *-5-11* Madrid : 300 000 manifestants contre terrorisme. *-11-11 coup de force* (« opération Galaxie ») militaire (dont Lt-Cel Antonio Tejero) déjoué. *-6-12 référendum pour Constitution :* oui 87,8 %. **1979**-*3-1* Gal Gil, gouverneur de Madrid, assassiné. *-1-3 législatives :* victoire de l'UCD. *-3-4 municipales :* victoire de la gauche. *-11-5* manif. nationaliste à Madrid. *-26-5* attentat rue Goya (8 †) ; *-13-6* contre chantier centrale nucléaire de Lemoniz. *-25-10* Catalogne et Pays basque : référendum sur autonomie (oui : 53,96 %). *-11-11* député centriste Javier Ruperez enlevé.

1980-*28-2* Andalousie : référendum sur autonomie (non). *-Juillet* entrée dans CEE repoussée. *-23-11* Madrid : 200 000 franquistes manifestent. *-21-12* Galice : référendum sur autonomie (oui et 74 % d'abst.). **1981**-*29-1 Adolfo Suárez*, PM, démissionne. *-23-2* **tentative de putsch** sur ordre du Gal Jaime Milans del Bosch (8-6-1913/97), Cdt de la région militaire de Valence (Est), 445 gardes civils prennent les Cortes ; 200 entrent, avec le lieutenant-colonel Tejero, dans la salle où les députés (en séance télévisée) élisent le PM ; les insurgés tirent au plafond et gardent les députés en otage toute la nuit ; Milans del Bosch proclame à Valence l'état d'exception mais les autres chefs de région refusent de le suivre. *-24-2* les insurgés se rendent [*3-6-1982* procès : 30 ans de réclusion pour Gal Jaime Milans del Bosch (libéré 3-12-1996) et Tejero (semi-liberté 17-9-1993) ; Gal Alfonso Armada : 6 ans (gracié 23-12-1988) ; acquittement pour les autres]. *-27-2* manif. pour démocratie. *-Févr.* **Leopoldo Calvo Sotelo** (né 14-4-1926) PM. *-1-3* Enrique Castro, dit Quini, footballeur, enlevé, rançon versée (100 millions de pesetas). *-1-5,* 1er mort de pneumonie atypique (huile toxique, frelatée) ; il y en aura environ 650 (1 200, selon l'Association des victimes, plus 5 000 handicapés à vie). *-4-5* Grapo tue Gal Andres Gonzáles Suso, chef de l'artillerie. *-7-5* Gal Joaquim de Valenzuela blessé (3 †). *-23-5* banque de Catalogne à Barcelone, prise d'otages (1 †, extrême droite, pour libérer putschistes du 23-2). *-22-6* divorce autorisé. *-23-6* complot contre roi (?) éventé : 2 colonels, 1 Cdt et 3 civils arrêtés. *-5-9* Enrique Cerdán Calixto, chef Grapo, est abattu. *-10-9 Guernica*, tableau de Picasso, rentre des USA. *-22-11,* 6e anniversaire de la mort de Franco : 125 000 à 800 000 manifestants. *-25-11* Andalousie : référendum sur autonomie (oui). *-29-12 Dr Iglesias* (père du chanteur) enlevé, rançon demandée : 1 milliard de pesetas (50 millions de F), libéré 16-1-1982 par police. **1982** Ricardo Tejero, directeur général du Banco Central, tué. *-22/24-6* Pt Mitterrand en E. *-27-8* dissolution des Cortes. *-2-10* complot militaire déjoué, 3 officiers arrêtés. *-28-10 législatives :* victoire du PSOE. *-31-10/9-11* visite Jean-Paul II. *-4-11* Gal Lago Roman, Cdt de la division Brunete, tué. *-3-12* **Felipe González Márquez** (né 5-3-1942) socialiste, PM et Pt du Conseil. *-5-12* Juan Martin Luna (28 ans), chef du Grapo, tué. **1983**-*8-5 municipales* et *régionales :* PSOE en tête ; Centre perdant, PCE progresse. *-21-10* Madrid : 550 000 manifestants antiterroristes. **1984**-*29-1* Gal Quintana (Cdt région militaire de Madrid qui, loyaliste, fit échouer le putsch du 23-2-81) tué. *-7-3* ayant constaté 1 100 infractions en 1982-83, la marine française arraisonne 2 chalutiers espagnols pêchant illégalement dans les eaux communautaires du golfe de Gascogne (6 marins espagnols blessés, 1 amputé d'une jambe ; *-17-3* condamnés à 120 000 F d'amende, 1 200 F de contravention pour refus d'obtempérer, confiscation des poches de chaluts et 130 000 F pour frais de consignation des bateaux). *-Mai* Juan Carlos en URSS (1re visite d'un monarque esp.). *-5-9* Rafael Paduro, Pt patronat andalou, tué par Grapo. *-10-10* escale de 15 h de Jean-Paul II à Saragosse. *-20-10* garde-côte irlandais coule chalutier esp. (équipage rapatrié). *-18-11* Madrid : 500 000 manifestants pour liberté de l'enseignement. **1985**-*12-4* près de Madrid, attentat dans restaurant (18 †). *-1-6* projet d'assassinat du roi par des militaires. *-12-6* E. adhère à CEE. *-8/10-7* Juan Carlos en France. *-29-7* vice-amiral Fausto Escrigas (à Madrid) et un commissaire adjoint (à Vitoria) tués. *-9-8,* 1er avortement légal. **1986**-*1-1* **entrée dans CEE.** *-12-3 référendum pour maintien dans l'Otan :* oui 52,53 %, non 39,84 % (Pays basque : non 65,2 %, abstentions : 40,27 %). *-23/26-4* roi et reine en G.-B. (1re visite d'un roi esp. depuis 1906). *-25-4* voiture piégée (5 gardes civils †). *-17-6* attentat Madrid (3 militaires †). *-22-6 législatives :* PS 44,06 % des voix (46 % en 1982), coalition populaire 26 % (25 %) ; participation : 70,77 %. Felipe González réélu. *-14-7* attentat Madrid (12 †). *-20-8* incendie forêt de Montserrat (8 000 ha). *-Déc.* manif. d'étudiants. **1987**-*17-1 :* 6 membres du commando Madrid arrêtés. *-Janv./févr.* manif. d'étudiants contre sélection, pour gratuité universitaire et salaire minimal pour 80 % des étudiants. *-17-5* Madrid, 3 attentats. *-26-12* Barcelone, attentat à la grenade par séparatistes catalans (1 marin américain †). **1988**-*14-1 :* 5 partis sur 6 (sauf Herri Batasuna) condamnent ETA militaire. *-15-1* renouvellement du traité américano-esp. de 1953 pour 8 ans. *-Juillet* l'écrivain *Jorge Semprun* (64 ans) ministre de la Culture. *-17-10* visite reine d'Angleterre. *-14-12* grève générale (95 % des travailleurs). **1989**-*19-6* peseta dans SME. Été très sec. *-1-9* Cortes dissoutes. *-24/28-9* Hassan II, 1re visite officielle. *-29-10 législatives :* PSOE majorité absolue.

1990-*13-1* incendie boîte de nuit à Saragosse (43 †). *-25-3* PSOE perd majorité absolue aux Cortes après élection partielle à Melilla (175 sièges sur 350). *-16-6* Cel Manuel López Muñoz tué (Grapo). *-21-6* indépendantistes élus en 1989 pourront siéger aux Cortes (refusent de prêter serment). *-6-9 :* 3 attentats du Grapo à Madrid. *-10-10* explosion boîte de nuit de St-Jacques-de-Compostelle (3 †). *-26-10* Fernando Silva Sande, chef présumé du Grapo, arrêté. *-26/28-10* Gorbatchev en E. **1991**-*12-1* Alfonso Guerra, vice-Pt du gouv., démissionne (son frère Juan aurait bénéficié d'un trafic d'influence). **1992**-*8-1* Barcelone, 1 officier tué et *-16-1,* 2 militaires tués. *-6-2* Madrid, voiture piégée (5 †). *-31-3* visite de Juan Carlos à la synagogue de Madrid (5e centenaire de l'expulsion des juifs).

-25-7 ouverture des *jeux Olympiques de Barcelone. -23-9* contrôle des changes rétabli. *-12-10* « jour de l'Hispanité », 5e centenaire de la découverte de l'Amérique. *-26-10* Madrid, arrivée « Marche de fer » (sidérurgistes) des Asturies et Pays basque contre licenciements. *-22-11* peseta dévaluée de 6 %. *-25-11* Parlement approuve traité de Maastricht. **1993**-*3-3* Madrid, 3 attentats du Grapo contre ministre du Travail et patronat. *-5-3* Madrid, arrivée « Marche verte » des agriculteurs (15 j, environ 100 000) contre la Pac. Scandale politique (financement PSOE). *-6-6 législatives :* PSOE (F. González) n'a pas la majorité absolue. *-12/17-6* visite Jean-Paul II. *-21-6* Madrid, 2 attentats (7 †). *-26-12* bombe à Madrid (1 bl.). *-28-12* banque *Banesto* sous tutelle [perte : 605 milliards de pesetas (plus de 25 milliards de F) ; Mario Conde, ex-P-DG, incarcéré pour détournement de fonds 23-12-1994, libéré sous caution 31-1-1995, condamné à 6 ans de prison (en appel 26-2-1998 à 4 ans et demi) et au remboursement de 24 milliards de F le 20-3-1997, à 10 ans et 2 mois le 31-3-2000]. **1994**-*3-7* incendies en Catalogne, Aragon, Valence et Andalousie (19 †, 138 000 ha brûlés). *-29-7* Madrid, attentat [3 † dont le Gal Francisco Veguillas (68 ans)]. **1995**-*28-5 municipales. -19-6* Madrid, voiture piégée (1 policier †). *-9-8* Palma de Majorque, commando ETA voulant assassiner le roi ou un membre de sa famille, arrêté 10-8. *Été* Sud : sécheresse. *-5-12* mort du Gal Manuel Gutiérrez Mellado (né Madrid 2-4-1912), vice-Pt du gouv. depuis 2-9-1976. *-11-12* Madrid, voiture piégée (6 †). **1996**-*19-2* manif. contre terrorisme ETA (850 000 à Madrid, 100 000 à Valence). *-3-3 législatives* (voir col. c). *-4-5* **José Maria Aznar** (né 25-2-1953) PM. *-7-8* camping de la région de Biescas (Huesca), vague de boue (83 †, 5 disparus). *-11-12* grève générale des fonctionnaires. **1997**-*8-1* Lt-Cel Jesus Cuesta Abril tué à Madrid. *-14-7 Madrid,* manif. contre ETA. **1998**-*30-1* Alberto Jimenez Bercerril (conseiller municipalP. populaire de Séville) et sa femme tués par ETA. *-31-1 :* 500 000 manifestants à Séville contre ETA. *-26-2* Luis Roldan (né 1943) condamné à 28 ans de prison pour détournement de fonds (ancien directeur de la garde civile). *-20-3* Séville, 5 membres du « Commando Andalousie » ETA arrêtés. *-Juillet* incendies en Catalogne (au 18-7, 27 000 ha). *-29-7* José Barrionuevo (ancien ministre socialiste de l'Intérieur) et son secrétaire d'État à la Sécurité, Rafael Vera, condamnés à 10 ans de prison [pour l'enlèvement par erreur, 4-12-1983 à Hendaye, de Segundo Marey, industriel français d'origine espagnole (pris pour un séparatiste basque) libéré 14-12] ; incarcérés 8-9, graciés24-12. *-8-10 lac de Banyoles,* naufrage d'un bateau avec des touristes français (20 †). **1999**-*févr.* Parlement vote fin de la conscription au 31-12-2002 et pour armée de métier. *-25-4* Aznalcollar (Andalousie), rupture d'un bassin de rétention d'une mine de pyrite [6 millions de t de déchets dans le fleuve Guadramar, près du parc de Donana (coût : 30 milliards de pesetas)]. *-4-7* saisie au large des Canaries de 10 t de cocaïne. *-Été* sécheresse. **2000**-*21-1 Madrid,* attentat ETA voiture piégée (Pedro Antonio Blanco Garcia lieutenant colonel de la Garde civile †). *-23-1 Madrid,* 1 000 000 manifestants contre ETA. *-5/7-2 El Ejido* (Andalousie), violences antimarocaines après assassinat d'une espagnole par un déséquilibré marocain. *-26-4* Aznar réélu pour 4 ans. *-8-5* Grapo tue 2 convoyeurs.*Été* Catalogne, Canaries, Sud : incendies.

Guerres civiles espagnoles

1°) Tradition anticentralisatrice. (Au XIe s., les royaumes musulmans du Sud, ou *taïfas*, étaient indépendants ; ceux du Nord, chrétiens et féodaux, étaient souvent ennemis.) Les *fueros*, chartes consenties par les souverains, reconnaissent le droit à l'autonomie fiscale et administrative. La dynastie unique a maintenu des administrations particulières.

2°) Tradition anticastillane. En 1521, la noblesse castillane voulant défendre ses biens contre la *Germania* a basculé dans le camp impérial au cours de la guerre des Communes. L'hégémonie castillane fut *culturelle* par la langue, y compris en Andalousie où les populations implantées de fraîche date n'ont pas de dialectes locaux vivaces, *financière et politique.* Depuis 1492 (découverte du Nouveau Monde et conquête du roy. musulman de Grenade), les nouvelles terres sont annexées au royaume de Castille (Indias de Castilla), l'union avec l'Aragon-Catalogne n'étant pas encore faite. L'or importé d'Amérique est investi en territoire castillan ; les postes lucratifs d'outre-mer sont réservés aux nobles castillans. Les régions riches non castillanes (Pays basque, Catalogne), qui payent le plus d'impôts, réprouvent la priorité donnée aux investissements en Castille.

3°) Disparition du domaine public. Au XIe s., les rois délèguent leur autorité sur les grands domaines *(senorios solariegos)* à des magnats laïcs et à des dignitaires ecclésiastiques. Il en est de même après le XIIe s., pour les terres reconquises sur les musulmans. Aux XIVe et XVe s., les donations *(mercedes)* de biens fonciers aux nobles réduisent à rien le domaine royal. En 1811, les Cortes (en majorité bourgeois des villes) retirent aux seigneurs les droits de justice dans leurs domaines et transforment ceux-ci en propriétés privées (loi confirmée en 1837 ; en 1930, les 29 grands d'Espagne possédaient 577 359 ha).

4°) Révoltes plébéiennes. Les paysans n'ont pas de recours contre les propriétaires, qui fixent les redevances à payer et souvent n'accordent pas de baux supérieurs à 3 ans ; la menace d'expulsion est constante. Les nobles vendent à perpétuité à des tiers (souvent bourgeois des villes) le droit de percevoir les redevances foncières de leurs domaines (moyenne pour l'E. aux XVIIIe-XIXe s. : 7,14 %, le double de la moyenne européenne). [Exception : Pays basque, où les exploitations rurales sont réputées « nobles » (en Biscaye, 98 % des paysans portent la particule et sont propriétaires de leurs biens fonciers ; leur hostilité à la Castille se double du mépris pour le sous-prolétariat rural castillan).] Aussi les pauvres émigrent-ils vers l'Amérique ou se révoltent-ils. Toute guerre civile esp. (d'origine politique ou régionale) se double d'une guerre sociale (paysans pauvres contre possédants).

5°) Tradition de la guérilla. En 1705 et 1713, guerre de la Succession d'E. [voir 9°]. En 1808 contre les Français, ensuite pour des objectifs politiques ou sociaux.

6°) Traditions catholique et anticatholique. L'Église aux Ve-VIIe s., minoritaire devant les ariens, a acquis par intrigues et par les armes (conversion du roi Récarède, voir p. 1061 c) une situation de force. La reconquête militaire eut lieu pour refaire un roy. chrétien. Après la prise de Grenade, la hiérarchie cath. (entre les mains de la royauté) a utilisé l'*Inquisition* pour maintenir ses positions : expulsion des morisques et des juifs ; exécution des renégats, puis (aux XVIe-XVIIe s.) extermination des protestants. Au cours des guerres civiles du XIXe s., les ecclésiastiques se font souvent chefs militaires [exemples : le trappiste *El Trapense* (fray Antonio Marañon), qui s'empare de la Seo de Urgel pendant la guerre de Riego en 1822 ; en 1872 (guerre carliste), curés basques et navarrais se mettent à la tête de leurs paroissiens]. Au contraire, dans de nombreuses campagnes, les paysans sans terres prennent parti contre l'Église en tant que propriétaire terrienne. Aux XIXe et XXe s., en E. comme en Amér. latine (notamment au Mexique), les théoriciens de la lutte contre l'Église (« libéraux » ou révolutionnaires, héritiers des révolutionnaires français) prétendent lutter contre le « fanatisme » (c.-à-d. les méthodes de l'Inquisition).

7°) Tradition des pronunciamientos (coups d'État militaires au cours desquels le chef des rebelles *prononce* un discours-programme, pour entraîner ses partisans). De gauche (par exemple Riego 1821, Galán 1930) ou de droite (Primo de Rivera 1923). Peuvent être l'occasion de guerres civiles, les rebelles sachant qu'ils seront tués en cas d'échec (Riego pendu 1823, Galán fusillé 1930). Le pronunciamiento de Franco, en 1936, a déclenché la guerre civile de 1936-39.

8°) Traits psychologiques des Espagnols. Ils ne se posent pas en citoyens (Alphonse XIII disait qu'il régnait « sur 21 millions de rois »). Traits principaux : individualisme, sentiment de l'honneur, sens de l'égalité. Vie sociale et politique relâchée, goût des actions individuelles (francs-tireurs), imprévoyance et démesure (goût des victoires totales, avec refus du compromis), recherche du prestige et, à l'échelon local, *caciquisme* (autoritarisme des notables). Ces traits expliquent en partie la fréquence des guerres civiles, le goût de l'anarchie, l'acharnement des luttes, le caractère spectaculaire du terrorisme.

9°) Interventionnisme étranger. Les guerres civiles espagnoles modernes ont connu des interventions étrangères, et sont souvent nées du fait que les Espagnols s'étaient rangés dans 2 camps étrangers différents. Exemples : (voir p. 1063 b) guerre de la Succession d'E. et insurrection de Riego.

Institutions

■ **Statut.** *Monarchie parlementaire.* Franco avait choisi le futur chef de l'État espagnol (un roi : Juan Carlos Ier) et le futur chef du gouvernement : son adjoint l'amiral Luis Carrero Blanco (né 1903). Après l'assassinat de celui-ci par l'ETA le 20-12-1973, le « Mouvement » franquiste (coalition des droites espagnoles : militaire, cléricale, phalangiste, affairiste, monarchiste libérale et carliste) ne put survivre à son fondateur. Le roi, s'appuyant sur monarchistes libéraux et démocrates-chrétiens, a rapidement abandonné un régime autoritaire pour la démocratie. **Constitution :** adoptée 6-12-1978 par référendum [inscrits 26 632 180 ; votants 17 873 301 (67,1 %) ; oui 87,8 % des suffrages exprimés ; non 7,8 % ; blancs 3,5 % ; nuls 0,74 % ; abst. 32,9 % (55 % au Pays basque)], entrée en vigueur 29-12 : État social et démocratique de droit ; la souveraineté réside dans le peuple d'où émanent les pouvoirs de l'État. Sont reconnus : liberté d'opinion, droit au divorce et à l'avortement, liberté de réunion, d'association, d'expression, d'éducation, droit à l'intégrité physique et morale, au secret de la vie privée, garanties de détention et de défense juridique ; la peine de mort est abolie. Les pouvoirs publics tiennent compte des croyances religieuses et maintiendront des relations de coopération avec l'Église catholique. Nationalités et régions ont droit à l'autonomie.

Roi : chef de l'État, commandant en chef des forces armées et chef du Conseil suprême de défense. Pouvoirs très limités ; peut proposer un candidat à la présidence du gouv. après consultation des représentants des groupes parlementaires. *Loi de succession (Constitution du 26-10-1978, art. 57) :* couronne héréditaire pour les successeurs de Juan Carlos Ier, héritier légitime de la dynastie historique. Ordre régulier de primogéniture et de représentation, la ligne antérieure étant toujours préférée aux postérieures ; dans la même ligne, on préférera le degré le plus proche au plus lointain, l'homme à la femme et, dans le même sexe, l'aîné au cadet. Ce texte semble maintenir l'impossibilité pour les Pces de la maison d'E. d'accéder au trône de Fr. et vice versa (renonciations des 5 et 24-11-1712), d'être à la fois roi d'E. et chef de la maison des Deux-Siciles (traité de Naples du 3-10-1759 et *Pragmatique Sanction* de Charles III du 6-10-1759), l'interdiction pour les infants de se marier sans l'autorisation du souverain et avec des personnes de rang non égal, ou hors de l'Église catholique (*Pragmatique Sanction* de Charles III du 27-3-1776).

■ **Drapeau** (adopté 19-7-1927). 2 bandes rouges horizontales séparées par une bande jaune plus large portant l'écu national (château, lion, barres, chaînes et grenade) surmonté d'une couronne à 8 fleurons. **Hymne.** *Marcha real,* national depuis 27-2-1937. **Fêtes nationales.** *24-6* (*St-Jean,* fête du roi) ; *6-12* [jour de la Constitution (1978)]. Avant 1976, *18-7* (anniversaire du soulèvement franquiste), *12-10* (*fête de « la race »* ou de « l'*Hispanité* », anniversaire du débarquement de Colomb).

■ **Élections aux Cortes. Congrès des députés.** 350 membres élus à la proportionnelle pour 4 ans. *Pte :* Luisa Fernanda Rudi, depuis 2000. **Élections 6-6-1993 :** PSOE 159 sièges (38, 7 % des voix), PP 141 (34,8), Izquierda unida (IU, ex-PC) 18 (9,5), P. catalan (CIU) 17 (5), P. régionaliste 6, P. nationaliste basque 5, CC 4, *abst.* 20,72 %. **3-3-1996 :** PP 156 sièges (38,85 % des voix), PSOE 141 (37,48), IU 21 (10,58), CIU 16 (4,61), P. nationaliste basque 5 (1,28), CC 4 (0,89), BNG (Galiciens) 2 (0,88), Herri Batasuna 2 (0,73), ERC (Catalans) 1 (0,67), EA (Basques modérés) 1 (0,46), UV (Valenciens) 1 (0,37). **12-3-2000 :** PP 183 sièges (44,54 %), PSOE 125 (34,08), CIU 15 (4,20), IU 8 (5,46), PNV 7 (1,53), CC 4 (1,06), BNG 3 (1,32), PA 1 (0,90), ERC 1 (0,84), IC 1 (0,52), EA 1 (0,44), CHA 1 (0,33). *Pte :* Luisa Fernanda Rudi (n.c.). **Sénat.** 255 m. dont 208 élus pour 4 ans au scrutin majoritaire et 47 désignés pour 4 ans par les communautés autonomes. *Pte :* Esperanza Aguirre (née 1952) depuis 9-2-1999, réélue en 2000. **Élections 3-3-1996 :** 208 dont PP 112, PSOE 81, CiU 4, PNV 4, divers 3. **12-3-2000 :** PP 147, PSOE 76, CIU 11, PNV 8, CC 5, PIL 1, divers 7.

■ **Élections municipales. 13-6-1999** (en %) : PP 34,42, PSOE 34,22, IU 6,5, CIU 3,63, PA 1,67, BNG 1,36, PNV-EA 1,28, CC 1,26, EH 1,25, ERC-AM 1,05.

■ **Pt du gouvernement.** Proposé par le roi au Congrès des députés et, s'il obtient la confiance du Parlement, nommé par le roi.

■ **Partis.** Jusqu'en 1974, les partis politiques étaient interdits sauf la FET (Phalange esp. traditionaliste) et les JONS (Juntes offensives nationales-syndicalistes), puis le Mouvement nationaliste. Aujourd'hui, près de 500 partis légalement constitués, mais moins de 20 représentés dans les assemblées régionales, nationales ou européennes. **Parti populaire (PP)** fondé 23-9-1976 par Manuel Fraga Iribarne (né 23-11-1922) sous le nom d'Alliance populaire, devenue PP le 22-1-1989, *Pt :* depuis 1990, José-Maria Aznar (né 1953), 426 276 m. (en 1994) ; *secr. général :* Javier Arenas. **Démocratie chrétienne (DC)** fondée 1988 (auparavant, P. démocratique populaire, fondé 1974), *Pt :* Javier Röperez. **P. libéral (PL)** fondé 1983, *Pt :* José Antonio Segurado García (né 1938). **Fédération démocratique chrétienne** fondée 1977, *Pt :* Joaquín Ruiz Gimenez. **P. communiste d'E. (PCE)** fondé avril 1920, Merino Garcia, Andrade, Portela, Arroyo, Pèrez Solis, Virginia Gonzalez, etc. [*1942-60* Dolores Ibarruri, 1895-1989, « Pasionaria » de la guerre civile : 1922 élue au Ier congrès du PC. 1930 Comité central. 1932 Bureau politique. 1935 Comité exécutif du Komintern. 1936-39 : 2e personnage du PC. 1939-77 exil à Moscou], secr. gén. après la mort de José Díaz. 1960 Pte du PCE. 1977 (13-5) rentrée en E., députée. 1979 ne se représente pas. 1989 (12-11) meurt, (16-11) obsèques, 200 000 pers.]. *1923-30 :* P. interdit ; secr. gén. : *1960* Santiago Carrillo (né 1915), *1978 (19-4)* IXe congrès du PCE (abandonne référence au léninisme), *1982* Gerardo Iglesias (né 1945), *1988 (févr.)* Julio Anguita, *1998 (déc.)* Francisco Frutos. *1986* **P. communiste ouvrier esp. (PCOE)** se dissout [*Pt :* Enrique Lister Forjan (né 1907) rejoint PCE. *Membres : 1977 :* 240 000 ; *87 :* 62 300. *% des voix obtenues : 1979 :* 10,81 ; *82 :* 3,87. En 1981, les « renovadores » furent expulsés (dont Manuel Azcarate). Les prosoviétiques, avec Ignacio Gallego, ont formé en 1986 un PC « verdadero » (véritable) : le P. communiste des peuples d'Espagne (PCPE) qui, en janv. 1989 (congrès de l'unité) a rejoint le PCE. **P. socialiste ouvrier esp. (PSOE)** fondé 1879 par Pablo Iglesias ; 1988 congrès constitutif, 1991-15-2 fusion avec P. des travailleurs d'Espagne (*fondé* 1985 par Santiago Carrillo), *Pt :* Ramon Rubial, *secr. gén. :* José Luis Rodriguez Zapatero depuis 22-7-2000, 370 000 m. (en 1997) ; Josep Borrel démissionne le 14-5-1998. **P. d'action socialiste (Pasoc),** fondé 1879, *secr. gén. :* Alonso Puerta Gutiérrez, 8 000 m. (en 1986). **Union nationale,** *Pt :* Miguel Saguhea E. Gutiérrez Solana. **Union du centre démocratique (UCD)** fondée 3-5-1977 par Adolfo Suárez, 144 000 m. (en 1981), dissous 1983. **Centre démocratique et social (CDS)** fondé 1982, *Pt :* Adolfo Suárez. **Fédération progressiste (FP)** fondée 1984, *Pt :* Ramón Tamames Gómez. **P. démocrate populaire** fondé 1982. **P. réformiste démocratique (PRD)** fondé 1984, *Pt :* Antonio Garrigues. **P. Solidarité esp.,** Lt-Cel Antonio Tejero (0,12 % des voix en 1982). **Juntes espagnoles** d'Antonio Izquierdo, formées juin 1985. **Organisation révolutionnaire des travailleurs,** *Pt :* José Sanromes. **Groupe révolutionnaire antifasciste du Ier octobre (Grapo)** fondé 1-10-1975, *de 1975 à 2000 :* 80 assassinats ou enlèvements. **Démocratie socialiste** fondée 1990, *leader :* Ricardo García Damborenea.

☞ **Fuerza Nueva :** créée 1976 pour perpétuer la mémoire du Caudillo (1 % des voix en 1979 ; 0,47 en 1982) ; dissoute par son fondateur, Blas Pinar, en nov. 1982 ; transformée en mouvement culturel. La coalition **Gauche unie [IU]** (*Izquierda Unida,* menée par les communistes), compte, en 1994, 73 000 membres.

■ **Syndicats. UGT** (socialiste) 900 000 membres, **CC.OO** (communiste) 800 000 m.

■ **Armée. Membres :** *1991 :* 278 500. Service militaire de 9 mois (sera supprimé en 2002). **Insoumis :** *1993 :* 9 400. **Objecteurs de conscience :** *1991 :* 68 000 demandes (32,5 % des conscrits, + 61 % par rapport à 1992) ; *94*

FAMILLE ROYALE

■ **Roi Juan Carlos.** Voir p. 1066 a.

Titre abrégé : Sa Majesté catholique N... roi d'Espagne et des Indes. **Développé :** roi de Castille, de Léon, d'Aragon, des Deux-Siciles, de Jérusalem, de Navarre, de Grenade, de Tolède, de Valence, de Galice, de Majorque, de Minorque, de Séville, de Sardaigne, de Cordoue, de Corse, de Murcie, de Jaen, des Algarves, d'Algésiras, de Gibraltar, des îles Canaries, des Indes orientales et occidentales, de la terre ferme et des îles des mers océanes ; archiduc d'Autriche, duc de Bourgogne, de Brabant, de Milan ; Cte de Habsbourg, de Flandre, de Tyrol et de Barcelone, duc d'Athènes et de Néopatrie, seigneur de Biscaye et de Molina ; marquis d'Oristan et de Gozianos. (En fait, le grand titre de « Sa Majesté catholique » n'est plus porté. En 1931, le roi se titrait dans les actes officiels « par la grâce de Dieu et par la Constitution, roi d'Espagne ».) **Actuellement :** Juan Carlos Ier est seulement roi d'Espagne.

Fils aîné du roi, héritier de la Couronne : titré comme *héritier du comté de Barcelone :* duc de Gérone (érigé 1351) ; *du royaume d'Aragon :* duc de Montblanch (1387) ; *de Castille :* Pce des Asturies (1388) ; *de Navarre :* Pce de Viane (1423). *Les autres enfants du roi et ceux de son fils aîné* sont *infants d'Espagne* avec le prédicat d'altesse royale. *Les autres membres* de la maison royale sont Pces de Bourbon et ne sont pas infants de droit. Le roi peut leur en conférer le titre.

■ **Père du roi. Juan-Carlos de Bourbon et Battenberg** (20-6-1913/1-4-1993) *Cte de Barcelone* (depuis 8-3-1941), 6e enfant et 3e fils d'Alphonse XIII. *1933-21-6* Pce des Asturies. Tente, pendant la guerre civile, d'y participer dans les rangs nationalistes après avoir passé clandestinement la frontière ; reconnu, est expulsé par le Gal franquiste Mola. *1941-15-1* Alphonse XIII abdique en sa faveur. Vit à Lausanne (Suisse). *1946* à Estoril (Portugal). *1948-25-8* rencontre secrètement Franco sur un yacht au large de St-Sébastien. 1 mois plus tard, Juan Carlos, son fils, viendra à Madrid faire ses études. *1954-29-12* rencontre Franco en Estrémadure. *1968-8-2* rentre pour le baptême de son petit-fils, le Pce Philippe. Accueil enthousiaste pendant 3 j. *1977-14-5* renonce à ses droits, son fils l'autorisant à porter le titre de *Cte de Barcelone,* amiral honoraire esp. Ép. 12-10-1935 Maria de las Mercedes de Bourbon et Orléans, Pcesse des Deux-Siciles (23-12-1910/2-1-2000). *4 enfants : Maria del Pilar* (30-7-1936) Dchesse de Badajoz, ép. 5-5-1967 don Luis Gómez Acebo, Vte de la Torre, 4e fils de la Mise de Deleitosa (23-12-1934/9-3-1991) ; *Juan Carlos Ier* (roi régnant actuel) ; *Marguerite* (6-3-1939) duchesse de Soria et de Hernani, ép. 12-10-1972 Carlos Zurita (9-10-1943) ; *Alphonse* (3-10-1941/29-3-1956, d'un coup de revolver accidentel tiré par Juan Carlos).

☞ **Résidence le Pardo :** construite 1543-58 à 15 km au nord-ouest de Madrid. 200 pièces. Incendie le 13-3-1604 dans la Galerie des portraits. Résidence officielle de Franco de 1939 à 1974.

■ **Oncles et tantes du roi** (enfants d'Alphonse XIII). **Alfonso** *Cte de Covadonga* (10-5-1907/6-9-1938 d'un accident de voiture, hémophile ; Pce des Asturies jusqu'à sa renonciation le 11-6-1933). Ép. 1°) 21-6-1933 Edelmira Sampedro Ocejo y Robato (1906-94), mannequin, cubaine (divorce 8-5-1937), 2°) 3-7-1937 Marta Rocafort y Altazarra († 1938, divorce 8-1-1938) sans postérité.

Jacques (Jaime) *duc de Ségovie* et *duc d'Anjou* (23-6-1908/20-3-1975). Mal opéré d'une mastoïdite, il devient sourd-muet. Renonce 21-6-1933 à ses droits (confirme les 23-7-1945 et 17-6-1949). Chef de la maison de Bourbon (1941), il assume le titre de duc d'Anjou (28-3-1946) ; déclare revenir sur ses actes antérieurs (Paris 6-12-1949), puis se proclame chef de l'ordre de la Toison d'or (Paris, 1-3-1963), nommant des chevaliers, et réclame la succession carliste avec le titre de duc de Madrid (3-5-1964). Voir à l' Index.

Béatrice (née 22-6-1909) *infante d'E.,* ép. 14-1-1935 Alexandre Torlonia, Pce de Civitella Cesi (né 7-12-1911/11-5-1986). *Enfants :* Alexandra (1936), Marco (1937), Marino (1939-95), Olimpia (1943).

Marie-Christine (12-12-1911/23-12-1996) *infante d'E.,* ép. 10-6-1940 Enrico Cinzano, Cte Marone (15-3-1895/23-10-1968). *Enfants :* Vittoria (1941), Giovanna (1943), Maria-Teresa (1945).

Gonzalve (24-10-1914/12-8-1934, accident de voiture).

Nota. – La discussion entre don Juan et don Jaime, au sujet de la succession d'Espagne, portait sur la validité du principe d'exclusion des enfants nés d'un mariage « inégal » (la femme de don Jaime, Emmanuelle de Dampierre, n'étant pas issue d'une maison souveraine). Cette discussion est sans objet du point de vue de la succession française.

SUCCESSION CARLISTE

Lignée carliste. Charles (don Carlos) V (28-3-1788/10-3-1855), frère du roi Ferdinand VII (1784-1833) ; vivant comme Cte de Molina ; abdique (18-5-1845). **Charles VI** (31-1-1818/13-1-1861), son fils, connu comme Cte de Montemolín, célibataire. **Jean (don Juan) III** (15-5-1822/18-11-1887), son frère cadet ; abdique (3-10-1868) et vit comme Cte de Montizón (fut chef de la maison de Bourbon ou de France à la mort d'Henri V, Cte de Chambord, en 1883). **Charles (don Carlos) VII** (30-3-1848/18-7-1909), son fils, épouse Marguerite de Bourbon-Parme (1-1-1847/29-1-1893), proclamé par ses partisans 20/30-7-1868 et reconnu par son père le 3-10 ; duc de Madrid. **Jacques (don Jaime) III** (27-1-1870/2-10-1931), son fils unique ; duc de Madrid. **Alphonse-Charles (don Alfonso Carlos) Ier** (12-9-1849/29-9-1936), frère cadet de Charles VII ; duc de San Jaime, épouse 26-4-1871 Marie de Bragance (née 5-8-1852). A sa mort, la succession carliste devait revenir normalement au roi Alphonse XIII [qui descendait de la branche cadette, issue de son arrière grand-père François de Paule (3e fils de Charles IV, 1748-1819)], mais Alphonse-Charles désigna un neveu de sa femme, **François-Xavier de Parme** (1889-1977), Pce de Molina, pour être, après sa mort, régent de la « Communion » traditionaliste (nom du parti carliste espagnol). Celui-ci n'avait aucun titre au trône d'E., ni selon l'acte de 1713 invoqué par les carlistes (puisqu'il n'appartient pas à la branche aînée par les mâles), ni selon la loi proprement esp. des *Partidas*. Cependant, Xavier se transforma peu à peu en régent d'E., puis en roi, nommant une sorte de contre-gouvernement, attribuant des décorations, etc. **Carlos-Ugo,** duc de Parme, son fils aîné (Hugues de Bourbon-Parme, né 8-4-1930, officier de réserve français, devenu don Carlos-Ugo et, de son propre chef, Pce des Asturies, duc de Madrid, etc., naturalisé Esp.) se présente comme chef d'un parti carliste prônant le socialisme autogestionnaire, son frère cadet, Sixte-Henrique, étant plus traditionnel ; leurs partisans ont échangé des coups de feu dans une réunion à Montejurra (le 9-5-1976, 1 tué).

☞ La succession carliste et le titre de duc de Madrid ont été revendiqués également, depuis le 12-11-1945, par l'archiduc **Charles d'Autriche** (1909-53), titré depuis 1938 Pce Charles de Habsbourg-Lorraine et de Bourbon, qui se titra Carlos IX (déc. 1953) [naturalisé Esp., fils de l'archiduc Charles-Salvator d'Autriche-Toscane et de l'infante d'E. Blanche de Castille de Bourbon (1868-1949), fille du roi carliste Charles VII d'E. (voir plus haut). A sa mort, la revendication a été reprise par ses 3 frères, les archiducs *Léopold* (1897-1958), jusqu'au 29-3-1956 (renonciation), *Anton* (1901-87), jusqu'au 7-8-1954 (renonciation), puis, en 1958, *François-Joseph* (né 1905) qui prit le titre de Francisco José Ier, roi d'E., et fonda l'ordre du Lys de Navarre.

La Communion carliste aurait compté vers 1980 15 000 chefs locaux et 500 000 adhérents.

(est.) : plus de 100 000. **Bases américaines.** *Traité américano-esp.* de 1953, renouvelé 1975, renouvelé 15-1-1988 pour 8 ans. **Torrejón de Ardoz** près de Madrid (défense et contrôle aérien de l'Atlantique à la Méditerranée), **Sanjurjo** à Saragosse (entraînement des forces stationnées en Europe depuis le retrait américain de Wheelus Field en Libye, en 1970), **Morón de la Frontera** près de Séville (tâches logistiques), **Rota** près de Cadix (importante depuis le repli des bases du Maroc en 1963). En tout, il y a en Espagne 13 000 militaires américains.

■ **Noblesse.** Jusqu'au 14-4-1931 (départ d'Alphonse XIII) comprenait : **1°)** *la noblesse non titrée (hidalguía).* La plus nombreuse. Bien que n'ayant pas perdu son caractère juridique propre, défini pour la 1re fois par Alphonse X le Sage dans ses « Partidas » (2°, titre XXI, loi 3 : « L'hidalguía est la noblesse qui vient aux individus par leur lignage » ; était *hidalgo* qui pouvait prouver la noblesse de son père et de son grand-père), elle n'est cependant plus recensée dans les municipalités depuis 1836. Au 15-10-1982, plus de 5 000 personnes étaient groupées dans l'*Asociación de hidalgos a fuero de España,* instituée en 1955, reconnue d'utilité publique par le Conseil des ministres espagnol du 1-4-1967, et en 1970. Elle inclut également des personnes pouvant prouver leur *hidalguía* en faisant remonter leur filiation à l'époque où de nombreux territoires appartenaient à la Couronne d'Espagne (Flandre, Hainaut, royaume des Deux-Siciles, Amérique centrale et du Sud, etc.). Les personnes occupant de hautes fonctions entraînant l'hidalguía selon les statuts en vigueur jusqu'en 1835 (exemples : magistrat du Tribunal suprême, conseiller d'État...) peuvent y entrer ainsi que celles qui ont été décorées d'ordres entraînant concession de noblesse (ordres de Charles III...). **2°)** *La noblesse titrée. Hiérarchie :* duc, marquis, comte, vicomte, baron, seigneur. Les membres de la famille royale, enfants du roi ou du Pce des Asturies (l'héritier du trône), s'appellent *infants* ou *infantes.* Le titre de Pce n'a été accordé que 2 fois hors de la maison royale et à titre non héréditaire (Godoy, Pce de la Paix ; Espartero, Pce de Vergara). En 1972, le petit-fils d'Alphonse XIII avait été autorisé à porter le titre de duc de Cadix avec le traitement d'Altesse royale, mais un décret royal du 6-11-1987 a aboli l'hérédité des titres de la maison royale, ce qui le rendit non transmissible à son fils unique, Luis Alfonso de Bourbon. **3°)** *Les Grands d'Espagne.* Instituée pour 25 personnes par Charles Quint en 1520, répartie jusqu'en 1874 en 3 classes, la grandesse offre le privilège de passer devant tout autre noble quel que soit son titre, de rester couvert du chapeau adéquat devant le roi, d'occuper certaines charges et d'être appelé « cousin » par le roi, de siéger aux Cortes après les prélats.

Régime actuel : seules la noblesse titrée et la grandesse sont reconnues (elles furent abolies du 1-6-1931 au début 1948 mais, depuis 1936, le régime franquiste admettait implicitement les titres, la députation de la grandesse d'Espagne assurant un intérim officieux pour leur attribution). Le 4-5-1948, une loi a rétabli la légalité des « titres du royaume ».

Statistiques : nombre de titres au 1-1-2001 : *titres de la maison royale* 6 ; *grands d'Espagne* 407 dont ducs 151, marquis 139, comtes 104, vicomte 1, barons 2, seigneurs 3, grandes personnalités 7 ; *titres du royaume* 2 387 dont marquis 1 235, comtes 840, vicomtes 139, barons 166, seigneurs 3, dignité nobiliaire 3, privilégié 1 ; *titres étrangers reconnus en Espagne* 25 (la plupart pontificaux) autorisés et portés par des Espagnols, et 86 titres étrangers auxquels des Espagnols ont succédé (en cours de régularisation). **Créés de 1948 au 25-11-1975 :** 1 prince (le « Pce d'Espagne » en 1969, devenu le roi Juan Carlos Ier), 5 ducs, 17 marquis, 14 comtes, 1 baron, 4 grandesses et 1 titre de « señora (dame) de Meiras » pour la veuve du général Franco († 1988). **Parmi les titres créés par le roi Juan Carlos :** *1975* duchesse de Franco (Carmen, fille de Franco) ; *1976* Mis de Arias Navarro avec grandesse (Pt du gouvernement lorsqu'il quitta ses fonctions) ; *1977* Cte de Rodríguez de Valcarel (Pt des Cortes et Pt du Conseil) ; *1977* Ctesse de Iturmendi (veuve d'Antonio Iturmendi, Pt des Cortes) ; duc de Fernández Miranda (Torcuato Fernández Miranda, Pt des Cortes). *1981* duc de Suarez (Adolfo Suarez Gonzalez, ancien PM) ; Mis de Salobreña (André Segovia Torres, guitariste), Mis de Bradomin (Carlos Luis del Valle-Inclán y Blanco, en mémoire de Ramón del Valle-Inclán, homme de lettres) ; *1982* Mis de Dalí de Pubol (Salvador Dalí, peintre) ; *1991* Mis de Samaranch (Juan Antonio Samaranch Torelló, Pt du Comité olympique international). *1991* Mis de los Jardines de Aranjuez (Joaquim Rodrigo Vidre, musicien, auteur du *Concerto d'Aranjuez*).

Cumul des titres : un titre ne se perdant jamais tant qu'un descendant par le sang subsiste en ligne masculine ou féminine, le cumul est légal si les formalités de succession au droit au titre ont été accomplies. Il y a environ 40 réhabilitations, demandes de succession de titres paraissant éteints, « partages » lors du décès d'une personne largement titrée. La *18e duchesse d'Albe,* doña Maria del Rosario Cayetana Fitz-James Stuart y Sylva, est 8 fois duchesse, 1 fois comtesse-duchesse (d'Olivares) avec grandesse, 3 fois marquise avec grandesse et 10 fois sans grandesse, 10 fois comtesse avec grandesse, condestable de Navarre avec grandesse, 10 fois comtesse sans grandesse, 1 fois vicomtesse.

Amérique latine : les rois d'Espagne anoblirent et titrèrent les principaux conquistadores (dont Pizarro et ses 13 compagnons). Le 1er titre fut *Hernán Cortés,* au Mexique, le 6-7-1529, comme Mis de la Vallée d'Oaxaca. *Christophe Colomb* fut « amiral des Indes » et son fils devint *duc de Veraguas* et *Mis de la Jamaïque* en 1537, etc. Puis la descendance de l'empereur *Moctezuma* fut titrée (voir Mexique). La concession des titres se poursuivit. Il y eut ainsi au Pérou 8 titres créés sous Philippe IV, 21 sous Charles II, et davantage ensuite. Charles IV fixa de nombreuses conditions pour les nouvelles titulatures (noblesse préalable, alliances notables, services éminents, jouissance de revenus suffisants, etc.). Ces titres étaient concédés par le roi ou, plus rarement, par les vice-rois. Ils étaient « bénéficiés », c'est-à-dire accordés en vertu de dotations pécuniaires (30 000 pesos) et enregistrés par la Chambre des Indes ou celle de Castille. Les titrés durent, à partir de 1788, obtenir l'autorisation royale pour se marier. Il fut aussi décidé que l'on ne pouvait accéder à un titre de Cte ou de Mis sans avoir été préalablement titré Vte (on devait ainsi payer 2 fois les droits). Même après l'indépendance des ex-colonies, Alphonse XIII accorda encore des titres à leurs citoyens en raison des services rendus par eux à l'Espagne. Les titres concédés restent valables en Espagne mais ne sont pas reconnus en Amérique latine. Aucun titre conféré à la Bolivie, ni au Costa Rica, Honduras, Nicaragua, Paraguay, Salvador, ni à l'Uruguay.

■ COMMUNAUTÉS ET PROVINCES

☞ Population en 1998.

17 communautés autonomes divisées en 54 provinces administratives.

■ **Andalousie.** 87 268 km². 7 236 459 hab. **D.** 83. **Capitale :** *Séville.* **Statut :** 30-12-1981, autonomie. **Pt :** Manuel Chaves Gonzáles depuis 24-7-1990. **Parlement** *(élections du 3-3-1996) :* 109 m. dont PSOE 52, PP 40, IU 13, P. andalou 4. **8 provinces :** Almeria 505 448 hab., Cadix 1 107 484, Córdoba (Cordoue) 767 175, Grenade 801 177, Huelva 453 958, Jaen 645 792, Malaga 1 240 780, Séville 1 714 845.

■ **Aragon.** 47 669 km². 1 183 234 hab. **D.** 25. **Capitale :** *Saragosse.* **Statut :** 30-12-1981, autonomie. Députation générale. **Pt :** Marcelino Iglesias Ricou (PSOE). **Parlement** *(élections du 13-6-1999) :* 67 m. dont PP 28, PSOE 23, P. aragonais 10, Chunta aragonesista 5, IU 1. **3 provinces :** Huesca 204 956, Saragosse 841 438, Teruel 136 840.

■ **Asturies.** 10 565 km². 1 081 834 hab. **D.** 102. **Capitale :** *Oviedo.* **Statut :** 30-12-1981, autonomie. **Pt :** Vincente Alberto Alvarez Areces (PSOE). **Parlement** *(élections du 13-6-1999) :* 45 membres dont PSOE 24, PP 15, IU 3, URAS 3.

■ **Baléares** (en 1998). 5 014 km². 796 483 hab. **D.** 159. **Statut :** 23-2-1983, autonomie. **Pt :** Francesc Antich i Oliver (PSOE). **Parlement** *(élections du 13-6-1999) :* 59 m. dont PP 28, PSOE 13, P. progessiste 6, PSM-MN 5, IU 3, UM 3, divers 1. **1 province :** Palma de Majorque. **4 GRANDES ILES : Majorque** 3 640 km². 613 000 hab. *Alt. maximale* Torrellas o Puig Mayor 1 445 m. *Palma* 302 000 hab. **Minorque** 701 km², 69 000 hab. *Mahon* 22 926 hab. **Ibiza** 542 km², 70 000 hab. **Formentera** (île à froment) 115 km², 5 000 hab. **PETITES ILES : Aire, Aucanada, Botafoch, Cabrera** 20 km² (île aux Chèvres, parc naturel depuis 1988). **Cone-**

jera (île aux Lapins). **Dragonera, Pinto, El Rey** (Formentera et Ibiza forment les Pithyuses). HISTOIRE : ancienne colonie carthaginoise [Port-Mahon, fondée par Magon (203 av. J.-C.), frère d'Hannibal]. **70 av. J.-C.** colonie romaine, cap. Pollentia (aujourd'hui Pollensa, à Majorque). **902** conquête arabe. **1229-35** reconquête de Majorque et d'Ibiza par Jaime Ier d'Aragon. **1261-1344** roy. indépendant de Majorque (cap. Perpignan) aux mains d'une branche cadette de la maison d'Aragon. **1287** reconquête de Minorque par Alphonse III ; expulsion des musulmans. **1708** conquête de Minorque par Anglais. **1756** reconquête par Français [duc de Richelieu ; en souvenir de la prise de Port Mahon, on appelle *mahonnaise* (puis mayonnaise) une sauce]. **1763** rendue aux Anglais. **1783** récupérée par E. au traité de Versailles (guerre d'Indépendance américaine). **1936-39** Majorque et Ibiza sont franquistes ; Minorque républicaine. TOURISME : *Majorque* [(Palma : château de Bellver, cathédrale), monastère de Lluch, Inca, chartreuse et pharmacie de Valldemosa, couvent N.-D. de Cura, musée du Labourage, vestiges mégalithiques (*talayots),* monastère de San Salvador, Manacor, grottes d'Arta et du Drach, ruines de Pollensa] ; *Minorque (talayots, taula) ; Ibiza* (salines). **Visiteurs** (en millions) : 4,5 dont G.-B. 1,8, All. et Autr. 1,5, pays nordiques 0,46, *France 0,28,* Benelux 0,25.

■ **Basque (Pays).** En Espagne : 7 261 km². 2 098 628 hab. **D.** 289. **Langues :** *castillan, basque* (voir p. 1061 a). En % : *Álava :* castillan 86,7, basque (le parlant bien 7,9, moyen 1,3, mal 4,1). *Guipuzcoa :* castillan 42,4, basque (bien 26,9, moyen 16,4, mal 14,3). *Biscaye :* castillan 73, basque (bien 13,6, moyen 6,4, mal 7). **Population active :** 702 000. *Chômage* (en 1993) : 23 %. **Statut :** province autonome depuis 18-12-1979 (gouv. 22-12-1979). **Capitale :** *Vitoria.* **Pt (Lehendakari) :** Juan José Ibarretsxe (PNV) depuis 29-12-1998. **Provinces :** *Vizcaya* (Biscaye) 1 137 594 hab., *Guipuzcoa* 676 439, *Álava* 284 595. **Fête nationale :** 28-3 : *Aberri Eguna* (« Jour de la Patrie »). **Drapeau :** *Ikurrina,* créé en 1894, 2 bandes vertes (croix de St-André) rappelant le symbole des Fueros et le chêne vert de Guernica, croix blanche (foi chrétienne), fond rouge (couleur de la Biscaye). **Parlement régional :** 75 sièges. **Élections du 23-10-1994 :** PNV 22 (29,84 % des voix), PSE-EE 12, HB 11, PP 11, EA 8, IU 6, UA 5 ; **du 25-10-1998 :** PNV 21 (27,97 % des voix), PPE 16, Euskal Herritarrok, coalition : « Nous les citoyens basques » 14, socialistes 14, EA 6, IU 2, UA 2 ; **du 13-5-2001 :** PNV-EA 33, PP-UA 19, PSE 13, Euskal Herritarrok 7, IU 3.

PARTIS NATIONALISTES : **Euzko Alderti Jeltzalea (EJA-Partido Nacionalista Vasco, PNV)** fondé 31-7-1895 par Sabino Arana (1865-1903), 31 000 membres (1993), *Pt :* Xabier Arzalluz, *secr. gén. :* Ricardo Ansotegui. **Eusko Alkartasuna (EA, Solidarité basque)** fondée 1986 comme Eusko Abertzaleak (Nationalistes b.), dissidents du PNV, 15 000 membres, *Pt :* Carlos Garaiko-Etxea, *secr. gén. :* Inaxio Oliveri Albizu. **Herri Batasuna (HB, Unité du peuple), Euskal-Herritarok** (Citoyens b.) fondée 27-4-1978, coalition de petits partis de gauche, 1986 reconnu légalement, aile politique de l'ETA, *représentant :* Jon Idigoras. **Euskal Ezkerra (EUE)** dissidents d'Euskadiko Ezkerra, gauche patriote b., fondé 1978 par ETA militaire, coupe ses liens avec la lutte armée, 1993 fusionne avec PSE, *secr. gén. :* Xabier Gurrutxaga. P. NON NATIONALISTES : **P. socialista de Euskadi-Euskadiko Ezkerra (PSE-EE),** P. socialiste basque-Gauche basque, fondé 1993, issu du PSE-PSOE et EE, *Pt :* Jose Maria Benagas, *secr. gén. :* Nicolas Redondo Terreros. **P. Populaire. Ezquer batua (EB)** gauche unie, dominée par le PC. P. RÉGIONALISTE : **Unidad alavesa (UA),** uniquement en Alava.

QUELQUES DATES : sentiment national chez les premiers grands écrivains basques connus : Detchepare (XVIe s.), Axular, Oyhenart, Garibay. Révoltes fréquentes jusqu'à la Révolution [la plus célèbre : celle des bergers et paysans de Soule (1660-61) contre le Vte de Tréville et Louis XIV, sous la direction du curé Goyhenetch (dit Matalaz)]. **1893** Sabino [Sabín Arana Goiri (1855-1903), fils d'un carliste] crée le mot *Euzkadi* (patrie basque). Il formule dans plusieurs œuvres, dont *Biskaya por su independencia,* la doctrine du nationalisme basque sur des fondements ethniques (et même racistes), historiques, linguistiques et religieux. **1895** fonde PNV (P. national basque), préconise l'indépendance des 7 provinces basques et leur confédération. **1931** la ville d'Eibar (Guipuzcoa, entre Bilbao et St-Sébastien) proclame la 2e Rép. **1936** gouv. autonome créé à *Guernica* (Pt José Antonio Aguirre avec des ministres socialistes, républicains, communistes et nationalistes). *-Oct.* la Rép. esp. accorde l'autonomie aux 3 provinces pour s'assurer le soutien des Basques. Pendant la guerre civile, le PNV, Biscaye et Guipuzcoa sont pour les Républicains ; la Navarre est franquiste. **1937** occupée par nationalistes, abrogation du statut d'autonomie. *-26-4 Guernica* détruite par aviation allemande (voir encadré p. 1065 b). **1939** victoire nationaliste. **1947** et **1951** PNV et gouv. b. en exil. à Paris organisent grèves générales. **1953** des étudiants créent le groupe *Ekin* (« Faire »). **1954** la Fr. interdit l'émetteur du gouv. basque en exil. **1956** Congrès mondial b. à Paris. **1957** de jeunes militants du PNV, dont Juan José Etscabe († 11-7-1996 à 60 ans), rompent avec le chef du gouv. basque en exil, José Maria de Leizaola. **1959**-*31-7* fondent ETA (*Euzkadi ta Askatasuna :* P. basque et Liberté). Plusieurs prêtres de campagne, gardiens de la langue basque, les soutiennent. **1964** PNV organise clandestinement l'*Aberri Eguna* (Jour de la Patrie) à Guernica. **1966** ETA décide la lutte armée. **1968**-*7-6,* 1er attentat mortel ETA en Guipuzcoa. **1970**-*13/28-12* Burgos, procès devant tribunal militaire de 16 militants après le meurtre, août 1968, du commissaire Melitón Manzanas González ; *-28-12 :* 6 condamnations à mort ; *-30-12* graciés par Franco. Nombreuses manif. en E. et dans le monde. **1973** *-27-9* affrontements à Bilbao (policiers/ETA). **1974** *-13-9 Madrid,* bombe dans cafétéria (12 †). **1975**-*25-4* état

d'urgence (Guipuzcoa et Biscaye). **1976**-*3-3* affrontements à Vitoria (3 civils tués). *-8/9-3 :* 1 manifestant tué à Bilbao ; 500 000 grévistes. *-9-7 :* 150 000 manifestants à Bilbao pour liberté du Pays basque (1 †). *-30-7* amnistie (100 prisonniers ETA ou Frap exclus). **1977**-*17-2* élection du Conseil général (gouv. pré-autonome de 15 m.). **1978**-*28-10* appel du PNV à Bilbao, défilé de dizaines de milliers de B. contre ETA. **1979** accord gouv./PNV sur texte qui servira de charte à l'Euzkadi. *-30-6/15-7* « guerre des vacances » militaire (mitraillage du Paris-Madrid 2-7, 12 bombes dans stations balnéaires). *-29-7 :* 3 bombes (ETA) à Madrid (aéroport, gares de Chamartín et Atocha) [5 †]. *-25-10 référendum sur autonomie :* 53,96 % oui. **1980**-*20-1* Bilbao : 4 †. *-Févr.* attaque convoi militaire (7 †). *-9-3 élections* parlement basque ; victoire nationaliste. *-Déc.* signature avec gouv. des *conciertos economicos* [compétences économiques de l'administration basque (peut lever des impôts)] et d'un accord sur police basque **1981**-*13-2* José Arregui, militant, † en prison. **1982**-*14/18-4* ultimatum : 1 mois pour que policiers esp. et leurs familles quittent Pays basque. **1983**-*7-2 :* 50 000 manifestants à Bilbao contre ETA. *-14-12,* 1re apparition publique des GAL (Groupes antiterroristes de libération). *-18/19-12* GAL tue 2 réfugiés basques en Fr. **1984**-*28-1*/**1985**-*22-2,* 29 sympathisants basques expulsés de Fr. Attentats antifrançais : Crédit lyonnais (Barcelone) ; **1984**-*14-7* Renault (St-Sébastien) ; *-18-7* Sté générale (Bilbao) ; *-10-8* BNP et Renault (Madrid) ; *-14-8* Renault (Barcelone) : 250 automobiles et 48 camions détruits de juillet à oct. ; coût : 150 millions de pesetas pour État esp. *-20-11* Santiago Brouard (membre Herri Batasuna) tué. **1986**-*19-6* Barcelone, centre commercial Hipercor, voiture piégée (21 † ; 2 m. ETA condamnés en 1989 à 794 ans de prison). *-Août* troubles. *-20-11* Madrid, attentat du GAL contre 2 députés Herri Batasuna (Josu Muguruza †, Inaki Esuaola grièvement bl.). *-11-12* Saragosse, voiture piégée devant caserne garde civile (11 † dont 2 femmes, 5 enfants). *-13-12* Saragosse : 200 000 manifestants contre ETA. **1988**-*29-1* gouv. rejette offre ETA de trêve (60 j). *-25-2* ETA enlève Emiliano Revilla (libéré 30-10). *-4-7* Juan Carlos Echeverria Garmedia, arrêté à Paris avec 100 millions de pesetas (partie rançon d'Emiliano Revilla, enlevé 24-2). **1989**-*8-1* trêve ETA. *-13-3* mort de José Maria de Leizaola, ancien Pt du gouv. b. en exil. *-18-3* Bilbao, 200 000 manifestants. *-10-4* trêve rompue. **1990**-*27-2* Fernando de Mateo Lage, Pt de l'Audience nationale, amputé des 2 mains (colis piégé). *-18-3* Josu Mondragón (Jesús Arkautz, no 2 ETA) arrêté en France. *-4/5-4 :* 4 Français arrêtés à Séville (pour répondre de 23 attentats commis 2-11-1978/ 17-11-1989), dont Henri Parot (né 1958) qui sera condamné 8-3-1994 à 1 802 années de prison. *-26-5 élections provinciales*, baisse d'Herri Batasuna. *-17-8* Burgos, attentat ETA contre commissariat (40 bl.). *-20-9 :* 2 policiers condamnés à 108 ans et 8 mois de prison pour attentats au Pays basque français. *-23-9* Biarritz, José Maria Jabier Zabaleta Elasegui (« Waldo »), no 2 de l'ETA, arrêté. **1991**-*29-5* Vich, voiture piégée ETA (9 †). **1992**-*29-3 :* 3 dirigeants ETA dont Francisco Mugida-Garmendia (Artapalo) arrêtés en Fr. *-30-5* Bayonne, Inaki Bilbao Goljeaskoetxa et Rosario Picabea Ugalde, chefs ETA, arrêtés. *-10-7* ETA propose trêve (2 mois) ; *-17-8* reprend lutte armée. **1993**-*18-9* St-Sébastien, manif. pro-indépendantiste. *-27-11* Bilbao, manif. anti-ETA (38 000 à 50 000 personnes). **1995**-*23-1* Gregorio Ordonez, porte-parole du P. populaire de Guipuzcoa, assassiné. *-19-4* José Maria Aznar,Pt du P. populaire, blessé. **1996**-*21-2* Jon Idigoras, dirigeant Herri Batasuna, arrêté. *-24-2 :* 30 000 indépendantistes à St-Sébastien, meeting pour législatives. *-14-4* José Maria Aldaya, industriel b., enlevé (relâché 8-5). *-23-6* ETA : trêve ; *-9-7* reprise attentats. **1997**-*6-2* palais de justice de Renteria incendié. *-6/19-2* grève routiers. *-7-3* grève générale à l'appel Herri Batasuna. *-12-7* Miguel Angel Blanco Garrido, conseiller municipal d'Ermua, tué (enlevé 10-7 par ETA pour obtenir le regroupement au Pays basque de tous ses prisonniers avant le 12-7 16 h). *-20-11* gouvernement rejette proposition de trêve ETA (en échange du regroupement prisonniers). *-1-12,* 23 membres de la direction Herri Batasuna condamnés à 7 ans de prison et amendes. **1998**-*15-7* fermeture du quotidien séparatiste *Égin. -16-9* ETA annonce cessez-le-feu. *-3-10* PM *Aznar* autorise négociations avec ETA. **1999**-*6-2* assemblée des maires et élus locaux du Pays basque. *-28-9* Plévin (Côtes-d'Armor) 8 t. d'explosifs volés. *-3-12* fin trêve. **2000**-*8-12* P. populaire et P. socialiste signent un Pacte national contre terrorisme ETA. **2001**-*13-5* succès du PNV.

■ **Nombreux attentats** (dont) : **1973**-*20-12* Carrero Blanco (voir p. 1066 a). **1976**-*4-10* Juan Maria de Araluce, conseiller du royaume, tué par ETA. **1978**-*28-6* M. Portell (directeur du journal *Hoja del lunes* de Bilbao). **1979**-*25-5,* 3 officiers et 1 soldat tués à Madrid. **1981**-*6-2* José Maria Ryan, ingénieur (centrale nucléaire de Lemoniz). **1983**-*18-10* Cdt Barrios tué par ETA. **1984**-*21-11,* 1 général à Madrid. **1985**-*29-3* chef de la police b. *-23-12* Gal Atares. **1986**-*févr.* vice-amiral Cristobal Colon de Carvajal. *-13-7* Domingo Iturbe Abasolo, dit *Txomin,* no 1 ETA, expulsé de Fr., réfugié en Algérie, tué 25-2-1987 dans accident de voiture (ou explosion ?) à 43 ans. *-10-9* « Yoyes » (Dolores Gonzales Catarain, 32 ans), membre ETA repentie tuée. *-25-10* Gal Garrido tué. **1987**-*12-9* Madrid, Carmen Tagle, procureur. *-19-11* Madrid, Lt-Cel José Martinez tué. **1994**-*19-10* Madrid, général tué. **1996**-*14-2* Francisco Tomas y Valiente, Pt du tribunal constitutionnel (1986-92). **2000**-*22-2* Fernando Buesa Blanco (secrétaire général du PS) et son garde du corps. *-7-5* José Luis Lopez de la Calle, journaliste. *-30-10* José Francisco Querol, juge à la Cour suprême, à Madrid avec chauffeur et garde du corps. *-22-11* Barcelone, Ernest Lluch, ancien ministre de la Santé. **Enlèvements : 1970**-*déc.* Eugène Beithl, consul allemand de St-Sébastien (libéré 25-12). **1973**-*17-1* industriel Felipe Huarte (libéré contre rançon 4 millions de F). **1974**-*22-5* Baltazar Suarez, directeur de la banque de Bilbao, enlevé à Neuilly. **1977**-*20-5* Javier de Ybarra, ancien maire de Bilbao ; *-20-6* exécuté. **1981**-*20-2,* 3 consuls (Autriche, Uruguay, Salvador), libérés 28-2. **1993**-*5-7* St-Sébastien, Julio Iglesias Zamora, 70e enlèvement depuis 1970, libéré 29-10 contre rançon [environ 22 millions de F (?)].

Victimes de l'ETA de 1968 au 1-8-2000. Total : 778 dont police nationale 141, garde civile 194, militaires 95, civils 304, police basque 5, police municipale 31. **Au 1-1-1998 :** 764 tués dont 13 en 1997. Environ 46 enlèvements (5 otages assassinés). Environ 200 militants de l'ETA tués dont environ 30 par les commandos parapoliciers du GAL et 600 incarcérés. **Du 3-12-1999 au 20-3-2001 :** 28 †.

Répression. GAL (Groupes antiterroristes de libération) auraient assassiné, de déc. 1983 à juillet 87, 28 dirigeants indépendantistes réfugiés en Fr. (dont 8 Français) ; auraient été financés par le ministre de l'Intérieur de 1982 à 1988. **Bilan :** *tués depuis 1960* par les groupes paramilitaires et dans des actions anti-ETA : 67.

Arrestations en France de dirigeants présumés : 27 dont *Santiago Arrospide Sarasola « Santi Potros »* (sept. 1987), *José Antonio Urruticoechea « Josu Ternera »* (janv. 1989), *Francesco Mugica Garmendia « Artapalo », Juan Lorenzo Lasa Mitxelena « Txiquierdi »* et *José Maria Arregui Erostarbe « Fiti »* (mars 1992), *Julian Atxurra Egurrola « Pototo »* (juillet 1996), *José Javier Arizcuren-Ruiz,* dit *Kantauri* (chef de la branche armée de l'ETA, et 5 autres membres, 9-3-1999). *Xabier Garcia Gaztelu*, dit *Txapute* (chef de l'appareil militaire, 22-2-2001).

☞ **Question navarraise :** en Navarre, seuls les habitants de quelques vallées parlent encore euzkadien. Les Navarrais (en majorité traditionalistes) s'opposent aux Basques des 3 *Vascongadas* (Álava, Biscaye, Guipuzcoa) : pendant la guerre civile de 1936-39, ce sont surtout les *requetés* navarrais (de droite) qui ont détruit la rép. d'Euzkadi. Un référendum sur le rattachement de la Navarre au Pays basque est sans cesse repoussé.

■ **Canaries (îles). Situation :** 7 273 km², 7 îles et 6 îlots (inhabités) à 100 km de l'Afrique. **Altitude** *maximale :* Pico del Teide 3 718 m. 1 630 015 hab. **D.** 224. **Statut : Pt :** Román Rodriguez Rodriguez (CC). **Parlement** *(élections du 13-6-1999) :* 60 membres dont CC 25, PSOE 19, PP 14, AHI 2. **2 provinces** : *Santa Cruz de Tenerife* 3 208 km², 780 152 hab. **D.** 243 [île de Tenerife 2 053 km², environ 625 000 hab. (dont la cap. Santa Cruz 200 000 hab.) ; La Palma 726 km², 90 000 hab. ; Gomera 378 km², 31 829 hab. (dialecte : le *silbo gomero* : préhispanique, sifflé avec les doigts, utilisé par les bergers et enseigné à l'école primaire depuis 1999) ; Hierro 312 km², 10 000 hab.]. *Las Palmas* 4 065 km², 849 863 hab. **D.** 209 [Grande Canarie 1 533 km², 650 000 hab. ; Fuerteventura 2 019 km², 50 000 hab. ; Lanzarote 973 km², 42 000 hab. Revendiquées par plusieurs nations africaines]. HISTOIRE : **Antiquité** *Hespérides* ou *Fortunates* (« Fortunées »). Découvertes par les Romains qui y trouvent de nombreux chiens (*canis* en latin). Visitées par les Arabes et au VIe s. par les Irlandais ; **1341** par les Portugais. **1344** le pape Clément VI offre le titre de Pce de la Fortune et la Couronne des Canaries à Louis de La Cerda (descendant d'Alphonse le Sage). **XIVe s.** razzias : Portugais et Espagnols capturent des esclaves. Guadarfia est alors roi (contesté : sa mère Ico était la fille adultérine de l'épouse du roi Zanzamas et d'un capitaine espagnol échoué après une tempête). **1402** Jean de Béthencourt (Grainville-la-Teinturière, vers 1360-1425), navigateur, en prend possession et en devient le roi. **1479** à l'E. ; les *Guanches*, autochtones, proches des Berbères, sont massacrés. **1902** soulèvement autonomiste réprimé. **1978** le Mouvement pour l'autodétermination et l'indépendance de l'archipel des Canaries (MPAIAC) rançonne industriels et agences de voyages. **1993** réserve de la biosphère de l'Unesco. **1994**-*7-7* régime fiscal très favorable. RESSOURCES : 22 % de la pop. manquent d'eau ; *agriculture :* tabac, tomates et bananes. **Tourisme :** 70 % des recettes.

■ **Cantabrique.** 5 289 km². 527 137 hab. **D.** 100. **Capitale :** *Santander.* **Statut :** 30-12-1981, autonomie. **Pt :** José Joaquín Martinez Sieso (PP). **Assemblée** *(élections du 13-6-1999) :* 39 membres dont : PP 19, PSOE 14, PRC 6.

■ **Castille-Léon.** 94 147 km². 2 484 603 hab. **D.** 27. **Capitale :** *Valladolid.* **Statut :** 25-2-1983, autonomie. **Pt :** Juan José Lucas Jiménez (PP). **Cortes** *(élections du 13-6-1999) :* 83 membres dont PP 48, PSOE 30, UPL 3, IU 1, divers 1. **9 provinces :** 5 de l'ancien Léon : *Léon* 506 365 hab., *Palencia* 179 623, *Salamanque* 349 550, *Valladolid* 492 029, *Zamora* 205 201 ; 4 de l'ancienne Vieille-Castille : *Avila* 167 132, *Burgos* 346 355, *Ségovie* 146 755, *Soria* 91 593.

■ **Castille-La Manche.** 79 226 km². 1 716 152 hab. **D.** 22. **Capitale :** *Tolède.* **Statut :** 10-8-1982, autonomie. **Pt :** José Bono Martínez (PSOE). **Cortes** *(élections du 13-6-1999) :* 47 membres dont PSOE 26, PP 21. **5 provinces :** 4 de l'ancienne Nouvelle-Castille : *Ciudad Real* 479 474 hab., *Cuenca* 199 086, *Guadalajara* 159 331, *Tolède* 519 664 ; 1 de l'ancien royaume de Murcie : *Albacete* 358 597.

■ **Catalogne.** *« Généralité »* : nom du gouv. autonome. *Pays* : Principat de Catalunya. Appellation attestée depuis 1350. Partie des *Paisos catalans* [« pays catalanophones », au même titre que Alghero (Sardaigne), Andorre, « Catalogne du Nord » (Pyrénées-Orientales françaises), Baléares et *el Pais Valencià*] 31 930 km². 6 147 610 hab. **D.** 193. **Capitale :** *Barcelone.* **Statut :** 18-12-1979, autonomie. **Pt :** Jordi Pujol I Soley (CIU, mesure 1,62 m) depuis 24-4-1980. **Parlement** *(élections du 17-10-1999)* : 135 membres élus pour 4 ans dont CIU 56 sièges, PSOE 52, PP 12, ERC 12, Initiative pour la Catalogne/les Verts 3. **4 provinces :** *Barcelone* 4 666 271 hab., *Gérone* 543 191, *Lérida* 357 903, *Tarragone* 580 245. **Partis :** *Convergence et union* (CIU), fondé 1979, Pt : Jordi Pujol. *Gauche démocratique* (ED), Pt : Ramón Trias Fargas. *Gauche républicaine de Catalogne* (ERC), Pt : Heriberto Barrera Cuesta. *P. socialiste unifié de Catalogne* (PSUC) fondé 1936, secr. général : Rafael Ribo Masso. *P. socialiste de Catalogne* (PSC-PSOE), Pt : Joan Raventos Carner. **Drapeau** (la *Senyera*) : 4 bandes rouges sur fond jaune. **Langue : catalan,** roman, groupe occitan. *VOYELLES* : comme le français, 2 types de *é* (ouvert et fermé) et 2 de *o* (ouvert et fermé), plus une voyelle neutre (« *e* muet » français) orthographiée *a* ou *e*. Pas de voyelles nasalisées. Pas de diphtongues venant du *e* et du *o* brefs latins, mais diphtongues avec *u* semi-voyelle comme 2ᵉ élément *(eu, au, ou)*. Pas de son *ü* [*u* français (le *u* est prononcé comme le *ou* français)]. *CONSONNES* : pas de *z* ni de *j* espagnols. Utilise *sifflantes* douces françaises *z* et *j* et *fricatives* ou *palatales* occitanes : *tch* et *dj* (écrites *ix* ou *ig* et *j*). *VARIÉTÉS* : baléarais, valencien. Catalan parlé en Roussillon français et Andorre : proche du catalan de Catalogne. *Population de langue catalane (1970)* : 8 767 897 dont Catalunya 5 480 105, Valence 2 697 255, Baléares 558 287, Alghero 32 250.

QUELQUES DATES : 1137 Raymond Bérenguer IV de Barcelone épouse Pétronille d'Aragon ; réunit Catalogne et Aragon. **1412** Fernando de Antequera Iᵉʳ, roi castillan d'Aragon. **1469** unification des royaumes de Castille et d'Aragon (Isabelle de Castille épouse Ferdinand d'Aragon). **1640** soulèvement contre centralisation d'Olivares (PM de Philippe IV). **1716** Philippe V abroge les institutions politico-administratives traditionnelles. **1931**-*14-4* proclamation de la république catalane ; Madrid ne la reconnaît pas et la remplace par une généralité (approbation des Cortes le 9-9-1932). **1934**-*1-1* Lluis Companys Pt. -*6-10* proclame l'État catalan ; généralité suspendue. **1936**-*févr.* la victoire du Front populaire la rétablit. -*18-7* réprime insurrection franquiste. **1937** Andres Nin, min. de la Justice [fondateur du PC esp., dissident en 1931 et fondateur du Poum (Parti ouvrier d'unification marxiste), trotskiste], torturé et tué par NKVD. **1938**-*5-4* Franco abolit généralité. **1939** défaite, Companys s'exile en Fr. (livré par Gestapo à Franco et fusillé 15-10-1940). **1954**-*7-8* Josep Tarradellas († 1988) chef du gouv. en exil (Mexique). **1957**-*6-7* manif. autonomistes. **1970**-*13-12* à l'abbaye de Montserrat, ass. permanente des intellectuels. **1971**-*7-11* Ass. de Catalogne fondée à Barcelone (300 m.). **1977**-*27-8* accord Tarradellas/gouv. **1979**-*25-10* référendum sur autonomie : oui. **1980**-*20-3* : 1ʳᵉ élection de la Province autonome. **1991**-*6-7* l'organisation Terra Lliure renonce à la violence. -*Sept.* 3 députés sur 138 se prononcent pour l'indépendance.

PIB (en 1991) : 611,7 milliards de F. **Commerce :** 26 % des export. et 31 % des import. espagnoles.

■ **Estrémadure.** 41 602 km². 1 069 417 hab. **D.** 26. **Capitale :** *Merida.* **Statut :** 12-2-1983, autonomie. **Pt :** Juan C. Rodríguez Ibarra (PSOE). **Assemblée** *(élections du 13-6-1999)* : 65 membres dont PSOE 34, PP 28, IU 3. **2 provinces :** *Badajoz* 663 803 hab., *Cacerès* 405 616.

■ **Galice.** 29 434 km². 2 724 544 hab. **D.** 93. **Capitale :** *St-Jacques-de-Compostelle.* **Statut :** 6-4-1981, autonomie. **Pt :** Manuel Fraga Iribarne (PP). **Parlement** *(élections du 19-10-1997)* : 75 membres dont PP 42 (52,1 % des voix), Bloc nationaliste galicien 18 (24,7 %), socialistes 15 (19,4 %). **Provinces :** *La Corogne* 1 106 325 hab., *Lugo* 367 751, *Orense* 344 170, *Pontevedra* 906 298. **Langues :** galicien (proche du portugais), reconnu « langue officielle européenne » par Parlement européen (avril 1993) ; espagnol. **Industries :** mécanique, chantiers navals, textile, pêche, laiteries et conserveries. **Pop. active** (en %) : agr. : 31,9 ; ind. : 15,2 ; bâtiment : 9,5 ; services : 43,4.

■ **Madrid.** 7 995 km². 5 091 336 hab. **D.** 637. **Statut :** 25-2-1983, autonomie. **Pt :** Alberto Ruiz-Gallardon-Jiménez (PP). **Assemblée** *(élections du 13-6-1999)* : 102 membres dont PP 55, PSOE 39, IU 8.

■ **Murcie.** 11 317 km². 1 115 068 hab. **D.** 99. **Capitale :** *Murcie.* **Statut :** 9-6-1982, autonomie. **Pt :** Ramón Luis-Valcariel Siso (PP). **Assemblée** *(élections du 13-6-1999)* : 45 membres dont PP 27, PSOE 17, IU 1. **1 province.**

■ **Navarre.** 10 421 km². 530 819 hab. **D.** 51. **Capitale :** *Pampelune.* **Statut :** 10-8-1982, autonomie. **Pt :** Miguel Sanz Sesma (UPN). **Cortes** *(élections du 13-6-1999)* : 50 membres dont PP-UPN 22, PSN-PSOE 11, Herri Batasuna 8, CDN 3, IU 3, EA 3.

■ **Rioja (La).** 5 034 km². 263 644 hab. **D.** 52. **Capitale :** *Logroño.* **Statut :** 9-6-1982, autonomie. **Pt :** Pedro Sanz Alonso (PP). **Députation** *(élections du 13-6-1999)* : 33 membres dont PP 18, PSOE 13, PR 2. **1 province.**

■ **Valence.** 23 305 km². 4 023 441 hab. **D.** 173. **Capitale :** *Valence.* **Statut :** 1-7-1982, autonomie. **Pt :** Eduardo Zaplana Hernández-Soro (PP). **Cortes** *(élections du 13-6-1999)* : 89 membres dont PP 49, PSPV-PSOE 35, EU-EV 5. **Provinces :** *Alicante* 1 388 933 hab., *Castellón de la Plana* 461 712, *Valence* 2 172 796.

PROVINCES NON PÉNINSULAIRES

■ **Villes de Melilla et Ceuta.** *1991* : 124 215 hab. **Statut :** groupées avec leurs dépendances dans le Gouvernement général des Territoires de souveraineté esp. de l'Afr. du Nord. Gouverneur à Ceuta. Depuis le XVIIIᵉ s., la souveraineté esp. dans les anciens *Presidios* a été reconnue par les traités hispano-marocains de 1767, 1799, 1844, 1859, 1860, 1862, 1894 et 1910 ; la déclaration franco-britannique de 1904 ; les traités franco-esp. de 1902, 1904 et 1912 et franco-marocains de 1912 et 1956. Ceuta est rattachée à Cadix et Melilla et les autres provinces à Malaga. Des musulmans réclament la nationalité esp., d'autres sont pour le rattachement au Maroc. *1975, 1985*-nov. /déc., *1987*-janv. : troubles.

Ceuta : 18 km², 72 117 hab. **D.** 4 007. [25 000 musulmans dont 2 500 avec des papiers d'identité esp., 12 000 « cartes de statistique », 750 résidents clandestins]. *Histoire* : colonie phénicienne occupée par Carthaginois, Grecs, Romains. *1415-24-8* au Portugal. *1580* conquise par Esp. *1663* rupture union Portugal-Espagne, reste esp. par détermination de sa population.

Melilla : 14 km², 60 108 hab. **D.** 4 293. [23 000 musulmans dont 2 500 avec documents esp., 5 500 avec carte de statistique, le reste clandestins]. *Histoire* : colonie phénicienne de Rusadir : *1497* occupée par don Pedro de Estopiñan, commandeur de la maison ducale de Medina Sidonia.

■ **Iles au large du Maroc. Alhucemas** (6 îles, 63 hab., espagnoles depuis 1673), **Las Chafarinas** (13 îles, 195 hab., esp. depuis 1848), **Peñon de Velez de la Gomera** (1 km², 71 hab., esp. depuis 1503).

■ ÉCONOMIE

■ **PNB.** *Total* (en milliards de $) : *1990* : 491 ; *92* : 575 ; *93* : 478 ; *95* : 557 ; *99* : 515,3. *Par hab.* (en $) : *1985* : 4 320 ; *90* : 12 600 ; *92* : 14 850 ; *94* : 12 100 ; *95* : 14 200 ; *99* : 13 070. **Croissance annuelle** (en %) : *1990* : 3,6 ; *91* : 2,2 ; *92* : 0,8 ; *93* : – 1 ; *94* : 2,1 ; *95* : 2,8 ; *96* : 2,3 ; *97* : 3,4 ; *98* : 4 ; *99* : 3,8 ; *2000* : 4,1. **Population active** (en %) **et,** entre parenthèses, **part du PNB** (en %) : agr. 10,1 (4,8), ind. 29,7 (33,6), mines 1 (1), services 59,2 (60,6). **Emploi** (en millions, 1997) : 15,6 dont *actifs* 12,041 (agr. 1,11, ind. 2,49, construction 1,13, services 7,32) et *inactifs* 3,58. *Fonctionnaires* 2,15 (en 1991). **Chômage.** *Taux* (en %) : *1994* : 23,7 ; *99* : 15,8 ; *2000* : 13,6. *Nombre* (au 1-1-2001) : 2 300 000. **Travail au noir :** environ 1 000 000.

■ **Agriculture. Terres** (en milliers d'ha, 1993) : 50 479,5 dont surfaces de cultures 19 656,6 (19 354,7 en 1995), forêts 16 136,8, prairies 6 494,3, divers 8 191,8. 3 435 300 ha irrigués (4 372 600 en 1995). *Désertification* : 2 000 km² en 15 ans. *Incendies de forêt* : *1985* : 469 000 ha (12 837 incendies) ; *86* : 285 000 ; *93* : 93 109 (dont 32 650 de bois). **Régions agricoles :** *nord-ouest* (polyculture : maïs, élevage bovin), *meseta* (blé, jachère), *Manche* (vignobles), *huertas du Levant* (primeurs, agrumes), *sud* (blé, maïs, coton, tournesol, betteraves). **Exploitations :** 2 284 944 (en 1989) [1 384 000 en 1998] dont *de plus de 10 ha* : 1 793 868 ; *de plus de 50 ha* : 119 705 (dont 31 121 de *plus de 200 ha* et 5 083 *de plus de 1 000 ha,* occupant 12 millions d'ha dont 1/4 exploités). **Production** (en milliers de t, 1999) : bett. à sucre 8 500, orge 7 440, blé 4 650, raisin 4 486, maïs 3 525, p. de t. 3 312, tomates 2 780, oranges 2 707, mandarines 1 414, tournesol 1 137 (en 1997), oignons 1 007, riz 845, huile d'olive 825, avoine 657, citrons 436, choux 360, bananes 325, seigle 272, amandes 246. Vins (en millions d'hl) : *1990* : 41 ; *91* : 32,5 ; *92* : 37,5 ; *93* : 28,7 ; *94* : 18 ; *95* : 18,9 ; *97* : 35,7 ; *98* : 32,9 ; *99* : 35. **Taux d'approvisionnement** (en %) : *excédentaire* : agrumes 233 %, huile d'olive 139, riz 136, froment 110, fruits frais 105, légumes frais 105 à 112, vin 103 ; *déficitaire* : œufs 106, orge 101, lait 99,4, viande ovine 99,3, de porc 99, volailles 99, blé 98,6, fromages 87,5, huile et graisses végétales 80,3, maïs 34. **Problèmes :** structures foncières nécessitant un remembrement *(minifundia, latifundia),* irrigation (12 % des terres seulement), rendements faibles (18 q/ha en céréales), 1/3 de terres incultes ou en jachère.

■ **Élevage** (en milliers de têtes, 1999). Ovins 23 751, porcins 21 600, bovins 6 065, caprins 2 465, chevaux 260, ânes 90, mulets 60. *Viande* : production (en milliers de t, 1996) : porcins 2 100, volailles 857, bovins 495, ovins 217, caprins 15 ; l'E. doit importer pour le bétail 5 millions de t de maïs et 3 de soja.

■ **Pêche. Tonnage débarqué** (en millions de t) : *1977* : 1,46 ; *89* : 0,96 (produits importés 0,75) ; *90* : 0,97 ; *94* : 1,3 ; *95* : 1,32 ; *97* : 1,34 ; *98* : 1,42. **Flotte de pêche :** *1994* : 987 800 tjb. Accord sur « zone de pêche Eskote » contrôlée par la Fr. : 57 bateaux esp. peuvent provisoirement continuer à pêcher anchois et sardines.

■ **Énergie. Pétrole** (en millions de t) : *réserves* : 22, *production* : *1990* : 0,79 ; *93* : 0,87 ; *97* : 0,37 ; *98* : 0,53 ; *99* : 0,3. **Gaz naturel :** très peu (140 m³ en 1999). **Charbon** (en millions de t) : *production* : *1935* : 7,3 ; *62* : 10 ; *90* : 19,6 ; *93* : 18,1 ; *94* : 17,9 ; *95* : 14 ; *97* : 13,8 ; *98* : 13,9 ; *99* : 13,1 ; *2001 (prév.)* : 2,1. **Lignite** (en millions de t) : *1990* : 16,5 ; *95* : 16 ; *97* : 12,6 ; *98* : 12,1 ; *99* : 13,2. **Électricité :** *prod.* (en milliards de kWh) : *1990* : 152,18 ; *95* : 163,7 (dont nucléaire 55,4, hydraulique 24,4) ; *99* : 189,7. En partie privatisée en 1988. La plus ancienne centrale nucléaire (Zorita, 1968, province de Guadalajara), est arrêtée (171 fissures détectées). **Consommation d'énergie primaire** (en millions de tep, 1996) : 71,7. *Production* : 32,7 (nucléaire 14,7, charbon 10, pétrole 0,5, gaz naturel 0,4, autres 7).

> ■ **Plan hydrologique national (PHN). 5-9-2000 :** présenté par le gouv. Doit être réalisé avant 2008. Transvasement 1 050 hm³/an de l'Ebre vers le sud (Valence 300, Murcie 430, Almería 90, Catalogne 180). *Barrages* : 118. *Coût* : environ 120 milliards de F.

■ **Mines** (en milliers de t, 1999). Fer 26 (en 1998), potasse, chlorure de potassium 640, zinc 201, plomb 28, cuivre 19, argent, mercure, manganèse, tungstène, étain, uranium.

■ **Industries.** Énergie électrique. Textile. Sidérurgie. Chaussures. Jouets. Constructions navales (Alicante : en déclin). Conserveries (poissons, légumes). Constructions automobiles.

■ **Transports** (en km, 1997). **Routes :** 346 858. **Voies ferrées :** 13 060 (en 1995).

■ **Tourisme. Emplois** (en 1999) : 1,6 million de personnes. **Hôtels** (en 1999) : *5 et 4 étoiles* : 905 ; *3 étoiles, 2 et 1 étoiles* : 5 193. *Total* : 6 098 hôtels (1 299 021 lits). **Visiteurs** (en millions) : *1990* : 52 ; *91* : 53,5 ; *92* : 55,3 ; *93* : 57,3 ; *94* : 61,4 ; *95* : 57,5 ; *96* : 60,6 ; *97* : 64,5 ; *98* : 70,8 ; *99* : 76,3 dont touristes 51 771 783 Britanniques 13 264 790, Allemands 12 167 309, *Français 5 722 570,* Néerlandais 2 559 972, Italiens 2 442 603, Belges 2 034 044, Portugais 1 480 597, Suisses 1 446 457, reste de l'Europe 6 353 473. **Recettes** (en milliards de $) : *1990* : 18,6 ; *93* : 25,4 ; *95* : 25 ; *96* : 26,6 ; *97* : 29,3 ; *98* : 29,6 ; *99* : 32,9.

■ **Finances. Inflation** (en %) : *1990* : 6,7 ; *91* : 5,5 ; *92* : 5,4 ; *93* : 4,9 ; *94* : 4,3 ; *95* : 4,3 ; *96* : 3,2 ; *97* : 2 ; *98* : 1,4 ; *99* : 2,3 ; *2000* : 4. **Dette extérieure** (en milliards de $) : *1990* : 45 ; *91* : 58 ; *92* : 79,8. **Budget** (en milliards de pesetas) : *recettes* : *1995* : 14,15 ; *98* : 17,51 (20,7 % du PIB) dont 6,05 impôts directs, 4,96 impôts indirects. *Dépenses* : 17,32 (25,4 % du PIB) dont 3,05 apports de la Sécurité sociale ; 2,79 personnel ; 1,98 apports aux Communes autonomes ; 1,16 apports corporations locales, 1,04 investissements réels (infrastructures). *Déficit* : 3,17 ; *97* : 2,06 ; *98* : 1,7 ; *99* : 1,4). **Déficit public** (en % du PIB) : *1995* : 7,4 ; *96* : 4,7 ; *99* : 1,3. **Dette publique** (nette du PIB) : *1993* : 55,8 % ; *2000 (est.)* : 62,8. **Réserves** en devises (en milliards de $) : *1995* : 34,5 ; *97* : 68,4 ; *98* : 55,3. **Pauvres :** 8 000 000 (en 1994). **Privatisations.** Ont rapporté 172 milliards de F de 1996 à 1998. **Impôt sur le revenu.** Taux max. depuis 1-1-1999 : 48 % (avant, 56).

Investissements. Esp. à l'étranger (en milliards de pesetas) : *1991* : 438,8 ; *92* : 501 ; *93* : 444,9 ; *94* : 1 019,9 ; *95* : 948,1. Directs en France (solde) : *1991* : 3,2 ; *92* : 11,9 ; *93* : 30,7. **Étrangers en E.** (en milliards de $) : *1996* : 6,7 ; *97* : 6,3 ; *98* : 11,9 ; *99* : 9,3.

■ **Commerce** (en milliards de $). **Export./import. :** *1996* : 102,5/113,9 ; *97* : 104,4/117,8 ; *98* : 109,8/128,5 ; *99* : 110/144,4 *dont* équip. de transport 26,4, mach. et équip. 17,8, mat. 1ʳᵉˢ 15,6, produits agr. 16, produits chim. 16 ; **vers** *France 19,6,* All. 13,6, It. 9,3, Portugal 9,3, G.-B. 8,4.

Balance des paiements : *1995* : 0,5 ; *96* : 0,5 ; *97* : 2,5 ; *98* : – 1,6 ; *99* : – 12,6.

■ **Rang dans le monde** (en 1999). 3ᵉ vin. 4ᵉ oranges. 5ᵉ porcins. 6ᵉ orge. 8ᵉ potasse.

ESTONIE

Carte p. 1050. V. légende p. 950.

☞ *Abréviations* : E. : Estonie ; Es. : Estonien(s).

■ **Nom.** D'une peuplade sans doute disparue (selon Tacite, les *Aestii* ou *Estes*).

■ **Situation.** Europe. 45 227 km². **Iles :** 1 520 (9,2 % du territoire) dans la Baltique dont Hiiumaa et Saaremaa (la plus grande). **Lacs :** intérieurs 1 512 (les plus grands : Peipsi et Võrtsjärv). **Altitude** *maximale* : Suur Munamägi 318 m. **Côtes :** 3 794 km. **Frontières** (en km) : avec Lettonie 339, Russie 294. **Distances** (de Tallinn en km) : Helsinki 85, Riga 307, Stockholm 375, St-Pétersbourg 395, Vilnius 605, Paris 2 900. **Température** *moyenne* : 4 à 6 °C.

■ **Population** (en milliers). *1922* : 1 107 ; *39* : 1 126 ; *41* : 999 (90,8 % d'Es.) ; *59* : 1 196 ; *70* : 1 356 ; *79* : 1 464 ; *89* : 1 565 ; *2000 (est.)* : 1 420 (en % : Es. 64,2, Russes 28,7, Ukrainiens 2,7, Biélorusses 1,5, Finnois 1, Juifs 0,17, Polonais 0,16, autres 1,4) ; *99* : 1 440. **D.** 31,4. **Solde migratoire :** *1992* : – 33 827 ; *93* – 13 779 ; *94* – 7 631 ; *95* : – 8 170 ; *96* : – 5 683 ; *97* : – 2 496. **Population urbaine** (en 1998) : 74 %. **Espérance de vie** (en 1998) : 69 ans.

■ **Langue officielle.** Estonien (proche du finnois) depuis 1989. **Religion.** Luthériens 64 % ; orthodoxes 29 %.

■ **Villes** (est. 2000). *Tallinn* (Reval en allemand) 408 329 hab., Tartu (Dorprat en allemand) 101 744, Narva 73 295 (95 % russophones), Kohtla-Järve 51 170, Pärnu 50 966.

■ **Histoire. 3000 av. J.-C.** peuplée par des Finno-Ougriens. **1200 apr. J.-C.** début de la christianisation par Allemands et Danois. **1206-27** guerre d'indépendance. **1219** Danois prennent la cap., rebaptisée Tallinn (*Taani linn* : « ville danoise »). **1343** insurrection de St-Georges. **1346** Danois vendent l'E. du Nord à l'ordre teutonique de Livonie. **XVIᵉ s.** les chevaliers, convertis au luthéranisme, se transforment en aristocratie terrienne (germanophone), les « barons baltes ». **1525** 1ʳᵉ publication en estonien. **1558-83** guerre de Livonie entre Suède, Pologne et Russie. **1561** dissolution de l'ordre de Livonie. **XVIIᵉ s.** province suédoise. **1632** Gustave II Adolphe fonde l'université de Tartu. **1709** *Poltava* (Ukraine) : Russes battent Suédois et conquièrent l'E. **1721** *paix de Nystad* : la Suède cède l'E. aux Russes. **1740** début du servage. La noblesse reste de culture germanique ; les serfs sont de langue estonienne. **1816-19** servage aboli. **1855** début du réveil national. **1917**-*avril* le gouv. provisoire russe accorde *autonomie*. *-28-11* pouvoir soviétique.

État indépendant : 1918-*24-2* Comité de salut d'E. déclare l'indépendance. République. *-Mars traité de Brest-Litovsk* : la Russie cède à l'All. les 3 pays Baltes (dont l'E.). *-Mars/nov.* occupation allemande. *-11-11* défaite allemande ; gouv. es. et mobilisation pour guerre d'indépendance. *-29-11* Soviétiques envahissent E. (prennent Narva et Tartu, reprises janv. 1919). **1919**-*23-8* Võnnu, Es. battent corps allemand. **1920**-*2-2 traité de Tartu* avec Moscou : indépendance reconnue. **1921**-*22-9* à la SDN. Régime autoritaire de Päts (à partir de 1934). **1934**-*12-9 Entente baltique* avec Lettonie et Lituanie. **1939**-*23-8* pacte Molotov-Ribbentrop, clause secrète signée sept. : E. dans la zone d'influence soviétique. *-28-9* pacte d'assistance E./URSS, imposant (ultimatum) des bases soviétiques. *-Nov.* All. décide de rapatrier Germano-Baltes (16 500 en E.).

Période soviétique : 1940-*17-6* arrivée des troupes soviétiques ; régime communiste ; *-13/15-7* élections sans contrôle sérieux d'une liste unique ; *-21-7* gouv. nationalise terres, industries, banques et demande rattachement à l'URSS. *-6-8* **15e Rép. de l'URSS. 1941**-*14-6,* 1res déportations (environ 10 000 Es.). *-Août* occupation all. Partie de *l'Ostland* administrée par armée allemande. **1944**-*22-9* réoccupation soviétique. **1949** 60 000 Es. déportés. **1950**-*avril* gouv. destitué pour « déviation nationaliste ». **1979** appel de 45 intellectuels baltes à l'Onu qui condamnent accords Molotov/Ribbentrop et demandent la publication des protocoles secrets. **1988**-*juin* drapeau es. autorisé. *-16-11* et *-7-12* Soviet suprême es. proclame souveraineté de la Rép. et la primauté de ses lois sur celles de l'URSS. **1989**-*18-1* estonien langue officielle. *-24-2* manif. commémorant l'indépendance de 1918. *-21-7* manif. de milliers de Russes contre autonomie. *-23-8* chaîne humaine de Tallinn à Vilnius pour commémorer pacte Molotov/Ribbentrop. *-27-11* Soviet suprême accorde autonomie économique aux 3 Rép. baltes à partir du 1-1-1990 (non appliquée). **1990**-*18-3 législatives. -30-3* période de « transition ». *-5-5* nouveau statut (Rép. socialiste devient Rép.). *-12-5* Entente baltique restaurée. *-14-5* Gorbatchev déclare illégale l'indépendance. *-27-6* loi limitant l'immigration.

État indépendant : 1991-*3-3 référendum sur indépendance* (77,8 % de oui). *-23/26-5* forces spéciales du min. de l'Intérieur soviétique (Omon) attaquent postes de douanes. *-20-8* restauration *de facto* de l'indépendance (69 voix pour, 0 contre, 35 abst.). *-6-9* indépendance reconnue par URSS. *-10-9* entre à la CSCE ; *-17-9* à l'Onu. **1992**-*26-2* loi sur citoyenneté : accordée automatiquement à ceux qui la possédaient avant le 17-6-1940 et à leurs descendants, naturalisation des étrangers vivant en E. depuis plus de 2 ans (5 ans depuis avril 1995) et ayant une connaissance de l'es., à condition qu'ils n'aient jamais travaillé pour le KGB ni comme permanents des organisations d'armées étrangères. *-20-6* introduction de l'*eesti kroon* (EEK) [1 DM = 8 EEK]. *-20-9 législatives* et *1er tour présidentielle* au suffr. univ. direct ; majorité de droite au Parlement (coalition Pro Patria). Participation 70 %. La majorité des 500 000 russophones en a été exclue (à Narva, sur 82 000 hab., 4 500 électeurs). *-5-10* **Lennart Meri** (né 29-3-1929) élu Pt par le Parlement (59 voix contre 31 à l'ancienPt Arnold Rüütel). **1993**-*26-1* Meri en Fr. *-14-5* admission au Conseil de l'Europe. *-17-10 municipales* (participation 52,6 %). **1994**-*18-7* accord libre-échange Estonie/UE, applicable au 1-1-1995. *-26-7* accords avec Russie sur retrait troupes et retraités militaires russes résidents, démantèlement de la base nucléaire de Paldiski. *-31-8* retrait russe (2 700 h.). *-Sept.* accord libre-échange (E./Lettonie/Lituanie). *-28-9* naufrage du car-ferry *Estonia*. *-Oct.* Edgar Savisaar, ministre de l'Intérieur, démissionne (écoutes téléphoniques illicites). **1995**-*5-4* **Tiit Vähi** (né 1947) PM. *-12-6* accord d'association avec UE. *-26-9* départ des derniers conseillers militaires russes. **1996**-*20-9* Meri réélu Pt. **1997**-*16-3* **Mart Siimann** (né 1946) PM. **1998**-*31-3* négociations d'adhésion à l'UE (prévue 2003). **1999**-*20-3* **Mart Laar** (né 22-4-1960, Union pour la patrie) PM.

■ **Statut.** *République.* Membre du Conseil de la Baltique et du Conseil de l'Europe. Signataire du Partenariat pour la Paix de l'Otan. **Constitution** du 28-6-1992, [référendum (91,3 % de oui)]. **Pt** : élu par le Parlement et, le cas échéant par les représentants des régions pour 5 ans. **Parlement** (*Riigikogu*) : 101 membres élus pour 4 ans au scrutin proportionnel à 1 tour. **Élections du 7 et 20-3-1999 :** P. centriste 28 sièges, P. du peuple rural 7, Coalition gouvernementale 53 (Union pour la patrie 18, P. de la réforme 18, P. des modérés 17), P. es. de coalition 7, P. du peuple uni d'Estonie 6. **1992-26-2** loi obligeant les ressortissants « non historiques » à engager une procédure de naturalisation. Conditions (3 années de résidence, examen de langue, serment de fidélité), excluant 500 000 des 600 000 non-Estoniens (30 % de la population). **1993-12-7** entrée en vigueur de la loi sur les étrangers : doivent demander, avant juillet 1995, une autorisation de séjour prorogeable tous les 5 ans (nécessaire pour la résidence et le travail). Les non-ressortissants ne peuvent appartenir à un parti, peuvent participer aux scrutins locaux mais non aux nationaux. Bénéficient d'un « passeport de non-ressortissants », de la « citoyenneté sociale », du droit à retraite, des indemnités de chômage et de maladie et autres prestations. **Fête nationale.** 24 févr. (indépendance de 1918). **Drapeau** (adopté 8-5-1990). 3 bandes horizontales bleue (loyauté, ciel, mer, lacs), noire (oppression passée, sol) et blanche (vertu, combat pour la liberté, neige).

■ **Partis. Union pour la patrie**, *Pt* : Mart Laar. **P. estonien de la réforme**, *Pt* : Siim Kallas. **P. modéré**, depuis 27-11-1999 fusion avec **P.du peuple** et devient **P. des modérés du peuple**, *Pt* : Andres Tarand. **P. du centre**, *Pt* : Edgar Savissar. **P. du peuple rural**, *Pt* : Arnold Rüütel. **P. de coalition**, *Pt* : Andrus Öövel. **P. unitaire russe**, *Pt* : Eduard Sedachev. **P. social-dém. du travail**, *Pt* : Tiit Toomsalu. **P. du peuple unifié**, *Pt* : Viktor Andreev. **P. russe d'Estonie**, *Pt* : Nikolai Maspanov.

■ Économie

■ **PNB** (en 1999). 4,86 milliards de $; 3 370 par hab. **Croissance du PIB** (en %) : *1995* : 4,3 ; *96* : 3,5 ; *97* : 10,6 ; *98* : 4 ; *99* : – 1,4 ; *2000 (est.)* : 6. **Population active** (en %) **et,** entre parenthèses, **part du PNB** (en %) : agr. 20 (11), mines 3 (5), ind. 33 (26), services 44 (58). **Chômage** (en %) *1999* : 12,3 ; *2000* : 13,6. **Salaire** moyen (en 1996) : 2 985 EEK (1 500 F) par mois. **Inflation** (en %) : *1992* : 1 078,2 ; *93* : 89,6 ; *94* : 47,9 ; *95* : 28,9 ; *96* : 23,1 ; *97* : 11,1 ; *98* : *10,6* ; *99* : 3,5. **Dette extérieure brute** (en % du PIB).) *1999* : 56.

■ **Agriculture.** 6,2 % de la pop. active 5. **Surface cultivable** (en 1996) : 859 100 ha. **Production** (en milliers de t, 1999) : céréales 643,9 dont orge 198, avoine 114,8, froment 66,2, seigle 62,1 ; p. de t. 340, légumes 54,7, fruits 14,8 ; viande 58,6 ; lait 674,8. **Élevage** (en milliers de têtes, 1999). Volailles 2 324,9, porcins 326, bovins 308, caprins 39,2, ovins 31. **Forêts.** 40 % du territoire. **Pêche** (en 1997) 123 613 t.

■ **Mines. Schistes bitumineux** (en millions de t, 1996) : 14,7. **Lignite** (en 1998) : 12 468 000 t. **Phosphates :** *réserves* (en 1990) : 3,4 millions de t. **Production industrielle** (en %, 1996). Agroalimentaire 29,5 ; énergie/fuel 19,4 ; industrie légère 11,8 ; lourde 12,6 ; chimique 9,5 ; forêt et bois 11,4 ; matériaux de construction 3,7 ; autres 2,3. **Transports** (en 1997). **Routes :** 43 835 km ; 500 000 véhicules. **Voies ferrées :** 1 026 km. **Ports** (en 1996) : *Tallinn* : tirant d'eau 10,7 m (centre ville) ; 5,4 millions de t. *Muuga* (16,9 m) ; 14 millions de t. *Paldiski* (base russe jusqu'en août 1994). **Transports aériens :** 373 700 passagers. **Tourisme** (en 1997). 2 620 000 visiteurs.

■ **Économie parallèle.** 12,6 % du PNB (146 millions de $). **Propriété** (en %). *Au 1-2-1997* : État 1,7 ; municipale 1,2 ; *privée* 86,4, étrangère 10,2 ; autres 0,5.

■ **Commerce** (en milliards de $). **Export./import.** : *1992* : 0,44/0,41 ; *95* : 1,84/2,54 ; *98* : 3,24/4,79 ; *99* : 2,94/4,11.

■ **Rang dans le monde** (en 1999). 19e lignite.

États-Unis

Carte p. 1072. V. légende p. 950.

☞ *Abréviations* : A. : Amérique ; Amér., amér. : Américains, américain(e)(s).

■ **Nom.** *America,* utilisé pour la 1re fois en 1507 par Martin Waldseemüller dans son livre *Cosmographia Introductio.* **Surnoms.** *Uncle Sam,* de Samuel Wilson (1766-1854) : inspecteur pendant la guerre de 1812, il tamponnait sur les barils de viande qu'il inspectait : US (pour United States) comme son propre surnom, Uncle Sam. *Yankee,* donné par les Anglais aux révoltés de la Nlle-Angl. à la fin du XVIIIe s., puis par les sudistes aux nordistes (guerre de Sécession 1861-65) ; depuis par les Anglo-Saxons d'Europe à ceux d'Amérique. Peut-être issu du néerlandais *janke* (« petit Jean »), surnom des colons hollandais et anglais de la Nlle-Angl., ou altération de *English* par les Amérindiens, ou du cherokee *eeanke* (« esclave »), utilisé au XVIIIe s. par des Blancs de Virginie.

■ **Devises.** *In God we trust* (« En Dieu nous croyons ») : utilisée depuis 1864 sur certaines monnaies, puis sur toutes (pièces et billets) depuis 1955 ; devise officielle nationale (loi du 30-7-1956). *E pluribus unum* (« Un seul parmi beaucoup ») : figure depuis 1782 sur le grand sceau américain [sur le ruban porté dans son bec par un pygargue (du grec *pugé,* croupion, et *argos,* blanc ; aigle noir et blanc ; envergure : 2,5 m ; emblème des USA)].

■ **Fête nationale.** 4 juillet (1776, *Independence Day*).

■ **Hymne national.** *The Star-Spangled Banner (La Bannière étoilée)* : écrit par l'avocat Francis Scott Key les 13 et 14-9-1814 et d'abord appelée *Défense du fort McHenry,* musique de John Stafford Smith. Son beau-frère, le juge J.H. Nicholson, suggéra la musique (l'antienne *Anacréon au ciel* des clubs du musicien amateur anglais). Désignée par le Congrès comme hymne national le 3-3-1931. **Autres hymnes :** *Yankee Doodle,* chanté dès 1750-60, complété depuis (longtemps officiel). *God Bless America* (1939) d'Irving Berlin (1888-1989). **Hymnes de la guerre de Sécession :** *John Brown's Body* (nordiste), *Dixie* (sudiste).

■ **Drapeau** *(Stars and Stripes).* **1765** révolutionnaire, 9 bandes rouges et blanches représentant les colonies ; **1775** 13 bandes avec le *British Union Jack* en canton ; **1776**-*1-1* déployé sur Prospect Hill (Sommerville, Massachusetts) ; **1777**-*14-6* : 15 bandes, des étoiles remplacent l'Union Jack ; **1794**-*13-1* ajout de 2 étoiles et 2 bandes pour Vermont et Kentucky ; **1818**-*4-7* : 20 étoiles, 13 bandes (7 rouges, 6 blanches) : 1 étoile sera ajoutée pour chaque nouvel État (dernières ajoutées : **1912** : 47e Nouveau-Mexique, et 48e Arizona ; **1959** : 49e Alaska ; **1960**-*4-7* : 50e Hawaii). Pas d'étoile pour la cap. fédérale.

■ **Statue de la Liberté.** A **New York :** de Frédéric-Auguste Bartholdi (1834-1904), symbolise l'amitié franco-amér. Située sur l'île Bedloe (rebaptisée 3-8-1956 par Eisenhower « île de la Liberté ») [*1875* : création du comité de soutien au projet de construction. *1876 (oct.)* : 1er fragment expédié (main portant le fanal). *1877* : le Congrès approuve le lieu choisi par Bartholdi. *1881* : début de l'assemblage. *1884 (21-3)* : achèvement de la statue ; *(4-7)* : remise officielle par Ferdinand de Lesseps au gouv. amér. (ministre en France : Levi Parsons Morton). *1885 (15-5)* : embarquement à Rouen (214 caisses à bord du navire de guerre l'*Isère*) ; *(17-6)* arrive à Sandy Hook ; *(19-6)* île Bedloe. *1886 (28-10)* : inauguration]. Restaurée de 1984 à 86. *1986 (4-7)* centenaire. **Caractéristiques :** hauteur du piédestal à la torche 91,5 m (dont statue 45,3 m), 168 marches à l'intérieur, 54 barreaux à l'échelle qui conduit au bras droit tenant le fanal, 225 t (cuivre 80 t, fer 20 t), main 5,50 m, nez 1,37 m, 40 personnes peuvent tenir dans la tête, la main gauche tient une tablette avec l'inscription « July IV MDCCLXXVI ». *Modèles* : Charlotte Bartholdi, mère du sculpteur, pour la tête ; Jeanne Émilie Baheux de Puysieux, couturière, pour les bras. *Coût* : 2 250 000 F-or. *Piédestal* : 45,72 m, dessiné par Richard Hunt et construit par Gal Charles Stone. **Copies a Paris :** au pont de Grenelle, 1885, offerte à la France par la colonie amér. de Paris. A la chapelle du musée des Arts et Métiers. Dans le jardin du Luxembourg.

■ **Cloche de la liberté.** **1752** fondue en Angleterre. **1753** refondue, placée dans le clocher (ou tour) du Hall. **1776**-*8-7* sonne pour la 1re lecture publique de la Déclaration d'indépendance. **1777-78** cachée à Allentown (Pennsylvanie) pendant l'occupation britannique de Philadelphie. **1781** ramenée à la tour. **1835**-*8-7* s'est fendue en sonnant le glas pour la mort du juge John Marshall. Depuis 1876 elle est exposée dans un bâtiment spécial, à Philadelphie (Pennsylvanie), l'Independance Hall.

■ **Cimetière national d'Arlington.** En Virginie, sur les bords du Potomac en face de Washington ; **1864** cimetière militaire. Plus de 240 000 serviteurs de l'État et leurs familles y sont enterrés dont John F. Kennedy (25-11-1963) et Jackie, sa femme (23-5-1994), Robert Kennedy (8-6-1968). 3 soldats inconnus américains y sont inhumés : **1921** (1re Guerre mondiale) ; **30-5-1958** (2de Guerre mondiale) ; **28-5-1984** (guerre du Viêt Nam). [Celui de la guerre de Corée, inhumé le 30-5-1958, a été retiré car identifié en juin 1998 par test d'ADN comme le 1er lieutenant Mickael Blassie, pilote de l'Air Force (comme pourraient être identifiés les 200 anonymes restants, ce qui rend improbable l'hypothèse de futurs soldats inconnus).]

■ **Montagnes sculptées. Stone Mountain** (Géorgie, 1958-70) : têtes de Jefferson Davis, Robert Lee, Jonathan Jackson, hauteur 27,4 m. **Mont Rushmore** (Dakota du Sud, 1927-41) : têtes de Washington, Jefferson, Theodore Roosevelt et Lincoln, hauteur 19 m.

■ Géographie

■ **Situation.** Amérique du Nord. **Superficie** (en milliers de km²) : *1776* : 2 302 ; *1803* : 4 444 ; *1819* : 4 631 ; *1845* : 5 641 ; *1846* : 6 382 ; *1848* : 7 752 ; *1853* : 7 830 ; *1867* : 9 347 ; *1898* : 9 363,353 ; *1985* : 9 372,615 dont eaux 205,856. **Longueur :** *d'est en ouest* 4 500 km. *Du nord au sud* 2 500 km. **Altitude** *maximale* : Mt McKinley (Alaska) 6 194 m, *minimale* : vallée de la Mort – 86 m. **État le plus grand :** Alaska, **le plus petit :** Rhode Island.

■ **Frontières.** 12 007 km, avec Canada 8 892 (dont Alaska 2 477, la plus longue frontière inter-États du monde), Mexique 3 115 (la plus fréquentée du monde : 120 millions de passages par an). **Côtes :** 19 924 km dont Atlantique 3 329, golfe du Mexique 2 624, Pacifique 12 265, Arctique 1 706. **Mason-Dixon Line :** frontière Pennsylvanie-Maryland, délimitée 1763-67 par Charles Mason et Jérémiah Dixon, astronomes anglais, limite traditionnelle des États esclavagistes (Sud) et anti-esclavagistes (Nord).

■ **Climat et végétation. Ouest :** 2 chaînes côtières parallèles limitent les influences océaniques sur une étroite bordure entre la montagne et la mer. Au nord de San Francisco, *tempéré* froid, pluies abondantes (plus de 1 m/ an), conifères ; au sud, dans les plaines, *méditerranéen* : hivers doux, étés chauds et secs ; le *chaparral* (maquis formé de plantes xérophiles) prédomine. **Centre :** *continental* ; les Rocheuses ne laissent passer que le *chinook* (vent chaud) ; en été, pénétration de masses d'air tropical ; en hiver, air polaire continental accompagné de blizzards ; pluies de 300 à 400 mm/an en Arizona (forêts dans les vallées et sur les hauts reliefs, steppe sur les plateaux intérieurs des Rocheuses et hautes plaines, déserts en Arizona, au Nouveau-Mexique). **Région atlantique :** *continental humide* (courant froid du Labrador), pluies variant de 500 mm au nord à plus de 1 000 mm au sud ; forêt appalachienne ; à l'ouest du Mississippi, la Prairie (terre noire riche en humus). **Sud-Est :** *tropical,* mousson pluvieuse avec des dépressions profondes (les *hurricanes*) ; pinèdes. **Alaska :** *océanique froid* entre Pacifique et chaîne côtière ; *polaire* au nord-est.

Températures (en janv. et juillet) **et,** entre parenthèses, **précipitations annuelles :** *Miami* 19,3 °C, 27,5 °C (1 500 mm) ; *Los Angeles* 11,7 °C, 29,3 °C (440 mm) ; *Washington* 0,5 °C, 24,9 °C (1 100 mm) ; *New York* – 8 °C l'hiver, + 30 °C l'été. **Ouragans et cyclones :** *hurricane* : cyclone tropical de la zone des Caraïbes. Exemples (nombre de morts et coût en milliards de $) : *Louisiane, 1893* : des milliers. *Texas,* Galveston *1900* : 6 000 ; *1915* : 175 ; *1961* : 9 †. *Louisiane et Floride, 24-8-1989 (Andrew)* : 35 †, 2 500 000 sans-abri, 30 milliards de $; *sept. (Hugo)* : 4,2 ; *1992* : 10,2. **Blizzard :** *New York* : *12-3-1888* : 400 †

■ RÉGIONS

■ **Ouest** (1/3 des USA). **Rocheuses** (plateaux et chaînes, 1/3 de la superf. totale), largeur 2 000 km : **Est :** montagnes Rocheuses ; **Centre :** plateaux calcaires du *Colorado* (1 600 à 2 000 m d'alt.) ; le Colorado (« Rouge ») a creusé un canyon profond jusqu'à 1 800 m ; au nord du plateau : Grand Bassin formé de cuvettes (lac Salton – 90 m. *Vallée de la Mort* – 86 m), désert Mojave 38 850 km², plateaux du *Columbia* (mesas de basalte, 1 000 à 2 000 m) ; **Ouest :** 2 chaînes parallèles nord-sud : à 150 km de la mer : *Sierra Nevada* (Mt Whitney 4 420 m), prolongée au nord par la *chaîne des Cascades* (avec le Mt St Helens, volcan revenu en activité le 22-7-1980, après 350 ans de sommeil) ; *chaînes côtières* plissées, le long du Pacifique (riches en argent, métaux non ferreux, pétrole, potentiel hydroélectrique) ; entre les deux, grande vallée de *Californie* drainée par le Sacramento et le San Joaquin, *chaparral* (garrigue). Ressources : élevage extensif sur les versants orientaux (bovins ou moutons). Barrages permettant irrigation (fruits et légumes), production d'énergie électrique : *Grand Coulee Dam* et *Bonneville Dam* sur la Columbia, *Boulder Dam* sur le Colorado. Charbon (bassin le plus important près du Grand Lac salé) ; pétrole (bordure orientale des Rocheuses), uranium (Nouveau-Mexique), cuivre, plomb, zinc, tungstène, molybdène, fer (sud du Grand Lac salé). Métallurgie du cuivre à Butte et Spokane, du fer à Geneva. **Nord** (Oregon et Washington) : forêts, constructions navales et aéronautiques autour du Sound, baie débouchant vers le nord, près de Vancouver ; Seattle, port en relation avec l'Alaska. Densité : faible, villes rares ; côte très peuplée. Rôle croissant depuis 1945.

■ **Sud.** Climat chaud, tendance tropicale ; pop. en partie noire (environ 10 millions). Coton dans la vallée du Mississippi et sur les « terres noires » (bande du Texas aux Appalaches). **Vallée** et **Est :** exploitations anciennes, morcelées en métairies tenues par des Noirs ou des « pauvres Blancs », rendements médiocres. **Ouest :** grandes propriétés mécanisées mais en déclin : le coton recule (conditions climatiques hasardeuses). Maïs, oléagineux, tabac. Marchés principaux : Memphis et Dallas. **Sud :** cultures intensives, légumes et fruits ; riz (Texas) ; coton (région d'Atlanta) ; métallurgie (Alabama), fer local (Birmingham) ou importé (Mobile, sur la côte) ; ind. pétrolière et pétrochimique entre Mississippi et Mexique ; chimique (sel, soufre, phosphates voisins de la côte) ; aéronautique (Dallas) ; aluminium (vallées de l'Arkansas et du Tennessee). Pétrole, gaz naturel, plus au nord, hydroélectricité (vallée du Tennessee), nucléaire (Oak Ridge). Villes : coloniale : La Nouvelle-Orléans ; modernes : Dallas, Houston. Tourisme : Floride (Miami).

■ **Middle West. Hautes plaines** (à l'ouest) 1 000 à 2 000 m (Black Hills, 2 209), ravins profonds de 100 à 200 m. **Plaines alluviales** le long du *Mississippi* et de ses affluents [apporte 400 millions de t d'alluvions par an, voie de navigation la plus longue du monde : 6 800 km avec le Missouri ; lors des crues, peut submerger jusqu'à 74 000 km² (en 1927)]. Climat : continental et sec, sols alluviaux fertiles. Culture : extensive (mécanisation poussée, usage des engrais limité) : rendements médiocres. *3 zones du nord au sud :* blé de printemps ; maïs (avec porcs et bovins) ; blé d'hiver. Dangers de la monoculture : usure des sols, érosion, revenus variables selon la valeur de la récolte. Pour les éviter, on adopte assolement, cultures en bandes selon courbes de niveau et élevage (viande à l'ouest, lait vers les Grands Lacs). Ressources : bassin houiller du Mississippi (utilisé surtout par centrales thermiques), pétrole (nord du *Mid Continent Field*), hydroélectricité (barrages du haut Missouri), matériel agricole. Villes : carrefours, marchés et centres d'ind. agroalimentaires : Minneapolis-St Paul (minoterie), Kansas (viande), St Louis (activités variées), Omaha et Wichita. En dehors des villes, pop. dispersée. **Plaine centrale** (des Appalaches aux Rocheuses, des Grands Lacs au golfe du Mexique) : 2 800 000 km², alt. moy. 250 à 300 m ; au centre, massifs primaires (Mts Ozarks, 830 m ; Mts Ouachita, 854 m) ; la Prairie (nom de la végétation originelle) : 1 200 000 km², se prolongeant au Canada, plaines limoneuses (céréales).

■ **Région des Grands Lacs.** Longueur 1 500 km ; dus à l'enfoncement du socle lors de la fonte des glaciers au quaternaire, reposent sur des cuvettes de profondeurs différentes [les lacs sont ainsi séparés par des chutes (de Sault-Sainte-Marie, du Niagara entre le lac Érié et lac Ontario)], navigables malgré le gel (3 mois). **Lacs supérieurs** [*Supérieur* 82 414 km² (prof. 406 m), *Michigan* 58 016 km² (prof. 281 m) et *Huron* 59 596 km² (prof. 229 m)] : 200 000 km² à 177 m d'altitude ; **inférieurs** [*Érié* 25 745 km² (prof. 64 m) et *Ontario* 19 529 km² (prof. 244 m)]. Au-delà de l'Ontario, les eaux sont évacuées vers l'Atlantique par le St-Laurent. L'Érié est relié par le canal Welland à l'Ontario, qui communique avec l'océan par la voie maritime du St-Laurent depuis 1959. **Nord :** forêts (bouclier canadien). **Sud :** forêts et pâturages (ceinture laitière), cultures fruitières. Ressources : bois, fer du lac Supérieur, minerais non ferreux du bouclier (région de Sudbury près du lac Huron) et du sud du lac Supérieur. *Navigation :* bois et minerais du nord des USA et bas Canada, charbon des Appalaches ; sidérurgie avec minerai de fer de Duluth, charbon de Pennsylvanie, lacs de Cleveland, Detroit, Chicago ; métallurgie de transformation : Chicago (matér. agricole), Detroit (automobile) ; ind. chimique recevant pétrole et gaz de la prairie canadienne : Sarnia. Population : nombreuse à Chicago, Detroit, Cleveland, Buffalo.

■ **Nord-Est.** 19 États entre Canada, haut Mississippi, Ohio et Atlantique : plus de 50 % de la pop. des USA. Côte atlantique sur plus de 600 km de longueur et sur 100 à 200 km de largeur : *« Mégalopolis »* ou *Boswash* avec 40 millions d'hab. dont Boston 3, New York 8,22 (dans la conurbation), Philadelphie 5, Baltimore 2, Washington 3. **Nlle-Angleterre :** montagnes usées (1 600 m au maximum dans les *Adirondacks*), compartimentées. Littoral découpé. Élevage laitier, cultures spécialisées (fruits, pommes de terre). **Appalaches :** 1 500 km sur 200 à 300 km de largeur, alt. 2 000 m. Principale crête : monts *Allaghany*. Forêts, cultures pauvres. Au nord, montagnes Blanches (Mt Washington 1 914 m). D'ouest en est : *plateau de Cumberland* (sédiments primaires) ; *Grande Vallée* appalachienne (argiles) ; *montagnes Bleues* (Mt Mitchell 2 037 m) ; *Piémont appalachien ; plaine côtière ; golfes* étroits et profonds : Delaware, Chesapeake (anciennes vallées noyées, riches en minerai de fer et charbon, énergie hydroélectrique).

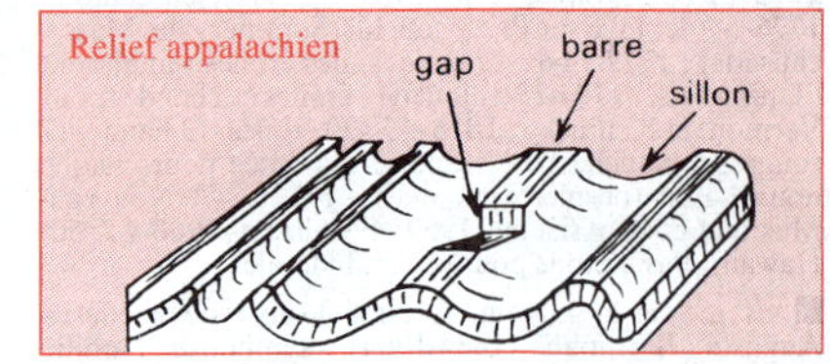

Relief appalachien : vieille structure plissée aplanie par l'érosion et rajeunie par soulèvement. On a une succession de creux *(sillons)* et de rides allongées dont le sommet plat est le témoin de la surface d'érosion antérieure *(barres).* Les encoches permettant le passage de l'une à l'autre sont des *gaps.*

Plaines et plateaux du nord-ouest : descendant vers les Grands Lacs, en partie recouverts de dépôts glaciaires. *Climat* rude : hiver froid (3 mois de gel sur les Lacs), été chaud et sec, violence et brutalité des précipitations. *Littoral :* culture intensive (légumes, fruits, tabac) ; *rive sud des Lacs :* élevage laitier ; *plaines de l'Ohio :* céréales (blé, maïs), bett., p. de t., oléagineux, en assoc. avec élevage.

Industrie : *lourde :* houille (Pennsylvanie) ; sidérurgie : bassin houiller (Pittsburgh), Lacs (Cleveland), côte (Philadelphie, Baltimore) ; chimique lourde : bassins houillers et région de New York ; *de transformation* (mécanique et électricité, plastiques, pharmacie, textiles, bois, cuir) ; dispersée : Boston et Nlle-Angl. ; New York ; Philadelphie et Baltimore.

■ DÉMOGRAPHIE

■ **Population.** En milliers d'hab. : **1610 :** 0,35 ; **20 :** 2,3 ; **30 :** 4,6 ; **40 :** 26,6 ; **50 :** 50,4. **1700 :** 250,9 ; **20 :** 466,2 ; **50 :** 1 170,8 ; **80 :** 2 780,4 ; **90 :** 3 927,6 (dont Noirs esclaves 697,6, libres 59,6) ; *Philadelphie* 47, *New York* 37. En millions : **1800 :** 5,31 ; **10 :** 7,24 ; **20 :** 9,64 ; **30 :** 12,87 ; **40 :** 17,07 ; **50 :** 23,20 ; **60 :** 31,44 (Blancs 26,92, Noirs 4,44 dont 3,95 d'esclaves) ; **70 :** 39,82 ; **80 :** 50,16 ; **90 :** 62,95. **1900 :** 76 ; **10 :** 91,97 ; **20 :** 105,71 ; **30 :** 122,78 ; **40 :** 131,67 ; **50 :** 150,70 ; **60 :** 179,32 ; **70 :** 203,30 ; **80 :** 226,55 (dont en % Blancs 83,1, Noirs 11,7, divers 5,2) ; **90 :** 248,7 [dont *Blancs* 199,7 (80,3 %) (dont Hispaniques 22,4 dont Mexicains 13,5, Portoricains 2,7, Cubains 1) ; *Noirs* 30 (12,1 %) ; *Indiens, Esquimaux, Aléoutes* 1,96 (0,8 %) dont Indiens 1,88 ; *Asiatiques, îliens du Pacifique* 7,3 (2,9 %) dont Chinois 1,65, Philippins 1,41, Japonais 0,85, Indiens d'Asie 0,82, Coréens 0,8, Vietnamiens 0,61, Hawaiiens 0,21 ; *autres origines* 9,8 (3,9 %)]. **2000** *(rec.) :* 281,4 dont (en %) *Blancs* 75,1, *Hispaniques* 13 (d'origine ou culture mexicaine, portoricaine, cubaine, centre-américaine, sud-américaine ou espagnole, quelle que soit leur race), *Noirs* 12,3, *Indiens américains* 0,9, *Asiatiques d'Océanie* 3,6, *autres* 5,5, *multiraciaux* 2,4.

Population des territoires extérieurs (en milliers, en 1998) : îles Mariannes 43,34 ; Samoa américianes 46,77 ; Guam 133,15 ; îles Vierges 101,18.

■ **États les plus peuplés** (en millions d'habitants, 1990). Californie 29,8, New York 18, Texas 17, Floride 12,9, Pennsylvanie 11,9, Illinois 11,4, Ohio 10,8, Michigan 9,3. **Les moins peuplés.** Wyoming 0,45, Alaska 0,55, Vermont 0,56, district de Columbia 0,60, Dakota du Nord 0,64, Delaware 0,67, Dakota du Sud 0,70, Montana 0,8, Rhode Island 1, Idaho 1. **Ayant la population hispanique la plus importante** (en %). Nouveau-Mexique 38,2, Californie 25,8, Texas 25,5, Arizona 18,8, Colorado 12,9, New York 12,3, Floride 12,2, New Jersey 9,6, Illinois 7,9. **Ayant la population noire la plus forte** (en %). Mississippi 35,6, Louisiane 30,8, Caroline du Sud 29,8, Géorgie 27, Alabama 25,3, Maryland 24,9, Caroline du Nord 22, Virginie 18,8, Delaware 16,9, Tennessee 16.

■ **Données diverses. Densité :** *1999 :* 29,1. **Naissances :** *1999 :* 3 957 829. **Indice de fécondité** (nombre d'enfants/femme) : *1940 :* 2,2 ; *57 :* 3,7 ; *76 :* 1,74 ; *89 :* 1,90 ; *98 :* 2. **Age** (en millions) : *+ de 65 ans : 1994 :* 33 ; *2030 (prév.) :* 70 ;

+ de 85 ans : 1990 : 3,3 ; *96 :* Blancs 35,6, Noirs 29,3 ; (en %, en 2000) : *– de 18 ans :* 26, *+ de 65 ans :* 14,3. **Moyenne d'âge :** *1960 :* 29,4 ans ; *70 :* 27,9 ; *80 :* 30 ; *90 :* 33 ; *2000 (est.) :* 36,4 [*5-17 ans :* 24,5 %, *18-44 ans :* 39,6, *45-64 ans :* 22,9, *+ de 65 ans :* 13 (*+ de 85 ans :* 1,7)] ; *2010 (prév.) :* 38,9 ans ; *2020 (prév.) :* 40,2. **Espérance de vie :** *1998 :* h. 73, f. 79 [*1996 :* f. de race blanche 79,6 ans (autres 74,2), h. 73,8 (66,1)]. **Décès :** *1998 :* 2 338 070 dont (en %) maladies de cœur 31, cancer 23,1, attaques 6,8, poumons 4,9, pneumonies et grippes 4,1, accidents 4, diabètes 2,8; suicides 1,3 (*1994 :* 32 410 ; *95 :* 30 893 ; *97 :* 29 725 ; *98 :* 29 264) ; maladies de foie et cirrhoses 1,1 ; enfants 1,1. **Obèses** (en 1999) : 18,9 % ; 300 000 †/an (maladies et complications liées à l'obésité). **Sida :** *cas déclarés : 1985-98 :* 643 350 dont *1992 :* 45 771 ; *93 :* 102 211 ; *94 :* 77 237 ; *95 :* 71 039 ; *96 :* 66 659 ; *97 :* 58 254 ; *98 :* 46 247 ; *99 :* 23 238. *Morts : 1985-98 :* 413 576 dont *1992 :* 40 674 ; *93 :* 44 108 ; *94 :* 48 110 ; *95 :* 47 856 ; *96 :* 34 557 ; *97 :* 14 185 ; *98 :* 13 426. **Syphilis** (en 1999), cas pour 100 000 personnes : Noirs 15,2, Blancs 0,5. **Mariages :** *1998 :* 2 244 000. **Age moyen du 1er mariage :** *1900 :* h. 25,9, f. 21,9 ; *50 :* h. 22,8, f. 20,3 ; *98 :* h. 26,7, f. 25. **En 1997 :** mariés 116 751 000, jeunes mariés 57 388 000, divorcés 19 347 000, couples non mariés 3 661 000, mères célibataires 12 514 000, pères célibataires 35 130 000, veufs et veuves 13 749 000. Familles 70 241 000 (moyenne : 3,19 personnes). **Enfants naturels** (en milliers) : *1991 :* 1 213,7 (29,5 % des naissances). **Divorces :** *1998 :* 1 135 000. **Avortements (légaux) :** *1996 :* 1 365 730. Le 29-6-1992, la Cour suprême a confirmé par 5 voix contre 4 le droit constitutionnel à l'avortement inscrit dans l'arrêt Roe-Wade de 1973, et le droit des États à en restreindre la pratique. **Homosexualité** (selon une étude de l'université de Chicago sur les 18/59 ans en 1994) : *ont eu une expérience ou un désir homosexuel :* h. 10,1 %, f. 8,6 %.

Morts par armes à feu : Blancs 25 438 (taux 11,7 pour 100 000 hab.) ; Noirs 9 643 (29,1). **Coûts** (en milliards de $, 1988) : alcool 85,8, drogue 58,3 (49 en 1995), maladies mentales 129,4. *Pour frais médicaux, absentéisme, criminalité, sida* (est.) : 380 millions de F. **Alcool :** 10,12 millions de consommateurs en 1992. **Consommateurs de drogue** (en millions) : *1985 :* 23 ; *90 :* 12,9 ; *93 :* 11,7. *Pourcentage d'étudiants (High School) en ayant consommé en 1998 et,* entre parenthèses, *en 1980 :* marijuana 49,1 (60,3), inhalation 15,2 (17,6), LSD 12,6 (9,3), PCP 3,9 (9,6), cocaïne 9,3 (15,7), crack 4,4, héroïne 2 (1,1), cigarettes 65,3 (71).

Taux (pour ‰). **Décès :** *1955 :* 9,3 ; *60 :* 9,5 ; *65 :* 9,4 ; *70 :* 9,5 ; *75 :* 8,8 ; *80 :* 8,7 ; *85 :* 8,7 ; *90 :* 8,6 ; *95 :* 8,8 ; *98 :* 8,7. **Naissances :** *1955 :* 25 ; *60 :* 23,7 ; *65 :* 19,4 ; *70 :* 18,4 ; *75 :* 14,8 ; *80 :* 15,9 ; *85 :* 15,8 ; *90 :* 16,7 ; *96 :* 14,7 ; *97 :* 14,5 ; *98 :* 14,6. **Mariages :** *1900 :* 9,3 ; *10 :* 10,3 ; *20 :* 12 ; *30 :* 9,2 ; *50 :* 11,1 ; *60 :* 8,5 ; *70 :* 10,6 ; *80 :* 10,6 ; *90 :* 9,8 ; *96 :* 8,8 ; *98 :* 8,3. **Divorces :** *1900 :* 0,7 ; *10 :* 0,9 ; *20 :* 1,6 ; *30 :* 1,6 ; *50 :* 2,6 ; *60 :* 2,2 ; *70 :* 3,5 ; *80 :* 5,2 ; *90 :* 4,7 ; *95 :* 4,5 ; *98 :* 4,2. **Mortalité infantile** (en 1998) : 28 486 dont (‰, en 1997) *Blancs :* garçons 6,7, filles 5,4 ; *Noirs :* garçons 15,5, filles 12,8.

■ **Américains vivant à l'étranger** (au 1-7-1999, en milliers). 3 784,6 dont Mexique 1 036,3, Canada 687,7, G.-B. 224, All. 210,8, Italie 168,9, Philippines 105, Ausralie 102,8, *France 101,7,* Espagne 94,5, Rép. dominicaine 82, Japon 70, Hong Kong 48,2, Irlande 46,9, Brésil 40,6.

■ **Langues.** Anglais. En août 1996, la Chambre des représentants a voté un projet de loi tendant à déclarer l'anglais langue officielle. Projet arrêté par le Sénat (ses adversaires ont fait valoir qu'elle était contraire au 1er amendement de la Constitution, octroyant à chacun la liberté de parole). La Cour suprême n'a pas rendu sa décision. **Américains utilisant chez eux une langue étrangère :** 1 sur 7. (En millions) : Californie 8,6, Texas 4, État de New York 3,9, Floride 2 (à Los Angeles et Miami, 75 % des hab. parlent une autre langue que l'anglais) dont espagnol 17,3 (*en 1990 :* 24 millions parlaient l'espagnol), *français 1,7* (Louisiane, Maine, New Hampshire, Vermont), allemand 1,5, italien 1,3, chinois 1,2, tagalog 0,84, polonais 0,72, coréen 0,63, vietnamien 0,51, portugais 0,43, japonais 0,43, grec 0,39, arabe 0,36, hindou 0,33, russe 0,24, yiddish 0,21, thaï (laotien) 0,2, persan 0,2, arménien 0,15 ; créole français 0,12. **Illettrisme :** 23 millions (13 % des jeunes de 17 ans ; 42 selon rapport de 1993).

■ **Villes** (en millions d'hab., est. mi-1998). New York 7,4. Los Angeles 3,59. Chicago 2,8. Houston 1,78. Philadelphie 1,43. San Diego 1,11. Phœnix 1,19. Dallas 1,07. San Antonio 1,11. **Urbanisation** (en 1992) : 79,7 % habitaient des aires urbaines, 9,2 % dans des villes de plus de 100 000 hab.

■ Religions

■ **Estimations 2000** (en millions). Protestants 88,8 ; catholiques romains 62 ; juifs 5,5 ; musulmans 4 ; bouddhistes 2 ; hindouistes 0,95 ; sikhs 0,22.

■ **Catholiques romains** (en 1999). 62 018 436. *Fidèles de rite oriental :* 0,6 %. *Conversions de protestants au catholicisme :* environ 93 000 par an. *Sanctuaire national :* basilique de l'Immaculée-Conception (patronne des USA en 1846), av. Michigan à Washington (6 000 places). *Tendances actuelles :* renouveau charismatique, lancé en 1967 par l'université N.D (influencé par pentecôtisme, d'origine protestante). **Chrétiens** (en millions, 1998). Convention baptiste du sud 15,7 ; Église méthodiste unifiée 8,5 ; convention baptiste nationale 8,2 ; Église de Dieu 5,5 ; luthérienne évangélique 5,2 ; de J.-C. des Saints des derniers jours 4,8 ; presbytérienne 3,6 ; méthodiste épiscopale africaine 3,5 ; luthérienne (Missouri, synode) 2,6 ; épiscopalienne 2,5 ; convention baptiste nationale de progrès 2,5 ; nationale missionnaire baptiste 2,5 ; assemblées de Dieu 2,5 ; Église du Christ 2,2 ; Église orthodoxe 2 ; orthodoxe grecque 1,9 ; Église américaine baptiste 1,5.

Nota. – 59,3 % de la pop. déclarent appartenir à une confession religieuse ; 45 % suivent un office.

■ Immigration

■ **Données globales. Immigration légale. Nombre total de 1820 à 1996** (en milliers) : **61 208** dont All. 7 105, Italie 5 353, Mexique 5 246, G.-B. 5 197, Irlande 4 780, Canada 4 348, URSS 3 749, Autr.-Hongrie 2 831 (*de 1820 à 1993 :* Autr. 1837, Hongrie 1670, Autr.-Hongrie 846), Norvège-Suède 2 154 (Norvège 756, Suède 1 398, Norvège-Suède 60) Chine 1 232, Philippines 1 222, *Fr. 795,* Pologne 743, Grèce 704, Inde 703, Port. 518, Japon 498, Turquie 425, P.-Bas 382, Danemark 374, Suisse 362, Esp. 289, Belg. 212, Tchéc. 156, Youg. 158, Israël 152, Finlande 40 ; Afrique 561, Océanie 223 ; autres 1 831.

■ **Par périodes. En milliers :** *1783-1819 :* 250 ; *1820-30 :* 2150 ; *1831-40 :* 600 ; *1841-50 :* 1 710 ; *1851-60 :* 2 600 ; *1861-70 :* 2 310 ; *1871-80 :* 2 810 ; *1881-90 :* 5 240 ; *1891-1900 :* 3 690 ; *1901-10 :* 8 800 ; *1911-20 :* 5 740 ; *1921-30 :* 4 110 ; *1931-40 :* 530 ; *1941-50 :* 1 040 ; *1951-60 :* 2 520 ; *1961-70 :* 3 320 ; *1971-80 :* 4 490 ; *1981-90 :* 7 330 ; *95 :* 720,4 ; *96 :* 915,9 ; *97 :* 798,3 dont Mexique 146,8, ex-URSS 32,3, Philippines 49,1, Chine 47,8, Afrique 47,7, Inde 38, Rép. dominicaine 27 ; *1998 :* 660,5.

En % : 1901-20 : Europe 85,2 (Italie 21,7, Hongrie 17,4, Russie 17,3, G.-B. 6), Amérique 10,4, Asie 3,9, reste du monde 0,5. **1921-40 :** Europe 60,5 (Italie 11,3, All. 11,3, G.-B. 7,8), Amérique 36,1 (Canada 22,1, Mexique 10,4), Asie 2,8, reste 0,8. **1941-60 :** Europe 54,8 (All. 19,8, G.-B. 9,2, Italie 6,9), Amérique 38,1 (Canada 15,5, Mexique 10,2, Caraïbes 4,9), Asie 5,1, reste 2. **1961-80 :** Amérique 47,3 (Caraïbes 15,5, Mexique 14, Canada 7,5), Europe 24,6 (G.-B. 4,5, Italie 4,4, All. 3,4), Asie 25,8 (Philippines 5,8, Corée 3,9, Inde 2,5), reste 2,3. **1981-90 :** A. 43,9 (Mexique 22,6), Asie 37,3 (Philippines 7,5, Chine 4,1), Europe 10,4 (G.-B. 2,2, All. 2,2, *Fr. 1,3*). **Ascendance de la population** (en %, 1990) : allemande 23,2, irlandaise 15,6, anglaise 13,1, italienne 5,9, américaine 5, mexicaine 4,7, *française 4,1,* polonaise 3,8, amér. indienne 3,5, hollandaise 2,5, écossaise-irlandaise 2,3, écossaise 2,2, suédoise 1,9, norvégienne 1,6, russe 1,2, canadienne française 0,9, galloise 0,8, espagnole 0,8, portoricaine 0,8, slovaque 0,8.

■ **Population née à l'étranger. En % :** *1900 :* 13,6 ; *10 :* 14,7 ; *20 :* 13,2 ; *30 :* 11,6 ; *40 :* 8,8 ; *50 :* 6,9 ; *60 :* 5,4 ; *70 :* 4,8 ; *80 :* 6,2 ; *90 :* 7,9 (Californie 21,7, New-York 15,8) ; *99 :* 9,7. **En millions en 1998 :** 26 281 dont Mexique 7 119, Philippines 1 207, Chine 1 022, Cuba 994, Viêt Nam 984, Salvador 723, Inde 722, Rép. dominicaine 635, G.-B. 622, Corée 589. **2000 :** 25 800 (9,7 %) dont Amérique latine 13 100 (Mexique 7 000), Asie (6 800), Europe 4 300, divers 1 600. *États accueillant le plus d'étrangers :* Californie 8 100, New York 3 600, Floride 2 400, Texas 2 200, New Jersey 1 200, Illinois 1 100.

■ **Grandes étapes. De 1783 (création des USA) à 1816 :** 5 000 à 6 000 par an (en majorité Anglais et Écossais ; prolétariat urbain ; explosion démographique ; chômage et misère). **1816-40 :** même origine (*1820 :* 8 385 ; *1830 :* plus de 20 000 ; *de 1830 à 40 :* 60 000 par an). **1840-46 :** 90 000 par an, dont 30 000 Allemands et Scandinaves (ruraux manquant de terres, taux de natalité 35 ‰). **1847-51 :** Irlandais (famine en Irlande, maladie de la p. de t.) ; 250 000 à 400 000 par an. **1851-56 :** régression des immigrations. **1856-60 :** 300 000 par an, beaucoup d'Irlandais. **1860-80** régression (l'Irlande est presque dépeuplée, pop. tombée de 4,5 millions à moins de 1 million) ; le pourcentage de Germano-Scandinaves s'accroît. **1880-90 :** 60 % de Germano-Scandinaves ; *1885 :* craintes de chômage aux USA, les immigrants ne peuvent signer un contrat d'embauche avant leur départ d'Europe (il n'y a que 40 % de ruraux). **1890-1915 :** Russes, Austro-Hongrois et Italiens ; Polonais, Juifs. *Causes :* baisse de la natalité en Scandinavie ; forte natalité de l'Europe du Sud-Est (en 1893-94, ralentissement, récession aux USA ; 1895, reprise). **1916-21** arrêt dû à la guerre. **1917 :** entrée interdite aux adultes illettrés (loi non appliquée, les contrôles de lecture en langues étrangères étant impossibles). **1920 :** 400 000 entrées ; **1921 :** 800 000. Loi des quotas interdisant d'accueillir plus de 357 803 personnes par an (dont 353 747 Européens, dont du Nord et de l'Ouest 198 000 ; du Sud et de l'Est 158 000). Un *quota annuel* est fixé pour chaque nationalité [référence : le rec. de 1910 ; on accepte 3 % (puis 2 % en 1924) du nombre des hab. d'origine étrangère (naturalisés ou non) pour chaque nationalité. *Exceptions :* les Chinois exclus par la loi du 5-5-1892 ; les Japonais qui s'imposent volontairement le même régime (les Indiens seront exclus en 1946)]. **1929 :** quota total ramené à 150 000 ; des normes permettent de faire jouer les quotas ; pour toutes les nationalités, un minimum de 100 par an est toléré. *Objectifs : 1°)* réduire l'immigration (craintes de chômage) ; *2°)* favoriser l'immigration « nordique » ; de 20 % en 1910-14, elle remonte à 55 %, puis à 80 % des quotas. **1930 :** crise économique, l'immigration cesse. **1932-35 :** solde négatif (– 138 911 personnes). **1935 :** afflux de Juifs fuyant l'All. ; étant Allemands (quota élevé), ils entrent sans difficultés. **1945 :** l'acte du 22-12 met 38 056 réfugiés et 2 268 immigrants hors quota (réfugiés polonais occidentaux, conjoints et enfants de citoyens amér., cadres supérieurs recherche et enseignement). L'immigration baisse, les nations favorisées par les quotas étant en crise de dénatalité. **1948 à 50 :** 123 518 immigrants supplémentaires admis. **1953 :** loi sur les réfugiés autorisant l'entrée pour 1953-56 de 122 000 Allemands, Italiens, Grecs et hab. des pays de l'Est (entrées effectives : 102 154). **1955 :** sur 237 000 immigrants, 115 000 viennent d'Amérique (Mexique 44 000, Canada 32 000, Amérique centrale 26 000, Amér. du sud 8 000). Entre 1930 et 1955, les quotas auraient autorisé 4 800 000 entrées (contre 14 750 000 entre 1895 et 1915). En fait, il n'y eut que 1 563 000 immigrants en tout.

A partir de 1960 : boom économique, afflux d'immigrants. **1965**-*3-10 :* 2 quotas globaux remplacent les quotas nationaux, 120 000 entrées possibles par an pour les Amériques, 170 000 pour le reste du monde, max. 20 000 par pays [3 500 000 entrées légales entre 1965 et 74 ; plus de 8 ou 9 millions d'illégales (surtout Mexicains et Portoricains)]. **1977 : « Plan Carter » contre l'immigration clandestine.** *Motifs : 1°)* les clandestins font baisser les salaires ; *2°)* coût excessif des charges sociales, niveau de vie faible ; *3°)* crainte de l'implantation aux USA d'une minorité hispanophone à haute natalité. *Principales dispositions :* amnistie et naturalisation rapide pour ceux arrivés avant 1970 ; statut de « citoyen étranger non expulsable » pour ceux arrivés entre 1970 et 77 ; expulsion de ceux arrivés après 1977. **1978-91 :** quota de 290 000 sans distinction d'origine. **1986**-*6-11 :* **loi Simpson-Rodino :** les illégaux pourront demander un statut légal s'ils ont résidé aux USA sans interruption depuis le 1-1-1982 [sur 3 à 6 millions (dont 60 % de Mexicains et 600 000 Salvadoriens), 20 à 30 % le pourront]. **1988-89 :** 84 000 visas accordés. **1989-90 :** 125 000 dont 50 000 réservés à des Soviétiques généralement juifs. **1990**-*16-5 :* 1 762 100 étrangers avaient demandé à bénéficier de la loi Simpson. *-29-11 :* loi signée [en vigueur 1992 ; quota annuel : *1992-94 :* 700 000 immigrés (avant 500 000), *après 1994* au min. 675 000 personnes]. Supprime la loi de 1952 refusant le visa en raison d'opinions politiques. Immigration facilitée pour Européens qualifiés, chercheurs, ingénieurs ou enseignants, en particulier. Quota basé sur les capacités professionnelles : 140 000 par an. **1993 :** Sénat (18-2) et Chambre (11-3) votent un projet de loi interdisant l'immigration aux séropositifs. Loterie pour l'attribution de visas permanents (3 de 40 000 en 1992-93). **1994**-*1 au 30-6 :* tirage au sort de 55 000 immigrants (Europe 25 000, Afr. 20 200, Asie 6 837, Amérique latine 2 589). **1997**-*1-4 :* **loi migratoire** (votée 30-9-1996) pour lutter contre l'immigration clandestine entre en vigueur.

Réfugiés admis : *de 1981 à 1990 :* 1 500 000 à 2 000 000 de Cubains, 340 000 Vietnamiens et 60 000 Cambodgiens. *De 1970 à 1990 :* 280 000 (Soviétiques, juifs en majorité). *1990 :* 122 000 ; *92 :* 132 144 ; *93 :* 122 500 (dont Cubains 3 500) ; *94 (est.) :* 121 000 (dont ex-URSS et Europe de l'Est 55 000, Viêt Nam et Extrême-Orient 45 000, Afrique 7 000, Asie du Sud 6 000, Amér. latine et Caraïbes 4 000).

Perspectives : hispanisation du sud et du sud-ouest.

■ **Arrestations de clandestins.** *1986 :* 1 760 000 ; *89 :* 954 000 ; *91 :* 1 130 000 ; *93 :* 1 100 000. Au moins 190 immigrants meurent chaque année en tentant de franchir la frontière mexicaine (la plupart noyés en traversant le Rio Grande, tués en sautant d'un train ou morts de déshydratation). *Clandestins vivant aux USA :* 5 000 000 dont 2 700 000 Mexicains.

■ **Nombre d'immigrants passés à Ellis Island de janvier 1892 à juin 1897** (date de l'incendie de l'île) **et de 1901 à 1931** (en millions). Italiens 2,5, Russes 1,9, Hongrois (1905-31) 0,8, Autr. (1905-31) 0,7, Austro-Hongrois (1892-1904) 0,6, All. 0,6, Angl. 0,5, Irlandais 0,5 ; de 1892 à 1954 : poste de contrôle. En 1990, un *musée de l'Immigration* a été inauguré à Ellis Island (baie de New York).

■ **Migrations intérieures.** Les régions de peuplement ancien [Illinois, Pennsylvanie, New Jersey, Massachusetts et surtout New York deviennent des centres d'émigration [vers Canada, Californie, Texas, Floride, « Nouvel Ouest » (du Colorado au Montana)]. **Variation** (en %) : *augmentations les plus fortes, 1980-90 :* Nevada 49,1 ; Alaska 35,8 ; Floride 31,1 ; Californie 23,7 ; New Hampshire 19,8 ; Texas 18,3. *Diminutions les plus fortes :* DC – 9,9 ; Virginie-Occ. – 8,6 ; Iowa – 5,1 ; Wyoming – 4,3 ; New York (État : – 4 % entre 1970 et 1980 ; centre-ville : – 11 %) ; Dakota du Nord – 2,9 ; Illinois – 0,9 ; Michigan – 0,9 ; Pennsylvanie – 0,8 ; Louisiane – 0,6 ; Ohio – 0,2.

■ Noirs

■ **Esclavage. 1ers arrivants : 1619**-*avril :* environ 20 à *Jamestown* (Virginie) puis par centaines chaque année, puis par milliers (au XVIIIe s.). Prisonniers de tribus rivales, ils étaient vendus à des négriers installés le long des côtes d'Afr. Plus de la moitié mouraient en cours de traversée. **Arrivés** *de 1619 à 1700 :* 20 500 ; *de 1700 à 1808 :* environ 600 000. **Nombre d'esclaves :** *1639 :* 600 ; *1700 :* 27 817 ; *1750 :* 236 420 ; *1760 :* 325 805 ; *1770 :* 459 822 ; *1780 :* 575 420 ; *1800 :* 900 000 ; *1820 :* 1 500 000 ; *1840 :* 2 500 000 ; *1860 :* 4 000 000. **Comparaisons de 1451 à 1870 :** Amérique espagnolde 1 087 000, Antilles britanniques 2 443 000, françaises 1 655 000, hollandaises 500 000, Brésil 4 190 000, Europe 300 000. **Propriétaires d'esclaves :** 385 000 (sur 8 000 000 d'hab.) dont 50 % en ont moins de 5 ; 10 000 en ont plus de 50 et 3 000 plus de 100.

Évolution. **1641** esclavage légalisé dans le Massachusetts. **1663** Virginie, complot pour révolte. **1777** esclavage aboli dans le Vermont ; **1783** au Massachusets. **1793** 1re loi sur esclaves fugitifs. **1800**-*30-5* Gabriel Prosser, esclave de 24 ans, organise une conspiration (2 000 m.) à Richmond, échec. **1808** importation d'esclaves d'Afr. interdite. **1811** Louisiane, révolte d'esclaves. **1817** fondation du Libéria pour le retour en Afr. des Noirs affranchis. **1820** compromis du Missouri interdisant l'esclavage au nord de la frontière sud du Missouri. **1822** Denmark Vesey, esclave affranchi de St-Domingue, monte un réseau de 10 000 esclaves en Caroline du Sud ; sera pendu avec 38 Noirs et

4 Blancs. **1831** Nat Turner, prédicateur baptiste noir, déclenche (avec 60 esclaves) un massacre de Blancs en Virginie, 55 † ; répression : environ 120 †. *-Août* Turner capturé, jugé, pendu. **1850** nouvelle loi sur esclaves fugitifs. **1852** *La Case de l'oncle Tom* d'Harriet Beecher-Stowe (1811-96) attire l'attention sur les Noirs. **1856**-*25-5* John Brown, Blanc, à l'origine du massacre de Pottawatomie (5 esclavagistes notoires du Kansas tués) ; *-2-6 :* 23 disparus (sera pendu le 2-11-1859). **1857** cas Dred Scott contre Sanford : Scott, esclave ayant vécu en territoire libre, revendique sa liberté ; la Cour suprême refuse : aucun Noir ne peut être citoyen des USA. **1860** prix d'un esclave en Caroline du Sud : 1 200 $; en Louisiane : 1 800, **1862**-*22-9* Lincoln émancipe les Noirs des États confédérés (ses adversaires) à partir du 1-1-1863. **1863**-*13/16-7 :* New York émeutes, 1 000 † et blessés, plusieurs Noirs pendus. **1865**-*janv. : 13e amendement à la Constitution* (en vigueur 18-12) : *affranchissement* des esclaves des plantations du Sud. **1868**-*28-7 : 14e amendement :* égalité avec Blancs devant la loi. **1870**-*30-3 : 15e amendement* interdisant de dénier le droit de vote à des citoyens ou de le restreindre « pour cause de race, couleur ou condition antérieure de servitude ». **1873** *Grant Parish* (Louisiane), émeute. **1874** *Coushatta* (Louisiane), émeute. **1875**-*1-3 Civil Rights Act :* égalité avec les Blancs dans les lieux publics et devant la justice (invalidé 1883 par la Cour suprême). **1876** *Charleston* et *Cainhoy* (Caroline du Sud), émeutes. **1883** *Danville* (Virginie), émeute. **1886** *Carrollton* (Mississippi), émeute. **1895** 179 lynchages (113 Noirs tués). **1896** arrêt de la Cour suprême fédérale « *Homer Plessy contre Fergusson* » (État de Louisiane) légalise la ségrégation (« séparés mais égaux ») : Plessy, d'apparence blanche, mais ayant 1/8 de sang noir, était monté dans un compartiment réservé aux Blancs. La Louisiane inscrit dans sa Constitution la « clause du grand-père » supprimant le droit de vote pour ceux dont l'aïeul ne votait pas (cas des fils et petits-fils d'esclaves). [Le nombre d'électeurs passera de 130 344 en 1896 à 5 320 en 1900.] **1898** *Wilmington* (Caroline du Nord), émeute. **1900** l'AFL (*American Federation of Labour*) commence à accepter des syndicats interdits aux Noirs. *La Nlle-Orléans,* émeute (106 Noirs †). **1906** *Atlanta*, émeute. **1908** *Springfield* (Illinois), émeutes. **1915** début de la migration des Noirs vers le Nord (durera plusieurs décennies). La Cour suprême condamne la « clause du grand-père » en Oklahoma et Maryland. **1917**-*juillet East St Louis* (Illinois), émeutes. *-Août Houston*, émeutes. *-Oct.* fort Des Moines, camp d'entraînement pour officiers de couleur ouvert. **1918** *Chester* (Pennsylvanie) et *Philadelphie,* émeutes. **1919**-*juin à déc. Été rouge :* émeutes et lynchages. **1921**-*31-5 Tulsa* (Oklahoma), un Noir, accusé du viol d'une Blanche, arrêté. *-1-6 :* 400 Noirs tués. **1923** *-janv. Rosewood* (Floride) massacre de Noirs, 8 † (officiellement) et incendies. **1925** le PC américain organise l'*American Negro Labor Congress* et l'*International Labor Defense* (ILD). **1931** *Scottsboro,* 9 adolescents noirs sont accusés de viol, le PC assure leur défense [*1935* l'ILD (communiste) obtient la libération de 4 accusés et du militant noir Angelo Herdon]. **1935**-*19-3 Harlem*, émeutes, 3 † ; 200 millions de $ de dégâts. **1936** *National Negro Congress* pour tenter de former un front antifasciste. *Berlin, jeux Olympiques :* Jess Owens, athlète noir, remporte 4 médailles d'or. **1937** Joe Louis (boxeur), champion poids lourds, devient un héros. **1941**-*25-6* Roosevelt ordonne la déségrégation de l'ind. de guerre. Caroline du Nord, émeute. **1943**-*21-6 Detroit* (34 †), *Los Angeles, Mobile :* émeutes ; *-avril Harlem :* 5 †, 400 blessés. **1945** Gal Eisenhower intègre les 1res unités de couleur à des régiments blancs. **1947** le CORE (*Congress of Racial Equality*) et la *Fellowship of Reconciliation* organisent un « Voyage de la Liberté » dans le Sud pour tester la déségrégation. **1948** décret sur l'égalité des chances dans l'emploi. **1949** déségrégation des forces armées à la suite d'un décret présidentiel. **1954**-*17-5* arrêt de la Cour suprême « Brown/ Conseil de l'Éducation de Topeka » condamnant ségrégation scolaire. **1955**-*1-12 Montgomery* (Alabama), Rosa Parks arrêtée (avait refusé de céder sa place à un Blanc dans l'autobus). *-5-12* la Commission du commerce inter-États condamne la ségrégation dans les trains et les autobus, le pasteur *Martin Luther King* commence son boycottage des autobus de Montgomery. Fusion AFL-CIO (*Congress of Industrial Organization*) : 2 vice-Pts Noirs. **1956**-*janv.* 1re arrestation de Martin Luther King ; explosion de plastic devant sa maison. *-6-2* Autheline Lucy, 1re étudiante noire à l'université d'Alabama : renvoyée après 3 j de violence. *-21-12* ségrégation abolie. **1957** SCLC (*Southern Christian Leadership Conference*) fondée (Pt : M. L. King). *-17-5* Washington, pèlerinage de prière pour la liberté. *-28-8 loi sur les droits civiques* protégeant le droit de vote des Noirs. *-3-9 Little Rock* (Arkansas) : crise scolaire ; *-4-9* le gouverneur, *Orville Faubus,* fait interdire, par la garde nationale, l'entrée d'un lycée « blanc » à 9 Noirs ; *-21-9* nouvelle interdiction (par crainte de troubles) ; *-24-9* Eisenhower envoie 1 100 parachutistes assurer leur protection. 7 élèves noirs seulement bénéficient cette année-là de l'intégration. **1958**-*12-9* la Cour suprême ordonne l'intégration immédiate dans les écoles de Little Rock. Les autorités ferment les établissements scolaires plutôt que d'obtempérer. *-19-9* tentative d'assassinat de King. **1960**-*1-2 : 1er sit-in :* 4 étudiants noirs de *Greensboro* (Caroline du Nord) restent assis jusqu'à la fermeture dans le magasin Woolworth qui refuse de les servir parce que Noirs. *-12-4 loi sur les droits civiques* (droit de vote des Noirs et répression de certains crimes racistes). *-16-4* Comité étudiant de coordination non violente (SNCC ou Snick) fondé. *-Juillet* et *août* incidents raciaux en Caroline du Sud et en Floride. *-Oct.* King condamné à 4 mois de travaux forcés (libéré quelques jours plus tard sur intervention de John et Robert Kennedy). **1961**-*24-5* « Voyage de la Liberté » de Montgomery à Jackson sous la protection de la police. Les « Voyages » continueront tout l'été. *-Sept.* Herbert Lee (militant étudiant) assassiné. **1962**-*10-7* King incarcéré à Albany (décision annulée par tribunal fédéral). *-27-7* King arrêté (en prison jusqu'au 10-8). *-10-9* Cour suprême confirme le droit de *James Meredith* à s'inscrire à l'université du Mississippi ; *-15-9 Birmingham* (Alabama), bombe dans église baptiste : 4 jeunes filles noires †. *-20-9* Roos Barnett (gouverneur) interdit lui-même l'accès du campus à Meredith ; *-30-9* l'arrivée de Meredith déclenche une nuit d'émeute (2 †) ; il sera inscrit le lendemain sous la protection de l'armée. **1963**-*12-4* incarcéré, King écrit la *« Lettre de la prison de Birmingham »*. *-2-5* enfants et adolescents participent pour la 1re fois aux manif. *-3-5* le shérif Bull Connor attaque les jeunes Noirs avec chiens policiers et lances à incendie. *-10-5* accord représentants de la communauté noire/ commerçants de Birmingham (Alabama). Le Ku Klux Klan menace de saboter l'accord. Kennedy envoie les troupes fédérales. *-12-6* Medgar Evers, responsable de la NAACP pour le Mississippi, assassiné. *-28-8 marche sur Washington* de 200 000 Noirs. « J'ai fait un rêve », discours de King. *-17-9 Birmingham,* attentats racistes : 7 †. *-28-9* King annonce une campagne de désobéissance civile. **1964**-*avril St Augustine,* début des manif. Réunion inaugurale du MFDP (Parti démocrate mississippien de la Liberté) à Jackson, Mississippi. *-Mai* King à St Augustine. Attaque du Ku Klux Klan lors de marches de protestation accomplies la nuit. *-Juin* King se retire : le gouverneur de Floride a promis l'établissement d'un comité biracial (promesse non tenue). *-21-6* disparition de 3 volontaires : Andrew Goodman, Michael Schwerner et James Chaney (août, corps découverts par agents du FBI près de Philadelphie). *-4-7 loi sur les droits civiques. -21-7* New York, début d'émeutes raciales. *-14-10* King prix Nobel de la paix. **1965**-*janv.* King engage la campagne de *Selma* pour la non-limitation du droit de vote des Noirs. *-1-2* King arrêté à Selma. Malcolm X vient soutenir le mouvement de protestation. *-18-2* manif. à *Marion* (proche de Selma). Jimmie Lee Jackson : Noir tué par la police. *-21-2 Malcolm X assassiné* à New York. *-7-3 marche de Selma à Montgomery* (Alabama) : *dimanche sanglant :* les manifestants sont attaqués à la sortie de la ville. *-9-3* King conduit une marche jusqu'au pont Edmund Pettus puis rebrousse chemin. Dissensions Comité étudiant (Snick)/SCLC. James Reed, pasteur blanc venu manifester à Selma, assassiné. *-21/25-3 marche de Selma à Montgomery* sous la protection de la police. Viola Liuzzo (militante de Detroit) assassinée. *-14-6* troubles à Chicago. *-4-7* Lyndon Johnson définit les principes de « l'action affirmative ». *-6-8* Johnson signe la loi sur le droit de vote. *-11/18-8 Watts,* quartier noir de Los Angeles, émeutes : à l'origine, un policier blanc arrête un jeune conducteur noir en état d'ivresse ; des maladresses provoquent la fureur des badauds [34 †, 1 032 blessés (presque tous Noirs), environ 4 000 arrestations, 1 000 bâtiments détruits, 200 millions de $ de dégâts]. **1966**-*janv.* Sammy Younge, étudiant, assassiné à Tuskegee : vague d'agitation parmi les étudiants noirs. Le SNCC condamne la guerre du Viêt Nam. King lance la campagne de Chicago contre les taudis. *-5-6* James Meredith entame une *« marche contre la peur »* de Memphis à Jackson (il sera blessé d'un coup de feu). Marche reprise par SCLC, CORE et SNCC. La NAACP et la Ligue urbaine se retirent du projet (désaccords avec Carmichael et McKissick). *-16-6* pendant la marche, Carmichael lance le slogan *« Black Power »*. *-Juillet* émeutes à Chicago (12/15-7), Cleveland, Dayton, Milwaukee, Atlanta, San-Francisco (12 †). **1967** émeutes à Boston, Tampa et Cincinnati (juin), après la mort d'un jeune Noir (23-7) ; *Buffalo, Newark* (12/17-7 après l'arrestation d'un chauffeur de taxi noir, 27 †, 1 300 bl., 15 millions de $ de dégâts), *Detroit* 23/30-7 (43 †, 2 000 bl., 500 millions de $ de dégâts) ; *St Louis* (sept.) ; *Milwaukee* (23-11), *Chicago, Philadelphie*, etc. *-Nov. Carl Stokes* 1er maire noir élu de Cleveland. **1968**-*4-2* incidents à l'université noire d'Orangeburg (Caroline du Sud) : 3 étudiants noirs tués par police. *-4-3 Omaha,* visite de l'ex-gouverneur Wallace, émeutes : 1 Noir tué. *-27-3* manif. à *Memphis* (Tennessee), 1 †. *-4-4* à 18 h 01 *Martin Luther King assassiné* à Memphis par James Earl Ray (malfaiteur blanc, condamné le 10-3-1969 à 99 ans de prison, † 23-4-1998) ; certains ont cru à un complot du FBI. Émeutes dans 125 villes dont Memphis : 46 †. *-9-4* King enterré à Atlanta. *-16-10 :* 2 athlètes noirs américains, médaillés du 100 m, montrent le poing au drapeau amér. lors d'une remise de médailles aux JO de Mexico. *-Nov.* échauffourées policiers/*Black Panthers* se multiplient. *-4-12* Pt des *Black Panthers* de Chicago abattu par la police avec un compagnon. **1969**-*4-4* échauffourées (Chicago, Memphis) : anniversaire de l'assassinat de King. *-22-7* émeutes (Colombus, York), 3 †. **1970** plus de 200 émeutes (dont 18 importantes), 25 †. 1 000 attentats à la dynamite. *-13-10 Angela Davis* (née 26-1-1949) arrêtée (accusée de fournitures d'armes ; acquittée 4-6-1972). *Congressional Black Caucus* créé. **1971**-*21-8* George Jackson (militant) abattu en prison. *-Sept.* mutinerie à la prison d'Attica, 40 †. **1975**-*10-6* émeutes raciales à Boston et Louisville déclenchées par ramassage scolaire. **1977** succès TV de « Racines », d'après le livre d'Alex Haley. **1980**-*mai Miami,* émeutes (17 †, 104 millions de $ de dégâts) ; *-15/16-3* incidents (un jury blanc ayant acquitté un policier hispanique qui avait tué un jeune Noir en déc. 1982). **1986** le 3e lundi de janvier, dédié à la mémoire de King, devient jour férié. **1989**-*16/17-1* émeutes noires à Miami. **1991** *loi sur droits civiques.* **1992**-*avril Los Angeles,* émeutes, 59 †, 2 300 bl. et près de 1 milliard de $ de dégâts (5,6 milliards de F) [10 000 magasins et maisons incendiés et pillés] après l'acquittement par un jury blanc (avec 1 juré asiatique, 1 hispanique) de 4 policiers blancs qui avaient frappé le 3-3-1991 un Noir, *Rodney King* (drogué, conduisant en état d'ébriété, malgré sa mise à l'épreuve après une condamnation à plusieurs mois de prison pour avoir dévalisé une épicerie) ; le 5-8 les 4 policiers sont réinculpés pour violation des droits civiques [(2 reconnus coupables de violences, condamnés le 4-8-1993 à 2 ans 1/2 de prison) ; le 20-4-1994, 3,8 millions de $ de dédommagements accordés à R. King]. **1994**-*3-10* Otis J. (Orenthal James) *Simpson*, footballeur, arrêté 17-6 pour le meurtre de son ex-femme Nicole et de son amant Ron Goldman au terme d'une poursuite télévisée en direct, est acquitté. Les jurés ont été « enfermés » 266 j. Simpson, resté 474 j en prison, a dépensé 9 millions de $ en frais d'avocats. Il y avait moins d'une chance sur 170 millions pour que le sang retrouvé sur la scène des meurtres ne soit pas le sien. Jury : 9 Noirs sur 12 ; 80 % des Noirs approuvent le verdict, 70 % des Blancs le condamnent. [4-2 un jury civil (9 Blancs, 3 Noirs) le condamne à 8,5 millions de $ de dommages et intérêts.] *-16-10 Louis Farrakhan* réunit 400 000 h. à Washington (marche des hommes noirs). De **1995**-*1-1* à **1996**-*1-7 :* 64 églises noires incendiées dans les États du S.

■ **Statistiques. Répartition des Noirs** (en millions, 1990) : *Nord-Est :* 5,6 (dont New York 2,9, Pennsylvanie 1,1). *Midwest :* 5,7 (Illinois 1,7, Michigan 1,3, Ohio 1,2). *Sud :* 15,8 (Texas 2, Floride 1,8, Géorgie 1,7, Caroline du Nord 1,5, Louisiane 1,3, Maryland 1,2, Virginie 1,2, Caroline du Sud 1). *Ouest :* 2,8 (Californie 2,2, Washington 0,15). *Total* 30 (soit 12,1 %).

Villes les plus peuplées de Noirs (en millions, 1990) : New York 2,1 (29 %), Chicago 1,1 (39 %), Detroit 0,8 (76 %), Philadelphie 0,6 (40 %), Los Angeles 0,5 (14 %), Washington 0,4 (66 %), Baltimore 0,4 (59 %), Houston 0,4 (28 %), Nlle-Orléans 0,3 (62 %), Memphis 0,3 (55 %).

Couples mariés (en milliers, 1992) : 53 512 [dont *mariages mixtes* 246 (mari noir/femme blanche 163 ; femme noire/mari blanc 83) et 242 000 (en 1994)].

Divorces (pour 1 000 mariages) : *1960 :* h. 45/f. 28 (*Blancs :* h. 27/f. 38) ; *1992 :* h. 232/f. 391 (*Blancs :* h. 120/f. 164 ; *Hispaniques :* h. 110/f. 161).

Comparaisons. % dans chaque communauté : *familles monoparentales :* mères célibataires blanches 7,9, noires 30,9 ; *vivant au-dessous du seuil de pauvreté :* Blancs 12,2, Noirs 33,1 ; *chômeurs :* Blancs 5,2, Noirs 12 ; *ayant fait des études supérieures :* Blancs 22,6, Noirs 12,2. *Chômage :* Noirs 12,9 %, Blancs 6 %. *Revenu net moyen* (en 1993) : Noirs 4 418 $, Blancs 45 740.

Ménages par niveau de revenus annuels (en %) : *+ de 50 000 $:* Noirs 16 (Blancs 37,5) ; *35 000-50 000 :* 14 (20,4) ; *25 000-35 000 :* 13 (15,2) ; *15 000-25 000 :* 18,8 (14,6) ; *- de 15 000* (seuil de pauvreté) : 38,2 (12,3).

Justice : *hommes de 20-29 ans sous contrôle judiciaire ou en prison :* Noirs 32,3 % ; Blancs 6,7.

Criminalité (en %) : **origine de l'auteur :** *meurtres :* Blancs 44,6, Noirs 55,4 ; *vols :* Blancs 29,1, Noirs 70,9 ; *viols :* Blancs 66,9, Noirs 33,1. **Origine de la victime :** *meurtres :* Blancs 49,2, Noirs 50,8 ; *vols :* Blancs 67, Noirs 33 ; *viols :* Blancs 77,7, Noirs 22,3. **Population carcérale** (en %) : Noirs 44,9, Blancs 43,2, autres 11,9.

■ **Politique.** En 1987, maires noirs dans 295 villes [dont 27 de plus de 50 000 hab. (dont Chicago, Los Angeles, Washington, Detroit, Philadelphie, Atlanta, Baltimore)]. **Sénat** (en 1992) : 1 Noire. **Chambre** (en 1992) : 38 Noirs. **Gouverneurs** (des 50 États) : 1 Noir élu en 1989. **Fonctions électives :** 2 % détenues par des Noirs. 6 681 élus (dont 103 dans les Ass. législatives des États). Les Noirs votaient massivement pour les républicains (pourtant plus conservateurs) par reconnaissance envers Lincoln.

1869 1er diplomate noir : *Ebezener Basset* (ministre résidant à Haïti). **1870** 1er sénateur noir élu : *Hiram Revels* (Mississippi). 1er représentant noir élu : *Jefferson Long* (Géorgie). **1890** 1ers gouverneurs noirs élus : *Jefferson Long* (Géorgie), *Douglas Wilder* (Virginie). **1901** *Booker T. Washington* (1868-1915) 1er leader noir reçu à la Maison Blanche. **1916** New York, *Marcus Garvey* fonde *l'Association universelle pour le progrès noir* (NAACP). **1928** *Oscar De Priest* (républicain noir de l'Illinois) élu à la Chambre des représentants. **1934** *W.E.B. Dubois* quitte la NAACP. *Arthur Mitchell* (démocrate noir de l'Illinois) succède à Oscar De Priest. **1950** 1er Noir prix Nobel de la paix : *Dr Ralph Bunche* (1904-71). **1966**-*8-11 Edward Brooke* sénateur noir. 1er ministre noir : *Robert Weaver* (Logement). **1967**-*2-10* 1er Juge à la Cour suprême : *Thrugood Marshall* (1908-93), remplacé 1991 par *Clarence Thomas*. **1968** *Shirley Chisholm,* 1re Noire élue à la Chambre des représentants (démocrate). **1989**-*7-11 Douglas Wilder* (né 1931), gouverneur noir, élu en Virginie. *Colin Powell,* Noir, chef de l'état-major des armées. **1992** *Carol Moseley* (née 16-8-1947), 1re femme noire élue sénateur. **1993** *Hazel O'Leary* secr. d'État à l'Énergie. *Toni Morrison*, Noire, prix Nobel de littérature. **1997**-*13-1* médaille d'honneur pour 7 soldats noirs (6 décédés) pour faits de guerre en Italie en 1944.

Maires noirs de grandes villes : 1973 *Maynard Jackson :* Atlanta ; *Tom Bradley* (1917-98) : Los Angeles ; *Coleman Young :* Detroit. **1976** *Andrew Young :* ambassadeur aux Nations unies (*1979* doit démissionner à la suite de sa rencontre avec Arafat ; *1982* maire d'Atlanta). **1983**-*12-4 Harold Washington :* Chicago (*1987* réélu, † 25-11-1987). *-8-11 Wilson Goode* (démocrate) : Philadelphie.

Candidats noirs à la présidence : 1984 *Jesse Jackson* (né 8-10-1941, pasteur) [soutenu par Farrakhan (des Black Muslims, ce qui indigne la communauté juive)]. **1988** lors des primaires, 6 800 000 Américains ont voté pour lui. **1995**-*8-11* Gal *Colin Powell* (né 5-4-1937, chef de l'état-major général en 1989 à 52 ans) renonce. 52 % des Blancs se disaient prêts à l'élire ; mais 87 % des Noirs s'identifient depuis 1961 (Kennedy) au P. démocrate que Powell avoue « avoir en horreur ».

■ **Organisations noires. Association nationale pour le progrès des gens de couleur (NAACP : National Association for the Advancement of Colored People).** *Fondée* 1909 par Booker Washington (1868-1915). *Pt* : James Farmer. *1966-mai* Floyd McKissick. *1996* Roy Wilkins (30-8-1901). Classes moyennes. 500 000 adhérents : 15 à 20 % de Blancs. **Congrès pour l'égalité raciale (CORE).** *Fondé* 1942. Activistes. *Dir.* : Roy Innis (né 1934). **Comité de coordination des étudiants non violents [Student Non-Violent Coordinating Commitee (SNCC,** dit Snick)]. *Fondé* par John Lewis ; *1966-mai* Stokley Carmichael [(Port of Spain 29-6-1941/Conakry, Guinée 15-11-1998), rejoint les Panthères noires, réfugié en Guinée 1968, prend le nom de Nkwame Touré ; prônait le retour des Noirs amér. en Afrique] ; *-16-6* lance le slogan *Black Power* (« pouvoir noir ») et préconise la guérilla urbaine ; *1967* Rap Brown.

Nation of Islam (Black Muslims) : *fondée* 1920 par W.D. Ward (représentant de commerce qui prend le nom de Fahd Muhammad), disparu 1934. Elijah Pool (1897-1975, pasteur baptiste noir), converti à l'islam sous le nom de Elijah Muhammad, lui succède. Les Black Muslims se font connaître en 1955 grâce à la personnalité d'un « prophète » : Noble Drew Ali ; les membres rejettent leur nom de famille anglo-saxon, donné par les maîtres à leurs esclaves, et adoptent un prénom musulman (le boxeur Cassius Clay devient Mohammed Ali), ou la lettre X. Proclament la violence et l'austérité (ni alcool, ni tabac), rejettent la participation à l'État amér. et réclament un territoire indépendant. En 1963, Malcolm X (né 19-5-1925 Malcolm Little, voleur, proxénète ; 1946-59 en prison ; 1948 musulman ; libéré, devient, après pèlerinage à La Mecque, El Hadj Malik el-Shabaz), prêche la guerre sainte, se rapproche de Fidel Castro et de Mao Tsé-toung. Rompt avec les Black Muslims. 1964 crée l'*Organisation de l'Unité afro-amér.* (OUAA) avec son journal *The Flaming Crescent*, et sa société financière *The Muslim Mosque inc.* ; il sera abattu le 21-2-1965 par un groupe punitif musulman *(Trust of Islam)*. A la mort d'Elijah Muhammad (1975), son fils Wallace (né 1934) devient Pt des Black Muslims et adopte une position plus modérée. *Ministre suprême en 1996* : Louis Farrakhan (Louis Eugène Walcott, né 11-5-1933 ; maître d'école, chanteur de jazz, violoniste et imprésario). Prêche capitalisme, initiative individuelle et prise en charge personnelle ; dénonce criminalité, drogue, alcool, avortement et homosexualité ; croit à la supériorité de la race noire : le judaïsme est une « religion de caniveau » et ses adeptes des « suceurs de sang » ; réclame pour les Noirs le rapatriement en Afr. et une part du territoire amér. pour fonder une nation noire. Exclut femmes et Blancs. *Depuis 1991*, vend un médicament censé soigner le sida (sans approbation légale ni scientifique).

Panthères noires (Black Panthers) : organisation paramilitaire, groupant les militants d'extrême gauche du Black Power. *Fondée* en oct. 1966 à Oakland par des disciples de Malcolm X, Bobby Seale et Huey Newton. Réclament le contrôle de la communauté noire. Appuient la conquête des mairies par des victoires électorales, mais préfèrent la révolution interraciale. Responsable des milices 1968 : Eldridge Cleaver [(31-8-1935/1-5-1998), qui s'exile à Cuba, en Algérie puis en France où il se convertit de l'islam au christianisme, rentre aux USA en 1975, purge sa peine en faisant des travaux d'intérêt général, Pt du *Peace and Freedom Party* (interracial), rompra avec Newton en février 1971]. Démantelé par le FBI entre 1969 et 1972 ; *1974-juin* Elaine Brown Pte ; en 1982, parti politique hétérogène (pacifistes, trotskistes, anarchistes, nationalistes noirs). Appellent les Noirs modérés du NAACP *les Toms*, à cause de *la Case de l'oncle Tom*, et auraient organisé l'assassinat de leur leader Martin Luther King (4-4-1968). **Mouvement d'action révolutionnaire (Ram) :** *Pt* : Robert Williams. **Les Cinq pour cent :** la pop. noire se composant « de 5 % de traîtres, de 90 % de moutons et de 5 % de combattants prêts à tout », ils prétendent recruter leurs membres parmi ces derniers.

■ Hispaniques (Latinos ou Chicanos)

■ **Nombre** (en millions). *1965* : 6 ; *70* : 9 ; *80* : 14,6 ; *85* : 16,9 ; *90* : 22,3 dont Mexicains (dit *Chicanos*) 13,5, Portoricains 2,7, Cubains 1 (plus clandestins 5), autres 5 ; *2000* : 35,3 ; *2050 (prév.)* : 81. **Fécondité** : 3,5 enfants/femme (1,8 en moy. aux USA). **Répartition** (en 1980) : Californie 4 543 770, Texas 2 985 643, New York 1 659 245, Floride 857 898, Illinois 635 525, New Jersey 491 867, Nouveau Mexique 476 089, Arizona 440 915, Colorado 339 300. **Immigration clandestine :** 800 000 à 2 millions de Mexicains et Hispaniques par an. Un mur de 13 km a été construit à Tijuana (Californie) et à El Paso (Texas), et des barbelés installés sur 44 km (mais la frontière mesure 2 709 km). **Caractéristiques.** Catholiques, d'origine rurale. **Instruction :** analphabètes 40 % (au Texas) ; études supérieures (4 ans ou plus de *college*) 7,9 %. Les *Pachucos*, adolescents marginaux, ne savent pas l'anglais et sont incapables de revenir à la culture mexicaine.

■ Indiens

■ **Nombre.** *1492* : de 3 à 10 millions. *1896-97* : 254 300. *1900* : 237 196 ; *20* : 244 437 ; *40* : 333 929 ; *50* : 343 410 ; *60* : 523 591 ; *70* : 792 730 ; *80* : 1 534 000 ; *90* : 1 878 285 ; *98* : 1 937 391 dont Californie 308 571, Oklahoma 263 360, Arizona 256 183, Nouveau-Mexique 162 686, Washington 102 940, Alaska 99 603, Caroline du Nord 97 507, Texas 95 682, New York 75 886, Michigan 59 601, Dakota du Sud 59 292, Floride 58 070, Minnesota 57 522, Montana 55 615, Wisconsin 46 304. *% le plus fort d'Indiens* : Alaska 16,2, Nouveau-Mexique 9,4, Dakota du Sud 8, Oklahoma 7,9. **Esquimaux :** 57 152 (dont Alaska 44 401, Californie 2 552, Washington 1 791). **Aléoutes :** 23 797 (dont Alaska 10 052, Californie 3 534, Washington 2 065). **Principales tribus** (en 1990) : Cherokees 308 132, Navajos 219 198, Chippewas 103 826, Sioux 103 255, Choctaws 82 299, Pueblos 52 939, Apaches 50 051, Iroquois 49 038, Lumbees 48 444, Creeks 43 550, Blackfoot (Pieds-Noirs) 32 234. **Vivant dans les réserves :** *1987* : 861 500 (dont Navajos 173 018, Cherokees 58 232, Creeks 54 606) ; *90* : 437 431 (soit 22 %). **Caractéristiques. Espérance de vie :** 46 ans (moyenne des USA 70). **Mariages mixtes :** 33 %. **Causes de leur disparition. Non-résistance aux microbes** venus d'Europe avec les immigrants (variole, rougeole, choléra). On a parlé de déclenchements volontaires de l'épidémie (notamment distribution de couvertures contaminées par lord Jeffrey Amherst, commandant en chef des troupes anglaises en 1759). Une 2e épidémie de variole (1830-40) dans le bassin du Missouri a entraîné la disparition presque complète des Pieds-Noirs. Le choléra a détruit, entre 1849-51, les Indiens de l'Oregon. **Famine :** disparition des bisons [massacrés ; indispensables aux Indiens pour leur nourriture (*pemmican*), vêtements, outils, habitat, médicaments. *Disparition vers 1800* : de 10 000 000 à 50 000 000 (épizootie, sécheresse, extermination) ; Buffalo Bill [surnom du C[el] William Cody (1846-1917)] en tua 4 280. *1878* : ont disparu du Texas, *1880* : du Kansas, *1884* : du Montana], non-distribution dans les réserves des vivres promis par les traités. **Alcoolisme :** surtout dans les réserves. **Coutumes préjudiciables à l'environnement :** irrigation avec de l'eau saline appauvrissant les terres (ex. : chez les Hohokans, Arizona au XIIIe-XIVe s.) ; incendies de forêt pour offrir de nouvelles pâtures aux bisons (tuant beaucoup d'animaux) ; chasse intensive aux bisons femelles (viande plus tendre et cuir plus facile à travailler), castors (vendus pour leur feutre contre alcool ou produits manufacturés).

■ **Ressources.** Faibles [sauf certaines tribus avec revenus pétroliers (exemple : les Shoshones, 320 $ par mois par habitant)]. **Chômage :** *max.* : Minnesota 58 %, Dakota 57, Washington 53 ; *min.* : Texas 12, Colorado, Kansas 17.

■ **Principales nations indiennes. Nord-Est : Algonquins :** est du Mississippi (nus l'été, ils se peignaient le thorax en rouge, sans doute pour effrayer leurs ennemis). Comprennent *Abnakis* du Maine et de Nlle-Écosse, *Penobscots, Narragansets, Pequots, Massachusetts, Wampanoags, Mohicans* [tribus du sud de la Nlle-Angl. ; *le Dernier des Mohicans* (sous-titre : *Histoire de 1757*), roman (1826) de James Fenimore Cooper (1789-1851), raconte la lutte à mort entre Uncas (fils de Chingachgook, descendant de la lignée des Mohicans) et Magua (Huron), tous 2 rêvant de la même femme blanche, Cora] ; *Cahokias, Caskakias, Metchi-gamias, Tamarois* de l'Illinois, *Delawares* et *Cheyennes* des Middle States et de la Virginie, *Sauks* et *Foxes, Kickapoos* et *Pieds-Noirs* du Middle West d'où venaient les *Ottawas, Objibwas* et *Pottawatomis*. Champlain fut leur ami. **Iroquois :** État de New York : Confédération de 5 nations *(Mohawks* ou *Agniers, Cayugas* les plus belliqueux, *Oneidas, Onondagas* et *Senecas)* puis ligue des 6 nations avec les *Tuscaroras*. Les *Cherokees* du sud étaient aussi de souche iroquoise. Vers 1400, les Iroquois exterminèrent Algonquins, Hurons et Ériés ; au XVIIe-XVIIIe s., ils s'allièrent aux Hollandais et Anglais, ennemis des Français, et tuèrent 10 000 Hurons de 1630 à 1650. **Sud-Est : Natchez** (adorateurs du Soleil, à la mode en Fr. au XVIIIe s.) : *5 tribus civilisées* ; devenus chrétiens et agriculteurs, se groupèrent en 1859 en une sorte de confédération. Actuellement : 75 000 *Cherokees*, 50 000 *Choctaws*, 20 000 *Creeks*, 9 000 *Chickasaws*, 3 000 *Séminoles*. **Sud-Ouest : Navajos :** Arizona, Nouveau-Mexique et Utah. 25 000 en 1868, 134 958 en 1977 ; réserve la plus grande des USA (62 000 km²), riche en uranium, pétrole, gaz naturel. **Apaches :** environ 10 000 ; réserves d'Arizona et Nouveau-Mexique, sud-ouest de l'Oklahoma. Guerriers, aujourd'hui éleveurs de bétail. **Hopis, Pueblos :** Nouveau-Mexique, Arizona 37 220 en 1977 ; Indiens sédentaires, agriculteurs, descendants des Anasazis.

Plaine : Sioux (du mot algonquin *nadowessioux*, serpent) : divisés en 3 grands groupes linguistiques : *Dakota, Nakota, Lakota* ; environ 25 000 ; du Mississippi aux montagnes Rocheuses d'est en ouest, du Saskatchewan (Canada) au Texas central du nord au sud. Chassés vers les Plaines et les Blacks Hills par les Ojibwas et les Chippewas, ils vivaient surtout de chasse aux bisons. Les *Dakotas* étaient spécialistes des agressions surprises. Buffalo Bill les popularisa. **Ouest :** climat aride, tribus misérables dans le Grand Bassin ; Plateau : *Nez-Percés, Têtes-Plates*, etc. ; Californie : 350 000 à l'époque de la conquête. **Nord-Ouest :** tribus *Tlingits, Haidas, Tsimshians, Nootkas* et *Chinooks* (culture riche, trappeurs dans la région subarctique, Canada) ; *Athabascans* ou *Algonquins*, dont : *Chipewyans, Porteurs* (les veuves portaient sur leur dos les ossements calcinés de leur mari), *Couteaux-Jaunes, Castors, Esclaves, Lièvres, Crees et Montagnais*.

Arctique : *Esquimaux* et *Aléoutes* (pêcheurs).

■ **Langues.** *En 1996* : 88 subsistent sur 166 recensées (78 ont disparu, dont en janv. 1996 le *catawba* avec la mort de Red Thunder Cloud au Massachusetts).

☞ **Manitou** ou **Ame du Soleil :** en algonquin, « Grand Esprit ». Bon (*kitchi*) ou mauvais (*matchi*).

■ **Chefs indiens. Pontiac** (assassiné par un Indien 1769), Ottawa. **Setangya** (1810-71), Kiowa. **Dull Knife** « Couteau-Émoussé » (1810-83), Cheyenne. **Cochise** (1812-74), Apache Chiricahua, partisan de la paix avec les Blancs ; accusé à tort en oct. 1860 d'avoir kidnappé un Amér. de 12 ans, Felix Tellez, ce qui déclencha la « guerre des Apaches » ; en fait Tellez avait été pris par des Apaches occidentaux. **Little Wolf** « Petit-Loup » (1820-1904), Cheyenne du Nord. **Red Cloud** « Nuage-Rouge » (1822-1909), Sioux Oglala. **Red Eagle** « Aigle-Rouge », Creek. **Geronimo** (juin 1829/17-2-1909), Apache Chiricahua. **Sitting Bull** « Taureau-Assis » (né 1831 ; se rend le 19-7-1881 ; assassiné 15-12-1890), Sioux Hunkpapa. **American Horse** « Cheval-Américain » (1840-1908), Sioux Oglala. **Crazy Horse** « Cheval-Emballé » (1841-77), Sioux Hunkpatila. **Wovoka** « Donneur-de-Vie » (1858-1932), prophète païute.

■ **Quelques dates. 60000/70000** ou **40000 à 30000 av. J.-C.** des envahisseurs mongoloïdes venus d'Asie par le détroit de Béring gelé seraient les ancêtres directs ou les prédécesseurs des Indiens (venus plus tard par le même chemin). Amérindiens et mongoloïdes ont des traits communs : cheveux noirs épais et raides ; pilosité faible ; peau jaunâtre à brun foncé ; yeux foncés et pli épicanthique aux paupières. Différences : stature, proportions du corps, faciès, forme du nez, forme du crâne. **Homme de Kennewick** (350 fragments de squelette, pointe de lance en pierre taillée dans le bassin) : découvert 28-7-1996 après éboulement sur la rive du Columbia, à Kennewick (500 km à l'est de Portland, État de Washington) ; daté au carbone 14 : 9 200/9 600 ans. 5 tribus ont réclamé pour l'inhumer selon leur tradition et comme la loi [votée 1990, Protection et Rapatriement des tombes indigènes (Nagpra)] les y autorise. Le corps d'armée des Ingénieurs (militaires gouvernementaux) a ordonné la saisie des os pour les leur rendre et en avril 1998, l'armée a fait recouvrir le site de la découverte. Depuis, les os sont sous séquestre au musée Burke, à Seattle. *Controverse sur les « premiers Américains » « Clovis d'abord »* [(*Clovis first*) du nom d'un site du Nouveau-Mexique, découvert 1935 (restes d'un mammouth) et dans les années 1950, daté de 11 500 ans]. Selon C. Vanse Haynes (université d'Arizona, 1964) chasseurs, arrivèrent par le détroit de Béring, offrant alors un passage de 1 200 km à pied sec appelé Beringia (les eaux en partie prisonnières des glaces étant plus basses qu'actuellement d'une centaine de m). *« Pré-Clovis »* : il y a 25 000 ans des bateaux auraient atteint la côte Pacifique ou, en longeant la banquise, la côte Atlantique. Dennis Stanford (de l'institut Smithsonian) et Bruce Bradley (spécialiste des pierres taillées) ont comparé les outils du Clovisien avec ceux de Solutré. Pour Jim Adovasio (travaillant sur le site de Meadowcroft, Pennsylvanie), la présence humaine en Amérique remonterait à 14 000 ans. Ainsi, l'homme de Kennewick pourrait descendre d'Européens, ou d'Aïnous [caucasoïdes vivant aujourd'hui îles d'Hokkaido (Japon) et Kouriles (Russie) ; il y a 12 000 ans, leurs ancêtres Jomons occupaient tout le Japon]. Cependant, fin septembre 2000, une analyse d'ADN n'ayant rien donné, Bruce Babbitt, ministre de l'Intérieur, a confirmé qu'il fallait rendre les restes aux Indiens.

1637 guerre des *Péquots* contre les colons du Connecticut. **1675-76** soulèvement des *Wampanoags* et des *Narragansets* contre les colons de Nlle-Angleterre (guerre de King Philip). **1711-12** guerre des *Tuscaroras* en Caroline du Nord. **1714-15** guerre des *Yamassees* ; en Caroline du Sud, rébellion de *Pontiac*, territoire du Nord-Est. **1763** siège de Detroit. *King Philip* manque de rejeter les Anglais à la mer, est tué par un *Pocasset* passé à l'ennemi, sa tête sera exposée à Plymouth 20 ans. *Pontiac* tué par un Indien. **1777-81** *Joseph Brant*, chef mohawk de la Ligue iroquoise des *Six Nations*, soutient les Anglais pendant la guerre d'Indépendance jusqu'à Johnstown (*Gal Sullivan* bat Anglais et Indiens). Pour empêcher les tribus d'aider les Anglais, le Congrès continental ordonne aux colons de cesser tout empiètement sur les terres indiennes. **1784** *1er traité* entre USA et Indiens à *Fort Stanwix* (État de New York) [expiré nov. 1984]. Iroquois abandonnent pour 200 ans leurs revendications sur l'ouest de l'État de New York, Pennsylvanie et Ohio. **1790** *Gal Josiah Harmar*, venu en Ohio avec 1 500 miliciens pour châtier les Miamis, est battu. **1791** *Gal Arthur St Clair*, gouverneur des territoires du Nord-Ouest, tombe dans une embuscade tendue par Miamis. **1792-5-3** il est destitué. **1794-20-8** *Fallen Timbers* : Wayne bat 12 tribus indiennes. **1795-3-8** *traité de Greenville* : Indiens cèdent 2/3 de l'Ohio et une partie de l'Indiana, mais *Tecumseh* (1768-1813) refuse de signer et, avec son frère *Tenkawatawa*, prophète des Shwanees, organise une puissante confédération indienne.

1811 W.H. Harrison détruit le gros de ces forces à *Tippecanoe*. **1812** Tecumseh se joint aux Anglais mais est tué à la bataille de la *Tamise* (1813). **1814** les Creeks, ses partisans, sont anéantis à *Tallapoosa* dans le sud ; les survivants cèdent près des 2/3 de leur territoire. **1820** *Daniel Boone* (né 1734), adversaire légendaire des Indiens, meurt. **1824** fondation du *Bureau des réserves indiennes*. **1830-28-5** *loi sur le déplacement des Indiens (Removal Act)*, le Pt peut échanger les terres de l'ouest du Mississippi contre le territoire encore détenu par les tribus dans le sud-est. **1838** *piste des Larmes*, 1500 † (1 par km). **1841** Indiens stabilisés dans les États de l'est des Rocheuses. **1848** *traité de Guadalupe* : USA acquièrent des territoires mexicains (du Texas à la Californie) où les Indiens sont libres, mais la découverte de l'or (*1848-24-1* James Marshall trouve une pépite d'or dans une rivière de Californie) et la construction du ch. de fer *Transcontinental Union* (derniers rails boulonnés par un clou d'or le 10-5-1869) irritent les Indiens des Grandes Plaines et des Rocheuses qui s'opposent à l'installation des Blancs (milliers de prospecteurs et mineurs au Colorado, en 1861). **1862** *guerre de Little Crow* : les Sioux Santees (Dakotas) dévastent frontière du Minnesota, massacrent ou capturent environ 1 000 Blancs ; répression : 38 chefs sioux pendus à Mankato. **1864-29-11** *Sand Creek*, représailles du C[el] John Chivington : massacres des Cheyennes et des Arapahos. **1866** après 20 années de guerre sporadique, les Apaches, avec *Geronimo*, se rendent. **1867** Congrès établit une commission de paix. **1868** *traité de Fort-Laramie* finit la guerre des Plaines, garantit les Black Hills aux Sioux. **1871** loi stipulant qu'« aucune tribu ou nation indienne ne sera reconnue en tant que tribu ou puissance indépendante avec laquelle les USA puissent contracter des traités » (auparavant, plus de 400 traités conclus avec nations indiennes). **1875** or exploité dans les Black Hills du Dakota du Sud, lieux sacrés des Sioux que le gouv. avait promis de respecter. **1876**-*1-2* les Sioux refusent avec *Sitting Bull* et *Crazy Horse* de regagner leur réserve ; *25-6 à Little Big Horn*, le Gal *George Custer* (1839-76, Gal de brigade à 23 ans, de division à 25, redevenu Lt-Cel après la guerre civile), qui a attaqué un camp indien, cerné par 2 500 Sioux de Crazy Horse, meurt avec 264 hommes de la 7e cavalerie. **1877**-*janv.* Cel *Nelson Miles* surprend Crazy Horse dans son camp d'hiver et disperse ses hommes ; *-mai* Crazy Horse se rend ; Geronimo se rend. **1890**-*15-12 Sitting Bull* assassiné. *-29-12 Wounded Knee :* 120 hommes dont Big Foot, 230 femmes et enfants sioux, oglalas, lakotas et minneconjus tués (dernier massacre des guerres indiennes sauf l'expédition contre les Ojibwas du Minnesota), 29 soldats †. **1891**-*15-1* reddition indienne définitive. **1914-18 :** 8 000 Indiens servent dans l'armée et la marine (dont 6 000 volontaires). **1924** en reconnaissance, le Congrès accorde la citoyenneté amér. aux Indiens qui ne l'avaient pas encore. Plusieurs États leur refusent le droit de vote (Nouveau-Mexique et Arizona jusqu'en 1948). **1969**-*20-11 :* 78 militants indiens, demandant que l'îlot soit donné aux Indiens, s'emparent de la prison d'Alcatraz. **1973** les Crows viennent aux Invalides saluer le tombeau de Foch.

■ **Bilan des guerres indiennes.** *1866-91:* Blancs 2 571 † ou blessés (dont 932 militaires), Indiens 5 519 (jusqu'à 50 000 selon certains).

■ **Réserves.** Le gouvernement ne put (ou ne voulut pas) faire respecter les clauses des traités, ni protéger les Indiens des réserves contre les empiètements des Blancs (annexions sans droit par les Stés de chemins de fer et d'autres spéculateurs). On envisagea donc de faire des Indiens des propriétaires fonciers, pour les attacher à la propriété privée et les amener à adopter progressivement le mode de vie américain. **1887** *loi Dawes :* morcellement des réserves ; chaque famille doit obtenir 160 acres, plus 80 par enfant mineur ; les surfaces concédées restant en tutelle 25 ans, les allocataires reçoivent ensuite un titre de propriété [les Indiens possédaient alors 155 millions d'acres (plus 5 millions concédés plus tard aux Navajos, à titre de réparation des spoliations passées)]. La loi Dawes ne s'appliqua pas aux 5 tribus civilisées de l'Oklahoma (voir **Natchez** p. 1075 b). Les autres tribus continuèrent à vivre à l'écart, dans leurs réserves, principalement en Oklahoma (État en 1907), Nouveau-Mexique, Arizona et Utah. En fait, les Indiens voulaient vivre sur leurs réserves, libres de mener leur mode d'existence. Non assujettis à l'impôt, ils étaient « privilégiés » bien que pauvres. **1934** *loi de réorganisation des Affaires indiennes* renforce les autorités placées à la tête des tribus, abolit le plan de morcellement de 1887 et interdit toute cession de terres sans approbation de l'autorité de tutelle (les Indiens ne possèdent plus que 47 millions d'acres). **1953** loi autorisant les États à assumer, dans les réserves, la juridiction en matière civile et criminelle sans l'approbation des tribus, résolution affirmant l'intention du Congrès d'en finir avec la tutelle de l'administration fédérale sur les tribus. **Années 1950** programme de réinstallation du *Bureau des Affaires indiennes* (BIA). Beaucoup d'Indiens se reconvertissent, d'autres rentrent dans leurs réserves. **Depuis 1968** le BIA doit tenir compte de l'AIM (American Indian Movement), créé à Minneapolis (Minnesota) par Dennis Banks, Russel Means et Clyde Bellecourt, qui réclame un *Red Power,* rejette la société blanche, et veut reconstituer les nations. **1969** 20 tribus occupent le pénitencier désaffecté d'Alcatraz (assurant qu'on vit mieux en prison que dans les réserves). **1972** occupation pendant 7 jours du BIA à Washington. **1973-74** manif. armée de 71 jours à *Wounded Knee* (Dakota), lieu du massacre du 15-12-1890 ; 2 Indiens † dans les engagements militaires dirigés contre le chef tribal élu Dick Wilson (l'année suivante, assassinats de militants de l'AIM sur la réserve de Pwe Ridge). **1978**-*févr./juillet marche* de 5 500 km (d'Alcatraz à Washington) contre propositions de loi visant à abroger des traités et droits divers (pêche, chasse) et à supprimer tout gouv. traditionnel. *-Juillet* création du *Warn (Women of All Red Nations)* à Rapid City (Dakota du Sud). **1979**-*1-8* la police assiège Racquette Point dans la réserve d'Akwesasne où des Mohawks se sont retranchés : 2 Indiens †.

■ **Statut.** Actuellement, le BIA s'occupe d'environ 500 *réserves,* colonies, ranches et communautés dont 200 groupes de natifs de l'Alaska, occupant plus de 20,4 millions d'ha. Les réserves ont une autonomie relative ; elles abritreraient 60 % des ressources énergétiques du pays. L'admission d'un Blanc est en principe subordonnée à l'obtention d'une autorisation, bien que la circulation soit garantie par le secr. d'État à l'Intérieur. Les lois amér. ne s'y appliquent pas (sauf les textes spécialement destinés à les régir et une partie de la législation pénale). Depuis 1885, les tribunaux fédéraux sont compétents pour certains crimes commis entre Indiens sur leurs propres terres. Si aucune autorité tribale n'est compétente, les Indiens vivent, en principe, sans lois. **Citoyenneté :** droit de vote, éligibilité au niveau étatique, fédéral, local.

■ **Art indien.** Les expéditions espagnoles n'ayant touché que le Sud-Ouest, la période « préeuropéenne » se poursuivit jusqu'à la fin du XVIIIe s. **Sud-Ouest** (Nouv.-Mexique, Arizona) : population (ancêtres des Indiens Pueblos) sédentaire entre 100 et 400, civilisation stabilisée en 1000 (site de *Mesa Verde*) : maisons cubiques autour de chambres cérémonielles en puits (*Kiva*) décorées de fresques. *Vers 900,* les *peuples de tradition Hohokam,* descendus dans le nord du Mexique, subissent l'influence mexicaine (site de Casas Grandes, État de Chihuahua) : céramique, objets de turquoise, coquillages, travail du bronze et du cuivre. Cette culture s'éteint vers 1400. *Civilisation des Hopis et des Zûnis :* sédentaire et théocratique. Céramique souvent bichrome. Pétroglyphes. Tissages, vannerie parfois recouverte de cire (pour la rendre imperméable). *Katchina :* poupées en bois sculptées et peintes, symbolisant un dieu des Indiens pueblos ; données aux enfants au cours de cérémonies publiques chez les Hopis. Poteaux sculptés représentant le dieu de la guerre. **Est du Mississippi :** *civilisation des Moundbuilders, de 1000 av. J.-C. à 1500 apr. J.-C. :* constructeurs de tumulus funéraires surmontés, à partir de 800 apr. J.-C., de petits temples. Formes stylisées de pierre polie (*banner stones,* usage non élucidé). Céramique et pierre polie (statuettes, pipes, plats). Coquilles gravées et cuivre martelé (influence mexicaine). *A partir de 1500, Iroquois au nord.* Bijoux d'argent très élaborés. Décoration par application de piquants de porc-épic (remplacés par les perles à l'arrivée des Européens). *Wampum :* ceintures en perles de coquillages à vocation mnémonique ou commémorative. Masques rituels de bois (grimaçants) ou de cosse (paille) de maïs. **Plaines :** culture développée principalement après l'arrivée des Européens (le cheval, introduit par les Européens), mais sans contact direct avec eux. Pas de céramique. Peinture sur peaux (représentations biographiques ou motifs géométriques symboliques). Vêtements avec piquants de porc-épic ou perles. **Côte nord-ouest du Pacifique :** développement artistique extraordinaire (totems, façades peintes de rouge et noir...) lié à l'apport des outils européens.

■ HISTOIRE

■ **Période précolombienne. Avant J.-C. (depuis 40000),** voir p. 1075 c. **Vers 2640** les astronomes chinois Hsi et Ho auraient, par le détroit de Béring, descendu la côte américaine, se seraient arrêtés chez les « Yao » (ancêtres des Pueblos vivant près du Grand Canyon) et auraient gagné Mexique et Guatemala, avant de revenir en Chine. **800 et 400** missionnaires hindous en Amérique du Sud et centrale ; Votan (commerçant) aurait vécu chez les Mayas où il aurait été un historien et un chef local ; Wixepecocha (prêtre) aurait vécu chez les Zapotèques du Mexique ; Sume aurait atteint le Brésil et enseigné l'agr. aux Caboclès ; Bochia aurait établi les lois des Muycas. **Après J.-C. VIe-XIVe s. expéditions des « Vikings » (Norrois) :** voir **Canada**. On a admis longtemps que les Norrois établis dans le nord-est du Canada depuis 550 ont fait des voyages vers le sud, le long de la côte est des USA actuels. *Exemples :* **986** Bjarni Herjulfson : cape Cod. **1000** Leif Ericson, fils d'Éric le Rouge, explore la côte et crée un établissement (Vinland). **1010-13** Thorfinn Karlsefni, venu d'Islande, visite la côte est. **1170** Madog, fils de ab Owain Gwinedd (gallois), débarque à Mobile Bay (Alabama). **1356** Paul Knutson (norvégien) : Newport : pierre de Kensington de 1362 avec caractères runiques trouvée au Minnesota en 1898 (authenticité discutée).

■ **Espagnols. 1513**-*2-4* Juan Ponce de León débarque en Floride. **1526**-*été* Lucas Vazquez de Ayllon fonde le 1er établissement européen en Caroline du Sud ; abandonné en oct. **1528-59** Floride explorée mais abandonnée. **1539**-*30-5* Fernando de Soto débarque en Floride et confirme l'installation des Espagnols. **1540** Francisco Vasquez de Coronado explore le S.-O. et introduit les chevaux. **1540-1600** extension du Mexique vers le nord ; colonisation de la Californie. **1565**-*8-9* Pedro Menéndez de Avilés fonde St Augustine (Floride). **1567** conquête par les huguenots, puis les Espagnols (voir ci-après). **1580** fondation des 2 Floride : occidentale (Alabama) et orientale.

■ **Français. 1524** Giovanni da Verrazano (Florentin au service de François Ier, † 1528, massacré aux Antilles à 43 ans) reconnaît les côtes de Caroline et Floride du Nord. **1559-64** échec de la fondation, par des huguenots (calvinistes), d'une Nlle-France protestante au nord de la Floride [*1559-63* Jean Ribault (vers 1520-65), avec 2 navires et 500 h., fonde Charlesfort au nord de St Augustine ; *1562-11-6* il retourne chercher du renfort à Dieppe ; *1563* faute de vivres, les colons doivent évacuer]. **1562**-*30-4* Ribault fonde Port-Royal sur Parish Island (Caroline du Sud), colonie abandonnée en 1564. **1564**-*22-6* Cap Français (nord de St Augustine) : 3 vaisseaux débarquent [chef : René de Laudonnière († vers 1586)]. Fondation du fort de La Caroline. **1565**-*août* faute de vivres, ils doivent partir. Ribault revient avec 9 vaisseaux et 1 000 h. *-28-8* l'amiral espagnol Pedro Menéndez de Abila débarque à La Caroline, qu'il nomme San Mateo, et massacre les hérétiques, dont Ribault, après les avoir torturés (Laudonnière est un des rares survivants). **1568**-*6-6* représailles, le Dieppois Dominique de Gourgues détruit les forts espagnols de la région de St Augustine. **1582-86** l'Anglais Richard Hakluyt publie à Londres les récits de Ribault et de Laudonnière, dédiés à sir Philip Sydney, ce qui aboutit aux fondations anglaises de Virginie (1607). **1673** père Marquette (en Nlle-France depuis 1667) découvre le Mississippi avec Jolliet (qui le nomme *fleuve Colbert*). **1682**-*9-4* Robert prend possession de la Louisiane. **1688** colons de fort St-Louis tués par Indiens. **1699**-*13-1* Pierre Le Moyne d'Iberville (1661-1706) installe une petite colonie ; **1702** Mobile [cap. de la Louisiane puis de la Floride occidentale (espagnole)] fondée. **1718** La Nouvelle-Orléans fondée par Jean-Baptiste Le Moyne.

■ **Hollandais et Suédois. 1614** création de la Cie de Nouvelle-Néerlande [île de Manhattan (achetée définitivement 60 guldens par Peter Minuit en 1626)]. **1619** 1ers esclaves importés en Virginie. **1623** fondation de Fort-Orange (Albany, New York). **1624** de Fort-Nassau (Delaware). **1626** Niew Amsterdam (New York) cap. de la colonie (non reconnue par Anglais). **1638** colonie suédoise du Delaware (fort Christiana) fondée (alliée avec Hollande 1638-55 ; absorbée 1655). **1664** 7 000 Hollandais (gouverneur : Peter Stuyvesant) se laissent annexer par Anglais (100 000).

■ **Colonisation anglaise. 1584** des colons, avec sir Walter Raleigh, s'établissent en Virginie (nommée ainsi en l'honneur d'Élisabeth, la « reine vierge », la « femme sans homme »). **1607-08** 120 personnes s'établissent à l'embouchure du Kennebec (dans le Maine) avec George Popham, et repartent. **1607**-*10-4* Jacques Ier, qui revendique pour l'Angl. les terres américaines entre 34e (Caroline du Nord) et 45e parallèles (Maine), crée 2 colonies : Londres (monopole entre 34e et 38e), Plymouth (entre 41e et 45e) ; les territoires entre 38e (Delaware) et 41e (Connecticut) sont communs (établissements séparés par 100 miles) ; *-13-5* Jamestown (Virginie) créé par la Cie de Londres (anglicans). **1609** Henry Hudson (1550-1611 ?) remonte la baie et le fleuve auxquels il donne son nom. **1614** le capitaine Smith nomme « Nlle-Angleterre » les territoires situés entre 41e et 45e parallèles. **1620** 100, 101 ou 102 passagers *pères pèlerins* [Pilgrim Fathers, puritains ; beaucoup étaient des séparatistes opposés à l'Église d'Angl. et installés à Leyde (Hollande) en 1607-08] du *Mayflower* (vaisseau de 180 tonneaux), partis le 16-9 (6-9 ancien calendrier) de Plymouth (G.-B.) et arrivés le 21-11 à Provincetown Bay, Cape Cod, fondent le *-21-12* Plymouth (Massachusetts), 41 signent la Déclaration des principes *(Mayflower Compact).* **1630** arrivent en Virginie de nombreux huguenots. Nicolas Martrau fonde Yorktown. **1632** Maryland (catholique ; lord Baltimore). **1636**-*28-10* université de Harvard fondée (16 élèves, 1 maître). **1682** Pennsylvanie [puritains avec William Penn (1644-1718) ; querelles de frontières avec Maryland]. **Vers 1690** 2 Caroline. **1692**-*juin/sept.* procès des **sorcières de Salem** [aujourd'hui Danvers, à 12 km de Salem Town, 20 hommes et femmes tués (19 pendus, torturés)] : témoigne de la rivalité entre les 2 communautés, le village voulant rompre avec la ville en raison d'une fiscalité trop élevée. **1732** Géorgie créée, marche militaire contre Floride espagnole. **1754** *congrès d'Albany :* rejet d'un projet de fédération. **1765**-*22-3 Stamp Act* voté par le Parlement de Londres et prévoyant une taxe sur journaux, documents officiels, almanachs, cartes à jouer, jeux de dés ; *but :* payer la défense des colonies. *-1-11* entrée en vigueur prévue. Campagne de boycott des produits anglais. **1766**-*18-3* taxe supprimée. **1767**-*29-6 Thownshend Revenue Act* voté par le Parlement et prévoyant une taxe payée par les colons sur thé, verre, couleurs de peinture, huile, plomb et papier ; *but :* payer le gouv. royal et les juges des colonies. **1770**-*5-3* massacre de Boston : 5 colons tués par les troupes anglaises. *-12-4* taxe supprimée sauf sur le thé, la colonie confirme l'embargo. **1773**-*16-12 Boston Tea Party,* cargaison de thé de 3 bateaux anglais jetée à la mer. **1774**-*5-9/26-10 congrès de Philadelphie,* Déclaration des droits du contribuable américain.

■ **Guerres européennes qui se sont déroulées aux USA.** Guerre de la ligue d'Augsbourg (guerre du roi Guillaume) 1689-97 ; de la Succession d'Espagne (de la reine Anne) 1702-13 ; de la Succession d'Autriche (du roi Georges) 1700-48 ; guerre de 7 Ans (franco-indienne) 1756-63.

☞ Une liste des 184 premières familles des USA a été publiée en 1976 : Astor, Du Pont de Nemours, Ford, Getty, Gould, Grosvenor, Guggenheim, Hearst (Randolf), Hughes (Howard), Kennedy, Rockefeller, Roosevelt, Taft, Vanderbilt, Warren, Washington, etc.

■ **1775-83 guerre d'Indépendance. 1775**-*17-3* Howe évacue Boston. *-19-4 Lexington,* les Anglais tirent sur des miliciens, 8 † ; au retour, 273 Anglais †, 95 Américains † ; *-15-6* Washington Cdt en chef ; *-17-6 Bunker Hill* (en réalité *Breed's Hill*) près de Charlestown, dans la banlieue de Boston, occupée par les Anglais ; chefs : Thomas Gage (Anglais), William Prescott et Israel Putnam (1718-90) [Américains] ; morts : 400 Américains (sur 1 500), 1 000 Anglais (sur 2 200) ; les *Insurgents* s'enfuient. *-23-8* George III proclame l'état de rébellion. **1776**-*été* Benjamin Franklin (1706/17-7-1790) et Arthur Lee, envoyés à Paris, proposent traité de commerce et d'amitié, puis, en janv. 1777, demandent aide militaire. *-4-7* date choisie officiellement comme celle de la **Déclaration de l'Indépendance** [jour de la signature par une partie des délégués des 13 colonies ; ceux de New York signèrent le 9-7 ; le dernier signataire (Thomas Mc Kean) signa en 1781] ; elle est précédée du préambule de Jefferson sur les droits de l'homme. *-27/30-8 Long Island :* défaite américaine. **1777**-*27-7 La Fayette,* 20 ans (6-9-1757/20-5-1834, Marie Joseph Gilbert, Mis de) arrive avec 5 000 volontaires. *-6-8* affrontement entre Iroquois : 2 tribus du côté des insurgés/4 fidèles au roi d'Angl. *-26-9* Howe prend Philadelphie. *-17-10 Saratoga :* John Burgoyne (Angl., 1722-92), encerclé par Horatio Gates (vers 1728-1806), capitule avec 5 700 h. [France (en 1778) et Espagne (en 1779) soutiennent l'Amérique. La Fr. donne 9 millions de £ (3 en août 1778, 6 en 1781) ; dépenses non remboursées des flottes et des armées : 1 milliard ; garantie d'un emprunt de 34 millions. Beaumarchais a fourni pour 3 600 000 F d'armement ; ses héritiers ont été remboursés de 800 000 F en 1835]. **1778**-*6-2 traité d'alliance et de commerce Fr.-USA* [signé à Paris (hôtel angle rue Royale, place de la Concorde) par Conrad A. Gérard, au nom de Louis XVI, et Benjamin Franklin, Sileas Deane, Arthur Lee, au nom des USA]. *-25-2 Vincennes :* Clark (Amér.) bat Anglais. *-17-6 l'Aréthuse* (Angl.) attaque la *Belle Poule :* la France se trouve en guerre avec l'Angl. **1779**-*16-6* Espagne déclare guerre à G.-B.. *-12-7 Rochambeau* arrive à Newport. *-3-9/28-10* siège de *Savannah,* l'amiral d'Estaing échoue. La Louisiane soutient les insurgés. **1780**-*1-3* esclavage aboli en Pennsylvanie. *-6-5* Anglais prennent Charleston ; 5 400 Amér. prisonniers. *-11-7* Rochambeau arrive à Newport avec 6 000 h. **1781**-*30-8/19-10 siège de Yorktown :* Gal anglais Charles Cornwallis (7 247 réguliers, 840 marins,

Les USA pouvaient-ils devenir français ?

■ **1er échec.** Colonisation de la Floride du Nord par les huguenots, sous Charles IX (voir p. 1076 b). Si *Ribault* avait remporté (avec 7 navires) une victoire sur Menéndez (5 navires), il aurait assuré la survie de la colonie (mais par une fausse manœuvre, il en perdit 4, naufragés avant la bataille). Alliée aux anglophones, la colonie aurait pu au XVIIIe s. constituer un 14e État « insurgent », indépendant culturellement (?).

■ **2e échec, 1586-1607.** Les Anglais jettent leur dévolu sur la « Floride » (Virginie actuelle) que *Ribault* et *Laudonnière* avaient prise sous Charles IX. Henri III, puis Henri IV ont des droits sur ces régions, mais ne les revendiquent pas ; pourtant, l'envoi des huguenots dans les actuelles Géorgie-Caroline-Virginie aurait mis fin aux guerres de Religion et permis une francisation complète de l'A. du Nord. Les Français compensent cet échec en colonisant Terre-Neuve et les Laurentides, abandonnées par les Anglais en 1583 (après naufrage de Humphrey Gilbert).

Nota. – En Nouvelle-France, les colons ne devaient être ni protestants, ni étrangers. Si, comme le faisaient les Anglais, on avait admis tous ceux qui se sentaient persécutés en Fr. (notamment les huguenots), on aurait pu avoir une colonisation massive sur la côte est. Certains estiment qu'elle n'aurait pas abouti à une fusion entre les francophones protestants du sud-est et les Canadiens catholiques. La religion l'emportait alors sur la nationalité, et les protestants français se sentaient plus proches des Anglais protestants que des rois de France catholiques [ainsi, sur le *Mayflower,* il y avait au moins 5 « pèlerins » d'origine française : Cartier, Soulier, Bompas, Moulin, Delanoë ; leurs familles se sont anglicisées : Carter, Soule, Bumpus, Mullins, Delano (ancêtre de Franklin Delano Roosevelt)].

■ **3e échec, 1686-87.** Les Espagnols détruisent la colonie fondée par *Cavelier de La Salle* à l'embouchure du Colorado (Texas). La coalition antifrançaise de la ligue d'Augsbourg s'est formée en 1686, et l'Espagne (en guerre depuis 1683) revendique toute la côte du golfe du Mexique jusqu'à la Floride. Les Français du Canada, qui ont descendu le Mississippi jusqu'à son embouchure depuis 1681, sont trop peu nombreux et trop éloignés pour peupler la plaine centrale depuis la côte jusqu'aux Grands Lacs. Seule une colonisation maritime, ayant sa base à St-Domingue (occupée depuis 1659), aurait pu franciser le pays. L'Espagne, momentanément alliée aux puissances protestantes, changera d'attitude après l'avènement du 1er roi Bourbon, Philippe V (1700), trop tard pour que la colonisation anglaise puisse être inquiétée.

■ **4e échec, 1689-90.** *Frontenac* échoue dans la conquête de la Nlle-Angl. et du port de New York. Un de ses lieutenants, *Hertel,* s'empare de Casco (aujourd'hui Portland, Maine) ; mais les 2 autres colonnes canadiennes échouent devant Albany (New York) et Salmon Falls (New Hampshire). Or la conquête de New York est indispensable à la sécurité des 12 000 Canadiens français (confrontés à 200 000 Anglo-Amér.). En 1688, après le changement dynastique, les « colonistes » anglais sont divisés et les partisans de Jacques II Stuart prêts à se rallier à Louis XIV. L'échec de Frontenac met fin aux espoirs de suprématie française. Néanmoins, la *paix de Ryswick* (1697) confirme à la France ses possessions de l'Acadie au golfe du Mexique ; rien n'est encore perdu.

■ **5e échec, 1713-14.** *Traité d'Utrecht* mettant fin à la guerre de Succession d'Espagne : la Fr. abandonne : baie d'Hudson, Terre-Neuve, Acadie (avec la base navale de Port-Royal, actuellement Annapolis, en Nlle-Écosse). Mais le Board of Trade londonien, qui convoite les territoires, fait condamner pour trahison lord Bolingbroke pour n'avoir pas exigé davantage.

■ **6e échec, 1714-63.** Stagnation démographique. Il y a, en 1713, 18 694 habitants français au Canada et en Louisiane contre 250 000 Anglais en Amérique du Nord. En dépit d'une forte natalité et de quelques mesures d'émigration forcée (relégations, rafles de filles publiques), la population française stagne : *1734 :* 37 716 hab. ; *1760 :* 65 000 (Anglo-Américains : 1 320 000 Blancs et 300 000 esclaves noirs anglophones. La colonisation « militaire » (soldats prenant leur retraite en Amérique) n'a permis l'installation que de 30 soldats par an entre 1713 et 1756 (1 300 en 43 ans).

■ **7e échec, 1746.** Au cours de la guerre de Succession d'Autriche (1740-48), Beauharnais, gouverneur français du Canada, se fait fort de reconquérir l'Acadie (ce qui rendrait la colonie française militairement viable) si on lui envoie 2 000 h. Louis XV lui envoie 5 000 marins et 3 150 soldats, sur 12 vaisseaux de ligne commandés par le duc d'Anville. Mais celui-ci met 100 j pour traverser l'Atlantique. Sa flotte sombre dans la tempête et ses hommes meurent du scorbut. Il se suicide. Son successeur, La Jonquière, qui ramène en Fr. les débris, est écrasé au cap Finisterre le 3-3-1747 [poème de Henry Longfellow (1802-82) : *Ballad of the French Fleet*].

■ **8e échec, 1754-63.** *Guerre de Sept Ans et traité de Paris.* Les colons français et anglais d'A. ont engagé les hostilités 2 ans avant leurs métropoles (batailles de l'Ohio). Les Français ont résisté, mais les désastres de la guerre de Sept Ans aboutissent à la cession à l'Angl. du Canada français et de la rive gauche du Mississippi (1763). Néanmoins, la Louisiane occidentale est cédée à l'Esp. (alliée à la Fr.). Ses gouverneurs, de culture française, se comportent presque en fonctionnaires français (en 1785 : 31 433 francophones en Louisiane, contre aucun hispanophone).

■ **9e échec, 1775-83.** La *guerre d'Indépendance américaine* aurait pu être, pour La Fayette (volontaire sans mandat officiel), l'occasion de reconquérir le Canada et de reconstituer l'Amérique française du Nord. De nombreux Canadiens français, sujets anglais depuis 12 ans, servent avec les *Insurgents.* Le 22-1-1778, le Congrès amér. décide la conquête du Canada et nomme La Fayette Gal en chef de l'armée d'invasion (prévue avec 2 500 h., dont 2 régiments de Canadiens français concentrés à Albany). La Fayette, ne trouvant que 1 200 h. démunis, renonce à son projet le 25-3. La Fr., entrée en guerre officiellement le 15-3, envoie en Amérique l'escadre de l'amiral d'Estaing, qui quitte Toulon le 13-4 et arrive au Delaware le 7-7. D'Estaing laisse échapper 2 fois l'escadre anglaise (Delaware : *juillet ;* Rhode Island : *11-8*), perdant toute possibilité d'une victoire essentiellement française avec récupération des territoires perdus en 1763. Washington (antifrançais et anticatholique) a faussement promis que le Canada serait le 14e État de l'Union ; il a volontairement saboté le raid de La Fayette. La reconquête du Canada par l'escadre de d'Estaing a été « sabotée » à Versailles par les prérévolutionnaires (pour protéger les protestants français : ceux-ci avaient obtenu au traité de Paris de 1763 la liberté de culte en Fr. contre la liberté du culte catholique au Canada devenu anglais ; ils craignent d'être de nouveau persécutés si le Canada échappe à l'Angl.). Lors des négociations anglo-américaines de 1782-83, Thomas Paine veut obliger l'Angl. à céder Terre-Neuve à la Fr. [échec dû à l'hostilité de Gouverneur Morris devenu 15-3-1792 ministre des USA à Paris].

■ **10e échec, 1785-88.** Expédition manquée de La Pérouse. Critiqué pour sa défaite diplomatique de 1783 (perte du Canada confirmée malgré victoire militaire), Louis XVI décide de reprendre pied en A. du Nord par la Colombie britannique et l'Alaska actuels (espoir de trouver un passage nordique entre Atlantique et Pacifique). Il monte une coûteuse expédition. 2 navires : *La Boussole* et *L'Astrolabe,* 500 h., dont des savants, commandés par La Pérouse [Jean-François de Galaup (Cte de, 1741-88)] qui quitte Brest le 1-8-1785. Mais la mission est modifiée. Le 2-7-1786, ayant perdu plusieurs embarcations vers le 58° de latitude nord, La Pérouse se replie sur Hawaii (ses 2 gros navires couleront en 1788 à Vanikoro, où il sera massacré). L'expédition sera réussie par l'Anglais Vancouver en 1792-93.

■ **11e échec, 1800-03.** Perte de la Louisiane occidentale. Au traité de San Ildefonso (oct. 1800), l'Espagne rend à la Fr. la Louisiane occidentale. Bonaparte, 1er consul, décide d'en reprendre la colonisation, puis change d'avis et vend le territoire (10 États américains actuels) aux USA, pour 80 millions de F (conventions du 30-4-1803). Explication de Bonaparte : il a voulu « affermir pour toujours la puissance des États-Unis », afin de « donner à l'Angl. une rivale maritime qui, tôt ou tard, abaissera son orgueil » (faux calcul, ou peut-être mensonge). *Autres explications : 1°)* il avait besoin d'argent pour le couronnement (prévu l'année suivante) ; *2°)* après la perte de St-Domingue, il se croyait incapable de défendre la Louisiane contre une attaque anglaise venue du Canada ; *3°)* Jefferson a versé des pots-de-vin aux négociateurs français [Talleyrand, ministre des Affaires extérieures (peut-être 10 millions) ; Pierre-Samuel Dupont de Nemours (1739-1818, huguenot français naturalisé Américain, envoyé officieux à Paris) sous forme de commandes à ses usines chimiques] ; *4°)* ressentiment de Bonaparte contre son frère Lucien qui avait conclu le traité de San Ildefonso.

A quoi correspond la Révolution américaine ?

1°) Vue de Paris. A) Militairement, elle est une occasion de prendre une revanche sur la défaite de 1763 (pertes de la guerre de Sept Ans ; cession à l'Angl. du Canada et de la Louisiane orientale, à l'Esp. de la Louisiane occ.). **B) Idéologiquement,** elle est, pour les Français « éclairés » (sous l'influence maçonnique), l'occasion de créer une société respectueuse des « libertés » (le roi George III d'Angl. était autocrate ; Washington était franc-maçon). **C) Conflit entre ces 2 points de vue :** *1°) en 1777,* La Fayette est chargé en principe par le « Congrès continental » de conquérir le Canada. Il pense alors travailler pour le compte de la Fr., tandis que les Américains (protestants et maçonnisants) veulent prendre une revanche contre le *Quebec Act* (alliance de l'évêque catholique de Québec et de George III : soumission de l'ancienne Louisiane orientale à l'autorité de l'évêque). Washington préfère saboter l'expédition plutôt que de favoriser une reconquête « papiste » ; *2°) en 1782,* les 3 délégués américains Jay et Adams (antifrançais) et Franklin (profrançais, mais battu à chaque vote) concluent une paix séparée avec l'Angl., violant le traité d'alliance franco-amér. : ils obtiennent l'indépendance, mais ne font rien pour restaurer la Nlle-France ; *3°)* les anciens combattants français d'Amérique, n'ayant rien obtenu de concret pour la Fr., exalteront entre 1783 et 89 leur œuvre politique, institutionnelle et morale. La Fayette se fera le promoteur d'un régime « à l'américaine », défenseur des « libertés ». Ce point de vue s'imposera à la conscience collective des Français.

2°) Vue par les Anglais. Ils retiennent qu'elle a été la seule guerre où l'Angl. se soit trouvée isolée en face d'une coalition (*Insurgents,* France, P.-Bas, Esp.). Grâce aux divergences entre négociateurs américains et français, à Versailles, elle s'en est tirée à bon compte : les colons ont obtenu des avantages politiques (sans se constituer en une nation hostile) ; les Français n'ont pu reprendre pied ni en Louisiane ni au Canada.

3°) Vue par les Américains (plus particulièrement ceux de l'est : Nlle-Angl. au nord, et vieux États du sud). Ils appellent le conflit avec l'Angl. *American Revolution* (le concevant plus comme une guerre civile dans la tradition anglaise que comme une guerre entre 2 nations) ; le diplomate français Louis Otto, dans son 1er rapport à Louis XVI (1775), affirme : « C'est une guerre presbytérienne. » **a) Leur Congrès continental** s'est constitué dans la tradition du parlementarisme anglais : les colons n'ont pas encore obtenu le droit à un Parlement, sur ce point désavantagés par rapport aux Anglais de G.-B. Ils s'en sont donné un de leur propre volonté au lieu d'attendre une charte de fondation et ils lui ont reconnu le droit (britannique) de légiférer souverainement. **b) L'indépendance économique.** Pour la quasi-totalité des colons d'Amérique, libre-échangistes, l'indépendance politique n'est que le moyen d'assurer l'indépendance commerciale (il faut cesser de dépendre de Londres, puisque Londres est réglementariste). **c) L'indépendance judiciaire** a été réclamée au nom de la tradition anglaise de l'*habeas corpus.* George III a supprimé (au Massachusetts) les jurys locaux et déféré les opposants politiques aux tribunaux de l'amirauté, puis a voulu faire juger à Londres les « rebelles » capturés. L'indépendance politique a donc semblé la garantie indispensable de l'indépendance judiciaire. **d) L'indépendance foncière** (droit illimité de propriété) a été réclamée pour l'ancienne Louisiane orientale au nom de la tradition anglaise de la *yeomanry :* les anciens « tenants » des terres féodales sont devenus, au XIVe s., propriétaires absolus de leurs biens. George III a décidé d'empêcher les *colonistes* d'acquérir les terres entre Appalaches et Mississippi, pour les laisser aux Indiens. Les Américains ont choisi d'échapper à son autorité plutôt que de renoncer à acquérir librement des biens fonciers. **e) L'indépendance religieuse** a été revendiquée dans la tradition anglicane (et non-conformiste) antiromaine. George III a reconnu (*Quebec Act,* 22-6-1774) à l'évêque catholique de Québec (en échange du ralliement du clergé franco-canadien à la couronne d'Angl.) la juridiction sur l'ancienne Louisiane orientale, ce qui implique : la conversion des Indiens au catholicisme romain et la mise sous tutelle catholique des Églises protestantes implantées. Les raids lancés par le Congrès continental contre le Canada (1775-77) s'expliquent par des causes religieuses. **f) Indépendance du budget militaire.** Depuis la Grande Charte de 1212, les Anglais exigent de contrôler financièrement les forces dont dispose la couronne. Les 13 colonies d'Amérique, en vertu de leur charte de fondation, ont le choix de financer leurs propres milices ou de collaborer à l'entretien des garnisons royales anglaises. Or, en 1774, George III décide unilatéralement d'installer dans l'ancienne Louisiane orientale 10 000 h. dont l'entretien incomberait aux 13 colonies, d'où une violente opposition des « colonistes ». **g) *Les Insurgents*** (appelés « rebelles » par George III) ont considéré Washington comme un élu de Dieu, chargé d'évincer une dynastie indigne pour créer à sa place un « Commonwealth ». Plusieurs États amér. se désignent d'ailleurs sous le nom de Commonwealth, en souvenir du régime de Cromwell en Angl. Mais, à la différence de Cromwell, Washington n'a pas eu d'ambitions dynastiques, il a refusé le titre de roi et l'appellation de « Sa Majesté le Pt des États-Unis ». [*Raisons : 1°)* il n'avait pas de fils ; *2°)* il partageait l'idéologie des « républicains romains » à la mode au XVIIIe s. dans les milieux maçonniques (influence de Montesquieu) ; *3°)* il était de tendance aristocratique et oligarchique (milieu de riches propriétaires fonciers) ; *4°)* sa tentative de restaurer une noblesse héréditaire par primogéniture mâle chez les anciens officiers de son armée (les *Cincinnati*) s'est heurtée à une vive opposition.] **h) Les *tories* américains** (60 000 « loyalistes ») ont choisi la fidélité à la « Couronne », plutôt que la soumission au Congrès continental, de tradition parlementaire ou *whig* (il y a eu parfois plus d'Amér. dans l'armée royale que dans les rangs des *Insurgents*). En 1783, ils se sont repliés au Canada où ils ont fourni des cadres politiques et économiques à la paysannerie franco-canadienne. Plusieurs milliers d'esclaves noirs ont également suivi le parti tory. Réfugiés en Angl., ils allèrent ensuite à Freetown (Sierra Leone), où ils fondèrent une colonie de la Couronne traditionaliste.

4°) Point de vue américain sur l'alliance française. En 1793, quand la guerre éclate entre la Fr. républicaine et l'Angl., Washington dénonce l'alliance militaire conclue en 1778 et proclame la neutralité des USA. Plus tard, les diplomates américains évoqueront la « fraternité d'armes » franco-américaine, sachant l'opinion française sensible à ce souvenir. Mais les Américains l'ignorent (en 1978, à un sondage : « La Fr. a-t-elle joué un rôle important dans la Révolution américaine ? », il y eut 80 % de non).

☞ A partir de 1840, les Irlandais sont allés en Amérique trouver ce qu'ils ne pouvaient avoir en Irlande. Ils ont introduit dans la mentalité des Nord-Américains un élément antianglais qu'ils n'avaient pas. Les Irlandais des USA ont financé le terrorisme aboutissant à la création de l'Eire.

Conquête de l'Ouest

■ **Situation.** A l'ouest du Mississippi, 24 États dont 13 entre le fleuve Mississippi et les Rocheuses (le *Middle West*) et 11 entre les Rocheuses et l'océan Pacifique (le *Far West*). *Frontier (of Settlement)* : front qui s'est déplacé à mesure du peuplement.

■ **Quelques dates. 1820** 60 000 Américains venus par la mer se fixent en Californie. **1824** les USA achètent à la Russie les côtes de l'Oregon qu'elle avait colonisées par mer. **1841** ouverture de la piste terrestre de l'Oregon (5 000 personnes par an). *-4-11* la Californie est atteinte par 47 immigrants. **1848** le Mexique cède aux USA 1 300 000 km², du Texas au Pacifique. **1849** ligne de navigation New York-San Francisco par Panamá. **1850** ligne fluviale sur le Colorado, en jonction avec la piste de mulets de Santa Fe (Texas). **1852** 2e ligne maritime, par le Nicaragua. **1857** utilisation de chameaux sur la piste du Texas. **1859** ligne fluviale sur le Missouri, en jonction avec la piste de l'Oregon. **1860** création de la *Pony Express Company* (Cie des Poneys), pour le transport du courrier par les Rocheuses (35 j). **1861** création du télégraphe Est-Ouest. **1862** la Pony Express Company se transforme en un réseau de diligences qui passe par Salt Lake City et qui, en 1865, aura 8 000 km de routes. Jusqu'en 1862, les terres coûtent 1 $ l'arpent. Après 1862 (*Homestead Act*), tout Blanc reçoit gratuitement 160 arpents à condition de les cultiver 5 ans. Les Cies de chemins de fer reçoivent 360 000 km² et les revendent aux colons (crédits à long terme) ; les prix sont élevés, la proximité du rail valorisant les terrains.

■ **Transports ferroviaires. 1°) A l'est des Rocheuses :** parti de Chicago, le rail atteint le Missouri (point de départ de la navigation vers la piste de l'Oregon) en 1854. La ligne appartient à la *Chicago and Rock Island Co,* devenue en 1917 la *Chicago, Rock Island and Pacific Co* après avoir fusionné avec la *Southern Pacific.* La *Union Pacific Railroad* (UPR) obtient du Congrès, en 1864, d'ouvrir une voie Missouri-Pacifique par l'itinéraire « du 32e parallèle », reconnu par l'armée en 1853-54. **2°) A l'ouest :** la *Central Pacific Railroad* reçoit la même autorisation, en sens inverse. Sa ligne part de Sacramento, sur le Pacifique, et se dirige vers l'est. Ayant engagé des Chinois (l'UPR avait des Irlandais), elle progresse plus vite ; jonction dans l'Utah à Promontory Point, le 10-5-1869. Longueur totale des 2 lignes : 1 776 miles (2 850 km). Chaque Cie exploite le tronçon qu'elle a construit. *Southern Pacific Railroad* : San Francisco-Sacramento, puis en 1900 La Nlle-Orléans.

☞ Le conducteur de train de *l'Illinois Central,* John Luther Jones, surnommé Casey Jones car il était né à Kayce dans le Kentucky, a été tué dans un déraillement le 18-3-1900. Il est devenu le héros d'une chanson reprise par les syndicats américains comme chant officiel.

■ **« Ruée vers l'Ouest ».** Environ 3 millions de personnes entre 1850 et 1900. **Peuplement blanc** (en milliers) : **Arizona** *1850* : pratiquement nul ; *1870* : 9 ; *1900* : 122. **Californie** *1850* : 92 ; *1880* : 864 ; *1910* : 2 377. **Colorado** *1850* : pratiquement vide ; *1860* : 34 (*rush* minier) ; *1890* : 413. **Idaho** *1870* : 15 ; *1890* : 88 ; *1910* : 325. **Montana** *1870* : 20 ; *1890* : 88 ; *1910* : 325. **Nevada** *1860* : 6,8 ; *1880* : 62 ; *1910* : 327. **Nouveau-Mexique** *1850* : 61 ; *1880* : 119 ; *1910* : 327. **Oregon** *1850* : 13 ; *1880* : 174 ; *1910* : 672. **Utah** *1850* : 11,3 (Mormons) ; *1880* : 145. **Washington** *1860* : 11,8 ; *1890* : 357 ; *1910* : 1 142. **Wyoming** *1870* : 9 ; *1890* : 62 ; *1910* : 146.

■ **Pourcentage d'immigrants non américains de naissance. De 1848 à 1870 :** 30 %, contre 70 % d'Amér. de l'est. *Pourcentage maximal* : Arizona [60 % d'immigrants en 1870 (5 000 hab. sur 9 000)]. Chez les plus de 21 ans, % des étrangers en 1870 : plus de 50 % dans l'Utah, au Nevada, en Arizona, dans l'Idaho et en Californie (qui comptait 25 % d'Irlandais). A l'origine : *Français* et Italiens l'emportent dans les régions au climat méditerranéen ; Scandinaves au nord-ouest. **Après 1880 :** le pourcentage des non-Américains de naissance tombe dans l'ouest (sauf à San Francisco où il est de 40 %).

■ **Élevage intensif. 1°) Occupation des pâturages :** jusqu'en 1880, environ 6 mois par an ; les propriétaires des grands troupeaux du Middle West (plaines entre Mississippi et Rocheuses) et du Texas envoient leur bétail dans les montagnes et les plateaux du Far West. Les bêtes sont ramenées en automne. Jusqu'à une loi (1894) interdisant de les tuer, les bisons furent décimés. Il n'en reste que 2 000 dans les réserves. **2°) Cowboys** (Noirs 14 %, Mexicains 14 %, Indiens, Anglais, Écossais). En majorité Texans (culture espagnole, tradition des *vaqueros,* notamment le lancer du lasso). De mars à octobre, ils accompagnent les bêtes par les pistes (*trails*) et les gardent (toujours à cheval) sur les pâtures d'été. D'octobre à mars : une minorité *(line riders)* y demeure (destruction des loups, récupération des bêtes égarées, entretien). La majorité revient mener une vie désœuvrée (travaux temporaires, jeux de hasard, rodéos, etc.). **3°) Bétail :** a) les vaches des immigrants d'Europe du Nord-Ouest qui atteignent les plaines vers 1830, les Rocheuses vers 1840 ; b) de petites vaches d'origine espagnole, introduites début XVIe et qui forment depuis le XVIIIe s. des troupeaux sauvages (il suffit de les marquer pour en être propriétaire). **4°) Méthodes :** à partir de 1880-85 les ranches deviennent permanents (généralement autour d'un point d'eau). Les troupeaux sont emmenés aux abattoirs urbains de Californie et du Middle West. Le fil de fer barbelé apparaît. L'effondrement des cours de la viande en 1885 rend peu rentable l'élevage extensif ; les ranches se transforment souvent en exploitations utilisant *dry-farming* ou irrigations [vergers, cultures tropicales, vignes (en Californie)].

■ **Mines.** Découvertes au Nevada, Colorado, en Arizona, au Montana, au Wyoming, à partir de 1862. Des villes se créent et disparaissent souvent quand un filon est épuisé. *Exemples* : Central City (Colorado), Virginia City (Montana et Nevada). En Californie, des villes provisoires en bois sont créées dès 1848. Jusqu'en 1870, existence instable (pas de vie de famille, prostitution généralisée, les mineurs jouent gros au jeu). Après 1870, les grandes Stés minières prennent en main l'exploitation. La population se stabilise, en majorité dans les villes, en fournissant également des cadres pour les ranches.

■ **Maintien de l'ordre.** Entre 1849 et 1890, l'administration légale et policière ne peut suivre les « ruées » minières. Les *marshalls* fédéraux possèdent l'autorité dans les territoires non urbains, tels que les pistes *(trails),* et plus tard les chemins de fer. Leurs adjoints sont parfois responsables d'un secteur plus vaste qu'un département français. Dans les aggl. organisées, il y a un shérif et des policiers élus. Les aventuriers et repris de justice sont nombreux.

Guerre de Sécession (Civil war)

■ **Motifs. Nord** protectionniste pour son industrie, **Sud** non protectionniste car il vend coton contre machines. Nord anti-esclavagiste, Sud esclavagiste.

■ **Forces. Nord :** 23 États [dont 4 esclavagistes (Delaware, Kentucky, Maryland, Missouri)], 22 millions d'hab., armée 186 000 h., puis 990 000 h. Gaux : Ulysses Grant (1822-85), Burnside (1824-81), Henry Halleck (1815-72), Hooker (1814-79), George Mc Clellan (1826-85), George Meade (1815-72), William Tecumseh Sherman (1820-91), Philip Sheridan (1831-88). **Sud :** 11 États (1860-*20-12* Caroline du Sud ; 1861-*9-1* Mississippi ; *-10-1* Floride ; *-11-1* Alabama ; *-19-1* Géorgie ; *-26-1* Louisiane ; *-2-3* Texas ; *-17-4* Virginie ; *-6-5* Arkansas, *-20-5* Caroline du Nord ; *-8-6* Tennessee), 9 millions d'hab. dont 3,5 d'esclaves noirs, armée 150 000 h., puis 690 000 en 1862, 175 000 à la fin. Gaux : Robert Edward Lee (1807-70), Thomas Jonathan Jackson (dit Stonewall ; 1824-63, mortellement blessé à Chancellorville). Constituent les « *États confédérés d'Amérique* » (8-2-1861) [cap. : Richmond, Pt : Jefferson Davis (1808-89)], surnommés les *Dixies* à cause des anciens billets de *dix francs* circulant en Louisiane (un des États confédérés) lors de son annexion aux USA (1812). [Le chant de Daniel Decatur Emmett écrit en 1859 est adopté comme l'hymne officieux des confédérés qui répandent le terme.]

■ **Déroulement. 1861** victoire des sudistes (les Gris) sur les nordistes (les Bleus). *-12-4* Gal confédéré Pierre Beauregard (1818-93) attaque Fort Sumter (port de Charleston). *-21-7* à *Bull Run,* bat nordistes. **1862**-*9-3* : 1er combat entre 2 cuirassés, le *Monitor* (nordiste) et le *Virginia* [sudiste (ancienne frégate en bois appelée *Merrimac,* reconstruite en cuirassé et rebaptisée)]. *-6/7-4 Shiloh* : Johnston (confédérés) battus (pertes 11 000 h.) par Grant (nordistes : pertes 12 000 h.). *-4/14-5* Mc Clellan prend Yorktown, Williamsburg et la Maison-Blanche, mais attend des renforts. *-26-6/2-7 Richmond* : Lee (Sud) vainqueur. *-17-9 Antietam* : Mc Clellan (Nord) averti arrête Lee (Sud). *-23-9* Lincoln émancipe les esclaves (dans les États confédérés). *-13-12 Fredericksburg* : Lee bat Burnside. **1863**-*2/4-5 Chancellorsville* : Lee bat Hooker. *-1/3-7 Gettysburg* : Meade (Nord) bat Lee après l'échec de la charge de la division Pickett (15 000 h.) [163 000 h. engagés, 51 000 † (dont 28 000 sudistes)]. **1864**-*1/3-6 Cold Harbor* : victoire nordiste. *-4-7 Vicksburg* : 29 000 sudistes capitulent, les nordistes contrôlent le fleuve Mississippi. **1865**-*9-4 Appomatox* : Lee se rend au Gal Grant.

■ **Bilan :** au minimum, Union (Nord) 364 511 †, confédérés 258 000.

Terme OK (Okay). Chaque soir, le rapport mentionnait le nombre de tués dans la journée ; s'il n'y en avait pas, on écrivait 0 K. (soit *0 Killed* : zéro tué) ; ou abréviation de *all correct* (prononcé dans le sud : *orl Krect*).

En France, les *libéraux* (hostiles à Napoléon III) furent pour les *nordistes* (défendant une cause humanitaire à leurs yeux) ; les *conservateurs* pour les *sudistes* (représentants d'un genre de vie sympathique, esclavage mis à part). Des volontaires s'engagèrent dans les rangs nordistes (dont 2 Pces d'Orléans : le Cte de Paris et le Pce de Joinville). Certains feront une carrière brillante dans l'armée américaine (exemple du Gal Régis de Trobriand).

☞ **Alabama (bateau corsaire confédéré) :** en bois, à hélices, 3 mâts, 1 050 tonneaux, longueur 67,08 m, largeur hors bordage au pont 9,66 m, vitesse sans vapeur 11,5 nœuds, équipage 149 h., 8 canons, construit à Liverpool Birkenhead (Angleterre, en 1862), capitaine : Raphael Semmes ; il avait détruit 68 à 70 navires nordistes et était entré le 11-6-1864 à Cherbourg pour effectuer des réparations. **La corvette USS Kearsage,** 1 031 tonneaux, 8 canons, 162 h., capitaine : John Wimslow, vint le bloquer. L'*Alabama* accepta le défi hors des eaux territoriales françaises, à 10 milles de la côte ; le dimanche 19-6-1864, le combat dura de 10 h 57 à 12 h 24 ; des milliers de spectateurs, venus pour l'inauguration du casino de Cherbourg, assistent au combat (Manet en fit un tableau que l'on peut voir au musée de Philadelphie). L'*Alabama* coula à 12 h 50 [il avait tiré 370 coups (dont 28 au but)] et il y eut 9 tués et 10 noyés. Le *Kearsage* avait tiré 173 coups (40 au but) et perdu 3 hommes. Après la guerre, la G.-B., qui avait construit 18 croiseurs pour les sudistes (qui détruisirent 200 bateaux nordistes), accepta un arbitrage au traité de Washington, le 8-5-1871, et paya aux USA 15,5 millions de $ (indemnité fixée le 14-12-1872 par le tribunal international de Genève). L'épave de l'*Alabama* fut découverte le 7-11-1984 ; un canon a été remonté de l'épave (de 58 m de fond, le 29-6-1994).

106 canons) capitule devant 16 000 h. (dont 7 000 Français) commandés par Washington (avec Lafayette et Rochambeau sous ses ordres) grâce à la flotte française commandée par de Grasse qui, le 5-9 dans la baie de Chesapeake, bloque l'arrivée des renforts anglais. *-27-11* Paris est illuminé. *-23-12* La Fayette s'embarque à Boston. **1782**-*mars* l'Angl. cherche à négocier. *-30-11* préliminaire de paix signé à Versailles. *-24-12* corps d'armée Rochambeau s'embarque à Boston. **1783**-*4-2* G.-B. déclare la fin des hostilités. *-19-4* Congrès déclare fin officielle de la guerre (3 000 Français y sont morts). *-3-9 traité de Paris :* Angl. reconnaît l'indépendance, rend la Floride à l'Esp. (signé hôtel d'York, 56, rue Jacob, par David Hartley (Angl.), Benjamin Franklin, John Jay, John Adams).

☞ **Noblesse :** titres interdits pour tout fonctionnaire (art. VI du 15-11-1777 et Constitution du 17-4-1787). Tout étranger demandant sa naturalisation doit renoncer sous serment à ses titres et appartenance à la noblesse. Avant 1777, quelques titres ont été accordés, dont certains à des Indiens (Pocahontas) et, depuis, certains titres pontificaux.

■ **Depuis l'Indépendance. 1784**-*23-12* New York cap. provisoire. **1786** Alexandre Hamilton (1757-1804), James Monroë, Rufus King et Nathaniel Forham (Pt du Congrès) offrent au Pce Henry de Prusse (1726-1802), frère de Frédéric II, de devenir le roi des États-Unis. **1787** Const. ratifiée (7-12-1787/29-5-1790) par les 13 États (Delaware, Pennsylvanie, New Jersey, Géorgie, Connecticut, Massachusetts, Maryland, Caroline du Sud, New Hampshire, Virginie, New York, Caroline du Nord, Rhode Island) ; sous l'influence de Thomas Jefferson, gouverneur démocratique et libéral (malgré les tendances autoritaristes de la majorité, notamment des puritains).

■ **1789** *-30-4* **George Washington** (Virginie 22-2-1732/Mount Vernon 14-12-1799 ; épouse Martha Curtis, veuve d'un maçon huguenot). Épiscopalien. Pt fédéraliste. Fils d'un propriétaire terrien. Ingénieur arpenteur. *1752* adjudant d'un des 4 districts de Virginie. *1754-59* officier dans la guerre contre la Fr. Quitte l'armée Cel. *1759-74* membre du Parlement de Virginie. *1774-75* député au Congrès continental de Boston. *1775-15-6* Cdt en chef de l'armée luttant pour l'indépendance. *1780* refuse de devenir roi d'A. *1783-déc.* abandonne le commandement. *1787* Pt de la Convention constitutionnelle de Philadelphie. **1789**-*4-3* élu Pt (*1792* réélu). **1791** *Washington* cap. fédérative. **1794**-*20-8 Fallen Timbers* : défaite des Indiens de l'Ohio. *-19-11* traité avec Angl., en guerre contre la Fr. [*« traité Jay »* du nom de son négociateur, John Jay (1745-1829), francophobe, Pt de la Cour suprême], ratifié par Sénat 24-6-1795. USA abandonnent l'alliance française en échange d'avantages commerciaux.

■ **1797** *-mars* **John Adams** (Massachusetts 30-10-1735/4-7-1826). Unitarien. Fédéraliste. **1800** Burr et Jefferson obtiennent le même nombre de voix à l'élection présidentielle (Jefferson élu à la suite des manœuvres de Hamilton, min. des Finances : 1er scandale). *-Juin* gouv. fédéral (Philadelphie) s'installe à Washington.

■ **1801** *-mars* **Thomas Jefferson** (Virginie 13-4-1743/4-7-1826). Déiste. Démocrate républicain. *-10-6* Tripoli déclare la guerre aux USA (paix 4-6-1805). **1802** Caroline du Nord, Reed vend à Fayettville 3,5 $ une pierre de 8 kg (en fait une pépite d'or) découverte par son fils Carol (12 ans en 1799). 1re ruée vers l'or à Locust. **1803**-*30-4* achat de la Louisiane à la France (80 millions de F). **1804** indépendance d'Haïti. *-11-7* le colonel Aaron Burr (vice-Pt, 1756-1836) tue en duel le Gal Alexander Hamilton (chef de l'opposition). **1808**-*1-1* importation d'esclaves interdite (1808-60 : 250 000 importés illégalement).

■ **1809** *-mars* **James Madison** (Virginie 16-3-1751/28-6-1836). Déiste. Démocrate républicain. **1812-14** *guerre contre l'Angl.,* motifs : raids indiens au Canada, les Anglais saisissent les bateaux amér. commerçant avec la Fr., incendient Washington. **1812**-*18-6* USA déclarent guerre à G.-B. **1813**-*10-9 lac Érié,* Oliver Hazard Perry bat la flotte anglaise. *-5-10* victoire américaine à *Thames* (Ontario) où Tecumseh est tué. *York* (Toronto) et *Buffalo* brûlés. **1814**-*août* Anglais dans le Maryland. *-24-8* Capitole et Maison-

Blanche brûlés. *-11-9* victoire navale amér. du *lac Champlain. -24-12 paix de Gand : statu quo.* **1815** près de *La Nlle-Orléans,* 5 300 Anglais, non avertis du traité de paix, attaquent les Américains (*8-1* plus de 2 000 Anglais tués ou blessés, 71 Amér. †). *-6-8* flotte américaine met fin aux actes de piraterie d'Alger, Tunis, Tripoli. **1816** tentative pour créer en Europe une base militaire et commerciale à l'île de Lampedusa (royaume de Naples) ; échec dû à l'hostilité anglaise.

■ **1817** *-mars* **James Monroe** (Virginie 28-4-1758/4-7-1831). Épiscopalien. Démocrate républicain. Texas : le Gal Charles Lallemand († 8-3-1839) installe à Champ d'Asile 400 vétérans bonapartistes (dont 138 français) qui seront dispersés par Espagnols. **1819**-*22-2* achat de la Floride à l'Espagne (5 millions de $). Le *Savannah* (à voile et vapeur) traverse l'Atlantique (Floride-Liverpool en 29 j). **1820** 1re émigration de Noirs américains vers l'Afr. **1823**-*2-12 Monroe,* dans son message annuel au Congrès, développe sa doctrine : « L'Amérique aux Américains. »

■ **1825** *-mars* **John Quincy Adams** (Massachusetts 11-7-1767/23-2-1848). Unitarien. Démocrate républicain. *-26-10* canal Érié ouvert. **1827** 1ers mormons.

■ **1829**-*mars* **Andrew Jackson** (Caroline du Sud, 15-3-1767/8-6-1845). Presbytérien. Démocrate. **1835**-*3-11* Texas indépendant (voir p. 1064 a).

■ **1837** *-mars* **Martin Van Buren** (New York 5-12-1782/24-7-1862). Réformé néerlandais. Démocrate.

■ **1841** *-mars* **William Henry Harrison** (Virginie 9-2-1773/4-4-1841, meurt d'une pleurésie contractée lors de son entrée en fonction le 4-3, discours inaugural tête nue à l'extérieur). Épiscopalien. Whig. *-Avril* **John Tyler** (Virginie 29-3-1790/18-1-1862) 1er vice-Pt devenu Pt. Épiscopalien. Whig. *-1-5/4-11* 1er train d'émigrants vers la Californie (47 jours). **1842**-*9-8 traité Webster-Ashburton :* fixe frontière Maine et Minnesota/Canada.

■ **1845**-*mars* **James Knox Polk** (Caroline du Nord, 2-11-1795/15-6-1849). Méthodiste. Démocrate. *-29-12* Texas annexé. **1846-48** *guerre contre Mexique* [1846-*3-5 Palo Alto :* 2 300 Amér. battent 4 600 Mex. *14-6* Californie se déclare indépendante (août, annexée aux USA). *20/24-9* Taylor prend Monterey. *16-11* prend Saltillo. 1847-*25-2* Taylor bat Santa Anna à Buena Vista ; *-7-3* et *27-3* débarquement amér. à Vera Cruz (12 000 h.) ; *-18-4* Santa Anna écrasé à Cerro Gordo ; *-13-9* Scott prend Mexico. 1848-*2-2 traité de Guadalupe :* Mexique cède Nouv.-Mexique et Californie contre 15 millions de $]. **1847**-*15-6* traité avec G.-B., frontière avec Oregon au 49e parallèle. *-Juillet mormons* à Salt Lake City. **1848**-*24-1 ruée vers l'or* (80 000 chercheurs en 1849). En Californie, James W. Marshall, charpentier, et John A. Sutter, émigré suisse, découvrent paillettes dans cours d'eau.

■ **1849** *-mars* **Zachary Taylor** (Virginie 24-11-1784/9-7-1850 mort du choléra). Épiscopalien. Whig.

■ **1850** *-juillet* **Millard Fillmore** (New York 7-1-1800/8-3-1874), vice-Pt, devient Pt. Unitarien. Whig. *-9-9* compromis *Henry Clay :* Californie 31e État.

■ **1853** *-mars* **Franklin Pierce** (New Hampshire 23-11-1804/8-10-1869). Épiscopalien. Démocrate. *-30-12* USA achètent Nouv.-Mexique et Arizona 10 millions de $.

■ **1857**-*mars* **James Buchanan** (Pennsylvanie 23-4-1791/1-6-1868). Presbytérien. Démocrate.

■ **1861** *-4-3* **Abraham Lincoln** (Kentucky 12-2-1809/14-4-1865 ; républicain ; fils d'un pionnier, 1,89 m). Libéral. *1832* volontaire dans la guerre contre Indiens. *1834* m. de l'Ass. de l'Illinois. *1837* avocat en Illinois. *1847* m. du Congrès. **1861**-*14-4*/**1865**-*9-4* **Guerre de Sécession** (voir encadré p. 1053). **1865**-*17-3* John Wilkes Booth (acteur sudiste) veut, avec des complices, enlever Lincoln et le remettre aux confédérés. Ils interceptent sa voiture mais Lincoln n'y est pas. *-14-4 (Vendredi saint)* au théâtre Ford à Washington, Booth, au 3e acte de *Notre cousin américain,* entre dans la loge de Lincoln, et le blesse d'un coup de pistolet, puis se prenant les pieds dans les drapeaux il tombe sur la scène ; en se relevant, il crie *« Sic semper tyrannis »* (devise de Virginie) ou bien « Vengeance pour le Sud » ; comme on crut qu'il interprétait la pièce, il put s'échapper par les coulisses (mais sera abattu le 26-4). Booth espérait déclencher dans le Nord une révolution pour sauver le Sud. Lincoln meurt. William Seward, secr. d'État, blessé par Lewis Powel. *-7-7 :* 4 conspirateurs pendus.

Réadmission dans l'Union : 1866-*24-7* Tennessee. **1868**-*22-6* Arkansas. *-25-6* Floride. *-4-7* Caroline du Nord. *-9-7* Caroline du Sud, Louisiane. *-13-7* Alabama. **1870**-*26-1* Virginie. *-23-2* Mississippi. *-30-3* Texas. *-15-7* Géorgie (1re réadmission 25-7-1868).

■ **1865**-*avril* **Andrew Johnson** (Caroline du Nord, 29-12-1808/31-7-1875). Baptiste. Républicain. **1865**-*18-12 :* 13e amendement abolit l'esclavage. Ku Klux Klan fondé (voir p. 1062 a). **1866** 1er hold-up dans une banque à Liberty (Missouri) par les frères James : Frank (tué 1882 par Bob Ford, membre de son gang) et Jesse († 1915). **1867**-*30-3* Alaska acheté à Russie (7 200 000 $). **1868**-*24-2/25-5 procédure d'Impeachment* n'aboutit pas à 1 voix près (voir p. 1084 a).

■ **1869** *-mars* **Ulysses Simpson Grant** (Ohio 27-4-1822/23-7-1885). Méthodiste. Républicain. *-24-9 Vendredi noir* à New York : spéculation sur l'or (Jay Gould et James Fisk). **1870** John D. Rockfeller (1839-1937) crée la Standard Oil (capital 1 million de $), qui deviendra le 1er trust en 1882 lorsque les actionnaires des 39 Stés qu'il contrôle lui accordent leur confiance (1887 condamné par les lois anti-trusts à démanteler sa Sté ; 1911 contraint par la Cour suprême ; son groupe éclate en 33 filiales. Vers 1900, plus grosse fortune mondiale) [1892 fonde l'université de Chicago. 1913 crée fondation Rockfeller (aide à la recherche en médecine et en sciences)]. **1871**-*8/11-10* Chicago : grand incendie. **1872**-*22-5* amnistie : droits civiques rendus aux confédérés (sauf pour 500 leaders). **1873**-*Sept.* faillites bancaires, dépression pour 5 ans.

■ **1877** *-mars* **Rutherford Birchard Hayes** (Ohio 4-10-1822/17-1-1893). Méthodiste. Républicain. *-21-6 :* 11 terroristes (Sté terroriste irlandaise « Molly Maguires ») pendus pour meurtres. Fin de la reconstruction.

■ **1881** *-mars* **James Abraham Garfield** [Ohio 19-11-1831, blessé dans le dos le 2-7-1881 (par Charles J. Guiteau, avocat, exécuté 30-6-1882), meurt 19-9 de ses blessures]. Disciple du Christ. Républicain. *-Sept.* **Chester Alan Arthur** (Vermont, 5-10-1830/18-11-1886). Épiscopalien. Républicain. **1881** Billy le Kid (William Bonney, né 1859, accusé de 21 meurtres) abattu par le shérif Pat Garrett.

■ **1885** *-mars* **Grover Cleveland** (New Jersey, 18-3-1837/24-6-1908). Presbytérien. Démocrate. **1885** Chicago : 1er gratte-ciel (*Home Insurance,* 10 étages plus 2 ajoutés plus tard). **1886**-*4/5-5* émeutes de *Haymarket* (Chicago) : 7 policiers tués, 60 blessés par une bombe (*4-11 :* 4 anarchistes pendus). *-2-6* Cleveland se marie à la Maison-Blanche. *-28-10* statue de la Liberté inaugurée. *-8-12 American Federation of Labor* (AFL) fondée. **1888**-*4/11-3* blizzard dans l'est : 400 †.

■ **1889** *-mars* **Benjamin Harrison** (Ohio 20-8-1833/13-3-1901). Presbytérien. Républicain. *-31-5* Johnstown, rupture d'un barrage, 2 295 †. New-York : *Tower Building* 1er gratte-ciel terminé. **1890**-*2-7 Sherman Act,* loi antitrust. *-29-12 Wounded Knee* massacre d'Indiens (voir p. 1076 a). **1892**-*1-1* ouverture d'un centre à Ellis Island (New York) pour recevoir les immigrants. *-6-7* grève aux aciéries de Homestead : 7 gardes, 11 grévistes et spectateurs †.

■ **1893**-*mars* **Grover Cleveland** (1837-1908). Démocrate. Hawaii occupé puis annexé (1898). *-27-6* krach boursier (4 ans de dépression). **1895** contestation de frontière (Venezuela) avec G.-B. : crainte de guerre (arbitrage 1897).

■ **1897** *-mars* **William McKinley** [Ohio 29-1-1843, blessé (coup de revolver) le 6-9-1901 à Buffalo par Leon Czolgosz (anarchiste exécuté 29-10), meurt le 14-9]. Méthodiste. Républicain. Fièvre de l'or au Klondike (Alaska). **1898**-*24-4/10-12* **guerre avec l'Espagne,** encouragée par la presse (Hearst, Pulitzer), *motif :* explosion le 15-2 du *Maine* (226 †) venu à Cuba « protéger les intérêts amér. "brutalisés" par le gouverneur esp. » (explosion en fait due à un accident de chaudière). [*-19-4* Congrès amér. réclame à Esp. l'indépendance de Cuba. *-24-4* Esp. déclare guerre. *-1-5* George Dewey coule la flotte espagnole à Manille. *-21-6* Guam prise. *-3-7* Santiago (Cuba) : flotte esp. de Cervera détruite. *-17-7* Cuba pris. *-25-7/12-8* Porto Rico pris. *-10-12 traité de Paris :* USA reçoivent Porto Rico, Wake, Guam et Philippines (achat contre 20 millions de $). *Nombre de morts :* 2 500 Espagnols, 5 462 Américains (dont 379 au combat)]. *-7-7* Hawaii annexé. **1899**-*4-2* Philippines, guérilla indépendantiste. *-2-12* partage Samoa avec Allemagne. **1900**-*14-3* retour au monométallisme (or). *-12-4* Porto-Rico et *30-4* Hawaii deviennent territoires américains. **1901**-*25-2* John Pierpont Morgan fonde l'United States Steel Corporation (cartel de l'acier).

■ **1901**-*14-9* **Theodore Roosevelt** (New York 27-10-1858/6-1-1919). Réformé gallois. Républicain. Protectorat amér. sur Cuba (*loi Platt*). **1903**-*22-1* création de la Zone du canal de Panamá. Mort de *Calamity Jane* (Martha-Jane Canary, née 1852). *-23-7* Ford Model A (48 km/h), 1re voiture de série. **1904** partage de la dernière réserve indienne. **1905** intervention à St-Domingue. **1906**-*18-4 San Francisco* détruit par un incendie [(503 † ; 350 millions de $ de dégâts) déclenché par un séisme (magnitude 8)]. Roosevelt prix Nobel de la paix. **1907**-*mars* marines envoyés au Honduras pour réprimer une révolution. *-13-3* panique à Wall Street. Immigration record : 1 285 349 arrivées en 1907. *-16-11* Oklahoma 46e État. **1908**-*1-10* Ford Model T mise en vente.

■ **1909** *-mars* **William Howard Taft** (Ohio 15-9-1857/8-3-1930). Unitarien. Républicain. **1910**-*8-2 :* 1ers *Boys Scouts* d'Amérique. **1912**-*12-3 :* 1res *Girls Guides. -Juin* intervention des marines à Cuba. *-14-8* les marines au Nicaragua. **1913**-*févr. 16e amendement* créant impôt fédéral sur revenu.

■ **1913** *-mars* **Woodrow Wilson** [(Virginie 28-12-1856/3-2-1924, fils d'un pasteur presbytérien). Presbytérien. Démocrate. *1882* avocat à Atlanta, puis professeur d'économie politique (*Wesleyan University* du Connecticut, puis Princeton). *1911* gouverneur du New Jersey.] **1914**-*21-4 Vera Cruz* (Mexique) bombardée (14-4 des marins américains avaient été arrêtés à Tampico). *-15-8* canal de Panamá officiellement ouvert. *-15-10 Clayton Act :* antitrust. **1915**-*1-5* tanker amér. *Gulflight* coulé par sous-marin all. *-7-5 Lusitania* (paquebot anglais de la Cunard) torpillé par sous-marin all. : 128 † américains. *-2-7* bombe au Sénat. *-28-7* débarquement à Haïti (devient protectorat amér. le 16-9). **1916**-*15-3* expédition punitive contre Mexique (Gal John Pershing, se retirera 5-2-1917). *-22-7 San Francisco,* bombe explose pendant répétition du *Day Parade :* 10 †. *-7-11* Wilson réélu (avec le slogan : « Il nous a maintenus hors de la guerre. »). *-29-11* gouv. militaire établi en Rép. dominicaine. **1917**-*janv.* îles Vierges achetées au Danemark. *-10-1* Buffalo Bill meurt. *-31-1* All. reprend la guerre sous-marine. *-3-2* relations diplomatiques avec All. rompues. *-24-2* Anglais interceptent une dépêche d'Arthur Zimmerman (min. des Affaires étr. all.) à l'ambassade d'All. à Mexico suggérant alliance All./pays d'Amér. du Sud/Japon. *-12/21-3 :* 5 bateaux amér. coulés sans préavis. *-6-4* déclare guerre à l'All. du côté allié [raisons : guerre sous-marine allemande, qui n'épargne pas les navires amér. ; crainte de soulèvement au Nouv.-Mexique, soutenu par All. ; influence sur Wilson du sioniste Louis Brandeis (1856-1941), décidé à faire appuyer par USA l'offensive projetée en Palestine (qui devait devenir un « foyer national juif ») par les Anglais Lloyd George, Arthur Balfour et lord Milner]. *-13-6* Gal Pershing arrive à Boulogne. *-27-6* début des inscriptions de volontaires (10 481 000 en 14 mois). *-28-6* 1re division amér. (14 500 h.) arrive à St-Nazaire. *-7-12* déclare guerre à Autriche-Hongrie. **1918**-*8-1 : 14 points* de Wilson sur la paix (voir à l'Index). *-Juillet* plus de 1 million de soldats amér. en Europe. *-Oct.* grippe : 548 000 Amér. †. *-1-11 :* 3 483 000 volontaires mobilisés, dont 2 000 000 en Fr. (pertes 128 831 †). **1919**-*2-10* Wilson paralysé. *-19-10 au 21-5-1933* (5-12 après ratification de l'Utah) **prohibition** (le 18e amendement, présenté au Congrès le 18-12-1917, ratifié le 17-1-1920 par tous les États, sauf Connecticut et Rhode Island, proscrit fabrication, transport et vente des boissons alcoolisées, mais non leur consommation ; la *loi Volstead* du 22-7-1919 définit les boissons) ; développement du banditisme [les *bootleggers* (origine : *bootleg,* partie haute des bottes que les trafiquants blancs utilisaient pour passer en fraude aux Indiens des bouteilles d'alcool)] et des débits *(speakeasies)* ; la lutte fait environ 2 500 tués, dont 2 000 civils (surtout gangsters ou trafiquants) et 500 agents de la prohibition. *-20-11* Sénat rejette le traité de Versailles. *-18-8 : 19e amendement :* vote des femmes. *-16-9* New York, banque Morgan, bombe (36 †, attentat anarchiste). *-19-11* Sénat refuse de ratifier la convention de la SDN. *-20-11* Wilson prix Nobel de la paix.

■ **1921** *-mars* **Warren Gamaliel Harding** (Ohio 2-11-1865, mort d'apoplexie le 2-8-1923). Baptiste. Républicain. *-24-8* paix séparée avec All., Autr., Hongrie. *-13-12* Washington : traité des Quatre sur le Pacifique signé (Guam et Philippines attribuées aux USA). **1921**-*12-11/* **1922**-*6-2* Washington, conférence sur limitation des armements ; USA et G.-B. ont la parité, le Japon doit limiter sa flotte à 60 % de celle des USA. *-22/23-6* Herrin (Illinois), grève dans mine de charbon (36 † dont 21 mineurs non syndiqués).

■ **1923** *-août* **Calvin Coolidge** (Vermont, 4-7-1872/5-1-1933). Congrégationaliste. Républicain. **1924**-*15-6* citoyenneté accordée à tous les Indiens. Intervention en Rép. dominicaine. **1925**-*24-7* John Scopes condamné à 100 $ d'amende pour avoir enseigné le darwinisme à Dayton. **1926**-*mai* marines au Nicaragua pour mater une révolte. **1927**-*5-3 :* 1 000 marines en Chine (protection de biens amér.). *-20/21-5* Charles Lindbergh traverse l'Atlantique seul à bord du *Spirit of St-Louis* (voir à l'Index). *-23-8* exécutions à Charleston de *Nicolas Sacco* (né 1891) et *Bartolomeo Vanzetti* (né 1888, anarchiste), arrêtés 1920 pour attaque à main armée [2 † : Parmenter (trésorier) et Berardelli (son garde du corps)] le 15-4-1920 à South Braintree (Massachusetts), reconnus coupables 1921 : nombreuses protestations dans le monde [Angleterre, Allemagne, France (grève le 8-8), Italie, Japon, Iran, Argentine...] ; leur culpabilité ne semblant pas prouvée, on accuse la justice de partialité envers 2 immigrés ; 1977-19-7 seront réhabilités par le gouverneur du Massachusetts, Dukakis. **1929**-*14-2 massacre de la St-Valentin :* 7 hommes de Bug Moran tués à la mitrailleuse par ceux d'Al Capone.

■ **1929** *-mars* **Herbert Clark Hoover** (Iowa, 10-8-1874/20-10-1964). Quaker. Républicain. *-Juin* création du *Federal Farm Board* pour les prêts aux agriculteurs. *-24-10 Jeudi noir,* début de la crise économique (voir ci-dessous). **1931**-*1-5* New York, Empire State Building ouvert. **1932**-*1-3* enlèvement du fils (Charles Auguste, né 22-6-1930) de Charles Lindbergh qui avait épousé Ann, fille du milliardaire Harry Guggenheim (rançon 50 000 $ payée). *-12-5* cadavre de l'enfant (mort le jour du rapt) retrouvé (ravisseur Bruno Hauptmann arrêté 19-9-1934, électrocuté 3-4-1936). *-29-5 Washington,* marche des anciens combattants réclamant leur dû (17 000 dont 2 000 seront chassés en juillet par l'armée, 4 †). **1933**-*15-2* Giuseppe Zangara tente d'assassiner Hoover (exécuté 20-3).

■ CRISE DE 1929

■ **Causes.** *Dépression agricole de 1919 à 1929 :* production de blé trop forte entraînant une baisse des cours de plus de 50 % entre 1919 et 1929. Coton concurrencé par fibres artificielles. Les fermiers, voyant leurs revenus diminuer de 30 % alors que les prix industriels augmentent, réclament l'intervention de l'État. *Développement artificiel du crédit :* dès 1925, 15 % des ventes amér. se font à crédit. *Spéculation boursière :* à partir de 1927, environ 1 million d'Amér. spéculent : ils achètent des actions parce qu'elles montent, et elles montent parce qu'ils achètent.

■ **Déroulement.** *Krach de Wall Street : 1929-24-10 (Black Thursday,* « Jeudi noir *»),* les ordres de vente affluent (13 millions de titres vendus : perte 7 à 9 milliards de $ en 104 minutes) ; *-29-10 (Black Tuesday,* « Mardi noir ») : 16 millions de titres vendus ; au 1-1-1930 la baisse atteint 25 % (*actions :* Du Pont de Nemours 90 %, Chrysler 96 %, de 1929 à 1933). Les spéculateurs ont voulu prendre leurs bénéfices (la faillite du holding londonien Hatry, en sept. 1929, les a rendus méfiants). La demande de crédits auprès des banques (par ceux qui veulent acheter d'autres actions), coïncidant avec d'importantes exportations de capitaux vers l'étranger, a fait monter le taux de l'intérêt de 4,06 % en 1927 à 7,6 % en 1929 ; la hausse des actions ne permet plus de couvrir les frais des emprunts au jour le jour : il faut donc vendre. Les premiers ordres de vente ayant fait baisser les actions, beaucoup se précipitent pour vendre avant que tout ne s'écroule. **Effets.** *Les ventes à crédit* s'arrêtent, les bénéficiaires de crédits ne pouvant rembourser ; d'où *faillites* de banques (4 000 en 3 ans) et de maisons de commerce. *Les prix* baissent :

industriels 27 % en 3 ans ; agricoles (blé) 60 % en 2 ans. *La production agricole*, peu compressible, se maintient ; *la production industrielle* fléchit (indice 100 en 1929 ; 55 en 1932). **Chômeurs** (en millions) : *1929* : 1,5 ; *33* : 12 à 14 ; *36* : 8 ; *37* : 7,2 ; *39* : 9,5, dont de nombreux « cols blancs » (cadres, employés). *Les salaires* baissent de 0,55 $ l'heure à 0,44. *Le revenu national* baisse de 87 à 41 milliards de $.

■ **Mesures prises par le Pt Hoover.** Relèvement des droits de douane par protectionnisme (*tarif Hawley-Smoot* juin 1930) ; abaissement du taux d'escompte à 2,1 % en nov. 1931 ; création de la *Reconstruction Finance Corporation* pour aider les entreprises ; du *Federal Farm Board* pour lutter contre la chute des cours agricoles. Hoover croit la crise « cyclique » et pense que la prospérité reviendra d'elle-même. **Répercussions internationales :** *réduction des importations amér.* (4,3 milliards de $ en 1929 ; 1,3 en 1933). *Rapatriement* des fonds à court terme placés en Europe, ce qui accule les banques européennes à la faillite quand ces fonds ont été immobilisés à long terme ou employés au financement d'importations des USA. *Principaux pays touchés :* Autriche, Allemagne, G.-B., *France* (avec 18 mois de retard) et surtout pays neufs à monoculture : Brésil (café), Cuba (sucre), Australie (laine). **Réactions populaires :** *création de la Bonus Army,* bénévoles empêchant la destruction volontaire des produits alimentaires et les distribuant gratuitement aux chômeurs.

■ **New Deal (1er : 1933-9-3/16-6 session spéciale de 100 jours du Congrès).** *Nouvelle Donne,* titre d'un ouvrage (1932) de l'économiste amér. Stuart Chase (né 1888). *Émeutes de la misère* (l'indemnité de chômage n'est que de 7,20 $ par semaine). *Roosevelt* élu nov. 1932 : aidé d'un *brains trust* (« équipe de penseurs ») d'universitaires (Icker, Bell, Tugwell, Hopkins), prend le contre-pied des méthodes républicaines, notamment de Mellon, secr. d'État au Trésor. *Moratoire sur les banques (Emergency Banking Act* 9-3-1933) : elles sont dispensées de rembourser immédiatement leurs dettes, le système bancaire est réorganisé sous le contrôle de la Banque fédérale. *Dévaluation :* suspension de la convertibilité en or (annoncée 19-4-1933, ratifiée 5-6) ; le dollar « flottant » tombe. Les achats reprennent. Les débiteurs remboursent leurs dettes avec une monnaie dépréciée. Dévaluation officielle : 41 % le 30-1-1934 *(Gold Reserve Act),* convertibilité rétablie à 35 $ l'once d'or. **Actions pour faire remonter les prix : 1°)** *AAA (Agricultural Adjustment Act* du *12-5-1933) :* accords avec les agriculteurs pour réduire la production. *Nira (National Industry Recovery Act* du *16-6-1933) :* les entreprises doivent vendre à des prix « normaux », verser des salaires « décents » (pour éviter toute concurrence). *Aigle bleu :* affichette prouvant le « civisme » des entreprises contribuant à l'action gouvernementale. Les prix remontent à 90 % de leur niveau de 1929. **2°)** *Lutte contre le chômage :* grands travaux [routes, écoles, stades, reboisement, barrages hydroélectriques de la « Tennessee Valley Authority » (TVA, fondée 18-5-1933)] ; la *Civil Works Administration* emploie 3 000 000 de chômeurs (*Civilian Conservation Corps* créé 31-3-1933) ; *réduction du temps de travail.* **Résistance au New Deal :** *patronat :* lock-out, plaintes devant la Cour suprême qui déclare AAA et Nira non conformes à la Constitution. Roosevelt réplique par le *Soil Conservation Act* (réduction des cultures, justifiée par l'érosion). **(2e : mai-août 1935).** Marquée par la conversion de Roosevelt aux idées de l'Anglais John Maynard Keynes qui préconise le déficit budgétaire pour relancer l'économie, et par l'adoption des grandes lois sociales, telles que la loi Wagner du 5-7-1935 (qui renforce liberté syndicale) et celle sur la Sécurité sociale du 15-8-1935 qui crée un système fédéral d'assurance-vieillesse *(Social Security Act)* pour les plus de 65 ans et des assurances-chômage obligatoires dans chaque État. Fin 1939 : il reste 7 millions de chômeurs.

■ **1933** *-mars* **Franklin Delano Roosevelt** [New York 30-1-1882/Warm Springs, hémorragie cérébrale 12-4-1945. Delano vient de sa mère Sarah († 1941), nom déformé, a-t-on prétendu, d'un ancêtre Philippe *de La Noye* arrivé en 1621, originaire de Folleville, Normandie. Épiscopalien. Démocrate. *1904* diplômé de Harvard. Avocat ; épouse 17-3-*1905* Eleanor Roosevelt, sa cousine (1884-1962). *1910* sénateur de New York. *1913* secr. adjoint à la Marine. *1920* candidat à la vice-présidence de Cox, battu. *1921-août,* atteint par la poliomyélite (paralysie des jambes). *1929* gouverneur de l'État de New York. *1932* élu Pt, réélu *1936, 1940-5-11* et *1944-7-11*]. **1933**-*15-2* Roosevelt échappe à un attentat de Giuseppe Zangara ; le maire de Chicago, Anton Cermak, blessé, mourra le 6-3. *-20-2 prohibition abolie* (21e amendement ratifié 5-12). *-4-3* Roosevelt prête serment. *-22-7* John Dillinger (ennemi public no 1) tué par FBI. *-16-11* URSS reconnue. Les marines quittent le Nicaragua. *-5-12* fin de la prohibition. **1934**-*24-3* loi Tydings-McDuffie : indépendance des Philippines. *-10/11-5* tornade (Texas, Oklahoma, Arkansas, Kansas et Colorado) appauvrissant les agriculteurs (qui partiront vers l'ouest). *-23-5 Bonnie* [Bonnie Parker (née 1910)] *& Clyde* [Clyde Barrow (né 1909)], accusés de 12 meurtres, tués par des policiers qui les poursuivent. *-29-5* traité avec Cuba : indépendance. *-6-8* troupes amér. retirées d'Haïti. **1935**-*31-8 1er Neutrality Act :* interdit toute expédition de munitions et d'armes à une nation en guerre. *-6-8* Huey Long (né 1893 ; pour le partage des fortunes), sénateur de la Louisiane, assassiné par Carl Weiss († 10-9). **1936**-*29-2 2e Neutrality Act :* prolonge la validité du 1er jusqu'au 1-5-1937 et interdit tout prêt ou crédit à un État en guerre. Barrage du Boulder Dam terminé. Parution d'*Autant en emporte le vent* (Margaret Mitchell). **1937**-*1-5 : 3e Neutrality Act. :* rend permanentes les décisions prises dans les 2 lois de 1935 et 1936. La clause *« cash and carry »* introduite pour 2 ans permet de vendre des armes (sauf des munitions) aux belligérants qui paient comptant (*cash*) et se chargent du transport (*carry*). *-27-5* San Francisco, Golden Gate inauguré. *-30-5* Chicago, grève : 10 †. *Été* nouvelle récession. **1938** Commission des activités antiaméricaines créée. *-25-3 Krach à Wall Street ;* remontée du chômage (10 millions). Baisse de la prod. industrielle de 25 %. *-26-6* salaire minimal national instauré. *-30-10* émission radio *La Guerre des mondes* d'Orson Welles : panique. **1939** échec d'un nouveau programme de construction du type « New Deal » (opposition du Congrès à cause du déficit budgétaire prévu). *-30/4 au 31-10* New York World's Fair (rouverte 11-5/21-10-1940). *-2-8* Einstein alerte Roosevelt de la possibilité de construire une bombe A. *-5-9* USA se déclarent neutres dans la guerre. *-18-10* Interdiction des ports amér. aux sous-marins belligérants. *-4-11 : 4e Neutrality Act* gardant la clause *« cash and carry ».* **1940** les commandes militaires sauvent l'économie. *-3-6* Amér. vendent leurs surplus militaires aux Anglais. *-16-9* service militaire obligatoire. *-5-11* Roosevelt réélu. **1941**-*6-1* message du Pt sur l'état de l'Union : définit les « 4 libertés essentielles » : liberté d'expression, liberté de culte, liberté par l'absence de peur et par l'absence de besoin. *-11-3 loi prêt-bail,* pour aider les adversaires de l'Axe, signée par Roosevelt et Churchill sur le *Prince of Wales* dans la baie de Terre- Neuve. *-11-4* forces armées au Groenland. *-7-7* Amér. occupent l'Islande. *-14-8 Charte de l'Atlantique :* collaboration USA/G.-B. *-7-12* agression japonaise contre *Pearl Harbor* aux îles Hawaii (à 7 h 55 (heure locale) [voir encadré p. 693 ; certains pensent que Roosevelt a tendu un piège aux Japonais en laissant à leur portée une escadre vulnérable (il avait besoin d'une agression japonaise pour justifier aux yeux des Amér. son intervention dans la guerre mondiale)]. *-8-12* **USA déclarent la guerre au Japon.** *-11-12* Allemagne, Italie déclarent guerre aux USA. *-20-12* loi sur la conscription (*Draft Act*) : les hommes entre 20 et 44 ans sont tous incorporables. **1942** Japonais (110 000 dont 75 000 citoyens amér.) détenus sur la côte Ouest pendant 3 ans. *-4/7-6 bataille de Midway.* *-7-8* marines à Guadalcanal ; *-8-11* débarquent Algérie et Maroc (rupture diplomatique avec Vichy). *-13-11* sous-marin japonais coule le *Juneau* (les 5 frères Sullivan † ; une loi interdira par la suite de faire servir des frères sur le même bateau). *-2-12 :* 1re réaction nucléaire en chaîne (Chicago). **1943**-*9-9* invasion de l'Italie. **1944**-*6-6* débarquement en Normandie. *-20-10* victoire amér. à Leyte (Philippines) ; **1945** *-4/11-2* Yalta. *12-4* Roosevelt meurt en cours de mandat.

■ **1945** *-avril* **Harry S. Truman** [Montana 8-5-1884/26-12-1972). Baptiste. Démocrate, fils d'agriculteur. Admis à West Point (abandonne la carrière militaire à cause de sa vue). Volontaire en 1917, finit la guerre comme capitaine. *1922* dans l'organisation du P. démocrate. *1935* sénateur du Missouri. *1944* vice-Pt. Épouse Bess Wallace (1885-1982)]. **1945**-*12-4* Pt à la mort de Roosevelt. *-7-5* fin de la guerre en Europe. *-16-7 Alamogordo* près de Los Alamos (Nouv.-Mexique) : 1re bombe atomique. *-6-8 bombe A sur Hiroshima. -9-8 sur Nagasaki. -14-8* Japon capitule. *-2-9* fin de la guerre. *-8-9* armée amér. franchit le 38e parallèle en Corée du Sud. *-9-9* commandement du Gal Douglas Mac Arthur (1880-1964) au Japon. **1946**-*4-7* indépendance des Philippines. *-1-8* loi McMahon : Commission pour l'énergie atomique créée. *-5-11 législatives :* les républicains obtiennent la majorité (Sénat 51 sièges contre 45 ; Chambre des représentants 245 contre 188). **1947**-*12-3 doctrine Truman* (aider Grèce et Turquie contre communisme). *-2-4* Conseil de sécurité de l'Onu place les îles Pacifiques sous contrôle amér. *-5-6* discours à Harvard du *Gal George Catlett Marshall* (1880-1959), secr. d'État : **Plan Marshall** [aide financière à l'Europe pendant 4 ans (loi du 2-4-1948) ; au 31-12-1951 l'Europe occupée a reçu 12,4 milliards de $ en dons ; acceptée par 16 pays, rejetée le 12-7 par URSS et bloc socialiste ; prolongée jusqu'à 1955 (balance commerciale USA/Europe de nouveau équilibrée)]. *-23-6* entrée en vigueur de la *loi Taft-Hartley* interdisant aux élus syndicaux toute affiliation au parti communiste. Proposée par Robert Taft et Fred Hartley : 1°) une grève ne pourra plus être déclenchée sans préavis ; 2°) personnel d'encadrement, fonctionnaires, employés de maison et ouvriers agricoles n'ont pas le droit de faire grève, ni de former un syndicat ; 3°) les organisations syndicales n'ont plus le privilège de l'embauche ; 4°) tous les responsables (d'un syndicat) sont tenus d'attester qu'ils ne sont pas communistes. **1948** *rapport Kinsey* sur la sexualité masculine. *-1-4 au 30-9* blocus de Berlin. *-30-4 Organisation des États d'Amérique* fondée. *-3-8* Whittaker Chambers, ancien du PC, accuse Alger Hiss (15-12-1904/1996), fonctionnaire d'État, d'avoir été communiste et d'avoir communiqué des documents secrets à l'URSS. *-2-11* Truman réélu. *-15-12* Hiss poursuivi pour parjure (déniait avoir transmis des pièces à un espion communiste) ; condamné 21-10-1950 à 5 ans de prison. **1949**-*29-6* troupes retirées de Corée (500 conseillers restent). *-24-8* Otan fondée (voir p. 933 b). **1950** *-9-2* début du *maccarthysme :* discours de Wheeling (Virginie-Occ.), de Joseph McCarthy (1909/2-5-1957 d'une cirrhose), sénateur républicain du Wisconsin, qui lance une campagne anticommuniste (dite « chasse aux sorcières »). Principales victimes : Owen Lattimore (sinologue), Philip Jessup (ambassadeur à l'Onu), Gal Marshall (14-6-1951), Robert Oppenheimer (exclu de la Commission de l'énergie atomique), 214 personnalités de Hollywood, dont Charlie Chaplin (s'exile en Europe en 1952), Polonsky, Edward G. Robinson. 11 500 révocations ou renvois, 12 000 démissions de fonctionnaires fédéraux. Le 2-12-1954, le Sénat censurera McCarthy par 67 voix contre 22. *-25-6 début de la* **guerre de Corée,** qui durera jusqu'au 27-7-1953. *-27-6* envoie 35 conseillers militaires au Sud-Viêt Nam et accepte de fournir aide militaire et économique contre govv. communiste. *-15-9* Amér. débarquent à Inchon, prennent Pyongyang. *-23-9* loi McCarran sur la sécurité intérieure : les communistes devront se déclarer au gouvernement et seront incarcérés en cas de situation d'urgence. *-20-10* Amér. atteignent la frontière chinoise. *-1-11 :* 2 nationalistes portoricains tentent de tuer Truman. **1951**-*28-2* rapport du sénateur Estes *Kefauver* sur le crime organisé. *-11-4* Mac Arthur relevé de son commandement en Corée. *-8-9* traité de paix japonais signé à *San Francisco* et par 47 autres nations. **1952** *loi McCarran Walter* interdisant l'entrée des USA aux communistes.

■ **1953** *-janv.* **Dwight David Eisenhower** [(Texas 14-10-1890/28-3-1969). Presbytérien. Républicain, famille pauvre, mennonite ; *1911* entre à West Point. *1916* épouse Marie Geneva Doud (1896-1979). *1941* Gal. *1942-nov.* participe au débarquement en Afr. du Nord, puis en Sicile (1943). *1943-nov.* à Londres (Cdt en chef des forces alliées en Europe). *1948* Pt de l'université de Columbia. *1950* Cdt suprême de l'Otan]. **1953**-*8-5* don à la France de 60 millions de $ pour la guerre d'Indochine. *-19-6* Julius (né 1916, américain depuis déc. 1939) et sa femme Ethel (née Greenglass en 1915) *Rosenberg* exécutés comme espions (arrêtés 18-7-1950, condamnés 6-4-1951) [leurs fils Michael et Robert Meeropol (nom de leurs parents adoptifs) ont entamé un procès en révision]. L'ouverture des archives amér. aurait, selon Alain Decaux, prouvé leur culpabilité. Morton Sobell, condamné à 30 ans, relâché 1969. *-27-7* cessez-le-feu en Corée. **1954** intervention au Guatemala. *-21-1 Nautilus,* 1er sous-marin atomique, lancé à Groton (Connecticut). *-1-3 :* 5 membres du Congrès blessés par 4 Portoricains tirant depuis les galeries. *-17-5* ségrégation dans les écoles déclarée inconstitutionnelle (Arkansas). *-31-12* Bourse au plus haut depuis 1929. **1955**-*26-9* Bourse : perte de 44 milliards de $. **1956**-*6-11* Eisenhower réélu. **1957**-*5-1* (*doctrine Eisenhower*) discours au Congrès : « à toute nation du Moyen-Orient menacée par le communisme, les USA s'engagent à envoyer des armes ». *-24-9* violences raciales à Little Rock (voir p. 1074 a). **1958**-*31-1 :* 1er satellite, *Explorer I,* lancé à Cap Canaveral. *-Juillet/oct.* 5 000 marines au Liban pour protéger le gouv. **1959**-*3-1* Alaska 49e État. *-15-4* démission de Foster Dulles (25-2-1888/24-5-1959) secrétaire d'État. *-25-4* voie maritime du St Laurent ouverte. *-21-8* Hawaii 50e État. *-15/27-9* visite de Khrouchtchev. **1960**-*1-2* début campagne de *déségrégation (sit in). -1-5* un U-2, avion de reconnaissance parti d'Incirlik (Adana, Turquie), est abattu en URSS. Son pilote, Francis Gary Powers (né 17-8-1929), condamné le 19-4 à 10 ans de détention, puis échangé le 10-2-1962, au pont de Glienick sur le lac de Wannsee entre Potsdam et Berlin-Ouest, avec le Cel Rudolf Abel (espion soviétique aux USA). Le même jour, Frederick Pryor (étudiant arrêté en All. de l'Est pour espionnage) est libéré à Check Point Charlie (à Berlin). *-15-12* USA soutiennent la droite au Laos. **1961**-*3-1* rupture des relations diplomatiques avec Cuba (qui a nationalisé des Stés amér.). *-19-1* Eisenhower parle à Kennedy de la *théorie des dominos :* si le Laos tombe, le Viêt Nam le suivra puis toute l'Asie. Kennedy contre un engagement au Viêt Nam proposé par Dean Rusk (1909/20-12-94 ; secr. d'État 1961-69) ; Robert Mc Namara (né 1916), Pt de Ford, devenu min. de la Défense en 1961, parle de rapatrier, avant 1963, 1 500 des 16 000 Amér. déjà sur place. *Aide au Viêt Nam du Sud :* 500 millions de $.

■ **1961** *-janv.* **John Fitzgerald Kennedy** (dit **Jack**) [Massachusetts 29-5-1917/assassiné le 22-11-1963, enterré le 25-11 au cimetière national d'Arlington ; 1,86 m, 85 kg (voir encadrés p. 1081 a et p. 1082). Démocrate, 1er Pt catholique. Étudiant à Harvard. *1941* tombe amoureux d'Inga Arvad [(6-3-1913/1973) journaliste danoise, pronazie] ancienne Miss Danemark et Miss Europe, surveillée par le FBI (rompra 19-1-1942). *1941-45* combattant dans la marine (Pacifique le 2-8-1943, son bateau est coupé en 2 par un destroyer japonais). *1946*-5-11 représentant du Massachusetts. *1947* épouse devant un juge de paix à Palm Beach, Duril Malcom. *1952* sénateur. *1953-54* souffre d'une malformation de la colonne vertébrale, de la maladie d'Addison (insuffisance des glandes surrénales) et de plusieurs handicaps physiques. Opéré (21-10-1953, févr. 1954). *1957* prix Pulitzer pour *Profiles in Courage* (« le Courage en politique »), écrit par Sorensen. *1960* campagne financée par famille Kennedy, industrie et fonds douteux (?). *-8-11* élu avec 49,7 % des voix devant Nixon (49,5 %)]. **1961**-*20-1* prête serment. *-Févr./août* crise de Berlin. *-17-4* échec intervention à Cuba (*baie des Cochons*). *-Mai* voyage en Fr. *-Août* John Roselli, Sam Giancana et Santos Trafficante sont engagés par la CIA pour tuer Castro (1er attentat). *-Fin oct. intervention au Viêt Nam* (fin déc., il y a 2 067 conseillers amér. qui, depuis le 20-12, peuvent se servir de leurs armes à titre défensif ; 22-12 : James Thomas Davis, 1er soldat amér. tué ; 15 000 h. seront envoyés au Nord-Viêt Nam sous Kennedy). **1962** *le Printemps silencieux* (livre de Rachel Carson) lance le mouvement écologiste. *-28-5* chute de la Bourse. *-5-8 Marilyn Monroe* (36 ans) retrouvée morte à son domicile [suicide ou empoisonnement ? (maîtresse de Kennedy, elle aurait menacé de faire des révélations)]. *-13-8* bilan du Pt : *PNB :* + 10 %, *prod. industrielle :* + 16 %, *salaires :* + 10 %, *bénéfices des Stés :* 26 %. *Chômage :* tombé de 6,7 à 5,3 %. *-22-10/8-11* crise de Cuba. *-Oct.* USA obligent URSS à démonter ses rampes de fusées à Cuba. **1963**-*28-8* Washington, arrivée marche (200 000 personnes) de Martin Luther King. *-30-8* inauguration du *téléphone rouge* USA/URSS. On reproche à Kennedy de dépenser trop, d'être responsable de la chute des valeurs boursières, de combattre insuffisamment la concurrence de la CEE. Les libéraux, progressistes, réclament la relance de l'économie suivant la méthode de Keynes. Kennedy annonce la diminution des rentrées fiscales (donc l'accroissement du déficit budgétaire). Pour rassurer le monde des affaires, il va à Dallas. **-22-11** *Dallas,* Kennedy, blessé à 12 h 30 par Oswald, meurt à 13 h (voir encadré p. 1082).

■ **Famille de John Kennedy.** **Arrière-grand-père :** Patrick, émigré à Boston en 1849 († 1858). **Grand-père :** Patrick Joseph (1858-1929), cabaretier puis importateur d'alcool ; possède à sa mort environ 100 000 $. **Père :** Joseph Patrick [(Joe, 6-9-1888/1969), ép. 7-10-1914 Rose Fitzgerald (22-7-1890/22-1-1995, victime en mai 1984 d'une congestion cérébrale) dont il eut 9 enfants (voir ci-dessous) ; devenu milliardaire (banque, Bourse, import. d'alcool) lors de la prohibition) ; *1932* soutient Roosevelt ; *1934* Pt de la SEC *(Securities and Exchange Commission)* ; *1937*-24-3 Pt de la Commission des Affaires maritimes ; *1938*-1-3 au 22-10-1940 ambassadeur à Londres ; *1957* classé par *Fortune* dans les 15 plus riches Amér. (200 à 400 millions de $) ; croit à la défaite anglaise, contre l'entrée en guerre des USA]. **Épouse** 12-9-1953 **Jacqueline Lee Bouvier** (dite *Jacky,* 28-7-1929/19-5-1994) ; de nov. 1963 au 15-1-1964 elle reçut environ 800 000 messages de sympathie. Remariée 20-10-1968 à l'armateur grec Aristote Onassis (1906-75). **Enfants :** 1 fille mort-née (23-8-1956), *Caroline* (née 27-11-1957, ép. Edwin Schlossberg, 3 enfants : Rose, Tatiana, Jack), *John* (né 25-11-1960, ép. 21-9-1996 Carolyn Bessette née 7-1-1966 ; tués dans accident d'avion 16-7-1999 ; faute de pilotage de John), *Patrick* (7/9-8-1963). En 1996, des souvenirs de Jacky ont été vendus à Sotheby's 34 millions de $. **Frères et sœurs : Joseph** (25-7-1915/tué 12-8-1944 dans l'explosion d'un bombardier expérimental). **Rosemary** (née 13-9-1918, malade mentale, internée 1941). **Kathleen** (30-2-1920/19-5-1948, tuée dans accident d'avion en Fr.) ; ép. Mis de Hartington, fils du duc de Devonshire (tué au combat 10-9-1944). **Eunice** (née 10-7-1921) ép. R. Sargent Shriver (né 9-1-1915) [leur fille Maria ép. 26-4-1986 Arnold Schwarzenegger, acteur]. **Patricia** (née 6-5-1924) ép. 22-4-1954 Peter Lawford (1928-84), acteur. **Robert,** dit *Bob* (20-11-1925/6-6-1968), magistrat, attorney gén. (min. de la Justice) pendant la présidence de son frère. *1950-17-6* ép. Ethel Skakel. *1965* sénateur de New York. *1968* candidat présidentiel, *-5-6* assassiné par un Jordanien, S. Sirhan (condamné à mort, puis prison à vie 1972) ; 11 enfants [dont Joseph Patrick (né 24-9-1952), qui en 1997 renonce à se faire élire gouverneur du Massachusets ; David (né 15-6-1955, † 25-4-1984 d'une surdose) ; Michael (27-2-1958/31-12-1997, † d'un accident de ski)]. **Jean** (20-2-1928/1990 cancer) ; ép. 9-5-1956 Stephen Smith ; son fils William (31 ans) jugé pour tentative de viol et acquitté (libéré 11-12-1991). **Edward,** dit *Ted* (né 22-2-1932), journaliste, *1951* expulsé d'Harvard pour tricherie. *1958* -29-11 ép. 1°) Joan Virginia Bennett [(née 9-9-1936) mannequin, internée en 1974-79 pour alcoolisme ; leur fils Teddy, atteint d'un cancer, est amputé en 1973, à 12 ans, d'une jambe)]. *1963* sénateur du Massachusetts. *1964*-19-6 blessé dans un accident d'avion privé (sa secrétaire et le pilote sont tués). *1969*-18-7 reconduisant en voiture l'ex-secrétaire de son frère Bob (la Polonaise Mary Jo Kopechne), il tombe dans la mer près du pont menant à l'île de Chappaquiddick (Massachusetts) ; il s'échappe à la nage mais la jeune fille (22 ans) meurt noyée. Il reste 10 h sans prévenir la police étant, dit-il, traumatisé (ses adversaires disent qu'il a téléphoné de tous côtés pour étouffer l'affaire ; sera condamné à 2 mois de prison avec sursis). *1979-28-11* Susan Osgood tente de le poignarder. *1980* battu aux primaires par Carter (qui échouera). *1988* renonce à se présenter. *1992* ép. 2°) Victoria Any Reggie (née 26-2-1954).

☞ On a prêté à Kennedy beaucoup de liaisons [par exemple avec Marilyn Monroe (qui eut aussi une aventure avec Robert Kennedy) et avec Judith Campbell Exner (proche de Sam Giancana, mafioso, tué en 1976)].

■ **1963** *-nov.* **Lyndon Baines Johnson** [Texas 27-8-1908/22-1-1973. Disciple du Christ. Démocrate. *1934* épouse Claudia Alta (lady Bird) Taylor (22-12-1912). *1937-30-4* représentant du Texas. *1948* et *1954* sénateur du Texas. *1960* vice-Pt]. **1963**-*22-11* 14 h 38 prête serment comme Pt en présence de Jacky Kennedy dans l'avion présidentiel ramenant le corps de Kennedy. **1964**-*9-1* Panamá suspend relations diplomatiques. *-7-8* Congrès autorise l'intervention au **Viêt Nam.** *-11-8* loi « guerre à la pauvreté ». *-3-11* élu Pt. **1965**-*févr.* Johnson ordonne le bombardement continu du Viêt Nam au nord du 20e parallèle. *-18-2* loi condamnant les atteintes au droit de vote des Noirs. *-21-2* New York : Malcolm X assassiné (voir p. 1074 b). *-28-4* intervention des marines en Rép. dominicaine (14 000 h.). *-30-7 loi sur le Medicare :* assistance médicale pour vieillards et handicapés. (En vigueur le 1-7-1966.) *-11/16-8 Watts* (Los Angeles), émeutes noires, 34 †. *-8-9* marines débarquent au Sud-Viêt Nam (184 300 h. à la fin de l'année). **1966** début de l'ère *hippie* animée par Abbie Hoffman, Mehu Bubn. *-1-5* Amér. au Cambodge. *-29-6* bombardement de dépôts de carburants à Hanoï. *-1-8 Austin :* Joseph Witman (étudiant) tire du haut de la tour du campus : 14 †, 29 blessés ; il est abattu. *-6-10 : 1er live-in* (30 000 hippies rassemblés sur les pelouses du Golden Gate Park à San Francisco). **1967**-*8-6* le *Liberty* torpillé par Israël, au N. du Sinaï, 34 †. *-23/25-6 Glassboro* (New-Jersey), rencontre Johnson/Kossyguine. *-12/17-7* émeutes à Newark, 26 †, 1 500 bl., 1 000 arrestations. **1968**-*23-1* le *Pueblo* (navire espion amér.) arraisonné par Nord-Coréens (équipage relâché 22-12). *-4-4* Martin Luther King assassiné. *-5-6 Los Angeles,* Robert Kennedy assassiné († 6-6). *-26-6* USA rendent au Japon les îles Bonin, Volcano (avec Iwo Jima), Marcus.

■ **1969** *-janv.* **Richard Milhous Nixon** [Californie 9-1-1913/22-4-1994, accident vasculaire cérébral. Quaker. Républicain. Fils d'épicier ; avocat ; épouse 21-6-1940 Thelma (prénom usuel Patricia) Ryan, institutrice (1912/22-6-1993, cancer) dont 2 filles, Julie et Tricia. *1942-45* combattant dans le Pacifique. *1946* et *1948* représentant de Californie. *1950* sénateur de Californie. *1952-4-11* vice-Pt d'Eisenhower, compromis dans scandale financier, battu par Kennedy en Californie. *1960* battu de justesse par Kennedy. *1962* battu pour le poste de gouverneur de Californie. *1963* avocat international à New York]. **1969**-*20-1* prête serment. *-15-4* avion espion amér. abattu par la chasse nord-coréenne. *-27-6* adhère au Mouvement de libération homosexuel (émeutes après raid de la police au bar Stonewall Inn à New York). *-20-7* Armstrong marche sur la Lune. *-17-8* à Bethel, État de New York, concert de 3 j dans un parc de 250 ha (appelé *Woodstock*), 500 000 auditeurs. *-15-11* Washington : marche de la paix (250 000 pers.) contre guerre au Viêt Nam. **1970** plus de 30 000 attentats. *-22-4* marche antipollution de millions d'Amér. (1er Jour de la Terre). *-30-4/30-6* intervention amér. au Cambodge. **1971**-*9-2 San Fernando :* séisme, 65 †. *-10-3* droit de vote à 18 ans. *-31-3* Lt William Calley condamné à la prison à vie pour le meurtre prémédité de 22 Vietnamiens à My Lai (Viêt Nam) le 16-3-1968 (20-8 peine ramenée à 20 ans). *-13-6 New York Times* publie papiers du *Pentagone* sur l'intervention au Viêt Nam. *-15-8* $ flottant (n'est plus rattaché à l'or). *-9/13-9* prison d'Attica (État de New York) : révolte (43 † dont 9 gardes exécutés). **1972**-*21/28-2* Nixon en Chine. *-15-5* USA rendent l'île Ryu Kyu (avec Okinawa) et les îles Daito au Japon. George Wallace, gouverneur de l'Alabama, blessé par Arthur Bremer (21 ans ; sera condamné le 4-8 à 63 ans de prison). *-17-6 :* 5 cambrioleurs arrêtés au **Watergate**, siège du Parti démocrate à Washington. [*1973-30-4* républicains compromis, démission des min. de la Justice (John Mitchell, † 1988), du Commerce, de conseillers de Nixon. *-25-6* Nixon accusé d'avoir couvert l'*affaire du Watergate*. *-26-7* il refuse de livrer les enregistrements des conversations de la Maison-Blanche. *-9-8* Nixon doit démissionner. *1975-1-1* Mitchell, Haldeman († 12-11-1993), John Ehrlichman († 14-2-1999) coupables.] *-22/30-5* Moscou : Nixon signe les 1ers *accords Salt*. *-7-11* Nixon réélu Pt avec 60 % des voix. **1973**-*22-1* arrêt de la Cour suprême Jane Roe/Wade : les États ne peuvent interdire l'avortement au cours des 3 premiers mois de grossesse. *-23-1 accord de Paris* sur **cessez-le-feu au Viêt Nam.** *-27-2/8-5* « insurrection » indienne à Wounded Knee (Dakota du Sud). *-16/25-6* Brejnev à Washington, accord sur la prévention de la guerre nucléaire. *-27/29-7* la commission judiciaire de la Chambre des représentants recommande la mise en accusation (*impeachment*) de Nixon. *-14-8* arrêt des bombardements au Cambodge. *-22-8 Henry Kissinger* (né 27-5-1923), secr. d'État, remplace William Rogers (né 23-11-1913). *-10-10 Spiro Agnew,* vice-Pt, accusé de fraude fiscale et de concussion, démissionne. *-12-10 Gerald Ford* vice-Pt. *-25-10* guerre du Kippour (Israël), mise en alerte nucléaire. **1974**-*4-2* Patricia Hearst (19 ans) enlevée par l'Armée de libération symbionnaise qui réclame 2 millions de $ pour les pauvres (elle sera arrêtée avec des complices le 18-9-1975 lors du braquage d'une banque). *-27-6/3-7* Nixon en URSS. *-8-8* Nixon démissionne. **1974-77** 49 attentats à New York attribués aux *Forces armées de libération nationale portoricaine* (FALN).

■ **1974** *-9-8* **Gerald Rudolph Ford** [Nebraska 14-7-1913. Républicain. Épiscopalien. Épouse 15-10-1948 Elizabeth Anne Bloomer (née 8-4-1918). *1941* avocat. *1942-46* officier de marine dans le Pacifique. *1949* représentant du Michigan]. **1974**-*20-8* Nelson Rockefeller (1908-79) nommé vice-Pt. *-8-9* Nixon amnistié. *-23/24-11* Vladivostok, rencontre Ford-Brejnev : accord limitant armes offensives jusqu'en 1985. **1975**-*24-1* New York, explosion dans une taverne : 4 †. *-29-4* civils évacués de Saigon. *-12-5* navire de commerce amér., le *Mayaguez,* saisi par Cambodgiens dans golfe de Siam ; marines attaquent île de Tang, bombardent la base aérienne. Cambodge rend navire et équipage. *-16-5* Congrès vote 405 millions de $ pour réfugiés vietnamiens (140 000 aux USA). *-10-6 rapport Rockefeller* sur CIA (accusée d'activités illégales depuis 20 ans) ; mise en cause des ex-Pts Johnson et Nixon. *-29-12* New York, bombe aéroport La Guardia : 11 †. **1976**-*9/10-3* Washington, des musulmans noirs hanafites (chef Hammas Abdul Khaalis) prennent 137 otages puis les relâchent. *-4-7* bicentenaire de l'Indépendance. *-16-6* Beyrouth, ambassadeur assassiné. *-21/24-7* Philadelphie, « maladie du légionnaire » (bactérie découverte 18-6-1977) : 29 †. *-Août* affaire Lockheed. *-2-11* Carter élu Pt.

■ **1977** *-janv.* **James Earl,** (dit **Jimmy**), **Carter** [Géorgie 1-10-1924. Diacre de l'Église baptiste. Démocrate ; épouse Rosalynn Smith (née 18-8-1927), *1946-53* officier de marine ; reprend affaire familiale d'entrepôt. *1962-66* sénateur. *1971-74* gouverneur de Géorgie, témoin d'une arrivée de soucoupes volantes]. **1977** homosexuels reconnus éligibles localement. *-13-7* (21 h 34) au 14-7 (22 h) : panne d'électricité (centrale atomique d'Indian Point touchée par la foudre) ; pillage (coût 100 millions de $). **1978**-*18-4* Sénat vote la cession du canal de Panamá au 31-12-1999. *-25-10 plan Carter contre inflation :* réduction du déficit de 30 milliards de $ pour 1979-80 ; hausse des salaires limitée à 7 % ; des prix à 5,75 %. *-27-11* George Moscone, maire de San Francisco, assassiné par ancien conseiller municipal. **1979**-*14-2* Kaboul, ambassadeur enlevé, sera assassiné. *-28-3* accident d'un réacteur nucléaire à *Three Mile Island*. *-16-7 plan Carter pour économie d'énergie* [140 milliards de $ sont investis pour les ressources énergétiques nationales ; le maximum des importations de pétrole est de 8,2 millions de barils/j en 1980 (au lieu de 8,5), 8,9 en 1990 (au lieu de 13,14)]. *-5-11* Iran : 90 personnes, dont 60 Américains, prises en otage (voir p. 1097 b), **1980**-*4-1* Carter annonce embargo contre URSS (céréales, haute technologie). *-20-1* boycottage des JO de Moscou (cause : intervention soviétique en Afghanistan). *-24-4* échec d'un commando aéroporté à Tabas (Iran) : 8 †, 5 blessés. *-26-4* démission de Cyrus Vance, secr. d'État ; dizaines de milliers de réfugiés cubains en Floride. *-18-5/25-5/12-6* éruption du *Mt St-Helens*, 57 † (dégâts : 3 milliards de $). *-29-5* Vernon Jornan (leader Droits civils) blessé dans attentat. *-24-6* commission d'enquête sur Billy Carter, frère du Pt [il a reçu 220 000 $ de la Libye ; le *Billygate* fait tomber la cote de Carter (72 % de mécontents)]. *-4-11* Carter n'est pas réélu ; fin de la « coalition démocrate » formée en 1933 autour du New Deal de Roosevelt [prolétariat du Sud, minorités religieuses (juifs, cath.) et ethniques (Noirs)]. *-8-12* John Lennon (ancien Beatle) assassiné à New York.

■ **1981** *-janv.* **Ronald Wilson Reagan** [Tampico, Illinois, 6-2-1911 ; 1,85 m ; annonce en nov. 1994 qu'il est atteint de la maladie d'Alzheimer. Disciple du Christ. Républicain. Famille miséreuse (père alcoolique). Commence études à 19 ans (les paie en étant serveur à la cafétéria) ; chômeur. *1932* reporter sportif de radio à Davenport. *1937* acteur à la Warner Brothers ; 1er film : *Love Is on the Air* de Nick Grinde (en tournera 54). *1940-26-1* ép. 1°) Jane Wyman (née 1914), actrice, divorcée. *1942-45* capitaine dans les services photo de l'armée. *1948* divorce. *1952* ép. 2°) Anne Frances (dite Nancy, née 6-7-1923, actrice, fille de K. Robbins, adoptée par le 2e mari de sa mère, le Dr Davis). *1954* présentateur à la télévision. *1962* soutient la candidature de Goldwater, républicain. *1964* dernier film (*The Killers* de Don Siegel). *1966* gouverneur de Californie. *1970* et *1975* réélu. *1976* battu aux primaires républicaines par Gerald Ford. *1980-4-11* élu Pt]. **1981**-*20-1* Reagan envoie Carter à Wiesbaden accueillir les 52 otages libérés par l'Iran [il lui laisse ainsi la responsabilité des conditions de leur libération (10 milliards de $)]. *-30-3* Reagan blessé (balle dans le poumon gauche) par un névropathe néonazi de 23 ans, John Warnock Hinckley (peut-être complot) ; James Brady, porte-parole de la Maison Blanche, blessé, restera paralysé à vie. *-7-4* FBI arrête un autre névropathe, Edward Richardson, qui voulait achever Reagan. *-16-5* New York, bombe aéroport Kennedy : 1 † (attentat revendiqué par « Résistance armée portoricaine »). *-3-8* grève de 12 500 contrôleurs aériens : licenciés *6-8*. *-25-8* accord sur céréales avec URSS. **1982**-*11-6* Reagan à Berlin, violentes manif., défilé à New York de 700 000 pacifistes. *-25-6* Alexander Haig (secrétaire d'État) démissionne. George Schultz le remplace. *-13-11* Lech Walesa libéré en Pologne après 11 mois de prison ; Reagan lève embargo sur équip. pétrolier et gaz vers URSS. **1983**-*18-4* Beyrouth, attentat ambassade amér. : 63 † dont 17 Amér. *-23-10 :* 241 marines tués au Liban (attentat suicide, voir p. 1165 c). *-25-10* intervention des marines à Grenade. *-7-11* Washington, bombe contre mur du Sénat. **1984**-*23-1* USA restreignent les exportations vers Iran qui soutient le terrorisme. *-7-3 :* 1er otage amér. enlevé en Iran. *-13-7* Reagan opéré du côlon (ablation d'un polype cancéreux). *-18-7* San Ysidro (Californie) : tuerie dans restaurant, 21 †. *-6-11* Reagan réélu. **1985**-*19/20-11* Reagan rencontre Gorbatchev à Genève. **1986**-*5-1* Reagan : ablation de 4 polypes. *Cote de popularité :* 69 % en janv. (record), 56 % des Noirs (10 % en 1984). *-20-1 Martin Luther King Day* instauré. *-28-1* navette *Challenger* explose en vol. *-Mars* flotte amér. manœuvre dans le golfe de Syrte (Libye) ; *-24-3* riposte à attaque libyenne sur base de missiles : 2 patrouilleurs dédruits. *-14-4* Tripoli et Benghazi (Libye), raids aériens amér. *-18-9 :* 25 diplomates soviét. expulsés de l'Onu. *-11/12-10* Reagan rencontre Gorbatchev à Reykjavík. *-4-11* élections : Reagan (républicain) aura un Sénat à majorité démocrate. *-14-11 Ivan Boesky* plaide coupable, paie 100 millions de $ d'amende ; rayé à vie des marchés commerciaux. **1987** *Irangate* (révélé 25-11-1986) : contrairement à la loi, les USA ont vendu secrètement des armes à l'Iran pour obtenir la libération des otages amér. de Beyrouth ; les bénéfices permettront de subventionner la guérilla antisandiniste (Contra) au Nicaragua (le 6-7-1989 L^t-C^el *Oliver North* condamné à 3 ans de prison avec sursis, 150 000 $ d'amende et 1 200 h de travail communautaire ; le 5-3-1990, vice-amiral *John Pointdexter* condamné à 6 ans de prison ; le 24-12-1992 *Caspar Weinberger* et 5 pers. compromises, amnistiés). *-7-5 Gary Hart* renonce à l'investiture démocrate (accusé de tromper sa femme). *-17-5 :* 2 Mirage F-1 iraqiens lancent 2 Exocet sur frégate amér. *Stark :* 37 †. La Sté japonaise Toshiba ayant vendu à l'URSS des produits stratégiques, embargo de longue durée sur les produits exportés aux USA (1,7 milliard de $). Le Pt de Toshiba et son directeur général démissionnent. *-17-9* Washington : le gouvernement ferme le bureau de l'OLP. *-19-10* krach de Wall Street ; le Dow Jones perd 508 points (22,6 % ; record le 25-8). *-8-12* Washington, *traité de non-prolifération* Reagan/Gorbatchev. **1988**-*2-1 accord de libre-échange Canada-USA*. *-3-2* le Congrès refuse l'aide de 36 millions de $ à la Contra au Nicaragua par 219 voix contre 211. *-19-3 :* 3 150 Amér. envoyés au *Honduras*. *-4-4* Edward Mecham, gouverneur de l'Arizona, 1er à être révoqué *(impeachment)* pour entrave à la justice et détournement de fonds. *-Juin à sept.* incendie parc de Yellowstone, 364 000 ha touchés sur 1 800 000 ha. *-3-7* missile amér. lancé du *Vincennes* contre un avion de ligne iranien : 290 †. *-9-8* Lauro Cavazos, secr. à l'Éducation, 1er Hispanique au gouvernement. *-21-12* Drescel Burnham Lambert condamné à 650 millions de $ d'amende pour malversation.

■ **1989** *-janv.* **George Herbert Walker Bush** [Milton, Massachusetts 12-6-1924. Épiscopalien. Républicain. Père banquier ; épouse 1945 Barbara Pierce (née 8-6-1925) ; 6 enfants dont 1 † d'une leucémie. *1942* diplômé de la Phillips Academy ; *-8-6* pilote dans l'aéronavale. *1947* diplômé de Yale (économie). *1948-66* homme d'affaires (Zapata Petroleum Corporation). *1966-70* représentant. *1970* sénateur. *1971-73* ambassadeur à l'Onu. *1973-74* Pt du P. républicain. *1974-75* ambassadeur en Chine.

Assassinat de J. F. Kennedy

■ **L'assassin. Lee Harvey Oswald** (24 ans, ancien marine, anarchiste). Le 10-4-1963 il avait tenté de tuer le Gal Walker ; arrêté le 22-11-1963 à 14 h dans un cinéma (quelques minutes auparavant, il avait tué d'un coup de revolver l'agent de police Tippit qui venait de l'interpeller après avoir entendu son signalement sur son poste récepteur), sera tué le 24-11-1963 à 11 h 21 au siège de la police municipale par Jacob Leon Rubinstein, dit Jack Ruby (tenancier d'une boîte de strip-tease, lié aux communistes, né 1911/† 3-1-1967 d'un cancer en prison).

■ **Enquêtes.** Rapport de la *commission Warren* (créée 29-11-1963). Le FBI mena 26 550 interrogatoires et contre-interrogatoires, établit 2 300 rapports (25 400 pages), les services secrets interrogèrent 1 550 pers. et envoyèrent 800 rapports (4 600 pages). La commission Warren et ses collaborateurs entendirent 552 témoins. Le 24-9-1964, elle soumit au Pt Johnson son rapport (470 pages et 26 volumes de témoignages) : Lee Oswald a bien tiré 3 coups de feu de la fenêtre de l'angle sud-est, située au 6e étage de l'immeuble du Texas School Book Depositary [le fusil lui appartenait, il a agi seul, il n'existe aucune preuve qu'il ait été aidé dans la préparation de l'assassinat ; 1 des 3 balles a raté sa cible (sans doute la 1re)] ; la fusillade a duré 4,8, 7,9 ou 10 secondes, suivant la balle qui a manqué l'objectif ; selon 4 experts, il serait possible que Kennedy et le gouverneur Connally aient été frappés par la même balle alors qu'ils se trouvaient l'un devant l'autre dans la ligne de mire. Il n'existe aucun rapport direct ou indirect entre Oswald, Ruby et Tippit (ils ne se connaissaient pas). La commission n'a trouvé aucun élément qui permette de supposer qu'il y ait eu un complot à l'échelon national ou organisé par une puissance étrangère. **Une nouvelle commission**, créée par la Chambre des représentants au cours des années 1970, estima que Kennedy avait probablement été tué à la suite d'une conspiration. En mai 1992, les 2 médecins qui avaient autopsié le corps (durant 4 h la nuit du 22 au 23-11 à l'hôpital naval de Bethesda, à Washington) ont affirmé que Kennedy avait été touché par 2 balles qui l'ont atteint par l'arrière (l'une dans le haut du crâne, l'autre dans le cou). Le Dr Charles Crenshaw, qui avait à Dallas examiné le corps avant son transfert, a affirmé que Kennedy avait aussi été touché par 1 balle qui l'avait atteint de face. L'hypothèse d'un 2e tireur fut retenue par la commission qui avait repris l'enquête en 1978. Selon Kenneth Rahn, la balle (supposée avoir frappé de face Kennedy) a bien été tirée de l'arrière, mais un mouvement réflexe de Kennedy, discernable au ralenti sur un film, semble indiquer le contraire.

En 1979, dans un rapport officiel, le *Comité de sélection de la Chambre des représentants* sur les assassinats (de Kennedy et de Martin Luther King), confirma le rapport Warren : Oswald était bien l'auteur des coups de feu. Mais il y avait 95 % de probabilités qu'un 2e tueur ait tiré sur le cortège du « monticule herbeux » – sans atteindre personne. *Une autre enquête gouvernementale*, basée sur des tests scientifiques acoustiques précis, en 1980 et 1982, réfuta les conclusions du Comité de sélection. En 1988, le département de la Justice des USA arrêtait les investigations encore en cours et classait le dossier.

■ **Hypothèses envisagées. 1°) Exilés anticastristes** voulant se venger de Kennedy, qui aurait décommandé le soutien aérien prévu pour l'opération de la baie des Cochons. On aurait étouffé l'affaire, sa révélation risquant de faire apparaître les liens entre l'administration américaine et les exilés cubains, des complicités dans des complots politiques en Amér. latine et des bases secrètes de mercenaires en Amér. centrale. **2°) Complot cubain :** Castro aurait voulu se venger de Kennedy qui avait ordonné à 8 reprises de le faire tuer. L'affaire aurait été étouffée, la révélation d'une conspiration cubaine pour tuer Kennedy aurait poussé le gouv. amér. à des représailles contre Castro, accroissant les risques d'une guerre nucléaire avec l'URSS. **3°) Complexe militaro-industriel** [thèse du film *JFK* d'Oliver Stone, inspiré par le livre *Sur les traces des assassins,* du procureur Jim Garrison († 21-10-1992 à 71 ans)] : le complexe aurait voulu que les USA s'engagent plus fermement au Viêt Nam et que l'on mette fin à la détente avec l'URSS. Or Kennedy voulait, s'il était réélu en 1964, que les USA se retirent du Viêt Nam en 1965. Garrison avait soutenu que le complot s'était tramé dans un appartement de Miami entre « homosexuels » d'extrême droite et, sans preuve, avait fait arrêter Clay Shaw, industriel de 54 ans, qui fut acquitté ; ruiné, Shaw poursuivit Garrison pour abus de pouvoir et persécution, mais Garrison mourut avant le procès. **4°) Renégats de la CIA :** ils auraient voulu se venger après le fiasco de la baie des Cochons, Kennedy ayant commencé à briser la CIA, l'affaire aurait été étouffée, Johnson nommant Allen Dulles (ancien directeur de la CIA) membre de la commission Warren. **5°) Mafia :** elle aurait voulu se venger de Kennedy qui voulait « détruire » Hoffa (patron du syndicat des camionneurs) et qui n'avait pas payé sa dette envers la Mafia pour son aide lors des élections en 1960, à Chicago ; l'affaire aurait été étouffée, la Mafia pouvant sortir des affaires compromettantes [exemples : rapports de Kennedy avec Judy Exner (amie de Sam Giancana) que Sinatra lui avait présentée en mars 1960 ; attitude de son père, Joe Kennedy, pendant la prohibition]. **6°) FBI :** mobile : Kennedy menaçait de renvoyer Edgar Hoover (patron du FBI) et de reprendre le FBI en main. **7°) Extrême droite américaine :** mobile : Kennedy aurait été trop tendre avec les communistes ; affaire étouffée grâce aux rapports extrême droite/FBI, CIA et Pentagone. **8°) Complot du KGB :** mobile : Kennedy allait attaquer les Russes sur leur point faible : l'économie. L'affaire aurait été étouffée : pour ne pas répandre une psychose antisoviétique qui aurait fait élire Goldwater et pouvait mener à une guerre mondiale. En 1976, le Britannique Michael Eddowes a supposé que le vrai Oswald aurait été supprimé lors de son séjour en URSS et aurait été remplacé par un agent du KGB [il aurait trouvé que le cercueil du « faux Oswald » (supprimé par Ruby) était trop petit pour contenir le « vrai », bien plus grand ; après une bataille judiciaire avec le frère d'Oswald, Marina Oswald obtint l'autorisation d'exhumer le corps de son mari en oct. 1981 : c'était sans aucun doute le vrai Oswald]. **9°) Des pétroliers texans** (Haroldson, Hunt), craignant la politique fiscale de Kennedy, auraient financé l'attentat. Lyndon Johnson aurait été au courant.

☞ 28 hommes ont avoué qu'ils étaient le 2e, 3e et 4e tireur. Charles Harrelson a prétendu lors de son interrogatoire qu'il était le meurtrier de Kennedy. Robert Easterling raconta en 1985 à Henry Hurt (journaliste) qu'il avait tiré sur Kennedy sur ordre de Fidel Castro. En 1989, Ricky White, 29 ans, fils d'un policier de Dallas, déclara que son père Roscoe, qui venait de mourir, avait, lui aussi, tiré sur Kennedy. Une Texane déclara que son mari avait avoué sur son lit de mort avoir tiré sur Kennedy (en fait, elle voulait vendre très cher des photos de son mari). Christian David (en prison pour drogue) inventa l'histoire de 3 tueurs corses (mais ces 3 Corses étaient dans l'armée ou en prison au moment des faits, et n'étaient jamais allés à Dallas). On a écrit que Lee Oswald avait tué Kennedy de sa propre initiative avant que la Mafia ne le fasse. 3 à 6 tueurs de la Mafia auraient sur place tiré en même temps.

1976-77 dirige CIA. *1978-80* battu par Reagan aux primaires républicaines. *1981-88* vice-Pt]. **1989**-*24-3* Alaska, marée noire par l'*Exxon Valdes* (voir à l'Index). *-5-4* mort d'Abbie Hoffman, fondateur du mouv. *Yippie (Youth International Protestation)*. *-19-4* explosion à bord du cuirassé *Iowa* (47 †). *-20-7 Window Rock,* heurts entre partisans de Peter McDonald, ancien Pt des Navajos, accusé de corruption, et la police, 2 †. *-17-10* Californie, séisme (magnitude 6,9) : 55 †, la plupart à cause de l'effondrement d'une autoroute à 2 étages. *-24-10* le « télévangéliste » Jim Bakker (49 ans) condamné à 45 ans de prison et 500 000 $ d'amende pour escroquerie (condamnation annulée 12-2-1991). *-Oct.* David Rockefeller (né 12-6-1915) vend 846 millions de $, au groupe japonais Mitsubishi, 51 % du Rockefeller Center (9 ha, 21 immeubles, inauguré 1-11-1939). *-2/3-12* rencontre Bush/Gorbatchev près de Malte. *-16-12* Bush/Pt Mitterrand à St-Martin. *-20-12* Amér. interviennent au Panamá. **1990**-*janv.* fin de la grève des mineurs (62 j). *-Mai* accord avec Iran qui versera 105 millions de $ concernant 2 750 plaintes. *-7-8* opération « Bouclier du désert » (Gal Maxwell Thurman, † 1-12-1995) voir encadré p. 1127 b. *-Oct.* Naat'áanii (Navajo) coupable d'avoir détourné 250 000 $ de fonds tribaux. *-5-11* New York, rabbin Meir Kahane assassiné. **1991**-*janv./févr.* victoire alliée contre l'Iraq. *-8-1* Neil Bush, fils du Pt, accusé de « malhonnêteté » dans sa gestion d'une caisse d'épargne de 1985 à 1988. *-16-10* Killen (Texas) : 24 tués et 15 bl. par un fou. *-Nov.* tuerie sur campus (Iowa) : 4 †. *-3-12* John Sununu (né 2-7-1939), secr. général de la Maison Blanche, démissionne. **1992**-*janv.* Bush au Japon (atteint d'une gastro-entérite). *-29-4* Sidney Reso, Pt d'Exxon, enlevé (retrouvé mort 28-6). *-29-4/3-5* émeutes à Los Angeles, voir p. 1074 b. *-24/25-6* grève des cheminots. *-16-7* Ross Perot, candidat à la présidence, se retire. *-Juillet/août* incendies de forêts en Oregon et Idaho, 150 000 ha détruits. *-Oct.* embargo vers Cuba renforcé. *-9-12* troupes amér. en Somalie. **Popularité** (en %) : *1989-janv.* : 61. *91-mars* : 90, *oct.* : 67, *déc.* : 47.

■ **1993** *-20-1* **William Jefferson Clinton** (dit **Bill**) né 19-8-1946 à Hope, Arkansas). Baptiste. Démocrate. A 16 ans, prend le nom de Roger Clinton, 2e mari de sa mère (Virginia Cassidy, 1924-94, mariée 5 fois), son père, William Blythe II, vendeur de voitures, s'étant tué en voiture en mai 1946. *1964* études de relations internationales (Georgetown). Bourse de la fondation Rhodes à Oxford. *1972-76* professeur à l'université d'Arkansas. *1973* diplômé de droit (Yale). *1976* attorney général d'Arkansas. *1978 (4-11)* gouverneur (le plus jeune des USA) d'Arkansas, *1980* battu. *1982* réélu. *1991* élu meilleur gouverneur des USA. Il a épousé le 11-10-1975 Hillary Rodham [née 26-10-1947 à Chicago, méthodiste, père petit industriel du textile, études à Wellesley, puis droit à Yale, *1974* participe à la commission parlementaire d'impeachment contre Nixon à la suite du Watergate, enseigne à l'université d'Arkansas, avocate. *1980 (27-2)* : 1 fille (Chelsea). *1982* abandonne son nom de jeune fille. **2000** *(7-11)* élue sénateur de New York (1re épouse de Pt en exercice élue). A été Pte de la *New World Foundation* qui finança les guérillas prosoviétiques en Amérique centrale et Pte du Fonds pour la défense de l'enfance]. Lors de sa campagne électorale, on reprocha à Clinton : son absence de passé militaire, d'avoir fait jouer des relations pour éviter d'aller au Viêt Nam, un voyage à Moscou en 1970, une maîtresse, ancienne chanteuse de cabaret pendant 12 ans (même reproche fait à Bush). **Vice-Pt** *Albert Gore* (né 31-3-1948, Washington) [ép. *1970* Mary Elizabeth Aitcheson, 4 enfants. *1965-69* études à Harvard. *1969* s'engage au Viêt Nam. *1976-84* représentant du Tennessee. *1984-92* sénateur du Tennessee. *1988* échec comme candidat à la présidence.]

1993-*20-1* Clinton prête serment. *-26-2* New York, bombe au *World Trade Center* : 6 †, 1 042 bl. (le 24-5-1994, 4 extrémistes musulmans : Mohamed Salameh, Ahmoud Ajaj, Niyad Ayyad et Mahmoud Abouhalima, seront condamnés à 240 ans de prison chacun, ainsi qu'Eyad Ismail le 3-4-1998. Le 1-10-1995 cheik égyptien Omar Abdel Rahmane condamné à vie 17-1-1996). Pakistanais Ramzi Ahmed Youssouf, poseur de la bombe, condamné à vie le 8-1-1998. *-13/14-3* blizzard au nord, tornade au sud : 162 † (dégâts : 800 millions de $). *-18-4* : 2e procès des 4 policiers de Los Angeles (2 déclarés coupables, 2 ans et demi de prison). *-19-4 Wacco* (Texas), après siège de 51 j du ranch de la secte des davidiens [créée 1933, dirigée par Vernon Howell, né 1959, qui se fait appeler David Koresh], assaut du FBI : incendie : 72 † (1er assaut 28-2 : 10 †, dont 4 agents) ; du 1 au 21-3, 31 assiégés étaient sortis. *-25-4* Washington, marche des homosexuels. Essai pour récupérer 300 Stinger (sur 1 000 livrés aux insurgés afghans). *-Juillet* inondations du Mississippi, dégâts 12 milliards de $. *-20-7* Vincent Foster, conseiller de Clinton, se suicide. *-27-10* Californie, 30 000 ha incendiés (dégâts 6 milliards de $). *-20-11 loi Brady* impose période d'attente de 5 j à tout acheteur d'arme à feu. **1994**-*1-1* entrée en vigueur de l'Alena [*North Free Trade Agreement* : zone de libre-échange USA, Canada, Mexique (signée 12-8-1992)]. *-Janv.* froid dans l'est (148 †). *-21-2 Aldrich Ames* (52 ans), de la CIA, et son épouse, arrêtés pour espionnage (28-4 il est condamné à la prison à vie, elle à 63 mois). *-1-3* attentat à New York contre juifs orthodoxes : 4 † [Rashad Baz, Libanais de 28 ans, inculpé]. *-22-4* Nixon meurt. *-29-4* 500 chefs indiens reçus pour la 1re fois à la Maison Blanche. *-26-5* Clinton accorde à la Chine la clause de « la nation la plus favorisée ». *-26-6* New York, manif. 500 000 homosexuels pour droits de l'homme et lutte contre sida. *-11-7* reprise relations diplomatiques avec Viêt Nam. *-12/17-7* record de chaleur (plus de 800 †). *-31-7 Haïti* : intervention militaire, pour le retour du Pt Aristide, autorisée par Conseil de sécurité de l'Onu. *-12-9* un Cessna 172 s'écrase sur la pelouse de la Maison Blanche (Frank Corder, pilote, †). *-29-10* et *16-12* un déséquilibré ouvre le feu sur la Maison Blanche. *-22-12* New York, attentat dans métro : 45 bl. **1995**-*31-1* aide 50 milliards de $ pour Mexique. *-19-4* Oklahoma City : attentat (Timothy James McVeigh, marginal d'extrême droite ; condamné à mort 13-6-1997, exécuté 11-6-2001), voiture piégée devant immeuble fédéral : 168 †, 2 disparus, environ 500 bl. *-23-5* Washington, fusillade dans le jardin de la Présidence. *-11-7* Relations diplomatiques reprises avec Viêt Nam. *-19-7* chaleur : 738 † (dont à Chicago : 436). *-9-10* déraillement du train Miami-Los Angeles, revendiqué par les « Fils de la Gestapo » : 1 †, 83 bl. *-14/20-11* chômage technique pour 800 000 fonctionnaires fédéraux (sur 2 100 000), l'État étant en cessation de paiement. *-19-11* loi de finances provisoire adoptée. *-15-12* chômage technique pour 300 000 fonctionnaires. **1996**-*janv.* froid paralysant le nord-est. *-26-1* Sénat ratifie traité Salt II (voir à l'Index). *-14-3* Steve Forbes (né 1947, magnat de la presse) renonce à se présenter à la présidence. *-25-3* environ 20 *freemen* (« h. libres » ne reconnaissant pas les lois fédérales et souhaitant une république blanche) se retranchent dans une ferme près de Jordan (Montana). *-3-4* Ron Brown (né 1-8-1941), secr. d'État au Commerce, tué dans accident d'avion en Youg. (près de Dubrovnik). Theodore Kaczynski, ancien professeur dit « Unabomber » [ses victimes étant surtout les universitaires et les passagers et cadres des compagnies d'aviation (*Un* pour université et *A* pour Airlines)], arrêté dans le Montana (avait envoyé, depuis le 25-5-1978, 16 colis piégés ayant fait 3 † et 28 bl.). *-27-7* parc du Centenaire à Atlanta, attentat pendant les JO : 2 †, 112 bl. *-5-8* loi D'Amato-Kennedy sanctionne les États « parias » (*Rogue States*) en raison de leur soutien au terrorisme international, de leur hostilité au processus de paix au Moyen-Orient et de leur volonté d'acquérir des armes de destruction massive. Le Pt doit sanctionner tout investissement supérieur à 20 millions de $ par an, américain ou non, effectué dans le secteur énergétique en Iran et en Libye. *-16-10* marche noire à Washington : 400 000 personnes. *-5-11* Clinton et Gore réélus. **Bilan** (1992-96) : *chômage* (en %) : *1992* : 7,3 ; *96* : 5,2. *Déficit budgétaire* (en milliards de $) *1992* : 290 ; *96* : 109. *Croissance* (en %) : *1992* : + 2,3 ; *96* : + 2,2.

1997-*23-1* Madeleine Albright secrétaire d'État. *-3-3* Harold Nicholson, ex-CIA, reconnu coupable d'espionnage (23 ans et 7 mois de prison). *-26-3* Rancho Santa-Fe (Californie), suicide collectif de la secte de la Porte du Paradis de Marshall Appelwhite (39 †). *-14-4* suspension des lois Helms-Burton et Kennedy-d'Amato pénalisant les Stés commerçant avec Cuba, Iran et Libye. *-9-6* le Gal Joseph Ralston renonce à briguer le poste de chef d'état-major interarmées (on lui reproche une liaison adultère avec une employée de la CIA 13 ans auparavant). *-4-10* Washington, manifestation de 500 000 *Promise Keepers* (chrétiens conservateurs) pour prier et se repentir. *-26-10/2-11* visite du Pt Jiang Zemin : reprise dialogue sino-américain (gelé depuis 1979). **1998**-*23-2* tornades en Floride : 43 †. *-Juin/juillet* incendies en Floride : 185 153 ha détruits, 112 000 personnes évacuées, coût : 500 millions de $. *-24-7 Washington,* fusillade au Congrès due à un déséquilibré, Russel Weston (2 †, 2 bl.). *-28-7* fin de la grève de la *General Motors* après 7 semaines (coût : 2 milliards de $). *-7-8* à 7 h 30 (GMT) 2 attentats (explosion) contre

Affaires concernant le Pt Clinton

☞ Depuis août 1994, Kenneth Star (né 1946), avocat, a été choisi par la *Federal Court of Appeals* comme procureur spécial pour enquêter sur le *Whitewater.* Il est totalement indépendant et doit rédiger un rapport quand il estimera son enquête terminée. Depuis 1997, son enquête a été élargie aux autres « affaires ».

■ **Affaires féminines. Bimbogate** (de *bimbo :* fille suscitant un intérêt strictement sexuel). En 1992, un journal raconta la liaison, vers 1980, de Clinton avec *Gennifer Flowers,* journaliste de TV, qui l'admet. **Paula Jones** (*Paula Corbin* devenue *Jones* par mariage) : elle accuse Clinton de harcèlement sexuel le 8-5-1991 à l'hôtel Excelsior de Little Rock, alors qu'à 24 ans elle était employée de l'État d'Arkansas. Le 11-2-1994, elle dépose plainte et demande des dommages et intérêts (700 000 $) et des excuses. Le 17-1-1998, confrontation Clinton/Jones ; le *27-5* procès au tribunal fédéral de Little Rock ; le *1-4* le juge fédéral classe l'affaire (il n'existe pas de motifs authentiques). Affaire réglée à l'amiable le 13-11-1998 contre 850 000 $. **Monica Lewinsky** (née 23-7-1973) : ancienne stagiaire non rémunérée à la Maison Blanche (puis, en 1996, au Pentagone), elle aurait eu à partir de 1995 une liaison avec Clinton. **1998**-*7-1* interrogée dans l'affaire Paula Jones, elle jure n'avoir jamais eu de relations sexuelles avec Clinton. *-12-1* son amie, Linda Tripp, remet au procureur Kenneth Starr des enregistrements prouvant le contraire. *-17-1* Clinton nie sous serment avoir eu une liaison avec elle. *-27-7* Monica reconnaît la liaison de 1995 à 97. *-28-7* obtient l'immunité judiciaire contre son témoignage. *-6-8* témoigne 9 h devant le Grand Jury (chambre de mise en accusation) ; une tache sur une robe de cocktail bleu foncé est en cours d'analyse. *-17-8* Clinton répond (depuis la Maison Blanche par un circuit vidéo) aux questions des 23 membres d'un Grand Jury, puis à la TV, reconnaît s'être livré à des jeux sexuels. *-9-9 rapport Starr* (445 pages plus 3 183 d'annexes) remis au Congrès. Il contient 11 accusations dont parjure, subornation de témoins, obstruction à la justice et abus de pouvoir. *-8-10* les représentants votent (258 pour, 176 contre) pour l'ouverture d'une enquête en vue de l'*impeachment* (mise en accusation). *-11/12-12* la Commission des affaires judiciaires de la chambre vote 4 articles de la résolution d'*impeachment. -19-12* les représentants votent 2 des 4 articles d'*impeachment* (parjure : 228 voix pour, 206 contre, 1 abst. Obstruction à la justice : 221 pour, 212 contre, 2 abst. ; refusent les accusations de faux témoignage et d'abus de pouvoir) et transmettent la résolution au Sénat. **1999**-*7-1* ouverture du procès en destitution devant le Sénat (érigé en Cour de justice ; débats présidés par William Rehnquist, Pt de la Cour suprême). *-12-2* Clinton acquitté [*parjure :* 55 sénateurs (dont 10 républicains) votent non coupable, 45 coupable ; *obstruction à la justice :* 50 (dont 5 républicains) non coupable, 50 coupable]. Pour obtenir la destitution, il aurait fallu une majorité de 67 sur 100. **2000**-*janv.* accord Clinton/procureur Robert Ray, abandon des poursuites, Clinton reconnaît avoir menti, amende de 25 000 $, licence d'avocat suspendue pour 5 ans dans l'Arkansas. **Kathleen Willey :** le 15-3-1998, sur CBS, elle accuse Clinton de l'avoir agressée sexuellement le 29-11-1993 à la Maison Blanche.

■ **Autres affaires. Whitewater** *(Ozark)* projet immobilier de 115 ha. **1978** Clinton, alors attorney général de l'Arkansas, et sa femme, avocate à Little Rock, créent la *Sté d'aménagement immobilier Whitewater Development,* en copropriété avec James et Susan McDougal, propriétaires en 1982 d'une caisse d'épargne (Madison Guaranty Savings and Loans) dont la faillite en 1989 coûtera 60 millions de $ aux contribuables. **1990** James McDougal est soupçonné d'avoir transféré illégalement des fonds de Madison vers Whitewater et d'en avoir utilisé d'autres pour financer la campagne de Clinton en 1984. Whitewater, mal gérée, coûtera 68 900 $ aux Clinton qui revendront leur participation en 1992 pour 1 000 $, mais ne l'indiqueront pas dans leurs déclarations fiscales. **1992**-*mars* le *New York Times* révèle l'affaire. **1993**-*18-2* Robert Fiske, juge d'instruction spécial, s'installe à Little Rock (nomme un grand jury de 23 m.). *-18-3* Clinton reconnaît avoir fait des erreurs dans ses déclarations de revenus. *-25-3/4* rend publiques celles de 1977 à 1979 (révélant des investissements de 46 635 $ dans Whitewater). *-28-6* fondation créée pour aider les Clinton à payer leurs frais de justice (1 à 2 millions de $ par an) [la fortune des Clinton était de 1,6 million de $ en 1993]. *-20-7* suicide de Vincent Foster, conseiller juridique à la Maison Blanche (ancien collaborateur de Hillary). **1999**-*30-6* affaire classée par le procureur Starr. **2000**-*20-9* Clinton disculpé par procureur Robert Ray.

Travelgate : licenciement abusif en mai 1993 de 7 employés de l'Office des voyages présidentiels remplacés par des agents de voyages de l'Arkansas.

Filegate : consultation illégale en 1993 et 94 de dossiers confidentiels du FBI portant sur environ 900 adversaires politiques.

Financement de la campagne présidentielle de 1996 : *Chinagate :* des hommes d'affaires asiatiques ont contribué illégalement à la campagne. En échange, l'administration Clinton aurait été compréhensive à l'égard de sociétés liées à l'État ou à l'armée chinoise. Clinton aurait vendu des petits-déjeuners, déjeuners ou dîners semi-officiels ou des nuits dans la « chambre de Lincoln ». Il aurait téléphoné de son bureau à des personnalités pour solliciter de l'argent. Janet Reno, ministre de la justice, a renoncé le 3-12-1996 à nommer un procureur spécial pour l'ensemble du dossier mais, le 8-9-1998, elle demande une nouvelle enquête.

☞ Les enquêtes du procureur Starr et de son prédécesseur sur les « affaires » Clinton ont coûté environ 46 millions de $.

2 ambassades américaines : Nairobi (Kenya) [213 †, dont 44 à l'ambassade, dont 12 Amér., 5 000 blessés (244 graves)] et Dar Es-Salaam (Tanzanie) [11 †, 70 blessés, + de 500 millions de $ de dégâts)] ; revendiqués par des islamistes ; 14 suspects arrêtés en Tanzanie. *-20-8* tirs au Soudan (usine d'armes chimiques d'El Chifa près de Khartoum) et en Afghanistan (base d'entraînement de terroristes à Khost). *-31-8 Lundi bleu* à Wall Street, Dow Jones – 6,37 %. *-13-9* mort de George Wallace. *-4-11 New York,* Oussama Ben Laden inculpé pour les attentats d'août (FBI offre 5 millions de $ pour sa capture). **1999**-*28-1* Jean-Paul II à St Louis. *-20-2 Littleton,* lycée Columbine, 2 jeunes (Eris Harris et Dylan Klebold, 17 ans) tuent 13 adolescents et 18 adultes puis se suicident. *-Juillet/août* chaleur, sécheresse : environ 150 †. *-29-7 Atlanta,* Mark Barton, qui a perdu en bourse, tue sa femme, ses 2 enfants et 9 employés des compagnies de courtage dont il était client, puis se suicide. *-13-10* le Sénat refuse de ratifier le traité d'interdiction des essais nucléaires (CTBT, *Comprehensive Test Ban Treaty*) signé en sept. 1996 par le Pt Clinton. **2000**-*3-4* Microsoft déclaré coupable d'abus de position dominante. *-Juin-août* Ouest 1 600 000 ha de forêts brûlés.

■ **2001**-*20-1* **George Walker Bush** (dit **George W,** prononcer « Dubya » à la texane) né 6-7-1946, fils de George Herbert Walket Bush 41e Pt des USA, frère de John dit Jeb gouverneur de Floride depuis 1998, *1964* entre à Yale, *1968* service militaire dans la garde nationale du Texas, *1975* maîtrise à la Havard Business School, *1975* fonde sa compagnie d'exploration de pétrole et de gaz, *1986* faillite, *1994* élu gouverneur du Texas (réélu 1998). Épouse 1977 Laura Welch, bibliothécaire. Enfants : jumelles Jenna et Barbara (18 ans). Il est le 2e Pt des USA de père en fils (famille Adams : John 2e Pt 1797-1809 et John Quincy 6e Pt 1825-29). *-9-2* près d'Hawaii, un sous-marin américain éperonne un chalutier-école japonais (9 †). *-18-2* Robert Hanssen [du FBI, agent double depuis 1985 (sous le nom de Ramon)] arrêté. *-20-9* époux Clinton disculpés dans l'affaire Whitewater (investissements immobiliers réalisés en 1978). *-12-10* attentat au Yémen contre destroyer *USS Cole* (17 †). *-7-11* élections. *-18-12* le Collège électoral proclame Bush élu [en févr. 2001, on reprochera à Clinton d'avoir amnistié, peu avant son départ, 146 personnes dont Mark Rich (milliardaire poursuivi pour fraude fiscale, réfugié en Suisse depuis 1983) et Roger, demi-frère de Clinton (suspecté d'avoir touché à la drogue). *-28-2 Seattle,* tremblement de terre (force 6,8), 1 † par crise cardiaque et 25 bl. *-21-3* 50 diplomates russes expulsés pour espionnage.

■ Institutions politiques

■ **Statut.** *République fédérale.* Régime présidentiel.

■ **Constitution.** Du *17-9-1787 :* 1 préambule et 7 articles ; ratifiée par les 13 États entre le 7-12-1787 (Delaware) et le 29-5-1790 (Rhode Island). **Amendements : 1791** 1 à 10 connus comme *Bill of Rights*, ratifiés le 15-12. **1795**-*7-2 :* 11e (le citoyen d'un État ne peut attaquer en justice un autre État). **1804**-*27-4 :* 12e [organisation détaillée de l'élection du Pt et du vice-Pt (2 tours)]. **1865**-*6-12 :* 13e (abolition de l'esclavage ; le Sénat du Mississippi l'approuvera le 16-2-1895). **1868**-*16-6 :* 14e (clause *Due Process :* reconnaît à tout naturalisé ou né aux USA les droits de citoyen amér. et les droits de son État, égalité des Noirs avec les Blancs devant la loi). **1870**-*3-2 :* 15e (égalité de vote des Blancs et des Noirs). **1913**-*3-2 :* 16e (autorise impôt sur le revenu). *-28-4 :* 17e (élection des sénateurs). **1919**-*16-1 :* 18e (prohibition de l'alcool). **1920**-*18-8 :* 19e (vote des femmes). **1933**-*23-1 :* 20e (date de fin du mandat présidentiel). *-20-2 :* 21e (annulation du 18e amendement). **1951** 22e (mandat présidentiel renouvelable 1 fois seulement). **1961**-*29-3 :* 23e (accorde droit de vote dans élect. fédérales aux citoyens du District of Columbia). **1964**-*23-1 :* 24e (bannit l'usage des *poll taxes* et autres taxes dans les élect. fédérales). **1967**-*6-7 :* 25e (remplacement du Pt et du vice-Pt). **1971**-*1-7 :* 26e (vote à 18 ans). **1992**-*7-5 :* 27e (sénateurs et représentants ne peuvent voter une augmentation de leurs émoluments pendant leur mandat).

■ **Jours fériés. Pour le District de Columbia et les employés fédéraux** (observés dans la plupart des États) : *1-1* jour de l'An ; *3e lundi de janv.* Martin Luther King Day ; *3e lundi de févr.* naissance de Washington ; *dernier lundi de mai* Memorial Day ; *4-7* Indépendance ; *1er lundi de sept.* travail ; *2e lundi d'oct.* Christophe Colomb ; *11 nov.* Vétérans ; *4e jeudi de nov.* Thanksgiving (institué en 1621 par les survivants du *Mayflower*, officiellement en 1864, férié et fixé à cette date sous F. D. Roosevelt) ; *25-12* Noël. **Autres fêtes légales dans certains États :** *12-2* naissance de Lincoln ; *Mardi gras* (Good Friday).

■ **Pouvoirs du gouvernement fédéral** (art. 1er, section 8). Établir et percevoir des impôts et taxes afin de pourvoir à une défense commune et au bien-être général, réglementer le commerce entre les États et avec l'étranger, la naturalisation et établir des lois uniformes en matière de faillite, battre monnaie, établir des bureaux et des routes pour la poste, constituer des tribunaux fédéraux subordonnés à la Cour suprême, entretenir des troupes et déclarer la guerre, conclure des traités.

Fundamental Orders : 1639-*14-1 :* 1re Constitution des colonies écrite par Roger Ludlow, adoptée par les représentants de Hartford, Windsor et Wethersfield dans le Connecticut. En vigueur jusqu'en 1818.

■ **Pouvoirs des États.** La Constitution ne les énumère pas clairement. Les États *peuvent légiférer en matière de :* droit civil (mariage et divorce), pénal (qualification des crimes et délits, sanctions), fiscal (établir et percevoir des impôts, etc.), contrôle des armes, des jeux et des drogues. *Ils créent les circonscriptions électorales, organisent les élections et ont en principe le contrôle sur :* administrations locales (comtés, municipalités, districts), maintien de l'ordre public, aménagement du territoire, réglementation économique et sociale, systèmes de santé et d'aide sociale.

■ **Loi sur l'éthique gouvernementale.** Votée en 1978. Renouvelable tous les 5 ans. Devient caduque le 30-6-1999 faute d'avoir été renouvelée. *But :* à la suite du Watergate, restaurer la confiance des Américains dans les systèmes politique et judiciaire. *Moyens :* confier toute enquête sur un responsable de l'administration à un juge indépendant nommé par un collège de juges.

De 1978 à 99 : 20 enquêtes et un procès en destitution du Pt (coût : 166 millions de $). *En juillet 1999,* il reste 5 procureurs indépendants. *Le 18-10-1999,* Kenneth Starr est remplacé par Robert Ray qui doit terminer les 2 enquêtes en cours (affaire Willey et service des voyages de la Maison Blanche).

Président

■ **Élection.** Élu au suffrage universel indirect pour 4 ans. Rééligible une seule fois (depuis 1951 : 22e amendement) ; coutume datant de Washington, interrompue en 1940 et 1944 par Roosevelt. **1°) Sélection des candidats de chaque parti. Élections primaires :** *origine : 1905* Wisconsin, *1910* Oregon, *1912* dans 12 États, *1916* dans 26, puis recul (1968, 17), *1972* dans 23 États. De nombreux États n'y recourent pas, les appareils des partis désignant les délégués. *Époques :* les 1res ont lieu dans le New Hampshire en févr. de l'année des élections, les dernières en mai-juin en Californie et à New York. *But :* les citoyens élisent les délégués (nombre variable selon la pop. des États) qui siégeront aux conventions nationales des Partis républicain et démocrate. *Primaires fermées* (17 États en 1992) les électeurs doivent déclarer leur affiliation au parti concerné pour participer au scrutin. *Ouvertes* (19 États en 1992) n'importe quel citoyen peut voter. Les candidats peuvent être nombreux (207 en 1976, dont 27 liés à un parti). *Caucus* (sans doute du mot algonquin *kawkaw-was,* parler) : réunion des responsables d'un parti pour fixer sa politique ou nommer des candidats. Seuls les militants peuvent voter. **Conventions nationales des partis :** *origine :* 1832, définissent les programmes, désignent les candidats (ticket) à la présidence et à la vice-présidence de chaque parti (en 2000, 4 337 † délégués démocrates, convention en août à Los Angeles qui désigne le ticket Gore-Lieberman et 2 066 délégués républicains en août à Philadelphie, ticket Bush/Cheney). **2°) Scrutin présidentiel. Élections des grands électeurs** *(electors)* **:** élus au suffrage univ. direct par l'ensemble du corps électoral début novembre. Chaque État a droit à un nombre de grands électeurs égal au chiffre de ses représentants au Congrès. *Au total* (en 2000) : 538 dont Californie 54, New York 33, Texas 32, Floride 25, Pennsylvanie 23, Illinois 22, Ohio 21, Michigan 18, New Jersey 15, Caroline du N. 14, Géorgie et Virginie 13, Massachusetts et Indiana 12, Washington, Missouri, Wisconsin et Tennessee 11, Minnesota et Maryland 10, Louisiane et Alabama 9, Arizona, Colorado, Oklahoma, Kentucky, Connecticut et Caroline du S. 8, Oregon, Iowa et Mississippi 7, Kansas et Arkansas 6, Utah, Nebraska, Nouv.-Mexique, Virginie-Occ. 5, Hawaii, Nevada, Idaho, New Hampshire, Rhode Island et Maine 4, Alaska, Montana, Wyoming, Dakota du N. et du S., Delaware, Washington DC et Vermont 3. Par convention, le candidat à la présidence qui recueille le plus de suffrages dans un État obtient tous les votes des grands électeurs de cet État.

Élection du Pt et du vice-Pt : les grands électeurs se réunissent début déc. (le lundi suivant le 2e vendredi de déc.). Pour être élus, Pt et vice-Pt doivent chacun obtenir la majorité (270 voix). S'il n'y a pas de majorité, la Chambre des représentants départage les candidats à la présidence et le Sénat ceux à la vice-présidence. Le nouveau Pt entre en fonction le 20 janvier suivant.

Si la majorité des grands électeurs désignés est démocrate, c'est le candidat de ce parti qui est élu et vice versa. 12 voix suffiraient ainsi pour assurer l'élection du Pt si le phénomène se produisait à la fois dans les 12 États les plus importants qui contrôlent la majorité absolue des votes électifs (277 voix, 7 de plus que nécessaire pour l'emporter). *La majorité est parfois très faible,* exemples : *1960* Kennedy 118 550 voix [68 838 879 suffrages exprimés lui ont donné 303 votes électifs (Nixon 219). Si Nixon avait rallié 8 846 électeurs de plus dans l'Illinois, 9 980 dans le Missouri et 115 à Hawaii, soit 18 941 en tout, ces 3 États basculaient dans son camp et il aurait éliminé Kennedy par 263 votes électifs contre 259]. *1968* Nixon 510 314 voix ; *1976* Carter 1 681 417 voix. *Les victoires sont amplifiées* (*1980* Reagan a 43 300 000 voix et 489 votes électifs, Carter 34 900 000 voix et 49 votes électifs). *L'élection n'est qu'une formalité*, sauf en 1876 (le républicain Tilden avait 1 voix de majorité ; un grand électeur républicain vendit sa voix aux démocrates et Hayes fut élu). Washington fut le seul Pt élu par tous les grands électeurs ; en 1820, un seul grand électeur ne vota pas pour Monroe. Si les 2 candidats sont à égalité (269-269), la Chambre des représentants nouvellement élue choisit entre les candidats en tête (cas en 1800 et 1824) ; chaque État représentant 1 voix, il faut 26 voix (sur 50) pour gagner. Le Sénat élit le vice-Pt. Si la Chambre des représentants ne parvient pas à élire un Pt, le vice-Pt désigné par le Sénat devient Pt. Si Chambre et Sénat ne parviennent pas à élire un Pt, le speaker de la Chambre basse devient Pt.

Nota. – La Cour suprême a reconnu en 1952 (arrêt Ray contre Blais) le caractère impératif de l'engagement des électeurs présidentiels. Mais il peut arriver que, lors de la proclamation des résultats, l'un d'entre eux se ravise : en 1969, un électeur de la Caroline du Sud a renoncé à voter pour Nixon au profit de Wallace ; juge du contentieux électoral, le Congrès a validé ce vote.

Participation électorale (en %). *1932* : 52,4 ; *36* : 56 ; *40* : 58,9 ; *44* : 56 ; *48* : 51,1 ; *52* : 61,6 ; *56* : 59,3 ; *60* : 62,8 ; *64* : 61,9 ; *68* : 60,9 ; *72* : 52,2 (majorité abaissée de 21 à 18 ans) ; *76* : 53,5 ; *80* : 54 ; *84* : 53,1 ; *88* : 50,1 ; *92* : 55,5 ; *96* : 50.

Financement des élections. *Avant 1972*, les frais incombaient aux candidats et à leurs comités de soutien. *Depuis 1972*, des subventions fédérales sont accordées à tout candidat ayant récolté au minimum 5 000 $ dans 20 États. Les candidats peuvent refuser une subvention publique prévue et faire une campagne privée, mais s'ils acceptent le financement public, ils ne peuvent consacrer plus de 50 000 $ de leurs ressources propres. **Coût** (en millions de $) : *1860* : Lincoln 0,1 ; *1960* : Kennedy 200 ; *1968* : Nixon 300 ; *1984* : Reagan 325 ; *1992* : Clinton 71,3 ; Bush 62,4. Coût pour le contribuable : 173,7 dont 78,8 versés à Clinton et 76,4 à Bush. *1996* : 1 200. **2000** (en millions de $) : 3 400 pour l'ensemble des candidats. *Sommes collectées* : RÉPUBLICAINS (Bush) 176, DÉMOCRATES (Al Gore) 128. *Principaux donateurs* (républicains et démocrates confondus) : AT&T (télécom.) 4,3, American Federation of State County & Municipality Employees (syndicat de fonctionnaires) 4, Microsoft Corp. 3,5, UPS (transports) 2,6, Philip Moris (tabac) 2,5. *Sources de financement* (en %) : RÉPUBLICAINS : particuliers 55,1, fonds publics 38,3, comités d'action publique 1,2, divers 5,4 ; DÉMOCRATES : fonds publics 64,8, particuliers 32,8, autres 2,4.

☞ Un projet, adopté par la Chambre des représentants, en 1969, à une très forte majorité, prévoyait l'élection du Pt au suffrage universel direct (avec au minimum 40 % des voix). Le Sénat le repoussa. En 1977 et 1979, Carter soumit (sans succès) un nouveau projet dans ce sens.

■ **Pouvoirs.** Le Pt choisit les ministres de son cabinet qui ne sont responsables que devant lui (8 fois depuis 1888, le Sénat a refusé la nomination d'un secr. d'État) ; il a le droit de veto sur les mesures présentées par le Congrès (depuis le 9-4-1996, il peut l'exercer sélectivement sur certains points de la loi ; son veto n'est plus valable si le Congrès revote à la majorité des 2/3) ; une fois accepté par le Pt, le *bill* voté par le Congrès devient un *act*. Le Pt est commandant en chef de l'armée, chef de la diplomatie, mais ne peut déclarer la guerre (Congrès), ni signer les traités (Sénat). Il peut ajourner (pas d'exemple) ou convoquer en session extraordinaire le Congrès et lui adresser des messages (par exemple sur l'état de l'Union...). *Moyens d'action officieux sur le Congrès* : patronage [survivance du *spoil system* (« système des dépouilles »)], ensemble des avantages et des postes dont le Pt peut faire bénéficier ses amis ; marchandage : par le *lobby* du Pt ; contacts personnels : le Pt ne peut assister aux délibérations du Congrès, mais peut en recevoir des membres.

☞ Le Congrès a voté 2 lois qui diminuent les pouvoirs du Pt : *War Powers Resolution* (1973, exige accord du Congrès pour l'intervention à l'étranger des forces amér. pour plus de 60 j) ; *Budget and Impoundment Control Act* (1974, le Pt ne peut limiter les dépenses et les parlementaires peuvent dépenser sans être tenus pour responsables).

Cabinet : le Pt dispose du *White House Office* (ou *White House Staff*), le cabinet présidentiel [plusieurs centaines de m. ; *Chief of Staff* (chef d'état-major)]. CIA (*Central Intelligence Agency*, espionnage), *National Security Council* (politique étrangère et défense nationale), *Council of Economic Advisers* (politique économique) et *Office of Management and Budget* (préparation et exécution du budget, contrôle de la réglementation) sont directement rattachés à la présidence.

■ ***Impeachment.*** Possibilité pour le Congrès de destituer le Pt, le Vice-Pt et tout officier civil. 1re étape *impeachment* : la Chambre des représentants doit à la majorité simple formuler son accusation (trahison, concussion, ou autres crimes ou délits graves). 2e étape : procès mené par le Sénat présidé par le 1er juge de la Cour suprême. Si le Sénat, à la majorité des 2/3, confirme le bien-fondé des accusations de la Chambre, l'accusé est démis de ses fonctions. Depuis 1797, la Chambre des représentants a révoqué 15 hommes d'État dont 1 Pt, 1 membre du cabinet, 1 sénateur, 1 juge de la Cour suprême, 11 juges fédéraux. Le Sénat a reconnu coupable et condamné 7 d'entre eux, tous des juges. Des hommes politiques ont démissionné plutôt que d'affronter la procédure (exemple : Pt Nixon). 1er officiel révoqué, William Blount (Tennessee), sénateur, coupable de complot visant à aider les Britanniques à s'emparer de la Louisiane et de la Floride au détriment de l'Espagne en 1797. Le Sénat abandonna les charges le 14-1-1799, considérant qu'il n'avait pas de pouvoir de justice sur ses propres membres. 1er officiel révoqué et effectivement condamné, John Pickering (New Hampshire), juge, reconnu coupable d'ivrognerie et de jugements illégaux le 12-3-1804 ; considéré comme fou. *L'impeachment* a été prononcé contre : *John Tyler* (1842 et 1843), mais la Chambre a refusé de le poursuivre. *Andrew Johnson* (1868), démocrate du Sud, passant pour trop modéré, après la guerre civile, envers les ex-Confédérés et peu attentif pour les anciens esclaves (il s'oppose aux textes sur les droits civils et au 14e amendement), le Congrès adopta en 1867 le *Tenure of Office Act* interdisant au Pt de révoquer un responsable sans l'approbation du Sénat. Johnson cependant essaiera de renvoyer le min. de la Guerre, Edwin M. Stanton, et pour cela sera révoqué en 1868 ; le Sénat l'a absous par 1/3 de voix plus 1 le 25-5-1868. [Le *Tenure of Office Act* fut partiellement annulé en 1887 puis déclaré inconstitutionnel en 1926.] *Nixon* pour l'affaire du Watergate (17-6-1972). 5 hommes engagés par le comité de réélection de Nixon ayant été surpris à cambrioler le QG du Parti démocrate au Watergate. Le *House Judiciary Comittee* publia 3 actes de révocation le 30-7-1974, accusant Nixon d'écoutes téléphoniques, d'emploi abusif de la CIA, parjure, corruption, obstruction à la justice, et autres abus de pouvoirs, et considérant qu'il avait agi de façon contraire à son serment de Pt au grand préjudice de la Loi, de la Justice, et du peuple des USA. Il a démissionné le 9-8-1974 pour éviter le procès devant le Sénat (puis a été « gracié » par son successeur Gerald Ford).

STATISTIQUES

■ **Age.** **Le plus jeune Pt entré en fonction :** Theodore Roosevelt (42 ans 322 j le 14-9-1901) ; **les plus jeunes élus :** Kennedy (43 ans 236 j, le 8-11-1960), Clinton (46 ans 154 j, le 20-1-1993) ; **les plus vieux** : Reagan (69 ans 349 j, le 20-1-1981), Harrison (68 ans et 23 j) et Buchanan (65 ans et 315 j).

Non marié : Buchanan (sa nièce servit comme hôtesse).

■ **Taille.** **Les plus grands :** Lincoln 1,93 m. ; Johnson 1,91 ; Clinton, Jefferson 1,89 ; Arthur, Bush, Roosevelt, Washington 1,88 ; Jackson, Reagan 1,85. **Les plus petits** : Madison 1,63 m ; Harrison, Van Buren 1,68.

■ **Mandat le plus long.** Roosevelt (12 ans et 39 jours) ; Cleveland, Eisenhower, Grant, Jackson, Jefferson, Madison, Monroe, Reagan, Wilson (8 ans). **Le plus court.** Harrison (32 j), Garfield (199 j), Taylor (1 an et 128 j), Ford (2 ans et 150 j), Harding (2 ans et 151 j).

■ **Pts élus avec plus de 60 % des voix.** *1920* Harding 60,3 ; *1936* Roosevelt 60,8 ; *1964* Lyndon B. Johnson 61,1 ; *1972* Nixon 60,7. **Pts minoritaires élus avec moins de 50 % des voix** (*% du vote populaire* et entre parenthèses, % des électeurs présidentiels). *1824* Adams 30,54, *29,8* (31,8) ; *1844* : Polk 49,56, *49,3* (61,8) ; *1848* : Taylor 47,35, *47,3* (56,2) ; *1856* : Buchanan 45,63, *45,3* (58,7) ; *1860* : Lincoln 39,79, *39,9* (59,4) ; *1876* : Hayes 47,9, *47,9* (50,1) ; *1880* : Garfield 48,32, *48,3* (57,9) ; *1884* : Cleveland 48,53, *48,8* (54,6) ; *1888* : Harrison 47,86, *47,8* (58,1) ; *1892* : Cleveland 46,04, *46* (62,4) ; *1912* : Wilson 41,85, *41,8* (81,9) ; *1916* : Wilson 49,26, *49,3* (52,1) ; *1948* : Truman 49,51, *49,5* (57,1) ; *1960* : Kennedy 49,71, *49,7* (56,4) ; *1968* : Nixon 43,16, *43,4* (56,1) ; *1992* : Clinton 43,3, *43* (68,8) ; *1996* : Clinton 49, *49* (70,4) ; *2000* : Bush (50,37). 16 candidats sont devenus présidents avec – de 50 % des suffrages populaires. Avant 1872 les électeurs n'étaient pas choisis par consultation populaire dans tous les États. En 1824, la Chambre des représentants a élu Adams contre Jackson qui avait une majorité relative chez les électeurs et dans le vote populaire, mais pas de majorité absolue au sein du collège électoral.

■ **Pt d'un autre parti que celui détenant la majorité au Congrès.** Wilson 1918, Truman 1946, Eisenhower 1954, Nixon 1968, Ford 1974, Bush 1988, Clinton 1992 et 1996.

■ **Démissionnaire :** Nixon.

■ **Pts victimes d'attentats.** **Assassinés : 1865**-14-4 *Abraham Lincoln* (1809-65). **1881** *James Garfield* (1831-81). **1901**-6-9 *William McKinley* (1843-1901). **1963**-22-11 *John Kennedy* (1917-63). **Attentats manqués : 1933**-15-2 *Franklin Roosevelt* (1882-1945) : Giuseppe Zangara tire sur Cermak († 6-3-1933). *Harry Truman* (1884-1972) : par 2 Portoricains. **1975**-5-9 *Gerald Ford* (né 14-7-1913) : Lynette Alice Fromm le vise sans tirer ; -22-9 Sara Jane Moore tire un coup défectueux. **1981**-30-3 *Ronald Reagan* (né 6-2-1911) : blessé au poumon gauche par John Hinckley. **Ex-président : 1912**-14-10 *Theodore Roosevelt* blessé.

■ **Études.** *Harvard* : Adams, Roosevelt. *Princeton* : Cleveland et Wilson. *Yale* : Taft, Bush, Clinton. **Pas d'études.** Truman et Reagan. Andrew Johnson apprit à lire tardivement sans jamais y parvenir vraiment.

■ **Pts et généraux.** Washington, Jackson, Taylor, Grant, Eisenhower.

■ **Durée de vie.** Adams, Hoover 90 ans ; Truman 88 ; Madison 85 ; Jefferson 83 ; Nixon 81 ; Adams 80.

■ **Candidat ayant obtenu le plus grand nombre de suffrages populaires :** Reagan (en 1984) 54 455 075 ; **suffrages des électeurs :** Reagan (en 1984) 525 ; **remportant le plus d'États :** Nixon (en 1972) et Reagan (en 1984) : 49 ; **s'étant présenté le plus grande nombre de fois :** Norman Thomas 6 (en 1928, 32, 36, 40, 44, 48) ; **élu, battu puis réélu :** Cleveland (en 1884, 88, 92).

Résidence : *Executive Mansion* (nom officiel), dite *Maison-Blanche* (nom adopté 1902) : 1600 Pennsylvania Avenue Washington DC 20500. Commencée 13-10-1792. Construite par James Hoban (1758-1831, architecte irlandais) puis, à partir de 1801, par Benjamin Latrobe (G.-B., 1764-1820), sur le modèle de la demeure du duc de Leinster à Dublin, terrain de 7 ha, incendiée par Anglais 24-8-1814, reconstruite oct. 1817, briques peintes en blanc pour dissimuler les traces d'incendie. Intérieur refait déc. 1948 à mars 1952 : 132 pièces. *Visiteurs* : 1 million par an.

Traitement annuel : *1969* : 200 000 $; *1999 (juillet)* : 400 000 $.

■ **Vacance du pouvoir.** 25e amendement voté 1967 réglant l'ordre de succession ; si le Pt et le vice-Pt disparaissent simultanément, le pouvoir est exercé par (dans l'ordre) : speaker de la Chambre des représentants, Pt du Sénat, secrétaire d'État, secr. au Trésor, secr. à la Défense, secr. à la Justice, attorney general, secr. à l'Intérieur, min. de l'Agriculture, du Commerce, du Travail, de la Santé, du Logement et de l'Urbanisme, des Transports, de l'Énergie, de l'Éducation, des Anciens combattants. Légalise un usage en vigueur depuis 1847 (loi Tyler) ; en cas de mort du Pt, le vice-Pt devient Pt et n'est pas seulement Pt intérimaire ; si le Pt se trouve empêché, le vice-Pt agit comme intérimaire.

■ **Dates d'entrée en fonction.** Washington *30-4* (date du serment prêté, début du mandat 4-3), *ensuite 4-3* (sauf, du fait de la mort du Pt en exercice, Fillmore 10-7, A. Johnson 15-4, Arthur 20-9, Th. Roosevelt 14-10, Coolidge 3-8), *puis le 20-1* (*Inauguration Day* à midi) depuis 23-1-1933 (20e amendement), application la 1re fois en 1937 avec F. D. Roosevelt (sauf Truman 12-4, L.B. Johnson 22-11, G. Ford 9-8). **Coût des inaugurations** (en millions de $) : Carter 3,7, Reagan 16 et 20, Clinton 25, Bush père 30.

■ **Présidents réélus.** 15 dont 6 depuis 1945. **Pts par parti.** Républicains 20 (depuis 1850), démocrates 11.

VICE-PRÉSIDENT

■ **Statut.** Élu en même temps que le Pt, du même parti, mais originaire d'un autre État, successeur automatique en cas de décès, éligible ensuite et rééligible s'il a accompli moins de la moitié du mandat du défunt. Il est Pt du Sénat, mais n'a pas de droit de vote sauf en cas de scrutin nul.

10 accédèrent à la présidence, *8 après la mort du Pt* (4 de mort naturelle, 4 assassinés) : *1841* Tyler ; *1850* Fillmore ; *1865* A. Johnson ; *1881* Arthur ; *1901* Th. Roosevelt (réélu 1904) ; *1923* Coolidge (réélu 1924) ; *1945* Truman (réélu 1948) ; *1963* L.B. Johnson (réélu 1964) ; *1 après la démission du Pt : 1974* Ford (après démission de Nixon) ; *1 élu normalement : 1988* G. Bush (père).

DERNIÈRES ÉLECTIONS PRÉSIDENTIELLES

Légende : en rouge : année de l'élection ; en gras : Pt et, entre parenthèses, vice-Pt élus ; en italique : principaux candidats battus. Voix (en %). (1) Républicain. (2) Démocrate. (3) Parti socialiste des travailleurs. (4) Progressiste. (5) Indépendant. (6) Parti américain. (7) Parti communiste. (8) Parti libertaire. (9) New Alliance. (10) Parti populiste. (11) Parti socialiste du travail. (12) Parti de la réforme. (13) Verts.

1928 **Herbert Hoover** [1] **(Charles Curtiss** [1]**)** 58,22. *Alfred Smith Joseph* [2] *(Robinson* [2]*)* 40,8. **1932** **F. D. Roosevelt** [2] **(John Garner** [2]**)** 57,8. *Herbert Hoover* [1] *(Charles Curtiss* [1]*)* 39,9. **1936** **Roosevelt** [2] **(John Garner** [2]**)** 62,19. *Alfred Landon* [1] *(Frank Knox* [1]*)* 37,38. **1940** **Roosevelt** [2] **(Henry Wallace** [2]**)** 54,8. *Wendel Wilkie* [1] *(Charles McNary* [1]*)* 44,9. **1944** **Roosevelt** [2] **(Harry Truman** [2]**)** 53,3. *Thomas Dewey* [1] *(John Bricker* [1]*)* 45,9. **1948** **Harry S. Truman** [2] **(Alben Barkley** [2]**)** 49,6. *Th. Dewey* [1] *(Earl Warren* [1]*)* 45,1. *J. Strom Thurmond* [1] *(Fielding Wright* [1]*)* 2,4. *Henry Wallace* [4] *(Glen Taylor* [4]*)* 2,4. **1952** **Dwight D. Eisenhower** [1] **(Richard Nixon** [1]**)** 55,1. *Adlai Stevenson* [2] *(John Sparkman* [2]*)* 44,4. **1956** **Eisenhower** [1] **(R. Nixon** [1]**)** 57,7. *Adlai Stevenson* [2] *(Estes Kefauver* [2]*)* 42,2. **1960** **John F. Kennedy** [2] **(Lyndon B. Johnson** [2]**)** 49,7. *R. Nixon* [1] *(Henry Cabot Lodge* [1]*)* 49,5. *Harry Byrd (sans parti)* 0,6. **1964** **Lyndon B. Johnson** [2] **(Hubert Humphrey** [2]**)** 61,3. *Barry Goldwater* [1] *(William Miller* [1]*)* 38,6. **1968** **Richard M. Nixon** [1] **(Spiro Agnew** [1]**)** 43,5. *Humphrey* [2] *(Edmund Muskie* [2]*)* 42,8. *George Wallace* [5] *(Curtis Le May* [5]*)* 13,5. **1972** **R. Nixon** [1] **(S. Agnew** [1]**)** 60,9. *George McGovern* [2] *(R. Sargent Shriver Jr* [2]*)* 37,6. *Schmitz* [6] *(Thomas Anderson* [6]*)* 1,4. *Jennesson Reed* [3]. *Fisher* [11]. *Hall* [7]. **1976** **Jimmy Carter** [2] **(Walter Mondale** [2]**)** 50,5 [élu par 68 % des juifs, 54 % des cath. et 46 % des protestants ; 73 % des suffrages libéraux, 53 % des modérés, 30 % des conservateurs ; 82 % des Noirs et 48 % des Blancs]. 12 autres candidats dont *Gerald Ford* [1] 48,4 %, *Eugene McCarthy* [5], *Lester Maddox*, *Gus Hall*. **1980** **Ronald Reagan** [1] **(George Bush** [1]**)** 50,9 [élus avec 9 millions de voix de majorité (record) ; par 44 États sur 51 (489 mandats de grands électeurs (majorité requise : 270), malgré record d'abst. (47,4 %) ; par 51 % des femmes, 75 % des syndiqués, l'ensemble du Sud (sauf Géorgie, pays natal de Carter), New York (pourtant traditionnellement démocrate), 37 % des juifs, une majorité de cath. et de jeunes]. *Jimmy Carter* [2] *(W. F. Mondale* [2]*)*, 42,37 [dont 81 % des Noirs, 56 % des cath., 39 % des juifs ; 49 mandats de grands électeurs]. *John Anderson* [5] *(Patrick J. Lucey* [5]*)* 6,6 [0 mandat]. **1984** **Ronald Reagan** [1] **(George Bush** [1]**)** 59 [élus avec près de 17 millions de voix de majorité (record) sur 92 032 260 votants (52,9 %) par 49 États sur 50 (525 mandats de grands électeurs : majorité requise 270) ; dont hommes 68 %, femmes 57 ; syndiqués 46, non syndiqués 65, employés 60, ouvriers 54 ; protestants 66, cath. 56, juifs 31 ; Blancs 66, Noirs 9, hispanophones 47, Asiatiques 72 ; jeunes de 18 à 29 ans 58]. *W. F. Mondale* [2] *(Geraldine Ferraro* [2], 1re femme candidate à la vice-présidence) 41 [dont syndiqués 54 %, juifs 66, Noirs 91 et hispanophones 53 ; 13 mandats]. **1988 George Bush [1] (Danforth,** dit **Dan Quayle [1])** 53,9 [électeurs potentiels 182 628 000, inscrits 129 500 000, votants 91 594 693 (élu par 50,1 % des voix, le plus faible % Washington DC 36,6, le plus fort Minnesota 65,3). 19 candidats] 48 886 097 voix, *Michael Dukakis* [2] (*Lloyd Bentsen* [2]) 45,65, *Ron Paul* [8] 0,47, *Lenora Fulani* [9] (1re femme noire à obtenir les signatures nécessaires pour se présenter dans les 50 États) 0,24, *David Duke* [10] 0,05. Bush l'emporte dans 40 États (426 mandats), Dukakis dans 10 (112). **1992 William Clinton [2] (Al Gore [2])** 43 [26 candidats, participation 55,9 %, 104 552 736 votants], 44 908 254 voix, élu dans 32 États et Washington DC, 370 mandats. *George Bush [1] (Dan Quayle [1])* 37,7 [39 102 343 voix, 18 États, 168 mandats]. *Henry Ross Perot [5] (James Stockdale [5])* 19 [19 741 065 voix, 0 mandat]. **1996 William Clinton [2] (Al Gore [2])** 49,25 (47 401 185 voix, 379 mandats, victoire dans 31 états). *Robert Dole* (dit *Bob Dole*) [né 22-7-1923 ; sénateur du Kansas ; bras droit raide (blessé le 14-4-1945 pendant la campagne d'Italie) ; ép. Élisabeth ; min. des Transports sous Reagan, du Travail sous Bush] [1] (*Jack Kemp [1]*) 40,73 (39 197 469 voix, 159 mandats, vict. dans 19 états). *Henry Ross Perot [12] (Pat Choate [12])* 8,40 (8 085 294 voix, 0 mandat). Participation 49 %, la plus faible des USA (96,2 millions de votants sur 148). **2000 : George W. Bush [1] (Richard, dit Dick, Bruce Cheney,** né 30-1-1941) 48 (50 461 080 voix). *Al Gore [2] (Joseph Isador Lieberman),* dit Joe, né 24-2-1942, sénateur du Connecticut, 1er juif sur un ticket) 48 (50 994 082). *Pat Buchanan [12] (Forster [12]). Ralph Nader [13] (Wionna LaDuke [13]). -7-11* Victoire de Bush annoncée. Gore conteste les résultats en Floride (25 grands électeurs). Nombre voix Gore : 49 252 780, Bush 49 036 353, Nader 2 702 648 ; grands électeurs : Gore 262, Bush 246, non proclamés 30 (dont Floride 25, Nouveau-Mexique 5). *-14-11* démocrates font appel devant la Cour suprême de Floride. *-20-11* elle ordonne un nouveau décompte. Les républicains se pourvoient devant la Cour suprême fédérale. *-26-11* proclamation des résultats officiels en Floride. Sur 6 000 000 suffrages, Bush a 537 voix d'avance (2 192 790 contre 2 912 253) ce qui lui apporte 25 grands électeurs soit au total 271 (Gore 267). *-27-11* Gore dépose un recours devant le tribunal de Floride pour contester le décompte. *-28-11* les 2 parties soumettent leurs arguments à la Cour suprême fédérale. *-12-12* la Cour suprême (5 voix contre 4) refuse d'autoriser le recomptage de toutes les voix, Bush vainqueur. *-18-12* vote des grands électeurs : Bush 271, Gore 266, 1 déléguée démocrate de Washington s'étant abstenue pour protester contre la non-représentation parlementaire de Washington (DC). *-6-1* le Congrès entérine le résultat, un recomptage des bulletins douteux en Floride a donné Bush gagnant.

Autres organes

■ **Secrétaires d'État.** Nommés et révoqués discrétionnairement par le Pt ; leurs compétences sont déléguées par le Pt ; aucune responsabilité politique devant le Congrès. S'ils sont parlementaires, ils doivent renoncer à leur mandat électif. **Aux Affaires étrangères :** *1913* Philander C. Knox, William J. Bryan. *1915* Robert Lansing (1864-1928). *1920* Bainbridge Colby. *1921* Charles E. Hughes. *1925* Frank B. Kellog (1856-1937). *1929* Henry L. Stimson (1867-1950). *1933* Cordell Hull (1871-1955). *1944* E. R. Stettinius Jr (1900-49). *1945* James F. Byrnes (1879-1972). *1947* Gal George C. Marshall (1880-1959). *1949* Dean G. Acheson (1893-1971). *1953* John F. Dulles (1888-1959). *1959* Christian A. Herter. *1961* Dean Rusk (1909-95). *1969* William P. Rogers (23-6-1913/2-1-2001). *1973* Henry A. Kissinger (27-5-1923). *1977* Cyrus R. Vance (27-3-1917). *1980* Edmund S. Muskie. *1981* Gal Alexander M. Haig Jr (2-12-1924). *1982* George P. Schultz (13-12-1920). *1989* James A. Baker (28-4-1930), Lawrence S. Eagleburger (1-8-1930). *1993* Warren M.-Christopher (27-10-1925) ; *1997* Madeleine Korbel Albright (Maria Jana Korbel, née en Tchécoslovaquie 1938, divorcée de J. Albright). *2001* Colin Luther Powell (né 1937). **Aux Finances :** *1945* Fred M. Vinson. *1946* John W. Snyder. *1953* George M. Humphrey. *1957* Robert B. Anderson. *1961* C. Douglas Dillon. *1965* Henry H. Fowler. *1968* Joseph W. Barr. *1969* David M. Kennedy. *1971* John B. Connally (1917-93). *1972* George P. Shultz (13-12-1920). *1974* William E. Simon (27-11-1927). *1977* W. Michael Blumenthal (3-1-1926). *1979* G. William Miller. *1981* Donald T. Regan. *1985* James A. Baker 3e (28-4-1930). *1988* Nicholas F. Brady (11-4-1930). *1993* Lloyd Bentsen (11-2-1921). *1995* Robert E. Rubin (29-8-1938). *1999* Lawrence H. Summers (né 1954). *2001* Paul Henry O'Neill. **A la Défense :** *1947* James Forrestal (1892-1949). *1949* Louis Johnson. *1950* George Marshall. *1951* Robert Lovett. *1953* Charles Wilson. *1957* Neil McElroy. *1959* Thomas Gates Jr. *1961* Robert McNamara (9-6-1916). *1968* Clark Clifford (25-12-1966). *1969* Melvin Laird (1-9-1992). *1973* Elliot Richardson (20-7-1920) ; James Schlesinger (15-2-1929). *1975* Donald Rumsfeld (9-7-1932). *1977* Harold Brown (19-7-1927). *1981* Caspar Weinberger (18-8-1917). *1987* Frank Carlucci (18-10-1930). *1989* Richard Cheney (30-1-1941). *1993* Lee Aspin (1938/95). *1994* William Perry (11-10-1927). *1997* William Cohen (28-8-1940). *2001* Donald Henry Rumsfeld.

■ **Gouvernement.** *Pt :* George W. Bush depuis 20-1-2001. *Vice-Pt :* Dick Cheney. *Chef d'état-major des armées :* Gal Henry Hugh Shelton depuis oct. 1999.

☞ Le *département de la Défense* [1 ministre, 3 adjoints (armée de terre, marine, air) conseillés chacun par 1 chef d'état-major, 1 200 000 employés civils, soit 40 % des employés fédéraux] existe depuis 1947. Le *secrétariat à l'Intérieur* ne s'occupe pas du maintien de l'ordre, mais de l'admin. des richesses naturelles de l'Union.

■ **Cour suprême.** 8 juges et 1 Pt *(Chief of Justice)* nommés à vie par le Pt avec l'accord du Sénat. *Pouvoirs :* arbitre les différends entre États, un État et l'Union, un citoyen et l'État fédéral. Juge de la constitutionnalité des lois (votées par le Congrès) et des décisions du Pt.

■ **Congrès.** Comprend le Sénat et la Chambre des représentants. Le mot désigne aussi la durée d'une législature (2 ans). **Siège :** le *Capitole* (construit 1792-1800 dans un parc de 27,5 ha, incendié 1814, reconstruit, plusieurs fois modifié). Grande rotonde : dôme hauteur 54,90 m. **Sénat :** 100 membres (candidat : avoir plus de 30 ans, être Américain depuis 9 ans et habiter l'État qui l'élit) élus au suffrage univ. pour 6 ans (avant 1913, par les législatures d'États), 2 par État. Renouvelable par tiers tous les 2 ans. Le district de Columbia (cap. fédérale) et les territoires d'outre-mer ne sont pas représentés. **Chambre des représentants :** 435 députés élus pour 2 ans au suffrage univ. (scrutin uninominal à 1 tour). 1 élection sur 2 a lieu l'année de l'élection présidentielle. Les sièges sont répartis tous les 10 ans entre les États, au prorata de leur population (en 1789 : 1 pour 30 000). Leur nombre a crû jusqu'en 1910 (435 et provisoirement 437 au moment de l'admission de Hawaii et de l'Alaska). Après chaque recensement, la répartition est revue (candidat : avoir plus de 25 ans, être Américain depuis 7 ans, habiter dans la circonscription qui l'élit). *Speaker :* J. Dennis Hastert depuis 1999.

Sièges	Sénat			Chambre des représentants		
	Dém.[1]	Rép.[2]	Ind.[3]	Dém.	Rép.	Ind.
1900	29	56	5	153	198	6
1918	47	48	1	191	237	7
1930	47	48	1	216	218	1
1940	66	28	2	267	162	6
1950	48	47	1	234	199	2
1960	64	36	0	262	175	0
1970	54	44	2	255	180	0
1980	46	53	1	243	192	0
1984	47	53	0	252	183	0
1986 (4-11)	55	45	0	260	175	0
1987 (4-5)	54	46	0	258	176	0
1988 (8-11)	55	45	0	262	173	0
1990 (6-11)	55	44	0	267	167	1
1992 (juin)	56	43	0	268	166	1
1992 (3-11)	58	42	0	259	175	1
1992 (24-11)	57	43	0	259	175	1
1994 (1-1)	56	44	0	256	178	1
1994 (8-11)	47	53	0	204	230	1
1996	48	52	0	198	237	1
1997 (1-1)	45	54	1	204	222	2
1998 (5-11)	45	55	0	211	223	1
1999 (oct.)[4]	45	53	1	211	222	1
2000 (nov.)	49	50	1	212	221	2

(1) Dém. : Démocrates. (2) Rép. : Républicains. (3) Ind. : Indépendants. (4) 1 siège vacant au Sénat et 1 à la Chambre.

☞ **Femmes** (en 2000) : Sénat 13 (dont 6 démocrates) sur 100 ; Chambre 56 (dont 39 démocrates) sur 435.

Pouvoirs du Congrès : vote les lois et le budget, contrôle l'exécutif et l'admin. (enquêtes et commissions spécialisées), propose et vote des amendements à la Const. (à la majorité des 2/3 avec ratification par les 3/4 des États). Le Congrès ne peut être dissous, et il ne peut être contraint de voter une loi ou un budget qu'il n'appuie pas. Kennedy et Johnson, quoique démocrates comme la majorité du Congrès, furent souvent en opposition avec celui-ci. En outre, le parti du Pt peut être minoritaire au Congrès (cas de Nixon durant ses 2 mandats). Le Congrès s'entoure de lois lui permettant d'annuler des décisions prises par l'exécutif, qu'il s'agisse du Pt ou des Agences exécutives. Il peut déclarer la guerre (le Pt n'est que chef des armées). Le *War Power Act* adopté par le Congrès le 7-11-1973 autorise le Pt à intervenir militairement en cas d'hostilités déclarées mais limite l'intervention à 60 j si elle n'est pas autorisée. Chaque année, les Chambres siègent 7 mois ou plus à partir du 3 janvier (session d'automne au cours des années sans élections fédérales).

Participation électorale (en %) : *1960 :* 58,5 ; *62 :* 45,4 ; *64 :* 57,8 ; *66 :* 45,4 ; *68 :* 55,1 ; *70 :* 43,5 ; *72 :* 50,7 ; *74 :* 35,9 ; *76 :* 48,9 ; *78 :* 37,7 ; *80 :* 47,4 ; *82 :* 38 ; *86 :* 37,3 ; *90 :* 36,5 ; *94 :* 38,7 ; *96 :* 49-50.

Partis

■ **Parti républicain** (GOP : *Grand Old Party ;* emblème : l'éléphant). Fondé 1854 (1re réunion privée le 28-2 à Crawfordsville, Iowa, et publique en mars à Ripon, Wisconsin) ; héritier indirect du *P. fédéraliste* [fondé 1787 par Alexander Hamilton (1755-1804)] qui à l'origine recrutait ses partisans en milieu aisé (financiers, marchands) et cessa d'exister en 1820 (1 seul Pt, John Adams). Une scission au sein des « républicains jeffersoniens » dirigée, pour sa fraction conservatrice, par John Quincy Adams (1767-1848), donna alors naissance au « P. républicain national », devenu parti *whig* après le ralliement d'une large part de l'ancien P. fédéraliste. A partir de là fut fondé (1850) le *P. républicain antiesclavagiste.* Plus conservateur que le P. démocratique ; partisan d'une intervention limitée de l'État et d'une réduction des dépenses sociales. Représente fermiers, petits entrepreneurs, milieux d'affaires, banlieues résidentielles. *Leader :* Jim Nicholson.

■ **Parti démocrate** (emblème : l'âne). *1792* Thomas Jefferson fonde un groupe au Congrès pour lutter contre le *Bill of Rights* et l'élitisme du P. populiste. *1798* devient le P. républicain démocrate. *1832* 1re convention nationale. *1844* devient P. démocrate. *1848* fondation du Democratic national Committee (DNC) pour promouvoir le parti. Plus progressistes que les républicains, les démocrates sont pour un accroissement du pouvoir fédéral et une politique sociale généreuse. *Leader :* Joseph Andrew.

■ **Parti communiste.** Fondé 1919. *Leader :* Gus Hall. Environ 12 000 m. (75 000 en 1945).

■ **Parti indépendant.** Fondé 25-9-1995 par Ross Perot.

■ Justice

■ **Avocats** (en 1990). 729 000 dont Noirs 3,2 %. **Juges fédéraux :** 837 (4,3 % Noirs) ; **des États :** *à plein temps* 12 000 (dont 465 Noirs en 1991).

■ **Criminalité** (en 1999). 11 635 100 crimes. Pour 100 000 hab. : 4 268,8 crimes dont 3 742,1 contre la propriété ; 524,7 crimes violents ; 5,7 meurtres ; 32,7 viols ; 150,2 vols ; 424 assauts aggravés (en 1991) ; 770 vols avec effraction, 2 551,4 simples, 657 (en 1990) de véhicules. **Meurtres :** *1960 :* 9 110 ; *70 :* 16 000 ; *80 :* 23 040 ; *90 :* 23 440 ; *95 :* 21 610 ; *96 :* 19 650 ; *97 :* 18 210 ; *98 :* 16 910 ; *99 :* 15 530. Policiers tués (en service, 1994) : 76. **Viols** (ou tentatives) : *1990 :* 102 560 ; *92 :* 109 060 ; *95 :* 97 460 ; *96 :* 96 250 ; *97 :* 96 150 ; *98 :* 93 100 ; *99 :* 89 110. **Armes détenues par des particuliers** (en millions) : revolvers 75, fusils de chasse et de guerre 130 à 200, d'assaut 1. 100 000 enfants au moins vont en classe munis d'une arme à feu. **Armureries :** *1975 :* 150 000 ; *93 :* 284 000. **Milices armées :** 100 000. **Coût social** (en milliards de $) : *selon Business Week :* 425 dont vies brisées 170, justice et police 90, protection privée 65, décadence des villes 50, sinistres 45, assistance médicale 5. **Attentats terroristes : 1975**-*24-1* bombe Fraunces Tavern de Manhattan (Portoricains). *-29-12* aéroport de La Guardia : 11 † (Portoricains ou Croates). **1976**-*10-9* bombe à la gare centrale de New York (Croates). *-31-12 :* 4 bombes dont 1 au quartier général de la police et 3 dans des bâtiments officiels de Manhattan et Brooklyn (Portoricains). **1983** 687 attentats à la bombe (12 †). **1984** 803 (6 †). **1993**-*26-2* bombe (islamiste) au World Trade Center : 6 †. **1995**-*19-4* bombe à Oklahoma City : 168 † (Thimothy McVeigh condamné à mort).

Nota. – % de Noirs parmi les arrêtés : pour vol 61 %, meurtre 55, viol 43, détention d'armes 40, coups volontaires graves 38. Risque (en 1992), pour un Noir vivant en zone urbaine de mourir assassiné 1 sur 10 (Blanc 1 sur 4).

■ **Peine de mort.** *En 1976,* la Cour suprême a admis la peine de mort comme constitutionnelle (et en 1989 celle des moins de 16 ans et des handicapés mentaux). *Au 1-1-1999,* sur 50 États, 10 l'ont abolie (le Michigan fut le 1er), 38 la prévoient, 16 l'appliquent, 26 l'autorisent pour des criminels de moins de 18 ans (dont 11 sans aucune limite d'âge et 15 avec une limite : Montana 12 ans, Mississippi 13, Alabama, Missouri, Utah 14, Arkansas, Louisiane, Virginie 15, Indiana, Kentucky, Nevada 16, Caroline du Nord, Géorgie, New Hampshire, Texas 17). *Entre 1600 et 1991 :* 286 mineurs [dont 190 après 1905 (dont 9 jeunes filles) ont été exécutés pour des crimes commis avant leur majorité]. 12 avaient moins de 14 ans au moment des faits, 3 avaient 12 ans, 1 avait 10 ans. **Modes d'exécution** (en 1996) : *électrocution* 17 [chaise électrique dite *Old Sparky* (« la Vieille Étincelle ») ; inventée 1888 ; 1er électrocuté : William Kemler (6-8-1890 : 1re décharge de 300 V durant 17 secondes, 2e de 3 minutes) ; électrocution en 2 min avec du courant de 2 500 V ; en 1985, dans l'Indiana, pour William Vandever, il fallut 5 décharges de 2 250 V : l'exécution dura 17 min]. *Injection* 11 [1re Charlie Brooks 6-12-1982, à Huntsville (Texas), il mit 7 min à mourir. En 1992, en Arkansas, les exécuteurs mirent plus de 1 heure pour trouver une veine dans laquelle planter l'aiguille]. *Injection et gaz* 4. *Gaz* 3 [chambre à gaz : 1re utilisation 8-2-1924 au Nevada : Gee Jon ; gazé le plus célèbre : Caryl Chessman (exécuté 2-5-1960) après 12 ans d'attente et après avoir épuisé tous les moyens de procédure]. *Injection et pendaison* 3. *Injection et fusillade* 2. *Injection et électrocution* 1. *Méthode de l'État* 1. **Nombre global d'exécutions :** *de 1930 à 1996 :* 4 217. Du *17-1-1977 au 7-3-2001 :* 700 (dont *1995 :* 56 ; *96 :* 45 ; *97 :* 74 ; *98 :* 68 ; *99 :* 98) dont (au 15-2-2000) Texas 206, Virginie 75, Floride 44, Missouri 41, Louisiane 25 ; *2000 :* 85 dont Texas 40. **Nombre annuel au XXe s. :** *1935 :* 190 (record) ; *52 :* 82 (1re année à moins de 100) ; *65 :* 7 ; *66 :* 1 ; *de 1968 à 76 :* 0 ; *77 :* 1 (Gary Gilmore, fusillé 17-1, 1er condamné à mort exécuté depuis 10 ans) ; *78 :* 0 ; *79 :* 2 ; *80 :* 0 ; *81 :* 1 ; *82 :* 2 ; *84 :* 21. **Condamnés attendant leur exécution :** *2000 (1-3) :* 3 652 [dont Californie 561, Texas 462, Floride 390 (dont Noirs 35 %), Pennsylvanie 232, Caroline du Nord 224]. *2001-1-1 :* 3 703.

☞ Selon une étude de 1987, entre 1900 et 1985, 349 condamnés à mort l'ont été par erreur (dont 23 exécutés). **Joseph Cannon** [Blanc de 17 ans (à l'âge du crime)] fut exécuté le 22-4-1998, à 38 ans.

■ **Détenus.** *1980 :* 369 930. *1984 :* 462 000. *1989 (31-12) :* 710 054 dont 10 000 à l'île du Diable (sur l'East River au nord de New York), 47 % sont noirs, 15 % hispaniques. *Mi-1995 :* 1 100 000. *Mi-1997 :* 1 725 842 dont 1 200 000 délits liés à l'alcool et autres stupéfiants. *Fin 1999 :* 1 305 393. *2000 :* 2 000 000. **Taux d'incarcération** (pour 100 000 hab.) : *1997 :* 645 ; *98 :* 663.

☞ Jonathan Jackson, lors d'une audience au tribunal de Marin Country, surgit l'arme au poing, prend le juge en otage et exige la libération de son frère George. La police intervient : Jonathan, le juge et les 2 autres prisonniers sont tués le 21-8-1971. George, transféré à la prison de San Quentin, est tué par un garde. *Prison d'Attica* (New York), le 9-9-1971, des détenus (demandant l'amélioration de leurs conditions matérielles, le respect de leur dignité d'homme, et une amnistie générale pour les mutins) prennent 39 otages ; le 13-9, la police attaque la prison en hélicoptère avec des grenades lacrymogènes, puis à coups de fusil : 40 † (dont 10 otages) et 100 blessés.

☞ **Loi de Lynch :** justice sommaire (dite lynchage) pratiquée par Charles Lynch [(1736-96), planteur, juge, sénateur] en Virginie (la foule saisit un accusé, le juge, le condamne et l'exécute aussitôt). Pratiquée souvent dans le Sud (de 1882 à 1951 : 4 700).

Politique extérieure américaine

■ **Afrique.** 3 principes contradictoires : 1°) *aide contre les colonisateurs* (notamment Belges au Congo, Portugais en Angola et Mozambique ; minorité blanche du Zimbabwe, avec pressions sur la G.-B. pour l'obliger à se retourner contre ses nationaux, etc.). 2°) *Efforts militaires, politiques et économiques pour garder l'Afr. indépendante dans le camp occ.* où elle se trouvait au temps du colonialisme. Mais l'ex-URSS s'implante longtemps en Éthiopie et Angola ; la Chine en Afr. orientale. 3°) *Refus d'un accord global sur les exigences du tiers-monde* (allègement des dettes, fin de l'aide liée obligeant l'emprunteur à acheter chez le prêteur ; libre entrée des produits africains dans les pays riches ; indexation des cours des matières premières ; création d'un organisme distributeur, où le vote ne se ferait pas au prorata des contributions versées). *Motif :* les États africains, émancipés économiquement, pouvant choisir de leur plein gré le camp soviétique. En 1997-98, intérêt marqué : Clinton au Ghana, Afrique du Sud, Botswana, Rwanda, Ouganda et Sénégal.

■ **Amérique latine.** Les USA sont membres de l'OEA (voir p. 932 a), où ils ont fait la loi jusque vers 1960. **Principes : 1°)** *accorder aux États amér. des prêts bancaires (publics et privés) et une aide technologique* en échange de la stabilité politique (aide fréquente aux régimes dictatoriaux), et de l'alliance nord-amér. 2°) *Doctrine de Monroe :* l'Amérique du Nord ne tolère aucune ingérence dans les affaires des 2 continents amér. (exemple : refus de l'empire mexicain, fondé par Napoléon III en 1856). **Depuis 1960 : 1°)** *L'hégémonie nord-amér. est souvent contestée :* Cuba, certaines îles des Caraïbes, Nicaragua, Bolivie (remise au pas après de longues péripéties) ; en revanche, l'influence économique au Brésil et en Argentine est en essor. 2°) *L'expulsion des puissances coloniales* européennes (G.-B., P.-Bas, Fr.) a été différée (crainte de voir de nouveaux États microscopiques tomber dans l'orbite de Cuba). *De 1970 à 80,* l'opinion publique amér., plutôt à gauche, répugne au soutien inconditionnel de dictatures faisant fi des droits de l'homme ; elle souhaite, avec Reagan, remettre au pas les petites nations révolutionnaires et si possible, à plus lointaine échéance, Cuba. D'où : *a)* soutien aux dictateurs de droite (instructeurs, matériel antiguérilla fournis à la junte salvadorienne) ; *b)* pression sur les nations européennes (où l'opinion publique est souvent favorable aux guérilleros gauchistes) pour qu'elles abandonnent les forces révolutionnaires d'Amérique (fin de l'aide humanitaire au Salvador ; annulation de l'aide financière pour la construction de l'aéroport stratégique de Grenade, où les USA interviendront militairement en 1983) ; aide aux « contras » antisandinistes au Nicaragua ; *c)* négociation en position de force avec l'URSS pour obtenir son retrait de l'hémisphère amér. En attendant, exiger la fin de l'aide soviéto-cubaine aux guérilleros. But pratiquement réalisé avec dislocation de l'URSS depuis 1990. 3°) *La découverte, en 1979, d'importantes réserves pétrolières au Mexique* rend les USA sensibles à la stabilité du régime mexicain ; l'intervention au Guatemala, au Honduras, au Salvador tend à protéger le Mexique.

■ **Chine.** 1°) *Méfiance* (nation prolifique et ambitieuse, rivale possible). 2°) *Espoir de trouver en Extrême-Orient un contrepoids à la menace soviétique.* [Entre 1948 et 71, les USA ont redouté la collusion Chine/URSS. Depuis la « normalisation » des rapports avec la Chine populaire (contre l'abandon de Taïwan), ils sont satisfaits d'exporter leur blé en Chine et tentent de récupérer pour le camp du « monde libre » les forces chinoises.]

■ **France.** Hostilité, remontant aux guerres indiennes et françaises du XVIIIe s., notamment celles de la vallée de l'Ohio, vers 1760. 1°) *L'amitié franco-amér.* datant de la guerre d'Indépendance (1778-83) est souvent évoquée, mais la Fr. a contre elle son passé colonial (les USA étant pour la décolonisation de l'Afr., notamment en 1956, lors du conflit avec l'Égypte de Nasser). 2°) *L'existence d'un fort Parti communiste français* (au gouv. de 1981 à 84) a inquiété la droite anticommuniste amér. (elle n'était plus sûre de voir la Fr. rester aux côtés de l'Otan en cas de 3e Guerre mondiale). 3°) *Les rivalités commerciales jouent souvent* (armements, astronautique, aéronautique, automobile, matér. ferroviaire). En général, les USA cherchent à contrebalancer l'influence de la Fr. en Europe par celle d'un autre pays (All. puis, depuis 1976, Angl.).

☞ **Voyages de chefs d'État :** *Gal de Gaulle* (22/29-12-1959)/reçu par D. Eisenhower. *G. Pompidou* (23-2/3-3-1970)/Nixon. *V. Giscard d'Estaing* (17/22-5-1976)/Carter. *F. Mitterrand* (21/27-3-1984)/Reagan. *Autres voyages de Mitterrand aux USA : oct. 1981,* bicentenaire de Yorktown ; *mai 1982,* préparation du sommet de Versailles ; *mai 1983,* sommet de Williamsburg ; *28-9,* assemblée de l'Onu. *4-6-1986,* centenaire de la statue de la Liberté à New York ; *20-5-1989 ; 9-3-1993.*

■ **G.-B.** Alliée privilégiée dans le système atlantique (proche culturellement, alignée politiquement, utilisée comme base militaire, notamment pour les centres de détection électronique et le réseau de missiles ; métropole du Commonwealth, comprenant de nombreux pays où les Amér. ont un régime de faveur. Exemple : ils utilisent des bases militaires britanniques dans l'océan Indien et à Chypre). Les USA ont poussé la G.-B. à entrer dans la CEE (pour contrecarrer la cohésion de l'Europe et l'empêcher de s'émanciper de la tutelle amér.).

■ **Japon.** 1°) *Désir de l'empêcher de faire bloc avec Chine ou URSS,* en lui accordant avantages moraux, politiques, économiques. 2°) *Effort pour limiter l'expansion commerciale japonaise* aux USA et dans les pays clients des USA.

■ **Moyen-Orient.** Volonté de : 1°) *maintenir les États dans l'Otase* (voir p. 932 c) et éviter au moins qu'ils tombent sous l'influence soviétique. 2°) *Garder le contrôle du ravitaillement pétrolier.* 3°) *Empêcher la destruction d'Israël,* soutenu aux USA par un puissant lobby. Entorses à cette politique depuis 1978 : chute du chah d'Iran ; agressivité de l'Opep (dès 1974) ; lâchage d'Israël à Camp David ; infiltrations soviétiques dans plusieurs États arabes ; faiblesse de l'allié turc (malgré concessions dans l'affaire de Chypre) ; mais : retour de l'Égypte à l'alliance amér., intervention en Iraq contre l'Iran, renforcement des bases (armée et marine) dans l'océan Indien. Participation en 1990-91 à la guerre du Golfe. Pressions pour un accord global israélo-arabe.

■ **Tiers-monde.** Élément en Amérique latine de la sécurité des USA, l'aide américaine devant en principe être réservée aux régimes non contaminés par le communisme.

■ **Ex-URSS.** 1°) *« Supergrand »,* elle a eu droit à des égards (le partage de Yalta reste une valeur de référence). 2°) *Ennemie en puissance,* il fallait la contrer militairement et politiquement, notamment en Amérique latine où son élimination était indispensable (voir col. a). 3°) *La « guerre froide »* fut un moindre mal, lorsque l'URSS a été la plus forte (ce qui a semblé être le cas de 1976 à 1989). 4°) *La « coexistence pacifique »* (prolongation de l'esprit de Yalta) impliquait l'équilibre des forces. Il fallait donc d'abord répondre aux surenchères soviétiques (soutien des pays menacés par l'URSS), puis accepter les offres de rapprochement faites par l'URSS. Règle de conduite : prudence et réciprocité. 5°) *Le recul du communisme* parut longtemps chimérique : les pays satellisés de l'Est européen n'ont pas été soutenus : Tchéc. 1948, Hongrie 1956, Tchéc. 1968, Pologne 1971 et 1980. Avec la *perestroïka,* un grand espoir est né, doublé de la crainte de déstabiliser Gorbatchev. Depuis la chute de celui-ci, l'indépendance des pays baltes et l'« éclatement » de l'URSS : attitude prudente par crainte de coups d'État militaires, et de trafics d'armes nucléaires. 6°) *Les considérations économiques* ont peu de poids dans les rapports avec le bloc communiste. Le commerce est faible (1 % des import. ; 3 % des export.). Néanmoins, les céréaliers considèrent l'URSS comme un débouché important et ont protesté contre l'embargo sur les grains décrété par le Pt Carter en déc. 1979 (après l'intervention soviétique en Afghanistan).

■ **Interventions extérieures américaines depuis 1985. 1985-89, Reagan :** *Nicaragua :* soutien aux *contras. Afghanistan :* aide militaire amér. de 280 millions de $ en 1985. *Angola :* soutien à la rébellion de l'Unita (juillet 1985, le Congrès abroge l'amendement Clark qui interdisait toute fourniture militaire). **Actions militaires :** répondant à des menaces directes (exemple : agressions terroristes, en avril 1986, l'aviation amér. bombarde Tripoli). **1989-92, Bush :** *Panamá :* déc. 1989, intervention « Just Cause » (25 000 h. engagés). *Iraq-Koweït :* 2-8-1990/28-2-1991 guerre du Golfe, voir p. 1127. *Somalie : Restore Hope* en déc. 1992 : 28 000 h. (désengagement progressif ; en févr. 1995, il ne reste plus que 2 500 Amér. pour organiser le retrait des Nations unies). **1993, Clinton :** *Macédoine :* 500 casques bleus déployés, participation au contrôle de l'embargo et aux actions aériennes (opération *Deny Flight*). *Haïti :* 19-9-1994, avec accord de l'Onu 20 000 h. et 20 navires ; après la mission de médiation (Jimmy Carter), pour contrôler le rétablissement du Pt Aristide. *Iraq :* raid aérien 26-6-1993 (à la suite d'une tentative d'attentat contre Bush). 1994 oct. protection du Koweït (50 000 h., 620 avions et hélicoptères). 1996 sept. protection du Kurdistan opération «Frappe du désert». *Bosnie :* 1995 déc. 20 000 h. dans le cadre de l'Ifor. Retrait des troupes oct. 1996. *Taïwan :* 1996 mars soutien face aux manœuvres militaires chinoises (2 porte-avions dans le détroit de Taïwan).

Principaux groupes de pression

■ **American Legion.** Organisation d'anciens combattants, nationaliste, conservatrice et anticommuniste (tantôt isolationniste, tantôt expansionniste). *Créée* à Paris en 1919 pour maintenir le moral des troupes en instance de démobilisation. *Siège :* Indianapolis. *Membres :* 3 millions.

■ **CIA (Central Intelligence Agency).** « Agence centrale du renseignement ». *Créée* 15-9-1947 par la loi de la Sûreté nationale, héritière de l'OSS *(Office of Strategic Service)* qui fonctionnait durant la guerre (1941-45). *1953-61,* essor : en principe tournée vers l'action extérieure en laissant au FBI (voir col. c) l'action intérieure (depuis 4-12-1981, peut opérer aux USA, a placé sous surveillance 13 000 citoyens américains). *Depuis 1975,* rend des comptes au Congrès. *1977* Carter ordonne une enquête sur la CIA. *1978*-24-1 une ordonnance restreint ses possibilités d'action. *1981* Reagan redonne à la CIA son importance. *1994* ordinateurs traitant 4 milliards d'opérations par seconde. **Directeurs :** *1946* amiral Sidney Souers ; Gal Hoyt Vandenberg. *1947* amiral Roscoe H. Hillenkoetter. *1950* Gal Walter Bedell Smith (1895-1961). *1953* Allen Welsh Dulles (1893-1969), frère du secrétaire d'État John Foster Dulles (1888-1959). *1961* John Alex McCone (1902-91). *1965* vice-amiral William Francis Raborn Jr (1905-90). *1966* Richard Mc Garrah Helms (né 1913). *1973* James Rodney Schlesinger (né 1929) ; William Colby (1920-96). *1976* George Bush (né 1924). *1977* vice-amiral Stansfield Turner (né 1923). *1981* William Casey (1913/87). *1987* William Webster [(né 6-3-1924) démissionne 8-5-1991]. *1991*-14-5 Robert Gates (né 1944). *1993* Robert Woolsey [(né 1942) démissionne après l'affaire Aldrich Ames (né 1942, chef de la division du contre-espionnage) ; *1985-94* dénonce au KGB 10 agents russes payés par USA dont Dimitri Poliatov (tous exécutés) ; en a démasqué plus de 34 et a touché environ 2 millions de $; *1994*-21-2 arrêté avec sa femme Rosario ; 30-4 condamné à la prison à vie sans rémission de peine]. *1995*-8-2 Gal Michael Carns (renonce à prendre son poste) ; -11-3 John Deutch (27-7-1938). *1997*-19-3 George J. Tenet. **Budget** (en milliards de $) : *1987 :* 2,5 ; *95 :* 3,1. **Effectifs :** *1974 :* 153 000 ; *94 :* 100 000. **Échecs de la CIA :** *1969 Italie :* contrôle du groupe d'extrême droite responsable du massacre de la piazza Fontana à Milan le 12-12-1969. *1980 Ghana :* un réseau est découvert (membres rapatriés aux USA). *1983 USA :* renvoie Edward Howard pour incompétence (il proposera ses services au KGB). *1987 Cuba :* emploie, à son insu, 27 agents cubains. *1988 Iran :* le régime de Khomeyni intercepte les messages de la CIA et traque ses agents. *1990 RDA :* les archives de la Stasi révèleront aux responsables de la CIA que la plupart de leurs espions étaient des agents doubles. *1994 France :* un réseau amér. d'espionnage économique est découvert par la DST. *1995 Guatemala :* la CIA découvre qu'elle a payé plusieurs années un colonel qui avait torturé des milliers de personnes. Mauvaise appréciation du potentiel soviétique : les USA dépenseront des milliards de $ dans des programmes d'armement pléthoriques.

■ **Autres agences de renseignements. National Reconnaissance office (NRO) :** gère les réseaux de satellites de renseignements ; budget : 6,2 milliards de $; employés : 1 000. **National Security Agency (NSA) :** budget : 3,7 milliards de $; employés : 38 000 ; put grâce à un code soviétique secret identifier les espions Klaus Fuchs, Nunn May, Bruno Pontecorvo, Burgess, Maclean et les Rosenberg. **Defense Intelligence Agency (DIA) :** budget : 2 milliards de $; employés : 19 000.

■ **« Cosa nostra ».** Mafia (origine sicilienne). **1881** les « familles » siciliennes émigrées aux USA se reconstituent (la « Main noire » en Louisiane) : rackets, demandes d'argent signées d'une main noire. **1920-30** *Al Capone* [(né à Naples le 17-1-1899), dit *Scarface* (« le Balafré ») ; condamné à 12 ans de prison pour fraude fiscale (et non pour les 550 assassinats dont il était responsable ; libéré pour raison de santé, après 7 ans passés à Alcatraz ; meurt d'une pneumonie le 25-1-1947, à 48 ans, à Palm Island (Miami) ; enterré à Mount Olivet (Chicago)] crée les « familles » modernes à Chicago. Délinquances diverses, prises de contrôle des syndicats des *teamsters* (camionneurs) ou *roofers* (bâtiment) ; prohibition : trafic clandestin d'alcool. *Eliot Ness* (1903-57, d'une crise cardiaque), agent fédéral du Trésor, s'attaque 1930 à Capone, ses frères, Frank Nitti et d'autres avec *the Untouchables* (« les Incorruptibles »). **1931** *Lucky Luciano* [de son vrai nom Salvatore Lucania, né 24-11-1897 (*1935* arrêté ; *1936-18-6* condamné à 30 et 50 ans de réclusion ; sollicité pour contrôler les dockers afin d'éviter des sabotages pendant la guerre ; *1946* libéré, revient en Italie ; va à Cuba, † 1962 à Naples)] crée la 1re « commission » de contrôle sur les 5 « familles » amér. **1945** pénètre le monde financier (Bourse, opérations immobilières) ; investit principalement dans les entreprises permettant de soustraire en partie les recettes au contrôle fiscal : machines à sous, casinos, laveries (5 000 Stés de façade honorable). **1958** *Vito Genovese* successeur de Luciano : (fait assassiner son rival Anastasia). **1963** *Joe Valachi* et *Franck Costello* révèlent la structure de l'organisation. **1970** protection des témoins : confidences de plus de 5 000 repentis. **1986-87** 17 des 24 « familles » touchées par répression policière. *Meyer Lansky* (Maier Suchowljansky, né 1902, Biélorussie), dernier survivant des lieutenants d'Al Capone, est mort le 15-1-1983 (fortune : 3 milliards de $). Le 16-12-1985, *Paul Castellano,* « capo » de la « famille » Gambino de New York, a été assassiné (avec son adjoint) sur ordre de son bras droit *John Gotti* (condamné 23-6-1992). **Chiffre d'affaires** (en milliards de $) : *1986* (d'après l'institut de Wharton, pour activités illégales) : 51,4 (en % : drogue 60, prêts usuraires 13,7, vol 12,8, proxénétisme 6,5, jeux clandestins 4,5) ; *1992 :* bénéfices 120 milliards de $ (1/3 pour la drogue). **Coût de l'effet des monopoles de la Mafia :** *1986 (est.) :* 18,2 milliards de $. **Organisation :** 24 « familles », aux ordres d'un « capo » ; les 24 capos se retrouvent au sein d'une commission clandestine dont la réunion n'a été surprise qu'une seule fois par la police (en 1957 à New York). **Nombre de mafiosi :** *made* (intronisés) : 22 000 ; *soldats* (auxiliaires) : 150 000 ; *employés :* 700 000. **Lutte** (contre) : la corruption de parlementaires et de fonctionnaires locaux rend la répression difficile. Le FBI (sur le plan fédéral) est efficace, mais l'écoute téléphonique se heurte à l'opposition des juges, qui y voient une atteinte aux libertés individuelles. Les *mafiosi* se font souvent relâcher contre une caution. Un accord a été conclu entre gouv. amér. et banques suisses, sur la levée éventuelle du secret bancaire dans les affaires de mafia.

■ **FBI (Federal Bureau of Investigation).** Police judiciaire fédérale, dépendant de l'attorney général (min. de la Justice). **Origine :** Bureau of Investigation. *Créé* 1908 par Charles Joseph Bonaparte [1851-1921, petit-fils de Jérôme (frère de Napoléon Ier) et de sa 1re femme Elizabeth Paterson ; ministre de la Marine (1905) puis de la Justice]. Devenu fédéral en 1935. *Employés* (effectifs, 1996) : 10 000 agents, 13 000 employés, environ 500 bureaux dont 23 à l'étranger. **Directeurs :** *1921 :* William Burns. *1924*-10-12 J. Edgar Hoover (1895-1972, homosexuel, la police le tenait). *1972*-3-3 Patrick Gray (intérim). *1973*-27-4 William Ruckeshauss (intérim) ; -9-7 Clarence Kelley (né 24-10-1911). *1978*-23-2 William Webster (né 6-3-1924). *1987*-27-5 John Otto (intérim) ; 2-11 William Sessions (né 27-5-1930). *1993*-19-7 Floyd Clarke (intérim) ; -1-9 Louis Frech (né 6-1-1950).

■ **Femmes. 1775** proclamation d'Edenton : une cinquantaine de femmes de la Caroline du Nord annoncent leur intention de boycotter le thé britannique. **1869** droit de vote au Wyoming. **1916**-*nov.* Jeannette Rankin élue au Congrès. **1920** 19e amendement : droit de vote. **1924**-*9-11* Nellie Taylor Ross élue gouverneur du Wyoming (5-1-1925, en fonction) ; Miriam Ferguson, Texas (20-1-1925). **1933** Frances Perkins secrétaire au Travail. **1963** loi sur l'égalité des salaires. Betty Friedan fonde *The Feminine Mystique.* **1964** Margaret Chase Smith (14-12-1897/29-5-1995) candidate à la présidence (républicaine, 4 fois élue à la Chambre des représentants 1941-49, sénateur). **1967** *New York Radical Women* (NYRW) fondé. **1970** grève nationale des femmes. *-15-5* : 2 femmes nommées Gales par Pt Nixon. **1972** Congrès se prononce pour amendement des droits égaux *(Equal Rights Amendment, ERA).* Doit être ratifié par les deux tiers des États. **1978** Washington, marche de 100 000 pers. pour ratification de l'ERA. **1980** Chicago, marche de 90 000 pers. pour ratification de l'ERA. **Emploi :** *1990 :* 56 millions travaillent, soit 45 % de la force de travail. **Politique :** 52 % de l'électorat. **Principale organisation :** *National Organization for Women* (NOW), fondée 1966, 220 000 adhérentes.

■ **Fondations.** 30 000 organismes autonomes, sans but lucratif, assurent des activités philanthropiques (éducation, santé, médecine, recherche, technologie, religion, bienfaisance, arts). Alimentés par des donations déductibles des impôts ou des legs exonérés de droits. **Capital :** plusieurs dizaines de milliards de $ [les 3/4 détenus par moins de 200 fondations, dont (en milliards de $) : Ford 3, Rockefeller 0,8, Carnegie 0,3, Getty]. **Dépenses totales :** 2 milliards de $. Accusés de concurrence déloyale par les petites et moyennes entreprises en raison des avantages fiscaux qui leur sont accordés.

■ **John Birch Society** (nom d'un missionnaire baptiste, capitaine agent de renseignements en Chine en 1942, exécuté 25-8-1945 par les communistes). Anticommuniste et antiraciste, admet les Noirs. *Créée* 1958 par Robert Welch (1899-1985). **Membres :** 100 000 répartis en chapitres de 20 personnes.

■ **Juifs.** *Nombre :* 5 500 000 (3 % de la pop.). *Vote en 1980 :* Reagan 38 % ; *1984 :* Reagan 34 % ; *1988 :* Bush 29 % ; *1992 :* Clinton 85 %. Mais 6 % des électeurs juifs sont surtout concentrés dans 12 États très peuplés qui, pris ensemble, envoient 273 grands électeurs au Collège électoral.

■ **Ku Klux Klan** (nom dérivé du grec *kuklos,* cercle, et de l'écossais *klan,* clan). Organisation clandestine d'extrême droite. *Fondée* **1865**-*24-12* à Pulaski (Tennessee) par 6 officiers démobilisés (confédérés), veut empêcher, par la terreur, les Noirs d'user de leur droit de vote. **1867** congrès de Nashville (Tennessee) : Gal Nathan Bedford Forrest nommé Grand Sorcier. Donne au Klan une structure militaire. Une charte le définit « dédié à la cavalerie, à l'humanité, à la miséricorde et au patriotisme ». **1871** loi martiale dans le Sud pour lutter contre le KKK. **1872** dissous. **1877** interdit légalement (mais les droits des Noirs sont pratiquement supprimés). **1915**-*24-12* recréé à Stone Mountain (l'ex-pasteur méthodiste William Joseph Simmons devient Grand Sorcier) : s'attaque également aux juifs, catholiques, étrangers, pacifistes révolutionnaires. Vague de violence. **Victimes de 1866 à 1914 :** 4 000 Noirs tués. **1921** violences contre catholiques du Nord, du Sud et du Midwest. **1928** interdit par la Cour suprême, retour à la clandestinité (une centaine de groupuscules : chevaliers blancs du KKK, etc.). **1944**-23-4 se dissout. **1946**-oct. recréé (Samuel Green † 1949, puis Sam Roper). **1961** fédérations : *Klans Unis d'Amérique* (50 000 sympathisants), qui élisent un « Sorcier impérial », Robert Sheldon. **1964** 3 militants pour les droits civiques (dont 1 Noir) exécutés dans le Mississippi. **1970** le « Grand Sorcier », S. H. Bowers, est condamné à 10 ans de prison. **1979**-3-11, 5 † dans une manif. noire à Greensboro (Caroline du Nord). **1980** 68 enquêtes ouvertes sur : croix brûlées, Noirs attaqués. **États sudistes où le KKK est représenté :** 15 (constituent l'« Empire invisible »). **Adhérents :** *1919 :* 7 000 ; *25 :* 5 000 000 ; *66 :* 30 000 ; *68 :* 17 006 (dans 18 États) ; *75 :* 2 000 ; *78 :* 10 000. **Actuel Grand Sorcier :** William Hoff. Le Ku Klux Klan a essaimé hors des USA, notamment au Portugal, où l'opposition aux Noirs est plus forte depuis le rapatriement des colons d'Afrique.

■ **AFL-CIO (American Federation of Labor – Congress of Industrial Organizations).** Proche du P. démocrate. Créée 1955, fusion de l'AFL (fondée 1886 par Samuel Gompers) et des syndicats CIO [de gauche, regroupés en 1935 par John Lewis et Walter Reuther et expulsés de l'AFL en 1937 ; le plus gauchiste, Walter Reuther, tenta en vain de fonder une union dissidente, l'AFLA *(Alliance For Labor Action)*]. **Convention :** tous les 2 ans, désigne un conseil exécutif (Pt, vice-Pt, 17 représentants de l'AFL et 10 du CIO ; tient 1 fois par an une séance « élargie » avec un représentant de chaque syndicat). Anticommuniste. **Pt :** 1995 George Meany (1894-1980) ; *1979 :* Lane Kirkland (1922-99). *1995* (25-10) : John Sweeney. **Adhérents :** 13 millions (en 1995). **Taux de syndicalisation** (en %) : *1955 :* 35 ; *80 :* 23 ; *84 :* 19,1 ; *95 :* 15,5 ; *97 :* 14,5 ; *99 :* 13,9.

Nota. – **Le syndicat des Teamsters** (camionneurs). *Créé* 1902. Exclu de l'AFL-CIO en 1957 pour corruption. **Effectifs :** *vers 1980 :* 2 000 000 ; *1998 :* 1 400 000. **Pt :** *1991* (déc.) : Ronald Carey, réélection invalidée le 22-8-1997 ; *1998* (5-12) : James Hoffa, fils de Jimmy (Pt de 1957 à 1971). **Mouvements extrémistes** nombreux : de droite, anti-avortement, néo-nazis, skinheads, islamiques, noirs.

> **PEUT-ON PARLER D'IMPÉRIALISME AMÉRICAIN ?**
>
> **Financièrement.** Comme ils n'ont pas de couverture métallique, les USA sont accusés d'exporter leur inflation et de payer leurs factures en « monnaie de singe ». Les États de l'Opep avaient décidé, en 1980, de ne plus se référer au dollar pour fixer leurs prix, mais à un panier de 10 monnaies fortes. La remontée du dollar (1981-82) a rendu caduque cette mesure.
>
> **Militairement et politiquement.** Les USA ont profité des avantages acquis à Yalta en 1945 (l'URSS leur reconnaissait une zone d'influence dans le monde supérieure à la zone d'influence soviétique), puis ils restèrent sur la défensive entre 1973 et 1981 [*1°) Défaite au Viêt Nam,* le soulagement né de la fin des hostilités (pertes militaires très sensibles) est compensé par l'humiliation : pour la 1re fois, les USA ont perdu une guerre et abandonné un allié (le Sud-Viêt Nam qui s'effondre dès avril 1975) d'où réveil du puritanisme politique : le Pt Nixon doit démissionner le 8-8-1974 à cause du scandale du Watergate. *2°) En Afrique* (Angola, Éthiopie), en *A. latine* (Cuba, Nicaragua), *en Asie* (Afghanistan, Iran, Turquie), l'URSS a marqué des points. Le soutien, passif, aux régimes pro-amér. a coûté chaque année plusieurs milliards de $ et contribué au déséquilibre de la balance des paiements et à la dépréciation du $. *3°)* Les pays de l'Ouest partenaires des USA s'affranchissent de l'autorité américaine (exemple la France depuis de Gaulle). La volonté amér. de conserver le leadership du monde occidental s'est affirmée faiblement sous Carter, celui-ci faisant souvent des concessions à ses partenaires (par exemple aux producteurs de pétrole ou aux Japonais)].
>
> **Retournement.** En 1978, l'URSS donne l'impression d'être devenue le 1er supergrand, ce qui provoque un rapprochement de certains pays avec les USA (Chine, Japon, Inde, Pakistan, Égypte, France). Avec l'accession au pouvoir de Reagan (1981), puis de Bush (1988), les USA adoptèrent, en apparence, une politique extérieure plus « musclée », mais ils se sont montrés faibles en Pologne (1981-82) et hésitants au Salvador (1982). En 1990, ils ont pu mener la guerre du Golfe au nom de l'Onu.

■ ÉTATS ET TERRITOIRES

GÉNÉRALITÉS

■ **Siège du gouvernement fédéral. District of Columbia (DC). Histoire :** *1790* district pris sur le Maryland pour devenir le siège du gouv. fédéral ; *1791* cap. fédérale ; *1801* autorité fédérale ; *1878* corporation municipale : 3 commissaires nommés ; *1961* (23e amendement), les citoyens ont le droit de vote dans les élections fédérales ; *1967* conseil municipal nommé ; *1973* élu ayant des pouvoirs législatifs en matière locale, mais le Congrès garde le droit de légiférer. **Superficie :** 177 km². **Population :** *en 1802 :* 3 087 hab. (dont 623 esclaves), *1877 :* 150 000 ; *1998 :* 523 124 ; *99 :* 519 000. **D.** 2 939 [aggl. Washington, sur le Potomac ; construite sur les plans du major Pierre-Charles L'Enfant (né à Paris 2-8-1754 ; étudiant à l'Académie de peinture et de sculpture, arrivé en 1776 pour soutenir les révoltés), divisée en quadrilatères (monuments principaux : Capitole, statue de Washington)]. Majorité noire à 70,3 % ; municipalité noire ; le maire noir, Marion Barry, a été, le 27-9-1991, condamné à 6 mois de prison pour possession de drogue ; a été réélu conseiller municipal le 3-11-1992 ; émeutes raciales 1968 (9 †, 1 000 bl.). 28-2-1989 couvre-feu de 23 h à 6 h pour les moins de 18 ans. En 1991, 500 meurtres.

■ **États.** L'Union comprend 50 États : 13 d'origine, 37 admis par la suite dont 30 avaient été auparavant organisés comme des territoires. Chacun a sa Constitution, 2 chambres (sauf le Nebraska depuis 1937) et 1 gouverneur. Autonomie importante (en matière de codes civil, commercial, etc.).

■ **Gouverneurs.** Chefs de l'exécutif des États. Élus pour 4 ou 2 ans (dans 9 États) au suffrage univ. ; non rééligibles dans 11 États, rééligibles 1 fois dans 12, sans limitation ailleurs (dont New York, Californie, Ohio, Illinois). Peuvent être révoqués par le Sénat *(impeachment,* vote aux 2/3) ou, dans certains États, contraints de se représenter si un certain pourcentage de citoyens le demandent. Ont le droit de veto (sauf en Caroline) total ou partiel sur le vote des lois, commandent la garde nationale (voir col. c), disposent du droit de grâce. Assistés dans 40 États par un lieutenant-gouverneur élu qui leur succède en cas de décès (sinon, le successeur est le secrétaire d'État). Sur 50 gouverneurs, 3 femmes (en 2000).

■ **Chambres.** 19 à 67 *sénateurs* élus pour 4 ans (37 États) ou 2 (13), 39 à 45 *députés* selon les États, élus pour 4 ans (sauf en Alabama, Louisiane, Maryland, Mississippi : 2 ans). *Sessions* annuelles dans 30 États, biennales dans 20. *Nombre total de parlementaires :* 7 424 (dont 1 652 femmes).

■ **Administration locale.** États divisés en *comtés* [en moy. 50 à 100 (Delaware 3, Texas 254) sauf Alaska : 29 « divisions », Louisiane : 62 « paroisses »], et dans certains cas en *cités* ou *districts.* A la tête des comtés, le *Board,* élu pour 2 ou 4 ans. Les responsables administratifs (*sheriff :* ordre public ; *district attorney :* procureur ; *coroner :* enquêtes sur les morts violentes, etc.) sont élus au suffrage univ. Les *maires* sont élus séparément des conseils municipaux, pour 2 ou 4 ans. Dans 243 villes de plus de 5 000 hab., le conseil municipal est remplacé par une commission de 5 m. élus. *Maires de villes de + de 30 000 hab. :* 1 050 (dont 213 femmes).

■ **Garde nationale.** Chargée du maintien de l'ordre ; armement et équipement assurés par le Pentagone. Formée de volontaires (qui sont dispensés du service militaire). Les Noirs en sont pratiquement exclus.

LISTE DES 50 ÉTATS

> *Légende :* **État :** nom, abréviation, surnom, histoire, superficie, population totale est. mi-1999, répartition en 1999, densité, population urbaine en 1990. Villes : capitale (en italique), population en 1998 et, entre parenthèses, agglomération.
>
> ☞ *Abréviations :* établiss. : établissement ; Hisp. : Hispaniques ; N.A. : Native American ; urb. : urbaine.

■ **Alabama (Al)** [du nom de la tribu des *Alibamas,* « ceux qui débroussaillent » ; *surnoms :* « Heart of Dixie », « Camellia State »]. *1702* partie de la Louisiane française ; *1763* cédé à la G.-B. ; *1817* territoire ; *1819* État ; *11-1-1861 au 25-6-1868* sécession ; *13-7-1868* nouveau dans l'Union. **Superficie :** 135 775 km². **Pop. :** 4 369 862 hab. (Blancs 73 %, Noirs 26,1 %, Hisp. 1 %, Asiatiques 0,7 %, N.A. 0,3 %). **D.** 32. Pop. urb. 60 %. **Villes :** *Montgomery* 197 014 (281 000 en 1980), Birmingham 252 997 (908 508 en 1998), Mobile 202 181 (476 923 en 1994).

■ **Alaska (Ak)** [« continent » en inuit]. *Surnom :* « the Last Frontier ». *1741* découvert par le capitaine de marine de 1re classe *Vitus Bering* (1680/8-12-1741 † scorbut ; Danois chargé depuis 1725 par le tsar Pierre le Grand de reconnaître la côte amér.) ; *1784* 1er établiss. (île Kodiak), colonie russe (cap. Sitka, alors la Nlle-Arkhangelsk 1806) ; *1845* 38 000 hab. (dont 640 Russes) ; *1867*-30-3 acheté 7 200 000 $ (la Russie, battue en Crimée en 1855, l'estimant indéfendable, le proposa dès 1858) ; *1880-1910* « ruée vers l'or » (la pop. passe de 20 000 à 60 000) ; *1884* district ; *1912* territoire ; *1959*-3-1 État. **Temp.** *(moy. janv. et août) :* Anchorage – 7 °C (20 °C), Fairbanks – 30 °C (30 °C). **Pays montagneux** (Mt McKinley, 6 194 m, alt. maximale de l'Amér. du Nord) : 6 chaînes principales, séparées par des plateaux arides ou des plaines marécageuses. *Base stratégique* [distance de l'ex-URSS : 90 km ; une route de 2 400 km, Alcan (Alaska-Canada), relie Dawson Creek à Fairbanks]. **Superficie :** 1 700 138 km². **Pop. :** 619 500 hab. (Blancs 75,2 %, N.A. 16,4 %, Asiatiques 4,5 %, Hisp. 4 %, Noirs 3,9 %). **D.** 0,36. Pop. urb. 64,5 %. **Villes :** *Juneau* (cap., sera transférée à Willaw) 30 191, Anchorage 254 982, Fairbanks 33 295, Kenai 7 943. **Économie :** peu de cultures, forêts 44 %. Rennes, bovins, ânes, animaux à fourrure (renard argenté), otaries ; pêcheries (50 % des conserves de saumon du monde) ; depuis 1977 : pétrole et gaz naturel découverts 1957, puis 1967 [réserves 2 à 7 milliards de t, production prévue 100 millions de t/an] ; pipeline trans-Alaska de Prudhoe Bay [1 250 km de tubes de 121 cm ; franchit 2 chaînes de montagnes et le Yukon, posant des problèmes écologiques (transhumance des 400 000 caribous) ; coût 3,5 milliards de $]. Argent, charbon, étain, or. Tourisme d'été surtout dans les fjords utilisant des ferries depuis Juneau ; raids en traîneaux à chiens.

Iles Aléoutiennes. 17 700 km², 11 942 hab., morue, saumon, renards, phoques, otaries. **Pribilof :** 160 km². 440 Esquimaux, pêche, chasse, réserve pour otaries, rennes et oiseaux. **Saint-Laurent :** longueur 145 km ; largeur maximale 50 km ; 400 Esquimaux en 1975. Réserve de rennes. **Saint-Mathieu :** inhabitée, réserve d'oiseaux.

■ **Arizona (Az)** [« petite source » en indien]. *Surnom :* « Grand Canyon State ». *1752* établiss. ; *1863* territoire ; *1912* État ; *1990*-6-2 l'anglais n'est plus langue officielle de l'État. **Superficie :** 295 276 km². **Pop. :** 4 778 332 hab. (Blancs 88,7 %, Hisp. 22,7 %, N.A. 5,5 %, Noirs 3,7 %, Asiatiques 2,1 %). **D.** 15,8. Pop. urb. 83,8 %. **Villes :** *Phoenix* 1 198 064 (2 931 004 en 1998), Tucson 460 466 (790 755 en 1998), Mesa 360 076, Glendale 193 482, Scottsdale 195 394.

■ **Arkansas (Ar)** [du nom de la tribu *Arkansa,* des Indiens Quapaws]. *Surnom :* « the Natural State », « the Razorback State ». *1686* établiss. ; *1815* territoire ; *1836* État ; *6-5-1861 au 22-6-1868* sécession. **Superficie :** 137 742 km². **Pop. :** 2 551 373 hab. (Blancs 82,6 %, Noirs 16,1 %, Hisp. 2,1 %, Asiatiques 0,7 %, N.A. 0,5 %). **D.** 18,4. Pop. urb. 51,5 %. **Villes :** *Little Rock* 175 303 (513 117 en 1996), Fort Smith 75 637, North Little Rock 59 184.

■ **Californie (Ca)** [allusion à l'île imaginaire d'une chanson espagnole, gouvernée par une reine du nom de *Calafia ;* jusqu'au début du XVIIIe s., les cartographes la présentent comme une île]. *Surnom :* « Golden State ». **Histoire :** *1769* établiss. ; *1846*-14-6 république indépendante *1848* avait été annexée par USA cédée par le Mexique ; *1850* État ; *1911-9-9 drapeau adopté :* ours avec au-dessus *Californian Republic.* **Superficie :** 424 002 km². **Pop.** (en milliers d'hab.) : *1850 :* 93 ; *1900 :* 1 485 ; *98 :* 32 666,55 ; *99 :* 33 145 121 hab. (État le plus peuplé). (Blancs 47,8 %, Hisp. 31,6 %, Asiatiques 12,2 %, Noirs 7,5 %, N.A. 0,9 %). **D.** 77. Pop. urb. 91,3 %. **Villes** (en milliers d'hab.) : *Sacramento* 404,168 (1 685 812 en 1998). Los Angeles [nom complet (55 lettres) : El Pueblo de Nuestra Señora la Reina de los Angeles de Porciuncula, fondée 1781] 3 597,556 dont (en %) Anglo-Saxons 37, Hispanophones 40, Noirs 13, Asiatiques 9 (300 000 Coréens), divers 1 (aggl. 15 781, 273 en 1998) ; textile (coton et artificiel, tissage et confection) ; chimie et pétrochimie, sidérurgie (Fontana, fer de l'Arizona) ; automobile, aéronautique, outillage ; ind. du cinéma ; pénurie d'électricité San Diego 1 220,666 (2 780, 592 en 1998), base navale, port de pêche, aéronautique. San Jose 861,284, San Francisco 745,774 ; en 1844 : 52 hab. (6 816,047 en 1998), fondée 28-1-1848, débouché de la vallée Impériale, terminus de plusieurs voies ferrées transcontinentales et port. Long Beach 430,905, Oakland 365,874. Fresno 398,133 (870,478 en 1998). *Silicon Valley* (« vallée du silicium », matière 1re des « puces » en électronique), vallée de Santa Clara, 40 km au sud de San Francisco. Origine : université de Stanford de Palo Alto, créée 1855. Stés : Hewlett-Packard (créée 1939), Intel, General Electrics, IBM (à San José en 1952), Lockheed, Apple. En 1991, 900 gangs (100 000 jeunes), dont les Bloods et les Crips (de *Cripple*, infirme : le fondateur était boiteux), Noirs de 13 à 21 ans. 725 †. **Séismes :** *1906 (18-4) :* San Francisco (magnitude 8,3), 700 †. *89 (17-10) :* (magnitude 7,1) 63 †, 7 milliards de $ de dégâts, *92 (22-4) :* (6,1), près de Palm Springs ; *25-4 :* (6,9), à 350 km au nord-ouest de San Francisco ; *28-6 :* (7,5), désert de Mojave (6,6), près de San Bernardino, 1 †, 170 bl. *94 (17-1) :* Los Angeles (6,6), 55 †.

Mégalopole : Sansan (San Francisco-San Diego) 700 km.

■ **Caroline du Nord (NC)** [nom venant de celui du roi d'Angl. Charles II]. *Surnoms :* « Tar Heel State », « Old North State ». *1585* 1er établiss. ; *1663* établiss. permanent ; *1789* État ; *du 20-5-1861 au 25-6-1868* sécession ; *4-7-1868* nouveau dans l'Union. **Superficie :** 139 397 km^2. **Pop. :** 7 650 789 hab. (Blancs 75,3 %, Noirs 22 %, Hisp. 2,3 %, Asiatiques 1,4 %, Indiens 1,3 %). **D.** 54,1. Pop. urb. 42,9 %. **Villes :** *Raleigh* 259 423 (1 079 873 en 1998), Charlotte 504 637 (1 383 080 en 1998), Greensboro 197 910 (1 167 629 en 1998), Winston-Salem 164 316, Durham 153 513.

■ **Caroline du Sud (SC).** *Surnom :* « Palmetto State ». *1670* établiss. ; *1788* État ; *20-12-1860/25-6-1868 :* sécession ; *9-7-1868* rentre dans l'Union. **Superficie :** 82 902 km^2. **Pop. :** 3 885 736 hab. (Blancs 69,1 %, Noirs 29,8 %, Hisp. 1,4 %, Asiatiques 0,9 %, N.A. 0,2 %). **D.** 45,4. Pop. urb. 54,1 %. **Villes :** *Columbia* 110 840 (453 331 en 1992), Charleston 87 044 (506 875 en 1992), Greenville 56 436 (918 351 en 1998).

■ **Colorado (Co)** [en espagnol, « rouge »]. *Surnom :* « Centennial State ». *1858* établiss. ; *1861* territoire ; *1876* État. **Superficie :** 269 618 km^2. **Pop. :** 4 056 133 hab. (Blancs 92,3 %, Hisp. 14,9 %, Noirs 4,3 %, Asiatiques 2,5 %, N.A. 0,9 %). **D.** 14,7. Pop. urb. 80,6 %. **Villes :** *Denver* (appelée Auraria de 1858 à 1860) 499 055 (2 365 345 en 1998), Colorado Springs 344 987, Aurora 250 604.

■ **Connecticut (Ct)** [de l'Algonquin, « à côté de la longue rivière »]. *Surnom :* « Constitution State », « Nutmeg State ». *1635* établiss. ; *1637* Commonwealth ; *1639* Constitution, la 1re du monde moderne ; *1788* État. **Superficie :** 14 358 km^2. **Pop. :** 3 282 031 hab. (Blancs 87,8 %, Noirs 9,4 %, Hisp. 8,5 %, Asiatiques 2,6 %, N.A. 0,2 %). **D.** 227,9. Pop. urb. 78,8 %. **Villes :** *Hartford* 133 086 (1 143 859 en 1998), Bridgeport 137 425 (395 455 en 1980), New Haven 123 189 (503 180 en 1992).

■ **Dakota du Nord (ND)** [du nom des tribus *Dakotah,* « ami » ou « allié »]. *Surnom :* « Peace Garden State ». *1861* partie du territoire du Dakota ; *1889* État. **Superficie :** 183 123 km^2. **Pop. :** 633 666 hab. (Blancs 93,7 %, Indiens 4,8 %, Hisp. 1,1 %, Asiatiques 0,8 %, Noirs 0,6 %). **D.** 3,5. Pop. urb. 48,8 %. **Villes :** *Bismarck* 54 040, Fargo 86 718, Grand Forks 50 575 (en 1996).

■ **Dakota du Sud (SD).** *Surnoms :* « Coyote State », « Mount Rushmore State (voir à l'Index) ». *1743* colonie française ; *1857* établiss. ; *1861* territoire ; *1889* État. **Superficie :** 199 744 km^2. **Pop. :** 733 133 hab. (Blancs 90,4 %, Indiens 8,2 %, Hisp. 1,2 %, Noirs 0,7 %, Asiatiques 0,7 %). **D.** 3,7. Pop. urb. 46,4 %. **Villes :** *Pierre* 13 267, Sioux Falls 116 762, Rapid City 57 513, Aberdeen 24 865.

■ **Delaware (De).** *Surnoms :* « First State », « Diamond State ». 1638 établiss. suédois ; *1654* Hollandais éliminent Suédois ; *1664* chassés par Anglais ; *1702* nommé du nom de lord George de la Ware (1577-1628), 1er gouverneur de Virginie ; *1787* État. **Superficie :** 6 448 km^2. **Pop. :** 753 538 hab. (Blancs 77,7 %, Noirs 19,8 %, Hisp. 3,7 %, Asiatiques 2,1 %, N.A. 0,3 %). **D.** 115,3. Pop. urb. 70,6 %. **Villes :** *Dover* 30 369, Wilmington 71 678, Newark 28 000.

■ **Floride (Fl).** *Surnom :* « Sunshine State ». **Histoire :** *1656* établiss. espagnol, nommée Pâques fleuries (Pascua Florida) car découverte en 1513 le jour des Rameaux par Juan Ponce de Léon ; *1763* cédée à l'Angl. ; *1783* retour à l'Espagne ; *1819* achetée à l'Esp. 5 millions de $; *1821* territoire US ; *1845* État ; *10-1-1861 au 25-6-1868* sécession. **Superficie :** 170 314 km^2. **Pop. :** 15 111 244 hab. (Blancs 82,3 %, Noirs 15,4 %, Hisp 15,4 %, Asiatiques 1,9 %, N.A. 0,4). **D.** 87,6. Pop. urb. 84,3 %. **Villes :** *Tallahassee* 136 628, Jacksonville 693 630 (1 044 684 en 1998), Miami 368 624 [3 655 844 en 1998 dont 500 000 réfugiés cubains ; les Noirs (18 %, mais 38 % des pauvres) ont déclenché le 21-5-1980 des émeutes raciales : 15 †, dont 6 Blancs], Tampa 289 156 (2 256 559 en 1998), St Petersburg 236 029, Epcot (Experimental Prototype Community of Tomorrow, créée par Walt Disney dans le cadre de Disneyworld). *Conurbation prévue :* 600 km de longueur de Jacksonville à Miami ; 8 000 000 d'hab. [Jami] ; *menaces écologiques :* 50 millions de t de liquides pollués par j (rapidement inhabitable).

■ **Géorgie (Ga).** *Surnoms :* « Empire State of the South », « Peach State ». *1733 :* 13e colonie du nom du roi George II ; *1788* État ; *19-1-1861 au 25-7-1868* sécession ; *15-7-1870* nouveau dans l'Union. **Superficie :** 153 952 km^2. **Pop. :** 7 788 240 hab. (Blancs 69 %, Noirs 28,7 %, Hisp. 3,1 %, Asiatiques 2,1 %, N.A. 0,2 %). **D.** 49,6. Pop. urb. 62,4 %. **Villes :** *Atlanta* 403 819 (3 746 059 en 1998), Columbus 182 828, Savannah 131 674.

■ **Hawaii (Hi).** *Surnom :* « the Aloha State ». **Histoire :** *1778*-18-1 îles découvertes par le capitaine James Cook ; connues sous le nom d'îles Sandwich ; *1843* convention G.-B./Fr. garantissant leur indépendance sous la dynastie des Kamehameha ; USA refusent de signer car ils convoitent le point du Pacifique Nord où les navires allant en Chine peuvent faire du charbon et se ravitailler. *Kamehameha IV* († 30-11-1863) ; *1863 Kamehameha V* († 11-11-1872) son frère ; *1872 William Lunalilo* († 3-2-1874) son cousin ; *1874*-12-2 *David Kalakaua* (16-11-1836/20-1-1891) élu roi ; *1876* traité de réciprocité avec USA : les sucres hawaiiens entrent en franchise en Amérique ; *1887* Constitution ; *1891*-17-1 reine *Liliuokalani* (2-9-1838/11-11-1917), sœur de Kalakaua ; *1893* déposée ; *1894*-4-7 république ; *1897*-1-1 ; *1898*-7-7 annexées aux USA (109 020 hab. dont Hawaiiens et métis 39 504, Japonais 24 407, Chinois 21 616, Blancs 7 427) ; *1900*-30-4 territoire ; *1959*-21-8 50e État. **Superficie :** 28 313 km^2 (20 îles dont 8 principales). **Pop. :** 1 185 497 hab. (Asiatiques 63,6 %, Hisp. 8,1 %, Blancs 33 %, Noirs 2,8 %, N.A. 0,6 %). **D.** 42,1. Pop. urb. 86,5 %. **Iles :** *Hawaii* 10 461 km^2 (92 053 hab.), *Mani* 888 (71 337), *Oahu* 1 574 (761 964), *Kauai* 1 432 (39 082), *Molokai* 676 (6 076), *Lanai* 362 (2 125), *Nihau* 189 (226), *Kahoolawe* 116 (0). **Volcans :** Mauna Kla 4 205 m. Mauna Léa 4 169 m. Haleakala 3 055 m. (éteint, cratère 49 km^2). **Villes :** *Honolulu* sur Oahu 395 789 (872 478 en 1998), Koofaupoko 109 373 (en 1982), Ewa 14 315 (en 1990). **Commerce avec l'Amér. :** 92 % du total.

■ **Idaho (Id)** [de la tribu *(Ho)*, des pêcheurs de saumons *(Ida)*]. *Surnom :* « Gem State ». *1836* mission ; *1855* État mormon ; *1860* établiss. ; *1863* territoire ; *1890* État. **Superficie :** 216 456 km^2. **Pop. :** 1 251 700 hab. (Blancs 96,9 %, Hisp. 7,4 %, Asiatiques 1,2 %, N.A. 1,3 %, Noirs 0,6 %). **D.** 5,7. Pop. urb. 54 %. **Villes :** *Boise City* 157 452, Pocatello 53 074, Idaho Falls 48 122.

■ **Illinois (Il)** [de l'algonquin, « guerriers, hommes courageux »]. *Surnom :* « the Prairie State ». *1673* découvert par les Français Joliet et Marquette ; *1720* établiss. ; *1763* cédé par les Français aux Anglais ; *1783* reconnu américain par les USA ; *1809* territoire ; *1818* État. **Superficie :** 150 007 km^2. **Pop. :** 12 128 370 hab. (Blancs 81,1 %, Noirs 15,3 %, Hisp. 10,5 %, Asiatiques 3,4 %, N.A. 0,2 %). **D.** 80,3. Pop. urb. 83,3 %. **Villes :** *Springfield* 117 098, Chicago (nom indien : *Checagou,* oignon sauvage ; fondée *1770* ; incendiée *8/10-11-1871 :* 17 500 habitations détruites, 250 † ; occupe le rivage du lac Michigan sur 100 km) 2 802 079 (8 809 846 en 1998), Rockford 143 656, Peoria 111 148.

■ **Indiana (In)** [Terre indienne]. *Surnom :* « Hoosier State ». *1732* établiss. ; *1800* territoire ; *1816* État. **Superficie :** 94 328 km^2. **Pop. :** 5 942 901 hab. (Blancs 90,4 %, Noirs 8,4 %, Hisp. 2,6 %, Asiatiques 1 %, N.A. 0,3 %). **D.** 62,6. Pop. urb. 64,2 %. **Villes :** *Indianapolis* 741 304 (1 519 194 en 1998), Fort Wayne 185 716 (349 000 en 1992), Gary 108 469 (642 781 en 1980).

■ **Iowa (Ia)** [de l'indien, « beau pays »]. *Surnom :* « Hawkeye State ». *1788* établiss. ; *1838* territoire ; *1846* État. **Superficie :** 145 754 km^2. **Pop. :** 2 869 413 hab. (Blancs 96,4 %, Hisp. 2,1 %, Noirs 2 %, Asiatiques 1,3 %, N.A. 0,3 %). **D.** 19,6. Pop. urb. 58,6 %. **Villes :** *Des Moines* (appelée avant 1857 Fort des Moines) 191 293, Cedar Rapids 114 563, Davenport 96 842.

■ **Kansas (Ks)** [du sioux, « peuple du vent du Sud »]. *Surnom :* « Sunflower State ». *1727* établiss. ; *1854* territoire ; *1861* État. **Superficie :** 213 111 km^2. **Pop. :** 2 654 052 hab. (Blancs 91,4 %, Noirs 5,9 %, Hisp. 5,6 %, Asiatiques 1,8 %, N.A. 0,9 %). **D.** 12,3. Pop. urb. 66,7 %. **Villes :** *Topeka* 118 977, Wichita 329 211, Kansas City 141 291.

■ **Kentucky (Ky)** [de l'indien, « plaine » ou « prairie »]. *Surnom :* « Bluegrass State ». *1765* établiss. ; *1792* État. **Superficie :** 104 665 km^2. **Pop. :** 3 960 825 hab. (Blancs 91,9 %, Noirs 7,3 %, Hisp. 0,9 %, Asiatiques 0,7 %, N.A. 0,1 %). **D.** 37,6. Pop. urb. 50,9 %. **Villes :** *Frankfort* 26 418, Louisville 255 045 (999 267 en 1998), Lexington-Fayette 241 749, Covington 40 389. À Fort-Knox, réserves d'or du Trésor fédéral.

■ **Louisiane (La).** *Surnom :* « Pelican State ». *1682*-9-4 prise pour la Fr. par Cavelier de La Salle, venu du Canada, tire son nom de Louis XIV ; *1699* colons venus par mer ; *1718* Bienville fonde La Nlle-Orléans ; *1755* « Grand Dérangement » ; *1762*-3 ou 9-11 *traité secret de Fontainebleau :* ouest du Mississippi cédé à l'Esp. ; *1763*-10-2 *traité de Paris :* est cédé à Angl. (sauf La Nlle-Orléans), soit le territoire de 11 États actuels des USA : Arkansas, Colorado, Louisiane, Minnesota, Missouri, Montana, Nord-Dakota, Sud-Dakota, Nebraska, Oklahoma, Wyoming ; Louis XV s'engage à céder la Louisiane à l'Esp. ; cédée ; *1764* arrivée de colons acadiens (Canadiens déportés) ; *1766*-5-3 : 1er gouverneur espagnol Antonio de Ulloa ; l'Esp. abandonne la Louisiane à l'Angl. ; *1783*-3-9 *traité de Versailles ;* l'Angl. la lui rend ; *1788*-21-3 incendie de La Nlle-Orléans. *1800*-26-3 Pierre de Laussat, préfet, débarque (30-11 le gouverneur espagnol lui remet ses pouvoirs) ; 1-10 *traité secret de St-Ildefonse :* l'Esp. rétrocède la Louisiane à la Fr. contre des agrandissements du duché de Parme ; *1803*-30-4 *traité* (signé 8-5) : la Fr. vend la Louisiane 80 millions de F aux USA, 60 versés à la Fr., 20 aux créanciers amér. -20-12 le sud est remis aux USA (10-4 pour le nord) ; *1812* État ; *26-1-1861 au 25-6-1868* sécession ; *1868*-9-7 rentre dans l'Union. **Superficie :** 134 275 km^2. **Pop. :** 4 372 035 hab. (Blancs 65,9 %, Noirs 32,4 %, Hisp. 2,7 %, Asiatiques 1,3 %, N.A. 0,4 %). **D.** 32,5. Pop. urb. 68,7 %. **Villes :** *Baton Rouge* 211 551 (528 264 en 1992), La Nlle-Orléans (ancienne cap. 1722-63 et 1812-49) 465 538 (1 309 445 en 1998), Shreveport 188 319. **Maintien du français :** en 1990, 1 100 000 pers. se reconnaissaient d'origine française ; 261 137 *parlaient ou comprenaient le français*, souvent sans pouvoir le lire ou l'écrire. 4 GROUPES : 1°) *Acadiens* ou *Cadiens* (*Cajuns* en anglais), descendant principalement des 8 000 Acadiens de Nlle-Écosse et du Nouv.-Brunswick, déportés par les Anglais en 1755 et arrivés en Louisiane, après de nombreuses pérégrinations, jusqu'en 1785. Ont ensuite assimilé les descendants de colons espagnols, allemands, français et américains. Le *cadien,* proche du français du XVIIIe s. (postillon = facteur), est essentiellement parlé, d'où des variations internes (palatisation : djeule = gueule) et externes (emprunts à l'anglais, au créole et aux langues indiennes). 2°) *Créoles,* descendant pour la plupart de colons, surtout français, venus aux XVIIIe et XIXe s. ; quelques milliers parlent encore un français assez pur. 3°) *Mulâtres et Noirs* (appelés *Créoles*), Créoles de couleur descendant des esclaves africains de l'Afr. de l'Ouest, protégés par le Code noir de 1724, ou d'Haïti après la révolution de Toussaint Louverture ; leur parler (français nègre, *Creole French*), issu du créole haïtien, est largement utilisé dans la musique zarico (anglais *zydeco*). 4°) *Indiens,* environ 3 000, descendants des tribus houma, chetimacha. Le français fut interdit à l'école en 1916. En 1968, le Parlement louisianais a créé un Conseil pour le développement du français en Louisiane (Codofil, 217, West Main Street, Lafayette, Louisiana, 70501) et a redonné au français un statut officiel.

■ **Maine (Me)** [nom d'une province française]. *Surnom :* « Pine Tree State ». *1623* établiss. ; *1652-1820* partie du Massachusetts ; *1820* État. **Superficie :** 91 653 km^2. **Pop. :** 1 253 040 hab. (Blancs 98,3 %, Asiatiques 0,8 %, Hisp. 0,7 %, Noirs 0,5 %, N.A. 0,5 %). **D.** 13,6. Pop. urb. 47,5 %. **Villes :** *Augusta* 19 978, Portland 62 786, Lewiston 36 186, Bangor 30 508.

■ **Maryland (Md).** *Surnoms :* « Old Line State », « Free State ». *1634* établiss. ; nom de la reine Henriette-Marie de Fr. (fille d'Henri IV), femme de Charles Ier d'Angl. ; *1788* État. **Superficie :** 32 134 km^2. **Pop. :** 5 171 634 hab. (Blancs 67,5 %, Noirs 28,1 %, Asiatiques 4 %, Hisp. 3,9 %, N.A. 0,3 %). **D.** 159,8. Pop. urb. 80,3 %. **Villes :** *Annapolis* 33 234, Baltimore 645 593 (aggl. Washington-Baltimore 7 285 206 en 1998), et en 1990 : Dundalk 65 800, Bethesda 62 936, Towson 49 445.

■ **Massachusetts (Ma)** [nom indien, « lieu des grandes collines »]. *Surnoms :* « Bay State », « Old Colony ». Commonwealth. *1620* établiss. ; *1788* État. **Superficie :** 27 337 km^2. **Pop. :** 6 175 169 hab. (Blancs 89,4 %, Noirs 6,6 %, Hisp. 6,3 %, Asiatiques 3,8 %, N.A. 0,2). **D.** 224,9. Pop. urb. 83,8 %. **Villes :** *Boston* 555 447 (5 633 060 en 1998), Worcester 166 535 (436 905 en 1992), Springfield 148 144 (529 519 en 1992), Cambridge 93 352.

■ **Michigan (Mi)** [de l'indien *Mishigamaw,* « grande eau, grand lac »]. *Surnoms :* « Great Lakes State », « Wolverine State ». *1668* établiss. ; *1805* territoire ; *1818* et *1834* agrandi ; *1837* État. **Superficie :** 250 465 km^2. **Pop. :** 9 863 775 hab. (Blancs 83,4 %, Noirs 14,3 %, Hisp. 2,8 %, Asiatiques 1,7 %, N.A. 0,6 %). **D.** 39,2. Pop. urb. 70,7 %. **Villes :** *Lansing* 125 827 (432 674 en 1992), Detroit [fondée 1701 : Fort Pontchartrain du Détroit (voie d'eau reliant lacs Huron et Érié ; cap. 1837-47)] 970 196 (5 457 583 en 1998) [Noirs 65 %], Grand Rapids 185 437 (1 037 933 en 1998), Warren 142 455, Flint 131 668.

■ **Minnesota (Mn)** [du sioux qualifiant de « trouble » l'eau de la rivière]. *Surnoms :* « North Star State », « Gopher State ». *XVIIe s.* exploré ; *vers 1830* établiss. ; *1849* territoire ; *1858* État. **Superficie :** 225 182 km^2. **Pop. :** 4 775 508 hab. (Blancs 92,9 %, Noirs 3,1 %, Asiatiques 2,7 %, Hisp. 1,9 %, N.A. 1,2 %). **D.** 21. Pop. urb. 66,9 %. **Villes :** *St Paul* 257 284, Minneapolis 351 731 (2 831 234 en 1998), Duluth 81 228.

■ **Mississippi (Ms)** [en indien, « grand fleuve »]. *Surnom :* « Magnolia State ». *1716* établiss. français ; *1763* traité de Paris le cède à l'Angl. ; *1798* territoire ; *1817* État ; *9-1-1861 au 23-2-1870* sécession. **Superficie :** 125 443 km^2. **Pop. :** 2 768 619 hab. (Blancs 62,4 %, Noirs 36,5 %, Hisp. 0,9 %, Asiatiques 0,7 %, N.A. 0,4 %). **D.** 21,9. Pop. urb. 47,3 %. **Villes :** *Jackson* 188 419, Biloxi 47 316, Meridian 40 255.

■ **Missouri (Mo)** [de l'Algonquin, « le grand fleuve boueux » ou « la grande pirogue »]. *Surnom :* « Show Me State ». *1735* établiss. français ; *1763* traité de Paris le cède à l'Angl. ; *1812* territoire ; *1821* État. **Superficie :** 180 546 km^2. **Pop. :** 5 468 338 hab. (Blancs 87,2 %, Noirs 11,3 %, Hisp. 1,7 %, Asiatiques 1,1 %, N.A. 0,4 %). **D.** 30,1. Pop. urb. 68,1 %. **Villes :** *Jefferson City* 34 911, Kansas City 441 574 (1 737 025 en 1998), St Louis 339 316 (2 563 801 en 1998), Springfield 142 898.

■ **Montana (Mt)** [de « montagneux » en espagnol]. *Surnom :* « Treasure State ». *1809* établiss. ; *1864* territoire ; *1889* État. **Superficie :** 380 850 km^2. **Pop. :** 882 772 hab. (Blancs 92,5 %, N.A. 6,5 %, Hisp. 1,8 %, Asiatiques 0,6 %, Noirs 0,4 %). **D.** 2,3. Pop. urb. 52,9 %. **Villes :** *Helena* 28 306, Billings 91 750, Great Falls 56 395, Missoula 52 239.

■ **Nebraska (Nb)** [de l'indien, « la rivière peu profonde »]. *Surnom :* « Cornhusker State ». *1541* atteint par Espagnols à partir du Mexique, puis par Français ; *1763* cédé par la Fr. à l'Esp. ; *1801* rendu à la Fr., *1803* vendu aux USA (partie de la Louisiane) ; *1847* établiss. ; *1854* territoire ; *1867* État. **Superficie :** 200 358 km^2. **Pop. :** 1 666 028 hab. (Blancs 93,6 %, Hisp. 4,6 %, Noirs 4 %, Asiatiques 1,4 %, N.A. 0,9 %). **D.** 8,3. Pop. urb. 62,9 %. **Villes :** *Lincoln* 213 088, Omaha 371 291 (681 698 en 1996), Grand Island 41 392.

■ **Nevada (Nv)** [l'« enneigée » en espagnol]. *Surnoms :* « Sagebrush State », « Battle Born State », « Silver State ». *1851* établiss. part de l'Utah ; *1861* territoire ; *1864* État. **Superficie :** 286 367 km^2. **Pop. :** 1 809 253 hab.

(Blancs 85,6 %, Hisp. 16,8 %, Noirs 7,7 %, Asiatiques 4,9 %, N.A. 1,8 %). **D.** 6,1. Pop. urb. 85,3 %. **Villes :** *Carson City* 49 301, Las Vegas 404 288 (1 321 546 en 1998), [répliques de : tour Eiffel 165 m, arc de Triomphe (2/3), façades Opéra et Louvre, Hôtel de Ville, Venise]. Reno 163 334, Paradise 124 682 (en 1990), North Las Vegas 94 218.

■ **New Hampshire (NH)** [nom d'un C^té anglais]. *Surnom :* « Granite State ». *1623* établiss. ; *1788* État. **Superficie :** 24 219 km². **Pop. :** 1 201 134 hab. (Blancs 97,8 %, Hisp. 1,6 %, Asiatiques 1,2 %, Noirs 0,8 %, N.A. 0,2 %). **D.** 49. Pop. urb. 52,2 %. **Villes :** *Concord* 37 444, Manchester 102 524, Nashua 82 169.

■ **New Jersey (NJ)** [nom (commémorant la défense de l'île de Jersey par George Carteret) donné en 1664 au territoire que sir John Berkeley avait reçu en concession de sir George Carteret]. *Surnom :* « Garden State ». *Vers 1605* établiss. ; *1787* État. **Superficie :** 22 590 km². **Pop. :** 8 143 412 hab. (Blancs 79,3 %, Noirs 14,7 %, Hisp. 12,6 %, Asiatiques 5,8 %, N.A. 0,3 %). **D.** 359,2. Pop. urb. 89 %. **Villes :** *Trenton* 84 494 ; partie de l'aggl. de New York : Newark 267 823, Jersey City 232 429, Paterson 148 212.

■ **New York (NY).** *Surnoms :* « Empire State », « Nlle-Amsterdam ». *1524*-17-4 Giovanni da Verrazano (1485-1526, dévoré par cannibales), Florentin au service du roi de France François Ier, découvre le site et l'appelle Angoulême ; *1609* aux Hollandais ; Peter Stuyvesant fonde New Harlem ; *1626* Peter Minuit achète l'île de Manhattan (56,6 km²) aux Indiens Manhates pour 60 florins (24 $) de verroterie, étoffes, ferronnerie ; *1664* aux Anglais, tire son nom du duc d'York qui reçut la Nlle-Hollande de son frère Charles II ; *1777* indépendant ; *1788* un des 13 États d'origine. **Superficie :** 140 080 km². **Pop. :** 18 196 601 hab. (Blancs 76,2 %, Noirs 17,7 %, Hisp. 14,6 %, Asiatiques 5,6 %, N.A. 0,4 %). **D.** 129,7. Pop. urb. 84,6 %. **Villes :** *Albany* 103 564 (871 604 en 1998), New York City. Population : 7 420 166 (20 124 377 en 1998), Buffalo 300 717 (1 152 541 en 1998), Rochester 216 887 (1 081 883 en 1998), Yonkers 190 153. Pourcentage (en 1990) : *Blancs* 52, *Hisp.* 24, *Noirs* 29, *Asiatiques* 7.

Construite au XVIIe s. sur une île, *Manhattan*, capitale jusqu'en 1797, étendue depuis sur les rives de l'Hudson, et à Brooklyn ; à l'ouest *Jersey City* et *Hoboken*, principales gares de triage, et *Paterson*, centre industriel. 5 quartiers ou districts (pop. en 1994) : the Bronx (1 203 789), Brooklyn (2 300 664), Manhattan (1 487 536), Queens (1 951 598) et Staten Island (378 977, appelée Richmond jusqu'en 1975). Cap. commerciale et financière. *Statue de la Liberté* : voir p. 433 b. *Port :* accessible en tout temps, *piers* (appontements perpendiculaires). *Activités :* rives de l'Hudson (côte ouest de Manhattan) : transatlantiques et grands cargos réguliers ; de Harlem River (côte nord de l'île) : charbon et matériaux de construction ; d'East River (côte est de l'île) : caboteurs, bateaux de pêche et navires chargés de produits coloniaux ; Jersey : installations pétrolières et chantiers navals. *Trafic* (en 1990) : environ 155 millions de t de marchandises ; 3e port du monde (cabotage 55 % du trafic). *Rôle intellectuel et politique* (siège de l'Onu). *Violence :* en 1994, 344 499 arrestations, 1 581 meurtres (*1991 :* 2 262 ; *96 :* 983 ; *98 :* 636), 3 200 viols, 72 229 attaques à main armée, 94 525 vols de voitures. Pauvreté : en 1992, 80 000 à 100 000 *sans-abri*, 1 400 000 vivant au-dessous du seuil de pauvreté. *Drogués* réguliers : 500 000. *Prisons* (en 1991) : État 60 000 détenus ; ville 130 000. *Budget* (en 1992) : 30 milliards de $, déficit 3,5.

■ **Nouveau-Mexique (NM).** *Surnom :* « Land of Enchantment ». *1598* établiss. ; *1850* territoire ; *1912* État. **Superficie :** 314 939 km². **Pop. :** 1 739 844 hab. (Blancs 86,3 %, Hisp. 40,7 %, Indiens 9,5 %, Noirs 2,6 %, Asiatiques 1,5 %). **D.** 5,5. Pop. urb. 72,1 %. **Villes :** *Santa Fe* (Villa Real de la Santa Fe de San Francisco de Asis, fondée 1609 par Espagnols) 67 879, Albuquerque 419 311 (678 633 en 1998), Las Cruces 76 102.

■ **Ohio (Oh)** [en indien, « la belle rivière »]. *Surnom :* « Buckeye State ». *1650* exploré par les Français du Canada ; *1730* administré par Cléron de Bléville ; *1749* attaque anglaise ; *1750* reconquête française et fondation de Fort-Duquesne ; *1763* fait partie des territoires louisianais cédés à l'Angl. ; *1788* établiss. des Yankees du New Jersey ; *1803* État. **Superficie :** 116 103 km². **Pop. :** 11 256 654 hab. (Blancs 87 %, Noirs 11,6 %, Hisp. 1,6 %, Asiatiques 1,2 %, N.A. 0,2 %). **D.** 96,5. Pop. urb. 73,3 %. **Villes :** *Columbus* 670 234 (1 469 604 en 1998), Cleveland 495 817 (2 911 683 en 1998), Cincinnati 336 400 (1 948 264 en 1998), Toledo 312 174 (609 935 en 1998), Akron 215 712, Dayton 172 947 (948 522 en 1998).

■ **Oklahoma (Ok)** [de l'indien, « le peuple rouge »]. *Surnom :* « Sooner State ». *1889*-22-4 : 10 000 pionniers se lancent à la conquête des terres ; *1893* territoire ; *1907* État ; *1928* pétrole découvert. **Superficie :** 181 048 km². **Pop. :** 3 358 044 hab. (Blancs 83 %, Noirs 7,8 %, Indiens 7,8 %, Hisp. 4,1 %, Asiatiques 1,3 %). **D.** 18,5. Pop. urb. 67,3 %. **Villes :** *Oklahoma City* 472 221 (1 038 999 en 1998), Tulsa 381 393 (776 906 en 1998), Lawton 81 107.

■ **Oregon (Or)** [en algonquin, « belle eau »]. *Surnom :* « Beaver State ». *1811* établiss. ; *1848* territoire ; *1859* État. **Superficie :** 254 819 km². **Pop. :** 3 316 154 hab. (Blancs 93,4 %, Hisp. 6,4 %, Asiatiques 3,3 %, Noirs 1,9 %, N.A. 1,4 %). **D.** 12,9. Pop. urb. 67,9 %. **Villes :** *Salem* 126 702 (255 000), Portland 503 881 (2 149 056 en 1998), Eugene 128 240.

■ **Pennsylvanie (Pa).** *Surnom :* « Keystone State ». Commonwealth. *1681*, Charles II, qui devait 16 000 £ à l'amiral Penn, donna à son fils William le terrain et ajouta Sylviana (Pays du bois) au nom de l'amiral ; nom proposé par Penn ; *1682* établiss. ; *1787* État. **Superficie :** 119 291 km². **Pop. :** 11 994 016 hab. (Blancs 88,4 %, Noirs 9,4 %, Hisp. 2,7 %, Asiatiques 1,7 %, N.A. 0,2 %). **D.** 100,6. Pop. urb. 69,3 %. **Villes :** *Harrisburg* 49 502 (616 031 en 1998), Philadelphie 1 436 287 (5 988 348 en 1998), Pittsburgh 340 520 (2 346 153 en 1998), Érié 102 640.

■ **Rhode Island (RI).** *Surnoms :* « Little Rhody », (le plus petit des États), « Ocean State » [nom du Hollandais : Roode Eilandt (île rouge) ou île de Rhodes qui lui ressemblait selon Verazzano)]. *1636* établiss. ; *1790* État. **Superficie :** 4 002 km². **Pop. :** 990 819 hab. (Blancs 92,1 %, Hisp. 6,9 %, Noirs 5,1 %, Asiatiques 2,3 %, N.A. 0,5 %). **D.** 247. Pop. urb. 87 %. **Villes :** *Providence* 150 890 (1 122 974 en 1998), Warwick 84 514, Cranston 74 521, Pawtucket 68 169.

■ **Tennessee (Tn)** [en cherokee, « village »]. *Surnom :* « Volunteer State ». *1757* établiss. ; *1796* État ; *8-6-1861 au 24-7-1866* sécession. **Superficie :** 109 158 km². **Pop. :** 5 483 535 hab. (Blancs 82,1 %, Noirs 16,6 %, Hisp. 1,2 %, Asiatiques 1 %, N.A. 0,2 %). **D.** 49,7. Pop. urb. 60,4 %. **Villes :** *Nashville-Davidson* 510 274 (1 156 225 en 1998) [surnommée « l'Athènes du Sud » en 1840 ; réplique grandeur nature du Parthénon, temporaire en 1897, reconstruite en dur en 1920)], Memphis 603 507 (1 093 427 en 1998), Knoxville 167 535 (659 074 en 1998), Chattanooga 147 790 (433 210).

■ **Texas (Tx)** [du nom de la tribu indienne des Amis]. *Surnom :* « Lone Star State ». **Histoire :** *1821* installation de colons amér. (à la demande du Mexique). *1830* environ 20 000 Amér. *1834* Stéphen Austin (1793-1836) demande au Mexique la séparation (le Mexique prohibe l'esclavage). *1835*-3-11 république indépendante. *1836* guerre contre Mexique. -23-2/6-3 siège d'*Alamo* : 187 Texans, assiégés par 5 000 Mexicains, en tuent 1 500 et meurent ; parmi eux *Davy Crockett* [descendant d'un huguenot français (Antoine de Croketagne, émigré en 1685), né 17-8-1786, fermier et trappeur en Louisiane ; volontaire contre les Creeks en 1803 ; député au Congrès de 1812 à 1814, battu en 1827, émigré au Texas en 1835]. -21-4 *San Jacinto*, Gal Antonio Lopez de Santa Anna (Mexicain) battu et capturé par Gal Sam Houston (1793-1863) [Amér.] et Texans. -22-10 *Houston* 1er Pt du Texas. *1845*-29-12 annexée par USA. *1861*-2-3 au 30-3-1870 sécession. **Superficie :** 695 676 km². **Pop. :** 20 044 141 hab. dont 3 000 000 de Mexicains. (Blancs 84,3 %, Hisp. 30,2 %, Noirs 12,3 %, Asiatiques 2,9 %, N.A. 0,5 %). **D.** 28,4. Pop. urb. 79,6 %. **Villes :** *Austin* 552 434 (1 105 909 en 1998), Houston (cap. de 1837 à 39 et 1842 à 45) 1 786 691 [4 407 579 en 1998 (dont 25 % de Noirs)], Dallas 1 075 844 (4 802 463 en 1998 avec Fort Worth), San Antonio 1 114 130 [1 538 338 en 1998 (dont 500 000 Mexicains)], El Paso 615 032 (703 127 en 1998), Fort Worth 491 801. 3e État pour la population ; 2e pour la superficie (après Alaska). 1er producteur de pétrole, gaz naturel, coton, riz, sorgho, bétail.

■ **Utah (Ut)** [de la tribu indienne des *Utes*]. *Surnom :* « Beehive State ». *1847* établiss. mormons ; *1850* territoire ; *1896* État. **Superficie :** 219 902 km². **Pop. :** 2 129 836 hab. (dont 830 000 mormons) (Blancs 95,1 %, Hisp. 7,1 %, Asiatiques 2,6 %, N.A. 1,4 %, Noirs 0,8 %). **D.** 9,5. Pop. urbaine 84,4 %. **Villes :** *Salt Lake City* 172 575 (1 267 745 en 1998), West Valley City 99 372, Provo 110 419, Orem 78 937, Ogaden 66 507.

■ **Vermont (Vt).** *Surnom :* « Green Mountain State ». *1724* établiss. ; *1777* rép. détachée de la colonie du New Hampshire ; *1791* État. **Superficie :** 24 903 km². **Pop. :** 593 740 hab. (Blancs 98,4 %, Hisp. 0,9 %, Asiatiques 0,8 %, Noirs 0,5 %, N.A. 0,2 %). **D.** 23,7. Pop. urb. 33,8 %. **Villes :** *Montpelier* 7 734, Burlington 38 453, Rutland 17 348, Essex 18 076.

■ **Virginie (Va)** [nommée, en 1584, par Walter Raleigh, en honneur d'Elisabeth Ire (la « reine vierge »)]. *Surnom :* « Old Dominion ». Commonwealth. *1606* établiss. ; *1619* environ 1 000 colons, 1ers achats d'esclaves noirs ; *1624* propriété royale ; *1776* 12-6 déclaration des droits de Virginie ; *1788* État ; *17-4-1861 au 26-1-1870* sécession. **Superficie :** 110 792 km². **Pop. :** 6 872 912 hab. (Blancs 75,8 %, Noirs 20,1 %, Hisp. 3,9 %, Asiatiques 3,8 %, N.A. 0,3 %). **D.** 61,3. Pop. urb. 66 %. **Villes :** *Richmond* 194 173 (957 032 en 1998), Virginia Beach 432 380, Norfolk 215 215 (1 542 143 en 1998), Newport News 178 615.

■ **Virginie-Occidentale (WV).** *Surnom :* « Mountain State ». *1862* la Virginie fait sécession ; *1863* partie Est constituée en un État. **Superficie :** 62 759 km². **Pop. :** 1 806 928 hab. (Blancs 96,3 %, Noirs 3,1 %, Hisp. 0,6 %, Asiatiques 0,5 %, N.A. 0,1 %). **D.** 28,9. Pop. urb. 36,2 %. **Villes :** *Charleston* 55 056, Huntington 52 571.

■ **Washington (Wa)** [en l'honneur de George Washington (1er Pt des USA)]. *Surnom :* « Evergreen State ». Partie de l'Oregon ; *1853* territoire ; *1889* État. **Superficie :** 184 672 km². **Pop. :** 5 756 361 hab. [Blancs 88,7 %, Hisp. 6,5 %, Asiatiques 6 % (29 000 Nippo-Amér. ; 32 000 Sino-Amér.), Noirs 3,5 %, N.A. 1,8 %]. **D.** 30,8. Pop. urb. 73,5 %. **Villes :** *Olympia* 39 188, Seattle 536 978 (2 424 361 en 1998), Spokane 184 056, Tacoma 179 814.

■ **Wisconsin (Wi)** [de l'indien, « endroit où pousse l'herbe »]. *Surnom :* « Badger State ». *1670* établiss. français, partie de la Nlle-France ; *1763* cédé aux Anglais ; *1783* territoire ; *1848* État. **Superficie :** 169 643 km². **Pop. :** 5 250 446 hab. (Blancs 91,9 %, Noirs 5,6 %, Hisp. 2,7 %, Asiatiques 1,6 %, N.A. 0,9 %). **D.** 30,8. Pop. urb. 64,2 %. **Villes :** *Madison* 209 306, Milwaukee 578 364 (1 645 924 en 1998), Green Bay 97 789, Racine 81 095.

■ **Wyoming (Wy)** [de l'indien, « grande prairie » ou « grande plaine »]. *Surnoms :* « Equality State », « Cowboy State ». *1834* établiss. ; *1890* État. **Superficie :** 253 349 km². **Pop. :** 479 602 hab. (Blancs 96 %, Hisp. 6,1 %, Indiens 2,3 %, Asiatiques 0,9 %, Noirs 0,9 %). **D.** 1,9. Pop. urb. 62,7 %. **Villes :** *Cheyenne* 53 640, Casper 48 283, Laramie 25 035.

Territoires du Commonwealth des États-Unis

■ **Porto Rico** dans les Caraïbes (voir carte p. 1048).

■ **Iles Mariannes.** Dans le nord du Pacifique, 16 îles (Guam non compris). **Superficie :** 457 km² dont *Saipan* 120 km², *Tinian* 102 km² et *Rota* 85 km². **Côtes :** 1 482 km. **Pop. :** 53 552 hab. (est. 1997). **D.** 117,2. **Ville :** *Capitol Hill*, sur Saipan. **Histoire :** *1521* découvertes par Magellan [appelées les *Ladrones* (îles des voleurs)] ; *1565* Legaspi (Esp.) en prend possession au nom de l'Espagne ; *1668* nom donné en l'honneur de la reine Marianne d'Autriche (mère du roi d'Esp. Charles II) ; *1899* vendues à Allemagne ; *1919* mandat japonais ; *1947* intégrées au territoire sous tutelle du Pacifique ; *1962* district distinct ; *1976*-24-3 Commonwealth des Mariannes du Nord après référendum. *1986-3-11* autonomie **Gouverneur** (élu pour 4 ans) : Pedro Pangelinan Trenorio élu en janv. 1998. **Sénat :** 9 m. élus pour 2 ans et **Chambre des représentants :** 18 m. élus pour 2 ans. **Fête nationale :** 8 janv. **PNB** (en 1999) : 2 430 $ par hab. **Tourisme.**

Dépendances américaines

GUAM

MARIANNES DU NORD (îles)

SAMOA AMÉRICAINES

ÎLES VIERGES AMÉRICAINES

Territoires extérieurs dans le Pacifique

■ **Guam** (*Where America's Day Begins*). Ile de l'archipel des Mariannes. **Superficie :** 549 km². **Côtes :** 125,5 km. **Pop. :** 151 716 hab. (est. 1999). Chamorro 47 %, Philippins 25 %. **D.** 292,5. Pop. urb. (en 1980) : 39,5 %. **Ville :** *Agana* 1 139 hab. (en 1990). Cath. 95 %. *1521*-6-3 découverte par Magellan. **Histoire :** *1526* occupée par Espagnols. Société des Chamorros organisée selon structure matrilinéaire, en classes : *matua* (nobles), *atchaot* (classe intermédiaire), *manachang* (population de base). *1565* annexée aux Philippines (espagnoles) par Legazpi ; évangélisée par jésuites. *1898*-10-12 conquise et annexée par USA. *1941* conquise par Japonais. *1944*-21-7 reprise par USA ; base navale et aérienne (25 000 soldats en 1991) d'où les bombardiers partaient pendant la guerre du Viêt Nam. *1950* loi organique, territoire non incorporé aux USA : habitants ont citoyenneté amér. sans participer aux élections nationales ; île placée sous l'administration du département de l'Intérieur. *1982*-30-1, 48,5 % des hab. se prononcent pour l'autonomie. **Langues :** anglais (*officielle*), chamorro. **Gouverneur** (depuis 1971 élu pour 4 ans) : Carl T. C. Gutierrez depuis 1-3-1995. **Sénat :** 21 m. élus pour 2 ans. **Pop. active :** agr. 10 %, ind. 10, services 80. **PNB** (en 1999) : 10 220 $ par hab. **Ressources :** coprah, maïs, patates douces, taro, cassave, bananes, citrons ; élevage ; pêche 417 t (en 1995). **Tourisme.** 1 381 513 vis. (en 1997) ; 40 % du PNB.

■ **Samoa américaines.** 5 îles et 2 atolls orientaux des Samoa. **Superficie :** 194,8 km². **Côtes :** 116 km. **Pop. :** 63 786 hab. (est.1999). **D.** 317,3. *A l'extérieur* (en 1994) : USA 36 000, Hawaii 15 000. **Ville :** *Pago Pago* (île de Tutuila) 9 000 hab. (en 1994). **Possession** amér. depuis 1899 ; dépend du département de l'Intérieur. **Gouverneur** (élu pour 4 ans au suffrage universel) : Tanese P. Sunia depuis 1996. **Fono** comprenant **Sénat :** 18 m. élus pour 4 ans et **Chambre des représentants :** 20 m. élus pour 2 ans. **Ressources :** bananes, arbres à pain, patates, noix de coco. Thon. Forêts 70 %. Tourisme. **PNB** (en 1999) : 6 450 $ par hab. **Dépendances :** *Swain's Island* (annexée 1925, 3,25 km², 106 hab.). *Ile Johnson*, 1 km², 156 hab.

Territoires divers

■ **Iles Baker et Howland.** A 2 575 km au sud-ouest d'Honolulu. Atoll de corail. Inhabitées. 2,3 km² chacune. **Histoire :** établiss. polynésien sur Baker. *Début XIXe s.* repérées par des bateaux amér. *1832 et 1839* l'Amér. Baker visite l'île. *XIXe s.* exploitation du guano (épuisé depuis). *1857* annexées par USA. *1936* administrées par département de l'Intérieur. *1974*-27-6 de la Pêche, deviennent parcs naturels (*1990* administrées par Howland).

■ **Ile Jarvis.** Sud de l'Équateur, à 2 090 km au sud d'Hawaii et 160 km à l'est de Baker. 7,7 km². Diamètre : environ 2 km. Corail. Inhabitée. **Histoire :** découverte par l'Anglais Brown. *1857* annexée par USA, exploitation du guano. *1879* abandonnée. *1889* annexée par G.-B. *1935* reprise par USA. *1942* évacuée. *1974*-27-6 parc naturel administré par département de la Pêche (*1990* par Honolulu).

■ **Atoll Johnston.** A 1 319 km au sud-ouest d'Honolulu. 378 km². 1 200 hab. en 1996. *Iles :* Johnston (2,6 km²), Sand, Akua et Hikina. **Histoire :** *1807* découvert par l'anglais Johnston. *1858* annexé par USA. *1926* dépend du département de l'Agr., exploitation du guano et rés. d'oiseaux. *1934* base aéronavale, dépend du département de la Marine ; *1948* de l'Aviation. *1950-60* site d'essais nucléaires en altitude. *1973* rattaché à l'Agence de la défense nucléaire. *1983* dépôt d'armes chimiques en vue de leur destruction ; *1989* de caisses de gaz neurotoxiques venant d'All. féd. *1994-août* ouragan, évacuation des 1 105 civils et militaires. *1995-2000 janv.* destruction des armes. Zone militaire interdite au public.

■ **Récif Kingman.** A 1 500 km au sud-ouest d'Honolulu. Atoll de 8 km sur 15 km. 0,02 km^2. Inhabité. **Histoire :** *1798* découvert. *1856* annexé par USA. *1874, 1888 et 1893* nombreux naufrages. *1922* prise de possession par USA. *1934* dépend de la Marine. *1941* zone de défense nationale. *1990* rattaché à Hawaii. Administré par le département de la Défense (Marine).

■ **Ile Midway** (auparavant île Brooks). A 1 850 km au nord-ouest d'Hawaii. 5 km^2. Atoll coralien. *Iles :* Sand, Eastern et quelques îlots. 2 200 hab. en 1983 ; 453 militaires amér. en 1995. **Histoire :** *1859* découverte. *1867* possession amér. La Marine lui donne ce nom car à mi-chemin USA/Japon. *1903* administrée par la Marine, zone de défense nationale et parc national. *1942-2/5-6* échec débarquement japonais. *1990* rattachée à Hawaii. Administrée par département de la Pêche.

■ **Palmyra.** A 1 600 km au sud d'Honolulu. Atoll. 50 îlots. 100 ha. En général inhabité. 6 km^2. **Histoire :** *1862* annexé par le roi de Hawaii, *1889* par G.-B., *1898* par USA. *1941-45* utilisé par marine amér. *1990* rattaché à Hawaii. Propriété de la famille Fullard-Leo qui habite Hawaii. Administré par le département de l'Intérieur.

■ **Ile Wake.** A 3 200 km à l'ouest d'Hawaii et 2 060 km à l'est de Guam. Atoll de corail. 7,2 × 2,4 km. 7,8 km^2. **Iles :** Wake, Wilkes et Peale. Environ 2 000 hab. en 1988. 302 militaires amér. en 1995. **Histoire :** *1568* signalée par l'espagnol Mendaña. *1796* découverte par le capitaine anglais William Wake. *1899* annexée par USA. *1935* dépend de la Marine. *1941-45* occupation japonaise. *1962* dépend du département de l'Intérieur. *1990* rattachée à Guam. Administrée par la Défense (Aviation).

■ **Iles Navassa.** A 48,3 km à l'ouest d'Haïti. 5,18 km^2. Inhabitée. Revendiquée depuis 1856 par USA. Administrée par les gardes-côtes.

■ **Iles diverses.** 25 îles au sud et au sud-ouest de Hawaii sont revendiquées par les USA (18 l'étant aussi par la G.-B.) : **Line** comprenant *Christmas, Flint, Malden, Starbuck, îles Vostock, atoll Caroline,* administrées par la G.-B. ; **Phoenix** comprenant *Canton* et *Enderbury* (administrées par G.-B. et USA), *Birnie, Gardner, Hull, McKean, Sydney, atolls Phoenix* (administrées par G.-B.) ; **Ellice** (administrées par G.-B.) comprenant *Funafuti, Nukufetau, Nukulaelae, Nurakita,* inhabitées. 7 îles sont revendiquées et administrées par la Nlle-Zélande : **Tokelau** et **Cook du Nord.**

■ **Iles Vierges américaines** (Antilles). 1666 mars gouverneurs danois. 1801-02 et 1807-15 occupation anglaise. Achetées (25 millions de dollars) au Danemark (1917) pour des raisons stratégiques. **Superficie :** 347,1 km^2. **Côtes :** 188 km. **Pop. :** 119 827 hab. (est. 1999). **D.** 280,1. **Iles :** 50 dont *St-Thomas* 80,3 km^2, 48 166 hab. **D.** 599,8 ; *St-Jean* 51,8 km^2, 3 504 hab. **D.** 67,6 ; *Ste-Croix,* 215 km^2, 50 139 hab. **D.** 233,2. Blancs 15 %, Noirs 85 %. **Chef-lieu :** *Charlotte Amalie* 12 331 hab. **Gouverneur :** élu pour 4 ans, Charles Turnbull II élu le 5-1-1999. **Sénat :** 15 m. élus pour 2 ans. **Ressources :** sucre, rhum, cultures maraîchères. Raffinerie de pétrole. **Tourisme** 454 000 visiteurs (en 1995). **PNB** (en 1999) : 16 490 $ par hab.

■ **Zone du canal de Panamá** (voir à l'Index).

■ ÉCONOMIE

PROTECTIONNISME AMÉRICAIN

■ **1°) Tradition coloniale. Taxes douanières :** but principal jusqu'en *1816,* rapporter de l'argent au Trésor. *1816-32* protéger ind. amér. *1816-19* taxes modérées (25 % sur textiles) ; *1820* influence de Henry Clay, créateur du « système amér. », augmentation ; *1824* frappant laine, chanvre, fer (pour protéger producteurs du Middle West). **1827** (convention Harrisson) : taxes sur laine et autres produits manufacturés en Nlle-Angl. triplent. *1831* taxe sur laine 50 %, produits man. 95 %. *1832* le Sud (notamment Caroline du Sud) s'oppose à ces taxes ; *1833-42* baisse puis hausse. *1846* les démocrates antiprotectionnistes les réduisent. *1850* les républicains, favorisant les manufacturiers du Nord, les augmentent.

■ **2°) Après l'institution des impôts directs (1850-87).** Pour payer les dépenses militaires (guerre de Sécession), des impôts directs et des taxes sur tabac et alcool sont créés. Les taxes douanières perdent de leur importance. **1872** tarifs douaniers diminués de 10 %. Mais rails de ch. de fer et nickel sont taxés à 45 % (1877, taxe sur les rails 100 %). *1883* majorité protectionniste au Congrès : taxation des produits textiles de luxe, du fer et de certains articles en acier.

■ **3°) Régime McKinley (1890-1909).** Inspiré par républicains, protège producteurs de coton du Sud. **1897** taxe sur sucre (brut 40 %, raffiné 40 % plus 1/8 de cent par livre) ; taxe sur charbon. **1897** *loi Dingley :* taxes sur laine, soie, lin, produits fermiers, articles en acier. **1908** victoire des protectionnistes républicains. **1909** *loi Poyne-Aldrich :* taxes sur textiles bon marché et fruits.

■ **4°) Assouplissement (1909-21).** **1909** Howard Taft, Pt républicain modéré, assouplit le système des échanges avec Canada. **1913** Wilson, Pt démocrate, antiprotectionniste, baisse plusieurs taxes, notamment sur coton et laine (admise sans droit en 1914). **Guerre 1914-18** pas de concurrence européenne : taxes disparaissent. **1920** les agriculteurs réclament des lois protectionnistes et rappellent les républicains au pouvoir.

■ **Législation antitrust. Origine :** fin du XIXe s. pour protéger la concurrence. **Textes :** *Sherman Act* (14-7-1890) : interdit notamment les ententes. *Clayton Act* (1914) : interdit de contourner le précédent par ententes et pratiques de prix discriminatoires ; l'art. 7 rend illégales les fusions pouvant réduire la concurrence ou créer un monopole. *Federal Trade Commission Act* (1914). *Robins-Patman Act* (1936). *Depuis 1976,* un amendement *(Hart Scott Rodina)* exige la notification préalable aux autorités de tout projet d'acquisition ou de fusion de plus de 10 millions de $. **Quelques interdictions :** ententes sur les prix entre concurrents, boycottage concerté ou refus de vente, pratique de prix discriminatoires, répartition des marchés (géographiquement ou par produits). **Sanctions :** amendes et peines de prison jusqu'à 3 ans (moyenne récente : 90 jours ferme).

■ **5°) Protectionnisme républicain (1922-29).** **1922** *lois Fordney-McCumber, Smoot-Hawley.* **1930** tarif flexible : dès qu'un produit amér. est menacé par la concurrence étrangère, ses import. sont taxées, par exemple montres, jouets, allumettes, etc.

■ **6°) New Deal et accords bilatéraux.** **1934** Roosevelt réduit de 50 % les taxes afin de passer des accords bilatéraux avec les pays étrangers, mais il ne peut détaxer complètement un produit. Loi renouvelée en *1937, 1940, 1943.*

■ **7°) Accords du Gatt (en 1949).** Voir p. 918 b.

DE 1945 A 1986

■ **1. « Fair Deal » de Truman (1945-50)** (« répartition équitable »). Pour stimuler la demande intérieure (car l'étranger, ruiné, n'achète rien), Truman envisage un transfert de richesses vers les classes modestes par un jeu d'impôts et de subventions. Mais le Congrès est républicain. La loi *Taft-Hartley,* en limitant le droit de grève, brise les revendications salariales. Grave récession en 1948.

■ **2. Boom de la guerre de Corée (1950-53).** Redémarrage des industries de guerre coïncidant avec la reprise du commerce mondial (l'étranger redevient acheteur grâce au plan Marshall).

■ **3. Croissance molle d'Eisenhower (1953-61).** Bien que républicain, Eisenhower reprend le programme dirigiste de Truman : stimulation de la demande intérieure ; limitation artificielle des surplus agricoles (soutien des cours, distribution gratuite des surplus agricoles au tiers-monde). Croissance en dents de scie (récession sensible en 1958). Le dollar commence à se déprécier.

■ **4. Ère Kennedy (poursuivie par Johnson, 1961-68).** Les démocrates reprennent les idées du New Deal : grands projets publics, budget en expansion (dépenses militaires, conquête de l'espace, aide au tiers-monde), importation de main-d'œuvre. Expansion très rapide. *Golden Sixties,* « années d'or 60 » : en fait, 5 ans de boom, dus à la réorganisation des moyens de production (1961-65). A partir de 1966 : baisse du taux de profit, gros surplus agricoles ; inflation accélérée ; multiplication de l'assistance aux « pauvres » (26 millions) ; déficit budgétaire (guerre du Viêt Nam) ; concurrence européenne et japonaise due au succès du plan Marshall. Conséquence : fuite des capitaux, déficit de la balance des paiements. Les investissements se poursuivent (ex. : informatique).

■ **5. Déflation républicaine (1969-76).** Nixon puis Ford cherchent à juguler l'inflation ; ils aboutissent à la *stagflation* (récession économique plus inflation monétaire). *1971* 1er déficit commercial depuis 70 ans. *1972-73* croissance (avec augmentation du chômage). *1974-75* récession avec baisse du PNB. L'aide à l'ind. n'empêche pas la crise de l'automobile, de l'électroménager, de la sidérurgie lourde (8 millions de chômeurs).

■ **6. Échec de Carter (1976-80).** Carter hésite entre relance et anti-inflationnisme. En 1977-78, gonflement des import. qui concurrencent les ind. locales ; gros déficit commercial. Inflation de plus de 10 % à partir de 1977. Chômage record (40 % des Noirs de moins de 20 ans). Légère reprise en 1980.

■ **7. « Effet Reagan » (1980-86). Idées de base :** « Le gouv. [l'État] n'est pas la solution à nos problèmes. Le gouv. est le problème. » Les pouvoirs et l'intervention de l'État fédéral doivent donc être réduits, les dépenses et les impôts fédéraux diminués et les réglementations administratives allégées. **Bilan. Fiscalité :** charge fiscale en baisse par rapport au PNB (*1981 :* 20,6 % ; *1984 :* 19 %), taux de l'impôt sur le revenu pour les personnes physiques réduit de 25 % (sur 3 ans : 5 % le 1-10-1981, 10 % le 1-7-1982, 10 % le 1-7-1983) quel que soit le revenu, baisse de la taxation des plus-values et des taux d'imposition des sociétés favorisant l'activité économique et notamment la création d'entreprises (nombre d'entreprises nouvelles : *1978 :* 280 000 par an ; *85 :* 600 000). **Budget :** hausse des dépenses militaires : *1980 :* 136 milliards de $ (23,4 % du total) ; *83 :* 232 (29,1 %) ; *85 :* 264,4 (29 %) ; hausse réduite des autres dépenses : *1980 :* 17,3 % ; *81 :* 10,3 % ; *82 :* 6,6 % ; *83 :* 1,9 % (par exemple, suppression de 36 000 postes de fonctionnaires fédéraux, réduction de la durée des indemnités de chômage, de l'assistance aux défavorisés et des subventions au logement) ; hausse des dépenses totales de l'État fédéral : 24 % du PNB en 1984 (record), 22 % sous Carter. Déficit budgétaire en forte hausse. **Inflation. Monnaie :** hausse du $ (afflux de capitaux étrangers attirés par une rémunération élevée, puis baisse). **Bourse :** hausse. **Prod. industrielle :** baisse, record de faillites (37 500 en 1983), mais reprise fin 1983 et forte hausse en 1984. **Investissements :** à cause des taux d'intérêt élevés en termes réels, croissance très réduite, + 3,5 % de 1980 à 1984. **Chômage :** hausse puis baisse. **Commerce extérieur :** déficit croissant.

■ **Crises depuis 1945. Durée en mois et baisse du PIB en % :** *1948-49* (11 mois) : 3,6 % ; *1953-54* (10) : 1,9 ; *1957-58* (8) : 3,2 ; *1960-61* (10) : 0,5 ; *1969-70* (11) : 0,1 ; *1973-75* (16) : 3,4 ; *1980* (6) : 2,2 ; *1981-82* (16) : 2,8 ; *1990-91* (8) : 1,3.

ÉCONOMIE (GÉNÉRALITÉS)

■ **Rang dans le monde** (en 1999). 1er bois, maïs, charbon, phosphates. 2e oranges, porcins, cuivre, gaz naturel, pétrole, plomb. 3e blé, argent, or. 4e pommes de terre, vin, bovins. 5e zinc. 6e fer, potasse. 7e uranium, réserves de gaz. 9e orge. 10e canne à sucre. **Pourcentages par rapport aux chiffres mondiaux :** population 5 ; PNB 32. Soja 60, uranium 46, maïs 42, gaz 40, électricité 40, fibres non cellulosiques 34,6, agrumes 30, charbon 24, coton 16,9, blé 15, cellulose 11,2, pétrole 4,3 (13,7 en 79).

■ **Population active** (en %) **et,** entre parenthèses, **part du PNB** (en %). Agr. 2,7 (2,1), ind. 20,5 (22,1), services 73,3 (72,3), mines 3,5 (3,5). **Population active** (en millions d'employés et, entre parenthèses, d'inemployés) : *1980 :* 99,3 (7,6) ; *90 :* 118,7 (7) ; *96 :* 126,7 (7,2) ; *99 :* 133,4 (5,88). **Emplois créés** (en millions) : *1996 :* 2,5 ; *97 :* 3,2 ; *98 :* 3 ; *99 :* 2,7 ; *2000 :* 1,8. **Nombre d'heures** *travaillées par semaine : 1973 :* 40,6 ; *97 :* 50,8 ; *de loisirs : 1973 :* 26,2 ; *97 :* 19,5. *Telecommuters* (travailleurs à domicile avec ordinateur et téléphone) : 7 à 11 millions. **Chômage** (en %) : *1919 :* 2,3 ; *20 :* 4 ; *21 :* 11,9 ; *23 :* 3,2 ; *26 :* 1,9 ; *29 :* 3,2 ; *30 :* 8,7 ; *31 :* 15,9 ; *32 :* 23,6 ; *33 :* 24,9 ; *34 :* 21,7 ; *35 :* 20,1 ; *39 :* 17,2 ; *40 :* 14,8 ; *50 :* 5 ; *60 :* 5,5 ; *70 :* 4,9 ; *75 :* 8,5 ; *79 :* 5,8 ; *80 :* 7,1 ; *81 :* 7,6 ; *82 :* 9,7 ; *83 :* 9,6 ; *84 :* 7,5 ; *85 :* 7,2 ; *86 :* 6,9 ; *87 :* 6,2 ; *88 :* 5,5 ; *89 :* 5,3 ; *90 :* 5,5 ; *91 :* 6,7 ; *92 :* 7,4 ; *93 :* 6,9 ; *94 :* 6,1 ; *95 :* 5,6 ; *96 :* 5,4 ; *97 :* 4,9 (Blancs 4,2 ; Hispaniques 7,7, Noirs 10) ; *98 (1-4) :* 4 ; *99 :* 4,1 ; *2000 (1-5) :* 3,9 ; *2001 (avril) :* 4,5 ; Durée moyenne (fin 1994) : 18,8 semaines ; *98 :* 14.

☞ **Yuppies (Young Urban Professionals) :** hommes d'environ 30 ans ayant réussi dans professions libérales ou les services (4 millions entre 25 et 40 ans disposent de plus de 40 000 $ par an), vivant en ville à l'européenne.

■ **PIB. Taux de croissance réel :** *1961-73 :* 3,9 ; *74-80 :* 2,1 ; *84 :* 6,2 ; *85 :* 3,2 ; *86 :* 2,9 ; *87 :* 3 ; *88 :* 3,8 ; *89 :* 2,5 ; *90 :* 1,2 ; *91 :* – 0,6 ; *92 :* 2,7 ; *93 :* 2,2 ; *94 :* 3,5 ; *95 :* 2 ; *96 :* 2,1 ; *97 :* 3,8 ; *98 :* 3,9 ; *99 :* 4,2.

■ **PNB. Total** (en milliards de $) : *1970 :* 1 015,5 ; *80 :* 2 732 ; *90 :* 5 567,8 ; *95 :* 7 246,7 ; *99 :* 8 654,2. **Par habitant** (en $) : *1982 :* 12 160 ; *85 :* 16 170 ; *90 :* 21 530 ; *95 :* 26 540 ; *99 :* 31 720. **Croissance** (en %) : *1991 :* – 0,6 ; *92 :* + 2,3 ; *93 :* + 3,1 ; *94 :* + 3,9 ; *95 :* + 3,75 ; *96 :* + 2,4 ; *97 :* 4,5 ; *98 :* 4,3 ; *99 :* 4,2 ; *2000 :* 5,2 ; *2001 (est.) :* 2 à 3.

■ **Prélèvements publics** (en % du PIB). *Moy. 1974-80 :* 30,2 ; *moy. 81-90 :* 30,5 ; *91 :* 30,7 ; *92 :* 30,8. **Dépenses publiques** (en %) : *moy. 1974-80 :* 31,4 ; *moy. 81-90 :* 33,1 ; *91 :* 33,7 ; *92 :* 34,8. **Produit intérieur brut** (en milliards de $) : *1992 :* 5 955,8 ; *94 :* 6 378,4 dont consom. privée 4 628,4, publique 1 032,9, export. de biens et services – 98,2, achats du gouv. 1 175,3.

INDUSTRIE

■ **Grands traits. Suprématie politique et diplomatique** après les deux victoires de 1918 et 1945. **Cadres entreprenants** (par exemple, depuis 1940, ils ont créé 2 zones industrielles neuves : le long du Pacifique et dans le Jeune Sud). **Dynamisme d'un peuple à faible densité,** ayant l'espace pour lui et le sentiment d'être favorisé par Dieu (richesses du sol et du sous-sol). **Puissance des firmes multinationales :** contrôlent 50 % de la prod. totale. **Primauté technologique** due en partie aux élites européennes attirées par de hauts salaires. **Productivité élevée,** notamment en agr. ; fort pourcentage du tertiaire. **Rayonnement culturel et linguistique :** cinéma, TV (satellites), publicité, musique, arts vestimentaire et décoratif, prosélytisme religieux. **Abondance des matières premières** et forte concentration ; mais importation de 1/3 du fer, 9/10 de bauxite, chrome, nickel et manganèse.

■ **Problèmes industriels jusqu'en 1980. Baisse de la compétitivité :** perte de marchés extérieurs et intérieurs. *Causes :* baisse de la recherche (*1964 :* 2,10 % du PNB, *79 :* 1,60 %), ralentissement de la productivité, baisse des investissements (7,5 % du PNB de 1970 à 79, 8,8 % en All. féd., et 17 % au Japon) ; salaires élevés, mais l'écart s'est réduit avec certains pays qui ont connu une hausse plus forte (hausse des salaires de 1970 à 80 : USA + 133 %, *Fr. + 431,* All. féd. + 430, Japon + 467) et du fait de la baisse (en termes réels) après les 2 chocs pétroliers. **Dans les années 80. Hausse de la productivité** (robotisation croissante) : les industries exportatrices et excédentaires (surtout aéronautique, machines de bureau et informatique, appareils de mesure et de précision, BTP, machines et équip. mécaniques et électriques, chimie) ayant accru leurs investissements au cours des années 70 (taux : 8,7 % en 71, 121 en 79). *1991 :* + 1,5 % ; *92 :* 2,7 % ; *93 :* 1,5 % ; *94 :* 2,2 %. **Concurrence étrangère :** très forte pour ind. de transformation ou de biens de consommation.

■ **Secteurs en récession. Sidérurgie :** *causes :* retard technologique [aciéries équipées en fours Martin dans les années 50, alors que dans les années 60 et 70 Européens et Japonais se rééquipaient en aciéries à oxygène. Prod. moy. annuelle d'un sidérurgiste : 249 t (Japon 327)] ; salaires supérieurs de 30 % à ceux des autres secteurs jusqu'en 1983 ; hausse des taux d'intérêt et manque de fonds propres (les capitaux étant attirés par des secteurs plus rémunérateurs). *De 1982 à 1992 :* environ 25 milliards de $ investis, près de 100 000 emplois supprimés. Productivité multipliée par 2. Modernisation largement financée par des alliances avec des étrangers, notamment Japonais. 40 % des cokeries ne respectent pas les nouvelles normes antipollution. *Mini-mills :* petites aciéries électriques représentant plus de 20 % du marché. *Production :* acier brut (en millions de t) : *1940 :* 67 ; *45 :* 79,7 ; *55 :* 117 ; *60 :* 99,3 ; *65 :* 131,5 ; *70 :* 131,5 ; *75 :* 116,6 ; *80 :* 111,8 ; *85 :* 88,3 ; *90 :* 98,9 ; *95 :* 93,6 ; *96 :* 95. *Effectifs : 1970 :* 530 000 ; *82 :* 289 000 ; *83 :* 245 000 ; *89 :* 124 215. **Aéronautique** (Lockheed) concurrencée par Airbus. **Automobiles** (voir p. 1092 c). **Caméras. Chantiers navals. Chaussures. Chemins de fer** (technologie en retard) : 2/3 des machines ont plus de 10 ans (Japon 1/3). **Électronique :** *balance commerciale* (en milliards de $) : *1979 :* + 4,3 ; *84 :* – 1,2 ; *86 :* – 7,7 ; *88 :* – 5,2 ; *89 :* – 7,1 ; *90 :* – 0,1. **Magnétophones. Téléviseurs. Textile.**

■ **Zones d'innovation. Vers 1940-50,** *Route 128* qui traverse le Massachusetts autour de Boston, le prestige du Massachusetts Institute of Technology (MIT) étant alors à son zénith. **Vers 1977-85,** *Silicon Valley* (500 km² entre San Jose et San Francisco, 2 000 000 d'hab.) avec le Centre Palo Alto, les universités de Stanford et de Berkeley. Son nom signifie vallée du silicium, base de l'électronique. Symbole de cette réussite : Steven Jobs (né 1955) et Stephen Wozniak, 2 jeunes qui créèrent en 1977, dans un garage, la firme Apple (micro-ordinateurs). 6 000 entreprises dont plus de 3 000 en électronique (*chiffre d'affaires :* 1 000 milliards de F/an). *PIB :* 325 milliards de $. *Autres «zones» :* Phoenix (Arizona), Albuquerque (Nouv.-Mexique), Dallas et San Antonio (Texas).

Finances

■ **Aide économique et militaire versée** (en milliards de $; aide totale, entre parenthèses économique et, en italique, militaire). **1946-52 :** 41,6 (31,1) *10,5.* **53-61 :** 43,3 (24) *19,3.* **62-69 :** 50,2 (33,3) *16,8.* **70-79 :** 65,7 (26,9) *38,8.* **80-89 :** 140,1 (92) *48.* **90 :** 15,7 (10,8) *4,9.* **94 :** 13. **98 :** 12,2 dont aide à Israël 2,8, Russie 0,4, Égypte 2.

■ **Échanges avec l'extérieur** (en milliards de $). **Balance commerciale (export.FOB/import.CIF) :** *1990 :* – 123,4 ; *91 :* – 86,6 ; *92 :* – 105,8 ; *93 :* – 138,7 ; *94 :* – 176,6 ; *95 :* – 186,1 ; *96 :* – 197 ; *97 :* – 210,3 ; *98 :* – 262,1. **Balance des paiements courants :** *1990 :* – 91,9 ; *94 :* – 151,2 ; *95 :* – 148,2 ; *96 :* – 165,1 ; *97 :* – 186,9. **Marchandises :** *1994 :* – 166,1 ; *95 :* – 173,4 ; *96 :* – 187,7 ; *97 :* – 204,8. **Services et revenus des facteurs :** *94 :* 50,6 ; *95 :* 60,3 ; *96 :* 65 ; *97 :* 60,2. **Transferts unilatéraux :** *1994 :* – 35,8 ; *95 :* – 35,1 ; *96 :* – 42,5 ; *97 :* – 42,3.

■ **Budget** (en milliards de $). *Créé* 1921. Année fiscale du 1-10 au 30-9. **Recettes :** *1945 :* 45 ; *50 :* 39 ; *60 :* 92 ; *70 :* 192 ; *80 :* 517 ; *90 :* 1 031 ; *91 :* 1 323 ; *92 :* 1 090,5 ; *93 :* 1 153,2 ; *94 :* 1 257,4 ; *95 :* 1 351,5 ; *96 :* 1 452,8 ; *97 :* 1 579 ; *98 :* 1721,4 ; *99 :* 1 784,3 ; *2000 :* 2 025 dont impôt individuel sur le revenu 1 004,4, impôt sur les Stés 207,2, taxes et cotisations d'assurances sociales 652,8, droits d'accises 68,8, autres 86,9. **Dépenses** dont, entre parenthèses, **Défense :** *1945 :* 9 (1) ; *50 :* 42 (13) ; *60 :* 92 (48) ; *70 :* 195 (81) ; *80 :* 591 (134) ; *90 :* 1 251 (299) ; *91 :* 1 323 (273) ; *92 :* 1 475 (307) ; *93 :* 1 408 (291) ; *94 :* 1 460,5 ; *95 :* 1 515,4 (259,6) ; *96 :* 1 560 (253,3) ; *97 :* 1 600,9 (258,3) ; *98 :* 1 651,4 (256,1) ; *99 :* 1 730 (267,6) ; *2000 :* 1 788 (281,2) dont exécutif 0,28, programme d'assistance internationale 12, agriculture 75,7, commerce 7,9, santé 382,6, éducation 33,2, énergie 15, intérieur 8, justice 19,5, travail 31,3, transports 46, trésor 390,8, anciens combattants 47, environnement 7,2.

Déficit budgétaire (ou surplus) [en milliards de $] : *1945 :* – 48 ; *50 :* – 3 ; *60 :* + 0,3 ; *70 :* – 2,8 ; *80 :* – 73,8 ; *90 :* – 220,5 ; *92 :* – 290 ; *94 :* – 203,6 ; *95 :* – 163,9 ; *96 :* – 107,3 ; *97 :* – 22,6 ; *98 :* + 63 ; *99 :* + 124,3 ; *2000 :* + 236,9 ; *2001 :* 256. **Solde des administrations publiques** (en % du PIB) : *1961-73 :* 0,4 ; *92 :* – 5,9 ; *93 :* – 5 ; *94 :* – 3,6 ; *95 :* – 3,1 ; *96 :* – 2,2 ; *97 :* – 0,9 ; *98 :* 0,4 ; *99 :* 1 ; *2000 :* 1,8.

Nota. – La loi *Gramm-Rudman-Hollings* (12-12-1985) exigeait que le déficit budgétaire soit ramené à 172 milliards de $ en 1986, 144 en 1987, 108 en 1988, 36 (prévu 100) en 1990, 67 en 1991 et 0 en 1993.

Budget militaire : *sous Kennedy :* 50 % des dépenses fédérales ; 10 % du PIB. *1997 :* 17 % et 3,6 %. **Espionnage** (en milliards de $) : *1987 :* 36 ; *97 :* 28,8 (dont CIA 3).

■ **Plan Clinton du 6-8-1993** (en milliards de $). **Philosophie générale :** déficit budgétaire ramené à 2,5 % du PIB et 2,2 % du PNB (en 4 ans) ; parité entre accroissement des recettes et réduction des dépenses ; plan de relance privilégiant l'investissement des entreprises au détriment de la consom. des ménages. **Économies budgétaires :** 634 milliards de $ (1994-98). *Nouvelles recettes :* 379 dont alourdissement de l'impôt sur le revenu 126,3, taxe générale sur l'énergie 79,3, impôt sur la protection médicale (dont le plafond sur le revenu est supprimé) 29,2, sur les retraités aisés 21,4, accroissement de l'impôt sur les Stés (35 % au lieu de 34 % au 1-1-1993) 30,6, moindre déductibilité dans l'impôt sur les Stés 16,1, imposition mieux gérée des multinationales 8,6. *Diminution des dépenses :* 255 dont Défense 126,9, santé 60,3, meilleure gestion de la dette publique 16,4, des ministères 11,2, gel des salaires dans la fonction publique (en 1994) 11,2, réduction du nombre de fonctionnaires 10,5. **Relance budgétaire :** 169 (1994-98) dont *allègements fiscaux* 83,4 dont accroissement des déductions fiscales pour ménages à revenu faible et enfants 26,8, crédits fiscaux à l'investissement 28,9, déductions fiscales pour dépenses de recherche et développement 9,6. *Accroissement des dépenses* 85,3 dont éducation et formation 37,8, haute technologie 17, aménagement du territoire et logements sociaux 9,6, infrastructures de transport 8,4. *Accord-cadre* (en mai 1997) pour éliminer le déficit budgétaire en 5 ans : *réduction :* 115 milliards de $ sur 5 ans [soit 8,5 % des dépenses consacrées à Medicare (assurance médicale fédérale des personnes âgées)] et 25 milliards de $ (– 4 %) dans le budget de Medicaid (assurance médicale des personnes défavorisées) ; *révision de l'indice des prix à la consommation* tendant à surévaluer l'inflation (permettra de réduire les allocations aux retraités américains, et de réaliser ainsi plusieurs milliards de $ d'économies/an). **Économies :** 600 à 700 milliards de $ dans les programmes sociaux dans les 10 ans à venir.

■ **Banques. Nombre et,** entre parenthèses, **total des dépôts** (en milliards de $) : *1950 :* 16 500 (172) ; *60 :* 17 549 (310,3) ; *70 :* 18 205 (688,9) ; *80 :* 18 763 (1 832,7) ; *90 :* 15 158 (3 637,3) ; *95 :* 11 970 (3 769,5) ; *96 :* 11 870 (3 788,9) ; *97 :* 10 922 (4 125,8) ; *98 :* 10 463 (4 386,2) ; *99 :* 10 221 (4 538). **Avoirs** (en milliards de $, 2000) : Citigroup 716,9, BankAmerica Corp. 632,5, Chase Manhattan Corp. 406,1, Bank One Corp. 269,4, J.P. Morgan an Co. 260,8, First Union Corp. 253, Wells Fargo Bank 218,1, Fleet Financial Group Inc. 190,6, Washington Mutual 186,5, Sun Trust Bank Inc. 95,3.

■ **Caisses d'épargne (Savings and Loans).** *1989 :* 2 966 caisses (actifs 1 340 milliards de $, dépôts 971) ; *91 :* 2 096 caisses (actifs 1 300). *Résultats* (en milliards de $) : *1987 :* 7,8 ; *88 :* 13,4 ; *89 :* 19,2 ; *90 :* – 2,90 ; *91 :* + 1,97. **Coût de l'assainissement** (en milliards de $) : *de 1989 à 93 :* 250 ; *92 :* 500. **Remboursements dus par l'État** (en 1990) : 1 350 à 2 700 milliards de $. **Épargne des ménages** (taux en % du revenu disponible) : *1973 :* 9 % ; *88 :* 3,2 % ; *89 :* 4 ; *93 (est.) :* 4,4 ; *96 :* 4,8 ; *99 :* 2,4 ; *2000 :* 1,9.

■ **Dette fédérale globale** (dont, entre parenthèses, dette publique, en milliards de $). *1945 :* 258,7 (235) ; *50 :* 256,1 (219) ; *60 :* 284,1 (237) ; *70 :* 390 (283) ; *80 :* 908 (709) ; *90 :* 3 233 (2 410) ; *95 :* (4 974) ; *98 :* (5 502) ; *99 :* 5 660 ; *2000 :* (5 674). **Service de la dette** (en milliards de $) : *1950 :* 5,7 (13,4 % des dépenses fédérales) ; *60 :* 9,2 (10) ; *70 :* 19,3 (9,9) ; *80 :* 74,9 (12,7) ; *90 :* 264,8 (21,1) ; *95 :* 322 (22) ; *99 :* 353,5 ; *2000 :* 362,1. **Dette extérieure** (en milliards de $) : *globale 1990 :* 800 ; *97 :* 355,8 (22,2 %). **Dette publique brute** (en % du PIB) : *1987 :* 52,6 ; *92 :* 60,5.

■ **Endettement** (en milliards de $). *1991 :* 10 481 (185 % du PIB) dont ménages 4 805, gouv. fédéral 3 599, entreprises 2 077. **Des ménages** (en 1998) : 98,7 % du revenu disponible.

■ **Fiscalité. Impôt sur le revenu** (taux en % pour une personne seule, en 1999) : *de 0 à 25 750 $:* 15 % ; *25 751 à 62 450 :* 28 ; *62 451 à 130 250 :* 31 ; *130 251 à 283 150 :* 36 ; *+ de 283 151 :* 39,6. Taux prévus (Bush) : 10 à 35 (en 2000).

■ **Inflation** (en %). *1980 :* 12,5 ; *85 :* 3,8 ; *86 :* 1,1 ; *87 :* 4,4 ; *88 :* 4,4 ; *89 :* 4,6 ; *90 :* 6,1 ; *91 :* 3,1 ; *92 :* 1 ; *93 :* 2,7 ; *94 :* 2,9 ; *95 :* 2,5 ; *96 :* 3,3 ; *97 :* 1,7 ; *98 :* 1,6 ; *99 :* 1,9 ; *2000 (est.) :* 2,7.

■ **Investissements** (en milliards de $). **Américains à l'étranger :** *1980 :* 215 ; *85 :* 230 ; *90 :* 421,4 ; *91 :* 450,1 ; *92 :* 498,9 ; *93 :* 548,6 ; *94 :* 612,1 ; *95 :* 717 ; *96 :* 796 ; *97 :* 860,7 ; *98 :* 980,5 ; *99 :* 1 132,6 dont Europe 581,7 (G.-B. 213, P.-Bas 106,4, All. 49,6, *Fr. 39,9,* Suisse 51,2, Belg. 17,2, Irlande 19,8, Italie 17,5, Espagne 12,4), Asie et Pacifique 185,9 (Japon 47,7, Australie 33,6, Hong Kong 20,8, Singapour 24,7, Corée du Sud 8,7, Indonésie 10,5, Thaïlande 6,9, Taïwan 6,8), Canada 111,7, Amérique du Sud 74,8 (Brésil 35, Argentine 14,1, Chili 9,8, Venezuela 6,7, Colombie 4), Amérique centrale 70,7 (Panamá 33,4, Mexique 34,2), Bermudes 45,9, Afrique 15 (Afr. du Sud 3,2, Égypte 2,2), Moyen-Orient 11,1 (Arabie saoudite 4,2, Israël 3,1, Émirats 0,54).

Étrangers aux USA : *1970 :* 13,2 ; *75 :* 27,6 ; *80 :* 83 ; *85 :* 184,6 ; *90 :* 396,7 ; *94 :* 502,2 ; *95 :* 560 ; *96 :* 630 ; *97 :* 681,6 ; *98 :* 811,7 ; *99 :* 986,6 (dont G.-B. 183,1, Japon 148,9, P.-Bas 130,7, All. 111,1, Canada 79,7, *Fr. 77,6,* Suisse 55,2). **Par secteur :** 407,6 dont ind. 162,9, commerce de gros 53, chimie 49,1, pétrole 40, immobilier 33,7, assurances 33,3, services 31,5, machines 27,6, agroalimentaire 23,4, banques 20,7, métaux 15,8, finances (sauf banques) 9,2, commerce de détail 6,7, autres 53,6. *Effectués en 1988 :* 59,4 ; *89 :* 69 ; *90 :* 46,1 ; *91 :* 12,6 (dont Japon 5,07 ; G.-B. 4,2 ; *Fr. 3,7 ;* All. 1,3) ; *92 :* 2,4. **Actions étrangères détenues** (en 1999) : *origine :* 2 026,6 dont Europe occidentale 1 168 (Royaume-Uni 375, *France 183,* Pays-Bas 142, Finlande 160, Allemagne 118, Suède 75, Suisse 64, Italie 53, Espagne 36, Irlande 18).

■ **Réserves officielles En devises** (en milliards de $) : *1995 :* 74,78 ; *96 :* 64,04 ; *97 :* 58,91 ; *98 :* 70,15 ; *99 :* 60,5 ; *2000 nov. :* 54,48. **Réserves d'or** (en millions d'onces) : *1975 :* 274,71 ; *85 :* 262,65 ; *90 :* 261,91 ; *95 :* 261,7 ; *98 :* 261,6 ; *2000 (nov.) :* 261,6.

Agriculture, forêt, pêche

■ **Terres** (en millions d'ha). *Agricoles* (57 %) : labourables 191, prairies permanentes 244, forêts pâturées 80, divers 4 ; *non agricoles* (43 %) : forêts 212, parcs et réserves naturelles 33, villes, routes et aéroports 26, divers 127. Les terres perdraient chaque année plus de 2 milliards de t de couche arable. **Surface cultivée** (en millions d'ha, 1992) : blé 28,36 dont blé d'hiver 20,66, dur 1,32, de printemps 6,31. Maïs 31,97. Soja 23,24. **Propriété du sol** (en %, 1982) : particuliers 58,7, État fédéral 32,2, États et collectivités locales 6,8, Indiens 2,3. *Propriétaires américains :* Blancs non hispaniques 90 % (97 % des domaines privés), Noirs 4 % (1 %). Étrangers % infime. *Origine de la propriété* (en %) : héritage 18, achat à des parents 60. **Exploitations :** *nombre en 1999 :* 2 194 000 (dont Iowa 96 000, Texas 227 000, Missouri 110 000). *Superficie moyenne : 1999 :*

Sujets d'inquiétude

■ **Éducation. Niveau :** 60 millions d'Américains sont incapables de lire un mot de plus de 3 lettres, 25 millions un chiffre romain. 44 % des Noirs et 56 % des hispanophones sont totalement ou partiellement incapables de décoder un texte écrit. Sur 8 millions de chômeurs, 4 à 6 millions sont sans emploi car sans formation minimale nécessaire.

■ **Gaspillage des ressources et pollution.** Érosion des sols, épuisement de la pêche et de l'ostréiculture, gaspillage énergétique (réduit depuis le plan Carter). **Villes les plus polluées** [en 1990, max. et, entre parenthèses, moy. (en microgrammes par m³)] : Riverside-San Bernardino 278 (80), Pittsburgh 191 (43), St Louis 164 (82), Chicago 149 (45), Minneapolis-St Paul 140 (34), Los Angeles 132 (55), Oakland 118 (33), Detroit 114 (35), Atlanta 110 (51), Anaheim-Santa Ana 108 (48). **Plus grands pollueurs** (en milliers de t de déchets toxiques et, entre parenthèses, nombre d'usines en 1989) : Du Pont de Nemours 158,17 (85), Monsanto 133,40 (33), American Cyanamid 91,75 (29), BP America 56,14 (18), Renco Group 54,06 (2). **Amendes versées par les pollueurs :** 2 milliards de $ (en 1991). **Dégradation de l'infrastructure.** Due au manque de crédits pour l'entretien et la modernisation des voies de communication, égouts, conduites d'eau. **Baisse du civisme.** Contestation, décadence de la famille, importance de la drogue (en particulier le *crack,* apparu en 1985), montée de la violence et de la criminalité. **Inégalités sociales. Incertitude du travail.**

■ **Pauvreté. Sans logis** en 1990, selon le recensement : 229 000, selon les groupes d'entraide 3 000 000. **Seuil de pauvreté** (montant en $ par an, en 1999) : *1 personne seule :* 8 501) ; *2 :* 10 869 ; *3 :* 13 290 ; *4 :* 17 029 ; *5 :* 20 127 ; *6 :* 22 727. **Nombre de personnes au-dessous** (en millions) : *1974 :* 23,4 ; *83 :* 35,3 ; *93 :* 39,3 ; *97 :* 35,57 ; *98 :* 34,5 ; *99 :* 32,3 (soit 11,8 %) dont Blancs 21,9, Noirs 8,36, Hispaniques 7,4. **% selon la catégorie** (en 1997) : *sur 100 de – de 18 ans :* 19,9, *18 à 64 ans :* 10,9, *65 ans et plus :* 10,5. **Revenu moyen annuel** (en $, 1997) : moyenne 37 005 (38 980 en 1998), Blancs 38 972, Hispaniques 26 628, Noirs 25 050. **Salaire mensuel** (en $) : *minimum, à l'heure : 1980 (1-1) :* 3,1 ; *81 (1-1) :* 3,35 ; *depuis 91 :* 4,25 ; *96 (1-10) :* 4,75 ; *97 (1-9) :* 5,15. *Moyen, à l'heure (avril 1994) :* 11,06 $. **Salaire annuel moyen** (en milliers de $, 1992) : *avec études secondaires inachevées :* Blancs 13,2, Hispaniques 11,8, Noirs 11,1 ; *complètes :* Blancs 19,3, Hispaniques 16,7, Noirs 15,3 ; *licence :* Blancs 33,1, Hispaniques 28,3, Noirs 27,5 ; *maîtrise et au-delà :* Blancs 49,3, Hispaniques 41,3, Noirs 39.

Répartition des revenus en 1991, sur 95 669 000 ménages (en % ; B. : Blancs ; N. : Noirs, H. : Hispaniques) : *– de 5 000 $:* B. 2,7, N. – 11,3, H. – 5,3 ; *de 5 000 à 9 999 :* B. 4,5, N. – 15, H. – 11,7 ; *10 000-14 999 :* B. 6,6, N. – 11,8, H. – 13,6 ; *15 000-24 999 :* B. 15,2, N. – 18,8, H. – 21,7 ; *25 000-34 999 :* B. 15,3, N. – 13, H. – 16,2 ; *35 000-49 999 :* B. 20, N. – 14, H. – 15,1 ; *50 000-74 999 :* B. 20,8, N. – 10,8, H. – 11,3 ; *75 000-99 999 :* B. 8,2 ; N. – 3,4, H. – 3,4 ; *100 000 ou plus :* B. 6,7, N. – 1,8, H. – 2. **Revenu moyen des familles** (en $) : *1967 :* 29 765 ; *91 :* 35 939 ; *92 :* B. 38 909, N. 21 161, H. 23 901. **Richesses :** *1989 :* 1 % de la pop. en possède 40 % ; *95 :* 20 % en possèdent 80 %. Le salaire moyen des Noirs est inférieur de 50 % à celui des Blancs.

■ **Santé.** 615 000 médecins, soit 1 pour 400 hab. (France : 1 pour 450), 6 700 hôpitaux, 2 millions d'infirmiers. **Système :** avant 65 ans assurance privée, à partir de 65 ans système public selon l'âge (*Medicare :* 37,3 millions). Sinon, *Medicaid* (association de l'État fédéral et des États) prend en charge les indigents (36,2 millions). **Américains non couverts par une assurance maladie** (en millions) : *1980 :* 24,6 ; *85 :* 34,6 ; *90 :* 33,6 (13,6 %) ; *95 :* 39,6 ; *97 :* 41 ; *98 :* 44,2 (16,3 %) ; *99 :* 44 (16). **Dépenses de santé** (en milliards de $) : *1970 :* 74 ; *75 :* 132 ; *80 :* 249 ; *85 :* 420 ; *90 :* 666 ; *95 :* 993,7 ; *96 :* 1 042,5 ; *97 :* 1 092,4. **Effectifs** (en 1993) : 10,6 millions. **Personnes dépendantes du système des coupons alimentaires fédéraux** (janv. 1994) : 27,6 millions.

Plan de réforme du système de santé (1994). Principes : tous les employeurs devront fournir une assurance à leurs salariés ; carte de Sécurité sociale à vie pour tous ; couverture médicale étendue par des subventions fédérales (à médecine préventive, prescriptions et prise en charge des personnes âgées) ; *concurrence organisée :* création de coopératives privées régionales (*alliances de santé*) qui négocieront (pour les employeurs regroupés) avec médecins et hôpitaux pour réduire les coûts, et avec Cies d'assurance pour obtenir les meilleurs tarifs. **Financement :** hausse des taxes sur alcools et tabac, économies dégagées de la simplification des procédures, limitation forcée des augmentations de primes, plafonnement de certaines dépenses fédérales (Medicare). **Coût :** 350 à 700 millions de $ sur 5 ans.

432 acres (198,8 ha), New Jersey 86 (36 ha)]. *Propriété* (en %) : de l'exploitant 64, partielle 26, en fermage intégral 10. 50 % n'utilisent pas de salariés. Chaque agriculteur exploite environ 180 ha (UE 20 ha) ; dans les *feeds lots* (unités d'engraissement) un homme nourrit 1 500 à 2 000 bêtes par an (*1850 :* 1 agriculteur pour 1 consommateur ; *1940 :* 1 pour 10 ; *60 :* 1 pour 26 ; *80 :* 1 pour 52). **Pop. agricole** (en millions) : *1900 :* 10,9 ; *30 :* 10,3 ; *40 :* 9 ; *50 :* 6,9 ; *60 :* 4,1 ; *70 :* 2,9 ; *80 :* 2,8 ; *90 :* 2,9 ; *94 :* 3 **Agriculteurs en % de la population active :** *1840 :* 68,6 ; *70 :* 63 ; *1900 :* 37,5 ; *20 :* 2,7 ; *40 :* 17,4 ; *50 :* 11,6 ; *60 :* 6 ; *70 :* 3,1 ; *99 :* 2,2.

Monocultures : *agrumes :* Floride. *Arachides :* plaine atlantique. *Blé (Wheat Belt) :* de printemps, au nord (Montana, les 2 Dakota) ; d'hiver, au sud (Kansas, Nebraska, Oklahoma). *Canne à sucre :* Texas. *Coton (Cotton Belt) :* de la Géorgie au sud du Texas. *Cultures maraîchères :* près des grosses villes. *Lait (Dairy Belt) :* production ancienne : Michigan, Minnesota, Wisconsin ; récente : Oregon, Washington. *Maïs (Corn Belt) :* Ohio, Indiana, Illinois, Iowa, Missouri, Nebraska (nouvelles cultures : soja, sorgho, avoine, orge). *Pommes de terre :* Maine. *Riz :* Louisiane, Arkansas. *Tabac (Tobacco Belt) :* Virginie, les 2 Caroline. **Polycultures :** *a) pauvres :* Ozark, plateau de Cumberland, Appalaches ; *b) riches :* par irrigation : Californie (vergers subtropicaux et tempérés) ; oasis du Nord (Utah) : luzerne, betteraves, fruits ; du Sud (Idaho) : citrons, dattes, figues, coton. **Dry farming** (culture sèche) : mis au point en Utah au XIXe s. (humidité du sol entretenue par un travail en surface), a permis les cultures céréalières sur de grandes régions sèches, notamment la *Palouse* (Washington) et le *Piedmont* (Montana). *Utilisation d'engrais :* 40 kg par an (Fr. 175 kg). *Pesticides :* usage intensif (cause de milliers de † par cancer). **Mécanisation :** *tracteurs :* 5 millions. Dans l'Iowa, un semoir à 18 rangs ensemence 400 ha en 6 jours.

Production (en millions de t, 1999). Céréales 364,4 ; blé 62,6 ; maïs 239,7 ; soja 75,6 ; orge 6,1 ; riz 9,5 ; sorgho 14,7 ; p. de t. 21,7 ; bett. à sucre 33,4 ; canne à sucre 32,4 ; sucre 7,5 ; arachides 1,7 ; agrumes 12,5 ; coton 3,8 ; tabac 0,59; vin 20,4 ; bois 495 millions de m^3.

■ **Élevage spécialisé. Bisons** (en millions) : *vers 1870 :* 30 ; *1889 :* 0,001 ; *1994 :* 0,2. **Bœufs** *transhumants* (vers Idaho, Montana, Washington) dans Wyoming et États de la Plaine ; *non transhumants :* Mississippi et sud de la Plaine. **Volailles :** poulets (Rhode Island) ; dindes (Vermont). **Statistiques** (en millions de têtes, 2000) : poulets 403,4, bovins 98,5, porcs 59,3, vaches à lait 9,1, moutons 7, dindes 3,1 (en 1998).

■ **Pêche** (en 1998). 5 154 000 t.

■ **Agribusiness** (1 actif sur 5). Les grandes firmes investissent en terres agricoles (souvent à l'étranger, notamment au Brésil), les fermiers sont souvent les employés d'une entreprise industrielle (exemple : Dow Chemical contrôle les cultures maraîchères en Californie). 5 Stés contrôlent le négoce, notamment Cargil Incorporated, qui exporte 25 % du blé. Les USA réalisent 1/5 des ventes mondiales (produits végétaux et animaux).

■ **Problèmes agricoles.** Beaucoup d'exploitations familiales, petites et moyennes, sont condamnées à disparaître (sur 700 000 fermiers à plein temps, 56 000 fournissent les 2/3 de la prod. agricole) ; elles survivent grâce à des subventions de l'État (114 milliards de $ de 1976 à 1985, dont 22 en 1985 et 26 en 1986). Fort endettement des fermiers (215 milliards de $) dont 20 % environ ne pourront être remboursés, cette situation provoquant de nombreuses faillites de banques agricoles. La compétitivité des productivités agricoles, face à CEE, Argentine, Australie et Canada, est compromise quand le $ est surévalué. Conflit Europe/USA sur les mesures sanitaires (viandes et volailles), insuffisantes pour l'Europe. Baisse du prix des terres (de 25 à 60 %).

Dépenses de l'État fédéral pour l'agriculture (en milliards de $) : *1981 :* 4 ; *85 :* 55,5 ; *86 :* 58,6 ; *87 :* 49,6 ; *88 :* 44 ; *89 :* 48,3 ; *90 :* 46.

■ **Formes de subventions et d'aides.** Subventions aux export. : crédits à taux nul et aide alimentaire. Ainsi, le *Bicep (Bonus Incentive Commodity Export Program)* subventionne (2 milliards de $) les export. de blé (prix réduit de 14 $ par t) et de farine (de 66 $ par t). **Aides intérieures directes :** prêts non remboursés dans certaines conditions pour agriculteurs « gelant » une partie de leurs terres (*Farm Bell* de 1961), paiement en nature *(PIK : Payment In Kind)* aux agriculteurs gelant une partie supplémentaire de terres cultivables (10 à 30 %), prix de soutien et prime aux éleveurs réduisant leur prod. pour les producteurs laitiers. **Autres mesures :** *Food Stamp Program* (distribution alimentaire gratuite à 21,6 millions d'adultes et 30 millions d'écoliers, 19 milliards de $ en 1985).

ÉNERGIE

■ **Énergie primaire** (en millions de tonnes d'équivalent pétrole). *1996 :* 2 130,3 ; *2000 :* 2 400.

■ **Charbon. Obstacles : 1°)** *coût du transport* (mines de l'Ouest, Dakota, Montana, Wyoming, Colorado, Utah, Iowa, Texas, à plus de 3 000 km des centres industriels) ; **2°)** *coût de l'extraction :* le meilleur charbon (Appalaches ; mine de Virginia Pocahomas ; *production :* 2 000 t/an ; *réserves :* 20 millions de t) est dans des puits profonds, avec main-d'œuvre chère (syndicats anciens et puissants) ; **3°)** *risques écologiques :* l'extraction à ciel ouvert, la plus rentable, massacre les sites. On favorise l'extraction d'un charbon bon marché dans le Middle West (Illinois et Indiana), transformé sur place en électricité. Les « veines » carbonifères appartiennent au propriétaire de la surface, même si elles ne sont pas verticales, et si elles s'enfoncent obliquement sous une propriété voisine. Un particulier doit demander une licence d'exploitation à l'État. **Production** (en millions de t) : *1970 :* 613 ; *75 :* 655 ; *80 :* 830 ; *85 :* 884 ; *90 :* 861 ; *95 :* 1033 ; *99 :* 1 009,9. **Export.** (en 1993) : 10 % de la production.

■ **Électricité. Production** par source en % (en 1999) : charbon 51, nucléaire 19,7, gaz naturel 15,3, hydraulique 8,3, fioul 3,2, autre 2,5. **Hydroélectricité :** 1/4 du potentiel est équipé. Alaska : potentiel énorme, coûts de construction élevés (climat). **Nucléaire :** sur 249 réacteurs commandés entre 1965 et 75, 105 ont été annulés, 22 déclassés pour vétusté. *Parc en 1999 :* 104 réacteurs en exploitation commerciale, 3 en construction ; 90 modèles différents gérés par 54 Cies d'électricité ; *capacité :* 98,1 millions de kW. Les normes de sécurité strictes augmentent les coûts. *% de l'électricité nucléaire : 1975 :* 9 ; *80 :* 11 ; *85 :* 15,5 ; *91 :* 21,7 ; *95 :* 22,5 ; *97 :* 20,1 ; *98 :* 18,6 ; *99 :* 19,7.

■ **Gaz naturel.** 40 % de la consom. mondiale. Prod. en augmentation jusqu'en 1973. Ensuite, par crainte d'épuisement, régression et import. de gaz canadien et algérien. Les gisements de l'Alaska sont exploités depuis 1983 (construction d'un gazoduc transcanadien). **Réserves** (en milliards de m^3) : 4 750 (en 1999). **Production** (en milliards de m^3) : *1946 :* 118 ; *55 :* 266 ; *70 :* 621 ; *82 :* 502 ; *86 :* 452 ; *90 :* 495 ; *95 :* 526,7 ; *97 :* 535 ; *98 :* 529,8 ; *99 :* 530.

■ **Pétrole. Réserves prouvées** (en millions de t) : 2 870 (en 2000) dont, en %, centre-sud (Louisiane, Oklahoma, Texas) 91, Californie 6, Appalaches 3 [les schistes bitumineux des Rocheuses ont 3 fois plus de pétrole que les gisements connus réunis, mais sont inexploités (seuil de rentabilité trop élevé)], Alaska. **Production** (en millions de t) : *1946 :* 234 ; *58 :* 336 ; *79 :* 420 ; *85 :* 492 ; *90 :* 412 ; *95 :* 386 ; *96 :* 383,2 ; *97 :* 381,6 ; *98 :* 375,9 ; *99 :* 358,2. **Production et importation de barils/j** (en millions) : *1973 :* 10,25 (6,26) ; *86 :* 10,23 (6,22) ; *93 :* 8,58 (8,62) ; *97 :* 8,25 (9,9). **Import.** (brut, en millions de t) : *1978 :* 313 ; *81 :* 300 ; *86 :* 310 ; *88 :* 331,6 ; *89 :* 367,7 ; *95 :* 365 ; *96 :* 378 (dont Venezuela 68,8, Arabie saoudite 62,2, Mexique 62, Canada 52,5, Nigéria 29,1, Angola 17,3, G.-B. 10,8). **Prix du brut** (en $ par baril ; pétrole national à la tête des puits et, entre parenthèses, prix moyen des import.) : *1965 :* 2,86 (1,8) ; *73 :* 3,84 (3,3) ; *77 :* 8,57 (13,81) ; *79 :* 12,64 (18,72) ; *81 :* 31,77 (34,28) ; *86 :* 12,66 (13,42) ; *87 :* 15,65 (17,85). **Sociétés :** 5 « majors » (Exxon, Mobil, Texaco, Socal, Gulf Oil) et 7 000 « indépendants » (dont Standard Oil of Indiana, Atlantic Richfield, Shell Oil, Continental Oil Tenneco). Les prix n'étant pas libres, les grandes Stés ont investi surtout à l'étranger et la prod. amér. est restée artisanale (500 000 puits, 50 000 petites Stés).

☞ **Statut juridique :** le propriétaire du terrain est propriétaire des hydrocarbures du sous-sol. En cas d'association pour l'exploitation d'un gisement, chacun reçoit des royalties proportionnelles à l'étendue de son terrain. Le gouv. fédéral peut proclamer certaines régions « réserves fédérales » pour l'armée et la marine. **Perspectives : 1°)** *l'Alaska* (voir p. 1087 c) : rentabilité dépendant de l'ouverture d'un oléoduc à travers le Canada ; **2°)** *le Mexique :* grosses réserves mais problèmes politiques.

MINERAIS

■ **Production** (en milliers de t, 1999) : cuivre 1 600, plomb 503, magnésium 106 (en 1998), zinc 808, ciment 86 600, phosphates 40 600, fer 57 700. En t : molybdène 43 000, nickel 1 600 (en 1998), argent 1 950, uranium 1 800 (réserves 355 000).

■ **Minerais stratégiques importés** (en %, 1999). **Arsenic** (Chine, Chili, Mexique) 100. **Bauxite** et **aluminium** (Australie, Guinée, Jamaïque, Brésil) 100. **Bismuth** (Belgique, Mexique, G.-B., Chine) 100. **Colombium** (Brésil, Canada, All., Russie) 100. **Fluorspar** (Chine, Afr. du Sud, Mexique) 100. **Graphite** (Mexique, Canada, Chine, Madagascar) 100. **Manganèse** (Afr. du Sud, Gabon, Australie, *France*) 100. **Mica** (Inde, Belgique, All., Chine) 100. **Stronium** (Belgique, Mexique, All., G.-B.) 100. **Thalium** (Belgique, Mexique, All., G.-B.) 100. **Thorium** (*France*) 100. **Ytrium** (Chine, *France,* G.-B., Japon) 100. **Gemmes** (Israël, Belgique, Inde) 99. **Platine** (Afr. du Sud, G.-B., Russie, All.) 94. **Palladium** (Russie, Afr. du Sud, Belgique, G.-B.) 88. **Antimoine** (Chine, Bolivie, Mexique, Afr. du Sud) 85. **Étain** (Brésil, Indonésie, Bolivie, Chine) 85. **Tungstène** (Chine, Russie, Bolivie, All.) 81. **Chrome** (Afr. du Sud, Russie, Turquie, Zimbabwe) 80. **Potasse** (Canada, Russie, Biélorussie) 80. **Tantale** (Australie, Thaïlande, Chine, All.) 80. **Pierres** (Italie, Inde, Canada, Espagne) 77. **Titane** (Afr. du Sud, Australie, Canada) 77. **Cobalt** (Norvège, Finlande, Canada, Zambie) 73. **Terres rares** (Chine, *France,* Japon, G.-B.) 72. **Iodure** (Chili, Japon, Russie) 68. **Barite** (Chine, Inde, Mexique, Maroc) 67. **Nickel** (Canada, Russie, Norvège, Australie) 63. **Tourbe** (Canada) 57.

TRANSPORTS, TOURISME

■ **Moyens de transport pour se rendre au travail** (en %, 1990 et, entre parenthèses, 1980). Automobile 86,5 (84,1), transports publics 5,3 (6,5), motocycle 0,2 (0,4), bicyclette 0,4 (0,5), à pied 3,9 (5,6), divers 0,7 (0,7). Travaillent à la maison 3 (2,3).

■ **Fret. Répartition** (en % des tonnes/km, 1995) : chemins de fer 38,9, camions 27,7, pipe-line 18,6, canaux 13,5, air 18,6.

■ **Transports aériens.** 15 132 aéroports, 30 Cies aériennes (1/3 des voyageurs transportés dans le monde).

■ **Voies ferrées.** 1er réseau ferroviaire du monde (330 000 km, 1/3 du réseau mondial) ; baisse d'activité. Principale entreprise : *Amtrak (National Railroad Passenger Corporation),* fondée 1971, fédérale, monopole sur longue distance, situation financière difficile. Entre Washington et New York (361 km) circulent des *metroliners* (trains spéciaux de luxe) qui peuvent atteindre 200 km/h.

■ **Transports maritimes. Atlantique :** conditions favorables (côte découpée de Nlle-Angl., embouchure de l'Hudson, baies profondes de Delaware et Chesapeake, au sud embouchures protégées par des cordons littoraux). Nord-est, Boston dessert la Nlle-Angl. : relations avec Europe. New York : 3e port du monde, complexe commercial. Philadelphie et Baltimore : fonctions générales. Norfolk et Hampton Roads : charbon des Appalaches. **Golfe du Mexique :** ports spécialisés (pétrole, soufre, phosphates) : Tampa (Floride), Mobile (Alabama), Houston, Port Arthur, Beaumont, Corpus Christi (Texas). Moins spécialisés : Baton Rouge et La Nlle-Orléans. **Pacifique :** côte moins abritée, 2 sites remarquables : baies de San Francisco et du Sound au nord-ouest ; Los Angeles, San Francisco et Portland (produits miniers, bois, pétrole ; reçoivent des marchandises diverses). Seattle (industriel, point de départ vers l'Alaska). **Cabotage** important : New York 55 % du trafic, La Nlle-Orléans 75 %. Avant 1939, le trafic portuaire était assuré en grande partie par les marines étrangères, la marine américaine étant, sauf pour les pétroliers, assez réduite. En 1945, les USA avaient la 1re marine, puis retombèrent au 7e rang : 1/5 en fait, inemployée.

■ **Navigation intérieure.** 1re du monde. *Grands Lacs, Mississippi. Voie maritime du St-Laurent :* réalisée par USA et Canada. Ouverte aux navires de 20 000 t (prof. minimale 8,20 m). Longueur 4 000 km. Aboutit à la zone industrielle des Grands Lacs (alt. 192 m). Trafic annuel : 10 000 navires (57,6 millions de t).

■ **Transports routiers.** 1er réseau du monde (6,28 millions de km de routes, dont autoroutes 80 000 km), 131,8 millions de véhicules en 1998, 184,9 millions de permis de conduire (en 1998). *La route 66* est le chemin le plus court de Chicago à Los Angeles : 3 520 km (et le plus célèbre grâce à un programme de TV diffusé sur CBS : « De la côte Est à la côte Ouest »). **Bus Greyhound** (fondé 1914) : *nombre : 1951 :* 6 280 ; *91 :* 2 400 ; *95 :* 1 900. *Localités desservies : 1982 :* 11 800 ; *95 :* 5 600. *Passagers : 1994 :* 11,1 millions. *Déficit : 1994 :* 30 millions de $.

■ **Tourisme.** (Abréviations p. 1087 c.) **Visiteurs** (en millions, 1998) : 46,4 dont Canada 15,3, Mexique 8,5, All. 5, Japon 5, G.-B. 3,1, *Fr. 0,9*, Brésil 0,89, Corée du S. 0,79, Italie 0,55. **Parcs nationaux** (visiteurs en millions, 1998) : 286,7 dont Blue Ridge Parkway (Nc, Va) 19, Golden Gate National Recreation Area (Ca) 14, Great Smoky Mountains National Park (Tn, NC) 9,9, Lake Mead National Recreation Area (Az, Nv) 8,7, Gateway National Recreation Area (NY, NJ) 7,1, George Washington Memorial National Parkway (Va, Md, DC) 6,5, Natchez Trace National Parkway (Ms, Al, Tn) 5,8, Statue of Liberty National Monument (NY, NJ) 5,2, Delaware Water Gap National Recreation Area (Pa, NJ) 5, Cape Cod National Seashore (Ma) 4,8, Vietnam Veterans Memorial (DC) 4,6, Castle Clinton National Monument (NY) 4,3, Lincoln Memorial (DC) 4,3, Gulf Islands National Seashore (Fl, Ms) 4,2, Franklin Delano Roosevelt National Memorial (DC) 4,2, Grand Canyon National Park (Az) 4,2, Yosemite National Park (Ca) 3,6, Olympic National Park (Wa) 3,5, San Francisco Maritime National Historical Park (Ca) 3,5, Cuyahoga Valley National Recreation Area (Oh) 3,4.

GRANDES SOCIÉTÉS

Chiffre d'affaires (en milliards de $, 1999) : **aérospatial :** Boeing 57,9. Lockheed Martin 25,5. United Technologies 25,2. Honeywell Intel. 23,7. Raytheon 19,8. **Agroalimentaire :** ConAgra 24,5. Sara Lee 20. Archer Daniels Midland 14,2. IBP 14. Farmland Industries 10,7. **Assurances (vie et santé) :** TIAA-Cref 39,4. Prudential of America 26,6. Metropolitan Life 25,4. New York life (mutuelle) 21,6. Northwestern Mut. Life 15,3. **Assurance (propriété et accidents) :** State Farm Ins. (mutuelle) 44,6. American Intl. Group 40,6. Allstate 26,9. Berkshire Hathaway 24. Loews 20,9. **Automobile :** General Motors 189. Ford Motor 162,5. TRW 16,9. Johnson Controls 16,1. Dana 13,3. **Banques commerciales :** Bank of America Corp. 51,3. Chase Manhattan Corp. 33,7. Bank One Copr. 25,9. First Union Corp. 22. Wells Fargo 21,7. **Boissons :** Pepsico 20,3. Coca-Cola 19,8. Coca-Cola Entreprises 14,4. Anheuser-Busch 11,7. Whitman 2,1. **Caoutchouc et plastique :** Goodyear Tire 12,8. Pactiv 2,9. Sealed Air 2,8. Mark IV Industries 2,3. M. A. Hanna 2,3. **Chimie :** E. I. du Pont de Nemours 27,8. Dow Chemical 18,9. Monsanto 10,1. PPG Industries 7,7. Union Carbide 5,8. **Commerce généraliste :** Wall-Mart Stores 166,8. Sears Roebuck 41. Kmart 35,9. Target 33,7. J. C. Penney 32,5. **Construction :** Owens-Illinois 5,7. Owens-Corning 5. Corning 4,8. USG 3,6. Armstrong World Inds. 3,4. **Courtage :** Merrill Lynch 34,8. Morgan Stanley/Dean Witter 33,9. Goldman Sachs Group 25,3. Lehman Bros. Holdings 18,9. Bear Stearns 7,8. **Détaillants spécialisés :** Home depot 38,4. Costco Wholesale 27,4. Lowe's 15,9. Toys "R" US 11,8. Gap 11,6. **Distribution alimentaire :** Kroger 45,3. Albertson's 37,4. Safeway 28,8. CVS 18. Walgreen 17,8. **Électricité et gaz (services) :** Duke Energy 21,7. PGetE Corp. 20,8. Utiliticorp United 18,6. Texas Utilities 17,1. Reliant Energy 15,3. **Électronique et équip. électrique :** Motorola 30,9. Emerson Electric 14,2. Whirpool 10,5. Eaton 8,4. Solectron 8,3. **Équipement industriel et agricole :** Caterpillar 19,7. Deere 11,7. Ingersoll-Rand 8,5. American Standard 7,2. Cummins Engine 6,6. **Équipements divers :** Minnesota Mining et Mfg. 15,6. Eastman Kodak 14. Applied Materials 4,8. Thermo Electron 4,3. **Grossistes :** McKesson HBOC 30,3. Ingram Micro 28. Cardinal health 25. Sysco 17,4. Supervalu 17,4. **Habille-**

ment : Nike 8,7. VF 5,5. Jones Apparel Group 3,1. Reebok International 2,9. Liz Claiborne 2,8. **Informatique : ordinateurs et matériel de bureau :** IBM 87,5. Hewlett-Packard 48,2. Compaq Computer 38,5. Dell Computer 25,2. Xerox 19,2 ; **ordinateurs et services de données :** Electronic Data Systems 18,5. Computer Sciences 7,6. Unisys 7,5. Automatic Data Proc 5,5. First Data 5,5 ; **périphériques :** Seagate Technology 6,8. EMC 6,7. Quantum 4,9. Lexmark International 3,4. Maxtor 2,4 ; **software :** Microsoft 19,7. Oracle 8,8. Computer Assoc. Intl 5,2. **Jouets :** Mattel 5,5. Hasbro 4,2. **Lessives et cosmétiques :** Procter & Gamble 38,1. Colgate-Palmolive 9,1. Avon Products 5,2. Clorox 4. Estée Lauder 3,9. **Loisirs :** Time Warner 27,3. Walt Disney 23,4. Viacom 12,8. CBS 7,5. **Métaux :** Alcoa 16,4. Reynolds Metals 4,7. AK Steel Holding 4,2. LTV 4,1. Nucor 4. **Métallurgie :** Gillette 9,8. ITW 9,3. Crown Cork & Seal 7,7. Nowwell Rubbermaid 6,4. Masco 6,3. **Organismes financiers :** General Electric 111,6. Citigroup 82. Fannie Mae 36,9. Freddie Mac 24,2. American Express 21,2. **Pharmacie :** Merck 32,7. Johnson & Johnson 27,4. Bristol-Myers Squibb 20,2. Pfizer 16,2. American Home Products 13,5. **Presse-imprimerie :** R.R. Donnelley & Sons 5,9. Gannett 5,5. McGraw-Hill 3,9. Knight-Ridder 3,2. Tribune 3,2. **Produits forestiers et papier :** International Paper 24,5. Georgia-Pacific 17,7. Kimberley-Calrk 13. Weyerhaeuser 12,2. Smurfit-Stone Container 7,3. **Raffinage du pétrole :** Exxon Mobil 163,8. Texaco 35,6. Chevron 32,6. USX 25,6. **Restauration :** McDonald's 13,2. Nebco Evans 8,7. Tricon Global Restaurants 7,8. Darden Restaurants 3,4. Wendy's International 2. **Tabac :** Philip Morris 61,7. R.J. Reynolds Tobacco 11,3. Universal 4. **Télécommunications :** AT & T 62,3. SBC Communications 49,4. MCI WorldCom 37,1. Bell Atlantic 33,1. GTE 25,3. **Textile :** Shaw Industries 4,1. Mohawk Industries 3. Springs Industries 2,2. Westpoint Stevens 1,8. Burlington Industries 1,6. **Transports : aériens :** AMR 20,2. UAL 18. Delta Air Lines 14,7. NWA 10,2. Continental Airlines 8,6 ; **équipements :** Brunswick 4,2. Trinitu Industries 2,9. Harley-Davidson 2,4 ; **postaux et paquets :** United Parcel Svce 27. Fdx 16,7. **Travail temporaire :** Manpower 9,7. Olsten 4,9. Kelly service 4,2.

Commerce

■ **1er acheteur et 1er vendeur du monde. Importations mondiales :** 12 % ; **exportations :** 13 %. Étant donné l'énorme demande intérieure, les exportations ne représentent que 7 % du PIB (objectif : 15 à 20 %, chiffre atteint par ind. pharmaceutique, caoutchouc et électronique). 60 % des ventes vont aux pays industrialisés ; 5 % des achats en viennent. *Balance* déficitaire avec Opep (80 % du total), Japon (17 % du commerce extérieur), Canada (pétrole, produits chim., articles manufacturés), Chine.

■ **Subventions aux exportations agroalimentaires** (en millions de $). *1987 :* 929 ; *88 :* 1 012 ; *89 :* 339 ; *90 :* 312.

■ **Commerce** (en milliards de $). **Balance :** *1900 :* 0,54 ; *15 :* 1,09 ; *20 :* 2,95 ; *30 :* 0,78 ; *40 :* 1,39 ; *50 :* 1,04 ; *60 :* 4,58 ; *70 :* 2,32 ; *80 :* – 24,24 ; *85 :* – 132,14 ; *90 :* – 101,01 ; *95 :* – 158,7 ; *96 :* – 170,21 ; *97 :* – 181,48 ; *98 :* – 229,7 ; *99 :* – 328,8 [dont *exportations :* 695,7 *dont* produits man. 565,4, produits agr. 47, énergie 9,8/*importations :* 1 024,8 *dont* produits man. 882, énergie 75,8, produits agr. 36,6] ; *2000 :* – 370. **Avec Amérique latine :** *export. : 1984 :* 26,2 ; *85 :* 29,7 ; *86 :* 27,4 ; *87 :* 31,4 ; *88 :* 40,1 ; *89 :* 43,9 ; *90 :* 49,5 ; *95 :* 49,9. *Import. : 1984 :* 42,5 ; *85 :* 43,3 ; *86 :* 39,3 ; *87 :* 44,3 ; *88 :* 48,1 ; *89 :* 54,6 ; *90 :* 60,9 ; *95 :* 42,2.

Partenaires principaux (en milliards de $, 1999). **Export. et,** entre parenthèses, **import. :** Canada 166,6 (198,7), Mexique 86,9 (109,7), Japon 57,5 (130,9), G.-B. 38,4 (39,2), All. 26,8 (55,2), Corée du S. 23 (31,2), Pays-Bas 19,4 (8,5), Taïwan 19,1 (35,2), *France 18,9 (25,7),* Singapour 16,2 (18,2), Benelux 13,4 (9,5), Brésil 13,2 (11,3), Chine 13,1 (81,8) Hong Kong 12,7 (10,5), Australie 11,8 (5,3), Italie 10,1 (22,4).

Éthiopie

V. légende p. 950.

50 % du territoire) au sol érodé (1984-85). **Ethnies** (en %). Oromos 40, Amharas et Tigriens 32, Sidamos 9, Shankellas 6, Somaliens, 6, Afars 4, Gurages 2. **Age :** *– de 15 ans :* 47 %, *+ de 65 ans :* 2,8 %. **Espérance de vie** (en 1998) : 43 ans. **Morts dues à la sécheresse :** *1974-75 :* 200 000 ; *1984-85 :* 300 000. **Sida :** environ 2 500 000 séropositifs. **Mortalité :** *infantile* 212 ‰. **Émigrés :** USA 200 000. **Réfugiés** (en 1999) : 300 000 personnes déplacées. 30 000 au Soudan, 20 000 au Kenya. 248 000 réfugiés en É. dont 170 000 Somaliens et 70 000 Soudanais.

■ **Langues.** Amharique *(officielle)* et anglais *(administrative)* ; italien, arabe (pour la religion) ; langues régionales enseignées officiellement : tigrinya, orominya, wolaminya, somalinya, etc. (administratives). **Analphabètes** (en %) : *1973 :* 93 ; *87 :* 40. **Religions. Chrétiens** (Égl. orthodoxe monophysite) : entre 40 et 50 %, religion officielle (en 1974), 75 000 prêtres (*1951 :* lien rompu avec Église copte d'Alexandrie. *1958* se dote d'un patriarche) desservant environ 12 000 églises et 8 000 monastères. **Musulmans** [surtout dans le Sud et l'Est, chaféites (40 à 50 %)] : environ 11 500 000. **Juifs animistes** appelés *Falachas* (descendants des notables de Jérusalem qui accompagnèrent Ménélik, héritier du roi Salomon et de la reine de Saba, ou de la tribu Dan venue en 722 av. J.-C. Peau noire et traits sémites) : *XVIIIe s. :* 250 000 ; *1900 :* 100 000 ; *1980 :* 25 000 (1980-85 : la plupart émigrent en Israël) ; *1992-28-4 :* les derniers (1 500) partent vers Israël. **Juifs christianisés** vers 1860 appelés *Falasmoras :* 8 000 à 60 000 (ne sont pas accueillis par Israël). **Coptes orthodoxes** (pratiquent des coutumes africaines).

■ **Villes** (en 1994). *Addis-Abéba* 2 431 000 hab. (est. 1999) [à 2 300 m d'alt., fondée 1895], Diré Daoua 164 851 (à 1 204 m), Harrar 131 139 (à 1 866 m), Adama (Nazareth) 127 842 (à 1 650 m), Gondar 112 249 (à 2 200 m) [ancienne cap. d'Abyssinie], Djimma 106 842 (à 1 750 m), Dessié 97 314 (à 2 470 m), Magalié 96 938 (à 2 060 m), Debra Zèit 94 798 [en 1993] (à 1 860 m) et, en 1984, Debre Markos 39 808, Assella 36 720, Arba Minch 23 030, Goba 22 963, Lalibela (pèlerinage).

■ **Histoire. Avant J.-C. XIe s.** roy. indépendant. **Xe s.** épisode légendaire (introduit XIIIe et XIVe s.) de la *reine de Saba* (Makeda) qui serait allée à Jérusalem voir *Salomon,* dont elle aurait eu *Ménélik Ier,* et qui se serait convertie au judaïsme. Envoyé en Israël pour que son père l'éduquât, il rentre en Éthiopie avec l'Arche d'alliance contenant les Tables de la Loi. Croyance actuelle de la présence de l'Arche à Aksoum. **VIIe s.** domine l'Égypte. **Après J.-C. Ier-Xe s.** roy. d'Aksoum. **24-32** les Romains détruisent Napala. **IVe s.** destruction du roy. de Kouch par les Aksoumites. Apogée d'Aksoum. **Vers 329** conversion au christianisme sous le roi Ezana. **Vers 330-340** *Frumentius Ier* métropolite d'Aksoum. **Ve s.** adoption du monophysisme. **VIIIe s.** Arabes chassent Aksoumites d'Arabie et occupent littoral et îles Dahlak ; début du déclin d'Aksoum. **Xe-XIe s.** apparition du roy. des Zagoué (cap. Roha, devenue Lalibela). **XIIe s.** Arabes chassent Éth. d'Arabie. **Fin XIIe s.** début du règne de Lalibela, fondateur présumé des églises monolithes. **Vers 1270** dynastie salomonide restaurée. **1314-44** *Amda Seyon* repousse les musulmans. **1428** mouvement monastique *Est'ifanos* pour séparer temporel du spirituel. **1434-68** règne de *Zara Yakob*, théologien. Persécution des stéphanites. **1520-26** ambassade portugaise (Rodrigo de Lima). **1527** invasion d'Ahmed Gragn le Musulman (tué 1530). **1555** arrivée des 1ers jésuites, échec. **1590** invasion d'Oromo. **1603** le père Paez convertit le roi ; guerre civile. **1607-32** *Sousneyos* se convertit au catholicisme. **1632** Sousenyos abdique. **1632-67** Fasiladus, son fils, rétablit l'ancienne religion, chasse les jésuites, bâtit 1er palais et églises. **1682-1706** Yason Ier le Grand.

Maison de Théodoros. 1855-*févr.* **Kassa Haylu** ou **Théodoros II** le Réformateur (1818-68) ; soumet Choa, Tigré, Amhara et dompte les Gallas. **1862**-*oct.* appelle Fr. et G.-B. à ouvrir une ambassade et à l'aider contre la Turquie ; la réponse tardant à venir, prend une soixantaine d'otages britanniques. Théodoros emprisonne Sahlé Mariam (« Clémence de Marie », 11 ans), fils du roi du Choa Hailé Malakot (« Force de la Divinité »), puis le marie avec sa propre fille. **1865** Sahlé Mariam s'évade et se réfugie chez la reine Worgit. *-Août* Sahlé Mariam (devenu Ménélik II, *voir ci-dessous*) se fait couronner roi du Choa. **1866** Théodoros II, devenu fou, fait régner la terreur. **1867**-*3-10* débarquement anglais à Zoula ; gouverneur sir Robert Napier, avec 32 000 h. dont 20 000 auxiliaires, s'allie aux rebelles (le Cdt en chef de l'armée de Bombay arrive). **1868**-*8/9-4* bat Éth. (700 † Éth., 2 † Anglo-Indiens) dans la plaine d'Arogé, libère les otages et emporte le trésor dont la couronne impériale (rendue 1936 à Hailé Sélassié). *-13-4* Théodoros se suicide à Magdala.

Maison de Lasta. 1868-*avril* **Wagshum Gobaze Gebre Medhin** ou **Takla Giorgis II,** fils du gouverneur de Lasta (1836-72, mort en captivité). **1870**-*18-6* Napier rembarque (coût de l'expédition : 8 500 000 £ ; 100 †). Lutte contre Égypte et Italie ; guerres intestines. **1871**-*12-7* battu et capturé par son beau-père, le gouverneur du Tigré.

Maison du Tigré. 1871 Kassa Abba Bezbez ou **Yohannès IV** (1837-89), gouverneur du Tigré. **1872**-*11-7* roi du Tigré, couronné empereur ; les Égyptiens sont écrasés. **1889**-*10-3* Yohannès IV tué à la bataille de Metemma contre les derviches.

Maison du Choa. 1813 Ménélik ou **Sahlé Sélassié** (1795-1847), roi du Choa. **1847 Besho Wared** ou **Hailé Malakot** (1825-55), son fils, roi du Choa. **1855-65** les gouverneurs du Choa sont envoyés par Théodoros II. **1865 Sahlé Mariam** ou **Ménélik II** (17-8-1844/12-12-1913), fils d'Hailé Malakot. *1855-65* retenu en otage par Théodoros II. **1865**-*30-6* s'échappe. *-Août* roi du Choa. **1878**-*26-3* reconnu et couronné négus par Yohannès IV. **1889** installe sa cap. à Addis-Abéba, reprend Tigré, Begemder, Godjam et certaines provinces méridionales depuis longtemps retirées aux souverains de Gondar (des principautés y étaient établies, ou des États indépendants y avaient été créés) : Harrar, Kaffa, Sidamo. *-2-5 traité d'Ücciallì,* Ménélik/Italie. *-Août* découverte d'un complot dans l'armée ; ras Makonnen (1842-1906, cousin germain de Ménélik) en Europe jusqu'en janv. 1890. *-3-11 Ménélik*

☞ *Abréviations :* É. : Éthiopie ; Éth. : Éthiopiens.

■ **Nom.** Du grec *aethiops,* « face brûlée », qui désignait l'Afrique noire au sud de l'Égypte. Terme réintroduit fin XIXe s. et appliqué à l'État abyssin agrandi à la suite des conquêtes de Ménélik. L'*Abyssinie* (en arabe, « peuples mélangés ») comprenait Érythrée, Somalie, partie du Soudan et s'étendait jusqu'en Nubie. Ce nom fut employé avant et pendant l'occupation italienne. Au XIVe s. on parlait du *Royaume du prêtre Jean* [légende reposant sur un faux fabriqué en 1165 sans doute en All. : lettre de Jean le Prêtre, riche souverain chrétien proposant son alliance aux souverains d'Occident. On rechercha ce roy. en Asie puis on crut le trouver en Abyssinie (Éthiopie)].

■ **Situation.** Afrique. **Superficie :** 1 221 000 km². **Frontières :** 4 626 km (avec Kenya 830, Soudan 1 606, Somalie 1 626, Érythrée 912, Djibouti 337). **Régions :** *plateau éthiopien* (alt. moy. 2 300 m, maximale Ras Dashan 4 620 m) creusé de vallons, montagnes à sommets plats *(ambas)* ; source des fleuves Abbai (Nil Bleu), Omo (Kenya), Juba et Shebelle (Somalie) ; lac Tana 360 km², alt. 1 830 m ; *grandes pluies* en juillet-sept., *petites* en févr. (1 000 à 2 000 mm/an), tempéré. *Plateau somalien* (alt. maximale 300 m) chaud et plus sec. *Dankalie* plaine désertique (100 000 km²), avec dépression (– 116 m) au sud-ouest.

■ **Population.** *1999 (est.) :* 59 700 000 hab. ; *2000 (est.) :* 66 180 000 ; *2025 (prév.) :* 129 700 000. **D.** 54 ; 90 % de la pop. concentrés sur les hauts plateaux (sur 270 000 km², couronné empereur. **1894**-*14-3* la woïzero Yeshinebet, épouse de ras Makonnen et mère de Tafari, meurt. **1896**-*1-3 Adoua* : Italiens battus. -*26-10* traité de paix avec Italie. **1897** Ménélik annexe Ogaden (traité avec G.-B. et Italie). **1906**-*23-3* ras Makonnen meurt. -*13-12* traité franco-anglo-italien reconnaît l'indépendance de l'É. mais définit des zones d'influence. **1908**-*16-5* traité de frontière italo-éthiopien. -*30-10* **Iyasu**, petit-fils de Ménélik, désigné par celui-ci comme héritier du trône. **1910**-*3-3* Tafari gouverneur du Harrar. **1911**-*10-4* ras Tessema, régent, meurt. Iyasu prend le titre d'héritier. -*31-7* Tafari épouse la woïzero Menen. **1913**-*12-12* **Lij Iyasu** ou **Iyasu V** (3-2-1898/25-11- 1935). **1914**-*févr.* guerre civile dans le nord. **1916**-*janv.* Iyasu se convertit à l'islam. -*27-9* déposé par sa tante (à cause de sa vie dissolue et de sa conversion). **Zaoditou** (1876/31-3-1930), fille de Ménélik II, couronnée impératrice avec, comme Pce couronné et plénipotentiaire régent, *ras Tafari Makonnen* (23-7-1892/27-8-1975), gouverneur du Harrar et descendant de Sahlé Sélassié, roi du Choa ; cousin issu de germain de Ménélik. **1918**-*9-11* commerce des esclaves interdit. **1921**-*31-1* Iyasu capturé (évadé 20-5-1932, repris). **1923**-*28-9* É. admise à la SDN à l'unanimité. **1924**-*31-3* édit sur l'esclavage. -*20-4*/*4-9* Tafari en Europe. **1928**-*2-8* traité d'amitié avec Italie qui accorde l'accès à la mer. **1930**-*2-8* **Tafari Makonnen** ou **Haïlé Sélassié Ier** [nom chrétien « Force de la Trinité », *Negusa nagast,* Roi des rois, Lion de Juda, 225e descendant de la dynastie issue des amours bibliques de la *reine de Saba* et du *roi Salomon* (termes de la Constitution de 1955) ; gouverneur de Salale (1906), d'une partie de Sidamo (1908) et de Harrar (1910). 1928-7-10 couronné négus par l'impératrice], proclamé empereur. **1931**-*16-7 Constitution* promulguée. **1934**-*5-12* aux puits de Walwal, combat entre Éth. escortant une commission anglo-éthiopienne de délimitation de frontière et Italiens (Éth. 130 †, Italiens 30 †). Mussolini exige des réparations. Négus saisit SDN. Mussolini refuse arbitrage. **1935**-*16-3* l'É. en appelle à la SDN. -*19-6* demande l'envoi d'observateurs. -*Été* Hitler fournit des armes à l'É. -*26-9* la SDN crée un comité des Treize (Italie exclue) qui envoie des observateurs. -*3-10* invasion italienne [Gaux De Bono (renforcé 16-12 par Badoglio) et Graziani, 200 000 h. puis 500 000, 700 canons, 150 chars]. -*6-10* prennent Adoua. -*7-10* SDN reconnaît que l'Italie a violé le pacte d'amitié. -*14/16-10* comité édicte des sanctions économiques et financières contre Italie (pétrole, charbon, acier non mentionnés), en vigueur au 18-11. -*15-11* Badoglio Cdt en chef italien. -*18/19-12* attaque de Kassa. -*23-12* armée du ras Imrou repoussée. **1936**-*12-1* Graziani emploie des gaz. -*Janv./févr.* Éth. (Imrou, Moulouguetta, Kassa, Seyoum) battus. -*Avril* Badoglio abolit l'esclavage. -*4/30-4* négus regagne Addis-Abéba. -*1-5 ras Imrou* vice-roi. -*3-5* négus arrive à Djibouti (3-6 à Londres). -*5-5* Italiens prennent Addis-Abéba.

Période italienne. **1936**-*9-5* roi d'Italie devient empereur d'É ; vice-roi Mal Rodolpho Graziani (1882-1955). Ogaden annexée à Somalie italienne. -*30-6* Genève, discours du négus à la SDN. -*4-7* SDN vote levée des sanctions contre Italie, sans reconnaître l'annexion. -*17-12* reddition d'Imrou. **1937**-*févr.* ras Desta et dedjamatch Beyene, gendres de l'empereur, tués. -*19-2* attentat contre Graziani (3 † dont Gal Liotta) ; représailles italiennes (3 000 à 10 000 †). **1938**-**41** duc *Amédée d'Aoste* vice-roi. **1940**-*10-6* Italie entre en guerre. -*12-6* négus propose participation de l'É. aux côtés des Alliés ; Lt-Cel Wingate commande Britanniques et Éth. -*2-7* négus à Khartoum (Soudan). **1941**-*20-1* en É. -*29-3* Cunningham occupe le Harrar. -*6-4* Addis-Abéba capitule. -*5-5* négus rentre. -*19-5* capitulation italienne (duc d'Aoste). **1942** Ogaden administrée par G.-B.

État souverain. **1944**-*19-12* traité anglo-éth. L'É. redevient un État souverain. **1950**-*2-12* l'Onu accepte fédération Érythrée/É. **1951**-*10-7* l'Ass. érythréenne vote pour. **1952**-*15-9* fédération en vigueur. **1955**-*18/26-4* participe conférence de Bandung. -*4-11 nouvelle Constitution.* **1957**-*12-5* Makonnen, duc de Harrar, 2e fils du négus, tué (accident de voiture). -*2-11* 1er Parlement élu. **1959**-*30-6* négus en URSS. -*Juillet* en Tchécoslovaquie, Yougoslavie, Fr. (21/23-7), Belgique, Portugal, Égypte. **1960**-*1-12* négus part en voyage. -*3-12* Addis-Abéba, rébellion fomentée par 2 frères, le Gal Mengeshtu Neway, chef de la garde impériale, et Germané Neway, gouverneur de district ; ministres arrêtés. Pce héritier, à la radio, les appuie. Négus rentre à Khartoum. Gal Mered bat les rebelles. Mengeshtu et Germané massacrent les otages dont plusieurs ministres. -*17-12* négus revient à Addis-Abéba : acclamé. **1961**-*30-3* Gal Mengeshtu exécuté. **1962**-*15-2* l'impératrice Menen meurt. -*14-11* État unifié. **1964** *févr./mars guerre de l'Ogaden,* l'É. repousse Somaliens. **1965**-**91** guérilla en Érythrée, voir à l'Index. -*Févr./mai* troubles étudiants. **1966** attentat dans cinéma à Addis-Abéba. -*26/28-8* de Gaulle en É. **1968**-*mars* et **1969**-*févr. /déc.* troubles étudiants. **1970** état d'urgence en Érythrée. **1971**-*4/12-10* négus en Chine. **1973**-**74** sécheresse, famine (notamment dans Wollo ; 200 000 †). **1973**-*janv.* Pt Pompidou en É. **1974**-*janv./mars* troubles militaires. -*7/11-3* grève générale. -*27-4* membres du gouv. Aklilou arrêtés. -*3-7* négus accepte certaines réformes. -*5-7* Comité rebelle devient Conseil national militaire (Derg) ; chef d'état-major : Mikaël Aman Andom ; nombreuses arrestations. -*22-7* **Lidj Michael Imru** (né 1926) PM. -*12-9* armée dépose négus, suspend Const., dissout Parlement ; loi martiale proclamée ; **Pce Asfa Wossen** [(27-7-1916/17-1-1997 aux USA, enterré 2-2 à Addis-Abéba), fils d'Haïlé Sélassié, prince héritier depuis 2-11-1930, prit le nom d'Amha Sélassié Ier le 6-4-1989 ; épouse 1°) 9-5-1932 Walatta Israël (née 1906), divorce 1944 ; 2°) 8-4-1945 Medfariach Worq, 4 enfants dont *Zara Yacob* (né 15-8-1953), héritier depuis 14-4-1974] souverain constitutionnel, Pt du gouv. provisoire. Création du *P. des travailleurs éthiopiens* (parti unique). -*Sept.* **Aman Andom** Pt. -*23-11,* 60 exécutés, dont Andom. -*28-11* **Gal Teferi Bante** (1921-77) Pt du Derg. -*21-12* programme socialiste *Éthiopia Tekdem* (« É. d'abord »). -*22-12* Addis-Abéba, 2 attentats. **1975**-*févr.* rébellions dans Godjam et Sémien. -*4-3* réforme agraire.

République. **1975**-*17-3* monarchie et noblesse abolies. -*25-4* complot déjoué. -*30-7* É. renonce à Djibouti. -*25* ou *27-8* Haïlé Sélassié (83 ans) meurt en prison (étouffé avec un oreiller imbibé d'éther ?), [5-11-2000 inhumé officiellement dans l'église de la Trinité d'Addis-Abéba]. -*26-9* grèves et affrontements à Addis-Abéba, 7 †. -*30-9* état d'urgence. -*Début oct.* rébellion de chrétiens amharas, contre-réforme agraire. -*5-12* état d'urgence levé. **1976**-*30-1* : 6 m. de la junte arrêtés. -*15-2* Gal *Kedebe Worku* (ex-Cdt de la garde impériale) tué. -*21-3 démocratie populaire.* -*17-6* « marche rouge » sur Érythrée (dizaines de milliers de paysans) annulée. -*10-7* coup d'État échoue ; 19 exécutés dont Gal *Getachev Nadew* (administrateur de la loi martiale) et major *Sisaye Habte* (Pt du comité politique du Derg). -*23-9* tentative d'assassinat du Cdt Mengistu. -*2-11* exécutions. **1977**-*3-2* affrontement entre militaires, le Pt (Gal *Teferi Bante*) et 9 m. du Derg tués. **Cel Mengistu Haïlé Mariam** (né 1940) au pouvoir. -*Juillet guerre de l'Ogaden* avec Somalie. -*Oct.* massacre de centaines d'étudiants. -*12-11* Lt-Cel *Atnafu Abate* (vice-Pt) exécuté. -*Fin déc.* terrorisme du *Parti révolutionnaire du peuple éthiopien* (*EPRP*) qui a infiltré les Kébélés [*partisans du Derg* (souvent rivaux) : Front progressiste, Abyotawi Seddeth (« Flamme révolutionnaire »), créé par Mengistu ; « Malerid », bolchevique et dissident du EPRP ; « Wazlig », ligue prolétarienne ; « Etcheat », groupement ethnique oromo non marxiste. *Adversaires* : « Mei'son », mouvement socialiste pan-éthiopien, pour un gouv. civil. *Détenus politiques* : 100 000 ; doivent être nourris par leurs familles. Des enfants de 8 à 12 ans (après 12 ans, on n'est plus un enfant en É.) sont souvent exécutés devant leur famille]. **1978**-*févr.* l'É., aidée par Cubains (10 000 ?) et Russes, reprend l'Ogaden. -*Mai* guérilla en Ogaden. -*Juillet* sécheresse et disette. **1979** massacre de centaines de juifs (Falachas). -*Juillet* collectivisation des terres, un paysan dispose de 1 000 à 2 000 m² et de 1 ou 2 têtes de bétail. -*Nov.* aide de la RDA.

1980 l'É. tient régions frontalières et centre de l'Ogaden ; environ 1 million de réfugiés en Somalie. Réconciliation avec Soudan. **1982**-*1-7* combats avec Somalie, 300 †. **1983** sécheresse. **1984**-*25-1* attentat contre ch. de fer Djibouti/Addis-Abéba, 20 †. -*12-9* : 10e anniversaire de la révolution (coût : des centaines de millions de $). Famine, 300 000 †, aide alimentaire occidentale mais transports insuffisants et, selon certains, volonté du gouv. de ne pas « trop aider » les régions rebelles. *Opération « Moïse »* : 15 000 Falachas transférés en Israël (ponts aériens clandestins). **1985**-*26-3* : 90 officiers suspects arrêtés. *Déplacement des populations* (regroupées en villages) : environ 4 millions, plus de 30 millions à terme. -*27-12* attaque rebelle près du lac Tana, 40 †. **1987**-*14-6* : 1res *législatives* depuis 1974. -*10-9* É. devient officiellement *Rép. démocratique et populaire,* Derg dissous, l'Ass. élit **Mengistu** Pt. **1988**-*6-4* paix avec Somalie. **1989**-*févr./mars* succès rebelles. -*16-5* coup d'État militaire échoue (grâce au rôle d'Israël ?). -*17-5* Gal et Cdt en chef de l'armée de l'air Mend Negust †. -*22-5* affrontements étudiants/policiers. Épuration de l'armée, 12 généraux exécutés. -*29-6* Gal Aberra Abebe, comploteur du 16-5, tué par police. -*9-9* retrait des derniers Cubains. -*7-10* PM *Fikre Selassié* limogé. -*18-12* relations diplomatiques avec Israël reprises (interrompues depuis 1973). **1990**-*7-3* multipartisme à l'intérieur du parti socialiste ; secteur privé réhabilité. -*9/10-3* portraits de Marx, Engels et Lénine ôtés de la place de la Révolution (en place depuis 1975). -*31-3* : 2 diplomates libyens expulsés après attentat hôtel Hilton d'Addis-Abéba le 30. -*Juin* succès rebelles. -*21-6* mobilisation générale. **1991**-*23-4* multipartisme admis. -*26-4* **Tesfaye Dinka** PM. -*11-5* mobilisation des plus de 18 ans. -*21-5* Mengistu démissionne ; part pour Kenya, puis Zimbabwe, Afrique du Sud, Zimbabwe. **Gal Tesfaye Gabre Kidane** (56 ans, Tigréen) vice-Pt par intérim. -*24/25-5 opération « Salomon »* : 14 400 Falachas transférés en Israël par avion (dont 1 080 dans un Jumbo, record mondial). -*27/28-5* Londres, accord de cessez-le-feu en Érythrée. Pouvoir confié au FDRPE. -*28-5* Addis-Abéba, explosion d'un dépôt de munitions, 800 †. -*29-5* manif. à Addis-Abéba réprimée par FDRPE, 9 †. -*3-6* explosion de munitions, nombreux †. -*1-7* conférence nat. adoptant une Charte des libertés et établissant un Conseil général. -*4-7* **indépendance de l'Érythrée** accordée. -*23-7* **Meles Zenawi** (né 9-5-1955) élu Pt par le Conseil (intérim depuis 28-5). -*12-11* affrontements à Diré Daoua, 50 †. **1992**-*14-2* exhumation des dépouilles de Haïlé Sélassié, de ses 62 ministres assassinés en 1974 et des 12 généraux exécutés après tentative de coup d'État de 1989. -*21-6 élections régionales* (contestées). -*Juin* FLO (Front de libération oromo) : ses m. quittent gouv. et Conseil des représentants, ses troupes sont battues, nombreux prisonniers. **1993**-*4-1* manif. d'étudiants contre l'indépendance de l'Érythrée, plusieurs †. -*26-2* environ 16 000 prisonniers oromos libérés. -*3-5 Érythrée reconnue.* -*19/23-12* conférence de l'opposition à Addis-Abéba. **1994**-*juin* menace de famine en É. (Ogaden). -*5-6 Ass. constituante élue,* victoire du FDRPE. -*13-12* procès de 106 accusés dont Mengistu (exilé au Zimbabwe), puis de 1 200 [impliqués dans la « terreur rouge » (1974-91)]. **1995**-*6-5* attentat Diré Daoua, 15 †. -*26-6* échec tentative d'assassinat du Pt égyptien Moubarak. -*22-8* **Negasso Gidada** (né 8-9-1943) Pt. -*23-8* **Meles Zenawi** (né 8-5-1955) élu PM fédéral. -*1-9* : 11 diplomates soudanais expulsés (refus de Khartoum d'extrader 3 Égyptiens impliqués). **1997**-*printemps* sécheresse. -*12-4* Addis-Abéba, attentats dans 2 hôtels, 1 †. -*3-6* Israël autorise l'arrivée, dans les 3 mois, de 3 500 Falachas. -*Oct./nov.* inondations. **1998**-*12-5* début du conflit avec Érythrée (voir p. 1060 b). **2000** famine. -*18-6* Alger : accord de paix. **2001** famine. -*17/18-4* manif. étudiants, 60 †.

■ **Statut.** *République fédérale.* **Constitution** du 22-8-1995. **Parlement :** *Conseil de la Fédération :* 117 membres choisis par les conseils régionaux et le *Conseil des représentants du peuple :* 548 m. élus pour 5 ans au suffrage universel : élit le Pt pour 6 ans. **Élections du 17-6-2000 :** victoire du FDRPE. **États.** depuis 1992, 12 basés sur les ethnies et 2 villes (Addis-Abéba et Harrar). **Fête nationale.** 28 mai. **Drapeau** (adopté 6-2-1996). 3 bandes horizontales verte (terre, espoir), jaune (paix, amour), rouge (force). Au centre, cercle bleu (paix) portant une étoile dorée (unité et diversité) posée sur les rayons du soleil (prospérité).

■ **Noblesse.** **Titres** *nobiliaires :* Pce, Pcesse, duc, duchesse, dans 10 familles environ ; les titres de Pce, Pcesse donnés aux personnes de sang royal sont abolis (21-3-1975) ; *honorifiques* : 10 000 personnes environ (*bioted,* etc.) ; accordés aussi à des étrangers [exemple : Léonce Lagarde (1860-1936), gouverneur d'Obock puis ambassadeur (1877-1907) : *mesfin* d'Entoto].

■ **Partis.** **Front démocratique révolutionnaire du peuple éthiopien (FDRPE)** fondé 1989, *Pt :* Meles Zenawi. **Opposition.** **Coalition of Ethiopian Democratic Forces (COEF)** fondée 1991, en exil à New York. **Ethiopian People's Revolution Party (EPRP). All Amhra People's Organization (AAPO). Southern Ethiopian People's Democratic Union** (10 partis). **Alliance des Oromos, Somalis et Afars.**

■ ÉCONOMIE

■ **PNB** (en 1999). 100 $ par hab. **Population active** (en %) **et**, entre parenthèses, **part du PNB** (en %) : agr. 79 (46), ind. 7 (14), services 14 (40). **Croissance** (en %) : *1999 :* 8 à 9 ; *2000 (est.) :* 10. **Inflation** (en %) : *1985 :* 18,2 ; *90 :* 5,2 ; *91 :* 20,9 ; *92 :* 21 ; *93 :* 3,5 ; *94 :* 1,5 ; *95 :* 11,4 ; *96 :* – 5,1 ; *97 :* – 3,7 ; *98 :* 8 ; *99 :* 3. **Dette extérieure** (en milliards de $) : *1992 :* 7,44 ; *95 :* 4,15 ; *98 :* 10,3. **Famine** (tous les 11 ans depuis 250 ans) : atteint 4,5 millions d'hab. (dont Érythréens 1,9). **Aide extérieure** (en milliards de $) : *1994 :* 1,01 ; *95 :* 1,5.

■ **Agriculture.** **Terres** (en milliers de km²) : arables 77 000, pâturages 52 000, forêts 4 700, eaux 12 090, divers 24 220. **Production** (en milliers de t, 1999) : maïs 2 344 [70 % des terres], sorgho 1 083, blé 1 143, canne à sucre 2 200, orge 983, tubercules 1 250, teff 1 135 (en 1994), légumes et melons 565, millet 260, café 230, ricin. *Fermes d'État :* mécanisées. **Forêts.** En % du territoire : *1900 :* 40 ; *50 :* 16 ; *92 :* 4 ; en m³ : *94 :* 33 000 ; *95 :* 47 340 ; *96 :* 47 818 ; *97 :* 49 004 ; *98 :* 50 148. Eucalyptus importé d'Australie par un Français, Mondon-Vidailhet. *Reboisement :* 62 000 000 d'arbres. **Élevage** (en milliers de têtes, 1999). Volailles 54 000, bovins 35 095, moutons 22 000, chèvres 16 850, ânes 5 200, chevaux 2 750, mulets 630, dromadaires 1 030.

■ **Énergie.** **Hydroélectricité** (en milliards de kWh) : *réserves* 56 ; *production* (en 1997) 1,2. **Mines.** Potasse, sel, platine, or. **Transports.** **Chemins de fer** (en km) : Addis-Abéba/Djibouti (construit 1897-1917) 783 dont 682 en Éthiopie. **Routes** (en km) : secondaires 9 687, asphaltées 3 508. **Tourisme.** **Visiteurs :** 115 000 (en 1997). **Sites :** châteaux du XVIIe s., lac Tana et chutes du Nil Bleu (alt. 2 700 m), 11 églises monolithiques des XIIe-XIIIe s. (dont Lalibela), vestiges de l'empire d'Aksoum (cap. de Gondar et Aksoum). 9 parcs nationaux (dont montagnes du Bale, vallée de l'Awash). **Fouilles :** dans vallée de l'Omo (en 1967), Hadar (en 1974), voir à l'Index. Milliers de mégalithes découverts années 1920 par les Français Azaïs et Chambard (pays des Boranas et des Consos).

■ **Commerce** (en millions de $). **Export./import. :** *1994 :* 370/920 ; *95 :* 420/1 130 ; *96 :* 430/1 230 ; *97 :* 550/1 019 ; *98 :* 560/1 041. *Exporte :* café, thé, épices, peaux. **Rang dans le monde** (en 1999). 6e bovins. 8e café.

■ FALKLAND (ILES)

Carte p. 987. V. légende p. 950.

■ **Situation.** Amérique du Sud, à 483 km à l'est de l'Argentine. **Superficie :** 12 173 km². 2 grandes îles et 700 petites [dont **Isla de la Soledad** ou Malouine orientale (5 865 km², *alt. maximale* Mt Usborne 705 m) ; **Grande Malouine** ou Malouine occ. (4 076 km², *alt. maximale* Mt Adam 705 m) ; séparées par le détroit de Falkland] ; plusieurs îlots aux noms français : Beauchesne, Danican, Bougainville, s'étendant sur 193 km. **Côtes :** 1 288 km. **Climat.** Frais et humide. *Températures :* – 5,6 à + 21,1 °C, moy. 5,6 °C. *Pluies :* 625 mm.

■ **Population** (est. 1998). 2 805 hab. (Kelpers) et 1 600 soldats britanniques. **D.** 0,23. **Ville.** *Stanley* 1 636 hab (en 1996). **Langue.** Anglais. **Religions.** Anglicane, catholique, diverses.

■ **Histoire.** **1520** découvertes par Hernando de Magallanes. **1540** visitées par l'expédition de l'évêque espagnol de Plasencia. **1592** aperçues par l'Angl. John Davis. **1594** sir Richard Hawkins longe côte nord. **1600** aperçues par le Holl. Sebald de Weert. **1690** capitaine Strong donne au détroit central le nom du trésorier de la marine, le Vte Falkland (les Anglais donneront ensuite ce nom aux 2 îles qu'il sépare). **1698**-**1720** fréquentées par Malouins (chasseurs de lions de mer). **1703** nommées *îles Danican* ou *Anican* par le jésuite français Nyel. **1712** *îles Neuves de St-Louis* par Amédée Frézier. **1721** *Malouines* (*Malvinas* en espagnol) par le Hollandais Roggewein. **1749** *îles Neuves* par l'amiral anglais Anson. Le roi d'Esp. refuse à l'Angl.

Guerre des Malouines

■ **Déroulement. 1982**-*18-3* des ferrailleurs argentins hissent le drapeau argentin sur Géorgie du Sud. *-19-3* expulsés. *-2-4* : 5 000 militaires argentins prennent Port Stanley (cap.) à la garnison anglaise (79 h.), 1 Argentin est tué, rupture des relations diplomatiques G.-B./Arg. *-3-4* Arg. occupe Géorgie du Sud, Conseil de sécurité Onu réclame retrait de l'Arg. et négociations. *-5-4* flotte britannique appareille de Portsmouth. *-10-4* embargo CEE sur import. d'Arg. *-25/26-4* G.-B. reprend Géorgie du Sud. *-1-5* USA suspendent aide économique et militaire à l'Arg. et assistent G.-B. *-2-5* *General-Belgrano* (arg.) torpillé par sous-marin *Conqueror* (brit.). *-4-5* *Sheffield* (brit.) touché par Exocet [AM-39 tiré à 32 km d'un Super-Étendard argentin (fabriqué en Fr.)], coule le 10. *-21-5* tête de pont britannique sur l'île orientale (baie de San Carlos), 5 000 h. *-2-6* Port Darwin encerclé. *-14-6* reddition du Gal Menendez et des Argentins après 3 j de combat ; 11 200 prisonniers. *-18-6* : 5 500 rapatriés. *-20-6* reconquête des îles Sandwich ; embargo de la CEE levé. *-12-7* cessation de fait des hostilités acceptée par Arg. et G.-B. ; levée de l'embargo américain.

■ **Bilan. Argentine :** 712 †, environ 2 000 bl. ou disparus. Avions détruits : entre 91 et plus de 100 (est.), dont au moins 26 Dagger ou Mirage III E, 34 A-4 Sea Hawk et 15 Pucara d'appui ; 16 détruits par missiles air-air Sidewinder. Navires perdus : sous-marin *Santa-Fé* (1 †), croiseur *General-Belgrano* (830 h. sauvés sur 1 042), transporteurs *Bahia Buen Suceso* et *Isla de los Estados*, chalutier *Narwal* ; coût : 850 millions de $. **G.-B. :** 293 †, centaines de bl. Avions détruits : 18 dont 8 Sea Harrier et Harrier. Hélicoptères détruits : 5 Sea King, 13 Wessex, 2 Chinook et 3 Gazelle. Navires perdus : lance-missiles *Sheffield* (120 †), frégates *Ardent* et *Antelope*, destroyer lance-missiles *Coventry* (120 †), porte-conteneurs *Atlantic-Conveyor, LST Sir Galahad* (53 †) et *Sir Tristram* (ramené en G.-B. juin 1983) ; 7 navires avariés (coût : 1 400 millions de $).

l'autorisation d'envoyer une expédition aux Malouines. **1764**-*3-2* arrivée de Louis Antoine de Bougainville qui installe des Acadiens, à Port-Louis, dans la baie Française. **1765** le commodore anglais Byron établit un détachement à l'île Saunders. **1766** 1er établissement anglais. **1767-1811** 20 gouverneurs espagnols des îles se succèdent, dont 2 officiers de marine nés en Angl. **1767**-*1-4* Fr. cède ses droits à Esp. pour 603 000 livres. Sur ordre de Louis XV, Bougainville démantèle la colonie de Port-Louis. **1770** les Espagnols enlèvent Port-Egmont (menace d'une guerre anglo-espagnole). Sur ordre du roi d'Esp., le gouverneur de Buenos Aires, Buracelli, expulse le détachement anglais de Port Saunders. Médiation de la Fr. **1771**-*22-1* accord Angl.-Esp. ; retour provisoire des Anglais à Port-Egmont. **1774** ils renoncent à coloniser l'îlot de Saunders et évacuent Port-Egmont. **1776** Malouines rattachées à la vice-royauté du Rio de la Plata (Buenos Aires). **1810** gouverneurs deviennent argentins par droit de succession. **1820**-*6-11* capitaine argentin David Jewett, commandant des îles, s'établit à Puerto Soledad (ex-Port-Louis). **1824** remplacé par le capitaine Pablo Areguati. **1825** traité « amitié-commerce-navigation » Arg./G.-B. sans allusion à la souveraineté argentine. **1829** Luis Vernet C^{dt} politique et militaire. Introduction de chevaux et moutons. Début de peuplement : 300 h. du continent. **1830** visite d'une expédition anglaise (capitaine Fitz-Roy). Vernet leur fournit assistance. **1831** 3 navires américains qui pêchaient clandestinement sont arrêtés. Anglais chassent Argentins de Puerto Soledad. **1832**-*27-12* la frégate américaine *Lexington*, sous faux pavillon français, détruit Puerto Soledad et fait prisonniers nombre de colons. L'Arg. désigne un nouveau gouverneur. **1833**-*2-1* la corvette anglaise *Clio* ordonne d'amener le drapeau argentin et d'expulser les habitants. **1837** colonie britannique. **1914**-*8-12* bataille navale G.-B./All., victoire G.-B. **1971**-*1-7* G.-B. et Arg. s'engagent à développer les îles. Accord Arg./G.-B. : 1er lien aérien argentin direct entre les îles, la Patagonie et Buenos Aires. L'Arg. construit une piste d'atterrissage. **1974**-*avril* 1 destroyer argentin tire sur 1 navire anglais. **1976-80** rupture des relations G.-B./Arg. **1982** guerre G.-B./Arg. (voir encadré). **1987**-*1-2* zone de pêche protégée de 150 milles. **1988**-*29-10* zone économique de 150 à 200 milles. **1990**-*15-1* relations diplomatiques G.-B./Arg. reprises : la G.-B. renonce à la zone de sécurité de 150 milles (marine argentine autorisée à s'approcher jusqu'à 50 milles), communications directes Falkland/Arg. prévues. **1996**-*27-9* accord G.-B./Arg. (Argentine toucherait 33 à 50 % des royalties pétrolières). **1999**-*18-10* reprise relations aériennes avec Arg.

■ **Statut.** *Colonie de la Couronne britannique.* **Constitution** de 1997. **Gouverneur :** Donald A. Lamont depuis 12-5-1999. **Conseil exécutif** de 6 m. **Conseil législatif** de 10 membres dont 2 nommés et 8 élus pour 4 ans. **Drapeau** (adopté en 1948). Bleu avec drapeau britannique et médaillon représentant un mouton, richesse de l'île, et le navire *Desire,* à l'origine de la découverte des Falkland.

■ **Économie. PNB** (en 1998) : 17 250 $ par hab. **Élevage** (en 1999). Moutons 708 000 pour la laine, bovins 4 000. **Pêche** (en 1997). 23 000 t. **Tourisme** (en 1999). 19 700 visiteurs. **Réserve** (manchots, phoques), krill. **Pétrole.** *Réserves* : 3 millions de barils/j. **Gaz** (off-shore). **Base militaire.**

■ **Territoires rattachés à la G.-B. et gérés à partir des Falkland. Géorgie du Sud** [île de 3 592 km², à 1 277 km à l'est-sud-est, 22 hab. (en 1980) travaillant à la base scientifique] : *1908* G.-B. prend territoires au sud du 50e parallèle et installe une délégation du gouv. des Malouines à Grytviken, en Géorgie du Sud. **Sandwich du Sud** (311 km², 11 îles) : *1775* découvertes par Cook ; prirent le nom de l'amiral John Montagu, Cte de Sandwich (3-11-1718/30-4-1792) ; *de nov. 1976 au 20-6-1982* occupées par scientifiques argentins, à 870 km au sud-est de la Géorgie du Sud, à 3 000 km de l'Arg.

Fidji ou Viti (îles)

V. légende p. 950.

■ **Situation.** Iles du Pacifique entre Mélanésie et Polynésie. 332 îles dont 105 habitées. A 2 735 km de Sydney, 1 771 d'Auckland, 805 de Samoa. **Superficie :** 18 333 km². **Altitude** *maximale* : Mt Victoria 1 323 m. **Côtes :** 1 129 km. **Climat.** Tropical. *2 saisons* : 1 sèche et plus fraîche (mai-oct.), 1 humide (nov.-avril). *Températures* : janvier de 23 à 31 °C, juillet de 18 à 28 °C. *Cyclones* : Oscar (en 1983), Eric et Nigel (en janvier 1985), Kina (en janv. 1993).

■ **Population.** *2000 (est.)* : 848 000 hab. dont (en 1994) Fidjiens 395 136 (pouvoir politique et contrôle de 83 % des terres), Indiens 44,2 % (contrôlent l'économie : canne à sucre), Européens métissés 10 000, Rotumans 8 000, Chinois 5 000, Européens 3 000, divers 10 000 ; *2025 (prév.)* : 2 000 000. **D.** 46,2. **Pop.** *rurale* : 60 %. **Langues.** Anglais, fidjien, hindi, chinois. **Religions** (en %, 1999). Chrétiens 52, hindouistes 38, musulmans 8, sikhs 0,7.

■ **Iles principales.** *Viti Levu* 445 422 hab. [10 429 km² ; *Suva* 71 000 hab. (cap.), *Lautoka* 28 700, *Nandi* 2 200, *Vatukoula* 7 000, *Mba* 6 500, *Nausori* 5 300, *Singatoka* 2 100] et *Vanua Levu* 103 122 hab. (5 556 km²) [*Lambasa* 5 000, *Savusavu* 2 000] ; **autres îles** (en km²) : *Taveuni* 470, *Kadavu* 411, *Gau* 140, *Koro* 104, *Ovalau* 101, *Rambi* 69, *Rotuma* 47 (découverte 1879, annexée 1881), *Bega* 36.

■ **Histoire. 1643** Abel Janszoom Tasman (Hollandais, 1603-59) découvre quelques îlots, appelés îles du P^{ce} Willems. Autres explorateurs : Cook, Bligh. **1774** possession britannique. **XIXe s.** arrivée de missionnaires anglais et français. Implantation de Blancs d'Australie et de Nlle-Zél. **1874**-*10-10* cédées à la G.-B. par les chefs fidjiens (colonie). Implantation de canne à sucre et immigration d'Indiens (60 000 entre 1879 et 1916). **1970**-*10-10* *indépendance. Ratu* (chef) : *sir Kamisese Mara* (né 13-5-1920) PM (conservateur). **1987**-*avril* succès travailliste, Indiens obtiennent 28 sièges sur 52. PM fidjien : *Timoci Bavadra* (1934-89). *-14-5* coup d'État du **L^t-C^{el} Sitiveni Rabuka** (né 13-9-1948). *-20-5* affrontements Fidjiens/Indiens. Les chefs coutumiers soutiennent le gouv. *-21-5* compromis. *-25-9* : 2e coup d'État de Rabuka. *-7-10* Constitution de 1970 suspendue. *-5-12* Rabuka (devenu G^{al}) rend le pouvoir aux civils (reste C^{dt} en chef et min. de l'Intérieur). *-6-12* **Penaia Ganilau** (28-7-1918/15-12-1993) Pt. **1989**-*23-8* visite privée du PM M. Rocard. **1990**-*5-1* Rabuka quitte le gouv. *-23-5* rupture diplomatique avec Inde. **1991** départ de nombreux Indiens. **1992**-*2-6* *Rabuka* PM. **1994**-*18-1* **sir Kamisese Mara** Pt. **1999**-*19-5* **Mahendra Chaudhry** PM (né 2-9-1942, flp, d'origine indienne). **2000**-*19-5* coup d'État de George Speight (homme d'affaires), 53 personnes dont le PM prises en otage dans le Parlement. État d'urgence. *-29-5* armée prend le contrôle de l'administration ; loi martiale. *-31-5* **Ratu Epeli Nailatikan** PM. Remise en vigueur de la Constitution de 1990. *-4-7* **Laisenia Qarase** (né 1941) PM. *-9-7* accord Speight/militaires, amnistie contre libération des otages. *-18-7* **Ratu Josefa Iloilo** Pt. *-26-7* Speight arrêté. *-2-11* mutinerie, 11 †.

■ **Statut.** *République* (depuis 1-10-1987) *membre du Commonwealth* (quitté du 1-1-1988 au 1-10-1997 ; suspendu en 2000). **Constitution** du 25-7-1990, fondée sur la supériorité de la race fidjienne, révisée juillet 1997 (seul le Pt doit être Fidjien). Suspendue mai 2000, rétablie par cour d'appel mars 2001. **Sénat :** 34 membres nommés pour 4 ans (24 Fidjiens, 1 Rotuman, 9 autres). **Chambre des représentants :** 70 membres élus pour 5 ans (37 Fidjiens, 27 Indiens, 1 Rotuman, 5 autres). **Élections des 8 et 15-5-1999 :** flp 37 sièges, fa 10. **Drapeau** (adopté 10-10-1970). Bleu clair avec drapeau anglais dans l'angle et écusson portant lion britannique, canne à sucre, palme de cocotier, régime de bananes et colombe de la paix.

■ **Partis. Alliance Party** fondé 1965, *Pt* : sir Kamisese Mara. **National Federation Party (nfp)** fondé 1960, *Pt* : Jai Ram Reddy. **Fidji Labour Party (flp)** fondé 1985, issu du **Congrès des syndicats (ftuc)**, 30 organisations, *secr. gén.* : Mahendra Chaudhry. **P. politique fidjien (svt)** fondé 1990, *Pt* : Sitiveni Rabuka. **Association fidjienne (fa)** fondée 1991, *Pt* : Josephata Kami Kamica.

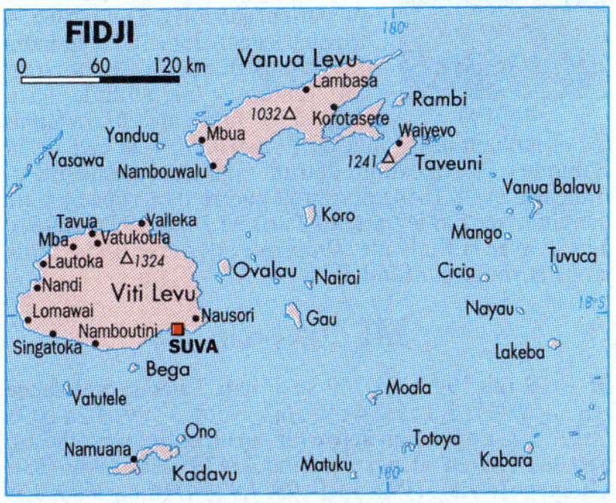

Économie

■ **PNB** (en 1999). 2 240 $ par hab. **Croissance** (en %) : *1996* : 3,1 ; *97* : – 1,8 ; *99* : 0,6 ; *2000 (est.)* : – 13 (chute du tourisme). **Population active** (en %) **et**, entre parenthèses, **part du PNB** (en %) : agr. 40 (21), ind. 15 (20), services 43 (56), mines 2 (3). **Chômage** (en %) : *1998* : 6. **Inflation** (en %) : *1997* : 3,3 ; *98* : 5,7 ; *99* : 2 ; *2000 (est.)* : 3.

■ **Agriculture. Terres :** cultivées 13 % du territoire. **Production** (en milliers de t, 1999) : sucre : *1985* : 341 ; *86* : 502 ; *87* : 401 ; *88* : 363 ; *89* : 461 ; *90* : 408 ; *91* : 389 ; *92* : 426 ; *96* : 454 ; *97* : 350 ; 27 % des terres ; 40 % de la pop. active (17 000 familles indiennes sur 23 000 foyers d'agriculteurs), 24 % du PNB, 39,7 % des export. ; canne à sucre 4 389, noix de coco 210, manioc 26, riz 18, coprah 13 ; et (en 1992) : huile de noix de coco 9,2, gingembre 6,5, cacao 0,32. **Élevage** (en milliers de têtes, 1999). Volailles 4 000, bovins 345, chèvres 211, porcs 112. **Forêts.** 594 000 m³ (en 1998). **Pêche.** 36 029 t (en 1997). **Chantiers navals. Mines** (en tonnes, 1995). Or 3,4, argent 2. **Tourisme.** 409 955 visiteurs (en 1998).

■ **Commerce** (en milliards de $). **Export./import. :** *1995* : 0,52/0,87 ; *96* : 0,75/0,89 ; *97* : 0,62/0,96 ; *98* : 0,51/0,72. **Rang dans le monde** (en 1999). 28e canne à sucre.

Finlande

Carte p. 1050. V. légende p. 950.

☞ *Abréviations* : F. : Finlande ; Finl., finl. : Finlandais, finlandais.

■ **Nom.** *Suomi* en finnois. *Finland* en suédois.

■ **Situation.** Europe. 1/3 situé au-delà du cercle polaire. **Superficie :** 338 145 km² (dont 33 522 d'eau). Forêts 65 %, lacs 10 %, cultures 8 %. **Longueur** maximale : 1 160 km. **Largeur :** 540 km. **Frontières** (en km) : Suède 586, Norvège 729, Russie 1 313. **Altitude** *maximale* : Haltiatunturi 1 328 m. **Côtes :** 1 126 km (hors îles et fjords), bordées par 80 897 îles de plus de 100 m² (surtout au sud-ouest). **Relief :** collines, crêtes (sol : dépôts morainiques d'époque glaciaire). **Lacs :** 187 888 de plus de 500 m² soit 9 % de la superf. ; les plus grands (en km²) : Saimaa 4 377, Inari 1 100, Päijänne 1 050. **Climat.** Étés chauds (moy. juillet 13 à 17 °C, max. 30 °C), hivers froids (févr. – 3 à – 14 °C, min. – 30 °C). *Pluie et neige* : sud-ouest, centre, est 600 mm, nord-ouest (Laponie) 400 mm. Au nord, vers 70° de latitude, 73 j de clarté ininterrompue en été (19 h de clarté par j au sud vers le solstice) et 51 j de nuit d'hiver ininterrompue. **Arbres.** Conifères, bouleaux et chênes : côte et partie du sud-ouest. Vers le nord, disparition progressive des sapins, pins, et bouleaux nains. **Animaux.** *Mammifères* : 67 espèces. Loups et ours (frontière et steppes de Laponie) ; rennes ; élans : 55 000 ; animaux à fourrure : écureuil, rat musqué, martre, renard ; oiseaux ; saumons.

■ **Population** (en millions d'hab.). *1750* : 0,421 ; *1809* : 0,833 ; *1900* : 2,66 ; *50* : 4,03 ; *95* : 5,12 ; *2000* : 5,2 ; *2025 (prév.)* : 5. *Lapons* (ou *Sames*) 1 688 (en 1998). **D.** 15,4 (sud 200,12, Laponie 2,1). **Minorité d'origine suédoise** (en 1999) : 292 439 personnes (5,2 % de la pop.). **Caractères physiques :** teint clair, yeux bleus ou gris (85 % des hommes, 81 % des femmes), cheveux blonds (76 % des h., 82 % des f.). **Age :** *– de 15 ans* : 18,2 %, *+ de 64 ans* : 14,9 %. **Espérance de vie** (en 1998) : 77 ans. **Émigration** vers USA et Canada de 1880 à 1930 (*1901-10* : 159 000 ; *1921-30* : 58 000) ; vers la Suède : plus de 340 000 dont 130 000 ont conservé la nationalité finlandaise. **Étrangers** (en 1999) : 87 680 dont Russes 18 575, Estoniens 10 652, Suédois 7 809, Somaliens 4 410, ex-URSS 2 966, Iraquiens 2 960, ex-Youg. 2 521, Anglais 2 170, Allemands 2 162, Américains 2 063, Iraniens 1 868, Vietnamiens 1 840.

■ **Langues** (en %, 1999). Finnois [*officielle* (langue du groupe finno-ougrien, voir Hongrie)] 92,5, suédois 5,6 (14,3 % en 1800), divers 1,8, sami (lapon) 0,03. **Religions** (en %, 1999). Luthériens 85,2, orthodoxes 1,1, Églises libres 0,3, catholiques 0,1, divers 0,3, Témoins de Jéhovah 0,4, sans religion 12,6.

■ **Villes** (est. 2000) [entre parenthèses, nom suédois]. *Helsinki* (Helsingfors) 556 154 hab. (aggl. 1 059 000 en 1999), Espoo (Esbo) 213 432 (à 15 km), Tampere (Tammerfors) 195 566 (176 km), Vantaa (Vanda) 178 338 (15 km), Turku (Åbo) 172 706 (166 km), Oulu (Uleåborg) 117 670 (612 km), Kuopio 86 658 (395 km), Lahti (Lahtis) 76 951 (102 km).

■ **Histoire. 1157** Erik IX, roi de Suède, organise une croisade contre la F. ; colons suédois sur golfe de Botnie. **XIIe-XIIIe s.** rivalités Suédois, Danois et Russes. **1249** le Suédois Birger Jarl installe un réseau de forteresses et repousse les Russes d'Alexandre Nevski. **1323** *paix de Pähkinäsaari* : possession suédoise reconnue par la Russie. **1353** duché suédois. **1362** représentants finl. prennent part à l'élection du roi de Suède. **XVIe s.** réforme luthérienne. **1550** Helsinki fondée par Gustave Vasa qui donne le duché à son fils Jean. **1581** grand-duché. **1595** *paix de Täyssinä* : frontières de l'Est fixées. **XVIIe s.** autonomie réduite, grand-duché supprimé. **1710-21** armées de Pierre le Grand repoussées. **1721** *paix de Nystad* : Carélie perdue. **1808** guerre russo-suédoise. **1809**-*17-9* *paix de Hamina* : le tsar Alexandre Ier devient grand-duc de F. ; autonomie partielle, 2 langues officielles : finnois et suédois. **1812** Helsinki cap. (auparavant : Turku). **1904** assassinat du gouverneur Bobrikov (résistance à la russification). **1906**-*20-7* loi fondamentale : diète remplacée par chambre élue au suffrage univ. [droit de vote à 24 ans, accordé aussi aux femmes (1res en Europe)]. **1907**-*15-3* des femmes sont élues députés. **1917**-*15-11* le Parlement déclare détenir tous les pouvoirs (par 127 voix contre 68). *-6-12* proclame *indépendance*. **1918**-*2-1* Lénine reconnaît l'indépendance. *-Janv.* guerre civile de 4 mois. *-Mars/avril* les blancs (Gal Mannerheim), aidés par troupes allemandes du Gal von der Goltz, l'emportent sur les rouges. *-Mai* **Pehr Evind Svinhufvud** (1861/29-2-1944) chef du gouv. depuis nov. 1917, régent. *-Oct.* Pce Frédéric Charles de Hesse (1-5-1868/1940), choisi comme roi (après défaite allemande), s'efface. *-26-11* **Gal Carl Gustaf Mannerheim** (4-6-1867/Suisse 27-1-1951, Mal en 1933) régent.

1919-*17-7 République.* *-26-7* **Kaarlo Juho Stahlberg** (1865-1952) Pt. **1920** SDN attribue à F. les îles Åland (administrées par Russie 1809-1917). *-14-10 traité de Tartu* (Dorpat) : Soviétiques reconnaissent indépendance, cèdent Petsamo. **1925**-*1-3* **Lauri Kristian Relander** (1883-1942) Pt. **1929** développement du Mouvement agrarien Lapua (fasciste). **1930** diète vote suppression du parti communiste. **1931**-*30-1* référendum sur abolition de la prohibition de l'alcool : 70,6 % de oui. *-1-3* **Pehr Evind Svinhufvud** Pt. **1932**-*21-1* pacte de non-agression avec URSS. **1937**-*1-3* **Kyösti Kallio** (1873/20-12-1940) Pt. **1938**-*14-4* URSS engage des pourparlers secrets avec F. ; pour protéger Léningrad voudrait fortifier les îles Ahvenanmaa (Åland) et Suursaari avec F. **1939**-*23-8* accord Ribbentrop (All.)/Molotov (URSS) : une clause secrète inclut la F. dans la zone concédée à l'URSS. *-17-9* URSS dit à la F. qu'elle restera neutre à son égard. *-21-10* URSS exige Hanko (plus bande de terre autour pour une base navale) et plusieurs îles dans le golfe de F., une rectification de frontières en Carélie et autour de Petsamo, soit 2 761 km^2 de région riche (contre 5 529 km^2 de landes et d'étangs). F. refuse. *-28-11* URSS dénonce traité de 1932. *-29-11* rupture relations diplomatiques.

1re guerre de Finlande [guerre d'Hiver (talvisota)]. 1939-*30-11* URSS envahit F. sans déclarer la guerre (prétexte : 7 obus finl. ont tué 3 militaires russes à Mainila). *-1-12* installe à Terjoki (Zelenogorsk, village frontière de Carélie) gouv. populaire de la Rép. démocratique de F. [Pt : Otto Kuusinen (communiste, réfugié en URSS depuis 1918) installé par Russes]. *-3-12* la F. en appelle à la SDN. *-14-12* URSS exclue de la SDN. L'armée finlandaise, qui a reculé de 30 à 50 km pour s'abriter derrière la ligne Mannerheim (140 km, une centaine de fortins en béton), résiste. **1940**-*11-2* nouvelle offensive russe. *-3-3* Suède et Norvège refusent le passage de troupes envoyées pour aider F. Corps expéditionnaire franco-anglais prévu : 50 000 h., 100 avions de bombardement. *-12-3 traité de Moscou :* la F., battue, cède Carélie [47 338 km^2 ; Carélie occidentale : villes de Viipuri, Käkisalmi, Sortavala ; plus îles du fond du golfe de F. dont Koivisto et Suursaari ; plus Hanko et ses environs, sur un pourtour de 5 et 3 milles marins, loués pour 30 ans 8 millions de marks finl./an ; plus Petsamo : droit de passage en direction de la Norvège et libre passage consenti au trafic des marchandises entre Suède et Russie par chemin de fer (la F. s'engageant à construire la partie de la ligne qui relie Kemijärvi à Kantalahti, à Kandalaktcha, et au chemin de fer de Mourmansk)] ; plus de 420 000 h. évacuent les régions occupées par les Russes. **Bilan :** *forces finlandaises :* 265 000 h. plus des volontaires (8 000 Suédois, 700 Norvégiens, Hongrois), 37 chars, 422 canons, 100 avions (48 chasseurs périmés, 34 de reconnaissance, 18 bombardiers), 4 sous-marins, quelques vedettes lance-torpilles ; *russes :* 400 000 h., 1 915 canons, 1 500 chars, 1 500 avions. **Pertes** *finlandaises :* 25 000 † (civils et militaires), 45 000 bl. ; *russes :* 126 875 † ou prisonniers, 264 908 bl. ou gelés, 1 000 chars détruits, 800 avions abattus.

1940-*28-11* Kallio démissionne (raison de santé). *-21-12* **Risto Heikki Ryti** (1899-1956) élu Pt par l'Assemblée.

2e guerre de Finlande [guerre de Continuation (jatkosota)] : 1941-*22-6* à 3 h du matin, All. attaque URSS. A 6 h, l'aviation russe bombarde F. (qui le 21-6 a mis des aérodromes à la disposition des Allemands). *-25-6* F. déclare la guerre à URSS. *-26-6* bombardement (sur Turku) et attaques russes. F. reprend Carélie. *-31-7* des avions britanniques bombardent Petsamo. *-6-12* G.-B. déclare la guerre à F. **1944**-*1-8* Ryti démissionne. *-4-8* **Mal Mannerheim** élu Pt. *-4-9* F. cesse le feu. *-5-9* URSS cesse le feu. *-19-9* armistice (rétablissement des frontières de 1940 et cession de la région de Petsamo). F. lutte contre All. en Laponie. *-17-11 Juho Paasikivi* PM. **1945**-*mars* F. déclare la guerre à l'All. (se terminera le 27-4). **Pertes finlandaises :** tués 86 000, mutilés 57 000. *Réfugiés à accueillir :* 420 000.

1945 *-13-9* loi rétroactive permet de juger les « criminels de guerre » (dont Ryti, condamné le 21-2-1946 à 10 ans de travaux forcés). **1946**-*4-3* Mannerheim démissionne. *-8-3* **Juho Kusti Paasikivi** (27-11-1870/14-12-1956) Pt. **1947**-*10-2 traité de Paris :* F. cède à l'URSS Carélie, région de Petsamo (aujourd'hui Petchenga) et Salla (en tout 42 934 km^2, 400 000 réfugiés en F.). **1948**-*6-4* traité d'amitié et d'assistance mutuelle avec URSS, valable jusqu'en 2002. Échec d'un coup d'État communiste. **1954**-*début* îles Åland autonomes. **1956**-*26-1* URSS rend Porkkala, louée pour 50 ans en 1944. *-Févr.* **Urho Kaleva Kekkonen** (3-11-1900/31-8-1986), Pt et PM. **1974**-*1-1* accord de libre-échange avec CEE. **1975**-*10-8 acte d'Helsinki* (voir à l'Index) signé par pays européens (sauf Albanie), USA, Canada et URSS. **1981**-*27-10* Kekkonen démissionne. **1982**-*27-1* **Mauno Henrik Koïvisto** (né 25-11-1923, social-démocrate), Pt. *-19-2 Kalevi Sorsa* (né 21-12-1930, social-démocrate), PM. **1983**-*6-6* traité d'amitié avec URSS prorogé jusqu'en 2003. **1987**-*30-4 Harri Holkeri* (né 1937, conservateur), PM. **1988**-*15-2* Koïvisto réélu [*1er tour* (le 1-2) : 47,9 % des voix devant Harri Holkeri 18,1, Paavo Väyrynen (centriste) 20,1, Kalevi Kivistö (gauche) 10,4 ; *2e tour* (le 15-2) : 189 voix sur 301 au Collège électoral]. **1989**-*1-2* adhère au Conseil de l'Europe. **1991**-*17-3 législatives :* victoire du centre. *-26-4 Esko Aho* (né 20-5-1954, centriste), PM. **1992**-*20-1* traité avec Russie remplaçant celui de 1948. *-18-3* demande d'adhésion à la CEE. *-11-7* visite de Boris Eltsine. *-18-10 communales :* succès social-démocrate. **1994**-*1-3* **Martti Olavi Kalevi Ahtisaari** (né 23-6-1937), Pt [*1er tour* (16-1) : Ahtisaari (SDP) 25,9 %, Elisabeth Rehn (P. suédois, 58 ans) 22, Paavo Väyrynen (centriste) 19,5, Raimo Ilaskivi (conservateur) 15,2, Keijo Korhonen (indépendant) 5,8, Claes Anderson (Alliance de gauche) 3,8, Pertti Virtanen (indépendant) 3, Eeva Kuuskoski (indépendant) 2,6, Toimi Kankaanniemi (Union chrétienne) 1, Sulo Aittoniemi (P. rural) 1, Pekka Tiainen (PC) 0,2 ; *2e tour* (6-2) : Ahtisaari 53,9, Rehn 46,1]. *-16-10 référendum* pour entrée dans UE : oui 56,9 %. *-3-12* îles Åland votent oui. **1995**-*20/22-2* Ahtisaari en France. *-13-4 Paavo Lipponen* (né 23-4-1941, social-démocrate), PM ; gouv. « arc-en-ciel » (5 partis). **1996**-*14-10* mark finlandais dans le SME. *-20-10 :* 16 députés européens finlandais élus pour la 1re fois. **2000**-*1-3* **Tarja Halonen** (née 24-12-1943) Pte élue 6-2 (2e tour) 51,6 % (1er tour : 16-1).

☞ *Finlandisation :* terme inventé en 1953 par Karl Gruber (ministre autrichien), repris par l'Allemand Franz Joseph Strauss pour dénoncer les dangers de l'Ostpolitik allemande, et désignant les limitations imposées par un État puissant à l'autonomie d'un voisin plus faible. Processus par lequel, sous le couvert de maintenir des relations amicales avec l'URSS, un pays voit sa souveraineté diminuer. La Finlande s'est insurgée contre ce terme.

■ **Statut.** *République.* Membre de l'Onu et du Conseil nordique depuis 1955, de l'OCDE depuis 1969, de l'AELE depuis 1-1-1986, de l'UE depuis 1-1-1995. Pays neutre. **Constitution** du 17-7-1919, révisée en 1999. **Pt** élu pour 6 ans au suffrage univ. direct (depuis 1994), 2 mandats au max. **Diète** *(Eduskunta) :* 200 membres élus au suffrage univ. pour 4 ans, scrutin de liste et représentation proportionnelle.

Élections législatives	Voix			Sièges		
	1991	*1995*	*1999*	*1991*	*1995*	*1999*
Sociaux-démocrates	22,1	28,3	22,9	48	63	51
Centristes	24,8	19,9	22,4	55	44	48
Conservateurs	19,3	17,9	21	40	39	46
Alliance de gauche	10,1	11,2	10,9	19	22	20
Écologistes	6,8	6,5	7,3	10	9	11
P. populaire suédois	5,5	5,1	5,1	12	12	12
Union chrétienne	3,1	3	4,2	8	7	10
P. rural	4,8	1,3	1	7	1	1
Divers	2,4	4	1,1	1	3	1

■ **Départements** *(Lääni) :* 4 ; **semi-autonome :** 1. **Fête nationale.** 6-12 (indépendance). **Drapeau** (adopté 29-5-1918). Croix bleue (ciel et lacs) sur fond blanc (neige).

■ **Noblesse.** Depuis le 22-11-1918, considérée comme corporation autonome. La Constitution du 17-7-1919 interdit la création de nouveaux titres (dernière création 1912). **Familles inscrites** *à la maison de la noblesse de Finlande au 31-12-1997 :* 148 dont 4 comtales ; 25 baronniales ; 119 nobles. Les titres appartiennent à tous les membres, mais seuls les chefs du nom ont droit de séance.

■ **Partis. P. social-démocrate (SDP)** fondé 1897, *leader :* Paavo Lipponen (né 23-4-1941), 63 000 membres. **Alliance des gauches** [fondée 28-4-1990 : fusion de la *Ligue démocratique du peuple finl.,* fondée 1944, *leader :* Suvi-Anne Siimes (née 1-6-1963), 16 500 membres (communistes et certains socialistes) et du *P. communiste finl.* fondé 1918, *leader :* Heljä Tammisola (né 1946), 20 000 m.], *leader :* Suvi-Anne Siimes (née 1-6-1963), 14 000 m. **P. du centre** fondé 1906, *leader :* Esko Aho (né 20-5-1954), 257 000 m. **P. de coalition nationale** (*Kansallinen kokoomus*) fondé 1918, *leader :* Sauli Niinistö (né 1948), 40 000 m. **P. rural** (ou **agrarien**) fondé 1959, devenu en 1995 **P. des Vrais Finl.**, *leader :* Timo Soini, environ 1 000 m. **P. du peuple suédois** fondé 1906, *leader :* Jan-Erik Enestam (né 12-3-1947), 39 700 m. **Union chrétienne de F.** fondée 1958, *leader :* Bjarne Kallis (né 1945), 15 600 m. **P. libéral** fondé 1965, *leader :* Altti Majava (né 1932) depuis 1997, 2 000 m. **Les Verts** fondés 1988, *leader :* Satu Hassi depuis 1997, 1 200 m. **P. des jeunes Finl.** (droite) fondé 1994, dissous 9-6-1999, *leader :* Risto Penttilä (né 1959), 500 m. **Groupe réformiste** fondé 1999, *Pt :* Risto Kuisma (né 1-1-1947). **P. écologiste,** *Pt :* Pertti Virtanen.

■ **Province autonome. Iles Åland** (en finnois *Ahvenanmaa*) : 1 552 km^2, à l'entrée du golfe de Botnie, 25 706 hab. (en 1999) qui parlent suédois à 93,9 % ; 6 554 îles ou rochers, dont 100 sont habités. La plus grande île : ÅLAND [685 km^2 ; 28 km × 20 ; altitude maximale 150 m ; cap. *Mariehamn* (Maarianhamina)], rade de *Bomarsund,* « la clef de la Baltique » : fortifications détruites par une escadre anglo-française (16-8-1854) durant la guerre de Crimée ; a été démilitarisée par le traité de Paris en 1856. 1995 : adhère à l'UE avec la Finlande. *Drapeau :* adopté en 1954, croix jaune et rouge sur fond bleu.

ÅLAND (îles)

■ ÉCONOMIE

■ **PNB** (en 1999). 21 750 $ par hab. **Taux de croissance** (en %) : *1995 :* 3,8 ; *96 :* 4 ; *97 :* 6,3 ; *98 :* 5,3 ; *99 :* 4,2 ; *2000 (est.) :* 5,7. **Population active** (en %) **et,** entre parenthèses, **part du PNB** (en %) : agr. 6 (4), ind. 28 (33), services 66 (63). **Chômage** (en %) : *1992 :* 13,1 ; *93 :* 7,9 ; *94 :* 16,6 ; *2000 :* 9,8. **Inflation** (en %) : *1990 :* 6,1 ; *91 :* 4,1 ; *92 :* 2,6 ; *93 :* 2,2 ; *94 :* 1,1 ; *95 :* 0,3 ; *96 :* 1,6 ; *97 :* 1,2 ; *98 :* 1,4 ; *99 :* 1,2 ; *2000 :* 3,4. **Endettement** (en milliards de marks finl.) : *1990 :* 117 ; *93 :* 265 (55 % du PNB) ; *97 :* 264 (42 % du PNB) ; *98 :* 511 (74 %) ; *99 :* 1 292 (179). **Déficit budgétaire** (en % du PIB) : *1991 :* 1,1 ; *92 :* 5,5 ; *93 :* 7,1 ; *96 :* 3 ; *97 :* 1,6 ; *98 :* + 1,3 ; *99 :* + 1,9 ; *2000 est. :* + 4. **Dette publique** (en % du PIB) : *1997 :* 54,1 ; *2000* (est.) : 44. **Déficit public** (en % du PIB) : *1997 :* – 1,5 ; *98 :* 1,3 ; *99 :* 1,9 ; *2000 (est.) :* 2,5.

■ **Agriculture. Terres** (en milliers d'ha, 1995) : forêts 23 003, eaux 3 355, cultivées et pâturages 2 749, divers 4 707. *Propriété* (en % des terres) : privée 64, État 24, Stés privées 8, communes 4. **Production** (en milliers de t, 2000) : orge 1 949, bett. à sucre 1 046, avoine 1 413, p. de t. 586, blé 538, seigle 108. **Élevage** (en milliers de têtes, 1999). Volailles 4 387, porcs 1 401, bovins 1 087, moutons 107, chevaux 55. Rennes 195. Ruches 39. Produits laitiers, cuirs. **Pêche** (en 1999). 107 704 t. **Forêts.** 26,3 millions d'ha (dont 14 privés appartenant à 320 000 propriétaires). Conifères 89 %, bouleaux et divers 11 %. *Production* (est. 1999) : 55 289 000 m^3.

■ **Énergie. Consommation** (en %, 1999) : pétrole 27,8, charbon 11,4, gaz naturel 10,5, électricité 3 ; hydroélectricité 3,5, nucléaire 18,3, tourbe 5,3, divers 20,1. **Électricité** (en milliards de kWh) : *1999 :* 66,7 (dont nucléaire 33,1 %, hydraulique 18,8). **Pétrole :** 10 701 000 t importées en 1999. **Mines.** Chrome, fer, cuivre, pyrite, plomb, zinc, nickel, platine, vanadium, tourbe. **Industrie.** Pâte de bois, pâte à papier, papier journal, métallurgie, constructions navales (brise-glace, plates-formes pétrolières), mécaniques, électronique et informatique, textile et prêt-à-porter, chimie, services. **1er groupe privé :** *Nokia :* 60 000 employés, 150 filiales dans 45 pays ; *chiffre d'affaires :* 117,6 milliards de marks finlandais. **Équipement.** *Voitures :* 2 082 580 (en 1999). *Saunas :* environ 2 000 000.

■ **Transports** (en km, 2000). **Routes :** 77 900 (50 248 asphaltées). **Voies ferrées :** 5 836 dont 2 234 électrifiés.

■ **Tourisme** (en 1999). **Visiteurs :** 1 822 424 ; 3 756 816 nuitées ; 63 791 visiteurs français. **Recettes :** 8 524 millions de marks finl. ; **dépenses :** 11 353.

■ **Commerce** (en milliards de marks finlandais, 1999). **Export. :** 233,3 *dont* (en %) constr. mécaniques et électriques 44,7, filière bois 29,4, chimie 9,8, métallurgie 8,6, produits de consom. 7,5 **vers** (en %) All. 13,1, Suède 9,9, G.-B. 9,1, USA 7,9, *France 5,3,* P.-Bas 4,3, Russie 4,1. **Import. :** 176,5 *dont* matières 1res 40,9, biens d'investissement 25,9, biens de consommation 24,3, fuel 8,9 **de** (en %) All. 15,3, Suède 11,2, USA 7,9, Russie 7,2, G.-B. 6,6, Japon 6,2, *France 4,3.* **Balance** (milliards de $: *1996 :* 9,17 ; *97 :* 9,53 ; *98 :* 10,66 ; *99 :* 9,94.

■ **Rang dans le monde** (en 1999). 10e bois. 15e zinc.

GABON

V. légende p. 950.

☞ *Abréviations :* G. : Gabon ; Gab., gab. : Gabonais, gabonais.

■ **Nom.** Du portugais *gabâo :* caban de marin ; donné à l'estuaire du Como à cause de sa forme.

■ **Situation.** Afrique. 267 667 km^2. **Frontières** (en km) : Guinée équatoriale 350, Cameroun 298, Congo 1 903. **Côtes :** 885 km. **Régions :** *littoral* (zone sédimentaire basse) ; *zone de plateaux* (la plus grande partie du Gabon) : au nord le Woleu-N'tem, au sud-est les plateaux Batéké, au sud-ouest la chaîne du Mayombé ; au *nord-ouest montagnes* (les Mts de Cristal, alt. maximale 1 200 m) ; *au centre :* massif granitique (Mt Iboudji 1 575 m). **Climat.** Équatorial, chaud et humide, moy. 23-26 °C. *Saisons :* sèche (mai-sept.), pluies (oct.-nov.), sèche (déc.-janv.), pluies (févr.-avril). *Pluies :* 1 600 à 3 000 mm.

■ **Population.** *2000 (est.) :* 1 230 000 hab. [dont (environ 40 ethnies) Fangs (40 %), Myénés, Pounous, Échiras, Adoumas, Kotas, Tékés, Mêna-Mbe, Batékés, etc.] ; *2025 (prév.) :* 2 000 000. **Réfugiés** (en 1999) : 15 000 du Congo dém. **D.** 4,6. **Age :** *– de 15 ans :* 33,3 %, *+ de 64 ans :* 5,8 %. **Espérance de vie** (en 1998) : 52 ans. **Mortalité infantile** (en 1999) : 87 ‰. **Pop. urbaine :** *1975 :* 30 % ; *90 :* 50 ; *97 :* 52.

■ **Langues.** Français (*officielle*) et environ 40 dialectes 8 importants (dont fang (40 % de la pop.), pounou (sud), myéné (Libreville et côte), téké (sud-est), kota (nord). **Religions** (en %). Animistes 49,5, catholiques 40, protestants 10, musulmans 0,5.

■ **Villes.** *Libreville* 419 000 hab. (est. 1999), Port-Gentil 164 000 (à 143 km), Franceville 75 000 (515 km), Lambaréné 9 000 (157 km), Moanda (470 km), Oyem (269 km), Mouila (300 km).

■ **Histoire. 1471** découvert par Portugais. **1492** Diego Cam installe comptoirs. **1580-1600** Hollandais supplantent Portugais. **XVIIe s.** traite des Noirs. **1608** répression (autochtones révoltés). **1839** pour réprimer la traite, le capitaine de vaisseau français Bouët Willaumez crée un établissement. *-9-2* traité Fr./roi Denis Rapontchombo, régnant sur rive gauche de l'estuaire, le G. **1842**-*18-3* traité Fr./roi Louis Dowé (rive droite). **1843** Fort-d'Aumale, 1er établissement français officiel. **1849** Willaumez débarque des esclaves libérés de l'*Élézia* (navire négrier portugais) : Libreville créée. **1862** protectorat français ; roi Ndebulia cède aux Français souveraineté sur cap Lopez. **1875-78, 1880-81** et **1883-84** Savorgnan de Brazza (1852-1905) explore le G. **1879-82** fonde Franceville et Brazzaville. Makoko, roi des Batékés, cède à la Fr. un vaste territoire. **1883** devient colonie. **1888** rattaché au Congo. **1904** Gabon rétabli. **1910**-*15-1* partie de l'A.-É.F. **1940** se rallie à la Fr. libre. **1956**-*28-6* loi-cadre (autonomie). **1959**-*mars* république au sein de la Communauté. **1960**-*17-8 indépendance.* **1961**-*17-2* **Léon M'Ba** (1902/28-11-1967) Pt (jusqu'au 28-11-1967). **1965**-*4-9* mort à Lambaréné du Dr Albert Schweitzer (né Kaysersberg, Ht-Rhin 14-1-1875, professeur de théologie protestante, organiste ; prix Nobel de la paix 1952), fondateur en 1913 de l'hôpital de Lambaréné.

1967-*2-12* **Omar Bongo** (né 28-12-1935, converti à l'islam en 1973, nommé avant Albert Bernard, remarié 3-1-1990 avec la fille du Pt du Congo Nguesso) Pt [réélu 25-2-1973, 30-12-1979 (99,96 % des voix), 9-11-1986 (99,97 %), 9-12-1993 (51,07 %), 6-12-1998 (66,88 %)]. **1975**-*16-4* **Léon Mebiame** (né 1-9-1934) PM. **1976**-*7-9* G. quitte l'Ocam. **1978**-*juillet* 10 000 Béninois expulsés (le Bénin accuse le G. d'avoir participé au raid lancé sur Cotonou en janv. 1977). **1981**-*22/25-5* : 10 000 Camerounais expulsés. **1982** Jean-Paul II au G. **1983** Pt Mitterrand au G. **1984**-*3/6-10* Pt Bongo en Fr. **1985**-*11-8* capitaine Alexandre Mandja Ngokouta exécuté pour complot. **1986**-*30-12* chemin de fer transgabonais « Libreville/Franceville » inauguré. **1989**-*oct.* complots découverts. **1990** plusieurs partis autorisés. *-Févr./juin* Libreville, manif., envoi de renforts français. *-27-4* **Casimir Oye-Mba** (né 1942) PM. *-16-9 législatives* annulées [fraude dans 32 circonscriptions (32 autres en ballottage)], reportées *21* et *28-10* : victoire du PDG. **1993**-*9-12* Bongo réélu ; le père *Paul Mba Abessolé*, candidat du RNB [27,48 % des voix (résultat contesté le 11-12)], se proclame Pt de la Rép., désigne un PM (Pr Kambila Kounba) et crée un Haut Conseil rassemblant les candidats de l'opposition. **1994**-*4-2* : 64 clandestins ouest-africains retrouvés morts en prison à Libreville. *-20/25-2* troubles à Libreville, 9 † (ou plus ?). *-27-9* accord gouv./opposition (Haut-Conseil) à Paris. *-3-11* **Paulin Obame Nguéma** (né 28-12-1934) PM. *-20-12* G. quitte Opep (pour raisons financières). **1995**-*15-2* : 55 000 clandestins expulsés. *-Avril* manif. antifrançaises. Bongo, cité au cours d'un procès pour proxénétisme aggravé intenté à Paris au couturier Smalto et soupçonné de séropositivité par des call-girls, consent à un prélèvement de sang. *-23-7 référendum* sur « accords de Paris », conclus sept. 1994 avec l'opposition : oui 96,48 %. **1996**-*16/19-7* Pt Chirac au G. *-Juillet/oct.* fièvre hémorragique (virus *Ebola*), 43 † ; *-déc.* 9 †. **1997**-*28-1* **Paulin Obame Nguéma** PM. **1999**-*23-1* **Jean-François Ntoutoume Emane** (né 6-10-1939) PM.

■ **Statut.** *République.* **Constitution** du 21-2-1961 plusieurs fois modifiée. **Pt** élu au suffrage universel pour 7 ans (depuis 22-4-1997, auparavant 5 ans). **Sénat :** 91 membres élus pour 6 ans (1re élection janv. 1997). **Assemblée nationale :** 120 membres élus pour 5 ans. **Élections des 15 et 29-12-1996 :** PDG 85 sièges. **Provinces :** 9 divisées en 36 préfectures et sous-préfectures. **Fêtes nationales.** 12-3 (création du PDG) et 17-8 (indépendance). **Drapeau** (adopté 9-8-1960). Bandes horizontales verte (forêt et industrie du bois), jaune (soleil), et bleue (mer).

■ **Partis. Rassemblement social-démocrate gab.** [a remplacé 23-2-1990 le **P. démocratique gab.** (PDG), fondé 12-3-1968, unique jusqu'en mai 1990], *Pt :* Simplice Nguede Manzela. **P. gabonais du progrès (PGP)** fondé 1990, *Pt :* Me Pierre-Louis Agondjo-Okawé. **Morena (Mouv. de redressement nat.)** fondé 1981, devenu **Forum d'action pour le renouveau** fondé 1992, *Pt :* Léon Mboyebi. **Rassemblement nat. des bûcherons (RNB)** fondé 1990, *Pt :* Paul Mba Abessolé (père du St-Esprit).

■ **Économie. PNB :** *1991 :* 3 780 $ par hab. ; *93 :* 4 800 ; *94 :* 3 520 ; *97 :* 4 120 ; *99 :* 3 980. **Population active** (en %) **et**, entre parenthèses, **part du PNB** (en %) : agr. 48 (9), ind. 11 (10), services 31 (36), mines 10 (45). 150 000 travailleurs immigrés. **PIB :** *1996 :* 2 941 milliards de F CFA. **Croissance** (en %) : *1998 :* 2 ; *99 :* – 0,6 ; *2000 (est.) :* – 5. **Inflation :** *1990 :* 8,5 ; *91* et *92 :* 4 ; *93 :* 1,2 ; *94 :* 35 ; *95 :* 10,9 ; *96 :* 3,7 ; *97 :* 2,7 ; *98 :* 3,4 ; *99 :* 3,7. **Aide :** All., Belgique, Canada, Roumanie, ex-Yougoslavie. **Aide française** (en milliards de F CFA, 1994) : créances de la France 415 (sur dette publique totale de 850). **Assistance militaire française :** *1994 :* 68,4 millions de F (73 cadres français, 130 stagiaires gabonais en France). **Dette extérieure** (en milliards de $) : *1995 :* 4,03 ; *97 :* 3,35 ; *98 :* 4,1. **Situation économique :** baisse du pétrole. Filière bois touchée par la crise asiatique en 1998. 50 000 chômeurs dans secteur privé. Détournement de fonds publics. *Transferts privés à l'extérieur :* 28 milliards de F de 1980 à 1991 (2 fois le montant de la dette).

■ **Agriculture. Terres** (en milliers d'ha, 1981) : forêts 20 000 (80 % du sol), pâturages 4 700, eaux 1 000, terres arables 290, cultivées 162. **Production** (en milliers de t, 1999) : plantain 250, manioc 215, canne à sucre 175, maïs 31, ignames 120, cacao 1, huile de palme, hévéa, bananes, riz, taros. 85 % des produits alimentaires courants sont importés. **Élevage** (en milliers de têtes, 1999). Volailles 3 000, porcs 212, moutons 195, chèvres 84, bovins 35. Déficit en viande. **Forêts.** 85 % du sol. 400 essences. 30 % du PIB. **Réserves :** 300 millions de m^3. **Production** (en 1998) : 5 332 000 m^3. [En 1997 : 2 700 m^3 (hors bois de chauffage) ; en 1996 : okoumé 1 778, ozigo 119, divers (acajou, alone, sipo, moabi) 418.] **Pêche** (en 1997). 44 800 t (dont artisanale 23 550). Pisciculture.

■ **Énergie. Pétrole :** recherches depuis 1928, off-shore depuis 1965 ; *réserves* (en millions de t, 2000) : 341. *Production : 1960 :* 0,8 ; *70 :* 5,4 ; *80 :* 8,9 ; *90 :* 13,4 ; *95 :* 18,2 ; *96 :* 18,3 ; *97 :* 18,2 ; *98 :* 16,9 ; *99 :* 15,3 ; *2000 :* 14. *Revenus pétroliers* (en milliards de F CFA) : *1986 :* 60 ; *87 :* 60 ; *88 :* 8,8 ; *90 (est.) :* 13. **Gaz** (en millions de m^3) : *1960 :* 7,5 ; *70 :* 21,6 ; *80 :* 70,6 ; *85 :* 70,5 ; *88 :* 66. **Électricité :** *production :* 1 007 millions de kWh (en 1997) dont hydraulique 73 %, *potentiel :* 265,2 MW. **Mines. Manganèse** (en millions de t) : *réserves :* 200 (1/4 des rés. mondiales) ; *production : 1991 :* 1,62 ; *93 :* 1,29 ; *96 :* 2,06 ; *97 :* 0,85 ; exploité à Moanda depuis 1962 ; teneur 50 à 52 % ; exporté par le Transgabonais jusqu'à Libreville [auparavant par téléphérique monocâble de 76 km (le plus long du monde, 858 pylônes de 5 à 74 m) vers M'Binda (Congo)], puis vers Pointe-Noire par ch. de fer (485 km : 285 km construits par Comilog, 200 km du Congo-Océan). **Uranium :** *découvert* 1958, *réserves :* 35 000 à 40 000 t ; *export.* (métal) : *1982 :* 1 100 t ; *90 :* 710 ; *95 :* 653 ; *96 :* 623 ; *97 :* 472 ; *98 :* 731 ; *99 :* 295 ; *2000 :* exploitation terminée. **Or :** 80 kg (en 1991). **Fer :** gisement de Bélinga, *réserves :* 850 millions de t, teneur 64,5 %. **Niobium** (Mabounié). **Phosphate :** *découvert* 1988, près de Lambaréné, *réserves :* 50 millions de t. **Barytine. Talc. Plomb. Industrie.** Sucreries. Raffineries de pétrole. Enrichissement de l'uranium. Bois. Métallurgie. Boissons. Tabac. Ciment. Textile. Chimie. Papier. Bâtiment.

■ **Transports. Routes** (en km, 1996) : 7 670 dont bitumées 629. **Chemin de fer transgabonais** (1974-87 : Owendo, Franceville) : 657 km. **Ports.** Owendo, Libreville, Port-Gentil. **Fluviaux :** Ogooué jusqu'à Booué, lacs du Fernan Vaz et lagune Banio.

■ **Tourisme. Visiteurs** (en 1997) : 137 000. **Sites :** *plages* de Libreville, Port-Gentil, Mayumba, Gamba (ignorant la barre). *Églises :* St-Michel (Libreville), mission Ste-Anne construite par Gustave Eiffel. *Divers :* Lambaréné (hôpital du Dr Schweitzer, lacs) ; Ht Ogooué (canyons, plateaux), Ivindo (chutes), Ogooué Lolo (grottes) région de Mbigou. *Réserves :* Iguela, Sette Cama, Lopé, la Moukalaba, parc Wonga Wongué.

■ **Commerce** (en milliards de $). **Export./import. :** *1995 :* 2,91/1,84 ; *96 :* 3,34/2 ; *97 :* 3,29/2,16 ; *98 :* 2,54/1,87. *Exporte :* pétrole, bois, manganèse, uranium.

■ **Rang dans le monde** (en 1999). 10e uranium.

GAMBIE

Carte p. 1252. V. légende p. 950.

☞ *Abréviation :* G. : Gambie.

■ **Situation.** Afrique. Bande de 50 km de largeur de part et d'autre du fleuve Gambie (sur une longueur de 350 km) enclavée dans le Sénégal. 11 295 km². Forêt et mangrove (cours inférieur du fleuve), savane à l'intérieur. **Frontière :** Sénégal 740 km. **Côtes :** 80 km. **Climat.** Très chaud surtout de févr. à nov. (plus frais sur les côtes). *Pluies* de juin à oct. : 1 m, sec de déc. à mai.

■ **Population.** *2000 (est.) :* 1 240 000 hab. dont (en %) Metinkas 42, Foulas 18, Wolofs 16, Jolas 10, Serahulis 9 ; *2025 (prév.) :* 2 000 000. **D.** 109,8. **Age :** *- de 15 ans :* 45,3 % ; *+ de 64 ans :* 2,7 %. **Mortalité** *infantile* (en 1999) : 130 ‰. **Espérance de vie** (en 1998) : 47 ans. **Réfugiés** (en 1999) : 25 000 dont 10 000 en Sierra Leone. **Langues.** Anglais (*officielle*) et langues tribales. **Religions** (en %). Musulmans 90, chrétiens 9, animistes 1.

■ **Villes** (en 1983). *Banjul* (Bathurst avant 1974) 43 326 hab. (en 1993), Serrekunda 68 433, Brikama 19 584, Bakau 19 309, Gunjur 4 700, Sukuta 3 800, Farafeni 3 800, Gambisara 3 600, Salikeni 3 300, Georgetown, Basse, Kerewan, Kaur, Mansa Konko.

■ **Histoire. XIIIe-XVIIe s.** vassale de l'empire du Mali. **1455** occupation portugaise. **XVe-XVIIIe s.** rivalités européennes (facilités offertes par le fleuve pour la traite, attrait de l'or). **1765** Anglais occupent St-Louis du Sénégal et G. et créent province de Sénégambie. **1783** *traité de Versailles :* Sénégal revient à la Fr. **1808** traite interdite. **1815** Bathurst fondée. **1843** colonie de la Couronne ; développement de l'arachide. **1866-88** forme avec Sierra Leone, Côte de l'Or et Lagos, les Établissements britanniques de l'Afr. occidentale. **1888** colonie et protectorat. **1962** autonomie interne (complète 4-10-1963). **1965**-*18-2 indépendance.* **1970**-*24-4* **sir Dawda Kairaba Jawara** (né 16-5-1924, PM depuis 1965) Pt. *-24-10 référendum* pour la république (oui 84 968, non 35 638). **1980**-*31-10* intervention sénégalaise pour rétablir l'ordre. **1981**-*29-7* coup d'État de Kukoi Samba Sangang. *-30/31-7* intervention sénégalaise. *-2-8* Pt Jawara rentre. *-17-12* confédérée avec Sénégal (*Sénégambie*). **1982**-*6-5* Jawara réélu (72,4 % des voix). **1992**-*mars* complot déjoué. *-29-4* Jawara réélu (58 % des voix). **1994**-*22-7* coup d'État militaire, Conseil militaire provisoire, Jawara en exil au Sénégal. *-26-7* **Lt Yaya Jammeh** (né 25-5-1965), Pt du Conseil provisoire, nommé chef de l'État. *-24-10* annonce régime civil pour déc. 1998. *-6-11 :* 10 ex-ministres de Jawara arrêtés. *-10/11-11* coup d'État échoue. **1995**-*27-1* vice-Pt et min. de l'Intérieur arrêtés après échec coup d'État. **1996**-*14-8* partis autorisés (interdits depuis 22-7-1994). *-26-9* **Yaya Jammeh** élu Pt (55,76 % des voix). **2000**-*10-4 Banjul,* manif. d'élèves : 12 †. **2001** introduction de la *charia* prévue. *-Oct. présidentielle.*

■ **Statut.** *République, membre du Commonwealth.* **Constitution** de janvier 1997, approuvée par référendum le 8-8-1996 (70,4 %). **Pt** élu pour 5 ans au suffrage universel. **Assemblée :** 50 membres dont 36 élus au suffrage univ. pour 5 ans, 5 choisis par une assemblée de chefs, 8 nommés par l'attorney général. **Élections législatives du 2-1-1997 :** Alliance patriotique pour la réorganisation et la construction (APCR, fondée 1996, Yaya Jammeh) 33 sièges. **Fête nationale.** 18-2 (indépendance). **Drapeau** (adopté 18-2-1965). Bandes rouge (savane), bleue avec lisérés blancs (rivière Gambie), verte (forêts).

■ **Économie.** PNB (en $ par hab.) : *1985 :* 200 ; *90 :* 244 ; *92 :* 400 ; *99 :* 330. **Pop. active** (en %) **et**, entre parenthèses, **part du PNB** (en %) : agr. 60 (25), ind. 4 (13), services 36 (62). **Dette ext.** (en 1997) : 446 millions de $. **Agriculture.** 23 % des terres cultivées. **Production** (en milliers de t, 1999) : arachide 85 [39 % des terres cultivées], millet 76 (27 %), riz 29, maïs 21, manioc, coton. **Élevage** (en milliers de têtes, 1999). Volailles 1 000, bovins 360, chèvres 224, moutons 160, porcs 14. **Pêche** (en 1995). 23 100 t. **Tourisme. Visiteurs :** *1995 :* 38 000 ; *97 :* 120 000.

■ **Commerce** (en millions de $). **Export./import. :** *1996 :* 18/228 ; *97 :* 15/174 ; *98 :* 27/245 ; *99 :* 7/192.

■ **Rang dans le monde** (en 1999). 21e millet.

GÉORGIE

Carte p. 1228. V. légende p. 950.

☞ *Abréviations :* G. : Géorgie ; sov. : soviétique.

■ **Nom.** En géorgien : *Karthli* ou *Sakarthvélo,* « pays des Karthvèles ».

■ **Situation.** Europe (Caucase du Sud). **Superficie :** 69 700 km². **Frontières** (en km) : avec Azerbaïdjan 322, Arménie 164, Turquie 252, mer Noire, Russie 723 (Daghestan, Tchétchénie, Ossétie du Nord et Karbardino-Balkar, Karatchevo-Tcherkessie). **Côtes :** 310 km. **Altitude** *maximale :* Kazbek 5 033 m. **Climat.** *Subtropical* chaud et humide sur la mer Noire (moy. : janv. 6 °C, juillet 23 °C), + de 2 000 mm de pluie/an (2 450 en Adjarie) ; plus continental dans l'est (hivers froids, étés chauds et secs).

■ **Population.** *2000 (est.) :* 5 420 000 dont (en %) Géorgiens 70,1 ; Arméniens 8,1 ; Russes 6,3 ; Azéris 5,8 ; Ossètes 3,2 ; Grecs 1,9 ; Abkhazes 1,7 ; Ukrainiens 0,9 ; Juifs 0,6 ; Kurdes 0,5 ; divers 0,9. **D.** 78. **Taux** (en ‰, 1998) : *natalité :* 11 ; *mortalité :* 8. **Accroissement naturel :** 3,2 ‰. **Espérance de vie** (en 1998) : 73 ans. **Réfugiés** (en 1999) : 28 000 déplacés.

■ **Langues.** Géorgien (langue ibéro-caucasienne, *alphabet :* mkhedruli, 28 consonnes et 5 voyelles, peut-être créé au IIIe s. par Pharnavaz, 1er roi d'Ibérie), abkhaze, ossète, svane. **Religions.** Orthodoxes (75 %), juifs, musulmans 11 %.

■ **Villes.** *Tbilissi* [nom dû à des sources tièdes (ancienne *Tiflis, Tbhili* en géorgien)] 1 342 000 hab. (est. 1999), Koutaïssi 240 900 (en 1996), Roustavi 155 400 (en 1998).

■ **Histoire. Avant J.-C.** Fin du IIème millénaire au sud-ouest de la Transcaucasie, apparition de 2 royaumes : *Diaochi-Daïaëen* et *Kolkha* (*Colchide* selon les Grecs, réputée pour sa richesse : *Jason* et les *Argonautes* y allèrent à la recherche de la *Toison d'or*). **IIIe s.** à l'est, formation du royaume de *Karthlie* (*Ibérie* selon les Grecs ; dynastie Parnavaz). **65** Karthlie conquise par Pompée, alliance avec Rome. **Après J.-C. Ier et IIe s.** puissance. **IIIe s.** conquise par Perses Sassanides. **311** christianisée par Ste Nino l'Illuminatrice (esclave, martyre en 330, patronne de la G.). **Ve s.** le roi **Vakhtang Gorgassal** lutte contre Sassanides, fait proclamer l'autocéphalie de l'Église géorgienne, transfère la capitale de Mtskhéta à Tbilissi. **VIe s.** la Perse abolit la royauté en Karthlie. **Fin VIe s.** avec l'aide des Byzantins, Perses chassés de Karthlie. Les *aznaouris* (nobles géorgiens) restaurent administration et pouvoir des *erismthavars*. **654-56** Perses et Byzance se disputent la Karthlie. **VIIe s.** conquête arabe, émir à Tbilissi, résistance de la population. **Fin VIIIe s.** formation de plusieurs principautés : Kakhéthie, Héréthie, Abkhazétie, Tao-Klardjéthie. **888 Adarnas Bagration,** Pce de Tao-Klardjéthie, roi de G. **975-1014 Bagrat III** unifie une grande partie de la G. **1084-1125 David IV** le Bâtisseur achève l'unification. **1121**-*12-8* victoire de *Didgori* sur Turcs. **1122** Tbilissi reprise redevient capitale. David IV chasse aussi les Turcs d'Arménie et du Chirvan et crée la Grande G. **1184-1213** reine **Thamar** (arrière petite-fille de David IV), apogée. **1195** *Chamkor* et **1202** *Bassiani,* victoires sur les Turcs. **Vers 1230** conquête mongole, décadence. **1318-46 Georges le Brillant** libère la G. des Mongols, renouveau. **1386-1408** 8 invasions mongoles (Tamerlan). Pays ruiné. **XVe s.** plusieurs principautés : Karthlie, Kakhéthie, Iméréthie (suzeraineté sur les principautés de Mingrélie, Gourie et Abkhazéthie) où règnent plusieurs branches des Bagration et Samtskhé avec les Djakéli. **1446-66 Georges VIII,** dernier roi de G. unifiée ; pour reprendre Constantinople aux Turcs, envoie (1460-61) ambassade au pape Pie II, au roi de France Charles VII et au duc de Bourgogne Philippe le Bon ; sans succès. **1478-1505** Constantin, roi de Karthlie. **1495** envoie vainement une ambassade en Espagne. **XVIe s.** occupation par Perses Kizilbache et Ottomans. **1505-25 David X** et **1527-56 Louarsab Ier**, rois de Karthlie, luttent contre les Kizilbache. **1510-65 Bagrat III**, roi d'Iméréthie, repousse les Turcs. **1555** *paix d'Amasya,* Ottomans et Perses se partagent la G. **1556-1600 Simon Ier**, roi de Karthlie, s'y oppose. **1574-1605 Alexandre II,** roi de Kakhéthie. **1578** Ottomans occupent Géorgie de l'Est (Karthlie, Kakhéthie, Chirvan). **1587** Alexandre II se met sous protection russe. **1590** Perse et Turquie signent la paix. Les Turcs annexent la Pté de Samtskhé. Abbas Ier, chah de Perse (1587-1629) expulse les Turcs de Transcaucasie et occupe la G. **1606-32 Théimouraz Ier**, roi de Karthlie-Kakhéthie ; s'exile en Iméréthie. Le chah de Perse nomme Rostom-Khan (Bagration islamisé) *vali* (1633-58). Ensuite, règnes des Moukhran-Batoni : **1658-76 Vakhtang V**, **1676-1709 Georges XI** et **1703-24 Vakhtang VI**. **1713-14** ambassade de Soulkhan-Saba Orbéliani pour proposer à Louis XIV des relations politiques et commerciales. **1723** Karthlie envahie par Turcs. Vakhtang VI et 1 200 personnes se réfugient en Russie. **1732-44 Théimouraz II** roi de Kakhétie. **1735** Nadir-Chah (1736-47) repousse les Turcs. **1744-62 Theimouraz II** et son fils **Eréklé II** rois de Karthlie et de Kakhéthie. **1762-98 Eréklé II. 1762** unifie les 2 royaumes. **1752-84 Salomon Ier** règne en Iméréthie. **1783**-*24-7 traité d'amitié, d'alliance et de protectorat de Guiorguievsk* entre Eréklé II et Catherine II de Russie. **1795** Agha-Mahmad-Khan, chah de Perse envahit la G. ; la Russie n'intervient pas. *-10/11-9* Eréklé II vaincu à Krtsanissi près de Tbilissi ; sac de la ville. **1798-1800 Georges XII**, dernier roi de G. **1799** renégocie un traité d'alliance. **1801**-*28-1* tsars Paul Ier et *-12-9* Alexandre Ier proclament l'annexion de G. [la Russie annexera G. orientale : Iméréthie (1810), Gourie (1829), Mingrélie (1857), Svanéthie (1858) et Abkhazéthie (1864)]. **1811** la Russie abolit l'autocéphalie de l'Église. Nombreuses révoltes : Mthioulethie (1804), Kakhétie (1812), Iméréthie (1819-20). **1857** Svanéthie capitule. Le dernier Pce, Constantin Dadeshkeliani, poignarde, lors de son arrestation le 22-10, le gouverneur général russe, le Pce Alexandre Gagarine ; sera exécuté le 5-11-1858. **1860** début de la lutte pour l'indépendance. **1867**-*4-1* Nicolas Dadiani (né 4-1-1847), dernier Pce de Mingrélie, abdique en faveur du tsar. **1887** Dimitri Khipiani assassiné par la police tsariste. **1907** Ilia Tchavtchavadzé assassiné. **1917**-*20-11* union avec Arménie et Azerbaïdjan au sein de la *Fédération de Transcaucasie.* **1918**-*26-5* Fédération dissoute, *Géorgie indépendante.* **1920**-*11-1* indépendance de fait reconnue par Conseil suprême des Puissances (à Versailles) [*de jure* 27-1-1921]. *-2-3* échec coup d'État communiste. *-7-5* reconnue par Soviétiques. *-4-6* Anglais rembarquent. **1921**-*27-1* invasion soviétique. *-22-2* alliance turco-soviétique. *-25-2 République soviétique* proclamée à Tbilissi. *-16-3 traité de partage turco-soviétique :* Russie reçoit Batoumi, Turquie garde Artvin et Ardahan. **1922**-*15-12* G. fait partie, avec Arménie et Azerbaïdjan, de la Rép. sociale savélique fédérée transcaucasienne. **1924**-*27-8* insurrection organisée par Kaikhosro Cholokashvihi (échec : 3 000 †, 130 000 Géorgiens déportés en Sibérie). **1937** purges. *-5-12* dissolution de la Transcaucasie : forme une *Rép. fédérée de l'URSS.* **1944** 150 000 Meskhs (chrétiens islamisés au XVIIe s.) déportés en Ouzbékistan. **1953** 400 000 Géorgiens seraient morts depuis 1921, victimes de la répression. **1972** petits commerces et petites entreprises autorisés. **1989**-*9-4* Tbilissi : armée soviétique tire sur manifestants pour l'indépendance de la G. (24 †). *-26-5 :* 200 000 personnes célèbrent pour la 1re fois l'anniversaire de la République de 1918. *-16/21-7* heurts interethniques en Abkhazie (14 †). *-Oct.* Merab Kostava, nationaliste, meurt (500 000 pers. à ses obsèques). *-23-11* affrontements en Ossétie du Sud. **1990**-*févr.* Parti social-démocrate géorgien reconstitué (créé 1893, dissous 1921). *-6-3* Tbilissi : statue de Lénine renversée. *-9-4 :* 100 000 manifestants pour commémorer événements d'avril 1989. *-28-10* et *11-11* élections au Soviet suprême de G., la Table ronde : Géorgie libre 154 sièges, PC 64. *-14-11* Zviad Gamsakhourdia élu Pt du Parlement : 232 voix pour, 5 contre. *-21-11* loi créant une garde nationale et interdisant la conscription dans l'Armée rouge. *-8-12* PC de G. quitte PC soviétique. *-11-12* le Parlement supprime la région autonome d'Ossétie du Sud. **1991**-*7-1* décret de Gorbatchev exigeant que la G. abandonne ses ambitions indépendantistes. *-31-3 référendum* (98,93 % pour indépendance ; participation 90,5 %).

État indépendant. **1991**-*9-4* Parlement vote *indépendance* et proclame la souveraineté. *-14-4* crée un poste de Pt. *-28-4* affrontements avec Ossètes. *-29-4* tremblement de terre. *-26-5* **Zviad Gamsakhourdia** (1939/31-12-1993) élu Pt au suffrage univ. (87 % des voix). *-Août Tenguiz Sigoua,* PM, démissionne. *-Sept.* Gamsakhourdia fait tirer sur protestataires et garde nationale passée à l'opposition. *-22-12* garde nationale assiège Parlement. *-23-12 :* 30 †. *-29-12* décret du gouvernement transfère les pouvoirs du Pt au Pt du Parlement (E. Chevardnadze, appelé par le Conseil nat.). **1992**-*6-1* Gamsakhourdia fuit en Tchétchénie (un conseil militaire prend le pouvoir). *-16-1/6-2* essaie de reconquérir le pouvoir à partir de Koutaïssi. *-10-3* Conseil d'État organe suprême provisoire du pouvoir. *-25-3* la CEE reconnaît la G. *-24-6* échec coup d'État de partisans de Gamsakhourdia. *-31-7* entrée à l'Onu. *-3-8* Tbilissi : fin état d'urgence (en vigueur dans le reste de G.). *-11-8* plusieurs ministres et hauts fonctionnaires enlevés par des partisans de Gamsakhourdia contrôlant l'ouest du pays. *-23-8* mobilisation partielle. *-Sept.* Russie accusée de soutenir rebelles abkhazes. *-11-10 législatives.* *-6-11*

Rois bagratides, de Kakhéthie puis de Géorgie et d'Iméréthie. Héritier du trône : *Méphistsouli.* Cadet de rois : *Batonisvili* (fils de famille). Rois de Kakhéthie et de Karthlie (G. orientale) règnent de 1490 à 1801. **1490** Ire dynastie, éteinte 1658 ; IIe : Bagrationi, Pces de Moukrani. **1744** IIIe. **1801**-*16-2* royaume annexé par tsar Alexandre Ier, malgré traité d'amitié et d'assistance de Georgievsk (contre Perses et Turcs) signé 24-7-1783. *Georges XII* (1798-1800), dernier roi, meurt sans descendants directs. **Prétendants à la Couronne :** les Bagrationi de Moukrani, branche cadette de la IIe dynastie de Géorgie-Karthlie éteinte en 1880. **Chef actuel : Pce Georges Bagration-Moukhransky** [(né 22-2-1944)] champion de course automobile de 1968 à 1982, ép. 10-3-1968 Maria de Zornoza (née 14-8-1942) dont *Irakli* (né 26-8-1972), *David* (né 24-6-1976) et *Marie-Antoinette* (née 21-6-1969). ASCENDANCE : *Georges* (1884-1957), ép. 4-6-1908 Hélène Zlotnicka (1886/25-4-1979) ; devenu chef de la maison en 1928 à l'extinction de la branche aînée de Karthlie-Kakhéthie ; 3 enfants dont *Irakli* [1909-77 ; ép. 1°) Maria Belaieff, divorce ; 2°) 20-6-1940 Ctesse Marie-Antoinette Pasquini (née 26-4-1911), morte en couches en 1944, dont Georges ; 3°) 29-8-1946 infante Maria de las Mercédes de Bavière et Bourbon (1911-53), dont Bagrat (né 19-1-1949) et Maria (née 27-6-1947) ; 4°) 19-10-1961 Maria del Pilar Pascual-Roig], *Maria* (1911-91) et *Léonida* [née 23-9-1914 ; ép. 1°) 6-11-1934 Sumner-Moore Kirby (USA 1895-1945), dont Hélène (née 1935), divorce 18-11-1937 ; 2°) 13-8-1948 grand-duc Wladimir de Russie (1917-92)].

La branche cadette des **Bagration de Kakhéthie** forme la IIIe dynastie de Karthlie-Kakhéthie. Le *chef de maison,* **Nougzar** (né 1948), vit en Géorgie et a 2 filles. Son héritier est son cousin Eugène qui vit à Moscou. Les Bagrationi-Davitichvili, branche mineure des rois de Kakhéthie, fut fondée par le Pce Démetrius, écarté en 1511 par son frère Giorgi Ier de Kakhéthie, avant que cette maison ne devienne la IIIe de Géorgie-Karthlie. Ses descendants vivent en Géorgie.

Rois d'Iméréthie (G. occidentale). Régnèrent de 1465/91 à 1810. **1792** reconnaissent la suzeraineté des rois de Karthlie et deviennent leurs vassaux. Les rois de Gourie et de Mingrélie reconnaissent la suzeraineté de Karthlie-Kakhéthie et deviennent ses vassaux. Lors de leur annexion, la Russie attribua aux descendants des souverains le prédicat *svetlost* (Altesse Sérénissime).

Souverains mtavaris (grands princes) des royaumes indépendants. S'émancipèrent de la tutelle des rois de G. à la suite des invasions barbares, mongoles et turkmènes au XIIIe s., puis de Tamerlan au XIVe s., qui mirent fin à la « Première » Géorgie. **Familles régnantes :** toutes Altesses Sérénissimes (1re date : confirmation au titre d'*eristavi* ou *mtavari* par rois de Géorgie ; 2e : accession à l'indépendance ; 3e : annexion à l'Empire russe) : *Abkhazie :* Pces Shervarshidze (1184-1491-1864) ; *Gourie :* Pces Gourielli (1469-1465-1829) ; *Mingrélie :* Pces Dadiani (1320-1465-1857) ; *Svanétie :* Pces Guelovani puis (1735) Dadeschkeliani (1360-1465-1858). Les cadets régnants sont appelés *batonisvili* comme ceux de la famille Bagrationi.

☞ **Noblesse.** Princes cadets royaux des Bagrationi et des **Mtavari** (« grands princes » régnants de Mingrélie : Pces Dadiani, d'Abkazie ; Pces Shervashidze, de Svanétie ; Pces Dadeshkaliani, de Gourie ; Pces (Gourielli) Altesses Sérénissimes, appelés *batonischvili.* **Mépé :** roi ou reine. **Méphegvari :** famille royale (Bagrationi). **Didebouli,** princes dynastes de maisons indivises : Amilakhvari, Eristavi de Ksani, Orbeliani, Tcholakachvili, Tsitsichvili. **Tavadi** [de *tavi* (« tête »)], princes dynastes feudataires de maisons divises, englobant feudataires de principautés semi-autonomes, cosouverains de territoires inféodés à l'Église ou à la couronne de Géorgie et cadets appelés *tavadischvili :* 38 familles. **Princes vassaux et princes mineurs,** englobant parfois les branches cadettes des *tavadi :* grands dignitaires princisés, *eristavi* (ducs/gouverneurs non dynastes anoblis). Jusqu'à l'annexion de la Géorgie par la Russie, *pitiakch* équivalait à marquis ; *raindi, kma,* et *mkmomé* au rang de chevalier ; *aznaour* nobles non titrés. **Princes de l'Empire russe d'origine géorgienne** comme Tchokotua.

Édouard Chevardnadze [né 25-1-1928, baptisé (orthodoxe) Georges le 23-11-1992 ; 1972 1er secr. du PC de Géorgie, 1978 entrée au Politburo, 1985-90 min. des Affaires étrangères de Gorbatchev, 1992-7-3 rentre en G., -10-3 Pt du Conseil d'État] élu Pt du Parlement (90 % des voix) et chef de l'État. *-11-10* élu Pt au suffrage universel. **1993**-*8-8* Fred Woodruff, diplomate américain, tué. *-20-8* **Otar Patsatia** (né 15-5-1929) PM. *-20-9* état d'urgence. *-3-10* Khoni reprise par gouvernementaux. *-21-10* troupes russes le long de la voie ferrée mer Noire-Tbilissi. *-23-10* entrée dans CEI [ratifiée 1-3-1994 par le Parlement (121 voix contre 66)]. *-31-12* Gamsakhourdia † (suicide, ou assassiné par gardes du corps). **1994**-*13-1* Géorgiens et Abkhazes demandent force de maintien de la paix dans la zone démilitarisée. *-3-2* traité avec Russie. *-26-6 :* 3 000 soldats russes envoyés pour maintenir la paix entre G. et Abkhazie. **1995**-*10-5* le Parlement ordonne le désarmement de la milice Mkhedrioni (cavaliers) de Djaba Josseliani (arrêté mars 1996). *-29-8* attentat (voiture piégée) contre Chevardnadze, revendiqué par les Mkhedrioni, organisé par Igor Giorgadze (ancien chef des services de sécurité). *-25-9 lari* monnaie nationale. *-5-11* Chevardnadze réélu Pt (74,3 % des voix). *-5/19-11 législatives.* **Nicolos Lekichvili** (né 20-4-1947) min. d'État (PM). **1997**-*15-8* Chevardnadze et Ardzinba s'engagent à ne pas recourir aux armes pour l'Abkhazie. **1998**-*9-2* échec attentat (au lance-grenade) contre Chevardnadze, 3 † ; non revendiqué (rivalité pour l'acheminement du brut de la Caspienne ?). 4 observateurs militaires de l'Onu pris en otages, libérés le 25-2. *-7-8* **Vaja Lordkipanidze** min. d'État. *-19/20-10* rébellion de 200 soldats proches de Gamsakhourdia matée. **1999**-*27-4* G. entre au Conseil de l'Europe. *-17-4* oléoduc Bakou-Soupsa sur la mer Noire inauguré. *-7/8-11* visite du pape Jean-Paul II. **2000**-*9-4* Chevardnadze réélu Pt (72 % des voix). *-11-5* **Guiorgui Arsenichvili** (né 9-11-1942) PM.

■ **Statut.** Membre de la CEI. **Constitution** du 24-8-1995 (promulguée 17-10), qui ne précise pas si la Géorgie est une République. **Pt** élu au suffrage univ. pour 5 ans. **Parlement :** 235 membres élus pour 4 ans dont 150 au scrutin de liste et 85 au scrutin uninominal à 2 tours. **Pt :** Zourab Jvania. **Élections des 31-10 et 14-11-1999 :** Union des citoyens de G. 130 sièges, Bloc renouveau G. 59, Bloc l'Industrie sauvera la G. 17, Indépendants 15. **Fête nationale.** 26 mai (indépendance de 1918). **Drapeau** (adopté 14-11-1990). Fonds rouge sombre, en haut et à gauche bandes noire (histoire tragique) et blanche (espoir).

■ **Partis.** **Union des citoyens de G.** fondée 1993, Édouard Chevardnadze, environ 100 000 m. **P. communiste** dissous 1991, recréé 1994, Panteleimon Guiorgadze, environ 100 000 m. Bloc stalinien pour l'URSS, Evgueni Djougachvili (petit-fils de Staline). **P. social-démocrate géorgien** fondé 1893, recréé 1990, Vakhtang Rcheoulichvili. **P. libéral-démocrate,** Mikhail Naneichvili. **P. de l'indépendance nationale,** Irakli Tsereteli. **P. national démocrate** fondé 1981, Irina Sarichvili-Tchantouria. **Notre Maison l'Abkhazie,** Londer Tsaava. **Bloc renouveau de la G.,** Aslan Abachidze. **Bloc l'Industrie sauvera la G.,** Ghoghi Topadze. **P. populaire,** Mamouka Ghiorgadze. **P. laboyriste,** Chalva Natelachvili. **P. de la libération de l'Abkhazie** fondé 1998, Tamaz Nadareichvili. **P. traditionaliste**, Akaki Assatiani.

■ **Républiques autonomes. Abkhazie** 8 600 km². 537 000 hab. (en % : Géorgiens 44, Abkhazes 17, Russes 16, Arméniens 15). Capitale : *Soukhoumi* 111 700 hab. (en 1993). N.-O. de la Colchide historique. **Ier et IIe s.** peuplement d'Apsiles et d'Absages. **IIe-VIe s.** principauté autonome d'Aphasghie, partie du royaume de Lazika (Egrissi). L'Aphsilie est une partie du royaume de Lazika. **VIIe s.** principauté autonome, capitale : Anakophie. **IXe-Xe s.** royaume abkhaze, capitale : Koutaissi. **XIe s.** partie du royaume de G. **XVe s.** partie du royaume d'Iméréthie. **XVIIIe s.** diffusion de l'islam. **1810**-*17-2* protectorat russe. **1864** Michel III Chervachidze, dernier Pce héréditaire d'Abkhasie, écarté par les Russes. **1866** et **1878** déportations vers l'Empire ottoman. **1918-21** Abkhazie adhère à l'État géorgien. **1921**-*4-3* République soviétique. *-16-12* rattachée à Géorgie [Abkhazes divisés entre Abkhazie et région autonome de Karatchaï-Tcherkessie (rattachée à Russie) où ils sont appelés Abasas]. **1930** autonome au sein de la Géorgie, avec territoire débordant celui de l'ethnie abkhaze. **1936** alphabet abkhaze créé à Moscou. **1989**-*18-3* Front populaire d'Abkhazie déclare sécession de l'Abkhazie. *-15/16-7 Soukhoumi* affrontements Abkhazes/Géorgiens. **1990**-*8-7* Parlement abkhaze veut indépendance (Pt : Vladislav Ardzinba). *-Août* affrontements : 70 † en 5 jours. *-19-8* conseil militaire provisoire. Les indépendantistes se réfugient dans le nord-ouest. La « Confédération des peuples du Caucase », regroupant 16 nations (Daghestan, Tchétchénie, etc.), somme la G. de cesser l'occupation militaire. *-25-8* souveraineté proclamée (annulée par le parlement de Géorgie). *-3-9* cessez-le-feu signé à Moscou sous l'égide de la Russie. *-Oct.* affrontements et mobilisation de 40 000 réservistes géorgiens. *-Nov.* 500 † en 2 mois. **1992**-*23-7* Parlement abkhaze demande souveraineté et adopte une constitution. *-14-8* G. envoie des troupes. *-3-9* cessez-le-feu. *-2-10* Gagra prise par les Abkhazes. **1993** Abkhazie proclame la République. *-5-1* Chevardnadze demande à l'Onu une force de maintien de la paix. *-20-2* avion russe bombarde Soukhoumi. Tchétchènes armés et soutenus par Russie contre G. *-6-7* loi martiale. *-27-7* cessez-le-feu. *-21/22* et *23-9,* 3 avions civils abattus. *-27-9* Soukhoumi prise par Abkhazes avec l'aide de l'armée russe et des Tchétchènes ; Giouli Chartava, chef du gouv. provisoire géorgien, exécuté ; 300 †. *Bilan :* de 1992 à sept. 1993 : environ 10 000 † et 300 000 pers. déplacées. **1994**-*25-2* et *-22-4* échec négociations de paix avec G. à Genève. *-26-11* Parlement désigne **Vladislav Ardzinba** Pt de la Rép. et vote Constitution. *-29-11* Russie proteste. **1995**-*26-1* Géorgiens attaquent miliciens abkhazes (1 †). *-Févr.* reprise négociations G.-Abkhazie. *-11-9* Iouri Voronov, vice-PM, assassiné. **1996**-*23-11 législatives,* 35 sièges. **1998**-*20-5* reprise du conflit, région de Ghali. *-25-5* cessez-le-feu. *-9-9* réouverture de la frontière russe fermée depuis 1994. **2001** *Viatcheslav Tsougba* PM.

Adjarie. 3 000 km². 393 000 hab. Capitale : *Batoumi* 137 700 hab. (en 1996). Annexée 1878, République autonome au sein de la Géorgie 16-7-1921.

Ossétie du Sud. 3 900 km² dans le Caucase. 125 000 hab. (en 1991) [en % : Ossètes (peuple du Caucase d'origine indo-européenne, anciens Alains) 66, Géorgiens 29 (en 1989)]. Capitale : *Tskhinvali* 43 000 hab. (en 1991). Annexée après guerres Russes/Turcs (1768-74), 20-4-1922 région autonome [l'Ossétie du Nord (600 000 hab.) est rattachée à la Fédération de Russie ; depuis 1925, les Ossètes réclament l'unification]. **1989**-*10-11* République au sein de la Géorgie (refus). **1990**-*nov.* déclaration d'indépendance (Moscou annule la décision). *-Déc.* état d'urgence. **1991**-*20-3* cessez-le-feu Ossétie/ G. Pt *Thores Gouloumbegov* emprisonné. *-Sept.* autonomie abolie par G. Affrontements à Tskhinvali, plusieurs †. *-28-11* Parlement ossète proclame l'état d'urgence, nomme *Znaour Gassiev* PM et Pt du Parlement, et réaffirme l'indépendance. **1992**-*19-1* vote pour indépendance (oui

99,75 %). *-Mai* affrontements : 70 † (de 1989 à mai 1992 : 800 †). Plus de 100 000 réfugiés en Ossétie du Nord. *-26-6* accord Eltsine-Chevardnadze, création d'une force d'interposition. La Russie reconnaît l'intangibilité des frontières de la G. *-14-7* arrivée des 1res forces d'interposition de la CEI, retrait des milices géorgiennes qui assiégeaient Tskhinvali. **1994**-*9-8* Gassiev démissionne. **1995** *Vladislav Gabaraïev* PM d'Ossétie. **1996**-*10-11* **Lyudvig Chibirov** (né 1932) élu Pt. **1999**-*12-5 législatives.*

■ **Économie.** **PNB** (en $ par hab.) : *1989* : 1 750 ; *95* : 450 ; *98* : 980 ; *99* : 690. **PIB** (évolution en %) : *1993* : – 39,4 ; *94* : – 30 ; *95* : + 2,6 ; *96* : + 11 ; *97* : + 11,3 ; *98* : 2,9 ; *99* : 3. **Population active** (en %) **et,** entre parenthèses, **part du PNB** (en %) : agr. 27 (43), ind. 28 (27), services 45 (30). **Chômage** (en 1999) : 5,6 %. **Pop. disposant de 4 $/j et par tête** (en 1998) : 58 %. **Inflation** (en %) : *1990* : 4,8 ; *91* : 78,5 ; *92* : 1 176,9 ; *93* : 4 084,9 ; *94* : 22 470,6 ; *95* : 177,6 ; *96* : 39,4 ; *97* : 6,9 ; *98* : 3,6 ; *99* : 19,3. **Dette extérieure** (en 1998) : 1,8 milliard de $. **Monnaie :** le *lari.* **Aide internationale :** CEI ; Banque mondiale ; FMI ; Union européenne. **Privatisations** en cours.

■ **Agriculture** (en milliers de t, 1999). Pastèques 750, maïs 486, p. de t. 433, raisin 350, tomates 220, blé 244, pommes 140, agrumes 56, thé 60 (600 en 1984). Vin. **Élevage** (en milliers de têtes, 1999). Volailles 12 000, bovins 1 051, ovins 550, porcins 366. **Pêche** (en 1995). 28 902 t. **Mines** (en milliers de t, 1995). Manganèse 200, cuivre, marbre. **Énergie.** Charbon 42,7, pétrole 42,7. **Industrie.** Métallurgie, chimie, machines-outils, ciment, ind. alimentaire (eau minérale, vodka, bière, champagne, cognac), engrais, cuir, papier, énergie hydraulique [barrage sur l'Inguri, 271 m (le plus haut du monde)] ; Rustari, centre sidérurgique ; Bathouni, raffinerie de pétrole. **Transports** (en 1996). **Routes :** 20 700 km. **Chemins de fer :** 1 583 km. **Tourisme** (en 1997). 124 000 visiteurs.

■ **Commerce** (en millions de $). **Export./import. :** *1995* : 154/385 ; *96* : 199/687 ; *97* : 240/944 ; *98* : 193/884 ; *99* : 212 (dont 106 vers CEI)/576 (dont 217 de CEI).

■ **Rang dans le monde** (en 1997). 11e thé, 21e vin.

GHANA

V. légende p. 950.

■ **Nom.** D'un empire soudanais (IVe-Xe s.). Les Portugais l'appelaient *El Mina* [« la Mine » (d'or)], les Anglais, *Gold Coast* (« Côte de l'Or » jusqu'au 6-3-1957).

■ **Situation.** Afrique. **Superficie :** 239 460 km^2. **Longueur :** 672 km. **Largeur :** 536 km. **Frontières** (en km) : 2 048 (avec Burkina, Côte d'Ivoire 640 km, Togo). **Côtes :** 560 km. **Régions :** plaine côtière (16 à 24 km) formant une chaîne de grands plateaux ; massif de grès qui recouvre les 2/3 du nord, encadré au nord et au sud par des collines (200 à 500 m). **Fleuve :** *Volta* (barrage à Akosombo, forme le plus grand lac artificiel du monde, 8 500 km^2). **Altitude :** *maximale* Mt Afadzato 885 m. **Végétation.** Plaine côtière : de la forêt équatoriale aux prairies parsemées de taillis ; vers le nord moins luxuriant ; au-delà, parc national (arbres, savanes, prairies) et savane (quelques arbres). **Climat.** Tropical adouci par brise sur la côte ; moy. 27 à 29 °C (août 21 °C) ; nord sec 29 °C, déc. à févr. harmattan (vent froid et sec). *Pluies :* diminuent du sud (2 000 mm par an) au nord (1 000 mm) [sauf plaine d'Accra 700 mm] ; 2 saisons pluvieuses au sud : juin-juillet (grosses pluies) et août-sept. (espacées) ; 1 au nord : juillet-oct.

■ **Population.** *1960* : 6 727 000 hab. ; *2000 (rec.)* : 18 412 347 ; *2025 (prév.)* : 37 000 000. **D.** 76,9. En % : Akans 44 (forêts de l'ouest de la Volta), Dagombas-Mamprusis 16 (au nord), Éwés 13 (région de la Volta), Gâ-Adangbes 8 (plaine d'Accra et forêt au nord), Guans 3,7, Gourmas 3,5 ; moins de 15 000 Blancs. Plus de 400 000 hab. d'expression française venant de Togo, Burkina, Côte d'Ivoire, Niger, Bénin. **Accroissement :** 2,6 %. **Age :** *– de 15 ans* : 41,9 %, *+ de 64 ans* : 3,4 %. **Espérance de vie** (en 1999) : *h.* 57, *f.* 61 ans. **Sida** (en 1998) : 26 194 cas dont 30 % d'enfants de moins de 4 ans. **Pop. sous le seuil de pauvreté** (en %) : *1992* : 35,5 ; *99* : 29,5. **Taux d'urbanisation** (en 1998) : 37 %.

■ **Langues.** Anglais *(officielle)* ; *kwa* (nom générique couvrant une quarantaine de langues parlées dans le golfe de Guinée dont : éwé, gen, fon, ashanti, agui). **Religions** (en %). Musulmans 30, animistes 38, chrétiens 24.

■ **Villes.** *Accra* 1 673 000 hab. (est. 1999), Kumasi 500 000 (à 270 km), Sekondi-Takoradi 200 000 (200 km), Tamale 170 000 (800 km), Tema 105 000, Cape Coast 72 000 (140 km), Koforidua 70 000.

■ **Histoire.** **1471** 1ers Européens (Portugais). **1482** construction du fort São Jorge d'Elmina. **1600-1700** concurrence entre Cies à charte des P.-Bas, Angl., Suède, Danemark, Fr., Brandebourg ; construction de forts sur la côte, surtout pour traite de l'or et des esclaves. **1637** fort Saõ Jorge pris par les Hollandais. **1701** à Feyiase, les Ashanti conduits par Osei Tutu [du clan Oky Oko, roi de Kumasi (*Kumasihene*)] battent les Denkyira (roi Dim Gyakari). Osei fédère 7 petits royaumes (Kumasi, Nsuta, Dwaben, Dekwai, Kokofu, Mampong et Ejisu) qui forment l'*amantuo*. Devant les rois assemblés, le magicien Okomfo Anokye fait descendre du ciel le « siège d'or » (*sika dwa Kofi*) pour le poser sur les genoux d'Osei Tutu. Osei devient le roi de tous les Ashanti (l'*Asantehene*). **Vers 1720-50**, la Confédération domine pays de culture akan et au nord peuples Gonja et Dagomba. Les rois ashanti (et akan) se succèdent en ligne matrilinéaire, se rattachant par leurs mères à une lignée de femmes issues de l'aïeule commune. La reine (*ehema*) a sa cour et est membre de l'*abuswa* (lignage matrilinéaire) du roi ; elle peut appartenir à la génération de sa grand-mère, de sa mère ou de celle du roi. **1800** déclin du commerce européen. **1850** départ des Danois ; **1872** des Hollandais. **1873** invasion ashanti. **1874** (Sagrenti war) : *-2-1* les Anglais (sir Garnet Wolsely) atteignent le Pra. Battent l'armée ashanti à Amoafu puis Dasu. *-20-1* les Ashanti rejettent leurs propositions. *-4-2* les Anglais entrent à Kumasi que le roi Kofi Kakari et l'ehema ont quittée. *-4/6-2* ville incendiée. Mausolée royal de Bantama épargné. Les Ashanti devront verser une imposition en or. **1896**-*7-1* les Anglais (sir Francis Scott avec 1 000 Haoussa et 800 h. de la côte commandés par Robert Baden-Powell) occupent Kumasi. *-20-1* le roi Prempeh Ier doit se soumettre : il embrasse le pied de sir Francis Scott et, avec la reine et plusieurs hauts personnages de l'État, est déporté en Sierra Leone. Le mausolée de Bantama est détruit à l'explosif. **1898** fort construit avec les pierres du palais de l'Aban. **1900**-*28-3* gouverneur Hodgson réclame le siège d'or. *-15-4* insurrection. *-19-8* Prempeh déporté aux Seychelles. **1921** travaux de terrassement, siège exhumé, ornements d'or sont volés. **1924** Prempeh revient à Kumasi en simple citoyen. **1926**-*nov.* installé comme *Kumasihene*. **1931**-*12-5* il meurt. *-22-6* son neveu Prempeh II lui succède. **1933**-*avril* mis en présence du siège d'or. **1935**-*31-1* reçoit le titre d'*Asantehene*. Royaume doté d'un Conseil confédéral des chefs. **1937** Joseph Boakye Danquah (Akan) fonde le Gold Coast Youth Council. **1947** Danquah crée l'UGCC (United Gold Coast Convention) faisant une place aux chefs traditionnels. **1948**-*févr.* manifestations : 6 leaders de l'UGCC emprisonnés dont Danquah et Kwame Nkrumah [qui fonde le Convention People's Party (CPP) s'appuyant sur le peuple et les plus démunis, les *verandah boys*, car dormant sous les vérandas des riches]. Nouvelle Constitution : comité exécutif et assemblée législative où les chefs ont 1/3 des sièges. **1952** Nkrumah nommé PM par le gouverneur Charles Noble Arden-Clarke. Nkrumah fixant un prix bas pour le cacao, les planteurs (en majorité Ashanti) soutiennent le National Liberation Movement (NLM) [créé 1954 par Danquah et K.A. Busia qui réclame une Fédération ; slogan : *Ya te, yen ho* (« C'est cassé, on s'en va ! »)]. **1956** Togo brit. vote pour l'annexion à la Gold Coast.

1957-*6-3 indépendance :* prend le nom de Ghana. Gouverneur général et PM **Kwame Nkrumah** (1909-72), dit *Osagyefo* (« Rédempteur »). **1959** Nkrumah crée le Brong-Ahafo et retire tout contrôle sur la Sté minière aux Ashanti. **1960**-*1-7* **Ire République**, Nkrumah Pt. **1964**-*26-1 référendum :* parti de Nkrumah (CPP) devient unique. Kofi Busia forme l'UP (United Party) et s'exile à Londres. **1965** Danquah † en prison. **1966**-*24-2* Nkrumah renversé pendant son absence par des officiers de l'armée (Kotoka, Afrifa) et la police, d'origines ga et ewe (meurt en Guinée où Sékou Touré l'a pris comme « coprésident »), **Gal Joseph Ankrah** Pt du National Liberation Council (NLC) approuvé par Osei Agyeman Prempeh II. **1967**-*17-4* coup d'État contre Gal Ankrah (Conseil de libéraux) échoue. **1969**-*avril* **Gal Afrifa** remplace Ankrah, mêlé à une affaire d'abus de confiance. *-27-7* Otumfuo Opoku Ware II (Matthew Poku, ambassadeur) succède à Prempeh II (†). *-29-8 législatives :* succès du Progress Party de Kofi Busia (né 1913). Nouvelle Constitution. *-1-10* **IIe République.** **1970**-*31-8* **Edward Akufo-Addo** (né 1906) Pt (auparavant, présidence exercée par commission de 3 personnes). **1972**-*13-1* coup d'État du **Lt-Cel** (puis **Gal**) **Ignatius Kutu-Acheampong**. **1978**-*30-3 référendum* pour Pt (oui 55 % des voix, abstentions 50 %). *-5-7* Acheampong démissionne, **Gal Frederick Akuffo** Pt. *-6-12* Ass. constituante de 122 m. **1979**-*16-5* capitaine d'aviation Jerry Rawlings (né 22-6-1947, fils d'un Écossais) arrêté après échec coup d'État. *-4-6* libéré par des officiers, renverse Akuffo, préside un conseil des forces révolutionnaires armées. *-16/26-6* Acheampong, Akuffo et Afrifa exécutés. *-Juin* affrontements Kokomba/Namumba (1 500 †). Crise économique. *-1/8-7* **Hilla Limann** (12-12-1934/23-1-1998) Pt. **1981**-*31-12* putsch de **Jerry John Rawlings** partis interdits. **1982** militaires ewé forment le PNDC (Provisional National Defence Council). 10 000 enseignants s'exilent. *-23-11* coup d'État échoue. **1983**-*févr.* 500 000 à 1 000 000 de Ghanéens expulsés du Nigéria rentrent. *-15-6* coup d'État échoue. **1984**-*27-3* coup d'État échoue. **1985**-*nov.* affrontements Moba/Kokomba. **1986**-*20-3 :* 20e coup d'État depuis 1981, échoue. **1988** Opoku Ware II se rapproche du gouvernement. **1991**-*18-5* Ass. constituante de 230 m. *-27-5* manif. dans le nord. *-2-7* Rawlings à Paris. **1992 IIIe République.** *-28-4 référendum* pour pluralisme (oui 92,6 %). *-14-5* loi autorisant les partis. *-24-5* affrontements tribaux, 63 †. *-3-11* Rawlings élu Pt au 1er tour (58,3 %). *-3/11-11* Accra, 4 attentats à la bombe. *-29-12 législatives.* **1993** environ 100 000 réfugiés togolais. *-7-1* **IVe Rép.** instaurée. *-22-3* affrontements policiers-étudiants. **1994**-*févr./mars* affrontements (au nord-est : 1 000 †, 150 000 déplacés, 250 villages brûlés). *-13-4* trêve. *-11-5* manifestation contre austérité à Accra : 8 †. **1995**-*mars* TVA à 17,5 % ; manifestations. **1996**-*12-1* cedi dévalué de 33 %. *-7-12* **Rawlings** réélu (57,2 % des voix). **1999**-*25-2* Opoku Ware II (né 30-11-1919), 15e asantahene, Otumfuo depuis 27-7-1970, meurt. *-26-4* Osei Tutu II (Kwaku Duah) roi des Ashantis. **2000**-*7-1* **John Kufuor** (62 ans, NPP) Pt élu 28-12-2000 au 2e tour (56,73 %) devant John Atta Mills. *-8-5 Accra,* stade bousculade 126 †.

■ **Statut.** *République, membre du Commonwealth.* **Constitution** du 28-4-1992. **Pt :** élu pour 4 ans (2 mandats au maximum). **Parlement :** 200 députés élus pour 4 ans au suffrage universel. **Élections des 7 et 28-12-2000 :** NPP 97 sièges, CND 93 (en 1996 : 133), indépendants 4, divers 4, non attribués 2. **Fêtes nationales.** 6-3 (indépendance), 1-7 (jour de la République). **Drapeau** (adopté 6-3-1957). Bandes horizontales rouge (sang des combattants de la liberté), jaune (or) et verte (forêt) ; étoile noire (liberté de l'Afrique).

■ **Partis.** **Congrès nat. démocratique (CND)** fondé 1992, *Pt :* Issifu Ali. **Nouveau P. patriotique** fondé 1992, centre droit, *Pt :* John Kufuor. **P. de l'héritage populaire,** *Pt :* Gal Emmanuel Erskine.

■ **Économie.** **PNB** (en 1999) : 400 $ par hab. **Croissance** (en %) : *1998* : 5,4 ; *99* : 5 ; *2000 (est.)* : 1. **Population active** (en %) **et,** entre parenthèses, **part du PNB** (en %) : agr. 45 (49), ind. 18 (12), services 34 (35), mines 3 (4). **Inflation** (en %) : *1990* : 37,2 ; *91* : 18 ; *92* : 10,1 ; *93* : 27,7 ; *94* : 25 ; *95* : 58 ; *96* : 34 ; *97* : 27,9 ; *98* : 9,5 ; *99* : 15 ; *2000 (est.)* : 30. **Dette extérieure :** *1998* : 6,5 milliards de $. **Crise :** baisse prix de l'or et du cacao.

■ **Agriculture.** **Terres :** cultivées 26 % dont cacao 15 %. **Production** (en milliers de t, 1999) : manioc 7 227, ignames 2 250 (en 1997), plantain 1 642, maïs 1 014, cacao 409 [chute de 50 % des export. en 20 ans ; *1960* : 300, *65* : 494], sorgho 355, noix de coco 240, riz 209, canne à sucre 147, oranges 270, coton 34, tabac, kola, palmier, bananes, coprah, café, ananas. **Forêts.** 21 905 000 m^3 (en 1998). **Élevage** (en millions de têtes, 1999). Volailles 13, moutons 2,5, chèvres 2,2, bovins 1,27, porcs 0,35. **Pêche.** 443 100 t (en 1998).

■ **Énergie.** **Électricité** (en millions de kWh, 1989) : barrage sur la Volta à Akosombo 4 383, à Kpong 847, autres 90 ; *production* : 6 155 (en 1998). **Nucléaire :** 1 réacteur de recherche. **Gaz :** *réserves* : 24 milliards de m^3. **Pétrole :** *1986* : 20 000 t. **Industrie.** Aluminium, produits alimentaires, raffineries de pétrole, constructions navales. **Mines** (en t). **Manganèse :** *1998* : 90. **Bauxite :** *1995* : 530 000 ; *99* : 439 000. **Or :** *1970* : 32 ; *90* : 16,5 ; *95* : 52,2 ; *98* : 56 ; *99* : 53 (mine d'Obuasi). **Diamants** (en milliers de carats) : *1985* : 650 ; *89* : 312 ; *94* : 740 ; *97* : 300 ; *98* : 700 ; *99* : 500.

■ **Transports** (en km). **Routes :** 38 700 (en 1996). **Voies ferrées :** 954 (en 1993). **Navigation fluviale :** Volta, Densu, Ankobra. **Tourisme.** **Visiteurs :** 325 000 (en 1997). **Sites :** lacs Volta et Bosomtwi, Parc national de Mole, 25 forteresses anciennes.

■ **Commerce** (en millions de $.) **Export./import. :** *1994* : 1 230/1 580 ; *95* : 1 430/1 680 ; *96* : 1 570/1 930 ; *97* : 1 490/2 120 ; *98* : 1 430 (dont or 520, cacao 460)/1260.

■ **Rang dans le monde** (en 1999). 2e cacao, 10e diamants.

GIBRALTAR

Carte p. 1100. V. légende p. 950.

☞ *Abréviation* : G. : Gibraltar.

■ **Situation.** Europe. **Superficie :** 6,5 km^2. Péninsule. A 8 km d'Algésiras (Espagne), à 32 km du Maroc. **Rocher :** longueur 4,8 km, largeur 1,2 km (le roc est percé de 37 km de tunnels) ; 200 macaques magols (170 en trop). **Côtes :** 12 km. **Frontière** avec Espagne : 1,24 km. **Isthme :** longueur 1,6 km. **Altitude :** *maximale* 426 m. **Climat.** Été : 13 à 30 °C ; hiver : 13 à 18 °C ; *pluies* : 51 à 127 mm par an.

■ **Population.** *1753* : 597 Génois, 575 juifs, 434 Britanniques, 185 Espagnols, 25 Portugais ; *1961* : 23 926 hab. ; *70* : 26 833 ; *94* : 27 107 ; *2000 (est.)* : 29 000 (d'ascendance surtout génoise, puis britannique, portugaise et espagnole) dont Gibraltariens 20 608, Britanniques 3 908, autres 2 570. **D.** 4 461,5. **Langues.** Anglais *(officielle),* espagnol. **Religions** (en %, 1999). Catholiques romains 74, anglicans 11, musulmans 8, juifs 2.

■ **Histoire.** **Antiquité :** appelé *Alube* (Phéniciens), *Heraclea* [colonnes d'Hercule : nom donné aux monts Abyla (Afrique) et Calpé (Espagne) qui marquaient la limite du monde connu. Hercule aurait tranché la montagne qui empêchait la Méditerranée de communiquer avec l'Atlantique, d'où ces 2 colonnes], *Calpe* (Grecs). **Av. J.-C.** **950** Phéniciens fondent *Carteia* (ibérique). **570** prise par Carthaginois. **190** conquête romaine. **Apr. J.-C.** **Ier s.** Romains fondent *Colonia Julia Calpe.* Occupation vandale. **409** Wisigoths. **450** une des 1res communautés chrétiennes d'Esp. **568** N.-D.-du-Roc centre religieux wisigoth. **711** débarquement des Arabes dirigés par Tāriq ibn Ziyād (d'où *Djabal al-Tāriq,* montagne de Tāriq, d'où le nom Gibraltar). **1160** Abd el-Mumen développe la ville (mosquée, palais, système d'eau, défenses). **1309** pris par Espagnols. **1333** repris par Abul Hassan, sultan de Fês. **1410** pris par Maures de Grenade. **1462** reconquête espagnole. **1704**-*24-7* pendant la guerre de Succession d'Esp., l'amiral anglais sir George Rooke avec 2 300 soldats prend la forteresse, défendue par 70 hommes.

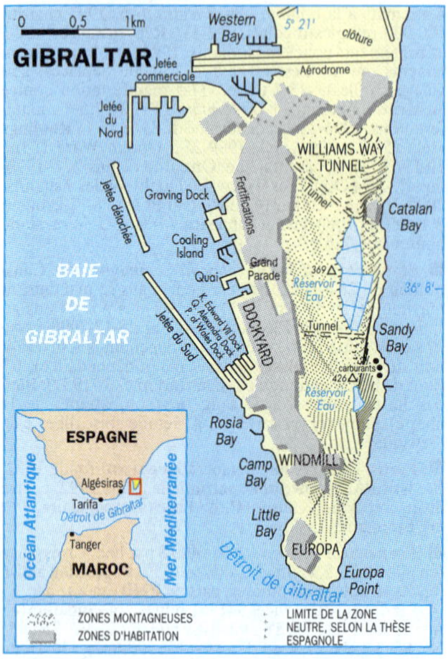

1713-*13-7 traité d'Utrecht* cède à G.-B., comme base militaire (et non coloniale), cité, château, port, défenses et forteresse de G., dans l'état où ils se trouvaient en 1704 (depuis, la G.-B. s'est approprié les territoires avoisinants), mais cette cession n'implique aucune juridiction territoriale et n'autorise aucune communication par voie de terre avec le pays environnant, avec lequel tout commerce est interdit. Sous aucun prétexte, juifs et Arabes ne peuvent s'y installer ; aucun navire de guerre barbaresque ne doit être admis dans le port. La G.-B. ne peut donner, vendre ou aliéner G. sans offrir au préalable à l'Esp. un droit de préemption [cession confirmée par les *traités de Séville* (1729), *Vienne* (1731), *Aix-la-Chapelle* (1756), *Paris* (1763), *Versailles* (1783)]. **1724** installation anglaise à la « Torre del Diablo » au levant, et au « Molino » au ponant, sous prétexte qu'une forteresse est indéfendable si elle ne commande pas l'espace situé à la limite de la portée de ses canons. **1727** attaque espagnole échoue. **1728** conférence de paix de Soissons. **1731** Esp. construit mur fortifié. **1779-83** siège franco-espagnol. **XVIIIe s.** *zone neutralisée espagnole* (la *Linea*) de 1,5 km entre fortifications de G. et murailles espagnoles défendant l'accès de l'isthme. **1810**-*20-1* sous prétexte que les fortifications pourraient tomber aux mains des Français, le Gal Campbell, gouverneur de G., exige leur démolition. **1815** fièvre jaune, les Anglais demandent à installer un camp sanitaire dans la zone neutralisée ; ils ne l'évacueront jamais. **1830** *colonie britannique*. **1838** les Anglais établissent ligne de postes de garde à travers l'isthme. **1854** épidémie de fièvre jaune, avance anglaise à travers la zone espagnole. **1864**-*26-1* protestations espagnoles, fin de non-recevoir anglaise. **1876** G.-B. proteste contre création d'une zone maritime fiscale de 2 lieues (7 miles 500 yards). Incidents. **1881** les Anglais occupent 800 m de zone neutralisée, soutenant que G. n'est pas une base en Esp., mais un territoire britannique. G. devient un centre actif de contrebande malgré protestations espagnoles (1851-1852, 1868, 1876, etc.). **1895** établissement d'une station de torpilleurs et d'un bassin de radoub. **1908**-*5-8* G.-B. construit une barrière le long de la zone neutralisée et un mur pour séparer G. de l'arrière-pays. **1940-44** évacuation des civils en G.-B. Construction de 55 km de tunnel, extension de la piste à 1 400 (avril 1942), puis 1 628 m (en 1943) en empiétant sur la zone neutre et la mer. **1942** Esp. occupe les 650 m subsistants de la zone neutralisée, G.-B. proteste. **1954**-*19-4* Esp. interdit l'entrée du Roc à tout Espagnol qui ne fournirait pas un motif valable, supprime son consulat, institue *numerus clausus* pour limiter le nombre de ses ouvriers autorisés à travailler à G. **1966**-*25-10* ferme la frontière à tout véhicule, empêchant le passage des marchandises. **1967**-*2-4* déclare zone interdite l'espace aérien entourant G. (la G.-B. avait déjà interdit le survol de G.). Les Anglais ne peuvent utiliser l'aérodrome qu'au prix d'acrobaties et de violations de l'espace aérien espagnol. *-10-9* G.-B. organise *référendum* sur maintien des liens avec G.-B. malgré l'Onu (oui 12 138, non 44). Esp. considère que les Gibraltariens, rassemblés là pour des raisons utilitaires, n'ont ni origine, ni culture, ni traditions communes, ni caractéristiques d'un peuple et d'une nation. Le droit d'autodétermination viole l'art. 10 du traité d'Utrecht, les Britanniques pouvant disposer de leur sort, mais non du territoire sur lequel ils sont implantés. **1968**-*8-5* Esp. *ferme définitivement sa frontière* (sauf pour ouvriers espagnols travaillant à G., Gibraltariens autorisés, et certains cas humanitaires), appliquant ainsi le traité d'Utrecht. **1969**-*9-6* Esp. interdit à ses ouvriers (4 666) d'aller travailler à G. ; *-27-6* suspend ferry G.-Algésiras ; *-1-10* coupe téléphone avec G. **1973** G. entre dans CEE comme territoire dépendant de la G.-B. **1977** ferry rétabli pendant les vacances ; *-déc.* téléphone rétabli. **1982**-*15-12* réouverture frontière (pour piétons habitant G.). **1984** docks de la Navy fermés. **1985**-*5-2* réouverture à la circulation auto. **1987**-*10-11* : 12 000 manifestants contre concessions à l'Esp. *-2-12* accord G.-B./Esp./G. sur utilisation de l'aéroport. **1988**-*6-3* : 3 membres de l'Ira tués par militaires. **1991**-*18-3* départ dernières troupes britanniques. **1993**-*1-3* négociations G.-B./Esp. sur statut de G.

■ **Statut.** *Colonie* (la plus petite et la dernière) *de la Couronne britannique.* **Constitution** de 1964 révisée le 30-5-1969. **Assemblée :** 15 m. élus pour 4 ans au suffrage universel et 2 nommés. **Élections du 10-2-2000 :** P. socialiste et travailliste (GSLP) fondé 1976, Joseph Bossano et P. libéral (GLP) fondé 1991, Joseph Garcia 6 287 voix ; P. social-démocrate (GSD) fondé 1989, Peter R. Caruana, 8 747 voix. **Gouverneur et Cdt en chef :** David Durie depuis 12-2-2000. **PM :** Peter Caruana (né 1956) depuis mai 1996. **Conseil de Gibraltar. Drapeaux.** *National* (adopté 1895) : fond bleu, drapeau britannique en haut et à gauche, armoiries de G. (château et une clef). *Ville* (adopté 1926) : bandes horizontales blanche et rouge, château fort rouge, clef dorée.

☞ L'Onu avait sommé la G.-B. de décoloniser G. avant la fin de 1969, puis avant le 1-10-1996. Les Gibraltariens sont les seuls Européens à ne pas être représentés au Parlement de Strasbourg. **L'Espagne propose : a)** que G., rendu à l'Esp., reste administré par des sujets anglais ; **b)** que lois actuelles, libertés, organisation économique et emplois soient respectés ; **c)** que les Gibraltariens puissent s'établir dans les mêmes conditions que les Espagnols.

■ **Économie.** PNB (en 1999) : 12 950 $ par hab. **Ressources :** timbres, loteries. *Paradis fiscal :* siège de 30 000 Stés ; dépôts bancaires (en millions de £) : *1990 :* 1 350. *Droits :* 76,6 millions de £ (1987-88). **Contrebande :** drogue, tabac. **Base** aéronavale importante. **Transports.** Projet de tunnel ferroviaire sous-marin entre G. et Maroc, 28 km, construction 1997-2010. Aide de la G.-B. **Tourisme** (en 1996). 6 458 508 visiteurs.

■ **Commerce** (en millions de £ de G., 1997). **Export. :** 49,5 *dont* (réexportations) machines et équip. de transp. 30 **vers** G.-B. Maroc, Espagne. **Import. :** 300 **de** G.-B. 190.

GRÈCE

V. légende p. 950.

☞ *Abréviations :* G. : Grèce ; Gr., gr. : Grecs, grec (que)(s). Voir **Littérature ancienne** p. 315 c **et moderne** p. 316 b.

■ **Nom.** Du latin *Graeci.* Les Grecs se désignaient sous le nom d'Hellènes.

■ **Situation.** Europe. **Superficie :** 131 957 km2 (dont îles 25 004 km2). Montagnes 80 %. **Altitudes** *maximales :* Mts Olympe 2 904 m, Smolikos 2 631 m. **Côtes :** 13 676 km. **Frontières** (en km) : avec Macédoine 228, Albanie 282, Bulgarie 494, Turquie 206). **Iles :** environ 2 000 (dont 154 habitées) : 18,7 % du pays. **Fleuve** *le plus long :* Aliakmon 297 km. **Lac** *le plus grand :* Trichonis 96,5 km2. **Forêts :** 88 148 km2. **Climat.** Méditerranéen : été long, chaud et sec, hiver doux, ensoleillement 3 000 h par an, précipitations en hiver (nov. à févr.). *Athènes :* janv. 10,5 °C, juillet 28 °C. Été : recouverte par le *néfos*, nuage de pollution formé de plusieurs dioxydes (apparu 1979 ; circulation alternée des voitures selon la numérotation paire ou impaire). Records : *3-11-1989 :* 631 mg/m3 de dioxyde d'azote ; *1-10-1991 :* 696 (cote d'urgence 500).

■ **Préfectures** (superficie en km2 et, entre parenthèses, population en 1991). **Attique** 3 808 (3 523 407 hab.). **Iles de la mer Égée** 9 122 (456 712) : **nord de l'Égée** 3 836 (198 241) dont Sporades [notamment *Skiathos* 47 (4 127), *Skopelos* 96 (4 658), *Sciros* 209 (2 901)] ; *Chios* 843 (51 060), *Lesbos* (Mytilène) 1 636 (87 151) et *Samos* 778 (33 032), occupées par les Ottomans ; se sont souvent révoltées (*1822-avril* massacres à Chios ; *1849* à Samos ; *1908* et *1912* rendues à la G.) ; **sud de l'Égée** 5 286 (257 522) dont Cyclades 2 572 (94 005) [*Amorgos* 121 (1 632), *Andros* 383 (8 781), *Délos* 3 (16), *Ios* 108 (1654), *Kea* 131 (1 245), *Kythnos* 99 (1 632), *Milo* (Milos) 158 (4 390), *Mykonos* 86 (6 170), *Naxos* 389 (14 838), *Paros* 197 (6 591), *Sérifos* 74 (1 095), *Sifnos* 77 (1 690), *Syra* (Syros) 84 (19 870), *Théra* (Santorin) 76 (9 360), *Tinos* 197 (7 747) ; Petites Cyclades (entre Naxos et Amorgos, 9 îles dont 4 habitées) : *Héraklia* 18 (115), *Schinoussa* 9 (122), *Kouphonissia* 6 (275) et *Donoussia* 14 (111)], *Dodécanèse* 2 714 (163 476) [ou Sporades du Sud : « Douze îles » (en fait 14) reprises à l'Italie en 1946, notamment *Astynalira, Carpathos* 300 (1 692), *Ikaria*, *Kalymnos* 111 (15 706), *Kassos* 66 (1 088), depuis 1923 *Léros* 54 (8 059), *Lipsos, Nisyros* 43 (1 500), *Khalki*, *Symi* 58 (2 332), *Tilos* 61 (1 279) avec *Cos* 288 (26 379), depuis 1912 *Rhodes* 1 401 (98 181) et *Patmos* 34 (2 715), *Castellorizo* 9 (232)]. **Crète** 8 261 (539 938). **Épire** 9 203 (339 728). **Grèce centrale** 24 361 (1 260 945) dont *Béotie* 2 952 (134 108) [chez les Grecs anciens, les Béotiens passaient pour incultes], *Eubée* 4 167 (208 408). **Grèce de l'Ouest** 11 350 (702 027). **Iles Ioniennes** ou **Eftanisia** (« les 7 îles ») 2 307 (193 734) dont *Céphalonie* 734 (29 392), *Corfou* (Kérkyra) 585 (104 781), *Leucade* (Lefkás) 301 (21 111), *Zante* 407 (32 556), *Ithaque* 96 (3 082), *Pascos* 25 (2 236). **Macédoine centrale** 19 147 (1 736 066 dont *Thessalonique* 749 048). **Macédoine de l'Est et Thrace** 14 157 (570 261) dont *Lemnos* 476 (17 645), *Thassos* 384 (13 527) et *Samothrace* 180 (3 083). **Macédoine de l'Ouest** 9 451 (292 749). **Péloponnèse** 21 379 (1 086 935) dont *Cythère* 278 (3 021), *Spetsae* 22 (3 500). **Thessalie** 14 037 (734 846).

■ **Distances d'Athènes** (en km). Alexandropolis 858, Delphes 164, Kavala 680, Lamia 214, Larissa 359, Météores 350, Nauplie 144, Olympie 326, Patras 216, Thessalonique 515, Trikala 331, Volos 324.

■ **Population** (en millions d'hab.). *1812 :* 0,94 ; *40 :* 0,85 (sur 47 516 km2) ; *53 :* 1,04 ; *70 :* 1,46 (50 211) ; *89 :* 2,19 (63 606) ; *1907 :* 2,63 (63 211) ; *20 :* 5,02 (127 000) ; *40 :* 7,34 ; *51 :* 7,63 (131 957) ; *61 :* 8,39 ; *71 :* 8,77 ; *81 :* 9,74 ; *91 :* 10,26 ; *2000 (est.) :* 10,6. **Taux** (en ‰, 1999) : *natalité :* 10, *mortalité :* 10. **Répartition :** Grecs 98,5 %. Minorité musulmane 1,2 % [120 000 en Thrace occidentale en 1990, parfois représentés par 1 ou 2 députés au Parlement depuis 1923, dont d'origine turque 0,6 % (environ 60 000)], Pomaques 0,4 % (40 000, descendants de la peuplade de la Thrace antique agriane qui faisait partie de l'armée

■ **Mont Athos. Situation :** presqu'île. 336 km². Accès par la mer (pas de route). Longueur 45 km. Largeur 8 à 10 km. *Alt. maximale* 2 034 m. **Population :** *moines : au XVIe s. :* environ 15 000 ; *1912 :* 8 000 ; *95 :* environ 2 000. **Statut :** centre monastique orthodoxe. **Histoire : 963** sous la juridiction du patriarchat œcuménique de Constantinople. **1913** reconnu provisoirement comme indépendant et sous tutelle grecque. **1920** partie auto-administrée de la G. (représentée par un gouv. dépendant du min. des Affaires étrangères). Régime réglé par la charte statutaire incorporée au décret du 10-9-1926. Administré par la Sainte Communauté résidant à Karyès (composée des 20 *antiprossopoi* représentant les 20 monastères, élus en janvier) et par l'*épistassia* (organe exécutif) au sein duquel les monastères sont divisés en 5 groupes de 4 ; chaque groupe, exerçant le pouvoir pendant 5 ans (du 1-6 au 31-5), est composé de 4 *épistates* sous la présidence de l'un d'eux, le *protoépistatis*. L'*avaton* (« inaccessible »), règle de Constantin Monomaque datant de 1060, interdit l'accès du monastère à toute femme, toute femelle d'animal, tout enfant, tout eunuque, tout visage lisse.

d'Alexandre le Grand, convertie de force à l'islam par les Ottomans), Tsiganes 0,2 % (environ 20 000), Arméniens 0,1 %. **Age :** *– de 15 ans :* 15,2 %, *+ de 64 ans :* 17,3 %. **D.** 80. **Espérance de vie** (en 1998) : 78 ans.

Réfugiés économiques (au 1-1-1993). 400 000 à 500 000 dont Albanais 150 000 à 300 000, Bulgares 50 000, Polonais, Philippins, Kurdes, Roumains, Iraqiens, Pakistanais, Éthiopiens, Égyptiens, ex-Yougoslaves et émigrés des pays de l'ex-URSS.

Grecs à l'étranger. 5 608 000 dont aux USA 3 402 000 (Chicago 300 000), en Europe 1 287 000 [All. 354 000, ex-URSS 344 000, Albanie 250 000 (60 000 selon les Albanais) dont 60 000 rentrés en G. en 1990-92 (Épirotes du Nord), G.-B. 212 000, *Fr. 35 000*, Belgique 25 000, Italie 21 000, Turquie[1] 5 000], Océanie 710 000, Asie 692 000, Afrique 140 000 dont Afr. du Sud 120 000 (Égypte 5 000). [Selon la BRI (Banque des règlements internationaux), les avoirs des Grecs émigrés étaient estimés en 1991 à 20 milliards de $].

Nota. – (1) Minorité.

☞ **Pontios (pontiques) :** originaires du Pont-Euxin. *Nombre :* 2 millions (dont moitié en Grèce). *Ve s. av. J.-C.* cités puissantes et prospères sur les côtes sud de la mer Noire. *1461* Ottomans prennent Trébizonde, Gr. éloignés vers Turquie. *Années 1920* chassés par Mustapha Kemal (*de 1916 à 1923 :* 350 000 tués sur 750 000) ; les survivants se réfugient en G. et dans le Caucase soviétique. *1937* plusieurs milliers déportés en Sibérie. *1945-46* plusieurs dizaines de milliers déportés au Kazakhstan et en Ouzbékistan. **Depuis 1988** (selon les estimations) 60 000 à 100 000 Pontios sont rapatriés en G. **1989** plus de 300 000 sont déclarés Grecs pontiques en ex-URSS (selon les est., ils seraient plus de 500 000). Veulent fonder une nouvelle ville, Romania, en Thrace, et réclament la reconnaissance du génocide commencé par le gouv. ottoman des Jeunes-Turcs et achevé par Mustapha Kemal.

■ **Villes** (en 1991). *Athènes* 772 072 hab. (aggl. 3 093 000 en 1999) [40 % de la population grecque, 60 % de l'industrie, 65 % du commerce de gros], Thessalonique (Salonique) 749 048, Le Pirée 189 671, Patras 170 452, Héraclion 126 907, Larissa 113 090, Volos 77 192, Kavala 58 025, Corinthe 27 417.

■ **Langue.** Grec (*officielle* depuis 1976 : *démotiki*). Dérive du « grec commun » parlé dans l'empire d'Alexandre, puis dans la majeure partie de l'Empire romain. Avant le grec commun, il y avait les 3 grands dialectes, anciens, puis classiques : *éolien* (nord et ouest) ; *ionien* (centre ; l'attique était le plus élégant) ; *dorien* (sud et sud-est). Ils formaient le rameau hellénique des langues indo-européennes orientales ; la *katharevoussa* [c'est-à-dire « (langue) épurée »] fut la langue officielle jusqu'en 1976 ; élaborée à Paris par un intellectuel grec, réfugié, Adamantios Coraïs (1748-1833), elle comprenait de nombreux éléments du grec ancien. La langue populaire, *démotiki,* devenue littéraire depuis les travaux de Jean Psycharis (1854-1929), l'a remplacée.

☞ En *Laconie* (occupée par les Doriens au XIIe s. av. J.-C., cap. Sparte, aujourd'hui département du Péloponnèse), les habitants avaient pour habitude d'employer le moins de mots possible, d'où l'adjectif « laconique ».

Alphabet grec classique : créé en Asie Mineure vers 900 av. J.-C., adopté à Athènes en 403 av. J.-C., il comprend 24 signes dont 14 sont empruntés sans changement (même nom, même son) à l'alphabet phénicien (22 signes, uniquement des consonnes) ; 8 modifiés, pour d'autres consonnes ou des voyelles (invention capitale) ; 2 créés pour des lettres doubles : *psi* et *xi.*

Α α	alpha	Ι ι	iota	Ρ ρ	rhô
Β ϐ, β	bêta	Κ ϰ	kappa	Σ σ ς	sigma
Γ γ	gamma	Λ λ	lambda	Τ τ	tau
Δ δ	delta	Μ μ	mu	Υ υ	upsilon
Ε ∈	epsilon	Ν ν	nu	Φ φ	phi
Ζ ζ	dzêta	Ξ ξ	xi	Χ χ	khi
Η η	êta	Ο ο	omicron	Ψ ψ	psi
Θ θ	thêta	Π π	pi	Ω ω	oméga

■ **Religions.** Mentionnées sur la carte d'identité. En % : orthodoxes 98 *(officielle),* musulmans 1,3 [150 000 dont 120 000 de Thrace occ., dont font partie les 40 000 Pomaques), 4 000 de Rhodes et Cos], chrétiens 0,83, juifs 0,08 [en 1940 : 80 000 (dont 50 000 à Salonique) dont 62 500 seront déportés par les nazis ; 2 000 reviendront]. Monastères byzantins (dont Daphni, Ossios Loucas, Mystra).

■ Histoire

Grèce ancienne (avant J.-C.)

■ **Période égéenne** ou **préhellénique. Paléolithique (44000-9000) :** outils trouvés en Épire, Macédoine (homme type Neandertal), Thessalie, Corfou et Céphalonie, Sporades, Attique, Péloponnèse. **Mésolithique (9000-7000) :** grotte de Franchti à Ermioni. **Néolithique et chalcolithique (V^e-IIIe millénaires) :** autour de la mer Égée : *Troie* et Asie Mineure occ. (où naît l'ind. du bronze) ; Cyclades, Crète, péninsule grecque. Acropoles (villes hautes et fortifiées) : *Sesklo, Dimini, Eretria* (Thessalie). 1re apparition du type architectural du *mégaron.*

Age du bronze. Helladique ancien (3250-1950) : *Lerne* en Argolide (ville avec fortifications et palais). Céramique vernissée (style Urfirnis). *Cycladique ancien :* épanouissement de l'art : « idoles cycladiques ». *Minoen ancien :* vestiges d'habitations à *Vassiliki* et *Myrto* (Iérapétra). Caractéristique générale : habitations groupées. Asie mineure : *Troie I* (vers 2500). **Helladique moyen** ou **minyen (1950-1550) :** infiltration indo-européenne : Protogrecs, Minyens (y introduisent le cheval) ; céramique. Ruines du palais fortifié de Malthi en *Messénie.* **Cycladique moyen :** vestiges des centres d'habitation à *Milos, Paros* (Parikia), *Kéa* (Aghia Irini). **Minoen moyen :** phase des premiers palais : *Cnossos, Phaestos, Mallia, Aghia Triada.* **Helladique récent** ou **mycénien (1550-1050) :** *Crète* : civilisation

La guerre de Troie (racontée dans l'*Iliade* d'Homère)

■ **Circonstances.** *Priam,* roi de Troie, a 50 fils dont 19 (dont Hector et Pâris) d'*Hécube*. Avant sa naissance, un devin ayant prédit que Pâris causerait la ruine de sa patrie, Priam décide de le supprimer, mais Hécube le confie à un serviteur pour qu'il l'expose sur le mont Ida. Pâris grandit parmi les bergers. Vainqueur des jeux funèbres, à Troie, il sera reconnu par la devineresse Cassandre et fêté par ses parents. Il épousera la nymphe Œnone.

Tous les dieux avaient été invités au mariage de Pélée et Thétis sauf Eris, déesse de la Discorde. Pour se venger, elle jette dans l'assistance une pomme d'or portant l'inscription « A la plus belle déesse ». Athéna (Minerve), Aphrodite (Vénus) et Héra (Junon) se disputent la pomme. Pour les départager, Zeus les conduit sur le mont Ida et fait appel au jugement de Pâris, alors encore berger. Athéna lui promet la plus grande des gloires, Héra, la souveraineté de l'Asie, mais Pâris remet la pomme à Aphrodite qui lui promet l'amour de la plus belle femme du monde : *Hélène* (fille de Zeus et de Léda), femme du roi mycénien *Ménélas* (roi de Sparte, frère d'Agamemnon), qu'il enlève. [Selon Euripide, Pâris aurait enlevé une réplique d'Hélène créée par Zeus et Héra (la véritable aurait attendu en Égypte la fin de la guerre et le retour de Ménélas).] Pour punir Pâris et reprendre Hélène, les rois grecs (achéens et éoliens) forment une ligue, sous le commandement d'*Agamemnon,* roi de Mycènes et d'Argos, fils d'Atrée et d'Aéropé comme son frère cadet Ménélas, époux de Clytemnestre qui lui donna 4 enfants (Chrysothémis, Électre, Iphigénie et Oreste). **Principaux rois :** *Achille,* roi des Myrmidons, fils de *Pélée,* roi de Phtiotide, et de la nymphe *Thétis* (qui l'avait plongé dans le Styx afin de le rendre invulnérable, en le tenant par le talon). Élevé par le centaure *Chiron* qui le nourrissait de moelle de lion, il se révélera le meilleur guerrier au siège de Troie. *Ajax,* fils de *Télamon*, roi de Salamine, et d'*Eribola,* se suicidera pour n'avoir pas obtenu les armes d'Achille (attribuées à Ulysse). *Diomède,* prince d'Argos (compagnon d'Ulysse au cours d'un « raid » dans le temple de Troie). *Idoménée,* roi de Crète, ex-fiancé d'Hélène (semblable au sanglier par sa vaillance). *Nestor,* roi de Pylos, sage vieillard. *Ulysse,* roi d'Ithaque. *Philoctète,* roi de l'Œta (rendu enragé par une morsure de serpent).

☞ **Ulysse :** célèbre par ses ruses ; auteur avec *Diomède* d'un « raid » sur le temple troyen où il vole le voile de la déesse (palladium). Lors de son retour de Troie (sujet de l'*Odyssée*), pille la ville d'Ismaros (Ciconie), essuie une tempête au large de Cythère, débarque chez les *Lotophages* (où les marins mangent des fruits de lotus qui les rendent amnésiques), aborde l'île des *Cyclopes* où *Polyphème* (cyclope, fils de Poséidon et de la nymphe Thoosa), anthropophage, dévore plusieurs marins (Ulysse l'enivre et crève son œil unique avec un tison) ; arrive au pays des *Lestrigons* (gouverné par le roi Lamos), qui dévorent ses hommes d'équipage. Atteint Aea, île de l'Aurore, domaine de la magicienne *Circé* (fille d'*Hélios* et de *Persée*) qui endort les marins descendus à terre et les transforme en pourceaux. *Elpénor* recouvre sa forme humaine mais s'endort sur un toit, tombe et se tue. Ulysse libère ses compagnons et accepte de régner sur Aea aux côtés de Circé qui lui donne 3 fils : *Agrios, Latinos* et *Télégonos,* puis repart, descend au Tartare demander au devin *Tirésias* le moyen d'arriver sans encombre à Ithaque. Pour longer l'île des Sirènes, Ulysse bouche les oreilles de son équipage avec de la cire et se fait attacher au mât de son navire pour résister à leurs enchantements ; évite le gouffre de *Charybde* et le rocher de *Scylla,* arrive en vue de la Sicile où paissent les vaches d'*Hypérion* le Titan (ou d'Hélios) ; ses marins, affamés, en font rôtir. Craignant la vengeance du Titan, Ulysse repart et, son bateau ayant coulé, dérive 9 jours sur un radeau, échoue sur l'île d'Ortygie, vit 7 ans avec *Calypso* (fille de Téthys et d'Océanos) dont il a des jumeaux, *Nausithoos* et *Nausinos*. Repart sur un radeau, aborde l'île de Drépané où *Nausicaa* (fille d'Alcinoos et d'Arété) le trouve. Alcinoos lui donne un navire et il rentre à Ithaque après 20 ans d'absence ; jusqu'à son retour, la fidèle *Pénélope* (fille d'Icare), dont il eut *Télémaque,* fit attendre ses prétendants (elle avait promis de se marier quand sa tapisserie serait finie, mais chaque nuit, elle défaisait l'ouvrage du jour précédent).

■ **Déroulement.** 10 ans de combats indécis : *Hector,* fils aîné de Priam, tue *Patrocle*. *Achille*, qui s'est retiré sous sa tente à la suite d'une querelle avec Agamemnon qui avait voulu lui prendre son esclave favorite *Briséis,* se décide à retourner au combat pour venger son ami Patrocle ; il tue Hector en duel. *Pâris* tue Achille en le blessant au talon, etc. Pâris est blessé par une flèche empoisonnée, tirée par Polycète ; Oenone, qu'il a rappelée pour le guérir, arrive trop tard et se suicidera. Le fils d'Oïlée (roi des Locriens) et d'Ériopis est tué par Poséidon comme châtiment pour le rapt de la prêtresse *Cassandre* (fille de Priam et d'Hécube, à laquelle Apollon avait donné le don de prophétie ; mais comme elle avait refusé d'être à lui, il l'avait condamnée à n'être jamais crue dans ses prédictions). **Victoire des Grecs** grâce à une ruse : ils font semblant de se retirer en laissant, comme offrande aux dieux, un énorme *cheval de bois* construit par Épéios. Les Troyens le font entrer dans leur ville, mais il contenait des guerriers (dont *Diomède*). La ville est prise et brûlée. Priam est décapité. *Énée* (héros de *l'Énéide*, poème de Virgile) s'enfuit en portant sur son dos son père, *Anchise* (roi de Dardanos, il avait eu Énée d'Aphrodite ; pour l'avoir révélé, Zeus avait rendu Anchise paralytique et aveugle) ; il se réfugie en Italie avec son fils *Ascagne* (appelé plus tard Iule). Hélène, qui avait eu de Pâris Héléna et 3 fils, Bounicos, Aganos et Idacos (tués à Troie dans l'effondrement d'une maison), s'enfuit après la mort de Pâris mais est reprise par les gardes et conduite auprès de Déiphobos, frère de Pâris, qui l'oblige à l'épouser. Après la chute de Troie, Ménélas la reprendra et la ramènera à Sparte (retour en 8 ans).

Andromaque, après la mort d'Hector, devient l'esclave de *Néoptolème* (fils d'Achille) dont l'épouse *Hermione* jalouse l'avait maltraitée. Son fils, *Astyanax,* est tué (précipité des remparts). Elle épouse *Hélénos.*

■ **La malédiction des Atrides.** *Tantale,* père de Pélops, tente de mettre celui-ci au menu des dieux ; il est précipité aux Enfers et condamné à une faim et une soif intenables. *Atrée,* fils de *Pélops* épouse : 1°) *Cléola* dont il a *Plisthène* (débile) ; 2°) *Aéropé* (Europe) dont il a Agamemnon, Ménélas, Anaxabie. Il égorge son demi-frère *Chrysippos,* avec la complicité de son frère *Thyeste*. Puis tous deux se réfugient à Mycènes chez leur neveu *Eurysthée.* Ce dernier est tué par les Héraclides et *Atrée* est choisi pour roi. Thyeste, qui lui dispute le pouvoir, séduit Aéropé ; Atrée le bannit de Mycènes et fait mine de lui pardonner, puis fait assassiner les fils qu'il a eus d'une naïade, *Aglaos, Orchomenos* et *Callileón,* et les lui donne à manger au cours d'un repas. Thyeste s'enfuit en maudissant les descendants d'Atrée (les Atrides). *Agamemnon,* partant pour Troie, sacrifie sa fille *Iphigénie* pour obtenir des vents favorables ; après la guerre de Troie, il rentre à Mycènes avec *Cassandre,* la fille de Priam et d'Hécube (qui lui avait donné des jumeaux), mais il est tué avec Cassandre par sa femme, *Clytemnestre* (qui ne lui a pas pardonné le sacrifice d'Iphigénie), et l'amant de celle-ci, *Égisthe* (fils de Thyeste), qui prend le pouvoir. *Électre,* fille d'Agamemnon, met son frère *Oreste* à l'abri en Phocide où son oncle *Strophios*, roi de Phocide, l'élève avec son fils *Pylade*. Oreste (avec Pylade) tuera Égisthe et Clytemnestre ; puis, devenu roi d'Argos, il accordera à Pylade la main d'Électre.

■ **Autres personnages.** *Automédon,* cocher d'Achille. *Dolon,* loup-garou tué par Diomède et Ulysse. *Laocoon,* fils de Priam et d'Hécube (ou d'Anténor et d'Acoétès), prêtre de Poséidon (ou d'Apollon), qui s'élève contre l'envoi du cheval de bois et, puni par les dieux protecteurs des Grecs, sera étouffé avec ses 2 fils par 2 serpents marins. *Stentor,* guerrier à la voix plus forte que celles conjuguées de 50 hommes, défia Hermès, héraut de l'Olympe, et succomba.

■ **Données archéologiques.** Sur la butte d'*Hissarlik* (en turc : « lieu de la citadelle », site identifié en 1822 par Charles McLaren), à 20 km de l'Hellespont, dominant la vallée du Scamandre : 2 ha, avec mur d'enceinte. Population environ 300 hab., dont 75 soldats. On a retrouvé 9 couches stratigraphiques dont Troie VI et Troie VII (entre 1420 et 1250). Troie VI (détruite par un séisme pendant le siège) a l'aspect d'une bourgade prospère. Aucune trace d'opérations militaires prolongées. Homère a inventé une guerre à partir d'un raid de pirates mycéniens. Le *« trésor de Priam »,* trouvé par l'archéologue allemand Heinrich Schliemann (1822-90) en 1873 (bijoux en or, 170 à 250), date du millénaire précédent. Donné par lui au musée de Berlin, pris par les Russes le 30-6-1945, il est réapparu en 1991.

détruite en 1400 ; on a supposé que l'explosion du volcan *Santorin* en avait été la cause en 1475 (une éruption gigantesque eut lieu en 1656 d'après l'analyse des dépôts du Groenland). Considérée par certains comme point de départ de la légende des *Atlantes. Péloponnèse* (également *Béotie* et *Attique*) : civilisation inspirée des palais crétois, mais plus militaire (tradition indo-européenne) : châteaux fortifiés à l'écart des villes. Villes principales : *Mycènes* (acropole avec palais), *Tirynthe, Pylos* (palais de Nestor ; écriture dite linéaire B ; déchiffrée 1952 par les Anglais Michael Ventris et John Chadwick). **Cycladique récent :** *Milos* (palais de Phylacopie), *Théra* (ville avec maisons de 2 ou 3 étages ; écriture linéaire A). **Minoen récent (1400-1100) :** phase des seconds palais : *Cnossos* (fouillé 1899 par Arthur Evans, Anglais, 1851-1941), Phaestos, Isopata (tombes royales). Écriture linéaire A et B. Vers 1250 (950 selon certains) : date de la guerre de Troie (voir encadré p. 1101). **Subminoen et submycénien (1200-1000) :** vers 1200, destruction de la civilisation mycénienne du Péloponnèse, attribuée longtemps à tort aux Doriens ; il s'agirait peut-être des Héraclides.

☞ **Peuples légendaires de Thessalie :** *les Centaures* (moitié hommes, moitié chevaux), exterminés par les Lapithes lors du mariage de leur roi Pirithoos.

■ **Période hellénique. Début du XIe s.** Doriens (au parler proche de l'indo-européen) occupent progressivement la G. ; civilisation du fer. Dernier roi d'Athènes : Codros (tué par un Dorien). *Styles géométrique* (1000-700), *dédalique* et *orientalisant* (700-600), *archaïque* (600-480), *classique* (480-323), *hellénistique* (323-31).

XIe-VIIIe s. colonisation des Cyclades et de l'Asie Mineure, adoption de l'alphabet anatolien. Naissance des 3 grandes cités : *Athènes, Corinthe, Sparte* [ou Lacédémone ; lois de *Lycurgue* (personnage légendaire ?)]. **VIIIe-VIe s.** colonisation de la Méditerranée [exemples : vers 630 Cyrène en Afr. du N., vers 600 Massilia (Marseille) par Phocéens] et de la mer Noire (Pont-Euxin). Réformes démocratiques de *Solon* (vers 640-558), archonte, l'un des *Sept Sages* (6 autres : Cléobule de Lindos, Périandre de Corinthe, Pittacus de Mitylène, Bias de Priène, Thalès de Milet, Chilon de Lacédémone). Tyrannies de *Pisistrate* [561-556, puis 549 (ou 544)-546 (ou 541), puis 553-528] à Athènes, de *Polycrate* (533-523) à Samos, d'*Hippias* (527-510) et des *Cypsélides* à Corinthe (VII-VIe s.), de *Cléomène*, roi de Sparte (520-489). **508-507** réforme démocratique de *Clisthène* à Athènes (voir encadré p. 1103 b). **493** *Thémistocle* archonte ; prééminence militaire et navale d'Athènes.

☞ **Gygès,** berger de Lydie (vers 687/644), ayant trouvé un anneau magique qui le rend invisible, séduit la reine, tue le roi *Candaule* et s'empare du trône.

Siècle de Périclès (vers 495-429) : fils du stratège *Xanthippos* et apparenté aux *Alcméonides* ; compagne : Aspasie célèbre (beauté, esprit). Apogée de l'architecture (Acropole et Le Pirée) ; philosophie (Socrate et Platon) ; théâtre (Sophocle et Euripide) ; histoire (Hérodote).

Guerres médiques (contre la Perse) : **1°) 498/480** Gr. victorieux : *Marathon* [13-9-490, voir à l'Index ; Miltiade († 489) décida la tactique victorieuse], **2°) 480** défilé des *Thermopyles :* Léonidas Ier, roi de Sparte, meurt avec 300 Spartiates, battu par Xerxès Ier ; sac d'Athènes. *Salamine :* la flotte perse, attirée dans le détroit grâce à une ruse de Thémistocle, est battue par les Gr. **479** *Platées :* Perses de Mardonios battus par Pausanias (Spartiate) ; le même jour, *Mycale* (Asie Mineure), flotte de Xerxès anéantie. Confédération athénienne de *Délos* (478-77) pour libérer la G. d'Asie, s'oppose à la ligue péloponnésienne de Sparte, puis conclut avec elle la paix de Trente Ans (446). **462** réformes d'*Éphialte*. **447** *Coronée :* les aristocrates béotiens battent les démocrates athéniens. **443-429** *Périclès* (vers 495-peste, 429) maître de l'État athénien. **431-404 guerre du Péloponnèse** Athènes/Sparte. **431** les Platéens, démocrates vivant à Thèbes, cité aristocratique, rejetant l'autorité des Thébains, avaient la protection d'Athènes ; les Thébains font contre eux un raid qui échoue. **430-429** Athènes : « peste » tuant 1/3 de la pop. (dont Périclès). **429-427** *Platées* assiégée et détruite. **424-423** Sparte élimine 2 000 hilotes dont elle se méfie. **421** *traité de Nicias* (paix de 50 ans Athènes/Sparte), défaites athéniennes à *Mantinée* (418) et en Sicile, puis victoires *(Abydos, Cyzique)*, et triomphe spartiate (*Aegos Potamos* 405 ; victoire de Lysandre) : Sparte impose le gouv. aristocratique des *Trente* [dont Théramène (vers 450-404), opposé à Critias († 403) et condamné à mort]. *1re phase, guerre d'Archidamos :* rôle d'Alcibiade [(vers 450-404) général athénien ; 416, l'île de Mélos refusant de s'allier à Athènes est prise et mise en esclavage (hommes massacrés). 415 inspire expédition de Sicile (échec), déserte, pousse Sparte contre Athènes, s'entend avec Perses ; élu stratège à Samos, bat Spartiates à Abydos (410) et Cyzique (410), revient à Athènes, assassiné]. **403** démocratie restaurée par Thrasybule (vers 460-388) qui, aidé des Thébains, chasse les Trente d'Athènes. **394-362 guerre de revanche contre Sparte,** menée par coalition thébo-athénienne : *Agésilas II*, roi de Sparte (398-358), bat les confédérés à *Coronée* (394) ; sauve Sparte malgré défaite de *Leuctres* (372). **377-362** hégémonie de Thèbes. **362** *Épaminondas* (né 418, béatifié) tué à *Mantinée,* victoire sur Sparte. **357** confédération (Phocidiens, Athéniens, Spartiates) contre Thèbes qui écrase *Phocidiens* avec l'aide de Philippe II de Macédoine (les Macédoniens appartenaient à des tribus gr. apparentées aux Doriens ; leurs rois disaient descendre de la famille royale de Téménides, originaire d'Argos). Conscient du péril macédonien, *Démosthène* (Athénien, 384-322) invite les Gr. à l'union. *Épigones* [noms donnés aux 7 fils (*épigonos*, descendant) des 7 chefs qui avaient participé à la 1re expédition contre Thèbes et avaient tous été tués (sauf le roi d'Argos)] dont

> **QUELQUES LÉGENDES**
>
> **Antigone.** Fille d'*Œdipe* et de *Jocaste* (ou d'*Euryganie*), sœur d'*Étéocle*, *Polynice* et *Ismène*, guida son père aveugle pendant son exil et, après la mort de celui-ci, revint à Thèbes où son oncle *Créon* avait pris le pouvoir. Après la *guerre des Sept contre Thèbes*, le roi interdit d'enterrer les vaincus dont Polynice. Mais Antigone donna une sépulture à son frère : elle fut alors enfermée dans un tombeau où elle se donna la mort. *Haemon*, son fiancé (le fils de Créon), la découvrit et se suicida sur son cadavre. *Eurydice*, sa mère (épouse de Créon), se suicida également.
>
> **Les Argonautes.** *Jason* réclama à son oncle *Pélias* le royaume d'*Iolcos* dont il avait dépossédé son père ; Pélias promet de le lui rendre s'il rapporte la *Toison d'or*. Jason et 49 compagnons, représentant chacun une ville, partent sur l'*Argo* [piloté par Lyncée à la vue perçante (d'où l'expression « œil de lynx »)], pour aller chercher la Toison d'or à Aea (en Colchide). Mais le roi *Aeétès*, qui la détient, impose des conditions : Jason doit labourer un champ avec des taureaux crachant le feu, y semer des dents de dragon que possédait Aeétès et affronter les guerriers qui pousseraient alors dans ce champ. Avec l'aide de la fille d'Aeétès, *Médée*, magicienne amoureuse de lui, Jason remporte les épreuves. Jason l'épousera mais l'abandonnera ; elle se vengera en égorgeant ses enfants. Les Argonautes, Médée et son frère *Apsyrtos* s'enfuient ; en chemin, Médée tue son frère, le démembre, jetant ses membres à la mer pour retarder Aeétès dans sa poursuite.
>
> **Dédale.** Pour avoir tué, par jalousie, son neveu et disciple *Talos*, doit fuir Athènes. Il se réfugie à la cour de *Minos*, roi de Crète, et construit le *Labyrinthe*. Minos le retient prisonnier pour s'assurer ses services. Dédale fabrique alors pour lui et son fils, **Icare**, des ailes en plumes et cire (mais Icare, ignorant les avertissements de son père, s'approche trop près du soleil, la cire fond et il tombe dans la mer).
>
> **Ganymède.** P^ce légendaire de Troie (fils de Tros). Très beau, Zeus en fit son échanson. Symbolisa amour homosexuel.
>
> **Molossos.** Fils d'*Hélénos* et d'*Andromaque*, roi de la Molossie (ancienne contrée d'Épire célèbre pour l'élevage des chiens).
>
> **Procuste.** Brigand qui étirait ou raccourcissait les voyageurs, les mettant à la mesure exacte du lit sur lequel il les étendait.

Amphiaros, Alcméon et Amphiloque ; *Mécissée* Euryale ; *Parthénopée* Promaque ; *Capanée* Sithénélos ; *Polynice* Thersandre, qui décidèrent une 2e expédition qui réussit. Noms donnés aussi aux fils et successeurs des lieutenants d'Alexandre.

Essor de la Macédoine : vers 360/359 roi **Philippe II** (vers 382-336), ép. vers 357 Olympias (fille du roi d'Épire) qui sera sa principale épouse, dont il aura Alexandre. **338**-*2-8* à *Chéronée* bat Thébains et Athéniens. Rôle de Lycurgue à Athènes. **337** ligue de Corinthe (regroupant les cités gr. sauf Sparte) ; les Gr. déclarent une guerre nationale contre la Perse, avec Philippe comme généralissime ; il s'éprend de Cléopâtre (Macédonienne) : elle attend un enfant qui risque de régner ; Alexandre s'exile en juillet 336. Philippe est poignardé par Pausanias [tombeau retrouvé 1977 dans le théâtre de Vergina (ancienne Aigai, capitale de la Macédoine)]. **Alexandre III le Grand** (21-7-356/10 ou 13-6-323, près de Suse), fils de Philippe (selon la légende, fils de Zeus Ammon). Ép. *Roxane,* fille du P^ce bactrien Oxyarthès (dont il aura Alexandre IV) et en 324, 2 P^cesses (dont 1 fille de Darius). **334** avec 34 500 h. (dont 4 500 cavaliers) part conquérir l'Asie, laissant le gouvernement à Antipater (397-319). A Gordion, un oracle lui ayant dit que celui qui délierait le *nœud gordien* (attachant timon et joug au char qui aurait appartenu à Gordios, père du roi Midas) serait maître de l'Asie, il tranche le nœud. *Granique,* Darius III battu. **333**-*1-11 Issos,* Alexandre bat Darius III, soumet Phénicie. **333-31** occupe Égypte, fonde Alexandrie. **332**-*janv./août* assiège Tyr. **331** franchit Euphrate puis Tigre. *-Oct.* plaine de *Gaugamèle* (près d'Arbèles), bat Darius III. Entre à Babylone et Suse. **330**-*janv./mai* séjourne en Perse. *-Mai* palais de Persépolis détruit. *-Été* poursuit Darius en colère, tue Parménion (G^al macédonien). *-Juillet* Darius assassiné. Alexandre le fait inhumer à Persépolis et poursuit Bessos, satrape de Bactriane. **329**-*printemps* traverse l'Hindou Kouch ; arrive en Bactriane où Bessos a pris le nom d'Artaxerxès IV. *-Été* passe l'Oxus (Amou-Daria) et pénètre en Bactriane. Bessos exécuté. **328**-*été* opérations en Sogdiane. Cleitos puis Callisthène exécutés. **327**-*printemps* part pour l'Inde. **326** passe l'Indus (monté sur *Bucéphale*, qui est tué). *-Été* bat le roi Poros. *-Automne* ne peut dépasser le fleuve Hyphase (aujourd'hui Biâs) en Inde : pluies torrentielles. Les soldats refusent d'aller plus loin vers l'est. Doit ordonner le retour. **325**-*août* part vers Gédrosie (Baloutchistan actuel). *-Sept.* flotte avec Néarque remonte golfe Persique. *-Déc.* jonction Néarque/Alexandre en Carmanie. **324**-*janv.* à Pasargades, fait restaurer le tombeau de Cyrus. *-Févr.* noces de Suse. *-Printemps* sédition d'Opis. **323** *Babylone,* fait construire une flotte pour une expédition en Arabie. *-10-6* meurt. Il aurait fondé 70 Alexandrie [en fait, 7 furent bâties de son vivant : Alexandrie d'Égypte (janv. 331), du « Caucase » (déc. 330), de Tarmata (juin/juillet 329), Eschaté (oct.), de Makarène (sept. 325), d'Opiène (hiver), de Susiane (avril/mai 324 au fond du golfe Persique)]. A sa mort, ses G^aux et successeurs, les diadoques [*Antigone* (vers 380/85-301, roi d'Asie 307), *Séleucos Ier Nicator* (le Vainqueur, vers 358-280) en Babylonie, *Cassandre* (vers 358-297, fils du Gal Antipater) en Macédoine qui fonda Thessalonique, *Ptolémée Ier Sôtêr* (le Sauveur, vers 367-283, roi d'Égypte 305-285, fils de Lagos)], luttent quarante ans pour le partage de son empire et créent la civilisation gr. d'Orient *(hellénistique)*, qui durera 10 siècles. Centre principal : Alexandrie (Égypte). Ils reconnaissent comme rois *Philippe Arrhidée* (demi-frère d'Alexandre le Grand, simple d'esprit) et *Alexandre IV* (fils d'Alexandre le Grand et de Roxane) et ils assument la régence. Meleagre (G^al macédonien), qui avait obtenu la Lydie, complote contre Perdiccas qui le fait exécuter. En Macédoine et dans le reste de la G. ancienne : dynastie des Antigonides (jusqu'en 277). **322** *guerre lamiaque :* l'Athénien *Léosthène* assiège le Macédonien *Antipater* à Lamia, mais est tué ; Antipater s'échappe et bat les Athéniens à *Crannon*, mort de *Démosthène*. **319** Antipater meurt ; *Polyperchon*, qu'il a désigné pour lui succéder (reconnu ni par Cassandre, fils d'Antipater, ni par les généraux d'Alexandre), fait appel à *Olympias* (mère d'Alexandre) ; elle fait exécuter plus de 100 opposants. **318** *Phocion* (402-318, stratège partisan des Macédoniens) exécuté à Athènes. **316** *Cassandre* tue Olympias (puis Roxane et son fils Aegos), épouse *Thessalonica*, demi-sœur d'Alexandre, s'allie à Séleucos, Ptolémée Ier et Lysimaque contre Antigone. **310-309** Alexandre IV est tué par les anciens généraux de son père. **301** Antigone tué à Ipsos. **295-272** *Pyrrhus* (roi d'Épire) veut conquérir Italie, Sicile, Carthage..., bat Romains à *Héraclée* (il perd 13 000 h., les Romains 15 000, d'où l'expression « victoire à la Pyrrhus »).

Guerres de Macédoine contre les Romains : 215-205 1re guerre : *Philippe V Antigonide* s'allie à Hannibal contre Romains, échec. **200-197** 2e : *Cynoscéphales,* Flaminius bat Macédoniens, les cités reprennent leur indépendance. **194-183** *Philopœmen* (né 253, dit le « dernier » des Grecs dans le sens de « meilleur »), stratège de la *ligue achéenne* (coalition des cités gr. pour résister aux Romains, créée 280) ; s'était distingué contre Sparte [à Sellasie (222) et Mantinée (207)] et les Étoliens [à Larissa (208)] ; pris à Messène (soulevée par Romains), condamné à boire la ciguë. **171-168** 3e : *Paul Émile,* consul romain, bat *Persée,* fils de Philippe V, à *Pydna ;* Macédoine divisée en 4 districts autonomes. Anarchie.

PÉRIODE ROMAINE (146 AV. J.-C. – 330 APR. J.-C.)

167 ligue étolienne (cités d'Étolie au nord du golfe de Corinthe) vaincue. **146** la Macédoine puis toute la G. deviennent romaines (à partir de 27 av. J.-C., provinces d'Achaïe). **88-84** Épire, Macédoine et de nombreuses cités soutiennent Mithridate contre Rome : échec. *Sous l'Empire*, les cités gr. ont un régime libéral (villes libres ou cités fédérées). Villes principales : Athènes (université), Corinthe (colonie romaine), Patras (colonie fondée en 16 apr. J.-C.). A partir de Dioclétien (284 apr. J.-C.), fait partie du diocèse de Mésie, allant au nord jusqu'au Danube. **326** fondation, à Byzance, de Constantinople qui éclipsera Athènes comme capitale : une grande partie de la population gr. se concentre en Asie Mineure, laissant la péninsule gr. presque vide. **395** rattachée à l'empire d'Orient (empereurs, voir **Turquie**). **396** Alaric (roi des Wisigoths) pille Péloponnèse, repoussé par Stilicon.

DU MOYEN AGE A L'INDÉPENDANCE

■ **Moyen Age. 529-805** les Slaves (Serbes à l'O., Bulgares à l'E.) occupent Macédoine, Thrace, Thessalie. **723** l'Église orthodoxe se sépare de Rome et se rattache à Constantinople. **805** l'empereur Nicéphore Ier repousse les Slaves au nord du Rhodope ; Salonique principale place forte byzantine. **904** Salonique prise et pillée par Arabes d'Égypte. **1185** par Normands de Tancrède. **1204** croisés latins prennent Constantinople. G. divisée en *4 États indépendants : 1°) roy. de Thessalonique* (patriarcat latin 1204-1418) ; *2°) duché d'Athènes,* latin (cap. Thèbes, Athènes étant devenue un village) : détruit et annexé par Turcs 1462 ; *3°) princée d'Achaïe* ou *de Morée* [c.-à-d. du Péloponnèse, cap. Andreville (actuellement Andravida, à 65 km de Patras) ; archevêché latin à Patras] ; *1307* passe à la dynastie d'Anjou-Naples. *1341* récupérée en partie par la dynastie byzantine des Cantacuzène et transformée en despotat de Morée (cap. Mistra). *1438* entièrement reconquise par dynastie byzantine des Paléologues. **1461** conquête turque ; *4°) despotat d'Épire :* demeure gr. à l'O. : dynastie des Comnène (1204-1318) ; conquis par Albanais (1318-1400) ; fief byzantin (1400-30) ; conquis par Turcs (1431). Crète, nommée *Candie*, attribuée à Venise, qui la défendra jusqu'en 1669 contre les Turcs.

■ **Période moderne. XVIe-XVIIIe s.** partie de la Turquie d'Europe (cap. Constantinople) depuis 1453 (exceptions : Corfou et les îles Ioniennes, demeurées vénitiennes). **1684-1718** les Vénitiens réoccupent puis reperdent la Morée (Péloponnèse) ; conservent les îles Ioniennes et Corfou. **1769** révolte de la *Maïna* (sud Péloponnèse). Les Maïnotes sont vaincus mais gardent des bandes armées. **1797** fin de la Rép. de Venise : îles Ioniennes deviennent françaises. **1800** conquises par Russes, forment la *République septinsulaire*, sous protectorat turc. **1803** Thomas Bruce, Cte d'*Elgin* (1766-1841), rapporte à Londres une frise du Parthénon. **1807** paix de Tilsitt : îles Ioniennes redeviennent françaises. **1809** 6 îles conquises par Angl., mais Corfou (Gal Donzelot) résiste jusqu'en juin 1814. **1818** îles Ioniennes indépendantes, sous protectorat anglais ; langue officielle : grec. **1819** *Alî, pacha de Janina,* lutte contre le sultan et accepte les avances de l'hétairie. **1820**-*janv.* firman du sultan Mahmûd le prive de tous ses titres. Alî décide une levée en masse de 40 000 h. Mais le successeur de Mahmûd, *Ismaïl Pacha bey*, arrive de son côté à la tête de troupes nombreuses. Les soldats d'Alî s'enfuient. *-Août* les Ottomans assiègent 17 mois Janina [où le pacha, enfermé

Les cités grecques

Elles ont adapté des traditions indo-européennes apportées par les Ioniens, puis les Doriens (aristocratie militaire possédant des chevaux, des esclaves domestiques et agriculteurs).

Cité ayant gardé son caractère aristocratique. SPARTE : les envahisseurs doriens ont obtenu 6 000, puis 9 000 lots fonciers en Messénie, répartis par Lycurgue au IXe s. entre les familles nobles. Le lot familial, ou *klêros*, reste théoriquement la propriété de l'État, mais il est transmis héréditairement. Le roi reçoit un domaine royal également héréditaire ; un autre domaine réservé est laissé aux divinités locales. Les *périèques,* anciens habitants demeurés libres, travaillent comme artisans, les *hilotes* ou *esclaves* sont attachés aux domaines des nobles (on les enivrait et les excitait afin que le spectacle de leur ivresse inspirât à la jeunesse l'horreur de l'alcoolisme). En 464-462, ils se révoltent à Sparte mais sont exterminés. Le seul métier des nobles est celui de la guerre. Ils finissent par s'éteindre : 8 000 possesseurs de lots en 430, 1 500 après Leuctres (371 av. J.-C.), 700 en 300.

Cité ayant évolué vers la démocratie. ATHÈNES : au IXe s., elle compte 1 080 familles nobles (souche ionienne), réparties en 360 *genai* (latin *gentes*) ; leurs membres, les *eupatrides,* ont seuls, à l'origine, les droits politiques, la possession des terres (de l'Attique) et l'obligation du service armé. Les cultivateurs (ou *géomores*) sont attachés aux domaines nobles ; les artisans (ou *démiurges*) sont les anciens habitants du pays, soumis politiquement. Le roi d'Athènes perd au VIIIe s. av. J.-C. sa dignité héréditaire ; ses fonctions deviennent électives, d'abord pour 10 ans puis, après 682, pour 1 an : un *archonte-roi* est élu parmi les eupatrides et a des fonctions surtout représentatives ; il n'est que le 2e personnage de la cité. Le 1er personnage est l'archonte *éponyme,* qui donne son nom aux lois et décrets. On élit chaque année 7 autres archontes, dont le chef militaire, le *polémarque.* Les archontes sortis de charge se réunissent à l'*aréopage* (conseil législatif et haut tribunal). *Élection des archontes :* jusqu'au VIIe s., seuls les nobles ioniens (eupatrides) étaient éligibles et électeurs. A partir de 650, sont admis comme électeurs tous les anciens démiurges ayant acheté des terres en Attique et devenus propriétaires fonciers. En 621, un noble, *Dracon,* promulgue le *code draconien* qui rend éligibles tous les propriétaires terriens non nobles, s'ils sont assez riches pour servir comme hoplites à leurs frais. L'aristocratie se transforme en *ploutocratie.*

☞ Au VIIe s., 6 spécialistes étaient chargés de rédiger et de publier les lois pénales dont celle de Dracon qui punissait de mort tous les crimes.

Ploutocratie modérée de Solon. En 594, Solon abaisse le cens (min. de revenus nécessaire pour être élu à des charges de magistrats) mais seuls les plus riches, ayant plus de 400 médimnes de revenus, peuvent devenir archontes. Il établit une *ecclêsia* (ass. gén. du peuple) qui réunit les propriétaires terriens et décide de la guerre, des impôts et de l'octroi de la citoyenneté athénienne.

Réaction aristocratique de 561. Les eupatrides rejettent la réforme de Solon. *Pisistrate,* propriétaire foncier du mont Parnès, à la tête de ses géomores, surnommés les montagnards *(diakrioi),* prend le pouvoir, supprime les ass. et exerce un pouvoir « tyrannique » héréditaire (*tyrannos* signifie « qui prend le pouvoir par la force »). Les Pisistratides garderont le pouvoir jusqu'en 510.

Réforme démocratique de Clisthène (508). *Démocratie* veut dire « gouvernement des *dèmes* ». L'Attique, y compris Athènes et sa banlieue, est divisée en 190 dèmes. A l'intérieur de chacun, les terres sont redistribuées et les propriétaires de parcelles, nobles ou non nobles, envoient des représentants au Conseil des Cinq Cents (20 dèmes font une tribu, et chacune des 10 tribus envoie 50 membres) [les *bouleutes*, tirés au sort, travaillent à tour de rôle par groupe de 50 pendant un 10e de l'année ; le chef de groupe est changé toutes les 24 h]. Le peuple rend la justice : il se réunit au *tribunal de l'héliée* (6 000 citoyens tirés au sort chaque année et répartis en sections de 500 membres). Les non-esclaves recensés au moment du nouveau partage des terres deviennent citoyens athéniens, qu'ils soient nobles ou non. Cependant les esclaves forment la majorité (6 esclaves pour 1 citoyen libre). En 458, les censitaires de 3e classe (150 médimnes) peuvent être élus à l'archontat. En 411, les aristocrates reprennent le pouvoir et en 404, avec l'aide des Spartiates, fondent la *tyrannie des Trente.* La démocratie est rétablie en 403 par *Euclide* et fonctionne jusqu'à la conquête macédonienne.

Population. Citoyens athéniens 25 000, esclaves 150 000 (achetés en Thrace et en Épire), métèques (de *meta*, changement, et *oikos*, maison) 100 000 (la plupart sont des Grecs d'une autre cité qui s'adonnent au commerce maritime. Soumis à une taxe spéciale de 12 drachmes, ils sont inscrits comme résidents dans un dème déterminé. S'ils reçoivent la citoyenneté athénienne, ils deviennent membres de leur dème résidentiel).

Ostracisme (procédure de vote). Chaque citoyen est appelé à écrire sur un tesson ou une coquille (*ostrakon*) le nom de celui qu'il veut voir éloigné de la cité.

Colonies ou **clérouchies.** Fondées entre 570 et 340 par Athènes, la plupart sur la mer Égée (par exemple dans les îles de Salamine et de Naxos, ou à Amphipolis en Thrace). Les terres y sont partagées par des envoyés du Conseil des Cinq Cents et réparties à parts égales entre les membres des 10 tribus d'Attique. Les citoyens des clérouchies sont appelés Athéniens résidant à... (*klêr-ouchia* signifie « possession d'un klêros », lot foncier dans la tradition indo-européenne). Les colonies fondées par des particuliers sans intervention du Conseil des Cinq Cents deviennent cités indépendantes mais gardent des liens culturels et commerciaux avec la métropole (par exemple Nexos en Sicile).

dans sa forteresse de l'île, au milieu du lac, est tué le 22-2-1822 dans un guet-apens (sa tête fut envoyée à Istanbul)]. **1821**-*2-4* soulèvement contre Turcs. Environ 40 000 musulmans tués dans le Péloponnèse. Istanbul : à Pâques, les janissaires pendent le patriarche Grégoire V à la porte de l'église du Phanar. Plusieurs évêques et de nombreux Gr. sont tués. *-Déc.* Assemblée constituante réunie (à Épidaure). **1822** représailles après une révolte de Lycourgos Logethin (chef de Samos), *massacres de Chios,* 25 000 †, 40 000 esclaves. *-13-1* indépendance de la G., gouv. gr. établi à *Missolonghi,* présidé par **Alexandre Mavrocordato** (1791-1865) ; mais n'est pas accepté par le Péloponnèse (rébellion de Colokotronis). *-Déc.* 2e Assemblée à Astros (à 30 km au sud de Nauplie) : conflit Mavrocordato/Colokotronis. Nouveau gouv. établi à *Kranidi* (en face de Spetsai) : à sa tête Coundouriotis. **1823**-*mars* **Petros Mavromichalis** Pt. *-Déc.* **Georgios Coundouriotis** Pt. **1823-28** *Charles Fabvier* (C^{el} français, 1782-1855) organise armée insurgée *(taktikon).* **1824** lord Guilford restaure à Corfou l'Académie ionienne fondée 1808 (dissoute 1814) : foyer antiturc. *-19-4* siège de *Missolonghi* où meurt, de maladie, le poète anglais Byron. Guerre civile. **1825** Mahmûd fait appel à son vassal Mehmet Alî, pacha d'Égypte (1769-1849), qui était déjà intervenu dans la Crète révoltée depuis juillet 1821 (en échange, Mehmet lui demande l'inclusion de la Crète dans son pachalik et la nomination de son fils Ibrahim comme gouverneur de Morée). *-Févr.* Ibrahim débarque dans le Péloponnèse. L'armée du sultan attaque dans le nord. **1826**-*mars* art. 8 du *traité de Bucarest* : Mahmûd s'incline ; la convention d'Akkerman place les 3 régions sous protection du tsar. *-Avril* Missolonghi tombe. Protocole Angl./Russie de St-Pétersbourg (les 2 puissances envisagent de proposer leur médiation entre Ottomans et Gr. avec un État gr. autonome). *-Juin* Acropole d'Athènes tombe. *-13-12* Fabvier sauve Athènes assiégée par les Turcs. **1827**-*printemps* 3e Assemblée nationale à Trézin : nouvelle Const. prévoyant un Pt *(kubernetis)* élu pour 7 ans et 1 Chambre des députés. L'Assemblée fait appel à Capo d'Istria.

1827-*mars* **Jean Capo d'Istria** [11-2-1776/assassiné 9-10-1831 ; min. de l'Intérieur et des Aff. étr. des îles Ionniennes 1802-07, puis au service de la Russie 1809, participe au congrès de Vienne, min. des Aff. étr. de Russie 1816-22] gouverneur de la Grèce. *-Juillet* traité de Londres Angl./Russie/Fr. sur un État gr. autonome dans le cadre de l'Empire ottoman. *-20-10* flotte turque détruite à *Navarin* (6 000 h. dont beaucoup d'origine gr.) par 3 escadres : anglaise (amiral Codrington), française (amiral de Rigny), russe (amiral Heiden). **1828**-*17-8* intervention française en Morée (Gal Maison), les Égyptiens d'Ibrâhîm pacha, alliés des Turcs, rembarquent. **1828-29** *guerre russo-turque* (Russes prennent Andrinople 20-8-1829). **1829**-*14-9* autonomie *(traité d'Andrinople).* **1830**-*3-2* **indépendance** *(traité de Londres). -21-3* Léopold de Saxe-Cobourg, futur roi des Belges, refuse la couronne de G. **1831**-*9-10* Capo d'Istria assassiné, pour des raisons privées, à l'instigation de la famille Mauromichalis. *-Déc.* **Augustinos Capo d'Istria,** son frère, Pt jusqu'en avril 1832.

■ **Royaume. Maison de Wittelsbach. 1832**-*7-5* **Othon Ier** [P^{ce} Othon de Bavière (1-6-1815/26-7-1867), 2e fils du roi Louis Ier ; ép. 22-11-1836 Amélie d'Oldenbourg (21-12-1818/20-5-1875), protestante ; sans enfants] ; **1835**-*25-1* débarque à Nauplie (capitale), accompagné du Cte d'Armansperg, Pt de la régence. *-1-6* Othon déclaré majeur transfère sa capitale à Athènes. **1842** le gouv. ne peut continuer à payer la dette de l'État. Les puissances exigent des économies (surtout l'armée). **1843**-*3-9* coup d'État. *-14-9* les militaires obligent Othon à confier le pouvoir à *André Metaxas* (chef du parti russe) et à promettre la convocation d'une Ass. constituante. **1844**-*18-3* Const. proclamée par « Ass. nationale » siégeant avec des députés du roy. et des territoires asservis (Thessalie, Épire, Macédoine). **1846** *École française d'Athènes* fondée (américaine 1882, anglaise 1885). **1852** loi confiant l'autorité suprême au synode, présidé par le métropolite d'Athènes et non plus par le roi. **1854** *guerre de Crimée ;* l'opinion, encouragée par le roi, soutient les Russes ; 2 bandes essaient de soulever Thessalie et Épire. *-Mai* débarquement franco-anglais au Pirée pour obliger Othon à confier le gouv. à A. Mavrocordato. **1862**-*10-10* les garnisons de Nauplie et d'Athènes se révoltent, poussées par Constantin Canaris (1793-1877), Demetrios Voulgaris, Venizelos Roufos. *-24-10* Othon déchu, refuse d'abdiquer, quitte la G., rentre en Bavière. Les 3 conjurés forment un Conseil de régence qui convoque une nouvelle Ass. nationale.

■ **Maison d'Oldenbourg. 1863**-*31-10* **Georges Ier** (24-12-1845/18-3-1913), né Guillaume [2e fils de Christian IX roi du Danemark (1818-1906), ép. 27-10-1867 G^{de} D^{chesse} Olga de Russie (22-8-1851/18-6-1926)]. **1864** G. reçoit îles Ioniennes. Nouvelle Const. : le roi de G. devient roi des Grecs. Suffrage univ. établi, inamovibilité des juges. **1881**-*mai* Turquie cède Thessalie et partie de l'Épire (région d'Arta : 13 400 km^2, environ 800 000 hab.). **1892-1903** grande fouille de Delphes. **1897** G., voulant aider la Crète, est battue par Turquie ; sauvée par grandes puissances. Crète devient autonome. **1898**-*26-2* échec d'un attentat contre Georges Ier. **1900**-*13-4* fouilles de Cnossos (Crète) ; Arthur John Evans, archéologue anglais (1851-1941), découvre le tombeau d'Agamemnon. **1912-13** guerres balkaniques contre Turquie (18-10-1912) puis Bulgarie (29-6-1913) [*traité de Bucarest* (10-8-1913) : G. reçoit îles du N.-E. de l'Égée, Crète, grande partie de Macédoine et Épire]. **1913**-*18-3* Georges Ier assassiné.

1913-*18-3* **Constantin Ier** (2-8-1868/Palerme, 11-1-1923), fils de Georges Ier [ép. 27-10-1889 Sophie (14-6-1870/13-1-1932) P^{cesse} de Prusse, fille de Frédéric III empereur d'All., sœur de Guillaume II]. *-Déc.* conférence de Florence sur l'Épire du Nord (donnée au nouvel État albanais). **1914**-*mars* la G. doit évacuer Épire du N. où s'était constitué un « gouv. » indépendant. **1915**-*15-3* Constantin, favorable aux Empires centraux, renvoie son PM **Élephthérios Venizélos** (Crète 11-8-1864/Paris 18-3-1936), favorable aux Alliés. *-Août* Venizélos revient au pouvoir et invite les Alliés à débarquer à *Salonique. -30-9/12-10* Anglo-Français débarquent. *-5-10* Constantin dissout le Parlement et remplace Venizélos par Zaimis. **1916**-*16-1* Gal Sarrail C^{dt} en chef allié. *-27-5* Bulgares occupent Macédoine orientale (les Gr. se retirent sans combat). *-22-6* **Alexandre Zaimis** PM. *-31-8* Salonique, « Comité de défense nationale ». *-11-9* Bulgares occupent Kavalla. *-12-9* Zaimis démissionne. *-25-9* Venizélos s'enfuit en Crète, qu'il rallie au Comité. *-Oct.* l'amiral français Dartige du Fournet occupe Le Pirée. *-21-10* Venizélos constitue à Salonique un gouv. reconnu par Alliés. *-4-11* **Skouloudis** PM. *-Nov.* déclare guerre à Bulgarie. *-1-12* Constantin attaque marins français et partisans venizélistes (54 Français †). L'escadre franco-anglaise tire 64 coups de canon sur la ville (environ 120 †). *-19-12 législatives :* abstention des venizélistes, Chambre dévouée au roi. Les Alliés décrètent le blocus de la G. **1917**-*11-6* Charles Jonnart (1857-1927), haut-commissaire allié à Athènes, exige abdication de Constantin et de son fils aîné Georges à qui les Alliés reprochent d'avoir suivi une formation dans l'armée prussienne ; ils s'exilent en Suisse. *-14-6* Constantin désigne son 2e fils pour lui succéder et quitte la G.

1917-*14-6* **Alexandre Ier** (2-8-1893/25-10-1920 des suites de morsures d'une guenon au zoo de Tatoï), 2e fils de Constantin [ép. 17-11-1919 Aspasia Manos (1896-1972) dont 1 fille, Alexandra (25-3-1921/30-1-1993), qui ép. 1944 Pierre II de Yougoslavie (1923-70)]. Prisonnier dans son palais, il ne jouera aucun rôle effectif. *-27-6* **Venizélos,** revenu à Athènes, PM. *-28-6* déclare guerre à l'All. **1919**-*27-11 traité de Neuilly :* la G. obtient de la Bulgarie la Thrace occ. (côte égéenne entre les fleuves Nestos et Évros). **1920**-*27-6* contingents alliés évacuent Athènes, Thessalie et points occupés (sauf Thessalonique). *-12-8 traité de Sèvres :* Turquie cède à G. Thrace orientale, îles d'Imbros et de Ténédos, l'admin. de la région de Smyrne [17 500 km^2 (occupée par la G. en 1919, référendum prévu après 5 ans sur le rattachement à la G.)] ; l'Épire du N. (prise en 1912) revient à l'Albanie avec statut d'autonomie. *-Oct.* Venizélos renversé.

1920-*oct.* **amiral Paul Coundouriotis** (1855-1935) régent. *-5-12 plébiscite,* 99 % pour retour de Constantin.

1920-*19-12* **Constantin Ier.** **1921-22** *guerre gréco-turque.* **1922**-*28-9* Constantin abdique en faveur de son fils aîné.

1922-*28-9* **Georges II** (19-7-1890/1-4-1947), 1er fils de Constantin Ier ; duc de Sparte (1-2-1914) [ép. 27-2-1921 P^{cesse} Élisabeth de Roumanie (12-10-1894/14-11-1956), divorce 6-7-1935]. Insurrection d'officiers venizélistes menés par Nicolaos Plastiras. *-11-10* armistice de *Moudania* avec Turquie. *-15-11 :* 5 royalistes exécutés dont Dimitrios Gounaris. **1923**-*janv.* convention sur échange obligatoire de pop. 1 500 000 Gr. de Turquie émigrent (350 000 se fixent à Athènes). Sont dispensées de l'échange obligatoire la minorité turque de Thrace occ. (120 000) et la minorité gr. d'Istanbul (120 000). *-24-7 traité de Lausanne :* Turquie reprend Smyrne, Thrace orientale, Imbros, Ténédos ; les Italiens ont le Dodécanèse, l'Angl. Chypre, l'Albanie, l'Épire du N. *-16-12 élections :* succès des venizélistes. Georges II quitte la G.

1923-*18-12* **amiral Paul Coundouriotis** régent. **1924**-*25-3* République proclamée, **amiral Paul Coundouriotis** Pt. **1926**-*mars* **Theodoros Pangalos** Pt. *-Août* **P. Coundouriotis** Pt. **1929**-*déc.* **Alexandre Zaimis** Pt. **1933**-*10-3 élections :* succès royaliste en Macédoine. **1935**-*1-3* insurrection venizéliste en Thessalonique écrasée. *-Juin élections :* succès royaliste. *-Oct.* Ass. restaure monarchie et Const. de 1911. **Georges Khondylis** régent. *-2-11 plébiscite,* 95 % pour la monarchie.

1935-*25-11* **Georges II** restauré, arrive à Athènes. **1936**-*4-8* Parlement dissous. *-5-8* dictature du **Gal Ioánnis Metaxás** (1871-1941), PM à vie en 1938, soutenue par Angl. **1939-40** ligne fortifiée construite face à la Bulgarie, dite ligne Metaxás. **1940**-*28-10* invasion italienne repoussée. **1941**-*29-1* Metaxás meurt. **Alexandres Koryzis** PM. *-6-4* Allemands attaquent la G. *-18-4* Koryzis se suicide. *-Avril/mai* **Emmanuel Tsouderos** PM. *-20-4* évacuation des troupes anglaises. *-24-4* après la capitulation de l'armée d'Épire, signée sans en référer au gouv., Georges II annonce le départ du gouv. pour la Crète. *-27-4* Allemands entrent à Athènes. *-20-5* invasion allemande en Crète. *-24-5* gouv. gr. quitte Crète pour Le Caire (puis 20-9 Londres). **1941-44** pertes civiles (famine, résistance) : 520 000 †. Résistance : Armée populaire de libération nationale (Elas), Armée nationale démocratique grecque (Edes), Mouvement de libération national et social (Ekka) et autres organisations plus petites. Elas et Edes se disputent les « zones libérées » de la G. centrale ; milieu 1943, certains éléments de l'Edes font défection, entrant dans les

Architecture

■ **Période préhellénistique. Acropoles.** *Tirynthe ; Mycènes* (Péloponnèse) : porte des Lionnes (triangle de décharge). **Murailles.** *Mycènes :* murs « cyclopéens » faits de gros blocs, des petites pierres comblant les interstices. *Tirynthe :* murs pélagiques (blocs irréguliers, sommairement ravalés ; 7 à 8 m d'épaisseur, 17 m dans les parties casematées). *Gla* (en Béotie) : les plus longues. **Tombeaux** « à fosses » *(Mycènes)* et « à chambre ». Tumuli de Troade. **Trésors.** Tombes « en tholos » ou « à coupole » de l'époque mycénienne abritant les offrandes de la cité à son roi ou prince. Baptisées trésors à cause de la richesse des offrandes : *Mycènes* (trésor d'Atrée) ; *Orchomène* (Béotie, prétendu trésor de Minyas) ; *Archanaï* (Crète).

■ **Périodes classique et hellénistique. Édifices pour assemblées politiques ou religieuses. Grèce :** *Athènes :* agora (VIe s. av. J.-C.). *Éleusis :* télestérion (portique dorique du IVe s. par Philon : 54,15 × 51,80 m). *Délos :* salle hypostyle (fin IIIe s. : 57 × 34 m). **Turquie :** *Milet :* bouleutérion. *Priène :* ecclésiastérion. **Fortifications. Grèce :** *Samikon* (VIe-Ve s.). *Thasos. Éleuthères* (IVe s.). *Égosthènes.* **Italie :** *Euryale,* forteresse de *Syracuse* (début IVe s.). *Paestum.* **Portiques** ou **stoas** [boutiques, lieux pour les offrandes, abris pour les visiteurs ou malades, réfectoires ou dortoirs, usage profane, lieu de réunion des philosophes (stoïciens)]. **Grèce :** *Athènes :* stoa d'Attale. *Argos :* héraïon. *Délos. Delphes. Olympie.* **Turquie :** *Pergame.* **Stades. Grèce :** *Athènes* (70 000 places). *Corinthe. Délos. Delphes* (5 000). *Épidaure. Olympie* (45 000).

☞ **Définitions :** *agora :* centre de la vie publique. *Bouleutérion :* salle de réunion de l'assemblée municipale (*boulè*). *Ecclésiastérion :* parlement. *Hypostyle* (« sous les colonnes ») : grande salle dont le plafond est supporté par des colonnes. *Odéon* (gr. *ôdeion,* édifice destiné à des concours musicaux) : destiné aux auditions musicales. *Télestérion* (« bâtiment éloigné ») : salle réservée à des initiés.

Temples. 1°) Caractéristiques. En général sur un *podium* (ou *krepis*), de 3 marches (3e appelée *stylobate).* L'ensemble du sanctuaire s'appelle *téménos.* Une clôture, le *péribole,* l'entoure. *Prostyle :* temple ayant un portique à colonnes devant l'entrée, tourné généralement vers l'est. *Amphiprostyle :* ayant un portique à chaque extrémité. La partie fermée s'appelle *secos.* Comprend le *naos* ou *oikos* (en latin : *cella*), partie centrale où se trouve la statue du culte, *pronaos,* vestibule, *opisthodome,* façade postérieure. Certains ont un *propylée,* entrée monumentale, un *adyton,* accessible uniquement aux prêtres, qui contenait l'idole ou servait de chambre d'oracle, et un *stoa :* portique. *Tholos :* sépulture à rotonde et à coupole ; puis temple circulaire. *Toiture* dans les grands édifices, avec, au milieu, une ouverture rectangulaire pour la lumière (temple *hypèthres*). *Hypostyle* (voir col. a).

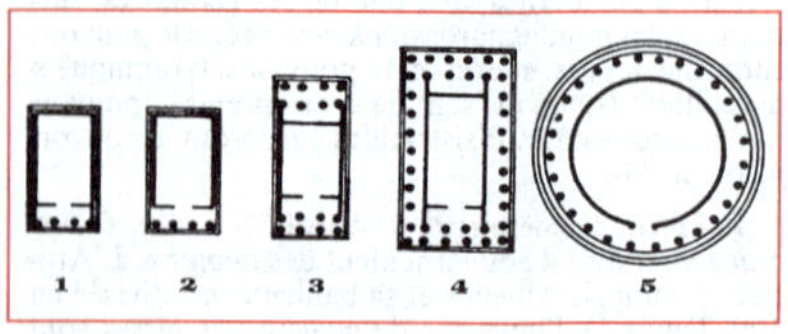

Ordonnances de temples grecs. 1. In antes. 2. Prostyle. 3. Amphiprostyle. 4. Périptère. 5. Tholos. *(Guides Bleus, Éd. Hachette)*

2°) Classification. Depuis Vitruve (Ier s. av. J.-C.) suivant : a) l'*ordre* (type de colonne et de chapiteau utilisé) : dorique, ionique ou corinthien ; b) la *disposition des colonnes,* si elle comprend : des *antes :* embouts des 2 murs encadrant les 2 colonnes peu saillantes ; un *péristyle* simple *(périptère)* ou double *(diptère)* avec colonnes indépendantes ; un *pseudo-périptère* ou *pseudo-diptère* si les colonnes sont engagées dans le mur ; c) le *nombre des colonnes* du portique en façade (2 : distyle ; 4 : tétrastyle ; 6 : hexastyle ; 8 : octastyle ; 10 : décastyle) ; d) l'*espacement des colonnes* (pycnostyle : de 1 diamètre 1/2 ; systyle : 2 diamètres ; eustyle : 2 1/4 ; diastyle : 2 3/4 à 3 ; aérostyle : plus de 3).

3°) Temples doriques. Grèce. Athènes : *Parthénon,* temple dédié à Athéna [périptère, construit par Ictinos et Callicratès, de 447 à 432 av. J.-C. ; longueur : 69,50 m ; largeur : 30,85 m ; hauteur des colonnes (8 en façade et 17 sur les côtés) : 10,43 m ; partie des frontons de la frise de Phidias au British Museum, Londres [marbres de lord Elgin (1766-1841, ambassadeur d'Angl.), donnés par la Turquie pour remercier l'Angl. de l'avoir aidée en Égypte contre Bonaparte, apportés en Angl. de 1801 à 1811 lorsque Bonaparte devint l'allié des Turcs en attaquant les Russes (Elgin dut finir les travaux précipitamment), vendus par Elgin à l'Angl. 356 000 £ ; la G. demande leur restitution] ; le 26-9-1687, un obus vénitien atteignit le Parthénon qui servait de poudrière aux Turcs (14 des 46 colonnes de la galerie furent abattues). Réplique construite en 1897 à Nashville (Tennessee, USA). *Théséion* (vers 428 ; périptère ; le temple gr. le mieux conservé ; 31,77 × 13,64 m ; hauteur : 10,38 m). **Bassae** (près de Phigalie) : temple d'Apollon Épicourios (consacré peu après 420, construit par Ictinos ; 39,87 × 16,13 m, 6 × 15 colonnes ; bien conservé). **Corinthe :** d'Apollon (dorique archaïque, 550 à 525 ; 53,30 × 21,36 m). **Delphes :** d'*Apollon* (IVe s. ; 60,30 × 28,80 m ; ruines). **Égine :** d'*Aphaïa* (480 ; groupes des frontons à Munich ; 29 × 14 m). **Épidaure :** *d'Asclépios* (375). **Némée :** de *Zeus* (fin IVe s.). **Olympie :** de *Zeus* [460 ; périptère par Libon d'Élée, ruiné (64 × 28 m ; hauteur 25 m ?)] ; d'*Héra* (vers 640 ; 50 × 19 m) ; *Métrôon.* **Sounion :** de *Poséidon* (vers 425). **Tégée :** d'*Athéna* Aléa (IVe s.). **Italie. Paestum** (IVe et Ve s.) : de *Poséidon* (Ve s. ; bien conservé) ; *« Basilique »* (VIe s.) ; de *Déméter.* **Sicile. Sélinonte** (VIe s.). **Agrigente** (430 av. J.-C.) : de la *Concorde.* **Ségeste** (430 av. J.-C.) : inachevé. **Syracuse** (Ve s.) : d'*Athéna* (égl. Ste-Lucie).

Grands ensembles. Grèce : *Athènes. Corinthe. Délos. Delphes* (à l'origine Pythia, d'où le nom de « pythie » pour la prêtresse d'Apollon qui rendait des oracles). *Épidaure. Olympie.* **Sicile :** *Agrigente :* temples de la Concorde, d'Héra, de Castor et Pollux, d'Héraclès, de Zeus. *Sélinonte :* 6 temples. *Taormine :* théâtre, temples. **Turquie :** *Pergame :* autel de Zeus (frise au musée de Berlin), gymnase, bibliothèque, thermes, théâtre, temples, agora. *Éphèse. Milet. Priène,* etc.

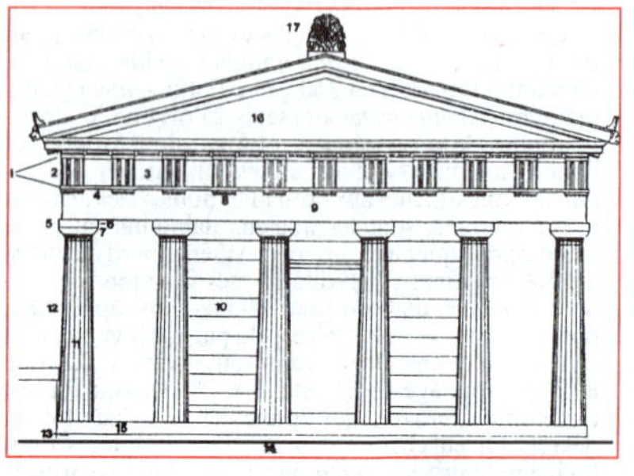

Façade de temple dorique : 1. Frise. 2. Triglyphe. 3. Métope. 4. Listel. 5. Chapiteau. 6. Abaque. 7. Échine. 8. Goutte. 9. Architrave. 10. Naos. 11. Fût cannelé. 12. Colonne. 13. Euthyntéria. 14. Fondations. 15. Krépis. 16. Fronton. 17. Acrotère. *(Dictionnaire de l'archéologie. Éd. Laffont)*

☞ *Cariatides :* du nom des jeunes Lacédémoniennes célébrant Artémis Caryatis dans son temple à Carya (près de Sparte). Les hab. de Carya s'étant alliés aux Perses, les Grecs tuèrent les hommes et s'emparèrent des femmes. Les architectes grecs figurèrent celles-ci à la place de leurs colonnes (mot fixé en 1546). Ils utilisèrent aussi des figures d'hommes (appelées *perses,* ou *atlantes* en Grèce, ou *télamons* à Rome).

bataillons de sécurité du gouv. collaborateur d'Athènes. **1944**-*14-4* **Sophocle Venizélos** PM. *-26-4* **Georges Papandhréou** PM. *-Automne* l'EAM (Front nat. de libération créé et dirigé par le PC, 1 500 000 m.) contrôle la majeure partie du pays. *-Oct.* accord Staline/Churchill (G.-B. se réserve une prédominance à 90 % en G.) ; Allemands évacuent Athènes. *-14-10 :* 10 000 Anglais (Gal Ronald Scobie) arrivent. Les Anglais et le gouv. Papandhréou exigent le désarmement des 70 000 combattants de l'Elas et sa dissolution. *-1-12* ultimatum de Scobie. *-3-12* Athènes, manif. de l'EAM sur la place Syntagma ; la police tire (28 †). *-4/5-12* l'EAM prend Athènes. *-25-12* Anglais les chassent (ils partent : 3 000 fusillés et 5 000 otages).

1944-*31-12* **Mgr Damaskinos** (3-3-1891/20-5-1949) régent. **1945**-*5-1* Elas quitte Athènes. *-12-2 accord de Varkiza :* les communistes acceptent de dissoudre l'EAM contre une amnistie qui exclut les délits de droit commun (pour lesquels ils seront poursuivis massivement : 100 000 passent dans la clandestinité). *Tués* dans la guerre civile : environ 150 000. **1946**-*12-2* **guerre civile,** PC déclenche lutte armée. *-31-3* communistes attaquent poste gouvernemental à Lithoro.

1946-*1-9* **Georges II** restauré. *-27-9* rentre après *plébiscite* (70 % pour). *-28-10* armée démocratique : chef *Gal Markos Vafiadis* (né 1906/23-2-1992) [1947-déc. PM du gouv. démocratique provisoire : « gouv. des montagnes » ; 1948-21-8 se réfugie en Albanie ; après la défaite communiste, va à Moscou ; 1950-oct. accusé de titisme, exclu du KKE, P. communiste ; 1956-mars réhabilité ; 1961 réexclu ; ouvrier horloger dans l'Oural ; 1983-25-3 rentre en G. ; 1985 et 90 député du Pasok]. **1947**-*10-2 traité de Paris :* l'Italie restitue le Dodécanèse. Seul pays d'Europe à voter contre la création d'Israël. *-1-4* Georges II meurt.

1947-*1-4* **Paul Ier** (14-12-1901/6-3-1964), frère de Georges II [ép. 9-1-1938 Pcesse Frederika de Hanovre (18-4-1917/6-2-1981), fille du Pce Ernest Auguste, chef de la maison royale de Hanovre (1887-1953)]. **1949**-*29-8* **fin de la guerre civile,** communistes écrasés dans la montagne de Grammos par le *Gal Thrasyvoulos Tsakalotos* (pourchassés jusqu'à la reconnaissance officielle du PC en 1974 par Caramanlis). *Bilan :* effectifs communistes 30 000 dont 10 000 femmes ; gouvernementaux 200 000 ; pertes communistes 3 128 † (140 000 selon les communistes), 598 prisonniers, 4 500 bl. ; gouvernementaux 590 †, 3 130 bl., 24 000 enfants gr. déportés en Albanie communiste ; 30 000 réfugiés gr. dans les pays de l'Est. **1952** G. entre à l'Otan. *-10-10* **Mal Alexandre Papagos** PM. **1955**-*4/5-10* Papagos meurt. *-6-10* **Constantin Caramanlis** PM. **1959**-*11-2* accord gréco-turc de Zurich sur Chypre. *-19-2* accords de Londres avec G.-B. et Turquie sur Chypre. **1963**-*22-5 Gregorios Lambrakis* (né 1913), député de gauche, blessé, meurt quelques j après ; police impliquée (17-9, 4 officiers incarcérés) [sujet du film *Z* de Costa-Gavras]. *-11-6* Caramanlis démissionne puis, le 9-11, part clandestinement pour Paris où il vivra jusqu'en juillet 1974. *-Nov.* **Georges Papandhréou** PM.

1964-*6-3* **Constantin II** (né 2-6-1940), fils de Paul Ier, roi des Hellènes, Pce de Danemark. Ép. 18-9-1964 Pcesse Anne-Marie de Danemark (née 30-8-1946), fille du roi Frederik IX, dont 5 enfants : Pcesse Alexia (10-7-1965) ép. 9-7-1999 Carlos Morales ; Pce Paul (né 20-5-1967), diadoque de G. [successeur (du titre donné aux Gaux d'Alexandre qui se partagèrent l'Empire)], duc de Sparte, ép. 1-7-1995 Marie-Chantal Miller (Américaine, née 1968) dont Maria-Olympia (26-7-1996), Constantin-Alexis (29-10-1998) et Achileas-Andreas (13-8-2000) ; Pce Nicolas (né 1-10-1969) ; Pcesse Théodora (née 9-6-1983) ; Pce Philippos (né 24-4-1986). *Sœurs :* Pcesse Sophie (née 2-11-1938), ép. 14-5-1962 l'infant d'Espagne don Juan (futur Juan Carlos), voir à l'Index. Pcesse Irène (née 11-5-1942). **1965**-*juin* Parlement rejette la demande de la gauche de traduire en justice Caramanlis et plusieurs ministres, accusés d'affairisme. *-15-7* G. Papandhréou démissionne. *-16-9* **Stephanos Stephanopoulos** PM. **1966**-*21-12* procès de l'*Aspida* (fils de Papandhréou accusé de tentative de subversion des forces armées). *-22-12*/**1967**-*30-3* **Jean Paraskevopoulos** (né 1900) PM. *-3-4* **Panayotis Canellopoulos** PM. *-14-4* Chambre dissoute. *-21-4* craignant un succès de la gauche, *l'armée prend le pouvoir* (Cels : Nicolas Makarezos, Georges Papadhópoulos, Stylianos Patakos) ; environ 70 000 déportés dans l'île de Yaros. *-13-12* échec d'un coup d'État du *roi qui s'exile à Rome* [reconnaîtra en 1991 le référendum de 1973 et cédera à la G. forêts de Polydentri (5 000 ha), demeure à Corfou (31 ha)].

■ **Régence. 1967**-*14-12* **Gal Georges Zoïtakis** (1910-96) régent (le 23-8-1975 sera condamné à perpétuité puis libéré), **Georges Papadhópoulos** PM. **1968**-*29-9 référendum* sur Const. (pour 91,87 % ; contre 7,76 ; abst. 22,5). **1969**-*12-12* G. quitte Conseil de l'Europe pour prévenir son exclusion. **1971**-*10-4* il reste 450 prisonniers politiques ; échange d'ambassadeurs avec Albanie. **1972**-*1-1* levée de la loi martiale sauf à Athènes, au Pirée et à Salonique. *-21-3* **Georges Papadhópoulos** démet Zoïtakis et assume les fonctions de régent. **1973**-*26-1/-6-3* agitation étudiante. *-23-5* complot militaire déjoué.

■ **République (proclamée 1-6-1973). 1973**-*juin* **Gal Georges Papadhópoulos** (5-5-1919/27-6-1999) régent [*-3-7* Averoff, ancien min. des Aff. étr., arrêté] puis *-29-7* élu Pt de la Rép. (*référendum :* 78,4 % oui, 21,6 % non). Gal *Odysseus Anghelis* vice-Pt (né 1912 ; écarté 1973, condamné 1975 à l'emprisonnement à perpétuité, se pendra en prison le 22-3-1987). *-10-8* amnistie, loi martiale levée. *-6-10* **Spyros Markezinis** (1909-2000) PM civil. *-7-10* le gouv. versera 120 millions de drachmes (20 millions de F) pour les biens expropriés de la famille royale. *-14-11* troubles étudiants (École polytechnique occupée). *-17-11* loi martiale, révolte du groupe du 17-Novembre (voir p. 1105 c) réprimée par le Gal Nikos Dertillis et le Cdt Dimitris Ioannidis (chef de la Sûreté) : 34 †. *-25-11* coup d'État, **Gal Phaedon Ghizikis** (né 16-6-1917) prend le pouvoir, abolit Const. de 1968-73. *-Nov.* **Adamatios Androutsopoulos** (né 1919) PM. **1974**-*15-7* putsch à Chypre à l'instigation des généraux grecs après l'intervention turque, tension gréco-turque. *-23-7* Ghizikis démissionne. Papadhópoulos arrêté (sera emprisonné à Korydallos). *Retour des civils au pouvoir* dont C. Caramanlis (rentré de Paris le 24-7). *-24-7* amnistie générale. *-31-7* accord provisoire sur Chypre avec Turquie. *-1-8* Const. de 1952 rétablie (sauf article sur souverain et famille royale). *-15-8* G. quitte Otan. *-23-9* partis autorisés (même ceux interdits depuis 1948). *-23-10* Papadhópoulos déporté. *-17-11 législatives :* victoire de Caramanlis. *-8-12 référendum* (en %) : pour Rép. 68,2, monarchie 31,2 (abstentions 20). G. réintègre Conseil de l'Europe. **1975**-*24-2* échec putsch militaire.

1975-*19-6* **Constantin Tsatsos** (1899-1987) élu Pt par le Parlement. *-23-8* Papadhópoulos, Patakos et Makarezos condamnés à mort (peine commuée en prison à vie, puis graciés). **1976**-*1-5 Alecos Panagoulis* (38 ans, député opposition modérée) tué accident de voiture (attentat ?). **1978** 40 000 exilés politiques (sur 60 000 partis depuis 1945) demandent à rentrer en G. *-10-3* rencontre Caramanlis/Ecevit (PM turc) à Montreux. *-22-10 municipales* à Athènes : victoire du Pasok. *-17-12* Athènes, 51 bombes (29 revendiquées par extrême droite). **1979**-*28-5 adhésion à CEE et Ceca. -Sept.* relations diplomatiques avec Vatican.

1980-*5-5* **Constantin Caramanlis** (8-3-1907/23-4-1998), dit *O Theo,* « le Dieu », élu Pt au 3e tour par 183 députés sur 300). *-20-10* G. réintègre Otan. **1981**-*1-1* entrée effective dans la CEE. *-Févr.* séisme à Athènes (environ 20 †, 75 000 sans-abri). *-21-10* **Andhréas Papandhréou** PM [5-2-1919/23-6-1996, fils de Georges († 1968), gouverneur des îles de la mer Égée. 1937 trotskiste, exil aux USA. 1939 torturé 2 j (signe une confession donnant quelques noms). 1944 citoyen américain (sert 2 ans dans l'US Navy) ; après la guerre, enseigne dans plusieurs universités (doyen de l'université de Californie). 1960 retour, élu député. 1964 renonce à son poste à Berkeley et à sa citoyenneté américaine ; (févr.) élu à Patras ; ministre délégué auprès de son père PM ; (nov.) accusé de corruption, perd son portefeuille (6 mois plus tard, devient ministre adjoint de la Coordination économique). 1965 (15-6) son père PM congédié. 1967 (21-4) coup d'État des colonels. 1968 exil en Suède puis au Canada. 1974 (3-9) fonde Pasok. 1989 (15-7) épouse en 3es noces Dimitra Liani (née 30-4-1955),

Problème de la mer Égée

■ **Origine.** **1923**-*24-7- traité de Lausanne :* la souveraineté gr. est reconnue sur toutes les îles, sauf Imbros, Ténédos et les îles et îlots situés à 3 milles de la côte turque. Les eaux territoriales s'étendent à 6 milles autour des îles. **1958** *convention internationale de Genève* admet que les îles aient leur propre plateau continental (pour toutes les mers) et fixe à 12 milles la limite maximale dans laquelle les États peuvent exercer leur juridiction. La G. adhère mais réserve sa décision quant à son application (elle reste à 6 milles). La Turquie n'y adhère pas (elle applique la règle des 6 milles en mer Égée et des 12 milles en Méditerranée et mer Noire). **1982** la G. signe la convention prévoyant une extension des eaux territoriales à 12 milles. Entrée en vigueur le 16-11-1994. **1995**-*31-5* convention ratifiée par le Parlement grec.

■ **Position turque.** La mer Égée doit être répartie entre Grèce et Turquie selon une ligne médiane tenant compte exclusivement des côtes continentales, et faisant abstraction des îles. Néanmoins, si l'on découvre des hydrocarbures en mer Égée, la Turquie est prête à consentir à la G. un droit d'exploitation en commun, quelle que soit la position géographique du gisement. Le 29-1-1996, les Gr. ayant déployé un drapeau sur un îlot rocheux de 400 m² (Kardak), inhabité, adjacent à l'île d'Ismia, les Turcs ont rappelé qu'ils souhaitaient négocier le statut d'un millier d'îlots.

■ **Position grecque.** La mer Égée est gr. jusqu'à 6 milles nautiques de toutes les côtes, y compris celles des îles (les eaux de la mer Égée étant par là ainsi réparties en % : haute mer 48,85, eaux territoriales gr. 43,68, turques 7,47). En adoptant les 12 milles, la répartition devient : haute mer 19,71, eaux territoriales gr. 71,53, turques 8,76. La G. a le droit d'y réglementer la circulation maritime et aérienne, d'y accorder des concessions de recherches pétrolières et d'y surveiller les pêcheries. Pour la G., le problème du plateau continental de la mer Égée est surtout une question de sauvegarde de l'intégrité de son territoire insulaire, et beaucoup moins une question d'exploitation des ressources naturelles.

■ **Problèmes annexes.** **Militarisation des îles :** selon le traité de Paris (1947), la G. n'a pas le droit de militariser certaines îles de la mer Égée ni l'ancien Dodécanèse italien. Quoique la Turquie n'ait pas ratifié la convention de Genève de 1958 sur le plateau continental, des îles ont droit à un plateau continental [reconnu par la Cour internationale de justice comme une règle de droit coutumier liant tous les États, indépendamment de tout engagement conventionnel (arrêt de 1969 sur la délimitation du plateau continental de la mer du Nord)]. La G. a militarisé les îles après la création par la Turquie d'un corps d'armée de la mer Égée et d'une importante flotte de chalands de débarquement. Le traité de Lausanne (1923), qui prévoyait la démilitarisation des détroits et des îles Lemnos et Samothrace, a été remplacé par le traité de Montreux qui a abrogé les clauses de démilitarisation. **Iles restées turques :** Imbros 95 % de Grecs, Ténédos 75 % ; elles auraient dû, d'après le traité de Lausanne, devenir autonomes ; la G. craint leur turquisation forcée.

■ **Navigation aérienne.** Le 23-2-1980, les Turcs ont accepté de revenir au système de sa réglementation par la G. seule en mer Égée.

Aristote Onassis (1906/Neuilly, 15-3-1975). *1922* doit quitter Smyrne. *1923* (sept.) part pour l'Argentine avec 100 $. Importe du tabac grec, exporte viande et laine. *1929* achète son 1er navire. *1946* épouse **1°)** Athina (Tina) Livanos (fille du plus riche armateur grec). 2 enfants : *Alexandre* (1948/22-1-1973 après accident d'avion le 22) et *Christina* (1950/19-11-1988 d'un œdème pulmonaire ; elle aurait absorbé des sédatifs) [elle avait épousé 1°) juillet 1971 Joe Bolker, courtier en bâtiment, Américain de 27 ans plus âgé ; 2°) 22-7-1975 Alexandre Andréadis, armateur grec ; 3°) 1-8-1978 Serguéi Kausov, Soviétique ; 4°) 17-3-1984 Thierry Roussel (divorce mai 1987, remarié en 1988 à Gaby Landhage) dont 1 fille, Athéna (née 29-1-1985) qui héritera de 250 à 500 millions de $ (40 cargos et supertankers de plus de 6 millions de tjb, un yacht, *le Petit Trianon,* l'île de Skorpios, etc.) ; T. Roussel recevra une rente annuelle de 1 420 000 $ à condition que les revenus de l'héritage ne descendent pas au-dessous de 4 250 000 $]. *1953* contrôle la Sté des bains de mer à Monaco. *1957* fonde Olympic Airways. *1957* rencontre la Callas. *1960* divorce (Tina épousera le Mis de Blandfort puis Niarchos). *20-10-1968* ép. **2°)** Jackie Kennedy (1929-95).

Stavros Niarchos (1909/14-4-1996). Épouse **1°)** 1939 Melpomène Capparis ; **2°)** 1947 Eugénie Livanos († suspecte 3-5-1970, empoisonnée par barbituriques ?), 3 fils (dont Constantin † 1-6-1999 d'overdose), 1 fille ; **3°)** déc. 1965 Charlotte Ford (divorce 1967), 1 fille ; **4°)** 21-10-1971 Athina Livanos, divorcée d'Onassis († 10-10-1973).

ancienne hôtesse de l'air]. **1982**-*17/24-10 municipales :* victoire Pasok. **1983**-*9-1* dévaluation de 15,5 %. *-18-3* Georges Athanassiadis (éditeur du *Vradyni,* journal de droite) assassiné. *-Avril* Gal Markos rentre en G. *-15-7* accord sur l'avenir des 4 bases américaines (3 500 pers.) en Crète et Attique. **1985** Nicolas Momferratos, propriétaire d'un journal de droite *(Apoghevmatini)*, tué. *-8-3* Pasok s'oppose à la réélection de Caramanlis. *-10-3* Caramanlis démissionne. **1985-87** plan d'austérité.

1985-*29-3* **Khrístos Sárdzetakis** (né 1929, ancien juge d'instruction de l'affaire *Lambrakis*) élu Pt par 180 députés sur 300 avec 112 abst. *-5-4* Athènes : 200 000 manifestants contre cette « élection illégale ». *-2-7 législatives :* victoire Pasok. *-11-10* dévaluation de 15 % ; programme de rigueur. *-17-11 :* 100 000 manifestants ; 1 anarchiste de 15 ans tué par police. *-26-11* attentat (2 policiers †). **1986**-*8-4* Dimitri Anghelopoulos, industriel, assassiné. *-12/15-5* Sárdzetakis en Fr. **1987**-*mars* tensions avec Turquie (navire scientifique turc au large de la G. provoque alerte militaire). *-10-6* la G. renonce à usine d'alumine devant être construite par Soviét. à 11 km de Delphes. *-Été* canicule (1 200 †). *-28-8* fin officielle de l'état de guerre avec Albanie (institué 1940). *-3-11* accord avec Église sur transfert à l'État de 150 000 ha (souvent en jachère, appartenant à 423 monastères, la plupart dépeuplés). **1988**-*30/31-1* et *-3-3* Papandhréou (PM) rencontre Turgut Özal, PM turc. *-28-4* Agop Agopian, fondateur et chef de l'Asala, assassiné. *-13-6* Özal en G. (1re visite officielle d'un PM turc depuis 36 ans). *-28-6* William Nordeen, attaché naval américain, tué (voiture piégée). *-5-7* attentats à Athènes. *-11-7 :* 3 terroristes attaquent le bateau *City-of-Poros,* 11 touristes †. *-Juillet/août* canicule (2 000 †). *-27-8* Papandhréou hospitalisé à Londres (triple pontage coronarien) ; *-22-10* rentre en G. *-11-11* après le départ du min. de l'Intérieur, démission du min. de la Justice, Agamemnon Koutsoyorgas (à la suite de l'affaire *Koskotas,* banquier accusé d'avoir détourné 230 millions de $ de la banque de Crète et d'avoir remis 20 millions de $ au PM et au Pasok). Extradé en 1989 des USA, sera, le 8-11-1994, condamné à 5 ans de prison.

1989-*23-1* organisation révolutionnaire du 1er-Mai tue un magistrat. *-10-3* Athènes, attentat contre BNP. *-19-3 :* 1 million de manifestants à Athènes. *-18-6 européennes* et *législatives ;* Nlle Démocratie n'obtient pas la majorité. *-22-6* Papandhréou hospitalisé. *-2-7* **Tzannis Tzannétakis** (Nlle Démocratie) PM transitoire avec la Coalition de gauche et de progrès (3 ministres communistes : Intérieur, Justice, 1 suppléant à l'Économie nat.) pour une « catharsis » (épuration) de la vie politique. *-8/9-8* une commission d'enquête examine les conditions d'achat par Papandhréou de 40 Mirage – 2000 français (en 1985, 45 millions de $ pièce, soit 24 millions de plus que ceux achetés par la Suisse), 40 F-16 américains et 307 missiles français Magic 2. *-24-8* Nicos Athanassopoulos (ancien ministre socialiste délégué aux Finances) traduit devant tribunal spécial. *-29-8* terme « guerre de rébellion » aboli. Les anciens combattants communistes pourront recevoir des pensions. Les dossiers sur les convictions politiques des Gr. sont brûlés. *-26-9* Mikis Théodorakis, ancien député communiste, s'allie à la Nlle Démocratie pour « éliminer le terrorisme de G. et rejeter le Pasok ». *-28-9* le Parlement décide par 166 voix contre 121 de traduire Papandhréou devant une cour spéciale (affaire *Koskotas*) ; début du procès 11-3-1991 ; accusé de corruption passive et de recel, acquitté 17-1-1992. *-11-10* **Yannis Grivas** (Pt de la Cour de cassation) PM intérimaire jusqu'aux législatives. *-22/23-10* attentats à la bombe contre Nlle Démocratie. *-5-11 législatives :* Nlle Démocratie (46,28 % des voix) manque de 3 sièges la majorité absolue de 151 sièges. *-20-11 :* 1re chaîne de TV privée. *-21-11* **Xénophon Zolotas** PM d'union nationale. **1990**-*29-1* Kotomini (Thrace occ.), des musulmans d'origine turque manifestent contre condamnation à 18 mois de prison d'un ex-député, Ahmet Sadik, pour « diffusion de fausses rumeurs ». *-3-3 présidentielle :* aucun candidat n'a le nombre de suffrages suffisant [21-2 : 1er tour (Khrístos Sárdzetakis, PC : 151 voix) ; 25-2 : 2e (Sárdzetakis : 21 ; Yannis Alévras, Pasok : 127 ; les conservateurs de la Nlle Démocratie se sont abstenus, comme au 1er tour, après le refus de Caramanlis d'être de nouveau candidat) ; 3-3 : 3e (Alévras : 128 ; Sárdzetakis : 21 ; abst. des conservateurs)]. *-8-4 législatives :* victoire de la Nlle Démocratie. *-10-4* **Constantin Mitsotakis** (né 18-10-1918, dit *O Psilos,* « le Grand », conservateur) PM.

1990-*4-5* **Constantin Caramanlis** Pt. *-21-5* la G. reconnaît Israël. *-14* et *-21-10 municipales : Melina Mercouri* (1925-94, Pasok) battue à Athènes. *-28-12* Mitsotakis annonce la libération des 7 chefs de la junte militaire (au pouvoir 1967-74) ; désapprouvé par l'opinion, il revient sur sa décision. **1991**-*8-1* arrivée de 5 000 Albanais de souche gr. *-10-1* manif. (3 † à Athènes). *-3-4* Athènes : 6 attentats revendiqués par terroristes ELA et 1er-Mai. *-19-4* attentat (Palestiniens ?) à Patras (7 †). *-7-11* grève à Athènes : 30 000 manifestants contre gouv. **1992**-*31-7 traité de Maastricht ratifié* (286 voix pour, 8 contre, 6 abst.). *-Août/sept.* 4 grèves générales contre projets de réformes. *-20-11* G. adhère à l'UEO. *-10-12* Athènes, 1 000 000 de manifestants contre reconnaissance internationale de la Macédoine (ex-Yougoslavie), accusée d'usurper un nom grec. **1993**-*9/23-8* visite de l'ex-roi Constantin et de sa famille (en exil à Londres, pas revenu en G. depuis 1981). *-13-10* **Andhréas Papandhréou** PM. *-30-10* environ 5 000 réfugiés albanais expulsés en 10 j. **1994**-*16-2* fermeture de la frontière et embargo contre Macédoine (ARYM). *-11-4* accrochage frontière albanaise. *-13-4* loi privant le roi et sa famille de leur nationalité gr. et de leur fortune. *-25-4* Georges Gennimatas, min. de l'Économie, meurt. *-20-5* commission d'enquête sur pots-de-vin (22,5 millions de $) qu'aurait acceptés Mitsotakis. *-Juillet* la Commission européenne met à disposition de la G. 13,98 milliards d'écus avant 2000 pour sa modernisation (paquet « Delors II » : tous transferts confondus, elle en recevra 35, soit 600 écus par an, par hab. *-15-8/5-9 :* 25 000 clandestins albanais expulsés. *-19-9* attentat à Athènes : 1 †, 11 bl. *-16* et *-23-10 municipales* et *départementales* (1ers préfets élus). *-22/23-10* inondations (9 †). *-19-12* veto gr. à union douanière avec Turquie. **1995** privatisations : télécom. (en partie), chantiers navals, pétrole.

1995-*10-3* **Constantin (Costis) Stephanopoulos** (né 15-8-1926) élu le 8-3 Pt au 3e tour par 181 voix (Pasok + Pola) contre 109 à Athanase Tsaldaris (Nlle Démocratie). *-19-3* commando du Mavim (extrémistes grecs anti-albanais) arrêté. *-Mars* on aurait découvert à Athènes la tombe de Socrate. Cité romaine découverte près de Cnossos. *-20-5* Théodore Papazoglou, leader communiste, †. *-15-6* Aegion, séisme (21 †). *-21/26-7* Athènes, 6 000 ha de pins incendiés. *-Sept.* les musulmans pourront devenir officiers. *-13-9* accord avec Macédoine (ARYM). *-14-10* levée de l'embargo. *-17/18-11* Athènes, mutinerie à la prison de Korydallos (4 †). **1996**-*15-1* Papandhréou démissionne. *-18-1* **Constantin,** dit **Costas, Simitis** (né 23-6-1936) PM. *-29-1* incident avec Turquie (voir encadré col. a). *-23-6* Papandhréou meurt. **1997**-*janvier* le *Lycée* d'Aristote et la *Grotte* d'Euripide localisés à Athènes. **1998**-*mars* drachme dévaluée de 13,8 %, entrée dans le SME. *-24-7* incendies sur Olympe, Taygète, Pentélique. *-18-10 élections municipales* et *régionales :* défaite du Pasok. **1999**-*7-9* séisme au nord d'Athènes (5,9) [environ 130 †]. **2000**-*8-2* Stephanopoulos réélu Pt. *-8-6* Stephen Saunders attaché militaire brit. tué (groupe du 17-Novembre). *-Juin* Athènes et Salonique, manifestations des orthodoxes contre le projet de suppression de la religion sur la carte d'identité. *-26-9* naufrage d'un ferry, 77 †. **2001**-*1-1* entrée dans la monnaie unique. **2004** jeux Olympiques à Athènes.

☞ **Groupe du 17-Novembre :** *origine* (discutée) *: 17-11-1973* révolte des étudiants contre dictature militaire réprimée dans le sang à l'École polytechnique d'Athènes. *1975/fin 1994* commet environ 50 attentats et plus de 21 assassinats (dont 14 avec le même revolver, revendications rédigées avec la même machine à écrire) dont ceux de Richard Welch de la CIA le 28-12-1975, Petrou et Pavlos Bakoyannis (députés de la Nlle Démocratie), 1 diplomate turc le 4-7-1994 à Athènes.

■ Institutions

■ **Statut.** *République.* **Constitution** du 11-6-1975. **Pt** élu pour 5 ans par la Chambre des députés ; doit recueillir 200 voix (les 2/3 de l'Ass.) au 1er ou au 2e tour, ou 180 au 3e tour, sinon l'Ass. est dissoute. **Assemblée** *(Vouli)* : 300 membres dont 288 élus pour 4 ans et 12 députés de l'État désignés par les partis. **Nomoi** (départements) : 55. **Régions :** 13. Membre de l'UE depuis 1-1-1981. **Fêtes nationales.** 25-3 (soulèvement 1821 contre Turcs), 28-10 (jour du « non » : ultimatum italien rejeté en 1940). **Drapeau** (adopté en 1832, modifié en 1970, remplacé en 1975 par une croix blanche sur fond bleu puis réadopté en 1981). 9 bandes bleu et blanc représentant les 9 syllabes de la devise : « La Liberté ou la Mort ». Blanc : pureté du combat pour l'indépendance, bleu : mer et ciel. En haut à gauche, croix blanche sur fond bleu (foi). **Emblème.** Soleil de Vergina, adopté févr. 1993 : étoile à 16 rayons représentant le soleil décorant l'urne funéraire du roi Philippe II découverte à Vergina.

■ **Noblesse.** La Constitution de 1844 interdit de porter un titre mais de nombreuses familles, telles les Roma, Metaxas, Capodistria, jouissent de titres étrangers réguliers. L'héritier du trône est le *diadoque*.

■ **Vote.** Obligatoire sous peine d'amende et de privation de passeport. **Élections** (suffrages en % et, entre parenthèses, nombre de sièges). **Législatives : 18-10-1981** Pasok 48,07 (172). ND 35,86 (115). KKE 10,92 (13). **2-7-1985** Pasok 45,82 (161). ND 40,85 (126). KKE 9,89 (12). PC de l'intérieur 1,84 (1). **18-6-1989** ND 44,25 (145). Pasok 39,15 (125). Coalition gauche 13,12 (28). Diana 1,01 (1). Autres 0,55 (1). **5-11-1989** ND 46,19 (148). Pasok 40,67 (128). Coalition gauche 10,97 (21). EA 0,58 (1). Initiative de gauche 10,97 (21). Kollatos écologistes 0,19. Écologistes de G. 0,15. Autres 0,72 (2). **8-4-1990** ND 46,93 (150). Pasok 38,61 (123). Coalition gauche et progrès 10,23 (19). Coalition Pasok 1,02 (4). Diana 0,67 (1). EA 0,77 (1). Indépendants 0,71 (2). **10-10-1993** Pasok 46,9 (170). ND 39,3 (111). Pola 4,9 (10). KKE 4,5 (9). Coalition gauche et progrès 2,9 (0). **22-9-1996** Pasok 41,5 (162). ND 38,1 (108). KKE 5,6 (11). Coalition de gauche autogestionnaire Synaspismos 5,1 (10). Dissidents du Pasok Dikki 4,4 (9). **9-4-2000 :** Pasok 43,79 (158). ND 42,73 (125). Communistes 5,5 (11). Coalition de gauche 3,18 (6). **Européennes : 20-6-1984** Pasok 41,58 (10). ND 38,05 (9). KKE 11,64 (3). PC de l'intérieur 3,42 (1). Union politique nationaliste 2,29 (1). Divers 12,48. **18-6-1989** ND 40,45 (10). Pasok 35,94 (9). Coalition gauche 14,3 (4). Diana 1,37 (1). **12-6-1994** Pasok 37,64 (10). ND 32,66 (9). Pola 8,65 (2). KKE 6,29 (2). Coalition gauche 6,25 (2).

■ **Partis.** **Mouvement socialiste panhellénique (Pasok : Panellinion Socialistikon Kinima)** fondé sept. 1974 par Andréas Papandréou, *Pt :* Costas Simitis depuis 30-6-1996. **Nouvelle Démocratie (ND)** fondée juin 1974 par Constantin Caramanlis, *Pt :* Costas Caramanlis depuis 21-3-1997. **Mouvement social démocratique (Dikki : Dimokratiki Kinoniki Kinisi)** fondé 1995, *Pt :* Dimitri Tsovolas, socialiste. **Printemps politique (Pola : Politiki Anixi)** fondé 1993, *Pt :* Antonis Samaras, droite. **P. communiste de Grèce (KKE : Kommounistiko Komma Ellados)** fondé nov. 1918, *secr. gén. :* Aléka Papariga depuis 1992 [avant, Charilaos Florakis (né 1914) de 1972 à fin 91], 30 000 m. **Coalition de gauche et du progrès (Synaspismos)** fondée 1989, *Pt :* Nicos Constantopoulos depuis déc. 1993 [avant, Maria Damanaki (mars 1991), Leonidas Kyrkos], **ex-PC de Grèce de l'intérieur** fondé 1968. **Démocratie christianique (ch. D)** fondée mai 1953, *Pt :* Nikos Psaroudakis. **Écologistes alternatifs,** direction collective. **P. du socialisme**

démocratique (Kodiso) fondé 1979, *Pt :* Charalambos Protopapas depuis juillet 1984. **P. agraire (KAE),** *Pt :* K. Nassis. **Gauche démocratique unifiée (EDA)** fondée 1951, *Pt :* Manolis Glezos. **Regroupement socialiste unifié de la Grèce (ESPE)** fondé mars 1984, *secr. gén. :* Stathis Panagoulis (qui a quitté le Pasok). **Union démocratique du centre (Edik)** fondée 1974, *Pt :* Neoklis Sarris. **Union politique nationale (Epen : Ethniki Politiki Enosi)** fondée janv. 1984, *Pt :* Chryssanthos Dimitriadis, extrême droite.

■ **Bases militaires américaines.** Suda Bey Heraklion, 500 militaires.

■ ÉCONOMIE

■ **PNB** (en 1999). 11 750 $ par hab. **Population active** (en %) **et,** entre parenthèses, **part du PNB** (en %) : agr. 24,5 (16), ind. 26,4 (25), services 48,1 (56), mines 1 (3). **Économie parallèle :** 31 % du PIB. **Taux de croissance** (en %) : *1998 :* 3,7 ; *99 :* 3,5 ; *2000 :* 3,9. **Chômage** (en %) : *1991 :* 8,6 ; *95 :* 10 ; *2000 :* 11,4 ; *2001 (est.) :* 10,7. L'État a la charge de 500 000 fonctionnaires dont environ 30 % superflus. **Fiscalité :** 25 % du PIB (50 % dans les pays européens). Les salariés (40 % de la pop. active) assument 70 % des charges fiscales, les agriculteurs (27 %) commencent à être imposés (5 % en 1995). **Inflation** (en %) : *1990 :* 20,4 ; *91 :* 19,5 ; *92 :* 15,9 ; *93 :* 14,4 ; *94 :* 10,1 ; *95 :* 8,9 ; *96 :* 8,2 ; *97 :* 5,5 ; *98 :* 4,8 ; *99 :* 2,6 ; *2000 :* 3,2. **Dette extérieure** (en milliards de $) : *1990 :* 21,9 ; *95 :* 39,3. **Dépenses militaires :** *1996 :* 10 % du PIB. **Secteur public :** 70 % du PIB en 1989. **Déficit public** (en % du PIB) : *1999 :* – 1,6 ; *2000 :* – 1. **Dette publique** (en % du PIB) : *1989 :* 104 ; *95 :* 111,3 ; *99 :* 104,9. **Réserves** (en milliards de $) : *1992 :* 4,8 ; *98 :* 17,5 ; *2000 :* 13,4.

■ **Agriculture. Terres** (en %) : incultes 47, cultivées 33 (3 546 000 ha) dont irriguées 8, forêts 20. *Exploitations* (en 1989) : 700 000, morcelées. Rendements faibles. **Production** (en milliers de t, 1999) : betterave à sucre 2 440 ; blé 1 900 ; maïs 1 900 ; tomates 1 990 ; olives 2 068 (58 % des arbres, 496 260 ha en 1994, 390 000 t d'huile) ; agrumes 1 199 ; raisin 1 169 ; p. de t. 900 ; pêches et nectarines 1 040 ; pastèques et melons 600 ; coton 395 ; orge 414 ; raisins secs 335 (en 1985) ; tabac 137 (98 000 ha, environ 17 % des export.) ; citron 125. Vin. **Élevage** (en milliers de têtes, 1999). Poulets 28 000, ovins 9 290, caprins 5 450, porcins 933, bovins 577, ânes 100. Peaux, fourrures. **Pêche.** 188 100 t (en 1998). **Éponges** (en 1996) 11 t. **Aides de l'UE** (en milliards de F) : *1981-89 :* 60 ; *89-93 :* 50 ; *94-98 :* 100. En 1993, elles représentaient 13 000 F par an et par foyer, 6 % du PIB et 50 % des recettes fiscales.

■ **Énergie. Pétrole** (en millions de t) : à Thassos et en mer Égée, *réserves :* 2,6, *production : 1995 :* 0,46 ; *96 :* 0,51 ; *97 :* 0,46 ; *98 :* 0,31 ; *99 :* 0,016. **Gaz :** *réserves :* 113 milliards de m³. **Électricité :** 45,3 milliards de kWh (en 1999), *thermique* 94 % (lignite), *hydroélectricité* 10,2 %. **Mines** (en milliers de t, 1999). Lignite 59 000, bauxite 1 700, magnésite 210 (en 1996), fer 18 (en 1995), nickel, chromite, amiante, cuivre, gypse, marbre, perlite, kaolin, manganèse, plomb, zinc, or, pierre ponce.

■ **Industrie. Production** (en milliers de t, 1999) : ciment 14 030, aluminium 160,8, engrais, textiles artificiels, fer en barres, ammoniac, alumine, verre, produits ménagers, fourrures, chimie, construction navale.

■ **Marine marchande** (en 1997). *3e rang mondial :* 1 927 navires (25 708 074 tjb) dont (en 1996) cargos 748 (12 826 000 tjb), tankers 415 (13 963 000 tjb), paquebots 522 (1 052 000 tjb), divers 328 (94 000 tjb). Sous pavillon étranger (mais à des armateurs gr., en 1997) : 127 (2 785 865 tjb).

■ **Tourisme. Visiteurs** (en millions) : *1990 :* 9,3 ; *95 :* 10,13 ; *96 :* 9,2 ; *97 :* 9 ; *98 (est.) :* 12. **Revenus** (en milliards de $) : *1990 :* 2,57 ; *93 :* 3,24 ; *95 :* 4,9 ; *98 (est.) :* 7.

■ **Commerce** (en milliards de $). **Export./import. :** *1997 :* 11,1/23,6 ; *98 :* 10,7/23,2 ; *99 :* 9,8/25,4.

■ **Rang dans le monde** (en 1999). 4e lignite. 8e coton. 11e bauxite. 12e oranges, nickel. 13e plomb. 14e vin.

GRENADE

Carte p. 895 b. V. légende p. 950.

■ **Situation.** Antilles. Ile montagneuse des îles du Vent à 160 km du Venezuela. **Superficie :** 344 km². **Altitude** *maximale* Mt Ste-Catherine 845 m. **Côtes :** 121 km. **Population.** *2000 (est.) :* 99 700 hab. dont (en 1996) Noirs 82 %, mulâtres 13 %, Indiens. **D.** 289 ; 4 expatriés pour 1 hab. **Langue.** Anglais. **Religions** (en %). Cath. 53, anglicans 13,8, autres protestants 33,2. **Capitale.** *St-George's* 4 439 hab. (en 1991).

■ **Histoire. 1498** découverte par Christophe Colomb. **1650** colonisée par des Français. **1783** cédée à la G.-B. **1956** autonomie. **1958**-*3-1*/**1962**-*31-5* membre de la Fédération des Indes orientales. **1967**-*3-3* État associé à la G.-B. *-Août* **sir Eric Gairy** (1922-97), PM (gouverne aidé d'une police secrète : les « gangs des mangoustes »), renversé. **1974**-*7-2 indépendance.* **1976**-*7-12 législatives :* Parti travailliste unifié (fondé 1950) à 9 sièges sur 15. **1979**-*13-3* coup d'État du New Jewel (Joint Endeavour for Welfare, Education and Liberation). Const. suspendue. Parlement dissous. **Maurice Bishop** (29-5-1944/19-10-1983) PM favorable à Fidel Castro. *-Août* ouragan. **1980-82** construction d'un aérodrome international, les USA redoutant que les Cubains se rendant en Afrique ne s'en servent (3 300 m de longueur, coût 75 millions de $ financé par Libye et CEE, 600 conseillers cubains et 30 soviét.). **1983**-*13-10* Bishop renversé. Conseil militaire révolutionnaire. *-14-10* **Gal Hudson Austin** (né 1938) PM. *-19-10* Bishop libéré par la foule, fusillade [140 † dont Bishop et 3 des anciens ministres, tués par un groupe prosoviétique dirigé par Bernard Coard (ancien vice-PM)]. *-22-10* l'Organisation des pays des Caraïbes orientales demande aux USA d'intervenir. *-25-10* opération « Urgent Fury » : 1 000 paras, 500 marines et 300 h. de la force des Caraïbes [réponse à attentat contre QG amér. à Beyrouth (241 † le 23-10)]. *-30-10* fin des combats. *Bilan :* Américains 19 †, 3 disparus ; Grenadiens 44 † ; Cubains 24 †, 750 prisonniers (?) ; saisis : 6 332 fusils, 111 mitrailleuses, 13 batteries antiaériennes, 66 mortiers de 82 mm, 58 000 livres de dynamite. *-1-11* expulsions : diplomates soviét., militaires coréens, est-allemands, libyens et bulgares. *-9-12* Conseil exécutif provisoire avec **Nicholas Brathwaite** (né 1925). *-18-12* départ des derniers paras amér. (restent 150 MP, 150 conseillers amér. et 400 soldats de la force de paix caraïbe). **1984**-*29-10* aéroport de Point-Saline inauguré. *-3-12 législatives :* NNP a 14 sièges sur 15. *-4-12* **Herbert Blaize** (1918-89) PM ; **1989**-*19-12* meurt. *-20-12* **Ben Jones** PM intérimaire. **1990**-*13-3 législatives :* NDC 7 sièges sur 15. *-16-3* **Nicholas Brathwaite** PM. **1995**-*1-2* **George Brizan** PM. *-22-6* **Keith Mitchell** (né 12-11-1946) PM. **1999**-*18-1 législatives,* victoire du NNP.

■ **Statut.** *Monarchie parlementaire. Membre du Commonwealth.* **Constitution** du 22-2-1967. **Chef de l'État :** reine Élisabeth II. **Gouverneur :** sir Daniel Williams (né 4-11-1935) depuis 8-8-1996. **PM** élu pour 5 ans. **Sénat** (13 m.) et **Chambre des représentants** (15 m.). **Fête nationale.** 7 février (indépendance). **Drapeau** (adopté 7-2-1974). Triangles jaunes (soleil) et verts (agr.), encadrés d'une bande rouge (ferveur et liberté), 6 étoiles (les 6 paroisses de l'île), au centre étoile dans un disque (la capitale) et noix de muscade (île aux épices). **Partis. Rassemblement de mouvements patriotiques. Congrès nat. démocratique (NDC)** fondé 1987, *leader :* Kenny Lalsingh. **Nouveau P. nat. (NNP)** fondé 1984, *leader :* Keith Mitchell.

■ **Dépendances.** *Les Grenadines,* 106 km², 600 îles [dont Cariacou 26,3 km², 8 000 hab. (en 1979)] ; une partie dépend de St-Vincent, Petite Martinique.

■ **Économie. PNB** (en 1999) : 3 460 $ par hab. **Pop. active** (en %) **et,** entre parenthèses, **part du PNB** (en %) : agr. 41 (24), ind. 11 (14), services 48 (62). **Chômage** (en 1999) : 16 %. **Inflation :** *1999 :* 0,2 %. **Aide américaine. Transfert des émigrés. Croissance** (en %) : *1997 :* 1,1 ; *98 :* 3,6 ; *99 :* 6,2. **Agriculture. Terres** (en %) : cultivables 47, cultivées 26. **Production** (en 1999) : bananes 9 000 t, cacao 1 000 t, muscade, macis (écorce de muscade), épices, sucre de canne, coton, citrons. **Élevage** (en milliers de têtes, 1999). Volailles 260 (en 1982), ovins 13, caprins 7, porcins 5, bovins 4, ânes 1. **Pêche** (en 1995). 3 287 t. **Tourisme** (en 1996). **Visiteurs :** 386 013 dont 266 982 en croisière.

■ **Commerce** (en millions de $). **Export./import. :** *1995 :* 22/124 ; *96 :* 20/152 ; *97 :* 23/173 ; *98 :* 27/200.

GROENLAND

V. Danemark p. 1050.

GUATEMALA

V. légende p. 950.

■ **Nom.** De *Goathemala,* « terre des arbres » en maya-toltèque.

■ **Situation.** Amérique centrale. 108 889 km². **Frontières** (en km) : Mexique 962, Salvador 203, Honduras 256, Bélize 266. **Côtes :** Pacifique 254 km, Atlantique 166 km. **Relief :** *alt. maximale* volcan Tajumulco 4 220 m. *Zone* plate au nord (El Petén), forêt tropicale, peu peuplée ; *montagne* au centre (*tierras frias*), volcans (33) dont certains en activité ; *côte Pacifique* (*tierras calientes*, environ 25 °C). **Climat.** Plaines tropicales (moy. 28 °C), en alt. plus tempéré (moy. 20 °C), côtes (max. 38 °C). *Saisons :* sèche nov. à mai ; humide juin à oct. ; fortes pluies sept.-oct.

■ **Population.** *2000 (est.) :* 12 220 000 ; *2025 (prév.) :* 22 000 000. En % : Indiens (surtout dans les hautes terres de l'O. et du N.-O.) 44, Ladinos (Indiens urbanisés, métis) 56. **Age :** *- de 15 ans :* 42,4 %, *+ de 64 ans :* 3,6 %. **D.** 112,2. **Espérance de vie** (en 1998) : 64 ans. **Langues.** Espagnol (*officielle*), 21 langues d'origine maya et 2 non mayas (le xinka et le garifuna). **Analphabètes** (en 1997) : 33,4 %. **Religions** (en %). Catholiques 75, protestants et sectes évangéliques 25 (30 en 1992).

■ **Villes** (en 1999). *Ciudad de Guatemala* (alt. 1 500 m) 1 167 495 hab., Mixco (alt. 1 739 m, inclus dans Guatemala), Quezaltenango (alt. 2 335 m) 103 631 (à 200 km), Escuintla 69 532 (56 km), Mazatenango 43 316, Retalhuleu (alt. 150 m) 40 062 (182 km), Puerto Barrios 39 379 (295 km), San José (Puerto) 15 800 (en 1987) (108 km), Antigua (alt. 1 530 m) 15 800 (en 1987) [45 km].

■ **Histoire.** Siège de l'Empire maya (ruines de Tikal construite de 1500 av. J.-C. à 250 apr. J.-C., Piedras Negras, Naranjo, Nakum, Cancuen, Iximché, Sayaxché, Mixco Viejo, Seibal). **1524** exploration par Pedro de Alvarado. Capitainerie générale. **1773** tremblement de terre détruit Antigua (ancienne cap. fondée 1542). **1821** *indépendant,* s'unit au Mexique, qu'il quitte (en 1823) pour la Fédération d'Amérique centrale (1824-39). **1839**-*avril* **Mariano Rivera Paz** Pt. **1841**-*déc.* **Vernacio Lopez** Pt. **1842**-*mai* **Mariano Rivera Paz** Pt. **1844**-*déc.* **Rafael Carrera** (1814-65) Pt. **1848**-*oct./nov.* **Juan Martinez** Pt. *-Nov./déc.* **Bernardo Escobar** Pt. **1849**-*janv.* **Mariano Paredes** Pt. **1851**-*oct.* **Rafael Carrera** Pt. **1865**-*avril/mai* **Pedro Aycinena** Pt. *-Mai/juin* **Vincente Cerna** Pt, déposé. **1871**-*juin* **Miguel Garcia Granados** Pt. **1873**-*juin* **Justo Rufino Barrios** (1835-85) Pt. **1885**-*avril* **Alejandro Sinibaldi,** puis **Manuel Barillas** Pt. **1892**-*mars* **José Reina Barrios** Pt, assassiné. **1898**-*8-2* **Manuel Estrada Cabrera** (1857-1924) Pt, déposé. **1906**-*10/20-7* Salvador et Honduras envahissent le Guatemala. **1920**-*8-4* **Carlos Herrera y Luna** (1856-1930) Pt. **1922**-*févr.* **Gal José Maria Orellana** (1872-1926) Pt. **1926**-*29-6* **Gal Lazaro Chacon** (1873-1930) Pt. **1930**-*12/16-12* **Bandillo Palma** (1894-1946), *-16-12* **Gal Manuel Orellana** Pts. **1931**-*2-1* **José Reina Andrade** (1860-1947) Pt. *-Févr.* **Gal Jorge Ubico Castenada** (1878-1946) Pt, déposé. **1941** déclare guerre à l'Axe. **1944**-*24-6* **Gal Federico Ponce Vaides** (1889-1956) Pt. *-20-10 révolution. -Déc.* **Cel Jacobo Arbenz Guzman** (1913-71) Pt. **1945**-*15-3* **Juan José Arevalo** (1904-90) Pt, échappe à 20 coups d'État. **1951**-*15-3* **Cel Jacobo Arbenz Guzmán** Pt, réforme agraire (terres non cultivées de l'United Fruit et d'autres gros propriétaires expropriées, 900 000 ha distribués à 100 000 familles). **1954**-*27-6* coup d'État (organisé par United Fruit, CIA et ambassade américaine ; opération *Success*) : **Cel Carlos Castillo Armas** renverse Arbenz, devient Pt en juillet et restitue les terres. **1957**-*26-7* Armas assassiné. *-26-7* **Luis Gonzales Lopez** (1900-65) Pt. *-26-10* **Cel Guillermo Flores Avendaño** (né 1898) Pt. **1958**-*2-3* **Gal Miguel Ydigoras Fuentes** (1895-1982) Pt. **1963**-*31-3* coup d'État militaire du **Cel Enrique Peraltia Azurdia** (né 1908). Relations rompues avec G.-B. qui a accordé l'autonomie au Bélize. *-Mars* Azurdia Pt. **1966**-*1-7* **Julio Cesar Montenegro** (né 1915) Pt. **1970**-*1-7* **Gal Carlos Arana Osorio** (né 17-7-1918) Pt. Armée de la guérilla des pauvres (EGP). Terrorisme de droite et de gauche (environ 3 000 † en 1971). **1972**-*26-6* Oliverio Castaneda Paiz, 1er vice-Pt du Congrès, assassiné. **1974**-*1-7* **Gal Kjell Laugerud Garcia** (né 24-1-1930) élu Pt (fraude). **1976**-*4-2* séisme : 24 103 †, 250 000 logements détruits. **1978**-*29-5* affrontements avec paysans indiens à Panzos (100 †). *-1-7* **Gal Romeo Lucas Garcia** (né 1-7-1924) élu Pt. *-2-10* grève générale : 30 †, 1 000 arrestations. **1979** guérilla (Orpa). **1980**-*31-1* paysans protestant contre répression dans le Quiche occupent l'ambassade d'Espagne pour prendre des otages ; assaut de la police : 39 †. *-1-2* relations diplomatiques avec Espagne rompues. *-21-6 :* 27 syndicalistes enlevés et disparus. **1981** guérilla (environ 13 000 meurtres politiques). **1982**-*7-3* **Gal Aníbal Guevara Rodriguez** (né 2-10-1925) élu Pt avec 35 % des voix, opposants demandent annulation pour fraude. *-13-3* Congrès confirme l'élection. *-23-3* coup d'État du **Gal Efrain Ríos Montt** (né 1926, armée de l'air). *-31-5* guérilla rejette amnistie proposée. *-1-7* état de siège. **1983**-*8-8* **Gal Oscar Mejía Victores** (né 1930) dépose Ríos Montt. *-27-10* libération des sœurs des généraux Ríos Montt et Mejía, enlevées juin et sept. **1984** aide américaine suspendue. *-Janv.* coup d'État échoue. *-1-7 élections* Assemblée constituante (88 députés) [Démocratie chrétienne 15,9 %, UCN 13,19, Mouvement de libération nat. et Centrale nat. authentique 12,03]. *-15-10* Humberto González Gamarra (dirigeant Union révolutionnaire démocratique) assassiné par militaire. **1985**-*29-8* manif. (hausse des prix des transports). *-3/4-9* l'armée occupe université San Carlos (8 †). *-3-11/8-12* **Vinicio Cerezo Arévalo** (né 1942) élu Pt (65 % des voix), en fonctions 14-1-1986. **1986**-*5-2* DIT, police secrète, jugée responsable de crimes des « escadrons de la mort », dissoute. **1987**-*7-8 accords d'Esquipulas* (voir à l'Index). **1988**-*11-5* coup d'État militaire déjoué. **1989**-*26/30-3* mutinerie prison d'El Pavón (12 †). *-Mai* rébellion militaire échoue. **1990**-*25-7* Otto Rolando Ruano, député UCN, assassiné. *-11-11 législatives. -2-12* Santiago-Atitlán, manif., armée tire (16 †). *-21-12* arrêt aide américaine. **1991**-*4-1* relations avec URSS (suspendues depuis 1947) reprises. *-6-1* **Jorge Serrano Elías** (né 1945), ami du Gal Ríos Montt (dont la candidature a été écartée), fondateur du Mouvement d'action solidaire et un des directeurs de l'Égl. évangéliste Shadai, élu Pt avec 65 % des voix [1er tour 11-11-1990 : abst. 45 %, bulletins nuls 9,1 %, Jorge Carpio Nicolle (UCN) 25,7 % des voix, Jorge Serrano 24,2, Alfonso Cabrera (PDCG) 17,49, Alvaro Arzu (droite) 17,3]. *-30-1* attentat manqué contre Pt. *-26-7* accord avec guérilla sur démocratisation . *-14-8* droit à l'autodétermination du Bélize reconnu. *-6/12-10 :* 2e rencontre continentale des peuples indiens d'Amérique. Retour de *Rigoberta Menchu* [exilée au Mexique depuis 1981, 32 ans (fille de Vincente Menchu, un des fondateurs du Comité de l'unité paysanne, tué janv. 1981), prix Nobel de la paix 1992]. *-11-12* embuscade (10 militaires †). **1993**-*20-1* retour de 2 500 Indiens réfugiés au Mexique depuis 1980 (sur 2 ans, 40 000 prévus). *-23-2/30-3* échec des négociations avec guérilla. *-25-5* Serrano dissout Parlement et Cour suprême. *-2-6* Serrano déposé. *-5-6* **Ramiro de Leon Carpio** (né 1942) élu Pt (par le Parlement, 106 voix sur 113), jusqu'en janv. 1996. **1994**-*3/7-3* Mexique, négociations gouv./URNG. *-1-4* Pt de la Cour constitutionnelle assassiné. *-22-8* attaques guérilla : 3 †. *-Nov.* manif. après hausse du prix des transports : 5 †. **1995**-*14-1 Gal Ríos Montt* Pt du Parlement. *-31-3* accord avec guérilla sur identité et droits des peuples indiens. *-14-8* Ríos Montt suspendu par Cour suprême. *-5-10* Xamán, armée tue rapatriés indiens (11 †). *-1/13-11* URNG suspend guérilla pendant élections (1re trêve depuis 35 ans). *-12-11 législatives* et *1er tour présidentielle.* **1996**-*14-1* **Alvaro Arzu Irigoyen** (né 14-3-1946 ; PAN) Pt élu 7-1 au 2e tour [51,22 % des voix devant Alfonso Portillo (FRG) 48,78 (abst. 63,12 %)]. *-4-2* tentative d'assassinat Arzu. *-5-2* visite Jean-Paul II. *-16-10* match de football, 70 000 pers. dans un stade prévu pour 45 000 : 84 †, 200 bl. *-29-12* paix gouv./URNG après 36 ans de guerre (150 000 † et 45 000 disparus). **1998**-*26-4* Juan José Gerardi Conedera, évêque, découvert † roué de coups (avait publié rapport rendant l'armée responsable de 150 000 assassinats et 55 000 disparitions durant la guerre civile 1992-96 ; *procès* des meurtriers en avril 2001 ; *-8-6 :* 1 colonnel, 1 capitaine, 1 sergent, 1 prêtre condamnés à 30 ans de prison). *-Oct./nov.* cyclone *Mitch* (200 †) ; visite Pt Chirac. **1999**-*19/20-4* Pt Arzu en France. *-16-5 référendum :* abstentions 75 % ; 85 % contre réformes sur droits des Indiens. **2000**-*14-1* **Alfonso Portillo Cabrera** (né 24-9-1951, FRG) Pt (élu 7-11/21-2, 68,32 % des voix).

■ **Statut.** *République.* **Constitution** du 15-9-1965, suspendue 23-3-1982, révisée 1985. **Pt :** élu pour 5 ans au suffrage univ., non rééligible. **Congrès nat. :** 116 m. dont 87 élus au suffrage univ. et 29 à la proportionnelle. **Élections du 14-8-1994 :** FRG 32 sièges, PAN 24, PDGC 13, UCN 7, MLN 3, UD 1 ; **du 12-11-1995 :** 80 sièges dont PAN 43, FRG 21, AN 9, FNDG 6, MLN 1. **Fêtes nationales.** 15-9 (indépendance 1821). 20-10 (révolution de 1944). **Drapeau** (adopté 17-8-1871). 2 bandes bleues verticales, au centre 1 bande blanche avec couronne de lauriers et *oiseau :* quetzal. **Titres** *conférés par l'Espagne :* 2 (marquis).

■ **Partis.** **Front républicain guatémaltèque (FRG),** Gal Efraín Ríos Montt et Alfonso Portillo, droite. **Mouvement de libération nat. (MLN)** fondé 1960, Mario Sandoval Alarcon, 95 000 m., extrême gauche. **P. de l'avancée nat. (PAN),** Alvaro Arzu Irigoyen, droite. **P. démocrate-chrétien guatémaltèque (PDCG)** fondé 1968, Alfonso Cabrera Hidalgo, 130 000 m., centriste. **Union démocratique (UD),** José Louis Chea Urruela. **Front démocratique nouveau du Guatemala (FNDG),** Jorge Gonzalez. **Union du centre nat. (UCN)** fondée 1984, Edmond Mulet. **Guérilleros.** **Mouvement révolutionnaire (MR 13)** fondé 1960. **Forces armées rebelles (Far)** fondées vers 1960, Jorge Soto. **Armée de la guérilla des pauvres (EGP)** fondée 1972, Ricardo Ramirez. **Organisation révolutionnaire du peuple en armes (Orpa)** fondée 1979, Rodrigo Asturias et **P. guatémaltèque du travail (PGT),** Ricardo Rosales. Regroupés en févr. 1982 dans l'**Union révolutionnaire nat. guatémaltèque (URNG),** devient en déc. 1998 un parti, Carlos Gonzales, 3 000 m.

■ **Économie.** **PNB** (en 1999) : 1 550 $ par hab. **Population active** (en %) **et,** entre parenthèses, **part du PNB** (en %) : agr. 55 (25), mines 1 (1), ind. 17 (19), services 27 (55). **Chômage** (en %) : *1998 :* 5,8 (47,5 sous-employés). **Inflation** (en %) : *1985 :* 70 ; *87 :* 20 ; *89 :* 11,4 ; *90 :* 41,2 ; *91 :* 33,2 ; *92 :* 10 ; *93 :* 13,3 ; *94 :* 12,5 ; *95 :* 8,6 ; *96 :* 10 ; *97 :* 9 ; *98 :* 7 ; *99 :* 4,9. **Dette extérieure** (en milliards de $) : *1985 :* 2,6 ; *95 :* 2,2 ; *98 :* 4. **Croissance** (en %) : *1998 :* 4,8 ; *99 :* 3. En 1996, 8 millions d'hab. sur 11 sous le seuil de pauvreté.

■ **Agriculture.** **Terres** (en milliers d'ha, est. 1981) : forêts 4 470, t. arables 1 485, pâturages 870, cultivées en permanence 356, eaux 46, divers 3 662. 90 % des exploitants ont moins de 7 ha et 419 620 ne possèdent aucune terre. **Production** (en milliers de t, 1999) : canne à sucre 15 459, maïs 1 109, bananes 731, café 200 (250 en 1998), cardamome 7,3 (en 1995) ; coton 1, haricots, ananas, avocats, chicle. *Héroïne, marijuana, pavot, coca :* plusieurs milliards de $ par an. **Forêts** (en 1998). 12 995 000 m³. **Élevage** (en milliers de têtes, 1999). Volailles 21 000, bovins 2 300, porcs 825, moutons 551, chevaux 118. Viande. **Pêche** (en 1997). 6 896 t.

■ **Industrie.** Agroalimentaire, textile, chimique et pharmaceutique. **Énergie.** **Pétrole** (en milliers de t) : *production : 1986 :* 350 ; *90 :* 169 ; *93 :* 333 ; *94 :* 373,5 ; *95 :* 200 ; *96 :* 650 ; *97 :* 971 ; *98 :* 1 270 ; *99 :* 1 205 ; *réserves prouvées :* 19 520. **Transports** (en km, 1996). **Routes :** 13 100 (3 615 bitumés). **Voies ferrées :** 953.

■ **Tourisme** (en 1997). **Visiteurs :** 576 000. **Sites :** *Guatemala :* palais national (1939-43), cathédrale N.-D.-de-la-Merci, théâtre national (2 200 places), galerie des Beaux-Arts, musées d'Histoire et d'Anthropologie, d'Art moderne, Ixchel du Costume indien ; *Tikal* (à 548 km de Guatemala, alt. 254 m), *Quirigua* et *Antigua* (ancienne capitale, abîmée par séismes 1773 et 1976), *Uaxactun, Ceibal, La Democracia, El Asintal, Mixco Viejo, Río Azul, Lagunita, Iximché* ; marchés indiens de *Chichicastenango* (à 144 km de Guatemala, alt. 2 071 m, 3 200 hab.), de *San Francisco El Alto* à Totonicapán et de *Chiquimula* ; lac *Atitlán* (130 km² à 1 542 m d'alt., temp. constante 20 °C) et *Amatitlán* (alt. 1 190 m) ; *Santiago Sacatepéquez :* fête du 1-11 : cerfs-volants destinés aux esprits des morts ; grottes de *Naj Tunich* près de Poptun (*Petén,* fresques 800 av. J.-C.) et d'*Actun Kan* à Santa Elena (grotte du Serpent) ; plages du Pacifique *(Likin).* **Parcs nationaux :** *Chocón Machacas* [lac *Izabal* (du lac Izabal à Livingston, 37 km), *Río Dulce* (48 × 28 km) et baie de l'Amatique] : protection lamantins, mangroves.

■ **Commerce** (en milliards de $). **Export./import. :** *1996 :* 2/3,1 ; *97 :* 2,3/3,9 ; *98 :* 2,6/4,7 ; *99 :* 2,4/4,4. *Exporte* café, sucre, bananes, cardamome, coquillages. **Rang dans le monde** (en 1999). 9e café. 16e canne à sucre.

GUINÉE

V. légende p. 950.

☞ *Abréviations :* G. : Guinée ; G.-Bissau : Guinée-Bissau.

■ **Situation.** Afrique. **Superficie :** 245 857 km². **Altitude** *maximale* Mt Nimba 1 752 m. **Frontières** (en km) : Côte d'Ivoire 610, Guinée-Bissau 386, Libéria 563, Mali 858, Sénégal 330, Sierra Leone 652. **Côtes :** 320 km. **4 régions :** *maritime :* plaine côtière de 300 km sur 50 à 90 km bordée par la mangrove (saison sèche en hiver, très pluvieuse en été : 4 350 mm par an à Conakry) ; *moyenne :* massif du Fouta-Djalon (Mt Loura 1 538 m), climat tropical de montagne, savane arbustive avec forêt-galerie (1 saison sèche et 1 pluvieuse : 1 712 à 2 246 mm) ; *haute :* plate, climat sec (1 332 à 1 674 mm), savane arbustive ; *forestière :* forêt dense dégradée, massifs (Dorsale guinéenne) et bas-fonds, climat subéquatorial (longue saison pluvieuse : 1 810 à 2 893 mm).

■ **Population.** *1997 (rec.) :* 7 164 823 hab. ; *2000* (est.) : 7 860 000 [dont (en %) Peuls 40, Malinkés 30, Soussous 20, Kissi 8, Tomas, Guerzé, Baga et Coniagui 2 ; forestiers 20] ; *99 :* 7 500 000 ; *2025 (prév.) :* 13 millions. **D.** 32. *Français :* 3 000. **Age :** *– de 15 ans :* 43,4 %, *+ de 64 ans :* 2,7 %. **Taux** (en ‰, 1999) : *natalité :* 42, *mortalité infantile :* 134. **Espérance de vie** (en 1999) : *h.* 43, *f.* 48 ans. **Alphabétisation** des adultes (en 1997) : 70 %. **Guinéens à l'étranger :** 2 000 000 au 1-1-1997, dont Sénégal 600 000, Côte d'Ivoire 550 000, Sierra Leone 150 000, Libéria 100 000, Mali, G.-Bissau 100 000, *France 5 000.* **Réfugiés** (en 1999) : 453 000 dont 100 000 Libériens et 350 000 Sierra-Léonais.

■ **Langues.** 8 nationales ; français *(officielle).* **Religions** (en %). Musulmans 85, animistes 7, chrétiens 8 (115 000 catholiques, 3 600 réformés et 1 200 anglicans).

■ **Villes** (en milliers d'hab.). *Conakry* 1 558 (est. 1999) [*1885 :* 0,3 ; *1910 :* 6,6 ; *36 :* 138 ; *40 :* 22 ; *55 :* 50 ; *60 :* 113 ; *72 :* 440 ; *83 :* 709], Kankan 90, Kindia 56.

■ **Histoire.** **1837-42** traité du L[t] de vaisseau Louis-Édouard Bouet-Willaumetz (1808-71) avec souverains locaux ; comptoirs français, colonie des Rivières du Sud, rattachée au Sénégal. **1889-93** colonie autonome (G. française), rattachée à l'A.-O.F (en 1899). Pacifiée par Gallieni et le gouverneur Ballay après défaites de Mahmadou Lamine (en 1887), Almamy (commandeur des croyants musulmans), Samory Touré (en 1898) et Alfa Yaya Diallo (en 1910). **1897** rattachement du Fouta-Djalon. **1900** du Haut-Niger. **1958**-*28-9 indépendance* (1 130 292 non, 56 959 oui au référendum sur la Communauté française : la France cesse toute aide ; rupture des relations diplomatiques). *-2-10 Rép. indépendante.*

1958 **Ahmed Sékou Touré** (vers 1922-84, Malinké) Pt. *-Nov.* projet d'union avec Ghana. *-10-12* entre à l'Onu (la Fr. s'est abstenue au vote). **1959**-*15-1* la Fr. reconnaît la G. **1960**-*2-3* sortie de la zone Franc. *-21-4* Sékou Touré annonce la « découverte d'un complot » et dénonce le « colonialisme français ». *-Déc.* projet d'union avec Ghana et Mali. **1961**-*31-7* accord culturel Fr./G. **1962-68** nationalisations. **1962**-*9-1* nationalisations (assurances et dernière banque française). **1964** polygamie interdite. **1965**-*16-11* accuse Fr., Côte d'Ivoire, Hte-Volta, Niger d'un complot. **1969**-*12-3* Fr. accusée d'un nouveau complot. *-15-5 :* 13 condamnés à mort, dont Keita Fodeba († 27-5). **1970**-*22-11* débarquement de forces port. de G.-Bissau (360 †). *-24-12* Mgr Tchidembo (né 1920), archevêque de Conakry (Gabonais, sujet fr.), torturé, condamné à prison à vie 24-1-1971 (libéré 7-8-1979). Plusieurs condamnés pendus. **1971**-*19-1* Fr. et All. féd. accusées d'avoir participé au débarquement du 22-11-1970 ; 20 Français emprisonnés. *-18-9* rupture relations diplomatiques Sénégal-G. **1975**-*14-7* relations avec France rétablies ; 18 Français libérés. **1977**-*25-2* Diallo Telli (né 1925), ancien secr. général de l'OUA, meurt en prison. *-Août* révolte des femmes. **1978**-*26-1* Pt Giscard d'Estaing en G. **1982**-*14-5* Sékou Touré réélu Pt. *-16/20-9* Sékou Touré en Fr. **1983**-*22-12* séisme (400 †). **1984**-*26-3* Sékou Touré meurt.

1984 Lansana Beavogui (né 1923, PM depuis 26-4-1972, désigné chef du gouv.) Pt, renversé par coup d'État militaire des C[els] Lansana Conté et Diarra Traoré. *-4-4* **Gal Lansana Conté** (né 1934, Soussou) Pt et chef du gouv. général. *-3-4/1-6 :* 200 000 exilés rentrent. Libéralisation de l'économie ; décentralisation ; fermeture des banques d'État. **1985**-*15-5 :* 30 partisans de Touré libérés. *-4/5-7* coup d'État du C[el] Diarra Traoré (Malinké) échoue (18 †). **1986**-*5-1* franc guinéen remplace syli, dévaluation d'environ 93 %. **1987**-*31-12* Andrée Touré (femme de Sékou, condamnée à 8 ans de prison), son fils et 65 détenus libérés. **1988**-*6-7* manif. contre vie chère. **1989**-*10/13-5* Conté en Fr. **1990**-*23-12* référendum pour Constitution : 98,7 %. **1991**-*6-5* grève générale illimitée. *-17-5* Alpha Condé, secr. général du RPG, rentre d'exil. *-19-5* manif. de l'opposition ; *-17-6 :* 2 †. **1992**-*24/26-2* Jean-Paul II en G. *-Mars* émeutes à Conakry. *-3-4* multipartisme. *-16-10* Conté échappe à attentat. **1993**-*16-3* affrontements Peuls/Soussous (1 †). *-Oct.* manif. contre régime. *-19-12 présidentielle.* L'opposition réclame le report de l'élection (12 †). Conté élu 51,7 % des voix [Alpha Condé (RPG) 19,55. Mamadou Ba (UNR) 13,37. Siradiou Diallo (PRP) 11,86. Facinet Touré (UPN, Union pour la prospérité nat.) 1,4]. **1994**-*10-6 :* 8 officiers supérieurs arrêtés, libérés le 10. *-Juillet* Conakry, choléra (100 †). **1995**-*1-1 :* 16 détenus massacrés à Conakry. *-11-6 législatives.* **1996**-*2/3-2* mutinerie (1 500 à 2 000), putsch échoue (50 †). *-9-7* **Sidia Touré** PM. **1998**-*14-12* Conté réélu Pt (1er tour, 56,11 %, Mamadou Ba 24,62, Alpha Condé 16,58). *-15-12* Alpha Condé arrêté, manifestations (plusieurs †). **1999**-*9-3* **Lamine Sidimé** (né 1944) PM. **2000**-*1-9* incursions de rebelles du Libéria (47 †) et de Sierra Leone (3 missionnaires italiens enlevés). *-11-9.* Alpha Condé condamné à 5 ans de prison. *-Sept.* dans le sud, environ 300 †. *-28-12* le Cedeao décide déploiement d'une force d'intervention africaine de 1 676 h. le long de la frontière à partir de févr. 2001. **2001**-*févr.* combats pour reprendre Guéckédou, centaines de †, 170 000 réfugiés armée guinéenne et rebelles.

☞ **Répression** (de 1958 à 1971) : sur 71 ministres et secrétaires d'État, 9 pendus ou fusillés, 8 morts en détention, 18 condamnés aux travaux forcés à perpétuité, 20 remis en liberté provisoire, 5 réfugiés à l'étranger. Peuls (musulmans très stricts) : plusieurs milliers tués après torture, purges périodiques (dernière en 1976).

■ **Statut.** *Rép. populaire et révolutionnaire.* **Constitution** du 23-12-1990. **Assemblée :** 114 m. ; dissoute de 1984 à 1995. **Élections du 11-6-1995 :** PUP 71 sièges, UPG 2, opposition 38 (refuse de siéger). **Fête nationale.** 2-10 (proclamation de la Rép.). **Drapeau** (adopté 10-11-1958). Bandes verticales rouge (sacrifice du peuple), jaune (soleil et richesses du sol) et verte (végétation).

■ **Partis.** 40 au 1-4-1992, dont : **P. démocratique de Guinée (PDG)** fondé 14-5-1947, dissous 3-4-1984, réformé 1992 en **P. démocratique de G.-Rassemblement démocratique africain (PDG-RDA),** Ismaël Gushein. **P. de l'unité et du progrès (PUP),** soutient Pt Conté. **Rassemblement populaire guinéen (RPG),** Alpha Condé, regroupe surtout les Malinkés. **P. pour le renouveau et le progrès (PRP),** Siradiou Diallo. **Union pour la Nlle Rép. (UNR),** Mamadou Ba.

■ **Économie.** **PNB** (en 1999) : 330 $ par hab. **Population active** (en %) **et,** entre parenthèses, **part du PNB** (en %) : agr. 67 (33), ind. 5 (10), mines 8 (22), services 20 (36). **Croissance** (en %) : *1998 :* 4,9 ; *99 :* 3,9 ; *2000 (est.) :* 5. **Dette extérieure** (en milliards de $) : *1998 :* 2,7. **Déficit budgétaire** (en % du PIB) : *1988 :* 12,3 ; *90 :* 88 ; *94 :* 7. **Aide :** *1998-2000 :* 2 milliards de $. **Inflation** (en %) : *1994 :* 4,1 ; *95 :* 4 ; *96 :* 4,5 ; *97 :* 4,8 ; *98 :* 4 ; *99 :* 3,4. **Privatisation :** 40 000 fonctionnaires licenciés sur 90 000 (en 1986). **Pauvreté :** 53 % de la population en dessous du seuil.

■ **Agriculture.** **Terres** (en milliers d'ha, 1981) : arables 6 200 (en 1990), cultivées en permanence 1 600 (en 1990), pâturages 3 000, forêts 10 560, divers 9 454. **Production** (en milliers de t, 1999) : manioc 812, riz 750, plantain 429, canne à sucre 220, arachides 174, bananes 150, patates douces 135, millet 10, ignames 95, maïs 89, ananas 67, huile de palme 50, noix de coco 18, café 21, tabac p. de t., oignons, tomates. Coton 36 000 t (en 1998). **Élevage** (en milliers de têtes, 1999). Poulets 7 000, bovins 2 368, chèvres 760, moutons 687, porcs 54. **Pêche** (en 1998). 101 000 t. Aquaculture.

■ **Mines.** **Bauxite :** *réserves :* 25 milliards de t dont 18 prouvées (2/3 du monde), haute teneur, très peu siliceuse, 3 mines exploitées : Sangarédi, est de Boké, Kindia-Débélé, Fria-Kimbo, projet à Dabola-Tougué (SBDT : Iran + G.) ; *production :* 18 384 000 t (en 1999). **Alumine :** 550 000 t (en 1998) [2/3 du PIB]. **Fer :** *réserves prouvées :* 3 milliards de t, Mt Nimba, Simandou (non exploité). **Cuivre. Or** [teneur 300 à 600 g/t de gravier ; *réserves :* 1 000 t (500 prouvées)] : *production :* 6,5 t (en 1998). **Diamants :** *réserves :* 25 à 30 millions de carats ; *production : 1982 :* 32 500 carats ; *97 :* 379 639 ; *98 (est.) :* 200 000 ; *99 :* 400 000. **Manganèse.** **Industrie.** Alumine à Friguia. **Énergie.** **Hydroélectricité** (en 1993) : 188 millions de kWh (sites exploitables : 63 milliards de kWh ; potentiel : 13 000 MW). Barrage de *Garafiri* (sur le Konkouré ; construction 1996-99) : *production :* 264 GWh ; puissance 75 MW, investissements 238 millions de $. Barrage de *Souapiti-Kaleta* (sur le Konkouré) en projet.

■ **Transports** (en km, 1996). **Routes :** 30 460. **Voies ferrées :** Conakry-Kankan 662 (fermée depuis 1965), Sangaredi-Port-Kamsar 134. Conakry-Fria, Conakry-Débélé 102. **Tourisme** (en 1997). 95 000 visiteurs.

■ **Commerce** (en millions de $). **Export./import. :** *1995 :* 747,5/809,2 (*exporte* bauxite 298,5, alumine 110,3, café, palmistes, ananas, huiles essentielles) ; *96 :* 594,8/620,1 ; *97 :* 650,7/624,4 ; *98 :* 693/572.

■ **Rang dans le monde** (en 1999). 2e bauxite. 12e diamants. 17e cacao.

GUINÉE-BISSAU

Carte p. 1107. V. légende p. 950.

■ **Situation.** Afrique. **Superficie** : 36 125 km^2 à marée basse, 28 000 km^2 à marée haute. **Partie continentale :** *frontières* avec Sénégal 338 km et Guinée 386, *côtes* 350 km ; **insulaire** : archipel des *Bijagos* (40 îles dont 20 habitées). **Alt.** *maximale* : 300 m. **Climat.** Chaud et humide (pluies mi-mai/mi-nov.).

■ **Population.** *2000 (est.)* : 1 180 000 hab. [dont (en 1999) : Balantes 30, Foulas 20, Mandjaques 14, Metingas 13, Pepeles 7, Mancagnes, Mandingues, Beafadas, Bijagos, etc. Environ 3 000 Européens] ; *99* : 1 200 000 ; *2025 (prév.)* : 2 millions. **D.** 32,6. **Age** : *- de 15 ans* : 42,3 %, *+ de 64 ans* : 2,8 %. **Mortalité** *infantile* : 136 ‰. **Espérance de vie** : *h.* 43, *f.* 46 ans.

■ **Langues.** Portugais *(officielle)*, créole, français. **Religions** (en %). Animistes 50, musulmans 45, chrétiens 5. **Villes.** *Bissau* 200 000 hab., Bafatá 15 000, Cacheu 14 000, Gabu 10 000, Bolama 2 000, Buba 1 500, Farim 1 000.

■ **Histoire. 1446** découverte par le Portugais Nuno Tristão. **1879** colonie portugaise distincte du Cap-Vert. **1951** province d'outre-mer portugaise. **1956** Amilcar Cabral (1921/20-1-1973, assassiné) fonde le P. africain pour l'indépendance de la G. et du Cap-Vert (PAIGC, interdit 1958). **1959**-*3-7* début lutte pour indépendance : grève des dockers et massacre de Pidjiguiti. **1961** le FLING prend fort de San Domingo. **1963**-*23-1* début guérilla. Création du Farp (Forces armées révolutionnaires du peuple). **1973**-*24-9* **Luís de Almeida Cabral** (né 1931, demi-frère d'Amilcar Cabral) Pt (dans les territoires contrôlés par guérilla). **1974**-*10-9 indépendance.* **1980**-*14-11* coup d'État du Cdt **João Bernardo (dit Nino) Vieira** (né 27-4-1939), ancien PM. **1981**-*14-2* gouv. provisoire. **1984**-*16-5* Vieira élu Pt. **1985**-*6-11* Paulo Correia, vice-Pt, arrêté après coup d'État avorté. **1986**-*12-7* : 6 conjurés exécutés. *-Nov.* commerce libéré. **1989**-*19-6* Vieira réélu Pt. **1990**-*20-5* Vieira en Fr. **1991**-*8-5* loi sur le multipartisme. **1992** 9 partis d'opposition légalisés. **1993** la Commission nationale électorale (CNE) regroupe tous les partis. **1994**-*3-7* Vieira réélu Pt avec 52,03 % des voix devant Kumba Yalla. **1997**-*2-5* entrée dans zone franc. **1998**-*7-6/-25-8* mutinerie du Gal Ansumane Mané (né 1939), ancien chef d'état-major limogé. Sénégal et Guinée soutiennent le Pt. *-9-10/-1/2-11* combats. *3-12 Francisco Fadal* PM. **1999**-*3-2* cessez-le-feu. *-7-5* Vieira déposé ; *-6-6* exilé en Gambie. *-14-5* **Malam Bacaï Sanha** (54 ans) Pt intérimaire. **2000**-*17-2* **Kumba Yala** (né 1953), Pt élu 10-1 au 2e tour ; *Caetano N'Tchama* PM. *-20-11* échec putsch (Gal Ansumane Mané, tué 30-11). **2001**-*19-3* PM N'Tchama limogé.

■ **Statut.** *République.* **Constitution** du 7-7-1999. **Pt** élu pour 5 ans au suffrage universel. **Assemblée** : 102 m élus par les conseillers généraux. **Élections du 28-11-2000** : PRS 38 sièges, RGB 28, PAIGC 24, divers 12. **Fête nationale.** 24 sept. (indépendance). **Drapeau** (adopté 24-9-1973). Bande rouge verticale (sang versé pour l'indépendance) avec étoile noire (unité de l'Afrique) et 2 bandes horizontales jaune (soleil) et verte (espoir).

■ **Économie. PNB** (en $ par hab.) : *1982* : 220 ; *87* : 135 ; *90* : 155 ; *96* : 253 ; *99* : 140. **Population active** (en %) **et,** entre parenthèses, **part du PNB** (en %) : agr. 70 (47), ind. 10 (15), services 20 (38). **Dette extérieure** (fin 1998) : 859 millions de $. **Inflation** (en %) : *1992* : 69,6 ; *93* : 48 ; *94* : 15,2 ; *95* : 45,4 ; *96* : 65 ; *97* : 49,1 ; *98* : 8 ; *99* : -0,7. **Agriculture. Terres** (en milliers d'ha) : cultivables 900, cultivées 400, forêts 200. Zones inondées (flore des marécages et mangrove) ; région intérieure (forêts, palmeraies, savane) ; 8 % sont cultivées. **Production** (en milliers de t, 1999) : riz 130, tubercules 60, noix de cajou 35 (90 % des export.), plantain 29, noix de coco 25, sorgho 22, millet 30, arachide 18, maïs 9, palmistes 8, coton 1. **Élevage** (en milliers de têtes, 1999). Volailles 1 000, bovins 520, porcs 340, chèvres 270, moutons 280. **Pêche** (en 1997). 7 250 t. **Mines.** Bauxite, pétrole et phosphates (non exploités). **Transports. Routes** (en 1996) 4 350 km (444 goudronnés). **Tourisme.** Environ 2 000 visiteurs par an.

■ **Commerce** (en millions de $). **Export./import.** : *1997* : 49/86 ; *98* : 27/63 ; *99* : 51/95.

GUINÉE ÉQUATORIALE

Carte p. 1096. V. légende p. 950.

☞ *Abréviation* : G. éq. : Guinée équatoriale.

■ **Situation.** Afrique. **Superficie** : 28 051 km^2 dont 5 îles (2 036 km^2). **Frontières** (en km) : Cameroun 189, Gabon 350. **Côtes** : 296 km. **Climat.** Équatorial : pluies plus de 2 000 mm par an. Bata est plus sec et plus froid que Malabo (moy. 25 °C).

■ **Population. 2000** *(est.)* : 452 000 hab. dont Fangs 90 %, Bubis 8 % ; 110 000 exilés pour fuir l'ancien régime ; *2025 (prév.)* : 800 000. **D.** 16,1. **Espagnols** : *1968* : 10 000 ; *79* : 2 000 (80 % de la pop. a émigré) ; *82* : 3 000 ; *95* : 1 500. **Age** (en %) : *- de 15 ans* : 42,7 ; *+ de 64 ans* : 3,8. **Mortalité** *infantile* : 117 ‰ (en 1999). **Espérance de vie** (en 1998) : 50 ans. **Villes** (en 1995). *Malabo* 47 500 hab., Bata 37 000.

■ **Langues.** Espagnol *(officielle)*, français *(officielle* depuis 20-9-1997), fang, bubi, ndowé, annoboné. **Religions.** Catholiques 99 %, protestants, musulmans, autres.

■ **Ile de Bioko (ex-Fernando Poo).** Montagneuse. *Alt. maximale* : Pico Bioko 3 007 m. 2 034 km^2, longueur 72 km, largeur 35 km. 90 200 hab. (est. 1995). **D.** 44. *Chef-lieu* : Malabo (appelée avant déc. 1973 Santa Isabel). **Ile d'Annobón** (appelée quelque temps Pagalu). 17 km^2. *Chef-lieu* : San Antonio de Palea. **Rio Muni.** 26 017 km^2 sur le continent avec les îles de *Corisco* (14,2 km^2, 1 140 hab.), *Elobey Grande* (0,5 km^2), *Elobey Chico* (0,025 km^2). 300 500 hab. (est. 1995). Bantous. **D.** 11,5. *Chef-lieu* : Bata 37 000 hab. (est. 1995).

■ **Histoire. 1471** découverte par le Portugal. **1778** cédée à l'Esp. **1827-44** Anglais occupent Fernando Poo, établissent à Clarence (Santa Isabel, fondée 1827) la base de leur escadre antinégriers ; les esclaves libérés sont installés dans l'île. **1843**-*27-2* Anglais rendent Fernando Poo à l'Espagne qui annexe Corisco. **1856** fondation de la Guinée espagnole sur le continent. **1900** *traité de Paris* délimitant Rio Muni. **1931**-*2-9* Territoires espagnols du golfe de Guinée (colonie). **1959**-*30-6* divisés en 2 provinces espagnoles (Fernando Poo et Rio Muni). **1964** *autonomie.* **1968**-*28-9* **Francisco Macías Nguema** (1924-79, de l'ethnie fang) Pt. *-12-10 indépendance.* **1969** coup d'État d'Atanasio Ndong Miyone échoue ; opposition éliminée. **1972** Macías Pt à vie. **1975** accord avec URSS et éclipse de l'Esp. ; économie ruinée. **1976**-*8-6* immigrants nigérians tués ; rapatriement de milliers de Nigérians. **1979**-*3-8* coup d'État du Cel (puis Gal) **Teodoro Obiang Nguema Mbasogo** (né 5-6-1942, neveu du Pt Macías). *-23-9* Macías fusillé pour génocide (bilan de son régime : 50 000 †, 150 000 exilés). **1981**-*avril* et **1983**-*mai* échec coup d'État. **1985**-*1-1* rejoint zone franc. **1986**-*17-7* échec coup d'État. **1988**-*1-9* Obiang en Fr. **1989**-*25-6* Obiang Pt. **1991**-*17-11 référendum* pour Constitution. **1992** multipartisme autorisé (sous conditions). **1993**-*21-11 législatives* : abstention 70 % ; sur 14 partis légalisés, 7 ont refusé d'y participer ; PDGE 68 sièges, UDS 5, CSDP 6, PL 1. **1996**-*25-2* Obiang réélu Pt (97 % des voix).

■ **Statut.** *République populaire.* **Constitution** du 2-12-1991, amendée janv. 1995. **Conseil militaire suprême. Pt** : élu pour 7 ans au suffrage universel. **Assemblée** : 80 m élus pour 5 ans. **Fête nationale.** 12 oct. (indépendance). **Drapeau** (12-10-1968). Bandes horizontales verte (ressources nationales), blanche (paix) et rouge (indépendance) ; triangle bleu (mer). Au centre, armoiries [arbre, 6 étoiles (6 régions), devise : « Unité, paix, justice »].

■ **Partis. P. démocratique de G. éq. (PDGE)** fondé 1987, unique jusqu'en 1992, Gal Mbasogo. **Convention libérale démocratique (CLD),** Alfonso Nsue Mifumu. **P. du progrès (PP),** Severo Moto Nsa (condamné 20-4-1995 à 30 ans de prison pour corruption et injure au chef de l'État). **P. social-démocrate (PSD)** fondé 1990, Benjamin Balinga. **Union démocratique et sociale (UDS)** fondée 1981, Camelo Modu. **Union populaire (UP)** fondée 1992, Andres Moises Mba. **P. libéral (PL). Convention sociale démocratique et populaire (CSDP),** Secundino Oyono.

■ **Économie. PNB** (en 1999) : 950 $ par hab. **Population active** (en %) **et,** entre parenthèses, **part du PNB** (en %) : agr. 70 (60), ind. 5 (4,5), services 25 (35), mines 0 (0,5). **Dette extérieure** (en millions de $) : *1997* : 250 ; *98* : 239. **Aide** (en millions de $, 1995) : Esp. 14, *Fr. 11.* **Salaire moyen mensuel** (en 1996) : 30 000 F CFA (300 F). **Agriculture. Terres** (en milliers d'ha, 1981) : arables 130, cultivées en permanence 100, pâturages 104, forêts 1 700, divers 771. **Production** (en milliers de t, 1999) : manioc 49, patates douces 37, bananes 17, noix de coco 8, café 35, cacao 6 (*1968* : 40 ; *79* : 5,4), huile de palme 3, tabac, vanille. **Pêche** (en 1995). 3 800 t. **Bois** (en 1998). 811 000 m^3. **Élevage** (en milliers de têtes, 1999). Poulets 160, moutons 36, chèvres 8, bovins 5, porcs 5. **Pêche** (en 1997). 6 100 t. **Énergie. Pétrole** : 70 % du PNB. Gisement d'Alba : *réserves* : 140 millions de barils/an sur 10 ans ; *production* (en milliers de t) : *1994* : 240 ; *97* : 3 000 ; *98* : 5 000. **Gaz. Mines. Or** (en 1993) : 50 kg.

■ **Commerce. Exporte** : cacao, bois, café, pétrole. **Export./import.** (en millions de $) : *1997* : 497/79 ; *98* : 423/32 ; *99* : 407/28.

■ **Rang dans le monde** (en 1999). 21e cacao. 26e café.

GUYANA

Carte p. 1010. V. légende p. 950.

■ **Situation.** Amérique du Sud. **Superficie** : 214 970 km^2. **Frontières** (en km) : avec Suriname 600, Venezuela 743, Brésil 1 119. **Côtes** : 459 km. **Altitude** *maximale* : Mt Roraima 2 810 m. **Régions** : bande côtière (largeur 16 à 64 km, longueur 400 km), cultivée et peuplée ; forêts et collines (alt. 30 à 122 m), marécages ; chaînes de montagnes au sud-est (Mts Acaraï, Imataka, Kanuku et Pakaraima) ; savanes au sud-ouest (Rupununi). Nombreuses cascades (*Kaieteur*, sur le Potaro, 225 m, largeur 90 m, *Horse Shoe*). **Climat.** Équatorial, doux et humide (régions côtières 30,5 à 32,2 °C). 2 saisons sèches (mi-févr./fin avril et mi-août/fin nov.). Période la plus chaude : août à oct.

■ **Population.** *1999 (est.)* : 770 800 hab. (90 % sur la côte) dont (en %, en 1990) Indiens des Indes 51, Noirs et métis 40, Amérindiens 5, Chinois 2, Européens 2 ; *99* : 710 000 ; *2000 (est.)* : 874 000 ; *2025 (prév.)* : 710 000. **D.** 4,1. **Age** : *- de 15 ans* : 28,8 % ; *+ de 64 ans* : 4,9 %. **Espérance de vie** (en 1998) : 65 ans. **Taux** (en ‰, 1999) : *natalité* : 24 ; *mortalité* : 7 (*infantile* : 22,2). **Villes.** *Georgetown* 230 000 hab., Linden 35 000, New Amsterdam 25 000, Corriverton 24 000. **Langues.** Anglais *(officielle)*, créole et 9 dialectes. **Religions** (en %). Chrétiens 57, hindouistes 33, musulmans 9.

■ **Histoire. 1621** colonie hollandaise. **1796** prise par Angl. **1814** colonie britannique. **1831** baptisée *British Guiana.* **1834** esclavage aboli. **1928** Constitution (suffrage restreint). **1953** (suffrage universel) ; autonomie. **1964** affrontements majorité (originaires des Indes)/minorité (ascendance africaine). *-7-12* PM *Cheddi Jagan,* prosoviétique, du PPP, représentant surtout les Indiens, perd majorité absolue. *Forbes Burnham* (1923-85), PM, s'allie à la droite défendant intérêts des Européens. **1966**-*26-5* indépendance. **1970**-*22-2* République. **Edward Luckhoo** Pt provisoire. *-19-3* **Arthur Chung** (né 10-1-1918) Pt élu 7-3. **1971-74** nationalisation des Cies exploitant la bauxite ; **1975-76** de l'activité sucrière. **1978** nouvelle Const. réduisant garanties accordées à l'opposition ; troubles. *-18-11* suicide collectif (poison) de la secte américaine du « Temple du peuple » animée par Jim Jones : 923 †. Tensions entre Noirs et Indiens. **1980**-*6-10* nouvelle Const. *-6-10* **Forbes Burnham** Pt. *Élections* (irrégularités) : succès de Forbes. **1985**-*6-8* Forbes meurt. **Hugh Desmond Hoyte** (né 9-3-1929) Pt. **1992**-*27-9* Ass. dissoute. *-5-10 législatives* et *présidentielle.* Émeutes. *-9-10* **Cheddi Jagan** (1918-97) Pt. *-28-11* état d'urgence. **1997**-*6-3* **Samuel Hinds** (né 27-12-1943) Pt, renversé. *-19-12* **Janet Jagan** (née 20-10-1920, veuve de Cheddi Jagan) Pte. *-22-12 Samuel A.A. Hinds* PM. **1999**-*8-8* Pte démissionne pour raison de santé. *-11-8* **Bharat Jagdeo** (né 23-1-1964) min. des Finances, Pt par intérim jusqu'en janv. 2001.

■ **Statut.** *République coopérative* (depuis 23-2-1970) *membre du Commonwealth.* **Constitution** du 6-10-1980. **Pt** élu pour 5 ans au suffrage universel. **Assemblée nationale :** 65 membres élus pour 5 ans dont 12 représentant les comtés. **Élections du 15-12-1997 :** Parti progressiste du peuple (PPP) fondé 1950 (Bharrat Jagdeo) 29 sièges, Congrès nat. du peuple fondé 1955 (Hugh Desmond Hoyte) 22, Force unie fondée 1960 (Mazoor Nadir) 1, Alliance des travailleurs fondée 1979 (Eusi Kwayana et Rupert Roopraríne) 1. **Comtés** : 3 : Demerara, Essequibo (dont le Venezuela revendique 150 000 km^2), Berbice. **Fête nationale.** 23-2 (j de la Rép.). **Drapeau** (adopté 20-5-1966). Triangle rouge (énergie du peuple), liséré noir (sa persévérance), triangle jaune (minerais et futur), liséré blanc (rivières), sur fond vert (forêts et champs).

■ **Économie. PNB** (en $ par hab.) : *1982* : 590 ; *85* : 256 ; *90* : 370 ; *95* : 590 ; *98* : 820 ; *99* : 690. **Population active** (en %) **et,** entre parenthèses, **part du PNB** (en %) : agr. 36 (32), ind. 12 (26), services 40 (38), mines 12 (4). **Inflation** (en %) : *1990* : 65,2 ; *91* : 105,9 ; *92* : 28,2 ; *93* : 11,3 ; *94* : 16 ; *95* : 8,1 ; *97* : 4 ; *98* : 4,6 ; *99* : 7,5. **Croissance** (en %) : *1998* : 1,3 ; *99* : 3. **Dette extérieure** (en 2000) : 1,2 milliard de $.

■ **Agriculture. Terres** (en milliers d'ha, 1981) : arables 480, cultivées en permanence 15, pâturages 1 220, forêts 16 369, eaux 1 812, divers 1 608. **Production** (en milliers de t, 1999) : canne à sucre 3 000, riz 600, noix de coco 73, plantain 21, oranges 3, tubercules 1. **Forêts** (en 1998). 442 000 m^3. 75 % des terres. **Élevage** (en milliers de têtes, 1999). Poulets 8 000, bovins 220, moutons 130, chèvres 79, porcs 20. **Pêche** (en 1995). 46 000 t (surtout crevettes).

■ **Mines. Bauxite** (en millions de t) : *1990* : 1,4 ; *95* : 2,1 ; *96* : 2,5 ; *97* : 3 ; *98* : 2,52 ; *99* : 2,4. **Or** (en t) : *1992* : 2,5 ; *95* : 8,8 ; *96* : 10 ; *97* : 12 ; *98* : 14 ; *99* : 13. **Diamants** (en 1994) : 36 800 carats. **Tourisme** (en 1997). 93 000 visiteurs.

■ **Commerce. Exporte** : or, sucre, bauxite, riz, crevettes **vers** Canada, Caricom, USA, G.-B. **Importe de** Trinidad, USA, G.-B., Canada. **Export./import.** (en millions de $) : *1997* : 643/629 ; *98* : 485/n.c. ; *99* : 523/n.c.

■ **Rang dans le monde** (en 1999). 8e bauxite. 22e or.

HAÏTI

Carte p. 1048. V. légende p. 950.

☞ *Abréviation* : H. : Haïti.

■ **Nom.** *Ayiti,* « Terre des hautes montagnes » en indien.

■ **Situation.** Amérique. Partie ouest de l'île de St-Domingue (dite aujourd'hui île d'Haïti). **Superficie :** 27 750 km^2 (dont plaines 7 000). **Côtes :** 1 535 km. **Frontière** avec Rép. dominicaine : 375 km. **Largeur :** 34 à 285 km. **Altitude** *maximale* : morne la Selle 2 680 m. **Iles adjacentes :** *la Gonâve* 658 km^2, 15 634 hab., *la Tortue* 180 km^2, *l'île à Vache* 52 km^2, *les Cayémites* 45 km^2, *la Navase* 3 km^2 (annexée par USA 18-8-1857). **Climat.** Tropical doux dans les plaines (*té cho,* « terres chaudes ») [Port-au-Prince janv. 23 °C, juillet 33 °C], montagne (*té fret,* « terres froides ») 10 à 23 °C. *Pluies* avril/mai, sept./nov.

■ **Population** (en millions d'hab.). *1960* : 3,6 ; *97* : 7,49 dont (en %) Noirs 95, mulâtres 5 ; *2000 (est.)* : 7,82 ; *2025 (prév.)* : 11. Rurale à 70 %. **D.** 281 (côtes 350, intérieur 10). **Age** : *- de 15 ans* : 41,1 %, *+ de 64 ans* : 4,1 %. **Taux** (en ‰, 1999) : *natalité* : 34, *mortalité* : 13 (infantile : 74). *Nombre d'enfants par femme* : 4,2. *Accroissement naturel* : 2,2 %. **Espérance de vie** (en 1998) : 54 ans. **Séropositifs** (en %, 1998) : campagne 5, ville 12. **Pop. urbaine** : 26 %. **Alphabétisation :** 54 %. **Émigration :** 1 million vers USA (New York, Floride), Canada, Rép. dominicaine, Bahamas. **Étrangers** (en 1991) : 8 000 Américains.

■ **Langues.** Créole et français *(officielles)* ; français compris par 30 % de la population. **Religions** (en %). Catholiques 80 *(officielle)*, protestants 10, baptistes ; adeptes du vaudou 80 (dont catholiques pratiquants).

■ **Villes** (est. 1996). *Port-au-Prince* 884 472 hab., Cap-Haïtien 102 233 (à 263 km), Carrefour 290 204, Delmas 240 429, Gonaïves 37 000 (152 km), Les Cayes 35 800 (178 km), Jérémie 22 346 (en 1983) [285 km], Jacmel 16 776 (en 1983) [81 km].

■ **Histoire. Av. J.-C. XXe-Ier s.** peuplement *Ciboney* (céramique, sépultures). **Apr. J.-C. Ier s.** les *Taïnos* (Indiens

du groupe arawak) éliminent les Ciboneys. **XIVe s.** les *Caraïbes* refoulent les Taïnos vers l'ouest. **1492**-*6-12* découverte par Christophe Colomb (peuplée de 300 000 Indiens, qui disparaissent vers 1540) ; repeuplée d'esclaves noirs ramenés d'Afrique depuis 1502. **1600-1740** laissent le terrain aux flibustiers (ou « *Frères de la côte* », basés dans l'île de la Tortue) et aux boucaniers (tanneurs de cuir de bœuf, exploitant les troupeaux sauvages de l'île). **1641** le huguenot français Le Vasseur enlève l'île de la Tortue aux flibustiers. **1642** le chevalier de Fontenay prend possession d'H. au nom du roi de Fr. **1659** colons français. **1697**-*20-9* rattachée aux Antilles françaises (*traité de Ryswick*), repeuplée par esclaves africains (environ 30 000 par an entre 1784 et 1791), prospère (cultures vivrières, indigo, puis canne à sucre et café). **1722** révolte des esclaves. **1770**-*3-6* Port-au-Prince détruite par séisme. **1784** 7 803 plantations (partie française), 100 000 Européens possédant 500 000 esclaves (partie espagnole : 125 000 hab.). **1791**-*15-5* l'Ass. nat. accorde l'égalité des droits aux gens de couleur libres nés de parents libres. *-14-8* serment du Bois-Caïman et insurrection des esclaves du N. *-24-9* l'Ass. nat. rapporte son décret du 15-5. Les Blancs se révoltent ; battus par mulâtres, appellent les Anglais. *-28-11* arrivée de la 1re commission civile avec Roume, Mirbeck et Saint-Léger. **1792**-*4-4* Ass. législative accorde aux Noirs libres des droits égaux à ceux des Blancs. *-18-9* arrivée de la 2e commission civile avec Ailhaud, Polvérel et Sonthonax. **1793** Toussaint Louverture (1743-1803) rejoint le camp espagnol. *-29-8* Sonthonax proclame l'abolition de l'esclavage à St-Domingue. **1794**-*4-1* décret de la Convention abolissant l'esclavage. Les Noirs se soulèvent et battent Anglais et colons (incendies et massacres), proclament la république ; capitale Port-au-Prince qui devient Port-Républicain. *-18-5* Louverture quitte le camp espagnol et rejoint la France. **1795**-*22-7 traité de Bâle* : l'Espagne cède l'est, l'île est réunifiée. **1797**-*1-5 Sonthonax,* commissaire de la Rép., nomme le Gal Louverture commandant en chef de l'armée de St-Domingue. **1801**-*8-7* Louverture promulgue Constitution autonomiste. **1802**-*3-2* expédition du Gal *Leclerc* (22 000 h.), les 3 chefs noirs (Louverture, Dessalines, Christophe) se soumettent. *-5-2* Leclerc entre à Cap-Français, incendié. *-7-6* Louverture arrêté, envoyé en Fr. *-2-11* Leclerc meurt de la fièvre jaune qui décime l'armée. **1803**-*7-4* Louverture meurt au fort de Joux (Doubs). *-17-5* l'Ass. législative rétablit l'esclavage. Rochambeau succède à Leclerc mais est pris par escadre anglaise. Noirs brûlent plantations et forêts. *-4-12* départ des dernières troupes françaises. **1804**-*1-1 indépendance.* **Jean-Jacques Dessalines** (v. 1748-1806) ; *-22-9* se proclame empereur (**Jacques Ier**). **1806**-*17-9* assassiné. **1807**-*29-3* **Henri Christophe** (esclave noir, 1767-1820) Pt dans le nord. **Anne Alexandre Sabès dit Pétion** (mulâtre né libre, 2-4-1770/29-3-1818) Pt de la Rép. d'H. **1808** l'Espagne récupère l'est, et l'ouest est divisé. Dans le nord, Christophe fonde une République qui devient en 1811 royaume dont il est le roi Henri Ier ; se suicide 8-10-1820 à la suite d'un soulèvement. Dans le sud, Pétion fonde une Rép. (1807-18). **1815** traite des nègres abolie au congrès de Vienne. **1818**-*29-3* **Gal Jean-Pierre Boyer** (1776/Paris 1850, mulâtre) Pt. **1822**-*9-2* réunifie l'île. **1825**-*17-4* la Fr. reconnaît la Rép. d'H. [H. paye une indemnité de 150 millions de F (réglée jusqu'en 1938)]. **1842**-*7-5* Cap-Français détruit par un séisme. **1843** Boyer exilé. *-27-1* **Charles Hérard** (1787-1850) Pt. **1844**-*27-2* séparation Rép. dominicaine (Espagne) et Rép. d'Haïti. *-3-5* **Philippe Guerrier** (1757-1845) Pt. **1845**-*16-4* **Jean-Louis Pierrot** (1761-1846) Pt. **1846**-*24-3* **Jean-Baptiste Riché** (1785-1847) Pt. **1847**-*1-3* **Faustin Soulouque** (1782-1867) Pt ; **1849**-*28-8* devient l'empereur **Faustin Ier**. **1859**-*15-1* **Gal Fabre Geffard** (1806-78) Pt, déposé. **1867**-*6-5* **Sylvain Salnave** Pt (1827-70). **1869**-*19-12* junte. **1870**-*19-3* **Nissage Saget** († 1880) Pt. **1874**-*11-6* **Michel Domingue** Pt. **1876**-*17-7* **Boisrond Canal** Pt, déposé. **1879**-*23-10* **Gal Lysius Salomon** (1820-88) Pt. **1888**-*10-8/16-12* **Seïde Télémaque** Pt. *-16-12* **François Légitime** (1842-1935) Pt. **1889**-*9-10* **Louis Hyppolyte** Pt. **1896**-*31-3* **Gal T. Simon Sam** Pt. **1902**-*12-5* **Boisrond Canal** Pt. *-21-12* **Alexis Nord** (1820-1910) Pt, déposé. **1905** douane prise en charge par USA. **1908**-*17-12* **Gal Antoine Simond** (1844-1923) Pt, déposé. **1911**-*14-8* **Cincinnatus Lecomte** († 1912) Pt. **1912**-*8-8* **Tancrède Auguste** († 1913) Pt. **1913**-*4-5* **Michel Oreste** Pt. **1914**-*8-2/9-11* **Gal Oreste Zamor** Pt. *-9-11* **Davilmar Théodore** Pt. **1915**-*7-3* **Jean Vilbrun Guillaume Sam** Pt, assassiné le 28-7 ; *-28-7* occupation américaine. *-12-8* **Philippe Dartiguenave** (né 1863) Pt. *-16-9* traité avec USA. **1918**-*12-7* déclare guerre à l'All. **1919** révolte (Charlemagne Perlate) contre gendarmes (environ 3 000 †). **1922**-*15-5* **Louis Borno** (1865-1942) Pt. **1930**-*15-5/19-11* **Eugène Roy** († 1939) Pt. *-19-11* **Stenio Vincent** (1874-1959) Pt. **1934**-*21-8* Américains évacués. **1937**-*oct.* de 30 000 à 40 000 Haïtiens massacrés en Rép. dominicaine. **1941**-*15-4* **Élie Lescot** (1883-1974) Pt, déposé. *-8-12* déclare la guerre au Japon. *-12-12* à l'All. et l'Italie. **1946**-*11-1/16-8* **Franck Lavaud** Pt. *-16-8* **Dumarsais Estimé** (1900-53) Pt, déposé. **1950**-*10-5* **Franck Lavaud** Pt. *-6-12* **C^el^ Paul Eugène Magloire** (né 1907) Pt ; **1956**-*22-10* forcé de se démettre. *-12-12* **Joseph Pierre-Louis** Pt. **1957**-*7-2/2-4* **François Sylvain** Pt. *-5-4/25-5* **Gal Léon Cantave** Pt. *-26-5/14-6* **Daniel Fignole** (1915-86) Pt, déposé. *-14-6/22-10* **Gal Antoine Kebreau** Pt.

Ère Duvalier. 1957-*22-10* **François Duvalier** (14-4-1907/21-4-1971, docteur, dit « Papa Doc ») élu Pt (à vie le 22-4-1964), gouverne avec soutien des *Tontons macoutes* (volontaires de la Sécurité nationale formant une milice armée). **1967**-*12-6 :* 19 officiers exécutés. **1968** tentative d'invasion par des exilés. **1970** coup d'État avorté. **1971**-*15-1* l'Ass. nat. autorise Duvalier à désigner son fils Jean-Claude comme successeur. *-31-1 référendum* ratifie cette désignation (2 391 916 pour, 0 contre). *-21-4* Duvalier meurt. *-22-4* **Jean-Claude Duvalier** (né 3-7-1951, dit « Baby Doc ») lui succède. Sa mère, « Maman Simone », sera très influente jusqu'au mariage de celui-ci (27-5-1980) avec Michèle Bennett (née 1954). Création d'un corps d'élite antiguérilla (600 h., 3 bataillons). **1973** complot du C^el^ Honorat, dénoncé par le C^el^ Valmé qui devient chef de la police (3 000 h.). **1980**-*juillet* cyclone *Allen*. *-28-11* : 1 500 opposants incarcérés (inculpés d'un complot communiste sous la direction de « Caca Diable »). *-25-12* chef syndicaliste Yves-Antoine Richard expulsé. **1981**-*18-1* Bahamas expulsent 25 000 à 30 000 Haïtiens. Clémard-Joseph Charles [ancien min. des Finances (1960-67) ; emprisonné 1967-77, exilé USA 1977] regroupe l'opposition. *-Mars/avril* partisans de « Maman Simone » expulsés. *-22-11* journalistes « d'opposition » expulsés. **1982**-*9* et *12-1* exilés débarqués sur l'île de la Tortue (avec B. Sansaricq) tentent de renverser le régime. *-14-1* troupes dominicaines empêchent retour massif d'opposants haïtiens. La marine américaine contrôle émigration illégale par mer. **1983**-*1-1* attentat à Port-au-Prince revendiqué par brigade Hector Riobe (4 †). *-9-3* halte du pape en H. *-5-4* retour des cendres de Toussaint Louverture. *-27-8* Parlement dissous. **1984**-*mai* émeutes (faim) ; abattage des porcs (peste porcine). **1985**-*2-1* marche de la paix de 50 000 adolescents. *-3-1* suspension d'aide américaine (26 millions de $). *-22-7* référendum sur l'irrévocabilité de la présidence à vie : 99,98 % de oui (fraudes). *-24-11* journée de jeûne et prières, l'Église s'éloigne du régime. *-27/28-11* manif. aux Gonaïves (4 †). **1986**-*8-1* écoles fermées. *-26-1* police politique dissoute. *-27-1* émeutes à Cap-Haïtien (3 †). *-29-1 :* 40 000 manifestants. *-31-1* état de siège : plusieurs centaines de † ; profanation du tombeau du Dr Duvalier ; chasse aux Tontons macoutes (ils étaient 40 000 plus 300 000 supplétifs). *-7-2* Duvalier en exil en France.

Conseil nat. de gouvernement. 1986-*7-2* Pt **L^t^-C^el^ Henri Namphy,** chef d'état-major, veut récupérer sommes accaparées par Duvalier (fils : 450 à 800 millions de $?, sa mère : 1 150 ?). *-9/10-2* Parlement dissous. *-15-4* gel des avoirs de Duvalier en Suisse. *-26-4* émeutes (6 †), *-4/5-6* émeutes. *-19-10 élections* à l'Ass. constituante (95 % d'abstentions). *-17/21-11* grève générale. **1987**-*29-3 référendum* pour Constitution, approuvée par 99,81 %. *-29-6/1-7* grève générale (12 †). *-2-7* décret électoral à l'origine de la grève abrogé, plus de 50 paysans tués. *-27-7 :* 100 paysans tués. *-13-10* Yves Volel, candidat démocrate-chrétien à la présidence, assassiné. *-20/22-11* au moins 25 †. *-29-11 législatives* et *présidentielle* annulées (troubles, 24 †). Conseil électoral dissous et reformé avec de nouveaux membres. Aide internationale suspendue. 40 jeunes exécutés par militaires. **1988**-*7-2* **Leslie Manigat** (né 16-8-1930) élu -17-1 Pt avec 59,29 % des voix (conditions discutées) ; *-17-6* démet Namphy (surnommé « Chouchou ») pour avoir augmenté la solde des militaires, afin de réimposer un contrôle par civils sur promotions militaires. *-19-6* coup d'État de **Namphy** ; *-20-6* dissout le Parlement. Manigat exilé à St-Domingue. *-10-9* massacre église St-Jean-Bosco de Port-au-Prince lors d'une messe du père Aristide, opposant (11 †). *-17-9* Namphy renversé par **Gal Prosper Avril** (né 12-12-1937), chef de la garde présidentielle. *-19-9* gouv. civil modéré. *-17-10* père Aristide expulsé. *-6-11* C^el^ Jean-Claude Paul, ex-patron des Tontons macoutes, inculpé de trafic de drogue aux USA, meurt empoisonné. **1989**-*13-3* Constitution partiellement restaurée. *-2-4* coup d'État militaire échoue (5 †). *-3/9-4* affrontements. **1990**-*20/29-1* état de siège contre terrorisme. *-7-2* amnistie. *-5/8-3* manif. (3 †). *-10-3* Avril démissionne ; **Gal Hérard Abraham** (né 28-7-1940) Pt par intérim. *-13-3* **Ertha Pascale Trouillot** (née 1943 ; 1re femme juge de Port-au-Prince 1971) Pte à titre provisoire. *-16-10* duvaliéristes créent l'Union pour la réconciliation nationale, Pt Roger Lafontant (candidature à la présidence rejetée par conseil électoral). *-5-12* bombe à un meeting du père Aristide (8 †). *-16-12* **père Jean-Bertrand Aristide,** dit « Titid », (né 15-7-1953) [partisan de la théologie de la libération, exclu des salésiens en déc. 1988, renonce à la prêtrise en nov. 1994, épouse 20-1-1996 Mildred Trouillot] élu Pt : 67,48 % des voix (après opération « Lavalas », ou Avalanche, mouv. d'enthousiasme populaire) devant Marc Bazin (MIDH) 13 % et Louis Dejoie (PAIN). **1991**-*6/7-1* coup d'État échoue (40 †), Lafontant arrêté (30-7 prison à vie). Manif. : siège de la conférence épiscopale pillé, cathédrale et nonciature apostolique incendiées (nonce molesté). *-12-1* complot découvert. *-21-1 :* 2e tour *législatives*. *-27-1* troubles à Port-au-Prince (12 †). *-29-1* Aristide en Fr. *-7-2* Aristide en fonctions. *-9-2* **René Préval** PM (3 femmes au gouv.). *-9* et *11-3* Chantal Lapouille (belle-sœur d'Hervé Bourges) et Dr Robert Coirin, en mission pour l'Unicef, Français, assassinés. *-29/30-9* coup d'État du **Gal Raoul Cédras** (né 1949) : 200 † (+ répression 1 500 †). Aristide fuit au Venezuela. *-4-10* USA gèlent avoirs haïtiens. *-7-10* Ass. destitue Aristide. **Joseph Nérette** Pt par intérim (non reconnu à l'étranger). *-11-10* **Jean-Jacques Honorat** PM. New York, 50 000 manifestants pour retour d'Aristide. *-27-10* supplice du « père Lebrun » (pneu enflammé autour du cou) infligé aux ex-Tontons macoutes. *-30-10* Aristide en Fr. Embargo commercial américain. *-15-11* ambassadeur de Fr. sommé de quitter H. **1992**-*9-2* accord avec Onu sur envoi d'observateurs [*14-2* : 40, *7-3* : 22 (pour 1 an, puis 400 à 500 sur 3 ans)]. *-19-6* **Marc Bazin** (né 6-3-1932, dit « Mister Clean ») PM. **1993**-*8-6* démissionne. *-16-6* embargo pétrolier et militaire de l'Onu. *-3-7* accord de Governor's Island sous l'égide de l'Onu : Aristide rentrera le 30-10. Cédras en retraite anticipée. *-26-8* Onu suspend sanctions. *-2-9* **Robert Malval** PM. *-11-9* Antoine Izméry, financier de la campagne d'Aristide, assassiné. *-11-10* opposants d'Aristide empêchent débarquement de militaires de l'Onu. *-13-10* embargo pétrolier et militaire de l'Onu rétabli. *-14-10* Guy Malavy (min. de la Justice) assassiné. *-15-10* USA puis Onu décrètent blocus naval. *-15-12* Malval, ne pouvant réunir conférence de réconciliation nationale, démissionne. **1994**-*1-3* députés approuvent plan de règlement appuyé par USA et Onu (amnistie des militaires, nomination d'un PM de « concorde nationale », Cédras à la retraite, pas de date pour le retour d'Aristide). *-25-3* manif. contre l'accostage d'un bateau français chargé de vivres. *-22-4* massacre de civils par l'armée. *-11-5* **Émile Jonassaint** (1913-95) proclamé Pt provisoire par des sénateurs irrégulièrement élus (non reconnu à l'étranger). *-20-5* embargo commercial de l'Onu. *-12-6* état d'urgence décrété. *-11-7* mission civile Onu expulsée. *-18-7* : 451 *boat people* rapatriés, les USA refusant l'asile politique. *-31-7* Onu autorise USA à intervenir. *-1-8* état de siège. *-19-9* Jonassaint accepte retour d'Aristide avant 15-10 ; opération « Soutien à la démocratie » : débarquement de 21 000 soldats américains ; *-22-9* ils commencent à désarmer la milice. *-24-9* fusillade marines/police à Cap-Haïtien (10 policiers †). *-29-9* Onu lève sanctions (effet au 15-10). *-7-10* amnistie des putschistes. *-10-10* Gal Cédras démissionne. *-13-10* part en exil au Panama. *-15-10* retour d'**Aristide**. *-24-10* **Smarck Michel** PM. *-14-11* cyclone *Gordon* (100 †). **1995**-*31-3* la Mission de l'Onu en Haïti (Minuha : 6 000 h. dont 2 400 Américains et 900 policiers) remplace les Américains (les derniers partent le 17-4). *-7-11* Jean-Hubert Feuillé, député, cousin d'Aristide, assassiné. *-8-11* **Claudette Werleigh** (née 1946) PM. *-24-11* Port-au-Prince, émeutes (4 †). **1996**-*7-2* **René Préval** (né 17-1-1943, coalition gouv./Lavalas) élu 17-12-1995 Pt [87,9 % des voix (72 % d'abst.)]. *-29-2* Minuha prolongée 4 mois (1 200 soldats, 300 policiers). *-6-3* **Rosny Smarth** (né 19-10-1940) PM. *-28-6* Minuha, prolongée 5 mois (600 h.), devient Manuh (Mission d'appui des Nations unies en H.) ; *-5-12* prolongée 8 mois, 1 300 h. et 293 policiers). **1997**-*6-4 élections partielles* (Sénat et locales), participation 10 % en province. *-9-6* Smarth démissionne. *-30-7* Mitnuh (Mission de transition des Nations unies en H.), remplace Manuh pour 4 mois. *-26-8* **Ericq Pierre** PM (27-8, Assemblée refuse la confiance). *-8-9* naufrage d'un ferry (276 †). *-4-11* **Hervé Denis** PM (23-12, Assemblée refuse la confiance). *-28-11* Miponuh (Mission de police des Nations unies en H., 300 h.) remplace Mitnuth pour 12 mois. **1998**-*23-3* **Hervé Denis** PM (refusé par Sénat 15-4). *-25-9* cyclone *George :* 300 †, 300 millions de $ de dégâts. **1999**-*11-1* Assemblée nationale dissoute. *-25-3* **Jacques-Édouard Alexis** (né 1947) PM. **2000**-*20-1* départ des derniers soldats américains. *-15-3* Mission civile internationale d'appui à Haiti (Micah), environ 100 assistants envoyés par l'Onu. *-27/28-3* émeutes. *-3-4* Jean Dominique, journaliste, assassiné. *-26-11* **Aristide** élu Pt (91,69 %, abstentions 80 %). **2001**-*6-2* départ de la Micah. *-7-2* Aristide en fonction.

☞ **Répression** (de sept. 1991 à sept. 1994) : 3 000 à 5 000 † (plus les disparus).

■ **Statut.** *République.* **Constitution** de 1987. **Pt** élu pour 5 ans, non immédiatement rééligible, 2 mandats au maximum. **Élections législatives, municipales et locales des 21-5 et 9-7-2000 : Sénat** 27 membres (renouvelables par tiers tous les 2 ans) élus pour 6 ans : Fanmi Lavalas 26 sièges. **Chambre** 83 m. élus au suffrage universel pour 4 ans : Fanmi Lavalas 72 sièges. **Fête nationale.** 1-1 (indépendance). **Drapeau** (adopté 18-5-1803). Bleu et rouge avec écusson portant « L'union fait la force » (1964 : noir et rouge).

☞ *Henry Christophe* (roi Henry Ier) institua le 5-4-1811 une noblesse héréditaire (6 princes, 8 ducs, 1 marquis, 18 comtes, 34 barons, 7 chevaliers). *Faustin Soulouque* (empereur Faustin Ier) créa 4 princes d'Empire, 59 ducs, 90 comtes, 2 marquises, 30 chevalières, 215 barons, 349 chevaliers.

■ **Partis. Fanmi Lavalas,** *leader :* Aristide. Issus du Lavalas : **Organisation du peuple en lutte (OPL)**, scission 1996. **P. Louvri Baryé (PLB),** 1996. Opposition de gauche : **Mouvement organisyon du pays (MOP). Konvension Initié Démocratik (KID). Congrès nat. des mouvements démocratiques (Konakom). P. nationaliste progressiste révolutionnaire (Panpra).** De droite : **Rassemblement des démocrates nationaux progressistes (RDNP). Mouvement patriotique pour le sauvetage national (MPSN). Alliance pour la libération et l'avancement d'H. (Alah). Mouvement chrétien pour la nouvelle H. (Mocrenha). Convergence démocratique** créée janv. 2001 par RNDP, MPSN, Mocrenha et Alah, *leader :* Gérard Gourgue.

■ **Économie. PNB** (en $ par hab.) : *1990* : 400 ; *95* : 260 ; *99* : 540. **Croissance** (en %) : *1995* : 4 ; *96* : 2 ; *97* : 1,1 ; *98* : 2,2 ; *99* : 2,4 ; *2000* : 1. **Population active** (en %) **et,** entre parenthèses, **part du PNB** (en %) : agr. 66 (35), ind. 10 (22), services 24 (43). **Chômage** (en %) : *1998* : 60. **Sous le seuil de pauvreté** (en 1999) : 85 %. **Finances. Inflation** (en %) : *1990* : 20,6 ; *91* : 119,8 ; *92* : 30 ; *93* : 30,7 ; *94* : 21,2 ; *95* : 27 ; *96* : 21,9 ; *97* : 20,6 ; *98* : 10 ; *99* : 10,7 ; *2000* : 14. **Dette extérieure** (en millions de $) : *1981* : 200 ; *90* : 950 ; *99* : 1 062. **Transfert des Haïtiens de l'étranger** : 500 millions de $ par an. **Aide internationale :** *1998* : 341 millions de $ (prêts et dons).

■ **Agriculture. Terres** (en km²) : cultivées 8 700, pâturages 5 300, forêts 3 000 (*1923* : 23 % des terres ; *74* : 7 ; *82* : 6 ; *85* : 1,5 ; *90* : 0 à 1), friches 300. 60 % des propriétés agricoles ont moins de 1 ha [terres chaudes (– de 1 000 m) : manguiers ; froides (+ de 1 000 m) : caféiers (2 récoltes annuelles), fruits et légumes européens]. *Terres irriguées : 1789* : 60 000 ha (pour 500 000 hab.) ; *89* : 35 000. **Production** (en milliers de t, 1999) : canne à sucre 1 000, mangues 350 (en 1986), plantain 340 (en 1994), légumes 288 (en 1982), bananes 239, maïs 215, patates douces 183, tubercules 148 (en 1982), riz 102, sorgho 90 (en 1989), haricots 51 (en 1994), café 28, cacao 5, tabac, huiles essentielles, coton, sisal, rhum. **Forêts** (en 1998). 6 397 000 m³. **Élevage** (en milliers de têtes, 1998). Poulets 6 000, caprins 1 657, bovins 1 300, porcins 800, ovins 138. **Pêche** (en 1997). 5 630 t. **Électricité** (en millions de kWh).

1970 : 87,7 ; *80 :* 372,2 ; *89 :* 590 ; *94 :* 302 ; *98 :* 641. **Taux d'électrification :** 12 %. **Mines.** Bauxite 431 000 t (en 1982), fermées 1985, cuivre. *Non exploités :* manganèse, fer, or, marbre, molybdène, gypse. **Industrie** (en crise). Assemblage, balles de base-ball, soutiens-gorge, chaussures, cassettes. **Routes** (en 1998). 939 km dont 433 goudronnés.

■ **Tourisme. Visiteurs :** *1986 :* 112 000 ; *91 :* 149 557 ; *94 :* 70 000 ; *99 :* 140 000 (en majorité immigrés venant en vacances). **Sites :** *Port-au-Prince :* cathédrale Ste-Trinité, marché en fer, musées du Panthéon national, d'Art haïtien du Collège St-Pierre, maison Defly, distillerie Jane-Barbancourt, place des Héros-de-l'Indépendance. *Kenscoff :* fort St-Jacques. *Cap-Haïtien :* citadelle Henry, palais Sans-Souci.

■ **Commerce** (en millions de $). **Export./import. :** *1997 :* 119/ 648 ; *98 :* 175/800 ; *99 :* 199/1 035. **Exporte** produits man., café, huiles essentielles, mangues **vers** (en %) : USA 87, UE 10. **Importe de** (en %) : USA 60, UE 12,5, Rép. dominicaine 4. Marché noir, drogue et contrebande permettent la survie du pays malgré l'embargo.

■ **Rang dans le monde** (en 1998). 22e cacao. 29e café.

HONDURAS

Carte p. 1106. V. légende p. 950.

☞ *Abréviation :* H. : Honduras.

■ **Nom.** De l'espagnol *hondo,* « profond », remarque de Christophe Colomb sur la profondeur des eaux.

■ **Situation.** Amérique centrale. **Superficie :** 112 492 km². **Altitude** *maximale :* Cerro Selaque 2 849 m ; pays montagneux. **Frontières** (en km) : Nicaragua 922, Salvador 342, Guatemala 256. **Côtes :** 820 km. **Climat.** Tropical. *Côte atlantique* (840 km) pluies abondantes (surtout juin-août et déc.-févr.) ; *pacifique* (124 km) pluies mai à oct. *Intérieur* climat plus doux. *Temp.* 15 à 20 °C (côtes 20 à 40).

■ **Population.** *1997 (juillet) :* 5 751 384hab. ; *2000 :* 7 000 000 ; *2025 (prév.) :* 10 millions. **En % :** métis 90, Amérindiens 7, Noirs 2, Européens 1. **D.** 62. **Population rurale :** 57 %. **Age :** - *de 15 ans :* 42,6 %, + *de 64 ans :* 3,5 %.

■ **Langues.** Espagnol *(officielle)* 98 %, indien, bas anglais sur la côte. **Religions** (en %). Catholiques 97.

■ **Villes** (en 1995). *Tegucigalpa* 813 900 hab., San Pedro Sula 383 900 (à 252 km), La Ceiba 89 200 (350 km), El Progreso 85 400, Choluteca 76 400 (134 km), Puerto Cortes 33 900.

■ **Histoire. A partir de 100** arrivée des Mayas à *Copán.* **400/800** civilisations passagères. **1502** découvert par Christophe Colomb. **1523-25** conquête par Cristobal d'Olid y Alvarado. **1544** rattaché à la capitainerie du Guatemala. **1821** indépendant de l'Espagne, membre de la Fédération d'Amérique centrale jusqu'au 5-11-1838. **1842-44** associé au Salvador et au Nicaragua. **1880** guerre avec Guatemala. **Début XXe s.** la Cuyamel Fruit appuie les libéraux et l'United Fruit les conservateurs ; puis les 2 Cies fusionnent. **1907** intervention américaine. **1933**-*1-2* **Gal Tiburcio Carías Andino** (1876-1969) Pt. **1937** différend avec Nicaragua. **1949**-*2-1* **Juan Manuel Galvez** (1887-1972) Pt. **1954** grève générale (bananeraies). *-15-11* **Julio Lozano Diaz** (1885-1957) Pt. **1955-61** crises (ouragans, baisse production bananière). **1955**-*21-10* junte **Gal Roque Rodriguez** (1900-81) et **Cel Hector Caraccioli** (1922-75). **1957**-*21-12*/**1963**-*3-10* gouvernement constitutionnel (P. libéral), **Ramón Villeda Morales** (1908-71) Pt. **1963**-*3-10* coup d'État militaire **Gal Oswaldo López Arellano** (né 1921) ; élu Pt en 1965. **1969**-*24-6* match de foot avec Salvador : incidents. *-14/18-7* guerre avec Salvador. Environ 100 000 Salvadoriens regagnent leur pays. *-30-7* paix provisoire. **1971**-*7-6* **Ramón Cruz Ucles** (1903-85) Pt. **1972**-*4-12* coup d'État militaire : **Arellano** au pouvoir. Assemblée suspendue. **1974**-*18/20-9* cyclone *Fifi* (10 000 †, dégâts 60 % du PNB). **1975**-*22-4* Arellano, accusé de concussion, renversé ; **Cel Juan Melgar Castro** (né 26-6-1930) Pt. **1978**-*7-8* Melgar déposé, impliqué dans affaire de drogue ; **Policarpo Paz García** (1932-91)Pt. **1982**-*25-1* **Roberto Suazo Cordoba** (né 1927) Pt. **1982**-*5-7* attentat à Tegucigalpa contre 2 centrales électriques. **1984**-*31-3* Gal Gustavo Alvarez, Cdt en chef, exilé. **1986**-*27-11* **José Azcona** (né 1927, libéral) élu Pt. **1988**-*17/28-3* USA envoient 3 200 paras contre incursion sandiniste. **1989**-*25-1* Alvarez assassiné par Forces populaires de libération. **1990**-*27-1* **Rafael Leonardo Callejas** (né 1943) Pt. **1993**-*28-11* **Carlos Roberto Reina Idiaquez** (né 13-3-1926), juriste et diplomate, élu Pt avec 52,36 % des voix, en fonctions 27-1-1994. **1994**-*30-11* Callejas et 10 anciens ministres assignés pour corruption. **1997**-*30-11* **Carlos Flores Facussé** (né 1-3-1950) élu Pt (52,97 % des voix) ; en fonctions 27-1-1998. **1998**-*oct.* cyclone *Mitch,* 6 000 †, 7 000 disparus. Destructions : bananeraies 70 %, café 30 %, élevages de crevettes 99 %.

☞ *De 1821 à 1981 :* 159 changements de gouvernement, 24 guerres, 260 révoltes armées.

■ **Statut.** *République.* **Constitution** d'avril 1980. **Pt élu** pour 4 ans au suffrage universel. **Assemblée législative** (élections du 30-11-1997 : 128 m. élus pour 4 ans au suffrage universel) : libéraux 67, nationalistes 55 (42,97), PINU 2 (2,83). **Départements** 18. **Fête nationale.** 15-9 (indépendance). **Drapeau** (adopté 16-2-1866). Bandes horizontales bleue, blanche et bleue (couleurs d'Amér. centrale) ; 5 étoiles bleues (provinces unies).

■ **Partis. P. national** fondé 1902, *Pt :* Porfiro Lobo. **P. libéral** fondé 1980, *Pt :* Carlos Flores Facussé (conservateur). **P. innovation et unité (PINU)** fondé 1970, *Pt :* Olban F. Valladeres (se déclare humaniste). **P. démocrate-chrétien** fondé 1968, *Pt :* Efrain Díaz Arrivillaga (progressiste). **P. communiste hondurien** fondé 1954, *Pt :* Rigoberto Padilla Rush. **P. unification démocratique** fondé 1970.

■ **Économie. PNB** (en 1999) : 840 $ par hab. **Population active** (en %) **et,** entre parenthèses, **part du PNB** (en %) : agriculture 58 (22), industrie 13 (27), services 27 (49), mines 2 (2). **Chômage** (en 1999) : 10 %. **Personnes sous le seuil de pauvreté** (en 1999) : 85 %. **Croissance** (en %) : *1998 :* 4,6 ; *99 :* - 1,9 ; *2000 :* 5,4. **Inflation** (en %) : *1990 :* 25 ; *91 :* 33 ; *92 :* 8,8 ; *93 :* 10,7 ; *94 :* 21,7 ; *95 :* 26,8 ; *96 :* 25 ; *97 :* 12,8 ; *98 :* 10 ; *99 :* 11,6. **Dette extérieure** (en milliards de $) : *1999 :* 4,72.

■ **Agriculture. Terres** (en milliers d'ha, 1981) : arables 1 565, cultivées 199, pâturages 3 400, forêts 3 980, eaux 20, divers 2 045. **Production** (en milliers de t, 1999) : canne à sucre 3 917, bananes 927, maïs 448, ananas 269, café 164, sorgho 68, tabac, riz, p. de t., coton, palme. **Forêts** (en 1998). 7 176 000 m³. **Élevage** (en milliers de têtes, 1998). Poulets 15 000, bovins 2 076, porcs 670, chevaux 244. **Pêche** (en 1998). 12 554 t. Crevettes, langoustes, homards, aquaculture.

■ **Mines.** Plomb (3 800 t en 1994), zinc, argent (41 t en 1999), or, cuivre, fer, antimoine. **Hydroélectricité. Industrie.** Allumettes, tissus, construction. **Transports** (en km). **Routes :** 18 494 dont 2 262 goudronnées. **Voies ferrées** (voies étroites) : 1 004. **Tourisme** (en 1997). 257 000 vis.

■ **Commerce** (en milliards de $). **Export./import. :** *1995 :* 1,37/1,51 ; *96 :* 1,63/1,92 ; *97 :* 1,85/2,15 ; *98 :* 2,01/2,34. *Exporte :* café, bananes, crustacés, bois, viande *vers* USA, All., Belg., G.-B., Japon, Italie ; *importe de :* USA, Guatemala, Japon, Salvador, All..

■ **Rang dans le monde** (en 1999). 11e café.

HONGRIE

V. légende p. 950.

☞ *Abréviations :* H. : Hongrie ; Hongr., hongr. : Hongrois(e), hongrois(e).

■ **Nom.** Hongrois, du turc *onogour,* signifie « dix tribus d'archers ».

■ **Situation.** Europe. **Superficie :** 93 030 km² (longueur 528 km, largeur 268). **Frontières** (en km) : Croatie 329, Slovénie 102, Serbie 151, Slovaquie 515, Roumanie 443, Autriche 366, Ukraine 103. **Altitude** *maximale :* Mt Kékes (massif de la Mátra) 1 014 m ; *minimale :* 78 m. **Régions** d'ouest en est : petite plaine (Kisalföld), Dorsale hongroise (300 km S.-O./N.-E., monts Bakony, Pilis, Mátra, etc.) ; Transdanubie [à l'ouest du Danube ; plaines, collines peu élevées et petits massifs de 400 à 700 m (monts de Keszthely, monts Bakony, Vértes, Gerecse, Pilis, monts de Visegrád)] ; à l'est du Danube, grande plaine (Nagyalföld, 1/2 de la surface du pays) sablonneuse entre Danube et Tisza, limoneuse à l'est de la Tisza, chaîne montagneuse du Nord de 500 à 1 000 m (monts Börzsöny, Cserhát, Matra, Bükk, Cserehát et monts de Zemplén). **Fleuves :** *Danube* 417 km en H. sur 2 850 (dans la région de Baja sur 150 km, se sépare en 2 bras dont un canal à l'est de 20 à 30 km de largeur), *Tisza* 597 km sur 977 (XIXe s., raccourci de 450 km en coupant 120 méandres, digues protégeant 3 millions d'ha de terres arables), *Drave* 143 km. **Eaux thermales :** 500 sources à 35 °C ; au sud de la Transtisza 80 à 90 °C ; 500 000 m² de serres chauffées. **Lacs :** *le plus grand : Balaton* 596 km² (77 × 8 à 14 km, prof.moy. 3 m, 26 °C l'été). *Velence* 26 km², couvert de roseaux. **Climat.** Continental : moy. 11,2 °C, max. 36,7 °C (– 2,1 °C à Budapest en janv., 21,2 °C en juillet) ; *ensoleillement :* 1 975 h ; *pluies :* 500 à 900 mm.

■ **Population** (en millions d'hab.). *1869 :* 5 ; *1910 :* 7,6 ; *41 :* 9,3 ; *86 :* 10,71 ; *97 :* 10,17 ; *2000 (est.) :* 9,81 ; *2025 (prév.) :* 9. **D.** 105,4. **En % :** Magyars 89,9, Tsiganes 4, Allemands 2,6, Slaves du Sud (Serbes, Croates, Slovènes) 2, Slovaques 0,8, Roumains 0,7. **Age** (en %) : - *de 15 ans :* 16,9, + *de 64 ans :* 14,6. **Taux** (en ‰, 1999) : *natalité :* 9,6 (tsigane 24), *mortalité :* 14,2. *Accroissement naturel : 1960 :* 4,5 ; *70 :* 3,1 ; *80 :* 0,3 ; *90 :* -1,9 ; *94 :* -3,8 ; *98 :* 4,3. **Espérance de vie** (en 1998) : 71 ans. **Population urbaine** (en 1999) : 64 %. **Immigrés** (en milliers, fin 1992) : 250 (100 travailleurs légaux, 100 demandeurs d'asile et réfugiés, 50 clandestins) dont environ 100 d'origine hongroise venus de Roumanie, 60 venus de Yougoslavie. **Hongrois d'origine à l'étranger** (en milliers) : Roumanie 2 000, USA 730, Slovaquie 567 à 608, Israël 400, Serbie (Voïvodine) 290 à 341, Ukraine 156 à 220, Brésil 70, Allemagne 50, *France 35,* Autriche 32,5 à 72, Croatie 22 à 25, Slovénie 8,5 à 12.

■ **Villes** (est. 1999). *Budapest* 1 839 000 hab. [*1867* capitale. *1872 (22-12)* réunion des 3 villes Buda-Óbuda rive droite, Pest rive gauche du Danube (largeur 400 m ; *1839-49* 1er pont permanent, dit « des chaînes ») ; *1851 :* 173 000 hab. ; *1910 :* 900 000 hab.]. Debrecen 205 000. Miskolc 174 000 (à 185 km). Szeged 159 000 (à 170 km), Pécs 159 000 (à 202 km), Győr 127 000 (à 128 km). Székesfehérvár (où ont été couronnés et enterrés la plupart des rois magyars) 105 000. **Départements ruraux :** 19 [le plus grand (8 561 km²) : Bács-Kiskun, le plus petit (2 446 km²) Komárom] ; **urbains :** 6.

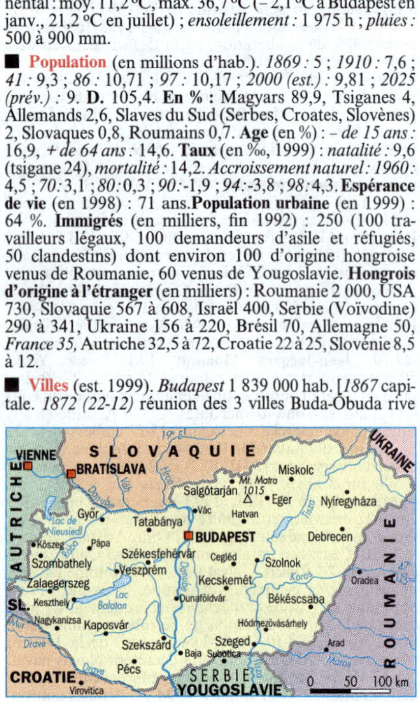

■ **Langues** (en %, rec. 1970). Hongrois *(officielle)* 98,5 [origine ouralienne, du même groupe que le finnois (finno-ougrien), dont il s'est séparé vers 500 av. J.-C. ; parlers les plus voisins : en Sibérie, dans le bassin de l'Ob (vogoul et ostiak, langues ob-ougriennes)], allemand 0,4, roumain 0,3, croate 0,2, slovaque 0,2.

■ **Religions** (en milliers, est. 1997). **Catholiques** romains 6 300 en 1995 (*1994 :* 2 755 prêtres, 474 séminaristes, 2 086 religieuses). **Protestants** calvinistes 2 000 (Église fondée 1552), luthériens 430 en 1995, pentecôtistes 35, baptistes 11. **Israélites** 80 en 1995 [*1941 :* 825 000 ; 565 000 exterminés ; *1999 :* 100 000].

■ HISTOIRE

■ **Av. J.-C. Vers 450** vestiges retrouvés. **Apr. J.-C.** Province romaine, Pannonie (Transdanubie) jusqu'en 439 et Dacie (Transylvanie) jusqu'en 271. Soumise par Huns (jusqu'en 453, mort d'Attila). Goths, Gépides, Lombards, Slaves et Avars dans le Bassin danubien. **795** conquête carolingienne. **Vers 895** envahie par Magyars (langue finno-ougrienne), duc **Árpád** († 907). **955** expansion arrêtée à Lechfeld, près d'Augsbourg par Otton (sacré empereur 962). **Dès 972**, Bruno de Saint-Gall : évangélisation des Magyars. **Géza**, petit-fils d'Árpád et duc des Magyars (992-997), baptisé avec sa famille (ses filles épousent Boleslas le Vaillant, Pce polonais ; Samuel Aba, chef de la tribu des Kabars ; Otto Orseolo, doge vénitien, son fils *Étienne* épouse Gisèle, fille du duc de Bavière Henri le Querelleur, et sera le beau-frère d'Henri II (sacré empereur à Rome en 1014). **997** Étienne bat Kopanny, chef païen. **1000-***déc.* **St Étienne Ier** [997/15-8-1038, fils de *Géza*), sacré roi apostolique à Esztergom, convertit les Hongrois [canonisé 1083 avec son fils *St Émeric* ; sa main droite, volée par un admirateur, retrouvée peu après sa canonisation, deviendra une relique nationale. 1304 au couronnement de Venceslas-Ladislas, remplace le globe détenu par l'autre prétendant à la couronne, Charles-Robert d'Anjou ; sauvée après la conquête turque. Cachée 100 ans à Raguse (Dubrovnik). 1771 rapportée à Buda sur ordre de l'impératrice Marie-Thérèse qui règne aussi sur Hongrie. 1891-*20-8* jour de vénération, fête nationale. 1944-45 cachée en Autriche. 1949-*20-8* l'État socialiste célèbre « jour de la Constitution » et « du pain nouveau ». 1989-*20-8* fête religieuse rétablie (Louis d'Anjou, roi de Hongrie et de Pologne, donna une partie de la main à la Pologne (fragment actuellement conservé à Lvov, en Ukraine). Il n'en reste plus aujourd'hui qu'un poignet.)] ; **1003** bat son oncle Gyula (qui veut une principauté indépendante en Transylvanie et s'est allié aux Bulgares) ; **1008** bat Hongrois païens du sud, appelés « Noirs » ; **1027-28** bat Atjony (qui essaie de créer une principauté dans le sud-est) ; **1030** bat l'empereur Conrad II. Arrête complot de son neveu Vazul, écarté de sa succession, le fait aveugler. **1038-***août* **Pierre,** son neveu par sa mère, fils du doge Pietro II Orseolo. **1041 Samuel Aba**, beau-frère de St Étienne, détrôné. **1044 Pierre** restauré par l'empereur Henri III. **1046** détrôné, aveuglé (supplice dont il meurt). **1047 André Ier** († 1060), fils de Vazul. **1049-52** combat l'empereur Henri III, puis son frère Béla. **1060 Béla Ier** († 1063), frère d'André Ier. **1063 Salomon** (1045-87), fils d'André Ier ; renversé par Géza. **1074 Géza Ier** (1044-77), fils de Béla Ier. **1077 Ladislas Ier** (27-6-1040/ 29-7-1095, canonisé 1198), frère de Géza. **1095-***juin* **Coloman** (vers 1070-1116), fils de Géza et d'une concubine, fait crever les yeux de son frère Álmos qui convoite le trône. **1096** H. pillée par les croisés de Gauthier-sans-Avoir et Pierre l'Ermite. **1116-***févr.* **Étienne II** (vers 1101-1131), fils de Coloman II, se retire au couvent. **1131 Béla II l'Aveugle** († 1141), son cousin ; son oncle Coloman lui avait fait crever les yeux. **1141 Géza II** (1130-61), frère de Béla II. **1161-62 Étienne III** (1147-72), son fils. **1162-63 Ladislas II** (1131-63), fils de Béla II. **1163 Étienne III** restauré. **1163-65 Étienne (IV)**, son oncle († 1173). **1165-73 Étienne III** restauré. **1173 Béla III** († 1196), fils d'Étienne III ; *ép. 1°)* Anne de Châtillon ; *2°)* Marguerite, sœur du roi de Fr. Philippe Auguste. Influence française, constructions importantes. **1196 Imre** († 1202), son fils. **1204 Ladislas III** (1199-1205). **1205 André II** le Hiérosolymitain (1175-1235), fils de Béla III, père d'Élisabeth de H. **1222** *Bulle d'Or* garantit les libertés de la noblesse vis-à-vis de l'aristocratie, promet la suppression des abus financiers, la convocation régulière des Diètes ; droit de résistance des grands seigneurs au roi, s'il ne tient pas ses engagements. **1235 Béla IV** († 1270), fils d'André II. **1241-42** invasion tartare. **1270-***mai* **Étienne IV** (1239-72), fils de Béla IV. **1272 Ladislas IV le Couman** (1262/ assassiné 10-7-1290). **1290-***juillet* **André III le Vénitien** († 1301), petit-fils d'André II, fin de la dynastie Árpád. **1301-08** interrègne. **1308 Charles-Robert d'Anjou** (1288/ 16-7-1342), petit-fils de Charles II de Naples, élu 1308, couronné 1310, imposé par le pape Boniface VIII. **1342-***juillet* **Louis Ier le Grand** (1326/10-9-1382), fils de Charles-Robert, roi de Pologne 1370. **1367** université de Pécs fondée. **1382-***sept.* **Marie** (1370-95), fille de Louis Ier, proclamée « roi ». **1384** laisse Pologne à sa sœur Hedwige. **1385 Charles de Duras** assassiné. **1386-***févr.* **Marie** restaurée ; **1387** associe au trône **Sigismond de Luxembourg** qu'elle a épousé en 1385 (1368-1437, élu empereur d'All. 1410). **1395** université de Buda fondée. **1396** guerre défensive contre Turcs (défaites de Nicopolis 1396, Semendria

1412). **1438**-*janv.* **Albert Ier** (V comme Habsbourg, II comme empereur d'All. ; 1397-1439), époux d'Élisabeth, fille de Sigismond et de Marie. **1439**-*oct.* **Ladislas V** (III comme roi de Pologne ; né 1424) ; **1444**-*10-10* à Varna (Bulgarie), tué lors d'une expédition contre Amurat II qui avait envahi la H. -*Nov.* **Ladislas V** (Ier de Bohême) **le Posthume** (25-2-1440/23-11-1457), fils d'Albert Ier, né sous la régence de *János Hunyadi* (vers 1387/11-8-1456) qui arrête les Turcs à Belgrade (1456). **1458**-*janv.* **Mathias Ier Corvin** (23-2-1440/6-4-1490), fils d'Hunyadi, élu roi ; bat Georges Podiébrad, roi de Bohême, qui lui abandonne Moravie, Silésie et Lusace ; prend Basse-Autriche et Vienne (1485). **1465** université de Presbourg fondée. **1490**-*mai* **Ladislas VI Jagellon** (1456/13-3-1516) [fils de Casimir IV (roi de Pologne)] roi de Bohême (Ladislas II depuis 1470), élu par magnats qui, irrités de l'absolutisme de Corvin, ont écarté son fils naturel. **1514** grande jacquerie de Dózsa. **1516**-*mars* **Louis II Jagellon** (né 1-7-1506), fils de Ladislas VI, battu par Turcs, tué à Mohács (29-8-1526), sans enfant. **1526**-*29-8* Soliman II prend et pille Buda ; Hongrie occupée [hormis «Hongrie royale» (Slovaquie et bordures de l'Autriche)]. -*Déc.* **Ferdinand de Habsbourg** [(1503-64), petit-fils de l'empereur Maximilien Ier, époux d'Anne, fille de Ladislas VI Jagellon de Hongrie ; empereur Ferdinand Ier 1556-64] se fait proclamer roi de Bohême et de H. par la Diète de Presbourg, mais une partie de la noblesse hongroise lui oppose le voïvode de Transylvanie, **Jean Zapolya** (1487/22-7-1540) élu 10-11-1526 roi du Royaume oriental, future Pté de Transylvanie, soutenu par Turcs dont il s'était déclaré le vassal. **1539** ép. Isabelle († 1559), fille de Sigismond Ier, roi de Pologne. **1541-1686** centre de la H. devient province turque. **1541** *Gül-Baba* « le Père des roses », nom véritable Kel-Baba, « le Chauve », personnage légendaire enterré sur la colline des Roses, meurt à Buda. Est et Transylvanie deviennent principautés quasi indépendantes sous Pces hongrois [*Jean Sigismond* (1540-71), fils de Zapolya, roi en 1542, *István Báthory* (1533-86), élu 1576 roi (Étienne Ier) de Pologne, *Gábor* (Gabriel) *Bethlen* (1580-1629), *György Rákóczi* (1593-1648), etc.]. Propagation du protestantisme à l'est. Ouest et nord restent aux Habsbourg et aux catholiques. **1686 Léopold Ier de Habsbourg** (1640-1705) reprend Buda. **1687** Diète de Presbourg rend aux Habsbourg couronne héréditaire de H. **1691** Transylvanie annexée (privilèges garantis par le *Diploma Leopoldinum*). **1699** fin de l'occupation turque. **1703-11** *guerre d'indépendance* [le Pce Ferenc II Rákóczi, chef du mouvement, allié de Louis XIV, émigrera en Fr. († en Turquie)] remportée par Autr. **1718** *traité de Požarevac :* Banat rendu à H. ; H. autrichienne réunifiée. **1740-80 Marie-Thérèse** (1717-80), impératrice d'Autr. et reine de H., fait édifier le château royal de Buda (à nouveau capitale). **1777** loi fondamentale sur l'instruction publique (*Ratio Educationis,* 1777). **1781** édit de tolérance (religieuse). **1785** abolition du servage perpétuel. **Début XIXe s.** mouvements nationaux et réformateurs avec *István Széchenyi* (21-9-1791/fou, enfermé sept. 1848, se suicidera 8-4-1860), libéral, et *Lajos* (Louis) *Kossuth* (19-9-1802/Turin 20-3-94), plus radical. **1844** hongrois langue officielle. **1848**-*15-3* soulèvement, *Sándor Petöfi* (1-1-1823/31-7-49) déclenche le soulèvement des jeunes par son chant national « Debout Magyars ! » ; Kossuth impose égalité fiscale et abolition des charges féodales contre indemnité de l'État. *Cte Lajos Batthyány* (1806/fusillé par Autrichiens 6-10-1849) PM (Kossuth min. des Finances). -*11-4* Autr. reconnaît H. comme roy. unitaire, Parlement démocratique. -*7-9 Kossuth* Pt du Comité de défense. -*Déc.* Autr. envahit H. **1849**-*5-1* l'Autrichien Windischgrätz prend Budapest. -*4-4* la Diète hongroise de Debrecen proclame déchéance des Habsbourg et indépendance. -*Avril/août* **Lajos Kossuth** régent. -*Avril Bertalan Szermere* PM (1849-67 poste aboli). -*24-4/21-5* Autr. sollicite une intervention russe à Budapest. -*31-7* bataille de Segesvár : rebelles roumains battus. -*11-8* Kossuth démissionne, se réfugie en Turquie. -*13-8* Vilagos : Hongr. capitulent. Exécution des 13 généraux (les martyrs d'Arad). État de siège jusqu'en 1854. **1867**-*8-2* compromis : Diète et gouv. hongr. ; l'empereur d'Autr. se fait couronner roi de H. (jusqu'en 1918) ; le ministère d'Empire est chargé des affaires communes : Aff. étrangères, Finances, Affaires militaires et Guerre. 2 Chambres : la *Table des magnats* et la *Table des représentants,* droit de vote censitaire. Régime dualiste : Autr.-H. (rattachement à la H. de la Transylvanie administrée par Vienne, Croatie et Slavonie). -*Févr. Gyula Cte Andrássy* (1823-90) PM. **1868**-*6-12 : 1re loi sur les minorités nationales* définissant une seule « nation politique », la « nation hongroise », composée de différentes minorités ethniques et culturelles. Les tendances à la magyarisation et la non-reconnaissance d'une autonomie plus large relancent les mouvements nationaux. Croates : autonomie partielle ; minorités slovaques, ruthènes, roumaines. **1914-18** partie intégrante de l'Autriche-H., participe à la guerre aux côtés de l'All. **1918**-*31-10 Mihály Károlyi* PM. **1918**-*16-11* république.

■ **République. 1919**-*11-2* **Cte Mihály (Michel) Károlyi** (1875-1955) Pt. -*21-3* démissionne à cause des amputations prévues pour la H.

■ **Régence. 1919**-*11-1* **archiduc József** (1872-1962). **Dénes Berinkey** (1871-1948) PM. -*5-3* **Cte Gyula Károlyi** (1871-1947), chef du gouv. contre-révolutionnaire d'Arad, devient PM. -*21-3* **Sándor Garbai** (1879-1947) Pt du Présidium de la Rép. des Conseils devient PM. Le P. communiste, qui a fusionné avec le P. socialiste démocrate, crée la *Rép. hongroise des Conseils* dirigée par *Béla Kun* (1886, condamné à mort en URSS, exécuté 24-8-1938), qui dure 133 j : lutte contre Roumains et Tchèques qui occupent territoires enlevés par Alliés. -*Juin* **Antal Dovcsak** PM. -*1-8* **Gyula Peidl** PM. -*7-8* **István Friedrich** (1883-1951) PM. -*27-8* Jozsef démissionne. -*Août/nov.* **István Friedrich** PM. -*29-10* liens rompus avec Croatie-Slavonie [-1-12 avec Transylvanie (dont les Roumains demandent rattachement à Roumanie), Slovaquie (occupée par Tchèques)]. -*16-11* contre-amiral Miklós Horthy occupe Budapest. -*24-11* **Károly Huszár** (1882-1941) PM.

■ **1920**-*1-3* **contre-amiral Miklós Horthy de Nagybanya** (18-6-1868/Portugal 10-2-1957 ; protestant) élu régent par l'Ass. nat. (par 130 voix contre 7 pour le Cte Apponyi). -*15-3* **Sándor Simonyi-Semadam** (1864-1946) PM. -*4-6 traité de Trianon :* H. démembrée (93 000 km^2 au lieu de 283 000 km^2 ; 7 615 000 hab. (au lieu de 18 200 000). *Pertes :* Slovaquie, Ukraine subcarpatique, Transylvanie, Croatie et Banat : 13 millions d'hab. (dont Hongrois 2,7 à 2,8). *Répartition :* Roumanie reçoit 102 000 km^2 (5 260 000 hab., dont Roumains 2 800 000, Hongrois 1 640 000, Allemands 700 000) ; Yougoslavie 63 000 km^2 (4 120 000 hab., dont Croates 1 700 000, Serbes 1 million, Hongrois 500 000, Allemands 500 000) ; Tchécoslovaquie 63 000 km^2 (3 580 000 hab., dont Slovaques 2 100 000, Hongrois 750 000, Ruthènes 350 000, Allemands 300 000) ; Autriche 4 000 km^2 [Burgenland, après plébiscite (déc. 1921) la région de Sopron revient à la H. : 290 000 hab. dont 26 000 Hongr.]. -*19-7* **Cte Pál Teleki** (1-11-1879/suicide 3-4-1941) PM, coalition. **1921**-*27-3* Charles IV (ex-empereur Charles Ier d'Autr.) essaie de reprendre son trône avec l'appui tacite d'Aristide Briand et du Mal Lyautey. Venant de Vienne, il arrive à Budapest, mais Horthy le convainc de retourner à Stenemanger (Szombathely) pour y attendre la suite des événements, puis négocie avec Berne. Le bruit court que Charles est reparti en Suisse. Les Français, trompés, ne le soutiennent plus. -*5-4* il quitte la H. -*14-4* **Cte István Bethlen** (1874-1947) PM, coalition. -*20-10* Charles IV revient avec Zita en avion, se pose à Dénesfa chez le Cte Cziraky mais le Cel Lehàr (frère du musicien) qui doit l'accueillir avec des troupes est prévenu trop tard, il arrive la nuit suivante. Horthy arme des étudiants, leur affirmant que Charles rentre à la tête d'une armée tchécoslovaque. Il part en chemin de fer en direction de Budapest. 3 trains militaires le suivent. Mais Horthy, résolu à défendre la Const., avait envoyé des troupes régulières contre celles de Charles IV. Il y a des morts. Le Gal Hegedüs le trahit. Le 24, les carlistes battent en retraite. Charles et Zita, gardés à vue au château de Totis puis au couvent de Tihany, doivent quitter la H. par le Danube sur un bateau anglais. -*5-11* loi proclame déchéance des Habsbourg. **1922**-*1-4* Charles IV meurt à Funchal. **1923** *H. entre à la SDN.* **1926** faux billets français imprimés à l'Institut cartographique par Pce Louis et des proches (préfet de police de Budapest Nadossy et Gaux Haits et Kurtz, directeurs de l'Institut, condamnés mais bénéficient d'une grâce amnistiante). **1927** H. se rapproche de l'Italie, puis de l'All. hitlérienne. **1931**-*24-8* **Cte Gyula Károlyi** PM conservateur. **1932**-*1-10* **Gyula Gömbös** (26-12-1886/6-10-1936) PM nationaliste. **1936**-*12-10* **Kálmán Darányi** (1886-1939) PM. **1937**-*23-10* P. de la volonté nationale créé 1935, devient P. des Croix-Fléchées. Chemises vertes : leader Ferenc Szálasi, 150 000 membres en 1938, 31 députés en 1939. **1938**-*14-5* **Béla Imrédy** (1891-1946) PM. -*2-11 :* 1er arbitrage de Vienne : la H. récupère, au détriment de la Tchéc., sud Slovaquie et Ruthénie. **1939**-*16-2* **Cte Pál Teleki** PM libéral. -*Mars* H. récupère toute la Ruthénie subcarpatique. -*30-8 :* 2e arbitrage de Vienne : Transylvanie partagée entre H. et Roumanie (alliées de l'All.). -*Sept.* H. refuse passage troupes allemandes pour envahir Pologne. **1940**-*29-8* arbitrage Ribbentrop/Ciano lui attribue majeure partie de la Transylvanie roumaine. -*Oct.* accepte passage troupes allemandes en wagons plombés vers Roumanie pour attaquer URSS. -*20-11* adhère au pacte tripartite. **1941**-*avril* Allemands, avec autorisation de Horthy, entrent en H. pour attaquer Youg. -*3-4* Teleki se suicide. **László Bárdossy** (1890, exécuté 1946) PM. -*Mai* effondrement de la Youg., la H. reçoit des territoires entre Danube et Tisza. -*27-6 déclare guerre à l'URSS* (forces hongroises anéanties 1942-43), puis -*13-12 contre G.-B. et USA.* **1942**-*janv.* massacre d'Újvidék : 3 000 Serbes et juifs tués. -*19-2* Stephan Horthy (1904/tué 20-8-42 combat aérien), fils de l'amiral, élu vice-régent par le Parlement. -*9-3* **Miklós Kállay** (1887-1967) PM, essaie de rompre l'alliance avec l'All. *USA déclarent guerre à H.* **1944**-*18-3* Horthy, convoqué au QG allemand, accepte de collaborer pour éviter l'invasion allemande. -*19-3* occupation allemande : mesures prises contre les juifs (475 000 juifs de province déportés avril-juillet). **Gal Döme Sztójay** (1883-1946) PM. -*30-8* **Gal Géza Lakatos** (1890-1967) PM. -*6-9* troupes roumaines entrent en H. -*15-9* Horthy demande armistice à URSS. -*23-9* Soviét. pénètrent en H. -*11-10* armistice avec URSS. -*15-10* à la radio, Horthy demande de cesser le feu contre Alliés. Les All. le forcent à abdiquer (menacent de tuer son dernier enfant, kidnappé 24 h avant) ; emmené en All. -*16-10* **Ferenc Szálasi** (1897/exécuté 1946) prend la régence ; -*5-11* nommé « conducteur de la nation », régime des Croix-Fléchées, terreur. Il reste 350 000 juifs à Budapest. Des dizaines de milliers de personnes sont sauvées par des diplomates dont le Suédois *Raoul Wallenberg* [(né 4-8-1912) arrive le 9-7-1944, envoyé à l'instigation du War Refugee Board américain et disposant de fonds secrets remis par Yver Olsen, membre de l'OSS (Services secrets américains). Arrêté 14-1-1945 sur ordre de Boulganine (vice-ministre soviét. de la Défense), tué 17-7-1947 en URSS à la prison de Lefortovo au lendemain de la pétition remise en sa faveur à l'ambassade soviétique à Stockholm (il aurait refusé de coopérer avec espionnage soviét.). Le 6-2-1957, Gromyko avait annoncé que Wallenberg était mort d'une crise cardiaque à la Loubianka ; le 22-9-1981, le Congrès américain le nommera à l'unanimité citoyen d'honneur des USA (seul Churchill avait avant lui reçu ce titre)]. -*Nov.* les Serbes tuent 30 000 Hongrois en représailles (en majorité civils, femmes, enfants). -*21-12* à Debrecen, 226 députés adoptent le manifeste, élaboré à Moscou, qui prévoit la rupture immédiate avec l'All., le soutien des Alliés, la nécessité d'une réforme agraire, le contrôle de l'État sur grandes banques et cartels, la nationalisation de l'électricité et du pétrole. -*22-12* **gouvernement provisoire** formé à Debrecen par **Gal Béla Dálnoki-Miklós** (1890-1948) [12 membres dont 3 communistes]. -*28-12* gouv. provisoire du « Front de l'indépendance » animé par le PC et dirigé par le pasteur *Tildy* (P. des petits propriétaires). -*30-12* déclare la guerre à l'All. **1945**-*17-1* entrée des Soviétiques à Budapest (après un siège de 58 j et des bombardements aériens qui ont fait 200 000 † civils). -*20-1* armistice avec URSS. -*13-2* Soviétiques prennent Budapest (assiégée depuis 27-12-1944). -*17-3* réforme agraire. -*4-4* libération totale. -*Avril* **Béla Dálnoki-Miklós** PM. -*7-10 municipales, -4-11 législatives :* P. des petits propriétaires 57 % des voix, P. social-démocrate 20, communistes 17, nationaux-paysans 6. -*Nov.* **Béla Zsedényi** régent. -*15-11* pasteur **Zoltán Tildy** PM.

■ **République. 1946**-*1-2* proclamée à l'unanimité moins la voix de Margit Slachta, proche du cardinal Mindszenty, qui voulait rétablir Otto de Habsbourg sur le trône. **Zoltán Tildy** (1889-1961) Pt. -*Févr.* accord forcé avec Tchéc. pour échanger 300 000 Hongr. et Slovaques. -*4-2* **Ferenc Nagy** (1903/12-6-1979), P. des petits propriétaires, PM. -*21-3* László Rajk (communiste) min. de l'Intérieur. -*26-6* mines et assurances nationalisées. -*1-8 forint* nouvelle monnaie. **1947** prise progressive du pouvoir par communistes. -*10-2 traité de Paris :* rétablissement des frontières de 1920. -*26-2* Béla Kovács arrêté. -*Mai gouv. du Front populaire patriotique* (PC, PS démocratique, P. nat.-paysan, P. des petits propriétaires et Conseil nat. des syndicats). Démission forcée de Nagy. -*31-5* **Lajos Dinnyés** (1901-61) PM. -*31-8 élections :* Union des forces de gauche 60 % des voix, défaite des petits propriétaires. **1948**-*18-2* traité d'amitié et d'assistance mutuelle avec URSS. -*29-4* nationalisation des entreprises de plus de 100 ouvriers. -*13/14-6* fusion du PS démocratique et du PC dans le P. des travailleurs hongr. -*30-7* Tildy démissionne. **1948**-*31-7* **Árpád Szakasits** (1888-1965) Pt. -*10-12* **István Dobi** (1898-1968) PM. -*23-12 cardinal Mindszenty,* primat de H. (29-3-1892/6-5-1975), accusé de complot et d'espionnage, arrêté. [Condamné à la prison à vie (8-2-1949), en résidence surveillée (16-7-1955), libéré 30-10-1956, réfugié ambassade USA, la quitte pour Vienne 28-9-1971, titre de primat retiré par Vatican 1974.] **1949** le PC prend la direction du Front populaire patriotique. -*15-5 législatives :* 1 liste (celle du Front) 96,2 % des voix, le PC a 270 sièges sur 395.

■ **République populaire. 1949**-*18-8 Constitution.* -*24-9* László Rajk arrêté 30-5, exécuté pour complot titiste. M. Károlyi, ambassadeur à Paris, démissionne († Vence 1955). **1950**-*25-4* Pt Szakasits démissionne (santé), arrêté.

1950-*avril* **Sándor Rónai** (1892-1965) Pt. -*7-9* ordres religieux dissous. **1951** János Kádár, accusé de titisme, torturé et condamné à réclusion à perpétuité.

1952-*août* **István Dobi** Pt. -*14-8* **Mátyás Rákosi** (1892-1971) PM. **1953**-*4-7* **Imre Nagy** (1896-1958, exécuté ; le 17-7-1918, aurait été l'un des 11 h. qui assassinèrent le tsar Nicolas II et sa famille) PM. **1954**-*20-10* Kádár libéré. **1955**-*18-4* **András Hegedüs** (31-10-1922/23-10-1999) PM, remplace Nagy (exclu du Comité central du PC). -*14-12 H. entre à l'Onu.* **1956**-*21-7* Ernö Gerö (1898-1980) remplace Rákosi à la direction du PC. -*6-10* funérailles de Rajk (réhabilité le 27-3), 300 000 manifestants. -*14-10* **Imre Nagy** réintégré dans Parti, PM.

■ **Révolution. 1956**-*23-10* manif. pacifique de solidarité avec Polonais *(Poznán).* Tirs le soir devant la maison de la Radio où la foule veut faire diffuser ses revendications. Les manifestants s'arment. Police [sauf la police politique (AVH)] et armée restent neutres ou se rangent du côté de l'émeute. Statue de Staline renversée près du « Bois de Ville ». La nuit, le PC appelle **Nagy** à la tête du gouv. (retour réclamé par intellectuels) et demande l'aide des Soviétiques. -*24-10* à 2 h du matin, *1re intervention armée soviétique* (30 000 h. et 1 500 chars et blindés). Mikoyan et Souslov (Politburo) arrivent à Budapest. Le gouv. promet l'amnistie à ceux qui déposeraient les armes avant 14 h, (heure d'entrée en vigueur de la loi martiale). Délai sans cesse repoussé. -*25-10* tirs de l'AVH sur la foule devant le Parlement. Les Soviét. rendent Gerö (qui démissionne) responsable de la crise. *János Kádár* élu 1er secr. du PC. -*26-10* Nagy reconnaît comme légitime l'exigence du retrait des troupes soviét. et annonce la constitution d'un gouv. comprenant des sans-parti. Formation de comités révolutionnaires et de conseils ouvriers. -*27-10* les insurgés demandent le départ des ministres compromis pendant la période stalinienne. Nagy s'oppose à l'écrasement armé de l'insurrection en menaçant de démissionner. -*28-10* le journal du PC qualifie le soulèvement de « mouv. démocratique national ». Nagy proclame un cessez-le-feu général et annonce le départ des troupes soviét. de Budapest. La direction du PC est confiée à un présidium de 6 m. dont Nagy et Kádár. -*29-10* généralisation des comités révolutionnaires et des conseils ouvriers. -*30-10* le présidium du PC accepte multipartisme. Le PC est dissous, un comité provisoire d'organisation d'un nouveau parti (avec Kádár et Nagy) est créé. Les anciens partis se reconstituent. L'URSS reconnaît « l'égalité complète des droits entre pays socialistes et la non-immixtion dans les affaires intérieures des autres pays ». Les insurgés occupent le siège du comité du PC de Budapest (atrocités). Formation d'un conseil révolutionnaire de l'armée populaire hongroise. -*31-10* projet de garde nationale pour intégrer les insurgés armés. Nagy annonce que les négociations sont engagées pour le départ des Soviét. et le retrait de la H. du pacte de Varsovie. -*31-10/1-11* Soviétiques occupent nord de la Hongrie. -*1-11* Nagy proclame la neutralité de la H. et son retrait du pacte de Varsovie. *Kádár* annonce à la radio la formation d'un nouveau PC et quitte secrètement Budapest. -*2-11* nouveau gouv. Nagy avec représentants des anciens partis. Khrouchtchev demande leur avis sur l'intervention soviétique à Gomulka (Pologne) qui est contre, à Tito (il va le voir en Yougoslavie) qui est pour, à la Chine qui est pour. *-3-11* discours du cardinal Mindszenty (libéré 30-10) qui refuse de reconnaître le gouv. Nagy. Tard le soir, le Gal Pál Maléter, min. de la Défense, est arrêté lors de négociations avec les Russes. *-4-11* : 6 h 15 *les Soviétiques entrent en action.* Nagy se réfugie à l'ambassade de Youg. et Mindszenty à celle des USA. **János Kádár** (22-5-1912/6-7-1989) qui, avec Gerö, Hegedüs et Rákosi, est allé à Moscou, a vu Boulganine, puis en Ukraine a vu Khrouchtchev, annonce à la radio la formation d'un « gouv. révolutionnaire ouvrier et paysan » qui a demandé l'aide soviét. *-13-11* formation du Conseil ouvrier du Grand Budapest. Grève générale. *-14-11* insurrection armée écrasée. Arrestations massives. *-23-11* Nagy et son entourage emmenés en captivité en Roumanie. *-11-12* arrestation des dirigeants ouvriers. **1957** le calme revient. *-28-3* traité H./URSS sur le « stationnement provisoire » des Soviétiques et aide économique. *Bilan :* 2 500 à 13 000 †, 200 000 émigrés.

1958-*28-1* **Ferenc Münnich** (1886-1967) Pt et PM, Kádár 1er secr. du PC. *-17-6* Nagy, Gal Maléter et journaliste Miklós Gimes pendus (après procès secret). **1961**-*13-9* **János Kádár** PM. **1962**-*mars* collectivisation agricole achevée. **1963**-*21-3* amnistie générale. **1964**-*15-9* accord avec Vatican ; le pape nomme 5 évêques. **1965**-*30-6* **Gyula Kállai** (1887-1967) PM.

1967-*14-4* **Pál Losonczi** (18-9-1919) Pt. **Jenö Fock** (né 1916) PM. **1968**-*1-1* « Nouveau Mécanisme économique » (NME) : réhabilitation des mécanismes de marché, autonomie des entreprises, tendance à restaurer la vérité des prix, régulation par des moyens « indirects » (taxes, subventions, taux d'intérêts, etc.). **1972**-*avril Constitution modifiée.* **1975**-*15-5* **György Lázár** (né 15-9-1924) PM. **1976**-*1-1* NME révisé (recentralisation). Mgr László Lékai († 2-7-1986) archevêque d'Esztergom et primat de H. **1977** rencontre Paul VI/Kádár au Vatican. **1978** rapports tendus avec Roumanie au sujet des Hongrois de Transylvanie. *-15/17-11* Kádár en Fr. **1979-80** système des prix « compétitifs » pour s'aligner sur prix internationaux. **1980** priorité au redressement des comptes extérieurs ; politique d'austérité. **1981** mise en gestion privée de commerces et restaurants d'État. Dissociation des trusts industriels en unités plus petites. *-Oct.* unification des cours commercial et non commercial du forint. **1982** semaine de 42 h. Encouragements à créer de petites entreprises. *-7/9-7* Pt Mitterrand en H. **1983** sécheresse (200 millions de $ de pertes). **1984** création de conseils d'entreprises responsables de la gestion avec participation des salariés, instauration de « prix de marché », différenciation des salaires, réduction de l'endettement. *-15-10* Kádár en Fr. **1985**-*8/22-6 législatives* (pour la 1re fois candidatures multiples) : 762 candidats (dont 71 non « recommandés » par le Front populaire patriotique) pour 387 sièges ; 25 non-« recommandés » élus.

1987-*juin* **Károly Németh** (né 14-12-1922) Pt. *-25-6* **Károly Grósz** (1930-96) PM. *-2-9* László Paskai archevêque-primat. Crise. **1988**-*1-1* introduction impôt sur le revenu (20 à 50 %) et TVA (15 et 25 %). *-15-3* anniversaire de l'insurrection de 1848, manif. (non autorisée, 10 000 à 15 000 pers.). *-14-5 :* 1er syndicat indépendant depuis 40 ans (Syndicat dém. des travailleurs scientifiques). *-22-5* Grósz 1er secr. du PC, et Kádár (secr. depuis 25-10-1956) Pt. *-27-6 :* 30 000 à 50 000 manifestants à Budapest pour les Hongr. de Roumanie.

1988-*29-6* **Bruno Straub** (né 5-1-1914) Pt. *-20-8* 950e anniversaire de la mort de St Étienne, fondateur de la H. *-8-9* réhabilitation de condamnés de 1956. *-24-11* **Miklós Németh** (né 24-1-1948) PM. *-28-11* création du Mouv. social-démocrate. *-30-12 :* 120 condamnés de 1956 réhabilités. **1989**-*28-1* PC reconnaît soulèvement populaire de 1956. *-15-3* manif. : 100 000 personnes pour l'anniversaire de la guerre d'indépendance de 1848, jour devient férié. *-2-4* reconstitution du Parti de l'indépendance hongroise (1947-48, 1956). *-3-5* grillage électrifié supprimé à la frontière avec Autr. (260 km). *-8-5* Kádár exclu du comité central du PC. *-10-5* gouv. investi par le Parlement (1re fois). *-31-5* PC juge illégale l'exécution de Nagy en 1958. *-16-6* obsèques solennelles de Nagy. *-23/24-6* PC se donne une direction collégiale (4 m., 1 Pt : Rezsö Nyers). *-27-6 fin du « Rideau de fer »* hongr. *-Juin* démontage de la statue de Lénine (26 m de hauteur). *-Juillet* Pt Bush en H. *-6-7* Kádár meurt. *-22-7/5-8 : 4 élections partielles :* PC battu, un pasteur (Gábor Roszik) non communiste élu. *-Été* réfugiés est-allemands transitent vers Autr. et All. féd. *-19-8 :* 1re émission d'une TV indépendante, Nap-TV (*nap* en hongrois : « jour », « soleil »). *-25-8* abolition du décret de 1950 n'autorisant que 4 ordres religieux. *-1-9* réévaluation du forint de 5 %. *-16-9* Mouv. pour une H. démocratique, Pt : Imre Pozsgay. *-17-9 partielles :* victoire du MDF. *-18-9* relations diplomatiques avec Israël reprises. *-22-9* indemnisation des victimes du stalinisme et de l'insurrection de 1956 annoncée (55 000 internés et 43 000 déportés ; 17 000 survivants recevront 500 forints par mois à partir du 1-11). *-7-10* PC abandonne son rôle dirigeant (1 073 voix pour, 159 contre, 38 abst.) et devient le PS hongr. *-18-10 loi fondamentale révisant Constitution de 1949* (333 oui, 5 non, 8 abst.) : H. devient Rép. *-20-10* nouvelle loi électorale, milice ouvrière créée 1956 (60 000 h.) dissoute. **1989**-*23-10* **Pt intérimaire Mátyás Szürös, proclamation de la Rép.** *-Oct.* Parlement vote le retrait des cellules du PC des lieux de travail. *-26-11 référendum* pour décider si le Pt de la Rép. sera élu avant (au suffrage universel) ou après les législatives (par le Parlement) [7 824 775 inscrits, votants 58,03 % dont 50,07 après, 49,93 avant]. *-5-12* dévaluation du forint, 10 %. *-21-12* gouv. prend le contrôle des services secrets, le Parlement se dissout. **1990**-*3-1* loi sur la liberté de conscience (votée à l'unanimité moins 1 voix). *-5-1* scandale des écoutes téléphoniques. *-18-1* Pt Mitterrand et 7 ministres en H. *-23-1* démission du min. de l'Intérieur, István Horváth. *-Févr.* suppression de l'étoile rouge sur le toit du Parlement. *-9-2* relations avec Vatican reprises (rompues 1945). *2/4-3* syndicat officiel se dissout et devient Confédération nationale des syndicats [(MSZOSZ), Pt Sándor Nagy, 4 200 000 m.]. *-10-3* Moscou, accord sur retrait total des 52 000 soldats soviét. avant 30-6-1991. *-16-3* Parlement se dissout. *-16-5* **József Antall** (8-4-1932/12-12-1993, MDF), fils de József Antall (1896-1974, Pt du FKGP) PM ; économie de marché, privatisations (75 à 80 % d'entreprises autogérées). *-26-6* Parlement vote retrait du pacte de Varsovie (prévu avant fin 1991). *-23-7* vote une motion demandant des excuses officielles de l'URSS pour l'intervention de 1956. *-29-7 référendum* sur mode d'élection du Pt de la Rép. ; invalidé car 80 % d'abstentions. **1990**-*3-8* **Árpád Göncz** (né 10-2-1922) élu Pt de la Rép. par l'Ass. *-10-8* fin du pacte de gouv. conclu en avril entre démocrates libres et conservateurs. **1991**-*4-5* inhumation du cardinal Mindszenty († Vienne 1975). *-13-6* grève générale. *-19-6 départ des derniers militaires soviétiques. -26-6 loi d'indemnisation des propriétaires spoliés* [1 500 000 demandes attendues, coût 100 milliards de forints ; au 1-3-1992 : 822 000 demandes, coût 30 milliards (beaucoup de spoliés sont morts, beaucoup ayant perdu les titres de propriété ont renoncé)]. *-10-7* loi sur restitution des biens des Égl. (nationalisés 1948). *-12-8 :* 1er bureau d'indemnisation des victimes du communisme (2 millions de victimes attendues) : bons (valeur maximale 5 millions de forints) pouvant être vendus ou utilisés comme actions dans les entreprises privatisées. *-16/20-8* visite Jean-Paul II (1er pape à Budapest). *-30-9* et *14-10 municipales* (64 et 70 % d'abst.). *-31-10* Gábor Demszky (Alliance des démocrates libres) élu maire de Budapest par l'Ass. municipale (fonction supprimée depuis 1947). *-4-11* loi permettant de poursuivre les ex-dirigeants communistes ayant commis des crimes. *-Déc.* prix libérés. **1992**-*3-3* Cour constitutionnelle rejette loi levant prescription pour crimes commis sous le régime communiste. *-23-5* membre du programme Eurêka. *-7-6* et *8-7* dévaluation du forint (1,9 % et 3 %). *-24-9* manif., 40 000 à 100 000 personnes à Budapest contre l'extrême droite. *-10/11-11* Pt Eltsine à Budapest. *-17-12* loi restreignant l'avortement. *-21-12* accord libre-échange avec Pologne et Tchéc. (groupe de *Visegrád*) pour former *Cefta* (Central European Free Trade Agreement). **1993**-*16-2* prescription levée contre auteurs des exactions de 1956. *-25-5 :* 1res élect. intersyndicales démocratiques : participation 38 % ; MSZOSZ en tête. *-Juillet* droit de constituer des « collectivités minoritaires autonomes » et d'avoir une représentation à divers niveaux administratifs, y compris au Parlement. *-4-9* inhumation des cendres de Horthy († 1957 au Portugal) : plusieurs dizaines de milliers de pers. *-Déc.* privatisation des télécom. *-21-12* **Péter Boross** (né 27-8-1928, MDF) PM. **1994**-*14-3 :* 30 000 manifestants à Budapest pour la liberté de la presse. *-1-4* demande d'adhésion à l'UE. *-18-4* nouveau programme de privatisations. *-15-7* **Gyula Horn** (né 5-7-1932) PM. *-23-7* attentat contre l'église St-Mathias de Budapest. *-11-12 municipales,* victoire du MSZP. **1995**-*7-2* Lajos Bokros min. des Finances. *-16-3* traité d'amitié avec Slovaquie. *-19/23-4* grève des 72 000 cheminots (1re depuis 1904). *-19-6* Göncz réélu pour 5 ans (259 voix) devant Ferenc Madl. *-31-7* privatisation par étapes de l'énergie décidée. **1996**-*4-3* Peter Medgyessy min. des Finances. *-8-5* entrée OCDE. *-6/7-9* visite Jean-Paul II. *-16-9* traité avec Roumanie sur minorité magyare de Transylvanie. **1997**-*16-11 référendum* sur adhésion à l'Otan en 1999, oui 85,33 %. **1998**-*6-7* **Viktor Orban** (né 31-5-1963) PM. **2000**-*31-1* pollution de la Tisza et du Danube par du cyanure provenant de la mine d'or roumaine de Baia Mare. *-4-8* **Ferenc Madl** (né 29-1-1931) Pt (élu 6-6 au 3e tour par 243 voix).

POLITIQUE

■ **Statut.** *République.* Membre du Conseil de l'Europe 1990 ; membre associé de la CEE depuis 1991, du FMI et de la Banque mondiale depuis 1982. **Constitution** 18-10-1989. **Pt** élu pour 5 ans par le Parlement. **PM** élu par le Parlement. **Assemblée nat. :** 386 membres élus au suffrage universel pour 4 ans. **Loi électorale : 1°)** *176 députés élus dans 176 circonscriptions,* au scrutin uninominal majoritaire à 2 tours ; **2°)** *152 élus à la proportionnelle sur des listes présentées par les partis* dans 20 départements. 1 tour (sauf si abstention de + de 50 %) ; **3°)** *58 élus sur des listes nationales,* d'après les restes des scrutins précédents. **Élections législatives. Des 8 et 29-5-1994** (sièges et, entre parenthèses, % des voix) : MSZP 209 (55,15), SZDSZ 70 (18,13), MDF 37 (9,59), FKGP 26 (6,74), KDNP 22 (5,70), FIDESZ 20 (5,18), ASZ 1, MRP 1. **Du 24-5-1998 :** Fidesz/Parti civique hongrois 148 (28,19), MSZP 133 (32,25), FKGP 49 (13,77), Fédération des démocrates libres 24 (7,88), MDF 17 (3,1), MIEP 14 (5,55), non-inscrit 1.

■ **Fêtes nationales.** 15-3 (Révolution de 1848). 20-8 (St-Étienne). 23-10 (Révolution de 1956).

■ **Drapeau** (adopté 1-10-1957). Couleurs (bandes horizontales rouge, blanche et verte) datent du IXe s., emblème de la Rép. ajouté 1848, enlevé 1849, ajouté 1918, enlevé 1919, ajouté 1946, remplacé par celui de la Rép. populaire 1949, remis 1956, remplacé par celui de la Rép. populaire (modifié 1957). **Couronne de St Étienne** *originale :* envoyée à Rome 1045 par l'empereur Henri III, disparue ; *actuelle :* existant au moins depuis 1166 (composée probablement d'un reliquaire de crâne et d'une couronne d'origine byzantine dont l'empereur Michel Doukas fit cadeau vers 1074 à Géza Ier qui épousa la fille d'un patricien de Byzance) ; XIIe s. emportée en Autriche ; XVe s. mise en gage à Prague ; restituée à Mathias Ier Corvin contre 60 000 florins-or ; tombée aux mains des Turcs ; revient à Prague ; cachée hors du pays lors d'une nouvelle attaque ottomane ; rétrocédée par Autriche ; 1849 enterrée avec les insignes royaux par les partisans vaincus de Kossuth ; 1853 découverte ; 1944 placée sous la main de Ferenc Szálasi (chef fasciste) lorsqu'il prête serment à Hitler ; 1946-mai emportée par l'armée américaine ; conservée à Fort Knox ; 1978-6-1 restituée à la Hongrie par Cyrus Vance, secr. d'État américain. 2000-1-1 transférée du Musée national au Parlement de Budapest.

■ **Noblesse.** *Nobilis :* terme utilisé dès le XIe s. *1er Cte héréditaire* créé 1453, *1er baron* 1506. En 1873, 1 titre de *marquis* (Csáky-Pallavicini de Körösszeg et Adorjàn), en 1911, 5 titres de *prince* (Festetics de Tolna, Lónya, Batthyány de Német-Ujvár, Esterházy de Galanta, Pálffy d'Erdöd). Autres titres de princes, conférés par l'Autriche (éteints) : Perényi, Koháry, Rákóczi et Grassalkovich. Ces titres portaient sur le nom patronymique sans assiette territoriale. *Dernier titre concédé :* 17-10-1918 aux Ungar (militaires). *Titres abrogés* et interdits par la loi du 14-1-1947. **Statistiques :** *1784 :* 416 000 nobles (pour 9 millions d'habitants) ; on avait anobli des villages entiers au Moyen Age. *1918 :* 325 titres sans hiérarchie nobiliaire.

■ **Partis. P. socialiste hongr. (MSZP)** fondé 1989, *Pt :* László Kovács, 40 000 m. en 1997, a remplacé le 7-10-1989 le *PS ouvrier hongr.* [*MSZMP :* 800 000 m. en 1989, avait succédé en nov. 1956 au P. des travailleurs hongrois (fondé 1948)] et le PC [(fondé 1918, dernier secr. général Károly Grósz qui détenait la réalité du pouvoir]. **Forum démocratique hongr. (MDF)** créé 1988, centre droit. 3 tendances : chrétienne-démocrate, libérale et nationale, *Pts : 1989*-oct. József Antall, *1994*-11-9 Lajos Für, *1996*-2-3 Sándor Lezsák, 25 000 m. ; 4-3-1996 scission d'Iván Szabó qui forme le **P. populaire démocratique hongr. Alliance des démocrates libres (SZDSZ)** fondée 1988, *Pt :* Gabor Demszky, 35 000 m. **P. des petits propriétaires et des paysans (FKGP)** reconstitué 1988 (57 % des voix en 1945), *Pt :* József Torgyán, 60 000 m. **Fédération des jeunes démocrates (FIDESZ)** fondée 1988, *Pt :* Viktor Orbán, 10 000 m. **P. social-démocrate de H. (SZDP)** reconstitué 1988, membre de l'Internationale socialiste, suspendu 1991, *Pt :* László Kapolyi. **P. des chrétiens-démocrates (KDNP),** refondé en 1989, *Pt :* György Giczy depuis 29-1-1995, 16 000 m. **P. populaire (PP)** successeur du P. national paysan, coalition électorale patriotique (socialiste), *Pt :* Gyula Fekete. **Association agrarienne (ASZ)** issue de l'ancien P. socialiste ouvrier, *Pt :* Tamás Nagy. **P. républicain (MRP)** [ancien P. des entrepreneurs] fondé 1992, *Pt :* János Palotás. **P. de la justice et de la vie hongroise (MIÉP)** fondé 18-6-1993, *Pt :* István Csurka. **Fédération des jeunes démocrates. P. civique hongrois (Fidesz-MPP),** *Pt :* Viktor Orbán. **Alliance des jeunes démocrates. P. bourgeois hongrois (Fidesz-MPP),** *Pt :* Lázló Köver.

☞ **Présence soviétique** (avant 1989) 62 000 à 65 000 h. ; 860 chars, 600 pièces d'artillerie autopropulsées et 1 500 transports blindés. **Retrait :** *d'avril 1989 à avril 1990 :* 10 000 h ; *de mai 1990 au 31-6-1991 :* 49 700 h. et 50 000 civils (60 casernes, 6 bases aériennes fermées).

■ **Armée. Effectifs :** ramenés de 150 000 à 100 000 dont 24 000 civils. **Service militaire :** 12 mois. **Budget :** 66 milliards de forints (4,4 milliards de F), 2 % du PNB.

ÉCONOMIE

■ **PIB** (en 1999). 47,19 millions de $ (4 680 $ par hab.). **Population active** (en %) **et,** entre parenthèses, **part du PNB** (en %) : agr. 12 (6), ind. 37 (27), services 48 (63), mines 3 (1). *En 1995 :* 4 767 000 actifs, dont (en 1991) agr. 864 000, ind. 1 920 000, services 2 016 000. **Chômage** (en %) : *1991 :* 3 ; *92 :* 12,3 ; *95 :* 10,2 ; *99 :* 7. **Croissance** (en %) : *1989 :* + 0,7 ; *90 :* – 3,5 ; *91 :* – 11,9 ; *92 :* – 3,1 ; *93 :* – 0,6 ; *94 :* + 2,9 ; *95 :* 1,5 ; *96 :* 1,3 ; *97 :* 4,6 ; *98 :* 4,9 ; *99 :* 4,4 ; *2000 :* 6,2. **Inflation** (en %) : *1989 :* 17 ; *90 :* 28,9 ; *91 :* 35 ; *92 :* 23 ; *93 :* 22,6 ; *94 :* 19,1 ; *95 :* 28,5 ; *96 :* 23,6 ; *97 :* 18,4 ; *98 :* 14,2 ; *99 :* 10,1. **Dette extérieure** (en milliards de $) : *1985 :* 11,8 ; *90 :* 21 ; *95 :* 31,4 ; *98 :* 26,7 ; (en % du PIB) : *1995 :* 71 ; *99 :* 60. **Solde budgétaire** (en % du PIB) : *1997 :* -5,5 ; *98 :* -7,8 ; *99 :* -5,6. **Réserves de change** (en 2000) : 11,2 milliards de $. **Fraude fiscale :** 5 % du PNB (*France 2*). **Salaire moyen mensuel** (fin 1999) : 348 $.

Nota. – De 1989 à 1995, la H. a reçu 13,34 milliards de $ de capitaux étrangers (dont 1,5 de Fr.). Ils ont surtout servi à financer les privatisations.

■ **Secteur privé.** *1989 (1-1) :* les personnes privées peuvent fonder des Stés anonymes par actions, des SARL ou en commandite, de 500 personnes. Les étrangers peuvent devenir propriétaires d'entreprises. *1992* les privatisables sont regroupées dans la SPAC (Agence de la propriété d'État) pour les entreprises moyennes pouvant être vendues en totalité, ou dans l'AVRT (163 grandes entreprises sur lesquelles l'État veut conserver un droit de regard). *1993 :* privatisation des télécom. *1994 :* de masse (par la Bourse) ; banques, gaz et électricité. *1995 :* AVU (Agence de la propriété d'État) et AVRT (State Holding Co.) fusionnent en APVRT (organisme de privatisation). *Poids du secteur privé en 1999 :* 80 % du PNB.

■ **Agriculture. Terres** (en %, 1997) : cultivées 66,6, forêts 19, non cultivées 13,6 dont arables 50,2, prairies et pâturages 12,3, vergers et jardins 1,4, vignobles 1,4. **Effectifs** (en 1992) : 360 000. **Production** (en milliers de t, 1999) : maïs 7 149, blé 2 638, bett. à sucre 2 934, orge 1 042, p. de t. 1 199, pommes 445, raisin 570, vin 4 180. **Structure :** *privatisations.* **Forêts** (en 1998). 4 167 000 m3. **Élevage** (en milliers de têtes, 1999). Poulets 31 244, porcins 5 335, dindes 1 859, canards 2 269, oies 1 226, ovins 934, bovins 857. **Pêche** (en 1999). 19 052 t.

Nota. – Loi du 24-8-1992 sur la compensation des anciens propriétaires : vente aux enchères de 30 à 35 % des terres des 20 000 coopératives. Objectif : 20 % de la surface cultivable cédés à 55 000 nouveaux propriétaires.

■ **Énergie** (en 1999). **Charbon :** 738 000 t. **Lignite :** 13 834 000 t. **Pétrole** (en millions de t) : *production* : *1995* : 1,7 ; *98* : 1,3 ; *99* : 1,2 (*import.* : 5,8, *réserve* 58). **Gaz** (en milliards de m^3) : *réserve* 80 ; *production* 3,1. **Électricité** (en milliards de kWh) : 36,9 dont (en %) nucléaire (centrale de Paks) 39, thermique 60,3, hydraulique 0,61. **Barrages :** *1977* accord H./Tchéc. pour construire en commun 2 barrages sur le Danube : *Gabcikovo*, en aval de Bratislava, alimenté par un lac réservoir à cheval sur Slovaquie et H. (8 turbines, 720 MW ; mise en service 1992 par la Slovaquie ; affaire portée par la H. devant la Cour de La Haye) et *Nagymaros*, en H. [en amont de Budapest, 160 MW, à 200 km en aval de Gabcikovo, devait établir un bief navigable entre Bratislava et Budapest, sans risque d'inonder la plaine hongroise ; le chantier slovaque commença en 1978, la H. demanda un délai de 4 ans puis, le 13-5-1989, décida d'abandonner après des manif. écologiques hostiles (12-9-1988/3-3-1989)]. Les Slovaques ont imaginé un 2e barrage et un canal de dérivation en Slovaquie. H. est contre : menace d'inondation sur 25 km, d'assèchement de la forêt alluviale et de terres agricoles, constituerait un déplacement de frontière. Si Gabcikovo était fait, Bratislava deviendrait en saison de basses eaux un terminus de vaisseaux à grand gabarit, descendant de la mer du Nord par le Rhin-Main-Danube. Vienne serait détrônée. Sans Gabcikovo, les bateaux remontant de la mer Noire doivent s'arrêter à Budapest, qui devient le grand port du Danube.

■ **Mines** (en 1999). **Bauxite** 935 000 t. **Uranium. Industrie.** Fonte, acier, alumine, machines-outils, camions, bus, engrais azotés, superphosphates, acide sulfurique, tissus de coton et de lamé, ciment. **Automobiles :** *parc* : *1987* : 1 660 258 ; *98* : 2 218 000 ; *99* : 2 256 000. **Restructurations industrielles.** Handicaps : déséquilibre démographique (28,7 % de la pop. concentrée à Budapest et ses environs), déficience des transports [63,5 % réalisés par route (souvent étroites)].

■ **Transports** (en km, 1999). **Routes :** 30 267 (dont autoroutes 448). **Voies ferrées :** 7 873 (dont doubles voies 1 292, électrifiées 2 620). **Voies navigables** (en 1993) : 1 373 (dont permanentes 1 124). **Pipelines :** 7 246.

■ **Tourisme. Balance touristique** (en millions de $) : *1990* : 345 ; *95* : 659 ; *98* : 1 928. **Visiteurs** (en millions) : *1988* : 10,6 ; *90* : 20,5 ; *93* : 22,8 ; *95* : 20,7 (dont ex-Yougoslaves 3,6, Allemands 3,3, Roumains, 3, Autrichiens 2,7, ex-Soviét. 2,5, *Français 0,193*) ; *97* : 17. Depuis 1-1-1988, les Hongrois vont librement à l'étranger.

■ **Commerce** (en milliards de $). **Export./import. :** *1995* : 12,43/15,05 ; *96* : 12,65/15,86 ; *97* : 18,61/20,65 ; *98* : 23/25,6 ; *99* : 24,95/27,92 [(en %) : *exporte* machines et équipements 45,2, autres produits man. 35,4, produits alim. 13, mat. premières 3,8 *vers* All. 37, Autriche 11, Italie 6,2, Russie 5,1 *France 3,8*, USA 3,2, Pologne 2,7, Rép. tchèque 1,7, Ukraine 1,3/*importe* machines et équipements 41,5, autres produits man. 41,1, combustibles 9,9, produits alim. 4,2, mat. premières 3,3 *de* All. 26,9, Autriche 10,6, Russie 9,2, Italie 7,4, *France 4,4*, USA 3,8, Rép. tchèque 2,4, Ukraine 1,3]. **Balance des transactions courantes** (en % du PIB) : *1997* : – 2,1 ; *98* : – 4,9 ; *99* : – 4,3.

Nota. – Depuis 1968, le commerce extérieur n'est plus monopole d'État. Le 1-4-1994, la Russie s'est engagée à payer la seconde tranche de la dette de l'ex-URSS à l'égard de la H. (0,9 milliard de $ sur 1,7 au total) avec de nouvelles livraisons d'armes, et en permettant à des Cies hongroises de prendre des parts dans des Cies russes.

■ **Investissements directs étrangers en Hongrie** (en milliards de $) : *1995* : 4,45 ; *96* : 2,27 ; *97* : 2,71 ; *98* : 2,04 ; *99* : 1,94. **Joint-ventures :** *à fin 1999* : 25 000.

■ **Rang dans le monde** (en 1999). 12e maïs, bauxite.

INDE
V. légende p. 950.

☞ *Abréviations* : I. : Inde ; Ind. : Indiens ; ind. : indien(ne)(s).

■ **Nom officiel.** *Bharat* (« Union indienne » en hindi). **Emblèmes :** figuier indien, lotus, mangue, paon, tigre.

■ **Situation.** Asie. **Superficie :** 3 287 263 km^2. Longueur (nord-sud) 3 214 km, largeur (est-ouest) 2 977 km. **Frontières** (en km) : Myanmar 1 463, Bangladesh 4 053 (enclavé dans le territoire indien), Chine 3 380, Bhoutan 605, Népal 1 690, Pakistan 2 912. Séparée du Sri Lanka par le golfe de Manaar et le détroit de Palk. **Altitude** *max.* : K-2 8 611 m, Kangchenjunga 8 598 m. **Côtes :** 7 000 km.

■ **Zones. Himâlaya :** longueur 2 400 km, largeur 240 à 320 km, 10 pics de plus de 7 788 m. **Plaine indo-gangétique :** bassins de *l'Indus* [2 414 km du nord au sud, largeur max. 320 km (occupé en grande partie par Pakistan) ; alimenté par les neiges de l'Himâlaya ; s'appauvrit en descendant le désert du Sind] ; du *Gange* [longueur en Inde 2 080 km, Bangladesh 141 ; bassin en Inde 768 000 km^2, Bangladesh 5 120) à l'ouest] et du *Brahmapoutre* (occupé en partie par Bangladesh) : 3 200 km de l'est à l'ouest ; alimenté par moussons. *Gange* : 15 000 m^3/s en moy., 75 000 en crue, 8 000 en période de sécheresse ; *Brahmapoutre* : min. 15 000 m^3/s, à cause des neiges]. **Plateau du Deccan :** séparé de la plaine du Gange par des collines (de 500 à 1 300 m d'alt.) et flanqué de *ghâts* (« escaliers »,

c.-à-d. hauteurs en terrasses) : orientaux (610 m d'alt.) et occidentaux (de 915 à 2 440 m) [1/3 du plateau (600 000 km^2, à l'ouest) formé de coulées basaltiques, les steppes du Deccan]. **Iles Laquedives** (mer d'Oman), **Andaman** et **Nicobar** (golfe du Bengale).

Régions climatiques. Râjasthân et Uttar (désert du *Thar*) : arides, sans mousson (steppe poussiéreuse), 50 °C en juin, 9 °C en janv. **Pendjab et seuil de Delhi** (queue de la mousson du Bengale) : pluies 500 à 700 mm par an, été chaud (*Delhi* 35 °C), hiver tiède (15 °C avec des minima de – 4 °C). **Cachemire et vallées himalayennes :** climat de montagne (hiver froid, été doux), neige nov. à avril. **Gange moyen, Bengale, Assam et Orissâ :** touchés par mousson du Bengale, pluviosité forte (*Tcherrapounji* en Assam : 11 419 mm d'eau par an). Temp. max. juin 20,1 °C, min. janv. 11,7 °C. **Deccan central** (isolé de la mousson de l'océan Indien occ. par chaîne côtière ; jungle médiocre, avec bambous et hautes herbes) : temp. élevées même en hiver (*Haiderâbâd*, 21 °C en janv.), 500 à 800 mm d'eau par an ; *Mysore*, climat doux toute l'année ; dépression de *Bellary* (max. mai 38 °C, min. déc. 29 °C) ; plateau de *Coimbatore*, semi-aride. **Région de Madras** (Tamil Nâdu) : été chaud et long (max. 37 °C en juin ; min. 28 °C en déc.), pluviosité max. en fin de mousson (mini-mousson de l'océan Indien oriental : 308 mm en nov.). **Kerala :** subéquatorial (végétation : palmiers, cocotiers, hévéas ; en montagne : teck, santal) : pluies abondantes toute l'année, sauf en janv. (*Cochin* : 3 m d'eau en 3 mois, de juin à août) ; région des ghâts : 5 à 6 m d'eau par an (ghâts de l'ouest 3 à 6 m). **Côte ouest du Deccan** (de Goa au nord de Bombay) : pluies de juin à nov. (mousson de l'océan Indien occ. : 2 m à Bombay), temp. élevées (24 °C en janv., 30 °C en avril, 26 °C en juillet) ; *Gujarât* sec et chaud (34,7 °C moy. à *Ahmadâbâd* ; faibles pluies juillet et août, la mer d'Oman échappant au mécanisme des moussons).

DÉMOGRAPHIE

■ **Population. Nombre d'habitants** (en millions) : *1901* : 238,4 ; *31* : 279 ; *47* : 328 ; *51* : 361,1 ; *61* : 439,2 ; *71* : 548,2 ; *81* : 685,2 ; *91 (1-3, rec.)* : 846,3 ; *98 (est. au 1-6)* : 970,93 (y compris Sikkim, rattaché à l'Inde depuis 26-4-1975, et partie indienne du Jammu et Cachemire) ; *2000 (est.)* : 1 006,8 ; *2025 (prév.)* : 1 414. **En % :** Aryas 72, Dravidiens 25, tribus de la montagne 2. [Les Aryas, apparentés aux Européens, ont la peau claire, les Dravidiens sont noirs ; il y a eu des métissages. En général, peau plus sombre vers le sud et dans les classes populaires.] **D.** *1901* : 77 ; *51* : 177 ; *81* : 221 ; *91* : 267 ; *99* : 304,2. **Taux annuel** (en ‰) **de croissance démographique :** *1901-21* : 3 ; *21-31* : 10 ; *61-71* : 24,8 ; *71-81* : 24,75 ; *89* : 21 ; **natalité :** *1901* : 52 ; *50-60* : 40 ; *71* : 40 ; *81* : 33,3 ; *95* : 28,3 ; *99* : 28 (pour les hindous, une descendance nombreuse est une bénédiction) ; **mortalité :** *1901* : 47 ; *20-30* : 40 ; *51* : 27,5 ; *61* : 24 ; *71* : 14,8 ; *81* : 16 ; *95* : 9 ; *99* : 9 ; *infantile* : *1990-92* : 78,5 (hindous 90, musulmans 77, bouddhistes 56, chrétiens 50, sikhs 47) ; *94* : 73 ; *99* : 72. **Espérance de vie :** *1901* : 23 ans ; *47* : 32 ; *51-61* : 41,2 ; *61-71* : 52,6 ; *71-81* : h. 54, f. 50 ; *86* : h. 56, f. 57 ; *92* : 60,8 ; *95* : 60,4 ; *99* : *h.* 60, *f.* 61. **Age** (en %) : – *de 15 ans* : 33,6 ; + *de 64 ans* : 4,6. **Naissances :** 72 000 par j. **Enfants** (en millions) : 3,6 de – de 5 ans, 260 de – de 14 ans, 118 vivent dans la pauvreté, 163 n'ont pas accès à l'eau potable. 49 de 6 à 11 ans sont illettrés. *Nombre moyen par femme* : *1961-71* : 5,7 ; *89* : 4,3 ; *99* : 3,4. **Femmes** pour 1 000 hommes : *1951* : 946 ; *91* : 929 ; *99* : 927. **Santé** (en millions). Lépreux 0,3 (contagieux 15 à 20 %), tuberculeux 8 (contagieux 2), filariose 10. Trachome, cancer (gorge, bouche, voies digestives), maladies vénériennes, malaria, sida. **Famines :** *1825, 1832-34, 1877, 1943* Bengale, 3 à 4 millions de morts. **Réfugiés** (en 1999). 507 000 déplacés. 15 000 réfugiés au Pakistan. **Réfugiés étrangers en Inde :** 292 000 (110 000 Tibétains, 111 000 Sri Lankais, 42 000 Birmans, 15 000 Bhoutans, 14 500 Afghans).

■ **Villes** (en milliers d'hab. et, entre parenthèses, agglomérations, en 1991). **Capitale** depuis 1934 : *New Delhi* 294, 1 485 km^2 [ville administrative construite par les Anglais, à côté de Delhi 7 174 (aggl. 11 500 est. 2000), ancienne capitale des Moghols]. **Autres :** Bombay (Mumbaï) 9 909 (17 850 est. 2000) [à 1 410 km ; port en relation avec canal de Suez ; commerce aux mains des parsis], Calcutta (Kolkata) 4 388 (12 900 est. 2000) [à 1 430 km ; ancienne capitale administrative des Anglais (jusqu'en 1912) ; centre industriel], Madras (Chennai) 3 795 (6 600 est. 2000) [à 2 100 km ; port de la côte orientale, capitale intellectuelle], Haïdarâbâd 3 005 (6 650 est. 2000) [à 1 400 km], Ahmadâbâd 2 872 (4 150 est.2000) [à 900 km], Bangalore 2 650 (5 500 est. 2000) [à 2 427 km, par Bombay], Kânpur 1 958 (2 111) [à 427 km], Nâgpur 1 622 (1 661) [à 966 km], Lakhnau 1 592 (1 642) [à 494 km], Poona 1 559 (2 485) [à 1 475 km], Jaïpur 1 454 (1 514) [à 270 km], Indore 1 086 [à 806 km], Madurai 951 (1 093) [à 2 389 km], Vârânasi (ou Bénarès) 925 (1 026) [à 780 km ; ville sainte hindoue], Agrâ 899 (955) [à 200 km], Allâhâbâd 806 (642) [à 612 km], Jabalpur 739 (887) [à 963 km]. **Villes portuaires récentes :** Cochin 564 (1 139) et Kandla (côte ouest) ; Haldia (port charbonnier, côte est). **Pop. urbaine :** 300 millions de personnes urbanisées. 300 villes de + de 100 000 h. dont 12 de + de 1 500 000.

■ **Français des comptoirs de l'Inde.** En 1962, la Fr. accorda la nationalité française aux 300 000 résidents des comptoirs cédés en 1954 à l'I. Une minorité accepta (en 1980, à Pondichéry 14 000, Kârikâl 4 000, Mahé 80, Yanaon 30, Chandernagor 4). **Français immatriculés en Inde** (au 1-1-1999). 9 278 (Pondichéry 8 146, Bombay 535, New Delhi 530, Calcutta 67).

■ **Indiens d'origine à l'étranger** (en millions, 1989). 12,94 *dont* Népal 3,8, Sri Lanka 1,57, Malaisie 1,4, USA 0,9, Afr. du Sud 0,8, G.-B. 0,75 (surtout sikhs), Maurice 0,65, Trinité 0,64, Guyana 0,45 (soit 55 % de la pop.), Myanmar 0,35, Fidji 0,32, Canada 0,25, Émirats 0,25, Suriname 0,18, Singapour 0,17, Kenya 0,1. *Résidents dans le Golfe* (en milliers) : 1 820 [Arabie 700, Émirats 500, Koweït 150 (172 en 1990), Bahreïn 110, Qatar 80]. [16 000 Ind. ayant une profession médicale (10 %) travaillent hors de l'I. (7 000 USA, 3 000 Canada, 3 000 G.-B.).]

■ **Langues. Officielles :** POUR LA FÉDÉRATION. : *hindi* prévu par la Constitution ; devant l'opposition violente de la pop. du sud, une loi de 1967 a retiré l'obligation d'utiliser le hindi dans l'ensemble de l'I.). *Anglais* parlé couramment par 1 % de la pop., langue de l'enseignement supérieur, langue véhiculaire de l'élite. DANS LES ÉTATS : 18 langues officielles parlées par 87 % des Indiens. **Nombre total :** 1 652 langues, *4 familles : langues dravidiennes* (sud, 23 % de la pop.) : tamoul, kannada, telugu, malayalam (États : Tamil Nâdu, Karnâtaka, Andhra Pradesh, Kerala) ; *indo-aryennes* (nord, 75 % de la pop.) : hindi, rajasthani, gujarati, marathi, punjabi, bihari, bengali, assamais, oriya ; hindoustani (hindi ourdouisé à l'origine) : Himâchal Pradesh, Haryana, Râjasthân, Uttar Pradesh, Bihâr, Madhya Pradesh, 30 % de la pop. (celle qui parle hindi) ; urdu (majorité des musulmans) ; *austro-asiatiques ; tibéto-birmanes*. **Population selon la langue** (en millions de locuteurs, 1995) : hindi 383, bengali 189, urdu 96, punjabi 89, telugu 71, marathi 67, tamoul 67, kannada 43, gujarati 39, malayalam 35, oriya 31, assamais 23, sindhi 17, kashmiri 4. **Systèmes d'écriture :** 7 diversifiés, il y a environ 1 000 ans, à partir du *devanagari*, écriture du sanscrit [hindi, bihari, napal, caractérisées par une barre horizontale au-dessus des consonnes, gurmukhi et bengali], ou du *pali*, écriture des textes sacrés bouddhiques (singalais, malayalam, kannada et birman). Comportent selon les langues environ 12 voyelles et 36 consonnes. Les voyelles isolées (la syllabe étant limitée à cette seule voyelle) sont écrites de façon complète ; associées à une consonne, elles apparaissent comme un signe placé au-dessus, au-dessous, à droite, à gauche ou de part et d'autre de la consonne, selon la voyelle. Les écritures de type indien ont inspiré le tibétain, le thaï, le laotien, le khmer. S'écrivent par lignes, et de gauche à droite.

■ **Enseignement.** **Analphabètes** (en %) : *1961* : 71,7 ; *71* : 70,5 ; *81* : 63,8 ; *91* : 47,8 (f. 60,6, h. 36,1). **Enseignement primaire :** obligatoire et gratuit de 6 à 14 ans (Constitution), mais plus de 10 % ne vont pas à l'école et 50 % abandonnent au cours du primaire ; **supérieur :** diplômes 5,6 millions : lettres 44 %, sciences 30 %, agronomie 1 %.

☞ Le français est enseigné comme 4e langue (mais 1re langue obligatoire jusqu'en 1989, depuis optionnelle). *Élèves apprenant le français :* primaire et secondaire 300 000, supérieur 60 000, Alliance française 24 000.

■ **Religions** (en millions, recensement 1991). **Hindous :** 672,5 (82,8 %). **Musulmans :** 95,2 (11,7 %) [Uttar Pradesh, Bengale-Occ., Bihâr, Mahârâshtra, Kerala, Assam, Andhra Pradesh, Karnâtaka, Gujarât, Tamil Nâdu, Râjasthân]. **Chrétiens** 18,8 (2,3 %) dont *catholiques* 14 [Kerala (en 52, l'apôtre Thomas aurait débarqué à Muziris), Madhya Pradesh, Tamil Nâdu, Andhra Pradesh ; prêtres 14 000, religieuses 60 000, séminaires 106, congrégations 217 ; rite latin, malabar et malinka (3 millions) ; séminaristes : 44 pour 100 000 cath. (en Fr. 3), archevêques et évêques 124 ; 4 millions d'élèves]. *Orthodoxes* 2 [dont Malankar 1,6 (fondée 52 par l'apôtre Thomas), Mar Thomas 0,5]. *Protestants* 9 (dont Église unie des Indes du Nord 1,5, du Sud 1, luthériens 1,5). *Chrétiens divers* 7. **Sikhs :** 15,2 (1,8 %, surtout dans le Pendjab), 14 % de l'armée soit 140 000 h. (25 % en 1947). Les combattants jurent de rester fidèles aux *5 K* : cheveux longs et barbe *(kesh)*, pantalon court *(kuch)*, épée *(kirpan)*, peigne d'acier *(kangha)* et bracelet de fer *(karah)*. **Bouddhistes :** 6,3 (0,8 %) (Mahârâshtra). **Jaïnistes :** 3,3 (0,41 %) [Mahârâshtra, Râjasthân, Gujarât]. **Parsis :** 0,115. **Juifs :** 0,3.

☞ *Vaches :* sacrées pour les hindous, qui croient à la réincarnation des hommes dans les animaux ; l'abattage est mal vu (croyance adoptée par les Aryens indo-européens après un long contact avec les Dravidiens animistes). 100 à 150 millions d'Indiens sont végétariens. *Sépulture :* incinération pour sikhs et hindous (mais bébés enterrés) ; les hindous qui le peuvent vont mourir à Bénarès sur les bords du Gange, dans un cercle sacré de 60 km ; les parsis exposent les cadavres à Bombay sur les « tours du silence » (où les vautours les dévorent). Le *sati* (immolation des veuves sur le bûcher de leurs maris) a été interdit en 1829 et de nouveau en 1987 (peine de mort ou prison à vie pour quiconque l'encourage).

■ **Castes** (*jati* ou *jat*, apparenté au latin *castus* : pur). **Origine :** religion brahmanique *(sharma-sutra, sharma-shastra)*. Introduites il y a 3 700 ans (?). **Nombre :** 14 à 30 dont 4 principales : *brahmanes, kshatriya* ou noblesse militaire, *vaishya, shudra ;* 10 à 30 autres. Chacune a ses rites, cérémonies, fêtes, régime alimentaire, activités professionnelles, façon de se vêtir. **Organisation :** « gens de classe » *(savarna)*, dont les « deux fois nés » : brahmanes, kshatriya, vaishya, qui reçoivent une initiation entre 8 et 12 ans, et shudra, qui n'ont que leur naissance physique ; « gens sans classe » *(a-varna ;* de *varna :* couleur en sanskrit). **Professions** réservées aux castes : *brahmanes* (issues du trône du Créateur) : enseignement (pouvoir spirituel) ; *kshatriya* (issus du bras du Créateur) : fonctions politiques et guerrières ; *vaishya* (issus des cuisses du Créateur) : agriculture, élevage et grand commerce ; *shudra* (issus des pieds du Créateur) : serviteurs et artisans [agriculteurs, petits commerçants, artisans non impurs (forgerons, orfèvres, charpentiers, potiers, tailleurs)].

■ **Hors castes** (en 1989). 140 millions dont anciens **« intouchables »** ou **harijan** : « enfants de Dieu » (nom donné par Gandhi), 90 millions (20 en Uttar Pradesh), en majorité hindous ; de naissance impure, selon la religion brahmanique, ils sont tenus à l'écart de la vie publique et exclus des pratiques religieuses, n'ayant pas été admis parmi les *shudra* (peut-être parce que d'origine dravidienne). Ils exercent les métiers les plus impurs : tannage, manipulation des excréments. 50 % ont un revenu mensuel inférieur à 100 F ; 15 % sont alphabétisés et 65 % endettés (payent leurs dettes en jours de travail). 38 millions appartiennent aux tribus aborigènes (Gonds, Bhils, etc.). L'intouchabilité a été supprimée par l'art. 17 de la Constitution et des mesures législatives ont été prises en leur faveur (ouverture des temples et des puits à tous ; 15 % des emplois publics et 17 % des promotions, 1 siège sur 7 réservé aux parlements, 119 sièges sur 542 au Congrès, distribution des terres). Cependant, en févr. 1981, des émeutes ont eu lieu au Gujarât (25 †) pour leur interdire l'accès des universités de médecine [où Indira Gandhi leur avait réservé 20 % des places (en 1975), puis 25 % (en 1978)]. **Parias :** mot portugais venant du tamoul *parayon,* signifiant « hors classe » (joueur de tambour ou homme de la dernière caste). A l'origine, prédravidiens non convertis à l'hindouisme et classés après les intouchables, parce que jugés inaptes à tout acte religieux. Puis en ont fait partie les hindous exclus de leurs castes (*maudits* et *excommuniés,* réintégrables après expiations) et les *repoussés* (généralement enfants adultérins, incestueux ou nés d'un commerce hors caste, jamais intégrés et condamnés à vivre en dehors des agglomérations). Vivent en communauté de 10 à 50 autour d'un gourou, ont leurs temples, leur déesse préférée (Maoubaratji). Principales ressources : prostitution, racket, mendicité. **Mendiants :** 6 000 000 (1 % de la population) ; 800 000 aveugles, 300 000 sourds et muets, 150 000 lépreux, 100 000 malades mentaux, 85 000 eunuques.

☞ Depuis la Constitution de 1949, le système des castes est aboli, les tribunaux de castes ont disparu et les citoyens sont égaux. Pourtant le système persiste : on ne reçoit pas les gens d'une autre caste ; on se marie peu entre personnes de castes différentes. Un Indien exclu de sa caste cesse d'être invité aux cérémonies religieuses. Il y a des brahmanes pauvres (gardiens des temples) et des intouchables riches (industriels, commerçants, politiciens).

■ HISTOIRE

☞ Il y eut plusieurs dizaines de tentatives d'hégémonie (capitales fondées, puis abandonnées et laissées en ruines). 2 puissances réussirent (temporairement) l'unification : les Moghols (XVIIe s.) et les Anglais (XIXe-XXe s.).

PÉRIODE ANCIENNE (1500 AV. J.-C. – 320 APR. J.-C.)

■ **Période védique (1500-468 av. J.-C.).** Du nom d'un des poèmes historiques et religieux qui formaient la base de la culture des Aryens, le *Rig Veda,* composé entre 2000 et 1500 [3 autres Vedas : *Sama, Yajour, Atharva* (vers 1300) ; Brahmanas (1000-800) ; Upanishads (800-600)]. Les Aryens (en sanscrit *arya :* nobles), tribus indo-européennes ayant quitté les steppes caspiennes au XVIIIe s., imposent leur culture aux autochtones de l'Inde, Moundas et Dravidiens, qui ont une civilisation plus évoluée (celle de l'*Indus,* voir Art indien, encadré p. 1117 c), mais se font dominer militairement et politiquement (thèse contestée en 1997 : les sceaux étudiés impliqueraient des déplacements inverses de populations). **Principaux royaumes aryens ou indiens aryanisés :** *Pendjab* (1550-1000) ; *Kourous* et *Panchalas* [région de Delhi ; autochtones aryanisés (1000-800)] ; *Avanti* [vers le sud-ouest, cap. Ujjain (vers 900) : commerce maritime] ; *Mahârâshtra* [au sud des Mts Vindhya ; fondé par des Dravidiens aryanisés, les Asmakas et les Vidarbhas (vers 900)] ; *Kausala* (cap. Sravasti) et *Videha* [nord-est ; centre de gravité de la civilisation védique après 800 av. J.-C. (800-600)]. Le ritualisme des brahmanes provoque des réactions [vers 600, ils sont supplantés à la tête des royaumes aryens par les guerriers *(kshatriyas)*].

■ **Réaction religieuse (vers 500-180 av. J.-C.).** **Vers 500,** le Bouddha Çakyamouni (563-483) fonde le bouddhisme, et le Mâhâvira (540-468) le jaïnisme. Pour résister à ces 2 courants, le brahmanisme intègre des éléments dravidiens et devient l'hindouisme (culte de Vishnou et Çiva). **Principaux royaumes proto-hindouistes :** *Kausala* (continuant celui de la période précédente, en Uttar Pradesh et en Madyah Pradesh ; le roi Prasenajit, contemporain de Bouddha, annexe le royaume de Kasi) ; *Magadha* [grand empire du Nord-Est fondé vers 600 par Sisunaga ; affermi par Bimbisira (550-490) ; annexe le royaume de Videha vers 450 ; 1re puissance indienne vers 400 ; en 327-325 (roi : Nanda), possède 200 000 guerriers et résiste à Alexandre le Grand] ; *Maurya* [empire fondé 300-200 par Chandragupta Maurya (322/313-289) ; cap. Patalipoutra (actuellement Patna) ; propagation du bouddhisme, apogée sous le règne d'Asoka (264-227), petit-fils de Chandragupta, conquiert le Kalinga, royaume au sud du Bengale (100 000 †, 150 000 blessés), se convertit au bouddhisme ; disloqué en 185 et remplacé dans le bassin gangétique par dynasties Sounga et Kanva].

■ **Invasions indo-européennes (180 av. J.-C.–320 apr. J.-C.).** **1°) Grecs de Bactriane** (180-70 av. J.-C.) occupent Pendjab et Sind vers 150. **2°) Scythes** (Kouchanes, 70 av. J.-C.-320 apr. J.-C.) ; règne de Kanishka (vers 150), expansion vers Asie centrale de la culture indienne sanskrite et bouddhique ; composition du code, *les lois de Manou.* 1res images du Bouddha sculptées par les écoles du *Gandhara* et de *Mathura* ; la partie sud de l'ancien Empire maurya résiste aux envahisseurs (Deccan central) : roy. *andhra* (dynastie dravidienne des Çatakarni, cap. : Amaravati), qui se maintient jusqu'au IVe s. ; célèbre par les 1res grottes d'*Ajanta* (peintures rupestres d'inspiration bouddhique).

PÉRIODE CLASSIQUE (320-713)

■ **Empire des Guptas (320-495).** Dynastie fondée vers 290 par *Sri Gupta,* seigneur du pays de Magadha, vassal des rois scythes, et devenue souveraine en 320 sous *Chandragupta Ier* [320-350, capitale : d'abord celle des Maurya, Patalipoutra, puis Ayudhiyâ (Uttar Pradesh) quand l'empire s'étendit de la mer d'Oman au golfe du Bengale]. **380-414** règne de *Chandragupta II* (âge d'or de la civilisation classique) assuré par les victoires, la sécurité, la prospérité matérielle ; nombreuses œuvres littéraires sanskrites [notamment le *Vedanta,* base de la philosophie moniste] ; la science ind. est à son apogée. Les Guptas ne conquièrent pas l'I. centrale et méridionale, qui reste à la dynastie des *Vakatakas,* protectrice à son tour des grottes-monastères d'Ajanta. **420** 1res attaques des Huns (repoussées 75 ans par les empereurs guptas). **Vers 450** naissance du royaume dravidien des *Gangas,* futur État princier de Mysore (langue : kannada).

■ **Invasions des Huns (495-540).** **495** *Huns ephtalites* ou *Huns blancs* (chef Ye-ta-i-li-to, en chinois *Ye-ta*) battent l'empereur gupta *Baladatya.* **510** empire restauré avec l'aide de *Bhatarka* (fondateur de la dynastie des *Valabhis*) ; mais le Hun Mihiragula devient « shah » dans le Cachemire. **540** Huns éliminés par Turcs.

■ **Guptas postérieurs (540-670).** L'empire gupta se remet mal des destructions causées par les Huns ; il se divise en 3 branches (*Ayudhiya, Bénarès, Malava*) qui végètent jusqu'en 670.

■ **Autres royaumes de culture classique aux VIIe et VIIIe s.** La dynastie des *Kesari* (Orissâ) fonde vers 600 le temple de Bhubaneswar (çivaïte) ; le roi *Harsha de Kanauj* (605-647) restaure la culture du nord de l'Inde ; les *Chalukyas* règnent 500 ans sur le Deccan [grottes d'Ajanta (3e époque) ; grottes çivaïtes d'Ellora] ; ils ont pour alliés les *Gangas* et pour adversaires les *Pallavas,* puis les *Cholas.* Naissance des royaumes rajpouts dans le nord. Renaissance brahmanique qui chasse le bouddhisme.

PÉRIODE MUSULMANE (713-1764)

■ **Arrivée des musulmans.** **713** Hajaj, vice-roi des provinces orientales du califat, conquiert le Sind, mais le déclin du califat abbasside et la difficulté des communications par le Baloutchistan l'empêchent de conquérir l'I. entière. Seul un royaume musulman (dynastie des *Ghaznévides*) se crée dans les montagnes de Ghazni.

■ **Rivalités dynastiques indiennes (VIIIe-XIIe s.).** **740** dans le nord, les *Gurjara-Pratiharas* battent les musulmans et se maintiennent jusqu'en 1192 (région de Delhi). **765-1196** dynastie *Pala* au Bihar et Bengale. **836** *Vijayalaya* fonde l'empire chola à Tanjore, qui domine le sud de l'I. et la Malaisie. Les *Cholas* éliminent les Chalukyas, mais les alliés de ceux-ci, les *Gangas,* fondent le roy. *Hoysála,* célèbre pour ses 80 temples (région de Mysore).

■ **Conquête musulmane (1000-1192).** **997** Mahmoud de Ghazni (971-1030) devient roi de Ghazni. **1000-1025** il lance chaque année un raid contre le râjâ de Lahore, conquérant le Pendjab et démoralisant les rois indiens. **1192** Mohamed de Ghor (?-1206), roi de Ghazni et du Pendjab, bat Prithvi Raj (roi d'Ajmer et de Delhi) à Taraori ; fonde sultanat musulman de Delhi.

■ **Islam indien avant les Moghols (1192-1526).** **1211-35** règne d'*Iltutmish* établissant sur des bases durables le sultanat de Delhi, 1er État musulman de l'I. [il y aura 33 sultans de Delhi de 1211 à 1565, notamment Mohamed ibn Tughlak (1325-51), qui conquiert le Deccan (capitale : Deogir)]. **Difficultés musulmanes :** *1°) dissensions* [morcellement : Bengale indépendant 1340, Bahmanis (Deccan) 1347, Gujarât 1391 ; schisme religieux : fondation du sikhisme par Nanak 1504] ; *2°) agressions tartares* (notamment raid de Timour (« l'homme de fer ») Lenk (« le boiteux ») dit *Tamerlan* (Turc de Transoxiane, né 1336 dans famille ouzbek, † 1 405) contre Delhi 1398 ; le 17-12, bat dans la plaine de Panipat l'armée indienne (500 chevaux et des dizaines de bœufs chargés de fagots enflammés ayant mis les éléphants en fuite), après avoir fait tuer 100 000 prisonniers) ; *3°) résistance hindoue.* **1336** l'empire de Vijayanagar (« ville de la victoire » fondée par les Télugus) s'établit dans le sud de l'Inde. **Après 1500 :** aide des Portugais.

■ **Empire moghol (1526-1764).** **1526**-*avril* **Bâbur** (1483-1530), descendant de Tamerlan (1336-1405) et de Gengis Khān († 1228), fondateur de la dynastie moghole, conquiert l'I. du Pendjab aux frontières du Bengale (victoire de *Panipat* sur sultan de Delhi, 21-4). **1530 Humayun,** son fils. **1539 Sher Shah,** empereur usurpateur. **1545**-*mai* **Islam Shah,** son fils. **1553 Firuz. 1553 Mohammed Adil Shah,** déposé. **1555**-*juillet* **Humayun,** 2e règne. **1556**-*janv.* **Akbar le Grand,** son fils. **1556-1605** conquiert Rajpoutana 1561-68 (défaite du dernier roi hindou, Râmarâya, à Talikota 1565 ; destruction de Vijayanagar), Gujarât 1572-73, Bengale 1576, Cachemire 1586, Sind 1592, Kandahar 1594, Ahmednagar et Khandesh (Deccan) 1601 ; essaie de rallier les hindous (1582) en créant une religion unique, la Foi divine (Dīn-i-ilāhi) : paix et unité dans le nord de l'I. ; *épanouissement de l'art indo-musulman :* mosquées, tombeaux, jardins, portraits et miniatures ; résidence royale à Agrâ (Delhi, capitale en titre) ; à sa mort, l'Inde est divisée en 15 provinces (100 millions d'hab.). **1605**-*oct.* **Djahangir,** son fils. **1627**-*nov.* **Dawar Bakhsh,** son petit-fils. **1628**-*févr.* **Châh Djahân** († 1666), fils de Djahangir ; destitué. **1658**-*juillet* **Aurangzeb Alangir,** son fils. **1674** fondation de l'*empire marathe* (hindouiste), rival de l'empire moghol, par *Shivaji Bhonslé* (1627-80) ; guerres incessantes pour la conquête du Deccan. **1707** après la mort d'Aurangzeb, décadence de l'empire moghol. **1764** soumis. **1856** supprimé sur décision de lord Canning.

PÉNÉTRATION EUROPÉENNE (1498-1763)

■ **Précurseur.** *Marco Polo* (Venise, 1254-1324), après séjour en Chine (1275-91) avec ses 2 compagnons vénitiens, passe de 1293 à 1295 en I., à Calicut (qu'ils appellent Elil) et Bombay (Tana). Rentrent en Europe par bateau jusqu'à Ormuz, puis par terre.

■ **Portugais.** **1498**-*20-5 Vasco de Gama* (vers 1469-1524) débarque à Calicut, après avoir doublé le cap de Bonne-

Espérance ; il est l'allié (contre les musulmans) du râjâ hindou de Calicut. **1500** *Pierre Cabral* (1467-1525), chef de la 2e mission portugaise, se brouille avec le râjâ de Calicut et s'allie avec celui de Cochin. **1502** Vasco de Gama fonde le 1er comptoir européen à Cochin. **1503** *Alphonse d'Albuquerque* (1460-1515), gouverneur portugais, y construit un fort. **1505** *Francisco de Almeida* 1er vice-roi portugais des Indes. **1509** il détruit la flotte turco-égyptienne, obtenant ainsi la maîtrise de l'océan Indien (dès lors, les royaumes hindouistes du sud de l'Inde sont à l'abri des musulmans). **1510** Albuquerque prend Goa, qui devient capitale de l'Inde portugaise (prospère jusqu'en 1640, puis concurrencée par Hollande et Angleterre) et restera portugaise jusqu'en 1962.

■ **Anglais. 1600** création de la Cie anglaise des I. orientales. **1612** Thomas Best détruit la flotte portugaise à l'embouchure du Tapti. **1619** fondation de forts anglais à Sûrat, Agrâ, Ahmadâbâd, Broach. **1661** l'île de Bombay (portugaise) est donnée en dot à Catherine de Bragance, épouse de Charles II ; **1668** Charles II la donne à la Cie. **1690** *Calcutta* fondée. **1717** alliance des Anglais et du grand moghol musulman (firman leur octroyant la liberté de commerce). **1739** Nadir Shah (shah d'Iran) prend Delhi et massacre sa population pendant une semaine. **1757** les Anglais (bataille de *Plassey,* 23-6) mettent sur le trône un grand moghol à leur dévotion, Mir Jafar, nawab du Bengale. **1761** victoire à *Panipat* des Moghols sur la Confédération marathe ; les Anglais annexent successivement les États marathes (*fin de l'empire marathe* 1817, annexion des royaumes confédérés 1850).

■ **Hollandais. 1602** fondent la Cie hollandaise des I. (en Indonésie) ; font la guerre aux Portugais (à l'époque, sujets espagnols). **1638-58** conquièrent Ceylan (voir à l'Index). **Après 1658,** enlèvent comptoirs portugais de Coromandel, du Gujarât et du Bengale [capitale de l'I. hollandaise Chinsura (Bengale), prise par les Anglais 1759].

■ **Français. 1664** création de la Cie des Indes orientales. **1666-90** comptoirs de Sûrat, Pondichéry, Masulipatam, Chandernagor, Balasore et Kasimbazar fondés. **1701** *Calicut* fondé. **1721-39** acquisition de Kârikâl et Yanaon. **1722** comptoir français de Mahé fondé. **1732-38** *Confédération marathe,* alliée des Français et rivale des Moghols musulmans (alliés des Anglais), fondée. **1741** *Joseph François Dupleix* (1696-1763) gouverneur français. **1746**-*6-9* conquiert Madras. **1748**-*oct.* bat l'amiral anglais Boscawen (1711-61) à Pondichéry (les auxiliaires indiens des Français et des Anglais sont appelés *cipayes*). **1754** Dupleix révoqué, Charles Godeheu abandonne Madras aux Anglais ; sorte de protectorat français sur le Deccan. **1757** l'Anglais Robert Clive (1725-74) reprend Calcutta au nabab du Bengale puis Chandernagor aux Français. *-3-6* bat le nabab à Plassey. **1761**-*15-1 Thomas-Arthur Lally, Bon de Tollendal* (Français, né 1702), débarqué en 1758, capitule à Pondichéry (rentré en France 1762, condamné à mort et exécuté 9-5-1766 ; en 1778, procès révisé). **1763**-*10-2 traité de Paris :* la Fr. renonce à ses possessions (la moitié du Deccan : 800 000 km^2, 20 millions d'hab.) ; garde les comptoirs de Yanaon, Pondichéry, Chandernagor, Kârikâl et Mahé (perdus 1779, récupérés 1783, 1793-1816 pris par les Anglais, cédés à l'I. en 1950-55). **1781-83** campagne du *bailli de Suffren* (Pierre André, 1729-88). **1786-94** Gal Cte Benoît de Boigne (1741-1830), Cdt en chef de l'armée marathe ; revient en Europe à la mort du Pce Sindhia.

L'Inde anglaise (1764-1947)

■ **1772-99. 1772** *Warren Hastings* (1732-1818). **1785** *sir John Macpherson.* **1786** *Mis Charles Cornwallis* (1738-1805) nomme les *zamindars* (percepteurs d'impôts moghols) propriétaires de leur village : tous les paysans deviennent fermiers *(Permanent Land Settlement).* **1793** *sir John Shore* (gouverneur). **1796** *Mis Cornwallis.* **1798** *sir Richard Colley, Mis Wellesley, lord Mornington* (1760-1842), conquiert l'I. (Ceylan, sud de la péninsule, vallée du Gange et sud du Deccan). **1805** *Mis Cornwallis, sir Georg Barlow.* **1806** *Gilbert Elliot, Cte Minto* (1751-1814). **1813** *Francis Rawdon Mis de Hastings* gouverneur. **1818** la Cie des I. (anglaises) domine l'I. sauf Cachemire, Pendjab et Sind. **1823**-*1-1 John Adam, lord Amherst.* **1828** *lord William Bentinck* (1774-1839). **1829**-*4-12* sacrifice des veuves déclaré illégal. **1835** *sir Charles Metcalfe, W. Butterworth Bayley.* **1836-42** *George Eden Auckland* (1784-1849). **1842** *Edward Law Cte d'Ellenborough* (1790-1871). **1844** *Vte Hardinge.* **1848** *James Ramsay, Mis de Dalhousie* (1812-60), gouverneur. **1849** sikhs se soumettent, remettent le Koh I Noor (diamant) aux Anglais. **1856** *Cte Charles Canning* (1812-62). **1857**-*janv./févr.* à Meerut *révolte des cipayes* le long du Gange [les Anglais avaient fourni aux supplétifs hindouistes du suif de bœuf et aux supplétifs musulmans du suif de porc pour graisser leurs cartouches ; matée par sir Colin Campbell (1792-1863), déc. 1858]. *-25-6 et 15-7* massacres de *Cawnpore* [Nana Sahib (1825 ?-60 ?) fait égorger 500 Européens]. **1858** la Cie des Indes cède l'I. à la Couronne britannique. *Cipayes* matés (320 000 exécutés dont 200 000 civils). **1862** *Cte d'Elgin.* **1864** *sir John Lawrence.* **1869** *Cte de Mayo ;* **1872**-*8-2* assassiné à Port Blair (îles Andaman) par Cheikh Ali, musulman. *Lord Northbrook.* **1876** *Cte Lytton.* **1877**-*1-1* **la reine Victoria devient impératrice des Indes** (comprenant aussi Birmanie et Ceylan). Les Anglais (200 000 au max.) s'appuient sur les Pces, qui reconnaissent Victoria comme suzeraine, et sur les zamindars, qui lèvent et payent les impôts fonciers ; les fonctionnaires britanniques sont surtout magistrats ou officiers ; l'économie est aux mains d'hommes d'affaires privés. **1880** *Cte de Dufferin.* **1888** *Mis de Lansdowne.* **1894** *Cte d'Elgin.* **1896-98** peste à Bombay. **1899 lord George Curzon** (1854-1925) vice-roi.

Création des mouvements nationalistes. *Brâhmo Samâj* (1828) par Râm Mohan Roy (1772-1833) ; *Prârthanâ Samâj* (1866) par Keshab Chandra Sen (1838-84) ; *Arya Samâj* (1876) par Swami Dayânanda Saraswâti (1824-83). **Expérience vécue de *Râmakrishna Paramahamsa*** (1836-86) : Swami Vivekânanda (1863-1902) révèle le message de Râmakrishna au « Parlement des religions » tenu à Chicago en 1893 et crée la Mission Râmakrishna. La Sté théosophique s'implante à Adyar, près de Madras, en 1886 : action d'Annie Besant (Anglaise 1847-1933). **Apparition de mouvements réformateurs :** *Indian National Conference* (1883) ; *Indian National Congress* fondé en 1885 par Allan Octavian Hume (1829-1912).

■ **1900-1947. 1905** *Cte de Minto* partage du Bengale entre musulmans et hindous ; rupture entre Ind. et Anglais. *-20-8* querelle lord Curzon/lord Kitchener (Cdt en chef de l'armée de l'Inde). **1906** congrès à Calcutta, adopte le programme du *Svarâj* (gouv. autonome de l'I. sous suzeraineté britannique). *-31-12 Muslim League* créée, avec soutien des Anglais et financement de l'Aga Khan. **1909** réforme *Morley-Minto :* prône l'élection d'Indiens dans les conseils législatifs locaux ; les musulmans votent séparément et ont des sièges réservés. *-5-1* Calcutta, émeutes hindous/musulmans. **1911**-*11-1* Bombay, émeutes hindous/musulmans (18 †). **1910** *lord Hardinge.* **1912**-*23-12* Hardinge blessé (attentat). **1914-18** guerre : I. fournit 1 300 000 soldats à G.-B. **1915 Gandhi** [Mohandas Karamchand Gandhi (né 2-10-1869 à Porbandar Guparat, † 30-1-1948, assassiné), surnommé le *Mahatma* (grande âme), fils du PM de la Pté de Porbandar, marié à 13 ans, 4 fils, étudiant en droit à Londres (1888-91), avocat à Bombay puis en Afr. du Sud (1893-1914) où il défend les immigrés indiens ; *1907-22-3* commence la campagne de désobéissance civile] prend la direction du mouv. national. *-15-2* Singapour, mutinerie de soldats indiens, sous l'influence du Ghadr (40 officiers tués). *-13-12 complot du jour de Noël,* déjoué. **1916** *lord Chelmsford.* **1918**-*11-11* paix (850 000 Indiens ont été envoyés à l'étranger ; 40 000 †). **1919** *Constitution* accordée. *-13-4* arrivé à Amritsar, le Gal Reginald Dyer fait tirer sur la foule à Jallianwala pour mater la révolte sikh (379 †). **1920** Gandhi lance le mouvement de non-violence et de non-participation. **1921** *Cte de Reading.* *-9-2 :* 1er Parlement indien ouvert à New Delhi par le duc de Connaught. *-Juin* drapeau indien proposé par Gandhi : blanc (pureté), vert (musulmans), rouge (hindous) et frappé du rouet. *-15-11* Calicut, 15 gurkhas tués par rebelles Moplah. **1926** *lord Irwin.* *-4-4* Calcutta, loi martiale après émeutes interconfessionnelles. *-24-4* Calcutta, émeutes hindous/musulmans (centaines de †). **Lord Irwin** vice-roi. *-14-6* émeutes hindous/musulmans dans tout le pays (les + graves à Rawalpindi). **1927**-*3-5* Lahore, émeutes (14 †). **1928**-*8-7* train de l'East Indian Railway déraille (sabotage, 18 †). *-27-10* Poona, plus grand barrage du monde inauguré (lac de 21 km^2). **1929**-*23-12* Delhi, tentative d'attentat contre lord Irwin. **1930**-*14-2* boycott du sel lancé par Parti du Congrès. *-12-3/6-4* marche du sel de Gandhi. **1930-31** conférences de la Table ronde. **1931** *Cte de Willingdon.* *-12-9* Gandhi à Londres. **1932** campagne de désobéissance civile. *-4-1* Gandhi arrêté (réarrêté 1-5/23-8-1933). **1933**-*29-5* Gandhi survit à une grève de la faim de 21 j. **1934** tremblement de terre au Bihâr (10 700 †). **1935**-*30-5* Quetta (Baluchistan), séisme (20 000 †). *-2-8* nouveau statut à caractère fédéral. **1936 Mis de Linlightgow. 1937**-*1-4* Birmanie détachée. **1939-45** guerre : l'Inde fournit plus de 2 500 000 soldats. **1940**-*17-10* plan de désobéissance civile. *-5-11* Nehru (Pt du Congrès national indien) condamné à 4 ans de prison. **1941**-*8-9* Gandhi en résidence surveillée. *-4-12* Nehru libéré. **1942**-*mai* Gandhi, arrêté pour la 6e fois, fait une longue grève de la faim. Lance slogan « Quit India ». *-8-8* action de masse décidée par le Congrès contre la coopération à la guerre. *-8-8 au -8-10* émeutes : manifestants 846 † ; force publique 60 †. *-9-8* Gandhi, Nehru et Azad arrêtés. *Du 9-8 au 31-12 :* 62 000 arrestations. Subhâs Chandra Bose [1897/accident d'avion 17-8-1945 ; arrêté 2-7-1940, évadé 16-1-1941, rejoint l'Allemagne puis le Japon (mai/juin 1943)] crée une armée nationale ind. recrutée dans camps de prisonniers (4 000 h.), **1943**-*10-2/-3-3 Poona,* grève de la faim de Gandhi. Appuyé par Japon, Bose forme à Singapour un gouv. de l'I. libre et recrute 120 000 volontaires parmi les prisonniers des Japonais. **Lord Archibald Wavell** (1883-1950) vice-roi. *-24-6* Subhas Chandra Bose, au Japon, appelle l'Inde se soulever contre Britanniques. *-4-10* fin du mandat de vice-roi de lord Linlithgow. **1944**-*22-2 Poona,* Mme Gandhi meurt en prison. *-6-5* Gandhi libéré (état de santé). **1945**-*25-6* Wavell réunit à Simla une conférence pour former un Conseil exécutif, amorce d'un futur gouv. Mais Jinnah exige un État musulman. Les chefs du Congrès sont contre toute participation. *-18-8* Subhas Chandra Bose meurt (suite accident de voiture). **Nov. 1945- été 1946** nombreuses émeutes : *-16/19-8* Calcutta, 10 000 †. **1947**-*19-2* lord Wavell démis par Attlee, PM anglais, qui annonce *-20-2* retrait anglais de l'Inde pour juin 1948. *-31-3* **lord Louis Mountbatten** (1900-79 ; ép. Edwina Ashley, † 1960) vice-roi. *-15-4* déclaration commune Gandhi/Jinnah pour la partition. *-19-4* Congrès accepte son plan de partition. *-14-5* lord Mountbatten à Londres présente plan indépendance. *-23-5* accepté par gouvernement anglais. *-4-7 loi de l'indépendance de l'Inde* proclamée. *-10-7 Jinnah 1er gouverneur du Pakistan ; lord Mountbatten gouverneur général de l'Inde.* *-15-7* sir Claude Auchinlech, chef d'état-major, partage forces armées entre Inde et Pakistan. **1948**-*10-2* indépendance de Ceylan (dominion). *-1-6* Jinnah meurt. *-20-6* lord Mountbatten gouverneur général de l'Inde.

-17-9 nizam de Haïderâbâd (velléités indépendantistes) se rend aux troupes de l'Union indienne.

Bilan économique de l'occupation anglaise. Positif : alphabétisation, formation d'une élite industrielle, irrigation, réseau ferré, simplification administrative, exploitation minière, plantation de thé et d'hévéas. Négatif : désorganisation de l'industrie textile artisanale ; misère du sous-prolétariat rural.

Indépendance

1947 fin de l'empire britannique des Indes : Ceylan et Birmanie indépendants. Création du Pakistan occidental (partie de l'Inde) et oriental (futur Bangladesh : partie du Bengale à fort % de musulmans). L'I. garde les plus grandes villes, richesses minérales, capitaux des parsis, équip. industriels, les 3/4 de la pop. qui a la majorité des ressources alimentaires. *Déroulement :* massacres par milliers, maladies, famine (500 000 †). 5 à 7 millions de réfugiés musulmans au Pakistan ; 5 à 10 millions de réfugiés hindous en I. (reste 80 millions de musulmans en I.). *-14/15-8* l'I. devient indépendante. 624 maharadjahs deviennent simples citoyens. **États ayant choisi le Pakistan mais conquis par l'Inde :** *Junagadh* (le nabab était musulman mais 80 % des 750 000 hab. étaient hindouistes) ; *Haïderâbâd* (le nizam était pour le Pakistan, les communistes avaient pris le pouvoir dans le Telengana) ; *Cachemire* (à 77 % musulman mais le maharadjah était hindouiste et appela l'I. à le soutenir). *-15-8* **Mountbatten** gouverneur général ; **Jawaharlâl Nehru** [(1889-1964), dit le Pandit (en sanskrit : homme savant)] PM. *-Sept.* jeûne de Gandhi pour pacifier Calcutta. **1948**-*13/18-1* jeûne de Gandhi pour que musulmans et hindous signent la Charte. *-30-1 Gandhi assassiné* par Nathouram Vinayak Godse (qui sera pendu le 15-11-1949 avec Narayan Apte, cerveau du complot). Incinéré, ses cendres sont partagées entre les États indiens et répandues dans les fleuves sacrés (l'urne destinée à Orissa fut retrouvée dans une banque, ses cendres furent dispersées le 30-1-1997 à Allâhâbâd, au confluent du Gange et de la Yamuna). *-21-6* **Chakravarti Rajagopalachari** (1879-1972) gouverneur général.

1950-*26-1* l'I. devient République. **Dr Rajendra Prasad** (1884-1962) Pt. **1954** I. reconnaît souveraineté chinoise sur Tibet. **1956**-*25-11* Zhou Enlai à New Delhi. **1959** I. donne asile au dalaï-lama et à environ 5 000 réfugiés tibétains. **1962**-*12-5* **Dr Sarvepalli Radhakrishnan** (né 1888/1975) Pt. North East Frontier Area (Nefa au nord). *-20-10* les Chinois, contestant la souveraineté indienne sur 90 000 km^2, avancent d'environ 18 km au-delà de la frontière, puis se retirent fin nov. (pertes indiennes 2 500 †, 770 disparus ; chinoises 1 500 à 1 600 †). **1964**-*mai/juin* **Gulzarilal Nanda** PM. *-Juin* **Lal Bahadur Shastri** (1904-66) PM. **1965**-*avril/mai* combats au Pakistan, au Rann de Kutch. *-29-6* cessez-le-feu. *-D'août au 22-9 guerre avec Pakistan* (au Cachemire) ; cessez-le-feu imposé par Onu ; retrait des troupes des zones occupées. *Pertes humaines :* Inde 4 000 †, Pakistan 1 800 † ; *matérielles :* Pakistan 200 chars détruits, 150 endommagés, 20 avions détruits ; Inde 175 à 190 chars détruits, 200 hors d'état, 65 à 70 avions perdus. **1966**-*11-1* Shastri meurt après avoir signé avec Pakistan *déclaration de Tachkent* (renonciation aux actions militaires ; engagement d'évacuer). *-Janv./févr.* **Gulzarilal Nanda** PM. *-19-1* **Indira Gandhi** (voir encadré p. 1116 a) PM. Sikhs du Pendjab obtiennent autonomie. *-6-6* roupie dévaluée de 57 %. **1967**-*janv.* Indira Gandhi accorde droits politiques aux États et territoires du Nord-Est. *-15-2 élections ;* recul du Congrès. *-10-5* **Dr Zakir Hussain** (1897-1969) Pt. *-Juin* tension sino-ind. ; soulèvement *naxaliste* (maoïste) dans Nord-Est. *-11-9* incident sino-ind. frontière du Sikkim. **1969**–*21-8* **Varah Venkata Giri** (1894-1980) Pt. *-12-11* Indira Gandhi expulsée du P. du Congrès, scission. **1970**-*août* 20 000 arrestations après occupation de terres. *-Sept.* Indira Gandhi supprime listes civiles des anciens Pces ; la Cour suprême déclarera, en déc., la mesure inconstitutionnelle. *-Déc.* Chambre basse dissoute après revers électoraux d'Indira Gandhi. **1971**-*mars élections :* victoire d'Indira Gandhi. *-9-8* traité d'amitié et de coopération avec URSS. *-3/17-12 guerre indo-pakistanaise,* création du *Bangladesh.* **1972**-*19-3* traité fixant frontières I.-Bangladesh. *-11-12* compromis I.-Pakistan sur ligne de cessez-le-feu au Cachemire. Création d'un ministère de l'Espace. **1973** Telengana désire province distincte en Andhra Pradesh. **1974**-*janv.* émeutes (inflation). *-Mai* milliers de cheminots en grève arrêtés.

■ **Indira Gandhi** (19-11-1917/31-10-1984). Fille de Nehru. Étudie à Oxford. *1942* épouse en Inde un étudiant, Feroze Gandhi (non parent du Mahatma) ; emprisonnée 13 mois. **1950-64** proche de son père. **1959** Pte du P. du Congrès. **1960** son mari (dont elle était séparée) meurt (crise cardiaque). **1966** Pte du groupe parlementaire du Congrès (355 voix contre 169 à Morarji Desaï). (19-1) PM. **1969** (12-11) le Congrès, dénonçant sa dictature, l'expulse ; elle crée une scission qui devient majoritaire. **1971** mène la campagne « Halte à la pauvreté ». **1975** son élection étant annulée dans l'Uttar Pradesh, elle modifie rétroactivement la loi électorale et (26-6) déclare l'état d'urgence. **1977** lève l'état d'urgence, est battue aux élections (mars). **1978** (janv.) le Congrès I (Indira) s'impose. **1980** victoire électorale, redevient PM. **1984**-31-10 assassinée par 3 sikhs de son escorte (1 est tué, 2 pendus le 6-1-1989), pour avoir fait intervenir l'armée à Amritsar ; incinérée.

■ **Enfants.** **Rajiv Gandhi** (29-8-1944/21-5-1991). Étudiant en mécanique en G.-B. *1968* marié à une Italienne [*Sonia Maino* (née 1946), connue à Cambridge en 1965, 1 fils, Rahul (né 1970) et 1 fille, Priyanka (née 1972), qui épousera en 1997 Robert Vadra], pilote à l'Indian Air Line. **1981** (mai) démissionne. (15-6) député d'Uttar Pradesh. On l'appelle *Mr Clean* (M. Propre). **1984** (2-2) élu un des 5 secr. généraux du P. du Congrès I. (31-10) PM à la mort de sa mère. **1989** (29-11) démissionne. **1991** (21-5) tué à Sriperumbudur (Madras), bombe posée par une femme membre des Tigres de libération de l'Eelam tamoul (LTTE), qui est tuée par sa bombe (26 Indiens et Sri Lankais complices condamnés à mort en 1998).

Sanjay Gandhi (1946-80). **1975** entre au Parti du Congrès. **1980** (24-6) pilote amateur, se tue, à 33 ans, lors d'une acrobatie manquée. Sa femme *Menaka* (fille d'un officier sikh, née 1956) fera campagne contre Rajiv, rompra début 1983 avec sa belle-mère et fondera son propre parti. 1 fils, Rashtrya Sanjay Manch.

-16-5 : 1re bombe atomique ind. (Râjasthân). *-24-8* **Fakhruddin Ali Ahmed** (1905-77) Pt. **1975**-*12-6* tribunal d'Allâhâbâd annule pour « irrégularités » l'élection, en 1971, d'Indira Gandhi. *-24-6* Cour suprême lui permet de rester PM. *-26-6* dirigeants de l'opposition arrêtés (sauf communistes prosoviétiques), état d'urgence (34 630 détenus du 25-6-1975 au 20-3-1977). *-4-7 :* 26 partis interdits. *-6-8* Parlement annule accusations d'irrégularités contre Indira Gandhi. *-14-10* servage pour dettes aboli. *-7-11* élection d'Indira Gandhi en 1971 validée. **1976**-*janv.* suspension de l'art. 19 de la Constitution sur droits du citoyen. *-Juin* accentuation de la législation répressive. *-29-10* Parlement adopte un amendement réduisant le rôle du Pt de l'Union au profit de celui de PM. **1977**-*18-1* Chambre du peuple dissoute. *-16/20-3 législatives*, Indira Gandhi battue. *-21-3* levée état d'urgence. *-24-3* **Morarji Desaï** (1896-1995) [Janata : P. du peuple] PM ; milliers de prisonniers politiques libérés. *-25-7* **Neelam Sanjiva Reddy** (né 13-5-1913) Pt. **1978**-*janv.* scission au Congrès ; naissance du Congrès I (Indira). *-1-1* attentat, Boeing d'Air India : 213 †. *-Févr. régionales :* succès partiel d'Indira Gandhi. *-Mars* loi sur maintien sécurité interne (Misa) abolie. *-Juillet* Indira Gandhi et son fils Sanjay inculpés pour violations législation électorale. *-Oct.* Indira Gandhi arrêtée (manif. : 12 †). **1979**-*juillet* nord, inondations : plus de 6 millions de sinistrés. *-8-7* Front nat. mizo, séparatiste au Mizoram, illégal ; opération militaire contre Front à Aizawl. *-29-7* Desaï démissionne ; **Charan Sing** (né 1902) PM. *-Août* Ass. nat. dissoute. **1980**-*3/6-1 législatives :* Congrès I, 43 % des voix. *-14-1* **Indira Gandhi** PM. *-23/27-1* Pt Giscard d'Estaing en I. *-14-4* attentat manqué contre Indira Gandhi. *-18-7 :* 1er *satellite indien.* **1981**-*27-7* grèves interdites dans secteurs essentiels. *-Nov.* Indira Gandhi en Fr. **1982**-*19-1* grève gén. (700 †). *-8-4* l'I. commande 40 Mirage – 2000 à la Fr. *-17-5* reprise des négociations avec Chine. *-Juin élections* (3 500 †). *-25-7* **Giani Zail Singh** (1916-94) Pt. *-1-11* Pt pakistanais Zia Ul Haq en I. *-15-11* acharya (maître) Vinoba Bhave (né 1895, disciple de Gandhi) meurt. **1983** troubles Assam, Pendjab. **1984**-*janv.* affrontements (9 †) partisans d'Indira Gandhi/forces de l'ordre au Cachemire. Ravindra Mhatre, diplomate, enlevé en G.-B., tué par l'Armée de libération du Cachemire. *-Févr./juin* affrontements sikhs/hindous (400 †). *-Mai* Bombay, hindous/musulmans (250 †). *-Juin* mutinerie dans 3 régiments sikhs, 1 Gal hindou tué. Troubles au Pendjab (voir p. 1118 a). *-2-8* attentat aérodrome de Madras (32 †). *-Août* troubles en Andhra Pradesh (23 †), Rama Rao (ancien acteur, chef du gouv. destitué juillet, rappelé sept.) remplacé par Bhaskara Rao. *-27-9* armée évacue Temple d'or d'Amritsar. *-31-10 Indira Gandhi assassinée* (voir encadré ci-dessus). Violences contre sikhs (2 717 † dont 2 146 à Delhi). **Rajiv Gandhi** (1944-91), fils d'Indira, PM. *-28-11* Percy Norris, vice-ambassadeur britannique, tué par musulmane. *-2/3-12* catastrophe de Bhopâl (voir Madhya Pradesh, p. 1117 b). *-26-12 législatives :* droite et gauche battues (Kerala, communistes perdent 13 sièges sur 14). Succès Rajiv Gandhi. **1985**-*janv.* attaché militaire adjoint français expulsé pour corruption et espionnage. Ambassadeur français rappelé. *-12-5* attentats sikhs à Delhi et dans plusieurs États (80 †). *-6/10-6* R. Gandhi en Fr. *-7-6* affrontements entre castes (167 †). **1986**-*24-1* incendie hôtel Siddarth : 38 †. *-Janv./févr.* rapprochement avec Pakistan [conflit à propos du glacier de Siachen (nord du Cachemire), plusieurs dizaines de † en quelques années]. *-1/10-2* Jean-Paul II en I. *-10-2* grève générale à Delhi. *-20-2* manif. à Delhi. *-14-4* Hardwar, fête religieuse de Khum Mela : 50 † étouffés. *-10-8* Gal Vaidya (59 ans), ancien chef d'état-major, tué par sikh. *-2-10* attentat d'un sikh extrémiste contre R. Gandhi. *-9-11 :* 50 † à Faizabad lors d'un pèlerinage. *-5-12* affrontements sikhs/hindous à Delhi (7 †). **1986-87** différends frontaliers avec Chine. **1987**-*15-3* au Tamil Nâdu attentat contre un train : 60 †. *-23-3 régionales, Kerala :* 8 † dont 6 militaires du PC. Congrès (parti du PM) 61 sièges (recule), communistes 75 sur 138. *Bengale-Occ.* succès de la gauche. *-4-5* lutte partisans hindi/partisans anglais (10 †). *-30-5 :* 600 à 700 ouvriers agricoles massacrent 54 rajputs dont 28 femmes et enfants. *-1-6* Meerut, hindous tuent 140 musulmans. *-13-6* New Delhi, sikhs tuent 14 pers. *-17-6 Haryana,* P. du Congrès I (R. Gandhi) perd 60 sièges sur 63. *-6-7/10-7* plus de 500 hindous tués par sikhs (72 le 6-7).

1987-*16-7* **Ramaswami Venkataraman** (né 4-12-1910, Tamoul) Pt. *-5-8* intervient au Sri Lanka. *-24-12* mort de M.G. Ramachandran (né 1917, ancien acteur, PM du Tamil Nâdu depuis 1977). **1988**-*29/31-1 :* 71 † au *Tripura.* *-Juillet* séparatistes gurkhas arrêtent lutte armée. *-21-8* séisme est et Népal (1 000 †). *-3-11* intervention aux Maldives pour étouffer coup d'État. *-9-12* extrémistes sikhs tuent grand prêtre Balbir Singh. *-19/21-12* R. Gandhi en Chine. **1989**-*1-2* Pt Mitterrand en I. *-22-5* lancement d'un missile (portée 2 500 km). *-12-6* bombe à Delhi (7 †). *-Juillet* 106 députés de l'opposition (sur 140), protestant contre la corruption du gouv., démissionnent. *-29-7* début du retrait des soldats ind. du Sri Lanka. *-Automne* scandale Bofors [Sté suédoise ayant vendu 400 canons (en 1986) et versé environ 40 millions de $ à des politiciens]. *-29-11* R. Gandhi démissionne. *-1-12* **Vishwanath Pratap Singh** (né 25-6-1931, fils du râjâ de Daiga, adopté à 5 ans par le râjâ de Manda) PM. **1990** le « gourou » Rajneesh (« pesant » 1 milliard de $; 91 Rolls-Royce) meurt. *-1-3 régionales* (8 États et 1 territoire), défaite du P. du Congrès I ; Srînagar, manif. : 30 †. *-7-3* sikhs attaquent marché d'Abohar : 24 † (en un an, environ 2 000 † au Pendjab des violences sikhs). *-21-5* Moulvi Mohammed Farouk, plus haut dignitaire musulman du Cachemire, assassiné (80 † à ses obsèques). *-Mi-août* 27 % des emplois publics réservés aux basses castes (22,5 % sont déjà réservés aux intouchables et tribus hors caste). Jusqu'à la fin de l'année, nombreuses manif. et suicides par le feu. *-23-10* Ayodhya, affrontements : hindous veulent raser la mosquée. *-Oct./déc.* 136 000 travailleurs émigrés reviennent du Koweït. *-9-11* **Chandra Shekhar** (né 1-7-1927), Janata Dal, PM. *Fin 1990 :* risque de guerre nucléaire avec Pakistan écarté par USA. **1991**-*janv./mai* violences. *-6-3* Shekhar démissionne. *-21-5 Rajiv Gandhi* tué (voir encadré ci-contre). *-20-6* **P. V. Narasimha Rao** (né 28-6-1921), Congrès I, PM. *-20-8 :* 2 Tigres tamouls, suspectés dans l'assassinat de R. Gandhi, se suicident. *-Sept.* Cachemire : 27 séparatistes musulmans †. *-16-10* Rudrapur (Uttar Pradesh) attentat, 55 †. *-9-12 :* 10 militaires † dans embuscade Conseil nat. socialiste du Nagaland (NSCN). *-11-12* PM chinois Li Peng en I. (1re visite depuis 1960).

1992-*25-7* **Shankar Dayal Sharma** (1918-99) Pt. *-6-12* Ayodhya (Uttar Pradesh), pour construire un temple à Rama (incarnation de Vishnou, réputé né là), hindous détruisent mosquée construite vers 1529 par Mir Baqi, Gal de l'empereur moghol Bâbur, sur un temple qu'il avait fait raser : 223 †, vague de meurtres contre musulmans. Au *10-12 :* 1 119 †. *-27-12* gouv. décide d'acheter site d'Ayodhya et de construire mosquée et temple hindou. **1993**-*6/16-1* émeutes musulmans/hindous à Bombay et Ahmadâbâd : 781 †. *-27-1* visite Eltsine : traité russo-indien. *-26-2* état de siège à New Delhi pour empêcher manif. BJP. *-12-3 :* 12 bombes à Bombay : environ 300 † (mafieux impliqués, manipulés par Inter-Services Intelligence pakistanaise ?). *-16/17-3* attentat à Calcutta : environ 60 †. *-Juillet* inondations dans le nord : 3 000 †. **1994**-*18-2 Phoolan Devi* (« Fleur divine », née 1961 ?), la « Reine des bandits », qui, le 14-2-1981, avait tué 23 hommes de la caste des Thahurs pour se venger d'un viol [emprisonnée depuis 11 ans sans être jugée ; a toujours nié], libérée sous caution ; sera élue en mai 1996 (P. socialiste) au Parlement. *-31-3* fermeture de 11 usines polluantes dans la région du Tâj Mahal. *-20-9* épidémie de peste pulmonaire à Sûrat et Bombay : 63 †. *-23-11* Nagpur, manif., la police charge (plus de 120 † dans la bousculade). *-22-12* démission de 3 min. accusés de corruption. **1995**-*3-5* Mayavati, 38 ans, ancienne institutrice, 1re intouchable à la tête d'un État, l'Uttar Pradesh. *-21-11* New Delhi, attentat du Front islamique Jammu et Cachemire (JKLF) : 22 bl. *-23-12* Dabwali, fête d'une école, incendie : environ 500 †. **1996**-*3-1* New Delhi, attentat du JKLF : 7 †. *-18-1* Nandamuri Taraka Rama Rao (acteur, 3 fois PM de Madhya Pradesh) meurt. *20-4* New Delhi, attentat dans hôtel par Jammu and Kashmir Islami Harkat ul-Ansar : 17 †. *-27-4 au 7-5 législatives,* succès du BJP. *-10-5* PM Rao démissionne. *-16-5* **Atal Behari Vajpayee** (né 25-12-1926) PM. *-1-6* **H. D. Deve Gowda** [né 18-5-1933, secte Vokkaligga (paysans)] PM. *-28-6 :* 5 ministres communistes au gouv. *-12-12* accord avec Bangladesh sur partage des eaux du Gange. *-30-12* attentat contre un train en Assam revendiqué par Force des Tigres de Libération du Bodoland (BLTF), environ 60 †. **1997**-*11-4* rejet d'une motion de confiance. *-20-4* **Inder Kumar Gujral** (né 4-12-1919) PM.

1997-*14-7* **Kocheril Raman Narayanan** (né 4-2-1921) 1er intouchable Pt. *-5-9* mort de mère Teresa. *-13/19-10* visite Elisabeth II (50e anniversaire de l'indépendance). *-28-11* Gujral démissionne. *-4-12* Parlement dissous. **1998**-*24-1* visite Pt Chirac. *-14-2* bombe à Coïmbatore (Tamil Nâdu) lors d'une réunion du BJP : environ 50 †. *-18-3* **Atal Behari Vajpayee** PM. *-Mars* tornades dans le nord-est : 114 †. *-11 et 13-5 :* 5 essais nucléaires souterrains à Pokharan. *-Mai* canicule : 3 000 †. *-9-6* ouragan : + de 3 000 † (?). *-Juillet/août* inondations dans le nord-est ; au 12-9, 2 000 †, 80 millions de personnes déplacées, 3 millions d'ha inondés. **1999**-*début* attaques contre chrétiens (meurtres, viols, écoles détruites). *-1-8* catastrophe ferroviaire : 285 †, 312 bl. *-5/8-11* Jean-Paul II en I. *-26-11* accident ferroviaire Pendjab : 209 †, 250 bl. **2000**-*16/20-4* Pt Narayanan en Fr. *-Mai-juin* violences contre chrétiens. *-Juillet* Bombay, pluie et glissements de terrains (mousson, environ 80 †). *-Sept.* est de l'Inde, inondations : 836 †. **2001**-*9-1 au 21-2* Maha Kumbh Mela (grand festival de la cruche tous les 12 ans), 30 000 000 d'hindouistes à Allâhâbâd (jonction Gange/Yamuna). *-26-1* tremblement de terre au Gujarât (7,9) : 6 927 †, 166 836 blessés. *-15-3* George Fernandes, min. de la Défense, démissionne (pots de vin).

■ POLITIQUE

■ **Statut.** *Rép. féd. démocratique* souveraine socialiste laïque (25 États et 7 Territoires), membre du Commonwealth. **Constitution** du 26-1-1950. **Pt :** élu pour 5 ans par le Parlement et les assemblées des États, ne gouverne pas. **Vice-Pt :** élu pour 5 ans par un conseil électoral représentant les 2 chambres, en fait le Pt du Conseil des États. **PM :** obligatoirement parlementaire ; responsable devant la Chambre du peuple (PM et cabinet nommés dans la majorité des chambres par le Pt). **Conseil des États (Rajya Sabha) :** 245 membres au max. dont 12 nommés par le Pt, élus pour 6 ans par l'Ass. législative des États, renouvelables par tiers tous les 3 ans. **Chambre du peuple (Lok Sabha) :** 543 membres élus pour 5 ans au suffrage univ. et 2 Anglo-Indiens nommés par le Pt, pas plus de 17 représentants des Territoires, possibilité pour le Pt de nommer des membres. **Élections** (à la Chambre du peuple) : 5-9 au 6-10-1999 : 543 sièges dont BJP et alliés 296, P. du Congrès et alliés 134, gauche 42, divers 71. **Fêtes nationales.** 26-1 (naissance de la Rép. indienne). 15-8 (Indépendance). 2-10 (naissance de Gandhi). **Drapeau** (adopté 22-7-1947). Trois bandes horizontales, safran (courage), blanc (paix) et vert (foi) ; sur la bande blanche, roue bleue représentant le *Chakra* (roue bouddhique).

■ **Partis politiques.** **Janata Dal** (P. du peuple) fondé 1988, *Pt :* Sharad Yadav. A succédé au **Janata Party** fondé 18-1-1977 (officiellement le 1-5), inspirateur Jaya Prakash Narayan (1902-79), alliance de partis de droite et du centre pour lutter contre état d'urgence. Regroupe : **Indian National Congress (Organisation)** fondée 1-1-1885 sous le nom Congress Party (Indira Gandhi en avait été exclue en déc. 1969, une partie des membres avait fait sécession en 1964) ; **Bharatiya Lok Dal (BLD)** [Brigade du peuple indien, quitte l'alliance juillet 1979] ; **Socialist Party** (quitte l'alliance sept. 1979) ; **Bharatiya Jana Sangh** ou Indian People's Union (quitte l'alliance avril 1980) et **Congress for Democracy** (groupe dissident du centre) fondé févr. 1977, rejoint l'alliance mai 1977. **Indian National Congress** devenu **All India Congress Committee** ou **Congress I** (pour Indira) fondé 1978 par Indira Gandhi, *Pte :* Sonia Gandhi depuis 6-4-1998. **All India Indira Congress** fondé 1995, *Pt :* Narain Dutt Tewari. **Indian National Congress** ou **Congress S** fondé 1981, *Pt :* Sarat Chandra Sinha. **Communist Party of India (CPI)** fondé 26-12-1925, *secr. gén. :* Ardhendu Bhushan Bardhan, 555 010 m. en 2000. **Communist Party of India-Marxist (CPI-M)** fondé 1964 par des dissidents du CPI, *secr. gén. :* Hadisham Singh Surjeet, 630 390 m. en 1994. **All-India Forward Block** fondé 1940, *Pt :* Ashok Ghosh Mondal. **Bharatiya Janata Party (BJP)** [P. du peuple ind.] fondé avril 1980, scission du Janata, anciens m. du Jana sangh, *Pt :* Lal Krishna Advani ; nationaliste (sièges *1984 :* 2 ; *89 :* 85 ; *91 :* 121 ; *96 :* 156 ; *98 :* 181). **Lok Dal** fondé 1984 (une partie rejoint le Janata en 1988), *Pt :* Laloo Prasad. **Sanjay's All India Congress** fondé 1983 par Menaka Gandhi (veuve de Sanjay), 140 000 m. **Samajwadi Janata Party** (P. socialiste du peuple) fondé 1991, *Pt :* Chandra Shekhar, scission du Janata Dal. **Samajwadi Party** fondé 1991, *Pt :* Mulayam Singh Yadav. **Bahujan Samaj Party,** *Pt :* Kanshi Ram. **Shiv Shena** fondé 1968, Bal Thakeray, antimusulman. **Rashtriya Swayamsevak Sangh** (RSS ou Corps national des volontaires) fondé 1925 par M. S. Golwalkar, antimusulman. Idéologie : *hindutya* (hindouité). A parrainé des organisations autonomes dont *Vishva Hindu Parishad* (*VHP*, Conseil mondial hindou) et *Bajrang Dal* (*BD*) son organisation de jeunesse.

■ **Grands traits de la politique étrangère. 1°) Volonté de puissance :** l'I. proclame son attachement à la non-violence, mais cherche à être la grande puissance d'Asie du Sud ; est influente au Népal et au Bangladesh. **2°) Désir d'indépendance militaire :** l'I. s'est appuyée sur l'URSS pour son potentiel militaire et énergétique en face du Pakistan (qui s'appuie sur Chine et USA). Mais elle recherche l'aide technologique américaine. **3°) Conquête des marchés extérieurs :** facilitée par la présence de population d'origine indienne en Thaïlande, Malaisie, Singapour, Kenya, Nigéria, Maurice, Émirats du Golfe, Afr. du Sud. **4°) Appel aux investissements étrangers (notamment français) :** l'I. ne demande pas d'usines clefs en main, mais des participations bancaires dans les secteurs les plus utiles : pétrole et pétrochimie, charbon, sidérurgie, automobile, aciers spéciaux, aluminium, aéronautique, astronautique, armement. Elle recherche aussi l'association financière avec des firmes occidentales dans le tiers-monde.

■ ÉTATS

■ **Origine.** En 1877, à la proclamation de l'Empire des Indes, il y avait 629 États vassaux [dont 189 princiers dans la seule presqu'île de Katiawar (grande comme la Belgique) et une centaine dans le Gujarât]. 420 étaient d'autonomie restreinte, 70 d'autonomie intermédiaire, 140 de pleine autonomie. 400 n'avaient pas plus de 30 km^2 [certains étaient minuscules : Bilbari (3 km^2, 30 hab.) ; Katodiah (grand comme la place de la Concorde)]. **Titres :** *maharadjah* (grand roi), *nizam* (organisateur ; titre porté à l'origine par le nabab du Deccan), *nawab* (gouverneur), *râjâ* (chef d'État), *rao* (duc souverain), *sirdar* (Cte ou baron souverain), *thakur* (seigneur radjpoute), *zaumidir* (seigneur de fief héréditaire), etc. **Traitement, rang et protocole :** « Altesse grandissime » (*Exalted Highness*) pour le nizam de Haïderâbâd et « Altesse » pour les 112 souverains. *Coups de canon* (règlement de 1861) : *21* pour Haïderâbâd, Mysore, Baroda, Jammu et Cachemire, Gwalior, Bhopâl ; *19* pour Travancore, Kolhapur, Udaipur (Mewar), Indore ; *17* pour 12 États (dont Jaïpur, Patiala, Jodhpur) ; *15* pour 17 États (dont Kapurthala) ; *13* pour 13 États ; *11* pour 30 ; *9* pour 30 ; *aucun* pour environ 517 États. L'agha khan, ayant rang de chef d'État (sans territoire) comme chef de la secte des ismaéliens, avait depuis 1877 traitement d'Altesse et droit à *11 coups*.

■ **A l'indépendance (1947).** Tous les États devaient être intégrés dans l'Inde ou le Pakistan. Sur 565 États princiers (30 % du territoire et 25 % de la pop.), 3 refusèrent de choisir ; le nawab de Junagadh s'enfuit après une révolte et annonça ensuite son intention de se joindre à l'I. ; le nizam de Haïderâbâd accepterа de se joindre à l'I. en 1949 après des émeutes et l'intervention des forces de l'ordre ; au Cachemire, en oct. 1947, après invasion du Pakistan, le maharadjah décide de se joindre à l'I. et l'armée ind. entre au Cachemire. Les Pces ind. conservèrent leur droit au titre (le maharadjah de Kapurthala possède 37 titres ajoutés à son nom), 10 % de leurs revenus comme liste civile et quelques honneurs et privilèges fiscaux.

■ **Évolution.** Le 2-12-1971, le 26e amendement à la Constitution a supprimé titres, pensions et privilèges garantis depuis 1947 en contrepartie de l'intégration des principautés dans l'Union ind. [les pensions non imposées étaient calculées au prorata du revenu des États princiers en 1947, soit entre 115 F et 1 560 000 F (majorité entre 60 000 et 500 000 F)]. Certains maharadjahs sont encore très riches, notamment les héritiers du nizam de Haïderâbâd. Certains sont devenus hommes d'affaires (Gaehkwar de Baroda), exploitants agricoles (famille de Patiala, maharadjah de Dhrangadhra), d'autres ont converti leurs palais en hôtels. Certains ont été élus au Congrès.

■ **Pouvoirs actuels des États.** Chacun possède un gouverneur, nommé par le Pt de l'Union, un gouv. et un parlement [2 chambres (dans 6 États) ou 1 (19 États)] qui légifèrent en matière de justice, éducation, santé, police et 62 autres matières énumérées dans la Constitution de 1947. Les autres matières (dont plans économiques) dépendent à la fois des États et du gouv. central.

LISTE DES 25 ÉTATS

RÉGIONS : **Inde du Nord :** Cachemire, Delhi, Himâchal Pradesh, Jammu, Madhya Pradesh, Pendjab, Râjâsthan, Uttar Pradesh. **Ouest :** Goa, Gujarât, Mahârashtra. **Sud :** Andhra Pradesh, Karnâtaka, Kerala, Pondichéry, Tamil Nâdu. **Est :** Arunachal Pradesh, Assam, Bengale-Occidental, Bihâr, Manipur, Meghâlaya, Mizoram, Nâgaland, Orissâ.

Légende : superficie (en km^2), population (est. 1998), langue principale, villes (en 1991, dont capitale en italique).

■ **Andhra Pradesh.** 275 068 km^2. 74 170 000 hab. **D.** 269,6. **Langues :** telugu et urdu. **Villes :** *Haïderâbâd* 3 005 496 hab., Guntur 471 020, Kakinada 280 000, Kurnool 240 924 (en 1981), Eluru 212 918. **Forêts :** 23,3 % de la superficie. **Histoire :** *1953-1-10* État créé. *1956* devient l'Andhra Pradesh ; on y ajoute le Telangana (pris sur le Haïderâbâd).

■ **Arunachal Pradesh.** 88 743 km^2. 1 130 000 hab. **D.** 12,7. **Catholiques :** environ 60 000. **Capitale :** *Itanagar.* Zone sensible interdite aux étrangers jusqu'en 1993 (permis spécial pour Indiens). **Histoire :** *1972* territoire (auparavant constituait la North East Frontier Agency ou Nefa) dont les 2/3 sont revendiqués par la Chine. *1984-août* troubles : 23 †. *1986-déc.* État.

■ **Assam.** 78 438 km^2. 25 650 000 hab. dont (en %) Assamais 60, Bengalis 20, montagnards 20. **D.** 327. **Langues :** assamais (57 %, indo-européen mêlé de tibétain : les Assamais se réclament d'une culture particulière). Depuis 1987, rébellion des Bodos (1 300 000 pers., 3 000 rebelles). **Villes :** *Dispur,* Gauhâti 577 591 hab. **Forêts :** 22 % de la superficie. **Production :** 60 % du thé indien (30 % du monde), 50 % du gaz et du pétrole, 30 % du jute. **Histoire :** *1826* territoire britannique. *1874* administré séparément. *1905-12* associé avec une partie du Bengale. *1947* district de Sylhet (sauf une partie du Karimganj, rattachée au Bengale-Oriental pakistanais). *1970-2-4* création de l'État autonome du *Meghâlaya,* comprenant 2 districts de l'Assam, Khasi-Jaintia et Garo Hills. *1971-72* troubles. *1980-5-4* troubles (départ souhaité des immigrés). *1982-juin* bombe à Gauhâti : 19 †. *1983-févr.* massacre d'immigrés bengalis (musulmans) pour qu'ils ne participent pas aux élect. locales [3 000 † (dont 2 400 à Delhi), 90 % d'abst.]. Le gouv. accepte d'exclure du scrutin 1 million d'immigrés depuis 1971. *1992-13-10 :* 2 bombes dans un train : 24 †.

■ **Bengale-Occidental.** 87 852 km^2. 77 250 000 hab. **D.** 879,3. **Langue :** bengali. **Villes :** *Calcutta* 4 388 262 hab. (aggl. *1900 :* 850 000 ; *70 :* 7 000 000 ; *91 :* 10 916 272), Durgapur 415 986. **Histoire :** *1966* émeutes de la faim. *1968-févr.* contrôlé par Delhi. Le GNLF (Front de Libération nationale gurkha) réclame un territoire.

■ **Bihâr.** 173 877 km^2. 96 960 000 hab. **D.** 557,6. **Langue :** hindi. **Villes :** *Patna* 916 980 hab., Ranchi 598 498, Jamshedpur 461 000, Bhagalpur 255 000, Bihâr 200 976. Un des États les plus riches en minerais. **Histoire :** *1971-72* troubles. *Depuis 1990* guerres entre hautes et basses castes naxalistes (de Naxalbari, Bengale-Occidental, siège d'émeutes paysannes dans les années 1960) : 8 000 †.

■ **Goa.** 3 702 km^2. 1 510 000 hab. **D.** 407,9. **Catholiques :** environ 30 %. **Langues :** konkani (*officielle*), marathi et hindi. **Capitale :** *Panaji* 76 839 hab. (en 1981). **Créé** 30-5-1987 (au Portugal ; constituait depuis 1510, avec Damân et Diu, l'I. portugaise).

■ **Gujarât.** 196 024 km^2. 47 100 000 hab. **D.** 240,3. **Langues :** gujarâti et hindi. **Villes :** *Gandhinagar* (ancienne Ahmadâbâd) 121 746 hab. (aggl. 2 872 865), Sûrat 1 496 943, Baroda 1 021 084, Rajkot 556 137, Bhavnagar 400 636, Jamnagar 325 000. **Formé** 1-5-1960 par le nord de l'État de Bombay. **Histoire :** *1974* troubles séparatistes. *1985-9-6* troubles : 200 †. *-17/18-7* émeutes à Ahmadâbâd : 7 †. *1986-13-7* affrontements hindous-musulmans : 40 †. *1990-avril* idem : 61 †. *1992-2/3-7* idem : 10 †.

■ **Haryana.** 44 212 km^2. 19 340 000 hab. **D.** 437,4. **Langue :** hindi. **Capitale :** *Chandigârh* 502 992 hab. **Formé** 1-11-1966 d'une partie du Pendjab.

■ **Himâchal Pradesh.** 55 673 km^2. 6 420 000 hab. **D.** 115,3. **Langues :** hindi et pahari. **Capitale :** *Simla* 109 860 hab. **Forêts :** 38,3 % de la superficie. **Créé** 1948.

■ **Jammu-et-Cachemire.** 222 236 km^2. 9 530 000 hab. **D.** 42,9. 52 % de la pop. sous le seuil de pauvreté. **Revendiqué** par Pakistan qui en occupe une partie (*Cachemire Azad,* comprenant Baltistan, 78 218 km^2, et Hunza). Partie occupée par la Chine depuis 1962 (42 735 km^2 dont une partie du Ladakh, l'*Aksaï-Chin*). **Religion :** musulmans 65 %, hindous 32, sikhs 2, bouddhistes 1. **Langues :** kashmiri, dogri, gojri, urdu, balti, dardiro, pahari, ladhaki. **Capitales :** *Srinagar* (cap. d'été) 594 775 hab. à 1 768 m d'alt., *Jammu* (cap. d'hiver) 155 249 hab. (en 1981). Le **Ladakh** (terres cultivées 0,17 %, analphabètes 81,6 %, taux de mortalité infantile 62,23 ‰) a été ouvert aux étrangers en 1974. **Histoire :** *1962* partie nord-est (Aksaï-Chin) occupée par Chine. *1965 :* 2e guerre indo-pakistanaise. *Févr. 1974 à sept. 1982* Cheikh Mohammed Abdullah PM. *1983 à 2-7-1984 :* Farouk Abdullah, son fils, renversé. *Juillet 1984* Mohammed Shah, son beau-frère. *1987* Conférence nationale (parti pro-indien) emporte les élections contre le Front musulman ; irrégularités, troubles. *1990-janv.* insurrection des séparatistes. *-19-1* administré par Delhi. *-20-1* manif. séparatiste (32 †). *-Janv./juin* 600 †. *1992-4-8* le Hezbollah moudjahidine interdit le Cachemire aux Israéliens. *-4/5-9* affrontements musulmans/police (22 †). *-27-10* grève générale. *-30-10 :* 3 actions terroristes (40 †). *1993-15-10/16-11* séparatistes occupent mosquée d'Hazratbal près de Srinagar. *1995-10/11-5* affrontements à Charar-e-Sharif ; ville et mausolée (XVe s.) de Cheikh Noureddine (une des divinités du Cachemire) incendiées. *-13/14-5* manif. anti-hindoue. *-29-5* mandat d'administration directe ind. (fin prévue 17-7) prolongé de 6 mois. *-27/28-6* incidents (25 †). *-13-8* découverte du corps torturé de Hans-Christian Ostro, touriste norvégien enlevé le 11-7 par des séparatistes. *-18-10* incidents séparatistes (30 †). *1996-19/20-1* et *10/11-2* incidents frontaliers avec Pakistan. *-24-3* séparatistes du JKLF occupent mosquée d'Hazratbal. *-30-3* assaut armé (24 séparatistes †). *-Sept.* élect. au parlement régional (1res fois depuis 9 ans). *1997-août* incidents frontaliers avec Pakistan. *1999-févr.* négociations de paix Inde-Pakistan. *-Juin* combats. *-16-7* islamistes infiltrés se retirent au Pakistan. *2000-2-8 :* 98 Indiens †, 60 bl. *-28-11/23-5-2001* cessez-le-feu unilatéral de l'I. **Forces en présence :** Inde 400 000 h. (armée, paramilitaires et police) ; groupes militants basés au Pakistan ; dizaine d'organisations dont : *Hizbul-Mujahidin* (HM) [fondé 1989, chef : le maulvi Mohammad Yusuf Shah (dit Syed Salahudin) ; 1 500 à 2 000 actifs au Cachemire] ; *Lashkar-i-Taiba* (LIT) [branche armée du Markaz Dawa wal Irshad (Centre pour la prédication), fondée 1987 ; chef : Hafiz Mohammad Saeed ; école Ahle Hadith, proche du wahhabisme] ; *Jaish Mohammad,* chef : Masood Azhar ; 600 combattants au Cachemire] ; guérilla armée : *All-Party Huryiat Conference* (Conférence des partis pour la liberté), représentation politique des séparatistes, regroupe 20 à 30 partis. **Bilan** (1989-2001) : 35 000 à 70 000 †.

JAMMU-ET-CACHEMIRE

■ **Karnâtaka** (ex-Mysore). 191 791 km^2. 50 980 000 hab. **D.** 265,8. **Langue :** kannada. **Villes :** *Bangalore* 2 650 659 hab. (industrie de pointe dont aéronautique), Mangalore 273 000, Shimoga 178 882, Devangere 121 018 (en 1981). **Histoire :** *1956* formé. *1986-déc.* troubles religieux : 17 †.

■ **Kerala.** 38 863 km^2. 31 780 000 hab. dont (en %) hindous 42, musulmans 22, chrétiens 21. **D.** 817,7. **Langue :** malayalam. **Alphabétisation :** 90,59 %. **Villes :** *Trivandrum* 523 733 hab., Kozikhode 420 000. **Créé** 1956. 1er État ayant eu un gouv. communiste.

■ **Madhya Pradesh.** 443 446 km^2. 77 400 000 hab. **D.** 174,5. **Langue :** hindi. **Villes :** *Bhopâl* 1 063 662 hab., Jabalpur 739 961, Bilaspur 190 911, Burhanpur 172 809. **Histoire :** *1956-1-11* formé. *1984-2/3-12* fuite de 40 t de gaz toxique (méthylisocyanate) de l'usine *Union Carbide* à Bhopâl : 1 750 † dans la nuit [bilan officiel fin 1994 : 6 495 † (16 000 † selon certains)], 50 000 handicapés. L'I. demande 2 400 millions de $ de dédommagement, la Cour suprême en accordera 470 le 14-2-1989.

■ **Mahârâshtra.** 307 690 km^2. 89 410 000 hab. **D.** 290,6. **Langue :** marathi. **Villes :** *Bombay* (Mumbai) 9 909 547 hab., Nagpur 1 622 225, Poona 1 559 558, Sholapur 603 870, Aurangabad (au centre du Marathwada) 582 000 d'une partie de l'État de Bombay. **Histoire :** *1960-1-5* formé. *1993-30-9* séisme, plus de 12 000 †.

■ **Manipur.** 22 327 km^2. 2 390 000 hab. **D.** 107. **Langue :** manipuri. **Capitale :** *Imphâl* 155 639 hab. (en 1981). **Formé** 1949 (15-10) ; jusqu'à 1957, État de catégorie C, puis territoire.

■ **Meghâlaya.** 22 429 km^2. 2 310 000 hab. **D.** 103. **Langues :** khasi, jaintia, garo. **Capitale :** *Shillong* 222 273 hab. **Formé** 2-4-1970. Indépendant janv. 1972 ; avant, partie de l'Assam.

■ **Mizoram.** 21 081 km^2. 900 000 hab. **D.** 42,7. **Religion :** chrétiens 94 %. **Langues :** mizo et anglais. **Capitale :** *Aizawl.* **Histoire :** *1966-87* guérilla pour l'indépendance, 1 500 †. *1972-21-1* Territoire (ancien district de l'Assam). *1987-16-2* élections, succès du Front national mizo (Laldenga). *-20-2* État.

■ **Nâgaland.** 16 579 km^2. 1 590 000 hab. **D.** 95,9. **Capitale :** *Kohîma.* **Formé** 1-1-1963 (le gouvernement est celui de l'Assam). **Histoire :** *1971-72, 1974* troubles séparatistes.

■ **Orissâ.** 155 707 km^2. 35 300 000 hab. **D.** 226,7. **Langue :** oriya. **Villes :** *Bhubaneshwar* 411 542 hab., Rourkela 398 692. **Formé** 1-4-1936. **Histoire :** *1999-29-10* ouragan : environ 10 000 †.

■ **Pendjab.** 50 362 km^2. 23 100 000 hab. (dont 53 % de sikhs). L'Akali Dahl voudrait un État sikh, le Khalistan. **D.** 458,7. **Langue :** pendjabi. **Villes :** *Chandigârh* 502 992 hab., Ludhiana 1 012 062, Jullundur 296 102, Patiala 253 000. **Histoire :** *1792* Ranjat Singh (1780-1839) fédérateur. *1849* sikhs soumis aux Anglais. *1931* comprend (en %) musulmans 53, hindous 30, sikhs 14. *1947-9-8 à déc.* massacres de musulmans. Partition : 80 % au Pakistan et 20 % (hindous 62 %, sikhs 35 %) à l'I. *1966-mars* découpage en 3 États : 2 de langue hindi (Haryana et Himâchal Pradesh) et 1 de langue pendjabi (nouveau Pendjab) ; services administratifs dans capitale commune : *Chandigârh* (construite par Le Corbusier, devenue provisoire-

ART INDIEN

■ **Préhistoire. IVe millénaire av. J.-C.** Poterie peinte, usage du métal au nord (Baloutchistan). **2500-1200** civilisation de l'Indus (*Harappa* et *Mohenjo Daro*) ; urbanisme développé ; statuettes : terre cuite, pierre, bronze ; sceaux en stéatite (art animalier avancé).

■ **Inde ancienne. IIe-Ier s. av. J.-C.** Architecture : sanctuaires [*chaïtyas* (temples souvent en bois) ; *viharas* (monastères)] : grottes à Bhaja ; monts Ajanta : 28 temples creusés dans la roche, parfois à plus de 30 m ; Ellora : 34 sanctuaires taillés dans le roc (dont le Kailasa, taillé dans une fosse de 76 × 46 m, profonde de 83 m) ; *stupas :* monuments funéraires ou commémoratifs, hémisphériques, de brique ou de pierre (à Bharhut, Bodhgaya). Sculpture : terre cuite, bas-reliefs narratifs [sur les *vedikas* (balustrades entourant les stupas et leurs portes)]. **Ier s. av. J.-C.-IVe apr. J.-C.** transition. Apparition de l'image de Bouddha. École gréco-bouddhique (N.-O.), sculptures en schiste et stuc. École de Mathura, ville sainte du Nord, grès rouge (IIe-IIIe s.). École d'Amaravati [site portant le nom de la résidence d'Indra (IIe-IVe s.), S.-E.], bas-relief en marbre blanc. Perspective. **IVe-VIIIe s.** art indien classique. **IVe-VIe s.** art de la dynastie Gupta. Sanctuaires rupestres, piliers et murs décorés ; arts brahmanique et bouddhique. Peintures murales (monts Ajanta). **VIe-VIIe s.** art post-Gupta ou Pallava : goût du colossal. Hauts-reliefs [rochers du Mahabalipuram (VIIe s.), Ellora (VIIe-VIIIe s.)]. **VIIIe-XIIe s.** style Pâla Sèna (2 dynasties du Bengale), tendance au conventionnel.

☞ *Linga* ou *lingam :* pierre dressée représentant un phallus, symbole du dieu Shiva, seul ou sur un plateau en forme de disque (appelé *yoni*) symbolisant le sexe féminin.

■ **Moyen Age. Inde du Nord : VIIIe-XIIe s.,** développement de l'iconographie bouddhique (vallée du Gange) ; apparition et développement de l'art hindouiste : temples à *çikhara* (tour-sanctuaire à arêtes curvilignes) et architecture sculptée ; Purî, Bhubaneshwar (*lingaraja* de plus de 60 m), Konarak, Khajuraho (sculptures érotiques). **Inde de l'Ouest :** coupoles sur pendentifs, encorbellements ; temples jaïns du mont Abu (XIe-XIIIe s.) et de Ranakpur (XVe s.) dans le Râjasthân. **Inde du Sud : Xe-XIIIe s.,** *art des Chola :* rondebosse en bronze ; temples-villes avec hautes tours d'entrée ; Tanjore, Crirangam, Tiruvan-mâki, Chidambaram, Madurai. **XIe-XIVe s.,** *art des Hoysala :* temples avec frises horizontales ; Halebid, Behir, Samnâthpûr.

■ **Période musulmane.** Arts musulman (mosquées, tombeaux, palais ; décoration géométrique) et indien (motifs floraux). **XIIIe-XVe s.** mosquées à minarets (*Qutub Minar* de Delhi). **XVIe-XVIIIe s.** empire moghol, inspiration persane ou indo-persane, grès rose et marbre blanc ; Agrâ [*Tâj Mahal :* mausolée en marbre blanc, construit (1632-43) par Châh Djahân, empereur moghol, après la mort de sa 2e épouse, Mumtâz Mahal le 17-6-1631 ; *1660* Châh Djahân, incarcéré par son fils, meurt (enterré aux côtés de sa femme) ; quadrilatère 580 m × 310 m, mausolée, dôme : base carrée de 57 m de côté, 76 m de haut. ; 12 000 t ; 4 minarets de 47 m ; architectes français : Austin (père et fils) de Bordeaux], *Fatehpur Sikri* (palais), Delhi (tombeau d'Humayûn, Fort rouge). Peinture d'albums : thèmes brahmaniques (au Rajputana, au Bengale, au Deccan) ou jaïns. Influence européenne : architecture de style indo-portugais sur la côte ouest (Goa) et français à St-Louis de Pondichéry. Les miniaturistes moghols copient les gravures et la perspective occidentales.

ment Territoire de l'Union, constituée en État, étant prévu qu'elle reviendrait plus tard au seul Pendjab). *1982 Sant Harchand Singh Longowal* réclame la reconnaissance d'Amritsar (ville sainte des sikhs), du sikhisme (religion indépendante ; diffusion sur les ondes de passages de leur livre saint), de Chandigârh (cap. du seul État du Pendjab ; retour au Pendjab des droits sur les eaux des rivières Ravi et Beas, détournées vers Haryana et Râjasthân). *Sant Jarnail Singh Bhindranwale,* leader extrémiste, revendique l'indépendance pour le *Khalistan. 1983-7-10* état d'urgence. *-Déc.* Sant Jarnail occupe le Temple d'or à Amritsar. *1984-févr.* PM du Pendjab démissionne, l'État est placé sous l'autorité directe de Delhi. *-6-6* armée prend *Temple d'or* (Harmindar Sahib, origine 1589, plusieurs fois détruit, toit recouvert de plaques d'or en 1802 par Ranjit Singh, reconstruit 1874) où se sont réfugiés 5 000 sikhs. Plus de 1 000 † (dont 30 femmes et 5 enfants, 92 militaires). *-26-7* accord avec sikhs modérés ; Chandigârh revient au seul Pendjab. *-31-10 :* 3 sikhs assassinent Indira Gandhi, émeutes (2 000 sikhs tués). *1985-26-1/30-4* séparatistes occupent Temple d'or. *-31-7* affrontements au Temple d'or. *-20-8* Longowal tué. *-25-9* élections : Akali Dahl : 73 sièges (avant 37), Congrès I : 31 (avant, 63). *1989-18-5* fin du siège du Temple d'or (50 †). *1992-19-2* élections : abstentions 72 % (menaces de mort) ; P. du Congrès 85 sièges sur 117. *1993-janv.* élections pour les panchayat, abst. 17,7 %. *-25-11* Satman Singh Chinna, chef séparatiste sikh, tué par police. *1994-5-3* sikhs offrent 330 000 $ à qui décapitera l'écrivain pakistanais Sadiq Husain. *1995-31-8* PM Beant Singh tué (attentat sikh). **Victimes :** *1983-91* environ 15 000 † [dont 1991 : 2 176 rebelles (dont le Gal Gurjant Singh, dirigeant du Front de libération du Khalistan) et 3 595 victimes des rebelles].

■ **Râjasthân.** 342 239 km². 52 010 000 hab. **D.** 152. **Cath. :** environ 30 000. **Langues :** rajasthani, hindi. **Villes :** *Jaïpur* 1 454 678 hab., Kotah 536 444, Udaipur 308 000.

■ **Sikkim.** Entre Népal et Bhoutan. 7 096 km². 530 000 hab. dont Népalais 72 %, Lepchas 17, Bhotias 11. **D.** 74,7. **Religions :** bouddhisme tibétain *(officielle)* ; majorité hindoue. **Langues :** anglais *(officielle),* bhotia, lepcha, népalais. **Capitale :** *Gangtok* 25 024 hab. (en 1981). **Histoire :** *1816* le *chogyal* (roi) demande la protection britannique. *1839* Darjeeling cédé à G.-B. *1861* protectorat G.-B. (*1890* reconnu par la Chine). *1950-5-10* protectorat transféré à l'I. (Défense, Aff. étr. et Transp.). *1965* Palden Thondup Namgyal († 1982) roi, intronisé. *1974-4-9* État associé à l'I. *1975-10-4* Ass. législative abolit monarchie et vote rattachement à l'I. (22e État). *1982* Wangchuk Namgyal (né 1952) chogyal, rôle honorifique.

■ **Tamil Nâdu** (ex-Madras). 130 058 km². 60 880 000 hab. **D.** 468,1. **Langue :** tamoul. **Villes :** *Madras* (Chennai) 3 795 208 hab., Madurai 951 696, Tiruchirapalli 386 628, Salem 363 934, Dindigul 127 406. *Auroville* (ville appartenant à l'humanité, lieu d'éducation perpétuelle) inaugurée 28-2-1968 à 10 km de Pondichéry, inspirée des idéaux de *sri Aurobindo* (1872-1950) construite à l'instigation de *Mira Alfassa* († 1973). En 1993, 826 hab. à qui, en échange de leur travail, Auroville fournit gratuitement nourriture, éducation, services de santé, quelques biens essentiels plus une maintenance correspondant à 400 F/mois. **Histoire :** *1976-31-1* sous contrôle fédéral.

■ **Tripura.** État depuis 21-1-1972 (de catégorie C du 15-10-1949 au 1-11-1956, puis territoire), 10 486 km². 3 580 000 hab. **D.** 330,1. **Langue :** tripuri, proche de l'assamais. **Capitale :** *Agartala.* **Histoire :** les VNT (Volontaires nationaux du Tripura, créés 1978) réclament l'indépendance et le départ des immigrés bengalis (70 % de la pop.). *1980-juin* émeutes : 400 † (cause : départ des Bengalis). *1984-oct.* attentats.

■ **Uttar Pradesh.** 294 411 km². 164 040 000 hab. **D.** 557,2. **Catholiques :** environ 60 000. **Langue :** hindi. **Villes :** *Lakhnau* 1 592 010 hab., Varanasi (Bénarès) 925 962, Shahjahnanpur 373 904. **Histoire :** *1968-févr.* contrôlé par Delhi. *1978-avril* émeutes (des centaines de †). *1993-nov.* violences lors des élections.

Liste des 7 Territoires de l'Union

■ **Andaman et Nicobar (îles).** 8 249 km². 370 000 hab. **D.** 44,9. A 1 287 km de Calcutta. **Iles Andaman :** 6 475 km², 204 îles et îlots, dont « Grande Andaman » : Andaman du Nord, du Centre et du Sud, séparées par des chenaux étroits ; au sud, « Petite Andaman » : formée de 2 groupes principaux, l'*archipel Ritchie* et les *îles du Labyrinthe*. **Iles Nicobar :** 1 645 km², 19 îles dont 7 habitées. *Ville : Port-Blair* 75 955 hab.

■ **Chandigârh.** 114 km². 840 000 hab. **D.** 7 368,4. **Ville :** *Chandigârh* 502 992 hab. Depuis 1966, cap. du Territoire qui porte son nom et des États du Pendjab et de l'Haryana.

■ **Dâdra et Nagar Haveli.** 491 km². 180 000 hab. **D.** 366,6. **Capitale :** *Silvassa.* Ancien territoire portugais dans l'Union depuis 11-8-1961.

■ **Damân-et-Diu.** 130 000 hab. **D.** 1 181,8. **Damân :** 72 km², 61 951 hab. ; **Diu :** 38 km², 39 488 hab. **Langue :** gujarâti. **Villes :** *Damân* 21 003 hab., Diu 8 020. **Histoire :** *1510* Portugais avec Goa. *1961-18-12* envahis par Ind., *1974-31-12* souveraineté de l'I. reconnue par Portugal.

■ **Delhi.** 1 483 km². 13 040 000 hab. **D.** 8 793. **Langues :** hindi, urdu, pendjabi. **Ville :** *New Delhi* (aggl.) 5 729 283 hab.

■ **Lakshadweep (archipels Laquedives, Minicoy et Amindives).** 26 îles dont 10 habitées. 32 km². 70 000 hab. **D.** 2 187,5. **Langues :** malayalam, mahl. **Capitale :** *Kavaratti.* Territoire depuis 1956.

■ **Pondichéry.** 492 km². 1 050 000 hab. **D.** 2 134,1. **Langues :** tamoul, français. **Pondichéry** (290 km², 607 600 hab., capitale) forme avec **Kârikâl** (161 km², 145 723 hab.), **Mahé** (20 km², 33 425 hab.) et **Yanaon** (9 km², 20 297 hab.) un seul territoire. **Histoire :** *1674* fondée par la Fr., siège indien de la Cie des Indes orientales. *1693* pris par Hollande. *1699* rendu à la Fr. *1761* pris par Anglais. *1765* rendu. *1778* repris. *1785* rendu. *1793* repris. *1814* rendu. *1940-7-9* rallié à de Gaulle. *1951-2-2* Chandernagor cédé à l'I. *1954-1-11* administration transférée par la Fr. à l'Inde. *1956-28-5* Pondichéry, Kârikâl, Mahé, Yanaon cédés à l'I. *1962-16-8* cession ratifiée. *1994-mars* des extrémistes veulent détruire la cathédrale de Pondichéry qui aurait été construite au XVIIIe s. sur un temple dédié à Shiva. **Franco-Pondichériens en France :** 70 000, langue maternelle : tamoul.

■ Économie

Depuis l'effondrement de l'ex-URSS, qui représentait 60 % du commerce extérieur, l'Inde a réduit les droits de douane, diminué le nombre de produits soumis à des licences d'importation, ouvert jusqu'à 51 % du capital des joint ventures aux capitaux étrangers, allégé la fiscalité et procédé à des privatisations, en particulier dans les secteurs de base (chimie, acier, pétrole).

■ **PIB** (en milliards de $). *1991-92 :* 251,6 ; *97-98 :* 389,3 ; *98-99 :* 409,6. **PNB** (en 1999). 410 $ par hab. **Croissance** (en %) : *1990 :* 4,3 ; *95 :* 6,2 ; *96 :* 7,4 ; *97 :* 4,8 ; *98 :* 6,5 ; *99 :* 5,8 ; *2000 :* 6,4. **Population active** (en %) **et,** entre parenthèses, **part du PNB** (en %) : agr. 63 (33), industrie 11 (23), services 22 (40), mines 4 (4). *Pop. active totale* (en millions, 1981) : 247 (dont 27 ayant travaillé moins de 183 j dans l'année) dont ruraux 198, urbains 49 (hommes 181, femmes 66). Chaque année, 5 millions de nouveaux demandeurs d'emplois dont 10 % seulement trouvent du travail. Le reste demeure sous-employé dans le secteur rural (74 % de la main-d'œuvre). **Chômeurs recensés :** 35 millions (en avril 1991). **Chômage** (en 1998) : 10,4 %. **Salaires** (en 1989) : *ouvrier* 300 à 600 F/mois, *ingénieur* 1 200 F. **Enfants au travail** (en 1993) : 17 000 000, surtout dans la confection de tapis (depuis la loi de 1986, âge minimal légal 14 ans). **Niveau de vie** (en 1999) : 300 millions d'Ind. vivent avec moins de 6 roupies/j.

■ **Finances. Inflation** (en %) : *1990 :* 12 ; *91 :* 17 ; *92 :* 14 ; *93 :* 7 ; *94 :* 10,8 ; *95 :* 10,4 ; *96 :* 8,9 ; *97 :* 7,2 ; *98 :* 13,2 ; *99 :* 4,7 ; *2000 :* 8,2. **Dette extérieure** (en milliards de $) : *1985 :* 35 ; *90 :* 70,2 ; *95 :* 96 ; *99 :* 98,2 ; (en % du PIB) : *1993 :* 36,9 ; *96 :* 27,9. **Budget fédéral** (en milliards de roupies, 1995-96) : recettes 1 813,7, dépenses 2 462,1 ; déficit budgétaire 648,4. **Déficit :** *1983-84 :* 18,2 ; *84-85 :* 39,8 ; *85-86 :* 35,5 ; *87-88 :* 57 ; *89-90 :* 130,4 ; *90-91 :* 130 ; *93 :* 605 ; *94 :* 567 ; *95 :* 657 ; *96 :* 648. *Dépenses de défense : 1987 :* 125 ; *88 :* 132 ; *89 :* 130 ; *91 :* 168. **Réserves** *en devises* (en milliards de $) : *1991 :* 5,7 ; *95 :* 17 ; *2000 :* 37,9 ; *en or : 2000 :* 11,5 milliards d'onces. **Contribuables :** 4 000 000 (75 % des revenus imposables échappent illégalement à l'impôt ; l'économie parallèle représente 20 % du PIB). **Aide internationale** (en milliards de $, dons entre parenthèses) : *1990-91 :* 4,53 (0,29) ; *96-97 :* 4,83 (0,83). **Aide multilatérale :** 2,39 (0,06) ; **bilatérale :** 2,44 (0,77) dont Japon 1,21 (0,02), Allemagne 0,43 (0,06), G.-B. 0,27 (0,27), Suède 0,13 (0,13), Danemark 0,11 (0,11), *France 0,08 (0,001),* USA 0,02 (0,02). **Investissements étrangers en Inde** (en %, 1998) : non-résidents indiens 32, USA 14, Allemagne 7, Japon 5, Suisse 5, *France 1,5,* autres 35.

Répartition (en millions de pers.) **selon le revenu annuel** (en 1995) : *– de 20 000 roupies :* 199,5 ; *20 000 à 40 000 :* 150 ; *40 000 à 62 000 :* 273,5 ; *62 000 à 86 000 :* 165,3 ; *+ de 86 000 :* 5,7. En 1994, 7 000 femmes ont été assassinées pour dot insuffisante. **Taxe sur la fortune :** seuil 250 000 roupies, taux maximal 2 %, 640 assujettis, rapporte 1,72 milliard de roupies par an.

■ **Agriculture. Terres** (en milliers d'ha) : arables 175 955, forêts 67 157, eaux 31 440, pâturages 11 800, cultivées en permanence 3 930, divers 48 589. 27,4 % sont irrigués (43 040 000 ha en 1989). 51 % sont cultivés, mais 40 % régulièrement ensemencés. **Conditions :** sols médiocres. Climat instable obligeant à prévoir des stocks difficiles à conserver. Surpeuplement d'où sous-emploi, exploitations exiguës (0,43 ha en moy.). Redevances lourdes (20 à 25 % de la récolte, parfois plus pour la location). Mépris des besognes manuelles, entrave des castes, respect de la vie animale favorisant ravages des singes, sauterelles ou rats qui détruisent 50 % des céréales. **Récoltes :** principale *(kharif)* à la fin de la saison humide [en général riz (repiquage encore peu pratiqué), millet, jute, coton)] ; l'autre *(rabi)* à la fin de la saison sèche (blé, orge, colza). Irrigation ancienne sur des surfaces restreintes. Puits tubés et profonds. Barrages-réservoirs : Bhakra sur la Satlej (Pendjab indien) ; au nord-est du Deccan, la Damodar a été aménagée. Engrais : variétés nouvelles, rendements élevés. Une classe nouvelle d'agriculteurs bien équipés apparaît. L'I. exporte du blé vers l'ex-URSS (mais 45 % des Ind. ne peuvent acheter assez de céréales pour leurs besoins). **Cultures** (en millions de t, année se terminant le 30-6). **Céréales :** *1964 :* 60 ; *74 :* 100 ; *84 :* 139 (grâce à la « révolution verte ») ; *90 :* 170 ; *91 :* 162 ; *92 :* 156 ; *93 :* 166 ; *95 :* 176,9 ; *96 :* 171,8 ; *97 :* 177,1 ; *99 :* 202. **Riz** (est de la plaine du Gange, Bengale, deltas de la côte est, bordure ouest du Deccan) : *1990 :* 74 ; *91 :* 74,2 ; *92 :* 74,6 ; *93 :* 72,6 ; *95 :* 81,6 ; *96 :* 79,6 ; *97 :* 79,6 ; *98 :* 122,2 ; *99 :* 131,2. **Blé** (Pendjab, ouest de la plaine du Gange) : *1955 :* 9 ; *70 :* 20 ; *84 :* 40 ; *95 :* 63 ; *96 :* 62,6 ; *97 :* 64,5 ; *98 :* 66 ; *99 :* 73,5. **Divers** (en 1999) : canne à sucre 282, p. de t. 22,5, colza 10, bananes 10 (en 1996), maïs 10,5, sorgho 11, arachides 7,3, millet (sols pauvres du Deccan) 8, pois chiches 5,5, oranges 2, orge 1,4, thé 0,74, sésame 0,69, tabac 0,53, café 0,26 ; coton (suffit à peine aux usines, fibres assez grossières, alluvions du Pendjab et de la plaine gangétique, terres noires du nord-ouest du Deccan) 2,7, jute (bordure humide de l'Himâlaya, côte est) 1,7. **Forêts** (en 1998). 299 490 000 m³ : teck, santal, palissandre, ébène, déodar. Exportations de bois brut interdites.

■ **Élevage** (en millions de têtes, 1999). Volailles 610, bovins 214,8, chèvres 120,6, buffles 92, moutons 57,6, porcs 16, ânes 1,6, chameaux 1,5, chevaux 0,99, mulets 0,14. Jusqu'à ces dernières années, pour des raisons religieuses, seuls moutons et chèvres fournissaient un peu de viande. Les bovins fournissent du travail (mais sont chétifs) et du lait (en moyenne environ 658 litres par an, mais 60 % sont improductifs). Les bouses séchées servent de combustible, d'engrais, d'enduit pour sols et murs. La vache représente 270 milliards de F de revenus annuels et produit une énergie égale à 30 millions de watts. 250 000 sont abattues chaque jour par la communauté musulmane. Export. de cuirs et peaux. **Pêche** (en 1998). 5 244 400 t.

■ **Énergie** (en millions de t). **Charbon :** nationalisé en 1973 ; *réserves :* 83 673, bassin de la Damodar, couches épaisses, export. vers Japon et Europe, port charbonnier d'Haldia ; *production 1994 :* 245,4 ; *95 :* 227 ; *96 :* 266 ; *97 :* 286 ; *98 :* 298,1 ; *99 :* 286. **Lignite :** *1992 :* 5,9 ; *93 :* 16,6 ; *95 :* 19,3 ; *98 :* 22,9 ; *99 :* 31,4. **Pétrole :** *réserves 2000 :* 660 (Assam et région de Bombay) ; *production 1993 :* 27,6 ; *94 :* 26,1 ; *95 :* 37,1 ; *96 :* 36,2 ; *97 :* 37,1 ; *98 :* 36,4 ; *99 :* 36,2 ; *consommation 1992 :* 42 ; *94 :* 31 ; *95 :* 32,2 ; *96 :* 34,8 ; *97 :* 32. **Gaz** (en milliards de m³) : *réserves :* 650 ; *production 1992 :* 13,5 ; *93 :* 16,1 ; *94 :* 16,3 ; *95 :* 17,3 ; *96 :* 18,6 ; *97 :* 18,3 ; *98 :* 21,5 ; *99 :* 21,3. **Électricité :** *capacité installée* (en 1999) : 89 090 MW. *Production* (en milliards de kWh) : *1997 :* 463 dont (en %) nucléaire 2, thermique 81,9 et hydraulique 16,1 [insuffisante : nombreuses coupures ; moins de 35 % des villages ont l'électricité ; 2-1-2001 panne (13 h.) affecte 220 millions d'hab.], éolienne 360 MW (dont Tamil Nâdu 283) ; *97 :* 397,3. **Combustibles utilisés par 80 % de la population** (en millions de t) : bouse de vache 200, bois 230,2 (en 1987).

■ **Mines** (en millions de t, 1999). Zinc 0,203. Plomb 0,043. Fer [*rés. :* 10 milliards de t d'hématite à 55 %, 5 milliards de t de magnétite, vers Goa et Karnâtaka (Mysore)] 66,6 (minerai), pierre à chaux 103, sel 14 (en 1995-96), cuivre 0,029, bauxite 5,99, mica 1 896 t, dolomite 3, gypse 2,4, manganèse 1,8 (minerai), chrome 1,8, kaolin 0,79, craie 0,37. Or 2 378 kg. Diamants 30 388 carats.

■ **Industrie. États les plus industrialisés :** Mahârâshtra, Bengale-Occ., Tamil Nâdu, Gujarât, Uttar Pradesh, Bihâr, Andhra Pradesh, Karnâtaka et Madhya Pradesh. Coton, jute, sucre, ciment, papier et pâte à papier, papier pour films et photos, fer, acier, machines-outils, automobiles, appareils électriques, engrais, chimie et pharmacie, pétrochimie.

Grands groupes privés. Tata : famille parsie de Bombay, d'origine iranienne. Groupe fondé par Jamshetji Tata (1839-1904), réussit dans l'industrie cotonnière (fin XIXe s.). Crée 1911 les 1res usines sidérurgiques. Dirigé par Jehangir Ratanji Dadabhoy Tata [(dit JRD), né à Paris 29-7-1904 (mère française), † 28-11-1993 ; a créé une Cie aérienne qui deviendra Air India] et, depuis 1989, par son neveu Ratan (né 1937). En 1994, environ 250 000 employés. *Chiffre d'affaires* (en milliards de F, 1993) : 30 dont Tata Iron and Steel (Tisco, sidérurgie) 6,8, Tata Engineering and Locomotives (Telco, construction automobile) 6,1, Associated Cement (ACC, ciment, matériaux de construction) 3,1, Tata Power (énergie) 1,5, Andhra Valley Power (énergie) 0,9, Tata Chemicals (chimie) 0,8, Rallis (pharmacie) 0,8, Tata Tea (thé et agroalimentaire) 0,8, Tata Oil (pétrole) 0,7, Tata Hydro (hydroélectricité) 0,6, Tata Unisys (informatique) 0,1, Voltas (électronique grand public) 0,1. 75 filiales. **Birla :** Hindous marwaris (du Râjasthân), commerçants et financiers, lancés dans la grande industrie après la guerre de 1914-18 (jute et coton), puis les industries légères (sucre, papier) en gardant import-export. Après 1947, industrie de l'aluminium. Aujourd'hui, contrôlent 200 Stés dont Gwalior Rayon Silk (textiles artificiels, 15 000 employés) et Hindustan Motors (automobile). **3 autres groupes :** *Bangur, JK* (tous les 2 marwaris) *et Thapar* (pendjabi) intégrés financièrement ; *Mafatlal* (gujarati) et *Shriram* (pendjabi) : coton, chimie (textiles synthétiques, colorants), mécanique. 526 000 petites usines, ateliers et fabriques représentent 40 % de la production industrielle privée. **Production** (en millions de t, 1999) : *acier* 24,2 ; *aluminium* 0,61 ; *cuivre* 0,04 ; *fertilisants* 11,2 ; *soude caustique* 1,5.

■ **Problèmes écologiques. Déforestation :** la loi prévoit que 23 % du territoire doivent être destinés aux forêts, il n'en reste que 10 à 12 %. **Inondations :** 40 millions d'ha menacés (surtout plaines du Gange et centre-est). **Stérilisation** (manque d'irrigation) : sur 10 à 20 millions d'ha, mauvais systèmes entraînant salinisation des sols, remontée de la nappe phréatique, réapparition des moustiques et de la malaria, recrudescence de filariose, diarrhées, cancers. Peu de restitution des matières organiques (bouse utilisée comme combustible par manque de bois). Culture de terres marginales (érosion). **Eau :** pollution de 70 % de l'eau utile ; la capacité d'auto-épuration du Gange (symbole de pureté et lieu de purification) est dépassée. [6 000 000 de pers./an s'y baignent car il a la vertu de guérir tous les maux, physiques et moraux. Les hindous orthodoxes ne boivent que l'eau du Gange. Chaque année, les restes de 35 000 corps y sont immergés, incinérés, ou à demi consumés.] Dans les villes, le tiers des habitations n'a pas de w.-c., l'eau est souvent impure (cause d'hépatite).

Secteur public : 60 % du capital industriel, 1/4 de la valeur ajoutée par l'industrie spécialisée dans les secteurs lourds (planifiés). *Budget 1985-90 :* 500 milliards de $. *Industrie spatiale :* 13 000 employés. *Armement :* 50 % fabriqué sous licence, 75 % d'origine russe.

■ **Transports.** **Routiers** (en 1996) : *routes* 3,32 millions de km dont 1,5 recouverts. *Véhicules :* 33 558 800 dont 23 100 000 motocyclettes et 4 190 000 voitures privées, 449 000 bus, 1 785 000 camions et 4 024 000 divers. Plus fort taux d'accidents en ville du monde (New Delhi : 75,5 accidents et 12 † pour 10 000 véhicules). **Voies ferrées :** *1873 :* 9 161 km ; *83 :* 17 000 ; *93 :* 29 782 ; *1900 :* 39 838 ; *90 :* 70 000 ; *95 :* 62 759 ; *96 :* 62 915 dont 12 795 électrifiés (*passagers :* 4 018 000, *fret :* 405 500 t). **Aéroports internationaux :** Calcutta, Chennai, Delhi, Mumbai. **Ports principaux :** Calcutta, Calicut, Chennai, Cochin, Mumbai, Vasco de Gama (Goa).

■ **Tourisme** (en 1997). **Visiteurs :** 2 374 000 (2 287 860 avec Pakistan et Bangladesh) dont (en 1996) G.-B. 360 686, USA 228 829, Sri Lanka 107 351, All. 99 853, *Fr. 93 325.* **Principaux sites.** **Inde du Nord :** Agrâ [Taj Mahal (voir encadré p. 1117 c), Mosquée de Perle], Ahmadâbâd, Bénarès, Bhubaneshwar, Bikaner, Bodhgaya, Delhi (fort Rouge, mosquée Jama Masjid, Qutub Minar), Fatehpur Sikri, Gwalior (forteresse), Jaïpur (palais des Vents, Sanganer), Jaisalmer, Jodhpur, Khajuraho, Konarak, mont Girnar, Palitana, Puri, Ranakpur, Sanchi, Udaïpur, Ujjain (mosquée). **Du Centre et du Sud :** Aihole, Ajanta, Aurangabad, Badami, Bangalore, Bijapur, Bombay, Cochin, Covelong, Elephanta, Ellora, Goa, Hampi, Hassan, Kanchipuram, Madras, Madurai, Mahabalipuram, Mysore, Pattadakal, Tanjore, Tiruchirapalli, Trivandrum. **Plages principales :** Goa, Kovalam, Mamallapuram, Mumbai, Puri ; **moins connues :** Gujarat, Karnataka, Maharashtra. **Stations de montagne principales :** *Bengale-Occidental :* Darjeeling ; *Cachemire :* Leh, Srinagar ; *Himâchal Pradesh :* Simla, Kulu, Manali ; *Sikkim :* Gangkok ; *Tamil Nâdu :* Udhagamandalam, Kodaikanal ; *Uttar Pradesh :* Nainital, Almora.

■ **Commerce** (en milliards de $). **Export./import. :** *1995 :* 30,6/34,7 ; *96 :* 33/37,9 ; *97 :* 35/41,4 [*exporte* (en %) produits man. 77,9, produits alim. 12,6, produits chim. 5,9, mat. 1res 2,6 *vers* USA 18,8 G.-B. 5,9 Hong Kong 5,6, Japon 5,4, Émirats 4,2/*importe* (en %) produits man. 52,2, machines et matér. de transp. 14,7, produits chim. 8,8, produits pétroliers 7,5, produits alim. 6,6, mat. 1res 5,5 *de* USA 8,3, Arabie saoudite 6,8, All. 6,4, Belg. 6,4, Koweït 6, G.-B. 5,2]; *98 :* 33,5/43 ; *99 :* 36,3/44,9.

■ **Échanges franco-indiens** (en milliards de F). **Solde :** *1992 :* – 0,26 (export. 3,56/import. 3,82) ; *97 :* – 1,46 (4,93/6,39).

■ **Rang dans le monde** (en 1999). 1er millet, thé, bovins. 2e blé, bois, canne à s., coton, riz. 3e p. de t., ovins, charbon. 5e pêche, bauxite, fer. 6e oranges. 7e café, maïs. 9e zinc. 10e porcins.

INDONÉSIE
V. légende p. 950.

☞ *Abréviation :* I. : Indonésie.

■ **Noms.** Appelée archipel Malais ou Malaisien, Indien, Asiatique, des Grandes Indes néerl. René Lesson (Fr., 1794-1849) a parlé en 1825 de Notasie (du grec *notos*, sud). Langue appelée aussi nousantarienne, du malais *nusantara :* archipel ou les îles entre (2 continents).

■ **Situation.** Asie du Sud-Est avec l'Irian Jaya. **Superficie :** 1 919 317 km² dont Timor oriental 14 874 km². *Zone économique maritime* 7 900 000 km². **Frontières** (en km) : Malaisie 1 782, Papouasie-Nlle-Guinée 820. **Côtes :** 54 716 km. **Volcans :** 128 en activité (dont Kerinci, Rinjani, Semeru, Sumbing et Merapi). **Alt.** *maximale :* Puncak Jayawijaya (Mt Carstensz en Irian Jaya) 5 030 m. **Iles :** 17 508 sur 5 200 km d'est en ouest et 1 760 km du nord au sud (3 000 habitées). **Profondeur de la mer :** 200 à 7 500 m. **Lacs** nombreux : Toba (à Sumatra, 90 km de longueur), Singkarak, Maninjau, Tempé, Towuti à Sulawesi, Sidenreng, Matana, Tondano, lacs aux 3 Couleurs (3 lacs dans le cratère du Kelimutu à Flores). **Climat.** Tropical et équatorial. *2 moussons :* de l'est (sèche mai-oct.), de l'ouest (humide nov.-avril). *Pluies* en mm/an : Kupang 1 400, Jakarta 1 800, Balikpapan 3 000. *Temp.* moy. : 26 à 28 °C. **Faune.** Singes, cerfs, serpents, crocodiles. **Ouest :** éléphants (Sumatra), rhinocéros (Sumatra, Java, Kalimantan), tigres, panthères (Sumatra, Java), ours, tapirs (Sumatra, Kalimantan), buffles sauvages (Java, Kalimantan), orangs-outans, paons, faisans (Kalimantan). **Est :** marsupiaux, grande variété d'oiseaux [perroquets, cacatoès, pigeons huppés, calaos, oiseaux de paradis (en Irian Jaya)]. Anaoa (buffle nain), babiroussa (sanglier à 4 longues défenses recourbées) à Sulawesi. Varan géant (peut atteindre 3 m, carnivore) ; île de Komodo : 1 700, Rinca : 900. Crabes, chaque année 120 millions migrent par Christmas Island.

■ **Population** (en millions d'hab.). *1900 :* 50 ; *39 :* 70 ; *91 :* 179,3 ; *97 (est.) :* 198,3 (70 % concentrés sur 7 % du territoire) ; *2000 (est.) :* 212,56 ; *2025 (prév.) :* 287. **D.** 110,75 (Java et Bali 800). **Age :** *– de 15 ans :* 30,6 %, *+ de 64 ans :* 4,5 %. **Espérance de vie** (en 1998) : 64,7 ans. **Taux d'accroissement** (en %) : *1967-70 :* 2,08 par an ; *70-80 :* 2,34 ; *80 :* 1,9 ; *85 :* 2,9 ; *89 :* 1,9. **Ethnies** (en %) : Javanais 45 ; Sundanais 14, Madurèses 7,5, Malais 7,5, divers 26 (plus de 200 groupes ethniques). **Étrangers permanents et,** entre parenthèses, **temporaires** (en 1992) : 221 461 (71 058) dont Asiatiques 220 129 (41 000), Européens 961 (14 168), Australiens 107 (3 883), Américains 262 (11 878), Africains 2 (144). **Réfugiés** (en 1999) : 440 000 personnes déplacées. 120 000 réfugiés du Timor. **Scolarisation** (en %, 1992) : primaire 100 ; secondaire 43 ; supérieur 10,1. **Analphabétisme** (en %, 1998) : 15.

■ **Langues.** *Bahasa indonesia (officielle)* : nationale depuis 1928 (fondée sur le malais parlé depuis des siècles dans l'archipel « des Indes » comme « lingua franca » ; nouvelle orthographe depuis 17-8-1972), javanais, sundanais, balinais, bugis, minang, nombreux dialectes. **Total :** 583 langues et dialectes.

■ **Religions.** La Constitution oblige à adopter une foi monothéiste (islam, christianisme, bouddhisme). Hindouisme et certaines religions traditionnelles à tendance syncrétique sont tolérés. **Musulmans :** sunnites 87 % (40 à 45 % pratiquent, environ 165 millions [l'I. est le 1er pays musulman du monde] ; 100 000 lieux de culte ; implantation : XVe s. (Java, Sumatra et Kalimantan), XVIe s. (Sulawesi), récente (Nlle-Guinée) ; chef de la plus nombreuse congrégation musulmane du monde : Abdurrahman Wahid (voir p. 1120 b) [le *Nahdlatul Ulama* (NU), ou « Renouveau des ouléma » (docteurs de la loi), compte 30 millions d'adhérents]. **Protestants :** 6 %. **Catholiques :** 3 %, plus particulièrement à Minahasa et en pays toraja (Sulawesi du Nord et du Sud), en pays batak (Sumatra du Nord), aux Moluques et dans les petites îles de la Sonde orientale (Flores et Timor) ; 36 évêques, 5 000 religieux et 1 800 prêtres. **Hindouistes :** 2 % [majoritaires à Bali, montagnes de Tengger (Java Est)]. **Bouddhistes :** 1 %. **Animistes :** Kalimantan, Sulawesi et quelques autres régions.

■ **Villes** (en 1997). *Jakarta* (ancienne Batavia) 9 341 400 hab., Surabaya 2 743 400, Bandung 2 429 000, Medan 1 942 000, Palembang 1 394 300, Semarang 1 366 500, Ujung Pandang 1 121 300, Yogyakarta 421 000.

■ **Histoire.** Peuplement très ancien (*pithécanthrope de Java* découvert en 1891 à Trinil, environ 1 million d'années ; crâne d'enfant d'environ 1,8 million d'années découvert à Mojokerto en 1936). **Age de la pierre** (Néolithique) et **âge du bronze** (3 000 à 500 ans av. J.-C.) : populations austronésiennes émigrent du sud de la Chine vers l'archipel, expulsent les habitants (Papous, Mélanésoïdes) ou se mêlent à eux. Age du bronze participe à la civilisation de Dong Son (Tonkin) qui recouvre l'Asie du S.- E. ; mais les populations restent proches des Mélanésiens. **78** Adji Çaka, 1er roi indien à s'installer en Indonésie. États hindous indonésiens se constituent : Kutai à Kalimantan (an 400), Taruma Negara à Java Ouest (450), Sriwijaya (Sumatra et Java Ouest) [670-1370 ; les temples de Kalasan, Prambanan et Borobodur datent des VIIIe et IXe s.] ; Kadiri (XIIe-XIIIe s.) : Java, Bali, îles de la Sonde, ouest de Bornéo et sud de Sulawesi ; et Majapahit à Java Est (1292-1528), Airlangga (vers 1010) et Hayam Wuruk (vers 1350) avec son PM Gajâ Mada. **XIIIe s.** islam introduit par des marchands venus du Gujarât (Inde), de Malaisie et du golfe Persique. Des États islamiques s'établissent : Aceh et Pasai (nord de Sumatra), Banten, Cirebon (ouest de Java) [et région de Surabaya (est de Java) ; lieu de sépulture de Malik Ibrahim (un des 9 *Wali Songo,* propagateurs de l'islam dans l'archipel)] ; demaks (centre de Java) qui, d'abord vassaux, renversent les royaumes hindous indonésiens (1478), Padjadjaran (vers 1530). L'empire majapahit s'écroule et ceux qui lui restent fidèles s'enfuient dans les montagnes (Tengger) et à Bali. Après plusieurs guerres entre nouveaux États, le sultanat de Mataram à Java central arrive à l'hégémonie et atteint son apogée sous le sultan Agung (1613-45). **XVIe s.** arrivée des Port. (1509) et Esp. (1521) ; ils occupent Philippines et Moluques, mais n'entament pas les sultanats. **1595** 1re expédition de la Cie hollandaise Van Verre. **1600** les Anglais créent l'*English East India Company* et fondent le comptoir de Banten (détroit de la Sonde). **1602**-*20-3* les Hollandais créent la Cie hollandaise des Indes orientales. **1619** le gouverneur Jan Pieterszoon Coen obtient la souveraineté sur Jakarta qu'il nomme *Batavia* (du nom des 1res tribus germaniques de Hollande, les Bataves). **1602-1800** développement des sultanats, notamment Sumatra et Makassar. Seule, Amboine échappe à la suzeraineté musulmane et est assimilée culturellement. **1800** guerre contre la G.-B. Le gouverneur hollandais succède à la Cie des Indes dans les comptoirs côtiers. **1811-15** occupation britannique. Napoléon Ier ayant annexé les P.-Bas, l'I. était juridiquement sous contrôle français. Lord Thomas Stamford Raffles (1781-1826) gouverneur. **1816-30** conquête de Java (arrière-pays) par les Hollandais. **1824**-*17-3* traité de Londres, retour des Hollandais. **1860-1908** conquête des autres îles ; révoltes de Thomas Matulessy (Patimura, révolution des Moluquois, 1816-18), du Pce Diponegoro (guerre de Java, 1825-30), de Teuku Cik Ditiro, Teuku Umar (guerre d'Aceh, 1873-1903), Tuanku, imam Bonjol [« djihad » (guerre sainte musulmane, de Padri à Sumatra Ouest, 1830-37)], prise de Lombok (1894), Si Singamangaraja (guerre de Batak, 1907). **1871** traité : G.-B. laisse Sumatra aux P.-Bas qui cèdent à la G.-B. ses établissements de la côte de Guinée. **1883** éruption du *Krakatoa :* 36 417 † (voir à l'Index). **1908**-*20-5* formation de la 1re organisation nationaliste Budi Utomo. **1916**-*16-12* Conseil du peuple créé (moitié des membres nommés ; 1re réunion 18-5-1918, consultatif jusqu'en 1927, ensuite faible rôle législatif). **1920** PCI créé (1er parti communiste d'Asie). **1922** Indonésie intégrée au royaume des P.-Bas. **1927** P. nationaliste indonésien de Sukarno créé. **1928** serment de la jeunesse (« Une patrie : l'Indonésie, une nationalité : indonésienne, une langue : l'indonésien. »). **1942**-*28-2*/**1945** occupation japonaise.

1945-*17-8* nationalistes avec **Ahmed Sukarno** et Hatta proclament *indépendance. -Oct./nov.* bataille de Surabaya (républicains indonésiens/Anglo-Hollandais) : plusieurs milliers de †. **1946**-*28-1* début du rapatriement des troupes japonaises. *-27-7/9-8* lutte interrompue sur intervention Onu. Soulèvement du Darul Islam (Java Ouest). *-Nov.* cessez-le-feu. *-15-11 accord de Linggajati* (les Hollandais reconnaissent de fait la Rép. d'I.) désapprouvé par guérilla. Union Indonésie (3 États : I., I. de l'Est et Bornéo) et P.-Bas envisagée, échec. **1947**-*20-7 :* 1re « opération de police » hollandaise pour reconquérir l'I. Pression anglo-américaine pour la paix. **1948**-*17-1* cessez-le-feu signé sous contrôle Onu sur le navire américain *Renville. -Janv.* soulèvement du Darul Islam. *-Mars* États unis d'I. créés (15 États). *-Sept./oct.* répression de la rébellion communiste à Madiun (8 000 †). *-18-12 :* 2e « opération de police » hollandaise. *-31-12* cessez-le-feu signé. **1949**-*23-8/2-11* table ronde à La Haye. *-27-12* accord, libération de 12 000 prisonniers indonésiens, *indépendance accordée par P.-Bas* sous réserve de la création d'un État fédéral (conservent la Nlle-Guinée occidentale).

État indépendant. 1949 Ahmed Sukarno (6-6-1901/21-6-1970) Pt. **1950**-*févr.* fuite du capitaine hollandais *Raymond Westerling* (né 31-8-1919) après avoir tenté d'assassiner des ministres. *-25-4 Rép. des Moluques du Sud*

proclamée à Amboine (*juillet/nov.* : anéantie par l'armée, 30 000 réfugiés aux P.-Bas). *-17-8* Rép. unitaire et indépendance proclamée. **1954**-*10-8* union avec P.-Bas dissoute. **1955**-*18/24-4* conférence afro-asiatique de *Bandung* (voir à l'Index). **1956**-*20-7* démission vice-Pt Hatta, en désaccord avec Sukarno. *-5-12* nationalisation des biens hollandais, 46 000 Hollandais expulsés. **1957**-*14-3* loi martiale. **1958**-*10-2* début rébellion à l'ouest de Sumatra et au nord des Célèbes (matée en mai). **1959**-*5-7* décret rétablissant Constitution de 1945. **1963**-*18-5* Sukarno Pt à vie. **1964-65** incidents avec Malaisie (l'I. tente d'annexer Sarawak à Kalimantan). **1965**-*janv.* quitte l'Onu. *-30-9* coup d'État déjoué attribué à un complot communiste prochinois ; répression anticommuniste par armée et population (musulmans intégristes, étudiants catholiques et protestants, hindouistes) ; 700 000 arrestations, 500 000 †, 430 dirigeants du PC exécutés [en 1985 (3), 86 (10), 87 (2), 88 (2), 90], exilés ; PC interdit (il avait 3 millions d'adhérents et 20 millions de sympathisants). **1966**-*11-3* sous la pression des parachutistes de Sarwo Edhie, Sukarno donne pleins pouvoirs au Gal Suharto. *-11-8* I. reconnaît Malaisie, revient à l'Onu.

1967-*12-3* **Gal Mohammed Suharto** (né 8-6-1921 d'une famille paysanne pauvre) Pt intérimaire. *-Mai* Sukarno relevé de ses fonctions par le Parlement, Suharto Pt en exercice. *-8-8* Asean créée. Rupture avec Chine. **1968**-*27-3* Suharto nommé Pt (sera réélu 1973, 78, 83, 88, 93, 98). **1969**-*17-8* rattachement Nlle-Guinée occidentale. **1970**-*21-6* Sukarno meurt. **1973** *1res élections* depuis 16 ans. Les partis d'« opposition », créés pour l'occasion (PDI et PPP), sont contrôlés par le pouvoir. Scandale de la Sté pétrolière Pertamina, plusieurs centaines de millions de $ détournés. **1974**-*15-1* manif. antijaponaise à Jakarta, 8 †. **1975**-*7-12* invasion du Timor-Oriental. **1976**-*2-12* train pris en otage aux P.-Bas par des Moluquois du Sud (ils y sont 60 000) pour obtenir l'indépendance des Moluques. **1977-79** 16 000 prisonniers politiques libérés (100 000 détenus). **1978** émeutes d'étudiants. **1980**-*déc.* émeutes antichinoises à Java : 8 †, nombreux magasins et usines détruits. **1983** crise (chute des exportations non pétrolières, baisse du prix du pétrole) ; attentats dont *21-1* à Borobudur (statues et stupas endommagés). *-1-4* roupie dévaluée de 28 %. *-Avril/déc.* 3 000 délinquants tués par « escadrons de la mort ». *-Sept.* combats à Timor. **1984**-*12/13-9* émeutes à Jakarta : 23 à 400 †. **1986**-*11-1* Gal Hartono Dharsono (arrêté nov. 1984) condamné à 10 ans de prison pour subversion. *-12-9* roupie dévaluée de 31 %. *-17-9* Pt Mitterrand en I. **1988**-*2-10* dernier sultan, Hameng Kubuwono IX (né 1912), ancien min. de l'Économie, vice-Pt en 1973, meurt. **1989**-*juin* aide internationale de 4,65 milliards de $. *-12-9* Suharto en URSS. **1990**-*8-8* visite du PM chinois. **1991**-*janv.* répression à Aceh : plusieurs centaines de †. *-Août/oct.* incendies de forêts à Kalimantan et Sumatra (100 000 ha). **1993**-*10-3* Suharto réélu. **1994**-*16-2* séisme dans la province de Lampung : 200 †. *-22-11* éruption du Merapi près de Yogyakarta. **1995**-*15-8* Suhaudio, ancien ministre, condamné à mort en 1966, libéré. **1996**-*20-6* Jakarta, manif. pour Megawati Sukarnoputri (née 23-1-1947, fille de Sukarno) évincée de la présidence du PDI, environ 300 bl. *-27/28-7* la police voulant évacuer les partisans des locaux du PDI, émeutes : 2 †, nombreux bâtiments détruits. *-19-12* Jakarta, manif. des partisans du PDI. *-Déc./***1997**-*janv.-févr.* Kalimantan-Ouest, affrontements Dayaks/migrants musulmans : 300 †. *-30-1* banlieue de Jarkarta, émeutes : 2 églises et 1 temple bouddhiste détruits. *-Sept/oct.* incendies (Sumatra, Kalimantan, Sulawesi et Irian Jaya) 600 000 à 800 000 ha détruits, coût : 1,38 milliard de $ dont 1 pour l'Indonésie (surtout soins médicaux), pollution dans pays voisins ; collision de 2 cargos dans le détroit de Malacca à cause de la pollution : 29 †. *-26-9 idem*, un avion s'écrase à Medan (Sumatra) : 234 †. *-Automne* crise financière (d'août 1997 à févr. 1998 la roupie baisse de 80 %). *-31-10* accord avec FMI, aide de 33 milliards de $. **1998**-*6-1* chute de la roupie. *-15-1* : 2e accord avec le FMI, « lettre d'intention » du gouv. sur des réformes (en particulier démantèlement des monopoles). *-Fin janv./févr.* émeutes de la faim (hausse des prix). *-Févr.* reprise des incendies à Kalimantan : Sumatra et archipel de Riam (fin avril, 400 000 ha détruits). *-Févr./mars* manifestations étudiantes. *-6-3* FMI renonce à verser 3 milliards de $ d'aide (non-respect du programme de réformes). *-10-3* Suharto réélu (candidat unique). *-Mars* Irian Jaya, sécheresse entraînant famine. *-8-4* : 3e accord avec FMI sur démantèlement des monopoles détenus par la famille Suharto et refonte bancaire. *-12/14-5* émeutes, pillages : 12 000 †. *-21-5* Suharto démissionne (sera inculpé 26-7-2000) ; détournement d'environ 550 millions de $ de fonds publics en 32 ans via des organisations caritatives).

1998-*21-5* **Bacharuddin Yusuf Habibie** (né 25-6-1936) Pt. *-14-9* émeutes à Medan. *-16-9* à Jakarta. *-12/15-11* à Jakarta (14 †) et dans grandes villes, « pogroms » contre les commerçants chinois. *-21/22-11* : 22 églises chrétiennes de Jakarta pillées et incendiées : 14 catholiques †. *-30-11* émeutes antimusulmanes à Timor, mosquées incendiées. **1999**-*janv./mars* émeutes interethniques à Bornéo, Ambon (Moluques) et Kalimantan-Ouest. *-22-9 et jours suivants* manifestations à Jakarta contre la loi étendant les pouvoirs de l'armée. *-11-10* le gouv. abandonne les poursuites contre Suharto faute de preuves. *-20-10* **Abdurrahman Wahid,** dit **Gus Dur** « frère aîné », (né 4-8-1940, presque aveugle, du PBK) élu Pt par l'Assemblée consultative du peuple (373 voix pour, 313 contre, 5 abstentions). *-21-10 Mme Megawati Sukarnoputri* vice-Pte. **2000**-*13-2* Gal Wiranto, ancien chef des armées, ministre coordinateur des Affaires politiques et de la Sécurité, suspendu à cause de son action au Timor. *-29-5* Suharto assigné à résidence. *-6-6* tribunal de Jakarta rejette la demande de Suharto de 27 milliards de $ de dommages au *Time* (avait évalué en mai 1999 la fortune de sa famille à 15 milliards de $). *-22-8* Pt confie la gestion du gouv. à la vice-Pte. *-13-9* Bourse de Djakarta : voiture piégée (10 †). *-22-9* Tommy, 3e fils de Suharto, condamné pour corruption (18 mois de prison). *-24-12* Java et Sumatra, attentats contre églises catholiques (15 †). **2001**-*1-2* motion de censure contre Pt (393 voix contre 4) pour corruption (6,1 millions de $). *-28-3* discours du Pt devant Parlement pour se disculper.

■ **Statut.** *République.* **Constitution** du 18-8-1945. **Pt et vice-Pt :** élus pour 5 ans par l'Assemblée consultative du peuple. **Assemblée consultative du peuple** *(Majelis Permusyawaratan Rakyat) :* depuis la réforme du 28-1-1999, se compose des 500 membres de la Chambre et de 500 délégués désignés par le Pt. **Chambre des représentants** *(Dewan Perwakilan Rakyat) :* 425 membres élus pour 5 ans au suffrage universel et 75 militaires nommés. **Élections du 7-6-1999 :** P. démocratique 145 sièges, Golkar 120, P. du réveil de la nation 55, mouvements musulmans 82, divers 60. **Politique :** 5 principes *(Pancasila)* la définissent depuis 1945 : la foi en un Dieu, le nationalisme, la justice sociale, un gouvernement représentatif de la souveraineté du peuple, l'humanisme. **Fête nationale.** 17-8 (indépendance). **Drapeau** (adopté 17-8-1945). « Sang-Merah-Putih » (bandes horizontales rouge (corps) et blanche (âme). **Armoiries : 1°)** aigle doré Garuda, symbolisant l'énergie créatrice. Les 17 plumes de chaque aile, les 8 de la queue et les 45 du cou rappellent la date de l'indépendance (17-8-1945) ; **2°)** bouclier symbolisant lutte et défense : au centre, étoile (omnipotence divine et croyance en Dieu) ; en haut à gauche, taureau (démocratie, souveraineté du peuple) ; à droite, banian *(waringin)* symbolisant la conscience nationale ; en bas à gauche, 2 épis (justice sociale) ; à droite, une chaîne (humanité juste et civilisée) ; **3°)** devise : *Bhinneka Tunggal Ika* (« Unité dans la diversité »).

■ **Partis principaux. Golkar (Golongan Karya : Groupes fonctionnels)** fondés 20-10-1964, *Pt :* Akbar Tandjung depuis 11-7-1998 ; *secr. général :* Ary Marjono. **Partai Demokrasi Indonesia (P. démocratique d'I.)** fondé janv. 1973 (fusion des partis catholique, protestant, nationaliste et prolétaire), *Pte :* Megawati Sukarnoputri depuis 10-10-1998, *secr. général :* Butu Hutapea. **Partai Persatuan Pembangunan (PPP, P. du développement uni)** fondé janv. 1973 (regroupe les anciens partis musulmans), *Pt :* Ismail Hasan Metareum. Ces 2 derniers partis forment la Grande Alliance de l'opposition depuis le 15-5-1990. **P. démocratique du peuple,** illégal, *Pt :* Budiman Sujatmiko (en prison depuis 12-8-1996). **P. du réveil national (PBK)** fondé 23-7-1998 par Abdurrahman Wahid *Pt :* Abdul Djalil. **P. de l'éveil national** fondé 23-8-1998 par Amien Raïs.

■ **Organisations musulmanes. Association des intellectuels musulmans (ICMI)** fondée 1990, *Pt :* P. Y. Habibie. **Nahdlatul Ulama (NU,** Renouveau des ouléma), 40 millions de membres, *Pt :* Abdurrahman Wahid depuis 1984. **Muhammadiya** fondé 1912, islam réformiste, 28 millions de membres, 14 000 écoles, 160 universités, milliers de mosquées, *Pt :* Amien Raïs.

Divisions

■ **Iles de la Sonde. Java et Madura.** 132 186 km^2 (1 000 km × 180 km). **Altitude** *maximale :* Mt Semeru 3 676 m. **Population :** 121 193 000 hab. (est. 1999). **D.** 916,8. **Villes :** *Jakarta* [appelée *début XIe s. :* Sunda Kelapa ; *1527 :* Jayakarta (de *jaya* « victoire », et de *karta* « prospère, paisible ») ; *1619-1945 :* Batavia (par les Hollandais)] ; *capitale,* 12 300 000 hab. (est. 2000) [*1991 :* 17 000 000 avec périphérie]. Surabaya 2 743 400 (en 1997) [à 793 km], Bandung 2 429 000 (en 1997) [180 km], Bogor 1 800 000 (60 km), Tangerang 1 500 000, Semarang 1 366 500 (en 1997) [485 km], Malang 775 900 (en 1997) [882 km], Solo 500 000 (en 1996) [585 km], Yogyakarta 421 000 (en 1997) [565 km]. *Java* compte 59,99 % de la pop. totale sur 7 % du territoire, 80 % des Indonésiens. Le 4e plan quinquennal (1984-88) prévoyait le transfert annuel de 500 000 familles javanaises vers les autres îles (1 400 par j), mais la pop. de Java s'accroît de 1 800 000 hab. par an. Les ressources alimentaires et énergétiques s'épuisent.

■ **Kalimantan** (partie de Bornéo). 539 460 km^2. 11 396 100 hab. (est. 1999). **D.** 21. **Capitale :** *Banjarmasin* 544 700 hab. (en 1997). **Histoire : 1982-83** incendie, 3 500 000 ha détruits. **1996**-*août/oct.* incendie. **1999** 200 à 500 Madurais (immigrés de Java) tués par Malais (musulmans) et Dayaks (chrétiens). **2001**-*18-2* violences des Dayaks contre immigrés de Madura (environ 100 000 depuis 1960) accusés de ne pas respecter les coutumes et d'accaparer les richesses (au 1-3, environ 500 †).

■ **Sulawesi** (Célèbes, 4 péninsules). 189 216 km^2. 14 768 400 hab. (est. 1999). **D.** 78. **Ville :** Ujung Pandang (ex-Makassar) 1 121 300 hab (en 1997).

■ **Sumatra.** 473 481 km^2. **Altitude** *maximale :* Mt Kerinci 3 805 m. **Lacs :** Toba (nord, à 1 000 m, longueur 90 km, au centre île de Samosir) ; Singkarak, Maninjau (centre). 43 947 100 hab. (est. 1999). **D.** 92,8. **Bangka.** 205 000 hab. (en 1971). **Belitung** ou **Billiton.** 248 km^2, 73 500 hab. (en 1971). **D.** 296,4. **Villes** (en 1996) : Medan 1 909 700 hab., Palembang 1 352 300, Padang 721 500.

☞ **Aceh :** province du nord de Sumatra. 4 144 500 hab. *Chef-lieu :* Banda Aceh. Riche en pétrole et en gaz. *Histoire :* musulmans depuis le XIIIe s. Ancien sultanat. *1976 :* mouvement séparatiste FNLAS *(Front national de libération Aceh Sumatra), leader :* Hasan Muhammad di Tiro. *1990-août* répression militaire (60 †). *1999-23-7* Beutong Ateuh, l'armée massacre 51 civils. *-16-11* le Pt Wahid propose un référendum dans 7 mois. *-4-12* manifestations. *2000-2-6* cessez-le-feu. *2001-mai* autonomie prévue. *Parti :* Garakan Atjeh Merdeka (Mouvement pour l'Aceh libre ou GAM) fondé 4-12-1976 par Hasan Muhammad di Tiro (exilé en Suède), *Pt :* Abu Hadi ; 3 000 à 6 000 hommes en armes.

■ **Petites îles de la Sonde. 1°) Bali,** dite « île aux seins nus » : 5 561 km^2 (130 × 80 km). 3 052 700 hab. (est. 1999). **D.** 48,9. **Capitale :** *Denpasar* 300 000 hab., 18 000 temples [dont « Tanah Lot » (« Terre dans la mer ») sur rocher accessible à marée basse]. **Histoire : 1515** chassés par les musulmans, des milliers de Javanais se réfugient à Bali. Les Hollandais instaurent l'esclavage (1 Balinaise vaut 100 Noires). **1906** révolte, intervention hollandaise, chefs et guerriers balinais se suicident par centaines. **2°) Nusa Tenggara,** 68 053 km^2. 7 348 600 hab. (en 1997). **D.** 108. **Sonde-Est** [*capitale :* Kupang (sur Timor)] dont **Komodo** (1 000 000 d'hab. **D.** 70 ; *ville :* Maumere 35 000 hab.) ; **Solor, Alor** (ex-Ombai), **Sumba** et partie ouest de **Timor. Sonde-Ouest** [*capitale :* Mataram (sur Lombok)] dont **Lombok** (4 700 km^2, *alt. max.* Rinjani 4 055 m, 2 200 000 hab. **D.** 468) ; **Sumbawa** [14 500 km^2, *long.* 300 km, *larg.* 90 km, *alt. max.* Mt Tambora 2 850 m, 315 000 hab. (en 1971). **D.** 21,7].

■ **Moluques.** Environ 1 000 îles ou groupes d'îlots dispersés dans mer des Moluques, mer de Halmahera, mer de Céram et mer de Banda ; auparavant, îles aux Épices ou des Épices. 74 505 km^2. 2 223 000 hab. (est. 1999). **D.** 29,8. **Ville :** Amboine (Ambon), 200 000 hab. **Iles** ou **groupes d'îles principaux :** *Halmahera* (ex-Jailolo), *Sula, Obi, Buru, Céram* (Seram), *Amboine* (Ambon), *Kai, Aru, Tanimbar, Babar* et *Barat Daya.* **Histoire : 1999** affrontements chrétiens/musulmans ; *au 30-5-2000 :* 3 000 †. **2000**-*26-6* état d'urgence.

■ **Irian Jaya** (Nlle-Guinée occidentale). 421 981 km^2. *Altitude maximale* Mt Carstensz (Puncak Jayawijaya) 5 030 m. 2 165 300 hab. (est. 1999). **D.** 5,1. **Capitale :** *Jayapura* (ex-Hollandia, puis Kotabaru, puis Sukarnapura). 130 000 hab. **Histoire : 1947-62** Nlle-Guinée néerlandaise. **1953** appelée Irian Barat (occidental). **1961**-*févr.* conseil élu (28 membres dont 22 Papous). *-19-10* drapeau, hymne, nom adoptés (Papouasie occidentale). *-15-8* accord I./P.-Bas : une autorité exécutive temporaire des Nations unies administre le territoire. **1963**-*mai* province indonésienne. **1965** résistance armée des Papous. **1969**-*17-8* rattachement à l'I. (acte de libre choix voté par 1 022 personnes sélectionnées par l'I.). **1971**-*22-6* gouvernement révolutionnaire provisoire en exil au Bénin ; Seth Rumkoren (né 5-6-1933) Pt. **1977** succès de l'OPM (Organisation Papua Merdeka, séparatiste). **1978** contre-offensive indonésienne (bombardements), luttes au sein de l'OPM. **1980** paix. **1996**-*8-1* : 7 Européens et 17 Indonésiens (du WWF) enlevés par OPM, *-13-1* : 13 libérés par armée, *-15-1* : 1 libéré par OPM. *-18-3* émeutes à Jayapura (5 †). **2000**-*4-6* indépendance proclamée.

■ **Loro Sae** (ex-Timor, dite **Tim-Tim**). 33 925 km^2 (500 × 60 km). Portugaise en 1586 puis partagée : **1°) Ouest** (à la Hollande puis à l'I.) : 19 000 km^2, 3 850 100 hab. (est. 1999), **D.** 202,6 ; **2°) Est** (au Portugal jusqu'en 1975) : 14 874 km^2, 920 100 hab. (est. 1999), **D.** 61,9 avec territoire d'Ambeno (Oecussi) et îles de Pulo Kambing et Pulo Jako (archipel malais). **Histoire : 1511** découverte par Portugais. **1613** installation des Hollandais. **1642** les Portugais prennent l'est de l'île et installent un comptoir (commerce du bois de santal), les Pays-Bas conquièrent l'ouest. **1811-16** domination anglaise. **1859**-*20-4 traité de Lisbonne :* divisée Portugal/Pays-Bas. **1912** soulèvement du souverain don Boaventura (Manufahi), réprimé ; milliers de victimes. **1941**-*17-12* est occupée par Australiens et Néerlandais ; **1942**-*20-2* par Japonais. **1949** indépendance de l'Indonésie : Timor occ. s'y rattache, Timor-Oriental reste portugais. **1974**-*25-4* révolution des Œillets au Portugal. 3 partis politiques : *Front révolutionnaire pour indépendance de Timor est* (Fretilin) ; *Union démocratique de Timor* (UDT), pour maintien de liens avec Portugal ; *Association populaire et démocratique de Timor* (Apodeti), pour rattachement à l'I. **1974-75** montée en puissance du Fretilin. **1975**-*août* UDT, encouragée par l'I., tente de prendre pouvoir. Fretilin s'y oppose : guerre civile (3 000 † en 1 mois). *-26-8* Portugais abandonnent l'île. *-Sept.* Fretilin administre Timor oriental en appelant les Portugais à assumer autodétermination. 3 partis (UDT, Kota et Trabalhista) demandent l'intégration à l'I. *-28-11* Fretilin proclame l'indépendance (Rép., *Pt :* Xavier de Amoral). *-30-11* déclaration d'intégration à l'I. de 4 partis (UDT, Kota, Trabalhista et Apodeti). *-7-12* invasion indonésienne, intégration à l'I., étrangers interdits. Fretilin organise résistance. *-14-12* l'I. annexe l'enclave d'Oecussi-Ambeno. *-22-12 résolution 384 :* Conseil de sécurité demande à l'I. de retirer ses troupes ; l'I. refuse, massacre 60 000 personnes et installe à Dili un « gouvernement provincial ». **1976**-*17-7* Timor annexé devient le 27e gouvernement d'I. **1977-78** armée dévaste les cultures au défoliant et interne la population dans des camps ; famine. **1979**-*3-1* Nicolas Lobato, Pt du Fretilin, assassiné. **1982** mobilisation pour opération militaire indonésienne. Récoltes perdues. Famine [250 000 † (plus de 1/3 de la pop.)]. **1983**-*mars* négociations I./résistance. Cessez-le-feu : 5 mois. **1984-91** opérations militaires. Résistance civile. **1989**-*18-3* Lisbonne, « Convergence nationaliste » UDT/Fretilin créée. *-Oct.* Jean-Paul II en I. et au Timor oriental. **1991**-*12-11* à Dili, armée indonésienne tire sur manifestants : 100 à 271 †. **1992**-*20-11* José Xanana Gusmao (né 1947), chef du Fretilin, arrêté ; condamné 21-5-1993 à la prison à vie (puis à 20 ans). **1995**-*sept./oct.* émeutes à Dili. *Bilan de la répression* (1980-95) : 200 000 †. **1996**-*11-10* Carlos Filipe Ximenes Belo (né 3-2-1948, évêque de Dili) et José Ramos-Horta [représentant à l'étranger du Conseil nat. de la résistance Maubere (CNRM)] prix Nobel de la paix. *-15-10* Suharto inaugure une statue du Christ-roi de 27 m surplombant Dili. **1998**-*mars* mort de Konis Santana, chef de l'aile militaire du Fretilin. **1999**-*30-8 référendum* sur autonomie : 78,5 % votent contre (pour l'indépendance). -*4-9* intervention militaires et milices. -*5-9* expulsion des journalistes étrangers ; -*6-9* des m. de l'Unamet (représentants de l'Onu surveillant le scrutin). Factions. Police et armée laissent faire ou participent. -*7-9* Xanana Gusmao, chef de la résistance, libéré ; loi martiale. *Bilan au 15-9* : 7 000 †, 300 000 à 400 000 personnes déplacées, pillages, Dili détruite à 90 %. -*15-9 résolution 1264* du Conseil de sécurité adoptée à l'unanimité. -*19-9* Parlement indonésien entérine le vote d'août. -*20-9 Interfet* (Intervention Force for East-Timor) : major-général Peter Cosgrove (environ 7 000 h. dont 4 500 Australiens et 500 Français). -*25-10 résolution 1272* du Conseil de sécurité confiant à l'Onu l'administration civile et militaire (*Untaet* : administration transitoire de l'Onu au Timor-Oriental ; *administrateur* : Sergio Vieira de Mello (Brésilien) ; prévoit 8 950 Casques bleus, 200 observateurs militaires et 1 650 policiers pour remplacer l'Interfet. -*30-10* départ de l'armée indonésienne. *Au 25-11* : 100 000 réfugiés rentrés. **2000**-*27-8* Xanana Gusmao réélu Pt du Conseil nat. de la résistance timoraise (CNRT, fondé début 1999). -*6-9* : 3 employés du HCR tués par miliciens, l'Onu évacue ses personnels. **2001**-*28-3* Gusmao démissionne. -*30-3* José Ramos-Horta élu Pt du CNRT. -*30-8* élection constituante prévue (88 m.). **2002** indépendance prévue.

ÉCONOMIE

■ **PNB** (en $ par hab.). *1967* : 70 ; *80* : 490 ; *90* : 522 ; *95* : 950 ; *96* : 1 094 ; *97* : 1 055 ; *98* : 640 ; *99* : 620. **Croissance du PIB** (en % moyen annuel) : *1995* : 8,1 ; *96* : 7,8 ; *97* : 1 ; *98* : – 14 ; *99* : 0,2 ; *2000* : 4,8. **Population active** (en %) **et**, entre parenthèses, **part du PNB** (en %) : agr. 48 (28), ind. 15 (18), services 32 (40), mines 5 (14). 4 % de la pop. contrôlent 80 % de l'économie. **Chômage** (en 2000) : 25 % de la pop. **Inflation** (en %) : *1991* : 9 ; *92* : 10,5 ; *93* : 9,8 ; *94* : 9,6 ; *95* : 10 ; *96* : 7 ; *97* : 11 ; *98* : 57,6 ; *99* : 20,5. **Aide extérieure totale et**, entre parenthèses, **venant des organisations internationales** (en milliards de $) : *1990* : 4,5 (2,5) ; *91* : 4,7 (2,8) ; *92* : 4,9 (3) ; *93* : 5,1 (2,9) ; *95* : 5,3 ; *98* : 10 à 20 ? **Dette publique extérieure** (en milliards de $) : *1990* : 65 ; *95* : 108 ; *99 est.)* : 151. **Investissements étrangers** (en milliards de $) : *1992* : 10,3 ; *93* : 8,1 ; *94* : 23,7 ; *95* : 39,9 ; *96* : 29,9. **Pauvreté** : 101 millions d'hab. en dessous du seuil.

■ **Finances. Réserves** (en 2000) *en devises* : 22,5 milliards de $; *en or* : 3,1 milliards d'onces.

■ **Agriculture.** Grâce à la « révolution verte », production multipliée par 10 depuis 1950. Mais étant donné l'accroissement démographique, l'Indonésie a dû importer du riz en 1991. **Terres** (en millions d'ha, 1991) : forêts 130,8 ; terres cultivables 14,2 ; pâturages 11,9 ; eaux 9,3 ; terres cultivées en permanence 9 ; divers 27,9. **Production** (en millions de t, 1999) : riz (*1987* : 40 ; *88* : 41,7 ; *89* : 47,7 ; *90* : 45 ; *91* : 44,4) 49,5 [34 % des terres ; rendement à Java : 6 t par ha (2 ou 3 récoltes par an)] ; canne à sucre 26 ; manioc 10,5 ; maïs 9,1 (11 % des terres) ; huile de palme 2,5 ; légumes 7,4 ; fruits 7,1 ; patates douces 1,3 ; caoutchouc 2,03 (Java, Sumatra, Kalimantan) ; graines de soja 1,3 ; coprah 1 ; arachides 0,98 ; café 0,4 ; cacao 0,35 ; thé 0,15 (de 300 à 1 200 m d'alt.) ; tabac 4 (Sumatra et Java) ; épices (en 1992 : girofle 0,06, vanille, poivres, muscade 0,08) ; quinine, fibres de palmes, kapok 0,01 ; huiles essentielles (cananga, vétiver, ricin, citronnelle, patchouli). **Élevage** (en millions de têtes, 1999). Poulets 1 103, canards 27, chèvres 14,1, bovins 12,4, porcs 9,3, moutons 7,5, buffles 2,86, chevaux 0,6. **Forêts. Superficie** (en millions d'ha) : *1990* : 143,9 ; *2000 (prév.)* : 40. **Production** : 196 218 000 m³ (en 1998). Bois (ramin, meranti, mokeling, ébène, sapin, teck, bois de fer, santal), rotin, résines (damar, jelutung, copal, gutta-percha), bambou, kayu putih (huile d'eucalyptus, curative), graines de ricin (Kalimantan). **Pêche** (en 1999). 4 500 000 t.

■ **Énergie. Pétrole** (en millions de t) : *réserves* : *2000* : 679 (dans Sumatra, Kalimantan, Java et Seram) ; *production* : *1981* : 79 ; *85* : 60 ; *90* : 74 ; *91* : 81,3 ; *92* : 78,4 ; *93* : 72,6 ; *94* : 66 ; *95* : 73,9 ; *96* : 74,1 ; *97* : 73,1 ; *98* : 71,6 ; *99* : 68,2.

Tourisme. 4 337 000 visiteurs (en 1998) dont 1/3 vont à Bali ; 3 % du PNB. **Lieux touristiques** : **Bali** : fêtes sacrées, Kintamani, Mengwi, Sangeh, Besakih. **Sulawesi** : pays *toradja*. Cérémonies funéraires (sacrifice de plusieurs centaines de porcs et de buffles). Rizières en terrasses. Statues à l'effigie des morts au flanc de falaises. **Sumatra** : *Medan* (mosquée, palais des sultans), lac *Toba* et île de *Samosir*, paysages région de *Bukittinggi*. **Java** : *candis* (temples bouddhiques utilisés jusqu'au XVe s.), dont *Borobudur* (origine 800 apr. J.-C. Base 117 × 117 m, stupas de 40 m. 1300 bas-reliefs, 504 bouddhas grandeur nature) : restauré 1980-83, coût 20 millions de $. *Jakarta*.

Musique. *Gamelan* : ensemble d'environ 70 instruments, 30 musiciens, 10 à 15 chanteurs. Le chef d'orchestre est le tambour. 2 gammes : le *slendro* (5 notes) et le *pelog* (7 notes). Instruments : *kendang* tambour à mains, *saron* métallophone, *gambang* xylophone, *gong* métallophone, *sesando* mandoline en feuilles de palmier, *contar* (Timor), *kledi* flûte (Bornéo). *Angklung* : orchestre d'instruments de bambou. *Musique populaire* : *kroncong* joué à la guitare (« ukulele »), flûte et contrebasse.

Marionnettes. Les plus connues : *wayang kulit* (marionnettes de cuir) pour le théâtre d'ombres et *wayang golek* (marionnettes en bois peintes). Les ombres sont projetées sur un écran.

Gaz (en milliards de m³) : *réserves* : *1999* : 4 150 ; *production* : *1990* : 43 ; *95* : 63,4 ; *97* : 67,2 ; *99* : 63,5. *Revenus pétrole et gaz* (en milliards de roupies) : *1995* : 13 537 ; *97* : 19 872 ; *98 (est.)* : 14 871. **Charbon** (Sumatra) : *réserves* : 25 milliards de t (dont 4,4 exploitables) ; *production* : 39,3 millions de t (en 1999). **Électricité** (en milliards de kWh, 1997) : 74,8 (dont hydraulique 8 %). **Centrales nucléaires** : 12 prévues avant 2 015 [dont 1 de 600 MW (opérationnelle en 2005)].

■ **Mines** (en t, 1999). Étain (Bangka, Belitung, Singkep) 35 000 ; nickel (Sulawesi) 84 000 ; manganèse ; cuivre (Irian Jaya, mine à ciel ouvert appartenant au groupe Freeport McMoran, 825 000) ; bauxite 1 127 000 ; or 124 ; argent 331 ; diamants (Kalimantan) ; asphalte ; uranium (Kalimantan). **Industrie.** Agroalimentaire, liquéfaction de gaz, pétrochimie, aluminium, raffineries de pétrole, automobile (assemblage).

■ **Transports. Voies ferrées** (en 1992) : 6 458 km (4 967 à Java et 1 491 à Sumatra). **Routes** (en 1998) : 346 863 km (195 712 asphaltés).

■ **Commerce** (en milliards de $). **Export./import.** : *1996* : 49,8/42,9 ; *97* : 53,4/41,7 ; *98* : 48,8/27,3 ; *99* : 48,7/24. **Balance des paiements** : *1997* : – 4,8 ; *98* : 4,4 ; *99* : 5,2.

■ **Rang dans le monde** (en 1999). 3e cacao, riz, cuivre, étain. 4e café, nickel. 5e bois, thé. 6e pêche, or. 7e gaz naturel. 10e maïs.

IRAN

V. légende p. 950.

☞ *Abréviations* : I. : Iran ; Ir., ir. : Iraniens, iranien(ne)(s).

■ **Nom.** *Perse* ou *Fars* en persan (province au sud de l'Iran) utilisé par les Européens ; les Iraniens disent *Iran*.

■ **Situation.** Asie. **Superficie** : 1 633 000 km². **Frontières** (en km) : Iraq 1 458 km, Turquie 499, Arménie 35, Azerbaïdjan 432, Nakhitchevan 179, Turkménistan 992, Afghanistan 936, Pakistan 909. **Côtes** : mer Caspienne 740 km, golfe Persique, mer d'Oman 2 440 km. **Régions principales** : *provinces caspiennes* : Guilan, Mâzanderan, Gorgan [chaîne de l'Alborz (alt. maximale Demavend 5 671 m)], Azerbaïdjan [haut plateau (févr. – 20 °C, juillet + 40 °C)], Khorâssân. *Zagros* (chaînes avec plaines intercalées), *Fars* (chaîne centrale), *Kavirs* (anciens lacs asséchés), *Séïstân* (marais), *Mokran* (montagne), *Khouzistan* (plaine). **Climat.** Continental : étés secs et torrides, sauf sur les rebords extérieurs des montagnes côtières (pluies d'hiver méditerranéennes en Azerbaïdjan ; d'automne en Caspienne ; moussons d'été au sud) ; hivers froids en alt. (– 20 °C à Tabriz en janv.-févr.). Téhéran, pluies 9 à 45 mm/an.

■ **Population** (en millions d'hab.). *1900* : 9 ; *19* : 10 ; *39* : 15 ; *76* : 33,7 ; *86* : 49,4 ; *96* : 60,1 ; *2000 (est.)* : 76,43 [dont (en %) Perses 51, Azéris 24, Gilakis et Mazandéranais 8, Kurdes 7, Arabes 3, Lours 2, Baloutches 2, Turkmènes 2] ; *2025 (prév.)* : 97 **D.** 46,8. **Age** (en %) : *– de 15 ans* : 34,4 ; *+ de 64 ans* : 4,6. **Espérance de vie** (en 1999) : *h.* 68, *f.* 71 ans. **Alphabétisation** (en %, 1998) : *h.* 82 ; *f.* 67. **Fécondité** : *1976* : 7,2 enfants par femme ; *91-96* : 3,7 ; *99* : 3,0. **Croissance** (en %, 1996) : 1,8. **Taux** (en ‰, 1999) : natalité 24, mortalité 6 (infantile : 26). **Population rurale** (en 1996) : 38 % (70 % en 1956). **Émigrés** : *avant 1978* : environ 150 000 ; étudiants, Iraniens aisés passant une partie de l'année en Europe, travailleurs saisonniers dans les pays du Golfe. *Depuis 1978* : 760 000 à 2 000 000 d'exilés (dont aux USA 250 000 à 900 000, en France 80 000) ; *1996* : 3 500 000 dont 1 000 000 en Turquie. Selon le ministre des Sciences (1-5-2001), 220 000 cadres (scientifiques et affaires) ont émigré en 1 an. **Étrangers** (avant 1978) : 27 000 Américains. **Réfugiés** (en 1999) : *Iraniens* 26 500 en Iraq. *Afghans* 1 325 000 en I. D'avril à sept. 2000, 100 000 repartis. **Santé** : *sida* (en 2000) : 2 207 cas déclarés, 10 000 séropositifs ; *opiomanes* : 2 500 000 dont 50 % réguliers.

■ **Langues** (en %). **Groupe persan** : 75 dont *farsi (officielle)* 50, kurde 5,5, luri 5,5, baluchi 2,3 : certaines terminaisons de verbes et d'adverbes, de nombreuses racines verbales et nominales ont encore des traits communs avec celles de parlers indo-européens occidentaux (grec, baltique, irlandais). **Groupe turc** : 22. **Minorités** 3 (dont arabe 2, arménien 0,6).

■ **Religions. Musulmans** : 99 % : **chiites** *(officielle)* : 89 % ; 80 000 mosquées et sanctuaires ; environ 600 000 *sayyeds* (descendants de la famille du Prophète) ; environ 500 000 *charifs* (descendants du Prophète par la mère) ; 180 000 *mollahs* [religieux : *rowzékhans* (simples clercs), *waezs* (prédicateurs), *pichnamâz* (qui dirigent la prière), *hodjatoleslam* (qui donnent la preuve de l'islam), *ayatollahs* (qui guident vers Allah) 1 200] ; 300 *séminaires* (70 000 élèves). Le clergé perçoit une taxe (*khoms*, « cinquième ») sur bénéfices commerciaux et ventes de terres entre musulmans ; utilisée pour la religion et pour les pauvres. *Villes saintes* : Meched, Qom (tombeau de Fatima, fille du 7e imam chiite). *Chef de la communauté* : grand ayatollah Ali Araki (1903-94) ; **sunnites** : 10 % (Kurdes, Baloutches). **Chrétiens** : *vers 1965* : 1 000 000 ; *75* : 220 000 [dont Arméniens 108 421 ; cath. chaldéens, assyriens 40 000 (en 1986) ; protestants 8 500] ; *99* : 120 000. **Juifs** : 20 000 (en 1999) [environ 40 000 ont quitté l'I.]. **Zoroastriens** (de Zarathoustra) : 30 000 (en 1999). **Baha'is** : environ 300 000 en 1999 (religion non reconnue par la Constitution).

■ **Villes** (en 1996). *Téhéran* 6 836 000 hab. (en 1999) (aggl. 8 000 000) [alt. 1 100 à 1 700 m], Meched (Mashhad) 1 887 405 (à 963 km, alt. 960 m), Ispahan 1 266 072 (418 km, alt. 1 583 m), Tabriz 1 191 043 (654 km, alt. 1 351 m), Chirâz 1 053 025 (901 km, alt. 1 569 m), Karaj 940 968, Ahvâz 804 980 (897 km), Qom 777 677 (152 km), Bâkhtarân 692 986, Ourmia (Orūmīyeh) 435 200, Rasht 417 748, Hamadân 401 281 (344 km, alt. 1 826 m), Kermân 384 991, Ardabil 340 386.

■ **Histoire. Av. J.-C. Ve-IIIe millénaire. Période proto-élamite.** Suse connaît la céramique vers 4500, le cuivre vers 4000, l'écriture vers 3000 ; relations avec Sumer. Ethnie : asianique. **IIe millénaire. Royaume d'Élam** (cap. Suse). Rois : *Untash Hunban, Chutruk Nakhunte*. Construction de la ziggourat de Tchoga Zanbil. **1110 Nabuchodonosor** prend Suse [renaissance néo-élamite (750-646) ; le roi d'Assyrie *Sardanapale* ou *Assurbanipal* détruit Élam (646)]. **XIIe s.** 3 peuples indo-européens venus des steppes ukrainiennes : Mèdes (sud de la Caspienne), Perses (nord du golfe Persique) et Parthes (à l'est de Khorssan jusqu'au Tadjikistan). **VIIe-VIe s.** *Mèdes* soumettent Perse et créent un empire (cap. Ecbatane). Principal roi : **Cyaxare** (633-524), conquérant de l'Assyrie et de l'Empire anatolien. Art : d'Amlach (IXe-VIIIe s.), du Luristan (bronze).

Empire perse achéménide. Vers 700 Achéménès. Vers 675 Teïspès, son fils. **Vers 640 Cyrus Ier**, son fils. **Vers 600 Cambyse Ier. Vers 554 Cyrus II** (chef des Perses, roi d'Anzan, † 530) se révolte (559), dépose le roi mède *Astyage* (550), bat *Crésus* roi de Lydie (vers 546), conquiert Asie Mineure, prend Babylone (539). **530 Cambyse II**, fils de Cyrus II, conquiert Égypte (525). **522 Darius Ier**, cousin lointain ; apogée de l'empire (de l'Égypte au Pendjab) ; début construction de Persépolis

■ **Art. Du Luristan** (2500-1000 av. J.-C.) : bronzes, motifs mésopotamiens adaptés aux pièces de harnachement. **Talyche** (1550-1200). **Achéménide :** architecture monumentale, éclectique, influence grecque. Ruines de Suse, de Persépolis ; hypogée de Naqsh-é-Rostam. Palais avec salles de réception, dites *apadanas,* soutenues par des colonnes. **De Koban :** bord de la mer Noire ; tribus scythes (700-200 av. J.-C.) ; « art des steppes » : bijouterie en or, motifs végétaux et animaliers. **Sassanide :** peintures murales, reliefs rupestres d'inspiration parthe (conventions sévères). *Palais :* Firouzabad, Nichapur, Ctésiphon. Tissus, orfèvrerie. Véramine (ville ancienne). Sculpture de Tâq-é-Bostân. **Islamique :** miniatures, calligraphie (Tabriz et Ispahan avec figures animalières, végétales et humaines). Mosquées de Tabriz, Ispahan, Chirâz, Meched..., mausolées (Ispahan), pont-barrage d'Ispahan.

(516) ; le divise en 20 satrapies (dirigées par des satrapes tout-puissants) ; battu par les Grecs à Marathon (490). **486 Xerxès Ier**, son fils, battu par les Grecs à Salamine (480) et Platées (479). **465 Artaxerxès Ier**, son fils, paix de Gallias (448) avec Athènes, fin des guerres médiques. **423 Xerxès II**. **Darius II**, son fils. **404 Artaxerxès II**, son fils. **401** bat à Cunaxa les mercenaires grecs de son frère Cyrus le Jeune (qui est tué) ; se retirent de l'Arménie à la mer Noire (*retraite des Dix Mille* contée dans l'*Anabase* de Xénophon). **359 Artaxerxès III,** son fils. **337 Oarsès,** son fils. **335-330 Darius III,** son cousin, battu par Alexandre à Arbèles (331).

Période hellénistique (331-250). Alexandre le Grand fonde un empire de culture grecque, il retire aux satrapes leurs pouvoirs militaires ; à sa mort (323), Iran attribué à *Séleucos,* roi de Syrie. Mais les Séleucides sont chassés du plateau iranien par les *Parthes,* cavaliers indo-européens venus des steppes araliennes (vers 250).

☞ **La flèche du Parthe** (tactique) : les archers s'approchent, décochent leurs flèches, se replient et répètent l'opération plusieurs fois. L'adversaire excédé veut les poursuivre ; la ligne du front ennemi se disloquant, on peut entraîner loin les poursuivants et les fatiguer.

Période arsacide (parthe, 250 av. J.-C.-224 apr. J.-C.). Arsace fonde empire de la Caspienne au golfe Persique. 38 rois en 5 siècles, notamment **Mithridate Ier** (171-138) conquérant de l'Asie Mineure ; **Phraate II** (138-124) ; **Mithridate II le Grand** (123-88), apogée ; **Phraate III** (70-57) ; **Mithridate III** (57-55) ; **Orodès** (56-37), vainqueur des Romains ; **Vologèse Ier** (52-80 apr. J.-C.), adversaire de Néron ; **Artaban V** (?-227), dernier des Arsacides : rois hellénisés, répandant la culture grecque en Iran.

Période sassanide (224-642). 224 dynastie fondée par **Ardéshir,** petit-fils de Sassan ; antigrec, renverse et tue Artaban V, rétablissant langue, culture, religion des Achéménides (zoroastrisme). Rois principaux : **Chapour Ier** (241-272), fils d'Ardéshir, bat l'empereur Valérien (fait prisonnier avec 70 000 h.). **Chosroês Ier** (531-579), rival de l'empereur Justinien et conquérant du Yémen. **Chosroês II** (590-628), conquérant de Jérusalem, renversé par son fils après avoir déchiré la lettre de Mahomet l'invitant à adhérer à l'islam, et assassiné. **632 Yozdégard III** (assassiné 651), dernier roi sassanide. **637** Arabes prennent Ctésiphon. **642** *Nehavend* (*Fath al Futuh :* la victoire des victoires) : Arabes prennent plateau iranien.

Période islamique (651-1040). 700 départ des zoroastriens vers l'Inde : l'I. est administré par des gouverneurs arabes dépendant du calife de Damas puis de Baghdad. **IXe s.** ils se proclament indépendants et fondent leur propre dynastie : **Tahirides. 820-73** se reconnaissent encore vassaux du calife. **871-901 Saffarides** (le fondateur, *Yakub*, essaye de conquérir Baghdad). **Vers 876 Samanides. 899** prennent Turkestan. **932-1069 Bouïdes** ou **Bouyides. 977-1186 Ghaznévides** [Turcs : soldats au service des Bouïdes (mamelouks), ils les renversent, puis islamisent Afghanistan et Pakistan]. **1038-1195 Seldjoukides** (Turcs : conquièrent Asie Mineure).

Dynastie mongole des Ilkhans. 1258-1335 fondée par *Hûlāgû,* puis partagée entre dynasties locales (1353-93 **Mozaffarides,** 1335-1410 **Djalayirides**) ; après invasion de Tîmûr Lang (Tamerlan), pays gouverné par ses successeurs, les **Timurides,** et les confédérations tribales turkmènes [1370-1502 Timurides, XIVe s.-1468 Karakoyunlu (« Mouton noir »), XIVe s.-1501 Akkoyunlu (« Mouton blanc »)].

Dynastie Séfévide. 1501 Ismâ'îl Ier (1487-1524) réunit l'I., convertit l'État au chiisme. **1524 Tahmasp Ier** (1513-76), son fils. **1576 Ismâ'îl II** (1533-77, empoisonné), son fils. **1577 Mohammed Khodabandeh** (vers 1531-vers 1596), son frère, abdique. **1587 Abbas Ier le Grand** (1571-1629), son fils. **1598** cap. transférée à Ispahan. **1626** ambassadeur français à Ispahan : **1627** les Français peuvent avoir des établissements religieux à Ispahan et Baghdad. **1629 Séfi Ier** (1611-42), son petit-fils. **1642 'Abbas II** (1633-66), son fils. **1656-61** juifs chassés d'Ispahan. **1666 Süleyman Ier** (1647-94), son fils. **1694 Hussein Ier** (1668-1726), son fils. **1708** traité avec France. **1722** abdique.

☞ Voyages de Jean-Baptiste Tavernier (1605-89) entre 1630 et 1668, de Pierre Chardin (1643-1713) entre 1664 et 1680.

Dynastie Ghilzai. 1722 Mahmoud (1699-1725). **1725 Ashraf** (1700-30), son cousin.

Dynastie Séfévide (restaurée). 1729 Tahmasp II (1704-40), fils de Hussein Ier, 1732 déposé. **1732 'Abbas III** (1732-40), son fils, 1736 déposé.

Dynastie Afshar. 1736 Nâdir-Châh (1688/assassiné 19-6-1747) ; abolit le chiisme comme religion d'État. **1747**-*juin* **Adil-Châh** (vers 1719-49), son neveu, 1748 déposé. **1748 Ibrahim** († 1749), son frère, 1749 déposé. **1749 Châh-Rokh** (1734-assassiné 1796), petit-fils de Nadir-Châh. **1751-59** troubles.

Dynastie Séfévide (restaurée). 1749 Süleyman II (vers 1714-63), petit-fils de Süleyman Ier. **1750 Ismâ'îl III** (1733-73), petit-fils de Hussein Ier.

Dynastie Zend. 1750 Muhammad Karim Khân (1707-79), régent. **1779 Muhammad Ali Khân**, son fils, régent. **Zaki Khân** († 1779), son cousin, régent. **Abol Feth**, fils de Muhammad Karim, régent. **Muhammad Sadegh Khân** († 1782), oncle d'Abol, régent. **1782 Ali Murâd** († 1785), neveu de Zaki Khân, prend le titre de châh. **1785 Jaffar** († 1789), fils de Muhammad Sadegh, châh. **1789 Lotf Ali** (1766-94) châh.

Dynastie Kadjar. Fondée par **Agha Muhammad** (1742-97, assassiné, dit « le khan châtré »). **1786** châh. **1794** victorieux, fait torturer et exécuter Loft Ali. **1795** couronné. **1797**-*juin* **Feth Ali** (vers 1771/23-10-1834), neveu d'Agha. **1828**-*22-2 traité de Turkamantchâi* (Géorgie) après guerre entre Russie, Perse, Géorgie et partie de l'Arménie (l'I. cède à la Russie les territoires situés au nord de l'Araxe : Arménie, Erevan, Nakhitchevan). **1830** *Tabriz :* 400 juifs égorgés. **1834**-*oct.* **Muhammad** (5-1-1808/4-7-1848), petit-fils de Feth Ali, porte uniforme à l'européenne. **1847** accord établit souveraineté ottomane sur Chatt al-Arab. **1848**-*sept.* **Nasser el-Din** (17-7-1831/ 1-5-1896 assassiné), fils de Muhammad, modernise l'I., vient en Fr. 1873,78,89 ; concessions à Russie et G.-B. **1896**-*juin* **Muzaffar al-Din** (25-3-1853/8-1-1907), fils de Nasser. **1901**-*28-5* l'ingénieur et homme d'affaires anglo-australien, William Knox d'Arcy, achète 200 000 F-or au châh concession de 60 ans. **1904**-*janv.* pétrole découvert, tari en quelques mois. **1906**-*30-12 Constitution.* **1907**-*janv.* **Muhammad Ali** (21-6-1872/San Remo 5-4-1925), fils de Muzaffar. *-31-8* convention anglo-russe divisant I. en 2 zones d'influence. **1908**-*26-5* pétrole découvert à Masjed Soleiman. *-23-6* coup d'État contre Parlement. **1909**-*14-4 Anglo-Persian Oil Company (Apoc)* fondée. *Anglo-Iranian Oil Company (AIOC)* 1re raffinerie d'Abadan. *-10-5* Constitution rétablie. *-16-7* Téhéran prise par constitutionnalistes. Muhammad Ali destitué ; exil en Italie. *-Juillet* **Ahmad Mirza** (20/21-1-1898/Neuilly 27-2-1930), fils de Muhammad. Régence jusqu'en 1916. Révolution libérale. **1914** protocole de Constantinople modifie tracé Chatt al-Arab. **Guerre de 1914-18** I. reste neutre ; l'amirauté britannique a majorité du capital de l'Anglo-Iranian. **1917** exode cadres militaires russes remplacés par Anglais. **1919** Ahmad Châh en visite à Londres, refuse protectorat anglais. **1920** gouv. révolutionnaire au Guilan (chef communiste Koutchek Khân). **1921**-*21-2* coup d'État militaire : *Gal Rezâ Khân* renverse les Kadjars avec la brigade de cosaques de Hamadan. Les insurgés demandent de nommer PM *Sayyed Zia ed-Din,* qui arrête tous les notables. Ahmad, avec l'accord de Rezâ Khân, le destitue. *-26-2* traité avec Russie : Lénine renonce aux créances tsaristes et restitue possessions russes en I. sauf pêcheries de la Caspienne. *-Juin Ahmed Ghavam as-Saltaneh* nommé PM, titré sardar sépah. **1923**-*28-10 Rezâ Khân* « Sardâr Sepah » PM. Ahmad quitte l'I. **1924**-*24-3* Ahmad nomme régent son frère **Muhammad Hassan Mirzâ** (19/20-2-1899/Angleterre 7-1-1943). **1925**-*31-10* déposé par le *Majlis* (Parlement).

Dynastie Pahlavi. 1925-*oct.* **Gal Rezâ Châh Ier** (16-3-1878/Johannesbourg 26-7-1944 ; père de petite noblesse rejeté par sa famille car marié à roturière). *-Nov.* nommé régent par le Majlis. *-12-12* élu roi héréditaire par une Ass. constituante. *-13-12* proclamé châh. **1926**-*25-4* couronné. **1928**-*10-5* Rezâ Châh met fin aux capitulations. **1932** loi de sédentarisation des nomades (complétée 1934). *-26-11* châh abroge concession de l'Apoc, plainte de G.-B. à SDN. **1933**-*29-4* accord avec Apoc pour 60 ans. I. touche 20 % des bénéfices nets, 4 shillings sur chaque t de pétrole vendue ; la surface de la concession est réduite. **1935** Académie de langue persane fondée. *-21-3* décret royal : la Perse devient l'I. Port du *tchador* aboli. **1937** compromis avec Iraq sur Chatt al-Arab. **1938** Aqâ-Jâri : pétrole découvert. *-21-8* chemin de fer transiranien inauguré (commencé 1927). **1940**-*24-8* Radio-Téhéran inaugurée. **1941**-*25-8* occupation anglo-russe pendant 5 j (les Russes bombardent Tabriz, Qazvin, Rasht, Bandar-Pahlavi et Meched). *-30-8* le nouveau PM, **Ali Foroughi,** ordonne de déposer les armes et de coopérer avec Alliés contre l'Axe (qui avait fasciné Rezâ). *-16-9* Rezâ abdique (en faveur de son fils) et part en exil (île Maurice).

1941-*16-9* **Mohammad Rezâ** (26-10-1919/27-7-1980), son fils ; empereur Roi des Rois, couronné (1re fois dans l'histoire de l'Iran) avec Farah 26-10-1967. *Épouse 1°)* 16-3-1939/17-11-1948 Fawzieh (née 5-11-1921), sœur du roi Farouk d'Égypte (1 fille, Chanaz, née 27-10-1940, épouse Archedir Zahedi) ; *2°)* 12-2-1951/14-3-1958 Soraya Esfandiari (née 22-6-1932 ; père : Khalil, de la tribu des Bakhtiaris, mère allemande ; lors du divorce, le châh lui confère le titre de Pcesse royale) ; *3°)* 21-12-1959 Farah Diba (née 14-10-1938) [dont **Rezâ II** (né 31-10-1960) ; en exil ; *ép.* 12-6-1986 Yasmine Etemade Amini (2 filles : Noor née 3-4-1992, Iman née 1993), Yasmine Farahnaz (née 12-3-1963), Ali Rezâ (né 28-4-1966), Leila (27-3-1970/10-6-2001]. [L'empereur était appelé *Chachanchah Aryameha* (Roi des Rois et lumière des Aryens), l'impératrice *Chahbanou.*] *-28-12* traité d'alliance avec G.-B. et URSS. **1942**-*29-1* traité avec G.-B. et URSS garantissant intégrité et retrait des troupes dans les 6 mois suivant arrêt des hostilités. *-30-8* état de siège et loi martiale. **1943**-*9-9* déclare guerre à l'Allemagne. *-28-11/1-12 conférence de Téhéran* (Churchill, Roosevelt, Staline). **1945** le gouv. travailliste anglais propose à l'Anglo-Iranian Oil Company de réduire ses dividendes. *-Nov.* Azerbaïdjan, proclamation d'une Rép. démocratique (Pt Jafar Pishevari, communiste), soutien du Toudeh (PC). **1946**–*22-1* République kurde de Mahâbâd proclamée (vaincue le 15-12). *-4-4* traité soviéto-ir. sur pétrole. *-6-5 évacuation russe. -12-12* armée iranienne reprend Tabriz évacuée par les Soviétiques. **Ahmad Qavam Saltaneh** PM. **1948**-*juin* **Abdolhosseim Hajir** PM (assassiné 1950). **1949**-*4-2* Naser Fakhrarai (membre du Toudeh, sera tué par ses gardes) tire 6 coups de revolver contre le châh (blessé joue et dos). **1950** 3 forces s'affirment : *nationalistes* (Front national de Mossadegh fondé 1947) ; *communistes* (Toudeh) ; *religieuses* [ayatollah Kashani, entretenant des liens avec la confrérie Fedayan Eslam (Combattants de l'islam) de Navab Safavi, qui fait assassiner les dirigeants trop anglophiles]. La commission parlementaire des affaires pétrolières (Pt Mossadegh) ne ratifie pas l'accord Gass-Golshayan prévoyant un doublement des redevances versées à l'I., jugé insuffisant. **1951**-*7-3* **Gal Ali Razmara,** PM depuis juin 1950, assassiné à la Grande Mosquée de Téhéran. *-11-3* **Hossein Ala** PM. *-15-3* le Parlement se prononce pour la nationalisation du pétrole. *-27-4* Ala démissionne. *-28-4* **Mohammad Mossadegh** (1881-1967, fils d'une Pcesse kadjar et d'un aristocrate, min. des Finances) PM. *-1-5* défaite du Toudeh. *-2-5* loi des nationalisations. *-14/19-6* négociations avec Anglo-Iranian rompues. *-20-6* l'I. saisit installations pétrolières. *-31-7* raffinerie d'Abadan fermée. *-4-10* AIOC arrête production pétrole. **1952** G.-B. menace d'arraisonner les « bateaux pirates » transportant du « pétrole rouge ». L'*Ente Petrolifere Italia Medioriente* conclut le 1er gros contrat avec la SNIP (achat 2 millions de t par an pendant 10 ans). *-18-6* le *Mary Rose* (immatriculé au Honduras), qui a effectué le 1er chargement, est arraisonné et mis sous séquestre à Aden. *-15-7* Mossadegh ne peut obtenir les pleins pouvoirs ; *-17-7* démissionne ; **Ahmad Qavam Saltaneh** PM. Front national lance ordre de grève générale, l'ayatollah Kashani appelle à la guerre sainte. *-22-7* le Toudeh mobilise ses forces ; le châh rappelle **Mossadegh** qui obtient pleins pouvoirs et entame réformes. Cour internationale de La Haye se déclare incompétente. *-16-10* conforté par le rapport de 2 Français (l'expert-comptable Henri Rousseaux et le juriste Charles Gidel) démontrant que bénéfices et malversations de l'Anglo-Iranian compensent la valeur des biens nationalisés, Mossadegh rompt relations diplomatiques avec G.-B., mais les Cies pétrolières poussent la prod. d'Arabie saoudite, Iraq et Koweït, et découragent les acheteurs de pétrole ir. Au 1er semestre, les échanges avec G.-B. diminuent de 65 %, mais augmentent de 60 % avec URSS. **1953**-*févr.* émeutes. *-13-8* échec d'un coup d'État d'officiers monarchistes aidés par la CIA pour renverser Mossadegh. *-15-8* Châh révoque Mossadegh et nomme **Gal Fazlollah Zahedi** PM. *-16-8* le châh se réfugie à Baghdad puis à Rome. Manifestations pour le châh. *-17-8* de faux militants du Toudeh, payés par CIA, manifestent contre châh. *-19-8* Mossadegh s'échappe. *-22-8* le châh rentre (accueil triomphal). *-24-8* Mossadegh arrêté. *-Sept.* aide américaine, 45 millions de $. *-23-12* Mossadegh condamné à mort (peine commuée à 3 ans puis 1 an et demi de prison). **1954**-*19-8* accord G.-B./Iran : un consortium remplace l'Anglo-Iranian. *-Sept.* 8 Cies anglaises, américaines et hollandaises (fondées 1953) dans lesquelles l'Anglo-Iranian a 40 % des parts reprennent activités. L'I. percevra 50 % des bénéfices mais versera à l'Anglo-Iranian une indemnité de 25 millions de £ pendant 10 ans (à partir de 1957). **1955**-*23-10* Iran adhère au pacte de Baghdad (Iran, Iraq, Pakistan, Turquie) [après retrait de l'Iraq, deviendra en 1959 Cento]. **1957** Savak créée, dirigée par Gal Teymur Bahktyâr. *-4-4* **Manuchehr Eqbâl** PM. **1961 Ali Amini** PM. **1962**-*9-1* loi de réforme agraire. **1963** Fédayines du peuple fondés par Bizhan Jazani. *-26-1 référendum* pour la charte de la *révolution blanche ;* réforme agraire, nationalisation des forêts, pâturages, eaux ; vente des actions des usines gouvernementales pour garantir la réforme agraire ; participation des ouvriers aux bénéfices ; vote des femmes ; lutte contre analphabétisme, pour hygiène ; reconstruction ; « maisons d'équité » pour régler les litiges ; rénovation urbaine et rurale ; réforme de l'administration, déconcentration de l'État. *-Avril* attentat contre le châh. *-5-6 ayatollah Khomeyni* (professeur de droit religieux, opposé aux réformes) tenu pour responsable, arrêté à Qom, exilé en Turquie, puis Iraq ; émeutes (5 000 †). **1964** barrage de Karaj mis en eau. *-Mars* **Hasan Mansour** PM. **1965** Organisation des Modjahédines du peuple fondée. *-26-1* Mansour assassiné par étudiant en théologie ; **Amir Abbas Hoveyda** (1919/9-4-1979, condamné par les tribunaux révolutionnaires et exécuté) PM. **1967**-*6-3* Mossadegh meurt. *-26-10* couronnement du châh. **1969**-*avril* le châh dénonce l'accord de 1937 et refuse que les navires ir. soient conduits par des Iraqiens sur le Chatt al-Arab. **1971**-*31-7* fin consortium pétrolier, Osco créée. *15-10* Persépolis, *2 500 e anniversaire de l'Empire perse. -21-10* gazoduc vers URSS (Igat) inauguré. *-Nov.* relations avec Iraq rompues. *-31-12* I. occupe les 3 îles du détroit d'Ormuz (Abou Moussa, les deux Tomb). **1971-73** revenus pétroliers passent de 5 à 24 milliards de $. **1973**-*24-5* l'I. s'assure la maîtrise de sa production pétrolière. *-22-12* Téhéran, conférence Opep [baril 11,6 $ (2,9 en oct. avant réunion de Koweït)]. **1974** arrivée des 12 premiers guérilleros ir. formés par l'OLP (9 hommes et 3 femmes) ; début de la crise, le pétrole se vend mal (– 31 %), exode rural, dépendance alimentaire. *-20/23-12* PM Chirac en I. **1975** parti Rastâkhiz-e Irân (« Résurrection de l'I. ») créé. *-2-3* instauré parti unique. *-6/17-3* accord avec Iraq : fin des différends (Chatt al-Arab) et de l'aide ir. aux Kurdes. *-13-6* traité avec Iraq. **1976**-*18-3 :* 305 prisonniers graciés [il y aurait eu de 25 000 à 100 000 prisonniers politiques (selon Amnesty International), 300 exécutions en 3 ans]. *-21-3* passage de l'année 1354 de l'hégire (solaire) à 2535 du

■ **Controverse. Le châh fut accusé d'avoir :** *renié les valeurs islamiques et abandonné les traditions culturelles* iraniennes, au profit de valeurs occidentales étrangères et de leur « modernisme sans âme » ; *sacrifié les intérêts du peuple* et du pays au profit des impérialistes (notamment américains) et d'une minorité d'industriels et financiers, donc créé une société injuste ; *favorisé ou laissé se développer la corruption ; créé une bureaucratie* dévorante, un régime policier ; *utilisé la terreur* (emprisonnements massifs, tortures, massacres lors de manif.) ; *ignoré la réalité du pays*, en essayant de brûler les étapes du développement économique ; *constitué une armée dispendieuse* dépendant de l'aide américaine [10 % du PNB, plus de 50 % des dépenses courantes du budget consacrées à l'armée ; 10 milliards de $ de matériel (aéronautique) acheté aux USA de 1972 à 76]. **Il s'appuyait** sur l'armée (500 000 h. bien équipés), la gendarmerie (75 000 h.), la police (60 000 h.), la Savak (500 000 agents et informateurs ?). **Défense du châh :** il voulait faire de l'I. une grande puissance en modernisant la production, en développant transports et hôpitaux, et en luttant contre l'analphabétisme (10 millions d'écoliers, 200 000 étudiants, 20 universités, 136 instituts...). Il éleva le niveau de vie au-dessus de celui de la plupart des pays du Moyen-Orient, engagea des réformes (agraire, participation des ouvriers aux bénéfices des grosses entreprises). Il fut victime de son entourage (familial et politique) qui commit des excès. Sa politique était trop ambitieuse pour une société traditionnelle qui n'y était pas encore préparée.

■ **Fortune** (en milliards de F). 50 (selon le gouvernement iranien) ; 0,25 à 0,50 (selon le châh). Sa famille avait des propriétés en Espagne, France, G.-B., Suisse et USA.

calendrier impérial. **1977**-*7-8* **Djamchid Amouzegar** (né 25-6-1923) PM. -*Oct.* Pt Giscard d'Estaing en I. -*Oct./nov.* manif. contre le châh. **1978**-*8-1* article dans *l'Ettelaat*, quotidien de Téhéran, qualifiant Khomeyni d'inverti. -*9-1* Qom, manif. pour Khomeyni (60 †). -*18/20-2* émeutes à Tabriz (100 †). -*17-3/7-5* troubles dans plusieurs villes. -*18-6* Khomeyni appelle à renverser le châh. -*22/25-7* émeutes à Meched (200 †). -*11-8 :* 100 †, loi martiale. -*19-8* incendie par des islamistes du cinéma Rex d'Abadan (377 †) ; les opposants accusent le gouv (6 exécutions le 4-9-1980). -*27-8* Amouzegar démissionne ; **Djafar Charif-Emami** († 1998) PM. -*Sept.* parti unique, le Rastakhiz, dissous. -*7-9 Téhéran :* manifestation pour le départ du châh. -*8/9-9* « Vendredi noir » (700 † à Téhéran). Loi martiale administrée par *Ali Gholam Oveyssi*. -*16-9* séisme (20 000 †, près de Tabas). -*6-10* Khomeyni, expulsé d'Iraq, arrive à Paris. -*10-10* s'installe à Neauphle-le-Château (Yvelines). -*16-10* deuil national (6 †), manif. quasi quotidiennes. -*18-10* raffinerie d'Abadan, arrêt production. -*5-11* émeutiers occupent centre Téhéran ; **G**al **Gholam Rezâ Azhari** (chef de l'état-major) PM (Emami a démissionné). -*5/6-11* Front national rallié à Khomeyni. -*7-11* heurts à Téhéran ; l'ancien chef de la Savak, Manutchehar, arrêté. -*9-11* Hoveyda, ancien PM, arrêté. -*10-11* manif. de 1 million de pers. -*9-12* combats entre *homafars* (soldats de l'armée de l'air) prokhomeynistes, et *djavilan* (« immortels »), unités d'élite de la garde impériale (600 †, 3 000 bl.) ; l'armée se rallie à la révolution. -*22/28-12* émeutes à Téhéran. -*27-12* grèves, interruption des export. pétrolières. -*31-12* Azhari démissionne. **1979**-*3-1* **Chapour Bakhtiar** (1916/tué en Fr. 6-8-1991) PM. -*14-1* conseil de régence. -*16-1* départ du châh pour Égypte, Maroc (15-2), Bahamas (30-3), Mexique (10-6), USA (22-10), Panamá (15-12), Égypte (23-3-1980) où il subit une ablation de la rate le 28-3, et meurt le 27-7 d'un lymphome.

Période transitoire. 1979-*1-2* **Ruhollâh Khomeyni** (24-9-1902/3-6-1989) rentre, accueilli par 3 millions de personnes. *Gouvernement provisoire.* -*3-2* Khomeyni crée *Conseil de la révolution islamique*. -5-2 **Mehdi Bazargan** (1905-95) PM. -*9/10-2* après affrontement, l'armée se rallie à la révolution. -*12-2* Bakhtiar quitte le gouv., part pour l'étranger. -*14-2 gouv. de « Front national »*. -*Févr.* agitation au Kurdistân, incidents à Ourmia. -*Févr./avril* dizaines d'exécutions, Bazargan obtient provisoirement l'arrêt des procès. -*18-2* rupture avec Israël. -*8/16-3* manif. de femmes contre port obligatoire du *tchador*. -*13-3* I. quitte Cento. -*30/31-3 référendum* pour abolition monarchie (90 % d'abst. au Kurdistân).

République islamique. 1979-*1-4* proclamée. -*9-4* Gal Manutchebar Nassiri (ancien chef de la Savak), Hoveyda (ancien PM) et -*10-4* Pavrakan (ancien ministre et fondateur de la Savak) exécutés. -*14-4* ayatollah Taleghani se retire de la vie publique pour protester contre abus ; démission de Sandjabi. -*1-5* ayatollah Motahari assassiné par *Forghan* (groupe clandestin ; « détenteur de la vérité du Coran », créé 1975 par Akbar Goudarzi) ; manif. anticommuniste. -*13-5* châh et chahbanou condamnés à mort par contumace ; révoltes au Khouzistan. -*Juin/juillet* banques, Cies d'assurances, industries modernes nationalisées. -*Juillet/août* combats au Khouzistan. -*3-8 Ass. constituante* de 75 « experts » (majorité intégriste) élue. -*12/14-8* affrontements intégristes/laïques à Téhéran. -*17-8* loi sur la presse : autorisation préalable obligatoire. -*3-9* armée prend Mahâbâd, place forte kurde. -*5-11* des étudiants ir. à l'ambassade américaine à Téhéran prennent 90 otages, dont 60 Américains ; extradition de l'ex-châh exigée. -*6-11* PM Bazargan démissionne ; poste vacant jusqu'en août 1980. -*14-11* gel des avoirs ir. aux USA. -*17-11 :* 10 otages libérés : 7 femmes et 3 Noirs américains. -*24-11* I. refuse d'honorer les dettes étrangères de 28 banques privées nationalisées. -*25-11 :* 5 otages non américains libérés. -*2/3-12* Constitution adoptée par référendum. -*6/10-12* Tabriz, soulèvement contre Khomeyni. -*7-12* amiral *Charyar Chafik*, neveu du châh (préparait pour le 9-12 un soulèvement de la marine), assassiné à Paris. **1980**-*1/4-1* démarche de Kurt Waldheim pour libérer otages. -*11/12-1* Tabriz, heurts Chariat' madaristes/khomeynistes (plus de 19 †). -*12-1 :* 11 madaristes exécutés. 6 diplomates américains cachés à l'ambassade du Canada s'enfuient de Téhéran avec le personnel canadien rapatrié.

1980-*25/28-1* **Abol Hassan Bani Sadr** (né 1933) élu Pt. -*23-2/11-3* commission d'enquête (5 membres) de l'Onu repart de Téhéran sans publier de rapport sur le régime du châh, les otages n'ayant pas été libérés. -*7-4* USA rompent relations diplomatiques et aggravent embargo commercial. -*22/24-4* dizaines de † dans les universités. -*25-4* échec d'un commando américain à *Tabas :* 3 hélicoptères sur 8 en panne ; 8 † américains. -*9-5* Mme Parsa, ancien min. de l'Éducation nat., fusillée. -*6-7* complot militaire, 10 exécutés. -*18-7* attentat à Neuilly contre Chapour Bakhtiar [2 † (1 voisine, 1 policier)] : 2 Libanais, dont Anis Naccache, condamnés à la prison à perpétuité (gracié 27-7-1990, rentrera en I.), 2 Palestiniens, 1 Ir. arrêtés. -*23-7* attentat à Téhéran par Forghan, 6 †. -*27-7* châh meurt au Caire. -*9-8* **Mohamed Ali Radjai** PM. -*17-9* l'Iraq dénonce accord de 1975 sur Chatt al-Arab, qu'il proclame iraqien. -*22-9* **guerre Iraq-Iran** (voir encadré p. 1124). -*3-11* étudiants islamistes confient otages au gouv. -*4-11 :* 1er anniversaire de la prise d'otages, 500 000 manifestants. **1981**-*20-1* à 18 h 15, Khomeyni fait libérer les otages. -*9-6* limoge Pt Bani Sadr qui se réfugie dans la clandestinité. -*11-6* séisme (Kermân) : 1 500 †. -*15-6* échec manif. pour Bani Sadr. -*20-6* émeutes, arrestations. -*21-6* Parlement destitue Bani Sadr (177 voix pour, 1 contre, 1 abst.) [avait signé une alliance avec les moudjahidin du peuple (d'extrême gauche), s'opposait violemment à Khomeyni ; en juillet, échappant à la police, il part pour la France avec le chef Massoud Rajavi (son futur gendre) ; se brouillera avec les moudjahidin lorsque ceux-ci, en 1983, choisiront le camp de l'Iraq]. -*28-6* bombe au siège du P. républicain islamique : 74 † dont l'ayatollah Behechti (chef du PRI), 4 ministres, 6 vice-ministres et 20 députés du PRI. -*19-7* transfert des avoirs ir. déposés aux USA.

1981-*24-7* **Mohamed Ali Radjai** élu Pt (88,12 % des voix). -*26-7* séisme (Kermân) : 5 000 †. -*1-8 :* 3 vedettes lance-missiles bloquées à Cherbourg peuvent gagner l'I. -*9-8* **Mohamed Djavad Bahonar** PM. -*13-8* l'amiral Habibollah détourne une des vedettes (*18-8* les 22 membres du commando et 4 membres d'équipage demandent l'asile politique en Fr. *28-8* vedette rendue à l'I.). -*30-8 Radjai* et *Bahonar* tués dans un attentat. -*2-9* **Mohamed Rezâ**

■ **Affaire Salman Rushdie.** Né en 1947 à Bombay (Inde). Émigré en G.-B. à 14 ans. Études à Rugby et Cambridge. Nationalité : indienne et anglaise. Épouse en 2es noces la romancière Marianne Wiggins (divorce le 4-3-1993). Religion : musulmane ; non pratiquant. Romancier : *les Enfants de minuit* (1983, Booker Prize), *la Honte, les Versets sataniques* (1988), *Haroun et la mer des histoires* (1990), *Patries imaginaires* (1993), *le Dernier Soupir du Maure* (1996), *Est-Ouest* (1997).

1988-*sept.* publie à Londres (Viking Penguin) *les Versets sataniques*. -*5-10* un député indien obtient l'interdiction du livre en Inde. -*8-10* Londres : le journal *Al-Chark Al-Awssat* publie un appel de Manazer Ihsan, Pt des organisations islamiques de Londres, contre le livre. **1989**-*14-1* Bradford (G.-B.) : des fondamentalistes brûlent le livre en public. -*12-2* Islâmâbâd (Pakistan) : la foule assiège le centre culturel américain (6 †). -*14-2 fatwa* (décret religieux) de Khomeyni condamnant Rushdie à mort pour blasphème contre Mahomet et demandant aux musulmans du monde d'exécuter l'auteur et les éditeurs du livre. -*15-2* l'hodjatoleslam Hassan Saneï précise que le meurtrier recevra 3 millions de $ s'il est ir. et 1 $ s'il est étranger ; s'il est tué pendant sa mission, il sera considéré comme martyr et sa famille assistée. -*18-2* Rushdie présente ses regrets. -*20-2* les pays de la CEE rappellent leurs ambassadeurs à Téhéran en consultation. -*24-2* manif. à Bombay (12 †). -*26-2* Paris : 1 500 manifestants demandent la mort de Rushdie. -*7-3* I. rompt relations diplomatiques avec G.-B. -*29-3* Abdullah Ahdel, recteur de la mosquée de Bruxelles, et son adjoint Saleh el-Behir assassinés pour avoir dit que Rushdie devait être jugé et se repentir. -*27-5* Londres : 20 000 manifestants contre le livre. -*19-7* publication en Fr. -*22-7* le tribunal de Paris déclare irrecevable la demande de saisie du livre. **1990**-*déc.* Rusdhie renie ses « blasphèmes ». **1991**-*5-3* mise à prix doublée. -*3-7* traducteur italien blessé à Milan. -*12-7* traducteur japonais, Hitoshi Igarashi, assassiné. -*15-11* Londres : Rushdie reçoit prix littéraire (1re apparition publique depuis 1989). -*Déc.* se rend à New York. **1992**-*2-11* prime pour l'exécution augmentée, si l'assassin est un des membres de la famille. **1993**-*14-2* Rushdie de nouveau condamné à mort. -*18-3* en Fr., invité par le gouv. -*11-10* éditeur norvégien, William Nygaard, blessé. **1994**-*mars* prime passe à 4 millions de $. -*Nov.* le Pt ir. réaffirme que la sentence est irréversible. **1998**-*févr.* l'I. fait savoir que la sentence est irrévocable mais qu'il ne cherchera pas à l'appliquer. -*24-9* à l'Onu, le ministre des Aff. étrangères indique que le gouvernement se dissocie de la prime de 2,5 millions de $ (en oct. 2,8), mais la *fatwa* demeure ; rétablissement des relations diplomatiques avec G.-B. **2001**-*12-2* Organisation de la propagande islamique réaffirme : la *fatwa* « est toujours valable et les musulmans du monde entier sont tenus de l'appliquer ».

Mahdavi Kani PM. -*30-9* accident d'avion : min. de la Défense et principaux chefs militaires tués.

1981-*2-10* **Khamenei** (né 1940), hodjatoleslam, élu Pt par 96 % des voix. -*29-10* **Mir Hossain Moussavi-Khamenei** PM. **1982**-*8-2* Moussa Khiabani (C[dt] militaire des moudjahidin khalqs) † avec 22 m. de l'organisation. -*Avril* 4 939 prisonniers amnistiés. -*10-4 Sadegh Ghotbzadeh* (ancien min. des Aff. étr. de Bani Sadr) arrêté (exécuté 15-9). -*1-10* camion explose à Téhéran : centaines de †. -*10-12* Assemblée de 83 experts religieux (146 candidats) élue au suffrage univ. pour remplacer Khomeyni en cas de †. **1983**-*9-2* leaders du Toudeh arrêtés. -*Févr./avril* 18 diplomates soviétiques expulsés, pendaisons de baha'is. -*Mai* Toudeh interdit. **1984** Gal Oveissy et son frère tués à Paris. -*25-7 :* 20 000 manifestants pour tenue islamique des femmes. -*1-8* avion d'Air France détourné sur Téhéran. -*23-8* Téhéran, attentat : 18 †. **1985**-*15-3* à l'université de Téhéran : 6 †. -*4-5* voiture piégée à Téhéran : 16 †. -*16-8* Khamenei réélu (85,6 % des voix, devant Mahmoud Mostafavi Kachani et Habibollah Asgar Owladi). -*24-11* Ol-Ozma (grand ayatollah) *Hossein Ali Montazeri* (né 1922) confirmé comme successeur de Khomeyni par Assemblée des experts (Khomeyni le démettra le 28-3-1988). **1987**-*7-6* université d'Ispahan : 80 000 ouvrages incendiés par les Lloyas. -*14-7* navire porte-conteneurs français attaqué par 2 vedettes iraniennes. -*17-7* rupture relations diplomatiques avec Fr. -*28-9* Medhi Hachemi (proche de Montazeri) exécuté pour « corruption ». -*Déc.* échange Paul Torri (1er secrétaire de l'ambassade de Fr. en Iran) contre *Wahid Gordji*, traducteur de l'ambassade d'I. à Paris, soupçonné de terrorisme. **1988**-*26-4* Arabie rompt ses relations avec I. -*16-6* relations diplomatiques reprises avec France. -*3-7* croiseur américain *USS Vincennes* abat par erreur Airbus Iran Air : 290 †. -*6-8* cessez-le-feu I./Iraq. -*10-11* rapports G.-B./I. normalisés. -*Nov.* 11 religieux proches de Montazeri exécutés. -*25-11* Kazem Sami, ancien ministre de Bazargan, assassiné. **1989**-*5/7-2* Roland Dumas à Téhéran : l'I. reproche à la France de n'avoir pas libéré le terroriste libanais *Anis Naccache,* emprisonné à vie. -*20-2* Khomeyni ayant condamné à mort Salman Rushdie (voir encadré col. b), la CEE rappelle ses ambassadeurs (ils reviennent le 20-3). -*15-3* attentat iranien contre la femme du C[dt] du *Vincennes*. -*10-5* Pt du Parlement Rafsandjani appelle Palestiniens à tuer des Occidentaux en représailles de la répression de l'intifada. -*25-5* Rafsandjani revient sur son appel au meurtre d'Occidentaux. -*Juin* va en URSS. -*3-6* Khomeyni meurt d'un cancer. -*6-6* obsèques : 8 †, 500 bl. -*13-7* Vienne, lors d'une rencontre avec des émissaires de Téhéran, Abdoul Rahman Ghassemlou, chef du Parti démocratique du Kurdistân d'Iran (PDKI) tué avec 2 camarades.

1989-*28-7* **Hachemi Rafsandjani (Ali-Akbar Bahremani,** né 1934, Pt du Parlement depuis 1980) élu Pt avec 94,51 % des voix contre 3,91 à Abbas Cheibani (31,5 % d'abst.). Poste de PM supprimé. -*19-8 :* 79 pendus pour trafic de drogue. -*26-8* Chypre, Bahkman Djavadi, un des dirigeants du Komala, assassiné. -*Sept.* Rafsandjani quitte son poste de C[et] en chef de l'armée. -*2-11* Téhéran, émeutes de la faim (5 †). -*6-11* USA décident de restituer 570 millions de $ (avoirs gelés depuis 1980). **1990**-*20-3* † à Paris de la P[cesse] Safiyed Firouz (87 ans). -*Avril* la France reconstruit le terminal de Kharg (1,28 milliard de F). -*24-4* Kassem Radjavi (frère de Massoud, chef des moudjahidin du peuple) assassiné en Suisse. -*20/21-6* séisme (40 000 à 50 000 † et 500 000 sans-abri). -*3-7* min. des Aff. étr. ir. et iraqien se rencontrent à Genève (1re fois depuis 1988). **1991**-*5-8* port obligatoire du foulard dans les Stés étrangères. -*6-8 Chapour Bakhtiar* assassiné à Suresnes. -*7-8 Johan Guir Mehrani* (né 1948), homme d'affaires ir., assassiné à Paris. -*Oct.* Fereshten Djahanbani (née 1947), Iranienne vivant à Paris, et Amirolah Teimouri, chef de la sécurité d'Iran Air à Paris, arrêtés. -*22-10* juge Bruguière lance mandat d'arrêt contre Hossein Sheihkattar (né 1949, conseiller de Mohamed Gharazzi, min. des Postes ir.), qui serait impliqué dans l'affaire Bakhtiar. -*23-12* Zeyal Sarhadi, membre de la Savama (police secrète ir.), arrêté à Berne pour complicité (extradé 26-5-1992). **1992**-*avril/mai* émeutes à Meched, Chirâz, Arâk. -*Août* I. refuse accès sur îles d'Abou Moussa et Tomb (annexées depuis janv. 1991, auparavant coadministrées avec Émirats). -*8-8* décès de l'ayatollah Abo'l-Qâsem Kho'i (né 1899). -*15-8 :* 3 Britanniques expulsés. -*27-8* Onu condamne I. pour violation des droits de l'homme. -*17-9* Berlin, 4 dirigeants du PDKI assassinés. *Attentats :* contre mausolée de Khomeyni (*10-10*), à Téhéran (*15-10 ; 27-10* : 3 †). **1993** ayatollah Montazeri en résidence surveillée. -*13-3* raid aérien ir. contre Kurdes dans le nord de l'Iraq. -*16-3* Rome, *Mohammed Hossein Naghdi* (résistance iranienne) assassiné. -*13-6* Rafsandjani réélu par 63,2 % des voix (abst. 44 %) devant Ahmad Tavakkoli (24 %). -*1-10* Téhéran, explosions. -*9-11* attentats contre ambassade de Fr. et locaux d'Air France. **1994**-*14-1* explosions à Téhéran. -*1-2* émeutes à Zâhédân, -*2-3 :* 2 bombes. -*20-6* Meched, bombe au mausolée Imam-Rezâ (25 †, 70 bl.). -*Juin* la Russie décide d'achever la centrale nucléaire de Bouchir (commencée par l'All. et interrompue 1979). -*30-6* Ali Khamenei interdit cravate et nœud papillon. -*5-7* bombe désamorcée au mausolée de Khomeyni. -*Juillet* femmes interdites lors des matches de football. -*3-8* Qazvin : émeutes (6 †). -*2-12* Ali Khamenei désigné comme *marja e-Taghlid* (« source d'inspiration ») des chiites en remplacement du grand ayatollah Ali Araki († 29-11 à 102 ans) ; refuse le poste fin déc. **1995**-*1-1* loi interdisant la fabrication d'antennes de TV paraboliques (environ 1 000 000) pour 3 ans. -*17-3* hodjatoleslam Seyyed Ahmad Khomeyni (fils de Khomeyni, « le Souvenir de l'Imam ») meurt à 50 ans. -*4-4* prix de l'essence doublé ; Islamchar (banlieue de Téhéran) : émeutes (environ 10 †). -*30-4* embargo commercial et financier américain contre l'I. -*29-7* Téhéran : 2 attentats

Guerre Iraq-Iran

■ **Causes. 1971**-*30-11* après le retrait des forces britanniques, l'Iran a occupé les îles du détroit d'Ormuz (Abou-Moussa, Grande Tomb et Petite Tomb), le Chatt al-Arab doit, selon l'Iraq, retourner sous souveraineté arabe. **1985-87** l'I. veut poursuivre la guerre jusqu'à la chute de Saddam Hussein et étendre l'influence chiite (l'Iraq détient 3 villes saintes chiites : Najaf, Kazimeine, Karbala).

■ **Forces. Au début. Iraq :** armée de terre 200 000 h., 2 100 chars et plus de 1 800 pièces d'artillerie. Armement sophistiqué. **Iran :** armée de terre : 280 000 h., dispersée (notamment au Kurdistan), 1 600 chars et 1 000 pièces d'artillerie. Aviation et marine (mieux équipées) : 440 avions modernes, flotte dotée de missiles ; les approvisionnements américains ne reprennent qu'en 1986. **En 1988** *(juillet :* cessez-le-feu). **Iraq :** 1 000 000 d'h., 4 500 chars, 4 000 blindés légers, 40 hélicoptères, 180 missiles sol-air. Aviation supérieure. **Iran :** 654 500 h. (dont 300 000 *pasdarans*). 1 000 chars, 130 blindés légers.

■ **Événements. 1979**-*mai* accrochages au Kurdistan et Khouzistan. *-30-10* l'Iraq demande révision de l'accord d'Alger. **1980-82** Koweït et Arabie saoudite soutiennent Iraq : 30 milliards de $, plus prêts en pétrole pour couvrir ses contrats d'exportations. **1980**-*janv./sept.* incidents frontaliers, attentats. *-17-9* S. Hussein dénonce accord d'Alger. *-22/26-9* offensive iraqienne en Iran. *-24-10* Khorramchahr. *-12-11* échec bons offices de Kurt Waldheim. **1981**-*janv./sept.* guerre de positions. *-Sept./nov.* I. débloque Abadan. **1982**-*mars* mission Onu (Olof Palme) échoue. *-29-4/24-5* I. débloque Khorramchahr. *-30-6* Iraq a évacué l'I. *-13-7* Ir. pénètrent en Iraq. *-15-8* Iraq bloque Kharg. *-26-10* Iraq revient à l'accord d'Alger. **1983**-*5-2* la Fr. livre 29 Mirage F1 à l'Iraq. *-9-2* et *-13-4* offensive iranienne. *-Oct.* la Fr. prête à l'Iraq 5 Super-Étendard équipés d'Exocet (rendus 1985) : I. menace de bloquer détroit d'Ormuz (par où transitent 40 % du pétrole). **1984** Koweït prête 10 milliards de $ à l'Iraq. *-17-2* offensive iranienne : guerre des marais. *-2-3* I. occupe îles Majnoun. 1er emploi par l'Iraq d'armes chimiques. *-27-4* I. tire sur pétroliers. *-7-6* aviation saoudienne abat 2 avions ir. *-5-8* minage de la mer Rouge. *-14-12* médiation de la conférence islamique de Sanaa, échec. **1985**-*6-3* début guerre des villes. *-17-3* offensive ir. dans marais. *-7-4* mission de conciliation Perez de Cuellar, échec. *-Oct.* offensive ir. **1986**-*févr./mars* I. prend Fao. *-Mars* Conseil de sécurité Onu condamne Iraq pour armes chimiques. *-12-8/1-12* : 6 missiles sur Baghdad. **1987**-*1-1/1-3* : 30 000 à 40 000 † ir. *-8-1/8-4* I. occupe 150 km² d'Iraq. *-11/15-2* raids sur villes. *-28-2/19-3* I. tire 125 missiles (dont 34 sur Baghdad), Iraq 101 (Scud B) : 90 sur Téhéran, 9 Qom, 2 Ispahan. *-29-2/10-3* : 68 Scud B sur Téhéran, 21 sur Baghdad. *-22-7* des navires de guerre américains escortent pétroliers koweïtiens placés sous pavillon américain. *-30-7* groupe aéronaval français (avec le porte-avions *Clemenceau*) part pour le Golfe. *-21-9* : 2 hélicoptères américains investissent un mouilleur de mines ir. **1988**-*28-2* : 5e guerre des villes (135 missiles iraqiens sur Téhéran). *-16-3* Iraq utilise armes chimiques contre Kurdes : 5 000 †. *-Mars* I. prend Halabja et Khormal ; attaque de pétroliers. *-Avril* Iraq reprend Fao. *-14-5* I. attaque super-pétroliers. *-18-7* I. accepte cessez-le-feu (*résolution 598* Onu de 1987). *-6-8* Iraq accepte cessez-le-feu. *-20-8* contrôle Onu. **1991**-*19-12* le secrétaire général de l'Onu reconnaît l'Iraq agresseur.

■ **Bilan. Tués :** *1980-88* : Iran 400 000 (dont 45 000 enfants de 12 à 14 ans), Iraq 300 000. **Navires attaqués :** *mai 1981-fin 1987* : environ 450. 2 Exocet ont atteint une frégate américaine (37 †). **Bilan financier** (en milliards de $) : Iran : destructions, surcroît en armes et manque à gagner 400, Iraq 193 : *Cies d'assurances* : 2. *Reconstruction* : 100.

■ **Positions étrangères. USA :** soutiennent Iraq (pour ne pas se couper d'Arabie, Jordanie et Égypte), et I. (une victoire de l'Iraq aurait gêné Israël) ; le 4-11-1986 scandale de l'Irangate : les USA ont vendu des armes à l'I. contre une promesse d'aide pour libérer les otages américains. **URSS :** soutient Iraq (l'I., victorieux, aurait aidé la résistance afghane ; mais l'Iraq, victorieux, aurait concurrencé la Syrie pro-soviétique). **Israël :** soutient I. mais si l'Iraq était vaincu, I. et Iraq lutteraient ensemble contre le sionisme. **Syrie :** soutient I., mais pas trop pour ne pas perdre l'aide financière des États du Golfe et par crainte d'une vague chiite à Baghdad. **Arabie :** a voulu la défaite de l'I., mais a redouté qu'un Iraq puissant ne prenne le Koweït.

à la bombe (5 bl.). *-28-11* nouveau Code pénal : certains délits politiques et de droit commun punis de peine de mort, emprisonnement ou flagellation. **1996**-*13-5* liaison ferroviaire Meched-Sarrakhs (160 km) inaugurée, dernier tronçon Pékin-Istanbul. **1997**-*4-2* séismes dans nord-est (58 †) ; *-28-2* Ardabil, magnitude 5,5 (965 †). *-10-4* tribunal de Berlin condamne les exécutants d'un attentat commandité par l'I. contre des opposants kurdes. *-29-4* rappel des ambassadeurs européens. *-10-5* séisme (3 000 †).

1997-*3-8* **Mohamad Khatémi** (né 1943) Pt (élu le 23-5 : 69,1 % des voix). *-13* et *21-11* retour des ambassadeurs européens. *-26-11* Khamenei, guide suprême de la Rép., ordonne le jugement pour « trahison » de l'ayatollah Montazeri, ancien dauphin de Khomeyni. **1998**-*4-4* Golamhossein Karbastchi, maire de Téhéran depuis 1989, emprisonné. *-15-4* libéré sous caution (condamné 23-7 à 5 ans de prison pour corruption, 24-12 peine ramenée à 2 ans, gracié 25-1-2000). *-2/3-6* attentats des moudjahidin. *-22-7* essai du missile Shabab-3 (portée 1 300 km). *-31-7* la France relâche Massad Hendi (impliqué dans l'assassinat de Bakhtiar le 6-8-1991) emprisonné depuis sept. 1991. *-15-9* : 70 000 h. massés à la frontière afghane, plus 200 000 envoyés en renfort (lors de la prise de Mazar-i-Sharif, les talibans ont assassiné 10 diplomates et 1 journaliste iraniens). *-22-11* Daryoush Fourouhar (Pt du P. du peuple d'Iran) et Parvaneh Eskandari, sa femme, assassinés. **1999**-*5-1* le ministre des Renseignements reconnaît sa responsabilité dans le meurtre de Fourouhar et dans celui de 3 écrivains en décembre 1998. *-27/29-10* Pt Khatémi en France. *-27-11* Abdollah Nouri, ancien ministre de l'Intérieur, condamné par tribunal spécial du clergé à 5 ans de prison, 3 000 $ d'amende et fermeture du journal *Khorad* pour propagande anti-islamique. **2000**-*18-2 législatives,* succès des réformateurs. *-12-3* Saïd Hajjarian, journaliste réformateur, blessé (tentative de meurtre). *-17-3* allègement partiel de l'embargo américain. *-23-4* : 12 publications « réformatrices » suspendues. *-1-7* procès de 13 juifs iraniens accusés d'espionnage : 3 acquittés, de 4 à 13 ans de prison pour les autres (-21-9 en appel : 2 à 9 ans). *-Été* sécheresse. *-26/27-8* Khorammabad, affrontements miliciens/étudiants pro-Khatémi. **2001**-*8-6 présidentielle :* 10 candidats retenus sur 817 dossiers déposés ; **Khatémi** réélu (77,8 % des voix).

■ **Statut.** *République islamique* depuis 1-4-1979. **Constitution** du 3-12-1980 *adoptée* par référendum : 99,5 % oui, abst. 50 % ; *révisée* par référendum 28-7-1989 pour renforcer pouvoirs du Pt de la Rép. (responsable devant le peuple, le Guide suprême et le Parlement) ; PM supprimé depuis 1989 ; création d'un vice-Pt (97,38 % de oui). La Constitution exclut « domination » du capital étranger, « monopoles » et profit « en tant que critère décisif de la production », ne mentionne pas le droit de grève, prévoit des « conseils ouvriers » qui participent à la gestion des entreprises, fait du chiisme la religion d'État (liberté de culte pour juifs, chrétiens et zoroastriens, mais les baha'is ne sont pas mentionnés). **Tutelle du Guide suprême de la révolution** (chef de l'État) : dirigeant religieux *(velayat faguih hodjatoleslam) Ali Khamenei* (né 1940) depuis 4-6-1989 [désigné par *Assemblée des experts* (86 religieux élus au suffrage univ. pour 8 ans, les candidats devant être approuvés par le Conseil des gardiens ; élect. du 23-10-1998, victoire des partisans de Khamenei)]. *Pouvoirs directs :* police, forces armées, milices islamiques, TV et radio, fondations, mosquées. **Conseil des gardiens :** 6 religieux nommés par le guide et 6 juristes par le Parlement ; ratifie (ou non) les lois votées au Parlement et approuve (ou non) les candidats qui se présentent aux élections ; *secrétaire :* Gal Moshen Rezaï (depuis 9-7-1997). **Conseil de discernement du bien de l'État :** créé 1988, 31 membres (dont les chefs des 3 pouvoirs) ; légifère par décrets sur questions urgentes. Dessine la politique générale et tranche conflits Parlement/Conseil des gardiens ; *Pt :* A.H. Rafsandjani (né 1934). **Pt de la République :** élu pour 4 ans au suffrage universel, renouvelable une fois (en théorie, le 2e personnage de l'État) : M. Khatémi. 5 vice-Pts. 20 ministères. **Ass. nationale** *(Majlis)* : 290 membres élus pour 4 ans au suffrage universel. *Pt du Parlement* élu pour 4 ans au suffrage univ. (rééligible une fois) : Mehdi Karoubi depuis 30-5-2000. *7 vice-Pts* dont une femme, Massoumeh Ebtekar (depuis 23-8-1997). **Justice** révolutionnaire, civile et pénale, tribunal de la presse, tribunal spécial du clergé ; ayatollah Shahroudi. **Élections des 18-2 et 5-5-2000 :** réformateurs 213 sièges, conservateurs 55, indép. 22. *% de religieux au Parlement : 1980* : 55 ; *84* : 47 ; *88* : 30 ; *92* : 24 ; *96* : 18 ; *2000* : 13. **Gardiens de la révolution** *(Pasdarans)* : 170 000 h. ; *commandant en chef :* Yahya Rahim Safavi (depuis 9-7-1997). **Drapeau** (adopté 29-7-1980). Bandes horizontales verte, blanche et rouge. Pictogramme de la lettre « alif » symbole de l'unité divine, et double frise combinant « Il n'y a de Dieu qu'Allah » avec texte proclamant la grandeur de Dieu, ajoutés en 1979.

■ **Partis. P. républicain islamique** fondé 1978 (Ali Khamenei), autodissous 1987. **Jama. P. Toudeh** fondé 1941 (communiste, Ali Khavari), décimé depuis 1983. **P. fedayin du peuple** fondé 1963 (marxiste-léniniste). **Front national démocratique** mossadeghiste (fondé 1979), Edmayatollah Matine-Daftari. **P. paniraniste** (extrême droite anticléricale). **P. républicain du peuple musulman,** Hossein Farshi († 1986), 3 500 000 membres. **Opposition en exil. Conseil national de la résistance** (*Pt* : Massoud Radjavi, chef des moudjahidin du peuple, réfugié en Fr. en 1981 ; à Baghdad depuis 1986. Sa femme, Maryam Radjavi, future Pte de la République). **Royalistes. Front national. Libéraux. Opposition tolérée. Mouvement de libération de l'I.** fondé 1961 par Mehdi Bazargan, interdit 18-3-2001, *secr. gén.* : Ibrahim Yazdi. **Serviteurs de la reconstruction** fondés 20-5-1998, proches de Khatami. **Front de la participation (Mocharekat)** fondé 5-12-1998, gauche réformatrice, Mohammad Reza Khatami. **Front du 2 Khorad** (23 mai, date de l'élection de Khatami), union de 18 formations. *Pt :* Behsad Nabavi.

■ **Répression.** De 1979 à 1995, environ 100 000 (?) opposants exécutés. Torture courante. *Trafiquants de drogue exécutés :* environ 2 000 depuis la loi de 1989 (contre détention de plus de 33 g d'héroïne ou de 5 kg d'opium).

■ **Provinces** (*ostân*). 24 [divisées en 195 départements *(shahrestan)]*. Superficie en km², entre parenthèses pop. (en millions d'hab., 1996), et en italique chef-lieu : **Guilân** 14 704 (2,2), *Rascht.* **Mâzanderân** 47 375 (4), *Sâri.* **Fars** 133 298 (3,8), *Chirâz.* **Kermân** 179 916 (2), *Kermân.* **Azerbaïdjan oriental** 67 102 (3,3), *Tabriz ;* **occidental** 38 850 (2,4), *Ourmia.* **Bâkhtarân** 23 667 (1,7), *Bâkhtarân.* **Baloutchistân et Séistân** 181 578 (1,7), *Zâhédân.* **Ispahan** 104 650 (3,9), *Ispahan.* **Khouzistan** 67 282 (3,7), *Ahvâz.* **Kurdistân** 24 998 (1,3), *Sanandadj.* **Khorassan** 313 337 (6), *Meched.* **Téhéran** 19 118 (11,1), *Téhéran.* **Boyer Ahmad et Kohguilouyeh** 14 261 (0,54), *Yâssoudj.* **Bouchir** 27 653 (0,74), *Bouchir.* **Tchahâr Mahâl et Bakhtiâri** 14 870 (0,76), *Chahr-é Kord.* **Hamadân** 19 784 (1,6), *Hamadân.* **Hormoz (Ormuz)** 66 870 (1), *Bandar'Abbâs.* **Élâm** 19 044 (0,48), *Élâm.* **Lorestân** 28 803 (1,5), *Khorramâbâd.* **Markazi** 39 895 (1,2), *Arâk.* **Semnân** 90 039 (0,50), *Semnân.* **Yazd** 70 030 (0,75), *Yazd.* **Zanjân** 36 398 (1), *Zanjân.* **Ardabil** 18 451 (1,1), *Ardabil.* **Qom** 10 762 (0,85), *Qom.* En 1979, création de la province de **Qazuin,** *Qazuin* et en juin 1997 de celle de **Gorgan,** *Gorgan* divisions de la province de Mâzanderân.

■ Économie

■ **PNB** (en $ par hab.). *1971* : 450 ; *80* : 2 400 ; *84* : 3 689 ; *85* : 3 000 ; *88* : 3 500 ; *90* : 2 450 ; *95* : 1 850 ; *98* : 2 460 ; *99* : 2 190. **Croissance** (en %) : *1995* : 1,6 ; *96* : 3,5 ; *97* : 5,2 ; *99* : 0,7 ; *2000* : 2,6. **Population active** (en %) **et,** entre parenthèses, **part du PNB** (en %) : agr. 39 (24), ind. 18 (18), services 37 (32), mines 6 (26). **Chômage** (en 2000) : 20 %.

■ **Agriculture. Terres** (en millions d'ha) : forêts 18 (11,9 %) ; cultivées 15,35 (10 %) dont cultures permanentes irriguées 3,55, non irriguées 4,1, jachères 11,35 ; non cultivées susceptibles d'être mises en valeur 31 000 (18,8 %) ; prés permanents 10 000 (6,1 %). **Production** (en milliers de t, 1999) : blé 8 687, bett. à sucre 4 987, p. de t. 3 430, riz 2 300, orge 1 919, canne à sucre 1 970, maïs 941, légumineuses 542 (en 1993), pistaches 282, coton fibres 141, thé 60, tabac 17, vigne, raisins secs. **Élevage** (en milliers de têtes, 1999). Poulets 202 000, moutons 53 900, chèvres 27 000, bovins 8 047, ânes 1 400, buffles 456, chevaux 250, chameaux 143, mulets 137. **Pêche** (en 1999). 413 500 t. *Caviar* (en t) : *1990* : 310 ; *91* : 233 ; *98* : 100.

■ **Pétrole. Histoire :** *1908 :* découvert. *1913 :* exploité (dont Khouzistan 92 %). *1951 :* nationalisé. *1954 :* la National Iranian Oil Company (Nioc) [tout en gardant la propriété des gisements] concède pour 25 ans installations et droit d'extraction sur 250 000 km² à un consortium regroupant les 8 principales Cies pétrolières mondiales. *1973* (21-3) : protocole donnant à la Nioc le contrôle de l'ind. pétrolière et gazière en I. **Réserves :** 12,16 milliards de t. **Production** (en millions de t) **et,** entre parenthèses, **revenus** (en milliards de $) : *1913* : 0,08 ; *41* : 6,7 ; *50* : 27,2 ; *60* : 52 (0,3) ; *65* : 94 (0,5) ; *70* : 192 (1,1) ; *75* : 267 (20,5) ; *80* : 65 (13,3) ; *85* : 110 (2) ; *90* : 156 (16) ; *95* : 182,7 (13,1) ; *96* : 183,8 (14) ; *97* : 184,1 ; *98* : 187,8 ; *99* : 175,2 (12,08) ; *2000* : (12). **Prix moyen du baril exporté** (en $) : *1996-97* : 19,7 ; *97-98* : 16,2 ; *98-99* : 10,4 ; *99-2000* : 15,5. **Terminal pétrolier :** *île de Kharg* (à 35 km de la côte iranienne), aménagé à partir de 1960. *Est :* peut accueillir 10 pétroliers de 250 000 t. *Ouest :* pétroliers de 500 000 t. *Bandar Tahéri* (prévu). **Gaz naturel. Réserves :** 29 887 milliards de m³ ; à Tang Bijar (près Iraq), île de Qeshm, Khangiran, gisement marin au large de Bouchir, Kangan. **Production** (en milliards de m³) : *1967* : 21,3 ; *75* : 45,4 ; *80* : 41,6 ; *81/82* : 15,7 ; *82/83* : 30,4 ; *85* : 14,6 ; *90* : 24 ; *95* : 35,3 ; *98* : 50 ; *99* : 52,5.

■ **Mines** (en millions de t). **Charbon** (région de Kermân) : *production :* 1,46 (en 1994). **Cuivre :** *réserves :* prouvées 400 ; *production :* 0,131 (en 1999). **Fer :** *réserves :* 800 ; *production :* 2,1 (en 1994). **Plomb** (Nakhlak, Qanat, Mervan). **Manganèse** (Robat Karim).

■ **Industrie.** Nationalisée en 1979, privatisée en partie début 1992. Raffineries (Abadan, Ispahan, Chirâz, Tabriz), métallurgie, chimie, minerais non métalliques, industrie alimentaire, textile, automobile, aluminium (70 000 t). *1980-82* : 40 % du potentiel industriel détruit. *1989 :* tourne à 10-30 % de ses capacités. *1992 :* aux 2/3. **Transports** (en 1998). **Routes :** 167 157 km. **Voies ferrées :** 6 264 km dont 149 électrifiés.

■ **Tourisme.** 2 100 000 visiteurs (en 2000).

■ **Budget** (1995-96). **Recettes :** 46 138 millions de rials (dont pétrole et gaz 27 446). **Dépenses :** 46 380. **Pourcentage des recettes pétrolières dans le budget de l'État :** *1981-82* : 53,7 ; *82-83* : 56,2 ; *92-93* : 67. **Dette extérieure** (en milliards de $) : *1990* : 10,8 ; *93* : 27 ; *95* : 22 ; *96* : 16,8 ; *97* : 20,4 ; *98* : 23 ; *99* : 11. En % du PIB : *1998* : 15,3 ; *99* : 23,3. **Inflation** (en %) : *1990* : 20 ; *92* : 50 ; *93* : 28 ; *94* : 40 ; *95* : 53,5 ; *96* : 28,9 ; *97* : 17,1 ; *98* : 22 ; *99* : 21 ; *2000* : 19. **Réserves en devises** (en 1999) : 3,5 milliards de $. **Aide américaine** (1953-61) : 1 milliard de $ [les barrages construits avec Ara, Chah-Abbas, Dez sont quasi inexploités]. **Rial :** *1979 :* 1 $ = 75 rials ; *88* : 1 $ = 930 à 1 200 (sur le marché parallèle, 13 à 17 fois moins) ; *92* : 70 (taux officiel) à 1 500 (taux du marché) ; *93* : 2 000 (taux officiel et préférentiel supprimés) ; *95 (mai)* : 7 000 ; *99* : 10 000.

☞ **Achats d'armes :** 2 à 3 milliards de $ par an notamment à Russie. L'I. pourrait disposer de la bombe atomique (assistance chinoise et nord-coréenne).

■ **Commerce** (en milliards de $). **Export./import. :** *1996-97* : 22,5/14,9 [(en %) : *exporte* pétrole et gaz 86,1, tapis 2,9, fruits 2,9/*importe* machines-outils et matér. de transp. 27,8, produits alim. et animaux 17,1, fer et acier 13,6] ; *97-98* : 18,4/14,1 [(en %) : *exporte* pétrole et gaz *vers* G.-B. 16,5, Japon 15,1, Italie 8,9, Corée du Sud 7, Grèce 5,4, *France 3,7 ;* autres *vers* All. 13,6, Italie 9,6, Japon 3,6, Inde 3,3/*importe de* All. 13,1, Japon 6,2, Italie 5,6, *France 4,8,* G.-B. 4,8] ; *98-99* : 12,4/14 ; *99-2000* : 16,1/14. **Balance des paiements** (en milliards de $) : *1996-97* : 5,2 ; *97-98* : 1,6 ; *98-99* : – 3,2 ; *99-2000* : 0,5.

■ **Contentieux franco-iranien. 1974** le châh commande à Framatome, Alsthom et Spie-Batignolles 2 centrales nucléaires (1re : Karoun) ; prête 1 milliard de $ au CEA pour la construction, par le consortium Eurodif, de l'usine d'enrichissement d'uranium du Tricastin ; commande à Eurodif de l'uranium enrichi. **1975** I. détient 40 % du capital de Sodifir (actionnaire à 25 % d'Eurodif), donnant l'accès à 10 % de l'uranium produit. **1979** Khomeyni annule le projet et demande remboursement du prêt. **1985** 1er arbitrage reconnaît préjudice d'Eurodif (annulé mars 1990). **1986**-*oct.* et **1988**-*janv.* Fr. rembourse 630 millions de $. **1991**-*oct.* tribunal arbitral de Lausanne condamne I. à verser 4,06 milliards de F à Framatome, Alsthom et Spie-Batignolles (5 demandés) : 2 seront versés (reste déjà soldé par Coface). Cogema et Framatome devront verser à l'I. 550 millions de F pour non-livraison du combustible, et Eurodif 940 pour non-remboursement du prêt. *-29-12 accord signé définitivement* à Téhéran : Fr. versera 1 milliard de $ à I. (550 millions dans les 48 h, 3 fois 150 millions en 1992), 5 milliards de F à Eurodif (pour le préjudice dû à l'uranium non acheté), et 3,2 milliards à Alsthom, Framatome et Spie-Batignolles.

■ **Rang dans le monde** (en 1999). 2e réserves de gaz. 4e ovins, pétrole. 5e réserves de pétrole. 8e oranges, gaz naturel. 10e thé.

IRAQ
V. légende p. 950.

☞ *Abréviations :* I. : Iraq ; Ir., ir. : Iraqien(ne) ; K. : Koweït ; Kow., kow. : Koweïtien(ne).

■ **Nom.** En arabe, « le pays bien enraciné ».

■ **Situation.** Asie. **Superficie :** 438 317 km^2 (plus 3 522 km^2 de zone neutre). **Frontières** (en km) : Koweït 242, Arabie saoudite 814, Jordanie 181, Syrie 605, Turquie 331, Iran 1 458. **Côtes :** 58 km. **Régions.** *Djézireh* (« l'île ») : plateau entre Tigre, Euphrate et Kurdistân, *delta* Tigre et Euphrate, *Iraq el-Arabi* au sud (ancienne Babylonie). **Altitude** *maximale :* Hasar Roste 3 607 m. **Climat.** Subtropical à tendance continentale, frais l'hiver (7,7 °C à Mossoul, 9,9 °C à Baghdad en janv.), très chaud l'été (33,6 °C à Mossoul et 45 °C à Baghdad en juillet). *Pluies* (l'hiver) : peu abondantes (Mossoul 361 mm/an, Baghdad 136) sauf dans montagnes kurdes, diminuent vers le sud. *Au sud :* tropical désertique : 12,5 °C à Bassora en janv., 34,4 °C en juillet. *Saisons :* hiver (oct.-avril) et été (mai-sept.).

■ **Population** (en millions d'hab.). *1927 :* 3 ; *57 :* 6,3 ; *72 :* 10 ; *99 :* 22,5 ; *2000 (est.) :* 23,11 : *2025 (prév.) :* 41. **D.** 52,7. En % : Arabes 75, Kurdes 20, divers 5. **Age :** *– de 15 ans :* 42,2 %, *+ de 64 ans :* 3,1 %. **Mortalité infantile** (en ‰) : *1990 :* 40 ; *99 :* 127 ; *2000 :* 131. **Espérance de vie** (en 1998) : 63 ans. **Réfugiés** (en 1999) : 900 000 personnes déplacées en I. *A l'étranger :* Iran 500 000, Koweït 15 000. *En Iran :* 129 400 dont 90 000 Palestiniens, 26 500 Iraniens et 11 800 Turcs.

■ **Langues.** Arabe 70 % *(officielle),* kurde 18 %, araméen [sémitique occidentale, appelée « syriaque » (*officielle* depuis 1970)] 10 %. **Analphabètes** (en 1998) : *h.* 36 %, *f.* 57 %.

■ **Religions.** **Musulmans :** 97 % (religion d'État) dont sunnites 35 % (dont Kurdes 25 %) ; chiites 60 % ; yezidis (d'origine kurde, 69 653 en 1965). **Juifs :** 300 (1948 : 130 000). **Chrétiens :** 3 %. Pratiquants (en milliers, 1986) : 584,5 dont *cath.* 393,1 [dont *chaldéens* [1] 342,9 (11 évêques, 9 diocèses, 1 vicariat, 108 prêtres). *Nestoriens* [2] 124. *Syriaques* [1] 44,4 (2 évêques, 2 diocèses, 27 prêtres, 1 monastère historique Marbehna). *Orthodoxes* [2] 42,8. *Latins* [1] 3,5 (1 évêque, 13 prêtres, 2 ordres religieux, 7 égl.). *Byzantins* ou *grecs* (Grecs [2] 3). *Arméniens* [1] 2,3 (orthodoxes [2] 20)] ; *Église réformée :* évangélistes 1,3, sabbathiens 0,3.

Nota. – (1) Catholiques. (2) Séparés de Rome.

■ **Villes.** *Baghdad* 4 336 000 hab. (est. 1999), Mossoul 879 000 (en 1995, à 408 km), Bassora 616 700 (en 1985, à 560 km), Kirkûk 500 000 (en 1979, à 388 km).

■ **Histoire. Av. J.-C.** **Ancienne Mésopotamie,** centre de nombreuses civilisations (sumérienne, babylonienne, assyrienne, etc.). 1°) **Période moustérienne (40000)** grotte de *Shanidar ;* période de chasse. 2°) **Culture (10000)** *Kerim Shabir, Gird chai, Chomi.* 3°) **Zarzien (8500)** *Shanidar* couche B2. 4°) **Protomésopotamien (7000)** *Jarmu, Hassuna, Tell al-Sawan, Arpachia, Tepe, Gaivra* (nord de la Mésopotamie) ; *Ubaid, Warka, Kish* (sud) : vaisselle, idoles féminines en albâtre. 5°) **Hassuna-Samarra (5000)** 1res poteries, figurines en albâtre. 6°) **Halaf (4000)** *Tell Halaf* près de la Syrie : les villages s'organisent, céramique polychrome avec figures humaines et animalières. 7°) **El-Obeid (4500-3500)** civilisation puissante au sud (*Eridu, Ur, Uruk*), utilisation du tour de potier, objets en métal moulé, temples, ziggourats, poteries peintes. 1er exemple de navigation à voile (4500). 8°) **Uruk (3500-3100)** *Uruk* (actuellement Warka), 1res tablettes pictographiques, précédant l'écriture cunéiforme. 9°) **Djemdat Nasr (3100-2800)** 1res statuettes votives. 10°) **Présargonique (2800-2470)** cités-États. *Villes : Eridu, Ur, Uruk* (cap. religieuse), *Lagash* (aujourd'hui Tello), *Oumma, Adab* (Bismya), *Shouroup-pak* (Fara). Ruines : palais, temples, ziggourats en briques crues ou cuites. En 1936, on a découvert près de *Ctésiphon* une jarre de terre (de 2 500 ans av. J.-C.), fermée par un disque et un cylindre en cuivre, surmontée d'une baguette et d'un câble en fer. L'Américain Willard Gray a démontré qu'il s'agissait d'une pile électrique. La jarre était remplie de sulfate de cuivre arrosé d'un acide (citrique ou acétique ?). 11°) **Empire d'Akkad (2470-2283)** fondé par le sémite *Sargon : Lagash, Uruk, Ur, Nippur, Kish, Tell Asmar, Mari, Assur ;* l'akkadien (langue sémitique orientale) remplace le sumérien (demeuré langue religieuse) ; région de Suse colonisée ; désertification (sécheresse de 300 ans provoquée par éruption volcanique) ; invasion des *Goutis* vers 2200. 12°) **Dynastie d'Ur (2150-2016)** connaissance des mathématiques, théories, codes. Quelques cités-États renaissent. *Ur Nammu* fonde un empire de langue sumérienne ; sites : *Lagash* et *Ur.* Ziggourats et temples. Ur est détruite en 2035 par les Amorrites et, pendant 2 siècles, coexistence de 4 royaumes : *sumérien, akkadien, élamite* et surtout *amorrite* (cap. Mari : 25 temples, palais de 300 chambres du roi Zimri-Lim vers 1780). 13°) **Babylone (1894-1255)** 1re dynastie (1895-1595). **1894** un Amorrite, Soumou Aboum, roi de *Babylone.* **1757** son descendant, *Hammourabi* (1792-1750), détruit ville et palais de *Mari.* Principaux temples : Ischalli, Assur. *Code d'Hammourabi* (Louvre) : astronomie, algèbre, traductions en sémitique (araméen, akkadien) des livres sacrés sumériens. *Dynasties rivales :* Larsa, Assur. Les *Kassites* (1730-1170), originaires du Zagros (montagne de Mésopotamie), s'installent à Babylone. Battus par les rois d'Élam (1160), ils se réfugient au Zagros. Architecture : Aqarquf (temple et ziggourat de 60 m), Uruk (temple). Sculptures en diorite. 14°) **Empire assyrien (1255-625)** *Dur Sharrukin* (« le palais de Sargon »), actuellement Khorsabad. Grands rois : *Tuqulti Ninurta Ier* (1255-1218), *Assur-Nasirpal II* (883-859), *Salmanasar III* (858-824), *Shamshi-Adad V* (823-810), *Adadnirari III* (810-783), régence occulte de sa mère, *Sammuramat,* qui inspire le personnage de Sémiramis, *Salmanasar IV* (782-773), *Assur-dan II* (772-755), *Teglath Phaleser III* (745-727), *Salmanasar V* (726-721), *Sargon II* (721-705). **689** *Sennacherib* (705-681) rase Babylone et déporte 208 000 Araméens. **671** *Asarhadon* (680-669) conquiert l'Égypte. *Assurbanipal* (668-626). **626** empire assyrien détruit par Gal chaldéen *Nabopolassar,* qui rebâtit Babylone, se proclame roi et s'allie aux Mèdes et aux Scythes (indo-européens). Art brillant du IXe au VIIe s. Palais : Nimrud (Kalak) sous *Assur-Nasirpal II,* Khorsabad (713-709), Dur Sharrukin sous *Sargon II,* Quyuudjik (Ninive) sous *Assurbanipal.* Sculptures. Fresques (Tell Ahmar). 15°) **Empire néobabylonien** ou **chaldéen (625-539)** *Assur-etil-ilâni* (630-623). *Sîn-shar-ishkun* (623-612). *Assur-uballit II* (612-610). **612** coalition médo-babylonienne reprend Ninive ; Chaldéens, Araméens et Babyloniens sont confondus en un seul peuple de langue araméenne (sémitique occidentale), cap. Babylone. **587** *Nabuchodonosor* (604-562), le plus grand souverain, prend Jérusalem. 16°) **Annexion à l'Empire achéménide (539-331). 539** *Cyrus*, Perse (Achéménide), prend Babylone. Assiégé par Cyrus, Balthazar le dernier roi de Babylone, se croyant en sûreté, buvait au cours d'un banquet dans les vases sacrés du temple de Jérusalem ; une main traça alors sur le mur « *Mane, Thécel, Pharès* », expliqué ainsi : « Dieu a compté ton règne et y a mis fin ; tu as été pesé dans la balance et trouvé trop léger, ton royaume est divisé et donné aux Mèdes et aux Perses. » Cette nuit-là, les Perses entrent dans Babylone et massacrent Balthazar. Jusqu'en 447, les empereurs perses portent le titre de rois de Babylone [résidence d'hiver, jardins suspendus, temples, ziggourats (Marduk)]. **447** aprèsrévolte, *Xerxès Ier* annexe Babylone à l'empire. 17°) **Annexion à la Syrie séleucide (321-129)** *Alexandre le Grand* conquiert Empire achéménide 331, cap. Babylone, où il mourra en 323. **321** Mésopotamie attribuée au roi de Syrie *Séleucos* (hellénistique), qui fonde Séleucie du Tigre. **170** Babylone cité de droit grec (*Antiochos III*). **129** Mésopotamie évacuée par *Antiochos IV* vaincu par les Perses.

Après J.-C. **114-117** conquis par *Trajan* [2 provinces romaines : Assyrie (rive gauche du Tigre), Mésopotamie (jusqu'au golfe Persique)]. **117** *Hadrien* rend les 2 provinces aux Parthes et fixe le *limes* sur l'Euphrate. 18°) **Période parthe (139-226)** temples d'Hatra, murailles. 19°) **Période sassanide (266-632)** conquis par *Ardachir* vers 230 et organisé comme marche contre Romains par Shabour Ier : Bassora et Kufa, 2 camps fortifiés. 20°) **Empire islamique (632-1300). 633** à *Qaddisieh* les musulmans battent les Perses sassanides. *Omeyyades* (661-747) ; Marivan II devenu calife, tué 750 en Égypte : ses parents et ses proches sont invités à un banquet de réconciliation où ils sont massacrés ; le seul rescapé, Abd al-Rahman, petit-fils de calife, fondera en Esp. un émirat indépendant : siège du califat à Damas. *Abbassides* (747-1258 ; la dynastie s'éteindra en Égypte en 1517) : Baghdad (« Cité de la paix », fondée 762 par le calife *Al Mansour*). Samarra (836-892 siège du califat). **750** Baghdad siège du califat. **786** *Haroun al-Rachid,* calife, règne sous le nom d'*al-Rachid* (« le Bien Guidé »). Crée la charge de grand cadi, lutte contre l'empereur romain. Irène, impératrice byzantine, lui paye tribut. Charlemagne lui envoie des ambassadeurs (pour le sonder sur une action concertée contre l'émir de Cordoue ?). **1065** Turcs seldjoukides mettent le califat sous tutelle. **1169** *Saladin* (1138-93), d'origine kurde, nommé vizir par le dernier des califes fatimides. **1257** invasion mongole (Khân Hûlûgû, frère du grand Khân Möngké). **1258**-*17-1* troupes du calife battues, massacrées ou noyées dans le Tigre. *-10-2* Baghdad, population massacrée (100 000 à 2 000 000 de † ?). *-20-2 :* 37e calife abbasside al'Musta'sim tué. **1401** Baghdad détruite par le Mongol Tamerlan. **1533** *Soliman le Magnifique* annexe I. à l'Empire turc. **1638** suzeraineté turque. **1643** 1er comptoir britannique à Bassora. **1831** administration turque directe. **1843** Paul-Émile Botta (1802-70, diplomate français) redécouvre les ruines de Khorsabad. **1914-18** conquête britannique. **1915**-*janv./août* araméophones (Assyro-Chaldéens), qui ont pris parti contre les Turcs, massacrés par Turcs et Kurdes (250 000 † sur 400 000) ; *-mai* se réfugient à Ourmiah et Salamas, continuent combat avec Russes, puis avec Français et Britanniques après retrait des Russes lors de la révolution bolchevique [le Gal Petros Eliya de Baze (1882-1932), dit « Agha Petros », avec quelques milliers d'Assyro-Chaldéens, fait face aux Turcs et Kurdes]. **1916**-*avril* Anglais battus à Kût ; **1917**-*11-3* prennent Baghdad. **1918**-*juillet* 60 000 Assyro-Chaldéens, réfugiés en I., sont entassés dans des camps sous protection anglaise. Quelques centaines, enrôlés comme supplétifs (*Assyrian Levies*), matent des révoltes kurdes et arabes pour le compte des Anglais (qui leur promettent de soutenir leurs revendications nationales). *-Oct.* prennent Kirkûk. **1919** *conférence de paix de Paris :* Assyro-Chaldéens revendiquent un État comprenant parties du nord de la Mésopotamie et du Kurdistân turco-persan. **1920**-*25-4 mandat britannique.* Insurrection contre Britanniques. *-10-8 traité de Sèvres* accorde aux Assyro-Chaldéens « des garanties et une protection » dans le cadre d'un Kurdistân autonome. *-11-10* sir Percy Cox 1er haut-commissaire.

1921-*23-8* **Faïçal Ier** [20-5-1883/Berne 8-9-1933 ; 3e fils du chérif Hussein (arabe) ; *3-10-1918* prend Damas ; *11-3-1920* élu roi de Syrie par Congrès national syrien ; *-24-7* *chassé par les Français, s'exile en Europe] élu roi d'Iraq par référendum. 1922-25-3 traité d'alliance avec G.-B.* remplace mandat. **1923**-*24-7 traité de Lausanne* : ne parle pas des Assyro-Chaldéens. **1924**-*mars* monarchie constitutionnelle.-*Sept.* Turquie expulse 20 000 Assyro-Chaldéens vers I. **1925**-*10-10* traité d'alliance avec G.-B. -*16-12* SDN attribue Mts Hakkari à Turquie et région de Mossoul à I., rendant impossible toute autonomie assyro-chaldéenne. **1926**-*5-6 traité d'Angora* : frontières avec Turquie. **1927** Kirkûk, pétrole découvert. -*14-12* traité avec G.-B. reconnaissant l'indépendance. **1930**-*30-6* traité stipulant l'indépendance. **1932** fin du mandat britannique. **État indépendant.** -*Août* massacres de centaines d'araméophones (Assyro-Chaldéens). -*3-10* entre à la SDN. **1933**-*mai* le patriarche, Ichaï Chamoun XXIII, invité à Baghdad, y est retenu de force (*18-8* déchu de sa nationalité iraqienne, exilé à Chypre). -*4/5-8* un millier d'Assyro-Chaldéens, réfugiés en Syrie, revenant en I. chercher leurs familles, sont mitraillés par l'armée iraqienne (plusieurs dizaines de † des 2 côtés) ; les Assyro-Chaldéens se réfugient à Semmel (Kurdistân ir.). -*11-8* armée du C^el^ Bakr Sidqui (Kurde) prend Semmel (environ 3 000 †).

1933-*sept.* **Ghazi** roi (21-3-1912/† au volant d'une voiture de sport 4-4-1939 ; fils de Faïçal). **1936**-*29-10* coup d'État de l'armée.

1939-*avril* **Faïçal II** roi (2-5-1935/assassiné 14-7-1958 ; fils de Ghazi), régence d'**Abd Ul Ilah** (1913/14-7-1958), son oncle maternel proanglais, jusqu'en 1953. **1940**-*31-3 Rachîd Al-Gaylânî*, PM, proallemand. **1941**-*30-1* démissionne à cause de l'opposition mésopotamienne. -*1-2 Mashimi* PM. -*3-4* reprend le pouvoir avec aide allemande ; appuyé par « le Carré d'or » (surnom donné par les Anglais au groupe des 4 C^els^, Salâheddine as-Sabbâgh, Kamel Shabib, Fahmi Saïd, Mahmûd Salmâm), dépose le régent et déporte Faïçal II comme otage au Kurdistân. -*30-5* chassé par débarquement anglais. -*31-5* armistice Angl.-I. -*9-10 Nurî al-Sa'îd* (1888/14-7-1958) PM. **1943**-*16-1 guerre contre All.* : 4 800 Mésopotamiens forment la « levée assyrienne ». **1944**-*2-6 Hamdi Al Pachachi* PM. **1948**-*mai* participe à la guerre contre Israël. **1953**-*2-5* Faïçal II intronisé. **1955**-*23-2* pacte de Baghdad (voir à l'Index). **1958**-*14-2 Union arabe* avec Jordanie. -*14-7* coup d'État du **Gal Abd el-Karim Kassem** (1914-63), Faïçal II, reine Nafisa et régent Abd Ul Ilah tués. -*Juillet* Nurî al-Sa'îd se suicide (ou est tué ?). **Najib el-Rubai** Pt. Union arabe abolie.

République. 1958-*sept.* Aref arrêté. -*Oct.* Barzani (exilé en Russie) rentre au Kurdistan. **1959**-*févr.* Aref, condamné à mort, gracié. -*Mars* échec coup d'État pronassérien ; Gal Nazem Tabaqjili exécuté. -*14-7* Kirkûk, lutte communistes, Turcomans (69 †). -*Oct.* Kassem blessé dans attentat. **1961**-*sept.*/**1962**-*févr.* affrontements au Kurdistan. -*Oct.* loi limitant droits des Cies pétrolières. **1963**-*19-1* relations diplomatiques reprises avec Fr. (suspendues 1956). -*8-2* coup d'État militaire du **C^el^ Abdul Salam Aref** (1921/13-4-1966) aidé par P. Baath. -*9-2* Kassem exécuté. -*18-11* coup d'État du Pt Aref contre Baath. **1966**-*avril* **Gal Abdul Rahman Aref** (né 1916) succède à son frère († 14-4, accident d'avion). **1967** rupture relations diplomatiques avec USA. **1968**-*17-7* Aref renversé, exilé.

1968-*31-7* **Gal Ahmed Hasan al-Bakr** (1914-82, cousin de Saddam Hussein) dissout gouv. et élimine du pouvoir les officiers non baathistes. -*7-10* coup d'État déjoué ; nombreux condamnés à mort. **1969**-*26-1* procès de 16 opposants (dont 10 israélites) ; 14 exécutés le 27. **1970**-*11-3* autonomie kurde, relative. -*22-4* droits culturels reconnus aux « citoyens parlant le syriaque » (chrétiens). **1972**-*janv.* 60 000 Iraniens expulsés. -*Févr.* traité d'amitié et coopération avec URSS. -*1-6* Iraq Petroleum Co nationalisée. **1973**-*juillet* complot déjoué (35 exécutions dont C^el^ Nazem Kazzar). -*Oct.* participe à guerre israélo-arabe (30 000 h.). -*Déc.* 30 000 Kurdes expulsés de la région de Mossoul. **1974**-*11-3* les Kurdes rejettent autonomie. -*24-3* Qala Diza (Kurdistân) bombardé. -*26-3* reprise de la guerre. -*30-4* prise de Zakho. -*30-11/2-12* visite J. Chirac. **1975**-*6/17-3 accord d'Alger avec Iran* : fin des différends frontaliers (Chatt al-Arab) ; l'Iran cessant son aide, effondrement de la résistance kurde [45 000 *peshmergas* (« ceux qui vont au-devant de la mort ») et 60 000 miliciens]. -*5-9* Saddam Hussein en Fr. -*18-11* contrat : la Fr. fournira une centrale nucléaire. **1976**-*25/27-1* visite J. Chirac ; investissements français de 15 milliards de F prévus. -*18-6* accord franco-iraqien, publié au *JO*. **1978**-*juin* communistes exécutés dont 38 officiers ; guérilla kurde. -*11-7* Abdel Razzak el-Nayef (ancien PM) assassiné à Londres. -*Sept.* Khomeyni, en exil à Nadjaf depuis 1963, expulsé vers la Fr. **1979**-*janv.* projet d'unification avec Syrie échoue. -*6-4* La Seyne-sur-Mer (Fr.), composants du réacteur Osirak prêts à embarquer détruits (explosion due au Mossad israélien ?). -*Juillet* complot échoue. -*16-7* démission du Pt M^al^ Hasan el-Bakr (raisons de santé). **1978-82** 520 prisonniers politiques exécutés.

1979-*16-7* **Saddam Hussein** (né 28-4-1937) élu Pt. -*22-7* : 500 exécutés. -*8-8* tensions au Baath. -*9-8* : 21 exécutés dont le vice-PM et min. du Plan, Adnan Hussein, cousin de Saddam Hussein. -*16-8* amnistie, 4 125 prisonniers libérés. -*Déc.* l'Iran accuse l'I. d'avoir fait pénétrer son armée sur 5 km dans le Khouzistan. **1980**-*févr.* 66 chiites exécutés depuis juillet 1979. -*Mars/avril* environ 100 exécutions (dont l'ayatollah Bagher Sadr le 9-4). L'Iran expulse vers l'I. environ 25 000 chiites. -*22-9* **guerre Iraq-Iran** (voir encadré p. 1124). **1981** Fr. envoie 14 kg d'uranium 235. -*7-6* « opération Babylone », 14 avions israéliens (6 F-15 et 8 F-16) détruisent réacteur Osirak à *Tammouz* qui aurait permis à l'I. de fabriquer une bombe atomique (1 Français †). **1982**-*21-2* Claude Cheysson (min. des Aff. étr.) en I. La Fr. fournira 15 milliards de F d'armement. -*4-8* attentat à Baghdad (20 †). **1983** 90 membres de la famille Al Hakim arrêtés (dont 16 exécutés). -*21-4* : 2 attentats à Baghdad [centaines de † (?)]. -*28-5* action turque au Kurdistân. **1985** centaines de Kurdes exécutés. **1986**-*2-10* : 7 exécutions pour prévarication (dont un ancien sous-secr. d'État). -*25-12* Boeing 737 détourné (62 † en Arabie). **1987**-*5-2* raid turc contre Kurdes. **1988**-*mars* I. utilise des armes chimiques à *Halabja* (5 000 Kurdes †). -*25-6* reprise des îles Majnoun. -*30-6* de la région de Mawat, au Kurdistân. -*Juillet* cessez-le-feu avec Iran. -*8-8* fin de la guerre. -*6-9* amnistie pour Kurdes, excepté Jalal Talabani, chef de l'Union patriotique. -*Oct.* Oudaï Hussein, fils du Pt, assassine un garde présidentiel (sera gracié) ; sur 50 000 réfugiés kurdes, 25 000 resteraient en Turquie, 18 000 iraient en Iran et 2 500 en I. **1989**-*15/16-2* Conseil de coopération arabe créé (I., Égypte, Jordanie et Nord-Yémen). -*27-3* l'I. verse 27,3 millions de $ aux familles des victimes de la frégate américaine *Stark* (touchée par erreur en 1987 par avion militaire iraqien). -*17-8* explosion dans usine d'armement (700 à 1 500 †) ?. -*7-12* lancement d'une fusée à 3 étages (hauteur 25 m, poids 48 t, poussée au décollage de 70 t). **1990**-*28-2* abolition des châtiments pour les hommes qui tuent les femmes adultères de leur famille. -*15-3* Farzad Bazoft (né 1958), journaliste anglais d'origine iranienne (arrêté 15-9-1989, condamné à mort pour espionnage), exécuté. -*11-4* pièces de canon de 52,5 m de longueur destinées à l'I. découvertes en G.-B. -*Juillet* accord financier franco-ir. (devant être signé 4-8 à Paris). -*2-8* invasion du K. (voir p. 1127 a).

1991-*17-1/3-3* **guerre du Golfe** voir p. 1101. -*1-3* insurrection à Bassora, Nadjaf et Karbala à l'appel du Conseil suprême de la révolution islamique. -*4-3* révolte des chiites dans le sud. -*5-3* insurrection au Kurdistân. -*23-3/13-9* **Saadoun Hammadi** PM. -*10-4* Pt Bush interdit toute opération ir. au nord du 36e parallèle. -*18-4* Commission de l'Onu pour le désarmement de l'I. créée (Unscom).-*21-4* déploiement américain dans région de Zakho, Kurdistân ir. ; 1ers camps de réfugiés. -*Juin* 18 G^aux^ et officiers, accusés de conspiration, exécutés. Massoud Barzani annonce accord sur autonomie du Kurdistân (non ratifié). -*6-7* dernière ogive balistique détruite. -*Juillet* accord pour 6 mois (expire 31-12) sur intervention Onu pour aider personnes déplacées. -*17-9* multipartisme autorisé avec limites. -*3-10* tentative coup d'État (Hammadi impliqué), 76 officiers exécutés. -*Oct.* **Mohamed Hamza Zoubeydi** PM. -*24-10* l'I. refuse les résolutions 706 et 712 de l'Onu. -*13-11* Hussein Kamel Hassan, gendre de Saddam Hussein et ministre de la Défense depuis 6-4-1991, remplacé par Ali Hassan Majid, « boucher du Kurdistân ». Watban Ibrahim El Hassan, demi-frère de Saddam Hussein, min. de l'Intérieur. **1992**-*20-3* l'I. accepte de détruire ses missiles Scud et de dévoiler son programme d'armement. -*23-3* Bourse de valeurs inaugurée à Baghdad. -*19-5* Kurdistân, *législatives* [105 membres pour 3 ans ; UPK et PKD 100 sièges, Mouv. démocratique assyrien (ADM) 4, Peuple chrétien du Kurdistân 1] ; *présidentielle* (1er tour) : Massoud Barzani en tête ; *chef de gouv.* : Fouad Massoum. -*6-7* Danielle Mitterrand échappe à un attentat au Kurdistân. -*25-7*, 42 commerçants exécutés pour enrichissement illicite. -*26-7* I. accepte inspection par experts nucléaires de pays neutres. -*26-8* France, G.-B. et USA instaurent *zone d'exclusion aérienne* au sud du 32e parallèle pour protéger chiites. -*Oct.* offensive peshmerga contre PKK dans le N. (1 000 †). Combats entre chiites dans le S. (266 †). -*7-12* fleuve artificiel « Saddam Hussein » entre Tigre et Euphrate (longueur 565 km), pour navigation, bonification des terres (12 500 ha sur 3 ans) et drainage des marais (lieu des rebelles). -*27-12* Mig-25 ir. abattu dans zone d'exclusion. **1993**-*6/8-1* ultimatum allié en vue du retrait missiles ir. proches du 32e parallèle (effectué le 8). -*10/13-1* incursion 200 soldats ir. en civil au K. (pour récupérer armes cachées). -*13-1* raid aérien américain et allié de nuit [112 avions (dont 40 bombardiers) dont 6 Mirage 2000 français] sur 8 sites de missiles sol-air au sud du 32e parallèle (19 † selon I.). -*15/19-1* : 1 100 soldats américains au K., missiles Patriot installés. -*17-1* site industriel de Zaafaraniya (20 km de Baghdad) bombardé par 40 missiles américains Tomahawk (tirés de 3 navires dans le Golfe et 1 en mer Rouge) (3 †). -*18-1* raid aérien 75 avions (dont 7 Mirage 2000 français), de jour dans le S. au nord du 36e parallèle. -*20-1* cessez-le-feu unilatéral ir. -*21-1* attaque aérienne américaine dans le N. -*25-1* Saddam Hussein renonce officiellement à toute revendication sur le K. -*Mars* selon Onu, centaines de chiites tués dans « camps de la mort ». -*Avril* Baghdad, échec rébellion chiite. -*18-4* avion américain détruit station de radar ir. -*26-4* arrestation au K. d'Ir. soupçonnés de vouloir tuer le Pt Bush. Abdoullah Rassoul chef du gouv. kurde. -*26-6* Américains tirent 23 missiles sur Baghdad sur le siège des services secrets (6 †), en représailles tentative d'assassinat de Bush en avril. -*Juillet/août* milliers de réfugiés fuient région des marais pour l'Iran. -*5-9* **Ahmed Hussein El-Khodaïr** PM. -*26-11* I. accepte contrôle à long terme de son désarmement (résolution 715 Onu). **1994**-*14-4* : 2 F-15 américains abattent par erreur 2 hélicoptères de l'Onu (26 †). -*Mai* début des combats entre UPK et PDK. -*7/17-10* : 80 000 h. de la garde républicaine approchent la frontière koweïtienne, les USA envoient 36 000 h. -*10/14-10* retrait ir. -*10-11* Parlement et Conseil de commandement de la révolution reconnaissent l'indépendance du K. -*24-11* cessez-le-feu UPK/PDK. -*Déc./févr. 1995* combats UPK/PDK. **1995**-*7-1* exécution de 20 officiers dont le Gal Mazloum al-Doulaïmi après tentative de coup d'État (fin 1994). -*27-2* Zakho (Kurdistân), voiture piégée (80 †). -*20/30-3* intervention turque (35 000 h.) dans le N. contre PKK (334 Kurdes †). -*22-4* Conseil des ministres rejette la résolution 986 de l'Onu. -*14-6* mutinerie militaire à Abou Gharib ; répression : 150 †. -*Mai/juin* révolte des Douleïmi à Ar Ramâdi, répression (180 †). -*Juillet* combats entre Kurdes (200 †). -*13-10* la Commission spéciale des Nations unies (Unscom) affirme que l'I. a menti à propos des armes secrètes, nucléaires, biologiques et chimiques amassées avant la guerre du Golfe. -*15-10* référendum reconduit Saddam Hussein pour 7 ans (participation 99,05 %, oui 99,96 %). -*31-10* bombe dans locaux du Congrès national à Salaheddine (Kurdistân) [28 †]. **1996**-*20-1* Saddam Hussein accepte de négocier avec l'Onu. -*6-2* début des discussions. -*20-5* Onu lève partiellement l'embargo, autorisation de vendre pour 2 milliards de $ de pétrole. -*Juillet/août* raids aériens turcs et incursions iraniennes au Kurdistân. -*31-8* armée ir. aide le PDK au Kurdistân, prised'Erbil. -*3/4-9* Américains tirent 44 missiles sur installations ir. -*9-9* PDK prend Souleimanieh ; 50 000 à 70 000 personnes se réfugient en Iran et Turquie. -*11-9* missiles ir. contre des avions américains. -*23-10* cessez-le-feu PDK/UPK. -*15-12* reprise des exportations de pétrole. **1997**-*7-3* interdiction à l'Unscom d'inspecter 63 sites, nombreux incidents. -*20-3* arrivée des 1ers vivres achetés en échange de pétrole (bateau de riz thaïlandais). -*Avril* malgré l'interdiction de survol de la zone d'exclusion aérienne (depuis 18-8-1992), I. ramène environ 100 pèlerins de La Mecque en hélicoptère. -*12-9* déploiement américain dans le Golfe. -*13-11* : 6 Américains de l'Unscom expulsés, envoi du porte-avions *George-Washington*. -*20-11* médiation russe, retour des inspecteurs américains. -*22-12* Conseil de sécurité considère l'I. coupable de violation des résolutions de l'Onu. **1998**-*13-1* l'I. interdit l'accès aux sites stratégiques aux inspecteurs (dont 8 sites présidentiels, 31,5 km², 3 à Baghdad, 2 à Takrit, 1 à Bassora, Tharthar et Mossul). -*27-1* Clinton demande à l'I. de céder, sinon il choisira l'option militaire. -*5-2* nouvelles troupes américaines dans le Golfe, opération « Tonnerre du désert » (*Desert Thunder*). -*21/23-2* médiation de Kofi Annan (secrétaire gén. de l'Onu). -*23-2* accord signé. -*26-3* reprise des inspections. -*5-8* I. refuse à l'Unscom l'inspection des sites militaires et industriels. -*11-11* départ des inspecteurs de l'Unscom. -*16/19-12* opération « *Renard du désert* » ; frappes amér. et britanniques sur l'I., 650 sorties, environ 400 missiles tirés, 102 objectifs atteints, 73 civils ir. †, 62 militaires † (selon le Pentagone, 600 à 1 600). **1999**-*janv./févr./mars* poursuite des frappes. -*19-2* Ayatollah Mohamed Sadeq El-Sadr, chiite, et 2 de ses fils assassinés (4 religieux chiites accusés, exécutés 6-4). -*20/21-2* émeutes (banlieue de Baghdad), Kerbala, Nadjaf, Al Hilla et Nassiriya. -*Mars* plus de 20 officiers supérieurs exécutés (complot). -*Août* pouvoirs spéciaux accordés à Qoussaï Hussein pour assurer l'intérim de la présidence en cas d'urgence. **Bilan** de janv. 1999 au 8-4-2000 : 175 civils tués par raids USA- G.-B. de décontamination chimique ; **Sénégal** : 500 h. ; **Sierra Leone** : 200 h. ; **Suède** : 525 h. d'un hôpital de campagne. **Syrie** : 20 800 h., 300 blindés (dont des chars soviétiques T-72, T-62, T-54, T-55). [A menacé de changer de camp si Israël intervenait militairement ; sera l'un des bénéficiaires de la guerre : l'I. défait, devient la principale puissance militaire de la région et obtient d'avoir les mains libres au Liban.] ; **Tchécoslovaquie** : 200 h. d'une unité de décontamination chimique. **2000**-*17-8* réouverture de l'aéroport international de Baghdad. *Frappes* de fin déc. 1998 à août 2000 : environ 100 (315 civils †). **2001**-*16-2* 50 avions américains et britanniques bombardent objectifs militaires près de Baghdad (2 †).

☞ Selon l'Onu, il y a eu, en 1997, plus de 1 500 exécutions pour des raisons politiques.

Famille proche de Saddam Hussein. Demi-frères (fils de Hassan Ibrahim, 2e mari de sa mère) : *Barzan Ibrahim* gère la fortune de Saddam depuis son ambassade à l'Onu à Genève ; exilé en Jordanie le 21-8-1995 ; *Sabaoui Ibrahim* chef de la sécurité générale : services secrets extérieurs ; limogé juillet 1995 ; *Watban Ibrahim* ministre de l'Intérieur limogé ; grièvement blessé le 7-8-1995 par Oudaï (fils de Saddam). **Épouses : 1°)** *Sajida Tulfah*, sœur d'Adnan Khairallah (n° 2 du régime, † en 1989 d'un « accident » d'hélicoptère) ; **2°)** *Samira Chahbandar* ; **3°)** *Nidal*. **Filles :** *Raghad* ép. Gal Hussein Kamal Hassan al Majid ; *Rana* ép. Saddam Kamal Hassan al Majid, frère du mari de Raghad, chef de la garde présidentielle ; *Hala*. Les 2 gendres, réfugiés en Jordanie le 8-8-1995 avec leur famille, reviendront le 20-2-1996, mais seront tués le 23. **Fils :** l'aîné, *Oudaï* règne sur le marché noir et les fedayin de Saddam ; dauphin désigné, gravement blessé dans un attentat le 12-12-1996 (un autre 29-7-1999) ; *Qoussaï* contrôle les services de sécurité ; nouveau dauphin ?

■ **Statut.** *République.* **Constitution** du 16-7-1970. **Pt** : élu pour 7 ans. **1er vice-Pt** : Taha Yassine Ramadan depuis 28-6-1982. **Conseil du commandement de la révolution (CCR)** : 9 membres ; élit le Pt. Influence des Takriti (originaires du Takrit comme le Pt). **PM** : Saddam Hussein depuis 29-5-1994. **Vice-PM** : 3 dont Tarek Aziz (chargé de la politique étrangère), Mohammad El Zoubaïdi et Hikmat Mezbane Ibrahim. **Assemblée nationale** : 250 membres, élue 1-4-1989. **Assemblée du Kurdistân** : 50 m. élus pour 3 ans au suffrage univ. **Liwas** (provinces) : 16 dirigées par un *moutessarif.* **Fêtes nationales.** 14-7 (instauration de la république en 1958) et 17-7 (prise de pouvoir par le

■ **Région autonome du Kurdistân.** 38 047 km². 3 provinces : Dahuk, Irbil et As-Sulaymaniyah. *Population* (est. 1987) : 2 015 466 hab. *Depuis 1974* autonomie. Zone au nord des lignes de front de 1991. *5-4-1991* résolution 688 de l'Onu crée « une zone de protection » pour Kurdes. *-4-10-1992* partis kurdes proclament un État fédéral. *Parlement* (non reconnu au niveau international) : 115 m. dont 100 Kurdes, 100 Turcs et 5 Arméniens. *Chef du gouv.* : Idris Barzani depuis 20-12-1999.

Guerre du Golfe

Origine

■ **Causes lointaines. Refus de l'Iraq de reconnaître l'indépendance du Koweït :** le K. ayant fait partie du « vilayet » de Bassora dans l'Empire ottoman, l'I. devenu indépendant en 1932 le réclame dès 1933. En 1961, quand le K. accède à l'indépendance l'I. envoie des troupes à la frontière. **Contentieux territorial :** l'I. n'a qu'une façade de 19 km sur le Golfe. Les îles de Warbah et de Boûbiyâne (au débouché du Golfe) ont été attribuées au K. En 1938, les Britanniques ont rejeté une demande ir. de construire dans la baie de K. un port relié par chemin de fer à l'I. L'I. conteste également au K. le droit d'exploiter le champ pétrolifère de Roumallah, à la frontière.

■ **Causes immédiates. 1°) Ambitions de Saddam Hussein. 2°) L'émir du K., Jaber al-Sabah, refuse d'annuler la dette** (15 milliards de $) contractée à son égard par l'I. lors de la guerre contre l'Iran ; or Saddam Hussein, considérant avoir défendu les intérêts arabes contre l'expansionnisme iranien, réclame un crédit supplémentaire de 10 milliards de $. **3°) L'I. accuse le K. et les Émirats arabes** de ne pas respecter les quotas pétroliers et d'être responsables de la chute des cours, privant ainsi l'I. d'une part de ses revenus. Or, l'I. connaît une crise économique : endettement civil et militaire supérieur au budget de l'État, chômage accéléré (200 000 soldats démobilisés), baisse brutale du débit de l'Euphrate et diminution de la superficie des terres ensemencées à la suite de la mise en eau du barrage Atatürk en Turquie (Anatolie du Sud-Est). **4°) Les USA veulent garder le contrôle des ressources pétrolières. 5°) Les Occidentaux veulent maintenir l'équilibre existant** (Iraq, Syrie, Iran), menacé par les ambitions de Saddam Hussein. **6°) Ils redoutent de voir l'I. disposer de l'arme atomique. 7°) Pour les pro-Israéliens, il faut mettre l'I. hors d'état de nuire.**

■ **Positions françaises.** *Contre la guerre :* Maurice Allais, Jean-Pierre Chevènement, Claude Cheysson, Maurice Couve de Murville, Michel Debré, Max Gallo, amiral de Gaulle, André Giraud, Paul-Marie de la Gorce, Michel Jobert, Louis Pauwels.

Chronologie

1990. *-24-2* Saddam Hussein, au sommet du CCG (Conseil de coopération du Golfe) à Amman, évoque le risque d'un contrôle total des USA sur le Golfe (à la suite du déclin de l'URSS) et la nécessité pour les Arabes de s'unifier. *-3-5* le min. des Aff. étr. iraqien, Tarek Aziz (chrétien), dénonce, sans les nommer, les responsables de la surproduction pétrolière au sein de l'Opep (Koweït et Émirats arabes). *-17-7* Saddam accuse certains pays du Golfe de provoquer une baisse des prix du pétrole à l'instigation des « cercles impérialistes et sionistes ». Il annonce que « les guerres peuvent être déclarées pour des motifs économiques ». *-18-7* consultations interarabes (roi Fahd, Hussein de Jordanie, émir du K. et Pt du Yémen). L'I. réclame au K. 2,4 milliards de $ en compensation du pétrole « volé » depuis 1980 aux puits de Roumallah (sur la frontière). *-19-7* le Conseil national du K. rejette les accusations de l'I. et propose la constitution d'une commission arabe pour régler le problème des frontières (lettre au secrétaire gén. de l'Onu pour l'informer). *-21-7* l'I. accuse le K. d'avoir refusé une solution purement arabe et de faciliter une intervention étrangère en ayant pris contact avec l'Onu. *-21/28-7* le Pt égyptien Moubarak reçoit, à Alexandrie, Tarek Aziz et Hussein de Jordanie, puis entreprend une tournée de bons offices à Baghdad, Koweït City et Djeddah ; Saddam assure qu'il n'a pas l'intention d'attaquer le K. *-24-7* l'I. rejette la proposition koweïtienne d'une commission arabe pour le règlement du conflit, sous le prétexte que le problème est « bilatéral », et masse 30 000 h. à la frontière. *-25-7* Mme April Glaspie, ambassadrice américaine à Baghdad, convoquée par Saddam, lui fait savoir que les USA n'ont pas l'intention d'intervenir dans le différend, ni de déclencher une guerre économique contre l'I. *-27-7* conférence de l'Opep à Genève. Sous la pression de l'I., K. et Arabie acceptent que le prix du pétrole soit augmenté de 3 $ et passe à 21 $ le baril (l'I. avait demandé 25 $). La CIA transmet à la Maison-Blanche des photos prises par satellites révélant des concentrations militaires ir. à la frontière. Avertis, K., Arabie et Égypte déclarent que ce n'est qu'un chantage. Les missions de médiation continuent à Baghdad (26 et 27-7 Arafat, 29 et 30-7 Hussein de Jordanie). *-29-7* Arafat est reçu par l'émir Jaber du K., qui refuse de parler des 10 milliards de $ réclamés pour Roumallah. *-31-7* Djeddah, discussions iraqo-koweïtiennes. L'I. exige l'ouverture d'entretiens bilatéraux à Baghdad. *-1-8* la délégation ir. quitte Djeddah, le K. n'ayant pas fait de nouvelles propositions.

Invasion du Koweït. Août. -2 : *à 2 h* (heure locale, le 1er à 23 h GMT), les troupes ir. entrent au K. Plusieurs dizaines de tués (dont Cheikh Fahd, frère de l'émir Jaber). *A 4 h 45,* aucune résistance n'étant plus possible, l'émir et sa famille s'enfuient en Arabie. *A 6 h,* USA et K. demandent une réunion du Conseil de sécurité qui, à l'unanimité, adopte la *résolution 660* exigeant « le retrait immédiat et inconditionnel » de l'I. Gel des avoirs ir. et kow. par USA, France et G.-B. A Moscou, déclaration commune des min. des Aff. étr. des USA et d'URSS appelant à suspendre toute livraison d'armes à l'I. La Ligue des États arabes condamne l'agression ir. et demande un retrait immédiat et inconditionnel (ont voté contre : OLP, Jordanie, Soudan, Yémen). Baghdad annonce la formation d'un « gouvernement kow. provisoire ». **-5 :** arrivée au K. des premiers éléments de l'armée populaire d'I. **-6 :** le Conseil de sécurité de l'Onu décide l'embargo total sur l'I. Plusieurs centaines d'étrangers séjournant au K. (notamment Britanniques, Américains et Ouest-Allemands) commencent à être déplacés en I. Fermeture des oléoducs ir. dont les terminaux sont en Turquie (Yumurtalik) et Arabie (Yanbu). Le gouv. kow. provisoire proclame la « république du K. libre ». Exode de centaines de milliers de travailleurs arabes (Égyptiens surtout) et asiatiques (Philippins, Bangladeshi) fuyant K. et I. **-8 :** début de l'opération *« Bouclier du désert ».* Arrivée à Dharan (Arabie) de gros porteurs américains. La G.-B. rejoint la force multinationale dans le Golfe. Baghdad annexe le K. **-9 :** la France envoie le porte-avions *Clemenceau* mais ne s'associe pas à la force. L'I. ordonne le transfert à Baghdad, avant le 24, des ambassades étrangères au K. et ferme ses frontières aux étrangers. *Conférence au Caire :* 14 chefs d'État et souverains de la Ligue arabe, Arafat et 5 délégations gouvernementales ; Saddam Hussein est venu ainsi que les représentants du gouv. kow. en exil à Taef (Arabie), la Tunisie est absente. **-10** et **12 :** les 21 membres rejettent l'annexion du K., approuvent l'embargo et votent l'envoi de troupes en Arabie [3 votent contre (I., Libye, OLP) ; Algérie et Yémen s'abstiennent ; la Jordanie ne prend pas part au vote] ; Saddam appelle au *djihad :* il faut sauver La Mecque et les Lieux saints de l'occupation étrangère. **-12 :** il déclare que la solution du conflit est liée aux retraits israélien des territoires occupés, et syrien du Liban. **-18 :** l'I. annonce son intention de retenir les « ressortissants des nations agressives » comme « hôtes de la paix » au K. et en I. Certains sont regroupés sur des sites stratégiques pour servir de boucliers humains. **-21 :** conférence de presse du Pt Mitterrand : « Nous sommes dans une logique de guerre. » Envoi d'instructeurs et de 200 parachutistes à Abû Dhabî et convocation du Parlement pour le 27 en session extraordinaire. **-22 :** Pt américain Bush rappelle 40 000 réservistes. **-25 :** le Conseil de sécurité autorise l'emploi de la force pour faire respecter l'embargo. **-28 :** l'I. annonce que le K. devient la 19e province ir. **-31 :** début des bons offices du secr. gén. de l'Onu, J. Pérez de Cuéllar.

Septembre. -1er : environ 700 étrangers (femmes et enfants britanniques, français, américains et japonais) peuvent quitter l'I. Environ 3 000 étrangers pourront partir jusqu'au 22, sauf les hommes dont près de 500 sont envoyés sur des sites stratégiques. **-15 :** début de l'opération *« Daguet »,* envoi de 4 000 h. et de forces aériennes françaises : expulsion de France de 41 Ir., dont 11 des 29 fonctionnaires de l'ambassade. **-23 :** devant l'Onu, le Pt Mitterrand propose un plan de paix et un règlement global des conflits du Moyen-Orient. 14 navires de combat et de soutien français sont déployés dans la zone maritime de l'océan Indien, dont le porte-avions *Clemenceau* et le croiseur *Colbert,* soit 26 % des effectifs embarqués de la Marine nationale et 30 % du tonnage de surface. **-Fin sept. :** la moitié de la population du K. a fui l'émirat. **Octobre. -17 :** plus de 200 000 soldats américains dans le Golfe. **Novembre. -8 :** 200 000 en renfort. **-29 :** le Conseil de sécurité autorise les États coopérant avec le K. à utiliser la force contre l'I. s'il n'a pas quitté le K. avant le 15-1-1991. **Décembre. -6 :** l'I. libère les derniers otages. **-16 :** Bush réaffirme que la force sera employée si le K. n'est pas évacué le 15-1-1991. **-24 :** Saddam répète qu'en cas de conflit, Israël sera son 1er objectif.

1991-janvier. -5 : l'I. refuse une invitation de la CEE à venir au Lux. **-9 :** échec de la rencontre à Genève de James Baker et Tarek Aziz. Le Congrès américain autorise Bush à faire usage de la force (Sénat : 52 voix contre 47, Chambre des représentants : 250 contre 183). **-14 :** au Conseil de sécurité, les USA repoussent le plan de paix proposé par la France, qui prévoit la convocation d'une conférence internationale sur la question palestinienne et les problèmes du Moyen-Orient. **-15 :** à minuit (heure américaine) ou 6 h (heure française) expiration de l'ultimatum. **-16 :** à Paris, le Parlement, en session extraordinaire, approuve la position du Pt Mitterrand dans la crise (Assemblée nationale : 574 voix contre 43, Sénat : 290 contre 25).

Forces en présence

■ **Armée iraqienne.** 700 000 h. (armée régulière, réservistes et miliciens 545 000, garde républicaine 140 000), 2 800 chars, 2 800 blindés divers, 1 900 pièces d'artillerie de 122 et 155 mm (avec obus chimiques), missiles sol-sol Scud et Al-Hussein, missiles sol-air Sam soviétiques, Crotale français et Hawk américains (pris aux Kow.), missiles sol-sol mobiles Frog 7 avec charges chimiques, 700 avions de combat, environ 200 hélicoptères. En fait, 42 divisions, 362 000 h. ; pendant les raids aériens, pertes 179 000 (9 000 †, 17 000 bl., 153 000 déserteurs), 183 000 restent pour la phase terrestre (pertes : 60 000 † ou disparus, 63 000 prisonniers).

Arsenal chimique : 3 000 à 10 000 t. *Scud à ogive chimique :* aucun n'a été lancé pendant la guerre, sans doute à cause de leur précision insuffisante (de l'ordre de 900 m) et de leur portée limitée (300 km). Les Ir. n'auraient pas réussi à maîtriser la stabilité et la résistance de la munition chimique aux accélérations. Un Scud B ne peut d'ailleurs transporter que 200 kg, or 7 t d'agents chimiques seraient nécessaires pour paralyser une base militaire pendant 24 h.

Potentiel nucléaire : *Isis (Tammouz 2),* réacteur de recherche (500 kW) livré par le CEA, *IRT-2 000,* réacteur de recherche (5 000 kW) livré en 1976 par les Soviét., une « maquette critique » (500/600 kW, alimentée par une charge de 11,5 kg d'uranium enrichi à 93 %), 1 laboratoire de radiochimie fourni (en 1979) par l'Italie (capable de produire 8 kg/an de plutonium à partir de combustible nucléaire).

☞ **86 Scud lancés :** 47 vers Arabie, 39 sur Israël dont 13 les 4 premiers jours de la guerre, blessant 115 personnes, endommageant 2 700 appartements, 11 tuant 4 Israéliens, en blessant 174 et endommageant 9 303 appartements, 15 tombés hors de la zone d'action des Patriot.

■ **Coalition anti-iraqienne.** 28 pays dont : **Arabie saoudite :** 67 500 h., 550 chars M-60 américains et AMX-30 français, 1 840 blindés divers, 500 canons de 105 mm, batteries Crotale et Roland de défense antiaérienne, 140 avions de combat F-15, Tornado et F-5. Sont également basés en Arabie, 10 000 h. du CCG (Conseil de coopération du Golfe) dans 6 pays (Arabie, Bahreïn, Émirats, Koweït, Oman et Qatar) et 4 000 h. de l'armée du K. **Argentine :** 300 h., 2 navires de guerre. **Australie :** 600 h., 3 navires de guerre. **Bahreïn. Bangladesh :** 2 000 h. **Belgique :** 400 h., 5 navires de guerre. **Canada :** 1 830 h., 26 avions de combat F-18, 3 navires de guerre. **Corée du Sud :** 150 h. d'une équipe médicale. **Danemark :** 1 patrouilleur et 1 équipe médicale de 30 personnes.

Égypte : 35 600 h., 300 chars M-60, blindés M-113 américains, canons de 155 mm et lance-roquettes de 122 mm soviétiques, missiles antiaériens Crotale français, de l'artillerie sol-air ZSU soviétique [le Pt Moubarak est soutenu par l'opinion publique en raison du sort fait aux travailleurs égyptiens en I. (288 000 rapatriés d'urgence du 8 au 22-9-1991, qui ont dû tout abandonner) ; le grand mufti d'Égypte déclare que les musulmans doivent combattre l'I. et que le recours aux forces étrangères n'est pas contraire à la *charia ;* manif. marginales pro-ir. organisées par les Frères musulmans et le Rassemblement patriotique progressiste unioniste]. **Émirats arabes unis :** 40 000 h., 200 blindés, 60 avions. **Espagne :** 500 h., 3 navires de guerre (1 frégate, 2 corvettes).

États-Unis : 515 000 h. (armée de terre 285 000, marines 90 000, marine de guerre 80 000, armée de l'air 55 000, gardes-côtes 5 000), 2 000 chars (dont 1 000 Abrams M-I et M-I AI), 2 000 transporteurs de troupes blindées, 1 300 avions de combat [F-15, F-117A (avions furtifs, ont atteint 60 % de leurs cibles), B-52 et F-16 de l'armée de l'air ; A-10 de l'armée de terre ; F-18, F-14 et A-6 de l'aéronavale], 1 500 hélicoptères (Cobra et Apache de l'armée de terre, Sea Knight et Super Stallion des marines), batteries Hawk, Patriot et Stinger de défense antiaérienne et antimissiles, une centaine de navires dont 6 porte-avions avec leur groupe de combat embarqué et leurs bâtiments d'escorte (*Midway* dont c'est la dernière mission, *Saratoga, Independence,* etc.) et le cuirassé *Wisconsin.*

France : 19 000 h. [terre : 12 000 (division Daguet), marine : 2 400, air : 1 160 ; plus 3 400 h. en réserve à Djibouti], 40 chars AMX-30, 650 blindés (dont une centaine d'AMX-10 RC), 18 canons de 155 mm, 120 hélicoptères, batteries de missiles sol-air Crotale, Mistral et Stinger, 60 avions de combat (12 Mirage 2000, 24 Jaguar ; 70 pilotes, 250 mécaniciens), 5 avions de ravitaillement en vol C-135 FR, 1 Transall avec équipement électronique de surveillance, 14 navires de guerre (escorteur d'escadre lance-missiles *Du Chayla,* frégate *Dupleix,* avisos *Commandant-Bory* et *Premier-Maître-L'Her,* bâtiment-atelier *Jules-Verne* et de soutien de santé *Rance,* transporteur de chalands de débarquement *Foudre, etc.*).

Grande-Bretagne : 36 000 h. (terre 29 000, air 4 000, marine 3 000), 160 chars Challenger, 300 blindés légers, 80 hélicoptères, 76 canons de 155 mm, missiles antiaériens Javelin et Rapier, 80 avions de combat Tornado et Jaguar, 23 navires dont 5 chasseurs de mines. **Grèce :** 200 h., 1 frégate. **Hongrie :** 1 équipe médicale de 37 h. **Italie :** 1 300 h., 10 avions de combat Tornado, 5 navires de guerre. **Maroc :** 1 200 h. (plus 5 000 à Abû Dhabî). **Niger :** 500 h. **Nlle-Zélande :** 1 équipe médicale de 40 h., 2 avions de transport C-130. **Oman :** 25 000 h., 50 chars, 60 avions. **Pakistan :** 10 000 h. **Pays-Bas :** 400 h., 2 frégates. **Pologne :** 130 h., 2 navires de santé. **Qatar. Roumanie :** 360 h. d'un hôpital de campagne et 160 h. d'une unité

■ **N'ont pas pris part à la guerre.** Algérie, Djibouti, Jordanie, Liban, Libye, Mauritanie, Somalie, Soudan, Tunisie, Yémen.

Iran : ayant obtenu le 15-8 que Saddam Hussein accepte l'accord frontalier d'Alger de 1975 (partageant le Chatt al-Arab et provoquant une guerre de 8 ans entre les 2 pays), reste neutre. Iran refusera de

Ventes d'armes à l'Iraq

De 1985 à 1990, l'Iraq a été le plus gros importateur de matériel militaire (10 % des armes disponibles dans le monde). Malgré le traité de non-prolifération des missiles balistiques et des technologies de fabrication signé à Rome en avril 1987 par 7 pays occidentaux dont la France, des Stés italiennes, allemandes, américaines et françaises continuaient à lui fournir du matériel de pointe à travers des Stés écrans.

Fournisseurs de 1970 à 89 (en milliards de $ 1985 et, entre parenthèses, en %). URSS 19,2 (61), *France 5,5 (18)*, Chine 1,7 (5), Brésil 1,1 (4), Égypte 1,1 (4), ex-Tchéc. 0,7 (2), autres 2,2 (6). *Total 31,5.*

Ventes totales françaises de 1970 à 90. *Dassault* 328 Mirage ; *Aérospatiale* 121 hélicoptères, 4 248 missiles, dont 1 028 Exocet ; *Matra* 3 000 missiles ; *Giat* 548 chars AMX-30, 25 véhicules de combat ; *Panhard* 187 automitrailleuses, 143 blindés légers, 100 véhicules blindés VCR équipés de missiles franco-allemands Hot ; *Euromissile* (consortium franco-allemand) missiles Roland II. *8 autres Stés* ont également fourni du matériel (Thomson-CSF radars ; Snecma réacteurs, etc.).

restituer à l'I. les avions réfugiés sur son territoire (115 selon Ir., 137 selon Américains) et accueillera à la fin de la guerre des centaines de milliers de chiites fuyant l'I.

Israël : récuse tout lien entre la crise et la question palestinienne ; souhaite ne pas être impliqué dans le conflit, mais multiplie les mises en garde à l'égard de l'I. Sous la pression des USA, adopte un profil bas. En échange, entend obtenir des garanties pour l'après-guerre et se prémunir contre des pressions américaines pour un règlement de la question palestinienne.

☞ **Palestiniens** : *répartition en juillet 1990 :* Jordanie 1 680 000, territoires occupés 800 000, K. 400 000, Arabie 180 000, Émirats 70 000, Iraq 50 000. L'OLP soutient l'I. Les Palestiniens perdront dans le conflit 4,5 milliards de $ (avoirs bloqués, biens saisis, salaires non versés), dans les territoires occupés 1,5 (transferts effectués par les Palestiniens du K., sommes allouées aux institutions et œuvres sociales et éducatives palestiniennes), versement de contributions à l'Intifada.

Opérations militaires

1991. Janvier. *-16 : de* 21 h à 23 h 50, 10 hélicoptères américains partis d'Arar détruisent 2 sites radars près de Baghdad. *-17 : déclenchement de l'opération « Tempête du désert » :* à 1 h (h de Paris), Bush ordonne le bombardement des sites stratégiques ir. A 2 h 40 (h locale), les forces aériennes alliées passent à l'attaque en I. et au K. L'aviation française participe à la 2e vague. 12 Jaguar attaquant la piste Al-Jaber au K. (4 Jaguar touchés, 1 pilote blessé). *-18 :* le Parlement turc ayant autorisé (par 250 voix contre 148) l'utilisation des bases aériennes turques par les Américains, 25 chasseurs et bombardiers et 3 avions ravitailleurs décollent à l'aube d'Incirlik pour bombarder l'I. 1er tir de Scud ir. sur Israël (12 blessés légers). *-19 :* le mauvais temps gêne les sorties aériennes (1 000 au lieu des 3 000 prévues). Scud sur Tel-Aviv et Haïfa (une cinquantaine de blessés légers, 5 † par suffocation avec masques à gaz). *-20 :* les USA livrent à Israël 2 batteries antimissiles Patriot (2 avaient déjà été livrées avant le début du conflit). *-21 :* les USA rappellent 20 000 réservistes supplémentaires. *-22 :* tirs de 10 Scud sur Arabie (9 sont détruits en vol par des Patriot, 1 abîmé en mer). Scud tirés sur Tel-Aviv (3 †, 96 blessés) ; Israël menace de répliquer. *-23 :* 1er accrochage terrestre Ir./Américains à la frontière (2 blessés américains, 6 prisonniers ir.). *-30/31 :* bataille de *Khafji :* 3 bataillons ir. (1 500 h.) avec 80 chars et blindés pénètrent de 30 km en Arabie (jusqu'à Khafji). *-31 : bilan après 15 j de guerre* (selon le Gal Schwarzkopf) : 30 000 sorties de l'aviation alliée, 31 cibles nucléaires, chimiques ou biologiques attaquées en 535 sorties, 50 % des installations détruites ou endommagées, 11 dépôts et 3 usines de produits chimiques détruits avec certitude, 25 % de la capacité de production électrique, 23 ponts sur 33, 25 dépôts de munitions détruits, 45 terrains d'aviation attaqués (9 ne sont plus opérationnels), 29 avions ir. abattus (89 réfugiés en Iran). Sur mer, les porte-avions ont déclenché 3 500 sorties aériennes et lancé 216 missiles Tomahawk ; 46 bâtiments ir. coulés.

Février. *-1er :* la France autorise les B-52 basés en G.-B. à survoler son territoire. Les bases américaines en Espagne sont également utilisées pour les raids sur l'I. *-6 :* raids sur Baghdad, des avions ir. se réfugient en Iran, 17 000 marines acheminés vers le Golfe. *-7 :* les Ir. incendient plusieurs puits de pétrole au K. La capacité de l'I. de ravitailler son corps expéditionnaire au K. a été réduite de 20 000 à 2 000 t/jour ; *-12 :* Baghdad : 2 missiles détruisent 1 bunker abritant, selon les Alliés, un centre de commandement et de contrôle dans lequel s'étaient réfugiés des civils. Bilan annoncé : près de 400 † (en fait, 94). *-21 :* la base navale ir. installée dans l'île koweïtienne de Faylakah est rasée. *-23 : à* 20 h (h locale), expiration de l'ultimatum du Pt Bush.

Bataille aéroterrestre (24/28-2 : durée 100 h). *24 :* à 2 h, offensive terrestre : *au N.-O. :* 82e et 101e divisions aéroportées américaines (hélicoptères Apache) et division Daguet (10 000 h. dont force d'action rapide, chars AMX-30 B2 et AMX-10, Gazelle) progressent le 1er jour de 80 km. *Au sud :* divisions blindées britanniques et américaines (1 300 chars Abrams et Challenger, 350 hélicoptères Apache antichars), soutenues par lance-roquettes multiples MLRS, avancent le long de la côte ; contingents saoudiens et kow. soutenus par des marines. *Dans le Golfe :* la force amphibie (20 000 marines) est destinée à faire croire à un débarquement massif. *-25 : à 5 h 10,* les marines sont aux portes de K. City ; la division Daguet, en position défensive, a franchi 150 km depuis sa base de Rahfa et se trouve à 280 km de Baghdad. Les Britanniques ont pénétré au K. *Le soir,* 2 tirs de Scud sur Israël (pas de victimes), Dharân, Riyâd et Bahreïn ; 1 missile tombe sur un campement américain à Khobar, près de Dharân (28 †). *A 23 h 30,* les Ir. annoncent que leurs forces se retirent sur « les positions occupées avant le 1-8-1990 ». *-27 : à 4 h,* les troupes koweïtiennes entrent dans K. City abandonnée par Ir. *-28 : à 3 h,* Bush annonce une suspension des opérations offensives de la coalition à partir de 5 h GMT (6 h en Fr.). *A 9 h,* l'I. annonce que les forces armées ir. ont reçu l'ordre de cesser le feu.

☞ **Efficacité américaine sur cibles :** *avions furtifs 7-117* 60 %, *Tomahawk* 50 %, *Patriot* (158 tirés à 6 millions de F pièce) 40 à 70 %. **Actions aériennes contre l'I. :** 110 000 bombes lâchées, 88 000 t (dont 93 % de plus de 9 000 m de hauteur).

Pertes

■ **Pertes militaires. Forces alliées. Pertes humaines :** TUÉS ET BLESSÉS : *USA* 35 † (4 au cours de l'offensive terrestre), 243 bl., 28 † et 97 bl. à Dharân (voir ci-dessus), 7 † (accident d'hélicoptère en Arabie le 21-2). *G.-B.* 6 †, 6 bl. *France* 2 † (explosion d'une mine à As-Solman), 27 bl. *Contingents arabes* 13 †, 43 bl. *Arabie* 18 † (13 lors de l'offensive terrestre), 20 bl. *Sénégal* 8 bl. (bombardement missile sol-sol). DISPARUS : *USA* 43. *Arabie* 10. *G.-B.* 8. *Italie* 1. *Koweït* 1. PRISONNIERS : *USA* 9 (dont 1 femme soldat). *G.-B.* 2. *Italie* 1. *Koweït* 1. **Pertes en matériel :** *avions* 42 (USA 31, G.-B. 7, Arabie 2, Italie 1, Koweït 1). *Hélicoptères* USA 15.

■ **Iraq. Pertes humaines :** TUÉS ET BLESSÉS : d'après l'I., au 27-2, 20 000 †, 60 000 bl. ; selon les Alliés, plus de 100 000 †. PRISONNIERS : 175 000. **Pertes en matériel :** *avions* 139 (+ 115 réfugiés en Iran), *hélicoptères* 8, *bateaux* 74 (coulés ou gravement endommagés), *chars* 2 085 (dont 400 au 3e jour de l'offensive terrestre), *véhicules de transport* 856, *pièces d'artillerie* 2 140. La division Daguet a détruit à elle seule 130 camions et 50 blindés, et pris 102 pièces d'artillerie, 360 pièces antichars et 5 300 armes légères.

■ **Victimes civiles** (bombardements et tirs de Scud). **Arabie saoudite :** 2 †, 76 blessés. **Iraq :** 50 000 à 130 000 † (dont 30 000 dans la guerre civile après le cessez-le-feu). **Israël :** 2 †, 304 bl. **Jordanie :** 14 †, 26 bl. (bombardements de camions sur la route de Baghdad).

Coût du conflit (en milliards de $)

■ **Coalition. États-Unis :** au 28-7-1991, selon le gouv. américain : 61,1 (dont transports aérien 3,2, maritime 5,8 ; soldes et allocations 7,7 ; frais médicaux, nourriture, uniformes 7,5). 43,1 ont été versés par les Alliés. Au 31-12-1990, avant l'ouverture des hostilités, selon le Bureau général de la comptabilité (GAO), le coût général hors conflit était de 1 milliard de $ par jour dont 50 % pour l'armée américaine. Une division blindée américaine (16 000 h.) consommait chaque jour jusqu'à 14 000 l de carburant, 100 000 l d'eau, 80 000 rations de nourriture et près de 5 000 t de munitions.

Ensemble des pays du Golfe : fuite des capitaux : 60 ; perte sèche pour les pays du CCG : 300. **Pays arabes** (1991) : 670 (800 est.). **Arabie saoudite :** 60 (plus de 50 % du revenu annuel). Sans compter les dépenses militaires et engagements pris pour l'avenir auprès des Alliés (Égypte, Syrie). **Égypte :** 27 dont pertes pour secteur touristique et aviation : 2 ; pour reclassement des rapatriés : 5 ; canal de Suez : 1. **France :** *coût total au 26-2 :* 1,2 ; plus perte des exportations en Iraq (3).

Haut commandement. Arabie saoudite : *Gal Khaled ben Sultan : petit-fils d'Ibn Saoud, fils du Pce* sultan, min. de la Défense depuis 1962. **USA :** *Gal Colin Powell :* chef d'état-major interarmes, 53 ans, né à Harlem (1er Noir à la tête de la hiérarchie militaire) ; surnom : « Black Eisenhower ». *Gal Norman Schwarzkopf :* Cdt en chef de l'opération « Tempête du désert », 56 ans, 1,95 m, 110 kg, né à Trenton (New Jersey), élevé en Iran (où son père, Gal, commandait la police du châh) ; surnom : « l'Ours » ; a pris sa retraite en juillet 1991. **France :** *Gal Michel Roquejeoffre :* Gal de corps d'armée, Cdt de la division Daguet, 56 ans, de la Far depuis mai 1990. **Grande-Bretagne :** *lieutenant Gal sir Peter de La Billière :* Cdt en chef des forces britanniques au Moyen-Orient (56 ans) ; officier le plus décoré de l'armée britannique. **Iraq :** *Hussein Al-Takriti :* Gal de corps d'armée 3 étoiles et Cdt de la garde républicaine, chef d'état-major, 48 ans, originaire du village de Saddam Hussein et beau-père de son fils aîné.

Grande-Bretagne : 2,8 (dont armée 1,23 ; pertes financières des entreprises 1,7).

■ **Iraq.** *Destructions pour faits de guerre en Iraq* (guerre avec l'Iran et guerre du Golfe) : 500 (dont destructions civiles 200, militaires 300). *Réparations dues au Koweït et à l'Iran :* 200. *Dettes vis-à-vis des fournisseurs étrangers :* environ 50. *Total :* 750, soit 17 fois le PNB iraqien (*1988 :* 44).

■ **Israël.** *Au 2-2 :* selon la Banque d'Israël, 3 (baisse de l'activité économique, chute du tourisme). *Aides reçues* d'Allemagne 0,6, des USA 0,65.

■ **Jordanie.** 3 ou 4.

■ **Koweït.** 20, plus manque à gagner pétrolier (8,5). *Coût de la reconstruction :* 20 à 30 (dépense par puits 1,5 million de $).

■ **Turquie.** 7. *Aides reçues :* K. 1,2 ; Arabie 1,16 ; Émirats 0,1 ; Allemagne 0,07.

Contributions de la CEE (en millions de $, 1991). *Aide alimentaire* aux Palestiniens de Syrie, Jordanie et Liban 30,9 dont 4,8 réservés aux territoires occupés. *Aide financière* à Égypte 228, Jordanie 196. Prêt sans intérêts à Turquie 228. *Aides bilatérales des États membres :* 1,3 milliard d'écus. **Principales contributions** (engagement pris et, entre parenthèses, montants versés au département du Trésor amér. en juillet 1991, en milliards de $). Arabie 16,8 (17,7), K. 16 (11,1), Japon 10,7 (9,4), All. 6,6 (6,6), Émirats 4 (4), Corée du Sud 0,38 (0,17), autres 0,02 (0,02). *Total* 54,6 (43,1).

Résolutions de l'Onu

En 1990. 12 adoptées par le Conseil de sécurité de l'Onu. **Résolution 660** *(2-8 ;* 14 voix pour, le Yémen n'a pas pris part au vote) condamne l'invasion du K. et exige le retrait immédiat de l'I. **661** *(6-8 ;* 13 voix pour, 2 abst. : Cuba et Yémen) « prône » des sanctions économiques (boycott financier, commercial et militaire de l'I., à l'exclusion des fournitures médicales, et dans certains cas, de vivres). **662** *(9-8 ;* unanimité) l'annexion du K. est nulle et non avenue. **664** *(18-8 ;* unanimité) exige le départ des otages étrangers. **665** *(25-8 ;* 13 pour, 2 abst. : Cuba et Yémen) autorise le recours à la force navale pour faire appliquer l'embargo. **666** *(14-9 ;* 13 voix pour, 2 contre : Cuba et Yémen) l'aide alimentaire envoyée à l'I. et au K. doit être acheminée et distribuée par Onu, CICR ou autres organisations internationales. **667** *(16-9 ;* unanimité) condamne le viol des ambassades et réclame la libération des étrangers enlevés dans les locaux diplomatiques. **669** *(24-9 ;* unanimité) demande au comité des sanctions d'examiner les demandes d'assistance formulées par les pays éprouvant des difficultés économiques en raison de leur respect de l'embargo. **670** *(25-9 ;* 14 pour, 1 contre : Cuba) extension de l'embargo au trafic aérien. **674** *(29-10 ;* 13 pour, 2 abstentions : Cuba et Yémen) rappelle à l'I. que, en vertu du droit international, il est responsable des dommages subis par K., ou pays tiers, du fait de l'occupation illégale du K. **677** *(28-11 ;* unanimité) condamne les tentatives de l'I. pour modifier la démographie du K. et confie à l'Onu la garde d'une copie du registre d'état civil. **678** *(29-11 ;* 12 pour, 2 contre : Cuba et Yémen, 1 abst. : Chine) exige que l'I. se conforme à la résolution 660 et autorise les États coopérant avec le K. à user de tous moyens nécessaires pour la faire respecter si l'I. ne s'est pas retiré du K. au 15-1-1991.

En 1991. 686 *(2-3 ;* 11 pour, 1 contre : Cuba, 3 abst. : Chine, Inde et Yémen) après l'acceptation sans conditions par l'I. des 12 résolutions (27-2), fixe les conditions de la fin définitive des hostilités. L'I. doit revenir sur les mesures prises en vue de l'annexion du K., accepter sa responsabilité dans les dommages subis par le K. et les États tiers, libérer tous les ressortissants du K. ou des pays tiers qu'il détient, rendre les biens kow. saisis, libérer immédiatement les prisonniers de guerre, mettre fin à tout acte d'hostilité, fournir tous les éléments d'information pour identifier mines, pièges, matériels et armes chimiques au K. et dans les régions de l'I. et les eaux adjacentes où sont déployées les forces de la coalition. **687** *(3-4)* impose à l'I. la destruction de ses armements non conventionnels, de ses fusées à moyenne et longue portée, et une zone démilitarisée le long de la frontière koweïtienne. **688** *(5-4 ;* 10 pour, 3 contre : Cuba, Yémen et Zimbabwe, 2 abst. : Chine et Inde) condamne la répression des populations civiles ir. et insiste pour un accès immédiat des organisations humanitaires aux pop. ayant besoin d'assistance. **689** *(mai)* crée une zone démilitarisée de 10 km en I. et 5 km au K. sur 250 km de frontière terrestre et 40 km de côte du Khor Abdallah, surveillée par la mission d'observation de l'Onu pour l'I. et le K. (Monuik) ; 300 observateurs puis, fin 1993, 800 supplémentaires. **692** *(20-5)* oblige l'I. à financer un fonds d'indemnisation des dommages de guerre. **705** *(15-8)* fixe prélèvement sur recettes pétrolières ir. pour paiement des dommages de guerre à 30 % au max. **706** *(15-8 ;* 13 pour, 1 contre, 1 abst.) autorise l'I. à vendre 1,6 milliard de $ de pétrole sur 6 mois pour acheter nourriture et médicaments et payer dommages de guerre. **707** condamne l'I. pour les entraves mises à la neutralisation de ses armes non conventionnelles. **778** *(2-10)* saisie partielle des avoirs ir. à l'étranger.

En 1992. 883 *(23-5)* l'I. doit reconnaître la souveraineté du K. et ses frontières. **949** *(15-10)* l'I. ne doit plus déployer dans le sud la garde républicaine ni renforcer sa capacité militaire dans la région.

En 1995. **986** *(14-4)* autorise l'I. à vendre 2 milliards de $ de pétrole (700 000 barils par j) en 6 mois (dont 1,32 milliard sera consacré aux besoins humanitaires) ; conditions acceptées par l'I. le 20-5-1996.

En 1997. **1115** *(21-6)* condamne l'attitude de l'I. vis-à-vis de l'Unscom et envisage des représailles. **1134** *(23-10* ; 10 pour, 5 abst. dont la France) sanctions prolongées de 6 mois pour obliger l'I. à coopérer avec l'Unscom ; certains fonctionnaires et militaires seront interdits de voyages ; applicable le 12-4-1998. **1137** *(12-11)* les responsables militaires qui entravent les travaux de l'Unscom sont interdits de voyages.

En 1998. **1153** *(20-2* ; unanimité) quota semestriel d'exportation porté de 2 à 5,26 milliards de $. **1154** *(2-3* ; unanimité) approuve le mémorandum d'accord du 23-2, conséquences « les plus graves » si l'I. n'ouvre pas ses installations militaires dont les 8 sites présidentiels à l'Unscom. *-24-6* le Conseil de sécurité confirme le maintien des sanctions pour 60 jours. **1195** *(9-9* ; unanimité) sanctions maintenues tant que la coopération avec l'Unscom, interrompue le 5-8, n'aura pas repris ; après la reprise, l'« examen d'ensemble » réclamé par l'I. pourra être envisagé.

En 1999. *-4-10* l'I. est autorisé à augmenter de 3,04 milliards de $ ses exportations jusqu'à fin novembre. **1284** *(17-12* ; 11 pour, 4 abstentions : Russie, Chine, France, Malaisie) suppression, pour des périodes de 120 jours renouvelables, des sanctions prévues en 1991 si l'I. coopère avec les inspecteurs du désarmement. *-18-12* I. refuse.

En 2000. **1293** *(31-3* ; unanimité). I. autorisé à doubler la somme allouée à la réparation de l'industrie pétiolière (1,2 milliard de $).

Données diverses

■ **Ambassades (siège des).** **1990**-*23-8* l'I. ordonne aux ambassades et missions diplomatiques de fermer et de se replier sur Baghdad. Jordanie, Inde, Brésil et Philippines acceptent. *-24-8* ultimatum aux Occidentaux pour la fermeture ; évacuation mais non fermeture de l'ambassade d'URSS. *-25-8* un convoi évacue le personnel (non indispensable) de l'ambassade de Fr. 7 diplomates restent sur place. L'armée ir. encercle ambassades américaine, britannique, française. *A partir du 26-8* elles sont privées d'eau, d'électricité et de moyens de communication. *-28-8* évacuation à Baghdad, sous la menace, des diplomates marocains. *-14-9* la résidence de l'ambassade de Fr. et les missions des P.-Bas, Belg. et Canada sont saccagées. 4 Français sont emmenés, dont l'attaché militaire qui sera le seul à être relâché. *-16-9* ambassade de Tunisie envahie ; *-7/9-10* d'Italie fermée, celles de Belgique, P.-Bas et Allemagne évacuées ; *-fin oct.* celles des USA, G.-B. et France restent ouvertes. *-22-10* départ du chargé d'affaires français ; ambassade de G.-B., réduite à l'ambassadeur et au consul, restera ouverte encore quelques j.

■ **Attentats.** *Du 17 au 20-1-1991* : plus de 600 alertes à la bombe à New York. 7 attentats dans le monde contre les intérêts américains : Quito (Équateur), Bonn, Jérusalem, New Delhi, Chili, Manille (1 Iraqien tué par sa bombe), Jakarta. *-27* et *28-1* : Athènes, Adana (Turquie), Ankara, Liban. **France :** plan Vigipirate (200 000 policiers et gendarmes). Une centaine d'opérations antiterroristes en région parisienne. 46 expulsions (diplomates et autres). *26-1-1991* Paris : bombe contre « Libération ». *-27-1* Marseille : bombe contre la Maison de l'étranger.

■ **Butin pris au Koweït** (biens civils et matériels, en milliards de $). 3 ou 4 dont 1 en or et devises fortes (+ 0,48 soit 42 t pris dans la Banque centrale).

■ **Embargo.** Décidé le *6-8-1990 (résolution Onu 661,* voir p. 1102 c). *Boycottage financier* (gel des avoirs ir. à l'étranger et des avoirs kow. par crainte d'une mainmise ir.) ; *pétrolier* (fermeture des oléoducs transportant le pétrole ir. à travers Turquie et Arabie) ; *alimentaire* (cessation des ventes à l'I. de céréales, aliments pour bétail, fruits, légumes, viandes) ; *industriel* (fin des ventes de pièces détachées) ; *militaire* (fin des ventes d'armes et de pièces détachées). *-25-8* Conseil de sécurité autorise l'emploi de la force pour le faire respecter. *-25-9* blocus aérien.

Efficacité : à la veille de la guerre, l'I. exportait 80 % de son pétrole et importait 70 % de sa consommation quotidienne en calories (dont 60 % de celle en riz). *Pétrole :* pertes par j : 2,7 millions de barils, soit 70 millions de $. Le carburant est rationné, l'I. produisant du brut mais ne possédant pas de raffineries. *Vivres :* l'arrêt des import. est compensé par la saisie de stocks au K., la mise en place d'un rationnement (3-9, renforcé en nov.) et l'encouragement à l'exploitation des friches. Le marché noir se développe (prix décuplés). *Industrie :* 40 % des entreprises sont arrêtées faute de pièces de rechange. Départ de l'encadrement étranger. Disparition de produits vitaux comme les pneus de rechange. De nombreux biens matériels (voitures, réfrigérateurs) sont saisis au K. *Embargo militaire :* peu efficace en raison de l'importance des stocks d'armes de l'I. et d'une industrie locale d'armement.

☞ **Contrebande** par Turquie, Iran et Jordanie. Plus de 500 entreprises de 50 pays auraient violé l'embargo, dont une centaine de firmes allemandes. L'I. peut importer par jour 900 t de céréales (20 grands camions).

■ **Otages.** **Quelques dates :** *18-8-1990* l'I. annonce que « les ressortissants des nations agressives » seront retenus « comme hôtes de la paix » au K. et en I. *-19-8* propose leur libération contre l'évacuation des troupes américaines d'Arabie et le règlement interarabe du conflit. *-20-8* annonce qu'ils seront « hébergés » sur des installations vitales. *Étrangers retenus* (au 20-8-1990) : G.-B. 4 600. USA 3 100. Allemagne 900. Japon 510. *France 480* (dont 230 au K., 175 en I. et 125 en transit en I. ou au K. le 2-8, dont 75 passagers d'un vol British Airways). Australie 127. Égypte 250 000. Turquie 6 000. Pakistan 135 000. *Autorisés à partir :* URSS 8 710. Italie 490. Bangladesh 110 000. *-23-8* Saddam Hussein à la TV, entouré de ressortissants britanniques, leur déclare « Vous n'êtes pas des otages. » *-28-8* il autorise le départ des familles ; quelques heures plus tard, nouvelle apparition à la TV avec des otages, dont des enfants. *-22-10* il annonce son intention de libérer tous les otages français (réponse au discours du Pt Mitterrand à l'Onu le 24-9). *-29-10* l'I. annonce la libération des 327 Français encore détenus au K. et en I. *-18-11* l'I. annonce la libération de tous les otages entre le 25-12-1990 et le 25-1-1991. *-6-12* tous les étrangers encore retenus en I. ou au K. sont autorisés à partir. Il restait environ 7 000 étrangers en I. ou au K. (Britanniques : plus de 1 300) [plus de 50 % au K.]. USA : 1 080 à 1 100 (plus de 50 % au K.). Canada : 42. Irlande : 150 à 170. P.-Bas : 27. Japon : 231. Australie : environ 160. URSS : 3 232 (civils et militaires, autorisés à partir). Tchéc. : 40. Roumanie : 312.

Libérations d'otages : *-26-8-1990* le chancelier Waldheim ramène de Baghdad 95 Autrichiens. *-2-9* le pasteur Jesse Jackson : 44 Américains, 2 députés allemands. *-3-10* le Pt de l'Association d'amitié franco-ir. : 9 Français ; l'ancien PM Edward Heath : 33 Britanniques. *-12-10* l'émissaire de Gorbatchev Evgueni Primakov : 258 Soviét. *-30-10* rapatriement de 262 exotages français, dont 210 retenus en I. (60 déplacés sur des sites stratégiques) et 52 au K. (4 sur des sites stratégiques). 38 choisissent de rester (24 au K. et 14 en I.) dont 21 Franco-Kow. ou Franco-Libanais, des religieux et 3 par solidarité avec autres otages occidentaux. *-8-11* le Japonais Nakasone : 106 dont 77 Japonais, 35 Britanniques, 15 Italiens, 4 Allemands ; l'exchancelier allemand Willy Brandt : 174 dont 120 Allemands. *-22-11* Jean-Marie Le Pen : 87 ; 1 délégation de parlementaires suisses : 36 dont 16 Suisses, 4 Irlandais, 4 Suédois, 4 Allemands, 4 Néerlandais, 2 Belges, 2 Britanniques.

■ **Pollution.** **Marée noire** provoquée par l'ouverture (21-1-1991) du terminal de Sea-Island (Mina al-Ahmadi) par les Ir. [la nappe de pétrole (15 km de largeur, 50 km de longueur) dérive de 8 km/jour vers Iran, Arabie et Émirats] : usines de dessalement d'eau menacées. Les 1res estimations (1,4 milliard de t de brut répandues) seront ramenées en avril à 100 000 t. Une 2e marée noire aurait été provoquée (30-11) par l'ouverture du terminal offshore de Mina al-Bakr. *Conséquences :* nappe de 15 × 50 km, fragmentée ensuite : pollution des côtes saoudiennes, koweïtiennes et iraniennes ; menace sur les usines de dessalement (70 % de l'approvisionnement en eau douce de la région) ; menaces écologiques, le Golfe étant « fermé » et peu profond (25 à 30 m). Les mesures prises (bombardement du terminal pour limiter l'écoulement et incendier le brut répandu, mise en place de barrages flottants) limitent les dégâts.

Incendie des puits de pétrole koweïtiens : 732 incendiés sur 1 080. *Conséquences :* sur un quart du K. (au sud) fumée noire à environ 600 m du sol ; visibilité réduite de 25 à 4,5 km ; chute de la température (jusqu'à – 10° C) et modification des conditions météorologiques à 500 km à la ronde. Des traces de fumée auraient été retrouvées dans l'Himalaya. *-6-11-1991* dernier puits éteint.

■ **Syndrome de la guerre du Golfe.** **Pathologies :** diverses ; fatigue chronique, migraine, nausées, sueurs froides, atrophie musculaire, pertes de mémoire ou du sommeil, irritations ou brûlures (signalés par 100 000 soldats amér.). **Causes avancées :** munitions à uranium appauvri ; vaccin préventif (contre armes biologiques) contenant du squalène. [Le bromure de pyridostigmine (PB), antidote au gaz neurotonique soman administré à 250 000 soldats amér., pourrait avoir provoqué des désordres chroniques similaires à ceux du « syndrome ».] **Nombre de cas :** environ 50 000 dont 20 000 Américains (sur 697 000 engagés 26 % d'entre eux sont indemnisés pour une invalidité liée à leur service dans le Golfe).

☞ **Association des victimes de la guerre du Golfe (Avigolfe) :** *créée* juin 2000 ; 9-12-2000 : 150 membres déposent plainte contre X pour empoisonnement.

Baath). **Drapeau** (modifié 14-1-1991). Bandes horizontales : rouge (courage), blanche (générosité) avec 3 étoiles vertes (union avec Syrie et Égypte) et inscription « *Allah o Akbas* », noire (triomphe de l'islam).

Armées (en 1993) : 430 000 h., 2 500 chars, plus de 1 800 pièces d'artillerie lourde, 850 missiles à courte et moyenne portée ; armée de l'air opérationnelle réduite (l'Iran a gardé les 140 avions réfugiés en 1991).

☞ **Unscom :** Commission spéciale de l'Onu sur le désarmement de l'I. Créée 1991 sous l'autorité du Conseil de sécurité. La vérification de l'armement nucléaire est confiée à l'Agence internationale de l'énergie nucléaire. *Chefs : 1991 :* Rolf Ekeus (Suède) ; *juillet 1997/30-6-1999 :* Richard Butler (Australie) ; *1-7-1999* Charles Duelfer (USA). *Bilan des destructions :* 1 supercanon d'une portée de 1 000 km, environ 150 Scud, 76 ogives chimiques, 70 lanceurs de missiles et rampes de lancement, 500 000 l d'agents chimiques, 28 000 armes chimiques. **Unmovic :** Commission d'inspection, de vérification et de surveillance. Créée 17-12-1999 par le Conseil de sécurité. *Chefs : 17-1-2000 :* Rolf Ekeus (Suède) refusé par Russie et France ; *26-1 :* Hans Blix (en fonctions le 1-3).

☞ **Zones d'exclusion aérienne :** établies par USA, G.-B. et France s'appuyant sur la résolution *688* (du 5-4-1991) du Conseil de sécurité de l'Onu condamnant la répression des populations civiles ir. *1re (7-4-1991) :* au nord du 36e parallèle (environ 10 000 km²), permet le retour de Turquie et d'Iran de centaines de milliers de réfugiés kurdes). *2e (27-8-1992) :* au sud du 32e parallèle (environ 140 000 km²), pour protéger les chiites persécutés.

Fonds secrets américains affectés à la CIA pour renverser Saddam Hussein : *fin 1991 :* 15 millions de $; *92 :* 40.

■ **Partis.** **Baath** (« résurrection ») fondé avril 1947 à Damas par Salah el-Din Bitar et Michel Aflak († 23-6-1989), *leader :* Saddam Hussein. **Opposition.** **P. communiste ir.** fondé 1934, *1er secr. :* Aziz Mohammed. **Mouvements chiites : P. Daoua** (P. de l'appel islamique) fondé vers 1958 par Mohammed Bakr al-Sader (exécuté avril 1980), *Pt :* cheikh Mahdi al-Assefi (en exil à Qom en Iran). **Amal,** organisation de l'action islamique, fondée 1975, *Pt :* ayatollah Mohammed Shirazi. **Mouvement des moudjahidin** fondé 1979 par Seyid Abdel Aziz al-Hakim. **Conseil suprême de la révolution islamique** fondé 17-11-1982, en exil à Téhéran, *Pt :* Seyid Mohammed Baker al-Hakim. *Comité central à Londres, Pt :* Arif Abdul Razak. **Conseil national ir.** créé juin 1992 à Vienne (Autriche), 19 partis (certains s'en sont retirés), Ahmed Chalabi.

Mouvements kurdes : Front du Kurdistân ir. fondé 1988, réunit *P. démocratique du Kurdistân* [PDK (fondé 1946 ; *Pt :* Massoud Barzani ; *secr. gén. :* Mohammed Saeed Al-Atrushi) ; depuis juillet 1973, Baath (PC ; quitte le Front en 1979) et PDK forment le *Front national progessiste (secr. gén. :* Naim Haddad)] et *Union patriotique du Kurdistân* (fondée 1975, *Pt :* Jalal Talabani). **P. socialiste du Kurdistân,** *Pt :* Rassoul Marmoud. **P. populaire démocratique du Kurdistân,** *Pt :* Sami Abder Rahman. **Pasok,** pour l'indépendance. **PC du Kurdistân.** **Ligue islamique du Kurdistân** (**LIK**) pro-iranienne. **Opposition chiite dans la zone des marais** (en 1994) : **P. moudjahidin de la révolution islamique,** *chef :* Abou Zaïnal (sous le nom de Hajj Kazim) ; **P. de l'appel islamique ; 9e brigade** (de « Badr »), *chefs :* ayatollah Mohammed Bakr al-Hakim, cheik Mohammed Taqi al-Mawla. 35 000 h.

Relations Iraq/France. **1974**-*12-3* accord de coopération technique et économique (export. françaises vers I. : *1969 :* 21 millions de $; *fin 1973 :* 92). **1975**-*18-11* accord pour centre de recherches civiles « Osirak » ; la Fr. fournira à l'I. les moyens de se doter de l'énergie nucléaire civile ; l'I. assurera 25 % des besoins français en pétrole. **1977**-*juin* l'I. commande à la Fr. 40 Mirage F-1. **1979**-*févr.* coopération bilatérale : accroissement des échanges ; établissement de centres de recherches sur l'énergie solaire ; exécution de projets de liquéfaction du gaz naturel ; installation de centrales électriques ; missions commerciales et techniques. Contrats passés : construction d'un aéroport à Baghdad, livraison de 24 Mirage F-1 supplémentaires, etc. **1980-88** guerre Iraq/Iran. La Fr. livre armes et munitions à l'I. qui s'engage à lui livrer 5 millions de t de pétrole supplémentaires pour compenser la diminution des importations d'Iran. **1990**-*juillet* accord sur rééchelonnement de la dette. *-2-8* invasion du Koweït : la Fr. s'oppose à l'Iraq.

Économie

■ **PNB.** **Total :** 94,93 milliards de $ (en 1997). **Par hab.** (en $) : *1980 :* 2 900 ; *90 :* 1 750 ; *91 :* 800 ; *95 :* 1 200 ; *96 :* 1 240 ; *97 :* 1 770 ; *98 :* 2 560. **Population active** (en %) **et,** entre parenthèses, **part du PNB** (en %) : agr. 40 (30), ind. 22 (15), services 34 (47), mines 4 (8). **Croissance** (en %) : *1995 :* – 6,7 ; *96 :* 0 ; *97 :* 20 ; *98 :* 16,9 ; *99 :* 9,9. **Inflation** (en %) : *1990 :* 25 ; *92 :* 200 ; *93 :* 75 ; *94 :* 60 ; *95 :* 208,4 ; *96 :* 180 ; *97 :* 200 ; *98 :* 140 ; *99 :* 140. **Aide des pays du Golfe** (en milliards de $) : *1980 :* 35 ; *82 :* 10 ; *88 :* 5. **Avoirs dans les banques occidentales** (en 1994) : 10 milliards de $. **Dette extérieure :** *1989 :* 70 milliards de $, dont pays occidentaux, URSS et tiers-monde 40 [*France 4,* pays du Golfe 30 (dette que l'I. considère comme un tribut, pour les avoir protégés de l'Iran)] ; *1992 :* 65 (pays arabes 30, OCDE 19,1, pays de l'Est 10) ; *95 :* 90. **Reconstruction :** achevée à 90 %, réseau routier (à 70 %). **Santé :** manque de médicaments (10 % des importations avant la guerre) ; 170 000 décès directs ou indirects. 56 000 enfants † de févr. 1991 à nov. 1995 selon la FAO.

■ **Agriculture.** **Terres** (en km²) : désert 167 000, arables 75 365, forêts 17 700, pâturages 8 750. **Production** (en milliers de t, 1999) : blé 800, dattes 635, orge 500, pastèques 450, raisin 300, riz 240, maïs 100, coton 9, millet, sésame, tabac. **Élevage** (en millions de têtes, 1999). Volailles 45, moutons 6, chèvres 1,5, bovins 1,1, ânes 0,14, buffles 0,07, chevaux 0,02, mulets 0,01, chameaux 0,008. **Pêche** (en 1997). 31 302 t.

■ **Pétrole** (en millions de t). **Réserves** (en 2000) : 15 348. **Production :** *1975 :* 110 ; *80 :* 130 ; *85 :* 70 ; *86 :* 84 ; *87 :* 102 ; *88 :* 128 ; *89 :* 138 ; *90 :* 100 ; *91 :* 15 ; *92 :* 20,8 ; *93 :* 22,3 ; *94 :* 25,9 ; *95 :* 27,3 ; *96 :* 29,9 ; *97 :* 58 ; *98 :* 105,2 ; *99 :* 125,5. **Revenus pétroliers** (en milliards de $) : *1980 :* 26,6 ; *85 :* 11,3 ; *86 :* 7,16 ; *87 :* 11,5 ; *88 :* 13 ; *89 :* 15,4 (embargo *1990-92 :* pertes 26,5 à 32) ; *2000 :* 26. **Champs pétroliers en projet :** Halfaya, Majnoon, Nahr-Umr et West-Qurna (prod. prévue de 1,62 million de barils/j ; investissement de 2 à 3 milliards de $ financé par Stés japonaises). **Compagnies :** *Iraq Petroleum Co* (IPC ; succède à la *TPC, Turkish Petroleum Co* fondée 1927 ; nationalisée 1-6-1972), dans laquelle la Cie française des pétroles détenait 23,75 % des parts, devenue *l'Inoc (Iraq National Oil Co). Mosul Petroleum Co* et *Basrah Petroleum Co :* l'État percevait 50 % des bénéfices. *Cie nationale*, fondée 1967. **Oléoducs :** *fermés :* Kirkûk-Haïfa (Israël) ; Kirkûk-Banyas (Syrie) depuis 10-4-1982. *En service :* 2 iraqo-turcs ITP 1 et ITP 2 (capacité 1 500 000 barils/j) ; Ipsa 1 de Rumeila à la Pétroline (Arabie saoudite), 500 000 barils/j ; stratégique (de Roumellah à Haditha puis à Kirkûk), 1 000 000 de barils/j ; depuis mai 1992, oléoduc Fao-Mina-al-Bakr (50 km). *En projet :* Ipsa 2 (prolongeant Ipsa 1 jusqu'à la mer Rouge ; capacité supplémentaire de 1 150 000 barils/j). **Gaz. Réserves** (en 1999) : 3 188 milliards de m³. **Production** (en 1999) : 3,2. **Mines.** Asphalte. Soufre. Phosphates.

■ **Industrie.** Raffinage, pétrochimie, engrais.

■ **Tourisme. Visiteurs** (en milliers) : *1982 :* 2 020 ; *87 :* 678 ; *88 :* 224 ; *89 :* 966 ; *90 :* 748 ; *91 :* 268 ; *92 :* 504 ; *93 :* 400 ; *94 :* 330 ; *96 :* 345 ; *97 :* 346. **Sites :** Ctésiphon, Kazimein (mosquée XVIe s. à coupole d'or, pèlerinage chiite), Karbâla, Babylone (festival), Hatras, Nimroud.

■ **Commerce** (en milliards de $). **Export./import. :** *1987 :* 11,8/7,2 ; *94 :* 0,8/1 ; *95 :* 0,8/1,2 ; *96 :* 1,5/1,8 ; *97 :* 5,5/4,4. *Principaux partenaires :* USA, G.-B., Japon, Turquie, All., Italie, *France.* **Rang dans le monde** (en 1999). Pétrole 2e réserves ; 9e production.

IRLANDE

Carte p. 1216. V. légende p. 950.

☞ *Abréviations :* I. : Irlande ; Irl., irl. : Irlandais, irlandais(e).

■ **Nom. Eire :** « Irlande du Sud » en gaëlique, *Ireland* en anglais. **Ulster :** ancienne province d'Irlande comprenant 9 comtés, dont 6 forment l'Irlande du Nord (les 3 autres appartiennent à la rép. d'Irlande). **Glossaire. Ard-ri :** roi suprême avec pouvoirs religieux (avant la conversion), honorifiques. **Brehons :** juristes celtes. **Derbfine :** assemblée constituée par les descendants mâles d'un arrière-grand-père commun. **Mac :** désigne le fils (MacCarthaig : fils de Carthaig). **Mor :** grand, branche aînée d'une famille. **O' :** petit-fils (O'Brian : petit-fils de Brian). **Ri-ruirech :** roi des 5 (puis des 4) royaumes : Ulster, Meath, Connacht, Leinster et Munster. Suzerain des *Ruini* (rois suzerains de plusieurs *tuath*). **Tanist :** héritier du roi. **The** (avec majuscule devant nom propre) : chef d'une famille.

■ **Situation.** Europe. Séparée de la G.-B. par la mer d'Irlande (largeur minimale 17,6 km, maximale 192, profondeur max. 200 m). **Superficie :** 70 282 km² (84 421 km² avec les 6 comtés appartenant à la G.-B.). **Altitude** *maximale :* Carrantuohill 1 040 m. **Longueur** *maximale :* 486 km. **Largeur** *maximale :* 275 km. **Frontière :** avec Irlande du N. 360 km. **Lac** *principal :* Lough Neagh 396 km². **Fleuve** *le plus long :* Shannon 370 km. **Iles d'Aran :** Inishmore 14,5 km², 100 hab. ; Inishman 7,77 km² ; Inisheer. **Côtes :** 1 448 km ; avec les îles : 5 631. **Climat.** Tempéré et humide. Mois les plus froids janv.-févr. (4 à 7 °C), les plus chauds juillet-août (14 à 16 °C), les plus ensoleillés mai-juin (5 h 1/2 à 6 h 1/2 par jour).

■ **Population** (en millions d'hab.). *1650 :* 0,5 ; *1700 :* 2 ; *1800 :* 4,5 ; *14 :* 6 ; *41 :* 6,53 (île 8,17) ; *45 :* 8 ; *51 :* 5,1 (île 6,55) ; *1926 :* 2,97 ; *81 :* 3,4 ; *2000 (est.) :* 3,79 ; *2025 (prév.) :* 4. **D.** 53,9. **Age** (en 1999) : *- de 15 ans :* 21,8 %, *+ de 64 ans :* 11,3 %. **Espérance de vie** (en 1998) : 76 ans. **Taux** (‰, 1999) : *natalité* 14,2 ; *mortalité* 8,5, *infantile* 6. *Accroissement naturel : 1960 :* 9,9 ; *70 :* 10,4 ; *80 :* 11,9 ; *90 :* 6,2 ; *94 :* 4,4. **Émigration :** *1780-1845 :* 2 000 000 ; *1845-60 :* 2 150 000 ; *1860-70 :* 3 800 000 (dont *66-71 :* 53 906) ; *1871-79 :* 106 000 ; *1971-81 :* 103 889 ; *1981-86 :* 72 000 ; *1986-91 :* 134 170 ; *1992 :* 33 400 ; *1993 :* 35 100 ; *1994 :* 34 800 ; *1995 :* 33 100 ; *1996 :* 31 200 ; *1997 :* 29 000 ; *98 :* 21 200 ; *99 :* 29 000 ; *2000 :* 22 300. **Immigration :** *1998 :* 44 000 , *99 :* 47 500 ; *2000 :* 42 300. **Personnes d'origine irl.** (en millions) : USA 40, Canada 5, Australie 5.

■ **Langues.** Irlandais (*1971 :* 789 429 personnes le parlaient ; *86 :* 1 042 701 ; *96 :* 1 430 205). Anglais.

■ **Religions** (rec. 1997). Catholiques 3 228 327 (*1981 :* 91 % pratiquants ; *1999 :* 220 séminaristes), Église d'I. 82 840, presbytériens 13 199, protestants 6 347, méthodistes 5 037, musulmans 3 875, juifs 1 581.

■ **Villes** (en 1996). *Dublin* (*Baile Atha Cliath :* « ville du gué des Claies », en irlandais) 952 692 hab., Cork 179 954 (à 257 km), Limerick 75 729 (à 196 km), Galway 57 363, Dun Laoghaire 55 540 (en 1991) [13 km].

■ **Histoire. Vers 3000 av. J.-C.** 1ers monuments mégalithiques, plus de 1 200 érigés [dont, dans le tumulus de Newgrange, le *grand cairn* (diam. 85 m, hauteur 12 m)]. **VIIIe-Ier s. av. J.-C.** arrivée des Celtes. **Ier s.** 7 royaumes. **432** convertie au christianisme par St Patrick (389/17-3-461). **795** 1ers raids vikings (attirés par les trésors des monastères). **841** Dublin fondée. **1014** *Clonstar*, victoire irl. sur Scandinaves (roi Brian Boru †). Couronne d'ard-ri disputée entre O'Neill, O'Brien (descendant de Boru), Eoghan (ou MacCarthy) et O'Connor (roi du Connacht). **1169** début invasions anglo-normandes, Henri II d'Angl. envoie barons gallois. **1171** sur instances du pape : Henri II conquiert l'Irlande. Irl. demandent appui roi d'Écosse, Anglais se retranchent au S. **1175** *traité de Windsor :* le dernier roi, Rory O'Connor, reconnaît suzeraineté anglaise. **1366** *statuts de Kilkenny* (but : freiner l'assimilation des Anglais ; abrogés 1613). **1536** Henri VIII rompt avec Rome. **1541** étend la réforme à l'I. et se proclame roi d'Angl. et d'I. **1556** 1re colonie anglaise de peuplement (plantation). Élisabeth Ire combat Esp., appelée à l'aide ; rébellion dans le N. : campagnes d'extermination. **1591** Trinity College (université) créé. **1594** rébellion des comtes O'Neill et O'Donnell. **1598**-*15-8 Yellow Ford :* armée anglaise battue. **1601** Irl. et Espagnols écrasés à Kinsale. **1607** « fuite des comtes ». **1609** nouvelles « plantations » : peuplement intensif sur terres confisquées (vers 1650, plus de 100 000 colons anglais et écossais). **1641** Irl. massacrent milliers de colons. **1642** gouv. central à Kilkenny (confédération cath.). **1649** Olivier Cromwell, qui a triomphé des Stuarts cath. en Angl. et Écosse, lutte en I. pour contrer leur restauration ; ses troupes mettent à sac *Drogheda* en sept. (2 000 † dont tous les prêtres et moines). **1652** Galway prise, après siège 9 mois ; nombreuses déportations aux Antilles et en Virginie ; quelques bandes de rebelles dits *tories* (« bandits de grand chemin ») restent ; nouveau plan de colonisation. **1689** Jacques II Stuart, chassé d'Angl., débarque en I. et assiège Derry, qui sauve Guillaume d'Orange. Les Irl. se rallient à Jacques II. **1690**-*12-7* Guillaume bat Jacques II à *la Boyne ;* exode de soldats irl. en France. Les mercenaires irl. combattant dans les armées d'Europe continentale du XVIIe au XIXe s. sont appelés « oies sauvages » *(wild geese).* Les Anglais s'arrogent terres et richesses. **1695** lois pénales déniant tout droit aux Irl. : ne peuvent ni être élus, ni voter ; sont exclus de l'armée, de la marine et du barreau ; ne peuvent porter l'épée, envoyer leurs enfants s'instruire à l'étranger et acquérir des terres ayant appartenu à un protestant. **1698** William Molyneux, anglican, publie *la Cause de l'I.*, livre brûlé en place publique. **1724** Jonathan Swift dénonce le sort de l'I. *(Lettres du drapier).* **1739-40** 1re grande famine (environ 400 000 †). **1778** lois anticatholiques partiellement abolies. **1782** autonomie législative. **1795** l'ordre d'Orange (Sté secrète fondée par des presbytériens d'Ulster) lutte contre les idées de l'avocat protestant Theobald Wolfe Tone (1763-98) qui a fondé en 1791 la Sté des Irl. unis (union cath. et protestants, indépendance de l'île ; origine de l'Ira : Irish Republican Army). **1796**-*déc.* sur 45 bateaux (13 000 h. avec Hoche) partis de Brest, 15 arrivent baie de Bantry ; mais sont dispersés par la tempête. **1798** Tone fait de Paris le siège du Directoire des Irl. unis. *-23-5* insurrection. *-21-6 Vinegar Mill :* Anglais battent 20 000 rebelles ; *-14-7* dispersent les derniers insurgés. *-22-8* le Gal Amable Humbert (1767-1823) débarque avec 1 030 h. pointe de Kilcummin. *-26-8* occupe Ballina. *-27-8 Courses de Castlebar :* Humbert avec 900 soldats et 1 000 insurgés mettent en fuite 5 000 fantassins et 1 500 cavaliers anglais. *-31-8* proclame la Rép. de Connaught. *-5-9* victorieux à Collooney. *-8-9* capitule à Ballinamuch (500 insurgés †). **1800**-*7-6 acte d'union* à G.-B. supprime Parlement de Dublin. **1801**-*1-1* I. représentée à la Chambre des communes (100 sièges) et des lords (32 sièges). **1803**-*23-7* soulèvement de Robert Emmet (né 1778, capturé en août et pendu). **1823** Association catholique fondée par Daniel O'Connell (1775-1847, élu député 1828). **1829**-*13-4* Parlement anglais vote l'Acte d'émancipation des cath. **1846-50** famine due à maladie de la pomme de terre (mildiou) et au régime foncier (propriétaires absentéistes) [1 600 †, 1 300 000 émigrés (surtout vers Amér.)]. **1848** insurrection de la Jeune Irlande avec William O'Brien (1803-64), échec. **1849**-*12-7 Dolly's Bral :* luttes orangistes/catholiques. **1858** O'Mahoney fonde aux USA la *Fenian Brotherhood* et l'*Irish Republican Brotherhood* (IRB, Fraternité républicaine irlandaise ; nom tiré de celui des guerriers de Finn Mac Cumhaill, défenseurs de l'I. antique) et s'engage dans l'action terroriste. **1861** loi interdisant l'avortement. **1866-67** soulèvements réprimés. **1869** PM anglais Gladstone retire ses privilèges à l'Égl. anglicane d'I. qui perd ses pouvoirs de juridiction et son droit de lever la dîme. **1870**-*1-9* mouv. pour le *Home Rule* (autonomie interne) fondé par Isaac Butt (né 1813). **1874** mouv. fédéraliste, 60 sièges aux élections. **1875** *Charles Stewart Parnell* (1846-91, protestant) élu à la Chambre des communes. **1879**-*21-10* Michael Davitt fonde la Ligue agraire. Parnell revendique le *Home Rule* (suspendu à cause de la guerre). **1880** guerre agraire : capitaine Charles Boycott (1832-97), intendant du Cte d'Erne, mis en quarantaine par ses fermiers (mutilation du bétail et obstruction des ventes). **1881** loi fixant les contrats de fermage et limitant les possibilités d'éviction. L'accès à la propriété est facilité et les Irl., qui ne possédaient que 3 % du sol en 1872, en possèdent 70 % en 1914. **1882** *traité de Kilmainham* devant mettre fin au terrorisme agraire. *-2-5* Parnell (arrêté oct. 1881) libéré. *-6-5* lord Frederick Cavendish, secr. d'État pour l'I., et son adjoint, T. H. Burke, assassinés dans Phenix-Park par fenians. **1891**-*6-10* Parnell (attaqué par l'Égl. cath. pour une ancienne liaison) meurt. **1903** *Wyndham Act :* réforme agraire. **1912**-*11-4* projet Asquith de Home Rule voté aux Communes -9-5 [(372 pour, 271 contre) rejeté 2 fois par Lords entre 1-1 et 14-8-1913)] (signé sept. 1914 par George V, voté 11-10, ne peut être immédiatement mis en œuvre du fait du veto suspensif de 2 ans dont dispose encore la Chambre des lords) ; les unionistes d'Ulster créent la Ulster Volunteer Force (UVF). **1913**-*juillet*/**1914**-*févr.* grande grève de Dublin. *-4-8* Angl. déclare guerre à l'All. : 200 000 Irl. volontaires pour combattre dans l'armée anglaise. **1916**-*24-4* (lundi de Pâques) Dublin : le *Sinn Féin* (« nous seuls »), proclament la Rép. 200 membres de l'Irish Citizen Army et 550 Irish Volunteers occupent 16 points stratégiques de Dublin ; affrontent 2 500 Britanniques (508 † : 300 civils, 132 des forces de l'ordre, 76 insurgés) [90 rebelles condamnés à mort dont 16 exécutés dont Patrick Pearse (poète) qui proclame la république à l'hôtel des Postes de Dublin, John Connally (fondateur du Parti républicain socialiste, exécuté alors qu'il est blessé dans une chaise roulante), Clark, Ceant, Plunkett, Thomas McDonagh (avocat), McDermott (signataires de la proclamation d'indépendance)], 2 500 incarcérés. **1918** *élections :* Sinn Féin 73 sièges sur 105. **1919**-*janv. De Valera* PM. *-21-1* sécession des députés irl. qui forment une *Dail Eireann* (assemblée nat.) à Dublin. **1919-21** guerre d'indépendance, menée par Michael Collins (16-10-1890/22-8-1922). **1920** *-août* 2 300 miliciens Black-and-Tans (uniforme kaki et noir) et 1 500 auxiliaires débarquent en I. ; commettent assassinats, viols, pillages, exécutions sommaires. *-1-11* enterrement du lord-maire de Cork, Terence MacSwiney (emprisonné pour son opposition à la présence anglaise, mort après grève de la faim de 74 j ainsi que Thomas Mc Curtain) ; Kevin Barry, étudiant, pendu à Dublin. *-21-11 Dublin,* « Dimanche sanglant » : les 12 Apôtres (unité de l'Ira, dirigée par Michael Collins) assassine 14 agents secrets du M16 ; représailles : les auxiliaires tirent sur les gradins du terrain de foot de Croke Park (12 †). *-23-12* PM Lloyd George fait voter le *Government of Ireland Act* qui donne l'autonomie interne aux 6 comtés du N.-E. et aux 26 comtés de l'I. du Sud.

État libre d'Irlande. 1921-*6-12 traité de Londres :* devient *dominion,* sauf les 6 comtés du N.-E. ; G.-B. conserve plusieurs bases maritimes (rendues à l'I. le 25-4-1938). *-16-12* ratifié par G.-B. **1922**-*8-1 Dáil Éireann* ratifie (64 voix pour, 57 contre), De Valera démissionne. **Arthur Griffith**, (31-3-1872/12-8-1922) élu Pt, *Michael Collins* PM. Les dirigeants opposés au traité, Rory O'Connor, Liam Mellows et leurs camarades établissent un QG au palais de justice, les « Four Courts de Dublin » Eamon De Valera, les rejoint. *-23-1* gouvernement du Sud signe accord avec le dirigeant loyaliste Craig et les unionistes du N. ; reconnaît Ulster et ses 6 comtés. *-16-6 élections :* partisans du traité 58 sièges, Républicains 36, Labour Party 17 et indépendants, unionistes du Sud et association de fermiers 17. L'Ira, n'admettant pas la partition, lance une guerre civile. *-22-6 Londres,* sir Henry Wilson (Field Marshall), anti-Irlandais, assassiné sur ordre de Collins). *-28-6* État libre assiège les Four Courts ; Liam Mellows, Rory O'Connor, Dick Barrett et Joe McKelvey emprisonnés. Guerre civile. L'Ira prend le dessus. *-Juillet* et *août* 600 soldats de l'État libre sont tués. *-22-8* Michael Collins, nationaliste, tué. *Constitution :* irlandais langue nationale. *-6-12* État libre proclamé. *-8-12* assassinat d'un adjoint de Collins, représailles : Mellows, O'Connor, McKelvey et Barrett fusillés. *-Déc.* **Timothy Healy** gouverneur général. **1922-23** guerre civile. **1923**-*27-4* De Valera proclame cessez-le-feu de l'Ira. *Bilan de la guerre civile :* Irl. 4 000 †. (dont au moins 800 volontaires de l'Ira) ; 11 316 prisonniers au 1-7-1923. **1926** De Valera fonde *Fianna Fail* (« guerriers de la destinée »). **1927**-*10-7* Kevin O'Higgins (min. de la Justice) assassiné. **1928**-*févr.* **James McNeill** gouverneur général. **1932-48** *De Valera* PM. **1932**-*nov.* **Donald Buckley** gouverneur général. **1933** il abolit le serment d'allégeance à la Couronne britannique. **1937**-*30-4* Constitution modifiée, l'I. devient l'Eire. **1938**-*juin* **Dr Douglas-Hyde** (1860-1949) Pt. *-8-12* l'état-major de l'Ira s'est constitué en « gouv. de la République irl. ». **1939**-*12-1* ordre de retirer toutes les forces britanniques stationnées en I. *-16-1* n'ayant reçu aucune réponse, l'Ira fait exploser plusieurs bombes à Londres, Birmingham, Manchester, Liverpool... **1939-45** état d'urgence, seul dominion neutre ; deuil officiel à la mort d'Hitler. **1945**-*juin* **Sean Tomas O'Ceallaig** (1882-1966) Pt.

République d'Irlande. 1949-*18-4* quitte le Commonwealth. **1955** entre à l'Onu. **1959**-*juin* **Eamon De Valera** (New York, 1882-1975) Pt. **1965**-*14-1* rencontre entre PM irl. Sean Lemass et capitaine O'Neil, au château de Stormont (1re rencontre « sudiste »/« nordiste » depuis 1922). **1972**-*30-1 Bloody Sunday* à Derry et Belfast : paras britanniques tirent sur cath. (13 †). *-10-5* référendum pour adhésion à CEE : 1 041 890 oui (83 %), 211 891 non. *-7-12* suppression de la position spéciale de l'Égl. cath. (référendum : 721 003 voix pour, 133 430 contre, 50 % d'abst.) et droit de vote à 18 ans. **1973**-*juin* **Erskine Childers** (1905-74) Pt. I. entre dans CEE. *-8-12 accord de Sunningdale* entre G.-B., Dublin et Belfast [entérine le partage du pouvoir entre les 2 communautés d'Ulster, prévoit un Conseil de l'I. composé d'un Conseil des ministres (7 m. du gouv. de Belfast et 7 du gouv. de Dublin), d'une représentation parlementaire et d'un secrétariat permanent], non appliqué. **1974**-*19-2* **Cearbhall O'Dalaigh** (1911-78) Pt. *-Févr.* bombes à Dublin. **1976**-*21-7* Christopher Ewart-Biggs, ambassadeur de G.-B., tué à Dublin. *-17-8* Mairead Corrigan et Betty Williams créent Mouv. des femmes pour la paix (auront prix Nobel de la paix 1976). *-22-10* O'Dalaigh démissionne. *-3-12* **Patrick Hillery** (né 2-5-1923) Pt. **1977**-*5-10* Seamus Costello (38 ans, Pt du PS républicain) assassiné. **1979**-*27-8* lord Mountbatten, oncle d'Élisabeth II, et son petit-fils assassinés à Mullaghmore par l'Ira provisoire. **1983**-*janv.* Armée nationale de libération irl. (Inla) interdite. *-7-9* référendum : 67 % pour interdire l'avortement. Forum pour I. nouvelle avec G.-B. *-3-12* Hillery réélu Pt. **1985**-*15-11 accord de Hillsborough* avec G.-B. établissant une conférence intergouvernementale (I. et G.-B.). **1986**-*8-4* rapt de Mme Guinness (libérée 16-4, ravisseurs arrêtés). *-26-12 référendum* pour législation du divorce [non 935 843 (63 %), oui 538 279]. **1987**-

21-1 Parlement dissous. *-17-2 législatives. -26-5* référendum : pour ratification de l'Acte unique européen (oui 755 423, non 324 977). *-9-11* attentat à Enniskillen (11 †). **1988**-*25-2* Pt Mitterrand en I. **1990**-*3-12* **Mary Robinson** (née 21-5-1944), gauche libérale, avocate depuis 1967, élue Pte *7-11* [52,8 % des voix contre Brian Lenihan (Fianna Fail) 47,2 %]. **1992**-*26-2* Cour suprême casse arrêt ayant interdit à une adolescente de 14 ans, victime d'un viol, d'avorter en G.-B. [avortements clandestins en 1990 : 7 000 (4 064 officiels)]. *-25-5* Mary Robinson à Paris. *-18-6 :* 68,7 % des Irl. votent pour traité de Maastricht. *-25-11 législatives* et *référendum* sur avortement (l'information et le fait de se rendre à l'étranger sont autorisés, l'avortement thérapeutique interdit). **1995**-*7-2* fin de l'état d'urgence (en place depuis 1939). *-31-5* P^ce^ Charles en I. *-24-11* référendum pour légalisation du divorce : votants 1 628 580, oui 50,3 %, non 49,7 %. **1997**-*12-9* Mary Robinson haut-commissaire aux Droits de l'homme de l'Onu, remplacée par une commission présidentielle pour 2 mois. *-11-11* **Mary Mc Aleese** (née Belfast 27-6-1951, conservatrice, Fianna Fail) élue 31-10 Pte avec 58,67 % des voix devant : Mary Banotti (58 ans, centre droit, Fine Gael) 41 % ; Adi Roche (42 ans, gauche, écologiste) ; Rosemary Scallon (nom de scène Dana, 44 ans), et 1 homme : M. Nally (policier à la retraite, 60 ans). **1998**-*22-5* référendum sur le plan de paix de Belfast du 10-4 : oui 94,39 %. **2001**-*22-3 :* 1er cas de fièvre aphteuse depuis 1941.

■ **Statut.** *République.* **Constitution** 1-7-1937, révisée 1972 (art. 2 et 3 revendiquent les 6 comtés d'Ulster). **Pt** *(uachtaran) :* élu pour 7 ans au suffrage univ., âgé d'au moins 35 ans. **PM :** *taoiseach* désigné par le Pt. **Parlement** *(oireachtas) : Chambre des députés (Dáil Éireann,* 166 m. élus pour 5 ans à la représentation proportionnelle ; *Sénat (Seanad Eireann)* 60 m. (dont 11 nommés par PM, 43 désignés par organisations socioprofes., 6 représ. des universités) pour 5 ans. **Comtés :** 26. **Fête nationale.** 17-3 (St-Patrick). **Drapeau** (adopté 21-1-1919). Emblème révolutionnaire (par Thomas Francis Meagher). Bandes verticales : verte (catholiques), blanche (union catholiques-protestants) et orange (protestants) ; relations entre nationalistes et unionistes. **Symboles :** harpe et trèfle.

■ **Élections. Chambre des députés** (sièges au 6-6-1997) : *Fianna Fail* (P. centriste, fondé 1926, Bertie Ahern depuis 19-11-1994) 77 ; *Fine Gael* [« combattants d'I. », fondé 1933, Michael Noonan (né 1943) depuis 2001.] 54 ; *Démocrates progressistes* (scission de Fianna Fail, fondé 1985, Mary Harney) 4 ; *Labour* (fondé 1912 par les syndicats, Ruairi Quinn) 17 ; *Sinn Féin* (fondé 1905, Gerry Adams) 0 ; *Workers' Party* (fondé 1905, Marian Donnelly) 0 ; *Democratic Left* (fondé 1992, Proinsias de Rossa) 4 ; divers 10]. **Sénat** (août 1997) : *Fianna Fail* 29 sièges, *Fine Gael* 16, *Labour* 4, *Indépendants* 5, *Démocrates progressistes* 4, divers 7 ; 11 membres nommés par PM.

■ **Chefs du gouvernement *(taoiseach).*** **1922**-*janv.* Arthur Griffith [2]. *-Août* William Thomas Cosgrave [1] (1880-1965). **32**-*9-3* Eamon De Valera [2] (1882-1975). **48**-*18-2* John Aloysius Costello [1] (1891-1976). **51**-*13-6* De Valera [2]. **54**-*2-6* Costello [1]. **57**-*20-3* De Valera [2]. **59**-*23-6* Sean Francis Lemass [2] (1899-1971). **66**-*10-11* Jack Lynch [2] (15-8-1917/20-10-1999). **73**-*14-3* Liam Cosgrave [1] (13-4-1920). **77**-*5-7* Lynch [2]. **79**-*11-12* Charles James Haughey [2] (26-9-1925). **81**-*30-6* Garret Fitzgerald [1] (9-2-1926). **82**-*9-3* Haughey [2]. *-14-12* Fitzgerald [1]. **87**-*10-3* Haughey [2] (29-6-1989, démissionne). *-12-7* renommé. **92**-*11-2* Albert Reynolds [2] (3-11-1932). **94**-*15-12* John Bruton [1] (18-5-1947). **97**-*26-6* Bertie Ahern [2] (12-9-1951).

Nota. – (1) Fine Gael. (2) Fianna Fail.

■ ÉCONOMIE

■ **PNB** (en 1999). 17 990 $ par hab. **Pop. active totale** (en 1995) : 1 231 000 (37,8 % de la pop. ; peu de femmes travaillent). **Croissance** (en %) : *1995 :* 10,4 ; *96 :* 7,1 ; *97 :* 9,5 ; *98 :* 8 ; *99 :* 9,9 ; *2000 :* 10,7 ; *2001 (prév.) :* 8,8. **Pop. active** (en %) **et,** entre parenthèses, **part du PNB** (en %) : agr. 7,6 (10), ind. 31,7 (24), services 59,6 (65), mines 1 (1). **Chômage** (en %) : *1986 :* 17,8 ; *91 :* 14,7 ; *93 :* 15,5 ; *95 :* 12,2 ; *2000 :* 3,9 ; *2001 (mars) :* 3,9. **Inflation** (en %) : *1995 :* 7,8 ; *97 :* 1,5 ; *99 :* 1,6 ; *2000 :* 5,6. **Dette ext.** (en milliards de £ irlandaises) : *1990 :* 8,8 ; *93 :* 11,4 ; *95 :* 10,6 ; *98 :* 7,4 ; *99 :* 2. **Dette publique** (en % du PIB) : *1991 :* 85,5 ; *99 :* 45,45. **Déficit budgétaire** (en milliards de £ irlandaises) : *1991 :* 0,30 (1,07 % du PNB) ; *95 :* 0,36 (1,1) ; *99 :* 3,44 (5,82).

■ **Agriculture. Terres** (en milliers d'ha, 1990) : 6 889 dont herbe 4 267, pâturages 2 207, terres arables 416, rivières et lacs 139 (en 1986). *Terres utilisées pour l'agr.* (en milliers d'ha, 1999) : 4 418 dont fruits et horticulture 401, fourrage ensilé 977, foin et pâturages 2 576, pâturages naturels 465. **Production** (en milliers de t, 1999) : bett. à sucre 1 712, orge 1 278, blé 597, p. de t. 559, navets 177, avoine 136, choux 64 (en 1996). **Élevage** (en millions de têtes, 2000). Volailles 13,5, bovins 6,4, moutons 5,1, porcs 1,7, chevaux 0,07. **Pêche** (en 1999). 287 290 t.

■ **Énergie. Charbon** (en 1991) : 2 378 t ; *1994 :* exploitation terminée. **Tourbe. Gaz** (en 1999) : *réserves :* 17 milliards de m^3, *production :* 1 794 millions de m^3. **Électricité** (en 1999) : 21 278 GWh (*1983 :* 11,04, *84 :* 11,42, *85 :* 11,9, *86 :* 12,5). **Mines** (en t, 1999). Zinc 193 000, plomb 41 100, nitrate, argent 10,824. **Industrie.** Alimentaire, électronique, produits chim., pharmacie, agroalimentaire.

■ **Tourisme.** 6 068 000 visiteurs (en 1999).

■ **Commerce** (en milliards de £ irlandaises, 1999). **Export. :** 52,69 *dont* machines et équip. de transp. 20,43, produits chim. 16,67, produits man. divers 5,84, produits man. 1,43 **vers** G.-B. 10,35, USA 8,14, All. 6,29, *Fr. 4,44,* P.-Bas 3,27. **Import. :** 34,79 **de** G.-B. 10,61, USA 5,82, All. 2,16, *Fr. 1,43,* P.-Bas 1,05.

■ **Rang dans le monde** (en 1999). 8e zinc. 10e plomb.

■ ISLANDE

Carte p. 1050. V. légende p. 950.

☞ *Abréviation :* Is. : Islande.

■ **Situation.** Europe (à 287 km du Groenland, 798 de l'Écosse, 970 de la Norvège, 435 des îles Féroé, 550 de l'île de Jan Mayen). **Superficie :** 103 106 km^2 [avec végétation (bouleau, sapin) 23 805, lacs 2 757, glaciers 11 922, terres désertiques 645 381]. **Zone de pêche :** 758 000 km^2. **Longueur** maximale : 500 km. **Largeur** maximale : 300 km. **Plateau** (alt. 600 à 800 m) avec pics volcaniques (1 200 à 1 800 m, point culminant à l'Oeraefajökull 2 119 m). **Côtes :** 4 988 km ; bordées de falaises qui créent des ports naturels. **Grande plaine** le long de la côte sud. **Glaciers :** 11 922 km^2, dont le Vatnajökull, le plus grand d'Europe : 8 300 km^2, épaisseur 1 000 m par endroits. **Volcans :** 200 actifs, 1/3 de la production mondiale de lave pendant les 500 dernières années. *Éruptions récentes : Hekla* mars 1947 (durée 13 mois), 1980. *Eldfell* 1973 (nouveau volcan de Heimaey). *Krafla* [près du *Grimsvötn* réveillé depuis juillet 1995 sous le glacier Vatnajökull : 100 millions de t d'eau, boue et roches] 1975-81. *Surtsey* île de 2,8 km^2 née d'une éruption (4-11-1963/4-6-1967). Les laves postglaciaires couvrent 10 % du pays. **Sources chaudes** (moy. 75 °C) : 800 ; Deildartunguhver produit 150 l/s d'eau à 100 °C. **Principales îles :** *Vestmannaeyjar* 4 743 hab., à 12 km de la côte sud de l'Is. (éruption volcanique 1973), *Hrísey* 276 hab., *Grimsey* (à 41 km au nord) 114 hab. **Climat.** Tempéré sur la côte par le Gulf Stream à l'ouest et au nord. Courant polaire au nord-est. *Températures* (1961-90) *moy. (max./min) :* janv. Reykjavík – 0,5 °C (9,9/– 19,7) ; *juillet :* 10,6 (24,3/1,4) Gel intense rare, été (frais, rarement 20 °C). *Précipitations* (1961-90) : Reykjavík *janv. :* 76 mm ; *juillet :* 52. *2 saisons. Pas de nuit* de mai à juillet, période sombre (3 à 4 h/j de soleil) de mi-nov. à fin janv. *Limite des neiges :* 1 000 à 1 500 m. **Faune.** Renard arctique (ou bleu), souris, rat, vison, renne (amené de Norvège au XVIIIe s.), 300 espèces d'oiseaux (75 nichant sur place). Depuis 1924, chiens interdits à Reykjavík (sauf autorisation).

■ **Population.** *Vers 1100 :* 70 000 à 80 000 hab. ; *1703 (1er rec.) :* 50 358 ; *09 (variole) :* 35 000 ; *69 :* 46 201 ; *85 (famine) :* 40 000 ; *1801 :* 47 240 ; *50 :* 59 157 ; *1901 :* 78 470 ; *25 :* 100 000 ; *50 :* 143 973 ; *60 :* 177 292 ; *70 :* 204 578 ; *80 :* 229 187 ; *90 :* 255 708 ; *2000 (est.) :* 282 000. Presque 4/5 du pays sont inhabités. **D.** 2,7. **Age :** *– de 15 ans :* 23,3 %, *+ de 64 ans :* 11,7 %. **Espérance de vie** (en 1998) : 79 ans. **Origine :** Vikings norvégiens mêlés d'immigrants écossais et irlandais (nom de famille composé du prénom du père plus *son,* « fils de », ou plus *dóttir,* « fille de », et changeant à chaque génération). **Étrangers** (en 1998) : 6 521 dont Danois, et 1 038 Polonais, 584 Américains et leurs familles (non compris les militaires), 348 Anglais, 317 Allemand, 297 Norvégiens. **Nationaux à l'étranger** (en 1993) : 16 278. **Émigration :** *de 1880 à 1914 :* 12 000 (vers l'Amér. du Nord). **Villes** (en 1998). *Reykjavík* (en norrois : « baie de la fumée ») 107 753 hab. (aggl. 164 500 avec Hafnarfjördhur, Kópavogur, Gardabaer), Akureyri 15 102 (à 448 km), Keflavík 7 574 (avec Hafnarfjördhur, Njardvík) (51 km), Akranes 5 188 (108 km), Vestmannaeyjar 4 594, Selfoss 4 339 (50 km), Jsafjördur 2 943 (511 km), Húsavík 2 480 (540 km), Siglufjördur 1 605 (462 km), Neskaupstadur 1 523, Seydhisfjördur 805.

■ **Langue.** Islandais *(officielle).* Proche de l'ancien nordique commun aux langues scandinaves. **Religions** (en %, 1995). Église d'Islande 91,6, autres luthériens 3,3, cath. romains 0,9, autres 4,2. *Saint patron :* Thorlakur (1133-93, évêque canonisé par le Parlement en 1198, proclamé officiellement par Jean-Paul II en août 1985).

■ **Histoire. VIIIe s.** installation de moines irlandais. **870-930** colonisation par des Vikings païens dont le Norvégien Ingolfur Arnarson. **930** Parlement *(Althing)* et République fondés. **930-1030** période des sagas. **985** *Éric le Rouge* découvre le Groenland. **999** sur ordre du roi de Norvège Olaf Trygguason, conversion au christianisme. *Leif Eriksson* (fils d'Éric) découvre Amér. du N. (appelée *Vinland*). **1030-1120** paix. **1120-1230** période littéraire. **1230-1264** période du *Sturlung* (troubles internes). **1241** *Snorri Sturluson* (écrivain, né 1179, Pt de l'Ass. suprême 1215) tué. **1262-64** possession norvégienne. **1387** danoise. **1402-04** peste noire (66 % de †). **1540-50** Réforme. **1602** monopole royal du commerce. **1662** absolutisme renforcé. **1783-85** éruption des *Lakagígir* (coulée de lave de 650 km^2, gaz et cendres empoisonnent les pâturages). 50 % des troupeaux perdus, famine : 9 000 † (20 % de la pop.). **1787** liberté du commerce pour sujets danois. **1800** Althing remplacé par Cour nationale. **1809**-*25-6/22-8* l'aventurier danois *Jörgen Jörgensen* prend le pouvoir. **1843**-*8-3* Althing rétabli comme ass. consultative. **1854** libération du commerce extérieur. **1874** 1re Const. **1879** *Jón Sigurdsson* (né 1811, autonomiste) meurt. **1902** droit de vote accordé aux femmes (au niveau local, national en 1915). **1904** autonomie interne. **1911**-*17-6* Université d'Is. à Reykjavík. **1918**-*30-11 indépendance. -1-12* **Christian X** (1870-1947) roi d'Is. et Danemark. **1940**-*10-5* occupation anglaise ; **1941**-*8-7* américaine (avec accord Is.) [rôle : lutte anti-sous-marine, escale des convois alliés vers URSS]. *-17-6* **Sveinn Björnsson** (1881-1951) régent. **1944**-*23-5 référendum sur séparation* d'avec Danemark (70 500 pour, 555 contre) et *la République* (69 800 pour, 1 064 contre).

République indépendante. 1944-*17-6* instituée à Thingvellir. **Sveinn Björnsson** Pt. **1946** entrée à l'Onu. **1949** à l'Otan. **1951** accord de défense Is./USA. **1952** zone de pêche portée à 4 milles. *-7-8* **Ásgeir Ásgeirsson** (1894-1972) régent, puis Pt de la Rép. **1955** Halldór Kiljan Laxness prix Nobel de littérature. **1958** zone de pêche à 12 milles. **1968**-*1-8* **Kristján Eldjárn** (1916-82) régent, puis Pt. **1970** entrée à l'AELE. **1972** zone de pêche à 50 milles : dissensions avec G.-B. Rencontre Nixon-Pompidou à Reykjavík. **1973**-*13-11* accord mettant fin à la *guerre de la morue* avec G.-B. **1974**-*27-7* Cour de La Haye refuse à l'Is. le droit d'interdire ses eaux territoriales à G.-B. **1975**-*15-10* zone de pêche à 200 milles, nouvelle *guerre de la morue* avec G.-B. **1976**-*19-1* ultimatum islandais, G.-B. retire ses navires de guerre. **1980**-*30-6* **Vigdís Finnbogadóttir** (née 15-4-1930) Pte (1re au monde à être élue Pte au suffrage univ.), réélue 1984, 25-6-1988 avec 92,7 % des voix (Sigrun Thorsteinsdóttir, seule autre candidate, obtient 5,3 % des voix), 27-6-1992 (sans vote car seule candidate). **1983**-*12/15-4* V. Finnbogadóttir en Fr. **1985**-*24-10* grève des femmes (gagnent 40 % de moins que les hommes). **1986**-*11/12-10* rencontre Gorbatchev-Reagan à Reykjavík. *-Nov.* 2 baleinières coulées à Reykjavik par l'organisation écologiste Sea Shepherd. **1988**-*9-5* prohibition de la bière (depuis 1915) abolie. Alcools forts restent taxés à 1 000 %. **1990**-*29/31-8* visite Pt Mitterrand. **1993**-*12-1* adhésion à l'*Espace économique européen.* **1996**–*29-6* **Ólafur Ragnar Grímsson** (né 14-5-1943) élu Pt, réélu en 2000 (41,4 %).

■ **Statut.** *République.* **Constitution :** du 17-6-1944. **Pt :** élu pour 4 ans au suffrage universel. **Parlement** (*Althing* datant de 930, le plus vieux du monde) : 63 membres élus pour 4 ans au suffrage universel. **Élections du 8-5-1999 :** P. de l'indépendance 26 sièges (40,7 %), Alliance du peuple 17 (26,8), P. du progrès 12 (18,4), Left-green alliance 6 (9,1), P. libéral 2 (4,2) [sur 63 élus, 22 femmes]. **Départements :** 16. **Armée :** inexistante. *Base américaine* (Otan) à Keflavík (3 000 h.). **Fête nationale.** 17-6 (1944 fondation de la république). **Drapeau** (adopté 19-6-1918). Croix rouge (éruptions de lave) et blanche (glaciers et montagnes) sur fond bleu (ciel, mer et chutes d'eau).

■ **Partis. P. de l'indépendance** fondé 1929 (David Oddsson). **P. du progrès** fondé 1916 (Halldór Asgrímsson depuis 29-4-1994). **Alliance sociale-démocrate** fondée 1999 (Ossur Skarphéinsson). **P. social-démocrate** fondé 1916 (Sighvatur Björgvinsson). **Alliance du peuple** fondée 1956 (Margret Frimannsdóttir). **Liste des femmes** fondée 1983 (Gudny Gubjörnsdóttir, Gudrun Ogmundsdóttir). **Mouvement du peuple** fondé 1994 par Johanna Sigurdardóttir. **Syndicats.** *Affiliation* obligatoire. Le salarié qui travaille alors qu'une grève est décidée commet un délit. **P. libéral** fondé 1998 (Sverrir Hermannsson). **Mouvement de gauche-candidature verte** fondé 1998 (Steingrimur Sigfusson).

■ **Premiers ministres depuis 1971. 71**-*14-7* Ólafur Johannesson [1] (né 1-1-1913). **74**-*29-8* Geir Hallgrímsson [2] (16-12-1925). **78**-*1-9* Ó. Johannesson [1]. **79**-*15-10* Benedikt Gröndal [3] (7-7-1926). **80**-*8-2*-Gunnar Thoroddsen [2] (1910-83). **83**-*26-5* Steingrímur Hermannsson (22-6-1928) [1]. **87**-*8-7* Thorstein Pálsson [2] (29-10-1947). **88**-*28-9* S. Hermannsson [1]. **91**-*30-4* David Oddsson [2] (17-1-1948).

Nota. – (1) P. du progrès. (2) P. de l'indépendance. (3) P. social-démocrate.

■ ÉCONOMIE

■ **PNB** (en 1999). 29 820 $ par hab. 20 % du PNB vient de la mer. **Pop. active** (en %) **et,** entre parenthèses, **part du PNB** (en %) : agriculture 8,9 (9,4), ind. 23,1 (16), services 67,97 (74,6). **Chômage :** *1987 :* 0,5 ; *90 :* 2,3 ; *95 :* 5 ; *2000 (avril) :* 1,9. **Inflation** (en %) : *1989 :* 20,7 ; *90 :* 15,5 ; *91 :* 6,8 ; *92 :* 3,7 ; *93 :* 4,1 ; *94 :* 1,6 ; *95 :* 1,7 ; *96 :* 2,6 ; *97 :* 2 ; *98 :* 2 ; *99 :* 3,2 ; *2000 :* 3,5. **Finances :** couronne islandaise dévaluée en mai 1988 (12 %), janv. 1989 (6 %), nov. 1992 (6 %), juin 1993 (7,5 %), en raison des problèmes de la pêche. **Croissance** (en %) : *1997 :* 5,3 ; *98 :* 4,7 ; *99 :* 4,4 ; *2000 :* 4.

■ **Agriculture. Terres :** 60 % improductives, 25 % couvertes de végétation permanente. Cultivées 1 000 km^2, cultivables 20 000 dont 15 500 à moins de 200 m d'alt., couvertes de végétation 23 805 dont 13 718 à moins de 200 m d'alt., prairies 20 000, glaciers 12 000, lacs 3 000, lave 11 000 (plus grande étendue d'un seul tenant : 4 500 km^2), sables 4 000, autres terres infertiles 52 000. *Nombre de fermes* (en 1992) : 4 691. **Production** (en t, 1998) : p. de t. 11 544, navets 627, carottes. Serres chauffées à l'eau chaude depuis 1924. **Élevage** (en milliers de têtes, 1998). Ovins 490 (464 en 1998), volailles 166, chevaux 78, bovins 75, porcs 3,9. **Pêche.** Zone de pêche 200 milles, 758 000 km^2. **Production** (en milliers de t) : *1998 :* 1 685,8 ; *99 :* 1 705,4 ; *2000 :* 2 054,8 dont poissons blancs 972,9, harengs 750, cabillauds 242,9, crevettes 89,3, capelans 62,7. *Au 1-1-1998 :* 796 bateaux de pêche, 4 408 pêcheurs. Aquaculture.

■ **Énergie. Électricité** (en GWh, 1998) : *production :* 6,276 (dont hydroélectricité 0,567, géothermie 0,655, thermique 4). **Consommation d'énergie** (en %) : *locale* 67,2 (géothermique 49,3, hydroélectrique 17,9) ; *importée* 32,8 (pétrole 30,6, charbon 2,2). **Industrie.** Aluminium (123 000 t en 1997). Ind. alimentaire (viande, cuirs et peaux, lait). Engrais. **Pêche.** Surgélation, salage, séchage, farine, conserveries, huile. **Transports. Routes** (en 1998) : 12 691 km. **Parcs** (en 1998) : automobiles 140 372, utilitaires 16 550, autobus 1 544, motocycles 1 379. Pas de **voies ferrées. Flotte** (en 1999) : 955 bateaux. *Tonnage :* 237 379 tx.

■ **Tourisme. Visiteurs** (en 1999) : 262 605. **Sites :** déserts volcaniques, glaciers, fjords, solfatares, chutes d'eau.

■ **Commerce** (en milliards de $). **Export./import. :** *1994 :* 1,56/1,28 ; *95 :* 1,80/1,59 ; *96 :* 1,89/1,87 ; *97 :* 1,85/1,85 ; *98 :* 1,92[vers (en %) G.-B. 19,All. 15, USA 13,2, France 6,8]/2,27[de (en %) All. 11,5, USA 11,1, G.-B. 9,7, Norvège 9,2] ; *99 :* 1,97/2,36.

■ **Rang dans le monde** (en 1999). 10ᵉ pêche.

ISRAËL
V. légende p. 950.

☞ *Abréviations :* Ar., ar. : Arabes, arabe(s) ; Ég. : Égypte ; I. : Israël ; Isr., isr. : Israélien(ne)(s), israélien(ne)(s) ; J., j. : Juif(s), juif(s) ; Jér. : Jérusalem ; Jord. : Jordanie ; Pal. : Palestine ; pal. : palestinien(ne)(s).

■ **Nom.** En hébreu « le guerrier de Dieu », nom donné à Jacob après son combat avec l'ange.

■ **Situation.** Asie. **Superficie :** 21 946 km² dont 445 km² d'eau ; 27 552 km² en ajoutant territoires *annexés* (Golan et Jérusalem-Est), et *administrés* (avant accord de paix). **Longueur** *maximale :* 450 km. **Largeur** *maximale :* 135 km (19 km au nord de Tel-Aviv, 10,5 à Eilat). **Frontières** (en km) : avec Jordanie 238, Égypte 255, Liban 79, Syrie 76, Gaza 51, Cisjordanie 307). Depuis 1967, avec l'apport des territoires occupés, 650 km. **Côtes :** 254 km (dont Méditerranée 188, mer Morte 56, mer Rouge 10,5). **Altitude :** Mts Hermon (Golan) 2 810 m, Méron (Galilée) 1 208 m, Ramon (Néguev) 1 035 m, Canaan (Safed) 960 m, des Oliviers (Jérusalem) 835 m, Tavor (Galilée) 588 m, Carmel (Haïfa) 546 m. **Désert du Néguev :** 60 % de la surface ; – de 200 mm d'eau par an. **Golfe d'Eilat :** 160 × 17 km, prof. 1 600 à 1 800 m, température : + 21 °C, salinité 41 ‰. **Mer Morte** dans une dépression (prof. maximale – 720 m) ; niveau actuel : – 403 m (il y a des dizaines de milliers d'années – 18 m). De 1972 à 81, elle a perdu 20 % de sa superficie. Le lac Lisan, couvrant la mer Morte, allait au nord jusqu'à la mer de Galilée et au sud jusqu'à la vallée de l'Arava. La composition chimique de l'eau interdirait la vie (vers 1930, Elazari Volcani trouva cependant des micro-organismes à la surface et dans les sédiments du fond). **Lac de Tibériade** (dans la Bible : **Génésareth** ou **Kinneret** ou **mer de Galilée** (long. 20 km, larg. 10 km) à 212 m au-dessous du niveau de la mer. **Climat.** Méditerranéen. *Températures :* Jérusalem : janv. (4 à 11 °C), août (17 à 28 °C) ; Eilat : janv. (9 à 21 °C), août (25 à 39 °C).

DÉMOGRAPHIE

■ **Définitions. Juif :** nom donné aux descendants d'Abraham depuis l'exil (ɪvᵉ s. av. J.-C.). **Hébreu :** nom primitif du peuple j. **Israélite :** descendant d'Israël, personne appartenant à la communauté et pratiquant la religion juive. **Lévirat :** obligation de la loi de Moïse qui impose au frère d'un défunt d'en épouser la veuve sans enfant (très peu pratiqué actuellement). **J. ashkénazes** (– de 50 %) : originaires d'Europe centrale, parlaient yiddish. *Origine du mot :* Eskenaz se trouve sous la forme Ashkmaz chez Jérémie. Achkouza, en persan, désignait le pays scythe (sud de la Russie et de l'Ukraine) [terme repris par le rabbin Gerchom de Metz (960-1028) pour désigner les J. de Russie plutôt que ceux d'Allemagne]. **Séfarades** ou **orientaux** (+ de 50 %) : originaires d'Espagne [expulsés en 1492, parlaient ladino (judéo-espagnol)] ou d'Orient. *Origine du mot :* Sefarad désigne, dans la Bible, Sardes, capitale de la Lydie (en Turquie actuelle). Ultérieurement, a fini par désigner, pour les israélites, tout lieu d'émigration et, plus tard encore, l'Espagne, principale contrée de peuplement juif au Moyen Âge. **Yishouv** (population) : communauté juive de Palestine avec la création d'I.

■ **Population. Évolution** (en milliers d'hab.) : **Xᵉ s. av. J.-C.** royaume juif, 750 à 1 500. **A la naissance de J.-C.** 3 000 (en outre, en Perse j. 1 000, dans le reste de l'Empire romain 4 000). **XIIIᵉ s.** 225. **1348** 150 (après la peste noire). **1800** 275 (dont J. 7). **1850** 50 à 100. **1890** 532 (J. 43). **1914** 690 (J. 94). **1922** 757 (J. 83, Arabes musulmans 590, chrétiens 83). **1931** 1 033 (J. 174). **1920-1935** attirés par l'essor économique dû aux sionistes, des Ar. des pays voisins affluent. [**1934** les Anglais imposent des quotas pour les J. et transplantent plus de 30 000 Syriens, chassés du Hauran par la sécheresse. **1936-45** 100 000 Arabes immigrent en Pal. pour y trouver un travail]. **1949** 1 174. **1950** 1 370. **1955** 1 789. **1960** 2 150. **1967** 2 776. **1970** 3 022. **1975** 3 493. **1980** 3 922. **1985** 4 266. **1990** 4 822. **1992** 5 196 dont J. 4 247 (82 %) [nés en I. (*sabras*) 2 542 (62 %), nés à l'étranger 1 558 (38 %) dont (en %) en Europe ou Amérique 23, Afrique ou Asie 15], non-J. 943 dont musulmans 700 (14 %), chrétiens 120 (2,4 %), Druzes 85 et divers (1,7 %). **1995** (rec.) 5 619 dont J. 4 549 (81 %), Arabes 1 069 (19 %). **2000** *(est.)* 6 300 dont juifs 5 100, musulmans 1 000, autres 0,2. **2020** *(prév.) :* 8 700 dont juifs 6 400, musulmans 2 000, autres 0,3. **2050** *(prév.) :* 11 900 dont juifs 8 200, non-juifs 3 700. **Origine de la population** (en 1995) : Europe et Amérique 1 800 000, ex-URSS 660 000, Maroc 500 000, Pologne 25 000, Roumanie 25 000, Iraq 25 000, Yémen 15 000, Iran 13 000, Algérie-Tunisie 12 000.

Accroissement (en %, 1992) : musulmans 3,4, Druzes 2,7, J. 6,2 (1,6 en 1989), chrétiens 2,03. **Natalité** (en ‰) : *1985 :* 23,5 ; *90 :* 22,2 ; *94 :* 21,2 ; *99 :* 22. **Mortalité** (en ‰) : *1985 :* 6,6 ; *90 :* 6,2 ; *94 :* 6,2 ; *99 :* 6 (*infantile* 6). **Fertilité moyenne des femmes :** *1993 :* 2,92 (musulmanes 4,68, Druzes 3,76, chrétiennes 2,03, juives 2,61) ; *99 :* 2,9. **Espérance de vie :** *1985-89 :* hommes 73,8 ans, femmes 77,4 ; *99 : h.* 76, *f.* 80. **Proportion d'hommes** (en 1991) : 986 h. pour 1 000 f. (chez les J. 979, musulmans 1 030, chrétiens 944, Druzes 1 044). **Age** (en %) : *– de 15 ans :* 27,6 ; *+ de 64 ans :* 9,9.

☞ **Taux de divorce (juifs) : 2000 :** 38 %. Seuls existent mariage et divorce religieux. Le judaïsme ne reconnaît que le divorce accepté par le mari.

Résidents sans visa (en 1996) : environ 100 000 dont Europe de l'Est et ex-URSS 40 000 (surtout Roumains et Bulgares), Asie 20 000 (surtout Thaïlandais, Chinois et Philippins), Afrique 15 000, Amérique latine 15 000, divers 10 000. **Étrangers en situation régulière** (en 1996) : environ 100 000.

Nombre de colons à Jérusalem-Est (au 31-12) : *1986 :* 104 200, *93 :* 152 800, *97 :* 17 000 ; **en Cisjordanie et Gaza :** *1972 :* 1 182, *75 :* 2 581, *80 :* 12 424, *85 :* 52 960, *90 :* 92 350, *95 :* 147 220, *97 :* 200 000 dont 5 000 à Gaza.

■ **Population juive dans le monde** (en millions). *1939 :* 16 (dont 0,45 dans le foyer national juif de Palestine) ; *1945 :* 10 (dont 0,5 en Palestine juive) ; *1985 :* 13 (dont 3,5 en Israël) ; *1995 :* + de 14 (dont 4,4 en Israël). **Pourcentage de la population juive mondiale vivant en Israël :** *1948 :* 6 ; *55 :* 13 ; *70 :* 20 ; *82 :* 26 ; *85 :* 27 ; *88 :* 28 ; *95 :* 31,4.

☞ **Diaspora** (mot d'origine grecque) : désigne la dispersion juive hors de Palestine.

Nota. – La France est, après Israël, le pays qui a absorbé le plus de J. (Français de religion juive) depuis 1945 (*1945 :* 130 000 J. en Fr., *1976 :* 700 000) en raison notamment de l'exode des J. à la fin de la guerre d'Algérie.

Juifs dans les pays arabes (en 1974 et, entre parenthèses, **en 1947) :** Algérie 1 000 (140 000), Égypte 400 (75 000), Iraq 450 (120 000), Liban 1 400 (7 000), Libye 20 (30 000), Maroc 20 000 (250 000), Syrie 4 500 (15 000), Tunisie 7 000 (110 000), Yémen Nord et Sud 500 + 2 000 nomades au Nord (50 000).

■ **Immigration en Israël** *(alyah).* **Selon la loi du retour (juillet 1950) :** *art. 1ᵉʳ :* Tout Juif a le droit d'immigrer en Israël. *Art. 2 :* Le visa d'immigrant est accordé à tout J. qui exprime le désir de s'installer en I., sauf si le ministre de l'Intérieur est convaincu que le requérant 1°) œuvre contre le peuple j., 2°) est susceptible de mettre en danger la salubrité publique ou la sécurité de l'État, 3°) a un passé criminel susceptible de mettre en danger l'ordre public. *Art. 4 b :* Est considérée comme Juive, une personne née d'une mère juive ou convertie. **La loi sur la nationalité (1952)** accorde la nationalité israélienne à chaque immigrant *(olé)* dès son arrivée. On est ou on devient également isr. par : 1°) naissance (tout enfant né de père ou de mère isr.) ; 2°) voie de résidence en I. (concerne les Ar. isr.) ; 3°) naturalisation.

☞ Ben Gourion escomptait l'arrivée 4 millions de juifs entre 1951 et 1961 (il en arriva 800 000).

Vagues : 1ʳᵉ (1881-1903) premiers pogroms russes ; **2ᵉ** (1904-14) pogroms stimulés par l'échec de la révolution russe de 1905 ; **3ᵉ** (1919-23) encouragée par la déclaration Balfour ; **4ᵉ** (1924-30) restrictions économiques imposées aux J. de Pologne ; **5ᵉ** (1933-39) antisémitisme nazi.

Évolution : 1882-1914 : 55 000-70 000. **1919-32 :** 126 349. **1933-39 :** 215 232. **1940-43 :** 26 524. **1944 au 14-5-1948 :** 84 042. **15-5-1948 à 1975 :** 1 569 875 (dont *1950 :* 60 000 du Yémen, *1951 :* 100 000 d'Iraq, *1956-65 :* 86 000 du Maroc). **1976 :** 19 754. **77 :** 21 429. **78 :** 26 394. **79 :** 37 222. **80 :** 20 428. **81 :** 12 599. **82 :** 13 273. **83 :** 16 906 [dont Éthiopie (Falachas) 2 213]. **84 :** 19 981. **85 :** 10 642. **86 :** 9 505. **87 :** 12 965. **88 :** 23 034. **89 :** 24 050 (URSS 12 887, Argentine 1 930, USA 1 636, Roumanie 1 500, *France 1 044,* G.-B. 473, Afr. du Sud 286). **90 :** 199 516 (URSS 184 602, Éthiopie 4 137, Argentine 2 025, Roumanie 1 457, USA 1 248, Bulgarie 855, *France 655*). **91 :** 176 100 (URSS 147 839, Éthiopie 20 014). **92 :** 77 057 (ex-URSS 65 079). **93 :** 76 805 (CEI 65 000). **94 :** 69 226. **95 :** 77 000 (CEI 65 000, Europe de l'Ouest 3 350, Éthiopie 2 700, USA 2 700, Argentine 950, Afr. du Sud 300). **97 :** 66 000. **98 :** 50 000 ; *99 (est.) :* 70 000.

Entrées (de 1948 à 1990) : 1 990 000. **Repartis :** 300 000.

■ **Juifs d'URSS.** *En 1980 :* 2 500 000 à 3 500 000 Soviétiques portaient la mention « nationalité juive » sur leur passeport. *En 1995 :* il restait dans l'ex-URSS 1 235 000 Juifs (88 % en Russie), *en 2000 :* il en restera 570 000. *Arrivées : de 1971 à 1988 :* 200 686 ; *de 1989 à 1998 :* 1 310 007. **Émigrés choisissant un autre pays qu'Israël** (en %) : *jusqu'en 1972 :* 1 ; *73 :* 4,5 ; *74 :* 18,7 ; *75 :* 37 ; *76 :* 50 ; *79 :* 66 ; *85 :* 30,5 ; *88 :* 90. Après le 19-6-1988, ils passaient par Bucarest et non plus par Vienne pour éviter les défections.

☞ *Coût de l'intégration* (1971-1992) : environ 25 milliards de $.

■ **Juifs d'Éthiopie** (Falachas). Descendraient de la tribu de Dan [une des 12 tribus d'I. dont on était sans nouvelles, exilée à Couch (Éthiopie) en 722 av. J.-C.], ou de J. émigrés d'Éléphantine (Égypte), ou de J. qui auraient au xᵉ s. av. J.-C. suivi Ménélik (fils de Salomon et de la reine de Saba). *Arrivées : 1977-84 :* départs semi-clandestins environ 4 000 ; *1984 (21-11) -1985 (6-1) :* opération Moïse, 8 664, dont 55 % de – de 18 ans, arrivent ; *1991 (mai) :* opération Salomon, 14 400 ; *1992 (avril) :* 1 500 ; *1999 :* 3 800 attendus. Reconnus depuis 1985 par le Grand Rabbinat comme « membres à part entière du peuple j. », ils ne sont pas astreints au bain rituel qu'on voulait leur imposer. *Coût* de leur installation : 400 millions de $.

■ **Capitale** (depuis 23-1-1950, à 63 km de Tel-Aviv). **Nom :** *Yeroushalaym* (juifs), *Jérusalem* (chrétiens), *Bayt al-Maqdis* (« demeure du Sanctuaire »), *al-Bayt al-Muqaddas* (« Demeure sainte »), *al-Quds* (« la Sainte ») pour les musulmans. [Mont du temple : pour les Arabes : *Haram al-Sharif* (noble sanctuaire).] **Histoire :** 15 ha (300 × 500 m.). Taillé dans le rocher au N., bâti à l'E. et l'O. pour compenser la pente. *Vers 2000 av. J.-C.* selon la Bible, Abraham est prêt à sacrifier son fils Isaac. *Vers 1008-1001* David y transfère l'Arche d'alliance. *959-951* Salomon construit le 1ᵉʳ *Temple* aidé par Hiram : 3 salles dont un vestibule, le Hekal (contenant un autel d'or) et le Debir ou Saint des Saints cubique abritant l'Arche d'alliance. 2 colonnes de bronze hautes de 12 m marquent l'entrée. *587* Nabuchodonosor détruit le Temple. *515* 2ᵉ Temple achevé. Inauguré sous Zorobabel, gouverneur de Juda. *445 Néhémie,* gouverneur de Juda, fait reconstruire la muraille de Jér. en 52 jours. *19 avant J.-C. à 64 après J.-C.* 2ᵉ Temple reconstruit. *70* légions de Titus l'incendient (ville et remparts sont rasés, sauf 3 tours du palais royal). Il reste du Temple un soubassement [le mur occidental ou mur des Lamentations : longueur 58 m, hauteur 20 m (25 rangées de pierres ; sous terre 20 m)]. *Vers 130* fréquenté. *135* le Capitole (l'*Aelia Capitolina,* avec autels à Jupiter Capitolin et à Vénus sur le Golgotha) couvre St-Sépulcre et Golgotha pour empêcher les chrétiens d'y aller en pèlerinage. *326* pèlerinage de Ste Hélène, mère de l'empereur Constantin (on dira plus tard qu'elle y a retrouvé la vraie croix du Christ). Destruction du capitole et construction d'un ensemble dont la basilique d'Anastasis, sur le tombeau de Joseph d'Arimathie, par Zénobis, architecte de Constantin. *333 :* 1ᵉʳ guide de pèlerinage, *Itinerarium Burdigala Jerusalem usque,* écrit par un Bordelais. *386* St Jérôme s'installe à Bethléem et y travaille jusqu'à sa mort (420). *613* Chosroes (Perse) prend Jérusalem. *614* destruction de la basilique d'Anastasis. *626* nouvelle basilique, du St-Sépulcre. *691* sultan omeyyade Abd al-Malik fait de Jér. une ville sainte (*Al-Quds*) ; construit, sur l'emplacement du Temple, la *mosquée d'Omar* ou *Dôme du Rocher,* au-dessus du rocher sacré. [Selon l'islam, Mahomet, monté sur sa jument ailée El Bouracq, y atterrit, accompagné de l'ange Gabriel pour rencontrer Abraham, Moïse et Jésus, et de là s'envola vers le ciel.] *705-715* al-Walid, 6ᵉ calife, fait construire la mosquée al-Aqsa (« la plus lointaine »). *800* Haroun al-Rachid cède le St-Sépulcre à Charlemagne. *1009* sous le le calife fou al-Hakim (fatimide d'Égypte), St -Sépulcre démoli. *1033* Iᵉʳ millénaire de la mort du Christ, nombreux pèlerins. *1050* nouvelle basilique. *1078* les Turcs « bloquent » les Lieux saints. *1095* Urbain II prêche la 1ʳᵉ croisade. *1099-15-7* Jérusalem (50 000 hab.) prise par les croisés. Godefroy de Bouillon proclamé roi à Jérusalem. Dôme du Rocher transformé en église et remis à la garde des Frères du Temple. *1130-4-9* nouvelle basilique. *1187-20-9* défaite des croisés à Hittin (ou Hattin), Saladin reprend Jérusalem. *1228-29* Frédéric II rend Jérusalem aux Francs. *1229* les musulmans reprennent Jérusalem. *1244* les Korasmian s'établissent à Jérusalem. *1342* les franciscains. *1453* les Turcs prennent Constantinople. Négligée par l'administration ottomane (1517-1917). *1536* la France protectrice des Lieux saints. *1808* incendie de la basilique du St-Sépulcre. *1810* reconstruction. Peuplée majoritairement de J. depuis 1875. *1919-47* métropole florissante sous le mandat britannique ; *1948* partagée en deux parties séparées par des barbelés, des murs de béton et des barrières. *Israël* (195 700 hab., nouvelle ville et tombeau de David) et *Jordanie* (70 000 hab., ville ancienne, Calvaire, St-Sépulcre, mosquée d'Omar, mur des Lamentations). L'armistice prévoyait l'accès des Juifs au mur des Lamentations (non respecté). *1967-juin* Moshe Dayan prend Jérusalem et annonce au mufti (cheikh Abd al-Hamid al-Soth) que les Lieux saints de l'islam resteront sous contrôle des *Waqfs* (administration des biens religieux). Seul l'islam peut être pratiqué sur l'esplanade. Il s'appuie sur la *Halakha* (recueil des commandements religieux régissant la vie quotidienne des juifs pratiquants) qui interdit aux fidèles juifs de fouler l'enceinte du Temple. Les puissances étrangères ont leur ambassade à Tel-Aviv, car elles ne reconnaissent pas Jér. comme capitale (sauf Salvador et Costa Rica). En oct. 1995, projet de loi américain de transférer l'ambassade américaine à Jérusalem.

Population de Jérusalem

Année	Juifs	Musulmans	Chrétiens	Total
1844	7 120	5 000	3 390	15 610
1850	6 000	5 400	3 600	15 000
1860	8 000	6 000	4 000	18 000
1896	28 112	8 660	8 748	45 520
1910	47 400	9 800	16 500	73 700
1922	33 971	13 413	14 699	62 083
1931	51 222	19 894	19 335	90 451
1944	92 143	32 039	27 849	152 031
1948	100 000	40 000	25 000	165 000
1967	195 700	54 963	12 646	263 309
1972	230 325	72 805	10 731	313 861
1995	417 000	174 000	–	591 400
2000	–	–	–	650 000

■ **Autres villes** (en milliers d'hab., est. 1998). Tel-Aviv-Jaffa 348,1 (400 en 1960) [dont 343,2 juifs] (fondée 1909 sur 10 ha de dunes par 60 familles juives, qui l'appellent Tel-Aviv en souvenir d'Ézéchiel [2-15] ; 1919 : 3 000 hab. ; 1925 : 40 000 sur 500 ha), Haïfa 265,7 (183 en 1961, 230 en 1980) [dont 226,6 juifs], Rishon Le Zion 188,2, Beersheba 163,7, Holon 163,1, Petah Tiqwa 159,4, Netanya 154,9, Bat Yam 137, Bene Beraq 133,9, Ramat Gan 126,9, et, en 1993, Ashdod 155,8, Rehovot 83,5, Herzlia 81,6, Ashkelon 66,6, Kefar Sava 64,9, Ramla 52,5, Akko 44,3, Qiryat Atta 41,3, Lod 29,1, Nazareth 49,8 (en 1991).

■ **Langues.** *Officielles :* hébreu et arabe. Définies en 1781 par l'Allemand Auguste-Louis de Schloezer (1737-1809) comme « sémitiques », de *Sem* (2e fils de Noé dont les descendants, selon la Bible, ont peuplé le Moyen-Orient). *1re langue étrangère obligatoire :* anglais. En 1989, 300 000 à 500 000 personnes parlaient le français, en 1992, 20 % le russe.

Alphabet hébreu : variété de l'alphabet phénicien, 22 lettres, s'écrit de droite à gauche. En ajoutant ou en déplaçant un point, certaines lettres changent de valeur. Les voyelles ne sont généralement pas marquées. *Jusqu'au VIIIe s. av. J.-C.*, Phéniciens, Moabites et Hébreux parlaient le « sémitique commun » (même langue, même écriture). *VIIIe et VIIe s.*, la langue des inscriptions commence à se différencier, mais l'alphabet reste identique. *IIIe s. av. J.-C.*, les Moabites commencent à utiliser les caractères « en carré », que les Hébreux adopteront au Ier siècle av. J.-C., créant ainsi leur alphabet caractéristique. Seule langue ressuscitée, grâce à Éliézer Ben Yéhouda (1858-1922) qui, arrivé en 1881 en Israël, a forgé de nouveaux termes, rédigé le 1er dictionnaire de l'hébreu moderne, fondé un journal (*Ha Tsevi*, 1884), créé le Comité pour la langue hébraïque (1890). *1882*, enseignement primaire en hébreu. *1906*, 1er lycée hébreu à Jaffa.

Lettres	Nom	Valeur	Lettres	Nom	Valeur
א	*'alef*	'	ל	*lamed*	l
ב	*bét*	b, v	מ (ם)	*mém*	m
ג	*guimel*	g	נ (ן)	*nun*	n
ד	*dalét*	d	ס	*samekh*	s
ה	*hé*	h	ע	*'ayin*	ʿ
ו	*waw*	v, ou	פ (ף)	*pé*	p, f
ז	*zayin*	z	צ (ץ)	*tsadé*	ṣ
ח	*ḥét*	ḥ	ק	*qof*	q
ט	*tét*	t	ר	*resh*	r
י	*yod*	y, i	ש	*shin*	sh, s
כ (ך)	*kaf*	k, kh	ת	*taw*	t

■ Religions

■ **Juifs** (en 1997). 4 701 600 (81,64 %). En 1980, *séfarades* d'Asie 738 300 (dont nés à l'étranger 303 400), d'Afrique 736 700 (336 500), *ashkénazes* d'Europe 1 252 500 (740 200), d'Amérique-Océanie 95 600 (67 400), *nés en I. de père né en I.* 459 600. **Karaïtes :** 10 000 (rejettent la tradition et les lois rabbiniques, ne reconnaissent que la Bible). **Samaritains :** 500 000 (origine : israélites non exilés à Babylone en 721 et fusionnés avec les soldats assyriens ; ne reconnaissent que le Pentateuque, vénèrent Josué).

Sondage d'avril 1998 : se disaient (en %) *religieux* 46 dont traditionalistes 29, orthodoxes 17 ; *laïques* 54. Assistent à un ou plusieurs offices le sabbat et en semaine 21, aux offices des fêtes 28, aux grandes fêtes (dont Yom Kippour) 23, n'y vont jamais 28.

☞ Environ 10 000 personnes, figurant sur une liste établie par le ministère des Cultes, ne peuvent se marier car elles descendent d'un « bâtard confirmé » (enfant né d'une femme adultère). Les autres auraient ou ont parmi leurs ancêtres, même très anciens (jusqu'à 2 500 ans), un prêtre ayant divorcé (sa descendance ne peut être prêtre et les femmes ne peuvent épouser des Cohen).

■ **Musulmans** (en 1997). 867 900 (15,07 %), surtout sunnites.

■ **Druzes** (en 1997). 96 700 (1,68 %) dont 13 000 sur le Golan. Musulmans chiites dissidents, disciples du calife fatimide al-Hakim (996-1021), considéré comme une incarnation divine supérieure à Mahomet. Religion mystique et ésotérique dont les initiés (*uqqal* 15 % de la pop.) mènent une vie ascétique. Croyance en la réincarnation : tout Druze se réincarne en un nouveau-né druze. *Chef spirituel :* Maraffak Tarif depuis oct. 1993. Les Druzes isr. ont combattu avant 1948 dans l'Irgoun et la Haganah, et ont créé, en 1955 avec les Tcherkesses, l'Unité militaire des minorités, dans laquelle ils font leur service militaire (conscription obligatoire, comme pour les J.). A force de se marier entre eux, les Druzes ont créé une ethnie particulière [Syrie 250 000, Liban 150 000, Israël 92 000, autres pays environ 300 000].

■ **Baha'is.** Quelques centaines. *Capitale religieuse :* Haïfa.

■ **Chrétiens** (en 1997). 126 100 (2,19 %) [presque tous arabophones] dont (en 1986) : 1°) **catholiques** (57 %) : 52 000 (en 1997, 80 000) [dont 23 000 de rite latin (clergé : plus de 400 prêtres et moines, environ 1 200 religieuses), environ 45 ordres et congrégations]. A leur tête : patriarche de Jérusalem. Les franciscains établis en Terre sainte au XIIIe s. sont chargés de la défense et de la garde des Lieux saints. *Maronites* (3,3 %) : 3 000, *uniates* (26,6 %) : 24 000, *Grecs catholiques* (11,1 %) : 10 000, en majorité dans le diocèse de St-Jean-d'Acre, en Galilée (patriarche d'Orient : archevêque Georges Hakim), *Arméniens, Syriens, Chaldéens :* quelques centaines. 2°) **Orthodoxes** (35 %) dont *Grecs :* 32 000 en I. (avec territoires administrés), leur patriarche a la préséance sur les chefs spirituels de Terre sainte, 14 archevêques jouissent de droits et de privilèges (réglés par *statu quo*) provoquant des chicanes dues aux rites différents se déroulant au même moment dans les chapelles différentes d'un même sanctuaire. *Russes :* 1 mission dépendant du patriarcat de Moscou. Dans les territoires administrés, un certain nombre d'églises et de couvents reconnaissent la seule autorité de l'Église russe en exil (centre à New York). 3°) **Églises non chalcédoniennes** (5 %) dont *Arméniens :* 1 patriarche, 2 000 fidèles. *Coptes :* 1 000 et *Syriens :* 1 000, chacun 1 archevêque. *Éthiopiens :* 1 000 environ, 1 évêque. Droits particuliers dans les principaux sanctuaires chrétiens. 4°) **Anglicans et protestants** (3 %) environ 3 000.

■ Histoire

■ **Avant J.-C.** **10000-7000** civilisation paléolithique natoufienne (du Wadi Natuf) : cueillette, chasse. Villages en pierre : Mallaha (Eynam), Jéricho. **7000-5000** sécheresse, pays abandonné. **Vers 5000** repeuplé. **Vers 4000** néolithique (agriculture, élevage).

Vers 1008-1001 le roi *David* fait de Jérusalem la capitale du roy. d'I. et de Juda et y transfère l'Arche. David soumet Moabites puis Ammonites et Édomites. **Vers 969-930** règne de *Salomon* (qui avait 700 femmes de rang princier et 300 concubines). **928** 2 royaumes : Israël au nord (roi Jéroboam), Juda au sud. **Vers 881-841** dynastie d'*Omri*, roi de 885 à 874. Capitale à Samarie. **Vers 841-749** dynastie de *Jéhu*. **733** Teglat Phalassar III, roi assyrien, soumet le Nord. **722** Sargon II (assassiné 705) prend Samarie, 27 290 israélites déportés. I. devient province assyrienne. **722-587** *fin du roy. de Juda.* **Vers 650-580** vie de Jérémie (prophète). **588-***15-1 Nabuchodonosor* fait le siège de Jérusalem. **587**-*29-7* Jérusalem tombe (destruction des principaux édifices : Temple, palais royal, murailles), déportation des habitants à Babylone (20 000 pers.). **539-***29-10* le roi perse Cyrus entre dans Babylone. **538** édit de Cyrus ordonnant aux exilés de rentrer dans leur pays et de reconstruire le Temple de Jér. (aux frais du trésor royal). **332** fin de la domination perse, Alexandre le Grand prend Samarie et Judée. **323-281** *guerre des Diadoques* (généraux d'Alexandre se disputant sa succession), influence de l'Égypte. **Vers 285-200** domination *lagide*. **IVe-IIIe s.** développement de la Diaspora dans l'empire hellénistique. **200-167** domination *séleucide*. **167-142** *Antiochus* (Antiochos IV Épiphane) ayant décrété une hellénisation systématique (pillage de Jér., autel païen dans le Temple, mort pour les fidèles israélites, livres de la Loi détruits), révolte *des Maccabées* environ 6 000 h., dirigée par Mattathias l'Hasmonéen (prêtre qui refusa de sacrifier devant l'envoyé du roi) et ses 5 fils. **164** reprennent Jér., purifient le Temple et le réinaugurent le 14-12. **161** Judas, fils de Matthathias, obtient le soutien théorique de Rome. **142-63** dynastie *hasmonéenne* [dont Jean Hyrcan (qui, à la mort d'Antiochos VII, agrandit son royaume), Aristobule Ier (qui prend le titre de roi Alexandre Jannée ; très cruel)]. **63** *Pompée* (aidé des partisans d'Antipater et d'Hyrcan II) prend Jérusalem tenue par des fidèles d'Aristobule ; Judée rattachée à l'Empire romain. **40** roi *Hérode Ier le Grand* (†, arabe, fils d'Antiparos) construit la citadelle (tour de David) ; **26** embellit le Temple ; travaux jusqu'en 64 apr. J.-C. (voir **Vie de Jésus** à l'Index) ; **4** royaume divisé entre ses 3 fils : Archélaos (Judée), Hérode Antipas (Galilée) et Philippe (districts du nord-est de l'Hauran).

■ **Après J.-C.** **6** Archélaos chassé. **6-9** Coponius : 1er préfet romain. **26-36** Ponce Pilate préfet. **33-34** Philippe †. **38** Agrippa Ier roi des parties nord-est de la Palestine. **39** Hérode Antipas exilé en Gaule. Royaumes placés sous administration directe des gouverneurs romains. **41** Agrippa Ier nommé roi de Judée ; **44** meurt, Judée sous pouvoir romain. Agrippa II roi du Hauran et des régions nord-est. **44-66** tension : conflits entre juifs, gentils et samaritains. **Vers 50** révolte. **66-74** révolte des J. [les *sicaires* (de *sica :* couteau à large lame), les *zélotes* avec Eleazar] contre Romains. **66** les révoltés égorgent la garnison romaine de Massada, s'y installent et ravagent les environs (+ de 700 † à Linguedi). **70** les Romains (Titus, fils de Vespasien) prennent en août le Temple incendié au cours du siège, puis 26-9 tout Jérusalem. Voir p. 1141 a. Ce qui prive I. des assises de son unité nationale et religieuse, car les J. tiennent, en effet, Jér. pour leur capitale nationale et leur ville sainte. Ils s'y rendent 3 fois par an, à l'occasion des fêtes de pèlerinage, et acquittent un impôt cultuel au Temple. La reconstruction du Temple est désormais liée à l'avènement du Messie, dont l'attente domine la vie juive. **70-73** J. sicaires (hommes, femmes, enfants) s'enferment à *Massada* avec Eleazar Ben Yaïr. Ils résistent 3 ans aux assauts romains, puis, vaincus, se suicident, sauf 2 femmes et 5 enfants (site identifié 1838 devenu haut lieu de pèlerinage depuis 1933). **132-135** 2e révolte contre les Romains conduite par Bar-Kokhba (« le fils de l'étoile ») échoue : plus de 500 000 soldats †, 985 villages détruits. Jér. rasée, remplacée par ville romaine *(Aelia Capitolina)*, Judée disparaît, sous-préfecture romaine (Syrie-Pal.), population dispersée *(Diaspora)*. 10 000 J. restent, notamment en Galilée (cap. religieuse : Bet Shearim jusqu'en 352), la législation byzantine leur est hostile. **326** construction de la basilique de la Nativité à Bethléem au-dessus de la grotte découverte par Hélène († 327 ; mère de Constantin, qui découvrit aussi la vraie croix du Christ au Golgotha et situa l'ascension du Christ au mont des Oliviers). **362** Julien fait

Territoires administrés ou annexés par Israël (1967-93)

■ **Judée-Samarie** pour les Israéliens, rive occidentale du Jourdain pour les Palestiniens **(Cisjordanie).** 5 879 km² dont 70 km² confisqués depuis 1967 puis annexés pour étendre Jérusalem vers l'est. **Population :** *1967 :* 596 000 hab. ; *83 :* 772 000 (dont 45 000 Juifs) ; *87 :* 868 000 (60 000 J.) ; *90 :* 1 000 000 (100 000 J.) ; *94 :* 1 084 400 (136 000 J.) ; *2000 :* n.c. (220 000). **Réfugiés :** 365 000, dont 92 500 vivent dans 19 camps dont Balata (15 597 hab.) et 272 500 hors des camps. **Implantations juives** (en 1991) : 146 dont 9 ont un statut « urbain » dont Ma'aleh Adumim (15 000 hab.), Ariel (11 060), Givat-Zelev (6 500), Kiryat Arba (5 000). **Terres** sous « contrôle » direct (41 %) ou indirect (11 %) d'Israël 4 % « affectés » aux implantations juives. Total contrôlé (en 1991) : 60 % [du 1-4 au 9-5, 73 *dununs* confisqués (1 dunun = 7,3 ha)]. **Villes :** Jéricho (plus ancienne ville du monde) 64 000 hab., Bethléem 58 819, Hébron 7 178, Naplouse 5 232, Djénine 4 891, Tulkarem 4 725, Ramallah 3 903.

■ **Gaza.** 378 km², 40 km sur 12 km. **Population :** *1967 :* 390 000 hab. ; *87 :* 565 000 ; *94 :* 748 900 (5 000 J. dans 16 implantations). **D.** 1 981. **Réfugiés :** 435 000, dont 240 000 dans 8 camps et 195 000 en dehors (57 000 dans Gaza ville). **Terres :** 35 % sous « contrôle » israélien.

■ **Golan.** 1 176 km², 70 km sur 25 km, au N.-E. d'I., position stratégique, plateau surplombant la Galilée du lac de Tibériade aux sources du Jourdain. Château d'eau de la région. **Population :** *avant 1967 :* 100 000 Syriens ; *81 :* 13 000 Druzes et quelques centaines d'Alaouites et de Circassiens, 6 000 colons isr. ; *91 :* 14 000 Druzes groupés en 5 bourgs ; 12 000 Isr. dans 8 kibboutzim et 24 localités, dont Katzin 4 000 hab. ; 15 000 Syriens ; *94 :* 13 160 Isr. ; 16 000 Druzes.

■ **Transformation économique et sociale.** *Création d'une zone industrielle* (nord de Gaza) ; *augmentation du PNB* en Cisjordanie de 13 % par an depuis 1967. *Actifs allant chaque jour travailler en Israël* (en 1993) : 73 000 (de Cisjordanie), 42 000 puis 2 000 en sept. (de Gaza). *Écart des salaires moyens* entre Israël et Cisjordanie : environ 1/3. Les Palestiniens sont le plus souvent agriculteurs ; ils vendent leurs produits sur place, en Israël et en Jordanie (trafic libre entre les 2 rives du Jourdain).

■ **Statut.** Avant 1994, des lois antérieures à juin 1967 demeuraient en vigueur et les populations locales jouissaient de l'autonomie dans les affaires municipales, judiciaires et culturelles. Des sanctions étaient prises contre les Arabes faisant partie de réseaux terroristes : dynamitage des maisons ; expulsion vers la Jordanie. Le 13-9-1993, une Déclaration de principes, signée par Israéliens et Palestiniens à Washington, prévoit 4 étapes [*1re réalisée et signée le 4-5-1994 :* poursuite de négociations en vue de la signature de l'accord Gaza-Jéricho ; *2e :* négociations relatives au transfert anticipé de compétences à l'Autorité palestinienne (éducation et culture, santé et protection sociale, impôts directs et tourisme) ; *3e :* négociations relatives à l'extension de l'autonomie à l'ensemble de la Cisjordanie et de la bande de Gaza, et élections en Cisjordanie et à Gaza ; *4e :* négociations relatives au statut permanent de ces territoires].

■ **Aide.** *Programme d'assistance de 1re urgence de la Banque mondiale* (en millions de $) : investissements publics 600, secteur privé 300, dépenses de 1re nécessité 225, assistance technique 75. 2,4 milliards de $ promis par la communauté internationale sur 5 ans dont Union européenne 0,6 ; USA 0,5 ; Japon 0,2 ; Norvège 0,15 ; Arabie saoudite 0,1 ; Israël 0,075.

reconstruire le temple de Salomon mais un tremblement de terre le détruit. **394** les J. peuvent revenir à Jér. Devant le triomphe du christianisme, le judaïsme se transforme en religion non missionnaire, n'enregistrant plus que quelques rares conversions de groupes (comme certaines tribus berbères d'Afr. du Nord, et la caste dirigeante du royaume khazar qui forme, du VIIIe au XIIe s., un « État juif » du Caucase à la Volga).

Ve-VIe s. peuplement progressif par des Ar., venus du désert. **614** Jér. conquise par Perses sassanides. Chosroês aidé de J. : 33 877 † à Jér. **630**-*23-3* Héraclius ayant battu Chosroês à Ninive et chassé les Perses de Pal. rentre à Jér. avec la vraie croix. **636** le calife Omar et islamistes prennent la Palestine, préservent les Lieux saints chrétiens, juifs expulsés. **743** califat arabe constitué ; les J. y ont le statut de *dhimmis* soumis à la loi coranique. **1009** sous le calife fou al-Hakim (fatimide d'Égypte), St-Sépulcre démoli. **1077** Jér. prise par Seldjoukides. **1099**-*15-7* croisés prennent Jér. (après 40 jours de siège) et massacrent environ 40 000 pers. (les J. sont brûlés dans la synagogue). Pal. fait partie du roy. de Jér. (le Normand Tancrède de Hauteville seigneur de Galilée). **1187** Pal. conquise en partie par Saladin, sultan d'Égypte (après sa victoire de Hattin). **XIIIe s.** les hordes kharezmiennes et mongoles exterminent une bonne partie des hab. **Vers 1250** sous l'autorité des Mamelouks (musulmans turco-tartares), qui sauvent in extremis les J. de l'anéantissement. **1267** communauté juive de Jér. reconstituée sous l'impulsion de l'érudit Moïse Ben Nachman (Nachmanide, le « Ramban »). **1517-1917** domination des Turcs ottomans (*1517* Jér. enlevée aux Mamelouks par sultan turc Selim Ier qui a reconstitué région administrative de Syrie-Pal. et encouragé les J. à s'installer en Pal.).

Communauté juive de Babylone. Avait la direction spirituelle du judaïsme. A la mort (1033) du dernier des Grands Gueonim (autorité religieuse), le centre spirituel passa en Europe près de Cordoue (tradition babylonienne, dite *Sepharadi*) et en Rhénanie (tradition palestinienne, dite *Askhenazi*). **Communauté juive d'Espagne.** **1391** décimée par chrétiens. **1492** expulsée [200 000 partent pour Afrique du Nord, Italie et empire turc (notamment Palestine : *1845* 12 000 J. sur 350 000 hab. ; *1880* 25 000 J. sur 500 000 hab.)].

XIXe s. l'ouest de la Pal. (actuel I.), presque entièrement désertique, ne constitue pas d'entité autonome. **1835** l'étudiant *Moritz* fonde à Prague une société pour le retour en Pal. **1838** *Moïse Montefiore* propose la création d'un État j. **1847** *Disraeli* (1804-81) écrit *Tancred* (préconisant théocratie judéo-chrétienne sur le monde) ; plus tard suggère la création d'un État j. en Pal. sous protectorat britannique. **1852**-*8-1* firman du sultan fixant droits et obligations de chaque Église (confirmé lors du traité de Berlin en 1878). Propriété, utilisation et entretien des Lieux saints sont réglementés. **1853** *lord Shaftesbury* (1801-85), protestant, écrit « la Syrie est un pays sans nation qui doit être donné à une nation sans pays, le peuple élu par Dieu ». **1861** *« Mishkénot Sha'ananim »,* 1er quartier j. hors des murailles de Jér. **1862** *Moïse Hess* (1812-75, philosophe allemand) publie « Rome et Jérusalem ». **1863** *Havatzélet* 1er périodique en hébreu. **1870** *Mikvé Israël* 1re école agricole juive, près de Jaffa. **1878** J. de Jér. fondent Petach Tikhvah. **1882** *Léon Pinsker* (1821-91, médecin russe) publie *Auto-émancipation* à Odessa. Les Juifs russes (15 hommes et 1 femme) qui allaient créer plusieurs fermes collectives, notamment à Gedera, Rishon-le-Sion, Petach Tikhvah, appartenaient aux mouvements des *bilous* [initiales hébraïques de la phrase « Maison de Jacob, venez ! » (Isaïe, II, 5)]. **1891** *John Lawson Stoddard* (1850-1931, Américain) donne des conférences à Jér. : « Aujourd'hui la Pal. supporte seulement six cent mille personnes, mais, avec une mise en culture appropriée, elle peut facilement en entretenir deux millions et demi. Vous êtes un peuple sans terre ; il y a une terre sans peuple. Revenez à la terre d'Abraham. » **1891-96** des pionniers de l'Alliance israélite universelle et les Amants de Sion fondent 17 colonies agricoles ; le *Bon Edmond de Rothschild* (1845-1934) encourage le *sionisme* (du nom du Mt Sion, une des collines de Jér., qui symbolise le pays d'I.). **1896** *Theodor Herzl* (Budapest, 2-5-1860/1904, journaliste et dramaturge austro-hongrois) reprend les idées de Pinsker dans *l'État juif,* publié à Vienne à 3 000 ex., puis dans un roman, *Altneuland* (1902) ; il propose de créer un État j. garanti par le droit public, réunit le *Ier congrès sioniste* à Bâle [29-8-1897 ; 197 participants ; décisions : création d'une organisation sioniste mondiale, présidée par Herzl ; adoption du drapeau juif et d'un hymne national, l'*Hatkivah* (Espoir) ; constitution d'un comité d'action], fonde la Banque nationale juive (1898), négocie avec le sultan l'achat de la Pal. Les associations j. (rabbins d'All., Alliance israélite universelle de France, Alliance israélite d'Autriche, j. de Londres, conférence des rabbins américains) voient alors dans la création d'un État j. une conception erronée de la mission d'Israël.

1901-*mai* Herzl, reçu par Abdul-Hamid, demande une terre de refuge, un « foyer légal » dont une compagnie à charte aurait la charge (pour accorder la charte, le sultan demande 46 millions de F ; Herzl ne trouve pas la somme). Israel Zangwill écrit : « La Palestine est une terre sans peuple : les Juifs sont un peuple sans terre. » Création du cartel colonial juif (sera à l'origine de la Cie anglo-palestinienne qui en 1950 deviendra la Banque Leumi *le-Israël*). Fonds national juif créé *(Keren Kayemet-le-Israël)*. **1903** la G.-B. (Joseph Chamberlain) propose aux J. le plateau d'Uasin-Gishu en Ouganda (en dehors de l'Ouganda actuel) pour créer un État. Herzl a accepté l'idée comme mesure d'urgence ; en saisit le VIe congrès sioniste de Bâle ; 298 votent (contre 178) pour l'envoi d'une commission d'enquête, les délégués russes quittent la salle. **1903-14** 40 000 J. s'installent en Pal. **1905** le VIIe congrès sioniste refuse la proposition de Chamberlain. *Chaïm Weizmann* (1874-1952, chimiste qui isola l'acétone et qui rendra des services pour l'armement anglais) crée le *Fonds national juif* pour acheter des terres en Pal. **1907** Jaffa, *Bar Giora* créée (organisation paramilitaire d'autodéfense). **1909** sert de noyau au *Ha-Chomer* qui protège les colonies contre les razzias des Bédouins et deviendra en juin 1920 la *Haganah* « défense ». 1er *kibboutz* en Pal. à Degania. **1914-18** les Ar. palestiniens sont loyaux à l'égard de la Turquie. **1915** accords *Hussein/Mac Mahon* (sir Henry, haut-commissaire britannique au Caire) : les Anglais constitueront après la guerre un grand royaume ar. dont le souverain serait le chérif de La Mecque, *Hussein* (pour le récompenser de son action contre les Turcs). *-24-10* lettre de Mac Mahon disant : « Les deux districts de Mersine et d'Alexandrette et les parties de la Syrie se trouvant à l'ouest des districts de Damas, Homs, Hama et Alep ne peuvent pas être dits purement arabes et doivent être exclus des limites demandées. » Plus tard, les Ar. soutinrent que la Pal. entrait dans les territoires promis, les Anglais tenant pour le contraire. **1916**-*3-1* accord secret *sir Mark Sykes/François-Georges Picot* (G.-B./France, ratifié mai) pour partage de la Terre sainte : l'ouest du Jourdain est exclu des territoires destinés à l'indépendance ar. **1917** 1er réseau clandestin j. en Pal., « Nili », lutte contre l'Empire ottoman. *-2-11* poussée par *Chaïm Weizmann*, la G.-B. publie la *déclaration* du min. des Aff. étr. *Arthur Balfour* (1848-1930), promettant l'établissement d'un foyer national j. en Pal. (Weizmann avait assuré au PM anglais, Lloyd George, qu'en échange les J. américains pousseraient les USA à entrer en guerre). L'armée anglaise (Gal Allenby, 1861-1936) comprenant 3 bataillons de la Légion juive : volontaires anglais, américains, canadiens et juifs palestiniens (Cdts : Vladimir Jabotinsky et Joseph Trumpeldor) attaque la Pal. ; à Noël entre à Jér. **1918**-*4-4* Weizmann installe à Tel-Aviv le comité exécutif sioniste *Vaad Leumi*. *-26-9* Pal. conquise. *-30-10* armistice avec la Turquie. **1919**-*3-1* lors de la conférence de paix, à Paris, l'émir Faysal, fils du roi Hussein de Hedjaz, délégué ar. principal, et Weizmann signent un accord confirmant la déclaration Balfour et reconnaissant la Pal. comme distincte du roy. ar. (prévu par les accords Hussein/Mac Mahon) et le droit des J. à la souveraineté sur cette région ; le texte organise leur coopération avec les États ar. qui naîtraient du démembrement de l'Empire ottoman. Les propositions juives admises par la délégation ar. incluaient, dans les territoires dévolus à l'État j., la Judée-Samarie (ou Cisjordanie) et une partie (20 000 km²) de la Jordanie actuelle. **1920** *Histadrout* fondée (Confédération générale des syndicats en Eretz Israël) ; 1ers groupes de défense de la *Haganah*. Vladimir Zeev Jabotinsky (Odessa, 17-10-1880/1940), chef de l'exécutif de l'organisation juive, prévoit que « le transfert de millions de J. en Eretz Israël entraînera automatiquement la création d'un État hébreu dans les frontières bibliques (soit 111 500 km²), conformément aux termes initiaux du mandat sur la Pal. » (avant le Livre blanc de Churchill de 1922). *-4-4 conférence de San Remo* confirme déclaration Balfour, le mandat sur la Pal. sera exercé par la G.-B. pour la SDN. *-28-4* fête musulmane du *Nabi Musa* (Moïse), la procession dégénère : attaque des quartiers j. de Jér. [9 † dont 5 J. (antisionistes)]. *-30-6 sir Herbert Samuel,* Juif libéral, 1er haut-commissaire en Pal. ; décrète amnistie pour crimes et délits commis au printemps par les Arabes. **1921**-*mars* création de l'émirat de Transjordanie. *-1/4-5* Jaffa, 3 jours de bagarres entre communistes j. palestiniens et sionistes socialistes. Les Ar. s'en mêlent (4 J. et 14 Ar. †). La violence gagne le centre de la Pal. (47 J. et 48 Ar. †). Samuel suspend l'immigration juive. *-22-7* Lloyd George et Balfour affirment à Weizmann que la G.-B. a entendu se prononcer pour un futur État j.

1922-*24-7* SDN ratifie mandat donné à G.-B. sur Pal. : *l'art. 4* prévoit une *Agence juive,* émanation de l'Organisation sioniste, qui représenterait les J. auprès de l'administration britannique. Celle-ci facilitera l'immigration juive *(art. 6)* et mettra en place un système agraire visant à promouvoir la colonisation et la culture intensive des terres *(art. 11)*. Toute modification des termes du mandat devra être soumise à l'approbation du Conseil de la SDN *(art. 27) ;* prescription que la G.-B. violera lorsque, par le Livre blanc de 1939, elle interdira aux J. l'entrée dans leur foyer national. Le mandat impose la mise à la disposition des sionistes des terres publiques (7/10 des terres), mais la G.-B. assurera aux Ar. le monopole des biens fonciers. 27 % des terres achetées par les J. leur seront vendues par des propriétaires ne résidant pas en I. La G.-B. ne s'engage que pour la Pal. occidentale (27 000 km²) [mesure ratifiée par la SDN le 16-9-1922]. Confie la Pal. orientale [à l'est du Jourdain (84 000 km²) où vivent les 2/3 des Ar. pal.] à l'émir Abdullah (frère du roi Faysal) qui appelle son État Transjordanie (1922) puis roy. de Jordanie (1946). **1922-27** 370 000 J. (surtout polonais) immigrent officiellement, protestations des Ar. de Pal. et des États ar. voisins. **1923**-*7-3 convention Paulet-Newcomb,* ratifiée par France et G.-B., fixe frontière Liban/Pal. (reconnue 1934 par SDN ; confirmée par convention d'armistice Liban/Israël 23-3-1949). **1925** lord Wedgwood préconise un État j. *Jabotinsky* fonde un mouvement révisionniste qui conteste la politique anglaise en Pal. [crée une organisation paramilitaire vers 1930 et un mouvement de jeunesse (le *Bétar*) ; *B'rith Trumpeldor* « l'alliance de Trumpeldor », Joseph Trumpeldor (Caucase 21-11-1880/29-2-1920)]. Inauguration de l'université (Mt Scopus). **1927** *Agence juive* fondée pour colonisation des terres achetées par le Fonds national (1944 : 173 000 ha, 15 % des terres cultivables de Pal., 6 % du territoire). **1929** incidents à Jér. entre J. et Ar. *-23-8* massacres à Hébron. Des agitateurs envoyés par le grand mufti Amin-el-Husseini qui avait répandu le bruit que les J. de Jér. avaient attaqué l'esplanade du Rocher, une foule (4 000 musulmans) tue 59 J. et en blesse 42. La communauté (600 personnes) est évacuée sur Jér. **1931** fondation de l'*Etzel (Irgoun tzvaï léoumi)* « organisation militaire nationale », par les dissidents de la Haganah. **1933**-*30-1* Hitler au pouvoir en All. : 37 000 J. allemands émigrent en Pal. *-16-6* Haïm Arlozoroff, chef du département politique de l'Agence juive, assassiné à Tel-Aviv ; les socialistes accusent les révisionnistes (en fait il a été tué par 2 agents ar. de l'All. sur ordre de Goebbels). **1934** Ben Gourion et Jabotinsky veulent fondre leurs 2 mouvements dans le *Mapaî,* mais Ben Gourion est désavoué. 45 000 J. allemands émigrent ; 30 000 Syriens chassés du Hauran (sécheresse) émigrent en Pal. **1935** l'Union des sionistes-révisionnistes, fondée et dirigée par Jabotinsky, quitte l'Organisation sioniste mondiale et crée une nouvelle Organisation sioniste (révisionniste). 66 000 J. allemands émigrent. **1935-39** actions antisionistes ar. (1936 : « révolte ar. » animée par HCA (Haut comité arabe) ; 1937 interdit ; 1946 réactivé par la Ligue arabe, présidence réservée à Hadj Muhammad Amin Al-Husseini (1893 ?-1974, grand mufti de Jér. en 1921. G.-B. envisage partage de la Pal.). 10 000 incidents, 211 Anglais, 300 J. et 2 000 Ar. †. **1936** Jabotinsky (à l'encontre de la politique de non-violence de l'Agence juive et des socialistes pal.) ordonne à la branche militaire de son mouvement, l'*Irgoun tzvaï léoumi* de riposter par la force au terrorisme ar. 30 000 J. allemands émigrent. **1936-45** 100 000 Ar. viennent des pays voisins. **1937**-*7-7* la Commission d'enquête royale dirigée par lord Peel constate que la Pal., terre d'émigration ar., est devenue un pays d'immigration ar. du fait du développement économique du secteur j. ; recommande le partage de la Pal. occidentale en 2 États, j. (7 655 km² ; 258 000 J., 225 000 Ar.) et ar. (comptant 1 250 J.), les Ar. refusent. *-14-11* Jér., l'Irgoun exécute au hasard 8 Ar. (dont 2 femmes). **1938** *commission Woodhead* propose un État j. réduit à Tel-Aviv (1 275 km²), les Ar. refusent. Moins de 15 000 J. allemands émigrent. *-8-6* Sh'lomo Ben Yosef (du Bétar) pendu pour avoir attaqué un autocar ar. *-Juillet* 120 Ar. assassinés. A partir du 2e semestre, la flotte anglaise arraisonne de nombreux bateaux de réfugiés et les occupants sont renvoyés vers leur port d'embarquement. **1939**-*30-1* Hitler menace en public de détruire les J. en Europe. *-17-5* Livre blanc anglais (mémorandum MacDonald) ; un contingent de 75 000 J. serait admis en Pal. « à titre humanitaire » pendant 5 ans. Ensuite, toute immigration juive serait rigoureusement prohibée (les Ar. des États voisins pouvant en revanche continuer à émigrer). Les J. détiendraient environ 1/3 des postes. Actions terroristes de l'Irgoun contre Anglais. **1939-45** *Shoah* (anéantissement), génocide des J. (voir à l'Index). **1940** l'Irgoun se range aux côtés d'Angl. et Fr. contre All. mais *Abraham Stern* (1907/12-2-1942, tué par police anglaise) s'y refuse et constitue avec 200 membres le *groupe Stern* [plus tard, *Lohamei hérouth Israël,* « combattants pour la liberté d'I. », en abrégé *Lehi,* dirigé par Nathan Yelin-Mor (1913-80) ; le groupe envisage jusqu'en déc. 1941 une entente contre l'Angleterre avec l'Allemagne nazie si celle-ci favorise l'établissement d'une nation juive]. Jabotinsky meurt. *-25-12* la Haganah sabote le cargo français *Patria* destiné à transporter des J. à l'île Maurice (252 †). **1943** *Menahem Begin* chef de l'Irgoun ; **1944**-*1-1* reprend le combat en I. contre l'administration anglaise : perceptions, quartiers centraux de la police et offices d'immigration. *-15-10* le vice-Pt américain préconise immigration juive illimitée. *-6-11 lord Moyne* (ministre britannique au Proche-Orient), qui s'était opposé au plan de sauvetage des J. hongrois proposé en mai 1944 par Joël Brand (échanger 1 000 000 de J. hongrois en instance de déportation contre 10 000 camions), est assassiné sur ordre d'Yitzhak Shamir au Caire par 2 membres du Stern (arrêtés et exécutés, leurs corps seront échangés contre 20 prisonniers arabes et seront enterrés au monument des héros à Jérusalem). Les J. socialistes aident la police britannique à traquer les « rebelles ». Ben Gourion et la majorité des responsables socialistes croyaient que la G.-B. accepterait pacifiquement de satisfaire les aspirations du sionisme une fois la guerre finie [Churchill avait promis de donner aux J. le « gros morceau » en Pal. (Pal. occidentale et une partie de la rive orientale : Jordanie actuelle), et les travaillistes prévoyaient un État j. plus étendu que celui revendiqué par les sionistes eux-mêmes]. **1945**-*juillet* les travaillistes anglais, au pouvoir avec Atlee, oublient leurs promesses : l'abandon des Indes oblige la G.-B. à s'appuyer sur les monarchies arabes. Répression en Pal. ; les J. se dressent contre G.-B. *-Sept./***1946**-*juin* front commun : la *Haganah,* branche militaire du sionisme officiel [*force statique* (40 000 colons et citadins), *armée de campagne* (16 000 h. entraînés à « des opérations plus mobiles »), *le Palmah* ou *Palmach* (en service à plein temps ; en temps de guerre 6 000 h., de paix 2 000 h.), l'*Irgoun* (ou IZL ; 3 000 à 5 000 terroristes armés), *Stern* (200 à 300 fanatiques)] : destructions d'avions, attaques de convois militaires, dynamitages de ponts et voies ferrées ; la G.-B. (avec 100 000 h.) ne peut triompher du terrorisme malgré arrestations massives et déportations vers Érythrée. *-13-11* Bevin, ministre anglais des Aff. étr., invite USA à prendre en main la question pal. *-17/18-6* Irgoun fait sauter 10 ponts du Jourdain. *-29-6* les Anglais arrêtent les dirigeants modérés j. ; la Haganah dépose les armes (ordre de Weizmann). *-22-7* Irgoun fait sauter une aile du King David Hotel à Jér. (110 Anglais †, le quartier général anglais n'ayant pas été évacué malgré une alerte par téléphone). La G.-B. décide de donner l'indépendance à la Transjordanie. **1947**-*31-1* évacuation des femmes et des enfants anglais. *-14-2* la G.-B. fait examiner la question à l'Onu. *-1-3* Irgoun : raids contre une quinzaine d'objectifs militaires britanniques. *-28-4* Onu : session extraordinaire sur Palestine ; Unscop (United Nations Special Committee on Palestine) créé [1948-été enquêtera sur place, 31-8 rendra son rapport proposant partage en 2 États (juif/arabe)]. *-4-5* Irgoun : attaque prison de St-Jean-d'Acre et

Bilan (1939-45)	Population juive 1939	Morts et disparus	Pertes en %
Pologne	3 300 000	2 800 000	84,8
URSS [3]	2 100 000	1 500 000	71,4
Roumanie	850 000	425 000	50
Hongrie	404 000	200 000	49,5
Tchécoslovaquie	315 000	260 000	82,5
France [1]	*300 000*	*90 000*	*30*
Allemagne	210 000	170 000	81
Lituanie	150 000	135 000	90
Pays-Bas [1]	150 000	90 000	60
Lettonie	95 000	85 000	89,5
Belgique [1]	90 000	40 000	44,4
Grèce	75 000	60 000	80
Yougoslavie	75 000	55 000	73,3
Autriche	60 000	40 000	66,6
Italie [1]	57 000	15 000	26,3
Bulgarie	50 000	7 000	14
Divers [2]	20 000	6 000	30
Total	*8 301 000*	*5 978 000 [4]*	*72*

Nota. – (1) Y compris réfugiés. (2) Danemark, Luxembourg, Norvège, Estonie, Dantzig. (3) Zone occupée. (4) Variante fournie par *l'Encyclopaedia Judaïca* (1974) : aire polono-soviétique 4 565 000 (sur 7 005 000), Hongrie (avec Transylvanie du Nord) 402 000, Tchécoslovaquie 277 000, Allemagne 125 000, Pays-Bas 106 000, France 83 000, Autriche 65 000, Grèce 65 000, Yougoslavie 60 000, Roumanie 40 000, Belgique 24 000, Italie 7 500, Norvège 760, Luxembourg 700. *Total :* 5 820 960 (morts dans les camps, environ 3 millions ?).

Source : « Le IIIe Reich et les Juifs » de L. Poliakov et J. Wulf, Gallimard.

libère militants sionistes (plusieurs centaines). *-11-7* le bateau *Pt-Warfield* (commandé par Ike Aronowicz, 23 ans) quitte Sète avec 1 561 hommes, 1 282 femmes, 655 enfants, 1 017 adolescents, 36 marins. *-17-7* rebaptisé en mer *Exodus 1947* (en hébreu *Yetziat Europa 5707,* soit « Sortie d'Europe 5707 ») ; *-17/18-7* attaqué à 17 milles de la Pal. par le destroyer anglais *HMS Childers :* 4 † (3 réfugiés, 1 soldat britannique), 200 blessés ; *-18-7* arrivée à Haïfa ; 4 493 réfugiés repartent sur 3 bateaux « cages » pour Port-de-Bouc ; la France refuse de les obliger à descendre ; 138 débarquent, dont des malades [*-22-8* repartent pour Hambourg, où ils sont débarqués le 9-9 et hébergés dans la zone britannique dans des camps de concentration (en 1952, l'*Exodus* a brûlé à Haïfa)]. *-31-7* Irgoun assassine 2 sergents britanniques enlevés le 12-7. *-31-8* 3 terroristes j. pendus par Anglais ; 2 sergents anglais pendus par Irgoun (en représailles, des synagogues sont brûlées à Londres), mais l'opinion publique pousse la G.-B. à se retirer de Pal. (200 Anglais ont été tués dans attentats). *-17-11* New York, accord secret avec roi Abdullah (non-intervention de la Jord. qui recevra l'essentiel de la Cisjordanie. *-29-11* **Plan de partage de la Palestine : résolution 181** (vote à l'Onu : *33 pays pour :* Afrique du Sud, Australie, Belgique, Biélorussie, Bolivie, Brésil, Canada, Costa Rica, Danemark, République dominicaine, Équateur, États-Unis, France, Guatemala, Haïti, Islande, Libéria, Luxembourg, Nicaragua, Norvège, Nouvelle-Zélande, Panamá, Paraguay, Pays-Bas, Pérou, Philippines, Pologne, Suisse, Tchécoslovaquie, Ukraine, URSS, Uruguay, Venezuela ; *13 contre :* Afghanistan, Arabie saoudite, Cuba, Égypte, Grèce, Inde, Iran, Iraq, Liban, Pakistan, Syrie, Turquie, Yémen. *Abstentions :* Argentine, Chili, Chine, Colombie, Éthiopie, Grande-Bretagne, Honduras, Mexique, Salvador, Yougoslavie). *État juif* 56,47 % de la Pal. (hors Jér.), 498 000 J., 325 000 Ar. ; *État arabe* 43,53 %, 807 000 Ar., 10 000 J. *Régime de tutelle internationale pour Jér.* et *Bethléem*, 100 000 J., 105 000 Ar. Garantie des droits des minorités et des droits religieux, y compris le libre accès aux Lieux saints. Union économique entre les 2 États : union douanière, système monétaire commun, administration unique des principaux services, accès égal aux eaux et sources d'énergie. Période de transition de 2 mois à compter du 1-8-1948, fin du mandat et évacuation des troupes britanniques. *-30-11* Ligue ar. déclare qu'elle s'opposera par la force à l'établissement d'un État j. *-1-12* 1er contrat d'armes Haganah/Tchécoslovaquie. *-5-12* USA : embargo sur armes vers Proche-Orient. *-11-12* Jérusalem : quartier juif coupé de Tel-Aviv par Légion arabe de Transjordanie. **1948**-*8-1* 1 500 volontaires arabes de l'Armée de libération de Fawzi Al-Qawudji (1890-1976, ancien chef de la révolte druze de Syrie) entrent en Pal. (seront 3 800 le 15-5).

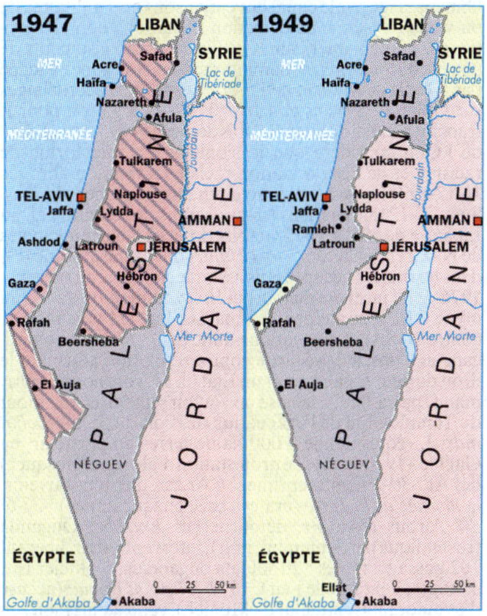

1947 : plan de partage de la Palestine adopté le 29-11 par l'Assemblée générale de l'Onu. Israël a 14 000 km^2.
1949 : lignes de démarcation. Israël a 20 700 km^2.

Guerre de 1948-49 : Ar. et J. essayent de s'emparer du matériel de guerre anglais. Évacuation de 350 000 à 400 000 Ar., encouragés à partir par leurs chefs (beaucoup étaient des émigrés récents venus chercher du travail). **Forces en présence :** *Arabes :* 40 000 Égyptiens, 21 000 Iraqiens, 8 000 Syriens, 6 000 Jordaniens, Légion ar. commandée par sir John Bagot, dit Glubb Pacha († 1986), quelques militaires libanais alliés à 50 000 Ar. de Pal. (garde nationale levée par le mufti de Jér.) attaquent milices juives. *Juifs : Haganah* (créée officiellement 1936) : 40 000 soldats (10 000 fusils), 16 000 policiers, 2 000 commandos (*Palmah* ou *Palmach*). En mai 1947, Haganah : 35 000 adultes (dont 2 000 dans bataillons de choc du Palmah, et 9 500 membres de bataillons de jeunesse de la Gadna). En septembre : 10 489 fusils, 702 mitrailleuses légères, 2 666 fusils-mitrailleurs, 186 mitrailleuses moyennes, 672 mortiers de 2 pouces et 92 mortiers de 3 pouces. A partir du 30-3-1948, s'y ajouteront armes fabriquées par Haganah, achetées en Occident ou livrées par Tchécoslovaquie.

1948-*16-2* **Chaïm Weizmann** (1874-1952) Pt du gouvernement provisoire. *-10-3* **David Ben Gourion** PM [et min. de la Défense] (nom : « fils de lionceau ») [David Green, Plonsk, Ukraine, 10-10-1886/1-12-1973, arrivé Pal. en sept. 1907 ; Mapai]. *-Fin mars* arrivée des 1res armes tchécoslovaques : contre-offensive juive commence avec opération Nahshon et plan Dalet. *-Avril* les J. élisent un Comité exécutif de 13 m. *-9-4* combats de *Deir Yassin* entre irréguliers ar., 80 soldats de l'Irgoun et 40 du groupe Stern (254 femmes, enfants, vieillards ar. †). *-13-4* convoi juif se rendant au Mt Scopus attaqué (77 †). *-18-4* Haganah prend Tibériade ; *-22-4* Haïfa. *-10-5* troupes juives prennent Safed ; *-13-5* Jaffa. *-14-5* à 16 h 15 Ben Gourion, son Pt, proclame l'indépendance d'I. 8 h avant l'expiration du mandat britannique (15 mai à 0 h pour ne pas violer le jour du Sabbat) ; il ne précise pas les frontières. La Légion ar. attaque des colonies juives : 350 civils j. tués à Goush Etsion et 88 médecins et étudiants j. brûlés vifs sur le mont Scopus. Jér. choisie comme capitale. Sir Alan Cunningham, dernier haut-commissaire, part. *-15-5* début de la guerre, invasion arabe. *-17-5* URSS reconnaît I. Haganah prend St-Jean-d'Acre. *-18-5* Égyptiens prennent Beersheba. *-20-5* Cte Folke Bernadotte, neveu du roi de Suède, nommé médiateur de l'Onu en Pal. *-27-5* siège de Jér., évacuation du quartier j. de la Vieille Ville, ville divisée entre J. et Ar. *-29-5* offensive égyptienne stoppée à Isdud (futur Ashdod). *-31-5* Forces de défense d'Israël (Tsahal) créées [fusion Haganah, Palmah et (théoriquement) milices Irgoun et Lehi]. *-11-6* levée du siège de Jér. *-11-6/8-7 :* 1re trêve. *-19-6 l'Altalena,* arrivé au large de Kfar Vitkin, déclenche une controverse gouvernement/Irgoun sur la distribution des armes : Ben Gourion (redoutant une révolte de l'Irgoun) veut les décharger dans des entrepôts gouvernementaux ; Menahem Begin refuse ; *-22-6* Ben Gourion fait mitrailler l'*Altalena* (83 † et bl.). *-8-7* offensive 10 jours. *-9/18-7 Guerre des Dix Jours :* Israël prend Lydda, Ramleh et Nazareth. *-23-9* gouvernement arabe pour toute la Palestine créé, reconnu par les États arabes, sauf la Transjordanie. *-19-7/15-10 :* 2e trêve, 500 000 Ar. se réfugient en Transjordanie, Liban et Syrie (68 000 Ar. sur 70 000 quittent Haïfa). *-1-9* Irgoun rejoint armée d'Israël. *-17-9* Bernadotte tué, 6 balles dans le cœur (avec André Sérot, colonel français, observateur de l'Onu, 17 balles dans la tête et la poitrine) par Yeoshua Cohen († 1986) du groupe Stern (assassinat décidé par la direction à laquelle appartenait Yitzhak Shamir) ; Bernadotte était considéré comme « antisémite et proarabe » : il n'avait pas fait libérer de J. lors de sa négociation d'avril 1945 avec Himmler [les 3 et 4-7, I. et la Ligue ar. ayant refusé la constitution d'un État fédéral (État j., État ar. et Transjordanie) et la démilitarisation de Jér, et de Haïfa, Bernadotte avait proposé partage de la Pal. (Néguev aux Ar., Galilée occidentale aux J.), internationalisation de Jér. et des Lieux saints, retour des réfugiés en I., mais Ar. et J. s'y étaient opposés]. *-18-9* arrestation de 200 membres et sympathisants du groupe Stern. *-20-9* Stern et Irgoun hors-la-loi. *-2-10* Amman, réunion Congrès palestinien qui proclame allégeance au roi Abdullah de Transjordanie. *-15-10* Tsahal : trêve rompue et attaque dans le Néguev. *-Jusqu'au 22-10* opération *Yoav*. *-29/31-10* Tsahal : opération Hiram, Armée de libération chassée de Galilée. *-15-10* Égyptiens repoussés dans le Néguev. *-Déc.* I. s'installe dans le Néguev, qui lui revenait d'après le plan de partage. *-1-12* Jéricho, Congrès palestinien, présidé par Mohammad Al-Jaabari, demande rattachement Palestine au royaume hachémite. *-11-12* Ar. et Isr. sous l'égide de la Commission de conciliation pour la Pal. (CCP) créée par l'Onu et dirigée par USA, Fr. et Turquie. **1949**-*7-1* **armistice** demandé par Égypte (signé *24-2* à Rhodes), Liban *(23-3),* Jordanie *(3-4),* Syrie *(20-7).* L'Iraq retire ses troupes sans négocier. **Pertes isr. :** 6 500 †. **Territoire :** + 6 300 km^2.

☞ Les Israéliens ont souvent présenté le départ des Palestiniens comme ordonné ou encouragé par les radios arabes. Les Pal. (et des historiens s'appuyant sur des archives isr.) estiment que 73 % des départs ont été provoqués par les Isr. (opérations, atrocités commises ou peur de celles-ci) ; éviction forcée : *opération Dani* le 12-7-1948 [exemple : 70 000 à Lydda (Lod) et Ramleh].

1949-*16-2* Weizmann Pt. *-11-5* I. entre à l'Onu. La résolution 273 III lui enjoint de mettre en œuvre les principales résolutions des 29-11 et 11-12-1948 (I. doit rapatrier les réfugiés qui le désirent ou indemniser ceux qui renonceraient). *-12-5* Ar. et Isr. négocient sur la base du plan de partage (résolution 181 de l'Onu), mais I. refuse de prendre en compte le problème des réfugiés pal. (résolution 194 de l'Onu). *-13-12* transfert de la cap. à Jér. annoncé. Ég. interdit trafic avec I. par le canal de Suez. **1950**-*24-4* Transjordanie devient roy. hachémite de Jord. en annexant les zones de Pal. qu'elle occupait.

1952-*12-12* **Yitzhak Ben Zvi** (1884-1963) Pt. **1953**-*14-10* pour venger une Israélienne et ses 2 enfants tués dans un village frontalier, l'unité 101 (commandée par Ariel Sharon) attaque Qibya (village cisjordanien à 2 km) : 45 maisons dynamitées (69 † dont 50 civils). *-Déc.* **Moshe Sharett** (1894-1965) PM, Mapai. *Mossad* (service secret) créé. **1955**-*2-11* **David Ben Gourion** PM, Mapai. **1950-56** *pertes isr. :* 15 000 † (sabotages, incursions de commandos ar.).

Guerre de 1956. **1955**-*4-1* G.-B. et France somment l'Egypte de lever l'interdiction de passage des navires isr. par Suez. *-25-2* Isr. assassinés par terroristes infiltrés de Gaza. *-28-2* opération *Gaza :* Isr. attaquent l'armée égyptienne au nord de la ville. *-25-3* femme isr. assassinée (mariage à Moshav Patish). *-30-3* Conseil de sécurité condamne I. pour l'opération Gaza. *-20-8/-4-9* incidents de frontière. *-12-9* Égypte interdit passage des navires isr. détroit de Tiran. **1956**-*24/26-6* conférence de Vémars : alliance franco-isr. *-28-7* Guy Mollet, Pt du Conseil français, et Anthony Eden, PM britannique, envisagent une riposte militaire contre l'Ég. qui a nationalisé le canal de Suez. *-1-8* G.-B. choisit *Musketeer* comme nom de code pour la guerre projetée. *-24-8* Eden approuve la 1re version de Mousquetaire dite « plan d'Alexandrie ». *-30-9/1-10* conférence de St-Germain : accord I./France sur place d'I. dans la guerre. *-14-10* tentatives de l'Onu pour compromis sur canal/Égypte, échec. *-21-10* élément précurseur français arrive en I. *-22/24-10* accord secret de Sèvres entre G.-B., Fr. et I. pour attaquer l'Ég. *-28-10 :* 18 Mystère IV français et 18 F-84 F Thunderstreak fr. camouflés aux couleurs isr. viennent en I. assurer sa défense. *-29-10* opération Kadesh, 3 colonnes blindées (avec Gal Moshe Dayan) envahissent le Sinaï ; 16 h 59, 395 paras sautent à l'est du col de Mitla. *-30-10* Fr. et G.-B. enjoignent aux Égyptiens et Isr. de retirer leurs troupes à 16 km de part et d'autre du canal de Suez. I. accepte, l'Ég. refuse. *-31-10/4-11* attaques aériennes franco-anglaises (détruisent 260 avions ég.). *-4-11* occupation des îles de Tiran et Sanapir. L'ass. générale de l'Onu exige cessez-le-feu. *-5-11* Isr. prennent Charm el-Cheikh. *-5/6-11* une force franco-anglaise intervient à partir de Chypre [parachutages sur Port-Saïd et Port-Fouad (saut à – de 150 m d'alt.) puis débarquement, 1 011 Français]. Zone du canal occupée sur 36 km entre Port-Saïd et El-Kantara. *-6-11* le Shape signale des mouvements soviétiques (avions, navires) ; intervention diplomatique russo-américaine contraignant Anglo-Français et Isr. à cesser le feu. 3 télégrammes de Boulganine à Tel-Aviv, Paris et Londres semblent brandir la menace de fusées nucléaires. Le Trésor américain menace de couler la livre anglaise. *-4/22-12* G.-B. et Fr. évacuent l'Égypte, remplacées par forces de l'Onu. **1957**-*1-3* I. évacue Gaza et Charm el-Cheikh, remplacé par Onu. **Forces engagées dans le Sinaï :** *Égypte :* 40 000 h., 150 chars, 140 canons, 60 avions ; *Israël :* 45 000 h., 180 chars, 150 canons, 130 avions. **Pertes :** *humaines :* Ég. 650 (?) tués, I. 189, G.-B. 22, Fr. 11 ; *matérielles égyptiennes :* 260 avions, 50 % des blindés. Les Égyptiens se vanteront à tort d'avoir coulé le *Jean-Bart. Prisonniers :* Ég. 15 000, I. 1.

Après 1956 blocus ar. renforcé, Ligue ar. tentant d'empêcher les Stés étrangères de travailler avec I. **1960-**

Rapports avec l'Allemagne. **1951**-*10-9* Adenauer rencontre Moshe Sharett, min. des Aff. étr., et Nahum Goldmann à Luxembourg en vue d'un traité de réparations israélo-allemand. **1952** Menahem Begin, chef de l'Irgoun, déclare : « Nous ne consentirons jamais à des négociations entre le peuple juif et les assassins de 6 millions de Juifs. S'il n'y a pas d'alternative, je lancerai un appel aux armes pour combattre cette honte. » I. souhaitait obtenir 1 milliard de $ dans les délais les plus courts, sous forme de marchandises. Le Comité des revendications juives, représentant du judaïsme mondial, demandait un forfait de 500 millions de $, représentant les biens en déshérence, et que l'All. adopte une législation sur la restitution et l'indemnisation pour persécutés et spoliés. *-31-3* l'All. propose 750 millions de $, puis *début juin* propose 3 milliards de marks (715 millions de $) en 12 ans ; 2 annuités de 400 millions de marks, et 10 de 250. I. n'aurait pas le droit de réexporter les marchandises ; au Comité 107 millions de $. *-22-3* I. ratifie le traité réclamant 500 millions de $. *-11-7/14-8* arrivée des 1res marchandises allemandes (représentant environ 10 % des importations d'I. et au moins 30 % de son budget en devises pendant 12 ans). **1962** relations diplomatiques avec All. établies. **1970** 1re visite en All. d'un ministre israélien. **1972**-*juin* chancelier Willy Brandt en I. **1987**-6/10-4 Pt Herzog, 1er chef d'État israélien en All. féd.

1967 (juin) : lignes de cessez-le-feu. Israël a 39 859 km².

23-5 Eichmann enlevé en Argentine par des agents isr. (procès ; exécuté 31-5-1962, cendres dispersées en haute mer).

1963-*21-5* **Zalman Shazar** (6-10-1889/6-10-1974) Pt. *-17-6* **Levi Eshkol** (1895-1969) PM, Mapai. **1964**-*5-1* pape Paul VI en I. **1966**-*15-8* bataille aérienne israélo-syrienne au-dessus de Tibériade. I. annonce qu'il exercera un droit de suite en Syrie. **1967**-*8-6 USS Liberty,* navire espion torpillé par I. (34 †). *-27-6* Knesset vote loi de protection des Lieux saints étendant au secteur oriental la législation des institutions administratives et des services publics du secteur occ. *-28-6* la frontière est-ouest de Jér. est supprimée et les secteurs sont officiellement réunifiés (condamné par l'Onu). *-24-9* le gouv. décide d'installer des kibboutzim en Cisjordanie et sur le Golan. *-21-10* escorteur *Eilath* détruit par missiles égyptiens. *-22-11 résolution 242* adoptée à l'unanimité par le Conseil de sécurité de l'Onu : retrait des forces isr. des territoires occupés (le texte officiel anglais dit *« occupied territories »,* sans préciser lesquels, et non de tous les territoires comme l'ont confirmé les 2 auteurs du texte original, le ministre britannique des Aff. étr., lord George Brown, et l'ambassadeur anglais à l'Onu, lord Caradon), respect et reconnaissance de la souveraineté, de l'intégralité territoriale, de l'indépendance et du droit de vivre en sécurité de chaque État de la région. **1968**-*26-1* sous-marin *Dakar* perdu entre Chypre et Crète (69 †). *-21-3* représailles (après attentat contre autobus d'écoliers) contre camp de *Karameh* (Jordaniens 61 †, 31 chars perdus ; Palestiniens 128 †, 150 prisonniers ; Isr. 28 †, 11 chars et 1 avion perdus). *-8-7* et *-8-9* duels d'artillerie le long du canal de Suez. *-31-10* raid isr. en Ég. à 23 km d'Assouân. *-26-12* Athènes, attaque avion El Al (1 †). *-28-12* raid isr. sur l'aérodrome de Beyrouth (13 avions de ligne détruits) ; opération commandée par Ehud Barak (alors membre de la Sayeret Mat'Kal, service Action israélien) avec Super-Frelon. **1969**-*2-1* la Fr. impose l'*embargo* sur livraisons militaires à I. [En 1967, de Gaulle avait instauré un embargo visant les armes offensives à destination du Proche-Orient. N'étaient pas inclus hélicoptères Super-Frelon, avions d'entraînement Fouga-Magister, « vedettes de Cherbourg », 14 fusées MD-620 (Dassault ; serviront à développer missile balistique Jéricho). L'exportation de 50 Mirage-V, commandés par I. en 1966, était interdite. La France livra beaucoup de pièces de rechange *via* Belgique et Suisse.] *-Février* **Yigal Alon** PM. *-9-3* duel d'artillerie le long du canal. *-21-6* raid isr. contre station de radar à 10 km au sud de Suez. *-23-7* début de la guerre d'usure sur canal. *-21-8* Denis Michael Rohan (Australien, membre d'une secte millénariste) met le feu à al-Aqsa pour purifier l'espace du Temple. Alon proposait d'annexer la bande de Gaza et de partager la Cisjordanie entre Israël et un état jordano-palestinien. Les territoires palestiniens les plus peuplés auraient été rattachés à la Jordanie par un « corridor » à la hauteur de la ville de Jéricho. Israël aurait conservé l'essentiel de la vallée du Jourdain, certaines régions proches de Jérusalem, ainsi que la nouvelle ville juive de Hébron, Kiryat Arba. *-15-12* **Golda Meir** [(Kiev, 3-5-1898/8-12-1978, travailliste), née Mabovitch, 1917 épouse Moritz Meyerson, 1921 s'installent en Palestine (prennent Meir pour nom), 1949 min. du Travail, 1956 des Affaires étrangères] PM. *-25-12* raid isr. sur des rampes de lancement égyptiennes : une station radar emportée. A 2 h 30, *5 vedettes (Soufa, Gaash, Herev, Hanit* et *Hetz)* [long. 45 m, 250 t, 40 h, 40 nœuds (75 km/h), autonomie 3 000 km, 4 diesels de 3 500 ch ; armées de 2 canons de 40 mm, 1 de 76 mm et 5 ou 6 missiles Gabriel)] commandées et payées par I. aux Constructions mécaniques de Normandie (Félix Amyot), qui restaient d'une commande de 12 passée en mai 1965 (6 avaient été livrées fin 1967 et en 1968 ; la 7e était partie avant que l'ordre de stopper la livraison parvienne à la douane de Cherbourg) et étaient bloquées par l'embargo, quittent clandestinement *Cherbourg* pour I. (ravitaillées le 26-12 avant Gibraltar et le 28-11 au large de Malte, arrivent 31-12 à Haïfa). **1970** représailles contre Liban. *-7-1 :* 1er raid de l'aviation isr. *-12-2* bombardement isr. sur l'usine métallurgique d'Abou-Zabal en Égypte (70 †). *-15-3* attaque isr. en Syrie. *-19-6* **plan Rogers** (accepté par Ég., I., Jord. ; rejeté par OLP, Iraq, Syrie) : *1°)* reconnaissance mutuelle de la souveraineté, de l'intégrité territoriale et de l'indépendance politique entre Ég. et Jord., d'une part, et I., d'autre part ; *2°)* retrait d'I. des territoires occupés en 1967. *-7-8* cessez-le-feu sur canal (reconduit 4-11 puis 4-2-1971 ; non reconduit 7-3-1971). **1971**-*25-5* mission du Suédois *Gunnar Jarring* (Onu) en suspens. **1972**-*15-2* accord avec France sur remboursement des 50 Mirage-V achetés par I. en 1966 et mis sous *embargo* en 1967. *-28-3 municipales* en Cisjordanie, votants : 84 % des 12 000 électeurs. *-30-5 aéroport de Lod : attentat :* les Japonais Kozo Okamoto (24 ans), Yasuki Yasuda (22 ans) et Tsuyoshi Okudaira (27 ans), de l'armée rouge unifiée, tirent sur la foule du vol d'Air France venant d'arriver (27 †, 85 bl.), 2 Japonais tués (l'un par une rafale de l'un de ses camarades, l'autre en dégoupillant une grenade) ; Kozo Okamoto sera condamné à la prison à vie le 17-7-1972. *-21-6* bombardement sur Liban (48 †). *-15-8* Fouad Assad al-Chamali, Libanais, 36 ans, « cerveau » de Septembre noir, meurt. *-5-9* assassinat de 11 athlètes aux *JO de Munich* par Septembre noir. *-8-9* raid isr. contre Liban et Syrie (200 †) ; *-1-11* contre Syrie (100 †). *-21-11 :* 6 Mig syriens détruits. [*Du 10-6-1967 à oct. 1972, pertes isr. :* 827 †, 3 141 bl., 27 avions abattus ; *fedayin :* 3 335 †, 550 prisonniers, 145 avions ar. abattus ; 3 117 Palestiniens internés en I. (1 949 condamnés par tribunal militaire, 331 internés « administrativement », 837 en attente de jugement).] **1973**-*8-1* raids isr. en Syrie (+ de 150 † civils). *-10-4* raid à Beyrouth (3 dirigeants pal. †).

Guerre des Six-Jours. **1967**-*10-5* I. informe Conseil de sécurité (Onu) qu'il réagira aux agressions de la Syrie. *-14-5* Nasser organise un défilé militaire au Caire et envoie des troupes dans le Sinaï. I. commence à rappeler ses réservistes. *-15-5* défilé militaire isr. à Jérusalem. *-18-5* l'Égypte demande le retrait des 3 400 Casques bleus (Onu) stationnés depuis 1956 en Ég. et à Gaza. *-19-5* U Thant, secr. gén. Onu, accepte. *-21-5* retrait effectué. *-22-5* Ég. interdit golfe d'Aqaba aux navires isr. et aux matériaux stratégiques destinés à I. (bloque le détroit de Tiran). *-31-5* accord de défense jordano-égyptien après visite du roi Hussein au Caire. *-4-6* l'Iraq y adhère. *-5/10-6 guerre éclair* menée par Gal Rabin, [Gal Moshe Dayan (1915-80) étant min. de la Défense] ; I. avait déclaré qu'il considérerait comme un *casus belli* le blocus d'Aqaba. I. détruit au sol environ 400 avions, capture ou détruit 700 à 800 chars égyptiens, 110 chars jordaniens, 3 sous-marins égyptiens, occupe Sinaï, Gaza (le 7-6, Cisjordanie et Jérusalem-Est, à la Jordanie) et hauteurs du Golan (Syrie). *-8-6* Isr. bombardent (« par erreur ») pendant 70 min le *Liberty,* navire amér. équipé de moyens de détection (34 †). Cessez-le-feu, respecté 2 jours plus tard. **Pertes :** *Jordanie* 6 094 † et disparus, *Syrie* 445 †, 1 898 bl., *Égypte* 20 000 †, *Israël* 872 † dont 200 à Jér. ; 200 000 Pal. (dont 100 000 des camps de Jéricho) quittent Cisjordanie.

Guerre du Kippour (principale fête juive). **1973**-*6-10* à 14 h attaque égyptienne (222 bombardiers, 1 500 chars, 5 divisions franchissent le canal de Suez) et syrienne (3 divisions blindées, 1 000 chars, 20 bataillons d'engins, 27 compagnies d'artillerie) sur le Golan. *-7-10* bataille de blindés à Koms (I. 1 700, Syrie 1 600, Ég. 2 000). *-9-10* Iraq et Jordanie renforcent Syriens. *-10-10* Ar. prennent Mt Hermon et ville de Qunaytra. Isr. remportent une bataille de chars, réduisent aviation syrienne et s'avancent sur Damas bombardée [raffinerie de Homs (Syrie)]. *-11-10* offensive sur front nord. Tartous, Lattaquié et aérodromes de Damas bombardés. *-12-10* Isr. reprennent Qunaytra. *-15/16-10* front sud : Isr. (Gal Ariel Sharon) passent le canal et établissent une tête de pont (100 blindés isr. passent au déversoir). *-17-10* 11 pays ar. cesseront livraisons (pétrole) aux amis d'I. (USA, P.-Bas, Portugal, Afr. du Sud) si I. ne quitte pas les territoires occupés. *-22-10 résolution 338* du Conseil de sécurité votée à l'unanimité (moins la Chine qui refuse de participer au vote) confirmant la *résolution 242* (du 22-11-1967) et prônant négociations entre belligérants, « sous des auspices appropriés, en vue d'une paix juste et durable ». *-23-10* trêve à 17 h. I. et Ég. acceptent cessez-le-feu. *-24-10* Syrie accepte cessez-le-feu. L'Iraq refuse toute discussion. 3e armée égyptienne encerclée à l'est du canal. Pendant ces 18 jours, 2 000 chars égyptiens (3 milliards de F) ont été détruits par armes portatives légères *ATGW* et *RPG-7*. *-25-10* cessez-le-feu définitif. Le Conseil de sécurité décide d'envoyer un corps international (arrive 26-10). Alerte des bases américaines, l'URSS ayant annoncé qu'elle enverra des troupes, ce qui ne sera pas fait. *-Oct. résolution 338* du Conseil de sécurité de l'Onu réaffirme nécessité de l'application de la résolution 242. *-Nov.* 241 Isr. échangés contre 8 301 Égyptiens et 3 Iraqiens. *-4-11 :* 1er dimanche sans voiture aux P.-Bas (embargo pétrolier). *-7-11* USA et Égypte reprennent relations diplomatiques. *-11-11* accord égypto-isr. au km 101. **Pertes :** 3 000 † isr., matériel militaire 1 milliard de $. **Forces en présence :** *Israël :* 275 000 h., chars 1 700, avions 432 ; *Égypte :* 285 000 h., chars 2 000, avions 600 ; *Syrie :* 100 000 h., chars 1 200 ; avions 210.

1973-*24-5* **Ephraïm Katzir** (né 16-5-1916) Pt. *-13-9* 13 Mig-21 syriens, 1 avion isr. abattus. *-29-9* l'Autriche ferme centre de transit de Schoenau (passage de 100 000 J. depuis 1963) après prise de 4 otages par commando pal. dans train autrichien. *-Sept.* échange de 3 pilotes isr. contre 43 officiers syriens et 10 soldats libanais. *-6/11-10* guerre du Kippour (voir encadré col. a). *-17-12* attentats pal. à *Fiumicino* (Italie). Boeing de la Panam détruit (31 †). Un avion Lufthansa détourné vers Koweït. *-21-12* conférence de Genève échoue (Pal. absente ; I. refuse égide Onu). *-31-12* **Yitzhak Rabin** (1-3-1922/4-11-1995, assassiné) PM, travailliste. **1974** *Mgr Hilarion Capucci,* vicaire melchite de Jér., condamné à 12 ans de prison (il a transporté des explosifs pour le Fatah ; sera relâché en nov. 1977 sur intervention de Paul VI). *-10-1 mission Kissinger* au Moyen-Orient. *-18-1* accord égypto-israélien. *-Mars* 2 Isr. échangés contre 65 Palestiniens. *–14-4 Kyriath Shmoneh :* 3 hommes s'engouffrent dans un immeuble, abattent les habitants, exigent la libération de 100 prisonniers palestiniens ; les troupes donnent l'assaut, les kamikazes se font sauter (18 †, 3 † palestiniens) ; opération revendiquée par le FPLP d'Ahmed Jehel. *-Mai* **Yitzhak Rabin** PM. *-15/19-5* prise d'otages à *l'école de Maalot* (26 Isr. tués, surtout des enfants), en représailles bombardement de 6 camps pal. et de 6 villages libanais (60 †). *-31-5* accord israélo-syrien [cessez-le-feu, désengagement sur Golan, restitution à la Syrie de 663 km², zone démilitarisée, échange des prisonniers : 12 Isr. contre 25 Syriens et Marocains (le 1-6) ; 56 Isr. contre 367 Syriens, 10 Iraqiens et 5 Marocains (le 16-6)]. *-4-7* à Beyrouth, *Haj Amine el Husseini* meurt [né 1897 ; partisan des Allemands ; 1945 quitte All. pour la Suisse puis la Fr. (vit sous une fausse identité à Louveciennes) ; 1946 autorisé à partir vers le Moyen-Orient : organise l'opposition armée, politique et religieuse au sionisme, grand mufti de Jér.]. *-4-8* URSS reconnaît OLP (bureau à Moscou). *-28-8* Pt Giscard d'Estaing *lève embargo français*. *-26/29-10* sommet de Rabat : OLP seule représentante du peuple pal. *-13-11* discours d'Arafat à l'Onu. *-19-11 Beth-Shean,* prise d'otages dans un immeuble, 4 commandos abattus (4 otages † dont 2 femmes), opération revendiquée par le FDPLP. *-21-11* commando détourne un DC-10 de British Airways sur Tunis (1 otage allemand †). Unesco refuse (48 voix contre 33 ; 31 abstentions) d'inclure I. dans une région du monde déterminée. *-22-11* Arafat à l'Onu qui accorde à OLP (89 voix contre 8, 37 abstentions) le statut d'observateur permanent et reconnaît le droit des Palestiniens à l'indépendance. **1975**-*23-3* échec mission Kissinger, mandat des troupes de l'Onu sur Golan sera prolongé. *-5-5* Tel-Aviv, hôtel Savoy, prise d'otages par Fatah (18 †). *-31-5* accord israélo-syrien à Genève sur désengagement des forces dans Golan. *-2-6* réduction des forces isr. dans Sinaï. *-4-9* accord israélo-égyptien : renonciation à la guerre, maintien de la force Onu, passage par le canal des cargaisons non militaires de ou vers I., système de détection (5 stations dont 1 égyptienne, 1 isr., 3 américaines), l'Ég. récupère gisements de pétrole d'*Abou-Rodeis,* démilitarisation de la zone évacuée par I. (cols de Mitla et de Djidi...). *-14/20-10* accrochages sur Golan (2 Syriens et 4 Isr. †). *-2-11* cargaison pour I. franchit le canal de Suez (1re fois depuis 1948). *-10-11* l'Ass. de l'Onu considère que le sionisme est une forme de racisme et de discrimination raciale (résolution abrogée 16-12-1991). *-14-11* I. évacue champ pétrolier de Ras-Sudr. *-2-12* raids aériens isr. sur camps de réfugiés pal. au Liban (+ de 100 †). *-9-12* victoire du PC isr. aux municipales de Nazareth (ville ar.). *-15-12* Onu condamne attitude d'I. dans territoires occupés puis assimile sionisme au racisme. **1976**-*1/2-1* incendie du journal *Haaretz* (mafia). *-12-1* Onu invite OLP à participer au débat sur Pal. [11 voix pour, 1 contre (USA), 3 abstentions dont Fr.]. *-26-1* veto américain au Conseil de sécurité contre résolution affirmant le droit du peuple pal. à créer un État (la Fr. vote pour). *-Févr.* manif. pal. à Jér. (I. accusé de vouloir « judaïser » le mont du Temple). Fin de l'évacuation des cols du Sinaï. *-Début mars* I. réquisitionne 2 000 ha de terres en partie ar. en Galilée. *-19-3* journée de protestation d'al-Aqsa (mosquée) des Ar. *-30-3* manif. réprimée : 6 Ar. isr. tués (en souvenir, la *journée de la Terre* sera célébrée chaque année). *-27-6/3-7* Airbus d'Air Fr. détourné sur *Entebbe*, Ouganda (revendiqué par Septembre noir), intervention isr. libérant 102 passagers (tués : 20 soldats ougandais, 1 officier isr., 3 otages, 7 pirates de l'air). **1977**-*7-1 Abou Daoud* (accusé d'avoir organisé attentat de Munich), venu à Paris sous un nom d'emprunt pour assister aux obsèques de Mahmed Saleh (délégué de l'OLP, assassiné à Paris le 3-1), est arrêté puis relâché. *-7-4* Rabin démissionne (découverte d'un

Lignes de cessez-le-feu après la guerre d'oct. 1973 : les Égyptiens occupent 2 portions d'environ 10 km de large sur la rive orientale du canal (en blanc). Les Israéliens occupent une bande de terrain sur la rive africaine du canal (en vert) et une bande de terrain le long du Golan en Syrie.

compte bancaire aux USA au nom de sa femme). **Shimon Peres** (né 16-8-1923) PM par intérim. *-17-5* élections, victoire du Likoud (soutien sépharade). *-Juin* **Menahem Begin** PM, Likoud, [Brest-Litovsk (Biélorussie) 16-8-1913/9-3-1992 ; à 15 ans membre du Betar. 1939-avril commandant du Betar en Pologne, se réfugie en Lituanie ; 1940 condamné à 8 ans de goulag pour activités sionistes avant la guerre ; 1941 libéré lors de l'attaque allemande ; 1942 gagne Pal. avec armée Anders ; 1943 oct./1948 C^{dt} en chef de l'Irgoun, puis, quand elle se transforme en parti politique (Herout, « liberté »), en devient Pt (1946 caché à Tel-Aviv sous l'identité du rabbin Sassover) ; 1967 juin/1970 août, ministre sans portefeuille]. *-14-8* législation isr. étendue aux territoires occupés. *-19/21-11* Sadate à Jér. **1978-***11-3* commando pal. (11 m.) entre Haïfa et Tel-Aviv (45 †, 82 bl.). *-15-3/13-6 :* 30 000 Isr. *occupent Sud-Liban* jusqu'au fleuve Litani (plusieurs milliers de réfugiés au-delà).

1978-*29-5* **Yitzhak Navon** (né 9-4-1921) Pt. *-30-5* aéroport Ben-Gourion, mitraillage (FPLP) : 26 †. *-3-8* Ezzedine Kallak, représentant l'OLP à Paris, assassiné (par Front du refus des apatrides arabo-pal.). *-5/17-9* **Camp David I :** accords Sadate-Begin-Carter ; *1er :* paix au Proche-Orient, fondée sur autonomie administrative de Cisjordanie et Gaza pendant 5 ans ; I. ne créera pas de nouvelles colonies de peuplement, jusqu'à l'autogouvernement des 2 régions ; *2e :* conclusion d'un traité de paix égypto-isr. ; rétablissement de la souveraineté égyptienne sur tout le Sinaï ; recul de 70 km des Isr. au Sinaï, 3 à 9 mois après le traité ; départ définitif d'ici à 2-3 ans. *-20/23-9* sommet ar. de la fermeté à Damas. *-3/5-11* sommet ar. élargi à Baghdad. *-11-11* compromis de Washington. *-8-12* Golda Meir meurt. *-10-12* Begin reçoit prix Nobel de la paix à Oslo (Sadate, également prix Nobel, ne vient pas). **1979-***22-1* Ali Hassan Salameh, dit *Abou Hassan,* chef du Fath, meurt. *-21/25-2* **Camp David II.** *-26-3 traité de paix israélo-égyptien* signé à Washington par Sadate, Begin et Carter (« témoin »). *-3-6* imam de Gaza tué. *-24-7* Funu (Force d'urgence des Nations unies créée oct. 1973), stationnée au Sinaï, dissoute et rapatriée ; observateurs restent. *-25-7* I. évacue Sinaï d'El Tor à la Méditerranée (6 000 km^2, 110 × 50 km, 4 000 Bédouins). *-27-6* et *-24-9* combats au-dessus du Liban, 9 Mig-21 syriens abattus. *-28-7* Z. Mohsen, chef de la Saïka pal., tué à Cannes. *-25-9* I. évacue 6 400 km^2 du Sinaï. *-Nov.* évacue zone pétrolière de A-Tour et monastère Ste-Catherine. Services secrets isr. détruisent à *Toulon* 2 réacteurs destinés à l'Iraq. **1980-***25-1* I. évacue partie du Sinaï. *-26-2* échange d'ambassadeurs Israël/Égypte. *-1-3* Conseil de sécurité condamne implantations juives en territoires occupés. *-2-3* Pt Giscard d'Estaing au Koweït évoque l'« autodétermination » des Palestiniens. *-7-4* Misgav-am, prise d'otages d'enfants (3 † dont un bébé). *-2-5* Hébron (6 †, 16 bl.). *-30-7* Knesset adopte (69 voix pour, 15 contre, 3 abst.) loi fondamentale ; Jérusalem réunifiée et « capitale éternelle d'I. ». *-16-12* Gaza, attentat (3 †). *-19-12* raid au Sud-Liban (3 soldats syriens †). **1981** I. soutient milices chrétiennes du C^{dt} Haddad, au Liban ; nombreux raids aériens. *-1-6* Naïm Khader, représentant OLP, tué à Bruxelles. *-7-6* aviation isr. détruit réacteur français *Osirak* à *Tammouz* (Iraq). *-15/18-6* rassemblement mondial de survivants de l'Holocauste à Jér. : environ 10 000. *-20-7* début des tirs OLP sur Galilée. *-7-8* plan de paix du P^{ce} Fahd d'Arabie reconnaît à tous les États de la région le droit de « vivre en paix ». *-10-10* Begin au Caire pour obsèques de Sadate. *-16-10* Moshe Dayan (né 1915) meurt. *-3-11* Knesset rejette plan Fahd. *-14-12* Knesset vote (63 voix contre 21) ; extension de la loi d'I. sur Golan (annexion). Manif. des Druzes du Golan contre annexion. **1982-***3/6-3* Pt Mitterrand en I. (1er chef d'État français en I. depuis 1948). *-3-3* l'armée isr. évacue colons de Yamit (Sinaï). *-30-3* grève gén. des Ar. contre répression en Cisjordanie. *-11-4* Jér., Goodman (Juif américain) tue un gardien et bondit sur le Rocher sacré (sera condamné à la prison perpétuelle). *-26-4* I. restitue à l'Ég. tout le Sinaï. *-3-6* ambassadeur isr. blessé à Londres. *-6-6* représailles, I. bombarde Beyrouth. **Opération « paix en Galilée »** pour repousser OLP (voir Liban p. 1165 c). *-6-9* combats aériens israélo-syriens (aviation syrienne anéantie). *-11-11* explosion au quartier gén. isr. de Tyr (Sud-Liban) : 89 † dont 75 soldats isr. *Bilan : 6-6-1982 au 12-1-1983,* 456 † et 2 461 bl. isr. *Coût :* 3 milliards de $. **1983-***19-1 professeur Marcus Klingberg* (né 7-10-1918 à Varsovie, scientifique) condamné à 20 ans de prison pour espionnage au profit de l'URSS. *-7-2* Cour suprême conclut à la responsabilité indirecte de l'armée isr. pour n'avoir ni prévenu ni arrêté à temps des massacres au Liban en sept. 1982 *(Sabra et Chatila). -11-2* Gal Ariel Sharon, min. de la Défense, démissionne.

1983-*5-5* **Chaïm Herzog** (17-9-1918/17-4-1997) Pt (réélu 23-2-1988 par 82 voix sur 102). *-17-5* accord israélo-libanais sur retrait des forces étrangères au Liban (opposition de la Syrie). *-25-5* échange de 4 400 terroristes détenus au Sud-Liban et 100 prisonniers en Jord. contre 6 soldats isr. *-30-8* Begin démissionne, retrait du Chouf des forces isr. au sud rivière Awali. *-15-9* **Yitzhak Shamir** (né Yezerninski en Pologne 15-10-1915, membre du groupe Stern en 1940-48) PM, Likoud. *-11-10* shekel dévalué de 23 %. *-13-10* projet d'alignement de l'économie isr. sur le $ américain. *-Oct.* krach boursier (valeurs bancaires surévaluées), perte de 7 milliards de $. *-24-11 :* 4 500 Palestiniens et Ar. échangés contre 6 Isr. **1984-***29-4* réseau terroriste j. antiarabe démantelé (la plupart du *Goush Emounim,* Bloc de la foi, annexionniste). *-28-6 :* 311 Syriens échangés contre 6 Isr. *-24-7* élections générales. *-Juillet* Leningrad, Ephraïm Katzir, ancien Pt, arrêté. *-15-9* **Shimon Peres** PM, travailliste. Gouv. d'union nationale Maarakh, Likoud et petits partis religieux : 95 députés sur 120 (Peres PM 2 ans, Shamir PM adjoint et min. des Aff. étr.). **1985-***janv.* retrait partiel du Liban. *-11-2* accord Hussein

Pertes dans les guerres avec les pays arabes : *1948-49 :* 6 087 tués ; *1956 :* 232 ; *juin 1967 :* 785 ; *guerre d'usure :* 1 414 tués ; *oct. 1973 :* 2 676 ; *1974-82 :* 1 936. **Liban :** *1982-85 :* 1 154 tués ; *juin 1985/30-4-87 :* 294.

(Jord.)/Arafat (Pal.) pour négocier conjointement ; envisagent une confédération ar. Jord./Pal. *-20/21-5* échange de 3 soldats isr. contre 1 150 « prisonniers de sécurité » pal. et sympathisants (dont le Japonais Kozo Okamoto, seul survivant du commando responsable du massacre de Lod en 1972). *-10-9 :* 119 prisonniers libanais libérés (1132 au total). *-24-9 :* 3 touristes isr. tués à Chypre. *-1-10* raid isr. sur quartier général de l'OLP à Borj-Cedria (à 25 km de Tunis) : 60 †. *-5-10 :* 1 soldat égyptien tue 7 touristes isr. à Ras Barka (Sinaï). *-9-11* OLP condamne opérations terroristes. **1986-***21-7* Maroc, Hassan II reçoit Shimon Peres. *-11/12-9* sommet Moubarak-Peres à Alexandrie. *-30-9* Mordechai Vanunu, accusé d'avoir livré la preuve qu'I. fabriquait du plutonium (10 bombes A), enlevé à Rome et rapatrié en I. *-16-10* raid isr. au Sud-Liban ; 1 Phantom abattu, 1 pilote récupéré par hélicoptère. **Yitzhak Shamir** PM, Likoud. Gouvernement d'union nationale (sera PM 2 ans) [Shimon Peres adjoint, min. des Aff. étr.], reconduit 14-11-1988 (coalition Likoud-travaillistes). **1987-***4-3* Jonathan Jay Pollard condamné à perpétuité aux USA pour espionnage au profit d'I. *-Avril* violences en Cisjordanie. *-8-6* le rabbin Meir Kahane exclu de la Knesset. *-Juillet* échange de missions consulaires avec URSS. *-1-11* Chirac en I. *-25-11* un ULM vient du Liban : 1 Palestinien et 6 soldats †. *-7-12* Gaza, 1 camion isr. emboutit 2 voitures et tue 4 hab. *-9-12* une rumeur indique que l'accident serait un meurtre, manif. anti-isr., la troupe tire : 1 enfant (11 ans) tué et 16 bl., début de la 1re **Intifada** [« soulèvement » en arabe] (guerre des Pierres). **1988-***5-1* Onu stigmatise déportations de Palestiniens ; troubles dans territoires occupés : 43 † jusqu'au 4-2. *-15-2* Limassol (Chypre), le *Sol-Phryne* (affrété pour rapatrier symboliquement 131 Palestiniens expulsés) est saboté. *-7-3* raid contre autobus isr. : 6 † (3 civils + 3 terroristes). *-28-3* territoires occupés bouclés. *-9-4* Gorbatchev demande à Arafat de reconnaître I. *-2/4-5* intervention au Liban. *-15-6* Abba Eban (né 2-2-1915), ancien min. des Aff. étr., met fin à sa carrière politique. *Du 1-5 au 24-6 :* 600 incendies (revendiqués par l'OLP) ont détruit 14 000 ha de bois et cultures (5 % de la surface boisée et cultivée). *-29-9* enclave de Taba, (1,2 km^2) sur mer Rouge, sera rendue 15-3-1989 à l'Ég. contre 38 millions de $. *-17-10* Pt Herzog en Fr. *-19-10* Kfar-Fila, Sud-Liban, attentat : 7 soldats isr. †, représailles 15 †. *-30-10* attentat contre autocar : 4 †. *-7-11* Cisjordanie : 1 soldat †. **1989-***1-1* shekel dévalué de 8 %. *-12-1* équipe de basket isr. invitée à Moscou. *-29-1* Fayçal Husseini, proche OLP, libéré. *-15-5* Parlement adopte *plan Shamir* (élect. dans territoires occupés). *-7-7* Moshe Kol, un des fondateurs d'I., meurt. *-22-7* Cisjordanie, écoles rouvertes (fermées depuis févr.). *-27/28-7* Sud-Liban, commando isr. enlève cheikh Abdel Karim Obeid (Hezbollah). *-9-11* Aiman Ruzeh, chef des Aigles rouges, tué. *-5-12* Néguev, commando venu d'Ég. : 5 †.

1990-*13-3* Shimon Peres limogé. *-15-3* Yitzhak Shamir PM (censuré par Knesset). *-20-3* **Shimon Peres** PM. *-7-4* Tel-Aviv : 125 000 manifestants pour réforme électorale. *-26-4* Gaza : 4 Palestiniens † et 120 bl. *-27-4* fermeture Lieux saints de Jérusalem, Bethléem et Nazareth, et des églises Vieille Ville, pour protester contre l'installation de 150 colons juifs dans l'hospice St-Jean de Jérusalem. *-13-5* saccage de 2 cimetières juifs à Haïfa (250 tombes). *-20-5* un faible d'esprit tue 7 Palestiniens à Rishon-le-Zion. *-28-5* attentat Jér. : 1 †, 10 bl. *-30-5* commando pal. arrêté : 4 †. *-10-6* plus de 70 tombes profanées au cimetière juif du mont des Oliviers. *-11-6* **Shamir** PM. **Août 1990/mars 1991 : Guerre du Golfe** (voir encadré p. 1127). *-6-8* banlieue de Jér. : 2 Isr. †. *-8-10* Jér., fusillade, riposte armée : 22 †. *-3/4-11* Gaza : 1 †, 200 bl. *-25-11* près d'Eilat, attaque contre véhicules isr. par Égyptiens : 4 †, 23 bl. *-14-12* assassinat de 3 Isr. par groupe Hamas. **1991-***avril* 1 000 Palestiniens libérés (fin ramadan). I. présente son plan de paix pour le Proche-Orient aux USA. *-Juillet.* I. admis à la commission économique des Nations unies pour l'Europe. *-Août* 59 % des Isr. contre tout compromis sur Golan (38 % pour). *-12-9* Pt Bush demande au Congrès de différer de 120 jours la garantie d'un prêt à I. de 10 milliards de $ (pour l'intégration des immigrés soviétiques). *-28-10* autobus isr. attaqué en Cisjordanie : 2 †. *-29-10 :* 2 soldats isr. tués dans zone de sécurité. *-30-10/4-11* **Conférence de paix de Madrid** (voir encadré p. 1138). *-3/5-11* Tunis : conférences internationales pour « la définition des droits du peuple pal. ». *-12-11* Parlement vote résolution excluant Golan de toute négociation avec pays ar. *-16-12* résolution Onu de 1975 assimilant sionisme et racisme annulée. *-23-12* procès de *John Demjanjuk* [condamné à mort 25-4-1988 pour « crimes contre l'humanité », acquitté au bénéfice du doute sur sa personne (était-il le bourreau de Treblinka ?), acquittement confirmé 29-7-1993]. **1992-***janv.* tempêtes de neige. *-15-1 :* 3 soldats isr. assassinés dans camp de Galed (Tel-Aviv). *-16-1* raid héliporté isr. sur Sud-Liban : 16 à 20 † (dont cheikh Abbas Moussaoui, chef Hezbollah). *-20-1* combats armée isr./Hezbollah. *-Mars* I. soupçonné d'exporter technologie militaire ; USA proposent prêt de 10 milliards de $ contre arrêt colonisation des territoires occupés. *-17-3* 2 Palestiniens de Gaza tuent 2 Isr. à Jaffa. *-7-4* Arafat survit à un accident d'avion : 3 †. *-23-6* législatives. *-2-7* **Yitzhak Rabin** (1-3-1922/4-11-1995) PM, travailliste, gouv. de coalition. *-14-8* incidents à l'université de Naplouse. *-Début sept.* libération d'environ 600 prisonniers de l'Intifada. *-28-9/15-10* grève de la faim d'environ 3 000 détenus pal. *-23-10* Peres au Vatican. *-25-10* attentat contre militaires au Sud-Liban : 5 soldats †, représailles. *-9/19-11 :* 7e session. *-25/26-11* visite Pt Mitterrand. *-7/17-12 :* 8e session. *-13-12* garde-frontière tué par islamistes du Hamas. *-17-12* bannissement pour 2 ans vers le Sud-Liban de 415 Palestiniens pro-Hamas de la bande de Gaza. *-18-12* Israël condamné par l'Onu (résolution 799). **1993-***1-1* la loi du retour ne pourra bénéficier aux séropositifs. *-6-2* mort de cheikh Saad Eddine al-Alami, grand mufti de Jér. *-Fin mars* territoires occupés, violences.

Quelques actions terroristes

■ **En Israël. 1980-***24-8* Jér., bombe, 1 †. *-5-10* Givatavim (poste), colis piégé, 3 †. **1981-***29-8* près de Jér., bus 1 †. **1983-***10-2* Jér., 1 † ; *-6-12* Jér., 4 †. **1984-***2-4* Jér., 48 bl. **1985-***29-12* 75 bl. et 4 terroristes †. **1986-***2-3* Zafer al-Masri, maire de Naplouse, tué par FPLP ; *-15-10* Jér., 1 †, 69 bl. **1987-***6-12* 1 poignardé à Gaza. **1989-***6-7* bus près Jér., 14 †. **1991-***2-10* Jér., Allemands poignardés (1 †). **1992-***16-11* Jér., 1 †, 12 bl. **1994-***6-4* attentat suicide du Hamas contre bus à Afoula, 8 †, 44 bl. *-13-4* Hadera, bus, 5 †, 30 bl. *-19-10* Tel-Aviv, bus, revendiqué par Hamas, 21 †, 47 bl. *-11-11* Gaza, poste de police isr., 3 soldats †, 10 bl. *-25-12* Jér. Hamas, 1 Palestinien †, 12 bl. **1995-***22-1* Beit Lid près de Netanya, suicide de 2 Palestiniens, 21 † (dont 20 soldats), 65 bl., revendiqué par Djihad islamique, territoires bouclés jusqu'au 25-3. *-9-4* Gaza, 9 † dont 7 soldats isr. *-24-7* Ramat Gan, bus, 6 †. **1996-***25-2* Jér., Hamas (bus n° 18) et à Ashkelon, 27 †, 85 bl. *-3-3* Hamas, bus n° 18, 19 †. *-4-3* Tel-Aviv, devant centre commercial, 14 †, 130 bl. **1997-***9-1* Tel-Aviv, 13 bl. *-21-3* Tel-Aviv, café, 4 †, 46 bl. *-30-7* Jér., marché Mahané Yéhouda, double attentat suicide du Hamas, 17 †, 150 bl. *-4-9* Jér., rue Yéhouda, triple attentat suicide du Hamas, 7 †, 141 bl. **2001-***8-2 Jérusalem*, explosion voiture piégée revendiquée par le « Groupe des martyrs de Sabra et Chatila ». *-14-2 Tel-Aviv*, un Pal. lance son bus dans la foule (8 †, 21 bl.). *-4-3 Netanya*, attentat-suicide (4 †, 90 bl.). *-18-5 Netanya*, id. (6 †). *-1-6 Tel-Aviv* id. devant discothèque (20 †).

■ **Hors d'Israël. De 1968 à 1972** (voir Quid 1982, p. 1014 b et c). **1972-***3/5-9 Munich* (village olympique)[1], 7 Isr., 4 fedayin, 1 tireur allemand tués. **1973-***1-3 Khartoum* (Soudan), ambassade d'Arabie saoudite, 3 †. **1975-***21-12 Vienne*[2], ministre de l'Opep pris en otage, 4 †. **1978-***20-5 Paris*[2], vol El Al, 2 †. **1979-***13-7 Ankara*[3], ambassade d'Ég., 3 †. **1980-***27-7 Anvers*[2], grenades sur un groupe d'enfants j., 1 † ; *Bruxelles,* projet contre aéroport. *-3-10 Paris,* bombe devant synagogue rue Copernic, 4 †. **1981-***22-6 Le Pirée* (Grèce)[2], agence de tourisme, 2 †. *-29-8 Vienne,* synagogue, 2 †. *-31-8 Paris,* hôtel Intercontinental par Front palestinien, 17 bl. *-29-9 Limassol* (Chypre), bureau de la Zim (Cie de navires isr.), dégâts matériels. **1982-***3-4 Paris,* diplomate Yaakov Barsimantov tué. *-3-6 Londres*[4], Shlomo Argov, ambassadeur d'I., blessé. *-9-8 Paris*[4], fusillade rue des Rosiers, restaurant Goldenberg, 6 †. *-19-9 Bruxelles*[4], synagogue, 4 bl. *-9-10 Rome*[4], synagogue, 1 †. **1985-***21-8 Le Caire,* diplomate isr. tué. *-3-9 Athènes*[4], hôtel, 18 †. *-24-9 Chypre,* 3 terroristes isr. tués. *-7-10* entre Le Caire et Port-Saïd, l'*Achille-Lauro* (paquebot italien : 24 000 t, 450 passagers, 300 h. d'équipage) détourné par FLP (1 passager américain infirme, d'origine juive, Leon Klinghoffer, est tué ; le 6-2-1991, libération anticipée de Mohamed Issa Abbas et Youssouf Ahmed Saad, impliqués). *-9-10* terroristes se rendent à Port-Saïd, remis à l'OLP. *-10/11-10* partent sur B-107 égyptien, mais leur avion est contraint par des chasseurs américains de se poser à Sigonella (Sicile, base Otan) où ils sont remis à la justice italienne ; 2 des condamnés s'échapperont [celui qui a tué l'Américain, condamné à 30 ans, s'échappe le 28-2-1996, sera repris le 22-3]. *-27-12* comptoirs d'El Al[4], *Vienne* (Autriche), 4 † dont 1 terroriste, 47 bl., *Rome,* 15 † dont 3 terroristes, 75 bl. *-29-12 Fiumicino* (Italie), 15 †. *Vienne,* 3 †. **1986-***6-9 Istanbul*[4], synagogue, 24 †. **1988-***11-7 City-of-Poros*[4] (navire grec), 9 †. **1992-***17-3 Buenos Aires* (Arg.), ambassade, 28 †.

Nota. – (1) Fatah. (2) FPLP. (3) Saïka. (4) Abou Nidal.

☞ **Terrorisme juif antiarabe : 1980-85** plusieurs attentats. **1981-***30-8 :* 1 †, 14 bl. à Hébron. **1982-***11-4* un déséquilibré tire devant la mosquée de Jér. : 4 †. **1983-***26-7 :* 4 † à Hébron, 1 † à Naplouse. *-5-10 :* 1 † à Hébron.

1993-*13-5* **Gal Ezer Weizman** [né 15-6-1924, neveu de Chaïm ; pilote de chasse (à 18 ans), fonde Forces aériennes isr.] élu Pt (24-3 par 66 voix contre 53 Dov Shilanski). *-13-5* en fonctions. *-1-7* Jér., attentat : 3 †. *-14-7* I. confirme l'immigration de 240 J. yéménites. *-25-7* déclenchement opération « Justice rendue », représailles contre Hezbollah au Liban : 100 †. *-9-9 :* 189 des 415 Palestiniens expulsés en déc. 1992 retournent en I. *-13-9* accord d'Oslo (voir encadré p. 1138). *-9-10 :* 2 Isr. assassinés à Jéricho. 10 organisations pal. constituent front hostile à Arafat. *-24-10* Imad Akhel, chef des commandos armés du Hamas, tué à Gaza. *-25-10* I. libère 760 prisonniers pal. **1994-***janv.* Jér. : 1er autobus casher, aménagé avec une séparation entre hommes et femmes, destiné aux j. orthodoxes qui se plaignent de la promiscuité qui les oblige à côtoyer des femmes parfois « légèrement » vêtues. *-9-2* accord sur la sécurité de la bande de Gaza. *-25-2* Baruch Goldstein, colon j. (aidé d'un complice ?), tire sur la foule dans caveau des Patriarches (mosquée d'Hébron) : 29 Palestiniens †. *-28-3 :* 6 Palestiniens du Fatah tués par soldats isr. à Gaza. *-7-4/19-6* bande de Gaza bouclée. *-19-4* 300 membres du Hamas

Palestine

■ **Palestiniens** *(est. au 1-6-1998).* **Diaspora :** Arabie 275 999, USA 150 000 à 200 000, pays du Golfe 105 000, Égypte 50 000 à 80 000, Iraq 50 000, Koweït 38 000, All. 30 000, Libye 24 000, Canada 20 000, Danemark 16 000 à 20 000, Suède 15 000 à 18 000. **Réfugiés palestiniens : 1947** (recensement britannique) 560 000 Arabes vivaient dans la partie de la Palestine occidentale sur laquelle allait s'édifier Israël. **1948**-*16-9* rapport du Cte Bernadotte : 360 000 déplacés à la suite du conflit ; 141 000 Ar. restent en Israël, qui accuse les États arabes d'avoir grossi le nombre de réfugiés pour obtenir plus de rations alimentaires de l'Unrwa [750 000 réfugiés (rapport Cilento) ; 1 000 000 en juillet 1949 (rapport W. de St-Aubin)]. 715 000 à 730 000 (selon l'Onu). 590 000 à 650 000 (selon I.)]. **1950** 914 221 réfugiés immatriculés à l'Office de travaux et de secours pour les réfugiés palestiniens (UNRWA). **1967** *(guerre des Six Jours)* 525 000 réfugiés supplémentaires (dont 175 000 ayant fui une 2e fois et 100 000 autres réfugiés du Golan). **1981**-*1-1 selon l'Onu :* Cisjordanie 318 000 (80 000 dans camps), Gaza 363 000 (201 000 dans camps) ; *selon Israël,* Cisjordanie 105 000 (65 000 dans camps), Gaza 205 000 (171 000 dans camps). **1991** territoires occupés 1 700 000 (Cisjordanie 1 100 000, Gaza 600 000), Jordanie 1 500 000, Liban 600 000, Syrie 300 000, Arabie 200 000, Koweït 170 000 (400 000 avant la guerre du Golfe). 3 677 882 réfugiés [1] directs ou descendants (dont 1 194 512 dans 59 camps) dont *Jordanie* 1 541 405 (277 555 dans 10 camps), *Palestine* 1 384 655 (598 307 dans 27 camps) [dont Cisjordanie 576 160 (155 365 dans 19 camps) et Gaza 808 495 (442 942 dans 8 camps)], *Syrie* 378 382 (110 427 dans 10 camps) et *Liban* 373 440 (208 223 dans 12 camps). **2000**-*30-6* 3 737 494 (dont 1 211 480 habitants dans 59 camps (27 camps en Cisjordanie ou à Gaza) dont Jordanie 1 570 192, Gaza 824 622, Cisjordanie 583 009, Syrie 383 199, Liban 376 472.

Nota. – (1) Sont considérés comme *réfugiés* les Palestiniens qui ont quitté le territoire devenu l'État d'Israël en 1948. Ceux qui ont quitté la Cisjordanie occupée par I. en 1967 sont des *déplacés* et ne bénéficient pas des mêmes droits.

Attitude d'Israël : I. a offert en 1949 de reprendre 100 000 réfugiés (offre rejetée), mais a refusé d'en reprendre plus (pour ne pas compromettre son équilibre). Selon I., les pays ar. auraient pu installer 600 000 réfugiés puisque I. (beaucoup moins étendu) avait accueilli 500 000 J. des pays ar. (après 1945, la Finlande avait absorbé 350 000 Allemands, l'All. féd. 9 000 000 de réfugiés de l'Est, Inde et Pakistan avaient échangé 15 000 000 de réfugiés). I. remarque que les Palestiniens de Gaza, devenus Égyptiens de 1949 à 1967, avaient été interdits de séjour en Ég. proprement dite et volontairement maintenus dans des camps.

■ **Palestine. Territoires administrés : West bank (Cisjordanie),** 5 879 km². *Population* (est. 2000) : 1 662 000 hab. dont (en %) Palestiniens arabes 97. *Religions* (en %) : musulmans 85, juifs 7,4, chrétiens 8. **Bande de Gaza,** 363 km², largeur 8 km, le long de la Méditerranée. *Population (est.) : 2000 :* 1 163 000.

Langues : arabe, anglais. **Religions :** musulmans, juifs, chrétiens. **Siège de l'Autorité palestinienne :** Gaza. **Pt** (élu au suffrage universel) : Yasser Arafat depuis 11-2-1996. **Conseil intérimaire de l'Autorité :** 88 membres élus au suffrage universel.

Économie : PNB (en 1999) : 1 560 $ par hab. **Croissance** (en %) : *1995 :* – 2,4 ; *96 :* – 2,9 ; *97 :* – 0,8 ; *98 :* 3,3. **Inflation** (en %) : *1995 :* 11,1 ; *96 :* 10,5 ; *97 :* 6 ; *98 :* 6. **Agriculture :** blé, oranges, p. de t., fruits, fleurs. **Élevage :** ovins. **Aéroport international** à Gaza. **Casino :** Jéricho (le jeu est interdit en Israël). **Chômage** (en %) : *1996 :* 23 ; *2000 :* 11 ; *début 2001 :* 38. **Pop. sous le seuil de pauvreté** (– de 2 $ par jour) : *début 2001 :* 32 % ; *fin 2001 (est.) :* 43,8 %.

Processus de paix

Entre Israël et Palestiniens

■ **Conférence de paix de Madrid. 1991**(30-10/4-11), fondée sur la résolution 242 de l'Onu (1967). *3 phases.* **1°)** *Réunion plénière :* présentation des positions des participants (USA, ex-URSS, I., Ég., Jord., Liban, Pal., Syrie, CEE ; Onu, Conseil de coopération du Golfe et États du Maghreb : observateurs). *-30-10* séance inaugurale. *-1-11* accrochage I./Syrie. **2°)** *Négociations bilatérales* (sur conflits territoriaux). *-3-11* rencontre I./Pal., Jord., Syrie et Liban. *-4-11* désaccord I./Syrie. **3°)** *Négociations multilatérales* (reportées). **1992**-*24-8 :* 6e reprise des négociations isr.-ar. de Washington. *-10-9* Rabin annonce qu'il est prêt à négocier avec la Syrie un « retrait limité » du Golan. **1993**-*19-1* loi de 1986 interdisant tout contact avec OLP abrogée par la Knesset (39 voix pour, 20 contre). Arafat reconnaît I. et renonce au terrorisme. *-10-9* Yitzhak Rabin reconnaît OLP comme représentant du peuple pal. *-29-11* Arafat reçoit Yaël Dayan (député).

■ **Négociations d'Oslo (Norvège).** Débutent secrètement le 20-2-1993 par l'intermédiaire de Terge Röd Larsen (directeur de l'Institut norvégien des affaires internationales) et de Johan Jorgen Holst (1937-94, Norvégien, min. des Affaires étrangères depuis avril).

■ **Accord d'Oslo I** ou **accord de Washington.** Signé 19-8-1993 par Ouri Savir pour I. et Abou Aba pour Palestiniens. Ratifié officiellement à Washington le 13-9-1993 sous le nom de *Déclaration de principes sur l'autonomie palestinienne* (Rabin serre la main d'Arafat), entre en vigueur le 13-10-1993. Prévoit le transfert aux Palestiniens de : éducation, culture, santé, affaires sociales, taxation directe et tourisme ; mise en place de comités d'arbitrage, de liaison conjointe I./Pal. et de coopération économique ; ouverture de négociations (à Taba, Ég.) pour conclure (avant 13-12-1993) un accord sur le retrait (avant 13-4-1994) de l'armée isr. de Gaza et Jéricho ; préparation d'élections (avant 13-7-1994) du Conseil de l'autorité intérimaire de l'autonomie et de son Pt ; ouverture de négociations, au plus tard 3 ans après le début de la période intérimaire, sur le statut définitif des territoires et les questions délicates ; après la mise en place du Conseil, le départ de l'administration civile et de l'armée isr.

■ **Protocole sur les relations économiques.** Signé à Paris le 29-4-1994 entre I. et Pal.

■ **Accord sur transfert des pouvoirs civils aux Palestiniens dans les territoires.** Signé au Caire 29-8-1994 entre I. et Pal. Concerne éducation, santé, affaires sociales, culture, tourisme, jeunesse et sports, affaires fiscales.

■ **Accord sur modalités de l'autonomie à Gaza (bande) et Jéricho (65 km² autour).** Signé le 4-5-1994 au Caire entre I. et Pal. (avec 5 mois de retard). La période d'autonomie doit durer 5 ans (jusqu'au 4-5-1999). *-12-4* accord sur déploiement de la police pal. à Gaza (total 9 000 h.). I. accepte le retour de 50 bannis pal. et la libération de 5 000 prisonniers. Mai 1994, autonomie de Gaza et Jéricho. *-10-5* police pal. entre à Gaza. *-13-5* à Jéricho (total 2 000 h.). *-24-5* Arafat annule législatives isr. à Gaza et Jéricho. *-26-5* réunion à Tunis des membres désignés de l'*Autorité nationale palestinienne (ANP),* qui doit gérer les enclaves autonomes de Gaza et de Jéricho. *-1-7* Arafat à Gaza (après 27 ans d'exil). *5-7* à Gaza et Jéricho. *-12-7* s'installe à Gaza.

☞ Un comité de liaison (Israël, autorité palestinienne, Jordanie et Égypte) sera formé pour traiter des sujets d'intérêt commun et fixer les principes relatifs à l'entrée des personnes ayant quitté la Judée-Samarie en 1967. Il n'est pas fait référence aux réfugiés de 1948 dont le sort pourrait être discuté lors des négociations sur le statut définitif de la Cisjordanie.

■ **Accord de Taba (Ég.)** ou **Oslo II sur l'extension de l'autorité pal. à toute la Cisjordanie.** Accord partiel I./Pal. signé le 11-8-1995, complet signé 24-9-1995. Ratifié officiellement à Washington le 28-9 par Rabin et Arafat. Entériné par la Knesset 6-10 (61 voix pour, 59 contre). En vigueur 8-10. Comprend 2 parties :

1°) *« Redéploiement de l'armée isr. en Cisjordanie »* en plusieurs étapes de 6 mois allant d'oct. 1995 à juillet 1997 en attendant des négociations sur le statut définitif. La Cisjordanie est divisée en 3 zones : *zone A* (3 % du territoire et 20 % de la pop.) avec Djénine (évacuée 13-11-1995), Naplouse (évacuée 11-12-1995), Toulkarem, Kalkilya, Ramallah (futur siège de l'autorité pal. évacuée 27-12-1995) et Bethléem (évacuée 21-12-1995 ; Arafat y assiste le 24 à la messe de minuit) ; l'armée isr. se retirera entre mi-nov. 1995 et mi-janv. 1996 et sera remplacée par 12 000 h. de la police pal. Ces villes auront une autonomie totale. Pour Hébron (en 1995, 120 000 Ar. et 450 colons juifs intégristes), I. conserve la sécurité des colons pour 6 mois. I. garde

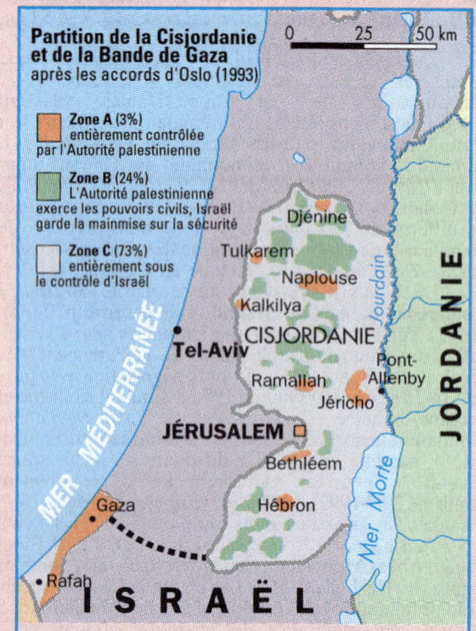

D'après l'accord de Wye Plantation, 1% du Territoire *(en zone C actuelle)* et 14,2% *(en zone B)* passeront progressivement sous le contrôle total de l'Autorité palestinienne *(i.e. en zone A)*, tandis que 12% de la Cisjordanie *(en zone C)* passeront simplement sous l'autorité civile *(i.e. en zone B)*.

▪▪▪▪▪▪ **Projet d'ouverture d'un "passage sûr" (un corridor) joignant la Cisjordanie à la Bande de Gaza.**

aussi le contrôle des Lieux saints j. de Bethléem (tombeau de Rachel) et Naplouse (tombeau de Joseph) ainsi que ceux de l'eau et de l'électricité (questions non résolues). *Zone B* (27 % du territoire, 68 % de la pop. pal.) 450 villes et villages pal., les pouvoirs civils appartiennent à l'autorité pal., la sécurité à I., mais 25 postes de police pal. seront créés. *Zone C* (70 % des terres) régions rurales non peuplées de Palestiniens, zones stratégiques, de peuplement juif, I. conserve tous les pouvoirs.

2°) Des *élections nationales pal.* au suffrage univ. devaient être organisées en mars-avril 1996 pour élire le *Conseil intérimaire de l'Autorité pal.* (88 membres) et le *Pt de l'Autorité. 1996-20-1* élections : Cisjordanie, Gaza, Jér. [participation 75 % ; *Conseil de l'Autorité* (88 membres, majorité au Fatah, 59 sièges, installé à Ramallah)], Arafat élu Pt avec 88,1 % (Samiha Khalil, 72 ans, féministe, 9,3 %). *-11-2 Arafat,* Pt de l'Autorité palestinienne, en fonction.

Nota. – Jérusalem est exclue de l'accord, mais ses hab. pal. pourront voter par correspondance. Les 5 284 prisonniers pal. et isr. seront libérés progressivement. (Au 1-1-1997, 3 007 Palestiniens restent incarcérés en I.). La question de l'eau n'est pas résolue. L'OLP doit, dans les 2 mois suivant l'inauguration du Conseil, supprimer de sa Charte tout ce qui appelle à la destruction d'I., ce qui est fait le 24-4 (504 voix pour, 54 contre, 14 abstentions).

Négociations suivantes : 5-5-1996 à Taba, reprise des discussions sur le statut « définitif » des territoires et sur les questions délicates (colonies de peuplement, Jér., frontières, sécurité, eau). Elles devront être terminées au plus tard le 4-5-1999, date de la fin du régime d'autonomie de Gaza et Jéricho instauré le 4-5-1994. En 1997, le 7-3, retrait isr. de 2 % de la zone C et de 7 % de la zone B.

■ **Mémorandum israélo-palestinien de Wye Plantation River.** Négocié du 15 au 23-10-1998 à Wye Plantation, Maryland, USA. *But :* relancer le processus de paix bloqué depuis le 18-3-1997. Signé le 23-10 à Washington. Entré en vigueur le 3-11. Approuvé par gouvernement isr. 11-11, Knesset 17-11 (75 voix pour, 19 contre, 9 abstentions, 17 députés refusent de voter). I. prend 5 engagements, les Pal. 6 et ils font 3 promesses communes.

I. doit transférer 13 % (700 km²) de la Cisjordanie aux Pal. dont 1 % sera sous le contrôle complet de l'Autorité pal. et 12 % sous sa seule autorité civile. 3 % de ces 12 % formeront une réserve naturelle. Retrait en 3 temps qui n'excédera pas 12 semaines. I. doit aussi se retirer complètement de 14,2 % des territoires alors sous contrôle conjoint. Un aéroport sera ouvert (inauguré 24-11-1998) dans la Bande de Gaza, un accord sur la mise en service du port de Gaza devra être conclu. Des « passages sûrs » (2 routes) entre nord et sud de la Cisjordanie et la Bande de Gaza seront créés. 750 sur 3 300 prisonniers politiques pal. devront être libérés en 3 fois. Les Pal. doivent, avec la CIA, renforcer les mesures antiterroristes. Ils devront arrêter les suspects et confisquer les armes. Le comité exécutif de l'OLP et le Conseil central palestinien se réuniront (en déc. 1998) en présence du Pt Clinton pour décider l'abrogation des articles de la Charte pal. évoquant la destruction d'I. (entériné par une lettre du 22-1-1998). Isr. et Pal. doivent conjointement négocier une 3e phase de retrait. Après la ratification de l'accord, les 2 parties s'engagent à négocier sur le statut définitif des Territoires et devront faire un effort pour parvenir à un accord avant le 4-5-1999, qui marque la fin de la période de 5 ans d'intérim fixée par les accords d'Oslo. Le 20-11-1998, Israël commence à retirer ses troupes de 2 % de la Cisjordanie, transfert de 200 km² autour de Jénine.

■ **Accord de Charm el-Cheikh** (sur l'application du mémorandum de Wye Plantation de 1998). Signé 4-9-1999 entre I. et Autorité palestinienne, approuvé par la Knesset le 8-9. **Échéancier : 1999**-*5-9 :* 7 % de la Cisjordanie passent de zone C en zone B (fait le 10-9) et libération d'un groupe de prisonniers dits de « sécurité » (119 libérés le 9-9). *10-9* début des négociations sur le statut définitif des territoires pal. (fait le 13-9 à Erez) et sur la dernière phase des retraits isr. qui doivent être achevés dans 4 mois. *-1-10* ouverture d'une route entre Gaza et le sud de la Cisjordanie (5-10 accord sur un tracé de 44 km, 25-10 ouverture). *Début oct.* début de la construction du port de Gaza et ouverture d'un marché pal. à Hébron. *-8-10* libération d'un 2e groupe de prisonniers (151 libérés à partir du 15-10). *-15-11* (effectif le 5-1-2000) 3 % passent de zone C en zone B et 2 % de zone B en zone A. *Fin nov.* Hébron, réouverture aux Pal. de la rue Chouhada. *Vers le 9-12 :* 3e groupe de Pal. libéré (26 le 29-12). *Fin déc.* ouverture d'un passage entre Gaza et le nord de la Cisjordanie. **2000**-*20-1* (commencé le 21-3) 5,1 % passent de zone B en zone A et 1 % de C en A. *13-2* Isr. et Pal. doivent signer un accord-cadre pour le règlement définitif. *-13-9* signature de l'accord de paix définitif.

☞ *11/24-7-2000* négociations à Camp David, échec. *-16/18-10* sommet de Charm el-Cheikh, accord sur arrêt des violences (2e Intifada) le 20-10, constitution d'une commission d'enquête et reprise des négociations. *-23-10* discussions à Washington. *-28-12* sommet à Charm el-Cheikh annulé. **2001**-*28-1* sommet à Taba ; pas d'accord.

Entre Israël et la Syrie

■ **Objet.** Négocier le retrait israélien du Golan occupé depuis 1967. **1967**-4-6 armistice. **1973**-24-10 cessez-le-feu. **1981** annexion.

■ **Enjeu.** Plateau de 1 176 km^2. 17 000 colons juifs et 16 000 Druzes syriens. 33 implantations israéliennes (ville de Katzrin, 6 000 hab.). Château d'eau de la région (25 % des besoins d'Israël sont couverts à partir du Golan). Site stratégique (installations militaires). Agriculture (vignobles réputés).

■ **Négociations.** Commencées en 1991. Rompues depuis 1996 à la suite de l'assassinat de Rabin. **1999**-*15/17-12* prise de contact à Blair House (Washington, USA). **2000**-*3/10-1* à Shepherdstown (Virginie, USA) négociations E. Barak et Farouk al-Chareh, ministre des Affaires étr. syrien. *-17-1* rupture des négociations, I. refuse de s'engager à se retirer totalement du Golan. *-19-1 :* 3e série de négociations prévues, *-25-1* report *sine die*. *-1-3* vote à la Knesset (60 voix pour, 53 contre, 1 abstention) d'un projet de loi du Likoud visant à instaurer une majorité élargie pour tout référendum sur un accord de paix avec la Syrie.

arrêtés. Mascate, accord I./pays ar. sur gestion de l'eau au Proche-Orient. *-20-4* accord sur partage de l'eau à Gaza et Jéricho. *-20-5* Gaza 2 soldats isr. †. *-21-5* commando isr. enlève au Liban Mustapha Dirani, chef islamiste. *-17-7* au poste frontière d'Erez, 2 Palestiniens †, frontière avec Gaza fermée. *-26-7* attentat contre ambassade d'I. à Londres : 15 bl. *-9-10* enlèvement du caporal Nakhshan Waxman par Hamas, tué le 14 lors de l'assaut de l'armée (2 Palestiniens, qui seront tués, tirent sur la foule). *-11-11* attentat contre poste de police isr. à Gaza : 3 soldats †, 10 bl. *-18-11* à Gaza, affrontements jeunes Palestiniens/police d'Arafat : 15 †, 200 bl. *-10-12* remise du prix Nobel de la paix à Arafat, Rabin et Peres. **1995**-*9-4 :* 2 attentats suicides à Gaza : 9 † dont 7 soldats isr. [De sept. 1993 à fin août 1994, 171 Palestiniens tués par des Israéliens et 58 Israéliens (dont 12 soldats) par des Palestiniens. De mai 1994 à fin août 1995, 57 Palestiniens et 77 Israéliens.] *-23-6 :* 1 Français tué par roquette du Hezbollah sur village du Club Méd. *-20-7 guerre des Collines* (implantations juives illégales). *-Août* un historien israélien révèle que près de 900 Égyptiens ont été tués après avoir jeté leurs armes en 1967. *-21-8* Jér., bombe dans autobus : 5 †, 100 bl. *-4-9* début des festivités du 3 000e anniversaire de Jér. *-24-9/17-10* bouclage de Gaza et Cisjordanie pour éviter attentats. *-26-10* Fathi Chakaki (né 1952), chef du djihad islamique, assassiné à Malte. *-4-11* manif. pour la paix à Tel-Aviv ; *PM Yitzhak Rabin assassiné* par Yigal Amir (25 ans, extrême droite, étudiant en droit ; condamné 27-3-1996 à la prison à perpétuité) ; *-5-11* **Shimon Peres** PM par intérim, travailliste ; investi 22-11. *-6-11* obsèques de Rabin en présence d'Hussein de Jord. et du Pt Moubarak. *-9-11* Arafat rend une visite de condoléances à Leah Rabin à Tel-Aviv (1967 dernière visite clandestine).

1996-*5-1* Yehia Ayache (né 1965, dit « l'ingénieur »), du mouvement Hamas, tué (explosion de son téléphone portable). *-10/11-1* libération de 1 200 prisonniers palestiniens. *-29-1* manif. des Falachas à Jér. [le centre de transfusion sanguine jetait leurs dons (risque de sida)]. *-8-3* Mahmoud Zahar, du Hamas, arrêté à Gaza par police palestinienne. *-13-3* « Sommet des bâtisseurs de la paix » (29 pays) à Charm el-Cheikh (Ég.) contre terrorisme. *-11-4 au 12-7* opération *« Raisins de la colère »*, tirs sur Sud-Liban [représailles aux tirs du Hezbollah sur nord de la Galilée (164 † dont 100 civils libanais dans la base de la Finul à Cana)]. *-17-5* Hébron, Hassan Salameh (no 2 des brigades Ezzedine al-Qassem) arrêté. *-29-5* législatives. *-5-6* **Benjamin Netanyahu** (né 21-10-1949) 1er PM, Likoud, élu au suffrage universel le 29-5 (50,4 % des voix, Shimon Peres 49,5 %) ; *-2-8* décide de relancer le développement des colonies juives de peuplement, gelé en partie depuis 1992. *-29-8* grève générale en Cisjordanie à l'appel d'Arafat. *-30-8* Arafat appelle à un rassemblement sur l'esplanade des Mosquées à Jér. pour la prière du vendredi (en fait pour protester contre la colonisation) : 20 000 participants. *-4-9 Erez,* 1re rencontre Netanyahu/Arafat. *-23/24-9* dans la nuit, à Jér., ouverture d'un tunnel archéologique longeant l'esplanade des Mosquées. *-25/27-9* émeutes à Jér., en Cisjordanie et à Gaza : 76 † (dont 60 Palestiniens, 13 soldats isr.). **1997**-*1-1* Noam Friedman, jeune appelé, tire sur les clients pal. du marché d'Hébron : 6 bl. *-15-1* accord Netanyahu/Arafat sur Hébron : la ville reste une seule entité ; la sécurité est divisée en 2 zones (H1 rattaché aux territoires, H2 sous controle isr. mais les Palestiniens peuvent y patrouiller) ; Kiryath-Arba reste une localité isr. ; effectif le 16-1. *-4-2* frontière du Sud-Liban, collision entre 2 hélicoptères militaires CH-53 (Yasour 2000) : 73 soldats †. *-9-2 Erez :* rencontre Netanyahu-Arafat, environ 30 Palestiniens libérés. *-13-3* frontière I.-Jord. : 7 collégiennes tuées par un soldat jordanien. *-18-3* nouvelle implantation à Har Homa sur la colline Abou Ghneim près de Jér. affrontements avec les Palestiniens (mars/mai : 8 Palestiniens et 3 Isr. † ; début du blocage du processus de paix). *-Avril* violence dans les territoires. *-6-5 Erez :* rencontre Pt Weizman-Arafat, reprise des négociations de paix. *-8/9-5 Aqaba,* rencontre Netanyahu-Arafat sur le problème de l'eau. *-27-6* Tatiana Susskind placarde à Hébron des tracts représentant Mahomet sous les traits d'un porc piétinant le Coran. *-1* et *-4-7 Hébron :* affrontements ; *-2-7* Gaza ; *-7-7* Naplouse : 1 †. *-30-7 Jérusalem,* attentat : I. suspend négociations.

1998 *-8-1* Susskind condamnée à 3 ans de prison dont 1 avec sursis. *-4-3* Weizman réélu Pt (63 voix sur 120, Shaül Amor 49). *-11/15-3* Hébron, Cisjordanie, émeutes après la mort le 10-3 de 3 ouvriers tués par l'armée isr. : 5 †. *-20-4* le procureur : « pas de preuves suffisantes » contre Netanyahu dans l'affaire du « Bibigate » (aurait promis de lever des poursuites pour corruption contre chef du parti Shas en échange soutien politique). *-1-5* shekel convertible. *-14-5 :* 50e anniversaire de la création d'I. [dite la *Nakbah* (catastrophe) par les Palestiniens]. Affrontements avec armée : 9 Pal. †. *-21-6* le gouv. autorise la création du « Grand Jérusalem », englobant les colonies de Cisjordanie. *-19-10* attentat gare routière de Beersheva : 64 bl. *-23-10 accords de Wye Plantation* (voir encadré p. 1138). *-26-10* attentat : 2 †. *-29-10* Gaza, attentat contre un bus scolaire : 1 soldat isr. et 1 kamikaze pal. †, 6 Isr. bl. *-Nov.* Israël accepte la *résolution 425* de l'Onu, retrait du Sud-Liban en échange de la sécurité de la frontière. *-6-11* Jérusalem, attentat marché : 2 † ; processus de paix suspendu. *-30-11* plan de retrait de 6 à 8 % de la Cisjordanie, rejeté par les Palestiniens car contraire aux accords de janv. 1997. *-3/7-12* grève générale. *-9-12* Cisjordanie, manif. pour le 11e anniversaire de l'Intifada : 1 Pal. †. *-12/15-12* Pt Clinton en I. et à Gaza (14-12). *-21-12* Parlement dissous. **1999**-*14-2* Jérusalem, 250 000 ultra-orthodoxes manifestent. *-10-3* Rafah, émeutes après la condamnation à mort d'un policier pal. : 2 †. *-24-3* grève des 400 000 fonctionnaires isr. *-17-5* **Ehoud Barak** (né 12-2-1942, le plus décoré, ancien chef d'état-major), travailliste, élu PM (56,08 % des voix contre Netanyahu du Likoud 43,9 %). *-24-6* riposte à des tirs sur haute Galilée, raid sur Liban : 8 †, 62 bl.). *-7-7* gouvernement Barak en fonctions. *-13-10 :* 12 des 42 implantations sauvages en Cisjordanie seront démantelées. **2000**-*20-1* ouverture d'une enquête criminelle contre le Pt Weizman (pots-de-vin versés par Édouard Saroussi : 453 465 $ entre 1988 et 1993). *-7-2* tirs du Hezbollah sur haute Galilée. *-8/9-2* représailles isr. au Liban : 3 centrales électriques et 1 école du Hezbollah bombardées. *-5-3* le gouvernement décide que les Isr. quitteront Sud-Liban au plus tard en juillet (850 km^2 occupés depuis 1978). *-21/26-3* Jean-Paul II en I. *-24/25-5* retrait des troupes isr. effectif. Environ 1000 ex-soldats de l'Armée du Liban-Sud (ALS) et les 5 000 m. de leurs familles se réfugient en I. *-10-7* Pt Weizman démissionne, accusé de corruption. *-1-8* **Moshé Katzav** (né 1945) élu Pt (31-7) au 2e tour (63 voix) contre Shimon Peres (57). *-28-9* visite d'Ariel Sharon, chef du Likoud, sur l'esplanade des Mosquées, considérée comme une provocation par Pal. *-29-9* Prière du vendredi : violences esplanade des Mosquées, gagnant Israël, Cisjordanie et Gaza ; répression isr. Début de la **2e Intifada** ou *Intifada al-Aqsa*. *-1-10* I. boucle territoires pal. 125 000 Pal. travaillant en I. au chômage. *-4-10 Paris,* réunion Barak/Arafat/Albright : échec. *-6-10* « Jour de colère » des Pal. *-7-10 Naplouse*, des Pal. saccagent le tombeau du patriarche Joseph, lieu de pèlerinage des Juifs orthodoxes, abandonné par Tsahal. *-12-10 Ramallah*, 2 soldats isr. lynchés, I. bombarde des objectifs liés à à l'Autorité pal. *-2-11* cessez-le-feu Barak/Arafat. *-12-11* Leah Rabin (née 1928) meurt. *-9-12* démission du PM Barak. *-11-12* Commission intern. dirigée par George Mitchell, ancien sénateur américain, pour « établir les faits ». **2001**-*8-1 Jérusalem*, 100 000 manif. contre division de la ville. *-6-2* **Ariel Sharon** [né A. Scheinerman, en 1928 à Kfar Malal (Palestine), Likoud] élu PM (62,5 %) contre Ehoud Barak (37,4 %, travailliste). *-20-2* bouclage des territoires levé partiellement. *-7-3* gouvernement de coalition. *-18-3 Netanya*, attentat-suicide devant Centre culturel (5 †, 100 bl.). I. bombarde Naplouse (police, 11 †), Ramallah (garde d'Arafat, 1 †), Gaza (mairie), Tulkarem (services de sécurité). *-28-3* raids aériens isr. à Gaza et en Cisjordanie (représailles à attentats après la mort, le 26, d'un bébé de colons à Hébron). *-1-4*, 7 Pal. capturés en I. en territoire autonome. *-3-4 bande de Gaza*, bombardements isr. (représailles à des tirs de mortier palestiniens). *-5-4 bande de Gaza*, objectifs pal. attaqués par hélicoptères isr. *-16-4* tirs de mortier pal. sur Sderot. *-17-4* I. se retire de Gaza. *-21-4 Kfar Saba*, attentat-suicide [2 † (dont le kamikaze), 41 bl.)]. *-18-5* des F-16 isr. bombardent Gaza. *-24-5 Jérusalem*, immeuble effondré (24 †). Isr. abat un Cessna 157 libanais civil (croyait à une attaque suicide). *-28-5* Pt Weizman annonce qu'il démissionnera le 8-7. **Bilan** *du 29-9-2000 au 18-4-2001 :* 479 † (394 Palestiniens, 71 Isr., 13 Arabes isr. et 1 Allemand).

Bilan du terrorisme israélien. 1983-93 : 209 tués. **De 1993 à 1996 :** 213. **Bilan de la 1re Intifada. Du 9-12-1987 au 11-9-1993 :** *Pal. :* 1 116 tués par des tirs dont 233 de moins de 17 ans, plus 887 suspectés de collaboration avec I., tués par activistes pal., de 20 000 à 90 000 blessés par balles. *Isr. :* 50 soldats, 49 colons (dont 3 enfants), 6 touristes, 47 civils tués. **Bannissements.** *De 1967 à 78 :* 1 156 ; *85 :* 35 ; *86 :* 11 ; *87 :* 9 ; *88 :* 32 vers Liban ; *89 :* 26 dont 25 vers Liban et 1 vers France ; *90 :* 0 ; *91 :* 8 vers Liban ; *92 :* 415 vers Liban ; *93(-1-2) :* 101 expulsés autorisés à rentrer en I., bannissement des autres limité à 1 an. **Détenus palestiniens** (prisons ou centres de détention de l'armée). 15 000 ; **morts en prison :** *depuis 9-12-1987 :* 12.

☞ L'Onu estime à 1,15 milliard de $ le coût de l'Intifada pour l'économie palestinienne (baisse de la production, chômage technique, etc.).

☞ **Atterrissages de pilotes arabes.** *1964 :* égyptiens avec Yak-2 ; *66* (16-8) : iraqiens (Mig-21) ; *68 :* 2 syriens (erreur de navigation Mig-17) ; *89* (11-10) : syriens Mig-23.

■ Politique

■ **Statut.** *République.* **Déclaration d'indépendance** du 14-5-1948. **Constitution :** lois constitutionnelles. **Pt :** élu pour 7 ans par Knesset, non rééligible. **PM :** élu au suffrage univ. pour 4 ans depuis 29-5-1996 (si un PM démissionne, le suivant termine le mandat de son prédécesseur). **Chambre des députés** *(Knesset)* siège à Jér. depuis déc. 1949 : 120 membres élus pour 4 ans au suffrage univ., à la proportionnelle intégrale, un tour, 1 seule circonscription. **Électeurs :** 18 ans (éligibles 21 ans). **Élections législatives du 17-5-1999 :** *Israël uni* 27 sièges, *Likoud* 19, *Shas* 17, *Meretz* 9, *Israël Ba Alia* 7, *Shinouï* 6, *P. du Centre* 6, *P. national religieux* 5, *Judaïsme unifié de la Torah* 5, *Liste arabe unie* 5, *Israël Beiténou* 4, *Union nationale* 3, *Hadash* 3, *Balad* 2, *Peuple uni* 2. **Fête nationale.** 5 Yar (indépendance 15-5-1948). **Drapeau** (adopté 28-10-1948). Fond blanc, 2 bandes horizontales bleues (viendrait du châle de prière juif), au centre, étoile de David bleue (l'étoile est apparue comme symbole vers le xve s. à Prague. **Emblème officiel.** *Menora* (chandelier à 7 branches), encadrée par 2 branches d'olivier. **Hymne national.** *Hatikva,* écrit 1878 par Naphtaly Herz Imber ; titre originel *Tikvatenou* (« Notre espoir »). Musique 1882 de Samuel Cohen.

■ **Relations internationales. Afrique noire :** rompues en 1973, rétablies avec Zaïre (mai 1982), Libéria (août 1983), Côte d'Ivoire (déc. 1985), Cameroun (août 1986), Togo, Kenya (déc. 1988), Éthiopie (déc. 1989). **Chine :** janv. 1992. **Espagne :** établies 17-1-1986. **Est (pays de l') :** *rompues* depuis 1967, *rétablies* avec Hongrie (sept. 1989), Tchéc. (févr. 1990), Pologne (mars 1990), ex-URSS (1re mission isr. 28-7-1988, reprise 18-10-1991). **Saint-Siège :** **1964**-*5-1* Paul VI en I. pour quelques heures : visite les Lieux saints. **1967** émet des réserves sur le statut de Jérusalem. **1973** reçoit Golda Meir. **1982**-*15-9* Jean-Paul II reçoit Arafat. **1992**-*29-7* commission bilatérale I./St-Siège. **1993**-*30-12* accord fondamental sur institutions catholiques en I. et dans territoires occupés. **1994**-*1-6* échange diplomatique prévu. **1997**-*10-11* Concordat. **Jordanie :** **1994**-*25-7* Rabin et Hussein signent la fin de l'état de guerre qui dure depuis 46 ans. *-8-8* réouverture du poste frontière d'Aqaba (3,5 km au nord d'Eilat), fermé depuis 47 ans. *-26-10* traité de paix signé à Araba. **1995**-*26-1* et *9-2* restitue à la Jord. environ 350 km^2 occupés depuis 1948 et 1968. **Syrie :** **1995**-*27-12* Maryland (USA), début des négociations. **France :** **1955-58** liens états-majors/services de renseignements. **1958** de Gaulle mise sur une coopération plus étroite avec tiers-monde et monde ar. **1967**-*22-5* crise Fr.-I. : après la fermeture du détroit de Tiran, de Gaulle (craignant qu'un conflit entre I. et ses voisins ne débouche sur une guerre mondiale) prêche la modération à I. et fait savoir que le 1er qui emploierait les armes n'aurait ni son approbation ni son appui. *-2-6* de Gaulle décrète un embargo sur les avions de combat à destination d'I. (3-1-1968 sur tout matériel de guerre). *-15-6* Pompidou maintient l'embargo. **1969**-*déc.* 5 vedettes construites à Cherbourg pour I. (retenues à quai depuis l'embargo de 1967) partent pour Haïfa (sans l'accord de l'Élysée) : relations avec I. tendues. **1974** Giscard d'Estaing poursuit la politique de De Gaulle. **1982**-*mars* Mitterrand 1er Pt français à se rendre en I. ; **1991** y revient. **1992** I. reconnaît la bonne volonté de la Fr. pour faire progresser le processus de paix. Des accords seront signés sur la coopération dans les domaines de la santé, recherche, lutte contre la drogue, la défense... **URSS :** **1948-49** soutient I. pour diminuer l'influence occidentale et celle des musulmans qui peuvent soutenir ceux d'URSS ; l'alimente en armes (par Prague). **1950** Israël soutient l'Onu en Corée et se rapproche de la G.-B. ; l'URSS dénonce « ce pays réactionnaire ».

■ Partis

■ **Principaux partis. Parti travailliste.** 150 000 m., *leader :* Ehoud Barak, démissionne en fév. 2001. Fondé en janv. 1968 par la fusion des 3 groupes travaillistes **Mapai** [P. travailliste isr. fondé 1930 par Ben Gourion et Golda Meir, social-démocrate au pouvoir depuis 1945, *leader* : Shimon Peres (21-8-1923)] ; **Ahdouth Ha'avodah** [Union du travail, P. socialiste qui a quitté le Mapai en 1954 quand ce dernier accepta des Arabes : Ygal Allon (1918-80), Israël Galili (1911-86) et Yitzhak Ben Aharon], et **Rafi** (fondé 1965 d'une scission du Mapai provoquée par Ben Gourion, Dayan et Peres, dans le gouv. d'union nationale formé avant la guerre des Six-Jours). Depuis le départ du Mapai, le **Parti Jahad** (Ensemble) d'Ezer Weizman (centriste) se joint au Front et, en 1987, s'unit avec le Mapai. 200 000 m.

Mapam (P. ouvrier unifié judéo-ar.) : fondé 1948, dans l'opposition jusqu'à fin 1955, puis de 1961 à 66 ; a quitté le Maarakh en 1984. *Leader :* Chanan Erez.

Likoud (Rassemblement) : front électoral de droite constitué en sept. 1973 sur l'initiative du Gal Ariel Sharon (né 1928), en prévision des élections prévues alors pour le 28-10. *Leader :* Ariel Sharon depuis 2-9-1999. Comprend entre autres : **Gacha** (bloc Chérouth-Parti libéral) ; **Hérouth** (liberté) issu 1948 de l'Irgoun (Begin chef historique), *leader :* Itzhak Shamir ; **P. libéral** [fondé 1961 par fusion des sionistes généraux (droite) et des progressistes (centre)] ; dans l'opposition jusqu'en juin 1967.

■ **Partis religieux. P. national religieux (Mafdal)** fondé en 1956 par fusion du **Mizrahi** (fondé 1902) avec son aile ouvrière, **Hapoel Ha'mizrahi** (fondé 1921) ; *leader :* vacant. **Agoudat Israël,** orthodoxe, fondé 1912, a préconisé un grand I. englobant les territoires contrôlés en 1000 av. J.-C. par Salomon ; *leader :* Abraham Shapiro. **Degel Hathora** fondé 1988 par des dissidents d'Agoudat I., orthodoxe ; *leader :* Abraham Ravitz. **Poale Agoudat Israel,** orthodoxe ouvrier, fondé 1924, 41 000 membres, 17 kibboutzim et moshavim. Construction de l'État d'I. selon la loi de la Torah ; *leader :* Kalman Kahane. **Erza**

■ **Services secrets.** **Shin Beth** ou **Shabak :** initiales de *Sherut Bitakhon,* service général de sécurité. Contre-espionnage, contre-terrorisme et sécurité intérieure. *Chef :* amiral Ami Ayyalon depuis 1996.

Aman. Initiales de *Agal Modiin.* Renseignement militaire. Agents ou systèmes de surveillance électroniques. Surtout dans les pays arabes. Commandos d'intervention. Unité technologique qui crée des « gadgets » de guerre secrète. *Chef :* Gal Moshé Yaalon.

Mossad. Institut de renseignement et d'action à l'étranger. *Fondé :* sept. 1951. *Membres :* environ 1 000. *Chef :* Ephraïm Halévy, assisté du Gal Amiran Lévine depuis 5-4-1998.

■ **Principaux succès des services secrets isr.** Enlèvement d'Eichmann (en 1960). Préparation de la guerre de 1967. Exécution des responsables du massacre de Munich (en 1972-74). Libération des otages d'Entebbe (en 1976). Destruction du réacteur Osirak (en 1981). Découverte de projets d'attentat : contre G.-B. (en 1984), mosquée al-Aqsa (en 1984). Vente de missiles à l'Iran. Assassinat d'Abou Jihad à Tunis (en 1988). Agent du KGB démasqué à Stockholm. Élimination du chef du Djihad à Malte, du chef des opérations terroristes du Hamas à Gaza. **Missions humanitaires :** immigration en Israël de Juifs du Yémen (en 1949), d'Iraq (en 1950), du Maroc (en 1963), d'Éthiopie (en 1984-91), d'URSS.

■ **Échec récent.** 25-9-1997, 2 membres du Mossad arrêtés à Aman avec des passeports canadiens : ils voulaient assassiner (piqûre de poison dans l'oreille) Khaled Meshal, secrétaire du bureau politique du Hamas en Jordanie. Israël doit fournir l'antidote et libérer le 30-9 cheikh Ahmed Yassine.

(*International Jewish Youth Movement*), *leader :* Avraham Werdyger soutenu par les Haratims (craignant Dieu). **Shas** (assoc. séfarade des gardiens de la Torah) fondé 1984 ; *leader :* rabbin Arieh Deri (18-3-1999, accusé de fraude et corruption démissionne le 15-6). **Gush Emunin** (Bloc de la foi), extrême droite religieuse, fondé 1967, *leader :* rabbin Moshe Levinger.

■ **Autres formations.** **Hadash** (Front démocratique pour la paix et l'égalité) fondé 1977, *secr. gén. :* Mouhammad Barake, alliance du **P. communiste d'I.** (Maky) fondé 1919, secr. gén. : Mouhammad Nafah, P. juif-arabe marxiste-léniniste, et d'autres groupes j. et ar. Pour la création d'un État palestinien à côté de celui d'Israël. **Moledet** (Patrie) fondé 1988, extrême droite ; *leader :* Gal Rahavam Zeevi. **Shinui** (P. du centre) fondé 1974 ; *leader :* Abraham Poraz. **Kach** (Ainsi), extrême droite, fondé 1971 à New York par rabbin Meir Kahane [tué *5-11-1990* New York par El Sayyid El Nosair (émigré égyptien)], interdit 13-3-1994. **P. démocratique arabe** fondé 1988 par Abdel Daroushé, ancien député ar. travailliste, contre la répression dans les territoires ; *leader :* Abd al-Wahab Darawshah. **P. Meretz,** réformiste de gauche, fondé 1992 ; *leader :* Yossi Sarid. **Israel Beiteinou** (I. notre foyer) droite, *Avigdoz Liberman.*

■ **Divers.** **Centrale syndicale :** Histradout, 600 000 membres, *secr. gén. :* Amir Peretz.

■ ORGANISATIONS PALESTINIENNES

■ **OLP (Organisation de libération de la Palestine).** **Créée** 29-5-1964 à l'initiative de la Ligue arabe. Reconnue 14-10-1964 par Onu comme représentant les Palestiniens. **Pt :** Yasser Arafat [né au Caire le 4-8-1929, marié 17-7-1990 avec Souha al-Tawil, née 1963, une fille Zahwa (née 1996) ; Palestinien orthodoxe ; 1956 ingénieur] depuis 3-2-1969 [ancien Pt : Ahmed Choukeiry (1908-80) jusqu'en 1967]. **Aide reçue** (en millions de $) : Arabie saoudite 85, Libye 47, Iraq 44, Émirats 34,3. Alg. 20,4, Qatar 19,9, Koweït n. c. **Capital détenu :** 2 à 25 milliards de $. **Budget** (en millions de $) : *1985 :* 179,7 ; *86 :* 196,6 ; *87 :* 213,5 ; *88 :* 277,6 ; *89 :* 307,7 ; *90 :* 199, *91 :* 120. *Taxe* de 5 à 7 % sur le revenu de chaque Palestinien. **Organisation. Conseil national palestinien (CNP) :** *créé* 1964, *membres* mandatés pour 3 ans, élus ou désignés en fonction de leur contribution à la cause pal. *Géré* par bureau de la présidence, 8 commissions permanentes spécialisées créées 1984. **Conseil central :** *créé* janv. 1973 ; organe de liaison entre CNP et exécutif, 90 membres choisis parmi les membres du CNP. Consultatif. **Comité exécutif :** *Pt :* Yasser Arafat depuis 1969, 18 membres. **Fonds national palestinien (FNP) :** siège Amman ; finance activités de l'OLP (budget préparé par le Comité exécutif et approuvé par le CNP). **Conseil militaire :** dépend du Comité exécutif ; *Pt :* Yasser Arafat. **Département politique :** représente l'OLP auprès des instances internationales ; **des organisations de masse :** affaires sociales, éducatives, information, santé ; **économique et Samed (Association du travail des fils des martyrs pal.).**

■ **ALP (Armée de libération de la Palestine).** *Créée* 1964, 6 000 h. (surtout Syrie) ; juin 1983 : les divisions Khitin (dissidentes d'Arafat) incorporées à l'armée syrienne ; Kadsiya, mise sur pied par Iraqiens ; Ain Ghalit, créée par Égypte, mais contrôlée par Fatah, a perdu (tués ou blessés) 82 000 h. au Liban en 1982/83. *Regroupe* 9 organisations comme Mouvement de libération de la Palestine dont **El Fath** (*créé* 1957, *Pt :* Yasser Arafat, 15 000 m.), **FPLP,** et **El Saïka** (*créée* 1968, origine P. Baas pal., *Pt :* Issam al Khadi, installée Syrie).

■ **Mouvements.** **FPLP (Front populaire de libération de la Pal.) :** *créé* 1967, *Pt :* Dr Georges Habache (né 1925). **FPLP dissident :** *né* d'une scission de W. Haddad [ancien chef des opérations à l'étranger du FPLP, lors de sa rupture avec Habache en 1975 († 1978 empoisonné par les services secrets iraqiens)] ; au Sud-Yémen, influence libanaise, responsable de détournements d'avions (exemples : Entebbe et Mogadiscio). **FPLP-CG (Commandement général)** Ahmed Jibril : *créé* 1968.

FDPLP (Front démocratique populaire de libération de la Pal. : *Pt :* Nayef Hawatmé, séparé 1969 du FPLP.

FLP (Front de libération de la Pal.) : *né* d'une scission du commandement gén. de Jibril, dirigé par Tabaat Yaakoub († 17-11-1988), pro-iraqien. *Leader :* Aboul Abbas.

FLA (Front de libération arabe) : *créé* 1969. Baathiste, pro-iraqien ; Abd el-Wahab Kayyali.

FLPP (Front de lutte populaire pal.) : *formé* en Judée et Samarie déc. 1967. Rejoint Fatah 1971 puis fait sécession. *Chef :* Samir Ghocheh.

Septembre noir : nom rappelant l'expulsion des Palestiniens de Jord., sept. 1970. Proche du Fatah, responsable du massacre aux JO de Munich en 1972. *Dirigé* par Khalil al-Wazir (Abou Jihad tué 16-4-1988, voir encadré ci-dessous).

Fatah : conseil révolutionnaire *créé* par Abou Nidal, agit parfois sous l'étiquette d'al-Asifa. Abou Nidal (de son vrai nom Sabri Khalil al-Banna, né 1937 Jaffa, exclu 1974 de l'OLP, condamné le 27-11 à mort par contumace par l'OLP pour abus de pouvoir et détournement de fonds). De 1976 à 1986 responsable de 98 attentats (dont 56 contre Pal.). Subventionné par Iraq, Syrie et Libye. Les États du Golfe paient pour avoir la paix. *1970-80 :* sous le nom de *« Juin noir »* (mois d'entrée des troupes syriennes au Liban), s'attaque à Syrie et Jordanie (en conflit avec Iraq). *1980* Arafat renoue avec Iraq, Hussein expulse Abou Nidal qui s'installe à Damas. *1984* en Libye. *1985-déc.* responsable des attentats dans aéroports de Vienne et Rome. *1986* probablement en Iran. *1988* à Tripoli.

Aigles de la Révolution pal. : agissent pour la Saïka et parfois d'une manière autonome. Responsables de l'attaque du restaurant universitaire j. à Paris et de l'ambassade d'Ég. à Ankara en 1979.

FSNP (Front de salut national pal.) : *créé* 25-3-1985 contre la ligne déviationniste d'Arafat. Regroupe FPLP, FPLP-CG, FLPP, FLP, Saïka, tendance Abou Moussa.

Hamas [*Harakat Al Moukawama Al Islamiya,* Hama, « zèle » en arabe (mouvement de la résistance islamique)] : palestinien intégriste (non membre de l'OLP). Se fait connaître publiquement le 14-12-1987 après le déclenchement de l'Intifada. Fondé à Gaza à partir d'organisations de charité et d'enseignement proches des Frères musulmans (voir **Égypte**). *1988*-18-8 charte publiée. *1989* déclaré illégal. Soutenu par Iran, Koweït, Arabie. Installé dans les territoires occupés. Opposé au processus du paix, veut détruire Israël et imposer un État islamique en Pal. *Chef :* cheikh Ahmad Yassine (né 1936), infirme depuis l'âge de 12 ans, professeur, 1989-mai arrêté, 1991-oct. condamné à la prison à perpétuité pour meurtre et incitation à la violence, 1997-1-10 échangé contre 2 agents du Mossad faits prisonniers le 25-9 (voir services secrets, encadré p. 1140 a) ; -6-10 accueilli à Gaza. *5 branches :* Amman, Damas, Gaza, branche militaire Ezzedine el-Kassem, branche autonome des élèves de Yehia Ayache († 1996). *Cellules* de 5 à 6 membres. Implantation sociale et éducative (dispensaires, crèches, orphelinats, écoles...). Le Hamas dit aux kamikazes qu'il recrute qu'un martyr peut gagner l'entrée au Paradis pour 70 de ses proches (amis ou membres de sa famille) et que 70 épouses vierges l'attendent là-haut.

Djihad islamique : fondé 1981 avec l'aide de l'Iran. Bureau à Damas. *Chefs :* Fathi Chakaki (1956 assassiné à Malte 26-10-1995), puis Ramadane Abdallah Challah (né 1955) depuis 1995.

POSITION DES PALESTINIENS

Charte palestinienne : élaborée en 1964 puis remaniée en 1968. *Art. 1 :* Le peuple palestinien « fait partie intégrante de la nation arabe ». *Art. 2 :* La Pal., dans les frontières du mandat britannique, constitue une unité territoriale indivisible. *Art. 3 :* Le peuple ar. détient un droit légal sur sa patrie et déterminera son destin, après avoir libéré son pays, selon son propre gré et par sa seule volonté. *Art. 5 :* Les Palestiniens sont les citoyens ar. qui habitaient en permanence en Pal. jusqu'en 1947. *Art. 6 :* N'admet que la présence des J. « qui résidaient de façon permanente en Pal. avant le début de l'invasion sioniste » (soit en 1881, a précisé Arafat en 1974). *Art. 9 :* La lutte armée est la seule voie permettant la libération de la Pal. *Art. 19 :* Le partage de la Pal. [...] en 1947 et la création de l'État d'Israël sont nuls et non avenus [...]. *Art. 20 :* Les prétentions fondées sur les liens historiques et religieux des J. avec la Pal. sont incompatibles avec les faits historiques. Le judaïsme étant une religion révélée, il ne saurait constituer une nationalité ayant une existence indépendante. De même, les J. ne forment pas un seul et même peuple. *Art. 21 :* Le peuple ar. pal., s'exprimant par la révolution pal. armée, rejette toute solution de remplacement à la libération totale de la Pal. et toute proposition visant à la solution du problème pal. ou à son internationalisation.

10 points de juin 1974 : « **1°)** L'OLP rejette la résolution n° 242 du Conseil de sécurité, qui ignore les aspirations patriotiques et nationales de notre peuple... **2°)** L'OLP lutte contre tout projet ou entité palestinienne dont le prix serait la reconnaissance de l'ennemi, la conclusion de la paix avec lui et le renoncement aux droits historiques de notre peuple à retourner chez lui. **3°)** L'OLP considère que toute mesure de libération n'est qu'un pas vers la réalisation de son objectif stratégique, à savoir l'édification d'un État pal. démocratique... »

Plan de Fès (1982) : adopté en sept. (sommet arabe au Maroc). Pour la 1re fois, il a réuni un consensus des membres de la Ligue arabe et reconnu implicitement l'État d'I. : **1°)** retrait d'I. de tous les territoires ar. occupés après la guerre de juin 1967, y compris secteur ar. de Jér. **2°)** Démantèlement des colonies de peuplement établies par I. dans les territoires occupés après 1967. **3°)** Garantie de la liberté de culte pour toutes les religions dans les Lieux saints de Jér. **4°)** Réaffirmation du droit du peuple pal. à l'autodétermination et à l'exercice de ses pleins droits nationaux inaliénables sous la conduite de l'OLP, son représentant unique et légitime. **5°)** Cisjordanie et Gaza doivent être soumises à la tutelle de l'Onu pour une période transitoire ne dépassant pas quelques mois. **6°)** Création d'un État pal. indépendant ayant pour capitale Jérusalem.

1986-*4-9* Arafat déclare à Harare qu'il accepte la résolution 242 du Conseil de sécurité de l'Onu impliquant la reconnaissance d'I., dans le cadre d'un règlement global du conflit israélo-ar. fondé sur l'acceptation de l'Onu sur la question pal. Les autres résolutions de l'Onu impliquent le retour d'I. aux frontières du plan de partage de 1947, l'internationalisation de Jér. Pour I., il s'agit donc de « propagande grossière ». **1988**-*13/14-9* visite d'Arafat au Parlement européen de Strasbourg. *-15-11* Alger, Arafat annonce au Conseil national la création d'un État avec Jér. comme cap. en se référant aux résolutions 181, 242 et 338 de l'Onu. *-19-11* reconnu par Ég. *-22-11* par environ 50 pays (100 en 1991). *-16-12* à Tunis, 1re rencontre officielle OLP-USA. *-Déc.* Arafat demande un couloir entre Gaza et Cisjordanie. **1989**-*2-4* Arafat confirmé à la tête de l'État palestinien. *-2-5* Paris : visite officielle Arafat ; déclare caduque la Charte de l'OLP. *-12-5* OLP refusée comme membre de l'OMS (reste observateur). **1991** soutient l'Iraq dans la guerre du Golfe. **1993**-*sept.* lettre d'Arafat à Yitzhak Rabin affirmant que les articles de la Charte pal., qui nient à Israël le droit à l'existence, et les dispositions de la Charte sont désormais inopérants et sans validité. **1998**-*6-11* le comité exécutif ratifie les amendements apportés en 1996 à la Charte par le Conseil pal. (éliminant les clauses impliquant la destruction d'I.) ; sur 33 articles : 12 annulés, 16 modifiés ; en fait, entérine la lettre d'Arafat à Clinton du 22-1-1998. *-10-12* les 120 m. du Conseil central de l'OLP ratifient la lettre.

■ **Assassinats de membres de l'OLP.** **1973**-*9/10-4* Beyrouth, *Abou Youssef* (Mohamad Najar, chef militaire du Fath) et sa femme, *Kamal Nasser* (porte-parole), *Kamal Adouane* (m. du comité central du Fath). **1978**-*4-1* Londres, *Saïd Hamman* (représentant en G.-B.). *-15-6* Koweït, *Ali Yassine* (directeur du bureau). *3-8* Paris, *Ezzedine Kalak* (chef représentation pal.). **1979**-*22-1* Beyrouth, *Abdoul Hassan* (chef opérations spéciales du Fath). *-25-7* Cannes, *Zouheir Mohsen* (chef département militaire). *-15-12* Nicosie, *Samir Toukan* (2e secr. du bureau). **1981**-*1-6* Bruxelles, *Naïm Khader* (représentant). *-9-10* Rome, *Majed Abou Sharrar* (responsable information). **1982**-*17-6* Rome, *Kamal Hussein* (vice-Pt). *-23-7* Paris, *Fald Dani* (directeur adjoint du bureau). *-28-9* Liban, *Saad Sayel* (Aboul al-Walid, conseiller militaire d'Arafat). **1983**-*10-4* Portugal, *Issam Sartaoui* (consultant politique), revendiqué par Abou Nidal. *-20-8* Grèce, *Maamoun Mreich* (collaborateur d'Abou Jihad). **1984**-*29-12* Amman, *Fadh Kawashmed* (du comité exécutif, maire d'Hébron expulsé mars 1980) tué par pro Syriens. **1985**-*1-10* Tunis, bombardement QG de l'OLP. **1986**-*10-6* Athènes, *Khaled Nazzal* (responsable des opérations dans les territoires occupés). *-21-10* Athènes, *Mondher Abou Ghazala* (du Fath). **1988**-*14-2* Limassol, 3 cadres militaires du Fath. *-16-4* Tunis, *Abou Jihad* (vrai nom Khalil al-Wazir, n° 2 du Fath) et son adjoint tués par commando. **1991**-*15-1* *Salah Khalaf* dit *Abou Iyad* (né 31-8-1933, fondateur en 1959 avec Arafat du Fatah, 1967 chef de la sécurité, 1972 organisateur de l'attentat aux JO de Munich) et *Abou al-Hol* tués par Hamza Abou Zeid (exécuté nov. 91). **1992**-*8-6* Paris, *Atef Bsisou* (né 1948), du Fatah.

■ ÉCONOMIE

■ **Population active** (en %) **et,** entre parenthèses, **part du PNB** (en %). Agriculture : 5 (9), industrie 28 (40), services 66 (50), mines 1 (1). **Chômage** (en %). *1984 :* 5,9 ; *90 :* 9,6 ; *95 :* 6,9 ; *99 :* 8,9. **PIB nominal** (en milliards de $). *1985 :* 22 ; *90 :* 52 ; *94 :* 74 ; *96 :* 93,2 ; *97 :* 96 ; *98 :* 97,9 ; *99 :* 95,6. **PNB :** *1999 :* 100 ; **par habitant** (en $) : *1985 :* 5 006 ; *90 :* 11 131 ; *95 :* 15 920 ; *96 :* 17 485 ; *97 :* 16 180 ; *98 :* 15 970 ; *99 :* 15 710. **Croissance** (en %) : *1990 :* 4 ; *91 :* 7 ; *92 :* 6,4 ; *93 :* 3,3 ; *94 :* 6,5 ; *95 :* 6,9 ; *96 :* 4,5 ; *97 :* 2,1 ; *98 :* 1,9 ; *99 :* 2 ; *2000 :* 5,9 ; *2001 (est.) :* 2.

■ **Budget** (en milliards de $). *1997 :* 57,5 [dont (en %) remboursement de la dette 33,3, paiements de transferts et subventions 26,1, dépenses de défense 17,4, consommation civile 16,1, investissements dont crédits 7,1 %]. **Déficit budgétaire** (en % du PNB) : *1992 :* 4,9 ; *94 :* 2 ; *96 :* 4,7. *98 :*

Lieux saints

☞ *L'Onu a établi 2 listes de Lieux saints :* la 1re en 1949 dans le cadre d'un projet d'internationalisation de Jér. (adopté 9-12-1949) correspondant au « statu quo » de 1852 ; la 2e énumérant 113 Lieux saints.

■ **Juifs. Jérusalem :** *Mur des lamentations,* dernier vestige du Temple ; *mont du Temple ; tombeau de Rachel.* **Hébron :** *tombeau des Patriarches* (grotte de Machpela : Abraham et Sara, Isaac et Rébecca, Jacob et Léa) ; *tombeaux* de Maïmonide (Rambam), de Rabbi Meir Ba'al Ha'Ness, Rabbi Shimon Bar, Yokhaï et d'autres. Les *fidèles du mont du Temple* (d'extrême droite) veulent reconstruire le 3e Temple sur l'esplanade pour hâter la venue du Messie (les ultra-orthodoxes ne le reconstruiront qu'après la venue du Messie). Ils veulent que la souveraineté isr. s'y exerce.

■ **Musulmans. Jérusalem** (3e Lieu saint de l'islam) : *Mosquée Al Marwane* (du VIIe s.) dans les écuries de Salomon (nom donné par les chrétiens qui y gardaient leurs chevaux), restaurée sous l'esplanade en 1996. *Haram ash-Sharif,* ensemble d'édifices sur le mont du Temple (mosquées du Dôme du Rocher et d'Al-Aqsa) ; près de ce lieu, Mahomet est monté à la rencontre de Dieu sur sa jument al-Bourak. **Hébron :** tombeau des Patriarches. **Acre :** mosquée el-Djezzar. Les mosquées sont gérées par le *Waqf* (créé février 1979), et supervisées par le roi de Jordanie.

■ **Chrétiens. Jérusalem :** *Cénacle, Via Dolorosa* ; basilique du *St-Sépulcre* (614 détruite, reconstruite ; 1099 détruite, reconstruite par l'empereur Constantin IX le Monarque, 1149 les croisés construisent une nouvelle église) et autres sites de la Passion de Jésus et de la Crucifixion. *Mt des Oliviers* le mieux conservé. *Carmel du Pacte* (avant l'*Eléona*) où selon les traditions Jésus enseignait les Apôtres. L'*Imbomon,* église de l'Ascension devenue mosquée (à partir du XIIe s. se crée la légende, douteuse, de la trace des pieds de Jésus, bien que le moine Arculfe mentionne ce Lieu saint en 670). Le *Dominus Flevit,* où Jésus pleura en regardant Jérusalem (souvenir ne datant que de 1294, inauguré par Ricoldus de Monte Crucis, dominicain florentin). **Bethléem :** église de la Nativité (grotte du Lait, champ des Bergers). **Mt des Béatitudes. Capharnaüm :** lac de Tibériade. **Nazareth :** fontaine de la Vierge, atelier de Joseph. **1740**-*mai traité :* la France dispose d'un droit de protection sur les catholiques latins, sujets de l'Empire ottoman [la Fr. était chargée de la surveillance des lieux de pèlerinage dont les religieux catholiques avaient la garde (St-Sépulcre, église et grotte de Bethléem)]. **1774** *traité de Koutchouk-Kaïnardji :* la Russie se fait reconnaître le droit de « protéger » les orthodoxes de rite grec qui se rendent à Jér. (surtout Serbes et Bulgares, alors sujets ottomans). **1812, 1816, 1829** le tsar obtient du sultan des firmans accordant à ses pèlerins la garde de certains lieux de culte [comme le St-Sépulcre (restauré par les Grecs en 1808 après un incendie)] et les clés de l'église de la Nativité à Bethléem. Jér. : les incidents entre communautés se multiplient. **1850**-*mai* Louis-Napoléon demande au sultan de faire respecter les droits usurpés par le clergé grec. **1852**-*8-2* firman restituant aux Latins 3 clés de l'égl. de Bethléem et le droit d'officier près du tombeau de la Vierge. Le tsar Nicolas Ier proteste auprès du sultan. -*Mars* il obtient que le firman reste lettre morte (décision secrète). -*Sept.* les Latins se voient refuser les clés de l'égl. de Bethléem ; Louis-Napoléon exige que le sultan respecte ses engagements. **1853**-*févr.* le tsar envoie à Constantinople le Pce Menchikov. -*Fin avril* accord conclu. -*5-5* nouveau firman fixant le partage de la garde des clés ou des églises (donne surtout satisfaction aux pèlerins de rite grec, à qui reviennent le droit d'officier en 1er au tombeau de la Vierge et l'avantage de détenir 2 des 3 clés de l'égl. de Bethléem).

■ **Baha'is.** (voir p. 559 c).

■ **Druzes. Nébi Soueib :** tombeau de Jethro, beau-père de Moïse, près des Cornes de *Hattin,* en Galilée.

■ **Syndrome de Jérusalem.** Touche environ 200 pers. par an, se prenant pour des personnages de la Bible (le Christ, saint Jean-Baptiste, la Vierge Marie ou, s'ils sont juifs, le Messie ou le roi David), généralement cultivées, aisées, élevées dans la tradition religieuse, sans être nécessairement pratiquantes [soignées à l'hôpital psychiatrique de Kfar Shaul (Jér.)].

Autres lieux

Jérusalem : *Yad Vashem* : mémorial de l'Holocauste. *Université* hébraïque : musée d'I., manuscrits de la mer Morte. **Tel-Aviv** : vieille ville de Jaffa. **Césarée** : musée du Livre, théâtre romain. **Ashkelon** : ruines. **Tibériade** : lac. **Safed** : anciennes synagogues. **Beersheba** : puits d'Abraham. **Mer Morte. Massada** : lutte juive contre Romains (73 apr. J.-C.). **Ein Guedi** : oasis. **Avdat** : ruines byzantines. **Eilat** : musée aquatique au fond de la mer. **Timna** : mines de cuivre (exploitées de 1500 av. à 650 ap. J.-C.), piliers du roi Salomon. Monuments romains (voir encadré p. 196).

2,4. **Dépenses de défense** (en % du PIB). *1985 :* 20 ; *90 :* 13,2 ; *94 :* 11,4. **Aides** (en milliards de $). **Américaine** [1] (moyenne annuelle) : *1951-59 :* 0,4 ; *1981 :* 2,2 ; *82 :* 2,2 ; *83 :* 2,6 ; *84-85 :* 5 ; *85-86 :* 3,8 ; *87 :* 3 ; *88 :* 2,9 ; *89 :* 2,76 ; *90 :* 3,2 ; *91 :* 3,4 à 4,3 [1,8 militaire, 1,2 civil (+ 0,4 d'aide au logement des J. de l'ex-URSS) selon certains 13]. **Totale :** *1949-91 :* 50,5 à 53 [*de 1967à 1991* (selon d'autres sources) : 77 dont *de 1974 à 1989 :* 16,4)]. **Réparations allemandes :** *1951*-début, I. revendique des dédommagements d'1,5 milliard de $ (50 % payé par l'All. de l'Ouest et 50 % par l'All. de l'Est). I. avait accueilli environ 500 000 Juifs (coût : environ 3 000 $ par pers.). Le chancelier allemand acceptait comme base 1 milliard de $. *1952-10-9* traités signés à Luxembourg (All. : le chancelier ; Israël : Moshé Sharett, min. des Aff. étr. ; Claims Conference : Nahum Goldman) qui obtiennent de l'Autriche 90 millions de $. **Des organisations juives américaines** (contributions déductibles des revenus) : *comparaisons :* aide du Plan Marshall (1948-54) à l'Europe de l'Ouest : 13 milliards de $ (Israël a reçu 100 fois plus, par hab., que les Européens). « Dons » et « bons » reçus (1948-82) : 11,5 milliards de $. Tarifs préférentiels aux USA : 96 % entrent sans taxes. **Inflation** (en %) : *1979 :* 78,3 ; *80 :* 131 ; *81 :* 116,8 ; *82 :* 120,3 ; *83 :* 145,7 ; *84 :* 373,8 ; *85 :* 185,3 ; *86 :* 48,1 ; *87 :* 19,9 ; *88 :* 16,3 ; *89 :* 20,2 ; *90 :* 17,4 ; *91 :* 18,5 ; *92 :* 9,4 ; *93 :* 11,2 ; *94 :* 14,5 ; *95 :* 8,1 ; *96 :* 10,6 ; *97 :* 9,5 ; *98 :* 5,4 ; *99 :* 1,3 ; *2000 :* 0. **Réserve monétaire** (en milliards de $) : *1995 :* 8,1 ; *2000 :* 23,8. **Monnaie :** *1980-82 :* le shekel remplace la livre (1 shekel = 1 000 £), *1985-4-4 :* nouveau shekel (= 1 000 anciens shekels). *Dévalué 27-12-1988 :* 4,9 % ; *22-6-1989 :* 4,9 % ; *28-2-1990 :* 6 % ; *10-3-1991 :* 6 %. **Dette extérieure nette** (en milliards de $) : *1973 :* 10 ; *76 :* 10 ; *81 :* 17 ; *85 :* 19,3 ; *90 :* 15,1 ; *94 :* 17,7 ; *96 :* 20. **Investissements directs étrangers en I.** (en milliards de $) : *1997 :* 8,1 ; *98 :* 4,4 ; *99 :* 9 ; *2000 :* 11,4. **Dépenses militaires :** 10,2 % du PNB.

Nota. – (1) Payée au début de chaque année et utilisée par I. pour acheter bons du Trésor américains (76,7 millions de $ d'intérêts par an) et rembourser la dette contractée au titre des emprunts militaires.

■ **Pauvreté** (en 1998). 1 020 000 personnes vivaient en dessous du seuil de pauvreté (310 $ par mois pour 4 pers.). **Revenu moyen d'une famille** : 7 280 $ par an, 1 % dispose d'un revenu moyen de 100 000 $.

■ **Agriculture.** Propriété du sol collective, les terres appartiennent au Fonds national juif. **Terres cultivées** (en milliers d'ha, 1990) : 4 371 dont 2 370 irriguées. **Production** (en milliers de t, 1999) : tomates 504, pamplemousses 404, oranges 390, p. de t. 333, agrumes 878, bananes 109, coton 53, pommes 134, mandarines 130, pastèques 125, blé 80, raisin 89, concombres 85, avocats 50.

■ **Élevage** (en milliers de têtes, 1999). Volailles 28 120 (en 1997), bovins 300, moutons 340, porcs 163, chèvres 90. **Pêche** (en 1999). 23 800 t.

Kibboutz (pluriel : *kibboutzim ;* signifie groupe en hébreu). Pris comme modèle de société par l'extrême gauche entre les 2 guerres mondiales. « Groupes » c.-à-d. fermes collectives à économie socialiste ; les parents travaillent et les enfants sont en garderie ou à l'école. A 18 ans, on choisit de rester ou de partir. *1er créé* 1909 à Degania Alaph. *1979 :* 229 (101 600 hab., 35 % de la production agricole et 8 % de la production industrielle). *1995 :* 270 (124 000 hab.). **Moshav :** coopérative de production.

■ **Énergie. Pétrole** (en milliers de t) : *1996 :* 550 ; *97 :* 15 ; *98 :* 5 ; *99 :* 5. **Gaz** (en 1994) : 21,3 millions de m³. **Mines** (en 1999). Phosphates 4 000 000 t ; potasse 2 000 000 t. **Industrie.** Taille des diamants, armes, avions, textiles, électronique, alimentaire, équip. électrique. Silicon Valley autour de Tel-Aviv, 3 000 entreprises, 500 000 emplois.

■ **Transports** (en 1997). **Routes** : 15 464 km. *Véhicules* : 1 617 000 dont (en 1995) 10 794 bus, 246 966 camions et 1 112 281 privés. **Voies ferrées** : 609 km. **Projet** (en sommeil) *de liaison Méditerranée-mer Morte :* tunnel (diamètre 5,5 m sur 100 km) qui utiliserait la différence de niveau (400 m) et alimenterait une station hydroélectrique de 600 MW sur la mer Morte dont le niveau remonterait.

■ **Tourisme. Visiteurs** (en milliers) : *1993 :* 1 656 ; *94 :* 1 838 ; *95 :* 2 214 ; *96 :* 2 100 ; *2000 :* 2 672. **Revenus :** 2,8 milliards de $ (en 1997).

■ **Commerce** (en milliards de $). **Export./import. :** *1985 :* 10,9/14,7 ; *90 :*18,3/23,6 ; *94 : (exporte* produits man. de base 6 (surtout diamants), mach. et équip. de transp. 5,1, produits chim. 2,3, produits alim. 0,8 *vers* USA 5,2, Japon 0,98, Benelux 0,91, G.-B. 0,84, Hong Kong 0,84/*importe de* USA 4,2, Benelux 3, All. 2,4, G.-B. 2, Suisse-Liechtenstein 1,4) ; *95 :* 19,2/29,6 ; *96 :* 20,6/31,6 ; *97 :* 22,5/30,8 ; *98 :* 23/29,3 ; *99 :* 25,8/33,2.

■ **Rang dans le monde** (en 1999). 5e potasse. 22e oranges.

Italie

Carte p. 1142. V. légende p. 950.

☞ *Abréviations :* I. : Italie ; It., it. : Italiens, italien(ne)(s).

■ **Situation.** Europe. **Superficie :** 301 308 km². **Longueur :** 1 200 km. **Largeur :** continent, 580 km ; péninsule, maximale 170, minimale 54. **Frontières** (en km) : Suisse 740, *Fr.* 488, Autriche 430, Slovénie 232, Saint-Marin 39, Vatican 3,2. **Enclave en Suisse :** Campione d'Italia 2,6 km², 2 051 hab. **Côtes :** 8 500 km dont 3 766 *d'îles.* Riviera du Ponant (Vintimille, Gênes 175 km), du Levant (Gênes, La Spezia 173 km). **Altitude** *maximale :* Mt Blanc de Courmayeur 4 765 m. **Climat.** *Continental* au nord ; hivers froids (0 °C à Turin, 4 °C à Venise) ; étés chauds (25 °C), moussons d'été soufflant des mers Tyrrhénienne et Adriatique : 936 mm de pluie à Milan : rizières, maïs. *Méditerranéen* dans péninsule et îles : hivers doux, pluies courtes et violentes (800 mm à l'ouest, 550 à l'est), étés secs : Toscane 2 mois et demi (paysage vert) ; Calabre 5 (dénudé).

■ **Régions. Italie continentale : ouest et nord Alpes** (largeur 40-50 km), chute brusque sur la plaine ; massif principal : *Grand Paradis* (largeur 80 km) ; **à l'est de l'Adda,** massifs larges : *Bergamasque, Cadoriques* [largeur 200 km ; comprennent les *Dolomites* (alt. maximale *Marmolada* 3 342 m)] ; **à l'est de la Piave,** alt. basses (max. *Mt Cridola,* 2 582 m) : Alpes vénitiennes et juliennes. **Au pied des Alpes :** collines et plateaux du *Piémont* largeur 100 km à l'ouest, 50 km au nord avec lacs : Majeur (avec îles Borromées), Orta, Côme, Iseo, Garde, Lugano [Suisse/Italie (Ceresio)]. **Centre :** plaines *padane* (bassin du *Pô :* 1er fleuve d'I., 675 km, débit 1 600 m³/s) et *vénitienne* [bassins : *Adige* (longueur 410 km), *Brenta* (160 km), *Piave* (220 km). Alt. maximale 1 000 m ; 65 000 km² de terres arables (les 2/3 de l'I.)]. **Sud :** *Alpes de Ligurie,* à pic dans la mer et prolongées au sud-est par Apennins. **Italie péninsulaire : Apennins,** longueur 1 000 km, en zigzag d'une côte à l'autre : longent Méditerranée de Gênes à La Spezia, du Vésuve au détroit de Messine, Adriatique de Pesaro à San Severo. *Nord :* Apennins ligures, peu élevés mais compacts. *Centre :* massif des *Abruzzes,* calcaire, dur et escarpé (*Gran Sasso* 2 912 m). *Sud :* anciens et volcaniques [Mts de Campanie (*Vésuve*) et de Calabre (*Aspromonte* 2 000 m)]. **Plaines côtières,** environ 30 000 km² de terres arables : *1°) entre Apennins et Méditerranée (nord-ouest) : Étrurie* (bassin de l'Arno, longueur 250 km), campagne romaine (bassin du Tibre, longueur 410 km), *Campanie* napolitaine ; *2°) entre Apennins et Adriatique (sud-est) :* molasses et plateaux calcaires non plissés de *Tavolière,* du *Monte Gargano,* des *Pouilles ;* basses côtes du golfe de Tarente.

Iles. Sicile 25 426 km² ; 5 094 722 hab., plateaux calcaires, massifs volcaniques (*Etna* 3 340 m) ; **Sardaigne** 23 813 km² ; 1 601 586 hab., massif ancien (Tyrrhénie), granites, porphyres, basaltes, alt. maximale 1 834 m (*Punta La Marmora*) ; **Ischia** 62 km², 45 000 hab. ; **Éoliennes** (Lipari) dont **Lipari** 37,6 km², 10 500 hab. ; **Vulcano** 21 km², 434 hab. ; **Stromboli** (volcan 924 m) 12,6 km², 317 hab. ; **Salina** (alt. 962 m) 26,8 km², 2 300 hab. ; **Elbe** 270 km² (où régna Napoléon du 3-5-1814 au 26-2-1815), 27 500 hab. ; **Pantelleria** 83 km², 7 820 hab. ; **Capri** 6 × 3 km, 12 550 hab. ; **Procida** 3,75 km² ; 10 432 hab. **Égades** (Égates) 30 km², 4 650 hab. dont **Favignana 20 km², Levanzo, Marettimo.**

■ **Population** (en millions d'hab.). *1800 :* 18 ; *50 :* 24,3 ; *61 :* 26,3 ; *71 :* 26,8 ; *88 :* 29,78 ; *1900 :* 33,5 ; *04 :* 33,2 ; *39 :* 43,1 ; *51 :* 47,5 ; *61 :* 50,6 ; *71 :* 54,1 ; *81 :* 56,6 ; *84 :* 56,9 ; *93 :* 57,1 ; *94 (1-1) :* 57,1 [dont : I. du N. 25,4, I. centrale 11, I. du S. 20,7] ; *2000 (est.) :* 57,46 ; *2025 (prév.) :* 55. **D.** 191. **Age :** *- de 15 ans :* 14,2 %, *+ de 64 ans :* 18,1 % ; *2 000 (prév.) : + de 60 ans :* 25 % (dont 1 700 000 de *+ de 80 ans*). **Taux** (en ‰) : **natalité :** *1900 :* 33 ; *64 :* 19,7 ; *78 :* 12,6 ; *83 :* 10,6 ; *92 :* 9,9 ; *96 :* 9,3 ; *99 :* 9 ; **mortalité :** *1996 :* 9,6 ; *99 :* 10 ; *infantile : 96 :* 1,02 ; *99 : 6.* **Accroissement** stoppé (lois sur divorce et avortement, vente libre des contraceptifs). **Taux de fécondité** (en 1999) : 1,2 enfant par femme. **Espérance de vie** (en 1998) : 78 ans. **Mariages :** *1964 :* 417 486 ; *76 :* 354 202 ; *87 :* 306 264 ; *92 (est.) :* 303 785 ; *93 :* 292 632. **Divorces :** *1982 :* 13 139 ; *91 :* 27 350 ; *93 :* 23 863. **Urbanisation** (en 1997) : 67 %. **Italiens** (en millions) : 130. **De nationalité italienne :** *Europe* 59,3 (dont I. 57, ex-All. féd. 0,57, *Fr. 0,55,* Suisse 0,51, Belg. 0,29, P.-Bas 0,29, G.-B. 0,23, Lux. 0,031) ; *Amér. latine* 1,98 dont Arg. 1,26 (en 82), *du Nord* 0,46 ; *Océanie* 0,28 ; *Afr.* 0,12 ; *Asie* 0,02. **De nationalité étrangère :** 31, et 37 de sang mêlé. **Émigration totale : 1860-1970 :** 21 000 000 de pers. [moy. par an de *1860 à 1885 :* 160 000 ; *1885-95 :* 255 000 ; *1900-30 :* 370 000 (*1900 :* 352 782, *04 :* 506 731, *11 :* 533 844, *12 :* 711 446) ; *1930-46 :* interdite ; *1946-70 :* 125 000]. **Depuis 1970 :** départs et retours s'équilibrent.

Immigrés (au 31-12-1996) : *légaux :* 991 419 (regroupements familiaux autorisés : demande faite avant l'entrée en Italie ; il faut exercer un travail régulier qui assure un certain revenu) ; *clandestins :* 350 000 à 524 000 [ceux dont l'identité n'est pas vérifiable ont 2 semaines de délai avant l'application de l'ordre d'expulsion (*1995 :* 7 417 expulsés ; *98 :* 54 000 ; *99 :* 72 000) ; les clandestins ont droit aux soins médicaux et à la scolarisation de leurs enfants]. **Naturalisation :** il faut avoir résidé en Italie pendant au moins 10 ans, faire preuve d'une bonne connaissance de la langue et d'une « prédisposition » à l'intégration dans le pays. En 1999, 250 000 sans-papiers naturalisés. **Réfugiés** (en 1999) : 24 900 dont 17 900 ex-Youg.

■ **Langues. Officielle** (de l'État) : italien (toscan littéraire). **Officielles régionales :** *français* [langue romane (val d'Aoste), 100 000], *allemand* [langue germanique (Haut-Adige/Sud-Tyrol), 305 000], *sarde* [langue romane (Sardaigne)]. **Autres :** *romanes :* piémontais, lombard, génois, vénitien, émilien-romagnol, marchois, ombrien, toscan, romanesco, abruzzain, napolitain, salentin, calabrais, sicilien, sarde, ladin (Haut-Adige, 20 000), frioulan (Udine, environ 500 000), franco-provençal (val d'Aoste et Pouilles), occitan (Piémont, 230 000), catalan (Sardaigne) ; *germaniques :* allemand et parlers germaniques (Bolzano) toïtshu (walser venus XIIIe s. au Val d'Aoste) ; *slaves :* slovène (Trieste, Gorizia, 120 000), croate (Molise) ; *diverses :* albanais (sud et Sicile), grec (sud), tsigane (« sinti » dans le nord, « romanès » dans le reste du pays).

■ **Analphabètes** (selon Tullio de Mauro, ministre de l'Instruction, le 27-11-2000) : 33 % des adultes et 33 % au bord de l'analphabétisme.

■ **Religion** (en 1997). Cath. romains : 99,6 % (28 % pratiquent ; enfants : 50 % ne suivent pas le catéchisme), 43 000 prêtres (84 000 en 1901). *Accords du Latran* (11-2-1929) remplacés par le concordat du 18-2-1984 ; musulmans 700 000 ; juifs *1938 :* 35 000, *2001 :* 40 000 (dont Rome 15 000, Venise 600).

■ **Villes** (est. 1999). **Rome** (capitale) 2 645 408 hab. *Collines :* 7 rive gauche : Capitole (à l'origine peuplée par

Sabins), Palatin (par Romains), Aventin (par Latins vaincus, puis plébéiens), Quirinal, Viminal, Esquilin, Caelius (par Albains) ; 2 rive droite : Vatican, Janicule]. **Milan** 1 307 785, **Naples** 1 020 120, **Turin** 909 717, **Palerme** 686 551, **Gênes** 641 437, **Bologne** 382 006, **Florence** 376 760, **Catane** 339 271, **Bari** 331 568, **Venise** 291 531 (intra-muros 77 000, 176 000 en 1951), **Messine** 261 134, **Vérone** 254 712, **Trieste** 217 865, **Padoue** 211 035, **Tarente** 209 297, **Brescia** 190 909, **Reggio de Calabre** 179 919, **Modène** 175 485, **Cagliari** 167 490, **Prato** 171 135, **Parme** 167 523, **Livourne** 162 321.

Distances de Rome (en km) : Bari 467, Bologne 378, Catane 894, Florence 280, Gênes 545, Messine 797, Milan 575, Naples 217, Palerme 988, Parme 498, Trieste 686, Turin 715, Venise 539, Vérone 545.

Histoire

Origine critique. Avant J.-C. **Vers 1200** Latium peuplé de *Ligures* qui connaissent la civilisation du bronze et occupent dans une île du Tibre une bourgade sur pilotis, l'actuelle Rome. Invasion d'*Italiques* (Indo-Européens occidentaux, proches des Celtes), notamment *Latins* dont *Romains* et *Albains* (leurs villes datent de la même époque) et *Osco-Ombriens* (dont *Sabins* ou *Samnites*). Les Italiques sont venus par la terre depuis le Danube (ils ont pris leur nom en s'installant dans la péninsule, appelée *Italia* ou *Vitalia* « terre des troupeaux » par les Ligures). **1152** selon la tradition (*l'Énéide* de Virgile) : des Troyens, avec Énée (fils d'Anchise et d'Aphrodite), s'installent à Lavinium (Latium). *Énée* épouse *Lavinia* et succède à Latinus (après avoir battu les Rutules). Ses enfants, dont Ascagne, fondent *Albe* (qui serait ainsi la ville mère de Rome). **Vers 1000** créent la civilisation du fer *villanovienne* (de Villanova, près de Bologne). **Vers 900** *Étrusques* [*origines* (hypothèses) : 1°) venus d'Asie mineure (exemple : Lydie) pour Hérodote (v. 484-425 av. J.-C.) et Thucydide (v. 470-400 av. J.-C.). Ils auraient fui avec leur roi Thyrrhénos et fait halte dans l'île de Lemnos ; 2°) des régions alpines, pour Nicolas Féret (Fr., vers 1753) et Théodore Mommsen (All.), leurs pratiques funéraires ressemblant à celles des civilisations « des champs d'urnes » d'Europe centrale ; 3°) autochtones pour Denys d'Halicarnasse (Gréco-Romain, I^{e} s. apr. J.-C.) ; 4°) pour Massimilo Paltotino (archéologue), issus d'immigrés et d'indigènes, avec influence orientale. *Civilisation* : apogée Ve s. av. J.-C. entre le Tibre et l'Arno ; cités prospères ; une partie de la plaine du Pô colonisée au nord, ramifications au pied des Alpes, enclave dans région de Capoue et de Pompéi au sud.] **Vers 775** Grecs colonisent Ischia. **753** selon la tradition, *Rhea Silvia* (prêtresse de Vesta, fille de l'ancien roi d'Albe Numitor) devait rester vierge ; séduite par le dieu Mars, elle eut des jumeaux que leur grand-oncle Amulius, qui avait usurpé le trône, décida d'exposer sur les eaux du Tibre. Leur berceau s'échoua et une louve les sauva de la mort en les allaitant. Le berger Faustulus les recueillit ensuite dans sa chaumière [la grotte (Lupercal) où vivait la louve et la cabane du berger devinrent des lieux de pèlerinage (grande fête de purification des *Lupercales* le 15-2 : un groupe d'hommes, les *Luperci,* hommes-loups, couraient sur le Palatin après les femmes et les fouettaient pour les rendre fertiles)]. Au musée du Capitole, statue étrusque en bronze du Ve s. av. J.-C. (dite *louve capitoline*) ; 2 nourrissons y ont été rajoutés sous la Renaissance par Antonio del Pollaiulo. *Romulus* et *Remus* décidèrent de fonder une ville sur le Palatin. Pour en trouver le nom, ils recoururent aux auspices : le 1er, Remus aperçut 6 vautours ; Romulus en vit 12 à la fois, mais après lui ; la ville prendra son nom, d'où *Rome.* Il traça un sillon marquant ses limites. Remus, vexé de ne pas être roi, franchit le sillon par défi. Romulus le tua. Il fit de sa ville un asile pour les hors-la-loi. Ceux-ci, n'ayant pas de femmes, enlevèrent les *Sabines* (d'où une guerre entre Romains et Sabins, terminée par la fusion des 2 peuples, les Sabines s'interposant entre leurs frères et leurs maris). **750** Grecs fondent Cumes (introduisent vigne).

Période royale. **Numa Pompilius** (715-673, Sabin ; il possédait une nymphe, *Égérie,* qu'il entretenait souvent en secret ; à sa mort, elle versa tant de larmes que Diane la transforma en fontaine). Le roi est un patricien élu par l'assemblée du peuple [les 30 *curies,* c'est-à-dire les groupes de guerriers (*co-viria*)] ; il est le chef de l'armée, de la religion, de la justice, du Sénat ; ses insignes sont ceux des divinités : manteau rouge, escorte de licteurs, char. **Tulius Hostilius** (673-642, Romain ; ses champions, les *Horaces,* battent ceux d'Albe, les *Curiaces*). **Ancus Martius** (640-616, Sabin). **Tarquin l'Ancien** (616-579, fils d'un émigré corinthien). **Servius Tullius** (578-534 ; Étrusque ; rédige une Constitution). **Tarquin le Superbe** (534-510 ; Étrusque ; son gendre). Sextus Tarquinius, un de ses neveux, ayant violé *Lucrèce,* sa cousine germaine par alliance (épouse de Tarquin Collatinus) provoque une révolte dirigée par Brutus.

Étrusques. VIIe s. début de leur expansion (ensemble des cités) : Veio, Faleri, Capena, Campanie (Pompéi, Capoue). **VIe s.** domination temporaire sur Rome. **508** *Caius Mucius Scaevola* (romain) arrêté alors qu'il cherchait le roi étrusque Porsenna pour le tuer, se laissa brûler la main gauche plutôt que de dénoncer des complices. *Horatius Coclès* (dit Le Borgne) défend seul un pont sur le Tibre contre l'armée de Porsenna. **474** *Cumes,* Syracusiens battent leur flotte. **295** *Voisinies* Romains les battent : ils conservent leur langue et leurs mœurs jusqu'à l'âge d'Auguste. *Art* : nombreuses ruines [Tarquinia (nécropole découverte 1827), Cerveteri, Marzabotto], sculptures (chimère d'Arezzo, bronze découvert 1553). L'écriture, variante du grec, a donné les Q, H, X, F.

République. Fondée **vers 509** par *Valerius Agricola* († vers 503) : les pouvoirs royaux sont répartis entre plusieurs magistrats, notamment les 2 *préteurs* qui deviendront les consuls. Lutte *plébéiens* contre *patriciens*. **497** Rome bat les Latins (lac Régille). **494** plébéiens, révoltés contre patriciens qui les ruinent, se retirent sur l'Aventin. Menenius Agrippa, après leur avoir donné satisfaction, les convainc de réintégrer l'union de tous les citoyens. **Vers 494-47** création des *tribuns de la plèbe*. **V^{e}-IIIe s.** Rome domine l'I. après des guerres contre peuples du Latium, Étrusques, Gaulois de la plaine du Pô, Samnites, villes grecques de l'I. du Sud. **460** *Cincinnatus* nommé consul ; **458** dictateur (retourne à sa charrue ; *438* est rappelé, vainc les Èques). **444** consulat supprimé. **Vers 430** Rome contrôle les Volsques et les Èques. **425** détruit Fidènes (ville étrusque). **Fin Ve s.** *Coriolan* vainc les Volsques puis, banni de Rome, s'allie avec eux mais, devant les prières de sa mère et de son épouse, ne trahira pas Rome. **396** Camille prend Véies (ville étrusque) après un siège de 10 ans. **390** Gaulois brûlent Rome sauf le Capitole (dont les gardiens ont été réveillés par les oies sacrées de Junon). *Manlius Capitolinus,* consul, repousse les Gaulois. *Brennus,* ou Bren (« chef »), jette son épée dans la balance, pèse l'or de la rançon de Rome et s'écrie : « Vae Victis ! » (Malheur aux vaincus). *Camille,* dictateur, revient après prise de Véies, chasse Gaulois de Rome, reprend le Tribut, considéré comme le « Sauveur » et le « second fondateur de Rome ». **367** lois liciniennes. **353** Romains s'allient aux Samnites contre les Latins. **343-341** 1re *guerre contre Samnites.* Rome contrôle Campanie du N. **340-337** ligue latine révoltée dissoute, son territoire devient romain. **340** création d'un État romano-campanien. **338** colonie romaine à Antium (Anzio). **327-304** 2e *guerre samnite.* **Fourches Caudines** (aujourd'hui *Stretto di Arpaja*) : défilé où les Romains (consuls T. Veturius et Spurius Postumius) sont bloqués par les Samnites ; pour repartir, ils doivent laisser en otages 600 chevaliers devant passer sous le joug (2 lances plantées en terre, une 3e attachée transversalement), épreuve déshonorante. **312-308** Appius Claudius censeur. **312** *Via Appia* (Rome/Capoue) construite. **306** traité Rome/Carthage. Partage des zones d'influence. **298-291** 3e *guerre samnite.* **295** victorieux à Sentinum, les Romains sont maîtres de l'I. centrale. **280-272** *guerre contre Tarente*, alliée de Pyrrhus. **222** Gaule cisalpine occupée. **200-196** *guerre de Macédoine.* **197** *Cynoscéphales* : Titus Quinctius Flaminius bat Macédoniens (Philippe V). **192** *guerre contre Antiochos III.* **189** *Magnésie* : Lucius Cornelius Scipion l'Asiatique (frère de Scipion l'Africain ; † après 184) bat Séleucides. **186** lutte contre le culte dionysiaque (ou bacchique) importé de Grèce au IVe s. ; 7 000 adeptes des Bacchanales arrêtés (beaucoup sont tués). **171-168** *guerre de Macédoine.* **168** *Pydna* : Paul Émile (227-160) bat Persée (fils de Philippe V), roi de Macédoine. **150-149** *Caton l'Ancien* (234-149), dit « le Censeur », termine ses discours par « Delenda Carthago » (Il faut détruire Carthage). **148-146** *guerre de Macédoine.* **146** Grèce soumise (devient province d'Achaïe). Prise et sac de Corinthe. **134** tribunat de *Tiberius Gracchus* (né 162, propose réforme agraire, tué 133 lors d'une émeute). **133** *Scipion Emilien* prend Numance. *Attale III* de Pergame lègue son royaume aux Romains. *Mucius Scaevola* consul. **124** tribunat de *Caius Gracchus* [(né 154, frère de Tiberius, les 2 sont dits les « Gracques ») ; entreprend des réformes sociales ; écarté du tribunat ; est tué avec 3 000 partisans en 121]. **118** création de la province de Gaule narbonnaise. **107** 1er consulat de *Marius.* **105** *Marius* (Caius 157-86, 7 fois consul entre 106 et 86). Victoire des Cimbres à Orange. *Jugurtha* (roi de Numidie) livré aux Romains. **102** Marius bat Teutons à Aix-en-Provence. **101** repousse les Cimbres. **91-90** le tribun Livius Drusus propose d'étendre le droit de cité à tous les Italiotes ; le rejet de cette réforme provoque la guerre sociale ou « guerre des Alliés ». **88** *Sylla* (138-78), consul, bat *Mithridate* [120-63, roi du Pont (mer Noire), qui en 80 avait fait massacrer 100 000 Italiotes en Asie Mineure], reconquiert Grèce et Asie Mineure. **83-82** 1er soulèvement de *Sertorius* (123-72) en Espagne. **82** Sylla dictateur : proscriptions. **80** 2e soulèvement de Sertorius. **79** Sylla abdique. **78** débuts de *Cicéron* (106-43). **74-66** 3e *guerre de Mithridate* menée par *Lucullus* (v. 106-v. 57 ; évincé, mènera une vie de luxe et de raffinement) puis Pompée. **73-71** révolte des esclaves avec le Thrace *Spartacus* (v. 95-71) [ancien gladiateur ; il réunit 70 000 esclaves fugitifs et pille l'I. 2 ans ; vaincu et tué à Silare par Licinius Crassus (115-53) ; ses partisans sont exterminés : 6 000 sont crucifiés sur la voie Appienne entre Capoue et Rome]. **72** *Pompée* bat Sertorius. **70** *Pompée* et *Crassus* consuls. Procès de Verrès. Naissance de Virgile. **67** Pompée reçoit les pleins pouvoirs (loi « Gabinia »), bat les pirates (66-62, se bat en Asie). **65** naissance d'Horace. **64** conquiert Syrie. **63** mort de Mithridate. Fin de la guerre en Orient. Conjuration de *Catilina* [Lucius Sergius Catilina (108-62), aristocrate ruiné, battu aux élections consulaires en 66, tente de rétablir le pouvoir des patriciens contre le consul Cicéron, plébéien ; dénoncé par des complices, s'enfuit de Rome ; vaincu et tué par Marcus Petreius, à Pistoia]. **62** retour de Pompée en I. **61** *Arioviste* (chef germanique des Suèves, Gaulois d'origine) envahit la Gaule.

1er triumvirat. **60** **Pompée** [Cnaius Pompeius Magnus (106-48) ép. (60) Julia (fille de César) ; quand elle meurt (53), se brouille avec César]. **59** naissance de Tite-Live. **52-49** Pompée consul unique ; a réprimé l'anarchie née de la lutte entre les *Optimates* [riches propriétaires avec Milon († 48)] et les bandes populaires avec *Clodius* (assassiné 52). **Crassus** (Marcus Licinius, 115-53) : enrichi grâce aux proscriptions de Sylla ; préteur (71) ; écrase révolte de Spartacus (71) ; consul avec Pompée (70), populaire par ses largesses ; gouverneur de Syrie (56), tué au cours d'une guerre contre Parthes à Carrhes où sont anéanties 7 légions. **César** [Caius Julius Caesar (100-44) ; de la *gens Julia* remontant aux Étrusco-Troyens émigrés en Italie au IXe s., neveu de Marius, épargné par Sylla grâce à son habileté ; profite des largesses de Crassus (69-62), mais

■ **Guerres puniques contre Carthage. Causes :** les Phéniciens de Carthage (en latin *Poeni,* d'où *punique*) voulaient coloniser les côtes de Méditerranée occ. : Sicile (occasion de la 1re guerre), puis Espagne (2e guerre) ; les Romains, qui avaient achevé la conquête de la péninsule italique (prise de Tarente 272), voulaient s'agrandir outre-mer (Regulus débarque en Afr., 256 est battu ; envoyé à Rome sur parole pour négocier la paix, il dissuadera le Sénat d'accepter, retournera à Carthage où il périra sous la torture). **Déroulement : 1re 264-241** *Hamilcar Barca* (la « tempête », 290-228) : Carthaginois défendent la Sicile 6 ans (247-241), perdent leur flotte à Myles (260), évacuent l'île et conquièrent Esp. *Hannon,* amiral carthaginois, vaincu aux îles Aegates (242) par Catulus (flotte détruite). *Atilius Regulus,* consul, débarque en Afr. au cap Bon (256), vaincu et capturé (255). *Lutatius Catulus,* consul, vainqueur aux îles Aegates (241). **2e 218-201** *Hannibal* (247-183), fils d'Hamilcar, chef de la cavalerie sous les ordres de son beau-frère *Hasdrubal,* en Esp. (223-31), puis Gal en chef, prend Sagonte (219) ; avec 40 000 h., traverse le sud de la Gaule et les Alpes avec 37 éléphants, détruit l'armée romaine [le Tessin, la Trébie 218, Trasimène 217 (22-6), Cannes 216 (2-8) où il fait 10 000 prisonniers, mais ne poursuit pas sur Rome (à 300 km), ce qui sauve la ville], prend *Capoue* 215 (où son armée, appréciant les plaisirs de la ville, perd sa combativité), hésite 13 ans à attaquer Rome ; rappelé par Sénat carthaginois 203. Fabius Maximus Verrucosus *Cunctator* [le « temporisateur » (275-203)] résiste 13 ans à Hannibal, sans livrer bataille. *Marcellus* (268-208) enlève Syracuse à Archimède (212) ; plusieurs fois vainqueur d'Hannibal ; tué dans embuscade. *Scipion l'Africain* [Publius Cornelius Scipio (235-183)] débarque par surprise en Afr. (204), prend Utique, échoue devant Carthage ; se rembarque (203) ; débarque de nouveau et bat Hannibal à *Zama* (202). Hannibal s'enfuit chez le roi de Syrie Antiochos, puis chez le roi de Bithynie Prusias ; se suicide pour ne pas être livré aux Romains. **3e 149** *Rome : Scipion Émilien* (185-129), fils de Paul Émile, petit-fils adoptif d'un Scipion, enlève Carthage en 146 (après 3 ans de siège) et la fait raser.

s'endette par des gratifications démagogiques (65) ; consul (59) ; proconsul de Gaule cisalpine (58-54), conquiert Gaule celtique et redevient très riche]. **49**-*janv.* Pompée fait voter un « sénatus-consulte » ordonnant à César de licencier ses troupes, mais César franchit le *Rubicon* (fleuve marquant limite nord de l'Italie consulaire où il était interdit de faire entrer des troupes) en disant *« Alea jacta est »* (« Le sort en est jeté »). Pompée se retire en Grèce avec le Sénat et les nobles. César bat les lieutenants de Pompée (Afranius et Petreius) à Lérida (Esp.). **48**-*9-8* César bat Pompée à Pharsale (Grèce). **47**-*28-9* Pompée (venu se réfugier en Égypte, est, avant de débarquer, assassiné sur la côte d'Alexandrie sur ordre de Ptolémée XIV) ; César bat le fils de Mithridate. **46**-*6-2* bat Metellus Scipion et Juba roi de Numidie à Thapsus (Afr.). Scipion se suicide lorsque son vaisseau est rejoint par les troupes de César, ainsi que *-6-4* Caton d'Utique (né 93). César devient l'amant de Cléopâtre VII (69-30), reine d'Égypte. **45** César extermine Pompéiens à Munda, près de Cordoue (45), reçoit titre *d'imperator* (général en chef). Réorganise l'État, aménage le territoire (80 000 prolétaires transformés en paysans) ; crée le calendrier julien ; **44**-*15-3* assassiné par son fils adoptif Brutus (v. 82-42), républicain, qui lui reprochait de vouloir être roi [il organise un complot avec le Gal Caius Cassius Longinus et une soixantaine de conjurés ; César est percé de 23 coups d'épée ; *« Tu quoque, fili »* (« Toi aussi, mon fils ! ») lui aurait dit César en le reconnaissant ; Brutus s'enfuit avec Cassius en Macédoine (sera battu par Antoine et Octave à Philippes) et se suicide (sa femme Porcia, fille de Caton d'Utique, se tue après lui)]. *Femmes de César :* 1°) *Cornelia,* fille de Cinna, lieutenant de Marius (sommé par Sylla de la répudier en 82, il refuse) ; 2°) *Pompeia,* fille de Quintus Pompée et nièce de Sylla ; répudiée après quelques mois pour adultère avec le tribun Clodius.

2e triumvirat. 43 *-27-11* **Octave,** petit-neveu de Jules César [(63 av.-14 apr. J.-C., empoisonné), ép. 1°) le 17-1-38 av. J.-C. *Scribonia,* dont il aura *Julie* [qui épouse Agrippa († 12 av. J.-C.) puis Tibère ; grand-mère de Caligula] ; 2°) *Livie* (58 av.-29 apr. J.-C.) qu'il force à divorcer de Tiberius Claudius Nero (dont elle a eu Tibère et Drusus)] prend Occident, deviendra Auguste, voir ci-dessous. **Antoine** [Marc (83-30, suicide), ép. 1°) *Octavie* et la répudie ; 2° ; *Cléopâtre VII,* reine d'Égypte ; prend Orient après victoire de Philippes (42)], et **Lépidus (**† 13 ou 12, Afr.), grand pontife. **43** Sextus Pompée (fils du grand Pompée), proscrit, se rend maître de Sicile, Sardaigne et Corse (vaincu en 36 à Nauloque, sera exécuté en 35 à Milet). Lépidus (qui l'avait soutenu) est exilé. **31**-*2-9* Octave bat Antoine et Cléopâtre à *Actium* (promontoire rocheux sur la côte grecque) ; **30**-*1-8* prend Alexandrie ; **28** nommé Pt du Sénat.

EMPEREURS ROMAINS

■ **Période impériale. Dynastie julio-claudienne : 27**-*16-1* **Auguste** (Octave ainsi nommé). Mécène (vers 69-8 av. J.-C.), souvent chargé de l'admin. de l'Empire en l'absence d'Auguste, protège artistes et littérateurs. **18** *loi Julia* (sur mariage et adultère). **APRÈS J.-C. 9 Varus,** chargé de conquérir Germanie (rive droite du Rhin), écrasé avec ses légions (Teutobourg). **14**-*19-8* Auguste meurt. **Tibère** (42 av./16-3-37 apr. J.-C., assassiné), son fils adoptif depuis 4 apr. J.-C. (fils de Livie et de Tiberius Claudius Nero). **19** *Germanicus* (surnom venant de ses victoires sur les Germains), fils de Drusus, frère de Tibère qui l'a adopté en 4 apr. J.-C. ; consul en 12 ; marié à Agrippine l'Aînée (vainquit notamment Arminius en 16), meurt empoisonné à Antioche (sur ordre de Tibère, dit-on). **26** Tibère laisse le pouvoir à son ami *Séjan,* préfet du prétoire, et part pour Capri. **37 Caligula** (31-8-12/24-1-41 assassiné par Cassius Chereas) [fils de Germanicus et d'Agrippine], fou (38, fait mettre à mort Drusilla, sa sœur dont il a fait sa femme, nomme consul son cheval Incitatus). **41 Claude** (9 ou 10 av./12-10-54 apr. J.-C., empoisonné aux champignons par *Agrippine*), fils de Drusus et Antonia, frère de Tibère, oncle paternel de Caligula ; bègue et épileptique ; découvert caché derrière un rideau, il est acclamé par les cohortes et le Sénat ratifie ce choix ; ép. (après Emilia Lepida, Livia Medullina, Plautia Urgulanilla et Elia Petina) *Messaline Valeria,* fille de Barbatus Messala [née vers 25, dont il eut Octavie et Britannicus († 55) ; débauchée et criminelle elle fut tuée en sept. 48 quand Claude apprit qu'elle avait épousé son amant Caïus Silius]. **49** *Agrippine la Jeune* (v. 15 av.-59 apr. J.-C.), fille d'Agrippine l'Aînée [v. 14 av.-38 apr. J.-C. ; elle-même fille de Julie (fille d'Auguste) et d'Agrippa ; épouse de Germanicus (frère aîné de Claude) ; mère de Néron (né Domitius)]. Juifs expulsés de Rome. **54**-*12-10* **Néron** (né 15-12-37), fils adoptif de Claude, épouse à 12 ans *Octavie* (née vers 42), fille de Claude ; **55** empoisonne (poison préparé par Lucullus, son demi-frère) *Britannicus* (14 ans) que sa mère Agrippine menaçait de mettre au pouvoir. **59** Néron fait tuer sa mère par Anicet, puis répudie Octavie (qu'il fera tuer en 62) ; **62** épouse sa maîtresse *Poppée* (qui se baigne dans du lait d'ânesse) [en 65, de colère, la tue d'un coup de pied au ventre (elle était enceinte)]. **64**-*18/27-7 incendie de Rome* (4 quartiers sur 14 épargnés), Néron (responsable selon Pline l'Ancien rapportant des racontars) accuse les chrétiens, les fait périr dans les tortures. **68**-*mars* soulèvement de *Vindex* en Gaule. Rébellion de *Galba* en Espagne. *-6-6* le Sénat décrétant sa mort, Néron se suicide après avoir répété : « Quel artiste périt en moi ! »

Empereurs de la guerre civile : 68-*juin* **Galba** (v. 5 av./15-1-69, égorgé sur le forum par les prétoriens). **69**-*janv./avril* **Othon** (né 32, vaincu à Bedriacum par Vitellius, suicidé 14-4-69). *-Avril/déc.* **Vitellius** (15/22-12-69 assassiné et déchiqueté par la foule).

Flaviens : 69-*1-7* **Vespasien** (9/24-6-79) proclamé empereur à Alexandrie. *-21-12* occupe Rome. **70** Titus prend Jérusalem. **79 Titus** (30-12-40 ou 41 ?/13-9-81, épidémie), fils de Vespasien. *-24-8* Pompéi détruite par éruption du Vésuve (15 000 †, tués par une vague de chaleur et de poussière : la matière en fusion consuma les corps, vaporisant leurs organes et figeant leur ossature les empêchant d'être consumés totalement). Installation à Rome d'urinoirs [Titus lui reprochant de se procurer ainsi de l'argent, Vespasien lui montra une pièce de monnaie : *« Non olet »* (« Elle n'a pas d'odeur »)]. **Ier s.** Bretagne, Dacie, Assyrie, Mésopotamie occupées. **81 Domitien** (24-10-51/18-9-96, assassiné), frère de Titus.

Antonins : 96 Nerva (26/27-1-98). **98 Trajan** (53/11-8-117), fils adoptif de Nerva. **101** 1re *guerre dacique*. **105** 2e *guerre dacique.* **106** Décébale, chef dace, se suicide. **107** annexion de la Dacie (Roumanie actuelle). *-11-4 guerre contre Parthes,* prend Arménie, Mésopotamie. **114** Trajan titré *Princeps optimus* par le Sénat. **117 Hadrien** (Romain d'Espagne, 24-1-76/10-7-138 d'une indigestion de fromage), dont l'amant *Antinoüs* se noya dans le Nil en 130 ; il renforcera le Conseil du Prince et fera construire des fortifications. **138 Antonin le Pieux** (19-9-86/7-3-161 d'une indigestion). **161 Marc Aurèle** (26-4-121/17-3-180, peste, auteur de *Pensées*, adepte du stoïcisme) [avec Lucius Verus jusqu'en 169], épouse Faustina, fille d'Antonin le Pieux. **166-181** peste (surtout en Italie et Égypte). **167** I. envahie par Marcomans et Quades. Persécutions contre chrétiens. **177** persécution des chrétiens. **180 Commode** (31-8-161/31-12-192, empoisonné par sa maîtresse Martia et étranglé par Laetus), fils de Marc Aurèle, sanguinaire. **Sévères : 192**-*début* l'armée impose ses empereurs, pression des Barbares. **193**-*janv./mars* **Pertinax** (1-8-126/9-4-193, assassiné). **Julien Ier** [Didius (133/2-6-193, tué par ses soldats)].

193-*1-6* **Septime Sévère Ier** (8-4-146/4-2-211 à York), Africain sémite offre 25 000 sesterces à chaque prétorien pour être élu. **195** Albinus, son rival proclamé auguste, s'installe à Lyon ; **197**-*19-2* battu par Sévère, se suicide. **211 Caracalla,** fils de Sévère [188/8-4-217 ; règne avec **Géta** (son frère, né 23-5-189), mais en 212 le fait assassiner dans les bras de leur mère]. **212** édit : tous les hommes libres de l'Empire deviennent citoyens romains. **217**-*8-4* Caracalla assassiné en Syrie, sur l'ordre de Macrin, par Martialis qui le poignarde dans le dos. **Macrin** (164-218). **218 Héliogabale** (ou Élagabal ; 204/11-12-222, assassiné, cadavre jeté dans le Tibre ; Syrien, grand prêtre du dieu El Gebal) scandalise les Romains en déménageant le feu sacré de la déesse Vesta qui protège la cité, le Palladium (statue qui aurait été rapportée de Troie par Énée), les boucliers sacrés de Mars et la pierre de la déesse Cybèle (dont le culte avait été importé de Phrygie). **222 Alexandre Sévère II** (205 ou 208-18-3-235, assassiné).

■ **Anarchie militaire. 225-284** division, empire des Gaules (258-273), roy. de Palmyre (260-273) avec reine Zénobie et son fils Voballath. **235 Maximin Ier** (173-juin 238, assassiné). **238**-*févr./mars* **Gordien Ier** (v. 157-238). **Balbin** (178-238, assassiné). **Pupien** († 238), avec Balbin. **Gordien II** (v. 192-238). *-Févr.* **Gordien III** (224-244, assassiné ; 241 épouse Tranquillina). **244 Philippe l'Arabe** (v. 204-249, assassiné) ; **247** célèbre le millénaire de Rome (fondée 753). **249 Decius** (201-251). **251 Gallus** († 253, assassiné). **251-258** peste. **253 Aemilianus** (tué). **Valérien** (exécuté 259 ou 260 en captivité, battu par Chahpuhr (ou Sapor) Ier, roi des Perses, et pris avec 70 000 légionnaires). **258 Gallien** (v. 218-268, assassiné), son fils, associé depuis 253. **261 Postumus** († 267, assassiné) constitue l'Empire des Gaules. **263** Goths pillent Éphèse. **267** Hérules attaquent Athènes. **268 Claude II le Gothique** (v. 214-270). **270 Aurélien** (v. 214-275, assassiné, surnommé le Restaurateur du monde romain). *Sept.* **Quintillus** (suicide). **272** fin du roy. de Zénobie à Palmyre et en Égypte. **273** fin de l'Empire des Gaules. **275 Florien** puis **Tacite** (v. 200-276), **276** assassinés. **Probus** († 282, assassiné). **282 Carus** († 283). **283 Carin** († 285, assassiné). **Numérien** († 284, assassiné), fils de Carus. **285 Dioclétien** (Dalmate, 245-313) [entre Empire d'Occident et Empire d'Orient]. Rétablit unité, prend un associé, **Maximien Hercule.** Chacun est *« auguste »* et choisit un héritier en 293, un *« césar »* (293, *Galère* et *Constance*, système de la *tétrarchie*). **287-298** *paix de Nisibis* avec Perses. **302-305** persécutions contre les chrétiens. **303**-*23-2* édit de persécution contre chrétiens. **305**-*1-5* Maximien et Dioclétien abdiquent.

■ **Guerres civiles. 305** 6 empereurs revendiquent le titre d'auguste : Constantin, Sévère, Maximin, Galère, Maxence et Maximien. **Constance Ier Chlore** (vers 225-306). **306**-*26-7* **Constantin Ier** [27-2-272 (ou 273 ?)/22-5-337] rétablit unité de l'Empire. **307 Maxence** exécute Sévère. **308 Constantin** exécute Maximien. **Maximin II Daia** († 313). **311** *Galère* meurt ; remplacé par **Licinius. 312**-*28-10* Constantin bat Maxence et le tue au pont Milvius. **313** Constantin et Licinius accordent la liberté aux chrétiens (édit de Milan, 13-6). Licinius tue Maximin, puis Valens, successeur de Maximin ; Constantin tue Martianus, successeur de Valens (323), puis Licinius (325) et devient empereur unique. **325**-*20-5 concile de Nicée.* **330**-*11-5 Byzance* inaugurée comme seconde cap. Création du sou (*solidus* d'or). **337 Constantin II** (317-340, tué à Aquilée). **Constant Ier** (320-350) et **Constance II** (317/3-11-361) règnent conjointement. **361 Julien l'Apostat** (331/25-6-363), neveu de Constantin Ier, essaie de restaurer le paganisme ; blessé à mort lors d'un combat contre les Perses, aurait dit, avant de mourir : « Tu as vaincu, Galiléen » (évoquant Jésus). **363 Jovien Ier** (v. 331-364). **364 Valentinien Ier** (321-375) ; **Valens** son frère, associé, empire d'Orient (tué par Goths à Andrinople 378). **367** Valentinien quitte Milan et s'installe à Trèves (fondée v. 15 av. J.-C. par Auguste) pour assurer la défense du Rhin. **375 Valentinien II** (v. 371-392, assassiné), Pannonien. **376 Gratien** (359-383). **379 Théodose Ier** (v. 347/17-1-395), Gal espagnol. **381** édit : catholicisme religion d'État. **383** *Arcadius* († 1-5-408) fait auguste. **Maxime** († 388, assassiné), empereur en Gaule et en Esp. **391** ferme temples païens. **392**-*15-5* **Eugène** (usurpateur), gendre de Valentinien Ier († 375). **393 Honorius** proclamé auguste. **395** *partage définitif de l'Empire* entre **Arcadius** et **Honorius.** L'Empire d'Orient (byzantin) durera jusqu'en 1453.

EMPEREURS ROMAINS D'OCCIDENT

☞ Voir aussi **Empereurs romains d'Orient** à l'Index.

Bas-Empire d'Occident (395-476). 395 Honorius Ier (395-423), fils de Théodose Ier. **400** *Alaric,* roi des Wisigoths, s'installe en I. **402** *Stilicon* bat Alaric à Pollenza. **404** Honorius transfère capitale à Ravenne. **406** Vandales entrent en masse dans l'Empire (Gaule, puis 409 Esp.). **408**-*déc.* Wisigoths, avec Alaric, devant Rome ; partent contre rançon et libération des esclaves germaniques. **409** exigent Vénétie, Dalmatie, Norique et pour Alaric titre de maître des milices (Honorius refuse). **410**-*24/27-8* pillent Rome puis s'embarquent pour l'Afrique, riche en céréales. **411-418** leur flotte étant détruite par tempête, s'installent en Narbonnaise. **423-54 Aetius :** dictature militaire, maintient « diocèses » d'I. et Gaule contre envahisseurs, notamment les Huns (451-52). **425**-*23-10* **Valentinien III** (419-455), neveu d'Honorius par sa mère Galla Placidia. **429** Vandales en Afr. **439** prennent Carthage. **455 Maxime Pétrone Ier** (v. 395-455, assassiné). Rome pillée par Vandales. **Avitus** († 456). **Ricimer** († août 472) fait nommer en **456 Majorien Ier** (461, assassiné). **461 Sévère III** († 465). **467 Anthemius,** fils de Procope. Vandales détruisent la flotte byzantine lancée contre eux. **472 Olybrius** († 472). **473 Glycerius** († 480). **474 Julius Nepos. 475**-*31-10* **Romulus Augustule** (né vers 461), fils d'Oreste, mercenaire hérule (Germain qui a servi Attila puis, après sa mort, les empereurs romains). **476** *invasions barbares.* Odoacre, chef des Germains Skyres, roi des Hérules, tue Oreste, chasse Romulus (23-8), renvoie à Zénon, empereur à Constantinople, les ornements impériaux ; les sénateurs doivent accepter le transfert du siège de l'Empire. Fin de l'Empire d'Occident.

☞ **Fin des empereurs romains :** morts naturellement 37, assassinés 54, empoisonnés 2, expulsés du trône 6, ayant abdiqué 6, enterré vivant 1, suicidés 5, frappés de la foudre 2, morts inconnues 2.

■ DU Ve AU XIIIe SIÈCLE

■ **Période germanique (476-774). Odoacre** se fait reconnaître « patrice de Rome » par l'empereur d'Orient, Zénon. Proclamé roi par ses troupes, il gouverne l'I. 17 ans (cap. Ravenne) ; **493** est tué à Ravenne par le roi des Ostrogoths, **Théodoric le Grand,** à qui Zénon a accordé l'I. **498** l'empereur Anastase envoie les insignes impériaux à Théodoric qui fonde un empire ostrogoth arien. **533** Bélisaire (Gal byzantin) chasse Vandales d'Afr. **535-553** *Bélisaire,* vainqueur (540) de Vitigès, roi des Ostrogoths ; *Narsès* (Gal byzantin), vainqueur (552) de *Totila,* roi des Ostrogoths, sous Justinien Ier, empereur d'Orient. Ravenne capitale et siège de l'exarque représentant l'empereur. **542** peste. **568-572** invasion lombarde ; fondation de duchés lombards, centre Pavie (les papes deviennent ducs de Rome). **751** Byzantins chassés de Ravenne

ART ROMAIN

☞ **Généralités.** Influencé surtout par art étrusque et art grec. Les Grecs ne connaissent que l'architrave pour franchir les vides ; les Étrusques, puis les Romains, utilisèrent l'arc. Apogée entre Auguste (30 av. J.-C.) et les Antonins (fin du IIe s. apr. J.-C.). *Monuments grecs :* Italie du Sud (dite Grande Grèce), voir **Grèce** à l'Index.

Abréviation : pl. : places.

Amphithéâtres ou **arènes. Allemagne** *Trèves* (100 apr. J.-C.). **Croatie** *Pula* (31 av.-14 apr. J.-C. ; 132 × 105 m, hauteur 32,5 m, 23 000 pl.). **Espagne** *Italica* (206 av. J.-C. ; 40 000 pl.). *Tarragone. Mérida* (Ier s. av. J.-C. ; 14 000 pl.). **Israël** *Césarée* (22-9 av. J.-C. ; 5 000 pl.). *Beit Chean* (IIe s. ; 8 000 pl.). *Hamat Gader* (1 500 à 2 000 pl.). **Italie** *Rome :* le Colisée (Ier s. ; 187 × 155 m, 57 m de hauteur à l'extérieur, 49 m à l'intérieur, 527 m de circonférence, 50 000 pl.) ; inauguré par Titus en 80, porte le nom de la statue de Néron (le *Colosse,* 32 m) édifiée à côté. En 1349, un tremblement de terre en fit tomber un large pan. *Vérone* (Ier s. ; 152 × 128 m, hauteur extérieure 32 m). *Capoue* (Ier s. ; 167 × 137 m). *Pompéi* (130 × 102 m). *Pouzzoles* (69 à 79 ; 149 × 116 m, 40 000 pl.). **Tunisie** *El Djem :* Colisée (148 × 122 m, 60 000 pl.).

Aqueducs. Espagne *Ségovie* (813 m ; hauteur 28 m, Ier s.). *Tarragone* (98-117, Las Ferreras, 217 m ; hauteur 28,70 m). *Mérida* (Los Milagros, 827 m ; hauteur 25 m). **France** *pont du Gard* (voir à l'Index). **Israël** *Césarée* (22-9 av. J.-C.). **Italie** *Rome :* Aqua Marcia (145 av. J.-C.) ; *Virgo,* aqueduc de Claude (Ier s., 60 km, en ruine). **Tunisie** *Carthage à Zaghouan,* (76-138 ; 90 km). **Turquie** *Antioche* (Antakya).

Arcs. Algérie *Timgad :* de Trajan (IIIe s.). *Tébessa :* de Caracalla (11 m de côté). *Lambèse* (197-211). *Djémila* (216). **Espagne** *Bara* (IIe s.). *Medinaceli* (hauteur 9 m ; IIe s.). *Mérida :* arc de Trajan (hauteur 13 m). **Italie** *Rome :* de Titus (81) ; de Septime Sévère (315) ; de Constantin (315) ; de Janus (IIIe s.) ; de Drusus (IIe s.) ; des Changeurs. *Ancône :* de Trajan. *Bénévent :* de Trajan. **Maroc** *Volubilis* (217).

Basiliques (cours de justice, autour du forum). **Algérie** *Timgad. Tipasa. Djémila.* **Italie** *Rome :* Aemilia (179, restaurée en 78 av. J.-C.) ; Julia (46 av. J.-C.) ; Ulpia (112) ; Nova (313) ; Constantin et Maxence (306-313) ; Ste-Marie-Majeure (302). *Pompéi* (100). **Libye** *Leptis Magna.* **Maroc** *Volubilis.*

Cirques (destinés aux courses de chevaux). **Espagne** *Mérida* (8 av. J.-C. ; 15 000 pl.). **Italie** *Rome :* circus Maximus (645 × 124 m, 190 000 pl., détruit) ; de Maxence (469 × 185 m, extérieur).

Colonnes (érigées en commémoration des victoires militaires). **Algérie** *Djémila* (IIe s.). **Italie** *Rome :* de Trajan [114 ; hauteur 29,8 m, 42 avec soubassement et statue (de saint Pierre depuis XVIe s., à l'origine de Trajan) ; fût : 18 tambours de marbre de Carrare, diam. 3,50 m, escalier intérieur de 185 marches, frise sculptée en spirale (longueur 200 m, largeur 0,9 à 1,25 m au sommet)] ; de Marc Aurèle (176 ; hauteur 29,6 m, 42 avec soubassement et chapiteau) ; de Phokas (608 ; hauteur 17 m). **Turquie** *Istanbul :* de Théodose (hauteur 15 m).

Forums. Algérie *Djémila* (IIe et IIIe s.). *Tipasa. Timgad.* **Italie** *Rome :* d'Auguste (2 av. J.-C.) ; de Vespasien (Ier s.) ; de Nerva ; de Trajan (terminé en 114 par Apollodore de Damas ; 280 × 200 m).

Palais. Croatie *Split :* de Dioclétien. **Italie** *Rome :* palais impérial sur le Palatin (Ier s.), Curia Julia. *Tivoli :* villa d'Hadrien (127-134).

Ponts. Espagne *Alcantara* (IIe s.), restauré ; 188 m longueur, 54 m hauteur. *Mérida* (95 av. J.-C.) 792 m longueur, 11 m hauteur. *Salamanque* (IIe s.), 400 m. *Cordoue* (Ier s.), 240 m. **Italie** *Rome :* Saint-Ange (pont Aelius). *Rimini. St-Martin.*

Portes. Allemagne *Trèves :* porte Noire (fin IIe s.). **Italie** *Aoste :* porte Decumana. *Pérouse :* porte d'Auguste. *Turin :* porte Palatine (Ier s.).

Portiques (bordaient généralement rues et places). **Italie** *Rome :* d'Octavie (Ier s. av. J.-C.).

Temples. Algérie *Timgad :* Capitole (IIe s.) enceinte : longueur 90 m, largeur 62 m ; temple : longueur 53 m, largeur 23 m ; colonnes de 14 m de hauteur. *Djémila* (temple de la famille des Sévères : IIe s. ; colonnes hautes de 8,40 m). **Italie** *Rome :* temples de Vénus Genitrix (Ier s. av. J.-C.) ; Mars Ultor (2) ; Castor et Pollux (6, il reste 3 colonnes) ; la Concorde (7 à 10) ; la Fortune virile (ionique tétrastyle et pseudopériptère) ; Vesta, rond ; la Paix (80) ; Vénus et Rome (135) ; Panthéon [27 av. J.-C. à 124 ; en rotonde (mur : 6 m d'épaisseur) ; coupole 43,3 m de hauteur et de diam., record mondial de portée des voûtes jusqu'en 1959 (contruction du Cnit à La Défense, voir à l'Index)] ; Antonin et Faustina (141) ; Saturne (320, ne restent que 8 colonnes) ; Romulus (IVe s., rond) ; Dii Consentes (reconstruit en 367). *Ostie :* capitole. *Pompéi :* capitole. *Tivoli :* de Vesta (205, rond). **Jordanie** *Pétra* (VIe s. av. J.-C.) ; *Qasr Firaoun* (Ier s.). **Liban** *Baalbek :* de Jupiter (87,75 × 47,70 m) ; de Bacchus (69 × 36 m ; colonnes de 19 m de hauteur). **Portugal** *Evora :* périptère (IIe s.). **Syrie** *Palmyre :* de Bêl (dit autrefois temple du Soleil ; consacré en 32).

Théâtres. Algérie *Tébessa. Timgad* (IIe s.). *Djémila. Tipasa.* **Espagne** *Mérida* (5 500 pl). *Sagonte* (10 000 pl.). *Acinipo* près de Ronda. **Grèce** *Athènes :* odéons d'Hérode Atticus ; d'Agrippine. **Italie** *Rome :* théâtres de Pompée (20 000 pl.), de Marcellus (achevé en 13 av. J.-C.). *Herculanum. Pompéi. Ostie. Fiesole.* **Libye** *Sabhrata.* **Tunisie** *Dougga* (3 500 pl., diam. 63 m). **Turquie** *Termessus. Alinda. Aizani. Aspendus.*

Thermes. Algérie *Timgad* (167). **Allemagne** *Trèves* (IIe s.). **Espagne** *Italica* (vers 120). **Italie** *Rome :* de Caracalla (217 av. J.-C. ; 120 000 m² ; 1 600 baigneurs) ; de Dioclétien (306 ; 140 000 m² ; 3 000 baigneurs, en ruines) ; de Constantin (détruits). **Libye** *Leptis Magna (Lebda).* **Maroc** *Volubilis :* de Gallien ; du Forum (début IIe s.) ; du Nord (fin IIe s.).

Tombeaux. Italie *Rome :* d'Hadrien (château St-Ange, 135) ; de Cestius (Ier s. ; 27 m hauteur) ; de Caecilia Metella (fin Ier s. av. J.-C.).

---

par Lombards (gardent Sicile et I. du Sud). **754-756** Pépin le Bref bat Lombards et donne au pape Étienne II l'ancien exarchat de Ravenne (voir **Vatican** à l'Index). **774** *Charlemagne,* couronné roi des Lombards, confirme donation de Pépin aux papes ; **800** couronné empereur d'Occident et successeur de Constantin. I. divisée en 3 : Lombardie, Église, Sud (byzantin). **840-880** I. pillée par Sarrasins [841-871 tiennent Bari, 846 pillent Rome (qui sera fortifiée 846-852)]. **888-962** Lombardie devient roy. d'Italie. **962** l'empereur **Otton Ier** fonde l'**Empire romain germanique (« Saint Empire »),** réunissant Couronnes d'I. et d'All. **1052** avènement, en Toscane, de la **Ctesse Mathilde de Canossa** (1046-1115), pupille des papes et protectrice du St-Siège contre les empereurs. Le parti anti-impérial s'appelle *guelfe,* du nom du mari de Mathilde, Welf de Bavière. **1084** Grégoire VII, chassé par l'empereur d'All. Henri IV, fait appel aux Normands de l'I. du Sud, prend Rome : des milliers de Romains massacrés, des milliers vendus comme esclaves. **1116** début de lutte entre papes et empereurs, au sujet de l'héritage de Mathilde. **1254** le pape Alexandre IV remplace le « roy. d'Italie » par un « vicariat pontifical » (vicaire : Charles d'Anjou, roi de Naples) ; unité it. rétablie. **1294** l'empereur nomme un « vicaire impérial » (le duc de Milan) ; unité brisée : États du Nord, Église, Naples-Sicile. **1527**-*6-6* l'armée de Charles Quint (les impériaux, 40 000 h.) saccage Rome : 4 000 †.

■ ÉTATS ITALIENS INDÉPENDANTS

■ **Bologne** (1401-1506). *Les Bentivoglio.*

■ **États de l'Église** (voir **Religions** p. 515 a).

■ **Étrurie** (voir **Toscane** p. 1146 c).

■ **Ferrare** (1240-1598). *Les Este* dont *1441* Lionel (1407-50) 13e Mis de Ferrare. *1450* Borso (1413-71), son demi-frère, 1er duc de Modène ou de Ferrare 1471. *1471* Hercule Ier (1431-1505), son neveu. *1505* Alphonse Ier (1476-1534), son fils, ép. 1°) 1491 Anne Sforza ; 2°) 1501 Lucrèce Borgia (18-4-1480/24-6-1519). *1534* Hercule II (1508-59), son fils, ép. Renée de France, fille du roi Louis XII. *1559* Alphonse II (1553-97), son fils.

■ **Florence** (voir **Toscane** p. 1146 c).

■ **Gênes.** Autrefois aux marquis carolingiens d'Este. **1015** conquiert Sardaigne. **1078** conquiert la Corse, avec alliance de Pise, fonde colonies en Méditerranée (dont Chypre). Guerre (navale) avec Venise jusqu'en 1381. **1296** cède Sardaigne à l'Aragon. **1339-1518** doges à vie (1er : Simon Boccanegra). **1396-1685** disputée entre France et Espagne (française 1396-1409, 1458-64, 1499-1522, 1527-28). **1528-60 Andrea Doria** (1466-1560) rétablit son indépendance ; gouv. aristocratique. **1547** Gian Luigi Fiesco (Fiesque), Cte de Lavagna (né 1523), conspire contre lui, mais se noie le 2-1. **1797** *République ligurienne.* **1805** annexée par Fr. **1815** par roy. sarde.

■ **Lucques. 1342** place commerciale, annexée par Pise. **1370** achète pour 25 000 florins d'or, à l'empereur Charles IV, le statut de ville libre. Constitution démocratique. **1556** oligarchique. **1805** Lucques agrandie de Piombino, érigée en duché pour Elisa Bonaparte. **1815-47** duché indépendant donné aux Bourbons de Parme. **1847**-*31-8* révolte. -*5-10* Charles Louis (1799-1807) abdique en faveur du Gd-duc de Toscane, en gardant le titre. -*17-12* à la mort de Marie-Louise (ex-impératrice), devient duc de Parme et de Plaisance.

■ **Mantoue. 1115** comté lombard devenu souverain à la mort de la Ctesse Mathilde. **1328** passe à la famille des *Gonzague,* vicaires impériaux. **1432** marquisat. **1530** duché (Frédéric II 1500-40). **1627** extinction des Gonzague ; guerre de la succession de Mantoue. **1631** à la famille des *Nevers.* **1708** extinction des Nevers ; confisqué par l'empereur Léopold Ier (de Habsbourg). **1785** annexé au Milanais (autrichien depuis 1713).

■ **Milanais.** Milan, ancienne capitale des Lombards. **Vers 1100** centre de résistance aux empereurs allemands (parti guelfe). **1166** Ligue lombarde créée. **1275** « capitaine » de Milan reconnu par l'empereur. **1294 Matteo Visconti** (1250-1322), « capitaine » depuis 1287, nommé « vicaire impérial » pour l'I. **XIVe s.** les *Visconti* conquièrent ancienne Lombardie et I. centrale jusqu'aux États de l'Égl. **1395**-*11-5* Jean-Galéas Visconti (1351/3-9-1402) [seigneur en titre de Milan depuis 1385 (après avoir choisi son oncle Barnabé)] achète le titre héréditaire de duc de Milan à l'empereur Venceslas IV (1361-1419). **1402** Jean-Marie Visconti (1389-1412), duc. **1412** Philippe-Marie Visconti (1392-1447), duc. **1424-47** Milan, vaincue, cède à Venise Bergame et Brescia. **1447** dynastie des *Sforza.* **1450 François Ier Sforza** (1401-66, duc de Milan) épouse Bianca Maria (1425-68), fille naturelle de Philippe-Marie Visconti (1391-1447). **1466 Galéas-Marie** (1444/assassiné 26-12-1476), son fils, ép. Bonne de Savoie (1449-1503). **1476 Jean-Galéas** (1469-94), son fils, ép. 1489 Isabelle d'Aragon. **1494 Ludovic le More** (1451/17-5-1508), frère de Galéas-Marie. **1505 Louis XII,** roi de Fr., petit-fils de Valentine Visconti [fille de Jean-Galéas V], devient duc de Milan. **1513 Maximilien** (1490-1530), fils de Ludovic. **1515** cède ses droits au roi de Fr., **François Ier,** contre une pension. **1521 François II** (1492-1535), 2e fils de Ludovic, rétabli par Charles Quint, meurt sans héritier. **1535** passe à **Charles Quint. 1556** à l'Espagne **(Philippe II). 1714** autrichien ; **au XVIIIe s.,** l'Autriche en cède la moitié à la Savoie. **1796** Milan cap. de la *Rép. cisalpine.* **1798**-*12-5 :* 1re apparition du drapeau vert, blanc, rouge. **1848**-*18-3* révolte (5 journées contre Autr.).

■ **Modène.** Marquisat lombard devenu indépendant à la mort de la Ctesse Mathilde (1115). **1288** passe à la maison d'*Este* (ducs de Ferrare). **1453** érigé en duché. **1598** César d'Este (1562-68), chassé de Ferrare par le pape Clément VIII, y met sa capitale. **1796** annexé à la Rép. cisalpine. **1814** rendu aux Este. **1848 François V,** chassé par *carbonari,* est rétabli par Autr.

■ **Montferrat. 1040** marquisat souverain. **1305** passe par mariage à la famille des *Paléologues* (byzantins). **1553** extinction des Paléologues ; passe aux Gonzague, ducs de Mantoue. **1574** érigé en duché (mantouan). **1627** principal enjeu de la guerre de Succession de Mantoue (convoité par la Savoie qui en occupe une partie). **1708** extinction des Nevers ; attribué par l'empereur Léopold Ier à la Savoie, alliée de l'Autr. contre Louis XIV.

■ **Naples et Sicile. 535** réunies à l'Empire byzantin et gouvernées par un stratège. **554** conquises par Byzantins. Récupérées en partie par Lombards et Carolingiens qui créent un *duché de Bénévent,* laissant côtes et îles aux Grecs. **IXe-XIe s.** Sarrasins (musulmans) enlèvent la Sicile aux Grecs (*827* s'implantent, *831* prennent Palerme, *878* Syracuse, *902* occupent toute l'I.), et harcèlent I. du Sud et États de l'Église. **1016** papes chargent les Normands de Tancrède de Hauteville d'expulser Sarrasins et Grecs. **Vers 1040** fils de Tancrède de Hauteville arrivent en Campanie. **1058** prennent Capoue. **1059** Robert obtient du pape titre de duc de Sicile. **1060** avec son cadet Roger prend Messine. **1072** Normands prennent Palerme. **1091** prennent Noto, conquête Sicile achevée. Le roy. normand de Naples et Sicile devient vassal du St-Siège (hors de l'Empire romain germanique). **Dynastie normande : Robert Guiscard** « le Rusé » († 1085), 1er roi du roy. (Naples et Sicile) et **Roger (Ier)** [† 1101], son frère, Cte de Sicile. **1130 Roger II** († 1154), son fils, proclamé roi à Palerme. **1154 Guillaume Ier** († 1166) fils de Roger II. **1166 Guillaume II** († 1189), son fils. **1189 Tancrède de Lecce** († 1194), antiroi. **1194 Guillaume,** antiroi. **Dynastie des Hohenstaufen : 1190-94 Henri VI** (1165-97), empereur, a épousé Constance, fille de Roger II (héritière des Hauteville). **1197 Frédéric Ier** (II comme empereur, 1194-1250), leur fils. **1250 Conrad** (IV comme empereur, 1228-54), son fils. **1254 Conradin** (1252-68), son fils. **1258 Manfred** (1231-66), antiroi, fils naturel de Frédéric Ier. **Dynastie angevine : 1266 Charles Ier d'Anjou** (1227-85), frère de Saint Louis ; bat les Hohenstaufen à Bénévent. **1282** chassé de Sicile ; révolte à Palerme, dite *Vêpres siciliennes* (lundi de Pâques *30-3 à fin avril :* environ 8 000 Français massacrés). **1282-1458 Sicile,** roy. sous domination **aragonaise : 1282**-*4-9* **Pierre Ier** (III d'Aragon, 1239-85). **1285 Jacques** (II d'Aragon, 1264-1327), son fils. **1291** se retire pour l'Aragon, laisse en Sicile son frère Frédéric, puis cède la Sicile à **Charles II d'Anjou** (dit le Boiteux, 1246-1309), mais Frédéric se maintient. **1296 Frédéric II** (1272-1337) proclamé roi par Siciliens, attaqué par Fr. avec Naples et Aragon. **1302** paix de Caltebellotta ; ép. Éléonore, fille de Charles II, renonce à son titre de roi de Sicile pour celui de roi de *Trinacrie.* **1309** Robert d'Anjou le Bon et le Sage (v. 1275-1345), 3e fils de Charles II, roi de Naples. **1314** Frédéric reprend titre de roi de Sicile ; allié à l'Aragon, bat Robert. **1337 Pierre II** († 1342), fils de Frédéric II. **1342 Louis** († 1355). **1355 Frédéric III** (1342-77), son frère. **1372** paix avec Jeanne de Naples. **1377-1412** guerre civile ; parmi les prétendants : *Marie* († 1402), *Martin Ier* le Vieux († 1410), *Martin II* le Jeune († 1409). **1412 Ferdinand Ier** (maison de Castille, v. 1380-1416). **1416 Alphonse Ier** le Magnanime (V en Aragon, v. 1396-1458), adopté par la reine Jeanne de Naples qui en fait son héritier puis y renonce pour adopter **Louis III** d'Anjou, Cte de Provence (1403-34), qui chassera Alphonse de Naples. **1435** Jeanne meurt. **1442** Alphonse Ier enlève Naples aux Angevins et réunit les 2 roy. (plus Sardaigne annexée en 1296). **1458** Alphonse Ier lègue ses États héréditaires (Aragon) à son frère **Jean,** et Naples à son fils naturel **Ferdinand.**

■ **Sicile. 1458 Jean II d'Aragon** (1398-1479), frère d'Alphonse Ier. **1479 Ferdinand III** (II le Catholique, 1452-1516), son fils, roi d'Aragon et de Sicile ; roi de Naples (1514).

■ **Naples. 1458 Ferdinand (Ferrante) Ier** (1423-94), fils naturel d'Alphonse Ier. **1494 Alphonse II** (1448-95), son fils. Charles VIII, roi de Fr., envahit son roy. **1495**-*janv.* Alphonse abdique. **Ferdinand II,** dit Ferrandino (1467-96), son fils, se réfugie à Messine. -*Juillet* revient à Naples. **1496** Frédéric Ier, frère d'Alphonse II. **1501** Français et Aragonais le chassent. **1504**-*1-1* capitulation de Gaète.

Institutions romaines

■ **Structure sociale.** D'origine indo-européenne : une caste de guerriers, possesseurs de chevaux, occupe une ville fortifiée, Rome (entourée par une enceinte de 11 500 m, dite de Servius Tullius), et possède la terre environnante. Une caste de domestiques agricoles et de palefreniers, à son service, habite des villages non fortifiés dans la plaine. Rome, primitivement construite sur pilotis par les Ligures, avait à sa tête le *pontifex maximus* (« grand pontonnier »), chargé d'entretenir les pilotis. Le titre est resté. Puis une ville en pierre a été construite par les Étrusques qui ont mis leur citadelle *(arx)* sur le **Capitole** (une des 7 collines). La *roche Tarpéienne* en était proche [la vestale étrusque Tarpeia, fille de Spurius Tarpeius (gouverneur du Capitole), avait accepté (fin VIIIe s.. av. J.-C.) de conduire les Sabins (Italiques proches des Latins, ennemis de Rome) jusqu'au Capitole ; les Sabins l'étouffèrent peu après sous leurs boucliers. De la roche haute de 32 m où elle fut ensevelie (à l'angle du Capitole dominant le Forum), on précipitait les traîtres]. Sur les *Gémonies,* escalier nord-ouest du Capitole, on exposait les cadavres des suppliciés avant de les traîner avec des crocs jusqu'au Tibre pour les y jeter.

Habitants de Rome : au début, 100 familles nobles (latines ou étrusques) possèdent chevaux et terres. Chacun de leur ancêtre éponyme (qui a donné le nom à la famille) est divinisé et fait l'objet d'un culte familial ; il est appelé le père *(pater).* Les descendants des 100 *patres* (pluriel de *pater*) sont les patriciens. Les patriciens ayant le même ancêtre éponyme forment une *gens* avec un même nom *(nomen gentilicium).* Chaque branche de la *gens* forme une famille ayant sa maison à Rome. L'ensemble de la *gens* possède un domaine à la campagne où sont élevés les chevaux et où vivaient primitivement les plébéiens. Seuls les patriciens ont, au début, des droits civiques (ils forment le Sénat et fournissent les magistrats).

■ **Évolution des plébéiens.** Primitivement, les plébéiens (de *plebs* ; en celtique de Bretagne *plou*) sont les habitants d'un village d'agriculteurs et d'éleveurs, chargés de l'exploitation d'un domaine gentilice. *Origines : 1°)* serviteurs palefreniers venus avec les Italiotes au XIIe s. ; *2°)* Liguriens soumis par Italiotes. Dès la fondation de Rome, des plébéiens vivent intra muros comme domestiques ou clients (domestiques oisifs) des maisons patriciennes, et comme artisans. Ils n'ont aucun droit civique et pas d'état civil ; mais ils sont libres et ont le droit d'être propriétaire. Certains s'enrichissent. En 578 av. J.-C., Servius Tullius décida que les plébéiens riches deviendraient *citoyens* avec les mêmes droits que les patriciens. Cependant, la noblesse restera longtemps indispensable pour réussir une carrière dans la magistrature ; les plébéiens riches qui, à partir du IIIe s., s'appelèrent les « cavaliers » *(equites),* formènt plutôt une bourgeoisie d'affaires. En politique, on les appelle « hommes nouveaux » (c'est-à-dire sans ancêtres). Le 1er consul plébéien date de 316 av. J.-C. Sous l'Empire, création d'un colonat : les plébéiens pauvres cessent en fait d'être des citoyens libres ; tout en gardant leurs droits civiques, ils sont attachés à un domaine (public ou privé) et perdent le droit de le quitter ; ils deviendront les *serfs.*

■ **Esclaves** *(servus,* étymologiquement « épargné »). Membres (hommes ou femmes) d'une tribu vaincue militairement et n'ayant pas conclu une soumission rituelle. Voués à l'extermination, les vaincus sont parfois épargnés mais deviennent des objets appartenant à leur vainqueur ; ils sont vendus sur les marchés. Le fils d'une esclave naît esclave *(verna,* mot étrusque). A partir du IIIe s. apr. J.-C., les esclaves sont si nombreux à Rome que la plèbe est dispensée de travailler : on lui distribue des vivres gratuits et on lui offre des jeux de cirque. *Affranchi :* esclave ayant obtenu ou acheté sa liberté : il reste jusqu'à la mort sous le « patronat » de son ancien maître, mais ses enfants naissent libres et sont assimilés à des plébéiens.

■ **Organes de gouvernement. Pouvoir exécutif :** magistrats (élus chaque année par les *comices,* c'est-à-dire le peuple romain). **Pouvoir législatif** ou **de contrôle** (gouv. d'assemblée) : Sénat (anciens magistrats ; les patriciens sont majoritaires). La République s'appelle SPQR *(Senatus PopulusQue Romanus)* : le Sénat et le Peuple de Rome.

■ **Carrières politiques. 2 consuls** sont les premiers magistrats (chefs de l'armée, Pts du Sénat et des comices). Ils donnent leur nom à l'année. Nul ne peut être consul sans avoir été auparavant **questeur** (responsable des finances ; 2 à l'origine puis 8 au IIe s. ; 20 sous Sylla, 40 sans César), puis **édile** (administrateur municipal) et **préteur** (responsable de la justice). Parmi les anciens consuls, sont élus (pour 5 ans) **2 censeurs** chargés de classer les citoyens d'après leur fortune. Le **tribun de la plèbe** (poste créé en 493 av. J.-C.) est chargé de défendre les non-nobles contre le patriciat.

Dictature et « principat » : le *dictateur* est un ancien consul investi des pleins pouvoirs (cumulant toutes les magistratures, sauf celle de tribun de la plèbe). Il est désigné par l'un des consuls (tiré au sort) lorsque le Sénat a décrété l'état d'exception (durée de la dictature : 6 mois, renouvelables). Sous l'empire, le *princeps* [le « premier » (des sénateurs)] est appelé l'empereur (*imperator,* c.-à-d. « général »), *princeps* restant le titre officiel du chef de l'empereur romain depuis 27 av. J.-C. (Octave Auguste). *L'imperator* est un dictateur à vie, recevant chaque année la charge de tribun de la plèbe et, tous les 5 ans, celle de censeur. Il est également grand pontife et préteur à vie de toutes les provinces. Les autres charges subsistent (consuls, préteurs, questeurs, édiles, sénateurs, nommés par le *princeps* au nombre de 600), mais perdent leurs pouvoirs réels. Les empereurs créent de hauts fonctionnaires : *préfets du prétoire* (armée intérieure et pouvoir exécutif), *préfets de l'annone* [ravitaillement (mot à mot « récolte annuelle »)], *des vigiles* (sécurité), *de la ville* (police).

■ **Italie romaine.** Rome conquiert l'I. entre le Ve et le Ier s. av. J.-C. Elle y trouve des villes italiotes, étrusques ou gauloises organisées de la même façon qu'elle : *municipes* ayant leurs lois, leurs dieux, leurs magistrats et entourés d'une campagne où les nobles ont leurs domaines. Chaque cité conclut avec Rome un traité : les vaincus sont *stipendiaires* (payant un tribut ou *stipendium*), les alliés sont *fédérés,* etc. Il existe aussi des *colonies* fondées par des Romains et considérées comme des annexes de Rome. En 88 av. J.-C., toutes les villes d'I. réclament le même statut que les colonies romaines et l'obtiennent (guerre sociale). En 59, le *Rubicon* est désigné comme la frontière de l'I. assimilée à Rome (tous ceux qui vivent au sud du Rubicon sont « citoyens romains »). En 49, la citoyenneté romaine est accordée aux Gaulois cisalpins (tous ceux qui vivent au sud des Alpes sont « citoyens romains »).

■ **Provinces romaines.** A partir de 227 av. J.-C., nom des territoires occupés hors d'I. [les 2 premiers : Sicile (conquise 241) et Corse-Sardaigne (conquise 231)]. Il y en aura 17 [la dernière sera la Mésie (29 av. J.-C.)]. Chaque province est gouvernée par un *préteur* élu par les comices romains pour 1 an. A partir de 81 av. J.-C., les préteurs doivent être d'anciens magistrats. Les *cités provinciales,* comme les anciennes cités italiotes, sont sujettes ou alliées ; leurs habitants peuvent acquérir le titre de citoyens romains en servant 25 ans *(emeritus)* dans l'armée romaine. A partir de 212 *(édit de Caracalla),* tous les habitants de l'Empire deviennent citoyens (Caracalla voulait toucher l'impôt successoral de 1/20 frappant les biens des citoyens ; *conséquence :* les provinciaux cessent de s'engager dans l'armée ; il faut faire appel à des mercenaires).

Empereur : à partir du IIIe s., le *princeps* (ou empereur) devient en fait un prince : les membres de sa famille ont un statut princier et le titre de « très nobles » *(nobilissimi).* L'armée (de métier), notamment celle de Rome et du sud du Rubicon (garde prétorienne), prend l'habitude de désigner l'empereur (depuis Auguste, elle était chargée officiellement de le nommer chaque année tribun de la plèbe et tous les 5 ans censeur). Après 235, les prétoriens, à Rome, mais aussi de nombreuses légions provinciales nomment *auguste* (c.-à-d. empereur à vie) leur G^al. D'où des guerres civiles entre armées de différentes provinces.

Dioclétien sépare les titres portés par le *princeps* romain : chaque empereur *(auguste)* a à ses côtés un adjoint, *le césar,* souvent fils de l'auguste, la dignité impériale devenant une monarchie héréditaire.

Ordre sénatorial : composé des anciens patriciens (et des descendants des anciens magistrats) ; titre : « très illustres » *(clarissimi).* **Ordre équestre :** riches propriétaires fonciers et hommes d'affaires ; titre : « très honorables » *(perfectissimi).* **Petites gens** *(humiliores) :* font partie héréditairement d'un artisanat qu'ils n'ont pas le droit de quitter.

Lètes : colons d'origine barbare, prisonniers, puis familles et tribus soumises. A partir de Probus (276-182), installés sur terres vierges du « fisc » *(fiscus,* domaine impérial). Ils dépendent d'un « préfet des Lètes » nommé par l'empereur et doivent verser l'impôt et aider à la défense de l'Empire. Ils ne sont pas citoyens mais certains peuvent en recevant un diplôme militaire obtenir le droit de cité. Attestés en Franche-Comté, Champagne, Picardie, Orléanais et Bretagne, se multiplient au IXe s. au nord et à l'est de la Gaule. Se fonderont avec les autochtones, malgré le décret de Valentinien interdisant (vers 370) les mariages mixtes.

■ **Combats de gladiateurs.** D'origine samnite. Introduits à Rome en 264 av. J.-C, supprimés en 404. En 29 av. J.-C., 1er bâtiment destiné à leur déroulement. Gladiateurs recrutés parmi les esclaves et, les combats coûtant cher, les condamnés de droit commun (chrétiens lyonnais en 177). Formaient des troupes que leurs propriétaires louaient aux organisateurs de jeux. Répartis en plusieurs catégories : *samnites* (bouclier long, épée droite, cuirasse, cnémide à la jambe, casque à visière) ; *hoplomaques* (même armement) ; *thraces* (épée courte, bouclier carré) ; *rétiaires* (filet plombé et trident) ; on les opposait au *secutor* (équipement hoplomaque et samnite) ou au *mirmillon* (glaive et casque décoré d'un poisson). *Cavaliers* (lance, casque à visière, petit bouclier rond). *Combattants en chars. Les andabates* (épée courte) paraissent avoir combattu les yeux bandés ou crevés ; pour se localiser et s'affronter, étaient munis de clochettes. Tantôt se mesuraient entre eux, tantôt étaient opposés à des bêtes fauves. Le combat pouvait se dérouler *sin missione* (sans survivant). Souvent, le vaincu courageux pouvait obtenir la vie sauve. Le vainqueur recevait une récompense et, après plusieurs victoires, pouvait être libéré de l'amphithéâtre.

■ **Légion.** Levée parmi les seuls citoyens. Sous la république, comprend 4 200 h ; v. 100 av. J.-C., 6 000. Divisée en *centuries* groupées 2 par 2 dans un *manipule,* cohorte introduite par Marius, d'environ 600 h., sous le commandement d'un centurion puis d'un tribun de cohorte. Se déploie sur 3 lignes : les *astati* (devant) puis les *principes* et les *triarii.* Plus les *vélites,* armés légèrement, combattant en dehors.

■ **Chute de l'Empire. Raisons avancées :** *décadence des mœurs ; cosmopolisme ; trop grande extension de l'Empire ; rôle des chrétiens.* **Vraies raisons :** *difficultés économiques ; fiscalité ; démotivation de l'armée ; afflux des peuples barbares* (chacun des chefs voulait devenir général romain).

Naples réunie à l'Aragon. **1594-1713** à la couronne d'Esp. **1631** éruption du Vésuve (800 † à Naples). **1707-34** domination Bourbons d'Espagne. **1713** Esp. cède Sardaigne et Naples à Autriche, Sicile à Amédée II de Piémont-Savoie qui devient roi. **1720** Autr. reçoit Sicile contre Sardaigne (Amédée II devient « roi de Sardaigne »).

■ **Rois des Deux-Siciles de la maison de Bourbon. 1734 Charles VII** (1716-1788), infant d'Esp., roi des Deux-Siciles (île de Sicile et terre ferme avec Naples) et de Jérusalem, investi par son père Philippe V roi d'Espagne (qui fut roi des Deux-Siciles de 1700 à 1796 ; investi par le pape, car les 2 roy. sont fiefs pontificaux) le 18-10-1738. Lorsqu'il devient roi d'Esp., Charles III renonce en faveur de son fils cadet. **1759**-*oct.* **Ferdinand IV** (Naples) [III en Sicile, 18-1-1751/4-1-1825], son fils, infant d'Esp. **1806**-*mars* Napoléon nomme son frère **Joseph** roi de Naples. *-10-11 fra Diavolo* (Michel Pezza), révolté, pendu à Naples par ordre du C^el Hugo. Sicile échappe à l'occupation française. **1808**-*juin* Joseph nommé roi d'Esp. ; **Joachim Murat** (beau-frère de Napoléon) roi de Naples. **1814** reconnu par Autr. roi de Naples (Ferdinand étant roi de Sicile). **1815**-*18-3* ayant appris le retour de Napoléon de l'île d'Elbe, il déclare guerre à l'Autr. *-30-3* est à Rimini ; *-1-4* à Bologne ; *-4-4* à Modène. *-2/3-5* battu par Autr. à Tolentino. *-19-5* rentre à Naples. *-25-5* débarque à Cannes. [*-Juin* **Ferdinand IV** restauré.] *-23-8* en Corse. *-8-10* débarque en Calabre (guet-apens ; est arrêté et fusillé le 13-10). **1816**-*8-12* une loi unifie Sicile et terre ferme à la suite du traité de Vienne 9-6-1815 ; le numérotage des rois retombe à zéro ; le roi devient Ferdinand Ier, roi du roy. des Deux-Siciles et de Jérusalem, infant d'Espagne. **1825 François Ier** (19-8-1777/8-11-1830) roi, fils de Ferdinand Ier. **1830 Ferdinand II** (12-1-1810/22-5-1859 fils de François Ier), dit *re bomba* (« roi bombe ») car avait fait bombarder Messine ; ép. 1°) Christine de Savoie († 31-1-1836). 2°) 8-1-1837, Thérèse d'Autriche (31-7-1816). **1859 François II** (16-1-1836/27-12-1894) roi, fils de Ferdinand II et de Christine, ép. 18-1-1859 D^esse Marie-Sophie de Bavière (1841-1925, sans postérité). **1861** chassé par les révolutionnaires de Garibaldi, les Savoie et un référendum truqué. Réside 6 mois à Gaète, capitule le 13-2 et part pour l'exil (Rome, Bavière, Belgique, puis 1872 Paris).

Prétendants : 1894 Alphonse Ier Cte de Caserte (28-3-1841/26-5-1934), frère de François II, ép. 8-6-1868 P^cesse Antoinette des Deux-Siciles (1851-1938). **1934 Ferdinand III** (25-7-1869/7-1-1960), duc de Calabre, fils d'Alphonse Ier, ép. 31-5-1897 P^cesse Marie de Bavière (1872-1954), 5 filles. **1960 Alphonse II** (1901-64), fils de Charles, frère de Ferdinand III [*Charles* (1870-1949), ép. 14-2-1901 l'infante Maria de las Mercedes, P^cesse des Asturies (1880-1904), infant d'Esp. et naturalisé espagnol, avait renoncé à ses droits successoraux en 1900] prend le titre de *duc de Calabre,* déclarant nulle la renonciation de son père. Ép. 16-4-1936 Alice de Bourbon, P^cesse de Parme (née 1917). **1964 Charles Ier** (né 16-1-1938), titré duc de Calabre, fils d'Alphonse II ; infant d'Espagne ; Espagnol, réside à Madrid (reconnu chef de la famille royale des Deux-Siciles par le roi d'Esp.). Ép. 12-5-1965 Anne d'Orléans, fille du Cte de Paris, dont *Christine* (15-3-1966, ép. 15-7-1994 Pedro Lopez-Quesada y Fernandez-Urrutia), *Maria Paloma* (5-4-1967, ép. 1996 archiduc Siméon d'Autr. né 1958), *Pierre,* titré *duc de Noto* (16-10-1968), *Inès* (20-4-1971), *Victoria* (24-5-1976).

☞ **1970 Rénier Ier** (1883-1973), *duc de Castro,* officier espagnol, puis naturalisé français. Ép. 12-9-1923 Ctesse Caroline de Zamosc-Zamoyska (1896-1968). 2e frère de Ferdinand III, revendique la succession, considérant comme irrévocable la renonciation de son frère Charles en 1900 pour lui et ses descendants. **1973 Ferdinand IV,** fils de Rénier Ier (*duc de Castro, duc de Calabre*) né 28-5-1926, fixé en Fr., ép. 25-7-1949 Chantal de Chevron-Villette (10-1-1925) ; 3 enfants : *Béatrice* [(16-6-1950) ép. 19-12-1978 le prince Charles Napoléon (né 19-10-1950), 2 enfants : Caroline et Jean-Christophe ; divorce 2-5-1989)], *Anne* [24-4-1957, ép. 7/9-9-1977 Bon Jacques Cochin (né 23-3-1951), 2 enfants : Nicolas (21-1-1978) et Dorothée, divorce], et *Charles* (24-2-1963), titré *duc de Noto* (de Calabre) ép. 31-10-1998 Camilla Crociani (née 1971).

■ **Padoue.** Les *Carrare* (1318-1405).

■ **Parme.** Cité indépendante achetée en **1346** par Luchino Visconti, duc de Milan, et annexée au Milanais. **1511** cédée par Milan au St-Siège (Jules II). **1545** duché de Parme-et-Plaisance (souverain) pour **Pierre Louis Farnèse** (vers 1490/10-9-1547), fils naturel du pape Paul III, érigé. **1731 Élisabeth Farnèse** (25-10-1692/11-7-1766), 2e épouse (1714) de Philippe V d'Esp., nièce et héritière du duc Antoine. **1731 Charles Ier** (20-1-1716/14-12-1788), son fils (devient 1735 roi des Deux-Siciles, puis 1759 roi d'Esp. Charles III). **1745 Philippe** (15-3-1720/18-7-1765), fils de Philippe V roi d'Esp., ép. 25-10-1739 Élisabeth de Fr. (fille de Louis XV). **1748** duc de Parme Plaisance et Guastalla.

1765 Ferdinand (20-1-1751/9-10-1802), ép. Amelia (archiduchesse d'Autr., 26-2-1746/18-6-1804). **1801**-*21-3 traité d'Aranjuez :* il doit céder ses États à la Fr. ; il refuse et reste souverain à titre viager de Parme (gouvernée par un résident français). *-28-7* **Louis** (5-7-1773/27-5-1803), son fils, ép. Marie-Louise (fille du roi Charles IV d'Esp.), roi d'Étrurie. **1802** États rattachés à la Fr. **1814** duché agrandi de Guastalla donné en viager à **Marie-Louise**, épouse de Napoléon. **1817**-*10-6 traité de Paris :* réversion de Parme, Plaisance et Guastalla prévue pour les Bourbons. **1847 Charles-Louis II** (22-12-1799/16-4-1883), ép. 5-9-1820 Marie-Thérèse de Sardaigne (19-9-1803/16-7-1879) [*1803-28-5* roi d'Étrurie (sous le nom de Louis II) sous la tutelle de sa mère ; *1807-10-12* renonce au trône d'Étrurie ; *1824-13-3* duc de Lucques (sous le nom de Charles-Louis) ; *1847-15-9* insurrection à Lucques ; *-5-10* abdique en faveur du grand-duc de Toscane ; *-17-12* duc de Parme et de Plaisance à la mort de Marie-Louise]. **1849**-*14-3* abdique et se retire à Nice. **Charles III** (14-1-1823/27-3-1854, assassiné), fils de Charles-Louis II, ép. Louise de Fr. (fille du duc de Berry). **1854**-*27-3* **Robert Ier** (9-7-1848/16-11-1907), son fils, ép. 1°) 1869 Pia (2-8-1849/29-9-1882) Pcesse des Deux-Siciles dont 12 enfants ; 2°) 1884 Maria Antonia de Portugal (28-11-1862/14-5-1959) dont 12 enfants ; Louise régente. **1859**-*9-6* doit s'exiler. **1860**-*19-3* Parme annexée au royaume d'Italie.

Chefs de la maison de Parme : 1907-*16-11* **Henri Ier** (13-6-1873/10-5-1939, diminué mentalement), fils de Robert Ier. **1939**-*10-5* **Joseph Ier** (30-6-1875/7-1-1950, diminué mentalement) son frère. **1950**-*7-1* **Élie Ier** (23-7-1880/27-6-1959), son frère, ép. 1903 Marie-Anne d'Autriche (6-1-1882/25-2-1940). **1959**-*27-6* **Robert II** (7-8-1909/22-11-1974), son fils. **1974**-*22-11* **François-Xavier Ier** (25-5-1889/7-5-1977), son oncle (15e enfant de Robert Ier), ép. 12-11-1927 Madeleine de Bourbon-Busset (23-3-1898/1-9-1984). **1977**-*7-5* **Charles-Hugues Ier** (né 9-4-1930), ép. 29-4-1964 la Pcesse Irène des Pays-Bas (née 5-8-1939), dont Charles-Xavier (27-1-1970) Pce de Plaisance, Jacques (13-10-1972) Cte de Bardi, Marguerite (13-10-1972) Ctesse de Colorno, Marie-Caroline (23-6-1974) Mise de Sala, intégrés dans la noblesse des P.-Bas (altesses royales et titres de Pce et Pcesse de Bourbon-Parme. *Frères et sœurs :* 1re *Françoise* (19-8-1928), ép. 7-1-1960 Pce Édouard de Lobkowicz (né 12-6-1926), citoyen américain, naturalisé français. 2e *Marie-Thérèse* (28-7-1933). 3e *Cécile* (12-4-1935). 4e *Marie des Neiges* (29-4-1937). 5e *Sixte Henri* (22-7-1940). Voir **Succession carliste,** encadré p. 1068.

■ **Piémont.** D'abord divisé entre marquisats de Suse, d'Ivrée, de Saluces et de Montferrat. **XIe s.** à la maison de Savoie. **1418** définitivement rattaché à la Savoie. **1796-1814** occupé par Français, forme 5 départements : Doire, Pô, Stura, Sesia et Marengo.

■ **Rimini.** Les *Malatesta* (1334-1528).

■ **Sardaigne. Avant J.-C. IIIe millénaire** habitée par une race venue probablement d'Afr. **1400-1200** apogée de la civilisation du bronze. *Phéniciens* y établissent plusieurs comptoirs [Nora, Sulcis, Caralis (Cagliari), Tharros (Torre de San Giovanni)] ; se heurtent à la concurrence des *Phocéens* qui fondent Olbia (Terranova). **535** victoire punico-étrusque sur Phocéens ; influence carthaginoise. **259** *Romains* s'attaquent à l'île. **238** s'en emparent. **27** devient province sénatoriale. **Après J.-C.** province impériale occupée par légions. **IIe et IIIe s.** lieu de déportation. **436** occupée par Vandales. **534** reconquise par Bélisaire. **VIIIe s.** Arabes s'y installent. **1022** Sardes, aidés de Pise et de Gênes, délivrent leur île. **1175** Génois et Pisans tentent de se partager la Sardaigne, les premiers au nord, les seconds au sud aidés par l'empereur Frédéric II. **1242** son fils, Enzio, proclamé roi de Sicile. **1284** *bataille navale de la Meloria :* Pisans chassés par Génois. **1297** Boniface VIII attribue la Sardaigne à l'Aragon. **1325** passe à l'Espagne. **1713** *traité d'Utrecht :* donnée à l'Autr. **1720** l'empereur Charles VI l'échange avec duc de Savoie contre Sicile. Ainsi furent constitués les **États sardes,** ou **roy. de Sardaigne,** qui réunissaient la Sardaigne et les possessions continentales de la maison de Savoie (voir **Savoie** ci-dessous). Dépouillés de leurs États de terre ferme par la Fr. révolutionnaire, les rois de Sardaigne, Charles-Emmanuel II et Victor-Emmanuel Ier, se réfugièrent en Sardaigne où ils résidèrent de 1798 à 1814. **1861** intégrée au roy. d'Italie.

■ **Savoie** (voir aussi **Savoie** à l'Index). **Ducs de Savoie : 1416 Amédée VIII** le Pacifique (1383-1451), fils d'Amédée VII, Cte de Savoie (1360-91) ; créé duc en 1416 par l'empereur Sigismond Ier ; antipape (Félix V) de 1439 à 1449. **1419** annexe Piémont. **1440 Louis Ier** le Généreux (1413-65), fils d'Amédée VIII, ép. 1433 Anne de Lusignan. **1465 Amédée IX** le Bienheureux (1435-72), son fils, béatifié 1677, ép. 1462 Yolande de Valois. **1472 Philibert Ier** le Chasseur (1465-82), son fils, ép. Blanche-Marie Sforza. **1482 Charles Ier** le Guerrier (1468-90), son frère, ép. 1485 Blanche de Montferrat. **1490 Charles II** (1489-96), son fils. **1496 Philippe II** sans Terre (1443-97), fils de Louis Ier, ép. 1472 Marguerite de Bourbon, puis 1485 Claudine de Brosse. **1497 Philibert II** le Beau (1480-1504), son 3e fils, ép. 1496 Violante de Savoie, puis 1501 Marguerite d'Autr. **1504 Charles III** le Bon (1486-1553), son frère, ép. 1521 Béatrice de Portugal. **1553 Emmanuel-Philibert** Tête de Fer (8-7-1528/30-8-1580), son fils, ép. 1559 Marguerite de Valois ; 1553-80 au service de Charles Quint. **1562** Turin capitale. **1580 Charles-Emmanuel Ier** le Grand (1562-1630), son fils, ép. 1585 Catherine d'Autr. (1567-97), infante d'Espagne. **1630 Victor-Amédée Ier** le Lion de Suse (1587-1637), son fils. **1637 François-Hyacinthe** Fleur de Paradis (1632-1638), son fils, **1638 Charles-Emmanuel II** l'Hadrien du Piémont (1634-75), son frère. **1675 Victor-Amédée II** (1661-1732), son fils ; **1713-18** roi de Sicile ; **1718-30** de Sardaigne ; **1730** abdique. *-Sept.* **Charles-Emmanuel III** le Roi laborieux (1701-73), son fils. **1773**-*févr.* **Victor-Amédée III** le Très Fidèle (1726-96), son fils. **1792-1815** occupation française. **1796**-*oct.* **Charles-Emmannuel IV** l'Exilé (1751-1819), son fils. Abdique. **1802**-*juin* **Victor-Emmanuel Ier** le Très Tenace (1759-1824), 3e fils de Victor-Amédée III. **1814** annexe Gênes. **1820-21** 31 soulèvements contre Autr. *-Mars* abdique. **1821**-*mars* **Charles-Félix Ier** (1765-1831), 5e fils de Victor-Amédée III. **1831**-*avril* **Charles-Albert Ier** le Magnanime (1798-1849), Pce de Savoie-Carignan, descendant du 5e fils de Charles-Emmanuel Ier. **1845** *« Italia fara da se »* (« l'I. se fera toute seule ») aurait dit Charles-Albert dans un conseil ministériel. **1847**-*2-8 Metternich*, dans un mémorandum aux États d'Europe, écrit : « l'I. est une expression géographique. » **1848-49**-*avril* Charles-Albert (avec 96 000 h.) déclare guerre à l'Autr. (Gal Radetzky, 82 ans), aide gouv. révolutionnaire de Milan et Venise (22/23-7-1848, battu à Custozza puis Novare ; 23-3-1849 abdique). **1849**-*mars* **Victor-Emmanuel II** le Père de la Patrie (1820-78), son fils, voir p. 1147 c. **1852**-*4-11* Camillo Benso, Cte de **Cavour** [(1810-1861, mort de surmenage), noblesse piémontaise, officier sarde ; *1831* quitte l'armée (idées libérales) ; propriétaire terrien à Cavour ; *1847* fonde le journal *Il Risorgimento* (synonyme de renaissance puis de résurrection) ; *1848* député ; *1850* min. de l'Agriculture, du Commerce, de la Marine et *1851* des Aff. étrangères] Pt du Conseil ; **1854** confisque biens des couvents ; **1854-55** pour obtenir l'alliance de Napoléon III contre Autr., prend part à la guerre de Crimée et lui fournit une brillante maîtresse, la Ctesse de Castiglione. **1859** guerre franco-austro-sarde ; I. acquiert Lombardie. *Garibaldi* conquiert Sicile et Naples (*expédition des Mille* ou *Chemises rouges :* 1 098 h., dont 33 étrangers). *-Nov.* Cavour démissionne après traité de Turin qui n'attribue pas Vénétie au roy. sarde. **1860** Cavour, rappelé au pouvoir, cède Nice et Savoie à la Fr. ; en échange, Napoléon III ferme les yeux sur l'annexion des 3 duchés (indépendants) de Parme, Modène, Toscane, et des 3 provinces (pontificales) de Romagne, Marches, Ombrie, qui ont voté leur rattachement au Piémont ; pour s'y rendre, Cavour viole le territoire des États de l'Église et écrase le Gal français Christophe de Lamoricière (1806-65) à *Castelfidardo* (18-9). Cavour étend aux territoires occupés les lois sardes sur les couvents. **1861**-*14-3* Victor-Emmanuel II roi d'I.

■ **Toscane.** De *Tusci,* autre nom des Étrusques. **IVe s.** province du diocèse d'Italie. **VIe s.** duché lombard. **774** marquisat franc de « Tuscie ». **Xe s.** les marquis établissent leur résidence à Lucques. **1030** héritée par la famille de Canossa (près de Modène) ; fusionnée à Modène, Ferrare, Reggio, Mantoue. **1052** héritée par *Ctesse Mathilde* (1046-1115, fille du marquis Boniface III), pupille des papes (résidences comtales et papales habituelles : Canossa et Florence). **1115** Mathilde lègue ses possessions au St-Siège, mais les empereurs allemands refusent de reconnaître la validité de son testament. Les principales cités toscanes accèdent à l'indépendance : Lucques, Pise et Pistoia se rangent dans le camp gibelin, Florence incline vers les guelfes. **1197** *Florence,* tête de la ligue guelfe (antiallemande) et cité souveraine. **1250** gouvernée par collège de 12 bourgeois. **1251-1343** lutte entre aristocraties guelfe et gibeline. **1284** *bataille de la Meloria :* la Toscane passe sous l'hégémonie de Florence qui soumet Pistoia (1301), Volterra (1361), Arezzo (1384) et Pise [1405 (achat définitif au duc de Milan 1421)] ; Lucques et Sienne maintiennent leur indépendance (Sienne sera acquise en 1557, échangée à Charles Quint contre Piombino). **XVe et XVIe s. Médicis :** expulsés à 2 reprises (1494/1512 et 1527/30), ils se rétablissent. **1434 Cosme** l'Ancien (27-9-1384/1-8-1464). **1464 Pierre** le Goutteux ou le Gâteux (1414/3-12-1469), son fils. **1469 Laurent** le Magnifique (1-1-1449/8-4-1492), son fils, avec **Julien** (1453/26-4-1478, assassiné), fils de Pierre. **1492 Pierre II** (15-2-1471/noyé 28-12-1503), fils de Laurent. **1494**-*16-11* Médicis chassés. *-17-11* entrée des troupes de Charles VIII (roi de Fr.) ; *révolution de J. Savonarole* (né 1452 ; *1474* dominicain ; *1481* à Florence ; *1485-86* à Sienne ; *1490* à Florence) instaure une théocratie, dénonce la turpitude du pape Alexandre VI [*1497* (12-5) excommunié, *1498* (26-2) menace Florence d'interdit (23-5), pendu]. **1512 Julien** (1478-1516), frère de Pierre II. **1513 Laurent II** (13-9-1492/4-5-1519), fils de Pierre II (1516, duc d'Urbin, ép. Madeleine de la Tour d'Auvergne dont il eut Catherine qui devint reine de Fr.). **1519 Jules** (26-5-1478/25-9-1534, élu pape Clément VII 18-11-1523), fils naturel de Julien (1453-

L'UNITÉ ITALIENNE

■ **Ambitions de la maison de Savoie.** Parmi les plus anciennes familles souveraines d'Europe, elle veut devenir aussi puissante que les Bourbons ou les Habsbourg. Jusqu'au XVIe s., cherche à agrandir ses domaines en Suisse et France. Au XVIIe s., songe plutôt à la Méditerranée (relevant le titre des rois de Chypre). A partir de 1713, obtient la dignité royale (rois de Sicile, puis de Sardaigne, 1718) et veut accroître son influence en I. Conservatrice (catholique et féodale), utilise au XIXe s. l'idéologie unitaire de gauche.

■ **Séquelles de la Révolution française.** De 1796 à 1815, l'I. est aux mains des Français qui répandent les notions de *nation* et d'*unité nationale,* lesquelles s'opposent aux dynasties locales, aux Autrichiens et au pape. Napoléon se rendra populaire en créant une administration de type français (départements et arrondissements ; préfets et sous-préfets) qui a réalisé des réformes efficaces. Pour des raisons de sécurité, il n'a pourtant pas réalisé l'unité it., gardant la péninsule divisée en 3 entités distinctes : départements français, royaume d'I. (vice-roi : Eugène de Beauharnais) et royaume de Naples (roi : Joachim Murat). Murat tentera en 1814-15 de réaliser l'unité it. sous son autorité (mai 1815) ; vaincu, il sera fusillé en 1815 ; la gauche it., fidèle au souvenir des Bonaparte, comptera sur leur appui pour réaliser l'unité.

■ **Récupération du carbonarisme par la franc-maçonnerie.** Les *carbonari* (« charbonniers »), à l'origine société secrète corporative regroupant des charbonniers (échappant à la police, vivant dans les forêts), passèrent à l'action directe entre 1807 et 1810, à Naples (contre Murat). Ils basculèrent dans le camp maçonnique, républicain et unitariste, sous l'influence de Philippe-Michel Buonarroti (1761-1837, franc-maçon, disciple de Gracchus Babeuf) et Giuseppe Mazzini (22-6-1805/10-3-1872, avocat génois en 1827, fondateur à Marseille en 1831 du mouvement *Jeune Italie* qui supplantera le carbonarisme).

Déroulement : 1820-21 émeutes républicaines fomentées par carbonari à Naples et au Piémont. **1821**-13-9 pape Pie VII condamne société secrète ; *l'unité italienne* signifie la fin des États de l'Église. **1821-30** la « charbonnerie » concentre ses efforts sur la Fr. où elle finit par provoquer la chute des Bourbons. **1831** devenue la *Jeune Italie,* elle reprend l'offensive en I. [émeutes républicaines en Émilie-Romagne, auxquelles prennent part les 2 Bonaparte, fils du roi Louis (l'aîné, Napoléon-Louis, est tué ; le cadet, Louis-Napoléon, futur Napoléon III, se réfugie en Suisse), dont l'appartenance au carbonarisme est probable]. **1834** Mazzini fonde à Genève la *Jeune Europe* qui regroupe les mouvements activistes révolutionnaires, notamment en Pologne. **1848-49** actions simultanées (mais non concertées) de la maison de Savoie et des républicains mazzinistes : *1°) Charles-Albert Ier* proclame le 4-3-1848 un « statut constitutionnel » et déclare la guerre à l'Autriche pour conquérir le « royaume lombardo-vénitien », ce qui aurait donné à la Savoie toute l'I. du Nord. Il est vaincu à *Custozza* (bataille qui s'est déroulée du 22 au 25-7-1848 à Rivoli, Villefranca, Staffalo) puis à *Novare* (23-3-1849) et contraint d'abdiquer. *2°) Giuseppe Mazzini* prend la tête des révoltés républicains à Naples (mars 1848), à Livourne, puis à Rome où il fonde une république (9-3-1849) ayant à sa tête un triumvirat : *Mazzini, Aurelio Saffi, Carlo Armellini.* Ils sont vaincus et chassés par les troupes françaises envoyées par Louis-Napoléon Bonaparte, Pt de la Rép. française (fin juin 1849). Mazzini organise depuis Londres des putschs républicains qui échouent : Mantoue 1852, Milan 1853, Gênes 1857, Livourne 1857. **1858** *Felice Orsini* (1819-58, guillotiné), ancien partisan de Mazzini à Rome (et devenu son ennemi), organise de Londres un attentat contre Napoléon III [motifs : *1°)* le punir de son intervention à Rome en 1849 ; *2°)* lui rappeler ses devoirs de carbonaro : travailler à l'unité it. ; le 14-1, une bombe fait 12 † et 156 bl. ; Napoléon III, indemne, agira pour l'unité it. en accord avec la maison de Savoie, et contre les mazzinistes]. **1859** Mazzini proteste contre l'alliance franco-piémontaise négociée par Cavour ; l'I. unie doit être républicaine, mais ses partisans, notamment *Garibaldi,* se rallient à Victor-Emmanuel II et Cavour, ce qui leur permet de conquérir (en 1860) toute l'I. moins le Latium.

■ **Royaume d'Italie. 1861**-*17-3* Victor-Emmanuel II proclamé roi d'I. par « la grâce de Dieu ». **1861-70** Napoléon III (pour rassurer l'électorat catholique) s'oppose à la suppression des États de l'Église et préconise une confédération italienne, présidée par le pape. Mais Victor-Emmanuel II, installé à Florence, veut Rome pour capitale. Les républicains (hostiles au pape) l'appuient. **1870** profitant de la défaite française face à l'All., il prend Rome ; conservateur et procatholique, il s'allie aux Autrichiens.

■ **Garibaldi,** Giuseppe (1807-82). Né Français (Nice). *1815* Sarde. *1826* officier de marine. *1833* rencontre Mazzini qu'il admire. *1834* s'engage dans la marine sarde pour soulever des équipages. Découvert, s'enfuit en Fr. (en traversant le Var à la nage), puis en Amér. du Sud (condamné à mort par Charles-Albert). Jusqu'en 1848, y combat contre l'Esp., y équipe sa légion de Chemises rouges [achetées à bas prix à Montevideo (le fabricant n'avait pu les faire envoyer aux bouchers de Buenos Aires qui les avaient commandées)]. Charles-Albert refuse encore ses offres de service. Crée un corps autonome de 3 000 partisans pour se battre contre les Autrichiens à Inino, avant de passer en Suisse. *1849* combat contre la Fr. dans les États de l'Égl. ; battu, réfugié aux USA jusqu'en 1854. *1854-59* séjourne à Caprera (île entre Sardaigne et Corse) qu'il a achetée. *1859* combat contre Autr., proteste contre cession de Nice à la Fr. *1860* organise *l'expédition des « Mille »* (1015), le 11-5 débarque à Marsala (Sicile), chasse de l'île l'armée napolitaine, passe en août sur le continent et prend Naples aux Bourbons ; reconnaît Victor-Emmanuel roi d'I. ; se retire à Caprera. *1866* campagnes contre Autr. et *1867* contre le pape [vaincu à Mentana (3-11)]. *1870* guerre franco-allemande, combat après Sedan aux côtés des Français avec volontaires. *-12-11* son fils Ricciotti défait les Allemands à Châtillon-sur-Seine. *1871* élu député à l'Ass. nationale française, *-13-2* vient à l'Assemblée à Bordeaux et démissionne ; retourne à Caprera. *1874* reçoit dotation annuelle de 100 000 lires.

78), frère de Laurent. **1523 Hippolyte** [1511-35, empoisonné (?)], fils naturel de Julien ; cardinal. **1527** révolution. **1530** Charles Quint prend Florence. **1531** crée le duché de Florence pour **Alexandre de Médicis** (né vers 1510), fils naturel de Laurent II, 1532 duc de Florence, frère de Catherine (qui ép. Henri II, roi de France), 3-1-1537 assassiné par son cousin Lorenzino de Médicis *(Lorenzaccio)* (1514/26-2-1548). **1537 Cosme Ier** (11-6-1519/21-4-1574), neveu d'une branche cadette du duc de Florence. **1538** écrase la révolte des Strozzi. **1570** grand-duc de Toscane. **1574 François** (25-3-1541/19-10-1587), son fils, grand-duc de Toscane, ép. 1°) Jeanne d'Autriche [dont Marie (qui ép. Henri IV, roi de France)] ; 2°) sa maîtresse Bianca Capello [Ferdinand (frère de François) voulant révéler que l'enfant qu'elle présentait comme son fils était substitué, Bianca décide de l'empoisonner, mais François, par erreur, prend la tourte et meurt ; Bianca s'empoisonne à son tour]. **1587 Ferdinand Ier** [(7-2-1549/1609) ; grand-duc de Toscane ; frère de François, cardinal depuis 1563, abandonne le cardinalat, ép. Christine de Lorraine]. **1590** création du port de Livourne, pour remplacer Pise ensablé. **1609 Cosme II** (12-5-1590/28-2-1621), son fils. **1621 Ferdinand II** (1610/24-5-1670), son fils. **1670 Cosme III** (14-8-1642/31-10-1723), son fils. **1723 Jean-Gaston** (24-5-1671/9-7-1737). **1737** *extinction des Médicis,* grand-duché donné, en compensation de la Lorraine (cédée à Stanislas Leszczýnski), à François de Lorraine (qui suit).

Grands-ducs de Toscane de la maison de Habsbourg : 1738 François II (1708-65) [empereur François Ier de Lorraine, ép. Marie-Thérèse de Habsbourg (1717-80)]. **1765**-*août* **Léopold Ier** (1745-92), son fils (puîné de François II), devient empereur en 1790. **1790**-*juillet* **Ferdinand III** (1769-1824), son fils (puîné de Léopold Ier). **1799** occupée par Français, la Toscane se soulève. **1800**-*oct.* occupée par les Français après leur victoire de Marengo.

1801 traité de Lunéville ; *-févr.* érigée en **roy. d'Étrurie** par Bonaparte au profit de **Louis Ier** (5-7-1793/27-5-1803, duc de Parme ; voir p. 1146 a). **1803 Louis II** (1799-1883), son fils, deviendra en 1847 Charles II duc de Parme. **1807 absorbée dans l'Empire français,** forme 3 départements : Arno, Ombrone, Méditerranée. **1809**-*mars* Napoléon nomme G^{de}-D^{esse} de Toscane sa sœur, *Élisa Baciocchi.* **1814**-*sept.* **Ferdinand III** restauré. **1824**-*juillet* **Léopold II** (1797-1870), fils de Ferdinand III. **1847** s'agrandit du duché de Lucques. **1848** despotisme paternaliste ; se soulève. **1849**-*févr.* **république,** avec triumvirat *Mazzini, Guerazzi et Montanelli. -Juillet* Léopold II rétabli avec aide des troupes autrichiennes. **1859**-*21-7* abdique, se réfugie à Vienne. **1859 Ferdinand IV** (1835-1908), fils de Léopold II, exilé en Autr. 1860. **1860**-*mars* gouv. provisoire vote réunion à Sardaigne.

☞ Ferdinand IV avait épousé en 2des noces (1868) Alice de Bourbon-Parme (1849-1935), dont *archiduc Pierre-Ferdinand* son 3e fils, G^{d}-duc de Toscane (1874-1948), chef de la maison à la mort de son père ; ép. 1900 Marie-Christine de Bourbon, P^{cesse} des Deux-Siciles (1878-1947). *Godefroy,* G^{d}-duc de Toscane (1902-45), son fils ; ép. 1938 Dorothée de Bavière (née 25-5-1920). *Léopold,* son fils, G^{d}-duc de Toscane (né 25-10-1942) ; ép. 1965 Laetitia de Belzunce d'Arenberg (née 2-9-1941) dont Sigismond (né 21-4-1966), G^{d}-duc, héritier de Toscane, et Gontran, P^{ce} de Toscane (né 21-7-1967, ép. avril 1996 Debora de Sola, née 1970). *Branches cadettes :* issues de l'archiduc Charles Salvator, P^{ce} de Toscane (1830-92) [ép. 1862 Immaculée de Bourbon-Naples (1844-99)], par ses 2 fils Léopold-Salvator (1863-1931) et François-Salvator (1866-1939).

■ **Venise. Population citadine :** *1348 :* 50 000 (peste) ; *1382 :* 60 000 ; *1422 :* 85 000 ; *1563 :* 170 000 ; *1951 :* 175 000 ; *98 :* 68 000 ; *2005 (prév.) :* 45 000. Bâtie sur 117 îles [lagune séparée de l'Adriatique par le *Lido* (ou Lidi), rangée de 7 îles basses (dont Palestrina et Malamocco (avec la rade)] ; 150 canaux [dont *Grand Canal :* 3 800 m, largeur 30 à 70 m, prof. 5,5 m] ; place St-Marc campanile (hauteur 99 m), écroulé 14-7-1902 à 9 h 47, reconstruit (inauguré 25-4-1912)], basilique, 400 ponts, palais des Doges, cafés Florian et Quadri. *Pertes chaque année* (en %) : marbre 6, fresques 5, mobilier et art décoratif 5, peintures sur toile 3, sur bois 2. Lagune 550 km^2 avec terres immergées, *murazzi* (môles de renforcement terminés 1782, endommagés par raz de marée 1825 puis inondations 1966) ; s'enfonce de 2 mm à 1 cm par an (la fermeture des stations de pompage des nappes phréatiques à partir de 1975 a fait remonter le niveau de 1,5 cm) ; 19 inondations depuis 1900 dont 1966 (4-11) et 1992 (avril) 122 cm [le 5-1-1981, baisse des eaux de 70 cm (vent d'ouest : le *garbin*)] ; projet de barrage, coût 2,5 milliards de $. **Projet Moïse :** 79 digues mobiles (épaisseur 5 m, larg. 20 m, long. 30 m). Si la marée dépasse 1 m., elles se redressent et isolent la lagune. **Idées :** *années 1960* grandes éponges dans le bassin de Saint-Marc et le long du canal de la Giudecca (Fabrizio Plessi, artiste). *1975 :* 2 pétroliers font obstacle aux marées (C^{dt} Falconi). *1995* atoll artificiel abritant hôtels et restaurants, pompe pour aspirer l'excès d'eau, déversée ensuite par des fontaines (Filippo Cristaldi, ingénieur). **Histoire.** Territoire byzantin, **579** transformé en patriarcat en accueillant patriarche d'Aquilée. **697** *Paolo Lucio Anafesto* élu chef militaire, *dux* ou *doge.* **811** fondée par les habitants de Malamocco, près de Lido, fuyant les Francs ; s'établissent sur les îles plus sûres de Rivo Alto (Rialto). **828** placée sous la protection de saint Marc (dont le corps avait été ramené d'Alexandrie). **912** indépendante de Byzance. **982** *traité de Vérone :* paie tribut à l'empereur Otton. **991** *Pietro II Orseolo* († 1009) doge. **1167-77** soutient la Ligue lombarde anti-impériale. **1173** Vénitiens l'ayant soutenu contre Frédéric Barberousse, le pape Alexandre III donne au doge un anneau, « symbole de son empire sur la mer ». [Chaque année jusqu'en 1797, le jour de l'Ascension, le doge embarquera en souvenir sur le *Bucentaure* (galère de parade dorée) et ira jeter à la mer un anneau en disant : « Nous t'épousons, mer, en signe de perpétuelle domination. »] **1189-90** *3e croisade :* les Vénitiens se contentent de transporter des troupes devant Tyr. **1192** Vénitiens prennent 4 statues de chevaux pour la place St-Marc. **1198**-*15-8 : 4e croisade.* **1201**-*févr.* accord : Vénitiens s'engagent à fournir les moyens pour transporter en Terre sainte 4 500 chevaux et chevaliers, 9 000 écuyers et 20 000 fantassins. **1202** doge *Enrico Dandolo* († 1205) successeur de *Mastropiero.* Pour faire payer leur passage à des croisés (désargentés), décide de prendre une hypothèque sur leurs conquêtes futures. *-Nov.* escale à Zara (Zadar) : prise et mise à sac. **1203**-*printemps* les croisés se dirigent vers Constantinople pour aider Alexis, fils d'Isaac Ange, qu'avait détrôné Alexis III. *-17-7* Constantinople prise. Isaac Ange et son fils montent sur le trône. Mais Isaac est assassiné par Alexis Ducas Morzulphe (résistance grecque contre Latins), qui se proclame empereur (Alexis IV). **1204**-*12-4* Francs et Vénitiens prennent Constantinople. *-9-5* Beaudoin de Flandre élu empereur ; *-17-6* couronné à Ste-Sophie. Les Vénitiens deviennent les maîtres d'une large part de Constantinople, des côtes de la mer Ionienne et des îles formant le *Dominium Adriae,* du Péloponnèse, des Cyclades, de Gallipoli et de Rodosto. **1211-52** Crète, les Vénitiens implantent 10 000 colons. **1261** Michel VIII Paléologue, exilé à Nicée, promet aux Génois, en échange de leur appui naval et financier, les privilèges commerciaux et fiscaux accordés jusqu'alors aux Vénitiens. *-15-8* Michel VIII entre dans Constantinople ; *-15-9* y est couronné empereur. Les Génois obtiennent le droit exclusif de commercer en mer Noire. **1261-70, 1294-99, 1351-55, 1377-81** 4 guerres navales successives avec Gênes. **1281**-*juillet* s'allie au roi Charles Ier d'Anjou. **1282** révolte antifrançaise des Vêpres siciliennes ; échec du projet. **1291** les Polo reviennent du Japon par l'Asie orientale et méridionale et arrivent à Venise en 1295 (Marco Polo meurt le 8-1-1324). **1294** Vénitiens battus à Lajazzo ; **1298** à Curzola (au large de la côte dalmate).

1339 *Simon Boccanegra* (1er doge à vie). **1379**-*août* Génois s'emparent de Chioggia. **1380**-*juin* Vénitiens vainqueurs. **1381** Turin, paix signée. **1386** Vénitiens prennent Corfou ; **1393** annexent Lépante ; **1394-1408** Athènes ; **1395** Scutari ; **1416** battent Ottomans au large de Gallipoli. **1419-20** guerre avec Sigismond de Hongrie (Venise récupère Belluno, Feltre, Udine, Aquilée ; acquiert le Cadore et prennent Trau et Spalato). **1424** alliance avec Florence (contre Milan) ; **1426** acquiert Brescia. **1428** Bergame (signature de la paix de Ferrare). **1430** Turcs prennent Salonique. **1431** guerre avec Milan. **1444** Turcs vainqueurs à Varna. Venise, Florence, Bologne s'allient contre Milan. **1446** Venise acquiert Lodi (à la mort du duc de Milan). **1452** Turcs prennent Constantinople. **1454**-*9-4* Venise acquiert Crema *(paix de Lodi).* **1458** Turcs prennent Corinthe ; **1470** prennent Négrepont. **1479** paix signée. Venise hérite de Chypre (Catherine Cornaro, veuve du roi Jacques de Lusignan, abdique en 1489). **1481** guerre avec Hercule d'Este (Ferrare étant un port fluvial important). **1484** paix de Bagnolo signée (Venise obtient Rovigo et Polesine). **1495** participe à coalition contre France. **1499**-*avril traité de Blois* avec Louis XII. *-Sept.* Venise prend Crémone, Faenza, Rimini, Fano en Romagne, Gorizia et Trieste. **1503** paix avec Turquie (Venise perd Modon et Coron). **1508** refuse à Maximilien de passer avec son armée pour aller se faire couronner à Rome. Maximilien, battu, renonce au voyage et prend le titre d'empereur romain élu. *-10-12* ligue de Cambrai (à laquelle Jules II adhère en mars 1509) signée par Fr./Empire/Esp./Florence/Ferrare contre Vénitiens. **1509**-*27-4* Jules II lance l'interdit vénitien. *-14-5* à Agnadello, Vénitiens écrasés. **1510**-*24-2* Venise cède Vérone, Vicence, Padoue, ports des Pouilles, Rovigo, Monselice, Polesine, Romagne. **1511**-*5-10* entre dans la Sainte Ligue contre la Fr. (voulue par le pape avec Espagnols et Anglais). **1526**-*mai* adhère à la ligue de Cognac contre Charles Quint qui l'emporte (ses troupes mettent Rome à sac en 1527). **1529**-*déc.* compromis avec l'empereur : renonce à Romagne et Pouilles (qui avaient été reprises en 1528). **1537** perd Nauplie et Malvoisie. **1571**-*mai* Rome, traité Venise/Esp./papauté contre infidèles. *-Août* Turcs prennent Chypre (après longue lutte). *-7-10 Lépante,* Turcs perdent plus de 200 navires et 20 000 h. **1575-77** peste, plus de 50 000 † (dont Titien). **1586** domaine terrestre, 2 670 000 ha. **1616-17** guerre de Gradisca avec Autrichiens. **1623** s'allie à Fr. et Savoie contre Esp. pour défendre la Valteline. **1629**-*8-4* entre dans Ligue anti-impériale avec Fr., pape et Mantoue (conflit de succession de ce duché). **1630**-*25-5* Vénitiens battus. **1630-31** peste, plus de 46 000 †. **1669** perd Crète. **1683** Vénitiens s'allient avec le pape, l'empereur, la Pologne et récupèrent Péloponnèse ; **1699**-*janv. traité de Carlowitz :* gardent conquêtes en Morée, mais doivent quitter Lépante et les dernières Cyclades en leur possession. **1739** Venise perd Péloponnèse. **1797**-*18-4 Loeben,* accord Autrichiens/Français : l'Autr. obtient une large part de la terre ferme ; Venise obtient Romagne, Ferrare, Bologne. *-Avril* Vérone se soulève ; ces « Pâques véronaises » fournissent à Bonaparte un prétexte pour intervenir. *-26-4* Bonaparte à Vicence ; *-28-4* à Padoue ; *-1-5* déclare la guerre à Venise. *-12-5* le 120e (et dernier) doge *Ludovico Manin* [(1726/24-10-1802), doge depuis 9-3-1789] et le Grand Conseil démissionnent. Les Français font brûler les attributs du doge et le livre d'or de la noblesse vénitienne. *-15-5* Français entrent dans Venise. *-17-10 traité de Campoformio, -18-10* laisse Venise aux Autrichiens. *-Fin oct. accord de Campoformio* Fr./Autr. : Fr. obtient les îles vénitiennes du Levant ; Autr. : Istrie, Dalmatie, Venise, Vénétie jusqu'au Pô et Adige. *-7-12* les Français emportent tableau de Véronèse, *les Noces de Cana* (9,90 m × 6,66 m), et quadrige en bronze doré qui orne la basilique St-Marc. **1798**-*18-1 :* 1ers détachements autrichiens à Venise. **1798**-*22-2*/**1806** domination autrichienne. **1806**-*19-1 :* 2e occupation française. Territoire vénitien constitué : 7 départements rattachés au roy. d'Italie. **1807**-*29-11* Napoléon Ier y séjourne. Fait expédier à Paris le lion ailé de la place St-Marc pour l'esplanade des Invalides. *-20-12* Eugène de Beauharnais P^{ce} de Venise. **1811**-*6-5* corps de saint Marc retrouvé. **1814**-*1-4* Autrichiens à Venise. **1815**-*13-12* Vénitiens récupèrent lion ailé et chevaux de St-Marc. **1840** conspiration antiautrichienne (chefs : Attilio et Emilio Bandiera exécutés 1844). **1841-46** construction pont ferroviaire Venise/terre ferme. **1848**-*19-1* Daniele Manin (13-5-1804/Paris 22-9-1857 ; avocat) et Niccola Tommaseo (écrivain) arrêtés. *-17-3* place St-Marc, la foule obtient leur libération. Manin appelle à l'insurrection. *-22-3* arsenal, mutinerie ; Autrichiens se retirent. Manin forme un gouv. Mais les villes de Vénétie votent leur annexion au Piémont de Charles-Albert. Par crainte d'une intervention autrichienne, l'assemblée provinciale fait de même en juillet. Armistice signé (Venise laissée à l'Autr.). *-23-3* Vénitiens chassent les Autrichiens. Manin organise la résistance. *-Sept.* blocus autrichien. **1849**-*12-7* Autrichiens lancent 20 ballons porteurs chacun d'une bombe de 30 livres. *-22-8* Venise capitule. *-27-8* Manin part en exil.

■ **Vérone et Vicence.** Les *Della Scalla* (les Scaliger) [1259-1387].

ROYAUME D'ITALIE

■ **1861**-*14-3* **Victor-Emmanuel II** le Père de la Patrie [(14-3-1820/9-1-1878). Ép. 1°) 12-4-1842 Marie-Adélaïde de Lorraine (3-6-1822/20-1-1855) ; 2°) (mariage morganatique, 7-11-1869) Rosa Vercellana, Ctesse de Mirafiori (1833-85)]. Fixe capitale à Florence. *-17-3* proclamation du royaume d'Italie ; **Camillo Cte de Cavour** (1810-61) PM ; *-6-6* meurt. *-12-6* **Bettino Ricasoli, Cte Brolio** (1809-80) PM. **1862**-*4-3* **Urbano, Bon Rattazzi** (1808-73) PM. *-9-12* **Luigi Farini** (1812-66) PM. **1863**-*24-3* **Marco Minghetti** (1818-86) PM. **1864**-*23-9* **Gal Alfonso La Marmora** (1804-78) PM. **1865**-*8-4* I. alliée à la Prusse. **1866**-*17-6* **Ricasoli** PM. *-19-6* déclaration de guerre à l'Autriche. *-24-6 Custozza*, défaite italienne. *-20-7 Lissa :* Tegetthof (Autr.) défait flotte de l'amiral Carlo Pellion di Persano. *-21-7 Bezzeca*, Garibaldi bat les Autrichiens. *-22-7* armistice Autr./Prusse. Vénétie cédée à la Fr. qui la rétrocède à l'Italie. *-12-8* armistice de Cormons, le roi arrête Garibaldi. *-3-10 paix de Vienne*, Autriche cède Vénétie à l'Italie, mais garde Trente et Trieste. *-19-10* Italiens entrent à Venise. *-21-10* les Vénitiens se prononcent pour leur annexion à l'I. **1867** intervention française empêchant Garibaldi de prendre Rome. *-11-4* **Rattazzi** PM. *-27-10* **Luigi Federico Cte Menabrea** (1809-96) PM. *-3-11* Garibaldi battu à Mentana. **1869**-*12-12* **Giovanni Lanza** (1810-82) PM. **1870**-*20-9 occupation* (libération) *de Rome* [2-10 *référendum* à Rome sur rattachement à l'I. (133 000 oui, 1 500 non)] qui devient capitale en 1871 (26-1 loi de transfert ; 30-6 proclamation ; 1-7 ministères transférés ; 2-7 entrée de Victor-Emmanuel II). **1873**-*10-8* **Marco Minghetti** PM. **1876**-*25-3* **Agostino Depretis** (1813-87) PM. **1878**-*23-3* **Benedetto Cairoli** (1825-89) PM. *-18-12* **Depretis** PM.

■ **1878**-*9-1* **Humbert Ier** le Bon [(14-3-1844/29-7-1900), fils de Victor-Emmanuel II. Ép. 22-4-1868 Marguerite de Savoie-Gênes (1851-1926)]. *-Nov.* blessé par le poignard du cuisinier Passanante. **1879**-*12-7* **Cairoli** PM. **1881**-*28-5* **Depretis** PM. *-13-7 Vatican,* incidents lors du transport du corps de Pie IX à St-Jean-de-Latran. **1882**-*22-1* loi électorale (nombre d'électeurs passe de 500 000 à 2 000 000). **1885** *Massaoua* occupée, début de la conquête de l'Érythrée. **1887**-*29-7* Depretis meurt. *-8-8* **Francesco Crispi** (1818-1901) PM. **1889**-*2-5 traité d'Oucchiali* : les It., qui ont aidé Ménélik (roi du Choa), le reconnaissent roi des rois d'Éthiopie et lui font occuper pour 5 ans un vague protectorat. **1891**-*9-2* **Antonio Strarabba, Mis Di Rudini** (1839-1908) PM. *-24-3* accord anglo-italien, l'Italie acquiert des ports sur la côte somalienne. *-24-4* retour au scrutin majoritaire. *-6-5* renouvellement de la Triple-Alliance. **1892**-*15-5* **Giovanni Giolitti** (1842-1928) PM. Des *Fasci* (associations de travailleurs) réclament violemment le partage des terres. **1893**-*10-12* **Crispi** PM. **1896**-*1-3* défaite d'Adoua : Ménélik (200 000 h.) bat It. (Gal Baratieri, 60 000 h.) qui perdent 9 000 h. *-10-3* **Di Rudini** PM. *-13-11* Addis-Abéba, *traité* major Nerazzini/Ménélik : l'I. renonce à toute idée de protectorat sur l'Éthiopie et conserve les pays au nord de la frontière fixée provisoirement à la ligne des rivières Mareb-Bélésa-Mouna. **1897**-*22-4* l'anarchiste Pietro Acciarito (24 ans) essaie de poignarder Humbert Ier. **1898**-*24-6* **Luigi, Gal Pelloux** (1839-1924) PM. *-Nov. Turin*, exposition (50e anniversaire de la Constitution). **1900**-*24-6* **Giuseppe Saracco** (1821-1907) PM. *-29-7* à Monza, Humbert Ier assassiné (3 balles) par l'anarchiste Gaetano Bresci (né 10-11-1869).

■ **1900**-*29-7* **Victor-Emmanuel III** [(11-11-1869/28-12-1947), fils de Victor-Emmanuel II, roi d'I. et d'Albanie, empereur d'Éthiopie, abdique le 9-5-1946 ; se fait appeler Cte de Pollenzo. Ép. 24-10-1896 P^{cesse} Hélène Petrovitch Njegosh de Monténégro (8-1-1873/28-11-1952)]. **1901**-*15-2* **Giuseppe Zanardelli** (1826-1903) PM, *-20-10* malade, démissionne. **1903**-*3-11* **Giolitti** PM. **1905**-*27-3* **Alessandro Fortis** (1842-1909) PM. *-8-9* tremblement de terre en Calabre. **1906**-*8-2* **Giorgio, Bon Sonnino** (1847-1922) PM. *-20-5* **Giolitti** PM. **1908**-*28-12* séisme : Messine et Reggio de Calabre détruites (84 000 †). **1909**-*10-2* **Sonnino** PM. **1910**-*30-3* **Luigi Luzzatti** (1841-1927) PM. *-3-10* I. bat la flotte turque dans l'Adriatique ; débarque à Tripoli ; *-11-10* prend Tobrouk ; *-20-10* Benghazi ; *-5-11* proclamme sa souveraineté en Libye. **1911**-*27-3* **Giolitti** PM. **1912**-*janv.* 2 navires français, le *Carthage* et le *Manouba*, soupçonnés de fournir des armes aux Turcs, arraisonnés. *-14-3* Antonio d'Alba, anarchiste, tire sans l'atteindre sur Victor-Emmanuel. *-Avril* I. occupe îles du Dodécanèse. *-15-10* traité d'Ouchy (Suisse) avec Turquie. **1913**-*26-10*

1res législatives au suffrage univ. **1914**-*21-3* **Antonio Salandra** (1853-1931) PM. *-5-10* des syndicalistes fondent un « faisceau révolutionnaire » d'action interventionniste. **1915**-*4-5* I. dénonce la Triple-Alliance. *-23-5* I. participe à guerre contre All. et Autr. (pour la décider, les Alliés lui ont promis : Trentin, Haut-Adige, côtes est de l'Adriatique, 1/4 de l'Anatolie turque) ; *-21-8* déclare guerre à la Turquie. **1916**-*19-6* **Paolo Boselli** PM. **1917**-*24-10 Caporetto*, Allemands battent Luigi Cadorna. *-30-10* **Vittorio Emmanuel Orlando** (1860-1952) PM. *-8-11* congrès des Alliés à Peschiera del Garda. **1918**-*27-2* Venise bombardée (281 bombes). *-28-10 Vittorio-Veneto,* Gal Armando Diaz (1861-1928 ; créé duc de la Victoire et M^{al} 1924) bat Autrichiens. *3/4-11* armistice de Padoue avec Autriche. **1919**-*10-3* I. reçoit Trentin et Haut-Adige. [*1920-5-8* traité de Sèvres : I. garde Rhodes et Dodécanèse. L'I. (qui n'a pas employé ses troupes coloniales) aura eu 650 000 †, et perdu 58,83 % de sa flotte (Fr. 39,44, G.-B. 42,63)].

1919-*23-6* **Francesco Nitti** (1868-1953) PM. *-8-9* Gabriele d'Annunzio (1863-1938, poète, voir à l'Index) occupe *Fiume* avec ses légionnaires, les *arditi* (démobilisés ou déserteurs de l'armée régulière) et une brigade de cyclistes, et y crée la Régence it. du Quarnaro, nom du golfe de Fiume. *-10-9 traité de St-Germain* avec Autr. *-12-9* les Alliés, ayant dissous à Fiume le Conseil national, ont confié la police aux Anglais. La guerre a traumatisé l'I. (humiliée à Caporetto, elle n'a pas reçu tous les territoires promis, voit l'immigration restreinte), les violences politiques et sociales se succèdent. *-Nov. législatives* au suffrage universel, victoire des socialistes et des catholiques, Mussolini battu à Milan. **1920** soutenu par petite bourgeoisie et gros industriels, il organise des expéditions punitives (*squadre :* escouades fascistes) contre dirigeants de gauche (il y aura des milliers de †). *-16-6* **Giolitti** PM. *-12-11 traité de Rapallo* (I.-Youg.) : I. reçoit Trieste et Istrie. Youg. a la Dalmatie sauf Zara et île de Lagosta, Fiume devient État libre (-27-8, constitution révolutionnaire). *-25/28-12 Fiume,* Noël sanglant (54 †), les troupes it. (Gal Enrico Caviglia) interviennent contre d'Annunzio qui capitule le 28. **1921**-*janv.* création du Parti communiste. Création de syndicats fascistes qui briseront les grèves. *-7-4* Giolitti dissout la Chambre. *-15-5 législatives :* 35 fascistes élus dont Mussolini à Milan et Bologne. *-4-7* **Ivanoe Bonomi** (1873-1951) PM. *-Juillet Sarzana,* carabiniers résistent aux fascistes (plusieurs †). *-2-8* Mussolini signe pacte de pacification (avec P. socialiste et CGL) supposé mettre fin aux violences. *-9-11* création du P. national fasciste. **1922**-*16-2* Bonomi renversé (par socialistes et fascistes). *-25-2* **Luigi De Facta** (1861-1930) PM. *-1-8* grève générale déclenchée par socialistes et brisée en 3 j par fascistes. *Août Parme,* lutte contre milices ouvrières (35 fascistes †). *-18-10* congrès fasciste de Naples. *-22-10* De Facta démissionne. *-24/10 Naples,* Mussolini demande dissolution de la Chambre et participation au pouvoir, sinon les fascistes descendront sur Rome ; il regagne Milan. *-27/28-10* **Marche sur Rome** (à l'instigation de Balbo), 22 000 fascistes. *-29-10* le roi appelle Mussolini au pouvoir. *-30-10* Mussolini arrive à Rome, présente la liste de son gouvernement au roi l'après-midi ; *-31-10* prête serment. Entrée triomphale des Chemises noires à Rome [50 000 h. conduits par les quadrumvirs : Italo Balbo (1896/28-6-1940), Emilio De Bono (1886/fusillé 11-1-1944), Michele Bianchi, Cesare De Vecchi (1884-1959)]. Des journaux d'opposition sont mis à sac, des journalistes molestés. 7 † dans le quartier ouvrier de San Lorenzo.

1922-*19-11* **Benito Mussolini** investi par la Chambre des députés (où son parti ne détient que 35 sièges sur 579) par 306 voix contre 116, 7 abst., 150 absences volontaires. *-25-11* Mussolini obtient les pleins pouvoirs. **1923**-*31-3* début des réformes sociales. *-18-11 loi Acerbo* attribuant les 2/3 des sièges à la liste arrivée en tête si cette liste obtient 25 % des suffrages dans l'ensemble du pays (ainsi, 25 % des voix donnent 66 % des sièges ; les autres listes se partagent le dernier tiers en fonction des résultats). En 1923 : 166 antifascistes assassinés. **1924**-*27-1 traité de Rome* avec Yougoslavie : ville de Fiume donnée à l'I., l'arrière-pays à la Youg. *-8-2* traité de commerce avec URSS. *-6-4 législatives :* fascistes 275 sièges (4 400 000 voix), opposition 144 (3 000 000). *-30-5* Giacomo Matteotti (né 1885, député socialiste) dénonce à la tribune de *Montecitorio* fraudes électorales et violences, et menace d'apporter des preuves ; *-10-6* assassiné par la Milice. *-27-6* indignée, l'opposition (dite « l'Aventin ») quitte le Parlement. *-1-7* Mussolini propose sa démission, le roi refuse. *-9-11 :* 123 députés opposants sont déchus de leur mandat. Le PPI est dissous. **1925**-*3-1* Mussolini instaure la dictature. Le *Duce* (du latin *dux :* « guide ») est « Premier ministre d'I. et Duce du fascisme ». *-4-11* Tito Zaniboni, député socialiste franc-maçon, tire sur Mussolini et le rate (sera condamné à 30 ans de prison). *-12-12* le faisceau devient emblème officiel de l'État. **1926**-*31-1* le gouvernement peut légiférer sans en référer au Parlement. *-3-4* loi *Rocco* lock out et grèves interdites. 4 Attentats contre Mussolini [*-7-4* une Anglaise déséquilibrée, Violette Gibson, tire sur lui (5 balles, égratigné au nez) ; elle sera expulsée d'Italie ; *-31-10 Rome* un jeune anarchiste, Gino Lucetti, jette une bombe sur sa voiture mais le rate (sera condamné à 30 ans de prison) ; *Bologne,* Anteo Zamboni (15 ans) tire sur sa voiture (lynché par la foule)]. *-27-11 traité italo-albanais* établissant en fait un protectorat it. **1927**-*avril* alliance avec Hongrie. *-21-4 charte du travail. -22-11* pacte défensif avec Albanie. **1928**-*17-5* loi : la Chambre (400 députés) est élue par liste nationale unique [arrêtée par le Grand Conseil national du fascisme et « approuvée » par le corps électoral (« élections » de 1929 et 1934)]. *-25-7* élections provinciales et locales supprimées. *-9-12* loi organise le Grand Conseil du fascisme, présidé par le chef du gouv. ; le Parti est une « milice civile au service de l'État » [par l'intermédiaire de son parti, le *Duce* possède une armée privée (la MVSN : voir encadré p. 1149)]. Début de l'assèchement des marais Pontins. **1929**-*11-2 accords du Latran* (voir p. 510 c). **1931-32** fin de la conquête de la Libye.

■ **Mesures racistes.** **1937** *-19-4* décret-loi sanctionne (de 1 à 5 ans de réclusion) les relations sexuelles avec les naturels de l'Afrique orientale italienne. **1938**-*14-7 Manifeste de défense de la race par le Minculpop. -1-9* Conseil supérieur pour la démographie et la race créé. *-6-10 Charte de la race :* il existe des races humaines différentes (« grandes » et « petites ») ; le concept de race est biologique ; le peuple italien est d'origine aryenne et depuis un millénaire sa pureté n'a pas été altérée ; les juifs n'appartiennent pas à cette race it. (ils ne sont pas européens) ; tout croisement des It. avec une race non it. altère la pureté de la race. Plusieurs textes appliqueront ces principes, notamment ceux des 5-9/17-11-1938 et 9-2/29-6-1939. **1943**-*16-10 Rome :* les Allemands raflent 2 094 juifs (105 reviendront). *-17-11 manifeste de Vérone* anti-juif. *-13-12* tous les juifs doivent être internés : 8 743 déportés (980 reviendront). **1944**-*4-1* décret : biens juifs confisqués.

☞ **Nombre de juifs en Italie :** *1931 :* plus de 50 000 dont 10 000 inscrits au P. fasciste. Est juif celui qui est né de 2 parents juifs, même s'il appartient à une autre religion ; l'enfant d'un juif et d'une étrangère (et réciproquement) ; l'enfant de mère juive et de père inconnu ; l'enfant d'un juif s'il fait profession de foi juive.

☞ **Chômage** (en milliers de personnes) : *1920 :* 541 ; *25 :* 122 ; *27 :* 410 ; *33 :* 1 130.

1933 tous les maîtres d'école doivent porter l'uniforme. *-7-6 Rome :* pacte pour la paix (All., France, G.-B., Italie). **1934**-*5-2* loi corporative. *-30-6* livret de travail imposé aux salariés. *-25-7* pour empêcher Hitler d'envahir l'Autr. (où le chancelier Dollfuss vient d'être assassiné par les nazis), Mussolini envoie 2 divisions au nord et ferme le col de Brenner. *-6-10 Milan,* Mussolini déclare souhaiter s'entendre avec la Fr. *-5-12 Oual-Oual* (en Ogaden, sous contrôle it. depuis 1928), 30 ascaris (troupes coloniales) tombent dans une embuscade ; le Négus suggère un arbitrage de la SDN, I. refuse. **1935**-*7-1* accord Mussolini/Laval. I. récupère 114 000 km² (bande d'Aozou) (3-10 avec De Bono, puis 16-11 avec Badoglio). *-11-4* conférence de Stresa. *-2-10* Mussolini annonce sa décision d'envahir l'Éthiopie. *-Oct.* début de la conquête. *-18-11* la SDN, en 5 semaines, dresse une liste de sanctions, puis en retranche des produits essentiels (charbon, acier, fer, pétrole). Mussolini demande aux It. de sacrifier leurs richesses (vaisselle, bijoux, or, alliances..., plus tard acier, fer, cuivre, boutons de porte, etc.). Après l'annexion, Victor-Emmanuel III est proclamé empereur d'Éthiopie. *-7-12* Laval et Samuel Hoare (G.-B.) proposent à Mussolini les 2/3 de l'Éthiopie mais l'opinion britannique s'insurge. *-28-12* Mussolini dénonce les accords franco-it. de janvier et répudie les engagements pris à Stresa. Mussolini, Fulvio Suvich (I.), Flandin, Laval (Fr.), MacDonald, sir Simon (G.-B.) blâment Hitler qui a, le 16-3, dénoncé les clauses militaires du traité de Versailles, et prônent la négociation. **1936**-*5-5* entrée de Badoglio dans Addis-Abeba. *-5-10* lire dévaluée de 41 %. *-1-11* axe Rome-Berlin proclamé. **1936-39** I. aide franquistes en Esp. [70 000 h., 10 000 mitrailleuses, 240 000 fusils, 2 000 canons, 90 navires et des aviateurs (aide supérieure à celle de l'All.)]. **1937**-*avril* inauguration des studios Cinecitta à Rome. *-9-6* Rosselli (déporté, évadé, fondateur à Paris du mouv. *Giustizia e Liberta*) assassiné à Bagnoles-de-l'Orne avec son frère Nello (qui se trouvait avec lui ce jour-là) par la *Cagoule* (« travaillant » pour le fascisme). *-24-9* Hilter reçoit Mussolini à Munich. *-6-11* Italie adhère au pacte anti-Komintern. *-11-12* I. quitte SDN après les sanctions décidées. **1938**-*16-3 Rome,* accord avec G.-B. sur statut en Méditerranée. *-31-3* Gabriele D'Annunzio meurt (d'hémorragie ou empoisonné par Emy Leufler, infirmière nazie). *-3-5* Mussolini reçoit Hitler. *-29-9* Mussolini pousse l'All. à organiser la conférence de Munich. *-17-12* I. dénonce traité franco-it. du 7-1-1935. **1939**-*19-1* loi : la Chambre des faisceaux et des corporations (nommée par le gouv.) remplace la Chambre des députés. *-7-4* Albanie envahie. *-22-5 pacte d'acier* avec All. (alliance offensive). *-1-9* Hitler admet que l'I. reste non belligérante (l'armée n'étant pas prête, l'I. demande 17 millions de t de matériel). *-21-12* le roi va voir le pape (1re visite d'un roi d'I. depuis 1870). **1940**-*1-3* Chemises noires incorporées dans l'armée. *-10-6* déclare **guerre** à la France ; Mussolini obtient du roi la délégation d'autorité pour commander l'armée. *-21-6* offensive it. *-28-6* avion du M^{al} Italo Balbo abattu par erreur par DCA italienne à Tobrouk. *-28-10* Grèce envahie. **1941**-*6-4* déclare guerre à la Yougoslavie. *-Mai* Éthiopie perdue. *-9-12* déclare la guerre aux USA ; *-29-12* à l'URSS. **1942**-*mai/juin* combats de Bir-Hakeim. *-Nov.* troupes it. occupent sud de la Fr. et Corse. **1943**-*5-2* gouv. épuré. G. Ciano, D. Grandi, G. Bottai essaient de convaincre Mussolini de traiter avec Anglo-Américains. *-14-5* île de Pantelleria se rend aux Anglo-Américains. *-10-7* débarquement anglo-américain (Montgomery) en Sicile. *-24-7* le Grand Conseil fasciste exige la fin du pouvoir personnel de Mussolini (par 19 voix contre 7). *-25-7* **M^{al} Pietro Badoglio** (1871-1956) PM, fait arrêter Mussolini sur ordre du roi. *-3-9* Anglo-Américains (Clark) débarquent en Calabre (Salerne). *Armistice avec Alliés* signé à Cassibile (rendu public 8-9) ; le roi et Badoglio se réfugient à Brindisi. *-10-9* Allemands occupent Rome et Italie du N. *-12-9* Mussolini interné au Campo Imperatore, hôtel du Gran Sasso à 2 120 m d'alt. (Abruzzes), repéré par des spécialistes des services de sécurité commandés par le capitaine SS Skorzeny (1908-75), est libéré ; [opération montée par le Gal Student (Wehrmacht) et réalisée sous les ordres du C^{dt} Mors avec 10 planeurs ; Skorzeny, « observateur », exigea d'embarquer dans l'avion qui ramena Mussolini (ce qui mit en péril le décollage) ; la propagande fit de lui le héros de cette affaire]. *-15-9* Milan, Mussolini proclame la **République sociale italienne** (RSI, 8-9-1943/25-4-1945) dont le gouv. protégé par All. s'installe à *Salo* (lac de Garde). *-Fin sept.* I. coupée par la *ligne Gustave*. *-22-9 Céphalonie* (île Ionienne) : la division Acqui (Gal Gandin) après 15 j de lutte contre SS se rend aux Allemands qui massacrent les 8 000 h. restants. *-28-9/1-10* Naples libérée. *-13-10* **le gouv. royal it. déclare guerre à l'All. 1944**-*8-1 Vérone*, tribunal « spécial » juge 6 membres du Grand Conseil du fascisme ayant renversé Mussolini le 25-7-1943 (les autres ont fui ou se terrent) : Ciano, M^{al} Emilio De Bono, Gottardi, Pareschi, Marinelli condamnés à mort pour trahison (fusillés dans le dos 11-1-1944) ; Cianetti, qui a retiré le 25-7 sa signature après avoir soutenu l'ordre du jour, est condamné à 30 ans de prison. *-14-3* Staline reconnaît Victor-Emmanuel III comme souverain légitime. DC et PCI entrent au gouv. Badoglio. *-23-3 Rome,* attentat tue 33 jeunes SS. *-24-3* représailles, les SS du C^{el} Herbert Kappler fusillent 335 otages aux *Fosses ardéatines.* [*1996*-1-8, Erich Priebke (extradé d'Argentine 20-11-1994) ancien capitaine SS, reconnu coupable, mais circonstances atténuantes, libéré ; 3-8 réincarcéré ; 15-10 jugement annulé par la Cour de cassation. *1997*-22-7, condamné à 15 ans de prison, et Karl Hass à 10 ans et 8 mois. *1998*-7-3 condamnés en appel à la réclusion à perpétuité ; avril Hass (85 ans) remis en liberté ; 16-11 Cour de cassation confirme condamnation des 2 à vie]. *-7/14-4* SS fusillent 144 partisans. *-12-4* Victor-Emmanuel III transmet le pouvoir à Humbert II. *-11-5 :* 13 divisions (7 américaines, 4 françaises, 2 anglaises), sous le commandement du Gal Clark, marchent sur Rome. *-4-6* Gal Clark entre à Rome. *-9-6* **Ivanoe Bonomi** PM provisoire (*déc.* PM). *-Juillet* fascistes fondent Brigades noires, spécialisées dans lutte contre partisans. *-12-8 Sant'Anna di Stazzema :* 350 civils tués par All. (représailles). *-Août* Florence libérée. *-27-10* front stabilisé sur *ligne gothique* (Pise-Rimini), Apennins de Ravenne à Lucques. Les armées alliées prennent leurs quartiers d'hiver ; les Allemands (6 divisions) et les It. de Salo (8 divisions), sous les ordres du M^{al} Kesselring, concentrent leurs attaques contre les résistants. **1945**-*25-4* insurrection nat. *-26-4* Mussolini, fuyant en uniforme allemand, arrêté ainsi que ses ministres. *-27-4* ministres fusillés. *-28-4* Mussolini exécuté (voir encadré p. 1149) *-29-4* Venise prise. Allemands capitulent en Italie. *-9-5* Victor-Emmanuel III abdique en faveur d'Humbert II (se retire en Égypte, y meurt en 1947). *-21-6* **Feruccio Parri** (1890-1981) PM. *-10-12* **Alcide De Gasperi** (1881-1954) PM, coalition.

☞ *Du 9-9-1943 au 30-4-1945,* l'I. a perdu 72 500 h. (civils compris), 40 000 mutilés ; la qualité de « partisan combattant » a été reconnue à 232 841 personnes, et celle de « patriote » (résistant actif de la 1re heure) à 125 714 autres. *Répression fasciste :* opposants exécutés 25 ; condamnés prison 5 616 (en moy. à 3 ans), à mort 42, aux travaux forcés à perpétuité 3.

■ **1946** *-9-5* **Humbert II** (15-9-1904/18-3-1983), fils de Victor-Emmanuel III, ép. 8-1-1930 P^{cesse} Marie-José de Belgique (4-8-1906/27-1-2001), fille du roi Albert Ier. *1944-5-6* L^{t}-général du roy. *-2/3-6 référendum* pour la république [12 717 923 pour, 10 719 284 contre [les provinces du Nord sont pour (sauf Cuneo et Padoue), celles du Sud sont contre (sauf Latina et Trapani)]. *-12/13-6* coup d'État républicain d'Alcide De Gasperi. Humbert II s'exile, sans abdiquer, sous le nom de Cte de Sarre (nom d'un château du Val-d'Aoste acheté par Victor-Emmanuel II).

Enfants d'Humbert II : *Maria-Pia* (24-9-1934) ép. 12-2-1955 P^{ce} Alexandre de Yougoslavie (13-8-1924), fils du P^{ce} Paul, réside en France, divorce 1967 ; *Victor-Emmanuel* duc de Savoie, P^{ce} de Naples (12-2-1937), ép. 7-10-1971 Marina Doria (née 12-2-1935), ancienne championne de ski, dont Emmanuel-Philibert (22-6-1972), P^{ce} de Piémont et de Venise [on accusa Victor-Emmanuel d'avoir, la nuit du 17 au 18-8-1978, à Cavallo, Corse, blessé par balle Dirk Hamer (Allemand, † de ses blessures le 7-12) ; il fut incarcéré 55 j mais le 18-11-1991 la cour d'assises de Paris l'a déclaré non coupable, le condamnant à 6 mois de prison avec sursis pour port de carabine de guerre] ; *Marie-Gabrielle* (24-2-1940) ép. 26-6-1969 Robert Zellinger de Balkany (4-8-1931, divorcé de Geneviève François-Poncet), divorcés nov. 1990, dont 1 fille ; *Marie-Béatrice* (2-2-1943) ép. 1-4-1970 Luis Reyna-Corvalan y Dillon (18-4-1939), argentin. **Sœurs :** *Yolande* (1901-86) ép. 9-4-1923 Cte Carlo Calvi, Cte de Bergolo (1887-1977) ; *Mafalda* (9-11-1902/27-8-1944 Buchenwald), ép. 23-9-1925 P^{ce} Philippe, landgrave de Hesse (1896-1977) ; *Jeanne* (13-11-1907) ép. 25-10-1930 Boris III, roi des Bulgares (1894/28-8-1943) ; *Marie* (26-12-1914) ép. 23-1-1939 P^{ce} Louis de Bourbon, P^{ce} de Parme (1899/4-12-1947) dont plusieurs enfants.

Branche Savoie-Aoste : issue du P^{ce} **Amédée de Savoie** [Aoste (30-5-1845/18-1-1890), 1er duc d'Aoste, 2e fils de Victor-Emmanuel II, proclamé par les Cortès le 16-11-1870 roi d'Esp. Amédée Ier, dut abdiquer le 11-2-1873 ; ép. *1°)* -30-5-1867 Marie dal Pozzo della Cisterna (9-8-1847/8-11-1876) ; *2°)* 11-9-1888 Laetitia Bonaparte (20-12-1866-1926)]. **Emmanuel-Philibert** (13-1-1869/4-7-1931) duc d'Aoste, son fils, ép. 1895 Hélène de France (13-6-1871-1951), fille du Cte de Paris. **Amédée** (21-10-1898/ † Nairobi prisonnier 3-3-1942, vice-roi d'Éthiopie), duc des Pouilles puis duc d'Aoste, son fils, ép. 1927 Anne d'Orléans (1906-86). **Aimon** (9-3-1900/20-1-1948) duc de Spolète puis duc d'Aoste à la mort de son frère, ép. 1939 P^{cesse} Irène de Grèce (1904-74), roi de Croatie (Tomislav II) 18-3-1941. **Amédée** (27-9-1943) duc d'Aoste, ép. 1°) 22-7-1964 (mariage annulé janv. 1987) P^{cesse} Claude d'Orléans, fille

Benito Mussolini (25-7-1883/28-4-1945). Fils d'un forgeron socialiste, instituteur ; épouse religieusement 29-12-1925 Rachele Guidi († 10-11-1979) ; 5 enfants dont Edda [née 1-9-1910, ép. 24-10-1930 Cte Galleazzo Ciano (18-3-1903, min. de la Propagande, des Affaires étr. (9-6-1936/5-2-1943), fusillé 11-1-1944], Vittorio (27-9-1916/12-6-1997), Romano (26-9-1927), Bruno (22-4-1918/avion 17-7-1941), et 1 fils naturel Benito Albino [(11-11-1915/25-7-1942) né d'Ida Dalser (internée 1926 pour démence, † déc. 1937)]. **1902** va en Suisse pour échapper au service militaire. **1904** revient le faire. Socialiste. **1911**-*18-11* condamné à 1 an de prison pour sabotage (est contre la conquête de la Tripolitaine), -*12-3* libéré. **1914** -*nov.* partisan de la guerre contre Allemands et Autrichiens, accusé d'être payé par la Fr., exclu par socialistes. **1915** fonde *Faisceaux d'action révolutionnaire* ; -*31-8* mobilisé. **1916**-*29-2* caporal. **1917**-*23-2* blessé, -*sept.* réformé. **1919** fondation des Faisceaux. **1922**-*29-10* au pouvoir. **1943**-*25-7* arrêté ; -*13-9* libéré ; -*15-9* Pt de la République de Salo. **1945**-*26-4* arrêté par résistants, -*28-4* exécuté avec Clara Petacci (née 1912, sa compagne depuis 1932), à Dongo. Leurs corps seront exposés le 29-4 à Milan, piazza Loretto, pendus par les pieds à la poutre d'une station d'essence, où 15 résistants avaient été pendus. **1946**-*22/23-4* : 3 fascistes exhument le cercueil, emportent le corps de Mussolini (oubliant une jambe détachée du tronc). -*12-8* : 2 mallettes sont apportées au couvent des frères mineurs de Sant'Angela (près de Milan) et remises au préfet de police : Mussolini est inhumé au couvent de Cerro Maggiore, près de Legnano en Lombardie, en secret. **1957**-*29-8* corps restitué à sa veuve et inhumé dans le caveau de famille de San Cassiano.

Faisceaux italiens de combat *(Fasci italiani di combattimento)*. **Origine : 1919**-*21-3* (Milan) 56 personnes répondent à l'appel de Mussolini et de son journal *il Popula d'Italia* pour créer une organisation qui, en dehors des partis, perpétuerait l'inspiration révolutionnaire de la guerre. Aux *arditi* (conduits par Ferrucio Vecchi) sont mêlés des ultra-nationalistes ou des anarcho-syndicalistes. Ils fondent le *Faisceau milanais de combat*. -*14-4* expédition : les fascistes incendient le siège de l'*Avanti* (journal socialiste), 1re manifestation fasciste violente (4 †). -*23-4* ass. générale à Milan (piazza San Sepolcro) : 119 présents [4 tendances : *arditi* (avec Vecchi), syndicalistes révolutionnaires (avec Bianchi), interventionnistes de gauche et futuristes (avec Mario Carli et Marinetti)] avec les Chemises noires (nommées d'après la tunique des *arditi*). Le programme, défini en commun, signé par 54 participants (San Sepolcristi), rendu public quelques mois plus tard, comprend des revendications économiques (dissolution des Stés anonymes, impôt sur le capital, lutte contre la spéculation), sociales (journée de 8 h, participation des travailleurs, terre aux paysans), et politiques (une constituante « section italienne de la Constituante internationale des peuples » ; république italienne avec autonomie régionale et communale, suffrage univ. avec représentation proportionnelle et vote des femmes, référendum populaire, abolition du Sénat, des titres de noblesse, de la police politique, du service militaire obligatoire, liberté de pensée, de conscience, de religion, de presse, etc. ; désarmement général, nationalisation des industries de guerre, abolition de la diplomatie secrète, élaboration d'une politique étrangère fondée sur les principes d'indépendance et de solidarité des peuples conçus par la SDN). -*9-10* : 1er congrès à Florence. **1920**-*oct.* au Congrès de Rome : devient un mouvement politique. **Effectifs du Parti :** *oct. 1919* : 15 000 (56 faisceaux) ; *nov. 1921* : 312 000 (2 200 faisceaux, 5 quotidiens, 84 périodiques) ; *1922* : 700 000 ; *1924* : 790 000 ; *1931* : 1 000 000].

Milice volontaire pour la sûreté nationale (MVSN). Créée 1921, légalisée par le décret du 14-01-1923, placée sous le contrôle direct du Grand Conseil du fascisme. Uniforme des *arditi* (chemise et fez noirs) ; divisés en centuries, cohortes et légions. Comprenait des troupes actives (les *principi*) et des forces de réserve (les *triari*), des unités féminines et des sections de jeunes. **Effectifs :** *1926* : 220 000 h., *1939* : 800 000. Des divisions combattirent en Éthiopie, Espagne et Libye pendant la guerre. Dissoute à la chute de Mussolini, elle est rétablie le 16-9-1943 (rebaptisée garde nationale républicaine).

GIL *(Gioventu italiana del littorio)*. Remplace, fin 1937, des organismes créés dès 1922. Encadre les jeunes de 6 à 21 ans par une « préparation spirituelle, sportive et paramilitaire ». **Enfants de la Louve :** de 6 à 8 ans. **Balilla** (surnom de l'enfant Giovanni qui aurait donné en 1746 le signal de la révolte des Génois contre les Autrichiens) et **Petites Italiennes** : 8 à 14 ; **Avant-Gardistes** et **Jeunes Italiennes** : 14 à 17 ; **Jeunes Fascistes** (garçons et filles) : 17 à 21.

du Cte de Paris, dont *Bianca* (1-4-1966, ép. Cte Giberto Arrivabene Valenti Gonzagua, 4 filles), *Aimon* (13-10-1967) duc des Pouilles, *Marie-Béatrice* (1967), *Mafalda* (20-9-1969, ép. 18-9-1994 Alessandro Ruffo di Calabria né 4-11-1964, divorce en juill. 1997). 2°) 30-3-1987 Mlse Silvia Paterno di Spedalotto (31-12-1953).

☞ **Titres du roi :** Sa Majesté N..., par la grâce de Dieu et par la volonté de la Nation, roi d'Italie, les annuaires nobiliaires ajouteront : de Sardaigne, de Chypre, de Jérusalem, d'Arménie, duc de Savoie, Cte de Maurienne, etc.

L'art. 13 de la Constitution du 27-12-1947 interdit aux anciens rois de la maison de Savoie, à leurs épouses et à leurs descendants mâles d'entrer et de séjourner sur le territoire national. La reine Marie-José, autorisée à rentrer depuis 23-12-1987, a réclamé, en avril 1991, une pension de veuve d'officier.

RÉPUBLIQUE ITALIENNE

■ **1946** -*28-6* **Enrico de Nicola** (1877-1959) élu Pt provisoire par l'Ass. constituante au 1er tour (396 voix sur 504) ; sans parti. **Alcide De Gasperi** PM. -*Juin* Togliatti, min. de la Justice, promulgue une amnistie : fin de l'épuration (les fascistes tortionnaires échappent à la justice, la justice ayant distingué « tortures normales » et « sévices particulièrement cruels »). **1947**-*10-2 traité de Paris.* I. perd Dodécanèse (archipel, 2 663 km², 120 000 hab., cédé à Grèce), Tende et La Brigue (616 km², cédés à Fr.), Dalmatie et Istrie (7 254 km², cédées à Youg.) et ses colonies (concessions de Tientsin ; Éthiopie, Somalie, Érythrée, Libye). L'I. doit livrer des navires et verser une indemnité de 360 millions de $. -*Mai* rentrant des USA, De Gasperi forme un gouv. dont les communistes sont exclus. -*26-6* De Nicola réélu 1er tour (405 voix sur 523).

■ **1948** -*11-5* **Luigi Einaudi** (1874-1961) PLI, élu Pt au 4e tour (518 voix sur 900) [s'opposa au fascisme, émigra en 1936 en Suisse]. -*14-7* tentative d'assassinat de Togliatti, chef du PCI, par l'étudiant Pallante qui craignait de le voir entrer au gouv. **1950**-*4/5-7* le bandit Salvatore Giuliano tué en Sicile. **1953**-*11-4* Wilma Montesi retrouvée morte plage d'Ostie (droguée ? victime de la Dolce Vita ?). -*17-8* **Giuseppe Pella** (1902-81), DC, PM. **1954**-*18-1* **Amintore Fanfani** (1908/20-11-1999), DC, PM. -*10-2* **Mario Scelba** (né 1901), coalition, PM. -*Oct.* zone A de Trieste (ville même) transférée à l'I.

■ **1955** -*29-4* **Giovanni Gronchi** (1887-1978) DC, élu Pt au 4e tour (658 voix sur 843). -*6-7* **Antonio Segni** (1891-1972), coalition, PM. **1956** I. verse à Libye 5 milliards de lires de dommages et intérêts. **1957**-*19-5* **Adone Zoli** (1887-1960), DC, PM. **1958** loi Merlin interdisant les maisons closes. -*1-7* **Fanfani**, coalition, PM. **1959**-*15-2* **Segni**, DC, PM. **1960**-*25-3* **Fernando Tambroni** (1901-63), DC, PM. -*26-7* **Fanfani**, DC, PM.

■ **1962** -*6-5* **Antonio Segni** (1891-1972), DC, élu Pt au 9e tour (443 voix sur 854). -*27-10* Enrico Mattei [né 1906, partisan de l'ENI, qui accorde aux pays producteurs de pétrole 75 % des bénéfices (au lieu de 50 %)] tué ; explosion de son Morane Saulnier 760 à 12 km de Milan (attentat reconnu le 20-11-1997 par le parquet de Pavie). **1963**-*21-6* **Giovanni Leone** (né 3-11-1908), DC, PM. -*4-12* **Aldo Moro** (1916/2-5-78, assassiné), coalition, PM. **1964**-*6-12* Segni démissionne pour raison de santé.

■ **1964** -*28-12* **Giuseppe Saragat** (1898-1988), PSDI, élu Pt au 21e tour (646 voix sur 963). **1966**-*3/4-11* hautes eaux à Venise (1,50 m à 2 m). **1968**-*24-6* **G. Leone**, DC, PM. -*12-12* **Mariano Rumor** (1915-90), DC, PM. **1969**-*12-12* Milan (piazza Fontana, banque de l'agriculture) attentat : 16 †, 107 bl. [accusés : Pietro Valpreda (40 ans, gauchiste) sera libéré en déc. 1972 ; Giovanni Ventura et Franco Freda (extrême droite) inculpés le 30-9-1972 ; Stefano Delle Chiaie et Massimiliano Fachini acquittés 20-2-1989 ; d'autres (d'extrême droite) seront mis en cause en 1997]. **1970**-*6-8* **Emilio Colombo** (11-4-1920), coalition, PM.

■ **1971** -*24-12* **Giovanni Leone** (3-11-1908), DC, élu Pt au 23e tour [518 voix sur 1008, Nenni (1891-1980) 408, Pertini 6, divers 25, bulletins blancs 36, nuls 3]. Au 1er tour (9-12) De Martino (socialiste) avait eu 397 voix, Fanfani (DC) 384, Malagodi (libéral) 49, Saragat (social-démocrate) 45, De Marsanich (MSI) 42. **1971** biens it. confisqués par Libye. **1972**-*17-2* **Giulio Andreotti** (14-1-1919), coalition, PM. -*28-2* Chambres dissoutes. -*7/8-5* élections. **1973**-*12-5 référendum* pour maintien loi sur divorce (59,1 %). -*12-10* Berlinguer, PCI, propose une alliance à Démocratie chrétienne (compromis historique). **1973**-*7-7* **Rumor**, coalition, PM. **1974**-*18-4* Mario Sossi, magistrat génois, séquestré 35 j par gauchistes. -*28-5 Brescia*, manif. syndicale : bombe (d'Ordre noir) : 9 †, 95 bl. -*Juillet* plan de redressement. -*4-8* rapide Italicus Rome-Munich, attentat : 12 †, 48 bl. (3 membres d'Ordre noir arrêtés). -*3-10* Rumor démissionne. 50 j de crise ministérielle. -*23-11* **A. Moro**, coalition, PM ; faillite banque *Sin*

dona. **1975**-*19-2* **A. Moro**, DC, PM. Centaines d'attentats (dont 27-3 incendie hôtel Excelsior de Santa Maria Maggiore, 17 †), nombreux enlèvements. -*20-9* l'ambassadeur des USA fait part des réticences américaines au « compromis historique » (rapprochement de Moro avec PC). **1976**-*7-1* Moro démissionne. -*18-1* chef des « Brigades rouges » arrêté. -*Janv./mars* chute de la lire, scandales (CIA, Lockheed). -*10-2* **Moro** PM (DC, homogène). -*30-4* démissionne. -*9-6* Francesco Coco, procureur de Gênes, assassiné. -*20-6 législatives* (avec vote à 18 ans ; DC 38,7 % des voix, PC 34,4, PSI 9,6, MSI 6,1). -*29-7* **Andreotti**, DC, PM ; appelé « ministère de la non-défiance » *(non sfiducia)* car il ne peut naître et vivre que grâce à l'abstention des partis de gauche ou ministère « Berlingotti », son sort étant entre les mains du PCI. Programme du gouvernement établi par les 6 partis de l'« Arc constitutionnel » (DC, PC, socialiste, social-démocrate, républicain, libéral) appelé « compromis historique rampant ». **1977**-*févr.* insurrection étudiante à Rome et Milan (731 000 étudiants en I. dont 24 % fréquentent les cours ; 50 % des diplômés de 1976 au chômage). -*30-6* Emilio Rossi, directeur du journal télévisé « IG1 », blessé aux jambes par Brigades rouges. *En 1977* : 1693 attentats dont 435 contre des personnes ; enlèvements 76. **1978**-*16-3 Aldo Moro*, enlevé par Brigades rouges (5 escorteurs †) ; les Brigades proposent de le restituer contre libération des leurs ; le gouvernement, et toutes les forces politiques et sociales sauf le PSI, choisit de ne pas transiger ; -*9-5* son cadavre percé de 17 balles (tué 5-29) est découvert [*en 1981* les participants (le 14-3) et le « cerveau » Mario Moretti (le 4-4) seront arrêtés ; condamnés le *24-1-1983* (réclusion à perpétuité, prison à vie et diverses autres peines) ; ont été libérés depuis (dont Prospero Gallinari, l'assassin, le 1-5-1994 et Moretti en déc. 1997 ; Alviro Loiacono, condamné par contumace, s'enfuira en Algérie en 1980)] ; les communistes entrent dans la majorité gouvernementale. -*11/12-6 référendum* sur abrogation des lois sur l'ordre public (oui 23,13 %) et financement public des partis (oui 43,7 %, abst. 20 %). -*15-6* Leone, soupçonné de fraude fiscale, de spéculation immobilière et de complicité dans le scandale « Lockheed », démissionne.

■ **1978** -*8-7* **Alessandro Pertini** (1896-1990), PSI, élu Pt au 16e tour (832 voix sur 1011). **1979**-*22-2* **Ugo La Malfa** (1903-79), parti républicain, PM. -*22-3* **Andreotti**, DC, PM. -*14-8* **Francesco Cossiga** (26-7-1928), DC, PM. -*23-10* Pertini déjeune au Vatican avec le pape. **1980**-*27-6* au large de l'île d'Ustica, un DC-9 Italia tombe en mer (81 †), abattu par missile tiré sur avion libyen. *2-8* à 10 h 25, *gare de Bologne*, attentat (85 †, 203 bl.), revendiqué par *Ordine nuovo* (14-6-1986 : 19 inculpés dont Pierluigi Paglia, enlevé en Bolivie en oct. 1982 ; 4-7-1988 : condamnés à perpétuité ; 18-7-1990 : 13 acquittés ; 4-4-1991 : 2 des condamnés à perpétuité acquittés). -*18-10* **Arnaldo Forlani** (8-12-1925), DC, PM. -*Nov.* scandale des pétroliers (fraude fiscale de dirigeants de raffineries, 2 400 milliards de lires en 10 ans, 2 000 pers. impliquées). -*23-11* séisme dans le Sud (2 688 †). -*12-12* Brigades rouges enlèvent juge Giovanni d'Urso (libéré 15-1-1981). -*28/29-12* mutinerie prison de Trani. **1981**-*26-5* Forlani démissionne [suite du scandale de la loge maçonnique *P2 (Propaganda due*, c'est-à-dire contre-pouvoir)]. -*28-6* **Giovanni Spadolini** (né 21-6-1925), parti républicain, PM. -*Oct.* manif. pacifistes à l'initiative du PC. -*10-11* rapt de la dépouille de Ste Lucie à Venise. **1982**-*26-4* mort du mafieux Frank Coppola. -*18-6* Roberto Calvi, PDG de la banque *Ambrosiano*, retrouvé pendu sous un pont de Londres (étranglé sur ordre de la Mafia pour avoir détourné des fonds de *Licio Gelli*, maître de la loge *P2*). -*13-9* Genève, Gelli arrêté (s'évade 10-8-1983 ; ramené en I. 16-2-1988 ; libéré 12-4 pour raisons de santé ; s'évade mai 1998 ; arrêté 10-9-1998 à Cannes ; extradé vers Rome 16-10-1998). -*9-10* Rome, attentat devant synagogue (1 †). -*11-12* **Fanfani**, DC, PM. **1983**-*5-5* Parlement dissous. -*26/27-6 législatives* : DC 39 % des voix (– 5 %), PC 29,9 %. -*4-8* **Bettino Craxi** (24-2-1934/19-1-2000) PM (1er PM socialiste depuis 1945). **1984**-*15-2* Leamont Hernt, diplomate américain, assassiné à Rome. -*11-6* mort de Berlinguer. -*25-9* banquier *Michele Sindona* (condamné à 25 ans de prison aux USA) « prêté » à la justice it. pour témoigner (s'empoisonnera en prison mars 1986). -*23-12* train Naples-Milan, attentat [16 † (25-2-1989 procès, 11 condamnés)]. **1985**-*12-5 élections* (régions, provinces et communes) : majorité 58,1 % (DC 35,1, PSI 13,3), opposition 38,2 (PCI 30,2). -*1-7* dévaluation 18,8 %.

■ **1985** -*3-7* **Francesco Cossiga** (26-7-1928), DC, élu Pt 24-6 au 1er tour (752 voix sur 1011). -*19-7* rupture barrage de *Tesero* (220 †). -*27-12 Fiumicino*, attentat palestinien contre El Al (16 †). **1986**-*3-6* lire « lourde » (1 000 anciennes lires). -*27-6 Craxi*, en minorité, démissionne ; son gouv., le plus long depuis 1946, a duré 1 058 j ; après 35 j de crise, redevient PM. **1987**-*20-3* Gal Giorgieri (directeur des Armements aéronautiques) tué par Union des communistes combattants. -*9-4* Craxi démissionne : impliqué dans affaire de corruption (sera condamné en 1996 ; exilé à Hammamet (Tunisie)). -*18-4* **Fanfani**, DC, PM. -*29-7* **Giovanni Goria** (1943-94), DC, PM. **1988**-*11-3* démissionne. -*13-4* **Ciriaco De Mita** (1928), DC, PM. -*14-4 Naples*, attentat (5 †). -*29/30-5 élections administratives* : DC 36,8 %, PCI 21,9, PSI 18,3. -*4-6* I. accepte d'héberger les 72 avions F-16 de la base américaine de Torrejon (Esp.). -*15-6* levée de l'immunité parlementaire d'Ilona Staller (la *Cicciolina*), accusée de s'être promenée dénudée place St-Marc. Chaleur : algues à Venise (puanteur). -*14-10* vote secret aboli au Parlement. **1989**-*19-5* De Mita démissionne. -*18-6 européennes* (parmi candidats, Maurice Duverger, candidat sur liste PCI/Leonid Pliouchtch, P. radical transnational) et *référendum* pour doter Parlement européen de pouvoirs constituants (88,1 % de oui). -*23-7* **Andreotti**, coalition, PM. -*26-10* manif. à Naples de 846 Libyens (arrivés par bateau) pour concitoyens victimes du fascisme. **1990**-*7-1* tour de Pise fermée (dangereuse). -*29-1*

La Mafia

■ **Nom.** Le mot apparaît pour la 1re fois dans un document administratif de Palerme en 1865. De l'arabe *mu'afah,* protection des faibles [autres hypothèses : *Mahias*, crâneur, *Ma Afir* (descendance sarracénique qui domina Palerme), *Maha,* cave de pierre, d'où *Mafie,* caves de tuf de Marsala servant de refuge aux Sarrasins] ou du toscan *maffia,* misère. Autres interprétations : 1658 Palerme, surnom donné à sorcière Catarina la Licalisa, dite aussi *Maffia* (dans la liste officielle des hérétiques réconciliés par l'acte de foi). **1800** le roi de Naples, Ferdinand IV, réfugié en Sicile, crée une police parallèle pour contrecarrer un éventuel débarquement français ; il l'aurait appelée des 5 initiales du cri de guerre de 1282 (*« Morte alla Francia ; Italia anela » :* « Mort à la France ; c'est le cri de l'Italie »).

■ **Organisation. Cosa nostra :** ouest de la Sicile (Agrigente, Palerme, Trapani et Caltanissetta) ; pour l'adhésion des « hommes d'honneur », cérémonie initiatique avec prestation de serment. 1837 mentionnée à Trapani. 1943 réseaux réactivés depuis les USA par Lucky Luciano, à la demande des Américains, pour préparer débarquement allié. Fin années 1990, dominée par les Corleonesi. Membres plus liés par l'appartenance géographique que par le sang. Le chef nomme son second *(sottocapo),* ses conseillers *(consiglieri)* et des chefs locaux *(capidecina)* commandant « hommes d'honneur » *(picciotti),* qui récoltent le produit du racket *(pizzu). Chiffre d'affaires annuel* estimation, en milliards de $) : activités illégales : 15, fonds recyclés : 35 (USA : CA estimé à 170). *Structure :* à la tête, *capo dei capi* qui dirige la commission interprovinciale *(cupola) ;* commission provinciale, canton *(mandamenti),* famille *(cosche).* Ramifications en All., Fr., Suisse, G.-B., Russie, Canada et USA. Chefs : Salvatore « Toto » Riina (janv. 1993, famille Corleone), Nitto Santapaola (mai 1993, famille de Catane), Leoluca Bagarella (juin 1995, corléanais), Giovanni Brusca (mai 1996, « fusil des corléanais », meurtrier du juge Falcone), Pietro Aglieri (juin 1997, famille Santa Maria del Gesù), Mariano Tullio Troia (sept. 1998), Bernardo « Binnu » Provenzano (né en 1933, clandestin depuis 1963, chef fin 2000). **Stidda :** sud de la Sicile (Gela, Caltanissetta, Agrigente) ; pas de structure hiérarchisée. Les 2 organisations groupent 161 clans et environ 5 700 membres. **N'drangheta** (du grec *andragathos,* homme brave), rebaptisée **Cosa nueva** : Calabre ; structure pyramidale. Principales familles : Mammoliti, Piromalli, Di Stefano, Musolino, Morabiton, Piromali, Libri ; 150 clans *(ndrine),* environ 5 500 membres. 155 familles *(cosche),* les membres d'une même famille sont appelés *picciotteria.* Grades : *Quintino* (le plus élevé), *Vangelo* ou *Vangelista* (ayant juré fidélité à l'organisation sur l'Évangile), *Camorrista* (chef local des *picciotti d'onore* dans village ou quartier), *Giovane d'onore* (jeune appartenant à la famille), *Sorella d'omertà* (femmes participant aux activités de la famille). Également implantée en Allemagne. **Sacra Corona Unita :** Pouilles ; fondée 25-12-1983 par Giuseppe Rogoli ; très hiérarchisée. Trafic de drogue, d'armes et de clandestins ; 47 clans, environ 1 600 membres. **Camorra :** Campanie (Naples, Salerne et Caserte) ; structure horizontale. 111 clans dont Casarecia (à Caserte, camorra « mafieuse »), Lago, Contini, Grimaldi (à Naples, camorra « jeune ») ; environ 6 700 membres.

■ **Quelques dates. XVIIIe s.** société secrète *Beati Paoli,* dont membres liés par un pacte de secours mutuel et de soumission (loi de justice commune). **1739** des Calabrais, poussés par la famine, dévastent les récoltes en Sicile. Les intendants (les *zii :* les oncles) des grandes propriétés constituent l'*« Onorata Societa »* (l'Honorable Société) pour se défendre. **1783** les Calabrais reviennent (40 000 sont †). La Société lutte contre l'impôt, la mobilisation, les *carabinieri* venus du Nord. **XIXe s.** des Siciliens s'établissent aux USA, corrompent l'admin. et instaurent une Sté du crime. **1904** Cascio Ferro (né 1862) s'enfuit USA 1901, 1er *capo di tutti capi,* revient Italie. **1924-30** Mussolini nomme Cesare Mori préfet de Palerme ; chargé de la lutte anti-Mafia : libertés suspendues, chasse aux mafieux, torture ; Mafia affaiblie (agressions à main armée : – 95 %, assassinats : – 90, extorsions de fonds : – 89). **1927-29** grands procès en Sicile (baisse des assassinats : 75 %). **1945** soutient les séparatistes, puis les démocrates-chrétiens. **1967** procès des 14. **1979-82** rivalités de familles de la Mafia (Greco, Corlini, Marchese). **1981** *législation :* loi Pio La Torre (député communiste, assassiné 30-4-1982) qui autorise la *Guardia di finanza* à enquêter sur l'origine des patrimoines douteux, des enrichissements illicites et même à geler les biens des mafieux présumés. **1982**-*avril* 158 membres du clan des Catanais arrêtés. *-30-4 Palerme,* Pio La Torre député PC tué ; *-13-9 art. 416 bis* du Code pénal permet de poursuivre ceux qui ne peuvent faire la preuve du caractère licite de leur patrimoine. **1984**-*19/30-9 :* 366 mandats d'arrêt après révélations de don Masino [Tommaso Buscetta (1928-2000), arrêté mai 1983 au Brésil]. Loi du silence (*Omerta*) brisée. Confessions payées par des réductions de peine. *-6-11* Vito Ciancimino, ancien ministre et maire DC de Palerme, arrêté pour participation à la Mafia. *-12-12 :* 150 arrestations. **1985**-*30-3* Giuseppe Calo (spécialiste du blanchiment des fonds) emprisonné. **1986**-*10-2* Palerme, procès : 474 inculpés (121 en fuite) [11-12-1987 : 342 inculpés sur 456 condamnés]. **1987**-*12-3* Salvo Lima, ancien maire DC de Palerme, mafieux proche d'Andreotti, tué. *31-3* Turin, procès de 242 inculpés (17-4-1988 153 condamnations). *-16-7* Palerme, 19 peines de détention à perpétuité. **1988**-*11-5* Palerme, procès de 127 inculpés. *-30-7* démission du juge anti-Mafia Giovanni Falcone et de 8 collègues. **1989**-*19-4* Palerme, 82 acquittements. *-17-5* excommunication automatique des mafieux. **1991**-*11-2* Cour de cassation libère 41 mafieux à cause de la lenteur de la justice. **1992**-*23-5* juge Giovanni Falcone tué à Palerme. *-18-7* Michele Zaza, dit « O'Pazzo » (« le Fou »), parrain, meurt d'une crise cardiaque à 50 ans. *-19-7* juge Paolo Borsellino tué. *-25-7* envoi en Sicile de 7 000 militaires pour contrôler le territoire. *-4-8* décret-loi anti-Mafia. *-13-8* Liliana Ferraro à la Direction des affaires pénales (succède à Falcone tué 23-5). *-12-9 :* 3 parrains arrêtés au Venezuela. **1993** arrestations : *-15-1* Palerme, Salvatore Riina (né 16-11-1930, dit « don Toto » ou *Belva,* le Fauve) recherché depuis 1970 ; *-7-2* Rosetta Cutolo ; *-18-5* Benedetto (Nitto) Santapaola ; *-1/2-6* Guiseppe Pulvirenti. *Bilan 1993 :* 890 mandats d'arrêt (Mafia 524, Camorra 269, N'drangheta 62, Sacra Corona Unita 35), 140 opérations de police. **1994**-*7-3 :* 9 arrêtés à Naples dont procureur Armando Cono Lancuba. *-23-5* parquet de Palerme demande jugement d'Andreotti. **1995**-*26-9* Palerme, procès Andreotti, ex-Pt du Conseil (aurait été le « référent » de Cosa nostra à Rome). **1996**-*24-5* Giovanni Brusca (né 1960), chef de la Cosa nostra, arrêté. **1997**-*6-6* Pietro Aglieri, no 2 de la Mafia, arrêté. **1998**-*10-3* Giuseppe Piromalli, chef de la Mafia calabraise, arrêté. **2000**-*23-5* Calabre, Antonio Libri arrêté. *-Déc.* Naples, Erminia Giuliano arrêtée.

■ **Commissions parlementaires anti-Mafia. 1re** (1962-76) propose mesures. **2e** (1982-87) [loi Rognoni La Torre] vérifie application des lois anti-Mafia. **3e** (1988-92) pouvoirs d'enquête. **4e** (depuis août 1992) mesure transformation de la Mafia, contrôle application des lois ; propose lois au niveau local et international.

■ **Meurtres célèbres de la Mafia. 1971**-*5-5* Pietro Scaglione, procureur général, tué dans cimetière de Palerme. **80**-*6-8* Palerme, Gaetano Costa, procureur. **82**-*30-4* Pio La Torre, député communiste, et son chauffeur, tués en Sicile. *-3-9* Gal Alberto Dalla Chiesa (né 1920), préfet de Palerme depuis 2-4-1982, et sa femme Emanuela (née 1950). **83**-*29-7* Palerme, juge Rocco Chinnici. **84**-*5-1* Giuseppe Fava, journaliste. **92**-*12-3* Palerme, Salvo Lima, député européen. *-23-5* Palerme, 6 tués par explosion sur autoroute (juge Giovanni Falcone, sa femme, chauffeur et 3 policiers ; 24 accusés condamnés à vie 26-9-1997). *-19-7* Palerme, Paolo Borsellino, juge, et 5 gardes du corps. **93**-*15-9* Palerme, père Giuseppe Puglisi (Don Pino). **94**-*19-3* Campanie, don Peppino Diana, prêtre de village.

■ **Statistiques. Effectifs :** 605 clans (ou « familles »), soit 25 000 membres [*Cosa nostra* (sicilienne) : 161 clans, *N'drangheta* (calabraise, rebaptisée *Cosa nueva*) : 150, *Camorra* (napolitaine) : 111, *Sacra Corona Unita* (des Pouilles) : 45] plus environ 250 000 « sympathisants » (auxiliaires ponctuels). **Chiffre d'affaires** (en milliards de F, 1994) : 80 à 100 ou 500 (?) dont marchés publics 28,6, activités d'entrepreneurs 16,6, trafic de stupéfiants 14, activités illicites diverses 14, extorsions de fonds 9,3, contrebande 8,3, jeux clandestins 5. **Meurtres :** sur 1 697 commis en I. en 1992, 50 % ont été imputés à la Mafia. PRISON : environ 4 000 mafieux en prison (repentis : 894 fin 1994, 1214 en 1997).

Cossiga en Fr. *-20-7* Vito Ciancimino, ancien maire de Palerme, condamné à 38 mois de prison (détournement de fonds publics). **1991**-*7-1* publication de la liste de 577 membres du réseau « Glaive » *(Gladio)* créé dans les années 1950 pour faire face à une éventuelle invasion de l'Est. *-Févr./mars* 20 000 réfugiés albanais. *-9/10-6 référendum* pour réforme électorale : participation 62 %, oui 95,6 %. *-7/10-8* arrivée d'environ 20 000 Albanais ; rapatriés du 10 au 18-8. *-27-12 Giancarlo Parretti* arrêté (fraude fiscale). **1992**-*1-1* le français n'est plus obligatoire pour devenir diplomate. *-17-2* opération « Mains propres » *(Mani pulite),* voir encadré p. 1151 b. *-5-4 législatives :* recul de la DC (29,7 %). *-24-4* Andreotti démissionne. *-28-4* **Giovanni Spadolini** (21-6-1925) PM par intérim.

■ **1992**-*28-5* **Oscar Luigi Scalfaro** (9-9-1918) DC élu 25-5 Pt au 16e tour (672 voix sur 1 014). *-28-6* **Giuliano Amato,** coalition, PM. *-31-7* suppression de l'échelle mobile des salaires (créée 1945). *-30-12* plan de privatisations. **1993**-*27-3* information judiciaire contre Andreotti pour activité mafieuse (15-5 immunité levée). *-18/19-4 référendum,* 8 questions : scrutin (majoritaire à 75 %, proportionnelle à 25 %) pour l'élection du Sénat 82,7 %, financement des partis politiques 90,3, dépénalisation de la consommation de drogue 55,3, abolition des ministères de l'Agr. 70,1, du Tourisme 82,2, des participations d'État 90,1 ; responsabilité du contrôle de la pollution 82,5 ; nominations à la tête des caisses d'épargne 89,8. *-22-4 :* 3 ministres PDS démissionnent de la Chambre, refusant de lever l'immunité parlementaire de Craxi. Amato démissionne. *-29-4* **Carlo Ciampi** (gouverneur de la Banque d'I. depuis 1979), coalition, PM. *-27-5* Florence, attentat voiture piégée musée des Offices (5 †, 2 tableaux détruits, 33 endommagés). *-27-7 :* 3 attentats voitures piégées : 1 à Milan, 2 à Rome. *-29-10* Ricardo Malpica, ex-chef des services secrets, arrêté (détournements de fonds). *-5-12 municipales* partielles : la gauche remporte mairies de 5 grandes villes, dont Rome et Naples. *-12-12* Ligue du Nord demande division de l'I. en 3 rép. fédérées. **1994**-*13-1* Ciampi démissionne. *-16-1* Parlement dissous. *-27/28-3* législatives : droite a la majorité absolue à la Chambre. *-25-4* Rome, manif. : 200 000 à 300 000 pers. (chute du fascisme). *-10-5* **Silvio Berlusconi** [né 1936 ; patron de Fininvest ; surnoms : « Sua Emittenza » – contraction de *Sua Eminenza* (Son Excellence) et de *Emittenza* (émetteur de télévision) – et « Il Cavaliere »], coalition, PM (Forza Italia 6 ministres, Ligue 5, MSI-AN 5, indépendants 3, autres 4). *-12-5* ex-ministre De Lorenzo arrêté. *-18-5* Berlusconi investi [Sénat 159 voix (158 nécessaires) et *-20-5* Chambre (366 voix contre 245)]. *-Oct.* projet : économies et allègement fiscaux pour entreprises. Age de la retraite : 65 ans (au lieu de 60), femmes 60 ans (55). *-14-10* grève générale (3 millions de manifestants). *-Nov.* inondations Piémont (70 †, 10 000 milliards de lires de dégâts). *-12-11* Rome, 1 500 000 manifestants pour défendre acquis sociaux. Berlusconi retire son projet. *-14-11* Ligue du Nord de Bossi retire son appui à Berlusconi qui devient minoritaire. *-20-11* municipales partielles : Forza Italia 8 %. *-22-11* Berlusconi mis sous enquête pour corruption supposée. *-13-12* entendu par justice. *-22-12* démissionne après 255 jours de gouvernement. **1995**-*17-1* **Lamberto Dini** (1-3-1931), coalition, PM. *-Févr./7-4* une madone de Civitavecchia verse 14 fois des larmes de sang, 13 fois entre les 2 et 6-2 et 1 fois le 15-3 devant l'évêque. *-27-3* Maurizio Gucci (45 ans) assassiné (Maria, sa femme, condamnée 3-11-1998 à 29 ans de prison). *-Juin* le juge Antonio Di Pietro, accusé d'abus de pouvoir, innocenté 22-2-1996. Idina, veuve de Raul Gardini (suicide en 1993), entre au Carmel. *-23-4/7-5 élections régionales conseils généraux et municipales ;* victoire du P. démocratique de gauche. *-11-6 :* 12 *référendums* dont 3 sur audiovisuel. **1996**-*9-1* Dini démissionne. *-29/30-1* incendie du théâtre de la Fenice à Venise (mis volontairement par 2 électriciens pour éviter une amende de 55 000 F pour retard ; reconstruit 1997-99 pour 400 millions de F). *-1-2* **Antonio Maccanico** PM (renonce 14-2). *-13-2* Pietro Pacciani (« monstre de Florence »), accusé en 1994 de 16 meurtres commis entre 1968 et 1985, acquitté. *-16-2* Parlement dissous. *-11-4* Andreotti jugé pour l'homicide du journaliste Mino Pecorelli le 20-3-1979. *-21-4* **Romano Prodi** (né 9-8-1939 ; économiste cath. ; surnom : « Il Professore »), coalition, PM. *-12-5* Ligue du Nord forme gouv. du Nord (Padanie : plaine du Pô, Piémont, Lombardie, Vénétie). *-17-5* Prodi investi : gouv. centre gauche (ex-communistes 9 sièges sur 20 ; Di Pietro min. des Travaux publics). *-13/15-9* marche de la Ligue du N. des sources du Pô au mont Viso pour aboutir à Venise où Umberto Bossi proclame le *15-9* l'indépendance de la Padanie. *-16-11* Di Pietro démissionne. **1997**-*févr./mars* vague de réfugiés albanais, *-19-3* état d'urgence déclaré jusqu'au 30-6. *-8-5* des séparatistes voulant rétablir la République de Venise prennent d'assaut le campanile de Saint-Marc. *-25-5* la Ligue du Nord organise un référendum sur l'indépendance de la Padanie. *-20-9* dans le nord, 1 000 000 de manifestants contre le séparatisme. *-26-9* Ombrie et Marches (région d'Assise), séisme (environ 2 000 secousses pendant 2 mois) : 12 †, 38 000 sans-abri. *-9-10* Prodi démissionne, promet les 35 h pour le 1-1-2001. *-13-10* reprend son poste. L'Italie entre dans l'espace de Schengen. *-26-12* le cargo *Ararat* s'échoue en Calabre (831 passagers à bord, surtout des Kurdes). **1998**-*3-2 Cavalese* (Dolomites), un avion de chasse américain coupe un câble de téléphérique (20 †). *-5-5 Sarno :* coulée de boue (150 à 200 †). *-9-10* Prodi démissionne. *-16-10* décret permettant de régulariser 38 000 sans papiers (308 233 demandes). *-21-10* **Massimo D'Alema** (né 20-4-1949, PDS ex-communiste) PM (333 voix pour, 281 contre et 3 abstentions). *-23-10* investi. **1999**-*9-2* décret-loi permettant la régularisation de 250 000 immigrés pour 1999 (quota 1998 : 58 000). *-18-4 référendum* sur abolition de l'élection de 25 % des députés à la proportionnelle (91 % pour, mais participation de 49,6 % insuffisante pour le quorum). *-26-4* Nuccio Cusumano, un des 6 secrétaires d'État au Trésor arrêté (corruption).

1999-*18-5* **Carlo Azeglio Ciampi** (né 9-12-1920) élu le 13-5 Pt (707 voix sur 1 010). *-11-10* Giancarlo Parreti (hommes d'affaires) arrêté. *-23-10 Palerme,* Guilio Andreotti, ancien PM, acquitté de tout lien avec la Mafia. *-11-11 Foggia,* effondrement d'un immeuble (62 †). **2000**-*16-4 régionales,* victoire de la droite. *-19-4* D'Alema démissionne. *-21-4* **Guiliano Amato** PM. *-21-5 référendum* sur système électoral majoritaire (participation insuffisante, échec). **2000**-*8-7* Rome, *Gay Pride* 50 000 à 200 000 participants. *-15/20-8* Rome, Journées mondiales de la jeunesse. *-Oct.* inondations dans le N. *-24-10* service militaire aboli. *-22-12* cardinal Michele Giordano, archev. de Naples, accusé d'usure, acquitté. **2001**-*6-1* clôture du Jubilée de l'an 2000 : 25 000 visiteurs à Rome. *-1-5* Baltazar Garzon, juge espagnol, demande à l'Italie levée de l'immunité parlementaire de Berlusconi (enquêtes pour fraude fiscale présumée impliquant télévision espagnole Tele 5). *-14-5* législatives : Forza Italia a la majorité. *-27-5* 2e tour municipales : l'Olivier conserve Rome, Naples, Turin. *-9-6* **Silvio Berlusconi** (né 29-9-1936), PM.

■ Politique

■ **Statut.** *République.* **Constitution** du 22-12-1947. **Pt de la Rép. :** élu pour 7 ans par Parlement et 58 délégués régionaux. Nomme le Pt du Conseil et son cabinet qui sont responsables devant le Parlement. **Sénat :** 315 membres (1 pour 160 000 hab.) élus au suffrage univ. pour 5 ans, 2 sénateurs de droit (les anciens Pts de la Rép. Leone et Cossiga) et 10 sénateurs à vie, choisis par le chef de l'État. *Pt :* Marcello Pera Forza Italia depuis 30-5-2001. **Chambre des députés :** *siège :* palais de Montecitorio ; 630 membres (1 pour 80 000 hab.) élus au suffrage universel pour 5 ans. *Pt :* Luciano Violante (né 25-9-1941, PDS) depuis 10-5-1996. **Fêtes nationales.** 25-4 (anniversaire Libération). 1-5 (travail). 1er dimanche de juin (fondation de la République). **Drapeau** (adopté 18-6-1946). Bandes verticales verte, blanche et rouge.

Législatives (% de voix)	1953	1960	1976	1987	1992	1994	1996
Forza Italia						21	20,6
DC	40,1	39,1	38,7	34,3	29,7	11,1[1]	6,8[1]
PCI	22,6	26,9	34,4	26,6	16,1[2]	20,4[2]	21,1[2]
PSI	12,7	14,5	9,6	14,3	13,6	2,2	
MSI	5,8	4,5	6,1	6,1	5,4	13,4[3]	15,4[2]
Ligues	–	–	–	–	8,7	8,4[4]	10,4[4]
Autres	18,8	15	11,2	18	26,5	23,5[5]	25,7[5]

Nota. – (1) PPI. (2) PDS. (3) Alliance nationale. (4) Ligue du Nord. (5) dont Refondation communiste 8,6 ; CCD-CDU 5,8 ; Renouveau italien 4,3 ; Verts 2,5 ; Pannella 1,8 ; divers 2,7.

■ **Elections de 1996. Sièges à la Chambre (et au Sénat) :** l'Olivier 284 (157), Pôle des libertés 246 (116), Ligue du Nord 59 (27), Refondation communiste 35 (10), listes autonomes 2 (3), Fianna (1), divers 4 (1).

■ **Élections du 13-5-2001. % des voix à la Chambre des députés :** Coalition *de centre-gauche :* Communistes italiens (PDCI) 1,6 ; Démocrates de gauche (DS) (ex-PC) 16,6 ; Marguerite Parti populaire italien (PPI) (ex-DC), Union démocratique pour l'Europe (UDEUR), Renouveau italien (RI), Démocrates 14,5, Verts, Socialistes démocrates (SDI) 2,1. *De centre-droit :* Forza Italia (FI) 29,4 ; Alliance nationale (AN) 12 ; Ligue du Nord 3,9. *Indépendants :* Refondation communiste 5,1 ; Italie des valeurs (Di Pietro) 3,9 ; liste Bonino 2,3. **Sièges à la Chambre des députés :** *Maison des libertés : 367* dont Forza Italia 189, Alliance nationale 96, Centristes 40, Ligue du Nord 30, Indépendants 10, PSI 2. *L'Olivier : 248* dont Démocrates de gauche 138, Marguerite 76, Verts 18, Refondation communiste 11, PDCI (communistes) 9, Indépendants 7, autres 1. **Au Sénat :** *Maison des libertés : 177* dont Forza Italia 82, Alliance nationale 46, Centristes 29, Ligue du Nord 17, PRI 1, PSI 1, Fiamma 1. *L'Olivier : 128* dont Démocrates de gauche 62, Marguerite 42, Verts 16, Indépendants 5, Refondation communiste 3, PDCI (communistes) 3, divers 4.

Crises gouvernementales (durées entre démission du gouvernement et nomination du nouveau) depuis 1946 : max. *126 jours* (31-3-1979 Andreotti démissionne/4-8-1979 Cossiga nommé) et (11-1-1996 Dini démissionne/17-5 Proxi nommé). *121 jours* (26-2-1972 Andreotti démissionne/26-6 renommé). **Nombre de ministres :** de 15 (Gasperi 2-2-1947) à 33 (Andreotti 13-4-1991).

■ **Noblesse. Titres :** *prince, duc, marquis, comte, vicomte, baron, noble, patricien, chevalier* et quelques titres anciens de *seigneur* et de *coseigneur*. Le royaume d'Italie ne s'étant formé qu'en 1861, les titres italiens comprennent également ceux conférés autrefois par le St Empire, l'Autriche (pour la Lombardie), la France (sous Napoléon Ier), les rois de Naples, Sicile, Sardaigne, les papes (avant 1870), les grands-ducs de Toscane et de Milan, les ducs de Modène, Parme et Lucques, les doges de Venise et de Gênes, etc., et aussi par les villes (surtout pour le titre de patricien). Les titres des États pontificaux (après 1870) et ceux de Saint-Marin sont étrangers, non reconnus, mais leur usage est autorisé. Les titres étaient soit conférés aux descendants masculins ou à toute la descendance masculine et féminine, soit limités à la primogéniture, ou personnels (très rarement). Un seul titre pouvait ainsi être porté par toute la descendance et dans plusieurs branches. La Constitution de 1947 ne reconnaît pas officiellement les titres nobiliaires mais maintient le prédicat des titres conférés avant l'arrivée du fascisme (28-10-1922). Dans la vie courante, l'usage des titres s'est maintenu. Les nobles se sont réunis dans le *Corpo della Nobiltà Italiana* qui a pris la place de la *Consulta Araldica.* **Statistiques :** 10 000 à 12 000 titres figuraient dans l'*Elenco Ufficiale della Nobiltà Italiana* (publié en 1921 et 1931 par la Présidence du Conseil). 70 000 demandes avaient été reçues. *Familles* (en 1978) : 111 princières, 91 ducales portant de nombreux titres [exemples : Le Pce Aldobrandini est 1 fois prince, 2 fois duc, marquis (du St Empire), 3 fois prince, 2 fois duc, 1 fois marquis, 3 fois noble, 2 fois patricien]. **Nombre de titres subsistant** (évaluation 1976) : prince 260. Duc 226. Marquis 518. Comte 931. Vicomte 5. Baron 368. Chevalier 29. Seigneur 114. Coseigneur 5. En 1936 : marquis 366. Comte 672. Vicomte 2. Baron 233. Chevalier 28. Noble 68. Seigneur 89. Coseigneur 68. Nombreux patriciens. S'y ajoutent, portés par les ducs et princes, environ 110 titres de marquis, 60 de comte, 65 de baron. 25 de chevalier et 25 de seigneur. **Concessions récentes de 1936 à 1943 :** duc 1. Prince 1. Marquis 13. Comtes 82. Vicomtes 3. Barons 19 ; *par Umberto II* [comme lieutenant général puis comme roi d'Italie (mai-juin 1946) et en exil] : princes 7. Ducs 4. Marquis 29 (dont 2 personnels). Comtes 117. Barons 51. Chevalier 1. Nobles 2.

■ **Référendum italien.** Prévu par la Constitution de 1947 (art. 75 : « Il y a référendum populaire pour décider l'abrogation, totale ou partielle, d'une loi ou d'un acte ayant force de loi, lorsqu'il est requis par 500 000 électeurs ou par 5 conseils régionaux ; non admis pour lois fiscales et budgétaires, d'amnistie et de remise de peine, d'autorisation à ratifier des traités internationaux. »), modalités mises en œuvre par la loi de 1970. *Nombre de 1974 à 1995 :* 40 dont le 1er le 12-5-1974 sur l'abrogation du divorce (il y eut 59,3 % de non).

■ **Partis. Démocratie chrétienne (DC)** [*origine : 1905* Action catholique créée. *1919-18-1* PPI fondé. *1923-24-3* scission du PPI. *-Avril,* congrès de Turin, parti interdit. *1924*

Opération « mains propres » *(Mani pulite).* 1992-*17-2* Mario Chiesa, fonctionnaire milanais, socialiste, surpris en train de toucher un pot-de-vin, arrêté. *-Déc.* Bettino Craxi (ancien PM) mis en examen. **1993-*10-2*** Claudio Martelli (min. de la Justice, socialiste) et 4 autres ministres du gouv. Amato démissionnent : corruptions présumées. *-11-2* Craxi démissionne de la direction du PSI. *-9-3* Gabriele Cagliari (Pt de l'Eni) arrêté : aurait versé 800 000 $/an aux partis politiques (*20-7* se suicide en prison). *-22-4* Amato, PM, démissionne. *-12-5* Franco Nobili (Pt de l'Iri) arrêté. *-16-5* Carlo de Benedetti (Pt d'Olivetti) avoue avoir versé des pots-de-vin aux entreprises publiques. *-23-7* Raul Gardini (ex-Pt de Ferruzzi et gendre de Serafino Ferruzzi † 1979) se suicide avant de recevoir un mandat d'arrêt (affaire Enimont). *-3-9* Diego Curto (vice-Pt du tribunal de Milan) arrêté [affaire Enimont (tentative d'union Eni/Ferruzzi/Montedison)]. *-Au 31-10 :* 1 500 arrestations, 11 suicides. *-17-12* procès Enimont : Craxi et Forlani témoins ; ex-PCI mis en cause. *-21-12* Arnaldo Forlani (ex-secrétaire DC) et Craxi comparaissent devant le juge d'instruction Antonio Di Pietro. **1994-*11-3*** Paolo Berlusconi (frère de Silvio) admet le versement de pots-de-vin par Fininvest. *-7-5* juge Di Pietro refuse un poste ministériel. *-23-7* perquisition et mandats d'arrêt à la Fininvest pour évasion fiscale. *-29-7* Craxi et Claudio Martelli condamnés à 8 ans et demi de prison (en 1982, ils avaient touché 7 millions de $ pour le PSI à l'occasion d'un prêt de 50 millions de $ accordé par l'Eni à la Banque Ambrosiano, qui avait ensuite fait faillite). *-22-11* information judiciaire à l'encontre de Silvio Berlusconi (condamné le 26-4-1995 à 2 ans et demi de prison). *-29-11* la Cour de cassation décide le transfert d'un procès de corruption de Milan à Brescia. *-6-12* juge Antonio Di Pietro démissionne. Craxi condamné par contumace (en exil à Hammamet) à 5 ans et demi de prison. *-22-12* Berlusconi démissionne. **1996-*16-4*** Craxi condamné à 8 ans et 3 mois de prison pour corruption (métro de Milan). **1997**-*3-12* Berlusconi condamné à 16 mois de prison pour falsification de bilan, amnistié ; **1998**-*7-7* à 33 mois de prison pour corruption ; *-13-7* à 28 mois et 35 millions de F d'amende pour le financement du PSI, reste libre (sentence applicable après épuisement de tous les recours) ; **2000**-*9-5* et *-19-6* blanchi dans 2 autres affaires.

☞ **Bilan** (au 1-11-1999) : inculpés par le parquet de Milan pour corruption, concussion, financement illicite de parti politique ou enrichissement personnel 3 128 ; renvoyés devant les tribunaux 1 204 ; jugés coupables et condamnés définitivement après procédures d'appel 567 ; en cours de jugement 455 ; acquittements 89 ; ont bénéficié d'une prescription (lenteur de la justice) 93.

don Luigi Sturzo (Sicilien, ordonné prêtre 1894) émigre à Londres. *1926-9-11* PPI dissous] fondée en 1943 par Alcide De Gasperi (1881-1954) ; *Pts :* Flaminio Piccoli (1915-2000), démissionne 16-11-1984, Ciriaco De Mita (1928), Rosa Jervolino Russo (1936) ; *secr. gén. :* Mino Martinazzoli (1931) ; *leaders :* Attilio Piccioni (1892-1976), Aldo Moro (1916-78, assassiné), Amintore Fanfani (1908), Benigno Zaccagnini (1912-89), Paolo Emilio Taviani (1912), Mariano Rumor (1915-90), Giulio Andreotti (14-1-1919, 33 fois ministre, 7 fois Pt du Conseil ; la justice a demandé 7 fois la levée de son immunité parlementaire avant de l'obtenir le 13-5-1993 pour qu'il s'explique sur des liens éventuels avec la Mafia), Carlo Donat Cattin (1919-91), Emilio Colombo (1920), Vittorino Colombo (1925), Antonio Bisaglia (1929-84), Flaminio Piccoli (1915), Arnaldo Forlani (1925), Giovanni Goria (1943-94). *Dissoute* le 18-1-1994 ; devient **P. populaire italien (PPI)** [nom sous lequel Luigi Sturzo (1871-1959) avait fondé le 1er parti cath. en 1919] ; *Pt :* Giovanni Bianchi ; *secr. gén. :* Pierluigi Castagnetti. **Centre chrétien-démocrate (CCD),** scisson de la DC en 1994, *coordinateurs nationaux :* Pierferdinando Casini (1955), Clemente Mastella (1947), centre droit. **Mouvement chrétien-social,** *leader :* Ermanno Gorrieri (1920). **Chrétiens démocrates unis** fondée 1995 d'une scission d'avec PPI ; *secr. gén. :* Rocco Buttiglione.

P. communiste (PCI), *origine : 1921-21-1* fondé par Antonio Gramsci (1891-1937, en prison), A. Tasca et Palmiro Togliatti (1893-1964). *1925* interdit. *1926-janv.* IIIe congrès de Lyon, la ligne modérée de Gramsci l'emporte. Au congrès suivant Togliatti, clandestin en All., présente le rapport qu'il dirige : il mène le parti depuis l'arrestation de Gramsci. *1943* renaissance. *1945-juin* Togliatti min. de la Justice. *1947-mai* ministres communistes exclus du gouvernement Gasperi. *1956-déc.* déclare : « Le modèle soviétique ne peut et ne doit pas être obligatoire. » Mais le PCI s'aligne sur Pologne et Hongrie. *1960-nov.* conférence des communistes à Moscou, PCI affirme qu'on ne peut appliquer le même modèle à tous les pays. *1968-août* désapprouve intervention soviétique en Tchéc. *1969-juin* Moscou, PCI refuse de condamner communistes chinois. *-Nov.* gauchistes du groupe Manifesto exclus. *1970-77* recevra 23 millions de $ de l'URSS. *1972* préconise compromis historique avec Démocratie chrétienne. *-Début 1978* participe au gouv. de 6 régions (Piémont, Ligurie, Émilie, Toscane, Ombrie, Latium) sur 20, de 49 provinces sur 94, de 39 chefs-lieux de province (dont 21 à direction communiste) sur 95, de 870 communes de plus de 5 000 hab. sur 1 884 et de 1 886 communes de moins de 5 000 hab. sur 6 089. Il y a entente de programme avec PCI dans 8 régions sur 14 et dans 21 provinces sur 45. *1982-janv.* rupture avec Moscou. *1983-22-7* mort de Franco Rodano (1920), théoricien et auteur du « compromis historique » avec la DC. *1991-3-2* devient le **P. démocratique de gauche (PDS)** [807 voix pour, 75 contre, 49 blancs, 322 abst.]. abandonnant le marxisme en février 1997 ; devient en 2000 **Démocrates de gauche. Secr. généraux :** *1964 :* Luigi Longo (1900-88) ; *72 :* Enrico Berlinguer (1922-84) ; *84 :* Alessandro Natta (1917/23-5-2001) ; *88 (21-6) :* Achille Occhetto [né 1936, dit *Baffino, Paperone* (canard) élu à bulletins secrets] ; *94 (juin) :* Massimo D'Alema (né 1949) ; *98 (6-11) :* Walter Veltroni (1955) maire de Rome depuis mai 2001. **Adhérents :** *1944 :* 501 960 ; *47 :* 2 252 716 ; *50 :* 2 112 593 ; *60 :* 1 792 974 ; *70 :* 1 507 047 ; *80 :* 1 751 323 ; *89 :* 1 450 000 ; *94 :* 1 400 000 ; *2000 :* 741 000. **Voix obtenues** (en %) : *1976 :* 34,4 (législatives) ; *79 :* 30,4 (idem) ; *83 :* 29,9 (idem) ; *85 :* 28,8 (régionales) ; *87 :* 26,4 (législatives) ; *88 :* 21,1 (municipales partielles) ; *89 :* 27,6 (européennes), 26,6 (municipales à Rome) ; *90 :* 24 (régionales).

P. de la Refondation communiste (PCR) [fondé 15-12-1991 par 150 000 dissidents ; orthodoxe ; *Pt :* Armando Cossutta qui démissionne le 5-10-1998 et fonde le 12-10 le **P. des Communistes italiens (PCI),** *secr. gén. :* Fausto Bertinotti].

P. socialiste (PSI) fondé 1892 par Filippo Turati (1857-1932), *1990* devient **Unità socialista,** *1994* **Socialistes italiens (SI)** ; *leaders :* Gino Giugni [avant, Bettino Craxi (né 24-2-1934 ; secr. gén. ; 11-2-1993 démissionne car accusé de corruption), Riccardo Lombardi (1901-84), Pietro Nenni (1891-1980), Giacomo Mancini (né 21-4-1916), Claudio Martelli (né 24-9-1943 ; 11-2-1993 démissionne car accusé de corruption), Giuliano Amato (né 13-5-1938), Carlo Tognoli (né 16-6-1938)] ; *secr. gén. :* G. de Michelis depuis 13-9-1997. **Adhérents :** *1920 :* 200 000 ; *24 :* 75 000 ; *46 :* 860 300 ; *50 :* 700 000 ; *60 :* 489 337 ; *70 :* 537 000 ; *80 :* 514 918 ; *87 :* 614 815.

P. social-démocrate (PSDI) fondé 1969 par Giuseppe Saragat (1898-1988) ; *Pt :* Antonio Cariglia ; 200 000 membres.

P. libéral it. (PLI) fondé 1848 par Cavour ; Giovanni Malagodi (né 12-10-1904, Pt d'honneur) ; *leaders :* Aldo Bozzi (1909-87), Valerio Zanone (né 22-1-1936), Agostino Bignardi (né 30-7-1921), Paolo Battistuzzi, Renato Altissimo (né 4-10-1940), Antonio Patuelli (né 10-2-1951) ; *secr. gén. :* Raffaele Costa ; 153 000 m.

Mouvement social italien-Droite nationale (MSI, Movimento Sociale Italiano-DN) fondé 26-12-1946 par Giorgio Almirante (1914-88, néo-fasciste), ajoute le 18-1-1973 le nom de « Droite nationale » ; *1994* devient **Alliance nationale** qui absorbe en 1995 le MSI-DN ; *secr. gén. :* Gianfranco Fini. Alessandra Mussolini, député MSI, ancien mannequin, médecin, 1er tour aux municipales à Naples, 44,4 % des voix. Au 2e (5-12-1994), battue par PDS (55,6 %). *Membres :* 500 000. *Députés à la Chambre : 1972 :* 56 ; *76 :* 35 ; *79 :* 30 ; *83 :* 42 ; *87 :* 35 ; *92 :* 34 ; *94 :* 105. **Mouvement social-Flamme tricolore (MS-FT/Fianma)** fondé 1995 par Pino Rauti, lors de la transformation en Alliance nationale du MSI (postfasciste), néo-fasciste. **Forza Nuova** *fondée* 1997 par Massimo Morsello et Roberto Flore (militants du MS-FT). **Fascimo e Libertà** fondé 1991 par Giorgio Pisanò (ancien du MSI). **Fronte Nazionale Italiano** *fondé* 1997 par Adriano Tilgher (ex-leader d'Avantguardia Nazionale, dissoute) et Tomaso Staiti di Cuddia (député de MS-FT). **Ordine Nuovo** *fondé* 1956 par transfuges du MSI. **Terza Posizione** *fondé* 1980 par Roberto Flore. **Rinascita Nazionale** *fondé* 2000 par Nicola Cospito (transfuge du MS-FT). **P. républicain italien (PRI)** fondé 1897 ; *leader :* Bruno Visentini. Giorgio La Malfa (secr. politique) réélu févr. 1994, démissionne 1-10 ; 110 000 membres. **P. sarde d'action** fondé en 1920 par Emilio Lussu (né 4-12-1890). **P. populaire sud-tyrolien (Südtiroler Volkspartei)** [cath., souhaite l'autonomie totale pour le groupe allemand dans la province de Bolzano], fondé le 8-5-1945 par Erich Amonn ; *Pt :* Siegfried Brugger. **Union Valdôtaine,** parti régional de la minorité française du Val d'Aoste. **P. radical** fondé 1955 ; *Pt :* Marco Pannella [avant, Enzo Tortora depuis 3-11-1985 (dénoncé par repentis de la Mafia et emprisonné pour trafic de drogue)] ; 42 463 m. ; devient en 1994 **Radicaux Pannella. P. démocratie prolétaire** fondé 1974 : Massimo Gorla (né 4-2-1933). **Démocratie nationale** fondée 1977 par De Marzio (né 19-8-1910) ; *secr. gén. :* Mario Tedeschi (né 9-9-1924), Giovanni Roberti (né 3-2-1908). **Ligue lombarde** fondée 1984 ; *leader :* Umberto Bossi ; *1991* devient **Ligue du Nord** ; *1994* la **Ligue (Lega)** ; *1995* **Ligue du Nord-Italie fédérale** ; *secr. gén. :* Umberto Bossi.

Mouvement populaire pour la réforme fondé oct. 1992 par Mario Segni ; *1994* devient **Pacte Segni.**

Forza Italia (Italie en avant) fondée 1993 ; *leader :* Silvio Berlusconi (né 29-9-1936). % des voix. *1994* (28-3) : 21 ; *96 :* 20,6 ; *99* (européennes) : 25,2. **Rete** (Réseau) fondé 1991 ; *leader :* Leoluca Orlando. Anti-Mafia. **Verts** fondés 1987 ; *leader :* Luigi Manconi. **Alliance démocratique** fondée 1992 par Mario Segni ; *leader :* Willer Bordon. **Renouveau italien** fondé 1996 par Lamberto Dini ; centriste.

P. des socialistes démocratiques italiens (SDI) fondé 8-2-1998 ; *secr. général :* Enrico Boselli. **Union démocratique de la république (UDR)** fondée 16-2-1998, devient un parti le 10-6-1998 ; *leader :* Francisco Cossiga. **Centre démocratique pour la république (CDR)** fondé 4-3-1998, dissidents de l'UDR ; *leader :* Mastella. **Union Démocratique pour l'Europe (Udeur)** fondée 1999, *secr. gén. :* Clemente Mastella.

■ **Syndicats** (nombre de membres en 1995). **Confederazione Generale Italiana del Lavoro (CGIL)** : 5 247 201. **Confederazione Italiana Sindicati Lavoratori (CISL)** : 3 762 412. **Unione Italiana del Lavoro (UIL)** : 1 732 785.

■ **Criminalité. Attentats :** *1-1-1969/1-1-1987 :* 14 599, 415 † (*1977 :* 1 600 attentats ; 31 † ; *78 :* 2 300, 37 † ; *79 :* 2 513 ; *80 :* 1 502, 125 †) ; *1986 :* 30, 2 bl. **Rapts :** *1968 :* 2, *75 :* 63, *77 :* 78, *79 :* 80, *82 :* 50, *83 :* 39 [dont Anna Bulgari (copropriétaire de la joaillerie) et son fils. *-24-12* libérés contre 20 millions de F (ravisseurs : 5 bergers sardes arrêtés 5-1-1984)] ; *84 :* 17, *85 :* 265, *86 :* 30 (1 † : maire de Florence, Lando Conti ; rançon : 1,25 milliard de F ; 1/4 seulement des disparus retrouvés). *1975-91 :* 25 enfants de 1 à 11 ans enlevés, durée environ 1 an, rançons 100 millions de F. **Meurtres** (Mafia) : *depuis 1985 :* 1 000 à 1 500 par an. **Magistrats assassinés :** *de 1967 à fin 92 :* environ 25. **Mineurs incarcérés :** *1929 :* 29 114, *91 :* 44 177.

■ **Brigades rouges.** Fondées *20-10-1970* par Renato Curcio (né 1945, docteur en sociologie) et sa compagne Marguerite Cagol (tuée en juin 1975) ; arrêté sept. 1974, libéré 1975 lors d'un raid mené par sa femme, réarrêté 1976 (condamné déc. 1991 à 30 ans de prison), en semi-liberté 2-4-1993, liberté conditionnelle 1998. *1973* séquestrent le directeur du personnel de Fiat. *1974* enlèvements (juge Mario Rossi, soumis à « un procès du peuple » le 21-4), puis visent les jambes de cibles « choisies » ou les assassinent : 117 victimes. *1978-16-3* enlèvent Aldo Moro (5 gardes du corps †). *1980-19-2* Patrizio Pecci arrêté ; *1981-4-4* Mario Moretti arrêté. *-6-7* tuent Guiseppe Taliercio à cause de leur boycott par la presse, puis *-3-8* Roberto Pecci, frère de Patrizio qui avait collaboré avec la police ; *-17-12* Gal James Lee Dozier, vice-chef d'état-major logistique de l'Otan en Europe du S., enlevé à Vérone. *1982-2-1* Giovanni Senzani arrêté ; *-28-1* Dozier libéré par police à Padoue ; *-25-3* responsables de son enlèvement jugés : 2 à 27 ans de prison. *1984* scission : *Parti communiste combattant* (PCC), *Union des communistes combattants* (UCC). *1985-28-3* Ezio Tarantelli, professeur d'économie politique, tué. *1986-10-2* Lado Conti, ancien maire de Florence, tué. Corrado Alluni 13-9-1978, Prospero Gallinari 24-4-1979 (assassin de Moro, libéré 1-5-1994). *1987* loi sur la remise de peine pour les brigadistes ayant collaboré avec la justice, en vigueur. Des centaines sortent de prison. *1988-16-4* Roberto Rufilli, sénateur DC, tué. *1995-10-1* Rome, attentat contre le Defense College de l'Otan, revendiqué *Noyaux communistes combattants* (NCC). *1999-20-5* Massimo D'Antona, proche du PDS, conseiller du min. du Travail, tué. *Bilan (1970-88) :* 429 †, 2 000 blessés.

■ **Prima Linea.** Fondée 1976 par Sergio Segio (né 1956, emprisonné 1967-70, puis 15-1-1983) ; *leaders* Paolo Zambianchi et Liviana Tosi. *1979-11-12* ses tueurs ont blessé 10 cadres en stage à l'école de managers de la Fiat à Turin. *1983-10-12* fin du procès de 134 membres (enfermés dans des cages pendant l'audience). 9 condamnations à vie, 6 à plus de 30 ans.

■ **Lutta continua.** Adriano Sofri, Ovidio Bompressi, Giorgio Pietrostefani accusés du meurtre (17-5-1972) de Luigi Calabrasi (commissaire de police) condamnés à 22 ans de prison, libérés 21-8-1999.

■ **Ordine Nero** (ON, Ordre noir), créé 1973, dissous 23-11-1973 ; de 1974 à 1976 : 32 attentats, 22 †.

■ **Ordine Nuovo** (ON, Ordre nouveau), fondé fin des années 1960 par Pino Rauti. Issu du MSI. 1969-12-12 Milan, bombe à la Piazza Fontana (16 †, 100 bl.). 1971, 3 dirigeants (Clemente Graziano, Elio Massagrande et Salvatore Francia) arrêtés pour possession d'armes. Mai 1972 à fin 1979 : 25 attentats (22 †). 1973 dissous (2 500 membres).

■ **Nuclei Armati Rivoluzionari** (NAR, Noyaux armés révolutionnaires), extrême droite, créés oct. 1977. Attaques à main armée pour financer ses activités. Cibles ponctuelles : journalistes, magistrats. 23-12-1977 à 1985 : 121 attentats (17 †, 88 bl.).

■ **Suadre d'Azione Mussolini** (SAM, Sections d'action Mussolini). De 1969 à 1974 : 80 attentats dont 73 à Milan. Plusieurs membres rejoindront Ordine Nero en 1974.

Provinces et Régions

■ **Provinces.** 94 avec préfet nommé par l'État. *Consiglio regionale, giunta regionale* et Pt représentent la province.

■ **Régions.** 20 prévues avec conseil régional (pouvoir législatif et réglementaire), *giunta* (exécutif) et Pt de la giunta :15 à statut ordinaire, 5 régions autonomes. *Superficie en 1996 et, entre parenthèses, population en 1999 :* **Piémont** 25 399 km² (4 287 465 hab.), **Val-d'Aoste** 3 263 (120 343), **Ligurie** 5 421 (1 668 870), **Lombardie** 23 861 (9 065 251), **Trentin-Haut-Adige** 13 607 (936 256 dont en *1991 :* 290 000 Allemands, 130 000 It., 15 000 Romanches), **Vénétie** 18 379 (4 511 714), **Frioul-Vénétie julienne** 7 844 (1 185 172), **Émilie Romagne** 22 124 (3 981 146), **Toscane** 22 997 (3 536 452), **Ombrie** 8 456 (835 488), **Marches** 9 693 (1 460 989), **Latium** 17 208 (5 264 067), **Campanie** 13 595 (5 780 958), **Abruzzes** 10 799 (1 279 016), **Molise** 4 438 (327 987), **Pouilles** 19 363 (4 085 239), **Basilicate** 9 992 (606 183), **Calabre** 15 080 (2 050 478), **Sicile** 25 707 (5 087 794) [pont prévu sur détroit de Messine, 3 300 m, hauteur 81 m], dont *Pantelleria* (à 100 km de Sicile), 83 km², 10 000 hab. (en 93), alt. maximale 986 m, sans eau douce, vigne, **Sardaigne** 24 090 (1 651 888).

■ **Le Mezzogiorno** (« le Midi », c.-à-d. le Sud). 6 régions et demie (sud du Latium, Abruzzes, Molise, Campanie, Pouilles, Basilicate, Calabre) et 2 régions autonomes (Sardaigne, Sicile). 131 000 km² (43,7 % du territoire) 21 millions d'hab. (37 % de la pop.). Dépend de la *Cassa per il Mezzogiorno,* « Caisse du Midi », créée 1950, chargée de son développement (*1992 :* 800 milliards de F versés depuis l'origine). **Problèmes : 1°)** sous-développement : agriculture peu rentable (coexistence de *microfundia* et de *latifundia,* techniques dépassées). Natalité forte (22 %), exode rural, sous-emploi et chômage [20 % (35 % de femmes) contre 7 dans le Nord]. Courant migratoire vers plaine du Pô. **2°)** *Difficultés géographiques* (depuis XVIe s. ; dans l'Antiquité et au Moyen Age, vivait en économie fermée, et s'accommodait du cloisonnement régional : 85 % du territoire est montagneux ; climat hostile (sécheresse, pluies dévastatrices). Éloignement des régions économiques fortes (au XIXe s., le transport ferroviaire remplace le cabotage : traversée nord-sud de la péninsule longue et coûteuse). *Développement planifié :* crédits (venus surtout de l'UE) consacrés : a) à la réforme agraire (formation et assistance technique) ; b) à la création d'aires industrielles de développement ; c) à l'amélioration des infrastructures : 400 000 ha de *latifundia* ont été distribués (prod. agricole doublée en 20 ans), mais la rentabilité ne s'est améliorée que dans les plaines riches et bien situées (plaine de Métaponte, près de Tarente : création de vergers). Dans les régions ingrates, la situation est pire (les transports ont accéléré l'exode rural). Pour l'ensemble, la plus-value agricole est inférieure au total des investissements. **3°)** Le tourisme s'est développé mais a entraîné une dégradation des sites. **4°)** L'industrie a profité de la découverte de gaz naturel, de la création de 2 000 km d'autoroutes, de la modernisation des ports. *Principales entreprises* nées dans le Sud : Montedison (Brindisi), Italsider (sidérurgie) à Tarente et à Gioia Tauro, Alfa Romeo et Olivetti (Naples), Fiat (Bari, Melfi). Le flot migratoire vers le Nord ne s'est pas tari.

■ **Trieste.** **1919-20** à l'Italie. **1945**-*1-5* occupée par forces de Tito. *-2-5* le commandement allié en I. leur substitue des Néo-Zélandais. **1946**-*3-7* les 4 Grands transfèrent à la Youg. partie du territoire anciennement it. (dont Pola en Istrie et Zara en Dalmatie). **1949**-*10-2* territoire libre. Zone A avec ville 223 km², 300 000 hab., confiée à I. ; zone B 516 km², 70 000 hab., à Youg. à titre provisoire. **1953**-*nov.* Zone A occupée par Britanniques : insurrection contre Gal Winterton. **Depuis 1954**, les 2 zones sont incorporées à chaque pays. L'I. loue à l'ex-Youg. quais et jetées. L'ex-Youg. a concentré son trafic sur Rijeka (Fiume) qui dépassa celui de Trieste.

Économie

■ **PNB** (en $ par hab.). *1990 :* 18 754 ; *92 :* 21 680 ; *93 :* 17 600 ; *94 :* 17 800 ; *95 :* 18 910 ; *96 :* 21 010 ; *97 :* 20 170 ; *98 :* 20 170 ; *99 :* 18 600. **Croissance du PIB** (en %) : *1995 :* 2,9 ; *96 :* 0,7 ; *97 :* 1,8 ; *98 :* 1,5 ; *99 :* 2,2 ; *2000 :* 2,8 ; *2001 (est.) :* 2,9. **Population active** (en %) **et,** entre parenthèses, **part du PNB** (en %) : agr. 7,5 (3), ind. 32,8 (31,5), services 59,2 (65), mines 0,5 (0,5). **Chômage** (en %) : *1985 :* 10,6 ; *90 :* 9,9 ; *95 :* 12,3 ; *96 :* 11,8 ; *97 :* 11,7 ; *98 :* 11,8 ; *99 :* 11,4 ; *2000 (avril) :* 11,2 [corrigé var. saisonnières 9,6] (– de 25 ans : 31,8). **Travail au noir** (en 1995) : 11 000 000 d'actifs (37 % des actifs, évasion fiscale 200 milliards de F). **Inflation** (en %) : *1985 :* 8,9 ; *86 :* 7,9 ; *87 :* 6 ; *88 :* 6,6 ; *89 :* 6,2 ; *90 :* 7,5 ; *91 :* 7,6 ; *92 :* 5,3 ; *93 :* 5 ; *94 :* 4,1 ; *95 :* 5,4 ; *96 :* 4,2 ; *97 :* 1,8 ; *98 :* 2 ; *99 :* 1,6 ; *2000 (est.) :* 2,3 ; *2001 (prév.) :* 1,7 ; *2002 (prév.) :* 1 ; *2003 (prév.) :* 1. **Dette de l'État** (en % du PIB) : *1897 :* 120 ; *1920 :* 125 ; *43 :* 118 ; *80 :* 60 ; *91 :* 101,5 ; *95 :* 124,4 ; *97 :* 121,6 ; *99 :* 114,9 ; *2000 :* 112,1. **Déficit budgétaire** (en % du PIB) : *1991 :* 10,1 ; *92 :* 9,6 ; *93 :* 10 ; *94 :* 9,6 ; *95 :* 7 ; *96 :* 6,7 ; *97 :* 2,7 ; *98 :* 2,7 ; *99 :* 1,9 ; *2000 :* 0,3. **Pression fiscale** (en % du PIB) : *1981 :* 30 ; *91 :* 36,6 ; *96 :* 43. **Fraude fiscale :** en 10 ans, sur 670 000 contrôles, 270 000 fraudeurs avaient dissimulé 12 414 milliards de lires. **Réserves en devises étrangères** (en milliards de $) : *1994 :* 32,3 ; *95 :* 34,9 ; *96 :* 45,9 ; *97 :* 55,7 ; *98 :* 29,9 ; *99 :* 22,4 ; *2000 :* 25,6. **Évasion fiscale :** 250 000 milliards de lires par an (moyenne 1991-93) dont impôts directs et cotisations sociales 180 000, TVA 51 000, immobilier 23 000. **Dévaluation de la lire :** *1970 :* 3,2 ; *77 :* 7,2 ; *81 (mars) :* 6 ; *(oct.) :* 3 ; *82 :* 2,75 ; *83 :* 2,5 ; *90 :* 4 ; *92 (sept.) :* 3,5.

☞ **1984** échelle mobile ne porte plus que sur une partie des rémunérations. **1992** supprimée (juillet) et blocage des salaires pour l'année. Grands holdings d'État (Iri, Eni, Enel, Ina) deviennent Stés anonymes sous tutelle du ministère du Trésor. **1993** Credito Italiano et Nuovo Pignone privatisés. **1994** Instituto mobiliare (IMI) et Banca Commerciale privatisés.

■ **Agriculture. Terres** (en milliers de km², en 1992) : arables 89, pâturages 49, forêts 68, incultes 39, arbres fruitiers 30, eaux et divers 26. **Conditions :** peu de plaines, problèmes d'eau (il faut trouver où irriguer), surpopulation des campagnes. **Exploitations** (en 1990) : 36,8 % des terres (surtout au Mezzogiorno) sont constitués par des *latifundia* (grandes propriétés) de plus de 100 ha (8 362 000 ha), 1/3 par des *microfundia* de moins de 10 ha (6 200 000 ha répartis en 2 600 000 exploitations). Les 3/4 des exploitations ont moins de 5 ha ; 33 % ont moins de 1 ha (moyenne nationale 7,5 ha). Nombre moyen de parcelles par exploitation : 3,21. Métayage en régression (58 % de la superficie en faire-valoir direct). *1982-90 :* 246 000 exploitations supprimées, 929 000 ha de terres cultivées abandonnés. **Production** (en milliers de t, 1999) : bett. à sucre 12 521, maïs 9 996, blé 7 743, agrumes 3 053, blé 7 840, riz 1 400, raisin 6 754 (en 1997) [vin 56 910 000 hl], tomates 5 334 (en 1997), olives 3 081 (en 1997), oranges 1 994, p. de t. 2 077, pommes 1 940, pêches 1 689, riz 1 362, soja 1 231, orge 1 329, poires 937, endives, laitues, radis 917 (en 1995), pastèques 611, citrons 606, avoine 580, artichauts 517, choux-fleurs 487, choux 451, oignons 442, fenouil 416 (en 1992), poivrons 377 (en 1995), melons 372, potirons 257, aubergines 234, céleri 144 (en 1991), tabac 133, épinards 89 (en 1991). **Forêts** (en 1997). 9 210 000 m³.

■ **Élevage** (en milliers de têtes, 1999). Moutons 10 770, porcs 8 225, bovins 7 150, chèvres 1 457, chevaux 324, buffles 110, ânes 27, mulets 16. Bovins à l'Ouest, ovins à l'Est. Importe de France des bovins sur pied. **Pêche** (en 1999). 522 500 t.

■ **Énergie. Électricité :** *production* (en 1999) : 246,5 milliards de kWh dont hydroélectricité 16,88 %, géothermie 3,2 (en 1992, Toscane) ; groupe public *Enel* [chiffre d'aff. 37 288 milliards de lires (en 1995), bénéfice net 2 227 milliards de lires (en 1995), endettement 36 600 milliards de lires (en 1995), le 5-5-1997 accord avec Eni sur société commune]. **Pétrole :** *production :* 4 590 000 t (en 1999). **Gaz** (en milliards de m³, 1999) : *réserves :* 215, *production :* 17,2. **Lignite :** *production : 1993 :* 996 000 t ; *99 :* 84 000 t. **Mines** (en milliers de t, 1996). Pyrites 258,4 (en 1994), barytes 42,8, fluor 126,7, sulfure 3 528, zinc 8 (en 1999), plomb 18 (en 1999), bauxite 0,03 (en 1992), manganèse 8,1 (en 1994).

■ **Industrie.** 52 % de la prod. industrielle sont concentrés dans le triangle Turin-Milan-Gênes (58 000 km²). **Organismes d'État : Eni** [*Ente nazionale Idrocarburi,* fondé en 1953 par Enrico Mattei (1906/† 27-10-1962, accident d'avion : attentat)], chiffre d'affaires 57 650 milliards de lires (en 1995), bénéfice net 4 451 milliards de lires (en 1996), endettement 24 000 milliards de lires (en 1994), effectifs 91 500 (en 1994), *28-11-1995* coté en Bourse. **Iri** (*Istituto per la Ricostruzione industriale*). *1933* créé pour l'ind. lourde ; *1937* contrôle 50 % des Stés par actions it. ; *1945-70* permet l'essor de la sidérurgie ; *1970-80* investit dans le Sud : pertes ; *1992* devient Sté par actions [*effectifs 1980 :* 550 000 ; *99* (Stés contrôlées) : 100 000] ; *1993* dettes (en milliards de F) : 222 (*1992-99 :* 228), privatisé ; *2000-28-6* fermé. **Efim** [(Office de financement de l'industrie manufacturière), regroupant 1 000 entreprises, effectifs 407 160], chiffre d'affaires 27 000 milliards de lires ; 55 % des grandes entreprises italiennes appartiennent à l'une ou l'autre. Forte concentration financière [Fiat (automobile), Olivetti (électronique), Pirelli (caoutchouc), Snia Viscosa (textiles synthétiques), Motta (pâtisserie)].

Privatisations. *Bilan 1983-92 :* 157 entreprises de l'Iri et de l'Eni ; *93 :* 29 ; *97 (juin) :* participation de l'État dans l'Eni ramenée de 69 % à 55 %. **Métallurgie** (création récente) : acier (en millions de t) : *1950 :* 3 ; *79 :* 23,9 ; *83 :* 21,6 ; *90 :* 25 ; *93 :* 25,8 ; *94 :* 26 ; *95 :* 27,7 ; *96 :* 27,7 ; *98 :* 25,7 ; *99 :* 24,9. Sur côtes (Gênes, Naples, Tarente). **Industries mécaniques :** notamment auto dont Fiat 90 % : *1989 :* 2 224 602 véhicules, 6e rang mondial ; *90 :* 2 020 879 ; *94 :* 1 341 000 ; *98 :* 1 394 900 ; *99 :* 1 397 700. **Armement :** 5e exportateur mondial. **Chimie** (lourde, créée récemment sur côtes ; légère, notamment textiles artificiels et plastiques, dans grandes villes) : *1991 :* 704 709 t. **Industries alimentaire et textile. Cimenteries** (en millions de t) : *1991 :* 40 ; *95 :* 34,2 ; *98 :* 33,7. **Chiffre d'affaires des groupes privés** (en milliards de lires, 1995). IFI/Fiat 76 612 (résultat net 2 147), Compart Ferruzi 25 660, Cofide 12 781, Riva 11 485, Pirelli 10 893, IBM Semea 10 640, Fininvest 10 030 (voir ci-dessous).

☞ **Fininvest :** fondé en 1975. **Participation de Fininvest dans les Stés du groupe** (en %) : *cinéma :* Medusa Film 100 ; *édition :* Mondadori 48,2 (dont Il Giornale, Panorama) ; *immobilier :* Edinord 2000 63,6 ; *Internet :* Newsmedia Investment 100 ; *services financiers :* Mediolanum 35,2 ; *sports :* Milan AC 99,9 ; *télévision, télécoms :* Mediaset 48,3 (dont Canale 5, Rete 4 et Italia).

■ **Transports** (en km). **Routes** (en 1996) : 316 400 dont autoroutes 9 500, État 46 900, provinces 118 000, communes 142 000. **Voies ferrées** (en 1995) : 19 485 dont (en 1994) 10 122 électrifiés [210 000 personnes dont 1/3 en surnombre, les recettes couvrent 19 % des dépenses (*1972 :* 41 %, *1980 :* 29 %)].

■ **Tourisme. Visiteurs :** *1995 :* 55 706 188 ; *97 :* 56 370 381 dont (en 1994) UE 21 664 090 (*France 9 726 229,* All. 8 441 385, Autr. 5 872 826), autres pays d'Europe 24 060 989 (Suisse 8 164 696, ex-Youg. 6 788 554), autres pays 4 184 654 (USA 1 210 390, Japon 731 880). *Capacité* (en 1994) : 1 718 442 lits. **Chiffre d'affaires** (en 2000) : 73,85 milliards d'euros. **Emplois :** 1 039 100 (7,7 % de la pop. active), dont hôtellerie et restauration 965 000. **Tourisme religieux :** 35 millions de visiteurs/an. *Chiffre d'affaires* (en 1994) : 4 500 milliards de lires.

■ **Commerce** (en milliards de $). **Export./import. :** *1997 :* 250,4/207 ; *98 :* 242,1/218,3 ; *99 :* 230,2/213,9.

■ **Rang dans le monde** (en 1999). 2e vin. 7e oranges. 9e maïs. 15e plomb.

Jamaïque

Carte p. 1048. V. légende p. 950.

■ **Nom.** *Xaimaca* (« terre des bois et des eaux »), nom donné par les Arawaks.

■ **Situation.** Ile montagneuse des Grandes Antilles, dans la mer Caraïbe. **Superficie :** 10 991 km². **Altitude** *maximale* Blue Mountain Peak 2 256 m. **Côtes :** 1 022 km. **Climat.** Tropical humide (mer, alizés) ; moy. 27 °C. *Pluies :* 2 saisons : fortes (mai-juin), faibles (sept.-nov.) ; 1 980 mm par an.

■ **Population.** *1911 :* 831 383 hab. ; *43 :* 1 246 240 ; *60 :* 1 624 400 ; *91 :* 2 398 800 ; *2000* (est.) 2 590 000 ; *2025* *(prév.) :* 3 000 000. **D.** 236,6. **Origines** (en %) : Africains 90,4, métis 7,3, Amérindiens des Caraïbes 1,3, Européens 0,2, Chinois 0,2. **Espérance de vie** (en 1999) : *h.* 70, *f.* 73 ans. **Age :** *– de 15 ans* 30,3 % ; *+ de 64 ans* 6,8 %. **Émigration** vers USA, Canada et parfois G.-B. (2 000 000).

■ **Langue.** Anglais *(officielle).*

■ **Religions** (en %). Protestants 61,4, catholiques 4, autres [dont rastafari vouant un culte au négus, ex-empereur d'Éthiopie (son nom de règne était ras Tafari) ; le chanteur de reggae Bob Marley, † 11-5-1981 (jour de deuil national), en était membre ; prêchent le retour en Afrique] 34,7 %.

■ **Villes** (en 1995). *Kingston* 538 100 hab. (29,3 assassinats/100 000 hab., record mondial), Spanish Town 110 400, Portmore 93 800, Montego Bay 82 000.

■ **Histoire.** **1494**-*4-5* découverte par Christophe Colomb, peuplée alors d'Indiens arawaks. **1509-1655** colonie espagnole. **1655-1962** anglaise. **1838**-*1-8* esclavage aboli. **1865**-*11-10* rébellion de Morant Bay. **1907**-*14-1* Kingston : séisme et incendie. **1944** self-government. **1953** autonomie. **1958-63** membre de la Fédérations des Indes occidentales. **1962**-*6-8 indépendance.* **1972**-*29-2* **Michael Manley** (1924-97) PM. **1980**-*30-10* **Edward Seaga** (né 28-4-1930) PM, économie libérale ; crise (prix bauxite en baisse). **1988**-*12-9* ouragan *Gilbert.* **1989**-*9-2* **Michael Manley** PM (PNP). **1992**-*28-3* **Percival Patterson** (né 10-5-1935) PM, réélu 18-12-1997.

■ **Statut.** *Monarchie parlementaire membre du Commonwealth.* **Constitution** du 6-8-1962. **Chef de l'État :** reine Élisabeth II. **Gouverneur général :** Howard Felix Hanlan Cooke (né 13-11-1915) depuis 1-8-1991 ; proposé par le PM, nommé par la reine. **Sénat :** 21 membres désignés par gouverneur général (13 sur avis du PM et 8 du chef de l'opposition). **Assemblée :** 60 membres élus au suffrage universel pour 5 ans. **Fêtes nationales.** 23 mai (travail). 1er lundi d'août (indépendance). 3e lundi d'oct. (héros nationaux). **Drapeau** (adopté 6-8-1962). Bandes jaunes croisées (ressources naturelles et soleil) sur fond vert (agr. et futur) et noir (privations).

■ **Partis.** **Jamaica Labour Party (JLP)** fondé en 1943, Edward Seaga (né 28-5-1930). **People's National Party (PNP)** fondé en 1938, Percival Patterson. **Mouv. national démocrate (MND)** fondé en 1995, Bruce Golding (né 5-12-1947).

■ **Économie.** **PNB** (en 1999) : 2 370 $ par hab. **Population active** (en %) **et,** entre parenthèses, **part du PNB** (en %) : agr. 21 (5), ind. 27 (37), services 47 (51), mines 5 (7). **Actifs** (en 1999) : 943 900, *chômage* (en %) : *2000 :* 16. **Croissance** (en %) : *1995 :* 0,5 ; *96 :* – 1,7 ; *97 :* – 2,4 ; *98 :* – 0,7 ; *99 :* – 0,4 ; *2000 :* 0. **Inflation** (en %) : *1990 :* 22 ; *91 :* 51,1 ; *92 :* 77,3 ; *93 :* 22,1 ; *94 :* 31,5 ; *95 :* 19,9 ; *96 :* 15,8 ; *97 :* 9 ; *98 :* 8,5 ; *99 :* 6 ; *2000 :* 9. **Dette** (en milliards de $) : *2000 :* 2,8

■ **Agriculture.** **Terres** (en milliers d'ha, 1996) : forêts 265, t. arables 205 (en 1991), pâturages 205 (en 1991), cultivées en permanence 537,4, eaux 16 (en 1991), divers 309 (en 1991). **Production** (en milliers de t, 1999) : canne à sucre 2 400 (sucre : *98 :* 186 ; *99 :* 230), bananes 52,2, agrumes 154, piment, coprah, cacao, café, ignames, haricots. Rhum et alcools 19 219 hl. **Élevage** (en milliers de têtes, 1999). Volailles 8 000 (en 1994), chèvres 416, bovins 400, porcs 180. **Pêche** (en 1997). 8 358 t.

■ **Mines** (en millions de t). Bauxite : *1982 :* 14 ; *84 :* 8,7 ; *85 :* 2,3 ; *86 :* 6,8 ; *90 :* 10,9 ; *95 :* 12 (alumine : 3,9) ; *96 :* 11,8 ; *97 :* 11,9 ; *98 :* 12,1 ; *99 :* 11,7. Gypse : *1996 :* 1,6.

■ **Tourisme** (en 1999). **Visiteurs :** 2 012 738. **Revenus :** 1 233 millions de $ (29 % du PNB, 56 % des revenus de l'État, 75 % des emplois). **Sites :** criques de Frenchman's Cove, baie d'Oracabessa, Port Antonio (Blue Lagoon), Rio Grande (rafting).

■ **Commerce** (en milliards de $). **Export./import. :** *1996 :* 2,93/1,38 ; *97 :* 1,38/3,11 ; *98 :* 1,31/2,99 ; *99 :* 1,13/2,57. **Export. vers** USA ; G.-B.; Canada ; Norvège ; P.-Bas. **Import. de** USA ; Mexique ; Japon ; G.-B. ; Venezuela.

■ **Rang dans le monde** (en 1999). 3e bauxite.

JAPON

V. légende p. 950.

☞ *Abréviations :* J. : Japon ; Jap., jap. : Japonais, japonais(e)(s). Voir **Art japonais** p. 455 c.

■ **Nom.** *Cipango* ou *Cipangu.* Donné par Marco Polo (1254-1324) après un séjour de 25 ans en Chine (1270-95). Son livre de voyage (1301) signale une île de *Cipangu* en face de *Cathay* (la Chine). Déformation du cantonais *Jih pen Kwok* (chinois mandarin *Jypen Khoue,* « pays du Jipên », c.-à-d. du Japon) ; vient de formes dialectales jap. (telles que *Hip-hon* ou *Zip-hon*) ; jap. classique : *Nip-hon* [aujourd'hui *Nippon* (« Soleil levant »)].

■ **Situation.** **Superficie :** 377 819 km² dont (en %) agr. 13, forêts 67, landes 0,8, rivières 3,5, routes 2,8, habitat 3,9, divers 7,4. **Largeur** *maximale :* 272 km. **Longueur :** 3 000 km du nord-est au sud. **Iles :** 3 922 (95,7 % de la surface totale). *Principales : Hokkaidō* (ex-Yeso) 83 452 km² au nord, *Honshū* (la principale province, ex-Hondū) 231 155 km² au centre, *Shikoku* 18 799 km², *Kyūshū* (les 9 provinces) 42 157 km², *Okinawa* 2 267 km². **Distance de la Corée :** Kitakyūshū-Pusan 250 km, Tōkyō-Séoul 1 400 km. **Côtes :** 29 751 km ; au large, près des îles Bonin, fosses d'environ 9 800 m ; prof. mer du J. environ 3 600 m, mer Intérieure (entre Honshū et Shikoku) environ 38 m. *Courants :* Kuroshio (chaud du J., direction sud-nord

côte est) et Oyashio (froid des Kouriles, nord-sud côte est). **Relief :** montagnes : 71 % ; 532 dépassent 2 000 m ; *alt. maximale :* mont Fuji 3 776 m (volcan dormant, dernière éruption 1707) ; 77 volcans en activité. *Plaines alluviales :* 29 % (la plus importante, Kanto à l'est de Honshū, occupe 5 % de l'île, couverte de matières volcaniques). **Séismes** fréquents (dont 1923 Tōkyō, force 7,8). **Tsunami :** raz de marée (voir à l'Index).

■ **Territoires du Nord revendiqués** (4 996 km², 1 600 hab. en 1965). Iles du groupe *Habomaï* [îlots inhabités depuis 1957, 102 km², Kaigara (la plus proche à 3,7 km du cap Nosappu), Hokkaidō, Suisho, Akihuri, Yuri, Shibotsu, Taraku], *Shikotan* [255 km², 7 000 hab. (en 1991)], *Kunashiri* (1 500 km², en 1991 7 100 Soviétiques y vivaient), *Etorofu* (3 139 km²). **Ressources :** pêche, bois, élevage, or, argent, soufre, fer, peut-être du pétrole... **Histoire : 1643** *Habomaï* et *Shikotan, Kunashiri* et *Etorofu* (Kouriles du S.) découvertes par le Hollandais Vries ; nommées Terre de la Compagnie et Terre des États en 1767, occupées par le J. vers la 2e moitié du XVIIIe s. **1855**-*7-2* traité avec Russie, qui garde (au nord d'Etorofu) les *Kouriles* du Nord (32 îles, 10 000 km², découvertes en 1714 par les Russes). **1875** le J. cède Sakhaline et Karafuto à la Russie contre Kouriles du Nord (d'Uruppu à Shimushu). **1905** *traité de Portsmouth,* la Russie cède le sud de Sakhaline au J. **1945** l'URSS occupe terres du N. **1951**-*8-9 traité* de *San Francisco,* le J. renonce au sud de Sakhaline et aux Kouriles. L'URSS refuse de ratifier le traité. **1956**-*19-10* relations diplomatiques reprises avec URSS. Un traité de paix réglera la question des territoires du N. : il n'a pas encore été signé et la Russie les occupe toujours (10 000 h. contrôlent le détroit d'Okhotsk que la flotte russe devait emprunter pour passer de Vladivostok et de la mer du J. dans l'océan Pacifique).

☞ **Chine et Taïwan** revendiquent depuis 1969 les *Senkaku* (Diaoyutai), îles inhabitées entre Okinawa et Taïwan, dont les fonds recèleraient du pétrole.

Iles Nansei. 2 196 km² (en 1985). D. 567 [72 îles dont Okinawa (1 057 km², 758 777 hab.) ; 48 inhabitées]. *Chef-lieu : Naha* 302 000 hab. (en 1983). Annexées en 1874. Administrées par USA, sous contrôle militaire (depuis 1945). Rendues au J. le 15-5-1972. 87 bases américaines (12 % du territoire, 42 000 militaires), « dénucléarisées » depuis 1972.

■ **Climat.** Maritime (pas de saison sèche, presque partout plus de 1 000 mm de pluie, mais plus humide à l'ouest qu'à l'est). Facteurs : altitude, différence de latitude (15°), courants marins, moussons. *Nord de Honshū et Hokkaidō :* 3 à 4 m de neige l'hiver, la banquise borde les côtes nord ; *Honshū :* tempéré ; *sud à Shikoku et Kyūshū :* subtropical ; mousson du Pacifique l'été (pluies, typhons), mousson sibérienne l'hiver. **Pluies :** juin-juillet (1 460 mm par an à Tōkyō) : typhons sept.-oct. du sud, sud-ouest (Micronésie, Taïwan) et s'abattant surtout sur le sud du J. **Températures** [moy., maximale, minimale (en °C)] : *Hokkaidō* (Sapporo) janv. – 5,5, – 1,4, – 10,2 (juillet 20, 25, 10) ; *Honshū* (Tōkyō) 4,7, 9,5, 0,5, (25,2, 28,9, 22,2) ; *Kyūshū* 6,6, 12, 1,8, (26,8, 31,1, 23,4).

■ DÉMOGRAPHIE

■ **Population** (en millions d'hab.). *1721 :* 30,5 (26,08 [1]) ; *1804 :* 29,98 (25,62 [1]) ; *52 :* 31,8 (27,2 [1]) ; *72 :* 34,8 ; *1900 :* 44 ; *05 :* 46,8 ; *14 ;* 52,4 ; *20 :* 56 ; *37 :* 70,63 ; *50 :* 83,2 ; *57 :* 90 ; *70*[1] : 104,6 ; *75*[1] : 112 ; *80*[1] : 117 ; *85*[1] : 121,04 ; *90 :* 122,9 ; *97 :* 126,1 ; *2000 :* 126,9 ; *2025 (prév.) :* 121. **D.** 336. **Age** (en 1999) : *– de 15 ans* 14,8 %, *+ de 64 ans* 17 %. **Répartition selon les îles** (en millions d'hab., 1993) : Honshū 100,3, Kyūshū 13,3, Hokkaidō 5,6, Shikoku 4,1, Okinawa 1,24. **Minorités : Aïnous** (sans doute les premiers hab. du J.) autrefois appelés *Emishi,* « les barbares à l'aspect de crevettes » à cause de leurs cheveux : 25 000 au sud de Sakhaline et Hokkaidō ; teint clair, système pileux développé (culte des ours) ; **Burakumins :** 3 000 000 ; descendent des *etas* (bouchers, équarisseurs, tanneurs, déclarés souillés congénitalement, car leurs métiers touchaient à la mort et au sang) ; émancipés en 1871, longtemps encore parias (le mot *burakumin* est remplacé par *hisabetsu buraku no hitobito*).

Nota. – (1) Recensement.

Caractéristiques physiques (en 1992). *Moyenne à 20 ans :* hommes 171,5 cm, 64 kg ; femmes 158,3 cm, 51,2 kg ; peau mate, yeux bruns, cheveux souvent raides.

Natalité (en ‰). *1870 :* 36 ; *1939 :* 32 ; *44 :* 34 ; *50 :* 28 ; *61 :* 17 ; *66 :* 14 ; *73 :* 20 ; *77 :* 15,4 ; *85 :* 11,9 ; *95 :* 9,6 ; *99 :* 9,5. [*1947* crainte de surpopulation. *1948* loi de protection eugénique, *1952* réaménagée, libéralisant l'avortement et interdisant la pilule contraceptive.] **Nombre moyen d'enfants par femme :** *1900 :* 5 ; *47 :* 4,5 ; *57 :* 2 ; *77 :* 1,8 ; *91 :* 1,7 ; *92 :* 1,53 ; *93 :* 1,46 ; *97 :* 1,39 (taux de renouvellement 2,08) ; *98 :* 1,4.

Nuptialité (en %). *1992 :* 6,1 ; *96 :* 6,4. **Age moyen au 1er mariage** (en 1993 et, entre parenthèses, en 1970) : hommes 29,7 (28,4), femmes 27 (25,8). **Foyers** (en 2000) : 47 millions (2,7 personnes par foyer). **Noms les plus courants :** Sato 2 000 000, Suzuki 2 000 000, Yamamoto 1 000 000. Selon une croyance ancienne, les femmes nées l'année du « cheval de feu » [qui revient tous les 60 ans (dernières : 1906, 1966)] tueraient leur mari ; elles ont donc moins de chances de se marier.

Espérance de vie. *1998 :* hommes 77, femmes 83,3 ; *2010 (prév.) :* h. 78, f. 86. **Centenaires :** *1993 :* 4 802 (f. 80,3 %) ; *99 :* 11 436. **Mortalité** (en ‰) : *1992 :* 6,9 ; *95 :* 7,4 ; *97 :* 7,4. **Suicides** (en 1998) : 31 734. **Psychiatrie :** 1 845 hôpitaux pour plus de 330 000 malades (5 millions de cadres jap. seraient victimes de troubles mentaux et de dépressions ; 93 % seraient obsédés par des problèmes de travail ; 40 % montrent des tendances suicidaires).

Population urbaine. 78,4 % en 1997. **Villes** (en millions d'hab., au 31-3-1998). *Tōkyō* , « la capitale de l'Est » 7,85 (aggl. 26,9 *est. 1999* ; appelée *Edo* ou *Yedo*, « la porte de l'estuaire », avant l'ère Meiji), Yokohama 3,32, Ōsaka 2,47, Nagoya 2, Sapporo 1,7, Kōbe 1,44, Kyōto 1,39 (fondée en 794, autrefois *Heian-Jo*, « la cité de la paix »), Fukuoka 1,26, Kawasaki 1,19, Hiroshima 1, Kitakyūshū 1, Sendai 0,96, Chiba 0,85. **Mégalopoles :** *Kantō* 4 ports (Tōkyō, Yokohama, Kawasaki, Chiba) 30. *Nagoya* (hauts fourneaux, raffineries et usines Toyota) 8. *Kinki* (Ōsaka, Kōbe, Kyōto : banlieue-dortoir d'Ōsaka). *Shimonoseki-Kitakyūshū-Fukuoka* 3.

Étrangers (en milliers, 1999). 1 512,1 dont Coréens 638 (2 000 en 1945), Chinois 272 (illégaux 70 en 1996), Brésiliens 222, Philippins 105, Américains 42, Péruviens 41, Thaïs 23, Anglais 14, Indonésiens 14, Vietnamiens 13, Canadiens 9, Indiens 8,6, Australiens 7,6, Iraniens 7,2, Malais 5,6 (en 1991), Allemands 3,8 (en 1991), *Français 2,9* (en 1989), divers 2,1. En 1991 il y avait environ 160 000 clandestins.

Japonais à l'étranger (en milliers, oct. 1998). 789,5 dont USA 289, Brésil 83,8, G.-B. 55,5, Chine 44,6, Canada 28, Australie 27,8, Singapour 25,5, All. 23,2, Thaïlande 22,4 France 22,2. *D'origine japonaise :* Brésil 1 100, USA 600 (dont Hawaii 200).

■ **Distances de Tōkyō** (en km). Fukuoka 1 150, Sapporo 1 100, Kitakyūshū 1 089, Kōbe 565, Ōsaka 515, Kyōto 489, Nagoya 342, Yokohama 24, Kawasaki 21.

■ **Langue officielle.** Japonais, parler altaïque (proche du coréen, voisin du turc). Langue agglutinante (conjugaisons et déclinaisons par agglutination de suffixes). *Écriture japonaise :* initialement avec les seuls idéogrammes chinois ou 1 850 *kanji ;* ne distingue pas les tons, a des terminaisons verbales polysyllabiques difficiles à rendre par des idéogrammes. Sons rendus par des caractères syllabiques, ou idéogrammes simplifiés appelés *kana* (51 kana simples, 58 dérivés par combinaisons ou additions de signes " et °). Les consonnes de base (*k, s, t, n, h, m, r, w*) affectées des 5 voyelles, plus les 5 voyelles isolées et le *n* final donnent les 51 kana. *Systèmes de kana : katakana* utilisé pour transcrire les noms étrangers ; *hiragana* dans les autres cas pour les désinences grammaticales ou pour remplacer des idéogrammes chinois trop compliqués ou tombés en désuétude. On utilise aussi une transcription en lettres latines, *romanjii.* Le japonais s'écrit soit en lignes, de gauche à droite, soit à l'ancienne, de droite à gauche et par colonnes. Le début d'un livre est à la dernière page.

■ **Éducation** (en 1993). Obligatoire de 5 à 15 ans. **Élèves/professeurs** (nombre en milliers) : maternelle 1 907/102 ; primaire 8 768/438 ; secondaire 9 560/560 ; collèges techniques 55/4 ; universités 2 389/131 ; 852 écoles spéciales handicapés 88/50. **Niveau d'instruction :** secondaire 95,3 %, supérieur 28 %.

■ RELIGIONS

☞ **En 1994,** 184 000 groupes religieux répertoriés auprès du ministère de l'Éducation dont 500 ou 600 de taille et d'obédience significatives. Shintoïsme : 81 000 ; bouddhisme 77 000 ; tenri : 15 000 ; chrétiens : 3 600 ; autres : 7 400. Une centaine de groupes nouveaux apparaissent chaque année. Shintoïsme et bouddhisme sont pratiqués simultanément.

■ **Shintoïsme** (en 1991). Shintō : « chemin des Dieux ». *Sanctuaires* 81 000, *clergé* 101 000 membres, *fidèles* 102 000 000 (en 1997). Sectes non officielles : 130. À la fois adoration de la nature, culte, adoration des héros et culte de l'empereur. Statut de religion d'État acquis en 1868, perdu en 1945 (arrêt des subsides) à la demande des Alliés.

■ **Bouddhisme** (en 1992). *Temples* 77 000 (avec *églises* et *missions* 88 000), *moines* 273 848 (en 1987). *Membres* 91 580 000 (en 1997). D'origine indienne, parvint au Japon, via Chine et Corée, en 538. S'est développé au Japon grâce à l'appui impérial du P^ce^ Shotoku (593-628).

■ **Nouvelles religions. 1°) Sectes dérivées du shintō** [*kyōha shintō :* entre 1876 et 1908, 13 sectes reconnues se réclament du shintoïsme mais refusent l'association avec l'État du *shintō des temples (jinja shintō)* officiel]. Aujourd'hui 130, environ 8 millions de fidèles dont **Seichō ni ié** (« la Maison de la croissance »), *créée* 1930 ; *fidèles :* 3 000 000 ; mélange le shintō au bouddhisme, au christianisme, à Freud et à la philosophie occidentale. **Tenrikyō** (« Sagesse divine »), *créée* 1838 par une paysanne mystique, Miki Nakayama (1798-1888) ; *fidèles :* 2 500 000. Université *créée* 1925. **Perfect Liberty Kyōdan** (« Lumière d'or »), *créée* 1859 ; *fidèles :* 500 000. **Kurozumikyō** (nom du fondateur), *créée* 1814, secte régionale d'Okayama ; *fidèles :* 200 000. **2°) Sectes bouddhistes** (Sutra du Lotus) : développées en marge des sectes [établies depuis le Moyen Age (Tendai, Shingon, Jodoshu, etc.)], maîtresses des temples. **Reiyuka** (« Compagnons des esprits »), *fondée* 1925 par une guérisseuse, Miki Kotami. **Risshō Koseikai** (Sté pour la justice et la perfection personnelle), *fondée* 1928 par Niwano Nikkzo, seul non-chrétien invité à Vatican II : scission de la précédente ; *fidèles :* 5 300 000. **Sekai Kyūseikyō** (« Salut du monde »), *créée* 1935 ; *fidèles :* 800 000. **Soka Gakkai**, organisation bouddhique basée sur les enseignements de Nichiren Daishonin (1222-82). *Fondée* 18-11-1930 par Tsunésaburo Makiguchi, éducateur désirant réformer le système éducatif japonais. *Membres :* 8 120 000 familles au J. et 1 360 000 membres outre-mer, dans 148 pays. *1er Pt :* M. Makiguchi, opposant au régime militaire († 18-11-1944 en prison), *2e Pt :* Josei Todo (1900-58), *Pt (honoraire) :* Daisaku Ikeda (né 2-1-1928), fondateur de Soka Gakkai International et institutions consacrées à la paix et aux dialogues interculturels, *Pt* (depuis 1979) : Einosuke Akiya. Développe le mouvement de la paix, de la culture et de l'éducation. *Quotidien :* « Seikyo Shimbun », 5 500 000 exemplaires.

☞ **Secte Aum :** *Aum Shinri-kyo (Vérité suprême)* [AUM : acronyme de : création, entretien, destruction]. Change de nom le 18-1-2000 et devient **Arefu.** *Fondée* 1984 (à l'origine *Oumu Shinsen no-Kkaï* puis *Oumu Shinri-kyo*) par Shoko Asahara (dit Chizo Matsumoto ; né 1955, à moitié aveugle) se présentant comme une incarnation de la libération suprême et affirmant avoir le don de lévitation. Fonde en 1984 la « société des dieux et des ermites » (*Shinsen-Kai,* environ 15 membres), puis en 1987 la *secte Aum* (enregistrée en 1989 comme organisation religieuse). Principes : se réclame du bouddhisme originel, prône des pratiques ésotériques tibétaines et vénère la divinité indienne Shiva. Promet la libération bouddhique *(nirvâna)* à condition que les adeptes quittent leur famille pour entrer en religion. Rites d'initiation (méditation des œuvres du gourou dans un isolement prolongé ; yoga, purification du corps par ingestion d'eau qui sera ensuite vomie). Asahara prédit la guerre nucléaire pour 1999, prétend être attaqué par des gaz et justifie que la secte puisse en posséder pour se défendre (a essayé de se procurer des têtes nucléaires auprès de la Mafia russe). Présumé responsable de l'attentat au gaz sarin dans le métro de Yokohama le 5-3-1995 et dans celui de Tōkyō le 20-3-1995 (12 †, 5 500 intoxiqués), Asahara a été arrêté le 16-5-1995 ainsi que 400 cadres. Secte dissoute le 30-10-1995. Membres : Japon 6 000 à 10 000 [dont 1 200 *Shukeshugyosha* (« ceux qui ont renoncé au monde ») ; cadres : issus des académies militaires ou des universités ; capital (est.) : 1,2 milliard de $], Russie 5 000 à 50 000 et au Sri Lanka.

■ **Christianisme.** Historique : *1549* introduit par saint François Xavier (1506-52, jésuite). *1563 :* 1er *daimyo* (seigneur) baptisé (Sumitada Barthélemy, seigneur du fief d'Omura). *1573 :* 1re égl. à Kyōto. *1581 :* 150 000 chrétiens (sur 12 000 000 d'hab.). *1587 :* 1er décret d'expulsion des missionnaires. *1593* arrivée des 1ers franciscains (*1602* dominicains et augustins. *1623* augustins réformés). *1597 :* 300 000 chrétiens. *-5-2 ;* 26 chrétiens crucifiés près de Nagasaki dont Paul Miki, né 1557, Jean Soan de Goto et Jacques Kisai (*3-7-1627* béatifiés ; *1862* canonisés), 6 franciscains dont 4 Espagnols, et 17 Japonais dont certains de 11 à 13 ans. *1605* de 700 000 à 750 000 (sur 13 000 000 d'hab.). Persécutions à Omura (*1606* décret interdisant aux daimyo de se faire baptiser) et en *1613* à Endo et Arima. *1614* interdit (églises rasées, missionnaires et chrétiens expulsés) ; il reste 27 missionnaires et 5 prêtres diocésains. *1620-30* retour de missionnaires. *1628-73* liberté religieuse supprimée (obligation d'être inscrit à un temple bouddhique). *1637-38* extermination des chrétiens. *1644* il n'y a plus de missionnaires, de nombreux chrétiens ont apostasié ou fui dans les montagnes. Les chrétiens japonais devaient piétiner le *fumie* (tablette gravée d'un crucifix) pour signifier qu'ils apostasiaient lors des persécutions de l'époque Tukogawa. *Milieu* XIXe *s.* toléré ; installation de missionnaires cath. français et protestants américains. *1873 :* 14 000 chrétiens. *1927 :* 1er évêque japonais. *1960 :* 1er cardinal. **« Vieux chrétiens »** ou **« chrétiens secrets » :** 10 000 (en 1990) descendants des 1ers convertis du XVIe s. **Protestants** 626 356 (en 1999). **Catholiques :** 443 644 (en 1999), dont prêtres 1 714 (diocésains 519, religieux et missionnaires 1 195) ; évêques 22 (cardinal 1) ; religieux 260, religieuses 6 476 ; séminaristes 311 ; institutions d'éducation 827 (204 120 élèves) ; universités 17 (35 655).

Nota. – Évaluation malaisée des sectes qui se disent chrétiennes.

Hara-kiri (suicide rituel). Les termes *hara* (ventre) et *kiri* (coupure) étant considérés comme vulgaires, les Japonais disent *seppuku* (lecture chinoise des 2 mêmes caractères écrits). Jusqu'en 1868, exécution honorable des officiers et *bushi* (samouraïs) condamnés à mort. Le seigneur envoyait un billet poli, accompagné d'un poignard richement orné. Le condamné montait dans la cour de la demeure de celui qui le gardait et, sur une natte de paille épaisse (5 cm) à surface lisse, recouverte d'une peau tannée ou d'un drap rouge, il se mettait à mort rituellement. Le poignard ensanglanté était alors envoyé au seigneur. Des nobles se faisaient parfois hara-kiri volontairement pour des raisons surtout patriotiques (mort d'un empereur, défaite militaire, échec politique). On composait un poème d'adieu (*jisei no uta*) avant de mourir.

■ HISTOIRE

■ **Avant J.-C. Paléolithique (vers 500000)** outils de pierre découverts en 1992. **Époque Jômon.** Corde de paille torsadée : décors des plus anciennes céramiques ; ne possèdent pas l'écriture ; 600 000 hab. ; *Yayoi :* riziculteurs. **10500-8000 (proto-Jômon)** poterie ; abris sous roche ; 1res constructions solides (poutres et solives). **8000-5000 (Jômon initial)** amas de coquillages (*kaizuka*) ; poteries à fond conique et arrondi ; habitat en campements provisoires ; figurines en terre cuite (*dogū*). **5000-2500 (Jômon antérieur)** laque ; poteries à fond plat ; jarres et pots verseurs. **2500-1500 (Jômon moyen)** sédentarisation ; représentations de femmes enceintes. **1500-1000 (Jômon postérieur)** pratique du lustre ; diversification des poteries. **1000-300 (Jômon final)** production artisanale ; figurines à lunettes de neige. **660**-*11-2* l'empereur Jimmu (descendant de la déesse-soleil Amaterasu) fonde la dynastie impériale. **300** époque *Yayoi* jusqu'en 300 apr. J.-C. Riziculture, usage des métaux ; J. et Corée du S. semblent former un seul roy. **108** Chine prend Corée.

■ **Après J.-C. 100** implantations massives de Coréens dans le J. occidental. Contacts avec Chine. Élaboration de la religion naturiste (les *Kami*). **200** l'impératrice **Jingo Kogo** annexe la Corée (effectivement vers 360). **285** adoption officielle de l'écriture chinoise (date réelle 405).

Époque Yamato (IIIe s. à 710). Vers 300 début *période Kofun* (sépultures anciennes) ; fin des sacrifices humains. **Vers 350** les Yamato achèvent l'unification du J. **Vers 391** introduction de sériciculture, tissage et sciences chinoises, y compris écriture. **Ve s.** le pouvoir des Yamato grandit. **538** (selon les sources chinoises, 552 selon le calendrier jap. traditionnel) le bouddhisme pénètre au J. ; lutte pour l'ajouter, en tant que religion nationale, au shintoïsme (conflit entre *Soga* et *Mononobe*). **552** début *période Asuka.* **562** perte des possessions jap. en Corée (province de Mimana). **586** peste. Pour la conjurer, l'empereur **Yomei** fait le vœu de construire un grand sanctuaire au Bouddha guérisseur (le futur *Horyu-Ji).* **587** les probouddhistes (*Soga*) triomphent des partisans du Shintō *(Mononobe et Nakatomi).* **594** bouddhisme religion d'État. **604** le P^ce^ Shotoku publie des injonctions appelées Constitution des 17 Articles. **607** ambassade d'Ono-no Imoko en Chine pour s'informer de la civilisation. *Horyu-Ji* construit à Nara. **645** les *Nakatomi,* convertis au bouddhisme, mettent fin à la dictature des Soga. **645-50** début *période Hakuko ; réforme de Taika,* adoption des institutions de la Chine des T'ang, « nationalisant » les terres. **701** code de Taiho.

Époque Nara (710-794). 710 l'impératrice-régente **Genmei** fait de Nara la capitale permanente. **741** le gouv. établit des temples bouddhistes de style T'ang (Chine) dans tout le pays. **770** l'impératrice **Shotoku,** dernière impératrice régnante, meurt ; le bonze *Dokyo,* qui avait tenté d'usurper le trône, est exilé. **784** cap. Nagaoka.

Époque Heian (794-1185). 794 capitale Kyōto. Empereur **Kanmu** essaie de sauver gouv. en le coupant de l'influence bouddhique. **805** secte bouddhiste Tendai introduite de Chine. **806** secte Shingon ; les 2 soutiennent que chacun possède en soi la possibilité de devenir bouddha (selon les sectes prédominantes jusqu'alors, réservée à une minorité). **857** *Fujiwara Yoshifusa* [(804-872), le chef Nakatomi Kamatari avait en 669, après une rencontre avec le futur empereur Tenchi (662-671) dans un champ de glycines *(fujiwara),* pris ce patronyme] G^d^ chancelier d'Empire [866 1er régent *(sessho)* étranger à la famille impériale]. **939** Taira et Minamoto commencent à défier la cour impériale, et les samouraïs à exercer une forte influence. **941** Fujiwara Sumitomo exécuté pour piraterie. **961** le petit-fils de l'empereur Seiwa (858-876), Tsunemoto, fonde le clan Minamoto. **1017** *Fujiwara-no-Michinaga* nommé PM. Famille *Fujiwara* à son apogée. **1086** les *Minamoto,* avec Yoritomo, s'imposent dans l'est. Le gouvernement des *Joko,* empereurs retirés, va effacer l'influence des Fujiwara. **1135** les *Taira* battent les pirates dans la mer Intérieure, leur influence augmente. **1156** guerre civile (*Hogenno-ran*). **1159** les Taira battent les Minamoto (*Heijino-ran*). **1167** *Taira-no-Kiyomori* PM. **1175** secte bouddhiste Jodo fondée [chacun est sauvé de ce monde de maux et de souffrances en étant transporté au *Jodo* (« Terre pure ») par le Bouddha de la Lumière et de la Vie infinies]. **1180-1185** Minamoto-Yoritomo défait la flotte Taira à Dan-no-Ura.

Époque Kamakura (1185-1333 ; 9 shogun). 1191 doctrine zen venue de Chine. **1192** *Minamoto-no-Yoritomo* nommé shogun. **1213** influence des Minamoto s'éteint avec assassinat du 3e shogun, celle des Hojo s'étend. **1224** secte Jodo-shinshu (bouddhiste) formée. **1226** shogunat Fujiwara. **1227** *Sotoshu,* secte zen introduite de Chine. **1252** shogunat à la famille impériale. **1253** secte bouddhiste *Nichiren* fondée. **1267-74** *Kublai Khan,* ayant envoyé 5 fois des émissaires à l'empereur du J. pour qu'il se soumette, et aucun n'ayant été reçu, ordonne au roi de

Bakufu. Gouvernement *(fu)* de la tente *(baku),* quartier général du shogun. Désigne par extension le régime shogunal lui-même et ses institutions militaires.

Bushu. Guerrier noble. Sous les Tokugawa, 7 % de la population. Ils se reconnaissent à leurs 2 sabres recourbés, un long et un court. L'ordre des *bushi* comprenait les grands feudataires ou *daimyo* apparus au XVIe siècle, qui possédaient un fief produisant au moins 10 000 *koku* de riz par an. 2 catégories : 1°) daimyo de l'intérieur, cadres de l'armée et de l'administration ; 2°) de l'extérieur ou *tozama daimyo* héréditaires, subalternes à cause de leur ralliement tardif (après 1600) aux Tokugawa, et petite aristocratie militaire des samouraïs.

Bushido. Voie *(do)* du soldat *(bushi).* Code non écrit de la chevalerie et de l'honneur militaire né au XVIIe siècle. Principales prescriptions : fidélité absolue au suzerain, suicide rituel *(seppuku)* en cas de déshonneur, devoir de vendetta *(giri),* sens de l'hospitalité et de la courtoisie, résistance physique, mépris de la mort, maîtrise de soi-même.

Genro. « Les anciens ». Nom donné aux quelques hommes d'État Inoue, Ito, Katsura, Matsukata, Saigo, Saionji, Yamagata, etc., qui ont monopolisé les postes clés les quarante premières années du régime de Meiji. Ils constituent vers 1900 un milieu fermé par alliances matrimoniales et adoptions.

Samouraï. « Celui qui est à côté : l'homme lige ». 1°) Au sens large : guerrier de noble origine. 2°) Au sens étroit : sous l'ère Edo (1603-1868), membre de la couche inférieure de l'ordre des *bushi* disposant d'un fief produisant moins de 10 000 *koku* de riz par an. Certains étaient attachés directement au service du shogun *(hatamoto, gokenin),* d'autres étaient hommes liges des daimyo.

Corée de construire une flotte. 28 000 h. (sur 800 navires) commencent à débarquer dans la baie d'Hakata, près de Nagasaki, mais un typhon entraîne la perte de 200 navires et 13 000 h. Le reste de la flotte se retire. **1275** Kublai Khan envoie de nouveaux émissaires, qui sont exécutés. **1281** envoie 2 nouvelles flottes avec 40 000 et 100 000 h. ; un typhon les détruit. Ces typhons sauveurs furent dénommés *kami-kaze* (« vent divin »). **1333** chute des Hojo.

Époque Muromachi (1333-1573 ; 15 shogun). 1334 régime impérial restauré. **1335** les *Ashikaga* commencent à défier cour impériale. **1336** empereur **Godaigo** transfère sa cour à Yoshino dans le S. Un contre-empereur, *Komyo*, proclamé (cour à Kyōto, dans le N.). **1338** *Ashikaga Takauji* nommé shogun, soutient cour du N. **1378** le 3e shogun Ashikaga établit son shogunat dans quartier Muromachi à Kyōto. **1392** paix entre cours du N. et du S., réunification. **1412 Shoko** (1401-28). **1428 Go Hanazono** (1419-70), arrière-petit-fils de Shoko (1334-98), empereur de 1349 à 1352. **1464 Go Tsuchimikado** (1442-1500), son fils. **1467-1603** guerres civiles chroniques, période des « Royaumes combattants » ou « Principautés belligérantes » (*Sengokujidai*). **1483** 8e shogun *Ashikaga* fait construire *Ginkakuji* (« Pavillon d'argent »). **1500 Go Kashiwabara** (1469-1526), fils de Go Tsuchimikado. **1526 Go Nara** (1496-1557), son fils cadet. **1543** arrivée de navires portugais à Tanegashima. Armes à feu européennes introduites. **1549**-*15-8 saint François Xavier,* missionnaire jésuite espagnol, arrive à Kagoshima. **1557 Ogimachi** (1517-93), fils de Go Nara, abdique 1586. **1571** Nagasaki ouvert au commerce avec l'étranger par le *daimyo* local, Omura Sumitada (converti au christianisme 1562). **1573** Oda Nobunaga (1534-82) fait incarcérer shogun Ashikaga Yoshiaki. Fin du shogunat Ashikaga.

Époque Azuchi-Momoyama (1573-1603). 1582 Edo fondé. **1582-1615** âge d'or, art et architecture baroques. **1586 Go Yōzei** (1571-1617), petit-fils d'Ogimachi, abdique 1611. **1590** Toyotomi Hideyoshi achève d'unifier le J. **1592** il envahit la Corée avec 160 000 h. Trêve conclue entre J. et armées chinoises. **1597** 2e expédition en Corée. **1598** Hideyoshi meurt. Retrait de Corée. **1600** Tokugawa Ieyasu triomphe de ses rivaux à Sekigahara.

Époque Edo (1603-1868 ; 15 shogun Tokugawa). 1603 *Tokugawa Ieyasu* (1542-1616) nommé shogun par l'empereur ; quartier général à Edo, aujourd'hui Tōkyō. Théâtre *kabuki* fondé par la prêtresse shintō Okuni. **1605** Tokugawa Ieyasu transmet son titre de shogun à son 2e fils, *Tokugawa Hidetada,* qui exercera le pouvoir de 1605 à 1623. **1609** comptoir commercial hollandais dans l'île de Hirado. **1611 Go Mizuno-O** (1596-1680), 3e fils de Go Yōzei, abdique 1629. **1612-19** abolition officielle du servage, qui subsiste en fait. **1613** 1er comptoir commercial anglais à Hirado. **1614** persécutions contre chrétiens. **1615** Ieyasu prend château fortifié d'Osaka où les descendants de Toyotomi Hideyoshi intriguaient. Fin de la famille Toyotomi. **1623** Anglais abandonnent leur comptoir d'Hirado. *Tokugawa Iemitsu* 3e shogun. **1624** commerçants espagnols expulsés. **1628** seuls Chinois et Allemands sont autorisés au commerce par Nagasaki et Deshima. **1629 Meisho** impératrice (1623-96), fille de Go Mizuno-O. **1635** le système de *sankinkotai* renforce le contrôle du shogun : féodaux divisés en 2 groupes dont chacun doit se rendre à Edo alternativement tous les 2 ans et y vivre 1 an ; christianisme interdit. **1636** décret qui interdit aux Jap. d'émigrer. Ceux qui sont installés à l'étranger ne pourront regagner le J. **1637** *Guillaume Courtet* (1589-1637), père dominicain, 1er Français au J. **1637-38** 37 000 paysans chrétiens expulsés. **1638** commerçants portugais (accusés de complicité dans la révolte des paysans chrétiens) expulsés. **1639** seuls Hollandais protestants et Chinois non chrétiens peuvent continuer le commerce à Nagasaki. **1640** exécution d'envoyés portugais. **1641-42** famine. **1643 Go Komyo** (1633-54), 3e fils de Go Mizuno-O. **1651** *Tokugawa Ietsuna* 4e shogun. **1654 Gosai** (1637-85), 7e fils de Go Mizuno-O (abdique 1662). **1657** grand incendie d'Edo (30 000 †). **1662 Reigen** (1654-1732), 18e fils de Go Mizuno-O (abdique 1685). **1673** inondations. **1675** famine. **1680** *Tokugawa Tsunayoshi*, 5e shogun. **1685 Higashiyama** (1675-1709), fils de Reigen. **1699-1702** famine. **1703** séisme de Kanto (30 000 †). **1707** éruption du Fuji-Yama. **1709 Nakamikado** (1701-37), 5e fils d'Higashiyama (abdique 1735). *Tokugawa Ienobu* 6e shogun. **1713** *Tokugawa Ietsugu* 7e shogun. **1716** *Tokugawa Yoshimune* 8e shogun. **1720** autorisation d'importer des ouvrages occidentaux sans rapport avec le Christ. **1723, 1732** famines. **1735 Sakuramachi** (1720-50), fils de Nakamikado (abdique 1747). **1745** *Tokugawa Ieshige* 9e shogun. **1747 Momozono** (1742-62), fils de Sakuramichi. **1755** famine. **1761** *Tokugawa Iehara* 10e shogun. **1763 Sakuramachi,** impératrice (1740-1813), fille cadette de Sakuramachi. Famine. **1767** avortement interdit. **1771 Go Momozono** (1758-79), son fils. **1779 Kokaku** (1771-1840), 6e fils de l'arrière petit-fils de Higashiyama. **1782-87** famine. **1787** *Tokugawa Ienari* 11e shogun. **1792** envoyé russe demande l'ouverture de relations ; shogun refuse et renforce défense des côtes. **1816 Ninko** (1800-46), 4e fils de Kokaku. **1837** révolte à Osaka (« émeutes du riz »). **1838** *Tokugawa Ieyoshi* 12e shogun. **1847 Komei** (1831-66), 4e fils de Ninko. **1852** visite des Russes à Shimoda. **1853** *Tokugawa Iesada* 13e shogun. *-Juillet* le commodore américain *Matthew C. Perry,* avec 4 vaisseaux, presse J. d'ouvrir ses portes au commerce américain. **1854**-*mars* revient avec escadre renforcée ; un traité permet aux Américains de mouiller à Shimoda et Hakodate ; traités similaires d'amitié avec G.-B., P.-Bas et Russie. **1855**-*11-11* Tōkyō, séisme, 10 000 †. **1856** consul américain Townsend Harris à Shimoda. **1858** *Tokugawa Iemochi* 14e shogun. Traité du *-29-7* (avec USA, exterritorialité) ; du *-18-8* (P.-Bas) ; *-19-8* (Russie) ; *-26-8* (G.-B.) ; *-9-10* (Fr.) ; le commerce avec USA, Russie, P.-Bas, G.-B. et Fr. met fin

Théâtre japonais

Nō. Conception religieuse et aristocratique de la vie ; constitué fin XIIIe s., unissant 2 traditions : *Kagura,* ou pantomime dansée, et *chroniques* en vers récitées par les bonzes errants. Le drame, dont le protagoniste est couvert d'un masque, était joué les jours de fête dans les sanctuaires. Ses acteurs, protégés par les daimyo et les shogun, se transmettaient de père en fils les secrets de leur art. Les nō célébraient à l'origine la gloire du temple ou les illustrations de quelque ordre sacerdotal, et développaient les grands thèmes de la prédication bouddhiste. Ce sont des drames brefs : 5, de caractères différents, composent un spectacle. La scène procède du dispositif chinois : un quadrilatère à peu près nu, ouvert sur 3 côtés entre les pilastres de cèdre qui en marquent les angles.

Kabuki. Fait alterner dialogues, chants et intermèdes de ballet. A emprunté à la fin du XVIIe s. la manière des spectacles de marionnettes. Les pièces que Tchikamatsu (1653-1724) composait pour eux ne diffèrent pas de celles que Takeda Idzumo (1691-1756) fit jouer par des acteurs humains avec des décors et costumes de plus en plus amplifiés. Les mêmes drames passent encore d'un répertoire à l'autre : histoires de conquêtes et de pirateries en 20 actes. Actuellement, répertoire classique (drames historiques et bourgeois) et réaliste (avec intermèdes burlesques).

Autres écoles. Bugaku, kyōgen, nigyō jōruori, jiutamaï (danse féminine de réception, aux mouvements issus du nō, du kabuki et du bunraku).

à l'isolement du J. **1862** 1re ambassade jap. en Europe. **1863** Jap. tirent sur des navires neutres européens engagés dans le détroit de Shimonoseki. *-Août* escadre anglaise détruit Kagoshima, capitale de Satsuma. *-Sept.* le shogun fait chasser de Kyōto les partisans de Choshu. **1864** les navires occidentaux (américains, anglais, français et hollandais) démantèlent les forts de Choshu à Shimonoseki. 1re expédition du shogun contre clan Choshu. **1865** l'empereur ratifie des traités signés avec l'étranger. **1866** *Tokugawa Yoshinobu* 15e shogun. *-Mars* accord secret entre Choshu et Satsuma. *-Août* 2e expédition du shogun contre clan Choshu. **1867-70** famine. **1867 Meiji** (Mutsu-Hito) [1852-1912], fils cadet de Komei. *-Nov.* le 15e shogun, *Tokugawa Yoshinobu,* restitue le pouvoir politique à l'empereur et met fin au *shogunat* institué en 1192 par Minamoto Yoritomo. Fin du gouv. des samouraïs.

Époque Meiji (1868-1912 ; « gouvernement éclairé »). 1868-*3-1* restauration de l'ancienne monarchie par les seigneurs provinciaux qui veulent restaurer le J. face à l'Occident en le modernisant. *-8-3* Osaka, 11 marins français tués par samouraïs (11 seront condamnés à mort, se feront hara-kiri devant le ministre de Fr. et l'état-major de l'escadre). *-6-4* empereur **Mutsu Hito** jure de respecter l'opinion publique, de développer des relations avec les pays étrangers et d'acquérir la connaissance universelle. Quitte Kyōto (« ville capitale ») pour Edo qui devient Tōkyō (« capitale de l'Est »). **1869**-*5-3* grands clans ou *han* (Satsuma, Choshu, Tosa, Hizen) restituent leurs domaines au trône. *-25-7* anciens daimyo nommés préfets de leurs fiefs. 1re ligne télégraphique (Tōkyō-Yokohama). **1870** abolition des castes à 4 niveaux (guerriers, paysans, artisans, marchands) établies par les Tokugawa. Guerriers entrent dans la noblesse ou deviennent *shizoku* [descendants de samouraïs (voir encadré col. c)] et les autres deviennent *heimin* (« peuple du commun »). **1871** division administrative fondée sur domaines féodaux *(han)* abolie, pays divisé en préfectures *(ken).* Système postal moderne, monnaie nationale créée. **Sanjo Sanetomi** PM. L'empereur mange un bœuf mode (donnant ainsi aux Jap. l'autorisation de manger de la viande). *-2-9* scolarité obligatoire. **1872** 1er *chemin de fer :* Tōkyō-Yokohama. **1873**-*1-1* calendrier grégorien. Nouveau système de poids et mesures. Ordres d'exclusion frappant chrétiens supprimés. **1874**-*mai* expédition de Formose en réponse au massacre de marchands okinawais. Indemnité chinoise. 1er éclairage au gaz à Tōkyō. Mode des combats de coqs. « Sté publique des patriotes », *Aikoku Koto*, 1er parti politique. **1875**-*14-4 Genro-in,* Sénat créé (supprimé oct. 1890). **1876**-*26-2* traité d'amitié avec Corée. *-28-3* port du sabre interdit aux anciens samouraïs. **1877**-*20-2/24-9* révolte du clan Satsuma matée (6 400 soldats, 7 000 rebelles tués). Université de Tōkyō fondée. **1878** Bourse de Tōkyō ouverte. **1880** 1ers conseils municipaux. Itagaki fonde P. libéral *(Jiyuto).* **1884** nouvelle noblesse créée. Mode des sports athlétiques. **1885**-*déc.* 1er gouv. de cabinet ; **Hirobumi Ito** (1814-1909) PM. **1887** engouement pour la valse. **1889**-*11-2 Constitution Meiji* (modèle prussien). *-Avril* **Kiyotaka Kuroda** PM. *-Déc.* **Anitomo Yamagata** PM. **1890**-*1-7 :* 1res *élections générales* à la Diète (réunie 29-11). **1891** J. propose à la Chine un condominium sur la Corée. *-Mai* **Masayoshi Matsukata** (1835-1924) PM. *-29-7* Gal Oshima appelé par le roi de Corée pour mater une révolte (intervention chinoise en Corée). **1892**-*août* **Hirobumi Ito** PM. **1894**-*16-7* traité de commerce et de navigation Aoki-Kimberley avec G.-B. qui renonce au privilège de l'exterritorialité. *-1-8* début de **guerre sino-japonaise.** *Forces en présence : Chine :* 350 millions d'hab., armée 35 000 h., flotte de guerre 85 000 t. *Japon :* 41 millions d'hab., armée 250 000 h., 1 cuirassé, 21 croiseurs et 25 torpilleurs (60 000 t). *-17-9* J. bat marine chin. *-22-11* J. prend Port-Arthur. **1895**-*17-4 traité de Shimonoseki :* J. reçoit Formose, Pescadores et Liao-toung ; Chine versera indemnité de 765 millions de F et ouvrira ports de commerce avec J. *-4-12* J. rend Liao-toung à Chine après « démarche » de Russie, France et All. **1896**-*4-8* traité de commerce et navigation avec France. *-Sept.* **Masayoshi Matsukata** PM. **1897**-*29-3* adopte étalon-or. *-Avril* **Kiyotaka Kuroda** PM. *-Juin* **Masayoshi Matsukata** PM. **1898**-*janv.* **Hirobumi Ito** PM. *-Juin* **Shigenobu Okuma** (1838-1922) PM. *-Nov.* **Anitomo Yamagata** (1838-1922) PM. **1900** intervention à Pékin contre Boxers. *-Oct.* **Hirobumi Ito** PM. **1901**-*mai* **Kimmochi Saionji** (1849-1940) PM. *-Juin* **Taro Katsura** (1847-1913) PM. **1902**-*30-1* alliance avec G.-B. **1904**-*10-2* **guerre russo-japonaise** (voir encadré ci-dessous). *-24-2* Corée sous protectorat jap. **1906**-*janv.* **Kimmochi Saionji** PM. **1907** interdiction des jeux d'argent et du pari mutuel. **1908**-*juillet* **Taro Katsura** PM. **1909**-*26-10* Ito tué par Coréen. **1910**-*22-8* Corée annexée. **1911**-*août* **Kimmochi Saionji** PM.

Époque Taisho (1912-26). Empereur **Yoshi-Hito** (1879-1926). **1912**-*déc.* **Taro Katsura** PM. **1913**-*févr.* **Gombei Yamamoto** (1852-1933) PM. **1914**-*avril* **Shigenobu Okuma** PM. *-23-8* **guerre contre All.** *-Nov. Tsing-Tao* prise. **1915**-*18-1 : 21 demandes* présentées à la Chine. **1916**-*oct.* **Matsatake Terauchi** PM. **1918**-*avril* (jusqu'en oct. 1922) J. occupe Vladivostok. *-Août/sept.* émeutes du riz. *-Sept.* **Takashi Hara** PM. **1919**-*mars/avril* révolte en Corée. J. obtient possessions allemandes (îles Carolines, Marianne, Marshall, Kiao-tcheou). **1920** *entrée à la SDN.* **1921**-*4-11* PM Hara assassiné. **Yasuya Uchida,** puis **Korekiyo Takahashi** PM. Hirohito, prince héritier, va à l'étranger (1re fois qu'un membre de la famille impériale quitte le J. depuis 2 581 ans). *-25-11 Hirohito* régent. **1922**-*10-1* † d'Okuma. *-Juin* **Tomosabura Kato** PM. *-Juillet* fondation du PC. *-Oct.* J. renonce au Chantoung et à Kiao-tcheou. **1923**-*1-9* tremblement de terre du Kanto à Tōkyō, magnitude 7,8 (99 331 †, 43 476 disparus ; 128 266 maisons détruites, 126 233 en partie, 447 128 brûlées). *-Sept.* **Gombei Yamamoto** PM. **1924**-*janv.* **Keigo Kiyoura** (1850-1942) PM. *-Juin* **Takaati Kato** (1860-1926) PM. **1925**-*21-1 Accords de Pékin :* le J. restitue le nord de Sakhaline à l'URSS. *-30-3* suffrage univ. masculin.

Époque Showa (« de la paix rayonnante », 1926-89). 1926 empereur **Hirohito** (29-4-1901/7-1-1989) régent 1921, ép. 26-1-1924 Pcesse Kuni [impératrice Nagako Kuni, du clan Fujirawa (6-3-1903/16-6-2000)]. Régnera 62 ans 10 j. 7 enfants dont Pce Akihito, Pce Hitachi (ép. sept. 1964

Guerre russo-japonaise (1904-05)

Causes. 1°) Anglais et Japonais tentent de limiter l'expansion russe en Extrême-Orient, notamment en Corée et Mandchourie (5-2-1904, Russie refuse de renoncer à son implantation en Corée). **2°)** La Russie espère une victoire facile qui rehaussera le prestige de la monarchie menacée par les révolutionnaires. La Fr., alliée de la Russie et possédant l'Indochine, peut assurer la victoire russe. Mais, le 8-4, la signature de l'Entente cordiale Fr.-G.-B. laisse espérer aux Français une alliance contre All. Dès lors, la Fr. refuse de livrer du charbon aux escadres russes et interne les équipages russes réfugiés au Tonkin. **Effectifs sur terre : Russie** 135 000 h. (en Europe, 1 200 000 soldats de métier doivent faire une partie du trajet à pied, le Transsibérien n'étant pas achevé) ; **Japon** 850 000 dont 150 000 disponibles immédiatement. **Sur mer : Russie** 2 escadres en Extrême-Orient (Port-Arthur et Vladivostok bloquées par les glaces) soit 28 unités dont 1 moderne sur 3 ; 1 escadre en Baltique (à 8 mois du champ de bataille) ; **Japon** 50 unités modernes. **Chefs militaires : Russie :** 1°) *terre :* amiral Eugène Alexeiev (1843-1917), vice-roi d'Extrême-Orient, révoqué oct. 1904 ; Gal Alexis Kouropatkine (1848-1921) après oct. 1904 (chef de la garnison de Port-Arthur : Anatol Stoessel, 1848-1915). 2°) *Mer :* amiral Serge Makarov (1848-1904, tué au combat), amiral Vitheft (1850-1904, tué au combat) ; escadre de la Baltique : amiral Zinoveï-Rodjestvensky (1848-1909). **Japon :** 1°) *terre :* Mal Iwao Oyama (1842-1916). 2°) *Mer :* amiral Heihachiro Togo (1847-1934).

Déroulement. 1904-*7-2* Japonais prennent un croiseur russe au large d'Inchon (Corée). *-8-2 :* 10 torpilleurs jap. à Port-Arthur attaquent l'escadre par surprise (2 cuirassés et 1 croiseur cuirassé coulés). *-10-2* J. déclare la guerre. **1°) Guerre terrestre :** Russes hésitent à combattre loin des lignes de ch. de fer (approvisionnement et trains spéciaux des états-majors) ; dès que les Jap. font un mouv. tournant menaçant la ligne sur leurs arrières, ils reculent. **1904**-*mars* débarquement jap. en Corée. *-1-5* victoire jap. sur le *Yalu. -5-5* débarquement jap. en Mandchourie et siège de Port-Arthur (déjà bloqué par mer). *-5-9* victoire jap. de *Liao-Yang. -18-10* du *Cha-Ho.* **1905**-*1-1* capitulation de *Port-Arthur. -21-2/10-3* victoire jap. de *Moukden* (400 000 Jap. contre 325 000 Russes). **2°) Guerre navale : 1904**-*9-2* rade de Chemulpo (port neutre de Corée) *Varyag, Koreietz* et *Soungari* coulés. *-Févr./mai* opérations autour de Port-Arthur (14-4 le *Petropavlovsk* est coulé, l'amiral Makarov tué : les troupes jap. peuvent être transportées en grand nombre). *-14-8* l'escadre de Vladivostok (amiral Jessen) est refoulée lors d'une tentative de sortie. **1905**-*mars* chute de Moukden. *-Mai* arrivée en mer de Chine de Rodjestvensky (avait par erreur canonné en oct. 1904 des bateaux de pêche anglais dans le pas de Calais ; la médiation française avait réglé l'incident), après avoir été rejoint dans l'océan Indien par l'escadre de la mer Noire. Manquant de charbon, il ne peut rejoindre Vladivostok par le Pacifique et tente de forcer le détroit de *Tsoushima. -27-5 bataille des îles Tsoushima,* il est écrasé par Togo (35 navires perdus sur 38 ; Rodjestvensky prisonnier). *-5-9* **traité de Portsmouth :** J. obtient Liao-toung, sud de Sakhaline, et liberté d'action en Corée et Mandchourie.

Pcesse Misaka) et 4 filles. *-Janv.* **Reijiro Wakatsuki** (1866-1949) PM. **1927** 1er métro à Tōkyō. *-Avril* **Giichi Tanaka** (1863-1929) PM. **1928** 1res élect. au suffrage univ. **1929** **Osachi Hamaguchi** (1870-1931) PM. **1930** crise économique et désordres discréditent le régime et favorisent le militarisme. *-14-11* attentat contre Hamaguchi. **1931**-*mars* complot de la restauration Showa. *-Juin* **Reijiro Wakatsuki** PM. *-18-9* incident de Mandchourie dégénère en conquête. *-Déc.* **Tsuyoki Inukai** (1855-1932) PM. **1932**-*26-1* débarquement à Shanghai. *-9-2* min. des Finances Inaie assassiné. *-18-2* État du Mandchoukouo créé. *-15-5* PM Inukai tué par officiers ; **Korekiyo Takahashi**, puis **Makoto Saito** PM. **1933**-*24-2* SDN condamne le J. pour son action en Mandchourie. *-4-3* J. occupe le Jéhol. *-27-3 quitte SDN.* **1934**-*1-3* Pou Yi devient empereur du Mandchoukouo. Intervention en Mongolie. *-Juillet* **Keisuke Okada** (1862-1952) PM. *-29-12* dénonce traité de Washington du 6-2-1922. **1935**-*mai* J. prend Hopei. **1936**-*26-2* putsch à Tōkyō : 2 anciens ministres (Finances et Justice) et plusieurs officiers assassinés ; **Fumio Goto,** puis **Keisuke Okada** PM. *-Mars* **Koki Hirota** (1878-1948) PM. *-25-11* J. signe pacte anti-Komintern. **1937**-*févr.* **Senjuro Hayashi** PM. *-Mai* **Ayamaro Konoye** (1891-1945) PM. *-7-7* incident du *pont Marco-Polo (Lubuchiao) ;* un soldat jap. participant à des manœuvres s'éloigne pour satisfaire un besoin pressant ; on constate sa disparition, des coups de feu éclatent ; début de la **2e guerre sino-jap.** *-Oct.* J. prend *Shanghai. -12-12* prend *Nankin* et massacre 42 000 à 200 000 Chinois. **1938**-*16-3* mobilisation nationale. *-Juillet/août* bataille nippo-soviét. à Changkouteng (Mandchoukouo) : échec jap. *-25-10* J. prend Canton et Hankéou. **1939**-*janv.* **Kiichiro Hironuma** PM. *-10-2* J. occupe île de Hainan. *-Avril/juillet* combats nippo-soviét. au Mandchoukouo : échec jap. *-11-5* attaque jap. en Mongolie (incident de Nomonham). *-20-6* Indochine, ultimatum jap. au Gal Catroux. *-3-7* Jap. repoussés sur Khaklin-Gol (milliers de †) puis battus par Joukov en oct. (20 000 à 50 000 † et bl., 700 avions et 200 camions détruits ou capturés). *-21-7 Arita,* accord anglo-japonais, reconnaissance de la situation spéciale du Japon en Chine. *-Août* **Nobuyaki Abe** PM. **1940**-*15-1* **Mitsumasa Yonai** (amiral, 1880-1948)PM. *-30-3* Nankin, gouv. pronippon, Pt Wang-Ching-Wei. *-20-6* demande de bases au Tonkin. *-18-7* **Ayamaro Konoye** PM. *-Juillet/août* partis politiques dissous. *-Août/sept.* J. occupe Indochine française. *-15-9* en Indochine, bases navales. *-23-9* attaque avant-postes français en Indochine. *-27-9 alliance tripartite,* Axe Rome-Berlin-Tōkyō. *-Oct.* fusion avec Assoc. nat. pour le service du trône ou *Taisei Yokusankaï.* **1941**-*13-4* pacte de neutralité nippo-soviét. *-Juillet* gel des avoirs et embargo américain sur commerce jap. *-Sept.* Fr. accepte occupation base de Saigon. *-16-10* **Gal Hideki Tojo** (1884/pendu 23-12-1948) PM. *-7-12 Pearl Harbor :* J. attaque la flotte américaine, voir **Guerre dans le Pacifique** p. 693. **1944**-*18-7* Tojo démissionne ; **Kuniaki Koiso** (1880-1950) PM. **1945**-*1-4* **Kantaro Suzuki** (amiral, 1867-1948) PM. *-6-8* à 8 h 17, à *Hiroshima,* 1re bombe atomique américaine, 157 071 † (au 6-8-1989) des suites de l'explosion (le commandement américain calculait qu'il avait encore contre lui 2 500 000 soldats, 11 000 avions, 20 porte-avions géants, 23 cuirassés, 250 sous-marins, que la guerre continuerait jusqu'au printemps 1946, coûtant des centaines de milliers de †). *-9-8* URSS déclare guerre au J., envahit la Mandchourie (environ 200 000 † et 600 000 prisonniers) ; 2e bombe atomique sur *Nagasaki* (75 000 †). *-15-8* complot pour isoler l'empereur et l'empêcher de capituler ; le Gal Mori et le Lt Shiraishi sont tués par Hatanaka et ses complices mais le complot échoue et Hatanaka se suicide. 12 h, message radio : l'empereur annonce que le J. capitule. *-17-8* **Pce Naruhiko Higashikuni** (1887/20-1-1990 à 102 ans, ép. 1916 une fille de l'empereur Meiji), seul PM membre de la famille impériale. *-2-9* Gal MacArthur (26-1-1880/5-4-1964) reçoit capitulation officielle du J. sur cuirassé *Missouri* en rade de Tōkyō. Jap. abandonnent 1 800 000 pers. en Chine dont 600 000 prisonniers qui seront déportés en Sibérie (62 000 †). [*Pays indemnisés* (sommes déjà versées fin 1993, en milliards de yens) : Philippines 198, Myanmar (Birmanie) 122,4, Corée du S. 112,5, Indonésie 80,3, Taïwan 57,1, Corée du N. en négociations, Chine a renoncé à toute demande de dédommagements en 1972, en échange de la normalisation des rapports diplomatiques entre les 2 pays.] Du 3-5-1946 au 12-11-1948, procès de Tōkyō : 28 inculpés de crimes contre la paix et « crimes de guerre ». De nombreux chefs militaires échappent aux poursuites (exemples : unité 731, créée par Shiro Ishii († libre, 1958) à Pingfang près de Harbin en Chine (12 000 †) et autres unités spécialisées dans la guerre biologique qui utilisèrent des Chinois comme cobayes). MacArthur recommande au gouv. américain d'accorder l'immunité à l'empereur Hirohito. G.-B. et Tchang Kaï-chek approuvent pour empêcher infiltration communiste au J. L'Australie propose que l'empereur soit livré à la justice, mais sa demande est rejetée. *-27-9* pour la 1re fois, l'empereur sort de son palais pour se rendre à la convocation d'un étranger. *-9-10* **Kijuro Shidehara** (1872-1951) PM. *-15-12* shintoïsme n'est plus religion d'État. **1945-46** 27 048 Jap. se suicident [*1945 : 24-8* Gal Tanaka ; *11-9* Gal Tojo (mais il survit) ; *16-9* Pce Konoye ; *29-9* Mal Sugiyama avec son épouse ; Gal Hongo]. **1946**-*1-1* Hirohito renonce à son ascendance divine. *-5-3* approuve la Constitution présentée le 13-2 par le SCAP (*Supreme Commander for the Allied Powers,* dirigé par MacArthur jusqu'au 10-4-1951, général Ridgway jusqu'au 28-4-1952) [sera ratifiée en avril par la Chambre élue, promulguée le 3-11]. *-10-4 élections :* 257 partis, 2 781 candidats pour 466 sièges. Femmes et jeunes de 21 à 25 ans votent pour la 1re fois. Votants 72 %. 325 élus sont issus de l'élite politique d'avant-guerre. PS 17,8 % des voix (92 sièges) ; PC 4 (5). *-Mai* **Shigeru Yoshida** (1878-1967) PM. *-21-10* réforme agraire. **1947**-*3-5* Constitution entre en vigueur ; **Tetsu Katayama** (1887-1978) PM. *-Nov.* Tojo, Hirota et criminels de guerre exécutés. **1948**-*févr.* **Hitoshi Ashida** (1887-1959) PM. *-Oct.* **Yoshida** PM. **1950**-*juin* « purge rouge » contre les communistes. *-25-6* **Guerre de Corée** (voir p. 1043 a). *-10-8* police nat. de réserve (75 000 h.) prend la place des troupes américaines appelées en Corée. **1951**-*8-9 traité de paix de San Francisco,* signé par 49 pays (perte de Sakhaline et des îles Kouriles). Pacte de sécurité bilatéral avec les USA qui lèvent l'occupation. **1952**-*28-4* entrée en vigueur du traité ratifié par les 49 pays : J. retrouve son indépendance. Paix séparée avec Chine. *-Déc.* **Ichiro Hatoyama** (1883-1959) PM. **1955-57** boom économique. **1955**-*10-9 Japon admis au Gatt et au FMI.* Le « triangle de fer » [PLD, fédération des grandes entreprises (*keidanren*) et ministères clés, dont celui de l'Industrie et du Commerce international (MITI) et celui des Finances] contrôle vie économique, politique, sociale, intellectuelle et morale. **1956**-*1-5* Minamata (Kyushu), 1ers cas d'empoisonnement au mercure. *-19-10* normalisation des relations nippo-soviét. *-12-12* J. *entre à l'Onu ;* **Tanzan Ishibashi** (1884-1973) PM. **1957**-*févr.* **Nobusuke Kishi** (1896-1987) PM. **1958**-*2-5* profanation à Nagasaki du drapeau de la Chine communiste : rupture des relations commerciales. **1958-61** boom économique. **1960**-*mai/juin Zengakuren* et *Sohyo* organisent émeutes contre traité de sécurité avec USA, qui entre en vigueur le 19-6. *-Juillet* **Hayato Ikeda** (1899-1965) PM. **1963**-*26-7 J. entre à l'OCDE.* **1964** inauguration du *Tokaido.* 1re autoroute *(Meishin)* Nagoya-Kōbe (190 km). *-9-11* **Eisaku Sato** (1901-75) PM. **1965** relations avec Corée du S. normalisées. **1965-70** boom économique. **1967**-*8-10* étudiants attaquent aéroport d'où Sato doit décoller pour Saigon. **1968**-*18-1* l'escale du porte-avions nucléaire *Enterprise* à Sasebo provoque plusieurs journées de bagarres. *-Juin* J. récupère îles Bonin. *-21-6* révoltes étudiantes (Tōkyō). **1969** accord nippo-soviét. sur mise en valeur de Sibérie. *-18-1* police reprend université de Tōkyō. **1970**-*11-2 Osumi* 1er satellite jap. *-Mars* exposition universelle d'Osaka. *-28-9* rupture avec Taïwan. *-25-11* l'écrivain Mishima se suicide. **1971**-*26-8* flottement du yen. **1972**-*févr.* Karuizawa, règlement de comptes au sein de l'Armée rouge jap., 14 †. *-15-5* USA restituent Okinawa et retirent armes nucléaires. *-5-7* **Kakuei Tanaka** (1918-93), PLD, PM. *-29-9* reconnaissance de la Chine populaire. **1974** Hirohito se rend au sanctuaire d'Ise pour entretenir la déesse Amaterasu (son ancêtre) des problèmes de l'Empire (tradition interrompue depuis 1945). *-9-12* **Takeo Miki** (1907-88), PLD, PM. **1975**-*sept.* plan de relance. *-Nov./déc.* grève « illégale » dans ch. de fer et secteur nationalisé. **1976**-*24-2* **Takeo Fukuda** (1905-95), PLD, PM. *-27-7* Tanaka arrêté [avait reçu de Lockheed 500 millions de yens ; 12-10-1983 condamné à 4 ans de prison, 500 millions de yens d'amende]. **1978**-*20-5* aérodrome de Narita inauguré, manif. écologiste (4 †). *-23-10* traité de paix et d'amitié sino-jap. *-29-11 législatives,* victoire d'Ohira. *-7-12* **Masayoshi Ohira** (1910-80), PLD, PM. **1980**-*12-6* **Masayoshi Ito** (né 15-12-1913) PM (intérim). *-17-7* **Zenko Suzuki** (né 11-1-1911), PLD, PM. **1981**-*févr.* Jean-Paul II au J. **1982**-*14/18-4* Pt Mitterrand au J. *-26-11* **Yasuhiro Nakasone** (né 27-5-1917) PM. **1983**-*avril* Tōkyō, Disneyland inauguré. *-18-12 législatives* (après dissolution) : conservateurs, au pouvoir depuis 45 ans, perdent 36 sièges et majorité absolue, Tanaka réélu. **1985**-*20-10* affrontements à Narita. *-29-11* sabotage : 3 200 trains perturbés (48 gauchistes arrêtés). **1986**-*4/6-5* sommet de Tōkyō ; attentat à la roquette. *-6-7 législatives. -22-7* Nakasone réélu PM par 304 voix sur 502. **1987**-*17-4* USA taxent à 100 % certaines importations jap. *-1-7* direction de Toshiba, accusée d'export. illégales vers URSS, démissionne. *-6-11* **Noboru Takeshita** (26-2-1924/19-6-2000) élu PM par 299 voix sur 512. **1988**-*13-3* tunnel sous-marin Seikan Honshū/Hokkaidō ouvert (53,8 km). *-10-4* pont Seto Ohashi Shikoku/Honshū ouvert (13,1 km ; coût 1 056 milliards de yens). *-22-9* Hirohito malade, régence du Pce héritier *Akihito. -16-11* réforme fiscale. *-9-12* min. des Finances Kiichi Miyazawa impliqué dans scandale Recruit-Cosmos (délit d'initié en Bourse de 1984 dénoncé le 18-6-1988) démissionne. **1989**-*7-1* Hirohito meurt. *-8-1* **Heisei (Akihito)** [né 23-12-1933], 125e empereur, 1er empereur non divin, surnom *Togusama* (« Pce du palais de l'Est ») ou *Harusama* (« Pce du printemps »), héritier depuis 10-11-1952 ; épouse 10-4-1959 Michiko Shōda (née 20-10-1934), roturière, dont Pce *Naruhito* titré Hironomiya (Pce Hiro) [23-2-1960, *23-2-1991* intronisé héritier, *9-6-1993* épouse Masako Owada (née 9-12-1963), roturière] ; Pce *Fumihito* titré Ayanomiya (Pce Aya) [30-11-1965, ép. 29-6-1990 Kito Kawashima (titrée princesse)] ; Pcesse *Sayako* titrée Norinomiya (Pcesse Nou) [18-4-1969]. En 1989, il a payé 4,3 milliards de F de droits de succession.

Époque Heisei (« accomplissement de la paix »). **1989**-*8-1* début à 0 h, Hirohito étant mort le 7-1, **Akihito** (nom choisi par le gouv.) reçoit les 3 trésors sacrés (glaive, joyau, miroir), son avènement sera célébré après un an de deuil. *-14-1* loi obligeant les fonctionnaires à prendre 2 week-ends par mois. *-1-2* Bourse et banques fermeront le samedi. *-24-2* obsèques de Hirohito : 10 000 invités, 35 000 policiers, coût 430 millions de F. *-4-3 :* 1res inculpations dans scandale Recruit-Cosmos. *-1-4* TVA (3 %) instaurée et suppression de taxes indirectes. *-25-4* PM Takeshita (affaire Recruit-Cosmos) démissionne. *-26-4* suicide d'Ihei Aoki, son secr. *-17-5* Yano, Pt du Komeito, démissionne (affaire Recruit-Cosmos). *-2-6* **Sosuke Uno** (né 27-8-1922) PM. *-4-8 :* 1re conférence de presse d'un empereur. *-9-8* **Toshiki Kaifu** (né en 1932) PM. *-25-8* Tokuo Yamashita, secr. gén. du gouv., démissionne (affaire de geisha), remplacé par Mayumi Moriyama (1re femme à un poste si élevé). *-21/22-9* Sohyo (Conseil gén. des syndicats du J., créé 1950) fusionne avec Rengo, plus modéré. *-14-10* Tanaka renonce à la politique [des propriétaires de *pachinko* (salles de jeux) ont versé des fonds au PM et à 6 ministres]. **1990**-*12-2* Akihito intronisé. *-24-5* Akihito, recevant Pt sud-coréen Roh Tae-Woo, présente son « plus intense regret » pour les souffrances subies par les Coréens au cours de la colonisation jap., Kaifu exprime ses « profonds remords et excuses pour les actes commis par le J. sur la péninsule ». *-19/21-7* PM Rocard au J. *-Oct.* émeutes contre corruption. *-12-11* intronisation officielle *(Sokui-no-Rei),* 2 500 invités, 60 millions de $. *Nuit du 22 au 23-11* cérémonie religieuse et privée [*Daijosai* (fête des prémices) : Akihito partage avec la déesse le riz sacré et entre en communication avec elle], marque la 1re moisson de la nouvelle ère et consacre l'empereur dans ses fonctions, 20 millions de $ financés par l'État. *-27-12* Toshiyuki Inamura, ancien ministre, inculpé de fraude fiscale. **1991**-*7-4* élections des gouverneurs et de 44 conseils généraux (conservateurs : 1 548 sièges sur 2 698). *-16-4* visite de Gorbatchev. *-10-7* Ryutaro Hashimoto, min. des Finances, accepte sa responsabilité dans scandales boursiers en réduisant son salaire de 10 %. *-14-7* décapitation symbolique d'Édith Cresson en effigie par extrémistes Issui-kai. *-26-7* Akihito en Thaïlande. *-31-7* accord de limitation des export. d'automobiles vers CEE. *-Oct.* Kaifu démissionne. *-3-10* Ryutaro Hashimoto, min. des Finances, démissionne. *-5-11* **Kiichi Miyazawa** (né 8-10-1919) PM. **1992**-*18-2* bombes explosent à Tōkyō et environs. *-23/28-10* Akihito en Chine (1re visite d'un empereur jap.) exprime ses regrets pour les souffrances infligées aux Chinois. **1993**-*18-6* Miyazawa renversé (225 voix contre 220). *-12-7* séisme (magnitude 7,8) et raz de marée sur Okushiri (230 †). *-18-7* élections. *-4-8* le gouv. reconnaît la responsabilité du J. dans le recrutement d'environ 200 000 « femmes de réconfort » pendant la IIde Guerre mondiale. *-6-8* **Morihiro Hosokawa** (né 14-1-1937) élu PM par 262 voix sur 511. *-3-9* cyclone île de Kyūshū, 41 †. *-11-10* visite d'Eltsine. **1994**-*11-3* Kihiro Nakamura, ancien ministre de la Construction, inculpé de délit d'influence. *-8-4* Hosokawa démissionne. *-25-4* **Tsutomu Hata** PM. *-30-4* séisme (6,7) près de Tanegashima. *-25-6* Hata démissionne. *-27-6* gaz sarin à Matsumoto, 7 †. *-29-6* **Tomiichi Murayama** (70 ans, PSD) PM. *-18-7* reconnaît utilité des Forces d'autodéfense. *-4-9* aéroport intern. d'Osaka ouvert. *-3/8-10* Akihito en France. *-11-10* accord sur aéroport Narita (2e piste construite, 3e gelée). **1995**-*17-1* séisme (7,2) à Kōbe, 6 548 †, 34 900 bl. (316 000 sans-abri) ; coût : 100 à 130 milliards de $. *-Févr.* scandale financier après sauvetage par gouv. de banques à créances douteuses. *-20-3* Tōkyō, attentat au gaz sarin (voir **Secte Aum** p. 1154 b). *-9* et *23-4 élect. locales :* baisse PLD et P. socialiste. *-19-4* gare de Yokohama, intoxication, 466 malades. No 2 secte Aum arrêté. *-23-4* dirigeant Aum tué (poignardé). *-5-5* attentat au gaz évité dans métro de Tōkyō. *-16-5* Asahara, fondateur secte Aum, arrêté. *-6-6* J. exprime ses remords pour la colonisation de la Corée (1910-45). *-22-6 :* 365 otages d'un Boeing 747 libérés après 15 h de détention à Hokodate. *-Juillet* ouverture d'un « champ de course » pour calmars (longueur 20 m). *-15-8* le J. présente ses excuses pour son rôle pendant les guerres de Chine et mondiales. *-27-9* accord prolongeant de 5 ans présence militaire américaine (47 000 h.). *29-9 :* 2 marines américains inculpés du viol d'une fillette de 12 ans à Okinawa (condamnés 7-3-1996 à 6 et 7 ans de prison). *-21-10* manif., 80 000 pers. à Okinawa contre 27 000 militaires américains dans l'île. **1996**-*5-1* Murayama démissionne. *-11-1* **Ryutaro Hashimoto** (né 29-7-1937, PLD) PM. *-Févr.* tension avec Corée du S. àpropos des îlots Tokdo. *-16/17-4* visite Pt Clinton : signature de l'*Alliance pour le XXIe s.* (maintien troupes américaines et appui logistique jap. en temps de paix). *-Juin/oct.* intoxication alimentaire (bacille 0-157), 11 †, 10 000 intoxiqués (région du Kansai). *-Juillet* nationalistes japonais construisent phare et dressent drapeau nippon sur un des îlots Senkaku. *-8-9* Okinawa, référendum : 89 % pour la réduction de la présence militaire amér. *-20-9* Hashimoto dissout Chambre. *-20-10* élections. *-18/21-11* Pt Chirac au J. **1997**-*4-3* Tōkyō, séisme magnitude 5,6. *-14-3* Hideo Sakamaki, Pt de la maison de titres Nomura, démissionne (scandale). *-8-5* loi reconnaît l'existence du peuple aïnou. *-7-7* Tōkyō, *municipales :* sur 127 sièges, PLD 54, PC 26. *-Sept.* début crise financière. *-Nov.* faillites : 3-11 Sanyo Securities (courtier), 16-11 Hokkaidō Takushoku (banque, 5 900 personnes), 22-11 Yamaichi Securities (maison de titres, 7 484 personnes, 117 agences au Japon, 31 filiales à l'étranger), 26-11 Tōkyō City Bank. *Fin 1997,* 1 593 banques ou Stés de titres ont déposé leur bilan. **1998**-*30-1* Hikaru Matsunga min. des Finances. *-7-2* jeux Olympiques d'hiver à Nagano. *-27/29-4 :* 4e visite du Pt Chirac. *-12-7* Sénat, élections partielles, 126 sièges sur 252, PLD 44 sièges. *-13-7* Hashimoto démissionne. *-30-7* **Keizo Obuchi** (25-6-1937/14-5-2000) PM. *-28-8* Bourse de Tōkyō – 3,36 %. *-1-9* dettes des entreprises en faillite : 373 milliards de F. *-16-11* plan de relance, 1 000 milliards de F. **2000**-*31-3* réveil du volcan Usu, 130 000 personnes évacuées. *-2-4* Obuchi dans le coma († 14-5). *-5-4* **Yoshiro Mori** (né 14-7-1937, PLD) PM. *-2-6* Chambre dissoute. *-25-6 législatives.* **2001**-*9-2* au large d'Hawaï : chalutier-école japonais éperonné par sous-marin américain (9 †). *-6-4* Mori démissionne. *-24-4* **Junichiro Koizumi** (PLD), dit « Henjin » (l'Homme étrange), PM, élu par 61 % des 487 m. du collège électoral, devant Ryutaro Hashimoto (155 voix).

☞ *Octobre 1998 :* visite du Pt sud-coréen Kim Dae-Jung, déclaration conjointe : le gouvernement jap. exprime formellement ses « excuses du fond du cœur » pour la colonisation de la Corée ; visite du Pt chinois Jiang Zemin. Déclaration conjointe non signée : le gouvernement jap. exprime ses « profonds remords » pour « l'agression » commise par les forces armées jap. en Chine entre 1937 et 1945. (Selon la Chine, 20 millions de † dus à l'occupation japonaise jusqu'en 1945.) En 1995, le PM Tomiichi Murayama avait exprimé « ses sentiments, partant du fond du cœur, de remords profonds et ses excuses » aux victimes des exactions commises par l'armée impériale jap.

■ POLITIQUE

■ **Statut.** *Empire.* **Constitution** du 3-11-1946 appliquée 3-5-1947. **Fêtes nationales.** 11-2 (fondation du J.). 23-12 (anniversaire de l'empereur). **Drapeau** (adopté 27-1-1870). Fond blanc (honnêteté, pureté) ; disque rouge [appelé *Hinomaru* (rondeur du Soleil)], symbole du Japon. **Hymne national.** *Kimigayo* (« Long Règne pacifique à notre empereur »), créé 1880 par John William Fenton sur un texte du IXe s. et un air de Hiromori Hayashi.

☞ **Yasukuni-jinja :** sanctuaire où sont «déifiés» les soldats morts pour l'empereur (y compris criminels de guerre exécutés après 1945).

■ **Empereur** [*tenno,* « l'honorable fils du ciel » ; *mikado* (signifiant « empereur du J. ») était autrefois employé par les étrangers]. Symbole de l'État et de l'unité du peuple, il doit ses fonctions à la volonté du peuple en qui réside le pouvoir souverain. (Selon la Constitution du 11-2-1889, l'Empire du J. était gouverné par un empereur, successeur à jamais de l'ancêtre divin en ligne directe ; sa personne était « sacrée et inviolable ». Nul n'avait le droit de lui donner son vrai nom ni de le regarder sans sacrilège. Ses sujets l'abordaient courbés et se prosternaient sur son passage. Lui seul possédait un cheval blanc et dessinait l'image du chrysanthème sacré à 6 pétales. Il ne se montrait jamais en public et ne parlait pas à la radio.) Depuis la Constitution du 3-11-1946, il partage le pouvoir avec une *Chambre des pairs* comprenant 328 membres [les hommes majeurs de la famille impériale (12), les Pces et Mis d'au moins 25 ans, 120 délégués de Ctes, Vtes et Bons de l'Empire ayant 25 ans, élus pour 7 ans, 113 membres (minimum 30 ans) nommés à vie par lui et 45 (minimum 30 ans) élus pour 7 ans par les 15 membres (habitants masculins) de chaque district les plus imposés], et une Chambre des députés. Il n'a pas de pouvoirs de gouv., ne peut exercer que les fonctions prévues par la Constitution en matière de représentation de l'État : investiture du PM (élu par la Diète) et nomination du Pt de la Cour suprême, promulgation des amendements à la Constitution, lois, décrets du cabinet et traités, convocation de la Diète, dissolution de la Chambre des représentants, proclamation des élections générales des membres de la Diète, attestation de la nomination et de la révocation des ministres d'État et autres fonctionnaires, en vertu de la loi, ainsi que des pleins pouvoirs et lettres de créance des ambassadeurs et ministres, attestation de l'amnistie, générale ou spéciale, de la commutation de peine, de la grâce et de la réhabilitation, décernement des distinctions honorifiques, attestation des instruments de ratification et autres documents diplomatiques, dans les conditions prévues par la loi, réception des ambassadeurs et ministres étrangers, représentation de l'État aux cérémonies officielles.

Succession par primogéniture masculine. Le fils aîné est appelé *Kotaishi* et son propre fils *Kotaison.*

Nom du règne (système du *gengo* abandonné par la Constitution de 1945). Depuis 1868, on adopte un seul nom d'ère par règne (auparavant, on en changeait selon les événements, heureux ou malheureux). Les documents civils (acte de naissance, permis de conduire, etc.) sont ainsi datés, le calendrier grégorien n'étant utilisé que pour les événements internationaux.

■ **Diète.** Pouvoir législatif exclusif. *Chambre des représentants* [480 membres élus au suffrage universel pour 4 ans dans 130 circonscriptions (chacune élisant de 2 à 6 députés selon la pop.)]. *Chambre des conseillers* ou *Sénat* [252 membres élus au suffrage universel pour 6 ans, renouvelables par moitié tous les 3 ans, 100 désignés à la proportionnelle selon les résultats des partis, et 152 élus dans 47 circonscriptions départementales].

■ **PM.** Obligatoirement un civil élu par la Diète en son sein et responsable devant elle, forme un *cabinet* (20 ministres au max., en majorité choisis dans la Diète). Si la Chambre des représentants adopte une motion de censure ou rejette une motion de confiance, le Cabinet doit démissionner, sauf si la Chambre est dissoute dans les 10 j.

■ **Cour suprême.** 1 Pt nommé par l'empereur, 14 juges nommés par le cabinet. Assure le pouvoir judiciaire. Peut prononcer l'inconstitutionnalité de toute loi ou décision.

■ **Organisation administrative** (en 1990). *47 départements* dont 44 « ken », 1 « marche » ou « dō » (Hokkaidō), 2 métropoles, ou « fu » (Osaka et Kyōto). *3 255 municipalités* (71 000 en 1868) : 10 « villes spéciales », 655 villes « shi », 1 999 communes « chō », 591 villages « son ».

■ **Partis. P. libéral démocrate (PLD)** créé nov. 1955 de la fusion du P. libéral et du P. démocrate. Au pouvoir de 1955 à 1993 (parti de cadres, électorat local et urbain). 2 900 000 m., *secr. gén.* : Koichi Kato. **P. libéral** créé 1998, scission du **Shinshinto**, *Pt :* **Ichiro Ozawa. P. de la nouvelle frontière** ou **Nouveau P. du progrès (NPP** ou **Shinshinto)** fondé 10-12-1994, dissous le 27-12-1997, issu de la fusion de 9 partis de l'opposition non communiste, dominé par les néoconservateurs [dont **P. de la Renaissance (Shinseito)** fondé juin 1993 par 44 dissidents du PLD ; **P. démocrate-socialiste (PDS** ou **Minshato)** fondé 1960 après scission de l'aile droite du PS soutenue par confédération syndicale Domei, 72 000 m., fraction du **Komeito** (53 députés et 13 sénateurs) ; **Nouveau P. du Japon (Nihon Shinto)** fondé 22-5-1992]. *Pt :* **Ichiro Ozawa** depuis 27-12-1995. **P. social-démocrate** (ancien P. socialiste) fondé nov. 1945, nom actuel depuis 1-2-1991, 120 000 membres (en 1995) [soutenu par confédération syndicale Rengo], implantation urbaine, 115 000 membres (en 1994). *Pt* : Takako Doi. **P. communiste (Kyosanto)** fondé 15-7-1922 (légal 1945) ; *Pt honoraire* : Kenji Miyamoto (né 17-10-1908), *du Présidium :* Tetsuzo Fuwa (né 26-1-1930), *chef du secrétariat :* Tadayoshi Ichida ; 386 500 membres (en 2000). *Journal :* « Akahata », c.-à-d. « le Drapeau rouge ». **Komeito (« P. du gouv. propre »)** fondé 17-11-1964, issu de la secte du Sokagakkai (séparé depuis 1970), conservateur ; dissous en partie 4-10-1994 (fraction rejoint Shinshito) ; devient **Komeï** 5-12-1994 et **New Komeito** le 7-11-1998 par fusion de Komeï et de Shinto Heiwa, *1999 :* 330 000 m. ; *Pt :* Takenori Kanzaki, *secr. gén. :* Tetsuzo Fuyushida. **Extrême gauche :** *Chukaku-ha* (noyau central) créé 1957 (issu de l'éclatement du Parti communiste jap.) ; aile politique et groupe clandestin (*Armée révolutionnaire Kansaï*) ; peut mobiliser 5 000 pers., *Rengo Sekigun* (Armée rouge) créée 1969 (issue de la Ligue communiste jap.) par Tsuyoshi Okudaïra et son épouse, Fusako Shigenobu (née 1945, dirigeante) ; utilise camps d'entraînement dans la plaine de la Beka'a (Liban) ; querelles internes (en 1971, exécutent 14 de leurs camarades). 1972-mai Tel-Aviv, responsable (avec le FPLP) de l'attentat de l'aéroport de Lod [26 †, 78 bl. ; des 3 auteurs, Kozo Okamoto (reconnu malade mental) sera le seul capturé vivant (libéré 1985)]. 1973-juillet et 1977-sept. détournements d'avions. 1974 La Haye, occupation de l'ambassade de Fr., 1975 Kuala Lumpur, des ambassades des USA et de Suède. 1986-avril opère pour Libye, après le raid américain sur Tripoli, sous le nom d'*Anti-Imperialist International Brigades* (AIIB) ; -Juin Djakarta, attaque aux mortiers télécommandés ambassades du Japon et des USA ; 1987 Madrid, idem contre objectifs américains. 1988-juin tentative attaque simultanée Europe et USA : échec (actions réussies à Naples et à Torrejon en Espagne). -Juillet Madrid, attentat. 1990 Pérou, Masano Wakamya tué, plusieurs arrêtés. 1995 Roumanie, Yukiko Ekita arrêtée. 1996-mars Thaïlande, Yoshimi Tanaka arrêté. -Mai Pérou, Kazue Yoshimura arrêtée. 1977-nov. Bolivie, Nishikawa Jun arrêté. Dirigeants, Fusako Shigenobu et Kunio Bando, recherchés. **Extrême droite :** *Shokonjuku* (lié à la pègre) ; **P. pionnier (Sakigaketo)** fondé 21-6-1993, *leader* : Hiroyuki Sonoda. **P. démocratique du Japon** fondé 1996, *leader* : Yukio Hatoyama. **P. démocrate** fondé 27-4-1998, *Pt :* Naoto Kan. **Nouveau P. socialiste** fondé en 1996, *Pt* : Osamu Yatabe. **XXIe siècle** fondé en 1996, *Pt :* Hajime Funada. **P. du Soleil** fondé en 1996, *Pt :* Tsutomu Hata.

■ **Élections. Chambre des représentants du 25-6-2000 :** 442 sièges attribués sur 480 dont PLD 233 (avant 271), P. démocrate 127 (95), P. communiste 20, P. libéral 22, P. social-démocrate 19, divers 21 [électeurs 101 millions : 62,5 % ont voté (en 1996 : 59,7 %)].

■ **Noblesse.** *En 1868 :* le *shogunat* (système des « maires du palais » qui exerçaient le pouvoir) est aboli. *1871 :* les grandes seigneuries *(daimyat)* sont supprimées ; 276 *daimyo* reçoivent des indemnités. *1884 :* la noblesse est réorganisée. *1946*-3-11 la Constitution abolit titres de noblesse, privilèges et Chambre des pairs. Outre les titres de *prince* (réservés à la famille impériale, et qui subsistent toujours), les chefs des principaux daimyat avaient reçu des titres de *prince, marquis, comte, vicomte* et *baron.*

Familles subsistant (au 12-1-1988) : chefs de famille portant le titre de : *duc* 17, *marquis* 38, *comte* 105, *vicomte* 351, *baron* 378. Le titre de *baron* était réservé aux militaires, diplomates ou fonctionnaires pour services rendus.

☞ Beaucoup d'hommes politiques cités ou impliqués dans des scandales ont pu cependant revenir au pouvoir : Kakuei Tanaka, Hayato Ikeda, Eisaku Sato, Yasuhiro Nakasone.

■ ÉCONOMIE

■ **Causes du succès japonais.** Réforme agraire (partage des grandes propriétés) après la défaite ; en 1949, dissolution des *zaïbatsu* [combinats financiers : clique *(batsu)* financière *(zai)* ; nom péjoratif utilisé jusqu'en 1945 pour désigner les oligopoles japonais] : *Mitsui* [« les trois puits » remonte au XIIe s. (Osaka) ; a soutenu le parti Seiyukai], *Mitsubishi* [« les trois losanges » ; constitué par Iwasaki (1834-1885) à partir d'établissements de Nagasaki ; a loué des bateaux à l'État (contre Formose, 1874) ; a soutenu le parti Minseito (1919-39)], *Sumitomo, Yasuda.* Système moderne de syndicats ; haut niveau d'investissement (jusqu'à 20 % du PNB de 1960 à 1970) ; taux élevé d'épargne (plus de 20 % du revenu net de 1960 à 1970) ; adoption des techniques modernes occidentales ; haut niveau d'éducation (31 % jusqu'à l'université en 1989) ; entente des partenaires sociaux ; politique de crédit adaptée ; faibles dépenses de défense (environ 1 % de 1989 à 1991) ; facteurs psychologiques et culturels nombreux.

☞ **Zaikai :** association (*kai*) financière *(zai)*. Regroupent des associations patronales (Keidanren, Nikkeiren) et des Chambres de commerce et d'industrie (Nissho).

■ **Taux de croissance moyen** (en %). *1963-72 :* 10,5 ; *73 :* 8 ; *74 :* – 1,2 ; *75 :* 2,6 ; *76 :* 4,8 ; *77 :* 5,3 ; *78 :* 5,1 ; *79 :* 5,2 ; *80 :* 4,4 ; *81 :* 3,9 ; *82 :* 3 ; *83 :* 3,2 ; *84 :* 5 ; *85 :* 4,2 ; *86 :* 2,9 ; *87 :* 4,9 ; *88 :* 6 ; *89 :* 4,3 ; *90 :* 5,3 ; *91 :* 3,6 ; *92 :* 0,4 ; *93 :* – 0,2 ; *94 :* 0,5 ; *95 :* 2,4 ; *96 :* 3,2 ; *97 :* – 0,7 ; *98 :* – 2,5 ; *99 :* 0,3 ; *2000 (est.) :* 1,2 ; *2001 (prév.) :* 1,5.

☞ *Booms économiques :* « Iwato » (1958-61), « Izanagi » (1965-70), « Heisei » (1986-90 ; apogée déc. 1989). Depuis nov. 1991, récession à cause de la chute des marchés boursiers et immobiliers.

■ **Crise.** Baisse de l'immobilier de 10 % par an au début des années 1990, puis de 6 %, appauvrissant entreprises, particuliers, réduisant la valeur des garanties hypothécaires. Baisse de l'indice Nikkei de 40 000 à 14 000 : pertes pour particuliers, fonds de pension et banques possédant d'importants portefeuilles d'actions. Stagnation économique, crise immobilière, absence de sélectivité et de transparence dans l'attribution des crédits ont entraîné une hausse des créances douteuses (72 trillions de yens officiellement reconnus) dont 30 % sans doute définitivement perdus. Conséquences : remontée du taux d'épargne ; restriction des dépenses, du crédit ; les moins-values et les provisions entament les fonds propres des banques ; dépréciation du yen par rapport au dollar depuis 1995. *Politique monétaire :* taux d'intérêt à court terme très bas (0,25 % fin 1998). En 1998, le PIB régresse en volume de 3 % environ, l'inflation est négative, la masse monétaire augmente de 4 % ; hausse de la vitesse de circulation (rapport monnaie/PIB en valeur). La faiblesse des taux pousse l'épargnant japonais à exporter son épargne.

■ **Plans de relance** (en milliards de yens). **1992**-*août :* 10 700. **1993**-*avril :* 13 200 ; *-sept. :* 6 200. **1994**-*févr. :* 15 300 ; *-avril :* 4 600. **1995**-*sept. :* 14 200. **1997**-*déc.* (libéralisation) : 10 000. **1998**-*avril :* 16 650 ; *-nov. :* 23 900. **1999**-*juillet :* 543 ; *oct./nov. :* 18 000.

■ **PNB** (en 1999). *Total* (en milliards de $) : 4 357,56 ; *par hab. :* 34 390 $. **PIB** (en 1999) : 2 511,4 milliards de $.

■ **Inflation** (en %). *1985 :* 2 ; *86 :* 0,6 ; *87 :* 0,1 ; *88 :* 0,7 ; *89 :* 2,3 ; *90 :* 3,1 ; *91 :* 3,3 ; *92 :* 1,7 ; *93 :* 1,2 ; *94 :* 0,7 ; *95 :* – 0,1 ; *96 :* 0,1 ; *97 :* 1,7 ; *98 :* 0,6 ; *99 :* – 0,3 ; *2000 :* – 0,7.

■ **Budget central** (en milliards de yens). *1997-98 :* 77 390 ; *1999-2000 (est.) :* 81 860. **Solde des finances publiques** (en % du PIB) : *1988 :* 1,5 ; *89 :* 2,5 ; *90 :* 2,9 ; *95 :* – 3,3 ; *96 :* – 4,1 ; *97 :* – 2,6.

Réserves en devises (en milliards de $) : *1986 :* 49 ; *88 :* 97,6 ; *89 :* 84,8 ; *90 :* 77,05 ; *91 :* 68,9 ; *94 :* 125,9 ; *96 :* 216,6 ; *2000 :* 354,9 ; **en or :** (au 31-12-2000) : 24,55 millions d'onces.

Épargne privée (en 1990) : 746 500 milliards de yens (soit le double du PNB) [taux : 14,5 % (*Fr. 12 %,* USA 5,3 %)].

Déficit de l'administration centrale [en % du PNB (nominal)] : *1973 :* 0,6 ; *80 :* 6 ; *84 :* 4,3 ; *91 :* 1,2 (USA 3,5, All. 2,6, *Fr. 2*) ; *92 :* 3,1 ; *96 :* 7.

■ **Endettement public** (en milliards de $). *1990 :* 1 059 ; *95 :* 2 210 ; *98 (prév.) :* 4 400. (En % du PIB) : *1975 :* 12 ; *85 :* 47 ; *94 :* 83 ; *95 :* 55 ; *96 :* 90 ; *98 (prév.) :* 92. **Encours des pièces bancaires** (en % du PIB, 1997) : 109.

■ **Principales banques. Résultats nets et,** entre parenthèses, **provisions pour créances douteuses** (1997-98) : *banques commerciales :* BOTM – 40,5 (62,9), DKB 4,4 (33), Fuji – 23,3 (43,1), Sakura – 18 (51,9), Sanwa – 16,3 (41,8), Tokai – 2,2, Asahi – 7,9 (21,6), Daiwa – 6,6 (17,2), Sumitomo – 22,4 (45,8) ; *de crédit à long terme :* IBJ – 14,1 (27,7), LTCB – 12,3 (27,9), NCB 0,9 (6,2).

■ **Placements à l'étranger** (en milliards de $). *Investisseurs institutionnels jap. :* achats nets de titres *1985 :* 59,77 ; *86 :* 102,1 ; *87 (1-4) :* 105,97. *Investissements directs des entreprises jap. à l'étranger* (implantations industrielles et investissement immobilier) : *1981 :* 9 ; *85 :* 12,21 ; *86 :* 22,32 ; *87 :* 33,36 ; *88 :* 47 ; *89 :* 67,5 ; *90 :* 56,9 ; *91 :* 41,5 [dont (en %) USA 45, Europe 22, Asie 14, *Fr. 2*] ; *92 :* 34,1 ; *94 :* Asie du Sud-Est 64. **Montant cumulé** (au 31-3-1990, en milliards de $) : 253,8 dont *Amér. du Nord* 109 (USA 104,4, Canada 4,6), *Europe* 44,9 (G.-B. 15,8, P.-Bas 10, Lux. 5,4, All. 3,4, *France 2,9,* Esp. 2,5), *Asie* 40,5 *Amér. latine* 36,8, *Océanie* 13,9 (Australie 12,4), *Afrique* 5,2, *Moyen-Orient* 3,4. **Banques :** *épargne totale* (dont assurance et prévoyance) : 5 975 milliards de $ dont 62 % en dépôt dans les banques en déc. 1990. *Actifs* (en milliards de $, 1998) : Dai-ichi Kangyō-Fuji 1267 ; Tōkyō-Mitsubishi 599. *Pertes* (banques nationales, mars 1996) : 16 milliards de $. **Capitalisation boursière** (mars 1993) : 2 800 milliards de $. **Masse monétaire** (au 31-12-1991) : 1 042 milliards de $. **Dette totale** (en milliards de $) : *1985 :* 34 ; *91 :* 64 ; (en % du PIB) : *2001 (mars, prév.) :* 132,9. **Avoirs extérieurs nets :** *1990 :* 370 milliards de $ (600 depuis 1985) ; *91 :* 36,6 rapatriés ; *97 :* 800 à 1 000. **Créances douteuses détenues par les banques** (en milliards de F, 1996) : 2 000, soit 8 % du PIB (beaucoup de créances douteuses de *jusen*[1] détenus par des yakusa).

Nota. – (1) Organismes de crédits immobiliers.

☞ Le 29-3-1995, annonce de la fusion (effective en avril 1996) de la Mitsubishi Bank et de la Bank of Tōkyō (actif 700 milliards de $), qui devient la 1re banque mondiale. En 1997, plan de restructuration de la Nippon Credit Bank et de la Hokkaidō Takushoku Bank.

■ **Aide extérieure publique** (en milliards de $). *1988 :* 9,1 ; *89 :* 8,9 ; *90 :* 9,2 (0,31 % du PNB) [USA 10,2, *Fr. 6,6* sans DOM-TOM (9,4 avec)] ; *91 :* 11 [1er en valeur, 12e en % du PNB (0,32)] ; *92 :* 11,1 (0,3) ; *93 :* 11,2 (0,27) ; *94 :* 13,3 (0,29). **Aide totale à la Chine** (en 1994) : 21,7 (arrêtée août 1995). **Contribution à la guerre du Golfe :** 13,5 milliards de $. **Investissements des entreprises** (année fiscale 1994-95) : 157 milliards de $.

■ **Population active** (en millions de pers., 1999). 67,79 ; **emploi total civil :** 64,62 (dont (en %) agriculture 4,8, industrie 31, services 64,3). **Par secteur** (en %) et, entre parenthèses, **part du PNB** (en %) : agr. 7,2 (3,5), ind. 33,1 (39,6), services [1] 58,7 (56,4), mines 1 (0,5). *Par secteur* (en millions, 1996) : 67,11 dont agr.-forêts 3,3, pêche-aquaculture 0,26, mines 0,06, ind. 14,45, énergie 0,37, BTP 6,7, services 14,63, transp. 4,11, finances 5,61, social 15,07, divers 0,29, chômeurs 2,25. *Au 1-1-1989,* les immigrants du tiers-monde représentaient 1 % de la pop. active. **Chômage** (en %) : *1960 :* 2,3 ; *70 :* 1,1 ; *80 :* 2,2 ; *85 :* 2,6 ; *90 :* 2,1 ; *95 :* 3,4 ; *99 :* 4,7 ; *2000 (janv.) :* 4,9 (record) ; *(févr.) :* 4,7. 20 % des salariés à temps partiel. Il suffit d'avoir travaillé 1 h dans la semaine d'une enquête pour être considéré comme titulaire d'un emploi. Les entreprises sont en sureffectif permanent d'au moins 1 200 000 salariés, le licenciement étant, encore récemment, contraire aux usages japonais.

Nota. – (1) Tertiaire au sens large (fin 1994, le secteur des services employait 15,2 millions de personnes, contre 14,96 dans l'industrie).

■ **Conditions de travail. Congés payés** (total des j ouvrables et des j fériés) : 25 (All. 42, *Fr. 36*, G.-B. 35, USA 23). **Heures supplémentaires autorisées :** femmes 6 par semaine, hommes aucune limite ; payées 25 % de plus [moy. annuelle : 254 (419 dans l'automobile)]. **Retraite :** 60 ans mais 40 % s'arrêtent avant. **Salaire moyen annuel :** *1990 :* 188 000 F. En pouvoir d'achat par heure de travail, le salaire japonais est inférieur de 1/3 au salaire américain. **Coûts salariaux** (charges sociales) : 19,95 % *(France 45,1 %)* dont sous-traitants 14,5 %, saisonniers 1,5 %. **Temps de travail par mois :** *1970 :* 186,6 h (dont h supplémentaires : 16,7) ; *75 :* 172 (10,6) ; *86 :* 175,2 ; *91 (avril) :* 44 h/semaine. **Annuel :** *1986 :* 2 150 h ; *90 :* 2 124 (G.-B. 1 953, USA 1 948, *Fr. 1 646*, All. 1 598) ; *91 :* 2 016 ; *92 :* 1 957 ; *93 :* 1 913. **Temps moyen passé dans les transports** *aller-retour (région de Tōkyō)* : 1 h 56 min (13 min de plus qu'en 1980).

Nota. – 1 Japonais sur 2 travaille plus de 49 h par semaine, 1 sur 4 plus de 60 h ; 80 % travaillent plus de 1 900 h par an et 30 % des hommes plus de 2 500 h. 10 000 meurent chaque année de surmenage *(karôshi)*.

Syndiqués (en % de la main-d'œuvre) : *1949 :* 55,8 ; *55 :* 39,1 ; *70 :* 35,4 ; *80 :* 30,8 ; *91 :* 27 ; *94 (juin) :* 24,1. Système du *shunto* (négociation patronat-syndicat par branche chaque printemps) mis en place en 1954-55.

☞ *En juin 1991*, il y avait 71 685 syndicats et 12 400 000 syndiqués dont 7 600 000 à la Rengo (née en 1987 de la dissolution de la Domeï-Kaïgi et de la Churitsu-Roren).

■ **Impôts. Sur le revenu :** max. 50,2 % (célibataire), 48,2 (couple avec 2 enfants). **Sur les successions :** 75 % au-dessus de 20 millions de F. **Prélèvement public :** 29,6 %. **Gros contribuables** (+ de 420 000 F) : 176 000 personnes dont 99 députés dont l'ex-PM Miyazawa 527 000 F (74e). **Réformes fiscales :** *1994-96 :* réduction de l'impôt sur le revenu ; *1997 (1-4) :* la taxe sur consommation passe de 3 à 5 %.

■ **Paris** (en milliards de yens, 1991). Courses (chevaux, hors-bord, vélos) : 20 000 (50 % sont clandestins).

■ **Marché du plaisir.** 4 200 milliards de yens (168 milliards de F) soit 1 % du PNB dont (en %) : cabarets 53,65 ; *love hotels* 24,4 ; vidéos pour adultes 8,8 ; saunas 8,8 ; clubs de rencontres 2,7 et téléphone rose 2,45. **Geisha.** *Nombre : 1900 :* 88 000 ; *91 :* 2 000. *Mizu-age* (cérémonie de défloration) : *coût :* 400 000 à 500 000 F.

■ **Agriculture. Terres** (en milliers d'ha, 1989) : forêts 25 290 (par endroits touchées à 80 % par les pluies acides), t. arables 4 949 (en 1997), pâturages 190, cultivées en permanence 581 (en 1981), eaux 1 310, divers 4 300. **Conditions :** très petites exploitations (40 % ont moins de 50 ares) comparables à du jardinage. Culture intensive souvent avec mélange de plantes qui fournissent 4 récoltes échelonnées par an. *Paysans à plein temps* (en 1997) : 3,9 millions. *Subventions :* 1 337 milliards de yens (5,6 milliards de $) en 1984. **Production** (en milliers de t, 1999) : *riz brun* [50 % des t. cultivées dont 300 000 ha de terrasses en montagne ; 49 % du revenu des agriculteurs ; rendement (en 1991) : 6 238 kg/ha] 11 469. *Blé* 500, *orge* 150, *soja* 170. *P. de t.* 3 400 (Hokkaidō), *patates douces* 1 130 (Kyūshū). *Légumes verts* (10 % des terres cultivées, surtout au nord et au nord-est de Honshū) ; *choux* 2 702 ; *oignons* 1 278. *Légumineuses :* soja 145 (2 % des t. arables), culture traditionnelle, surtout à Honshū (ouest), en régression. *Arbres fruitiers* (culture récente en progression : 7 % des t. cultivées), surtout dans le sud de Honshū : mandarines 1 199, pommes 963. *Bett. à sucre* 3 800 ; *fourrage* (12 % des terres cultivées) ; *canne à sucre* 1 433. *Tabac* 70. *Cultures arbustives* traditionnelles : thé 91 sur 60 000 ha (sud), mûrier à soie (130 000 ha, 61 000 t en 1983), centre-est de Honshū. *Horticulture.* **Forêts.** 68 % de la surface totale ; 168 espèces d'arbres (85 en Europe) : Hokkaidō (résineux 70 %) ; Honshū (érables, cyprès, pins) ; Kyūshū (chênes verts, camphriers) ; Shikoku (pins, magnolias, bambous nains). Bambou nain prolifique (fléau pour l'agriculture). *Production :* environ 20 093 000 m³ (en 1998). Reboisement en cours. **Élevage** (en milliers de têtes, 1998). Poulets 303 000, porcs 9 900, bovins 4 710, chèvres 29, chevaux 27, moutons 16. Lait 8,6 millions de t. **Pêche.** *Handicap :* création des zones économiques exclusives de 200 milles (40 % des prises antérieures). *Production* (en millions de t, 1999) : 5,9 (environ 12 % de la prod. mondiale) soit 90 kg/hab. dont (en 1996) Pacifique 6,3, eaux intérieures 0,16, Atlantique 0,22, océan Indien 0,057. *Capture de baleines :* 15 218 (en 1995). Poissons et crustacés représentent 1/4 de la ration alimentaire.

Autosuffisance (en %). **Alimentaire** *en valeur :* riz 109, légumes 95, lait et produits laitiers 86, viande 80, produits de la mer 80, fruits 73, céréales 34, blé 9, légumes secs 9. *En calories : 1960 :* 79 ; *83 :* 52. En 1994, le Japon (pour la 1re fois depuis 1984) a importé 1 à 3 millions de t de riz (victime d'un été trop froid et de typhons). **Bois** 37.

■ **Énergie. Consommation** (en 2000) : 511,4 millions de tep dont produits pétroliers 253,5, combustibles solides 98,9, électricité primaire 90,4, gaz nat. 68,6. Le J. cherche à réduire sa consommation d'au moins 3 % et a imaginé plusieurs moyens pour éviter une utilisation massive des climatiseurs (les fonctionnaires ne sont plus astreints au port de la cravate...). **Pétrole** (en millions de t) : *production : 1985 :* 0,534 ; *90 :* 0,540 ; *91 :* 0,75 ; *92 :* 0,85 ; *93 :* 0,77 ; *95 :* 0,74 ; *97 :* 0,72 ; *98 :* 0,68 ; *99 :* 0,62 ; *2000 :* 0,63. *Import. : 1985 :* 197,2 ; *90 :* 194 ; *94 :* 229,7 ; *96 :* 223,6 ; *97 :* 230,7 ; *2000 :* 212,8. **Charbon** (en millions de t) : *réserves :* 8 580 ; *production : 1937 :* 45,7 ; *80 :* 18 ; *85 :* 16,4 ; *90 :* 8,2 ; *91 :* 8 ; *92 :* 7,5 ; *93 :* 7,2 ; *94 :* 6,9 ; *95 :* 6,2 ; *96 :* 6,4 ; *97 :* 4,3 ; *98 :* 3,75 ; *99 :* 4,01. **Gaz** (en milliions de m³, 2000) : *réserves* 40, *production* 2,3. **Nucléaire :** *capacité* (en milliers de MW) : *1983 :* 17,3 (24 centrales) ; *87 :* 28 ; *90 :* 60 (soit 27 % de la production) [40 centrales] ; *99 :* 43,5 [51 réacteurs (à eau sous pression ou eau bouillante), 1 à neutrons rapides (type Superphénix), 20 réacteurs de recherche, 20 installations du cycle du combustible (14 de transformation, d'enrichissement et de fabrication d'uranium, 2 de fabrication de combustible MOX, 1 de traitement du combustible et 4 d'entreposage de combustible usagé)]. (30-9-1999, accident niveau 4 dans l'usine de fabrication de combustible de Tokaimura. Erreur de manipulation : réaction en chaîne. 310 000 personnes confinées dans un rayon de 10 km. 439 techniciens et riverains irradiés dont 3 très gravement.) **Électricité** (en 1998) : *production :* 919,6 milliards de kWh dont : hydraulique 100,4, nucléaire 317,7 (36 %).

■ **Mines** (en milliers de t, 1999). *Zinc* 0,57. *Fer* 4. *Pierre à chaux* 202 894. *Chromite* 9 508 (en 1990). *Cuivre* 1. *Plomb* 4. *Silice* 19 026. *Or* 8 t. *Argent* 90 t.

■ **Industrie. Localisation :** côte (zone industrielle de 1 000 km de longueur sur 10 de largeur) pour profiter des transp. maritimes à bas prix. *Unités :* aciéries Shin Nittetsu à Muroran ; papier à Hokkaidō ; chimie lourde à Kyūshū ; microprocesseurs, surtout dans Kyūshū (surnommée « île de silicone ») et dans le nord de Honshū. *Prod.* (en %, 1981) : Tōkyō-Yokohama-Chiba (Keihin & Keiyo) 17,6, Osaka-Kōbe (Keihanshin) 14, Nagoya (Chukyo) 11,8, nord de la région du Kanto (comprenant Utsunomiya, Mito, Nikko) 11,5, mer Intérieure 7,4, Kitakyūshū 2,7. **Délocalisations** (périodes et raisons) : *années 1970 :* crise pétrolière ; *1985 :* accords du Plaza provoquant hausse du yen ; concurrence régionale ; *1993 :* récession due à l'après-spéculation ; *1994 :* restructuration des entreprises (secteur manufacturier à 30 %). **Véhicules automobiles** (en millions) : *production : 1990 :* 9,9 ; *95 :* 7,61 ; *96 :* 7,8 ; *98 :* 7,9. *A l'étranger : 90 :* 3,3 ; *95 :* 5,3 ; *98 :* 4,3 (dont en unités) : Toyota 1 468 168, Nissan 1 004 149, Honda 1 119 000, Mitsubishi 583 031, Mazda 125 495. *Export. : 1985 :* 4,4 ; *90 :* 5,83 ; *94 :* 4,5 ; *95 :* 3,8. *Import. : 1985 :* 0,05 ; *89 :* 0,195 ; *94 :* 0,3 ; *95 :* 0,37. *Automobiles vendues au J. : 1996 (est.) :* 7,02. **Autres véhicules** (production en millions, 1997) : camions 2,48 ; motos 2,67. **Chimie** (chiffre d'affaires, 1991) : 19 400 milliards de yens (3e rang mondial). **Fonte** (en millions de t) : *1990 :* 80,2 ; *95 :* 74,9 ; *96 :* 74,5 ; *97 :* 78,5 ; *98 :* 74,9 ; *99 :* 74,5. **Acier brut** (en millions de t) : *1943 :* 7,6 ; *60 :* 22,1 ; *65 :* 41,2 ; *70 :* 93,3 ; *73 :* 120 (470 000 ouvriers) ; *85 :* 105,25 ; *90 :* 110,3 ; *95 :* 101,6 ; *96 :* 98,8 ; *97 :* 104,5 ; *98 :* 93,5 ; *99 :* 94,1. **Chantiers navals :** *lancement* (en millions de tx) : *1960 :* 1,7 ; *75 :* 18 ; *80 :* 6,2 ; *91 :* 7,4 tjb ; *92 :* 7,8 tjb ; *93 :* 8,6 ; *94 :* 7,9 ; *97 :* 15,4 tpl ; *98 :* 14,9 tpl. **Autres productions** (en millions, 1998) : téléviseurs 6,68. Calculatrices 3,24. Vidéodisques 1,45. Caméras 12,2. Montres 451. Magnétoscopes 9,63 [dont 17,8 exportés en 1992].

■ **Keinetsu.** Groupe d'entreprises aux intérêts liés (parfois sous-tendus par des participations croisées limitées) : Mitsubishi 28 (Bank of Tōkyō Mitsubishi, Meiji Mutual Life Insurance), Sumitomo 20 (Sumitomo Bank, NEC), Mitsui 26 (Sakura Bank, Toyota, Toshiba, Nippon Steel), Fuyo 29 (Fuji Bank, Nissan, Hitachi, NKK) DKB 48 (DKB, Fukoku Mutual Life Insurance, Isuzu, Fujitsu), Sanwa 44 (Nippon Life Insurance), Daihatsu, Sharp, Kōbe Steel).

☞ **Pègre :** 11 familles principales, 3 300 *boryokudan* (groupes violents), 90 000 *yakusa* (membres actifs) [origine du mot : combinaison perdante de 3 cartes d'un jeu populaire au XVIIe s., l'*hanafuga* : 8 *(ya)*, 9 *(ku)* et 3 *(za)* ; désigne les perdants, rejetés de la société qui à cette époque forment des associations pour se protéger des samouraïs ; 1612 *machi-yakko* (serviteurs du peuple) apparaissent pour protéger petits commerçants contre samouraïs. XIXe s.-jusqu'aux années 1930 les yakusa se rapprochent de la droite ultranationaliste ; anti-occidentaux ; actes terroristes (tuent 2 PM et 2 min. des Finances]. 1945 enrichissement marché noir. Organisés en familles *(ikka)* : autorité suprême détenue par un père *(oyabun)* sur ses subordonnés *(kobun)* ou enfants *(wakashu)* ; son conseiller personnel *(saïko-komon)* dirige état-major ; le n° 2 de la famille *(waka-gashira)* est assisté de *shateï-gashira*, inférieurs en autorité ; niveau intermédiaire : frères *(kyodaï)*, inférieur petits frères *(shateï)*. Tradition de tatouages ou d'automutilation des phalanges en cas de faute *(yubitsume)*]. *Membres :* 1963 : 184 000 ; *1999 :* 90 000 dans 5 200 gangs. 4 grands syndicats [dont le *Yamagushi-gumi* (chef : Yoshinori Watanabe, 750 clans, 26 000 membres), *Sumiyoshi-rengo-kai* (177 clans, 8 000 membres), *Inagawa-kai* (Tōkyō, 313 clans, 7 400 membres, chef : Kakuji Inagawa) et *Tao Yuai Jigyo Kumiai* (6 clans, 800 m.)]. **CHIFFRE D'AFFAIRES :** 225 milliards de F. 41 % des patrons de grandes entreprises ont été rackettés par des membres de la mafia. **NOUVELLES LOIS :** antigang (1-3-1992) ; antiblanchiment (juin 1993).

■ **Transports. Routes** (en km) : 1 152 207 (en 1997) dont nationales 53 356 dont revêtues 52 627, autoroutes : *1987 :* 4 400 ; *92 :* 6 000. **Parc véhicules** (en millions) : tourisme *1973 :* 14,5 ; *86 :* 28,6 ; *90 :* 34,9 ; *95 :* 44,6 ; *98 :* 48,6 ; *99 :* 49,8. Commerciaux *1973 :* 10,5 ; *86 :* 19,3 ; *90 :* 22,5 ; *95 :* 21,9 ; *97 :* 20 ; *98 :* 19,6 ; *99 :* 19. Bus *1990 :* 0,25 ; *95 :* 0,24. **Voies ferrées :** 27 454 km (en 1998). La JNR (Japan National Railways), créée 1872, a été privatisée (7 Stés) le 1-4-1987 (sa dette s'élève à 1 300 milliards de F). *Tunnel* sous-marin Hokkaidō-Honshū ouvert en 1988, dont 2/3 ont été repris par JNR Settlement Corporation et le reste

> ■ **Présence japonaise en France.** 25 000 Japonais immatriculés (dont environ 1 500 artistes peintres), 90 usines représentant 61 Stés (6 000 salariés), 9 banques, 12 représentations de sociétés de commerce et bureaux de brokers, 78 restaurants.

par les Stés régionales les plus saines. **Aériens :** Japan Air Lines (JAL) fondées 1953, privatisées en 1987, Japan Air System, All Nippon Airways. **Maritimes :** grands ports : Tōkyō, Yokohama, Kōbe, Osaka, Nagoya, Chiba, Kawasaki, Hakodate. **Flotte marchande** (en 1998) : 6 535 bateaux, 17 000 000 de tjb. *Japonais employés : 1985 :* 30 000, *93 :* 9 700. **Trafic. Passagers** (passagers/km en millions, 1998) : *ch. de fer* 745,2. *Avion* 94,8. **Fret** (en milliards de t/km, 1998) : *ch. de fer* 118,2. *Avion* 5,6. *Bateau* (en millions de t, 1997) chargé 119,3, déchargé 794,2 ; *entrées* (en 1995) : 60 055 navires.

■ **Tourisme. Sites :** *Tōkyō :* jardin du palais impérial, temple Asakusa Kannon, sanctuaire Meiji Jingu, quartiers commerçants de Ginza, Shinjuku, Shibuya et Ueno. *Nikko :* temple et pagodes, sanctuaire Toshogu dans la montagne. *Kamakura :* grand bouddha en bronze *(Daibutsu)*. *Hakone :* parc national au pied du Mt Fuji, lac Ashinoko. *Kyōto :* foyer de la culture jap. traditionnelle, Pavillon d'or, ancien palais impérial et plus de 2 000 monuments historiques. *Nara :* 1re cap. historique du J., Horyu-Ji en bois, le plus ancien (607), pagode haute de 35 m, kondo (Pavillon d'or), temple Todaiji inauguré en 752, la plus grande construction en bois du monde abritant le plus grand bouddha en bronze du monde (le *Rushana*, Bouddha de l'absolu, 16 m), sanctuaire Kasuga Taisha (milliers de lanternes de pierre et fer). *Divers :* Sapporo, Sendai, Yokohama, Osaka, Toba, Okayama, Kurashiki, Hiroshima, Matsuyama, Takamatsu, Beppu, Nagasaki, Miyazaki, Mt Aso. **Visiteurs** (en milliers) : *1960 :* 212 ; *70 :* 854 ; *80 :* 1 317 ; *90 :* 3 236 ; *95 :* 3 345 ; *97 :* 4 669 ; *98 :* 4 556 ; *99 :* 4 438 (recette 3,428 milliards de $). **Balance du tourisme** (en milliards de $) : *1970 :* – 0,08 ; *80 :* – 3,9 ; *84 :* – 3,6 ; *85 :* – 3,7 ; *90 :* – 21,4 ; *94 :* – 27,2 ; *99 :* – 29,38.

Touristes japonais à l'étranger (en milliers) : *1960 :* 76 ; *70 :* 663 ; *80 :* 3 909 ; *85 :* 4 900 ; *90 :* 10 997 ; *95 :* 15 298 ; *99 :* 16 358.

■ **Quelques problèmes. Avec la Russie :** le « lobby » de la pêche veut récupérer les Kouriles du Sud annexées par l'URSS en 1945 ; la Russie fait des difficultés pour les investissements en Sibérie (1,4 milliard de $ depuis 1970) : refus de la concession du gaz de Yakoutie, rejet d'un projet de 3 milliards de $ pour l'oléoduc de Tyoumen. « Rachat » des Kouriles envisagé pour 3 milliards de $; mais le voyage de Boris Eltsine au J. le 13-9-1992 pour accord a été annulé. **Avec l'Asie du S.-E. :** le J. est accusé de colonialisme par l'Asean (Philippines, Thaïlande, Indonésie, Malaisie, Singapour), car il importe les matières premières et n'exporte pas sa technologie. **Avec le tiers-monde :** 11 milliards de $ en 1991 d'investissements (0,3 % du PNB). **Avec la « zone économique du Pacifique » :** les autres États riverains industrialisés s'effraient de l'expansion économique du J. **Avec l'Occident développé :** excédent commercial important, surtout avec USA [*1990 :* 37,9 milliards de $, *91 :* 38,4, malgré l'accord de réduction (SII, Structural Impediment Initiative)] ; accusé de protectionnisme, surtout agricole (import. de riz interdites), et sanctionné par les USA, le J. a accepté de s'autolimiter. Seul à pouvoir risquer des mesures de relance économique mondiale, il les a acceptées. **Stratégie :** le J. renforce sa présence en Asie (surtout Chine, Thaïlande, Hong Kong, Singapour, Malaisie, Indonésie). Commerce avec la Chine en milliards de $: *1991 :* 23 ; *92 :* 25 (32 si on tient compte de Hong Kong).

■ **Commerce extérieur. 1°) Jusqu'à 1979 :** *a) faible par rapport au PNB ; de 1975 à 79,* les export. françaises sont égales aux export. jap. (et même supérieures) ; *b) coûts élevés par suite de la surévaluation du yen.* En 1978, les salaires japonais sont au niveau des salaires français et américains (contre 1/4 des salaires français, 1/10 des salaires américains en 1958). La concurrence sur les prix ne joue plus. **2°) A partir de 1985 :** la hausse du yen par rapport au $ (+ 63 % en 2 ans) provoque une baisse des exportations (– 3,5 %) et une relance des importations en volume (+ 19 %), mais un excédent en dollars en dépit de l'effort des exportateurs pour baisser leurs prix. **3°) Caractéristiques permanentes :** *a) dépendance faible* (export. 9,7 % et import. 7,4 % du PNB contre environ 20 % dans les pays développés) ; *b) protectionnisme « psychologique » :* le consommateur japonais se méfie des produits étrangers (d'où l'impossibilité de conclure des accords antiprotectionnistes avec d'autres pays) ; *c) commerce triangulaire :* le Japon compense son déficit avec les vendeurs de matières 1res (Australie, Malaisie, Opep) en vendant des produits finis aux pays industrialisés.

Commerce (en milliards de $). **Export./import. :** *1995 :* 443,3/336 ; *96 :* 411/349,2 ; *97 :* 421/338,8 ; *98 :* 381/280,6 ; *99 :* 417,6/310,7 (*dont* produits alimentaires 2,1/44,3, matières 1res 3/22,3, énergie 1,3/50,1, prod. chimiques et manufacturés 126,3/105,8, machines et matériels de transport 286,8/88,2) ; *2000 :* 479,3/379,5.

■ **Balance** (en milliards de $). **Paiements courants :** *1985 :* + 49,2 ; *86 :* + 85,85 ; *87 :* + 87,01 ; *88 :* + 79,46 ; *89 :* + 56,9 ; *90 :* + 35,9 ; *91 :* + 72,9 ; *92 :* + 117 ; *93 :* + 131,35 ; *94 :* + 129,3 ; *95 :* + 110,4 ; *96 :* + 61,9 ; *97 :* + 94,3 ; *98 :* + 120,1 ; *99 :* + 106,8.

■ **Rang dans le monde** (en 1999). 7e thé. 9e riz.

JORDANIE
V. légende p. 950.

☞ *Abréviations* : J. : Jordanie ; jord. : jordanien(ne)(s) ; Pal., pal. : Palestiniens ; palestinien(s).

■ **Nom.** De la rivière *Jourdain*. Avant, *Transjordanie*.

■ **Situation.** Asie. **Superficie** : 89 000 km^2 (dont mer Morte 1 015, territoires occupés par Israël 5 900). **Côte** : 26 km (golfe d'Aqaba). **Frontières** (en km) : Arabie saoudite 728, Syrie 375, Israël 238, Cisjordanie 97, Iraq 181. **Altitude** *maximale* : sud du djebel Rom 1 754 m. **Régions** : *plateau* désertique à l'est ; *partie montagneuse* avec 2 plateaux ; *fossé* descendant à 300 m au-dessous de la mer (le Ghor, fossé de la mer Morte). Désert 80 % du territoire. **Climat.** Méditerranéen sec à l'ouest d'Amman, désertique à l'est. *Pluies* : 600 mm (hautes terres), 200 (fossé), – de 50 (désert). *Températures moyennes* : hautes terres de 7 °C l'hiver à 30 °C l'été, vallée de 14 à 40 °C.

■ **Population.** *1989* : 2 800 000 en Transjordanie (dont 1 288 000 réfugiés palestiniens), 800 000 en Cisjordanie occupée dont Arabes, Bédouins, Kurdes circassiens, réfugiés du Golfe (300 000) ; *2000 (est.)* : 6 330 000 ; *2025 (prév.)* : 10 000 000. **D.** 64,8. **Age** : *– de 15 ans* : 37,9 %, *+ de 64 ans* : 3,2 %. **Espérance de vie** : *h.* 66, *f.* 70 ans. **Mortalité infantile** : 34 ‰. **Pop. urbaine** : 71,4 %. **Émigration** : 800 000 (en 1987) dont 330 000 actifs dont 85 % dans les pays du Golfe (280 000 au 1-1-1990), All. féd. Environ 300 000 rentrés avec leur capital en 1992. **Immigration** : 200 000 (en 1987) dont 120 000 Égyptiens ; Pakistanais, Syriens, Libanais, Philippins, Sri Lankais. **Étrangers** : depuis 1991, 150 000 Iraqiens (beaucoup en transit). **Réfugiés** (en 1999) : 1 518 800 dont 1 512 700 Palestiniens.

■ **Langues.** Arabe *(officielle)*, anglais 60 %. **Religions** (en %). Musulmans sunnites 96, chrétiens 4 (environ 120 000 en Transjordanie).

■ **Villes** (en 1994). *Amman-Zarqa* 2 000 000 d'hab., Irbid 400 000 (à 88 km), As Salt 180 000, Aqaba 70 000, Al Mafraq 27 780 (en 1986).

■ **Histoire. Av. J.-C. XVIIe s.** pays des Ammonites (Sémites araméens proches des Hébreux), capitale Rabbath Ammon (Amman). **Vers 1100** conquise par Séhon, roi des Amorrhéens (Sémites chananéens). **Xe s.** 3 tribus hébraïques sur rive gauche du Jourdain : Manassé, Gad et Ruben (plateau de Galaad). Ammonites en guerre contre Hébreux jusqu'en 70 apr. J.-C. **Vers 400** Nabatéens (Sémites proches des Hébreux) fondent Pétra (qui aura jusqu'à 30 000 hab.). **312** le roi gréco-égyptien Ptolémée II annexe *Amman* qui est appelée *Philadelphia*. **Apr. J.-C.** Rabel II (71-106) devient roi nabatéen ; transfère sa capitale de Pétra à Bostra (raisons économiques). **106** Trajan annexe le pays qui devient province d'*Arabie Pétrée* (capitale Pétra) reliée à Gerasa (Djerach). **395-620** archevêché byzantin. **620-1100** occupation arabe (635 Amman prise), désertification. **1100-1150** « princée » (Pté) chrétienne d'outre-Jourdain (Pétra devient Val Moïse ; Kérak nommé Pétra). **1260** incursion mongole, Baybar (1226-77), mamelouk, organise le pays. **XVIe s.** contrôle ottoman. **1812** Johann Burckhardt (Suisse) découvre Pétra. **1908-24 Hussein ibn Ali** (Istanbul, 1853/Amman, 4-6-1931) [épouse 1°) Misbah, dont 1 fille, Haya, et 1 fils, Talal (1909) ; 2°) tartare d'Istanbul, dont 1 fils, Nayef (1914), et 2 filles ; 3°) Nashida, Soudanaise, sans statut officiel] chérif puis roi du Hedjaz. **1916**-*10-6* soulèvement contre Turcs avec Cel T.E. Lawrence (1888-1935). **1918**-*25-9* Gal Allenby (23-4-1861/14-5-1936) prend Amman. **1919** J. dans la Grande Syrie (émir Fayçal). **1920**-*mars* émir Fayçal se fait proclamer roi ; -*avril* Conférence interalliée de San Remo : « mandat » fr. en Syrie (24-7 Fayçal chassé ; Transjordanie rattachée à un mandat brit. en Palestine). -*21-11* Ma'ân, Abdullah, 2d fils du chérif de La Mecque, prépare rétablissement de son frère Fayçal en Syrie ; **1921**-*févr.* progresse vers Amman ; -*2-3* s'y arrête. Brit. souhaitent soustraire Transjordanie de la colonisation sioniste de la Palestine et l'érigent en entité séparée. -*29-3* Jérusalem, rencontre Winston Churchill (chef du Colonial Office, assisté du Cel T.E. Lauwrence)/Abdullah : Transjordanie s'étend à l'est d'« une ligne s'étendant de 2 milles à l'ouest d'Aqaba, au milieu du Wadi Araba, de la mer Morte et du Jourdain jusqu'au confluent du Yarmouk sur la frontière syrienne », le haut-commissaire en Palestine doit assister Abdullah dans maintien de l'ordre et gouvernement. -*1-4* **Abdullah** (nov. 1881/20-7-1951) émir de Transjordanie (225 000 hab. dont plus de 100 000 nomades). **1922** insurrection d'Al Kura. -*16-9* délibération de la SDN : émirat reconnu. **1923**-*25-5 indépendance* sous mandat britannique. Insurrection des Adwan. **1924** reçoit région de Ma'ân et d'Aqaba (relevant auparavant du Hedjaz). **1925**-*2-1 traité de Hadda* (accord frontalier avec Ibn Seoud). **1926** insurrection du Wadi Moussa. **1928**-*20-2* indépendance, sauf défense et finances restant à G.-B. **1930** annexe rive occidentale du Jourdain. **1939-45** Transjordanie participe à la guerre (350 h. de la brigade mécanisée de la Légion arabe plus quelques autres). **1945**-*22-3* traité de Londres ; un des 7 États fondateurs de la Ligue arabe. **1946**-*28-3* fin du mandat. Haut-commissaire Kirkbride devient ambassadeur. -*25-5* **Adbullah Ier** couronné roi de Transjordanie qui -*17-6* devient le *royaume hâchémite de J.* **1948**-*16-1* Londres, traité : l'État arabe, issu de la prochaine partition de la Palestine, sera rattaché à Amman mais ne devra pas en déborder les limites. -*14-5* G.-B. renonce au mandat sur Palestine ; guerre d'Israël (voir à l'Index). La J. incorpore les régions palestiniennes tenues par Légion arabe. **1950**-*24-4* élections ; annexion définitive de Cisjordanie. -*1-12* Abdullah se proclame souverain de l'unité palestino-jordanienne. **1951**-*17-7* Amman : Riadh-al-Solh, ancien PM libanais, assassiné. -*20-7* Abdullah assassiné par Pal. à l'entrée de la mosquée Al-Aqsa de Jérusalem (une balle atteint Hussein mais ricoche sur une médaille de sa poitrine). Nayef (demi-frère de Talal) régent.

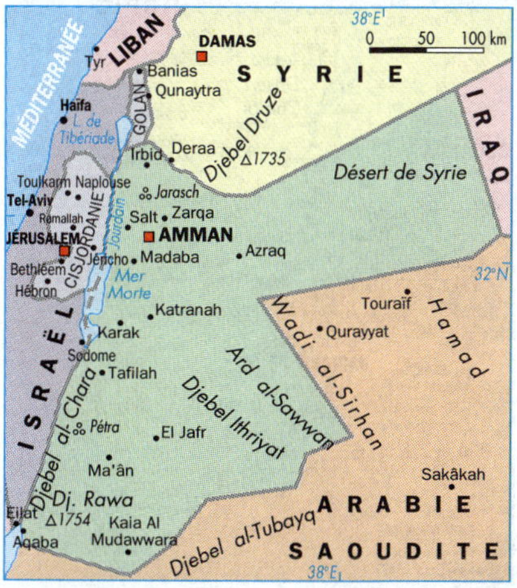

1951-*5-9* **Talal** (1909-1972, Istanbul), fils d'Abdullah [épouse Zein, nièce de sa mère, dont 3 fils : Hussein (1935), Mohammed (1940), Hassan (1947) et Basma (1951)] rappelé par un vote unanime du Parlement, après coup de force avorté de Nayef. **1952**-*8-1* Constitution. -*12-8* Talal déposé pour maladie mentale.

1952-*11-8* **Hussein Ier** (14-11-1935/7-2-1999), fils de Talal. Ép. *1°)* (19-4-1955) *Sharifa Dina Abdel Hamid al-Aun* (née 1929) divorce 1957 [dont 1 fille *Alya* (13-2-1956), ép. 12-4-1977 Nasr Wasfi Mirza (1951) dont 1 fils Hussein (12-2-1981) ; divorce 1983 ; ép. 30-7-1988 Mohammed Farid al-Saleh dont 2 fils, Talal (12-9-1989) et Abdul Hamid (15-11-1991)]. *2°)* (25-5-1961) *Mouna al-Hussein* (« rêve d'Hussein ») [Antoinette Avril Gardiner (Anglaise, née 25-4-1941)] divorce 1972, dont 2 fils : *Abdallah* (voir col. c), *Fayçal* [11-10-1963 ; ép. 10-8-1987 Alia al-Tabba ; 1 fille Haya (11-2-1990), 1 fils Omar (1993) et des jumelles, Sara et Aïsha (27-3-1997)] et des jumelles (23-4-1968) : *Zein* ép. 3-8-1989 Majdi al-Saleh dont 1 fils Jafar (9-11-1990) et *Ayeshia* ép. 26-7-1990 Zeid Juma'a dont 1 fils Aoun (27-5-1992). *3°)* (24-12-1972) *Alia Bahia Eddin Toukan* (25-12-1948/9-2-1977, accident d'hélicoptère) dont 2 filles : *Haya* (3-5-1974), *Abir* (1972, adoptée 1976) et 1 fils *Ali Ibn Hussein* (23-12-1975). *4°)* (15-6-1978) *Noor* (« fille de lumière ») [Elizabeth Halaby (Américaine, née 1951, père d'origine libanaise)] dont 2 fils : *Hamzeh* (29-3-1980), *Hashem* (10-6-1981) et 2 filles : *Iman* (24-4-1983), *Raya* (9-2-1986). **Pce héritier** : Hassan (3e fils de Talal et frère de Hussein, né 1-4-1948) prince héritier du 1-4-1965 au 25-1-1999 ; ép. 28-8-1968 *Sarvath Iramullah* dont 3 filles *Rahma* (13-8-1969), *Sumaya* (14-5-1971) et *Badiya* (28-3-1974) et 1 fils *Rashid* (20-5-1979).

1953-*2-5* Hussein, majeur, assume le pouvoir. -*Déc.* P. communiste interdit. **1955**-*2-5* entrée à l'ONU. **1956**-*7-1* état d'urgence : armée boucle camps palestiniens. -*2-3 Glubb Pacha* [sir John Bagot, Gal anglais (1898-1986), commandant de la Légion arabe créée par le capitaine Peake en 1923] renvoyé. -*Avril* **Soleiman Naboulsi** (marxiste) PM. **1957**-*15-3* PM Naboulsi fait voter abrogation du traité anglo-jordanien de 1946-48. -*10-4* Naboulsi démis.-*13-4* attentat manqué contre Hussein [« putsch de Zarqâ » par Ali Abou Nouwar (1924-91), Cdt de l'armée, qui tente avec des « officiers libres » de proclamer la rép.] ; -*24-4* loi martiale : partis interdits et Parlement dissous. **1958**-*14-2* fédération arabe avec Iraq (dénoncée par Iraq en juillet) ; *14-7* roi Nouri Saïd assassiné. -*16-7* Hussein rappelle armée brit. (restera 5 mois). Plusieurs complots fomentés à l'initiative de l'Égypte. -*11-11* 2 Mig syriens attaquent avion royal. **1959** complot du Gal Sadek el-Shara (chef d'état-major général adjoint) déjoué. **1960**-*29-8* attentat à l'explosif [12 † dont **Hazza Majali** (PM)]. Peu après, tentative d'empoisonnement du roi : échec. **1964**-*13-1* détente relations Nasser/Hussein. **1966**-*13-11* village de Samua, près d'Hébron, dynamité par Israéliens (une unité de l'armée jordanienne anéantie). **1967**-*30-5* pacte de défense avec Égypte. *5-6 guerre des 6-Jours avec Israël*, qui occupe secteur jord. de Jérusalem et Cisjordanie. (200 000 nouveaux réfugiés pal. en J., 10 000 † jord. sur 55 000 soldats engagés). **1970** affrontements fedayin/armée jord. -*Juin* et *17-9/6-10 Septembre noir* : élimination des partisans palestiniens ; 3 440 †. -*13-10* accord Hussein/Arafat. -*Nov./déc.* affrontements. **1971**-*13-1* accord. -*Févr./mars* affrontements. -*Avril* fedayin quittent Amman. -*Juillet* contraints à abandonner le nord par les troupes jord. ; plus de résistance armée en J. ; Syrie, Iraq et Algérie rompent relations diplomatiques avec J. -*28-11* **Wasfi Tall**, PM depuis oct. 1970, assassiné au Caire (Septembre noir). **1972**-*15-3* plan Hussein : « Royaume arabe uni », fédération pal. jord. ; refus fedayin, pays arabes et Israël. **1973**-*sept./oct.* relations diplomatiques avec Égypte, Syrie, Tunisie et Algérie rétablies. *Guerre du Kippour* : -*oct.* J. envoie brigade blindée sur front syrien mais refuse d'ouvrir un 3e front. **1974**-*26-10* sommet de Rabat : OLP seul représentant pal. *Chambre suspendue.* **1975**-*11-6* rencontre Hussein/Assad (Pt Syrie). **1976** -*juillet* **Moudar Badran** PM. **1978**-*24-4* **Conseil national consultatif** créé, 70 membres nommés par le roi pour 2 ans, dissous janv. 1984.-*22-9* Hussein/Arafat à Al Mafraq. **1980**-*30-7 Chambre dissoute.* **1982**-*janv.* des volontaires jord. aident Iraq contre Iran

> **Traité de paix israélo-jordanien du 26-10-1994. Frontière** : sur 381 km^2 revendiqués par J. depuis 1948, environ 300 récupérés (vallée de l'Arava) dont 30 sous contrôle israélien et 5 près du lac de Tibériade. **Eau** (en millions de m^3) : 215 supplémentaires par an (dont potable 175) dont *à court terme* : rivière Yarmouk 40, eau dessalée du lac de Tibériade 10 ; *à moyen terme* : 2 barrages dont Yarmouk 50 (coût 125 millions de $) ; *à long terme* : dessalement de sources et canal mer Morte-mer Rouge. **Réfugiés** : négociations liées à celles sur les territoires occupés. **Sécurité et normalisation** : échange d'ambassadeurs, libre circulation des citoyens, collaboration policière renforcée. **Coopération économique.**

(brigade Yarmouk). -*6-10* amnistie pour 136 Pal. condamnés en 1970. **1984**-*9-1* reprise vie parlementaire. -*9/11-7* Pt Mitterrand en J. -*13-7* accord avec Iraq pour construction oléoduc Haditha (Iraq) à Aqaba (plus tard l'Iraq renonce). -*9/11-10* Pt égyptien Moubarak en J. **1985**-*11-2* accord avec OLP (voir à l'Index). -*4-4* **Zaïd Rifai** (né 27-11-1936) PM. **1986**-*7-7* fermeture de 25 bureaux de l'OLP. **1987**-*20-4* OLP abroge l'accord du 11-2-1985. **1988**-*31-7* Hussein rompt liens légaux et administratifs avec Cisjordanie (indemnité de 30 millions de $ par an aux 24 000 fonctionnaires, aide au développement de 80 millions de $, bénéfice de la citoyenneté jord.). **1989**-*janv.* Arafat et Hussein inaugurent ambassade de Palestine. -*18/22-4* émeutes vie chère (8 †). -*Juillet/août* rééchelonnement dette (dont 200 millions de $ sur 2 ans envers URSS). -*Nov.* dinar jord. a perdu 50 % en 1 an. -*8-11 législatives* : 1res depuis 1967, les femmes votent pour la 1re fois (droit obtenu en 1974). Mourad député nationaliste [ancien terroriste condamné 1969 pour attentat contre El Al à Athènes (1 †)]. -*23-11* Leila Sharaf 1re femme sénateur (min. de l'Information, avait démissionné en 1984). -*4-12* **Moudar Bradane** (né 1934) PM. **1990**-*17-11* Abdelatif Aralyat (membre des Frères musulmans) élu Pt de l'Ass. **1991**-*janv.* guerre du Golfe (voir p. 1127) 250 000 pers. rentrent du Koweït : embargo sur pétrole (J. doit s'approvisionner en Iraq). -*6/15-2* accord rééchelonnement dette avec URSS, France et Autriche. -*31-3* attentats contre British Bank et Centre culturel français à Amman. -*19-6* **Taher Masri** (né 5-3-1942) PM. -*21-11* **Mal Zeid Ben Chaker** (cousin du roi) PM. -*25-11* : 6 intégristes condamnés à mort pour attentats de janv. **1992**-*1-4* loi martiale (depuis 1967) abrogée. -*29-5* **Abdel Salam al-Majali** (né 1925) PM. -*Août* partis autorisés. -*12-11* amnistie pour anniversaire du roi. **1993**-*juin* découverte d'un complot pour assassiner le roi [3 dirigeants du P. de la libération islamique (illégal) condamnés à mort 16-1-1994]. -*8-11 législatives* (1res pluralistes depuis 1967, 30 partis représentés). **1994**-*16-4* Hamas interdit. -*25-7* paix avec Israël signée à Washington. -*26-10* traité signé (approuvé 6-11 par Parlement, entériné 9-11 par Hussein). -*1-11* frontière avec Israël ouverte. **1995**-*6-1* **Mal Zeid Ben Chaker** PM. -*26-1* visite Yasser Arafat. **1996**-*4-2* **Abdel Karim Karabati** (né 16-12-1949) PM. -*13-8* prix du pain : + 300 % ; émeutes dans le Sud. -*24/25-10* Pt Chirac en J. -*12-11* prix du pain abaissé. **1997**-*19-3* **Abdel Salam al-Majali** PM. **1998**-*14-7* Hussein aux USA pour soigner cancer, régence du Pce Hassan. -*19-8* **Faez Tarawneh** (né 1-5-1949) PM. **1999**-*19-1* Hussein rentre à Amman. -*25-1* désigne son fils Abdallah Pce héritier et -*26-1/-5-2* repart aux USA ; -*7-2 meurt.* -*8-2* obsèques.

1999-*7-2* **Abdallah II** (né 30-1-1962, fils de Hussein, ép. 10-6-1993 Rania Yassine (née 31-8-1970 dont Hussein né 28-6-1994, Iman née 27-9-1996, Salma née 26-9-2000). **Pce héritier** : Hamzeh, son demi-frère, depuis 7-2-1999. -*4-3* **Abdur Raouf Rawabdeh** (né 1939) PM. -*30-8* bureaux du Hamas fermés et 24 dirigeants arrêtés (-*21-11* : 4 expulsés au Qatar et 20 libérés). **2000**-*20/21-3* visite de Jean-Paul II. -*18-6* **Ali Abou Ragheb** (né 1946) PM.

■ **Statut.** *Monarchie islamique.* **Sénat** : 60 membres nommés par le roi. **Chambre des députés** : 80 membres élus au suffrage universel pour 4 ans dont 9 chrétiens. **Élections du 4-11-1997** : majorité 64 sièges, opposition 16 (boycott des islamistes et des syndicats). **Partis. P. national constitutionnel** fondé 5-5-1997 (fusion de 9 partis de droite). **P. du centre Al Moustakbal. Front de l'action islamique** (vitrine politique des Frères musulmans) fondé 1952, *secr. gén.* : Ishak Farhan. **Fête nationale.** 25 mai (indépendance). **Drapeau** (adopté 16-4-1928). Bandes horizontales noire, blanche et verte ; triangle rouge avec étoile blanche à 7 branches (1ers versets du Coran).

■ ÉCONOMIE

■ **PNB** (en 1999). 1 280 $ par hab. **Croissance du PIB** (en %) : *1995* : 6,4 ; *96* : 3,5 ; *97* : 2,5 ; *98* : 4,7 ; *99* : 1,6. *Pourcentage vivant au-dessous du seuil de pauvreté* (170 $) : *1996 (est.)* : 20. **Population active et,** entre parenthèses, **part du PNB** (en %, 1993) : agr. 6 (8), ind. 14 (25), mines 4 (9), services 76 (58). *Travailleurs immigrés* : *1989* : 48 000 ; en situation irrégulière 132 000 (en 1990). *Chômage* (en %) : *1998* : 15 ; *99* : 27. **Inflation** (en %) : *1990* : 16,2 ; *91* : 6,85 ; *92* : 4 ; *93* : 4,5 ; *94* : 5 ; *95* : 2,3 ; *96* : 6,5 ; *97* : 3 ; *98* : 4,5 ; *99* : 2,3. **Transferts des émigrés** (en millions de $) : *1990* : 462 ; *91* : 1 169 (dont 819 du Golfe) ; *92* : 800 ; *97 (est.)* : 1 349. **Aides** (en millions de $) : **arabe** : *1990* : 320 ; *91* : 0 ; **du FMI** : *1994* : 230 sur 3 ans ; **de la Banque mondiale** : *1996* : 1 000. **Dette extérieure** (en milliards de $) : *1994* : 6 (0,86 annulés par USA, G.-B., All., Fr. ; 1,2 rééchelonnés par Club de Paris sur 20 ans) ; *95* : 6,8 ; *98* : 8,1 ; *99 (est.)* : 7 ; *2000 est.* : 7. **Réserves en devises** (en 2000) : 3 331 millions de $.

■ **Agriculture. Terres** (en milliers d'ha, 1986) : arables 1 190, pâturages 100, forêts 73 (en 1989), eau 56, divers 8 113. *Terres cultivées* (en milliers d'ha) : *1990* : 450 ; *94* :

275 dont céréales 110, maraîchage 30, arboriculture 55, forêts 80. Le désert représente environ 80 % de la superficie. **Production** (en milliers de t, 1999) : tomates 475, p. de t. 93, pastèques 105, raisin 84, olives 82, aubergines 74, concombres 68, mandarines 55, blé 12 [10 en 1984 : sécheresse], orge 5 [50 en 1984], citrons 44, bananes 39, oranges 31, melons 20, lentilles 2,8 (en 1992). **Forêts** (en 1998). 11 000 m^3. **Élevage** (en milliers de têtes, 1999). Volailles 78 000, moutons 2 000, chèvres 555, bovins 65, ânes 19, chameaux 18, chevaux 4, mulets 3. **Pêche** (en 1997). 352 t. **Eau.** Déficit (en millions de m^3/an) : *2000 :* 370, *2005 :* 550. Selon le plan Johnston pour le développement régional du bassin du Jourdain (en 1955), la J. aurait dû recevoir 377 millions de m^3 d'eau du Yarmouk et 100 du Jourdain (Israël : 25 du Yarmouk, 375 du Jourdain). En fait, la J. reçoit le 1/4 des quantités prévues (besoins minimaux 200 millions de m^3) et, avec l'occupation du plateau du Golan et du Sud-Liban, Israël dispose de 670 m^3 du Jourdain et d'environ 100 du Yarmouk. Projet d'aqueduc de Disi à Amman (300 km) en cours.

■ **Énergie. Électricité :** *production* (en 1997) : 5,94 milliards de kWh (à partir du pétrole pour 91,3 %). **Pétrole :** *réserves :* 15 millions de barils, *production* (en 1996) : 3 154 t (3 puits dont Hamzeh). **Schistes bitumineux :** *réserves :* 1,1 milliard de t (inexploitées). **Gaz** (en milliards de m^3) : *réserves :* 15, *production* (en 1994) : 0,34. **Mines. Phosphates :** *réserves :* 1,2 milliard de t, *production* (en 1999) : 6 000 000 t. **Potasse** (en 1999) : 1 000 000 t (capacité 7 000 000 de t). **Industrie.** Engrais phosphatés à Aqaba : 639 800 t (en 1996) ; produits alim. ; cigarettes ; cuir ; ciment : 2 983 300 t (en 1996).

■ **Transports** (en km, 1995). **Routes :** 6 750 dont 2 820 de routes nationales. **Voies ferrées :** 618. **Port** d'Aqaba : 12,01 millions de t en 1996 (15 en 1990).

■ **Tourisme** (en 2000). **Visiteurs :** 1 500 000. **Revenus :** 582 millions de $. **Sites :** Amman, Pétra (mausolée de Khazné, tombeaux, chapelles funéraires, temples, palais) à 235 km au sud d'Amman, Aqaba, Djerach, Madaba (mosaïque), Al Kerak (forteresse), Mt Nebo (où mourut Moïse), monuments romains (voir encadré p. 1144 c).

■ **Commerce** (en millions de $). **Export./import. :** *1996 :* 1 817/4 293 (*exporte* produits chim. 467, mach. et équip. de transp. 230,9, potasse 173,3, phosphates 150,3, produits man. de base 96,6 *vers* Iraq 301, Inde 162, Arabie 108, Émirats 67,2, Syrie 63,2) ; *97 :* 1 836/4 120 ; *98 :* 1 802/3 828 ; *99 :* 1 832/3 717.

■ **Rang dans le monde** (en 1999). 5e phosphates. 7e potasse.

KAZAKHSTAN

Carte p. 1228. V. légende p. 950.

☞ *Abréviations :* K. : Kazakhstan ; Kaz., kaz. : Kazakhs, kazakh(e)(s).

■ **Situation.** Asie. **Superficie :** 2 717 300 km^2. 1 900 km de la Volga, à l'ouest, aux Mts Altaï, à l'est (frontière avec la Chine). **Frontières** (en km) : Chine 1 533, Kirghizistan 1 051, Ouzbékistan 2 203, Russie 6 846, Turkménistan 379. **Côtes** (en km) : mer d'Aral 1 015, mer Caspienne 1 894. **Altitudes :** *maximale* Khan Tengri 6 995 m (frontière chinoise), *minimale* Aktau (Chevtchenko), près de la Caspienne, – 132 m [depuis des décennies le niveau baissait, depuis 1976 a remonté de 2 m (mouvements tectoniques du fond), la remontée prévue jusqu'en 2035 menace Aktau, surgénérateurs BN 350 et 600 puits de pétrole]. **Lac** Balkhach 17 700 km^2. **Mer d'Aral** (voir à l'Index). **Climat.** Continental. *Température :* moy. janv. au nord – 18 °C (au sud – 3 °C), juillet au nord 19 °C (au sud 28-30 °C). *Précipitations :* montagnes 1 600 mm, déserts – de 100 mm.

■ **Population.** *1999 :* 14 953 000 hab. dont (en %) Kazakhs 46, Russes 34,7, Ukrainiens 4,9, Allemands 3,1, Ouzbeks 2,3, Tatars 1,9, divers 6 (au total une centaine d'ethnies) ; *2000 (est.) :* 16 930 000. **D.** 5,7. **Pop. urbaine** (en 1999) : 60 %. **Taux** (en ‰, 1999) : *natalité* 15, *mortalité* 10 (*infantile* 21,6). **Accroissement naturel** (en 1998) : 4,4 ‰. **Espérance de vie** (en 1999) : *h.* 59, *f.* 70 ans. **Kazakhs émigrés** (en millions) : environ 4,8 (32 % de l'ensemble des Kaz.) : CEI 1,82 (Turkménistan 0,95, Ouzbékistan 0,93, Russie 0,71, Kirghizistan 0,42), Chine 1,5, Iran 0,16.

■ **Langue.** *Kazakh* (d'origine turque), langue nationale. Alphabet arabe remplacé par l'alphabet latin (1929) et cyrillique (1940). **Religions.** *Chrétiens* orthodoxes (Slaves) 44 % ; *musulmans* sunnites (islam introduit XIIe-XIIIe s.) 47 %. 170 mosquées ; protestants 2 %. Un parti extrémiste (*Alach*) prône la solidarité musulmane contre les non-Kazakhs et le panturquisme.

■ **Régions.** 14. **Villes** (en 1999). *Astana* (transfert décidé 16-9-1995 ; inaugurée 10-6-1998, ex-Tselinograd (ex-Akmola). 285 000 hab. Almaty (« le père des pommes » ; ex-Alma-Ata) 1 150 000 hab. ; ancienne cap. limitée par ceinture montagneuse, zone de risque sismique et de coulées de boue, approvisionnement en eau difficile, pollution. Qaraghandy (ex-Karaganda) 557 000, Chiymkent (ex-Tchimkent) 392 900, Semipalatinsk 342 000, Pavlodar 335 400, Taraz (ex-Djamboul) 325 000, Öskemen (ex-Oust-Kamenogorsk) 321 900, Semeï (ex-Semipalatinsk) 314 300, Aqtöbe (ex-Aktioubinsk) 258 300, Petropavl (ex-Petropavlosk) 235 000, Qostanaï (ex-Koustanaï) 230 000, Temirtaou 204 100.

■ **Histoire.** **IXe s.** islamisation. **XIIIe s.** invasion de Gengis Khan et des Mongols. **XVIIe-XVIIIe s.** invasions venues de l'E. **1820-50** extension de l'Empire russe. **Vers 1850** afflux de paysans russes qui s'approprient les pâturages ; révoltes. **1916** pour éviter la mobilisation, des milliers de Kaz. fuient en Chine avec leurs troupeaux. **1917** les nationalistes proclament l'indépendance. **1920**-*26-8* république socialiste de Kazakhie. **Années 1920** sédentarisation forcée : famine. **1921-54** répression 2 100 000 † (dont 1 750 000 Kazakhs). **1925** devient Kazakhstan. **1936**-*5-12* Rép. socialiste soviétique. **1986**-*16-12* émeutes à Alma-Ata, plusieurs † ; nomination d'un Russe, **Guennadi Kolbine,** à la tête de la rép., Dinmoukhamed Kounaev (1912/22-8-1993) étant limogé. **1990**-*24-4* création d'une présidence. *-25-10* proclame sa souveraineté, la propriété de ses ressources naturelles, l'interdiction des essais nucléaires. **1991**-*avril* **Noursoultan Abichevitch Nazarbaev** (né 6-7-1940), ex-1er secr. du PC du K., élu Pt par le Parlement le 25-4-1990, signe l'accord des 9 + 1 (voir **ex-URSS**). *-1-12* Nazarbaev élu Pt (au suffrage universel, 98,8 % des voix, candidat unique). *-16-12* proclame *indépendance.* **1992**-*29-2* participe à la création de la CEI. *-2-3* entrée Onu. *-25-5* traité d'amitié avec Russie. *-25-9* Nazarbaev en Fr. **1993**-*sept.* Pt Mitterrand au K. *-15-11* monnaie nationale (*tengué*) créée. *-10-12* autodissolution du Parlement. **1994**-*7-3 législatives :* 2 listes (dont l'une composée de 42 personnalités désignées par Nazarbaev). Nombreuses irrégularités. *-27-5* adhère au partenariat de l'Otan pour la paix. *-12-10* **Akezhan Kajegueldine** (né 27-3-1952) PM. **1995**-*11-3* Parlement dissous. *-25-4* ogives nucléaires rapatriées en Russie. *-29-4 référendum :* mandat présidentiel prolongé jusqu'au 1-12-2000 (oui 95,4 %) ; *-30-8* sur nouvelle Constitution : oui 89 % ; *-9/23-12 législatives.* **1996**-*juin* 30 000 prisonniers amnistiés. *-8-12* manif. à Almaty. **1997** 500 000 fonctionnaires limogés. *-Mai à sept.* incendies (75 416 ha détruits). *-10-10* **Nourlan Balguimbaev** (né 20-11-1947) PM. **1999**-*10-1* Nazarbaev réélu Pt [79,78 % des voix ; Serikbolsyn Abdildine (communiste) 11,7, Gani Kassimov 4,61, Engels Gabassov 0,76]. *-12-10* **Kasymjomart Tokayev** (né 17-5-1953) PM.

■ **Statut.** *République membre de la CEI.* **Constitution** du 30-8-1995, révisée 8-10-1998. **Pt** élu pour 7 ans au suffrage universel. **Parlement : Sénat :** 47 membres dont 40 élus pour 4 ans au suffrage universel et 7 nommés par le Pt. **Majilis :** 77 membres dont 67 élus au suffrage universel et 10 sur les listes des partis. **Élections du 10-10-1999** (en %) : P. Otan 30,89, P. communiste 17,75, P. agraire 12,63, P. civil 11,23, P. démocratique Azamat 4,57, P. du congrès du peuple du K. 2,83, P. nat. du K. Alach 2,76, P. de la renaissance 1997, P. républicain politique du travail 1,38. **Fêtes nationales.** 22-3 (*naouryz*). 30-8 (Constitution). 25-10 (république). 16-12 (indépendance). **Drapeau** (adopté 4-6-1992). Soleil, faucon et motif décoratif traditionnel d'or sur fond turquoise.

■ **Partis.** **Otan (Patrie)** fondé 12-1-1999, Sergueï Terechtchenko. **P. civil** fondé 29-12-1998, Azat Peroua-chev. **P. communiste** fondé 28-2-1994, Serikbolsyn Abdildine. **P. agraire** fondé 16-3-1999, Roman Madinov. **P. démocratique Azamat** fondé 17-5-1999, Galym Abilsiitov. **P. du congrès du peuple du K.** fondé 31-12-1999, Viktor Rogalev. **P. national du K. Alach** fondé 26-2-1992, Akataï Sabetkazy. **P. de la renaissance du K.** fondé 20-10-1995, Altynchach Zhaganova. **P. républicain politique du travail** fondé 10-1-1996, Bakhytzhan Zhoumagoulov. **P. républicain populaire** fondé 1-3-1999, Gaziz Aldamzharov.

■ **Économie. PNB :** *total* (en 1999) : 15,88 milliards de $. *En $ par hab. : 1991 :* 1 900 ; *97 :* 1 350 ; *98 :* 1 460 ; *99 :* 1 030. **Secteur privé en % du PIB** (en 1998) : 55 %. **Inflation** (en %) : *1991 :* 90,9 ; *92 :* 1 510 ; *93 :* 1 663 ; *94 :* 1 300 ; *95 :* 60 ; *96 :* 28 ; *97 :* 11,2 ; *98 :* 7,1 ; *99 :* 8,2. **Croissance** (en %) : *1998 :* 2,5 ; *99 :* 1,7. **Population active** (en %) **et,** entre parenthèses, **part du PNB** (en %) : agr. 26 (37), mines 8 (25 à 30), ind. 27 (20 à 25), services 39 (13). **Chômage** (en %) : *1995 :* 2,1 ; *99 :* 3,9. **Aide du FMI** (en millions de $) : *1994 :* 170 ; *95 :* 290 ; *96 :* 446.

■ **Agriculture. Production** (en millions de t, 1999) : céréales 15,5, blé 8,9, orge 2,8, p. de t. 2,5, riz 0,22, bett. à sucre 0,1, millet 0,03, coton, vigne, vergers. **Élevage** (en millions de têtes, 1999). Ovins 9, bovins 3,9, chevaux 1,1. Moutons caraculs fournissant l'astrakan. **Pêche** (en 1999). 25 800 t.

■ **Mines** (en millions de t). **Charbon :** *réserves* 50 000, *production* 66,2 (en 1999). **Argent** 508 kg (en 1999). **Cuivre** 0,3 (en 1998). **Bauxite. Phosphates. Plomb. Zinc. Manganèse. Or. Fer. Titane. Uranium. Chrome** (60 % de la production mondiale). **Énergie. Pétrole** (en millions de t) : *réserves* 2 800 (en 1997), notamment à Tenguiz et Karachaganak, *production* 31,2 (en 2000). *Caspian Pipeline Consortium,* oléoduc Tenguiz/Novorossisk (port russe), 28 millions de t/an. **Gaz** (en milliards de m^3) : *production* 9,8 (en 1999), *réserves* 1 700 (en 1997). **Industrie.** Acier, raffinage, phosphore, engrais, plasturgie, caoutchouc et pneus, machines agricoles et machines-outils, électroménager, bois, tapis, ciment, tissus de laine. *Privatisations* sur 2 ans (1994-95). **Transports** (en km). **Routes :** 115 400 (en 1997). **Voies ferrées :** 21 600 (en 1998) [5,4 km pour 1 000 km^2] dont 4 000 électrifiés.

☞ **Baïkonour** (centre spatial) : accord (25-12-1993) pour une location à la Russie (99 ans). **Semipalatinsk** (centre d'essais nucléaires) : fermé depuis 1990.

■ **Commerce** (en milliards de $). **Export./import. :** *1995 :* 5,25/3,81 ; *96 :* 5,91/4,24 ; *97 :* 6,5/4,3 (*exporte* métaux 1,6 ; pétrole 1,4 ; produits minéraux 0,16) ; *98 :* 5,34/4,24 ; *99 :* 5,59 (*vers* CEI 1,46)/3,68 (*de* CEI 1,77).

■ **Rang dans le monde** (en 1999). 6e bauxite. 8e uranium. 9e argent, charbon.

KENYA

V. légende p. 950.

☞ *Abréviations :* K. : Kenya ; Ken., ken. : Kenyans, kenyan(e)(s).

■ **Situation.** Afrique. **Superficie :** 582 647 km^2 dont eaux intérieures 13 395, parcs naturels 25 335, divers 543 917. **Frontières** (en km) : Tanzanie 769, Ouganda 933, Soudan 232, Éthiopie 830, Somalie 682. **Altitude** *maximale* Mt Kenya 5 199 m. **Régions :** *côte* 536 km : plages de sable et cocotiers, 22 à 30 °C, pluies 1 000 à 1 250 mm/an ; *ouest :* alt. moy. 1 157 m, 18 à 34 °C, pluies 1 000 à 1 300 mm/an ; *Rift Valley* (du lac Turkana, 6 405 km^2, au nord de l'océan Indien) : hauts plateaux (alt. moy. 1 600 m), Mts Aberdares et Kenya, région agricole la plus riche, 20 à 26 °C, pluies 750 à 1 000 mm/an ; *nord et nord-est :* semi-désertique, alt. moy. 128 m, pluies 255 à 5 109 mm/an. **Climat.** Équatorial. *Températures :* déc. à mars (20 à 30 °C) ; juin à août (10 à 18 °C). *Saison des pluies :* avril à juin *(long rains),* oct. à déc. *(short rains).*

■ **Population** (en millions d'hab.). *1969 :* 10,9 ; *79 :* 16,14 ; *89 (rec) :* 21,44 ; *99 (rec.) :* 28,6 ; *2000 (est.) :* 30,34 ; *2025 (prév.) :* 35. **D.** 51. **Principales tribus** (en %). Kikuyus 22, Luhyas 14, Luos 13, Kalenjins 12, Kambas 11, Kisiis 6, Merus 6, autres Africains 15, divers 1. **Réfugiés** (en 1999) : 100 000 déplacés. 254 000 réfugiés dont Somalie 160 000, Soudan 65 000, Éthiopie 20 000. **Étrangers :** 121 242 (dont Anglais 15 608, autres Européens 15 768 ; d'origines asiatique 52 968, arabe 33 714, autres 3 184). **Taux** (en ‰, 1999) : *natalité :* 35 ; *mortalité :* 14, infantile : 74. **Âge :** *– de 15 ans :* 42,8 %, *+ de 64 ans :* 2,7 %. **Analphabètes** (en %) : *1976-79 :* 65 ; *85 :* 41 ; *91 :* 49 ; *97 :* 31. **Espérance de vie** (en 1999) : *h.* 48, *f.* 49 ans. **Langues.** Swahili (*nationale*), anglais (*officielle*). Plus de 250 tribus regroupées en 16 groupes ethniques parlent leur propre langue. **Religions** (en %). Catholiques 28 (1 800 prêtres dont 700 Ken., 2 500 religieux), protestants 38, animistes 26, musulmans 6, divers 2. **Sida :** *fin 1997 :* 1 400 000 séropositifs, 200 000 malades ; *98 :* 230 000 cas.

■ **Villes** (en 1997). *Nairobi* 1 800 000 hab. (à 1 661 m d'alt., à 500 km de la côte), Mombasa 600 000 (à 494 km), Kisumu 201 100 (à 338 km, sur le lac Victoria), Nakuru 124 200 (à 156 km). **Taux d'urbanisation :** 20 % (en 1991).

■ **Histoire.** Rives du lac Turkana : découverte de vestiges de préhominiens. **VIIe s.** côte occupée par Arabes. **1497** Vasco de Gama établit à *Malindi* colonie portugaise, chassée par Arabes après chute de Fort-Jésus à Mombasa. **1888** concession de territoires à British East African Company. **1895** protectorat britannique. **1920** colonie. **1952**-*20-10/***1956**-*oct.* révolte des *Mau-Mau* (Sté secrète recrutée parmi Kikuyus : chacun fait serment de tuer un Blanc au signal convenu). **1953**-*26-3* massacre de Lari, attaque du poste de police Naivasha. Plus de 13 000 † (Mau-Mau 11 500, Kikuyus loyalistes 2 000, civils européens 32, Indiens 19, forces de l'ordre 600 dont 63 Blancs). *-21-10* Dedan Kimathi dernier chef capturé (pendu 13-2-1957). **1960**-*mai* formation de la KANU (Union nationale africaine du Kenya). **1961**-*août* Kenyatta libéré. **1963**-*12-12 indépendance.*

République. **1964**-*12-12* **Mzee (« l'Ancien ») Jomo Kenyatta** (« le Javelot flamboyant », 1890-1978) Pt. **1967** Gal Barre, Pt Somalie, renonce à toute revendication sur nord-est du K. **1969**-*1-7* Tom Mboya (Luo, dauphin de Kenyatta) assassiné. Partis d'opposition interdits, seul autorisé : KANU. **1975**-*2/3-3* J.M. Kariuki (ancien assistant ministre) assassiné. *-4-3* attentat à Nairobi (27 †). **1977**-*mars* fermeture frontière avec Tanzanie (soutenue par Chine). **1978**-*1-1* attentat hôtel Norfolk, 13 †. *-22-8* Kenyatta meurt.

1978-*10-10* **Daniel Toroich Arap Moi** (né 2-9-1924, ethnie kalenjin) Pt. **1982**-*9-6* parti unique institué. *-1-8* coup d'État (aviation) échoue, 200 à 500 †, 3 000 arrestations (le chef, Ochuka, sera pendu le 9-7-1985), environ 200 millions de $ de dégâts (magasins de Nairobi saccagés). **1984**-*juillet* Arap Moi en Somalie. **1985**-*11/18-8 :* 43e congrès eucharistique mondial (le 1er en Afrique noire). **1987**-*déc.* incidents de frontière avec Ouganda, plu-

sieurs †. **1988**-*13-4 :* 192 tués par voleurs de bétail venus du Soudan. **1989**-*6-7 :* 2 touristes français tués par braconniers dans une réserve. *-18-7* K. brûle ses réserves d'ivoire (12 t équivalant à 3 millions de $). *-21-8* George Adamson (né 1906), spécialiste des lions, assassiné par braconniers. **1990**-*16-2* Robert Ouko, ministre des Affaires étrangères, tué en enquêtant sur corruption. [Nicholas Biwott, ministre de l'Énergie, sera mis en cause en 1991 (19-11), arrêté (26-11), libéré (24-12).] *-7/12-7* émeutes (22 †). *-14-8* évêque anglican Alexander Luge tué (menacé par le ministre du Travail Peter Okondo). **1991**-*1-3* naufrage de réfugiés somaliens (175 †). *-10-12* multipartisme autorisé. **1992**-*mars/nov.* affrontements ethniques Bukusu/Sabast Kalenjin : 780 † (*1992-94 :* 2 000 †, 300 000 pers. déplacées). *Au 1-6* environ 283 000 réfugiés éthiopiens et somaliens. *-29-12 élections* (1res depuis 26 ans) *présidentielle*, Arap Moi réélu (33,35 % des voix), et *législatives* (KANU 110 sièges, opposants 90). **1993**-*27-1* Arap Moi suspend travaux du Parlement après une journée. *-30-1* déraillement train Nairobi-Mombasa, 117 †, 180 disparus. Affrontements ethniques dans le nord (1 500 † en 2 ans, et 250 000 à 300 000 pers. déplacées). **1994**-*3-11* prêtre irlandais assassiné. *-Fin déc.* camps de réfugiés kikuyus évacués de force. **1995**-*10-1* Massaïs attaquent village kikuyu, 11 †. *-28-3* procès du vice-Pt George Saitoti, accusé de détournement de fonds. *-Avril* tensions avec Ouganda. *-19-9* visite Jean-Paul II. **1996**-*déc.* et **1997**-*juillet* manif. étudiants, 3 †. *Juillet/août* émeutes. *-10-11* Parlement dissous. *-29-12* Arap Moï réélu (40,12 % des voix), *législatives :* KANU 113 sièges ; opposition 109 dont DP 41, NDPK 22, SDP 16, Safina 6, Ford People 3, KNC 1, Ford-Asili 1, SPA 1. **1998**-*janv.* émeutes, environ 100 †. *-7-8* attentats devant ambassade américaine à Nairobi (247 † dont 12 Américains) financés par Oussama Ben Laden (Saoudien islamiste réfugié en Afghanistan) ; revendiqué par l'Armée islamique pour la libération des Lieux saints musulmans. **2001**-*25-3* Kyanguli, incendie dans une école, 68 †.

■ **Statut.** *République membre du Commonwealth.* **Constitution** du 12-12-1963, révisée 1964, 1969 et 1991. **Pt :** élu pour 5 ans au suffrage universel, rééligible 1 fois au maximum. **Chambre des représentants :** 224 membres dont 210 élus pour 5 ans au suffrage universel, 12 désignés par le Pt et 2 ex-officio. **Provinces :** 8. **Fêtes nationales.** 1-1. 1-5 (travail). 1-6 (*Madaraka Day*, 1er j du ramadan). 10-10 (*Moi Day*, jour du Pt). 20-10 (*Kenyatta Day*). 12-12 (*Jamhuri Day*). Vendredi saint. Lundi de Pâques. **Drapeau** (adopté 12-12-1963). Bandes horizontales noire, rouge (avec lisérés blancs) et verte, couleurs du parti KANU ; bouclier massaï et lances croisées représentant la défense de la liberté.

■ **Partis.** **Kenya African National Union** (**KANU** modérée) fondée 1960, unique de 1982 à 1991, *leader :* Arap Moi. **Ford-Kenya** (Forum pour la restauration de la démocratie, ethnie luo) fondé 1992 par Jamarogi Oginga Odinga [(1911/20-1-1994) ; *1966* chef de la Kenya People's Union], *leader :* Wilson Ndolo Ayah ; **Ford-Asili,** scission 1992, *leader :* Martin Shikuku. **Democratic Party** (**DP**) fondé 1991, *leaders :* Mwai Kibaki et Ngengi Muigai. **Kenya Nat. Congress** (**KNC**) fondé 1992, *leader :* George Anyona. **Mouv. Mwakenya** (gauche), *porte-parole* (depuis 1982) : Ngugi wa Thiongo (écrivain en exil). **Safina** (« Arche de Noé » en swahili) fondée 20-6-1995, Richard Leakey (Blanc, fils de Louis et Mary, paléontologues) lutte contre la corruption, plusieurs fois agressé par les partisans d'Arap Moi ; *leader :* Mutari Kigano. **P. islamique du K.,** *leader :* Khalid Balala.

ÉCONOMIE

■ **PNB** (en $ par hab.). *1995 :* 280 ; *98 :* 360 ; *99 :* 280. **Croissance** (en %) : *1995 :* 4,2 ; *96 :* 5,5, *97 :* 3,6 ; *98 :* 2,5 ; *99 :* 0,6. **Population active** (en %) **et,** entre parenthèses, **part du PNB** (en %) : agr. 60 (26), ind. 10 (14), services 30 (60). **Chômage :** environ 20 %. **Inflation** (en %) : *1996 :* 10 ; *97 :* 8,3 ; *98 :* 2,5 ; *99 :* 9. **Dette extérieure** (en 1999) : 7 milliards de $ (59,7 % du PIB). **Remises de dettes :** plusieurs depuis 1988. **Aide** (en millions de $) : *1994 :* 850 (15 % du PNB) ; *95 :* 800 ; *96 :* 730. **Salaire moyen mensuel** (2e trim. 2000) : 143 $

■ **Agriculture.** **Terres** (en millions d'ha, 1992) : pâturages 38,1, forêts 1,75 (en 1989), t. arables 1,93, cultures 0,52, t. irriguées 0,052. **Production** (en milliers de t, 1999) : canne à sucre 5 300, maïs 2 100 (32 % des terres arables en 1995), manioc 842, patates douces 700 (en 1997), légumes 655, thé 220, ananas 270, blé 135, bananes 220, p. de t. 350, pyrèthre 172,2 (1er prod. mondial, utilisé pour insecticides), sorgho 130, café 66, millet 55, riz 40, mangues 38 (en 1993), tomates 31 (en 1993), sisal 29, oignons 21 (en 1993), fruits 16 (en 1993), tabac 10, coton. Fleurs 35 212 t exportées (en 1996). **Forêts** (en 1997). 41 910 000 m^3. **Élevage** (en millions de têtes, 1999). Volailles 25, bovins 13,3, chèvres 7,7 (en 1998), moutons 5,8, chameaux 0,81, porcs 0,1. **Pêche** (en 1999). 179 400 t.

■ **Mines** (en milliers de t, 1996). Cendre de soude 224,2, gypse-chaux 30,4, sel 75,7, fluor 89,1, or 17 kg (en 1988). **Énergie.** **Hydroélectricité :** autosuffisance (en 1988) avec barrage de Kiambere (140 MkWh). Celui de Turkwell opérationnel 1992 (500 MkWh). **Géothermie :** 300 millions de kWh/an. **Industrie.** Aux mains des Indo-Pakistanais. Produits alim. ; raffineries de pétrole.

■ **Transports** (en km). **Routes** (en 1997) : 67 000 de pistes et 8 900 goudronnées ; conduite à gauche ; 2 424 † (en 1994). **Voies ferrées** (en 1994) : 2 506.

■ **Tourisme.** **Visiteurs :** *1998 :* 894 000. **Hôtels :** 230. **Revenus** (en millions de $) : *1995 :* 480 ; *96 :* 431 ; *97 :* 280. **Réserves** (en km^2) : 29 dont Massaï-Mara (créée 1961, 1 642 dont 512 de réserve), Samburu (255) et Buffalo Springs (385), Olambwe Valley, Maralal. **Parcs nationaux** (en km^2) : 26 dont Aberdare (créé 1949, 715), Amboseli (392), Marsabit (2 088), Meru (870), Mont-Elgon (169), Mont-Kenya (715), Nairobi (créé 1947, 113), Turkana ex-Rudolf (1 091), Tsavo (20 812). Parc marin de Malindi (coraux, 6). **Lacs** (en km^2) : Baringo, Bogoria, Naivasha (210), Nakuru (25), Turkana (6 405), Victoria (3 775) [dont îles 2 145 km^2 dont au Kenya 212]. **Ile** Lamu (20 mosquées). **Animaux** (en 1998) : éléphants 16 400 (*1969 :* 24 000 ; *89 :* 17 000), girafes 38 600, buffles 28 800, zèbres 178 100, gnous 311 000, gazelles 183 300, rhinocéros quelques dizaines (*1970 :* 600 ; *88 :* 30), des milliers d'hippopotames, autruches 27 100.

■ **Commerce** (en milliards de $). **Export./import. :** *1995 :* 1,9/3 ; *96 :* 2/2,9 ; *97 :* 2/3,3 ; *98 :* 2/3,32 [(en millions de £ ken.) *exporte :* 6 059 *vers* All. 811,4, Ouganda 805,8, G.-B. 497, P.-Bas 264,2/*importe :* 9889,4 *de* G.-B. 1 217, Émirats 890,5, Arabie 619, All. 556,9, France 401,6] ; *99 :* 1,8/2,8.

■ **Rang dans le monde** (en 1999). 4e thé. 18e café.

KIRGHIZISTAN
Carte p. 1228. V. légende p. 950.

☞ *Abréviation :* K. : Kirghizistan.

■ **Situation.** Asie. **Superficie :** 199 900 km^2. **Frontières** (en km) : Chine 858, Kazakhstan 1 051, Ouzbékistan 1 099, Tadjikistan 870. **Relief :** *montagnes* jusqu'à 7 000 m, chaîne des Tian-Chan, 90 % du K. au-dessus de 1 000 m ; *plaines et vallées* 1/5. *Glaciers :* 8 000 km^2. **Climat.** Continental. *Temp.* moy. des vallées : janv. – 18 °C, juillet + 28 °C. **Faune.** Ours, chevreuil, renard, martre, ondatra, animaux à fourrure.

■ **Population.** *1999 (est.) :* 4 729 600 hab. ; *2000 est. :* 4 820 000 (dont en % : Kirghiz 52,4, Russes 18, Ouzbeks 12,9, Ukrainiens 2,5, Ouïgours, Kazakhs, Tadjiks, Allemands de la Volga 2,4, déportés en 1941) ; *2025 (prév.) :* 7 000 000. Environ 300 000 Russes et Allemands sont partis depuis l'indépendance (135 000 en 1993). **Réfugiés** (en 1999) : 10 900 dont 10 000 du Tadjikistan.**D.** 24. **Taux** (en ‰, 1999) : *accroissement :* 14,7 (en 1998) ; *natalité :* 22 ; *mortalité :* 7, infantile : 26. **Espérance de vie** (en 1999) : *h.* 63, *f.* 71 ans. **Pop. urbaine** (en 1998) : 34,1 %. **Villes.** *Bichkek* (Frounze de 1926 à 1991) 750 300 hab. (en 2000) dont 25 % seulement de Kirghiz, Och 70 400, Djelalabad 79 900 (en 1991).

■ **Langue nationale.** Russe langue officielle depuis 29-5-2000 [était remplacé par le kirghiz (dialecte turc méridional) depuis sept. 1989]. Écriture arabe remplacée par alphabets latin en 1928, cyrillique en 1940, latin en 1992. **Religion.** *Musulmans* (sunnites) 75 % (60 mosquées) ; *orthodoxes* 20 %.

■ **Histoire.** **X**[e] **s.** islamisation. **Jusqu'au XIX**[e] **s.** disputé entre Turcs et Mongols, puis au pouvoir du khanat de Kokand (Ouzbékistan). **1876** protectorat russe, colonisation de paysans russes et ukrainiens. **1916** mobilisation : révoltes, départ de 1 500 pers. en Chine. **1918** Rép. soviétique du Turkestan ; révolte des Basmachi. **1924**-*14-10 région autonome de Kara-Kirghizie ;* **1925**-*25-5 de Kirghizie.* **1926**-*1-2 rép. autonome de K.* **1936**-*5-12* adhère à l'URSS comme rép. socialiste soviét. **1988**-*25-3 Kubanychbek Jumaliyev* PM. **1990**-*févr.* émeutes à Frounze. *-12-2* K. proclame sa souveraineté et abandonne termes « socialiste » et « soviétique ». *-Mai/juin* incidents Kirghiz/Ouzbeks, 78 (à 250 ?) †. *-25-10* création d'une présidence de la Rép. *-28-10* **Askar Akaiev** (né 10-11-1944) élu Pt par le Parlement. **1991**-*19/20-8* coup d'État soutenu par PC échoue. *-31-8 indépendance ;* PC dissous. *-15-10* Akaiev, seul candidat, élu Pt au suffrage universel (93,3 % des voix). *-13-12* adhère à CEI. **1993**-*10-5* monnaie : le *som* (du russe « poisson-chat »). *-14-12* **Apas Jumagulov** (né 1934) PM. **1994**-*janv.* rejoint espace économique commun créé par Kazakhstan et Ouzbékistan. *-30-1 référendums* pour Akaiev, oui 96 % ; *-22-10* constitutionnel, oui 72,9 %. **1995**-*5* et *19-2 législatives.* *-24-12* Akaiev réélu Pt (71,6 % des voix). **1996**-*10-2 référendum* pour renforcement des pouvoirs du Pt, oui 94,5 %. **1998**-*25-3* **Kubanychbek Jumaïev** (né 7-8-1947) PM. *-25-12* **Djoumabek Ibraïmov** († 4-4-1999) PM. *-4-4* **Boris Silayev** PM par intérim. *-12-4* **Amangueldi Mouraliev** (né 7-8-1947) PM. **2000**-*29-10* **Akaev** réélu Pt (74,3 %).

■ **Statut.** *République membre de la CEI.* **Constitution** du 5-5-1993, révisée 10-2-1996. **Pt :** élu pour 5 ans au suffrage universel. **Parlement** élu pour 5 ans (depuis 5-2-1995) : *Chambre des représentants du peuple :* 75 députés élus au niveau régional ; *Chambre haute (Zogorkhu Kenesh) :* 30 députés. **Élections législatives des 20-2 et 12-3-2000 :** victoire du PC. **Drapeau** (adopté 3-3-1992). Fond rouge (couleur du héros national), au centre yourte jaune stylisée entourée d'un soleil à 40 rayons (40 tribus kirghizes).

■ **Partis.** **PC du K.** rétabli 1992, *1er secrétaire :* Absamat Masaliyev. **K. libre** *(Erkin K.)*, nationaliste, fondé 1991, Bakir Ulu Tursunbal. **Ar-Namys** (dignité), Félix Koulov. **Mouvement démocratique du K. P. socialiste Ata Meken,** O. Tekebaiev.

■ **Économie.** **PNB** (en $ par hab.) : *1991 :* 1 160 ; *94 :* 600 ; *95 :* 680 ; *96 :* 739 ; *97 :* 480 ; *98 :* 370 ; *99 :* 310. **Croissance** (en %) : *1993 :* – 16,4 ; *94 :* – 26,5 ; *95 :* 1,3 ; *96 :* 5,6 ; *97 :* 3,9 ; *98 :* 2,1 ; *99 :* 3,6 ; *2000 (est.) :* 5,7. **PIB** (variations en %) : *1995 :* – 5,4 ; *96 :* 7,1 ; *97 :* 9,9 ; *98 :* 2,1 ; *99 :* 3,6. **Secteur privé en % du PIB :** 60. **Inflation :** *1991 :* 85 ; *92 :* 855 ; *93 :* 1 209 ; *94 :* 280 ; *95 :* 43 ; *96 :* 30 ; *97 :* 20 ; *98 :* 12,1 ; *99 :* 36,7. **Population active et,** entre parenthèses, **part du PNB :** agr. 36 (28), mines 2 (2), ind. 25 (28), services 37 (42). **Chômage** (en %). *1998 :* 3,1 ; *99 :* 3. **Salaire moyen mensuel** (2e trim. 2000) : 21 $.

■ **Agriculture.** *Terres cultivées* (en 1993) : 16 000 000 d'ha ; 72 % des t. arables sont irriguées (9 500 000 ha). **Production** (en millions de t, 1999) : céréales 1,23, blé 1,1, p. de t. 0,95, bett. à sucre 0,19, tomates 0,18, orge 0,25, coton, laine, tabac, opium. **Élevage** (en milliers de têtes, 1999). Moutons 3 400, volailles 3 000, bovins 825 (yacks 27), chevaux 250, chèvres 200, porcs 80, chameaux 50 (en 1995). Laine, cuirs, peaux. **Pêche** (en 1997). 150 t.

■ **Mines** (en 1999). Or 16 t, mercure, uranium, antimoine. **Énergie.** **Charbon** 432 000 t (1 721 000 en 1993), **Pétrole** 84 000 t. **Gaz** naturel 40 millions de m^3. **Électricité** (en 1996) : 13,75 milliards de kWh dont hydraulique 89,08 %. **Industrie.** Mécanique et moteurs électriques. Verre à vitres. Tapis. **Privatisations :** 26,2 % de l'économie privatisée en oct. 1993 ; programme suspendu en 1994. **Transports** (en km, 1997). **Routes :** 18 560. **Voies ferrées :** 370. **Tourisme** (1997). 13 000 visiteurs.

■ **Commerce** (en millions de $). **Export./import. :** *1995 :* 409/422 ; *95 :* 505/838 ; *97 :* 604/709 ; *98 :* 514/842 ; *99 :* 454 (*vers* CEI 183) /600 (*de* CEI 260.

■ **Rang dans le monde** (en 1999). 20e or.

KIRIBATI (prononcer Kiribas)
Carte p. de garde. V. légende p. 950.

■ **Situation.** Pacifique. **Superficie :** 861 km^2. **Largeur :** 3 780 km. **Longueur :** 2 050 km. **Archipel** de 33 îles, dispersées sur une zone maritime de 3 500 000 km^2. **Population.** *1990 (rec.) :* 72 335 hab. ; *97 (est.) :* 82 400 ; *2000 (est.) :* 87 000. Micronésiens. **D.** 106. **3 GROUPES D'ATOLLS DE CORAIL : 16 îles Gilbert :** 295 km^2, 67 471 hab. (rec. 1990) dont *Makin* 1 762, *Butaritari* 3 786, *Marakei* 2 863, *Abajang* 5 314, *Tarawa N.* 3 648, *S.* 25 154, *Maiana* 2 184, *Abemama* 3 218, *Kuria* 985, *Aranuki* 1 002, *Nonouti* 2 766, *Tabiteuea N.* 3 275, *S.* 1 325, *Beru* 2 909, *Nikunau* 2 048, *Onotoa* 2 112, *Tamana* 1 396, *Arorae* 1 440. **8 îles Phœnix :** 55 km^2, pas de pop. permanente : *Birnie, Rawaki, Enderbury, Canton* 45 hab., *Manra, Orona, Mc-Kean, Line.* **8 des 11 îles de la Ligne** (les 3 autres dépendant des USA) : 329 km^2, 4 827 hab. (en 1990) dont 3 habitées : *Teraina* 936 hab., *Tabuaeran* 1 309, *Kiritimati* 2 537. **1 ÎLE VOLCANIQUE :** *île Océan* ou *Banaba,* 5 km^2, 284 hab. **Capitale :** *Bairiki* sur Tarawa 2 226 hab. (en 1990).

■ **Langues.** Anglais *(officielle)* 75 %, gilbertain. **Religions.** Catholiques, protestants.

■ **Histoire.** **1606** découvertes par l'Espagnol Quiros, appelées îles du *Bon-Voyage.* **1892** protectorat britannique. **1915** colonie. **1938**-*mars* Canton et Enderbury réclamées par USA. **1939**-*6-4 :* 3 îles de l'archipel Phœnix (Canton, Enderbury et Hull) passent sous admin. américano-britannique. **1942** occupation japonaise, massacre des habitants d'Océan. **1943**-*nov.* débarquement allié (test pour celui de Normandie). Tarawa ravagée par combats. **1957-63** Christmas (île de la Ligne) utilisée par G.-B. et USA pour expériences nucléaires. **1971**-*31-12* îles Gilbert, Ellice et Line séparées du Haut-Commissariat du Pacifique occ. résidant à Honiara (Salomon). **1975**-*7-10* îles Ellice (Tuvalu) font sécession. **1979**-*12-7 indépendance ;* **Ieremia Tabai** (né 16-12-1950) Pt. *-20-9* traité G.-B./USA/Kiribati pour Canton et Enderbury (base aéronavale inhabitée depuis 12-2-1968). **1988** surpopulation : 4 500 hab. transférés sur Teraina et Tabuaeran. **1989** 1 500 transférés. **1991**-*3-7* **Teatao Teannaki** Pt. **1994**-*30-9* **Teburoro Tito** (né 25-8-1953) Pt. **1999**-*14-9* entre à l'Onu. *-28-11* Pt réélu.

■ **Statut.** *République membre du Commonwealth.* **Constitution** du 12-7-1979. **Assemblée :** 41 membres dont 40 élus pour 4 ans et 1 ex-officio. Pas de partis politiques. **Fête nationale.** 12-7 (indépendance). **Drapeau** (adopté 12-7-1979). Frégate (oiseau) jaune sur fond rouge, survolant le soleil et la mer.

■ **Économie.** **PNB** (en 1999) : 1 170 $ par hab. **Transferts des émigrés.** **Aide extérieure** (en 1998) : 17 millions de $. **Agriculture.** **Production** (en milliers de t, 1996) : noix de coco 68, coprah 12, bananes 5. **Élevage** (en 1999). Porcs 10 000, poulets. **Pêche** (en 1997). 23 000 t. Vente des droits de pêche au Japon, Russie et Corée du S. Algues. **Mines.** Phosphate (épuisé depuis 1979 sur Banaba et 1988 sur Christmas). **Tourisme** (en 1997). 6 000 visiteurs. Artisanat. **Commerce** (en millions de $). **Export./import. :** *1997 :* 9/41 ; *98 :* 8/40.

KOWEÏT
Carte p. 986. V. légende p. 950.

☞ *Abréviations :* K. : Koweït ; Kow., kow. : Koweïtiens, koweïtien(ne)(s).

■ **Nom.** De *kout,* « petit château ». Au XVIIIe s., appelé *Al Qorein* (*de qarn,* « corne »).

■ **Situation.** Asie. **Superficie :** 17 818 km^2 (y compris la zone neutre 2 300 km^2). **Frontières** (en km) : Iraq 242, Arabie saoudite 222. **Côtes :** 499 km. **Longueur** *maximale :* 198 km. **Largeur** *maximale :* 167 km. **Altitude** *maximale :* 300 m (Jal-Al Zour 145 m). **Iles :** 9 dont *Faïlaka* (12 × 6), 5 826 hab. (en 1985) [inhabitée depuis la guerre du Golfe]. **Distances** (en km) : Ar Riyâd 556, Baghdad 833, Abou Dabî 872, Damas 1 465, Le Caire 2 012, Sanafa 2 222, Aden 2 741. **Climat.** Désertique. *Temp. :* été 25 à 50 °C ; hiver 8,1 à 18,9 °C ; *records :* 51 °C (27-7-1978), – 6 °C (20-1-1964). *Pluies :* 115 mm par an.

■ **Population** (en milliers d'hab.). *1910* : 35 ; *39* : 75 ; *57* : 206 ; *65* : 467 (dont 36,1 % étrangers) ; *75* : 995 ; (30,9) ; *85* : 1 697 (27,7) ; *95* : 1 576 (41,5) ; *98* : 2 271 [Kow. 786, bidouns (apatrides sans droit de résidence permanente) 200, étrangers 1 285 dont Indiens 272,9, Égyptiens 243,9, Bengladais, 145,3, Sri-Lankais 100,7, Pakistanais 88,8, Syriens 84, Iraniens 58,7, Philippins 43,4, Libanais 30,1, Palestiniens/Jordaniens 27,9, autres 188,2 dont Occidentaux 10 (Américains 5,7, Britanniques 3,9, Français 0,68)] ; *2001 (est.)* : 2 275 (62,2) ; *2025 (prév.)* : 4 000. **Réfugiés** (en 1999) : 52 000 (dont 35 000 Palestiniens et 15 000 Irakiens).**D.** 105. **Age** : *– de 15 ans* : 29,4 %, *+ de 64 ans* : 2,3 %. **Espérance de vie** (en 1998) : 76 ans. **Langue.** Arabe *(officielle)*. **Religion.** Islam *(officielle)* : sunnites 45 %, chiites 40. Chrétiens, hindouistes, parsis et divers 15.

■ **Villes** (en 1995). *Koweït* 28 859 hab. (1 090 000 est. 1999), Salimiya 130 215, Jaleeb ash-Shuyukh 102 178, Haoualli 82 238, Abraq Kheetan 63 628, Al Farouaniyah 51 100.

■ **Histoire. 2500 av. J.-C.** sites architecturaux de Failakah. **XVIe s.** présence portugaise sur la côte. **Vers 1672** ville de Koweït fondée. **Vers 1711** famille al-Sabah arrive au K. **1756 Sabah Ier Bin Jaber** († vers 1762) élu 1er souverain de K. **1896**-*mai* **cheikh Moubarak « le Grand »** (1837-1915) défait tribus rivales à la solde des Turcs. **1899**-*23-1* traité avec G.-B. : protection et contrôle britanniques. **1913**-*juillet* accord G.-B./Turquie : le K. est un district autonome de l'Empire ottoman, ses frontières sont établies. **1914** Turquie s'allie à All., ratification de l'accord différée et G.-B. reconnaît le K. indépendant ; en échange, Moubarak aidera la G.-B. pendant la guerre contre les Turcs en Iraq (il jouera double jeu). **1915**-*janv.* **cheikh Jaber II** (1860-1917). **1917**-*juin* **cheikh Salim** (1864-1921) s'allie aux Turcs. **1920** *Jahra* : K. bat Ikhwans, guerriers wahhabites. **1921**-*févr.* **cheikh Ahmad** (1906-50). **1922** Arabie, conférence avec Iraq et K. *Pt* : sir Percy Cox (haut-commissaire britannique à Baghdad). Droits du K. abrogés sur région côtière au sud de la frontière tracée en 1913. Cette région devient *zone neutre*. La frontière entre Iraq et K. est déterminée. 10 000 pêcheurs de perles (800 bateaux). **1934** concession pétrolière à une Sté anglo-américaine (Kuwait Oil Company). -*7-12* pluies torrentielles. **1936**-*févr.* découverte de pétrole. **1937** Ghazi, roi d'Iraq, réclame le K. **1946** début des export. pétrolières. **1950**-*janv.* **cheikh Abdullah III** (1895-1965). **1961**-*19-6 indépendance*. **1965**-*7-7* partage de la *zone neutre* entre K. et Arabie saoudite. -*Nov.* **cheikh Sabah III** (1913-77). **1975**-*mars* Kuwait Oil nationalisée. **1977**-*31-12* **cheikh Jaber III** (né 29-6-1928). **1981**-*23-2* élections. **1982**-*févr.* Parlement refuse droit de vote aux femmes. -*Juillet/août* krach boursier (125 milliards de $). **1983** ouverture pont de Bubiyan. -*12-12* attentats (contre ambassades d'USA et Fr. et objectifs civils), 7 † ; **1985**-*25-5* contre l'émir ; -*11-7* contre 2 cafés par brigades révolutionnaires arabes (11 †) ; -*déc.* 17 arrestations. **1986**-*juin* sabotages dans stockage à Ahmadi (7 mois après, 11 Kow. chiites arrêtés). -*Juillet* Parlement dissous. **1987**-*été* plusieurs missiles iraniens sur K. Sac de la mission diplomatique kow. en Iran. -*15-10* : 1 pétrolier touché par missile iranien dans les eaux territoriales kow. -*22-10* plate-forme pétrolière touchée par missile iranien. **1988**-*mars* incident avec Iran. **1990**-*8* et *27-1* manif. -*2-8* invasion iraqienne. -*5-8* gouvernement kow. (9 militaires) dirigé par le C^{el} *Ala'a Hussein Ali*. -*8-8* fusion « totale et irréversible » avec Iraq. **Guerre du Golfe** (voir encadré p. 1127). Environ 30 % d'exilés pendant la guerre dont 500 000 étaient en vacances lors de l'invasion. **1991**-*4-3 cheikh Saad,* P^{ce} héritier, nommé administrateur de la loi martiale, revient au K. -*26-6* fin de la loi martiale ; condamnations à mort commuées en peines de prison à vie (450 inculpés de collaboration, 29 condamnés à mort). -*27-7* : 1re livraison de brut par tanker depuis la libération (261 000 t). -*Août* boycottage de fait d'Israël arrêté. Iraq commence à restituer or volé (42 t attendues, valant 480 millions de $). -*6-11* : 732e et dernier puits en feu éteint. -*12-12* emprunt intern. de 5,5 milliards de $. **1992**-*12-1* levée de la censure de la presse. -*Janv.* Iraq restitue œuvres d'art de la collection al-Fayad. **1993**-*janv.* incursions iraqiennes pour récupérer armes et matériel. -*Avril* Bush au K. (tentative d'assassinat échoue). -*Nov.* incidents frontière iraqienne. **1994**-*oct./déc.* 7 000 soldats américains envoyés après déploiement d'unités iraqiennes à la frontière. -*Fin déc.* retrait des troupes américaines. **1997**-*15-12* immigrés illégaux : date limite pour partir. **1999**-*30-11* le Parlement rejette le décret de l'émir du 16-5 accordant droit de vote et éligibilité aux femmes.

■ **Statut.** *Émirat (cheikhat) indépendant.* **Constitution** du 16-11-1962, suspendue partiellement depuis 29-8-1976. **Émir** : al-Ahmad al-Jaber al-Sabah. Droit de vote et éligibilité aux femmes accordés mai 1999 par l'émir mais refusé par la Cour constitutionnelle le 16-1-2001. **P^{ce} héritier** (depuis 31-1-1978) et **PM** (depuis 8-2-1978) : cheikh Saad al-Abdallah al-Salem al-Sabah (né 1930). **Assemblée nat.** : 50 membres élus pour 4 ans au suffrage univ. (peuvent voter ceux qui peuvent prouver que leur famille résidait au K. avant 1920, femmes exclues) : Bédouins 23 sièges, citadins 21, chiites 4 et 12 membres de droit. Dissoute 3-7-1986, restaurée avril 1990 : 75 membres, dont 50 élus au suffrage univ. et 25 désignés par l'émir. **Élections du 5-10-1992** : 81 440 électeurs masculins inscrits (67 724 votants, 83,2 %), opposition 32 sièges ; **du 7-10-1996** : 107 169 électeurs (droit de vote étendu aux fils de naturalisés Kow.), participation 80 %, progouvernementaux 30 sièges ; **du 3-7-1999** : 112 882 électeurs, abstentions 18 % ; islamistes 20, libéraux 14, divers 16. **Gouvernorats** : 5.

■ **Bilan de la guerre du Golfe. Pertes humaines civiles** : 1 082. **Disparus** (en 1995) : 625 ; pertes civiles par engins explosifs 400 (en 1991) [500 000 à 5 millions de mines iraqiennes nécessitant 20 ans de déminage].

Contribution (en milliards de $) : 22 ; soutiens aux Kow. exilés (plus de 400 000) et moratoire sur dettes des particuliers : 4. **Dommages causés** (en milliards de $) : 500, estimés au moment de la libération. *Pertes du secteur pétrolier* (en 1991) : 80 à 100 (30 à 40 selon d'autres sources) ; 820 millions de t perdues. Arrêt activité pétrolière ; 210 j d'occupation 8,5 ; pertes ultérieures (puits incendiés, 60 % non réexploitables) 0,04 à 0,12 par j [220 000 à 850 000 t parties en fumée libérant 5 000 t de polluants par j] ; pluies noires jusqu'à 2 400 km (K. dans l'obscurité en plein jour) ; dommages des usines pétrochimiques 7,8, autres secteurs 13 (dont électricité 1, ports et aéroports 2, télécommunications 1, parc automobile 5, dégradation bâtiments 3,7, vol d'or 0,5 et dégâts hôpitaux, écoles, magasins pillés).

Reconstruction : 10 ans. *Coût* : 20 à 30 milliards de $. **Travaux d'extinction des puits** : 6 zones [Bangladesh, Égypte, France (1 750 km^2), G.-B., Pakistan, USA] ; 9 000 pers. [27 équipes internationales de pompiers (8 en juillet 1991) dont 1 française : Horwell, filiale de l'Institut français du pétrole]. *Méthode Red Adair* : inondation des puits, extinction par souffle d'explosifs, forage parallèle avec injection de boue ou ciment (peu utilisée) ; *hongroise* : moteurs de Mig-21 montés sur tanks (effet de souffle).

Fêtes nationales. 25-2 (anniversaire de l'intronisation de l'émir Abdallah et de l'indépendance). 26-2 (jour de la libération). **Drapeau** (adopté 7-9-1961). Bandes horizontales verte (nature), blanche (vertu), rouge (bravoure) et, à gauche, trapèze noir (cavaliers). **Partis.** Pas de partis officiels, mais des « réunions » *(diwaniyas)*.

■ **Zone neutre** (4 650 km^2), possédée administrativement par K. et Arabie depuis 1922, partagée 1965 entre les 2, l'exploitation du pétrole et des autres ressources est assurée conjointement ; l'Arabie bloque le projet de pipeline du port saoudien de Yambu, et refuse au K. d'utiliser le gaz des champs pétroliers de la zone. L'Iraq remet en cause accord de 1963, non ratifié (gêne son accès à la haute mer) ; veut contrôler îles de Boûbiyân et de Warbah (qui commandent l'accès de son port Oum el-Qasr), ou en les louant pour 99 ans pour y construire un port pour superpétroliers, ou en recevant un don de 10 milliards de $ pour ratifier l'accord. Le K. projette la construction d'une ville, Subiya (100 000 hab.), proche des îles.

ÉCONOMIE

■ **PNB** (en $ par hab.). *1985* : 14 265 ; *88* : 13 672 ; *89* : 15 200 ; *90* : 10 000 ; *92* : 13 450 ; *93* : 20 140 ; *96* : 18 651 ; *97* : 22 806 ; *99* : 16 520. **Population active** (en %) **et,** entre parenthèses, **part du PNB** (en %) : agr. 2 (1), ind. 28 (9), services 68 (47), mines 2 (43). **Inflation** (en %) : *1990* : 2,7 ; *91* : 17 ; *92* : – 1 ; *93* : – 1,2 ; *94* : 2,8 ; *95* : 4,8 ; *96* : 3,6 ; *97* : 0,7 ; *98* : 2,8 ; *99* : 3. **Croissance** (en %) : *1997* : 1,2 ; *98* : 1,3 ; *99* : 0,9. **Budget** (dépenses/recettes du gouvernement en milliards de dinars) : *1997-98* : 3,61/3,98 ; *98-99* : 2,8/4,04 ; *99-2000* : 5,24/4,01. **Réserves et investissements à l'étranger** (est. 1998) : 58,25 milliards de $ plus 10 % des recettes budgétaires pour le Fonds de réserve pour les générations futures (créé 1976, a servi à financer le déficit budgétaire), gérés par la Kuwait Investment Authority (KIA) à Koweït et le Kuwait Investment Office (KIO) à Londres, plus-values environ 15 % par an. Certaines années, les revenus des placements étrangers ont dépassé les recettes pétrolières. **Dette** (en milliards de $) : *janv. 1995* : environ 30 dont 20 pour rachat de créances bancaires douteuses. **Privatisations** (1994-99) : 60 Stés, 2,5 milliards de $.

■ **Agriculture. Terres** (en km^2, 1998-99). Terres non cult. 16 279,5, cult. 1 538,8 (dont pâturages et forêts 1 362,2, récoltes et légumes 65,8, terres inutilisées 110,4). **Production** (en milliers de t, 1998-99) : tomates 20,4, concombres 28,4, aubergines 3,1, poivre 5, coriandre 1,1 maïs 2, orge 1, pommes de terre 36. **Élevage** (en milliers de têtes, 1999). Volailles 30 976, moutons 476, chèvres 159, bovins 20, chameaux 9. **Pêche** (en 1999). 10 559 t.

■ **Énergie. Pétrole** : *réserves* : 13,16 milliards de t (4 % des réserves mondiales). *Production* (en millions de t) : *1974* : 148,3 ; *80* : 81 ; *81* : 58 ; *82* : 42 ; *83* : 54 ; *84* : 58 ; *85* : 53 ; *86* : 70 ; *87* : 61 ; *88* : 73 ; *89* : 91 ; *90* : 60 ; *91* : 9,2 ; *92* : 54,1 ; *93* : 96 ; *94* : 103,7 ; *95* : 105,3 ; *96* : 105,8 ; *97* : 105,7 ; *98* : 108,1 ; *99* : 99,3 ; *2000* : 105,6. **Gaz** (en milliards de m^3) : *réserves* 1 480 ; *production 1989* : 7,5 ; *90* : 4,4 ; *91* : 0,44 ; *92* : 2,62 ; *93* : 4,47 ; *94* : 5,97 ; *95* : 9,27 ; *96* : 9,30 ; *97* : 9,27 ; *98* : 9 ; *99* : 7.

■ **Industrie.** Raffinage ; produits chim. (ammoniaque, urée), dessalement de l'eau de mer (5 usines : 536 000 m^3/j). **Transports** (en 1996). **Pont** de 2,4 km (Koweït/Boûbiyân). **Routes** : 4 450 km. **Véhicules** (au 1-1-1999) : 968 493. **Tourisme** (en 1997). 35 000 visiteurs.

■ **Commerce** (en milliards de $). **Export./import.** : *1995* : 12,8/7,8 ; *96* : 14,9/8,4 ; *97* : 14,2/8,2 ; *98* : 9,6/8,6. *99* : 12,2 (dont pétrole 11)/7,6.

■ **Rang dans le monde** (en 1999). 4e réserves de pétrole. 13e pétrole.

KURDISTÂN

Carte p. 1228. V. légende p. 950.

■ **Situation.** Asie. **Superficie** : environ 469 000 km^2 (dont en Turquie 230 000, Iraq 74 000, Iran 125 000 et Syrie 40 000).

■ **Population.** Origine indo-européenne. Pasteurs semi-nomades et agriculteurs. *1990* (en millions, est.) : 22,85 à 28,5 dont Turquie 12 à 15, Syrie 8,5 à 10, Iran 6 à 7, Iraq 4 à 5 ; *émigrés kurdes* en Europe : 0,8 (en 1998). **Tribus les plus importantes** : *Iraq* : Baban, Barzani, Hamavend, Herki ; *Iran* : Chichak, Moukri, Ardalan, Djaff, Kerlhour, Lour, Bakhtyar ; *Syrie* : Berazi, Milli, Miran ; *Turquie* : Hakkari, Hartouchi, Zirikan, Djalali, Heyderan. **Langues.** Kurde (langue indo-européenne du groupe des langues iraniennes) dont 2 dialectes principaux : *kurmanci* 80 % (Caucase, Iran, Iraq, Syrie et Turquie) ; *sorani* 20 % (Iran-Sud, Iraq-Sud) ; et zaza 5 % (parlent aussi sorani). **Religions** (en %) : musulmans sunnites 80, chiites et alévis 12, yezidis 5, chrétiens orthodoxes et juifs 3.

■ **Ressources.** *Pétrole* (Barman, Cezire, Kirkouk, Siirt) et *eau* (sources de l'Euphrate, du Tigre, du grand et du petit Zap).

■ **Histoire.** Xénophon (v. 400-v. 314 av. J.-C.) dans *l'Anabase*, mentionne pour la 1re fois le mot « kurde ». **Vers 1000 av. J.-C.** Indo-Européens venus de Russie, parlant des dialectes médiques. **612 av. J.-C.** arrivée d'une tribu « turan », ou de 2 tribus consanguines, cirte et marde, après la chute de Ninive. **XIIe s.** après l'apparition des Mongols, les Kurdes se retirent dans les montagnes. **Moyen Age** nombreuses principautés. **XVIe-XVIIe s.** occupation ottomane. **1804** révoltes, les Russes encouragent Kurdistân contre Turquie. **1920**-*10-8 traité de Sèvres* Alliés/Turquie : prévoit un État kurde (pas appliqué). **1922, 1931, 1945,** et **1956** *en Iran* : révoltes. **1923**-*24-8 traité de Lausanne* Alliés/Turquie : abandonne l'idée d'un État. Turquie s'engage à respecter les libertés des Kurdes. **1924**-*3-3* Turquie : écoles, associations et publications en kurde interdites ; **1924-38** révoltes. **1926**-*6-6* traité Iraq/Turquie. **1932-50** Turquie : usage kurde interdit en public. **1937**-*8-7* pacte de Sradabad (palais de Téhéran), sous auspices de G.-B., Iran/Iraq/Turquie. **1946**-*22-1* Iran : *République kurde de Mehabad* proclamée par **Qazi Mohamed.** -*16-12* Mohamed capitule (pendu 31-3-1947). Iraq : début rébellion kurde menée par *Mustafa Barzani* (1902-79). **1955**-*23-2* pacte de Bagdad G.-B./Iran/Iraq/Pakistan/Turquie) mentionnant luttes contre bandes. **1961-70** Iraq : répression. **1970**-*11-3* accord Kurdes/Iraq promettant l'autonomie. **1972** appui des USA (16 millions de $ entre août 1972 et mars 1975) pour contrer la pénétration soviétique. **1974**-*mars* Barzani refuse l'autonomie. **1975**-*6-3* réconciliation Iraq/Iran qui ferme sa frontière et cesse son aide au Kurdistân. -*30-3* Barzani se réfugie en Iran, la rébellion s'effondre. **1979**-*20-4* accord Turquie/Iran visant à éliminer rébellion -*25-4* Turquie : loi martiale dans 16 provinces à population kurde. **1983** traité Iraq/Turquie : chacun peut pénétrer sur le territoire de l'autre sur 40 km pour poursuivre ses opposants. **1983-91** kurde interdit en public. **1988** Turquie : 100 000 réfugiés d'Iraq. **1990 guerre du Golfe.** Iraq battu : insurrection dans le Nord (P. démocratique du Kurdistân et Union patriotique du Kurdistân). **1991**-*avril* Onu crée « zones de refuge » au nord de l'Iraq. Voir **Iran, Iraq, Turquie.**

LAOS

Carte p. 1027. V. légende p. 950.

☞ *Abréviations* : L. : Laos ; Lao., lao. : Laotiens, laotien(ne)(s).

■ **Situation.** Asie. **Superficie** : 236 800 km^2. **Frontières** (en km) : Thaïlande 1 835 km, Viêt Nam 2 069, Cambodge 435, Chine 505, Myanmar 236. **Altitude** *maximale* : Pou Bia 2 820 m. *Haut Laos* : montagnes, plateaux et quelques vallées, forêts et bambous. *Bas Laos* : plaines du Mékong (« Mère des eaux », ou *namkhong* en sanscrit) et de ses affluents, dominées par la cordillère Annamitique, comprenant le Khammouane (plateau calcaire) et les Boloven (plateau volcanique). **Climat.** Subtropical au nord, tropical au sud. *Saisons* : sèche oct.-avril (10 à 20 °C), des pluies mai-sept. (28 à 35 °C).

■ **Population** (en millions d'hab.). *1999 (est.)* : 5 ; *2000 (est.)* : 5,14 [Lao (et assimilés) 67, Proto-Indochinois 23, Hmongs-Méo-Miens (d'origine chinoise) 8, Tibéto-Birmans 3] ; *2025 (prév.)* : 8. **D.** 22,8. **Taux** (en ‰, 2000) : *natalité* 40, *mortalité* 15 *(infantile* 75). **Age** : *– de 15 ans* : 43 % ; *+ de 64 ans* : 3,4 %. **Espérance de vie** (en 1999) : *h.* 50, *f.* 52 ans. Un médecin pour 3 000 hab. **Émigration** : 360 000 (vers Thaïlande) depuis 1975, dont 65 000 Hmongs ; 315 000 réfugiés hors du pays (18 000 retournés). **Français** au L. (au 1-1-2001) : 1 000. **Langues.** *Officielle* : lao (famille thaï) ; *autres* : français, vietnamien, chinois (cantonais), anglais. **Analphabétisme** (en 1998) : h.38 %, f. 70. **Éducation** : 78 % d'enfants scolarisés. **Religions.** *Officielle* : bouddhisme *theravadin* (Petit Véhicule) 65 %. Proto-Indochinois et Hmongs-Méo-Miens sont généralement animistes (33 %) ou peu christianisés. Les Vietnamiens sont souvent cath. (1 %).

■ **Villes** (en 1985). *Vientiane* 534 000 hab. en 1999, Savannakhét (à 450 km) 97 000, Louang Prabang (ancienne cap. 336 km) 68 000, Paksé (à 677 km) 47 000.

■ **Histoire. IVe-Ve s.** occupé par « Protoindochinois » de langue môn-khmère, venus de Chine. **VIIe-XIe s.** plusieurs roy. môn, dont celui de Srigotapura (Sikhottabong, entre

Vientiane et Thakhèk) ; roy. indianisés et bouddhisés par l'intermédiaire des Môn de Birmanie *(Dvaravati)*. **XIe-XIIIe s.** occupation khmère du centre, routes et hôpitaux ; influences religieuse (non bouddhiste) et culturelle peu importantes. **A partir du XIIe s.** des Thaï animistes, les Lao, venus de Chine, implantent de petites principautés autonomes vivant dans l'orbite d'Angkor (Muong Soua, qui deviendra Louang Prabang, Vientiane, Xieng Khouang, Champassak) ; les Lao. se convertissent au bouddhisme et les Protoindochinois (Môn) adoptent la langue lao. **1353-73** le Pce Fa-Ngoum, Pce de Muong Soua, aidé du roi du Cambodge, réalise l'unité laotienne [royaume de *Lan Xang* (royaume du million d'éléphants)]. **1479** résiste à une attaque de l'empereur d'Ancelle. **Vers 1499** à celle du Siam. **1520** Vientiane capitale. **1548-55** extension. **1556** roi de Birmanie prend Chieng Mai. **1560** *traité d'alliance avec Siam* : Vientiane capitale. **1566** le roi Setlhathirath y installe le *Phra Keo*, Temple du bouddha d'émeraude. **1574-91** invasion et tutelle birmanes. **1637-94** règne prospère de Souligna Vongsa, visites d'Européens. **1694** querelle de succession. **1707-21** division en 3 royaumes : *Louang Prabang, Vientiane* et *Champassak*. **1713-37** 1er roi Nokasat ; L. tombe peu à peu sous protectorat siamois ; dure un siècle ; conquis par Siam, détruit, vidé de ses hab. **1753** Birmans envahissent roy. de Louang Prabang. **1778 et 1820** sac de Vientiane. **1885** 3 royaumes sous tutelle siamoise. **1886** consulat de France à Louang Prabang confié à Auguste Pavie (1847-1925).

Période française. **1893**-*3-10* Siam reconnaît *protectorat français sur le L.* **1894 Sakarinthone** roi de Louang Prabang. **1904**-*mars* **Sisavang Vong**, son fils, roi. **1907**-*23-3 traité franco-siamois*, L. renonce à la rive droite du Mékong (sauf province de Champassak et Sayaboury). **1910**-*17-7* les plus belles pièces des collections royales de Louang Prabang, qui devaient être exposées à Paris, sombrent dans le Mékong avec la canonnière française qui les transportait. **1941**-*9-5* Siam, allié du Japon, annexe territoires à l'ouest du Mékong *(traité de Tōkyō)*. **1945**-*9-3* les Japonais prennent le pouvoir ; mouvement d'indépendance [*Lao-Issara* (« Laos libre ») formé]. *-3-8* capitulation japonaise. *-Sept./oct. Pce Pethsarah* PM. **1946**-*mars* retour des Français ; gouv. Lao-Issara exilé en Thaïlande. *-17-8* France reconnaît autonomie interne du L. **1947**-*11-5* Monarchie constitutionnelle. **1949**-*19-7* indépendance dans l'Union française. **1950** État associé de l'Union française. *-Août* Pce Souphanouvong (allié à Hô Chi Minh) reprend la lutte contre les Français. Le Front du L. libre (PL, ou *Néo-Lao-Issara*) réunit un Congrès des peuples du L. et crée un « gouv. de résistance » du *Pathet Lao* (État du L.) avec Souphanouvong ; Vongvichit Phoumi vice-Pt et min. de l'Intérieur organise l'admin. des « zones libérées », Kaysone Phomvihane min. de la Défense (converti au communisme) entraîne les forces armées de guérilla. *Rébellion hmong*, Cel Boualy (a succédé au Gal Vang Pao), trafic de drogue. **1953**-*19-4* invasion Viêt-minh, à Sam Neua, résistance du Pathet Lao.

État indépendant. **1953**-*22-10 indépendance complète.* **1954**-*21-7 accords de Genève* : fin de la guerre d'Indochine. Troubles. **1955** P. populaire révolutionnaire lao. (communiste) fondé ; Pathet Lao devenu le Front patriotique lao (ou *Néo-Lao Hakxat*, NLHX) cherche à s'entendre avec le gouv. royal présidé par *Pce Souvanna Phouma* (demi-frère de Souphanouvong). **1957**-*nov.* gouv. de coalition. **1958**-*févr.* intégration combattants PL dans armée royale. *Élections* partielles : succès du Front patriotique. *-Juillet* droite renverse gouv. de coalition, arrête ministres PL. **1959**-*mai* coup d'État de la droite. Front patriotique interdit (Souphanouvong et Phoumi arrêtés). *-29-10* **Savang Vatthana** (1907-78), fils de Sisavang Vong, roi. **1960**-*janv.* coup d'État de la droite. *-Avril* élections (truquées) : succès pour la droite. *-24-5* Souphanouvong, Phoumi et d'autres s'évadent et rejoignent le nord-est. *-9-8* coup d'État neutraliste du *capitaine Kong Lé* ; une moitié de l'armée (Gal Phoumi) établit à Savannakhêt un comité anti-coup d'État avec *Pce Boun Oum* (1-12-1911/17-3-1980 en Fr.), descendant des rois Champassak. **1961**-*début Pce Souvanna Phouma* (7-10-1901/11-11-1984), PM, et *capitaine Kong Lé* établissent leur PC à Khang Khay. *-16-5* conférence des 14 pays à Genève. **1962**-*23-6 accords du Hin Heup du 8-10-1961* en vigueur ; plusieurs forces restent en présence : droite (Phoumi, Boun Oum) ; neutralistes (Souvanna Phouma) ; PL (Souphanouvong). *-23-7 accords de Genève* consacrant neutralité du L. **1964** PL ravitaillé par N.-Vietnamiens, entretient l'insécurité. **1970**-*3-2* communistes prennent plaine des Jarres. L. contrôlé en partie à l'est par Souphanouvong, procommuniste, et le NLHX ; en partie par Souvanna Phouma, soutenu par USA qui bombardent la zone rouge NLHX où passe la « piste Hô Chi Minh » (par laquelle le Nord-Viêt Nam ravitaille le Sud-Viêt Nam), tenue par 50 000 Nord-Vietnamiens, des irréguliers du PL et une Armée populaire de libération (fondée 20-1-1949). USA entretiennent 25 000 h. des forces spéciales du Gal Vang Pao (armée secrète créée par CIA et composée de Hmongs), plus 25 000 Thaïlandais et 3 000 militaires. **1971**-*8-2* attaque sud-vietnamienne, appuyée par aviation américaine, contre piste Hô Chi Minh repoussée par N.-Vietnamiens. **1973**-*21-2* cessez-le-feu (fin des bombardements américains). *-14-9* nouveau cessez-le-feu. **1974**-*3-4* Souphanouvong rentre à Vientiane et prend la tête du Conseil nat. de réconciliation (Parlement). *-5-4* GPUN (gouv. provisoire d'Union nat.) formé. *-10-7* Ass. nat. dissoute. **1975**-*mai* PL occupe le sud, manif. antiaméricaine (évacuation des Américains, fuite des minorités ethniques en Birmanie et Thaïlande). *-23-8* PL prend le pouvoir. *-1-12* roi Savang Vatthana abdique (arrêté le 12-3-1977, meurt dans un camp avec sa femme et ses deux fils ?). **Pce Souphanouvong** (12-7-1912/9-1-1995) Pt. *-2-12 Kaysone Phomvihane* PM.

République démocratique populaire. **1975**-*2-12* GPUN et Comité politique nat. de coalition dissous ; république proclamée. **1977** rébellion méo. Intervention vietnamienne (100 000 à 170 000 h. ?) : 200 000 hab. (?) transférés, 30 000 fonctionnaires, officiers, petits-bourgeois et intellectuels en camps de concentration, persécution religieuse, 25 000 bonzes défroqués. *-18-7* traité d'amitié L./Viêt Nam. **1978**-*févr.* centres culturels étrangers fermés. Présence de 30 000 à 60 000 Vietnamiens. 70 000 Chinois expulsés. Pékin rappelle 2 500 techniciens. *-23-8* relations diplomatiques rompues avec France. **1986**-*29-10* **Vongvichit Phoumi** (6-4-1909/7-1-1994) Pt intérimaire (Souphanouvong ayant dû se retirer pour raison de santé). **1989** retrait 55 000 soldats vietnamiens prévu. Relations reprises avec Chine. **1990** privatisations. **1991**-*29-3* Souphanouvong démissionne du PPRL. *-15-6 Khamtay Siphandone* PM. *-14-8* Constitution (le *stupa* remplace symboles communistes : étoile rouge, faucille et marteau ; PPRL parti unique ; économie de marché, droit à la propriété et investissements privés autorisés). *-15-8* **Kaysone Phomvihane** (1920/21-11-1992) Pt. Réduction présence soviét. et croissance des investissements thaïlandais. **1992**-*25-11* **Nouhak Phoumsavanh** (né 9-4-1914) Pt (réélu 22-2-1993). **1996** réveil de la rébellion des Hmong. **1998**-*24-2* **Khamtay Siphandone** (né 8-2-1924) élu Pt ; **Gal Sisavath Keobouphanh** (né 1928) PM. **1999**-*26-10* manifestations d'étudiants. **2000** Ventiane, attentats. **2001**-*27-3* **Bounyang Vorachit** PM.

■ **Statut.** *République démocratique populaire* depuis 2-12-1975. **Constitution** du 14-8-1991. **Assemblée nationale** (Pt Samane Vignaket depuis 20-2-1993) : 99 membres élus au suffrage universel pour 5 ans (élections le 21-12-1997). **Divisions :** villages *(ban)* 11 424 ; communes *(tasséng)* 950 ; districts *(muong)* 112. Provinces *(khouèng)* 17. **Fête nationale.** 2-12 (proclamation de la rép.). **Drapeau** (adopté 2-12-1975). Bandes horizontales rouges (unité et objectifs du peuple), de part et d'autre d'une bleue (Mékong et prospérité) avec cercle blanc (Lune et unité).

■ **Parti unique. P. populaire révolutionnaire lao (PPRL)** fondé 22-3-1955, communiste, 100 000 membres (en 2000), *Pt* : Khamtay Siphandone depuis nov. 1992.

■ **Économie. PNB** (en 1999) : 380 $ par hab. **Croissance** (en %) : *1997* : 7 ; *98* : 3,9 ; *99* : 5 ; *2000 (est.)* : 6. **Population active (en %) et,** entre parenthèses, **part du PNB** (en %) : agr. 69 (55), mines 1 (1), ind. 11 (17), services 19 (27). **Inflation** (en %) : *1990* : 18 ; *91* : 15 ; *92* : 7 ; *93* : 7 ; *94* : 6,8 ; *95* : 19,4 ; *96* : 19,8 ; *97* : 19,3 ; *98* : 87,4 ; *99* : 134 ; *2000* : 27. **Aide internationale** (en millions de $) : *1997* : 327,9 ; *98* : 281,4. **Dette extérieure** (en 1997) : 2 433 millions de $. **Coopérations diverses :** déminage par organisation humanitaire (bombes américaines larguées entre 1964 et 1973, non explosées) ; sauvegarde du patrimoine architectural et promotion des méthodes traditionnelles de construction (aide de la France) ; programme de sauvetage alimentaire de la population.

■ **Agriculture. Terres** (en milliers d'ha, 1981) : forêts 12 900, t. arables 865, pâturages 800, eaux 600, terres cultivées 20, divers 8 495. **Production** (en milliers de t, 1999) : riz (80 % des terres cultivées) 2 103 (déficit annuel 250), fruits 164, légumes et melons 150, patates douces 111, canne à sucre 174, maïs 96, manioc 69 (en 1995), légumineuses 44, p. de t. 33, tabac 23,4, café 18, thé. Opium (27 000 ha, 123 t en 1999, 3e producteur mondial). **Exploitations :** fermes d'État 44 (5 000 ha), coopératives 3 200 (200 000 ha), cultures de paysans libres 600 000 ha. **Élevage** (en milliers de têtes, 2000). Poulets 12 028, porcs 1 101, bovins 987, buffles 1 007, chèvres 100, chevaux 26. **Forêts.** 54 % des terres (60,5 % en 1973) ; *1998* : 4 591 000 m3. Potentiel : bois d'ébénisterie, benjoin. **Pêche** (en 1997). 40 000 t.

■ **Mines. Production** (en t, 1999) : étain 703, gypse 138, charbon 15 (en 1995), sel, fer, cuivre, or, argent, saphirs (2 621 416 carats), plomb. Peu exploitées. **Énergie. Hydroélectricité :** *production* (en 1995) : 1 044 millions de kWh dont (en 1994) 637 exportés vers Thaïlande. **Industries.** Alimentaire, textile. **Transports** (en km). **Routes :** 16 760 (en 1996) ; 90 % des villages sans accès routier. *Pont* inauguré 8-4-1994 sur Mékong et reliant L. à Thaïlande. **Tourisme. Visiteurs :** *1990* : 14 400 ; *94* : 146 155 ; *97* : 470 000 ; *98* : 500 200 ; *99* : 614 279 (dont Français 19 960).

■ **Commerce** (en millions de $). **Export./import. :** *1994* : 300/510 ; *95* : 310/620 ; *96* : 320/640 (*exporte vers* Viêt Nam 157,6, Thaïlande 96,7, *France 8,2*, G.-B. 6,6, All. 4,8) ; *97* : 310/590 ; *98* : 340/500 ; *99* : 305,5 (*dont* électricité 90,5, textile habillement 65,5, bois 65,91 ; *vers* Thaïlande 34 %, *France* 6, All. 5) /554,3 (*dont* prod. alimentaires 252,7, équipements de construction 90,51 ; *de* Thaïlande 56 %, Japon 31).

■ **Rang dans le monde** (en 1999) 12e étain. 22e riz.

LESOTHO

Carte p. 952. V. légende p. 950.

☞ *Abréviation :* L. : Lesotho.

■ **Situation.** Afrique, enclavé dans Rép. d'Afr. du S. 30 355 km2. Plateau volcanique découpé par l'Orange et ses affluents. **Frontière :** 909 km avec Afrique du Sud. **Altitudes :** *maximale* Mt aux Sources 3 299 m ; *minimale* 1 381 m. **Climat.** Tempéré, pluies oct.-avril.

■ **Population.** *1998* : 2 128 950 hab. dont (en 1990) 700 000 en Afr. du Sud (Sothos ou Basothos 85 %, Nguni 15 %) ; *99* : 2 100 000 ; *2000 (est.)* : 2 290 000 ; *2025 (prév.)* : 3 000 000. Chassés au XIXe s. par les Boers de leur territoire originel, Basothos venant de l'État d'Orange et Ngunis du Natal. **Européens** 2 000. **D.** 68. **Age** (en %) : *– de 15 ans* : 39,6 ; *+ de 64 ans* : 4,7. **Espérance de vie** (en 1998) : 56 ans. **Capitale.** *Maseru* 109 382 hab. (rec. 1986).

■ **Langues.** Anglais *(officielle)*, sotho (langue des Basothos). **Alphabétisés :** 62 % des h., 84 % des f. **Religions** (en %). Catholiques 40, protestants 35, anglicans 7, divers 18.

■ **Histoire. Vers 1822** les Sothos dirigés par le roi **Moshoeshoe Ier** s'établissent dans la région dominée par le Drakensberg. **1833**-*28-6* missionnaires français protestants Arbousset, Casalis et Gosselin viennent à la demande du roi. **1862** catholiques (oblats de Marie Immaculée) Allard et Gérard s'installent. **1868**-*12-3* protectorat britannique *(Basutoland)*. **1871-83** annexé à colonie du Cap. **1884** protectorat britannique. **1965**-*5-7* **Leabua Jonathan** (1914-87) au pouvoir.

État indépendant. **1966**-*4-10 indépendance.* **Moshoeshoe II** (1938-96) roi. **1970** état d'urgence. *Élections :* Jonathan garde le pouvoir grâce à un coup d'État et réduit pouvoirs du roi. Mokhehle fonde Armée de libération du L. (LLA) soutenue par Afrique du Sud (coups de main et attentats). *-3-4/4-12* exil du roi en Hollande. **1974** tentative d'insurrection. **1981**-*sept.* nombreux attentats. **1982** *-9-12* expédition sud-africaine contre bases de l'African National Congress. **1985**-*20-12* attentat LLA : 9 exilés sud-africains assassinés. **1986**-*20-12* Jonathan renversé par *Gal Justin Lekhanya*. **1989**-*mars* roi en exil à Londres. *-15-9* visite Jean-Paul II : autobus avec 71 pèlerins détourné, 4 †. LLA soupçonnée. **1990**-*6-11* Moshoeshoe II déposé. *-12-11* **Mohato Seeisa** roi sous le nom de **Letsie III** (né 17-7-1963), son fils. *Reine régente* Maomato. **1991**-*30-4* Lekhanya renversé. *Conseil militaire du Cel Elias Pishona Ramaema*. *-10-5* partis autorisés. *-23/29-5* émeutes antiasiatiques (34 †). *-8-6* échec coup d'État. **1992**-*19-7* roi rentre d'exil. **1993**-*28-3 élections* : succès BCP (74 % des voix, 65 sièges à l'Assemblée). *-2-4 Ntsu Mokhehle* (1918-99, BCP) PM. **1994**-*janv.* affrontements armée/rebelles. *-1-2* trêve conclue. *-14-3* échec coup d'État. *-17-8* Letsie III dissout Parlement et destitue Ntsu Mokhelhe, émeutes (4 †). *-8-9* grève générale. *-14-9* Letsie III réinstalle PM Mokhehle et rétablit Parlement. **1995**-*janv.* Letsie III abdique. *-25-1* **Moshoeshoe II** restauré ; **1996**-*15-1* † accident de voiture. *-7-2* **Letsie III** restauré (couronné le 31-10-1997, épouse 18-2-2000 Karabo Motsoeneng). **1997**- *févr.* mutinerie de la police matée. **1998**-*23-5 législatives :* Congrès du L. pour la démocratie (LCD) 78 sièges sur 80. *-29-5* **Pakalitha Mosisili** (né 1945) PM. *-11-9* mutinerie. *-22-9* intervention sud-africaine (600 h.) et botswanaise (200 h.) pour rétablir l'ordre à Maseru. **1999**-*mi déc.* entrée en fonction de l'autorité politique intérimaire (IPA) qui doit préparer les élections.

■ **Statut.** *Royaume membre du Commonwealth.* **Constitution** du 2-4-1993. **Assemblée :** 130 membres élus au suffrage universel pour 5 ans. **Sénat** : 33 membres dont 22 chefs et 11 nommés par le roi. **Drapeau** (adopté 20-1-1987). Triangle blanc (pureté) avec armoiries de la monarchie (bouclier, lance, gourdin), bande bleue (eau) en diagonale, triangle vert (agriculture).

■ **Partis. Basotho National Party (BNP)** fondé 1958, Evaristus Sekhonyana. **Basotho Congress Party (BCP)** fondé 1952, Molapo Qhobela. **Marematlou Freedom Party** fondé 1962, *Pt* : Vincent Moeketse Malebo. **Basotho Democratic Alliance** fondée 1984, S. C. Ncojane. **National Independence Party** fondé 1984, Anthony Manyeli. **United Democratic Party (UDP)** fondé 1967, *Pt* : Charles D. Mofeli. **Popular Front for Democracy** fondé 1991. **Lesotho Labour Party** fondé 1991, *Pt* : Mamolefi Ranthimo. **Congrès du Lesotho pour la démocratie (LCD)**, *Pt* : Ntsu Mokhehle.

■ **Économie. PNB** (en $ par hab.) : *1982* : 510 ; *85* : 370 ; *92* : 580 ; *93* : 460 ; *96* : 774 ; *99* : 490. **Pop. active** (en %) **et,** entre parenthèses, **part du PNB** (en %) : agr. 24 (13), ind. 26,2 (40), mines 0,2 (0,5), services 49,6 (46,5). **Émigrés :** 75 000 mineurs en Afr. du Sud. **Chômage** (en 1998) : 35 %. **Inflation** (en %) : *1991* : 17,7 ; *92* : 18,8 ; *93* : 12 ; *94* : 9,5 ; *95* : 7,7 ; *96* : 9,3 ; *97* : 9,1 ; *98* : 5,5 ; *99* : 7,5.

■ **Agriculture.** Confiée aux femmes et aux enfants, les hommes travaillant en Afr. du Sud (28 % de la pop. active soit environ 250 000 pers.). **Terres** (en milliers d'ha, 1981) : pâturages 2 000, t. arables 298, divers 737. **Production** (en milliers de t, 1999) : maïs 125 (26 % des terres cultivées), racines et tubercules 63, sorgho 31, légumes 20, fruits 16, légumineuses 6, blé 15. **Élevage** (en milliers de têtes, 1999). Moutons 720, chèvres 750, bovins 510, ânes 152, chevaux 120, porcs 63, mulets 1. **Forêts.** 1 594 000 m3 (en 1998).

■ **Mines.** Diamants 11 400 carats (en 1990), prod. arrêtée. **Hydroélectricité.** 4 barrages en service. **Projet hydraulique** des hauts plateaux (sur l'Orange) pour alimenter l'Afr. du Sud (5,5 milliards de m3/jour). *1990-2020* : 6 barrages, 240 km de tunnel, 2 centrales hydroélectriques. *1re phase, 1991-97* : barrage de Katze (hauteur : 182 m, longueur : 700 m) et 3 tunnels (82 km), production 72 MW (donne indépendance énergétique au Lesotho). **Tourisme.** 112 000 visiteurs (en 1997).

■ **Commerce** (en millions de $). **Export./import. :** *1998* : 193/886. Partenaire principal : Afrique du Sud.

LETTONIE
Carte p. 1050. V. légende p. 950.

☞ *Abréviations :* L. : Lettonie ; Lett., lett. : Lettons, letton(ne)(s).

■ **Situation.** Europe du Nord, sur la côte de la Baltique. **Superficie :** 64 589 km². **Frontières** (en km) : Estonie 339, Russie 217, Biélorussie 141 et Lituanie 453. **Côtes :** 531 km **Climat.** Tempéré.

■ **Population.** *1-10-1999 :* 2 428 067 hab. ; *2000 (est.) :* 2 400 000 dont (en %) Lettons 56,5, Russes 30,4, Biélorusses 4,3, Ukrainiens 2,8, Polonais 2,6, divers 3,4 ; *2025 (prév.) :* 2 000 000. **D.** 38. **Taux** (en ‰, 1999) : *natalité* 8, *mortalité* 14 (*infantile* 15). *Fécondité :* 1,1 enfant/f. **Espérance de vie** (en 1998) : 69 ans. **Taux :** *- de 15 ans :* 17,3, *+ de 65 ans :* 15. **Pop. urbaine** (en 1999) : 69 %.

■ **Langue officielle.** Letton depuis 1988. **Religions** (en 1993). Église luthérienne de L., 600 000 m., catholiques 520 000, orthodoxes 100 000.

■ **Villes** (en 1999). *Riga* 796 732 hab., Daugavpils 115 540, Liepaja 95 427, Jelgava 70 931, Jurmala 58 865, Ventspils 46 501, Rezekne 40 557.

■ **Histoire. 2000 av. J.-C.** arrivée des tribus baltes (Latgales, Cours, Semigalles, Sèles). Langue proche du lituanien. **XIIe s.** adoption du catholicisme. Appelée *Livonie* ; conquise et christianisée par l'ordre des Porte-Glaive : voir **Estonie. XIIIe s.-1561** dirigée par chevaliers Teutoniques. **1558** attaquée par Ivan le Terrible. **1561** divisée en *Courlande*, duché autonome, et *Livonie*, intégrée à la Pologne. **1581** Riga annexée à la Pologne. **XVIe s.** introduction de la Réforme. Diffusion de la Bible en letton par des pasteurs suédois, et enseignement letton par jésuites. **1621** Livonie conquise par Suédois. **1721** tsar Pierre Ier à Riga et en Livonie. **1762** Russie annexe Livonie au 1er partage de la Pologne. **1793** Russie annexe Courlande (3e partage). **XIXe s.** les 2 provinces, incorporées dans l'empire russe, sont administrées par des gouverneurs nommés par le tsar (presque tous des barons baltes), large autonomie religieuse, judiciaire et culturelle. **1861** loi agraire permettant aux paysans lettons d'accéder à la propriété. **1905** révolution dirigée par P. social-démocrate letton réprimée. **1915** 355 000 déportés en Russie lors de l'offensive allemande. **1917** occupation allemande. *-Mars* autonomie proclamée à Riga. *-3-9* Allemands occupent Riga. **1918**-*3-3 traité de Brest-Litovsk :* les bolcheviks renoncent à l'Estonie et la Livonie (L. et Lituanie), les barons baltes envisagent de créer un duché de Courlande offert à Guillaume II. 3 forces se disputent le pouvoir : le Conseil national letton (gouv. provisoire de coalition) avec Karlis Ulmanis (1877-1952) qui proclame l'indépendance (18-11), la minorité allemande qui s'appuie sur la Landeswehr, force militaire, et les bolcheviks. **1919** armée rouge occupe Riga, soutient un régime bolchevique letton (Peteris Stucka). Le Cte Rudiger von der Goltz fait venir des troupes (régulières et corps francs). *-16-4* état-major fait prisonnier ; ministres arrêtés. Ulmanis, réfugié sur vapeur *Saratov,* se place sous protection anglaise. *-27-4 pasteur Needra,* proallemand, PM. *-16-6* Alliés craignant que la Courlande ne devienne la base d'une opération pour rétablir monarchie à Berlin, ne souhaitent pas envoyer de troupes en L. qui devra s'abriter derrière les troupes allemandes le temps de constituer une armée. L'All. accorde sa protection, contre la promesse de terres et de la nationalité lett. aux soldats engagés. Von der Goltz envisage une colonie militaire et agricole allemande au service des barons baltes, servant de base à une offensive sur Petrograd, afin d'y restaurer un pouvoir tsariste favorable à l'All. *-23-6 traité de Versailles,* l'All. s'engage à évacuer pays Baltes. *-3-7* Gal Gough, Pt des missions alliées en L., signe un armistice avec von der Goltz. Riga est évacuée et les troupes allogènes sont épurées des éléments allemands. Ulmanis rentre, dépose Needra et met sur pied une armée avec aide française et britannique. *-24-8* évacuation allemande commence. Mais le Cel Bischoff, chef de la division de fer, interdit le départ. Bermont, dit « Pce Avaloff », dirige les Russes blancs, demeurant en L. après la scission du régiment du Pce Lieven et propose à von der Goltz d'incorporer à cette « armée russe de l'Ouest » les Allemands stationnés en Courlande. Von der Goltz accepte et rentre à Berlin où il se fait relever de ses fonctions de chef du VIe corps d'armée de réserve, puis revient à titre privé comme conseiller. 50 000 soldats allemands sont naturalisés russes. *-8-10* Avaloff lance ses troupes sur Riga. *-10-10* Allemands maîtres de la rive gauche de la Duina d'Uxküll à Dünamunde. *-11-10* Avaloff propose armistice à Ulmanis. *-13-10* l'amiral anglais Cowan ordonne à Avaloff d'évacuer Dünamunde avant le 15 à midi. *-15-10* Avaloff refuse. Les Allemands ayant ouvert le feu par méprise sur une chaloupe anglaise, le Cdt Brisson, *à 13 h 15,* réplique. *-27-10* attaque germano-russe réduite par bombardements. *-3-11* attaque générale. Les Alliés exigent le retour des Allemands en Allemagne. Le général Eberhardt, nouveau chef des troupes allemandes de la Baltique, ordonne à Bischoff de liquider l'affaire balte. *-21-11* attaque contre Mitau. **1920-24** réforme agraire. **1920**-*11-8 traité de Riga :* indépendance reconnue par URSS. **1921**-*26-1* par Alliés occidentaux. **1922**-*15-2* Constitution (démocratie parlementaire). **1928**-*9-2* protocole Litvinof signé à Moscou (URSS, Pologne, Estonie, Lettonie) : renonciation à la guerre. **1932**-*5-2* traité de non-agression avec URSS. **1934**-*15/16-5* état de siège pour 6 mois. **1936** dictature du Gal **Karlis Ulmanis**. **1939**-*5-10* pacte d'assistance mutuelle avec URSS qui installe des bases militaires (25 000 h.). **1940**-*13-6* URSS exige formation d'un gouvernement prêt à assurer l'application du pacte d'assistance mutuelle. Vychinsky, délégué extraordinaire en L., nomme un gouv. provisoire. *17-6* entrée de troupes soviétiques. *-14/17-7 élections :* liste unique établie par le Parti communiste. *-24-7* Parlement vote « nationalisation » du sol, des usines, immeubles, banques, navires, demande incorporation dans l'URSS (non reconnue par l'Occident). La police emprisonnera 6 000 Lettons, en exécutera 1 480 et en déportera 37 500. *-5-8* L. incorporée à l'URSS comme république fédérée. **1941**-*17-6* attaque allemande contre URSS. *-22-6* Allemands à Riga (l'occupation allemande durera jusqu'en 1944, en Courlande jusqu'au 7-5-1945).

Période soviétique. Après 1945 russification des services publics, déportations, immigration russe (50 % de la population). **1987**-*14-6* manif. pour un monument aux victimes du stalinisme. **1990**-*15-2* Parlement vote l'indépendance par 177 voix contre 48 (nombreux russophones favorables). *-1-5* Congrès des citoyens (élu par 700 000 Lettons) demande retrait des Soviétiques. *-3-5* **Anatolis Gorbunovs** (né 1942) réélu Pt du Soviet suprême de L. (153 voix sur 196) devant Anatoli Alexeïev, Pt du mouvement Interfront (pour maintien de la L. dans URSS) [20 voix]. *-4-5* Parlement vote l'indépendance avec transition (138 pour, 58 abst.). *-14-5* décret de Gorbatchev annulant l'indépendance. *-20-5* anti-indépendantistes créent Comité de protection des droits des citoyens soviétiques. *-27-7* la L. ne participera pas à l'élaboration d'un nouveau traité de l'Union. *-8-9* Gorbunovs quitte PC. *-19-11* l'URSS s'oppose à la participation des ministres baltes des Affaires étrangères au sommet de la Conférence sur la sécurité et la coopération en Europe (CSCE) à Paris. **1991**-*2-1 Omon* (forces soviét.) investissent imprimerie du PC occupée par indépendantistes. *-7-1* arrivée de renforts soviét. *-9-1* appel à refuser la conscription forcée. *-14-1* le Comité de salut nat. de L., favorable au maintien de la L. dans URSS, exige démission du gouv. et du Parlement lettons. *-15-1* Gorbatchev met en garde la L. *-16-1* une personne tuée par Omon. Refus des indépendantistes de lever barricades érigées depuis le 13. *-19-1* l'agence Tass annonce la prise du pouvoir par le Comité de salut nat. *-20-1* Omon attaquent ministère de l'Intérieur, 5 †. *-21-1* Parlement crée unités d'autodéfense. *-3-3* « sondage d'opinion », sur indépendance, plus de 70 % de oui.

État indépendant. 1991-*21-8 indépendance* (109 voix sur 201). *-23-8* 1er secr. du PC, Alfred Rubiks, arrêté (condamné juillet 1995 à 8 ans de prison), PC interdit. *-6-9* indépendance reconnue par URSS. *-17-9 entrée à l'Onu. -22-11* la France restitue l'or confié entre 1926 et 1937. **1992**-*mai* rouble letton. *-1-7* visite Pt Mitterrand. *-Nov.* retrait des Russes suspendu (impossibilité de reloger soldats et familles en Russie). **1993**-*mars* lats remplace le rouble. *-5-6 législatives* (réservées aux citoyens d'avant-guerre ou descendants). *-7-7* **Guntis Ulmanis** (né 13-9-1939, petit-neveu du Gal Ulmanis) Pt. *-Juillet* **Valdis Birkavs** (né 1942) PM. *-Nov.* loi limitant l'accès à la citoyenneté des étrangers (en particulier russophones). **1994**-*14-2* adhère au partenariat pour la paix de l'Otan. *-9-5* membre associé de l'UEO. *-13-7* Birkavs démissionne. *-15-7* **Maris Gaïlis** (né 1951) PM. *-Août* départ des 13 000 derniers soldats russes [Russie loua 5 ans 1/2 station radar de Skrunda (finalement détruite 5-5-1995)]. **1995**-*31-1 entre au Conseil de l'Europe. -1-2* registres de naturalisation ouverts aux 700 000 à 800 000 non-citoyens russophones. *-21-12* **Andris Skele** (né 16-1-1958) PM. **1996**-*18-6* Ulmanis réélu par 53 voix contre 47. **1997**-*28-7* **Guntars Krasts** (né 16-10-1953) PM. **1998**-*17-3* manifestation de russophones. *-22-6* naturalisation automatique des enfants nés en L. depuis août 1991 (concerne la minorité russophone) [approuvée 3-10 par référendum : 53 %]. *-26-11* **Vilis Kristopan** PM. **1999**-*8-7* **Vaira Vike-Freiberga** (née 1-12-1937 ; professeur de psychologie ; a vécu 40 ans au Canada) Pte (élue le 17-6). *-12-7* **Andris Skele** PM. **2000**-*5-5* **Andris Berzins** (né 4-8-1951) PM.

■ **Statut.** *République.* **Constitution** du 15-2-1922 rétablie par Parlement le 6-7-1993. **Pt** élu pour 4 ans par Parlement. **Parlement (Saeima) :** 100 membres élus au suffrage univ. pour 4 ans. **Élections législatives des 3-10-1998 :** P. populaire 24, Voie lettone 21, LNNK 17, Alliance lettone soc.-dém. 14, TPS 16, NP 8. **Fête nationale.** 18 nov. **Drapeau** (adopté 27-2-1990). 2 bandes horizontales rouges encadrant 1 blanche.

■ **Partis. Association pour la patrie et la liberté, Mouvement nat. de l'indépendance (LNNK) (TB :** *Tevzemei Brivibai*) fondée 1995 (Maris Grinblats). **Union chrétienne-démocrate de L. (KDS)** fondée 1991 (Paulis Klavins). **Union des paysans lett. (LZS)** fondée 1990 (Andris Greiselis). **P. social-démocrate des travailleurs lett.** fondé 1904 (Janis Adamson). **Voie lettone (LC :** *Latvijas cels*) fondée 1993 (Andrejs Pantelejevs). **P. populaire pour l'harmonie nat. (TPS)** fondé 1993 (Janis Jurkans). **Front populaire de L.** fondé 1988 (Andris Skele). **Mouvement populaire « Pour la L. » (TKL)** fondé 1994 (Joahims Zigerists). **P. vert de L. (LZP)** fondé 1990. **P. travailliste** fondé 1996 (Aivars Kreituss). **Alliance lettone sociale-démocrate** (Juris Bojars). **Nouveau parti (JP :** *Jauna partija* [Raimonds Pauls]).

■ **Économie. PNB** (en $ par hab.) : *1993 :* 1 070 ; *94 :* 1 418 ; *95 :* 2 400 ; *96 :* 2 567 ; *97 :* 2 430 ; *98 :* 2 470 ; *99 :* 2 740. **Croissance** (en %) : *1996 :* 3,3 ; *97 :* 8,6 ; *98 :* 3,9 ; *99 :* 0,1 ; *2000 (est.) :* 5. **Population active** (en %) **et,** entre parenthèses, **part du PNB** (en %) : agr. 16 (23), ind. 30 (52), services 54 (23). **Chômage** (en %) : *1995 :* 6,5 ; *99 :* 9,1 ; *2000 :* 7,8. **Inflation** (en %) : *1992 :* 956 ; *93 :* 209 ; *94 :* 36 ; *95 :* 25 ; *96 :* 17,7 ; *97 :* 8,5 ; *98 :* 4,7 ; *99 :* 2,4 ; *2000 :* 1,8. **Investissements étrangers :** *1989-98 :* 1 milliard de $. **Dette extérieure** (en % du PIB) : *1995 :* 32,4 ; *98 :* 50,1. **Déficit budgétaire** (en % du PIB) : *1998 :* – 1 ; *99 :* – 3,5.

■ **Agriculture.** 17 % de la pop. **Terres cultivées** (en 1998) : 983 400 ha. **Production** (en milliers de t, 1999) : blé 345, p. de t. 796, bett. à sucre 579, légumes 119,6, choux 104, pommes 54, oignons 20, concombres 12, prunes 10, lin 1,3. **Élevage** (en milliers de têtes, 1999). Volailles 3 209, bovins 376 (dont vaches laitières 242) ; porcins 403 ; ovins 27. Lait, viande, œufs. **Forêts.** 45 % des terres. **Production** (en 1998) : 10 029 400 m³. **Pêche** (en 1998). 102 700 t. **Mines.** Tourbe (208 600 t en 1998), calcaire, dolomite, sable, gravier, pierre concassée. **Industrie** (en 1999). Chimie et pétrochimie, industrie du livre, mécanique, usinage des métaux, construction navale, textile, alimentaire, bois. **Production :** métaux 17,1 t, tissus 22 621 m², livres 3 228 000 pièces, plastique 4 300 t. **Transports** (en km). **Routes :** 55 942 (en 1996). **Voies ferrées :** 2 413 (en 1996). **Tourisme** (en 1997). 63 167 visiteurs.

■ **Commerce** (en milliards de $). **Export./import. :** *1995 :* 1,31/1,82 ; *96 :* 1,44/2,32 ; *97 :* 1,67/2,72 ; *98 :* 1,81/3,19 ; *99 :* 1,72/2,95 [(en %) *exporte* bois et dérivés 37,6, textile 15,8, métaux et produits métalliques 7,4 *vers* UE 63, CEI 11 /*importe* constructions mécaniques et équip. électrique 22,1, produits chim. 12,1 *de* UE 55,8, CEI 14].

LIBAN
V. légende p. 950.

☞ *Abréviations :* B. : Beyrouth ; Isr., isr. : Israéliens, israélien(ne)(s) ; L. : Liban ; Lib., lib. : Libanais, libanais(e)(s) ; Pal., pal. : Palestiniens, palestinien(ne)(s).

■ **Nom.** A cause du mont Liban (signifie « blanc » en araméen). **Situation.** Asie. **Superficie :** 10 452 km². **Longueur :** 210 km. **Largeur :** 25 à 60 km. **Côtes :** 225 km. **Frontières** (en km) : Syrie 375 km, Israël 79. **Altitude** *maximale :* 3 083 m (al-Qurna al-Sawda). Plaines côtières (climat doux et pluvieux en hiver, chaud en été) ; steppe (alt. 900 m) traversée de cours d'eau permanents, localement irriguée par sources entre *chaînes du Liban* et *Anti-Liban* (alt. 2 600 m).

■ **Population** (en milliers d'hab.). *1922 :* 628,8 (chrétiens 330,4, musulmans 229,7, divers 68,7) ; *1932* (dernier rec. officiel) : 785 dont (en %) chrétiens 51,2 (maronites 28,8 ; Grecs orthodoxes 9,7, Grecs catholiques 5,9 ; autres 6,8), musulmans 48,8 (sunnites 22,4, chiites 19,6, Druzes 6,8) ; *1984 :* 3 575 (chrétiens 42,7 %, musulmans 57,3) ; *1997 (est.) :* 3 900 dont (en %) chrétiens 40, musulmans 45, Druzes 5 ; *99 :* 4 100 ; *2000 (est.)* 4 290 ; *2025 (est.) :* 6 000. **Français :** *1975 :* 10 ; *86 :* 6 (dont 80 % ont la double nationalité) ; *92 :* 7,5 ; *93 :* 8. **D.** 404. **Émigrés** (en milliers, avec des descendants de plusieurs générations) : Brésil 3 000 à 8 000, Argentine 1 500, USA 500, Australie 300, Canada 250, Arabie 150, *France 120,* Côte d'Ivoire 110, Mexique 80, All. 60, Équateur 50, Koweït 50. *De 1975 à 1994 :* 729 (USA 144, Australie 109, Canada 108, France 92, divers 276). **Immigrés** (en milliers) : 2 000 [*Syriens* 600 selon PM Hariri et 1 475 selon Sûreté (300 depuis 1992) dont soldats 35, Palestiniens 350 (vague de 1948 : assistés 300 dont camps 92, hors camps 120 ; intégrés 100 dont naturalisés 50 ; vague de 1970 : 100 dont armés 5) ; *Européens* 30]. **Age :** *- de 15 ans :* 27,9 % ; *+ de 64 ans :* 6,7 %. **Espérance de vie** (en 1998) 70 ans. **Urbanisés :** 88 % de la pop.

■ **Villes** (est. 1998). *Beyrouth* 1 500 000 hab. (*1984 :* 474 870, *1922 :* 95 000), Tripoli 160 000, Baalbek 150 000, Djouniyé 100 000, Tyr 80 000, Zahlé 45 000, Saïda (*Sidon*) 38 000, Djebail (*Byblos*) 25 000, Aley 20 000, Batroun 20 000. **Distances de Beyrouth** (en km) : Baalbek 90, Batroun 55, Djebail 35, Djouniyé 20, Saïda 45, Tripoli 90, Zahlé 53.

■ **Langues.** Arabe (*officielle* depuis 1943), français, anglais, arménien. **Universités** [confession ou nationalité (nom, langue, nombre d'étudiants)]. *Maronite* (St-Esprit, français, arabe, 2 000), *catholique* (St-Joseph, jésuite, français, 5 000), *américaine* (4 500), *arabe* (12 000 à 15 000), *libanaise* (seule université d'État, gratuite, arabe et français, 55 000), *grecque orthodoxe* (Balamond, arabe et anglais), *grecque catholique* (St-Paul, arabe et français), *sunnite* (Al-Maqassid, arabe et anglais).

☞ Libanais francophones : 53 % de la population.

■ Religions

Communautés légalement reconnues. 17 dont **chrétiennes :** 11 dont 6 rattachées à Rome [*Maronites* (St Maron, † 435) 700 000, *Grecs « melkites »* (rattachés à Rome 1734) 200 000, *Arméniens* (arrivés en 1918 après évacuation de la Cilicie par les Français et en 1939 après annexion du sandjak d'Alexandrette par la Turquie) 25 000, *Syriens, Chaldéens* et *catholiques romains*] ; 4 non rattachées [*Grecs* (250 000) et *Arméniens* (150 000) *orthodoxes, Arméniens-Géorgiens* et *Nestoriens*] ; 1 *protestante* [Église évangélique du Liban (presbytérienne), constituée au XIXe s. 30 000]. **Musulmanes :** 2 (dont chiites 30 %, sunnites 25 %). **Druze :** 1 (confession fondée au XIe s. par Darazi, syncrétisme entre islam et diverses croyances orientales dont réincarnation) ; environ 150 000. **Juive :** 1 *(1958 :* 6 600 juifs ; *après 1968 :* 500 ; *1986 : 100).* **Ismaélienne :** 1. **Alaouite :** 1.

☞ Depuis mars 1997, la religion n'est plus mentionnée sur les nouvelles cartes d'identité magnétiques.

■ Histoire

■ **Avant J.-C. Civilisation phénicienne** [du grec *phoïnix* (rouge pourpre, spécialité des Phéniciens) ou *phoïnos* (rouge brun : peau foncée ?)]. **Vers 4000** Beyrouth fondée. Sémites établis au pays de Chanaan fondent Byblos (5000), Sidon (3500), Tyr (2750), et colonisent pourtour méditerranéen. Inventent un alphabet à l'origine de la plupart des alphabets actuels (22 signes). **969** Hiram roi de Tyr. **Jusqu'à 333** chaque cité maritime est autonome, malgré occupations hittite (vers 1200), assyrienne, égyptienne et perse achéménide. **332** Alexandre le Grand détruit Tyr ; la côte devient une annexe des royaumes hellénistiques : Syrie des Séleucides au nord, Égypte des Lagides au sud. **13** provinces de Phénicie.

■ **Après J.-C. 64** partie de l'Empire romain (province de Syrie). **200** école de droit de Béryte (Beyrouth) fondée, temple du dieu Soleil (Jupiter Héliopolitain) à Héliopolis, ancien centre phénicien de Baalbek. **287** divisée en Phénicie maritime (capitale Tyr) et Phénicie *ad Libanum* [capitale Émèse (Homs)]. **395** dépend de Constantinople (Empire d'Orient, puis byzantin). **555** séisme à Beyrouth. **635** Arabes prennent Damas. **763** arrivée des Tanûkhides. **1096** 1re croisade. **1120** arrivée des Maan. **XIIe s.** fiefs de Terre sainte : Cté de Tripoli au nord (1109-1289) avec Tortose et le krak des Chevaliers ; royaume de Jérusalem au sud (1099-1291) avec Beyrouth, Sidon, Tyr, château de Beaufort. Maronites se rallient à Rome. **1289** Mamelouks prennent Tripoli. **1320** arrivée des *Chihâb*. Conquête ottomane. **1367** Gabriel II, patriarche, brûlé vif par Mamelouks. **1516-1697** dynastie des émirs druzes Maan. **1516 Fakhredine Ier** émir. **1535** 1res capitulations. **1586** collège maronite de Rome fondé. **1590 Fakhredine II** (fils de Korkmâz, 1572/13-4-1635), émir, bat les Banoû Saifa, soumet les Harfoûch, conquiert Galilée, s'allie au grand-duc de Toscane. **1613** Ahmed Hafez, pacha de Damas, envahit le L. à la demande du sultan. Fakhredine abandonne le pouvoir à ses fils, Ali l'aîné et Younès, et gagne la Toscane. **1618** le sultan l'autorise à rentrer. **1623** étend à nouveau ses domaines, bat le nouveau pacha de Damas à Anjar et le renvoie comblé de présents. **1634** bat les Turcs dans la région de Tripoli. **1635** battu à Wadi at-Taym ; Ali et Younès sont tués. Emmené à Stamboul, Fakhredine est exécuté (13-4). **1697** avènement des *Chihâb* (musulmans sunnites) jusqu'à Youssef, 3e émir, qui se convertit au christianisme. **1749** Beyrouth devient le port du L. **1788 Béchir II Chihâb** se dit officiellement chrétien, émir. Allié des Turcs, arbitre les différends des pachas. Exilé en Égypte après une brouille avec le sultan. Pardonné, reprend ses troupes et bat à Moukhtara son vassal et ami Béchir Joumblat qui l'avait trahi et le fait étrangler. **1831** engage ses troupes aux côtés de l'armée égyptienne composée d'Albanais et de Barbaresques que commandent Ibrâhîm Pacha, fils de Méhémet-Ali, et le Français Soleiman-Pacha (Cel Sève). **1832** soulèvement quand Méhémet conquiert Syrie. **1840** *-8-6* révolte contre Méhémet à Antélias, 12 délégués des révoltés des différentes communautés se jurent fidélité. Anglais chassent les Égyptiens. Béchir II se rend aux Anglais, exilé à Naples (1840) puis Istanbul (1841) où il meurt à 87 ans (1850). **1841** troubles (Druzes poussés par agents anglais attaquent maronites). **Béchir III** abdique. 2 districts *(caïmacamats) :* au nord (maronites), au sud (Druzes). **1860** Druzes avec complicité des Turcs massacrent 22 000 chrétiens (75 000 déplacés, 360 villages détruits, 560 églises, 42 couvents, 28 écoles et 29 établissements français incendiés). Chargée par les puissances de rétablir l'ordre, la France envoie le Gal Beaufort d'Hautpoul avec 6 000 marsouins. **1861** autonomie du Petit-L. (Mt-Liban) administré par gouv. chrétien (le *mutasarrif*), assisté d'une assemblée. **1864** protocole international confirmant l'autonomie du Mt-Liban et abolissant féodalité. **1916** intervention française (la Turquie alliée de l'Allemagne). **1918**-*8-10* un corps franco-anglais entre dans Beyrouth. *-12-10* les marins français débarquent à Tripoli.

■ **Période française. 1920**-*10-8 traité de Sèvres,* qui détache L. et Syrie de la Turquie. La Fr. a un mandat de la SDN et proclame le Grand-L. (10 400 km²) : mutassarifiya du Mont-Liban comprenait maronites et Druzes, Beyrouth, 4 cantons de la Bekaa, Tripoli, Tyr et Saïda. *-1-9* Beyrouth, Gal Gouraud proclame officiellement l'*indépendance* du L. **1922**-*24-7* SDN confirme mandat français précisant qu'une union économique réunira L. et Fédération syrienne. **1926** révolte druze. *-26-5 Constitution* inspirée de la Constitution française. **1927** Sénat supprimé ; **Charles Debbas** (1861-1935) Pt. **1932** crise politique ; le haut-commissaire suspend la Constitution. **1934**-*janv.* **Habib as-Saad** (1866-1946) Pt. **1936**-*janv.* **Émile Eddé** (1881-1943) Pt. *-13-11* traité d'amitié et d'alliance pour 25 ans devant mettre fin au régime mandataire (non ratifié par Parlement français). **1939** Constitution suspendue. **1941**-*avril* **Alfred Naccache** (1887-1978) Pt. *-8-6/14-7* **guerre de Syrie** (voir à l'Index). *-7-10 Riad Solh* (1893-1951) [sunnite] PM. *-27-11* Gal Catroux, commandant Forces françaises libres du Levant, proclame indépendance du L. **1943** Jean Helleu, haut-commissaire en Syrie et L. pour la France libre. *-18-3* Constitution rétablie. *-7-6* Helleu devient délégué général en Syrie et L. *-21-7* Naccache démissionne. *-17-8* **Béchara el-Khoury** (1890-1964) chef du bloc national, élu Pt 31-8. *Élections :* succès des nationalistes ; *-8-11* ils modifient la Constitution, en retranchant ce qui prévoit encore l'intervention de l'autorité de tutelle. *-10-11* Helleu arrête el-Khoury, Riad Solh et plusieurs ministres et nomme *Émile Eddé* PM. Gouvernement de résistance dans la montagne. *-16-11* Catroux à Beyrouth. *-23-11* Yves Chatrigneau remplace Helleu ; Chambre dissoute ; constitution remise en vigueur ; Pts et ministres libérés. Pacte entre el-Khoury (maronite renonçant à rechercher des appuis occidentaux) et Solh (sunnite écartant un recours auprès du monde arabe) [jamais écrit] entérine le partage du pouvoir entre chrétiens et musulmans. *-22-12* Damas, accord Catroux/Syrie, Liban pour transférer aux 2 gouvernements le 1-1-1944 des attributions exercées en leurs noms par la France. **1944**-*10-2 Gal Beynet* délégué général et plénipotentiaire en Syrie et L. **1945**-*22-3* adhère à Ligue arabe (membre fondateur). **1946**-*mars/déc.* évacuation des troupes françaises.

1948 *guerre de Palestine :* 120 000 réfugiés pal. **1948-50** la Syrie rompt l'union économique et douanière. **1951**-*16-7* Amman, Riad Solh assassiné sur ordre du PPS. **1952** fin traité avec Syrie. *-19-9* el-Khoury démissionne. *-Sept.* **Camille Chamoun** (1900-87) Pt. *-22-12* naufrage du *Champollion* (paquebot français) devant Beyrouth : 17 †. **1953** amélioration des relations avec Syrie. **1958**-*7/8-5* l'assassinat de Nassib Metni, directeur du *Telegraph*, déclenche insurrection, guerre civile entre partisans et adversaires de la RAU (plusieurs centaines de †). *-15-7* débarquement des troupes américaines plage de Khaldé à la demande de Chamoun. *-31-7* **Gal Fouad Chehab** (1902-73) Pt, gouv. de coalition. **1964**-*18-8* **Charles Hélou** (25-9-1913/7-1-2001) Pt, en fonctions en sept. **1967**-*5-6* **guerre des Six-Jours** (Israël) : 450 000 réfugiés palestiniens. **1968**-*29-12* raid israélien sur aérodrome de Beyrouth (13 avions détruits) ; activités des fedayin pal. entraînent des représailles isr. au L. **1969**-*avril/mai* affrontement armée/Pal. *-3-11 accords du Caire :* les Pal. peuvent aménager des bases d'entraînement, mais ne peuvent approcher la zone frontalière ni effectuer des raids à partir du L. **1970**-*sept.* **Soleiman Frangié** (1910/23-7-92) Pt. **1971**-*juillet* après combats en Jordanie (environ 3 000 Pal. †, bases détruites), le L. reste un des seuls pays arabes où les Pal. gardent une liberté d'action. **1973**-*10/23-4* Beyrouth, plusieurs responsables pal. assassinés par commandos isr. *-20/23-5* combats armée lib./Pal. à Chtaura (dizaines de †) ; *accord de Melkart* (nom de l'hôtel où il fut signé) entre L. et Yasser Arafat, réglant droits et devoirs des Pal. au L. *-Nov./déc.* ratissage isr. près frontière. **1974**-*16-5* attaque isr. sur des camps : 300 † en représailles du raid de Maalot (voir **Israël**). **1975**-*7-1* rencontre Frangié/Assad. *-26-2/1-3* Saïda, affrontements civils/militaires. *-13-4* chrétiens mitraillés devant l'église d'Aïn-Remmaneh : 4 † ; représailles : tirs sur un car pal. : 27 †.

■ **Guerre du Liban. De 1975 à 1977. 1re phase (1975) : armée lib. s'oppose aux Palestiniens :** *-15-5* PM *Solh* démissionne. *-23/25-5* gouv. militaire du Gal Rifaï. *-29-5 Rachid Karamé* (1921-87) PM. **2e phase (1975) : milices chrétiennes se battent contre progressistes :** *-1-7* à El-Kaa, mulsulmans massacrent chrétiens. *-28-8/1-9* à Zahlé : 26 †. *-Sept.* à Tripoli et Zghorta : plus de 100 †. *-10-9* armée crée zone tampon. *-12/14-9* des Pal. (de Habache et Hawatmeh) tuent des chrétiens (à Beit-Mellat). *-Nov.* échec mission Couve de Murville. *-Déc.* combats d'artillerie à B. ; centaines de †. *-5-12 :* 4 jeunes chrétiens, dont les 2 fils de Joseph Saadé, tués dans la montagne. *-6-12* représailles phalangistes : 110 musulmans † à B. *-12-12 Samedi noir,* 200 (ou 370 ?) civils musulmans exécutés. **3e phase (1976) : les Pal. appuient les progressistes :** kataëbs détruisent camp de la Quarantaine ; plus de 100 †. Pal. prennent Damour : 300 à 500 †. *-Janv.* combats à B. : 300 † en une semaine (163 † le 16). *-18-1* Karamé démissionne après échec du 20e cessez-le-feu ; entrée des Syriens. *-22-1* Lt Ahmed el- Khatib fonde armée du L. arabe près frontière syrienne ; Syrie garantit cessez-le-feu. *-24-1 Karamé* PM. *-27-1* Pal. s'engagent à respecter souveraineté lib. *-Févr.* plan de réforme du Pt Frangié (égalité des sièges au Parlement entre chrétiens et musulmans, élection du PM par l'Ass. à la majorité relative, majorité des 2/3 pour votes « vitaux », répartition confessionnelle des présidences maintenue) : **« IIe Rép. libanaise »** ; désertions dans l'armée. *-11-3* brigadier-général Aziz Ahdab (musulman) somme Frangié de démissionner : refus. *-14-3* vote de défiance du Parlement contre Frangié. *-15-3* Syrie s'oppose à l'éviction de Frangié par la force : OLP bloque accès du palais présidentiel (dizaines de †). *-21-3* gauche prend hôtel Holiday Inn. **4e phase (1976) : Syriens appuient chrétiens :** entrée des troupes syriennes au L. à la demande des phalangistes. *-Avril/mai* combats Syriens/Pal. *-12-8* camp pal. (30 000 personnes) de Tall el-Zaatar tombe après 52 jours de siège (7 000 chrétiens) : au moins 2 000 †. *-23-9* **Elias Sarkis** (1924-85) Pt. *-18-10 accords de Riyâd ; -26-10 du Caire :* Syrie fait endosser par les pays arabes son intervention [les forces syriennes deviennent la « force arabe de dissuasion » (casques verts 6 000 h.)]. **5e phase (fin 1976-début 1977) : la Syrie avec la Saica (Pal. pro-Syriens) appuie dans le sud les Pal. contre les chrétiens :** *-17-3* Kamal Joumblatt (leader de la gauche) assassiné par des agents syriens. *-Mars* représailles druzes : 147 chrétiens du Chouf †. **6e phase (avril 1977) : combats Syriens/Pal. du Front du refus :** *-sept.* l'armée isr. aide milices conservatrices près de Marjayoun. *-9-11* bombardements isr. (60 † à Azziyé). **7e phase (intervention Israéliens et Onu) : 1978**-*14-3* en représailles d'un attentat pal. (35 †) les Isr. envahissent L. et chassent Pal. au-delà du Litani (700 † pal. et lib.). *-19-3* Finul (Force intérimaire des Nations unies au L. ; mission définie par la résolution 425 de l'Onu du 19-3-1978) s'implante sur 650 km² (4 000 h. dont 700 Français ; de 1978 à 96 : 205 †). *-21-3* cessez-le-feu dans zone occupée par Israël (1 500 km²). Beyrouth, combats chrétiens/Syriens : 150 †. *-11-4/13-6* évacuation isr. (sauf une « bande de sécurité » au sud du Liban). **8e phase (développement des luttes entre chrétiens) : 1978**-*13-6* Tony Frangié, sa femme, sa fille et 30 partisans tués par kataëbs ; représailles : 33 chrétiens de la Bekaa tués à El Kaa, à l'instigation des Syriens alliés de Frangié. *-1-7* début des affrontements à Beyrouth, Syriens/milices chrétiennes. *-31-8* disparition en Libye de l'imam *Moussa Sadr*, chef des chiites. **1979**-*18-1* raid isr. au Sud-L. *-18-4* Cdt *Saad Haddad* (chef des milices chrétiennes du S.) déclare indépendance du Sud-L. (800 km², 40 000 hab.). Pal. bombardent enclaves chrétiennes du Sud (30 000 chrétiens et 60 000 chiites résistent). **1980**-*févr.* affrontements kataëbs et partisans de Frangié soutenus par Syriens. *-23-2* fille de Béchir Gemayel tuée (attentat). *-9-4* Israël établit des positions de défense avancées au Sud-L. après attentat contre kibboutz de Misgav-Am. *-6/9-7* **« guerre des Chrétiens »** milices de Gemayel Chamoun. *-9-7* Chamoun capitule : 100 à 200 †. *-25-10 Chaffic Wazzan* (1925-99) PM. *-10-11* double attentat à B. : 10 †. **1981**-*20-4* Isr. bombardent Saïda et Tyr. Pal. lancent roquettes en Haute-Galilée. *-Avril/juin* combats syro-pal. contre Lib. à Zahlé (1-4 au 30-6 : 100 †) et à B. (environ 400 †). *-Juillet* raids isr. contre bases pal., B. bombardé : 700 †. *-24-7* cessez-le-feu. *-4-9* Louis Delamare (né 12-11-1921), ambassadeur de France à B., assassiné (Syrie mise en cause). *-Fin août/début sept.* voitures piégées (1-10 à B., 100 kg de TNT : 83 †, 225 bl.). *-15-11 :* 4 attentats contre bâtiments français à B. revendiqués par Arméniens. **1982**-*23-2 :* 2 voitures piégées : 13 †. *-15-4 :* 2 diplomates français tués. *-24-5* voiture piégée devant ambassade de Fr. : 11 †. *-26-5* Mauroy au L. *-4-6* après attentat (3-6) contre son ambassadeur en G.-B., Israël bombarde camps pal. à B. et au Sud-L. : 200 †.

Occupation israélienne : 1982-*6-6* invasion isr. (opération « Paix en Galilée »). *-7-6* prend château de Beaufort, Tyr, Hasbaya et Nabatîyé. *-11-6* cessez-le-feu israélo-syrien. *-18-6* Israël exige départ de B. des Pal. et forces syriennes du L. *-25-6* B.-Ouest bombardé. *-30-6* affrontements Druzes/kataëbs : 17 †. *-3-7* B.-O. encerclé. *-15-7* refus syrien « définitif » d'accueillir Pal. *-18-7* ultimatum isr. aux Pal. : départ de B.-O. d'ici à « moins d'un mois ». *-24/28-7* Isr. bombardent B.-O. : 247 †. *-28-7* cessez-le-feu. *-1-8* Israël prend aéroport. *-12-8 :* 11e cessez-le-feu. *-18-8* L. accepte *plan Habib* (retrait des Pal. de B. surveillé par force intern.) ; *-19-8* Israël accepte. *-22-8/3-9* départ de 15 000 combattants pal., surveillé par force multinationale d'interposition (2 130 soldats dont 800 Français, 800 Américains, 530 Italiens) dont la mission se terminera le 13-9 (500 000 à 600 000 Pal. restent dans les camps). *-23-8* **Béchir Gemayel** (né 10-11-1947 ; avocat, leader des Forces lib.) élu Pt (57 voix, 5 bulletins blancs, environ 30 abstentions). *-15-9* assassiné (20 † à Achrafieh, siège des kataëbs, 200 kg de TNT, auteur Habib Chartouni). Isr. entrent à B.-O. *-16/18-9* massacres de *Sabra* et *Chatila* par kataëbs [460 † (selon armée lib.), 700 à 800 † (selon armée isr.), 3 000 à 3 500 (selon Kapeliouk)]. *-21-9* **Amine Gemayel** (né 22-1-1942 ; frère aîné de Béchir) élu Pt par 77 voix contre 3 bulletins blancs. *-23-9* fin du mandat du Pt Sarkis. *-24-9* force multinationale de sécurité créée (3 300 h. dont 1 200 Américains, 1 100 Français, 1 000 Italiens). *-Nov.* Tyr, commando suicide du Hezbollah contre QG israélien : 70 †.

☞ **Bilan de l'opération Paix en Galilée** (1982). **Pertes syriennes :** 300 chars et unités équipées de T-62 soviét. détruits, rampes de lancement dans la Bekaa détruites, 85 Mig abattus (1/4 de l'aviation) ; **israéliennes :** *de 1982 à 85 :* 615 † (3 500 blessés) dont *été 1982 :* 274 †, 23 disparus, 1 114 blessés, 1 prisonnier. **Prisonniers faits par Israël :** 149 Syriens, 5 000 Pal.

1983-*janv.* affrontements sporadiques. *-5-2* explosion du Centre de recherche pal. à B. (20 †). *-18-4* attentat ambassade américaine de B. : 63 †. *-Mai/juin* affrontements au sein du Fatah (Cel Abou Moussa). *-17-5* accord libano-isr. prévoyant retrait des troupes étrangères du L., non ratifié. *-23-7* front de l'opposition (W. Joumblatt, S. Frangié et R. Karamé). *-31-8* et *15-9* envoi de 1 200 puis 2 000 marines américains au large de B. *-6-9* encerclement des chrétiens et occupation druze (Chouf). *-Sept.* 1 200 à 1 500 maronites, orthodoxes, melkites massacrés par Druzes. 145 000 chrétiens quittent le Chouf, 111 villages rasés, 85 églises chrétiennes et quelques sanctuaires druzes incendiés. *-4-9* armée isr. quitte le Chouf et se retire sur le fleuve Awali (30 km au sud de B.). *-7-9* résidence des Pins, QG de la force française, bombardée : 2 †. *-23-10* camion piégé (1,2 kg TNT) contre quartier gén. des marines américains à B. (241 marines †) et 0,3 t TNT contre « le Drakkar » français : 58 paras français †. *-24-10* Pt Mitterrand à B. *-31-10 au 4-11* conférence de réconciliation nat. lib. à Genève. *-4-11* camion piégé contre QG isr. à Tyr : 62 † dont 30 Isr. *-17-11* raid israélo-français sur Baalbek (caserne des chiites pro-iraniens) : 2 †. *-4-12 :* 2 avions américains abattus par batteries syriennes. *-20-12 :* 4 000 Pal. encerclés par Syriens quittent Tripoli sous protection Onu. *-21-12* attentat contre forces françaises : 1 soldat †, 16 bl., 14 Libanais †.

☞ **Bilan de la bataille de Beyrouth-Ouest** (6-6 au 15-8-1983). 6 775 † [5 675 civils et 1 100 combattants (45,6 % avaient des cartes de réfugiés palestiniens, 37,2 % Libanais, 10,1 % Syriens et 7 % divers)]. 29 112 blessés (11 448 grièvement).

1984-*14-1* Cdt *Saad Haddad* (né 1937), chef de l'Armée chrétienne du L. libre, meurt. *-4-2* PM **Chafic Wazzan** démissionne. *-6-2* Mouvement Amal contrôle B.-O. *-14-2* PSP (P. socialiste progressiste) prend axe Ain-Ksour-Damour, jonction avec Amal. *-18-2* Syrie rejette plan établi par L., USA et Arabie pour résoudre crise. *-26-2* marines quittent L. après Britanniques et Italiens de la force multinationale, seuls les Français (2 000 h.) restent à B. ; veto soviétique à l'envoi de forces Onu à B. *-5-3* traité du 17-5-1983 avec Israël déclaré nul. *-Fin mars* 81 observateurs français relaient les 2 000 h. *-30-4* **Rachid Karamé** (1921-87), sunnite du Front de salut national (opposition) PM, *gouv. d'union nat.* dont Camille Chamoun, Pierre Gemayel (maronite), Nabih Berri (chiite) et Walid Joumblatt (druze). *-9-7* aéroport de B. rouvert (fermé depuis 6-2). *-Août* Tripoli, lutte intégristes musulmans/prosyriens : 105 †. *-20-8* Pierre Gemayel meurt. *-26-9* attentat contre ambassade américaine : 24 † ; *-21-12* devant école druze : 5 †. **1985**-*16-2 début du retrait isr.* (3 étapes jusqu'en oct.). 1/3 des miliciens de l'Armée du Sud désertent. *-19-2* *Cdt Rhodes,* observateur, 5e Français tué. Guérilla chiite au Sud-L., représailles isr. *-Févr./mars* 5 attentats : 37 †. *-4-3* dans mosquée : 12 †. *-8-3* voitures piégées à B. contre Hezbollah : 72 †, *-10-3 :* 12 militaires isr. †. *-Mars* plusieurs enlèvements. *Samir Geagea* suscite dissidence parmi chrétiens. *-Avril* Israël met en place un couloir chrétien dans le Sud. Combats chrétiens/musulmans : exode de milliers de chrétiens. *-9-5* Élie Hobeika, chef des milices chrétiennes (avant, Samir Geagea). *-Mai* Pal. massacrés à *Sabra et Chatila* par Amal : plus de 500 †. Combats Druzes/chrétiens du Sud : centaines de chrétiens †, villages rasés, bétail massacré ; milliers de chrétiens fuient. *-21-5* attentat dans quartier chrétien de B. : 55 †. Cessez-le-feu entre Amal, Front de salut nat. politique et Front nat. démocratique ; retour aux positions du 19-5. *-10-6* armée isr. se retire, mais conserve une « zone de sécurité ». *-2-8* Amal a fini d'évacuer Sabra et Chatila. *-6-8 Front d'unité nat.* (Fun) autour du P. socialiste progressiste (druze) de Joumblatt et Amal (chiite) de Nabih Berri. *-17-8* voiture piégée à Antélias Beyrouth : 54 †. *-15-9/15-10 bataille de Tripoli :* 2 000 h. [intégristes, Rassemblement islamique (chef de file : MUI, Mouvement d'unification islamique, de cheikh Saïd Chaabane)] contre 2 500 h. [milice alaouite, P. arabe démocratique, liés à Syrie, et 2 autres milices prosyriennes, le PSNS (P. social nat. syrien) et PC] : 300 †. *-30-9 :* 4 diplomates soviét. enlevés : 1 † (2-10), 3 libérés (30-11). *-19-11* Israël abat 2 Mig syriens au-dessus du L. *-20/24-11 guerre du drapeau* chiites/Druzes : 65 † à B. *-28-12 accord inter-milices* à *Damas* (10e depuis 1975) : un nouveau gouv. devra décréter un cessez-le-feu global et immédiat avec appui de la Syrie. Système confessionnel aboli après période transitoire (dont la fin sera adoptée par majorité des 2/3 à la 1re Chambre élue, de 55 % dans la 2e législature, absolue dans la 3e). Coordination avec Syrie pour politique étrangère et relations bilatérales, questions militaires, économiques, sécurité, éducation et information. Combats 200 †. **1986**-*15-1 Hobeika,* chef des Forces lib. (milices chrétiennes unifiées), évincé. *-21-1* voiture piégée à Beyrouth : 30 †. *-10-4* idem : 11 †. *-17-4 :* 3 otages britanniques tués (représailles après raids américains sur Libye). *-21-6 :* 2 journalistes d'A2 libérés. *-5-9 :* 3 Casques bleus français tués. *-18-9* Cel Gouttière tué par Hassan Tleisse, chiite. *-Depuis déc.* siège des camps de Pal. par Amal. **1987**-*7-1* attentat contre Chamoun. *-11-2* voiture piégée : 15 †. *-Févr.* combat druze : 200 † (en 1 semaine). *-17/19-2* Pt Gemayel en France. *-22-2* occupation syrienne à B.-O. (7 000 à 13 000 h.). *-24-2 :* 23 m. du Hezbollah tués par Syriens. *-4-5* PM Karamé démissionne ; *-1-6* tué en hélicoptère dans attentat. *-2-6* **Salim Hoss** (né 1930) PM. *-19-6* la Syrie obtient la réconciliation de Nabih Berri (Amal) et Joumblatt (Druze). *-20-6* Ali Adel Osseirane, fils du min. lib. de la Défense, enlevé avec journaliste américain Charles Glass. *-15-7* Tripoli, voiture piégée : 75 †. *-7-8* Camille Chamoun, ancien Pt (87 ans), meurt. *-5-9* raid isr. : 46 †. *-24-9* père André Masse, jésuite enseignant, tué. **1988**-*4-1* Amal lève le siège du camp pal. (de Rachidiyeh) qu'il encerclait (en 3 ans, la guerre des camps afait 1 600 †). *-Avril* combats Amal/Hezbollah. *-11-5* Hezbollah prend 95 % de la banlieue sud de Amal. *-27-5* l'armée syr. entre à B.-O. *-30-5* voiture piégée à B.-E. : 20 †. Du 30-4 au 22-6 : 70 † à B. *-18-8 présidentielle :* Soleiman Frangié, prosyrien, n'a pas la majorité. *-Sept.* accords d'Oslo : retour interdit aux Palestiniens du 1er exode (1948), déjà interdits de naturalisation et privés de droits civiques. *-22-9* fin du mandat du Pt Gemayel qui confie le gouv. au **Gal Michel Aoun** (né 1935), Cdt en chef. **Salim Hoss** PM par intérim à B.-O. (gouv. dit d'« union nat. » démissionnaire depuis plusieurs mois ; seul ministre chrétien, le gendre de S. Frangié). **1989**-*29-1* accord de paix Hezbollah/Amal : 429 † depuis avril 1988. *-10-2* armée et milice lib. se disputent le contrôle du camp chrétien : environ 80 †. *-20-2* combats (75 †), armée/milices lib. accusées de prélever 420 000 $ par jour de taxes illégales et d'avoir la mainmise sur les ports. *-8-3* Pt syrien Assad déclare que peuples lib. et syriens ne font qu'un. *-14-3* Syriens bombardent, puis, le *-21-3,* bloquent réduit chrétien (1 500 km^2, 800 000 hab.) ; 35 000 soldats syriens, dont 15 000 dans la ville (100 chars, 100 à 150 canons, dont obusier soviét. de 240 mm) n'acceptant pas qu'Aoun ait fermé les ports illégaux (où transite la drogue de la Bekaa). *-17-3* voiture piégée : 12 †.

Guerres du Gal Aoun (1989-90). **1989**-*15-2* Aoun attaque les Forces lib. *-14-3* proclame la « guerre de libération » contre Syrie. *-28/29-3* cessez-le-feu lib. à la demande de la Ligue arabe. *-11-4* Bernard Kouchner à B. : aide française, refusée par musulmans, acceptée par Syrie : navire-hôpital *Rance* et pétrolier *Penhors* (ravitaillement, centrale de Zouc). *-20-4* liaison maritime avec Chypre interrompue. *-11-5* cessez-le-feu sous égide Ligue arabe. *-17-8* à la demande d'Aoun, la Fr. envoie 8 bateaux au large de B. dont le porte-avions *Foch* (rentrent à Toulon 26-9). *-22-9* Aoun accepte plan de paix de la Ligue arabe. *-23-9* cessez-le-feu (entre mars et sept. : 1 058 †, 1 milliard de $ de dégâts). *-24-9* aéroport de B. rouvert. *-27-9* Aoun revient en partie sur son accord. *-30-9 Taëf* (Arabie), 62 députés lib. élisent un Pt (sur 99 élus en 1972 dont le mandat a été prorogé, 73 vivants). *-22-10 accord de Taëf :* diminution des pouvoirs du Pt au profit de ceux du PM et du Pt de l'Ass. (nombre de députés porté à 108, chrétiens et musulmans pour moitié) ; regroupement des forces syriennes dans certaines régions. *-4-11* Parlement dissous (trop conciliant avec Syrie). *-5-11* Qlaiaat (aéroport militaire gardé par Syriens), 58 députés élisent **René Mohawad** (né 1925) Pt (52 pour, 6 blancs). *-13-11* **Salim Hoss** PM chargé de former un gouv. d'union nationale. *-22-11 Mohawad* assassiné à B.-O.

1989-*24-11* à Chtaura, **Elias Hraoui** (né 1926) élu Pt (47 pour, 5 blancs). **Salim Hoss** PM. *-28-11* Hraoui limoge Aoun qui se proclame Pt du L. libre ; 33 parlementaires fr. viennent le soutenir à B. *-8-12* Hraoui laisse 2 semaines à Aoun pour quitter le palais de Baabda. **1990**-*29-1* le P. kataëb refuse de participer au gouv. Hoss. *-30-1* Aoun ordonne dissolution des Forces lib. de Geagea ; *-31-1* les attaque à B.-Est et *-16-2* leur reprend plusieurs villes. *-5/6/7-4* cessez-le-feu pour vacciner enfants. *-26-5 plan du Vatican* mettant fin à la guerre des chrétiens. *-21-8* révision des accords de Taëf rééquilibre pouvoir des musulmans. *-21-9* le Pt annonce l'avènement de la **IIe Rép. libanaise.** *-28-9* blocus des forces d'Aoun, la Syrie soutient le Pt. *-12/13-10* assaut des forces gouvernementales et de l'armée syrienne. *-13-10* reddition d'Aoun (restera 10 mois et demi dans l'ambassade de Fr., arrivera à Marseille le 30-8-1991, sera autorisé en févr. 1992 à résider à Crécy-la-Chapelle, S.-et-M., puis, en févr. 1993, à Haute-Maison, S.-et-M.).

☞ **Bilan de 1975 à 1990. Morts :** 150 000 à 200 000 (officiels, déclarés) pour environ 3 500 000 hab. (Libanais et réfugiés pal. inclus) soit 7 % de la pop. **Blessés :** 300 000. **Disparus :** 7 415. **Déplacés :** 800 000. **Voitures piégées :** 3 641 ont fait 4 386 † (dont 316 Américains et 58 Français) et 6 784 blessés. **Émigrés :** 900 000. **Destructions :** 20 milliards de $. *Logements détruits : avant 1982 :* 40 000, *de 1982 à 1984 :* 72 000. **Perte cumulée :** *production et revenus :* 24 milliards de $. *Baisse du pouvoir d'achat :* – 50 %. *Recul du PIB :* – 5 % par an.

Français tués depuis mars 1978 (voir **Onu** à l'Index).

Après-guerre. **1990**-*21-10* Dany Chamoun, sa femme, Ingrid, et 2 de ses enfants assassinés. *-24-10* le gouv. décide de reprendre le Grand Beyrouth avec l'armée. *-3-12* retrait des Forces lib. de B. *-24-12* **Omar Karamé** (né 1935) PM. *-25-12* Phalange et Forces lib. refusent de participer au gouv. **1991**-*1-5* début de la dissolution des milices sous contrôle de l'armée. *-Mai* les 67 députés restants de l'Ass. nat. élue en 1972 autorisent le gouv. à nommer 41 députés. *-22-5* Damas : traité consacrant la tutelle syr. *-1/4-7* déploiement de l'armée dans le Sud, combats avec Pal. *-9-11* attentat université américaine de B. : 2 †. *-30-12* voiture piégée à Basta (quartier musulman de B.-O.) : 22 †. **1992**-*13-5* **Rachid Solh** (né 1926) PM. *-21-5* raid isr. : 13 †. *-24-7* l'armée récupère les biens d'État occupés par milices. *-23-8/11-10 législatives,* nombreuses grèves contre celles-ci. *-20-10 Nabih Berri* élu Pt du Parlement. *-22-10* **Rafic Hariri** (né 1944) PM [sunnite ; a fait fortune (3 à 4 milliards de $) en Arabie]. *-17-12* Israël expulse vers Liban (qui les refuse) 415 Palestiniens (voir **Israël**). **1993**-*18/30-1* attaques du Hezbollah au Sud-L. : 4 soldats isr. †. *-24-7/1-8* opération *Justice rendue* ou « guerre des Sept-Jours », représailles Israël contre tirs du Hezbollah sur Haute-Galilée lib. : 127 † dont 118 civils, 10 000 maisons détruites. *-9-8* armée lib. déployée région de Tyr, sous contrôle de la Finul depuis 1978. *-13-9* manif. contre accord israélo-pal., 8 partisans du Hezbollah tués à B. *-14-9* manif. : 100 000 personnes à l'appel du Hezbollah. *-20-12* B., camion piégé près du siège du P. phalangiste : 3 †. **1994**-*27-2* Djouniyé, attentat dans église maronite N.-D. de Zouk Mikaël : 11 †. *-24-3* censure totale sur l'information. *-25-3* arrestation de chrétiens des Forces libanaises (dont Fouad Malek pour l'attentat du 27-2). *-2-6* raid isr. contre Hezbollah : 30 †. *-4-8* raid isr. : 8 † (dont 7 civils). *-16-8 à oct.* attaque du Hezbollah au sud : 3 miliciens pro-isr. †. *-19-10* Israël bombarde Tyr et Nabatye : 5 †. *-25-11* affrontements inter-Pal. : 10 †. *-8-12* attaques du Hezbollah : 9 miliciens †. *-19-12 :* 2 soldats isr. †. *-21-12* attentat à Beyrouth : 3 †. **1995**-*janv.* nouveaux affrontements. *-3-10/30-12* nombreux incidents Hezbollah/Isr. *-19-10* le Parlement (par 110 voix sur 128) prolonge de 3 ans mandat Hraoui. **1996**-*29-2* grève générale, couvre-feu. *-4/6-4* visite Pt Chirac. *-11/27-4* opération *Raisins de la colère* ; bombardements isr. en représailles aux tirs du Hezbollah sur Galilée : 160 † banlieue sud de B. et Tyr [(12-4) banlieue de B. ; (13-4) Jibal el-Botom ; (15-4) Tyr bombardé (exode d'environ 300 000 personnes) ; (18-4) Cana (cimetière à 300 m du QG de la Finul) : 102 civils † ; (26-4) cessez-le-feu]. *-9-5/10-6* combats Israël/Hezbollah. *-16-5* Washington, accord sur groupe de surveillance du cessez-le-feu (France, Israël, Liban, Syrie). *-21-5* Geagea condamné aux travaux forcés à perpétuité pour le meurtre en 1989 d'Elias Zayek, responsable de la milice chrétienne des forces lib. *-15-8* création d'un Comité de surveillance du cessez-le-feu au Liban-Sud (France, USA, Israël, Liban, Syrie). *-18-8 au 15-9 législatives :* 55 % d'abstentions ; fraudes et irrégularités. **1997**-*24-3* exécution de 3 meurtriers du cheikh intégriste Nizar Halabi (prosyrien, opposé aux Frères musulmans). *-9-5* Geagea condamné à mort pour la 3e fois (peine commuée en prison à vie), pour la tentative d'assassinat de Michel Murr en 1991 (alors min. de la Défense). *-10/11-5* visite Jean-Paul II. **1998**-*4-1* Israël accepte sous conditions (sécurité) la résolution 425 de l'Onu du 19-3-1978 sur son retrait du Sud-L. (occupe environ 850 km^2). *-24-11* **Gal Émile Lahoud** (né 1936, Cdt en chef de l'armée), élu 15-11 Pt à l'unanimité des 118 députés présents. *-2-12* **Sélim Hoss** (né 20-12-1929) PM. **1999**-*28-2* Sud-Liban, bombe : 4 Israéliens † dont le Gal Erez Gerstein ; représailles. *-Avril* Chake Barsoumian arrêté pour corruption. *-Mai* retrait de l'ALS de Jezzine. *-24-6* bombardement isr. au Sud-Liban en représailles aux roquettes du Hezbollah sur Israël : 8 †, 60 bl. **2000**-*1/4-1* région de Danniyyé, rébellion islamiste de Ghassan Kenj écrasée par l'armée. *-Févr.* représailles isr. après la mort de 6 soldats isr. *-24-5* retrait unilatéral (prévu 7-7) par Israël du Sud-Liban (zone de sécurité de 850 km^2 occupée depuis 1978). *-5-8* déploiement de la Finul le long de la frontière israélienne. *-23-10* **Rafic Hariri** PM.

☞ **Otages occidentaux de 1982 à 1991 :** environ 110 enlèvements [dont **Français** 16 : *Marcel Fontaine* (1942-97, diplomate), 23-3-85/4-5-88. *Marcel Carton* (diplomate), 22-3-85/4-5-88. *Jean-Paul Kauffmann* (journaliste), 22-5-85/4-5-88. *Michel Seurat* (chercheur CNRS), 22-5-85/exécuté fin 85 ou janv. 86 (annoncé 5-3-86). *Marcel Coudari*, 2-3/11-11-86. *Jean-Louis Normandin* (éclairagiste TV), 8-3-86/27-11-87. *Aurel Cornea* (ingénieur du son), 8-3-86/24-12-86. *Philippe Rochot* (journaliste), 8-3/20-6-86 et *Georges Hansen* (cameraman d'A2), libérés après le départ de l'Iranien Massoud Radjavi le 7-6. *Camille Sontag,* 7-5/10-11-86. *Roger Auques* (journaliste), 13-1/27-11-87. *Marie-Laure* et *Virginie Betille*, 8-11/29-12-87. *Claude Girard*, 3-10-89/22-9-90. *Jérôme Leyraud* (Médecins du Monde), 8-8/11-8-91. **Américains** 12 dont le 1er : David Dodge (USA, vice-Pt de l'université américaine, pris le 19-7-82, libéré le 20-7-83). 2 *records* de durée : Terry Anderson (journaliste), 16-3-85/4-12-91 (2 454 jours), et Thomas Sutherland (professeur d'université), 9-6-85/18-11-91 (2 353 jours). **Allemands** 4. **Anglais** 8. **Belges** 5 dont *Jacqueline Valente, Fernand* et *Sophie Houtekins,* 8-11-87/10-4-90]. 10 sont morts en captivité. Responsables : 33 groupes dont l'Organisation de la justice révolutionnaire.

■ POLITIQUE

■ **Statut.** *République.* **Constitution** du 23-5-1926 amendée en 1927, 29, 43, 47, 90 et 95 (mandat du Pt prolongé de 3 ans). **Pt :** élu par l'Assemblée pour 6 ans, non rééligible (toujours maronite). **PM :** élu par le Parlement, musulman sunnite. **Assemblée nationale (Pt** musulman chiite) : élue pour 4 ans, 128 membres (13 circonscriptions dans 5 départements). Vote selon région d'origine, l'électeur choisissant, pour 4 ans, 1 représentant dans chaque confession religieuse. [répartition (après les élections août/sept. 1996) : 63 chrétiens (5 Arméniens, 14 Grecs orthodoxes, 8 Grecs melkites cath., 34 maronites, 1 protestant) et 64 musulmans [2 alaouites, 27 chiites (dont Hezbollah 8), 8 Druzes, 27 sunnites, 1 Arménien catholique, 1 divers]. **Élections législatives 2000 :** *27-8 et 3-9 -27-8* vote Mont-Liban et Liban-Nord (6 circonscriptions) : W. Joumblatt 22 des 35 sièges. Liban-Nord : proches de Damas : 28 sièges. *-3-9* Beyrouth, (3 circonscriptions) : W. Joumblatt 22 des 35 sièges. Liban nord : proches de Damas : 28 sièges. *-3-9* Beyrouth, (3 circonscriptions) ; liste Hariri : 19 ; défaite S. Hoss ; Bekaa 2 pro-syriens élus. Liban-Sud et Baalbek : alliance Almal-Hizbollah : obtient tous les sièges. Pt Nabih Berri. **Mohafazats** (gouvernorats) : 6 divisés en 26 districts. Les charges de l'État, du gouv., du Parlement, de la fonction publique sont réparties (proportion de 6 pour chrétiens et 6 pour musulmans). **Fête nationale.** 22-11 (Indépendance en 1943). **Drapeau** (adopté 7-12-1943). Couleurs de la Légion lib. pendant la guerre de 1939-45 : 2 bandes horizontales rouges (sacrifice) encadrant 1 blanche (paix) avec un cèdre vert (symbole du L.).

■ **Partis.** **Al-Kataëb** (Phalanges) fondé 1936 par Pierre Gemayel (1905-84), libéral, 15 000 m., devenu parti vers 1964 (ont appelé les Syriens en 1977 pour repousser les Pal. progressistes), *Pt* : Georges Saadé (1928-98), *secr. général :* Joseph Abou Khalil. **Bloc national libanais** fondé 1943 par Émile Eddé (1881-1949), pour le partage des pouvoirs et contre l'immixtion des militaires dans affaires civiles, *chef* : Raymond Eddé (né 15-3-1913). **P. national libéral** fondé 1958 par Camille Chamoun (1900-87), mêmes principes, *chef* : Dory Chamoun. **P. socialiste-nationaliste syrien** fondé 1932 par Antoun Saadé, assassiné 8-7-1949 (voulait une « Grande Syrie » comprenant Liban, Syrie, Palestine, Transjordanie, Sinaï, Iraq et Chypre, et avait lancé ses partisans dans une série d'attentats sanglants), reconnu 1944, dissous 1949, reconnu 1958, interdit de 1962 à 1969, *chef* : Dawoud Baz ; milite pour la reconstruction de la Syrie géographique. **Al-Baath** fondé en Syrie 1940 par Michel Aflak (1909-89), *secr. général :* Ahd al-Majid Rafei ; doctrine unioniste arabe. **An-Najjadés** fondé 1936 par son *chef* Adnane Mustafa al-Hakim, unioniste. **Al-Harakiyines al-Arab** fondé 1948 par George Habache (né 1926), proche du marxisme. **P. socialiste progressiste** fondé 1-5-1949 par Kamal Joumblatt (1917-assassiné 17-3-1977), progressisme pacifiste et libéral ; *chef* : Walid Joumblatt, 25 000 m. **Ad-Destour** fondé 1943 par Béchara el-Khoury (né 1926), parti de cadres, *chef* : Michel Béchara el-Khoury. **P. communiste libanais** fondé 1924 par Nicolas Chawi, dissous 1948 et interdit jusqu'en 1971, *chef* : Farouq Dahruj. **Fédération révolutionnaire arménienne (FRA)** fondée 1890, socialiste. **P. démocrate** fondé 1969 par Joseph Mughaizel (1924-95), libéralisme social, laïc.

Mouvements chiites. **Amal** (en arabe « espoir » et contraction de « détachements de la résistance libanaise »). Nabih Berri (avocat). Parti et milice. Issu du mouv. fondé 1974 par l'imam d'origine iranienne Moussa Sadr, « disparu » en Libye en 1978. **Amal islamique** né 1982 d'une scission d'Hussein Moussaoui. Implanté à Baalbek. Renforts iraniens (700 h. en août 1985). À établi un « État islamique » sous surveillance syrienne. **Hezbollah** (« parti de Dieu ») lié au Amal islamique. Fondé 1982. Lutte pour un État islamique mondial anti-américain et antisioniste. Nombreux attentats. Branche militaire : *Résistance islamique. Leader :* cheikh Hassan Nasrallah depuis 1992. Banlieue sud chiite de B. (Bir-Abed). Aide de l'Iran (24 à 100 millions de $ par an), en baisse. Environ 1 200 m. du parti tués depuis 1982. **Mouvement islamique lib.** fondé par cheikh Abbas Moussaoui (tué 16-2-1992 par terroriste isr.), anticommuniste. **Conseil supérieur chiite** cheikh Mahdi (†1992), Chamseddine rallie des mécontents dont Amal.

Mouvements sunnites. **Tawhid** Liban du Nord (Mouv. de l'unification islamique). Fondé 1982 à Tripoli autour du cheikh intégriste Saïd Chaabane, qui a soutenu Arafat avant de se rapprocher de la Syrie. Proclame : « Le Liban n'existe pas ! Seul compte l'islam. » **Fédération des ouléma** fondée 1980 par cheikh Abdelaziz Kassem. **Rassemblement des ouléma musulmans** cheikh Maher Hamoud. **Fédération des associations islamiques** Saadeddine Houmaydi Sakr. **Makasseds** (« les bien intentionnés »), réseau d'écoles, de centres sociaux. Patronné par Tamam Salam. **Rencontre islamique** cheikh Muhammad Qabbani, « mufti de la République ». **Courant du cheikh Ali Jouzou. P. de la libération islamique** fondé 1952 par cheikh pal. Takieddine Nabbahi († 1977), *dirigé* par cheikh Abdelkader Zaloum, Kurde venu de Palestine. Réclame : « Un État islamique dirigé par un calife et au sein duquel Syrie et L. seraient unis. » **Congrès populaire des forces lib. islamiques nationales** fondé 1981 par Kamal Chatila. **Mourabitounes** groupes sunnites favorables à l'OLP, dirigés par Ibrahim Koleïlat (chassé mai 1985 par Amal et Druzes sur ordre de la Syrie).

☞ *La Syrie a reconnu le Liban comme État indépendant : 1°)* le 7-10-1944 en signant le pacte d'Alexandrie dont une annexe garantit formellement l'indépendance et l'intégrité du Liban ; *2°)* le 23-3-1945 en étant (avec le Liban) cofondatrice de la Ligue arabe dont le pacte est expressément conclu entre « pays indépendants ». Elle exerce son contrôle (occupation militaire 35 000 hommes). **Population. Zone de sécurité contestée par Israël** (1998) : 120 000 hab. (hiver) ; 150 000 (été) ; 200 000 à 250 000 (avant l'occupation). Chiites 50 %, chrétiens 20 %, sunnites 10 %. *Villes :* Bint-Jbeil 4 000 à 5 000 hab., Khiyam 15 000, Marjayoun 7 000 à 8 000, Hasbaya 8 000. **En 1999 :** 70 000. **Armée du Liban-Sud (ALS),** fondée 1978, chef Gal Antoine Lahad. 2 brigades orientale (Nabih Rifai), occidentale (Faref, remplace Akil Hachem tué par Hezbollah 30-1-2000), à côté, un bataillon indépendant, 20. Lors du retrait (mai 2000) plus de 1 500 membres de l'ALS se rendent aux autorités libanaises ; 6 000 Libanais, membres de l'ALS (militaires d'active et anciens militaires), leurs familles et ceux qui ont travaillé dans l'administration civile ou en Israël se réfugient en Israël.

ÉCONOMIE

■ **PNB** (en 1999). 4 030 $ par hab. **Population active** (en %) **et,** entre parenthèses, **part du PNB** (en %) : agr. 11 (10), ind. 20 (15), services 69 (75). *Chômage* (en %) : *1970 :* 8,1 ; *75 :* 15/20 ; *85 :* 62 ; *92 :* 20 ; *94 :* 20 ; *99 :* 30. 72 % des Libanais vivraient sous le seuil de pauvreté. **Inflation** (en %) : *1985 :* 70 ; *86 :* 162 ; *87 :* 904 ; *88 :* 30 ; *89 :* 80 ; *90 :* 21 ; *91 :* 50 ; *92 :* 120 ; *94 :* 8,3 ; *95 :* 6 ; *96 :* 8,9 ; *97 :* 7,7 ; *98 :* 8,9 ; *99 :* 0,2 ; *2000 :* 1,5. **Salaire** *minimal* (en $) : *1980 :* 185 ; *87* (nov.) : 20 ; *93 :* 120. **PIB** (en milliards de $) : *1990 :* 2,84 ; *96 :* 11. **Croissance du PIB** (en %) : *1992 :* 10 ; *93 :* 8 ; *94 :* 8,5 ; *95 :* 7 ; *96 :* 4,5 ; *97 :* 3,5 ; *98 :* 3,7 ; *99 :* –1 ; *2000 :* 0 ; *2001 (prév.) :* 3. **Budget** (en milliards de LL). *Recettes :* 8 328 dont publiques 4 464, besoins en financement 3 864. *Dépenses :* 8 328 dont services de la dette 3 625, dépenses courantes 4 200, investissements (dont CDR) 503. **Livre libanaise** (pour 1 $ au 31 déc.) : *1974 :* 2,3 ; *75 :* 2,43 ; *76 :* 2,73 ; *77 :* 3 ; *78-79 :* 3,25 ; *80 :* 3,64 ; *81 :* 4,63 ; *82 :* 3,82 ; *83 :* 5,49 ; *84 :* 8,89 ; *85 :* 18,10 ; *86 :* 98 ; *87 :* 450 ; *88 :* 529 ; *91 :* 890 ; *92 :* 1 600 ; *96 :* 1 500. **Déficit** (en % du PIB) : *1997 :* 23 ; *98 :* 15. **Dette publique** (en milliards de $) : *1996 :* 10,5 (70 % du PIB) ; *97 :* 23 ; *98 :* 15 ; *99 (nov.) :* 22. **Réserves** (en devises, en milliards de $) : *1991 :* 1,24 ; *94 :* 3,88 ; *98 :* 6,6. **Bourse de Beyrouth :** 80 milliards de $ de capital.

■ **Agriculture. Terres** (en milliers d'ha, 1981) : arables 240, cultivées 110, forêts 72, pâturages 10, divers 591. **Production** (en milliers de t, 1999) : raisins 350, p. de t. 250, tomates 240, bett. à sucre 235, oranges 155, pommes 136, citrons 100, olives 85, oignons 72, blé 58, pamplemousses 50, mandarines 24, orge 28, tabac 6, soie. **Vigne. Haschisch et pavot** (dans la Bekaa) : bénéfices 3 à 4 milliards de $ (en 1992). Plants arrachés par les Syriens mais les laboratoires (région de Tripoli et Bekaa) ont succédé au pavot. **Élevage** (en milliers de têtes, 1999). Poulets 29 000, caprins 425, ovins 355, bovins 82, porcins 62, ânes 24, mulets 8 (en 1994). **Forêts.** Pins, cèdres (quelques centaines à Bécharré et dans le Chouf, certains ayant 1 500 ans). 407 000 m³ en 1998. **Pêche** (en 1997). 3 655 t. **Balance agricole :** toujours déficitaire.

■ **Mines.** Peu exploitées : fer, cuivre, schistes bitumineux, asphalte, phosphates, céramique, sable (pour le verre), sel. **Industrie.** Raffineries de pétrole (Tripoli, Zahrani) ; artisanat ; aluminium ; agroalimentaire ; ciment ; textile. **Place financière.** Déclin (100 banques en 1980) ; assurances. **Dépôts bancaires** (en milliards de $) : *1982 :* 12 ; *90 :* 3,5 ; *début 1994 :* 9. **Transports** (en km, 1997). **Routes** 7 370. **Voies ferrées** 222.

☞ **Reconstruction de Beyrouth :** *d'ici à 2018 :* sur 160 ha (dont 45 gagnés sur la mer) environ 4,7 millions de m² de planchers (dont logements 2 millions ; bureaux 1,6 million). Coût (est.) : 13 milliards de $. *Sté Solidere* (Sté libanaise pour le développement et la reconstruction du centre-ville de B.) *créée* 5-5-1994 (durée 25 ans, 100 000 travailleurs, 42 000 résidents). *Capital :* 10 milliards de F (dont 7 % au PM Hariri) soit 60 % des réserves de la Banque centrale.

■ **Tourisme. Visiteurs :** *1974* (avant la guerre civile) : 3 008 391 ; *87 :* 133 800 ; *93 :* 150 000 ; *94 :* 335 200 ; *95 :* 409 700 ; *96 :* 420 000 ; *97 :* 558 000. Monuments phéniciens, arabes, francs et romains (voir encadré p. 1144).

■ **Commerce** (en milliards de $). **Export./import. :** *1980 :* 1,22/2,9 ; *85 :* 0,3/1,4 ; *90 :* 0,4/2,4 ; *95 :* 0,7/5,3 ; *96 :* 1,02/7,56 ; *97 :* 0,72/7,46 ; *98 :* 0,72/7,06 ; *99 :* 0,69/6,21 ; *2000 :* 0,71/6,23.

LIBÉRIA

V. légende p. 950.

☞ *Abréviation :* L. : Libéria.

■ **Nom.** Vient de l'anglais *liberty.*

■ **Situation.** Afrique. 111 000 km². **Frontières** (en km) : Côte d'Ivoire 716, Guinée 563, Sierra Leone 306. **Côtes :** 579 km. **Altitude** *maximale* Mt Nimba 1 513 m. **Climat.** Équatorial, *temp.* mai à oct. 21 à 32 °C, min. 20,4 °C. *Pluies* moy. Monrovia : 5 588 mm (max. en 24 h : 362).

■ **Population.** *1999 (est.) :* 2 923 725 hab. dont 22 ethnies [dont Kpelle 400 000, Bassa 250 000, Gio 160 000, Krou 121 000, Glebo 115 000, Mano 108 000, Gyo, Yacaiba, Krahns, Mandingos (musulmans)]. *2000 (est.) :* 3 260 000. *2025 (prév.) :* 7 000 000. **D.** 30. *Congos :* descendants d'Afro-Américains 80 000. *Libanais :* 8 000 à 10 000 (en 1985). **Réfugiés (en 1999) :** déplacés 50 000, Libériens en Côte d'Ivoire 130 000, Guinée 100 000, Ghana 10 000, Sierra-Léonais au L. 90 000. **Age :** *– de 15 ans :* 43 % ; *+ de 64 ans :* 3,4 %. **Espérance de vie** (en 1998) : 48 ans.

■ **Langues.** Anglais *(officielle),* dialectes africains. **Religions** (en %). Animistes 70, musulmans 20, chrétiens 10.

■ **Villes.** *Monrovia* (nom donné en 1825 en l'honneur du Pt américain Monroe) 962 000 hab. en 1995 (300 000 avant 1990), Buchanan 25 000 (à 151 km).

■ **Histoire. 1816-***28-12* des philanthropes américains, dont le révérend Robert Finley, fondent l'American Colonization Society qui veut créer en Afrique occidentale une « colonie de Noirs libérés ». **1818-***avril* projet d'installation dans l'île de Sherbro (conseillé par Thomas Clarkson). **1820-***31-1* à New York, embarquement sur l'*Elizabeth* de 30 familles (90 pers.) pour Sherbro, échec de leur installation. **1821-***23-1* départ de 33 émigrants sur le *Nautilus,* s'installent sur 60 km² au cap Mesurado contre tribut annuel de 300 $ qui ne sera payé qu'une fois. **1822-***7-1* à **1892** 22 120 immigrés noirs (16 400 du sud des USA et 5 700 de navires négriers anglais ou américains). **1847-***26-6* **déclaration d'indépendance ;** il y a alors 6 500 immigrés noirs. **1848-***janv.* **Joseph Roberts** Pt. **1857** fusion avec l'établissement du Maryland (fondé 1833 au cap des Palmes). **1912** réorganisation armée par des officiers noirs américains. **1915-***sept.* soulèvement de la côte Krou (sud du pays), 67 leaders Krou tués. **1926** Firestone obtient 4 400 000 ha pour 99 ans, influence des « dix familles ». **1931** affrontements Krou-pouvoir central à Sasstown. **1934** début de production de caoutchouc. **1943-***8-6* dollar américain remplace la livre anglaise d'Afr. occ. **1944-***janv.* **William Tubman** (1895-1971) Pt. *-27-1* déclare guerre à l'Axe. *-10-4* membre de l'Onu. **1971-***23-7* **William Richard Tolbert** (1913-80) Pt. **1971-80** crise (concurrence caoutchouc synthétique, mévente du fer depuis 1961, crise pétrolière). **1979-***14-4* manif. : au moins 32 † (cause : augmentation du prix du riz). **1980-***12-4* Tolbert tué par caporal Harrison Pennue (promu colonel, deviendra C^dt^ général adjoint des forces armées), sergent **Samuel Doe** (1951-90) Pt. Constitution suspendue. *-22-4 :* 13 ministres et hauts dignitaires fusillés. **1981-***août* coup d'État échoue. Weh Syen et 3 membres du PRC (Conseil de rédemption du peuple) exécutés. **1983-***nov.* « Complot » du Gal Quiwonkpa, chef de l'armée ; il s'exile. **1984-***3-7* référendum pour Constitution (en vigueur début 1986). *-21-7* Assemblée nat. intérimaire (Ina) après dissolution du PRC. *-26-7* activités politiques autorisées. **1985-***1-4* tentative d'assassinat du Pt Doe. *-18-7* rupture avec URSS. *-15-10 élections* (l'opposition demande annulation) : Doe élu Pt avec 51,05 % des voix devant Jackson Doe (LAP) 26,39 %. *Sénat et,* entre parenthèses, *Ch. des représentants :* NDPL 21 sièges (45), LAP 3 (3), UP 1 (4), LUP 1. *-12-11* putsch manqué du Gal Quiwonkpa (tué) : 1 500 †. **1986-***janv.* **régime civil, seconde République. 1989-***24-12* rébellion de Charles Taylor (né 29-1-1948, FNPL), aidé par Libyens. **1990-***6-1 :* 500 † à Butuo. *-Mars* conseillers militaires américains au Nimba. *-20-5* FNPL contrôle 2/3 du pays. *-30-5* attaquent bâtiment de l'Onu à Monrovia (1 †, 30 enlevés). *-4-6* USA évacuent 1 100 Américains. Elmer Johnson (conseiller militaire des rebelles) tué. *-5-6* plusieurs centaines de Krahns (ethnie du Pt Doe) et de Mandingos pris à Buchanan par rebelles. *-7-6* USA évacuent 1 400 Américains et diplomates soviétiques. *-18-6* amnistie des rebelles. *-20-6* arrêt des poursuites pour détournement de fonds contre Taylor. *-27-6* reprise des combats. *-3-7* rebelles dans Monrovia. *-29-7 :* 600 tués par gouvernementaux dans égl. luthérienne de Monrovia. *-Janv./juillet* 5 000 à 10 000 †. *-5-8* débarquement de 225 marines et évacuation de 300 Américains. *-7-8* la Cedeao envoie une force (Ecomog) de 2 500 h. (Nigéria 90 %, Ghana, Guinée, Gambie, Sierra Leone, Sénégal, Mali) [arrivera 24-8]. *-9-8* évacuation des Français. *-2-9* gouv. intérimaire. *-9-9* Pt Doe capturé par Prince Johnson, torturé et tué. *-10-9* **Prince Johnson** (né 1959) *se déclare Pt intérimaire. -22-11* **Dr Amos Sawyer** Pt gouv. intérimaire d'union nat. *-28-11* Taylor accepte cessez-le-feu. Envoi de 7 000 à 10 000 « casques blancs ». *-25-12* le *Santa-Rita,* affrété par la France, débarque 2 000 t de riz et embarque 3 067 réfugiés. **1991-***16/17-9* cessez-le-feu. *-30-10* Taylor accepte que l'Ecomog prenne le contrôle du pays (lui-même en contrôlant 90 %). **1992** *-mars* offensive de l'Ecomog contre FNPL. *-7-4* Genève, accord Sawyer/Taylor pour rétablir la paix. *-6-6* FNPL massacre 300 réfugiés. *-7-9 :* 7 000 casques blancs de l'Ecomog regagnent Monrovia. *-Oct.* 100 000 réfugiés à Monrovia. *Mi-oct./mi-nov.* siège de Monrovia par FNPL, défendu par 12 000 casques blancs : environ 3 000 †. **1993-***17-7* accord de paix. *-1-8* cessez-le-feu. *-24-8* Conseil d'État (5 membres) dirigera le L. jusqu'aux élect. prévues 1994. **Bismarck Kuyon** élu Pt. *-13-11* **Philippe Banks** le remplace. **1994** luttes tribales ; élec. reportées. *-12-9 accord d'Akosombo* (Ghana) : cessez-le-feu. *-26-9* Conseil d'État transitoire. *-Fin sept.* LPC repousse FNPL dans le S.-E. : 100 000 réfugiés vers Guinée, et Côte d'Ivoire : 90 civils †dans hôpital. *-Oct.* massacres dans nord-ouest. *-21-12 accord de paix* (nouvel exécutif transitoire ; zones sous contrôle Ecomog créées). *-28-12* entre en vigueur. **1995-***début janv.* reprise des combats Ulimo-M/FNPL. *-9/31-1* négociations. *-14* et *16-1* manif. contre chefs de guerre à Monrovia : 14 †. *-Févr.* exode de 24 000 civils. *-Fin mars* fils de Taylor, 17 ans, arrêté pour possession de drogue. *-9-4 :* 62 civils tués. *-19-8 accord d'Abuja* (13e depuis 1989). *-26-8* cessez-le-feu entre en vigueur. *-1-9 Conseil d'État : Wilton Sawankulo* (universitaire) Pt ; 6 membres dont 3 chefs de faction [Charles Taylor (FNPL), Alhaji Kromah (Ulimo-K) et George Boley (LPC)] et 3 civils (Tamba Taylor chef coutumier, Oscar Quiah ex-parlementaire et le Pt). *-14-12* Ecomog se déploie dans le pays. *-28-12* affrontements Ulimo-K/Ecomog. **1996-***2-1* massacre par Ulimo-K dans un camp à Kray. *-6-4* guerre reprend, le Conseil d'État ayant ordonné l'arrestation de R. Johnson pour meurtre : combats à Monrovia ; épidémie de choléra, étrangers évacués. *-21-4* cessez-le-feu sous l'égide USA, Onu, Ghana. *-29-4* combats reprennent. *-Mai boat-people* le long des côtes. *-18/29-5* Ecomog reprend le contrôle de Monrovia. *-17-8* **Ruth Sando Perry** (née 1939), nommée Pt intérimaire (1re femme chef d'un État africain). **1997-***7-2* plus de 70 % des 33 000 combattants estimés ont déposé les armes. *-19-7* **Charles Taylor** (né 29-1-1948) élu Pt (75,3 % des voix) ; *législatives :* NPP majorité absolue. **1998-***2-2* l'Ecomog part. *-19-9* combats à Monrovia. **2001-***7-3* résolution de l'Onu, embargo sur les ventes d'armes.

Bilan de la guerre civile. *1989-2000 :* 200 000 †.

■ **Statut.** *République* depuis 26-7-1847. **Constitution** du 6-1-1986, suspendue. **Fêtes nationales.** 12-4 (rédemption), 26-7 (indépendance). **Drapeau** (adopté 26-7-1847). 11 bandes horizontales rouges et blanches représentant les États ayant signé la déclaration d'indépendance du L. À gauche, étoile blanche dans un carré bleu (liberté).

■ **Partis. Mouv. uni de libération (Ulimo)** fondé 1991 par anciens militaires krahns, 2 factions depuis 1994 : **Ulimo-K** (Alhaji Kromah) ; **Ulimo-J** (krahn, Gal Roosevelt Johnson). **P. nat. patriotique du L. (PNPL)** fondé 1997 (Charles Taylor). **Front nat. patriotique indépendant du L. (FNPIL)** fondé 1990 (Charles Taylor). **Front révolutionnaire uni (FRU)** fondé 1991 (Foday Sankoh). **Conseil pour la paix au Libéria (LPC)** fondé 1993 par anciens miliciens krahns (George Boley). **Force de défense du Lofa (LDF)** fondée 1993 (François Massaquoi). **Forces armées libériennes (AFL)** fondées 1994, issues de l'armée (Lt général Hezekiah Bowen). **Conseil révolutionnaire central (CRC)** fondé 1994 (Thomas Wœwiyu). **Nouveau parti patriotique (NPP)** fondé 1997 (Charles Taylor).

■ **Économie. PNB** (en 1999) : 240 $ par hab. **Pop. active** (en %) et, entre parenthèses, **part du PNB** (en %) : agr. 55 (35), ind. 10 (10), services 20 (35), mines 15 (20). **Croissance** (en %) : *1999 (est.) :* 20 ; *2000 (est.) :* 15 à 20. **Aide américaine** (en millions de $) : *1985 :* 90 ; *90 :* 70. **Dette extérieure** (en milliards de $) : *1999 (est.) :* 3.

■ **Agriculture. Terres** (en milliers d'ha, 1981) : arables 126, cultivées 245, pâturages 240, forêts 3 760, eaux 1 505, divers 5 261. **Production** (en milliers de t, 1999) : manioc 450, canne à sucre 250, riz 210 (297 en 1989), bananes 82, légumes et melons 76, plantain 45, ignames 30, patates douces 23, ananas 7, oranges 7, café 3, cacao 1. Hévéas (plantations de Bridgestone) [caoutchouc : *1996 :* 31 000 t]. **Forêts** (en 1998). 3 021 000 m³. **Élevage** (en milliers de têtes, 1999). Poulets 4 000, canards 233 (en 1982), caprins 220, ovins 210, porcins 120, bovins 36. **Pêche** (en 1997). 8 580 t. **Mines. Fer :** gisement des Mts Nimba, *réserves :* 1,5 milliard de t ; *prod.* (en millions de t) :

1980 : 15,2 ; *83* : 10,1 ; *85* : 14,3 ; *87* : 8,6 (teneur : 68 %, 1er rang mondial ; jusqu'à 28 % du PNB) ; *90* : 2,5 ; *92* : 1,1. *Prod. suspendue.* **Diamants** (en 1997) : naturels 60 000 carats, industriels 90 000 carats. **Or** (en 1995) : 500 kg. **Baryte, bauxite, manganèse, kyanite.** **Flotte de commerce** (pavillon de complaisance). **Transports** (en km, 1996). **Routes** 10 600. **Voies ferrées** 490.

■ **Commerce.** **Exporte** : fer, caoutchouc, bois, diamants, cacao.

■ **Rang dans le monde** (en 1999). 18e diamants.

LIBYE
V. légende p. 950.

☞ *Abréviations* : Amér., amér. : Américains, américain(e)(s) ; Ég. : Égypte ; L. : Libye ; Lib., lib. : Libyens, libyen(ne)(s).

■ **Situation.** Afrique. **Superficie :** 1 775 500 km². **Frontières** (en km) : Égypte 1 150, Algérie 982, Tchad 1 055, Tunisie 459, Soudan 383, Niger 354. **Altitude** *maximale* : 968 m. **Côte :** 1 770 km. **Longueur :** 2 000 km. **Régions :** *plaine côtière* (bordée d'une ligne d'oasis), la Djeffara, largeur maximale 120 km ; *région montagneuse* au nord (968 m) ; *désert* (99 % du territoire) et montagne de l'intérieur (plateau s'élevant à 1 852 m) pour les 3/4 du pays ; *oasis.* **Pluies.** – de 200 mm par an ; en Cyrénaïque : 500 mm (rares, torrentielles).

■ **Population** (en millions d'hab.). *1920* : 0,754 ; *39* : 0,8 (+ Italiens 0,11) ; *64* : 1,3 ; *97 (est.)* : 5,6 ; *99* : 5 ; *2000 est.* : 6,39 ; *2025 (prév.)* : 14,4. **D.** 3. **Par régions** (en %) : *Tripolitaine* (335 000 km², cap. Tripoli) : 72 ; *Cyrénaïque* (885 370 km², cap. Benghazi) 23 ; *Fezzan* (665 000 km², cap. Sebha) 5. **Age :** - *de 15 ans* : 35,9 % ; *+ de 64 ans* : 3,9 %. **Espérance de vie** (en 1998) : 70 ans. **Pop. urbaine :** 86 %. Nomades 14,6 %, Fezzan et Sahara libyque. **Étrangers :** *1985* : 549 600 dont 60 000 à 70 000 de l'Est, 15 000 Italiens, 1 500 Américains (ou 6 000 à 8 000 dont 2 000 dans Cies pétrolières). *1992* (mars) : 10 000 Européens dont 7 000 Britanniques, 1 550 Italiens, *600 Français,* plus de 1 000 Américains. *1995* : 2 500 000 dont 120 000 à 300 000 Marocains, 850 000 Égyptiens, 300 000 Soudanais, 60 000 Tunisiens, Palestiniens 30 000.

■ **Langues.** Arabe *(officielle)*, anglais, italien. **Religions.** Musulmans sunnites 98 % *(officielle),* chrétiens (environ 40 000 catholiques en 1992).

■ **Villes.** *Al-Djofra* (Giofra) à 650 km au sud de Tripoli [avant, *Tripoli* (du grec *Tripolis*, « les trois villes » : dans l'Antiquité Leptis Magna, Oea et Sabratha nommée autrefois Tripoli de Barbarie] 1 200 000 hab., Benghazi (« fils de conquérant ») [dans l'Antiquité Bérénice ou Jardin des Hespérides, chef-lieu de la Cyrénaïque, capitale avec Tripoli (de 1951 à 1963)] 1 682 000 (est. 1999) [à 1 050 km], Misourata 360 000 (à 210 km), Zâouiya 300 000, El Khoms 200 000, El-Beïda (cap. de 1964 à 1969), Derna (ville sainte, dans l'Antiquité Darnis).

■ **Histoire. Av. J.-C. Ve s.** Carthage domine la côte. **631-458** *royaume de Cyrène* fondé par Grecs. **458** *république.* **321** Ptolémée Ier d'Égypte l'annexe. **96** Ptolémée Apion, fils de Ptolémée VII Physcon, donne la L. aux Romains. **Apr. J.-C. 639** conquête arabe. **1321** dynastie *Bann Ammar* installe un État indépendant dans région de Tripoli. **1401** uni à Tunisie. **1509** conquête espagnole. **1528** empereur Charles V donne la L. aux chevaliers de St-Jean. **1517** Turcs conquièrent Cyrénaïque. **1551** Tripolitaine. **1577-78** Fezzan. **Jusqu'en 1715** province turque. **1715** *Ahmad Karamanli,* gouverneur, proclame son indépendance et fonde dynastie qui régnera jusqu'en 1833. **1801-04** guerre avec USA qui ne veulent plus payer d'indemnités contre les corsaires. **1803** USA perdent le Philadelphia. **1804**-*août* Cdt Peble bombarde Tripoli. **1833** *Ali II* déposé ; province turque gouvernée par des pachas. **1911** guerre italo-turque, occupation italienne (côte). **1912**-*18-10 traité d'Ouchy* : souveraineté cédée par Turquie à l'Italie. **Jusqu'en 1931** résistance armée de confrérie des Senoussis. **1919**-*17-5* gouv. civil rétabli ; divisée en 2 provinces : Tripolitaine et Cyrénaïque. **1930** fin de la conquête italienne. **1934**-*1-1* colonie italienne divisée en 4 provinces : Tripoli, Misurata, Benghazi et Derna. **1939** incorporées au territoire italien *(Libia Italiana).* **1940-43** campagne de L. **1941** combats anglo-allemands. **1942**-*23-10* victoire d'*El-Alamein* ; G.-B. occupe Cyrénaïque, prend Tripoli (23-1-1943), Fezzan (1941-43) passe sous contrôle français après occupation Gal Leclerc. **1945** Tripolitaine et Cyrénaïque sous admin. britannique, Fezzan sous admin. française. **1951**-*24-12* : 1er État indépendant créé par l'Onu.

Maison Es-Senoussi : 1951 Idris Ier (12-3-1889 ou 90/Le Caire 1983) Mohammed Idris El-Mahdi Es-Senoussi. 1953-*29-7 traité anglo-lib.* : droit de stationnement et de libre déplacement des troupes britanniques contre redevance. **1954**-*9-9 accord avec USA* sur base aérienne de Wheelus Field contre 46 millions de $, payables en 20 ans. **1955**-*29-7 traité avec France* qui évacuera Fezzan. **1956** Italie verse 2,75 millions de lires en règlement de ses comptes coloniaux. **1958-59** découverte de pétrole. **1964**-*janv.* rupture du contrat avec USA pour Wheelus Field. **1967**-*juin* guerre des Six-Jours en Israël, émeutes antisionistes. **1969**-*1-9* roi Idris (alors en cure thermale en Grèce) déposé, abdique 9-9 [prétendants : Hassan Ridha Es-Senoussi (1928-92), Pce héritier, neveu d'Idris exilé en G.-B. en 1988 ; Muhammad son fils ; Pce Idris (né 18-1-1957), petit-neveu d'Idris, ép. 1987 Ana-Maria Quinones de Leon, dont 1 fils Khaled (né 1988, s'est déclaré prétendant en mai 1989)].

1969-*8-9* **Conseil de commandement de la révolution** (CCR) dirigé par **Mu'ammar al-Kadhafi** (né 1942). *-27-12* union L.-Soudan-Égypte. **1970**-*28-3* évacuation des forces anglaises d'El-Adem et Tobrouq. *-11-6* des forces amér. *-22-7* expulsion de 15 000 Italiens. *-27-11* Syrie rejoint l'union de 1969 (qui ne prendra jamais forme). *-25-12* pacte de Tripoli avec Égypte et Soudan ; la France livrera 116 Mirages à la L. **1971**-*17-4* fédération RAU : Égypte, Libye, Syrie prévue (approuvée par référendum *1-9).* **1972**-*30-5* parti unique. *-2-8* union avec Égypte décidée. **1973**-*15-4* révolution populaire. *-18-7* « marche de l'unité » vers Le Caire, arrêtée. *-20-7* les marcheurs rentrés en L. demandent à Kadhafi, qui a démissionné, de reprendre le pouvoir. *-23-8* proclamation de l'union par étapes. *-1-9* union avec Égypte repoussée. Nationalisation à 51 % des Stés pétrolières. *-5-10* L. non associée à l'attaque d'Égypte et Syrie contre Israël. *-1-12* rupture union avec Égypte. **1974**-*12-1* union avec Tunisie (sans suite). *-22-4* Kadhafi laisse ses fonctions politiques et administratives au **Cdt Jalloud,** PM. *-Août* révélation : la L. a livré des Mirage à l'Égypte. **1975** complot d'El-Mehichi (membre du CCR) : la moitié des membres du CCR en fuite. **1976**-*début* rencontre Kadhafi-Boumediene. *-Févr./mars* milliers de Lib. expulsés d'Égypte et Tunisie. *-22-3* accords franco-lib. après visites PM Jalloud en Fr. *(10/12-2)* et J. Chirac en L. *(20/22-3).* *-Mai/août* différend avec Tunisie sur pétrole du golfe de Gabès (réglé par Cour intern. de justice à l'avantage de la L.). **1977**-*2-3* CCR supprimé ; le peuple, réuni en congrès populaire de base, prend toutes les décisions, démocratie directe. *-21/24-7* conflit avec Égypte. **1977-79** Kadhafi soutient musulmans du « front Moro » (Philippines), Palestiniens, « autonomistes » français. **1978** France livre 32 Mirage Fl. *-1-9* création de comités révolutionnaires. **1979** intervention en Ouganda (2 000 h.), au Tchad. *-1-5* Kadhafi demande aux ouvriers du monde d'appliquer les slogans du *Livre vert,* tome 2 : « Associés, pas salariés » (autogestion), « La maison à celui qui l'habite » (nationalisation des appartements). *-3-12* ambassade amér. à Tripoli saccagée.

1980-*7-1* rupture avec Fatah. *-27-1* attaque de Gafsa (voir p. 1275 a). *-4-2* ambassade de France à Tripoli saccagée ; 10 opposants à l'étranger exécutés. 2 000 officiers et fonctionnaires arrêtés. *-15-5* échange des billets de banque, on rend 15 000 F par famille, surplus placé en épargne. *-27-6* avion inconnu (amér. ?) abat DC-9 civil en Méditerranée (81 †) [visait peut-être Kadhafi qui se trouvait dans le secteur]. *-6-8* rébellion de garnison de Tobrouq. *-1-9* projet fusion avec Syrie. *-14/15-12* intervention au Tchad. **1981**-*6-1* fusionne avec Tchad : « États islamiques du Sahel ». *-Mars* embargo français sur 10 vedettes commandées par la L. ; liquidation opposants à l'étranger. *-19-8* : 2 F-14 amér. abattent 2 SU-22 1 dans golfe de Syrte. *-3-11* Lib. évacuent Tchad. *-7-12* Boeing lib. détourné à Zurich ; libéré à Beyrouth *9-12.* **1982**-*7-10* tous les opposants de l'étranger doivent rentrer. **1983-84** intervention au Tchad. **1984** retrait après accord Mitterrand-Kadhafi en Crète, rupture relations diplomatiques avec G.-B. (tir depuis l'ambassade lib. à Londres : une policière anglaise †, 10 bl.). *-Mai* Front nat. pour la sauvegarde de la L. attaque caserne de Bab Aziziyya. *-13-8* traité d'union arabo-africaine avec Maroc. *-12-11* tentative d'assassinat d'Abdelhamid Bakckouche (PM 1967-68) échoue. **1985**-*4-6* milliers d'instruments de musique occidentaux brûlés. *-Sept.* 100 000 étrangers, dont 30 000 Tunisiens, expulsés. *-24-11* Cel Hassan Eskhal (beau-frère de Kadhafi), opposant, tué. USA et Italie accusent L. de soutenir terroristes qui ont détourné l'*Achille Lauro* ; USA prévoient sanctions économiques. *-27-12* : 2 attentats contre aéroports (Vienne et Rome 19 †), Reagan accuse L. **1986**-*7-1* rupture relations économiques amér. avec L. *-23-1* vols de bombardiers amér. près de L. *-Févr./mars* rapprochement avec Algérie. *-24/25-3* marine amér. manœuvre dans golfe de Syrte. Tirs lib. (2 Scud sur île italienne de Lampedusa, qui abrite une base amér., bombardement de missiles Sam 5 et 4 vedettes : 44 †), 1 F-111 amér. perdu. Des missiles amér. sur base de missiles lib. (2 patrouilleurs lib. détruits). *-15-4* raid amér. sur bases militaires Tripoli et Benghazi : 37 † dont fille adoptive de Kadhafi. *-Août* traité d'union arabo-africaine rompu avec Maroc. **1987** Tchadiens prennent Aozou, *-22-8* reconquise. *-5-9* base de Matten détruite. *-11-9* cessez-le-feu. **1988**-*28-3* rouvre frontière avec Égypte, *-4-4* avec Tunisie. *-12-6 Charte des droits de l'homme* adoptée. *-Août* 20 résidents africains exécutés pour refus de s'enrôler dans légion islamique. *-31-8* milice populaire remplace armée et police. *-6-9* décentralisation des ministères. *-29-9* Kadhafi accuse ses comités révolutionnaires d'avoir assassiné des opposants politiques et les supprime. *-21-12* attentat de Lockerbie, voir encadré ci-dessus. **1989**-*4-1* F-14 amér. abattent 2 Mig-l. *-5-1* USA accusent L. de construire une usine d'armes chimiques à Rabta. *-16-2* traité de l'Union du Maghreb arabe. *-28-6* embargo sur armements français levé partiellement. *-30-8* accord de paix avec Tchad. *-19-9* attentat contre UTA (voir encadré ci-dessus). *-Oct.* L. renonce officiellement à soutenir le terrorisme. **1990**-*14-3* incendie dans l'usine de Rabta. *-16-10* levée embargo français sur 3 avions bloqués depuis 1986 (reportée au 12-12). **1991**-*2-4* ambassades de Venezuela et Russie dévastées en raison menaces Onu. **1992**-*31-3* résolution du Conseil de sécurité de l'Onu prévoit des sanctions contre la L. : embargo aérien, vente d'armes interdite et personnel diplomatique lib. à l'étranger réduit. *-15-4* Conseil de sécurité de l'Onu impose à L. **embargo aérien et militaire** (Kadhafi n'ayant pas livré 2 agents suspectés de l'attentat de Lockerbie). *-13/23-6* Congrès gén. du peuple condamne le terrorisme internat., supprime l'Association de l'Appel de l'Islam et le Fonds du djihad pour la Palestine et la Mathaha (centre intern.). *-3-9* loi sur la privatisation. *-Oct.* brouille avec Algérie (qui accuse la L. de soutenir les islamistes). *-24-10* découpage du pays en 1 500 communes autogérées. **1993** l'Onu gèle les avoirs financiers lyb. à l'étranger et impose un embargo sur les pièces de rechange du secteur pétrolier. *-Sept.* mise en cause de la L. dans un projet d'attentat contre Pt Mitterrand en 1984. *-11-10* à Beni Walid, rumeurs de tentative de putsch militaire (15-10 attentat voiture piégée à Misourata échoue). *-5-12* Onu vote gel des avions libyens à l'étranger. **1994**-*29-1* nouveau gouv. *-17-2* calendrier lunaire et loi islamique (*charia*) adoptés. *-Avril* réconciliation avec Algérie. *-30-11* Onu maintient sanctions. **1995**-*juin* affrontements police/islamistes à Benghazi : 10 †. *-Juillet à sept.* milliers de travailleurs étrangers en « situation irrégulière » [Égyptiens, Soudanais et Palestiniens (à cause des accords Israël-OLP)] expulsés. *-6-9* affronte-

■ **Attentat de Lockerbie. 1988**-*21-12* Boeing de la Panam explose au-dessus de Lockerbie (Écosse) : 270 †. L'attentat aurait été « commandé » par les Iraniens aux services spéciaux syriens pour venger l'attaque d'un avion d'Iranian Airways au-dessus du Golfe pendant la guerre Iraq-Iran (290 †). La mission avait été confiée au FPLP-CG d'Ahmed Jibril, mais une arrestation fortuite en Allemagne avait conduit Syriens et Iraniens à faire appel aux Libyens. Les familles des victimes réclament environ 7 milliards de $ à la Panam. **1991**-*14-11* 2 agents présumés des services secrets libyens inculpés par justices américaine et britannique. **1998**-*27-2* la Cour internationale de La Haye se déclare compétente pour examiner une requête libyenne ; la L. fait valoir que la convention de Montréal sur la sécurité du trafic aérien l'empêche de livrer les 2 suspects réclamés par USA et G.-B. et l'autorise à les juger. *-24-8* la L. accepte un procès en territoire neutre. Les P.-Bas votent une loi cédant momentanément une partie de territoire : le camp Zeist, ancienne caserne près d'Utrecht, transformé en tribunal, où se déroulera le procès selon la loi écossaise, avec des juges écossais. **1999**-*5-4* Abdel-Basset Ali El Megrahi et Al-Amine Khalifa Fhimah, livrés par la L., arrivent aux Pays-Bas. **2000**-*3-5* début du procès. **2001**-*31-1* verdict : Megrahi coupable de meurtre, prison à vie ; Fhimah, non coupable, acquitté.

■ **Attentat contre UTA. 1989**-*19-9* DC-10 d'UTA-Air France Brazzaville-Paris explose à 10 000 m d'alt. au-dessus du désert du Ténéré, Niger [170 † dont 65 Français (dont équipage 14), 53 Congolais, 28 Tchadiens et plusieurs Anglais et Américains]. **1998**-*19-9* mandats d'arrêt internationaux du juge Bruguière contre 2 membres des services secrets libyens. **1999**-*10-3* 6 condamnés par contumace à perpétuité par la cour d'assises de Paris dont Abdallah Senoussi, beau-frère du colonel Khadafi [dans 15 t de débris recueillis sur 80 km, on a découvert un éclat de valise avec des traces de penthrite (explosif) et un morceau de circuit intégré électronique ayant permis de remonter jusqu'à la L.] ; l'attentat visait à « punir l'État français, de sa présence dans le conflit du Tchad et de la L. ». *-16-6* plainte contre Khadafi, pour complicité d'homicides volontaires, de SOS Attentats et des familles de victimes. *-16-7* la L. versera 208 millions de F d'indemnité pour compenser la perte commerciale d'Air France (l'appareil ayant été remboursé en 1990 par les assurances) 48, Fonds de garantie des victimes 40, parents des victimes 120 (100 000 à 200 000 F par cas). *-20-8* le parquet de Paris estime qu'il n'y a pas lieu d'informer (selon le droit coutumier international, un chef d'État en exercice bénéficie d'une immunité sauf pour les crimes contre l'humanité). *-6-10* le juge Jean-Louis Bruguière décide d'instruire la plainte. **2000**-*27-1* SOS Attentats lui demande un mandat d'arrêt international contre Khadafi, (non protégé par l'immunité car d'après la Constitution de 1977, il n'est pas chef d'État). *-20-10* la chambre d'accusation de la cour d'appel de Paris décide : plainte de SOS Attentats peut être instruite, l'immunité des chefs d'État ne s'appliquant pas aux actes de terrorisme. **2001**-*13-3* arrêt de la chambre criminelle de la Cour de cassation mettant fin aux poursuites contre Khadafi et annulant la décision de la cour d'appel. Bien que la France ait signé le 17-7-1998, et que le Parlement ait ratifié le 22-2-2000 le statut de la Cour pénale internationale, l'art. 27 stipule que "la qualité officielle de chef d'État ou de gouvernement... n'exonère en aucun cas de la responsabilité pénale". Pour Pierre Péan (« Manipulations africaines »), l'Iran serait responsable (pour punir la France de ne pas ainsi tenir ses engagements, pour la libération d'otages à Beyrouth).

ments police/islamistes à Benghazi : 20 islamistes et 10 policiers †. *-8-9* rafles d'étrangers près de Benghazi. *-4-10* Kadhafi confirme l'expulsion des Palestiniens. *-25-10* accepte de suspendre sa décision pour 3 à 6 mois. *-Début nov.* 7 000 Égyptiens, 5 000 Palestiniens et 30 000 à 40 000 Soudanais ont été expulsés. **1996**-*4-4* islamistes attaquent consulat d'Égypte à Benghazi. Les USA accusent la L. de construire une usinesouterraine d'armes chimiques à Tarjunah (ypérite). *-Juin* création de 281 comités militaires pour lutter contre la corruption. *-4-7/31-8* troubles dans la région de Benghazi, guérilla islamiste. *-5/23-7* prison de Bouslim, mutinerie (100 †, 8 selon les autorités). *-15/17-7* match de foot à Tripoli, Al-Saadi (fils de Kadhafi) est conspué, ses gardes tirent sur la foule (au moins 20 † et 40 blessés), troubles. *-Sept.* coup d'État contre Kadhafi déjoué (50 officiers seraient impliqués). *-10-12* loi encourageant les investissements étrangers. **1997**-*2-1 :* 8 Libyens (dont 6 officiers supérieurs) exécutés pour espionnage au profit des USA. *-10-3* relations diplomatiques établies avec St-Siège. Embargo aérien violé à plusieurs reprises (*1996-22-6* Kadhafi pour aller au Caire ; *1997-23-1* délégation vers le Ghana ; *-8-5* au Niger). **1998**-*juin* l'Organisation de l'unité africaine lève partiellement l'embargo aérien. *-27-8* Conseil de sécurité de l'Onu vote une résolution suspendant l'embargo aérien, militaire et sur le matériel pétrolier de 1992 si la L. accepte que les 2 suspects de l'attentat de Lockerbie soient jugés aux P.-Bas. **1999**-*5-4* l'Onu lève les sanctions imposées le 31-3-1992. *-23-11* G.-B. reprend relations diplomatiques. **2000**-*1-3* **Moubarak al-Chamekh** PM (majorité des ministères supprimés). *-Sept.* selon le Nigéria, massacres d'Africains en situation illégale.

■ **Statut.** *République.* État islamique. **Nom officiel :** depuis 12-3-1977 *Jamahiriya* (État des masses ou populocratie) arabe populaire et socialiste (à partir de 1986 Grande Jamahiriya, depuis 1992 Jamahiriya libyenne). « *Déclaration de remise du pouvoir au peuple* » tenant lieu de **Constitution** (Sebha, 2/28-3-1977). *Échelon de base : Congrès populaire* [base territoriale ou sectorielle (producteurs)]. *Sommet : Congrès général du peuple* composé de délégués des secrétariats de chacun des Congrès populaires. Des *Comités révolutionnaires* jouent le rôle d'un parti unique. **Membre** (févr. 1989) **de l'Union du Maghreb arabe** (Égypte, Syrie, Soudan, Libye). **Leader de la révolution :** colonel Mu'ammar al-Kadhafi (né sept. 1942) depuis 8-9-1969. *Secr. gén. du Congrès général du peuple :* Mohammad El-Zénati, *du Comité gén. du peuple* (CPG) (gouv.) Abdel Majid El-Gaaoud. *Signataire* de la Charte de Tripoli. **Municipalités :** 14.

■ **Fête nationale.** 1-9 (révolution). **Drapeau** (adopté en 1977). Vert (foi islamique et révolution agricole). Seul drapeau d'une seule couleur.

Nota. – Depuis 1974, la Libye revendique comme eaux intérieures une partie du *golfe de Syrte* au sud du parallèle 32° 30′ (longueur 482 km, largeur maximale 278) ; les eaux territoriales (12 milles soit 22 km) seront comptées au-delà. Elle ne revendique plus *la bande d'Aozou* (au nord du Tchad et du Niger), riche en uranium et pétrole, cédée à l'Italie 7-1-1935 (accord Laval/Mussolini, rendu caduc par traité franco-lib. du 10-8-1955) ; la Cour intern. de justice a officiellement remis 114 km^2 au Tchad le 30-5-1994.

■ ÉCONOMIE

■ **PNB** (en 1999). 6 560 $ par hab. **Population active** (en %) **et,** entre parenthèses, **part du PNB** (en %) : agr. 14 (8), ind. 16 (17), services 60 (40), mines 10 (35). **Chômage :** environ 20 % (en 1997). **Croissance** (en %) : *1994 :* – 0,9 ; *95 :* – 1,1 ; *96 :* 0,8 ; *97 :* 0,7 ; *98 :* 1 ; *99 :* 1,8. **Dette extérieure** (en milliards de $) : *1991 :* 4,65 ; *98 :* 3,9. **Inflation** (en %) : *1991 :* 11,7 ; *92 :* 15 ; *93 :* 20 ; *94 :* 30 ; *95 :* 30 ; *96 :* 7 ; *97 :* 19 ; *98 :* 30 ; *99 :* 18.

■ **Agriculture.** **Terres** (en milliers d'ha, 1981) : arables 1 758, cultivées en permanence 327, pâturages 13 100, forêts 610 (4 100 millions d'arbres plantés en 10 ans), divers 160 159. 99 % de désert. Plan de fertilisation de 700 000 ha (150 000 ha par an). **Production** (en milliers de t, 1999) : blé 168, orge 75, tomates 134, p. de t. 130 (en 1997), oranges 42, dattes 130, olives 52, raisins 30, amandes 29. **Élevage** (en milliers de têtes, 1999). Volailles 17 000, ovins 6 400, caprins 800, bovins 142, chameaux 130, ânes 55, chevaux 22. **Pêche** (en 1998). 33 700 t. **Eau** (en millions de m^3). Ressources annuelles renouvelables 700. Consommation en 1985 : 2 120 dont 1/3 dessalement, 1/3 rés. non renouvelables, 1/3 rés. renouvelables. *Grand fleuve artificiel :* réalisé (en 1983-91) par des firmes coréennes ; canalisation en béton, longueur 3 500 km (diamètre 4 m) ; *débit :* 750 millions de m^3 par an d'eau douce pompée dans le désert entre 400 et 800 m de prof. (renouvelée très faiblement par les précipitations) ou pompée à 1 000 m de profondeur. *Superficie irriguée : 2000 :* 500 000 ha ; *2003 (prév.) :* 680 000.

■ **Énergie.** **Pétrole :** *découvert* 1959 à Zelten par Esso. *Réserves :* 4,02 milliards de t. *Stés principales :* à capital mixte et opérant sous la surveillance de la NOC (National Oil Company) : Oasis (40 %), Agip (seule Cie étrangère propriétaire de 50 % des puits), Occidental, Mobil. *Production* (en millions de t) : *1985 :* 50 ; *87 :* 47,8 ; *88 :* 50,4 ; *90 :* 65 ; *91 :* 72 ; *92 :* 73 ; *93 :* 67 ; *94 :* 69 ; *95 :* 69 ; *96 :* 69,6 ; *97 :* 71,1 ; *98 :* 70,7 ; *99 :* 68 ; *2000 :* 70,6. **Électricité :** *puissance :* 4 200 MW ; *production* (en 1998) : 18,18 milliards de kW. **Gaz** (en milliards de m^3) : *réserves :* 1 907 ; *production : 1979 :* 23 ; *82 :* 12,1 ; *86 :* 6,3 ; *95 :* 6,3 ; *96 :* 6,4 ; *97 :* 6,5 ; *98 :* 6,4 ; *99 :* 6,5. **Industrie.** Alim., textile, tapis, tabac, chimie, pétrochimie, matériaux de construction.

■ **Transports.** **Routes :** 85 000 km (en 1997). **Voies ferrées :** *projet :* 1 292 km.

■ **Tourisme.** **Visiteurs :** 94 000 (en 1997). **Sites :** ruines romaines (voir encadré p. 1144) : *Leptis Magna* (à 123 km de Tripoli), ville morte la plus vaste et la mieux conservée du monde ; *Sabratha* (à 67 km) plus grand théâtre romain du monde ; *Tolemaid* (Ptolémaïs, à 200 km de Benghazi). *Tobrouq* et *Shehat* (ancienne Cyrène, à 140 km de Benghazi), *Soussa* (Apollonia). Citadelles turques (Alhambra à *Tripoli*). **Oasis :** *Ghadamès, Fezzan.*

■ **Commerce** (en milliards de $). **Export./import. :** *1997 :* 8,6/6,7 ; *98 :* 6,2/5,8 ; *99 :* 8,8 (dont pétrole 7,7)/6,5.

■ **Rang dans monde** (en 1999). 9e réserves de pétrole. 16e pétrole. 18e réserves de gaz.

■ LIECHTENSTEIN

Carte p. 1260. V. légende p. 950.

☞ *Abréviation :* L. : Liechtenstein.

■ **Situation.** Europe. **Superficie :** 160 km^2. **Frontières** (en km) : Suisse 41,1, Autriche 34,9. **Altitude** *maximale* Grauspitz 2 599 m ; *minimale* 433 m. Partagé entre montagne et plaine du Rhin. **Climat.** Doux (*fœhn* soufflant du sud) ; été : 20-28 °C ; pluies 1 000 à 1 200 mm par an.

■ **Population.** *1-1-2000 :* 32 015 hab. dont 11 147 (34,8 %) résidents étrangers ; *2000 (est.) :* 33 000 ; *2025 (prév.) :* 40 000. **D.** 200,2. **Age :** *– de 15 ans :* 18,5 % ; *+ de 64 ans :* 10,9 %. **Espérance de vie** (en 1994) : 72 ans. **Villes** (en 1999). *Vaduz* (à 112 km de Zurich) 5 106 hab., Schaan 5 262, Triesen 4 168, Balzers 4 118, Eschen 3 571, Mauren 3 114, Triesenberg 2 508, Ruggell 1 693, Gamprin 1 173, Schellenberg 965, Planken 347.

■ **Langues.** Allemand *(officielle) ;* dialectes alémaniques ; *walser*, importé par des Valaisans du XIIIe au XVIe s., parlé à Triesenberg. **Religions** (en %, 1997). Cath. romains 79,6, protestants 7,2, divers et sans religion 13,2.

■ **Histoire.** Formé de la seigneurie de Schellenberg, achetée le 19-1-1699, et du comté de Vaduz acheté le 22-2-1712 pour la maison de Liechtenstein, originaire de la forteresse de L. près de Vienne et connue depuis Hugues de L. (1135-56), vassale des Habsbourg (ducs d'Autriche). **1719**-*23-1* **Anton-Florian** (1656-1721) obtient l'érection en principauté immédiate du St Empire par l'empereur Charles VI. **1721**-*oct.* **Joseph-Jean** (1690-1732). **1732**-*déc.* **Jean-Charles** (1724-48). **1748**-*déc.* **Joseph-Wenzel** (1696-1772). **1772**-*10-2* **François-Joseph Ier** (1721-81), ép. 6-7-1750 Ctesse Léopoldine de Sternberg (1733-1809). **1781**-*18-8* **Aloïs Ier** (1759-1805), son fils, ép. 16-11-1783 Ctesse Caroline de Manderscheid-Blankenheim (1768-1831), sans postérité. **1805**-*24-3* **Jean Ier** (1760-1836), son frère, Gal autrichien, fait prisonnier par Napoléon à Ulm ; ép. 12-4-1792 landgravine Josèphe de Fürstenberg-Weitra (1776-1848). *-26-12 traité de Presbourg* : Bavière annexe Tyrol. Le L., isolé de l'Autriche, fait partie de la Confédération du Rhin (1806-14). Jean abdique en faveur de son fils Élisée et continue à servir dans l'armée autrichienne comme feld-maréchal, puis comme généralissime. **1815** Jean redevient Pce du L. **1815-66** fait partie de la Confédération germanique. **1818**-*9-11 Constitution.* **1836**-*20-4* **Aloïs II Joseph** (1796-1858), fils de Jean, ép. 8-8-1831 Ctesse Françoise Kinsky (1813-81). **1842** et **47** 1er prince à visiter la principauté. **1851** union douanière et **1856** monétaire avec Autriche. **1858**-*12-11* **Jean II le Bon** (1840-1929), fils d'Aloïs, ne vit pas au L. ; célibataire ; organise la collection d'art de la famille. **1866** l'Autriche est expulsée de la Confédération germanique, le L. n'a plus de frontière commune avec l'All. **1871** reste en dehors de l'Empire allemand (indépendant de fait). **1917** projet allemand d'en faire un État pontifical, le pape abandonnant le Vatican (échec). **1920** Jean II cède la *régence* au *Pce Charles-Aloïs de L.* (1878-1962). **1921** *nouvelle Constitution,* union postale avec Suisse. **1924** union douanière. **1924-28** législation sur sociétés domiciliées et privilèges fiscaux. **1929**-*11-2* **François Ier** (28-8-1853/25-7-1938), frère de Jean II, ép. 22-7-1929 Élisabeth de Gutmann (1875-1947), sans postérité. **1929** cède la *régence* au *Pce Charles-Aloïs,* puis **1938**-*30-3* à François-Joseph qui suit. **1938**-*25-7* **François-Joseph II** (16-8-1906/13-11-1989), fils d'Aloïs (1869-1956) et de l'archiduchesse Élisabeth d'Autriche (1878-1960), et arrière-petit-fils de François de Paule de L. (1802-87), lui-même frère d'Aloïs II Joseph. 1er Pce demeurant au château de Vaduz. Ép. 7-3-1943 Ctesse Georgina de Wilczek (1921-89). *5 enfants : Hans-Adam* (voir ci-dessous) ; *Philippe* (né 19-8-1946) ép. 11-9-1971 Isabelle de L'Arbre de Malander (née 24-11-1949), dont : Alexander (né 19-5-1972), Venceslas (né 12-5-1974), Rudolf (né 7-9-1975) ; *Nicolas* (né 24-10-1947) ép. 20-3-1982 Margaretha de Luxembourg (née 15-5-1957) dont : Jean (†), Maria Anunciata (née 12-5-1985), Marie-Astrid (née 26-6-1987), Josef Emanuel (né 7-5-1989) ; *Nora* (née 31-10-1950) ép. 16-6-1988 Vicente Marques de Mariño dont : Maria Theresa (née 21-11-1992) ; *Venceslas* (1962-91). **1945**-*2-5 :* 500 Russes de la Wermacht se réfugient au L., qui refuse de les livrer aux Soviétiques. **1976**-*août* loi autorisant les 11 communes à accorder aux femmes droit de vote et éligibilité en matière communale. **1978** entrée au Conseil de l'Europe. **1984**-*29-6/1-7* droit de vote national accordé aux femmes. **1986**-*2-2 législatives*, les femmes votent pour la 1re fois.

1989-*13-11* **Hans-Adam II** (né 14-2-1945), Pce de L., duc de Troppau et de Jägersdorf, altesse sérénissime, fils de François-Joseph II, ép. 30-7-1967 Ctesse Marie-Aglaé Kinsky (née 14-4-1940) dont *Aloïs* (né 11-6-1968, ép. 3-7-1993 Sophie Desse en Bavière née 28-10-1967 dont Joseph-Wenzel né 24-5-1995, Marie-Caroline née 17-10-1996, Georges né 20-4-1999 et Nicolas-Sébastien né 6-12-2000) ; *Maximilien* (né 16-5-1969, ép. 29-1-2000 Angela Brown) ; *Constantin* (né 15-3-1972, ép. en 1999 Marie Kalnoky de Körospatak, née 4-9-1969) ; *Tatiana* (née 10-4-1973, ép. 5-6-1999 Philippe von Lanttorff né 25-3-1968). **1990** L. entre à l'Onu ; **1991**-*1-9* membre de l'AELE. **1992**-*13-12* référendum pour entrée dans Espace économique européen (55,81 %). **1999**-*8-11 Der Spiegel* (hebdo allemand) divulgue le contenu d'un rapport du 8-4 du BND (service secret all.) sur le recyclage d'argent au L. (drogue, mafia italienne ou russe).

■ **Statut.** *Monarchie.* La seule des principautés relevant autrefois du St Empire romain germanique qui subsiste. **Constitution** du 5-10-1921. **Chef du gouvernement :** Dr Mario Frick (né 8-5-1965) depuis le 15-12-1993. **Landtag :** 25 membres élus au suffrage univ. **Élections du 12-2-2001 :** *P. des citoyens progressistes* (FBPL ; fondé 1918, Pt Norbert Seeger) 13 sièges ; *Union patriotique* (VU ; fondée 1936, Oswald Kranz) 11 ; *Freie Liste* (liste libre fondée 1985, écologistes) 1. **Pas d'armée.** 11 **communes.** **Justice :** peine de mort abolie 21-5-1981. Aucune exécution depuis 1785. Prison : 22 places.

■ **Fête nationale.** 15-8. **Drapeau** (adopté 24-6-1937). Bandes horizontales bleue et rouge ; date du début du XIXe s. Couronne dorée ajoutée 1937 pour éviter confusion avec drapeau d'Haïti de l'époque. **Hymne.** *Texte :* de l'abbé Jauch. *Musique :* celle de *God Save The Queen*.

■ **Noblesse.** Depuis 1662, les princes ont conféré : 12 *anoblissements* (particule « von » toujours nobiliaire), 1 titre de *chevalier (Ritter)* en 1723, 7 de *baron (Freiherr), 5* de *comte (Graf)* [tel le titre de Cte de Bendern, localité de la principauté]. **Titres :** *Fürst (prince)* pour le prince régnant et pour un membre d'une maison antérieurement souveraine. *Herzog (duc) :* pas de titres sauf parmi ceux portés par le souverain de Troppau et Jägersdorf.

☞ Les Pces réclament 1 340 km^2 de l'ex-Tchécoslovaquie (ont été dépossédés en 1945).

■ **Économie.** **PNB** (en 1999) : 36 200 $ par hab., 4e pays le plus riche du monde. **Population active** (en 1999) : employés/ouvriers 23 795 dont 14 297 frontaliers (de Suisse 4 035, Autriche 4 781, autres 112). **Chômage** (1999) : 1,8 %. **Agriculture.** **Terres** (en km^2, 1994) : arables et pâturages 38,9, pâturages alpins 25,1, forêts 55,6, espaces improductifs et bâtiments 40,4. **Production** (en t, 1987) : maïs d'ensilage 27 880, p. de t. 1 040, blé 460, orge 416, maïs 403 (en 1985), avoine 4. Vigne. **Élevage** (en 1999). Bovins 6 000, ovins 3 000, porcins 3 000, chevaux 342, caprins 287. **Énergie.** **Électricité** (en 1998) : *prod.* 25,71 % (72,9 millions de kWh) ; *importée de Suisse* 74,29 % (210 millions de kWh). **Industrie.** Métallurgie, machines et appareils textiles, céramique, ind. chimique et pharmaceutique, alimentaire. Meubles. SPÉCIALITÉS : dents artificielles, boyau pour saucisses, fibre optique, timbres. **Transports** (en km, 1997). **Routes** 250. **Voies ferrées** 18,5. **Tourisme** (en 1998). 60 463 visiteurs.

■ **Finances.** **Budget** (en millions de F suisses, 1999) : recettes 606, dépenses 660,9. Siège d'environ 75 000 Stés (secret bancaire et avantages fiscaux).

■ **Commerce** (en millions de F suisses, 1998). **Export. :** 3 634,7 **de** (en %) UE 49,5, Suisse 12,7, divers 37,8.

■ LITUANIE

Carte p. 1050. V. légende p. 950.

☞ *Abréviations :* L. : Lituanie ; Lit., lit. : Lituaniens, lituanien(ne)(s) ; Pol. : Pologne ; soviét. : soviétique(s).

■ **Situation.** Europe. **Superficie :** 65 300 km^2. 4 000 lacs. **Frontières** (en km) : Pologne 91, Kaliningrad (enclave russe) 227, Lettonie 453, Biélorussie 502. **Côtes :** 99. **Alt. moyenne :** 100 m.

■ **Population** (en millions d'hab.). *1897 :* 2,6 ; *1923 :* 2,62 ; *39 :* 3,08 ; *78 :* 3,12 ; *89 :* 3,7 ; *98 :* 3,7 dont (en %, 1996) Lituaniens 81,4, Russes 8,3, Polonais 6,9 (18 à Vilnius), Biélorusses 1,5, Ukrainiens 1 ; *99 :* 3,7 ; *2000 (est.) :* 3,69 ; *2025 (prév.) :* 4. *Entre 1945 et 1959 :* de 230 000 à 270 000 déportés, 250 000 quittent la L. (Polonais, Allemands partent dans leur pays d'origine), plus de 225 000 colons (surtout russes) viennent en L. *Lituaniens aux USA :* 850 000. **D.** 57. **Pop. urbaine** (en 1997) : 73 %.

■ **Langue.** *Officielle :* lituanien de 1918 à 1940 (russe-lituanien) puis depuis 1989 (auparavant latin et biélorusse jusqu'au XVIe s., puis polonais). **Religions** (en %). Catholiques 88. Orthodoxes 10. Juifs 0,3 (5 000 ; 245 000 en 1939).

■ **Villes** (est. 1999). *Vilnius* (Vilna ; Wilno en polonais) 578 412 hab. (*1989 :* Lituaniens 50,5 %, Russes 20,2, Polonais 18,8, Biélorusses 5,3), Kaunas 414 199, Klaïpeda (ex-Memel) 202 545.

■ **Histoire.** Nation balte (indo-européenne). **XIIIe s.** ducs lituaniens unis face aux chevaliers Teutoniques ; demeure païenne jusqu'au XIVe s. **1204-39 Ringaudas** 1er grand-duc. **1239-63 Mindaugas Ier** (baptisé 1251) 1er roi de L. **1316-1341 Gediminas** crée un puissant duché lit. [conquiert Biélorussie ; capitale Vilnius, fondée 1323 (succède à Kernave)]. **1377** Vilnius saccagée par chevaliers Teutoniques. Alliance polono-lit. : grand-duc Jagellon épouse reine Hedwige de Pol. **1387** accepte le baptême catholique et unit Pol. et L. **1410** défaite des chevaliers Teutoniques à *Tannenberg.* **XVe s.** la L. s'étend de la Baltique à la mer Noire. **1569** *union de Lublin* avec Pol. créant la République des Deux-Nations. **1579** université de Vilnius fondée. **1655** Russes incendient Vilnius, massacrent hab. ; **1661** en sont chassés. **1667** *traité d'Androussovo :* Smolensk cédée aux Russes. **1793-95** 2e et 3e partages de la Rép. des Deux-

Nations, la plus grande partie *rattachée à la Russie.* **1794** 1er soulèvement avec Kosciuszko contre les Russes. **1830-31** 2e soulèvement (insurrection de novembre), répression. **1840** code russe remplace code lit. **1863-64** 3e soulèvement (de janvier). **1864** alphabet latin et presse lit. interdits. **1870** naissance d'une intelligentsia lituanophone. **1915**-*18-9* Allemands occupent la L. **1917**-*22-9* un congrès demande la restauration du royaume.

■ **État indépendant** **1918**-*16-2 indépendance* proclamée. *-11-7* couronne offerte à Guillaume (1864-1928), duc d'Urach, Cte de Wurtemberg, fils du 1er duc Guillaume et de Florestine, Pcesse de Monaco, proclamé sous le nom de Mindaugas II. *-2-11* Guillaume refuse, la L. *devient république.* **1919**-*5-1* l'armée soviét. occupe Vilnius. *-28-6 traité de Versailles :* Memel (ville de 130 000 hab., germanophone, territoire de 150 × 20 km lituanophone) détaché de l'All., administré par la SDN avec haut-commissaire français (Gal Odry avec le 21e bataillon de chasseurs à pied). **1920** la Russie reconnaît L. indépendante, avec Vilnius comme capitale. *-20-4* Polonais de Pilsudski prennent et annexent Vilnius, gouvernement replié à Kaunas. **1921-23** querelle avec Pol. sur Vilnius. **1923-32** la SDN tranche en faveur de la Pol. ; la L. refuse de reconnaître la décision. **1923** *cas de Memel : 10-1* attaque lit. (2 Français †) ; *-15-1* cessez-le-feu. *-16-2* la Conférence des ambassadeurs accepte le coup de force lit. : Memel attribué à la L. **1924**-*8-5 convention de Paris :* Memel devient Klaïpeda, rattaché à L., régime international pour le port, autonomie administrative du territoire, liberté totale de trafic sur le Niémen pour la Pol. **1926**-*avril* loi martiale. *-17-12* coup d'État de **Voldemaras. 1928** *Constitution.* **1929** Voldemaras remplacé par **Antanas Smetona. 1938**-*11-12* élections à la Diète de Memel : liste allemande 87 % des voix. **1939**-*22-3* ultimatum allemand demandant la restitution de Memel : la Lituanie accepte. *-20-5* traité accordant à la Lituanie une zone franche à Memel. *-10-9* les Russes rendent Vilnius à la L. en échange de bases militaires. *-17-9* armée soviét. occupe région de Vilnius. *-10-10* Moscou : pacte de non-agression avec URSS qui a le droit d'entretenir en L. des forces armées ; cession de Vilnius par l'URSS ; sous la pression soviét., accepte de signer pacte d'assistance ; l'URSS rend Vilnius, mais maintient 20 000 h. en L. **1940**-*5-6* ultimatum soviétique à la L. sous prétexte qu'elle viole le pacte d'assistance. *-15-6* entrée des Soviétiques à Kaunas. *-16-6* Smetona quitte la L. *-17-6* gouvernement pro-soviétique. *-21-6* occupation soviétique.

République soviétique. **1940**-*21-7* proclamée *-3-8* annexée à l'URSS ; admission dans l'URSS, comme République fédérée. **1941** soulèvement pour l'indépendance, mais occupation allemande ; installation de 4 700 colons allemands ; environ 300 000 Lit. †. 172 000 prisonniers soviétiques tués par All. **1944**-*13-7* reconquête soviét. (responsable du Parti : Souslov) : 80 000 Lit. se replient en Allemagne. **1945-53** résistance anti-soviét. armée dans les maquis. **1945-49** environ 250 000 Lit. déportés en Sibérie. **1984** 500e anniversaire de la mort de St Casimir. *-10-3* pape nomme 2 archevêques et 1 évêque. **1987** 600e anniversaire de baptême de la L. **1989**-*janv.* lit. redevient langue officielle. *-26-3* mouvement Sajudis (créé juillet 1988) obtient la majorité des sièges au Conseil suprême. *23-8* anniversaire du pacte germano-soviét. de 1939. Manif. : 200 000 pour l'indépendance. *-7-12* rôle dirigeant du PC aboli. Le PC lit. se sépare du PC de l'URSS. **1990**-*7-2* PC lit. déclare illégale l'annexion de 1940. *-24-2 législatives :* victoire des indépendantistes. *-7-3* coût de l'indépendance, selon Gorbatchev : 21 milliards de roubles (210 milliards de F) payables en devises, dont 17 pour investissements directs et 4 pour marchandises non livrées ; fin des livraisons de matières 1res à prix réduit, désorganisation des fournitures d'énergie, du système postal et téléphonique.

République indépendante. **1990**-*11-3* Parlement lit. proclame indépendance à l'unanimité (6 abstentions). **Vytautas Landsbergis** (né 18-10-1932, professeur de musicologie) Pt du Conseil suprême. *-13-3* Gorbatchev déclare indépendance illégale. *-23-3* mesures militaires d'intimidation. *-19-4* L. privée de gaz et pétrole (1 gazoduc sur 4 en service : 3,5 millions de m3 au lieu de 19). *-Mai* Landsbergis demande médiation franco-allemande. *-10-5* PM *Kazimiera Prunskiene* en France ; Gorbatchev propose séparation L./URSS dans 2 ou 3 ans, contre suspension de la déclaration d'indépendance (29-5 suspension pour 100 j). *-18-7* loi sur formation militaire. **1991**-*7-1* troupes soviét. envoyées dans pays Baltes pour contraindre appelés baltes à rejoindre leurs régiments. *-8-1* manif., Russes enfoncent portes du Parlement ; Landsbergis appelle la pop. à le défendre. *-11-1* Soviétiques prennent département de la Défense, imprimerie ; *-12-1 :* 2 bâtiments de la police ; *-13-1* télévision (14 †). *-5-2* décret, Gorbatchev annule par avance le référendum sur indépendance du *9-2* (participation 84,4 %, oui 90,4 %). *-Mai* opérations des Omon (forces soviét.) contre postes de douanes entre L. et Biélorussie. *-4-5* Vilnius, manif. : 100 000 personnes contre occupation soviét. *-18/19-5 :* 1 garde-frontière lit. et 1 policier biélorusse †. *-29-7* traité d'amitié L.-Russie, signé par Landsbergis et Eltsine (garantie des droits de la minorité russophone). *-31-7* KGB attaque un poste douanier sur frontière avec Biélorussie, 6 gardes lit. tués. *-23-8* interdiction PC lit. et manif. de masse. *-17-9* entrée à l'Onu. *-22/29-11* Banque de Fr. restitue l'or confié en avril 1940 (2 246 kg, valeur 208 millions de F). **1992**-*24-5* référendum pour rétablissement du poste de Pt de la Rép. : votants 57,5 %, oui 39,8 %. *-8-9* accord pour retrait total des troupes soviét. (35 000 h.) avant 31-8-1993. La L. financera le logement de 10 000 h. dans la région de Kaliningrad, la Russie lui remettra des équipements et navires de la flotte de la Baltique. *-25-11* **Algirdas Mykolas Brazauskas** (né 22-9-1932, ex-secrétaire du PC puis leader du PDTL) Pt du Conseil suprême (remplace Landsbergis). **1993**-*14-2* Brazauskas élu au suffrage univ. avec 60,2 % des voix devant Stasys Lozoraitis (indépendant soutenu par centre droit, 38,1 % des voix). *-25-6* nouvelle monnaie *(litas)* rétablie. *-31-8* départ des derniers soldats russes de Vilnius. *-4-9* Jean-Paul II en L. **1994**-*27-1* L. signe partenariat pour la paix avec Otan. *-25-3 Adolfas Slezevicius* (né 1948) PM. *-1-4* accord de libre-échange avec pays Baltes (18-7 avec UE, en vigueur 1-1-1995). *-9-5* membre associé de l'UEO. *-13-5* entre au Conseil de l'Europe. *-27-8* référendum sur indemnisation des victimes de l'inflation invalidé (36,8 % de participation). *-22-9* L. présente ses excuses pour la persécution des Juifs en 1939-45. **1996**-*8-2* Slezevicius destitué (scandale financier). *-23-2 Laurynas Mindaugas Stankevicius* PM. *-20-10/10-11 législatives : succès des conservateurs. -25-11 Vytautas Landsbergis Pt du Parlement. -27-11 Gediminas Vagnorius* (né 10-6-1957) PM. **1998**-*4-1* **Valdas Adamkus** (né 3-11-1926, 1949 exilé USA, 1955-97 haut fonctionnaire amér.) élu 2e tour Pt (50,31 % des voix) devant Arturas Paulauskas (49,63 %). **1999**-*3-5* **Irena Degutiene** PM par intérim. *-18-5* **Rolandas Paksas** (né 10-6-1956) PM (démissionnera 27-10). *-24-6 Jonas Kronkaitis* (64 ans, ancien Gal de l'armée amér.) Cdt en chef. *-29-10* **Andrius Kubilius** (né 8-12-1956) PM. **2000**-*1-2* loi sur la lustration : les personnes qui avaient secrètement collaboré avec les services spéciaux de l'ex-URSS ont jusqu'au 1-8 pour répondre à un questionnaire. Vise d'abord les Lit. qui, après 1945, ont fait partie des unités paramilitaires du NKVD. *-27-10* **Rolandas Paksas** (ingénieur, pilote d'acrobatie aérienne) PM. **2001** *-29-6* **A. Brazauskas** PM.

■ **Statut.** *République.* **Constitution** du 25-10-1992, adoptée par référendum 6-11-1992 (83,5 % des voix). **Pt :** élu au suffrage univ. pour 5 ans. **Parlement** *(Seimas) :* 141 m. élus pour 4 ans. **Élections du 8-10-2000.** Alliance social-démocrate (A. Brazauskas) 51 sièges, P. libéral 36, P. Nouvelle Union 27, Conservateurs 9. **Fête nationale.** 16 févr. **Drapeau** (adopté 20-3-1898). Bandes horizontales jaune (blé, liberté), verte (forêts, espoir) et rouge (patriotisme, courage).

■ **Partis. P. démocrate-chrétien de L. (PDC)** fondé 1905 (Algirdas Saudargas). **P. conservateur de L.** remplace Sajudis (fondé 1988), fondé 1993 (Vytautas Landsbergis). **P. démocratique lit. du travail (PDTL)** fondé 1990, succède au PC de L. (Ceslovas Jursenas). **P. social-démocrate de L. (SD)** fondé 1896 (V. Andriukaitis). **P. libéral** (Rolandas Paskas). **P. de la nouvelle union** (A. Paulauskas).

■ **Économie. PIB** (en $ par hab.) : *1995 :* 1 624 ; *99 :* 2 822 ; *2000 (est.) :* 3 200 ; *2001 (prév.) :* 3 320. **Croissance** (en %) : *1992 :* – 29,3 ; *93 :* – 30,4 ; *94 :* 1 ; *95 :* 3,3 ; *96 :* 4,7 ; *97 :* 7,3 ; *98 :* 5,1 ; *99 :* – 4,1 ; *2000 :* 2. **Population active** (en %) et, entre parenthèses, **part du PNB** (en %) : agr. 21,5 (8,2) ; ind. 19,9 (22,8) ; services 51,5 (61,8) ; autres 7,1 (7,2). **Chômage :** *1992 :* 3,5 ; *95 :* 7,3 ; *99 :* 10 ; *2000 :* 12. **Salaire moyen :** *1998 :* 233 $/mois. **Inflation** (en %) : *1995 :* 35,7 ; *96 :* 13,1 ; *97 :* 8,4 ; *98 :* 2,4 ; *99 :* 0,3 ; *2000 (est.) :* 3,5. **Privatisations :** 95 % des logements, 99 % des terrains et 99,7 % de l'agriculture. Le secteur privé a fait 70 % du PIB en 1998. **Compte courant** (en milliards de $) : *1998 :* – 1,3 ; *99 :* – 1,19 ; *2000 (est.) :* – 1,1 ; *2001 (prév.) :* – 1. **Dette extérieure :** *2000 (prév.) :* 4,9 milliards de $; **totale/PIB :** *2000 (prév.) :* 42,98 %.

■ **Agriculture** (en 1998). 21,5 % de la pop. **Terres** (en %) : arables 44, cultivées 3 356 000 ha, pâturages 7, forêts 27, vergers et jardins 9, arides 7, autres 6. **Production** (en milliers de t., 1999) : blé 837, orge 837, p. de t. 1 699, vin 21. **Élevage** (en milliers de têtes, 1999). Volailles 6 776,7, porcins 1 168, bovins 928, chevaux 74,8, caprins 23,8, ovins 16. **Pêche** (en 1995). 49 500 t. **Forêts** (en 1998). *Production :* 4 122 000 m3. **Pêche** (en 1998) : 18 321 t.

■ **Énergie.** Centrale nucléaire d'Ignalina (fermeture prévue), gaz naturel, pétrole importé de Russie (raffinerie principale : Mazeikin Nafta). **Électricité** (en 1998) : *production :* 63 471 tétrajoules dont (en %) nucléaire 84, thermique 10, hydroélectrique 5. **Pétrole local** (en 1998) : 29 puits dont 15 en exploitation ; *production :* 582 t brut/j., possibilité maximale de 620 t/j. **Industrie** (en milliers de t, 1998). Engrais 523, tourbe 295, fils 35,15, plastique 26,9, papier 14,3, produits agroalimentaire et boissons, textiles, produits pétroliers, produits chimiques, industrie minière et de transformation, construction navale, métallurgie, ambre. **Transports** (en milliers de km, 1998). **Routes :** 68,1 (1,1 million de véhicules en 1998). **Voies ferrées :** 2. **Tourisme** (en 1997). 288 000 visiteurs.

■ **Commerce** (en milliards de $). **Export./import. :** *1993 :* 2/2,24 ; *94 :* 2,03/2,35 ; *95 :* 2,7/3,65 ; *96 :* 3,35/4,6 ; *97 :* 3,86/5,64 ; *98 :* 3,71/5,79 ; *99 :* 3/4,79 ; (en %) : *exporte* textiles 22,9, minéraux 16,6, mach. et équip. 11,7, produits chim. 7, bois et articles 6,5 *vers* All. 17, Lettonie 13, Biélorussie 7, Russie 7, *France 5,* Italie 5 / *importe* mach. et équip. 18,8, minéraux 16, textiles 10,8, produits chim. 10,4, équip. des véhicules 7,9, produits alim. préparés 5,2, autres 30,9 *de* Russie 19,9, All. 17, Pol. 6, USA 5, *France 4,* Italie 4.

■ **Rang dans le monde** (en 1999). 26e pommes de terre.

LUXEMBOURG

Carte p. 1001. V. légende p. 950.

☞ *Abréviation :* – L. : Luxembourg.

■ **Nom.** *Lucilinburhuc,* petit château ; date de 963.

■ **Situation.** Europe. **Superficie :** 2 586 km2. **Frontières** (en km) : France 73, Allemagne 135, Belgique 148. **Altitude** *maximale :* Wilwerdange 560 m ; *minimale* Wasserbillig 130 m. **Longueur** *maximale* 82 km. **Largeur** *maximale* 57 km. **Régions naturelles :** *Oesling* au nord (plateau ardennais boisé, climat rude) 828 km2, *Gutland* (Bon Pays) au sud 1 758 km2. **Climat.** *Températures* janv. 0,8 °C., juillet 17,5 °C. *Pluies :* 782,2 mm/an. *Ensoleillement :* 1 430 h.

■ **Population.** *1821 :* 134 082 hab. ; *71 :* 204 028 ; *1922 :* 261 643 ; *70 :* 339 841 ; *95 :* 406 600 ; *99 :* 429 200 ; *2000 :* 435 700 ; *2025 (prév.) :* 510 000. **D.** 166. **Age :** *– de 15 ans* 18,9 %, *+ de 64 ans* 14,3 %. **Indicateur conjoncturel de fécondité** (en 1999) : 1,7. **Espérance de vie** (en 1998) : 77 ans. **Étrangers** (en 2000) : 159 400 (dont Portugais 57 000, Italiens 20 100, *Français 18 800,* Belges 14 500, Allemands 10 500, Anglais 4 600, Néerlandais 3 800).

■ **Langues.** *Luxembourgeois (Lëtzebuergesch) :* langue nationale (depuis le 24-2-1984), surtout parlée, dialecte moyen-allemand, avec de nombreux mots français. *Français* et *allemand :* langues administratives. **Religions** (en %). Catholiques 97, protestants 1, juifs 0,2, divers 1,8 (dont musulmans). Le chef de l'État est catholique. Traitements et pensions des ministres des cultes cath., protestant, orthodoxe, juif, reconnus, sont à la charge de l'État.

■ **Communes** (au 1-1-2000). *Luxembourg* 80 670 hab. (aggl. 128 821) [ancienne forteresse (23 km de souterrains) ; siège d'institutions européennes : Secrétariat du Parlement européen, Cour de justice depuis 1968, Banque européenne d'investissements depuis 1977, Cour des comptes européens, Eurostat et autres admin.], Esch-sur-Alzette 25 195 (à 18 km, alt. 290 m), Differdange 17 300, Dudelange 17 060, Echternach 4 509 [procession dansée en l'honneur de saint Willibrord].

■ **Histoire. Vers 265** Gallien fortifie le rocher du Bock, emplacement de L. **963 Sigefroid,** Cte de la maison d'Ardenne, achète le fortin de L. à l'abbé de St-Maximin de Trèves : un fief comtal. **1136** à la maison de Namur, puis **1247** à celle de Limbourg (8 souverains dont 4 empereurs du St Empire) dont : **Henri VII** (empereur 1308), **Jean l'Aveugle** (roi de Bohême), **Charles IV** (qui érige le L. en duché, 1354). Le 3e fils de Charles IV, Jean duc de Goerlitz, n'eut qu'une fille qui porta le duché à son mari, **Antoine de Bourgogne,** duc de Brabant. **1441** veuve et sans appui, elle vend son duché à Philippe le Bon, duc de Bourgogne. **1443** révolte, ville investie par les Bourguignons ; sous domination des ducs de Bourgogne, réunion aux P.-Bas espagnols. **1506** la citadelle devient le plus grand dépôt d'artillerie d'Europe. **1554** explosion des poudres qui détruit une partie de la ville et incendie l'autre. **1659** *traité des Pyrénées,* Esp. (Philippe IV) perd la partie sud qui revient à la Fr. **1684** Vauban agrandit la forteresse. **1697**-*20-9 traité de Ryswick :* retour à l'Esp. **1698**-*28-1* troupes fr. évacuent la forteresse. **1711** à la Bavière. **1713-14** *traités d'Utrecht, Rastadt* et *Bade :* L. aux Habsbourg. **1783**-*30-6* pacte de famille (Nassau) sur transmission de la couronne. **1794**-*nov.* à **1795**-*1-10* la forteresse capitule devant la Fr. et devient le département français « des Forêts ». **1797** *traité de Campoformio :* l'Autriche cède Belgique et L. à la Fr. **1798** introduction de la conscription (insurrection en Ardennes). **1814** évacuation française. **1815**-*9-6 traité de Vienne :* grand-duché souverain dans Confédération germanique, cédé à titre personnel à **Guillaume Ier,** roi des P.-Bas, Pce d'Orange-Nassau et à ses successeurs légitimes ; ville de L. forteresse fédérale ; rives est de la Moselle, la Sûre et l'Our cédées à la Prusse.

1815-*mars* **Guillaume Ier** (1772-1843). **1831** *traité des 24 Articles :* L. francophone devient province belge. **1839**-*19-4 traité de Londres* signé par G.-B., Russie, Fr., Autr., Belg., P.-Bas ; *naissance du grand-duché.* **1840**-*7-10* Guillaume Ier abdique.

1840-*oct.* **Guillaume II** (6-12-1792/17-3-1849), son fils. **1841** *Constitution.* **1842** dans union douanière allemande (*Zollverein,* dénoncée 30-12-1918). **1848** Const. libérale.

1849-*mars* **Guillaume III** (18-2-1817/23-11-1890), son fils. **1850**-*5-2* Pce Henri des Pays-Bas († 1879) lieutenant-représentant le grand-duc, frère du roi. **1866** dissolution de la Confédération germanique. Bismarck refuse d'évacuer le L. **1867**-*26-3* Guillaume III accepte de céder L. à la Fr. contre 5 millions de florins (10 750 000 F-or). *-30-3* Napoléon III accepte. *-31-3* convention signée mais le *Bon Victor de Tornaco* (PM du L.), qui doit contresigner, est à L. On le convoque ; en attendant, Guillaume III signale l'accord au roi de Prusse. *-3-4* Bismarck fait savoir que cette cession serait une cause de guerre. Guillaume III se désiste. *-11-5 traité de Londres :* indépendance et neutralité perpétuelle avec garantie collective des puissances signataires, départ de la garnison prussienne, démantèlement de la forteresse. **1868** révision de la Constitution. **1890**-*23-11* Guillaume III meurt sans enfant mâle (ses 3 fils issus de son 1er mariage étant morts avant lui).

1890-*23-11* **Adolphe Ier de Nassau** (24-7-1817/17-11-1905), fils de Guillaume duc de Nassau-Weilburg (1792-1839) et de Louise de Saxe-Altenbourg (1794-1825) de la branche aînée des Nassau-Weilburg, descendante de Walram II Cte de Nassau (vers 1220-vers 1280), ép. 23-4-1851 Adélaïde, Pcesse d'Anhalt (22-12-1833) [avait été régent du 8-4 au 3-5-1889 et du 4-11 au 23-11-1890]. **1902**-*4-4* Guillaume (son fils) lieutenant-représentant.

1905-*17-11* **Guillaume IV** (22-4-1852/25-2-1912), fils d'Adolphe. Ép. 21-6-1893 Marie-Anne de Bragance (13-7-1861-1942), infante du Portugal, régente de 1908 à 1912. **1907**-*17-4* Guillaume IV, n'ayant pas d'héritier mâle, promulgue un statut de famille (loi du 10-7) : sa fille aînée est déclarée héritière présomptive. **1908**-*19-3* Marie-Anne lieutenant-représentant puis *-19-11* régente.

1912-*25-2* **Marie-Adélaïde** (14-6-1894/24-1-1924), fille de Guillaume IV. Célibataire. *-25-2/-18-6* Marie-Anne (sa mère) régente. **1914-18** Allemands envahissent L. Marie-Adélaïde proteste, est gardée au château de Berg. **1918**-*août* annonce des fiançailles du Pce héritier Ruprecht de Bavière et d'Antonia, sœur cadette de Marie-Adélaïde (ce qui lui valut une réputation de germanophile). *-Nov.* les Allemands se retirent, manif. diverses en faveur de la grande-duchesse ou pour son abdication (mais avec maintien de la dynastie), pour une union personnelle avec la Belg., pour une république ou pour l'annexion par la Fr. *-27/28-12* une Cie de volontaires luxembourgeois se mutine. **1919**-*9-1* manif. : comité de salut public (8 membres) propose de proclamer la république avec Émile Servais, communiste, Pt. Marie-Adélaïde abdique. *-11-1* les députés présents (une minorité) votent déchéance de la dynastie et principe de la rép. *-12-1* les troupes françaises gardant les points stratégiques, les mutins sont dispersés. *-14-1* la Chambre prononce l'accession au trône de Charlotte, qui prêtera serment. Marie-Adélaïde devient carmélite (sœur Marie des Pauvres) à Modène le 20-9-1919, puis se retire pour raisons de santé en Bavière au château de Hohenburg où elle meurt.

1919-*14-1* **Charlotte** (23-1-1896/9-7-1985) duchesse de Nassau, sœur de Marie-Adélaïde. Ép. 6-11-1919 Pce Félix de Bourbon [Pce de Parme (28-9-1893/8-4-1970), devenu Pce consort fut naturalisé et titré Pce de L. le 5-11-1919, 6e enfant du Pce Robert de Bourbon duc de Parme (1848-1907) et de sa seconde ép. Maria-Antonia de Bragance, infante du Portugal (1862-1959)]. Révision constitutionnelle. Droit de vote pour les femmes ; 77,8 % des électeurs sont pour le maintien de la monarchie. **1921**-*1-5* union économique avec Belg. (UEBL). *-28-9* référendum pour union avec la France 60 123 voix (en Belg. 22 252) mais, selon un accord secret conclu avec la Belgique le 9-6-1917, la France se désintéresse du L. **1929**-*11-5* création de la Bourse. **1940**-*10-5* invasion allemande, grande-duchesse et gouv. partent en exil (France, Portugal, USA puis Londres). **1942**-*30-8* annexion allemande. **1944**-*10-9* libération. *Formation du Benelux.* **1945**-*14-4* grande-duchesse rentre. **1948**-*avril* abandon de la neutralité. **1949** membre de l'Otan. **1951** de la Ceca (dont L. devient siège provisoire). **1957** de la CEE. **1961**-*28-4* Jean, lieutenant-représentant, se retire au château de Fischbach. **1964**-*12-11* Charlotte abdique.

1964-*12-11* **Jean** (né 5-1-1921), fils de Charlotte. Ép. 9-4-1953 Pcesse Joséphine-Charlotte de Belgique (née 11-10-1927). **5 enfants :** *Marie-Astrid* [née 17-2-1954, ép. 6-2-1982 Charles-Christian de Habsbourg-Lorraine, archiduc d'Autriche, Pce de Bar, dont 5 enfants : Marie-Christine (née 31-7-1983), Imré (née 8-12-1985), Christophe (né 2-2-1988), Alexandre (né 26-9-1990), Gabrielle (née 26-3-1994)] ; *Henri,* voir ci-dessous ; *Jean* [né 15-5-1957 (a renoncé en sept. 1986 à ses droits au trône), ép. 27-5-1987 Hélène Vestur (née 31-5-1958, Française, conseiller d'État en août 2000), 4 enfants (titrés en 1997 Ctes et Ctesses de Nassau) : Marie-Gabrièle (née 8-12-1986), Constantin (né 22-7-1988), Wenceslas (né 17-11-1990), Carl-Johann (né 15-8-1992)] ; *Margaretha* [sa jumelle, ép. 20-3-1982 Nicolas de Liechtenstein (né 24-10-1947), dont 3 enfants : Maria Anunciata (née 12-5-1985), Marie-Astrid (née 26-6-1987), Josef-Emanuel (né 7-5-1989)] ; *Guillaume* [né 1-5-1963, ép. 24-9-1994 Sibilla Sabine Weiller (née 12-6-1968), dont 3 enfants : Paul-Louis (né 4-3-1998), Léopold et Charlotte (nés 2-5-2000)]. **1967** service militaire aboli. *-5-4* 1re grève générale depuis 1942. *-9-11* attentat aéroport, radar détruit. **1992**-*2-7* les députés approuvent le traité de Maastricht (51 voix pour). *-28-9* gd-duc Jean abdique.

2000-*7-10* **Henri** (né 16-4-1955), fils de Jean, était lieutenant-représentant depuis 3-3-1998, ép. 14-2-1981 Maria-Teresa Mestre y Batista (née La Havane 22-3-1956, Suisse d'origine cubaine), dont Guillaume (né 11-11-1981), Félix (né 3-6-1984), Louis (né 3-8-1986), Alexandra (née 16-2-1991) et Sébastien (né 16-4-1992)].

POLITIQUE

Statut. *Monarchie.* **Constitution** du 17-10-1868 révisée 1919, 48, 56, 72, 79, 83, 89, 94 et 96. **Résidences :** *Palais grand-ducal* (style Renaissance espagnole, 2de moitié du XVIe s. ; de 1413 à 1795 hôtel de ville, 1795 préfecture du dép. des Forêts, 1817 hôtel de gouvernement de Luxembourg) et *château de Berg.* **Titres :** Son Altesse Royale Henri, grand-duc de L., duc de Nassau, Pce de Bourbon de Parme, Cte palatin du Rhin, Cte de Sayn, Königstein, Katzenelnbogen et Dietz, burgrave de Hammerstein, seigneur de Mahlberg, Wiesbaden, Idstein, Merenberg, de Limbourg et Eppstein ; **du Pce héritier :** Son Altesse Royale Guillaume, grand-duc héritier de L., Pce héritier de Luxembourg et de Nassau, Pce de Bourbon de Parme. Titres octroyés depuis l'indépendance (XIXe s.) aux Pces étrangers qui, par suite d'un mariage inégal en naissance ont, à l'étranger, perdu leurs droits (exemple : Cte de Viborg à des Ctes Bernadotte, non-dynastes de Suède). Le **grand-duc** choisit son gouvernement. **Chambre des députés :** 60 m. élus pour 5 ans. **Conseil d'État :** 21 m. élus pour 15 ans au maximum. **Districts :** 3 (Luxembourg, Grevenmacher, Diekirch). **Cantons :** 12. **Communes :** 118 avec un bourgmestre. **Élections** (vote obligatoire) **du 13-6-1999 :** votants 191 267. *Sièges* (entre parenthèses, élect. de 1994) : PCS 19 (21), DP 15 (12), POSL 13 (17), Comité d'action 7 (5), Verts 5 (5), Gauche 1 (0). **Hymne** de la maison grand-ducale : le *Wilhelmus.* **Fête nationale.** *23 juin* commémoration du jour-anniversaire du souverain. (Dès le 23-12-1961, un arrêté grand-ducal fixe célébration au 23-6, indépendamment du jour-anniversaire réel.) **Drapeau** (adopté 1848). Bandes rouge, blanche et bleue, couleurs des armes des comtes de L. du XIIIe s. Identique au drapeau hollandais, mais plus long, et bleu plus brillant. **Devise.** « Nous voulons rester ce que nous sommes. »

Partis. P. chrétien-social (PCS), parti populaire fondé janv. 1914, *Pte :* Erna Hennicot-Schoepges, *secr. gén. :* Jean-Louis Schiltz, *Pt d'honneur :* Jean Spautz. **P. ouvrier socialiste luxembourgeois (POSL)** fondé 1902, *Pt :* Jean Asselborn, *secr. gén. :* Paul Bach. **P. démocratique (DP)** fondé 1904, *Pte :* Lydie Polfer, *secr. gén. :* Henri Grethen. **P. communiste (PC)** né d'une scission avec P. socialiste au congrès de Differdange (janv. 1921), *Pt :* Ali Ruckert. **Déi Gréng** (Verts), fondé 1994 [fusion du P. vert (GAP) fondé 1983, et d'Initiative Vert écologiste (GLEI) fondée 1989], *secr. :* Nadine Entringet. **Comité d'action pour la démocratie et la justice en matière de retraite (ADR)** fondé 1989, *Pt :* Robert Mehlen. **Déi Lénk** (Gauche).

Premiers ministres. 1945-*14-11* Pierre DUPONG (1885-1953), PCS. **1953**-*29-12* Joseph BECH (1887-1975), PCS. **1958**-*29-3* Pierre FRIEDEN († 23-2-1959), PCS. **1959**-*2-3* Pierre WERNER (29-12-1913), PCS. **1974**-*19-6* Gaston THORN (3-9-1928), PD. **1979**-*18-7* Pierre WERNER, PCS. **1984**-*18-6* Jacques SANTER (18-5-1937), PCS. **1995**-*20-1* Jean-Claude JUNCKER (9-12-1954), PCS.

ÉCONOMIE

PNB (en $ par hab.). *1985 :* 11 300 ; *92 :* 27 630 ; *95 :* 43 000 ; *96 :* 40 752 ; *97 :* 41 030 ; *98 :* 41 610 ; *99 :* 42 250. **PIB** (en 1999) : 731,8 milliards de F luxembourgeois. **Croissance** (en %) : *1994 :* 2,7 ; *95 :* 3,7 ; *96 :* 3,6 ; *97 :* 3,7 ; *98 :* 3,5 ; *99 :* 6,2 ; *2000 :* 8. **Emploi par branches d'activité** (en milliers, 1999) : agr., viticulture et sylviculture 4,7, énergie et eau 1,5, ind. 33,2, bâtiment et génie civil 26, services 183,3. **Population active** (en %) **et,** entre parenthèses, **part du PNB** (en %) : agr. 3,2 (2,3), ind. 30,7 (30), services 66,1 (67,7). **Chômage** (en %) : *1991 :* 1,4 ; *95 :* 3 ; *96 :* 3,3 ; *97 :* 3,6 ; *98 :* 3,1 ; *99 :* 2,9 ; *2000 (août) :* 2,5. **Frontaliers** (en 1999) : 78 400 dont *Français 41 500,* Belges 22 100, Allemands 14 800.

Agriculture. Terres (en ha, 1998) : forêts 88 620 (en 1994), cultivées 127 405 (dont en % prairies à faucher 23,2, céréales 21,6, vignes 1). *Exploitations* (en 1999) : 2 813 dont 2 461 de 2 ha et + (moy. 51,65 ha). Tracteurs (en 1999) 6 529, ramasseuses-presses 1 844, épandeurs de fumier 1 677, moissonneuses-batteuses 780. **Production** (en centaines de t, 1999) : maïs 1 300,9, céréales 1 537,9, herbe 1 225,1, fourrage 3 836,3. Vins : 184 300 hl. Bois : 305 502 m^3 (en 1999). **Élevage** (en 1999). Bovins 207 862, porcins 85 830, volailles 63 043, ovins 8 220, chevaux 2 818. Excédentaire pour : beurre, vin, viande bovine, poudre de lait écrémé. Doit importer : fruits, légumes, riz, viande de veau, de porc, fromage, blé.

Énergie. Production (en millions de kWh, 1999) : brute 1 020, dont thermique 51,6, hydroélectrique (barrages et pompages sur la Sûre, l'Our et la Moselle) 778 ; importée 6 194, total disponible 6 558. **Industrie** (en milliers de t, 1999). **Fer :** 4 284. **Acier :** 2 600 [Sté ARBED : avant 1975, 30 % du PIB, en 1998, 6 040 salariés (50 % de l'industrie), 18 % de la pop. active ; payait 60 % de l'impôt sur les Stés. En 1999, 7 960 salariés (depuis 1974, pas de licenciement, mais reclassement)]. *Produits laminés* 4 239 dont finis 3 703, semi-produits 536, fonte 438 (en 1997). **Chimie :** *pneus* [Goodyear (depuis 1950) ; 3 740 salariés (en 2000)], *matières plastiques, fils synthétiques, engins de génie civil.*

Transports. Routes (en 2000) : 2 863 km. *Véhicules* (au 1-1-2000) : 320 510 venant de (en %) : All. 47,5, *France 20,2,* Japon 15,8, Italie 5,2, USA 3, G.-B. 2,1, divers 6,2. **Voies ferrées** (en 1999) : 274 km. **Aériens :** *années 1950 :* le L. (sans Cie nationale) accueille Icelandair ; *1961 :* Luxair créé ; *années 1970 :* point d'embarquement des charters long-courriers, desserte des villes d'Europe ; *passagers* (en 1999) : 1 599 000 ; *fret :* 448 393 t.

Tourisme (en 1999). **Visiteurs :** *arrivées :* 878 291 ; *nuitées :* 2 767 140. **Curiosités :** cathédrale (1620-21) et palais grand-ducal, abbaye (XVIIIe s.) et basilique (XIe s.) d'Echternach, châteaux de Vianden et de Clervaux.

Finances (en milliards de F luxembourgeois, 2000). **État :** *recettes* budgétaires 194,2 *dont* ordinaires 188,7 (impôts directs 102,8, indirects 85,9), extraordinaires 0,2. *Dépenses* 194,1 *dont* ordinaires 174,1, extraordinaires 20. Balance + 0,1. **Communes :** recettes 60,1 ; dépenses 63, balance – 2,9. **Services financiers** (mai 2000). **Banques :** 209 (origine : All. 63, Benelux 27, Italie 21, *France 18,* Suisse 14, Scandinavie 11, Japon 9, USA 8, divers 39) ; 21 197 employés ; somme des bilans 24 141,8 (dépôts 19 755,3, créances 16 405,2). **Organismes de placement collectif de valeurs mobilières** (au 31-12-1999) : *fonds communs de placement* 800 (actifs 15 563,1), *Sicav* 795 (actifs 13 784,1), *autres OPCVM* 35 (actifs 310,6). **Holdings** (au 1-1-1998) : 13 879 (capital 1 258,5). **Assurances** (en 1998) : Cies agréées 93, Cies de réassurance 255 ; primes émises 204 172 (vie 176 495). **Inflation** (en %). *1993 :* 3,6 ; *94 :* 2,2 ; *95 :* 1,9 ; *96 :* 1,4 ; *97 :* 1,4 ; *98 :* 1 ; *99 :* 1 ; *2000 :* 3,2. **Fiscalité directe :** *sur le revenu :* progressivité rapide, taux maximal pour les personnes physiques 50 % ; + 2,5 % pour le fonds de chômage ; 13,5 % du PIB. *Sur les Stés : 1987 :* 40 % ; *91 :* 34,68 % + 2 % pour le fonds de chômage ; 69 % du PIB ; **indirecte :** TVA maximale 15 %. **Avantages fiscaux.**

Commerce (en milliards de F luxembourgeois, 1999). **Export. :** 291,8 *dont* métaux 84,5, machines 61,9, produits man. divers 52,5, produits chim. 19,1, matér. de transp. 11,8 *vers* All. 72,5, *France 60,8,* Belg. 38,4, G.-B. 23,3, Italie 16,5, P.-Bas 14,8, USA 11,2. **Import. :** 405,7 *dont* machines 81,4, matér. de transp. 74,7, métaux 44,5, produits man. divers 30,6, produits chim. 38,4, minéraux 25,7 *de* Belg. 140,6, All. 103,8, *France 48,6,* USA 36,8, P.-Bas 14,8, G.-B. 10,5. Italie 8,3. **Balance commerciale :** *1995 :* – 46,8 ; *96 :* – 53,7 ; *97 :* – 71,4 ; *98 :* – 71,9 ; *99 :* – 98,3. **Des paiements :** *1997 :* 73,1 ; *98 :* 66,7 ; *99 :* 41,6.

MACÉDOINE

Carte p. 1291. V. légende p. 950.

Abréviation : M. : Macédoine.

Nom. Admise à l'Onu sous le nom provisoire d'ex-Rép. yougoslave de M. [dite *Arym* ou Erym ([Ancienne (ou ex-) Rép. yougoslave de M.], en anglais *Fyrom* (Former Yougoslavian Republic of Macedonia) ; son nom sera fixé par une commission d'arbitrage, la Grèce ayant demandé que le nom (donné en 1947 par Tito) soit changé, car elle y voit une revendication sur la M. grecque (ou de l'Égée). PROPOSITIONS : *Macédoine du Nord* ou *Haute-M. ; Macédoine II ; Rép. balkanique centrale ; Rép. du Vardar* (réduirait l'État au nom du fleuve qui passe à Skopje et se jette, sous le nom d'Axios, dans la mer Égée) ; *Rép. de Skopje* (couperait toute racine historique) ; *Banovine du Vardar* ou *Serbie du Sud ; Dardanie* (englobait le nord de la «Macédoine» actuelle) ou *Illyrie orientale ; Mésie* ou *Mésie inférieure* (anciennes provinces romaines ; permettrait des prétentions de la Bulgarie et de la Serbie) ; *Nouvelle M.*

Situation. Europe (partie des Balkans). **Superficie :** 25 713 km^2 soit 39 % de la M. antique. **Frontières** (en km) : Serbie 272, Bulgarie 165, Grèce 262, Albanie 191. **Altitude** *maximale ;* Golem Korab 2 764 m. **Climat.** Continental, modéré, influence méditerranéenne par la vallée du Vardar. Hiver : froid et humide, été : chaud et sec. Montagnes, forêts, plaines fertiles.

Population. *2000 :* 2 022 000 hab. dont (en %) : Macédoniens 64,8, Albanais 23,9, Turcs 4,1, Tziganes (Roms) 2,5, Serbes 2 (85 % intégrés dans les villes), Valaques 0,4, Bosniaques 0,4, divers 1,8. **D.** 79. **Espérance de vie** (en 2000) : *h. :* 70,3 ans, *f. :* 74,8. **Réfugiés** (en 1999). 17 400 dont 17 000 Yougoslaves. **Capitale.** *Skopje* 485 000 hab. (est. 1999).

Langue. Macédonien *(officielle),* écrit du IXe au XIe s. en lettres glagolitiques et, depuis, en lettres cyrilliques. De 1903 à 1945, codification phonétique. Alphabet de 31 lettres. **Analphabétisme :** 5,4 %. **Religions.** Église instituée 1947, autocéphale depuis 1967, non reconnue par le patriarcat de Serbie et les autres Églises orthodoxes. *En % :* orthodoxes 66,3 ; musulmans 30 ; cath. 0,4 ; divers 1,79.

Histoire. Av. J.-C. VIIe s. roy. fondé par le roi Perdica ; peuple d'origine indo-européenne (Scythes, Thraces, Péoniens, Illyriens et plus tard Grecs) sous la dynastie hellénisée des Argeades. **338** Philippe II (359-336) et Alexandre le Grand (336-323) établissent hégémonie sur Grecs. **168** incorporé à l'Empire romain après défaite de *Pydna.* Partie de l'Empire d'Orient (cap. Salonique), puis de l'Empire byzantin. **Apr. J.-C. 518** tribus slaves (Dragovites, Véléguésites, Bersuites, Sagoudates, Strouminiens, Smoliniens, Rinhiniens), originaires de la région du Dniepr, commencent à envahir Illyrie orientale ; occupent zone de Sar Planina, du Pinde à Ohrid et Salonique. **806** le khan (prince) des Bulgares, Krum, commence la conquête de la M. **IXe-Xe s.** Bulgares conquièrent successivement nord, ouest et sud de la M. sous les règnes de Pressiyan (836-852), Boris (853-889), Siméon (893-927) ; slavisation des Bulgares. **863** Cyrille et Méthode traduisent les Livres saints en dialecte local. **864** conquête définitive. **865** évangélisation (liturgie byzantine). **969-1014** État macédonien sous l'empereur Samuel (de Bulgarie) : Zahumlje Bosnie, Dukla et Raška jusqu'à l'Épire et Thrace, cap. : Ohrid. **1018** dissolution de l'État. **1018-1258** conquête byzantine. **1040-41** et **1072** émeutes contre Byzance. **1282** Étienne Ouroch II Milutin, roi de Serbie, conquiert M. centrale, dont Skopje, jusqu'à la Bregalnitsa, Poretche, Kitchevo et Debar en M. occ. **1349** Douchan (1331-55), couronné empereur des Serbes et des Romains (son empire va jusqu'à Athènes), promulgue le Code des lois. **1355** Empire serbe éclate : roi Voukachine règne sur nord et centre de la M., les Dèanovitch sur M. orientale. **1371** *Maritsa :* Turcs battent Voukachine, la M. devient vassale des Turcs (1392 prise de Skopje). **1389**-*20-5 Kosovo :* Turcs battent le tsar serbe Lazar. **XVe au XIXe s.** répartie entre vilayet de Monastir-Bitola (slave et turc) et celui de Salonique (turc, juif, slave et grec). **1564, 1573-74, 1582** émeutes contre l'empire ottoman. **1689-90** insurrection menée par Karpos, matée. **1876** insurrection de Razlovtsi. **1878**-*3-3 traité de San Stefano :* attribuée par la Russie à la Bulgarie. *Congrès de Berlin* projette une M. autonome sous suzeraineté turque ; insurrection de Kresna déclenchée par cette décision, sans suite. **1893** Organisation révolutionnaire intérieure macédonienne fondée à Salonique (Orim ou VMRO). **1903**-*2-8/2-11* insurrection de la St-Élie (Ilinden, vilayet de Monastir-Bitola), 30 000 insurgés (1 000 †) contre 20 000 Turcs (5 328 †) ; répression turque : 200 villages rasés, 4 866 †. **1912**-*8-10*/**1913**-*30-5 : 1re guerre balkanique :* Bulgarie, Serbie, Grèce, Monténégro (648 000 h.) enlèvent sandjkak de Novi Pazar, Kosovo et M. à la Turquie (368 000 h.) ; Bulgarie demande révision du traité. **1913**-*29-6/29-9 : 2e guerre balkanique :* Serbie, Grèce, Roumanie, Monténégro, Turquie battent Bulgarie (traité de paix turco-bulgare 29-9). *-12-8 traité de Bucarest :* M. partagée entre *Grèce :* M. d'Égée, 34 177 km^2 (51,7 %) ; *Serbie :* M. du Vardar, 25 713 km^2 (38,2 %), 728 000 hab. en 1921 (sans population serbe) ; *Bulgarie :* M. de Pirin 6 798 km^2 (10,11 %), 165 000 hab. (sans pop. bulgare et turque) ; *Albanie :* Dolna Prespa (1 %) sans pop. albanaise et *Golobrdo* (macédoniens islamisés). **1915** Alliés proposent M. à la Bulgarie contre son entrée en guerre à leurs côtés. *-20-10* Bulgarie entre en guerre contre les Alliés et prend M. « serbe ». **1919**-*27-11 traité de Neuilly :* Bulgarie rend partie de la M. conquise pendant la guerre et région de Strumica au roy. serbe (60 000 hab.). **1919-24** en M. égéenne, échanges de populations : la Grèce évacue 126 000 Macédoniens vers Turquie et Bulgarie, et installe 618 000 Grecs à leur place. **1929**-*3-10 banovine du Vardar.* **1941-44** occupation [M. de Vardar et est de la M. égéenne par Bulgarie, ouest par Italie (rattaché à l'Albanie), centre de la M. égéenne par All.]. **1944**-*2-8* République de M. *-Nov.* libération. **1945**-*29-11*/**1991** une des 6 Rép. de la fédération yougoslave. **1946**-*31-12 Constitution :* Rép. populaire de M. **1990**-*11/25-11 législatives.* **1991**-*25-1* Parlement proclame sa souveraineté et son droit à la sécession. *-27-1* **Kiro Gligorov** (né 3-5-1917, dit « le Renard des Balkans ») élu Pt par le Parlement. *-8-9* **référendum pour indépendance** 98 % pour [participation : 74 % (boycottage des communautés albanaise et serbe)]. *-17-9* déclaration d'indépendance. **1992**-*6-1* vote de la Constitution. *-16-1* Bulgarie reconnaît la M. comme État, mais pas l'existence des Macédoniens qui, pour elle, sont bulgares.-*26-4* nouvelle monnaie : le dinar. **1993**-*janv.* détachement Forpronu (Unprofor, puis Unpredep) pour surveiller l'embargo sur Serbie et Monténégro. *-8-4* entre à l'Onu. *-21-10* reconnue par Belg. *-16-12* par France, Italie, All., Danemark, G.-B., P.-Bas. **1994**-*16-2* blocus grec de la M. pour qu'elle change de nom, de drapeau et de Constitution. Porteurs d'un passeport avec mention M. et véhicules immatriculés M. ne peuvent entrer en Grèce. Les véhicules de l'UE acheminant l'aide humanitaire sont détournés sur Bulgarie ou Albanie. *-16-10* Gligorov réélu Pt au suffrage univ. (52,44 % des voix). **1995**-*13-9 New-York :* accord M./Grèce ; inviolabilité des frontières reconnue. *-3-10* Skopje, voiture piégée : Gligorov grièvement blessé. *-4-10 à févr. 1996* **Stojan Andov** Pt du Parlement, Pt par intérim. *-15-10* embargo grec levé, la M. abandonne le soleil de Vergina (emblème d'Alexandre le Grand) sur son drapeau et modifie Constitution (abandon de la référence aux « frères non libérés des pays voisins ». **1996**-*23-2* nouveau gouv. (majorité ASDM) ; *-8-4* reconnu par Yougoslavie. *-8-5* Gligorov en France. **1997**-*févr.* élections locales, poussée extrémiste au sein de la minorité albanaise. **1999**-*27-1* M. reconnaît Taïwan. *-22-2* rapprochement avec Bulgarie, qui admet l'existence d'une langue macédonienne distincte du bulgare. *-1-3* Conseil de sécurité : Chine contre la prolongation du mandat des casques bleus surveillant frontière serbe (depuis juillet 1993) : départ des 1 050 soldats de la Forpronu. *-Mars/mai* crise du Kosovo : 360 000 réfugiés en M. *-5-12* **Boris Trajkovski** (né 25-6-1956) élu (31-10 et 14-11-1999) Pt, VMRO (52 % des voix devant Tito Petkovski, ASDM). **2001**-*depuis févr.* affrontements avec l'UCK (Armée de libération nat. des Albanais de Macédoine. *A fin mars* 30 000 déplacés.

■ **Statut. Constitution** du 21-11-1991. **Pt** élu au suffrage univ. pour 5 ans. **PM** élu : Ljubco Georgievski (né 17-1-1966) depuis 31-11-1998. **Chambre** unique *(Sobranje) :* 120 membres élus au suffrage univ. pour 4 ans. **Élections des 18-10, 1 et 15-11-1998 :** VMRO 49 sièges, AD 13, ASDM 27, PPD 14, PDA 11, P. libéral démocrate 4, P. socialiste 1, Union des Roms 1. **Fêtes nationales.** 2-8, 8-9 et 11-10. **Drapeau** (adopté 5-10-1995). Fond rouge, soleil jaune à 8 branches (auparavant soleil de Vergina, emblème de Philippe de Macédoine à 16 rayons).

■ **Partis. Alliance sociale-démocratique de M. (ASDM)** fondée 1991, prend la suite de la Ligue des communistes de M., fondée 1943 (Branko Crvenkovski). **P. libéral (PL)** fondé 1990, (Stojan Andov) et **P. démocratique** fondé 1993 (Petar Gosev) fusionnent de 1997 à 99 en **P. libéro-démocratique (LDP)** [Petar Gosev]. **P. socialiste de M. (PSM)** fondé 1990 (Ljubisav Ivanov). **P. démocrate pour l'unité nationale macédonienne (VMRO)** fondé juin 1990 (Ljupco Georgievski). **P. pour la prospérité démocratique (PDP)** fondé 1990 (Ymer Ymeri). **P. populaire démocratique (PPD)** fondé 1990 (Iljaz Halili). **P. démocratique des Albanais** fondé 1997 (Arben Xhaferi). **Alternative démocratique** fondée 21-3-1998 (Vasil Tupurkivski). **VRMO-Vistinska** fondé 2000 (Boris Stojmenov).

■ **Économie. PNB** (en $ par hab.) : *1995 :* 1 583 ; *2000 :* 1 885. **Pop. active et,** entre parenthèses, **part du PNB** (en %) : agr. 30 (13), mines et ind. 33 (21,8), services 45 (54,1). *Chômage* (en %) : *1990 :* 23 ; *95 :* 35,6 ; *98 :* 45 ; *99 :* 32,4 ; *2000 :* 32,1. **Croissance du PIB** (en %) : *1995 :* – 1,2 ; *96 :* 0,8 ; *97 :* 1,4 ; *98 :* 2,9 ; *99 :* – 2,7 ; *2000 (est.) :* 10,4. **Inflation** (en %) : *1990 :* 708,4 ; *91 :* 214,9 ; *92 :* 1 790,7 ; *93 :* 449,8 ; *94 :* 221,8 ; *95 :* 115,9 ; *96 :* 103 ; *97 :* 4,4 ; *98 :* 0,8 ; *2000 :* 5,8. **Dette extérieure :** *2000 :* 1,4 milliard de $ (34 % du PIB). **Agriculture. Production** (en milliers de t, 1999) : blé 319, raisins 230, p. de t. 168, orge 126, maïs 161, tomates 128, melons 121, tabac 30. Vin. **Élevage** (en milliers de têtes, 1999). Volailles 3 223, moutons 1 289, bovins 270, porcs 226, chevaux 57. **Pêche** (en 1998) : 1 012 t. **Mines** (en t, 1997). Lignite 7 432 000, plomb et zinc 50 600, cuivre 46 800, chrome 1,5, gypse, argent, nickel. **Industrie.** Textile, meubles, céramique, alimentaire, tabac. **Transports** (en km, 1998) : routes 10 388, chemin de fer 699. **Tourisme** (en 2000). **Visiteurs :** 632 523. **Revenu** (en 1996) : 60,8 millions de $. **Sites :** lacs d'Ohrid et Sar Planina (montagne de Sara), *parcs nationaux :* Mavrovo (73 088 ha), Galitchcitsa (22 750 ha), Pelister (12 500 ha). **Commerce** en millions de $). **Export./import. :** *1996 :* 1 147/1 627 (dont avec la Grèce : 39,2/232,1) ; *97 :* 1 180/1 754 ; *98 :* 1 310/1 912 ; *99 :* 1 159/1 744.

■ **Rang dans le monde** (en 1999). 17e nickel. 27e vin.

MADAGASCAR

V. légende p. 950.

☞ *Abréviations :* M. : Madagascar ; Malg., malg. : Malgaches, malgache(s).

■ **Situation.** Océan Indien. Dite « l'île Rouge ». **Superficie :** 587 041 km². **Longueur :** 1 500 km. **Largeur** *maximale* 600 km. **Altitude** *maximale* Tsaratanana 2 879 m. **Côtes :** 4 828 km. **Régions :** *côte de l'est :* exposée aux alizés et, en saison chaude, aux cyclones (95 en 40 ans), climat équatorial. Collines, dunes et marécages (temp. 13,2 à 33,4 °C, pluies annuelles 3 m). *Hautes terres centrales :* cristallines (de 1 200 à 1 500 m), climat méditerranéen, temp. moins élevée, parfois 0 °C, moy. 18,4 °C, pluies 1,20 m. *Nord* et *nord-ouest :* terrains sédimentaires, saison sèche de plus en plus longue vers le sud, saison des pluies déc.-avril correspondant à la mousson (Mahajanga : 2 m de pluies). *Sud :* plateaux calcaires et carapace argilosableuse ; très sec (Toliary 0,35 m de pluies). **Faune.** Nombreux lémuriens (maki, mongoz, mococo, vari, aye-aye, d'où le nom de Lémurie donné à M.) ; ni singes ni ongulés, carnivores rares.

■ **Population** (en millions d'hab.). *Vers 1880 :* 3 à 8 ; *vers 1900 :* 2,2 dont 19 000 Européens (dont 11 000 Français) ; *11 :* 3,1 (18 000) ; *26 :* 3,6 (18 000) ; *51 :* 4,37 (52 000) ; *85 :* 10 (18 000 Français, beaucoup d'origine comorienne) ; *2000 (est.) :* 17,39 ; *2025 (prév.) :* 28. **D.** 25,5. **Taux** (‰, 1999) : *natalité* 44 ; *mortalité* 14 (100 000 † en 1987 de paludisme), *infantile* 96. **Age :** *– 15 ans :* 45 %, *+ de 64 ans :* 3,3 %. **Espérance de vie** (en 1998) : 58 ans. **Ethnies malgaches** (en 1974) : Mérina ou Hova 1 993 000, Betsimisaraka 1 134 000, Betsileo 920 600, Tsiminety 558 100, Sakalava 470 156 (en 1972), Antandroy 412 500, Antaisaka 406 468 (en 1972), Tanala 249 418, Antaimoro 222 102, Bara 212 182, Antanosy 155 442, Sihanaka 143 450, Mahafaly 94 918, Makoa 67 749, Bezanozano 45 327. *Castes traditionnelles mérina :* andriana (nobles), hova (h. libres), andevo (serviteurs). **Étrangers** (*vasas* en malgache, en 1982) : 50 000 dont *16 000 Français* et 700 coopérants (5 000 personnes avec les familles). 25 000 Comoriens et Indo-Pakistanais [dits Karany (venus des Indes, musulmans souvent chiites), contrôlent avec d'autres Indiens 40 % du commerce]. **Malgaches en France** (en 1989) : 30 000.

■ **Villes** (en 1990). *Antananarivo* [la Cité des Mille (Guerriers), ex-*Tananarive*] (alt. 1 250 à 1 470 m) 876 000 hab. (est. 1999), Toamasina (ex-Tamatave, à 370 km) 145 431 hab., Fianarantsoa 124 489 (à 417 km), Mahajanga (ex-Majunga) 121 967, Antsirabé 99 000, Toliary (ex-Tuléar, à 960 km) 61 460, Antseranana (ex-Diégo-Suarez, à 120 km) 54 418. **Langues.** Malgache *(officielle),* français *(officielle).* **Religions** (en %). Animistes 52 (culte des ancêtres ; la *famadihana,* changement de linceul, est une fête), catholiques 20,5, protestants 20,5, musulmans 7.

■ **Histoire. Ier millénaire av. J.-C.** peuplée par Africains et Indonésiens. **XIIe-XVIIe s.** arrivée de commerçants musulmans ; comptoirs créés sur la côte ouest par des Antalotres. **1500**-*10-8* découverte par le Portugais Diego Diaz. **1527** des marins dieppois abordent. **1610-30** roi **Andriankaja. 1640** le *St-Alexis,* de la Cie des Indes orientales françaises, s'échoue (10 survivants) ; **1642** le *St-Louis,* expédié avec 12 h. (dont 2 commandants : Pronis († 1655) et Foucquembourg) qui retrouvent à Ste-Luce les survivants et s'installent ; *-nov.* 70 h. arrivent par le *St-Laurent.* **1643** Français s'installent à 80 km de Ste-Luce, à Tholongar qu'ils appellent Fort-Dauphin (en l'honneur de Louis XIV) ; l'île, baptisée île Dauphine, est théoriquement annexée (sous le nom de *France orientale*). **1644**-*sept.* le *Royal* amène 90 h. **1646** Pronis vend des esclaves à Vandremester, gouverneur hollandais de Maurice. **Vers 1660** roy. sakalava créé par **Andriandahifotsy. 1664** et **70** annexion par la France. **1674** colons français massacrés ; abandon de Fort-Dauphin ; les survivants se réfugient à l'île Bourbon (Réunion). **Début XVIIIe s. Ratsimilaho** (1710-54) fonde Fédération betsimisaraka. **1750-57** Fr. occupe l'île Ste-Marie. **1768-70** Cte de Maudave puis **1774** Cte Maurice-Auguste de Aladar de Benyowski (né 1746 en Hongrie), mandaté par la Fr. pour créer un établissement (Louisbourg), le proclame indépendant. **1786**-*23-5* tué par une expédition française. **1787 Andrianampoinimerina** (vers 1745-1810) réalise unité du roy. mérina (débordant Ankaratra au nord du Betsileo, pays sihanaka). **1804** Sylvain Roux occupe Tamatave. **1810 Radama Ier** (1792-1828, fils d'Andrianampoinimerina) soumet Betsimisaraka, s'attaque aux Sakalava, conquiert, souvent de façon précaire, les 2/3 de M. S'appuyant sur l'alliance anglaise, il introduit christianisme, écriture et instruction. **1811** Anglais occupent Tamatave. **1817** traité avec Anglais qui soutiennent Hovas : la G.-B. confère à Radama Ier le titre de roi de M. **1821** Français reprennent île Ste-Marie, **1825** chassés de Foulpointe et Fort-Dauphin. **1828**-*juillet* mort de Radama Ier ; sa femme **Ranavalona Ire** (vers 1790-1861) devient reine. [Surnommée le « Néron femelle », Ranavalona fait exécuter en moy. 20 000 à 30 000 personnes par an (notamment en 1831, 25 000 Sakalava prisonniers de guerre, femmes et enfants étant vendus comme esclaves) ; elle rétablit le « jugement de Dieu », obligeant les inculpés à traverser à la nage une rivière à caïmans, autant de fois qu'elle l'ordonne.] **1832** Français réoccupent Ste-Marie. **1838** Ranavalona chasse les missionnaires. **1841** Français prennent Nossi-Bé, *traité de protectorat* avec souverains sakalava. **1845** Ranavalona repousse expédition franco-anglaise à Tamatave. **1845-53** fermeture des ports aux étrangers. **1852** *Rainivoninahitriniony* (dit Raharo) PM. **1857** les Français se retirent dans l'île Ste-Marie [dont Jean Laborde (1806-78) venu à M. à cause d'un naufrage ; deviendra architecte de la reine (palais), industriel, puis consul de Fr. (introduira coutumes françaises à la cour). Il avait cru pouvoir aboutir à un protectorat malgré les efforts du missionnaire anglais Ellis], puis les derniers Européens. **1861**-*18-8* **Radama II** (1829/13-5-1863, étranglé sur ordre du Parti vieux-hova). **1862**-*12-9* traité de commerce signé, Napoléon III reconnaît la souveraineté de Radama II sur toute l'île en échange d'avantages économiques. **1863** révolte contre le PM. *-9/10-5* massacre des « Yeux rouges ». *-Mai* **Rasoherina** (1814-68), veuve et cousine de Radama II, devient reine. Le PM Raharo a le pouvoir effectif. **1864**-*juillet Rainilaiarivony,* demi-frère de Raharo, PM jusqu'en 1895. Pce consort, il épouse successivement les 3 reines. **1865**-*27-6* accorde protection aux Anglais. **1868**-*2-4* **Ranavalona II** (1829-83), cousine de Rasoherina ; *-8-8* accorde protection aux Français. La France, qui possède effectivement l'île Ste-Marie, quelques îlots, la baie de Passandava, les Antankares du Nord, souhaite imposer son influence à la cour de Tananarive ; mais des missions protestantes (soutenues par Angl.) la contrecarrent. **1869** protestantisme religion d'État, renforce ses liens avec l'Angl. **1878** saisie des biens de Jean Laborde. **1882** capitaine de vaisseau *Le Timbre* prend Ampassimiena. **1883**-*8-2* François de Mahy, député de la Réunion et chef du lobby créole, ministre de la Marine dans le ministère Fallières (21-1/16-2), ordonne à l'amiral Pierre de détruire postes *mérina* sur côte nord-ouest, puis d'occuper Majunga (17-5) et Tamatave et d'adresser un ultimatum pour exiger cession des territoires au nord du 16e parallèle et reconnaissance du droit de propriété pour les Français. **1883**-*13-7* **Ranavalona III** (1861-1917) reine d'Emyrne (plateau de l'Imérina). *-Sept.* Pierre meurt. *-Nov.* l'amiral Galiber, qui lui succède, négocie. A la Chambre, l'expédition est approuvée par une très large majorité. **1884**-*juillet* amiral Miot relève Galiber. **1885**-*27-8* à Adampy, le commandant Pennequin, avec 50 Français et 70 Sakalaves, disperse plusieurs milliers de Hova. *-10-9* offensive française repoussée à Farafate.

Protectorat français. 1885-*17-12* **traité de « protectorat »** signé sur *la Naïade* (en rade de Tamatave). Ranavalona III est de nouveau reconnue souveraine de l'île entière (acceptant le protectorat français) ; la France lui rend territoires et villes conquis [sauf baie de Diégo-Suarez (cédée en toute propriété), et Tamatave (gardée en gage jusqu'au versement d'une indemnité de guerre de 10 millions)]. Mais Le Myre de Vilers, 1er résident général, exige que la sécurité des ressortissants français soit partout garantie ; cela entraîne pour la reine de ruineuses expéditions de pacification. Des milliers de travailleurs et de soldats désertent. L'armée mérina s'épuise, l'insécurité gagne. **1890**-*15-8* traité avec la G.-B., qui reconnaît les droits de la Fr. (la Fr. abandonne toute prétention sur Zanzibar). **1893-94** anarchie. **1894**-*11-12* état de guerre notifié. *-Déc.* occupation de Tamatave. **1895** PM Rainilaiarivony est exilé à Alger. *-14-1* occupation de Majunga. *-Févr.* débarquement à Nossi-Bé. *-1-3* à Majunga (avant-garde), puis *-mars/avril* (gros des troupes). *-25-3* début des hostilités. *-2-5* prise de Marovoay, *-9-6* de Mevatanana. Corps expéditionnaire français (658 officiers, 14 775 h., 56 canons, Gal Duchesne), renforcé plus tard par plus de 3 000 h. Morts : guerre 25, maladie (malaria) 4 613. *-30-9* Français prennent Tananarive. *-1-10* nouveau traité de protectorat. **1896**-*16-1* Hippolyte Laroche résident général ; *traité de protectorat non respecté par la reine* ; insurrection d'Imerina. *-20-6* annexion par la Fr. (votée 6-8 par l'Ass. par 329 voix contre 82). *-30-9 Gallieni,* gouverneur général (jusqu'en 1905), mate l'insurrection. **1897**-*28-2* reine déposée (déportée à La Réunion puis à Alger ; visite Paris oct. 1905, meurt à Alger en 1917). Vente d'esclaves interdite (il y en avait 500 000). Création des *Menalamba* (Étoffes rouges ; 1er mouvement nationaliste). **1905** fin de la pacification. **1905-10** *Jean-Victor Augagneur* (1853-1931) gouverneur. **1913** société secrète VVS (*Vy, Vato, Sakelika :* fer, pierre, réseau) fondée par le pasteur Ravelojaona. **1915-16** arrestation, procès et condamnations de 41 Malg., dont Ravoahangy, pour menées antifrançaises. **1915-17** mouvement des *Sadiavahe,* insurrection des Antandroy, Mahafaly et Karimbola du sud de l'île. **1920-24** *Hubert Garbit* (1864-1934) gouverneur. **1924** condamnés de la VVS amnistiés. **1929**-*19-5 :* 1re manif. publique en faveur de l'indépendance. **1930** action de Ralaimongo, Ravoahangy et Dussac. **1937** droit syndical reconnu partiellement (totalement 1938). **1938** retour des restes de Ranavalona III à Tananarive. **1940** M. fidèle à Pétain. **1942** débarquement britannique. **1943** M. rendue à la France libre. **1945** territoire au sein de l'Union française. *Joseph Ravoahangy* (1893-1970) et *Joseph Raseta* (né 9-12-1886) [Restauration de l'indépendance malg.] élus députés contre P. démocrate de M. **1946**-*févr.* MDRM (Mouvement démocratique de la rénovation malg.) créé. -*Juillet* PADESM (P. des déshérités de M.) créé. **1947**-*29-3 insurrection des Menalambas.* Les députés Rabemananjara et Ravoahangy (arrêtés 12-4) condamnés à mort ; Raseta (arrêté 9-5) aux travaux forcés à perpétuité. Libérés en 1956, ils rentreront à M. en 1960. Répression (corps expéditionnaire 30 000 h. avec Gal Garbay) [une liste, dressée par district en 1950, donnera 140 Français et 1 646 Malg. tués par rebelles, 4 126 tués en opérations, 5 390 disparus ou morts de misère physiologique ; Garbay a parlé de 89 000 † (dont 1 900 Malg. tués par rebelles et 550 étrangers dont 350 militaires). 6 élus MDRM condamnés à mort (sentence non exécutée) ; Samuel Rakotondrabe, le Cdt suprême, fusillé le 19-7-1948]. **1957** *autonomie interne.* **1958**-*14-10* république autonome.

République indépendante. **1960**-*26-6 indépendance,* **Philibert Tsiranana** (1912/16-4-1978) Pt depuis 1-5-1959. **1971**-*mars* grève générale étudiants. -*Avril* troubles dans le sud-ouest soutenus par P. gauchiste Monima (leader Monja Joana, arrêté) : plusieurs centaines de †. -*1-6* Resampa, secr. gén. du PSD, 2e vice-Pt du gouv., arrêté pour complot avec USA. **1972**-*30-1* Tsiranana réélu. -*Avril/mai* émeutes. -*13-5* armée tire sur la foule. -*5-6* pleins pouvoirs au **Gal Gabriel Ramanantsoa** (13-4-1906/9-5-1979). -*Juin* amnistie pour révolte d'avril 1971, Resampa libéré. -*Août* loi martiale. -*19-9* KIM (mouvement contestataire de mai) demande annulation des accords de coopération avec Fr. et instauration d'une IIe Rép. -*8-10* référendum sur maintien du gouv. d'unité nat. depuis 5 ans par Ramanantsoa (condamné par Tsiranana) : oui 96,44 %. -*Déc.* émeutes. **1973**-*févr.* manif. contre malgachisation. -*Mars* arrestation de personnalités de l'ancien régime, restructuration rurale : *fokonolony* (gouv. par assemblée du village). -*Juin* M. quitte zone franc. Accord de défense avec Fr. dénoncé. **1974** tensions côtiers/Mérinas. -*31-12* putsch Cel Rajaonarison échoue ; mutinerie GMP (groupe mobile de police). **1975**-*25-1* Ramanantsoa dissout le gouvernement. -*5-2* **Cel Richard Ratsimandrava** (né 21-3-1931) pleins pouvoirs ; -*11-2* est assassiné. -*12-2* Comité nat. de direction militaire, Pt **Gal Gilles Andriamahazo** (né 1919). Loi martiale. -*13-2* reddition des mutins. -*21-3 :* 297 inculpés dont Tsiranana, Resampa, Rajaonarison (acquittés 12-6) ; -*17-5 :* 260 amnistiés. -*14-6* directoire militaire dissous ; -*15-6* **Didier Ratsiraka** (né 4-11-1936 ; de la tribu côtière des Betsimisarakas ; officier de marine ; *1972* ministre des Affaires étrangères) chef de l'État ; confirmé 4-1-1976, réélu 7-11-1982 avec 80,17 % des voix devant Monja Jaona (du Sud) et 12-3-1989 avec 62,71 % des voix devant Manandafy Rakotonirina (MFM) [19,8 % des votants]. -*16-6* banques et Stés d'assurance nationalisées. -*26-8* charte de la Révolution socialiste. -*31-8* sous-sol nationalisé. -*21-12* référendum : plus de 94,7 % des voix pour Ratsiraka et nouvelle Constitution. -*30-12* **IIe Rép. malgache.** **1976**-*11-1* **Lt-Cel Joël Rakotomalala** PM. -*19-3* création de l'Arema. -*26-6* Stés pétrolières nationalisées. -*30-7* PM meurt (accident d'hélicoptère). -*11-8* **Justin Rakotoniaina** (né 1933) PM. **1977**-*31-7* **Cel Désiré Rakotoarijaona** (né 19-6-1934), PM. -*20/22-12* affrontements Malg.-Comoriens à Mahajanga (100 à 1 400 † ?) : 15 000 Comoriens rapatriés. **1978**-*29/30-5* manif. de lycéens (projet de réforme de l'enseignement : 2 †. **1981**-*3/4-2* manif. de lycéens à Antananarivo (15 †). -*8/9-11* troubles à Antananarivo. **1982** 4 cyclones, île de Nossi-Bé détruite à 20 %. -*16-1* complots déjoués. Émeutes dans le Nord (environ 20 †). **1984**-*avril* cyclone *Kamisy* détruit partiellement Antsiranana et côte nord-ouest. -*Août* pratique du kung-fu interdite ; -*5-9* des adeptes incendient anciens locaux du ministère de la Jeunesse et des Sports et assaillent l'hôtel de police. -*4-12* règlement de comptes contre « TTS » (Tanora Tonga Saina, « jeunes ayant pris conscience d'eux-mêmes », hommes de main du pouvoir se livrant à des violences) retranchés au centre d'Antananarivo ; mouvement Kung-fu (fondé vers 1980) aidé par la population ; forces de l'ordre n'interviennent pas (50 †). **1984-85** influence soviétique et nord-coréenne. **1985**-*31-7/1-8* armée attaque quartier général du mouvement Kung-fu [20 † dont chef Pierre Rakotoarijaona, dit Pierre-Bé (« le grand Pierre »), et 4 militaires]. **1986** FMI préconise mesures de redressement. -*Mars* cyclone *Honorina* (Taomasina sinistrée). -*Mai* amiral Guy Sibon, min. de la Défense, tué dans accident d'avion (attentat du KGB ?). -*Nov.* émeutes à Taomasina. **1986-87** famine dans le Sud (40 000 † ?). **1987**-*26-2* émeutes à Antsirabé. -*6-3* à Toliary ; contre Indo-Pakistanais (Karanas) [14 † dont 11 des forces de l'ordre]. -*22-6* Gal Lucien Rakotonirainy, chef d'état-major, assassiné à la tête du défilé de la fête nat. (on parle du KGB). **1988**-*12-2* D. Rakotoarijaona, PM, démissionne ; Lt-Cel **Victor Ramahatra** PM. -*7-3* procès du mouvement Kung-fu : 245 inculpés, 18 condamnés à 2 ans de prison. **1989**-*avril* manif. -*28-5* législatives : 40 % d'abst., Arema vainqueur. -*24-9 élect. locales :* 51 % d'abst. **1990**-*13-5* coup d'État manqué (5 †). -*Mai* création de zones franches. -*14-6* Pt Mitterrand à M., annule 4 milliards de F de la dette. -*Juillet* troubles. **1991**-*22-3/19-4* forum nat. -*11* et *12-6* manif. à Antananarivo. -*22-7* état d'urgence. -*28-7* PM Ramahatra (depuis 1988) démissionne. -*8-8* **Guy Razanamasty** PM. -*10-8* « marche de la liberté » à Antananarivo : 400 000 pers. (30 à 140 †). -*1-11* Haute Autorité de l'État mise en place pour 18 mois : **Albert Zafy** (né 1-5-1927) Pt. **1992**-*20-3* forum national chargé d'élaborer la Const. -*29-7* coup d'État militaire, échec. -*18/23-8* fédéralistes et mutins prennent Antsiranana. -*19-8* référendum sur Constitution (oui 75 %). **1993**-*10-2* Zafy élu Pt au 2e tour par 66,74 % devant Ratsiraka [1er tour : 25-11-1992 (8 candidats, Zafy 45,16 %, Ratsiraka 29,22)]. -*10-8* **Francisque Ravony** PM. **1994**-*1/4-2* cyclone *Geralda* (70 †, 500 000 sinistrés). -*17-5* Zafy à Paris. **1995**-*17-9* référendum : le PM sera nommé et renvoyé par le Pt. -*30-10* **Emmanuel Rakotovahiny** (né 1938) PM. -*6-11* incendie (criminel ?) du *Rova* (enceinte royale sur une colline d'Antananarivo, comprenant 5 palais en bois dont celui de la reine, le temple royal et les tombes). **1996**-*5-6* **Norbert Ratsirahonana** (né 1938) PM. -*5-9* Zafy destitué. **1997**-*25-1* cyclone *Gretelle* (100 †, 30 000 sinistrés). -*9-2* **Didier Ratsiraka** Pt (élu 29-12-1996) au 2e tour par 50,71 % des voix devant Zafy [1er tour : 3-11-1996 (15 candidats, Ratsiraka 36,61 %, Zafy 23,39)]. -*21-2* **Pascal Rakotomavo** PM. **1998**-*15-3* référendum sur décentralisation et accroissement des pouvoirs du Pt : oui 50,76 %. -*23-7* **Tantely Andrianarivo** (né 25-5-1954) PM. **2000** *févr.-mars* cyclones *Eline* et *Gloria* (130 †).

■ **Statut.** *République démocratique* (depuis 30-12-1975). **Constitution** du 19-8-1992. **Pt :** élu pour 7 ans au suffrage universel. **Conseil suprême de la Révolution. Provinces** *(faritany)* : 6, divisées en *fivondrona, firaisam-fokontany* et en *fokontany* (correspondant aux *fokonolony*, communautés villageoises traditionnelles). **Assemblée nationale :** 150 membres élus au suffrage univ. pour 5 ans. **Élections du 17-5-1998 :** Arema 63 sièges, Leader-Fanilo 17. **Partis. Cartel HVR (Hery Velona Rasalama-Forces vives Rasalama)** fondé 1990 sous le nom de Alliance forces vives ; reconstitué 1993 ; soutient Rafy ; *Pt :* Alain Ramaroson. **Mouv. pour le progrès de M. (MFM)** fondé 1972 ; *Pt:* Manandafy Rakotonirina. **Leader-Fanilo** fondé 1993 ; *Pt :* Herizo Razafimahaleo. **Famima** fondé 1993 ; soutient Ratsiraka. **Fihaonana** fondé 1993 ; *Pt :* Guy Razanamasy. **Rassemblement pour le socialisme et la démocratie (RSPD)** fondé 1993, *Pt :* Jean-Eugène Voninahitsy. **AKFM-Fanavaozana** fondé 1989 ; *Pt :* Richard Andriamanjato. **UNDD-Rasalama forces vives** (Union nationale pour la démocratie et le développement) fondée 1991 par A. Rafy ; *Pt :* Emmanuel Rakotovahiny. **UNDD. Comité pour le soutien de la démocratie et du développement à M. (CSDDM)** fondé 1993 ; *Pt :* Francisque Ravony. **Farimbona**. **Accord. Fivoarana**. **Rasalama forces vives-Professeurs et éducateurs**. **GRAD-Iloafo**. **Vatomizana**. *Divers* [dont **Élan populaire pour l'unité nat.** fondé 1973 ; *Pt :* Jérôme Marojama Razanabahiny, **P. social-démocrate** fondé 1957 ; *Pt :* Ruffine Tsiranana]. **Fête nationale.** 26-6 (jour de l'Indépendance). **Drapeau** (adopté 14-10-1958). Bandes blanche verticale, rouge (couleurs Hovas) et verte (hab. de la côte), horizontales.

☞ Madagascar revendique *îles Glorieuses, Juan de Nova, Europa* et *Bassas da India* (à la France depuis 1892, en tout 50 km^2 + 624 000 km^2 de zone économique ; en 1975, M. a porté ses eaux territoriales à 12 milles et son plateau continental à 200 milles, englobant ces îles).

■ **Économie. PNB** (en $ par hab.) : *1982 :* 320 ; *88 :* 150 ; *90 :* 242 ; *92 :* 180 ; *95 :* 230 ; *99 :* 240. 70 % de la pop. sous le seuil de pauvreté. **Croissance** (en %) : *1996 :* 3 ; *97 :* 3,7 ; *98 :* 3,7 ; *99 :* 4,5. **Pop. active** (en %) **et,** entre parenthèses, **part du PNB** (en %) : agr. 75 (41), ind. 9 (20), services 15 (38), mines 1 (1). **Inflation** (en %) : *1989 :* 9 ; *90 :* 11,8 ; *91 :* 8,6 ; *92 :* 14,5 ; *93 :* 13,2 ; *94 :* 40 ; *95 :* 33 ; *96 :* 19,8 ; *97 :* 4,5 ; *98 :* 8,1 ; *99 :* 9,9. **Aide de la France** (aide publique) : *depuis 1990 :* 1 milliard de F par an. **Dette extérieure** (en milliards de $) : *1996 :* 3,7 ; *97 :* 3,6 ; *98 :* 3,3. L'aide est détournée et M. est exportatrice de capitaux.

■ **Agriculture. Culture sur brûlis :** déforestation et érosion ; criquet *Locusta migratoria capito* (de 7 à 8 cm de long et 12 cm d'envergure), épandage d'insecticides rare car coûteux. **Terres** (en milliers d'ha, 1981) : arables 2 550, cultivées en permanence 495, pâturages 34 000, forêts 13 300, eaux 550, divers 7 799. **Production** (en milliers de t, 1999) : riz 2 637, manioc 2 404, canne à sucre 2 180, patates douces 500, p. de t. 285, bananes 230, maïs 181, noix de coco 83, café 65, sisal 19, girofle 11,5 (en 1995), vanille 9 (est. 1993). Légumes et melons 346, mangues 202, oranges 85, ananas 50. M. importe du riz, tout en exportant du riz de luxe. **Élevage** (en millions de têtes, 1999). Volailles 21, bovins 10,35, porcins 1,7, caprins 1,32, ovins 0,79. **Pêche** (en 1999). 123 100 t.

■ **Mines** (en 1996). Bauxite, charbon, fer, nickel, chromite 139 272 t, graphite 11 295 t, sel 46 250 t, quartz pour fonte, quartz piézo-électrique, mica, pierres fines (topaze, saphir), pierres d'ornementation, minéraux lourds, grès bitumineux. **Industries.** *Agroalimentaire* (35 %, en 1995) : sucre 89 474 t, coton 25 millions de m^3, papier 9 700 t (en 1987), huiles alimentaires, bière, conserves, charcuterie, produits laitiers, tapioca, farine. *Textile* (15 %). *Cuir* et chaussures. *Pétrole* (raffinerie). *Cimenterie. Tabac. Bois. Artisanat.* **Transports** (en km). **Routes :** 49 800 dont bitumés 5 300. **Voies ferrées :** 883. **Tourisme. Visiteurs :** 84 000 (en 1997). **Sites :** massif de l'Isalo (parc national 81 500 ha), réserve de Berenty (lémuriens), Nosy Be (coraux, hôtels), Fort-Dauphin, Antananarivo (Zoma, marché).

■ **Commerce. Export./import.** (en milliards de $) : *1995 :* 370/543 ; *96 :* 299/507 ; *97 :* 221/465 ; *98 :* 241/511 [*exporte* café, clou de girofle, vanille, graphite].

■ **Rang dans le monde** (en 1999). 19e riz. 20e café. 23e cacao. 28e bovins.

MALAISIE

Carte p. 1174. V. légende p. 950.

☞ *Abréviations :* M. : Malaisie ; mal. : malais(e)(s).

■ **Situation.** Asie, à 200 km au nord de l'équateur. **Superficie :** 330 434 km^2. **Frontières** (en km) : Brunéi 381, Indonésie 178, Thaïlande 506. **Côtes :** 4 675 km. **Régions** (distantes de plus de 600 km) : *M. péninsulaire* ou *occidentale* (de l'isthme de Kra au détroit de Johor) ; *M. orientale :* Sarawak et Sabah sur la côte nord-ouest de l'île de Bornéo. **Climat.** Équatorial : 21 à 32 °C toute l'année ; pas de saison sèche ; pluies fréquentes et courtes l'après-midi ; vents violents pendant la mousson sur la côte est. 2 moussons/an. *Pluies* 2 032 à 2 540 mm. *Humidité* 80 %. **Végétation.** *Forêt tropicale :* plus de 70 % du territoire, arbres de 35 à 45 m de hauteur [diptérocarpacène (le plus important), cengal, palan merbau, kerwing, kapar, meranti, jelutong, kempas]. 15 000 espèces de plantes, 6 000 espèces d'arbres. **Faune.** Tigre, panthère, léopard, éléphant, séladang (bovidé sauvage), tapir, rhinocéros (2 espèces protégées), orang-outang, pélandok (petit cervidé), singe à long nez, musaraigne des arbres, loris lent, tarsier, écureuil, cochon sauvage. Oiseaux : plus de 500 espèces (certaines migratrices).

■ **Population.** *1999 :* 22 700 000 hab. dont (en %) Malais [et autres dits *Bumiputra* (ou « Fils du sol »)] 58, Chinois 26, Indiens 7, divers 2. 500 000 Indonésiens et Philippins clandestins au Sabah ; *2000 (est.) :* 22 300 000 ; *2025 (prév.) :* 37 000 000. **Réfugiés** (en 1999) : 45 400 dont 45 000 Philippins. **D.** 68,7. **Age :** *– de 15 ans :* 34,9 %, *+ de 64 ans :* 4,1 %. **Espérance de vie** (en 1998) : 72 ans. **Taux** (en ‰, 1999) : *natalité :* 29, *mortalité :* 7, *infantile :* 35 ; *accroissement naturel :* 26 (en 1995).

■ **Villes** (en 1996). *Kuala Lumpur* 1 236 000 hab. (est. 1999), créée 1859 (résidence royale), Johor Bahru 328 436, Ipoh 382 853, Malacca 75 909.

■ **Langues.** Malais *(officielle),* caractères arabes (limités) ou latins ; anglais (commerce et industrie), chinois (cantonais, et dialectes hakkas : haïnanais, fou-kienois), langues dravidiennes (tamoul, telugu, malayalam), penjabi, hindoustani, gujerati, urdu.

■ **Religions** (en %). Islam *(officielle)* 53, bouddhisme 17, hindouisme 7, taoïsme 11, christianisme 7, divers 5.

■ **Histoire.** 1res sociétés politiquement organisées dans le nord de la péninsule malaise. **Vers 900 av. J.-C.** quelques-unes tombent sous l'influence de l'empire de Sri Vijayan établi à Palembang. **Fin XIIIe s.** empires de Majapahit et Thai supplantent la domination de Sri Vijayan. **1400** Malacca fondée par Parameswara, Pce hindou venu de Sumatra, qui recevra la protection de l'empereur de Chine. **1511** le Portugais Alfonso d'Albuquerque prend Malacca. **1641** établissement hollandais. **1786** comptoir britannique à Penang. **1795** conquête britannique. **XIXe s.** immigration de Chinois venant travailler dans les mines d'étain. **1819** Anglais achètent Singapour au sultan de Johor. **1824** *traité de Londres,* échange de Bencoolen (île de Sumatra) contre Malacca (aux Hollandais). **1830** Penang, Malacca, Singapour forment les « Établissements du Détroit ». **1867** l'admin. des « Établissements du Détroit » est confiée au ministre des Colonies. **1874** *traité de Pangkor :* Anglais prennent les fonctions jusqu'alors dévolues à l'aristocratie mal. (système des « résidents » nommés pour conseiller les sultans). **1876** introduction des hévéas du Brésil. **1895** Perak, Selangor, Negeri Sembilan et Pahang constituent États malais fédérés. **1909** Siam reconnaît à G.-B. suzeraineté de Kedah, Perlis, Kelantan, Terengannu qui, en 1914, formeront avec le Johor les États malais non fédérés. **1910** essor de la production de caoutchouc. **1941**-*7-11*/**1945**-*13-9* occupation japonaise. **1946** création de l'Organisation nationale pour l'Unité mal. ; Singapour devient colonie de la Couronne. -*Avril* création de l'Union malaise (Malacca, Penang, et 9 États mal.). **1948** fin de l'Union et accord pour une Fédération mal. (Fédération de Malaya) accordant plus grande autorité aux États et gouvernements locaux. **1948-60** lutte contre communistes. **1957**-*31-8* indépendance de la Fédération de Malaya. **1957-70 Abdul Rahman Putra** PM. **1960**-*31-7* fin de l'état d'urgence (en vigueur depuis juin 1948). **1963**-*16-9* Sabah, Sarawak et Singapour rejoignent la Fédération, qui devient la Malaysia. **1965**-*9-8* Singapour la quitte et devient république indépendante. L'Indonésie, opposée à la formation de la M., soutient des guérillas, puis la reconnaît le 11-8-1966. **1969**-*13-5* émeutes raciales Chinois/musulmans. **1971-72** guérilla communiste dans le nord. **1974**-*déc.* affrontements étudiants/policiers. **1975** crise pouvoir central et PM de Sabah (M. Mustapha) ; mouvement autonomiste. -*3-9* attentat à Kuala Lumpur (2 policiers tués). -*31-10* Mustapha démissionne. **1976** insécurité en province. Tension Malais/Chinois, sécheresse. **1978**-*août* musulmans, battus aux élections, incendient temples hindous à Kerling. **1981 Mahathir Mohamad** PM. **1985**-*avril* PSB (Parti de l'unité de Sabah), dominé par chrétiens, gagne les élect. -*19-11* émeutes au Kedah (18 † dont Ibrahim Mahmoud, chef musulman). **1986**-*mars* émeute musulmane au Sabah. -*7-5* parti chrétien 60 % des voix au Sabah. **1987 Mahathir** PM, s'appuie sur le courant nationaliste (Anwar Ibrahim). -*Oct./nov.* tensions raciales. **1989**-*février* ancien vice-PM Musa Hitam se rallie à Mahathir. -*2-12* maoïstes (1 000 h.) de Chin Peng (né 1922) cessent lutte armée ; seront placés dans le sud de la Thaïlande. **1993**-*19-1* privilèges des sultans supprimés en partie. **1996**-*25-6* dernier camp vietnamien fermé. **1998**-*1-1* Bourse – 45 %, ringgit – 46 % en 6 mois. -*3-1* projet d'expulser 900 000 clandestins. *-1-9* contrôle des changes. *-2-9* Anwar Ibrahim, vice-PM depuis 1993 et min. des Finances, démis (sera condamné 14-4-1994 à 6 ans de prison pour corruption ; et 8-8-2000 à 9 ans pour sodomie). *-20/21-9* manifestations anti-gouvernement. **1999**-*8-1* Abdullah Ahmad Badawi vice-PM. *-Mars* encéphalite des porcs (environ 100 † depuis oct., 600 000 porcs abattus, manifestations.

■ **Statut.** *Fédération de 9 sultanats héréditaires et de 4 États non monarchiques* (Malacca, Penang, Sabah et Sarawak) dirigés par un gouverneur. Membre du Commonwealth. 13 États (leurs chefs ou sultans sont chefs religieux). **Constitution** du 31-8-1957, révisée le 3-3-1971. **Chef suprême** (*Yang di-Pertuan Agong*) élu pour 5 ans parmi les chefs d'État des 9 sultanats (les gouverneurs n'étant pas éligibles) : Salahudin Abdul Aziz Shah Alhaj (né 8-3-1926), sultan de Sélangor depuis le 26-4-1999. **PM :** Dr Mahathir Mohamad (né 20-12-1925) depuis 18-7-1981. **Sénat** (*Dewan Negara*) : 68 membres [26 élus par les assemblées des États, 42 nommés par le chef de l'État]. **Chambre des représentants** (*Dewan Rakyat*) : 192 membres élus au suffrage universel pour 5 ans (Malaisie occidentale 132, Sarawak 27, Sabah 21). **Élections du 29-11-1999 :** Front national (14 partis dont UMNO) 148 sièges, opposition 42 (dont PAS 27), divers 3. **Partis. Organisation nationale unifiée malaise (UMNO)** fondée 1988, *Pt :* Mahathir Mohamad ; **P. de l'Action démocratique** fondé 1966, Lim Kit Siang ; **P. Bersatu Sabah** fondé 1975, *Pt :* Mohammed Noor Mansoor ; **Semangat'46** (Esprit de la lutte anticoloniale de 1946), *Pt :* Pce Razaleigh ; **P. islamique panmalaisien (PAS)** fondé 1951, *Pt :* Fadzil Nor. **National Justice Party,** coalition du P. islamique (PAS) et du P. pour les peuples malaisiens (PRM) inspirée par la femme d'Ibrahim. **P. Keadilan**, fondé 4-4-1999, *Pte :* Dr Wan Aziza (femme d'Ibrahim). **Fête nationale.** 31-8 (indépendance). **Drapeau** (adopté 16-9-1963). 14 bandes horizontales blanches et rouges représentant les 13 États et Kuala Lumpur. Rectangle bleu (unité) en haut à gauche avec croissant islamique et étoile à 14 pointes jaunes.

■ ÉTATS

MALAISIE PÉNINSULAIRE OCCIDENTALE

■ **Situation.** 131 598 km² (longueur 751 km, largeur 250) ; du nord au sud montagne boisée. **Altitude** *maximale* Gunung Tahan 2 190 m. **Climat.** *Mousson* du nord-est d'oct. à févr., du sud-ouest mi-mai à sept. *Température* diurne : 21 à 32 °C. **Population** (en 1997). 17 047 300 hab. dont Malais 8 050 000, Chinois 4 435 000, Indiens 1 414 000, divers 90 000. **D.** 129,5.

■ **Territoires fédéraux** (population est. 1999, villes en 1996). **Kuala Lumpur** (cap. de la Fédération, 243 km²) 1 407 200 hab., à 394 km de Singapour. **Labuan** 91 km², 75 500 hab. **États. Johore Darul Takzim** 18 986 km², 2 670 700 hab. *Johore Bahru* (cap.) 328 436 hab. ; reliée à Singapour par viaduc ; *monuments :* Istana Besar (palais dit « de la Colline sereine »), mosquée Abu Bakar, mosquée nationale (minaret 73 m ; 48 dômes semblables à ceux de La Mecque ; dômes principaux de 50 m de diamètre en forme d'étoile à 18 pointes), *chutes* de Kota Tinggi et Mersing. **Kedah Darul Aman** 9 426 km², 1 579 800 hab. *Alor Star* (cap.) 124 412 hab ; Langkawi (archipel de 100 îles, à 40 km), « bol de riz » de la M. ; villégiature. **Kelantan Darul Naim** 14 920 km², 1 522 200 hab. État le plus pauvre. *Kota Bharu* (cap.) 219 582 hab. ; centre de culture traditionnelle ; « songkets » (passementeries), « batiks » (étoffes peintes). Depuis 1990, gouv. islamiste intégriste. « Charia » suspendue depuis nov. 1996 pour violation de la Constitution. **Malacca** 1 650 km², 593 200 hab. *Malacca* (cap.) 75 909 hab. à 148 km ; ville la plus ancienne de M. **Negeri Sembilan Darul Khusus** 6 643 km², 836 500 hab. *Seremban* (cap.) 182 869 hab. ; musée, parc (Lake Gardens), sources d'eau chaude de Pedas ; Port-Dickson, à moins de 30 km, plages. **Pahang Darul Makmur** 35 965 km², 1 291 500 hab. *Kuantan* (cap.) 199 484 hab. ; Pekan, ville royale à 45 km ; Cameron Highlands 2 000 m, Fraser's Hill 1 300 m, Taman Negara (parc national fondé 1938, 434 000 ha, aborigènes Orang Asli et réserves d'animaux). **Perak Darul Ridzuan** 21 005 km², 2 118 100 hab. *Ipoh* (cap.) 382 853 hab. ; ville royale Kuala Kangsar, à 50 km ; temples, grottes ; Pangkor, île à 80 km d'Ipoh, villégiature. **Perlis Indera Kayangan** 795 km², 226 200 hab. *Kangar* (cap.) 14 247 hab. ; Padang Besar. **Pulau Penang et province de Wellesley** 1 036 km², 1 246 800 hab. *Georgetown* (cap.) 219 603 hab. ; Taiping ; « Perle de l'Orient » de la M. ; plages ; Kek Lok Si [temple du Paradis, temple aux Serpents (serpents vivants, funiculaire)]. **Selangor Darul Ehsan** 7 956 km², 3 188 700 hab. *Shah Alam* (cap.) 102 019 hab. ; Klang, ville royale, à 6 km ; Port Klang, port le plus important du pays ; Petaling Jaya, plus grande « ville satellite » de M. **Terengganu Darul Iman** 12 955 km², 1 033 500 hab. *Kuala Terengganu* (cap.) 228 119 hab. ; pêche, artisanat.

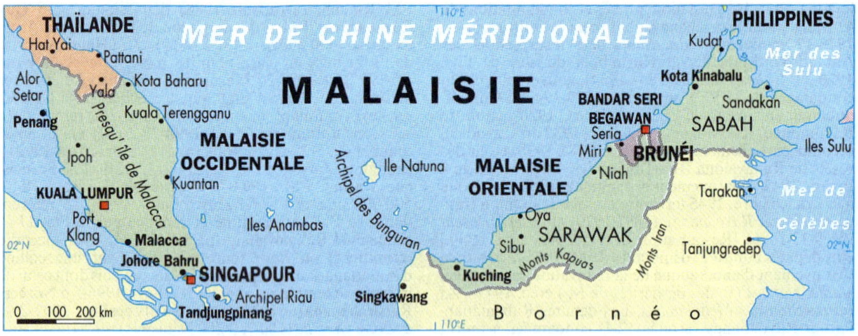

■ **Ressources.** Forêts 71 %, terres arables 29 %. Caoutchouc naturel (1er du monde, 1 420 000 t en 1989), étain (1er du monde, 32 000 t en 1989, 60 % dans le Perak, vallée de Kinta, 30 % dans le Selangor), huile de palme 5 000 000 de t (1er exportateur du monde), bois tropicaux 36 993 000 t (en 1987), fer, bauxite, ananas 207 000 t, riz 1 697 000 t (en 1990), cacao 255 000 t, thé, coprah.

■ **Rang dans le monde.** 1er export. huile de palme, 4e pour cacao et coprah.

MALAISIE ORIENTALE (ÎLE DE BORNÉO)

■ **Situation.** *Insulinde :* quart nord-ouest de Bornéo (montagneux) : 208 847 km² sur 736 000 (Mt Murud 2 271 m, Mt Kinabalu 4 175 m), plaine côtière alluviale (30 à 60 km de largeur), plateaux (alt. moy. – de 1 000 m) recouverts par forêt pluviale (mangrove ; Sarawak : 70 %). **Climat.** Équatorial. *Sarawak :* mousson du nord-est oct.-févr., pluies du sud-ouest avril-juillet (orages) ; *Sabah :* mousson du nord-est oct.-nov. à mars-avril, du sud-ouest mai-août. Temp. diurne 21 à 32 °C, humidité 80 %.

■ **Histoire. 1°) SARAWAK :** 124 449 km². **Population :** 2 027 900 hab. (en 1999) dont Chinois 463 170, Dayaks de la côte (Ibans 471 073, Malais 329 613), Dayaks de l'intérieur 133 253 [dits « coupeurs de têtes », les jeunes hommes devant rapporter un trophée sanglant pour être admis dans la tribu ; villages formés d'une seule maison sur pilotis, la *long house* (parfois 300 m) ; culture itinérante sur brûlis du *ladang*], Melanaus 91 704, indigènes 85 822, divers 18 465. **D.** 15,7. **Villes** (en 1988) : *Kuching* 148 059 hab. (en 1996), Sibu 111 000, Miri 86 000. **Statut : 1841-1946** le sultan de Brunéi confie le gouv. aux Brooke [descendants de rajahs britanniques : James Brooke (1803-68), son neveu (1829-1917), son fils Charles Vyner Brooke (1874-1963)]. **1888**-*14-6* protectorat. **1946**-*17-5* colonie de la Couronne. **1963**-*16-9* rejoint Fédération de M. *Gouverneur* (Yang di-Pertua Negeri) nommé par le Yang di-Pertuan Agong : Datuk Haji Ahmad Zaidi Adruce bin Mohamed Noor. *PM* Datuk Patinggi Amar Haji Abdul Taib bin Mahmud. *Conseil suprême* 9 membres. *Conseil Negri* 48 membres. *Divisions administratives* 9. **Ressources :** bois (42 % du budget local ; 14 millions de m³ exportés en 1990), sagou (palmier dont est tirée de la farine), caoutchouc, abaca, pêche, poivre. Bauxite, or, phosphates, pétrole. **Tourisme :** musée de Kuching, Astana (palais du gouverneur), Fort Marguerita, caves de Niah, parcs nationaux de Bako et Mulu.

2°) SABAH (ex-Bornéo du Nord) : 73 619 km². **Population** 2 894 900 hab. (en 1999), dont Kadazans 238 046, Chinois 191 100 (en 1987), Bajaus 109 108, Malais 49 937, Muruts 39 282, indigènes 176 777, divers 189 925. **D.** 36,2. **Villes** (en 1980) : *Kota Kinabalu* (ex-Jesselton) 76 120 hab. (en 1996), Tawau 113 708, Sandakan 113 496. **Histoire : 1840** James Brooke visite Kuching, dépendance de Brunéi, et déjoue une révolte contre le vice-roi du sultan de Brunéi. **1841**-*24-9* il est fait « rajah ». **1877-78** cession aux Anglais des régions nord et est de Bornéo. **1882** « Cie britannique du N.-Bornéo » acquiert territoires cédés. **Statut : 1888** protectorat britannique. **1941**-*16-12* occupation japonaise. **1946**-*15-7* colonie de la Couronne avec Labuan (75 km²). **1963**-*16-9* rejoint Fédération de Malaisie. *Gouverneur* (Yang di-Pertua Negeri) élu par le Yang di-Pertuan Agong : Tan Sri Sakaran Dandai depuis le 31-12-1994. *PM* Datuk Mohd Salleh Tun Hj Mohd Said depuis le 20-12-1994. *Ass. législative* 48 membres, 6 nommés.

Ressources : pêche, forêts 80 % [bois (50 % du budget local ; 20 millions de m³ exportés par an)], caoutchouc, pétrole, cuivre, tabac, cacao (principal producteur de la M.), charbon, fer, or. *Industries* (installées depuis l'indépendance) : cotonnades, chaussures, bière, emballages carton, literie, métal. *Tourisme.*

■ ÉCONOMIE

■ **PNB** (en 1999). 3 380 $ par hab. **Croissance** (en %) : *1995 :* 9,3 ; *96 :* 8,2 ; *97 :* 8 ; *98 :* – 7,5 ; *99 :* 5,1 ; *2000 :* 8,5. **Pop. active** (en %) **et**, entre parenthèses, **part du PNB** (en %) : agr. 29 (18), ind. 19 (29), services 47 (42), mines 5 (15). *Chômage* (en %) : *1986 :* 10 ; *91 :* 4,3 ; *95 :* 2,8 ; *99 :* 3 ; *2000 :* 3,2. **Inflation** (en %) : *1990 :* 2,1 ; *91 :* 4,5 ; *92 :* 4,4 ; *93 :* 3,6 ; *94 :* 3,8 ; *95 :* 5,3 ; *96 :* 3,4 ; *97 :* 3,5 ; *98 :* 2,7 ; *99 :* 5,3 ; *2000 :* 2,8. **Dette extérieure** (en milliards de $) : *1993 :* 27,8 ; *97 :* 49,9 ; *99 :* 42,8. **Réserves en devises** (en 1999) : 50 milliards de $. **Place financière :** 650 milliards de $ par jour. **Investissements étrangers** (en 1999) : 3,5 milliards de ringgits dont (en %) Singapour 30, Japon 28. Les Chinois et les Malais contrôlent 60 % de l'économie. **Travailleurs étrangers** (en 1999) : 2 000 000 (surtout Indonésiens et Philippins).

■ **Agriculture. Terres** (en milliers d'ha, 1983) : arables et cultivées 4 335, pâturages 27, forêts 22 150, eaux 120. **Production** (en milliers de t, 1999) : huile de palme 10 554, riz 1 934, canne à sucre 1 600, hévéa (1 819 000 ha plantés) 769, noix de coco 967 (en 1997), palmiste 2 500, bananes 530, cacao 84, coprah 70, ananas 83, poivre 22, thé 6, tapioca. **Bois tropicaux** (en 1998). 21 656 m³. **Élevage** (en milliers de têtes, 1999). Poulets 100 000, porcins 2 961, bovins 713, caprins 312, ovins 162, buffles 157. **Pêche** (en 1999). 1 422 300 t.

■ **Mines** (en milliers de t, 1999). *Étain* 7 (contenu dans les sables alluvionnaires, en général peu profonds : on utilise des dragues se déplaçant sur des lacs artificiels, ou des pompes). *Fer* 425. *Ilménite* 337,7 (en 1992). *Bauxite* 223. *Or. Argent* 7 t. **Énergie. Pétrole** (en millions de t) : *réserves* 532 ; *production : 1980 :* 13,1 ; *90 :* 29 ; *97 :* 35 ; *98 :* 36,6 ; *99 :* 35,7 ; *2000 :* 36,4. **Gaz** (en milliards de m³) : *réserves :* 2 410 ; *production : 1990 :* 18,5 ; *95 :* 29,8 ; *96 :* 34,8 ; *97 :* 38,4 ; *98 :* 40,7 ; *99 :* 43.

■ **Industrie.** Caoutchouc, ciment, tabac, produits alim., automobile (Proton et Perodua), électronique (1er pays exportateur de puces). **Transports** (en 1998). **Routes :** 69 949 km. **Voies ferrées :** 2 262 km. **Tourisme. Visiteurs :** 7 138 452 (en 1996). **Sites :** colline de *Penang* (830 m), *Bukit Larut* (anciennement Maxwell Hill, 1 450 m), *Genting Highlands* (plus de 1 500 m), *Cameron Highlands* (2 000 m) ; grottes de *Batu* (272 marches pour y accéder), *Niah* (ramassage des « nids d'hirondelles » et de guano). *Projets :* Bukit Tinggi (ville des montagnes, reproduction du château du Haut-Kœnigsbourg et du centre de Colmar). Wawasan (objectif 2020). Cyberjaya, Putrajaya, cité administrative multimédia. Super Corridor (activités informatiques sur 40 km).

■ **Arts et sports. Danses traditionnelles :** Ronggeng (Mak Inang, Changgong), Hadrah, Zapin, Tari Piring. **Théâtre :** Wayang Kulit (théâtre d'ombres), Makyong et Menora (pièces de théâtre originaires de Thaïlande). **Dikir Barat :** confrontation d'équipes (8 pers. au min.) rivalisant par des couplets et des poésies. **Sports :** football, badminton, Sepak Raga, Main Gasing (les toupies peuvent atteindre 7 kg), Wau (cerf-volant), Silat (art d'autodéfense).

■ **Commerce Export./import.** (en milliards de $) : *1994 :* 58,8/59,6 ; *95 :* 74/77,8 ; *96 :* 78,3/78,4 ; *97 :* 78,7/79 ; *98 :* 73,3/58,3 ; *99 :* 84,5 [*dont* (en %) produits électriques et électroniques 60,7, pétrole, gaz et prod. pétroliers 7,4, huile de palme 4,5, bois et prod. du bois 3,8, prod. chimiques 3,5, textile, vêtements, chaussures 3 ; *vers* (en %) USA 21,9, Singapour 16,5, Japon 11,7, P.-Bas 5,1, Hong Kong 4,5]/65 [*dont* (en %) matières 1res et demi-produits 35,3, matériels électriques et télécom. 39 ; *de* (en %) Japon 19,5, USA 16,5, Singapour 13,1, Corée du S. 4,9, Thaïlande 3,5].

■ **Rang dans le monde** (en 1999). 7e cacao. 8e étain.

JOHORE

KEDAH

KELANTAN

KUALA LUMPUR

LABUAN

MALACCA

NEGERI SEMBILAN

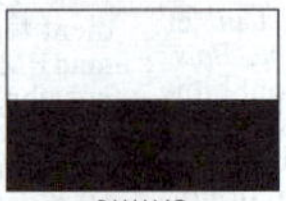
PAHANG

PENANG

PERAK

PERLIS

SABAH

SARAWAK

SELANGOR

TERENGGANU

MALAWI

Carte p. 1295. V. légende p. 950.

■ **Situation.** Afrique. **Superficie** : 118 484 km², 25 % occupés par le lac Malawi. **Longueur** : 800 km. **Largeur :** 100 à 180 km. Littoral le plus proche : océan Indien au Mozambique (140 km). **Frontières** (en km) : Mozambique 1 569, Tanzanie 475, Zambie 837. **Climat.** 3 saisons : froide, mai-août ; chaude, sept.-oct. ; pluies nov.-avril.

■ **Population.** *2000 (est.)* : 10 980 000 ; *2025 (prév.)* : 12 000 000. [Angonis, Nyanjas (15 %), Chewas (43 %), Tumbukas.] 12 000 Asiates, 7 400 Blancs dont 7 000 Britanniques. *Réfugiés mozambicains* : 1 000 000. **D.** 89. **Age :** *– de 15 ans* : 44,9 % ; *+ de 64 ans* : 2,8 %. **Espérance de vie** (en 1998) : 39 ans. **Accroissement** : 3,2 % par an. **Pop. urbaine :** environ 12 %. **Villes** (en 1998). *Lilongwe* 1 000 000 hab., Blantyre 2 000 000, Mzuzu 62 700, Zomba 70 000.

■ **Langues.** Anglais *(officielle)*, chichewa. **Religions** (en %). Animistes 5, catholiques 20, protestants 55, musulmans 20.

■ **Histoire. 1858-63** exploré par *David Livingstone* (4 voyages). **1875-76** missions protestantes antiesclavagistes. **1891-***15-5* protectorat britannique du *Nyassaland.* **1896** missions cath. **1907** fait partie de l'Afrique centrale britannique. **1953-63** fédération avec les 2 Rhodésies. **1963-***1-2* autonomie. **1964-***6-7 indépendance.* **1966-***6-7 république* ; **Dr Hastings Kamuzu Banda** [né (officiellement 14-5-1906, en fait 1895 ou 96 ?), † 25-11-1997. En 1996, Richard Werbner et Terence Ranger ont soutenu qu'il s'agissait en fait de l'Américain Richard Armstrong qui aurait emprunté l'identité du vrai Banda (mort jeune)] Pt, réélu Pt à vie le 6-7-1971. **1971** alliance avec Afr. du Sud (aide financière, envoi de travailleurs malawis dans le Rand, fourniture d'armes). **1979** fait partie de SADCC regroupant les États noirs hostiles à l'Afr. du Sud mais reste son allié. **1983-***17-5* : 3 ministres et 1 député † (circonstances mystérieuses ; le 6-1-1995, Banda et son adjoint *John Tembo* seront inculpés). **1991-***mars* inondations (700 à 1 000 †). **1992-***17-4* Banda dissout le Parlement. *-7-5* manif., 50 †. *-20-10* Orton Chirwa (né 1922), opposant détenu depuis 1981, meurt. **1993-***12-6* Chakufwa Chihana (52 ans), chef de l'opposition, libéré. *-14-6* référendum sur multipartisme (63 % pour). *-Oct.* Pt Banda en Afr. du Sud (opération du cerveau). *-14-10* un conseil présidentiel de 3 membres le remplace. *-17-11* présidence à vie abrogée. **1994-***17-5 législatives* (multipartites pour la 1re fois). **Bakili Muluzi** (né 17-3-1943) Pt élu le 17-5 (47 % des voix). *-21-5* **Chakufwa Chihana** PM. **1999-***15-6* Muluzi réélu (53,7 %) devant Gwanda Chakuamba. *-28-6* **Justin Malewezi** PM.

■ **Statut.** *République membre du Commonwealth.* 3 **régions,** 25 **districts. Constitution** 18-5-1995. **Pt :** élu au suffrage universel. **Parlement :** 192 élus pour 5 ans. **Élections législatives du 17-5-1994 :** UDF 84 sièges (42 % des voix), MCP 55 (35 %) ; **du 15-6-1999 :** Aford 29 sièges, MCP 66 ; UDF 93, divers 4. **Fête nationale.** 6-7 (indépendance). **Drapeau** (adopté 6-7-1964). Bandes noire (peuple) avec soleil rouge (liberté), rouge (sang des martyrs) et verte (nature).

■ **Partis. Malawi Congress Party (MCP)** [unique jusqu'au 14-6-1993] fondé 1959, *Pt* : Gwanda Chakuamba. **United Democratic Front (UDF)** fondé 1992, *Pt* : Bakili Muluzi. **Alliance pour la démocratie (Aford)** fondée 1992, *Pt* : Chakufwa Chihana.

■ **Économie. PNB** (en 1999) : 150 $ par hab. **Croissance** (en %) : *1995* : 9,9 ; *96* : 14,5 ; *97* : 6,7 ; *98* : 4,5 ; *99* : 5,6 ; *2000 (est.)* : 3,4. **Population active** (en %) **et,** entre parenthèses, **part du PNB** (en %) : agr. 70 (33), ind. 15 (20), services 15 (47). **Dette extérieure** (en milliards de $) : *1999* : + de 2. **Inflation** (en %) : *1992* : 22,7 ; *93* : 7,6 ; *94* : 37,2 ; *95* : 56,5 ; *96* : 37,6 ; *97* : 9,2 ; *98* : 29,8 ; *99* : 33,2. **Population sous le seuil de pauvreté :** 66 %.

■ **Agriculture.** 37 % du PIB, 90 % des export. **Terres** (en milliers d'ha, 1987) : arables 5 300, exploitées 3 000, eaux 2 400, forêts 5 600. **Production** (en milliers de t, 1999) : canne à sucre 1 900, maïs 2 480, p. de t. 385, manioc 320, tabac 158, riz 93, sorgho 55, arachides 40, thé 43, coton 12, noix 10 (en 1984), café. **Élevage** (en milliers de têtes, 1999). Volailles 14 000, caprins 1 257, bovins 750, porcins 230, ovins 110. **Forêts** (en 1997). 10 200 000 m³. **Pêche** (en 1997). 56 340 t. **Industrie.** Sucre, bière, cigarettes, ciment, textile. **Mines.** Charbon, bauxite, uranium. **Énergie. Hydroélectricité. Tourisme** (en 1997). 230 000 visiteurs.

■ **Commerce** (en millions de $). **Export. :** *1995* : 420/790 (*exporte* tabac 260, sucre 30, thé 27, café 16 *vers* Afr. du Sud 64, All. 57, Japon 44, USA 43, Mozambique 30) ; *2000* : 479,5/795,1.

■ **Rang dans le monde** (en 1999). 14e thé.

MALDIVES (LES)

Carte p. de garde. V. légende p. 950.

■ **Nom.** Du sanskrit *màlà*, « guirlande, série », et *dvipa*, « île ». Les Maldiviens se disent *Dhivehin* (insulaires) et appellent leur pays *Dhivehi Raajje* (« le Pays des îles »).

■ **Situation.** Asie. **Superficie :** 302 km², à 450 km au sud du Deccan. **Longueur :** 800 km. **Largeur :** 131 km. 26 atolls (du maldivien *atolhu*), crêtes d'une chaîne montagneuse sous-marine, 1 196 îles, dont 203 habitées. Regroupées en 19 atolls portant chacun le nom de une ou deux lettres de l'alphabet maldivien, l'ordre des lettres de celui-ci allant du nord vers le sud. **Côtes :** 644 km. **Altitude** *maximale* 4 m. Plusieurs îles menacées en cas de montée des eaux.

■ **Population.** *1998* : 263 189 hab. ; *2000 (est.)* : 302 000 ; *2025 (prév.)* : 500 000. **D.** 927,2. **Espérance de vie** (en 1998) : 65 ans. **Capitale.** *Malé* 62 973 hab. (en 1995).

■ **Langue.** *Officielle* : maldivien *(divéhi)* [écriture, le « tana », apparentée à l'arabe ; alphabet de 24 consonnes]. **Religion.** Musulmans sunnites *(officielle).*

■ **Histoire. 1500 av. J.-C.** occupées par Aryens. **Jusqu'au XIIe s.** bouddhisme. **1153** islam (influence des marchands arabes). **1558-***7-3* occupation portugaise. **1645-1796** domination néerlandaise. **1752** les Moplas de la côte indienne de Malabar prennent Malé, emprisonnent le sultan et détruisent son palais. *Ghazi Hassan Izzudin* les repousse et fonde une dynastie (jusqu'au xxe s.). **1783** Portugais repoussés par *Mohammed Thakurufaanu le Grand.* **1796** domination anglaise. **1887-1948** protectorat, dépend de la colonie de Ceylan. **1953-***1-1* Rép. **1954-68** sultanat restauré. **1965-***26-7 indépendance.* **1968-***11-11* république. **1980** et **1983** coups d'État. **1988-***3-11* : 400 séparatistes tamouls du Sri Lanka tentent coup d'État ; 1 500 soldats indiens interviennent. *-6-11* Indiens arraisonnés, 46 Tamouls arrêtés (dont chef Abdullah Lutufi, proche de l'ancien Pt de 1968 à 78, *Ibrahim Nasir*) et 20 otages libérés ; **1989** 17 participants condamnés à mort.

■ **Statut.** *République islamique.* **Constitution** de mars 1968. **Pt :** élu pour 4 ans et **PM :** Maumoon Abdul Gayoom (né 29-12-1937) depuis 11-11-1978 ; réélu 30-9-1983, 23-9-1988 et 1-10-1993 (92,76 % des voix). **Parlement** *(Majilis)* : 50 membres (8 nommés par le Pt, 42 élus pour 5 ans). **Partis.** Aucun. **Fête nationale.** 26-7. **Drapeau** (adopté 26-7-1965). Croissant blanc (islam) sur fond vert (paix et prospérité) encadré de rouge (couleur des Maldives).

■ **Économie. PNB** (en 1999) : 1 290 $ par hab. **Dette** (en millions de $) : *1992* : 133 ; *95* : 189 ; *97* : 218. **Pop. active** (en %) **et,** entre parenthèses, **part du PNB** (en %) : agr. 40 (31), ind. 15 (18), services 45 (51). **Agriculture. Terres** (en milliers d'ha, 1981) : arables 3, pâturages 1, forêts 1, divers 25. **Production** (en 1995) : noix de coco 15 500 000 pièces, coprah, fibres de coco, taro, millet. **Pêche** (en 1998). 107 000 t, bonites, tortues pour les carapaces, conserveries. **Industries.** Textile. Chimie. **Tourisme. Visiteurs :** *1972* : 1 096 ; *84* : 83 814 ; *92* : 235 852 ; *95* : 324 311 ; *2000* : 450 000. **Recettes** (en 1995) : 20 % du PIB.

■ **Commerce** (en millions de $, 1998). **Export./import. :** 98 (dont poisson)/312.

MALI

V. légende p. 950.

■ **Nom** (choisi en 1960). « Lieu où vit le roi ».

■ **Situation.** Afrique. **Superficie :** 1 241 231 km². *Enclavé* : Bamako est à 1 230 km de Dakar. **Frontières** (en km) : Mauritanie 2 237, Algérie 1 376, Niger 821, Burkina Faso 1 000, Côte d'Ivoire 532, Guinée 858 et Sénégal 419. **Altitude** *maximale* : Mt Hombori 1 155 m. Au N.-E., massif granitique (Adrar de Ifoghas). Plateaux gréseux [Madingues à l'O., Dogon avec falaise de Bandiagara (longueur 200 km, hauteur 200 à 400 m) encadrent la plaine marécageuse du Moyen-Niger]. **Climat.** 3 zones du nord au sud : *saharienne* (précipitations 0 à 150 mm : le Sahara a progressé de 400 à 500 km depuis le Moyen Age), *sahélienne* (steppe 150 à 600 mm), *soudanaise* (savane, pluies juin à oct., 60 à 1 400 mm).

■ **Population.** *1997* : 9 900 000 hab. ; *2000 (est.)* : 12 560 000 ; *2025 (prév.)* : 21 000 000 ; 23 ethnies dont groupe mandé (Bambara, Soninké, Malinké, Bozo), pulhar (Peul, Toucouleur), voltaïque (Bobo, Sénoufo, Minianka), saharien (Maure, Touareg, Arabe), Songhaï (ou Sonrhaï). **D.** 8,86. **Age :** *– de 15 ans* : 47,2 %, *+ de 64 ans* : 3,1 %. **Espérance de vie** (en 1998) : 54 ans. **Taux** (‰, 1999) : *natalité* 47, *mortalité* 16 (*infantile* : 123). **Alphabétisation :** 22,9 %.

■ **Langues.** 10 : bambara, peul, soninké, sonrhaï, sénoufo, tamasheq, bobo, bozo, dogon et minianka. **Religions.** Musulmans 94 %, animistes 2, catholiques 4.

■ **Villes** (est. 1996). *Bamako* 809 552 hab., Ségou 106 799 (à 236 km), Sikasso 90 174 (à 376 km), Mopti 86 355 (à 644 km), Gao 62 667 (à 1 214 km), Kayes 61 650 (à 410 km), Tombouctou 35 838 (à 1 018 km), San 30 772 (à 435 km).

■ **Histoire.** De puissants empires se sont succédé. **Jusqu'au IXe s.** Ghana. **Fin VIIe s.** 1res conversions à l'islam. **IXe s.** Djenné fondé. **1235 Kirina Maghan Soundiata** bat Soumangourou, roi du Sosso ; fonde l'empire du Mali (mandingue), qui s'étend de l'Atlantique au Niger. Alimente en or l'Occident et tire profit du commerce transsaharien (sel, kola, esclaves). **1312-37** règne de **Kankan Moussa. XVe s.** Tombouctou détrône Oualata et Djenné (12 000 chameaux chargés de sel y arrivent chaque année et en repartent chargés d'or ; centre d'études coraniques), puis déclin de la puissance mandingue. **Fin XVe s. Sonni Ali Ber (Ali le Grand,** 1464-92) édifie *l'empire du Songhaï.* **Mohammed** (1492-1528), prend le titre d'*askia* (empire de l'Atlantique à l'Aïr et aux cités haoussas de Kano et Katsina). **1591** fin de l'empire, Tondibi battu par Marocains (Tombouctou et Djenne occupés). **Fin XVIe s.** Gao plus grande ville d'Afrique occidentale (7 626 concessions, 80 000 hab.). **XVIIe-XIXe s.** Ségou capitale d'un des 2 empires bambaras. **1727** les Touareg prennent Tombouctou. **1819** Hamdallay fondé, capitale du roy. peul du Macina. Guerres saintes de Cheikou Ahmoudou et d'El Hadj Omar. **1862** Omar prend Ségou et Hamdallay.

■ **Soudan. 1880-95** conquis par le capitaine Joseph-Simon Gallieni ; appelé *Soudan.* **1893-***16-12* L^t de vaisseau Henri Boiteux remonte le Niger et entre dans Tombouctou, le C^el Bonnier et ses hommes venus à son secours sont tués dans une embuscade. **1894-***13-2* ville prise par le C^dt Joffre. **1904** colonie française du Haut-Sénégal-Niger. **1913** sécheresse. **1920** colonie fr. du Soudan. **1931** Marcel Griaule (1898-1956) et Michel Leiris (1901-90) « découvrent » la culture dogon. **1958-***24-11* Rép. soudanaise au sein de la Communauté.

■ **Mali. 1959-***17-1 Fédération du Mali* (groupant Soudan et Sénégal). **1960-***20-6 indépendance.* *-20-8* Sénégal se retire. *-22-9* Soudan devient Mali. **Modibo Keita** (1915/8-5-1977) Pt. **1968-***19-11-* renversé par **Gal Moussa Traoré** (né 25-9-1936) Pt. **1969-74** sécheresse, famine : centaines de milliers de têtes de bétail †. **1974-***nov./***1975-***juin* différend avec Burkina portant sur 160 km². **1978** Kissima Doukara (min. de l'Intérieur) éliminé. **1980** manif. étudiantes : plusieurs †. **1984-85** sécheresse, famine. **1984-***17-2* rejoint Union monétaire ouest-africaine (Umoa) : franc CFA remplace franc malien instauré 1962 (1 F CFA = 2 F maliens). **1985** retour des pluies. *-25-12* conflit frontalier avec Burkina. **1986-***17/18-11* Pt Mitterrand au Mali. **1987-***2-1* Cour de La Haye résout conflit avec Burkina. *-5-12* : 9 condamnés à mort pour corruption [loi : peine de mort pour tout détournement de plus de 10 millions de F CFA (200 000 F)]. **1990-***10/12-8* affrontements avec Touareg. **1991-***20/22-1* émeutes. *-22/25-3* : 100 à 150 †. *-26-3* coup d'État militaire. Conseil de réconciliation nat. (Pt et 16 membres), dissous en avril. Constitution suspendue. Mutinerie ; 1 468 droits communs évadés (19 détenus †). Traoré arrêté [a transféré à l'étranger 12 milliards de F (dont 6 en Suisse) ; condamné à mort 1997, et 1999 avec sa femme Mariam, peine commuée en perpétuité]. *-31-3* **L^t-C^el Amadou Toumani Touré** (43 ans, chef de la junte) nommé Pt du Comité de transition pour le salut du peuple (CTSP, 25 membres). *-6-4* attaques Touareg (Tessit). *-27-4* émeutes à Bamako. *-15-5* création d'une 8e région touarègue au nord. *-Août* coût rébellion touarègue : 150 militaires †, 34 millions de F dépensés, 60 % du matériel détruit. *-16-12* conférence spéciale sur le Nord. *-18-12* accord. **1992-***22-2* : 15 députés élus sur 129 (Adema 10) ; 14 partis contestent les résultats. *-8-3* : 2e tour : Adema 76 sièges (participation 21 %). *-11-4 pacte national* gouv./Touareg. *-8-6* **Alpha Oumar Konaré** (né 2-2-1946) Pt (élu 12/26-4, 69 % des voix). *-8-5* **Younoussi Touré** (né 1941) PM. **1993-***12-2* Traoré condamné à mort. *-Avril* manif. à Bamako. *-9-4* gouv. démissionne. *-12-4* **Abdoulaye Sékou Sow** (né 1931) PM. *-17/18-11* manif. de commerçants soupçonnés de fraude fiscale. *-9-12* échec coup d'État. **1994-***4-2* **Ibrahim Boubakar Keita** (né 29-1-1945) PM. *-15/16-5* accord gouv./MFUA (Mouv. et fronts unifiés de l'Azawad) : bases démantelées et troupes intégrées dans armée malienne. *-Juin/déc.* affrontements avec Touareg : environ 1 000 † et 200 000 réfugiés. **1995-***17-1* l'armée prend la principale base du FIAA. *-Oct.* début du retour des réfugiés. **1996-***27-3* paix (3 000 armes symboliquement brûlées). *-25-10* Konaré à Paris. **1997-***13-4 législatives* : annulation le 21. *-11-5* Konaré réélu Pt 84,36 % devant Mamadou Maribatrou Diaby (PUDP). *-20-7 législatives* : Adema 129 sièges sur 147. **2000-***14-2* démission de Keita. *-15-2* **Mandé Sidibé** PM.

■ **Statut.** *République.* **Constitution** approuvée par référendum le 12-1-1992 (99,76 % des voix). **Pt :** élu pour 5 ans au suffrage universel. **Assemblée nationale :** 147 membres élus pour 5 ans. **Régions administratives :** 8. **Fête nationale.** 22-9. **Drapeau** (adopté 1-3-1961). Bandes verticales verte, jaune, rouge (couleurs africaines).

■ **Partis et mouvements. Alliance pour la démocratie au Mali (Adema)** fondée 1990 (Ibrahim Boubakar Keita). **P. démocratique pour le progrès (PDP)** fondé 1991 (Idrissa Traoré). **Congrès national d'initiative démocratique (CNID)** fondé 1990 (Moutanga Tall). **Union soudanaise-Rassemblement démocratique africain (US-RDA)** fondée 1946, dissoute 1968 (Mamadou Bamou Touré). **P. pour la renaissance nationale (Parena). Union pour la démocratie et le développement (UDD). Convention sociale-démocrate (CDS). Convention du parti pour le peuple (COPP). Rébellion touarègue. FIAA (Front islamique arabe de l'Azawad),** *chef* : Zahaby Sidi Mohamed. **Arla (Armée révolutionnaire de libération de l'Azawad),** *chef* : Abderhamane Ag Ghala. *Bilan* : 2 000 à 4 000 †, 200 000 réfugiés (dont Mauritanie, Algérie, Burkina).

■ **Économie.** PNB (en 1999) : 240 $ par hab. **Population active** (en %) **et**, entre parenthèses, **part du PNB** (en %) : agr. 73 (44), ind. 6 (11), services 20 (43), mines 1 (2). **Croissance** (en %) : *1997* : 6 ; *98* : 4,6 ; *99* : 5,5. **Aide** : *France* environ 500 millions de F (en 1990). **Dette extérieure** (en milliards de $) : *1994* : 2,75 ; *98* : 3. Nord sous-développé. **Fraude** : *1993* : 100 milliards de F CFA.

■ **Agriculture. Terres** (en milliers d'ha, 1984) : arables 11 380, cultivées en permanence 3, pâturages 30 000, forêts 8 640, eaux 2 000, divers 81 307. Crise, sécheresse en 1983-84. Déficit céréalier (*1984* : 330 000 t ; *85* : 480 000 t ; *2000-01* : 147 000 t), puis excédent (*1989-90* : 500 000 t ; *1999-2000* : 255 500 t.). **Production** (en milliers de t, 1999) : millet et sorgho 641, riz 589, légumes 322, maïs 341, canne à sucre 303, coton 220 (en 1998), arachides 157, patates douces 16, manioc 1, haricots, karité, kapok, gomme, tabac, dah (chanvre). **Irrigation** : barrages de Markala (40 km au nord de Ségou), 57 000 ha (coton, canne à sucre) ; possibilité de 1 million d'ha produisant 3 millions de t de céréales ; de Sélingué à Kangaré ; de Manantali près de Kita. **Élevage** (en millions de têtes, 1999). Volailles 22, caprins 7,7, ovins 5,9, bovins 6, et (en 1999) : ânes 0,6, chameaux 0,26, chevaux 0,1. **Forêts** (en 1997). 6 940 000 m^3. **Pêche** (en 1997). 99 500 t.

■ **Mines.** Or (Kalana, Siama et Sadiola) *1995* : 7,8 t ; *99* : 16 t (nouvelle mine), argent 7 t (en 1999), sel 5 000 t (en 1991), fer, diamants. **Industrie.** Agroalimentaire, tabac, chimie, ciment, textile, machines agricoles, matières plastiques. **Transports** (en km, 1996). **Routes** : 15 100. **Voies ferrées** : 642. **Tourisme. Visiteurs** : 102 000 (en 1997). **Sites** : pays dogon [falaises de Bandiagara (voir p. 1175 a), Youga-Dogorou ; fête (*sigi*), tous les 60 ans], Tombouctou, Djenné.

■ **Commerce** (en millions de $). **Export./import.** : *1996* : 561/738 ; *97* : 556/752 ; *98* : 273/382 ; *99* : 421/590. **Rang dans le monde** (en 1999). 7ᵉ millet. 12ᵉ coton.

MALTE ET GOZO

V. légende p. 950.

■ **Noms.** Vers 500 av. J.-C. *Melite* ou *Melitaie*. Phénicien : *Malta* ou *Malithah*. Punique : *Aunn*. Romain : *Malta*.

■ **Situation.** Europe (Méditerranée : Sicile à 93 km, Afrique à 293 km). **Superficie** : 316 km^2 [**Malte** 246 km^2, 27 × 14 km, côtes 137 km ; 308 209 hab., *2000 (prév.)* : 419 000. **Gozo** (à 6,4 km de Malte, au nord-ouest) 67,4 km^2, 14 × 7 km, côtes 43 km. **Comino** 2 km^2]. Ni montagnes, ni rivières. **Côtes** : 140 km. **Altitude** *maximale* : 233 m. **Climat.** Hiver (nov.-avril) doux (13,3 °C) et humide, été (mai-oct.) chaud et sec (moy. 25,9 °C). *Pluies* : 622,4 mm en moy. par an.

■ **Population.** *1901* : 186 389 hab. ; *31* : 241 621 ; *85* : 340 907 ; *98* : 378 518 (dont Gozo et Gomino 29 180) ; *99 (juin)* : 379 116 ; *2000 (est.)* : 379 000 ; *2025 (prév.)* : 410 000. **D.** 1 200. **Espérance de vie** (en 1998) : 77 ans. **Maltais à l'étranger** (en 1988) : 800 000. **Villes** (en 1997). *La Valette* 7 172 hab., Birkirkara 21 350, Qormi 17 881, Mosta 17 051, Zabbar 14 427, Sliema 12 308, Sargwann 12 051, Hamrun 11 086, Victoria (avant 1897 : Rabat) [sur Gozo] 6 552.

■ **Langues.** *Officielles* : anglais et maltais (langue sémitique, influencée par l'arabe et ayant adopté de nombreux mots siciliens, anglais et français). Italien, français, allemand, espagnol, arabe. **Religion.** Catholique (*officielle*) : 98 %. Naufrage de saint Paul dans l'île : 313 églises, prêtres diocésains 373, religieux 411, religieuses 1 271.

■ **Histoire. Av. J.-C. 800** colonie phénicienne, **600** carthaginoise, **218** romaine, **apr. J.-C. 60** naufrage de St-Paul. **395** byzantine. **870** arabe (Aghlabites), **1090** sicilienne (Normands). **1194** souabe. **1266** angevine. **1283** aragonaise. **1530** cédée par Charles Quint (contre un faucon maltais) à l'ordre de St-Jean de Jérusalem (expulsé de Rhodes 1522). **1565**-*19-5* attaque turque (siège de La Valette 5 mois) : des milliers de Maltais emmenés comme esclaves. Construction de fortifications (achevées 1573) sur instruction du grand maître Jean Parisot de La Valette. **1675**-*26-12*/**1676**-*24-9* peste (11 300 † sur 60 000 hab.). **1789** 400 chevaliers sur 600 sont de langue française, et 580 000 livres sur les 1 300 000 des revenus de l'Ordre viennent de Fr. **1798** partant pour l'Égypte, Bonaparte s'y arrête. Faible résistance puis négociation. *-9-6* ville et forts sont remis à Bonaparte, l'Ordre cède à la Rép. française ses droits de souveraineté et de propriété sur l'archipel. Le grand maître recevra une pension de 300 000 F, les chevaliers français pourront regagner leur pays et toucheront également une pension. Le trésor de l'Ordre (3 millions en or et argent), armement et vaisseaux sont confisqués. **1800**-*5-9* Malte britannique. **1802** *traité d'Amiens*, la G.-B. doit rendre Malte à l'ordre de St-Jean mais, le *15-6*, le Congrès national reconnaît le roi d'Angl. comme souverain. **1814** *traité de Paris*. **1816** annexée par G.-B. **1939-45** base navale souvent bombardée, 16 000 t de bombes (2 000 †). **1947** *élections* : victoire travailliste. **1950** gouv. nationaliste et travailliste, Giorg Borg Olivier. **1955** victoire travailliste, **Dominic Mintoff** PM. **1956** *référendum* : 44,2 % des voix pour intégration à G.-B., beaucoup d'abstentions. **1958** Mintoff démissionne, le gouverneur assure la direction du gouvernement. **1961**-*24-10* autonomie. **1962** victoire nationaliste. **Dr George Borg Olivier** PM. **1964**-*21-9 indépendance*. **1970**-*5-12* associée à CEE. **1971 Dominic Mintoff** PM. **1974**-*13-12* république ; **sir Anthony Mamo** (né 9-1-1909), 1ᵉʳ Pt. **1976**-*27-12* **Dr Anton Buttigieg** (1912-83) Pt. **1979**-*31-3* base britannique évacuée (le loyer annuel était de 60 millions de $). **1980**-*15-9* accord avec Italie (neutralité de Malte garantie au besoin militairement, aide 16 millions de $ sur 5 ans et prêt 15 millions). **1981**-*oct.* accord avec URSS qui pourra utiliser anciennes citernes de l'Otan. **1982**-*16-2* **Agatha Barbara** (née 11-3-1923) Pte. **1984 Carmelo Misfud Bonnici** PM. *-19-4* : 30 000 manifestants contre mesures à l'encontre de l'enseignement religieux et des biens du clergé. *-18-11* traité de coopération avec Libye (échange d'informations militaires, annulé en 1987). *-22-12* **Dominic Mintoff**, PM, démissionne. **1986**-*21-11* accord financier avec Italie. *-26-11* accord commercial pour 4 ans avec URSS. **1987**-*16-2* **Paul Xuereb** (né 21-7-1923) Pt par intérim. *-Mai* dénonce accords passés (notamment militaires). *-12-5* **Edward Fenech-Adami** (né 7-2-1934) PM. *-9-10* accord pour un institut des Nations unies pour les personnes âgées. **1989**-*4-4* **Vincent Tabone** (né 1913) Pt. *-1-7* ouverture zone franche. **1990**-*16-7* demande adhésion à CEE. **1994**-*4-4* **Ugo Mifsud Bonnici** (né 8-11-1932) Pt. **1996 Alfred Sant** (né 28-2-1948) PM. **1998**-*6-9* **Edward Fenech-Adami** PM. **1999**-*4-4* **Guido de Marco** (né 22-7-1931) Pt.

■ **Statut.** *République membre du Commonwealth*. **Constitution** de 1964 révisée 13-12-1974, 27-1-1987, 28-7-1989. **Pt** : élu par le parlement pour 5 ans. **Chambre des représentants** : 65 membres (élus pour 5 ans à la représentation proportionnelle). **Élections du 5-9-1998** : votants 95,4 % : **nationalistes** (démocrates-chrétiens, fondés 1880, *chef* : Edward Fenech-Adami) 51,81 % des voix, 35 sièges ; **travaillistes** (fondés 1921, *chef* : Alfred Sant) 46,9 % des voix, 30 sièges ; **alternative démocratique** (fondée 1989, *chef* : Harry Vassalo) 1,21 %. **Fêtes nationales.** 31-3 (Jour de la liberté). 7-6 (« Sette Giugno »). 8-9 (Jour de la victoire). 21-9 (indépendance). -13-12 (République). **Drapeau** (adopté 21-9-1964). Bandes blanche et rouge (ordre de St-Jean de Jérusalem), croix de St-Georges bordée de rouge ajoutée (28-12-1943) pour l'héroïsme de l'île.

■ **Noblesse. Titres** : *concédés par les rois d'Aragon* (le plus ancien en 1350), par l'*Ordre souverain de Malte* qui régna sur l'île de 1530 à 1798 (9 marquis, 10 comtes, 13 barons reconnus par l'Angleterre 1878-83). D'autres titres étrangers existent aussi. Selon la loi du 23-6-1975, la noblesse n'est pas reconnue. En Angleterre, les Maltais titrés ont droit au traitement «Most noble».

■ **Économie. PNB** (en 1999) : 9 240 $ par hab. **Croissance** (en %) : *1999* : 3,5 ; *2000* : 7. **Pop. active** (en %) **et**, entre parenthèses, **part. du PNB** (en %) : agr. 4 (3), ind. 36 (31), services 60 (65). *Secteur public* : 38 % des salariés (objectif : 20). **Chômage** (en juin) : *1995* : 3,3 ; *99* : 5,5. **Inflation** (en %) : *1995* : 4 ; *96* : 2,49 ; *97* : 3,27 ; *98* : 2,23 ; *99* : 2. **Aide de l'UE** (en millions d'écus, 1996) : subventions 2,03, prêts 6,65.

■ **Agriculture. Terres** (en milliers d'ha cultivés, 1982/83) : céréales et primeurs 6 213, légumes 5 422, fruits 580, fleurs et graines 24. **Production** (en milliers de t, 1999) : p. de t. 32, blé 4, orge 2, vin 4. **Élevage** (en milliers de têtes, 1999). Volailles 1 000, porcins 69, bovins 21, ovins 16, caprins 9, ânes, mulets, chevaux. **Pêche** (en 1999). 1 033 t. Aquaculture (en 1998) environ 2 000 t. **Énergie. Pétrole** offshore. **Industrie.** Textile, chaussures, plastiques. Chantiers navals. Composants électroniques. Centre financier. Port franc. **Pavillon de complaisance** : *1973* : 27 bateaux ; *98* : 3 120 ; *1-1-2000* : 3 189.

■ **Tourisme. Visiteurs** (en 1998) : 1 182 240. **Recettes** : 19 % du PNB. **Sites** : temples néolithiques : Tarxien, Hagar Kim, Mnajdra, Ggantija, grottes de Ghar Dalam, catacombes de Rabat, grotte Bleue, La Valette (cathédrale St-Jean), Mdina. *Travois* : ornières allant par paires [creusées par des traîneaux (?) jusqu'à 60 cm de profondeur].

■ **Commerce** (en milliards de $). **Export./import.** : *1996* : 1,73/2,8 ; *97* : 1,63/2,56 ; *98* : 1,83/2,67 ; *99* : 0,48/2,84.

MAROC

Carte p. 1177. V. légende p. 950.

☞ *Abréviations* : M. : Maroc ; Mar., mar. : Marocains, marocain(e)(s).

■ **Nom.** De l'espagnol *Marrakech*, cap. des Almoravides fondée en 1052. Nom arabe : *Maghreb* (« Pays du couchant ») qui désigne aussi l'Afrique du N.-O.

☞ En arabe *Muhammad* (en berbère *Mohammed*).

■ **Situation.** Afrique. **Superficie** : 710 850 km^2 avec Sahara occidental. **Altitude** *maximale* : djebel Toubkal 4 165 m. **Côtes** : 3 446 km : Méditerranée 512, Atlantique 2 934. **Frontières** (en km) : Algérie 1 559, Mauritanie 1 561, Espagne 15,9 (Ceuta et Melilla). **Fleuves** (en km) : Draâ 1 200, Oum er Rbiâ 600, Sebou 500, Moulouya 450, Tensift 270, Ziz 270, Bouregreg 250. **Régions et climat.** *M. oriental* ou méditerranéen : plateaux, plaines, climat sec, moins de 200 mm de pluies ; *M. atlantique* : plaines littorales : étés tempérés, hivers doux ; plateaux et montagnes : Rif (djebel Tidiquin 2 448 m), Moyen Atlas, Haut Atlas, temp. descendant jusqu'à – 20° C en haute alt. en hiver, pluies de 800 mm au nord à 400 mm au sud ; *M. présaharien et saharien* : plateaux et vallées : climat plus sec.

■ **Population** (en millions d'hab.). *1906* : 4,34 à 4,6 ; *26* : 4,22 ; *60* : 11, 63 ; *71* : 15,32 ; *82* : 20,42 ; *99* : 28,2 ; *2000 (est.)* : 28,98 ; *2025 (prév.)* : 39. **D.** 40,8. **Taux** (en ‰, 1999) : *natalité* : 23, *mortalité* : 6, *infantile* 37. **Fécondité** (nombre d'enfants par femme) *1962* : 7,2 ; *94* : 3,28 ; *99* : 3,1. **Age** : *– de 15 ans* 35 % ; *+ de 64 ans* 4,6 %. **Espérance de vie** (en 1998) : 67 ans. **Étrangers** (en 1981) : 112 000 (*Français* : *1926* : 74 558 ; *57* : 310 000 ; *64* : 150 549 ; *75* : 54 948 ; *82* : 37 636 ; *91* : 27 000 ; *95* : 25 000 ; Espagnols : *1973* : 28 500). **Marocains à l'étranger** (en 1985) : 1 045 578 ; *France 575 000* (en 1990) [278 535 h., 119 554 f., 207 622 enfants], Italie 200 000, Belgique 120 000, Espagne 30 000. **Population urbaine** (en 1998) : 54 %.

■ **Langues.** *Officielle* : arabe (65 %) ; *autres* : berbère (tamazight) [33 % dont riffi, zaïme, chleuh], hassania, français, espagnol. **Analphabètes** (en %) : *1960* : hommes 78 (femmes 96) ; *94* : 41,7 (54,9) ; *97* : 56 ; *99* : 48.

■ **Religions. Musulmans** (*officiellement*, sunnites ; rite malékite) : 99,95 % (le roi est commandeur des croyants, « Amir el-Mouminin »). *Mosquée Hassan II* (Casablanca, architecte français Pinseau) : la plus grande après La Mecque, longueur 200 m, largeur 100 m, hauteur 60 m, hauteur du minaret 200 m avec laser vers La Mecque, surface 20 000 m^2 plus 80 000 m^2 de parvis, toit pouvant en partie s'ouvrir, 300 000 m^3 de béton, 40 000 t d'acier, coût 3 milliards de F, ouverture aux fidèles 4-2-1994, inaugurée par Hassan II le 30-8-1994. **Israélites** : *1950* : 300 000 ; *84* : 10 000 ; *95* : 8 000. *Émigration juive* : *1948-57* : 100 670 vers Israël ; *1957/22-5-1961* : 10 000 (clandestins) ; *été 1961 à fin 64* : 130 000 partent légalement dont 100 000 pour Israël ; *2000 (est.)* : 8 000. **Chrétiens** et autres : 1 % en majorité étrangers ; catholiques (40 000 baptisés), protestants 2 000 à 3 000.

■ **Villes** (en 1994 et, entre parenthèses, en 1926). *Rabat* (cap. avec Salé) 1 385 872 hab. (38 044), Casablanca 2 940 623 (106 608), Fès 774 754 (81 172), Marrâkech 745 541 (149 263), Oûjda 678 778 (19 976), Agâdir 550 200, Meknès 530 171, Tanger 526 215, El Qenîtra 448 785, Beni Mellâl 386 505, Safi 376 038, Tétouan-Larache 367 349, Khouribga 294 680, Ej Jdîda 244 000, En Nâdôr 241 000, Settât 215 000, Khnîfra (ex-Port-Lyautey) 204 000.

HISTOIRE

Préhistoire. Squelettes (parties) trouvés à Rabat (1933, et homme de Temara, 1978), Casablanca (1955, homme de Sidi Abderrahman). Populations *capsiennes* (Capsa : Gafsa, Tunisie), comme dans tout le Maghreb, et *mouilliennes* (Mouillah : frontière algéro-mar.). **Avant J.-C. Vers 2000** colonisation berbère (ou « libyque ») par immigration, ou par évolution des Capsiens (?). **XIᵉ-IIIᵉ s.** colonisation phénicienne près des côtes : *Liks* (Larache), *Tingi* (Tanger), *Tamuda* (Tétouan). Les Berbères sont proches parents des Ibères. Leur capitale porte un nom ibérique : *Volubilis* (Buruberri, le « bourg neuf »), leur roi le plus célèbre est *Juba II* (25 av. J.-C.-23 apr. J.-C.) ; les Romains les appellent « Maures » et les distinguent des Numides (en Algérie) qui parlent la même langue. **Après J.-C. 40-42** annexion romaine du roy. maure organisé en *Mauritanie tingitane* ; associé à la *Mauritanie césaréenne* (Cherchell) jusqu'en 285, puis à la *Bétique* (vicariat d'Hispanie ; cap. *Hispalis*, Séville), car il n'y a pas de voie terrestre entre les deux Mauritanies. Les Romains n'occupent ni le Rif ni l'Atlas, laissés aux rebelles maures. **281** Volubilis évacuée. **429** l'invasion vandale en Mauritanie césaréenne épargne la Tingitane qui reste hispanique sur les côtes et berbère à l'intérieur. **534** Byzantins d'Esp. occupent Tanger et Ceuta qui deviennent les bases de la lutte contre les Wisigoths. **683** débuts de la conquête arabe. Nommé *Maghreb al-Aksa* (« plus à l'ouest »). **700-710** islamisation par Okba Ibn Nafii. **739** les Berbères, bien qu'islamisés, se révoltent.

789 dynastie idrisside dans le nord à Fès. **789-803** Moulay Idriss Iᵉʳ. **803-829** Idriss II. **829-836** Mohammed. **836-849** Ali Iᵉʳ. **849-863** Yahia Iᵉʳ. **863-866** Yahia II. **866-?** Ali II. **?-905** Yahia III. **905-920** Yahia IV, gouverneur fatimide et Moussa. **925-27** Al-Hasan al-Hadjam. **937-948** Al-Kasim Ganoune. **948-954** Abou l'Aïch Ahmed. **954-974** Al-Hasan. **1055-1147 dynastie almoravide** : **1070** Marrâkech fondée par Youssef Ibn Tachfine qui crée l'*Empire almoravide* comprenant le sud de l'Esp. **1147-1269 dynastie almohade** ; Abd el-Moumen et ses 2 successeurs : Youssef puis Yacoub el-Mansour ; s'étend jusqu'en Libye. **1212** bataille de Las Navas de Tolosa : Almohades vaincus en Esp. **1269** dernier Almohade meurt à Menahed. **1269-1465** époque de Yaacoub Ibn Abdelhak ; El Marini fonde la **dynastie mérinide** [1258-1465, 24 souverains d'origine Sijil Massa (Sahara) et maîtres de la Tunisie unifient le Maghreb] dont Abou el-Hassan, dit le Sultan noir, qui épousa une Européenne dont il eut Abou Iman, qui le détrôna. **1340** perte de l'Espagne. **1415** Ceuta prise par Portugais. **1472-1554/1492-1609** expulsion d'Andalous et de Morisques d'Esp., époque des **Wattassides** [7 souverains (Fès et Tlemcen)]. **XVᵉ s.** Portugais puis Espagnols occupent ports. **1520-1660 dynastie saadienne** (origine Sakiet el-Hamra et région du Draâ). Guerre sainte proclamée par marabouts et dynastie saadienne contre Européens (rupture des relations commerciales). **1541** Portugais perdent Agâdir. **1577**-*10-6* Guillaume Bérard consul de France à Fèz. **1578** Ahmet IV al-Mansur bat Portugais à Alcaçar Quivir. **1591** armée mar. conquiert boucle du Niger et Tombouctou. **1603** morcellement (après la mort

d'al-Mansur). **1629-30** expédition du commandeur de Razilly à Salé (ville de corsaires). **1631**-*17* et *24-9* traité de voisinage avec France. **1662** Portugal donne Tanger au roi d'Angleterre Charles II.

1664 Moulay Rachid (1631/27-3-1672), descendant du cousin du prophète Ali Ibn Taleb (origine Hedjaz) fonde **dynastie chérifienne alaouite** (d'Alaoui, descendant d'Ali). **1672 Moulay Ismaïl** (1646-1727) récupère Tanger, fonde Meknès. **1699**-*14-11* envoie 1 émissaire pour demander la main de la P^cesse^ de Conti (Marie-Anne de Bourbon, dite Mademoiselle de Blois, veuve en 1685 du P^ce^ de Conti, née 1666 de Louis XIV et de Mademoiselle de La Vallière, morte en 1739). **1727 Moulay Ahmad,** son fils (né vers 1677-79), **1728** déposé. **Moulay al-Maliki,** son demi-frère, déposé. **Moulay Ahmad** restauré († 1729). **1729 Moulay Abd Allah** (1694-1757), son demi-frère, **1735** déposé. **Moulay Ali,** son demi-frère, **1736** déposé. **Moulay Abd Allah,** restauré. **Moulay Mohammed,** son demi-frère. **1738 Moulay al-Mustadi,** son demi-frère, **1740** déposé († 1759). **Moulay Abd Allah,** restauré. **1745 Moulay Zin,** son demi-frère, déposé. **Moulay Abd Allah,** restauré, † 1757. **1757 Sidi Mohammed,** son fils († 1790). **1765** Mogador fondée. **1767** traité de Marrâkech avec la France. *-28-5* traité de commerce avec Esp. **1769** Mazagan reprise aux Portugais. **1790 Moulay al-Yazid** (1750-92), son fils. **1792 Moulay Hisham,** son frère († 1796). **1796 Moulay Sulayman,** son frère (1760-1822). **1822**-*nov.* **Moulay Abd al-Rahman** (Abderrahmane), son neveu (vers 1778-1859). **1823** convention avec Portugal. **1824** Angleterre. **1825**-*28-5* traité avec la France qui obtient la clause de la nation la plus favorisée. **1828**-*juillet* corsaires de Salé prennent aux Portugais 2 bateaux anglais et 1 autrichien. Tanger, le consul anglais obtient que les 2 navires intacts soient relâchés et exigent des garanties. Sans réponse, ils bloquent Tanger 2 mois. **1829**-*févr.* envoient 4 bâtiments au Maroc. Les marins sont rendus puis la cargaison. Ports de Larache, Arsila et Tétouan sont bombardés. Larache, une centaine de marins européens sont tués, leurs têtes, coupées et salées, exposées aux portes de Fès. Prisonniers relâchés. **1830** accord signé. **1844** *guerre contre la France. -6-8* escadre du P^ce^ de Joinville bombarde Tanger. *-14-8 l'Isly :* Bugeaud (11 000 h.) bat le sultan (40 000 h.), allié d'Abd el-Kader. *-15-8* Joinville prend Mogador. *-10-9 accords de Tanger* Fr./M. **1845** *-18-3 convention de Lalla-Maghnia :* fixe frontière avec Algérie.

1859-*août* **Moulay Muhammad IV** (1803-73), son fils. Expédition française pour contrôler l'est du pays. **1859-60** *guerre contre l'Espagne. -Oct.* invasion espagnole, Tétouan occupée ; l'Angl. oblige Esp. à s'arrêter. **1860**-*26-4* paix, Tétouan sera rendue par Esp. contre 100 millions de pesetas (1re échéance 28-12) concédés à l'Esp. **1862**-*2-5* Tétouan libérée, paiement de la moitié de l'indemnité. **1873**-*sept.* **Moulay al-Hassan Ier** (1836-94), son fils. **1880** *convention de Madrid* (complétée 1881 par règlement de Tanger) : le traitement de la nation la plus favorisée (déjà accordé à Fr. et G.-B.) est étendu à Autriche, Belgique, Danemark, Espagne, États-Unis, Italie, P.-Bas, Portugal, Suède et Norvège. **1883-84** Charles de Foucauld (1858-1916) au M. **1890**-*5-8* convention franco-anglaise : l'Angl. reconnaît la zone d'influence de la Fr. au sud de ses possessions méditerranéennes (l'Algérie), jusqu'à une ligne [de Say sur le Niger (près de Niamey) à Barruve (Barroua) sur le lac Tchad] lui permettant d'occuper le Sahara central (dont le Touat, le Gourara, le Tidikelt relevant de l'autorité du sultan mar.). **1893** troubles à Melilla, intervention militaire esp. Madani al-Glaoui (1863-1918) accueille Hassan Ier et son armée à Telouet.

1894-*juin* **Moulay Abd al-Aziz** (1878-1943), son fils. **1895**-*24-2* M. reconnaît à nouveau présides espagnols. **1901**-*20-7* protocole, et **1902**-*20-4* accord avec la Fr. ratifié par M. le 16-12. **1903** *Jacques Lebaudy* débarque au cap Juby, tente d'implanter un « empire » : échec. **1904**-*8-4* accords franco-britannique et *-31-10* franco-espagnol : Fr. et Esp. peuvent s'établir au M. **1905**-*31-3* empereur d'All. Guillaume II à Tanger. **1906**-*16-1/7-4 conférence d'Algésiras* (12 puissances européennes et USA) : internationalisation économique du M. ; droits spéciaux à la France (peut commencer la conquête) et à l'Espagne (pour la police des ports). **1907**-*mars* massacre de Français (dont le docteur Mauchamp le 12), mouvements xénophobes. *-31-7* Lyautey occupe Oûjda. *-Août Gal Drude* débarque à Casablanca (6 000 h.), commence conquête de la Chaouïa. Moulay Abd al-Aziz renversé. **1908**-*16-8* abdique.

1908-*janv.* **Moulay Abd al-Hafid** (1875-1937), son demi-frère. Proclamé, le 16-8, sultan à Marrâkech : proclamation validée par les ouléma de la ville. Madani al-Glaoui, grand vizir ; Si Thami (1875/23-1-1956), son frère, pacha de Marrâkech. *G^al^ d'Amade* (1856-1941) pacifie Chaouïa. **1909**-*9-2* convention franco-allemande, partage économique. *-18-8* le Rogui *Bou-Hamara* exécuté. **1911**-*mars* soulèvement berbère contre sultan ; assiégé dans Fès. *-26/27-5* émeutes à Fès : le sultan demande l'aide des Français ; *Gouraud* repousse les rebelles. Prise de Fès, Meknès, Rabat. *-8-6* Espagnols débarquent à Larache. *-1-7* l'All., opposée à l'intervention française, envoie devant Agâdir le *Panther* (bateau de guerre). *-4-11 traité de Berlin,* l'All. reconnaît le protectorat français, mais reçoit une partie du Congo. Prise de Marrâkech. **1912**-*30-3* **convention de Fès, protectorat français** (accepté par Moulay Hafid). Maroc divisé : Tanger (zone internationale), de la Méditerranée au sud de Larache (zone espagnole), du sud de Larache à Sidi Ifni (zone française), de Sidi Ifni à Rass Al Abyad (zone espagnole). [Superficie occupée par les Français (en km²) : *1912-1-1 :* 88 000 ; *1914-1-1 :* 163 000 ; *1917-1-1 :* 235 000.] *-28-4* **Gal Hubert Lyautey** (1854-1934) résident général. *-12-8* Moulay abdique.

1912-*13-8* **Moulay Yusuf** (ou **Youssef**) [1882-1927], son demi-frère. *-27-11* traité franco-espagnol sur le Rif. **1914-18** 5 régiments de tirailleurs marocains combattent en Fr. (34 000 †). **1918** Madani meurt, Si Thami el-Glaoui lui succède ; Lyautey le nomme commandeur du Sud et chef suprême des Glaoua. **1921-26 Guerre du Rif :** *Mohamed Ben Abd el-Krim* (1882-1963) proclame la guerre sainte (djihad) contre Esp. **1921**-*21/26-7* bat G^al^ espagnol Sylvestre (10 000 h.) à Anoual. **1922** proclame République confédérée des tribus du Rif. **1924** après le retrait des Espagnols sur la côte, Abd el-Krim menace Fès et Tanger. **1925**-*12-4* Abd el-Krim attaque troupes françaises, *-août* M^al^ Pétain arrive, guerre totale, *-25-9* Lyautey démissionne. **Théodore Steeg** (1868-1950) résident général. **1926**-*29-5* après unification du commandement militaire espagnol et français (Pétain), Abd el-Krim est battu et se soumet [déporté à la Réunion, s'échappera à Port-Saïd d'un navire le ramenant en Fr. (3-5-1947) et mourra en Égypte le 6-11-1963].

1927-*18-11* **Moulay Mohammed** (10-8-1909/26-2-1961) [en berbère *Mohammed V ben Youssef*] le plus jeune de ses 4 fils. **1929 Lucien Saint** (1867-1938) résident gén. **1930**-*16-5 dahir* (décret) berbère établi par le protectorat pour diviser les Mar. en Arabes et Berbères. **1933 Henri Ponsot** (né 1877) résident gén. Résistance berbère du Haut-Atlas contre la France. **1934** soumission des derniers dissidents. Un comité d'action demande l'application du régime du protectorat [scission en 1937 : une tendance forme *l'Istiqlal* avec Allal el-Fasi (1943), une autre le *Parti démocratique de l'indépendance* (1946)]. **1936 Marcel Peyrouton** (1887-1983) résident général. **Gal Charles Noguès** (1876-1971) résident général. **1937** Franco promet l'autonomie au M. espagnol. **1942**-*8-11* débarquement allié. Noguès ordonne de résister. *-11-11* armistice de Fedala. **1943**-*14/24-1* conférence de Casablanca *(Anfa)* [Roosevelt-Churchill]. *-4-6* Noguès démissionne (20-6 réfugié au Portugal). *-Juin* **Gabriel Puaux** (1883-1970) commissaire gén. **1944**-*11-1* manifeste de l'Istiqlal réclamant l'indépendance. *-29-1/3-2* émeutes à Rabat, Casablanca, Fès après arrestations de chefs nationalistes. **1946**-*2-3* **Erik Labonne** (1888-1971) résident gén., influence d'un adversaire du sultan (C^el^ Lecomte) et d'un ultra (Philippe Boniface). **1947**-*7-4* Casablanca, troubles : 65 tués par Sénégalais. *-10-4 discours de Tanger :* le sultan fait l'apologie de la Ligue arabe et se pose en chef suprême du nationalisme. *-14-5* **Gal Alphonse Juin** (1888-1967) résident gén. **1950**-*10-10/5-11* sultan à Paris. *-26-12* Juin demande au sultan de désavouer l'Istiqlal (l'indépendance). Les Berbères du *glaoui,* pacha de Marrâkech, menacent Rabat et Fès. **1951**-*12-2* sultan refuse de désavouer l'Istiqlal. *-19-2* Juin rompt avec lui. *-25-2* sultan désavoue l'Istiqlal. *-28-2/oct. 1956* Ben Barka exilé au sud du Maroc. *-9-4 pacte de Tanger :* les nationalistes s'engagent à lutter pour l'indépendance. *-28-8* **Gal Augustin Guillaume** (1895-1983) résident gén. **1952**-*21-3* lettre du sultan au P^t^ Auriol demandant la révision du protectorat. *-16-10* à l'Onu, les USA soutiennent les nationalistes. *-6/9-12* émeutes indépendantistes à Casablanca (40 †). **1953**-*26-2* début de la campagne animée par la Résidence demandant la déposition du sultan. *-14-8* Marrâkech : des notables déclarent Mohammed V déchu de ses droits ; troubles à Marrâkech, Casablanca, Oûjda : 44 † (dont 11 Français). *-20-8* Mohammed V destitué, refuse d'abdiquer ; le Gal Guillaume l'arrête et l'exile avec sa famille [conduit en Corse à Zonza, hôtel du Mouflon d'or, puis à Antsirabé (Madagascar) en janv. 1954].

1953-*20-8* **Moulay Mohammed Ibn'Arafa** (1889-1976), oncle de Mohammed V, proclamé sultan par ouléma de Fès. Influence de *Si Thami el-Glaoui,* pacha de Marrâkech. *-Sept.* création de *Présence française* (« ultra », animée par 2 médecins radicaux-socialistes, les docteurs Eyraud et Causse). *-24-12* bombe au marché de Casablanca : 17 †. **1954**-*janv.* résistance clandestine (Mounaddama Sirriya), chef Mohammed Zerktouni, arrêté 18-6 s'empoisonne, Mohammed Basri lui succède. *2-2 :* 1er attentat contre-terroriste (contre Me Benjelloun). *-Mai/sept. 1963* bombes nucléaires stockées sur base(s) amér. (Ben Guerir, Nouasseur, Sidi Slimane). *-20-5* **Francis Lacoste** (né 27-11-1905) résident gén. *-30-6* Eyraud assassiné. *-Août* échauffourées à Sidi Kacem : 11 †, Casablanca : 18 †, El Qenîtra : 7 †. *-1-10* action armée dans le Rif. **1955**-*20-3* syndicats reconstitués en UMT (Union marocaine du travail). *-Juin* plus de 800 attentats. *-11-6* Jacques Lemaigre-Dubreuil (libéral) assassiné. *-21-6* **Gilbert Grandval** (1904-81) résident gén. ; réclame l'abdication des 2 sultans et la formation d'un gouv. représentatif avant le 20-8. *-14-7* bombe à Casablanca, nombreuses victimes, entraîne des « ratonnades ». *-21-7* émeutes à Marrâkech ; *-25-7* à Meknès ; *-20-8* à *Oued Zem* (49 Français tués par Berbères), répression : plusieurs centaines de †. *-22-8* Grandval démissionne. *-22/28-8 Aix-les-Bains,* les 5 membres du comité interministériel [Edgar Faure, Pierre July, Robert Schuman (min. de la Justice), Antoine Pinay (min. des Affaires étrangères), Gal Koenig (min. de la Défense)] consultent représentants des Français du M. et de toutes les tendances marocaines ; plan en 5 points : abdication d'Arafa, institution d'un Conseil gardien du trône, formation d'un gouvernement d'union nationale, nécessité d'obtenir la caution de l'ancien sultan Mohammed V et de le ramener en Fr. *-31-8* **Gal Boyer de Latour** (1896-1976) résident gén. *-5/9-9* Gal Catroux rencontre Mohammed V à Antsirabé. *-10-9* échange de lettres Catroux/Mohammed V. *-1-10* Ibn Arafa se retire à Tanger. *-1/2-10* attaques de postes frontières. *-17-10* Conseil du trône composé de 3 membres (1 représentant de chaque sultan et 1 neutre) installé. *-25-10* le glaoui demande restauration de Mohammed V. *-31-10* Mohammed V à Beauvallon (Var, au Gd Hôtel) ; *-1-11* à St-Germain-en-Laye (Pavillon Henri-IV). Arafa abdique. *-2/6-11 accords de La Celle-St-Cloud* entre Mohammed V et Pinay (P^t^ du Conseil) ; la Fr. accepte l'indépendance. Mohammed V pardonne au glaoui venu se prosterner à St-Germain-en-Laye. *-9-11* préfet **André Dubois** (né 8-3-1903) résident général.

1955-*16-11* **Mohammed V** rentre à Rabat. Reconnu en 1956 comme sultan, le 15-8-1957 comme roi. *-1-12 :* 1er congrès de l'Istiqlal. *-7-12 :* 1er gouvernement Bekkaï. **1956 fin des protectorats** (*-20-3* français, *-7-4* espagnol). *-15-5* tabors et goums deviennent Forces armées royales (FAR). *-25-5* traité d'alliance et d'amitié avec Fr. *Juillet/août :* Armée de libération du Nord intégrée dans les FAR. *-21-10* avion de Ben Bella, se rendant de Rabat au Caire, détourné sur Alger (voir à l'Index). *-23-10* Meknès, émeutes : 100 †. **1957**-*janv.* rébellion et soumission d'Addi Ou Bihi. Soulèvement d'Ifni contre Esp. ; Armée de libération du Sud (ALS) dans zones sahariennes. *-5-7 Route de l'Unité* (Mohammed V donne 1er coup de pioche). *-Déc.* le M.

prend Tiliouine (Ifni). **1958**-*févr. opération Écouvillon* des armées fr. et esp. avec la complicité de Mohammed V pour démanteler ALS. *-10-5* gouvernement **Balafrej** (Istiqlal et libéraux ind.). *-17-10* dévaluation et contrôle des changes. *-23-10* rébellion du Rif et des Zemmours. *-24-12* gouv. **Abdallah Ibrahim** (aile progressiste de l'Istiqlal). Le M. récupère province de Tarfaya (sous domination espagnole). **Bilan français** (opérations du *1-6-1953* au *31-12-1958*) : *effectifs engagés* : 400 000. *Morts* : 1 031 dont armée de terre 839 (dont 531 combat ou attentat, 76 accidents, 232 maladie, suicide ou noyade) ; de l'air 192 (dont 66 opérations et accidents aériens, 90 accidents divers, 36 maladie). *Blessés* : 5 600. *Disparus* : 109. **1959** révolte sanglante dans le Rif : répression. *-6-9 Casablanca*, congrès constitutif de l'Union nationale des forces populaires (UNFP). *-Oct.* Parti communiste marocain dissous par décret. *-Déc.* saisie de *At-Tahrir* ; Mohammed Basri et Abderrahmane arrêtés. **1960**-*févr.* dirigeants nationaux et régionaux UNFP arrêtés (prétexte : complot) ; Ben Barka doit rester à l'étranger. ALS dissoute. Troubles dans le Tadla et l'Atlas. *-29-2 Agâdir*, séisme : plus de 15 000 †. *-20-3* Union générale des travailleurs marocains créée. Grèves de l'UMT. *-20-5* gouvernement Abdallah Ibrahim renvoyé. Mohammed V prend tous les pouvoirs. *-1-9* accord sur maintien armée française jusqu'à fin 1963. *-7-11* : 1er plan quinquennal. **1961**-*26-2* Mohammed V meurt au cours d'une opération chirurgicale bénigne.

☞ **Tanger** : 382 km², 150 000 hab. (années 1950) dont Marocains : 75 000 musulmans et 1 500 juifs, Européens 60 000 (dont 20 000 Espagnols). *Statut* : *1912* revendiquée par France (au nom du Maroc) et Espagne. Internationalisation décidée. *1923-18-12* statut adopté à Paris par France, Espagne, G.-B. : le M. délègue sa souveraineté et un représentant administre la population mar. ; activités commerciales libres (taxe 12,5 % sur import.) ; neutralité. *1928* l'Italie participe à l'administration ; *-27-7* protocole final. *1940-14-6* occupée par Espagnols ; *-nov.* rattachée au M. espagnol. *1945-oct.* internationalisée. *Institutions* : *1°)* Assemblée législative de 27 membres (nommés par Marocains et consulats étrangers), qui vote budgets, impôts (insignifiants) et taxes ; *2°)* Comité de contrôle (droit de veto et de dissolution de l'Assemblée) ; *3°)* 1 administrateur international. *1952* réforme, à la demande de l'Espagne : 1 tribunal international et 1 cour d'appel créés. *1956-29-10* abolition du statut international. *1957-29-8* charte de garantie accordée par le Maroc.

1961-*26-2* **Hassan II** (9-7-1929/23-7-1999), fils de Mohammed V et de Lala Alba († 1-3-1992, 2e épouse de Mohammed V, esclave noire cadeau du pacha de Marrâkech), 1931 Pce héritier (proclamé 9-7-1957), intronisé 3-3. **Épouses** : *Lala Latifa Hammou*, Berbère de la tribu des Zaïane, mère de ses 5 enfants et *Famita Amoroqh*, fille d'un caïd berbère, sans enfants. **Enfants** : *Sidi Mohammed* (voir col. c), *Lalla Meriem* (née 26-8-1962, ép. sept. 1984 Fouad Ibn Abdellatif Filali, divorce 1999), *Lalla Asma* (née 29-9-1965, ép. 7-6-1987 Khalid Bouchentou), *Lalla Hasna* (née 19-11-1967, ép. 8-9-1994 Khalid Benharbit), *Moulay al-Rachid* (né 20-6-1970, Pce héritier depuis 23-7-1999). *-26-4* Hassan II délègue les pouvoirs à Réda Guédira. *-6-7* accord secret avec GPRA ; la délimitation des frontières avec Algérie fera l'objet de négociations. *-1-11 Rabat*, ambassade de Fr. saccagée par des manifestants. **1962**–*16-5* Ben Barka rentre au M. *-3-9 Tindouf* (Alg., fondée 1857 par M.) : manif. pour rattachement au M. *-15-11* attentat contre Ben Barka. *-Nov.* 1re *Constitution*, adoptée *-7-12* par référendum. **1963**-*janv.* renvoi des ministres de l'Istiqlal. *-6-2* Abd el-Krim meurt au Caire. *-17-5 législatives*. *-26-7* élections boycottées par UNFP et Istiqlal. Répression contre UNFP. *-15-10 Ben Barka* (1920-65, prof. de maths, secr. de l'UNFP, Pt de la 1re Assemblée de 1956, coordinateur des mouvements révolutionnaires du tiers-monde) dénonce conflit algéro-marocain ; condamné à mort par contumace. *-30-10* cessez-le-feu avec Algérie. **1964**-*janv. Rabat*, procès du « complot de juillet » contre UNFP. *-14-3* : 10 dirigeants et militants de l'UNFP condamnés à mort (8 par contumace ; 3 détenus qui seront graciés, et libérés 14-4-1965). *-Août/sept.* Gaux Oufkir et Mezziane min. de l'Intérieur et de la Défense. *-Oct.* conflit frontalier avec Algérie. **1965**-*23-3* manif. à Casablanca, Rabat, Fès, Marrâkech (1 millier de †). *-27-3* : exécution des 14 condamnés à mort arrêtés après incidents frontaliers de juin 1964. *-29-3* amnistie des condamnés politiques. *-7-6* état d'exception ; gouvernement présidé par le roi. *-29-10 Ben Barka*, enlevé à Paris, devant la brasserie Lipp, par des policiers (Louis Souchon et Roger Voitot) croyant agir sur ordre supérieur ; conduit chez Georges Boucheseiche, ancien collaborateur, truand, à Fontenay-le-Comte [puis transféré à Ormoy dans la villa d'Antoine Lopez (dit Don Pedro ou la Savonnette), chef d'escale à Orly et correspondant du Sdece, où il sera torturé à mort devant Cdt Dlimi et Oufkir ; son corps, ramené par avion militaire, sera dissous dans une cuve d'acide au Dar-el-Mokri d'après confession d'Ahmed Boukhari (juin 2001)]. (On avait dit que sa tête coupée avait été ramenée au Maroc et son corps coulé dans une dalle de béton près de Paris ou enterré dans le bois de la Garenne à Courcouronnes, Essonne.) **1966**-*20-1* mandat d'arrêt international contre Oufkir (1924-72) et Cdt Ahmed Dlimi (né 1931) qui se livre à la justice française le 19-10 (acquitté juin 1967 ; † le 2-5-1983, accident de voiture) ; Oufkir [qui (selon Georges Figon, retrouvé †, 14, rue des Renaudes à Paris le 17-1, « suicidé ») aurait tué lui-même Ben Barka], accusé d'être l'instigateur de l'enlèvement, est condamné à perpétuité par contumace [ainsi que 4 truands réfugiés au Maroc, arrêtés en 1971, placés en résidence surveillée, puis détenus au « Point fixe 3 » (prison de Rabat) avant d'être éliminés sur ordre de Dlimi] : Georges Boucheseiche († 29-10-1974), Julien Le Ny († 14-11-1974), Pierre Dubail († 16-11-1974), Jean Palisse († de maladie en mars 1976 ou 79). Antoine Lopez sera condamné en 1967 à 8 ans de prison pour enlèvement). *-23-1/19-10* relations diplomatiques rompues. **1969**-*4-1* rattachement au M. du territoire d'*Ifni* (1 920 km², 50 000 hab.), concédé 1860 à l'Esp. qui l'occupa complètement en 1934 et en fit une province espagnole en 1958. **1970**-*juillet* 2e Const. **1971**-*10-7 coup d'État militaire à Skhirat* échoue (plus de 200 † dont 138 insurgés, l'ambassadeur de Belgique, des ministres, le Pt de la Cour suprême) : 2 promotions de l'École militaire de sous-officiers d'Ahermoumou, dirigées par Cel Ababou, Cdt de l'école, et Gal Medbouh, chef de la maison militaire du roi sont impliquées. *-13-7* : 10 officiers dont 4 généraux fusillés ; **1972**-*29-2* fin du procès des 1 081 officiers et cadets : 74 condamnations dont 1 à mort [l'aspirant Raïs, seul à avoir avoué un meurtre (sera gracié)]. *-1-3 référendum* pour nouvelle Const. (oui 98,75 %). *-15-6* accord avec Alg. sur zones contestées de Tindouf Saoura, Tidikilt et Touat (Istiqlal contre l'accord). *-16-8* : 6 chasseurs F-5 marocains, venus à la rencontre du B 727 d'Hassan II rentrant de Fr., tirent ; le B 727, atteint, atterrit à Rabat ; Hassan rentre à Skhirat ; les F-5 reviennent attaquer l'aéroport (8 †, 50 bl.) et le palais royal de Rabat ; suicide (ou exécution ?) du *Gal Oufkir*, min. de la Défense et chef occulte du complot que la gauche aurait approuvé (11 des 220 inculpés exécutés 13-1-1973). *-20-9* distribution de 90 000 ha d'anciennes terres de colonisation (24 ha par bénéficiaire). Reprise annoncée de 200 000 ha agricoles détenus par des étrangers (150 000 par des Français) pour les redistribuer. **1973**-*3-3* complot déjoué (15 exécutions 3-11 ; 7 le 27-8-1974). *-6-3* eaux territoriales portées à 70 milles. *-8-8* 58 condamnés emmenés à Tazmamart. **1974-75** revendications sur Sahara espagnol, Melilla et Ceuta. **1975**-*3/6-5* Pt Giscard d'Estaing au M. Tension avec Esp. et Alg. *-8-6* les Espagnols prennent 45 militaires mar. au Sahara occ. *-1-8* : 114 millions de F d'indemnisation aux agriculteurs français dépossédés. *-6/9-11 « Marche verte » vers Sahara occ.* : 350 000 volontaires franchissent la frontière et repartent. *-14-11* accord Esp., M. et Mauritanie sur Sahara occ. *-28-11* combats avec Polisario. *-11-12* entrée des troupes mar. à El'Ayoûn (Sahara occ.). *-18-12* Omar Benjelloun, de l'USFP, tué. *-Déc.* 30 000 Marocains expulsés d'Algérie. **1976**-*27/29-1* combats Algériens/Marocains au Sahara occ. (à Amgala) ; repli algérien. *-12-2* M. occupe Mahbès. *-14/15-2* combats à Amgala. *-26-2* Esp. remet ses pouvoirs sur Sahara occ. au M. et à la Mauritanie. *-7-3* M. et Mauritanie rompent relations diplomatiques avec Alg. *-Avril* envoi de troupes au Zaïre. **1977**-*févr.* 173 opposants condamnés dont 44 à perpétuité (dont 39 par contumace). *-Juin 1res législatives* depuis 1963. **1978**-*11-3* accord avec URSS pour phosphates (3 milliards de $). **1980**-*2-4* Hassan II rencontre Jean-Paul II. *-23-5 référendum* sur majorité royale à 16 ans au lieu de 18 et modification du Conseil de régence (oui : 99,71 %). *-20-6* émeutes à Casablanca (66 †). *-20-12* zone maritime territoriale portée à 200 milles. **1981**-*janv.* relations diplomatiques rompues avec Iran. *-20-6* émeutes à Casablanca contre augmentation des prix (66 †). **1983**-*27/29-1* Pt Mitterrand au M. *-26-2* Hassan II rencontre Pt algérien Chadli. *-19-12* gouv. d'union nat. (6 ministres d'État représentant les 6 principaux partis). **1984**-*19-1* émeutes dans le nord contre augmentation des prix (29 †). *-3-3* paysans exonérés d'impôts jusqu'à l'an 2000. *-13-8 traité d'union arabo-africaine* (M.-Libye). *-29-8* Pt Mitterrand au M. (visite privée). *-31-8 référendum* pour accord M.-Libye (99,97 % pour) ; Pt Mitterrand part pour revenir après fermeture des bureaux de vote. **1985**-*19-8* Jean-Paul II au M. *-Nov.* Hassan II en France. *-12-11* M. quitte OUA. *-Déc.* Organisation de l'action démocratique et populaire (OADP), ancien Mouvement du 23-Mars, se rallie au système des partis. **1986**-*3-3* fête du Trône (25e anniversaire de l'intronisation du roi), visite du roi d'Esp. *-27-6* Hassan II propose à Alg. et Tunisie une Assemblée maghrébine. *-23-7* reçoit Shimon Peres (PM israélien) à Ifrane. *-26-7* quitte la présidence du sommet de la Ligue arabe (qu'il occupait depuis sept. 1982). *-29-8* rompt traité d'union du 12-8-1984 avec Libye. **1987**-*20-7* candidature à la CEE (refusée oct.). **1988**-*20-1* émeutes d'étudiants à Fès (1 à 6 †). *-27-2* glissement de terrain à Fès : 52 †. **1989**-*6-2* Pt Chadli au M. (1re visite depuis 13 ans). *-20-8* : 347 détenus graciés. *-25-9* Hassan II en Esp. *-19-11* Mohamed Ait Kaddour (USFP) arrêté en mars après 17 ans d'exil (avait été condamné à mort par contumace après l'attentat d'août 1972). *-1-12 référendum*, 99,89 % de oui pour repousser à 1992 les élections prévues 1990, afin de permettre à l'Onu d'organiser référendum d'autodétermination au Sahara occ. Création de l'*Union du Maghreb arabe* avec Algérie, Tunisie, Libye, Mauritanie. **1990**-*8-4* Conseil consultatif des droits de l'homme. *-14-8/4-9* : 1 100 h. envoyés en Arabie saoudite. *-14/15-12* grève générale, émeutes : 170 † (officiellement 5). **1991**-*11-1* : 2 000 détenus graciés, bagne de Tazmamart rasé. *-1-2* Smig et Smag relevés de 15 % (les syndicats demandent 300 %). *-3-2* : 300 000 manifestants pour l'Iraq. *-1-3* libération ou réduction de peines pour 2 268 prisonniers dont famille Oufkir. *-20-6* opposant Abdelmoumen Diouri [(né 1944) ; 1964 condamné à mort ; 1971 entre en France ; 1977 réfugié politique] expulsé vers Gabon (*-16-7* en France). *-13-9* opposant Abraham Serfaty [(né 1926) directeur au ministère de l'Énergie, arrêté 1974, expulsé vers France] admis à rentrer au M. 30-9-1999 ; conseiller à Onarep 1-9-2000. *-15-9* bagne de Tazmamart (haut Atlas) évacué (28 rescapés). *-Oct.* troubles université d'Oûjda (3 †). *-16-12* relations diplomatiques rétablies avec Iran. *-30-12* les 3 frères Bourequat (arrêtés juillet 1973, détenus au Point Fixe 3 à Rabat et depuis 1981 à Tazmamart) graciés. **1992**-*janv.* CEE suspend aide de 600 millions de $. *-20-4* Noubi Amaoui (secr. gén. CDT) condamné à 2 ans de prison (gracié 12-7-1993). *-11-8* **Mohamed Karim Lamrani** (né 1-5-1919) PM. *-4-9 référendum* sur la Constitution : oui 99,96 % (*mesures adoptées* : roi nomme et met fin aux fonctions des ministres sur proposition du PM ; commissions d'enquête parlementaires ; questions au gouv. ; Conseil constitutionnel indépendant ; droits de l'homme inscrits dans préambule de la Const.). *-16-10 municipales* : RNI 4 700 élus sur 22 282. **1993**-*11-1* : 507 détenus graciés. *-Févr.* grèves. *-20-8* : 1 412 prisonniers graciés. *-Nov.* Serge Berdugo (juif) min. du Tourisme. **1994**-*18-2* grève générale du 25 interdite. *-7-3* : 195 peines de mort commuées en perpétuité, 388 graciés. *-13-3* : 138 graciés. *-25-5* **Abdellatif Filali** (né 26-1-1928) PM. *-21-7* : 424 amnistiés libérés. *-20-8* : les langues berbères seront enseignées dans le primaire. *-24-8* : 1er bulletin d'informations en berbère à la télévision ; Marrâkech, attentat dans hôtel (2 Espagnols †). *-27-8* rétablissement des visas pour Algériens (supprimés en 1989). **1995**-*28-1* : 3 islamistes condamnés à mort pour attentats d'août 1994. *-11-6* Mohammed Basri rentre après 29 ans d'exil. Sécheresse, production agricole – 75 %. *-19/20-7* Pt Chirac au Maroc annonce aide de 1,5 milliard de F. *-17/18-8* inondation région de Marrâkech (500 à 1 000 †) ; *-sept.* dans le nord et le centre (39 †). **1996**-*janvier* opération anti-corruption. *-11-1* : 700 prisonniers libérés. *-27-2* accord de libre échange avec UE (prévu 2002). *-6/7-5* Hassan II en Fr. (reçu par Ass. nationale). *-5-6* Tanger, manif. : 2 000 jeunes. *-24-6* fuite des filles et du fils d'Oufkir (le 28, libération de toute la famille qui se réfugie en France). *-13-9 référendum* sur la création d'une Chambre des conseillers : oui 99,56 %. **1997**-*janv./févr.* Casablanca et Marrâkech, heurts étudiants islamiques/forces de l'ordre. *-13-6 municipales* : droite 7 334 sièges, centre 6 406, opposition 7 686. *-13-8* gouvernement remanié : 28 membres dont 4 femmes secr. d'État. **1998**-*4-2* **Abderrahmane Youssoufi** (né 8-3-1924) socialiste, PM. **1999**-*23-7* Hassan II meurt (funérailles 25-7).

Nombre de disparitions forcées : selon la Fédération internationale des ligues des droits de l'homme (FIDH) : de 600 à quelques milliers de †. Selon le Conseil consultatif des droits de l'homme (CCDH), organisme officiel : 112 disparus entre 1960 et 1970. L'État a reconnu sa responsabilité pour 44 d'entre eux.

1999-*23-7* **Mohammed VI** (né 21-8-1963), fils d'Hassan II, 36e descendant du Prophète en droite ligne, 18e souverain alaouite. *-Août* annonce la formation d'une commission d'indemnisation pour victimes de disparitions forcées et de détention arbitraire. *-9-11 Ahmed Midaoui* remplace Driss Basri (né 1938), min. de l'Intérieur depuis 1979. *-27-11* retour au M. de la famille Ben Barka. **2000**-*12-3 Casablanca*, environ 150 000 manifestants, et *Rabat*, 40 000 à 100 000, contre le projet de réforme de la *Mudawana* (statut de la femme). *-6-10* Moustapha Adib (32 ans, capitaine armée de l'air) condamné à 2 ans et demi de prison (a dénoncé la corruption). Avait été condamné en février à 5 ans de prison. *-2-12* : 3 hebdomadaires interdits définitivement car ils sapent les institutions. **2001**-*5-6* : 780 détenus graciés (288 totalement).

■ POLITIQUE

■ **Statut.** *Monarchie.* **Constitution** du 9-10-1972, révisée 1980 et sept. 1996. **Roi** chef spirituel et temporel [*Moulay*, « mon seigneur » : titre honorifique porté par les descendants du Prophète et notamment par les sultans de la dynastie chérifienne. *Al Chérif* (pluriel *Chérifs* ou *Chorfa*) : nom donné aux descendants de Mahomet par Ali et Fatima. *Appellations* : « Sa Majesté Impériale le sultan », puis (18-8-1957) « Sa Majesté le roi »]. **Organisation administrative.** 49 provinces et 22 préfectures groupées en 7 régions économiques. **Fêtes nationales.** 3-3 (fête du Trône). 9-7 (anniversaire du roi et fête de la Jeunesse). 14-8 (récupération en 1979 de l'oued Eddahab). 6-11 (Marche verte de 1975). 18-11 (indépendance). **Drapeau** (adopté 17-11-1915). Pentacle vert sur fond rouge (descendants du Prophète).

■ **Partis** (date de fondation et fondateur entre crochets, secrétaire général). **Istiqlal** (« Indépendance ») [10-12-1943 par Allal el-Fasi (1910-74)], M'Hamed Boucetta (né 1925), Ahmed Balafrej (1908-90), Abbas el Fassi depuis 22-2-1998. **Union nationale des forces populaires (UNFP)** [1959 par Mehdi Ben Barka (1920-65)], Moulay Abdallah Ibrahim. Juillet 1972, 2 tendances : Abdallah Ibrahim, proche de l'UMT, et Commission administrative d'Abderrahim Bouabid, dite groupe de Rabat. **Mouvement populaire constitutionnel et démocratique**, scission 1967 du Mouvement populaire, Abdelkrim Khatib, remplacé par le **P. islamiste de la justice et du développement**, [4-10-1998], Abdelilah Boukirane. **P. du progrès et du socialisme (PPS)**, 1974 ancien PC, [créé 1943], Ismail Alaoui. **Union socialiste des forces populaire (USFP)** [1959 par Abderrahim Bouabid (1921-92), scission de l'UNFP], Abderrahmane Youssoufi. **Rassemblement national des indépendants (RNI)** [1978 par Ahmed Osman (beau-frère de Hassan II)], Moulay Ahmad Alaoui. **Mouvement populaire (MP)** [1959, berbère], Muhammad Laenser. **P. national démocrate (PND)** [1981, scission du RNI], Arsalane al-Jadidi. **P. de l'action** [1974], Abdallah Senhaji. **P. libéral progressiste** [1974], Agnouch Ahmed Oulhaj. **P. démocratique de l'indépendance (PDI)** [1946], Thami el-Ouazzani. **Union constitutionnelle (UC)** [1983], Maâti Bouabid (1927-96), leader : Abd al-Latif Samlali. **P. du centre social (PCS)**, ex-P. de l'unité et de la solidarité nat. [1982, centriste], Mohamed Smar. **Association justice et bienfaisance (Al-Adl Wal-Ihsan)**, islamiste, cheikh Abdessalam Yassine (en résidence surveillée depuis 1990, libéré 19-5-2000). **Orga-**

nisation de l'action démocratique et populaire (OADP) [1983, gauchiste], Mohamed Bensaid. **Mouvement national populaire (MNP)** [1991], Mahjoubi Aherdane. **Mouvement démocratique et social** [juin 1996] scission du MNP, Mahmoud Archane. **P. socialiste démocratique (PSD)** [oct. 1996] dissidents de OADP, Aissa el-Ouardighi. **Front des forces démocratiques (FFD)** [6-7-1997] dissidents du PPS. **Mouvement pour la démocratie** [oct. 1997] extrême gauche. **P. de l'avant-garde démocratique et socialiste (PADS)** gauche, refuse de participer aux élections.

Nota. – Après le référendum de juillet 1970, Istiqlal et UNFP ont constitué une alliance : **Al Koutlah al Watania** (Front national).

■ **Parlement.** **Réforme** du 13-9-1996 : **1°) Chambre des représentants :** 325 députés élus pour 5 ans au suffrage universel direct ; **2°) Chambre des conseillers :** 270 membres élus au suffrage indirect pour 9 ans, renouvellement par tiers tous les 3 ans (émanent des collectivités locales 162, chambres d'agriculture 33, de commerce, d'industrie et de services 24, d'artisanat 21, de pêche 3, collège des salariés 27). Le Parlement peut censurer le gouvernement au moins une fois tous les 12 mois (majorité absolue pour les représentants, des 2/3 pour les conseillers). **Élections des représentants (14-11-1997) :** participation 58,3 %, 325 sièges dont USFP 57, UC 50, RNI 46, MP 40, MDS 32, PI 32, MNP 19, PND 10, MPCD 9, PPS 9, FFD 9, PSD 5, OADP 4, PA 2, PDI 1 ; **des conseillers (5-12-1997) :** 270 dont centre 90, droite 76, opposition 44, divers 33, syndicats 27.

■ **Enseignement** (en 1994-95). **Pré-primaire** inscrits 796 669 (dont *241 277 filles*), écoles 32 021, enseignants 36 553. **Primaire :** inscrits 2 895 737 (*1 197 339*), écoles 4 740 (dont 386 privées), enseignants 102 163 *(35 058).* **Secondaire :** inscrits 1 247 608 (*521 750*), établissements 1 172 (188 privés), classes 48 250 (1 381 privées), enseignants 73 726. **Supérieur :** inscrits 234 949 *(94 260),* universités 13 (230 081 étudiants), instituts et écoles supérieures 24 (8 847 étudiants), établissements pédagogiques 15 945 étudiants, enseignants 7 777 (1 454 f. et 393 étrangers), universités 50. 7 969 étudiants à l'étranger.

■ **Santé** (en 1992). *Centres* de santé et dispensaires 1 683, de planification familiale 429 ; cliniques privées 102. *Médecins* (public) 3 779, (privé) 3 324. *Chirurgiens* 410. *Dentistes* 701. *Pharmaciens* 1 982. *Infirmiers* 23 654 (dont 13 377 brevetés). *Sages-femmes* 88. *Aides sanitaires* 713.

■ ÉCONOMIE

■ **PIB** (en 1999). 35 milliards de $. 1 200 $ par hab. **Croissance** (en %) : *1991 :* 5,3 ; *92 :* – 3,5 ; *94 :* 11,8 ; *95 :* – 6 ; *96 :* 11,8 ; *97 :* 2,2 ; *98 :* 6,2 ; *99 :* 0,2 ; *2000 :* 0,3. **Répartition du PIB** (en %, 1998) : commerce 20, industrie manufacturière 17,7, services publics 17, agriculture 16, transports et télécommunications 6,4, énergie et eau 4,8, BTP 4,2, mines 3, autres 10,9. **Chômage** (en %) : *1990 :* 15 ; *98 :* 19. **Inflation** (en %) : *1987 :* 2,7 ; *88 :* 2,4 ; *89 :* 3,1 ; *90 :* 6,1 ; *91 :* 8,2 ; *92 :* 4,9 ; *93 :* 4,6 ; *94 :* 5,1 ; *95 :* 6,6 ; *96 :* 3,1 ; *97 :* 0,9 ; *98 :* 2,8 ; *99 :* 0,7 ; *2000 :* 2,9. En 1995, selon la Banque mondiale, 14 % des Marocains vivent en dessous du seuil de pauvreté.

■ **Budget** (en milliards de dirhams, 1995). **Recettes :** 67,4 dont impôts indirects 30,2, impôts directs et taxes assimilées 15,9, droits de douane 11,8, recettes d'emprunt 14,8, monopoles et exploitations 2,9, enregistrement et timbre 2,8, fonds de concours et recettes assimilées 0,24, produits et revenus du domaine 0,11, recettes en atténuation des dépenses 0,36. **Dépenses :** 80 dont (en 1992) charges de la dette 16,7, personnel 25,9. *Coût de la guerre du Sahara :* 2 milliards de $ par an. **Déficit** (en % du PIB) : *1983 :* 12 ; *2001 (prév.) :* 3. **Rapatriement des salaires des émigrés** (1er poste en recettes de la balance des paiements) : *1984 :* 7 milliards de dirhams (dont 4 de Fr.) ; *90 :* plus de 40 ; *92 :* environ 50. **Transferts** *1993 :* 2,29 milliards de $ (8,5 % du PNB). **Dette extérieure** (en milliards de $) : *1995 :* 22,8 ; *2000 :* 17,8. **Réserves en devises** (en milliards de $) : *1982 :* 0,05 ; *95 :* 3,6 ; *2000 :* 6.

La Couronne posséderait 1 500 000 ha (sa fortune serait de 200 milliards de F, des propriétés importantes en France, Allemagne, Suisse, USA). ONA (Omnium nord-africain, créé 1919), 1er groupe privé africain, 15 000 salariés, chiffre d'affaires (en 1992) : 12 milliards de F.

■ **Agriculture.** **Terres** (en milliers d'ha, 1992) : arables 9 195, cultivées 6 871 (0,1 % des propriétaires en possèdent 10 %), pâturages 25 589 (en 1982), forêts 8 360, eaux 25 (en 1982), divers 18 541 (en 1982). **Production** (en milliers de t, 1999) : blé 2 154, bett. à sucre 2 717, orge 1 474, p. de t. 1 141, canne à sucre 1 373, oranges 874, olives 450 (en 1997), clémentines 403, maïs 136, pommes 360, raisins 270, abricots 90, riz 35, citrons 20, arachides 17, pomelos 10 (en 1982), sorgho 10, coton 1. **Élevage** (en milliers de têtes, 1999). Volailles 115 000, ovins 16 576, caprins 4 658, bovins 2 560, ânes 954, mulets 540, chameaux 37. **Forêts** (en 1998). 1 746 000 m³. Thuya, chêne-liège, cèdre (75 000 ha dans le Moyen Atlas). **Pêche** (en 1998). 710 400 t. En 1995 : *côtière :* 414 202 t, *hauturière :* 131 500 t.

Drogue. Cannabis dans le Rif : *est. 1995 :* 70 000 ha, 200 000 familles, *chiffre d'affaires :* 1,5 à 2 milliards de $; *est. 2001 :* 65 000 ha.

■ **Énergie** (en 1999). **Charbon :** 69 000 t. **Pétrole :** 4 700 t. Exploitation par 20 Stés découverte à Talsinnt. **Gaz :** 18,2 millions de m³ (en 1993). Gazoduc Maghreb-Europe (1 370 km d'Algérie en Espagne) en construction. **Électricité :** 13 128 millions de kWh dont centrales hydrauliques 15,7 %. Le M. ne couvre que 17 % de ses besoins en énergie. **Schistes bitumineux ;** *réserves :* 6,5 milliards de t ; 10 à Timahdit (90 km de Meknês), pourraient être exploités en carrière (30 à 40 millions de t par an, qui donneraient 3 millions de t de pétrole brut) et 200 dans région de Tarfaya (300 km d'Agâdîr). **Mines** (en milliers de t, 1997). **Phosphates** (exploités depuis 1921) : 75 % des réserves mondiales, 4 gisements exploités (Khouribga, Youssoufia, Benguérir et Boukraa) : 10 924 (le M. a quadruplé les prix en 1974). **Manganèse :** 29,5 (Imini). **Plomb :** 68. **Barytine :** 264,5 (en 1995). **Pyrrhotine :** 66. **Fluorine :** 96. **Sel :** 165,3. **Fer :** 63,5 (en 1995) surtout Rif (région de En Nâdôr). **Cuivre :** 10. **Anthracite :** 530 (en 1995). **Argent :** 0,291. **Cobalt** : 0,48. **Zinc :** 103.

Industrie. Engrais, textile, raffineries de pétrole, ciment, tapis, sucre, conserveries, jus de fruits, cuivre. **Privatisation** (1993-95). 112 entreprises, 40 000 salariés. *Bénéfice attendu :* 13 milliards de F, affectés à l'éducation, à la santé et au logement social.

■ **Transports** (en 1997). **Routiers** (en km) : 57 810 dont 29 950 asphaltés ; routes principales 10 913, secondaires 9 434, tertiaires 39 442. Autoroute Rabat-Casablanca. **Ferroviaires** : 1 907 km (en 1995) dont 1 003 électrifiés. **Aériens :** 9 aéroports, 4 405 206 passagers, fret 42 247 t. **Maritimes :** *flotte marchande* (en 1985) : 60 navires, capacité 660 000 t. *Ports :* trafic (en 1992) : marchandises 55,5 millions de t, dont Casablanca 23,2, Mohammedia 13,5, Safi 5,3, Agâdîr 2,2 ; *voyageurs* (en 1992) : Tanger 1 331 817, Casablanca 35 089 ; *de pêche :* Agâdir, Safi, Essaouira (80 % des débarquements) ; *autres :* Jorf Lasfar (Ej-Jdîda ; phosphates), Mohammedia (pétrole), El-Qenîtra et Agâdir (agrumes et poissons), Tanger (port franc), En Nâdôr (complexe sidérurgique).

■ **Tourisme.** **Visiteurs** (en milliers) : *1996 :* 1 637,9 [dont *Français 429,* Allemands 212, Espagnols 196, Anglais 103, Italiens 91, Américains 77 ; croisiéristes 115 (en 1995)] ; *1999 :* 2 400. **Lits** (en 1992) : hôtels classés (509) : 84 237, non classés (929) : 25 146 ; hébergement social : 5 à 6 000 (en 1987) ; camping : 31 000 (en 1987). **Recettes** (en milliards de $) : *1991 :* 1 ; *92 :* 1,3 ; *95 :* 1,16 ; *96 :* 1,38 ; *97 :*1,2.

■ **Commerce** (en milliards de $). **Export./import. :** *1994 :* 5,54/7,64 ; *95 :* 6,87/9,35 ; *97 :* 7/8,9 ; *98 :* 7,1/9,5 ; *99 :* 7,4/9,6 dont (en %) *France 36,3/25,7,* Espagne 10,6/11,1, G.-B. 9,1/5,4, All. 5,3/6, Italie 5,1/5,4. **Droits de douane :** moyenne (en %) : *1983 :* 400 ; *93 :* 40.

■ **Rang dans le monde** (en 1999). 3e phosphates. 8e plomb. 13e oranges, argent, zinc.

SAHARA OCCIDENTAL

Administré par le Maroc. Réclamant son indépendance, une *République arabe sahraouie démocratique (RASD)* a formé le 27-2-1976 un gouv. en exil reconnu par 72 pays africains et asiatiques. Entrée à l'OUA le 25-2-1985. **Pt :** Mohamed Abdelaziz depuis 16-10-1982, réélu 2-9-1999. **PM** (depuis 11-2-1999) : Bou Chraya Hamoudy.

■ **Situation.** 252 120 km². **Régions : 1°)** *septentrionale* 92 000 km² (Saguia el-Hamra), *El'Ayoûn* (fondé 1932), 50 000 hab., Smara 7 280 hab. **2°)** *Méridionale* 194 000 km² (Oued Eddahab), *Dâkhla* (ex-Villa Cisneros) 5 424 hab. Un mur protège le nord du Sahara occ., abritant 220 000 hab. et 120 000 militaires des incursions du Polisario. **Climat.** Désertique.

■ **Population.** *1976 :* 72 487 hab. ; *89 :* 170 000 [selon Polisario : 1 000 000 d'hab. dont 400 000 au nord de la Mauritanie, 250 000 dans région de Tantâne et Tarfaya (80 000 à 100 000 dans camps de réfugiés mar.) ; selon recensement mar. de 1988 (camps de Tindouf) : 47 000 ; *99 :* 240 000 ; *2025 (prév.) :* 390 000].

Langues. Espagnol, arabe, dialecte hassaniya. **Religion.** Musulmane.

■ **Histoire.** **1491** bande côtière, possession espagnole. **1884-86** Emilio Bonelli occupe le sud (Rio de Oro). **1912**-*27-11* traité Fr.-Esp. établissant frontière. **1934** Esp. occupe le nord (Saguia el-Hamra). **1957** l'armée espagnole recule devant armées sahraouie et mar. **1958**-*10-2* armée mar. battue par opération franco-espagnole. *-1-4 accords de Cintra,* les 2 territoires forment une province contrôlée par Esp. qui rétrocède zone de Tarfaya au M. sous protectorat espagnol.

1970-*17-6* soulèvement à El'Ayoûn (préparé par l'*Organisation sahraouie de libération du Sahara,* créée 1967), échec. **1973**-*10-5 Polisario* (*Front populaire pour la libération du Saguia el-Hamra et Rio de Oro,* fondé par Mustapha El Ouali, *leader* Mohamed Abdelaziz) créé. **1974**-*juillet* administration interne. *-20-8* Hassan II s'oppose à tout référendum pouvant entraîner l'indépendance. *-17-9* saisit la Cour internationale de La Haye. **1975**–*16-9* la Cour reconnaît « l'existence, au moment de la colonisation espagnole, de liens juridiques d'allégeance entre sultan du M. et certaines tribus vivant sur le territoire du Sahara occidental ». *14-10* Onu recommande référendum sous son contrôle. *-16-10* Cour de La Haye favorable à l'autodétermination. *-6/9-11 « Marche verte »* mar. (350 000 personnes dont 35 000 femmes) au Sahara occ. (+ de 200 000 passent la frontière). *-14-11 accord de Madrid* (Esp., M. et Mauritanie) : Esp. se retirera 28-2-1976. Une administration tripartite transitoire sera mise en place : « l'opinion de la population sahraouie sera respectée », mais il n'est plus question d'organiser un référendum d'auto-détermination. *-20-11* Alg. dénonce l'accord. *-28-11* entrée officielle des troupes mar. *-3-12* Conseil nat. provisoire sahraoui créé à Alger. *-19-12* Mauritaniens prennent La Guera (plus de 100 †). *-31-12* départ armée espagnole. **1976**-*11-1* Mauritaniens entrent à Dâkhla. *-19-1* Polisario enlève 2 Français (libérés 27-12). *-27/29-1* à Amgala, combats Mar.-Algériens : Alg. (200 †, 100 prisonniers) se retirent. *-Févr.* Mauritanie contrôle partie du Oued-Eddahab (ex-Rio de Oro) qui lui revient. *-12-2* M. occupe Mahbès (cap. du Polisario) ; 50 000 Sahraouis se réfugient en Alg. *-14/15-2* Amgala, combats. *-26-2* départ des Espagnols ; Sahara partagé entre Maroc (au nord) et Mauritanie (au sud). **1977**-*1-5* Zouérat, raid Polisario (Mauritanie), 6 Français enlevés (libérés déc. 1978).

1978-79 négociations M.-Mauritanie. **1978**-*10-7* coup d'État en Mauritanie, cessez-le-feu avec Polisario. *-Nov.* Bamako, 1re rencontre M.-Polisario. **1979**-*16/17-1* affrontements au sud-est (600 †). *-5-8* Mauritanie reconnaît Polisario et renonce au sud. *-11-8* M. prend Dakhla. *-14-8* le Sahara, administré auparavant par Mauritanie, devient la province mar. *Oued-Eddahab* (ex-*Tiris-el-Gharbia* depuis 26-2-1976). **1981**-*1-4* Polisario attaque Zoug ; pertes mar. : 13 †, 10 disparus. *-26-6* sommet OUA à Nairobi, Hassan II accepte principe d'un référendum sur autodétermination. *-13-10* Polisario attaque Guelta-Zemmour, que Mauritanie évacue 9-11. **1982**-*10-7* Maroc reprend exploitation des phosphates de Boukraa (arrêtée depuis 1975-76). *-3/19-7* attaques Polisario repoussées. **1983**-*2/3/9-9* combats région de Smara (37 †). **1984** Hassan II vient à El'Ayoûn. Combats avec Polisario : *-16-10* (37 Mar. †, 176 polisariens †). *-28-11* (14 Mar. †, 144 polisariens †). *-20-12* Polisario abandonne Mahbès. **1985**-*12-1 :* 25 Mar. †, 66 polisariens †. *-23-10* cessez-le-feu unilatéral. **1987**-*févr./mars/nov.* attaques Polisario. *-16-4 mur* commencé 1981 le long de la frontière avec Algérie (400 km de Zoug à El'Ayoûn) puis autour de Zoug, 200 km sur 10 m de haut, atteint côte atlantique. *-2-7/8* attaque Polisario (300 † ?). *-31-12 :* 93 † mar. **1988**-*30-1 :* 180 † mar. *-30-8* M. et Polisario acceptent plan de paix Onu (cessez-le-feu et référendum d'autodétermination pour la pop. sahraouie recensée en 1974, soit 74 000 pers.). *-16-9* attaque Polisario, 50 †. *-11-12* Polisario abat par erreur avion américain. **1989**-*4-1* rencontre Hassan II/directeur du Polisario (1re depuis 13 ans). *-13-1* Hassan II propose plan de régionalisation. *-6-8* ralliement de 6 dirigeants du Polisario dont Omar Hadrami. *-7-10 :* 190 † mar. *-Nov.* 132 † dont 45 Mar. **1990**-*janv.* 15 Mar. et 94 polisariens †. **1991**-*12-7* M. dépose à l'Onu liste de 120 000 Sahraouis autorisés à voter lors du référendum. *-20-7* nouvelle liste de 45 000 pers. *-Août* reprise des combats. *-26-8* armée mar. détruit Bir Lahlou. *-6-9* cessez-le-feu. *-22-10* plus de 1 000 observateurs de la Minurso. *-Oct.* selon Polisario, 35 000 Mar. transférés au sud (170 000 attendus en nov.) [120 000 selon M.]. *-Nov.* Onu autorise 40 000 votants de plus. **1992**-*janv.* référendum reporté. *-3-3* selon l'Onu, il y aurait eu 77 violationsdu cessez-le-feu (75 imputables au M. et 2 au Polisario). *-11-8* Ibrahim Hakim, directeur du Polisario, se rallie au M. **1993**-*17-7* négociations Maroc-Polisario, bloquées le 18. **1995** 186 prisonniers mar. libérés. **1996**-*29-5* recensement électoral suspendu. *-11/12-9* et *16-10* Genève et Rabat, rencontres Maroc/Polisario. *-18/31-10* Maroc libère 113 Sahraouis. *-28-11* mandat Minurso prorogé. **1997**-*17-3* James Baker envoyé de l'Onu pour activer le processus de paix. *-16-9* Houston : accord Maroc/Polisario. **1999**-*14-7* Minurso publie liste de 84 251 personnes provisoirement habilitées à participer au référendum (au Maroc 46 255, en Algérie 33 786 et en Mauritanie 4 210). *-22/23-9* émeutes à El'Ayoûn.

■ **Ressources.** Orge, ovins, dromadaires, phosphates (réserves 1,7 milliard de t en 1973), pêche, pétrole offshore, cuivre, fer.

■ MARSHALL (ILES)

Carte p. de garde. V. légende p. 950.

■ **Situation.** Pacifique. A 3 200 km de Hawaii. **Superficie :** 181 km² et 1 294 500 km² de zone maritime. **Iles :** 2 groupes (Ratak et Ralik) soit 31 atolls de corail, 5 îles et 1 152 îlots. **Côtes :** 370,4 km.

■ **Population.** *1997 (est.) :* 59 243 hab ; *99 :* 60 000 ; *2000 (est.) :* 68 000 ; *2025 (prév.) :* 160 000. **D.** 376. **Espérance de vie** (en 1998) : 63 ans. **Capitale.** *Dalap-Uliga-Darrit* sur l'atoll de Majuro, 28 000 hab. (en 1995).

■ **Langues.** Anglais, dialectes. **Religions.** Protestants, catholiques, baha'is.

■ **Histoire.** **1592** possession espagnole. **1886** protectorat allemand. **1899** possession espagnole (avec Mariannes et Carolines), vendues à l'Allemagne 25 millions de pesetas. **1914-18** conquises par Japonais. **1919** mandat japonais. **1944** occupation américaine. **1946-58** expériences atomiques sur Bikini et Eniwetok [Bikini présente maintenant moins de radioactivité que le continent américain (2 microröntgens contre 10 et 20) ; les 167 hab. évacués en mars 1946 de l'île de Kili y sont retournés avec leurs descendants (en tout 550 hab.)]. **1947** tutelle USA. **1980**-*31-10* semi-indépendantes. **1982**-*30-5* accord avec USA qui, pendant 15 ans, assureront la défense, utiliseront les bases militaires et fourniront une aide de 2 milliards de $ (dont une partie pour indemniser les hab. des expériences nucléaires). **1983**-*13-9* plébiscite pour pacte de libre association avec USA. **1986**-*21-10* libre association jusqu'en 2001 avec USA. **1990**-*22-12 indépendance.* **1991**-*17-9 entrent à l'Onu.*

■ **Statut.** *République.* **Constitution** du 1-5-1979. **Pt** (élu par le Parlement pour 4 ans) : Kessai Note élu 3-1-2000. **Assemblée** *(Nitijela)* : 33 membres élus pour 4 ans. **Conseil des chefs :** 12 membres. **Drapeau** (adopté 1-5-1979). Fond bleu (Pacifique), 2 bandes orange et blanche (2 chapelets d'îles), en haut et à gauche, étoile à 24 branches (districts).

■ **Économie.** **PNB** (en 1999) : 1 790 $ par hab. **Agriculture.** **Production** (en milliers de t, 1996) : noix de coco 140, coprah 18, manioc 12, patates douces 3. **Élevage** (en milliers de têtes, 1996). Porcins 32, bovins 14, caprins 4. **Pêche** (en 1997). 405 t. **Tourisme** (en 1997). 7 000 visiteurs. **Base américaine** (essai de missiles) à Kwajalein (atoll), 3 000 Amér. (25 % du PNB). **Commerce** (en millions de $, 1995). **Export.** : 17 *dont* poisson 7. **Import.** : 75 **de** USA 38,3, Guam 10,9.

MAURICE (ILE)
V. légende p. 950.

■ **Situation.** Ile volcanique de l'océan Indien à 210 km de la Réunion, 800 de Madagascar, 1 800 de l'Afrique, 4 000 de l'Inde, 5 800 de l'Australie. **Superficie** : 1 865 km² (2 040 km² avec dépendances). **Côtes** : 177 km. **Longueur** : 65 km. **Largeur** : 48 km. **Altitude** *maximale* : piton de la Rivière Noire 827 m. **Régions** : *Port-Louis* (cap.) et districts de Plaines Wilhems, Moka, Flacq, Pamplemousses, Rivière du Rempart, Grand Port, Savanne, Rivière Noire. **Faune.** *Indigène* : 9 espèces (dont des pigeons). *Mammifères* : singe introduit de Ceylan par Portugais en 1528 ; cerf par Hollandais en 1639 ; sanglier, chèvre sauvage de l'Inde ; lièvre, lapin de Java en 1639 ; rat, mangouste en 1900, « tendrac », chauve-souris. *Reptiles* : tortue venant des Seychelles, lézard (10 espèces), caméléon introduit en 1865, couleuvres et serpents (inoffensifs). *Insectes* : 3 000 espèces. *Araignées* : 60. *Crustacés* : 200. *Mollusques* : 3 000 (2 400 marines). **Climat.** Subtropical, varie suivant l'alt. ; *cyclones* possibles nov.-avril, surtout en janv. et févr. *Temp.* : hiver (été en Europe) 13 à 19 °C, été 19 à 25 °C (max. 35 °C en févr.), mois les plus agréables : avril, mai, juin, sept., oct., nov. *Pluies* : 5 080 mm (terres exposées aux vents dominants), 1 016 mm (régions basses), surtout janv.-mai.

■ **Population.** *1725* : 213 hab. dont 13 femmes (34 esclaves, marrons non compris) ; *1846* : 158 462 ; *1901* : 371 023 ; *44* : 419 185 ; *52* : 501 415 ; *62* : 681 619 ; *72* : 826 199 ; *84* : 980 000 ; *2000 (est.)* : 1 180 000 ; *2025 (prév.)* : 1 470 000. **D.** 578,4. **Age** : *- de 15 ans* : 25,7 %, *+ de 64 ans* : 6,1 %. **Espérance de vie** (en 1998) : 72 ans. **Répartition** (en %) : origine indienne 68, créoles 26, Chinois 3, franco-mauriciens 2.

■ **Langues.** *Créole* : langue de communication ; *français* : compris par la majorité de la population ; *anglais (officielle)* : utilisé dans l'administration ; *indien* : bhojpouri, hindi, ourdou, tamil, etc. ; *chinois*. **Religions** (en %). Hindous 52, catholiques 26, musulmans 16,6 (dont 5 067 chiites), protestants 2,3. 10 % de mariages mixtes (45 % issus de familles musulmanes en 1987).

■ **Villes** (est. 1997). *Port-Louis* 146 322 hab., Beau-Bassin (à 9,4 km) et Rose Hill (à 11,3 km) 99 069, Vacoas (à 20 km) et Phoenix (à 17,1 km) 96 928, Curepipe (à 21,9 km) 78 516, Quatre-Bornes (à 14,7 km) 75 524.

■ **Histoire.** Visitée sans doute par les Arabes au Moyen Age. **1511**-*28-12* découverte par le Portugais *Domingo Fernandez* qui l'appelle *Ilha do Cirne*. **1598** reconnue par Warwyck ; les Hollandais la baptisent *Mauritius* en l'honneur de Maurice de Nassau (elle est alors déserte). **1615** naufrage de 2 navires de l'amiral Pieter Both qui meurt noyé. **1638** Hollandais fondent un établissement (les colons holl. et leurs esclaves ne dépassèrent jamais 300 personnes). **1712** l'abandonnent au profit du Cap. Ont introduit canne à sucre et cerf. **1715**-*20-9* capitaine Guillaume Dufresne prend possession de l'île, baptisée *Isle de France*. **1721** 1ers colons. **1722 à 1767** administrée par la Cie française des Indes. **1735-46** François Mahé de La Bourdonnais (1699-1753) gouverneur, réintroduit canne à sucre. **1744**-*17-8* naufrage du *St-Géran*, où périt Mlle Caillou de Précourt (inspira à Bernardin de St-Pierre son récit *Paul et Virginie*, paru 1788). **1767** cédée au Gouvernement royal. Arrivée des cadets de famille. *Quelques noms* : l'intendant Poivre (épices), l'abbé de La Caille (astronome) ; séjour de Bernardin de Saint-Pierre (1767-70), visites de La Pérouse. **Révolution**, autonomie. **Consulat et Empire,** harcèlement contre Anglais. **1810**-*août* bataille du Grand Port, seule victoire navale française des guerres napoléoniennes. *-3-12* Anglais prennent l'île et s'engagent à respecter langue, lois, coutumes et traditions. **1814**-*15-10* cédée à G.-B. (traité de Paris) par la Fr., elle reprend le nom de Maurice. **1827** anglais, langue officielle. **1835** esclavage aboli « contre indemnité ». Les émancipés refusant de travailler en dessous de certains salaires, les « coolies » sont indiens ou

tamouls. **1958** suffrage universel. **1965** autonomie. **1968**-*12-3 indépendance*. La reine est représentée par un gouverneur gén. : *1968* sir John Rennie, *1969* sir Leonard Williams, *1974* sir Raman Osman, *1978* sir Dayandranath Burrenchobay, *1983* (28-12) sir Seewoosagur Ramgoolam (PM de 1968 à 1982 ; † 15-12-1985), *1986* (17-1) sir Veerasamy Ringadoo (né 9-9-1920). **1990**-*12-2* visite Pt Mitterrand. **1992**-*1-3 république*. *-30-6* **Cassam Uteem** (né 22-3-1941) Pt, réélu 28-6-1997. **1999**-*févr.* émeutes (après la mort suspecte, le 21-2, de Joseph Topize, dit Kaya, chanteur de reggae) : 3 †.

■ **Statut.** *République*. Membre du Commonwealth, associé à l'UE (Code Napoléon conservé). **Constitution** du 10-12-1991. **Pt** : élu pour 5 ans par l'Assemblée. **Ass. nationale** : 70 membres dont 62 élus au suffrage univ. et 8 représentants des minorités. **PM** : Anerood Jugnauth (né en 1930) depuis 16-9-2000. **Élections du 11-9-2000** : victoire de l'Alliance de l'opposition. **Fête nationale.** 12-3 (indépendance). **Drapeau** (adopté 9-1-1968). Bandes horizontales : rouge (lutte pour l'indépendance), bleu (océan Indien), jaune (futur), vert (végétation).

■ **Partis. P. travailliste mauricien (PTM)** fondé 1936 par Dr Curé, Emmanuel Anquetil, Pandit Sahadeo, *leader* : Dr Navin Ramgoolam. **P. mauricien social-démocrate (PMSD)** fondé 1955 par Jules Koenig, *leader* : Luc Xavier Duval [auparavant, sir Gaétan Duval (1932-96, arrêté 23-6-1984)]. **Mouvement militant mauricien (MMM)** fondé 1969, *leader* : Paul Bérenger. **Organisation du peuple rodriguais (OPR)**, *leader* : Louis Serge Clair. **Mouvement socialiste militant (MSM)** fondé 1983 par Anerood Jugnauth, scission du MMM. **Renouveau militant mauricien (RMM)** fondé 1994, scission du MMM, *leader* : Paramhansa Nababsing.

■ **Dépendances. Rodrigues** à 563 km à l'est, circonscription 104 km². *Population* : *1804* : 104 hab. ; *41* : 250 ; *91* : 2 000 ; *1998* : 35 332. *Capitale* : Port-Mathurin. *Religion* : cath. à 98 %. *Histoire* : *1645* découverte par le navigateur portugais, Diego Rodriguez. *1601-11* colonie hollandaise. *1691-93* colonie protestante française. *1810* occupation anglaise. *1814* devient britannique. *1989*-oct. visite de Jean-Paul II. *1991* cyclone *Bella*. *Économie* : maïs, manioc, haricots. *Transports* : 1 vol par jour (*1950* : un cargo tous les 2 mois). **Agalega-et-St-Brandon** à 935 km au nord, 71 km². 170 hab. (en 1996) dont à St-Brandon 50 pêcheurs relevés tous les 6 mois.

■ **Iles revendiquées.** Détachées de Maurice en 1965 par la G.-B. : **Peros Banhos, Salomon, Diego Garcia** [aux USA (base militaire) ; de 1969 à 1973, 1 200 hab. rapatriés à Maurice et indemnisés (accord 1982) ; loué 1966 par G.-B. pour 50 ans], **Trois-Frères, archipel des Chagos** [*territoire britannique de l'océan Indien,* BIOT (450 km², 2 000 hab.), colonie créée 1965, comprenant l'archipel des Chagos, Aldabra (célèbre pour ses tortues géantes), Farquhar et Desroches, a fait retour aux Seychelles en juin 1976]. **Tromelin,** à 556 km au nord-ouest, appartient à la France.

■ **Économie. PNB** (en 1999) : 3 730 $ par hab. **Croissance** (en %) : *1995* : 5,5 ; *96* : 5,8 ; *97* : 5 ; *98* : 5,2 ; *99* : 3,5 ; *2000 (est.)* : 6 à 7. **Pop. active** (en %) **et,** entre parenthèses, **part du PNB** (en %) : agr. 15 (9), ind. 28 (30), services 57 (61). **Main-d'œuvre importée** (en 1995) : 6 105. **Chômage** (en %) : *1985* : 17,3 ; *95* : 1,9 ; *99* : 6,4. **Inflation** (en %) : *1990* : 13,6 ; *91* : 7 ; *92* : 4,6 ; *93* : 10,5 ; *94* : 9,4 ; *95* : 6,1 ; *96* : 5,8 ; *97* : 6,9 ; *98* : 6,8 ; *99* : 6,9. **Dette extérieure** (en millions de $) : *1990* : 385 ; *92* : 855 ; *95* : 1 660 ; *98* : 1 998.

■ **Agriculture. Terres** (en milliers d'ha, 1988) : arables et cultivées 106, pâturages 7,4, forêts 57, eaux 1,2, divers 14,9. **Production** (en milliers de t, 1999) : canne à sucre 3 500 (70 % des terres cultivées), sucre 565 (en 2000), brèdes 18,5 (en 1994), p. de t. 15, tomates 11, bananes 9, ananas 4 (en 1994), oignons 4, thé 2, maïs 1, arachides 1, tabac 1, safran, fleurs, vanille. **Élevage** (en milliers de têtes, 1999). Poulets 3 000, caprins 98, canards 25 (en 1985), bovins 27, porcins 20, ovins 7. **Forêts** (en 1998). 15 000 m³. **Pêche** (en 1997). 13 734 t. **Industrie.** Sucre, mélasse, rhum, alcool, bière, allumettes. Textile (80 % de l'ind.). Saisie informatique, imprimerie, horlogerie, bijoux, jouets, maroquinerie, métaux, mobilier, plastique, détergents. **Tourisme. Visiteurs** : *1998* : 500 000 (14 % du PIB) [dont *France 145 173*, Réunion 82 626, Afr. du Sud 51 249, G.-B. 46 022, All. 43 993]. **Recettes** (en milliards de roupies) : *1992* : 4,58 ; *94* : 6,1. **Zone franche** (créée 1970) : *1995* : 77,3 % des export. (84 % textile) ; 11,7 % du PNB.

■ **Commerce** (en milliards de $). **Export./import.** : *1996* : 1,75/2,23 ; *97* : 1,63/2,23 [(en milliers de roupies) : *exporte* 33,6 *dont* vêtements et textile 19,8, sucre et mélasse 7,4 *vers* G.-B., *France,* USA/*importe* 46,1 *de* Afr. du S., *France,* Inde, G.-B.] ; *98* : 1,73/2,18 ; *99* : 1,55/2,25.

MAURITANIE
V. légende p. 950.

■ **Nom.** Nom latin des confins sahariens, « pays des Maures ».

■ **Situation.** Afrique. **Superficie** : 1 026 000 km². **Côtes** : 754 km. **Frontières** (en km) : Mali 2 237, Maroc 1 561, Sénégal 813, Algérie 453. **Altitude** *maximale* : Kédia d'Jill 917 m. **Zones** : *vallée du Sénégal* (bonnes terres cultivées, notamment en mil) ; *région occidentale* (sablonneuse) ; *centrale* montagneuse (oueds avec palmeraies) ; *orientale* (formations dunaires). 90 % de désert (il avance de 6 km par an). **Climat.** Chaud et sec, plus tempéré dans zone

sahélienne et sur côte (vents alizés) ; 6 ou 7 mois de grosses chaleurs dans vallée du Sénégal. *Pluies* : juillet à sept., 600 mm au sud ; 63 mm à Fdérik-Zouérat.

■ **Population.** *1999* : 2 600 000 hab. ; *2000 (est.)* : 2 580 000 ; *2025 (prév.)* : 5 000 000. **D.** 2,51. *En %* : Maures 70 [Noirs (Haratines) 40, Blancs (Beïdanes) 30], Négro-Africains 30 (dont Toucouleurs 55, Peuls 16, Ouolofs et Sarakolés 29). 30 % sont des éleveurs nomades, 70 % des cultivateurs sédentaires. [Les Haratines sont des esclaves noirs affranchis ; l'esclavage a été aboli au début du siècle, en 1960 et le 5-7-1980 (confirmé par une ordonnance du 9-11-1981).] Imraguens (descendants d'esclaves) : 1 500. **Réfugiés** (en 1999) : 40 000 au Sénégal, 25 000 au Sahara marocain. **Européens** : 3 500 dont *2 100 Français*. **Age** : *- de 15 ans* : 46,2 % ; *+ de 64 ans* : 2,03 %. **Espérance de vie** (en 1998) : 54 ans. **Mortalité** : *infantile* : 92 ‰. **Pop. urbaine** (en %) : *1977* : 70 ; *92* : 88. **Langues.** *Officielle* : arabe ; *nationales* : pular, soninké, ouolof. **Analphabétisme** : 61 %. **Religions.** Islam *(officielle)* : malékites (99,5 %).

■ **Villes** (en 1992). *Nouakchott* (cap. créée 5-3-1958) 667 300 hab. (est. 1998), Nouâdhibou (ex-Port-Étienne, à 410 km) 97 600 (en 1998), Kaédi 41 000 (en 1996 ; à 300 km et, en 1987, Rosso (à 200 km) 30 000, Fdérik-Zouérat (ex-Fort-Gouraud, à 700 km) 26 089, Aṭâr (à 460 km) 20 000. **Chinguetti** : 7e ville sainte de l'islam. Presque totalement ensevelie sous le sable.

■ **Histoire. Néolithique** déjà peuplée. Habitée par des Noirs bafours. **VIIIe s.** islamisée ; peu à peu envahie par des pasteurs, Berbères, Zénètes et Sanhadjas, et dominée par les Arabes Ma'qil. Occupation d'Arguin. **1443** Portugal. **1638** Hollande. **1665** G.-B. **1668** Hollande. **1678** France. **1690** Hollande. **1724** France. **1899** le cheikh Me el-Aïnin (né 1831 à Gualata) établi à Smâra (« le lieu herbeux ») construit une casbah et une mosquée (inachevées) avec 375 soldats. **1902** *Xavier Coppolani* (assassiné 1905) conquiert pacifiquement intérieur du pays Chinguitt et lui donne le nom de Mauritanie. **1903** protectorat. **1907-09** colonel Henri Gouraud brise résistance de l'Adrar à l'oued Tagliat. **1910** Me el-Aïnin à Tichit. **1911** Tichit prise. **1912**-*16-1* émir Ahmed Ould Aïdah pris. *-6-9* El-Hila († 1919), fils de Me el-Aïnin, battu à Sédi Bon Othman par Gal Charles Mangin. **1913**-*2-3* une razzia ayant détruit un des pelotons méharistes français, le Cel Mouret (né 14-1-1871) avec 400 h. (dont auxiliaires maures 60 %) occupe Smâra. *-9-3* à 120 km, bat une *harka* de 1 000 h. de Mohammed Laghdaf, fils de Me el-Aïnin (130 † ; du côté français 24 † et 44 blessés). **1920** colonie (rattachée ensuite à l'A.-O.F.). **1933-34** voyage d'Odette du Puigaudeau (1894-1991). **1934** fin de la résistance des Regueibat et Ouled bou Sba. **1936** occupation française totale. **1946** TOM. **1956** autonomie interne. *-22/23-6* capitaine Moreau, enlevé par l'ALN (Armée de libération nationale) à Bou Izakarn, sera abattu (affaire privée ?). **1957-62** révoltes, opérations franco-espagnoles dont *-10-2/mars 1958* opération *Écouvillon*. **1958**-*28-11* Rép. autonome après *référendum*.

1960-*28-11* **indépendance. Moktar Ould Daddah** (né 25-12-1924) Pt. **1961**-*27-10 entrée à l'Onu*. **1969**-*sept.* Maroc reconnaît Mauritanie (et ses frontières en juin 1970). **1969-74** agitation étudiante. **1973**-*janv.* négociations pour quitter zone française. *-Oct.* membre Ligue arabe. **1975**-*14-11* accord avec Esp. et Maroc sur Sahara occidental. *-10/19-12* combats avec Polisario. **1976**-*26-2* prend Sahara occ. qui lui revient, région de Dakhla qui devient la XIIIe région mauritanienne sous le nom de Tiris el-Gharbia. *-7-3* rompt relations diplomatiques avec Algérie. *-1-5* raid Polisario à Zouérat. **1977**-*23-12* libération de 8 Français enlevés par Polisario à Zouérat (6 le *1-5-1976* et 2 *le 25-10-1977*). **1978**-*25-3* sabotage voie ferrée Zouérat-Nouâdhibou. *-10-7* Ould Daddah renversé par coup d'État (**Lt-Cel Mustapha Ould Saleck**). *-1-10* cessez-le-feu Polisario-Mauritanie. **1979**-*6-4 Cel Ahmed Ould Bouceif* PM après coup de force, *-31-5* tué, accident d'avion. *-Juin* **Lt-Cel Mahmed Ould Louly** Pt. *-5-8* accord d'Alger avec Polisario. Mauritanie renonce au Tiris que le Maroc occupe depuis 1-10-1978. *-4-10* Ould Daddah libéré. **1980**-*4-1* Louly destitué, **Lt-Cel Mohammed Khouna Ould Haidalla** (né 1940) Pt. *-3-6 charia* (loi islamique) adoptée.

1981-*16-3* coup d'État (contre influence Polisario et Libye) ; échec : 4 exécutés. *-26-3* rupture relations diplomatiques avec Maroc. *-Avril* refus union avec Libye. *-9-11* esclavage aboli. **1982** « structures d'éducation de masse », nouveau parti unique. *-9-2* coup d'État échoue. *-Mai* Pt Mitterrand en Mauritanie. **1984**-*27-2* reconnaît Rép. arabe sahraouie. *-12-12* Haidalla destitué, **Cel Maaouya Ould Sid'Ahmed Taya** (né 1941) Pt. **1987**-*22-10* complot toucouleur déjoué. **1988**-*7-9* Tène Youssouf Guène (écrivain, né 1928) meurt en prison. *-14-9 :* 13 opposants condamnés. *-Oct.* procès de Ireida (complot baathiste). **1989**-*avril* affrontements avec Sénégalais, exactions (nombreux †). *-Juillet* 100 000 à 140 000 Mauritaniens d'origine sénégalaise expulsés vers Sénégal depuis avril ; 120 000 à 200 000 vivant au Sénégal sont rapatriés. *-21-8* rupture relations diplomatiques avec Sénégal (reprises janv. 1992). **1990**-*26/27-9* attaque des FLAM (60 †). *-2-12* coup d'État manqué. **1991** prend parti pour l'Iraq. *-12-7 référendum :* 97,9 % pour Constitution. *-25-7* partis politiques autorisés sauf islamiques, liberté de la presse. *-21-8* selon Amnesty International, 339 tués en détention (surtout des Négro-Africains). **1992**-*24-1* **Cel Maaouya Ould Sid'Ahmed Taya** élu Pt [62,65 % des voix devant Ahmed Ould Daddah (32,75 %) qui parle de fraude]. *-13-3 législatives*, boycottées par l'opposition, PRDS 67 sièges. *-28-3* manif. étudiantes. *-4-4 sénatoriales*, victoire du PRDS. **1993**-*sept.* vague de criquets. *-13-12* Taya à Paris. **1995**-*21/22-1* émeutes à Nouakchott contre hausse du prix du pain. *-Oct.* complot baathiste. **1996**-*oct. législatives :* majorité 78 sièges, opposition (AC) 1 ; 2 femmes élues. **1997**-*mars* agitation scolaire et universitaire. *-12-12* Taya réélu (90,25 % des voix, boycott de l'opposition). *-18-12* **Mohamed Lemine Ould Guig** PM. **1998**-*16-11* **cheikh El-Avia Ould Mohamed Khouna** PM. **1999**-*2-7* Montpellier, capitaine Ely Ould Dah (alors en stage en France) mis en examen pour tortures en Mauritanie en 1990-91 (s'évadera en Mauritanie le 4-4-2000). *-5-7* la Mauritanie renvoie les coopérants militaires français. **2000**-*5-6* renvoi de 100 000 Sénégalais décidé. *-10-6* suspendu.

■ **Statut.** *République islamique.* **Constitution** du 12-7-1991. **Pt** élu au suffrage universel. **Assemblée nat.** (79 élus pour 5 ans) et **Sénat** (56 élus pour 6 ans). 13 **régions économiques. Drapeau** (adopté 1-4-1959). Vert, étoile et croissant jaunes. **Fête nationale.** 28-11.

■ **Partis. P. du peuple mauritanien** (PPM ou Hizb Chaab) fondé 1965, dissous depuis 1978, unique jusqu'en 1991, devenu **P. républicain démocratique et social (PRDS)** fondé 1991, *Pt* : Maaouya Ould Sid' Ahmed Taya. **Rassemblement pour la démocratie et l'unité nationale (RDUN)** fondé 1991, *Pt* : Ahmed Ould Sidi Baba. **Union des forces démocratiques (UFD)** fondée 1991, *Pt* : Ahmed Ould Daddah. **P. d'action pour le changement (AC)** fondé 1995, scission de l'UFD, réunit radicaux noirs et Haratins, *Pt* : Messaoud Ould Boulkheir (ancien dirigeant du parti Al-Horr regroupant anciens esclaves). **P. de l'avant-garde nat. (PAGN)** baathiste. **Alliance populaire progressive (APP)** prolibyen, Pt : Mohammed El-Hafedh Ould Ismael. **Forces de libération africaine de Mauritanie (FLAM)** fondées 1983, *Pt* : Samba Thiam, clandestin.

■ **Économie. PNB** (en 1999) : 340 $ par hab. 50,6 % de la population vit sous le seuil de pauvreté. **Croissance** (en %) : *1997* : 4,7 ; *98* : 3,9 ; *99* : 3,8 ; *2000 (est.)* : 5. **Population active** (en %) **et,** entre parenthèses, **part du PNB** (en %) : agr. 67 (31), ind. 5 (7), services 23 (47), mines 5 (15). **Inflation :** *1990* : 9 ; *91* : 5,6 ; *93* : 10 ; *94* : 4,1 ; *95* : 3,5 ; *96* : 3 ; *97* : 4,7 ; *98* : 4,6 ; *99* : 1,9. **Dette extérieure** (en milliards de $) : *1988* : 2,11 ; *94* : 2,12 ; *99* : 1,4. **Aide** (en 1997) : 246 millions de $.

■ **Agriculture. Terres** (en milliers d'ha, 1981) : arables 205, cultivées en permanence 3, pâturages 39 250, forêts 15 134, eaux 30, divers 48 448. **Production** (en milliers de t, 1999) : millet 10, riz 102, dattes 36, légumineuses 17 (en 1995), maïs 8, patates douces 3, arachides 2 (en 1995). **Élevage** (en milliers de têtes, 1999). Ovins 6 200, caprins 4 133, volailles 4 000 (en 1995), bovins 1 395, chameaux 1 182, ânes 155 (en 1995), chevaux 18 (en 1995). En raison de la sécheresse, 60 à 80 % des troupeaux nomadisent au Sénégal, au Mali. **Forêts** (en 1997). 15 000 m^3. **Pêche** (en 1998). 85 000 t. Depuis 1980, zone de 200 milles (potentiel 520 000 t/an). *Banc d'Arguin* [12 000 km^2, où échoua la *Méduse* à 50 km de la côte (profondeur 5 m) le 2-7-1816, voir à l'Index] avec vasières de 450 km^2 ; 24-6-1976, parc national ; réserve classée au patrimoine mondial.

■ **Mines. Fer :** à ciel ouvert à la Kédia d'Idjil (Fdêrik, Rouessat et Tazadit) ; la Snim (Sté nationale industrielle et minière) a repris la Miferma (nationalisée 28-11-1974) ; *capacité :* 200 millions de t d'hématite à 63-68 % ; *production :* 7 400 000 de t (en 1998), métal contenu transporté par le train Zouérat-Nouâdhibou (650 km) 200 wagons, 2 000 t, le plus long du monde (2 km) ; port minéralier de Cansado]. **Or :** 1 300 kg (en 1995). **Cuivre** (Ajoujt, réouverture 1991). **Diamants. Gypse** (N'Ghamcha) : 3 000 t. **Sel gemme. Phosphates :** depuis 1982, à ciel ouvert ; *réserves :* 100 millions de t.

■ **Transports** (en km, 1996). **Routes :** 7 660 (dont 865 bitumés). **Voies ferrées :** 704. **Port** (de l'Amitié) en eau profonde : 500 000 t par an.

■ **Commerce** (en millions de $). **Export./import. :** *1995* : 500/510 ; *96* : 540/580 ; *97* : 460/380 ; *98* : 359/319. **Rang dans le monde** (en 1997). 4e chameaux. 11e fer.

MEXIQUE

V. légende p. 950.

☞ *Abréviations :* M. : Mexique ; Mex., mex. : Mexicains, mexicain(e)(s).

■ **Situation.** Amérique du Nord. **Superficie :** 1 964 375 km^2. **Altitudes** *maximales :* Citlaltépetl ou pic d'Orizaba 5 700 m (volcan inactif depuis 1687) ; Popocatépetl 5 452 m (endormi 1802, se réveille 1992, 1994, 1997 et 18-12-2000) ; Ixtacci huatl (« la Femme enterrée ») 5 270 m. **Longueur :** 3 080 km. **Largeurs** *maximale :* 2 070 km, *minimale :* 215 km. **Frontières** (en km) : USA 3 152, Guatemala 962, Bélize 250. **Côtes :** Pacifique 3 866,5 km. Atlantique 2 756, Basse-Californie 3 280,5. **Climat.** *Nord* (50 % du territoire) : semi-aride, hivers froids, étés chauds, faibles pluies (500 mm). *Façade maritime :* tropical humide, pluies abondantes, températures élevées. *Centre :* haut plateau, pluies abondantes (mai à oct.), sécheresse le reste de l'année, températures modérées.

■ **Population** (en millions d'hab.). *Vers 1500 :* 10 à 25 ; *vers 1540 :* 1,5 à 2,5 ; *1570 :* 3 (Espagnols 0,03, Noirs et métis 0,025) ; *1804 :* 5,84 (dont Espagnols 1,13, autres Européens 0,07, Indiens 2,23, métis 2,4, Noirs 0,007) ; *1823 (est.) :* 6 ; *1850 :* 7 ; *1873 :* 8,28 ; *1895 (rec.) : 12,5 ; 1900 :* 13,55 ; *10 :* 15,1 ; *21 :* 14,2 ; *30 :* 16,6 ; *40 :* 19,8 ; *50 :* 27,37 ; *60 :* 37,07 ; *70 :* 51,18 ; *80 :* 69,65 ; *90 (rec.) :* 81,25 ; *94 :* 92,9 [dont (en %) : Métis 55, Amérindiens 29, descendants d'Européens 15, Noirs 0,5] ; *2000 (est.) :* 97,36 ; *2025 (prév.) :* 141. **D.** 50. **Indiens :** *1970 (est.) :* 3,1 (dont Nahuas 0,8, Mayas du Yucatán 0,45, Zapotèques 0,28, Mixtèques 0,23, Otomis 0,22, Totonaques 0,12) ; *83 (est.) :* 5. **Taux** (‰, 2000) : *natalité* 24, *mortalité* 4,6 (*infantile* 32). **Naissances :** *illégitimes* 40 %. **Âge** (en %) : *- de 15 ans* 33,8 ; *+ de 64 ans* 4,3. **Pop. urbaine** (en 1995) : 73,5 %. **Analphabètes** (en 1995) : 10,6 %. **Espérance de vie :** *1940 :* 41,5 ans ; *50 :* 49,7 ; *60 :* 58,9 ; *70 :* 62,5 ; *90 :* 68,8 ; *95 :* 70,8 ; *99 : h.* 69, *f.* 75. **Mexicains aux USA** [appelés *Chicanos* (de Mexicanos)] (en millions) : *1960 :* 1,74 ; *82 :* 2,5 ; *90 :* 15. *Clandestins* (*Braceros* ou *Wetbacks* : ils franchissent le Rio Grande à la nage) : 0,5 à 0,8 par an (1,4 refoulés en 1995). **Réfugiés guatémaltèques :** *1994 :* 42 000 (depuis 1982). **Sida** (en 1999) : environ 180 000 séropositifs.

■ **Langues. Espagnol** (*officielle*) parlée par 84,2 % de la pop. **Langues indigènes :** 92 (dont une quinzaine parlées par 100 000 personnes ou plus, des dizaines par quelques centaines ou milliers). *Hauts plateaux :* nahuatl (parlé par 1 200 000 pers.) et otomi (280 000). *Sud-Est :* maya yucatèque 700 000, tzeltal 260 000, tzotzil 230 000, chol 130 000. *Sud :* mixtèque et zapotèque (380 000).

■ **Religions** (en %). Catholiques 90, protestants 5 à 7. Selon la Constitution de 1917 (pas appliquée strictement), chacun des États de la Fédération (et non les évêques) déterminait le nombre de ministres du culte. Ceux-ci devaient être mex. de naissance. Ils ne pouvaient ni voter, ni être candidats à des élections, ni hériter, sauf de proches parents, ni porter la soutane. Aucune congrégation religieuse ne pouvait fonder ou diriger des écoles primaires. Les ordres monastiques étaient interdits ; l'exercice du culte ne pouvait avoir lieu qu'à l'intérieur des églises (propriété de l'État). Le 18-11-1991, la Constitution a été modifiée. L'État peut reconnaître les Églises et établir des relations diplomatiques avec le Vatican ; les prêtres peuvent porter la soutane dans la rue, voter et être élus (sont alors suspendus de leur ministère).

■ **Villes. Mexico :** HISTOIRE : *1325* édifiée sur une île ; *1528* plan en damier tracé par Alonso García Bravo. POPULATION : *vers 1520 :* 30 000 hab. ; *1524 :* 30 000 ; *1560 :* 80 000 ; *1804 :* 137 000 ; *1928 :* 1 000 000 ; *50 :* 3 000 000 ; *90 :* 8 236 960 ; *95 :* 16 674 160 [aggl. (1 000 personnes de plus par j)]. POLLUTION : *causes :* alt. 2 300 m (l'air contient 30 % d'oxygène en moins qu'au niveau de la mer) ; entourage de volcans : peu de vent ; inversion thermique (couvercle d'air chaud recouvrant la vallée, masses d'air inférieures, plus froides, ne parvenant plus à s'échapper). *Rejets* par j à l'air libre : 5 millions de t de polluants (dont 11 000 t de poussières toxiques, 750 t de matières fécales). *Origine :* automobiles 75 % (3 millions de véhicules), industrie 20 % (plus de 30 000 usines), mauvaises conditions d'hygiène 5 %. *Conséquences :* visibilité maximale 400 à 500 m, 70 % des enfants nés à Mexico contaminés par le plomb ; infections respiratoires, irritation des yeux ; 100 000 prématurés † par an. *Mesures : mars 1992 :* à 2 reprises, fermeture des écoles, interdiction de circuler pour 1 million de véhicules et réduction de 75 % des activités des 200 industries les plus polluantes ; *1996-2000 :* plan de lutte, 12,5 milliards de $. **Autres villes** (en 1990 et, entre parenthèses, agglomération, en 1995) : Guadalajara 1 628 617 hab. (3 461 819), Nezahualcoyotl 1 259 543, Monterrey 1 064 197 (3 022 268), Puebla 1 054 921 (1 561 558), León 872 453 (1 174 180), Torreón 804 000 (870 651), Ciudad Juárez 797 679 (1 011 786), Tijuana 742 686 (991 592), Aguascalientes 719 650 (637 303), Mexicali 602 390 (696 034), Culiacán 602 114 (696 262), Acapulco 592 187 (687 292), Mérida 557 340 (779 648), Chihuahua 530 487 (627 662), San Luis Potosí 525 819 (781 964), Veracruz 490 000 (560 200), Morelia 489 756 (578 061), Tampico 271 636.

RELIGION PRÉCOLOMBIENNE

■ AZTÈQUES. **Xipe Totec :** dieu de l'Ouest ; renouveau et végétation ; couleur : rouge. **Huitzilopochtli :** dieu du Sud ; guerre, chasse, soleil, maître du monde ; on lui offrait régulièrement des victimes humaines ; bleu. **Quetzalcóatl :** dieu de l'Est ; vie et jumeaux, planète Vénus, vent, artisanat, inventeur du calendrier ; blanc. **Tezcatlipoca :** dieu du Nord ; ciel, providence, inventeur du feu ; noir. **Tlaloc :** dieu de la Pluie, de la Foudre. **Coatlicue :** déesse de la Terre et mère de Huitzilopochtli. **Xochiquetzal :** fleurs. **Xochipilli :** beauté.

☞ En 1486, *rénovation du grand temple de Tenochtitlán :* 20 000 à 80 000 pers. sacrifiées [les femmes, vouées à la mort en l'honneur des déesses terrestres, sont décapitées pendant qu'elles dansent, feignant d'ignorer leur sort ; les enfants, offerts à Tlaloc, sont noyés ; les victimes du dieu du Feu sont jetées dans un bûcher, anesthésiées par le *yauhtli* (haschisch) ; ceux qui personnifient Xipe Totec sont attachés à une sorte de chevalet et percés de flèches].

■ MAYAS. **Hunab :** créateur du monde. **Itzamma :** fils de Hunab ; dieu du Ciel ; donne écriture, codex, calendrier. **Kinch Ahau :** dieu solaire, souvent associé à Itzamma. **Chaak :** dieu de la Pluie ; serpentiforme, long nez (nom déformé de l'aztèque *Tlaloc*). **Yumtaax :** dieu du Maïs, jeune homme portant des épis dans sa chevelure. **Kukulcan :** dieu du Vent (de l'aztèque *Quetzalcóatl*). **Ah Puch :** dieu de la Mort, crâne décharné et sonnettes. **Ek Chuah :** dieu de la Guerre, associé avec Ah Puch. Tous les phénomènes naturels avaient leurs dieux.

HISTOIRE

■ **Civilisations. Préclassique. Vers 2500 av. J.-C.** sédentarisation avec découverte et culture du maïs. 1ers temples en dur, le plus souvent ronds. Terre cuite : figurines anthropomorphes (dieux de la vie quotidienne). **Olmèques** (golfe de Veracruz, État de Tabasco, **300 av. J.-C.-300 apr. J.-C.**). Techniques avancées (boussole d'hématite magnétique flottant dans cuve de mercure) ; figurines de jade, têtes colossales en basalte (thème de l'homme-jaguar, visages à

grosses joues et bouche lippue). **Classique.** Architecture religieuse colossale (pyramides). *La plus vieille :* île de la Venta (Tabasco, sud-est du M.), olmèque, **800 av. J.-C.,** hauteur 30 m, base 130 m. Débuts de l'architecture civile. Masques mortuaires en pierre (Teotihuacán). **Toltèques** (à Tula, Teotihuacán, **300-600).** Fresques liées à la guerre, représentation de dieux guerriers. Céramique. Palais à atlantes et colonnes. **Zapotèques** (à Monte Álbán, Mitla, Oaxaca **400-700**). Urnes funéraires en céramique, surchargées (représentations humaines). **Mixtèques. A partir de 900**, contrôlent plateau central du Mexique. **Totonaques.** Rayonnent sur centre de l'État de Veracruz et la côte du golfe à partir d'El Tajín. Apogée **600-900. Mayas** *classiques* (à Palenque au Chiapas, au Guatemala, au Honduras, **400-850**). Stuc, bijoux et masques en jade (pectoral), terres cuites peintes de l'île de Jaina (Campeche) ; *récents* (au Yucatán, **950-1300**) ; organisés en cités-États indépendantes, gouvernées par des familles nobles ; culture commune (même écriture hiéroglyphique, même calendrier, même technique architecturale, mêmes croyances et pratiques religieuses) ; *cités :* Copan (Honduras), Tikal (Guatemala), Palenque (tombe du roi Pascal découverte et fouillée entre 1949 et 1952), Edzna et Uxmal (Yucatan). *Civilisation maya* au sud ; *mixtèque* dans vallée d'Oaxaca : céramique, peinture (manuscrits), travail de l'or. **Chichimèques** (à Texcoco, **1300-1500**). **Tarasques (** ou **Michuaques).** Apogée fin xve s. à Tzintzintzan (Michoacan). **Aztèques** (à Mexico, **1325-1500**). Aucune métallurgie avant 900 (outillage en pierres fines). Sculpture sur pierre (représentations divines, objets liés au sacrifice humain). Élevage : chiens comestibles, dindons. Cultures vivrières sur brûlis (d'où érosion du sol, à l'origine de la dispersion des Mayas), maïs, haricots noirs. Connaissances astronomiques développées. **1325** Tenochtitlán fondée. **1371-91 Acamapichtli** empereur aztèque. **1391-1416 Huitzilihuitl,** son fils. **1416 Chimalpopoca,** son fils. **1427 Itzocoalt,** fils de Acamapichtli. **1468 Axayacatl,** son petit-fils. **1481 Tizoc,** son frère. **1486 Ahuitzotl,** son frère. **1502 Moctezuma II** [*Xocoyotzin,* « Le Plus Jeune » (1466/27-6-1520, assassiné)], fils d'Axayacatl. **1519**-*10-7 Hernán Cortés* (1485-1547) débarque avec 600 h. au Tabasco puis fonde Veracruz ; prend pour interprète et maîtresse une Indienne, fille de chef (qu'on appellera doña Marina ou la Malinche). *-9-11* entrée des Espagnols aidés de 2 000 Tlaxcaltèques à Cholula puis à Tenochtitlán ; *Moctezuma II* les accueille, les prenant pour des messagers des dieux ; Cortés bat l'envoyé du gouverneur de Cuba, *Narvaez ;* son rival, *Alvarado,* massacre nobles et prêtres aztèques ; révolte. **1520**-*27-6* Moctezuma II assassiné. *-30-6* défaite des Espagnols à Mexico (*Noche triste :* « la Nuit triste »). **Cuauhtémoc Tlatoani** (1497-pendu 1529, dernier Aztèque). **1521**-*13-8* fin de la résistance mex. *Cuitlahuac,* frère de Moctezuma II.

Période espagnole. 1522-*15-10* Cortés capitaine général de la Nlle-Espagne. **1523**-*30-8* débarquement des missionnaires (franciscains) et début de l'évangélisation. **1527**-*13-12* création de l'*Audiencia* (tribunal et conseil administratif) de Mexico. **1535**-*17-4 vice-royauté* espagnole, 1er titulaire : *Antonio de Mendoza* (vers 1490-1552). **1539** imprimerie introduite. **1546** soumission des Mayas. **1573** début de la construction de la cathédrale de Mexico (consacrée 1667 ; 126 × 66 m, hauteur 70 m ; s'enfonce dans le sol). **1629**-*20-9* (nuit de la St-Mathieu) Mexico (150 000 hab.) inondée, jusqu'en 1634. **1778** commerce libéralisé. **1786** création des intendances. **1810**-*16-9* « cri de l'indépendance », soulèvement fomenté, à Dolorès, par le curé *Miguel Hidalgo* (8-5-1753/27-7-1811, fusillé). *-6-12* Hidalgo abolit l'esclavage. **1812-15** successeur le curé *José Maria Morelos* (30-9-1765/21-12-1815, fusillé).

Indépendance. 1813-*6-11* proclamation. **1814**-*22-10 Constitution.* **1817**-*5-4* débarquement des libéraux espagnols, commandés par *Francisco Javier Mina* [né en 1789 chef de guérilleros (navarrais) contre Français (1808-13), rejoint insurgés mex., tué par Espagnols 11-11-1817]. **1821**-*24-2* plan d'*Iguala* entre *Iturbide*, Gal « loyaliste », et *Guerrero*, chef des insurgés. *-24-8 accord de Cordoba* Iturbide/capitaine-général Juan O'Donoju venu d'Espagne. *-Août* **Gal Agustín de Iturbide** (27-9-1783/19-7-1824, fusillé), Pt du Conseil de régence. *-27-9* rentre à Mexico. Adoption du drapeau, des 3 garanties du *plan d'Iguala :* religion, indépendance, union sans distinction de races. Il est prévu qu'un Bourbon d'Espagne ou un archiduc habsbourgeois régnera.

Ier Empire. 1822-*19-5* **Agustin Ier** (Iturbide) proclamé *empereur* constitutionnel par le Congrès qu'il a réuni ; *-21-7* couronné. Faveurs accordées à l'Église et mauvaise gestion provoquent opposition du Congrès qu'il renvoie. *-2-12* soulèvement de Santa Anna proclame la république. **1823**-*19-3* Iturbide abdique et quitte M.

République. 1823-*8-4* république proclamée. *-16-12 triumvirat :* **Gal Nicolás Bravo** (1785-1854) ; **Gal Manuel Guadalupe Victoria** (Manuel-Félix Fernández, 1786-1843) ; **Gal Pedro-Celestino Negrete** (vers 1770-1827) ; et leurs 3 « substituts » : *Mariano Michelena, Miguel Dominguez* (vers 1780-1830), *Gal Vicente Guerrero* (1784-1831, fusillé). **1824** *2e triumvirat :* **Gal Nicolás Bravo** ; **Gal Miguel Dominguez** ; **Gal V. Guerrero**. *3e triumvirat :* **Gal G. Victoria** ; **Gal N. Bravo** ; **Gal M. Dominguez**. *-19-7* Iturbide, rentré pour reprendre le pouvoir, est fusillé. *-4-10* Constitution de la Rép. (19 États fédérés). *Pt de la République :* **Gal G. Victoria**. **1825**-*15-11* capitulation de la dernière garnison espagnole à St-Jean-d'Ulloa (fort défendant Veracruz). **1828**-*janv./déc.* **Manuel Gomez Pedraza** Pt. *-Déc.* **Gal Vincente Guerrero** Pt. **1829**-*juin/déc. Pt intérimaire :* **José-Maria de Bocanegra**. *4e triumvirat :* **Lucás Alamán y Exalada** (1792-1853) ; **Gal Luis Quintanar** ; **Pedro Vélez**. **1830**-*janv.* **Gal Anastasio Bustamante** Pt [1780-1853 (vice-Pt de Guerrero)]. *-Juillet/sept.* offensive espagnole (Gal Isidro Barradas) : échec. **1832**-*14-8 intérim :* **Gal Melchior Muzquiz** (1790-1844) ; *-15-12 dictateur :* **Manuel Gómez-Pedraza** (1789-1851). *-Déc.* **Manuel Gómez-Pedraza** Pt ; **Valentín Gómez-Farias** vice-Pt (1781-1852). **1833**-*avril* **Gal Antonio López de Santa Anna** (1794-1876) dictateur de fait ; plusieurs alternances avec Gómez-Pedraza. **1834**-*mai* rébellion militaire. **1835**-*janv. dictateur :* **Gal Miguel de Barragán** (1789-1836). *-7/11* sécession du Texas (voir à l'Index). **1836**-*févr.* **José-Justo Corro** Pt. Nouvelle Constitution, plusieurs États s'y opposent. **1837**-*avril* **Gal Anastasio Bustamante** Pt. Refus d'indemniser planteurs et industriels français spoliés (notamment un pâtissier de Veracruz). Yucatan déclare son indépendance. **1838**-*mars* bombardement français de Veracruz. *-27-11* bombardement français de St-Jean-d'Ulloa ou « guerre des gâteaux ». **1839**-*9-3 traité de paix* franco-mexicain. *-18-3 dictateur :* **Santa Anna. 1840**-*10-7 intérim :* **Gal Nicolás Bravo**. *-17-7* **Gal Bustamante** Pt. **1841**-*sept. intérim :* **Xavier Echeverria** (1797-1852), puis **Valentin Gomez Farias.** *-Oct.* **Santa Anna ;** Gal **Nepomuceno Almonte** (1804-69). **1842 Gal Bravo**. **1843 Santa Anna** Pt. *-2-10 Pt « substitut » :* **Gal Valentin Canalizo**. **1844**-*janv./mars* **Santa Anna** Pt. *-Mars/sept.* **José Herrera** Pt. *-Sept. Pt non confirmé par Congrès :* **Gal V. Canalizo**. *-10-12 intérim :* **Gal José-Joaquín Herrera** (1792-1854), **1845**-*janv.* Pt. *-1-3* USA annexent Texas. *-16-7 guerre avec USA. -30-12 dictateur :* **Gal Mariano Paredes y Arcillaga** (1797-1849) ; pense offrir le trône au duc de Montpensier. **1846**-*2-1 intérim. -Avril* l'armée américaine envahit le Nord. *-13-5* USA déclarent la guerre. *-4-8 intérim :* **Gal Bravo** ; **J.-M. de Salas** ; **Valentin Gómez-Farias**. **1847** *dictateur :* **Santa Anna**. *-9-3* débarquement amér. à Veracruz (29-3 prise). *-Avril intérim :* **Gal Pedro-Maria Anaya** (1795-1854). *-Mai* **Santa Anna** Pt. *-13-9 intérim :* **Manuel de la Peña y Peña** (1789-?). Défense de Chapultepec (contre Gal américain Winfield Scott) : 6 cadets de 13 à 19 ans, les enfants héros « Niños heroes », sont tués au combat. *-14-9* prise de Mexico par les Américains. **1848** *-2-2 traité de Guadalupe :* M. cède aux USA Nouv.-M. et nord de la Californie contre 15 millions de $. *-30-5* **Gal J.-J. Herrera** Pt. **1851 Gal Mariano Arista** (1802-55) Pt. *-6-1* part en exil. **1853**-*janv. intérim :* **Juan-Batista Ceballos**. *-7-2* **Gal Manuel-Maria Lombardini** Pt. *-20-4 dictateur à vie :* **Santa Anna** ; pense offrir le trône à un prince européen. **1854** *traité de la Mesilla :* vente d'une partie de l'Arizona aux USA. *-1-3* révolution libérale (anticléricale). **1855** *intérim :* **Gal Martin Carrera** (1807-?) ; **Gal Juan Álvarez** (1790-1867) ; *-déc. « substitut » :* **Ignacio Comonfort** (1812-63). **1856**-*25-6* aliénation des biens de l'Église. **1857**-*5-2 nouvelle Constitution :* devient confédération d'États. Séparation de l'Église et de l'État, relations diplomatiques rompues avec Vatican. **1858**-*janv. dictateur :* **Gal Félix Zuloaga**. *-Mai* **Benito Juárez** (1806/18-7-1872) Pt revendiquant la succession de Comonfort (à Veracruz). *-23-12 intérim* (à Mexico) : **Gal Miguel Miramón** (1832-67, fusillé) rétablit Zuloaga, puis est confirmé Pt intérimaire. **1859**-*avril* **Juárez** Pt reconnu par USA (à Veracruz) ; couvents fermés, biens confisqués. **1861**-*janv. Pt unique :* **Juárez** (entré à Mexico après victoire de San Miguel du 22-12-1860).

GUERRE DU MEXIQUE (1861-67)

Causes. 1852 Cte *Gaston de Raousset-Boulbon* (Avignon 2-12-1817/12-8-1854), aventurier, émigré à San Francisco, obtient du M. concession de la vallée de La Sonora. **1853** il y installe 250 Français, refuse la nationalité mex., *-12-10* conquiert Hermosillo, capitale de La Sonora, y installe une colonie française, mais *-11-11* capitule. **1854**-*24-6* nouvelle expédition ; *-13-7* se rend ; *-12-8* fusillé par Mex. (pour rebellion armée). **1855** sa biographie, publiée, répand l'idée d'une colonisation française. **1859** le banquier suisse *Jean-Baptiste Jecker* (1810/Paris 1871, fusillé par les communards), qui a commandité Raousset-Boulbon, prête 79 millions de F-or au Pt mexicain **Miramón. 1860** Miramón renversé par **Juárez. 1861**-*17-7* M. suspend le paiement de sa dette pour 2 ans. Jecker propose au duc de Morny de faire intervenir la France ; si le M. rembourse, Morny touchera 30 %, soit 26 millions. Morny accepte, donne la nationalité française à Jecker et charge de l'affaire son ami Dubois de Saligny, ministre de Fr. au M. (lui-même porteur d'une grosse somme en bons Jecker). On a dit que Morny ambitionnait pour lui-même la Couronne du M. Espagnols et Anglais, contactés par Dubois de Saligny (beaucoup ont des bons), décident d'intervenir avec la France. *-25-7* Juarez rompt avec les Européens. *-31-10 convention de Londres :* Angl./Esp./Fr. enverront une expédition pour régler les questions financières et progéger les résidents. Une escadre (vaisseau *Le Masséna*, 5 frégates, 3 transports portant 3 200 h. de troupe) est armée à Brest avec le contre-amiral Jurien de la Gravière. *-27-12* rejoint l'escadre anglaise (700 h.) à La Havane. Espagnols (6 000 h.) viennent d'occuper sans combat Veracruz. **1862**-*7-1* Anglo-Français arrivent. *-19-2* Gal espagnol Prim signe avec M. la *convention de La Soledad :* les 3 puissances alliées peuvent occuper Córdoba, Orizaba et Tehuacán en gage de l'exécution des précédents traités. Jurien de la Gravière accepte cet arrangement. Angleterre et Espagne, jugeant avoir obtenu satisfaction, se retirent de l'opération. *-20-4* Jurien de la Gravière est désavoué et l'envoi d'un corps expéditionnaire à Veracruz est décidé. Miramón, exilé à La Havane, veut reconquérir le pouvoir ; il envoie à l'impératrice Eugénie le Gal Almonte qui la convainc que les catholiques doivent intervenir contre Juárez, anticlérical. Eugénie, mise au courant en 1857 et 1858 de la recherche d'un roi pour le M. (le duc d'Aumale avait refusé), avance le nom de Maximilien de Habsbourg (frère de l'empereur d'Autr. François-Joseph) dont la femme, Charlotte (ambitieuse et déséquilibrée), rêve d'un trône. Napoléon III accepte : *a)* il espère se réconcilier avec l'Autriche, humiliée par Solferino et Magenta ; *b)* il compte avoir une base militaire et politique pour appuyer les sudistes américains contre les nordistes (début de la guerre de Sécession, 1861) ; *c)* il songe à un canal transocéanique qui passerait par l'isthme de Tehuantépec.

Déroulement. 1862 *-avril* Gal de Lorencez promu. *-27-4* marche sur Mexico. *-28-4* les Français bousculent les Mex. dans le défilé des Cumbres. *-5-5 Puebla* défendue par 12 000 h. du Gal Zaragoza d'Orizaba. Les Mex. le suivent, prennent Cerro Borrego surplombant Orizaba. Capitaine Détrié et 2 Cies du 99e d'infanterie reprennent Cerro Borrego et chassent les Mex. *-Sept.* Gal Forey arrive avec un corps d'armée ; **1863**-*16-3* assiège Puebla avec 26 000 soldats (face aux 22 000 h. du Gal Ortega). *-30-4 :* 2 000 guérilleros attaquent la 3e Cie du 1er étranger qui protège la ville de Cámerone. Les 65 légionnaires du capitaine Danjou résistent 10 h (il ne restera plus que 12 blessés qui seront faits prisonniers). *-8-5 San Lorenzo :* Bazaine bat Gal Comonfort. *-17-5 :* 26 généraux, 1 500 officiers, 11 000 soldats versés dans corps auxiliaires français. *-5-6 Mexico* prise. *-10-6* Forey y entre ; *-16-6* nomme une junte de 35 membres qui élit un triumvirat (Gaux Almonte et Salas, et l'archevêque de Mexico). *-10-7* Bazaine a plus de 50 000 h. (avec Mex. ralliés, des contingents belge et autrichien). 215 notables, réunis à Mexico, votent rétablissement de la dignité impériale au profit de Maximilien ou d'un autre Pce catholique qui aurait l'agrément de la Fr. *-1-10* Forey cède le commandement à Bazaine. *-Nov.*/**1864**-*févr.* plateau central conquis par Français. Dans chaque ville, les notabilités doivent signer, au nom de la population, leur adhésion au vote du 10-7. Bazaine présentera ainsi environ 6 500 000 voix pour l'Empire (sur 8 500 000 hab.). *-5-1* les Français entrent à Guadalajara.

IId Empire. Maison de Habsbourg-Lorraine. 1864-*10-4* **Maximilien** (6-7-1832/19-6-1867, fusillé) [Ferdinand-Joseph de Habsbourg, archiduc d'Autriche, frère cadet de l'empereur François-Joseph. Ép. 27-7-1857 Charlotte de Saxe-Cobourg-Gotha et de Belg. (7-6-1840/† démente 19-1-1927 au château de Bouchout, Belgique, enterrée à Bruxelles)] empereur. A fini par accepter de signer le pacte de renonciation à ses biens et à la couronne d'Autriche (condition exigée par l'Autriche pour l'acceptation de celle du M.), reçoit la couronne impériale (actes d'adhésion du peuple mexicain) en présence d'un délégué mex., Gutierrez, prête serment et signe la *convention de Miramar* (château de Dalmatie) entre M. et Fr. *-29-5* Maximilien et Charlotte débarquent à Veracruz ; *-12-6* entrent à Mexico. Jugé trop libéral par les conservateurs, Maximilien ne saura pas s'imposer et se fera mal voir de l'Église (à laquelle il refuse de rendre les biens pris par Júarez) et de nombreux Mex. (en adoptant le petit-fils d'Iturbide et en le séparant de sa mère qu'on exile). *-Juin* l'amiral Boüet-Willaumez occupe Acapulco. *-Juillet* Gal l'Hérillier entre à Durango ; Júarez fait passer sa famille aux USA. **1865**-*févr.* Bazaine fait capituler Porfirio Diaz avec 6 000 h. à Oaxaca ; plus des 2/3 du M. sont sous contrôle français. Júarez isolé à Chihuahua dans le nord, puis réfugié à Paso del Norte. *-3-10* Maximilien ordonne la mise à mort sans jugement de tous les opposants pris les armes à la main. *Forces juaristes après 1865 :* 50 000 h. aidés par la population, armés par les Américains après l'avoir été par les Britanniques. **1866**-*début,* nord-est et nord-ouest repris par juaristes. Matamaros est abandonné. *-Printemps,* Maximilien fait proposer à Napoléon III un accord pour le maintien des troupes françaises pendant 3 ans encore. Chaque combattant recevrait une médaille. Bazaine serait renvoyé et recevrait un titre de duc (le M. payant 25 millions par an). Napoléon III refuse, estimant qu'il a le droit de retirer ses troupes en totalité. *-9-7* Charlotte part pour la France. *-Fin juillet* Monterrey évacué. *-Août* Charlotte à Paris ; ne convainc pas Napoléon III de maintenir ses troupes. Saltillo et Tampico perdus. *-Sept.* Tuxpan perdu. Chihuahua, Júarez revient. *-2-10* Napoléon III envoie le Gal Castelnau pour organiser le désengagement et rapatrier Maximilien ; mais Maximilien refuse d'abdiquer, soutenu en sous-main par Bazaine (marié à une jeune Mex.). *-Déc.* Guadalajara, San Luis évacués. Porfirio Diaz reprend Oaxaca. **1866**-*18-12*/**1867**-*11-5* embarquement du corps expéditionnaire (qui avait atteint 35 000 h. et en a perdu 7 000). La légion belge (Cel Van der Smissen, 2 000 h.), les Autrichiens (Gal de Thunn, 6 000 h.) rembarquent avec les Français. **1867**-*5-2* Bazaine quitte Mexico. *-13-2* Maximilien quitte Mexico avec Marquez, 2 000 lanciers mex. et les hussards hongrois, pour se réfugier à Querétaro. Il y retrouve les 9 000 h. de Miramón (qui, ancien Pt, refuse d'obéir au Gal Marquez nommé chef d'état-major), Meija, Mendez, sa brigade, le Gal Quiroga, ses gardes-frontières. *-6-3* Querétaro encerclé par juaristes (Corona, Escobedo et 25 000 h.). *-13-3* bombardement. *-14-3* avant-postes attaqués. Marquez, avec un millier de cavaliers, sort pour chercher des renforts à Mexico mais, battu par Porfirio Diaz, y sera assiégé. *-27-4* contre-attaque. *-14-5* Maximilien charge le Cel Lopez de négocier une reddition : Escobedo ne veut l'accepter que sans conditions. Maximilien refuse de s'évader ; *-4-6* condamné à mort ; *-19-6* exécuté avec Miramón et Meija ; donne une poignée de main et une pièce d'or à chacun des 7 soldats du peloton puis crie : « Visez droit, là ! » en écartant les 2 branches de sa barbe pour désigner sa poitrine. Il sera inhumé dans la crypte des Capucins à Vienne (Autriche).

République. 1867-*mai* **Benito Juárez** (1806-1872) Pt. **1872**-*juillet* **Sebastián Lerdo de Tejada** (1827-89) Pt. **1876** *-28-11* **Gal Porfirio Díaz** (1828/Paris, 2-7-1915) Pt. *-1-12* rentre à Mexico. **Gal Juan N. Mendez** (1820-94) Pt. **1876**-*26-11*/**1877** **Gal Díaz**. **1880**-*1-12* **Gal Manuel González** (1815-93) Pt, accusé de favoritisme et corruption. **1884**-*1-12* **Gal Díaz**. **1910** révolution [*Pancho Villa* (5-6-1878/23-7-1923) né Doroteo Arango, dresseur de chevaux sauvages, hors-la-loi en 1895 (pour avoir tué le fils du ranchero qui avait violé sa sœur), soutiendra Madero et deviendra

Gal ; assassiné par parents et amis 20-7-1923]. *Emiliano Zapata* (vers 1877/10-4-1919), paysan, s'insurge dans le Morelos avec son Armée de libération du Sud : prend Yautepec, Cautla, Cuernavaca. *-18-11* Emiliano Zapata au sud et Pancho Villa au nord aident les partisans de Francisco Madero. **1911**-*25-5 intérim :* **Francisco León de la Barra** (1863-1939). *-17-10* **Francisco Madero** (1873-1913, assassiné) Pt. *-7-11* rétablit régime libéral. *-27-11* interdiction de réélire Pts de la Rép. et gouverneurs d'État (4 ans max. pour une magistrature) ; *-28-11* demande réforme agraire. **1912**-*3-6* Villa condamné à mort ; *-26-12* s'évade ; **1913**-*3-1* se réfugie aux USA. *-18-2 intérim :* **Gal Victoriano Huerta** (vers 1850-1916). *-22-2* Madero assassiné. *-28-3* Villa, revenu au Mexique, soutient Carranza contre Huerta, puis *-1-9* se dispute avec Carranza. **1914**-*21-4* des marines ayant été arrêtés à Tampico le 9-4, les Américains bombardent Veracruz et l'occupent jusqu'en nov. (19 Américains et 126 Mex. tués). Zapata s'allie avec Villa. *-16-7 intérim :* **Francisco Carbajal**. *-16-8* **Venustiano Carranza** (1859-1920). *-3-11* **Gal Eulalio Martín Gutierrez** (1880-1939). **1915**-*16-1* **Roque González Garza**. *-11-7* **Venustiano Carranza** *Pt unique* (reconnu par USA, Brésil, Chili, Bolivie, Uruguay, Guatemala). *-6-12* Zapata (et P. Villa) prend Mexico ; 1915 se bat seul contre régime de Carranza. **1916** Villa mène une guérilla dans le Chihuahua et fait de fréquentes incursions aux USA pour se ravitailler. *-9-3 :* 17 Américains tués. *-15-3* expéditions punitives américaines (Gal Pershing avec 15 000 h.). **1917**-*janv.* Carranza Pt selon la nouvelle Constitution. -5-2 *Constitution* de Querétaro. **1919**-*10-4* Zapata abattu sur ordre de Carranza à Chinameca. **1920**-*janv. 5e triumvirat :* **Gal Alvaro Obregón** (1880-1928, assassiné) ; **Gal Plutarco Elias Calles** (1877-1945) ; **Gal Adolfo de la Huerta** (1881-1955). *-Avril intérim. -21-5* Carranza assassiné. *-28-7* Villa se soumet à La Huerta. *-1-12* **Gal Alvaro Obregón.** Villa se soumet. **1924**-*1-12* **Gal Calles**. Prive de droits civiques les catholiques (prêtres et laïcs) parce qu'obéissant à un souverain étranger ; expulse nonce, prêtres et religieux non mex. ; applique l'art. 130 de la Constitution (interdisant aux prêtres de participer à la politique) ; interdit les congrégations enseignantes ; 20 000 églises ferment. **1926** soulèvement des paysans cath. du Jalisco écrasé par aviation. **1927**-*1-9* guerre de 3 ans, dite Christiade, des *cristeros* (soldats du Christ-Roi) contre armée mex. *-9-10* insurrection de Veracruz écrasée. **1928**-*1-12* **Emilio Portes Gil** (1891-1958). Exécutions de prêtres. *-17-7* Gal Obregón assassiné par catholiques. **1929**-*3-3* soulèvement cath., terminé en juin (30 000 †, 27 ont été béatifiés à partir de 1988) ; culte autorisé, les évêques nommeront les prêtres qui devront être enregistrés par le gouv. (cathédrale de Mexico rouverte 15-8-1930). **1930**-*5-2* **Pascal Ortiz Rubio** (1877-1963). **1932**-*4-9* **Gal Abelardo Rodriguez** (1890-1967). **1934-39** distribution d'environ 1/3 des terres. **1934**-*1-12* **Gal Lazaro Cárdenas** (1895-1970 ; à Mexico 118 rues portent son nom). **1938**-*18-3* pétrole nationalisé. **1940**-*1-12* **Gal Manuel Ávila Camacho** (1897-1955). **1942**-*28-5* M. déclare guerre à l'All. et à l'Italie. **1946**-*1-12* **Miguel Alemán Valdés** (1905-83). **1952**-*1-12* **Adolfo Ruiz Cortines** (1890-73). **1958**-*1-12* **Adolfo López Mateos** (1910-69). **1960**-*27-9* électricité nationalisée. **1964**-*1-12* **Gustavo Díaz Ordaz** (1911-79). *-17-3* de Gaulle au M. **1968**-*2-10* émeutes étudiantes : 10 000 manifestants place de Tlatelolco à 18 h ; devant les forces de l'ordre, ils renoncent à la marche prévue, mais des coups de feu éclatent, tirés par le bataillon Olimpia pour terroriser la foule (300 †). Jeux Olympiques. **1970**-*1-12* **Luis Echeverria Alvarez** (né 17-1-1922). **1974** guérilla des Forces révolutionnaires armées du peuple (FRAP). *-8-9* combat au Guerrero (paysans : 30 †). **1976**-*1-12* **José López Portillo** (né 16-6-1920). **1979**-*janv.* Jean-Paul II au M. *-3-6/23-3-1980,* marée noire du puits offshore d'*Ixtoc-1* (500 000 t, coût 600 millions de F, Texas demande 2 milliards de F de dommages et intérêts). **1981**-*oct.* Pt Mitterrand au M. **1982**-*1-9* nationalisation des banques. *-1-12* **Miguel de la Madrid Hurtado** (né 12-2-1934), PRI, élu Pt (71,63 % des voix). **1983**-*janv. Contadora* (initiative de paix pour l'Amér. centrale) lancée par Colombie, Mexique, Panamá et Venezuela ; rejointe en 1985 par un groupe de soutien (Argentine, Brésil, Pérou, Uruguay). *-Mars* dénationalisation partielle des banques. **1984**-*19-11* incendie à Mexico (500 †, 3 000 blessés). **1985**-*28-6* peso dévalué de 33 % (1 $ = 300 pesos). *-7-7 législatives. -19/20-9* séisme à Mexico (10 000 à 20 000 †, plus de 1 million de sinistrés ; dégâts : 300 millions de $). *-2-11 :* 21 policiers tués par trafiquants de drogue. **1986**-*17-3 :* 236 des 840 Stés d'État seront privatisées ou mises en liquidation. *-Juillet* adhésion au Gatt. **1987**-*3-3 :* 200 000 à 300 000 manifestants contre politique économique.

1987-*10-9* **Carlos Salinas de Gortari** (né 3-4-1948) déclaré Pt, élu par la Chambre des députés, en fonctions 1-12. *-15-9 :* 200 000 manifestants demandent sa démission pour fraude. *-13-12* Mexico, usine clandestine de pétards explose (62 †). **1988**-*1-12* Salinas, PRI, Pt (élu 6-7 avec 50,7 % des voix) [contre Cuauhtémoc Cardenas (FDN) 31,12 %, Manuel Clouthier († 1-10-1989, accident) 17,07 %]. Fidel Castro présent à son investiture. **1989**-*10-1* Joaquín Hernández Galicia (« la Quina ») et 35 membres du syndicat du Pétrole arrêtés pour détention d'armes. *-Mai* Mexicana Airlines privatisée (2e depuis Aeromexico en nov. 1988). *-2-7 élections locales,* échec PRI. *-Août* faillite mine de cuivre de Cananea [prod. 122 500 t (45 % du pays)]. **1990**-*6/15-5* Jean-Paul II au M. *-13-5* reprivatisation des banques votée. **1991**-*13-2* pèlerinage à Chalma : 42 † (mouvements de foule). *-10-10* Manuel Salcido (« el Cochiloco »), du cartel de Guadalajara, assassiné. **1992**-*24-4* Guadalajara, explosions de gaz (plus de 200 †). *-21-9* relations diplomatiques reprises avec Vatican (rompues depuis 1857). **1993**-*1-1* nouveau peso (divisé par 1 000). *-24-5* aéroport de Guadalajara, fusillade (7 † dont cardinal Juan Jesus Posadas Ocampo) [méprise ?]. **1994**-*1-1* Accord de libre-échange nord-américain (Alena) avec USA et Canada, signé 7-10-1992, en vigueur. *-7-1* Mexico, attentats. *-Févr.* découverte d'El Pital (150 pyramides, 100 à 500 après J.-C.). *-19-3* manif. de propriétaires à San Cristóbal. *-23-3* Luis Donaldo Colosio (candidat PRI à la présidence) assassiné (par membres du PRI ?). *-8-4* commissaire chargé de l'enquête assassiné. *-14-4* M. entre à l'OCDE. *-21-8* **Ernesto Zedillo Ponce de Léon** (né 27-12-1951), PRI, élu Pt (48,77 % des voix) [Diego Fernandez de Cevallos (PAN) 25,94, Cuauhtémoc Cardenas (PRD) 16,6, Cecilia de Soto (PT) 2,74], résultat contesté ; en fonctions 1-12. *-28-9* José Francisco Ruiz Massieu, secr. général du PRI, assassiné (assassins et 3 complices condamnés à 50 ans de prison le 23-3-1995 ; Raúl Salinas, frère du Pt, arrêté 28-2-1995, condamné 21-1-1999 à 50 ans de prison comme instigateur ; fait appel). *-20-12* peso dévalué de 12,7 %. *-28-12* hausse taux d'intérêts de 100 %. **1995**-*3-1* plan de stabilisation. *-31-1* aide de 50 milliards de $ [dont USA 20, FMI 17, BRI 10, banques privées 3 (renoncent en mars à réunir la somme)]. *-9-10* séisme dans l'ouest (magnitude 7,3) : 48 †. **1996**-*1-1* nouveau peso redevient peso. *-18-3* Mexico : 150 000 manifestants contre privatisation de la pétrochimie. *-28-6* armée populaire révolutionnaire (EPR) apparaît dans le Guerrero. *-Août* 737 membres de la police judiciaire fédérale (sur 4 700) destitués pour corruption ou délinquance. *-Oct./nov. municipales :* recul du PRI ; peso dévalué de 6,5 %. **1997**-*30-4* Institut national contre la drogue (INCD) dissous ; son directeur depuis le 9-2-1996 (Gal Jésus Gutiérrez Rebollo) accusé de complicité avec le cartel de Tijuana. *-30-6* éruption du Popocatépelt, Mexico recouverte de cendres. *-6-7 élections :* Chambre, Sénat, mairie de Mexico (pour la 1re fois, Cuauhtémoc Cardenas né 1-5-1934, PRD, élu, en fonctions le 5-12), gouverneurs ; PRI perd la majorité après 50 ans de pouvoir. *-9-10* ouragan *Pauline* (400 †). **1998**-*sept.* inondations au Chiapas (1 000 †). **1999**-*22/26-1* visite de Jean-Paul II. *-4-7* Arturo Montiel Rojas (PRI) élu gouverneur de l'État de Mexico. *-Oct.* inondations (400 †, 400 000 à 700 000 sans-abri). **2000**-*6-2* Mexico, grève étudiante depuis 20-4-1999 arrêtée par police. *-2-7* **Vincente Fox Quesada** Pt (42,5 %, PAN) élu -2-7, devant Francisco Labastida (PRI, 36,6) et Cuauhtémoc Cardenas (16,5).

Zapatistes. **1994**-*1-1 :* 300 à 600 Indiens rebelles de l'Armée zapatiste de libération nat. (EZLN, fondée 1969) du sous-Cdt Marcos (Rafael Sebastian Guillen Vincente, né 19-6-1957, ancien professeur d'université) occupent 5 villes du Chiapas dont San Cristobal de Las Casas et Ocosingo. Combats avec armée (15 000 soldats). *-5-1 bilan :* 145 à 500 †. *-12-1* cessez-le-feu du gouv.. *-21-1* amnistie. *-16-2* rebelles libèrent Gal Absallon Castellanos, ex-gouverneur du Chiapas (enlevé 2-1). *-24-2* Mexico, 10 000 manifestants zapatistes. *-2-3* accord : autonomie des Indiens au Chiapas, réformes judiciaire et agraire, travaux d'infrastructure, éducation bilingue. *-10-4* Mexico, 10 000 à 50 000 manifestants. *-4-8 Convención nacional democrática* à Aguascalientes (Chiapas) organisée par EZLN. *-21/28-12* l'armée reprend le contrôle du Chiapas. **1995**-*12-1* fin de la trêve gouv./zapatistes. *-17-1* cessez-le feu zapatiste. *-11-2 :* 100 000 manifestants contre répression au Chiapas. *-19-11* accord gouv./EZLN prévoyant l'autodétermination. **1996**-*1-1* Front zapatiste de libération nationale créé. *-16-2* accord de San Andrés Larrainzar : gouv./EZLN, autonomie partielle. *-27-7/3-8 Rencontre intercontinentale pour l'humanité et contre le néo-libéralisme* organisée par EZLN (3 000 sympathisants de 43 pays). **1997**-*8/12-9* marche de 1 000 personnes sur Mexico pour s'opposer à la présence de l'armée au Chiapas. *-22-12 :* 45 Indiens massacrés à Acteal par promilitaires, exode des Indiens vers les villes. **1998**-*avril* l'armée démantèle 3 des 38 municipalités autonomes. *-Juin :* 9 †. **1999**-*21-3* consultation organisée par zapatistes : 2 500 000 participants. *-25-8* San José, affrontement police/paysans. **2001**-*25-2/11-3* « marche pour la paix » du Sous-Cdt Marcos du Chiapas à Mexico (3 000 km) pour obtenir la libération des prisonniers zapatistes, le démantèlement des 7 bases de l'armée au Chiapas et l'adoption par le congrès de la « loi indigène » issue des accords de San Andres de 1996, déposée en déc. 2000 par le Pt Fox. *-28-3* devant les députés, la guérilla accepte de reprendre les pourparlers de paix.

Politique

Statut. *République fédérale :* 31 États, 1 district fédéral (Mexico City). **Constitution** 1917, révisée en 1929 et 1953. **Pt** élu pour 6 ans au suffrage universel ; non rééligible. **Chambre des députés :** 500 membres, élus pour 3 ans (300 au scrutin majoritaire, 200 à la proportionnelle) [1 pour 200 000 hab.]. **Sénat :** 128 m., élus pour 6 ans (2 pour chaque État, 2 pour Mexico City. La 1re minorité de chaque État a droit à un 3e sénateur. Les 32 restants sont élus à la proportionnelle. **États de la Fédération et District fédéral :** *exécutif* Gouverneur élu au suffrage univesel direct pour 6 ans et non rééligible. *Législatif* Chambre de députés élus pour 3 ans ne pouvant briguer 2 mandats successifs. *Judiciaire* Tribunal supérieur de justice locale et juges des circonscriptions. *Municipalités :* Pt élu pour 3 ans ne pouvant briguer 2 mandats successifs. **Élections législatives du 2-7-2000 :** PRI 209 sièges, PAN 208, PRD 53, divers 30. **Sénatoriales du 2-7-2000 :** PRI 60 sièges, PAN 46, PRD 15, divers 7. **Du 6-7-1997** (entre parenthèses **du 21-8-1994**) : *Chambre :* PRI 239 (302) sièges, PAN 122 (118), PRD 122 (70), PT 6 (10), Verts 8 (1). *Sénat :* PRI 77 (95), PRD 13 (7), PAN 33 (25), indépendants 5 (1). **Fête nationale.** 16-9 (indépendance). **Drapeau** (adopté 2-11-1821). Couleurs de l'armée de libération : bandes verticales verte, blanche (avec aigle, symbole aztèque, redessiné en 1968), rouge.

Noblesse. **Titres accordés par l'Espagne :** *duc :* 3 [Arisco 1708 ; Regla 1858, Moctezuma de Tultengo 1865 (voir ci-dessous)]. *Marquis :* 45 dont Hernán Cortés, qui, revenant en Espagne, reçut (outre le titre d'« Amiral de la mer du Sud » celui de Mis de la Vallée d'Oaxaca (6-7-1529) dont Charles Quint lui assura la possession inaliénable et territoriale pour lui et ses descendants. *Comte :* 42. *Vicomte :* 3. *Baron :* 1. *Seigneur :* 3 (les seuls sur le continent américain) : à *Atrisco*, avec le duché du même nom, à José Sarmiento de Valladares, comte-consort de Moctezuma, vice-roi et capitaine générale de la Nouvelle-Espagne ; vallée de 1 lieue 1/2 de large, dans la province de Laxcala à 5 lieues au sud de Los Angeles ; *Tecamachalco,* avec (entre 1571 et 1574) 3 930 vassaux et un petit monastère (pour Rodrigue de Vivero) ; *Tula,* seigneurie unie au comté de Moctezuma, vicomté de Ilucan. **Titres conférés par l'empereur Iturbide** (1822-23) *à sa famille :* reconnus par l'empereur Maximilien (1864-67) en adoptant comme successeur un fils d'Iturbide. **Législation actuelle :** selon la loi du 31-1-1917, la noblesse n'est pas reconnue et le Mexicain acceptant un titre étranger perd sa nationalité ou sa citoyenneté.

☞ **Titres de la famille Moctezuma :** le 13-12-1627, Pedro Tesifon Moctezuma de la Cueva, arrière-petit-fils de Moctezuma II et de l'impératrice Miahuajochitl, fut créé Cte de Moctezuma après avoir été créé Vte de Ilucan le 24-2. Ce titre reçut la grandesse d'Espagne le 13-5-1766, puis fut élevé à la dignité de duc le 11-10-1865 en faveur de Fernando Moctezuma, un titre de Mis de Moctezuma ayant été créé pour Alonso Holgaso Moctezuma le 29-4-1864. Ces 2 titres sont légalement portés en Espagne.

Partis. **P. révolutionnaire institutionnel (PRI)** fondé 1946 par Miguel Alemán ; *Pte* : Dulce María Sauri depuis 1-1-1999 [antécédents : **P. national révolutionnaire (PNR)** fondé 1929 par P. E. Calles, **P. de la Révolution mex. (PRM)** fondé 1938 par L. Cardenas]. **P. de la Révolution démocratique (PRD)** fondé mai 1989 par Cuauhtémoc Cardenas, fils de L. Cardenas ; *Pt* : Andres Manuel Lopez Obrador. **P. d'action nationale (PAN)** fondé 1939 ; *Pt* : Luis Felipe Bravo. **P. socialiste unifié du M. (PSUM,** avant **PCM)** fondé 1981 ; *Pt* : Pablo Gómez Álvarez. **P. authentique de la Révolution mex. (PARM)** fondé 1954 ; *Pt* : Carlos Guzmán Peréz. **P. de la révolution démocratique(PRD)**, *Pte* : Amalia Garcia. **P.vert écologiste** fondé 1991, *Pt* : Jorge Gonzalez Torres. **Convergencia por la democratica** fondée 1999. **P. du centre démocratique** fondé 1999, *Pt* : Manuel Camacho. **P. de la Sté nationaliste** fondé 1999, *Pt* : Gustavo Riojas. **Démocratie sociale** fondée 1999, *Pt :* Gilberto Rincon Galardo. **P. de l'alliance sociale** fondé 1999. **Alliance pour le Mexique** fondée 4-8-1999, 8 partis d'oppositions.

Économie

PNB (en $ par hab.). *1982 :* 2 740 ; *86 :* 1 503 ; *90 :* 2 930 ; *94 :* 4 070 ; *95 :* 2 510 ; *97 :* 3 700 ; *98 :* 4 330 ; *99 :* 4 910. 34 % de la pop. sous le seuil de pauvreté. **PIB** (en milliards de $). *1996 :* 329,5 ; *99 :* 483,6. **Répartition du PIB** (en %, 1999) ; industrie manufacturière 19,7, commerce, hôtels et restaurants 19,3, services publics 18,9, services financiers, assurances, activités immobilières et locatives 14,4, transports, logistique et communications 10,2, agriculture, sylviculture et pêche 5,3, construction 4, électricité, gaz et eau 1,5, autres 5,5. **Chômage** (en %) : *1990 :* 2,8 ; *95 :* 6,4 (sous-employés, 20 %) ; *99 :* 2,5 ; *2000 :* 2,2. **Inflation** (en %) : *1990 :* 30 ; *91 :* 18,8 ; *92 :* 15,5 ; *93 :* 8,1 ; *94 :* 7 ; *95 :* 51,97 ; *96 :* 27,7 ; *97 :* 15,72 ; *98 :* 18,6 ; *99 :* 12,3 ; *2000 :* 8,96 ; *2001 (prév.) :* 7. **Croissance** (en %) : *1994 :* 4,4 ; *95 :* – 6,2 ; *96 : 5,1 ; 97 :* 6,9 ; *98 :* 2,6 ; *99 :* 3,7 ; *2000 :* 7. **Dette ext.** (en milliards de $) : *1970 :* 5 ; *82 :* 85 ; *95 :* 158 ; *97 :* 163 ; *99 :* 167. *En % du PIB, 1989 :* 60 ; *95 :* 56,7 ; **publique intérieure** (en % du PIB) : *1989 :* 25 ; *91 :* 18 ; *95 :* 36. **Avoirs mex. aux USA** (en milliards de $) : 65 à 120. **Réserves de change** : *1993 :* 24,5 ; *94 :* 6,1 ; *95 :* 15,7 ; *2000 :* 35,5. **Salaires des émigrés :** 23 milliards de $. **Investissements étrangers** *1994-99 :* 57 milliards de $ Canada 5, G.-B. 4,7, Japon 4,6, All. 4,3, (dont en % : USA 60,3, P.-Bas 7,3, *France 1,1,* Suisse 0,8 ; *1999 :* 10,4 dont USA 6,3 ; *2000 :* 13. **Aide** (USA et organismes financiers internationaux) : 52 milliards de $ en 1995. **Revenus** (en milliards de $) : *1994 :* 6,3 ; *98 :* 31,8. **Part des dépenses publiques dans le PNB :** *1982 :* 44,5 % ; *94 :* 25,7.

Agriculture. **Terres** (en millions d'ha, 1990) : arables 30,8, cultivées 3,7, pâturages 74,5, forêts 47,9, eaux 4,9, divers 46,4. **Production** (en millions de t, 2000) : canne à sucre 49,2, maïs 22,9, sorgho 9,3, oranges 3,4, blé 3,4, bananes 1,8, tomates 2,8, café 1,8, haricots 0,97, noix de coco 1,16 (en 1997), citrons 1,2, avocats 0,93, coton 0,12, orge 0,66, riz 0,43, coprah 0,2, mangues 1,5. **Élevage** (en millions de têtes, 1999). Volailles 366, bovins 30,2, porcins 15,7, caprins 9, chevaux 6,2 (en 1997), ovins 5,9, mulets 3,2 (en 1997), ânes 3,2 (en 1997). **Pêche** (en 1999). 1 286 107 t.

Drogue. Saisies : *cocaïne* (en kg) : *1995 :* 22 547 ; *99 :* 26 155. *Marijuana* (en t) : *1995 :* 743 ; *99 :* 1 457. **Éradication des cultures** (en ha) : *1995 :* 20 741 ; *99 :* 33 127. **Arrestations :** *1995 :* 9 549 ; *99 :* 10 775. 80 % de la cocaïne d'Amér. du Sud transite par le M. **Revenu** (en 1997) : 50 milliards de $ (?). Occupe 350 000 pers.

Énergie. **Pétrole** (30 % dans le Tabasco) : *réserves* (en millions de t) : *1999 :* 6 524 ; *2000 :* 3 874 ; *2001 :* 3 855, potentielles 35 000 ; *production : 1985 :* 152 ; *90 :* 151 ; *95 :* 157,2 ; *98 :* 179,6 ; *99 :* 171,7 ; *2000 :* 177,1. **Gaz** (en milliards de m^3) : *réserves :* 861, *production : 1990 :* 26,7 ; *99 :* 34,8 ; *2000 :* 33,7. **Charbon** (en 1999) : 8 767 000 t. **Minerais divers** (en milliers de t, 1999). Fer 6 885, soufre 923, phosphates 636, fluor 557, cuivre 340, zinc 339, baryte 157, manganèse 169, plomb 131, graphite 27, arsenic 2,4, argent 2,4, antimoine 0,27, or 0,023, mercure, molybdène, opales. **Industrie.** Raffinage du pétrole, artisanat. *Maquiladoras :* 3 297 (en 1999) usines d'assemblage sous douanes qui importent leurs matières 1res et réexportent leur production. En 2000, 1 331 719 employés payés 1 à 2 $ l'h (salaire légal 3,2 $ par jour en 1999). **Transports** (en 1999). **Routes :** 253 993 km. **Voies ferrées :** 26 622. **Aéroports :** internationaux 55, nationaux 29, passagers (en millions) 32,95, fret (en milliers de t) 431. **Ports :** 108, passagers (en millions) 7,8, fret (en millions de t.) 240,42.

■ **Tourisme. Visiteurs :** 10 006 200 (en 1999). **Revenu** (en milliards de $) : *1986 :* 1,8 ; *90 :* 3 ; *94 :* 6,3 ; *95 :* 6,1 ; *99 :* 7,5.

■ **Commerce** (en milliards de $). **Export./import. :** *1995 :* 79,5/72,5 ; *98 :* 117,5/125,4 ; *99 :* 136,4/142 ; *2000 :* 166,4/174,4. **Partenaires** (en %, 1999) : *fournisseurs :* USA 74,3 UE 9 (dont All. 3,5, Italie 1,2, autres UE 4,3), Amér. latine et Caraïbes 2,3, Corée du Sud 1,9, Canada 1,9, Chine 1,4, autres 5,9 ; *clients :* USA 88,4, UE 3,9 (dont All. 1,5, Espagne 0,7, G.-B. 0,6, P.-Bas 0,4, autres UE 0,7), Amér. latine et Caraïbes 3,9, Canada 1,7, Japon 0,6, autres 1,5.

Nota. – Protections douanières abaissées de 40 % à moins de 10 % depuis 1986.

■ **Rang dans le monde** (en 1999). 1er argent. 3e oranges. 4e maïs. 5e plomb, pétrole. 6e canne à sucre, café.

MICRONÉSIE (États fédérés de)

V. légende p. 950.

■ **Situation.** Iles du Pacifique, dans Carolines. 800 km à l'est des Philippines. **Superficie :** 700 km^2. Espace maritime : 2 978 000 km^2. 607 îles et atolls. **Longueur** 2 900 km. *Côtes :* 6 112 km. **Climat.** Temp. annuelle moy. 26,7 °C.

■ **Population.** *1999 (est.) :* 131 500 hab. dont (en 1994) Pohnpei 33 692, Chuuk 53 319, Yap 11 178, Kosrae 7 317 ; *2000 (est.) :* 122 000. **D.** 174,3. **Espérance de vie** (en 1998) : 67 ans. **Capitale.** *Palikir* dans l'État de Pohnpei. **Langues.** Yapais, ulithien, woléen, pohnpéen, nukuoréen, kapingamarangi, chuukais et kosraéen. Nombreux dialectes. **Religion.** Chrétiens.

■ **Histoire. 1525** navigateurs portugais sur Yap et Ulithi. **1899** vendues à l'Allemagne. **1914** occupation japonaise. **1920** mandat japonais. **1944** conquises par USA. **1947** Trust Territory of the Pacific Islands. **1979** administrateur local. *-10-5* États fédérés de Micronésie (Palau et Marshall refusent d'y entrer). **1986**-*3-11* État associé aux USA. **1991**-*21-5* **Bailey Olter** (né 1932) élu Pt. *-17-9* tutelle américaine levée, rentrée à l'Onu. **1995**-*mai* Olter réélu. **1997**-*8-5* **Jacob Nena** (né 10-10-1941) Pt. **1999**-*11-5* **Leo A. Falcam** (né 20-11-1935) Pt.

■ **Statut.** *État fédéral.* **Constitution** du 10-5-1979. **Congrès :** 14 membres dont 4 élus pour 4 ans et 10 pour 2 ans. **Pt :** élu pour 4 ans par le Parlement. **États. Pohnpei** (Ponape avant 1984 ; 163 îles, 344 km^2), **Chuuk** (Truk avant 1990 ; 294 îles, 127 km^2), **Yap** (145 îles, 119 km^2) et **Kosrae** (5 îles, 110 km^2). **Défense :** assurée par USA. **Fête nationale.** 10 mai (indépendance). **Drapeau** (adopté 30-11-1978). Fond bleu (Pacifique), 4 étoiles blanches (groupes d'îles).

■ **Économie. PNB** (en 1999) : 1 900 $ par hab. Noix de coco, manioc, coprah. **Pêche** (en 1997). 9 000 t. **Aide extérieure** (surtout américaine) : 75 millions de $ en 1997. **Tourisme. Visiteurs :** 20 475 (en 1990). **Recettes :** 2,1 milliards de $ (en 1997).

MOLDAVIE (Rép. de)

Carte p. 1213. V. légende p. 950.

☞ *Abréviation :* M. : Moldavie.

■ **Situation.** Europe. **Superficie :** 33 700 km^2. **Frontières** (en km) : Ukraine 939, Roumanie 450. **Climat.** Hivers assez doux (janv. – 4 °C), étés longs et chauds (juillet 21 °C).

■ **Population.** *1999 :* 4 319 000 hab. [dont (en %, 1989) Moldaves, autochtones d'origine roumaine 64,5, Ukrainiens 13,8, Russes 12, Gagaouzes 3,5 (turcophones chrétiens, environ 150 000), Bulgares 2, divers 1,6] ; *2000 (est.) :* 4 460 000 ; *2025 (prév.) :* 5 000 000. **D.** 132,3. **Taux** (en ‰, 1999) : *natalité* 13, *mortalité* 12 (infantile 20), *accroissement* 2,4 (en 1994). **Espérance de vie** (en 1999) : hommes 63 ans, femmes 70.

■ **Langues.** Moldave (roumain), russe, gagaouze (turc non osmanli, écrit en caractères grecs). **Religions.** Chrétiens orthodoxes en majorité ; musulmans.

■ **Villes** (en 1999). *Chisinau* (appelée *Kichinev* de 1940 au 27-8-1991) 750 000 hab., Tiraspol 200 700, Bâltî (Beltsy) 156 600.

■ **Histoire. 1367-1944** la rive ouest du Dniestr (Nistru), jusqu'au Prout, est appelée *Bessarabie* (de Bessarab, dynastie moldave). **XVe s.** conquête turque (unie à province moldave tributaire), à l'ouest du Prout. **1812** traité de Bucarest : rattachée (sauf Transnistrie) à Russie. **1856** congrès de Paris : partition, ouest du Prout et Valachie forment la Roumanie. **1878-79** guerre russo-turque, sud de la M. à la Russie. **1918**-*6-2* Conseil du pays bessarabien annonce indépendance. *-9-4* vote, par 86 voix contre 3, rattachement à Roumanie. **1920**-*28-10 traité de Paris* reconnaît la Bessarabie roumaine de Hotin à la mer noire. **1924**-*12-10* rive est du Dniestr érigée en « République autonome de la M. », dépendant de la Rép. fédérée d'Ukraine. **1940**-*2-8* annexion de Bessarabie ; forment la Rép. autonome de M. **1941**-*26-7* Roumanie (alliée à l'Allemagne) récupère Bessarabie et annexe Transnistrie. **1944**-*30-3* Soviétiques entrent à Cernovitz. Devient Rép. fédérale indépendante d'Ukraine. **1989**-*été* création d'un Front populaire. *-27-8 :* 400 000 manifestants à Kichinev. *-31-8* roumain langue officielle à côté du russe, hymne et drapeau roumains. *-10-11* incidents police/manifestants. **1990**-*17-4* Mircea Snegur Pt du Soviet suprême. *-5-6* République de Moldavie. *-23-6* proclame souveraineté. *-Sept.* russophones réclament autonomie pour la Rép. du Dniestr (*Transnistrie*), les Gagaouzes pour leur région. *-26-10* état d'exception dans le sud. *-2-11* Doubossary : heurts Russes/Moldaves (6 †). *-25-11 législatives* dans minorité russophone. *-23-12* ultimatum de Gorbatchev pour rétablir l'ordre. **1991**-*19-2* Parlement moldave refuse d'organiser référendum du 17-3 (184 voix contre, 66 pour, 29 abst.). *-22-5 Mircea Druc* PM, pour union avec Roumanie, démissionne. *-28-5* **Valerin Tudor Muravski** Pt. *-27-8* proclame *indépendance*. *-3-9* prend le contrôle des postes douaniers et frontières. *-Sept.* manif. séparatiste des russophones. *-8-12* **Mircea Snegur** (né 17-1-1940), Pt du Soviet suprême, élu Pt (98 % des voix). *-21-12* adhère à CEI. **1992**-*1-7 Andréi Sangheli* PM. *-21-7* accord de paix M./Russie. *-6-11* accord M./Roumanie : comité de coordination entre les 2 Parlements et politique d'intégration économique. **1993**-*oct.* intègre CEI. **1994**-*6-3 référendum :* 95,4 % contre fusion avec Roumanie. *-1-4* loi de 1989 sur la langue, suspendue : moldave seule langue officielle. *-15-4* Parlement ratifie adhésion à CEI. *-28-12* vote l'autonomie de la Gagaouzie. **1995**-*5-3* confirmée par référendum local. *-28-6* M. entre au Conseil de l'Europe. **1996**-*1-12* **Petru Lucinschi** (né 27-1-1940) Pt (53,1 % des voix contre 46,8 à Snegur). **1997**-*15-1* Petru Lucinshi intronisé Pt. **Ion Ciubuc** (né 1943) PM. *-8-4* accord M./Transnistrie. **1999**-*12-3* **Ion Sturza** (né 9-5-1960) PM. *-23-5 référendum* sur l'accroissement des pouvoirs du Pt. *-21-12* **Dimitru Braghis** (né 28-12-1957) PM. **2000**-*déc. présidentielle,* 4 tours infructueux, Lucinschi Pt par intérim. *-26-12* parlement dissous. **2001**-*4-4* **Vladimir Voronine** élu Pt (1er communiste).

■ **Statut.** *République, membre de la CEI.* **Constitution** du 28-8-1994. **Pt** élu pour 4 ans par le parlement depuis 5-7-2000. **Parlement** : 101 m. élus au scrutin majoritaire pour 4 ans. **Élections du 25-2-2001 :** PC 71 sièges. **Partis. P. communiste,** *leader :* Vladimir Voronine. **Convention démocrate** [**Front populaire démocrate-chrétien** (*leader :* Iurie Rosca) et **P. de la renaissance et de la réconciliation de M.** (fondé 1995, *leader :* Mircea Snegur)]. **Pour une M. démocratique et prospère** fondé 8-2-1997 ; *leader :* Dumitru Diacov. **P. des forces démocrates,** *leader :* Valeriu Matei. **Fête nationale.** 21-8 (indépendance). **Drapeau** (adopté 13-5-1990). 3 bandes verticales bleue, jaune, rouge, avec armoiries du pays.

☞ **GAGAOUZIE.** 1 800 km^2. 200 000 hab. dont (en %) : Moldaves 47, Ukrainiens 28, Russes 25. **Langue :** turc. **Religion :** chrétiens depuis XVe s. **Capitale :** *Komrat* 27 500 hab. **Histoire : 1990**-*19-8* se déclare rép. indépendante. *-26-10* se dote d'un Parlement et d'un Pt (**Stepan Topal**). *-22-12* décret de Gorbatchev dissolvant la rép. **1991**-*1-12 :* 83 % pour l'indépendance. Favorable à une Fédération moldave reconnaissant son identité. **1995**-*28-5* et *-11-6 élect.* **Statut :** République autonome depuis 23-12-1994. **Gouverneur** *(bachkan) :* Georgi Tabounchtchik (né 1939). **Assemblée populaire :** 35 membres élus pour 4 ans.

RÉPUBLIQUE DE LA RIVE GAUCHE DU DNIESTR (Transnistrie). 5 000 km^2. 720 000 hab. **Capitale :** Tiraspol. **Histoire : 1990**-*3-9* créée par Russes de M. Non reconnue par M. **1991**-*1-12* vote pour l'indépendance. **Igor Smirnov** (Russe, né 1941) élu Pt. **1992** affrontements russophones (soutenus par 14e armée russe)/Moldaves (70 † au 15-5). *-19-3* M. propose un statut de « district séparé », une zone économique libre et le report de la loi imposant le moldave. *-28-3* état d'urgence. *-20/26-6* Bendery, plusieurs centaines de †. Soutien ukrainien aux séparatistes. Roumanie dénonce « agression russe ». *-21-7* accord russo-moldave (statut particulier pour Transnistrie et droit à l'autodétermination en cas de rattachement de la M. à la Russie). Envoi d'une force d'interposition de la CEI. *Bilan :* 1 000 †. **1994**-*10-8* accord avec Russie, qui retirera d'ici à 3 ans 10 000 h. **1995**-*24-12 référendum :* 81 % pour Constitution indépendantiste. **1996**-*22-12* Smirnov réélu.

■ **Économie. PNB** (en 1999) : 300 $ par hab. **Population active** (en %) **et,** entre parenthèses, **part du PNB** (en %) : agr. 35 (39), ind. 28 (31), services 37 (30). **Chômage** (en %) : *1999 :* 2,1. **Inflation** (en %) : *1990 :* 5,6 ; *91 :* 102 ; *92 :* 1 308 ; *93 :* 1 751 ; *94 :* 486,4 ; *95 :* 30 ; *96 :* 23,5 ; *97 :* 12 ; *98 :* 7,7 ; *99 :* 31,3 ; *2000 :* 20. **Croissance** (en %) : *1992 :* – 29,1 ; *93 :* – 1,2 ; *94 :* – 31,2 ; *95 :* – 1,9 ; *96 :* – 7,8 ; *97 :* 1,6 ; *98 :* – 8,6 ; *99 :* – 4,4 ; *2000 :* 2. **Dette extérieure brute** (en % du PIB, 1999) : 118. **Salaire moyen mensuel** (en 2000) : 65 $. **Agriculture. Production** (en milliers de t, 1999) : bett. à sucre 1 807, maïs 1 139, blé 782, raisin 850, p. de t. 329, orge 181, fruits divers 62, légumes 43, pastèques 20. Tabac. Vin. **Élevage** (en milliers de têtes, 1999). Volailles 15 000, ovins 940, porcins 807, bovins 525, caprins 103, chevaux 50. **Pêche** (en 1997). 50 t. **Mines.** Gypse, calcaire. Hydroélectricité. **Industrie.** Alimentation, construction d'appareils de précision, de machines, articles de bonneterie, chaussures. **Transports** (en km, 1996). **Routes :** 12 300. **Voies ferrées :** 1 318. **Tourisme** (en 1997). 33 000 visiteurs.

■ **Commerce** (en millions de $). **Export./import. :** *1995 :* 739/841 ; *97 :* 890/1 200 ; *98 :* 644/1 018 ; *99 :* 485/567.

■ **Rang dans le monde** (en 1999). 20e vin.

MONACO

V. légende p. 950.

■ **Nom.** De *monoikos,* tribu ligure. Grimaldi viendrait de Grimaldo, fils d'Otto Canella, consul de Gênes en 1133 ; la famille a prétendu descendre de Grimoald, maire du palais sous Childebert II.

■ **Situation.** Enclave dans les Alpes-Maritimes. **Superficie :** 2,2 km^2 (dont 0,40 gagné sur la mer). **Frontières :** 4,4 km. **Longueur :** 3 km. **Largeur :** 200 à 300 m. **Côtes :** 5,16 km. **Altitude** *maximale :* chemin des Révoires 161,51 m (dominé en Fr. par Mt Agel 1 109 m et la Tête de Chien 556 m). **Climat.** *Temp.* janv. 10,3 °C, *pluies* 62 j/an.

■ **Population.** *1990 :* 29 972 hab. ; *2000 :* 35 000 dont 7 159 nationaux, *10 229 Français,* 6 410 Italiens, 1 703 Britanniques, 890 Suisses, 812 Allemands, 788 Belges ; *2025 (prév.) :* 40 000. **D.** 15 909. **Langues.** Français *(officielle),* monégasque (mots : 70 % ligures, 30 % provençaux, français et italiens), italien. **Religion.** Catholique (d'État, art. 9 de la Constitution). *Patronne :* Ste Dévote.

■ **Villes** (en 1990). *Monaco* (60 m d'alt.) 1 151 hab., Monte-Carlo 14 702, La Condamine 12 158, Fontvielle 1 961.

■ **Histoire.** Habitat préhistorique (Cro-Magnon), grotte de l'Observatoire (paléolithique supérieur), puis peuplades ligures. Colonie grecque (Héraclès y serait passé), puis romaine. **1162** sous réserve d'hommage, l'empereur Frédéric Ier Barberousse reconnaît à Gênes la domination des côtes ligures, de Porto Venere jusqu'à Monaco. **1191**-*30-5* l'empereur Henri VI lui concède la suzeraineté du « rocher de Monaco, de son port et des terres adjacentes » et l'autorisation de fortifier les lieux « pour défendre la chrétienté contre les Sarrasins ». **1197** Gênes acquiert la propriété privée du sol auprès des consuls de Peille et des religieux de l'abbaye de St-Pons. **1215**-*10-6* pose de la 1re pierre de la forteresse. **1297**-*8/9-1* François Grimaldi (dit *Malizia*, † 1309, cousin de Rainier Ier, du parti guelfe alors banni de Gênes) prend Monaco par ruse (déguisé en moine) ; sera perdue à plusieurs reprises. **1331** recouvrée par les Grimaldi. **Rainier Ier** (vers 1267-1314), amiral de France (1304), seigneur de Cagnes (1310). **Charles Ier** († 1357), son fils, seigneur de Monaco (1341), de Menton (1346) et de Roquebrune (1355), amiral général de France. **Rainier II** (1350-1407), son fils. **Jean Ier** (1362-1454), son fils, seul seigneur en 1427. **Catalan** († 1457), son fils. **Claudine** (1451-1515), sa fille, ép. 1465 son cousin Lambert Grimaldi (vers 1420-94). **Jean II** (1468-1505), son fils. **1505** Monaco obtient des lettres patentes de Louis XII, alors seigneur de Gênes, reconnaissant l'indépendance de sa seigneurie. **1512** **Lucien Grimaldi** (1481-1523), 2e fils de Lambert. **Augustin** († 1523), 3e fils de Lambert. **Honoré Ier** (1522-81), fils de Lucien. **1524** *traités de Burgos et de Tordesillas* avec Charles Quint, empereur des Romains, qui installe une garnison espagnole jusqu'en 1641. **Charles II** (1555-89), fils d'Honoré Ier. **Hercule Ier** (24-9-1562/21-11-1604, assassiné), fils d'Honoré Ier. **Honoré II** (24-12-1597/10-1-1662), son fils. **1612** prend le titre de Pce, reconnu 10-1-1633. **1641** *traité de Péronne* : la France donne à Honoré II le duché-pairie de Valentinois, le marquisat des Baux et le comté de Carladès. **1662**-*janv.* **Louis Ier** (25-7-1642/ 3-1-1701), petit-fils de Honoré II ; ép. 1660 Marie-Charlotte-Catherine de Gramont (1639-78), Louis XIV est son parrain.

1701-*janv.* **Antoine Ier** (25-1-1661/20-2-1731), son fils ; ép. 13-6-1688 Marie de Lorraine (1674-1724), fille de Louis de Lorraine-Armagnac (1641-1718). **1731**-*20-2* **Louise-Hippolyte** (10-11-1697/29-12-1731), fille d'Antoine Ier ; ép. 20-10-1715 Jacques-François de Gouyon, sire de Matignon (22-11-1689/23-4-1751), devenu Grimaldi, créé 24-7-1715 duc de Valentinois. *-29-12* **Jacques Ier**, veuf de Louise-Hippolyte. **1733**-*7-11* abdique ; demeure régent et redevient duc de Valentinois. **Honoré III** (10-9-1720/12-5-1795), son fils ; ép. 15-6-1757 Marie-Catherine de Brignole-Sale (1739/1813), fille d'un doge de Gênes (séparés 9-1-1771). **1748** maréchal de camp du roi de France. **1789** Valentinois perdu et inclus dans la Drôme. **1793**-*15-2* principauté rattachée à la France et appelée *Fort d'Hercule. -20-9* Honoré III et sa famille sont emprisonnés ; sa belle-fille, Thérèse de Choiseul-Stainville, condamnée à mort par un tribunal révolutionnaire, est guillotinée le 9 thermidor.

1814-*30-5* **Honoré IV** (17-5-1758/16-2-1819, noyé dans la Seine à Paris) restauré ; ép. 15-7-1777 Louise d'Aumont, Desse de Mazarin, de La Meilleraye et de Mayenne (22-10-1759/13-12-1826) ; divorcés 22-6-1793. **1815**-*18-1* délègue ses pouvoirs à son fils Honoré V. *-20-11 traité de Paris* imposant un protectorat sarde. **1819**-*16-2* **Honoré V** (13-5-1778/2-10-1841), fils d'Honoré IV, célibataire (1809-14 1er écuyer de l'impératrice Joséphine, 1810-15-8 baron de Monaco par décret impérial). **1841**-*2-10* **Florestan Ier** (10-10-1785/20-6-1856), son frère ; ép. 27-11-1816 Caroline Gibert de Lametz (18-7-1793/23-11-1879) qui fut danseuse. **1848** Menton et Roquebrune se déclarent villes libres et se donnent à la Sardaigne. *-10-3* Florestan délègue ses pouvoirs à son fils Charles III. **1856**-*12-6 :* 1re concession des jeux à Langlois et Aubert.

1856-*20-6* **Charles III** (8-12-1818/10-9-1889), fils de Florestan Ier ; ép. 28-9-1846 la Ctesse Antoinette de Mérode-Everbergh (28-9-1828/10-2-1864). **1858**-*15-3* ordre de St-Charles créé. **1860**-*18-7* garnison : Sardes évacuent Monaco. **1861**-*2-2* traité : union douanière avec France ; Menton et Roquebrune vendus à la France 4 millions de F. Monaco reste indépendant. **1863**-*18-2* casino ouvert. **1865**-*9-11* convention relative à l'union douanière et aux rapports de voisinage avec la France. **1866**-*1-6 ordonnance créant Monte-Carlo.* **1869**-*8-2* suppression des impôts directs grâce aux jeux du casino. **1879** *opéra* construit (Garnier). **1885** timbres monégasques.

1889-*10-9* **Albert Ier** (13-11-1848/26-6-1922), fils de Charles III ; ép. 1°) 21-9-1869 Marie-Victoire (1850-1922) [fille du duc de Douglas-Hamilton et de Marie-Amélie, Pcesse de Bade (fille de Stéphanie de Beauharnais)], dont *Louis II* (mariage annulé 3-1-1880 ; Marie-Victoire se remarie 2-6-1880 à Tassilo Pce Festetics de Tolna) ; 2°) 31-10-1889 Marie-Alice Heine (USA, 16-2-1857/22-12-1925, veuve d'Armand, duc de Richelieu 1847-80) [divorce 30-5-1902] ; à partir de 1869 recherches océanographiques. **1906**-*16-5* Albert Ier crée l'Institut océanographique de Paris. **1910** Musée océanographique. **1911**-*5-1 : 1re Constitution.* **1918**-*17-7 traité avec France* confirmant union douanière ; le prince s'engage à exercer ses droits de souveraineté en parfaite conformité avec les intérêts économiques de la France (article 3).

1922-*26-6* **Louis II** (12-7-1870/9-5-1949), fils d'Albert Ier, admis à St-Cyr à titre étranger (1890), colonel (1921) puis général à titre honoraire (1922) ; ép. 24-7-1946 Ghislaine Dommanget (13-10-1900/30-4-1991), actrice, divorcée d'André Brulé, Pcesse douairière (1949) [dernière apparition en 1960 dans l'opérette *Rose de Noël*]. De Juliette Louvet (1867-1930, blanchisseuse dans son régiment en Algérie), Louis II avait eu une fille, *Charlotte Louvet* (30-9-1898/16-11-1977) qu'il reconnut à sa naissance (reconnaissance approuvée par Albert Ier le 15-11-1911 qui l'habilite à succéder au trône et l'autorise à porter le titre de Mlle de Valentinois), titrée Desse de Valentinois le 16-5-1919 (selon l'usage monégasque, les sujets d'Albert Ier, assemblés dans la cour du palais princier, reconnurent Charlotte comme la fille du Pce Louis et comme leur Pcesse et, le 30-10-1918, Albert Ier modifia les règles de succession au trône) ; le 16-5-1919, Louis l'adopta à Paris en présence du Pt Poincaré ; 19-3-1920 ép. Cte Pierre de Polignac (24-10-1895/10-11-1964), descendant de Guillaume II de Chalençon [(voir p. 574 b) époux de Valpurge de Polignac dont il reprit les armes], devenu le 18-3-1920 Grimaldi, créé Pce Pierre de Monaco (elle divorcera le 18-2-1933) dont Rainier III et Antoinette. 26-6-1922 Pcesse héréditaire de Monaco. Elle renonce à ses droits en faveur de Rainier le 30-5-1944. **1937**-*nov.*/**1944** Émile Roblot (préfet, † 1963) ministre d'État, favorisera les visées allemandes. **1942**-*nov.* occupation italienne. **1943**-*juillet* début de RMC (Radio Monte-Carlo). *-Sept.* occupation allemande ; afflux de capitaux douteux. **1944**-*3-9* Libération.

1949-*9-5* **SAR le Pce Rainier III** (Rainier-Louis-Henri-Maxence-Bertrand) [né 31-5-1923, fils de Charlotte et Pierre, Pce héréditaire par ordonnance souveraine du Pce Louis II le 2-6-1944 et Pce souverain à la mort de son grand-père le 9-5-1949 ; engagé volontaire dans l'armée française en sept. 1944, nommé lieutenant à Berlin, croix de guerre, Légion d'honneur à titre militaire ; renonce à Gisèle Pascal qui ne peut lui donner un héritier ; ép. 18-4-1956 (mariage religieux 19-4) Grace Patricia Kelly (actrice américaine, 12-11-1929/14-9-1982 des suites d'un accident de voiture)]. **1953** 1er immeuble-tour. **1962**-*fin janv.* Émile Pelletier (ministre d'État) congédié : Rainier III veut obtenir l'annulation de la cession des 70 000 actions de la Sté Images et Son, vendues à l'État français et à Sylvain Floirat à l'époque de la liquidation. *-13-2* blocus douanier. **1963**-*18-5* nouvelle convention avec France (suppression des privilèges fiscaux des Français vivant à Monaco depuis 13-10-1957). **1977** la légation à Paris devient ambassade. **1981**-*30-7* archevêché créé. **1993**-*28-5* entrée à l'Onu. *-16-9* procès de la Banque industrielle de Monaco (fermée 1990 après faillite frauduleuse). **1997**-*8-1* commémoration du 7e centenaire de la dynastie. **2000**-*juin* enquête sur escroquerie aux timbres. *Rapports :* parlementaire du député socialiste Arnaud Montebourg, « Monaco et le blanchiment » ; *-oct.* du ministère de l'Économie pour refondre conventions financières et fiscales franco-monégasques. *-31-10* Rainier annonce que Monaco entend retrouver sa pleine souveraineté.

■ **Statut.** *Principauté indépendante.* **Traité franco-monégasque** *du 17-7-1918 :* la succession à la Couronne « par l'effet d'un mariage, d'une adoption ou autrement » ne pourrait être dévolue qu'à une personne monégasque ou française agréée par le gouvernement français (pour éviter l'accession de la maison allemande d'Urach-Wurtemberg). Le 28-6-1919, les signataires du traité de Versailles (art. 436) reconnurent avoir pris connaissance du traité. En vertu des ordonnances des 15-5-1882 et 30-10-1918, le Pce régnant et le Pce héritier (s'il y est autorisé par le 1er) peuvent adopter un enfant, même étranger à la famille souveraine, et lui donner les mêmes droits à la Couronne qu'un enfant légitime. La succession au trône, revendiquée sur le plan historique par Caumont La Force, de la ligne cadette issue d'Honorine, nièce d'Honoré IV, n'a plus, du fait de ces textes, de fondement juridique. **Constitution** du 17-12-1962. Pouvoir législatif partagé entre le *Pce* et un **Conseil national :** 18 membres élus pour 5 ans au suffrage univ. direct. *1 et 8-2-1998* **Union nat. et démocratique** (*leader :* Jean-Louis Campora) : 18 sièges. Exécutif exercé sous l'autorité du Pce par un *ministre d'État* français [ambassadeur Patrick Leclercq (né en 1938) depuis 5-1-2000] assisté de 3 conseillers du gouv. (finances et économie, intérieur, travaux publics et affaires sociales). **Conseil communal :** élu [*maire :* Anne-Marie Campora depuis 17-2-1991 (auparavant, Jean-Louis Médecin depuis 1971)]. **Monnaie :** franc français et pièces divisionnaires monégasques. **Police :** 400 membres (95 % de Français). **Archevêché :** dépendant du Vatican depuis 25-7-1981. **Fête nationale.** 19-11 (fête Pce Rainier III). **Drapeau** (adopté 4-4-1881). Rouge et blanc (couleurs du Pce).

■ **Famille de Rainier. 3 enfants :** SAR *Pcesse Caroline* (née 23-1-1957), ép. *1°)* 28-6-1978 Philippe Junot (né 19-4-1940), divorcée 9-10-1980, mariage annulé par la Rote 27-2-1992 ; *2°)* 29-12-1983 Stefano Casiraghi (8-9-1960/3-10-1990 accident off-shore), dont Andrea (né 8-6-1984), Charlotte (née 3-8-1986), Pierre (né 5-9-1987). Reconnus légitimes le 5-4-1994 par le St-Siège (bien que nés d'un mariage civil) ; *3°)* 23-1-1999 Ernst-August, Pce de Hanovre, de Grande-Bretagne et d'Irlande, duc de Brunswick-Lüneburg (né 26-2-1954), dont Alexandra (née 20-7-1999). SAS *Pce héréditaire Albert,* Mis des Baux [1] (né 14-3-1958). SAS *Pcesse Stéphanie* (née 1-2-1965), ép. 1-7-1995 Daniel Ducruet (né 27-11-1964) dont Louis (né 26-11-1992), Pauline (née 4-5-1994), divorcée 4-10-1996 ; Camille (née 15-7-1998, reconnue par son père Jean-Raymond Gottlieb (né 1-6-1967). **Sœur de Rainier :** SAS *Pcesse Antoinette* (née 28-12-1920), titrée le 4-12-1951 baronne de Massy ; ép. 1°) 21-10-1951 Alexandre Noghès (15-6-1916/févr. 1999, champion de tennis) dont Élisabeth (née 3-7-1947), Christian (né 17-1-1949) et Christine (1951-1989), divorcée 10-5-1954 ; 2°) 2-12-1961 Jean-Charles Rey (né 17-9-1994), divorcée 17-7-1973 ; 3°) 28-7-1983 John Brian Gilpin (1930-83).

Titres du Pce. Son Altesse Sérénissime N, Pce de Monaco, duc de Valentinois [1], Cte de Carladès, Bon de Calvinet et du Buis, seigneur de St-Rémy, sire de Matignon, Cte de Torigni, Bon de St-Lô, de la Luthumière et de Hambye, duc de Mazarin et de Mayenne, Pce de Château-Porcien, Cte de Ferrette, de Belfort, de Thann et de Rosemont, Bon d'Altkirch, seigneur d'Issenheim, Mis de Chilly, Cte de Longjumeau, Mis de Guiscard.

Nota. – (1) Des héraldistes français ont contesté que les Pces de Monaco puissent porter ou disposer de ce titre (relevant du droit des titres en Fr., il n'est transmissible ni par les femmes ni par bâtardise).

■ **Prétendants. Descendance de Florestine** (2-10-1833/24-4-97), sœur de Charles III, ép. 15-2-1863 Guillaume Cte de Wurtemberg [6-7-1810/17-7-1869, 1er duc d'Urach (1867) auquel fut offert, en 1918, le trône de Lituanie qu'il refusa en nov.] dont Guillaume (1864-1928), 2e duc d'Urach, qui eut 9 enfants. Le 4-10-1924, il écrivit au Cte Aymard de Chabrillan, lui cédant tous ses droits sur Monaco pour lui, son frère et ses descendants. **Branche de Chabrillan :** descendance de Joseph (1763-1816), fils d'Honoré III et frère d'Honoré IV, ép. 1782 Thérèse de Choiseul-Stainville [1766-guillotinée 9 thermidor (26-7-1794)] dont Honorine (1784-1879) qui ép. 1803 René Mis de La Tour du Pin Chambly de La Charce (1779-1832) dont 1 fils et 1 fille : Joséphine (1805-65) qui ép. 1826 Jules de Moreton, Cte de Chabrillan (1796-1863) dont Fortuné (1828-1900) dont Aymard (1869-1950) Cte puis Mis de Chabrillan dont Anne-Marie (1894-1983) Ctesse de Caumont La Force, prétendante (dont Jean), Robert (1896-1925) sans postérité et Ctesse Henri de Mortemart (1897-1938).

■ **Économie. PNB** (en 1999) : 26 300 $ par hab. **Budget** (en milliards de F, 1999) : *recettes :* 4,45 [jeux 4 % (*1887 :* 97 % des recettes ; *1939 :* 30)], *dépenses :* 4,2. *Reversement de TVA par la France* (en millions de F) : *1994 :* 635 ; *97 :* 839 ; *98 :* 826 ; *99 (prév.) :* 825. **Chiffre d'affaires de la principauté** (en milliards de F) : *1969 :* 2,8 ; *79 :* 5,1 ; *89 :* 21,3 ; *93 :* 33,1 ; *95 :* 34,4 ; *98 :* 44,3 ; *99 :* 47,8 dont commerce 18,3, banques 10, industrie 4,2, immobilier-travaux publics 4, hôtellerie-restauration 1,6, transport 1,1. **Population active** (en 1999) : 36 644 dont (en 1998) *21 000 Français,* 3 000 Italiens, 800 Monégasques, autres 7 800. **Chômage :** 3,1 %. **Secteur privé** (en 1992) : 187 entreprises, 3 000 salariés. **Comptes courants gérés :** 340 109 (dont non-résidents 206 975, particuliers 112 988). **Établissements financiers** (en 1999) : 43 banques, 6 sociétés financières.

Grands travaux récents. Réalisations : *tunnel autoroutier* de 1 520 m (ouvert 1994) ; *enfouissement voie ferrée et gare en souterrain* (2 milliards de F, ouverture déc. 1999), 40 000 m^2 récupérés ; *centre des congrès du Larvotto* Grimaldi Forum (inauguré en juillet 2000) 70 000 m^2. 1,6 milliard de F ; *quartier Fontvieille 2* (Fontvieille 1 créé 1964-72, 22 ha) 200 000 m^2 sur plate-forme off-shore ; *digue de l'avant-port et contre-jetée* (1,6 milliard de F) : caisson semi-flottant 352 m × 28 m, 18 m de haut, émergeant de 3 m, digue creuse contenant parking de 400 places sur 4 niveaux ; gare maritime, bureaux/entrepôts (50 000 m^3) ; digue attachée à la terre par une rotule métallique et par 8 ancres immergées à 55 m.

■ **Tourisme** (en 2000). **Visiteurs :** *arrivées* dans hôtels 300 185 (860 842 nuitées). **Sites :** *musées :* océanographique 700 894, national 22 224, timbres et monnaies 2 737, anthropologique 52 747 (en 1997). *Jardin* exotique 258 264. **Chambres :** 2 240. **Restaurants :** 169.

Société des bains de mer et du cercle des étrangers à Monaco (SBM). Créée 1856, reformée 2-4-1863 par Charles III afin de développer les jeux d'argent sur le modèle des villes thermales allemandes ; en donne pour 50 ans la concession à François Blanc (1816/27-7-1877, laissant 88 millions de F-or à son épouse) qui construira le casino de Monte-Carlo, l'hôtel de Paris et l'Opéra. Ses redevances représentaient 95 % des revenus du Trésor monégasque en 1887, 30 % en 1936. SBM est déchargée des obligations et des services publics qu'elle assurait et doit verser une redevance de 5 % au minimum sur les recettes des jeux. **Capital :** 90 millions de F en 1 800 000 actions cotées à la Bourse de Paris [dont 69 % détenus par *l'État* (Onassis en était principal actionnaire, minoritaire depuis 1952)]. Apport dans le budget : 5 %, 1er employeur (2 713 salariés). 4 casinos, 4 hôtels (hôtel de Paris 1 864, Hermitage, Thé-rapie Mirabeau et Monte-Carlo Beach), opéra, 23 restaurants, cabaret, Café de Paris, 1 discothèque, clubs (M.-C. Country Club, Sporting Monte-Carlo, M.-C. Golf Club), M.-C. Beach, Thermes marins (thalasso). **Patrimoine foncier :** 1/12 de la superficie de Monaco. **Chiffre d'affaires** (en 1998-99) : 2 001 millions de F [dont jeux 1 364]. **Bénéfices** (en 1999-2000) : 157 millions de F.

MONGOLIE

Carte p. 1027. V. légende p. 950.

☞ *Abréviations :* M. : Mongolie ; Mong., mong. : Mongols, mongol(e)(s).

■ **Situation.** Asie. **Superficie :** 1 567 000 km^2. **Frontières** (en km) : Chine 4 673, ex-URSS 3 441. Hautes plaines et montagnes. **Altitudes :** *moyenne* 1 580 m ; *maximale* pic du Tavan Bogd Khuiten 4 374 m (Altaï mongol) ; *minimale* lac Khoekh Nour 560 m. Au nord, taïga. Au centre, steppes et pâturages. Au sud, désert de Gobi (1/3 du territoire). **Lacs :** 1 500 dont Oubsa Nour 3 350 km^2, Khubsugul 2 760 km^2. **Rivières :** 4 000. **Climat.** Continental (+ 35 °C en été, – 40 °C en hiver), *pluies* 250 mm/an.

■ **Population.** *2000 (est.) :* 2 740 000 hab. dont (en %, 1989) Khalkhas 78,8, Kazakhs 5,9, Derbets 2,7, Bouriates 1,7 ; étrangers : Russes environ 0,6 (en 1992), divers 4,7 (surtout Chinois) ; *2025 (prév.) :* 3 000 000. **D.** 1,75 (3,9 au centre). **Age :** *- de 15 ans :* 34 %, *+ de 64 ans :* 3,9 %. **Espérance de vie** (en 1998) : 66 ans. **Pop. urbaine** (en 1998) : 51 %. **Immigration** (en 1996) : Chinois 1 567, Russes 1 490, apatrides 30. **Langues.** Mongol : dialecte khalkha [parlé par 77,5 % de la population (26 lettres, écrites verticalement, originaires de Phénicie, remplacées par lettres cyrilliques de 1940 à 1990)] ; kazakh (parlé par 5,3 % de la pop.). **Religions. Lamaïsme** jaune adopté XVIe s. (importé du Tibet par Altan Khân, descendant de Gengis, converti 1578). *Début XXe s. :* 100 000 lamas, 2 000 temples et monastères. *1936 :* purges (30 000 lamas † ; charniers découverts en oct. 1991 ; 700 lamasseries détruites). *1990 :* renouveau autour du monastère de Ganden (environ 100 lamas), les autres (150) étaient devenus des musées ; rouverts depuis (2 500 moines). *Chef spirituel :* grand lama D. Choïjamts (né 1918) depuis 1991. **Chrétiens :** 200 (en 1992).

■ **Villes** (est. 1998). *Oulan-Bator* [cap., signifie « le Héros rouge » (avant 1924, appelée *Ourga*)] 770 000 hab. (est. 1999), Darkhan 71 400 (à 250 km), Erdenet 63 500 (à 300 km), Tchoïbalsan 38 600 (à 500 km), Soukhe-Bator 22 300.

☞ Projet de capitale à Karkhorin (ancienne capitale de Gengis Khân) à 300 km à l'ouest d'Oulan-Bator.

■ **Histoire.** Tribus d'éleveurs nomades de Sibérie (haut Amour), proches des Turcs et peu éloignées des Huns. **1162 Gengis Temüdjin** à Dolumboldag (Mongolie). **1189-1205** unification des Mongols : soumission ou ralliement des peuples de la steppe. **1206**-*11-7* Empire mong. proclamé ; **Gengis Khân** (« Khan Océan »), né vers 1167. **1207** début des conquêtes, achèvement du regroupement des Turco-Mong. (soumission Sibérie). **1209** 1re campagne contre les Tangut (Xi Xia). **1211** envahit Chine du Nord (Jin) ; détruit l'empire des Kara Kitai (Xi Liao). **1215** prend Pékin (Zhongdu). **1218** Turkestan oriental conquis. **1219** expédition en Corée. **1219-21** prend et détruit l'empire du Khwarazm et la Transoxiane, saccage Boukhara, Samarkand, Urgenč, Merv. **1221-22** prend Khorasan et Afghanistan. **1221-23** expédition des généraux mong. Jebe et Sübödei à travers Azerbaïdjan, Géorgie, Crimée, sud de la Russie (défaite princes russes sur la Kalka), cours de la Volga jusqu'à l'embouchure de la Kama (khanat bulgare). **1225-27** 2e campagne contre Tangut, destruction de l'empire Xi Xia. **1227**-*18-8* Gengis Khân meurt des suites d'une chute de cheval pendant le siège des rebelles tangut (Kansou), ses fils et petit-fils **Toloui, Batou** (petit-fils ; son père Djoetchi est mort), **Djaghataï, Oegoedéi** se partagent ses domaines et continuent les conquêtes. **1234** conquête Chine du Nord achevée jusqu'au fleuve Jaune, empire des Jin détruit. **1235-39** conquête de Transcaucasie. **1236-38** 1re campagne en Russie (Riazan, Moscou, Vladimir, échec devant Novgorod). **1239-40** 2e campagne (Pereïaslavl, Cernigov, Kiev). **1241-42** invasion Pologne, Hongrie (50 % de la pop. †), Moravie. **1244** conquête Turquie. **1246-48** règne de **Güyük. 1251-59** de **Mongka. 1252** début conquête Iran ; début des campagnes contre dynastie chinoise Song. **1253** Saint Louis envoie les franciscains André de Longjumeau et Guillaume de Rubrouck expliquer le catholicisme à la cour du Grand Khan. **1258** Baghdad prise ; soumission définitive de la Corée. **1260-94** règne de **Kubilaï. 1267-79** destruction finale des Song, Chine soumise totalement. **1274-81** expéditions navales infructueuses sur côtes japonaises. **1275-93** expéditions visant à la soumission des roy. d'Asie du Sud-Est. **1280-1368** M. unie à la Chine, gouvernée par descendants de Kubilaï. **1287** Tibet conquis. **1292** Iran conquis. **1293** expédition navale à Java. **1368** Chinois chassent la dynastie mongole et fondent celle des Tsing. **XIVe-XVIe s.** Ming construisent la Grande Muraille pour se protéger des Mongols (qui dominent hauts plateaux jusqu'au lac Balkash). **1586 Abdaï Khan** fonde monastère d'Erdene Zuu (le plus ancien de M.). Son fils **Gombodorji** sera père du 1er bouddha vivant, Zanabazar (1635-1723). **XVIIe-XIXe s.** princes mong. orientaux, dont les États forment la « M.-Intérieure » (sinisée), reconnaissent la suzeraineté des empereurs mandchous (1691 reddition) ; princes de « M.-Extérieure » restent indépendants ; Russes conquièrent Sibérie (au nord-ouest).

1911-*16-12*/**1919** gouv. autonome du khan **Bogdo Geghen**. Rejette domination mandchoue. **1912** princes de M.-Intérieure se rallient à la Rép. chinoise. **1913**-*23-10* autonomie reconnue par Chine. **1915** *traité de Kiakhta :* princes de M.-Extérieure, Russie, Chine reconnaissent indépendance de la M. sous protection russe (chef d'État : le bouddha vivant, ou *Djibdsun Damba Khutukhtu*). **1919**-*nov.*/**1921**-*févr.* Chine dénonce traité de Kiakhta ; province autonome chinoise. **1921**-*31-3 indépendance. -11-7* révolution dirigée par *Soukhe-Bator* ; partage des troupeaux et terres, annulation des dettes envers étrangers, monopolisation du commerce extérieur. *-Juillet* retour du khan **Bogdo Gegen** (jusqu'en mai 1924). *-5-11* traité d'amitié avec URSS.

1924-*26-11* **république populaire** (Meng Chiang : capitale Kalgan). *-Nov.* **Gendun** Pt. URSS reconnaît souveraineté chinoise sur M., mais celle-ci reste virtuelle en raison de la guerre civile en Chine et de la guerre sino-japonaise. **1932**-*juillet* **Amar** Pt. **1933-41** purges : 100 000 †. 500 monastères rasés de 1937 à 1939. **1936**-*12-3* protocole d'assistance mutuelle avec URSS. **Damsranbelegiyn Doksom** Pt. **1937-52** *Horloogiyn Tchoibalsan* PM. **1940**-*juillet* **Gonchigiyn Bumatsende** Pt. **1941** Amar tué en URSS. **1946**-*5-1* Chine renonce à ses droits après plébiscite pour *indépendance* (20-10). *-27-2* traité d'amitié et d'assistance mutuelle avec URSS. **1952-54** **Youmjaguin Tsedenbal** (1916-91) Pt. **1954**-*juillet* **Jamsarangiyn Sambu** Pt. **1959** collectivisation achevée. **1961**-*28-10* M. admise à l'Onu. **1962** membre du Comecon. **1972**-*mai* **Sonomyn Luvsan** Pt. **1974**-*juin* **Yumjagiyn Tsedenbal** Pt (25-1-1990 exclu des Jeunesses communistes à 73 ans ; 15-3 exclu du PC ; 20-4 perd ses titres de héros de la Rép. populaire, de héros du travail, et son rang de maréchal ; 20-4-1991 limogé ; † exilé à Moscou). **1984**-*23-8* **Jambiyn Batmonth** (né 10-3-1926) Pt. **1988** semi-propriété coopérative introduite. **1989** relations diplomatiques avec CEE. **1990**-*14-1* 3e manif. à Oulan-Bator. UDM réclame élections libres et référendum sur économie de marché. *-21-1* manif. UDM. *-18-2* manif. *-12-3* dirigeants PC démissionnent. *-21-3* art. 82 de la Const., garantissant au PC le monopole du pouvoir, aboli. *-26-3* relations diplomatiques avec Corée du Sud rétablies. *-2-8* secrétaire d'État américain James Baker en M. (accord d'assistance). *-3-9* **Punsalmaagiyn Ochirbat** (né 1942) Pt (était Pt du Praesidium du Grand Khoural populaire depuis 21-3-1990). **1991**-*3-9* loi interdisant cumul fonction officielle et appartenance à un parti. *-10-9* Ochirbat démissionne du PPRM. *-18-10* manif. contre corruption. **1992**-*4-4* relations diplomatiques avec Vatican. Départ des troupes soviétiques. *-28-6 législatives :* PPRM 70 sièges. **1993**-*6-6* Ochirbat réélu au suffrage univ. par 57,8 % des voix devant Lodongiyn Tudev 38,7 %. **1996**-*17/21-4* Ochirbat en France. *-Avril/mai* incendies (sécheresse). **1997**-*18-5* **Nachagiyn Bagadandi** (né 22-4-1950) élu Pt (60,8 % des voix, Ochirbat 29,8 %). **1998**-*juillet* rétablissement du nom patronymique (depuis 1921, pour les documents officiels, on se servait du prénom précédé de l'initiale du prénom du père). *-2-10* Sanjaasuregiyn Zorig, ministre démocrate, assassiné. **2000**-*26-7* **Nambaryn Enkhbayar** (né 1-6-1958) PM. *-Été* très sec, manque de fourrage. *-Hiver* vague de froid (– 50 °C), hécatombe sur les troupeaux. **2001**-*févr.* apparition de la fièvre aphteuse. *-20-5* Bagadandi réélu (57,95 % des voix) devant R. Gonchigdori.

■ **Statut.** *République.* **Constitution** du 13-1-1992. **Pt :** élu pour 4 ans au suffrage univ. **Parlement** (Grand *Khoural* d'État) : 76 membres élus au suffrage universel pour 5 ans. **Élections du 30-6-1996 :** UDM 50 sièges, PPRM 25, indépendant 1 ; **du 2-7-2000 :** PPRM 72 sièges, Union démocratique 4. **Provinces :** 21 *(aïmags)* divisées en 342 *soums.* **Fêtes nationales.** 11-7 *(Naadam).* 21-7 (révolution). **Drapeau** (adopté en 1940). Bandes verticales rouge (communisme et progrès), bleue (ciel) et rouge. A gauche, *Soyonbo* en jaune (devise bouddhiste).

■ **Partis.** **P. populaire révolutionnaire mongol (PPRM)** fondé mars 1921 par Soukhe-Bator et Horloogiyn Tchoibalsan, abandonne marxisme févr. 1991 ; *leader :* Nambaryn Enhbayar depuis févr. 1997 ; 100 000 m. (en 1999). **Union démocratique mongole (UDM)** créée déc. 1989 ; *leader* : S. Bilegsaihan ; 80 000 (m. en 1992) [fédère : **P. national et démocratique mongol** fondé oct. 1992 (de la fusion du P. du Progrès national, PDM, et du P. unifié), *leader :* Tsahiagiyn Elbegdorj, et **P. social-démocrate** créé 1990, *leader :* Raamousúnberéliin Gonckigdor. **P. de l'héritage uni** fondé 1993 ; 12 000 m.

■ **Économie.** **PNB** (en 1999) : 860 millions de $; 330 $ par hab. 18 % de la population sous le seuil de pauvreté. **Pop. active** (en %) **et,** entre parenthèses, **part du PNB** (en %) : agr. 32,8 (32), ind. 27,6 (26), services 39,6 (32), mines 10 (10). 859 800 actifs (en 1998) dont agriculteurs 394 100. **Chômage** (en %) : *1994 :* 10 ; *97 :* 7,5 ; *98 :* 5,8. **Croissance** (en %) : *1999 :* 3,5. **Inflation** (en %) : *1992 :* 325,5 ; *93 :* 183 ; *94 :* 66,3 ; *95* : 53,1 ; *96 :* 44,6 ; *97 :* 20,5 ; *98 :* 6 ; *99 :* 7,6. Depuis 1990, arrêt de l'aide de l'URSS (environ 50 % du PNB). **Dette globale** (en milliards de $) : *1997 :* 19,6. **Aide ext.** (en millions de $) : *1996 :* 193 ; *97 :* 243. **Privatisations** (en 1996) : 70 %.

■ **Agriculture.** **Terres** (en milliers d'ha, 1998) : cultivées en céréales 326,6, fourrage 160,8, légumes 16,4 ; prairies : 127,7. **Production** (en t, 1999) : foin 630 200, p. de t. 64 000, légumes 45 700, blé 168 000. **Élevage** (en milliers de têtes, 1999). Nomade ou semi-nomade. Ovins 15 000, caprins 11 000, bovins 3 800, chevaux 3 100, chameaux 354,1. Viande, cuirs, peaux, laine (3 000 t de cachemire par an). **Pêche** (en 1997). 181 t.

■ **Mines** (en 1998). Charbon et lignite 5 054 000 t, fluor 612 000 t, cuivre 358 400 t, molybdène *(mine d'Erdenet)* 4 240 t, wolfram, tungstène, nickel, fer, étain, or 10 710 kg (en 1999), argent, pierres précieuses.

■ **Transports** (en km, 1998). **Routes :** 42 000. **Voies ferrées :** 1 815. **Tourisme** (en 1998). 197 424 visiteurs.

■ **Commerce** (en millions de $). **Export./import. :** *1997 :* 452/468 ; *98 :* 345/468 (*exporte vers* Suisse 68, Chine 95,3, Corée du S. 43, Russie 38,4, Japon 12,2/*importe* de Russie 144,6, Chine 63, Japon 55,2, Corée du S. 35,5, All. 18) ; *99 :* 336/426.

■ **Rang dans le monde** (en 1999). 19e ovins.

Montserrat

Carte p. 895. V. légende p. 950.

■ **Situation.** Ile de l'archipel Sous-le-Vent (Antilles, au nord de la Guadeloupe). **Superficie :** 102,6 km² (aux 2/3 montagneux). **Côtes :** 45 km. **Altitude** *maximale :* Chances Peak 914 m. **Climat.** Tropical (pluies déc. à févr. 3 870 mm), ouragans juillet-oct. ; *température* moyenne 28 °C.

■ **Population.** *2001 (est.) :* 5 000 hab. **D.** 48,7. **Capitale.** *Plymouth* 3 500 hab. en 1996. **Langue.** Anglais *(officielle).* **Religions** (en 1991). 2 796 anglicans, 2 081 méthodistes, 1 397 catholiques, 1 580 pentecôtistes, 1 260 adventistes.

■ **Histoire.** **1493** découverte par *Christophe Colomb.* **1632** colonisée par des Anglais et Irlandais venus de St-Christophe. **1664** arrivée des 1ers esclaves. **1783** possession britannique controversée par la France ; confirmée à la G.-B. par *traité de Versailles.* **1816-34** colonie avec Antigua et Barbuda. **1834** esclavage aboli. **1871** partie de la Fédération des îles Sous-le-Vent. **1956** autonomie lors de la dissolution de la Fédération. **1958**-*3-1*/**1962**-*31-5* membre de la Fédération des Indes-Occidentales. **1967** vote pour rester colonie britannique. **1989**-*17-9 cyclone Hugo* (10 †). **1995**-*18-7* reprise de l'activité volcanique. **1997**-*25-6* éruption de la Soufrière (19 †). *-Août* Plymouth détruite, évacuée.

■ **Statut.** *Colonie britannique.* **Constitution** du 1-1-1960, révisée 1989. **Gouverneur :** Anthony James Longrigg depuis 1-5-2001. **PM :** David Brandt. **Conseils exécutif :** 7 m. dont 4 élus ; **législatif :** 12 m. dont 7 élus. **Élections du 11-11-1996 :** NPP 1 siège, MNR 2, PPA 2, indépendants 2. **Partis.** **Mouvement pour la reconstruction nat. (MNR)** fondé 1996, Austin Bramble. **P. national progressiste (NPP)** fondé 1991, Reuben Meade. **Alliance progressiste du peuple (PPA)** fondée 1996, John A. Osborne. **Drapeau** (adopté 1909). Fond bleu. Drapeau anglais en haut et à gauche. **Armoiries :** femme en vert portant une croix (christianisme) et une harpe (immigrants irlandais).

■ **Économie.** **PNB** (en 1999) : 9 580 $ par hab. **Agriculture.** **Terres :** 1 % cultivées. **Production :** oignons, carottes, tomates, p. de t., citrons, poivre, coton. **Élevage** (en milliers de têtes, 1999). Volailles 25 (en 1995), bovins 10, caprins 7, ovins 5, porcs 1. **Pêche** (en 1997). 46 t. **Tourisme.** 14 356 visiteurs (en 2000). Depuis 1996, pratiquement inexistant. **Commerce** nul depuis 1997.

☞ En 1999, 60 % des terres sont encore en « zone évacuée ». La population restante vit dans le nord de l'île.

Mozambique

V. légende p. 950.

■ **Situation.** Afrique orientale. **Superficie :** 801 590 km². **Frontières** (en km) : Tanzanie 756, Malawi 1 569 (dont lac Nyassa 280), Zambie 419, Zimbabwe 1 231, Afr. du Sud 491, Swaziland 105. **Côtes :** 2 470 km. **Ile de Mozambique** (300 × 300 à 500 m). **Altitude** *maximale :* Mt Binga 2 436 m. **Régions** *principales :* littoral, plateaux moyens, hauts plateaux, montagnes. **Climat.** Tropical, humide et chaud.

■ **Population** (en millions d'hab.). *1997 :* 18,4 (surtout bantous) ; *2000 (est.) :* 19,56 ; *2025 (prév.) :* 33. **D.** 24,4. **Taux** (en ‰, 1999) : *croissance* 26 (en 1992), *natalité* 41, *mortalité* 19, infantile 134. **Espérance de vie** (en 1999) : *h.* 43, *f.* 46 ans. **Age** (en %) : *– de 15 ans* : 42,9, *+ de 64 ans* : 2,7. **Taux d'alphabétisation :** *1963 :* 6 % ; *96 :* – de 28 %. **Étrangers :** Européens : *1930 :* 20 000 ; *50 :* 50 000 ; *60 :* 100 000 ; *70* : 150 000 ; *75* (avant l'indépendance) : 250 000 dont 60 000 soldats portugais ; *91 :* 20 000 Portugais. **Émigration :** ouvriers mineurs en Afr. du Sud : *1975 :* 118 000 ; *85 :* 44 000 ; *92 :* 50 000. **Réfugiés :** *1993-96 :* l'Onu en rapatrie 1 300 000 sur 2 000 000 des pays voisins. **Déplacés :** 3 500 000. **Langues.** Portugais *(officielle),* autochtones, bantoue. **Religions** (en %). Animistes 40, chrétiens 30, musulmans 30. **Villes.** *Maputo* (ex-*Lourenço Marques* avant 3-2-1974) 2 212 000 hab. (est. 1999) [*1930 :* 30 000 ; *80 :* 800 000], Beira 300 000, Nampula 250 000, Lichinga 65 000, Inhambane 50 000.

■ **Histoire.** **1400-26** État du *Monomotapa.* **Fin XVe-XVIe s.** empire de Chidima (après, royaume réduit). **1489** découvert par le Portugais Pero da Covilha ; **1498** par les Karanga ; *-4-3* par Vasco de Gama [maître du royaume créé par le roi Nembrie (Karanga, † vers 1420)]. **1507** île de Mozambique occupée par Portugais. **1544-45** Lourenço Marques (commerçant portugais) explore la baie qui portera son nom. **1561** jésuite Gonçalo da Silveira baptise la Cour du Monomotapa mais est exécuté après une cabale. **1607** après expédition punitive portugaise, l'empereur cède au Portugal mines d'or, cuivre, fer, plomb, étain. **1629** 1ers colons portugais *(prazeiros).* **1645** début trafic esclaves avec Brésil. **1735-46** traité des Noirs avec Mascareignes. **1752** île de Mozambique devient capitale. **1800-42** 400 000 esclaves partis du Mozambique. **1832** *Lourenço Marques :* gouverneur tué par Zoulous. **1836**-*10-12* esclavage aboli (décret sera suspendu). **1845** Manicusso crée empire de Gaza. **1848** *Lourenço Marques* doit capituler. **1869** esclavage aboli. **1875** arbitrage Portugal/G.-B. du Mal de Mac Mahon (Pt de la Rép. française) attribue baie de Lourenço Marques au Portugal. **1890** ultimatum anglais : le Portugal doit renoncer aux territoires séparant Mozambique et Angola. **1891**-*11-6* traité G.-B./Portugal délimitant frontières. **1895**-*7-11* Portugais battent roi Ngungunhan qui mourra en exil aux Açores (1904). **1902** Chioco †, dernier des *Monomatapa* (chef local). **1916-17** rébellion. **1917**-*sept.*/**1918** invasion allemande. **1951** province portugaise. **1964**-*25-9* guerre de libération : Frelimo comprend au début 250 hommes, formés en Algérie et Égypte, choisis par Eduardo Mondlane (1920-69). [Soldats portugais : *1961 :* 4 000 ; *64 :* 35 000 ; *68 :* 50 000.] **1969**-*févr.* Mondlane assassiné, remplacé (nov.) par Marcelino dos Santos et Samora Machel. **1973**-*janv.* nouveau statut. **1974**-*7-9 accord de Lusaka* Portugal/Frelimo sur indépendance. Troubles à Lourenço Marques (100 †). *-22-10* attentat par rebelles portugais (40 †).

1975-*25-6* **indépendance** (pertes du Frelimo en 10 ans de guerre contre Portugal : 2 057 †) ; **Samora Machel** (29-9-1933/19-10-1986, Tsonga) Pt. *-17-12* putsch avorté. **1976**-*3-2* logement, médecine et éducation nationalisées. *-3-3* « état de guerre » avec Rhodésie ; Mozambique ferme ses frontières. **1977** traité d'amitié et de coopération avec URSS pour 20 ans. *-Nov.* raid rhodésien au Mozambique (1 200 Rhodésiens †). **1980** petits commerces privatisés. *-3-4* Dos Santos, ministre du Plan (no 2 du régime) prosoviétique, secrétaire du Comité central. **1981**-*30-1* Maputo, raid sud-africain contre 3 bases de l'ANC (anti-apartheid). **1982** Renamo étend son influence au Centre. **1983**-*23-5* raid sud-africain près de Maputo contre ANC (64 †). **1984**-*3-4 accord de N'Komati,* non-agression avec Afr. du Sud. **1985**-*déc.* guérilla reprend. **1986** famine (années de sécheresse, puis cyclones). *-14-10* Pt Machel tué dans accident d'avion (erreur du pilote soviétique).

1986-*2-11* **Joaquim Alberto Chissano** (né 22-10-1939) élu Pt par le Comité central du Frelimo. **1987** libéralisation, privatisations. *-18-7* Homome : 383 † par Renamo (oct. : 211 †). *-12-9* rencontre Chissano/Botha. *-14-9* Jean-Paul II au Mozambique. *-28-9* Chissano en Fr., demande aide militaire. **1989**-*févr./24-7* offensive Renamo. **Bilan de la guerre civile :** *tués* 900 000, *déplacés* 3 millions (dont 1,5 à l'étranger) ; *destruction* sur 75 % du territoire : 2 600 écoles primaires, 820 centres de santé, 44 usines, 1 300 tracteurs, camions ou autobus. **1990** retrait Soviétiques et Allemands de l'Est. Retour de 15 000 Mozambicains de RDA. **1991**-*1-10* province de Gaza : 60 civils tués par Renamo. *-10-12* attaque Renamo : 61 civils et 10 assaillants †. **1992**-*4-10* Rome, accord de paix gouv./Renamo. *-17/20-10* Renamo prend 4 villes. **1993**-*3-3* arrivée des premiers des 7 000 casques bleus de l'Onumoz (départ le 31-1-1995). *-21-8* Afonso Dhlakama, chef Renamo, revient à Maputo après 17 ans d'exil. *-23-8* rencontre Chissano. *-24-11* Maputo, émeutes après doublement du prix des taxis collectifs : 1 †. *-30-11/1-12* accord avec Renamo sur regroupement des forces armées. **1994**-*27/28-10* Chissano réélu (53,3 % des voix) devant Dhlakama (33,7 %). **1998**-*28-6* visite du Pt Chirac. **1999**-*22-12* Chissano réélu Pt. **2000**-*4-2 et durant un mois,* cyclones *Eline* et *Gloria*, inondations : 700 † ; 500 000 sinistrés, 1 milliard de $ de dégâts. **2001**-*févr.* inondations : 100 †, 90 000 sans-abris.

■ **Statut.** *République* depuis 1-12-1990. Membre du Commonwealth depuis 12-11-1995. **Constitution** du 30-11-1990. **Pt :** élu au suffrage universel. **PM :** Pascoal Manuel Mocumbi (né 10-4-1941) depuis 21-12-1994. **Assemblée :** 250 membres élus au suffrage universel pour 5 ans. **Élections des 27/28-10-1994 :** Frelimo 44,3 % (129 sièges), Renamo 37,7 % (112), Union démocratique 5,15 % (9). **Fête nationale.** 25 juin (indépendance). **Drapeau** (adopté en 1975, revu 1-5-1983). Symboles : agriculture (bande verte et houe), peuple (bande noire), paix (liserés blancs), sous-sol (bande jaune), lutte pour l'indépendance (triangle rouge et fusil), éducation (livre) et internationalisme (étoile jaune).

■ **Partis. Front de libération du Mozambique (Frelimo)** fondé 25-5-1962, marxiste-léniniste depuis 3-2-1977, juillet 1989 abandonne marxisme, *leader* : Pt Joaquim Chissano, 175 000 membres. **Résistance nationale mozambicaine (Renamo)** fondée nov. 1976, *Pt* : Afonso Dhlakama (né 1953), 20 000 combattants financés par Afr. du Sud. **P. de la convention nationale (PCN)** fondé 1992 ; *Pt* : Lutero Simango. **Union nationale mozambicaine (Unamo)** fondée 1987 ; *Pt* : Carlos dos Reis. **Mouv. nationaliste mozambicain - P. mozambicain social-démocrate (Monamo-PMSD)** ; *Pt* : Maximo Dias. **Front uni du Mozambique - P. de convergence démocratique (Fumo-PCD).**

■ **Économie. PNB** (en 1999) : 210 $ par hab. **Croissance** (en %) : *1997* : 6,1 ; *98* : 9,8 ; *99* : *8,9* ; *2000 (est.)* : 3,8. **Pop. active** (en %) **et,** entre parenthèses, **part du PNB** (en %) : agr. 60 (64), ind. 20 (15), services 20 (21). **Inflation** (en %) : *1990* : 47 ; *91* : 35 ; *92* : 47 ; *93* : 42,2 ; *94* : 63,1 ; *95* : 40 ; *96* : 44,6 ; *97* : 31,5 ; *98* : 10,3 ; *99* : 4,3. **Déficit alimentaire :** 800 000 t par an. **Aide :** 1 milliard de $ par an et 1 000 000 de t d'aide alimentaire. **Dette extérieure** (en milliards de $) : *1999* : 5,8. **Salaire mensuel :** 34 $ (en 1997).

■ **Agriculture. Terres** (en milliers d'ha, 1981) : arables 1 650 (en 1990), cultivées 250 (en 1990), pâturages 44 000, forêts 15 340, eaux 1 750, divers 15 989. **Crises :** *1978* : inondations ; *80/84* et *87/92* : sécheresse ; *84* : cyclone, échec des coopératives. **Production** (en milliers de t, 1999) : manioc 5 639, maïs 1 185, noix de coco 440, canne à sucre 369, sorgho 249, légumes et melons 167, riz 2, arachides 143, légumineuses 140, coprah 74, p. de t. 76, patates douces 58, coton 35, noix de cajou 32, tabac 3, thé 2, sisal 1, millet. **Forêts** (en 1997). Bois tropicaux (précieux et industriels) 18 530 000 t. **Élevage** (en milliers de têtes, 1999). Poulets 23 000, bovins 1 310, canards 580 (en 1982), caprins 386, porcs 178, ovins 124, ânes 19. **Pêche** (en 1998). 35 500 t, surtout crevettes (37 % des exportations).

■ **Énergie. Charbon** (en milliers de t) : *1974* : 800 ; *81* : 535 ; *92* : 27 ; *95* : 38. **Pétrole :** prospection. **Gaz :** *réserves* : 62 milliards de m³. **Hydroélectricité :** *barrage de Cabora-Bassa* sur Zambèze, construit 1970-74, potentiel prévu 2 075 MW, dont 1 500 vendus à l'Afr. du Sud (réseau de 1 400 km, environ 7 % de la consommation). Saboté par Renamo (1 800 pylônes détruits), a fonctionné à 1 % de sa capacité (*coût* reconstruction : 100 millions de $ dont Afr. du Sud 50, Italie 30). **Minerais divers** (en 1991). **Tantalite. Marbre. Pierres** semi-précieuses. **Bauxite :** 11 000 t (en 1995). **Cuivre. Sel. Or :** 270 kg.

■ **Transports** (en km). **Routes** (en 1996) : 24 700 dont 5 700 revêtus. **Voies ferrées** (en 1995) : 2 983. **Port de** *Maputo* (en millions de t) : *1973* : 6,8 ; *74* : 14 ; *85* : 0,9 ; *90* : 2,9 (Beira 2,5, Nacala 0,3).

■ **Commerce** (en millions de $). **Export./import. :** *1995* : 171/718 ; *98* : 234/805 ; *99* : 268/1 161.

■ **Rang dans le monde** (en 1999). 28ᵉ millet.

MYANMAR (UNION DE)

(ex-Birmanie)

V. légende p. 950.

■ **Nom.** Adopté 18-9-1989 ; englobe toutes les ethnies du pays (135 minorités), le nom de Birmanie se référant seulement à l'ethnie birmane. D'après la légende, des esprits favorables (*Bya Ma*) auraient créé un pays merveilleux (*Myan Ma*). Les Anglais ont déformé ce nom, en faisant *Burma* (traduit en français par *Birmanie*).

■ **Situation.** Asie. **Superficie :** 676 577 km². **Frontières** (en km) : Chine 2 185, Thaïlande 1 800, Inde 1 463, Bangladesh 193, Laos 235. **Côtes :** 1 930 km. **Longueur** *maximale* : 2 051 km. **Largeur :** 937. **Altitude** *maximale* : Mt Hkakabo Razi, 5 881 m. **Régions :** *ouest* : montagnes (Mts Patkai, 4 000 à 5 000 m) ; *sud-ouest* : chaîne de l'Arakan ; *nord* : montagnes ; *centre-est* : plateau Shan (1 000 à 1 200 m) ; *sud* : Tenasserim, côte abrupte, bassin de l'*Irrawaddy* (1/3 de la superficie du pays). **Fleuves :** *Irrawaddy (Ayeyarwady)* 1 992 km (dont 1 653 navigables), *Salouen (Thanlwin)* 1 280 (112), *Chindwin* 1 021. **Climat.** Avril-début mai : très chaud (jusqu'à 40 °C) ; 15 mai-15 oct. : mousson. Hiver : Rangoun 24 °C, Mandalay 21 °C.

■ **Population** (en millions d'hab.). *1999 (est.)* : 48,1 dont (en %) Birmans 68, Shan 9, Karen 7 à 8 (+ 0,5 en Thaïlande), Kayin 7, Rakhine 4, Kachin 2,3, Chinois 2,3, Môn 2,3, Kayahs 1 ; *2000 (est.)* : 49,34 ; *2025 (prév.)* : 68. La majorité de la population, d'ethnie birmane, est regroupée dans la plaine de l'Irrawaddy ; régions frontalières peuplées par minorités. **D.** 72,9. **Pop. active :** 39,2 % ; *rurale* : 85 %. **Âge :** *- de 15 ans* : 29,8 %, *+ de 64 ans* : 4,7 %. **Taux** (en ‰, 1999) : *natalité* 30, *mortalité* 10 (*infantile* 83). **Sida :** 750 000 cas recensés. **Espérance de vie** (en 1999) : *h.* 60, *f.* 62 ans. **Immigration au Myanmar :** 110 750 (Indiens 60 000, Chinois 45 000, divers 5 750). **Réfugiés** (en 1999) : personnes déplacées 500 000 à 1 000 000, réfugiés 145 000 en Thaïlande, Bangladesh 53 000, Inde 42 000.

■ **Langues.** Birman (80 %, *officielle*) ; minorités ethniques (en %) : karen 20, môn 12, shan 7, kachin 5, chin 3, kayah 2, arakan 2. **Religions** (en %). *Bouddhistes* 85 (Theravada), *chrétiens* 5,6 (dont 400 000 cath. ; 14 évêques, 300 prêtres, 800 religieux), *musulmans* 3,6, *juifs* (Nasusras, descendants de la tribu de Manossi, plusieurs milliers), *hindouistes* 1. Liberté religieuse garantie par la Const., mais droit de vote interdit aux religieux.

■ **Villes** (en 1983). *Rangoun (Yangoun)* 4 000 000 d'hab. (est. 1993), Mandalay 532 895 (à 695 km), Moulmein (Mawlamyne, à 301 km) 220 000. Les habitants portent le *longyi*, jupe-fourreau.

■ **Histoire.** Peuplement de Mongols, indianisation au début de l'ère chrétienne. **1044** Anoratha (1044-77) fonde le *roy. de Pagan (Bagan).* **1057** prise de Thaton, capitale des Môn. **1287** Mongols prennent Pagan. **1299** Pagan brûlé par Chans. Pays morcelé. **1364-1555** dynastie chan d'Ava. **1387-1539** royaume môn de Pegu (Bago). **1511** arrivée des Portugais. **XVIᵉ s.** rétablissement de l'unité. **1613** agents britanniques. **1752** Alaungpaya fonde le 3ᵉ Empire birman (dynastie **Konbaung**) qui durera jusqu'en 1885. **1759** conquête du Manipur. **1767** d'Ayuthia. **1785** de l'Arakan (Rakhina). **1817** du Manipur et de l'Assam. **1824-26** occupation britannique partielle, par les côtes. *Mandalay* cap. Économie fermée et export. de riz interdites. **1825** *traité de Yandabo* avec G.-B. **1852** occupation du delta de l'Irrawaddy et du Sittang (Sittoung) ; essor de *Rangoun* cap. **1885** 3ᵉ guerre de conquête britannique. **1886**-*1-1* occupation complète ; annexée à l'Inde. **1920-30** chute du prix du riz, mainmise sur terres par prêteurs usuriers indiens (25 % du delta). **1923** autonomie administrative partielle. **1937** colonie de la Couronne, séparée de l'Inde. **1938** émeutes anti-indiennes (entre 1852 et 1937, 2,5 millions d'Indiens ont émigré en Birmanie, dont 1 million de résidents). **1939** *Aung San* (né 13-2-1915) fonde le PCB. **1941** recrute 30 compagnons qu'il va initier au sabotage pour préparer l'invasion japonaise, le Japon devant accorder l'indépendance. *-Déc.* invasion japonaise. **1942** départ de 50 % des Indiens. *-Août* gouvernement fantoche de *Ba Maw,* projaponais. **1943**-*1-8* gouvernement proclame indépendance. Construction du chemin de fer Bangkok-Rangoun : 120 000 † (prisonniers britanniques, canadiens, australiens, néo-zélandais... et asiatiques enrôlés de force). **1945**-*25-3* armée nat. birmane d'Aung San se soulève contre Japon. *-3-5* Anglais reprennent Rangoun. **1947**-*27-1* accord de Panglong avec G.-B. pour indépendance. *-19-7* Aung San assassiné avec 6 membres du Conseil exécutif (on accuse *Usaw,* ancien PM, d'être l'instigateur ; il sera pendu ; les Karens accusent U Nu et Ne Win, aidés de Britanniques ; Aung San aurait été prêt à accorder des concessions aux populations du N.). *-2-9 Constitution* après accord entre Barmar (Birmans de souche : 2/3 de la pop.) et la plupart des minorités [Shan, Rakhine (Arakan), Kayin (Karen), Môn, Kachin, Chin, Karenni et Pa-os] : prévoit un système fédéral. Les minorités peuvent se retirer de l'Union 10 ans après la date d'entrée en vigueur de la Constitution.

1948-*4-1 indépendance ;* **Sao Shwe Thaike** Pt. *U Nu* (né 1907) PM. Nouvel exode indien. **1949-55** rébellion communiste, 30 000 †. **1952**-*mars* **Ba U** Pt. **1957**-*mars* **U Win Maung** Pt. **1958**/*28-10*-**1960** *Gᵃˡ U Ne Win* (né 4-5-1911) PM (« Soleil de Gloire », de son vrai nom Shu Maung). **1960**-*6-2* élections, *U Nu* PM. **1961** bouddhisme religion d'État. **1962**-*2-3* coup d'État renverse U Nu, *Conseil national révolutionnaire* (17 m.) présidé par **Gᵃˡ U Ne Win.** Guérillas procommunistes dans le nord (État shan, tribu kachin), révoltes des Karen et Môn dans le sud. *-Juin* la marine tire sur dockers : 22 †. La Birmanie refuse toute aide et se ferme aux investissements étrangers. **1964**-*28-3* partis politiques dissous. **1966** U Nu libéré, réfugié à Bangkok pour diriger le Front uni de libération nationale. **1967**-*juin* émeutes antichinoises. **1974**-*mars U Sein Win* PM. *-5/11-12* émeutes (étudiants). *-12-12* loi martiale. Libéralisation de l'économie. **1975**-*juin* combats dans le N. contre communistes. **1976**-*5-7* complot militaire du min. de la Défense Tin Un (condamné à 7 ans de prison). **1977**-*mars Cᵉˡ U Maung Maung Kha* PM. **1978**-*févr.* représailles contre Arakanais (ethnie des Rohingyas) ; environ 200 000 s'enfuient au Bangladesh. **1980**-*juillet* U Nu rentre à Rangoun. **1981**-*9-11* **Gᵃˡ U San Yu** (1919-96) Pt du Conseil d'État. **1983**-*9-10 Rangoun,* attentat d'un commando nord-coréen contre délégation sud-coréenne, 21 †. Gᵃˡ Tinoo condamné : réclusion perpétuelle (concussion). **1985**-*24-7* attentat contre train : 61 †. **1987**-*févr.* l'armée reprend Kiuhknok au PCB. *-5-7* guérilla, les minorités insurgées s'allient au maquis communiste. *-5/6-9* émeute d'étudiants après démonétisation des billets (la 4ᵉ depuis mars 1962 ; 1 en 1964, 2 en nov. 1985). **1988**-*16-2* attentat : 12 †. *-16-3/30-6* manif. étudiantes : 200 †. *-21-6* couvre-feu à Rangoun. *-23-7* Ne Win démissionne. *-27-7* **Gᵃˡ Sein Lwin** (né 1924) chef du Parti et chef de l'État. *Tun Tin* élu PM par l'Assemblée. *-2-8* manif. étudiantes. *-3-8* loi martiale à Rangoun. *-8-8* la police tire sur manifestants. *-10-8* : 3 policiers décapités par manifestants. *-12-8* Sein Lwin démissionne. *Bilan des émeutes* : plus de 3 000 †. *-19-8* Dr Maung Maung chef de l'État. *-26-8* grève générale : 700 000 manifestants à Rangoun, 500 000 à Mandalay. *-29-8 Ligue pour la démocratie et la paix* 1ʳᵉ organisation d'opposition depuis 1962 [Pt Mahn Win Nu (véritable chef : U Nu, dernier PM démocratiquement élu)]. *-9-9 U Nu* se proclame PM et nomme **Win Maung,** 1ᵉʳ Pt de la Rép., chef de l'État provisoire. *-18-9* coup d'État du **Gᵃˡ Saw Maung** et de 18 officiers (au service du Gᵃˡ Ne Win) ; *bilan officiel des émeutes* : 342 †, 1 107 arrestations ; **junte militaire** [*Slorc : State Law and Order Restoration Council* (« Conseil pour la restauration de l'ordre et de la loi ») devenu le 15-11-1997 le *State Peace and Development Council* (« SPCC, Conseil pour la paix et le développement »)] : 21 m., *chef* : **Gᵃˡ Than Shwe** (né 1933) depuis 23-4-1992 ; *Saw Maung* PM. *-Oct.* offensive communiste au nord-est, avec aide chinoise (interrompue depuis 1978). La Birmanie abandonne la dénomination de rép. socialiste. *-30-11* code des investissements étrangers promulgué. **1989**-*2-1* plus de 100 000 manifestants pour funérailles de Daw Khin Kyi (veuve d'Aung San). *-19-7* écoles rouvertes après 1 an (collèges et universités restent fermés). *-30-12* combats contre Karens : 242 militaires et 204 rebelles †. **1990**-*27-5 législatives* [1ʳᵉˢ depuis 1962 ; LND (Ligue nat. pour la dém.) 392 sièges]. *-Sept.* Bangkok, gouv. en exil formé ; répression, 30 000 prisonniers politiques. *-11-12* fermeture universités (après manif.). Bombe à Mandalay : 2 †. **1992**-*févr.* Arakan, persécutions des 2 millions de musulmans rohingyas : 250 000 se réfugient au Bangladesh. *-24-8* universités rouvertes. *-10-9* couvre-feu, instauré en sept. 1988, levé. *-26-9* loi martiale, instaurée en sept. 1988, levée. *-Déc.* 5 000 Rohingyas rentrent. **1993**-*9-1* convention chargée de préparer une Constitution. *-17-2* Bangkok, 13 prix Nobel de la paix demandent la libération de Mme Aung San Suu Kyi (voir Partis, ci-dessous). *-Déc.* début des négociations Alliance démocratique/gouv. **1994**-*janv.* Karens négocient cessez-le-feu. *-2-7* représailles contre guérilla môn : 6 000 réfugiés en Thaïlande. *-Fin 1994* offensive contre Karens et Môns. **1995**-*26-1* quartier général de l'Union nat. karène détruit à Manerplaw (puis 21-2 à Kawmoora). *-9-10* Aung San Suu Kyi renommée secr. gén. de la LND ; *-23-10* le *Slorc* refuse. *-29-11* la LND boycotte la convention chargée de la Const. **1996**-*1-1* armée investit Ho Mong, QG de Khun Sa, roi de l'opium (laissé libre). *-30-5* : 110 000 progouvernementaux à Rangoun. *-26-12* Rangoun, attentat : 5 †. **1997**-*janv.* Onu condamne le Myanmar pour travail forcé, exploitation et prostitution des enfants. *-Févr.* offensive contre Karens : 22 000 se réfugient en Thaïlande. *-22-4* Pt Clinton interdit tout nouvel investissement au Myanmar. **2000**-*24-1 hôpital de Ratchaburi (Thaïlande)* : 500 otages pris par l'Armée de Dieu (baptiste chrétienne) dissidente en mars 1997 de l'Union nationale karène (KNU), dirigée par des jumeaux de 12 ans (Johnny et Luther Htoo). But : obtenir un corridor pour permettre aux Karens de quitter le Myanmar. *-25-1* attaque de l'Armée, assaillants †. *-22-9* Aung San Sui Kyi assignée à résidence. **2001**-*janv.* 85 m. du LND relâchés dont le nº 2 Tin Oo emprisonné depuis le 22-9. *-Avril* 14 opposants relâchés. *-17-11* le BIT condamne le M. pour recours au travail forcé.

■ **Statut.** *République.* **Constitution** du 3-1-1974. **Ass. constituante :** 489 membres élus 27-5-1990 ; jamais réunie. **Fêtes nationales.** 4-1 (indépendance). 24-11 (grève étudiante de 1920 contre la G.-B.). **Drapeau** (adopté 4-1-1974). Rouge (courage) avec rectangle bleu (paix) et, depuis 1974, 14 étoiles (les États) entourant roue dentée et plant de riz (union industrie et agriculture).

■ **États** (en 1983). *Rakhine* (Sittwe) 36 778 km², 2 045 559 hab. *Chin* (Falam) 36 019 km², 368 949 hab. *Kachin* (Myitkyina) 89 041 km², 904 794 hab. *Kayin* (Pa-an) 30 383 km², 1 055 539 hab. *Kayah* (Loikaw) 11 733 km², 168 429 hab. [interdit aux étrangers depuis 1948 ; pays des Padaungs, femmes-girafes]. *Môn* (Mawlamyine) 12 297 km², 1 680 157 hab. *Shan* (Taunggyi) 155 801 km², 3 716 841 hab. **Divisions :** *Ayeyarwady* (Pathein) 35 138 km², 4 994 061 hab. *Magwe* (Magwe) 44 820 km², 3 243 166 hab. *Mandalay* (Mandalay) 37 024 km², 4 577 762 hab. *Bago* (Pegu) 39 404 km², 3 799 791 hab. *Yangon* (Rangoun) 10 171 km², 3 965 916 hab. *Sagaing* (Sagaing) 94 625 km², 3 862 172 hab. *Tenasserim* (Dawei) 43 343 km², 917 247 hab.

■ **Partis. P. de l'unité nat.** jusqu'en sept. 1988 [avant, *Lanzin Party* fondé 1962 (ex-parti unique) ; *leader* : U Tha Kyaw]. **Ligue nat. pour la démocratie (LND)** fondée 24-9-1988, *leader* : Aung San Suu Kyi [née 19-6-1945, fille d'Aung San (1915/tué 19-7-1947), ép. 1972 le tibétologue anglais Michael Aris (1946-99), en résidence surveillée à Rangoun du 20-6-1989 au 10-7-1995 ; a reçu le 23-7-1991 le prix Sakharov et le 14-10 le prix Nobel de la paix (remis à ses 2 fils le 10-12)], *Pt* : U Aung Shwe.

Révoltes ethniques. Karens (en majorité chrétiens), Kachin, Arakanais, Môn et Karennis et autres minorités nationales. **Front islamique du Rohingya Arakan (FIRA)**

pour un État rohingya islamique indépendant. Fondé août 1987 [fusion : *Front patriotique Rohang* (créé 1973), *Organisation de solidarité du Rohingya* (Mohamed Yunus), *Armée de libération du Rohingya*]. Membres : environ 2 000. *Pt :* Mohamad Nurul Islam. **Organisation musulmane pour la libération de la Birmanie** pour l'indépendance de l'Arakan. *Dirigeant :* Mustafa Kamal (ou Kyaw La). **Kawtoolei Muslim Liberation Force** créée 1983. Demande plus de droits pour les musulmans, mais ne revendique pas un État islamique. **Organisations militaires politiques. Communistes du « drapeau rouge »** (prosoviétiques, ont disparu depuis l'arrestation de leur chef Thakin Soe en 1970) ; **du « drapeau blanc »** (prochinois, influents dans le N.-E.). **État shan :** plusieurs armées (Shan Shifu, la plus importante ; Khun Sa) ; trafic de drogue. **État kachin** (chrétiens) : armée indépendante (5 000 à 6 000 h.).

Nota. – Opposition regroupée dans l'**Alliance démocratique birmane (ADB),** comprenant 12 minorités dont **Union nationale karen (UNK,** Saw Ba Thin**), Organisation de l'indépendance kachin (OIK)** et **Was** (influence chinoise).

■ **Économie. PNB** (en $ par hab.) : *1960 :* 670 ; *84 :* 173 ; *89 :* 207 ; *95 :* 800 ; *99 :* 1 250. **Taux de croissance** (en %) : *1997 :* 5 ; *98 :* 4,1 ; *99 :* 5 ; *2000 (est.) :* 5 à 6. **Population active** (en %) **et,** entre parenthèses, **part du PNB** (en %) : agr. 56 (62), ind. 9 (4), services 32 (28), mines 3 (6). **Inflation** (en %) **:** *1987 :* 25 ; *88 :* 17 ; *89 :* 27,2 ; *90 :* 35 ; *91 :* 36 ; *92 :* 33 ; *93 :* 31,8 ; *94 :* 22,2 ; *95 :* 28,9 ; *96 :* 20 ; *97 :* 29,7 ; *98 :* 51,5 ; *99 :* 18,4. **Dette extérieure** (en milliards de $) : *1998 :* 5. Le Japon (1er pays donateur : 4 milliards de $ depuis l'indépendance) a suspendu son aide de 1988 à 1995.

☞ Selon CISL et CES : 800 000 personnes sont contraintes au travail forcé (correspondant à 10 % du PNB). Le *17-6-1999* le Myanmar a été exclu de l'OIT.

■ **Agriculture. Terres** (en milliers d'ha, 1979) : 67 655 dont arables 9 579, cultivées en permanence 449, pâturages 361, forêts 32 169, eaux 1 881, divers 23 216. **Production** (en milliers de t, 1999) : riz (64 % des terres) 17 075, canne à sucre 5 429, légumes 2 217 (en 1994), fruits 1 020 (en 1994), arachides 502, sésame 351, maïs 303, blé 93, coton 100 (en 1997), jute 33, tabac, caoutchouc, millet. Opium 2 700 t (en 1999), soit l'équivalent de 220 t d'héroïne [dont dans le Triangle d'or (155 000 km^2) et État kachin 178 t]. **Élevage** (en milliers de têtes, 1999). Volailles 28 000, bovins 10 740, porcs 3 715, buffles 2 379, chèvres 1 164, moutons 379. **Forêts** (en 1998). 22 430 000 m^3 dont 63 % de teck. **Pêche** (en 1998). 958 200 t.

■ **Énergie. Pétrole** (en millions de t, 2000) : *production :* 0,747, *réserves :* 7. **Gaz naturel** (en milliards de m^3) : *réserves :* 285 ; *production 1995 :* 1,75. **Hydroélectricité.** Barrage de Kinda (1,58 milliard de kWh en 1994). **Mines.** Étain, charbon, plomb, zinc, argent, cuivre, antimoine, tungstène, rubis, saphir. **Transports** (en km). **Voies ferrées :** 3 955 (en 1995). **Routes :** 28 200 (en 1996). **Navigation fluviale.**

☞ **Gazoduc de Yadana** (gisement off-shore) à Ratchaburi (Thaïlande) : 645 km dont 65 au Myanmar. Déplacements massifs de population, recrutement forcé. *Opérateurs* (en %) : Total 31,24, Unocal (USA) 28,28, PTT (pétrolier thaïlandais) 25,5, Cie d'Etat Moge 15.

■ **Tourisme. Visiteurs :** *1994 :* 89 238 ; *97 :* 185 000. **Sites :** *Rangoun :* pagode Shwedagon, reliques du Bouddha. Au sommet du *stupa* (100 m de hauteur) *seinbou* (globe en or de 25 cm de diam. incrusté de 4 433 diamants, rubis, saphirs, topazes, émeraudes). *Taunggyi :* marché. *Inlé :* lac. *Mandalay :* 150 monastères, 70 000 moines, pagodes, Maha Muni (statue du bouddha assis), ancien palais royal, pagode Kouthodo. Anciennes capitales : *Ava, Amarapura, Sagaing, Pegu* (pagode Shuemawdaw, 114 m de hauteur), *Pagan* [sur 80 km^2, à 684 km de Rangoun, 2 517 temples restaurés entre 1977 (tremblement de terre) et 1981], *Heho, Kalaw. Saison touristique :* oct. à févr.

■ **Commerce** (en millions de $). **Export./import. :** *1997 :* 866/2 037 ; *98 :* 1 066/2 667 ; *99 :* 1 125/2 301 (*exporte vers* Singapour, Indonésie, Inde, Thaïlande, Chine/*importe de* Japon, Singapour, Chine, Malaisie, Thaïlande, Corée du S.). **Contrebande :** 40 % du PNB : finance rebelles (Karens, Môn et Kachin, Shan, communistes) avec drogue du Triangle d'or. **Problèmes :** baisse des cours du riz et du teck, épuisement du pétrole.

■ **Rang dans le monde** (en 1999). 7e riz. 9e thé.

NAMIBIE (Sud-Ouest africain)

Carte p. 952. V. légende p. 950.

■ **Nom.** Appelée *Transgariep* ou *Grand Namaqualand* (par les pionniers), *Südwestafrika* (traité de Berlin, 1884). *Namibie* (Onu, 1968) du peuple *Nama,* du nom du désert du Namib, « pays où il n'y a rien », « terre de personne ».

■ **Situation.** Nord-ouest de l'Afrique du Sud. **Superficie :** 824 292 km^2. **Côte** (appelée par les marins « côte des squelettes ») : 1 572 km. **Frontières** (en km) : Angola 1 376, Zambie 233, Botswana 1 360, Afr. du Sud 855. **Régions :** 3. *Namib :* 1/5 du territoire, désertique, 80 à 130 km de largeur, plus hautes dunes du monde ; *plateau central :* 50 % de la superficie, 1 000 à 2 000 m d'alt. ; *Kalahari :* désert au nord et à l'est. **Climat.** *Pluies :* au sud et à l'ouest moins de 100 mm par an, au centre 200 à 400 mm, au nord et au nord-est plus de 400 mm (seules régions de végétation dense). *Températures :* janv. 17,3/30 °C ; juillet 6/20,4 °C.

■ **Population.** *1960 (rec.) :* 516 012 hab. ; *76 (rec.) :* 732 260 ; *81 (rec.) :* 1 033 196 ; *2000 (est.) :* 1 730 000 [dont (en %) Ovambos 50, Kavangos 9, Blancs 8, Hereros 7,5, Damaras 7,5, Namas 5, métis 4, Capriviens 4, Bushman (san) 3, Basters (mulâtres favorables aux Allemands lors du protectorat) 2,5, Himbas 0,5] ; *2025 (prév.) :* 2 000 000. **D.** 2. **Age :** – *de 15 ans :* 42,9 %, *+ de 64 ans :* 3,8 %. **Espérance de vie** (en 1998) : 51 ans. **Analphabétisme** (en 1992) : 60 %. **Langues.** Afrikaans, allemand, anglais *(officielles),* indigènes. **Religions.** Chrétiens 97 %.

■ **Villes** (en 2000). *Windhoek* (« Lieu du vent », 1 800 m d'altitude : banlieue noire Katatura) 250 000 hab., Swakopmund, Oshakati, Lüderitz, Tsumeb, Gobabis, enclave de Walvis Bay (1 124 km^2) 50 000 hab. (réintégrée depuis 1-3-1994 ; depuis 1922, était administrée comme si elle faisait partie du Sud-Ouest africain, puis fut rattachée à l'Afr. du Sud le 1-9-1977).

■ **Histoire.** Région peuplée par des Namas, puis Hereros et Ovambos. Principales tribus (90 %) : Masubia et Mafue dans la région de Caprivi. **XVe s.** explorations par les Portugais *Diego Cão* (1486) et *Bartolomeu Dias* (1488). **XVIIe s.** par les Hollandais. **XIXe s.** guerre entre tribus. **1840** installation de Jonker Afrikaner et de son peuple. **1876** protectorat de la colonie du Cap. **1878**-*12-3* G.-B. annexe Walvis Bay et des îles le long de la côte (qui sont rattachées à la colonie du Cap). **1884**-*avril traité de Berlin :* Allemagne protège régions acquises par l'Allemand Adolphe Lüderitz (1834-86), puis étend son domaine. **1890**-*1-7* traité All./G.-B. : All. cède à G.-B. Zanzibar et Pemba, reçoit Heligoland (mer du Nord) et une bande du territoire (dite de Caprivi, nom du chancelier all.) atteignant le Zambèze à 1 200 km du Tanganyika que l'All. aurait voulu relier au S.-O. africain. **1898** rétablit la paix entre tribus. **Cdt Leutwein** gouverneur. **1903-06** révoltes des tribus Namas et Hereros contre Allemands (nombreux morts, pertes de bétail). **1908** diamants découverts par Zacharias Lewala près de Lüderitz. **1915**-*juillet* occupation par Union sud-africaine à la demande des Alliés. Reddition allemande à Khorab. **1919**-*17-2* mandat de la SDN accordé à G.-B. **1920** à Union sud-africaine. **1926** Constitution. **1934** administrée comme la 5e province sud-africaine. **1948** 6 députés blancs la représentent au Cap. **1949** annexion par Union sud-africaine. **1966**-*27-10* mandat retiré par l'Onu, guérilla (notamment dans bande de Caprivi). Opposition. Convention nat. dirigée par **Clemens Kapuuo** [chef des Hereros, Pt de la *Nudo* (Organisation démocratique de l'unité nat.)] pour un système fédéraliste. **1967** fondation à l'Onu d'un conseil pour le S.-O. africain. **1968** Onu rebaptise le territoire « Namibie ». **1971**-*juin* Cour de La Haye déclare illégal mandat Afr. du Sud. **1975**-*1-9* conférence « de la Turnhalle » sur son avenir. **1976**-*18-8* fixe indépendance au 31-12-1978. **1977**-*27-4* négociations avec Afr. du Sud. *-Sept.* Swapo intensifie guérilla et refuse de négocier. **1978** ministre de la Santé, Ovambo, tué ; rapt de 119 écoliers vers Angola. *-27-3* Kapuuo tué. *-25-4* Afr. du Sud accepte plan de règlement du groupe de contact occidental. *-29-9* Onu, *résolution 435* réclamant indépendance. *-4/8-12 élection Constituante* (50 membres) : abstentions 19,7 %, Alliance démocratique de la Turnhalle (DTA) 41 sièges, Front nat. de Namibie (NNF) et Swapo refusent d'y prendre part. Onu ne reconnaît pas le scrutin. Autonomie interne. **1979**-*mars* raids sud-africains. *-21-5* Ass. législative instituée. *-11-7* abolition discrimination raciale. **1980**-*1-7* Ass. nationale investie du pouvoir exécutif. Institution d'un Conseil des ministres. **1981**-*7/14-1* échec conférence de Genève. *-24-8, 1/20-11* et **1982**-*13-3/août* raids sud-africains en Angola. **1983**-*10-1 Dirk Mudge,* PM, démissionne. *-18-1* Ass. dissoute ; l'Afr. du Sud reprend le contrôle de l'administration. *-Févr.* offensive Swapo. *-31-10* raid sud-africain en Angola, 160 †. *-12-11* conférence multipartite (MPC). **1984**-*11-1* Swapo accepte de négocier. *-17-6* gouv. de transition pour l'Unité nationale (62 membres). **1988**-*19-2* attentat à Oshakati : 27 †. *-8-8 accord de Genève* (Angola, Cuba et Afr. du Sud) prévoit cessez-le-feu. *-22-12 accord à New York :* la Namibie sera indépendante. Les 50 000 Cubains se retireront d'Angola avant le 1-7-1991. **1989**-*27-1* début du retrait sud-africain (départ de 6 000 h. prévu au 1-4). *-1/5-4* Swapo (environ 1 770 h.) pénètre en Namibie, viole cessez-le-feu (339 †, dont Swapo 312). *-9-4 déclaration du Mt Etjo* (Angola, Cuba et Afr. du Sud) rétablit cessez-le-feu. *-15-4 :* 1 900 maquisards rapatriés en Angola. *-12-9* Anton Lubowski, dirigeant Swapo, assassiné. *-26-9* Katatura, affrontements Swapo/DTA. *-7-11 élections Constituante. -23-11* départ derniers soldats sud-africains.

☞ **Bande de Caprivi :** *origine :* voir ci-dessus traité du 1-7-1890. *Longueur :* 700 km, *largeur :* de 20 à 100 km. *Villes principales :* Katima Mulilo, Chichimane. Peuplée majoritairement de Mafwe (proches des Lozis de Zambie). L'armée de libération de Caprivi revendique l'indépendance (2-8-1999, 1re attaque armée : 15 †).

République. **1990**-*17-2* **Samuel Nujoma** (né 12-5-1929, Ovambo ; retour 14-9-1989 après 28 ans d'exil) Pt. *-21-3 indépendance. -11-7* adhère Union douanière sud-africaine. *-25-9* adhère FMI et Banque mondiale. *-29-11* accord avec Angola pour construire centrale électrique sur la Kunene. **1992** sécheresse. **1993**-*14-9* création du $ namibien. **1994**-*1-3* enclave de *Walvis Bay* réintégrée. *-7* et *8-12 législatives* et *présidentielle* : Nujoma réélu (76,3 % des voix). **1995** sécheresse. **1998**-*août* intervention militaire en Rép. dém. du Congo. Soutient Kabila. **1999** Namibie autorise Angola à attaquer rebelles de l'Unita à partir de Namibie. *-2-8 :* 1re attaque armée de l'armée de libération de Caprivi. *-30-11* Nujoma réélu Pt (77 % des voix). **2000** bande de Caprivi : exactions de l'Unita. *-3-1* famille Bidoin (Fr.) prise dans embuscade (3 enfants †).

☞ **Bilan de la guerre** (de 1967 au 1-1-1988) : plus de 20 000 † dont Swapo 11 000 (dont en *1985 :* 599, *86 :* 645, *87 :* 747). *Coût par an* (en milliards de F.) : *Afrique du Sud :* dépenses militaires 2,6 à 3,25 ; aide 3,64.

■ **Statut.** *République.* **Constitution** du 21-3-1990. **Pt :** élu pour 5 ans au suffrage univ., rééligible 1 fois (dérogation pour le Pt Nujoma). **PM :** Hage G. Geingob (né 3-8-1941) depuis 21-3-1990. **Assemblée :** 72 m. élus au suffrage universel pour 5 ans. **Élections du 30-11-1999 :** Swapo 55 sièges, COD 7, DTA 7, UDF 2, MAG 1. **Drapeau** (adopté 21-3-1990). Triangles bleu portant un soleil jaune (vie et énergie) et vert, séparés par une bande rouge bordée de blanc. Couleurs de la Swapo.

☞ *Autonomie* accordée aux Kaokoland (territoire 1967), Damaraland (bantoustan juillet 1970), Kavangoland (territoire 1937, bantoustan autonome juillet 1970, indépendant 7-5-1973), Ovamboland (territoire 1929, autonome oct. 1968, indépendant 1-5-1973), Caprivi de l'Est (territoire 1940, autonome 1-4-1976), Rehoboth Gebiet (autonome 1924).

■ **Partis. Monitor Action Group (MAG)** fondé 1991, *Pt :* Kosie Pretorius. **Democratic Turnhalle Alliance (DTA)** fondée 1977 (coalition de 11 partis), *Pt :* Katuutire Kaura. **Democratic Coalition of Namibia** fondée 1994, *Pt :* Moses Katjivonga. **South West Africa People's Organization (Swapo)** fondée 1960 par Samuel Nujoma [environ 150 000 m., comité exécutif à Dar es-Salaam, en Tanzanie. Recrutés surtout chez Ovambos. Soutenue par ex-URSS et satellites], *Pt :* Samuel Nujoma. **United Democratic Front (UDF)** fondé 25-2-1989, *Pt :* Justus Garoëb. **Congress of Democrats (COD)** fondé 1999, *Pt :* Ben Ulenga.

■ **Économie. PNB** (en 1999) : 1 830 $ par hab. **Taux de croissance** (en %) : *1995 :* 5,2 ; *96 :* 2,1 ; *97 :* 2,6 ; *98 :* 3 ; *99 :* 3,7. **Population active** (en %) **et,** entre parenthèses, **part du PNB** (en %) : agr. 39 (12), ind. 8 (7), services 43 (62), mines 10 (19). **Chômage** (en 1999) : 35 % (40 % des Namibiens vivraient sous le seuil de pauvreté). **Inflation** (en %) : *1991 :* 11,9 ; *92 :* 17,9 ; *93 :* 8,6 ; *94 :* 10,8 ; *95 :* 9,3 ; *96 :* 8 ; *97 :* 9,4 ; *98 :* 6,2 ; *99 :* 8. **Dette extérieure** (en milliards de $) : *1994 :* 0,03 ; *2000 :* 0,237. **Budget** (en milliards de rands, prév. 1994-95) : *recettes :* 3,2, *dépenses :* 3,6. *Part financée par Afr. du S., en 1989 :* 0,008 (*1986 :* 0,5) ; *depuis 1966,* l'Afr. du S. aurait versé 4,5 milliards de rands, dont 50 % de 1984 à 1988. **Aide internationale** (en millions de rands) : *1990 :* 282 ; *91 :* 354 ; *92 :* 421. **Zone franche :** Walvis Bay (12 383 hab.), port.

■ **Agriculture. Terres** (en milliers d'ha, 1981) : arables 655, cultivées 2, pâturages 52 906, forêts 10 427, eaux 100, divers 18 339. **Production** (en milliers de t, 1999) : tubercules 230, millet 45, maïs 22, légumes 5, blé 5, laine 3, coton 0,15 (en 1992). En 1982, guerre et sécheresse ont entraîné la perte des 4/5 des récoltes et 1/4 des fermiers blancs sont partis. **Élevage** (en milliers de têtes, 1999). Moutons 2 100, bovins 2 000, volailles 2 000, chèvres 1 671, ânes 71, chevaux 58, porcs 14. Élevage extensif. Viande : 68 000 t vendues à l'Afr. du Sud (en 1996). Cuirs et peaux (moutons karakuls donnant de l'astrakan : *1988 :* 1 721 t de laine et 623 800 peaux). Peaux (en millions de rands) : *1989 :* 25 ; *90 :* 13,8 ; *91 :* 15 ; *92 :* 11. **Pêche** (en 1997). 291 119 t.

■ **Mines.** 44 exploitant environ 30 minerais, 70 % des export. **Production** (en t, 1996) : *sel* 427 500 (en 1995), *zinc* 66 100, cuivre 28 000 (en 1998), uranium 1 544 (en 2000) [la plus grande mine du monde à Rössing] ; diamants 1 600 000 carats (en 1999) [8 % de la prod. mondiale]. Plomb 18 800, argent 15 (en 1999), cadmium 33 (en 1992), étain 15 (en 1992), or 2,14. **Énergie. Charbon** non exploité. **Gaz :** *réserves :* 85 milliards de m^3, gisement de Kudu, exploitation prévue en 2008. **Eau :** projet de pomper l'eau de l'Okavango (le Botswana est contre). **Hydroélectricité.** Projet de barrage sur le Cunene [supprime les chutes Epupa et le mode de vie des Nimbas (semi-nomades)]. **Industrie.** Affinage des métaux.

■ **Transports** (en km, 1997). **Routes :** 63 258 dont 5 250 asphaltés [autoroutes Transcaprivi (vers Zambie, en construction) et Transkalahari (vers Botswana et Afr. du S.)]. **Voies ferrées :** 2 382 (écartement 1,065 m). **Tourisme** (en 1997). **Visiteurs :** 500 000. **Sites :** désert du Namib (plus de 320 m d'alt.), Fish River Canyon (161 km de long), parc nat. d'Etosha (22 270 km^2, créé en 1907, le plus grand du monde), cap Knuis (80 000 phoques).

■ **Commerce** (en milliards de $). **Export./import. :** *1994 :* 1,35/1,32 ; *95 :* 1,40/1,43 ; *96 :* 1,37/1,42 ; *97 :* 1,35/1,40 ; *98 :* 1,43 (*dont* diamants 0,56, poissons et crustacés 0,38, uranium et minerais 0,21)/1,44.

■ **Rang dans le monde** (en 1999). 4e uranium. 8e diamants. 17e cuivre.

NAURU

Carte p. de garde. V. légende p. 950.

■ **Situation.** Atoll du Pacifique, au nord-est des îles Salomon. **Superficie :** 21,3 km^2. Espace maritime 320 000 km^2. A 2 080 km au nord-est de l'Australie. **Côtes :** 30 km. **Altitude** *maximale :* 65 m. **Climat.** Tropical. *Temp.* moy. 24,4 °C à 33,9 °C. *Pluies* nov.-févr.

■ **Population.** *2000 (est.) :* 11 000 hab. (en 1989 : 5 600 autochtones). **D.** 516. **Espérance de vie :** *h.* 50 ans, *f.* 55 (diabète sucré). **Capitale.** *Yaren* 700 hab. **Langues.** Nauruan *(officielle),* anglais. **Religions.** Protestants et catholiques.

■ **Histoire.** **1798** découverte par *John Fearn* et appelée « Ile charmante ». Relais des baleiniers. **1888**-*oct.* annexée par Allemagne. **1914** occupée par Australiens. **1920**-*17-12* sous mandat SDN (administrée par Australie, G.-B. et Nlle-Zél.) **1942-45** occupation japonaise. **1947**-*1-11* administration commune : Australie, Nlle-Zél., G.-B. **1968**-*31-1 indépendance.* **Pts :**-*mai* **Hammer De Roburt** (né 25-9-1922). **1976**-*déc.* **Bernard Dowiyogo** (né 14-2-1946). **1978 Harris Lagumot**. *-11-5* **De Roburt. 1986**-*sept.* **Xennan Adeang** 14 j, puis **De Roburt. 1989**-*17-8* **Kenai Aroi**. *-12-2* **Dowiyogo. 1995**-*22-11* **Lagumot. 1996**-*12-11* **Dowiyogo. 1997**-*13-2* **Kinza Clodumar**. **1999**-*26-4* **Rene Harris.** *-14-9* Nauru membre de l'Onu. **2000**-*20-4* **Bernard Dowiyogo** (né févr. 1946).

■ **Statut.** *République*. Membre spécial du Commonwealth. **Constitution** du 29-1-1968. **Pt :** élu par le Parlement pour 5 ans. **Assemblée :** 18 membres élus pour 3 ans. Affaires étrangères et Défense assurées par Australie. **Fête nationale.** 31 janv. (indépendance). **Drapeau** (adopté 31-1-1968). Bleu (ciel et mer), étoile blanche à 12 branches (les 12 tribus de l'île), bande jaune (l'équateur).

■ **Économie. PNB** (en 1999) : 10 840 $ par hab. **Ressources :** phosphates (450 000 t en 1999). Ni sources, ni cours d'eau (eau importée d'Australie et Nlle-Zélande). Noix de coco 2 000 t (en 1996), poulets, porcs. **Pêche** (en 1996) : 450 t. **Placements** immobiliers de l'État. **Place financière off shore.**

■ **Rang dans le monde** (en 1999). 20e phosphates.

NÉPAL

V. légende p. 950.

■ **Situation.** Asie. **Superficie :** 147 181 km^2. **Frontières** (en km) : Inde 1 690, Chine 1 236. **Longueur :** 880 km. **Largeur :** 140 à 200 km. **Altitudes :** moins de 1 000 m : 35 % ; 1 000 à 2 000 m : 25 % ; 2 000 à 5 000 m : 30 % ; plus de 5 000 m : 10 %. **Régions. Plaine du Teraï** au sud (alt. moy. 200 m, minimale 60 m, large de 25 à 50 km, 23 % de la superficie), mousson juin-sept. **2 chaînes de montagnes parallèles** (ouest-est) : *Siwalik :* 600 à 2 000 m, entrecoupée de vallées, les *dun ; Mahabharat :* 600 à 3 000 m, avec bassins de Katmandou (1 300 m) et Pokhara (900 m). Hiver : nuit + 2 °C, journée 16 à 22 °C. Mai-juin : 36 °C. **Plateau central :** *Pahar.* **Himalaya :** 26 °C ; mousson d'été juin-oct., hiver froid mais ensoleillé, *chaîne au nord* dans le centre et à l'est de la ligne de partage des eaux et la frontière. 10 sommets de plus de 8 000 m : *Everest* 8 846 m [du nom de George Everest, chef de la mission cartographique britannique de 1852 (l'un de ses adjoints indiens, Radhanath Shikhadar, établit le premier que le sommet jusque-là appelé *Peak XV* était en réalité le plus élevé de la Terre) ; en népali, *Sagarmatha* (« le Sommet dont la tête touche le ciel ») ; en tibétain, *Chomolungma* (« Déesse mère du monde »)] ; *Kangchenjunga* 8 598 m, *Yalong-Kang* 8 505 m, *Lhotse* 8 501 m, *Makalu I* 8 470 m, *Lhotse Shar* 8 400 m, *Cho-Oyu* 8 201 m, *Manaslu* 8 163 m, *Dhaulagiri I* 8 162 m, *Annapurna I* 8 091 m. **Région transhimalayenne :** au centre-ouest, chaînes de l'*Annapurna,* du *Dhaulagiri* et du *Kanjiroba,* 25 000 km^2, à l'abri de la mousson, arides, alt. 3 000 à 4 500 m ; peu peuplée. **Cols :** une vingtaine entre 1 800 et 5 700 m dont *Nangpa-La* (5 711 m), *Gya-La* (5 255 m), *Rasua Ghari* (1 830 m).

■ **Arbres.** *Région tropicale (100 à 1 000 m) :* plaine et savanes ; la jungle domine. *Subtropicale (1 000 à 2 000 m) :* collines ; châtaigniers, chênes, aulnes, conifères. *Tempérée (1 750 à 3 000 m) :* chênes, châtaigniers, conifères, magnolias, rhododendrons géants, 34 variétés, fleurissent de mars à mai (atteignent 15 m, jusqu'à 4 000 m d'altitude). *Alpine (3 000 à 5 000 m) :* conifères ; *vers 4 000 m :* broussailles, bruyère et rhododendrons nains, berbéris.

■ **Faune. Oiseaux :** 1 000 espèces. **Mammifères :** 130 espèces : tigres royaux (30), rhinocéros unicornes (300 à 400), ours jongleurs et ours bruns, ours noirs (féroces en montagne), yaks, dauphins d'eau douce, sauriens (crocodiles des marais et gavials). ONT DISPARU : marco-polo et ibex. Yéti (en tibétain, *mi-gueu, mi-té* ou encore *chu-ti*) : ses empreintes montrent un pouce (ou gros orteil) préhensile.

■ **Population.** *1997 (est.) :* 22 600 000 hab. dont Indo-Népalais 7 000 000, Tamang 1 000 000, Tharu 770 000, Newar 700 000, Magar 600 000, Rai 550 000, Gurung 400 000, Limbu 330 000, Sherpas 50 000, *divers* (Dolpo, Manangi, Lo-pa et ethnies proches des Tibétains) 46,30 % ; *99 :* 24 300 000 ; *2000 (est.) :* 24 350 000 ; *2025 (prév.) :* 40 000 000. **D.** 165,4. **Répartition** (en %) : Teraï 46,6, collines 45,5, région himalayenne 7,8. **Indiens au Népal :** 200 000. **Réfugiés** (en 1999) : *tibétains :* 20 000 ; *du Bhoutan :* 110 000. **Population urbaine :** 11 %. **Accroissement :** 2,5 %. **Age :** – de *15 ans :* 40,7 %, *+ de 64 ans :* 3,4 %. **Espérance de vie** (en 1998) : 58 ans. **Taux** (en ‰, 1999) : *natalité* 36, *mortalité* 11 (*infantile* 79). **Népalais à l'étranger :** Inde 6 000 000, Bhoutan, Myanmar.

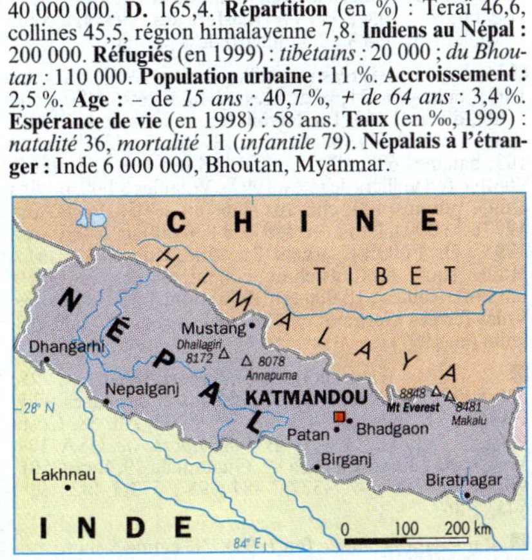

■ **Langues** (en %). Népali 51 *(officielle)*, maithili 12, bhojpuri 6, tamang 5,5, awadhi 4,7, tharu 4,3, néwari 4, gurung 1,7, sherpa 0,9. **Analphabétisme** (en 1997) : hommes 59 %, femmes 86 %. **Religions** (en %). Hindouistes 90 (religion d'État jusqu'en 1990), bouddhistes 5,8 (en majorité disciples du Mahayana et lamaïstes), musulmans 2,7, divers 1,5.

■ **Villes** (est. 1997). *Katmandou* 950 000 hab., Patan 250 000 (à 4 km), Bhadgaon 165 000 (à 13 km), Biratnagar 150 000 en 1996 (à 250 km).

■ **Histoire. Avant J.-C. VIIIe-VIe s.** règne des dynasties **Gopal** et **Ahir,** venues du nord de l'Inde et installées dans la vallée. Apparition des Kirat, guerriers venus du Tibet. **544, 556 ou 566** naissance de **Gautama Siddhârta** (futur Bouddha historique), fils du roi de Kapilavastu, du clan des Çakya, à Rummindei. Dynastie **Soma** (1er roi : **Nimisha**). **58-57** ère **Vikram. Après J.-C. 500** dynastie des **Licchavi. Fin VIe s.** le roi **Shiva Dev** donne sa fille en mariage à son PM *Amshuvarman* (ethnie noble des Thakuri), qui prend le titre de *maharajadhiraj* (« roi des rois »), puis la place de son souverain. **640 Amshuvarman** donne sa fille Brikuti en mariage à Sron Tsan Gampo, roi du Tibet. Brikuti et Weng Ch'en (2e femme de Sron Tsan Gampo) convertissent leur mari au bouddhisme. Elles sont ensuite canonisées sous le nom de **Tara blanche** *(Weng Ch'en)* et **Tara verte** *(Brikuti)* [fait controversé]. **879-880** début de l'ère **Nepal Sambat.**

1200-1768 dynastie **Malla** (fondateur : **Ari Dev**). **1482** roi **Yaksha Malla** partage son roy. entre 4 de ses 7 enfants (Banepa, Bhadgaon, Katmandou, Patan). **1482-1768** 11 rois Malla se succèdent à Bhadgaon dont **Bhupatindra Malla** (1692-1722) surnommé le « Louis XIV du Népal ». **Vers 1600** unification des royaumes de Patan et Katmandou. **1646** passage à Katmandou des jésuites Grueber et d'Orville. **1768-69** environ 80 principautés unifiées par **Prithvi Narayan Shah** (1722-75) de la dynastie **Gorkha. 1778-85** soumission des Chaubisi (clan des 24 petits souverains de la région de Gorkha), puis annexion de l'ouest du pays. **1788-92** conflit avec Tibet. **1791** et **92** traité de commerce avec G.-B. **1801-03** résident britannique. **1814-15** conflit avec la Cie des Indes. **1815**-*28-11 traité de Seghauly :* partage du Teraï, l'Angl. paie des indemnités aux Népalais ; résident britannique à Katmandou. **1846**-*15/16-9 Jung Bahadur Rânâ* (1817/25-2-1877) fait massacrer à Kot 30 adversaires ; devient PM ; rend ce poste héréditaire (jusqu'en 1951), prend le titre de maharadjah ; proclame le P^{ce} **Surendra Bikram Chāh** (roi 1847-déc. 1881) régent du roy. **1850**-*22-1*/**1851**-*8-2* Jung Bahadur Rânâ en G.-B. (1er dirigeant à se rendre au-delà de l'Inde) ; **1850**-*21-8/8-10* en France. **1881**-*déc.* **Prithwi** roi. **1911**-*déc.* **Tribhuwan** (1906-55) roi. **1920** rite du *suttee* (immolation des veuves sur le bûcher de leur mari) aboli. **1923** indépendance reconnue par la G.-B. **1924** servage aboli. **1925** égalité de tous devant la loi. **1926** 1er hôpital. **1931** un jour férié par semaine, le samedi. **1934** séisme (20 000 †, 350 000 maisons détruites). **1950** traité de commerce et de transit favorable aux Népalais (liberté des import. et des export.). *-6-11* Tribhuwan, qui voulait reprendre le pouvoir à la famille Rânâ, s'enfuit en Inde avec sa famille. Le PM *Mohan Shumshere Rânâ* fait proclamer roi un petit-fils du roi, **Gyanendra** (2 ans). **1951**-*16-2* retour du roi (facilité par l'Inde). *-18-2* Mohan se soumet. **1955**-*mars* **Mahendra Bir Bikram Chāh** (1920-72, mortellement blessé lors d'une chasse au tigre). **1959**-*févr. 1res élections au suffrage univ.* à l'Ass. législative.

1972-*31-1* **Birendra Bir Bikram Chāh Dev** (28-12-1945/1-6-2001), fils de Mahendra, couronné 24-2-1975, ép. 27-2-1970 Aishwarya Rajya Laxmi Devi Chāh (née 7-11-1949) [dont P^{ce} Dipendra (né 27-6-1971), P^{cesse} Shruti (née 16-10-1976, épouse mai 1997 Gorakh Shumshere Jung Bahadur Bana, né 17-2-1969), P^{ce} Nirajan (né 6-11-1978)]. **1974** opération contre les Khampas (environ 4 000 Tibétains) au nord. *-14-9* Ghai Wangdi, leur chef, est tué. **1978** accords avec Inde officiellement caducs. **1979**-*mai* manif. d'étudiants. **1980**-*2-5 référendum :* 54,8 % pour maintien du *panchayat* (système de démocratie). **1981**-*9-5 élections* à l'Ass. **1985** création de la *South Asia Association for Regional Cooperation* (SAARC) regroupant Inde, Pakistan, Bangladesh, Népal, Bhoutan, Maldives et Sri Lanka. **1986**-*13-6* **Marich Man Singh Shrestha** PM. **1988** Népal achète des armes à la Chine. *-1-1,* 86 pays (dont France et USA, mais sans URSS ni Inde) acceptent la proposition du roi, du 25-2-1975, de proclamer le Népal zone de paix. *-23-5* manif. (1 000 arrestations). *-20-6 :* 5 bombes à Katmandou (7 †, 20 bl.). *-21-8* séisme (450 †). **1989**-*23-3* blocus économique de l'Inde. **1990** Népal achète ses armes à l'Inde et n'exige plus de permis de travail pour les Indiens. *-9-2 :* 350 arrestations. *-18-2* manif., police tire (11 †). *-1-4* roi limoge 9 ministres opposés à la répression. *-2/3-4* Katmandou, émeutes, 8 †. *-6-4 :* 200 000 manifestants (22 à 50 † dont 3 étrangers). **Lokendra Bahadur Chand** PM. *-8-4* autorise partis politiques ; lève couvre-feu ; *-16-4* dissout Parlement ; démission du gouv. 15 000 manifestants à Katmandou. *-19-4* **Krishna Prasad Bhattarai** (né 22-12-1924) PM (a passé 14 ans en prison) ; gouv. de coalition. *-Avril* affrontements (18 †). *-8-6* levée du blocus indien. *-Nov.* affrontements (56 †). *-9-11* roi accepte nouvelle Const. abolissant celle du panchayat (qui interdisait les partis). **1991**-*12-5 législatives* (1res depuis 1959), 1 345 candidats, 20 partis : P. du Congrès 114 sièges sur 208, NCP-UML 68, P. de gauche 13, de droite 10, indépendants 3. *-26-5* **Girija Prasad Koirala** (né 1925) PM. **1992** *accidents : -31-7* Airbus thaïlandais (113 †), *-28-9* Airbus pakistanais (167 †). **1993**-*25/30-6* émeutes (30 †). *-Juillet* inondations (1 000 à 2 000 †). **1994**-*11-7* roi dissout Parlement. *-14-8* grève générale. *-16/19-8* manif. contre dissolution Parlement (centaines d'arrestations). *-20/24-9* roi en France (aide alimentaire de 3 millions de F). *-15-11 législatives :* UML 88 sièges, NCP 83, NDP 20, indépendants 7, P. des travailleurs et paysans 4, Sadbhavana 3. *-1-12* **Man Mohan Adhikari** (né 1920), communiste, PM. **1995**-*mai :* 53 Tibétains clandestins remis à la Chine. *-22-9* **Sher Bahadur Deuba** (né 1946) PM. **1996**-*févr.* découverte à Lumbini du lieu de naissance du Bouddha. *-13-2* révolte dans le nord-ouest. **1997**-*10-3* **Lokendra Bahadur Chand** PM. *-18-4* **Koirala** PM. *-6-10* **Surya Bahadur Thapa** PM. **1998**-*15-4* **Koirala** PM. *-Juin* répression, guérilla (100 †). **1999**-*31-5* **Krishna Prasad Bhattarai** (né 1924) PM. **2000**-*20-3* **Koirala** PM. **2001**-*1-6* dîner familial dans le bungalow du P^{ce} héritier **Dipendra.** Ivre et ayant pris de la cocaïne, il tue au fusil d'assaut son père Birendra, son oncle Dhirendra, sa sœur Shruti, sa tante Shoba, son frère Nirajan, sa mère Aishwarya, ses tantes Sharada, Shabu (son mari) et Shanti Singh, sa cousine Jayanti Shah, puis se tire une balle de revolver dans la tête. Le roi et la reine ne voulaient pas que Dipendra épouse Devyani Rana (26 ans) jugée trop indienne. *-3-6* Dipendra meurt officiellement après 3 jours de coma. *-4-6* **Gyanendra** (54 ans), frère de Birendra, épouse Komal (sœur cadette de la reine Aishawarya) dont Paras Shah. *-6-7* maoïstes tuent 36 policiers.

■ **Statut.** *Royaume* (pour certains, le roi est la réincarnation du dieu Vishnou). **Constitution** du 9-11-1990. **PM** désigné par les députés. **Chambre des représentants** *(Pratinidhi Sabha) :* 205 membres élus au suffrage univ. pour 5 ans (*élections des 3* et *17-5-1999 :* P. du Congrès 107, UML-CPN 68, NDP 11) ; **des États** *(Rashtriya Sabha) :* 60 membres dont 10 nommés par le roi, avec au moins 3 femmes, 3 membres des basses castes et 9 de groupements ethniques ou sociaux défavorisés. **Conseil d'État :** ne se réunit que pour désigner un souverain en cas de décès ou d'incapacité de celui en place. **Régions de développement :** 5. **Zones :** 14. **Districts :** 75 [dont le *Mustang* (du tibétain Lo Mantang, « Steppe des prières »). 2 000 km^2. 5 000 hab. *Cap. : Jomosom* ou Jomsom. Interdit aux étrangers jusqu'en 1992 (ainsi que le *Dolpo*) ; étudié 1952 par Toni Hagen puis 1964 par Michel Peissel. Son roi, Dorje Wangchuk, reste un chef féodal, le Népal ayant aboli l'autonomie en 1983]. **Fête nationale.** 28 ou 29-12 (choisi par astrologues ; anniversaire du roi Birendra). **Drapeau** (adopté 16-12-1962). Seul drapeau national non rectangulaire. 2 parties triangulaires bordées de bleu (paix), à l'origine séparées, jointes au XIXe s., représentant sur fond rouge (couleur des rhododendrons népalais), la 1re avec un croissant de Lune et la 2e avec un Soleil, blancs. **Emblème :** fasianidé vivant à plus de 3 500 m. **Calendriers.** *Officiel :* Bikram Sambat, an 1 en 57 av. J.-C. ; *grégorien* (toléré) ; *de la communauté newar* (ère Népali, an 1 en 879 apr. J.-C.) ; *des communautés tibétaines* [calendrier spécifique, cycles de 60 ans de 12 noms d'animaux combinés avec 5 éléments (pas d'an 1)].

■ **Partis** (interdits de 1972 à 1990). **Union marxiste léniniste-PC-marxiste léniniste unifié (UML-CPN)** devenu UML fondé 1991, *leader* : Man Mohan Adhikari. **P. du Congrès népalais (NCP)**, social-démocrate, fondé 1947 (interdit 1960, légalisé 1990), *leader* : Girija Prasad Koirala (avant, Ganesh Man Singh, † 18-9-1997 à 82 ans), 500 000 m. **P. nat.-démocrate (NDP),** royaliste, fondé 1992, *leader* : Surya Bahadur Thapa. **P. des travailleurs et paysans** (dissidence de l'UML, communiste), *leader* : Narayan Man Bijukche. **Sadbhavana,** hindouiste, fondé 1990, *leader* : Gajendra Narayan Singh. **P. communiste du N.-maoïste (PCN-M),** Pushpa Kamal Dahal ; clandestin ; guérilla de févr. 1996 au 1-6-2001 : 1 600 † (?)

■ **Défense.** 100 000 à 200 000 soldats népalais ou d'origine népalaise *(gurkhas),* incorporés dans les armées britannique et indienne.

■ ÉCONOMIE

■ **PNB.** *1994 :* 182 ; *97 :* 220 ; *98 :* 220 ; *99 :* 220 $ par hab. **Croissance** (en %) : *1998 :* 3,8 ; *99 :* 6 ; *2000 (est.) :* 6,5. **Pop. active** (en %) **et,** entre parenthèses, **part du PNB** (en %) : agr. 80 (52), ind. 8 (18), services 12 (30). **Inflation** (en %) : *1990-91 :* 21 ; *92 :* 20,8 ; *93 :* 8 ; *94 :* 7 ; *95 :* 7 ; *96 :* 7 ; *97 :* 4 ; *98 :* 10 ; *99 :* 8,1. **Aide** (en millions de $) : *1991-92 :* 186,6 ; *95-96 :* 3 243,8 (prêts 2 233,2, dons 1 010,6) 46 % des recettes de l'État. *Donateurs* (en %) : Japon 30, Inde 20, USA 15, Chine 13-14, All. 10, Suisse, Canada.

■ **Agriculture. Terres** (en ha, 1995) : forêts 63 000, cultivées 1 494 140, neige, rocs et glace 22 500, pâturages 17 000, terres arides 18 000, eau, routes et zones construites 5 500. **Production** (en milliers de t, 1999) : riz 3 710, canne à sucre 1 972, maïs 1 346, p. de t.1 091, blé 1 086, millet 291, graines oléagineuses 119, orge 32, jute 14 (en 1997), tabac 4. **Élevage** (en milliers de têtes, 1999). Bovins 7 031, caprins 5 783, buffles 3 400 (en 1998), ovins 855, porcins 825. **Bois** (en 1997). 21 440 000 m^3. **Pêche** (en 1997). 11 230 t.

■ **Hydroélectricité.** Potentiel 83 000 MW (257 exploités), production vendue en partie à l'Inde. **Mines.** Magnésite, zinc, plomb, fer, cuivre, mica, magnésium, pierre à chaux, nickel. **Industrie.** Alimentation, tabac, cuir, ciment, briques, tissus, tapis. **Transports** (en km). **Routes** (en 1998) : 11 867. **Voies ferrées** (marchandises) : 101. **Téléphériques** (en 1996) : 42 (25 t/h).

■ **Tourisme. Visiteurs :** *1962 :* 6 179 ; *70 :* 45 970 ; *80 :* 122 205 ; *96 :* 404 400 [dont 120 000 Indiens, *19 000 Français*] ; *99 (est.) :* 500 000. **Revenus** (en 1996) : 8,9 milliards de roupies népalaises. **Meilleure saison :** oct.-avril. **Édifices :** *pagodes,* à toits superposés ; *çikhara,* tour aux arêtes convexes ; *stupa,* base ronde, dôme surmonté d'une tour carrée ornée sur ses 4 faces d'une paire d'yeux de bouddha. Les édifices bouddhistes s'élèvent au centre d'une cour (*bahi, bahal* ou *vihara*). Les temples de la vallée datent du XVIIe au XIXe s. (sauf quelques stèles dont certaines remontent au VIe s.).

■ **Commerce** (en milliards de $). **Export./import. :** *1995 :* 0,35/1,33 ; *98 :* 0,47/1,24 ; *99 :* 0,6/1,42 (*exporte* tapis tissés main, prêt-à-porter, cuirs, bibelots, artisanat *vers* Inde 21,7 %/*importe* 34,3 % *d'*Inde).

■ **Rang dans le monde** (en 1999). 13ᵉ millet. 16ᵉ riz.

NICARAGUA

Carte p. 1106. V. légende p. 950.

■ **Nom.** En nahuatl : chef de tribu cacique *Nicarao-Cali.*

■ **Situation.** Amérique centrale. **Superficie :** 130 000 km² dont 40 % représentent le Yapti Tasba (terre maternelle des Miskitos). 25 volcans. **Altitude** *maximale :* Mogotón 2 107 m. **Côtes :** Pacifique 305 km, Atlantique 405. **Frontières** (en km) : Honduras 922 km, Costa Rica 309. **Régions :** plaine fertile sur Pacifique, chaîne de volcans ; montagnes au centre et au nord ; forêt tropicale marécageuse de la plaine de l'Atlantique. **Climat.** 2 saisons : sèche (oct.-mai), humide (juin-oct.). *Pluies :* 4 000 m. (côte Atlantique). *Temp.* moy. à Managua 28 °C (mai 29,4 °C, déc. 26,1 °C).

■ **Population** (en millions d'hab.). *1997 (est.) :* 4,4 ; *99 :* 5 ; *2000 (est.) :* 4,69 ; *2025 (prév.) :* 9. **D.** 36,1. **Age :** *– de 15 ans :* 39,7 %, *+ de 64 ans :* 2,9 %. En % : Métis 69, Blancs 17, Noirs 9, Indiens 5 (145 000 en 1989 : Miskitos, Sumus, Ramas). Environ 9 000 Cubains (en 1983). **Taux** (en ‰, 1999) : *natalité* 38, *mortalité* 6 (*infantile* 40). **Espérance de vie** (en 1999) : 68 ans. **Pop. urbaine** (en 1997) : 63 %. **Langues** (en %). Espagnol *(officielle),* anglais 25, miskito et sumuama 5. **Analphabètes** (en 1999) : 40 %. **Religions** (en %). Catholiques 95, protestants (baptistes, moraves, mormons) 5.

■ **Villes** (est. 1995). *Managua* 1 124 000 d'hab. (est. 1999), León 100 982 (à 88 km), Granada 88 636 (à 45 km), Masaya 74 946 (à 25 km), Chinandega 67 792 (à 123 km), Matagalpa 36 983 (à 105 km), Jinotega 23 538 (à 160 km).

■ **Histoire.** **1522** exploration de *Gil González* de Ávila. **1821** *indépendance.* **1822-23** intégré au Mexique. **1826-38** à la Fédération d'Amér. centrale. **1825**-*avril* **Manuel de la Cerda** Pt. **1830**-*mai* **Dionisio Herrera** Pt. **1835**-*févr.* **José Zepeda** Pt. **1837**-*janv.* **José Nuñez** Pt. **1839**-*juin/juillet* **Patricio Rivas** Pt. *-Juillet/nov.* **Joaquin Cosio** Pt. *-Nov.* **Tomas Valladares** Pt. **1840**-*sept.* **Patricio Rivas** Pt. **1841**-*mars* **Pablo Buitrago** Pt. *-Avril* **Juan de Dios Orozco** Pt. **1845**-*avril* **José Sandoval** Pt. **1847**-*avril* **José Guerrero** Pt. **1848**-*avril* **Norberto Ramirez** Pt. **1848-1860** *côte des Mosquitos* forme roy. autonome sous protectorat britannique (cédé au Nicaragua en 1860). **1851**-*mai* **Laureano Pineda** Pt. **1853**-*avril* **Frutos Chamorro** († du choléra) Pt. **1854**-*juin* **Francisco Castellon** († du choléra) Pt. **William Walker** Pt [né 8-3-1824, médecin à Paris, journaliste à La Nlle-Orléans, avocat à Marysville en Californie, directeur du *Herald* en 1850. *1852* songe à envahir la Sonora (Mexique)] ; *1853*-3-11 débarque en Basse Californie, proclame l'indépendance, se dit Pt ; *1854* doit s'enfuir ; -16-6 débarque au N. appelé par les démocrates, rivaux du Pt ; -13-10 prend Granada, la capitale. -23-10 **Patricio Rivas** Pt, Walker Gᵃˡ en chef et souverain absolu. *1856* William Walker dépose Rivas, devient Pt ; Granada s'étant soulevée, la fait incendier. *1857*-1-5 vaincu, quitte le pays. *-Nov.* y revient. *-Déc.* ramené de force aux USA. *1860-juin* débarque au Honduras. -14-9 fusillé à Truxillo. **1857**-*janv.* **Patricio Rivas** Pt. *-Juin* **Tomás Martinez** Pt. **1867**-*mars* **Fernando Guzman** Pt. **1871**-*mars* **Vicente Cuandra** Pt. **1875**-*mars* **Pedro Chamorro** Pt. **1879**-*mars* **Joaquin Zavala** Pt. **1883**-*mars* **Adan Cardenas** Pt. **1885**-*mars* **Pedro Chamorro** Pt. **1887**-*mars* **Evaristo Carazo** Pt. **1889**-*août* **Roberto Sacasa** Pt. **1893**-*11-7* **Gᵃˡ José Santos Zelaya** (1893-1919) Pt. **1909**-*21-12* **José Madriz** Pt. **1910**-*20/29-8* **José D. Estrada** Pt. *-29-8* **José J. Estrada** (1865-1947), son frère, Pt. **1911**-*9-5* **Adolfo Diaz** (1874-1964) Pt. **1912**-*14-8*/**1926** intervention américaine (défaut de paiement du Nicaragua). **1916** USA obtiennent l'exclusivité de la construction d'un canal interocéanique pour doubler Panamá. **1917**-*1-1* **Gᵃˡ Emiliano Chamorro Vargas** (1871-1966) Pt. **1921**-*1-1* **Diego Chamorro** († 1923), son neveu, Pt. **1923**-*23-10* **Bartolomé Martinez Bartolo** Pt. **1925**-*1-1* **Carlos Solorzano** Pt. **1926**-*16-1* **Chamorro Vargas** Pt. *-11-11* **Diaz** Pt. **1927-33** résistance dirigée par *Gᵃˡ Augusto Cesar Sandino* (1895/16-2-1934, assassiné). **1929**-*1-1* **Gᵃˡ José Moncada-Tapia** (1871-1945) Pt. **1929-33** intervention américaine. **1931** Managua détruite par un séisme. **1933**-*1-1* **Juan Bautista Sacasa** (1874-1946) Pt, déposé. **1936**-*9-6* **Carlos Brenes Jarquin** Pt. **1937**-*1-1* **Anastasio Somoza Garcia** (1896-1956) Pt. **1947**-*mai* **Leonardo Argüello** Pt, déposé. *-1/27-5* **Léonardo Arguello-Barreto** (1875-1947). *-27-5* **Benjamin Lacayo Sacasa** Pt, déposé. *-15-8* **Victor Roman y Reyes** († 1950), oncle d'A. Somoza Garcia, Pt. **1950**-*21-5* **Somoza Garcia** Pt (abattu le 21-9-1956 par un sandiniste, † le 29, sa fortune s'élevait à environ 150 millions de $). **1956**-*29-9* **Luis Somoza Debayle** (1922-67), son fils, Pt. **1963**-*1-5* **René Shick Gutierrez** (1909-66) Pt. **1966**-*4-8* **Lorenzo Guerrero Gutierrez** Pt. **1967**-*1-5* **Anastasio Somoza Debayle** (dit Tachito, 6-12-1923/17-9-1980, fils d'A. Somoza Garcia, assassiné au Paraguay) Pt. **1972**-*1-5* remet le pouvoir à une junte pour 30 mois (jusqu'en déc. 1974) : **Gᵃˡ RobertoMartinez Lacayo, Alfonso Lovo Cordero et Fernando Agüroo Rocha** (né en 1918, remplacé janv. 1973 par **Edmundo Paguaga Irias**). *-Sept.* Constitution abolie. *-23-12* séisme, Managua détruite (9 000 †) ; 800 millions de $ de dons internationaux détournés par Somoza. **1974**-*1-12* **Anastasio Somoza Debayle** (1925-80) Pt. *-27-12* commando sandiniste prend 17 otages (dont min. des Aff. étr. et 4 autres ministres), obtient rançon de 5 millions de $ et libération de 20 prisonniers politiques, part en avion pour Cuba. **1978**-*10-1 Pedro Joaquín Chamorro,* Pt de l'Union démocrate de la libération, directeur de *la Prensa,* assassiné ; *-12-1* ses obsèques tournent à l'émeute. *-3-2* les sandinistes attaquent casernes. *-22/28-2* insurrection à Masaya écrasée. *-9-3* Gᵃˡ *Raynoldo Perez Vega,* chef d'état-major de la garde nat., assassiné. *-20-7* Managua, attaque des bâtiments de la garde nat. *-22-8* palais nat. occupé ; parlementaires pris en otage par sandinistes (FSLN) dirigés par Cᵈᵗ Eden Pastora. *-25-8* grève. *-8-9* insurrection en province. *-20-9* garde nat. (14 000 h.) reprend Esteli (massacre femmes et enfants) ; exode (16 000 réfugiés au Costa Rica et au Honduras) ; bombardements civils. *-7-12* état de siège levé. **1979**-*10-2* assistance militaire américaine supprimée. *-Avril* soulèvements à Esteli, León. *-1-5 :* 300 000 pers. acclament Somoza. *-Juin* gouv. provisoire du FSLN. *-4-6* grève générale. *-8-6* Managua, soulèvement *-24-6* OEA demande départ de Somoza. *-17-7* Somoza part pour Miami (fortune de sa famille au nord : 600 millions de $).

Époque sandiniste. **1979**-*16-7* **Francisco Urcuyo Maliano** Pt par intérim, démissionne 19-7 [aurait voulu rester au pouvoir jusqu'en 1981 : ordonne à l'armée de poursuivre le combat, mais soldats fuient vers Honduras, tuant des paysans pour prendre leurs vêtements]. *-20-7* **Junte de gouv. de reconstruction nationale (JGRN) : Moises Hassan-Morales** (né 1942), **Daniel Ortega Saavedra, Sergio Ramirez-Mercado** (né 1942), **Violeta Barrois de Chamorro, Alfonso Robelo** (né 1939). *-24-7* état d'urgence. *-25-7* banques nationalisées. *-21-8* lois fondamentales rétablissant libertés, peine de mort supprimée. *-17-10* Cies d'assurances, et *3-11* ind. minière nationalisées. **1980**-*19-4 Violeta Chamorro* et *Alfonso Robelo* démissionnent (refusent mainmise du FSLN sur le Conseil d'État), remplacés par 2 modérés : *Rafael Cordoba-Rivas* et *Arturo Cruz* (né 1923). **1981**-*23-1* crédits américains suspendus à cause de l'ingérence des sandinistes au Salvador (Pt Carter avait accordé 156 millions de $, dont 75 payés). *-4-3* JGRN passe à 3 membres : **Rafael Cordoba-Rivas, Sergio Ramirez-Mercado et Daniel Ortega Saavedra** (coordinateur). *-9-7 Eden Pastora* (dit « commandant Zéro », ancien vice-ministre de la Défense) quitte Nicaragua. *-19-7* réforme agraire. *-30-9* lois d'urgence économique et sociale. **1982**-*14-1* frontière avec Honduras devient zone militarisée, 8 500 Miskitos installés à l'intérieur ; 10 000 au Honduras sous encadrement somoziste et hondurien. *-15-3* état d'urgence, tentative d'invasion somoziste (200 †). *-Mai* Jean-Paul II au Nicaragua. *-3-6* gouv. en exil formé. **1983**-*19-7 :* 200 000 ha remis aux coopératives et petits propriétaires. *-10-10* Corinto bombardé. **1984**-*11-4* CIA suspend minage des ports. *-30-5* Pastora blessé. *-4-11* **Daniel Ortega Saavedra** [né 11-11-1945 ; *1967* condamné à 7 ans de prison pour assassinat d'un policier, *1974* échangé après enlèvement d'un homme d'affaires, *1977* crée à Cuba tendance tercériste du FSLN (social-démocrate)] élu Pt avec 67 % des voix, Arturo Cruz s'étant retiré à cause du climat d'insécurité créé par les « turbas » (sandinistes fanatisés), en fonctions 10-1-1985. *-10-12 père Ernesto Cardenal,* min. de la Culture, exclu des Jésuites (6-2-1985) et suspendu *a divinis* pour avoir refusé d'abandonner ses fonctions. **1985**-*1-5* embargo américain commercial total. *-15-9* incidents avec Honduras. **1986** gouv. offre autonomie aux Miskitos. *-6-10* Eugen Hasenfus, mercenaire américain, condamné à 30 ans puis libéré 17-12. *-19-10* ouragan *Joan.* **1987**-*30-6* cessez-le-feu prorogé. *-11-7* ambassadeur USA expulsé pour ingérence. *-7-8* accord centraméricain à *Esquipulas* (Guatemala). **1988**-*3-2* Congrès américain refuse nouvelles aides aux contras. *-14-2 :* 1 nouveau cordoba = 1 000 anciens. *-17-3* USA envoient 3 200 h. au Honduras après incursion sandiniste, repartent 28-3. *-23/24-3* cessez-le-feu. *1ᵉʳ accord à Sapoa* gouv. provisoire/contras. *-Avril* négociation gouv./contras. *-Juin* avec Miskitos, rompue. **1989**-*15-1,* 5 000 manifestants antisandinistes à Managua. *-17-3,* 1 900 détenus politiques libérés. *-24-3* USA ne fournissent aux contras qu'une aide humanitaire. *-Juin* 3 dévaluations. *-7-8 accord de Tela* signé par 5 chefs d'État centraméricains (contras devront remettre leurs armes avant fin 1989 à une commission créée par Onu et OEA). *-28-9* Brooklin Rivera et Steadman Fagoth, dirigeants miskitos, rentrent après 8 ans d'exil. *-3-10* URSS confirme arrêt de ses livraisons d'armes. *-1-11* cessez-le-feu suspendu. **1990**-*1-1 :* 20 diplomates américains expulsés. *-9-2,* 1 190 détenus de la Contra libérés. *-21-2,* 300 000 manifestants acclament Ortega.

Époque démocratique. **1990**-*25-2 élections :* 86,3 % de participation, **Violeta Barrios de Chamorro** (UNO) [née 1929, *1950* ép. Pedro Joaquín Chamorro] élue Pte (54,7 % des voix) devant Daniel Ortega (40,8 %) [1ᵉʳ changement de gouv. sans violence depuis 1821]. *-28-2* cessez-le feu. *-6-3* amnistie. *-20-3* Ass. nat. vote immunité à vie pour Ortega et Chamorro (83 voix contre 3). *-21-4 Myriam Arguello* élue Pte du Parlement (28 voix contre 23). *-25-4* V. Chamorro prend ses fonctions ; Gᵃˡ Humberto Ortega, frère de Daniel, reste chef des armées. *-11-5* réforme agraire sandiniste annulée. *-2-7* grève générale. *-Juillet* émeutes à Managua. 800 soldats ajoutés pendant 2 mois aux 260 de l'Onuca assurant démobilisation de la Contra. *-Août Danto 91, Mouv. d'action révolutionnaire* (MAR) et *Mouv. sandiniste Pedro-Altamirano* créés pour combattre ex-contras *(recontras)* en rébellion depuis mars. *-23-8* loi expropriant 6 000 sandinistes. *-1-10* V. Chamorro en France. *-18-11* pacte de non-agression recontras/sandinistes. *-27-11* affrontements (5 †). **1992**-*janv.* combats dans le nord. *-Sept.* raz de marée (300 †). **1993**-*janv.* combats dans le nord (11 †). *-10-1* cordoba dévalué de 20 %. *-Mars* embuscade (11 †). *-11-3 :* 3 ministres sandinistes au gouv. *-25-4 :* 50 000 manifestants à Managua. *-21-7 :* 200 rebelles attaquent Esteli. Répression du Gᵃˡ H. Ortega (50 †). *-28-7* Sénat américain gèle aide économique de 95 millions de $ (Nicaragua soupçonné de soutenir terrorisme intern.). *-Août* 1 100 rebelles déposent les armes, dont 700 ex-sandinistes (*recompas*) et 400 antisandinistes (*recontras*). *-19-8* commando recontra prend en otage délégation gouvernementale de 38 personnes (libérées 24). *-20-8* commando sandiniste séquestre 8 opposants dont vice-Pt *Virgilio Godoy* (libéré 25). *-23-9* attaché militaire français enlevé (libéré 24). *-25-10* troubles à Esteli. *-30-11* USA accordent aide de 40 millions de $. **1994**-*8-2 Front Nord 3-80* accepte cessez-le-feu. *-11-2* reprise des combats. *-24-2* accord de paix. **1995**-*7/8-1* combats armée/recontras (19 †). *-21-2* Gᵃˡ H. Ortega en retraite. **1996**-*7-2* visite de Jean-Paul II. **1997**-*10-1* **Arnoldo Alemán Lacayo** (né 23-1-1946) Pt (élu 20-10-1996). *-3-12* accord de démobilisation et de désarmement avec Camilo Turcius [Front uni Andres-Castro (FUAC)]. **1998**-*30-10/2-11* cyclone *Mitch* (4 000/6 000 †). *-4-11* séisme et éruption volcanique. **2000**-*5-11* municipales : victoire des sandinistes.

■ **Statut.** *République.* **Constitution** du 9-1-1987. **Vote** à 16 ans. **Pt :** élu au suffrage universel pour 6 ans. **Élections du 4-11-1984 :** *Assemblée constituante* (90 sièges, en % des voix) : FSLN 68, PCDN 10, PLI 10, PPSC 5 ; abstentions 20 ; **du 25-2-1990** (92 sièges) : UNO 51, FSLN 39, MUR 1, PSC 1 ; **du 20-10-1996** (93 sièges, élus pour 6 ans) : Alliance libérale 42, FSLN 36, P. de la voie chrétienne 4, divers 11. **Fête nationale.** 19-7 (anniversaire chute de Somoza). **Drapeau** (adopté 4-9-1908). 3 bandes horizontales bleu, blanc, bleu avec au centre armoiries dans un triangle (5 volcans pour les 5 provinces, le soleil levant et l'arc-en-ciel pour l'avenir et le cap de la liberté).

■ **Partis.** **Front sandiniste de libération nat. (FSLN)** fondé 1960 par Carlos Fonseca, Silvio Mayorga et Tomas Borge, *secr. gén.* : Daniel Ortega Saavedra [accusé de viol, depuis l'âge de 11 ans, par Zoilamerica, sa fille adoptive (30 ans]. **Mouv. d'action populaire marxiste-léniniste (MAP-ML)** fondé 1972, *leader* : Isidro Tellez Toruno. **P. conservateur démocrate (PCD)** fondé 1956, issu du P. conservateur, *Pt* : Fernando Aguero Rocha. **P. communiste du Nicaragua (PCDN)** fondé 1970, *leader* : Eli Altamirano Perez. **P. libéral constitutionnaliste (PLC)** fondé 1968 (scission du P. libéral de Somoza), *leader* : Leopoldo Navarro. **P. libéral indépendant (PLI)** fondé 1944 par dissidents du P. libéral, *leader* : Virgilio Godoy Reyes. **P. social-chrétien (PSC)** fondé 1957, *leader* : German Alfaro Ocampo. **P. populaire social-chrétien (PSC)** fondé 1976 (scission du PSC). **P. socialiste nicaraguayen (PSN)** fondé 1944, marxiste-léniniste, *leader* : Gustavo Tablada Zelaya. **Mouvement d'action démocratique (MAD)** fondé 1993, démocrate social, *Pt :* Eden Pastora Gomez. **Indiens.** ANTIGOUVERNEMENTAUX : **Misurasata, Misura, Yatama** fondés 1987 (mais divisés). PROGOUVERNEMENTAUX : **Misatán** fondé 1984, *leader* : Rufino Lucas Wilfried. **P. social-démocrate** fondé 1979, *leader* : Adolfo Jarquin Ortel. **Union nicaraguayenne d'opposition** fondée mai 1986. **Alliance révolutionnaire démocrate (ARDE)** au Costa Rica, *leaders* : Alfonso Robelo, Alfredo Cesar (a rompu en 1984 avec Robelo).

■ **Guerre civile.** **Forces en présence : armée populaire sandiniste (EPS) : 1990 :** 70 000 à 77 000 h. plus réservistes et miliciens 80 000 h., plus troupes du min. de l'Intérieur 15 000 h. ; **91 :** 21 000 h. ; **93 :** 17 000 h. *Aide de Cuba* (suspendue 1990) : 800 conseillers (220 médecins). **Forces punitives de gauche (FPI)** [1992-93] : « escadrons de la mort » sandinistes ; *chef :* Lᵗ-Cᵉˡ Frank Ibarra. **Contra :** regroupée en mai 1987 dans la RN (Résistance nicaraguayenne). 12 000 h. dont 8 000 au nord et 500 au Honduras. Anciens sandinistes, paysans ayant fui collectivisation, répression et service militaire (imposé depuis 1983). Comprend **Front Nord 3-80** (*chef :* José-Angel Talavera, « Chacal »). Accepte en mars 1990 de démobiliser ; combats repris mars 1991, arrêtés avril 1994. En 1995, environ 500 recontras devenus délinquants de droit commun attaquent civils des zones rurales. **Forces démocratiques nicaraguayennes (FND)**, *leader :* Adolfo Calero.

Bilan : 45 000 à 54 000 †, 354 000 déplacés. *Coût pour l'État :* 4 milliards de $ (pour l'URSS : 5).

■ **Économie.** **PNB** (en 1999) : 380 $ par hab. [1 348 en 1977]. **Croissance** (en %) : *1995 :* 3 ; *96 :* 5,5 ; *97 :* 6 ; *98 :* 5 ; *99 :* 7,1 ; *2000 :* 3,7. **Population active** (en %) **et,** entre parenthèses, **part du PNB** (en %) : agr. 31 (26), ind. 17 (19), services 51 (54), mines 1 (1). **Chômage** (en %) : *1998 :* 13,3 ; *99 :* 10,5. **Inflation** (en %) : *1980 :* 35,3 ; *85 :* 219,5 ; *87 :* 1 500 ; *88 :* 36 000 ; *89 :* 1 789 ; *90 :* 13 490 ; *91 :* 36 000 ; *92 :* 23,5 ; *93 :* 20,4 ; *94 :* 12,4 ; *95 :* 11,2 ; *97 :* 7,3 ; *98 :* 13 ; *99 :* 10,9. **Dette extérieure** (en milliards de $) : *1979 :* 1,1 ; *90 :* 11 ; *95 :* 10,4 ; *99 :* 6. **Transfert des Nicaraguayens** travaillant aux USA : 0,3 milliard de $ par an.

■ **Agriculture.** **Terres** (en millions d'ha, 1981) : arables 1 085, cultivées 171, pâturages 4 940, forêts 4 480, eaux 1 309, divers 2 459. **Production** (en milliers de t, 1999) : canne à sucre 3 749, maïs 302, riz 137, sorgho 127, haricots 103, bananes 69, café 65, tabac 2,8 (en 1982), coton 2. **Élevage** (en milliers de têtes, 1999). Volailles 8 000, bovins 1 693, porcins 400, chevaux 246 (en 1995). **Pêche** (en 1997). 13 000 t. **Forêt** (en 1997). 3 870 000 m³. **Mines** (en 1995). Or 1 600 kg, argent 2 t, zinc, cuivre. **Industrie.** Huiles, sucre, produits chim., ciment, textile. **Transports** (en km). **Routes :** 18 000 (en 1996) dont 1 820 asphaltés. **Voies ferrées :** fermées en 1994. **Tourisme.** 350 000 visiteurs (en 1997).

■ **Commerce** (en millions de $). **Export./import. :** *1995 :* 530/890 (*exporte* café 121,1, poissons et crustacés 97,9, viande 55,8, bananes 14,2 *vers* USA 209, All. 58, Costa Rica 17,7, *France 9,9,* G.-B. 9,8/*importe de* USA 304, Venezuela 130, Costa Rica 82, Guatemala 79, Japon 50) ; *96 :* 486/1 160 ; *97 :* 577/1 484 ; *98 :* 573/1 492 ; *99 :* 545/ 1 862.

■ **Rang dans le monde** (en 1999). 21ᵉ canne à sucre.

NIGER
V. légende p. 950.

■ **Situation.** Afrique. **Superficie :** 1 267 000 km^2 (1 267 000 selon l'Onu). **Frontières** (en km) : Algérie 956, Bénin 266, Burkina Faso 628, Libye 354, Mali 821, Nigéria 1 497, Tchad 1 175. **Altitude** *maximale :* 2 022 m. **Distances de Niamey** (en km) : Cotonou 1 100, Lagos 1 450, Lomé 1 350. **Régions.** *Soudanienne* ou *sud-sahélienne* (200 à 300 m d'alt., pluies 800 à 900 mm ; autour de Gaya, savane arborée et arbustive), *centre-sahélienne* (pluies 750 à 350 mm, cultures), *nord-sahélienne* (pluies 350 à 200 mm, élevage), *sahélienne désertique* (au nord, erg de Ténéré, montagne de l'Aïr), *fluviale du Niger* [environ 500 km, fleuve permanent sauf à de rares exceptions, en étiage en mai/juin, quelques rivières affluentes semi-permanentes et lacs permanents (lac Tchad à la frontière sud-est)]. **Climat.** Sahélien (saison sèche oct.-juin, humide juin-oct., max. 46 °C à l'ombre. Désertique au nord).

■ **Population** (en millions d'hab.). *1990 :* 7,49 ; *99 :* 10 ; *2000 (est.) :* 10,8 ; *2020 (prév.) :* 16,3. **D.** 8,5. **Ethnies** (en %, 1999) : Ussas 56, Djemas 22, Foulas 8,5, Touareg 8, Kanouris 4,3, Arabes, Toubous et Gourmanches 1,2. **Français :** environ 5 000. **Age :** *– de 15 ans :* 48 %, *+ de 64 ans :* 2,3 %. **Taux** (en ‰, 1999) : *natalité* 54 ; *mortalité* 24, infantile 123. **Espérance de vie** (en 1998) : 49 ans. **Alphabétisation** (en 1997) : 17 %. Scolarisation (en 1997) : 30 %. **Langues** (en %). Français 8 *(officielle)*, haoussa 60, djerma ou songhaï 25, tamashek 10 (alphabet tifinar), fufulde 10, kanouri ou béri-béri 9, toubou, gourmantché. **Religions** (en %). Musulmans 80, animistes, chrétiens.

■ **Villes** (en 1998). *Niamey* 587 000 hab. (est. 1999), Zinder 120 900, Maradi 113 000, Tahoua 51 600, Agadez 50 200.

■ **Histoire. 1590** domination marocaine. **1780** Touareg installent capitale à Agadez. **1891** occupé par Français. **1901** création du territoire du N. **1920** pacifié. **1922**-*23-10* colonie dans l'A.-O.F. **1956**-*juin* autonomie interne. **1958**-*18-12* rép. autonome. **1960**-*3-8 indépendance. -9-11* **Diori Hamani** (1916/23-4-89, Rabat) Pt. **1974**-*15-4* coup d'État militaire. **Lt Seyni Kountché** dépose Pt Hamani, son épouse est tuée. Const. suspendue. **1976**-*15-3* échec coup d'État organisé par Bayère Moussa (exécuté 21-4). **1982**-*19/20-5* Pt Mitterrand au Niger. **1983**-*6-10* échec coup de force. *-14-11* gouv. exclusivement civil ; *Hamid Algabid* PM. **1986** Kountché en Fr. **1987**-*14-4* Diori libéré. *-10-11* Kountché meurt, **C^{el} Ali Saibou** (né 1940) Pt du Conseil militaire. **1988**-*15-7 Oumarou Mamane* PM. **1989**-*10-12* **Saibou** élu Pt ; *législatives. Mahamidou Aliou* († 1996) PM. **1990**-*10-2* Niamey, incidents étudiants/policiers (3 †). *-16-2 :* 5 000 manif. *-5-3* C^{el} Amadou Seyni Maiga, n° 2 de l'État, démissionne. *-Mai* Touareg attaquent sous-préfecture à Tchintaba Raden (31 †). Répression (63 †). *-15-11* multipartisme autorisé. **1991**-*29-7/3-11 conférence nat.* (1 204 délégués. Pt André Salifou). *-10-9* gouv. dissous. *-27-10 Amadou Cheffou* PM. *-Oct.* 3 000 réfugiés tchadiens quittent le Niger. *-29/30-10* massacres tribaux (98 †). *-Nov.* début rébellion touarègue. **1992**-*28-2/3-3* mutinerie militaire, occupation radio nat. et prise en otage de responsables du gouv., dont Salifou (contre paiement des soldes et libération du capitaine Boumeira, responsable de la répression de mai 1990). *-1-3* manif. antifrançaise ; militaires reprennent radio. *-3-3* retour au calme. *-26-12* référendum (prévu 4-10, reporté 28-11). **1993**-*14-2 législatives :* AFC (50 sièges), MNSD (29 sièges). *-27-2 présidentielle. -19-3* trêve gouv./FLAA touareg (Front de libération de l'Aïr et de l'Azawak). *-27-3* **Mahamane Ousmane** (né 20-1-1950) Pt [élu (le 1er démocratiquement) au 2e tour avec 54,42 % des voix (devant Tandja Mamadou, 44,58 %)]. *-17-4* **Mahamadou Issoufou** (né 1952) PM. *-23-4* Niamey, 900 prisonniers s'évadent. **1994**-*janv.* heurts Touareg/armée (7 †). *-Févr./mars* attaques Touareg. *-16-4* manif. à Niamey (1 †). *-28-9* **Souley Abdoulaye** (né 1956) PM. *-9-10* accord de paix gouv./Touareg. *-17-10* Ass. nat. dissoute. **1995**-*12-1 législatives :* opposition 43 sièges (dont MNSD 29, PNDS 12), partis présidentiels 40 [dont CDS 24, Alliance nigérienne pour la démocratie et le progrès (ANDP) 9]. *-7-2* **Amadou Cissé** PM ; *-20-2* renversé. *-21-2* **Hama Amadou** PM. *-11-3* affrontements villageois/rebelles (18 †). *-15-4* Ouagadougou, accord de paix avec Touareg (signé à Niamey le 24) ; bilan du conflit : 150 †. *Déc. 1994 au 18-4-1995* épidémie de méningite (2 481 † ; 26 736 cas recensés). *-12-10* reprise combats avec Touareg. *-27-11* l'ORA suspend l'application de l'accord du 24-4. *-15-12* Mano Dayak (né 1950), un des dirigeants touareg, tué (accident d'avion). **1996**-*27-1* coup d'État (5 †), Ousmane déposé. **C^{el} Ibrahim Barré Maïnassara** (1949-99, chef de l'état-major des armées) Pt du Conseil de salut nat. de 12 membres ; partis suspendus (interdiction levée 20-5), Parlement dissous. *-30-1* **Boukari Adji** PM. *-12-5 référendum* pour Constitution : pour 92,3 % des voix, abstentions 67 %. *-8-7* Maïnassara élu Pt (avec 52,3 % des

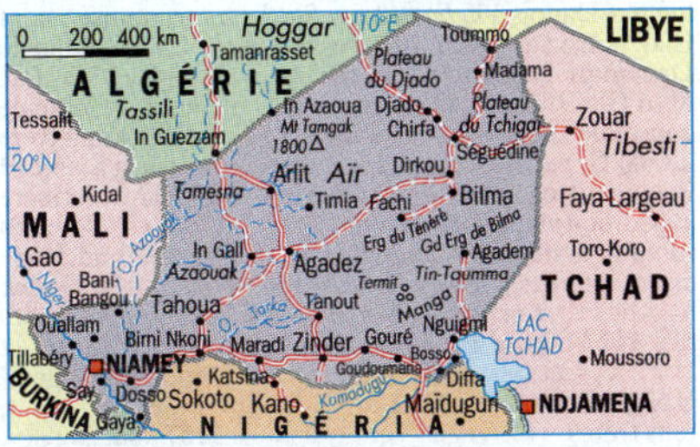

voix). *-23-11 législatives,* boycott de l'opposition, victoire de l'Union nat. des indépendants pour le renouveau dém. (Unird). *-21-12* **Ahmadou Boubacar Cissé** PM, limogé 24-11-1997. **1997**-*27-11* **Ibrahim Hassane Mayaki** PM. **1998**-*1-1* Amadou (ancien PM) présenté comme le cerveau d'un complot (déjoué) pour éliminer le Pt. *-21-2* mutineries militaires (soldes impayées). *-26/27-2* grève fonctionnaires (impayés). *-Été* inondations. **1999**-*9-4* coup d'État, Maïnassara assassiné. *-11-4* **C^{dt} Daouda Mallam Wanké** (né 1954), chef de la garde présidentielle, nommé Pt par le Conseil de réconciliation nat., Constitution de 1996 suspendue, PM **Mayaki** reconduit. *-17-10* et *24-11* **C^{el} Tandja Mamadou** (né vers 1938) Pt élu 2e tour (59,89 % des voix) devant Mahamadou Issoufou (40,11 %) ; en fonctions le 22-12. *-31-12* **Hama Amadou** (né 1950) PM.

■ **Statut.** *République.* **Constitution** du 9-8-1999, approuvée par référendum le 18-7-1999. **Assemblée :** 83 membres élus pour 5 ans. **Élections du 24-11-1999 :** MNSD (Mamadou) 38, CDS 17, PNDS (Issoufou) 16, RDP (Hamid Algabid) 8, ANDP 4. **Départements :** 8. **Fêtes nationales.** 15-4 (coup d'État de 1974). 3-8 (indépendance). 18-12 (République). **Drapeau** (adopté 23-11-1959). Bandes horizontales orange (Sahara), blanche (bonté, pureté et fleuve Niger) avec disque orange (Soleil), et verte (herbe du Sud).

■ **Partis. Mouvement nat. pour une société de développement (MNSD)** fondé mai 1988 (devient MNSD-Nassara en 1991), libéral, ex-parti unique de 1988 à 90, *Pt :* Tandja Mamadou (né 1938). **Mouv. nigérien des comités révolutionnaires (Mouncore)** fondé 1988, opposition. **Alliance des forces de changement (AFC),** coalition en 1993 de 8 partis [dont **Convention démocratique et sociale (CDS)** fondée 1991, *Pt :* Mahamane Ousmane, **P. nigérien pour la démocratie et le socialisme (PNDS)** fondé 1994, *Pt :* Mahamadou Issoufou]. **Front démocratique pour le renouveau (FDR)**, autonomiste. **Coalition des forces démocratiques (CFD)** fondée 5-3-2000, alliance des partis d'opposition. **Alliance des forces démocratiques (AFD)** fondée 22-7-2000, partis de la mouvance présidentielle.

Rébellion touarègue. Organisation de la résistance armée (ORA), Ghissa ag Boula. **Front de libération de Tamoust (FLT)** fondé 1993 par Mano Dayak (1950-95), scission de l'ORA. **Coordination de la résistance armée (CRA)** dirigée par Dayak jusqu'en 1995.

■ **Économie. PNB** (en $ par hab.) : *1984 :* 185 ; *87 :* 360 ; *89 :* 260 ; *90 :* 300 ; *94 :* 200 ; *95 :* 250 ; *96 :* 235 ; *97 :* 200 ; *98 :* 190 ; *99 :* 190. **Croissance** (en %) : *1995 :* 3 ; *96 :* 2 ; *97 :* 4 ; *98 :* 4,2 ; *99 :* 3,9. **Population active** (en %) **et,** entre parenthèses, **part du PNB** (en %) : agr. 70 (37), ind. 5 (12), services 20 (46), mines 5 (5). **Inflation** (en %) : *1990 :* – 0,8 ; *91 :* – 1,9 ; *92 :* – 1,8 ; *93 :* – 0,4 ; *94 :* 36 ; *95 :* 12 ; *96 :* 5 ; *97 :* 2,9 ; *98 :* 4,5 ; *99 :* – 2,3. **Budget** (en milliards de F CFA, 1992) : 68 dont fonds propres 50, Taïwan 12,3, *France 5,* Nigéria 0,6. **Dette extérieure** (en milliards de $) : *1994 :* 1,59 ; *95 :* 1,75 ; *96 :* 1,64 ; *97 :* 1,62 ; *98 :* 1,70. **Aide de la France :** 0,6 milliard de F (en 2000).

■ **Agriculture. Terres** (en milliers d'ha, 1981) : 126 700 dont arables 3 450, pâturages 9 668, forêts 2 840, eaux 30. **Production** (en milliers de t, 1999) : millet 2 253, légumineuses 433, sorgho 430, haricots 295,2, manioc 230, canne à sucre 174, oignons 162,6, arachides 115, riz 73, patates douces 33,6, maïs 5, coton 2. Culture illégale du cannabis. **Élevage** (en milliers de têtes, 1999). Volailles 20 000, caprins 6 169,2, ovins 4 312, bovins 2 174, ânes 513,8, chameaux 392 (en 1997), chevaux 93,7. Les peaux des chèvres rousses de Maradi, après tannage, donnent le daim. **Forêt** (en 1997). 6 270 m^3. **Pêche** (en 1999). 10 600 t.

■ **Mines. Uranium** (en t) : *réserves* (région de l'Aïr) : 230 000 ; *prod. : 1981 :* 4 500 ; *91 :* 2 777 ; *96 :* 3 326 ; *97 :* 3 497 ; *98 :* 3 731 ; *99 :* 2 900. *Part dans le budget* (en %) : *1979 :* 40 ; *92 :* 8. **Cassitérite :** 60 t/an. **Charbon :** 164 000 t (Anou Araren, réserves non exploitées). **Fer :** 650 millions de t. **Phosphate. Marbre. Kaolin. Pétrole** (peu). **Or :** 500 kg par an. **Industrie.** Brasserie, textile, ciment, savon. **Transports** (en km). **Routes :** 9 863 (en 1995) dont 779 bitumés.

■ **Tourisme** (en 1997). **Visiteurs :** 18 000. **Sites :** Ténéré et Aïr ; parc régional.

■ **Commerce** (en millions de $). **Export./import. :** *1996 :* 325/367 [(en milliards de F CFA) : *exporte* 112,3 *dont* uranium 69,9, bétail 20,4, légumes 14,3 *vers* France 45,5, Nigéria 23,9, Japon 20,2, Côte d'Ivoire 6, Espagne 4,7/ *importe* 147,9 *de* Nigéria 15,5, Côte d'Ivoire 15, Japon 8,8, USA 7,9, Pakistan 4,3] ; *97 :* 325/387 ; *98 :* 334/423 ; *99 :* 291/403.

■ **Rang dans le monde** (en 1999). 3e uranium. 4e millet.

NIGÉRIA
Carte p. 1192. V. légende p. 950.

■ **Situation.** Afrique. **Superficie :** 923 768 km^2. **Frontières** (en km) : Cameroun 1 690 km, Niger 1 497, Bénin 773, lac Tchad 87. **Côtes :** 853 km (Atlantique). **Régions.** Delta du Niger et plaine côtière au sud ; plateaux centraux s'inclinant au nord vers Niger et Tchad. **Altitude** *maximale :* pic Vogel 2 040 m à l'est. **Climat.** Tropical humide, temp. élevées, max. 40 °C au nord ; *pluies :* au sud 2 500 mm, au nord et nord-est 500 mm.

■ **Population** (en millions d'hab. et, entre parenthèses, est. de l'époque). *1911 :* 22,32 (16,05) ; *21 :* 24,66 (18,72) ; *31 :* 27,24 (20,06) ; *52 :* 37,24 (30,40) ; *73 :* 56,45 (79,76) ; *85 :* 76,32 (95,69) ; *91 :* 88,99 (115) ; *99 (est.) :* 113,8 ; *2000 (est.) :* 128,79 dont (en %) Haoussa-Fulani (Nord) 32 , Yoruba (Ouest) 18, Ibo (Est) 18 ; *2025 (prév.) :* 203. **D.** 139,4. **Croissance** (en 1995) : 2,1 %. **Taux** (en ‰, 1999) : *natalité* 43, *mortalité* 13 (*infantile :* 73). **Espérance de vie** (en 1998) : 50 ans. **Age :** *– de 15 ans :* 43,8 %, *+ de 64 ans :* 2,8 %. **Santé :** 600 000 sidéens, 193 000 lépreux, 250 000 tuberculeux. **Urbanisation** (en 1998) : 42 %. **Villes** (en 1995). *Abuja* (en cours d'installation à 793 km de Lagos) 1 500 000 hab. (est. 2000), Lagos 1 484 000, Ibadan 1 365 000, Ogbomosho 771 900, Kano 637 300, Oshogbo 465 000, Ilorin 464 000, Abeokuta 416 800, Port Harcourt 399 700, Kaduna 333 600.

■ **Langues.** Anglais *(officielle),* français (*officielle* depuis 1997), 250 langues locales (haoussa, yoruba, ibo, edo, kanuri, tiv, fufulde). **Religions** (en %). Musulmans 50 (au nord où 4 États appliquent la charia), chrétiens 40 (au sud), anglicans et protestants à l'ouest, catholiques à l'est (10 millions), animistes 10 ; 5 000 sectes.

■ **Histoire. Av. J.-C. VIe-IIIe s.** Nord (Haoussa) habité par des agriculteurs connaissant fer, étain, art des statuettes (civilisation de Nok) ; Sud (Yoruba et Ibo) sous leur influence. **Apr. J.-C. VIIIe-XIIIe s.** montagnes de Bornou (au nord), centre d'un empire haoussa, musulman, dit *empire de Kanem,* qui occupe ouest et est du lac Tchad, jusqu'au Soudan. **IXe s.** enceinte d'*Eredo* (cité de la reine Sungbo), 160 km (murs de 12 à 22 m depuis le fond de larges fossés). **XIVe s.** l'empire s'effondre, *Bornou* se transforme en émirat musulman qui rayonne sur Sahara (anéanti par les Peul en 1808). **XVe-XVIe s.** les non-musulmans du Sud, Yoruba et Ibo, fondent 2 royaumes, Oyo et Bénin, qui ressuscitent la civilisation de Nok. Centre culturel : *Ife* (statuaire de laiton et terre cuite). **1452** Portugais entrent en contact avec Bénin sur les côtes. **Après 1500** organisent commerce des esclaves. **1553** Anglais détruisent comptoirs portugais et monopolisent traite des Noirs. **1713** abandonné par Port. à l'Angl. **XVIIe-XVIIIe s.** roy. yoruba d'Oyo s'étend à l'ouest jusqu'au Dahomey et Togo (détruit par Peul 1835) ; roy. du Bénin se maintient. **1861-1900** acquisition par G.-B. **1914** colonie britannique. **1922** *élections directes* à Lagos et Calabar. **1945** Constitution fédérale. **1946** et **1951** Constitutions. **1953**-*15/19-5* émeute de Kano. **1957** régions Est et Ouest autonomes. **1959** région du Nord autonome. **1960**-*1-10 indépendance.* **1961**-*1-6* plébiscite : N.-Cameroun (ex-britannique) s'intègre au Nigéria du Nord. **1963**-*1-10 République*. Constitution fédérale. *-2-10* **Dr Nnamdi Azikiwe** (1904-96) Pt. **1964**-*déc. élect. fédérales :* affrontement N./S. **1965**-*7-1 sir Abubakar Tafawa Balewa* PM ; révolte tiv réprimée (3 000 †). **1966** 2 coups d'État militaires : *-15-1* putsch ibo : **Gal Johnson Aguiyi-Ironsi** (PM *Balewa,* Festus Okotié Eboh min. des Finances, sir Ahmadou Bello et Akintola assassinés) ; *-25-5* régions seront remplacées par des provinces. Partis dissous. Réaction nordiste, des centaines d'Ibo égorgés dans le Nord. *-Fin juin* des centaines de milliers d'Ibo fugitifs regagnent le Sud. *-29-7* Ironsi tué par nordistes. *-31-8* **Gal Yakubu Gowon** (né 19-10-1934) Pt, suspend décret d'unification. *-Août/oct.* 30 000 Ibo tués dans le Nord, plus d'un million fuient vers l'est. **1967**-*4-1 conférence d'Aburi* (Ghana) sur répartition des revenus pétroliers (258 millions de $ en 1966) entre régions productrices et gouv. central : échec. *-25-5* les 4 régions (*N. :* Haoussa Foulani ; *O. :* Yoruba ; *Centre-O. :* Edo ; *E. :* Ibo) seront remplacées par 12 États, les limites de 3 d'entre eux étant calculées pour empêcher les Ibo de profiter des revenus du pétrole : État des Rivières (cap. *Port Harcourt,* 1 000 000 d'Ijaw et 1 000 000 d'Ibo) produit 63 % du pétrole nigérian ; État du S.-E. (cap. *Calabar,* 2 500 000 Ibibio et Efik, 2 000 000 d'Ekoi et 8 autres ethnies, le plus mal desservi et le plus pauvre) ; État du Centre-E. (cap. *Enugu,* 7 000 000 d'Ibo) produit 3 % du pétrole nigérian. *-30-5 L^t-C^{el} Chukwaemeka-Ojukwu* (né 4-11-1933) proclame indépendance de l'E. sous le nom de **Biafra** [75 000 km^2, 14 000 000 d'hab. (Ibo 2/3, Ibibio, Efik, Ekoi, Ijaw). *Villes :* Owerri, Enugu, Port-Harcourt, Aba. République indépendante, reconnue par Tanzanie (14-4-1968), Côte d'Ivoire (15-12-1968), Gabon, Haïti, Zambie]. *-6-7* **début de la guerre du Biafra.** *Forces biafraises :* 6 000 h. (aidés par France) ; *nigériennes :* 6 000 puis 80 000 h. (aidés par URSS, Égypte, G.-B.). **1967**-*sept./oct.* Nigériens prennent Enugu et Calabar. **1968**-*mars* prennent Onitsha. *-19-5* Port Harcourt. **1970**-*13-1* Biafra capitule (1 000 000 de † dont beaucoup d'enfants morts de faim) ; Ojukwu exilé en Côte d'Ivoire. **1973**-*févr.*/**1974**-*févr.* agitation étudiante. **1975**-*29-7* Gowon renversé, exilé ; **Gal Murtala Ramat Mohammed** (1937-76, Haoussa, musulman) Pt. *-6-8* gouv. sous autorité du Conseil militaire supérieur. *-24/25-11* affrontements dans le Sud-Est (13 †, 7 000 sans-abri). **1976**-*3-2* création de 7 nouveaux États. *-12/13-2* coup d'État du L^t-C^{el} Dimka et de jeunes officiers : échec ; Pt Mohammed tué. *-14-2* **Gal Olusegun Obasanjo** (né 5-3-1937) Pt. *-31-3,* 32 putschistes de févr. exécutés. **1979**-*31-7* avoirs BP nationalisés. *-1-10* armée rend pouvoir auxcivils. *-Oct.* **Alhaji Shehu Shagari** (né 25-5-1925) élu Pt avec 5 688 000 voix (33 %), devant Awolowo 4 916 000, Azikiwe 2 822 000, Kano 1 732 000, Ibrahim 1 686 000. **1980**-*14/31-12* troubles religieux à Kano, affrontements partisans de Mallam Mohammed Marwa armée (4 117 †). **1981**-*10-7* émeutes à Kano. **1982**-*12/17-2* Jean-Paul II au Nigéria. *-18-5* Ojukwu gracié. *-Oct.* émeutes de Maiduguri (300 †). **1983**-*17-1,* 2 000 000 d'étrangers clandestins expulsés (vers Ghana 800 000 à 1 000 000, Bénin 200 000 à 500 000, Tchad 700 000, Niger 150 000 à 200 000, Cameroun, Togo). *-Août/oct. élections* (plus de 100 †). *-20-8 sénatoriales. -5-12* retour triomphal du Gal Gowon. *-31-12* **Gal Mohammed Buhari** (né 17-12-1942) Pt, renverse Shagari (incapable de lutter contre corruption, crise économique). **1984**-*27-2/5-3* émeutes religieuses à Yola (Nord-Est) (1 000 †). *-2-10* Ojukwu libéré. **1985** *avril/mai* expulsion de clandestins (700 000). *-26-4* émeutes de musulmans au nord-est, répression (10 000 †). *-27-8* coup d'État militaire (Buhari en prison, libéré 14-12-1988). **Gal Ibrahim Babangida** (né 17-8-1941) Pt. *-20-12* complot déjoué. **1986**-*5-3* com-

ploteurs fusillés (dont Gal Mamman Vatsa). *-5-7* Shagari libéré. *-26-9* naira dévalué de 70 %. **1987**-*mars* heurts chrétiens/musulmans (15 †). **1988**-*16-4* émeutes (6 †). **1989**-*31-5/-2-6* émeutes à Lagos (dizaines de †). **1990**-*11-1* manif. contre islamisation du N. *-26-2* Babangida en Fr. *-22-4* coup d'État déjoué (Cel Usman K. Bello tué ; 42 comploteurs fusillés le *27-7* et 27 le *13-9*). **1991**-*19-4* émeutes religieuses (200 †) ; couvre-feu (levé 1-5) ; *-Oct.* 300 à 500 †. **1992** affrontements tribaux (1 800 †). **1993**-*12-6* **Moshood Abiola** (né 24-8-1938, Yoruba, SDP) se proclame Pt devant Bashir Tofa (46 ans, Haoussa, NRC). *-26-6* scrutin annulé. *-6-7* Lagos, émeutes (12 †). *-Août* 10 000 fuient Lagos. *-26-8* Babangida quitte le pouvoir. **Ernest Shonekan** (né 9-5-1936) chef du gouv. nat. intérimaire (GNI). *-Sept.* bilan depuis juillet (pays ogoni) : 561 †. *-8-11* hausse de 600 % des carburants (demandée par FMI). *-14-11* grève générale. *-17-11* Shonekan démissionne ; **Gal Sani Abacha** (né 1943) chef de l'État. *-19-11* institutions démocratiques suspendues. *-21-11* fin de la grève. *-6-12 :* 500 soldats nigérians débarquent sur îles Diamond et Djabana (revendiquées par Cameroun). **1994**-*janv.* naira réévalué de 100 % (1 $ = 26 nairas). *-16-5 Coalition nat. démocratique* (Nadeco) créée. *-23-6* Moshood Abiola arrêté (accusé de s'être proclamé « Pt et Cdt en chef des forces armées » du Nigéria). *-18-7* Lagos, émeutes (au moins 20 †). *-1-9* CPG (Conseil provisoire de gouvernement) remanié (7 militaires, 4 civils). *-15-9* Beko Ransome-Kuti, chef du mouv. *Campagne pour la démocratie,* arrêté. *-17-9* Wole Soyinka, prix Nobel de littérature 1986, sous surveillance (19-11 arrive clandestinement à Paris). *-27-9 Conseil provisoire de gouv. :* 25 militaires. *-2-10* hausse de 400 % des carburants (4-10 ramenée à 300 %). *-7-10* multipartisme adopté. **1995**-*1-3* putsch échoue (60 à 80 sous-officiers exécutés le 18-3). *-9-3* major-Gal Shehu Musa Yar'Adua (ex-chef d'État-major), opposant, arrêté. *-13-3* Obasanjo, ancien Pt, arrêté (libéré 24-3). *-30-5* affrontements à Kano (30 †). *-14-7 :* 43 putchistes de mars 1995 condamnés à mort (14) ou à perpétuité, dont Obasanjo. *-1-10* graciés. *-10-11* Kenule Saro-Wiwa (54 ans, lauréat en déc. 1994 du prix Nobel « alternatif ») et 8 dirigeants du Mosop pendus. *-12-11* Nigéria exclu pour 2 ans du Commonwealth. *-Fin déc. à mars 1996* épidémie de méningite au nord (2 000 †). **1996**-*avril* affrontements Nord-Est (80 †) ; *-mai* Sud-Est, 700 † ; avec armée camerounaise, presqu'île de Bakassi (pétrole). *-30-9 :* 5 partis légalisés. **1997**-*22-4* affrontements région de Warri. *-1-12* échec putsch (Gal Oladipo Diya). *-8-12* Gal Yar'Adua en prison. **1998**-*21/23-3* visite Jean-Paul II [béatification du père Cyprian Tansi (1903-64)]. *-8-6* Abacha meurt [poison ? ; son clan aurait détourné 22 milliards de $, son fils Mohammed sera inculpé (14-10-1999) du meurtre (le 4-6-1996) de Kudira Abiola, femme de Moshood]. *-9-6* **Gal Abdulsalam Abubakar** (né 13-6-1942) Pt. *-25-6 :* 17 détenus politiques libérés. *-7-7* Moshood Abiola, opposant, meurt en prison (crise cardiaque). Émeutes (environ 25 †). *-17-10* explosion de l'oléoduc Warri-Kaduna à Jesse (environ 2 000 †). **1999**-*29-5* **Gal Olusegun Obasanjo** (né 5-3-1937) Pt (élu 27-2 ; 62,78 %). *-25-11 Lagos,* émeutes interethniques (100 †) ; **2000**-*21/22-2* Jaduna (400 †) et Kachia (65 †) ; *-28-2* Aba (450 †) ; *-29-2* Umuahia (dizaines de †) [plusieurs États ont décidé d'appliquer la charia : Zamfara, Niger, Sokoto, Kaduna, Kano, Yobe]. *-10-7* explosion d'un oléoduc près d'Adeje (250 †) [des villageois siphonnaient du carburant]. *-15/18-10* Lagos et Ilorin, affrontements inter-ethniques (Haoussa/Yorussa) [100 †]. *-Juin* Lafia, affrontement Haoussas/Tivs (200 †).

■ **Statut.** *République fédérale* (36 États), *membre du Commonwealth.* **Constitution** du 1-10-1979, suspendue 31-12-1983. **Chef de l'État** assisté d'un **Conseil provisoire de gouv.** et d'un **Conseil exécutif. Assemblée** : 360 membres. **Élections du 20-2-1999 :** 360 sièges dont PDP 206. **Sénat :** 109 membres.Corruption très répandue. **États :** *1963 :* 4 ; *67 :* 12 ; *76 :* 19 ; *87 :* 21 ; *89 :* 30 ; *96 :* 36. *Charia* (au 1-1-2001 : dans 9 états du Nord-Est sur 36 (1er : Zamfara en oct. 1999). **Fête nationale.** 1-10 (Rép. 1963). **Drapeau** (adopté 1-10-1960). Bandes verticales vertes (terre), centrale blanche (paix).

■ **Partis. All People's Party. Alliance for Democracy. Democratic Advance Party. Movement for Democracy and Justice. National Solidarity Movement. People's Democratic Party (PDP)** [Gal Obasanjo]. **United Democratic Party. United People's Party.**

☞ Opposition entre l'Arewa, le Nord (musulman, Haoussa), l'Oochua (Sud-Ouest, Yoruba), le Biafra (chrétiens et animistes).

■ ÉCONOMIE

■ **PNB** (en $ par hab.). *1980 :* 1 100 ; *95 :* 295 ; *96 :* 283 ; *97 :* 280 ; *98 :* 350 ; *99 :* 330. **Croissance** (en %) : *1992 :* – 6,5 ; *93 :* 1,4 ; *94 :* 4 ; *95 :* 2,9 ; *96 :* 3 ; *97 :* 3,5 ; *98 :* 1,8 ; *99 :* 1. **Population active** (en %) **et,** entre parenthèses, **part du PNB** (en %) : agr. 47 (38), mines 8 (15), ind. 8 (8), services 37 (39). Trafic d'adolescents achetés 130 F ou enlevés. **Inflation** (en %) : *1987 :* 10,2 ; *88 :* 38,3 ; *89 :* 50 ; *90 :* 7,4 ; *92 :* 44,6 ; *93 :* 57,2 ; *94 :* 57,5 ; *95 :* 73,5 ; *96 :* 30 ; *97 :*10,7 ; *98 :* 10,3 ; *99 :* 6,7. **Dette extérieure** (en milliards de $) : *1991 :* 35,8 ; *97 :* 27 ; *98* (juin) : 35. **Revenus de l'État** (en milliards de $) : *1986-87 :* 22 à 25 ; *89 :* 5,4 ; *90 :* 6,7 ; *92 (est.) :* 10,6 (85 % venant du pétrole). + de 50 % de la population dispose de – de 1 $ par jour.

■ **Agriculture.** **Terres** (en milliers d'ha, 1982) : arables 27 900, cultivées 2 535, pâturages 20 920, forêts 15 200 (en 1984), eaux 1 200 (en 1984), divers 25 400. **Production** (en milliers de t, 1999) : manioc 32 695, ignames 19 566, sorgho 7 103, maïs 5 777, millet 5 457, riz 3 397, arachides 2 534, plantain 1 712, légumineuses 1 700, huile de palme 845, canne à sucre 675, cacao 145, noix de coco 150, caoutchouc 90. **Élevage** (en milliers de têtes, 1999). Volailles 125 000, caprins 24 500, ovins 20 500, bovins 19 850, porcins 12 400, ânes 1 000. **Forêts** (en 1998). 98 514 000 m^3 de bois. **Pêche** (en 1998). 354 800 t.

■ **Énergie.** **Charbon** (en milliers de t) : *réserves :* 650 ; *Production :* 100,8 (en 1998). **Gaz** (en milliards de m^3, 1999) : *réserves :* 3 960 ; *production :* 6,5. **Pétrole** (en millions de t) : *réserves :* 3 070 (en 2001 ; 29,5 environ) ; *production : 1965 :* 14 ; *70 :* 54 ; *80 :* 103 ; *90 :* 91 ; *95 :* 98 ; *97 :* 113,4 ; *98 :* 106,5 ; *99 :* 99,9 ; *2000 :* 103,9 (exportation clandestine, corruption). **Mines.** Étain 360 t (en 1992). Colombite (80 % de la production mondiale) 36 t (en 1992). Pierre à chaux. Marbre. Fer. Zinc. Or.

■ **Industrie.** Ciment, tôle, coton, détergents, produits alim., boissons gazeuses, bière, sucre, textile, montage de Peugeot [7 500 véhicules par an (35 000 en 1980)] et Volkswagen. **Transports** (en km, 1996). **Routes :** 193 198 (dont 3 600 asphaltés). **Voies ferrées :** 4 195. **Voies navigables :** 6 000. **Tourisme** (en 1997). 611 000 visiteurs.

■ **Commerce** (en milliards de $). **Export./import. :** *1995 :* 11,7/7,9 ; *99 :* 12,8 (dont pétrole 12,5)/10,5.

■ **Rang dans le monde** (en 1999). 2e millet. 6e cacao. 8e bois. 10e réserves de gaz.

■ NORVÈGE

Carte p. 1050. V. légende p. 950.

☞ *Abréviations :* D. Danemark ; N. : Norvège ; Norv., norv. : Norvégiens, norvégien(ne)(s) ; S. : Suède.

■ **Nom.** Vient de *Nordvegr,* la route vers le nord. En norvégien : *Norge* (officiel) ou *Noreg* (en néonorvégien).

■ **Situation.** Europe (Scandinavie). **Superficie :** 385 156 km^2 dont *Norvège* 323 759 et îles *Svalbard* 61 020, *Jan Mayen* 377, *Pierre-Ier* 156, *Bouvet* 49. *Zone économique* des 200 milles marins : 900 000 km^2. **Longueur :** 1 752 km. **Largeur :** 6,3 à 430 km. **Frontières :** 2 542 km (avec Suède 1 619, Finlande 727, Russie 196). **Altitudes** *maximales :* Galdhøpiggen 2 469 m, Glittertind 2 464 m, *moyenne* 500 m. **Chutes d'eau les plus hautes :** Skykkjedalsfossen, Tyssestrengene, Ringedalsfossen 300 m. **Côtes :** 2 650 km (21 465 avec fjords et baies). Périmètre des îles : 35 793 km. **Fleuve** le plus long : Glomma 600 km. **Fjord** le plus long : Sognefjorden 204 km. **Iles :** 50 000 (dont 2 000 habitées ; la plus grande habitée : Hinnøya 2 198 km^2). **Glaciers** nombreux (le plus étendu : Jøstedalsbreen 487 km^2). **Lacs** nombreux [Mjøsa 362 km^2, Hornindal (prof. 514 m, le plus profond d'Europe)]. **Cascades** nombreuses [Skykkjedalsfossen 300 m (record d'Europe) ; Voringsfossen (182 m)]. **Régions :** *Nord (Finnmark) :* plateaux et collines peu élevés, fjords profonds. *Sud :* montagnes et vallées. **Ville la plus au nord du monde :** Hammerfest, 70° 39' 46' lat. nord ; 23° 48' long. E. (en 1995, 9 553 hab.). **Soleil de minuit** (disque solaire vu en entier) au cap Nord du 14-5 au 29-7 ; période d'obscurité du 18-11 au 24-1. **Climat.** *Températures moyennes* [Oslo (1961-90)] : 5,7 °C, mois le plus froid : janv. – 4,3 °C ; le plus chaud : juillet 16,4 °C.

■ **Population** (en millions d'hab.). *1769 :* 0,72 ; *1801 :* 0,88 ; *25 :* 1 ; *1900 :* 2,24 ; *50 :* 3,28 ; *60 :* 3,6 ; *70 :* 3,87 ; *98 :* 4,41 ; *2000 :* 4,48 ; *2025 (prév.) :* 5. Lapons 20 000, descendants d'émigrés finlandais 10 000. **D.** 13,8. **Taux** (en ‰, 1999) : *natalité* 13, *mortalité* 10 (*infantile* 4). **Drogués** (en 2000) : 327 † de surdose. **Espérance de vie** (en 1999) : *h.* 76, *f.* 81 ans. **Age :** *– de 15 ans :* 20 %, *+ de 64 ans :* 15,2 %. **Immigrés** (au 1-1-1999) : 260 742 dont Européens (Suéd. 22 413, Dan. 18 873, Angl. 10 994, Turcs 9 859, Youg. 9 443, All. 8 491) ; Asiatiques (Pak. 21 889, Vietnamiens 14 929, Iraniens 9 646, Sri Lankais 9 141) ; Américains du S. (Chiliens 6 262). **Population urbaine** (en 1998) : 74 %. **Caractéristiques :** *taille moy.* (en cm) : hommes 179,2, femmes 163. **Langues.** *Bokmaal* (ou *riksmål :* langue administrative ; variété norv. du danois ; seule officielle pendant 400 ans ; 1re enseignée à 80/85 %) et *nynorsk* (« néonorv. », variété écrite et modernisée du *landsmaal,* « langue de la campagne », héritière du norv. parlé avant la conquête danoise). Les 2 sont officielles, mais le nynorsk ne supplante pas le bokmaal. On a essayé d'en créer une 3e, le *samnorsk* (« norv. commun »). **Religions.** Église de Norvège (luthérienne, d'État depuis 1547) 88 % (en 1980).

■ **Villes** (au 1-1-1999). *Oslo* (appelée *Christiania* du XVIIe s. au 1-1-1925) 502 867 hab. (en 1350 : 2000), Bergen [ancienne cap. (à 490 km)] 227 276, Trondheim (Trondhjem) [à 553 km] 147 187 (la plus grande église médiévale de Scandinavie), Stavanger (à 590 km) 108 019, Baerum 100 773, Kristiansand 71 498, Fredrikstad 67 415, Tromsø 58 121, Drammen 54 361, Sandnes 52 077, Skien 49 498, Asker 48 397, Bodø 39 237 (en 1997), Sandefjord 37 086 (en 1997), Ålesund 36 749 (en 1997), Ringerike 27 407 (en 1997), Narvik 18 498 (port d'embarquement du minerai de fer suédois).

■ **Histoire.** **Vikings** [on appelle ceux qui opèrent à l'ouest *vikingr,* à l'est *voeringr* (Varègues)]. **800-1090** nombreuses incursions lointaines (rapportent des richesses). Petites communautés agricoles norvégiennes s'organisent en régions administratives et militaires. **Vers 870 Harald Ier à la Belle Chevelure** (vers 850-940), 1er souverain à régner en Norvège. **Vers 875** colonies vikings dans Hébrides, île de Man, Shetland et Orcades, en Angleterre, Irlande et Normandie. **Vers 900** unification du royaume. *Bataille de Hafrsfjord.* **940 Erik Ier**, fils de Harald, déposé. **945 Haakon Ier**, son fils, tué à la guerre. **960 Harald II**, fils d'Erik Ier, assassiné. **970-995** interrègne, pays dirigé par **Haakon Jarl le Bon. 995 Olaf Tryggvason Ier**, descendant de Harald Ier, tué à la guerre. **997** fondation de Nidaros, la capitale. **Vers 1000** *Leiv Eriksson* découvre Groenland et Amérique. Conversion au christianisme. N. conquise plusieurs fois par Danois. **1000-16** interrègne, pays divisé entre les fils de Haakon, Jarl Erik et Sweyn. **1016 Olaf Haraldsson le Gros II**, neveu d'Olaf Ier, déposé, 1030 roi, tué par Danois à la *bataille de Stiklestad* (canonisé : saint Olaf, patron de la N.). **1028 Svein Knutson**, fils de Knut de Danemark et d'Angleterre. **1035**-*nov.* **Magnus Ier le Bon**, fils d'Olaf II. **1042-47** règne sur le Danemark, monarchie consolidée. **1047**-*oct.* **Harald III le Sévère**, demi-frère d'Olaf II, perd le Danemark, tué en *sept. 1066* à Stanford Bridge ; il cherchait à conquérir l'Angleterre (dernière expédition viking). **1066**-*sept.* **Olaf III** et **Magnus II**, ses fils (double système de l'hérédité et de l'élection au trône entraînant des guerres civiles). **1069 Olaf III. 1093**-*sept.* **Magnus III**, son fils. **1103**-*août* **Sigurd Ier** et **Oystein Ier**, ses fils. **1122 Sigurd Ier. 1130**-*mars* **Magnus IV** (déposé) et **Harald IV**, ses fils. **1135** Harald IV, assassiné. **1136 Inge Ier** et **Sigurd II,** ses fils. **1142 Inge Ier**, **Sigurd II** et **Oystein II**, tous frères. **1155 Inge Ier** et **Oystein II**. **1157**-*août* **Inge Ier**.

1161-*févr.* **Haakon II**, fils de **Sigurd II**. **1162 Magnus V**, petit-fils de Sigurd II, tué à la guerre. **1184**-*juillet* **Sverre**, fils de Sigurd II, excommunié en *1194*. **1202**-*mars* **Haakon III**, son fils, sans doute assassiné. **1204 Gutorm**, puis **Inge II**, neveu de Sverre. **1217-63** fin des guerres civiles. Apogée : Islande et Groenland appartiennent à la couronne de Norvège. *Snorri Sturluson* écrit la saga des rois de N. **1217 Haakon IV**, fils de Haakon III. **1263**-*déc.* **Magnus VI le Législateur**, son fils, promulgue la 1re loi valable pour tout le pays. **1280**-*mai* **Erik II**, son fils. **1299**-*mai* **Haakon V**, son frère. **1319**-*mai*/**1355 Magnus VII**, son petit-fils, roi de N. (abdique) ; **1319-63** roi de S. (Magnus II de S.). **1319-60** union personnelle de la N. avec la S. **1349-50** peste noire (population réduite de 50 à 70 %). **1355 Haakon VI** (1340-80), fils de Magnus VII, roi de N. puis de N. et de S., ép. Marguerite de D. **1380-1814** union avec le D. **1380**-*mai* **Olaf IV**, leur fils, roi de N. (1375 roi de D). **1380-87** régence de sa mère Marguerite. **1387-89 Marguerite**, reine de D., N. et S. (droits sur la S. rétablis en 1389). **1389** Marguerite de D. fait proclamer son petit-neveu **Erik de Poméranie** roi des 3 royaumes (Erik III de Norvège, Erik VII de D et Erik XIII de S.). **1397** *Union de Kalmar* entre les 3 royaumes (*1521* la S. la quitte). **1442**-*juin* **Christophe Ier** (Christophe III de D. et Christophe de S.), son neveu. **1448**-*janv.* **Charles Ier** (Charles VIII de S.). **1450** traité d'union avec D. Une clause, jamais appliquée, prévoyait que le Conseil royal norvégien avait son mot à dire lors de la désignation d'un monarque. Égalité garantie entre les 2 royaumes (ne sera pas respectée). **1468-69** Orcades et Shetland remises au roi d'Écosse. **1536** Assemblée nationale à Copenhague. **Christian III** promet à la noblesse danoise que la N. serait sous l'autorité de la Couronne danoise, comme tout autre territoire danois. Conseil royal norv. perd son indépendance. **1537** réforme imposée. **1563-70** guerre de Sept Ans. **1645** Jämtland et Härjedalen remis à la S. **1658** Bohuslän et fief de Trondheim remis à la S. **1660** Trondheim rendu à la N. **1807-14** guerre contre Angleterre et S. Blocus et famine. **1811** 1re université. **1814**-*14-1 paix de Kiel*, N. cédée à la S. (la S. avait dû, en 1813, remettre la Finl. à la Russie, ayant obtenu cette compensation des Alliés).

1814-*janv.* **Christian-Frédéric, Pce de Danemark** [1786-1848 petit-fils du roi de D. Frédéric II ; deviendra roi de D. sous le nom de Christian VIII (1839) ; *-17-5* élu roi. *-14-8* les autres États n'ayant pas reconnu cette élection, une convention proclame l'indépendance de la N. en union personnelle avec la Suède (les rois de S. devenant également rois de N.]. Troupes suédoises réduisent la résistance des Norvégiens. *-Août* accord signé à Moss. La Suède reconnaît la Constitution norv. avec des amendements. *-7-10* Christian-Frédéric abdique et quitte la N.

1814-1905 *union avec la Suède*. **1814**-*nov.* **Charles Ier** (XIII de S.). **1818**-*févr.* **Charles II** (XIV de S.). **1837** autonomie communale. **1844**-*mars* **Oscar Ier** (Ier de S.). **1859**-*juillet* **Charles III** (XV de S.). **1866-73** plus de 100 000 émigrants, surtout vers USA. **1872**-*août* **Oscar II** (II de S.). **1883** élections : gauche 82 députés au Storting, conservateurs 32. **1884 Johan Sverdrup** (gauche libérale) PM ; système parlementaire. **1892** Magnus Andersen traverse Atlantique sur une réplique de vaisseau viking. **1898** suffrage universel pour les hommes. **1905** La S. refusant à la N. une représentation consulaire indépendante le PM **Michelsen** démissionne. *-6-6* Oscar II, roi de S., reconnaît ne pas pouvoir constituer un ministère ; *-7-6* le Storting en prend acte et délègue les pouvoirs du roi à Michelsen ; union avec Suède dissoute. *-13-8* référendum (demandé par S.) : 368 392 pour la dissolution, 183 contre. *-25-9* fin de la conférence de Karlstad, la N. accepte que les fortifications élevées à sa frontière soient détruites ; une zone neutre de 15 km de chaque côté est créée. Oscar II abdique. *-12/13-11* référendum (pour royaume 259 563, république 69 264).

1905-*18-11* **Haakon VII** (3-8-1872/21-9-1957) [Pce Charles de Danemark, 2e fils du roi de D. Frédéric VIII (1843-1912) et frère de Christian X (1870-1947) roi de D., ép. 22-7-1896 Pcesse Maud de G.-B. et d'Irlande (26-11-1869/1938), fille du roi Édouard VII], élu roi par le *Storting* (Parlement). **1913** suffrage univ. pour femmes. **1914-18** neutre pendant la guerre ; sa flotte marchande subit des pertes (sous-marins minés, 2 000 †). Les bénéfices financiers permettent de racheter des compagnies passées sous contrôle étranger (Borregaard, mines de charbon de Spitsbergen). **1920** partage mer de Barents avec URSS (ratifié en N. 14-8-1925). **1925** Svalbard sous souveraineté norv. **1928 Hornsrud** PM ; 1er gouv. social démocrate. **1933** arbitrage Cour de La Haye : Groenland reste danois. **1936 Johan Nygaardsvold** PM travailliste. Crédits militaires votés. **1939** se proclame neutre. **1940**-*9-4* invasion allemande. *-19-4* débarquement français à Namsos. *-28-5* Anglo-Français reprennent Narvik. *-3/7-6* rembarquent pour G.-B. *-9-6* Haakon ordonne arrêt des combats. *-10-6* part avec le gouv. pour G.-B. Flotte marchande mise à la disposition des Alliés (tonnage : + de 1 000 navires de 4 millions de t.). **1942**-*févr.* gouv. nazi, **Vidkun Quisling** (18-7-1887/24-10-1945, exécuté) PM. **1945**-*8-5* Libération (il y avait 400 000 Allemands), 92 000 Norv. vivaient à l'étranger dont 46 000 en Suède. Étrangers (outre les Allemands) : 141 000 (la plupart prisonniers de guerre, dont 84 000 Russes). *-7-6* Haakon rentre à Oslo. 10 262 Norv. † au combat ou dans les camps. **1945** élections : succès travailliste ; **Einar Gerhardsen** PM. **1952** création du Conseil nordique (Danemark, Finlande, Islande, Suède).

1957-*21-9* **Olaf V** (2-7-1903/17-1-1991), Pce Alexander de D., fils de Haakon VII. Ép. 21-3-1929 Pcesse Martha de Suède (28-03-1901/5-4-1954), fille du Pce Charles de S., duc de Westrogothie (1861-1951) et sœur d'Astrid de Belgique. *3 enfants : Ragnhild* (née 9-6-1930), ép. 15-5-1953 Erling Lorentzen (28-1-1923, armateur) et perd le prédicat d'Altesse royale ; *Astrid* (12-2-1932), ép. 12-1-1961 Johan Ferner (22-7-1927, homme d'affaires) et perd le prédicat d'Altesse royale ; *Harald V*. **1963 John Lyng** PM conservateur : coalition non socialiste. **1971 Trygve Bratteli** PM travailliste. Exploitation pétrole mer du Nord. **1972**-*25-9* référendum sur adhésion à CEE (non 53,9 %). **Lars Korvald** PM chrétien populaire. **1973** accord commercial avec CEE. **1977**-*1-1* zone économique 200 milles. Négociation avec URSS sur partage mer de Barents (seul accès à l'Atlantique non pris par les glaces). **1981**-*15-1* manif. contre centrale hydroélectrique sur l'Alta. *-14-10* **Kaare Willoch** (né 3-10-1928) PM conservateur. **1984**-*14/15-5* Pt Mitterrand en N. **1986**-*9-5* **Mme Gro Harlem Bruntland** (née 24-4-1939) PM travailliste. *-11-5* dévaluation 12 %. **1989**-*1-8* *Reiulf Steen*, Pt du Parlement, démissionne (scandale). *-16-10* **Jan P. Syse** (25-11-1930/17-9-1977) PM conservateur. **1990**-*3-11* **Mme Gro Harlem Bruntland** PM.

1991-*17-1* **Harald V** (né 21-2-1937). [Ép. 29-8-1968 Sonja Haraldsen (née 4-7-1937) dont : *Martha Louise* (née 22-9-1971) et *Haakon Magnus* (né 20-7-1973) fiancé à Mette-Marit Tjessem Hoiby (née 19-9-1973, mère de Marius). *-23-6* Harald et Sonja intronisés dans la cathédrale de Nidaros à Trondheim]. *-21-10* : 8 diplomates soviét. expulsés. **1992**-*3-7* Arne Treholt (ancien haut fonctionnaire, condamné en 1985 pour espionnage à 20 ans de prison) gracié. *-25-11* demande adhésion à EEE approuvée 19-11 par le Parlement (104 voix contre 55). **1994**-*28-11* référendum sur entrée dans UE (participation : 88 %, non 52,2 %). *-10-12* couronne norv. décrochée de l'écu pendant 30 j. **1995**-*28-5* inondations dans le sud-est. **1996**-*25-10* **Thorbjørn Jagland** (né 5-11-1950) PM travailliste. **1997**-*17-10* **Kjell Magne Bondevik** (né 3-9-1947) PM chrétien-démocrate. **2000**-*17-3* **Jens Stoltenberg** (né 16-3-1959) PM travailliste.

■ **Statut.** *Royaume* : État confessionnel. **Constitution d'Eidsvoll** du 17-5-1814 (*Grunnlov*). **Parlement** : *Storting* (165 m. élus en septembre pour 4 ans) comprenant *Lagting* (41 sièges) et *Odelsting* (124 sièges). Le roi ne peut le dissoudre. **Comtés** (*fylker*) : 19. **Élections du 15-9-1997** au Storting (% des voix et, entre parenthèses, sièges) : travaillistes 35,2 (65), P. du progrès 15,3 (25), conservateurs 14,3 (23), chrétiens démocrates 13,7 (25), centristes 8 (11), P. socialiste de gauche 6 (9), P. libéral 4,4 (6), radicaux de gauche 1,6 (0), divers 1,6 (1). **Fête nationale.** 17-5 (Constitution). **Drapeau** (adopté 17-7-1821). Utilisé officiellement depuis 1894 ; inspiré du drapeau danois ; croix bleue avec liserés blancs, sur fond rouge.

■ **Noblesse.** La Constitution du 17-5-1814 interdit la création de titres nobiliaires. Depuis 1821, on n'attribue plus de titre.

■ **Partis. P. travailliste** fondé 1887, *Pt* : Thorbjørn Jagland. **P. conservateur** fondé 1884, *leader* : Jan Petersen. **P. chrétien-démocrate** fondé 1933, *Pte* : Valgerd Svarstad Haugland (née 28-8-1956). **P. centriste** fondé 1920, Odd Roger Enoksen (né 25-10-1954). **P. socialiste de gauche** fondé 1975, *Pte* : Kristin Halvorsen. **P. libéral** fondé 1884, Lars Sponheim. **P. du progrès** fondé 1973, *Pt* : Carl Ivar Hagen.

Dépendances

■ **Iles Svalbard** ou Côtes froides en norvégien (Spitzberg, îles Blanche, du Roi-Charles, Hopen, aux Ours, d'Edge, de Barents, des Terres du Nord) [Arctique]. Archipel. 61 229 km². *Température moyenne* : – 4 °C. *Terres couvertes de glaciers* : 54 %. Côte et vallées du centre du Spitzberg et d'Edgeoya : permafrost profond de 450 m. **Population** : *1983* : 4 012 hab. ; *94* : 2 977 ; *97* : 3 231 ; *98* : 2 596, dont 1 149 Russes, 1 438 Norv. et 9 Polonais. **Capitale** : *Longyearbyen* (Spitzberg) : 1 000 hab. *Implantations norv.* : communauté minière Sveagruva ; base scientifique de Ny Alesund ; stations de radio Isfjord, Hopen et l'île aux Ours. *Russes* : Barentsburg et Pyramiden (communautés minières, environ 1 500 hab. russes ou ukrainiens). *Pologne* : base scientifique Hornsund. **Histoire** : **1194** découvertes par Norv. **1596** Barents leur donne le nom de Spitzberg (Pays des montagnes pointues). **XVIIe-XVIIIe s.** rivalité N./Angl./Hollande pour chasse à la baleine (ensuite épuisée). **1920**-*9-2 traité de Paris* (Danemark, USA, France, G.-B., Japon, Norvège, P.-Bas, Suède) [42 signataires en 1998 : droits égaux pour exploration et exploitation des ressources minières]. Souveraineté norv. officiellement reconnue. Construction d'ouvrages de défense fixes interdite. Impôts prélevés utilisés seulement pour les besoins de Svalbard. **1925**-*14-8* sous la juridiction norv. **Gouverneur** Ann-Kristin Olsen. **Ressources** : charbon : 2 gisements norv. (386 440 t en 1998) et 2 russes (520 000 t en 1993). *Baleine franche du Groenland* : protégée depuis 1929, rare. *Renne du Svalbard* : protégé depuis 1925 ; environ 10 000. *Morse* : protégé depuis 1952 ; au moins 2 000. *Bernache nonnette* : *1946* : 300 à 500 ; *2000* : 23 000. Chasse interdite en 1955. *Ours blanc* : *1970* : 1 000 ; *2000* : 2 000.

■ **Ile Jan Mayen** (Arctique). Rattachée à la N. depuis 27-2-1930 ; à 500 km à l'est du Groenland ; 377 km², 25 hab. ; volcan de Beerenberg, 2 277 m ; station radio et météo.

■ **Ile Bouvet** (Atlantique Sud). 50 km². *Température moyenne* : – 1 °C. *Phoque à fourrure* : 65 000. *Manchot à jugulaire* : quelques centaines. *Gorfou* : quelques milliers. Station météo. A 2 400 km du cap de Bonne-Espérance. **1739** découverte par Jean Bouvet de Lozier (Français). **1825** occupée par G.-B. **1900** redécouverte par *la Valaivia*. **1927**-*déc.* occupée par Norv. **1930**-*27-2* déclarée norv. **1933** annexée. **1971** réserve naturelle.

■ **Ile Pierre-Ier** (Antarctique). 249 km². A 1 800 km au S.-O. du Chili. Inhabitée. *Altitude* : 1 695 m, presque complètement recouverte de glace. **1929** visitée par Norv. **1931**-*1-5* déclarée norv. **1987** station météo. Oiseaux de mer et manchot adélie.

■ **Terre de la reine Maud** (Antarctique). Entre 20e et 45e de longitude ouest. 2 000 000 de km² (1/6 de l'Antarctique) couverte d'un glacier de 2 000 m d'épaisseur. Inhabitée. **1939** annexée. **1957** déclarée dépendance norv.

Économie

■ **PNB** (en 1999). 32 480 $ par hab. **Taux de croissance** (en %) : *1997* : 3,9 ; *98* : 3,2 ; *99* : 0,9 ; *2000 (est.)* : 3,1. **Population active** (en %) **et**, entre parenthèses, **part du PNB** (en %) : agr. 5,6 (3), ind. 19,1 (20), services 71,3 (62), mines 4 (15). **Chômage** (en %) : *1985* : 2,3 ; *90* : 5,3 ; *96* : 4,9 ; *2000 (est.)* : 3,6 ; *2001* : 3,3. **Inflation** (en %) : *1995* : 2,8 ; *96* : 1,3 ; *97* : 2,5 ; *98* : 2,3 ; *99* : 2,2 ; *2000 (est.)* : 3. **Dette extérieure** (en milliards de $) : *1985* : 94 ; *91* : 52 ; *95* : 0. **Taux d'imposition** : *1992-1-1 particuliers* : 35,8 % (auparavant, 48,3) dont taux de base 28 % du revenu brut, prélèvement Sécurité sociale 7,8 %. *Stés* : 28 % (auparavant, 50,8).

■ **Agriculture. Terres** (en km², 1989, Svalbard et Jan Mayen exclus) 306 253 : labourables 10 703 (exploitées 8 818), forêts productives 70 361, autres 225 189. **SAU** (exploitations > 0,5 ha, 1998) *totale* 10 463 dont prairies à foin et pâturages 6 329, céréales et oléagineux 3 420, cultures fourragères et tubercules 361, p. de t. 103, autres et jachères 191. **Production** (en milliers de t, 1998) : céréales et pois secs 1 358 (dont, en 1999, froment 290, orge 637, avoine 354), pommes de terre 437, tubercules 27, foin 2 657, légumes, fruits. **Forêts** (en 1998). 8 544 000 m³ dont résineux 7 877, feuillus 164, bois de chauffage 502. Pâte à papier. **Élevage** (en milliers de têtes, 1999). Poules pondeuses 3 460, ovins 2 399, bovins 1 042, porcins 690, caprins 56, chevaux 24.

■ **Pêche** (en 1998) : 3 029 000 t (3 050 000 en 1999) dont merlan bleu 571 000, hareng 745 000, équille 343 000, cabillaud 322 000. **Pisciculture** (en 1998) : 408 595 t dont saumon 360 536, truite saumonée 46 886. **Baleines** : pêche interdite de 1988 à 1993. *1998* : 624 prises. *Prises de rorquals* : *1995* : 217, *96* : 425 ; *97* : 503 ; *de phoques à capuchon* : *1987* : 7 800, *95* : 933 ; *de phoques du Groenland* : *1987* : 30 500, *95* : 15 048 ; *97* : 10 114 ; *98* : 9 067. *Chasse aux bébés phoques* de nouveau autorisée en 1996. **Aquaculture** (en 1997) : saumons 331 367 t, truites 33 491 t.

■ **Énergie. Pétrole** (en millions de t) : *réserves* : 3 050 (en 1999), épuisées vers 2030 ; *production* : *1975* : 9,2 ; *80* : 24,4 ; *85* : 38 ; *90* : 81 ; *95* : 138,5 ; *96* : 155,5 ; *97* : 156,9 ; *98* : 150 ; *99* : 149,1 ; *2000* : 156,8 (surtout d'Ekofisk, depuis 1971). *Revenus* (mer du Nord, en milliards de F) : *1994* : – de 20 ; *97* : 137 ; *2 000 (prév.)* : 63. **Gaz** (en milliards de m³) : *réserves* : 3 956 (en 1999) ; *production* : *1988* : 29,8 ; *89* : 30,6 ; *90* : 25,4 [Frigg (16,5), Odin (2,5 à 3,2), Frigg N.-E. (1), Frigg-Est (1,4)] ; *95* : 30,44 ; *97* : 45,9 ; *98* : 46,2 ; *99* : 49,9 ; *2000* : 51,1. **Part du pétrole et du gaz** (en %) : *dans le PNB* : *1985* : 19 ; *88* : 12 ; *95* : 17 ; *dans les recettes de l'État* : *1985* : 19 ; *88* : 5,5 ; *dans les export.* : 37,8 (en 1997). En 1990, **Fonds pétrolier de l'État** créé pour gérer l'argent du pétrole (versé à partir de 1996) jusqu'à l'arrêt de la production vers 2005-2010. *Montant* (en milliards de F) : *1999* : 120 ; *2010* (*prév.*) : 300. **Électricité** (en 1999) : *production* 110,4 milliards de kWh dont 99,3 % hydrauliques. **Mines** (en milliers de t, 1998). Fer 280, charbon 400, cuivre 4, zinc 5 (en 1999), molybdène, pyrite, tungstène, antimoine, titane, plomb.

■ **Industrie.** Raffineries, aluminium, métallurgie, pétrochimie, chimie, papier, ciment, construction navale, électronique, alimentation. **Transports. Flotte** (au 1-1-1999) : *Registre ordinaire* : 289 navires (3 723 000 tpl) ; 13 plates-formes. *International* : 741 navires (29 679 000 tpl). *Sous-pavillon étranger* : 598 navires (16 014 000 tpl) ; 37 plates-formes. En millions de t brut (fin 1998) : 23,14 dont navires-citernes 12,21. **Routes** (en km, 1998) : 90 741 dont nationales 26 611. **Voies ferrées** (en km, 1998) : 4 021 dont électrifiés 2 456, à double voie 131. **Tourisme** (en 1998) : 16 421 000 nuitées. **Aéroports** pour avions de ligne : 54.

■ **Commerce** (en milliards de $). **Export./import.** : *1997* : 48,5/35,7 ; *98* : 39,6/36,2 ; *99* : 44,9/34. *Exporte* combustibles, lubrifiants, électricité 43,3 ; prod. manufacturés 17,4 ; machines et matériel de transport 15,6 ; prod. alimentaires et animaux vivants 9,8. En 1998 (en %) : *vers* G.-B. 16,9, All. 12,3, S. 9,8, P.-Bas 8,4. *Importe* machines et matériel de transports 44, prod. manufacturés 16,9, chimiques 8,6, alimentaires et animaux vivants 5,3. En 1998, *de* S. 14,7, All. 13,5, G.-B. 9,9, USA 7,9, Danemark 6,7.

■ **Rang dans le monde** (en 1999). 8e pêche. 9e pétrole. 10e gaz naturel.

Nouvelle-Zélande

Carte p. 1194. V. légende p. 950.

☞ *Abréviation* : N.-Z. : Nouvelle-Zélande.

■ **Nom.** Baptisée *Staten Land* par Abel Tasman, devenue *Nieuw Zeeland* au XVIIe siècle. *Aotearoa* en maori (« la Terre du long nuage blanc »).

■ **Situation.** Océanie. **Superficie** : 270 534 km² (268 112 avec dépendances sauf Tokelau et Ross) dont *île du Sud* 153 374 km² (avec *île Stewart*), 865 469 hab. (en 1986), *île du Nord* 114 738 km², 2 439 100 hab. (est. 1985), à 1 600 km au sud-est de l'Australie. **Côtes** : 15 134 km. **Alpes de N.-Z.** dans l'île du Sud avec une vingtaine de pics de plus de 3 000 m. **Altitude** *maximale* : Aoraki-Mt Cook 3 764 m

(depuis avalanche du 14-12-1991). **Volcans** (Ruapehu 2 797 m, éruptions en 1861, 1945, 1953, 1969, 1995 et 1996) et *geysers* dans l'île du Nord. **Glaciers** (Tasman 29 km). **Fjords** (Milford Sound) le long de la côte sud-ouest. **Lacs** nombreux dont Taupo (le plus grand, 606 km²) et Manapouri (le plus profond, 443 m). **Cours d'eau principal :** Waikato 425 km. **Climat.** Subtropical dans l'extrême nord, alpin en montagne, océanique tempéré ailleurs (juillet moy. 5 à 11 °C, janv. 15 à 20 °C). *Pluies :* moy. 600 à 1 500 mm. *Soleil :* plus de 2 000 h/an, sauf dans l'extrême sud. **Flore.** Endémique : *rimu, totara, matai, miro* et *kauri.*

■ **Population** (en millions d'hab.). *1858 :* 0,115 ; *81 :* 0,534 ; *1901 :* 0,816 ; *21 :* 1,27 ; *36 :* 1,57 ; *51 :* 1,94 ; *61 :* 2,41 ; *71 :* 2,86 ; *81 :* 3,18 ; *91 :* 3,43 ; *99 :* 3,816 (dont Maoris 15,3 %) ; *2001 :* 3,842 ; *2025 (prév.) :* 4. **D.** 14,2. **Taux** (en ‰, 1999) : *natalité :* 15 ; *mortalité :* 7 (infantile 5). **Age :** *– de 15 ans :* 22,5 %, *+ de 64 ans :* 11,5 %. **Espérance de vie** (en 1998) : 77 ans. **Pop. urbaine** (en 1998) : 87 %. **Émigration :** *1995 :* 45 894 ; *96 :* 50 456. **Maoris :** 586 000 en 1999 ; 90 % dans l'île du Nord et 80 % en zone urbaine ; pop. d'origine polynésienne, arrivée au xᵉ s. Possèdent 1,2 million d'ha de terres contre 4,4 en 1890. Réclament 70 % des terres au nom du traité de Waitangi (1840). Droits de pêche et droits fonciers commencent à être reconnus [*1992-23-9* État leur offre 150 millions de $ pour acheter 50 % de la Sté Sealord (25 % de la pêche nat.) ; *1994-21-12 :* 66 000 ha restitués ; *1995-mai* accord avec tribu Tainu, 15 782 ha restitués et 550 millions de F versés ; *-19-10* compensation pour 486 502 ha (confisqués en 1863) : 600 millions de F et restitution en 5 ans de 18 000 ha encore à l'État ; *-2-11* Élisabeth II présente ses excuses aux Maoris]. **Langues.** *Officielles :* anglais, maori (depuis 1974). **Religions** (en %, 1991). Anglicans 22, presbytériens 16, catholiques 15, méthodistes 4,2, baptistes 2,1.

■ **Villes** (nombre d'hab. en 1996 et, en italique, en 1995). *Wellington* 335 468, Auckland 997 940, Christchurch 331 443, Hamilton 159 234, Napier-Hastings 113 719, Dunedin 112 279, Tauranga 82 832, Palmerston North 73 862, Rotorua *56 928,* Nelson 52 348, Invercargill *51 600,* New Plymouth *49 800,* Whangarei *45 200,* Wanganui *42 200,* Gisborne *31 700,* Timaru *27 000.*

■ **Histoire.** **Depuis 950** migration des Maoris des îles polynésiennes. **1642** découverte par Abel Tasman (1603-59). **1769-77** explorations par *James Cook.* **1772** le capitaine Marion Dufresne et 16 hommes de son équipage mangés par Maoris. **1814** missonnaires anglicans dans baie des Iles. **1820** conduits par missionnaire Kendall, 2 chefs maoris, Honghi et Haikato, visitent Londres. **1814** missionnaires anglicans dans baie des Iles. **1835** tentative de colonisation française. **1838** Charles-Hippolyte, baron de Thierry, se proclame chef souverain de la N.-Z. et roi de Noukahiva (aux Marquises). Louis-Philippe crée une Cie nanto-bordelaise pour coloniser le pays ; le gouv. anglais dépêche le capitaine William Hobson (1858-1940) pour prendre les Français de vitesse. **1840**-*6-2 traité de Waitangi :* souveraineté britannique, annexion à l'Australie pendant 1 an, protection des Maoris. 1ᵉʳˢ pionniers français à Akaroa. **1843-47** *guerres maories.* **1852** gouv. local. **1860-70** *guerres maories.* **1861** découverte d'or au Coromandel. **1876** suppression du système fédéral. **1882** 1ʳᵉ expédition frigorifique de viande vers G.-B. **1887** 1ᵉʳ parc national *(Tongariro).* **1893** 1ᵉʳ vote des femmes. **1898** loi instituant la retraite-vieillesse (1ʳᵉ au monde). **1907** dominion. **1974**-*sept.* **Wallace Rowling** (1927-95) PM. **1975**-*déc.* **Robert Muldoon** dit « Piggy » (1921-93) PM. **1984**-*juillet* succès travailliste, **David Lange** (né 1942) PM ; réformes « libérales ». **1985**-*févr.* quitte l'Anzus (alliance militaire avec USA et Australie). *-11-7 Rainbow Warrior*, bateau de Greenpeace ; explosion (1 †). Après procès, faux époux Turenge [Cᵈᵗ Alain Mafart et Mme Dominique Prieur (capitaine)], condamnés et emprisonnés [libérés juillet 1986 mais assignés à résidence sur l'atoll de Hao pour 3 ans ; D. Prieur (enceinte) reviendra en France le 6-5-1987, et le Cᵈᵗ Mafart en déc. 1987]. Le *Rainbow Warrior* sera coulé dans la baie de Matauri pour devenir un habitat de vie sous-marine. La Fr. présentera des excuses publiques, versera 2,3 millions de F à la famille du photographe portugais tué, 9 millions de $ à la N.-Z. pour récupérer les faux époux Turenge, et 8,1 millions de $ à Greenpeace. La N.-Z. ne réclamera pas l'extradition de Gérald Andriès, ancien agent de la DGSE, arrêté en Suisse le 23-11-1991 alors qu'il était sous le coup d'un mandat d'arrêt international. **1987** travaillistes réélus. **1989**-*août* **Geoffrey Palmer** (né 24-4-1942, travailliste) PM. **1990**-*6-2* 150ᵉ anniversaire du traité de Waitangi en présence d'Élisabeth II (manif. de Maoris). *-Sept.* **Mike Moore** (né 1949) PM. *-27-10 législatives,* succès national. **James Brendan Bolger** (né 1935, PN) PM. **1991**-*29-4* visite PM Rocard. *-28-10* Bolger en France. **1992**-*19-9* référendum : 48 % de participation : 70,3 % pour proportionnelle. **1993**-*6-11* référendum : 53 % pour proportionnelle mixte ; *législatives* (baisse du P. national). **1997**-*8-12* **Jenny Shipley** (née 1952) PM. **1999**-*10-12* **Helen Clark** (né 26-2-1950) PM.

■ **Statut.** *État membre du Commonwealth.* Pas de Constitution écrite. **Gouverneur général :** sir Michael Hardie Boys (né 6-10-1931) depuis 21-3-1996 ; représente la reine Élisabeth II. **Conseil des ministres** nommé par PM mais responsable devant la Chambre. **Chambre :** 120 membres élus à la proportionnelle mixte pour 3 ans. **Élections du 12-10-1996 :** PN 44 sièges, PT 37, NZF 17, AP 13, Act NZ 8, UNZ 1 ; **27-11-1999 :** PT 49 sièges, PN 39, AP 10, Act NZ 9, Verts 7, NZF 5, P. uni 1.

■ **Fête nationale.** 6-2 *(Waitangi Day).* **Drapeau** (adopté 12-6-1902). 4 étoiles rouges bordées de blanc (Croix du Sud) sur fond bleu ; drapeau anglais dans l'angle gauche.

■ **Partis.** **P. travailliste (PT)** fondé 1916 (Helen Clarke). **P. national (PN)** fondé 1936 (Jenny Shipley). **P. communiste** (prochinois) fondé 1921, 300 m. (Grant Morgan). **P. socialiste unifié** (marxiste, était prosoviétique) fondé 1966 (Marilyn Tucker). **New Zealand First Party (NZF)** fondé 1993 (Winston Peters). **Alliance Party (AP)** (Jim Anderton), regroupement créé par Sandra Lee en déc. 1991 de 5 anciens partis : **P. démocratique** fondé 1953 (Margaret Cook), **P. Mana Motuhake** (maori) fondé 1980 (Peter Moeahu), **Nouveau P. travailliste** (scission du P. travailliste d'Helen Clark) fondé 1989 (Jim Anderton), **P. vert d'Aotearoa N.-Z.** fondé 1990 (issu du Values Party créée 1972) [Rod Donald et Janette Fitzsimons]. **Christian Heritage** (Graham Capill). **Act New Zealand (Act NZ),** extrême droite, fondé 1994 (Richard Prebble). **United New Zealand (UNZ)** fondé juillet 1995 (Peter Dunne). **Progressive Greens** fondé juillet 1995.

■ **Économie.** **PIB** (en 1999) : 14 620 $ par hab. **Croissance** (en %) : *1994 :* 3,8 ; *95 :* 2,7 ; *96 :* 2,1 ; *97 :* 1,2 ; *98 :* – 0,2 ; *99 :* 2,3 ; *2000 :* 3. **Pop. active** (en %) **et,** entre parenthèses, **part du PNB** (en %) : agr. 6 (9,5), ind. 23 (24,6), mines 1,5 (2), services 65 (65,9). **Chômage** (en %) : *1980 :* 2,9 ; *85 :* 4 ; *95 :* 6,5 ; *98 :* 7,5 ; *99 :* 6,5 ; *2000 :* 6,1. **Inflation** (en %) : *1990 :* 6,1 ; *91 :* 2,8 ; *92 :* 1 ; *93 :* 1,9 ; *94 :* 1,8 ; *95 :* 2,3 ; *96 :* 2,5 ; *97 :* 1,1 ; *98 :* 1,3 ; *99 :* – 0,1 ; *2000 :* 2,5. **Dette extérieure :** *2000 :* 103 milliards de $ néo-zélandais. **Privatisations :** 12 milliards depuis 1988.

■ **Agriculture.** **Terres** (en millions d'ha, 1989) : arables et pâturages 14,4, forêts 7,4, eaux 0,3, divers 5. **Production** (en milliers de t, 1999) : p. de t. 520, pommes 450 (en 1998), orge 400, blé 290, maïs 170, pois 62, poires 35. **Élevage** (en millions de têtes, 1999). Ovins 46,1 dont brebis 1, bovins 8,8 dont vaches laitières 2,7, daims 1,1 (en 1995), porcins 0,4 ; *production* (en milliers de t, 1998) : viande 1 282, beurre 383, laine 254 ; lait 11 288 millions de litres. **Forêts** (en 1989). 7,4 millions d'ha en partie englobés dans 12 parcs nationaux, 21 parcs forestiers et près de 4 000 réserves qui couvrent plus de 5 millions d'ha (soit 18,5 % du pays) ; *production* (en 1997) : 16 318 000 m³. **Pêche** (en 1999). 687 700 t.

■ **Énergie.** **Charbon** (en 1999) : 2 163 000 t. **Lignite** (en 1999) : 1 337 000 t. **Pétrole** (en millions de t) : *réserves :* 1 155 ; *production : 97 :* 2,91 ; *99 :* 2,24 ; *2000 :* 1,99. **Gaz** (en milliards de m³) : *réserves :* 72 ; *production : 1999 :* 5,9. **Électricité** (en 1999) : 34 132 millions de kWh dont (en %) hydraulique 68, thermique 32, géothermique 6,7 (en 1991). **Mines** (en t, 1996). Sables ferrugineux 2 383 700, chaux 3 968, or 10 (en 1999). **Transports** (en km, 1998). **Routes :** 91 996. **Voies ferrées :** 4 439 privatisés.

■ **Tourisme** (en 1998). **Visiteurs :** 1 457 000. **Sites :** Champagne Pool (bassin d'eau pétillante, parc de Waiotapu), Rotorua (vapeurs sulfureuses), Whakarewareva (village maori), vallée de Waimangu, Mataury Bay, Arthur's Point, Mt et lac Tarawera (volcan de 1 111 m), lac Wakatipu (prof. 380 m), Pancake Rocks de Punalaiki (rochers), plages de Golden Bay.

■ **Commerce** (en millions de $). **Export./import. :** *1997 :* 14,2/14,5 ; *98 :* 12,1/12,5 ; *99* 12,5/14,3 [(en %) : *exporte* produits laitiers 17,8, viande 13, bois 6,9, poisson 5,4, fruits et légumes 4,9 *vers* Australie 20,7, UE 17,9, Japon 13,4, USA 13,2, Corée du S. 4/ *importe* mach. 14,2, véhicules 12,3, matér. électrique 10,4, énergie 5,7, plastiques 4,1 *de* Australie 22,1, UE 19,3, USA 17,7, Japon 12,6].

■ **Rang dans le monde** (en 1999). 5ᵉ ovins. 25ᵉ pêche, or.

TERRITOIRES EXTÉRIEURS

■ **Dépendances.** **Iles Kermadec** à 965 km au nord-est d'Auckland. 34 km², annexées 1887. *Ile Raoul* 2 916 ha, seule habitée : 12 hab. station météo. **Iles Tokelau** à 480 km au nord-ouest des îles Samoa, 3 atolls (*Atafu, Nukunonu, Fakaofo*). 10,12 km², côtes : 101 km, 1 487 hab. (en 1996). **D.** 147. *1926-11-2* se sépare des îles Gilbert et Ellice, autonomie. Annexées à N.-Z. en 1948, administrées depuis 1925 par ministère des Affaires étrangères (annexées par G.-B. 1916, puis administrées avec îles Gilbert et Ellice) ; *PM :* Kuresa Nasau depuis 1998 ; coprah, fruits, pêche, timbres. PNB (en 1998) : 4 000 $ par hab. **Ross Dependency** (Antarctique) à 2 300 km au sud de la N.-Z. 730 310 km² dont 336 770 de glaces, base scientifique depuis 1957, 12 hab., administrée depuis 1923 par N.-Z. **Ile Campbell** à 600 km au sud de l'île Stewart. 106 km², 10 hab. **Ile Chatham** à 850 km à l'est de Christchurch. 963 km², 751 hab. (en 1981) ; *chef-lieu : Owenga.* **Iles Bounty** (47°43' latitude sud, 179°5' longitude ouest) à 784 km à l'ouest de l'île Stewart. 13 km², inhabitées. **Iles Snares** à 104 km au sud-ouest de l'île Stewart. 3 km², inhabitées. **Iles Auckland** à 400 km au sud de Bluff Harbour. 612 km², inhabitées. **Iles Antipodes** (49°41' latitude sud, 178°43' longitude ouest) à 750 km au sud-est de l'île Stewart. 10 km², inhabitées.

■ **États associés** (autonomie interne mais citoyenneté commune). **ILES COOK** (Polynésie) : 240 km², 120 km de côtes, domaine maritime 1 000 000 de km², 20 407 hab. (est. 2000). 15 îles en 2 groupes (en 1991) : au sud, *Rarotonga* 67 km², 10 918 hab. (volcanique et fertile, alt. maximale Mt Te Manga 653 m, avec la cap. *Avarua,* à 3 000 km au nord-est de la N.-Z.), *Aitutaki* 18 km², 2 366 hab., *Mangaia* 52 km², 1 105 hab., *Atiu* 27 km², 1 003 hab., *Mauke* 18 km², 639 hab., *Mitiaro* 22 km², 249 hab., *Manuae* et *Takutea* 211 km² ; au nord, *Penrhyn* 503 hab., *Pukapuka* 670 hab., *Manihiki* 666 hab., *Rakahanga* 262 hab., *Nassau* 103 hab., *Palmerston* 49 hab. et *Suwarrow* 10 hab. **D.** 85. **Climat :** tropical. Rarotonga 22 à 26 °C. Pluies 2 000 mm/an. **Histoire :** *1773-77* James Cook découvre plusieurs îles du Sud. *1823* missionnaires anglicans. *1888*-oct. protectorat britannique. *1901*-11-6 rattachement à N.-Z. *1965*-4-8 autonomie interne. **Statut :** association libre avec N.-Z., membre du Commonwealth. Constitution du 4-8-1965. *Chef de l'État :* reine Élisabeth II. *PM :* Dr Terepai Maoate depuis 18-11-1999. *Gouverneur :* sir Thomas Papua depuis 1998. *Ass. :* 25 m. élus au suffrage univ pour 5 ans. *Fête nat. :* 4-8 *(Constitution Day).* **PIB** (en 1999) : 4 610 $ par hab. **Ressources :** agrumes, ananas, nacre, coprah, tomates. *Élevage :* chevaux, porcs. *Pêche* (en 1995) : 1 124 t. *Perles* noires. Banques (secret des transactions) : 10 % du PNB. *Tourisme :* 48 500 vis. (en 1996). Paradis fiscal.

ILE NIUE. 262,7 km², domaine maritime 320 000 km². Corallienne, isolée, à 2 640 km au N.-E. d'Auckland. **Côtes :** 64 km. 1 708 hab. (est. 1998). **D.** 6,5. **Capitale :** *Alofi* 900 hab. 1774 découverte par Cook. Annexée par N.-Z. 1901. *Autonome* depuis 19-10-1974. *République. Assemblée :* 20 membres. *PM :* Sani Lakatani depuis 26-3-1999. **PNB** (en 1999) : 6 830 $ par hab. **Ressources :** coprah, patates douces (kumaras), miel, fruits de la passion, citrons verts. Pêche. *Transferts des émigrés* en N.-Z. (est. 1998, 18 500 personnes). **Timbres.**

COOK (îles)

NIUE

TOKELAU

■ OMAN (SULTANAT D')
Carte p. 986. V. légende p. 950.

☞ *Abréviation :* O. : Oman.

■ **Nom.** Du chef *Oman Ben Kahtan* (IIᵉ s.) qui émigra avec Malik Ben Faham al-Ouzdi à Oman après la destruction du barrage de Maareb (Yémen). Jusqu'en 1970, Masqat et Oman.

■ **Situation.** Asie. **Superficie :** 309 500 km² (y compris les îles de Al-Halaaniyaat, 78 km², cédées par la G.-B. à O. le 30-11-1967) dont Dhofar 100 000 km². **Frontières** (en km) : Yémen 288, Arabie saoudite 676, Émirats arabes unis 410. **Côtes :** 2 092 km. **Altitude** *maximale :* jabal al-Akhdar (la montagne Verte) 3 075 m. **Terrains :** montagnes (plus de 400 m) 45 000 km², plaines côtières inhabitées 9 000 km², oueds et zones désertiques 246 000 km². **Climat.** Chaud et sec : 13 à 48 °C ; *pluies :* 100 mm/an.

■ **Population** (en millions d'hab.). *1997 (est.) :* 2,27 dont 0,614 étrangers ; *2000 (est.) :* 2,72 ; *2025 (prév.) :* 5. **D.** 8,8. **Age :** *– de 15 ans :* 41,1 %, *+ de 64 ans :* 2,4 %. **Taux** (en ‰, 1999) : *natalité* 43, *mortalité* 5 (*infantile* 30). **Espérance de vie** (en 1999) : *h.* 69, *f.* 73 ans, (40 en 1960). **Population urbaine** (en 1997) : 80 %. **Travailleurs étrangers** (en 1997) : 493 847 ; Indiens, Bengalis, Pakistanais, Sri Lankais, Égyptiens, Anglais.

■ **Langues.** *Officielle :* arabe ; *nationales :* swahili, farsi ; *d'enseignement :* arabe, anglais. **Religion.** Islam religion d'État (ibadites 75 %, sunnites 25 %).

■ **Villes.** *Masqat* 400 856 hab., Matrah 173 908, Salâlah 131 813 (aggl.).

■ **Histoire.** **751** 1er *imamat* ibadite (Julanda ibn Masud). **IXe s.** création des *wilayas* (régions). Invasion perse. **1508** les Portugais prennent Masqat et Sohâr (seront chassés 1649-50). Sindbad le Marin (héros légendaire de Sohâr). **XVIIe-XVIIIe s.** dynastie des Yaaroubides, imams d'Oman et de Zanzibar, reprennent Masqat, puis les côtes. **1665** prise de Mombassa, départ des Portugais. **1744 Ahmed bin Saïd** (déjà gouverneur du port de Sohâr, † 1783), maître de toute la région après l'expulsion des Perses. **1747** émergence des *Al Bou Saïd* (ou *Bou Saïdides*). **1749** adopte le titre d'imam des Ibadites (son fils **Saïd** porte le même titre, mais les successeurs se font appeler Sayyid, c'est-à-dire *sultan).* **1792 Sayyid ibn Sultan,** expansion sur la côte sud de la Perse. **1798** traité entre Oman et l'East India Company (confirmé en 1891). **1806 Salim ibn Sultan** (1785-1821). **1806**-*juillet*/**1856 Sayyid ibn Sultan** (1788-1856, son frère), à la suzeraineté de Mogadiscio à Zanzibar, crée 1re plantation de girofliers à Zanzibar. **Après 1856** 2 sultanats indépendants : *Masqat* et *Zanzibar.* **1856**-*oct.* **Thuwaini ibn Sultan** (1821-66). **1866**-*févr.* **Salim ibn Thuwaini** († 1876). **1868** déposé, exilé en Inde. *-Oct.* **Azzan ibn Qais** (tué à la guerre 1871). **1871**-*janv.* **Turki ibn Saïd** (1832-88). **1888**-*juin* **Fayçal ibn Turki** (1864-1913). **1890** Zanzibar devient protectorat britannique. **1897** abolition de la traite à Pemba et Zanzibar ; difficultés économiques. **1913** restauration de l'imamat ibadite, cheikh Sâlim ibn Râshid al-Kharûsi élu ; scission en 2 États : Masqat et Oman. *-Oct.* **Taimur ibn Fayçal** (1886-1967, 1932 abdique). **1920** traité de Sib entre le sultan, souverain sur la côte, et l'imam (qui garde à l'intérieur une certaine indépendance). **1924** 1re concession pétrolière. **1932**-*10-2* **Saïd ibn Taimour** (1910-72) sultan. **1949-55** *« dispute de Buraymî » :* au sujet des concessions pétrolières. **1957** tentative de restauration de l'imamat. Saïd reprend le contrôle du pays. **1957-59** rébellion. Tâlib ibn Ali, avec l'Oman Revolutionary Movement, attaque sultan. Bânî Riyam rejoint les rebelles. Armée britannique aide sultan. **1958** vend au Pakistan enclave de Gouadar. **1963-64** rébellion au *Dhofâr.* **1965** *Dhofâr Liberation Front.* **1967** devient *Popular Front for the Liberation of the Occupied Arabian Gulf,* soutenu par Yémen du Sud. **1969** contrôle 2/3 du Dhofâr.

1970 Saïd destitué. *-23-7* **Qabous ibn Saïd** (né 18-11-1940), son fils, sultan. **1971** dans le nord, attaque de Nizwâ et Izki. **1973-75** offensive du sultan assisté par Iraniens (3 000 h.) et Jordaniens. **1976**-*11-3* cessez-le-feu Oman/Yémen du Sud. **1983**-*27-10* relations diplomatiques avec Yémen du Sud. **1989**-*30-5/ 2-6* Qabous en Fr. **1992**-*27-1* visite Pt Mitterrand. **1995**-*11-9* sultan Qabous blessé (accident de voiture), **Qais al-Zawawi,** PM, †. **1998**-*1-11* inauguration du port de *Mina Raysout.*

■ **Statut.** *État islamique.* Monarchie absolue. Loi fondamentale du 6-11-1996. **Conseil d'Oman** composé du **Conseil d'État :** 41 membres nommés et du **Conseil consultatif** *(Majlis al-Shoura* depuis oct. 1991) : 83 m. élus pour 3 ans et Pt nommé. Aux élections de sept. 2000, 2 femmes élues. **Partis.** Aucun. **Régions** *(wilayas) :* 59.

■ **Fête nationale.** 18-11 (anniversaire du sultan). **Drapeau** (adopté 25-4-1995). Bandes blanche (paix) et verte (fertilité, montagnes) sur fond rouge (mémoire du combat pour la libération) ; armes officielles (épées et poignard).

■ **Économie.** **PNB** (en 1999) : 4 950 $ par hab. **Croissance** (en %) : *1995 :* 2 ; *96 :* 3,8 ; *97 :* 3,5 ; *98 :* 3,3 ; *99 :* 1,3. **Population active** (en %) **et,** entre parenthèses, **part du PNB** (en %) : agr. 58 (4), ind. 7 (8), services 32 (50), mines 3 (38). **Inflation** (en %) : *1994 :* 5 ; *95 :* 1,5 ; *96 :* 2 ; *97 :* – 0,2 ; *98 :* 0,8 ; *99 :* 0,4. **Dette extérieure** (en milliards de $) : *1990 :* 2,54 ; *95 :* 3,1 ; *98 :* 5,9.

■ **Agriculture.** **Terres** (en ha, 1995) : arables 2 300 000, cultivées 60 200, 82 % de désert. **Production** (en milliers de t, 1999) : dattes 133 (70 % exportées), légumes 84, tomates 33, pastèques 30, citrons 29, bananes 26, mangues 11, noix de coco, patates douces, sorgho, luzerne, oignons, blé, tabac. Encens (région du Dhofâr, depuis l'Antiquité, résine tirée du boswellia) sur 58 000 ha (en 1992). **Élevage** (en milliers de têtes, 1999). Volailles 3 000, caprins 854, ovins 160, bovins 148, chameaux 98,5 (en 1998), ânes 26. **Pêche** (en 1997). 117 049 t.

■ **Énergie.** **Pétrole** (en millions de t) : *réserves 2001 :* 751 (15,7 ans) ; *production : 1995 :* 42,7 ; *2000 :* 47,8. *Revenus* (en millions de rials omanis) : *1970 :* 44,4 ; *80 :* 831,2 ; *90 :* 1 701 ; *91 :* 1 240 ; *94 :* 1 311 ; 75 % des recettes de l'État, 80 % des exportations, 42 % du PIB. **Gaz** (en milliards de m^3) : *réserves : 2000 :* 580 ; *production : 1996 :* 4,12 ; *97 :* 4,25 ; *98 :* 7,6 ; *99 :* 8,4. Projet gazier à Bimmah (5 millions de t).

■ **Mines.** **Cuivre** (exploité depuis 1983) : 4 000 t (en 1994). **Chrome** 5 300 t (en 1995). **Or :** 523 kg (en 1995). **Industrie.** Produits alim., textile, métallurgie, produits chim., ciment.

■ **Port de Mina Raysout,** près de Salalah. Ouvert 1-12-1999. Zone franche.

■ **Transports.** **Routes** (en 1996) : 32 800 km dont 7 332 (en 1997) asphaltés. **Tourisme** (en 1997). **Visiteurs** 375 000. **Hôtels :** 39, *lits :* 3 600. **Sites :** gorges de Shap, oasis de Misfat al-Ibriyeen, mausolée de Bibi Mariam. **Forteresses :** plus de 500 dont Rustaq, Nakhl, Bahla, Hazm (1720), Jibrine (1688), Nizwa (1670) [donjon hauteur 40 m, largeur 50 m].

■ **Commerce** (en milliards de $). **Export./import. :** *1996 :* 7,35/4,58 ; *97 :* 7,63/5,03 ; *98 :* 5,51/5,68.

■ **Rang dans le monde** (en 1999). 17e réserves de pétrole. 19e pétrole.

OUGANDA

V. légende p. 950.

☞ *Abréviations :* O. : Ouganda ; Oug., oug. : Ougandais ougandais(e)(s).

■ **Situation.** Afrique. **Superficie :** 241 038 km^2 (dont 44 081 de lacs et de cours d'eau). **Frontières** (en km) : Kenya 933, Soudan 435, Congo dém. 765, Rwanda 169, Tanzanie 396. **Relief :** plateau central 1 100 m d'alt. moyenne, interrompu à l'ouest par un fossé d'effondrement (lacs Albert et Édouard), s'abaisse au sud et forme une cuvette (lac Victoria), bordé à l'ouest par le massif du Ruwenzori (*alt. maximale* Margherita Peak 5 118 m) et dominé à l'est par la masse volcanique de l'Elgon (4 321 m). **Climat.** Tropical, tempéré par l'alt. : Mt Ruwenzori (plus de 2 500 m), moy. 7 °C ; au nord, sec et chaud, moy. 33 °C (extrêmes 21 °C et 44 °C), saison chaude juillet à sept., pluies avril-mai, août à nov. ; sur les rives des lacs et au sud de la dépression formée par ceux-ci, moy. 20 °C (extrême 33 °C), pluies abondantes (1 500 mm/an févr.-avril, sept.-oct.). **Éléphants :** *1948 :* 92 000 ; *80 :* 200.

■ **Population** (en millions d'hab.). *1997 (est.) :* 20,60 ; *2000 (est.) :* 22,21 dont (en %) Bagandas 17, Karamojongs 12, Basogos 8, Itésots 8, Langis 6, Rwétas 6, Bagisus 5, Acholis 4, Lugbaras 4, Bunyoros 3, Bathobos 3, divers 1. *2025 (prév.) :* 49. **D.** 112,8. **Age :** *– de 15 ans :* 51,1 %, *+ de 64 ans :* 2,2 %. **Espérance de vie** (en 1998) : 40 ans. **Mortalité** *infantile :* 81 ‰ (en 1999). **Sida** (en 1999) : 930 000 séropositifs déclarés (40 % à Kampala, 60 % dans certaines provinces), plus de 1 800 000 † cumulés en 9 ans. **Émigration :** 30 000 au Kenya. **Immigration** (en majorité des réfugiés) : du Rwanda 70 000, Soudan 70 000, Zaïre 35 000. **Réfugiés** (en 1999) : 450 000 déplacés. 197 000 réfugiés dont 180 000 Soudanais. **Européens :** Anglais 1 000 [7 000 en 1972], Italiens 600, Russes 400 (en 1985), Allemands 220, *Français 130.*

■ **Langues.** Anglais *(officielle)* et kiswahili. Langues les plus utilisées : luganda, lusoga dans la province centrale, runyankole, rukiga, runyoro dans l'ouest, luo dans le nord. **Religions** (en %). Catholiques 33, protestants 33, musulmans 16, animistes 18.

■ **Villes** (en 1991). *Kampala* 773 500 hab., Jinja 60 979 (à 96 km), Mbale 53 634 (à 200 km), Masaka 44 070, Gulu 42 841, Entebbe 41 638 (en 1969) [à 34 km].

■ **Histoire.** **Vers 1825-30 Suna II** (vers 1800-1857) : apogée. **1857 Mutesa Ier** (vers 1837-1884), son fils, accueille les explorateurs *Speke* et *Stanley* et crée une armée moderne. **1879** il envoie une ambassade à la reine Victoria. *-Févr.* 1er missionnaire cath. **1884-88** et **1892-97 Mwanga II,** son fils (vers 1867-1903 en exil aux Seychelles). **1886**-*3-6 :* 22 jeunes chrétiens brûlés (canonisés 18-10-1964). **1888 Mutebi II,** son demi-frère, tué en prison en 1889. **1889**-*juin/oct.* **Kalema,** son demi-frère. **1894** protectorat britannique. **1897 Daudi Ghwa II** (5 ou 8-8-1896/22-11-1939), fils de Mwanga II. **1939 Mutesa II** (19-11-1924/21-11-1969), son fils. Régence jusqu'en 1942. **1942**-*19-11* couronné. **1953**-*30-11* exilé à Londres. **1955**-*19-10* rentre en O. **1962**-*9-10 indépendance,* fédération de royaumes dirigée par Mutesa II. **1963**-*9-10* nouveau statut, Mutesa II 1er Pt de l'O. **1966**-*22-2* coup d'État du PM *Milton Obote* (700 †). *-24-5* Mutesa II exilé à Londres.

1967-*8-9* **république**, **Milton Obote** Pt. **1971**-*25-1* **Gal Idi Amin Dada** (né 1926, ancien champion de boxe, musulman, deviendra Mal et Pt à vie) renverse Pt Obote. Constitution suspendue. Parlement dissous. Partis politiques interdits. Museveni fonde en Tanzanie le Front pour le salut national de l'Ouganda (Fronasa). *-Août* 63 000 Asiatiques expulsés. **1972**-*juillet* rupture relations diplomatiques avec Israël. O. expulse 1 600 Israéliens dont 70 conseillers militaires ; révolte d'exilés échoue. **1974**-*mars* coup d'État réprimé. **1975**-*avril* Dennis Hills, coopérant britannique, arrêté (condamné à mort juin, libéré juillet). *-10-6* attentat contre A. Dada. *-Nov.* rupture relations diplomatiques avec URSS ; centaines d'experts soviét. rapatriés. **1976**-*4-7 raid israélien sur Entebbe* pour délivrer otages détenus sur aéroport par commando palestinien (voir Israël). *-28-7* G.-B. rompt relations diplomatiques. **1977**-*févr.* tribus langi et acholi persécutées ; archevêque anglican d'O. et 2 ministres tués (officiellement, accident). *-Juin* l'O. n'est pas invité à la conférence du Commonwealth. **1978**-*1-11* O. envahit Tanzanie (1 800 km^2) jusqu'au lac Kagera (considéré comme frontière naturelle oug.) ; Dada invite Nyerere à régler conflit sur un ring de boxe... *-28-11* plusieurs milliers de soldats tanzaniens pénètrent en O. **1979**-*mars* conférence de l'Unité à Moshi (Tanzanie) : *Uganda National Liberation Front* (UNLF) fondé. *-11-4* Kampala libérée par armée tanzanienne et UNLF. *-Avril* malgré aide libyenne (2 000 soldats), Dada renversé (bilan du régime : 500 000 à 800 000 † ; exilé en Arabie, en mai 1998, enregistrera un rap : « Le crime paie »). *-13-4* **Yusuf Lule** (1911-85) Pt. *-19-6* démissionne, remplacé par **Godfrey Binaisa** (plusieurs † *21-6*). *-Août/oct.* meurtres politiques. **1980**-*12-5* Binaisa destitué par « Commission militaire » présidée par *Paulo Muwanga. -Fin mai Obote* rentre d'exil. *-Juillet* famine dans Karamoja. *-10/11-12 législatives :* UPC 74 élus (fraude). *-15-12* **Milton Obote** Pt. **1981**-*6-2* début guérilla NRA (Armée nat. de résistance de Museveni). *-30-6* départ des derniers soldats tanzaniens. **1982**-*23-2* guérilla attaque casernes à Kampala. Représailles : du 23-2 au 10-4 : environ 2 000 † par armée. **1983**-*mai* armée tue 200 civils. **1985**-*27-7* Obote déposé (réfugié Zambie). *-29-7* **Gal Tito Okello** (1914-96, ethnie acholi) chef de l'État. *Bilan depuis 1971 :* 800 000 †. **1986**-*25-1* NRA (10 000 h.) prend Kampala. *-29-1* **Yoweri Kaguta Museveni** (« le Jeune », né mars 1944, Banyankola de l'ouest) chef de l'État. *-8-3* NRA prend Gulu. *-2-8 Robert Ekinu,* vice-min. des Transports, otage de guérilleros depuis déc. 1985, tué pendant l'assaut de l'armée. **1986-87 :** 7 000 rebelles tués ou capturés (mouv. « Esprit saint » dirigé par Alice Lakwena, illuminée de 27 ans, arrêtée au Kenya 30-12-1987). **1989**-*janv.* Dada expulsé du Zaïre. **1990**-*2-10* Front patriotique rwandais (FPR) [tutsi] attaque depuis l'Ouganda. **1991**-*23-3* affrontements dans mosquée de Kampala : (4 policiers †). **1993**-*5/8-2* visite de Jean-Paul II. **1994**-*28-3 élect.* Ass. constituante. *-18-11 Kintu Musoke* (né 8-5-1938) PM. **1995**-*févr.* affrontements armée/musulmans (Tubliq) [94 †]. Rebelles de la LRA (Lord's Resistance Army de Joseph Kony, leader) tuent 82 civils. *-23-4* relations diplomatiques rompues avec Soudan. **1996**-*26-4* LRA décide cessez-le-feu dans le nord. *-9-5* Museveni élu Pt (pour la 1re fois au suffrage univ., 75,5 % des voix devant Paul Semogerere 23,2 %). *-27-6 législatives. -Nov.* armée pénètre au Zaïre. **1996-97** massacres par la LRA. **1997**-*30-7* Kampala, double attentat : 8 †. *-Juin* LRA enlève 39 écolières dans le nord. *-Août* intervention militaire au Congo démocratique. **1999**-*2-3* parc de Biwindi : 15 touristes enlevés (8 †) par des Hutu rwandais. *-5-4* **Apolo Nssibambi** (né 1938) PM. *-11-9* N.-E. : affrontements tribaux (530 †). **2000**-*17-3* découverte du suicide ou du meurtre collectif d'environ 1 000 m. de la secte «Mouvement pour la restauration des dix commandements de Dieu » fondée 1989 par Credonia Mwerinde (ancienne prostituée) et Joseph Kibvetere. *-29-6* référendum (participation 51 %) : rejette multipartisme ; pour système « Mouvement » tolérant les partis sans activité. *-Sept.* fièvre Ebola dans le nord (au 24-11 : 337 †). **2001**-*12-3* Museveni réélu Pt (69,3 %) devant Kizza Besigye (27,8 %).

■ **Statut.** *République.* Membre du Commonwealth. **Constitution** du 8-10-1995, un seul parti autorisé pendant 5 ans (*National Resistance Movement* de Samson Kisekka), 29-6-2000 référendum 90,7 % pour le maintien d'un seul parti. [Auparavant, *fédération de 4 royaumes : Baganda* (roi Ronald Muwenda Kimera dit Mutebi II, né 13-5-1955, fils de Mutesa II, depuis 31-7-1993, épouse 1999 Sylvia Nagginda Luswata), *Bunyoro* (roi Omukama Solomn Iguru), *Ankole* (roi John Barigye depuis nov. 1993), *Toro* (roi Omukama Patrick Olimi Kaboyo depuis 1966, réintronisé le 27-7-1993, † 26-8-1995, puis son fils Oyo Nyimba Kabamba Iguru Rukidi IV, né 1992) et territoire de *Busoga*.] Pt : élu au suffrage universel. **Fête nationale.** 9-10 (indépendance). **Drapeau** (adopté 9-10-1962). Bandes noires (peuple), jaunes (soleil), rouges (fraternité) ; cercle blanc avec grue huppée.

■ **Partis.** **Uganda People's Congress (UPC)** fondé 1960, *leader :* James Rwanyarare, travailliste, nordiste et protestant. **P. démocratique (DP)** fondé 1954, Paul Semogerere, démocrate-chrétien, sudiste et catholique. **Mouvement patriotique oug. (UPM)** fondé 1980, Jaberi Ssali. **Alliance des forces démocratiques (ADF)** rebelle.

■ **Économie.** **PNB** (en 1999) : 300 $ par hab. **Croissance** (en %) : *1998 :* 4,6 ; *99 :* 7,1 ; *2000 (est.) :* 6. **Population active** (en %) **et,** entre parenthèses, **part du PNB** (en %) : agr. 80 (57), ind. 5 (11), services 15 (32). **Inflation** (en %) : *1990 :* 35,3 ; *91 :* 28 ; *92 :* 54 ; *93 :* 16 ; *94 :* 7,1 ; *96 :* 6 ; *97 :* 7 ; *98 :* 0 ; *99 :* 6,1 ; *2000 (est.) :* 6,5. **Dette extérieure** (en 1998) : 3,6 milliards de $. 60 % de la population sous le seuil de pauvreté.

■ **Agriculture.** **Terres** (en milliers d'ha, 1981) : arables 4 120, cultivées 1 640, pâturages 5 000, forêts 6 010, eaux 3 633, divers 3 201. **Production** (en milliers de t, 1999) : plantain 9 550, manioc 2 650, patates douces 1 894, canne à sucre 1 600, maïs 780, millet 638, p. de t. 449, sorgho 405, haricots 387, café 198, thé 23, tabac 7 (en 1995). **Élevage** (en milliers de têtes, 1999). Poulets 23 000 (en 1998), bovins 5 700, caprins 3 600 (en 1998), ovins 1 970, porcins 960. **Forêts** (en 1998). 15 649 000 m^3. **Pêche** (en 1997). 218 026 t.

■ **Mines.** Cuivre, cobalt, tungstène, étain, béryl, cassitérite. **Industrie.** Alimentation (thé, tabac, sucre), ciment, bois. **Transports** (en 1997). **Routes :** 6 727 km. **Voies ferrées :** 1 241 km. **Tourisme.** 227 000 visiteurs (en 1997).

■ **Commerce** (en millions de $). **Export./import.** : *1992 :* 143/515 ; *98 :* 500/1 412 ; *99 :* 516/1 340. (*exporte* café, coton brut, thé, cuivre *vers* G.-B., USA, Kenya, All./*importe de* Kenya, Tanzanie, G.-B., Inde).

■ **Rang dans le monde** (en 1999) 8e millet. 10e café. 16e thé.

OUZBÉKISTAN (Rép. d')
Carte p. 1228. V. légende p. 950.

☞ *Abréviation :* O. : Ouzbékistan.

■ **Situation.** Asie. **Superficie** : 447 400 km². 1 425 km est-ouest, 930 km nord-sud. **Frontières** (en km) : Kazakhstan 2 203, Turkménistan 1 621, Kirghizistan 1 099, Tadjikistan 1 161, Afghanistan 137. **Côtes** : 420 km (mer d'Aral). **Altitudes** : *maximale* 4 643 m (monts Hissar) ; *minimale* 12 m (Mynboulak, désert du Kyzylkoum). Déserts à l'ouest. **Climat.** Continental. *Températures : juillet* moy. 32 °C, jusqu'à 40 °C ; *hiver* + 2 jusqu'à – 9 °C.

■ **Population** (en millions d'hab.). *1998 (1-1)* : 23,9 dont (en %) : Ouzbeks 71, Russes 6 (14 en 1959), Tatars 4, Kazakhs 4, Tadjiks 4, Karakalpaks 1,9, Coréens 1,1 ; *99* : 24,4 ; *2000 (est.)* : 25,02 ; *2025 (prév.)* : 33. **D.** 55,9. **Réfugiés** (en 1999) : 33 200 Ouzbèques en Azerbaïdjan. 38 000 réfugiés en O. dont 30 000 Tadjiks. **Taux** (en ‰, 1999) : *natalité* : 26 ; *mortalité* : 6 (*infantile* 23) ; *croissance* : 17. **Espérance de vie** (en 1999) : *h.* 66, *f.* 72 ans. **Age** (en %) : *– de 15 ans* : 37,1, *+ de 64 ans* : 4,6. **Pop. urbaine** (en 1998) : 42 %.

■ **Langue nationale.** Ouzbek (famille turque). L'alphabet latin doit remplacer le cyrillique (échéance 2005). **Religion.** Musulmans sunnites (hanéfites) 88 %, orthodoxes 9 %.

■ **Villes** (en 1998). *Tachkent* 2 124 000 hab., Samarkand 388 000, Namangan 291 000, Andijan 288 000, Boukhara 220 000, Ferghana 203 000.

■ **Histoire. Tamerlan** (Timur-i Leng, 1336-1405) fonde un empire qui s'étend de l'Indus à l'Anatolie (capitale *Samarkand*). **Ouloug Beg** (1394-1449), Pce astronome, petit-fils de Tamerlan. **XVIIe-XVIIIe s.** guerre entre les khanats. **1865** Tachkent prise par les Russes. **1868** émir de Boukhara reconnaît la suzeraineté russe. **1873** les Russes prennent Kiva et **1876** Kokand. **1917**-*nov.* instauration du pouvoir soviétique, révolte des Basmachi. **1920**-*2-9* prise de Boukhara, Frounzé chasse l'émir. **1924**-*3/4-5* affrontements Ouzbeks/Turcs. *-27-10* rép. socialiste comprenant jusqu'en **1929** une rép. autonome tadjike. **1983-88** scandale du coton. **1989**-*3/15-6* pogroms contre Turcs Meskhets. *-6-9 Normankhanmadi Khoudaïberdiev*, ancien PM, condamné à 9 ans de camp pour corruption. **1990**-*24-3* **Islam Karimov** (né 30-1-1938, secr. du PCO) élu Pt par le Parlement. *-20-6* O. déclare sa souveraineté. **1991**-*juin* Samarkand, heurts Tadjiks/Ouzbeks. *-31-8* O. proclame *indépendance*. *-13-12* rallie la CEI. Référendum sur indépendance : 98 % de oui. *-29-12* Islam Karimov élu Pt au suffrage univ. (86 % des voix). **1992**-*janv.* manif. étudiantes. *-Mars* rapprochement avec Turquie. *-27-6* des partisans du Pt attaquent M. Poulatov, chef du Birlik. *-Août* 60 mollahs saoudiens expulsés. *-30-9* traité d'amitié et coopération avec Kirghizistan. **1993** *sovkhozes* (80 % des terres) privatisés. *-15-11* sortie de la zone rouble et création du *soum* coupon (1 $ = 1 135 soums). **1994**-*10-1* accord avec Kazakhstan et Kirghizistan sur espace économique unifié. *-24/26-4* visite du Pt Mitterrand. *-13-7* adhère au partenariat pour la paix de l'Otan. *-25-12 législatives* : participation 70 %. **1995**-*15-1* : 2e tour : Parti populaire démocratique 231 sièges sur 243. *-26-3 référendum* sur mandat présidentiel prolongé jusqu'à 2000 : oui 99,6 %. *-31-3* : 7 opposants d'Erk condamnés pour complot. *-21-12* **Otkir Sultanov** (né 14-7-1939) PM. **1999**-*16-2* Tachkent, 6 attentats contre Pt Karimov dont 5 voitures piégées (15 †). *-Juin* procès des 22 auteurs de l'attentat du 16-2, 6 condamés à †. *-Déc.* législatives. **2000**-*9-1* Karimov réélu Pt (91,9 %).

■ **Statut.** *République membre de la CEI.* **Constitution** du 8-12-1992. **Parlement** *(Olii Majlis)* : 250 députés dont 124 élus, 110 représentant les conseils locaux et 16 les associations. **Élections législatives des 5 et 26-12-1999** : P. démocratique du peuple 48 sièges, P. national démocratique 34, Progrès de la Patrie 20, P. social démocrate 11, Renaissance nationale 10, divers 1. **Régions** dirigées par des préfets (*khokims*) : 12. **Fête nationale.** *1-9* (indépendance). **Drapeau** (adopté 18-11-1991). Bandes horizontales bleue (eau, ciel) avec, à gauche, Nouvelle Lune blanche (nouvelle république) et 12 étoiles blanches (mois de l'année), blanche (paix, pureté) bordée de rouge (force du peuple), verte (nature, fertilité).

■ **Partis. P. démocratique du peuple,** ex-communiste, fondé 1991, Abdoullaziz Djalalov. **P. national démocratique (Fidokorlar). P. du progrès de la Patrie,** Vatan Taraqioti. **Mouvement islamique d'O. (MIO),** Djouma Namangani. **P. social démocrate (Adolat). Erk (Liberté),** Mohammed Solikh. **Birlik (Unanimité)**

■ **République autonome. Karakalpakstan** (ancienne **Karakalpakie**). 164 900 km². 1 400 000 hab. (en 1999). *Capitale* : *Noukous* 191 200 hab. (en 1997). *Langue* : kazakh. *Religion* : musulmans sunnites. *Histoire* : *1925* république. *1936* rattaché à l'O. *10 provinces. Pt du Parlement* : Kamalov.

■ **Économie. PIB total** (en milliards de $) : *1995* : 10 ; *98* : 15 ; *99* : 19,6. **PIB par hab.** (en $) : *1999* : 800. **Croissance** (en %) : *1995* : – 0,9 ; *96* : 1,7 ; *97* : 5,2 ; *98* : 4,4 ; *99* : 4,4. **Inflation** (en %) : *1995* : 315,5 ; *96* : 56,3 ; *97* : 73,2 ; *98* : 17,5 ; *99* : 29. **Population active (en %) et,** entre parenthèses, **part du PNB** (en %) : agr. 34 (33), ind. 18 (20), mines 8 (20), services 40 (27). **Dette extérieure brute** (en % du PIB) : *1999* : 23. **Chômage** (en %) : *1995* : 2,2 ; *99* : 6. **Part du secteur privé dans le PIB** : 45 % (en 1999). **Salaire mensuel moyen** : 75 $ (2e trim. 2000).

■ **Agriculture. Irrigation** : détournement des fleuves et prélèvement excessif d'eau pour irrigation, responsables de l'assèchement de la mer d'Aral (désastre écologique). 4 200 000 ha irrigués, 170 000 km de canaux. **Production** (en milliers de t, 1999) : blé 3 700, légumes 2 480, semences de coton 1 932, coton 9,8, fruits 590, p. de t. 650, riz 541, orge 88. **Élevage** (en milliers de têtes, 1999). Poulets 33 000 (en 1993), caprins 9 300, ovins 8 000, bovins 5 225. **Pêche** (en 1998). 9 800 t.

■ **Mines** (en 1999). Or 80 t (réserves 4 000 t). Charbon 2 863 000 t. **Énergie. Pétrole** : 7 600 000 t (en 2000). **Gaz** : 46,7 milliards de m³ (en 1999). **Industries.** Textile, tannage, peaux, soie. **Transports** (en km). **Routes** : 43 463 (en 1997). **Voies ferrées** : 3 380 (en 1993) dont 300 électrifiés.

■ **Commerce** (en millions de $). **Export./import.** : *1997* : 4,03/4,19 ; *98* : 3,22/3,12 ; *99* : 3,03/3,01.

■ **Rang dans le monde** (en 1999). 4e coton. 5e uranium. 9e réserves de gaz.

PAKISTAN
Carte p. 1113. V. légende p. 950.

☞ *Abréviations* : P. : Pakistan ; Pak. : Pakistanais ; pak. : pakistanais(e)(s).

■ **Nom.** Créé 1933 à Cambridge par un étudiant musulman en combinant les lettres des provinces [*P*endjab, *A* pour la province frontalière du N.-O. (à l'époque la province afghane), *K*ashm*I*r, *S*ind, Balouchis*TAN*]. Appelé aussi « Pays des purs ». Considéré jusqu'en 1947 comme une partie des Indes (son fleuve, l'Indus, a donné son nom au sous-continent).

■ **Situation.** Asie. **Superficie** : 796 095 km². **Altitude** *maximale* : Mt Godwin Austin ou K2, 8 611 m. **Frontières** (en km) : Inde 2 912 (dont contestées 820), Afghanistan 2 430 (passage principal : passe de Khyber, alt. 1 150 m ; largeur 80 km, dominée par des falaises de 200 à 500 m), Iran 909, Chine 523. **Côtes** : 1 046 km. **Climat.** Continental, saison froide (13 °C en janv.), chaude (40 °C en été) ; point le plus chaud du globe à Jacobabad (Sind). *Pluies* – de 500 mm par an.

■ **Régions. NWFP (North West Frontier Province)** : plaines de Peshawar et Bannu à l'ouest de l'Indus ; plateau érodé du Pothowar à l'est, Mts Suleiman, Indû Kouch (passes de Khyber, de Bolan), 15 à 18 000 000 d'hab. **Pendjab** (ou **Pays des 5 rivières**) : plaine alluviale fertilisée par irrigation au sud du Pothowar, environ 70 000 000 d'hab. **Sind** (au sud du Pendjab) : 35 000 000 à 40 000 000 d'hab. Désert irrigué, comprend vallée de l'Indus et désert du Thar. Alphabétisation : 1 à 2 % dans certains secteurs. 70 à 100 femmes tuées chaque semaine pour avoir parlé à des hommes extérieurs à leur famille (code *karo-kari*). Les grands propriétaires terriens *(zamindars)*, comme la famille Bhutto, qui possède 5 000 ha, décident du vote de nombreux métayers *(haris)*. Affrontements fréquents entre *Sindhis* et réfugiés musulmans *(Mohajirs)* venus de l'Inde en 1947, Pathans, Baloutches et Biharis (Bangladesh). **Baloutchistan** (à l'ouest) : plateau aride, environ 50 % du P., 4 332 000 hab. (dont Pathans et Brahouis 40 %) ; nomades, clans dirigés par des *Sardars* héréditaires ; s'étend aussi en Iran et Afghanistan. *Cap.* : *Quetta.* **Fata** (territoire de la cap. fédérale) : 2 200 000 hab.

Nota. – Le P. administre une partie du Cachemire (Cachemire libre, *Azad Kashmir*, cap. Muzaffarabad 80 000 hab., et les zones du Nord).

☞ L'Aghanistan revendique le *Sarhad* (au nord-ouest) où les Pachtouns sont majoritaires.

■ **Population** (en millions d'hab.). *1961* : 49,9 ; *72* : 64 ; *84* : 96,2 ; *98 (rec.)* : 130,5 ; *2000 (est.)* : 156,01 ; *2025 (prév.)* : 224. **D.** 196. **Age** : *– de 15 ans* : 41 %, *+ de 64 ans* : 4,1 %. **Croissance démographique** (en %) : *1998 (est.)* : 2,7. **Taux** (en ‰, 1999) : *natalité* 39, *mortalité* 11 (*infantile* 91) [65 % de la pop. sans eau potable]. **Espérance de vie** (en 1999) : *h.* 58, *f.* 59 ans. **Drogue** (en 1997) : 1 500 000 héroïnomanes. **Analphabétisme** (en 1997) : 70 %. **Émigrés** : 3 000 000 dans les pays du Golfe dont Biharis musulmans (250 000 installés au P. oriental en 1947, inclus dans le Bangladesh en 1971, attendent de pouvoir retourner au P.). *Mohajirs* immigrés de l'Inde : 4 % de la pop. en 1947, (47 % en 1989). **Réfugiés** (en 2000) : 1 387 000 dont 15 000 Indiens et 1 400 000 Afghans.

■ **Langues.** Anglais (*officielle*, 8 à 10 %), ourdou (*nationale*, 25 %), pendjabi (65 %), sindhi (15 %), baloutche (8 à 10 %), pachto (10 à 12 %). **Religions. Musulmans** 97 % dont *sunnites* 74 % (Pendjab), *chiites* 26 % (dans le Sind : Karatchi 15 %), dont 2 millions d'*ismaéliens* (chef spirituel : Karim Aga Khan) ; *membres* : officiers, commerçants (Fancy, Chinöy, Rahimtoulas), anciens chefs d'État [Iskander Mirza, Yahya-Khan, famille Habib (banque)] ; *quotidiens* : « Dawn » (anglais), « Jang » (ourdou), « The Muslim ». **Divers** : *chrétiens* 1 300 000 (majorité de parias convertis, dont cath.) ; *hindous* 1 200 000 ; *ahmadis* 5 000 000 [secte fondée 1889 par l'écrivain du Pendjab, Mirza Gholam Ahmed (1838-1908), qui voulait créer une religion universelle rassemblant islam, christianisme et hindouisme, considérés comme hérétiques par A. Bhutto ; depuis 1974, tout Pakistanais doit, pour obtenir passeport, carte nationale, etc., signer un formulaire les reconnaissant comme imposteurs et hérétiques] ; *parsis* 10 000 (héritiers des zélateurs de Zoroastre).

■ **Villes** (en 1998). *Islamabad* (cap. fondée 1961) 524 500 hab. (aggl. Rawalpindi 1 406 214), Karachi 9 269 265 [*1901* : 136 297, *41* : 435 887], Lahore 5 063 499 [*1901* : 202 964, *41* : 671 659], Faisalabad 1 977 246, Haïderabad 1 151 274, Gujranwala 1 124 799, Peshawar 988 005 (y compris réfugiés afghans), Quetta 560 307. **Distances d'Islamabad** (en km) : Karachi 1 140, Haïderabad 1 033, Quetta 690, Multan 435, Faisalabad 300, Sialkot 285, Lahore 270, Peshawar 150.

■ **Histoire. Av. J.-C. 2500-1500** apogée et déclin de la civilisation de la vallée de l'*Indus*, dont les capitales étaient *Mohenjo-Daro* (au Sind) [découverte en 1922 (murs attaqués par cristaux de sel)] et *Harappa* (au Pendjab) : tissage (coton et laine), travail des métaux (cuivre, bronze, or, argent), bijoux en pierres semi-précieuses (jade, cornaline, lapis-lazuli), poterie peinte ou vernissée, porcelaine. L'écriture n'a pu être déchiffrée. **1500-1000** invasion des Aryens nomades d'Asie centrale ; composition du *Rig Veda*, recueil des plus anciens hymnes sacrés hindous. **500-300** les Perses contrôlent le nord-ouest de l'Inde. **326** Alexandre le Grand arrive sur l'Indus. **180-70** invasion grecque ; dynasties gréco-macédoniennes dans l'ancien empire perse et dans le nord de l'Inde (Pendjab et vallée de l'Indus) ; invasion parthe, venue de Perse, puis scythe, venue de Bactriane. **Apr. J.-C. 200-700** rattaché à Afghanistan où règne dynastie Kushan. **713-1000** arrivée des Arabes et conversion à l'islam. **1000-1200** le Turc Mahmûd de Ghazni conquiert le Pendjab et annexe le roy. arabe de Sind, mais Mohammed de Ghûr et ses successeurs prennent ses possessions et les annexent à Afghanistan. **1206-1526** P. annexé au sultanat de Delhi. **1526-1858** à l'empire des Moghols. **1605** sikhs, ennemis des musulmans, prennent le pouvoir. **1761-1834** guerres sikhs du Pendjab/musulmans afghans. **1845-49** guerres sikhs/Anglais. **1849**-*2-4* Pendjab et Sind annexés à Inde anglaise. **1876** poste britannique à Quetta (Baloutchistan). **1885** *P. du congrès* créé. **1905-11** Bengale constitué en province.

1906-*30-12* musulmans du P. et du Bengale oriental (futur Bangladesh) fondent *Ligue musulmane* panindienne [1908 Aga Khan (1877-1947) Pt]. **1909**-*mai* élections séparées pour les musulmans. **1930**-*déc.* idée d'un État musulman séparé lancée par Muhammad Iqbal (1873-1938, poète). **1938**-*oct.* la Ligue demande partition de l'Inde. **1940**-*mars* réclame, en cas de départ des Anglais, un État musulman indépendant. **1947**-*14-8* dominion séparé de l'Inde, comprenant P. occidental (Baloutchistan, Pendjab oriental, NWFP, Sind) et P. oriental (Bengale oriental). 7 millions de musulmans déplacés vers le P. occidental ; 10 millions d'hindouistes et de sikhs vers l'Inde. *-15-8* **Quaid i-Azam Muhammed Ali Jinnah** (chef suprême ; 1876-1948) gouverneur général. *-Oct.* (jusqu'au 1-1-1949) conflit avec Inde pour Cachemire (cessez-le-feu imposé par Onu). **1948**-*14-9* **Khawaja Nazimuddin** (Bengale 1894-1964) gouverneur général. Liagat Ali Khan (1895- assassiné 16-10-1951) PM (avril 1947). **1951**-*19-10* **Ghulam Muhammed** (Pendjabi) gouverneur général. **1955**-*17-8* **Iskander Mirza** (né 13-11-1899/1969) gouverneur général, puis *-6-10* Pt. **1956**-*23-3* République islamique instaurée. **1958**-*7-10* **Gal Muhammed Ayyub Khan** (1907-74) Pt, loi martiale. **1965**-*22-8* conflit avec Inde dans le Rann de Kutch, puis vers le Cachemire. Suspension de l'aide américaine. *-23-9* cessez-le-feu (pertes indiennes 5 000 †, pakistanaises 4 000 †). **1966**-*10-1 accords de Tachkent.* **Début 1969** émeutes, menaces de scission. *-25-3* Ayyub Khan remet pouvoirs à l'armée. Loi martiale.

1969 Gal Mohammed Yahyâ Khan (1917-80) Pt. Revendications autonomistes au Sind et au P. oriental. **1970**-*déc. élections* ; victoire de la *Ligue Awami* (autonomiste) du cheikh Mujibur Rahman au P. oriental (151 sièges), du PPP d'Ali Bhutto au Sind (18 sièges sur 27) et Pendjab (61 sur 82), du NAP de Khan Abdal Wali Khan au Baloutchistan (3 sur 4) et dans provinces frontières. **1971**-*25-3* troubles au P. oriental. *-Déc.* guerre indo-pak. (voir Bangladesh et Inde). *-16-12* P. capitule à Dacca.

1971-*20-12* **Zulfikar Ali Bhutto** (1928/4-4-1979, pendu) Pt. P. oriental indépendant (devient Bangladesh). **1972**-*30-1* P. quitte Commonwealth (G.-B. ayant reconnu Bangladesh). Réformes (nationalisations, réforme agraire, enseignement). *-2-7 accord de Simla* avec Inde. *-Été* affrontements entre communautés linguistiques à Karachi (plus de 100 †). **1973** nouvelle Constitution.

1973 Fazal Elahi Chaudri (1904-85) Pt, **Zultikar Ali Bhutto** PM. Nationalisations (banques, assurances, transp. maritimes). *-Févr. Balouchistan,* rébellion (tribus mengal et marri) [55 000 s'opposeront plus de 4 ans à 70 000 soldats pak. aidés par Iran ; 5 000 Baloutches et 3 000 militaires †] ; échanges de populations avec Bangladesh, le P., voulant récupérer 70 000 prisonniers de guerre et 20 000 civils détenus en Inde, accepte certains Biharis du Bangladesh (musulmans qui avaient fui le Bihar indien lors de la partition de 1947). **1974**-*avril* accord avec Inde et Bangladesh (reconnu comme État 22-2). *-24-9 Hunza* (roy. himalayen) annexé, intervention armée au Baloutchistan. *-28-12* séisme au nord (5 000 †). **1975**-*févr.* arrestation des dirigeants du NAP (interdit). *-20/21-10* PM Bhutto en Fr. **1976**-*1-1* administration directe du Baloutchistan. *-9-4* hiérarchie féodale des Sardars abolie. *-14-5* reprise relations diplomatiques avec Inde. **1977**-*11-4* opposition, protestant contre truquage des élections, appelle à la désobéissance civique. Émeutes. *-5-7* Bhutto, PM, renversé par coup d'État militaire. *-Début juillet* loi martiale. *-28-7* Bhutto libéré. *-17-9* arrêté. *-1-10* élections ajournées. **1978**-*18-3* Bhutto condamné à mort (accusé d'avoir organisé un attentat politique en 1974).

1978-*16-9* **Gal Mohammed Zia ul-Haq** [(1924/17-8-1988) ; 5-7-1977 administrateur de la loi martiale, chef d'état-major]. **1979**-*févr.* la *charia* (loi islamique) devient loi suprême [adultère puni de mort (lapidation en place publique) pour femmes mariées et faux témoins, 100 coups de fouet pour célibataires, 80 coups pour musulmans consommant de l'alcool, main droite ou pied coupé pour voleurs] ; prêt à intérêt sera supprimé. *-Mars* Zia ul-Haq renvoie Faiz Ali Chisti, responsable du coup d'État. *-4-4* Bhutto pendu. *-Nov.* mise à sac de l'ambassade américaine (6 †) ; suspension aide américaine. **1980** 800 000 réfugiés afghans au P. *-4-7 :* 100 000 chiites demandent que certaines mesures de la loi coranique ne leur soient pas appliquées. **1981**-*16-2 Karachi,* attentat contre Jean-Paul II (1 †, 2 bl.). *-Févr.* campagne de désobéissance civique. *-2-3* avion détourné par groupe révolutionnaire (9-3 échange 200 passagers contre libération de 54 prisonniers politiques). *-9-3* entrée de civils au gouv. *Al-Zulfikar* fondé par fils de Bhutto (Murtaza, né 1954). *-15-6* aide économique et militaire américaine : 3 milliards de $ sur 6 ans. **1983**-*mars* agitation religieuse. *-Août* agitation pour la démocratie dans le Sind (200 †). *-Sept./oct.* désobéissance civique du MRD (Mouvement pour la restauration de la démocratie). **1984**-*mars* Zia ul-Haq limoge G^aux^ Ibal Khan et Sawar Khan. *-19-12 référendum* sur islamisation (abstentions 38 %, oui 97,7 % des votants). **1985**-*11-2* Maqbool Butt, leader du JKLF, exécuté pour le meurtre de 2 fonctionnaires indiens. *-25* et *28-2 élections* Assemblées nationale et provinciales, sans participation des partis alors interdits. *-Mars* Constitution de 1973 restaurée. *-Déc.* loi martiale levée et activités des partis rétablies. **1986**-*avril* fille de Bhutto (Benazir) rentre au P. après 2 ans d'exil à Londres. *-Juillet* 9e amendement à la Constitution : tribunaux peuvent abolir toute loi non conforme à l'islam. *-13-8* troubles dans le Sind. *-5-9* Boeing Pan Am détourné à Karachi ; assaut police (21 †). *-Oct./nov.* troubles Pathans/Baloutches à Quetta puis à Karachi. *-Déc.* troubles Mohajirs (du Bihar)/Pathans (157 †). **1987**-*mars* agitation à Quetta. *-5-7* bombes à Lahore (7 †). *-Juillet/août* troubles à Karachi, attentat 14-7 (80 †), affrontements Tourri/Mengal et entre Iraniens à Karachi. *-Nov. élections locales,* victoire partielle Ligue musulmane (au pouvoir). *-Déc.* 3 bombes à Islamabad (2 †). Karachi, victoire des Mohajirs aux élections. **1988**-*20-1* Ghaffar Khan (dit « le Gandhi de la frontière ») meurt à 98 ans. *-10-4* Islamabad, dépôt de munitions explose (100 à 300 †). *-29-5* Zia ul-Haq dissout le Parlement, limoge PM Mohammad Khan Junejo et prend tous les pouvoirs. *-15-6* charia confirmée loi suprême de l'État. *Juin* manif. de femmes contre charia à Karachi et Lahore. *-17-8* Zia ul-Haq meurt [avion saboté (par Inde ou URSS ?), 29 † dont l'ambassadeur américain au Pakistan].

1988 **Ghulam Ishaq Khan** (né 20-1-1924) élu Pt intérimaire (233 voix contre 39 à Nawabza da Nasrullah Khan) par Assemblée nationale, Sénat et 4 assemblées provinciales ; élu Pt 12-12. *-Oct.* affrontements dans le Sind Mohajirs/Sindhis (250 †). *-16-11 élections :* victoire du PPP. *-2-12* **Benazir Bhutto** PM [née 21-3-1953, ép. déc. 1987 Asif Ali Zardari (ancien joueur de polo qui passe 29 mois en prison pour corruption avant d'être acquitté, 5-11-1996 réincarcéré pour corruption et meurtre), sept. 1997 séparation des époux ; dont 1 fils, Bilawal (né 21-9-1988, 8 semaines avant l'élection), 1 fils (né 25-1-1990), 1 fille (Asifa, née 3-2-1993)], 1re femme PM en pays musulman (porte le *duppatta,* foulard de coton). *-29-12* Rajiv Gandhi au Pakistan (1re visite officielle du PM indien depuis 1960). **1989**-*28-1* PPP perd élections partielles, émeutes à Karachi (3 †). *-13-2* manifestants attaquent centre culturel américain contre la publication des *Versets sataniques* aux USA (5 †). *-23-3* mère de B. Bhutto, Nusrat Bhutto, min. d'État sans portefeuille, vice-PM (3 autres femmes au gouv.). *-Juillet* Mirza Baig, homme d'affaires et trafiquant de drogue, arrêté. *-17-8* Islamabad, manif. (anniversaire de la mort de Zia ul-Haq ; environ 200 000 pers.). **1990**-*5-1* accident chemin de fer (350 †). *-25-1* Srinagar occupée par armée indienne. *-26-1* Karachi, manif. 1 000 000 de pers. contre corruption et incompétence du gouv. *-19-2* Pt Mitterrand, 1er chef d'État français au P. *-26-5* manif. pacifistes, police tire (60 †). *-6-8* B. Bhutto destituée pour corruption et népotisme (10-9 inculpée d'abus de pouvoir). **1990** **Ghulam Mustafa Jatoi** (né 14-8-1932) PM par intérim. *-1-10* état d'urgence ; aide américaine (577 millions de $ en 1990) suspendue à cause d'activités nucléaires présumées militaires. *-24-10 élections :* échec du PPP. *-6-11* **Mian Mohammed Nawaz Sharif** (né 25-12-1949) PM. **1991**-*26-1* Congrès américain vote 208 millions de $ d'aide. *-1-2* séisme (300 à 500 †). *-27-3* Singapour, fin d'un détournement d'avion par des Pak., 4 pirates tués. *-8-5 Rawalpindi,* attentat contre dirigeant du Cachemire (9 †). *-16-5* Assemblée adopte charia. *-Été* « scandale des coopératives ». *-27-11 :* 500 à 700 militants du PPP arrêtés. *-10-12* manif. de femmes contre le viol de Vina Hayat, proche du PPP et amie de B. Bhutto (commandité par Jam Sadiq Ali, PM du Sind ?). *-19-12* affrontements police/partisans de Bhutto (campagne contre Irfanullah Marwat, gendre du Pt Ishaq Khan). *-28-12* élections au Pendjab (14 †). **1992**-*14/19-1* Sharif en France. *-11/12-2* partisans du JKLF tentent de franchir la frontière indienne (16 †). *-30-3* échec d'une 2e marche pour l'indépendance du Cachemire. Affrontements sunnites/chiites : juin *Gilgit* (12 †). *-12/15-7 Peshawar,* 13 †. *-17-8 Karachi,* attentat (3 †). *-28-8* frontière fermée aux réfugiés afghans. *-Sept.* inondations (2 000 à 3 000 †). Combats entre Pachtounes, 50 †. *-18-11* B. Bhutto assignée à résidence. *-20-11 :* 200 opposants arrêtés. *-Déc.* mention obligatoire de la religion sur la carte d'identité. *-2-12* P. reconnaît pouvoir construire des armes nucléaires. *-7/8-12* affrontements musulmans/hindous après destruction mosquée d'Ayodhya (Inde) (30 †). **1993**-*23-1* attentats dans le Sind, 22 †. *-Avril* à Karachi. *-17-4* Nawaz Sharif révoqué pour mauvaise administration, corruption, népotisme. Assemblée dissoute. *-26-5* Cour suprême annule renvoi de Sharif et dissolution. *-18-7* Ishaq Khan démissionne.

1993 **Wasim Sajjad** Pt intérimaire, **Moeen Qureshi** (né 26-6-1930) PM intérimaire. *-30/31-8* violences (30 †). *-25-9* idem (25 †). *-6-10 législatives,* victoire du PPP (86 sièges). *-9-10 régionales,* PPP en tête dans 2 provinces sur 4 (Sind et province du N.-O.). *-19-10* **Benazir Bhutto** PM. *-4-11* son frère, Murtaza « Mir » (élu député, rentrant après 16 ans d'exil), arrêté pour activités terroristes (libéré 5-6-1994). **1994**-*19-2* B. Bhutto innocentée dans l'affaire d'abus de pouvoir de 1988-90. *-25-4* peine de mort pour trafiquants de drogue. *-Mai* violences police/immigrés indiens (13 †). *-17-5* loi islamique dans province du N.-O.

1994-*13-11* **Farook Ahmad Leghari** (né 2-5-1940) élu Pt (274 voix contre 168 à W. Sajjad). *-Déc.* Karachi, affrontements Mohajirs sunnites/chiites. **1995**-*5-2* Karachi, 20 chiites tués. *-24-2 :* 2 chrétiens (44 et 14 ans), condamnés à mort le 9-2 pour blasphème, acquittés par Haute Cour. *-8-3* Karachi, 2 diplomates américains tués en représailles à l'extradition de Ramzi Ahmed Yusuf aux USA (impliqué dans l'attentat du World Trade Center). *-16-4* Iqbal Masih (12 ans), qui a mené une campagne contre le travail des enfants (7 000 000 au P.), assassiné. *-26-9 :* 40 officiers préparant une « révolution islamique » arrêtés. *-12-10* grève générale à Karachi, organisée par le MQM. *-14-10* Ahmed Ali Soomro, ancien ministre du Sind, assassiné. *-19-11 Islamabad,* ambassade d'Égypte, attentat (17 †). *-10-12* grève générale à Karachi (MQM). *-21-12* voiture piégée à Peshawar (60 †). **1996**-*28-4* Lahore, bombe dans autobus (52 †) ; *-8-5* près de Lahore (9 †). *Bilan des violences à Karachi : 1994 :* 1 800 † ; *95 :* 2 000 ; *96 :* 400. *-5-11* Bhutto destituée pour corruption ; assemblée dissoute ; Zardari arrêté (accusé de corruption et du meurtre de Murtazza, frère et rival de Benazir). **1997** affrontements interreligieux au Pendjab (200 † dans l'année). *-3-2 législatives,* victoire Ligue musulmane (abstentions 65 %). *-17-2* **Nawaz Sharif** PM. *-31-3* abandon du 8e amendement qui permet au Pt de destituer le PM et de dissoudre l'Assemblée. *-8-9* la Suisse gèle les comptes de Bhutto à la demande du gouvernement. *-12-11 Karachi,* attentat (4 Américains et leur chauffeur †). *-2-12* Leghari démissionne. *-3-12* **Wassim Sajjad** Pt par intérim. **1998**-*1-1* **Mohamed Rafiq Tarar** (né 2-11-1929) élu Pt, *(-31-12-1997 :)* 374 voix sur 457. *-Janv.* émeutes à Lahore. *-Mars* inondations (environ 1 000 †). *-23/24-3* émeutes à Karachi (19 †). *-28-5 :* 5 essais nucléaires. *-7-6* attentat dans train (26 †). **1999**-*3-1* échec tentative d'assassinat du PM. *-4-1 Pendjab,* fusillade dans mosquée (16 chiites †). *-15-4* B. Bhutto et son mari Asif Ali Zardari condamnés pour corruption à 5 ans de prison, inégibilité 7 ans et 8,6 millions de $ d'amende (jugement cassé 4-4-2001 sera rejugé). *-Juin-juill. et* différend avec Inde sur Cachemire. *-12-10* coup d'État militaire du **Gal Pervez Moucharraf** (né 11-8-1943), C^dt^ en chef depuis le 6-10-1998. *-14-10* Parlement suspendu, Conseil nat. de sécurité créé, Moucharraf chef de l'exécutif. **2000**-*6-4* Nawaz Sharif qui, le 12-10 aurait ordonné d'interdire l'atterrissage de l'avion à court de carburant transportant 200 personnes dont Moucharraf, condamné à la réclusion à perpétuité ; *-10-12* expulsé vers Arabie. **2001**-*20/21-3 :* 2 000 opposants arrêtés. *-20-6* **Gal Pervez Moucharraf** Pt. investi.

■ **Statut.** *République islamique.* **Constitution** du 10-4-1973 amendée 1974, 75, 76, 77, 78, 79, 80, 81, restaurée avec levée loi martiale (30-12-1985) ; 1998, *charia* et *Sunnah* deviennent lois suprêmes. **Pt** élu par les assemblées pour 5 ans. **Parlement islamique :** *Assemblée nationale :* 237 m. [217 élus au suffrage universel pour 5 ans, 20 sièges réservés à des femmes (désignées par des m. élus) et 10 à des non-musulmans, dont chrétiens 4, hindouistes 4, ahmadis (non reconnus musulmans) 1, autres (parsis, bouddhistes, sikhs, etc.) 1] ; *Sénat :* 87 m. élus pour 6 ans par les 4 ass. provinciales, renouvelables par 1/3 tous les 2 ans. **Assemblées provinciales :** 536 (Pendjab 260, Sind 144, NWFP 87, Baloutchistan 45). **Membre** de : Cento (1955-74), Otase (1954-73), OIC (Organisation des pays islamiques), SAARC (South Asian Association of Regional Cooperation), Commonwealth (1972, puis 1989, suspendu 18-10-1999). **Fêtes nationales.** 23-3 (adoption de la résolution souhaitant une patrie séparée pour les musulmans du sous-continent). 14-8 (indépendance). **Drapeau** (adopté 14-8-1947). Vert (paix, prospérité) avec croissant (progrès) et étoile (lumière, connaissance) musulmans blancs, à gauche, bande blanche verticale pour autres religions et minorités.

☞ Une loi sanctionne jusqu'à la peine de mort toute insinuation contre Mahomet ou le Coran. Enquêtes souvent bâclées, avocats et juges intimidés. Après la condamnation à mort d'un chrétien pour blasphème, en avril 1998, Mgr John Joseph, évêque de Faisalabad, s'est suicidé devant le tribunal de Sahiwal, le 6-5-1998, pour attirer l'attention.

■ **Partis.** **P. populaire pak. (PPP)** fondé 1967 (symbole : flèche), *leader :* bégum Nusrat Bhutto, écartée par sa fille Benazir le 5-12-1993. **Ligue musulmane du P. (PML)** fondée 1906, Nawaz Sharif (mouv. dissident : PLM-Junejo fondé 1993, Hamid Nasir Chatha). **Front islamique du P. (PIF)** fondé 1993, Amir Qazi Hussain Ahmad. **Jamiat-e-Ulema e Islam (JUI)** fondé 1948 de Shah Ahmed Nooroni Siddiqui. **P. nat. awami (ANP)** fondé 1986, Abdul Wali Khan (fondateur : Khan Ghaffar Khan). **P. populaire nat. (NPP)** fondé 1986, scission du PPP, Ghulam Mustafa Jatoi. **P. démocratique pak. (PDP)** fondé 1969, Nawabzada Nasrullah Khan. **Front de libération du Jammu-Cachemire (JKLF),** Amanullah Khan. **Mouv. Mohajir Qaumi (MQM)** [Indiens musulmans de langue ourdou émigrés au P. en 1947] fondé 1978 ; dirigé de Londres par Altaf Hussain (exilé depuis 1991). **Sepah Sahabah Mohammed** (Armée des compagnons de Mahomet), sunnite, soutenue par Arabie et États du Golfe. **Tehrik Jaafari Pakistan** (Mouvement jaafarite), soutenu par des fondations iraniennes. **Alliance pour la restauration de la démocratie,** regroupe 18 partis, *Pt :* Nawabzada Nasrullah Khan. **Harakat ul-Mujahideen (HUM)** ou Harakat ul-Ansar (HUA) dont il est issu ; créé 1993 pour coordonner actions islamistes pak. avec Afghans. **Sipah-i-Sahaba Pakistan (SSP)** sunnite soutenu par Arabie. **Soldats amis du Prophète** sunnite. Dirigés par Azam Tarig. **Tehrik-e-Jafria Pakistan (TJP),** chiite tendance iranienne, dirigé par Allama Hassan Tourabi (1999).

■ Économie

■ **PNB** (en 1999). 450 $ par hab. **Population sous le seuil de pauvreté** (en 1999) : 28 %. **Taux de croissance** (en %) : *1997 :* 3,1 ; *98 :* 3,6 ; *99 :* 3,9. **PNB** (en 1999) : 60,54 milliards de $. **Population active** (en %) **et,** entre parenthèses, **part du PNB** (en %) : agr. 50 (24,2), mines et ind. 17 (26,4), services 33 (49,4). **Chômage** (en 1999) : 6,1 %. **Inflation** (en %) : *1990 :* 5,7 ; *91 :* 7,6 ; *92 :* 9,3 ; *93 :* 10 ; *94 :* 12,8 ; *95 :* 12,3 ; *96 :* 10,3 ; *97 :* 12 ; *98 :* 6,2 ; *99 :* 5,2. **Dette extérieure** (en milliards de $) : *1991 :* 23,9 ; *96 :* 33,8 ; *99 :* 45. **Transferts des émigrés :** 1,8 milliard de $ (est. 1989). **Aide extérieure :** *1996-97 :* 2,4 milliards de $. **Réserves en devises :** 1,5 milliard de $ au 31-12-2000. **Avoirs à l'étranger** (en 1992) : 38 milliards de $. **Privatisations :** depuis 1991.

■ **Agriculture.** **Terres** (en milliers d'ha, 1985) : arables 31 290 (2/3 sont irrigués), cultivées 21 100 (en 1993), pâturages 4 640, forêts 3 070, eaux 2 522 (en 1981), divers 49 741 (en 1981). **Production** (en millions de t, 1999) : canne à sucre 53,1 (97 % au Pendjab), blé 17,9, riz 6,9, agrumes 2, coton 1,56, maïs 1,2, sorgho 0,23, millet 0,21. Autosuffisance pour riz, sorgho, millet, légumes secs ; déficit en blé les années sèches ; exportation de coton (solde agricole en équilibre). **Après sécession du Bangladesh :** perte des exportations de jute ; arrêt des livraisons de céréales qui peuvent être exportées en Inde et Afghanistan. **Élevage** (en millions de têtes, 1999). Volailles 276, caprins 45,8, ovins 31,3, buffles 21,2, bovins 18, ânes 4,1, chameaux 0,8, chevaux 0,3, mules 0,07. **Forêts** (en 1996). 29 702 000 m³. **Pêche** (en 1999). 616 500 t.

■ **Drogue.** **Chiffre d'affaires :** 2,5 milliards de $ (5 % du PIB). *Transformation d'opium* d'Afghanistan : 800 à 1 600 t ; du Pakistan : 160 à 200 t par an.

■ **Énergie.** **Charbon** (et lignite) : 3,2 millions de t (en 1999). **Pétrole** (en millions de t) : *réserves :* 11 *production : 97 :* 2,53 ; *98 :* 2,67 ; *99 :* 2,66 ; *2000 :* 2,72. **Gaz :** *réserves :* 733 milliards de m³ ; *production :* 22,3 millions de m³ (en 1999). **Électricité** (en 1999) : 56 124 GWh dont (en 1996) hydraulique 40,74 %, thermique 58,41 %, nucléaire 0,85 %.

☞ Le Pakistan détient l'arme nucléaire depuis 1987.

■ **Mines** (en milliers de t, 1997-98). Chaux 9 940, sel 960, gypse 310, pierres fines, phosphates, chrome, sulfates. **Industrie.** Cuir, filés de coton, artisanat. **Transports** (en km, 1999). **Routes :** 181 836. **Voies ferrées :** 8 774.

■ **Tourisme** (en 1997). **Visiteurs :** 351 000. **Sites :** Mohenjo-Daro, Harappa (voir à l'Index), Taxila (vestiges gréco-bouddhiques du Gandhara, 600 av. J.-C.), Mansura (7 apr. J.-C.), vallées de Swat, Kaghan, Kalash, Gilgit, Hunza, villes anciennes de Lahore, Multan, Thatta, Peshawar, Haïderabad.

■ **Commerce** (en milliards de $). **Export./import. :** *1997 :* 8,71/11,58 ; *98 :* 8,47/9,28 ; *99 :* 8,38/10,16 (*exporte* textiles, produits alim. *vers* USA, All., Japon, G.-B., Émirats/ *importe de* Japon, USA, Malaisie, All.).

■ **Rang dans le monde** (en 1999). 3e coton. 4e canne à sucre. 8e ovins. 10e blé, oranges.

Palau (République des Palaos)

V. légende p. 950.

■ **Situation.** Ouest du Pacifique, près de la Papouasie. Iles étalées sur 650 km dont 26 principales (8 habitées) et environ 300 îlots. **Superficie :** 1 632 km² (dont Babeldoab 409). Espace maritime 1 124 000 km².

■ **Population.** hab ; *2000 :* 18 766. **D.** 37. **Capitale.** *Koror* 10 401 hab. Nouvelle capitale en construction sur Babeldoab à 20 km au nord-est. **Langues.** Paluan (proche du japonais), anglais. **Religions.** Catholiques, protestants.

■ **Histoire.** **1521** visitées par Ferdinand Magellan. **1543** colonisation espagnole. **1886** achetées par Espagne. **1899** vendues à l'Allemagne. **1914** et **1921** occupation japonaise, **1944** américaine. **1947**-*18-7* mise sous tutelle américaine par l'Onu. **1978** *référendum,* non au rattachement à la Micronésie. **1981**-*1-1* république autonome associée aux USA. **1990**-*6-2* refuse (6e fois) l'accord de libre association avec USA qui prévoit le transit de navires nucléaires, sa Constitution lui interdit toute activité nucléaire ; **1993**-*nov.* accord approuvé par référendum à 68 % ; **1994**-*avril* ratifié. *-1-10 indépendance. -15-12* entré Onu.

■ **Statut.** *République.* **Constitution** du 11-1-1981. **Pt** élu pour 4 ans, Kuniwo Nakamura (né 24-11-1943) depuis 4-11-1992, réélu 5-11-1996. **Chambre des délégués :** 18 élus pour 4 ans. **Conseil des chefs** (Sénat) : 16 chefs traditionnels élus pour 4 ans (1 par État). **Fête nationale.** 9-7 (jour de la Const. de 1979). **Drapeau** (adopté 1-1-1981). Cercle (Pleine Lune) jaune sur fond bleu (liberté).

■ **Économie.** **PNB** (en 1999) : 7 780 $ par hab./an. **Ressources :** noix de coco, coprah, manioc, patates douces. **Pêche** (en 1997) : 1 500 t. **Mines :** or, bauxite, phosphates. **Aide** américaine. **Tourisme.** Surtout japonais. 74 000 visiteurs (en 1997). **Centre financier.**

PANAMÁ
Carte p. 1106. V. légende p. 950.

☞ *Abréviation :* P. : Panamá.

■ **Situation.** Amérique centrale. **Superficie :** 75 517 km^2 (dont 1 432 occupés par la zone du canal). **Largeur :** 81 à 193 km. **Frontières** (en km) : Colombie 225, Costa Rica 330. **Côtes :** Atlantique 1 160 km, Pacifique 1 697. **Iles :** mer des Antilles, plus de 1 000 [dont 332 dans l'archipel de Las Mulatas ou de San Blas (Indiens Kunas)] ; Pacifique 495 (dont Coiba la plus grande, 494 km^2). **Altitude** *maximale :* volcan Baru 3 475 m. **Régions :** terres chaudes (0 à 700 m ; 87 % du territoire), tempérées (700-1 500 m ; 10 %) et froides (1 500-3 000 m ; 3 %). **Climat.** Chaud et humide ; saison sèche janv. à avril, *pluies* mai à déc., 2 000 mm par an. *Température moyenne* 25 à 35 °C.

■ **Population.** *1990 (rec.) :* 2 329 329 hab. ; *99 :* 2 800 000 ; *2000 :* 2 839 117 ; *2025 (prév.) :* 4 000 000. **En % :** métis 62, Noirs 15, Blancs 18, mulâtres 5. **D.** 37,6. **Age :** *– de 15 ans :* 30,7 %, *+ de 64 ans :* 5,9 %. **Taux** (en ‰, 1999) : *natalité :* 23 ; *mortalité :* 5. **Accroissement :** 2,5 % (en 1997). **Pop. urbaine** (en 1998) : 57 %. **Espérance de vie** (en 1999) : *h.* 72, *f.* 76 ans. **Émigration** (en 1982) : 536 200. **Langue.** Espagnol *(officielle).* **Alphabétisation :** 89 %. **Religions** (en %). Catholiques 93, protestants 6.

■ **Villes** (en 1999). *Panamá* 415 964 hab., San Miguelito 293 745, Colón 142 133 (à 90 km), David 124 280 (à 450 km).

■ **Histoire. 1501** découvert par *Rodrigo de Bastidas.* **1513** Vasco Nuñez de Balboa traverse isthme et atteint le Pacifique. **1514-30** région gérée par Pedrarias Davila. **1519** *fondation de Panamá.* **1671** Henry Morgan (pirate) détruit ville de Panamá, reconstruite 1673. **1739** rattaché à la vice-royauté de Nlle-Grenade. **1821** indépendance, réuni à Colombie. **1855** chemin de fer transisthmique (commencé 1849 par l'Américain William H. Aspinwall ; 12 000 †). **1880-89** 1re Cie (française) entreprend canal (voir à l'Index) ; USA rachètent ses droits (40 000 000 de $). **1903**-*3-11* junte, gouvernement provisoire (José A. Arango, Federico Boyd et Tomas Arias) proclame la sécession. *-4-11* P. indépendant. *-6-11* USA le reconnaissent. *-18-11 accord Hay/Bunau-Varilla :* USA ont l'usage de la zone limitée aux besoins du canal (100 km sur 16 km, 5 milles de chaque côté, 1 432 km^2), contre 10 000 000 de $ et une redevance annuelle de 250 000 $ (portée, en 1936, à 430 000 et en 1955 à 1 930 000 $). **1904** art. 136 Constitution reconnaît aux USA le droit d'intervenir pour défendre indépendance du P. si celle-ci est menacée et aussi, en cas de troubles, pour rétablir l'ordre interne et le respect des obligations internationales. **1914**-*3-8* ouverture de 79,6 km de voie d'eau. *-15-8* vapeur *SS Ancon* (10 000 tonneaux) effectue 1re traversée en 9 h 30 avec à son bord Pt de la Rép. panaméenne Belisario Porras et secr. d'État américain à la Guerre. **1915** inauguration du canal. **1920**-*1-10*/**1924**-*1-10 :* 3e période présidentielle de **Belisario Porras** (1856-1942). **1931** coup d'État du Mouvement d'action communale. **1940**-*1-10*/**1941**-*oct.* **Arnulfo Arias Madrid** (1901-88) Pt ; renversé par Américains et exilé au Nicaragua. **1941-45** Américains construisent route transisthmique. **1941**-*oct.* **Ricardo de la Guardia-Arango** (1899-1970) Pt. **1945**-*juin* **Enrique Jímenez** (1888-1970) Pt. **1947** controverse sur bases américaines. **1948**-*2-10* **Domingo Díaz Arosemena** (1875-1949) Pt. **1949**-*23-8* **Daniel Chanis Pinzón** Pt. *-20/24-11* **Roberto Chiari-Remon** (1905-81) Pt, *-24-11* **Arnulfo Arias Madrid** (1901-88) Pt (déposé mai 1951 par militaires). **1951**-*10-5* **Alcibiades Arosemena-Quinzada** (1883-1958) Pt. **1952**-*1-10* **José Remón Cantera** (1908-55) Pt. **1955**-*3/15-1* **José Guizado** Pt. **1955**-*15-1* **Ricardo Arias Espinosa** Pt. **1956**-*1-10* **Ernesto de la Guardia** (1904-83) Pt. **1960**-*1-10* **Roberto Chiari-Remon** Pt. **1964**-*2-1* le gouverneur de la zone du canal, le major général Fleming interdit de hisser le drapeau américain sur les établissements scolaires, mais élèves et employés refusent d'observer cette décision. Émeutes antiaméricaines, 22 †. *-19-1* relations diplomatiques rompues avec USA. *-1-10* **Marco Aurelio Robles** (1905-90) Pt. **1968**-*1/11-10* **Arnulfo Arias Madrid** réélu Pt. *-11-10* coup d'État, junte provisoire avec Cel Omar Torrijos (13-2-1929/31-7-1981, accident d'avion). *-13-10* **José Pinilla Fábrega** Pt. **1969**-*16-12* junte civile. **1972**-*11-10* nouvelle Constitution ; **Demetrio Lakas Bahas** (25-8-1925/2-11-1999) Pt, investi pour 6 ans. *Gal Omar Torrijos* chef du gouv. (jusqu'en oct. 1978). **1974** accord de principe sur restitution de la zone du canal à P. **1977**-*7-9 traité Torrijos-Carter* sur canal remplace traité de 1903 ; valable jusqu'au 31-12-1999 [P. assurera le contrôle du canal et recouvrera sa souveraineté sur la zone du canal (1 432 km^2 dont lac Gatun 492 km^2, 57 000 hab. dont 27 000 Américains en 1981) sauf 6 bases militaires ; l'admin. américaine sera remplacée par une admin. américano-panaméenne (dirigée par un Panaméen élu administrateur 1-1-1990, avec accord du Pt américain), USA retireront leurs 10 bases (*1994 :* 10 400 hommes, *97 :* 5 600). Le P. percevra 30 cents par tonne de transit et 10 millions de $ sur droits de péage. En 2000, neutralité du canal assurée par USA et P. (qui seul gardera des forces militaires dans la zone ; USA interviendront militairement si P. ne peut en assurer la sécurité]. Ratifié au P. par référendum (67 % pour) et aux USA par Sénat (amendements non acceptés par P.). **1978**-*11-10* **Aristides Royo** (né 1940) Pt. **1979**-*1-10* entrée en vigueur du traité. **1982**-*3-8* **Ricardo de la Espriella** Pt. **1983**-*8-1 Groupe de Contadora* (Colombie, Mexique, Venezuela) réuni dans cette île où l'on « comptait » autrefois les « pièces d'or ». **1984**-*13-2* **Jorge Illueca** (né 17-12-1918) Pt intérimaire. *-6-5* **Nicolás Ardito Barletta** (né 21-8-1938 ; Union nat. démocrate officielle) Pt [1 713 voix de majorité sur 650 000 devant Arnulfo Arias (Alliance démocrate d'opposition)]. *-11-10* entre en fonctions. **1985**-*28-9* **Eric Arturo Delvalle** (né 2-2-1937) Pt. **1987**-*10/15-6* émeutes pour obtenir la démission du **Gal Manuel Noriega**, chef de la force de défense depuis 1983 (né 11-2-1936, dit « Face d'ananas », accusé de trafic de drogue). *-30-6* manif. antiaméricaine (plusieurs ministres y participent). *-24-7* aide américaine (25 millions de $ dont économique 20, militaire 5) suspendue. **1988**-*14-2 :* 2 tribunaux de Floride inculpent Noriega. Delvalle le destitue. *-26-2* Noriega fait destituer Delvalle par l'Ass. nationale ; USA gèlent fonds dans banques. **Manuel Solís Palma** Pt. *-Mars* suspendent paiement des droits de passage et transit sur canal. *-16-3* échec complot militaire. *-Fin mars* grève générale, crise économique. *-4-4* renforts américains (1 300 h.). *-Mai* Noriega rompt accord avec USA prévoyant son départ en exil contre abandon des poursuites américaines. **1989**-*1-9* **Francisco Rodríguez** Pt. *-2-3 :* 160 000 manifestants à Panamá. *-7-5 présidentielle :* Carlos Duque (candidat officiel)/Guillermo Endara. *-10-5* violences (5 †) : Endara et Guillermo Ford, candidat à la vice-présidence, blessés (garde du corps tué). Annulation des élections. *-11-5* renfort américain : 2 000 h. adjoints aux 10 000 h. dans la zone du canal. *-15-5* Bush appelle armée et peuple panaméens à renverser Noriega. *-17-5* l'OEA envoie mission de médiation. *-20-7* ministres des Affaires étrangères OEA fixent au 1-9 la date limite de transfert démocratique du pouvoir. *-3-10* coup d'État militaire échoue. *-15-12* Ass. nationale proclame Noriega chef du gouv., il déclare état de guerre avec USA. *-17-12* officier américain tué. *-19-12* sous-officier panaméen tué. *-19/20-12* combats. *-20-12 intervention américaine « Juste Cause »,* 26 000 h. mobilisés (dont 15 000 des USA) ; **Guillermo Endara** (né 1935) chef de l'État ; canal fermé pour la 1re fois depuis 1914. *-23-12* envoi de 2 000 soldats américains supplémentaires. *-24-12* Noriega réfugié à la nonciature du Vatican. **1990**-*1-1* P. assure pour la 1re fois depuis 1914 la gestion du canal. *-3-1* dizaines de milliers de manifestants demandent reddition de Noriega, qui se livre aux Américains (part pour USA le 4-1). **Bilan de l'intervention américaine :** *tués* (bilan officiel) Américains : 23, Panaméens : 516 (dont 202 civils) ; (officieux) 2 000 Panaméens. *Coût :* 163,6 millions de $. *-31-5* USA rendent base de Rio Hato. *-20-12 :* 10 000 manifestants contre présence américaine. **1992** Miami, Noriega condamné à 40 ans de prison pour trafic de drogue. *-15-9* référendum sur abolition de l'armée. **1993**-*1-2* guérilleros de l'Avant-garde patriotique enlèvent 3 missionnaires américains. **1994**-*8-5 présidentielle, législatives* (71 députés) et *locales* (551 représentants). **Ernesto Pérez Balladares** (PRD, « el Toro », né 29-6-1946) élu Pt avec 33,2 % des voix devant Mireya Moscoso (Alliance démocratique) 29,5 % et Ruben Blades (P. Papa Egoro) 17,2 % (abstentions 26,33 % ; en fonctions 1-9). **1995**-*15-12* début de l'indemnisation des 3 142 familles victimes de l'intervention américaine de 1989, 3 500 $ par famille. **1999**-*8-1* retrait des dernières troupes nord-américaines. *-2-5* **Mireya Elisa Moscoso de Gruber** (née 1-7-1946, veuve d'Arnulfo Arias) élue Pte (44,32 % des voix) devant Martin Torrijos (38,49 % ; en fonctions 1-9). *-31-12 à 12 h* rétrocession de la souveraineté amér. sur la zone du canal.

■ **Statut.** *République.* **Constitution** d'oct. 1978 modifiée par référendum du 24-4-1983. **Pt et vice-Pt** élus au suffrage universel pour 5 ans, non rééligibles. **Assemblée :** 71 m. élus au suffrage univ. pour 5 ans. **Élections du 2-5-1999 :** P. révolutionnaire démocratique (PRD) 33 sièges, P. arnulfiste 11, Papa Egoro 6, Molirena 6, divers 16. **Provinces :** 9. **Fête nationale.** 4-11 (indépendance). **Drapeau** (adopté 3-11-1903). Carrés bleu (conservateurs), rouge (libéraux), blancs (paix) avec étoiles bleue (honnêteté publique) et rouge (loi et ordre).

■ **Noblesse.** *Titres concédés par l'Espagne* 4 (1 duc, 2 marquis, 1 comte) dont 3 dans la descendance de Christophe Colomb : duc de Veraguas concédé 19-1-1537 à Diego Colón, son fils, qui avait demandé à Charles Quint d'exécuter les promesses des Rois catholiques faites à son père. Après l'arbitrage d'une commission présidée par le cardinal Loaysa, confesseur de l'empereur, la province de Veraguas (découverte par Colomb lors de son 4e voyage) lui fut concédée avec le titre de duc, la prééminence de la dignité d'amiral et 10 000 ducats de rente perpétuelle sur la maison des Indes. Elle fit retour au domaine royal après une transaction au milieu du XVIe s. ; la famille Colomb conserva le titre ducal, la rente et le titre de Mis de la Jamaïque, concédé 1537.

■ **Armée.** 20 000 h. Remplacée 11-2-1990 par une Force publique « neutre » de 14 000 h.

■ **Partis** (date de fondation et Pt). **P. révolutionnaire démocratique (PRD),** 1979, Balbina Herrera. **P. solidarité,** 1993, Samuel Lewis Galindo. **P. libéral national,** 1979, Raul Anango. **P. arnulfiste,** 1990, Mireya Moscoso. **Mouvement libéral républicain nationaliste (Molirena),** 1982, Jesus L. Rosas. **P. rénovation civiliste,** 1992, Carlos Abadia. **P. libéral authentique,** 1988, Arnulfo Escalona Rios. **P. démocrate chrétien,** 1960, Rubén Arosemena. **Mouvement de rénovation nationale (Morena),** 1993, J.J. Vallarino. **Mouvement Papa Egoro,** 1991, Rubén Blades. **P. cambio démocratico,** Ricardo Martinelli.

■ **Économie. PNB** (en $ par hab.) : *1987 :* 2 150 ; *90 :* 1 790 ; *98 :* 3 180 ; *99 :* 3 190. **Croissance** (en %) : *1994 :* 5 ; *95 :* 2,5 ; *96 :* 2,5 ; *97 :* 4 ; *98 :* 4 ; *99 :* 3,2. **Population active** (en %) **et,** entre parenthèses, **part du PNB** (en %) : agr. 25 (10), ind. 16 (10), services 59 (80). *Fonctionnaires :* 159 611. **Chômage** (en %) : *1991 :* 18 ; *95 :* 14 ; *98 :* 12 ; *99 :* 11,6. **Inflation** (en %) : *1991 :* 1,3 ; *92 :* 1,8 ; *93 :* 0,5 ; *94 :* 2 ; *95 :* 2,5 ; *96 :* 1,3 ; *97 :* 1,2 ; *98 :* 0,7 ; *99 :* 1,3. **Balance des paiements** (en 1999) : – 1 333 millions de $. **Dette extérieure** (en milliards de $) : *1984 :* 3,7 ; *91 :* 6,9 ; *92 :* 4,8 ; *93 :* 6,8 ; *98 :* 5,3. **Salaire moyen :** 488 $. 50 % de la pop. vit sous le seuil de pauvreté. **Zone franche de Colón** (hors douane). *Créée* 1947 sur Atlantique. *Chiffre d'affaires :* 11 milliards de $ en 1995.

■ **Agriculture. Terres** (en milliers d'ha, 1990) : arables 465, cultivées 153,7, pâturages 1 163, forêts 4 080, eaux 110, divers 1 718. **Production** (en milliers de t, 1999) : canne à sucre 2 050, bananes 910 (en 1995), riz 232, maïs 90, oranges 27, café 10, p. de t., cacao, citrons, fruits exotiques. **Élevage** (en milliers de têtes, 1999). Poulets 9 454, bovins 1 400, porcins 252. **Forêt** (en 1998). 1 098 000 m^3 **Pêche** (en 1997). 162 500 t. *Export.* de crevettes et de langoustes.

■ **Mines.** Cuivre. **Énergie. Hydroélectricité. Industrie.** Conserveries de poissons, sucre, ciment, alcools, cigarettes. **Centre financier :** 120 banques ; actifs : 34 milliards de $ (exemptions fiscales). 365 000 Stés enregistrées. **Transports** (en km, 1996). **Routes :** 11 285. **Voies ferrées :** 547. **Oléoduc** transisthmique ouvert 1981 (pétrole d'Alaska vers Floride : 35 millions de t transportées en 1993). **Canal** (voir à l'Index). **Flotte :** pavillons de complaisance, *1997 :* 112 000 000 de tjb (13 982 bateaux en 1996). **Tourisme** (en 1997). **Visiteurs :** 402 000. **Sites :** Panamá Viejo, église San José, forts de Portobelo et San Lorenzo, îles Taboga et Contadora (Pacifique, à 50 km de Panamá), archipel des Perles, San Blas (Indiens Kunas), Natá, canal de Panamá, lac Madden, Boquete (« la petite Suisse »), Darien (Indiens Chocoes).

■ **Commerce. Export./import.** (en milliards de $, 1999) : 0,8/35.

■ **Rang dans le monde.** 1re flotte marchande (en 1997).

PAPOUASIE-NOUVELLE-GUINÉE
Carte p. 1119. V. légende p. 950.

☞ *Abréviation :* B. : Bougainville.

■ **Nom.** En 1526, le Portugais de Meneses parle d'*Ilhas dos Papuas* (du malais *papuwah*, à chevelure crépue).

■ **Situation.** Océanie. **Superficie :** 462 840 km^2, espace maritime 2 000 000 de km^2, 600 îles (en 1988). **Frontière** (en km) : Indonésie 820. **Côtes :** 5 152 km. **Climat.** Chaud et humide (moy. minimale 21 °C, maximale 32 °C à Port Moresby). *Pluies* abondantes sur la côte (moy. 2 000 mm).

■ **Population** (en millions d'hab.). *1988 :* 3,56 ; *98 (est.) :* 4,6 dont 98 % de Mélanésiens, 23 000 Australiens, Européens et Chinois ; *2000 (est.) :* 4,81 ; *2025 (prév.) :* 8. **D.** 10,4. **Age :** *– de 15 ans :* 38,8 %, *+ de 64 ans :* 3,6 %. **Espérance de vie** (en 1998) : 58 ans. 1 000 ethnies. **Langues.** 867 environ ; vernaculaire : pidgin English. **Religions** (en %). Protestants 58,2 ; catholiques 28,4 ; animistes 4,2.

■ **Papouasie.** 234 498 km^2. Partie sud-est de la Nlle-Guinée (superficie totale 845 700 km^2), annexée 1906. *Altitude maximale* Mt Wilhelm 4 706 m. **Population :** 692 132 hab. (en 1971) dont 14 377 non-indigènes (en 1966). **D.** 3. **Capitale :** *Port Moresby* (à 3 000 km de Sydney) 195 570 hab.. **Dépendances :** îles d'*Entrecasteaux* (dont *Fergusson* 1 345 km^2, *Normandy* 1 036 km^2) 40 000 hab., *Trobriand* (*chef-lieu* Lasuia), *Woodlark,* archipel des *Louisiades.*

■ **Nouvelle-Guinée.** Nom donné par les Hollandais (ressemblance avec les côtes d'Afrique). 240 870 km^2, 1 800 000 hab. dont quart nord-est de l'île (Nlle-Guinée proprement dite, 180 523 km^2). **Villes** (en 1990) : *Rabaul* 16 670 hab., Lae 88 172. **Archipel Bismarck** [288 000 hab., *New Britain* (ex-Nouvelle-Poméranie) 37 812 km^2, 120 000 hab. ; *Rabaul ; New Ireland* (ex-Nouveau-Mecklembourg) 7 252 km^2, chef-lieu : Kavieng 5 000 hab. ; *Lavongai* (Nouveau-Hanovre) 1 190 km^2, 6 000 hab. ; *îles de l'Amirauté* 1 717 km^2 ; *île du duc d'York* 57 km^2], colonie allemande de 1884 à 1914, administrée par Australie en 1921. **Iles Salomon septentrionales :** 10 618 km^2, 154 500 hab. (en 1986), moitié méridionale à l'All. de 1889 à 1914, puis administrée par Australie ; autre moitié, ex-colonie britannique administrée par Australie [dont îles *Bougainville* 10 000 km^2, 50 000 hab. ; cuivre, mine de Panguna (la plus importante du monde à ciel ouvert), 40 % des export., 20 % du budget, fermée 15-5-1989 après sabotage ; *capitale :* Kieta 2 402 hab. ; *Buka, Nuguria, Nissan, Kilinailau* 18 000 hab. ; *Tavu, Nukumanu*].

■ **Histoire. 1512** *Jorge de Meneses* découvre la péninsule « Tête du Dragon ». **1565** *Ortiz Retes* découvre côte nord-ouest de la Nouvelle-Guinée. **1606** *Torres* découvre côte sud. **1660** occupation hollandaise. **1768** découverte de l'île par Bougainville. **1884-1914** N.-E. de la Nlle-Guinée et archipel Bismarck : colonie allemande ; Papouasie et îles Salomon : colonie britannique. **1888** annexé couronne britannique. **1905** sous contrôle australien (revendiqué depuis 1883). **1914** occupation australienne. **1921** mandat australien sur N.-E. et **1946** sur ensemble. **1973**-*1-12* autonomie. **1975**-*12/13-5* B., émeutes mines de cuivre. *-1-9* B. devient Rép. de Salomon du Nord. *-16-9 indépendance.* **1976** B. autonome. **1980 sir Julius Chan** (né 29-8-1939) PM. **1988**-*avril* revendications foncières contre B. Copper Ltd (BCL). **1989-90** guérilla de l'Armée révolutionnaire de B. (chef : Francis Ona). *-25-2* gouv. cessez-le-feu gouv. (retrait). *-13-3* B. contrôlée par rebelles. *-2-5* blocus. *-17-5* B. se déclare rép. indépendante. *-5-8 accord de l'Endeavour* prévoyant restauration du pouvoir gouvernemental à B. *-Sept./oct.* l'armée reprend le contrôle de Buka. *Bilan des violences :* 1 500 †, *du blocus :* 3 000 †. **1991**-*23-1 déclaration d'Honiara :* paix à B. et *-août* avec autorités tribales (nord de l'île, puis sud en déc.). *-2-10* gouverneur sir Serai Eri démissionne pour avoir protégé vice-PM *Ted Diro,* accusé de corruption. **1992**-*oct.* armée contrôle B. (bilan : 150 † depuis 1989). **1994**-*30-8* **sir Julius Chan** PM.

-8-9 rebelles acceptent cessez-le-feu. *Oct.* -gouv. transitoire de Boug. **1996**-*avril* rébellion à B. *-12-10* Théodore Miriung, PM de B, assassiné. **1997**-*mars* gouv. utilise 40 à 170 mercenaires. *-21-3* mercenaires expulsés. *-26-3* Chan démissionne. *-22-7* **Bill Skate** (né 1953) PM. *-10-10* B, cessez-le-feu. -*Automne* sécheresse, gel, feux de forêts, famine. **1998**-*17/18-7* séisme sous-marin (magnitude 7,1), raz de marée, 3 vagues de 10 m de haut sur 40 km de long (8 000 †). *-30-4* B. : cessez-le-feu définitif négocié en vertu de l'accord de Lincoln. -*Oct.* chef de l'armée révolutionnaire de B. assassiné. **1999**-*14-7* **Mekere Morauta** (né 1946) PM. **2000**-*mars* accord prévoyant autonomie et référendum sur autodétermination de B.

■ **Statut.** *Monarchie, État membre du Commonwealth.* **Constitution** du 16-9-1975. **Reine :** Élisabeth II. **Gouverneur général :** sir Silas Atopare (né 1951) depuis 13-11-1997. **Assemblée législative :** 109 membres élus pour 5 ans. **Provinces :** 19. **Élections des 14 et 28-6-1997 :** People's Progress Party 16 sièges, Pangu Pati 13, People's Democratic Movement 10, autres partis 28, indépendants 41. **Fête nationale** 16-9 (indépendance). **Drapeau** (adopté 24-6-1971). Oiseau de paradis doré sur triangle rouge, 5 étoiles de la Croix du Sud en blanc sur triangle noir.

■ **Économie.** **PNB** (en 1999) : 670 $ par hab. 95 % de la population sous le seuil de pauvreté. **Croissance** (en %) : *1994 :* 3 ; *95 :* – 4,6 ; *97 :* 5,6 ; *98 :* 1,3 ; *99 :* 2,9. **Population active** (en %) **et,** entre parenthèses, **part du PNB** (en %) : agr. 56 (20), ind. 15 (15), services 22 (35), mines 7 (30). **Inflation** (en %) : *1994 :* 2,8 ; *95 :* 15,9 ; *97 :* 8 ; *98 :* 18,2 ; *99 :* 14,9. **Dette extérieure** (en milliards de $) : *1993 :* 3,42 ; *98 :* 2,58. **Aide extérieure** (en 1998) : 401 millions de $. **Agriculture.** **Terres** (en %) : forêts 80, terres arables 0,9, pâturages 0,2, divers 19. **Production** (en milliers de t, 1999) : noix de coco 700, bananes 650, patates douces 450, canne à sucre 400, tubercules 260, huile de palme 159, coprah 120, café 66, cacao 40, légumineuses 2. **Forêts** (en 1997). 8 770 000 m^3; surexploitée. **Élevage** (en milliers de têtes, 1999). Poulets 3 000, porcins 1 500, bovins 86, caprins 2. **Pêche** (en 1997). 45 000 t. **Mines** (en 1999). Cuivre 50 000 t, argent 55 t, or (mine de Porgera) 63 t (100 en 2000). Pétrole 3 300 000 t (en 2000). Gaz (*réserves* 420 milliards de m^3). **Transports** (en km, 1996). **Routes :** 19 600 km. **Tourisme** (en 1997). 66 000 visiteurs.

■ **Commerce** (en milliards de $). **Export./import. :** *1997 :* 2,16/1,7 ; *98 :* 1,77/1,23 ; *99 :* 1,88/1,19 (*exporte* or, cuivre).

■ **Rang dans le monde** (en 1999). 10e cacao, or.

PARAGUAY
Carte p. 987. V. légende p. 950.

☞ *Abréviations :* P. : Paraguay ; Par., par. : Paraguayens, paraguayen(ne)(s).

■ **Nom.** Dû au fleuve Paraguay (1 262 km).

■ **Situation.** Amérique du Sud. **Superficie :** 406 752 km^2, à 1 500 km de toute mer. **Frontières** (en km) : Argentine 1 880, Brésil 1 290, Bolivie 750. **Altitude** *maximale* 835 m dont Cerro Pero. **Régions :** *occidentale* à 1 600 km de la côte la plus proche, 100 000 hab., 246 925 km^2, plaine sans fleuve, boisée au nord, couverte de prairies au sud, élevage extensif (continuation du Chaco argentin). Pluies 800 mm/an en moy. *Orientale :* 159 827 km^2, plate ou peu vallonnée, affluents du Paraguay et du Paraná, plaine du Pantanal (« marécage » en portugais), oiseaux 658 espèces, papillons 1 100, poissons 400, pluies jusqu'à 2 000 mm/an. *Forêt* largement défrichée dominant dans le nord et l'est. *Savane* avec culture intensive et élevage dans le sud. **Climat.** Subtropical. *Saisons :* 2 : hiver mars-sept. ; été sept.-mars. *Pluies* violentes. *Temp. moy.* 22 °C ; max. 40 °C ; min. 0 °C (parfois moins).

■ **Population** (en millions d'hab.). *1886 :* 0,3 ; *2000 :* 5,5 [dont (en %) : métis (d'origine espagnole et guarani) 90, Blancs 8, Indiens 2] ; *2025 (prév.) :* 9. **D.** 13,5 (Chaco 1, P. oriental 24,4). **Age :** *– de 15 ans :* 39,1 %, *+ de 64 ans :* 4,7 %. **Espérance de vie** (en 1998) : 70 ans. **Analphabétisme :** environ 40 %. **Taux** (en ‰, 1999) : *natalité* 32, *mortalité* 6 (*infantile* 27). **Émigration :** 476 000 de 1945 à 71, diminution à partir de 1970, actuellement retours d'Argentine. 1 500 000 Par. vivent à l'étranger. **Population urbaine** (en 1998) : 55 %. **Villes** (en 1992). *Assomption* (Asunción) [fondée 1537 par Juan de Salazar y Espinoza] 1 081 000 hab. (en 1999), Ciudad del Este 133 893, Pedro Juan Caballero 76 682, Encarnación 68 962, Coronel Oviedo 64 616, Concepción 61 897.

■ **Langues.** *Officielles :* espagnol (75 %) et guarani (87 %). **Religion.** Catholiques 97 %.

■ **Histoire.** **1528-31** exploration par *Sébastien Cabot* (vers 1476-1557). **1604** établissements jésuites : *père Diego de Torres* fonde la « Province de P. » qui englobe Argentine, Chili, Uruguay, Sud-Brésil ; au centre, 48 *réductions* (villages indigènes interdits aux colons) du Paraná, du Guaira et de l'Itatin (villages d'Indiens convertis, gouvernés par les Jésuites, établis pour les protéger contre tentatives des colons de les réduire en esclavage). **1639** 26 réductions détruites par Brésiliens. **1640** Philippe IV autorise les Jésuites à armer la pop. **1649** devient une province. **1707** organisation des 30 réductions définitives avec 144 252 hab. Les Jésuites y sont curés, maires et administrateurs agricoles. **1750** Brésil annexe 7 réductions (traité de Madrid/Esp./Port.). **1756** victoire des Guaranis sur Portugais. **1767** fin de la Rép. guaranie, Jésuites expulsés sur l'ordre de Charles III. **1768** suppression de l'ordre des Jésuites en Europe ; missionnaires doivent remettre villages aux gouverneurs civils du P. **1811**-*14-5 Rép.* indépendante gouvernée par 2 consuls, **José Rodriguez de Francia** et **Fulgencio Yegros**. **1813** indépendance ratifiée par le Congrès. **1814**-*oct.* dictature de Rodriguez. **1840**-*sept.* junte. **1841**-*mai* 2 consuls, **Carlos López** et **Mariano Roque Alonso**. **1844**-*mars* **Carlos López** Pt ; essor économique. **1848**-*7-10* décret déclarant Indiens citoyens à part entière. **1862**-*sept.* **Mal Francisco Solano López**, son fils, Pt. **1865-70** guerre contre triple alliance (Brésil, Uruguay, Arg.). **1870**-*1-3* López tué à Cerro Cora. Le P. a plus de 300 000 † (sur 525 000 hab., il en reste 221 000 dont 28 764 hommes). **1928**-*5-12* P. prend fort de la Vanguardia construit sur son territoire par Boliviens. Bolivie investit plusieurs garnisons. **1929** Bolivie et P. éditent chacun une série de timbres repoussant les frontières du voisin bien au-delà du territoire réclamé. **1932-35** *guerre du Chaco :* Bolivie 60 000 h. commandés depuis 1926 par Gal allemand Hans Kundt (en 3 ans de guerre, 250 000 Boliviens mobilisés), P. 50 000 h. (Gal Estigarribia). **1932**-*15-8* **Eusebio Ayala** (1874-1942) Pt, déposé en févr. 1936. **1935**-*avril* embargo. *-12-6* armistice, Chaco partagé [P. récupère partie du Chaco (120 000 km^2)] ; *bilan :* P. 50 000 †, Bolivie 80 000 †. **1936**-*17-2* **Rafael Franco** (1897-1973) Pt, déposé. -*Déc.* traité de paix de Buenos Aires. **1937**-*août* **Felix Paiva** (1877-1965) Pt. **1938** traité de paix définitif fixant la frontière. **1939**-*15-8* **José Estigarribia** Pt (1888/9-9-1940, accident d'avion). **1940**-*5-9* Gal **Higinio Morinigo-Martinez** (1897-1983) Pt. *-1-12* dictature. **1948**-*3-6* **Juan Frutos** Pt. *-15-8* **Juan Natalicio Gonzalez-Paredes** (1897-1966) Pt, déposé. **1949**-*30-1* **Raimundo Rolón** (né 1903) Pt, déposé. *-27-2* **Felipe Molas Lopez** (né 1900) Pt. *-10-9* **Federico Chaves** (1882-1978) Pt, déposé. **1954**-*5-5* **Tomas Romero Pereira** (né 1886) Pt par intérim. *-15-8* coup d'État du **Gal Alfredo Stroessner** (né 3-11-1912). **1954-84** état de siège. **1958** Stroessner élu Pt. **1962** complot militaire échoue. **1964** de Gaulle au P. **1988**-*16/18-5* Jean-Paul II au P. ; canonisation de 3 jésuites assassinés en 1628. **1989**-*3-2* **Gal Andrés Rodríguez-Pedotti** (1923-97) renverse Stroessner (20 à 300 † ?). *-5-2* Stroessner se réfugie au Brésil. *-23-3* inculpé d'enrichissement illicite. Liberté d'expression, partis proscrits légalisés. *-1-5* Rodriguez (Colorado) élu Pt (avec 74,18 % des voix) devant Domingo Laino (PLRA) [20 %]. **1991**-*1-12 élect.* à l'Ass. constituante, victoire de l'ANR. **1993**-*15-8* **Juan Carlos Wasmosy** (né 15-12-1938 ; Colorado) élu Pt le 9-5 (39,91 % des voix, Domingo Laino, PLRA, 32,13 %, Guillermo C. Vargas, EN, 23,24 %). **1996**-*22/23-4* mutinerie du Gal Lino Cesar Oviedo (né 1943) qui refuse de démissionner de son poste de Cdt de l'armée de terre ; *-23-4* mis à la retraite ; *-14-6* incarcéré (libéré 7-8). **1997**-*mars* Pt Chirac au P. *-11-12* Oviedo emprisonné ; **1998**-*9-3* condamné à 10 ans de prison pour rébellion. *-15-8-* **Raul Cubas Grau** (né 23-8-1943 ; Colorado) élu le 10-5 Pt (53,75 % des voix). **1999**-*23-3* Luis Maria Argana, vice-Pt, assassiné ; émeutes (8 †). *-28-3* Cubas Grau démissionne (exil au Brésil) ; **Luis Angel Gonzalez Macchi** (né 13-12-1947, Pt du Sénat) Pt jusqu'au 15-8-2003. **2000**-*19-5* échec du putsch du Gal Lino Oviedo.

■ **Statut.** *République.* **Constitution** du 25-8-1967, révisée 1978, remplacée 20-6-1992. **Pt** élu pour 5 ans au suffrage universel, non renouvelable. **Chambre des députés :** 80 membres et **Sénat :** 45 membres élus au suffrage universel direct pour 5 ans. **Élections du 10-5-1998 :** *Sénat :* PLRA 13, EN 7 ; *Chambre :* Colorado 45, PLRA 26, EN 9. **Fête nationale.** 15 mai (indépendance). **Drapeau** (adopté 25-11-1842). Bandes horizontales rouge, blanche [avec au recto Étoile de mai (libération du joug espagnol), au verso sceau du Trésor], et bleue. Seul drapeau aux faces différentes. **Armée.** 22 000 h.

■ **Partis.** **Asociación Nacional Republicana-Partido Colorado (ANR)** fondée sept. 1878, *Pt :* Balder Rachid Lichi. **Partido liberal radical auténtico (PLRA)** fondé juillet 1978, *Pt :* Julio Cesar Franco. **Asunción para todos (APT)** fondée 1991, dissoute en avril 1996, rejoint **Rencontre nat. (EN)** fondée 1993, *Pt :* Mario Paz Castaing. **Partido revolucionario febrerista (PRF)** fondé 1951, *Pt :* Carlos Maria Lubetich. **Partido democrata cristiano (PDC)** fondé 1960. **Parti des travailleurs (PT)** fondé 1989, *Pt :* Eduardo Arce. **Partido comunista paraguayo (PCP)** fondé 1928, interdit 1947, autorisé 1989, *secr. gén. :* Ananias Maidana.

ÉCONOMIE

■ **PNB** (en 1999). 1 370 $ par hab. **Taux de croissance** (en %) : *1998 :* 1,8 ; *99 :* 0,5 ; *2000 :* 1,8. **Pop. active** (en %) **et,** entre parenthèses, **part du PNB** (en %) : agr. 45 (24), ind. 20 (23), services 35 (52). **Chômage** (en 1999) : 15 % (sous-emploi : 21 %). **Inflation** (en %) : *1990 :* 44 ; *91 :* 11,8 ; *92 :* 17,8 ; *93 :* 20,4 ; *94 :* 18,3 ; *95 :* 11,5 ; *96 :* 8,2 ; *98 :* 16 ; *99 :* 6,8. **Dette extérieure** (en 1999) : 2,1 milliards de $.

■ **Agriculture.** **Terres** (en %, 1990) : cultivées 14 (irriguées 3), pâturages 49, forêts 37, moins de 1 % des exploitants possèdent 78,5 % des terres. **Production** (en milliers de t, 1999) : manioc 3 500, soja 3 304, canne à sucre 2 832, maïs 984, blé 500, riz 92, coton 88, maté, haricots, quebracho, agrumes. **Élevage** (en milliers de têtes, 1999). Bovins 9 863, porcins 2 500, ovins 395, chevaux 370, caprins 124. **Forêts** (en 1998). 8 097 000 m^3. **Pêche** (en 1998). 26 100 t.

■ **Hydroélectricité.** **Barrage d'Itaipú** construit avec Brésil sur Paraná. 1983 : 1re des 18 turbines mise en service. *Capacité :* 12 600 MW, 6 300 pour le P. *Coût :* 20 milliards de $. *Production* (en milliards de kWh) : *1986 :* 19,31 ; *87 :* 33,11 ; *92 :* 52,26 ; *93 :* 59 ; *94 :* 69. **Autres barrages** construits avec Argentine sur Paraná : *Yacireta* (2 700 MW ; coût : 8 milliards de $, 1re turbine mise en service en sept. 1994 ; en 1996, 8 turbines installées ; en 1998, 20) et *Corpus* (projet, 4 400 MW). La moitié de la prod. d'Itaipú et d'Yacíreta équivaut à 30 fois les besoins du P. Excédent revendu (Argentine et Brésil).

■ **Industrie.** Alimentation, conserveries de viande, textile, peaux, ciment (Vallemi : capacité 600 000 t, consommation nationale 180 000 t). **Transports.** **Routes** (en 1997) : 66 117 km (asphaltés 3 067) ; *véhicules* (en 1996) : 121 000 dont 60 % importés illégalement. **Voies ferrées** (en 1987) : 441 km. **Projet Hydrovia :** voie fluviale Paraguay-Paraná, 3 442 km, reliant Brésil à Uruguay. **Tourisme** (en 1997). 387 000 visiteurs.

■ **Commerce** (en millions de $). **Export./import. :** *1996 :* 1,04/3,2 ; *97 :* 1,09/3,4 [(en %) : *exporte* soja, coton, bois, huiles végétales, cuirs et peaux *vers* Brésil 58, P.-Bas 16, Argentine 9, USA 5, Taïwan 5/*importe de* Asie 25, Brésil 21, Argentine 13, USA 12].

■ **Rang dans le monde** (en 1999). 29e bovins.

PAYS-BAS
Carte p. 1001. V. légende p. 950.

☞ *Abréviations :* H. : Hollande ; Holl., holl. : Hollandais, hollandais(e)(s) ; Néer., néer. : Néerlandais, néerlandais(e)(s) ; P.-B. : Pays-Bas.

■ **Nom.** **Pays-Bas :** traduction de *Nederland,* « basse terre ». **Hollande :** de *Hol-land,* « pays creux », ou plutôt *Holt-land,* « pays du bois ».

■ **Situation.** Europe. **Superficie :** 41 526 km^2 (dont 1 779 récupérés par poldérisation sur la mer au XXe s.). **Longueur :** 300 km. **Largeur :** 150 à 200 km. **Côtes :** 1 200 km. **Frontières** (en km) : All. 577, Belg. 450. **Altitudes :** *maximale* Vaalserberg 321 m, *minimale* Prins Alexanderpolder – 6,7 m. 24 % du pays est au-dessous du niveau de la mer, 60 % de la pop. y vit. **Grands débordements :** 808, 1014, 1042, 1134, 1220, 1287, 1530, 1552, 1625, 1686, 1717, 1775-1776. **Climat.** *Température moyenne :* hiver + 2,6 °C, été 16,2 °C. *Pluies* 661 mm par an.

■ **Polders.** **700 av. J.-C.,** la mer commence à pénétrer à l'intérieur des terres (parcelles de tourbières arrachées par la mer). **Vers 1250 apr. J.-C.** Zuiderzee atteint dimensions maximales. **XVIIe s.** assèchement de quelques lacs en utilisant l'énergie des moulins à vent (puis au milieu du XIXe s. par des pompages à vapeur) : *polder du Haarlemmermeer* au sud-ouest d'Amsterdam. Dans les îles du sud-ouest et du nord, on utilisait depuis le XIIIe s. l'envasement provoqué par le flux et reflux de la mer ; dès que les terres dépassaient le niveau de la mer, les habitants construisaient une digue. **XIXe s.** pour accélérer l'envasement (nord de la Groningue et Frise), on construit des digues basses pour que sable et vase puissent se déposer et rester. **1927-30** 1er polder du *Zuiderzee* (le *Wieringermeer*) asséché, pompes électriques et diesels. **1932** l'*Afsluitdijk* (digue de fermeture, 32 km) sépare de la mer des Wadden le Zuiderzee [devenu l'IJselmeer (ou lac d'IJsel)]. **1940-70** 4 sur 5 des grands polders prévus asséchés, 1 650 km^2 (5 %). Autres zones plus petites : le *Lauwerszee* (côte nord entre Frise et Groningue), la *Maasulakte* (extension de la zone portuaire de Rotterdam-Europoort). **Plan Delta** (1958-87), à la suite de l'inondation de 1953 : *coût :* 30 milliards de F. Initialement, surélévation des digues et fermeture des bras de mer pour ne laisser que 2 voies de navigation (pour ports de Rotterdam et d'Anvers) ; côtes réduites de 800 à 80 km. 1964 : plan modifié pour que l'Escaut oriental garde accès à la mer ; fermeture de 5 bras de mer dans le sud-ouest, contre les marées, dont l'Escaut oriental (barrage antitempêtes *Oosterscheldedam,* commencé 1966, achevé 1986) long de 3 km, 65 piliers (hauteur 40 m ; 18 000 t) ; 62 vannes d'acier de 300 à 500 t laissent les eaux salines pénétrer dans le bassin isolé de la mer ; barrage antitempêtes (2 portes de 210 m chacune, 1997) dans le Nieuwe Waterweg entre Rotterdam et Hoek van Holland. **Nouveau Plan Delta** annoncé 1-2-1995.

Terres conquises (en km^2). *XIIIe s. :* 350 ; *XIVe :* 350 ; *XVe :* 425 ; *XVIe :* 710 ; *XVIIe :* 1 120 ; *XVIIIe :* 500 ; *XIXe :* 1 170 ; *1900-86 :* 1 650. Ouest et zones basses au nord (50 % des P.-B.) sont constitués par des polders (plusieurs centaines). **Polder le plus grand :** *Flevoland de l'Est* (540 km^2 dont cultivés 75 %, prairies, bois 10, habitations 8, canaux, routes et digues 7), asséché 1950-57. **Surface totale** *de l'étendue d'eau douce :* 1 834 km^2 dont lac d'IJssel 1 250. **Coût annuel :** 2,2 milliards de F.

☞ On a renoncé à achever le *Markenwaard* après avoir construit la digue, commencée en 1957, reliant l'île de Marken au continent (plan initial en 1957 : polder de 60 000 ha, réduit à 41 000), et la digue reliant Lelystad à Enkhuizen (depuis 1976, route de la digue). On a renoncé à poldériser le *Waddenzee* (100 000 ha de laisses) : *1°)* vases et boues découvertes à marée basse sont utiles pour la survie de certains oiseaux de mer ; *2°)* bassins d'eau salée et saumâtre permettent élevage d'huîtres et de moules. En 1993, plan de remise en eau de 10 % des polders (raisons : normes agricoles européennes, surproduction maraîchère et florale, seuil critique de pollution).

Nota. – Il y a environ 200 *wateringues* (2 600 en 1950) [organismes de droit public dépendant des administrations provinciales, chargés de la gestion et du contrôle du régime des eaux, des routes, voies navigables, et de la protection de la nature].

DÉMOGRAPHIE

■ **Population** (en millions d'hab.). *1830 :* 2,61 ; *1900 :* 5,1 ; *20 :* 6,83 ; *30 :* 7,83 ; *40 :* 8,83 ; *50 :* 10,03 ; *60 :* 11,41 ; *70 :* 12,96 ; *80 :* 14,09 ; *85 :* 14,45 ; *90 :* 14,94 ; *99 :* 15,8 ; *2000 (est.) :* 15,87 (dont immigrés 2,8) ; *2025 (prév.) :* 17. **D. :** 382,2 [Hollande Nord et Sud : 1 042 (en 1996)]. **Age :** *– de*

15 ans : 18,4 %, *+ de 64 ans :* 13,6 %. **Espérance de vie** (en 1998) : 78 ans. **Pop. urbaine** (en 1998) **:** 89 %.

Bilan migratoire : *1993 :* + 59 932 ; *94 :* + 37 156 ; *95 :* + 32 800. **Population étrangère** (en milliers, au 1-1-1994) : 779 dont Turcs 203, Marocains 165, Allemands 52, Anglais 45, Surinamiens 25, ex-Yougoslaves 25, Belges 24, Italiens 18, Espagnols 17, Américains 13, *Français 10,* divers 194. **Demandes d'asile :** *1987 :* 13 460 ; *88 :* 7 486 ; *89 :* 13 898 ; *90 :* 21 208 ; *91 :* 21 165 ; *92 :* 20 000 ; *93 :* 35 399 dont Afrique 8 773, Asie 11 120, Europe 14 755. **Réfugiés** (en 1999) : 40 000.

Provinces (au 1-1-1998)	Superficie km^2	Population (× 1 000)	Densité hab./km^2
Groningue	2 967,1	558	188,1
Frise	5 740,7	618,1	107,6
Drenthe	2 680,4	464,7	173,4
NORD	11 388,2	1 640,8	152
Overijssel	3 420	1 063,5	311
Flevoland	2 412,2	293,3	121,6
Gueldre	5 143,3	1 895,7	368,6
EST	10 975,5	3 252,5	296,3
Utrecht	1 434,2	1 088,6	759
Hollande sept.	4 059	2 486,1	612,5
Hollande mérid.	3 445,7	3 359	974,8
Zélande	2 931,9	369,9	162,2
OUEST	11 870,8	7 303,6	615,2
Brabant sept.	5 016,1	2 319,3	462,4
Limbourg	2 195,9	1 137,9	518,2
SUD	7 212	3 457,2	479,3
TOTAL	41 446,5	15 654,1	377,6

■ **Langues.** *Néerlandais* (officielle) : dérive de 2 dialectes *thiois, bas-francique* (à l'ouest) et *bas-saxon* (à l'est). Le néer. de l'ouest (*bas-francique*) est devenu langue nationale (parlée, écrite et publiée) à partir du XVIe s. ; 21 000 000 de néerlandophones dans le monde, dont les *Flamands* (Belgique) et les *Afrikaners* (Afr. du Sud, 4 000 000). *Frison* (officielle) : anglo-saxon et allemand, du groupe germanique occidental ou westique ; parlé jusqu'au XVe s. des bouches du Rhin à la Baltique, pratiqué par 2,9 % de la pop. (région de Leeuwarden, îles Frisonnes occidentales et Schleswig dano-allemand).

■ **Religions** (est. 1997, personnes âgées de 18 ans et plus). **Catholiques :** 32 % (12 % vont à la messe chaque semaine, 41 % au moins une fois par mois ; ordinations *1961-65 :* 1 391, *1981-85 :* 105). **Protestants :** 21 dont *Église réformée des P.-B. (Nederlands Hervormde Kerk* datant du synode de 1619) [5 % vont à l'office au moins 1 fois par mois], *Églises réformées des P.-B. (Gereformeerde Kerken in Nederland* fondées 1892) 5. **Autres religions :** 7 %. **Sans :** 40 %.

■ **Villes** (au 1-1-1998 et, entre parenthèses, aggl.). *Amsterdam* 718 151 hab. (1 109 502), Rotterdam 590 478 (1 082 620) [à 75 km], La Haye 442 779 (699 427), siège du gouvernement, de la Cour et du corps diplomatique (à 55 km), Utrecht 232 744 (554 014) (à 40 km), Enschede/Hengelo 226 666 (256 061), Eindhoven 198 339 (409 750) [à 120 km], Tilburg 185 714 (247 573), Groningue 168 752 (198 126), Nimègue 150 495 (256 260), Haarlem 147 839 (211 145), Heerlen/Kerkrade 147 835 (269 829), Arnhem 136 174 (313 267) [à 100 km], Dordrecht/Zwijndrecht 118 118 (218 395).

■ HISTOIRE

■ **Avant 1419.** Les Nerviens belges occupent le sud de la Meuse ; les Germains frisons occupent l'est de l'Ijssel jusqu'à l'Ems ; entre les 2, la tribu germano-celtique batave occupe l'*Insula Batavorum.* Principales villes : *Lugdunum* (Leyde), *Noviomagus* (Nimègue). **57 av. J.-C.** César atteint le Rhin. **15 apr. J.-C.** Drusus franchit le Rhin et occupe *Insula Batavorum* jusqu'au lac *Flevo* (Zuiderzee) ; les Bataves deviennent *socii* de l'Empire romain. **69** ils se soulèvent avec Julius Civilis, puis se soumettent, fournissant à Rome cavaliers et marins. **Vers 250** les Francs occupent terres des Bataves et fusionnent avec eux. **695** évêché d'Utrecht fondé, christianisation du pays (saint Willibrord). **Vers 800** Frisons soumis par Charlemagne. **843** *traité de Verdun :* devient partie de Lotharingie (puis de Basse-Lorraine en 954). **954-1406** 11 seigneuries, dont 3 duchés : Brabant, Gueldre, Clèves. **1345**-*26-9* Guillaume IV de Hainaut et de H. cerné par Frisons à Stavoren et décapité. **1406** Brabant échoit à la maison de Bourgogne, qui va réunifier le pays.

■ **Maison de Bourgogne.** **1419 Philippe III le Bon** (1396-1467), duc de Bourgogne, ép. 1°) Michelle de Valois († 1422) ; 2°) Bonne d'Artois († 1425) ; 3°) Isabelle de Portugal († 1472). **1467 Charles le Téméraire** (10-11-1433/5-1-1477), fils de Philippe III et d'Isabelle, ép. 1°) Catherine de Valois († 1446) ; 2°) Isabelle de Bourbon († 1465) ; 3°) Marguerite d'York († 1503). **1473** devient duc de Gueldre ; fixe à Malines la capitale des P.-B. **1477**-*5-1* tué près de Nancy. P.-B. séparés de la Bourgogne ; passeront par héritage dans la maison de Habsbourg. **1478 Marie** (13-2-1457/27-3-1482), fille de Charles le Téméraire et d'Isabelle, ép. 18-8-1477 Maximilien Ier d'Autriche, fils de l'empereur Frédéric III. **1482**-*27-3* Marie meurt des suites d'une chute de cheval.

■ **Maison de Habsbourg.** **1482 Philippe Ier le Beau** (2-7-1478/25-9-1506), fils de Marie et de Maximilien. **1482-94** Maximilien régent. **1496** ép. Jeanne la Folle (1479-1555), fille de Ferdinand d'Aragon et d'Isabelle de Castille, héritière d'Esp. **1504** roi de Castille à la mort d'Isabelle. **1506 Charles Quint** (Gand 24-2-1500/Esp. 21-9-1558), ép. Isabelle de Portugal (1503-39). *Régence de Marguerite d'Autriche* (Bruxelles 10-1-1480/Malines 1-12-1530), sa tante. **1515**-*5-1* émancipé par états généraux. **1516**-*14-5* proclamé à Bruxelles roi des Espagnes et des Deux-Siciles (Charles Ier). **1519**-*28-6* élu empereur. **1521** annexe Tournai ; **1523** Frise ; **1528** territoire d'Utrecht et Overijssel. **1530** *Marie d'Autriche* [(15-9-1505/18-10-1558) veuve depuis 1526 du roi Louis II de Hongrie] nommée gouvernante générale par Charles Quint, son frère. Mouvements *anabaptistes* autour de *Menno Simonis* (1505-61). **1536** annexe Drenthe et Groningue. **Vers 1540** début du protestantisme ; un de ses chefs est *Guillaume de Nassau* (le Vieux), seigneur de Breda. **1543** duché de Gueldre et Cté de Zatphen. **1548** Pays-Bas, Nord et Sud (les 17 Provinces) constituent le *Cercle de Bourgogne* (subdivision de l'empire des Habsbourg). **1549** *Pragmatique Sanction* déclare les *Dix-Sept Provinces* (des P.-B.) un tout indivisible et impartageable. **1553** *Édit de Marie* condamnant tous les hérétiques à mort. **1555**-*25-10* Charles Quint abdique pour les P.-B. (16-1-1556 pour l'Espagne, 12-9 pour l'Empire) en faveur de son fils **Philippe II** (21-5-1527/13-9-1598), roi d'Espagne en 1556. Guillaume le Taciturne nommé gouverneur de H. **1559** nommé *stathouder* de H. et Zélande. **1559-67** gouvernante *Marguerite de Parme d'Autriche* [(28-12-1522/18-1-1586), fille naturelle de Charles Quint, demi-sœur de Philippe II, nommée gouvernante générale, ép. *1°)* 1536 Alexandre de Médicis duc de Florence (vers 1510/3-1-1537), *2°)* 1538 Octave Farnèse duc de Parme (1524-86)] assisté du Conseil privé [cardinal Antoine Perrenot, seigneur de Granvelle (1517-86), archevêque de Malines (joue le rôle dominant), avec Viglius d'Aytta, Charles de Berlaymont]. **1564** Granvelle renvoyé. **1566** 300 nobles, la plupart de petite noblesse, supplient d'adoucir les décrets concernant les hérétiques. Un des conseillers remarque : « Ce ne sont que des gueux. » Ce terme sera repris par eux comme un titre de gloire (sébile et besace deviennent symboles de la résistance). Destructions de sculptures dans les églises. *Compromis de Breda :* ligue antiespagnole des seigneurs néer. protestants, dirigée par Guillaume le Taciturne. **1567**-*août*/**1573** *Fernando Álvarez de Tolède, duc d'Albe* (29-10-1507/11-12-1582), gouverneur avec titre de vice-roi, arrive à Bruxelles pour extirper le protestantisme des Flandres ; *-20-9* constitue le « Conseil des troubles » qui fait exécuter 8 000 personnes. **1568-1648** *guerre de 80 ans.* Guillaume d'Orange entre à Heiligerlee en Groningue. **1571** *synode d'Emden* (Frise) organise l'Église sur le modèle calviniste. **1572** soutenu par gueux de mer et huguenots français, Guillaume d'Orange prépare des attaques. *-1-4* les gueux prennent Brielle, puis Flessingue et Veere. En Hollande et Zélande, révolte populaire ; à Dordrecht, une réunion des États nomme à nouveau Guillaume « stathouder » et non chef d'État (la révolte ne vise pas le roi, mais ses mauvais conseillers). **1573** le duc d'Albe reprend Haarlem après un très long siège, mais Alkmaar résiste. *Enkhuizen,* flotte du duc d'Albe battue. **1573-76** Gal espagnol *Luis de Requesens* (1528/76) perd le nord des P.-B., notamment *Leyde* (1574), où protestants fondent une université (1575). **1576** *don Juan d'Autriche* [(Ratisbonne 24-11-1545/Bruges 1-10-1578 peste ou poison) ; fils naturel de Charles Quint, gouverneur]. **1578** *Alexandre Pce Farnèse* [(Rome 27-8-1545/Arras 2/3-12-1592) ; fils de Marguerite de Parme d'Autriche, gouverneur] reconquiert Bruxelles, Anvers, Gand. **1579**-*6-1* réunit dans l'*Union d'Arras* les provinces catholiques, restées fidèles à Philippe II.

■ **Maison d'Orange-Nassau.** Issue de Dedo, Cte de Laurenbourg (1093-1117) ; ses descendants sont Ctes de Nassau au XIIIe s. La maison des P.-B. descend d'Otton († vers 1290), Cte de Nassau-Siegen [fils cadet de Henri Cte de Nassau († 1251)], et la maison grand-ducale de Luxembourg du fils aîné, Walram II de Nassau. Les descendants d'Otton héritent au XVe s. des seigneuries de Lecke et Breda, sont burgraves d'Anvers le 13-5-1487 et reçoivent en héritage la principauté d'Orange (Vaucluse, France) à la suite du mariage du Cte Henri (1483-1538) avec Claude de Chalon († 1521), sœur et héritière du dernier Pce d'Orange de la maison de Chalon († 3-8-1530). La Pté d'Orange sera cédée à la France le 11-4-1713, mais le titre de Cte d'Orange sera confirmé par traité conclu avec roi de Prusse 16-6-1732.

1573 Guillaume Ier de Nassau, dit **le Taciturne** (château de Dillenburg 16-4-1533/Delft 10-7-1584), fils de Guillaume, catholique puis luthérien pour épouser Anne de Saxe et calviniste pour rallier villes de Hollande et Zélande (1573) ; utilisait le français dans ses États ; ép. 1°) 1551 Anne d'Egmont-Buren (1533-58) ; 2°) 1561 Anne de Saxe (1544-77), divorce 1574 ; 3°) 1575 Charlotte de Bourbon (1546-82), fille du duc de Montpensier, catholique ; 4°) 1583 Louise de Coligny (1555-1620), fille de l'amiral ; **1576** stathouder des 17 Provinces, mais ne peut se maintenir dans les provinces catholiques du Sud. **1579**-*23-1* les 7 provinces du Nord (Ctés de Hollande et de Zélande, duché de Gueldre, seigneuries d'Utrecht, de Frise, d'Overijssel et de Groningue) forment la Rép. des Provinces-Unies des Pays-Bas *(Union d'Utrecht).* Dirigée par les états généraux réunissant à La Haye les représentants des 7 provinces. La fonction de « stathouder » (lieutenant) du roi subsiste, bien qu'en 1581 les Pays-Bas dénoncent leur allégeance au roi d'Espagne. La plupart des provinces le choisissaient ordinairement parmi les Pces de la famille d'Orange-Nassau. **1581**-*26-7* les 7 provinces déclarent ne plus reconnaître Philippe II comme souverain ; offrent la souveraineté au duc d'Anjou, frère du roi de France Henri III, en limitant ses pouvoirs (ce sera un échec, Henri III ne veut pas d'une guerre avec l'Espagne). Le *duc d'Albe* est nommé régent. **1582** duc d'Anjou débarque à Flessingue, se fait reconnaître comme duc de Brabant, margrave du St Empire et Cte de Flandre. *-11-12* duc d'Albe meurt. **1584**-*8-4* Pce de Parme prend Ypres et *-26-5* Bruges. *-10-7* Guillaume Ier assassiné à Delft par Balthazar Gerardz, fanatique catholique.

1584-*juillet* **Maurice de Nassau** (Pce d'Orange) [13-11-1567/23-4-1625], fils de Guillaume Ier et d'Anne de Saxe, stathouder, célibataire. **1585**-*17-8* Farnèse reprend Anvers après siège de 1 an. Exode de milliers de bourgeois et artisans vers Amsterdam, Middelburg, Rotterdam, etc. Les états généraux offrent la souveraineté au roi Henri III, qui refuse, puis à la reine d'Angleterre, Élisabeth, qui accepte et envoie Robert Dudley, Cte de Leicester, qui se fait élire gouverneur en 1586, mais ne parvient pas à gagner la confiance des provinces. **1588** les états généraux décident d'assumer eux-mêmes la souveraineté. **1590** le duc de Parme prend aux Espagnols Breda ; **1591** Nimègue ; **1594** Groningue. **1595-1609** guerre navale contre colonies espagnoles et portugaises. Fondation des 1ers comptoirs coloniaux holl. en Indonésie et aux Moluques. **1600**-*2-7* bat archiduc Albert à Westende. **1602** fondation de la Cie unie des Indes orientales (VOC). **1605** venue assiéger Ostende, *Isabelle* (1566-1638), fille de Philippe II mariée à Albert d'Autriche, qui avait reçu en dot les P.-B., fait le vœu de ne point quitter sa chemise avant que la ville soit prise. Le siège dure 3 ans ; la chemise blanche vire au jaune fauve, couleur qui devient à la mode. **1609**-*9-4 trêve de 12 ans ;* indépendance reconnue par Espagnols. Au service de la VOC, Henry Hudson découvre la Nlle-Hollande (New York et ses environs). **1618-19** *synode de Dordrecht :* condamnation des *arminiens,* adversaires de la prédestination. **1619** Batavia fondée. **1621** guerre contre Espagnols.

1625-*avril* **Frédéric-Henri** (29-1-1584/14-3-1647), demi-frère de Maurice (fils de Guillaume Ier et de Louise de Coligny), stathouder, ép. Amélia Van Solms. **1629** prend aux Espagnols Bois-le-Duc et Wessel ; **1632** Maastricht ; **1637** Breda. *-3-2* après un décret des États de H., effondrement de la spéculation sur les tulipes qui dure depuis 1634 [rapportées de Turquie fin XVIe s. ; vient du mot turc *tulipan :* turban (à cause de sa forme) ; un oignon atteignait 5 500 florins (12 000 F de l'époque)].

1647-*mars* **Guillaume II** (1626/6-11-1650), fils de Frédéric, stathouder, ép. Marie Stuart (1631-60), fille de Charles Ier d'Angleterre. **1648** *traité de Münster :* P.-B. cessent de faire partie de l'Empire allemand. **1651** les habitants des Scilly refusent d'abandonner leur métier de corsaire. L'amiral holl. Maarten Tromp déclare la guerre à l'archipel. Puis la guerre sera oubliée et l'on n'y mettra fin officiellement qu'en avril 1986. **1652-54** guerre avec Angleterre.

1653 Jean de Witt (24-9-1625/20-8-1672), grand pensionnaire, ép. Wendela Bickers. **1654** paix de compromis avec Angleterre. **1665-67** guerre avec Angl. (rivalité économique). **1667** acte d'exclusion contre maison d'Orange. *-Juillet traité de Breda,* perd Nlle-Amsterdam (New York). **1668** *traité de Triple-Alliance* avec Angl. et Suède, *traité d'Aix-la-Chapelle* avec la Fr. **1672** Louis XIV envahit H.

1672-*juillet* **Guillaume III** (14-11-1650/8-3-1702), fils posthume de Guillaume II. *-24-7 Cornelis de Witt* (1623-1672), frère de Jean, arrêté (accusé d'avoir voulu assassiner Guillaume II). *-4-8 Jean de Witt* démissionne. *-20-8* va voir son frère en prison, ils sont assassinés par la foule. **1674** Guillaume III élu stathouder. **1677** ép. Marie (1662-94), fille du futur Jacques II d'Angl. **1678** *guerre de Hollande,* terminée par le *traité de Nimègue* (voir à l'Index). **1688-97** *guerre de la Ligue d'Augsbourg* (voir à l'Index). **1688**-*nov.* Guillaume III, inquiet du penchant de son beau-père pour les catholiques, appelé par les protestants anglais, débarque avec une petite armée en Angl. **1689**-*21-4* est proclamé roi (Guillaume III) et sa femme Marie Stuart (1662-94) reine. **Fin XVIIe s.** naissance des *labadistes,* communauté piétiste. **1701-13** *guerre de la succession d'Espagne.*

1702-*mars*/**1747**-*mai* **oligarchie. 1740-48** *guerre de la succession d'Autriche* (contre France).

1747-*mai* **Guillaume IV** (1-9-1711/22-10-1751), fils de Jean-Guillaume le Frison (1687-1711), Pce d'Orange, stathouder à titre héréditaire des 7 Provinces (décision des états généraux), ép. 1734 Anne de Hanovre (1709-59), fille du roi Georges II d'Angleterre (1709-59).

1751-*oct.* **Guillaume V le Batave** (8-3-1748/9-4-1806), fils de Guillaume IV, stathouder, ép. 1767 Wilhemine de Prusse (1751-1820), nièce de Frédéric II. **1756** Holl. neutres pendant la guerre de Sept Ans. **1780-83** alliés de France contre Angleterre dans la guerre d'Indépendance américaine. **1785** Guillaume V doit s'enfuir en Angleterre ; **1787** rétabli par Prussiens ; **1795** chassé par Français.

■ **République batave.** **1795**-*mai*/**1806**-*juin* **vassale de la France.** Capitale Amsterdam. Les Anglais prennent Le Cap et Ceylan. **1799**-*27-8* débarquement anglais au *Helder* (chassés par Brune ; capitulation d'Alkmaar, *18-10*). **1801**-*6-10* référendum sur Constitution imposée par Bonaparte [52 000 non, 16 000 oui, 350 000 abstentions (considérées comme des « oui ») ; 1 Corps législatif, 1 Conseil de régence de 12 m.]. **1802** Anglais rendent Le Cap pour se concilier la Rép. batave.

■ **Royaume de Hollande.** **1806**-*5-6* **Louis Bonaparte (Louis Ier)** [1778-1846] : voir à l'Index. *-Déc.* adhère au blocus continental (catastrophe économique : pratique de la contrebande). **1810**-*9-7* Louis abdique ; roi **Louis II** [son fils, Napoléon-Louis Bonaparte (1804-31)] ; roy. annexé à l'*Empire français :* 10 départements : Ems-Occ., Frise, Bouches-de-l'Ijssel, Ijssel-Supérieure, Lippe (en partie), Roer, Meuse-Inférieure, Bouches-du-Rhin, Bouches-de-la-Meuse, Zuiderzee jusqu'en nov. 1813. **1813**-*nov.* à **1815**-*mars* gouv. provisoire à La Haye (laisse à Amsterdam le titre officiel de capitale). Guillaume Frédéric, fils de Guillaume V, rentre.

■ **Royaume des Pays-Bas.** Le congrès de Vienne réunit les provinces du Nord (qui avaient constitué la République des Provinces-Unies) et celles du Sud (longtemps restées dans la mouvance espagnole, puis autrichienne) pour constituer le royaume. **1815**-*16-3* **Guillaume Ier** (24-8-1772/12-12-1843), [Pce souverain des P.-B., fils de Guillaume V, ép. 1-10-1791 Pcesse Frédérique-Wilhelmine de Prusse (1774-1837), fille de Frédéric-Guillaume II] roi des P.-B. et duc du Luxembourg. -*9-6* grand-duc de Luxembourg. *Congrès de Vienne.* **1830** sécession des provinces du Sud (Belgique, voir à l'Index). **1839** Guillaume Ier reconnaît son indépendance. **1840**-*7-10* abdique [remarié le 17-2-1841 avec Henriette d'Oultremont (1792-1864)].

1840-*7-10* **Guillaume II** roi des P.-B. et grand-duc de Lux. (6-12-1792/17-3-1849), fils de Guillaume Ier, ép. 21-2-1816 Anne Pavlovna (18-1-1795/1865), demi-sœur du tsar Alexandre Ier de Russie. **1848** Constitution révisée [inspirée par Thorbecke (1798-1872)] : 2e chambre désormais élue, ministres responsables.

1849-*17-3* **Guillaume III** roi des P.-B. et grand-duc de Lux. (19-2-1817/23-11-1890), fils de Guillaume II, ép. 1°) 18-6-1839 Pcesse Sophie de Wurtemberg (17-6-1818/3-6-1877) dont *Guillaume* (4-9-1840/1879) Pce d'Orange (dit « Pce Citron »), *Maurice* (1843-1850), *Alexandre* (25-8-1851/1884) Pce d'Orange en 1879, faible d'esprit ; 2°) 7-1-1879 Pcesse Emma de Waldeck-Pyrmont (2-8-1858/20-3-1934), dont Wilhelmine. **1870-1916** colonisation de l'Indonésie. **1883** exposition internationale d'Amsterdam. **1886**-*26/27-7* Amsterdam : 26 † (troubles dans le quartier de Jordaan, la police ayant voulu interdire le jeu consistant à attraper une anguille vivante, le joueur étant suspendu au-dessus d'un canal). **1887** suffrage censitaire aboli.

1890-*23-11* **Wilhelmine** (31-8-1880/28-11-1962), fille de Guillaume III et d'Emma. **1890**-*8-12* [**1898**-*31-8* régence de sa mère *Emma.* **1898**-*6-9* couronnement. **1901**-*7-2* ép. duc Henri de Mecklembourg (1876-1934), Pce consort des P.-B. **1914-18** neutre (à partir de mars 1915, les Alliés interdisent toute importation pouvant être réexpédiée en All. ; P.-B. livrent aux Allemands des aliments contre du charbon : restrictions aggravées ; 1 million de réfugiés belges). **1917** suffrage universel, femmes éligibles. **1919** vote des femmes. **1940**-*10-5* invasion allemande. -*13-5* la reine, *14-5* le Gouvernement se réfugient à Londres. -*15-5* Gal Winkelman ordonne de déposer les armes malgré la continuation de la guerre. Allemands occupent La Haye et Rotterdam. **1941**-*févr.* et **1943**-*avril/mai* grève générale contre persécutions antijuives. **1944**-*3-9* grève générale des chemins de fer ; répression allemande. -*17/27-9* bataille d'Arnhem. **Hiver 1944-45** famine (30 000 †). **1945**-*23-2* **Pieter S. Gerbrandy** (1885-1961) PM. -*5-5* capitulation allemande et retour de la famille royale. -*24-6* **Willem Schermerhorn** (1894-1977) PM. **1946**-*3-7* **Louis J.M. Beel** (1902-77) PM. **1947**-*14-10* *Juliana* régente. **1948**-*1-1* Benelux (élargi 1958-60). -*7-8* **Willem Drees** (1886-1988) PM. -*4-9* la reine abdique, prend le titre de Pcesse Wilhelmine des P.-B. ; se retire au palais Het Loo (construit 1685-92 ; musée 1984).

1948-*4-9* **Juliana** (30-4-1909), Pcesse d'Orange, fille de Wilhelmine, ép. 7-1-1937 Pce Bernhard de Lippe-Biesterfeld (né 29-6-1911) titré (le 7-1-1937) Pce des P.-B. avec le prédicat d'Altesse Royale après sa naturalisation néer. (le 24-11-1936), antérieure au mariage, fils du Pce Bernhard de Lippe-Biesterfeld (1872-1934) et de la Pcesse Armgard (1883-1971). *4 enfants : Beatrix* (voir col. b). *Irène* (née 5-8-1939) ép. 29-4-1964, sans l'accord du Parlement comme le prévoit la Constitution, le Pce Charles-Hugues de Bourbon-Parme (8-4-1930) ; privée ainsi que ses descendants des droits à la succession au trône (9-6-1964) ; divorcée 26-5-1981, demande annulation de son mariage à Rome ; 4 enfants : Carlos-Javier (27-1-1970), Jaime Bernardo et Margarita Maria Beatriz (13-10-1972), Maria-Carolina (23-6-1974). *Margriet* (née 19-1-1943) ép. 10-1-1967 Pieter Van Vollenhoven (4-4-1939) ; 4 enfants : Maurits (17-4-1968, ép. 30-5-1998 Marilene Van den Broek, née 4-2-1970), Bernhard (25-12-1969, ép. 8-7-2000 Annette Sekrève, née 18-4-1972), Pieter-Christiaan (22-3-1972), Floris (10-4-1975). *Marijke* (18-2-1947) prend en 1964 le nom de *Christina,* ép. 28-7-1975 sans l'accord du Parlement Jorge Guillermo (1-8-1946), professeur cubain ; divorcée 25-4-1996 ; 3 enfants : Bernardo (17-6-1977), Nicolas (6-7-1979), Juliana (8-10-1981).

1949-*27-12* Indonésie indépendante. **1953**-*31-1/-1-2* rupture de 67 digues (160 km) [145 000 ha de terres submergés, 50 000 maisons détruites, 2 044 † ou disparus]. **1958**-*22-12* **Louis Beel** PM. **1959**-*19-5* **Jan de Quay** (1901-85) PM. **1962**-*15-8* renonce à Nlle-Guinée néer. **1963**-*24-7* **Victor Marijnen** (1917-75) PM. **1965** des *provos* contestent la société bourgeoise et industrielle ; réclament bicyclettes blanches d'accès libre, policiers en blanc distribuant des préservatifs aux 14 ans et +, portes blanches indiquant les maisons vides pour que chacun puisse s'y installer. -*14-4* **Joseph Cals** (1914-75) PM. **1966**-*10-3* mariage de Béatrix ; manif. des provos. -*22-11* **Jelle Zijlstra** (né 29-8-1918) PM. **1967**-*5-4* **Petrus J.S. de Jong** (né 3-4-1915) PM. **1971**-*6-7* **Barend Biesheuvel** (né 5-4-1920) PM. **1973**-*11-5* **Johannes Den Uyl** (1919-87) PM. **1974**-*13-9 :* 3 membres de l'Armée rouge japonaise prennent 11 otages à l'ambassade de France, dont l'ambassadeur ; obtiennent un Boeing 707, 300 000 $ et la libération d'un terroriste japonais détenu en Fr. -*2-12 :* 6 Moluquois attaquent un train près de Beilen : 56 otages, 3 † (*14-12* reddition). -*4-12 :* 7 Moluquois attaquent consulat d'Indonésie : 52 otages, 1 † (*19-12* reddition). **1975**-*25-11* Suriname indépendant. **1976**-*11-6 :* 50 otages, détenus dans train de Glimmen depuis 19 jours par 10 terroristes moluquois, sont libérés par les fusiliers marins (2 otages et 6 terroristes tués). -*26-8* Pce Bernhard, impliqué dans scandale Lockheed, démissionne de ses fonctions officielles (inspecteur gén. des forces armées). **1977**-*19-12* **Andries Van Agt** (né 2-2-1931) PM. **1978**-*14-3 :* 72 otages détenus par Moluquois à la préfecture de Drenthe sont libérés par fusiliers marins. **1980**-*30-4* Juliana abdique.

1980-*30-4* **Beatrix (Béatrice)** [née 31-1-1938], fille de Juliana, ép. 10-3-1966 Claus Georg Jonkheer Van Amsberg (né 6-9-1926), titré le 16-2-1966 Pce des Pays-Bas avec prédicat d'Altesse Royale, fils de Claus Van Amsberg et de son ép. née Bonne Gosta Julia Von dem Bussche-Haddenhausen ; 3 enfants : *Willem Alexander* (né 27-4-1967, fiancé mars 2001 à Matima Zorreguieta, 29 ans, Argentine, fille d'un ex-ministre de l'Agriculture du Gal Videla au pouvoir au Vénézuela entre 1976 et 1982 ; mariage prévu 2-2-2002), *Johan Friso* (25-9-1968), *Constantijn* (10-10-1969, fiancé à Petra Brinkhorst). **1981**-*21-11* Amsterdam, 350 000 manifestants contre armement nucléaire. **1982**-*4-11* **Rudolphus Lubbers** (né 7-5-1939) PM. **1983**-*29-10,* 550 000 manifestants à La Haye et 100 000 à Amsterdam contre missiles de croisière. **1986**-*28-2* Parlement ratifie (par 79 voix contre 70) traité américano-néer. sur installation aux P.-B. de 48 missiles de croisière de l'Otan. -*19-3 municipales,* 350 000 étrangers admis à voter, poussée socialiste. **1989**-*janv.* Postes et Télécom. divisées en 3 Stés distinctes, mais détenues à 51 % par l'État. **1991**-*4/6-3* Beatrix en France. **1992**-*28-11* ancien nazi Jacob Luitjens (né 1919) extradé du Canada, incarcéré (condamné à vie par contumace en 1948). **1993**-*avril plan Lubbers* d'économies budgétaires (35 milliards de F en 1993-94) : privatisation des PTT (12 milliards), gel des prestations sociales et des salaires des fonctionnaires, baisse de 25 % de leurs effectifs (– 40 000 en 1998). -*Fin déc.* Meuse et Rhin : inondations, 13 500 évacués. **1994**-*22-7* **Wim Kok** (né 29-9-1938, PvdA) PM. **1995**-*janv.* inondations Meuse, Rhin (250 000 évacués ; dégâts : 9 milliards de F). **2000**-*13-5* Enschede, explosion d'un entrepôt de feux d'artifice (15 † ; 600 bl., 400 logements détruits). -*31-12* Volendam, incendie dans un café (10 †, 180 bl). **2001**-*févr.* loi sur le mariage des homosexuels en vigueur.

■ Politique

■ **Statut.** *Royaume* formé des P.-B., des Antilles néer. et d'Aruba, régi par le *Statut* (loi du 29-12-1954) qui prime sur la Constitution. **Constitution** du 29-3-1814, révisée 1848 (monarchie constitutionnelle à régime parlementaire) et 1983 (majorité électorale, liste civile de la reine). **Chef de l'État :** la reine ; le trône est héréditaire, le souverain inviolable. Il ouvre, le 3e mardi de septembre [*Prinsjesdag* (Jour du Pce)], l'année parlementaire en prononçant le *discours du Trône* (programme du gouvernement pour l'année). **États généraux** *(Staten-Generaal) : Deuxième Chambre* 150 députés élus au suffrage univ. direct pour 4 ans (représentation proportionnelle), *Première Chambre* (Sénat) 75 membres élus par États provinciaux pour 4 ans. **Gouvernement (dit « la Couronne ») :** comprend le souverain (roi ou reine) et les ministres. Ministres et secrétaires d'État constituent le *cabinet.* Après les élections législatives (normalement tous les 4 ans), le roi consulte les chefs des groupes parlementaires, les Pts des 2 Chambres et le vice-Pt du Conseil d'État. Se fondant sur leurs conseils, il peut, si, au vu des résultats des élections les contours d'une future coalition ne sont pas évidents, nommer un « informateur », chargé de s'informer de la volonté des partis à participer à une coalition (aucun parti n'a jamais eu de majorité suffisante pour gouverner seul). Sinon les partis de la future coalition négocient directement un accord qui fixe le programme du gouv. pour les 4 années à venir. Le roi nomme alors un « formateur », chargé de négocier la composition du nouveau cabinet, qui généralement devient le « ministre-P. » [il préside le Conseil des ministres (14 ministres)]. *Décret de nomination :* signé par le roi et contresigné par le ministre-P. **Ministres :** responsables devant les états généraux. Le titre de ministre d'État ne désigne pas un ministre en exercice : c'est un titre honorifique que la reine accorde parfois, en général à d'anciens ministres. **Conseil d'État :** créé 1531 ; organe consultatif suprême [Pte : la reine, le Pce héritier (à 18 ans), 1 vice-Pt, 28 conseillers au maximum].

■ **Fête nationale.** 30-4 (j. de la reine). **Drapeau** (adopté 19-2-1937). Bandes horizontales rouge (remplace l'orange du XVIIe s.), blanche et bleue (foi en Dieu). **Hymne.** *Wilhelmus* (Guillaume de Nassau), paroles de Marnix de Saint-Aldegonde (vers 1568), musique populaire française du XVIe siècle.

Provinces : 12 États provinciaux (élus au suffrage univ. direct pour 4 ans) ; exécutif : députation provinciale et commissaire de la reine nommé pour 6 ans (plus un greffier). *Groningue* (capitale Groningue), *Frise* (Leeuwarden), *Drenthe* (Assen), *Overijssel* (Zwolle), *Gueldre* (Arnhem), *Utrecht* (Utrecht), *Hollande-Septentrionale* (Haarlem), *Hollande-Méridionale* (La Haye), *Zélande* (Middelburg), *Brabant-Septentrional* (Bois-le-Duc), *Limbourg* (Maastricht), *Flevoland* (Lelystad). **Communes :** 548. Conseil municipal élu pour 4 ans au suffrage direct (depuis 1986 les étrangers ayant au moins 5 ans de résidence légale peuvent voter), présidé par bourgmestre [nommé par la Couronne pour 6 ans, il a voix consultative et est responsable de l'exécution des décisions ; est aussi président du collège du bourgmestre et des échevins (élus pour 4 ans parmi les membres du conseil municipal)].

■ **Élections. Deuxième chambre du 6-5-1998** (en % de participation et, entre parenthèses, nombre de sièges) : 73,2 % des voix PvdA 29 (45, + 8), VVD 24,7 (38, + 7), CDA 18,4 (29, – 6), D66 9 (14, – 10), Verts-gauche 7,3 (11, + 6), SGP/RPF/GPV (petits partis protestants de droite) 5 (8, + 1), SP (extrême-gauche) 3,5 (5, + 3), CD (extrême-droite) 0,6 (0, – 3), Union 55/AOV (parti du 3e âge) 0,5 (0, – 7). **Première chambre du 6-7-1999 :** CDA 20 sièges (auparavant 19), VVD 19 (23), PvdA 15 (14), Verts-gauche 8 (4), D66 4 (7), GPV et RPF 4 (1), SGP 2 (1), Socialistes 2 (0), divers 1 (0). **États provinciaux du 3-3-1999** (participation 45,5 %) : CDA 24,4 % (186 sièges en 1995), VVD 23,7 (207), PvdA 19 (142), Verts-gauche 10,1 (37), RPF/SGP/GPV 7,4 (53), D66 5,9 (6,7), SP 3,3 (12), autres partis 6,2 (52). **Municipales du 4-3-1998 :** CDA 20 %, PvdA 19,5, VVD 18.

■ **Partis. Appel chrétien-démocrate (CDA)** fondé 1980 (Marnix van Rij). Fusion de 3 partis : le *KVP (Parti populaire catholique),* l'*ARP (Parti antirévolutionnaire)* et la *CHU (Union chrétienne historique).* **P. du travail (PvdA)** fondé 1946 (Marijke van Hees). **P. populaire pour la liberté et la démocratie. P. libéral (VVD)** fondé 1948 (H. B. Eenhoorn). **Démocrates 66 (D 66)** fondés 1966 (Gerard Schouw). **P. de la politique réformée (SGP)** fondé 1918 (D. J. Budding). **Fédération politique réformiste (RPF)** fondée 1975 (A. van den Berg). **Union politique nationale réformée (GPV)** fondée 1948 (S. J. C. Cnossen, né 24-5-39). **Démocrates du Centre (CD)** fondés 1986 (Johannes H.G. Janmaat, né 3-11-34). **Verts-gauche (Grœn-Links)** fondés 1991 (J. M. de Rijk), **MBC** (P. Rosenmöller). **Socialistes** (J. G. C. A. Marijnissen).

■ **Noblesse. Au Moyen Age :** seule existait la qualification de chevalier *(ridder)* à l'époque où les Pays-Bas étaient gouvernés par de hauts seigneurs féodaux dont les Ctes de Hollande et de Zélande, les ducs de Gueldre et de Brabant et les évêques d'Utrecht. Le Limbourg actuel relevait des ducs de Gueldre et de Clèves et de l'évêque de Liège. Des gouverneurs de la maison de Saxe régnèrent quelques années sur la Frise. **Sous les Habsbourg :** titres de droit espagnol conférés. **République** (1579-1795) : quelques titres de princes étrangers. **Sous Louis-Napoléon** (1806-10) : peu d'anoblissements et de concessions de titres. **Napoléon Ier** (annexion 1810-13) : quelques titres pour membres de familles féodales et autres. **Depuis 1813** (retour de la maison d'Orange-Nassau) : les familles d'ancienne noblesse nationale (féodales) furent reconnues et reçurent le titre de baron qu'elles avaient déjà fin XVIIe s., celles de noblesse étrangère furent incorporées et d'autres anoblies eurent droit au titre de *jonkheer* (écuyer). Les titres de *comte* et de *chevalier* remontent au St Empire romain ou à l'Empire français. Les anoblis grâce à leur mérite reçurent le titre de *comte* et de *baron,* souvent par primogéniture. Depuis une loi du 1-8-1994, la Constitution ne mentionne plus la noblesse. **Nombre de familles anoblies** à partir de 1814 (outre celles devenues belges en 1830-39 au moment de l'indépendance de la Belgique) : 577 (247 éteintes) dont portant le titre de prince 1 (de Bourbon de Parme), marquis 1 (de Heusden, donné à Trench Le Poer, earl of Clancarty), comte 38 (20 éteintes), baron 196 (81), chevalier 12 (5), jonkheer 329 (141).

■ Architecture

■ **Gothique (1200-1500).** ABBAYE : *Middelburg* (salle capitulaire). CHÂTEAUX : *Haarzuilen* (reconstruction 1890). *Zuylen* (1300). ÉGLISES : *Amsterdam :* Oude Kerk (gothique et Renaissance). *Bois-le-Duc :* cathédrale reconstruite (1525). *Delft :* Nouvelle Église (1383), Vieille Église (1300). *Dordrecht, Haarlem :* Grande Église. *Utrecht :* cathédrale (1254-1517). HÔTELS DE VILLE : *Middelburg* (1512, les Keldermans, beffroi 55 m). *Veere* (1474-77). **Renaissance (1500-1650).** *Amsterdam :* palais royal, reconstruit après incendie de 1618 (1648-55, J. Van Campen et B. Stalpaert), rue de Haarlem. *Delft :* hôtel de ville (beffroi, XIVe s.). *Haarlem :* marché de la viande (1603, C. de Vriendt). *La Haye :* Mauritshuis (1630), Huisten Bosch (1645, Pieter Post). *Leeuwarden :* chancellerie (1566-71, B. Jansz). *Leyde :* hôtel de ville (1579). **1750-1830.** *Groningue :* hôtel de ville (1787-1810).

■ **Époque moderne.** *Amsterdam :* Bourse (1892-1903, H.P. Berlage), gare (1889, Cuypers, style Renaissance), Rijksmuseum (1876-85, Cuypers), école de plein air (1930, Duiker), orphelinat (1959, Van Eyck). *Haarlem :* cathédrale St-Bavon (1895-1930, J. Cuypers et J. Stuit, style roman). *La Haye :* palais de la Paix (1913, J. Cordonnier), palais des Congrès (1969, Oud). *Hilversum :* hôtel de ville (Dudok), sanatorium (1937, Bijvoet et Duiker). *Rotterdam :* théâtre (1940, Dudok), hôtel de ville (1914-20, H. Evers), poste (1941, J.-F. Staal), musée Boymans (1935, A. Van der Steur), rue piétonne (1949-53, Van den Broek et Bakema). *Utrecht :* poste (1918-24, H. Van der Velde), maison de Schröder (1924, Rietveld).

■ Économie

■ **PNB** (en 1999). 23 960 $ par hab. **Croissance** (en %) : *1995 :* 3 ; *96 :* 2,5 ; *97 :* 3,3 ; *98 :* 3,7 ; *99 :* 7,9 ; *2000 :* 3,8. **Répartition du PIB** (en %, 1999) : services 42, industrie 17,5, fonction publique 14, commerce et réparations 13,6, transports et communications 7,8, agriculture 2,9, industries extractives 2. **Population active** (en %, 1999) : services h. 31,3/f. 21,1, commerce 10,4/6, industrie 13,2/3, fonction publique 7,4/4, agriculture 2,9/0,6. **Chômage** (en %) : *1990 :* 5,9 ; *94 (fin) :* 11,1 ; *97 :* 6,4 ; *2000 (mars) :* 2,9. **Inflation** (en %) : *1995 :* 1,8 ; *96 :* 2,6 ; *97 :* 2,2 ; *98 :* 1,9 ; *99 :* 2,2 ; *2000 :* 2,6. **Dette publique** (en % du PIB) : 63,8 en 1999. **Réserves en devises** (en déc. 2000) : 9,64 milliards de $. **Déficit public** (en % du PIB) : *1999 :* 0,5.

■ **Agriculture. Terres** (en milliers d'ha, 1994) : pâturages 1 100, arables 800, horticoles 100, en jachère 14. *Superficie moy. des exploitations :* 16,2 ha. *Répartition* (en %, 1995) :

non agricoles : 42 (dont surface en eau 17, forêts 8, zones d'habitat 5, espaces naturels 4, infrastructures 4, aires de loisirs 2, zones d'activité 1, autres 2) ; *agricoles :* 58 (dont prairies 31, terres arables 23,5, cultures horticoles 3,2). *Rendements* (en kg/ha, 1995) : bett. à sucre 56 000, p. de t. 41 000, maïs fourrage (en kg de matière sèche) 11 500, blé d'hiver 9 200 (en 1996), orge de printemps 6 200 (en 1996). **Production** (en milliers de t, 1999) : p. de t. 8 200, bett. à sucre 7 300, blé 1 000, oignons 497, orge 240, maïs 58, seigle 38, lin 29 (en 1997), avoine 11. *Horticulture :* cultures maraîchères (laitue, concombre, tomate), fleurs (11 exploitations, 70 000 emplois, 70 % de la prod. mondiale), bulbes de fleurs (91 % exportés, 1,6 milliard de florins), plantes d'ornement. *Rendements agricoles :* les 1ers du monde (blé 88 quintaux/ha). 100 ha de *SAU* nourrissent 767 personnes *(France 162).* 120 000 agriculteurs assurent l'alimentation du pays (sauf pour céréales) et 19,1 % de l'exportation. *Production agricole et horticole :* 37,5 milliards de florins (en 1995) dont (en %) horticulture 36, viande 32, produits laitiers 23, agriculture 9. **Forêts.** *Résineux :* 198 468 ha (dont en % : pin sylvestre 64, mélèze 9, douglas 8, sapin 8, pins divers 10, autres résineux 1). *Feuillus :* 130 189 ha (dont en % : chêne 45, peuplier et saule 18, bouleau 16, hêtre 8, feuillus divers 13). *Propriétés* (en %, 1993) : privées 40,8, État 31,5, collectivités 15,9, organisations de protection de la nature 11,8. **Élevage** (en milliers de têtes, 2000). Porcins 13 100, bovins 4 100, ovins 1 400, poulets 104, caprins 0,06. Rendement annuel par vache à lait (en 1995) : 6 596 l. Viande, lait, fromage (630 000 t en 1998). **Pêche** (en 1999). 618 400 t. *Ports :* Ijmuiden, Scheveningen, Urk. Harengs (consommation nationale importante), poisson frais et congelé, moules, crevettes (exportés).

■ **Drogue.** *L'Opiumwet* (1976) a comme principe la tolérance pour la consommation personnelle et la vente de drogues douces (cannabis, haschisch) dès lors que les transactions portent sur moins de 5 g. Des *coffee shops* (1 000 en 2000) sont autorisés, mais ne peuvent faire de la publicité ni vendre aux moins de 18 ans. 60 % consomment de la *nederwiet* [herbe qui pousse « au-dessous des digues », haschich local, aux taux de tétrahydrocannabinol (THC, la substance active) parmi les plus élevés du monde, poussant dans serres, greniers... 35 000 cultivateurs individuels produisant (est. 1998), 100 t par an]. **Consommation** (drogues douces) : 2,5 milliards de F (dont 0,93 par des étrangers de passage). *Fumeurs réguliers :* 675 000. *Utilisateurs de drogues dures :* 25 000. *Tonnage saisi* (en 1994) : 246,9 t (*28-2-1990 :* record cocaïne 2 658 kg).

■ **Énergie. Gaz naturel** (en milliards de m^3) de Groningue depuis 1960 : *réserves :* 1 747 (au 1-1-2000) dont 360 offshore ; *production : 1995 :* 78,4 ; *96 :* 89,7 ; *97 :* 81,8 ; *98 :* 79,9 ; *99 :* 72 ; *2000 :* 67,8. **Pétrole :** *production* (en millions de t) : *1978 :* 1,4 ; *94 :* 4,4 ; *95 :* 3,5 ; *97 :* 3,03 ; *98 :* 2,74 ; *99 :* 2,58 ; *2000 :* 2,4. **Houille** (exploitation terminée depuis 1975). **Électricité** surtout thermique ; *production* (en TWh) *1990 :* 71,9 ; *98 :* 79,9 ; *99 :* 72 dont nucléaire 5,3. **Bilan pétrolier** (en millions de t, en 2000) : *ressources :* brut 62,71 (dont 60,31 importées) raffiné 98,37 (dont 44,67 importées). **Consommation d'énergie** (en millions de tep, en 2000) : 84,6 dont combustibles solides 7,9 ; prod. pétroliers 41,6 ; gaz nat. 34,2 ; électricité 0,9. **Mines. Sel** [saumure à l'est et au nord-est, traité à Hengelo (sel) et Delfzijl (soude)] ; *production* (en millions de t) : *1985 :* 4,15 ; *90 :* 3,65 ; *92 :* 3,63. **Marne. Ciment. Engrais** potassique.

■ **Industrie.** *4 grandes multinationales :* Royal Dutch Shell, Unilever, Philips, Akzo. *Autres :* Ahold, Reed-Elsevier, Heineken, Vendex, DSM, Océ-Van der Grinten, KPN. *Banques :* ING, ABN-AMRO, Rabobank, etc. Au XVIIe s., transformation des matières premières importées (blé, bois, produits tropicaux et subtropicaux) dans les régions de Haarlem, Dordrecht, Zaan. **Régions industrielles :** canal de la mer du Nord (fer importé), le long du Nieuwe Waterweg (pétrole brut). Groningue et Limbourg méridional : ind. agricoles, chimie. S.-O. (le long de l'Escaut occ.). N.-E. (rivière de l'Ems) en dehors de la Randstad. *Métallurgie* (Velsen) avec minerai de fer importé. *Électrotechnique* (Eindhoven). **Secteurs :** *constructions navales* (Rotterdam et chantiers de Rijn-Schelde-Verolme, Amsterdam, Flessingue et est de la prov. de Groningue). *Ind. alimentaire :* matières 1res importées (huile végétale, café, thé, cacao, tabac) ; produits laitiers (Frise), sucre de betterave (Groningue, Amsterdam, Breda), viande (Oss, région de Deventer), volailles (S.-E. de l'Ijsselmeer). *Textile :* Twente (Enschede), centre du Brabant (Tilburg, Helmond), synthétique (Limbourg méridional), confection (Amsterdam, Rotterdam, Groningue, Limbourg méridional).

Chiffre d'affaires de l'industrie : 288 milliards de florins (en 1996) dont (en %) alimentaire, tabac et boissons 27,1, chimie 22,2, machines et produits métalliques 12,9, édition imprimerie et papier 9,6, produits industriels, divers 8,2, appareils électriques 8, moyens de transport 5,7, métaux de base 3,3, verre, poterie, ciment et chaux 3.

■ **Transports** (en km, 1996). **Routes :** 58 133. **Voies ferrées :** 2 739 dont 1 991 électrifiés. **Voies navigables :** 5 046. **Bicyclettes :** 1 par hab. *(France 1 pour 3) :* plus de 2 millions vendues par an (*dont* vélos traditionnels 51 %, VTT 35 %, vélos enfants et jeunes 9 %, machines de sport 4 %). *Importations* (en 1992) : 725 600 (de Chine 72 662, Italie 20 000, *France 16 000,* Corée 13 837, Belg. 8 900, Japon 8 552). *Vols :* 800 000 à 900 000 par an. **Port de Rotterdam.** 1er port mondial. 1,5 % du territoire national. 9 % de la pop. 14 % du PNB. Sans écluse, sans pont, desservi par un réseau dense de communications et par le Rhin que les chalands remontent jusqu'à Bâle (Suisse). Sera relié au Danube par le Main quand le canal Rhin-Main-Danube sera terminé. Dispose ainsi d'un *hinterland* de 170 millions d'hab., vivant dans l'une des plus importantes régions industrielles du monde. *Superficie d'eau :* 2 213 ha. *Longueur des quais :* 37 410 m. *Hangars et magasins :* 1 577 004 m^2. *Frigos :* 88 616 m^3. *Silos à grains :* 448 300 t. *Marchandises sèches en vrac :* 18 800 000 t. *Tankage :* 32 290 000 m^3. *Élévateurs :* flottants 18, fixés sur quais 21. *Ponts-portiques :* 20. *Grues :* 315, flottantes 31. *Remorqueurs :* 46. *Porte-conteneurs :* 33. *Appontements :* 15. *Plate-forme industrielle :* raffineries de pétrole [56 par an (en 1985)], complexe pétrochimique, sidérurgie. *Escale :* 450 lignes de navigation. *Débouché artificiel* (depuis 1872) : Nouvelle Voie maritime *(Nieuwe Waterweg) ;* et depuis 1970 bassins creusés près de la mer du Nord, l'*Europoort*, accessible à des pétroliers de 365 000 t (avec tirant d'eau de 74 pieds). **Trafic** (en 1995) : *navires de mer :* 29 283 [marchandises 294,3 millions de t (303,4 en 1999) dont pétrole brut 96,5, minerais 46,3, charbon 17,9, dérivés pétroliers 17, divers 45,4]. *Navires fluviaux* (en 1994) : 110 000. *Transbordements* (en 1995) : 249,6 millions de t.

■ **Tourisme.** 6 674 000 visiteurs (en 1997).

■ **Commerce** (en milliards de $). **Export./import. :** *1997 :* 194,9/178,1 ; *98 :* 201,4/187,7 ; *99 :* 202,3/187,5 [*exporte* (en %) machines et équip. de transport 34,1, articles manufacturés 22,9, produits alim. et tabac 15,9, produits chim. 15,3, mat. 1res 6,3, carburants 5,6). *En 2000, exporte* (en %) *vers* All. 25,8, Belg.-Lux. 12,3, G.-B. 10,9, *France 10,5,* Italie 6, USA 4,6, Japon 1 ; *importe* (en %) *de* All. 18,2, USA 10,1, Belg.-Lux. 9,8, G.-B. 9,3, *France 5,8,* Japon 4,2, Italie 2,9.

■ **Rang dans le monde** (en 1999). 6e gaz naturel. 8e pommes de terre. 12e porcins. 20e réserves de gaz.

■ PÉROU

Carte p. 1038. V. légende p. 950.

☞ *Abréviation :* P. : Pérou.

■ **Situation.** Amérique du Sud. **Superficie :** 1 285 216 km^2. **Frontières** (en km) : Brésil 1 560, Équateur 1 420, Colombie 2 900, Bolivie 900, Chili 160. **Côtes :** 2 414 km. **Altitude** *maximale :* Huascarán 6 768 m.

■ **Régions. Costa,** côte aride (sauf 150 km au nord), 11 % de la superf., 35 % de la pop. Pluie très fine *(garua)* de mai à nov., températures basses (le *courant froid de Humboldt* longe la côte) ; extrêmes à Lima + 12 °C, + 28 °C. Vers Noël, certaines années, le courant *El Niño* [l'Enfant (Jésus)], réchauffant les eaux normalement froides de l'Équateur au sud du Pérou, fait fuir les anchois (par exemple en 1972, les pêches tombent de 4 à 1,5 million de t). El Niño s'accompagne généralement de pluies torrentielles. En 1100, des inondations détruisirent le système de canaux d'irrigation du peuple chimu qui, affamé, ne put ensuite résister aux conquérants venus du sud. **Sierra,** montagnes de 6 000 m et hauts plateaux (Puna) de 4 000 m, 25 % de la superf., 55 % de la pop. (Ancash, Huancavelica, Ayacucho, Apurimac, Cuzco et Puno où dominent les Indiens), climat sec. **Selva** (forêts vierges), piémont oriental des Andes et plaines de l'Amazonie, 60 % de la superf., 10 % de la pop. ; tropical humide, pluies déc. à mars. **Puna,** hauts plateaux andins (3 500 à 4 500 m) dans le sud. **Lac Titicaca,** 8 030 km^2 (dont au Pérou 4 340, en Bolivie 3 690), altitude 3 850 m, prof. 304 m.

■ **Population** (en millions d'hab.) *Vers 1530 :* 9 ; *vers 1580 :* 1 ; *1875 :* 2,6 ; *1900 :* 4,6 ; *40 :* 7 ; *50 :* 8,5 ; *60 :* 10,4 ; *70 :* 13,5 ; *80 :* 17,7 ; *93* (rec.) : 22,6 dont (en %) Indiens 46 [Ashaninkas (« Ceux qui sont des hommes ») de l'Ené 50 000 à 70 000, Jivaros (« guerriers », *Shuar* en indien) 30 000 (*1910 :* 120 000), Lamistas, Campas d'Amazonie], Métis 38, Blancs 15, divers [Asiatiques (Japonais 300 000, Chinois 700 000) ; Noirs] ; *97 (rec.) :* 24,37 ; *2000 (est.)* 25,66 ; *2025 (prév.) :* 39. **D.** 19,97. **Taux de croissance annuel :** 2 % (*1981 :* 2,9 %). **Réfugiés** (en 1999) : 70 000 déplacés. **Age :** *– de 15 ans :* 34,8 %, *+ de 64 ans :* 4,7 %. **Espérance de vie** (en 1999) : *h.* 66, *f.* 71 ans (45 ans à Cuzco en 1994). 38 % des – de 6 ans souffrent de malnutrition. **Pop. urbaine** (en 1998) : 72 %. **Taux** (en ‰, 1999) : *natalité* 28, *mortalité* 6 (*infantile* 43 ; zones indiennes 250 en 1988). **Épidémies :** *choléra* (en 1993) : 600 000 cas en 2 ans (10 % de †) ; *tuberculose* (malnutrition, échec du programme de vaccination).

☞ **Cholo :** croisement d'un Métis et d'une Indienne, en fait catégorie sociale (Indiens urbanisés et évolués). **Pongo :** Indien serf, jamais rémunéré (n'existe plus depuis réforme agraire, 1969).

■ **Langues.** *Officielle :* espagnol et, là où elles dominent, quechua 16,5 % et langues aborigènes 3 %. [Rec. *1940 :* 2 millions parlaient quechua (3 en 1970). 800 000 bilingues.] **Analphabétisme :** 12,8 %. **Religion.** Catholiques romains 95 % *(officielle).* XVIe et XVIIe s., les Jésuites sont les plus grands propriétaires fonciers. XIXe s., l'Église, privée de la dîme et d'autres tributs, s'appauvrit. Fin XIXe s., perd ses privilèges. XXe s., activités sociales importantes. **Ste Rose de Lima :** Isabelle de Flores (née 20-4-1586 ; 10-8-1610 tertiaire dominicaine sous le nom de Rose de Ste-Marie, † 24-8-1617), béatifiée 1668, déclarée patronne des Amériques et des Philippines, canonisée 12-4-1671.

■ **Villes** (en millions d'hab., 1998). *Lima* 6,46 (fondée 1535, université 1551 ; *1614 :* 0,025 ; *1634 :* 0,028 ; *1750 :* 0,05 ; *2 000 (prév.) :* 14) [500 bidonvilles *(barriadas)* regroupant 2,45 millions d'hab., taux d'humidité supérieur à 90 %], Arequipa 1,03 (à 1 030 km), Trujillo 0,6 (à 570 km), Callao 0,42 (à 30 km, sur le Pacifique), Cuzco 0,27 (à 1 165 km et 3 360 m d'alt.).

■ HISTOIRE

■ **Époque préinca. Période archaïque (8000-1250 av. J.-C.)** agriculture apparaît vers 4000 ; maïs et poterie vers 1500 ; **agricole (1250-800 av. J.-C.)** civilisation de Chavin de Huántar (grands édifices, culte du jaguar, céramique noire polie, métallurgie) ; **développement (850 av. J.-C. à 400 apr. J.-C.)** civilisation de la péninsule de Paracas (vie urbaine, petits États guerriers, agriculture intensive en terrains irrigués) ; **civilisation Mochica (jusqu'à 900) :** côte nord bijoux, pyramides en brique crue, vases-portraits à anse en étrier (2 tons, généralement marron/blanc) ; **civilisation Nazca :** côte sud vases polychromes à motifs zoomorphes (dragons, poissons, oiseaux et animaux divers) ; **période expansionniste (1000)** Tiahuanaco, Nazca, Huari : civilisation des Indiens Quechuas et Aymaras : tumulus, rectangles de 850 × 110 m tracés au sol ressemblant à des pistes d'atterrissage (peut-être utilisés pour la mise en place des fils de tissage : les Précolombiens, ne connaissant pas la roue et ne sachant pas les enrouler, auraient fait passer des fils d'une pierre à l'autre, sur des distances considérables), figures au sol (silhouette humaine, animal stylisé) pour rites religieux et funèbres (?), céramique polychrome ; s'éteint vers 1100. **A Nazca,** des lignes droites de 15 km de longueur, des dessins en forme d'animaux (singes, poissons, oiseaux) si vastes qu'on ne peut distinguer leurs contours qu'à environ 5 000 m d'altitude ont été repérés. Certains y ont vu des pistes d'atterrissage pour engins interstellaires, d'autres [comme Paul Kosoc et Maria Reiche (1902-98, All.) des repères astronomiques ou des dessins tracés en hommage au dieu volant Kom (selon Maria Rosworowski) ou des repères de points d'eau. **Période côtière (1100)** États organisés des *Chimu* (capitale Chan Chan sur 20 km^2, 35 000 hab.) sur côte nord [métallurgie, tissage, céramique noire anthropomorphe ou zoomorphe ; vases en étrier (généralisation de l'usage du moule)] et des *Chinchas* sur côte sud.

■ **Empire des Incas. Société** hiérarchisée avec un système avancé d'échanges de services et de redistribution sociale. **Religion** fondée sur le culte du Soleil. **Architecture** : taille parfaite des blocs de pierre. **Sites notables :** *Cuzco, Machu Picchu* [(« vieux pic », en quechua), érigé vers 1450 par Pachacuti, aurait servi de position de repli après la conquête espagnole, abandonné 1572, redécouvert en 1911 par Cel Fawcett, étudié par Hiram Bingham (Américain)], *Ollantaitambo, Limatambo, Pachacamac, Sacsahuamán, Vilcabamba* (redécouvert 1964). **Objets :** bois (gobelets), métallurgie (bijoux, outils), vases et petites lames en argent, ponchos, tissus de Paracas, céramique, orfèvrerie. **Connaissances :** avaient une écriture (décelée sur étoffes de momies et décors de vases funéraires) ; employaient des cordelettes à nœuds (« quipu ») pour la comptabilité ; ignoraient la roue.

XIe s. 1er empereur inca (titre des empereurs régnant sur une confédération de Quechuas et Aymaras) : **Manco Capac Ier**, **Sinchi Roca**, son fils, **Lloque Yupanqui**, son fils, **Mayta Capac**, son fils, **Capac Yupanqui**, son fils, **Inca Roca**, son fils, **Yahuar Huaca**, son fils, **Viracocha Inca**, son fils. **1438-71** Gd Empire inca ; **Pachacuti Inca Yupanqui**, son fils, abdique et meurt. **1471-93 Tupa Inca Yupanqui**. **1493-1524 (?) Huayna Capac**, son fils. **1513** Balboa découvre Pacifique. **1524-32 Huascar**. **1526** Panamá, association de Francisco Pizarro, Diego de Almagro et Hernando de Luque. **1527-28** exploration jusqu'à Tumbez. **1528-32** guerre civile Huascar/Atahualpa. **1531**-*janv.* les 5 frères *Pizarro* voguent vers l'Équateur.

■ **Différend avec l'Équateur.** **1542** 3 provinces contestées par l'Équateur (Tumbes, Jaén et Maynas) font partie de la vice-royauté du P. **1717** transférées à la vice-royauté de Santa Fe ou de Nlle-Grenade. **1723** gouv. espagnol révoque cette décision. **1739** reviennent à la vice-royauté de Nlle-Grenade. **1784** et **1802** réintégrées à la vice-royauté du P. **1821** ces 3 provinces envoient leurs représentants au Congrès péruvien. La Grande-Colombie et le Pérou acceptent, pour définir leurs limites, le principe de l'*uti possidetis* (conserver les territoires selon les titres et les possessions que les colonies avaient au moment de l'émancipation) et celui de la libre détermination de leurs peuples à s'intégrer à la nation à laquelle ils se sentaient unis par une plus grande affinité et les liens les plus étroits. **1832** traité d'alliance et d'amitié Pando-Novoa ratifié par les 2 parties reconnaissant les possessions exercées à cette date jusqu'à la conclusion d'un arrangement sur les frontières. L'Équateur se sépare de la Grande-Colombie. **1904-10** arbitrage auprès du roi d'Esp. suspendu (l'Équateur sait qu'il sera défavorable) ; proposition du P. de recourir à la Cour internationale de justice repoussée. **1936**-*6-7* acte de Lima confirme traité 1832. **1941** incidents de frontière : l'Équateur provoque le conflit et accuse le P. d'être l'agresseur (celui-ci répond qu'il exerçait normalement sa souveraineté sur les 3 provinces réclamées par l'Équateur). L'Équateur perd la guerre. **1942**-*29-1* protocole signé à Rio de Janeiro en présence des représentants de l'Arg., du Chili, du Brésil et des USA qui garantissent la bonne exécution du traité. **Jusqu'en 1951** bornage de la frontière (sur 1 600 km, 78 km restent à borner). Quelques incidents frontaliers (notamment en 1981). **1995**-*26-1* reprise du conflit. *-14-2* cessez-le-feu (voir aussi **Équateur**). *-17-2* déclaration de paix d'Itamaraty (Brésil). *-26-7* accord sur zone démilitarisée (en vigueur depuis le 8-8 : 528 km^2, Pérou 266,64, Équateur 261,36). *-20/21-9* incidents de frontière. *-28-12 idem.* **1998**-*26-10 Brasilia :* accord de paix après 56 ans de conflit.

■ **Conquête espagnole.** **1532**-*16-5 Francisco Pizarro* (vers 1475-1541) quitte Tumbez Cordillère avec 180 soldats et 37 chevaux. *-16-11* rencontre à Cajamarca empereur **Atahualpa** auquel le père dominicain Vicente Valverde offre sa bible ; Atahualpa la jette à terre et reproche aux Espagnols leurs destructions. Arrêté devant son escorte (qui est massacrée), il sera exécuté le 29-8-1533 (malgré énorme rançon d'or et d'argent). **1533 Topa Hualpa.** *Diego de Almagro* (1475-1538) arrive à Cajamarca. *-15-11* Espagnols à Cuzco. *-Déc.* **Manco Inca II** (frère d'Atahualpa) couronné par Espagnols. **1534** Gaux d'Atahualpa vaincus. **1535**-*janv.* Francisco Pizarro fonde Lima. **1536** insurrection de Manco. Espagnols assiégés à Cuzco. *-Août Lima :* échec indien. **1537**-*avril Almagro*, revenu du Chili, prend Cuzco et emprisonne frères Pizarro. **Paullu Inca** intronisé par Almagro. Manco se réfugie à Vilcabamba. **1538**-*26-4* Las Salinas, *Hernando Pizarro* (vers 1508-1578) bat Almagro (exécuté). **1539**-*avril/juillet Gonzalo Pizarro* (1502-48) investit Vilcabamba. Manco s'échappe. Paullu Inca se soumet aux Pizarro. **1540** Valdivia pénètre au Chili. **1541**-*26-7* Francisco Pizarro tué à Lima par almagristes. **1542** à Chupas, Vaca de Castro bat Diego Almagro le Jeune (exécuté). **1544**-*oct.* Manco assassiné. *-28-10 G. Pizarro,* gouverneur, entre à Lima. **1545** Potasi : mines d'argent exploitées. **1546**-*13-1* à Anaquito, G. Pizzaro bat Nuñez de Vela, vice-roi depuis mai 1544. **1547** Pedro de la Gasca au Pérou. **1548**-*9-4* à Xaquiguana, G. Pizarro battu (décapité 10-4). **1549** Paullu Inca meurt. **1555-61** *Andres Hurtado de Mendoza* (vers 1540-1617), vice-roi, rétablit l'ordre parmi les conquistadores. **1556 Sayri Tupac** (successeur de Manco à Lima depuis 1545) meurt. Son successeur à Vilcabamba, **Titu Cusi** (1560-71), accepte le baptême. **1561** Hernando Pizarro (emprisonné depuis 1539 en Esp.), libéré, se fixe à Trujillo. **1569-81** *Francisco de Toledo* vice-roi. **1571** Titu Cusi meurt. **Tupac Amaru**, son frère, inca ; **1572**-*sept.* exécuté à Cuzco. **1686** Lima : séismes. **XVIIIe s.** Lima : 36 000 hab. (dont 6 000 moines). **1718** perte de la Nlle-Grenade ; **1776** du Rio de la Plata ; **1778** du Chili. **1780** soumis à la *mita* (travail forcé dans les mines), les Indiens se révoltent avec José Gabriel Condorcanqui (né 1740/exécuté 18-5-1781) qui réunit 25 000 h., prend le nom de *Tupac Amaru II* dont il dit descendre et se proclame inca ; il extermine ses ennemis ; échoue au siège de Cuzco, est capturé le 6-4-1781 et écartelé le 18-5.

■ **Indépendance.** **1821-24** lutte pour indépendance. **1821**-*juillet* **José de San Martin** Pt. **1822**-*sept.* **José de Tagle** Pt. **1823**-*févr.* **José de la Riva Agüero** Pt. *-Juillet* **José de Tagle** Pt. **1824**-*févr.* **Simon Bolivar** Pt (aussi Pt de Colombie, Bolivie et Venezuela). *-9-12* victoire d'*Ayacucho* (Mal Sucre) sur Esp. **1825**-*avril* **Hipolito Unanue** Pt. **1826**-*janv.* **José de la Mar** Pt. *-Févr.* **Simon Bolivar** Pt. **1827**-*janv.* **Andrés Santa Cruz** Pt. *-Juin* **Manuel Salazar y Baquijano** Pt. *-Août* **José de la Mar** Pt. **1829**-*août* **Augustin Gamarra** Pt. **1833**-*déc.* **Luis Orbegoso** Pt. **1834**-*mars* **Manuel Salazar y Baquijano** Pt. **1835**-*févr.* **Felipe Santiago Salaverry** Pt, assassiné. **1836**-*janv.* **Luis Obregoso** Pt. **1836**-*août* à **1839**-*févr.* **Andrés Santa Cruz** Pt (aussi Pt de la Bolivie, car fédération des 2 pays). **1839**-*févr.* **Augustin Gamarra** Pt. **1841**-*juillet* **Manuel Menendez** Pt. **1845**-*avril* **Ramon Castilla** Pt. **1851**-*avril* **José Echenique** Pt, déposé. **1855**-*janv.* **Rámon Castilla** Pt. **1862**-*oct.* **Miguel San Roman** Pt. **1863**-*avril* **Ramón Castilla** Pt. *-Avril* **Pedro Diez Conseco** Pt. *-Août* **Juan Pezet** Pt. **1864-66** guerre avec Esp., flotte espagnole de Valparaiso et de Callao bombardée (motifs : *1863* le P. refuse de payer des dettes datant de la guerre d'indépendance ; des Espagnols sont brutalisés à Talambo ; *1864* une escadre espagnole occupe l'archipel des Chinchas ; *1865* alliance P.-Chili). *-27-4/8-5* navires esp. bombardent et bloquent Callao, *-9-5* se retirent aux Philippines. **1865**-*nov.* **Pedro Diez Conseco** Pt. *-Nov.* **Mariano Prado** Pt. **1867**-*oct.* **Luis la Puerta** Pt. **1868**-*août* **José Balta** Pt, assassiné. **1872**-*juillet* **Mariano Herencia Zevallos** Pt. *-Août* **Manuel Pardo** Pt, assassiné le 16-11-1878. **1876**-*août* **Mariano Prado** Pt. **1879**-*14-8 traité de paix* à Paris. **1879-84** *guerre du Pacifique,* P. allié à Bolivie contre Chili, battu, perd Tacna (récupéré en 1929 : *traité de Lima*), Arica et Iquique (*traité d'Ancon* 8-3-1884). **1908**-*24-9* **Gal Augusto Leguia** (1863-1932) Pt, 1919 rappelé. **1931**-*8-12* **Cel Luis Sánchez Cerro** (1889-1933) Pt (assassiné). **1933**-*30-4* **Gal Oscar Benavides** (1876-1945) Pt. **1939**-*8-12* **Manuel Prado y Ugarteche** Pt (1889-1970, fils de Mariano Prado). **1941** guerre éclair avec Équateur. **1942** protocole de Rio (voir encadré ci-dessus). **1945**-*28-7* **José Bustamente y Rivero** (1894-1989) Pt. **1948**-*27-10* **Gal Manuel Odria** (1897-1974) Pt ; assisté par Odristas, persécute « Apristes ». **1950**-*21-5* Cuzco endommagé à 90 % par séisme. *-1-6* **Gal Zenon Noriega** (1900-57) Pt. *-28-7* **Gal Manuel Odria** Pt. **1956**-*28-7* **Manuel Prado y Ugarteche** Pt. **1962**-*18-6* (coup d'État). *-18-7* **Cel Ricardo Pérez Godoy** (né 9-6-1905) Pt. **1963**-*3-3* **Gal Nicolas Lindley López** (né 1908) Pt. *-28-7* **Fernando Belaunde Terry** (né 7-10-1912) Pt. Découverte des ruines *del Abiseo (Gran Pajaten),* du ve-vie s. **1964**-*déc.* match de football Arg.-P., un but refusé ; émeute (300 †) ; rupture diplomatique. **1968**-*3-10* (coup d'État) **Gal Juan Velasco Alvarado** (1910-77) Pt : nationalisations, rapprochement avec ex-URSS, code minier, grands travaux, ébauche d'autogestion. **1969**-*24-6* réforme agraire. **1970**-*31-5* séisme (50 000 †). **1973**-*7-6* adhère au groupe des pays non-alignés. *-24-7* rupture diplomatique avec Fr. (essais nucléaires dans Pacifique). **1975**-*5-2* Lima, troubles (86 †), *-25/30-8 conférence des non-alignés. -29-8* coup d'État : **Gal Francisco Morales Bermudez** (4-10-1921) Pt. **1976**-*janv.* grèves. *-13-7* état d'urgence. **1977**-*19-7* grève générale (10 †). *-30-8* levée de l'état d'urgence. **1978**-*15-5* troubles (plusieurs †). *-18-6 élections Ass. constituante,* présidée par *Victor Haya de la Torre.* **1980**-*28-7* **Fernando Belaunde Terry** Pt [contre Armando Villanueva (Apra) ; 850 000 Indiens analphabètes votent ; début de la guérilla du *Sentier lumineux* (voir encadré col. b)]. **Manuel Ulloa Elias** (1923-93) PM. **1982**-*12-10* Ayacucho, état d'urgence. **1983**-*26-1 :* 8 journalistes tués à Uchuraccay (Ayacucho). *-3-1* **Fernando Schwalb Lopez** PM. *-13-11 municipales* (en %) : Apra 33,13, IU 28,9, AP 17,44, PPC 13,89. **1984**-*9-4* **Sandro Mariategui** PM. *-13-10* **Luis Percovich Roca** PM. **1985**-*23-7* **Alan García Pérez** (né 23-5-1949) Pt ; **Luis Alva Castro** PM. *-15-8* FMI refuse tout crédit au P. *-10-9 :* 8 Gaux, 118 Cels limogés. *-28-10* MRTA (voir encadré ci-dessus) reprend guérilla urbaine. **1987**-*févr.* troubles à l'université. *-26-6* **Guillermo Larco Cox** (né 1932) PM. *-21-8* manif. (100 000) contre projet de nationalisation des banques. *-Déc.* inti dévalué de 39,4 %. **1988**-*12-5* **Armando Villanueva** (né 1915) PM. *-14-5* armée tue 50 paysans. *-19-7* grève gén. (1 000 arrestations à Lima). *-7-8* incendie de la réserve de Machu Picchu. *-6-9* plan d'urgence de 120 j contre inflation. *-29-12* P. renoue avec FMI. **1989**-*6-1* inti dévalué de 28,5 %. *-21-1* tentative d'assassinat contre Mario Vargas Llosa (né 1936), écrivain, candidat du Front démocratique depuis 18-12. *-27-4* député de la Gauche unie † ; *-6-5* de l'APRA tué. *-15-5* **Luis Alberto Sánchez** (1900-94) PM. *-3-6* commando attaque escorte présidentielle à Lima (8 †). *-20-6* Aguaytia : 35 † dont 15 militaires. *-28-6* Gal Reynaldo López Rodriguez condamné à 15 ans de prison pour trafic de cocaïne. *-5-7* marins soviét. blessés (attentat à Callao). *-6-7* incidents avec guérilleros (22 †). **1990**-*3-3* Julian Huamani, candidat aux législatives, tué. *-23-3* José Salvez Fernández, leader du Fredemo, tué. *-Mars* en 6 mois 500 000 Péruviens partis pour USA avec visas falsifiés.

1990-*10-6* **Alberto Kenjo Fujimori** [(né à Lima (?) le 28-7-1938, ingénieur agronome d'ascendance et de nationalité japonaises) surnommé « el Chinito » (le Petit Chinois)] élu Pt par 58 % des voix (1er tour 8-4 : 30,7 %) devant Mario Vargas Llosa (né Arequipa 1936, Péruvien et Espagnol, écrivain) 42 % (1er tour 33,8 %) ; en fonctions le 28-7. *-28-7* **Juan Carlos Hurtado Miller** PM. *-8-8* hausse de 3 000 % du prix de l'essence : 165 % d'inflation. *-16-9 :* 70 guérilleros † dans attaque manquée d'un pénitencier. **1991** rapprochement avec Équateur, Bolivie (zone franche à Ilo qui lui procure un accès à la mer) et Chili. *-15-2* **Carlos Torres y Torres Lara** (né 1941) PM. *-1-7* le nuevo sol remplace l'inti (1 NS = 1 000 000 I). *-Août* État perd monopole pétrolier. *-6-11* **Alfonso de los Heros Pérez-Albela** PM. *-24-11* ex-Pt García inculpé (400 000 $ détournés en 10 ans) ; *-3-12* disculpé (non-lieu le 27). *-23-12* affrontements armée/Tupac Amaru (47 †). **1992**-*11/12-2* attentat contre résidence de l'ambassade américaine. *-5-4* Fujimori dissout Parlement, destitue 500 magistrats et suspend garanties constitutionnelles. Aide économique américaine suspendue (sera rétablie 1993). *-6-4* **Oscar de la Puente Raigada** PM. *-10-4 Carlos García* (pasteur), vice-Pt, élu Pt dans la clandestinité par 102 députés sur 181 et 33 sénateurs sur 30 (vice-Pt *Maximo San Román,* nommé « Pt constitutionnel »). *-19-7* la Cantuta : 9 étudiants et 1 professeur exécutés (10 militaires condamnés en juin 1994 de 2 à 20 ans de prison). *-3-8* terroristes passibles de la peine de mort. *-12/13-11* échec coup d'État militaire contre Fujimori. *-22-11* Ass. constituante élue (Fujimori 38 % des voix, 55 % des sièges). *-18-12* Pedro Huillca (46 ans), secr. général de la CGT, assassiné. **1993**-*29-1 municipales,* échec Fujimori. *-28-8* **Alfonso Bustamante y Bustamante** PM. *-31-10 référendum* pour nouvelle Constitution (oui 52,24 %). **1994**-*18-2* **Efrain Goldenberg** PM. **1995**-*9-4* Fujimori réélu avec 64,42 % des voix devant Javier Pérez de Cuellar (21,81 %). *-21-7* embuscade dans Haut-Huallaga [36 † (16 soldats, 20 rebelles)]. *-28-7* Pt Fujimori divorce. **Dante Cordova Blanco** PM. *-22-8* mandat d'arrêt intern. contre l'ancien Pt García (corruption, condamné à 10 ans de prison et 50 millions de $ d'amende). *-13-9 :* 3 momies incas découvertes à 6 310 m d'alt. **1996**-*3-4* **Adolfo Pandolfi Arbulu** (né 20-8-1940) PM. *-26-7* gouv. démissionne. *-26* et *29-7* Lima, attentats. *-23-8* Congrès accepte par 70 voix sur 120 une 3e candidature Fujimori. *-2-10* Boeing d'Aeroperu s'abîme en mer. *-12-11* sud de Lima, séisme magnitude 7,3 (7 à 15 †). *-26-11* Gal Rodolfo Robles (à la retraite) arrêté pour désobéissance (libéré 7-12). *-17-12* Lima, prise d'otages à l'ambassade du Japon (voir encadré ci-dessus). **1997**-*16/18-2* inondations (300 †). **1998**-*janv.* inondations (environ 200 †, 200 000 sinistrés, 50 000 ha de cultures détruits). *-4-6* **Javier Valle Riestra** PM. **1999**-*10-10* **José Alberto Bustamante Belaunde** PM. **2000**-*9-4* et *28-5* **Fujimori** réélu Pt (50,8 %) ; Alejandro Toledo se retire entre les 2 tours (fraudes). *-29-7* **Federico Salas Guevara** (né 1950) PM. *-14-9* une cassette vidéo révèle comment le conseiller de Fujimori, Vladimiro Montesinos, chef du SIN (service de renseignements) a « organisé » la corruption de parlementaires ; le groupe Colina, responsable de plusieurs exécutions sommaires, dont celles de la Cantuta en 1992 (sera extradé du Venezuela vers Pérou le 25-6-2001). *-16-9* Fujimori annonce la réduction de son mandat à 1 an et de nouvelles élections auxquelles il ne participera pas ; *-19-11* démissionne et reste au Japon (d'où il ne peut être extradé car de nationalité jap.) ; *-21-11* destitué du Congrès pour « incapacité morale » ; **Valentin Paniagua**, Pt du Congrès, Pt par intérim ; **Javier Perez de Cuellar** PM **2001**-*3-6* **Alejandro Toledo** (né 1946, Indien d'origine quechua, centriste) devant Alan Garcia, social démocrate, sera investi 28-7.

■ **Sentier lumineux** *(Sendero luminoso).* **1970** fondé par Abimael Guzmán (né 1931, membre du PC, professeur de philosophie à Ayacucho, dit Pt Gonzalo), engageant à suivre le « sentier lumineux » des écrits de José Carlos Mariategui (1894-1930), qui proposait un marxisme accordant une place centrale à la classe paysanne (dira en 1988 : « Le triomphe de la révolution coûtera 1 million de morts. »). **1976** s'affirme maoïste et contre Deng Xiaoping, essaiera plusieurs fois de dynamiter l'ambassade de Chine à Lima. **1980**-*17-5* à Chuschi, un groupe brise l'urne électorale et brûle les bulletins. *-18-5* début de la lutte armée. Exécute voleurs de bétail, usuriers, commerçants et propriétaires, puis dirigeants syndicaux qui s'opposent au démantèlement des coopératives ; interdit aux paysans de produire des excédents, ferme les marchés locaux. **Fin 1981** 600 attentats pour se procurer : fonds dans les banques, armes dans les postes de police et explosifs dans les mines ; assassinats de notables et cadres locaux ; actions spectaculaires (bombes dans le palais présidentiel, coupures répétées de courant dans Lima). **1982**-*2-3* attaque prison d'Ayacucho (300 prisonniers libérés), violences, répression, guérilla s'étend à Huamuco (collabore avec trafiquants de drogue). **1983** exécute hauts fonctionnaires. *-Janv.* tue publiquement 67 « traîtres ». *-22-3* au *7-8* offensive de répression : *-3-4* tue 80 paysans. *-18-4* tue 2 instituteurs devant leurs élèves. *-31-4* affrontements dans les Andes (100 †). *-30-5* état d'urgence. *-22-8* nouvelle attaque (42 †). *-Nov.* coupe les phalanges de ceux qui ont voté aux municipales (ils portent une marque de tampon sur le doigt) ; activités en milieu urbain. *-4-11* MRTA (voir ci-contre) dérobe épée et étendard de Simón Bolívar dans le musée de Huaura. **1984**-*20-1* appel à l'armée, état d'urgence dans 10 provinces (sur 146). *-Août* offensive du Sentier (2 000 †). **1985**-*14-4* tue Luis Aguilar, député de l'Apra. *-Mai* plus de 20 explosions à Lima (4 500 arrestations). *-9-6* explosion palais présidentiel (1 blessé). *-10-7* tue gouverneur d'Ayacucho. **1986**-*4-2* attentats à Lima. *-8-2* état d'urgence. *-20-6* mutineries du Sentier dans prisons (plus de 350 †). *-25-6* Cuzco, attentat contre « train des touristes » (8 †). **1987**-*mai* Lima, attentats. *-7-6* Uchiza, Sentier (50 †) attaque police (6 †). **1988**-*1-5 :* 200 sendéristes défilent à Lima. *-13-5* tirent sur hôtel de ville. *-14-5* attentat déjoué contre Jean-Paul II. *-Juin* 1re victime étrangère : Américain Constantin Gregory, de l'AID. *-29-7* avocat du Sentier tué par escadron de la mort. *-4-12 :* 2 agronomes français du CICDA tués. **1993**-*1-10* Fujimori lit une lettre de Guzmán demandant l'ouverture de convention de paix. *-28-10* nouvelle demande. *-31-12* Lima privée d'électricité 90 min pour la 3e fois en 3 mois. **1994**-*15-4* Fujimori rencontre dirigeants du Sentier emprisonnés. *-20-4 :* 31 civils † dans une opération antiguérilla. **1996**-*20-4* offensive militaire (30 †). *-Juin* Haut Huallaga, affrontements avec l'armée (30 †). *-Juillet* Lima, attentat (20 †). *-2-8* Lima, 2 voitures piégées explosent.

Plusieurs dirigeants arrêtés : **1988**-*12-6 Osman Morote Barrionuevo,* dit « camarade Remigio », no 2 du Sentier, arrêté. **1992**-*12/13-9 Abimael Guzmán* et adjointe *Elena Iparraguirre. -7-10 Guzmán* condamné à perpétuité (détenu sur île de San Lorenzo, au large de Lima, puis transféré à la base navale de Callao). *-18-10 Oscar Alberto Ramirez,* no 3 du Sentier. **1993**-*2-3 Margot Dominguez* (« Édith »), responsable militaire. *-22-8 Cox Beauzewill,* chef militaire. **1995**-*21/22-3 Margie Clavo Peralta,* no 2, et 30 m. *-1-12 Miguel Rincon,* no 2, et 10 pers. se rendent. **Personnalités tuées :** *23-11-1990 :* Javier Puigros Planas, Pt du Parti populaire chrétien ; *mars 1992 :* 14 maires en 4 jours ; *12-4-1992 :* R. Luywu, député ; *10-4-1993 :* maire de Santiago ; *plusieurs Français (oct. 1989 :* 3 ; *13-1-1990 :* 2) ; *plusieurs prêtres (août 1991 :* 2 missionnaires polonais et 1 prêtre italien). **Effectifs :** *1991 :* 2 000 à 7 000 ; *1992 :* 25 000 (dont 3 000 à 5 000 à temps complet, 6 000 à 10 000 miliciens) ; 40 000 à 60 000 h. mobilisables ; *1995* 1 000 à 5 000 dont 400 [Sentier rouge, dissident, chef Oscar Ramirez Durand (« Feliciano », arrêté 14-7-1999, condamné à perpétuité)] et 100 miliciens à Lima ; 500 repliés. Depuis 1989, Indiens Ashaninkas embrigadés de force ou persécutés.

■ **MRTA (Mouvement révolutionnaire Tupac Amaru).** **1983** fondé par Victor Polay Campos (né 1952). Depuis 1984, attentats urbains ; exemples : Lima 1991-12-8 ; 24-11 palais résidentiel attaqué à la grenade. Combat l'armée et le Sentier lumineux, surtout présent dans la vallée du Huallaga. *Arrestations récentes :* **1987**-*6-11* Juanjui. **1990**-*juillet* évasion, par tunnel, de 48 emprisonnés dont Victor Polay Campos (no 1) et Peter Cardenas Shulze, no 2. **1992**-*18-4* Shulze arrêté ; *-9-6* Campos arrêté et condamné à perpétuité. **1993**-*5-5* Miranda Lucero Cumpa (3 évasions, 3 fois reprise). **Prises d'otages :** **1996**-*17-12* Lima, environ 600 personnes à l'ambassade du Japon (commando demande libération de 450 militants), 150 libérés dans la journée ; *-22-12* commando libère 225 otages. **1997**-*22-4 :* 140 militaires attaquent (40 min) et libèrent les 72 derniers otages [tués : 1 otage, 2 militaires, les 14 membres du commando (dont le leader Nestor Cerpa Cartolini « Commandante Evaristo », 25 blessés]. *-17-10* Jaime Simon Vega Onton arrêté. **Effectifs :** *1996 :* 600 à 1 000. **Militants emprisonnés :** *1997 (juin) :* 461.

■ **Bilan de la violence.** **Tués :** *1970-94 :* 27 000 dont *1980 :* 3 ; *81 :* 4 ; *82 :* 170 ; *83 :* 2 807 ; *84 :* 4 319 ; *85 :* 1 359 ; *86 :* 1 268 ; *87 :* 697 ; *88 :* 1 986 ; *89 :* 3 198 ; *90 :* 3 452 (civils 1 584, rebelles 1 542, forces de l'ordre 258, narcotrafiquants 68) ; *92 :* 2 162 (par Sentier lumineux et Tupac Amaru 1 769, forces de l'ordre 311). **Coût :** 20 milliards de $. **Attentats :** *1990 :* 1 227 (522 à Lima) ; *92 :* 1 634 ; *93 :* 1 306 ; *94 :* 394. **Enfants** *1980-91 :* tués 1 000, mutilés 3 000, orphelins 50 000.

■ **Statut.** *République.* **Constitution** du 29-12-1993. **Pt élu** au suffrage univ. direct pour 5 ans ; rééligible une fois (sauf Fujimori). 4 soulèvements militaires de 1965 à 95, dont 2 réussis ; 8 G^aux Pts de la Rép. en 18 ans ; 3 Pts civils en 30 ans (Belaunde Terry 1980-85, Alán García 1985-90, Fujimori 1990-95) ont accompli tout leur mandat. **Congrès national :** 120 élus au suffrage univ. pour 5 ans. **Élections du 9-4-2000 :** Pérou 2000 (Fujimori) 52 sièges, Pérou possible 26, Front moralisateur indépendant 9, Nous sommes le Pérou 8, Alliance révolutionnaire des peuples américains 6, divers 5. **Départements.** 24 divisés en 164 **provinces. Fête nationale.** 28-7 (indépendance). **Drapeau** (adopté 25-2-1825). Bandes verticales rouge, blanche (écusson au centre) et rouge (choisies après le passage d'un vol de flamants au-dessus des troupes révolutionnaires en 1820).

■ **Noblesse.** **Titres** *conférés par l'Espagne* 112 : 58 marquis, 53 comtes, 1 vicomte, François Pizarro, conquistador du Pérou, reçut de Charles Quint, à son retour en Espagne en 1537, un titre sans dénomination propre avec 20 000 vassaux dans la région d'Altabillos et fut désigné comme « Mis d'Altabillos ». Son arrière-petit-fils, Juan Fernando Pizarro, fut, le 8-1-1631, titré Mis de la Conquista.

■ **Partis.** **Action populaire (AP)** fondée 1956, Fernando Belaunde Terry. **Alliance populaire révolutionnaire américaine (APRA)** fondée 1924 par Victor Haya de la Torre (1895-1979), Agustín Mantilla Campos. **Gauche unie (IU)** fondée 1980, Gustavo Mohome [rassemble **Front nat. des travailleurs et paysans (Frenatraca)** fondé 1968, Dr Roger Cáceres Velázquez. **P. communiste péruvien (PCP)** fondé 1928, Jorge del Prado, **Union nat. de la gauche révolutionnaire (Unir)**] fondée 1979, Rolando Brena Pantoja. **Mouv. Liberté** fondé 1987, regroupé avec AP et PCP dans le **Front démocratique (Fredemo)** aux élections de 1990. **Gauche socialiste (IS)** fondée 1990, Alfonso Barrantes Lingan. **Changement 90-Nouvelle Majorité** fondé 1990, Alberto Fujimori. **P. unifié mariatéguiste (PUM). P. populaire chrétien (PPC)** fondé 1966, Luis Bedoya Reyes. **Liberté dans une démocratie réelle (Lider)** fondée avril 1998. **Alianza Perú 2000. Sompos Perú** (Nous sommes le P.), Alberto Andrade. **Solidaridad nacional,** Luis Castaneda. **Perú possible,** Alejandro Toledo.

ÉCONOMIE

■ **PNB** (en $ par hab.) *1982 :* 1 260 ; *84 :* 864 ; *90 :* 1 160 ; *95 :* 2 100 ; *99 :* 2 280 ; *2000 (est.) :* 2 415. **Population active** (en %) **et,** entre parenthèses, **part du PNB** (en %) : agr. 30 (12), ind. 14 (16), services 48 (57), mines 8 (15). **Chômage :** *1995 :* 10 % ; sous-emploi 45 % ; *2000 (est.) :* 10. **Inflation** (en %) : *1980 :* 59,2 ; *81 :* 72,7 ; *82 :* 72,9 ; *83 :* 125,1 ; *84 :* 111,5 ; *85 :* 158,3 ; *86 :* 62,9 ; *87 :* 114,5 ; *88 :* 1 723 ; *89 :* 2 777 ; *90 :* 7 658 ; *91 :* 400 ; *92 :* 57 ; *93 :* 39,5 ; *94 :* 15,4 ; *95 :* 10,2 ; *96 :* 11,9 ; *97 :* 6,5 ; *98 :* 6,1 ; *99 :* 3,7 ; *2000 (est.) :* 3 à 4. **Croissance** (en %) : *1992 :* – 2,9 ; *93 :* 6,8 ; *94 :* 13 ; *95 :* 7 ; *96 :* 2 ; *97 :* 7 ; *98 :* 0,7 ; *99 :* 3,3. **Part de l'économie informelle :** 50 % du PIB. **Solde budgétaire** (en % du PIB) : *1998 :* – 0,2 ; *99 :* – 1,5. **Revenu moyen par hab. :** 50 $ par mois (70 % dans la pauvreté, 1,2 million d'enfants de moins de 13 ans travaillent dans des conditions inhumaines). 10 % des Péruviens détiennent 55 % de la richesse nat. **Pop. sous le seuil de pauvreté** (en %) : *1998 :* 36. **Fiscalité :** 1,5 % de la pop. paie l'impôt sur le revenu (300 000 pers. pour 21 millions d'hab.) contre 43,2 % au Chili, 0,7 % paie l'impôt sur les ventes (32,2 % au Chili). *Part des revenus fiscaux* (en % du PIB) : *1982 :* 15 ; *90 :* 4 ; *94 :* 12. En milliards de $: **dette extérieure :** *1980 :* 9,6 ; *90 :* 20 ; *93 :* 26,4 (dont Club de Paris : 8 ; accepte rééchelonnement de 3,1 sur 15 ans) ; *2000 :* 31,2. **Réserves internationales nettes :** *1990 :* 0,5 ; *95 :* 6,6 ; *2000 :* 8,37.

■ **Politique économique.** **1976-80** libéralisme tempéré et croissance de la dépense publique. **1981-85** libéralisation des changes, politique monétaire et fiscale restrictive, reconstitution des réserves de change. **1985** relance, stimulation de la consommation (hausses des salaires, subventions aux produits de 1re nécessité). **1986-87** hausse de la croissance par le refus de consacrer plus de 10 % du montant des export. au remboursement de la dette ext. (26 % en 87). **1988** crise, pouvoir d'achat : – 50 % sur un an. Investisseurs étrangers délaissent le Pérou [multinationales expropriées (américain Belco en 1986), blocage des bénéfices (levé juillet 88)]. **Depuis 1990** libéralisation, privatisation (83 entreprises publiques prévues), dérégulation, lutte contre l'inflation. **1991** terres privatisées. Produits non traditionnels développés sur les côtes [petits paysans *(parceleros)* partent au profit de salariés des plantations, mal payés], communautés de la Sierra, (protégées par loi du Gal Alvarado) marginalisées. Droits de douane réduits, investissements et capitaux étrangers favorisés, fonctionnaires réduits d'environ 1 million *(1991-92 :* 100 000), ports privatisés, licenciements facilités.

■ **Agriculture.** **Terres cultivées :** 1,5 million d'ha (7,5 millions d'ha cultivables). **Production** (en milliers de t, 1999) : canne à sucre 6 300, p. de t. 3 050, riz 1 947, plantain 1 390, maïs 996, citrons 324, oignons 266, manioc 254, patates douces 254, oranges 248, orge 171, café 145, coton 62. **Coca.** En 1994, environ 108 000 ha cultivés par 300 000 paysans pauvres, *production :* 155 000 t (donnent 1 399 t de cocaïne-base et 636 t de pâte de cocaïne), *revenus :* 600 millions de $. **Forêts** (en 1997). 17 740 000 m³.

■ **Élevage** (en milliers de têtes, 1999). Poulets 79 000, ovins 13 700, bovins 4 848, porcins 2 784, caprins 2 031, chevaux 665, ânes 520, mulets 224. **Pêche** (en 1999). 8 484 200 t. Farine de poisson. **Guano.**

☞ **Projet d'irrigation de Majes :** conçu en 1950, commencé en 1970, non achevé. *But :* amener les eaux des rivières sierra de Arequipa jusqu'à la côte désertique. *Coût/ha :* 106 000 $ (8 000 ha irrigués sur 60 000 prévus).

■ **Énergie.** **Charbon :** *réserves :* 2 300 000 t. **Pétrole** (en millions de t) : *réserves : 1995 :* 109 (1/5 exploré), *production : 1999 :* 5,8 ; *2000 :* 5,3. **Gaz :** gisement de Camisea *(réserves* de 255 milliards de m³). **Autres mines** (en milliers de t, 1999). Fer 3 110, zinc 880, cuivre 462, plomb 257, étain 30. Argent 1 900 t, or 75 kg [mine de Chila à 5 000 m d'altitude ; de Yanacocha à 4 000 m, découverte par des géologues français, réserves 400 t, production 1997/98 : 33 t, 3 t de roche donnant 5 g d'or ; le BRGM (français), qui détenait 24,7 % des parts, a été autorisé à vendre ses actions à ses partenaires], bismuth, molybdène, tungstène.

■ **Industrie.** Raffineries de pétrole, transformation des métaux. **Transports** (en km, 1996). **Routes :** 73 766. **Voies ferrées :** 1 992 (jusqu'à 4 829 m d'altitude, record du monde).

■ **Tourisme.** **Visiteurs** (en 1999) : 950 000. **Sites :** Arequipa (couvent Santa Catalina), Chinchero (marché), Cuzco, Huaca Priera [*el Brujo* (le sorcier) 200-700, époque mochica, découvert 1946 par Junius Bird], Ica (musée), îles Ballestas ou Guanos, Iquitos, Lima (palais, cathédrale, musées), Machu Picchu (voir p. 1202 c), Marcahuasi (cité sacrée), Nazca, Ollantaitambo, Pachacamac, Pisac, Puno (lac Titicaca), Sacsahuamán.

■ **Commerce** (en milliards de $). **Export./import. :** *1995 :* 5,6/9,2 ; *96 :* 5,9/9,5 ; *97 :* 6,8/1 ; *98 :* 5,8/9,9.

■ **Rang dans le monde** (en 1999). 2e pêche, argent. 3e plomb. 4e étain, zinc. 6e cuivre. 9e or. 13e cacao, café.

PHILIPPINES

V. légende p. 950.

☞ *Abréviations :* Ph. : Philippines ; Phil., phil. : Philippins, philippin(e)(s).

■ **Nom.** Donné en 1543 par l'Espagnol Ruy López de Villalobos en l'honneur du futur Philippe II d'Espagne.

■ **Situation.** Asie. **Superficie :** 300 439 km². **Côtes :** 36 289 km. Archipel montagneux. **Altitude** *maximale :* Mt Apo 2 955 m. **Climat.** *Saisons : sèche et douce* nov.-févr., *sèche et chaude* mars-mai (26,9 à 28,1 °C ; mois les plus chauds avril-mai ; été efficiel, avril à juin) ; *humide* juin-oct. (25,4 à 26,5 °C) ; sept. (23,5 °C). *Pluies :* 2 336 mm/an. **Régions :** *sud du Mindanao,* équatorial, pas de saison sèche ; *région occidentale,* tropicale, sèche nov. à mars, pluies d'été (Manille 2 280 mm/an) ; *côte orientale,* pluies d'été, d'hiver (alizé du nord-est).

■ **Population** (en millions d'hab.). *1799 :* 1,7 ; *1887 :* 5,5 ; *1903 :* 7,6 ; *20 :* 10,3 ; *39 :* 16 ; *50 :* 19,2 ; *60 :* 27 ; *70 :* 36,6 ; *81 :* 48 ; *2000 (est.) :* 75,04 ; *2025 (prév.) :* 111. **D.** 251. *Majorité :* origine malaise. *Minorités :* Negritos 30 000, Gonotes 150 000 dans montagnes, Moros (musulmans) côtes des îles du Sud 150 000, Bontoc 57 708, Ifugao 180 000, Buid 36 000, Mandaya 210 000, Talaandig 9 000, T'bolis Tagbanua 60 000, Ubos 5 000, Batangan, Maguindanao 550 000, Maranao 450 000, Badjao (archipel de Sulu, pêcheurs de perles), Jama Mapin, Yakun, Taosug, Samal 619 000. En 1971, découverte de 28 Tesadays, peuplade primitive. **Réfugiés** (en 1999) : 200 000 déplacés. 45 000 Phil. en Malaisie. **Age :** *– de 15 ans :* 37,2 %, *+ de 64 ans :* 3,6 %. **Espérance de vie** (en 1998) : 68 ans. **Taux** (‰, 1999) : *natalité* 29, *mortalité* 7. **Émigrés** (en milliers) : 4 200 dont USA, G.-B., ex-All. féd., Italie, pays du Golfe, Malaisie (Sabah). **Pop. urbaine** (en 1998) : 57 %. **Langues.** 87 langues et dialectes. 3 langues nationales : anglais 40 %, tagalog (base de la langue officielle, appelée le philippin) 21 %. *Dialectes langue maternelle* (en %, 1980) : visayan (Cebuano) 24,1, tagalog (Filipino) 21, ilocano 11,7, panay hiligan 10,4, bicolano 7,8, visayan (Samar et Leyte) 5,5, pampango 3,2, pangasinan 2,5. **Religions** (en %). Catholiques romains 85, protestants 3, aglipayans (cath. phil., fondé par G.G. Aglipay en 1902) 4, Iglesia ni Kristo 2, musulmans (Moros) 4.

■ **Villes** (en 1995). *Manille* 1 654 761 hab. (aggl. 11 000 000), Quezon City 1 989 419 (cap. légale de 1948 à 1980, à 15 km de Manille), Davao 1 006 840, Cebu 662 299, Iloilo 334 539.

■ **Iles.** 7 107 ; 2 773 ont un nom dont **Luçon** (104 687,8 km², 15 299 790 hab. **D.** 146) ; **Mindanao** (94 630,1 km² ; 5 814 164 hab. **D.** 61) ; **Negros** 12 709,9 km² ; **Samar** 13 080 km² ; **Panay** 11 515 km² ; **Palawan** 11 785,1 km² (400 km × 20 km) ; **Mindoro** 9 735,4 km² ; **Leyte** 7 214,4 km² ; **Cebu** 4 422 km² ; **Bohol** 3 864,8 km² ; **Masbate** 3 269 km² ; **archipel de Sulu** 2 618 km² (capitale Jolo) ; **Kalayaan (Spratleys)** sur 227 000 km² [dont 225 000 submergés, à 83 km de Palawan, 600 du Viêt Nam ; *chef-lieu :* Pagasa (Thitu) ; revendiquées par plusieurs États dont Chine ; intérêt militaire et pétrole].

■ **Histoire.** **Jusqu'au XVIe s.** culture autonome ; contacts avec Chine, Inde, Arabie. **1521** découvertes par *Magellan.* Colonie espagnole. **1565** Miguel López de Legazpi instaure la suzeraineté espagnole. **1571** Manille capitale. **1575-1815** galion reliant 1 fois par an Acapulco (Mex.). **1645** Université de Santo Tomas fondée. **1851** sultan de Sulu reconnaît suzeraineté esp. **1896**-*avril* révolution. **1898**-*12-6* indépendance, *-10-12 traité de Paris :* Esp. cède Ph. aux USA pour 20 millions de $; anglais langue de l'enseignement. **1899**-*23-1 :* Ire République. *-4-2* guerre avec USA. **1901**-*23-5* Emilio Aguinaldo, indépendantiste, pris. Combats pour ind. jusqu'en 1902. **1902** *Philippine Organic Act :* séparation de l'Église et de l'État. **1904** l'admin. rachète ses terres au Vatican pour 7,2 millions de $. Les grands propriétaires se les attribuent. **1935** Commonwealth des Ph., **Manuel Quezón** († USA 1-8-1944) Pt (indépendance prévue dans les 10 ans). **1941**-*8-12* invasion japonaise. **1943**-*14-3 indépendance,* Pt Laurel s'allie au Japon. **1944**-*23-9* déclare guerre à USA et G.-B. Débarquement de MacArthur à *Leyte.* Bataille aéronavale de Leyte. **1945** libération. *-Févr.* **Sergio Osmena** Pt. **1946**-*23-2* Gal Tomoyuki Yamashita exécuté [le trésor (plus de 1 000 t d'or) laissé par les Japonais sera longtemps cherché]. *-Avril* **Manuel Roxas y Acuna** Pt. *-4-7 indépendance.*

République. **1948**-*avril* **Elpidio Quirino** Pt. **1954**-*janv.* **Ramon Magsaysay** Pt. **1957**-*mars* **Carlos Garcia** Pt. **1961**-*déc.* **Diosdado Macapagal** (1991-97) Pt. **1963** tente de former le Maphilindo (Malaisie, Philippines et Indonésie). **1964** Marcos rejoint parti nationaliste.

1965-*9-11* **Marcos** élu Pt (accusé de fraude par Macapagal). **1968 à 1972** 480 incidents violents, action des Ilagas (chrétiens) contre musulmans. **1968**-*1-5 Muslim Independent Movement* (MIM) déclare l'indépendance des îles de Sulu, Palawan et Mindanao. **1969** Marcos réélu (climat de violence). **1971**-*24-8* bombe dans meeting libéral (8 †). *-25-8 habeas corpus* suspendu. **1972**-*21-9* loi martiale. *-Oct.* rébellion musulmane à Mindanao : FLNM *(Front de libération nat. moro)* ; après conférence islamique de Kuala Lumpur, rebelles réclament autonomie régionale complète. **1974** prennent île de Jolo (Lupah Sug à 90 % musulmane), ville rasée. **1974-75** combats (environ 3 000 †). **1975**-*avril/nov.* reddition de milliers de rebelles musulmans. *-Juin* relations diplomatiques avec Chine, Marcos à Pékin. **1976**-*nov. référendum* sur prolongation de la loi martiale. *-23-12 accord de Tripoli :* cessez-le-feu dans le Sud [*depuis 1968 :* 50 000 civils et 4 000 militaires †, 1/3 de la pop. moro sinistrée ou déplacée, 200 000 à 300 000 réfugiés au Sabah (qui jusqu'aux élect. de 1976 a soutenu le FLNM)] et autonomie des 13 provinces du Sud. **1977**-*17-4 référendum :* 9 provinces contre l'autonomie. *-Sept.* combats reprennent. *-17-10* FLNM tue Gal Bautesta et 32 officiers. **1980**-*mars* attentats (52 † et environ 100 blessés). *-Mai Benigno Aquino* (leader du Laban) libéré. *-Août/oct.* Manille, attentats [mouvement « Libération du 6-Avril » (chrétien progressiste)]. *-Oct./déc.* procès des dirigeants de l'opposition (pas de verdict). **1981**-*17-1* loi martiale levée (800 peines de mort de 1972 à 81, mais non appliquées). Pt conserve pouvoirs exceptionnels. *-17/21-2* Jean-Paul II aux Ph. *-7-4 référendum* pour élect. du Pt au suffrage univ. *-16-6* Marcos réélu (88 % des voix, fraudes). **1982**-*févr./mars* recrudescence activité du FLNM et de la NAP (Nouvelle Armée du peuple, communiste). *-27-8* complot éventé. **1983**-*21-8 Benigno Aquino* tué à son retour d'exil. *-31-8 :* 2 000 000 de manifestants à ses obsèques. *-Oct./nov.* manif. contre Marcos. **1984**-*14-5 législatives* (violences). *-21-8* anniversaire mort d'Aquino, 500 000 à 900 000 manifestants. **1985**-*3-11* Marcos annonce *présidentielle* anticipée sous pression des USA. *-11-12 :* 10 min avant clôture du dépôt des candidatures, accord Cory Aquino (veuve de Benigno)/Salvador Laurel, chef de l'Unido (parti d'opposition). **1986**-*7-2* pendant campagne (57 †). *-15-2* Marcos proclamé Pt par 10,8 millions de voix ; 9,29 pour C. Aquino. 900 000 manifestants à Manille où C. Aquino prône « désobéissance civile ». *-17-2* le *Reform Army Movement* appelle soldats à refuser tout recours à la force contre civils contestant résultats de l'élection. *-21-2* C. Aquino forme un « cabinet fantôme » ; la *Pravda* écrit : « Réélection de Marcos satisfait le Kremlin ». *-22-2* Juan Ponce Enrile (min. de la Défense) et Fidel Ramos (chef d'état-major) se retranchent au ministère de la Défense et soutiennent C. Aquino. *-25-2* Marcos déposé, exil à Hawaii.

1986-*26-2* **Cory (Corazón) Aquino** (née 25-1-1933) veuve de Benigno Aquino (27-11-1932/assassiné 21-8-1983) prête serment. *-25-3* Constitution provisoire, C. Aquino a pleins pouvoirs. *-9-5* cessez-le-feu avec Front moro. *-6-7* échec coup d'État d'Arturo Tolentino. *-2-11* Rolando Olalia, Pt du P. du peuple, assassiné. *-22/23-11* coup d'État militaire manqué grâce à Fidel Ramos ; Gal Rafael Ileto remplace chef d'état-major Enrile, min. de la Défense. *-30-11* cessez-le-feu de 60 jours avec CPP. **1987**-*23-1* manif. paysanne (12 †). *-26/29-1* rébellion militaire momentanée. *-2-2 référendum,* 76,29 % pour Constitution.

■ **LES MARCOS.** **Ferdinand Edralin** (11-9-1917/28-9-1989) Pt du 31-12-1965 au 25-2-1986 (corps rapatrié 7-9-1993 à Ilocos-Norte, obsèques le 10 à Batac). **Imelda** sa femme (née 1930), épousée 1954, élue Miss Manille 1953, ministre des Ressources humaines, rentrée 4-11-1991 à Manille (accueillie par 10 000 pers.), condamnée 24-9-1993 pour corruption, élue député mai 1995, condamnation confirmée par Cour suprême 29-1-1998 ; le 30-4, retire sa candidature à la présidence. **Enfants : Imelda** (née 1953), **Ferdinand** junior (né 1958, dit « Bong Bong »), gouverneur de la province d'Ilocos en 1984, **Irène** (née 1960). **Sœur : Elizabeth Keon Marcos. Beau-frère : Benjamin Romualdez** (dit « Kokoy »). Assuraient des charges politiques. Poursuivis aux USA pour détournement de fonds (transfert de 103 millions de $ appartenant à l'État et extorsion de 165 millions de $ à 3 organismes financiers pour l'achat de 4 immeubles à New York). Condamnés 27-12-1990, en Suisse, à restituer aux Ph. 330 millions de $ (déposés à Fribourg et Zurich). Le *-15-6-1998* le solde des avoirs des Marcos gelés en Suisse (270 millions de $) va être transféré à l'État.

Fortune (en milliards de $). 10 [dont 3 aux USA, 1,5 aux Ph. (143 titres de propriété, 81 voitures, 31 avions et hélicoptères, 14 bateaux)] ou, selon certains, 100. On soupçonne Marcos d'avoir dérobé une bonne partie des 60 000 t de métaux précieux cachés par les Japonais pendant la guerre et récupérés lors des fouilles effectuées par la Task Force Restoration. En 1998, Imelda prétendit récupérer 4 000 t d'or acquis par son mari par des moyens légitimes.

-9-2 reprise guérilla communiste. *-Avril* mutineries matées. *-22-7* réforme agraire sur 5 400 000 ha. *-2-8* Jaime Ferrer, ministre, tué. *-28-8* échec putsch du C^el^ Gregorio Honasan (30 †). *-Sept.* nouveau gouv. sans la gauche. *-Oct.* 4 Américains tués. **1988**-*janv./févr.* guérilla communiste. *-Janv. élect. locales* (plus de 100 †). *-Juillet* attentats contre personnalités de gauche, création de milices civiles armées. *-Août* milliers d'arrestations depuis janv. : CPP, soldats de la NAP, activistes. *-12-11* Romulo Kintanar, chef de la NAP, s'évade. **1989**-*28-3 municipales*, 6 candidats et 2 militants tués. *-21-4* C^el^ américain tué à Manille. *-25-6* communistes attaquent temple protestant (37 †). *-11-7* C. Aquino en Fr. *-15-8* : 21 tués dans une prise d'otages. *-28-9* F. Marcos meurt à Hawaii. *-29-9* drapeau en berne sur bâtiments officiels. *-4-11* : 50 000 manifestants pour retour du corps (refusé par C. Aquino). *-30-11/2-12* coup d'État ; bilan : 24 †. **1990**-*27-2* Juan Ponce Enrile arrêté pour rébellion. *-4-3* G^al^ tué dans tentative de rébellion. *-Fin mars* 59 NAP tués. *-16-7* séisme (1 500 †). *-28-9* : 16 militaires (dont Gal Luther Custodio) condamnés à prison à vie pour meurtre de Benigno Aquino. *-3/5-10* échec rébellion à Mindanao (C^el^ Alexander Noble). **1991**-*févr.* combats armée/guérilla (56 †). *-9/15-6 éruption du Pinatubo* après 611 ans d'inactivité (875 †, 1 million de sinistrés, 200 000 pers. déplacées, 385 000 ha agricoles détruits, 108 000 maisons touchées, base Clark évacuée ; coût 500 millions de $). *-5-8* Romulo Kinatar, chef du CPP, arrêté. *-5-11* tempête *Thelma* (6 500 †).

1992-*11-5* **Gal Fidel Ramos** (né 18-3-1928) élu avec 23,6 % devant Miriam Defensor Santiago 19,7 % et Eduardo Cojuangco 18,2 % ; en fonctions le 30-6. **1993**-*7-11* cessez-le-feu avec Front moro. *-13-12* peine de mort (abolie 1987) rétablie pour 13 délits graves. *-26-12* attentat cathédrale catholique de Davao (7 †, 130 bl). **1994**-*18-2* carnaval : attentat (11 †). *-24-2* jury américain réuni à Honolulu accorde 1,2 milliard de $ à 10 000 Phil. torturés sous Marcos. **1995**-*12/16-1* visite Jean-Paul II. *-4-4* Mindanao, rebelles Abou Sayaf tuent 53 civils. *-Juin* île de Basilan, Abou Sayaf (20 †)/armée (7 †). *-Août* 37 militaires condamnés pour 7 tentatives de coups d'État, amnistiés. *-8-9* déversement de l'eau du lac du cratère du volcan Parker (détruit à l'explosif, car on y cherchait un bouddha en or caché par les Japonais pendant la guerre) (41 †), 500 disparus. *-Oct.* tempête *Sybil* (200 †). *-Nov.* typhon *Angela* (800 †). **1996**-*6-2* accord gouv./Moro, autonomie région musulmane. Les 7 provinces du Sud autour de Mindanao seront sous autorité d'un gouv. provisoire du FLNM pour 3 ans. *-18-3* incendie dans discothèque (environ 150 †). *-23-6* Davao, accord de consensus avec musulmans. *-2-9* accord sur Conseil pour la paix et le développement des Ph. du Sud (CPDS, Pt Nur Misuari) assisté d'une assemblée consultative de 81 membres administrant 14 provinces avant référendum prévu 1998. **1997**-*4-2* évêque de Mindanao assassiné. *-Juin* attaque contre FLIM (150 †). *-21-7* et *14-11* cessez-le-feu avec FLIM. *-Automne* crise financière. **1998**-*16-3* accord avec communistes sur le « respect des droits de l'homme et du droit international ».

1998-*11-5* **Joseph Estrada** (Joseph Marcelo Ejercito, né 19-4-1937), ancien acteur, dit Erap (*pare* en verlan, qui signifie *mon pote* en tagalog), élu Pt (39,8 % des voix) devant José de Venecia (15,8 %), en fonctions le 30-6. *-Oct.* typhon *Zeb* (83 †). *-21/23-10* typhon *Babs* (160 †). **2000**-*23-4* sur l'île de Sipadan en Malaisie, des rebelles d'Abou Sayaf prennent en otage 21 personnes dont 10 touristes étrangers (dont 2 Français), 2 Philippins et 9 Malaisiens et les retiennent sur l'île de Jolo (dans l'archipel des Sulu) ; *-2-6* exigent 1 million de $ par otage. *-9-7* : 3 Français de France, 2 pris en otages seront libérés (médiation Libye). *-10-7* Manille, effondrement d'un dépôt d'ordures sur un bidonville (346 †, 150 disparus). *-13-11* la Chambre des représentants adopte une motion visant à la destitution d'Estrada ; *-7-12* le Sénat se transforme en Haute Cour pour le juger. **2001**-*20-1* sous la pression des manifestations et des militaires, Estrada démissionne. **Gloria Macapagal Arroyo** [fille de Diosdado Macapagal (Pt de 1961 à 65) vice-Pte et min. des Affaires sociales] le remplace. *-25-4* Estrada arrêté (corruption : 80 millions de $). *-1-5* Manille, émeutes. *-14-5 élections* (100 †).

■ **Statut.** *République.* **Constitution** du 11-2-1987. **Pt :** élu au suffrage universel 6 ans pour un seul mandat. **Sénat :** 24 membres élus au suffrage universel. **Chambre des représentants :** 254 membres (dont 204 élus au suffr. univ., 50 nommés par le Pt). **Élections du 8-5-1995 :** Union nat. des chrétiens démocrates (Lakas-NUCD) 141, NPC 23, LDP 21, divers 19.

■ **Fête nationale.** 12-6 (indépendance). **Drapeau** (adopté 19-5-1898). Bandes horizontales bleue (patriotisme) et rouge (bravoure), à gauche triangle blanc (pureté et paix) avec soleil à 8 rayons (provinces révoltées contre l'Espagne 1898) et 3 étoiles (principales îles).

■ **Noblesse. Titres** *conférés par l'Espagne :* 8 (2 marquis, 5 comtes, 1 vicomte). Non reconnus actuellement.

■ **Partis. P. de la lutte pour des Ph. démocratiques (LDP)** fondé 1987, *Pt* : Edgardo Angara. **P. libéral (LP)** fondé 1946, *Pt* : Wigberto Tanada. **Parti communiste phil. (CPP)** fondé 1930, pro-URSS, *Pt* : Felicisimo Macapagal, légalisé sept. 92, 30 000 m. [forme, avec la **Nouvelle Armée du peuple (NPA)** fondée 1969, le **Front démocratique nat. (NDF)** clandestin, fondé 1973 (*Pt présumé* : Saturno Ocampo, arrêté 1989, libéré sept. 1992)]. **Nouvelle Alliance du peuple (PNGB)** fondée 1986 par Jose Maria Sison, emprisonné de 1977 à 86, *Pt* : Fidel Agcaoli. **P. du peuple** fondé août 1986, 2 000 000 m. **Bisig** fondé mai 1986. **PDP-Laban** fondé 1983, *Pt* : Juanito Ferrer. **Coalition populaire nationaliste (NPC)** fondée 1991, *Pt* : Isidro Rodriguez. **Mouvements** (non reconnus par l'État). **Front de libération nationale moro (FLNM)** créé 1968 ou 1969 par Nur Misuari sous le nom de *Mouvement musulman pour l'indépendance* ; 1974 publie le « Manifeste pour l'établissement de la république Bangsamoro » ; milice créée début des années 1980 et dirigée par Dimas Pundato : 15 000 h. ; 1976, accord pour autonomie pour les musulmans, éclate en plusieurs tendances. **Front moro de libération islamique (FLIM)** créé au sein du FLNM en 1978 ; 1982 séparé ; surtout à Lanao del Sur ; appui du Pakistan et des islamistes égyptiens. Dirigeant : Hashim Salamat. **Groupe Abou Sayaf** créé 1991, dissidents du FLNM rassemblés depuis 1993 autour d'Abdurajak Abubakar Janjalani, ancien prédicateur musulman (tué 1998). **Effectifs :** *1988 :* 25 800 h. ; *93 :* 11 000 h. **Bilan officiel** 1979-85 : 16 250 † ; contrôle 20 % des villages. *1985-93 :* plusieurs milliers d'enlèvements : missionnaires, Sino-Philippins (« Tsinoys »). *2001 :* 200 otages pris à Basilan.

Bilan de l'insurrection musulmane à Mindanao (1972-97) : 200 000 †, 1,5 million de réfugiés.

■ **Clans.** Sont constitués des grands propriétaires, les *hacenderos*, comme les Cojuangco-Aquino dans la province de Tarlac ; les Osmenas, centre de Cebu ; les Macapagal-Arroyo, île de Luzon ; les Lopez, province d'Ilocos ; les Marcos dans la province d'Ilocos Norte : Imelda Marcos, sa fille et son fils (gouverneur) détiennent des mandats électifs ; les Magsaysay ; les Garcia...

■ **Bases américaines.** (Les plus importantes à l'étranger.) **Subic Bay** (7 500 ha ; escale VIIe flotte, relais IIe et IVe flotte, 200 bâtiments de surface, 44 sous-marins, 7 000 h.). Fermée 1992 (deviendra port franc). **Clark Field** (QG de la 3e escadre aérienne de l'US Air Force) : 14 000 ha ; 40 000 h. font vivre 500 000 personnes et apportent 450 millions de $ par an. Contrôle circulations maritime et aérienne en Asie (passage de 70 % du pétrole pour le Japon). Fermée 1991.

■ ÉCONOMIE

■ **PNB** (en $ par hab.). *1983 :* 760 ; *86 :* 542 ; *95 :* 1 061 ; *97 :* 1 200 ; *98 :* 900 ; *99 :* 1 020. **Population active** (en %) **et,** entre parenthèses, **part du PNB** (en %) : agr. 46 (22), mines 2 (2), ind. 16 (33), services 36 (43). 1 800 000 enfants de moins de 14 ans travaillent. **Chômage** (en %) : *1998 :* 10,1. **Croissance :** *1995 :* 5,75 ; *96 :* 5,5 ; *97 :* 5,2 ; *98 :* 1 ; *99 :* 3,5 ; *2000 (est.) :* 4. **Inflation** (en %) : *1990 :* 12,7 ; *91 :* 17,7 ; *92 :* 8,9 ; *93 :* 8,8 ; *94 :* 9,1 ; *95 :* 8,1 ; *96 :* 8,4 ; *97 :* 5,1 ; *98 :* 9,7 ; *99 :* 7 ; *2000 :* 4,3. **Dette extérieure** (en milliards de $) : *2000 :* 52. **Déficit budgétaire** (en % du PNB) : *1990 :* 4,9 ; *91 :* 0,6 ; *2000 :* 4. **Aide publique extérieure** (en 1999) : Japon 79 %. **Revenus des émigrés** (en 1999) : 6,79 milliards de $. **Évasion de capitaux** (1984-85) : 27 milliards de $.

☞ Moins de 200 grosses fortunes agraires : familles Marcos (terres sous séquestre), Romualdez (famille de Mme Marcos), Cojuangco (C. Aquino est née Cojuangco)]. *En 1990-91,* retour d'une partie des 500 000 Philippins du Proche-Orient (ils rapportaient 3 milliards de $ par an). **Pauvreté :** en 1997, 32,1 % de la pop. vit au-dessous du seuil de pauvreté (11 388 pesos/mois).

■ **Agriculture. Terres** (en milliers d'ha, 1981) : arables 7 050, cultivées 2 890 (en 1996, 12 900, et 1 300 irriguées), pâturages 1 050, forêts 12 100 (15 800 en 1993), eaux 183, divers 6 727. **Réforme agraire** (en 1988) : concerne 30 millions de pers. (1978 : 10 % possèdent 90 % des terres ; 1995 : 15 % en possèdent 65 %) : 5 ha au max. par pers., 3 autres par enfant héritier travailleur. Coût : 10 à 15 milliards de $; compensation : 37 000 pesos l'ha. **Production** (en millions de t, 1999) : canne à sucre 26, noix de coco 10,5 (en 1997), riz 11, maïs 4,6, légumes 4,4, bananes 3, manioc 1,8, coprah 1,5, ananas 1,4, patates douces 0,7, café 0,12, tabac, abaca, kapok, coton, mangue, ramie, caoutchouc. **Élevage** (en millions de têtes, 1999). Poulets et poules 140,1, porcins 10,3, canards 8,9, caprins 3, buffles 3, bovins 2,39. **Forêts.** Couvraient 75 % du pays (en 1946) ; depuis, déforestation (1 430 km² par an) : 34 % en 1965, 21 % en 1987 ; *superficie* (en millions d'ha) : *1981 :* 3,92 ; *91 :* 1,77. *Production* (en 1998) : 42 530 000 m³. **Pêche** (en 1999). 2 191 800 t ; concurrence pirate japonaise et taïwanaise dans les eaux territoriales.

■ **Énergie.** Privatisée en 1994 (Cie d'électricité National Power Corporation, raffinerie Petron et filiales). **Sources** (en %, 1998) : *locale :* 39 (dont biologique 28,4, hydraulique 5,7, géothermique 7,4, pétrole 1,1, charbon 4,6). *Importée :* 61 (dont pétrole 50,5, charbon 3,3). **Électricité** (en 1998) : *capacité installée :* 12 068 MW. **Pétrole :** *production* (en millions de t) : *1979 :* 1,2 ; *81 :* 0,25 ; *85 :* 1,7 ; *89 :* 0,28 ; *93 :* 0,49 ; *95 :* 0,15 ; *2000 :* 0,06. **Mines** (en milliers de t, 1999). Charbon 1 202, sel 492, chrome 66 (en 1997), cuivre 29, nickel 18. Argent 27 t, or 34 t. **Transports** (en km, 1997). **Routes :** 190 030. **Voies ferrées :** 429.

■ **Tourisme. Visiteurs** (en milliers, 1998) : 2 150 (dont USA 468, Japon 361, Taïwan 185, Hong Kong 162). **Sites :** rizières en terrasses de *Banaue,* côte de *Palawan* (fonds sous-marins de *Coron,* plage de *Long Beach*).

■ **Commerce** (en milliards de $). **Export./import. :** *1996 :* 20,4/34,1 ; *97 :* 24,9/38,6 ; *98 :* 29,5/31,5 [(en %) : *exporte* produits électroniques 57 *vers* USA 34,4, Japon 14,4, P.-Bas 7,9, Singapour 6,2, G.-B. 6/*importe de* USA 21,9, Japon 20,3, Corée du S. 7,3, Singapour 5,8, Taïwan 4,8] ; *99 :* 36,6/32,6.

■ **Rang dans le monde** (en 1997). 2e noix de coco. 6e caoutchouc. 8e buffles. 9e riz, taros.

PITCAIRN (ILES)

Carte p. 898. V. légende p. 950.

■ **Situation.** Pacifique. 49 km² (et 560 000 km² de domaine maritime). À 2 220 km de Tahiti. *4 îles :* Pitcairn 4,6 km² ; 3 inhabitées : Henderson 31,1 km², Ducie 3,8 km² plus 4,4 km² de lagune, Oeno 5,1 km². **Altitude** *maximale :* Lookout Ridge, 338 m. *Falaises* de 200 à 300 m.

■ **Population.** *1900 :* 126 hab. ; *99 :* 54. **D.** 1,1 (Pitcairn uniquement). **Capitale.** *Adamstown.* **Langue.** Anglais (mélangé de tahitien). **Religion.** Adventistes du 7e jour depuis 1886 ; la religion chrétienne (enseignée par J. Adams) demeure la base de la vie sociale.

■ **Histoire.** Habitées par des Polynésiens à une époque indéterminée (vestiges d'art). **1767** découvertes (désertes) par le navigateur britannique *Philip Carteret.* **1790**-*23-1* après la mutinerie du *Bounty* (bateau anglais commandé par le capitaine William Bligh), 9 mutins anglais, 12 Tahitiennes, un bébé, 6 Noirs y débarquent ; vers 1800, reste un des mutins, Alexandre Smith (appelé plus tard John Adams) ; les autres sont morts (querelles ou maladie). **1808** redécouvertes par un navire américain. **1829** Adams meurt. **1831** transfert d'habitants à Tahiti (surpopulation) ; **1832** reviennent. **1838** colonie britannique. **1839**-*29-11* rattachée officiellement à la Couronne. **1856** transfert de 194 hab. dans l'île de Norfolk ; **1858** 16 reviennent ; **1863** 30 reviennent. **1897** établissement britannique. **1898** juridiction du haut-commissaire pour le Pacifique Ouest. **1902** annexion de Ducie, Oeno, Henderson. **1952** transférées au gouv. des îles Fidji. **1970**-*oct.* sous l'autorité du haut-commissaire britannique en Nlle-Zélande.

■ **Statut.** *Colonie britannique.* **Gouverneur :** Martin J. Williams (haut-commissaire britannique en Nlle-Zélande) depuis août 1994. **Magistrat de l'île** et **Pt du Conseil :** Jay Warren (élu pour 3 ans depuis décembre 1990, réélu depuis). **Conseil :** 10 membres dont 1 *ex officio,* 4 élus tous les 25-12, 5 nommés. A conservé statut et « lois » institués par Adams ; la répartition des terres est celle établie par Christian Fletcher en 1790. Pas d'impôts, mais taxes sur la vente des fusils et le permis de conduire. C'est le plus petit groupement humain du monde ayant son propre statut constitutionnel interne. **Drapeau** (adopté 1984). Fond bleu, en haut et à gauche drapeau anglais, à droite écusson de l'île commémorant le *Bounty.*

■ **Ressources.** Pêche, timbres, fruits, légumes, artisanat.

POLOGNE

Carte p. 1206. V. légende p. 950.

☞ *Abréviations :* P. : Pologne ; Pol., pol. : Polonais, polonais(e)(s).

■ **Nom.** Tribu slave des *Polanes* qui habitait l'actuelle Pologne, nommée alors *polé,* « la plaine ».

■ **Situation.** Europe. **Superficie :** 312 685 km² (388 634 en 1938). **Frontières** (en km) : Russie 210, Lituanie 103, Biélorussie 416, Ukraine 529, Slovaquie 541, Rép. tchèque 790, All. 467. **Côtes :** 440 km (mer Baltique). **Altitude** *maximale :* Mt Rysy (Tatry) 2 499 m ; *moyenne :* 173 ; *minimale :* Raczki Elblaskie – 1,8 m (voïvodie Narmia-Mazurie). 75 % du territoire sont en dessous de 200 m d'altitude, 22 % de 200 à 500 m, 0,2 % à plus de 1 000 m.

■ **Régions. Sud :** montagnes [*à l'est* Beskides (chaînes des *Carpates,* anciennes ; alt. 1 723 m) ; une partie des *Htes Tatras* slovaques (type pyrénéen) [station de Zakopane] ; *à l'ouest,* monts des *Sudètes,* chaîne de 300 km (hauteurs de *Lusace, massif des Géants*), anciens (alt. 1 602 m)]. **Au pied des montagnes :** terrasses étagées, couvertes de lœss (plateaux de *Lublin* à l'est, de *Sandomierz* au centre, de *Silésie* à l'ouest) : croupes boisées 612 m au centre (Mts de la Lysica), 257 m à l'ouest (hauteur de Trzebnica), dépres-

sion centrale drainée par *Oder* (854 km dont 742 en P.), *Vistule* (1 047 km) et leurs affluents (*Bug, San*) dont la direction ancienne était est-ouest (captés ensuite vers le nord) ; plaines fertiles : blé, betteraves et p. de t. [*Petite P.* (sud-est), *Mazovie* (centre nord), *Grande P.* et *Posnanie* (ouest)]. **Ceinture baltique :** morainique (dunes, cailloutis, landes, marais) ; alt. maximale 312 m à l'est de la Vistule *(Mazurie)* ; 329 m à l'ouest *(Poméranie)*. Vallées de la Vistule et de l'Oder encaissées et fertiles. Lande aux 2/3 boisée en résineux ou convertie en prairies et champs de seigle. **Sols** (en %) : montagneux 2,5, podzoliques 26, bruns 37, tchernozioms (humus) 1, noirs 3, marécageux 9. *Qualité* (en %) : très bons 2,7, bons 25,1, moyens 39,8. **Lacs.** 9 300 de plus de 1 ha (1 % de la superficie, 3 200 km^2) dans le nord (Mazurie 2 500), en Poméranie, Grande Pologne, Cujavie et le long du littoral ; *les plus grands :* Sniardwy (113,8 km^2), Mamry (104,4 km^2) ; *les plus profonds :* Hańcza (108,5 m), Drawsko (79,7 m) ; *120 artificiels* dont (en km^2) : Jeziorsko 42, Siemianowka 32, Goczalkonickie 32, Zegnynskie 30, Solinskie 21). **Sources** *d'eau minérale.* **Parcs nationaux :** 22 (307 015 ha), **réserves naturelles :** 1 269. **Faune.** Bison 741, chamois 85, ours 87, castor 20 797, lynx 289, loup 1 071. **Climat.** Tempéré chaud, transitoire. *Températures moyennes :* janv. – 5 à – 1 °C, juillet + 16 à + 19 °C, *extrêmes :* – 41 °C (Siedlce, en 1940), + 40,2 °C (Pruszkow près d'Opole, en 1921). *Pluies :* 500 à 600 mm (plaines), plus de 800 mm (montagnes). *Carpates :* climat de montagne. *Gel :* 25 jours au bord de la mer, 65 au nord-est, 130 à 150 en montagne.

■ **Population** (en millions d'hab.). *Vers 1580 :* ancienne Lituanie : 7,5 (815 000 km^2) ; *1634 :* 11 (990 000 km^2) ; *1695 :* 8 (570 000 km^2) ; *1816 :* 7,25 (230 800 km^2) ; *1850 :* 10,7 (311 730 km^2) ; *1900 :* 25,1 (389 700 km^2) ; *21 :* 27,2 ; *32 :* 32,1 ; *38 :* 34,8 ; *46 :* 23,9 (312 685 km^2) ; *50 :* 25 ; *60 :* 29,8 ; *70 :* 32,6 ; *80 :* 35,7 ; *90 :* 38,4 ; *99 :* 38,7 ; *2000 (est.) :* 38,73 ; *2030 (prév.) :* 38. **D.** 123,9. **Minorités. Origine** (en milliers) : *1963 :* Allemands 300, Ukrainiens 180, Biélorusses 165, Juifs 31, Lituaniens 20 à 30, Slovaques 20 à 25, Russes 19, Tchèques 12, Tsiganes 12, Grecs 5, Macédoniens 5, Bohémiens. *1993 :* Allemands 500, Ukrainiens 300, Biélorusses 250, Juifs 15. **Naissances :** *1960 :* 669 485 ; *80 :* 692 798 ; *90 :* 545 817 ; *94 :* 481 285 ; *96 :* 428 200 ; *97 :* 412 700 ; *2000 :* 378 500. **Taux** (en ‰) : **mariages :** *1960 :* 8,2 ; *75 :* 9,7 ; *80 :* 8,6 ; *85 :* 7,2 ; *90 :* 6,7 ; *94 :* 5,4 ; *96 :* 5,3 ; *97 :* 5,3 ; *2000 :* 5,5 ; **divorces :** *1960 :* 0,5 ; *70 :* 1,1 ; *80 :* 1,1 ; *90 :* 1,1 ; *94 :* 2,1 ; *95 :* 1 ; *96 :* 1 ; *97 :* 1,1 ; *2000 :* 1. **accroissement :** *1960 :* 15 ; *70 :* 8,5 ; *80 :* 9,6 ; *90 :* 4,1 ; *95 :* 1,2 ; *96 :* 1,1 ; *97 :* 0,9 ; *2000 :* 0,3 ; **natalité :** *1999 :* 10 ; *2000 :* 9,8 ; **mortalité :** *1999 :* 10 ; *2000 :* 9,5. **Age :** *– de 15 ans :* 19,9 %, *+ de 64 ans :* 11,9 %. **Espérance de vie** (en 1998) : 73 ans. **Taille et poids moyens :** hommes 169 cm, 68 kg ; femmes 157 cm, 61 kg. **Émigration :** *1988 :* 600 000 ; *89 :* 26 600 ; *90 :* 18 400 ; *91 :* 20 997 ; *92 :* 18 115 ; *93 :* 21 376 ; *94 :* 25 904 ; *95 :* 26 344 ; *96 :* 21 297 ; *97 :* 20 222 ; *2000 :* 28 500. **Polonais à l'étranger** (en millions, 1998) : USA 6 à 10, All. 1,5, *France 1*, Brésil 0,8, Canada 0,6, Ukraine 0,5, Biélorussie 0,4, Lituanie 0,3, Australie 0,15, G.-B. 0,15, Russie 0,1, Kazakhstan 0,1. **Pop. urbaine** (en 2000) : 61,8 %.

Carmel d'Auschwitz. 1984 l'État cède à l'Église cath. le « Théâtre » près du camp d'Auschwitz qui servait d'entrepôt pour le gaz zyclon B et les objets récupérés sur les cadavres. *-Oct.* 8 religieuses s'y installent. **1985**-*oct.* à la suite d'une collecte, nombreuses réactions. **1986**-*22-7* à l'initiative de Théo Klein, responsable du Crif (Conseil représentatif des institutions juives de Fr.), et du cardinal Lustiger : 1re rencontre à Genève avec le cardinal Macharski, archevêque de Cracovie. **1987**-*22-2* accord à Genève : dans les 2 ans, les religieuses rejoindront un autre centre. **1989**-*22-2* Mgr Decourtray demande un nouveau délai de 5 mois. *-11-7* une parcelle est acquise et le permis de construire délivré. Les travaux seront faits dans 4 ou 5 ans. *-14-7* des Juifs américains venus protester à la porte du carmel sont repoussés par des ouvriers et des voisins. *-10-8* le cardinal Macharski dénonce la « violente campagne d'insinuation » des communautés juives. *-26-8* le cardinal Glemp dénonce « l'antipolonisme » de certains Juifs ; *-2-9* il demande une renégociation de l'accord de février 1987. **1993**-*1-4* Vatican décide transfert. *-Juin* départ des religieuses. **1998**-*2-3* religieuses vendent le bâtiment à l'État.

■ **Villes** (en 2000). *Capitale :* **Varsovie** 1 613 905 hab. (*1875 :* 261 000 ; *1894 :* 515 000 ; *1904 :* 800 000). **Łódź** 796 682 hab. **Cracovie** (Petite P., plusieurs fois cap. entre le XIe et le XVIe s.) 737 927. **Wrocław** (ex-Breslau) 635 973. **Poznán** (ex-Posen, ancienne cap. de la Posnanie, cap. de la Grande P.) 576 004. **Gdánsk :** ex-Dantzig [ville devenue libre et placée sous la protection de la SDN. *1919-28-6* traité de Versailles (art. 100 à 108) complété par la convention du 15-12-1920. 1 966 km^2. 60 km de largeur moyenne ouest-nord-ouest/est-sud-est sur 40 km de profondeur moy. à partir de la côte. *Population :* 457 249 hab. : Allemands 88 % (protestants 65 %, catholiques 35 %), Polonais 12 %. *Statut :* ville libre, Sénat (exécutif), Diète (législatif) ; rattachée à la P. au point de vue maritime, douanier, postal, ferroviaire et diplomatique. Le gouv. polonais est représenté par un commissaire général, et le contrôle international assuré par un haut-commissaire de la SDN. *1933* dirigée par nationaux-socialistes. Pt : Greiser. *1939-1-9* devient allemande et capitale du Gau Dantzig-Prusse-Occidentale. *1945-29-3* prise par Russes, incluse dans État polonais restauré (Gdánsk). Le « couloir de Dantzig » désignait le corridor de Gdynia, reliant Pologne à Baltique]. **Szczecin** (ex-Stettin, cap. de la Poméranie occ.) 416 319. **Bydgoszcz** (ex-Bromberg) 385 924. **Lublin** 355 929. **Katowice** (ex-Stalinogród 1953-56) 342 111. *Distances de Varsovie* (en km) : Lublin 168, Poznán 298, Cracovie 302, Wrocław 343, Gdánsk 344, Szczecin 528.

■ **Religions** (en 1997). **Catholiques :** 34 841 893 [94 % baptisés, 78 % pratiquants] ; *séminaristes : 1981 :* 6 714 ; *87 :* 9 038 ; *89 :* 8 819 (dont 5 499 diocésains et 3 320 religieux) ; *ordinations : 1981 :* 688 ; *85 :* 964 ; *89 :* 1 152 (dont 826 diocésains et 326 religieux) ; *prêtres : 1981 :* 20 676 ; *87 :* 23 432 (dont 5 706 religieux) ; *séminaires* 46 ; *ordres masculins* 59 (9 805 moines), *féminins* 102 (25 333 nonnes) ; *diocèses en 1992 :* 40 ; *églises, chapelles* 13 519 ; *paroisses* 8 636 ; *catéchisation* 19 737 points ; *catéchistes* 15 792 ; *pèlerinages* de Częstochowa (prononcer : Tchinstokova), voir à l'Index. Le 20-5-2000, le cardinal Josef Glemp, primat de Pologne, a exprimé son repentir pour les fautes passées de son Église, notamment « la tolérance pour les manifestations d'antisémitisme», le manque de respect envers d'autres religions, la collaboration d'une minorité de prêtres polonais avec le régime communiste. **Vieux catholiques :** 25 900. **Orthodoxes :** 554 860. **Protestants :** 87 304. **Musulmans :** 5 123. **Mariavites :** 25 000. **Juifs :** 1 222 (3 500 000 en 1939). **En 1939** (en %) : catholiques 75,2 ; orthodoxes 11,8 ; juifs 9,8 ; protestants 2,6.

■ HISTOIRE

☞ *Abréviations :* f. : fils, fille ; fr. : frère ; Gd(e), gd(e) : Grand(e), grand(e) ; p.-f. : petit-fils, petite-fille.

■ **Av. J.-C.** *Ancêtres légendaires :* Sarmates venus du Caucase. **Vers 1000** les Paléoslaves se différencient des Germains et des Celtes entre Vistule, Pripet et Carpates. *Ier millénaire :* Vislanes, Polanes et Mazoviens remplacent Germains dans bassin de la Vistule. **Apr. J.-C.** Obotrites et Poméraniens (Kachoubes) colonisent côtes de la Baltique au Ier millénaire.

■ **Dynastie des Piast. Ducs de Pologne : Siemomysl** († 963). **Vers 960 Mieszko Ier** (vers 922-992), son fils ; baptisé en 966 sur les instances de son épouse, Dubrawka de Bohême ; christianisa la P. *Capitale :* Poznán. **966** Mieszko Ier réunira, avec son fils, P., Silésie et Mazovie.

■ **Rois de Pologne** (dignité catholique qui permet l'indépendance de l'État vis-à-vis de l'Empire et le droit de nommer les évêques). **992 Boleslas Ier le Vaillant** (967-1025), son fils. **1025 Mieszko II Lambert** (990-1034), son frère. **1031 Bezprym** (986-1031), son frère. **1034 Casimir Ier le Rénovateur** (1016-58), son fils, déposé durant l'anarchie de 1037-39. **1058**-*nov.* **Boleslas II le Hardi** (vers 1039-81), son fils (fait exécuter saint Stanislas évêque de Cracovie (canonisé en 1253), à la tête d'une révolte de la noblesse ; excommunié et chassé 1079, mort en exil).

■ **Ducs de Pologne** (l'excommunication de Boleslas II entraîna la perte de la dignité royale, ses successeurs reprirent le titre d'origine). **1079 Ladislas Ier Herman** (vers 1043-1102), son frère, abdique. **1102 Boleslas III Bouche-Torse** (1086-1138), son fils. **1138** division en 4 duchés. **Ducs de Cracovie** (Cracovie étant la capitale, il suffisait de tenir cette ville pour accéder à la fonction suprême dans l'État et à la dynastie). **1138**-*oct.* **Ladislas II l'Exilé** (1105-52), son f., déposé. **1146 Boleslas IV le Crépu** (1125-73), son fr., déposé. **1173 Mieszko III le Vieux** (1126-1202), son fr., déposé. **1177 Casimir II le Juste** (1138-94), son fr. **1194 Leszek Ier le Blanc** (1186-1226), son f., déposé. **1198 Mieszko III le Vieux** (2e règne). **1202 Leszek Ier le Blanc** (2e règne), assassiné. **1226 Konrad Ier** (vers 1187-1247), duc de Mazovie, fait venir les chevaliers Teutoniques pour exterminer Prussiens et Lituaniens, et leur donne la terre de Chelmno. **1228 Ladislas III Jambes-Grêles. 1229 Konrad Ier**, f. de Casimir II. **Henri Ier le Barbu** (1167-1238), f. de Boleslas le Haut (duc de Silésie (1129-1201), f. de Ladislas II l'Exilé) ; ép. Ste Hedwige de Méranie, canonisée 1267. **1238 Henri II le Pieux** (1191-1241), son f. **1241** invasion tartare. **Konrad Ier** (2e règne). **1243 Boleslas V le Honteux** (1226-79), f. de Leszek le Blanc ; ép. Ste Cunégonde de Hongrie (Kinga), béatifiée 1690, canonisée 1999 par Jean-Paul II. **1279 Leszek II le Noir** (1240-88), f. de Casimir Ier duc de Couïavie (vers 1211-67), f. de Konrad Ier). **1288 Henri IV le Probe** (1257-90), f. d'Henri III duc de Silésie (1229-66), f. d'Henri II le Pieux.

■ **Rois de Pologne** (rétablissement de la dignité royale). **1295 Przemysl II, duc de Poznán** (1257-96), fils de Przemysl Ier, duc de Poznán (1220-57) [gendre d'Henri II le Pieux], f. de Ladislas, duc de Poznán (vers 1190-1239), f. d'Odon, duc de Poznán (vers 1141-94), lui-même f. de Mieszko III le Vieux.

■ **Maison royale de Bohême (Piast indirects).** Élue par bourgeois de Cracovie. **1300 Wenceslas Ier** (II de Bohême) [(1271-1305), ép. 1303 Ryxa-Élisabeth de P. (1288-1355), fille de Przemysl II]. **1305 Wenceslas II (III de Bohême)** (1289-1306), son f.

■ **Rétablissement des Piast directs. 1305 Ladislas Ier le Bref**, dit « Petite Coudée » (1260-1333), frère de Leszek le Noir ; ép. vers 1293 Hedwige de Grande Pologne (vers 1266-1339), fille de Boleslas duc de Kalisz, époux de Ste Yolande de Hongrie, béatifiée 1827, lui-même fr. de Przemysl Ier, duc de Poznán. **1320** Ladislas Ier, couronné roi à Cracovie, réunifie la P. **1333 Casimir III le Grand** (1310-70), son fils ; son testament désigne pour successeur : 1°) **Louis Ier**, son neveu, 2°) **Casimir IV duc de Slupsk**, son petit-fils, cède Poméranie aux chevaliers Teutoniques, mais conquiert Ruthénie (capitale Lvov). **1349** année de la Mort noire, massacre de presque tous les Juifs. **1364** université de Cracovie fondée.

■ **Maison d'Anjou (Capétiens).** Piast en ligne féminine et successeurs à ce titre : **1370**-*17-11* **Louis Ier le Grand (d'Anjou)** [1326/10-9-1382], roi de Hongrie, fils de Charles Ier Robert, roi de Hongrie (1288-1342), et d'Élisabeth de P. (1305-80, sœur de Casimir III le Grand). **1384**-*16-10* **Hedwige Ire** (18-2-1374/17-7-1399, béatifiée 29-5-1979, canonisée 8-6-1997), sa fille, ép. 18-2-1386 Ladislas.

1386-*4-3* **Ladislas II Jagellon, Jogaila, Gd-duc de Lituanie** (vers 1351-1434), roi de P. avec sa femme 1386, confirmé par élection [il descendait de Pukuwer († 1296), Gd-duc de Lituanie (1292) ; Gedymin (1275-1341, Gd-duc 1316 après la mort de son fr. Witenes) ; Jawnuta († vers 1366) ; Olgierd († 1377)]. **1385-86** *acte de Krewo :* union de P., Lituanie et partie d'Ukraine. **1401** garde le titre de Gd-duc souverain de Lituanie mais en confie le gouv. à des Pces de sa famille avec titre de Gd-duc [*1401* Witold-Alexandre (1352-1430), f. de Kiejstut, duc de Troki († 1382). *1430* Swidrygiello-Boleslas († 1452), fr. de Ladislas. *1432* Sigismond († 1440), fr. de Witold-Alexandre.] **1410**-*15-7* Grünwald *(Tannenberg) :* Ladislas bat chevaliers Teutoniques. **1411** *traités de Torun* (Thorn), Pol./Lituaniens et Pol./chevaliers Teutoniques. **1413** union P./Lituanie.

■ **Dynastie Jagellon. Rois de Pologne et grands-ducs de Lituanie. 1434**-*juin* **Ladislas III** (1424-44) [roi de Hongrie (Ladislas V), 1440], son fils. **1447 Casimir IV** (1427-92), son frère ; ép. Élisabeth de Habsbourg (descendante du roi Casimir III le Grand par Élisabeth, sœur de Casimir IV, duc de Slupsk). **1466** 2e *paix de Torun* après guerre de 13 ans contre Teutoniques. L'Ordre restitue Poméranie, Gdánsk et Warmie, et se reconnaît vassal des Jagellon en Prusse orientale. **1492**-*juin* **Jean Ier Olbracht** (1459-1501), son f. **1501**-*juin* **Alexandre Ier** (1461-1506), son fr. (hérite de son épouse, Hélène Paléologue, les droits sur l'Empire byzantin). **1506 Sigismond Ier le Grand** (1467-1548), son fr. **1525** Ordre sécularisé. Règne aussi sur Prusse-Orientale. **1526** duché de Mazovie incorporé. **1548**-*avril* **Sigismond II Auguste** (1520-† 7-1-1572), son fr. **1569** *Union de Lublin.* Royaume de P. et gd-duché de Lituanie deviennent une Rép. *(Respublica).* Trône électif.

■ **Rois élus.** PRINCIPES DE DROIT SUCCESSORAL AU TRÔNE : 2 catégories d'héritiers : dits *1°) « de nécessité » :* fils du prédécesseur ; *2°) « hypothétiques » :* filles du prédécesseur, leurs époux, leurs descendants des 2 sexes ; l'ensemble des collatéraux masculins et féminins du prédécesseur sont égaux entre eux. Le prédécesseur pouvait désigner son successeur parmi ses fils et les « hypothétiques ». Le nombre des « hypothétiques » allant en s'élargissant, on en vint à une monarchie élective (cependant on s'attachait à ce que les rois élus soient issus des Piast ou Jagellon, excepté pour Jean III, Auguste II et III). **1573**-*mai* **Henri de Valois** (1551-89), fiancé à Anne Jagellon (1523-96), sœur de Sigismond II. *-9-5* élu. Amoureux de Marie de Clèves, Pcesse de Condé. *-2-12* part en Pologne, forcé par son frère, Charles IX, roi de Fr. **1574**-*21-2* couronné ; *-15-6* apprend mort (le 30-5) de Charles IX ; *-18/19-6* devenu roi de Fr. (Henri III) à son tour, s'évade (galope 30 h pour échapper aux Pol.). **1575** trône déclaré vacant. **1575 Étienne Báthory, Pce de Transylvanie** (1533-86) ; élu *-15-12.* **1576** ép. Anne Jagellon ; *-1-5* couronné. **1582** le tsar Ivan IV (après une guerre commencée 1558) laisse la Livonie à la P.

■ **Maison Vasa. 1587**-*août* **Sigismond III,** roi de Suède (1566-1632), fils de Jean III Vasa, roi de Suède (1592-99) et de Catherine Jagellon (1526-83), sœur de Sigismond II. **1588**-*24-1* Byczyna Jan Zamoyski bat l'archiduc Maximilien (soutenu par les Zborowski). Guerres dynastiques contre Suède et Russie. **1596** Varsovie capitale. **1632**-*mai* **Ladislas IV** (1596-1648), son f. **1648**-*mai* **Jean II Casimir** (1609-72), son fr. **1648** Ukraine, révolte des Cosaques du Dniepr. Révolte de Bogdan Khmelnitski, Cosaque ukrainien dressé contre la Pologne. **1648-49** massacres, centaines de communautés juives détruites. **1652** *liberum veto* : la Diète doit prendre ses décrets à l'unanimité. **1655-56** Charles X Gustave de Suède envahit P. **1669 Michel, Pce Korybut-Wisniowiecki** (1640-73), descendant en ligne mâle de Korybut-Dymitri Pce de Nowogrod-Siewierz († 1404), fr. de Ladislas II Jagellon. **1673** Sobieski bat Turcs à Chocim *(Hotin).* **1674**-*mai* **Jean III Sobieski** (1629-96), ép. Marie-Casimire de La Grange d'Arquien (1643-1716), veuve de Jan Zamoyski ; **1683** arrête Turcs à Vienne et les chasse de Hongrie. **1697**-*sept.* **Auguste II le Fort,** Frédéric Auguste Ier Électeur de Saxe (1670-1733, aurait eu plus de 300 bâtards) battu ; la P. passe sous l'influence de Pierre le Grand. **1704 Stanislas Ier Leszczýnski** (1677/23-2-1766), descendant en ligne féminine des ducs de Silésie-Raciborz, dynastie des Piast ; beau-père de Louis XV. **1709 Auguste II le Fort** (2e règne). Chassé par Russes. **1733**-*févr.-oct.* **Stanislas Ier** réélu (2e règne). *-Oct.* **Auguste III,** Frédéric Auguste II Électeur de Saxe (1696-1763), f. d'Auguste II. Dernier roi légitime. **1733-38** *guerre de succession de P.* ; à la mort d'Auguste II, la Fr. reconnaît Auguste III, candidat d'Autr. et Russie. **1736** Stanislas chassé à nouveau par Russes ; **1738** duc de Lorraine à titre viager. **1764**-*sept.* **Stanislas II Auguste Poniatowski** [(1732-98), descendant du frère de Ladislas II Jagellon ; *1755* secrétaire de l'ambassadeur britannique à St-Pétersbourg. Amant de la future Catherine II : Paul II sera convaincu qu'il était son père (en fait, il eut de Catherine II une fille, Anna Petrovna) ; *1757* ambassadeur à St-Pétersbourg ; *1764* Catherine II assure son élection] ne peut restaurer l'État. **1768-72** *confédération de Bar* (union de patriotes pol.) proclame sa déchéance, est vaincue par Russes. **1772**-*25-7* **1er partage de la P.** (*Autriche :* Galicie. *Russie :* est de la Biélorussie. *Prusse :* Poméranie). **1791**-*3-5 Constitution* (monarchie héréditaire dans la maison de Saxe) ; **1792** annulée après la confédération de Targowica, conduite par Stanislas-Félix Cte Potocki. **1793**-*23-9* **2e partage** [*Russie* (250 000 km^2) : Ukraine, ouest de la Biélorussie. *Prusse* (58 000 km^2) : Grande P.]. **1794**-*24-3* soulèvement de *Tadeusz Kósciuszko* [1746/Soleure (Suisse) 15-10-1817 ; *1776-83* participe à la guerre de l'Indépendance amér., nommé Gal], proclame l'émancipation des paysans ; *-10-10* est vaincu à Maciejowice. **1795**-*24-10* **3e partage** (*Prusse, Russie, Autriche :* la P. disparaît). *-27-11* Stanislas II abdique ; vivra à Grodno, puis St-Pétersbourg où il mourra le 12-2-1798 [*1938* la P. réclame son corps : cercueil de plomb (disloqué) déposé à Woteryn (Biélorussie) où il avait été baptisé ; *1988* restes ramenés dans une urne ; *1995* (14-2) inhumés cathédrale St-Jean de Varsovie]. **1807**-*7* et *-9-7 traité de Tilsit.*

Grand-duché de Varsovie : créé par Napoléon Ier, comprenant partie prussienne et autrichienne. **1807 Frédéric-Auguste Ier**, roi de Saxe (1750-1827), duc de Varsovie, p.-f. d'Auguste III. **1807-13** Dantzig ville libre (sous occupation française). **1809** paix avec Autr. à Schönbrunn.

■ **Royaume.** Créé au congrès de Vienne, **1815** (partie du congrès) au profit des tsars de Russie, d'Alexandre Ier (1777-1825) à Nicolas II (1868-1918). Autonomie apparente ; Cracovie ville libre. **1816** université de Varsovie créée. **1830**-*29-11* soulèvements empêchant le tsar d'envoyer son armée réprimer la révolution à Paris, autonomie abolie, émigration (dont 5 000 en France). **1832** émigration en France. **Début 1837** armée pol., Gal Chlopicki : 57 000 h. ; russe : 144 000 h. **1846** Autr. annexe Cracovie. **1848** insurrection de la Gde P. **1848**-*24-12* Adam Mickiewicz [Zaosie (Biélorussie) 24-12-1798/Constantinople 28-11-1855, enterré à Montmorency (France) en 1855, transféré dans la crypte royale du Wavel, à Cracovie] tente de former une légion pol. en Italie. **1863-64** soulèvement antirusse réprimé. **1914** invasion allemande. *-6-8* Józef Pilsudski (qui a fondé 1892 le Parti socialiste pol.) forme une légion pol. contre Russie.

■ **Conseil de Régence (partie de la Pologne russe). 1915** RÉGENTS : *cardinal Kakowski* (archevêque de Varsovie, primat de P. ; de droit régent en cas de vacance de la Couronne) ; *Pce Zdzislaw Lubomirski* (1865-1941) cousin d'Alexandre II (1876-1966), héritier de la Couronne de P. ; *Józef Ostrowski.* Dissous 1918 à l'arrivée du Mal Józef Pilsudski. **1916**-*5-11* All. et Autr. proclament indépendance de la P. sans préciser frontières et Constitution. **1917**-*4-6* armée pol. créée en France [28-9-1918 : reconnue comme alliée indépendante ; dite *Armée bleue,* commandée par Gal Joseph Haller depuis 4-10-1918 (1 734 h.)]. **1918**-*6-11 Lublin,* gouv. provisoire populaire [Pt *Ignacy Daszynski* (1866-1936), socialistes et populistes]. *-11-11* **indépendance.**

■ **République. 1918**-*11-11* **Józef Pilsudski** (5-12-1867/12-5-1935) nommé chef de l'État par le Conseil de régence. **Ignacy Daszynski** PM. Capitulation allemande à Varsovie. *-Nov.* **Jedrzej Moraczewski** PM, socialiste. **1919**-*16-1* **Ignacy Paderewski** PM (18-11-1860/29-6-1941) [pianiste célèbre qui a plaidé la cause pol. en 1916-17 aux USA, démissionnera en nov., délégué à la SDN, reprendra 1921 carrière musicale, † à New York (cendres rapatriées en P. 29-6-1992)]. *-20-2* Pilsudski élu Pt de la Rép. *-28-6 traité de Versailles :* la P. est reconnue. *-Juillet* guerre contre bolcheviks. *-27-11* **Leopold Skulski** PM. *Déc.* Russie offre de reconnaître la P. avec les frontières alors atteintes par l'armée pol. **1920**-*avril* traité de coopération avec Semen Pethura, chef du nouvel État ukrainien. *-6-5* l'armée pol. entre à Kiev et y installe Pethura. Les Russes la repoussent jusqu'à Varsovie et repoussent l'armée ukrainienne à Zamosc. Pilsudski, aidé de Weygand (conseiller militaire en P.), repousse attaque russe (15-8 victoire sur Vistule). *-Mi-mai* Gal russe Toukachevski enfonce la 1re armée pol. Gal Sonskowski reprend le terrain perdu au 1-6. *-6-6* Gal Boudienny crève le front. Pol. perdent Kiev et Ukraine, Minsk puis la ligne Curzon/Varsovie-Dantzig. *-Juillet* **Wladyslaw Grabski** (1874-1938) PM. Wincenty Witos (1874-1945) chef du Parti paysan. *-11-7 plébiscite* en Mazurie : pour l'All. *-1-8* Toukachevski coupe la voie ferrée. *-7-8* Pol. près de traiter (armistice demandé 22-7, début des négociations 30-7), mais Gal Weygand, arrivé à Varsovie 27-7, est devenu conseiller du Gal Pilsudski. *-13-8* la bataille reprend. *-25-9* Russes demandent à négocier. *-12-10* préliminaires du traité fixent la frontière P. à 150 km à l'est de la ligne Curzon. **1921** Polonais expulsent les Allemands (officiellement 30 000, en réalité 500 000 avec les départs « volontaires »). *-3-2* Pilsudski à Paris, traité franco-pol. ; accord militaire secret. *-17-3 Constitution. -18-3* **traité de Riga :** territoire plus grand que celui délimité par la *ligne Curzon* [frontière proposée par G.-B. le 11-7-1920 à l'URSS ; imaginée en 1919 par lord Curzon (1859-1925) suivant la rivière Bug] ; Galicie et partie de la Haute-Silésie lui sont restituées. *-21-3 plébiscite* en Hte-Silésie : pour le maintien en All. 59,6 % mais les résultats devaient être décomptés par commune, partition de la province alors décidée. *-5-5* Pol. prennent bassin industriel (atrocités contre All. de souche). All. répliquent. *-5-7* territoire redevenu all. (atrocités contre Pol.). *-Août* compromis coupant Hte-Silésie en deux (SDN donne autant d'All. à P. que de Pol. à l'Allemagne). **1921** P. a repris *à l'Autr.* Hte-Silésie, *à l'All.* 51 029 km^2 dont Hte-Silésie orientale ; *population* 3 879 800 hab. (All. 30 %), secteur du corridor et de Dantzig (ses hab. ont perdu la nationalité all.) : Polonais 469 703, Cachoubes 106 441, Allemands 884 719. **1922**-*déc.* Pilsudski démissionne.

1922-*14-12* **Gabriel Narutowicz** (1865/16-12-1922, assassiné) Pt. *-17-12* **Gal Wladyslaw Sikorski** (1881-1943) PM. *-Déc.* **Stanislas Wojciechowski** (1869-1953) Pt. **1923**-*28-5* **Wladyslaw Grabski** PM. **1925**-*20-12* **Alexandre Skrzynski** PM. **1926**-*10-5* **Wincenty Witos** (1874-1945) PM (centre droit). *-12/14-5* coup d'État du Mal Pilsudski (379 †). Wojciechowski démissionne. *-28-5* **Pilsudski** Pt. *-31-5* démissionne, reste dictateur avec le titre de min. des Aff. militaires et inspecteur gén. des forces armées. Programme *Sanacja* (« assainissement »). *-1-6* **Kazimierz Bartel** (1882-1941) PM (modéré). *-2-6* **Ignace Moscicki** (1867-1946) Pt en titre. **1930**-*10-11* **Pilsudski** PM. **1932**-*janv.* pacte de non-agression avec URSS ; **1934**-*26-1* avec Allemagne. **1935**-*23-4 Constitution. -12-5* Pilsudski meurt (cancer). *-8-9 élections :* abstentions 55 %. *-Oct.* **Marian Zyndram-Koscialkowski** (1897-1944) PM. **1936**-*mai* **Gal Felicjan Slawoi Skladkowski** (1885-1962) PM. Grèves. *-13-7 Gal Rydz Smigly,* inspecteur Gal des Armées, proclamé 2e personnage de l'État (10-11 maréchal). **1937**-*avril/août* troubles, grèves. *-Déc.* le *Cel Józef Beck* (4-10-1894/Roumanie 6-7-1944) min. des Aff. étr., demande à Yvon Delbos, min. français des Aff. étr., son accord pour faire déporter tous les Juifs pol. à Madagascar. **1938**-*2-10* la P. occupe Teschen (1 060 km^2, 220 000 hab.) que les Tchèques ont occupé en 1919-20 pendant la guerre polono-soviétique. **1939**-*23-8* pacte germano-soviétique prévoyant partage de la P. *-1-9* (4 h 30) *invasion allemande* (1 500 000 h., 2 700 avions, 3 000 chars, contre 750 000 h. et 300 avions). *-17-9 invasion soviétique* qui rejoint troupes allemandes. *-18-9* gouv. pol. et haut-commandement passent en Roumanie avec quelques unités. *-27/28-9* Varsovie capitule. All. et URSS se partagent la P. *-29-9* Moscicki, interné en Roumanie, démissionne.

Gouvernement en exil. *-30-9* **Wladyslaw Raczkiewicz** (1885-1947) Pt en exil, siège à Angers (France) jusqu'au 12-6-1940, puis à Londres à partir du 20-6-1940. *-5-10* Kock : dernière bataille. *-28-10* **Gal Wladyslaw Sikorski** (1881/4-7-1943) chef du gouv. en exil. **1940**-*mai/juin* une armée pol. participe à la bataille de France et aux combats de Narvik [80 000 h. dont 27 083 passent en G.-B., 20 283 sont faits prisonniers en All., 29 938 restent en France (zone libre 13 438, occupée 6 500), 13 022 internés en Suisse]. *-21-6* Sikorski part pour Londres. Les troupes pol., transportées en G.-B., serviront à côté des Anglais ; 7 000 Pol. furent intégrés aux FFI. **1941**-*30-7* accord avec URSS. *-14-8* traité militaire pour constituer armée d'URSS (Gal Anders). *-4-12* Sikorski à Moscou : déclaration d'amitié et d'aide. **1942** armée Anders passe en Iran avec 50 000 h., puis participe à la campagne d'Italie (*1944 :* sur 115 000 h., 14 000 rentreront en Pol., les autres resteront en Italie jusqu'en mai 1946, puis rentreront en G.-B.). **1943**-*23-4* relations diplomatiques rompues avec URSS (découverte du massacre de *Katyn*) (voir encadré ci-dessous). *-4-7* Sikorski tué au décollage de Gibraltar (accident ou sabotage d'avion par le SOE britannique ?). *-14-7* **Stanislas Mikolajczyk** (1901-66) PM du gouv. en exil. Conseil nat. de l'Unité (RJN) créé. **1947**-*9-6* **Auguste Zaleski** (1883-1972) Pt en exil. **1972 Stanislas Ostrowski** Pt en exil. **1979 Edward Raczynski** (1891-1993) Pt en exil. **1986 Kazimierz Sabbat** Pt en exil. **1989-90 Ryszard Kaczorowski** Pt en exil.

Pologne occupée. Zone soviétique : 201 000 km^2, 13 millions d'hab. dont 5 500 000 Pol. [230 000 h. prisonniers (dont 15 000 officiers qui seront massacrés)] ; organise des élections à candidat unique. Les Assemblées votent pour le rattachement à l'Ukraine et à la Russie blanche. **1939**-*oct.* mesures discriminatoires antijuives. **Hiver 1939/41** 350 000 déportés en Russie et Sibérie. **1940**-*5-3* Staline ordonne de liquider les officiers polonais prisonniers (voir **Katyn**, encadré ci-dessous). *-Avril/mai* fermeture des camps de prisonniers de guerre pol. en URSS : Kozielsk, Starobielsk, Ostachkov. **Zone allemande :** l'Allemagne en annexe une partie et forme, dans une autre, un gouv. général (à Cracovie), sous son protectorat. *-16-11* les Allemands enferment 1 550 000 Juifs dans le **ghetto de Varsovie** créé 12-10 (403 hectares) ; 100 000 meurent de faim et d'épidémie, 300 000 seront déportés, principalement à Treblinka, et mourront. **1941**-*22-6* All. attaque URSS et occupe toute la P. *-10-7* Jedwabne 1 600 Juifs massacrés par Pol. poussés par All. (les Pol. reprochent aux Juifs leur compromission avec les Soviétiques en 1920 et 1939-40) [en 1949 : 20 inculpés, 1 condamné à mort, d'autres à la prison, tous seront libérés]. *-Juillet/août* 1res libérations de prisonniers et de déportés pol. en URSS. **1942** naissance du Parti ouvrier pol. (PPR) ; formation en URSS d'une armée pol. (Gal Anders, 1892-1970) qui passera en Égypte avec 60 000 h. *-14-2* Armée de l'intérieur (AK, *Armia Krajowa*) 350 000 h. *-17/ 18-4* des SS fusillent plus de 50 Juifs dans le ghetto. **1943**-*19-4/10-5 ghetto de Varsovie* attaqué par Allemands, insurrection des 40 000 survivants : 200 reçoivent une arme ; *-10-5 :* 80 s'échappent par les égouts, 50 d'entre eux seront tués les jours suivants ; la plupart des 30 autres mourront au cours de l'insurrection de Varsovie d'août et sept. 1944 ; Marek Edelman (cardiologue à Łódź) restait en 1993 le seul survivant. *-Mai* division Tadeusz Kósciuszko formée en URSS. **1944**-*1-1* création du *Conseil nat. du peuple* (clandestin, pro-soviétique) et de l'*Armée populaire* (AL). *-21-7 Comité pol. de libération nat.* créé à Lublin. *-29-7* (20 h 15), *30-7* (15 h, 20 h 55, 21 h 55, 23 h), la Résistance capte l'émission (retransmise par BBC) de *Radio-Kósciuszko* (armée pol. du Gal Berling sous les ordres soviétiques) appelant à la lutte : « Il n'y a pas un moment à perdre. » *-1-8* **insurrection de Varsovie** décidée le 31-7 par le Gal Tadeusz Komorowski, dit Bór [(† 1966 en exil à Londres ; cendres rapatriées le 28-7-1994), Cdt en chef de l'AK (35 000 à 50 000 h., dont 10 % avec arme à feu). Après 63 jours, échouera faute d'aide (l'armée soviétique ayant arrêté le 1-8 son offensive en direction de Varsovie)]. *-5-8* contre-offensive allemande. *-10/14-8* (et 17/18-9) tentative de parachutages alliés depuis l'Italie (Staline a refusé l'utilisation de ses bases aériennes). *-13-8* Moscou dénonce les criminels de guerre qui mènent l'insurrection. *-2-10* capitulation. **Bilan :** *Polonais :* AK 22 000 † ou disparus, 5 000 bl., 16 000 prisonniers ; civils :

Bilan (1939-45). *Tués :* 6 028 000 dont 3 000 000 de Juifs en camps d'extermination. *Prisonniers de guerre pol. :* sur 230 000 faits par l'armée rouge, 82 000 sont revenus vivants. *Civils déportés en camps de travail :* 1 600 000 dont 600 000 morts de froid et de malnutrition. 2 901 membres du clergé tués par Allemands.

Massacre de Katyn. 1940-*mars/avril* 4 143 officiers pol. massacrés à Katyn près de Smolensk ; 6 295 à Kalinine, 4 403 à Kharkov, et 10 000 dans un lieu inconnu, transportés des camps de Starobielsk et Kozielsk (15 000 Pol. prisonniers le 17-9-1939 ont disparu après mai 1940, peut-être noyés dans la mer Blanche). **1941**-*déc.* accord Sikorski/Staline. Démarches pol. pour retrouver les officiers perdus et les Pol. retenus en camps soviétiques. **1943**-*févr.* les Allemands découvrent le charnier de Katyn. *-13-4* annoncent leur découverte et accusent les Soviétiques (qui accusent les Allemands). *-19-4* devant le refus soviétique, la Croix-Rouge intern. renonce à envoyer une commission d'experts à Katyn. *-26-4* Moscou rompt relations diplomatiques avec le gouv. pol. de Londres qui veut une enquête sur Katyn. *-26-9* armée rouge reprend région de Katyn. **1946**-*30-9* tribunal militaire de Nuremberg ne retient pas le meurtre de Katyn à charge contre les nazis. **1959** Chelepine, chef du KGB, parle dans un rapport secret (divulgué 1992) de 21 857 Polonais (de l'élite) fusillés sur ordre de Staline. **1990** les Soviétiques reconnaissent être les auteurs des massacres de Katyn, Kalinine et Kharkov.

180 000 à 220 000 † dont 40 000 massacrés les premiers jours ; 4/5 de la ville détruite. *Allemands :* 17 000 † ou disparus, 9 000 bl. *-30-11* **Tomasz Arciszewski,** socialiste, PM du gouv. en exil. *-31-12* **gouv. provisoire** (*Edward Osobka-Morawski,* 1910-97) formé à Lublin par Comité reconnu par URSS [différent du gouv. libre de Londres (Mikolajczyk) reconnu par USA, France (de Gaulle) et G.-B.]. *-31-12* **Boleslaw Bierut** (1892/12-3-1956) PM. **1945** Russes prennent Varsovie (17-1), Cracovie (18-1), Poznán (27-1), Torun (1-2) ; libèrent la P. des nazis (mars). *-18-1* Bierut s'installe à Varsovie. *-28-6* **Osobka-Morawski,** socialiste, PM (14 ministres sur 21 émanent du Comité de Lublin). *-5-7 Mikolajczyk* devient 2e vice-Pt. *-Août* nouvelles frontières : la P. perd 180 000 km^2, annexés à l'Est par URSS en 1939, et reçoit 102 000 km^2 de l'All.

■ **République populaire. 1945-47** guerre civile ; tués : 22 000 communistes, 28 000 opposants. 2 300 000 Pol. rentrent d'Occident (dont 300 000 de France). **1946**-*janv. élections ;* industrie nationalisée. *-30-6 référendum* (truqué) sur suppression du Sénat (oui 68 %), réformes agraires [déjà faites (oui 77 %), restitution des territoires de l'Est (oui 91 %)]. *-4-7 Kielce :* 26 Juifs massacrés. Fin 1946, 429 condamnés à mort pour motifs politiques. **1947**-*janv.* 150 000 prisonniers politiques. *-19-1 élect.* faussées : Bloc démocratique (dominé par communistes) 394 sièges (86 % des voix), PSL 28 s. *-5-2* **Boleslaw Bierut** Pt de la Rép. *-7-2* **Józef Cyrankiewicz** (1911/21-1-1989), PM, secr. gén. du parti socialiste. *-Mai/juillet* 150 000 ukrainophones des Beskides dispersés. *-21-10* Mikolajczyk s'échappe. *-Oct.* 1 500 000 Pol. rapatriés d'URSS, 40 000 Ukrainiens rentrent en URSS. **1948**-*15-12* socialistes et communistes forment *P. ouvrier pol. unifié* (POUP). *Wladyslaw Gomulka* [(1905-82, 1er secr. de déc. 1945 à juillet 1948) limogé, puis expulsé du POUP 1951 et emprisonné (1951 à déc. 1954)] ; *-Déc. Boleslaw Bierut,* 1er secr. **1949**-*17-8 traité avec URSS ;* le Nord, autour de Königsberg-Kaliningrad, forme une *oblast* (région administrative) de 13 000 km^2 séparée de la Lituanie et directement rattachée à la Rép. de Russie. **1952**-*22-7 Constitution, -20-11* **Alexandre Zawadzki** (1899-1964) Pt du Conseil d'État. **Boleslaw Bierut** PM. **1953**-*26-9 cardinal Stefan Wyszýnski* (1901-81), primat de P., arrêté (libéré 28-10-1956). **1954**-*19-3* **Józef Cyrankiewicz,** PM. **1956**-*28-6 émeutes de Poznán,* Edward Ochab (1er secr. du POUP), ordonne au Mal russe Constantin Rokossovski, min. de la Défense, de tirer (113 †). *Gomulka,* réhabilité, élu 21-10 1er secr. du POUP. 87 % des terres rendues aux petits propriétaires (l'État garde la commercialisation des produits agricoles). **1964**-*12-8* **Edward Ochab** (1906/2-5-1989) Pt du Conseil d'État. **1967**-*6/12-9* de Gaulle en P. **1968**-*30-1 les Aïeux,* pièce de Mickiewicz, interdite. *-8-3* émeutes d'étudiants. *-8-4* Ochab démissionne. *-11-4* **Mal Marian Spychalski** (1906/7-6-1980) Pt du Conseil d'État. *-8-9* Varsovie, Ryszard Siwiec s'immole par le feu devant 100 000 personnes pour protester contre l'invasion des armées du pacte de Varsovie en Tchéc. **1970**-*7-12 traité P./All.* sur normalisation de leurs relations. *-15/19-12* émeutes (Gdánsk et autres villes) après hausse des prix alimentaires de 30 % (45 †), 1 165 bl., 3 000 arrestations, 19 immeubles et 220 magasins incendiés. *-19-12* Gomulka démissionne, *Edward Gierek* (ancien mineur en France et

La ligne Oder-Neisse (Odra-Nysa)

■ **Territoires de l'Est. Silésie :** *1327* passe de la suzeraineté pol. à celle de l'empereur, roi de Bohême, de la dynastie de Luxembourg ; *1748* traité d'Aix-la-Chapelle : prise aux Habsbourg (successeurs des Luxembourg sur trône de Bohême) par Frédéric II, roi de Prusse. **Poméranie** *« propre »* (seule est actuellement pol. l'est de l'ancienne principauté) ; *1180* suzeraineté de l'empereur allemand Frédéric Barberousse ; *1231* aux Pces ascaniens de Brandebourg, duché allemand autonome ; *1648* annexée par Frédéric-Guillaume, Électeur de Brandebourg et duc de Prusse (sauf Stettin, ville suédoise dans l'Empire jusqu'en 1720). **Prusse-Orientale :** *XIIe s.* conquise par chevaliers Teutoniques sur Prussiens, peuple païen de langue lituanienne ; *1466* paix de Toruń : vassale du roi de P. jusqu'en 1657 ; *1525* sécularisée ; *1618* duché de Prusse passe aux Hohenzollern du Brandebourg ; *1701* devient royaume. **Poméranie ultérieure** ou **Pomérélie :** *1107* détachée de la Poméranie ; attribuée à un duc résidant à Gdańsk ; *1295* devient pol. ; *1308* annexée (non occupée) par chevaliers Teutoniques (appelée « Prusse occidentale ») ; *1466* redevient pol. sous le nom de « Prusse royale » ; *1772* Frédéric II l'annexe au 1er partage de la P. (sans Dantzig) ; *1793* Frédéric-Guillaume II annexe Dantzig ; *1807* Dantzig ville libre ; *1813* défendue 11 mois (janv.-déc.) par Gal Jean Rapp ; *1814* Prusse récupère Dantzig ; *1919* traité de Versailles : Dantzig ville libre ; le reste de la Pomérélie (le *« corridor pol. »*) est, après 147 ans de domination prussienne, rendu à la P. qui crée port artificiel de Gdynia. *1939* All. reprend Dantzig.

■ **Fixation de la frontière. 1943**-*nov. conférence de Téhéran,* Churchill propose un tracé suivant le cours de l'Oder et de son affluent de rive gauche, la Neisse orientale (Neisse de Glatz). La Silésie minière revenait à la P., la Silésie agricole restait à l'All. **1945**-*4/11-2 Yalta,* la décision finale est reportée. *-Juillet conférence de Potsdam* entérine le choix de Staline : la Neisse occidentale (ou Neisse de Lusace). Churchill accepte pour éviter que Silésie et Poméranie ne deviennent une nouvelle Alsace-Lorraine. On incorpore ainsi dans la P. des terres allemandes depuis le XIIIe s. et qui n'avaient été véritablement pol. qu'à la fin du Xe s. **1950**-*6-7* traité P./RDA reconfirment ces accords. **1970**-*7-12* traité P./All. féd. : idem.

Belg. 1930) le remplace ; hausse des prix annulée. *-23-12* **Józef Cyrankiewicz** Pt du Conseil d'État. **Piotr Jaroszewicz** (8-11-1909/31-8-1992, assassiné avec sa femme, exclu du POUP en 1981) PM (jusqu'en févr. 1980). **1972**-*28-3* **Henryk Jablonski** (né 27-9-1909) Pt du Conseil d'État. Vatican reconnaît frontière Oder-Neisse. *-Mars* pénurie alimentaire. **1975**-*17/20-6* Pt Giscard d'Estaing en P. ; puis *-28/29-7* Pt Ford. **1976**-*févr.* Constitution amendée (rôle dirigeant du PC et amitié obligatoire avec URSS). *-21-3 élections. -25-6* grèves à Ursus, Zeran, Swierk, Plock, émeutes à Radom après hausse des prix alimentaires (+ 60 % ; annulée) ; fondation du *Kor* (Comité d'autodéfense sociale) par des intellectuels pour défendre les ouvriers poursuivis. **1977**-*10-11* loi permettant de louer des magasins d'État (boucheries, joailleries, vins et liqueurs) à des personnes privées qui pourront avoir 3 ou 4 employés. Décision de faciliter la vente de terres de l'État à des particuliers (non appliquée). **1978**-*18-10 Jean-Paul II, 1er pape pol.* [cardinal Karol Wojtyla (né 1920), archevêque de Cracovie]. **1979**-*13-5 :* 900e anniversaire de la mort de Stanislas (symbole de l'affranchissement Église/État). *-Juin* Jean-Paul II en P. **1980**-*févr.* Gdánsk : 1re grève des chantiers. *-11/15-2 :* 8e congrès du POUP, **Edward Babiuch** (né 28-12-1927) PM, équipe Gierek renforcée ; tension POUP, Église et opposition. *-Juillet* grèves contre hausses des prix. *-14/31-8* Gdánsk : grève des chantiers. *-14-8* jeudi, *Gdánsk,* grève chantier Lénine lancée par Bogdan Borusewicz du Mouvement pour les syndicats libres ; prétexte : licenciement d'une ouvrière, Anna Walentynowicz. *-16-8* Lech Wałęsa annonce par haut-parleurs que la grève a atteint ses objectifs et est terminée. Les ouvriers partent (on leur a promis l'impunité s'ils cessaient le jour même l'occupation). Mais une conductrice de tramways, instigatrice d'une grève dans les transports en commun, s'écrie : « Vous nous avez vendus. Maintenant ils vont écraser les autres entreprises comme des punaises. » Walesa reprend son micro : « Nous continuons la grève, par solidarité ! » Création d'un comité de grève inter-entreprises. *-24-8* Babiuch démissionne, **Józef Pinkowski** (17-4-1929/ 8-11-2000) PM. *-26-8* cardinal Wyszýnski lance un appel à la fin de la grève. *-28-8* grèves s'étendent. *-29-8* grève en Silésie (mines). *-30-8* Comité central accepte de traiter. Gdánsk : accord MKS entre *Lech Wałęsa* et négociateur Mieczyslaw Jagielski (1924-97), sur création de syndicats « autogérés en dehors du contrôle du PC ». *-5-9 Stanislaw Kania* (né 8-3-1927) 1er secr. du POUP. *-24-9* Solidarité obtient un statut légal. *-16-12* Gdánsk, monument aux ouvriers de la Baltique tués en 1970 inauguré (3 croix d'acier de 42 m de hauteur et 3 ancres de marine crucifiées, 134 t). **1981**-*10* et *24-1* grève pour samedi libre (prévu par accords de Gdánsk). *-13-1* Wałęsa à Rome. *-9-2* **Gal Wojciech Jaruzelski** (né 6-7-1923), PM et min. de la Défense. *-1-7 Mgr Jozef Glemp,* évêque de Warmia (né 18-12-1928), primat de P. *-14/20-7 :* 9e congrès du POUP. Gierek exclu. *-18-7* Kania réélu 1er secr. [(1 311 voix sur 1 939) devant Kazimierz Barcikowski (568)]. *-25-7* marche de la faim à Kutno ; *-27-7* à Łódź. *-29-7* grève des transports à Varsovie. *-3/5-8* transporteurs bloquent centre de Varsovie. *-15-8* Jaruzelski et Kania voient Brejnev en Crimée. *-15-10* accord gouv./Solidarité sur prix alimentaires. *-18-10* Jaruzelski, élu (par 104 voix devant Kania 79) 1er secrét. du POUP, reste PM et min. de la Défense. *-Déc* Jaruzelski réclame une intervention des troupes du pacte de Varsovie. L'URSS refuse (craint les sanctions économiques et politiques de l'Occident déjà irrité par l'intervention en Afghanistan). *-13-12* **état de guerre proclamé.** *Conseil militaire de salut nat.* (Pt Jaruzelski, 15 généraux et 5 colonels) : 100 000 interpellations, 5 906 arrestations dont *Wałęsa ;* (plusieurs †). *-14-12* grèves, en particulier dans les mines. *-16-12 :* 324 bl. à Gdánsk ; *-17-12* à Wujek, Silésie : 9 †. *-23-12* armée et police évacuent grévistes des aciéries de Huta-Katowice. *-28-12* fin grève des mineurs de Piast (Silésie). *-30-12* travail obligatoire pour hommes de 18 à 45 ans. **1982**-*4-1* zloty dévalué de 71 %, prix augmentent de 300 %. *-17-2 :* 145 000 interpellations. *-26-2* bilan : 6 647 arrestations. *-12-4 :* 1re émission de *Radio-Solidarnósć.* *-28-4 :* 1 000 pers. libérées dont le Pt de Solidarité rurale. *-1/3-5* manif. anniversaire de la Constitution de 1791 : 1 372 arrestations. *-4-5* troubles à Szczecin, couvre-feu à Varsovie et dans plusieurs voïvodies. *-5-5 :* 597 personnes jugées (amendes pour 356, prison 115). *-13-5* manif. Solidarité. *-7-6* Pt Reagan voit Jean-Paul II au Vatican [selon Carl Bernstein, début d'une entente Église/USA (CIA, syndicats, AFL-CIO) pour renverser communisme, notamment en aidant Solidarité : matériel (ordinateurs, photocopieurs), fonds]. *-13-6* manif. à Wrocław et Cracovie : 238 arrestations. *-14-6* levée couvre-feu à Szczecin, 257 libérations. *-16-6* troubles à Wrocław. *-28-6* milliers de manifestants à Poznán. *-1-7* levée du couvre-feu à Varsovie. Création du *Mouvement patriotique de renaissance nat. -31-8* manif. dans 66 villes (5 †). *-1/3-9* incidents à Lublin. *-6/9-9* l'Armée patriotique révolutionnaire pol. prend 13 otages à l'ambassade de P. à Berne. *-13/15-9* affrontements à Wrocław. *-8-10* loi sur syndicats, dissolution des organisations (dont Solidarité) suspendues pendant l'état de guerre ; grèves. *-10-11* grève générale échoue. *-12-11 Wałęsa libéré ; -14-11* rentre à Gdánsk. *-31-12* **suspension de l'état de guerre,** libération des internés sauf 7 de Solidarité ; reste 3 600 emprisonnés dont 700 doivent être graciés. **1983**-*16/23-6* Jean-Paul II en P. *-5-10 Wałęsa prix Nobel de la paix* (sa femme le recevra pour lui le 10-12). *-Déc.* loi permettant un « état d'exception » en cas de « calamité naturelle » ou de « menaces contre l'ordre social ». **1984**-*17-6 élect. locales :* 40 % d'abstentions. *-20-7 amnistie,* 652 libérations. *-20-11* la P. quitte l'OIT qui lui reproche ses atteintes à la liberté. **1985**-*7-2* procès à Torun des assassins du père *Jerzy Popieluszko,* aumônier de Solidarité (tué 19-10-1984) : 1 colonel condamné à 25 ans de prison, 1 capitaine et 2 lieutenants à 15 et 14 ans ; ont été libérés « au bénéfice du doute » le 19-8-1994 : 2 anciens généraux communistes, Wladyslaw Ciaston et Zenon Platek, ancien vice-ministre de l'Intérieur chargé de la police politique et directeur du département de ce ministère chargé du clergé. *-6-11* **Gal Wojciech Jaruzelski** Pt du Conseil d'État. **Zbigniew Messner** (né 13-3-1929) PM. *-4-12* Jaruzelski reçu à sa demande par Pt Mitterrand. *-7-12* Willy Brandt à Varsovie pour 15e anniversaire du traité germano-pol. **1986**-*1-2 :* 7e dévaluation du zloty depuis 1982. *-31-5* Zbigniew Bujak, responsable clandestin de Solidarité, arrêté. *-15/16-6* Wiktor Kulerski le remplace. *-11-9 amnistie* politique. *-10-10* conseil provisoire de Solidarité (constitué 30-9) déclaré illégal. **1987**-*13-2* Jean-Paul II reçoit Jaruzelski à Rome. *-Févr.* USA lèvent dernières sanctions. *-30-3* hausse des prix de 20 à 52 %. *-9-5* Constitution modifiée : des référendums pourront être organisés. *-8/14-6* Jean-Paul II en P. *-29-11 référendum :* abst. 32,68 % ; pour réformes économiques (66,04 % des voix), démocratisation (69,03 %). **1988** *-1-2* dévaluation de 15,8 %. *-Mai* grèves. *-13-6* Jaruzelski reconnaît échec politique des prix et salaires. *-17-6* suppression du serment de fidélité à l'armée soviétique pour les conscrits. *-19-6 municipales :* abst. 44 %. *-Août* grèves Silésie et côte balte. *-26-9* **Mieczyslaw Rakowski** (né 1-12-1926) PM. *-4-11* Mme Thatcher en P., rencontre Wałęsa à Gdánsk. *-11-11/-13-12* manif. *-1-12* Gdánsk, chantiers fermés. *-10/13-12* Wałęsa en Fr. *-23-12* lois sur activité économique et investissements étrangers. *-25-12* message de Noël de Mgr Glemp (1re fois depuis 1945). **1989**-*18-1* POUP adopte résolution sur pluralisme syndical. *-21-1* père Stefan Niedzielak battu à mort. *-Févr.* mort du père Stanislaw Suchowolec. *-14-2* Rakowski en Fr. *-20-2* dévaluation de 7,45 %. Environ 100 opposants arrêtés. *-Mars* bureaux de change libres. *-5-4 :* 1re table ronde depuis 6-2 (57 m. ; pouvoir, opposition, Église) : Pt de la Rép. sera élu ; entrée de l'opposition au Parlement, rétablissement du Sénat, légalisation de Solidarité, indexation des prix sur salaires. *-17-4* USA accordent aide de 1 milliard de $. *-18-4* rencontre Jaruzelski/Wałęsa. *-4/18-6 élections* (Solidarité : 90 sièges sur 100 au Sénat, 160 députés sur les 161 auxquels elle avait droit). *-14/16-6* Pt Mitterrand en P. *-1-7* blocage prix et salaires pour 30 jours.

■ **République polonaise. 1989**-*18-7* **Gal Wojciech Jaruzelski** élu par le Parlement (à 1 voix de majorité compte tenu du quorum requis ; 270 voix pour, 233 contre, 34 abst., 7 voix nulles, 15 élus étaient absents). *-1-8* libération prix agroalimentaires, grèves. *-2-8* **Gal Czeslaw Kiszczak** (né 19-10-1925) PM (Solidarité refuse de participer au gouv.) ; *-14-8* démissionne. *-18-8* **Tadeusz Mazowiecki** (né 17-4-1927) PM, investi 24-8 (1er PM non communiste à l'Est depuis 1945). *-12-9* Diète approuve nouveau gouv. (402 pour, 0 contre, 13 abst.). *-17-11* Varsovie, statue de Félix Dzierijinski (d'origine pol., fondateur de la Tchéka russe) déboulonnée. *-7-12* amnistie pour 17 000 délinquants. *-29-12* Diète abolit rôle dirigeant du POUP, adopte économie de marché (plan de Leszek Balcerowicz, vice-PM et min. des Finances). *-30-12 Constitution* votée. **1990**-*1-1* dévaluation de 46 %. *-Févr.* Club de Paris accepte rééchelonnement dette pour 9,4 milliards de $. *-7-4* P. demande à URSS 4,5 milliards de roubles pour le travail de 2 000 000 de déportés pendant la guerre. *-25-11 : 1er tour présidentielle :* participation 60,63 %, Wałęsa (47 ans) 39,96 %, Stanislaw Tyminski (42 ans, milliardaire ayant fait fortune au Pérou et au Canada) 23,1, Tadeusz Mazowiecki (63 ans) ROAD 18,08, Wlodzimierz Cimoszewicz (42 ans) SDRP (ex-PC) 9,21, Roman Bartoszcze (44 ans) PSL 7,15, Leszek Moczulski (60 ans) KPN 2,5. *-9-12 : 2e tour* participation 53,43 %, Wałęsa 74,25 % (élu), Tyminski 25,75. *-11-12* Jaruzelski prête serment devant la Vierge noire de Częstochowa et présente des excuses publiques pour la loi martiale. *-14-12* Mazowiecki démissionne.

1990-*22-12* **Lech Wałęsa** (né 29-9-1943) investi au château royal de Varsovie : pouvoirs remis par Ryszard Kaczórowski, Pt en exil, avec les insignes de l'État (scellés, drapeau et Constitution de 1935 emportés lors de l'invasion allemande en 1939). *-29-12* **Jan-Krysztof Bielecki** (né 3-5-1951) PM. **1991**-*15-2 sommet de Visegrad* (ville proche de Budapest, où en 1335 Casimir le Grand, roi de P., Charles Ier de Hongrie et Jean de Luxembourg, roi de Bohême, se réunirent pour régler leurs différends) : chefs d'État et de gouv. pol., hongrois et tchécoslovaque. *-9-4* Wałęsa en France ; *-20-5* en Israël. *-1/9-6* Jean-Paul II en P. *-17-6* traité de coopération et de bon voisinage avec All. *-1-7 pacte de Varsovie dissous. -13-9* loi supprimant monopole d'État sur radio et TV. *-27-10 législatives. -26-11* P. adhère au Conseil de l'Europe. *-16-12 traité d'association avec CEE.* Accord d'association entre P., Hongrie et Tchéc. avec CEE signé, instauration en 10 ans d'une zone de libre-échange. *-19-12* Wałęsa retire son projet d'amendement visant à augmenter les pouvoirs du Pt. *-24-12* **Jan Olszewski** (né 20-8-1930) PM. **1992**-*13-1* grève générale de 1 h contre hausse électricité (20 %) et gaz (70 %). *-18-5* traité d'amitié et de coopération avec Ukraine ; *-22-5* idem avec Russie. *-5-6* **Waldemar Pawlak** (5-9-1959) PM. *-10-7* **Hanna Suchocka** (née 3-4-1946) PM. *-18-8* grève générale. *-17-10* amendements, formant la *Petite Const.,* précisant les relations entre Pt, gouv. et Parlement pour éviter la paralysie des institutions (renforce les pouvoirs du PM) ; entrée en vigueur 7-12. *-28-10* fin du retrait des unités de combat de l'armée russe. **1993**-*22-1* PM demande au Parlement de pouvoir gouverner par décrets. *-16-3* IVG interdite [sauf en cas de viol, inceste, vie de la mère en danger ou anomalies graves ; (4-10-1996 libéralisation, 28-5-1997 déclarée inconstitutionnelle) ; verdict entériné le 18-12 par la Diète]. *-28-5* gouv. renversé. *-28-7* concordat signé avec le Vatican. *-18-9* départ des derniers soldats ex-soviétiques basés en P. *-19-9 législatives :* victoire des sociaux-démocrates et des paysans. *-18-10* H. Suchocka démissionne. *-8-11* **Waldemar Pawlak** PM. **1994**-*8-2* démission du vice-PM et min. des Finances, SLD, Marek Borowski (par ailleurs mis en cause pour transfert illégal de 1,23 million de $ remis par PC soviétique en 1990). *-9-2 :* 1re manif. contre gouv. *-27-5 :* 15 000 à 30 000 manifestants de Solidarité à Varsovie. *-4-7* Wałęsa s'oppose à un amendement assouplissant la législation sur l'avortement voté par le Sénat le 3-7. **1995**-*1-1* « zloty lourd » (= 10 000 anciens zlotys). *-1-3* **Józef Oleksy** (né 22-6-1946), SLD, PM.

1995-*23-12* **Aleksander Kwasniewski** (né 15-11-1954, min. de la Jeunesse et des Sports en 1985) Pt élu 19-11 au 2e tour avec 51,7 % des voix [participation 68,3 (Lech Wałęsa 48,3) ; 1er tour (5-11) : participation 64,7 %, il avait 35,11 % de voix, Wałęsa 33,11, Jacek Kuron (Union des libertés) 9,22, Jan Olszewski (PC) 6,86, Waldemar Pawlak (PSL) 4,10, Tadeusz Zielinski (gauche) 3,53]. **1996**-*24-1* Oleksy, PM, démissionne (accusé d'espionnage pour Soviétiques puis Russes de 1982 à 1994). *-7-2* **Wiodzimierz Cimoszewicz** (né 13-9-1950) PM. *-18-2 référendum* sur distribution des biens d'État : échec [la participation (32 %) n'a pas atteint 50 %]. *-2-4* Wałęsa reprend son travail aux chantiers navals de Gdánsk (pour 1 h 30). *-11-7* P. adhère à l'OCDE. *-11/13-9* Pt Chirac en P. **1997**-*12-3* peine de mort sera abolie au 1-1-1998. *-30-5/10-6* Jean-Paul II en P. *-Juillet* inondations (50 †, 150 000 déplacés, 33 milliards de F de dégâts). *-17-10* **Jerzy Buzek** (né 3-7-1940) PM. **1998**-*8-2* Diète ratifie le concordat avec le Vatican signé en 1993. *Juillet* chantiers navals de Gdánsk (en faillite depuis 2 ans) vendus aux chantiers de Gdynia. **1999**-*5/17-6* Jean-Paul II en P. béatifie 108 martyrs des nazis. **2000**-*8-10* Kwasniewski réélu Pt au 1er tour (53,9 %) [Andrzej Olechowski, indépendant (18,5 %), Marian Krzaklewski (13 %), Lech Wałęsa (0,8 %)]. *-10-8* A. Kwasniewski et *-11-8* L. Wałęsa, blanchis par tribunal des accusations de collaboration avec le SB. **2001**-*15-5* début du procès du Gal Jaruzelski [pour ordre donné de tirer sur ouvriers de Gdansk et Gdynia (officiellement 44 †) ; blanchi en 1996 de sa responsabilité constitutionnelle pour avoir imposé la loi martiale].

☞ **Ryszard Kuklinski** (né 1913), officier d'état-major de 1970 à 1981, a transmis 30 000 documents à la CIA. *1981* quitte clandestinement la P. avec femme et enfants. *1984* condamné à mort par contumace. *1989* des espions russes retrouvent sa trace aux USA. *1994* ses 2 fils tués (2 mystérieux accidents). *1997* amnistié.

■ Politique

■ **Statut.** *République.* **Constitution** du 22-3-1997 (votée par la Diète par 461 voix contre 31 et 5 abstentions), approuvée par référendum le 25-5 (oui 52,7 %), remplace celle du 30-12-1989 : la P. devient un État démocratique de droit (était auparavant un État socialiste). Le parquet est placé sous la tutelle du ministre de la Justice (auparavant, relevait de la présidence de la Rép.). D'après une loi entrée en vigueur en 1999, les candidats doivent déclarer sur l'honneur s'ils ont ou non collaboré avec la police politique SB ou les renseignements militaires ; un candidat, Andrzej Olechowski a avoué une telle collaboration dans les années 1970. La loi s'applique aussi aux ministres, députés, juges et magistrats. L'aveu est publié au *Journal officiel* et n'entraîne pas de sanction automatique ; le mensonge exclut pour 10 ans de toute fonction publique. **Congrès :** *Sénat* supprimé 1948 ; rétabli 7-4-1989 ; 100 membres élus au scrutin libre (2 par voïvodie et 3 pour ceux de Varsovie et Katowice). *Diète (Sejm) :* 460 membres élus pour 4 ans au suffrage univ. 1 représentant pour 60 000 h. **Pt :** élu pour 5 ans au suffrage univ. pour 5 ans. **PM :** élu par la Diète. **Élections. Diète (21-9-1997) :** 460 sièges dont AWS (Action électorale – Solidarité) 201, SLD 164, UW 60, PSL 27, ROP 6, minorité allemande 2. *% des voix :* AWS 33,8, SLD 27,13, UW 13, PSL 7,31, ROP 5,56. **Sénat (21-9-1997) :** AWS 51 sièges, SLD 28, UW 8, ROP 5, PSL 3, divers 5. **Fête nationale.** 3-5 (Constitution de 1791). **Emblème.** Aigle blanche sur fond rouge. Depuis déc. 1989, de nouveau surmontée d'une couronne (supprimée par les communistes). **Drapeau** (adopté par le Parlement en 1831, confirmé en 1919). Bandes horizontales, une blanche, une rouge.

■ **Noblesse.** Avant 1420, la *Szlachta,* (noblesse de magnats et propriétaires fonciers, 6 à 10 % de la population), bénéficiait d'une égalité de droits entre ses membres et était hostile aux titres héréditaires. La hiérarchie des fonctions assurait une distinction, le plus élevé des honneurs étant la noblesse. Même le roi élu ne pouvait rien contre cette égalité. En 1569, l'Union de Lublin (Pologne/Lituanie) entraîna l'incorporation des qualifications de prince chez les anciennes familles dynastiques des deux États. Il y avait 725 000 nobles en 1760 pour 7 millions d'habitants. La *Constitution du 21-3-1921* de la Pologne ne reconnut « aucun privilège héréditaire ou de classe, aucune armoirie, aucun titre de noblesse ou autre... ». La *Constitution du 23-4-1935* abrogea ce texte, mais, depuis 1939, noblesse et titres ont été abolis. **Titres de la Pologne partagée.** Conférés par : Autriche, Prusse, Russie, France (Ier Empire), Italie, St Empire, Saxe. *Familles* titrées 288. *Princes :* 18 familles dont 10 d'origine dynastique, soit 2 descendants des Pces régnant en Lituanie avant le XVIe s. (Giedroyc, Sanguszko), 5 issues de Rurik (dont Massalski, Oginski), 3 de Guedymine (dont Czartoryski) et 8 qui avaient obtenu leurs titres princiers [1 du pape, 4 du St Empire (sont Jablonowski, Radziwill, Lubomirski), 2 de la Diète de Pologne (Poninski, Poniatowski), 1 du tsar de Russie]. 8 autres familles d'origine dynastique appauvries avaient abandonné leur qualification de Pce. *Marquis* 2 : Umiastowski, Wielopolski, Ctes du St Empire avec confirmation du titre de Mis par Alexandre II en 1879. *Comtes* 196 : du St Empire et de l'Autriche 104, Prusse et Allemagne 41, royaume de Pologne 19 (1815-30), pape 17, Russie 9, Saxe 4, Italie 2. *Vicomte* 1 : Verny-Geraud, autorisé 1824 à porter son titre. *Barons 37 :* Autriche 19, France 13, royaume de Pologne 3, Prusse 1, Saxe-Cobourg-Gotha 1. *Chevaliers* 41 Ier Empire entre 15-3-1810 et 16-8-1813, mais comme 8 obtinrent des titres de baron ou de comte, il en reste 33.

■ **Voïvodies** (circonscriptions administratives). 49 (dont 3 villes autonomes : Varsovie, Łódź, Cracovie). 16 depuis le 1-1-1999.

■ **Partis.** Environ 200 partis ou organisations enregistrés. **P. ouvrier unifié polonais (POUP)** fondé 1947, 2 015 000 m. en 1989 (de juillet 1981 à mars 1984, perte de 1 000 000 de membres). Le 28-1-1990, XIe et dernier congrès, 1 129 délégués sur 1 637 votent sa transformation en **P. social-démocrate pol. (SLD)**, *Pt* : Jozef Oleksy depuis 27-1-1996, *secr. gén. :* Jerzy Szmajdzinski. **P. socialiste pol. (PPS)** fondé 1892, *leader :* Piotr Ikonowicz. **P. paysan uni (ZSL)**, adopte 1990 ancien nom de **P. paysan pol. (PSL)** fondé 1990, *leader :* Jaroslaw Kalinowski. **P. démocratique** fondé 1939, Jan Janowski, 12 500 m. (en 1995). **Confédération pour une Pologne indép. (KPN)** fondée 1979 ; principaux dirigeants arrêtés sept. 1980, condamnés en 1982 à 7 ans de prison, libérés 1984 ; *leader :* Leszek Moczulski. **Alliance du Centre** fondée 1990, *leader :* Krzysztof Tchorzewski. **Union démocratique** fondée 1990, *leader :* Tadeusz Mazowiecki. **Union du Travail (UP)** fondée 1993, *leader :* Marek Pol. **Rassemblement national-chrétien (ZCHN)** fondé 1989, *leader :* Marian Pilka. **P. des buveurs de bière pol.** fondé 1991 par Leszek Bubel. **Union des libertés (UW)** fondée 1994, Bronislaw Geremek. **Action électorale-Solidarité (AWS)** formée en 1996, coalition de droite issue du syndicat. **Mouvement pour la reconstruction de la P. (ROP)** fondé 1995, *leader :* Jan Olszewski. **P. radical libéral (UPR),** Janusz Korwin-Mikke.

■ **Syndicats. Alliance des Syndicats polonais (OPZZ)** fondée 1984 (4 500 000 m., *leader :* Mariy Manicki). **Solidarité (NSZZ Solidarńosć)** devenu **AWS,** indépendant, autogéré. *1980-22-9* créé, *1981-13-12* suspendu, *1982-8-10* dissous, *1989-5-4* légalisé (2 500 000 m., *leader :* Marian Krzaklewski). **Solidarité rurale** *1981-19-3* créée. *-10-5* sous le nom de **Syndicat indépendant et autogéré des agriculteurs individuels-Solidarité (NSZZRI-Solidarnósć),** *leader :* Jan Kulaj, *-13-12* suspendu, *1982-8-10* dissous, *1989-5-4* légalisé, *leader* : R. Wierzbicki. **Union indépendante des étudiants (NSZ),** *1981-19-2* reconnue par gouv. (accord de Łódź), *1982-janv.* dissoute.

■ Économie

■ **PNB** (en 1999). 3 880 $ par hab. **Croissance :** *1995 :* 7 ; *96 :* 6 ; *97 :* 6,8 ; *98 :* 4,8 ; *99 :* 4,1 ; *2000 :*2,2. **Population active** (en %) **et,** entre parenthèses, **part du PNB** (en %) : agr. 27,4 (3), ind. 22,1 (24), services 38 (42), mines 1,6 (2). **Chômage** (en %, au 31-12) : *1990 :* 6,5 ; *95 :* 14,9 ; *99 :* 13 ; ; *2000 :* 15 ; *2001 (est.) :* 10,3. **Travail au noir :** 5 % de la pop. active. **Travailleurs étrangers** (en 1994) : 100 000 à 150 000 (Russes, Biélorusses, Ukrainiens, Lituaniens, Vietnamiens, Chinois) employés « au noir ». **Déficit public** (en % du PIB) : *1993 :* 4,5 ; *95 :* 2,8 ; *99 :* 2,1. **Dette publique** (en % du PIB) : *1999 :* 4,1. **Inflation** (en %) : *1990 :* 686 ; *95 :* 27 ; *96 :* 19 ; *97 :* 15 ; *98 :* 12 ; *99 :* 7,2 ; *2000 :* 7,1 ; *2001 (est.) :* 5,4. **Revenus salariaux moyens par hab.** (en $) : *1990 :* 100 ; *91 :* 150 ; *92 :* 200 ; *93 :* 260 ; *99 :* 430. **Dette extérieure à l'égard des pays de l'Ouest** (en milliards de $) : *1985 :* 31,2 ; *90 :* 48 ; *95 :* 44 ; *97 :* 38. **Aide** (en millions de $) : *des USA* (en 1989) : 100 ; *du Japon* (oct. 1989) : 80 ; *de l'ex-All. féd.* (oct. 1989) : 3 milliards de DM ; *du FMI* (en 1993) : 657 ; *de la Banque mondiale* (en 1993) : 450. **Investissements directs étrangers** (en milliards de $) : *1997 :* 5,5 ; *98 :* 10,1 ; **cumulés** (1990-98) : 38,9 dont (en %) Allemagne 17, USA 15, *France 10,* Italie 8.

■ **Agriculture. Terres** (en milliers d'ha, 1999) : surfaces agricoles 18 435 (dont t. arables 14 134, jardins 267, pâturages 1 454), forêts 8 970, prairies 2 580. **Exploitations :** *1939 :* 43 % des terres pol. appartenaient à de grands propriétaires. *1945 :* 6 millions d'ha redistribués, plus de 800 000 exploitations attribuées à des petits paysans. *1992 :* secteur socialisé 2 200 hab. sur 3,3 millions d'ha, privé 2,1 millions d'hab. sur 14,3. Moyenne des fermes privées 7,1 ha. 56,6 % des fermes ont moins de 5 ha. **Production** (en millions de t, 1999) : p. de t. 19,9, betteraves à sucre 14,1, blé 9,5, seigle 5,7 (en 1998), orge 3,5, choux 2 (en 1998), avoine 1,5, pommes 1,7 (en 1998), colza 1,1 (en 1998), oignons 0,8, groseilles 0,5 (en 1998), fraises 0,2 (en 1998). **Élevage** (en milliers de têtes, 1999). Poulets 50 017 (en 1998), porcins 18 538, bovins 6 555, canards 2 953 (en 1998), oies 608 (en 1998), dindes 672 (en 1998), ovins 392, chevaux 8 (en 1998). Ruches 1 699 (en 1989). **Forêts** (en 1998). 28 % des terres (au XIIe s.). Pins et sapins à 80 %. 23 300 000 m^3 (en 1997). **Pêche** (en 1999). 257 100 t.

■ **Énergie primaire.** [Mt = millions de t.] **Charbon :** *consommation* (en 1999) : 86 Mt (dont 24 exportés) ; *réserves* (8e du monde) : 51 milliards de t (Silésie, bassins de Lublin) ; *production* (en Mt) : *1990 :* 147,7 ; *96 :* 138 (pertes 500 millions de $, 16 000 licenciements) ; *98 :* 116,2 ; *99 :* 112. **Lignite :** *consommation* (en 1999) : 61 Mt ; *réserves :* 14,1 milliards de t ; *production* (en Mt) : 1990 : 67,6 ; *95 :* 63,5 ; *98 :* 26,9 ; *99 :* 35,3. **Pétrole** (en Mt) : *consommation* (en 1999) : 16,7 (dont 16,3 importé) ; *production : 1996 :* 0,3 ; *97 :* 0,2 ; *98 :* 0,2 ; *99 :* 0,2 ; *2000 :* 0,4. **Gaz naturel** (en milliards de m^3) : *réserves* (en 2000) : 146 ; *consommation* (en 1999) : méthane 9,9 (dont 7,3 importé), nitrifié 2,9, gasoline (en Mt, 1998) 5,1 (dont 1,7 importé) ; *production : 1996 :* 3,6 ; *99 :* 3,65 ; *2000 :* 3,74. **Diesel** (en Mt) : *consommation* (en 1998) : 6,1 (dont 0,4 importé). **Électricité** (en GWh) : *consommation en 1999 :* 145 585 [domestique 142 094 (142 789 en 1998)].

■ **Mines** (en milliers de t). **Fer :** *1986 :* 8,8 ; *87 :* 6,3 ; *88 :* 6,3 ; *89 :* 7,4 ; *90 :* 2,4 ; *91 :* 0,1 ; *92 :* 0,1. **Sel :** *1988 :* 6 179 ; *89 :* 4 670 ; *90 :* 4 055 ; *95 :* 4 214 ; *96 :* 4 163 ; *97 :* 3 979 ; *98 :* 4 005 ; *99 :* 4 128. **Soufre :** *1988 :* 5 001 ; *90 :* 4 660 ; *93 :* 1 893 ; *95 :* 2 427 ; *97 :* 1 719 ; *98 :* 1 404 ; *99 :* 1 247. **Cuivre :** *1989 :* 401 ; *90 :* 346 ; *95 :* 407 ; *97 :* 441 ; *98 :* 447 ; *99 :* 470. **Plomb. Magnésite. Nickel. Argent :** *1998 :* 1 108 t. ; *99 :* 1 232. **Or :** *1996 :* 530 kg. **Zinc.**

■ **Industrie** (en %, 1999). Électromécanique 19,6, alimentaire 21, chimie 13,1, énergie 9,4, métallurgie 9,1, bois 6,9, mines 5,6, légère 4,9. Chantiers navals : Zzczecin, Gdánsk, Gdynia (737 000 DUT en 1999). **Transports** (en km, 1999). **Routes :** 249 000. **Voies ferrées :** 22 891 dont 11 614 électrifiés.

■ **Tourisme. Visiteurs** (en millions) : *1991 :* 36,8 ; *93 :* 61 ; *94 :* 74,2 ; *95 :* 82,2 ; *96 :* 87,4 ; *98 :* 88,6 ; *99 :* 89,1. Mine de Wieliczka (près de Cracovie) : prof. plus de 100 m, 150 km de galeries creusées depuis le XIe s., sculptures, chapelle de la Bienheureuse Kinga, longueur 54 m.

■ **Réformes économiques. 1990** *plan Balcerowicz :* libéralisation (installation, commerce, propriété) et privatisation de l'économie [loi du 13-7 : transformation de 1 606 entreprises (18,4 % de l'économie) en Stés par actions détenues par le Trésor, puis privatisation de 36 grandes entreprises par des offres publiques d'achat]. Système bancaire (80 établissements au lieu de 9), Bourse de Varsovie ouverte en avril, création de 500 000 à 1 million de PME. Zloty dévalué 1-1-1990 de 46 % (1 $ = 9 500 Z), suppression du marché noir. Mai 1991 (15 %). 25-2-1992 (12 % : 1 $ = 13 800 Z). **1991** industrie, production : – 11,9 %. Investissements dans industrie : – 30 %, agriculture : – 50 %. *Privatisations :* recettes (en millions de $) : *1991 :* 107 (945 étaient prévus) ; *92 :* 195 (378 prévus). **1993**-*5-7* introduction de la TVA (22 et 7 %). **1996**-*24-10* impôt sur le revenu : tranches de 17, 20, 33 et 45 %. *Privatisations :* (1990 à sept. 1999) : 4 868 entreprises sur 8 441.

■ **Pollution.** 27 régions (sur 49) très menacées, 4 au seuil d'une catastrophe écologique (dont Haute-Silésie).

■ **Commerce** (en milliards de $). **Export./import. :** *1990 :* 14,3/9,5 ; *95 :* 22,9/29 ; *97 :* 25,8/42,3 ; *99 :* 27,4/45,9. En 1999, en milliards de zlotys : *exportations* 108,8 *vers* All. 36,1, Italie 6,5, P.-Bas 5,3, *France 4,8,* G.-B. 4 ; *importations* 182,4 *de* All. 25,2, *France 16,8,* Italie 9,4, Russie 5,9, G.-B. 4,6, P.-Bas 3,7, USA 3,6. **Échanges France-Pologne** (en millions de F) : **export./import. :** *1990 :* 2,2/3,5 ; *91 :* 4,2/3,5 ; *95 :* 7/5,5 ; *96 :* 10,5/6,7 ; *97 :* 13,5/7,5 ; *98 :* 16,5/8.

■ **Rang dans le monde** (en 1999). 5e pommes de terre. 7e porcins, argent, charbon.

■ Porto Rico

Carte p. 1048. V. légende p. 950.

■ **Nom.** *1943 :* appelée *San Juan Bautista. 1504 :* Juan Ponce de León, 1er gouverneur, se serait écrié en débarquant : *« Que puerto rico ! »* (« Quel riche port ! ») d'où le nom actuel, officiel depuis 17-5-1932.

■ **Situation.** Grandes Antilles. 4 îles dont 3 petites (Vieques 133,9 km^2, Mona 50,5, Culebra 28,5) à 129 km de la Rép. dominicaine, 74 km à l'ouest de St-Thomas. **Superficie :** 8 959 km^2 (160 sur 55 km). **Côtes :** 501 km. **Altitude** *maximale :* pic Cerro de la Punta 1 341 m. **Climat.** Tropical très humide ; 17 à 36 °C.

■ **Population.** *1999 :* 3 900 000 hab. ; *2025 (prév.) :* 4 000 000. Blancs 80 %, Noirs 20 %. **D.** 435,3. **Age :** *– de 15 ans :* 24,5, *+ de 64 ans :* 9,99. **Émigrés :** 2 700 000 aux USA, surtout à New York (le *Barrio :* « quartier » en espagnol).

■ **Langues** *(officielles).* Espagnol (seule officielle du 5-4-1991 à nov. 1992), anglais (environ 529 000 bilingues en 1970). **Religion.** 85 % catholiques.

■ **Villes** (en 1996). *San Juan* 433 405 hab., Bayamón 231 805, Ponce 189 988, Mayaguez 100 937.

■ **Histoire.** Habitée par Indiens arawaks (clans dirigés par un cacique). **1493**-*19-11* découverte par *Colomb.* **1508** espagnole. **1511** révolte indigène réprimée par Espagnols ; Arawaks décimés et remplacés par des Noirs africains ; San Juan fondée. **XVIe s.** incursions Indiens caraïbes, pirates français, anglais ou hollandais [échec des Anglais Francis Drake *(1595)* et G. Clifford *(1598),* du Hollandais B. Hendrik *(1625)*]. Centre de contrebande (surtout à partir de 1736). **1736** café introduit. **1797** échec de l'Anglais Ralph Abercromby. **1865** libéraux exigent abolition de l'esclavage. **1868**-*sept.* révolte échoue. **1873** *esclavage aboli.* **1897** autonomie partielle (gouverneur, 2 chambres). **1898** guerre hispano-américaine. *-10-12 traité de Paris :* USA reçoivent Porto Rico. **1900**-*1-5* loi *Foraker :* fin du contrôle militaire. **1909**-*15-7* « Olmsted Act » laissant au Pt des USA et au Conseil exécutif de grandes responsabilités. **1917**-*2-3* « Jones Act » : Porto Rico est territoire américain ; Portoricains ont la citoyenneté américaine. **1946** *Jesus Piñero* nommé gouverneur. **1948**-*2-11 Luis Muñoz Marín* élu gouverneur par les Portoricains. **1950**-*1-11* tentative d'assassinat du Pt Truman par 4 nationalistes portoricains. **1952**-*25-7* État libre associé. **1967**-*23-7* plébiscite, 425 081 (60,5 %) pour statut actuel, 273 315 (38,9 %) pour devenir 51e État américain, 4 205 (0,6 %) pour indépendance. **1975**-*17-12* projet d'autonomie élargie. **1981**-*10-1* attentat : (11 avions détruits). **1982**-*31-12* New York, attentat FALN. **1983**-*sept.* Macheteros volent 7 millions de $ aux USA (arrêtés août 1985, procès en 1987). **1986**-*31-12* incendie criminel hôtel Dupont-Plaza

(96 †). **1992**-*8-12 référendum :* 55 % contre l'autodétermination. **1993**-*14-11 référendum :* 48,4 % pour maintien du statut actuel. **1998**-*13-12 référendum :* 50,2 % contre le rattachement aux USA.

■ **Statut.** *État libre associé aux USA.* Les Portoricains ont la citoyenneté américaine. Ils peuvent bénéficier de la plupart des subventions auxquelles peuvent prétendre les 50 États fédérés. Ils ne participent pas aux élections au Congrès ni à la présidence des USA, mais sont exonérés de l'impôt fédéral sur le revenu. **Constitution** du 25-7-1952. **Sénat :** 27 membres élus au suffrage universel pour 4 ans. **Chambre des représentants :** 54 membres élus au suffrage univ. pour 4 ans. **Gouverneur** (élu au suffrage universel pour 4 ans) : Sila Calderon (PDP) élu nov. 2000. Porto Rico est représenté au Congrès des USA par un *Resident Commissioner* élu pour 4 ans qui n'a pas le droit de vote. **Noblesse.** *Titres conférés par l'Espagne* 6 : 3 marquis, 3 comtes. Titres interdits, mais tolérés. **Fête nationale.** 25-7 (jour de la Constitution). **Drapeau** (adopté en 1952). Bandes horizontales rouge et blanche. A gauche, triangle bleu portant une étoile blanche.

■ **Partis. P. de l'indépendance portoricaine (PIP)** fondé 1946, *Pt :* Ruben Barrios Martinez. **P. néoprogressiste (PNP)** fondé 1967, *Pt :* Pedro Rossello. **P. populaire démocrate (PPD)** fondé 1938 par Luis Muñoz Marin († 1980), *Pt :* Hector Luis Acevedo. **P. communiste portoricain (PC)** fondé 1934. **P. de la rénovation nationale (PRN)** fondé 1983.

■ **Économie.** PNB (en $ par hab.) : *1982 :* 3 720 ; *91 :* 6 310 ; *95 :* 7 664 ; *99 :* 8 930. **Population active** (en %) **et,** entre parenthèses, **part du PNB** (en %) : agr. 3 (1), ind. 24 (41), services 73 (58). **Chômage** (en %) : *1997 :* 13,5 ; *98 :* 13,6. **Inflation** (en %) : *1993 :* 3,3 ; *94 :* 4 ; *95 :* 4,2 ; *96 :* 6,1. **Aide fédérale américaine :** 30,7 % du PIB. 50 % des hab. vivent au-dessous du seuil de pauvreté.

■ **Agriculture** (en milliers de t, 1999). Canne à sucre 307, bananes 80, sucre 35,5, ananas 20,4, café 12, tabac 4,6 (en 1986), ananas. Mélasse 5 236 000 gallons (en 1991). Doit importer 90 % de son alimentation. **Élevage** (en millions de têtes, 1999). Poulets 11, bovins 0,38, porcins 0,17. **Pêche** (en 1997). 2 634 t. **Mines.** Cuivre, sel, marbre, nickel.

■ **Industrie.** Ciment, pharmacie, électricité, raffineries de pétrole (capacité 14 millions de t), mécanique, textile, produits alim. (rhum). Siège de nombreuses sociétés (exemptions fiscales).

■ **Tourisme** (en 1996-97). 4 349 700 visiteurs dont 2 443 900 venant des USA.

■ **Commerce** (en milliards de $, 1996-97). **Export. :** 23,9 **vers** USA 21,8. **Import. :** 21,3 **des** USA 13,3.

PORTUGAL

V. légende p. 950.

☞ *Abréviation :* P. : Portugal.

■ **Nom.** Xe s. nommé *Terra Portucallis,* de *Portus Calle* désignant 2 bourgs à l'embouchure du Douro : *Portu* (Porto) et *Cale* (Vila Nova de Gaia).

■ **Situation.** Europe. **Superficie :** 91 905,95 km² dont continent 88 797,36, Açores 2 329,67, Madère 778,92. **Longueur :** 561 km. **Largeur** *maximale :* 218 km. **Altitude** *maximale :* Torre dans le massif de la Serra da Estrela 1 993 m. **Côtes :** 1 793 km (dont 660 km à l'ouest et 172 km au sud). Cap de la Roca (côte ouest) extrémité la plus occidentale de l'Europe continentale. **Frontières** (les plus

anciennes d'Europe) : avec Espagne 1 214 km. **Régions :** délimitées par le Tage. *Nord :* plateaux et montagnes (alt. 400 à 900 m) ; *sud :* plaines (alt. 160 m) ; étroite bande côtière (sable et falaise) puis l'alt. augmente vers l'intérieur. **Régions touristiques :** Algarve (côte sud, sable fin, plages abritées, temp. moy. en été + 25 °C, en hiver + 15 °C). *Plages :* Nazaré, Estoril, Costa da Caparica, Praia da Rocha, Albufeira. **Climat.** Océanique, mois les plus chauds et les plus secs : juillet-août (max. 17 à 31 °C, min. 7,5 °C à 13 °C). *Pluies* (en mm/an) : nord du Tage 700 (1 355,8 en 1977 à Porto), au sud 500.

■ **Population** (en millions d'hab.). *1864 :* 4,2 ; *1900 :* 5,1 ; *20 :* 6 ; *40 :* 7,7 ; *60 :* 8,9 ; *70 :* 8,6 ; *97 :* 9,9 ; *99 :* 10 ; *2000 (est.) :* 10,02 ; *2025 (prév.) :* 10,07 **D.** 109. **Age :** *– de 15 ans :* 17,1 % ; *+ de 64 ans :* 15,04 %. **Espérance de vie** (en 1998) : 75 ans. **Pop. urbaine** (en 1998) : 37 %. **Étrangers au P.** (en 1996) : 172 912. **Rapatriés :** 650 000 (Blancs ou de couleur) des possessions devenues indépendantes (dont 90 % de l'Angola). **Portugais à l'étranger** (en janv. 2000) : 4 805 129 dont USA 1 153 351, Brésil 1 000 000, *France 798 837* (en 1990), Canada 415 000, Venezuela 400 000, Afr. du Sud 300 000, Allemagne 170 000, Suisse 151 499. **Émigration :** *1890-1940 :* 1 200 000 pers. (dont 83 % au Brésil) ; *1966-88 :* 845 459, vers *France 305 406,* USA 158 843, All. féd. 117 681, Canada 102 032, Venezuela 58 483, Brésil 22 296, Australie 14 946, Afr. du Sud 12 571, G.-B. 6 036, divers 47 165. La plupart venaient des régions les plus déshéritées à l'est d'une ligne passant du district de Vila Real à Faro (Bragança a perdu 23 % de sa pop., Beja 25 %). Les hab. de Madère émigrent vers le Venezuela ; ceux des Açores vers le Canada ; *1994 :* 29 104 ; *99 :* 28 060.

■ **Langues.** Portugais *(officielle),* français (son enseignement n'est plus obligatoire dans les lycées), anglais. *Autres idiomes :* léonais (langue romane : Miranda do Douro, Riodonor, Guadramil et Sendim), caló (langue indo-iranienne, variété de tsigane). **Analphabétisme :** 20,3 %. **Religions. Catholiques** 92 % : *prêtres* (en 1998) : diocésains 3 194, religieux 1 055. *Grands séminaristes : 1970 :* 666 ; *78 :* 377 ; *98 :* 613. *Religieuses : 1970 :* 6 005 ; *78 :* 7 479 ; *86 :* 7 252 ; *98 :* 6 647. *Diacres permanents* (en 1998) : 99. *Pratique* (en %) : moyenne nationale 26 (Braga 56, Viana do Castelo 50, Porto 30, Lisbonne 12, diocèses du Sud 6 à 9). **Juifs** 600 à 1 000 [1996 : 1re synagogue depuis 1496 (Belmonte)].

■ **Villes** (en 1991). *Lisbonne* 681 063 hab. (aggl. *1989 :* 2 128 000), Porto 309 485 (à 307 km, aggl. *1989 :* 1 683 000), Amadora 176 137, Coïmbra 147 722 (à 200 km), Setúbal 103 241 (à 40 km).

■ HISTOIRE

■ **Av. J.-C.** Site paléolithique de Foz Côa (20 000 av. J.-C.) [centaines de gravures rupestres à l'air libre, plus grand gisement d'Europe, découvert 1990-93, ouvert en partie 1996]. P. occupé par tribus ibères (Lusitaniens). **Ier s.** province romaine. **Après J.-C.** **Ve-VIe s.** envahi par Vandales, Suèves, Wisigoths ; **711** par Arabes. **1097 Henri de Bourgogne** (Capétien) reçoit d'Alphonse VI, roi de Castille et León, une partie du Portugal. **1128 Alphonse Ier** (1109/6-12-1185), fils d'Henri, roi. **1139**-*25-7* après Ourique [victoire légendaire : Alphonse avec Santiago le Matamauros (tueur de Maures) bat les Musulmans]. **1143** *traité de Zamora, indépendance.* **1185**-*déc.* **Sanche Ier** (1154-1211), son fils. **1211**-*mars* **Alphonse II le Gros** (1185-1223), son fils. **1211-16** guerre civile. **1223**-*mars* **Sanche II** (1207-48), son fils. **1248**-*janv.* **Alphonse III** (1210-79), son frère ; **1249** prend Faro ; **1250** ouest de l'Algarve. **1279**-*févr.* **Denis Ier le Libéral** (1261-1325), son fils, ép. 1282 Élisabeth, fille du roi Pierre III d'Aragon (1271/4-7-1336 ; béatifiée 1516, canonisée 25-5-1625). **1297** *traité d'Alcanizes* avec Esp. **1325**-*janv.* **Alphonse IV le Brave** (1291-1357), son fils. **1357**-*mai* **Pierre Ier** (1320-67), son fils, ép. Constance de Castille, († 1345), puis secrètement 1354 Inès de Castro (assassinée par ordre d'Alphonse IV le 7-1-1355). Il fit exécuter ceux qui avaient assassiné Inès, puis la fit exhumer et placer sur un trône où elle fut couronnée, et ses ennemis durent venir lui baiser la main. **1367**-*janv.* **Ferdinand Ier** (1345-83), son fils. **1383** Béatrice (vers 1368-vers 1410), sa fille, reine de Castille (ép. du roi Jean Ier de Castille), réclame le trône mais les Cortes élisent Jean Ier.

■ **Maison d'Aviz** (1385-1590) [capétienne]. **1385**-*mars* **Jean Ier le Grand** (1357-1433), son demi-frère, fils naturel de Pierre Ier ; ép. Filippa Lancastre (1360-1415) fille de Jean de Gand, dont 10 enfants dont *Henri le Navigateur* (1394-1460), qui poussera l'exploration des côtes africaines. **1415**-*août* prend Ceuta. **1419** Zarco et Teixeira reconnaissent Porto Santo, proche de Madère. **1433**-*août* **Duarte Ier l'Éloquent** (1391-1438), fils de Jean Ier, ép. Éléonore d'Aragon († 1445). **1434** part sur une barca, Eanes double le cap Bojador ; **1435** avec Baldaïa, dépasse le tropique du Cancer ; **1436** découvre les 1res traces du commerce de l'or. **1437** Henri échoue devant Tanger. Son frère Fernando, gardé en otage, mourra en prison. **1438**-*sept.* **Alphonse V l'Africain** (1432-81), fils de Duarte Ier, ép. Élisabeth de Portugal (fille de son oncle dom Pedro). **1441** Antao Gonçalves atteint le cap Blanc, Mauritanie. **1444-1446** Dinis Dias atteint Cap Vert ; Tristão avec Alvaro Fernandes et Estevao Alfonso et Diego Gomes poussent jusqu'aux l'embouchures de la Gambie et de la Casamance. **1444**-*8-8* arrivée à Lagos de la 1re grosse cargaison d'esclaves (250). **1481**-*août* **Jean II le Parfait** (1455-95), fils d'Alphonse, ép. Éléonore de Portugal. **1495**-*oct.* **Manuel Ier le Grand** (1469-1521), son cousin germain (architecture « manuéline ») ; ép. 1°) 1496 Isabelle (1470-1498) ; 2°) 1500 sa sœur Marie (1482-1517) ; 3°) Éléonore d'Autriche, sœur de Charles Quint ; transition gothique/Renaissance. **1496**-*5-12* expulsion des Juifs. **1497**-*8-7* Vasco de Gama (sur le *São Gabriel*) part avec 4 navires ; *-22-11* double le cap de Bonne-Espérance, débarque à Calicut (Inde) le 20-5-1498. **1497-1521** 33 convois, soit 220 navires, partent de Lisbonne pour Cochin, Goa (1510), Malacca (1511), Canton (1514) [38 se perdront de 1582 à 1602]. **1500**-*9-3* Pedro Alvares Cabral part avec 13 navires et 1 200 h. *-22-4* poussé par les alizés, le *São Gabriel* atteint le Brésil ; *-15-12* atteint Calicut dont il prend possession pour le roi du P. ; **1501**-*juillet* rentre à Lisbonne. Manuel prend le titre de « Seigneur de la conquête, navigation et commerce de l'Éthiopie, Arabie, Perse et Inde ». **1504** 1er établissement permanent des Portugais en Inde : Albuquerque construit un fort près de Cochin. **1521**-*déc.* **Jean III le Pieux** (1502-57), fils de Manuel, ép. Catherine, sœur de Charles Quint (1507-78). **1536**-*23-3* St-Office institué. **1542** Christian Motta, Diego Francesco Zeimoto et Antonio Peixotto découvrent le Japon. **1549** François Xavier (jésuite, Espagnol se disant Portugais), nommé nonce apostolique pour tous les pays à l'est du cap de Bonne-Espérance par Jean III, appareille le 24-6-1549. **1557**-*juin* **Sébastien Ier** (1554-78), petit-fils de Jean III. **1578**-*24-6* avec une flotte de plus de 800 bateaux, débarque au Maroc pour secourir l'émir saadien Moulay Mohamed (chassé de son trône par son oncle Abd al-Malik). *-4-8* à El-Ksar el-Kébir (sud de Tanger), armée portugaise écrasée par Abd al-Malik. Les 3 souverains meurent dans la bataille. *-28-8* **Henri le Cardinal** (1512/31-1-1580), 3e fils de Manuel, Sébastien n'ayant pas d'héritier direct. **1580**-*19-6* **Antoine** (1531-Paris 1595), fils naturel de l'infant don Luis, duc de Béja, compagnon de Sébastien ; acclamé par la noblesse, roi à Santarem ; *-24-6* rentre à Lisbonne, est installé sur le trône. Duc d'Albe, vainqueur à Alcantara, conquiert le P. pour l'Espagne.

☞ **XVe s. et XVIe s.** expéditions coloniales au-delà de l'Équateur : Tanger et Arzila (1471), Le Cap (*Dias* 1486-1487), Indes (*Vasco de Gama* 1497-99), Brésil (*Cabral* 1500), Chine (1518), Japon (1542).

> **Épices les plus rares :** *poivre de Malabar* venant de Sumatra ou de Sunda pouvant servir de monnaie d'échange ; *clou de girofle* des Moluques ; *noix de muscade* (ou macis) d'Ambaine ; *piment* doux et *cannelle* de Ceylan.

■ **Maison d'Espagne.** **1580**-*12-9* **Philippe Ier [II d'Espagne** (1527-98)]. **1580-1640** réunit le P. à l'Esp. **1581**-*6-1* Antoine, qui s'était caché, s'enfuit en France (prédictions du cordonnier Bandarra ressorties). **1582**-*16-7* flotte française : Philippe Strozzi débarque Antoine à São Miguel aux Açores. *-25-7* flotte battue. *-11-12* Philippe Ier fait revenir et inhumer le corps présumé de Sébastien Ier à l'église Santa Maria de Belém. **1583**-*11-2* Philippe Ier part pour l'Espagne ; cardinal archiduc Albert d'Autriche au pouvoir. [De *faux Sébastien* apparaissent : *1584* jeune homme, fils d'un potier, peau basanée (Sébastien, † 1578, était blond et pâle) ; condamné aux galères à perpétuité. *1585* ermite, arrêté 16-6, supplicié. *1595-1-8* Gabriel de Espinosa, pendu. *1597-1603* Sébastien de Venise (Calabuis, appelé Catizzone), avoue son imposture sous la torture et est pendu le 23-9-1603 après avoir eu le poing droit coupé.]

1598 Philippe II [III d'Espagne (1578-1621)], fils de Philippe II, ép. 1598 Marguerite d'Autriche (1584-1611). **1621 Philippe III [IV d'Espagne** (1605-65)], son fils. **1637** révolte contre impôts. **1640**-*1-12* révolte. Ministre Miguel de Vasconcelos tué. Marguerite de Savoie, vice-reine, renvoyée en Esp.

■ **Maison de Bragance** (1640-1853) [capétienne]. **1640**-*5-12* **Jean IV le Fortuné** (18-3-1604/6-11-1656), duc de Bragance, fils de Théodose II, descendant de Jean Ier par Alphonse (fils naturel de celui-ci, fait duc de Bragance le 30-12-1442) ; **1641**-*19-1* reconnu par les Cortes ; **1644**-*26-5* bat Espagnols à Montijo. **1656**-*nov.* **Alphonse VI** (21-8-1643/12-9-1683), fils de Jean IV, malade et faible d'esprit, roi sous la régence de sa mère Louise de Gusmão (23-6-1662 sous l'emprise du Cte de Castelo Melhor). Ép. 1666 Marie de Savoie (1646-83). **1659**-*14-1* Espagnols battus à Linhas de Elvas ; **1663**-*8-6* à Ameixial ; **1665**-*17-6* à Montes Claros. **1661**-*6-8* paix avec Hollande. Perd l'empire d'Asie mais garde celui d'Amérique. **1667**-*23-11* déposé (restera enfermé jusqu'à sa mort) par son frère **Pierre** qui devient régent. **1668**-*5-1 traité de Madrid :* Esp. reconnaît indépendance du P. *-24-3* Pierre fait annuler le mariage d'Alphonse et épouse 2-4-1668 sa femme Marie. **1683 Pierre II** (26-4-1648/9-12-1706), 3e fils de Jean IV, frère d'Alphonse VI ; **1703** influencé par lord Methuen, signe avec lui un traité plaçant le P. sous influence anglaise. **1706**-*déc.* **Jean V le Magnanime** (12-10-1689/31-7-1750), fils de Pierre II, ép. 27-10-1708 Marie-Anne d'Autriche (1683-1754) ; **1707** battu par Français à Almança ; **1709** à Caia. **1713** *traité d'Utrecht.* **1750**-*juillet* **Joseph Ier Emmanuel** (6-6-1714/24-2-1777), son fils. **1755** abandonne le gouv. à *Sébastien, Mis de Pombal* (1699-1782 ; despotisme éclairé). *-1-11* séisme. **1758**-*3-9* tentative de régicide. **1759**-*13-1* plusieurs comploteurs nobles exécutés. *-3-9* Jésuites expulsés. **1773**-*25-5* loi supprimant la distinction entre anciens et nouveaux chrétiens. **1776**-*29-11*/**1777**-*24-2 régence* de sa femme, Marie-Anne de Bourbon, fille de Philippe V d'Espagne (1718-81). **1777**-*févr.* **Marie Ire de Bragance** (17-12-1734/Rio 20-3-1816), fille de Joseph Ier, partage le trône avec son mari Pierre III (1717-86, 4e fils de Jean V), qui est son oncle. **1781** Pombal mis en jugement ; banni de la cour. **1792**-*10-2* Marie Ire, folle, *régence* de **Jean,** son 2e fils. **1801**-*mai « guerre des Oranges »* Esp./P. *-29-5* Esp. décide de conserver place forte d'Olivença et son territoire jusqu'au Guadiana, dont la rive gauche sera la frontière entre les 2 pays, depuis 7 km au-delà de Badajoz jusqu'à l'endroit où le fleuve entre au P., peu après Cheles. *-7-6 traité de Badajoz* entre P., Fr. et Esp. **1807**-*29-10 traité* *franco-espagnol de Fontainebleau* prévoyant partage du P. : Nord à Marie-Louise, fille de Charles IV (en échange du roy. d'Étrurie, donné à Élisa Bacciochi), Sud à Godoy, favori de Charles IV, Centre, avec Lisbonne, à Napoléon. *-Nov.* l'armée française (Junot) occupe le P., la *cour se réfugie au Brésil* où Jean prend le titre d'empereur. **1814**-*30-5 traité de Paris* entre Angl., puissances alliées et Fr. (P. non représenté mais intérêts défendus par Angl.) : les puissances reconnaissent comme nul le traité de Badajoz de 1801. **1815**-*8-6 congrès de Vienne :* Olivença reste au P. l'Esp. refuse de le lui rendre. L'ambassadeur anglais *Beresford* gouverne le P. **1816**-*mars* **Jean VI le Clément** (13-5-1767/10-3-1826) ; ép. 27-3-1785 Charlotte, fille de Charles IV d'Esp. (1775-1830). Marie Ire, sa mère, étant morte, Jean prend le titre de roi de P. *-24-8* émeute à Porto. *-15-9* gouvernement provisoire à Lisbonne. **1821**-*janv.* Cortes votent Constitution. *-3-7* Jean rentre au P. et nomme son fils Pierre régent du Brésil. **1822**-*12-10* Brésil indépendant. **1823** Jean, aidé de son 2e fils Miguel, dissout les Cortes, rétablit l'absolutisme. **1825**-*29-8* Jean donne à Pierre la couronne du Brésil. **1826**-*10-3/29-4* **Pierre IV** (12-10-1798/24-9-1834), fils de Jean VI ; ép. 13-5-1817 Marie-Léopoldine d'Autriche (1797-1826) ; empereur du Brésil, il abdique en faveur de sa fille Marie.

1826-*mai* **Marie II de Gloria de Bragance** (4-6-1819/15-11-1853), fille de Pierre IV [ép. 1°) 26-1-1835 Auguste de Beauharnais, duc de Leuchtenberg (9-12-1810/28-3-1835) ; 2°) 9-4-1836 Ferdinand de Saxe-Cobourg-Gotha (20-10-1816/15-12-1885) qui, le 16-9-1837, prend le nom de roi **Ferdinand II,** et dont elle a 7 fils et 4 filles]. Reine sous la régence de son oncle, dom Miguel (Michel qui suit), auquel on la fiance. **1828**-*11-8* les Cortes lui décernent la couronne. **Michel Ier** (26-10-1802/14-11-1866), 3e fils de Jean VI ép. 24-9-1851 Pcesse Adélaïde de Loewenstein (3-4-1831/16-12-1909). Persécute les libéraux. **1831**-*7-4* Pierre (père de Marie), empereur du Brésil, abdique au Brésil en faveur de son fils, Pierre II ; **1832**-*juin* ayant levé des troupes en France et Angl., il revient pour restaurer sa fille. **1833**-*juillet* **Marie II** restaurée ; *-23-9* rentre à Lisbonne. **1834**-*26-5 traité d'Évora ;* Michel Ier, battu après guerre civile, abdique et s'exile en All. Luttes violentes absolutistes/constitutionnels. **1836**-*sept.* révolution. **1837** révolte des maréchaux Saldanha et Terceira. **1838**-*13-3* révolte populaire radicale de Lisbonne réprimée (massacre du Rossio). Compromis entre Constitution de 1820 et Charte de 1834 adopté. **1842** coup d'État de Costa Cabral à Porto ; retour à la Constitution de 1834. **1847** arrivée navires anglais et troupes espagnoles. **1851** *pronunciamiento* du Mal Saldanha et mouvement de la *Regenaração :* 2 partis alternent au gouv. [conservateur (*Parti regenerador*) et dém. (*Parti historico,* plus tard *progressista*)].

■ **Maison de Saxe-Cobourg-Gotha.** **1853**-*nov.* **Pierre V** (16-9-1837/11-11-1861), fils de Marie et Ferdinand sous la régence de Ferdinand II, puis déclaré majeur 16-9-1855. **1861**-*nov.* **Louis Ier** (31-10-1838/19-10-1889), 2e fils de Marie et de Ferdinand. Ép. 27-7-1862 Maria-Pia d'Italie (1847-1911). **1877** envoie une expédition en Afrique, commandée par le major Serpa-Pinto. **1889**-*19-10* **Charles Ier** (Carlos) [28-9-1863/1-2-1908], fils de Louis Ier ; ép. 22-5-1886 Marie-Amélie d'Orléans, fille du Cte de Paris (28-9-1865-1951). **1890**-*11-1* ultimatum anglais réclame l'évacuation d'un territoire contesté en Afrique. *-20-8* convention abandonnant à l'Angl. la partie sud du Nyassa et le Chiré supérieur. **1891**-*31-1* Porto, insurrection républicaine. **1906** PM *Hintze Bibeiro* remplacé par *João Franco* qui agit en dictateur. **1908**-*28/29-1* républicains et progressistes dissidents décident d'organiser une manif. Les postes de police sont investis et la demeure de João mise à sac. Informé, celui-ci ordonne des dizaines d'arrestations. *-31-1* décret autorisant le gouv. à bannir ou à déporter en Afrique, sans jugement, tout suspect de complot. *-1-2* Charles Ier et Louis-Philippe (né 21-3-1887), Pce héritier, tués par 2 républicains [Manuel Buiça (30 ans), instituteur privé, et Alfredo Costa, employé dans quincaillerie (abattus sur place)]. *-3-2* **Manuel II** (15-11-1889/Twickenham, Angl. 2-7-1932), fils de Charles Ier, ép. 4-9-1913 Augustine Victoria de Hohenzollern-Sigmaringen [19-8-1890/28-8-1966 ; remariée le 23-4-1939 à Carl Cte Douglas (1880-1955)]. **1910**-*4-10* mutinerie dans la marine ; *-5-10* Manuel quitte le P. (exil jusqu'au 28-5-1911), la Rép. est proclamée. *-Oct.* gouvernement provisoire Pt **Teófilo Braga** (24-2-1843/24-1-1924)

Nota. – Une réconciliation entre les 2 maisons de Saxe-Cobourg-Gotha et de Bragance eut lieu en 1920 et le 19-10-1932 à la mort sans postérité de Manuel II. Ascendance roi *Michel Ier*. Michel (19-9-1853/1927), son fils, duc de Bragance, ép. *1°*) 17-10-1877 Pcesse Élisabeth de Thurn-et-Taxis (26-5-1860/7-2-1881) dont *Michel* duc de Viséu (22-9-1878-1923), ayant épousé le 15-9-1909 une roturière américaine, Anita Stewart (née 7-8-1886 dont il eut 1 fille et 2 fils), qui renonce à ses droits. *François Joseph* (7-9-1879), *Marie-Thérèse* (née 26-1-1881) ép. Pce de Thurn-et-Taxis . *2°)* 7-11-1893 Pcesse Thérèse de Loewenstein (née 4-1-1870) dont 7 filles et 1 fils *Duarte Nuno,* duc de Bragance (23-9-1907/24-12-1976). Ép. 15-10-1942 Pcesse Marie-Françoise d'Orléans et Bragance (1914-68), fille du Pce Pierre d'Orléans et Bragance et de la Pcesse, née Élisabeth Dobrzensky de Dobrzenicz, sœur de la Ctesse de Paris, 3 enfants : *Édouard-Pie* (dom Duarte Pio), duc de Guimarães [(né 15-5-1945), duc de Bragance (1976), ép. 13-5-1995 Isabel de Heredia (née 22-11-1966), 3 enfants : Alphonse (né 25-3-1996) Pce de Beira, Marie-Françoise (née 3-3-1997) et Diniz [(né 25-11-1999)] ; *Michel* (né 3-12-1946), duc de Viséu ; *Henri-Jean* (né 6-11-1949), duc de Coïmbra.

☞ **Titres du roi du Portugal :** « Sa Majesté très fidèle N... roi du Portugal et des Algarves en deçà et au-delà des mers, en Afrique, seigneur de Guinée, par la conquête, la navigation et du commerce d'Éthiopie, d'Arabie, de Perse et de l'Inde », etc. Le roi devait être catholique.

■ **République.** **1911**-*19-6* Constitution proclame officiellement la République. *-24-8* **Manuel de Arriaga** (1840-1917) Pt. *-Mars Gal Pimenta de Castro* dictateur. *-28-5* Assemblée constituante. *-29-5* Arriaga démissionne. *-3-9 Constitution.* **1915**-*mai* **Teófilo Braga** Pt. *-Août* **Bernardino Luis Machado** (29-3-1851/29-4-1944) élu Pt. **1916**-*9-3* Allemagne déclare guerre au P. (qui, à la demande de l'Angleterre, a saisi des navires marchands allemands réfugiés au P.). **1917**-*8-2* arrivée en Flandre des 1ers contingents (55 083 h. se sont battus en France, 2 086 † sont enterrés à Richebourg-l'Avoué). Soulèvement, victoire du germanophile Sidonio Pais : « nouvelle république ». *-13-5/13-10 Fátima :* 6 apparitions de la Vierge (voir à l'Index) *-Déc.* Machado renversé.

1917-*déc.* **Cardoso da Silva Pais** Pt (1872/14-12-1918, assassiné). **1918 Amiral João de Canto e Castro** (1834-1924). Porto, monarchie du Nord. **1919**-*oct.* **António José de Almeida** (1843-1929). **1921**-*19-10* « Nuit sanglante » : assassinat de plusieurs personnalités républicaines (du 19-10-1921 au 28-5-1926, il y aura 7 Parlements, 9 chefs de l'État et plus de 50 gouvernements). **1923**-*oct.* **Manuel Texeira Gomes** (1860-1941, démissionnera en 1925). **1925**-*déc.* **Machado ;** **1926**-*28-5* déposé par un soulèvement militaire à Braga. *-1-6/29-11* **Mendes Cabecadas, Gal Gomes da Costa** renversé en nov. par coup d'État du **Mal Oscar Carmona** (24-11-1869/18-4-1951), gouv. provisoire. Parlement et partis dissous. Presse censurée. **1927**-*7-2* révolution militaire réprimée. **1928**-*mars* **Carmona** (candidat unique) élu Pt. *-27-4 Salazar* min. des Finances.

Époque de Salazar. **1932**-*7-7 Antonio de Oliveira Salazar* (28-4-1889/27-7-1970) devenu PM, établit une dictature, fonde l'*État nouveau* et crée l'*Union nat.* (parti unique : *Association civique*). Rébellions militaires à Nadire et aux Açores. **1933** plébiscite pour un État corporatif (1 014 150 électeurs, 5 505 *non*, 580 379 *oui* et 427 686 abstentions). Police de vigilance et de défense de l'État (PVDE) créée. **1936** fondation des Jeunesses portugaises et de la Légion portugaise. Les *Viriatos* (volontaires fascistes portugais) participent à la guerre d'Espagne (6 000 †). **1939**-*18-3 traité* de non-agression et d'amitié avec Esp. **1940**-*7-5* concordat avec St-Siège (interdit le divorce). **1942** P. et Espagne créent Bloc péninsulaire. **1943**-*18-8* facilités accordées aux Alliés aux Açores. **1945** l'opposition peut participer aux élections. Pide (Police intérieure et de défense de l'État) créée. *-4-5* demi-journée de deuil national lors de la mort de Hitler. **1946** révolte militaire à Porto. Plan Marshall : 51,3 millions de $ au P. **1949** mesures de sécurité. *-4-4* entrée à l'Otan. **1950**-*16-1* territoires d'outre-mer deviennent provinces d'outre-mer (Angola, Cap-Vert, Macao, Mozambique, São Tomé-et-Príncipe, Guinée et Timor). **1951**-*août* **Gal Francisco Craveiro Lopes** (1894-1964) Pt. **1955** *entrée à l'Onu.* **1956** mesures de sécurité relâchées. **1958**-*août* **amiral Américo Tomás** (1894-1987), Union nat., élu Pt [devant Gal Humberto Delgado (1906/assassiné 13-2-1965 en Espagne), opposition : 25 % des voix]. **1959** Constitution révisée : Pt élu par un collège (Ass. nat., des représentants des municipalités et provinces d'outre-mer). **1960** adhère à l'AELE. **1961**-*22-1 :* 70 h. avec capitaine Henrique Galvão († 25-6-1970) arraisonnent, sur côte E. du Brésil, paquebot *Santa-Maria* (4-2 obtiennent asile politique à Recife). *-2-2* début de rébellion en Angola. *-17-2* Inde envahit Goa, Damao et Diu. **1962** révolte militaire à Beja. Possessions des Indes perdues. **1963**-*23-4* début de rébellion en Guinée. **1964**-*25-9* au Mozambique. **1967** Paul VI au P. **1968**-*17-9* Salazar (hémorragie cérébrale) quitte ses fonctions.

Après Salazar. **1968**-*27-9 Marcelo Caetano* (1906-80) PM. L'*État social* remplace l'État nouveau. **1969**-*nov. législatives à l'Ass. nat.* (seuls les candidats de l'Union nat. sont élus). La Pide devient DGS (Direction gén. de la sûreté). **1970**-*1-7* le pape reçoit 3 combattants angolais (prenant parti contre le P., il exigera en mai 1971 le rappel des pères blancs d'Angola). *-27-7* Salazar meurt. L'Union nat. devient *Action nat. populaire* (unique). **Depuis 1971** attentats de l'ARA (Action révolutionnaire armée) et des BRA (Brigades révolutionnaires armées). **1974**-*14-3 Gal Costa Gomes* et son adjoint le *Gal de Spínola* destitués (désaccord sur politique africaine). *-18-3* mutinerie régiment de cavalerie ; échec militaire du MFA *(Mouv. des forces armées). -25-4* **coup d'État militaire,** préparé par *Ernesto Melo Antunes* et *Otelo Saraiva de Carvalho,* déclenché à 0 h 30 sur les ondes de *Radio-Renaissance* par la chanson *Grândola, vila morena,* dit *révolution des œillets,* symbolisé par les œillets que la foule enthousiaste remit aux soldats (7 † dont 1 policier) ; Pt de la Rép. Tomás et PM Caetano renversés ; prisonniers politiques libérés, censure abolie. *-26-4* **Gal Antonio de Spínola** (11-4-1910/13-8-1996) Pt de la junte ; *-6-5* offre de cessez-le-feu aux nationalistes africains. *-15-5* Spínola Pt. *Gouv. civil provisoire : Adelino da Palma Carlos* (indépendant) PM ; *-9-7* démissionne. *-12-7 Vasco Gonçalves* (né 1921) PM avec 7 ministres militaires, *Alvaro Cunhal* (communiste) et *Mário Soares* (socialiste). *-30-9* Spínola (désaccord avec MFA et gauche) démissionne. **Gal Francisco Costa Gomes** (né 30-6-1914) Pt. *-28-10* Conseil supérieur du MFA (Conseil des Vingt). **1975**-*21-1* loi sur unicité syndicale (opposition des socialistes). *-8-2* pouvoirs législatifs pour junte de salut national. *-11-3* putsch militaire échoue ; Spínola part pour l'Esp. *-12-3* MFA organe supérieur de la révolution ; à sa tête, *Conseil suprême de la révolution. -13-3* nationalisation banques, dizaines d'arrestations. *-15-3* Spínola se retire au Brésil. *-18-3 :* 3 partis suspendus : *Démocratie chrétienne* (droite), *Mouv. pour la réorganisation du prolétariat* (maoïste), *Alliance ouvrière et paysanne* (marxiste-léniniste). *-25-3* nouveau gouv. : communistes, socialistes et *P. populaire démocratique* (PPD) restent. *-25-4 élect. Assemblée constituante,* PS 37,9 % des voix ; PPD 26,4 ; PC 12,5 ; CDS 7,6 ; MFA 7 ; MDP-CDE 4,1. *-21-6* programme du MFA agréé par Conseil de la révolution. *-Juin/juillet* affaires du journal *Republica* (opposition socialo-communiste) et de *Radio-Renaissance* (opposition Église-MFA). *-12-7* ministres socialistes démissionnent. *-26-7* **triumvirat militaire** [Gaux : *Costa Gomes*, chef de l'État ; *Vasco Gonçalves*, PM ; *Otelo de Carvalho* (né 1936), chef du Copcon (Commando opérationnel du continent]. *-Août* agitation anticommuniste dans le nord. *-18-8* paysans attaquent siège PC à Ponte de Lima (1 †) ; aux Açores, sièges PC, MDP et MGS incendiés. *-25/26-8* attaque siège PC à Leiria (2 † par l'armée). *-27-8* des unités du Copcon occupent siège de la 5e division ; manif. d'extrême gauche à Lisbonne. *-Août José de Azevedo* PM. *-29-8/-5-9 amiral Pinheiro* (1917-83) PM (Gal Gonçalves chef état-major gén.). *-13-9* compromis PS/PPD/PC. *-19-9 :* 6e gouv. provisoire [4 ministres PS, 2 PPD (centre), 1 PC, indépendants et militaires]. *-29-9* armée occupe radio et TV à Lisbonne ; *-1-10* les évacue. *-8-10* manif. (métallurgie en grève à Lisbonne), mutineries dans l'armée (Porto) contre la « restauration de la discipline ». *-Fin oct.* milliers de soldats d'unités « indisciplinées » démobilisés. *-6-11* affrontement ouvriers, agriculteurs procommunistes et propriétaires terriens au nord de Lisbonne (2 †). *-7-11* paras dynamitent *Radio-Renaissance. -9-11* manif. pour gouv. à Lisbonne ; incidents. *-12/14-11* milliers d'ouvriers du bâtiment assiègent Ass. et résidence du PM (hausse des salaires). *-16-11* manif. d'extrême gauche (appui PC) à Lisbonne. *-20-11* gouv. refuse de travailler et somme Pt de rétablir l'autorité. *-21-11* Carvalho accepte, puis refuse, d'abandonner la région militaire de Lisbonne. *-25-11* Conseil de la révolution remplace Carvalho par *Gal V. Lourenço* ; rébellion de paras à Tancos ; état d'urgence, puis de siège partiel, combats près du palais de Belém ; rebelles arrêtés. *-2-12* état de siège levé. *-12-12* MFA reconnaît la supériorité du pouvoir politique. *-27-12* accord constitutionnel signé par MFA et partis. **1976**-*1-1* manif. à Porto (3 †). *-11-1* manif. 10 000 petits et moyens propriétaires et fermiers du Nord contre réforme agraire à Braga. *-19-1* Carvalho arrêté. *-21-1* manif. d'extrême gauche à Lisbonne (1 †). *-28-1* journal *Republica* rendu à son admin. « légale ». *-8-2* meeting de droite à Lisbonne (25 000 pers.). *-Févr. pacte constitutionnel :* suprématie du pouvoir politique. *-5-3* Carvalho en liberté provisoire. *-2-4 Constitution* votée. *-25-4 législatives* (PS 35 % des voix ; PPD 24,35 ; CDS 16 ; PC 14,4). *-6-7 Mário Soares* (né 7-12-1924) PM.

1976-*14-7* **Gal Antonio (dos Santos Ramalho) Eanes** (né 25-1-1935), élu Pt le 27-6 (60,8 % des voix). *-10-8* Spínola rentre à Lisbonne. *-Sept.* restitution de 600 000 ha à des propriétaires. *-12-12* PS 32 % des voix aux *élect. locales.* **1977**-*25-2* escudo dévalué de 15 %. *-28-3* demande d'adhésion à CEE. *-8-12* chute du gouv. Soares (159 voix contre 100). **1978**-*23-1* **Soares** PM (coalition PS-CDS), destitué 27-7. *-28-8/14-9* **Alfredo Nobre da Costa** (né 1927), indépendant, PM. *-21-11* **Mota Pinto** (1936-85) PM. **1979**-*31-7* **Maria de Lourdes Pintassilgo** (née 10-1-1930) PM. **1980**-*3-1* **Francisco Sá Carneiro** (4-12-1934/80 tué dans accident d'avion) PM, gouv. sans militaires. *-Déc.* **Diogo de Amaral** PM. **1981** sécheresse. *-5-5* **Francisco Pinto Balsemao** (né 1-9-1937) PM. *-Juin* dénationalisation des banques, assurances, engrais et ciments. *-18-7* veto du Conseil de la révolution. *-7-12* Eanes réélu par 56,4 % des voix (appuyé par PS) devant Gal Soares Carneiro (PPD/PSD, CDS) 40,23 ; Cdt de Carvalho (extrême gauche) 1,49 ; Gal Galvão de Melo (indépendant) 0,84 ; Cel Pires Veloso (indépendant) 0,78 ; Aires Rodrigues (POUS/PST) 0,22 ; abstentions 15 %. Spínola et Costa Gomes nommés maréchaux. **1982**-*1-5* Porto, manif. procommuniste : (2 †). *-13-5* Jean-Paul II au P. (500 000 pèlerins à Fátima). *-29-9* Constitution révisée : Conseil de la révolution supprimé. **1983**-*9-6* **Soares** PM, allié au PSD centriste. **1984**-*juin* Carvalho arrêté (20-5-1987 : condamné à 15 ans de prison pour actions liées au terrorisme). **1985** attentats du FP 25 (Forces populaires du 25 avril, extrême gauche). *-25-6* Soares démissionne. *-12-7* Parlement dissous. *-6-10 législatives,* succès PRD. *-6-11* **Anibal Cavaco Silva** (né 11-7-1939) PM. **1986**-*1-1* adhésion CEE.

1986-*9-3* **Mario Soares** élu Pt [*-26-1,* 1er tour : abst. 24,6 % ; Freitas do Amaral, soutenu par CDS et PSD, 46 % des voix ; Soares (PS) 25,4 ; Salgado Zenha (socialiste), soutenu par PRD et PC, 20,8 ; Lourdes de Pintasilgo (gauche) 7,2. *-16-2 :* 2e tour : abst. 21,7 %, Soares 51,35 %]. *-13/14-7* attentat Lisbonne : (2 †). **1987**-*28-4* Ass. législative dissoute. *-19-7 législatives. -28-11* Carvalho condamné à 18 ans de prison. **1988**-*29-6* réforme propriété agricole. *-25-8* incendie du magasin Grandela [1 †, détruit Vieux Lisbonne (XVIIIe s.) sur 10 000 m^2 (magasin du Chiado, café Ferrari). Coût : 50 milliards d'escudos (2,15 milliards de F)]. *-14-10* accord PS/PSD pour révision constitutionnelle (entreprises nationalisées en 1974 et 1975 pourront être privatisées). **1989**-*févr.* 1re privatisation depuis 1974. Réforme agraire assouplie. *-16-10* Soares en Fr. *-17-12 municipales :* socialistes 36,6 % des voix ; PSD 37,3 ; CDU 14,1 ; CDS 10,5. **1991**-*13-1* Soares réélu par 70,35 % des voix (appuyé par PS et PSD) devant Basilio Horta (CDS) 14,16, Carlos Carvalhas (PCP) 12,92, Carlos Marques (UDP) 2,57. *-10/12-5* Jean-Paul II à Lisbonne et à Fátima (pour le 10e anniversaire de son attentat ; la balle qui l'avait blessé a été sertie dans la couronne de la Vierge). **1992**-*6-4* escudo dans SME. *-10-12* Parlement ratifie traité de Maastricht. **1993**-*12-12 municipales :* socialistes 36 % des voix ; PSD 33,7 ; PC 12,7 ; CDS 8,4. **1995**-*12-10* **Antonio de Oliveira Guterres** (né 30-4-1949) PM.

1996-*8-3* **Jorge Fernando Branco de Sampaio** (socialiste, né 18-9-1939) Pt [élu 14-1 avec 53,83 % des voix, Anibal Cavaco Silva (PSD) 46,17]. *-17-7* Lisbonne, Communauté des pays lusophones créée. *-7-9* Fundao, bombe dans école (1 †). *-25-11* Sampaio en France. **1998**-*29-3* pont Vasco-de-Gama sur le Tage au N.-E. de Lisbonne inauguré : le plus long d'Europe (17 km dont 12 au-dessus de l'eau, 4 viaducs et un pont suspendu à haubans de 824 m de long et d'une portée de 420 m, coût 6,5 milliards de F). *-22-5/-30-9* Lisbonne, Exposition universelle (thème : les océans), environ 6 000 000 de visiteurs (9 000 000 attendus). *-28-6 référendum* sur la libération de l'avortement : non 50,92 % (non valide car 31,94 % de participation, au lieu des 50 % requis). *-8-11 référendum* sur la régionalisation : non 63,6 %. **2001**-*14-1* Sampaio réélu Pt (55,76 % au 1er tour) contre Ferreira do Amaral. *-4-3* effondrement d'un pont sur le Douro au passage d'un car et de 2 voitures (environ 70 †).

■ **Statut.** *République.* **Constitution** du 8-8-1989 (sans référence au socialisme). **Pt :** élu pour 5 ans au suffrage universel, 2 mandats au maximum. **Assemblée de la République :** 230 membres élus pour 4 ans au suffrage universel. **Fêtes nationales.** 25-4 (jour de la liberté). 10-6 (jour de Camões, depuis 1910). 5-10 (proclamation de la République). 1-12 (indépendance 1640). **Drapeau** (adopté 30-6-1911). Rouge (sang de la lutte pour l'indépendance) et vert (explorations) ; armoiries (rôle du P. dans les grandes découvertes).

■ **Noblesse.** Seuls sont reconnus les titres conférés par la monarchie (jusqu'en 1910). Un Conseil de la noblesse constitue, non officiellement, le seul organisme en matière de titres. L'usage privé est toléré parfois dans des décrets officiels. **Titres :** *ducs* 3 (Cadaval, Palmela, Lafoês) + 2 (1982) pour les frères de dom Duarte (Michel : duc de Viseu, Henri : duc de Combra). *Marquis* 32. *Comtes* 101. *Vicomtes* 71. *Barons* 10. *Seigneur* 1 (actuellement la dame de Casa Solar do Paço de Pombeiro). *Qualification* chevalier tombée en désuétude.

■ **Élections.** *Sièges* (droite et, entre parenthèses, gauche) : **Assemblée constituante : avril 1975 :** 98 (152). **Assemblée de la République : déc. 1976 :** 102 (148) ; **déc. 1979 :** 128 (122) ; **oct. 1980 :** 134 (116) ; **25-4-1983 :** 105 (145) ; **6-10-1985 :** 110 (140) ; **19-7-1987 :** PSD 145 sièges ; PS 60 ; CDU 31 (avec PC, écologistes, dissidents du MDP) 12, PRD 6, CDS 4. **6-10-1991 :** abstentions 31,8 % ; PSD 135 sièges ; PS 72 ; CDU (coalition conduite par PC) 17, CDS 5 ; PSD (de la solidarité nat.) 1. **1-10-1995 :** 230 sièges, dont PS 112, PSD 88, PP 15, CDU (PC et Verts) 15. **10-10-1999 :** 230 sièges, dont PS 115, PSD 81, CDU (FCP et Verts) 17, P. populaire 15, Bloc de gauche 2.

■ **Partis. P. social-démocrate (PSD)** fondé 6-5-1974, *Pt :* Marcelo Rebelo de Sousa, 130 000 m. **P. populaire (CDS-PP)** fondé 1993, héritier du CDS (Centre dém. et social fondé 1974), *Pt :* Paulo Portas depuis 22-3-1998, 40 000 m. **P. populaire monarchiste (PPM)** fondé 1974, *Pt :* Gonçalo Ribeiro Teles. **Mouv. démocratique portugais (MDP-CDE)** fondé 1969, *Pt :* José Manuel Tengarrinha. **P. communiste portugais (PCP)** fondé 1921, légalisé 1974, *secr. gén. :* Carlos Carvalhas, 163 000 m. (en 1992). **P. socialiste (PS)** fondé 1973, *secr. gén. :* Antonio Guterres depuis 1992, 100 000 m. **Union démocratique populaire (UDP)** fondée 1974, *Pt :* Mario Tomé. **P. rénovateur démocratique (PRD)** fondé 24-2-1985 par Gal Eanes, *Pt :* Herminio Martinho, 8 000 m., autodissolution en oct. 1991. **Os Verdes** (écologistes) fondé 1981, *Pte :* Maria Santos. **P. des gens** fondé mars 1995 avec le soutien de l'Église universelle du règne de Dieu.

DÉPENDANCES

Madère. Atlantique. **1418** baptisée *Madeira* (« île du bois ») par *João Gonçalves Zarco,* son découvreur. A 978 km de Lisbonne. 817 km² (50 × 23 km) : 7 îles dont **Madère** 740 km², alt. maximale Pico Ruivo 1 861 m, **Porto Santo** 42 km², 3 740 hab. (à 40 km), îlots déserts des *Désertes* à 20 km et des *Sauvages* près des Canaries 33 km². **Gouvernement autonome** (semi-indépendant). *Ass.* locale. **Population :** 261 000 hab. (en 1999) [Blancs d'origine portugaise]. **D.** 352,7. *Catholiques. Émigrés :* 1 000 000 (dont en Afr. du Sud 300 000), qui envoient 9 à 10 milliards d'escudos par an. **Villes** (en 1989) : *Funchal* 44 111 hab., Machico 10 905. **Ressources :** maïs, canne à sucre, fruits tropicaux, bananes, p. de t., vin [*sercial* (ceps rhénans), *boal* (bourguignons), *malvoisie* (vin doux), *verdelho* (demi-sec)], bovins, pêche (conserveries), broderies (30 entreprises, 1 500 pers., 30 000 à domicile) ; articles en osier. **Tourisme :** *visiteurs : 1987 :* 425 700, dont 77 700 Britanniques, 60 000 Allemands ; *lits* 13 000, 25 000 prévus.

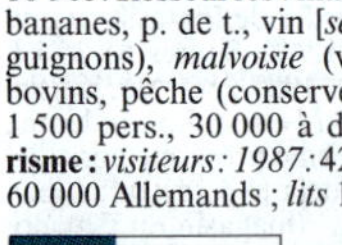

Açores. Atlantique « Ile des autours », nom donné en **1432** par *frei Gonçalo Velho.* A 1 200 km de Lisbonne, 3 401 km de New York. **Découvertes** entre 1431 et 1464 par Portugais. Le Front de libération des Açores revendique l'indépendance. 9 îles et des îlots : **São Miguel** 749 km², 125 915 hab., alt. maximale Pico Davonca 1 103 m ; **Santa Maria** 97 km², 5 922 hab. ; **Terceira** 403 km², 55 706 hab. ; **Graciosa** 61 km², 5 189 hab., séisme le 1-1-1980, ; **São Jorge** 243 km², 10 219 hab. ; **Pico** 447 km², 15 202 hab., alt. maximale de l'archipel 2 351 m ; **Flores** 139 km², 4 329 hab. ; **Corvo** 17 km², 393 hab. (rec. 1991) ; **Faial** 173 km², 14 920 hab. 1500 volcans. Les « caldeiras » (cratères des volcans) forment des lagunes (la plus grande : caldeira das Sete Cidades, 12 km de périmètre, 70 m de prof.). **Gouv. autonome** (semi-indépendance depuis 25-7-1980). **Districts :** 3 autonomes, 2 344 km². **Population :** 245 500 hab. (en 1999). **D.** 104,7. *Catholiques. Émigrés :* 350 000 (en Amér. du Nord). **Villes** (en 1989) : *Ponta Delgada* (São Miguel) 137 700 hab., Angra do Heroismo (Terceira) 55 900, Horta (Faial) 16 300. **Ressources :** ananas, maïs, tabac, betteraves, thé, laitages, pêche, conserves de poisson, huile de cachalot, broderies, dentelles, fruits *(pico).*

■ **Macao** restitué à la Chine 20-12-1999 (voir p. 1033 b).

■ **Colonies devenues indépendantes. Brésil** 7-9-1822 ; **Goa** annexée par Inde 14-3-1962 ; **Guinée-Bissau** 10-9-1974 ; **Mozambique** 25-6-1975 ; **Cap-Vert** 5-7-1975 ; **São Tomé-et-Príncipe** 12-7-1975 ; **Angola et Cabinda** 11-11-1975 ; **Timor** annexé par Indonésie 17-7-1976.

ÉCONOMIE

■ **PNB** (en 1999). 9 930 $ par hab. **Croissance du PIB** (en %) : *1995 :* 2,6 ; *96 :* 3 ; *97 :* 3,5 ; *98 :* 3,5 ; *99 :* 3 ; *2000 (est.) :* 3,2 ; *2001 (prév.) :* 3,4. **Pop. active** (en %) **et,** entre parenthèses, **part du PNB** (en %) : agr. 11,4 (5,1), ind. 32,1 (38,2), mines 1 (1), services 55,5 (56,7). **Travail non déclaré :** 25 % de l'économie, 1/7 du PIB, 660 000 actifs. **Chômage** (en %) : *1992 :* 4,1 ; *96 :* 7,3 ; *98 :* 5 ; *99 :* 4,4 ; *2000 :* 4. **Salaire minimal :** *2000 :* 63 800. **Inflation** (en %) : *1981 :* 20 ; *85 :* 17,7 ; *86 :* 9,1 ; *87 :* 9,4 ; *88 :* 9,5 ; *89 :* 12,7 ; *90 :* 13,6 ; *91 :* 13,2 ; *92 :* 8,9 ; *93 :* 6,8 ; *94 :* 5,2 ; *95 :* 4,1 ; *96 :* 3,1 ; *97 :* 2,2 ; *98 :* 2,9 ; *99 :* 2,5 ; *2000 :* 2,9. **Dette extérieure** (en milliards de $) : *1980 :* 8,9 ; *85 :* 16,7 ; *94 :* 36,9. **Dettes du secteur public** (depuis 1974) : 13 milliards de $; en % du PIB : *1996 :* 65,6 ; *97 :* 62. **Déficit budgétaire** (en % du PIB) : *1992 :* 3,3 ; *95 :* 5,6 ; *99 :* 1,9 ; *2000 :* 1,5. **Transferts des émigrés :** *de France* (en milliards de F) : *1977 :* 3,62 ; *82 :* 7,8 ; *98 :* 249 milliards d'escudos ; *du monde* (en milliards de $) : *1985 :* 2,1 ; *89 :* 3,4 ; *98 :* 598 milliards d'escudos. **Réserves** (en devises) : 26,4 milliards de $ (en 1998). **Investissements étrangers** (en 1994) : 6,96 milliards de F dont, en %, Espagne 27, *France 15,* G.-B. 15, Allemagne 9, USA 3, autres 3. En 1998, 1 620 milliards d'escudos. **Aide de la CEE :** 20 milliards de F/an, environ 0,7 % du PIB ; *1986-90 :* 697,5 milliards d'escudos dont Feder 273, Feoga 271, FSE 148, Pedip 40,1 ; (en % du PIB) : *1985 :* 0,6 ; *93 :* 3,5. **Plan de développement régional (PDR).** *1994-99 :* 6 850 milliards d'escudos (235 milliards de F) d'investissements dont 50 % financés par CE : croissance + 0,50 %, 100 000 emplois nouveaux prévus.

■ **Agriculture. Terres** (en milliers d'ha, 1997) : SAU 3 822 dont cultures temporaires 1 237,2, cult. permanentes 707,8, pâturages permanents 991,8, jardins 26,1, autres 859. Superficie irriguée 798,2. Avant avril 1974, 80 % des propriétés occupaient moins de 18,5 % de la surface cultivable ; 1,1 %, plus de la moitié des terres cultivables, au sud latifundia, culture extensive avec prédominance du blé ; au nord, petites exploitations sur terres irriguées [maïs, vigne, olivier, sylviculture (pins et eucalyptus)]. **Réforme agraire :** la loi du 25-4-1975, touchant 1 300 000 ha (1/4 de la surface cultivable), 100 000 ha devant être exploités par des coopératives (surtout au sud du Tage), a été remise en question. **Production** (en milliers de t, 1999) : p. de t. 1 367, maïs 1 092, raisin 1 000, olives 300 (en 1997), pommes 261, blé 373, oranges 215, riz 157, avoine 75, seigle 52, orge 45, huile d'olive 510 486 hl. *Vin* (en 1999) : 7 601 586 hl. *Liège* (1er producteur mondial, 50 % de la prod. mondiale). **Élevage** (en millions de têtes, 1999). Volailles 26, ovins 5,8, porcins 2,3, bovins 1,27, caprins 0,7, ânes 0,1. **Forêts** (en 1998). 8 978 000 m³. **Pêche** (en 1999). 230 000 t.

■ **Mines** (en milliers de t, 1995). Pierre de calcaire 35 153, granit 20 205, anthracite 149 (en 1994), kaolin 170 (en 1994), tungstène 0,8, cuivre 114 (en 1998), uranium 19 (en 1998), or, argent, étain 2 (en 1999). Marbre 941 000 m³. **Électricité** (en 1999). 34,6 milliards de kWh dont 6,8 par hydroélectricité.

■ **Transports** (en km). **Routes :** 8 983 (en 1997). **Voies ferrées :** 2 794 (en 1998).

■ **Tourisme** (en 2000). **Visiteurs :** 27 900 000. **Lits d'hôtels :** 219 854. **Recettes** (en 1999) : 965,1 milliards d'escudos (5 % du PIB). **Sites :** monuments romains (voir p. 1144).

■ **Commerce** (en milliards de $). **Export./import. :** *1994 :* 18,6/26,9 ; *95 :* 20/32,9 ; *96 :* 25,5/34,8 ; *97 :* 24,7/34,2 ; *98 :* 26/38,2 ; *99 :* 25,6/39,8 [(en milliards d'escudos) : *exporte* 4 616 *dont* mach. et équip. 722, équip. de transp. 674, vêtements 561, chaussures 289, textile 252 *vers* All. 912, Esp. 834, *France 644,* G.-B. 556, USA 229, P.-Bas 204/ *importe* 7 519 *dont* mach. et équip. 1 403, mat. de transp. 1 069, produits chim. 501, agr. 414, alim. 259 *de* Esp. 1 899, All. 1 107, *France 859,* G.-B. 512, P.-Bas 359, USA 212].

■ **Rang dans le monde** (en 1999). 9e vin. 13e étain. 23e uranium. 27e argent.

QATAR

Carte p. 986. V. légende p. 950.

■ **Nom** topographique de la péninsule.

■ **Situation.** Asie (golfe Arabique). **Superficie :** 11 437 km². **Côtes :** 563 km. **Frontières** (en km) : Arabie saoudite 60. Péninsule. Plat, collines (côte occidentale), désert calcaire et sel mélangés de 10 000 km². Petites îles. **Climat.** Saharien. Frais déc. à mars (environ 20 °C), chaud et humide mai à sept. (25 à 46 °C). *Pluies :* 75,2 mm par an.

■ **Population.** *1953 :* 20 000 hab. ; *87 :* 384 970 ; *90 :* 420 139 ; *91 :* 381 000 [dont *est. vers 1986/87 :* 150 000 Pakistanais et Indiens, 80 000 Arabes (Palestiniens, Égyptiens, Libanais), 60 000 autres Asiatiques (Sri Lankais, Bangladais, Philippins), 70 000 Qatariens, 5 000 Européens (dont 3 500 Anglais)] ; *99 :* 540 000 ; *2000 (est.) :* 599 000 ; *2025 (prév.) :* 1 720 000. **D.** 52,4. **Age :** *- de 15 ans :* 26,3 % ; *+ de 64 ans :* 2,3 %. **Espérance de vie** (en 1998) : 72 ans. **Pop. urbaine** (en 1997) : 92 %.

■ **Langues.** Arabe *(officielle),* anglais. **Religion.** Musulmans *(officielle),* wahhabites 98 %.

■ **Villes** (en 1995). *Doha (al-Dawḥa)* 392 384 hab., Ar Rayyân 165 127, Wakrah 33 891, Oumm Ṣalâl 19 194. (Bassora, Iraq, à 563 km et Ormuz, Iran, à 498.)

■ **Histoire. 1517-38** occupation portugaise. Rattaché à l'Empire ottoman. **1766** les Al-Khalifa venant de Koweït y émigrent, développent le port de Zubara et la pêche des perles ; **1783** expulsent Perses de Bahreïn et y installent leur capitale. **1868**-*12-9 traité* **cheikh Mohammad ibn Thani** († 1878)/Bahreïn moyennant un tribut. **1871** occupation turque. **1878 Jasim ibn Mohammad al-Thani,** son fils († 1913). **1913** lutte contre les Turcs. **Cheikh Abdullah Jasim al-Thani,** son fils († 1949). **1915**-*août* départ garnison turque. *-Déc.* les wahhabites reconnaissent l'indépendance. **1916**-*3-11* protectorat britannique. **1935** 1re concession pétrolière (Anglo-Iranian Oil Company). **1940** pétrole découvert. **1949** exploitation. **Cheikh Ali ibn Abdullah al-Thani** (abdiquera 1960). **1953** Shell et Qatar Oil Company (Japon) en concurrence. **1960**-*oct.* **cheikh Ahmad ibn Ali al-Thani,** fils d'Ali (1917-77). **1971**-*3-9 indépendance.* **1972**-*22-2* cheikh déposé par son cousin, s'exile à Londres. **Cheikh Khalifa ibn Hamad al-Thani** (né 1930). **1974** contrôle total du capital des Stés. **1992**-*30-9* incidents avec Arabie. *-5-10* retire son contingent de la force du Conseil de coopération du Golfe. **1995**-*27-6* cheikh, destitué par son fils aîné [qui en mai 1996 fera bloquer ses comptes suisses (3 à 6 milliards de $)], s'exile. **Cheikh Hamad ibn Khalifa al-Thani** (né 1950). **1996**-*17-2* échec coup d'État. *-8-7* visite Pt Chirac. *-22-10* **Jassem bin Hamad** (né 1978), 3e fils de l'émir, Pce héritier. *-29-10 Abdullah ibn Khalifa al-Thani* PM. **1999**-*8-3 :* 1re élection au suffrage universel d'un conseil municipal consultatif de 29 m.

■ **Statut.** *Émirat.* **Constitution** du 19-4-1972. **Conseil des ministres** et **Conseil consultatif** (30 membres). **Fête nationale.** 3-9 (indépendance). **Drapeau** (adopté vers 1949). Blanc et marron à 9 pointes blanches (proportions : 11 × 28). **Partis.** Aucun.

☞ **Différend avec Bahreïn : 1938** G.-B. attribue îles Hawar (la plus grande 20 × 4 km) à Bahreïn (qui est à 37 km). **1947**-*23-12* confirme cette décision. **1991**-*8-7* recours devant la Cour internationale de justice. **1992**-*17-4* décret fixant les eaux territoriales à 12 milles plus une bande de 22 milles où le Qatar se réserve d'exercer ses droits. *-27-4* Bahreïn conteste les 22 milles. *-6-6* Qatar et Bahreïn s'en remettent à la Cour internationale de justice.

■ **Économie. PNB** (en 1999) : 14 180 $ par hab. **Population active** (en %) **et,** entre parenthèses, **part du PNB** (en %) : agr. 1 (1), mines (pétrole) 9 (34), ind. 25 (18), services 65 (47). **Croissance** (en %) : *1995 :* - 1,1 ; *96 :* 10 ; *97 :* 9,8 ; *98 :* 11,2 ; *99 :* 9 ; *2000 (est.) :* 10. **Inflation** (en %) : *1991 :* 3 ; *92 :* 3 ; *93 :* 3 ; *94 :* 3 ; *95 :* 3 ; *96 :* 7,4 ; *97 :* 2,7 ; *98 :* 2,6 ; *99 :* 1,9. **Dette extérieure** (en milliards de $) : *1995 :* 6,52 ; *98 :* 9,6.

■ **Agriculture. Terres cultivées :** 5 200 ha. **Production** (en milliers de t, 1997) : dattes 13, tomates 9, aubergines 4, orge 4, melon 3, oignons 3, pastèques 2. **Élevage** (en milliers de têtes, 1999). Poulets 4 000, ovins 207, caprins 168, chameaux 47, bovins 14, chevaux 2. **Pêche** (en 1997). 5 032 t.

■ **Énergie. Pétrole** (en millions de t) : *réserves 2000 :* 505 2001 : 1795 (48,5 ans) ; *production* (et *revenus* en milliards de $) : *1963 :* 9 (0,059) ; *71 :* 20,2 (0,198) ; *79 :* 25 (3) ; *88 :* 17 (1,5) ; *90 :* 19 (2,7) ; *95 :* 21,3. ; *97 :* 32,5 ; *98 :* 35 ; *99 :* 33,7 ; *2000 :* 37. **Gaz :** *réserves :* 10 900 milliards de m³. Gisement de North Field (découvert 1971 à 80 km en mer, à 3 000 m de profondeur ; 1,2 à 1,6 milliard de $ investis). Fournit 90 % de l'énergie du Qatar [*1992 :* 1re tranche produisant 8 milliards de m³ par an (pour électricité, dessalinisation de l'eau, ind.) et 4 000 t/jour de condensation] ; *production* (en milliards de m³) : *1990 :* 6,3 ; *95 :* 13,9 ; *98 :* 19,6. **Industrie.** Pétrochimie (usine de liquéfaction de gaz à Ras Laffan : inaugurée 23-5-1999), sidérurgie, engrais chimiques. *Projet :* fonderie d'aluminium, cimenterie. **Transports** (en 1996). **Routes :** 1 230 km. **Tourisme.** 425 000 vis. (en 1997) et 292 211 nuitées (en 1993).

■ **Commerce** (en milliards de $). **Export./import. :** *1994 :* 2,9/1,9 ; *95 :* 3,1/3,3 ; *96 :* 4,4/3,8 ; *97 :* 5,8/5 ; *99 :* 6,6 (dont pétrole 4,8)/3,9.

■ **Rang dans le monde** (en 1999). 3e réserves de gaz naturel. 22e réserves de pétrole. 23e gaz naturel. 26e pétrole.

ROUMANIE

Carte p. 1213. V. légende p. 950.

☞ *Abréviation :* R. : Roumanie.

■ **Situation.** Au sud-est de l'Europe. **Superficie :** 238 391 km². **Longueur** *maximale* (est-ouest) : 735 km. **Largeur** *maximale* (sud-nord) : 530 km. **Côte :** sur mer Noire 225 km. **Frontières** (en km) : Ukraine 531, Moldavie 450, Hongrie 443, Serbie 476, Bulgarie 608. **Forêts** (en 1995) : 28 %. **Grandes provinces historiques :** *Valachie* (formée de Munténie et Olténie), *Dobroudja, Moldavie, Transylvanie* (y compris Banat, Crisana et Maramures). **Relief :** montagnes 31 % [chaîne des Carpates, formant au centre un arc de 1 000 km de long ; 10 sommets supérieurs à 2 500 m (au sud) ; alt. maximale pic Moldoveanu (massif du Fagaras) 2 544 m] ; plateaux 36 % [à l'ouest (dans l'arc des Carpates) : de Transylvanie (alt. 400-700 m) ; à l'est : moldave ; au sud-est : de la Dobroudja] ; plaines 33 % [à l'ouest :

frange de la plaine de l'Ouest ; au sud : entre Subcarpates et Danube, plaine roumaine ; au nord-est : moldave ; au sud : plateau Gétique]. **Fleuves** (longueur en R. en km et, entre parenthèses, totale) : Danube 1 075 (2 860, delta classé par l'Unesco « réserve de la biosphère », 5 050 km² dont 4 340 km² en R.), Mureş 768 (803), Olt 736, Prout 716 (950), Siret 596 (706), Ialomita 410, Somes 388 (435), Arges 344, Jiu 331, Buzau 324. **Lacs** : 3 500 dont 2 300 naturels (Razelm 415 km², Sinoie 171, Golovita 119). **Climat.** Continental [tempéré (de transition) à l'ouest (faibles influences océaniques) et au sud-ouest (influences méditerranéennes) ; excessif au nord-est ; modifications locales dues à l'alt.] : hiver long, printemps très court, été très chaud, automne long. *Températures* : hiver : – 3 °C ; été : 22/24 °C [*min. absolu* : – 38,5 °C (à Bod, dépression de Braşov, 25-1-1942) ; *max. absolu* : + 44,5 °C (à Ion Sion, au Bărăgan, 10-8-1951)] ; *pluies* 359 à 1 346 mm/an [*moy.* 637 (*max.* : Htes Carpates ; *min.* : Bărăgan, Dobroudja, delta du Danube)].

■ **Population** (en millions d'hab.). *1834* : 2,1 ; *1859* : 8,6 (3,9 sur 130 000 km²) ; *1899* : 6 (idem) ; *1900* : 11,1 (237 500 km²) ; *12* : 12,8 (7,2 sur 130 000 km²) ; *30* : 14,3 ; *41* : 16,1 ; *48* : 15,9 ; *56* : 17,5 ; *60* : 18,4 ; *66* : 19,1 ; *75* : 21,24 ; *80* : 22,2 ; *85* : 22,72 ; *92* : 22,81 ; *99* : 22,5 ; *2000 (est.)* : 22,5 ; *2025 (prév.)* : 20. **D.** 94,4. **Espérance de vie :** *1980* : 70 ans ; *99* : *h.* 65, *f.* 73. **Natalité** (en 1999) : 11 ‰. Nombreux avortements, 75 % des femmes enceintes. **Enfants abandonnés** : *1999* : 147 000 ; *2000* : 120 000. **Mortalité** (en 1999) : 12 ‰ ; *infantile* : 21 ‰, *maternelle* (en 1995) : 13,3 pour 1 000 naissances. **Age** : *– de 15 ans* : 18,4 %, *+ de 64 ans* : 13,3 %. **Pop. urbaine** (en 1998) : 57 %. **Nationalités** (rec. 1992) : Roumains 20 408 542, Hongrois 1 624 959, Tsiganes 401 087, Allemands 119 462 (*1944* : 800 000 ; *77* : 359 109), Ukrainiens 65 764, Russes lipovéniens 30 606, juifs 8 955, divers 151 615. **Réfugiés** (en 1993) : 18 446 dont Allemands 5 945, Roumains 8 814, Hongrois 3 206, Juifs 221, autres 260. **Émigrants** : *1975-93* : 550 000 ; *94* : 17 146 ; *95* : 25 675.

■ **Langues.** Roumain *(officielle)* [issu du latin parlé dans les provinces romaines de Dacie et Mésie, et ne dérivant pas du parler urbain de Rome, mais de dialectes ruraux italiens] ; hongrois (1 700 000 personnes).

■ **Religions** (en %, 1992). **Orthodoxes** roumains 86,8 [en 1995, 22 diocèses, 12 546 églises sur 8 941 paroisses, 31 évêques, 8 727 prêtres, 41 diacres, 216 monastères (2 244 moines) et 135 communautés de femmes (3 937 moniales)]. **Catholiques romains** 5,1. **Gréco-catholiques** 1 [pour partie de rite latin ; origine : Allemands ou Hongrois de Transylvanie ; en 1948, le gouv. supprima les uniates (rite grec), qui existaient depuis 1687 en Transylvanie et avaient été reconnus officiellement en 1930 ; ils doivent rentrer dans l'Égl. orthodoxe (ils étaient alors environ 2 000 000) ; leurs évêques furent persécutés [dont Vasile Afténie, tué 10-5-1950), Valerian Frentiu († en prison 11-7-1952), Ioan Balan († en prison 2-8-1959) ; 31-12-1898 existence légalisée ; Mgr Vladimir Ghika (1873/17-5-1954 † en prison après torture) était leur protonotaire apostolique]. 12 juridictions dont 6 latines, 5 uniates, 1 arménienne. **Protestants** 3,5 (700 000 Hongrois calvinistes) ; Pentecôtistes 1. **Juifs** (*1930* : 760 000 ; *39* : 900 000 dont 500 000 † dans les provinces cédées à l'URSS et la Hongrie en 1939-40) ; *1977* : 24 567 ; *83* : 32 000 ; *92* : 9 107).

Nota. – Sur les 365 églises de Bucarest, Ceauşescu en a détruit 19 dont 9 classées monuments historiques.

■ **Villes** (en 1998). *Bucarest* 2 016 131 (200 000 chiens errants en 2001), Iaşi 348 070 (à 399 km), Constanţa 342 264 (à 225 km), Cluj-Napoca 332 498 (à 498 km), Galaţi 330 270 (à 230 km), Timişoara 324 304 (à 533 km), Braşov 314 225 (à 171 km), Craiova 313 530 (à 225 km), Ploieşti 251 348 (à 60 km), Brăila 233 756 (à 217 km), Oradea 222 239 (à 651 km), Bacău 209 235 (à 282 km), Piteşti 187 170 (à 114 km), Arad 184 408 (à 546 km), Sibiu 169 611 (à 316 km), Tîrgu Mureş 165 153 (à 448 km), Baia Mare 149 665 (à 570 km), Buzău 148 372 (à 128 km), Satu Mare 130 059 (à 685 km), Botoşani 128 730 (à 437 km), Piatra-Neamţ 125 070 (à 362 km), Rîmnicu Vîlcea 119 741 (à 276 km), Suceava 118 549 (à 447 km), Drobeta-Turnu Severin 117 865 (à 323 km), Tîrgovişte 98 980 (à 80 km).

■ **Politique vis-à-vis des minorités (avant 1990). Juifs :** *depuis 1948,* 350 000 à 400 000 sont partis pour Israël. Chaque visa était payé 5 000 à 7 000 $ (depuis 1979, environ 1 500 départs par an). **Allemands** : *1957* accord avec All. féd. permettant à 20 000 Allemands de quitter la R. en 10 ans. *1978* nouvel accord sur 10 000 puis 15 500 départs par an. Prime : 3 400 à 5 400 $ par personne. *1988* : 10 738 départs. **Gitans** : trafic à la frontière (environ 7 000 lei par personne pour sortir).

■ **Histoire. Av. J.-C. 2000** immigration de tribus de Daces ou Gètes, venues des steppes de la Caspienne ; appartiennent au groupe central des Indo-Européens, les Thraco-Illyriens ou Thraco-Cimmériens, qui colonisent Balkans et nord de l'Anatolie. Langue voisine de l'étrusque et de l'albanais moderne. Civilisation empruntée aux Celtes (métallurgie, agriculture) et aux Scythes (cheval). **VII-VIe s.** fondation de colonies grecques sur la mer Noire (Histria, Tomis, Callatis). **Vers 300** Ier roi géto-dace attesté : Dromichaitès. **70-44** roy. de Burebista. **Apr. J.-C. 101-106** conquête par l'empereur romain Trajan. **106-271** province romaine. Romanisation. Langue néolatine. **IIIe-XIIIe s.** invasions Goths, Huns, Gépides, Avares, Slaves, Tatars, venus du nord et de l'est. **XIV-XVIIe s.** formation d'États indépendants : Munténie ou Valachie *(1330),* Moldavie *(1359-65)* et Transylvanie [conquise par Hongrie : principauté autonome *(1541)*, elle sera incorporée *(1699)* à l'empire Habsbourg jusqu'en *1918*].

☞ **Princes les plus renommés :** *Valachie :* **Mircea le Vieux** (1386-1418) lutte contre Turcs. **Vlad Tepeş** (1430-76 ou 77) règne oct. 1448, 1456/62, 1476 avec l'aide de Jean Hunyadi, assassin de son père **Dracula** (« l'Empaleur », † 1447, chevalier de l'ordre du Dragon, *dracul* : « démon » en roumain) [la légende a fait d'un Cte roumain du XIXe s. un vampire depuis le roman *Dracula* de Bram Stoker, Irlandais, 1847-1912, paru 1897], s'allie à Hongrie ; mate marchands allemands et turcs ottomans. 1462 les Saxons obtiennent son emprisonnement par le roi de Hongrie après qu'il eut arrêté les Turcs avec 30 000 h. ; accusé à tort de trahison ; libéré par Hongrois, se bat contre Turcs, tué déc. 1476 ou janv. 1477. Habitait châteaux de Tîrgovişte et Poienari. **Michel le Brave** (1593-1601), vainqueur des Turcs le 15-8-1595, mais battu en 1600, qui réalise pour un an (1599-1600) l'unité des 3 principautés, assassiné le 9-1-1601. **Mathieu Basarab** (1632-54). **Constantin Brâncoveanu** (1688-1714). *Moldavie :* **Alexandre le Bon** (1400-32). **Étienne le Grand** (1457-1504), surnommé l'« Athlète de la Chrétienté » (sanctifié 1992). **Dimitrie Cantemir** (1673-1723 ; règne 1710-11). **1699** Habsbourg annexent Transylvanie.

☞ **Princes régnants grecs :** nommés par Turcs [dits *Phanariotes* (du *Phanar,* « phare », quartier d'Istanbul)] : *1711-1821* en Moldavie, *1716-1821* en Valachie. **1746** (Valachie) et **1748** (Moldavie) **Pce Constantin Mavrocordato** libère les serfs ; accentuation de l'influence française, notamment au début XIXe s. **1806-12** et **1828-34** occupation russe. **1821** mouvement révolutionnaire valaque de Tudor Vladimirescu [(1780-1821) assassiné par nationalistes grecs de l'Hétairie]. Restauration des Pces régnants roumains. **1834-42 Alexandre Ghika** (1-4-1795/janv. 1862) Pce de Valachie. **1842-48 Georges Bibesco** (1804/Paris 1-6-1873), hospodar de Valachie, abdique. [*Successeurs : 1849 Barbu Ştirbei. 1853 Dimitrie Bibesco* (1801-69), frère de Georges. *1854 Grégoire Alexandre Ghika* (1807-67), Pce de Moldavie, essaya de réunir Moldavie et Valachie.] **1848-49** révolution bourgeoise-démocratique. **1854-56 Barbu Ştirbei. 1856**-*11-2 Convention de Paris :* autonomie des 2 provinces. -*Févr.* esclavage des Tziganes aboli. **1858**-*24-1* rangs et privilèges des *boyards* (propriétaires terriens) abolis.

■ **Roumanie (Union des principautés). Maison de Cuza. 1859**-*5-2* union Moldavie et Valachie. -*9-11* deviennent principauté de R. **Pce Alexandre Ioan Cuza** (26-3-1820/Heidelberg 15-5-1873) élu le 17-1 par Assemblée de Moldavie et le 5-2 par celle de Valachie. **1861**-*23-12* Turquie reconnaît Union. **1863-65** *Michel Kogălniceanu* (1817-91) PM. **1864**-*2-5* coup d'État, Ass. dissoute. -*Août* 500 000 familles se répartissent 2 000 000 d'ha. -*Déc.* nationalisation des domaines monastiques grecs. **1866**-*23-2* Alexandre abdique (pression des boyards hostiles à ses réformes) ; lieutenance princière.

Maison de Hohenzollern. 1866-*22-5* **Pce Charles (Carol Ier) de Hohenzollern-Sigmaringen** (20-4-1839/10-10-1914) [branche aînée des Hohenzollern ; séparée depuis le XIIIe s. de la branche prussienne catholique, donna au St Empire des Pces qui régnèrent jusqu'en 1849 sur les principautés de Hohenzollern-Hechingen et Hohenzollern-Sigmaringen]. Élu (et proclamé Pce régent avec droit d'hérédité) par plébiscite le 20-4. Épouse (15-11-1869) Pcesse Élisabeth de Wied (en littérature *Carmen Sylva,* 29-12-1843/3-3-1916) dont 1 fille Marie (1870-74). Roi et Pces de la maison royale doivent être élevés dans la religion orthodoxe orientale. **1877**-*avril* guerre russo-turque, la R. alliée avec Russie. **1878**-*13-7 traité de Berlin : indépendance* (proclamée 9-5-1877) reconnue ; la R. perd 3 départements de la Bessarabie (Cahul, Bolgrad, Ismaïl) et gagne la Dobroudja. **1881**-*26-3* royaume proclamé. -*22-5* Charles devient le roi **Carol Ier**. **1907**-*févr./mars* révolte paysanne, répression du Gal Averescu (1859-1938) [environ 10 000 †]. **1913**-*29-6* guerre contre Bulgarie ; alliée à Grèce, Serbie, Monténégro et Empire ottoman. -*10-8 traité de Bucarest,* la R. reçoit un territoire du sud de la Dobroudja. **1914**-*janv. Ionel Constantin Brătianu* (1864-1927), fils de Ion (1821-91) PM.

1914-*11-10* **Ferdinand Ier** (24-8-1865/20-7-1927), neveu de Carol Ier (adopté, désigné le 18-3-1889), 2e fils de Léopold de Hohenzollern (22-9-1895/9-6-1905), ép. 12-9-1861 à Antonia de Portugal (17-2-1845/27-12-1913), ép. 10-1-1893 Marie de Saxe-Cobourg et Gotha, Pcesse de G.-B. et d'Irlande, fille du duc d'Édimbourg (29-10-1875/10-7-1938) ; 6 enfants : 1°) *Carol II* (15-10-1893/4-4-1953) ; 2°) *Élisabeth* (12-10-1894/14-11-1956) ép. Georges II (roi de Grèce) ; 3°) *Marie* (8-1-1900/22-6-1961) ép. Alexandre Ier (roi de Yougoslavie) ; 4°) *Nicolas* (18-6-1903/9-7-1978) régent de 1927 à 1930 ; 5°) *Ileana* (5-1-1909/21-1-1991) ép. archiduc Anton d'Autriche-Toscane (1901-87), puis Stefan Issarescu ; 6°) *Mircea* (3-1-1913/2-11-1916). **1916**-*27-8* R. déclare la guerre à Autriche ; vaincue par All. **1917**-*9-12* armistice de Focsani ; victorieuse avec l'aide de la Fr ; 238 000 † au combat et 300 000 civils † du typhus et d'autres maladies. **1918**-*7-4 traité de Bucarest.* -*Nov.* dénonçant le traité, la R. reprend la lutte ; bombe jetée au Parlement, Grecianu, ministre de la Justice, mortellement blessé ; union R. avec Bessarabie *(9-4)*, Bucovine *(27-11)* et Transylvanie *(1-12)*. -*1-12* union de tous les Roumains en un seul État national. **1919**-*sept. suffrage univ.* ; ancien Parti conservateur, déconsidéré par son orientation proallemande, se morcelle. -*10-9 traité de St-Germain.* **1920**-*mars Gal Averescu* (Parti du peuple) PM. -*4-6 traité de Trianon :* la R. reçoit Bessarabie, Transylvanie (avec Banat), Bucovine. **1920-21** *Petite Entente* appuyée par France (alliance avec Pologne, Tchéc., Youg.). **1921** *réforme agraire.* **1922-28** Parti national-libéral domine [clan Brătianu : Ionel (1864-1927), ses frères Constantin et Vintilă (1867-1930), son fils Gheorghe (1898-1954)]. **1923**-*28-3 Constitution ;* selon la loi salique, les femmes ne peuvent régner. La R. est un État national unitaire ; conquêtes sociales (droit de grève et d'association, mutualisme, suffrage universel masculin). **1924** PC (créé 1921) interdit ; vit au travers des associations telles que le Secours rouge (1 000 membres et sympathisants jusqu'en 1944). **1925** Ferdinand oblige Carol, son fils, à choisir entre le trône et sa maîtresse, Carol renonce au trône le 28-12 en faveur de son fils Michel et part avec Magda Lupescu pour l'étranger d'où il s'engage à ne pas rentrer avant 10 ans.

1927-*20-7* **Michel Ier** (né 25-10-1921), fils de Carol. Conseil de régence, dirigé par son oncle le Pce Nicolas de R., comprenant le patriarche Miron Cristea et George Buzdugan, Pt de la Cour de cassation (puis Constantin Sarăţeanu). **1930**-*5-6* Carol quitte Belém pour Munich où il prend l'avion à destination de la R.

1930-*8-6* **Carol II** (15-10-1893/4-4-1953), père de Michel Ier, prend le pouvoir. Sa renonciation est annulée. Michel devient Pce héritier avec le titre de grand voïvode d'Alba Iulia. [Carol avait épousé *1°)* morganatiquement le 31-8-1918 Ioana Constantinovna Lambrino (1898-1953), mariage annulé le 8-1-1919, dont 1 fils : Mircea-Grégoire de Hohenzollern [(né 8-1-1920), appelé Mircea-Grégoire Lambrino jusqu'en 1955 ; reconnu légitime 1955 par tribunal portugais, 1963 par tribunal français ; porte le titre princier de son propre chef depuis 1959 (non reconnu par Michel Ier) ; aura 1 fils : Paul Lambrino (se fait appeler Hohenzollern-Roumanie) né 13-8-1948]. *2°)* 10-3-1921 Pcesse Hélène de Grèce (1896-1982), fille du roi Constantin Ier, mère de Michel Ier (divorce 21-6-1928). Quand Carol deviendra roi, titrée reine mère de R., elle devra s'exiler et vivra en Italie et en Suisse. *3°)* 3-6-1947 civilement et 19-8-1949 religieusement, Hélène (dite Magda) Wolf (le loup), nom roumanisé en Lupescu (1902-77) ; d'une famille juive de Iasy, divorcée du lieutenant Tampeano et depuis 1925 sa compagne, titrée Pcesse Hélène de Hohenzollern.] **1930**-*29-12* PM *Ion Gheorghe Duca* tué par la Garde de fer (« Chemises vertes »). *-30-12 Constantin Angelescu* PM. **1934**-*3-1 Gheorghe Tătărescu* PM. *-Févr.* Entente balkanique (avec Turquie, Grèce, Youg.). **1936** Nicolae Titulescu (4-3-1882/Cannes 17-3-1941), ancien ministre des Affaires étrangères, se retire en France. **1937**-*28-12 Octavian Goga* (1881-1938) PM. **1938**-*10-2 patriarche Miron Cristea* PM. *-27-2* Carol II modifie la Constitution et fonde le *P. du front de la renaissance nat.* ; Corneliu Codreanu [(1899-1938), fondateur de la Garde de fer fasciste, de la Légion de l'archange St-Michel et du parti Tout pour la Patrie], exécuté. **1939**-*7-3 Armand Călinescu* PM (né 21-5-1893, P. national paysan) ; *-21-9* assassiné. *Gal Gheorghe Argesanu* PM. *-28-9 Constantin Argeotoianu* PM. *-24-11 Gheorghe Tătărescu* PM. **1940** URSS, après ultimatum du 26-6, occupe Bessarabie (45 650 km²) et Bucovine du Nord (10 432 km², environ 4 000 000 d'hab.) ; Carol II cède et, ignorant que l'URSS agit conformément au protocole secret signé avec l'All. le 23-8-1939, laisse faire le rapprochement avec All. *-4-7 Ion Gigurtu* PM, proallemand. Conquêtes sociales de 1923 abolies. *-30-8* arbitrage Ribbentrop-Ciano décrétant que la R. doit céder nord de la Transylvanie à Hongrie (43 492 km², 2 667 000 hab.). *-2-9* manif. contre Carol II. *-4-9* Gigurtu démissionne. *-5-9* coup d'État du *Gal Ion Antonescu* (1882/1946, exécuté), appuyé par la Garde de fer : *-6-9* Carol abdique pour son fils Michel et quitte la R. le 7.

1940-*6-9* **Michel Ier** (né 25-10-1921) restauré. [Ép. 1°) 10-6-1948, à Athènes, Pcesse Anne (née 18-9-1923) fille du Pce René de Bourbon, Pce de Parme et de la Pcesse Marguerite de Danemark (1895-1992) ; 5 *filles* : *Marguerite* (née 23-6-1949, épouse 21-9-1996 Radu Duda) ; *Hélène* (née 15-11-1950, ép. 1° Robin Medforth-Miles, né 1942, 2 enfants : Nicolas né 1985, Élisabetha née 1989), divorce ; 2° ép. 14-8-1998 Alexander Philipps Nixon McAteer, né 22-10-1964 ; *Irène* (née 28-2-1953, ép. John Krenger, né 1945, 2 enfants : Michael né 1985, Angelica née 1986) ; *Sophie* [née 28-10-1957, ép. 29-8-1998 Alain Biarneix (né 10-7-1957) qui s'est prétendu archiduc de Habsbourg-Lorraine] ; *Marie* (née 13-7-1964).] *-7-9* sud de Dobroudja (Quadrilatère) cédé à Bulgarie. *-10-9* Antonescu titré « Conducator ». *-11-9* dissolution du *P. de la nation* (dernier encore autorisé). *-8-10* entrée des troupes allemandes. *-15-11* armée démobilisée. *-23-11* R. adhère au pacte tripartite du 27-9-1939 (All., Italie, Japon). *-26-11* : 64 personnalités assassinées par des légionnaires (dont Jorga, PM en 1931-32). *-29-11* état de siège. *-3-12* police des légionnaires dissoute, port de la chemise verte interdite. *-4-12* assassins de Jorga exécutés. *-18-12* syndicats interdits. **1941**-*21-1* : 471 exécutions. *-21/23-1* putsch manqué (Garde de fer) contre Antonescu. *-2-3* politique d'Antonescu plébiscitée (oui : 2 millions, non : 3 360). *-Juin pogrom de Jassy* (3 233 †). *-22-6* R. entre en guerre contre URSS, engage 473 103 soldats (92 620 militaires †, 367 976 prisonniers, 270 000 civils †). *-23-6 Michel Antonescu* chef intérimaire de l'État. *-23-8* Antonescu Mal. *-9-11* Antonescu plébiscité (3 640 000 voix contre 70). *-6-12* G.-B. déclare guerre à la R. (celle-ci refusant de cesser le combat aux côtés de l'Allemagne). **1942**-*5-6* USA déclare guerre à R. *-23-9* Constitution du 27-2-1938 abolie. **1944**-*4-4* Bucarest : 1er bombardement. *-22-8* Soviétiques occupent Jassy. *-23-8 gouvernement d'Union nat.* avec sociaux-démocrates et communistes ; le roi fait arrêter Antonescu (procès du 6 au 17-5-1946, condamné à mort, exécuté 1-6-1946) ; la R. se retourne contre l'All., engage 540 000 soldats (170 000 †, et 80 000 † civils). *-30/31-8* armée rouge à Bucarest. *A partir de sept.*, de Stalingrad, Antonescu et l'opposition clandestine (Iuliu Maniu) cherchent à conclure un armistice séparé ; *Ştirbei*, émissaire de l'opposition, accepte les conditions des Alliés, laissant le libre passage à l'armée rouge ; il obtient la garantie de la démocratie parlementaire selon la Constitution de 1923 et rejoint le camp allié. *-6-9* Hongrie se déclare en état de guerre avec R. après entrée des Roumains en Hongrie. *-12-9 convention d'armistice* (à Moscou) : Bessarabie et Bucovine du Nord cédées à URSS, Transylvanie du Nord cédée par Hongrie ; paiement de 300 millions de dollars-or en 6 ans. *-25-10* libération complète. *-5-11 Gal Zanatescu* PM. *-6-12 Gal Nicolas Rădescu* PM. **1945**-*24-2* manif. communiste : (8 †). *-6-3* après 3 semaines de manif. anticommunistes (provoquées par l'installation des communistes dans mairies et préfectures, par la force), le gouv. est « démissionné » par Vychinsky, ministre soviétique adjoint des Aff. étr., et remplacé par un gouv. prosoviétique avec *Petru Groza* (1884/7-1-1958), fondateur en 1930 du Front des laboureurs, très fortuné ; min. des Affaires étrangères Tătărescu (ancien PM) PM. *-23-3* réforme agraire. *-8-11* manif. en faveur du roi. **1946**-*19-11 élections* truquées (la plupart des bureaux de vote sont tenus par les communistes). Bloc contrôlé par les communistes 79,8 % des voix. Gouvernement élu au Parlement avec 366 sièges, opposition 66 dont P. national-paysan 32. **1947**-*10-2 traité de Paris* : la R. perd Bessarabie et Bucovine du Nord cédées à URSS, Dobroudja du Sud à Bulgarie, et regagne Transylvanie. *-30-12* roi Michel abdique, contraint par les communistes (sinon Groza menace d'exécuter 1 000 étudiants) et s'exile. (1950-54 en G.-B. 1954-57 en Suisse, deviendra pilote d'essai. 1958-66 créera entreprise d'électronique et vendra des avions.)

■ **République populaire.** **1947**-*30-12* **Constantin Parhon** (1874-1969) Pt provisoire, puis avril 1948 Pt de la Grande Ass. nationale. **1948**-*21/23-2* communistes et sociaux-démocrates forment le *P. ouvrier roumain*. *-28-3* victoire communiste aux élections, 4 communistes : Gheorghe Gheorghiu-Dej (né en Transylvanie), Luca László (Hongrois), Anner Pauker (juive), Emil Bodnaras (Bodnarük) [Germano-Ukrainien]. *-13-4* Constitution suspendue. *-11-6* nationalisations, économie planifiée, socialisation de l'agr. *-14-7* chefs du P. national paysan, dont Mihalache, arrêtés au moment de partir en Amérique ; Parti paysan mis hors la loi. *-15-7* Iuliu Maniu arrêté, condamné aux travaux forcés à perpétuité († 3-2-1953 en prison). **1952**-*2-6* **Petru Groza** Pt du Praesidium de la Grande Ass. nat. *Gheorghe Gheorghiu-Dej* PM. *-24-9 Constitution.* **1955**-*3-10 Stoïca Chivu* (1908-75) PM. **1958**-*11-1* **Ion Gheorghe Maurer** (né 23-9-1902) Pt de la Grande Ass. nat. *-Juin* troupes soviétiques se retirent. **1961**-*21-3* **Gheorghe Gheorghiu-Dej** (1901-65) Pt du Conseil d'État. *-21-3 Maurer* PM. **1962** socialisation de l'agriculture achevée. **1964** collabore avec tous les pays, quelle que soit leur structure politique. Autonomie du PC. **1965**-*19-3* Gheorghiu-Dej meurt. *-24-3* **Stoïca Chivu** (1908-75) Pt du Conseil d'État.

☞ **Bilan de la dictature :** 1 200 000 emprisonnés ou en camps de concentration (200 000 tués).

■ **République socialiste.** **1965**-*21-8* nouvelle *Constitution.* **1967**-*9-12* **Nicolae Ceauşescu** (26-1-1918/25-12-1989) Pt du Conseil d'État puis 28-3-1974 Pt de la Rép. (secr. gén. du PC depuis 22-3-1965). Sa femme *Elena* (7-1-1919/25-12-1989 ; académicienne, Dr et ingénieur en chimie), 1er vice-PM depuis 29-3-1980. [Enfants : *Valentin* (né 1948, chercheur en physique atomique, arrêté 21-12-1989, libéré 17-8-1990) ; *Nicolae*, dit *Nicu* (1-9-1951/26-9-1996), min. de la Jeunesse et 1er secr. du département de Sibiu [considéré comme successeur de son père, condamné le 3-6-1991 à 16 ans de prison, libéré 24-11-1992 pour raison de santé (cirrhose du foie)]. Frères : *Ilie* vice-ministre de la Défense, et *Ion* 1er vice-Pt de la Commission du Plan ; *Marin*, directeur de la mission commerciale roumaine à Vienne, se suicidera (28-12-1989) ; *Andruţa*, Gal, condamné à 15 ans de prison le 2-4-1990 (pour avoir tué à coups de revolver 7 manifestants en déc. 1989). Beau-frère *Neculai Agachi* (se suicidera 31-7-1991).] **1968**-*17-2* réorganisation administrative. *-14/18-5* de Gaulle en R. *-28-8* R. refuse de participer à l'intervention soviét. en Tchécoslovaquie. **1974** loi de « systématisation du territoire » pour 300 000 ha de terres cultivables. [3-3-1988 : 7 000 villages sur 13 000 doivent être détruits (en fait 5 le seront), population regroupée dans 600 « agro-villes ». Raison officielle : gain de place pour l'agriculture.] *-28-3 Manea Mănescu* (né 9-8-1916) PM. **1975**-*juillet* PM Jacques Chirac en R. **1977**-*4-3* séisme : (1 541 † identifiés dont 1 391 à Bucarest). *-Août* grève des mineurs du Jiu. **1978**-*24-7* Gal Ion Pacepa demande asile politique à l'ambassade américaine à Bonn. **1979**-*mars* Pt Giscard d'Estaing en R., F. Mitterrand (1er secr. du PS) en R. *-30-3 Ilie Verdet* (né 10-5-1925) PM. **1980**-*juillet* Ceauşescu en Fr. **Dès 1981** « alimentation scientifique » (rationnement). **1981** politique de remboursement accéléré de la dette extérieure. *-Déc.* manif. pacifistes non spontanées contre nucléarisation de l'Europe. **1982** Virgil Tanase (écrivain réfugié en Fr.) disparaît 3 mois (protégé par DST contre attentat éventuel). *-21-5 Constantin Dascălescu* (né 2-7-1923) PM (écarté lors de la révolution de 1989, démissionnera le 22-12-1989). **1984** température max. dans les habitations fixée à 14 °C. *-1-4* Paris, Nicolae Iosif (menuisier) poignardé et jeté par la fenêtre de l'ambassade de R. *-26-5* canal Danube-mer Noire inauguré. *-25-7* destruction du centre historique de Bucarest. **1985**-*17-3 législatives* : 2,27 % des voix contre les candidats du Front de l'unité et de la démocratie socialiste de R. **1986**-*30-8* séisme. *-23-11 référendum* sur réduction de 5 % des dépenses militaires : 99,9 % de participation. **1987**-*15-11* : 10 000 manifestants à Braşov contre réduction des salaires et pénurie alimentaire. **1988**-*14-4* arrêt des emprunts à l'étranger. *-24-4* CEE rompt négociations commerciales. **1989**-*23-11* Ceauşescu annonce purge pour résoudre les insuffisances économiques et dénonce l'accord de 1940 ayant entraîné la perte de la Bessarabie.

■ **Révolution.** **1989**-*16-12* manif. à Timişoara pour empêcher le déplacement du pasteur László Tőkes. La radio hongroise annonce que l'armée a chargé la foule. Manif. à Arad. *-17-12* : 10 000 manifestants à Timişoara, bâtiments officiels pris d'assaut. *-18/20-12* Ceauşescu en Iran. *-18-12 Radio Free Europe* et radio hongroise parlent de « massacres ». On annonce 4 632 † (la radio hongroise parle de 70 000 ; en fait 93). L'armée contrôle Timişoara, Oradea et Cluj-Napoca. *-20-12* à 20 h Ceauşescu annonce à la TV que l'armée est intervenue à Timişoara, proclame l'état d'urgence et traite les manifestants de « hooligans » ; *-21-12* la foule le conspue. La TV interrompt la retransmission. L'armée tire sur les manifestants, certains sont écrasés par les blindés. Insurrection à Bucarest. *-22-12* état d'urgence dans toute la R. La radio annonce le suicide du Gal Vasile Milea, min. de la Défense. A Bucarest, armée et manifestants fraternisent. A 12 h 15, la radio annonce que Ceauşescu abandonne le pouvoir (fuite en hélicoptère de l'immeuble du PC, organisée par Gal Stanculescu). Le *Front de salut national* (FSN) prend le pouvoir. L'armée se rallie, mais des éléments continuent le combat. 15 h 30, la radio annonce l'arrestation à Tîrgovişte de Ceauşescu et de sa femme ; 16 h 10, de leurs fils Nicu et Valentin à Sibiu. 17 h 50, le gouvernement démissionne. *-23-12* combats à Bucarest, *Jean-Louis Calderon* (Français), journaliste de La Cinq, écrasé par un char. *-24-12* combats. *-25-12* procès des époux Ceauşescu organisé par Gelu Voican Voiculescu à Tîrgovişte. Tribunal militaire présidé par Gal Georgică Popa (Pt du tribunal militaire de Bucarest depuis 1987, se suicidera 1-3-1990). Condamnés à mort (pour génocide d'environ 60 000 personnes, noyautage de l'État par actions armées contre le peuple et le pouvoir d'État, vol et destruction de biens publics, mainmise sur l'économie, tentative de fuite pour récupérer des fonds déposés dans des banques étrangères) ; exécutés le jour même [un officier affirmera que Ceauşescu était mort d'une crise cardiaque lors d'une séance de torture visant à obtenir les numéros de ses comptes bancaires à l'étranger].

☞ **Bilan officiel de la révolution** (déc. 1989) : 1 104 † (dont à Bucarest 564, Timişoara 93, Sibiu 90, Braşov 66, Cluj-Napoca 26), 3 321 blessés (dont Bucarest 1 761).

Comité : 1/3 de dissidents, 1/3 de militaires et 1/3 de dirigeants du PC limogés par Ceauşescu ; *dirigé* par Corneliu Mănescu (né 8-2-1917, min. des Affaires étrangères de 1961 à 1972). *Membres importants* : Doïna Cornea (dissidente, professeur de français à l'université de Cluj-Napoca, démissionnera 22-1-1990), László Tőkes, Mircea Dinescu (écrivain), Gal Nicolae Militaru (min. de la Défense, limogé 1984, sera gracié), Silviu Brucan (démissionnera 4-2-1990).

1989-*26-12* **Ion Iliescu** (né 3-3-1930, 1967 ministre de la Jeunesse, 1971 secr. au Comité central du PC, limogé) Pt par intérim. *-30-12 Gelu Voican* (géologue de formation) nommé vice-PM. Dissolution de la *Securitate* (officiers 15 000, troupes 25 000, miliciens rattachés 15 000 ; *-31-12* Gal Julian Vlad, son chef, arrêté ; condamné 21-7-1991 à 9 ans de prison ; libéré 30-12-1993). **1990**-*janv.* **Petre Roman** (né 22-7-1946 ; FSN) PM [fils de Valter Roman († 1983), né Ernö Neulânder, Juif hongrois de Transylvanie, membre du Comité central, ancien des Brigades internationales réfugié en France puis en URSS, homme de confiance de Gheorghiu-Dej, général de la Securitate, colonel du KGB, créateur de l'appareil politique dans l'armée roumaine. 1969-74, études à l'Institut de mécaniques des fluides de Toulouse]. Les biens dont disposait Ceauşescu (21 palais, 41 villas et 22 pavillons de chasse) et ceux du PC [Office économique central Carpati (entreprise d'import-export, 48 000 employés, chiffre d'affaires : 12 milliards de F), 55 000 ha de terres agricoles regroupés en 545 unités (18 000 employés)] sont transférés à l'État. *-12-1* manif. à Bucarest, Timişoara et Cluj-Napoca. Décrets rétablissant la peine de mort et interdisant le PC (annulés *13* et *17-1*). *-18-1* Pcesses Marguerite et Sophie de R. (filles du roi Michel) en R. *-24-1* Bucarest : 1 000 manifestants devant siège du Conseil du FSN contre sa décision de présenter des candidats aux élections. *-27-1* tribunal militaire, procès de : Emil Bobu (n° 3 du clan Ceauşescu), Ion Dinča (vice-PM), Tudor Postelnicu (min. de l'Intérieur et de la Securitate) et Manea Mănescu (vice-Pt du Conseil d'État), condamnés le 2-2 à perpétuité (tous libérés). *-28-1* manif. à Bucarest contre FSN. *-1-2* **Conseil provisoire d'Union nationale (CPUN)** créé (253 membres dont FSN 111, différents partis 111, représentants des minorités 27, *Pt* : Ion Iliescu). *-16-2* Gal Militaru, min. de la Défense, démissionne. *-18-2* manifestants saccagent siège du gouv., molestent un vice-ministre, l'armée intervient. *-5-3* Bucarest, statue de Lénine abattue (12 t, en bronze). *-20-3* Tîrgu Mureş : affrontements Roumains/Magyars (4 †). *-1-4* Bucarest, 3 500 à 4 500 manifestants contre Iliescu. *-12-4* gouv. annule visa de l'ex-roi Michel Ier. *-13-4* Bucarest, manif. de protestation. *-24-4* Bucarest, 10 000 manifestants anticommunistes. Ion Raţiu, candidat du PNPCD à la présidentielle, attaqué par partisans d'Iliescu. *-28-4* Alliance nat. pour la déclaration de Timişoara créée par opposition, but : éliminer le communisme. *-29-4* manif. contre Iliescu dans plusieurs villes de province. *-11-5* PNP se retire du CPUN. *-20-5* Ion Iliescu élu Pt par 85,07 % des voix devant Radu Câmpeanu (né 1922, P. nat. libéral) 10,64 % et Ion Raţiu (né 6-6-1917, P. nat. paysan) 4,29 %. *-13-6* police évacue la place de l'Université à Bucarest. *-15/16-6* mineurs « rétablissent l'ordre » à Bucarest (6 †, 542 bl.) *-13-7* : 10 000 à 50 000 manifestants pour libération du dirigeant étudiant Marian Munteanu, détenu depuis le 18-6 ; *-2-8* libéré. *-9-9* réconciliation mineurs/étudiants. *-1-11* prix des produits intermédiaires libérés. *-15-11* Braşov, milliers de manifestants contre gouv. *-19-11* Bucarest : 5 000 manifestants contre reconstitution du PC sous le nom de PS du travail. *-25-12* Michel Ier reconduit en Suisse après quelques heures passées en R. (visa délivré par « erreur »). **1991**-*20-2* loi sur privatisation des terres. *-1-4* prix des produits de base libérés en partie. *-12-4* Bucarest : 100 000 manifestants contre Iliescu. *-30-4* **Petre Roman** (FSN) PM. *-10-5* manif. monarchistes. *-20-5* Bucarest : 20 000 manifestants. *-14-8* loi de privatisation des entreprises commerciales. *-28-9* Roman démissionne (sous la pression de mineurs de la vallée du Jiu). *-17-10* **Theodor Stolojan** (né 23-10-1943) PM. *-8-12 référendum pour Constitution.* *-16-12* Timişoara : 40 000 manifestants. **1992**-*23-2 municipales* : FSN battu. *-20-4* : 21 membres du comité politique exécutif du PC condamnés en « appel extraordinaire » de 8 à 16 ans de prison pour répression de Timişoara en 1989. *-21-4* Michel Ier autorisé à revenir pour la Pâque orthodoxe (25/26-4), 500 000 partisans. *-4-5* prix de base libérés. *-27-9 législatives* et 1er tour de la *présidentielle* : 11 898 856 suffrages exprimés. Iliescu (FDSN) 47,34 %, Emil Constantinescu (Convention démocratique) 31,24 %, Gheorghe Funar (PUNR) 10,88, Caius Dragomir (FSN) 4,75, Ioan Mânzatu (P. républicain) 3,05, Mircea Druc (Indépendant) 2,75. *-11-10* : 2e tour, Iliescu (FDSN) réélu Pt : 61,43 % des voix, Constantinescu 38,57 %. *-13-11* **Nicolae Văcăroiu** (né 5-12-1943) PM. *-19-11* investiture (260 voix contre 203). **1993**-*28-9* admission au Conseil de l'Europe. **1994**-*28-2* grève générale. *-15-4* Iliescu en France. *-11-5* R. associée à UE (en vigueur 1-2-1995). *-7-10* Michel Ier refoulé à l'aéroport de Bucarest. **1996**-*3-11 législatives.* *-16-11* traité avec Hongrie, garantissant les droits de la minorité hongroise de R.

1996-*17-11* **Emil Constantinescu** (né 19-11-1939) élu Pt au 2e tour par 54,41 % des voix devant Iliescu 45,59 % [au 1er tour : Iliescu 32,25, Constantinescu 28,21, Petre Roman 20,54, Gyorgy Frunda 6,02, C. Vadim Tudor 4,72, Georghe Funar 3,22, autres 4,79]. *-11-12* **Victor Ciorbea** (né 26-11-1954, PNPCD) PM. **1997**-*21-2* Michel Ier retrouve sa citoyenneté roumaine (déchu depuis le 22-5-1948) ; *-28-2* vient en visite en R. *-3-5 traité avec Ukraine* signé. *-Déc.* Michel Ier se réinstalle en R. **1998**-*1-4* **Radu Vasile** (né 10-10-1942) PM. **1999**-*5-1* grève des mineurs de la vallée du Jiu : 10 000 marchent sur Bucarest, leader : Miron Cozma. *-22-1* accord : augmentation des salaires, gel du plan de fermeture des mines. *-15-2* Cozma condamné à

18 ans de prison pour avoir organisé, sept. 1991, la marche des mineurs sur Bucarest *17-2* arrêté. *-24-3* dans plusieurs villes 200 000 personnes participent à des « marches du désespoir ». *-7/9-5* Jean-Paul II en R. *-21-12* **Murgur Isarescu** (né 1-8-1949) PM. **2000**-*févr.* pollution du Danube (cyanure de la mine d'or de Baia Mare). *-18-6* Traian Basescu (PD) élu maire de Bucarest. *-10-12* **Ion Iliescu** (né 3-3-1930) élu Pt au 2e tour (66,83 %) devant Vadim Tudor. *-28-12* **Adrian Nastase** PM.

Politique

■ **Statut.** *République.* **Constitution** du 21-11-1991, approuvée par le référendum du 8-12-1991 (77,3 % oui). **Pt :** élu au suffrage universel pour 4 ans. **Sénat :** 143 membres élus au suffrage universel pour 4 ans (*Pt:* Petre Roman depuis le 27-11-1996). **Assemblée :** 343 membres élus au suffrage universel pour 4 ans. **Elections législatives du 26-11-2000** (en %) : P. de la démocratie sociale de R. (PDSR) 19,5, P. de la grande R. 22, P. libéral 10, P. de la minorité hongroise 7,5, P. démocrate 6,6.

■ **Fête nationale.** 1-12 (union de tous les Roumains en un seul État en 1918). **Drapeau** (adopté 27-12-1989). 3 bandes verticales, bleue (à la hampe), jaune et rouge (couleurs de Moldavie et Valachie). **Emblème** (depuis 1992) : aigle portant une croix orthodoxe dans son bec et tenant dans ses griffes une épée et un sceptre, symboles des provinces historiques : Valachie, Moldavie, Transylvanie (avec la Crisana et le Maramureş), Banat (y compris l'Olténie) et Dobroudja ; au centre armoiries.

■ **Partis.** **Coalition gouvernementale :** *Union sociale-démocrate* (USD) nom pris le 29-5-1993 par le Front du salut national (FSN) fondé déc. 1989, *Pt :* Petre Roman. *P. social-démocrate roumain (PSDR)* fondé 1893, *Pt* : Sergiu Cunescu (né 1923). **Convention démocrate de R. (CDR) :** *Pt* : Ion Diaconescu. Formée 1992 de 15 partis et organisations dont *P. national libéral (PNL)* fondé 1875, *Pt* : Mircea Ionescu-Quintus (né 20-3-1915). *P. national paysan chrétien démocrate (PNPCD) :* fusion en 1990 du P. paysan fondé 1918 par Ion Mihalache (1882-1965) et du P. national roumain de Transylvanie fondé par Iuliu Maniu (1873/3-2-1953 en prison). *P. l'Alternative de la R. (PAR)* fondé 1995, *Pt* : Varujan Vosganian. *Union démocratique des Magyars de R. (UDMR) :* fondée 1870, *Pt* : Marko Bela. **Opposition :** *P. de la Démocratie sociale de R. (PDSR)* [ancien Front démocratique du salut nat. (FDSN)] fondé 1991, *Pt :* Corneliu Vadim Tudor. *P. de l'Unité nationale roumaine (PUNR)* fondé 1990, *Pt :* Valeriu Tabăřa.

■ **Noblesse** *De fait :* grands boyards, autochtones ou phanariotes (du Phanar, quartier de Constantinople), se définissant par les hautes fonctions exercées. En 1858, la Convention de Paris abolit rangs et privilèges des boyards. Les Constitutions de 1866 et de 1923 interdirent les titres mais l'usage reconnut la qualité princière à certaines familles dont : Bibesco, Brancovan, Callimaky, Cantacuzène, Ghika, Mavrocordato, Moruzi, Rosetti, Soutzo, Stirbey, Stourdza. *Familles autochtones :* Balaceanu, Baleanu, Bals, Bogdan, Bratianu, Campineanu, Catargi, Filipescu, Florescu, Golescu, Gradisteanu, Greacianu, Kogalniceanu, Magheru, Manu, Vacarescu. *L'héritier du trône* portait le titre de grand voïvode d'Alba Julia.

Économie

■ **PNB** (en $ par hab.) *1990 :* 3 414 ; *91 :* 2 700 ; *92 :* 1 500 ; *93 :* 3 643 ; *94 :* 3 940 ; *95 :* 4 360 ; *96 :* 1 540 ; *97 :* 1 410 ; *98 :* 1 360 ; *99 :* 1 230. **Croissance** (en %) : *1993 :* 1,5 ; *94 :* 3,9 ; *95 :* 7,1 ; *96 :* 4,1 ; *97 :* – 6,6 ; *98 :* – 7,3 ; *99 :* – 3 ; *2000 :* 1,4 ; *2001 (est.) :* 1,9. **Population active** (en %) **et,** entre parenthèses, **part du PNB** (en %) : agr. 23 (19), ind. 34 (36), services 35 (32), mines 8 (13). **Chômage** (en %) : *1995 :* 9,5 ; *96 :* 6,6 ; *97 :* 8,8 ; *98 :* 10 ; *99 :* 11,5. **Inflation** (en %) : *1990 :* 10 ; *91 :* 223 ; *92 :* 200 ; *93 :* 296 ; *94 :* 62 ; *95 :* 32,2 ; *96 :* 38,8 ; *97 :* 154,9 ; *98 :* 59,3 ; *99 :* 54,8 ; *2000 :* 40. **Dette extérieure** (en % du PIB) : *1994 :* 18 ; *97 :* 27 ; *99 :* 25. **Aide** : FMI et Banque mondiale. **Réserves de change** (en milliards de $) : *1991 :* 0,64 ; *94 :* 2,03 ; *97* (3e trim.) : 1,65. **Solde budgétaire** (en % du PIB) : *1998 :* – 6,5. **Pop. sous le seuil de pauvreté** (en %) : *1995 :* 25 ; *99 :* 34 ; *2000 :* 40.

■ **Situation économique.** **Part du secteur d'État** (en %, 1996) : industrie 75,5 ; agriculture (selon la superf. agricole) 12,4 ; transports de voyageurs 96,9 ; commerce extérieur : export. 48,5; import. 51,5.

Secteur privé (en % du PIB). *1992 :* 26 ; *95 :* 45 ; *96 :* 52. **Investissements étrangers** (en millions de $) **et,** entre parenthèses, **nombre de sociétés :** *1990 :* 112,4 (1 589) ; *91 :* 156,3 (6 433) ; *92 :* 269,1 (12 659) ; *93 :* 760 (29 134) ; *94 :* 1 271 (41 100). **Salaires** (en 1999) : 149 $/mois.

■ **Agriculture** (privatisée à 86 %). **Terres** (en milliers d'ha, 1996) : *SAU* 14 788,7 dont arables 9 338,9, cultivées 8 878,8, pâturages 3 391,4, forêts 6 690,3, eaux 886,9, divers 1 473,2. *Arables* (en %, 1996) : céréales à grains 65,8 ; plantes fourragères 13,8 ; industrielles 13,4 ; p. de t. 2,9 ; légumes 2,4 ; légumineuses 0,8 ; melons 0,6 ; autres 0,3. *Irriguées :* 3 190 600 ha (en 1996). Propriété privée 72,3 % des terres agricoles. **Production :** *céréales* (en millions de t) : *1980 :* 19,4 ; *88 :* 19,3 ; *89 :* 18,4 (60 selon Ceauşescu) ; *90 :* 17,2 ; *91 :* 19,3 ; *92 :* 12,3 ; *93 :* 15,5 ; *94 :* 18,2 ; *95 :* 19,9 ; *96 :* 14,3. *Autres* (en millions de t, 1999) : maïs 10, blé 4,6, bett. à sucre 0,9, p. de t. 3,1, légumes 2,6, orge 0,6, fruits 1,6, raisins 1,3, tournesol 1, chanvre 0,09, lin 0,05, seigle 0,04. Vin 6,7 millions d'hl.

■ **Élevage** (en millions de têtes, 1999 et, entre parenthèses, propriété privée). Volailles 78,5 (54,3), ovins 8,4, (8,9), porcins 7,1 (4,8), bovins 3,1 (3,1). **Forêts** (en 1998). 11 649 000 m^3. **Pêche** (en 1999). 16 400 t.

■ **Énergie.** **Charbon** (en millions de t) : *1990 :* 40,8 ; *95 :* 44 ; *96 :* 45 ; *97 :* 31,7 ; *98 :* 26,1 ; *99 :* 22,8 dont : lignite 20,2 (*réserves lignite* : 3 860). **Pétrole** (exploité depuis 1857 ; en millions de t) : *réserves :* 208 ; *production 1984 :* 11,5 ; *90 :* 7,9 ; *91 :* 6,8 ; *92 :* 6,6 ; *93 :* 6,7 ; *94 :* 6,7 ; *95 :* 6,7 ; *96 :* 6,6 ; *97 :* 6,5 ; *98 :* 6,6 ; *99 :* 6,2. **Gaz** (en milliards de m^3, exploitation industrielle du méthane depuis 1857) : *réserves :* 312 ; *production 1984 :* 40 ; *90 :* 28,3 ; *91 :* 24,8 ; *92 :* 22,1 ; *93 :* 21,1 ; *94 :* 19,6 ; *95 :* 19,2 ; *96 :* 18 ; *97 :* 17,1 ; *98 :* 14,6 ; *99 :* 14,2. **Électricité :** *1995 :* 59,3 milliards de kWh (dont hydraulique 16,7) ; *96 :* 61,2 ; *97 :* 56,8 ; *98 :* 52,4 ; *99 :* 52,4 ; *nucléaire :* Cernavoda [1re tranche 1996, type Candu 6 à l'uranium naturel et eau lourde de 705 MW géré par Régie électricité roumaine (Renel) et un consortium italo-canadien, couvre 8 à 10 % des besoins énergétiques roumains]. **Mines** (en milliers de t, 1999). Zinc 27, cuivre 18, plomb 10, sel 2,5 (en 1995), fer (minerai) 0,020.

■ **Industrie** (en milliers de t, 1999). Acier 4 354, fonte 3 006, laminés 4 479, aluminium 175, caoutchouc synthétique 22,2, pétrochimie. Véhicules automobiles 129 000, tracteurs 20 500. **Transports** (en km, 1998). **Routes :** 153 359. **Voies ferrées :** 11 385 (électrifiés 3 960). **Principaux ports :** Constanţa, Mangaliạ, Sulina (maritimes) ; Giurgiu, Drobeta-Turnu Severin, Calarasi, Břaila, Galaţi, Tulcea (fluviaux).

■ **Tourisme** (en 1997). **Visiteurs :** 6 595 000. **Sites :** Bucarest, mer Noire, vallées de la Prahova, de l'Olt, monastères du nord de la Moldavie, delta du Danube, le Maramureş, Mts Apuseni, nord de l'Olténie, Transylvanie, Dobroudja, Carpates.

■ **Commerce** (en milliards de $). **Export./import. :** *1995 :* 7,91/10,28 ; *96 :* 8,1/11,44 [(en %) : *exporte vers* All. 18,1, Italie 16,7, *France 5,6,* Turquie 5, P.-Bas 4,2, Égypte 3, G.-B. 2,9, USA 2,3, Inde 2,3, Grèce 2,3/*importe de* All. 17,2, Italie 15,6, Russie 12,6, *France 5,* Corée du S. 3,8, USA 3,8, Autriche 3,1, G.-B. 2,8, Hongrie 2,4, P.-Bas 2,3] ; *97 :* 8,43/11,28 ; *98 :* 8,3/11,84 ; *99 :* 8,5/10,4.

■ **Rang dans le monde** (en 1999). 8e maïs. 10e vin.

Royaume-Uni

Carte p. 1216. V. légende p. 950.

☞ *Abréviations :* A. : Angleterre ; Angl., angl. : Anglais, anglais(e)(s) ; att. : attentats ; Brit., brit. : Britanniques, britannique(s) ; I. : Irlande ; I. du N. et IN : Irlande du Nord ; Irl., irl. : Irlandais, irlandais(e)(s) ; mil. : militant(s) ; R.-U. : Royaume-Uni.

■ **Nom.** **Officiel :** Royaume-Uni de Grande-Bretagne et d'Irlande du Nord. **Désignations courantes :** *Angleterre, Grande-Bretagne, îles Britanniques, Albion* [surnom poétique, d'*albus* (blanc en latin, couleur des falaises) ou du géant de la mythologie (fils de Poséidon, dieu de la Mer, fondateur du peuple britannique) qui apparut dans un poème du Mis de Ximens (1762-1817)].

■ **Saints patrons.** *Angleterre :* George (martyrisé à Nicomédie 23-4-303), fête 23-4. *Écosse :* André, fête 30-11. *Galles :* David (VIe s.), fête 1-3. *Irlande :* Patrick (vers 389-vers 461), fête 17-3.

Géographie

■ **Situation.** Europe. Archipel séparé du continent vers 7000 av. J.-C. Distance min. Douvres/Calais 34 km. **Longueur :** 960 km. **Largeur** *maximale* 480 km. Aucun point du pays n'est à plus de 120 km de la mer ou d'un cours d'eau remonté par la marée. **Superficie :** 244 101 km^2 dont eaux intérieures 3 218. **Côtes :** 12 429 km. **Frontières** (en km) : Irlande 360. **Altitudes** *maximales : Angleterre :* Scafell 977 m ; *Écosse :* Ben Nevis 1 344 ; *pays de Galles :* Snowdon 1 085. **Plus longs fleuves ou rivières** (en km) : Severn 354, Tamise 346, Trent 297, Aire 259, Great Ouse 230, Wye 215, Tye 188, Neue 161, Clyde 158, Spey 158. **Plus grands lacs** (en km^2) : Lough Neagh 381,74, Lower Lough Erne 105,08, loch Lomond 71,22, loch Ness 56,64 (longueur 36 km, prof. maximale 213 m (« monstre » : voir à l'Index), loch Awe 38,72, Upper loch Erne 31,73, loch Maree 28,49, loch Morar 26,68, loch Tay 26,39, loch Shin 22,53. **Grandes chutes d'eau** (en m) : Eas Coul Aulin 201, Glomach 113, Pistyll y Lyn 91, Pistyll Rhaeadr 73, Foyers 62,5, de la Clyde 62,2, de la Bruar 61, Caldron Snout 61, Grey Mare's Tail 61, Measach 46. **Superficie** (en km^2). Royaume-Uni 245 000 (dont eaux intérieures 3 218) dont Angleterre 130 412 (758), pays de Galles 20 779 (130), Écosse 78 133 (1 692), Irlande du Nord 13 576 (1 638), île de Man 572, îles Anglo-Normandes 194.

■ **Régions. 1°) Nord** (au nord-ouest d'une ligne Exeter-Newcastle) : massifs très anciens, morcelés en blocs par des effondrements travaillés par les glaciers [cirques, vallées en auge, *firths* (golfes), profonde pénétration de la mer] et prolongés vers le nord-ouest et le nord par des archipels : Hébrides, Orcades (Orkney) [dont Mainland, la plus grande, et Unst, la plus au nord], Shetland ; subdivisé en 3 sous-régions (du nord au sud) : Hautes Terres du Nord (Highlands) ; Basses Terres (Lowlands), couloir d'effondrement ; Hautes Terres du Sud (Southern Uplands). **2°) Ouest et Sud-Ouest :** massifs anciens peu élevés : *a)* moitié nord : chaîne Pennine, orientée nord-sud, alt. maximale Cross Fell 893 m ; *b)* moitié sud : 2 chaînes orientées est-ouest : Galles, Cornouailles ; *c)* dépressions : plaine du Cheshire (entre Pennine et Galles) ; golfe de Bristol (entre Galles et Cornouailles). **3°) Est et Sud-Est :** bassin sédimentaire de Londres : terrains secondaires en pente vers l'est (drainés par la Tamise). *3 sous-régions :* plaine argileuse au centre ; côtes calcaires de l'Ouest (Costwold Hills, jurassiques ; Chiltern Hills, crayeuses) et de l'Est (les Downs crayeuses, à pic sur la mer).

■ **Climat.** Océanique froid (à la limite des masses d'air polaires). La côte orientale, abritée des vents d'ouest par les montagnes, est plus « continentale » : gelées hivernales, chaleurs d'été, 550 mm de pluie. **Ensoleillement moyen annuel :** nord : 1 000 h ; sud : 1 600 h. **Températures moyennes** (en °C) : à Lerwick (Shetland) 4 en déc., janv., févr. ; 12 en juin, juillet, août ; Wight, 5 hiver, 16 été ; *endroits les plus chauds :* St-Hélier (Jersey) 11,9 (moy. annuelle), Penzance et îles Scilly (ou Sorlingues, Cornouailles) 11,5 ; *les plus froids :* Braemar (Aberdeenshire) 6,5. *Records :* 37,1 °C [Cheltenham (Gloucesthershire), 1-8-1990] ; – 27,2 °C [Braemar (Grampian), 11-2-1895 et 10-1-1982]. **Pluies :** 200 j par an (A. 854 mm ; îles 1 016 mm dont Mts Snowdon et Ben Nevis 5 080 ; sud-est de l'A. 508) ; *le plus sec :* Stretham (île d'Ely). **Brouillard** [*pea soup, fog* ou *smog* (de *smoke :* fumée et *fog :* brouillard)] : *Londres, 1952 :* 4 000 † provoquées par le brouillard ; *56 :* 1 000 † ; *57 :* 1 000 †.

Démographie

■ **Population** (en millions d'hab.). *1750 :* 7,5 ; *1801 :* 11,9 ; *11 :* 13,4 ; *21 :* 15,5 ; *41 :* 20,2 ; *61 :* 24,5 ; *71 :* 27,4 ; *91 :* 37,7 ; *1901 :* 41,5 ; *11 :* 42,1 ; *21 :* 44 ; *31 :* 46 ; *51 :* 50,2 ; *61 :* 52,7 ; *71 :* 55,5 ; *81 :* 55,8 ; *91 :* 56,3 ; *2001 (est.) :* 59,62 ; *2011 :* 60,93 ; *2021 :* 62,24. **D.** (en 1999) : 242,4. **Pop. urbaine :** 92 % (40 % dans des villes de plus de 1 000 000 d'hab., sans îles de Man et de la Manche). **Age** (en %) : *– de 15 ans :* 19 ; *+ de 64 ans :* 15,7. **Naissances** (1998-2001) : 714 000 par an. **Morts :** 630 000. **Avortements légaux** (en 1998) : 190 261. **Décès prématurés :** 31 000. **Obésité :** femmes 21 %, hommes 17 %. **Coût annuel :** 27 MdF (soins et congés-maladie).

Émigration. *De 1820 à 1913 :* environ 10 millions de pers. vers les pays de langue angl. **Moyennes annuelles** (en milliers) : *1913 :* 389 ; *20-22 :* 219 ; *23-30 :* 155 ; *31-38 :* 30 ; *47-54 :* 143 ; *55-79 :* 200 ; *88-92 :* 220 ; *93 :* 216 ; *94 :* 191 ; *95 :* 192 ; *96 :* 216 dont 52 vers l'UE et 18 vers les USA. *De 1618 à 1967 :* 150 000 enfants orphelins ou délaissés ont été envoyés en Nlle-Zélande, Australie et d'autres au Canada, en Rhodésie.

Immigration. **Moyennes annuelles** (en milliers) : *1923-30 :* 58 ; *31-38 :* 54 ; *47-54 :* 66 ; *60 à 62 :* 338 ; *85 :* 232 ; *86 :* 250 ; *87 :* 212 ; *88 :* 216 ; *89 :* 250 ; *90 :* 267 ; *91 :* 267 ; *92 :* 216 ; *93 :* 213 ; *94 :* 253 ; *95 :* 245 ; *96 :* 272 ; *97 :* 285 *dont* du Commonwealth 168 (Australie 23, Bangladesh, Inde et Sri Lanka 12, Afrique du Sud 11, Nlle-Zél. 10, Pakistan 9, Canada 7, Caraïbes 3), CEE 49, USA 19. **Groupe ethniques (en milliers, 1998-99) :** 56 807 dont blancs 53 090, groupes minoritaires 3 702 dont noirs des Caraïbes 485, Africains 365, autres non mélangés 108, mélangés 192 ; Indiens 942, Bangladais 257, Chinois 159. En 1999 : environ 300 000 Français. **Demandeurs d'asile** (en milliers) : *1988 :* 5 ; *90 :* 30 ; *91 :* 46 ; *95 :* 11 (1,3 acceptés). **Pourcentage d'immigrés** (en 1982) : Londres 29 [47 % de couleur], Birmingham 15, Coventry 9,5, Manchester 7,8, Glasgow 2,5. **Législation :** *1948* tout citoyen du Commonwealth (alors composé principalement d'États blancs) a droit d'entrée en G.-B. Il jouit des mêmes droits que les Brit. : allocations familiales, Sécurité sociale, égalité de salaire, droit de vote (parfois, priorité pour le logement). *1962* loi permettant de limiter l'entrée de ceux incapables de subvenir à leurs besoins ou sans emploi. *1968* loi étendant le contrôle de l'immigration aux citoyens du R.-U. et de ses colonies sans liens étroits avec lui (d'une manière générale, ceux qui ne sont ni nés, ni naturalisés, ni adoptés, ni inscrits au R.-U. et dont aucun parent ou grand-parent ne l'a été). *1971* entrée possible des personnes à charge ou ayant liens de parenté avec des immigrés déjà installés. *1973 (30-1)* droit de s'installer librement en G.-B. étendu aux citoyens du Commonwealth « blancs » ayant 1 grand-parent citoyen brit. (auparavant : père ou mère). *1976* loi contre la discrimination raciale ; la CRE (Commission pour l'égalité raciale), chargée de veiller à son application, est devenue un groupe d'action anti-Blancs et sa suppression a été demandée en juin 1980. *1983 :* 3 catégories de citoyenneté : britannique, des territoires sous admin. britannique et britannique en outre-mer [4 millions concernés (de Hong Kong et de Malaisie d'origine chinoise) ; la nationalité ne confère pas le droit de résider en G.-B.]. *1990 (19-4)* passeport brit. attribué à 50 000 chefs de famille de Hong Kong (environ 225 000 personnes). **Demandes acceptées d'établissement en G.-B.** (en 1998) : 69 700 dont Asie 30 120 (dont Indes 16 420), Amérique 10 780 (dont USA 3 940, Canada 1 050), Afrique 16 090, Europe 7 570, Océanie 3 690, anciennes colonies angl. 960, apatrides 580. L'*Immigration Act* de 1971 réserve le droit d'entrée à des cas précis (courts séjours, études, regroupement familial, etc.). *Étrangers travaillant légalement en G.-B.* (en 1998) : + d'1 000 000 (dont UE 454 000, USA 63 000). **Principales émeutes raciales :** *1981 :* Brixton, + de 300 bl. dont 200 policiers. Manchester, Southall, Liverpoll 1 †. *1985 :* Birmingham, 2 †, des dizaines de bâtiments et véhicules incendiés après décès d'une femme noire tuée par police. *1998 :* près de Londres, jour de l'ouverture du procès de 5 suspects accusés du meurtre raciste de Stephen Lawrence. *2001 :* Oldham.

Taux annuels. **Natalité** (en ‰) : *1861-80 :* 35,3 ; *1881-1900 :* 31,2 ; *1901-10 :* 27,2 ; *10-14 :* 24,2 ; *35-39 :* 14,9 ; *40-45 :* 15,6 ; *46-50 :* 18 ; *51-55 :* 15,3 ; *64 :* 18,8 ; *74 :* 13,3 ; *80 :* 13,5 ; *90 :* 13,9 ; *99 :* 12. **Mortalité** (en ‰) : *1851-60 :* 23,3 ; *1901-10 :* 16 ; *21-30 :* 12,1 ; *80 :* 11,8 ; *90 :* 11,2 ; *2000 :* 10,6. **Accroissement** (en %) : *1960 :* 6 ; *70 :* 4,5 ; *80 :* 1,6 ; *90 :* 2,6 ; *94 :* 2,6 ; *99 :* 11,8. **Mariages** (en ‰) : *1960 :* 7,5 ; *70 :* 8,5 ; *90 :* 6,5 ; 98 : 5,1. **Divorces** (en ‰) : *1960 :* 0,5 ; *70 :* 1,1 ; *80 :* 2,8 ; *90 :* 2,9 ; *96 :* 2,9. **Espérance de vie** (en 1999) : hommes 74 ans ; femmes 80.

☞ **Noms les plus fréquents :** Smith, Jones, Williams, Brown, Taylor, Davies/Davis, Evans, Thomas, Roberts, Johnson.

■ **Langues. Anglais** *(officielle) : VIe-VIIe s.* les Anglo-Saxons introduisent la langue germanique occidentale (81 % du vocabulaire quotidien est germanique) en G.-B. celtophone. *XIe-XIVe s.* la noblesse normande introduit le dialecte d'oïl normand-picard (important vocabulaire, syntaxe simplifiée, orthographe et certains sons transformés) ; le clergé introduit des mots savants empruntés au latin. *Après le XVe s.,* anglais moderne : la prononciation se différencie des sons germaniques [multiplication des voyelles (longues, brèves, diphtonguées, entravées, non entravées, accentuées, atones), due aux influences française et celtique (l'accent tonique reste plus fort qu'en allemand)]. Fusion des vocabulaires germanique et latino-français (des préfixes et suffixes latino-français sont adaptés). Plus de 100 000 mots non germaniques existent en anglais moderne, mais en dehors des termes courants.

☞ En 360, inscriptions retrouvées en *ogam* (alphabet abandonné au VIIe s. apr. J.-C.).

Langues régionales officielles. Gallois (pays de Galles), **français** (Jersey). **Idiomes. Germanique :** *scot,* groupe anglo-frison (Lowlands). **Celtiques :** *gaélique* (Highlands), *gaélique d'Irlande, manxois* (île de Man), *cornique* (Cornouailles), langue culturelle. **Roman :** *jersiais* (Jersey). **Ancien :** *goïdélique* (ou gaélique), correspond aux parlers d'Irlande et d'Écosse, introduit en Irlande et en Écosse vers 1700 av. J.-C. Langue indo-européenne ayant gardé le *kw* primitif (réduit actuellement à *k*). *Celtibère*, n'a pas survécu. *Brittonique,* dont fait partie le gaulois (le *kw* de l'indo-européen est devenu un *p*). **Contemporain :** *celtique insulaire : irlandais* (Irlande) variété de gaélique. *Gaélique* (Écosse). *Manxois* (île de Man), variété de gaélique. *Cornique* (Cornouailles). *Gallois* (pays de Galles). **Continental :** *breton* (France).

■ **Universités. Classement (en %) par qualité d'enseignement :** aux résultats : Cambridge 95,2 ; York 84,8 ; Imperial College (Londres) 83,2 ; Oxford 81,2 LSE 77,6. **Pour la recherche :** Cambridge 91 ; Oxford 87,5 ; LSE 87,50 ; Warwick 77,50 ; Imperial College 77.

■ **Religions** (en millions, 1995). **Chrétiens :** 38,1 dont anglicans 26,1, catholiques romains 5,7, presbytériens 2,6, méthodistes 1,3, autres 2,6. **Non trinitaires** (Témoins de Jehovah, mormons, scientologistes, unitariens) : 1,3. **Autres :** musulmans 1,2, sikh 0,6, hindous 0,4, juifs 0,3, autres 0,3.

☞ **« Parlement musulman ».** Créé en oct. 1991 (1re réunion 4/5-1-1992). Reconnu par une partie des musulmans de G.-B. 2 chambres : 150 membres désignés par 40 groupes. *Leader :* Dr Kalim Siddiqui, directeur de l'Institut musulman de Londres. Veulent, pour les 90 écoles privées islamiques, des aides analogues à celles des autres écoles.

■ Histoire

■ **– 524 000-478 000.** Présence humaine : âge d'un tibia découvert en 1993 à Boxgrove (Sussex). **Période préceltique.** Colonies d'*Ibères* venus d'Espagne et de *Ligures* venus des régions rhénanes ou des côtes sud de la Manche. **Période celtique. Av. J.-C. 1700** des *Celtes, Goidels* et *Pictes* débarquent dans le sud-est. Les Goidels colonisent l'Irlande, puis une de leurs branches, les *Scots,* occupent l'Écosse ; les Pictes développent en G.-B. la civilisation du bronze. **Entre 500 et 300** *les Bretons* (civilisation de La Tène) développent l'agriculture ; langue gauloise. *Principales tribus* : *Brigantes* (York), *Ordovices* (Chester), *Iceni* (Fens), *Dobuni* (Devon), *Domoni* (Cornouailles), *Cornovii* (Galles). **Vers 200** débarquement de tribus *belges : Cantii* (Kent), *Durotriges* (Dorchester), *Silures* (sud Gallois), *Catalauni* (Chiltern Hills), *Trinobantes* (Colchester). **55 av. J.-C. à 410 apr. J.-C. Période romaine.** César ne fait que 2 raids en *55* et *54 av. J.-C.* (combats contre les Cantii). **Après 43** conquête (Claude). **Vers 60** la reine *Boadicée*, veuve du roi des Icènes, se révolte contre les Romains. Les Brittons prennent Londres (capitale de la colonie romaine) et tuent 70 000 Romains ou alliés de Rome mais sont vaincus par une légion qui tue 80 000 Brittons. Boadicée s'empoisonne. **78-85** gouvernement d'*Agricola.* **130** *mur d'Hadrien* (de la Tyne à la Salway : rempart continu de 112 km, avec fossé et forts détachés au nord). **138** *mur d'Antonin* [130 km plus au nord, de la Forth à la Clyde (58 km), avec 19 forteresses isolées]. **304** martyre de saint Alban. *Principales cités : Eburacum* (York), *Camulodunum* (Colchester), *Londinium* (Londres), *Aquae Sulis* (Bath), *Venta Belgarum* (Winchester), *Dubris* (Douvres). **430** début des *invasions* : *Angles, Saxons* et *Jutes* se répandent dans l'île à partir des côtes est et sud-est. **446** dernier appel des Celtes à l'aide romaine (pas de réponse) ; Celtes refoulés vers pays de Galles, Cornouailles et Cumberland. *Heptarchie* (7 roy.) : Wessex, Essex, Sussex *(Saxons)*, Kent *(Jutes),* Est-Anglie, Mercie, Northumbrie *(Angles)* unifiés par Egbert. **542** mort d'Arthur (ou Artus), duc légendaire de Cornouailles. [Fils de Uter à Tête de Dragon (Uther Pendragon), chef des Bretons. Devenu roi à la mort de son père. Arthur possédait un navire magique, *Pryten,* et une épée flamboyante, *Kaledfwich (Excalibur).* Il combattit un sanglier magique, lutta contre les Saxons, les Scots, les Pictes, rétablit le culte chrétien. Épousa Guenièvre. Conquit Écosse, Irlande, Orcades, pays nordiques (Gothland, Norvège, Danemark, Islande, etc.). A sa mort, son corps fut conduit dans l'île d'*Avalon (des pommiers)* par la fée Morgane.] Il aurait créé l'ordre *des Chevaliers de la Table ronde.* **597** début de l'évangélisation du Kent (saint Augustin). **789** le roi Ethelbert se convertit. **793** invasion Vikings.

■ **Rois saxons. 802 Egbert** (vers 769-780/839), roi de Wessex puis de toute l'Angleterre. **839 Ethelwulf** (vers 795-810/858), son fils. **858 Ethelbald** (vers 834-860), son fils. **860 Ethelber** (vers 836-866), 3^e fils d'Ethelwulf. **865** invasion danoise [Ragnar Lodbrog (aux longues braies)]. **866 Ethelred Ier**, saint (vers 840-871), 4e fils d'Ethelwulf. **871**-*avril* **Alfred le Grand** (vers 846-849/899). **879** partage du sol avec les Danois (Danelaw). **880** prend le titre de roi des Anglais et des Saxons. **899**-*oct.* **Édouard l'Ancien** (vers 871-872/924-925), son fils, roi du Wessex. **925 Athelstan** (895-939), son fils. **939 Edmond Ier** (vers 920-922/946, assassiné), 3e fils d'Édouard l'Ancien. **946**-*mai* **Edred** (vers 923-925/955), 4e fils d'Édouard l'Ancien. **955**-*nov.* **Edwy** (vers 941-943/959), fils d'Edmond. **959**-*oct.* **Edgar Ier le Pacifique** (vers 942-944/975), 2e fils d'Edmond. **975**-*juillet* **Édouard le Martyr** (vers 962-963/18-3-978, assassiné au château de Corfe), son fils. **978**-*mars* **Ethelred II** (vers 966-969/1016), son frère épouse Emma (985-1052), fille de Richard Ier, duc de Normandie. **1002**-*13-12* massacre de la St-Brice : Danois tués. **1013 Sweyn** (Svend Ier de Danemark, vers 960/3-2-1014). **1014**-*févr.* **Ethelred II. 1016**-*avril/nov.* **Edmond II Côtes de Fer** (vers 988-1016), son fils assassiné par son beau frère Edrie.

■ **Rois danois. 1016**-*30-11* **Canute I** (II au Danemark) **le Grand** (995/12-11-1035) roi d'Angleterre (1017-35), Danemark (1018-35), Norvège (1030-35) conquise sur Olav V ; épouse Emma veuve d'Ethelred II, son ennemi. **1035**-*12-11*/**1037** interrègne. **1037 Harold Ier** (1017-40), son fils illégitime (lutta de 1035 à 1037 avec Hardicanute) élu. **1040**-*juin* **Hardicanute** (1018-42), fils de Canute. **1042**-*juin* **Édouard le Confesseur**, saint (vers 1003-1004/5-1-1066), fils d'Ethelred II et de sa 2e femme Emma, demi-frère d'Hardicanute. **1045** ép. Édith, fille du comte Godwin. Antagonisme entre son entourage normand et la noblesse saxonne groupée autour de Godwin. **1051** Godwin banni ; Édouard semble avoir promis sa succession à Guillaume, duc de Normandie, quand celui-ci était en voyage en Angleterre, mais choisit comme successeur Harold, fils de Godwin. **1057** légende de *lady Godiva* qui traverse Coventry nue sur un cheval (son mari, qu'elle suppliait de réduire les impôts du peuple de Coventry, lui avait répliqué qu'il le ferait si, nue sur un cheval, elle allait sur la place du marché). **1064** Édouard envoie Harold à Guillaume pour lui confirmer la succession : Harold prête serment de vassalité à Guillaume. **1066**-*6-1* **Harold II** (vers 1020-1022/Hastings 14-10-1066), fils de Godwin, beau-frère d'Ethelred, se fait couronner roi d'Angleterre. -*Oct./déc.* **Edgar II** petit-fils d'Edmond II.

■ **Maison de Normandie. 1066**-*déc.* **Guillaume Ier le Bâtard** ou **le Conquérant** [Falaise ? vers 1027-1028/près de Rouen 9-9-1087, fils illégitime du duc de Normandie Robert Ier le Diable † 1035 et d'Arlette Herléva (fille d'un peaussier de Falaise) ; *1053* ép. Mathilde de Flandre († 1-11-1083) dont *Robert Courteheuse,* duc de Normandie, *Guillaume le Roux,* roi d'Angl., *Henri Ier* Beauclerc, 3e roi, *Agathe,* fiancée à Harold, *Adèle,* épouse d'Étienne de Blois (parent d'Étienne, 4e roi d'Angl.)]. **1066**-*29-9* débarque à Pevensey (Sussex) avec 7 000 à 8 000 h. Harold est alors aux prises avec Harald (roi de Norvège, débarqué avec Tostig, frère d'Harold) qu'il bat à Stamford Bridge le 25-9 (Harald et Tostig sont tués). -*14-10* Guillaume (qui a 2 500 chevaliers, 4 500 fantassins, 1 000 archers) bat Harold (qui n'a que des fantassins puis, blessé par une flèche, est tué par cavaliers) à *Hastings* ; -*25-12* couronné à Westminster par l'archevêque d'York. **1067-68** soulèvement d'Exeter. **1068**-*11-5* Mathilde couronnée. **1069** Yorkshire : soulèvement réprimé. **Vers 1070** début construction de Windsor. **1072** Guillaume Ier force Malcolm III, roi d'Écosse, à lui rendre hommage. **1086** établissement du *Domesday Book* (cadastre de l'Angleterre). **1087** révolte en Normandie : Robert II Courteheuse, allié à Philippe Ier roi de Fr. -*7-9* Guillaume, blessé à Mantes, meurt. **1087**-*9-9* **Guillaume II le Roux** (vers 1056-1060/1100), 2e fils de Guillaume. **1089** bat à Rochester son frère Robert II qui lui dispute le trône. **1096** prend la Normandie quand Robert est en croisade, après lui avoir engagé le duché pour 10 000 marcs d'or. Exactions fiscales, conflit avec saint Anselme et l'Église. **1100**-*2-8* tué accidentellement à la chasse par W. Tyrrel. -*Août* **Henri Ier Beauclerc** (1068/Lyons-la-Forêt 1-12-1135, indigestion de lamproies, inhumé à Caen ; 4e fils de Guillaume Ier. Ép. 11-11-1100 Mathilde d'Écosse, puis 29-1-1121 Adèle de Louvain, 24 enfants) prend le trône quand son frère aîné Robert II est en croisade. **1101** Robert II envahit l'A., repoussé. **1105** Henri Ier tente de prendre Normandie. **1106**-*28-9* bat Robert II à *Tinchebray* (Robert II mourra en prison à Cardiff en 1134). Donne une charte à ses barons. **1107** conflit avec saint Anselme sur investitures. **1117-18** rebellion en Normandie soutenue par Louis VI. **1119** Bremule : Henri Ier bat Louis VI. **1122-24** rebellion en Normandie. **1135 Mathilde** (1102/Rouen 10-9-1167) ; fille d'Henri Ier, ép. 1°) *1114* Henri V (1081-1125), empereur allemand ; 2°) *1128* Geoffroy Plantagenêt (1113/7-9-1151), Cte d'Anjou (1129-1150), 11e duc de Normandie (1144-1150). **1135**-*déc.* **Étienne de Blois** Cte de Boulogne [(vers 1096-97/25-10-1154), 3e fils d'Étienne Cte de Blois, et d'Adèle, fille de Guillaume Ier, neveu d'Henri Ier. Ép. Mathilde de Boulogne], usurpe le trône de la reine Mathilde. **1136-37** troubles en Normandie. **1141**

Mathilde, aidée des Angevins et de son frère naturel Robert (vers 1090-1147), Cte de Gloucester, capture Étienne. **1141-44** Geoffroy Plantagenêt conquiert la Normandie (1150 cède son titre de duc de Normandie à son fils Henri). **1147** Gloucester meurt et Étienne remonte sur le trône. **1153** Eustache, son fils unique meurt ; Étienne reconnaît pour héritier le fils de Mathilde (futur Henri II).

■ **Maison des Plantagenêts. 1154**-*19-12* **Henri II** [(Le Mans 5-3-1133/Chinon 6-7-1189), fils de Geoffroy Plantagenêt et de Mathilde. *1150* duc de Normandie. *1151* Cte d'Anjou. *1152-18-5* duc d'Aquitaine par son mariage (18-5-1152) avec Aliénor (divorcée 18-3-1152 du roi de Fr. Louis VII)] roi d'Angleterre. **1164** *Constitution de Clarendon* restreignant la juridiction des tribunaux ecclésiastiques ; opposition du conseiller royal *Thomas Becket*, archevêque de Cantorbéry (1118/29-12-1170, assassiné dans la cathédrale par des gentilshommes croyant qu'Henri II voulait sa mort ; canonisé 21-2-1173 ; Henri VIII le fera juger comme traître et fera brûler ses ossements et disperser les cendres au vent). **1171** Irlande conquise ; nombreuses rébellions encouragées (en 1188-89) par la reine et son fils, Jean sans Terre, et par Philippe Auguste, le roi de Fr. **1189**-*4-7* Henri II contraint d'accepter une paix humiliante. *-6-7* meurt de chagrin (enterré à Fontevraud, Maine-et-Loire).

1189-*sept.* **Richard Ier Cœur de Lion** (8-9-1157/6-4-1199, 3e fils d'Henri II. Élevé en Poitou et Aquitaine, ne passa jamais une année complète en A. ; d'une force extraordinaire). **1189-90** prépare une croisade. **1191** prend Chypre. *-12-5* ép. Bérengère de Navarre (sans postérité). *-13-7* prend St-Jean-d'Acre. *-7-9* bat Saladin à Arsuf. *-Déc.* et *été* **1192** échoue devant Jérusalem. *-Août* trêve de 3 ans conclue avec Saladin (Jérusalem reste musulmane, mais les chrétiens peuvent y venir en pèlerinage). *-Déc.* arrêté à Vienne par les agents du duc d'Autriche. **1193**-*mars* livré à l'empereur Henri VI, importante rançon. **1194**-*mars* rentre en A., Gautier de Coutances remplace le régent Guillaume Longchamp. **1198**-*28-9* bat Philippe Auguste à Courcelles. **1199**-*13-1* lui impose une trêve. *-26-3* blessé par une flèche au siège de Châlus (Haute-Vienne), meurt le 6-4 [enterré à Fontevraud ; cœur à Rouen (cathédrale)].

1199-*avril* **Jean sans Terre** [(24-12-1166/19-10-1216), 5e fils d'Henri II. Ép. 1°) *29-8-1189* Isabelle de Gloucester, 2°) *24-8-1200* Isabelle d'Angoulême ; préféré d'Aliénor sa mère, paresseux, débauché. Ne reçoit pas d'apanage. *1189* soutient Richard Cœur de Lion contre Henri II. *1193* prend le pouvoir en Normandie avec la complicité de Philippe Auguste pendant la captivité de Richard en All. Richard étant libéré, achète son pardon en trahissant les Français et en massacrant la garnison française d'Évreux] prend le titre de roi au détriment d'*Arthur de Bretagne*, fils de son frère aîné Geoffroy, soutenu par Philippe Auguste. **1200** épouse Isabelle d'Angoulême, fiancée à un grand seigneur du Poitou, Hugues de Lusignan. Celui-ci, avec de nombreux seigneurs poitevins excédés, fait appel à leur suzerain, Philippe Auguste. Jean condamné pour usurpation par la Cour des pairs de France et dépouillé de ses fiefs français (Normandie, Anjou, Maine, Touraine, Poitou). **1202** Jean s'empare de son neveu Arthur à Mirebeau près d'Angers. **1203** Arthur est assassiné à Rouen (étranglé par Jean, ivre ?). **1204** Philippe Auguste prend Château-Gaillard puis Rouen, Normandie, Maine, Anjou, Touraine et Poitou. **1208**-*23-3* Innocent III jette l'interdit sur le royaume, car Jean refuse la nomination d'Étienne Langdon comme archevêque de Cantorbéry. **1209** Jean excommunié, confisque les biens du clergé. **1213** le pape autorisant Philippe Auguste à conquérir l'A., Jean capitule. *Convention de Douvres :* Jean se déclare vassal du St-Siège et retrouve son fief. **1214** expédition avec l'empereur germanique Otton IV contre Philippe Auguste. Otton est écrasé à Bouvines. Jean est mis en fuite à La Roche-aux-Moines en Anjou. **1215**-*24-5* barons révoltés occupent Londres. *-15-6* Jean doit accepter la *Grande Charte (Magna Carta).* **1216** les barons donnent la Couronne à Louis, fils de Philippe Auguste.

■ **Maison des Capétiens. 1216 Louis** (5-9-1187/8-11-1226), fils aîné de Philippe II Auguste (futur Louis VIII appelé au Trône d'A. en tant qu'époux de Blanche de Castille, fille d'Alphonse VIII de Castille et d'Aliénor d'A. fille de Henri II Plantagenêt et d'Aliénor d'Aquitaine, par les barons anglais révoltés contre Jean sans Terre, que le Pape Innocent III avait destitué). *-21-5* débarque à Stonor. *-2-6* entre à Londres, sans être sacré roi, se fait prêter serment. **1217**-*20-5* battu à Lincoln ; *traité de Lambeth :* renonce à ses droits contre 10 000 marcs. *-28-9* débarque à Boulogne.

■ **Maison des Plantagenêts. 1216-oct. Henri III** (1-10-1207/16-11-1272), fils de Jean sans Terre, régence de Guillaume, duc de Pembroke, qui élimine Louis et soumet les barons. **1224** Poitou perdu. **1225** confirme la *Grande Charte* doit écarter les favoris français, Pierre des Roches et Pierre de Rievaux. **1236**-*14-1* épouse Éléonore de Provence. **1242** renvoie son conseiller Hubert de Burgh. Ne peut réussir à reprendre les domaines français enlevés à Jean sans Terre ; battu à *Taillebourg* et *Saintes.* Essaie de placer son fils Edmond, duc de Lancastre, sur le trône de Sicile. **1247** mort de *Robert Hood* (dit Robin Wood ou Robin des Bois, né vers 1160), chef de bande, hors-la-loi symbolisant la résistance des Saxons aux Normands. **1258** *Provisions d'Oxford :* réformes imposées par les barons dirigés par Simon de Montfort : les étrangers congédiés, charges de justicier, de chancelier et de trésorerie, deviennent annuelles ; conseil de la Couronne de 15 membres mis en place ; des barons ont veiller aux finances ; le parlement, réuni en principe 3 fois l'an, délèguera 12 barons pour délibérer avec le conseil des quinze. **1259** *traité de Paris :* conserve littoral de Gasgogne. **1261-65** rappelle des étrangers.Louis XI (sollicité comme arbitre) réaffirme, par la « mise » ou « sentence » d'Amiens les prérogatives souveraines et condamne les Provisions d'Oxford. *Guerre des barons.* **1264** Simon de Montfort bat les troupes royales à *Lewes,* contrôle le gouv. ; Henri III doit confirmer la *Grande Charte.* **1265**-*janv.* Parlement convoqué (bourgeois représentés pour la 1re fois). *3-8 Evesham,* Montfort tué, pouvoir assumé par le futur roi Édouard qui met fin à la révolte des barons. **1266**-*31-10 Dit de Kenilworth :* roi rétabli dans ses pouvoirs, pardon accordé aux rebelles.

1272-*nov.* **Édouard Ier** (17-6-1239/7-7-1307), fils d'Henri III. *Oct. 1254* ép. Éléonore de Castille. **1277-83** soumet pays de Galles. **1290**-*12-7* expulse Juifs sous 3 mois. **1295**-*23-10 traité* [base de la Vieille Alliance (en scot *l'Auld Alliance*) France/Écosse] Philippe le Bel/John Baillol (roi d'Écosse) qui revendique son indépendance. **1297** trêve avec France. Édouard Ier ép. Marguerite, sœur de Philippe le Bel. Guerre pour soumettre l'Écosse. **1298** *Falkirk,* victoire royale. **1300** soulèvement ; Wallace, chef écossais, sera livré au roi et tué en 1305.

1307-*juillet* **Édouard II**, dit **Édouard de Carnavon** [(Caernavon, 25-4-1284/21-9-1327), fils d'Édouard Ier ; faible, débauché, homosexuel. 1er héritier à porter le titre de P^ce^ de Galles en 1301]. **1308**-*janv.* épouse Isabelle de France (1295-1358, fille de Philippe le Bel). **1314-21** perd l'Écosse après défaites de *Bannockburn* et *Blackmor* (1321), reconnaît Robert Bruce roi d'Écosse. **1325** reine Isabelle, délaissée par Édouard, s'enfuit en Fr. avec son fils ; **1326**-*2-10* avec son amant Roger de Mortimer (1287-1330), débarque en A. aidée de son beau-frère Edmond, frère du roi. *-24-11* Hugh le Despenser, favori du roi, exécuté.

1327-*janv.* **Édouard III** [(13-11-1312/21-6-1377), fils d'Édouard II. 1er roi à parler anglais. Proclamé roi du vivant de son père]. *-24-1* Édouard II abdique ; emprisonné au château de Berkeley, il sera assassiné sur ordre d'Isabelle (fer rouge dans les entrailles). *-Avril traité de Corbeil :* alliance France/Écosse (Charles IV le Bel/Robert Bruce) ; renouvelé 1359, 1371, 1383. Parlement divisé en 2 chambres (lords et communes). **1327-30** régence de sa mère et de Mortimer. **1328**-*24-1* épouse Philippe de Hainaut. **1330** pour venger son père, Édouard III fait pendre Mortimer (29-11), dont les barons ne voulaient plus, et enfermer sa mère dans un château fort (elle y mourra 28 ans plus tard). **1332** envahit l'Écosse ; le roi David II (fils de Bruce) se réfugie en France (revient, sera enfermé dans la Tour de Londres). **1333** victorieux à *Halidon Hill* mais ne peut récupérer l'Écosse. **1337-96 1re période de la guerre de Cent Ans** [*1340* victoire navale de l'Écluse, *1346* de Crécy, *1347* prise de Calais, *1356* de Poitiers, le P^ce^ Noir fait prisonnier le roi de Fr. Jean le Bon, *1359 traité de Londres, 1360 traité de Brétigny* récupérant le Sud-Ouest français (confié au P^ce^ noir)]. **1348** création de *l'ordre de la Jarretière.* **1348-49 peste noire** tue 1/3 de la pop. (1 500 000 †), révoltes paysannes, agitation religieuse de John Wycliffe (vers 1320/31-12-1384). **1360** interdiction du français dans les actes publics. **1373** *traité d'amitié perpétuelle avec Portugal.* L'anglais est substitué au normand dans tous les actes publics.

1377-*juin* **Richard II** (6-1-1367/17-2-1400), fils du P^ce^ Noir [Édouard P^ce^ de Galles, dit P^ce^ Noir à cause de la couleur de son armure (15-6-1330/8-6-1376), fils d'Édouard III ; *1363-72* P^ce^ d'Aquitaine] et de Jeanne de Kent. Ép. 1°) *janv. 1382* Anne de Bohême (1366-94) ; 2°) *nov. 1396* Isabelle de France (1389-1409), fille de Charles VI. Régence de son oncle Jean de Gand (1340/3-2-1399 ; 4e fils d'Édouard III ; duc de Lancastre). Soutenu par la noblesse, mais détesté par clergé et peuple. **1381-82** fiscalité oppressante (guerre en France, dépenses de la cour) : révoltes dont celles de John Ball et Wat Tyler. Progrès des *lollards* et du *wyclefisme.* **1383** départ de Jean de Gand. **1385** Jean de Vienne débarque en Écosse avec 1 500 h., pille le nord de l'A. et rembarque. **1387** Henri de Lancastre (son fils) banni (biens confisqués 1399). **1388** départ de plusieurs favoris sous la pression de Thomas de Woodstock (1355-97 ; 7e fils d'Édouard III), duc de Gloucester, et du parti des barons. **1396** l'A. conserve seulement Bayonne et Bordeaux. **1397**-*juillet* Richard II fait arrêter 3 lords, dont Gloucester qui est assassiné en prison (à Calais) le *9-9.* Nombreux lords emprisonnés ou bannis. **1399**-*4-7* Henri de Lancastre débarque en A. pendant que Richard II est en Irlande ; Richard II doit abdiquer. Enfermé à la Tour de Londres, condamné à la détention perpétuelle, meurt 14-2-1400 au château de Pontrefact (se laisse mourir de faim ou assassiné sur ordre d'Henri IV ?).

■ **Maison de Lancastre. 1399**-*29-9* **Henri IV** [3-4-1367/20-3-1413 ; fils de Jean de Gand et de Blanche de Lancastre ; ép. 1°) *1380* ou *1381* Marie Bohun (1369-70/1394) ; 2°) *3-4-1402* Jeanne d'Angleterre (vers 1370-1437)] monte sur le trône. Assoit son pouvoir grâce à ses victoires sur Écossais, Gallois et Henry Percy (*Shrewsbury* 1403). **1413**-*20-3* meurt de la lèpre (?) [son corps devait être transporté à Cantorbéry mais le cercueil tomba à l'eau et fut perdu].

1413-*mars* **Henri V** (9-8-1387/31-8-1422) ; fils d'Henri IV. Luttes contre le Gallois Owen Glendower et les Percy. Réprime l'agitation des lollards. **1415** rouvre la guerre de Cent Ans en affirmant ses droits au trône de France. Débarquement à Harfleur. *-Oct.* victoire d'*Azincourt.* Conquiert Normandie avec l'appui d'Isabeau de Bavière et du duc de Bourgogne. **1420**-*21-5 traité de Troyes* (approuvé 6-12 par les États généraux et janv. 1421 par le Parlement de Paris) : lui donne *-2-6* pour femme *Catherine de Valois* (1401-37), fille de Charles VI (roi de Fr.), le titre de régent de Fr., et le désigne comme héritier à la place du dauphin Charles VII. **1421**-*22-3 Baugé :* 6 000 Écossais défendent le dauphin (futur Charles VII) contre les Anglais. **1422**-*31-8* meurt d'une fistule à Vincennes (héros d'*Henry V* de Shakespeare).

1422-*sept.* **Henri VI** (6-12-1421/27-5-1471), fils d'Henri V. Régence de ses oncles, Humphrey *duc de Gloucester* (1391/13-2-1447, 4e fils d'Henri IV) pour l'A., et Jean de Lancastre (20-6-1389/19-9-1435 ; 3e fils d'Henri IV ; *duc de Bedford* 1415) pour la France. **1428-29** échec des Anglais devant Orléans, mais succès de Bedford contre Charles VII. **1431**-*30-5 Jeanne d'Arc* brûlée à Rouen. *-17-12* Henri VI sacré roi de France à N.-D. de Paris. **1445**-*23-4* ép. Marguerite d'Anjou (1429-82) qui détient le pouvoir après le début de la maladie mentale du roi. **1447** Gloucester arrêté, † en prison. **1450** duc de Suffolk tué. **1453**-*5-4* Richard « protecteur ». Fin de la guerre, les Angl. garderont Calais jusqu'en 1558. **1455-85 guerre des Deux-Roses** (blanche : maison d'York, rouge : de Lancastre). Richard (21-9-1411/30-12-1460), *duc d'York,* petit-fils d'Edmond de Langley (5e fils d'Édouard III, titré duc d'York 1385), prétendant au trône d'A. en raison du mariage de son père, Richard, avec Anne Mortimer [arrière-petite-fille de Lionel, duc de Clarence (et 2e fils d'Édouard III), alors que les Lancastres descendent de Jean de Gand (4e fils d'Édouard III)], veut gouverner au nom du roi et de son neveu Richard Neville *Cte de Warwick* (1428-71, dit le *« Faiseur de rois »*). *-22-5 St-Albans,* Henri VI battu par Richard d'York ; est fait prisonnier à Northampton. Richard se fait désigner comme son héritier. **1460**-*30-12 Wakefield,* victoire de la reine Marguerite, Richard tué. **1461**-*29-3 Towton,* Édouard, fils de Richard, bat Lancastres, se fait couronner sous le nom d'**Édouard IV.** La reine se réfugie en France. **1464** Lancastres battus à *Hexham.* **1465** Henri VI fait prisonnier. **1467** Warwick perd son poste de chancelier et se réfugie en France auprès de Louis XI. **1470** Warwick et reine Marguerite rentrent avec armée. Henri VI rétabli. Édouard IV s'enfuit en Hollande. **1471**-*14-4 Barnet,* Warwick battu et tué ; *-mai Tewkesbury,* Marguerite battue, est enfermée à la Tour de Londres où Henri VI est prisonnier (il y meurt assassiné ainsi que son fils Édouard).

■ **Maison d'York. 1471**-*mai* **Édouard IV** [(28-4-1442/9-4-1483) ; fils de Richard duc d'York ; ép. *1-5-1464* Élisabeth Woodville (vers 1437/8-6-1492, veuve de sir John Grey of Groby, chevalier lancastrien)] dispute la Couronne à Henri VI (voir ci-dessus). **1475** débarque à Calais pour aider Charles le Téméraire contre la France ; Louis XI achète son départ. **1478**-*18-2* tue George duc de Clarence ; son frère, accusé de haute trahison, est exécuté (son corps mis dans un tonneau est jeté dans la Tamise). A la fin de sa vie, laisse gouverner Jane Shore, sa favorite.

1483-*avril* **Édouard V** (2-11-1470/6-7-1483, fils d'Édouard IV). Régence de son oncle Richard duc de Gloucester qui, en *juin* le fait enfermer à la Tour de Londres avec son frère Richard duc d'York (né 1472), les fait déclarer de naissance illégitime (des prêtres déclarent qu'Édouard IV avait épousé Eleanor Butler avant d'épouser leur mère, Élisabeth Woodville) et les fera assassiner par James Tyrell pendant leur sommeil.

1483-*juin* **Richard III** [(2-10-1452/22-8-1485) ; fils cadet de Richard d'York ; ép. *13-7-1472* Anne Neville (1456-85), fille de Warwick ; duc de Gloucester, grand amiral et 1er connétable à vie ; participe à la guerre des Deux-Roses (voir col. b)]. Désigné roi par le Parlement. *-6-7* couronné. **1485**-*7-8* Henri Tudor, héritier des Lancastres, débarque en A. *-22-8 Bosworth,* Richard III est battu et tué par Henri Tudor (dernier roi tué dans une bataille). Tombé de cheval, il cria : « Un cheval ! Un cheval ! Mon royaume pour un cheval ! », mais fut percé de coups ; son corps inhumé à Leicester fut, sous Henri VIII, exhumé et jeté dans le Soar.

■ **Maison des Tudors.** Famille d'origine galloise. 1re mention 1232. *Owen Tudor* († 1461) vit à la cour d'Henri VI, amant de la reine mère Catherine de Valois (veuve d'Henri V, l'épouse peut-être en 1429). Partisan des Lancastres pendant la guerre des Deux-Roses, exécuté par les yorkistes. *Edmond Tudor,* Cte de Richmond († 1456), son fils aîné légitimé 1453, ép. Marguerite de Beaufort, héritière des Lancastres (descendante d'Édouard III, arrière-petite-fille de Jean de Gand) dont Henri VII.

1485-*août* **Henri VII** [(28-1-1457/21-4-1509), 1er roi à toucher des écrouelles ; fils d'Edmond ; s'exile sous Édouard IV ; *1471* chef de la maison de Lancastre à la mort d'Henri VI]. **1486**-*18-1* ép. Élisabeth d'York (1466-1503), fille d'Édouard IV, héritière de la maison d'York, ce qui met fin à la guerre des Deux-Roses. **1487** *Lambert Simnel,* fils d'un menuisier, se fait prendre pour Édouard de Warwick : son imposture est déjouée. **1491** *Peter Warbeck* (Pierre Werbecque, né 1474), fils d'un comptable des douanes de Tournai, se présente comme le duc d'York (frère d'Édouard V, emprisonné avec lui mais sauvé par un gardien en 1483), soutenu par Jacques IV d'Écosse, Charles VIII de France, Marguerite d'York D^esse^ de Bourgogne (sœur d'Édouard IV) et gouvernement des Pays-Bas, et l'empereur Maximilien Ier. **1495** avec 1 500 h. tente de débarquer en A. ; repoussé, se réfugie en Écosse ; épouse Catherine Gordon, cousine du roi Jacques IV. **1497** rejoint des rebelles en Cornouailles. *-21-9* s'enfuit ; rattrapé, avoue sa supercherie ; gardé à Westminster. **1498**-*9-6* s'évade ; rattrapé, enfermé à la Tour de Londres, y retrouve Édouard Cte de Warwick ; s'évade avec lui. **1499**-*23-11* Édouard sera pendu (Warwick décapité).

1509-*avril* **Henri VIII** (28-6-1491/28-1-1547 ; 2e fils d'Henri VII), 1er roi appelé « Votre Majesté ». Cultivé, musicien, théologien, parle français, espagnol, latin. Héritier présomptif après la mort de son frère aîné Arthur P^ce^ de Galles (né 1486, marié 14-11-1501, † 4 mois plus tard, mariage non consommé). *-11-6* épouse (avec dispense du pape) sa belle-sœur **Catherine d'Aragon** (1485/8-1-1536), veuve d'Arthur. **1511** participe à la Ste-Ligue. **1512-13** guerre contre la France (victoire de *Guinegatte*) et l'Écosse (10-9 victoire de *Flodden* où Jacques IV d'Écosse est tué). **1514** se réconcilie avec Louis XII et lui donne sa sœur

Marie en mariage. **1520** entrevue du *Camp du drap d'or* avec François Ier, se rapproche de Charles Quint, puis en **1525**, se rapprochera de nouveau de la France. **1521** dans l'*Assertio septem sacramentorum,* réfute la doctrine protestante de Luther. *-Oct.* le pape Léon X lui donne le titre de « Défenseur de la foi ». **1522** *Anne Boleyn* (vers 1507/18-6-1536 ; avait 3 seins et 11 doigts ; dame d'honneur de la reine) devient sa maîtresse. **1527** ayant eu 6 enfants de Catherine d'Aragon (dont seule Marie Tudor survit), décide de divorcer et demande au pape Clément VII d'annuler son mariage, Catherine ayant été la femme de son frère. Le pape, prisonnier de Charles Quint (neveu de Catherine), refuse (1530). **1529**-*automne* Henri VIII consulte universités européennes ; de nombreux avis favorables font pression sur le clergé brit. pour qu'il soit reconnu comme chef suprême de l'Église d'A. (1531). **1532**-*15-5* acte de soumission. **1533**-*25-1* Henri VIII ép. secrètement **Anne Boleyn,** sa maîtresse qui est enceinte depuis décembre. *-23-5* Thomas Cranmer, nouvel archevêque de Cantorbéry, déclare son mariage avec Catherine d'Aragon invalide. *-1-6* fait couronner Anne Boleyn. *-11-7* Clément VII excommunie Henri VIII. **1534**-*23-11 Acte de suprématie* du Parlement, confirme le schisme de l'Église anglaise et retire au pape tout pouvoir religieux. Henri VIII fait exécuter les catholiques fidèles au pape [Thomas More et Jean Fischer (1535)]. Dissout les monastères et confisque leurs biens (1536-1539). **1536** union complète avec pays de Galles. *-19-5* Anne Boleyn (29 ans), accusée d'adultère (avec 5 personnes de la cour, dont son propre frère), inceste, trahison, hérésie et entreprises contre la vie du roi, est condamnée à mort par un tribunal où siège son père ; elle est décapitée. *-30-5* Henri VIII ép. **Jeanne Seymour** (vers 1508/24-10-1537, morte en couches après avoir donné naissance au futur Édouard VI). **1539** *Bill des 6 Articles* (maintien de la totalité du dogme catholique sous menace de peines sévères). **1540**-*6-1* sur les conseils de Thomas Cromwell (vers 1485/28-7-1540, Cte d'Essex, lord du sceau privé) souhaite un rapprochement avec Pces luthériens et ép. **Anne de Clèves** (22-9-1515/16-7-1557 ; répudiée 9-7), mariage annulé 6 mois après ; *-28-7* Henri VIII fait exécuter Cromwell pour trahison et hérésie ; *-8-8* ép. secrètement **Catherine Howard** (vers 1522/13-2-1542, décapitée à 20 ans pour adultère, ainsi que 2 amants, un cousin et un secrétaire). **1542** *Solway Moss,* bat Écossais. **1543**-*12-7* Henri VIII ép. **Catherine Parr** (1512/7-9-1548, déjà 2 fois veuve, qui lui survivra et se remariera en 1547 avec Thomas Seymour, frère de Jeanne). **1544-46** guerre contre la France, prise de Boulogne. **1545** prise et incendie d'Édimbourg. **1547**-*28-1* Henri VIII meurt de la gangrène : on plaça dans son cercueil les restes de Jeanne Seymour ; on a dit que Marie Tudor l'avait fait exhumer et brûler comme hérétique (au début du XIXe s., on ouvrit son cercueil : il était vide).

1547-*janv.* **Édouard VI** (12-10-1537/6-7-1553, fils d'Henri VIII et de Jeanne Seymour). Roi sous la tutelle d'un conseil de régence dirigé par Édouard Seymour *duc de Somerset*, son oncle qui se sert de Cramer pour introniser en A. la réforme allemande. **1547-53** favorable aux calvinistes, fait publier une révision du *Prayer Book*. **1550** John Dudley (1502/22-8-1553), Cte de Warwick, *duc de Northumberland* [fils d'Edmond Dudley (1462/exécuté 18-8-1510) et d'Elizabeth Grey], remplace Somerset et persuade Édouard VI de laisser la couronne à Jeanne Grey.

1553-*10-7* **Jeanne Grey** (oct.-1537/décapitée 12-2-1554) [*filiation : Henri VII* dont *Marie* ép. 1°) Louis XII (roi de Fr., † 1-1-1515) ; 2°) *1515* Charles Brandon duc de Suffolk (1484-1545) dont 1 fille qui ép. Henri Grey [Mis de Dorset, duc de Suffolk 1551 (père de Jeanne). *-21-6* proclamée héritière présomptive]. *-19-7* Marie Tudor, héritière légitime, fait détrôner Jeanne (qui sera surnommée la « Reine de 9 jours »), la fait emprisonner à la Tour de Londres avec son époux [graciés, puis exécutés quand Suffolk (leur père et beau-père) prit part à la rébellion de Wyatt].

1553-*juillet* **Marie Ire Tudor** (18-2-1516/17-11-1558), dite Marie la Sanglante (*Bloody Mary*) ou Marie la Catholique [fille d'Henri VIII et de Catherine d'Aragon. *1518* fiancée à 2 ans au dauphin de France, *1522* à Charles Quint (qui épouse une Portugaise). Exilée par son père après le divorce de celui-ci. *1533* exclue de la succession à la naissance d'Élisabeth. Henri VIII l'oblige à signer un acte par lequel elle reconnaît que le mariage de sa mère était illégal et incestueux. *1537* marraine du futur Édouard VI. *1544* retrouve la 2e place dans l'ordre de succession]. **1554** échec de la rébellion de *Thomas Wyatt* (né 1520) pour empêcher Marie d'épouser Philippe II d'Esp. *-11-4* Wyatt exécuté. *-25-7-* ép. Philippe II d'Esp., fils de Charles Quint (seule reine régnante ayant épousé un souverain régnant) titré roi d'Angleterre, de France et d'Irlande (sans droit de succession). *-30-11* catholicisme rétabli et réconciliation avec Rome célébrée à Westminster par le cardinal *Reginald Pole.* Marie fait exécuter Jeanne Grey, compromise avec Thomas Wyatt, et enfermer à la Tour de Londres la future Élisabeth Ire. Rétablit lois contre les hérétiques. Persécution contre protestants. **1555** fait tuer Ridley, **1556** Cranmer et environ 300 protestants. Pole archevêque de Cantorbéry. **1557** pressée par Philippe II, déclare guerre à la France. **1558** Calais reprise par Français. Meurt en désignant Élisabeth comme successeur à condition qu'elle maintienne le catholicisme.

1558-*nov.* **Élisabeth Ire** (7-9-1533/24-3-1603), fille d'Henri VIII et d'Anne Boleyn, demi-sœur de Marie Tudor, dite la Gloriana, la Reine Vierge, Notre bonne reine Bess. Laide, coquette et vaniteuse, parle et écrit latin, grec, français et italien. Déclarée illégitime après l'exécution de sa mère. *1544* rétablie dans ses droits au trône par le Parlement. *1554* malgré sa loyauté catholique, impliquée dans le complot de Thomas Wyatt et emprisonnée. Se retire ensuite de la cour à Hatfield House. Elle eut plusieurs prétendants [Pce héritier Éric de Suède, roi Philippe II d'Esp. (refuse en 1559), archiduc Charles...], mais refusa de se marier. De son vivant, on lui prêtera plusieurs liaisons [Robert Dudley, l'amiral Thomas Seymour (?)]. **1559** *Acte d'uniformité* qui rétablit l'église anglicane. **1562** débuts de *John Hawkins* (1532-95), corsaire qui attaque navires portugais et espagnols. **1570** excommuniée par le pape Pie V. Persécution contre catholiques. Lutte contre puritains et leur influence aux Communes. Gouverne personnellement (conseillers : Cecil, Burleigh, Walsingham). Convoque rarement le Parlement. **1571** *Confession des 39 Articles* définit la religion anglicane. **1572** débuts de *Francis Drake* (1540-96), corsaire. *-2-6* duc de Norfolk, qui conspire pour Marie Stuart, exécuté. **1577**-*déc.*/**1580**-*sept.* tour du monde de Drake. **1584** *Raleigh* fonde Virginie. **1587** jugement et exécution de *Marie Stuart,* qui a comploté contre Élisabeth. *-19-4* Drake détruit flotte espagnole à Cadix. **1588** détruit l'*Invincible Armada* espagnole (130 vaisseaux, 10 000 matelots, 19 000 soldats), assurant la suprématie maritime angl. **1600** Cie des Indes orientales créée. **1601**-*25-2* Élisabeth fait exécuter son favori *Robert d'Essex*, 34 ans [condamné à mort pour trahison (avait conspiré avec Jacques IV d'Écosse)]. *Sous son règne (époque élisabéthaine),* essor culturel, développement de l'élevage, institution des *enclosures* (pâturages communaux deviennent propriétés privées et sont clôturés ; petits paysans doivent renoncer à l'élevage et n'ont plus que des jardins cultivés), essor de l'industrie, du textile, des mines, de la construction navale, du commerce (Bourse de Londres). Désigne comme successeur Jacques, roi d'Écosse.

■ **Maison des Stuarts.** Famille royale qui règne sur l'Écosse (1371-1714), puis toute la Grande-Bretagne (1603-1714). Descend du chef normand Alan Titzflaad († vers 1114) auquel Henri Ier donne château et terres d'Oswestry (Shropshire). William Fitzalan, son fils aîné, reste en A. (maison des comtes d'Arundel et des ducs de Norfolk). Le cadet Walter Fitzalan († 1177) se met au service de David Ier d'Écosse qui lui donne des terres et le titre de *stewart* ou sénéchal d'Écosse [devient ensuite héréditaire et sert de patronyme ; *stuart* en est la forme francisée et fixée en 1452 par la reine Marie (femme de Jacques II d'Écosse)] (voir p. 1224 b).

1603-*24-3* **Jacques Ier** (19-6-1566/27-3-1625), fils de Marie Stuart, reine d'Écosse, et de Darnley. Roi d'Écosse à un an sous le nom de Jacques VI. *Régents :* Morey, puis Lennox, Mar et Morton. Lutte entre parti catholique profrançais et parti protestant proanglais. *1589 août* ép. Anne de Danemark (12-12-1574/4-3-1619). Succède à Élisabeth Ire comme roi d'A. (plus proche héritier ; son grand-père Jacques IV d'Écosse avait épousé Marguerite, fille d'Henri VII), union personnelle des 2 royaumes. Pour l'anglicanisme ; persécute catholiques et puritains. Agitation des *non-conformistes ; presbytériens* voulant que l'Égl. soit gouvernée par une hiérarchie de corps constitués ; *indépendants* ou *congrégationalistes* insistant sur l'autonomie de la paroisse ; *baptistes* réservant le baptême aux adultes convertis. **1605**-*5-11* découverte de la *Conspiration des poudres* pour tuer Jacques Ier en faisant exploser des barils de poudre dans le Parlement (Guy Fawkes, 1570/exécuté 31-1-1606). Expulsion des Jésuites. Les favoris ont le pouvoir : Robert Carr Cte de Somerset, puis George Villiers duc de Buckingham. **1610, 14, 21** et **24** conflits avec Parlement qui refuse des subsides. **1618**-*29-10* Raleigh, revenu en A., exécuté pour avoir violé la paix avec l'Esp. (en attaquant un fort espagnol sur l'Orénoque). **1620** 1er exode des puritains en Amérique sur le *Mayflower.*

1625-*mars* **Charles Ier** (19-11-1600/30-1-1649), fils de Jacques Ier. Roi de G.-B. et d'Irlande ; reste catholique. Dernier souverain à entrer à la Chambre des communes. *-13-6-1625* ép. Henriette-Marie de France, fille d'Henri IV et de Marie de Médicis (26-11-1609/21 ou 31-8-1669). Absolutiste, garde Buckingham, ce qui indispose le peuple. **1625** et **26** dissout le Parlement qui lui refuse des subsides. **1626**-*5-2* couronné. **1628**-*mars* convoque un 3e Parlement après l'échec de la flotte angl. à La Rochelle. *-7-6* contraint de souscrire à la *Pétition des droits.* Georges Villiers (né 1592) Cte (1617) puis duc (1623) de Buckingham, favori du roi, tué par John Felton (officier puritain). **1629**-*mars* 4e Parlement dissous. **1629-40** *Tyrannie des 11 ans,* gouv. personnel du roi. **1637**-*23-7* révolte de la cathédrale d'Édimbourg car on veut imposer une nouvelle liturgie basée sur le *Book of Common Prayer.* **1638** *Covenant* (union de l'opposition presbytérienne). *Guerres épiscopales.* **1639**-*18-6 trêve de Berwick.* **1640** guerre reprend. **1641**-*févr. Triennal Bill* (le roi doit convoquer le Parlement au moins tous les 3 ans). *-Mai* exécution du ministre Strafford. Le roi renonce au droit de dissoudre le Parlement actuel sans l'accord de celui-ci. **1642**-*4-1* Ordonne l'arrestation de 6 chefs de l'opposition parlementaire, ils se réfugient à la Cité de Londres qui refuse de les livrer. Début de la guerre civile des *Cavaliers* (partisans du roi) contre les *Têtes rondes* (parlementaires, bourgeois et petits propriétaires portant les cheveux courts), dirigés par Cromwell. **1645**-*14-6* Charles Ier vaincu à *Naseby.* **1646**-*mai* se réfugie en Écosse. **1647**-*janv.* livré par les covenantaires écossais au Parlement. *-3-6* Cromwell le fait amener à son quartier général et négocie avec lui mais Charles s'évade, gagne l'île de Wight et l'Écosse en nov. **1648**-*août Preston :* Cromwell bat royalistes. Reddition de l'armée écossaise. *-Oct.* Cromwell entre à Édimbourg. S'empare du roi. *-7-12* fait purger le Parlement par le Cel Pride et obtient du reste des députés (« Parlement croupion » ou *Rump Parliament*) la mise en jugement de Charles Ier. **1649**-*27-1* condamné à mort. *-30-1* décapité à Whitehall.

■ **Commonwealth (19-5-1649/1653) et dictature. Oliver Cromwell** [(25-4-1599/3-9-1658) ép. *1622* Elizabeth Bourchier. *1640* député ; *-10/11-9* Cromwell, pour réduire l'Irlande (« bastion papiste »), massacre la garnison de *Drogheda* près de Dublin]. **1650**-*printemps* Irlande soumise. *-3-9* Cromwell bat les covenantaires écossais qui avaient reconnu Charles II à Dunbar puis **1651**-*3-9* à Worcester. *-9-10 Acte de navigation,* protectionnisme. *-15-10* Charles II part pour la France. **1653**-*20-4 Parlement croupion* dispersé par la troupe, remplacé par une Assemblée de 140 m. désignés par armée. Constitution (*Instrument of Government*) crée une dictature et donne à Cromwell le titre de *lord protector*. Crée un Parlement unique pour A., Écosse et Irlande fusionnées en *Commonwealth.* **1654** *traité de Westminster.* **1655**-*janv.* Parlement dissous. **1655-57** Cromwell gouverne avec l'armée. **1657** nouvelle Chambre, renvoyée en févr. 1658. Cromwell refuse le titre de roi et accepte de pouvoir nommer son successeur (*Humble Petition and Advice*). Alliance avec France et Pays-Bas contre Espagne. **1658**-*3-9* Cromwell meurt et est inhumé à Westminster (son corps sera exhumé, pendu au gibet de Tyburn et ses restes dispersés).

1658-*sept.* **Richard Cromwell** (4-10-1626/12-8-1712). Succède à son père comme *lord protector*. Débordé par rivalité armée/Parlement. **1659**-*mai* démissionne. Se réfugie sur le continent, reviendra après 20 ans d'exil.

■ **Restauration des Stuarts. 1660**-*29-5* **Charles II** [(29-5-1630/6-2-1685) ; fils de Charles Ier. *1646* réfugié en France. *1649* roi d'Écosse à la mort de son père car il a accepté le *Covenant. 1651* couronné à Scone] restauré, grâce au Gal Georges Monk (1608-70) et **1661**-*23-4* couronné. **1662**-*21-5* ép. Catherine de Bragance (1638-1705) dont il n'a pas d'enfants, mais il en eut de *Lucy Walter* : James Scott (1649-85), futur duc de Monmouth (qui épousera l'héritière des Buccleuch) ; *Barbara Villiers* (1641-1709) : plusieurs bâtards dont Henry (1663-90) 1er duc de Grafton ; *Nel Gwynne* (actrice, 1650-87) : le duc de St Albans (1670-1726) ; *Louise de Kérouaille* (1649-1734, faite duchesse de Portsmouth et d'Aubigny) : le duc de Richmond (1672-1723). **1665** *Grande Peste* (75 000 † sur les 460 000 Londoniens). **1666**-*2-9* grand incendie de Londres (6 †, 13 200 maisons détruites, 87 églises, cathédrale St-Paul). **1664-67** et **1672-74** allié à la France, guerre contre Hollande. **1673** *Test Act* imposé par opposition parlementaire. **1674** traité de paix. **1679**-*mai Habeas Corpus* interdit toute arrestation ou détention arbitraire. Roi absolutiste, catholique (ne rallie pas officiellement, mais reçoit les derniers sacrements sur son lit de mort). *Sous son règne :* au Parlement, création de groupes *tories* (surnom des brigands en Irlande) et *whigs* (abréviation de *whiggamores :* paysans révoltés d'Écosse) ; développement du commerce, colonisation, puissance navale ; à la cour, vie brillante, spirituelle et frivole.

1685-*févr.* **Jacques II** [(14-10-1633/5-9-1701), frère de Charles II. *1643* duc d'York. Ép. 1°) *1659* Anne Hyde (1637-71) ; 2°) *sept. 1673* Marie de Modène (1658-1718). *1648* réfugié en Hollande, puis en France jusqu'à la Restauration (1660). *1660* grand amiral. *1672* converti au catholicisme. *1678* banni après l'affaire Titus Oates], malgré le Parlement qui veut l'exclure de la succession, roi d'A. et d'Irlande et d'Écosse (Jacques VII). Mate la révolte du duc de Monmouth (James Scott, fils illégitime de Charles II), décapité 25-7-1685. Absolutiste, protège catholicisme ; allié de Louis XIV. Pour éviter l'instauration d'une dynastie catholique et absolutiste, l'opposition s'allie avec Guillaume III de Nassau, gendre protestant de Jacques II. **1688** Guillaume III débarque en A. avec une petite armée et en *nov.* oblige Jacques II à se réfugier en France.

■ **Interrègne** du 11-12-1688 au 13-2-1689.

■ **Maison d'Orange. 1689**-*févr.* **Guillaume III** [(14-11-1650/8-3-1702 chute de cheval), fils de Guillaume II de Nassau, Pce d'Orange et de Henriette-Marie Stuart, fille de Charles Ier d'A. *4-11-1677* ép. sa cousine Marie (30-4-1662/28-12-1694), fille de Jacques II et d'Anne Hyde. *1674 stathouder* des Provinces-Unies]. *-10-12* reconnaît le régime constitutionnel par la Déclaration des droits (*Bill of Rights).* **1689** Jacques II essaie, avec l'aide de Louis XIV, de se rétablir en Irlande. **1690**-*11-7 bataille de la Boyne :* Guillaume III (avec 35 000 h.) bat Jacques II (21 000 h.) qui s'installe à St-Germain-en-Laye. Ses descendants revendiqueront le trône jusqu'en 1801. **1692** Guillaume III participe à la guerre de la succession du Palatinat contre la Fr. *-29-5* victoire navale de La Hougue. *-3-8* Guillaume III battu à Steinkerque. **1693**-*29-7* battu à Neerwinden. **1694**-*déc.* Guillaume III isolé. **1697** *paix de Ryswick :* Louis XIV reconnaît Guillaume III roi d'A. **1701** *Acte d'établissement* assure la succession au trône à un protestant ; Louis XIV reconnaît Jacques Francis Stuart dit le « chevalier de St-George » (10-6-1688/2-1-1766), fils de Jacques II, comme roi d'A.

■ **Maison des Stuarts. 1702**-*mars* **Anne** [(6-2-1665/1-8-1714), 2e fille de Jacques II, sœur de Marie II. *1683-28-7* ép. Georges (1653-1708) Pce de Danemark]. Gouverne sous l'influence du duc de Malborough (John Churchill, 1650-1722). Soutient les whigs. **1707** *Acte d'union* (A. et Écosse) : un seul royaume. **1710** soutient les tories. **1713**-*11-4 traité d'Utrecht :* l'A. acquiert Gibraltar, Minorque, Terre-Neuve et Acadie ; Louis XIV renonce à rétablir les Stuarts catholiques.

■ **Maison de Hanovre. 1714**-*1-8* **George Ier** [(28-5-1660/28-5-1727, enterré à Osnabrück en All.), fils d'Ernest-Auguste, 1er Électeur de Hanovre, et de Sophie petite-fille de Jacques Ier d'A. *21-11-1682* ép. sa cousine Sophie-Dorothée de Zell (1666-1726 ; divorce en 1694 car soupçonnée d'adultère, enfermée dans une forteresse jusqu'à sa mort). *1698-23-1* Électeur de Hanovre à la mort de son père. *1705* hérite le duché de Lüneburg] roi de G.-B. et d'Irlande en vertu de l'Acte d'établissement de 1701 (plus proche héritier dans la ligne protestante). N'apprend pas l'anglais, réside très peu en A. S'appuie sur les whigs, gouverne par ses ministres, *James Stanhope* (1717-21) et

Robert Walpole (1715-17 et 1721-42). **1715** acquiert duché de Brême. *-Déc.* **Jacques Francis Stuart,** fils de Jacques II, débarque en Écosse ; rejeté, se retire en Italie. **1717** George Ier participe à la *Triple-Alliance ;* **1718** à la *Quadruple-Alliance.* **1719** acquiert duché de Verden.

1727-*11-6* **George II** [(9-11-1683/25-10-1760) ; fils de George Ier. Ép. *22-8-1705* Caroline d'Anspach (1683-1737)]. Électeur de Hanovre et roi de G.-B. et d'Irlande. Conserve Walpole et le pouvoir aux whigs. **1739** organisation des Églises méthodistes : réveil suscité par John et Charles Wesley, Whitefield (ministres anglicans). **1742** renvoie Walpole. Se déclare pour Marie-Thérèse et contre la Fr. dans la guerre de Succession d'Autriche [*1743* Français battus à *Dettingen. 1745* Anglais battus à *Fontenoy* et *1747* à *Lawfeld. 1748 traité d'Aix-la-Chapelle*]. **1745**-*août* **Charles-Édouard Stuart** (Rome, 31-12-1720/31-1-1788 ; dit le Jeune Prétendant, Cte d'Albany, surnommé Bonnie Pce Charlie) débarque en Écosse. *-17-9* prend Édimbourg. **1746**-*16-4* battu à *Culloden* par duc de Cumberland (revient en Fr., expulsé en 1748, se réfugie en Italie). **1752** calendrier grégorien adopté (le 2-9 devient le 14-9, année commence 1-1 et non plus 25-3). *Guerre de Sept Ans :* perte de Hanovre. Conquêtes aux Indes et en Amérique.

1760-*25-10* **George III** (4-6-1738/29-1-1820 ; petit-fils de George II) Électeur (puis 12-10-1814 roi) de Hanovre et roi de G.-B. et d'Irlande. 1er roi vraiment anglais. **1761**-*8-9* ép. Desse Charlotte-Sophie de Mecklembourg-Strelitz (1744-1818). Se détache des whigs, renvoie *William,* dit *le Premier Pitt,* et place *Bute,* son favori. **1763**-*10-2 traité de Paris :* prépondérance aux Indes et en Amérique. **1768** mesures autoritaires, émeutes. **1770-82** *lord North* ministre. **1774** et **1780** fait élire ses partisans (*King's Friends*) au Parlement. **1777** force les whigs à le quitter. **1779** *Ned Ludd* (simple d'esprit du Leicestershire) aurait détruit des machines à fabriquer des bas en coton [début du *luddisme* (lutte contre mécanisation industrielle), soulèvements entre 1810 et 1819]. **1780**-*juin Gordon riots :* émeutes après une manif. conduite par lord George Gordon contre l'émancipation des catholiques (300 †). **1783**-*3-9 traité de Versailles :* indépendance des États-Unis reconnue. **1783-1801** et **1804-06** *William Pitt,* dit *le Second Pitt,* ministre [dont l'autorité est renforcée lors des accès de démence du roi (1765, 1788-89, 1803-04, 1810 sombre dans la folie)]. **1787** 1re colonie brit. en Afrique (Sierra Leone). **1793-1815** guerre A./Fr. **1795** occupation du Cap. **1800**-*15-2 Acte d'union* avec Irlande : création du *Royaume-Uni.* **1806**-*23-1* mort du Second Pitt. *-13-9* mort de Charles Fox (né 1749), min. des Aff. étr. (whig, opposé à North, partisan de la paix avec la France). **1807** traite des esclaves abolie sous l'impulsion de *Wilberforce.* Pendaison de Holloway et Haggerty devant 40 000 personnes (100 † piétinés par la foule). **1811**-*5-2* George III dément, *régence* créée en faveur de son fils, futur George IV. **1813** *Bill de tolérance* pour unitariens (sociniens). **1814**-*sept. congrès de Vienne :* A. garde Malte, Trinité, Le Cap, Maurice, Ceylan. **1815**-*18-6* victoire de *Waterloo* (Wellington). *-26-9* participe à la Sainte-Alliance. **1819**-*16-8* massacre de Peterloo à Manchester.

1820-*29-1* **George IV** (12-8-1762/26-6-1830, fils de George III) roi. Jeunesse débauchée et scandaleuse ; *15-9-1785* ép. secrètement et illégalement Marie-Anne Fitzherbert (1756-1837, veuve, catholique) ; *8-4-1795* ép. officiellement sa cousine, Pcesse Caroline de Brunswick-Wolfenbüttel (1768-1821 ; dont Charlotte, 1796-1817), en 1820 lui intenta un procès en adultère). *1811* régent. Comme le prince de Galles était à la tête de l'opposition whig, confie le pouvoir aux tories [Robert Stewart Vte Castelreagh (18-6-1769/12-8-1822, suicide), Canning, Wellington]. **1829** *Bill d'émancipation* des catholiques.

1830-*26-6* **Guillaume IV** [(21-8-1765/20-6-1837), 3e fils de George III. Ép. *13-7-1818* Pcesse Adélaïde de Saxe-Cobourg-et-Meiningen (1792-1849). 2 filles mortes en bas âge] roi de G.-B., Irlande et Hanovre. **1832** réforme électorale (terminée en 1885) : abolition des « bourgs pourris » (ou *rotten boroughs :* circonscriptions où, en vertu de privilèges anciens, les députés étaient élus malgré l'absence presque totale d'électeurs). **1833** *Mouvement d'Oxford :* rapprochement avec doctrines et liturgie romaines ; fondation de l'anglo-catholicisme (Edward Pusey, 1800-82) ; esclavage aboli dans les colonies brit. **1834**-*nov.* impose le ministre *Peel.* **1837** à sa mort, sa nièce Victoria devient reine de G.-B. et d'I. et son frère Ernest-Auguste (1771-1851), duc de Cumberland, roi de Hanovre (les femmes ne pouvant y régner).

1837-*20-6* **Victoria** [(24-5-1819/22-1-1901) ; mesure 1,50 m, fille d'Édouard duc de Kent, 4e fils de George III (1767/23-1-1820) ; ép. 1817 Victoria de Saxe-Cobourg-Saalfeld, 17-8-1786/1861, veuve du Pce de Leiningen) ; hémophile selon Malcolm et William Potts (*Queen Victoria's Genes :* « les Gènes de la reine Victoria ») : une étude de ses ancêtres sur 8 générations prouverait que la reine ne pouvait avoir hérité de sa mère le gène de l'hémophilie ; seule une liaison extraconjugale de sa mère avec Ernest-Auguste (duc de Cumberland, 1771-1851, 8e enfant de George III, et violeur notoire) ou une mutation génétique (probabilité de 1/50 000) expliquerait sa présence] ; elle eut une « amitié intime » pour son écuyer John Brown. **1838**-*28-6* couronnée. **1840**-*10-2* ép., malgré l'avis de sa mère, son cousin le *Pce Albert de Saxe-Cobourg-et-Gotha* (26-8-1819/14-12-1861), Pce consort le 26-6-1857, 4 fils [dont *Leopold* (8e enfant) est hémophile] et 5 filles [dont *Alice,* qui transmet le gène d'hémophilie à Alexandra (impératrice de Russie, dont le fils le tzarévitch Alexis sera hémophile) et *Béatrice* qui transmet le gène à sa fille Victoria Eugénie qui épousera le roi d'Espagne Alphonse XIII (leurs 2 fils, Alphonse et Gonzalo, seront hémophiles)]. Garde *lord Melbourne* comme PM jusqu'en 1841, puis *Peel, Disraeli, Palmerston* et *Gladstone.* Abrogation des *Corn Laws* protectionnistes ; autonomie accordée au Canada. *-9-9* flotte brit. bombarde Beyrouth. *-10-10* s'en empare. **1851** grande exposition (Crystal Palace). **1852**-*8-3* avec Fr., déclare guerre à Russie *(guerre de Crimée).* **1858** suppression du cens d'éligibilité. **1860**-*23-1 traité Cobden/Chevalier.* **1867** réforme électorale donnant droit de vote à la petite bourgeoisie et aux ouvriers aisés. *-1-7* Canada devient le 1er dominion. **1868** fondation du Trade Union Congress. **1872** *Ballot Act* garantissant le secret du vote. **1875**-*25-11* achat d'actions de Suez. **1876**-*1-5* Victoria *impératrice des Indes.* Union des non-conformistes angl. et des presbytériens écossais d'A. au sein de l'Église presbytérienne d'A. (calvinistes). **1877** annexion du Transvaal. **1878** apparition du jingoïsme (impérialisme) de *By Jingo (hey presto !) :* expression du XVIIe s. apparaissant dans un chant de music-hall favorable à l'idée de Disraeli d'intervenir en Orient. Guerre en Afghanistan. **1882** occupe Égypte. **1885** suffrage univ. *Khartoum,* Gordon assiégé (massacre). **1887** *Bloody Sunday,* la troupe tire sur des manifestants socialistes : 2 †. **1888** *Jack l'Éventreur* tue 5 prostituées à Whitechapel [10 suspects dont : *George Chapman* (d'origine polonaise, de son vrai nom Severin Klosovski, coiffeur ; sera pendu en 1903 pour avoir empoisonné 3 de ses concubines). *Duc de Clarence* (fils aîné du futur Edouard VII, débile, 24 ans ; † 1892). *James Stephen* (son tuteur à Cambridge, † à l'asile 3-2-1892). *Neil Cream* (docteur, meurtrier de 4 prostituées, dit l'Empoisonneur de Lambeth ; pendu 1892). *Montague John Druitt* (nait 1857, devient fou comme sa mère, suicide déc. 1888). *Sir William Gull* (médecin de la reine, † 29-1-1890). *Docteur Konovalov* (alias Pedachenko, russe expulsé de Russie, sosie de Chapman. *Michael Ostrog* (pourrait ne faire qu'un avec Konovalov, décrit comme médecin fou). *Frank Miles* (peintre, exhibitionniste, interné pour folie, † mars 1888 ou juillet 1891). *Stephen* (tuteur et amant du duc de Clarence, devient fou suite à accident à la tête, cousin de la romancière Virginia Woolf)]. **1889** différends sur pêcheries en mer de Béring avec USA qui prétendent qu'il s'agit d'une mer intérieure et saisissent 16 navires brit. (en 1893 arbitrage à Paris ; USA versent 473 000 $ de dommages à G.-B.). **1890**-*1-7* accord avec Allemagne sur Heligoland. **1897**-*28-6* jubilé d'or de la reine avec revue navale à Spithead. **1898**-*2-9* bataille d'*Omdurman. -Sept./nov.* crise à *Fachoda* (voir à l'Index). **1899-1902** *guerre des Boers* (Afr. du Sud). **1900** Australie devient dominion.

☞ **Attentats contre Victoria :** *1840 :* à Oxford, un garçon tavernier de 10 ans tire 2 fois sur elle et la manque. *1842 :* 2 guet-apens tentés par Francis et Bean. *1850 :* un ex-officier de hussards l'attaque à coups de canne. *28-2-1872 :* Arthur O'Connor (Irlandais) se jette sur elle avec un vieux pistolet rouillé. *2-3-1882 :* Roderick MacLean tire un coup de revolver sur elle.

■ **Maison de Saxe-Cobourg. 1901**-*22-1* **Édouard VII** [(9-11-1841/6-5-1910) ; fils de Victoria ; ép. *10-3-1863* Pcesse Alexandra (1-12-1844/20-11-1925) fille aînée du roi Christian IX de Danemark]. Figure de la vie parisienne, francophile. *-9-8* couronné. **1902**-*30-1* traité anglo-japonais (renouvelé 12-8-1905). *-12-7* **Arthur James Balfour** (1848-1930) PM. **1903**-*mai* visite officielle d'Édouard VII à Paris. *-6-7* Pt Loubet et Delcassé (ministre des Affaires étrangères) à Londres. Emmeline Pankhurst [(1858-1928), veuve en 1898 de l'avocat Richard Pankhurst] fonde, avec sa fille Cristabel, *l'Union politique et sociale des femmes.* **1904**-*8-4 entente cordiale* avec France (de fait depuis 1888). *-21-10* incident du *Dogger Bank* (voir à l'Index). **1905**-*5-12* **sir Henry Campbell Bannerman** PM. **1907** Nlle-Zélande dominion. **1908 Herbert Henri Asquith** (12-9-1852/15-2-1928) PM. **1910** 2 élections.

■ **Maison de Windsor.** Depuis le 17-7-1917, les descendants de la reine Victoria, qui sont sujets britanniques, ne peuvent user de leurs titres allemands et ont adopté le patronyme de Windsor. George V ayant limité le droit de ses descendants au titre princier, plusieurs d'entre eux s'appellent lord ou lady Windsor. Les descendants de la reine Élisabeth et du Pce Philippe ont le patronyme de Mountbatten-Windsor (acte du 8-2-1960).

1910-*6-5* **George V** [(3-6-1865/20-1-1936, mort par euthanasie ?) ; 2e fils d'Édouard VII, héritier le 14-1-1892 à la mort de son frère aîné Albert duc de Clarence (1864-92) ; ép. *6-7-1893* Pcesse Marie de Teck (26-5-1867/24-3-1953)]. **1911**-*22-6* couronné. *-Août* pouvoir de la Chambre des lords réduit, le roi crée des pairs libéraux. **1913**-*19-2* bombe devant la maison de Lloyd George (chef du Parti libéral) : attentat des suffragettes. *-4-6* Emily Davison, suffragette, se jette sous le cheval de George V pendant le derby d'Epsom (est tuée sur le coup). **1914-18** participe à la Guerre mondiale (du 4-8-1914 au 1-1-1916 : volontariat, 2 600 000 h. engagés volontaires ; ensuite mobilisation). **1916**-*7-12* **David Lloyd George** (17-1-1863/26-3-1945) PM. **1918**-*28-12* femmes de plus de 30 ans obtiennent droit de vote (égalité électorale en 1928). **1919**-*mars* on laisse flotter la livre. *-avril* exportation d'or interdite. [**1920**-*fév.* livre = 3,20 $, taux d'intérêt 7 % (fin 1921, 5 %). **1920-21** récession : baisse des prix (livre = 4,43 $)]. *-28-11* Nancy Astor, 1re femme élue. **1921**-*6-12* traité signé avec Irlande, qui devient dominion. **1922**-*23-10* **Andrew Bonar Law** (16-9-1858/30-10-1923) PM. **1923**-*21-5* **Stanley Baldwin** (3-8-1867/14-2-1947) PM. **1924**-*22-1* **J. R. Mac Donald** (12-10-1866/9-11-1937, travailliste) PM. *-4-11* **Baldwin** PM. **1925**28-4 Churchill, chancelier de l'Échiquier, annonce le rétablissement de la convertibilité or de la livre sterling à 4,86 $, parité d'avant-guerre. **1926** Afrique du S. dominion. *-6-5* pour redonner de la compétitivité au charbon, baisse des salaires des mineurs : grève générale. **1929**-*3-1* crise économique. *-5-6* **Mac Donald** PM. *Margaret Bondfield,* 1re femme ministre. *-3-10* relations diplomatiques reprises avec URSS. **1930**-*22-4 traité de Londres :* réduction des flottes militaires. **1931**-*21-9* abandon de l'étalon-or. *-11-12 Statut de Westminster :* création du Commonwealth. **1932**-*21-7/28-8* conférence d'Ottawa : constitution de la *zone sterling. -1-10 sir Oswald Mosley* [(1896-1981) ; ministre en 1929 de Mac Donald ; a quitté le P. travailliste en 1931 ; 1940-31-5 sera interné] crée le parti fasciste anglais (militants 1936 : 15 500 ; 1939 : 22 500). **1935**-*7-6* **Stanley Baldwin** PM.

1936-*20-1* **Édouard VIII** (23-6-1894/28-5-1972), fils de George V. Appelé David par la famille royale, règne sous le nom d'Édouard VIII. Très populaire comme Pce de Galles. Crise entre le gouv. conservateur de Stanley Baldwin et le roi car il veut épouser une divorcée. *-30-11* incendie du Crystal Palace. *-10-12* le roi abdique (acte enregistré le 11-12) après un règne de 327 jours. Devient le duc de Windsor. *1937-3-6* ép. au château de Candé (Fr.) Bessie Wallis Warfield (19-6-1896/24-4-1986), divorcée 2 fois [1927 (10-12) du Cte Winfield Spencer et 1936 (27-10) d'Ernest Aldrich Simpson, ses 2 ex-maris vivant encore], sa maîtresse depuis 1934 ; il avait eu plusieurs longues liaisons avec Thelma Furness et Mrs Freda Dudley Ward (rompue 20-6-1934), ce qui rendait difficiles les relations avec l'Église anglicane. Churchill et la grande presse (Beaverbrook et lord Rothermere) le soutenaient. Selon Martin Allen dans « le Roi qui a trahi » : aidé par Charles Bedaux, chercha à revenir au pouvoir en sortant la G.-B. de la guerre, correspondait avec Hitler en nov. 1939.

1936-*11-12* **George VI** [(14-12-1895/6-2-1952) ; son frère, duc d'York en 1920. Ép. *26-4-1923* lady Elizabeth Bowes-Lyon, des Ctes de Strathmore et Kinghorne (née 4-8-1900)]. **1937**-*12-5* sacré à Westminster. *-28-5* **Neville Chamberlain** (18-3-1869/9-11-1940) PM. **1939**-*27-4* conscription militaire : obligatoire pour jeunes de 20 ans. *-3-9* déclare la guerre à l'Allemagne. (Voir à l'Index Guerre mondiale.) **1940**-*10-5* **Winston Churchill** PM. Après la défaite de la France, en juin, Hitler essaie d'obtenir une paix négociée avec G.-B. (projet d'enlever le duc de Windsor qui avait une certaine admiration pour Hitler et eut à Lisbonne, l'été 1940, des contacts avec des nazis), mais Churchill rejette toute négociation. *-9-7* le duc de Windsor rejoint les Bahamas (dont il sera gouverneur jusqu'en 1945). *Bataille d'A.* (aérienne du 10-7 à nov. 1940, summum le 15-9), perdue par All. : le débarquement allemand ne peut avoir lieu. *Blitz* (de l'allemand *Blitzkrieg,* guerre éclair) : bombardements allemands : Londres (en partie détruite) 6 334 † et 8 695 bl. ; 38 attaques diurnes du 7-9 au 5-10 ; 2 375 avions allemands abattus du 8-8 au 31-10 ; 375 pilotes de la RAF tués ; total des victimes civiles au 31-10 : 14 281 † et 20 325 bl. ; Coventry (14/15-11) : 554 †, 70 000 maisons et la cathédrale détruites par 437 bombardiers (394 t de bombes explosives, 56 de bombes incendiaires, 12 de mines). **1942**-*1-2* rapport de l'économiste *William Beveridge* (1879-1963) sur l'Assurance sociale. **1943-48** fondements de l'État-providence (*Welfare State) :* sécurité sociale, soins médicaux gratuits... **1944**-*13-6* premiers V1 lancés sur Londres. *-8-9* premiers V2. **1945**-*7-5* capitulation allemande. *-5-7 élections :* travaillistes (47,8 % des voix) 393 députés, conservateurs 198. **Clement Attlee** (3-1-1883/8-10-1967 ; travailliste) PM. **1946**-*5-3 Fulton* (Missouri) : discours de Churchill sur le *rideau de fer. -30-5* pain rationné pour la 1re fois. **1946-50** nationalisations (*1-1-1947 :* charbon). **1947**-*15-8* indépendance de Ceylan, Inde, Pakistan, Birmanie. *-9-10* ration de lard : 28 g par semaine. **1948** chemins de fer nationalisés. *-Avril* centrales électriques. *-14-5* fin du mandat sur Palestine. *-5-7 Bevan* (travailliste) inaugure service nat. de santé. **1949**-*18-4* indépendance totale de l'Irlande. *-18-9* livre dévaluée de 4,03 à 2,80 $. **1950** *Klaus Fuchs* [Allemand (1912/28-1-1988) ; réfugié en G.-B. 24-9-1933, naturalisé Anglais 7-8-1942, ayant travaillé à la mise au point de la bombe A américaine en 1943] arrêté pour espionnage, condamné à 14 ans, peine réduite à 9 ans ; part pour All. démocratique. *-23-2 élections :* succès travailliste. *-25-12* les nationalistes écossais volent la pierre de Scone (voir p. 1191 c) sur laquelle les monarques britanniques sont couronnés à Westminster. **1951**-*févr.* sidérurgie nationalisée. *-25-10 élections :* succès conservateur. **Churchill** PM.

1952-*6-2* **Élisabeth II** (née 21-4-1926), fille de George VI. Ép. *20-11-1947* Pce Philippe de Grèce et de Danemark [né 10-6-1921, Altesse royale, fils du Pce André de Grèce et de Danemark (1882-1944) et de la Pcesse Alice de Battenberg (1885-1969), le 28-2 était devenu sujet brit. et avait pris le nom de Philip Mountbatten ; en fait, a toujours été Pce angl. sans le savoir, en vertu de sa descendance de la reine Victoria et de l'Acte d'établissement de 1701 accordant la nationalité brit. à l'électrice Sophie de Hanovre, petite-fille de Jacques Ier, et à tous ses descendants protestants ; devient 20-11-1947 duc d'Édimbourg, Cte de Merioneth et Bon Greenwich et 22-2-1957 Pce du Roy.-Uni de G.-B. et d'Irlande du Nord (régent éventuel par une loi de 1953), prince consort].

1952-*3-10 :* 1re bombe atomique brit. *-Déc. smog* sur Londres (4 000 †). **1953**-*2-6* couronnement. Sidérurgie

Réseau d'espionnage prosoviétique (cercle de Cambridge). *Kim* (Harold) *Philby* (1-1-1912/Moscou 10-5-1988) : parti du Liban le 23-1-1963 pour l'URSS. *Guy Burgess* (1910/Moscou 19-8-1963) : parti d'A. 25-5-1951 pour l'URSS. *Donald MacLean* (25-5-1913/6-3-1983) : parti d'A. 25-5-1951 pour l'URSS. *Sir Anthony Blunt* (26-9-1907/26-3-1983) : démasqué 1964, obtient l'immunité et reste le conservateur des peintures de la reine ; dénoncé dans la presse en 1979, sera dépouillé de son titre en 1980. *John Cairncross* (25-5-1913/8-10-1995) : identifié en 1991 sinon dès 1951 ; vivait en exil en Italie et en France ; rentré en G.-B. en 1995. *Alen Nun May* (scientifique) condamné 1-5-1946 à 10 ans de prison.

dénationalisée. **1954**-*29-6* charte du Potomac signée (Churchill/Eisenhower). **1955**-*5-4* Churchill démissionne. -*Avril* **Anthony Eden** PM. -*Mai élections :* succès conservateur. **1956**-*nov.* expédition anglo-franco-israélienne de *Suez* contre Égypte (Eden, menacé par USA d'une vente massive de livres sterling, retire ses troupes après 24 h de combat). **1957**-*janv.* **Harold Macmillan** (10-2-1894/29-12-1986) PM. **1958**-*18-3* dernière présentation des *débutantes* à la reine. **1959**-*oct. élections :* succès conservateur. **1960-70** décolonisation : 22 pays deviennent indépendants. **1962**-*21-12 Nassau* (Bahamas), rencontre Macmillan-Kennedy : USA livrent à G.-B. des missiles Polaris. **1963**-*14-1* de Gaulle s'oppose à l'entrée de la G.-B. dans la CEE. -*18-1* Hugh Gaitskell, leader travailliste, meurt. -*8-8 :* 2 500 000 £ volées (2 500 000 seront récupérées) dans *train postal* Glasgow-Londres. [nuit du 7/8-8 15 hommes masqués arrêtent le train dans le Buckinghamshire, après avoir trafiqué les signaux. Arrêté quelques semaines plus tard avec 11 de ses complices, Ronald Arthur (Ronnie Biggs) est condamné à 30 ans de prison en 1964, mais s'évade après 15 mois. Avec sa part du magot, va à Paris, en Espagne, en Australie et s'établit au Brésil, qui n'a pas de traité d'extradition avec la G.-B. Arrêté mais libéré. En 1981, des anciens du régime des Scot Guards l'enlèvent et l'expédient en Barbade dans un sac de jute (où les autorités refusent de l'extrader). A Rio, remarié, reçoit des touristes (400 F par invité) et fait de la publicité. Malade ne pouvait plus payer les traitements et rentre en mai 2001 en G.-B, réincarcéré] -*Oct.* **Alexander Douglas-Home** (1903-95) PM. **1964**-*oct. élections :* succès travailliste ; **Harold Wilson** PM. **1965** peine de mort par pendaison abolie. Rhodésie se déclare indépendante. **1966**-*mars élections :* succès travailliste. -*22-10* George Blake, condamné à 42 ans de prison (espionnage pour URSS), s'évade. **1967** renationalisation partielle de la sidérurgie. -*Mai* nouvelle demande d'entrée CEE rejetée. Loi sur l'avortement. -*Nov.* livre dévaluée. **1968**-*7-10* I. du N., début des troubles. -*Nov.* nouvelle demande d'entrée CEE rejetée. **1970**-*juin législatives :* victoire des conservateurs, **Edward Heath** PM. **1971**-*15-2* système monétaire décimal. -*19/20-5* rencontre Heath/Pt Pompidou à l'Élysée. -*28-10* Communes approuvent principe de l'adhésion à la CEE : pour 356 (282 conservateurs, 69 travaillistes, 5 libéraux), contre 244 (39 conservateurs, 204 travaillistes, 1 libéral), abst. 21 (2 conservateurs, 19 travaillistes). **1972** 30 000 Asiatiques de nationalité brit. expulsés d'Ouganda. **1973**-*1-1* entrée dans CEE. Terrorisme irl. Grèves des mineurs. **1974**-*7-2* Parlement dissous. -*10-2* grève générale des mineurs. -*25-2 élections :* succès travailliste (gouv. minoritaire), **Harold Wilson** (11-3-1916/95) PM. -*10-10 élections :* les travaillistes gagnent 15 sièges mais n'ont que 3 voix de majorité aux Communes. **1975**-*20-1* abandon du projet de tunnel sous la Manche. -*6-6 référendum sur maintien dans la CEE* (oui 67,2 % des voix). -*11-7* accords gouv.-syndicats sur politique des revenus. **1976**-*16-3* Wilson démissionne. -*5-4* **James Callaghan** (né 27-3-1912) PM (élu par le P. travailliste : 176 voix contre 137 à Michael Foot). **1977** recul travailliste aux élect. partielles. -*7-6* jubilé d'argent de la reine. -*10-8* la reine en Ulster. **1978**-*3/5-5 élect. locales,* avance des conservateurs : 2 %. **1979**-*janv.* grèves. -*1-3* référendum pour une certaine autonomie régionale : (en %) : *Galles :* oui 11,91 des inscrits ; non 46,9 ; abst. 41,2. *Écosse :* oui 32,85 des inscrits ; non 30,78 ; abst. 36,33 ; 3 régions ont voté non, 3 oui. Il fallait 40 % pour mise en vigueur. -*28-3* gouv. renversé par 311 voix contre 310. -*3-5 élections :* victoire des conservateurs.

1979-*4-5* **Margaret Thatcher** PM. 1re femme PM en Europe [(née 13-10-1925), dite la Dame de Fer ; fille d'épicier ; ép. 1951 Denis Thatcher, dont elle a des jumeaux : Mark et Carol (21-8-1953) ; études de chimie et droit ; *1951 :* avocate ; *1959 :* député ; *1970 ministre de l'Éducation ; 1975-4-2 :* leader du P. conservateur ; anoblie : Bonne (non héréditaire) de Kesteven en déc. 1990]. -*27-8* lord Mountbatten (et son petit-fils) tué par Ira. -*23-10* contrôle des changes (en vigueur depuis 25-8-1939) aboli. **1980**-*janv./mars* grève de 13 semaines dans la sidérurgie. -*Févr.* le gouv. vend des participations (BP notamment). **1981**-*1-3* grève de la faim des républicains irl. de la prison de Maze : Bobby Sands (5-5) et 9 autres †. -*11/13-4* émeutes raciales à Brixton. -*3/14-7* émeutes immigrés et chômeurs à Londres, Liverpool, Leicester, Derby, Manchester, Birmingham, Newcastle : nombreux blessés, importants dégâts : -*Oct./nov.* dénationalisation partielle téléphone et pétrole. **1982**–*avril* guerre des Malouines (voir à l'Index). -*28-5/2-6* visite du pape. -*9-7* Michael Fagan pénètre dans la chambre où dort la reine, à Buckingham (acquitté 19-7). **1983**-*1-1* panique à Londres près de Big Ben : 3 †, 500 blessés. -*9-6 législatives :* succès conservateur. **1984**-*12-3 à* **1985**-*mars* grève de mineurs [en partie financée par Libye (?) et URSS (*Arthur Scargill* sera accusé en 1990 d'avoir détourné plus de 1 million de £ venant des quêtes de solidarité des mineurs soviétiques)] contre Mme Thatcher. -*12-10* bombe (Ira, Patrick Magel, condamné à vie 1986, libéré juin 1999) à Brighton au Grand Hôtel, où se tient la conférence des conservateurs : 5 †. -*23 au 26-10* Pt Mitterrand en G.-B. **1985** grèves BBC et presse. -*29-1* l'université d'Oxford, par 738 voix contre 319, refuse de titrer Mme Thatcher docteur *honoris causa* « à cause des dommages causés par son gouv. à l'enseignement et à la recherche scientifique ». -*9-9* émeutes à Handworth près de Birmingham : 3 † (-*28-9* à Brixton, -*1-10* à Toxteth, près de Liverpool, -*6-10* à Tottenham : 1 policier †, 220 bl.). -*12/16-9 :* 31 diplomates soviétiques expulsés. -*31-12* G.-B. quitte Unesco. **1986**-*avril* roi d'Esp. en G.-B. ; 320 Libyens expulsés. -*8-5 élect.* locales et partielles : revers des conservateurs. -*Juillet* accord avec URSS sur remboursement dette tsariste. -*Sept.* émeutes à Bristol. -*24-10* rupture relations diplomatiques avec Syrie (après condamnation du terroriste Hindawi). -*27-10* Jeffrey Archer, vice-Pt du Parti conservateur, démissionne (affaire de mœurs). **1987**-*févr.* émeutes à Wolverhampton. -*18-5* dissolution parlementaire. -*Fin mai* Mme Thatcher en URSS. -*11-6 élections :* succès conservateur. -*18-11* incendie dans métro (King's Cross) : 31 †. **1988**-*janv.* grève des infirmières (-*févr./juin* des marins, *sept./oct.* des postiers). -*11-4* réforme de la protection sociale. -*7-6* Communes votent contre rétablissement de la peine de mort (341 contre, 218 pour). -*22-8* pubs autorisés à ouvrir de 11 à 23 h (15 h le dimanche) ; depuis 1915, ils devaient fermer de 15 à 17 h. -*Oct.* la reine en Espagne. -*7/11-11* Pce Charles en Fr. -*21-12 Lockerbie* (Écosse), 1 Boeing de la Pan Am explose en vol (voir à l'Index). **1989**-*7-3* rupture relations diplomatiques avec Iran : affaire *Salman Rushdie* (voir à l'Index). -*10-5* P. travailliste renonce au désarmement unilatéral. -*Juillet* sécheresse : 500 000 Londoniens privés d'eau. -*13-9* York, bombe devant librairie Penguin (éditeur des *Versets sataniques*). 3 autres bombes désamorcées. -*Oct.* réhabilitation des 4 de Guildford après 14 ans de prison. **1990**-*18-1* réforme impôt local (depuis XVIIIe s., payable par maison selon taille et confort) : la *poll tax* (exigible en Écosse depuis avril 1989) applicable à partir du 1-4 en A. et Galles. Payable par les plus de 18 ans (les assujettis passent de 12 000 000 à 35 000 000 de personnes) ; en moyenne, 3 500 F/an/personne. Impopulaire : manif. : 132 blessés dont 58 policiers. -*4-3* Peter Walker, secr. d'État au pays de Galles, démissionne. -*31-3 :* 200 000 manifestants à Londres contre *poll tax.* -*1-4* mutinerie prison de Manchester. -*3-5 élections locales* (5 327 conseillers municipaux) : travaillistes + 300, conservateurs – 200. -*Mai* réhabilitation famille Maguire condamnée 1976 pour avoir fabriqué des explosifs. -*Août* à *mars 1991* participation à la guerre du Golfe (voir à l'Index). -*9-10* la livre dans SME. -*1-11* sir Geoffrey Howe, vice-PM, démissionne. -*22-11* Mme Thatcher démissionne. -*28-11* **John Major** (né 29-3-1943) PM. -*18-12* Communes votent contre le rétablissement de la peine de mort. **1991**-*14-3* libération des « 6 de Birmingham » condamnés à tort (pour attentat le 21-11-1974 : 21 †). -*30-4* PM réunit unionistes, protestants et nationalistes pour parler de l'avenir de l'I. du N. -*2-5* élections de 12 370 conseillers locauxet municipaux (travaillistes 38 %, conservateurs 36 %). -*25-7* la Cour de Luxembourg condamne G.-B. pour protectionnisme en matière de pêche (depuis 1988, il faut être brit. ou résider en G.-B. pour pouvoir pêcher dans les eaux territoriales). -*Août/sept.* émeutes à Oxford (22/27-8), Cardiff (30-8), Birmingham (2-9), Newcastle (10-9) et North Shields. -*28-10/1-11* 1res manœuvres militaires conjointes avec ex-URSS depuis 1945. -*Nov. poll tax* remplacée par impôt local calculé sur la valeur du logement et le nombre d'occupants. -*1/16-12 :* 75 bombes incendiaires. **1992**-*22-1* la G.-B. va rembourser l'or des pays Baltes saisi en 1940 (900 millions de F). -*9/12-6* la reine en France. -*16-7* émeutes à Bristol. -*16-9* la livre quitte le SME. -*25-10* Londres : 100 000 manifestants contre Major. -*10/11-12* sommet européen à Édimbourg. -*16-12* Londres : 2 bombes (Ira). **1993**-*5-1* pétrolier *Braer* (85 000 t de brut) s'échoue sur côte sud des Shetland. -*6-1 :* 4 bombes incendiaires à Londres. -*Mars* livre dévaluée. -*1-4 council tax,* impôt local assis sur la valeur du logement. -*1-6* sondage : 21 % font confiance à Major. -*2-8* le Parlement ratifie *traité de Maastricht.* -*8-12* autorise les commerces à ouvrir le dimanche (grandes surfaces : uniquement 6 h). **1994**-*5-2* James Miller (30 ans, Américain) atterrit à moitié nu en ULM sur le palais de Buckingham. -*21-2* âge légal de l'homosexualité abaissé de 21 à 18 ans voté aux Communes (427 voix contre 162). -*25-2* début des fouilles dans la maison et le jardin de Frederick West (se suicidera en prison le 1-1-1995) à Gloucester, découverte de 13 cadavres. -*5-5 élections locales :* victoire travailliste. -*6-5 tunnel sous la Manche* inauguré. -*26-7* Londres, voiture piégée devant ambassade d'Israël : 15 bl. -*27-7* idem devant bureaux de la communauté juive : 5 bl. -*20-10* la reine en Russie. **1995**-*26-2* faillite banque Barings. -*5-4 élections locales* en Écosse : travaillistes 42,7 % ; -*4-5* en Angleterre : travaillistes 47 %. -*13/14-12* Brixton, émeutes raciales : 12 bl. **1996**-*13-3* Thomas Hamilton pénètre dans un gymnase de Dunblane (Écosse), tue 1 institutrice et 16 enfants, en blesse 15, puis se suicide. -*27-3* embargo sur export. de bœuf (affaire de la « vache folle »). -*11-4 partielles* à Tumworth : succès travailliste (Major n'a plus que 1 voix de majorité aux Communes). -*2-5 locales :* 3 000 conseillers en A. : travaillistes 1 656 sièges (+ 454), libéraux-démocrates 600 (+ 145), conservateurs 503 (– 560). -*14/17-5* visite Pt Chirac. **1997**-*1-5 législatives :* succès travailliste. -*2-5* **Tony Blair** (né 6-5-1953) PM. -*11-7 Londres :* 100 000 manifestants pour la chasse à courre. -*11-9* référendum sur autonomie en Écosse (oui 74,3 %) et pays de Galles (oui 50,3 %). -*11-12* désarmement du yacht royal *Britannia.* **1998**-*1-2* interdiction de possession d'armes à feu à titre privé. -*2-3 Londres :* 250 000 manifestants pour la chasse à courre. -*22-7* la Chambre des lords refuse par 390 voix contre 122 l'abaissement à 16 ans du droit de consentement entre 2 personnes du même sexe [loi votée en 2e lecture par les Communes le 25-1-1999 (313 oui, 130 non)]. **1999**-*17-4* Brixton, attentat : 48 bl. -*24-4* Londres (Brick Lane), attentat : 5 bl. -*1-5* Londres (Soho), bombe dans l'Admiral Duncan (bar gay) : 3 †. -*19-6* 58 Chinois clandestins trouvés étouffés dans un camion hollandais à Douvres. -*26-6* Jill Dando (38 ans, présentatrice TV) assassinée. -*4-8* clôture des festivités du centenaire de la reine mère. -*5-10 Londres, Paddington*, collision ferroviaire : 31 †, 241 bl. -*30-10* rapport sur la vache folle : 82 † enregistrés. **2001**-*21-2* épizootie de fièvre aphteuse ; exportations de viande et dérivés interdites (début avril, 1 062 foyers, environ 1 000 000 moutons abattus). -*28-2* Selby, collision ferroviaire, 13 †. -*7-6* législatives : succès travailliste.

Churchill, sir Winston Leonard Spencer-Churchill (Blenheim 30-11-1874/24-1-1965). Fils de lord Randolph Spencer (1849-95), lui-même fils de John Winston Churchill (1822-83) 7e duc de Marlborough. Mère américaine (Jennie Jerome (1854-1921), fille du propriétaire du *New York Times*). Épouse 12-9-1908 Clementine Hozier (1885-1977) dont 4 filles et 1 fils Randolph (28-5-1911/1968). Sa nièce Clara (née 1920), fille de son frère Jack, épousa Anthony Eden (1897-1977). **1893**-*1-9* (à fin déc. 1896) à Sandhurst (sort 20e sur 130). **1895**-*1-4* sous-Lt de hussards. **1896** en Inde. **1898**-*juillet* en Égypte, puis Soudan. -*Déc.* retour en Inde. **1899**-*avril* rentre à Londres. -*5-5* démissionne de l'armée. **1899**-*14-10*/**1900**-*20-7* correspondant de guerre en Afr. du Sud. -*1-10* député (conservateur) aux Communes [considéré comme roturier, le titre de lord de son père (fils de duc) n'étant pas héréditaire]. **1905**-*12-12* (au 5-4-1908) sous-secrétaire d'État aux Colonies. **1908**-*12-4* Pt du *Board of Trade.* **1910**-*14-2* (au 23-10-1911) min. de l'Intérieur. **1911**-*23-10* (au 25-5-1915) 1er lord de l'Amirauté. **1915** rendu responsable de l'échec des Dardanelles, est forcé de démissionner. -*25-5 au 12-11* chancelier du duché de Lancastre. **1916** colonel d'infanterie sur le front français. **1917**-*17-7* (au 10-1-1919) min. de l'Armement ; **1919**-*10-1* (au 13-2-1921) de la Guerre et de l'Air ; **1921** 13-2/1-4 des Colonies et de l'Air ; -*1-4* (au 23-10-1922) min. des Colonies. **1924**-*6-11* (au 4-6-1929) chancelier de l'Échiquier. **1939**-*3-9* (au 10-5-1940) min. de la Marine. **1940**-*10-5* (au 26-7-1945) PM et min. de la Défense. **1941** signe la Charte de l'Atlantique. **1945** à Yalta, tente de s'opposer à la politique russophile de Roosevelt. -*Juillet* échec des conservateurs aux élections : perd le pouvoir. **1945-64** député conservateur (de Wood Ford). **1951**-*26-10* (au 1-3-1952) PM et min. de la Défense. **1952**-*1-3* (au 5-4-1955) PM. **1953**-*24-4* chevalier de la Jarretière. -*15-10* prix Nobel de littérature. **1964**-*27-7* démissionne pour raisons de santé ; sur la Côte d'Azur, peint. **1965**-*24-1* meurt d'une congestion cérébrale à Londres. Enterré à Bladon (Oxfordshire) le 31-1. **Œuvres :** une trentaine dont *romans : Madame Solario* (1956 ; publié sans nom d'auteur), *Savrola* (1900). *Mémoires.*

Politique

■ **Statut.** *Monarchie constitutionnelle* remontant au IXe s. (la plus ancienne du monde) : Royaume-Uni de Grande-Bretagne et I. du N. *Aucune Constitution* écrite, mais une tradition de lois fondamentales (Grande Charte 1215, lois de 1628, 1700, 1707, 1832, 1911, 1942, 1949). Lors du sacre, le souverain est assis sur un trône en chêne datant du XIVe s. sous lequel est encastré un bloc de grès, la *pierre de sacre* ou *pierre de la destinée* [qui aurait été apportée à *Scone* vers 840 par le roi Kenneth Ier Mac Alpin, pour le couronnement des souverains d'Écosse ; elle servit jusqu'au roi Jean de Baliol (1293-1296) et fut considérée comme la garantie de l'indépendance du pays ; puis le roi Édouard Ier d'A. se l'appropria ; l'A. s'engagea à la restituer en 1328 (traité de Northampton)] ; selon la tradition, elle aurait servi d'oreiller à Jacob lorsqu'il vit en songe les anges monter et descendre du ciel. Enlevée à Noël 1950 par les nationalistes écossais, elle fut récupérée après de laborieuses négociations. Restituée à l'Écosse le 30-11-1996. A Kingston-on-Thames, *pierre de sacre* sur laquelle s'assirent, de 902 à 975, les candidats saxons à la Couronne.

■ **Souverain. Titres.** « Sa Majesté par la grâce de Dieu, roi (reine) du Royaume-Uni de Grande-Bretagne et d'Irlande du Nord et de ses autres royaumes et territoires, chef du Commonwealth, défenseur de la Foi ». De 1340 au 1-1-1801, arbora titres et armes de France.

■ **Pouvoirs.** Depuis la réunion du Parlement de Simon de Montfort en 1265, les pouvoirs du souverain ont été progressivement réduits au profit des Communes. Anne fut en 1807 le dernier monarque à s'opposer à une loi votée par le Parlement. N'a pas le droit de vote. Il ne règne directement que sur Angleterre, pays de Galles, Écosse. En Irlande du Nord, dans les petites îles de l'archipel brit. (Man, îles anglo-normandes), dans les monarchies du Commonwealth et dans les « dépendances », les fonctions royales sont assurées par un gouverneur général (ou un *gouverneur*, Lt-gouverneur, commissaire, administrateur ou résident), nommé sur la recommandation du pays intéressé, qui agit conformément à la pratique constitutionnelle de ces pays, et est indépendants du gouv. brit. Les autres pays du Commonwealth ont chacun leur propre chef d'État. On distingue la personne du souverain et la *Couronne* dont les fonctions sont exercées par le cabinet, responsable devant le Parlement.

Actes gouvernementaux exigeant la participation du souverain : adresse lue au Parlement ; prorogation et dissolution de la Chambre des communes ; octroi de l'assentiment royal aux textes de lois passés par les 2 chambres du Parlement ; nominations à tous les postes importants de l'administration : ministres, juges, officiers, gouverneurs, diplomates et hauts dignitaires de l'Église anglicane ; collation des titres de noblesse, de chevaliers et des autres décorations (la plupart des décorations accordées le sont sur avis du PM ; quelques-unes sont laissées au choix personnel du souverain : ordre de la Jarretière, du Chardon, du Mérite et ordre royal de Victoria). Droit de grâce pour crimes de droit commun. Le souverain choisit le PM (traditionnellement le leader du parti ayant la majorité à la Chambre des communes). Il ne peut renvoyer aucun ministre (le dernier fut Melbourne, renvoyé par Guillaume IV en 1834). Il peut déclarer les guerres, conclure les traités de paix, les accords internationaux, reconnaître les États et régimes étrangers, annexer ou céder des territoires.

■ **Souverains nés hors des îles Britanniques.** *Guillaume le Conquérant* (Falaise, Normandie, 1027). *Guillaume le Roux* (Normandie, vers 1056-60). *Étienne de Blois* (Blois, vers 1096). *Henri II* (Le Mans, 1133). *Richard II* (Bordeaux, 1367). *Édouard IV* (Rouen, 1442). *Guillaume III* (La Haye, 1650). *George Ier* (Osnabrück, 1660). *George II* (Hanovre, 1683).

■ **Age de l'accession au trône. Les plus jeunes :** *Marie*, reine d'Écosse : 6 ou 7 jours en 1542 ; *Henri VI* : 269 jours en 1422 ; *Henri III* : 9 ans 1 mois ; *Édouard VI* : 9 ans 3 mois ; *Richard II* : 10 ans 5 mois ; *Édouard V* : 12 ans 5 mois. **Les plus vieux :** *Guillaume IV* : 64 ans 10 mois en 1830 ; *Édouard VII* : 59 ans ; *George IV* : 57 ans ; *George Ier* : 54 ans ; *Jacques II* : 51 ans.

■ **Souverains ayant vécu le plus longtemps.** *Victoria* : 81 ans 243 jours ; *George III* : 81 ans 239 jours ; *Édouard VIII* : 77 ans ; *George II* : 76 ans ; *Guillaume IV* : 71 ans.

■ **Règnes les plus longs.** *Victoria* : 63 ans 216 jours (1837-1901) ; *George III* : 59 ans 96 jours ; sa femme *Charlotte* (1744-1818) : 57 ans 70 jours (1761-1818) ; *Henri III* : 56 ans 1 mois (1216-72) ; *Édouard III* : 49 ans 9 mois (1327-77) ; *Élisabeth Ire* : 44 ans 4 mois (1558-1603). **Les plus courts.** *Jeanne Grey* : 13 jours (1553-6/19-7, elle accepte l'hommage des lords le 9-7, est proclamée le 10-7 ; est souvent appelée Reine des 9 jours) ; *Édouard V* : 77 jours (1483) ; *Édouard VIII* : 325 jours (1936).

■ **Enfants légitimes.** *Record* : Édouard Ier (1277-1307) 18. *Reine régnante* : Victoria (1819-1901) 9, *consort* Eleanor (1244-90) et Charlotte (1744-1818) 15.

■ **Prétendants possibles au trône d'Angleterre. 1°)** **Albert de Bavière** (né 3-5-1905), héritier des Stuarts (voir p. 1189 a). La succession du souverain aurait pu être : *Jacques III* (16-6-1688/2-1-1766, en exil), fils de Jacques II. *Charles III* [(Charles-Édouard) Rome, 31-12-1720/31-1-1788], son fils, sans postérité légitime. *Henri IX* (5-3-1725/Frascati 13-7-1807), cardinal-duc d'York, son frère, dernier des Stuarts (lègue au Pce de Galles, futur George IV, les diamants de la Couronne emportés par Jacques II en 1688). *Charles-Emmanuel IV* (1751-1819), descendant d'Henriette (sœur de Jacques II, ép. de Philippe, duc d'Orléans), roi de Sardaigne (1796-1802). *Victor-Emmanuel Ier* (1759-1824), roi de Sardaigne (1802-21), son frère. *Marie-Béatrice de Savoie* (1792-1840), sa fille, ép. son oncle François IV (1779-1846), duc de Modène ; archiduc d'Autriche-Este. *François V* (1819-75), son fils, duc de Modène. *Marie-Thérèse d'Autriche-Este* (1849-1919) sa nièce, ép. Louis III (1845-1921), roi de Bavière. *Pce Robert* (Ruprecht), Pce héritier de Bavière (1869-1955). *Albert duc de Bavière*, son fils. **2°)** **Pcesse Alice de Bourbon-Parme** (née 13-11-1917). Si l'on considère que la descendance de Marie-Béatrice de Savoie n'est pas dynastique (car elle avait épousé son oncle), la lignée s'établirait ainsi : *Marie-Thérèse de Savoie* (1824-1879), sœur cadette de Marie-Béatrice, ép. Charles II (Louis II de Bourbon), roi d'Étrurie, duc de Lucques puis de Parme. *1879 Robert Ier*, duc de Parme (1848-1907), son petit-fils, *1907 Henri* (1873-39), son fils, *1939 Joseph* (1875-1950), son frère, *1950 Élie* (1880-1959), son frère, *1959 Robert II* (1909-74), son fils, *1974 Élisabeth* (1904-83), sa sœur, *1983 Françoise* (*Marie*, 1906-96), *1996 Alice* (née 13-11-1917), sa sœur, qui épousa le 16-4-1936 Alphonse, duc de Calabre (1901-64), mère de *Charles*, duc de Calabre (né 16-1-1938). **3°)** **Duc de Buccleuch** (né 28-9-1923, Walter Francis John Montagu Douglas Scott, 9e duc), le plus important propriétaire terrien d'Europe. Descendant de James Scott (né 1649), duc de Monmouth, fils naturel aîné de Charles II et de Lucy Walters exécuté par son oncle Jacques II qu'il avait tenté de renverser. **4°)** **Archiduchesse Robert d'Autriche-Este** (née 1930). Née Pcesse Margherita de Savoie-Aoste, héritière des droits d'Élisabeth, reine de Bohême, fille aînée du roi Jacques Ier. **5°)** **Lady Kinloss** (née 1944). Héritière des droits de Jeanne Grey, par la sœur de celle-ci, Catherine, ép. d'Édouard Seymour, Cte de Hertford, transmission conforme au testament d'Henri VIII. **6°)** **Ctesse de Loudun** (née 1919) si l'on considère illégitimes les enfants nés d'Édouard IV et d'Élisabeth Woodville. Héritière de Marguerite, Ctesse de Salisbury, et des rois Plantagenêts.

■ **Attentats contre la famille royale : 1966** *reine* : Belfast, bloc de béton tombe sur capot de sa voiture. **1974**-*20-3 Pcesse Anne* par Iran Ball (un malade mental armé tente de l'enlever). **1979**-*27-8 lord Mountbatten* (dernier vice-roi des Indes), son petit-fils Timothée 14 ans, et un batelier 15 ans (le *Shadow*, son bateau, explose, bombe télécommandée) : assassinés par Ira. **1981** *reine* : Marcus Sarjeant (17 ans) tire 6 balles à blanc lors du Trooping The Colour pour « devenir l'adolescent le plus célèbre du monde ». **1987** *duchesse d'York* agressée par militant de l'Ira. **1989** *Pcesse de Galles* bousculée par Ted Adcok. **1994**-*21-1 Pce de Galles* : David Kang (Cambodgien de 23 ans), à Sydney, Australie, tire 2 balles sur le Pce et le manque, sera admis dans hôpital psychiatrique.

Sauf quelques rares exceptions, ces actes ainsi que tous les actes impliquant l'exercice de la « prérogative royale » sont accomplis par un gouvernement responsable devant le Parlement et peuvent être remis en question pour certaines de leurs dispositions. La loi n'exige pas que le Parlement donne son autorisation avant que les actes soient accomplis, mais il peut changer cette législation et restreindre ou même abolir le droit de prérogative. Le souverain ne peut plus entrer à la Chambre des communes depuis 1642 (année où Charles Ier y fit irruption avec une escorte armée pour arrêter 5 de ses membres, ce qui déclencha la guerre civile). Cependant, en 1950, George VI et la reine Élisabeth purent visiter la salle des séances, reconstruite.

■ **Succession à la Couronne.** Réglée par l'Acte d'établissement de 1701, applicable à l'Écosse en 1707 et aux pays du Commonwealth en 1931. Sont héritiers, par rang d'âge : les fils du souverain ou, s'il n'a pas de fils, ses filles. Seuls les descendants protestants de la Pcesse Sophie (électrice de Hanovre, petite-fille de Jacques Ier) peuvent accéder au trône. Chaque souverain doit appartenir à l'Église anglicane, s'engager à maintenir la religion anglicane en Angleterre et l'Église presbytérienne en Écosse. L'héritier du trône ne peut se marier sans le consentement du souverain et des 2 chambres du Parlement. Il lui est interdit (loi de 1701) d'épouser une catholique ; comme futur chef de l'Église anglicane, il doit également renoncer à épouser une divorcée. **Ordre de succession au trône :** *1er* Pce de Galles, *2e* Pce William de Galles, son fils, *3e* Pce Harry de Galles, son fils, *4e* duc d'York (Pce Andrew), *5e* Pcesse Béatrice d'York, sa fille, *6e* Pcesse Eugénie d'York, sa sœur, *7e* Cte de Wessex (Pce Édouard), *8e* Pcesse royale Anne, sœur du Pce de Galles, *9e* Master Peter Phillips et *10e* Miss Zara Phillips (enfants de la Pcesse Anne), *11e* Pcesse Margaret (sœur de la reine).

■ **Famille royale.** Depuis 1714, les descendants en ligne mâle du souverain sont appelés Pces et Pcesses de G.-B. et d'Irlande du Nord. Les enfants et leurs fils sont altesses royales ; les arrière-petits-fils du souverain sont altesses. Par acte du 8-2-1960, les enfants de la reine s'appellent « Mountbatten-Windsor ».

Enfants de la reine : Pce Charles (né 14-11-1948), créé 26-7-1958 Pce de Galles [intronisé 1-7-1969 au château de Caernavon (XIIIe s.)] et Cte de Chester, duc de Cornouailles, duc de Rothesay, Cte de Carrick, Bon de Renfrew, lord des Isles et Grand Steward d'Écosse (6-2-1952) ; ép. 29-7-1981 *lady Diana Frances Spencer* [(1-7-1961/1-9-1997), fille d'Édward John 8e Cte Spencer (1924-92) et de Ruth Burke Frances Roche (née 1936 ; divorcée, remariée à Peter Shand Kydd dont elle est séparée]. 1re fois depuis 1659 que le Pce héritier épouse une Anglaise. Séparés 9-12-1992, divorce prononcé 28-8-1996. 2 enfants : *William* (né 21-6-1982), *Harry* (né 15-9-1984) ; le 30-6-1994, Charles avoue à la télévision avoir trompé Diana (nom avancé dans la presse : Camilla Shand épouse Andrew Parker Bowles, née 17-7-1947, qui divorce le 19-1-1995) ; le 20-11-1995, Diana avoue avoir trompé Charles ; des noms des proches de « Lady Di » ont été avancés : James Gilbey, *3-10-1994* James Hewit (major, a publié *Princess in Love*, racontant leurs relations pendant 5 ans), Will Carling (capitaine de rugby), marié, 29 ans en 1995. Diana reçut 120 millions de F, conservait Kensington Palace et la jouissance de ses bijoux, perdait son prédicat d'altesse royale ; morte 1-9-1997 (voir encadré col. c)]. **Pcesse Anne** (née 15-8-1950) Pcesse royale, ép. 1°) 14-11-1973 capitaine Mark Phillips (né 22-9-1948, remarié en janvier 1997 à Sandy Pflueger née 1954), séparés depuis 30-8-1989, divorcés 23-4-1992, 2 enfants : *Peter* (né 15-11-1977), *Zara* (née 15-5-1981) ; 2°) 12-12-1992 capitaine Timothy Laurence (né 1-3-1955). **Pce Andrew** (né 19-2-1960), duc d'York (23-7-1986), Cte d'Inverness, Bon Killy Leagh (1986) ; ép. 23-7-1986 Sarah Ferguson (née 15-10-1959), séparés en mars 1992, divorcés 30-5-1996, 2 enfants : *Béatrice* (née 8-8-1988), *Eugénie* (née 23-3-1990). Sarah épouserait Cte Gaddo della Gherardesca (Italien). **Pce Edward** (né 10-3-1964), comte de Wessex et vicomte Severn (19-6-1999), ép. 19-6-1999 Sophie Rhyes-Jones (née 20-1-1965).

Sœur de la reine : Pcesse Margaret Rose (née 21-8-1930), Ctesse de Snowdon, épouse 6-5-1960 Anthony Charles Armstrong-Jones (né 7-3-1930) [fils de Ronald Owen Armstrong et d'Anne Messel (divorcés 1934)], photographe, titré 1961 Cte de Snowdon et Vte Linley. Divorcés mai 1978. 2 enfants : *David* (né 3-11-1961) Armstrong-Jones Vte Linley, ép. 8-10-1993 Serena Stanhope (née 1-3-1970) dont Charles né 1-7-1999 ; lady *Sarah* (née 1-5-1964) Armstrong-Jones, ép. 14-7-1994 Daniel Chatto (né 1957) dont Samuel (né 28-7-1996), Arthur (né 5-2-1999). Lord Snowdon s'est remarié le 15-12-1978 avec sa secrétaire Lucy Lindsay-Hogg, 1 enfant. Margaret avait eu une liaison (avouée 16-3-1953 ; y renonce 31-10-1955, convaincue par l'archevêque de Cantorbéry et le duc d'Édimbourg) avec le Cel Peter Townsend (écuyer du roi ; divorcé, 2 enfants et qui se remariera ensuite († 31-10-1995).

Oncles et tantes de la reine : Pcesse Mary (25-4-1897/28-3-1965) ép. 28-2-1922 Vte Henry Lascelles, 6e Cte de Harewood (1882-1947), *2 enfants* : George (né 7-2-1923) Cte de Harewood, Gerald (21-8-1924/1998). **Henry, duc de Gloucester**, Cte d'Ulster, Bon Culloden (31-3-1900/10-6-1974) ép. 6-11-1935 lady Alice Montagu-Douglas-Scott (née 25-12-1901). *2 enfants* : Pce *William* (18-12-1941/28-8-1972, accident) et Pce *Richard* (né 26-8-1944), ép. 8-7-1972 Brigitte Van Deurs (née 20-6-1946) [3 enfants : Alexandre (né 24-10-1974), Cte d'Ulster, Davina (née 19-11-1977), Rose (née 1-3-1980)]. **Pce George, duc de Kent,** Cte de Saint-Andrews et Bon Downpatrick (20-12-1902/† 25-8-1942, accident d'avion), ép. 29-11-1934 Pcesse Marina de Grèce et de Danemark (30-11-1906/27-8-1968) fille du Pce Nicolas de Grèce et de Danemark et de la Grande-Dchesse Hélène Wladimirovna de Russie (1882-1957). *3 enfants* : Pce *Edward* duc de Kent, Cte de St-Andrews, Bon Downpatrick (né 9-10-1935) [ép. 8-6-1961 Katharine Worsley (née 22-2-1933), 3 enfants : George Cte de St-Andrews (né 26-6-1962, ép. 9-1-1988 Sylvana Tomaselli, dont Edward Bon Downpatrick né 2-12-1988, Marina née 30-9-1992 et Amelia née 24-8-1995) ; Helen (née 28-4-1964) ép. 18-7-1992 Timothy Taylor (né août 1963) dont Columbus né 6-8-1994 et Cassius né 26-12-1996 ; lord Nicolas Windsor (né 25-7-1970)]. Pcesse *Alexandra* (née 25-12-1936) [ép. 24-4-1963 l'honorable Angus Ogilvy (né 14-9-1928) dont 2 enfants : James (né 29-2-1964, ép. 30-7-1988 Julia Rawlinson, née 28-10-1964 dont Flora née 15-12-1994 et Alexander né 12-11-1996) ; Marina (née 31-7-1966), ép. 2-2-1990 Paul Mowatt, divorcés 1997, dont Zenouska née 26-5-1990 et Christian né 4-6-1993]. Pce *Michel* (né 4-7-1942) [ép. 30-6-1978 Bonne Marie-Christine von Reibnitz (née 15-1-1945) dont lord Frederick né 6-4-1979 et Gabriella née 23-4-1981].

■ **Résidences royales. 1°)** **5 châteaux de la Couronne** entretenus sur le budget public (ministère de l'Environnement) : **Buckingham Palace** (construit 1703 par le duc de Buckingham, reconstruit par Nasch 1821-36, façade refaite en pierre en 1913 par Aston Webb, résidence d'État de la reine à Londres depuis 1837 : 600 pièces, 1 000 fenêtres, 9 km de corridors) ; **Windsor Castle** [à 35 km de Londres, résidence principale depuis 850 ans ; construit par Guillaume le Conquérant (1066-87), agrandi XIVe et XVe s., restauré par George IV (1820-30)], en partie incen-

MORT DE LADY DIANA

■ **Les faits. 31-8-1997** : 15 h 20, lady Di et Dodi Al-Fayed arrivent d'Olbia (Sardaigne) dans un jet privé (*Gulfstream IV*) au Bourget. Halte à Neuilly dans l'ex-villa du duc de Windsor louée par Mohamed Al-Fayed depuis 1986 pour 25 ans. En fin d'après-midi, halte au Ritz, place Vendôme, vers 19 h dans l'appartement de Dodi, rue Arsène-Houssaye. 21 h 57 retour au Ritz. Dîner dans une suite du 1er étage. **1-9 :** 0 h 20, lady Di et Dodi quittent le Ritz dans une Mercedes 280 S [voiture de grande remise, modèle de 1994, sans airbags latéraux, ni ETS (*Electronic Stability Program*), ni freinage d'urgence assisté]. Devant : le chauffeur Henri Paul (41 ans, Français, second responsable de la sécurité du Ritz) et Trevor Rees-Jones (29 ans, Britannique, garde du corps, seul à porter sa ceinture de sécurité). Derrière : à gauche, lady Di et à droite, Dodi. La voiture est suivie par une douzaine de paparazzi en voiture ou à moto. **A 0 h 23** ou **0 h 25**, Henri Paul perd le contrôle du véhicule qui s'écrase contre le 13e pilier du tunnel du pont de l'Alma à 118 km/h minimum [vitesse limite à cet endroit : 50 km/h]. Sont tués sur le coup : Henri Paul [on relèvera dans son sang un taux d'imprégnation alcoolique de 1,75 g (la limite légale étant de 0,5 g) et des traces de médicaments antidépresseurs] et Dodi. Trevor Rees-Jones est grièvement blessé à la figure. Lady Di a subi un « choc hémorragique gravissime d'origine thoracique ». 2 équipes médicales (Samu et sapeurs-pompiers) prodiguent sur place des soins avant son transport à la Pitié-Salpêtrière. Malgré 2 h de massage cardiaque elle ne peut être réanimée, décès constaté à 4 h du matin.

Dodi est inhumé le 1-9 dans le Surrey (Angleterre). Lady Di, après une cérémonie à l'abbaye de Westminster, est inhumée le 6-9 dans une île du parc de la propriété de sa famille à Althorp (Great Brington, Northamptshire). Henri Paul est inhumé fin septembre à Lorient.

7 paparazzi sont mis en garde à vue, puis mis en examen pour homicide involontaire et non-assistance à personne en danger (le 3-9-1999, ordonnance de non-lieu pour 9 photographes et un motard de presse) ; 31-10-2000, non-lieu confirmé par la cour d'appel. Le 21-5-2001 mise en examen pour atteinte à l'intimité de la vie privée). Des photos de l'accident auraient, dès les premières heures qui ont suivi, été proposées pour 1 million de dollars au journal National Enquirer.

■ **Héritage de lady Di.** Son testament, daté du 1-6-1993, est publié le 2-3-1998. Son patrimoine est de 21,4 millions de £ (net hors droits de succession 12,9).

■ **Fondation Diana.** 410 MF dont ventes du CD d'Elton John, *Candle in the wind* 230, dons de particuliers et entreprises 130, ventes aux enchères d'objets ayant appartenu à Diana 50 (Sotheby's, mars 1998).

■ **Famille Al-Fayed. Mohamed Al-Fayed** (69 ans) originaire d'Alexandrie en Égypte ; a épousé 1°) Samira, sœur d'Adnan Kashogi, d'où Emad dit Dodi [né 1956 à Alexandrie (Égypte). A 25 ans, il a fondé une maison de production de cinéma (*Allied Stars* qui a produit *Les Chariots de feu*, oscar du meilleur film en 1981). Il avait épousé en janv. 1987 Suzanne Gregard, mannequin américain (séparés 10 mois plus tard, divorce en 1997)] divorce en 1958 ; 2°) Heini (Finlandaise) d'où 4 enfants dont un sourd-muet. *Fortune* : 14e de Grande-Bretagne (10 milliards de F), selon le *Sunday Times*. Il possède le magasin Harrods à Londres, acheté 7,6 milliards de F en 1984-85 ; 2 immeubles sur Park Lane à Londres ; l'hôtel Ritz à Paris, acheté en 1979 (valeur 1997 : plus de 1 milliard de F) ; un château en Écosse, Balnagown Castle (12 155 ha) ; un manoir dans le Surrey, Barrowgreen Court, une villa à St-Tropez ; un yacht.

☞ Al Fayed a évoqué un complot visant son fils et Diana.

dié (projecteur enflamme rideau) 20-11-1992, restauré fin 1997 (coût 70 millions de £) ; **Holyrood House** à Édimbourg (résidence officielle de la reine, souveraine d'Écosse, construite XVIIe s. sur l'emplacement d'une abbaye) ; **St James's Palace** à Londres [construit 1552 par Henri VIII, résidence officielle de 1698 à 1837, d'où l'expression de « Cour de St James », en vigueur dans les milieux diplomatiques ; *Clarence House* (où habite la reine mère) en est une partie] ; **Kensington Palace** à Londres (résidence de la P^{cesse} Margaret). **2°) 2 châteaux personnels de la reine** entretenus sur son budget personnel : **Balmoral**, Écosse (acheté 1852, construit 1855 par le P^{ce} Albert, époux de la reine Victoria ; 20 000 ha), et **Sandringham** (acheté 1863 par le futur Édouard VII et reconstruit 1871 ; 8 000 ha).

■ **Gouvernement.** Appelé « gouvernement de Sa Majesté », car il gouverne le pays au nom de la reine (les actes gouvernementaux importants exigent toujours la participation de la reine). **Origine du cabinet :** de 1714 à 1830, 4 rois hanovriens se succèdent, les 2 premiers parlent mal l'anglais et ne peuvent suivre les débats des ministres. George III est aveugle et devient fou, George IV est ivrogne et paresseux. Les ministres se détachent du roi et siègent sans lui dans une petite pièce, « le cabinet », qui est l'origine de son nom. Les ministres sont ensuite reçus par le roi, mais bientôt un seul l'approche. Le cabinet travaille en dehors du monarque. La pratique devient coutume et, en 1837 quand Victoria devient reine, le cabinet refuse qu'elle participe aux délibérations. **Responsabilité :** à l'origine, la responsabilité du gouvernement s'est traduite par d'éventuelles poursuites (le poursuivant était la Chambre des communes et le juge la Chambre des lords). Cette procédure d'*impeachment* permettait aux Communes de se débarrasser d'un cabinet avec lequel elles étaient en conflit, mais elle était lourde et les conséquences graves car, à partir de l'Acte d'établissement, il fut interdit au roi de gracier l'individu condamné à la suite d'une procédure d'*impeachment*. Alors apparut la responsabilité politique. Celui que menaçait la procédure d'*impeachment* pouvait l'esquiver en démissionnant [cas de lord Walpole (1742) et lord North (1782)]. La pratique devint coutume (dernière tentative d'accusation, visant lord Melville, 1804).

■ **Fortune de la reine.** **Constituée** depuis Victoria (qui, à son avènement, devait faire face à 50 000 £ de dettes laissées par son père). **Montant** (selon le *Guardian* du 12-6-2000, en millions de £). *Patrimoine à titre personnel :* 4 450 dont duché de Lancaster (terres agricoles) 200, portefeuille d'investissements 100, collection de peintures, meubles, porcelaines et antiquités 4 000, bijoux 70, parc immobilier 80. *Chiffre d'affaires annuel à titre personnel :* 35 dont liste civile (voir plus bas), aide publique à l'entretien des 5 palais officiels 15, duché de Lancastre (réuni à la Couronne en 1413, environ 20 000 ha, 3 000 000 de £ par an) 5,9, collection royale 1, investissements financiers 5,5, etc. *Nombre d'employés :* 1 300. *Revenus du Crown Estates* (terres agricoles, forêts, immobilier résidentiel à Mondres, magasins de Regent Street, etc.) 173,6 dont 125,8 rétrocédés au trésor. La Couronne possède toutes les épaves, les 3 plus gros diamants du monde [2 étoiles d'Afrique (530 et 310 carats) et Koh-I-Noor (108)], une importante collection d'œuvres d'art dont les 2/3 des dessins de Léonard de Vinci (800 environ), tous les *cygnes* du pays (autrefois gibier royal) sauf, par privilège accordé 1473, certains cygnes de la Tamise qui peuvent appartenir aux corporations des teinturiers et des marchands de vin (les ailes des jeunes cygnes royaux de la Tamise sont rognées au cours d'une cérémonie annuelle). Les *poissons du roi* – esturgeon, dauphin, marsouin et baleine – doivent être offerts en cadeau au souverain s'ils sont pêchés dans les eaux territoriales (pour la baleine, le roi a droit à la tête, la reine à la partie postérieure ; le cas ne s'est jamais produit sous le règne d'Élisabeth II). Les esturgeons pêchés en amont du London Bridge appartiendraient au lord-maire.

Nota. – Depuis le 6-4-1993, la reine paie des impôts sur ses revenus personnels et prend en charge les dépenses de la famille royale (sauf celles de sa mère et de son mari). Elle paiera aussi l'impôt sur l'héritage à l'exception du legs au prochain souverain.

■ **Liste civile.** **Créée** en 1689 par Guillaume d'Orange : 70 000 £. Fixée depuis 1937 à 410 000 £ (mais une loi de 1952 a permis d'indexer ce montant, et mis au compte du budget de nombreuses dépenses de fonctionnement). Depuis 1760, les revenus fonciers de la Couronne étaient collectés en Angleterre et au pays de Galles sur les comptes publics, lorsque George III y renonça et reçut un traitement annuel fixe en liste civile. Jusqu'en 1972, le montant alloué par année était établi pour un règne. Le système fut alors transformé en un traitement annuel fixe pour 10 ans, mais, depuis 1975, l'inflation élevée rendit nécessaire une révision annuelle. On revint toutefois à la pratique précédente le 1-1-1991. **Montant** (en milliers de £, période 1991-2000) : *reine* 7 900, *reine mère* 643, *P^{ce} Philippe (duc d'Édimbourg)* 359, *duc d'York* 249, *P^{cesse} royale (Anne)* 228[1], *P^{cesse} Margaret* 219[1], *P^{ce} Edward* 141[1], *P^{cesse} Alice D^{chesse} de Gloucester* 87[1], *duc de Gloucester* 175[1], *duc de Kent* 236[1], *P^{cesse} Alexandra* 225[1] ; restitution au Trésor 1 560 (total des 1). Total : 8 902. *Le P^{ce} Charles,* héritier du trône, ne reçoit pas d'indemnité mais dispose, en tant que duc de Cornouailles (duché fondé 1337 par Édouard III en faveur de son fils le P^{ce} Noir), des revenus (nets d'impôts) de 52 000 ha situés dans le sud-est de l'Angleterre (dont 35 000 à Dartmoor) et 18 ha à Londres (2 millions de £, mais il fait un don d'environ 50 % au Trésor) ; il aurait aussi un capital boursier d'environ 40 millions de £. **La famille royale coûte** environ 35 centimes par an et par habitant.

Élections à la Chambre des communes (sièges et % des voix)

Élections	Sièges	Conservateurs	Libéraux	Travaillistes	Autres
1931 (27-10)	615	521 (60,5)	37 (7)	52 (30,6)	5 (1,7)
1935 (14-11)	615	432 (53,7)	20 (6,4)	154 (37,9)	9 (2)
1945 (5-7)	640	213 (39,8)	2 (9)	393 (47,8)	22 (2,8)
1950 (23-2)	625	298 (43,5) [1]	9 (9,1)	315 (46,4)	3 (1,3)
1951 (25-10)	625	321 (48) [2]	6 (2,5)	295 (48,7)	3 (0,7)
1955 (25-5)	630	344 (49,8) [2]	6 (2,7)	277 (46,3)	3 (1,2)
1959 (8-10)	630	365 (49,4) [2]	6 (5,9)	258 (43,8)	1 (0,9)
1964 (15-10)	630	303 (43,4) [2]	9 (11,1)	317 (44,2)	1 (1,3)
1966 (31-3)	630	253 (41,9) [2]	12 (8,5)	363 (47,9)	2 (1,7)
1970 (18-6)	630	330 (46,4) [3]	6 (7,5)	287 (43)	7 (3,1)
1974 (28-2)	635	296 (38,2)	14 (19,3)	301 (37,2)	24 (5,3)
1974 (10-10)	635	276 (35,8)	13 (18,2)	319 (39,9)	27 (6,6)
1979 (3-5)	635	339 (43,9)	11 (13,8)	268 (36,9)	17 (5,4)
1983 (9-6)	635	397 (42,4)	17 (24,6)	209 (27,6)	27 (4,6)
1987 (11-6)	650	375 (42,3)	17 (22,6)	229 (30,8)	29 (4,1)
1992 (9-4)	651	336 (41,9)	20 (17,8)	271 (34,4)	24 (5,9)
1997 (1-5)	659	165 (30,6)	46 (16,71)	419 (43,17)	29 (9,52)[4]
2001 (7-6)		166	52	413	13[1]

Nota. – (1) Y compris libéraux nationalistes. (2) Y compris associés. (3) Y compris 8 unionistes d'Ulster. (4) Parti national écossais 5 sièges, Plaid Cymru (gallois) 4, P. unioniste d'Ulster (protestant nord-irlandais, modéré) 6, P. démocratique unioniste (extrémistes protestants 5, P. travailliste social démocrate (catholiques nord-irlandais modérés) 3, Sinn Fein (catholiques nationalistes nord-irlandais) 4, indépendant 1.

■ **Premier ministre.** Titre officiel depuis 1878 (avant, Premier lord du Trésor). La reine doit choisir comme PM le chef de la majorité à la Chambre des communes (lord Salisbury fut le dernier PM pris parmi les pairs en 1902). **Résidence du PM :** *10 Downing Street* (donné à sir Robert Walpole en 1735 par George II) [sir George Downing, soldat et diplomate, fut membre du Parlement de Morfeth 1660-89 ; *au 11 :* résidence du chancelier de l'Échiquier (mais Blair s'y est installé, le 10 étant trop petit, car il a 3 enfants et un 4e en 2000) ; *au 12 :* bureau des Whips ; *Chequers :* maison de campagne Tudor (Buckinghamshire, 50 km de Londres) léguée 1921 par lord Lee of Fareham pour offrir au PM un moyen de délassement].

1721 (avril) *sir Robert Walpole* (1676-1745) [6] 1er lord de la Trésorerie et chancelier de l'Échiquier. **42** (févr.) *Spencer Compton, Cte de Wilmington* (1673-1743) [6]. **43** (août) *Henry Pelham* (1696-1754) [6]. **54** (mars) *Thomas Pelham* [6] *duc de Newcastle* (1693-1768), frère du précédent. **56** (nov.) *William Cavendish duc de Devonshire* (1720-64) [6]. **57** (juin) *duc de Waldegrave ;* (juillet) *duc de Newcastle* (1693-1768) [6]. **62** (mai) *John Stuart Cte de Bute* (1713-92) [5]. **63** (avril) *George Grenville* (1712-70) [6]. **65** (juillet) *Charles Wentworth Mis de Rockingham* (1730-82) [6]. **66** (juillet) *William Pitt l'Aîné Cte de Chatham* (1708-78) [6]. **68** (oct.) *Augustus Fitzroy duc de Grafton* (1735-1811) [6]. **70** (janv.) *lord Frederick North* (1732-92) [5]. **82** (27-3) *Mis de Rockingham* [6] ; (4-7) *William Petty-Fitzmaurice Cte de Shelburne* (1737-1805) [6]. **83** (2-4) *William Cavendish duc de Portland* (1738-1809) ; (19-12) *William Pitt le Jeune* (1759-1806, le plus jeune PM) [5].

1801 (17-3) *Henry Addington Vte Sidmouth* (1757-1844) [5]. **04** (10-5) *William Pitt le Jeune* [5]. **06** (11-2) *lord William Grenville* (1759-1834) [6]. **07** (31-3) *duc de Portland* (1738-1809) [5]. **09** (4-10) *Spencer Perceval* (1762-1812) [5]. **12** (8-6) *Robert Jenkinson Cte de Liverpool* (1770-1828) [5]. **27** (10-4) *George Canning* (1770-1827) [5] ; (31-8) *Frederick Robinson Vte Goderich* (1782-1859) [5]. **28** (22-1) *Arthur Wellesley duc de Wellington* (1769-1852) [5]. **30** (22-11) *lord Charles Grey* (1764-1845) [6]. **34** (16-7) *William Lamb Vte Melbourne* (1779-1848) [6] ; (17-11) *duc de Wellington ;* (10-12) *sir Robert Peel* (1788-1850) [5]. **35** (18-4) *Vte Melbourne* [6]. **41** (30-6) *sir Robert Peel* [5]. **46** (30-8) *lord John Russell* (1792-1878) [6]. **52** (22-2) *Edward Stanley Cte de Derby* (1799-1869) [5] ; (19-12) *George Hamilton-Gordon Cte d'Aberdeen* (1784-1860) Peelite. **55** (6-2) *Henry Temple Vte Palmerston* (1784-1865) [3]. **58** (20-2) *Edouard Stanley Cte de Derby* [2]. **59** (12-6) *Cte Palmerston* [3]. **65** (29-10) *Cte Russell,* auparavant lord John Russell [3]. **66** (28-6) *Cte de Derby* [2]. **68** (27-2) *Benjamin Disraeli* (1804-81) [2] ; (3-12) *William Ewart Gladstone* (1809-98) [3]. **74** (20-2) *Benjamin Disraeli* [2], devint *Cte de Beaconsfield* en 1876. **80** (23-4) *W. E. Gladstone* [3]. **85** (juin) *Robert Cecil Mis de Salisbury* (1830-1903) [2]. **86** (1-2) *W.E. Gladstone* [3] ; (25-7) *Mis de Salisbury* [2]. **92** (15-8) *W. E. Gladstone* [3]. **94** (5-3) *Cte de Rosebery* (1847-1929) [3]. **95** (25-6) *Mis de Salisbury* [2].

1902 (12-7) *Arthur James Balfour* (1848-1930, Cte en 1922) [2]. **05** (5-12) *sir Henry Campbell-Bannerman* (1836-1908) [3]. **08** (5-4) *Herbert Henry Asquith* (1852-1928) [3] puis **15** (25-5) [1]. **16** (7-12) *David Lloyd George* (1863-1945) [1]. **22** (23-10) *Andrew Bonar Law* (1858-1923) [2]. **23** (23-5) *Stanley Baldwin* (1867-1947, *Cte Baldwin de Bewdley*) [2]. **24** (22-1) *James Ramsay MacDonald* (1866-† en mer 1937) [7]. (4-11) *Stanley Baldwin* [2]. **29** (5-6) *J.R. MacDonald* [2] puis **31** (23-8)[4]. **35** (7-6) *Stanley Baldwin* [4]. **37** (28-5) *Neville Chamberlain* (1869/9-11-1940) [4]. **40** (10-5) *sir Winston Churchill* (1874-1965) [4] puis **45** (23-3) [2] ; (26-7) *Clement Attlee* (1883-1967, *Cte* en 1955) [7]. **51** (26-10) *sir Winston Churchill* [2]. **55** (avril) *sir Anthony Eden* (1897-1977, *Cte d'Avon* en 1961). **57** (10-1) *Harold Macmillan* (10-2-1894/29-12-1986) [2], démissionne 11-10-1963 (1984 : créé *Cte de Stockton*). **63** (18-10) *sir Alexander Douglas-Home* (2-7-1903-95) [2]. **64** (16-10) *Harold Wilson* (1916-95) [7]. **70** (19-6) *Edward Heath* (9-7-1916) [2]. **74** (4-3) *Harold Wilson* [7], démissionne 15-3-1976, sera fait pair à vie et Bon Wilson of Rilvaulx. **76** (5-4) *James Callaghan* (27-3-1912) [7]. **79** (4-5) *Margaret Thatcher*. **90** (28-11) *John Major* (29-3-1943) [2]. **97** (2-5) *Anthony* dit *Tony Blair* (6-5-1953)[7].

Nota. – (1) Coalition. (2) Conservateur. (3) Libéral. (4) National Government. (5) Tory. (6) Whig. (7) Labour.

Premiers ministres qui furent le plus longtemps en fonction : *sir Robert Walpole* 20 ans 10 mois ; *William Pitt le Jeune* 18 ans 11 mois (en 2 fois), 17 ans 45 j (en 1 fois) ; *Cte de Liverpool* 14 ans 8 mois ; *Mis de Salisbury* 13 ans 9 mois (2 fois) ; *William Gladstone* 12 ans 4 mois (4 fois) ; *lord North* 12 ans 2 mois ; *Margaret Thatcher* 11 ans 7 mois (1 fois) ; *Vte Palmerston* 9 ans 5 mois (2 fois) ; *Herbert Asquith* 8 ans 8 mois (1 fois) ; *Winston Churchill* 8 ans 8 mois (2 fois) ; *Harold Wilson* 7 ans 9 mois (2 fois). **Le moins longtemps :** *Douglas-Home* 1 an (1 fois) ; *Bonar Law* 1 an 7 mois (1 fois) ; *Eden* 1 an 9 mois (1 fois). **Le plus court ministère :** 22 j : *duc de Wellington* (17-11/9-12-1834). **Les plus jeunes PM :** *William Pitt* (1759-1806) PM le 12-12-1783 à 24 ans et 205 j, *duc de Grafton* (1735-1811) en 1768 à 33 ans. Au XXe siècle, *John Major* à 47 ans et 244 j le 28-11-1990 et *Tony Blair* à 44 ans moins 4 j le 2-5-1997. **Le plus vieux :** *Vte Palmerston* (1784-1865) le 6-2-1855 à 70 ans et 109 j. **Les plus âgés à se retirer :** *Gladstone* 84 ans et 64 j (1894), *Palmerston* 80 (1865), *Churchill* (1955), *Wilmengton* 71/80 (1743), *Disraeli* 75 (1880).

■ **Parlement (House of Parliament).** Le mot apparut en 1236. **Chambre des lords (House of Lords). Présidée** par le lord chancelier. Les pairs siégaient à la *Chambre des lords* à titre héréditaire (sauf pairs barons et baronnes créés à vie depuis 1958). Élisabeth II a créé chaque année une dizaine ou plus de nouveaux pairs. Elle n'a pas créé de pairs héréditaires de 1965 à 1982 mais en a créé 2 (vicomtes) en 1983 et 1 en 1984 (Cte de Stockton : l'ancien PM Macmillan, † 1986). En 1969, pour la 1re fois, un Noir (sir Learie Constantine) avait été nommé pair à vie, en 1999, un sikh (lord King of West Bromwich). En 1963 [après une campagne menée par Tony Benn (né 3-4-1925) qui, forcé de quitter son siège des Communes pour succéder à son père († 1960), voulait revenir aux Communes] il avait été admis qu'un lord puisse quitter la Chambre des lords et se fasse élire aux Communes en renonçant à la pairie (1963 : *Peerage Act*). Leur titre passe à leur successeur immédiat, lequel pourra, à leur mort, siéger à la Chambre des lords. Celui qui renonçait ne pouvait pas recevoir une nouvelle pairie héréditaire ; ainsi l'ancien PM sir Alexander Douglas-Home renonça en 1963 au titre de Cte de Home et fut nommé en 1979 pair à vie comme lord Home of the Hirsel (the Hirsel : son château familial) et son fils aîné ne deviendra Earl of Home qu'à la mort de son père. Les *pairs d'Irlande* n'ont pas le droit de siéger à la Chambre des lords (de 1800 à 1921, ils pouvaient élire 28 représentants). Les *pairs d'Écosse* ne purent siéger de 1707 à 1963, mais le purent depuis. 28 « *Law Lords* », barons à vie nommés *Lords of Appeal in Ordinary* depuis 1876, exercent la plupart des pouvoirs de la Chambre en tant que cour d'appel. **Sessions :** les lords sont convoqués par une ordonnance. Ils siègent environ 140 jours par an. En moyenne, 270 membres présents les jours de grands débats. **Pouvoirs :** ils examinent, amendent si nécessaire, les projets de lois renvoyés à la Ch. des communes et ne peuvent que retarder l'entrée en vigueur des mesures gouvernementales. *Droit de veto :* rendu temporaire en 1911 et limité en 1949 à 2 sessions successives, avec une durée d'un an. Depuis 1911, les lords n'ont plus de pouvoir sur les projets de lois à caractère financier. **Salaire :** aucun, mais indemnités par j de séance (logement et déplacement 103,5 £), secrétariat et divers 31 au max. **Salle :** 24,40 m de longueur, 13,50 m de largeur, 13,50 m de hauteur. Commencée 1840, terminée 1860, utilisée pour la 1re fois en 1847 [construite sur le site du palais de Westminster par Édouard le Confesseur, incendiée 1834 (le Westminster Hall, construit 1097-99 par William Rufus, fut sauvé)]. Plans de sir Charles Barry et Augustus Welby Pugin. De 1941 à 51, utilisée par la Ch. des communes, dont les bâtiments avaient été détruits, les lords se réunissant dans l'antichambre de la reine. *Trône* dessiné par Pugin, dais représentant le Drap d'État ; devant, sac de laine contenant des échantillons venant d'Angleterre, pays de Galles, Écosse, Irlande et pays du Commonwealth, sur lequel siège le grand chancelier, qui est aussi ministre et chef du pouvoir judiciaire. 2 autres sacs de laine et la Table de la Chambre se trouvent devant le sac. On appelle *côté spirituel* la partie réservée au parti au pouvoir et *côté temporel* celle de l'opposition. *Places* : 200 (confortables) à 400 (en étant serrés).

☞ Le 3-2-1999 les Communes ont adopté le *House of lords Act* par 381 voix pour et 135 contre (entrée en vigueur le 11-11-1999).

Composition au 1-11-1999 (avant la réforme)/au 1-11-2000 (Chambre intérimaire) : archevêques (2 : Cantorbéry et York) et évêques (Lords Spiritual ; ils ne sont pas pairs) 26/26 ; pairs héréditaires 758 (dont 17 femmes)/92 (4 f.) dont 19 travaillistes ; à vie 542 (dont 101 femmes)/578 (107 f.). *Total* 1326/696 ; par rang : prince de sang royal 1/0, archevêques 2/2, ducs 28/2 (de Montrose, pairie d'Écosse 1 707, et de Norfolk, *ex officio*), marquis 34/1 (de Cholmondeley, ex officio), comtes 174/28, vicomtes 101/17, évêques 24/24, barons et lords écossais 961 (dont 113 f.)/622 (110 f.). *Composition (en %) par partis* : conservateurs 40/34 ; travaillistes 16/29 ; libéraux-démocrates 6/9. Choix des pairs héréditaires restant en 2000 : le 5-11-1999 208 pairs héréditaires acceptèrent de voter pour choisir 75 pairs au prorata des effectifs des groupes (42 conservateurs, 2 travaillistes, etc.). Le 30-10, 15 noms de dirigeants déjà *deputy speakers* (vice-présidents) avaient été recommandés aux 631 votants au prorata (9 Tories, 2 Labour...). 2 titulaires héréditaires de postes honorifiques : *Earl Marshall* (duc de Norfolk, fonction héréditaire dans sa famille depuis 1672, Pt du collège of Arms, organisateur des couronnements) et *Lord Great Chamberlain* (rôle protocolaire lors des funérailles royales ou des couronnements ; introduction des pairs dans la Chambre des lords ; fonction héréditaire partagée depuis 1871 entre B[onne] Willoughby de Eresby et Mis de Cholmondeley, descendants 2 sœurs co-héritières du dernier duc d'Ancaster, 19e Bon Willoughby de Eresby, leur frère. Le 2-11-2000 gouvernement transforme 10 pairs à vie en pairs héréditaires (siégeant comme Life Barons) dont 4 de 1re création créés pour leur mérite (dont 3 anciens ministres et le Cte de Snowdon et 6 anciens leaders (Pts de groupe, de 67 à 81 ans) dont 1 travailliste. **Projet** : Chambre de 500 à 550 membres, la plupart nommés pour 15 ans par une commission ad hoc qui veillerait à maintenir un équilibre politique (pas de parti majoritaire et 20 % au moins de sans-parti) 16 évêques (au lieu de 26) 16 Law Lords, 12 représentants des handicapés et 30 des minorités ethniques, 100 pairs élus et 2/3 de pairs nommés, l'égalité des sexes devant être respectée pour l'ensemble. Les pairs héréditaires évincés conservent les autres titres, droits, fonctions, privilèges attachés à leur pairie qui ne sont pas en rapport avec leur siège à la Chambre des lords. Ils gardent leur rang dans l'ordre de préséance. Seront éligibles à la chambre des Communes et pourront s'ils le méritent, être nommés pairs à vie. Membres élus : 3 options (proposée par travaillistes, conservateurs et libéraux) : (65, 87 ou 195) élus pour 12 ans à la proportionnelle par région. *Pouvoirs* analogues à ceux des Lords actuels pour celui d'amendement et renforcés quant au pouvoir de retarder des lois non essentielles.

Chambre des communes (House of Commons). **Membres** (au 26-7-1999) : 659 (dont 121 femmes) élus au suffrage majoritaire uninominal à un tour pour 5 ans [dont en 1992 : Angleterre 524, Écosse 72 (sa population devrait ne lui donner droit qu'à 57 membres), Galles et Monmouthshire 38 (leur population devrait ne leur donner droit qu'à 31 membres), Irlande du Nord 17]. **Salaire** (juin 1999) : 47 038 £ par an plus allocation de secrétariat 50 264, allocation de nuit 12 984, de voyage 8 885 (en juin 1995). **Siège** : environ 175 j par an (5 j par semaine). **Speaker** (apparu 1377) : membre de la Chambre proposé par le gouvernement après consultation de l'opposition. Élu au début de chaque nouveau Parlement pour présider la Chambre et faire respecter les règlements. Après son élection, il doit se montrer impartial. **Dissolution** fréquente avant la fin du mandat. **Big Ben** [du nom de sir Benjamin Hall (responsable des travaux), ou du boxeur poids lourd Benjamin Caunt] : *1858* dans la tour de l'horloge des Communes (hauteur 98 m). Cloche de 13,5 t en place 31-5-1859 (la précédente, fondue 1856, fendue, pesait 16 t, diamètre de l'horloge 7 m) ; carillon diffusé sur la BBC depuis 1923.

■ **Lois.** La plupart sont applicables à la G.-B. ou à tout le Royaume-Uni. Dans certains cas, on vote, pour Angleterre et pays de Galles d'une part, et d'autre part, pour l'Écosse des lois séparées tenant compte de la différence des institutions, coutumes et conditions. L'Irlande du Nord a son propre gouvernement et son Parlement qui légifèrent sur les affaires intérieures.

■ **Nombre d'électeurs** (en millions) : *1831* : 0,435 ; *1832* (après le Reform Bill) : 0,652 ; *1866* : 1 ; *1869* : 2 ; *1883* : 2,6 ; *1885* : 4 ; *1918* (suffrage universel) : 21 ; *1928* (l'âge devient le même pour les femmes) : 29 ; *1992* : 43,7 ; *1997* : 44,2.

■ **Partis. P. conservateur** héritier des *Tories* (*Tory* = maquisard catholique d'Irlande) du XVIIe s., représentant alors les petits propriétaires fonciers, devient en 1830 le Parti conservateur. Membres : 500 000. *Leaders* : *1940* Winston Churchill (1874-1965), *1955* Anthony Eden (1897-1977), *1957* Harold Mac Millan (1894-1986), *1963* Alec Douglas Home (1903-1995), *1965* Edward Heath (9-6-1916), *1975* Margaret Thatcher (13-10-1925), *1990* John Major (29-3-1943), *19-6-1997* William Hague (né 26-3-1961). **P. travailliste** *(Labour Party)*, origine : *1884* création de la Fabian Society (du nom du romain *Fabius*

Élections du 1-5-1997

	Conservateurs		Travaillistes		Libéraux Démocrates		Nationalistes	
	%	Sièges	%	Sièges	%	Sièges	%	Sièges
Écosse	17,5	0	45,6	56	13	10	22,1	6
Pays de Galles	19,6	0	54,7	34	12,4	2	9,9	4
Angleterre	33,7	165	43,5	329	17,9	34	—	

Cunctator) voulant démocratiquement introduire le socialisme. *1900* Labour Representation Committee, *1906* Labour Party, *1909* statuts soutenus par Trade Unions [3 726 000 m. affiliés aux Trade Unions, 370 000 m. individuels]. **1922** parti d'opposition officiel. **1924** 1er gouvernement (minoritaire). **1945** 1er gouvernement majoritaire. *Leaders* : 1945 Clement Attlee (1883-1967), *1959* (déc.) Hugh Gaitskell (1906-63), *1963* (févr.) Harold Wilson (1916-95), *1976 (mars)* James Callaghan (né 27-3-1912), *1980 (nov.)* Michael Foot (né 23-7-1913), *1983 (2-10)* Neil Kinnock (28-3-1942), démission 13-4-1992 (départ effectif juin), *1992 (18-7)* John Smith (1938/12-5-1994), *1994 (21-7)* Tony Blair (né 6-5-1953). 400 000 m. en 1999. **P. de la gauche démocratique,** depuis 1991 (avant : *P. communiste* : fondé 1920) ; *secr. gén.* : Nina Temple, 1 000 m (en 1998). **P. communiste de G.-B.** fondé 1920, rétabli en 1988 ; leader : Robert Griffiths. **P. des démocrates libéraux (LD)** fondé 3-3-1988, 110 000 m., *leader* : Paddy Ashdown (né 27-2-1941) depuis 1988. *Leader à la Chambre des lords* : lord Roy Jenkins of Hillhead (né 11-11-1920) ; *Pt* : Robert McLennan (né 26-6-1926) ; 100 500 m. ; regroupe le **P. social-démocrate (SDP)** fondé 26-3-1981, par 19 membres des Communes dont Roy Jenkins, David Owen et Shirley Williams, et 59 pairs, issus du P. travailliste ; *Pt* : Ian Wrigglesworth ; 6 000 membres (se saborde le 3-6-1990) et le **P. libéral** [à l'origine, parti *Whig* (*whiggamore* = maquisard presbytérien d'Écosse)] fondé 1877 par William Gladstone (1809-98), représente le monde des affaires et défend le libre-échange. À sa gauche, les partisans de réformes deviendront les libéraux (à partir de 1815). En 1931, il se divisa en *samuelistes* [sir Herbert Samuel (1870-1963)], continuant la tradition libérale, et *simonistes* [sir John Simon (1873-1954)], abandonnant le libre-échangisme puis rejoignant les conservateurs. *Leaders* : *1945* : Clement Davies (1884-1962) ; *1956* : Jo Grimond (né 29-7-1913) ; *1967* : Jeremy Thorpe (né 29-4-1929) ; *1976* : David Steel (né 31-3-1938) ; *1988* : Paddy Ashdown (né 27-2-1941) ; *1999* : Charles Kennedy (né 25-11-1959). Obtint 16,8 % des voix en 1997 soit 46 sièges à la Ch. des communes, 57 m. à la Ch. des lords. **P. Vert** fondé 1973. *1987* : 1,4 % (5,9 % aux élect. locales) ; *1989* : européennes 14,99 % ; *leader* : Jenny Jones, environ 4 600 m. **British Nat. Party** fondé 1982, extrême droite, *leader* : John Tyndall.

■ **Syndicats (Trade Unions). Affiliés** (en millions) : *1979* : 12 ; *84* : 10 ; *85* : 9,8 ; *91* : 9,5 ; *92* : 8,9 ; *94* : 9. **Taux de syndicalisation** (en %) : *1969* : 44 ; *79* : 54 ; *85* : 43,5. Depuis 1906, les syndicats ne sont pas tenus pour responsables des délits du travail commis par leurs membres. Jusqu'en 1980, ils pouvaient, par exemple, mettre des piquets de grève dans les usines étrangères à un conflit du travail pour paralyser une concurrence gênante (droit supprimé en 1980). Beaucoup les ont rendus responsables de la ruine de l'industrie britannique : **1°**) ils se sont opposés à l'adoption des techniques nouvelles entraînant des suppressions d'emplois ; **2°**) ils ont déclenché de nombreuses grèves, souvent pour des motifs futiles (*1979* : 29 millions de journées perdues ; *1980* : 12 millions) ; **3°**) ils empêchaient tout licenciement pour faute professionnelle grave, grâce à des recours devant les « tribunaux du travail », qui absolvaient les syndiqués. Leur influence politique a décliné depuis 1981, et après l'échec de la grève des charbonnages déclenchée contre le plan de restructuration de 1984-85 (réduire la production de 100 à 96 millions de t, supprimer 20 000 emplois par départs volontaires, moyennant de généreuses indemnités de licenciement), qui s'est terminée sans que le gouv. cède après 51 semaines, du 12-3-1984 au 3-3-1985. La grève, à laquelle 30 000 mineurs du Nottinghamshire ne s'étaient pas associés, avait coûté 2 976 millions de £ dont : subventions aux centrales électriques utilisant des hydrocarbures 1 624 et aux charbonnages 733 ; police 155, aides sociales aux familles 64, impôts non payés par mineurs 370, prime de productivité des mineurs ayant continué à travailler 30.

■ **Police. Policiers** (surnom : *bobbies*, de Bobby, diminutif de Robert Peel qui fonda la police métropolitaine en 1829), 130 000 dépendant de 52 autorités régionales, ne portant en général pas d'armes à feu. A Londres, 2 510 sur 28 000 en portent (soit 1 sur 11). Jusqu'en 1936, ils peuvent porter une arme en faction de nuit. En 1975, des groupes spéciaux ont été créés et, en 1991, une force armée mobile d'intervention. En 1994 port d'armes autorisé.

Scotland Yard. Rue de Londres, où s'établit en 1829 le siège de la police métropolitaine, transféré en 1890 et appelé New Scotland Yard.

■ NOBLESSE

■ **I. La Pairie (peerage). Titres qui la confèrent** : duc *(duke)*, marquis *(marquess)*, comte *(earl)*, vicomte *(viscount)*, baron *(baron)*. *Les aînés des ducs et marquis* portent le 2e titre de leur père, titre dit de courtoisie (exemple : le fils du duc de Bedford est Mis de Tavistock). Les autres enfants sont appelés ainsi : lord Edward, lady Caroline. Les aînés des C[tes] portent le 2e titre de leur père, les autres fils sont appelés l'honorable John, et les filles lady Elizabeth. Les enfants des vicomtes et des barons ne portent aucun titre distinctif et sont appelés : l'honorable Robert, l'honorable

Armoiries. Depuis Richard Cœur de Lion (vers 1200), ce sont celles des ducs de Normandie : 3 léopards d'or sur champ de gueules (rouge). En 1339, Édouard III (qui revendiquait la couronne de France) écartela son écu avec les fleurs de lys d'or semées sur champ d'azur (réduites à 3, pour imiter les rois de France, à partir du XVe s.). A partir de 1603, les armes d'Écosse (un lion de gueules, dans un cadre également de gueules, sur champ d'or) et celles d'Irlande (une lyre d'or sur champ d'azur) sont jointes aux 2 précédentes. Guillaume III y ajoute en 1688 lion et billettes de Nassau. Avant 1801, les armes du duc de Brunswick-Lunebourg à Hanovre, électeur et architrésorier du Saint Empire (dit généralement électeur de Hanovre), furent inscrites dans le 4e quartier des armes royales de G.-B. ; en 1801, elles furent placées sur un écu sur le tout desdites armes. En 1801, on enleva les fleurs de lys de France. En 1837, la reine Victoire (en français) ne pouvant succéder au roi de Hanovre (loi de masculinité) ne prit pas les titre et armes de Hanovre. Depuis, les armoiries royales sont écartelées en 1 et 4 d'Angleterre, en 2 d'Écosse et en 3 d'Irlande.

Devise. « Dieu et mon Droit », prononcée en 1193 par Richard Cœur de Lion à la bataille de Gisors. L'orthographe correcte serait plutôt « Dieu *est* mon Droit » (les Plantagenêts sont ducs de Normandie « par la grâce de Dieu » et non par concession des rois de France).

Drapeau. *Union flag*. Dit *Union Jack* à cause du roi Jacques Ier (VI d'Écosse) qui l'a dessiné ou parce que, sur les navires de guerre, il est obligatoirement le pavillon de beaupré (en angl. : *jack*). Adopté en 1606, superposition des *croix de St-George* (Angleterre, rouge sur fond blanc, adoptée XIIIe s.), *St-André* (Écosse, blanche sur fond bleu, rapport 2/3). La croix de *St-Patrick* (Irlande, rouge sur fond blanc) fut ajoutée le 1-11-1801 (rapport 1/2). Seul le bâtiment de l'amiral de la flotte le porte au grand mât. Les autres navires de guerre arborent l'« enseigne blanche » de la Royal Navy (croix de St-George, avec petit Union Jack, case 1). **L'étendard royal,** qui indique la présence de la reine dans un bâtiment ou sur un navire, représente les armoiries écartelées des 3 royaumes, sans leurs supports (lion couronné et licorne), sans devise et sans crête (heaume avec couronne royale, surmontée d'un lion couronné).

Saint patron. St-George depuis 1222. Figuré à cheval terrassant le dragon au revers du souverain (pièce créée 1817). On désigne par « cavalerie de St-George » l'argent versé par l'Angleterre pour s'assurer différents concours à l'étranger.

Symboles floraux. Rose d'Angleterre, chardon d'Écosse, trèfle d'Irlande, poireau et jonquilles du pays de Galles.

☞ **John Bull :** personnage tiré d'une satire politique de John Arbuthnot (1712).

Mary. En 1988, le grand rabbin du Royaume-Uni, né en Prusse-Orientale, est devenu baron Jakobovits of Regents Park. Il avait été fait chevalier 7 ans plus tôt. Il n'a pas prêté un serment d'allégeance à la reine sur l'Ancien Testament, mais a simplement présenté une déclaration de loyauté à « Sa Majesté, ses héritiers et ses successeurs ».

■ **II. La Nobility. 1°) Baronet** : titre héréditaire instauré en 1611 pour combler l'écart entre pairs du royaume et chevaliers, beaucoup plus nombreux. Sous Jacques Ier et Charles Ier ce titre fut parfois vendu (700 livres en 1619, 220 en 1622). Les *baronets* (environ 1 364) sont qualifiés de « sir » (prénom et nom). **2°) Chevaliers (knights)** : *a) membres d'un ordre de chevalerie* : conféré par la reine [ordres de la Jarretière, du Chardon ; et ayant 2 classes de chevaliers (*Knight Grand Cross* et *Knight Commander*) : ordre du Bain, de St-Michel et St-George, Royal de Victoria, de l'Empire britannique] : leur titre n'est pas héréditaire (sauf celui de 3 chevaliers en Irlande). Leur nom est précédé de « sir » et suivi des initiales indiquant l'ordre auquel ils appartiennent (exemples : sir KCB : Knight Commander of the Bath ; sir KG : Knight of the Garter). Le 14-6-1989, la reine a élevé Ronald Reagan au titre de chevalier honoraire. N'étant pas britannique, il n'est pas appelé *sir. b) Knights bachelors* : descendants des anciens chevaliers. **3°) Certains chefs de clans** des Highlands en Écosse et quelques chefs de familles : « Mac » signifie « fils de » ; un chef s'appelle sans prénom (exemple : the MacKintosh). En 1990, il y avait 121 membres du « Standing Council of Scottish Chiefs » dont 23 avec le terme « Mac »

QUELQUES SCANDALES

1963-*17-6* **John Profumo** (né 30-6-1915), min. de la Guerre, démissionne (son nom avait été associé à celui d'une call-girl, Christine Keeler, qui avait des relations avec des diplomates soviétiques). **1973**-*mai* **lord Lambton,** sous-secr. à la Défense, et **lord Jellicoe,** leader de la Chambre des lords, démissionnent pour affaire de call-girls. **1986**-*9-1* plusieurs ministres démissionnent, affaire **Westland** (constructeur d'hélicoptères). **1989**-*mars* scandale *Pamela Bordes*. **1992**-*24-9* **David Mellor,** ministre du Patrimoine, démissionne pour scandale (infidélité conjugale). **1993**-*25-12* **Diana Caithness,** femme du secr. d'État aux Transports, trompée par son mari, se suicide. **1994**-*5-1* **Tim Yeo,** secr. d'État à l'Environnement, démissionne (pour adultère). -*13-3* **sir Peter Harding,** chef d'état-major de l'armée, démissionne (affaire de mœurs).

Nombre de titres. Prince : titre n'existant que dans la famille royale. **Ducs** *royaux :* 6 : Cornouailles (1337, porté par le Pce Charles), Rothesay (1398, idem), York (1986, Pce André), Gloucester (1928, Pce Richard), Kent (1934), Wessex (1939, Pce Edouard). *Autres ducs :* 24 (date de création et titre décerné) : 1868 Abercorn (Irlande). 1701 Argyll (Écosse et R.-U.). 1703 Atholl (Écosse). 1682 Beaufort. 1694 Bedford. 1663 Buccleuch (and Queensberry ; 1684). 1694 Devonshire. 1947 Édimbourg. 1900 Fife (Écosse). 1675 Grafton. 1643 Hamilton (Écosse). 1766 Leinster (Irlande). 1719 Manchester. 1702 Marlborough. 1707 Montrose (Écosse). 1483 Norfolk. 1766 Northumberland. 1675 Richmond (and Gordon ; 1876). 1707 Roxburghe (Écosse). 1703 Rutland. 1684 Saint Albans. 1547 Somerset. 1833 Sutherland. 1814 Wellington. 1874 Westminster. **Archevêques :** 2 Canterbury (1991), York (1990). **Marquis :** 34. **Comtes :** 211. **Vicomtes :** 136. **Barons** 719 héréditaires, 371 à vie.

dans leur patronyme. 4°) **Noblesse non titrée** (écuyers, gentilshommes) : **la « gentry ».** Les armoiries sont enregistrées chez les rois d'armes [au Collège d'armes de Londres ou à la Cour Lyon à Édimbourg, et jadis au château de Dublin pour l'Irlande (aujourd'hui Londres pour le nord de l'Irlande)]. 5 000 familles.

☞ Seule la noblesse a droit aux armoiries. En 1800, on comptait de 50 000 à 60 000 nobles pour 12 millions d'hab. L'abolition des fiefs a été décrétée en 1656, et confirmée en 1661. La tenure militaire a été alors abolie, mais le droit de basse justice (assez restreint) a été maintenu dans chaque manoir. La tenure dite *copyhold* (soumise au cens du manoir, de plus en plus faible) a continué jusqu'en 1925, et le droit de tenir la « Cour baron » du manoir jusqu'en 1976. Actuellement, les possesseurs de fiefs n'exercent plus de droits territoriaux, fiscaux ou judiciaires sauf sur les duchés de Cornouailles et de Lancastre. *Les lords of the manoir* (seigneurs du manoir) subsistent et possèdent sous cette dénomination des droits sur les terrains publics qui ne dépassent pas, dans certains cas, quelques mètres carrés. Ces appellations se vendent comme des biens privés avec les droits et archives afférents. Elles n'ont aucun caractère nobiliaire. Le titre de *seigneur de Sercq* (féminin « dame » de Sercq), île anglo-normande, est resté attaché à l'exercice de prérogatives seigneuriales féodales, tant judiciaires que fiscales, comme au XVIe s.

■ Régions

Grande-Bretagne

■ **Angleterre.** 130 410 km^2 (dont eaux intérieures 758). **Longueur maximale** 590 km. **Largeur (base)** 510. Aucun lieu n'est à plus de 125 km de la mer. **Population** (Angleterre et Galles, en millions d'hab.). *Fin XIe s.* : environ 2 ; *fin XVIIe s.* : 5,5 ; *1801* : 8,89 ; *31* : 13,9 ; *61* : 20,07 ; *91* : 29 ; *1921* : 37,89 ; *51* : 43,76 ; *91 (rec.)* : 47,06 ; *94* : 48,7 ; *95* : 48,9 ; *98 (est.)* : 49,5 ; *2001 (est.)* : 52,81. **D.** 380. **Villes** (est. 1997). *Londres* aggl. 7 122 200 hab. (est. 98 : 7 187 300) 1 580 km^2. Jusqu'en mai 2000, 32 *borroughs* (municipalités) autonomes ; 1986 Margaret Thatcher supprime le Conseil du Grand Londres (GLC) dirigé par Ken Livingston et le remplace par un secrétaire d'État ; 7-5-1998, référendum (oui 72 %) pour la création de l'Autorité du Grand Londres (GLA) avec une assemblée de 25 membres et 1 maire élus pour 4 ans ; Kenneth Robert Livingtone (exclu du parti travailliste en avril) élu maire 4-5-2000]. Birmingham 1 014 400, Leeds 727 500, Sheffield 530 300, Bradford 483 000, Liverpool 463 700, Manchester 427 700, Bristol 400 700, Kirklees 389 500, Wirral 327 800, Wakefield 317 400, Dudley 311 500, Wigan 310 100, Coventry 304 400, Sunderland 293 000, Leicester 293 600, Sefton 288 900, Sandwell 291 600, Doncaster 291 100, Stockport 291 500, Nottingham 287 000, Newcastle 279 500, Kingston upon Hull 265 800, Walsall 262 000, Plymouth 255 100, Rotherham 255 000, Stoke 253 200, et (en 1996), Wolverhampton 257 900, Southampton 214 900, et (1994) Portsmouth 186 900, Cantorbéry 127 700, Oxford 121 000, York 127 700, Cambridge 117 000 (1996).

Statut. *Royaume.* **Drapeau** croix de St-George rouge sur fond blanc. **Organisation.** 34 comtés. 34 *unitary authorities.* 36 *metropolitan authorities* plus le Grand Londres.

☞ **Les 5 ports** *(Douvres, Hastings, Hythe, New Romney* et *Sandwich)* jouissaient de certains privilèges. Nés avant la conquête normande, Guillaume le Conquérant leur accorda une juridiction particulière, abolie en 1855, excepté pour l'Amirauté. Peu après la conquête de l'Angleterre, Winchelsea et Rye reçurent les mêmes privilèges. Autres membres de la Confédération *(Limbs)* : Lydd, Faversham, Folkestone, Deal, Tenterden, Margate et Ramsgate. Les barons des 5 ports ont le privilège de s'occuper de la cérémonie de couronnement. *Gouverneurs des 5 ports : 1941 :* Winston Churchill ; *1965 :* Robert Menzies ; *1978 :* reine mère Élisabeth.

■ **Principauté de Galles et Monmouthshire.** 20 758 km^2 (dont eaux intérieures 130). *Alt. maximale* Snowdon 1 085 m. Au Moyen Age appelée Cambria. **Population** (en millions d'hab.). *1871* : 1,22 ; *1901* : 1,71 ; *31* : 2,16 ; *51* : 2,17 ; *86* : 2,82 ; *91 (rec.)* : 2,84 ; *93* : 2,90 ; *94* : 2,91 ; *95* : 2,91 ; *96* : 2,92 ; *97* : 2,92 ; *98 (est.)* : 2,93. **D.** 140,6. **Villes** (est. 1997). *Cardiff* (à 232 km de Londres) 318 300 hab., Swansea 230 200 (en 1996), Newport 129 800 (en 1986). **Langues** *(officielles).* Anglais et gallois. % des plus de 3 ans sachant parler gallois : *1961* : 26 ; *71* : 20,8 ; *81* : 18,9 ; *91* : 18,7.

Histoire. **757-796** *Offa,* roi de Merci fixe limite : muraille reliant l'embouchure de la Clwyd (Clyde) avec le Wye. **844-877** *Rhodri le Grand,* fondateur des maisons princières de Gwynedd et Deheubath, repousse pirates normands. **910-950** *Howel le Bon,* de la branche du Sud (Deheubarth) « roi de tous les Gallois ». **1039-63** Gruffydd-Ap-Lewelyn règne sur tout le pays. Victoires sur les Merciens. **1078-93** *Rhys-Ap-Tewdwr :* victorieux à Mynydd Caru (1801), domine le sud. **1081-1137** Gruffyd-Ap-Cynan reconstitue le royaume. **1157** Henri II d'A. bat Gallois. **1194-1240** Llewelyn-Ap-Iorwerth au Gwynedd et prend Molt aux Angl. ; domination sur toutes les Galles. **1240-46** *David,* fils de Llewelyn. **1255** *Bryn Derwin :* Llewelyn-Ap-Gruffydd bat ses frères. **1257** bat Henri II d'A. **1267** *traité de Montgomery :* Llewelyn reconnu Pce de Galles et suzerain des autres chefs gallois. **1277** rébellion contre A. *Traité d'Aberconway :* Llewelyn perd possessions sauf l'ouest de Gruynedd et son titre. **1282** rébellion. *-11-12* Llewelyn meurt. **1283** David, frère de Llewelyn exécuté. **1284** statut de Rhuddlan : Édouard Ier soumet le pays de Galles. **1301** crée la principauté des Galles pour son fils. **1400** révolte d'Owen Glendower, représentant de la dynastie de Powys. Alliance avec Charles VI de France. **1416** après l'échec français à Woodbury Hill, baisse de l'influence d'Owen qui meurt en fuite. **1460** guerre des Deux-Roses : les Gallois [Owen Tudor († 1461) et William Pembroke († 1469)] sont pour les Lancastres. **1485** *Bosworth :* Henry Tudor (famille galloise) devient roi d'A. **1536-42** Acte d'union avec royaume d'A. **1979**-*1-3 référendum* sur autonomie ; participation 58,3 %, oui 20,3 % des votants (11,9 % des inscrits). **1997**-*18-9 référendum* sur autonomie partielle, participation 51,3 %, oui 50,3 %.

Statut. *Principauté.* **Titre de Pce de Galles** donné traditionnellement au Pce héritier (le plus ancien connu est Édouard II, début XIVe s.). *Ier secrétaire. 1999*-mai Alun Michel ; *2000*-9-2 Rhodri Morgan. **Assemblée :** *compétence :* peut adopter des textes « secondaires », dérivés de la législation primaire adoptée par Westminster. *Membres :* 60. *Élections* (6-5-1999) : participation 45 %. *Sièges :* travaillistes 28 (35,5 % des voix au 2e vote), Plaid Cymru (nationalistes) 17 (30,6 %), conservateurs 9 (16,5 %), libéraux-démocrates 6 (12,5 %), divers 0 (5 %). **Comtés :** 8 ; **districts :** 37 ; 22 *local authorities.* Des *lords-lieutenants* représentent la reine. **Drapeau :** dragon rouge (sur fond blanc et vert) avec emblème royal depuis 1953. **Partis.** *Plaid Cymru* (prononcé « plaïd coummri »), P. nat. gallois.

Ile d'Anglesey (Ynes Môn). Nom : *Môn-Mam Cymru* signifie « Mère du pays de Galles ». Séparée du pays de Galles par le détroit de Menai (long d'environ 20 km, large de 200 à 1 200 m).

■ **Écosse.** 78 789 km^2 (dont eaux intérieures 1 692). **Largeur** *minimale :* 50 km. **Altitude** *max. :* Ben Nevis 1 342 m. **Population** (en millions d'hab.). *1801* : 1,6 ; *41* : 2,6 ; *1921* : 4,48 ; *31* : 4,83 ; *51* : 5,1 ; *91 (rec.)* : 5 ; *2001 (est.)* : 5,1. **D.** 65,3. **Émigrés :** 1 850 000 Écossais ont émigré entre 1841 et 1921, 390 000 entre 1921 et 1931. **Langues.** Anglais, gaélique (venu d'Irlande) ; en 1991, 1,4 % de la pop. savait le parler. Dialectes écossais des Basses Terres (Lowlands) : scots, scotch, lallans ou doric ; en 1991, 30 % savait les parler. **Villes** (est. 1997). *Édimbourg* 450 000 hab. (à 629 km de Londres), Glasgow 611 700 (à 642 km de Londres, 70 km d'Édimbourg), Aberdeen 217 300 (en 1996) (surnom : Granite City), Dundee 171 500 (en 1992). 5 villes nouvelles implantées depuis 1965 dans les Lowlands : Irvine, Cimbernauld, East Kilbride, Glenrothes, Livingstone (plus de 200 000 hab.).

Histoire. **563** St-Columban. **685** Anglais envahissent Northumbrie. **820-835** Normands aux îles Hébrides. **844** unification : **Kenneth Mac Alpin** (royaume d'Alba) 844-860. **900-942 Constantin II**, roi d'Écosse : alliance avec Anglo-Saxons. **943-954 Malcolm Ier. 971-995 Kenneth II. 995-997 Constantin III. 997-1005 Kenneth III. 1005-1034 Malcolm II** (battu par Northumbriens à Carham en 1016). **1034 Duncan Ier** (1001-40), fondateur du royaume d'Écosse. **1040 Macbeth** (vers 1005-1057, tué) petit-fils de Malcolm II, général usurpateur. **1057 Lulach** (vers 1029-1058), beau-fils de Macbeth. **Malcolm III** (vers 1031-1093, tué au combat), fils aîné de Duncan Ier, époux de Margaret (Ste Marguerite). **1094 Duncan II** (vers 1060-nov. 1094, tué), fils aîné de Malcolm III. **1097-1107 Edgar** (vers 1072-1107), 2e fils de Malcolm III. **1107-1124 Alexandre Ier** (vers 1077-1124), 5e fils de Malcolm III. **1124 David Ier** (vers 1085-1153), dit le Saint, 6e fils de Malcolm III ; **1138** vaincu par Anglais, bataille de l'Étendard. **1153 Malcolm IV** (vers 1141-1165), 2e fils de David Ier. **1165 Guillaume Ier** (vers 1142-1214), dit le Lion, frère de Malcolm IV, battu par Henri II d'Angleterre à Alnwick. **1214 Alexandre II** (1198-1249), fils de Guillaume Ier. **1249 Alexandre III** (1241-1286), fils d'Alexandre II. A sa mort : troubles successoraux (13 prétendants). **1286 Marguerite de Norvège** (1283-90), fille de Marguerite (fille d'Alexandre III) et d'Eric II de Norvège. **1290-92** interrègne. **1292 John Balliol** (vers 1240-vers 1313), mis sur le trône par le roi d'Angleterre Édouard Ier ; il se soulève contre lui ; **1295**-*23-10* traité d'alliance avec Philippe le Bel (roi de France) aboli 1296. **1297** doit abdiquer : réaction contre Anglais : William Wallace (bataille de Sterling) battu par Édouard Ier à Falking, exécuté 1303. **1306**-*mars* **Robert Ier Bruce** (1274-1329) couronné. **1314**-*24-6* bat Anglais à Bannockburn. **1328** *traité de Northampton.* **1329 David II Bruce** (1324-71), fils de Robert Ier, allié à la France contre Édouard III d'A. **1371 Robert II Stewart** (1316-90) [fils de Walter III d'Écosse et de Marjorie Bruce (fille de Robert Ier)]. **1390 Robert III** (vers 1337-1406), son fils. **1406 Jacques Ier** (1394-1437, assassiné), son fils (adversaire d'Henri V d'A. ; † captif 1424). **1437 Jacques II** (1430-60), son fils, épouse 3-7-1449 Marie d'Egmond (1433-63). **1460 Jacques III** (1452-1488, assassiné), son fils ; épouse Marguerite fille de Christian Ier de Danemark ; conflit avec la noblesse. **1488 Jacques IV** (1473-1513), son fils, épouse 8-8-1503 Marguerite Tudor (1489-1541, fille d'Henri VII d'Angleterre) allié à la France, il envahit l'A., est tué à Flodden. **1513 Jacques V** (1512/16-12-1542) épouse 1°) 1-1-1537 Madeleine de France [(1520-37) fille de François Ier] ; 2°) 12-6-1538 Marie de Lorraine [(1515-60) fille de Claude duc de Guise, veuve du duc de Longueville (tué à Solway Moss)]. **1542**-*14-12* **Marie Stuart** (1542-87), fille de Jacques V et de Marie de Lorraine. **1543**-*9-9* couronnée à Stirling. **1548** élevée en France car fiancée au dauphin François (futur roi François II). **1558**-*24-4* l'épouse. **1560** *-5-7 traité d'Édimbourg :* Henri II en France et Marie de Lorraine en Écosse accordent simultanément à leurs sujets réciproques « la naturalité » de l'autre (les Français devenant Écossais en Écosse, les Écossais Français en France). *-6-12* à la mort de François II, elle regagne l'Écosse ; fin de la régence en Écosse de sa mère, Marie de Lorraine. **1565**-*29-7* épouse son cousin germain Henry Stuart lord *Darnley* (1545-67), créé à l'occasion de son mariage Cte de Ross puis duc d'Albany et associé au trône (roi consort d'Écosse). **1566**-*mars* Darnley assassine à Holyrood House le favori de Marie, Rizzio. **1567**-*10-2* Darnley assassiné à Kirk O'Fields à Édimbourg par des conjurés dont James Hepburn [(vers 1536/78), 4e Cte de *Bothwell*]. *-15-5* Marie épouse Bothwell, créé duc d'Orkney ; ce mariage provoque une révolte. *-24-7* Marie abdique en faveur de son fils. Elle s'était aliéné presbytériens et noblesse par son catholicisme intransigeant ; prisonnière, s'évadera en mai 1568. Réfugiée en Angleterre et prisonnière, elle sera décapitée le 8-2-1587 de 3 coups de hache au château de Fotheringay après découverte d'un complot, fomenté en son nom par les catholiques contre Élisabeth Ire. **1567 Jacques VI** (1566-1625), fils de Marie et de Darnley. **1603** devient roi d'Angl. (Jacques Ier). De 1603 à 1707, les 2 royaumes (Angl. et Écosse) ont le même roi mais sont distincts (16 pairs et 45 députés écossais contre 190 pairs et 523 députés pour Angl. et Galles). **1625 Charles Ier** (1600-49), roi d'Écosse et d'Angleterre. **1649 Charles II** (1630-85), son fils. **1650-51** Cromwell envahit l'Écosse (batailles de Dunbar et de Worcester). **1652** entre dans le « Commonwealth ». **1679** révolte écrasée à Brothwell Bridge. **1685 Jacques VII** *(II d'Angleterre)* (1633-1701) (voir p. 1218 c). **1692**-*16-2* Glencoe, sur ordre du roi, des soldats du régiment d'Argyll (commandé par Campbell of Glenlyan) massacrent 38 membres du clan MacDonald dont le chef MacIain avait fait allégeance à Guillaume avec 6 j de retard.

1707 acte d'union : les 2 parlements fusionnent. **1979**-*1-3 référendum* sur autonomie, participation 63,7 %, oui 51,6 % des votants, 32,9 % des inscrits. **1997**-*11-9 référendum* pour autonomie, participation 60,4 % (oui à un Parlement 74,29 %, oui pour qu'il ait des pouvoirs fiscaux 63,5 %). **1999**-*6-5* élections du nouveau parlement. *-1-7* ouverture officielle par Elizabeth II.

Statut. *Royaume. 1707* rattachée à l'A. par l'Acte d'Union. *1885* secr. d'État pour l'Écosse coiffant 4 départements (agriculture et pêcheries, éducation, santé, intérieur). *Auld* (ancienne) *Alliance* (avec Fr.) : traité de 1295 puis 1326. **Unitary authorities :** 32. **Iles :** *Orkney* [976 km^2, 90 îles et îlots. 19 612 hab. (en 1991), cap. Kirkwall 6 881 hab.] ; *Shetland* (1 446 km^2, 22 522 hab., environ 100 îles dont 16 inhabitées) ; *Hébrides* (500 îles dont 100 inhabitées) ; *intérieures* [1 671 km^2 (dont Skye 1 665 km^2, 8 868 hab. ; Arran 4 474 hab. ; Islay 3 538 hab.), cap. Portree ; *extérieures* [appelées maintenant *Western Iles,* 2 909 km^2, 99 600 hab. (dont Lewis 1 994 km^2, 21 737 hab.), cap. Stornoway (13 409 hab.)]. Holy Loch sur la Clyde (depuis 1961 base de sous-marins nucléaires américains). **Parlement :** rétabli le 1-7-1999. *Compétences :* affaires sociales, santé, arts, transports et législation du travail ; pourra voter de sa propre initiative (sauf pour tenir un référendum sur l'indépendance). *Membres :* 129 élus pour 4 ans. *Élections* (6-5-1999) : participation 58,5 %. *Sièges :* travaillistes 56 (33,6 % des voix au 2e vote), SNP 35 (27,3), conservateurs 18 (15,4), libéraux 17 (12,4), divers 3 (11,3). **PM** (présenté par le parti qui a la majorité à l'Ass.) : 1999 Donald Dewar (1937/11-10-2000). **Drapeau** (le *Saltire*) : croix blanche (de St-André) en diagonale sur fond bleu. **Parti.** *Scottish National Party* (SNP, P. national écossais fondé 1934 (fusion du National Party of Scotland fondé 1928 et du Scottish Party fondé 1932), *leader :* John Swinney) demande indépendance et possibilité de profiter du traité d'alliance avec France.

☞ **Tartan :** dessin des bandes colorées de laine tissée se cousant sur les kilts (650 noms de clans déposés). *Kilt :* 7 mètres de tissu.

Irlande du Nord (Ulster)

☞ *Abréviation :* IN : Irlande du Nord.

■ **Situation.** 14 160 km^2 (dont eaux intérieures 628), frontière 360 km (avec Eire). **Population** (en millions d'hab.). *1841* : 1,65 ; *1901* : 1,26 ; *51* : 1,37 ; *91* : 1,58 ; *94* : 1,64 ; *95* : 1,64 ; *96* : 1,66 ; *97* : 1,67. *2001 (est.)* : 1,69. **D.** 118. **Villes.** *Belfast* 237 300 (est. 1997), Derry 95 371 (en 1991), Bangor 35 000 (en 1968). **Religions** (en %, 1992). Protestants 42,8, catholiques 38,4. **Chômage.** *Foyers vivant d'allocations* (en %, 1998) : catholiques 34 ; protestants 18.

Histoire. **XVIIe s.** les conflits entre rois Stuart et Parlement prennent en I. la forme d'une lutte opposant catholiques et protestants. **1689** *Derry :* des jeunes apprentis (les Apprentice Boys) ferment les portes de la ville à l'armée franco-irl. de Jacques II. **1690** Jacques II Stuart battu par Guillaume d'Orange, ses troupes ne peuvent prendre *Derry* malgré un siège de 105 j (2-8) ; définitivement battu à *la Boyne* près de Drogheda (12-8) et à *Aughrim* ; capitule à *Limerick.* **1770** 50 % de la population se compose de colons (protestants de l'Église établie, et dissidents) ; privés de divers droits civiques, catholiques et dissidents réclament l'indépendance. **1798** soulèvements au nord et au sud échouent. **1800** *Acte d'union* I./G.-B. : suppression du Parlement indépendant irl. **1803** soulèvement à Dublin échoue. **1829** mouvement de réforme. **1870** séparation Église protestante/État, interprétée comme une victoire accordant des libertés aux cath. **Fin XIXe s.** l'autonomie *(Home Rule)* apparaissant possible, la majorité des hab. du nord-est s'oppose à l'établissement d'un Parlement irl. à Dublin où ils seraient une minorité menacée. **1920** partition Nord/Sud. **1921** Parlements établis à Dublin et Belfast. **1968**-*16/17-8* émeutes à Londonderry. **1969**-*16/17-8* émeutes : 8 †. -*20-8* accord Wilson/*Chichester Clark* (PM d'IN). Londres assume la réalité du pouvoir en IN. **1971**-*févr.* 1er soldat brit. † à Belfast. **1972**-*30-1 Bloody Sunday* à Londonderry, l'armée tire sur des cath. manifestant contre l'internement administratif : 14 †. -*24-3* IN administrée directement de Londres à cause des troubles. **1972-73** 1er secrétaire d'État William Whitelaw (28-6-1918/1-7-1999). **1973**-*8-3* référendum sur maintien dans Royaume-Uni : 591 820 pour (57,6 % des inscrits), 6 463 contre, 41,4 % d'abst. -*6/9-12 accord de Sunningdale* G.-B./IN et chef de l'exécutif de Belfast : prévoit un conseil de l'I. (7 ministres du Sud et 7 du Nord), formation d'un exécutif avec cath. et protestants en IN. **1974**-*1-1* gouv. provincial mixte créé. **1978**-*17-12 :* 12 civils † dans restaurant. **1982**-*avril plan Prior* pour autonomie progressive. -*Oct. élect. à l'Assemblée régionale d'IN :* protestants 47 sièges, SDLP 14, Sinn Féin (« Nous seuls », aile extrémiste de l'Ira provisoire) 5. -*7-12* attentat à Ballykelly : 18 † (dont 7 soldats). **1985**-*28-2 attaque au mortier d'un commissariat :* 9 policiers †. -*20-5* attentat Ira à Newry : 4 policiers †. -*Mai* élect. locales, Sinn Féin 12 %, P. unioniste 29 %, P. unioniste démocrate 24 %. -*2-11* fondation du *Front d'union des loyalistes de l'Ulster* regroupant P. unioniste officiel, P. unioniste démocratique et paramilitaires protestants de l'Ulster Defense Association (UDA). -*15-11 accord de Hillsborough* G.-B./I. sur l'Irlande du Nord (ratifié par G.-B. le 27-11 par 473 voix contre 47) : création d'un secrétariat permanent et d'une conférence intergouvernementale ; droit de regard de Dublin sur les affaires de l'Ulster. **1986**-*23-1 partielles* pour remplacer 15 députés unionistes ayant démissionné. -*3-3* grève des protestants. -*15-11* violences : 2 † à Belfast. **1987**-*8-5 :* 8 membres de l'Ira † en attaquant police. -*30-10* marine française intercepte cargo *Eksund* chargé de 200 millions de F d'armes françaises pour l'Ira (150 t). -*8-11* attentat à Enniskillen : 11 † devant monument aux morts. **1988**-*6-3 :* 3 militants de l'Ira tués à Gibraltar. -*8-3* manif. à Belfast. -*16-3* lors d'un enterrement, un protestant tue 3 cath. (65 bl.). -*19-3 :* 2 soldats brit. lynchés à Belfast lors d'un enterrement. -*30-8 :* 3 militants Ira tués par équipe du SAS. **1989**-*20-3 :* 2 chefs de la police †. -*18-11* attentat Ira : 3 paras †. **1990**-*9-4 :* 4 soldats brit. †. -*24-7* bombe Ira : 3 policiers et une religieuse †. **1991**-*3-6 :* 3 militants de l'Ira † à Coagh. -*11-8* manif. : 15 000 pers. à Belfast pour l'anniversaire grèves de la faim de 1981 et des internements sans procès de 1971. -*2-11* attentat Ira contre hôpital de Belfast : 2 †. -*13/14-11 :* 3 attentats Ira : 4 †. -*12-12* camion piégé Ira : 66 bl. **1992**-*17-1* att. Ira contre car d'ouvriers : 8 †. -*7-7 :* 1re réunion de négociations depuis 1922 entre représentants de l'Ulster et de l'Irlande. -*21-9* Dublin, réunion unionistes IN et gouv. -*23-10* Belfast, attentat Ira : 10 †, 50 bl. -*31-10 :* 7 † et 10 bl. par les Combattants pour la liberté de l'Ulster (UFF). **1993**-*15-12 Déclaration de Downing Street,* G.-B. reconnaît l'aspiration à l'unification des 2 Irlande, l'Eire s'engage à ne pas modifier le statut sans accord de la pop. Condition : que l'Ira renonce à la violence pendant 3 mois au min. **1994**-*3/4-2 :* 3 † revendiqués par Ulster VolunteerForce (UVF, extrémistes protestants). -*5/8-4* Ira annonce cessez-le-feu de 72 h. -*21-4* Paul Hill, l'un des « 4 de Guildford », innocenté en appel du meurtre en 1974 de Brian Shaw (avait été condamné en oct. 1975 à la détention perpétuelle, 1989 jugement cassé après 15 ans de prison). -*31-8* l'Ira annonce un cessez-le-feu complet (et un bilan de 36 500 bl.). -*13-10* groupes paramilitaires loyalistes protestants, Commandos de la main rouge (RHC) décrètent cessez-le-feu (en vigueur 14-10). -*24-10* début des pourparlers John Major/Albert Reynolds. -*28-10 :* 1re réunion du Forum de la paix et de la réconciliation. -*23-11* retrait de 150 soldats brit. (sur 18 500). -*9-12* débuts des pourparlers G.-B./Sinn Féin (1re rencontre depuis 25 ans). **1995**-*22-2* Belfast, G.-B. et I. signent un document-cadre sur l'avenir de l'I. -*7-3* Patrick Mayheur, ministre de l'IN, pose en préalable le désarmement de l'Ira. -*10-5* Londres : rencontre Michael Ancram (secr. d'État)/2 dirigeants du Sinn Féin (Martin McGuiness et Gerry O'Hara). -*18-6* Sinn Féin rompt les discussions avec G.-B. -*26/27-8* affrontements cath. et protestants près de Londonderry : 30 bl. -*28-11* accord G.-B./I. : création d'une Commission internationale sur désarmement de l'Ira. -*8-12* Ira refuse désarmement avant début des négociations. -*15-12* Commission mise en place par George Mitchell, sénateur américain. **1996**-*9-2* Ira rompt le cessez-le-feu (attentat à Londres). J. Major n'accepte que le Forum. -*30-5* élections des 110 membres du Forum (d'où seront issus les négociateurs des pourparlers de paix du 10-6). Participation 64,5 % : UUP 30 sièges, DUP 24, SDLP 21, Sinn Féin 17, Alliance 7, P. unioniste du R.-U. 3, loyalistes protestants 4 (PUP 2, UUP 2), Coalition des femmes (NIWC) 2, travaillistes 2. -*10-6* début des négociations entre 9 partis en l'absence du Sinn Féin (refuse le cessez-le-feu). -*12/14-7* à l'occasion des marches orangistes, émeutes à Belfast et Londonderry (1 †, 341 bl.). -*16-7* reprise des négociations. -*7-10* Lisburn, près de Belfast, 2 voitures piégées par l'Ira devant le QG de l'armée britannique (31 bl.). **1997**-*20-7* Ira décrète un cessez-le-feu unilatéral. -*15-9* début des négociations de paix ; tous les partis sont invités au château de Stormont à Belfast ; *déc.* : rompu après dissensions. **1998**-*28-1* repris. -*10-4* accord de paix de Stormont, dit du Vendredi saint, signé par 8 partis nord-irlandais : *1°)* établissement d'une Assemblée d'Irlande du N. de 108 membres élus au scrutin proportionnel (6 pour chacune des 18 circonscriptions de la province) qui disposera de pouvoirs exécutifs dans : finance, développement économique, éducation, santé et services sociaux, environnement, agriculture. PM assisté d'un adjoint, 10 ministres (dont au moins 3 représentants du Sinn Féin) ; *2°)* création d'un Conseil Nord-Sud (Irlande du N./Rép. d'Irlande) pour *« échange d'informations, consultations et coopération »* sur agriculture, transports, relations avec l'UE, police, etc. ; *3°)* formation d'un Conseil irlando-britannique, composé de représentants des gouvernements de Dublin et de Londres et d'élus de l'Assemblée d'Irlande du N., du Parlement de Westminster, du futur Parlement écossais, de l'Assemblée du pays de Galles, de l'île de Man et des îles Anglo-Normandes. -*15-5* la Force des volontaires loyalistes (LVF, protestants) décide un cessez-le-feu unilatéral (effectif le 8-8). -*22-5 référendum* en Irlande (oui 94,5 %) et Ulster (oui 71,12 %) approuvant le processus de paix entamé le 10-4. -*25-6 élection* à la proportionnelle de l'Assemblée d'Irlande du N. de 108 membres : *catholiques :* P. social démocrate travailliste 24 sièges, Sinn Féin 18, Alliance 6, coalition des femmes 2 ; *protestants :* P. unioniste d'Ulster 28, P. démocratique unioniste 20, Unionistes du Royaume-Uni 5, P. unioniste progressiste 2, divers 2. -*1-7* David Trimble (protestant) élu PM et Seamus Mallon (catholique) vice-Pt par l'Assemblée. -*18-8* Armée de libération nat. irlandaise, Inla annonce un cessez-le-feu. Ira véritable annonce un cessez-le-feu. -*7-9* suspend ses activités militaires. -*17-10* prix Nobel de la paix à David Trimble et John Hume. **1999**-*14-7* blocage pour la formation du gouv. -*6-9* reprise des négociations. -*29-11* l'Assemblée élit le gouvernement : 10 ministres (5 protestants et 5 catholiques). Pt David Trimble. -*2-12* régime de semi-autonomie. **2000**-*9-2* Londres suspend gouvernement autonome et Assemblée et reprend l'administration (l'Ira refusant de commencer à rendre les armes). -*30-5* pouvoir rendu à l'exécutif. PM : David Trimble (né 1944). **Bilan des troubles :** *d'août 1969 à juillet 1999 :* 3 637 † (dont 53 de janvier à août 1994) [record le 17-5-1974 : 33 †, 120 blessés à Dublin (3 voitures piégées) et Monaghan (1 voiture piégée)]. *Auteurs des attentats* (en %) *de 1969 à 1993 :* républicains nationalistes 58 (dont Ira 43, autres nationalistes 15), unionistes 27, forces de sécurité 11, divers 4.

■ **Quelques attentats en dehors de l'Irlande du Nord.** **1974**-*17-6* bombe aux Communes (11 bl.). -*17-7* à la Tour de Londres (1 †, 32 bl.). -*Oct.-nov.* attentats dans pubs : Guilford (7-10 : 5 †), Woolwich (7-11 : 2 †) et Birmingham (21-11 : 21 †, 162 bl.). -*25-11* bombes dans 2 gares de Londres (20 bl.). -*Déc.* dans grands magasins, boîtes aux lettres et centraux téléphoniques (dizaines de bl.). -*23-12* bombe chez l'ancien PM Edward Heath. **1975**-*9-10* bombe à Piccadilly (1 †, 17 bl.). -*23-10* Kensington (1 †). -*12-11* Mayfair (1 †, 15 bl.). -*27-11* éditeur assassiné par l'Ira provisoire à Londres. **1979**-*30-3* député conservateur Airey Neave tué (voiture explose). -*27-8* lord Mountbatten of Burma, Pce de Battenberg (né 1900, oncle du duc d'Édimbourg, vice-roi des Indes 1947-48) et son petit-fils tués par bombe sur leur bateau près de l'Eire. -*28-9* Bruxelles, Grand-Place, bombe (Ira) contre fanfare militaire brit. 16 bl.. **1981**-*10-10/14-11 :* 5 attentats à Londres : 3 † et plusieurs bl. **1982**-*20-7* attentats : Hyde Park (voiture piégée) et Regent's Park (bombe sous kiosque à musique) : 8 †, 60 bl. **1983**-*17-12* devant magasin Harrods à Londres (5 †, 91 bl.). **1984**-*12-10* Ira (Patrick Magee reconnu coupable 10-6-1986) : *bombe* au Grand Hôtel de Brighton au congrès conservateurs : 5 †, 30 bl. **1986**-*7-5* des extrémistes protestants tuent une protestante ayant épousé un cath. **1988**-*30-4* soldats brit. tués aux P.-Bas. -*1-8* attentat contre caserne au nord-ouest de Londres : 1 †. **1989**-*22-9* Walmer (Kent), contre caserne de la musique de la marine, 10 militaires †. **1990**-*16-5* bombe contre 2 militaires brit. à Londres. -*20-7* bombe à la Bourse, dégâts (pas de victime). -*30-7* député conservateur, Ian Gow, tué. -*18-9* attentat contre sir Peter Terry, ancien adjoint du Cdt suprême de l'Otan et ancien gouverneur de Gibraltar. **1991**-*7-2 :* 3 obus de mortier tirés contre le 10 Downing Street ; 1 camionnette explose près du ministère de la Défense. -*18-2* Londres, attentats (Ira) dans 2 gares : 1 †, 43 bl. -*15-11* explosion banque de St Albans (nord de Londres) : 2 †. -*17-12* métro Marble Arch, bombe. **1992**-*10-1* quartier de Whitehall à Londres. -*10-3* bombe, gare de Wandworth. -*10-4* Londres voiture piégée Ira : 3 †, 90 bl. ; gros dégâts (10 milliards de F) ; sièges Baltic Exchange Commercial Union, BERD endommagés. -*12-10* à Londres, vague d'attentats. -*30-10* voiture explose près du 10 Downing Street. -*3-12* Manchester, bombes, 64 bl. -*16-12* Londres, 2 bombes : 18 bl. **1993**-*6-1* Londres, 4 bombes incendiaires. -*27-2* Londres, bombe : 18 bl. -*20-3* Warrington, double attentat à la bombe : 2 †, 56 bl. -*24-4* Londres (City), bombe : 1 †, 47 bl., 300 à 400 millions de £ de dégâts. **1994**-*27-1* Londres, incendies dans magasins : 3 †. -*13-3 :* 3e attaque au mortier contre aéroports londoniens. **1995**-*9-12* Londres, attentat. **1996**-*9-2* Londres, docks, bombe : 2 †, 43 bl. -*18-2* Londres, Aldwych, bombe : 1 †, 9 bl. -*17-4* et -*27-4* Londres, bombes. -*15-6* Manchester, attentat au championnat d'Europe de football, camion piégé : 206 bl. **1998**-*12-7 Ballymoney,* 3 enfants catholiques tués dans incendie. Bombes de l'« Ira véritable » : *1-8* Banbridge : voiture piégée, 35 bl. ; *15-8* Omagh 28 †, 220 bl., revendiqué par l'Ira véritable. **1999**-*1-6* Londres, bombe (pas de victimes).

Statut. Avant 1972, *gouvernement* dirigé par un *gouverneur* nommé par la reine. Depuis 1972 (démission du gouv.), administration directe : un secrétariat d'État pour l'Irlande du Nord assume les fonctions de gouverneur, répercutant sur les autres ministres brit. les affaires le concernant. *Secr. d'État :* sir John Wheeler depuis 25-6-1993. **Comtés :** 6 avec 26 **districts** urbains et 27 ruraux. *Représentés* à Westminster (Ch. des communes) par 17 membres (dont 10 UUUC, 1 SDLP, 1 indépendant). **Exécutif nord-irlandais :** formé 2-12-1999, suspendu 11-2-2000. 12 membres dont 4 UUP, 4 SDLP, 2 DUP, 2 Sinn Fein. PM : David Trimble (UUP). **Assemblée d'Irlande du Nord :** 78 m. élus 20-10-1982 ; dissoute juin 1986. 108 m. élus le 25-6-1998. *Composition :* (% des voix/nombre de sièges) : SDLP 22,0/24, UUP 21,3/28, DUP 18,1/20, SF 17,6/18, AP 6,5/6, UKUP 4,5/5, IND.U 2,9/3, PUP 2,6/2, NIWC 1,6/2. **Forces britanniques :** maintiennent l'ordre depuis 1969 [effectifs : *de 1980 à 82 :* environ 12 000 h. ; *1984 :* 9 000 h. et 7 000 auxiliaires (Ulster Defence Regiment) ; *1992 :* 11 100 + 6 000]. **Police :** *Royal Ulster Constabulary* (RUC) ; comprend Ulster Special Constabulary (USC) créée 1920, A-Specials (policiers à plein temps), B.-Specials (à temps partiel), C-Specials (mobilisés en cas de crise grave). *1925 :* A-Specials et C-Specials dissous. *1969*-août B-Specials dissous. *1970*-1-4 remplacés par l'Ulster Defence Regiment. 90 % de protestants. *De 1970 à 1992 :* environ 300 policiers † ; *de 1973 à 1985 :* 22 suicides. **Élections parlementaires.** **% des voix unionistes et,** entre parenthèses, **nationalistes :** *1974 :* 61 (22) ; *79 :* 58 (18) ; *83 :* 57 (31) ; *87 :* 55 (32) ; *92 :* 56 (33) ; *97 :* 49,3 (40,2).

Partis politiques. **AP (Alliance Party)** fondé 1970, pour union avec G.-B. **Cira (Continuity Irish Republican Army),** bras armé du Republican Sinn Fein (RSF). **1986** séparé de l'Ira. Dirigé par Ruairi O Bradaigh (Pt du RSF). Coopère avec l'Irish National Liberation Army (Inla) et la Real Irish Republican Army (Rira). **DUP (Democratic Unionist Party)** fondé 1971 par le pasteur Ian Paisley ; dirige l'Église presbytérienne libre ; opposé à tout compromis. **Inla (Irish National Liberation Army)** fondée 1975 ; attentats meurtriers. **Iplo (Organisation de libération du peuple irl.)** interdite. **Volunteer Political Party,** protestants extrémistes. **Ira (Irish Republican Army),** catholique. Issue des mouvements révolutionnaires du XIXe s. et en particulier de la Fraternité républicaine irl. fondée 1860. Réapparaît en 1869. **2 tendances : 1°)** *: Marxist Official Irish Republican Army* (Ira) *officials* (400 militants, mouvement *Sinn Féin,* dirigeants : Thomas McGiolla, Cathal Goulding et Roy Johnston à Dublin) ; **2°)** *Provisional Irish Republican Army (Pira) : provisionals* (Ira « provisoire », fondée 1970) qui ont quitté le Sinn Féin pour reprendre la lutte armée (issus de la scission de la section de l'Ira de Belfast, aidée par Américains d'origine irl. sous le couvert d'une aide charitable, dont l'Irish Northern Aid Committee). Les 2 combattent l'armée brit. ; les *officials* veulent créer une « rép. des travailleurs des 32 comtés » (toute l'Irlande) et réformer le *Stormont* avant de réunifier les 2 Irlande ; les *provisionals* accordent la priorité à la lutte armée, veulent supprimer le *Stormont* et réunifier rapidement les 2 Irlande (cellules composées de 500 militants). *Financement* (en millions de F/an) : 60 dont extorsion de fonds et « protection » 13, bars privés et machines à sous 10, fraude fiscale 10, vidéos pirates et contrebande 10, activités légales 10, taxis 6, contribution de l'étranger et divers 1. **Ira Continuity,** dissidents de l'Ira depuis 1986. **Ira Real** (véritable Ira), dissidents qui ont rompu avec l'Ira après Accord du Vendredi saint. **Irish Independence Party** fondé 1977, cath. républicain pour union avec Irlande. **LVF (Loyalist Volunteer Force),** faction dure de l'UVF. **1997**-*juin* déclarée hors-la-loi. Son chef Billy Wright tué par l'Inla dans la prison de Maze le 27-12-1997. **NIWC (Northern Ireland Women's Coalition)** fondée 1993 ; milite pour pluralisme politique. **Northern Ireland Labour Party** fondé 1927, associé au Labour brit. **People's Democracy** fondé 1968, socialiste révolutionnaire. **PUP (Progressive Unionist Party)** créé 1979, proche UVF, David Ervine. **SDLP (Social Democratic and Labour Party)** fondé 1970, *leader :* John Hume (né 18-1-1937, prix Nobel de la paix). **Sinn Féin** fondée 1905, branche politique de l'Ira provisoire, Gerard (dit Gerry) Adams, né 1948, depuis 1978. **UDA (Ulster Defence Association),** groupe paramilitaire protestant, fondée 1971, 10-8-1992 déclarée illégale par le gouv. En 1996, Ian Paisley avait fondé l'Ulster Committee for the Defense of the Constitution (UCDC) après vague d'assassinats par l'Ira provisoire. En 1971, 2 groupes : Ulster Defense Association (UDA), stratégie défensive et Ulster Volunteer Force (UVF) pour un contre-terrorisme. Charles Harding Smith (UDA) maintient des liens avec UVF et crée des commandos, Ulster Freedom Fighters, qui kidnappent et assassinent des individus isolés. -*10-4* soutient l'Accord du Vendredi saint avec des réserves. *Membres : années 1970 :* 30 000 ; *2000 :* quelques centaines d'activistes. **UDP (Ulster Democratic Party)** fondé 1981 par John McMichael, proche de l'UDA. **UFF (Ulster Freedom Fighters)** créé 1973, clandestin, affilié à l'UDP. **UVF (Ulster Volunteer Force)** créée 1912, renaît 1966, interdite. **Rira (Real Irish Republican Army), 1997**-*nov.* détachée de l'Ira (contre processus de paix). Bras armé du « 32-County Sovereignty Committee » créé déc. 1997 par Bernadette Sands McKevitt (pour l'indépendance des 26 comtés d'Irlande et des 6 comtés d'Ulster). Dirigée par Michael McKevitt. *Membres :* environ 100 activistes. **1998**-*15-8* Omagh, attentat (28 †). -*18-8* suspend ses activités. **UKUP (U.-K. Unionist Party)** fondé 1997, proche du DUP. **Autres organisations** (interdites). **UPNI (Unionist Party of Northern Ireland)** fondé 1974, transfuges de l'UUP, leader : Ann Dickson. **UUP (Ulster Unionist Party)** fondé 1905, protestant, *leaders ; 1943 :* B. Brook (Vte Brookeborough, 1952) ; *1963 :* T. M. O'Neill ; *1964 :* J. D. Chichester-Clark ; *1971 :* A. B. D. Faulkner ; *1974 :* H. West ; *1979 :*

James Molyneaux (né 1920) ; *1995 :* David Trimble (né 15-10-1944, prix Nobel 1999).

Victimes du terrorisme nord-irlandais (nombre de morts entre 1968 et 1998) : 3 270 dont civils (avec terroristes) 2 318, armée 448, Royal Ulster Constabulary 301, Ulster Defence Regiment 197, Royal Irish Regiment 6.

Ile de Man

■ **Situation.** 572 km^2. **Altitude** *maximale :* Snaefell 621 m. Entre Irlande et Écosse. **Population.** *1901 :* 54 752 hab. ; *31 :* 49 308 ; *91 (rec.) :* 69 788 ; *97 :* 74 504. **D.** 130,2. **Capitale** *Douglas* (en 1996) 23 487 hab. (Castletown, ancienne cap., 2 958). **Langues.** Anglais *(officielle).* Manx (il n'y a plus d'habitants l'ayant eu comme langue maternelle mais 643 personnes peuvent le parler). **Statut.** *Dépendance de la Couronne* (autonomie reconnue 1765) n'envoyant pas de députés à la Ch. des communes. **Lord of Man :** reine Élisabeth II ; son conseil privé promulgue les lois manuines. **Gouverneur** nommé par elle : sir Timothy Daunt. **Parlement** *(Tynwald) : Conseil législatif* (11 m.) et *House of Keys* (24 m. élus pour 5 ans). **Justice :** pratique encore les châtiments corporels (coups de verge) pour auteurs de violences et voleurs. **Impôt** sur le revenu : taux max. 15 % et sur les sociétés 20 %. Pas de droits de succession. Seul port franc d'Europe. **Siège** d'environ 30 000 sociétés. **Transports.** Trains à vapeur, tramways à cheval ou électriques.

Iles Anglo-Normandes

■ **Situation.** 194,74 km^2. Détachées du continent par un mouvement de terrain entre 6500 et 5000 av. J.-C. **Climat.** Très doux (il ne gèle presque jamais), *températures* (en °C) : *moyennes* févr. 8,1 ; août 20,6 ; *maximales* (année 1936) : févr. 17 ; août 36. *Ensoleillement :* 1 915 h par an. **Population.** 152 241 hab. (est. 1997). **Langue.** *Français* (occasions officielles) supplanté par l'*anglais*, seule langue connue de l'ensemble de la population. **Histoire.** Seule partie du duché de Normandie gardée par A. [au traité de Paris *1258*, le roi d'A. renonça au duché, mais resta seigneur des îles (que les négociateurs avaient oubliées)]. *1284-1468* 7 tentatives françaises de reconquête. *1483-1689* neutralisées, par décret du pape. *1689* base navale angl. *1779/81 :* 2 attaques françaises. *1799-1800* reçoivent une garnison russe de 17 000 h., commandée par Charles de Vioménil (G^{al} français émigré). *1940 (du 30-6/1-7) au 9-5-1945* occupées par All (jusqu'à 37 000 h.), les autorités locales collaborant avec eux. **Statut.** *Dépendances* (pour défense et diplomatie) *de la Couronne,* ne faisant pas partie du Royaume-Uni et n'envoyant pas de députés à la Ch. des communes. Ne font pas partie de l'Union européenne. Statut fiscal avantageux. **Lieutenants-gouverneurs :** 1 à Jersey, 1 à Guernesey et dépendances (Aurigny, Burhou, Sercq, Herm, Jethou, Lithou), personnages d'apparat nommés par la Couronne. **Parlements** (États) à Jersey, Guernesey et Sercq. **Chefs de gouvernement :** les 2 *baillis* de Jersey et de Guernesey, nommés par la Couronne, et relevant séparément du Conseil privé qui promulgue les lois votées par les Parlements. **Impôt** sur le revenu (20 %). Pas de douane, de droits de succession, ni de TVA. **Justice :** *loi civile* résultant de l'ancienne coutume de Normandie (influencée aujourd'hui par le droit anglais) ; l'usage a longtemps prévalu que les 2 baillis aient étudié à l'université de Caen (Fr.).

■ **Jersey.** A 25 km de la France (autrefois, presqu'île). 116,2 km^2. 18 × 9 km. **Côtes** 76 km. **Population :** *1901 :* 52 576 hab. ; *21 :* 49 701 ; *51 :* 57 310 ; *91 (rec.) :* 84 082 ; *96 :* 85 150 ; *2000 :* 90 000. **D.** 732,2. **Chef-lieu :** *St-Hélier* (en 1996) 27 523 hab. **Langues :** *anglais* (officielle), *jersiais* (patois anglo-normand). **Ressources :** p. de t., primeurs, fleurs, élevage, 2e aéroport d'A., sièges de Stés (avantages fiscaux), banques (74 en 2000), tourisme (967 209 visiteurs en 1998). **États :** 12 sénateurs, 12 constables, 29 députés (tous élus au suffrage univ.). **Lieutenant-gouverneur et C^{dt} en chef :** G^{al} sir Michael Wilkes. **Bailli. Dépendances.** Iles des **Minquiers,** et les **Écrehous** disputées entre France et G.-B., attribuées à la G.-B. en 1953. *Écrehous :* XIe s. (?) séparée du continent. 3 îles principales (Maitresse-Île, Marmotier, Blanque-Île). *1203* Pierre de Preaux, seigneur des îles de la Manche pour le compte du roi Jean sans Terre, les donne en franche-aumône aux moines cisterciens de Val-Richer. *1868 :* Philippe Pinel (St-Jean Jersey 1820/St-Hélier, 17-12-1896) se dit roi des Ecréhous. *Statut :* seigneurie autonome, de 3 à 4 ha, quelques hab. l'été, *chef-lieu* Marmotier.

■ **Guernesey.** A 25 km de la France et 130 km de la G.-B. 63,4 km^2. **Population :** *1901 :* 40 446 hab. ; *21 :* 38 315 ; *51 :* 43 652 ; *91 (rec.) :* 58 867 ; *96 :* 58 661. **D.** 925,2. **Chef-lieu :** *St Peter Port.* **Langue :** *anglais* (officielle). **Ressources :** tomates, fleurs, banque, finance (55% du PIB en 1995). **Lieutenant-gouverneur et C^{dt} en chef :** vice-amiral sir John Coward depuis 1994. **États de délibération :** bailli, 12 conseillers, 33 députés élus pour 3 ans, 10 représentants des Douzaines (paroisses), 2 représentants d'Aurigny. **Dépendances. Aurigny (Alderney)** 7,95 km^2, à 15 km du Cotentin. (6 × 1,8 km). 2 375 hab. (est. 1994). *Chef-lieu :* Ste-Anne. *Pt :* John Kay-Mouat. *États* (9 m.). **Grand Burhou. Sercq (Sark)** 5,5 km^2 (Petite Sercq 0,9 km^2, Grande Sercq 4,19 km^2), 550 hab. (est. 1996). *Histoire : 1368* invasion espagnole. *1460-63* invasion française de la moitié de l'île. *1565 (6-8)* Elizabeth Ire d'A. donne l'île à sir Hélier de Carteret, seigneur de Jersey, qui s'engage, lui et ses descendants, à verser une redevance de 50 louis d'or à la Couronne brit. *1730* les Carteret, ruinés, vendent Sercq à dame Susan Le Pelley (née Le Gros), originaire de Jersey. *1842* ruinés, les Le Pelley cèdent Sercq à Mme Mary Collins, née Allaire, arrière-grand-mère de dame Sybil Hathaway (1884-1974, 21e seigneur de 1927 à 1974, grand-mère du 22e seigneur actuel, J.Michael Beaumont). *Statut :* seigneurie féodale. *Parlement :* 40 fermiers *(tenants)* et 12 députés élus, présidé par un sénéchal (Laurens Philipp de Carteret). *Pas d'impôts :* les 40 « tenants » de l'île doivent 10 % de leurs récoltes et les non-propriétaires 2 j de corvée par an pour réparer les chemins (ou 30 anciens shillings, soit 15 F). Pas de « voitures à moteur » (sauf tracteurs). Pas de divorce, ni de criminalité (les habitants sont gendarmes à tour de rôle). Il est interdit, sous peine d'amende, de tirer sur des mouettes (car « leurs cris indiquent la présence des rochers aux navigateurs »), d'élever des pigeons [seul le seigneur peut en avoir car « les pigeons s'attaquent aux grains de semence »], et de posséder une chienne qui n'aurait pas été stérilisée (en 1689, une chienne mordit la main de la petite-fille de sir Charles de Carteret). *Langues :* anglais, dialecte normand français. Paradis fiscal. Siège de sociétés. *Touristes :* 40 000 vis. par an. **Petit Burhou. Ortach. Brechou** (ou île des Marchands), rachetée en 1993 par David et Frederik Barclay, 0,3 km^2. **Herm** 1,29 km^2 (2,5 × 1 km), 100 hab., *tenant :* A. G. Wood. **Jethou** 0,18 km^2. **Lihou** 0,15 km^2.

Iles diverses

■ **Wight.** 381 km^2. 119 800 hab. « Communauté insulaire ». N'a pas d'autonomie interne.

■ **Lundy** (canal de Bristol). 4 km^2. 10 hab. résidents. Autonome, appartient depuis 1969 au National Trust ; comté distinct depuis 1-4-1974 : détaché du comté de Hampshire. Refuge de nombreux oiseaux. Pas d'impôts sur les revenus gagnés dans l'île.

■ Commonwealth

■ **Nom.** Terme forgé au XVIIIe s. pour traduire le latin *res publica* (avec le sens d'« État ») ; depuis la dictature de Cromwell (1649-53) a pris le sens de « république » : titre officiel des États de Kentucky, Massachusetts, Pennsylvanie, Virginie et de Puerto-Rico. Utilisé en 1900 pour désigner la confédération des États australiens, puis en 1917 une association internationale groupant Royaume-Uni, Canada, Australie, Nouvelle-Zélande, Afrique du Sud et Terre-Neuve (alors dominion jusqu'en 1933 avant de devenir 10e province canadienne en 1949), et officiellement l'Irlande dans le traité anglo-irlandais de 1921.

■ **Statut.** *Statut de Westminster,* voté par le Parlement de Londres le 11-12-1931 : *British Commonwealth of Nations :* reposant sur la libre coopération de ses membres. Il n'évoquait pas le droit de sécession. Lorsque, plus tard, Irlande et Afrique du Sud l'ont revendiqué, il leur a été accordé à l'unanimité. En 1947, la Chambre des communes décida que le Commonwealth pourrait admettre Inde et Pakistan, puis en 1957 les pays d'Afrique. En 1949, supprime le mot British.

Libre de sa politique intérieure et extérieure, chaque État membre est responsable individuellement de ses obligations internationales. Les échanges de vues, sans caractère officiel diplomatique, permettent de coopérer dans des domaines divers : radio et télévision, médecine, échanges de savants, énergie nucléaire, recherche spatiale, commerce ou aide économique bilatérale. Il y a chaque année une rencontre des ministres des Finances, et tous les 2 ou 3 ans des rencontres des chefs de gouv., des ministres de la Santé, de l'Éducation, de la Justice.

Composition (voir tableau p. 1227) : **1°)** *une association libre de 54 États indépendants souverains* dont 33 républiques, 16 monarchies constitutionnelles (dont la reine est aussi le chef de l'État) et 5 monarchies nationales. 3 pays (Cameroun, Mozambique, Namibie) n'avaient jamais connu la domination britannique et 2 pays (Nauru et Tuvalu) ont un statut spécial ; **2°)** *un État associé* (la G.-B., assurant la défense et les Affaires étrangères). La plupart des États membres sont des démocraties parlementaires. **Chef :** tous les pays du Commonwealth reconnaissent pour chef la reine Élizabeth II. Elle est en outre chef de l'État pour 16 d'entre eux.

■ **Population** (en 2000). 1,7 milliard d'hab. (33 % du monde).

■ **Production du Commonwealth** (en % de la production mondiale). Thé 71 [1]. Nickel (minerai) 60 [2]. Étain (minerai) 53 [2]. Bauxite 50 [2]. Zinc (minerai) 35. Riz 29. Plomb (minerai) 28. Zinc (métal) 24. Plomb (métal) 23. Sucre (canne) 22. Beurre 22. Manganèse 21. Diamants 16 [3]. Charbon 13 [5]. Blé 11. Pétrole brut 1 [4]. L'interdépendance économique entre la G.-B. et ses anciennes colonies s'est réduite.

Nota. – (1) Sauf Chine, ex-URSS. (2) Sauf Chine, ex-URSS, ex-Tchéc. et Viêt Nam. (3) Sauf ex-URSS, Chine, Libéria, Indonésie. (4) Sauf Chine. (5) Sauf ex-URSS.

■ Économie

■ **PNB** (en 1999). 23 060 $ par hab. **Population active** (en %) **et,** entre parenthèses, **part du PNB** (en %) : agr. 2,2 (2), mines 4 (6), ind. 22,2 (28), services 71,6 (64). *1990 :* 28 700 000 actifs. **PIB** (en 1998) : 1 388 milliards de $. **Croissance** (en %) : *1992 :* – 0,1 ; *93 :* 2,3 ; *94 :* 4,4 ; *95 :* 2,8 ; *96 :* 2,8 ; *97 :* 3,5 ; *98 :* 2,1 ; *99 :* 1,9 ; *2000 :* 3 ; *2001 (est.) :* 2,4. **Chômeurs** (en %) : *1985 :* 11,6 ; *91 :* 8 ; *93 :* 10,3 ; *95 :* 8 ; *96 :* 7,3 ; *97 :* 5,5 ; *98 :* 4,7 ; *99 :* 4,3 ; *2000* (juillet) : 3,7 (norme BIT 5,3) ; *2001* (avril) : 3,2 (norme BIT 5,1). *En millions : 1925 :* 1,56 ; *26 :* 1,76 ; *27 :* 1,37 ; *28 :* 1,53 ; *29 :* 1,5 ; *30 :* 2,38 ; *31 :* 3,25 ; *32 :* 3,4 ; *33 :* 3,1 ; *34 :* 2,6 ; *35 :* 2,43 ; *36 :* 2,1 ; *37 :* 1,8 ; *38 :* 2,2 ; *79 :* 1 ; *84 :* 3 ; *91 :* 2,1 ; *93 :* 2,7 ; *97 (avril) :* 1,65 ; *98 (juillet) :* 1,335 (en quête d'emploi et non plus les seuls bénéficiaires de l'allocation chômage) ; *99 :* 1,160 ; *2001 (févr.) :* 0,996 (1,53 selon le BIT). **Grèves** (en 1991) : 800 000 jours de travail. **Salaire minimal :** voté par le Parlement en mars 1998, en vigueur le 1-4-1999 (3,6 £/h soit 36 F ; 3 £ pour les 18-21 ans).

■ **Inflation** (en %). *1985 :* 6,1 ; *86 :* 3,4 ; *87 :* 4,2 ; *88 :* 4,9 ; *89 :* 7,8 ; *90 :* 9,5 ; *91 :* 5,9 ; *92 :* 3,7 ; *93 :* 1,6 ; *94 :* 2,9 ; *95 :* 3 ; *96 :* 2,5 ; *97 :* 1,8 ; *98 :* 2,4 ; *99 :* 2,2 ; *2000 :* 2,1. **Données en milliards de £ : balance commerciale (et paiements courants) :** *1990 :* – 18,8 (– 18,7) ; *91 :* – 10,3 (– 8) ; *92 :* – 13,1 (– 10,1) ; *93 :* – 13,5 (– 10,3) ; *94 :* – 11,1 (– 1,7) ; *95 :* – 11,6 (– 3,7) ; *96 :* – 12,7 (– 1,8) ; *97 :* – 13 (4,5) ; *98 :* – 20,5 (– 5) ; *99 :* – 26,3. **Avoirs bruts à l'étranger :** 1 980. **Excédents et déficits budgétaires avec privatisations et,** entre parenthèses, **sans :** *1988-89 :* 14,7 (7,6) ; *89-90 :* 7,9 (3,7) ; *90-91 :* 0,5 (– 4,9) ; *91-92 :* – 13,9 (– 21,7) ; *92-93 :* – 37 (– 40) ; *93-94 :* – 45,4 ; *94-95 :* – 35,3. **Endettement des ménages.** *Janv. 1988 :* 38. **Dettes :** *fin mars 1995 :* bons du trésor 8 ; emprunts en devises étrangères : 16 ; bons d'épargne : 52 ; obligations : 221. **Pauvreté :** en 1997, 13,7 millions d'Anglais vivent au-dessous du seuil (soit la moitié du revenu nat. moyen) (en 1979, 5 millions soit 9 %) ; en 1999, 14,25 millions. **Logement.** 67 % de Brit. propriétaires. **Saisies immobilières :** *1980 :* 3 500 ; *90 :* 44 000 ; *91 :* 80 000 ; *92 :* 100 000. **Fiscalité. Impôts sur le revenu, taux maximal :** *1978 :* 83 % au-dessus de 24 000 £ ; *79 :* 60 % si + de 25 000 £ ; *86 :* 60 % si + de 41 200 £ ; *88 :* 40 % ; **sur les sociétés :** *1978 :* 50 % ; *86 :* 35 %. **TVA :** *1978 :* 8 ou 12,5 % ; *79 :* 15 ; *91 :* 17,5 ; *94 :* 8 à 17,5. **Droits de succession :** taux maximal unique 40 %.

Budget (en %, 2000-01). **Dépenses :** sécurité sociale 28, santé 15, éducation 12, service de la dette 8, défense 6, justice, intérieur 5, logement, environnement 4, industrie, agriculture, emploi 4, transports 2, autres 16. **Recettes :** impôt sur le revenu 26, cotisations sociales 16, TVA 16, accises 10, impôt sur les sociétés 9, impôts locaux sur les ménages 4, sur les entreprises 4, autres 15.

Indicateurs (en % du PIB). **Solde budgétaire courant :** *1994-95 :* – 4,8 ; *95-96 :* – 3,5 ; *96-97 :* – 2,9 ; *97-98 :* – 0,5 ; *98-99 :* 0,8 ; *99-2000 :* 1,1. **Endettement du secteur public (déficit budgétaire) :** *1994-95 :* 6,3 ; *95-96 :* 4,9 ; *96-97 :* 3,6 ; *97-98 :* 1,2 ; *98-99 :* – 0,3 ; *99-2000 :* – 0,4. **Dette nette :** *1994-95 :* 41,1 ; *95-96 :* 43,2 ; *96-97 :* 44,1 ; *97-98 :* 42,1 ; *98-99 :* 34,8 ; *99-2000 :* 38,2 ; **au sens de Maastricht :** *1998 :* 48,7 ; *2000 (est.) :* 42.

■ **Agriculture. Terres** (en milliers d'ha, 1991) : utilisées pour l'agriculture 11 000, dont arables 6 736 ; pâturages 5 900 ; non entretenues 4 710 ; bosquets 347 ; divers 273 ; forêts et divers 6 496 (en 1981) ; eaux 322 (en 1981). L'urbanisation enlève chaque année environ 15 000 ha (0,2 %). **Régions agricoles :** *montagnes* (Highlands, Cheviot, centre gallois, chaîne Pennine, Dartmoor) : ovins en plein air ; *vallées :* élevage naisseur de veaux ; embouche : Devon, Leicestershire, Aberdeen. Produits laitiers : plaines de l'ouest, Lowlands écossais. *Angleterre moyenne :* œufs : Lancashire, sud gallois ; cultures maraîchères : Cornouailles, Devon. *Région de l'est :* terres arables (plateau de l'est anglais 70 %) : orge, blé, p. de t. et bett. ; régions côtières : légumes (polder du Fen, 1er district légumier) ; conserves de petits pois. Kent : houblon, pommiers, framboisiers. Élevage industriel des volailles dans les terres à orge. *Côtes de la Manche :* cultures sous serres (fleurs, concombres, tomates) ; golfe du Wash : tulipes. En 1991, 241 000 fermes (moy. 71 ha) occupaient 552 000 pers. 83 % ont plus de 50 ha (dont 65 % plus de 100 ha). **Production** (en millions de t, 1999) : blé 14,8, bett. à sucre 10, orge 6,5, p. de t. 7,1, avoine 0,5, légumes, pommes, poires, prunes.

Élevage (en millions de têtes, 1999). Poulets 126 (en 1995), ovins 44,6, bovins 11,4, porcins 7,28, Laine. **% de la consommation couvert par la production** (est. 1993) : blé 120, bœuf, veau 102, lait 99, œufs 98, p. de t. 91, fromage 72, beurre 72, sucre 62. **Pêche. Production** (en milliers de t, 1999) : 980 dont (en 1998) poisson 552,5 [haddock 89,1, morue 75,7, hareng (pilchard) 72,3, maquereau 60,8, merlan 37,3] et crustacés 131,6. **Principaux lieux :** mer du Nord, Long Forties 40 %, Dogger Bank 13 % ; mer d'Écosse 15 % ; mer d'Irlande 4 %. *Principaux ports :* Grimsby (200 navires de grande pêche), Hull (160), Yarmouth, Milford Haven, Aberdeen, Fleetwood. 35 % des prises sont destinées à la conserve ou au surgelé.

■ **Énergie. Consommation d'énergie primaire** (en millions de t d'équivalent pétrole, 1999) : 235,9 dont gaz naturel 91, produits pétroliers 73,4, combustibles solides 38,2, électricité 22,4. **Charbon.** A l'origine, base de l'industrie : 35 % de l'énergie (record de l'UE). **Principaux bassins :** Clyde, Newcastle, Lancashire, Yorkshire, Cardiff. **Réserves :** 44,9 milliards de t dont 5 exploitables. **Production** (en millions de t) : *1913 :* 292 (dont 75 exportés) ; *47* (année de la nationalisation, 958 puits) : 240 ; *56 :* 220 ; *72 :* 140 ; *83 :* 100 ; *84 :* 51 (grève) ; *85 :* 94 ; *88 :* 101,4 ; *89 :* 103 ; *90 :* 93 ; *91 :* 96,3 ; *92 :* 84,8 ; *93 :* 68,4 ; *94 :* 47,7 ; *95 :* 53 ; *96 :* 50,1 ; *97 :* 48,4 ; *98 :* 40,9 ; *99 :* 38. **Effectifs :** *1913 :* plus de 1 million ; *47 :* 750 000 ; *76 :* 246 000 ; *84 :* 186 000 ; *92 :* 53 000 (dans 50 puits). *Plan :* réduire la production à 40 millions de t, et les effectifs à 30 000. **Prix de revient de la t** (en 1992) : 43 £ (charbon importé : 31,5). **Pétrole** (en millions de t). **Réserves** (en 1999) : 658. **Production :** *1975 :* 1,5 ; *80 :* 79 ; *85 :* 128 ; *90 :* 93 ; *93 :* 100,2 ; *94 :* 126,9 ; *95 :* 130,3 ; *96 :* 129,8 ; *97 :* 131,9 ; *98 :* 122,6 ; *99 :* 131. **Revenus pétroliers** (en milliards de £) : *1985-86 :* 11,4 ; *86-87 :* 10,3 ; *95 :* 17,9 ; *99 :* 15,4 millions de £ j. **Gaz** (en milliards de m^3). **Réserves** (en 1999) : 788. **Production :** *1985 :* 42 ; *90 :* 49 ; *95 :* 75,5 ; *99 :* 94,4. **Électricité. Production :** *1999 :* 336,5 milliards de kWh dont nucléaire 94,1, hydraulique 7,8. Le 11-12-1995, décision de ne plus construire de centrales nucléaires (parc en 1996 : 16 centrales, 35 réacteurs, produit un quart de l'électricité). **Fer. Production :** *1991 :* 59 000 t ; *93 :* 36 000, arrêté depuis. **Principales mines :**

54 États membres du Commonwealth date d'adhésion	Statut actuel et date * Elizabeth II chef d'État	Superficie (en km²)	Population (mi-1999)
Afrique du Sud (1931) quitte 1961, rentre 1994	République (1961)	1 221 000	42 600 000
Antigua et Barbuda (1981)	Monarchie parlementaire*	442	70 000
Australie (1931)	Monarchie fédérale*	7 741 000	19 000 000
Bahamas [îles] (1973)	Monarchie*	13 939	300 000
Bangladesh (1972)	République (1971)	143 998	125 700 000
Barbade [la] (1966)	Monarchie*	431	270 000
Bélize (1981)	Monarchie (1981)*	22 965	250 000
Botswana (1966)	République (1966)	582 000	1 500 000
Brunéi (Darussalam) (1984)	Monarchie islamique	6 000	320 000
Cameroun (1995)	République (1960)	475 442	15 500 000
Canada (1931)	Monarchie fédérale*	9 971 000	30 600 000
Chypre (1961)	République (1960)	9 251	880 000
Dominique (1978)	République (1978)	749,8	70 000
Fidji [îles] (1987) se retirent, rentrent 1997, suspendues 2000	République (1987)	18 376	800 000
Gambie (1965)	République (1970)	11 295	1 300 000
Ghana (1957)	République (1960)	239 460	19 700 000
Grenade (1974)	Monarchie*	344	100 000
Guyana (1966)	République (1970)	214 969	710 000
Inde (1947)	Rép. fédérale (1950)	3 287 263	986 000 000
Jamaïque [la] (1962)	Monarchie*	10 991	2 600 000
Kenya (1963)	République (1964)	580 000	28 000 000
Kiribati (1979)	République (1979)	861	77 853 (1996)
Lesotho (1966)	Monarchie indigène	30 355	2 100 000
Malaisie (1957)	Monarchie élective	330 434	22 700 000
Malawi (1964)	République (1966)	118 484	10 000 000
Maldives [îles] (1982)	République (1968)	302	280 000
Malte (1964)	République (1974)	316	380 000
Maurice [île] (1968)	République (1992)	2 000	1 170 000
Mozambique (nov. 1995)	République (1990)	802 000	19 100 000
Namibie (1990)	République (1990)	824 269	1 600 000
Nauru (1968) membre spécial (mandat, puis Trust Territory, membre de plein droit 1999)	République (1968)	21,3	11 000 (1996)
Nigéria (1960, suspendu 1995/29-5-1999)	Rép. fédérale (1963)	923 768	113 800 000
Nlle-Zélande (1931)	Monarchie*	271 000	3 800 000
Ouganda (1982)	République (1967)	241 038	22 800 000
Pakistan (1947) quitte 1972, rentre 1989, suspendu 1999	République (1956)	796 000	146 500
Papouasie-Nlle-Guinée (1975)	Monarchie*	462 840	4 700 000
Royaume-Uni de G.-B. (1931)	Monarchie*	245 000	59 400 000
Saint-Christophe et Niévès (1983)	Monarchie*	261,6	40 000
Sainte-Lucie (1979)	Monarchie*	616,3	150 000
Saint-Vincent et les Grenadines (1979)	Monarchie*	389,3	110 000
Salomon [îles] (1978)	Monarchie*	29 000	430 000
Samoa occidentales (1970)	Monarchie indigène	3 000	200 000
Seychelles [îles] (1976)	République (1976)	309	80 000
Sierra Leone (1961, suspendu en 1997-98)	République (1971)	71 740	5 300 000
Singapour (1965)	République (1965)	647,5	4 000 000
Sri Lanka [Ceylan] (1948)	République (1972)	65 610	19 000 000
Swaziland [Ngwane] (1968)	Monarchie indigène	17 363	1 000 000
Tanzanie (1961)	République (1962)	945 087	31 300 000
Tonga (1970)	Monarchie indigène	748	104 000 (1997)
Trinité et Tobago (1962)	République (1976)	5 128	1 290 000
Tuvalu (1978) membre spécial	Monarchie*	26	11 000
Vanuatu (1980)	République	12 190	192 000
Zambie (1964)	République	752 614	9 870 000
Zimbabwe (1980)	République (1980)	390 245	11 200 000

■ **Territoires dépendant du Royaume-Uni (13).** *Océan Indien :* terr. britannique de l'océan Indien (îles Chagos). *Méditerranée :* Gibraltar (colonie), 5,86 km², 28 913 hab. (en 1997). *Atlantique :* Antarctique britannique 1 222 480 hab. ; Bermudes (colonie), 53 km², 61 545 hab. (en 1996) ; Falkland (îles ; colonie) 12 173 km², 2 564 hab. (en 1996) ; Géorgie du S. et îles Sandwich du S. (dép. des Falkland, 3 900 hab., inhabitée sauf personnel scientifique ou militaire) ; Ste-Hélène et dépendances (Ascension, Tristan da Cunha) (colonie), 122 km², 7 090 hab. (en 1998). *Caraïbes :* Anguilla (colonie), 96 km², 10 400 hab. (en 1996) ; Caïmans (îles ; colonie), 263 km², 35 280 hab. (en 1997) ; Montserrat (colonie), 102,6 km², 12 800 hab. (en 1996) ; Vierges britanniques (îles ; colonie) ; Turks et Caïques (îles ; colonie), 430 km², 16 250 hab. (en 1998). *Pacifique :* Pitcairn (colonie), 49 km², 50 hab. (en 1998).

■ **Territoires extérieurs à l'Australie (6).** Antarctique australien, 6 400 000 km² ; Ashmore et Cartier (îles), 5 km² ; Coco (Keeling, Norfolk) (îles), 14,2 km², 670 hab. (en 1994) ; Christmas (îles), 135 km², 2 500 hab. (en 1994) ; Heard et Mc Donald (îles), 369 km² ; mer de Corail (îles de la), 5 km², 3 hab.

■ **Dépendants de la Nlle-Zélande (2).** Ross, 730 310 km² ; Tokelau, 10, 12 km², 1 480 hab. (en 1995).

■ **Associés à la Nlle-Zélande (2).** Cook (îles), 237 km², 20 200 hab. (en 1995) ; Niue (île), 262,7 km², 2 140 hab. (en 1995).

☞ **N'ont pas rejoint le Commonwealth :** Égypte, Iraq, Jordanie, Myanmar (1948), Palestine (1948), Soudan (1956), Somalie brit. (1960), Sud-Cameroun, Aden (1967). Maldives (1965 indépendance, 1982 : membre spécial, 1985 : membre). **Ont quitté le Commonwealth :** Irlande (1949), Afrique du Sud (1961 à 1994), Pakistan (1972 à 1989), Fidji (1987 à 1997) et Hong Kong (1997). **Membres suspendus :**, Pakistan (18-10-1999). **Membre spécial :** Tuvalu (pas le droit de participer aux réunions des chefs de gouvernement). **Monarchies souveraines :** Brunéi et Tonga. **1er membre admis alors qu'il ne faisait pas partie de l'Empire britannique :** Mozambique.

Nord-Est, entre Tyne et Tees, East-Midlands, Sheffield-Rotherham, Coventry.

■ **Industrie. Régions :** *Londres :* transformation, articles de luxe (pas de textile) ; *Midlands* ou *pays Noir :* industrie lourde, textile, poterie ; *Yorkshire :* laine, aciérie ; *Lancashire :* coton (en régression), sidérurgie, chimie ; *sud gallois :* charbon, petite mécanique ; *nord-est :* construction navale, petite industrie ; *centre Écosse :* charbon, construction navale ; *Belfast :* construction aéronautique. Structures et infrastructures anciennes. 3,2 millions d'emplois ont été supprimés entre 1971 et 1986.

Crise économique : *industrie :* début XXe s. : la G.-B. importait des matières 1res et exportait des produits manufacturés. De nouveaux pays industriels l'ont supplantée avant qu'elle ait modernisé ses installations. *Énergie :* déclin du charbon supplanté par le pétrole importé. *Débouchés :* perte de l'Empire, d'où important chômage, chute de l'ind., hypertrophie du tertiaire et baisse du niveau de vie. Crédit trop cher, chute des investissements.

■ **Nationalisations. Avant 1945 :** aviation civile. **1946-***févr. :* banque d'A. ; *juillet :* charbon, électricité, transports terrestres. **1948 :** gaz. **De févr.1951 au 22-3-1967 :** sidérurgie (soit 200 entreprises et 90 % du secteur). **1975 :** British Leyland. **1977 :** aéronautique, chantiers navals, pétrole de la mer du Nord. **Privatisations** (recettes nettes en millions de £) : **1980 :** National Enterprise Board. **1981-***févr. :* British Aerospace (390) ; *oct. :* Cable & Wireless (1 021), National Freight Corporation (5), British Sugar. **1982-***févr. :* Amersham (isotopes radioactifs) (64) ; *nov. :* BNOC et Britoil (1 053). **1979-***oct.* **et 1983-***sept. :* BP (6 137). **1983-***févr. :* Associated British Ports (97), British Rail Hotels, International Aeroradio. **1984 :** Sealink, Entreprise Oil (384), Jaguar, Inmos, chantiers navals militaires, British Telecom. ; 3 685 en déc. (8 900 en 1991, 51 % du capital, effectifs 240 000 employés, le plus gros employeur, 3 milliards d'actions). **1985 :** British Airways (854), aéroports, Rolls-Royce (1 028), arsenaux, manufactures d'armes. **1986 :** British Gas (5 230). **1988-***mars :* Rover ; *déc. :* British Steel (2 418). **1989-***nov. :* Cies des Eaux (10 Stés, 3 454). **1990-91 :** Central Electricity Energetic Board (sauf nucléaire, 7 100). **1991 :** National Power, Power Gen. **1991-92 :** British Coal (1 000). **1993-97 :** British Rail. **1996 :** électricité nucléaire (8 centrales, 2 500). *Date indéterminée :* BBC. **Montant** (en milliards de £) : *1986-87 :* 4,7 ; *87-88 :* 5 ; *88-91 :* électricité 37.

■ **Transports. Air :** passagers aéroports (en 1999) : 169,65 millions dont Londres 108,96. **Routes** (en mars 1999) : 246 327 miles dont autoroutes 2 200. **Voies ferrées** (au 31-3-1999) : 10 346 miles en service dont 3 208 électrifiés ; voyageurs 892,3 millions en 1998-99. **Maritimes :** *ports :* 70 principaux (trafic 566 millions de t). *Flotte* (fin 1998) : 416 navires de + de 500 grt[1]. *Commerce* (1996) : exploite 354,3 millions de t. *Passagers* (1998) : 33 275 600.

Nota. – (1) tonnage brut.

■ **Tourisme. Visiteurs** (en millions) : *1950 :* 0,6 ; *60 :* 1,66 ; *70 :* 5,9 ; *80 :* 11,4 ; *90 :* 16,6 ; *91 :* 15,8 ; *92 :* 17,1 ; *93 :* 19,4 ; *94 :* 21 ; *95 :* 24 ; *96 :* 25,2 ; *97 :* 25,5 dont CEE 15,5, Amérique du Nord 3,43. **Principaux sites** (visiteurs en milliers, 1999). **Monuments :** Tour de Londres 2 422 ; *châteaux* de Windsor (Berkshire) 1 280, d'Édimbourg (Écosse) 1 219 ; bains romains et buvette de Bath 918 ; Stonehenge (Wiltshire) 838 ; château de Warwick 793 ; palais de Hampton Court (Londres) 699 ; *château* de Leeds (Kent) 569 ; palais de Blenheim (Oxfordshire) 422. **Cathédrales et églises :** abbaye de Westminster (Londres) 1 268 ; *cathédrales* d'York 1 800, de Canterbury (Kent) 1 350, St-Paul (Londres) 1 076, de Chester 1 000. **Jardins :** Hampton Court (Londres) 1 200 ; Kew (Londres) 864 ; botanique, Belfast (Irlande du Nord) 630 ; Wisley (Surrey) 614 ; botanique royal (Édimbourg) 609. **Musées et galeries :** *Londres :* British Museum 5 460, National Gallery 4 964, Madame Tussaud's 2 640, Tate Gallery 1 822, d'Histoire naturelle 1 739, Royal Academy 1 390, Victoria and Albert 945. *Glasgow :* Art Gallery and Museum 1 051. **Zoos :** de Londres 1 067 ; de Chester 965 ; d'Édimbourg 526 ; Knowsley Safari Park, Prescot 460. **Parcs de loisirs :** aquatique de Blackpool 7 200 ; palais du Front de mer, Brighton (Sussex) 3 750 ; tours d'Alton (Staffordshire) 2 650 ; Front de mer d'Eastbourne 2 500 ; aires de jeux, Southfort 2 000 ; île Peter Pan, Southend 2 000 ; Legoland, Windsor 1 620 ; Monde d'aventures de Chessington 1 550 ; aquatique de Great Yarmonth 1 500.

■ **Commerce** (en milliards de $). **Export./import. :** *1995 :* 242,5/265,5 ; *96 :* 264,9/290,6 ; *97 :* 283,5/309,7 ; *98 :* 274,7/318,1 ; *99 :* 271,4/322,9 [*exporte* mach. et équip. de transp. 129,6, produits man. et chimiques 106,7, produits alim. 16,3, matières premières 3,7 ; *vers* All. 20,7, USA 19,3, *France 17,1,* P.-Bas 13,4, Benelux 8,5, Italie 8 / *importe* mach. et équip. de transp. 148,1, produits chimiques et manufacturés 128,3, produits alim. 29,1, matières 9,8, énergie 8,5 ; *de* All. 27,2, USA 22,8, *France 17,7,* P.-Bas 12,4, Japon 8,9, Italie 8,7, Benelux 8,6].

■ **Rang dans le monde** (en 1999). 4e gaz naturel. 6e ovins. 7e orge. 9e potasse. 10e pomme de terre, pétrole.

RUSSIE (FÉDÉRATION DE)

Carte p. 1228. V. légende p. 950.

☞ *Abréviation :* R. : Russie.

■ **Nom.** Viendrait de *Ruotsi,* nom donné par les Finnois à la Suède, d'où venaient les *Varègues* [du vieux norrois *rodsmen* (ceux qui rament) ou *rus'* (roux)]. Le russe distingue les habitants de la Russie (*Rossian*) des Russes au sens ethnique (*Rousky*). État se présentant en successeur de l'URSS (engagements internationaux, depuis le 24-12-1991 membre permanent du Conseil de sécurité de l'Onu, responsabilité nucléaire), mais en rupture politique et idéologique avec celle-ci.

■ **Superficie.** 17 075 400 km² (11 fuseaux horaires, 76 % de la surface de l'ex-URSS). Équivalente à celle de la Russie après la conquête de la Sibérie (XVIIe s.), tout en ayant perdu à l'ouest les territoires aujourd'hui intégrés à l'Ukraine et la Biélorussie. **Frontières** (en km) : Azerbaïdjan 284, Biélorussie 959, Chine 3 645, Corée du N. 19, Estonie 294, Finlande 1 313, Géorgie 723, Kazakhstan 6 846, Lettonie 217, Lituanie 227, Mongolie 3 441, Norvège 167, Pologne 206, Ukraine 1 576. **Côtes :** 37 653 km. **Altitude** *maximale :* Mt Kliouchev (Kamtchatka, Sibérie) 4 750 m.

Fleuves principaux (en km) : Amour (4 400), Ob (4 345), Lena (4 270), Volga (3 530), Ienisseï (3 354, né en Mongolie), Oural (2 428), Dniepr (2 201, en partie en Biélorussie, Ukraine), Don (1 870). **Lacs : Baïkal :** Sibérie, 31 685 km², longueur 636 km, largeur 32 à 74 km (s'élargit de 2 cm/an), profondeur maximale (le plus profond du monde) 1 620 m, gelé 6 mois par an, 20 % des réserves mondiales d'eau douce (potable) ; 7 km de sédiments au fond ; contient 2 600 espèces animales et végétales dont 1 300 préhistoriques, dont 70 % inconnues ailleurs (notamment le *Golomiaka,* qui supporte la pression de 1 700 m d'eau, mais se dissout près de la surface) ; alimenté par 336 rivières, a un seul déversoir : l'Angara (7 000 m³/s, alimentant la centrale d'Irkoutsk et se déversant dans l'Ienisseï). Menacé par pollution chimique (effluents cellulosiques déversés depuis les années 1960) et déboisement. **Ladoga** 17 700 km², prof. 230 m, communique par la Neva avec le golfe de Finlande ; **Onega** 9 610 km², prof. 124 m, se déverse dans le Ladoga par le Svir ; **Taïmyr** 4 560 km² ; **Khanda** 4 400 km² ; **Tchoudsko-Pskovskoie**

3 550 km^2. **Retenues d'eau :** *Irkoutsk* lac Baïkal (Angara) 31 685 km^2 (48,5 km^3), *Svir* supérieur lac Onega (Svir) 9 930 (260), *Kouibychev* (Volga) 6 448 (58), *Boukhtarma* (Irtych) lac Zaïssan 5 500 (53), *Bratsk* (Angara) 5 470 (169,3), *Rybinsk* (Volga) 4 580 (25,4), *Volgograd* (Volga) 3 117 (31,5), *Tsymliansk* (Don) 2 700 (23,9), *Krementchoug* (Dniepr) 2 250 (13,5), *Kakhovka* (Dniepr) 2 155 (18,2), *Krasnoïarsk* (Ienisseï) 2 000 (73,3). La majeure partie de l'eau circule au printemps et se gaspille en inondations ; abandon en 1986 des projets de transférer l'eau excédentaire du Nord et de Sibérie vers Volga, mer Caspienne, Kazakhstan et mer d'Aral.

■ **Population totale** (en millions d'hab.). **1719 :** 15,4 (dont serfs 9,9, paysans libres 3,5, bourgeois 0,6) ; **1800 :** 35,5 ; **1850 :** 68,5 ; **1897 :** 126,4 (1er recensement national, dont Russie d'Europe 93,4, Pologne 9,4, Caucase 9,3, Asie centrale 7,7, Sibérie 5,8) ; **1913 :** 159,2 ; **1995 :** 147,9, plus de 100 nationalités et ethnies dont (en 1994) : Russes 83 %, Tatars 4 %, Ukrainiens 3 %, Tchouvaches 1,2 %. Soit 30 millions d'allogènes ; **2000** *(est.)* : 146,2 ; **2001** *(est.)* : 145 ; **2005** *(prév.)* : 138 ; **2015** *(prév.)* : 125 (?) ; **2025** *(prév.)* : 138 ; **2050 (prév.) :** 80 à 100. **D.** 8,6. **Pourcentage par âges** (en 1995) : *– de 16 ans* : 23 ; *âge de travailler* : 56,8 ; *de la retraite* : 20,2. **Accroissement annuel** (‰) : *1960* : 14,3 ; *70* : 4,8 ; *80* : 5,3 ; *90* : 3,4 ; *91* : 1 ; *92* : – 0,2 ; *93* : – 2 ; *94* : – 0,4 ; *96* : – 5,3 ; *97* : – 5,2 ; *98* : – 2,7. **Pop. urbaine** (en 1998) : 72,8 %. 1 Russe sur 5 (environ 25 millions) vit hors de Russie dans les anciennes républiques soviétiques, en particulier Ukraine et Kazakhstan. **Espérance de vie :** *1987* : 65 ans ; *90* : 64 ; *93* : 59 ; *94* : 57,5 ; *95* : 58,1 ; *96* : 65,9 ; *2000* : hommes : 57 ; femmes 71 ; [*alcoolisme :* consommation passée de 10 à 14 litres/an par personne ; 27 000 † en 2000 par consommation d'alcool frelaté ; *tabagisme, morts par homicides ; suicides*]. **Naissances** (en 1998) : 1 283 000. **Décès** (en 1999) : 2 140 000. **Taux de fécondité :** *1991* : 2,17 ; *94* : 1,4 ; *99* : 1,17 enfant par femme ; **de natalité :** *1999* : 9 ‰ ; *2000* : 8,4 ; **de mortalité :** *1999* : 14 ‰ ; *2000* : 14,7 (*infantile 1995* : 18,1 % ; *99* : 17) ; **d'avortement :** *1992* : 204 pour 100 naissances ; *1990* : 1 971 pour 1 000 ; *2000* : 1 696 pour 1 000 ; **de divortialité :** *1996* : 433 ‰. **Age** (en %) : *– de 15 ans* : 18,1, *+ de 65 ans* : 12,6. **Pensionnés pour 1 000 actifs :** *1990* : 435 ; *95* : 553. **Réfugiés** (en millions) : *1993* : 0,9 ; *94* : 2 (beaucoup de Transcaucasie) ; *97 (est.)* : 3 à 6. **Solde migratoire :** *1994* : + 796 000 ; *98* : + 306 000. **Sida :** *1987* : 1er cas déclaré. *1987-2000* : 900 †. *2 000 (est.)* : 600 000 séropositifs. **Drogue :** 3 000 000 de drogués en 1999. **Alcool :** voir p. 1236 a. **Décès par noyade :** 25 000 (94 % des baigneurs étaient ivres). **Empoisonnements accidentels** (ivresse) : 35 000 décès.

Déportations soviétiques de masse (1937-52, en milliers) : 3 089 dont Polonais/Juifs (1940-41) 380, Allemands de la Volga (sept. 1941) 366, Tchétchènes (févr. 1944) 362, Meskhets (nov. 1944) 200, Tatars de Crimée (mai 1944) 183, Coréens (1937) 172, Ingouches (févr. 1944) 134, Kalmouks (déc. 1943) 92, Karatchaïs (nov.) 1943) 68, Polonais (1936) 60, Finlandais (région de St-Pétersbourg 1942) 45, Balkars (avril 1944) 37, Moldaves (1949) 36, Grecs de la mer Noire (1949) 36, autres Allemands soviétiques (1941-52) 843, groupes de Crimée (1944) 45, groupes de la mer Noire (1949) 22, groupes du Caucase du Nord (1943-44) 8.

■ **Villes** (en milliers d'hab., au 1-1-1998). *Moscou* 8 629, St-Pétersbourg (ex-Leningrad auparavant Petrograd) 4 749, Novossibirsk 1 399, Nijni-Novgorod (ex-Gorki) 1 368, Iekaterinbourg (ex-Sverdlovsk) 1 274, Samara (ex-Kouïbychev) 1 160, Omsk 1 159, Kazan 1 087, Oufa 1 086, Tcheliabinsk 1 085, Perm 1 022, Rostov-sur-le-Don 1 020, Volgograd (ex-Tsaritsyne, puis de 1925 à 1961 Stalingrad) 1 003, et en 1995 : Voronej 908, Saratov 895, Krasnoïarsk 869, Togliattigrad 702, Izhevsk 654.

■ **Langues.** **Russe** *(officielle)* ; en 1979, maternelle pour 153 500 000 hab. (dont 137 200 000 Russes) ; 2e langue de 61 300 000 hab. ; 82 % de la pop. le parlent couramment. **Autres :** ukrainien, biélorusse (62 %).

■ **Allemands de la Volga.** **1764-73** appelés dans la région de la basse Volga (gouvernements de Saratov et de Samara) par Catherine II (Pcesse allemande d'Anhalt-Zerbst, épouse du tsar Pierre III). **1921** 75 000 émigrent aux USA. **1924 :** forment une république [28 212 km^2 ; 587 700 hab. dont (en %) Allemands 66,5, Russes 20,4, Ukrainiens 11,9]. *Cap. :* Pokrovsk (auparavant, Engels). **1941** déportés (47 % au Kazakhstan), république dissoute. **1964** (29-8) réhabilités par décret. **1987** 11 000 émigrent en Allemagne. **1991** 5 000 à Kaliningrad (ex-Königsberg). **1993-95** 630 000 en Allemagne (dont 207 000 de Russie) sur 2 000 000 estimés (200 000 au max. admis par an). Proposition de créer une 4e république balte, Kantgrad (Kant y est né en 1724). Zone franche créée 1990.

Alphabet cyrillique

Créé au IXe s. à partir des majuscules de l'alphabet grec par saint Cyrille [l'alphabet plus ancien, glagolitique (du vieux slavon *glagol,* verbe), avait été créé pour certains dialectes slaves à partir des minuscules grecques ; encore utilisé par les catholiques dalmates pour leurs livres liturgiques ; les rois de France prêtaient serment, à Reims, sur un évangile en caractères glagolitiques, attribué à saint Jérôme]. Seules 18 majuscules grecques sont passées telles quelles dans l'alphabet russe (plus le *phi,* adopté comme un *f*). Les 17 autres caractères sont d'anciennes lettres glagolitiques, plus ou moins déformées. Au XVIIIe s., Pierre le Grand imposa une réforme de l'alphabet civil, désormais distinct de celui de l'Église.

Lettres majuscules (et minuscules) : prononciation approximative. А (а) : *a.* Б (б) : *b.* В (в) : *v.* Г (г) : *g* dur. Д (д) : *d.* Е (е) : *é* ; après consonne, *ié* (ex. : нет *niet*). Ё (ё) : *io.* Ж (ж) : *j.* З (з) : *z.* И (и) : *i.* Й (й) : *i* bref (ex. : Толстой *Tolstoï*). К (к) : *k.* Л (л) : *l* dur en finale ou devant *a, o, ou, y* ; *l* mouillé devant *ié, iou, ia.* М (м) : *m.* Н (н) : *n.* О (о) : *o.* П (п) : *p.* Р (р) : *r.* С (с) : *s* (ex. : совет *soviet*). Т (т) : *t.* Y (y) : *ou.* Ф (ф) : *f.* Х (х) : *kh* (ex. : Хрущёв *Khrouchtchov*). Ц (ц) : *ts* (ex. : цар *tsar*). Ч (ч) : *tch* (ex. : Горбачёв *Gorbatchov*). Ш (ш) : *ch.* Щ (ш) : *chtch* (ex. : борщ *borchtch*). Ъ (ъ) : signe dur (ex. : подъезд *pod''ezd* « porte »). Ы (ы) : *y,* entre *i* et *u* français. Ь (ь) : signe mou, mouillure (ex. : день *dién'* « jour »). Э (э) : *è.* Ю (ю) : *iou.* Я (я) : *ia.*

■ Religions

■ **Statut.** L'art. 52 de la Constitution garantit la liberté de conscience et de religion (loi du 1-10-1990). Elle supprime tout lien entre État et athéisme et autorise l'éducation religieuse et la création d'écoles confessionnelles. Le Parlement accorde à l'Église orthodoxe le droit d'enseigner dans les écoles d'État faute de locaux, et aux pacifistes pour motifs religieux de faire un service alternatif. Le 26-9-1997, lois sur la liberté de conscience et les organisations religieuses. Le préambule stipule que le christianisme est une composante de « l'héritage historique du peuple russe ». Pour être reconnue légalement, pouvoir diffuser de la littérature, fonder des écoles et pratiquer son culte, toute association religieuse doit justifier de 15 ans de présence en Russie (but : favoriser l'orthodoxie, lutter contre la prolifération des sectes).

■ **Patriarcat orthodoxe.** **1054** schisme Rome-Constantinople. **1308** Moscou supplante Kiev (sur le plan religieux). **1439** rejette réconciliation temporaire Rome-Constantinople. **1448** autocéphale de fait ; Jonas, 1er métropolite non grec de Moscou. **1453** Turcs prennent Constantinople. Moscou devient la « 3e Rome ». **1480** tsar déclaré divin, suzerain de l'Église. **1589** Moscou, patriarcat. **1652** Nikon (Nikita Minov 1605-81) patriarche ; rétablit primauté du pouvoir spirituel sur le temporel ; provoque par ses réformes (retour aux sources grecques) le schisme des Vieux-Croyants *(raskol)* ; déposé 1667. **1721** Pierre le Grand remplace le patriarcat par un St-Synode collégial et asservit l'Église. **1917** 1er concile depuis Pierre le Grand. Patriarcat et St-Synode abolis. **1918**-*oct.* patriarcat rétabli : Tykhon, métropolite de Moscou. **1922**-*févr.* biens de l'Église confisqués. Prêtres et évêques persécutés et exécutés massivement. -*Mai* Tykhon arrêté († 1925 puis canonisé). **1943** patriarcat. -*8-3* rétabli : Mgr Serge (1866/15-5-1944). **1944**-*20-6* Alexis Ier. -*8-10* Conseil soviétique pour les affaires de l'Église orthodoxe créé. **1971**-*2-2* Pimène (Serge Izvekov 1911/2-5-1990). **1990**-*7-6* Alexis II (Ridiger, né 23-2-1929). **1992**-*7-1* : 1re célébration officielle du Noël orthodoxe depuis 74 ans. Noël et Pâques rétablis en tant que fêtes civiles. 7 églises rendues au culte dont les cathédrales de l'Assomption au Kremlin et Basile-le-Bienheureux sur la place Rouge. -*Mars* selon une commission d'enquête, 80 % des responsables religieux auraient collaboré avec le KGB. **2000**-*20-8* Nicolas II, sa femme, ses enfants et 860 autres personnes sont canonisés en tant que *strastoterptsy* («ceux qui ont enduré les souffrances de la passion»). **Prêtres :** *1914* : 117 000 ; *17* : 77 676 ; *54* : 20 000 à 30 000 ; *61* : 8 252 ; *74* : 5 994 ; *86* : 7 500 ; *89* : 8 100. **Églises :** *1914* : 77 000 ; *74* : 7 500 ; *89* : 9 374 paroisses, 35 monastères ; *95* : 17 000 paroisses, 337 monastères, 51 séminaires. *Moscou :* églises *avant 1914 :* 1 000 ; *89 ;* 40 ; *99 :* 300. **Croyants** (se disant tels) : *1989 :* 32 % ; *99 :* 61 %.

■ **Église apostolique arménienne.** 1 000 000 (?).

■ **Catholiques.** Russie d'Europe : 300 000 ; Sibérie : 1 à 2 millions. Diocèse comprenant Moscou (60 000 dont 2/3 de Polonais), St-Pétersbourg, Kaliningrad (50 000 cath.), la communauté de la Volga (50 000). Diocèse pour la Sibérie : cathédrale à Novossibirsk. L'Église orthodoxe accuse l'Église catholique de prosélytisme.

■ **Protestants.** Luthérien 675 000, adventistes 35 000, baptistes 300 000, pentecôtistes 120 000, témoins de Jéhovah 40 000, mennonites 8 000, mormons 150.

■ **Juifs.** Lénine imposa aux Juifs l'assimilation. Staline pratiqua un antisémitisme d'État contre une « conspiration sioniste » *(complot des blouses blanches).* Les Juifs (10 % du Comité central en 1939, 2 % en 1952) seront écartés des hauts postes. Avant 1990, aucun des actes de la vie juive : circoncision, bar-mitsva, mariage religieux ni enterrement, ne pouvait avoir lieu. La CEI a abandonné l'antisémitisme officiel. Le Front national patriotique *(Pamiat)* voudrait que les Juifs soient expulsés de R. et qu'il soit interdit d'épouser une personne de race étrangère. L'Union des écrivains russes (ex-communiste) dénonce une conspiration « judéo-maçonnique ». Le *24-2-1993 :* 1er congrès des organisations juives russes et élection d'un grand rabbin (Adolf Shaievitch). **Croyants** (en %) : *1920-30 :* 80 ; *35 :* 50 ; *78 :* 15 à 20 ; *80 :* 2 à 3 pour les – de 20 ans, 8 de 20 à 30 ans. **Synagogues :** *1926 :* 1 103 ; *80 :* 91 (dont environ 60 en activité) ; à *Moscou :* 2 pour environ 250 000 juifs ; *Karkov :* 0 pour 75 000 juifs. **Langue :** *yiddish :* 19,6 % des Juifs soviétiques le déclarent comme langue maternelle ou 2e langue ; n'est plus enseigné (sauf depuis 1980 au Birobidjan, « région autonome juive » créée 1934 ; 8 900 Juifs). **Enseignement rabbinique :** *Yeshiva* (école supérieure rabbinique) à Moscou : rouverte 1974 ; enseignement en hébreu depuis 1990. Depuis 1948, il n'existait plus d'école enseignant en hébreu bien que la Constitution soviétique garantisse l'enseignement « dans la langue maternelle ». En 1990, création d'une chaire d'hébreu à l'université de Moscou. **Nombre : 1897 :** 5 200 000 ; **1939 :** 3 000 000 (sur 7 millions de déportés en 1936-39, il y eut 600 000 Juifs) ; **1940 :** 5 235 000 dont 2 170 000 devenus soviétiques avec annexion d'une partie de la Pologne et des pays baltes ; **1941-45 :** 3 200 000 tués par les Allemands [dont 200 000 au combat ; plus de 30 000 assassinés à Babi Yar (Kiev) en 1941] ; **1985 :** 2 à 3 millions ; **1990 :** 1 700 000. **Émigration : 1904-16 :** 1 100 000 vers USA, 24 000 vers Palestine : fuient les pogroms (60 000 †) ; **1921-26 :** 21 000 + 34 000 rapatriés en Pologne. **1922 :** accord entre la Sté d'émigration unie juive (*Emigdirek,* Berlin) et la Commission publique juive de Russie. Il ne dure que 1 an. *-Août :* expulsion des Juifs condamnés pour activités antisoviétiques. Retour à l'émigration individuelle. **1931-36 :** moins de 2 000, moyennant 130-150 £ payés par leurs parents vivant en Occident. **1945 :** plusieurs centaines de milliers rapatriés en Pologne, Hongrie, Tchécoslovaquie, Roumanie, Bulgarie. **1952-70 :** 30 111 ; **71 à 75 :** 114 220 ; **76 :** 14 261 ; **77 :** 16 736 ; **78 :** 28 864 ; **79 :** 51 333 (60 % aux USA) ; **80 :** 21 471 ; **81 :** 9 447 ; **82 :** 2 688 ; **83 :** 1 314 ; **84 :** 896 ; **85 :** 1 140 ; **86 :** 914 ; **87 :** 8 068 ; **88 :** 22 000 (2 300 en Israël) ; **89 :** 71 196 [12 900 en Israël (USA : quota de 40 000 à 50 000 depuis oct. 1989)] ; **90 :** 200 000 en Israël ; **91 :** 400 000 ; **92-95** *(est.) :* 1 000 000 en Israël ; **98 :** 13 019 ; **99 :** 29 534.

Nota. – En 1989, un Juif quittant l'URSS devait payer 800 $ pour renoncer à la nationalité soviétique, 140 $ les visas israéliens (délivrés par l'ambassade des P.-Bas à Moscou) ; il pouvait emporter 150 $ plus 2 valises et prendre le train pour Vienne (via Varsovie) d'où 10 % gagnaient Israël et 90 % Ladispoli, près de Rome, où ils attendaient un visa pour un autre pays. La mention « juif » figurait obligatoirement sur les passeports.

■ **Musulmans** (en 1995). 19 millions. 47 autorités religieuses dont 3 nationales (sièges à Moscou et Ufa).

☞ **Sectes :** elles contrôleraient 5 millions de personnes (dont 100 000 à Moscou) dans 1 500 lieux de culte (orthodoxes 5 622, musulmans 3 264, catholiques 139).

■ RÉGIONS GÉOGRAPHIQUES

Place de la Russie en ex-URSS (en %). **Superficie :** 76. **Population :** 51. **Économie :** pétrole 91,3 ; bois 81 ; gaz 74,8 ; poisson 74,3 ; ciment 60 ; acier 58 ; charbon 54,6 ; production industrielle 54,5 ; pomme de terre 54 ; blé 52 ; lait 51 ; viande 49,9.

■ **Région de Moscou.** **MOSCOU :** (8 817 000 hab. en 1996). *Alt. :* Moskova 115 m, Mt Lénine 195 m. *Températures moyennes :* déc. : – 7,8 °C, janv. : – 10,5 °C, févr. : – 9,7 °C, mars : – 4,7 °C, avril : + 4 °C, mai : 11,7 °C, juin : 16 °C, juillet : 18,3 °C, août : 16,3 °C, sept. : 10,7 °C. *Dates charnières (moyennes) : 16-3* neige commence à fondre. *12-4* Moskova brise ses glaces. *2-5 :* 1er orage éclate. *24-5* pommiers fleurissent. *26-8 :* 1res feuilles tombent. *14-9 :* 1ers gels nocturnes. *28-10 :* 1re chute de neige. *18-11* Moskova gèle. *23-11* couche de neige s'installe. **Histoire :** 1re mention écrite en 1147 (propriété du prince de Souzdal Iouri Dolgorouki). Construite sur 7 collines. Groupée autour du Kremlin, d'abord château féodal, puis ensemble de palais et de cathédrales. Les boulevards concentriques correspondent aux anciens remparts. Depuis le XIXe s., s'agrandit : vers nord et nord-ouest (habitations), sud-ouest (quartier universitaire), est et sud-est (industries) ; actuellement, le long des grands axes à l'intérieur d'un cercle d'environ 20 km de rayon constitué par une autoroute circulaire (MKAD). **KREMLIN (CITÉ) :** a brûlé 15 fois (dont 1331, 1626, 1701, 1737) ; triangle irrégulier de 27,5 ha, ceinturé de 2 235 m de murs (hauteur 15 à 20 m, épaisseur 3,5 à 6,5 m), 20 tours (1485-95) ; au XVIIe s., tours sous forme de tentes et galeries. Étoiles de rubis placées au sommet de 5 des tours (1937). *Tour du Sauveur* (avec étoile de 3,75 m de diamètre) 71 m ; *de la Trinité* (1495) 80 m. *Clocher « Ivan-le-Grand »* (1505-08), surélevé en 1600, hauteur 81 m. *Cathédrales :* de l'Assomption (1475-79, hauteur 38 m) ; de l'Annonciation (1484-89) ; de l'Archange-St-Michel (1505-08) ; des 12-Apôtres (1484-89) ; N.-D. de Kazan (place Rouge), reconstruite 1993 ; du Christ-St-Sauveur [1812 voulue par Alexandre Ier pour célébrer la victoire sur Napoléon. *1839-10-9* Nicolas Ier pose la 1re pierre. *1883-26-5* Alexandre III l'inaugure (plus grande cathédrale orthodoxe du monde : hauteur 103 m, 4 clochers, 14 cloches dont cloche-reine 14 t ; 12 portes de bronze, 3 000 chandeliers ; 177 plaques de marbre ; coût : 15,2 millions de roubles-or). *1931-5-12* rasée par Staline pour édifier palais des Soviets (hauteur 415 m, 120 étages, projet abandonné). *1960* devient piscine Moskva. *1995-97* reconstruite (20 000 m^2 dont nef centrale 4 000 pour 15 000 fidèles ; coût 300 millions de $)]. **PALAIS :** à Facettes (environ 500 m^2, 1487-91) ; de Terem (1635-36) ; des Amuseurs (1651-52) ; Arsenal (1702-36) ; des Armures (1844-51) ; Conseil des ministres de l'URSS (ancien Sénat, 1776-87) ; Grand Palais (1839-49) : longueur 125 m, hauteur 45 m (salle Catherine 21 x 14 m, hauteur 7 m, salle St-Georges 61 x 20,3 m, hauteur 17,5 m) ; des Congrès (1959-61, 800 salles dont 1 de 6 000 places) ; du *tsar Pouchka* (« tsar des canons », 1586, 40 t, longueur 5,34 m, calibre 890 mm, n'a jamais tiré) ; du *tsar Kolokol* (cloche-reine, 1734-35, 200 t dont 1 morceau cassé 11,5 t, hauteur 6,14 m, diamètre 6,6). *Place Rouge* (un mur de briques rouges la sépare du Kremlin) 74 831 m^2, 695 m x 130 m (largeur maximale). Cathédrale Basile-le-Bienheureux (église de l'Intercession, 1552, haute de 57 m). Goum (magasin universel d'État) construit 1893, reconstruit 1953 ; galeries marchandes de 2,5 km de longueur ; fait partie d'une chaîne de 20 magasins Goum privatisés. Mausolée de Lénine. Tombe du Soldat inconnu. Le long du mur, tombes, urnes avec les cendres de personnalités (dont Clara Zetkin, Sen Katajama, John Reed, Fritz Heckert, Youri Gagarine, Inès Armand), fosses communes des morts d'oct. 1917 et de la guerre civile. CONSTRUCTIONS STALINIENNES (1948-53) dont université Michel-Lomonossov, tour du ministère des Affaires étrangères, tour d'habitation place de l'Insurrection, hôtel Leningrad. *Rue la plus longue :* avenue Lénine (14 km). *Parc d'Izmaïlovo :* 1 534 ha. ENVIRONS : *Arkhanguelskoïé* à 23 km (palais XVIIe s.), *Koskovo, Ostankino* [château (1792-97), tour de TV 533 m], *Zagorsk* à 71 km (monastère).

Moskova : affluent de l'Oka, tributaire de la Volga, reliant Moscou à la région industrielle de Gorki et, par un canal moderne, à la haute Volga permettant l'accès aux mers Blanche, Baltique, Noire, Caspienne et d'Azov (Moscou surnommé « port des 5 mers »).

Énergie : charbon de Toula, utilisé en partie sur place pour électricité thermique et industrie chimique ; usines hydroélectriques de la haute Volga ; pétrole du Nouveau Bakou et gaz naturel amenés par conduites.

Industries : légères diverses créées fin XIXe s ; *textile :* lin des régions baltes, laine des steppes, coton du Turkestan ; fibres artificielles, au nord et au nord-est de Moscou jusqu'à la Volga (à Ivanovo, Iaroslavl et Kalinine) ; *mécanique* (outillage, matériel ferroviaire, automobile) : Moscou, vallée de l'Oka (Riazan), bassin de Toula et villes de la Volga ; Gorki (confluent Oka Volga, ancien centre commercial) ; *chimique* lourde sur le bassin de Toula et à Moscou (engrais) ; de transformation (produits pharmaceutiques), plus dispersée.

■ **Nord-Ouest.** *Bas plateaux* (altitude maximale 350 m) et *plaines* marquées par l'empreinte glaciaire : vastes marais et lacs reliant haute Volga à Baltique et St-Pétersbourg, elle-même reliée à la mer Blanche. *Climat* continental avec influences atlantiques : amplitudes thermiques plus faibles et précipitations plus abondantes. *Températures moyennes* : janv. : – 9,3 °C, juillet : 17,7 °C. *Nuits blanches* (jour polaire jusqu'à 23 h lors du solstice) : 20-5 au 20-6. *Végétation :* au nord du 60e parallèle (latitude de St-Pétersbourg), forêt sauf un liséré de toundra en bordure de l'océan Arctique ; au sud du 60e parallèle, forêt et clairières de plus en plus nombreuses et vastes, cultures adaptées au climat humide et froid et à la médiocrité des sols forestiers : p. de t., seigle ; lin (2/3 du total mondial) ; bovins près des agglomérations. **SAINT-PÉTERSBOURG** [2e ville du pays (4 769 000 hab. en 1995)]. *Fondée* par Pierre le Grand, en 1703, sur un plan de l'architecte français Alexandre Leblond, sur 42 îles de la Neva (74 km dont 32 km dans la ville, débit 2 500 m^3/sec. ; crue max 4,10 m le 7-11-1824) [appelée *Petersburg* du nom de Pierre le Grand et *Sankt Petersburg* après la construction de 1714 à 1733 de la cathédrale Sts-Pierre-et-Paul ; *Petrograd* de 1915 à 1924 ; *Leningrad* du 31-1-1924 à 1991 (référendum populaire du 12-1-1991, 54 % pour le retour au nom historique, décision du Soviet suprême de Russie 6-9-1991)]. *Capitale* de 1712 au 11-3-1918. *Assiégée* du 8-9-1941 au 27-1-1944 [900 jours ; 33 % des habitations détruites, 650 000 † (tués ou morts de faim ou de froid)]. Plus de 50 *musées* dont l'Ermitage (600 m de façade, 400 salles, construit par le Français Wallin de La Mothe), Russe (6 000 icônes) ; 26 *théâtres*, 300 *ponts* dont 21 à tablier mobile [le plus large : Bleu 99,95 m ; le plus long : Alexandre-Nevski 909 m (largeur 35 m)], 86 *rivières,* 420 *édifices religieux* (80 disparus depuis 1917), dont temple tibétain Datsan Kuntsechoineï, inauguré 1913, fermé sous Staline, rouvert 1994. *Cathédrale* St-Isaac (hauteur 101,5 m, 111,2 × 97,6 m), St-Pierre-et-St-Paul (hauteur 120 m), colonne Alexandre (monolithe en granit rouge, 47,5 m, 600 t). *Statue de Pierre le Grand* (Falconet). *Forteresse Pierre-et-Paul [16-5-1703/ 87* murailles revêtues de plaques de granit (hauteur maximale 12 m, épaisseur moyenne 2,5 à 4 m, longueur côté Neva 700 m), *1717-1918* prison politique]. *Perspective Nevski :* longueur 4,5 km, largeur 25 à 60 m. *Centre industriel :* bois, textile (lin), aluminium, construction mécanique ; *port maritime,* le plus actif de Russie. **Environs :** *Pavlovsk* à 35 km, *Petrovdorets* (ex-Peterhof) à 30 km et *Pouchkine* (ex-*Tsarskoïe Selo,* « bourg du tsar ») à 15 km : palais. *Cronstadt,* extrémité est de l'île de Kotlin [*1703* édifiée par Pierre le Grand. Longtemps seul port militaire russe. *1921* février-mars révolte des marins (bâtiment *Petropavlosk,* place de l'Ancre, voir p. 1234 c). *Fin 1980* reliée par digue].

☞ **Kaliningrad :** territoire sur la Baltique séparée de la R. par Lituanie et Pologne. **Superficie :** 11 500 km^2. **Population** (en 1993) : 913 000 hab. **Histoire :** *1256* Königsberg fondée par les chevaliers Teutoniques. *1701* capitale de Frédéric Ier de Prusse. *1945* conquise par l'Armée rouge. *1946* nom actuel. Fermée aux étrangers jusqu'en 1991 (port militaire). Depuis, zone franche.

■ **Oural.** Chaîne de montagnes peu élevées (altitude maximale : Mt Narodnaya 1 894 m), aisément pénétrable (larges dépressions transversales). **Villes principales :** *Iekaterinbourg* [dénommée 1920-93 *Sverdlovsk* (du nom du responsable de la ville en 1918)], 1 375 000 hab. (en 1991), *Tcheliabinsk* 1 148 000 hab. (en 1991), *Magnitogorsk* (fondée 1928) 421 000 hab. (en 1984). **Énergie :** charbon près d'Iekaterinbourg, pétrole à l'ouest entre Perm et Oufa (surnommé le « 2e Bakou ») ; hydroélectricité. **Mines :** or, cuivre, manganèse, nickel, zinc, fer surtout dans le sud entre Tcheliabinsk et Magnitogorsk (tout près se dresse la Magnitnaïa, « montagne aimantée »). **Industrie :** *ancienne :* forges établies depuis Pierre le Grand ; armes, outillage, quincaillerie étaient vendus dans les grandes foires de Kazan, Nijni-Novgorod [(Gorki de 1936 au 23-10-1990, interdite aux étrangers jusqu'en 1990), foire créée 1817, supprimée 1930]. *Récente :* développée 1939-45, la R. d'Europe étant alors en partie occupée, à partir du minerai de l'Oural et du charbon apporté d'autres régions ; combinat *Oural-Kouzbass,* trop vaste (2 000 km entre fer et charbon), supplanté aujourd'hui par le combinat *Oural-Karaganda.* On utilise aussi de plus en plus le charbon de l'Oural lui-même ; *mécanique :* matériel ferroviaire, tracteurs, machines-outils, armement, à Nijni-Taguil, Iekaterinbourg, Tcheliabinsk, qui assurent de 30 à 40 % des ind. mécaniques ; *chimie :* utilisant les sous-produits de la métallurgie (Magnitogorsk) et les potasse et phosphates du bassin de la Kama (région de Perm).

■ **Kamtchatka.** 31 000 km^2. **Capitale :** *Pallana,* petit port de pêche sur la mer d'Okhotsk. **Histoire :** *1697* découvert par 60 cosaques agissant pour le compte d'un négociant en fourrures d'Irkoutsk, Vladimir Atlasov. *1701* rattaché à l'Empire par Pierre le Grand. Les indigènes *(Kamtchadales),* surmontant leurs rivalités, résistèrent 30 ans. Il en subsiste environ 9 000 : 3 000 *Selcups* et 6 000 *Koriaks,* éleveurs de rennes et pêcheurs groupés dans le district national des Koriaks, au nord.

■ **Ile de Sakhaline.** 76 000 km^2. 948 km de longueur, du nord au sud. Latitudes comparables à celles de la France et de l'Irlande, mais climat sibérien (toundra, rennes). 700 000 hab. dont 50 à 70 000 d'origine coréenne. **Capitale :** *Loujno Sakhalinsk* (10 417 km de Moscou, 100 000 hab. en 1985). **Histoire :** *1643* le Hollandais De Vries la découvre et la prend pour une presqu'île. *1782* La Pérouse l'identifie comme île. *1805* explorée par les Russes. *1856* par les Japonais (au sud) ; russe (le Japon cède le sud contre les Kouriles). *1875* annexée à la Russie. *1905* les Japonais reprennent le sud (jusqu'au 50e parallèle). *1923* la Russie veut vendre Sakhaline au Japon 1 milliard de yens (équivalent du budget annuel du Japon). *1945 Yalta :* attribuée entièrement à l'URSS, ainsi que les Kouriles, contre la promesse soviétique d'entrer en guerre contre le Japon 3 mois après la défaite de l'Allemagne.

Kouriles du Sud. 4 îles : **Habomai, Shikotan, Etorofu, Kunashiri.** Rattachées administrativement à Sakhaline. Le Japon réclame leur restitution (pour Habomai et Shikotan, les 2 inhabitées, elle était prévue dans une déclaration soviéto-japonaise de 1956). *1991* le Japon propose d'octroyer à la Russie un crédit de 25 milliards de $ à la restitution. *1992-30-11* par décret, Eltsine les transforme en « zones franches » et autorise les investisseurs étrangers à louer les terres pour 99 ans. Le Japon proteste. Projet d'exploiter les algues brunes du littoral (produirait 22,2 milliards de $ par an en médicaments).

■ **Régions arctiques.** Climat continental : hiver long, très rude (– 47 °C en janvier à Verkhoïansk) ; été très court, précipitations médiocres, de plus en plus faibles vers l'est. La région autour de Mourmansk, au nord-ouest, bénéficie de l'influence adoucissante de la dérive nord-atlantique (prolongement du Gulf Stream). Sol perpétuellement gelé en profondeur (la *merzlota,* à l'ouest de l'Oural, au-delà du cercle polaire) à l'est, plus loin vers le sud. Obstruction par les glaces des embouchures des cours d'eau (gigantesques débâcles dans le cours moyen). *Toundra :* limitée par le cercle polaire à l'ouest de l'Oural, s'élargit progressivement vers l'est ; au-delà de la Lena, s'étend sur toute la Sibérie orientale et le Kamtchatka, entre Arctique, Pacifique et mer d'Okhotsk. Élevage nomade du renne. **Villes** (rares) : Mourmansk 412 000 hab., Arkhangelsk 403 000 hab. **Mines :** nickel (région de Mourmansk, presqu'île de Kola), nickel et cuivre (Norilsk, delta du Ienisseï), métaux précieux de la vallée de la Lena (région de Iakoutsk), fer (presqu'île de Kola), houille (bassin de Vorkouta), lignite (vallée moyenne de la Lena) et houille (Toungouska, affluent de droite du Ienisseï). **Difficultés :** approvisionnement alimentaire (en dépit des progrès de l'agriculture), relations difficiles par chemins de fer (3 lignes en Europe, aboutissant à Mourmansk, Arkhangelsk et Vorkouta), voie d'eau en été, mer (« voie maritime du Nord », 13 000 km d'Arkhangelsk à Vladivostok), avion.

■ **Sibérie.** 12 800 000 km^2 (75 % de la Russie) sur 8 000 km de l'Oural au Pacifique et 3 000 km de l'Arctique à la Chine. **Population** (en millions) : *1926 :* 6,5 ; *59 :* 17 ; *70 :* 25 (pour la 1re fois, plus de 10 % de l'URSS) ; *83 :* 29,6 ; *93 :* 25 (80 % dans le sud). **D.** 1,9. **Immigration chinoise** (1991-94) : 2,5 à 4 millions. **Ressources :** 60 à 90 % des ressources naturelles de la Russie (58 % des ressources mondiales). *Production* (en 1990) : pétrole 1 000 millions de t, gaz 1 000 milliards de m^3. *Agriculture :* 30 millions d'ha défrichés entre 1955 et 1977. Rendement insuffisant : pour 1 quintal de blé, 4 h 1/2 de travail (1 h aux USA). Obstacles principaux : climat (7 mois de gel) ; distances, densité faible de population ; pauvreté des sols (tchernoziom 10 % de la superf. ; sols marécageux, sablonneux, siliceux et montagneux 90 %). *Actions entreprises :* engrais ; mise en culture du désert (irrigation, lutte contre l'érosion éolienne ; utilisation de machines spéciales travaillant le sol sans ôter la couche végétale) ; création d'une agriculture polaire (serres chauffées et éclairées) ; peuplement systématique (d'abord forcé, puis encouragé par primes, appels au patriotisme ; la plupart des points d'implantation en Sibérie sont tenus par des jeunes ; avantage : dynamisme accru ; inconvénients : instabilité, forte proportion de départs). Association pour l'entente sibérienne créée juillet 1992 (objectif : marché commun sibérien). Le Congrès interrégional des 19 territoires de Sibérie (Tomsk, 16/17-2-1993) a réclamé une plus grande indépendance économique et dénoncé la corruption des intermédiaires. **Transports :** hélicoptère, avion, chemin de fer (voies sur pieux de béton de 12 m de hauteur enfoncés dans le sol gelé). Navigation polaire (convois précédés d'un brise-glace ; ouverture du port de Norilsk à l'embouchure du Ienisseï, permettant l'acheminement du matériel lourd par la mer de Barents). Gazoducs, oléoducs.

■ HISTOIRE

■ **Avant J.-C.** **Vers 300000** humains établis en Sibérie centrale (?). **Vers 4000** steppes de la Russie du Sud, du Dniepr au haut Ienisseï, occupées par Indo-Européens qui créent civilisation de *Kurgan* (en russe : « tertre ») : aristocratie militaire occupant les buttes fortifiées ; villages d'agriculteurs dans les plaines, élevage du cheval. **Vers 2000** cavaliers indo-européens conquièrent vaste domaine de l'Iran à l'Atlantique ; les steppes au nord de la Caspienne restent occupées par une de leurs tribus, les *Cimmériens.* **Vers 1000** les *Scythes,* Indo-Européens de la moyenne Volga, conquièrent le domaine cimmérien et créent un empire cimméro-scythe qui durera jusqu'au IIIe s. apr. J.-C. (détruit par les *Huns,* venus de Sibérie centrale) ; *à la même époque* tribus indo-européennes des *Slaves* (agriculteurs) se différencient des Celtes et Germains entre Carpates, Vistule et Pripet. Pendant 1 500 ans, progresseront lentement dans le bassin du Dniepr. Les communautés villageoises (*mir,* « terre » ou « paix ») possèdent les terres, réparties tous les 3 ans entre les familles de cultivateurs (chacune possède néanmoins un lopin inaliénable). **Après J.-C.** **200-375** steppes scythiques traversées par les *Goths* (Germains) venus de la Baltique ; ils laissent le terrain aux nomades sibériens, *Huns,* puis *Avars* et *Khazars,* qui conquièrent les plaines de la mer Noire à l'Oural. **Conquête slave : du Ve au VIIIe s.** les *Slaves Polians* occupent l'Ukraine ; les *Severians,* le haut Donetz ; les *Radimitches,* la Biélorussie [autres tribus du même groupe (« Slaves orientaux ») : *Drevlians, Slovènes, Krivitches, Dregovitches, Viatitches, Ouglitches, Tivériens*] ; ils fondent des villes : Kiev, Beloozero, Novgorod, Ladoga, Polotsk, Smolensk. **IXe s.** Novgorod et Kiev sont organisées en principautés militaires par des *Varègues* venus de Suède.

■ **Princes de Novgorod et de Kiev.** **862 Rurik** ou **Riourik Ier** (vers 800-874), fils de Haffdarne, margrave de Frise. **874 Igor** († 891), son fils. **879 Helgi** ou **Oleg Ier** († 880), cousin germain de Rurik Ier. **882 Helgi** ou **Oleg II** († 912), son fils ; il unifie les 2 principautés, créant la voie commerciale Baltique-Byzance par le Dniepr et s'emparant de Byzance en 907 (accord commercial 911).

■ **Grands-ducs de Kiev.** **912 Igor II** (vers 875-945), neveu de Helgi II (?), tué. **940-44** nouvelles guerres contre Byzance. **945 Sviatoslav Ier** (923-972), fils d'Igor II, tué ; sa veuve Olga convertie 957, future sainte. **973 Iaropolk Ier** (940-980), son fils, tué. **980 Vladimir Ier le Grand,** dit « l'Ardent Soleil » (né vers 950/† 15-7-1015 ; canonisé 1203 ; bâtard d'Igor Ier, établi à Novgorod). Prend Kiev, devient grand-prince de Kiévie et fait exécuter Iaropolk. **988** relègue sa femme Rogneda au couvent, se convertit pour épouser Anne, sœur de Basile II, empereur de Byzance. **XIe s.** colonisation intensive (fondation de 90 villes). Sté féodale régie par un code : la « vérité russe ». **1017 Sviatopolk Ier** (980-1019), fils de Iaropolk Ier. **1019 Iaroslav le Sage** (978-1054), fils de Vladimir Ier. **1049**-*4-8* Reims, *Anne de Kiev,* fille de Iaroslav, épouse roi de France Henri Ier ; guerre contre nomades, notamment Petchenègues et Polovtses. **1054 Iziaslav Ier** (1025-78), fils de Iaroslav, détrôné. Kiévie se sépare de Rome avec Byzance ; s'étend de mer Noire au lac Onega. **1069 Venceslas** († 1101), son neveu, détrôné. **Iziaslav Ier** restauré. **1073 Sviatoslav II** (1027-76), son frère, tué. **1075 Iziaslav Ier** restauré. **1078 Vsevolod Ier** (1030-93), frère d'Iaroslav Ier. **1093 Sviatopolk II** (1050-1113), fils d'Iziaslav Ier. **Fin XIe s.** se désagrège en plusieurs États féodaux, notamment république féodale de Novgorod (au nord) ; le plus puissant est Rostov Souzdal [Russie centrale (apogée avec *Iouri Dolgorouki,* 1115-57, qui fonde Moscou 1147)]. **1113 Vladimir II Monomaque** (1053-1125), fils de Vsevolod. Kiev se révolte. **1125 Mstislav Ier Harald** (1076-1132), son fils. **1132 Iaropolk II** (1082-1139), son frère. **1139 Viatcheslav Ier** (vers 1083-1146), son frère. **Vsevolod II** (vers 1085-1146), petit-fils de Sviatoslav II. **1146 Igor III** son frère, détrôné puis tué (1147). **Iziaslav II** (1100-54), fils de Mstislav, détrôné. **1149 Georges Ier Dolgorouki** (1090-1157 ; surnom Youri de Souzdal), fils de Vladimir II. **1150 Iziaslav II** puis **Georges Ier Dolgorouki,** restauré. De sa mort (1157) à 1249, 22 grands-ducs, dont 11 chassés et rappelés plusieurs fois, se succédèrent à la tête du grand-duché de Kiev. La suprématie revint vers cette époque aux grands-ducs (puis grands-princes) de Vladimir.

■ **Grands-ducs puis grands-princes de Vladimir.** **1157 André Ier** (vers 1110-1174), fils de Georges Ier. **1175 Iaropolk** († 1196), son neveu. **Michel Ier** (1151-76), frère d'André. **1200** fusion des Ptés de Vladimir et de Galicie. **1212-17** *anarchie de la « Grande Nichée ».* **1217 Constantin Ier** (1185-1218), fils de Vsevolod III. **1218 Georges II** (1189-tué 1238), son frère. **1223** *invasion des Mongols* de Gengis Khân qui battent les Russes sur la rivière Kalka. **1238 Iaroslav II** (1190-1246), son frère. **1240** Mongols, commandés par le petit-fils de Gengis Khân, le khan Batou, pillent Vladimir, Moscou, Kiev (6-12). Kiévie disparaît, remplacée au nord-ouest par Moscovie qui lutte contre Mongols venus du sud-ouest et catholiques romains venus de la Baltique. *-15-7* Alexandre de Novgorod, fils de Iaroslav II, bat Suédois sur Neva. **1242**-*5-4* bat chevaliers Porte-Glaive sur la glace du lac Peïpous. Mongols créent l'État de la *Horde d'or* dans la basse Volga, font payer tribut à tous les princes russes, décernent le titre de Pce de toutes les Russies au prince de leur choix. **1246 Sviatoslav III** (1196-1252), frère de Iaroslav II, déposé. **1248 Michel II** († 1249), fils de Iaroslav II, tué. **1249 André II** (1222-64), son frère. **1250** le rôle de Moscou grandit (capitale à partir de 1300). **1252 Alexandre Ier Nevski** (1220-63 ; surnom dû à sa victoire sur la Neva), son frère. **1263 Iaroslav III** (vers 1230-71), son frère. **1272 Vassili** (1236-76), son frère. **1276 Dmitri Ier** (vers 1254-94), fils d'Alexandre Nevski. **1294 André III** (vers 1255-1304), frère de Dmitri. **1304 Michel II** (1271-1319), fils de Iaroslav III, tué. **1319 Dmitri II** (1299-1325), fils de Michel II. **1327 Alexandre II** (1301-39), frère de Dmitri II (dernier grand-duc de Vladimir).

■ **Grands-princes de Moscou.** **1317 Georges III** (1281-1325), petit-fils d'Alexandre Nevski [fils de Daniel (1261-1308), Pce de Perciaslav, 4e fils d'Alexandre]. **1325-1328 Ivan Ier Kalita** [« à la Bourse »] (vers 1304-41), son frère. **1328** obtient des Mongols le titre de grand-Pce. **1341**-*mars* **Siméon l'Orgueilleux** (1316-53), son fils. **1353 Ivan II le Doux** (1326-59), son frère. **1359 Dmitri III l'Usurpateur** (1323-89), fils de Constantin de Souzdal. **1363 Dmitri IV Donskoï** (1350-89), fils d'Ivan II. **1380**-*8-9* bat l'empereur mongol Mamaï à Koulikovo, mais est battu à son tour (1382). **1389**-*mai* **Vassili Ier** (1371-1425), son fils, 1er Gd-Pce couronné sans l'autorisation des Mongols. **1425**-*févr.* **Vassili II l'Aveugle** (1415-62), son fils. **1433 Georges IV l'Usurpateur** (1374-1434), son oncle. **1434 Vassili II** restauré. **1446-47 Dmitri,** usurpateur. **1447 Vassili II** restauré. **1462**-*mars* **Ivan III le Grand** (1440-1505), son fils. **1480** unifie la R. ; allié au khan de Crimée, bat la *Horde d'or* et prend Novgorod. **1497** Code rural, autorisant les paysans à changer de domaine du 19 au 26 nov.

■ **Grands-princes de Russie.** **1505**-*oct.* **Vassili III** (1479-1533), fils d'Ivan III. **1533**-*déc.* **Ivan IV le Terrible,** son fils qui suit. **1533-38** régence d'**Hélène** (1538), sa mère.

■ **Tsars** (de César). **1547**-*janv.* **Ivan IV le Terrible** (25-8-1530/18-3-1584). *-16-1* sacré à Moscou par Macaire ; le titre de tsar lui est accordé par le Sénat. **1534-84** lutte contre les Tatars de Khazan (construction de la ligne fortifiée Kalouga-Toula-Zaraïsk), les boyards (grands seigneurs russes), et fait exécuter des milliers d'opposants (chevaliers Porte-Glaive et Polonais) ; conquiert Sibérie. **1550** création des *streltsy,* corps d'arquebusiers servant de gardes au tsar. **1552** prend Khazan. **1556** conquête d'*Astrakhan :* les colons russes y pratiquent une forme plus ancienne du *mir,* due aux immenses réserves de terrain ; chaque famille choisit librement chaque année les champs qu'elle veut cultiver. **1565** création des *opritchinas* (territoires gouvernés militairement où les gardes du corps du tsar pouvaient confisquer les terres des boyards). **1570** détruit Novgorod. **1575-76** laisse son trône à *Siméon Bekboulatovitch.* **1580** crise du servage : de nombreux villages russes sont devenus la propriété d'un noble *(barine) ;* les paysans doivent lui payer des redevances en nature *(barchtchina)* ou en argent *(obrok) ;* certaines années, après 1581, ils ne pourront quitter librement le domaine. **1581**-*nov.* Ivan tue son fils aîné dans un accès de colère. Les Casaques de Yermak franchissent l'Oural et commencent la conquête de la Sibérie.

1584-*mars* **Fédor Ier** [31-5-1557/7-1-1598, faible d'esprit ; empoisonné par Boris Godounov (?)], fils d'Ivan IV.

■ **Le temps des troubles.** **1598**-*janv.* **Irina**, veuve de Fédor Ier, abdique. *-Févr.* **Boris Godounov** (vers 1551/13-4-1605), beau-frère de Fédor Ier (régent 1584-98), élu tsar. **1600**-*27-5 Matines de Moscou :* massacres de Polonais partisans de Dmitri. **1604** **1er faux Dmitri** : (Grichka Otrepiev (1580/27-5-1606), moine défroqué, prétendant être Dmitri, le frère de Fédor Ier assassiné par Boris (?) et légitime successeur, envahit la R., soutenu par les Polonais et le St-Siège. **1605**-*avril/juin* **Fédor II** (1589/20-6-1605), fils de Boris, tué par les nobles. **1606**-*20-6* **Vassili IV Chouiski** (1553-1612), descendant de Rurik ; *-17-10* abdique, meurt prisonnier en Pologne. **1607** Code des lois *(Oulojenié)* interdisant aux maîtres de libérer leurs serfs. **1607-10 :** **2e faux Dmitri** (Andreï Nagii, † 21-12-1610), imposteur, tsar de Touchino, ép. Marina Mniszech, veuve du 1er faux Dmitri ; chassé, tué à Kalunga par un serviteur au cours d'une chasse. **1610** Polonais prennent Moscou. **1610**-*juillet* à **1613**-*févr.* interrègne. **1611** **Ivan le Petit Brigand** (1607-11), fils de Dmitri (Nagii), pendu. **3e faux Dmitri** (le moine Sidorka, † 1612, empalé). Interrègne, *tsars éphémères,* révoltes populaires (la plus importante, conduite par le marchand Minine et le Pce Pojarski, libère le pays). **1612**-*27-10* Moscou libéré.

■ **Dynastie des Romanov.** **1613**-*4-3* **Michel III** Romanov (23-7-1596/23-7-1645), fils du patriarche Philarète, petit-neveu de la tsarine Anastasie, ép. d'Ivan IV, élu par les nobles ; ép. 1°) *1624* Marie Dolgorouki († 1625), 2°) *15-2-1626* Eudoxie Streeschnev (1608-45). **1617** paix avec Suède qui rend Novgorod. **1634** paix avec Pologne.

1645-*juillet* **Alexis** (20-3-1629/8-2-76), fils de Michel III, ép. 1°) *26-1-1648* Marie Miloslawski (1626-69) dont Sophie, Ivan et Fédor, 2°) *1-2-1671* Nathalie Narichkine (1651-94). **1654** Ukraine conquise sur Polonais. 1er livre russe imprimé. **1656-58** guerre malheureuse contre Suède. **1667-71** révolte des paysans *(Stenka Razine).*

1676-*févr.* **Fédor III** (9-6-1661/7-5-1682), fils d'Alexis et de Marie, ép. 1°) *28-7-1680* Agraphia Grouschewski (1665-81), 2°) *24-2-1682* Marfa Apraxin (1664-1716) ; embellit Moscou, fait brûler les titres de noblesse.

1682-*avril* **Ivan V** (6-6-1666/8-2-1696), fils d'Alexis et de Marie, frère de Fédor, ép. *19-1-1684* Praskovia Soltykov (1664-1723). **1689** déposé (faible d'esprit).

1682 Pierre Ier le Grand (9-6-1672/8-2-1725), demi-frère d'Ivan V, fils d'Alexis et de Nathalie Narichkine, ép. 1°) *6-2-1689* Eudoxie Lapoukine (1670-1731), divorce 1698 ; 2°) *8-11-1707* Catherine (1684-1727) qui suit. A 10 ans, associé au trône d'Ivan V, mais écarté par sa demi-sœur *Sophie* (1657-1704), fille d'Alexis et de Marie, *régente.* Fréquente le faubourg « allemand » de Moscou. Passe sa jeunesse au milieu des étrangers, notamment avec le Genevois Francis Lefort (1656-99) et l'Écossais Patrick Gordon (1635-99), qui l'initient au métier d'officier (doué d'une force colossale ; il mesurait 2 m). **1688** à 17 ans, il écarte du pouvoir Sophie (elle sera enfermée dans un couvent) et Ivan, prend le pouvoir. **1689** sa mère, Nathalie, régente. **1696** gouverne seul. **1698** massacre les chefs des streltsy. **Réalisations : 1°) occidentalisation :** *1er voyage en Europe (1697-98).* But : se former aux techniques modernes : travaille comme charpentier aux chantiers navals d'Amsterdam ; fait des stages aux laboratoires de Londres ; visite académies et musées (Angleterre, Hollande, Allemagne) ; à Vienne, essaye d'entraîner l'empereur Léopold dans une croisade contre les Turcs. *1716-17* voyage officiel en Europe (rend notamment visite à Louis XV enfant à Versailles). **2°) Réformes politiques et sociales :** dissolution des streltsy (arquebusiers) [corps d'infanterie armés d'arcs puis d'arquebuses, créé par Ivan IV en 1550 ; organisés en 20 régiments de 1 000 h. sous la conduite d'un grand boyard ; chargés de la police des rues ou d'éteindre les incendies. Pierre les décime en 1698 (ont tenté de le renverser), le reste est relégué à Astrakhan et sera dissout en 1705, après une tentative de révolte.] opposés à toute réforme ; le tsar prend des mesures brutales contre les traditionalistes russes (interdit la barbe chez les nobles, maniant lui-même les ciseaux, impose l'usage du tabac et le calendrier julien). **1700** supprime le patriarcat, faisant administrer les biens de l'Église par des fonctionnaires laïcs (d'où sa réputation d'impie, cause de nombreuses révoltes). **1703** fonde St-Pétersbourg (capitale 1712). **1711** crée un Sénat, remplaçant la Douma des boyards. Protection accordée à la classe des marchands ; les bourgeois riches sont admis à l'anoblissement ; les nobles sont invités à servir comme militaires ou administrateurs. **1718** fait torturer à mort son fils, le tsarévitch Alexis, chef de l'opposition religieuse et traditionaliste. **1721**-*2-11 titre d'empereur conféré par le Sénat.* **1722** crée une noblesse de fonction. *-6-6* impôt annuel de 50 roubles pour les porteurs de barbe. **1725** crée l'Académie des sciences de St-Pétersbourg. **Politique militaire (1701-21) :** constamment en guerre contre révoltés de l'intérieur ou étrangers [Suédois battus à Poltava, Ukraine, 28-6-1709 (guerre du Nord, voir p. 1258 c), Turcs], combat comme soldat ou officier subalterne, sous les ordres de ses généraux. Évite d'être capturé par les Turcs grâce à sa femme Catherine, qui corrompt le grand vizir. Meurt usé par la débauche. **Bilan :** administration centralisée (corps de fonctionnaires), flotte militaire (29 navires basés à St-Pétersbourg), armée de 130 000 h., industrie de l'Oural (centre : Iekaterinbourg, créé 1721 ; 86 usines métallurgiques), fabriques de draps 15, cuir 14, laine 15, soie 9, coton 6, scieries, poudreries, verreries.

1725-*28-1* **Catherine Ire** (1684/17-5-1727), née Martha Skavronskaïa (jusqu'à sa conversion à la religion orthodoxe) ; ép. 1°) Jean Rabbe, dragon suédois, veuve ; 2°) *1707* en secret, Pierre Ier. Influence du Pce Menchikov (Alexandre Danilovitch, 1672-1729).

1727-*mai* **Pierre II** (23-10-1715/30-1-1730), fils du tsarévitch Alexis (1690-1718, assassiné) et petit-fils de Pierre le Grand.

1730-*juin* **Anne** [(8-2-1693/28-10-1740), fille d'Ivan V ; ép. *11-11-1710* Frédéric-Guillaume, duc de Courlande (1692-1711), aura pour favori Ernest Johann von Bühren, dit *Biron* (1690-1772, qu'elle fit, en 1734, duc de Courlande). **1732** rend les provinces de la Caspienne aux Turcs et annexe l'Alaska. **1734** contrôle l'Ukraine.

1740-*oct.* **Ivan VI** (24-8-1740/16-7-1764), fils de la grande-duchesse Anna Léopoldovna [fille de Catherine (fille d'Ivan IV) et de Charles-Léopold, duc de Mecklembourg] et d'Antoine Ulrich, duc de Brunswick ; **1741**-*7-12* détrôné ; **1756** emprisonné ; **1764**-*6-7* étranglé par 2 officiers d'Élisabeth (qui suit).

1741-*déc.* **Élisabeth** (29-12-1709/5-1-1762), fille de Pierre le Grand et de Catherine Ire, ép. *1742* Alexis Razoumovsky (1709-71). Traite avec Suède. **1743** reçoit partie de la Finlande. **1755** 1re université russe. **1756-63** guerre de Sept Ans (contre Prusse), occupe Berlin.

1762-*5-1* **Pierre III** (21-2-1728/17-7-1762), fils d'Anna (1708-28), sœur d'Élisabeth et mariée à Charles-Frédéric, duc de Holstein-Gottorp [maison issue d'Egilmar, Cte d'Aldenbuch († 1090), qui posséda les duchés de Schleswig et de Holstein et dont une branche a donné la maison royale de Danemark, puis celles de Grèce et de Norvège] ; son véritable père aurait été Saltykoff, gentilhomme de la cour. Épouse *1-9-1745* Catherine (qui suit). *-5-5* admirant Frédéric II, signe la paix, lui rend Poméranie et Prusse orientale, et s'allie avec lui contre l'Autriche. Dispense la noblesse du service obligatoire ; luthérien, persécute Église orthodoxe ; révoltes paysannes. *-9-7* renversé par sa femme, Catherine (qui veut prévenir une répudiation justifiée par ses adultères), aidée de la garde dont 2 officiers, les frères Orlov, sont ses amants. *-10-7* abdique. *-17-7* est étranglé par A. Orlov.

1762-*17-7* **Catherine II la Grande** (2-5-1729/17-11-1796), fille de Christian Auguste, Pce d'Anhalt-Zerbst (au service de la Prusse), et de Jeanne de Holstein. Appelée Sophie-Augusta-Frédérique d'Anhalt-Zerbst (son nom de Catherine lui a été donné lors de son baptême orthodoxe le 28-6-1744). Élevée à la française par des huguenots. *1743* choisie par l'impératrice Élisabeth comme fiancée du Pce héritier Pierre, dont elle est la cousine germaine (sa mère était Pcesse de Holstein). *1745* sacrée à la cathédrale de Moscou. En réaction contre son mari, elle apprend le russe et se pose en défenseur de l'orthodoxie. Prend de nombreux amants. Principaux favoris : *Stanislas-Auguste Poniatowski* (1763-1813), *Grégoire Orlov* (1734-83), *Grégoire, Pce Potemkine* (1739-91), *Platon, Pce Zubov* (1767-1817). Fit séquestrer une fille d'Élisabeth (ou imposteur) dans la forteresse Pierre-et-Paul, où elle mourut. Règne en « despote éclairé », protégeant les « philosophes » comme Voltaire et Diderot. *-3-10* couronnée à Moscou. **A partir de 1763** attire en Russie 27 000 Allemands, en leur promettant immunité fiscale et dispense de service armé. Création de la métallurgie ouralienne (au bois) et des centres textiles de Moscou, Ivanovo, Vladimir ; transformation de la fonte anglaise à St-Pétersbourg (n'évolue pas jusqu'en 1830). **1764** sécularise les biens de l'Église (2 millions de paysans deviennent serfs de l'État). **1767** convoque une commission législative. **1768-74** lutte contre Turcs, victoire navale de Tchesma, Crimée prise (annexion définitive : *1770*). **1772** *1er partage de la Pologne.* **1773-75** révolte de *Pougatchev* (Cosaque du Don ayant soulevé les serfs ; exécuté 21-1-1775). **1775** *2e partage de la Pologne.* **1783** Crimée (Chersonèse ou Tauride) prise aux Tatars et aux Turcs. **1785**-*avril* transforme la Russie en État nobiliaire (publication de la Charte de la noblesse). **1787** voyage officiel dans la « Nouvelle Russie » (terres enlevées aux Turcs). Potemkine avait sur le chemin dissimulé les masures derrière des décors de bois peint. **1790** prend parti contre la Révolution française et mène une politique réactionnaire (condamnation de l'écrivain libéral Radichtchev). **1795** *3e partage* et disparition de l'État polonais.

1796-*nov.* **Paul Ier** (1-10-1754/23 ou 24-3-1801), 2e fils de Pierre III et de Catherine II (légitimité mise en doute), ép. 1°) *10-10-1773* Natalia (auparavant Wilhemine) Pcesse de Hesse-Darmstadt (1755-76), 2°) *7-10-1776* Maria (auparavant Dorothée), Pcesse de Wurtemberg (1759-1828). Quitte Gatchina pour St-Pétersbourg, brûle le testament de sa mère qui le déshéritait au profit de son fils Alexandre, et fait enterrer son père, Pierre III, en grande pompe, chasse les favoris de Catherine II, arrête guerre contre Iran, veut s'appuyer sur le peuple. Entre dans la coalition contre la France. **1799**-*15-8* victoire de Souvorov à Novi. *-24-9* il franchit le St-Gothard. *-27-9* défaite de Korsakov à Zurich. **1800** forme *ligue des Neutres* contre Angleterre, crise économique. **1801**-*23-3* complot ourdi par le Cte Bennigsen (1745-1826, général) : Nikita Cte Panine (1770-1837, vice-chancelier depuis 1799), Peter Cte von der Pahlen (1745-1825, ministre des Affaires étrangères) et le Pce Yaschvill pénètrent dans la chambre à coucher du tsar et veulent lui faire signer un acte d'abdication. Paul refuse, se précipite vers une porte dérobée, une lampe se renverse et, dans l'obscurité, il est frappé à mort. Son fils, Alexandre, a pris part à la conjuration (il voulait sans doute éviter l'exécution, mais Pahlen lui a forcé la main).

1801-*mars* **Alexandre Ier** (12-12-1777/1-12-1825) ; fils de Paul Ier, ép. *28-9-1793* Élisabeth (auparavant, Louise), Pcesse de Bade (1779-1826). Élevé à la française par le colonel suisse La Harpe (idées libérales). *-Déc.* donne le droit de remontrance au Sénat, permet la libération des serfs (1,5 % sont rachetés de 1803 à 1858). **1803** encourage le projet Speranski de Constitution avec Parlement élu. **1804-13** guerre contre l'Iran (*traité de Gulistan, 1813* Azerbaïdjan du Nord et Daghestan annexés). **1805-07** s'allie à Autriche puis Prusse contre Napoléon (*1805-2-12* défaite d'*Austerlitz* ; *1807-7-2* demi-victoire d'*Eylau* ; *14-6*-défaite de *Friedland* ; *-7-7 traité de Tilsit*). **1808-09** s'allie à France contre Angleterre et Suède, enlevant Finlande aux Suédois (*traité de Frederikshavn,* 17-9-1809). **1812**-*28-5 traité de Bucarest :* les Turcs abandonnent l'alliance avec Napoléon. *-23-6* la Grande Armée de Napoléon (578 000 h.) franchit le Niémen. *-7-9* bataille de *Borodino* (à 124 km de Moscou) : 28 000 † chez les Français et plus de 45 000 chez les Russes. *-14-9/19-10* les Français occupent Moscou. *-28/29-11* défaite française à la *Berezina*. *-13-12* la Grande Armée (100 000 h.) repasse le Niémen. Pologne autocratique. **Vers 1814** sous l'influence d'une mystique, Barbara Juliane von Vietlinghoff, Bonne de Krüdener (1764-1824), se convertit à une sorte de méthodisme (Stébiblique). **1818** affranchit les serfs des provinces baltes. **1820** revient à une politique antirévolutionnaire (à l'extérieur : Ste Alliance ; à l'intérieur : déportation sans jugement des serfs en Sibérie). **1825** envoie son aide de camp, le Gal Cte Michaud de Beauretour, auprès du pape Léon XII pour l'avertir de son désir d'abjurer l'orthodoxie et de ramener l'Église de Russie dans l'Église romaine. *-1-12* meurt à Taganrog au cours d'un voyage en Crimée. En 1866, sa tombe sera ouverte et retrouvée vide (il se serait retiré en Palestine puis à Tomsk (Sibérie) en 1836, pour vivre en ermite sous le nom de Fédor Kousmistch, † 20-1-1864).

1825-*déc.* **Nicolas Ier** (25-6-1796/2-3-1855), frère d'Alexandre Ier, ép. *1-7-1817* Alexandra (auparavant Charlotte) de Prusse (1798-1860). **1825**-*14-12* révolte des officiers « décembristes » place du Sénat : ils tuent le Gal Miloradovitch qui s'interposait et tirent sur Nicolas Ier qui avait ordonné de dégager la place (nombreuses victimes dans la foule, 5 officiers exécutés en juillet). **1829**-*14-9 traité d'Andrinople* avec Turquie, ouvrant les détroits et libérant la Grèce. **1831** insurrection polonaise réprimée. **1833**-*8-6 traité d'Unkiar-Skelessi* signé par Orlov avec la Porte : dépendance de la Turquie vis-à-vis de la Russie. **Vers 1835** modernisation de l'industrie textile (200 000 ouvriers dont 90 000 dans l'industrie cotonnière) ; adoption à Moscou de la teinture chimique des laines (famille Goutchov) ; création de l'industrie sucrière ukrainienne (les ouvriers sont dits « serfs de possession » ; juridiquement libres, mais ne peuvent pas quitter leurs usines). Mais la métallurgie stagne (2,5 fois moins que la France, 10 fois moins que la G.-B.) ; le charbon est peu exploité (50 000 t contre 67 000 t en G.-B.). *Causes :* insuffisance du marché, dépenses militaires excessives, indifférence des autorités, insuffisance des banques. **1834-59** *soulèvement du Daghestan* [*chef rebelle :* Samuel Chamil (1797-1871) ; vaincu à Gunib (1859)]. **1845**-*déc.* relations diplomatiques avec Vatican. **1848** la R. aide l'Autriche contre Hongrois. **1851** 1re liaison ferroviaire St-Pétersbourg/Moscou. **1854** début de la guerre de Crimée.

■ **Soulèvements des serfs de 1826 à 1854.** *1826-29 :* 85 ; *1830-34 :* 60 ; *1835-39 :* 78 ; *1840-44 :* 138 ; *1845-49 :* 207 ; *1850-54 :* 141 ; *1855-61 :* 474 (notamment dans le bassin de Moscou, vers Kiev, et Kherson). **Causes :** esclavage total [depuis 1767, les serfs ne peuvent faire appel au tsar contre la justice seigneuriale (peines prononcées : knout, prison, déportation) ; depuis 1800 environ, ils peuvent être vendus ou hypothéqués comme du bétail : en cas de faillite, ils sont vendus d'office ; les *oukases* de 1833 et 1841, interdisant de vendre les parents sans les enfants, sont souvent contournés].

Guerre de Crimée (1854-55)

■ **Causes. 1°) Lointaines :** désir de l'Angleterre de contrer les ambitions russes au Caucase et au Moyen-Orient ; désir de Napoléon III de remporter des victoires contre les coalisés de 1815 (en s'alliant avec les uns contre les autres) ; désir de l'Église catholique de ne pas perdre le protectorat des chrétiens de Turquie, que le tsar orthodoxe cherche à acquérir. **2°) Immédiates (1853) :** *-9/14-1,* à l'ambassadeur anglais, sir Hamilton Seymour, Nicolas Ier parle de la Turquie comme d'un « homme malade » dont il faut se partager l'héritage : l'Angleterre est prête à sauver l'Empire turc, même par les armes ; *-févr.* sur les conseils de l'ambassadeur anglais Redcliffe, le sultan repousse une ambassade de Menchikov venu lui réclamer le protectorat des orthodoxes de Turquie (10 millions d'h.) ; *-20-3* Napoléon III persuade les Anglais d'envoyer une escadre franco-anglaise en mer Égée : Menchikov quitte Constantinople en lançant un ultimatum ; *-3-7* les Russes occupent les principautés roumaines (ils ont contre eux les Autrichiens, alliés aux Prussiens, qui essayent de les convaincre de reculer).

■ **Causes de la défaite russe. 1°) Infériorité maritime de la Russie :** Angleterre et France peuvent attaquer la R. par toutes les mers à la fois. **1854**-*22-4* bombardement d'Odessa, puis des ports russes du Caucase. *-16-8* débarquement aux îles Åland (Baltique), destruction de Bomarsund. **1855** bombardement de Sveaborg (Baltique), Solovetski (mer Blanche), des arsenaux de Petropavlosk et des forts de l'Amour (mer d'Okhotsk). **2°) Hostilité de toute l'Europe :** les Autrichiens, sans déclarer la guerre à la R., mais avec l'appui de la Prusse, occupent les « principautés danubiennes » (roumaines), que les Russes évacuent après le débarquement anglo-français en Crimée. **3°) Désorganisation de l'armée et de la marine russes :** les forces anglo-françaises sont plus disciplinées, mieux équipées, mieux encadrées (défaite terrestre de l'Alma, 20-9-1854 ; sabordage de l'escadre russe à Sébastopol, oct. 1854). A partir de nov. 1854, les Russes se réorganisent, grâce à l'ingénieur Todleben et aux équipages de la flotte (15 000 h.), servant comme artilleurs de forteresse. **4°) Réveil de l'opposition en Russie :** les défaites de l'Alma (devant les Anglo-Français) et de Silistrie (devant les Turcs) déchaînent une violente opposition contre le régime tsariste : nombreux pamphlets anonymes, qui démoralisent Nicolas Ier (il meurt le 2-3-1855). **5°) Difficultés logistiques des Russes :** ils ont à lutter à l'extrémité de leur territoire (l'armée de terre se déplace à pied : un convoi maritime français parti de Marseille arrive à Sébastopol avant un régiment russe parti à pied d'Odessa). **6°) Crise financière :** après l'évacuation de Sébastopol (8-9-1855), les Russes annoncent leur volonté de résister à outrance au nord de la Crimée, mais les caisses sont vides (le public refuse la monnaie-papier du gouvernement). **7°) Menace d'intervention suédoise :** le 21-11-1855, la Suède signe avec la France un traité qui laisse prévoir une offensive combinée en Baltique. Alexandre II craint un débarquement à St-Pétersbourg. **8°) Compensation d'amour-propre en Arménie :** les Russes prennent Kars après un long siège ; le 21-11-1855 le Gal russe Mouraviev oblige l'Anglais Williams à capituler. Alexandre II présente ce succès comme une revanche de Sébastopol, lui permettant d'ouvrir des négociations. Kars sera rendu aux Turcs contre des conditions de paix avantageuses (aucune cession de territoire).

1855-*2-3* **Alexandre II** [(29-4-1818/13-3-1881, assassiné par Russakov) fils de Nicolas Ier, ép. 1°) *28-4-1841* Maria Alexandrovna (auparavant Marie), Pcesse de Hesse (8-8-1824/9-6-1880), 2°) *18-8-1880,* secrètement, Pcesse Catherine (dite Katia) Dolgorouki (2-11-1849/Nice 15-2-1922), 1880 titrée Pcesse Yourievskaïa (Pce et Pcesse Yourievski) dont Georges (1872-1913), Boris († jeune), Olga (1873-1925), Catherine (1878-1958)]. **1856**-*30-3 traité de Paris :* fin de la guerre de Crimée. **1858** recensement : Russes en servage 22 700 000 (42 %), paysans libres (dans les mirs) 20 050 000, serfs de domaines privés 20 173 000, de domaines impériaux 2 019 000 (1 500 000 serfs sont domestiques chez leurs propriétaires). **1861**-*19-2* abolition du servage ; influence de Dimitri Alexeievitch, Cte Milioutine (1816-1912). Distribution aux serfs libérés de lopins de terre (réforme mal appliquée : les lopins sont petits et chers ; 500 000 *moujiks* en acquièrent et vivent dans la pauvreté ; 300 000 restent sur les domaines seigneuriaux comme domestiques agricoles). **1863** insurrection polonaise. **1864**-*1-1* création des *zemstvos* (assemblées régionales) ; de *zemlia* (terre) annoncée. **1866** extension de la loi agraire de 1861 aux 18 000 000 d'anciens serfs des domaines de la Couronne. **1867** *Alaska vendu aux USA* pour 7 200 000 $. **1869** création à St-Pétersbourg du 1er cercle révolutionnaire. **1874** service militaire universel (intégration des paysans et allogènes). **1875** annexion de Sakhaline. **1876** création de la société terroriste *Zemlia i Volia.* **1878**-*3-3 traité de San Stefano* avec Turquie ; *-13-7 de Berlin* avec puissances européennes reconnaissant l'influence russe au Caucase, Turkestan et sur l'Amour. Acquisition de Kars, Batoum et de la Bessarabie. Michel Tainov, Cte Loris Melikov (1826-88, né de parents arméniens), ministre libéral, prépare des réformes. **1881**-*13-3* Alexandre II assassiné par une bombe lancée par Grinevitsky, membre du groupe *Narodnaïa Volia* (Liberté du peuple).

1881-*mars* **Alexandre III** (10-3-1845/2-11-1894), fils d'Alexandre II, ép. *9-11-1866* Marie Fedorovna, Pcesse Dagmar de Danemark (1847-1928). Restaure l'autocratie. Création de l'*Okhrana* (« défense »), police politique tsariste [5 tentatives d'assassinat avaient eu lieu : en 1861 ; 1867 à Paris à la revue de Longchamp : Berezowski, un Polonais, tire sur la calèche de Napoléon III, Alexandre II et ses 2 fils (un cheval est tué) ; 1879 : le 15-4, tentative d'assassinat par Solovieff et le 1-12 une mine explose sous un train, posée par Hartmann et ses complices (c'est le train de bagages qui saute) ; 17-2-1880 : une caisse de dynamite explose sous la salle à manger du palais d'Hiver (18 soldats †)]. **1890**-*12-2* renforce la tutelle du pouvoir central sur les *zemstvos.* **1891** *Transsibérien* commencé (achevé 1917). *-25-7* escadre française à Cronstadt. *-27-8* accord politique avec France. **1892**-*18-8* convention militaire secrète avec France (ratifiée 4-1-1894). **1892-1903** Cte *Serge Witte* (1849-1915) développe l'économie [1897 libre circulation de l'or ; 1900 rattrapage du niveau français pour charbon, fonte, acier, construction mécanique (production industrielle sextuplée entre 1860 et 1900)]. **1893** *-juin traité commercial avec France,* avec tarif douanier protectionniste. *-13/29-10* Toulon, visite escadre russe (amiral Avellan).

1894-*nov.* **Nicolas II** (né 18-5-1868), son fils ; *1891-11-5* au Japon, échappe à un assassinat ; *1894-26-11* ép. Alexandra Fedorovna, Pcesse Alix de Hesse et du Rhin (née 6-6-1872), petite-fille, par sa mère Alice, de la reine Victoria. Éduqué à la française (notamment par Gustave Lanson). Faible et indécis, est influencé par sa femme (qui, à partir de 1905, fait appel à un pseudo-guérisseur, *Raspoutine* voir p. 1232 c). *Enfants :* grandes-duchesses Olga (née 15-11-1895), Tatiana (née 10-6-1897), Marie (née 26-6-

Politique intérieure russe de 1825 à 1889

■ **Idéologie conservatrice. Nicolas Ier : 1825** dès le 1er jour de son règne, écrase la révolution des *décembristes,* et défend l'autocratie. Crée la classe des bourgeois-notables ; ajourne l'affranchissement des serfs ; nomme le général Prolassof administrateur du Saint-Synode de l'Église. Crée un cordon sanitaire policier et douanier pour isoler la R. de l'Europe ; refuse de relier les chemins de fer russes au réseau européen ; crée des enseignements secondaire et supérieur entièrement russes, pour éviter le recours aux maîtres étrangers. Interdit de quitter la R. pour plus de 5 ans (nobles) ou 3 (roturiers). Remplace l'enseignement de la philosophie dans les universités par celui de la théologie. Renforce la censure : seul journal non inquiété : *Le Moscovite,* organe des *slavophiles* (programme à l'extérieur : coopération des peuples slaves ; dans l'empire : unité de la culture russe). **Alexandre II** est plus libéral : **1861**-*10-2* affranchit les serfs (23 millions sur 42 millions de Russes). **1862-65** libéralise le système judiciaire (débats publics, jury d'assises, juges d'instruction, tribunaux d'arrondissement remplacent la justice seigneuriale, cours d'appel, etc.). **1881** accorde une *Constitution,* est assassiné le jour où le texte part à l'imprimerie. **Alexandre III,** son fils, revient, par réaction, à l'autocratie (sous l'influence du Gal Ignatief). **1882** loi sur la presse. **1887** limitation de l'accès aux universités. **1889** les chefs de canton remplacent assemblées locales de serfs affranchis.

1899), Anastasia (née 18-6-1901), grand-duc Alexis (né 12-8-1904, tsarévitch, hémophile). **Meurtre de la famille impériale** décidé par Lénine et exécuté par 12 tueurs (anciens bagnards et prisonniers hongrois) la nuit du 16/17-7-1918 dans le sous-sol de la maison Ipatieff à Iekaterinbourg [détruite le 27-7-1977 sur ordre de Boris Eltsine (alors 1er secr. régional du Parti)] avec 4 serviteurs. Après l'exécution, les bolcheviks ont transporté les corps dans la forêt ; ils ont commencé à brûler ceux du tsarévitch et d'une des filles (Marie ou Anastasia), et les ont jetés dans un puits. N'ayant pas le temps de détruire les autres, ils les ont ensevelis un peu plus loin à la hâte. En 1978, le géologue Nicolaï Avdonine et Guely Riabov, proche du ministre de l'Intérieur de Brejnev, découvrent dans une fosse de 1 m de profondeur, à 30 km de la ville, 3 crânes qu'ils emporteront, puis réenterreront. Le 11-7-1991, sur l'ordre d'Eltsine, Avdonine et Riabov organisent, sous la protection du KGB, l'exhumation de restes qui seront transportés au laboratoire médico-légal à Iekaterinbourg. Les restes du tsar, de la tsarine, de 3 de leurs filles et de 4 serviteurs ont été identifiés (avec une marge d'erreur de 1 %) par leurs empreintes génétiques [comparaison de l'ADN mitochondrial (qui ne s'hérite que de la mère) à celui du duc d'Édimbourg (petit-neveu de la tsarine) qui accepta qu'on lui fasse une prise de sang pour cette étude]. Les restes transportés par avion d'Iekaterinbourg à St-Pétersbourg y ont été inhumés dans la chapelle Ste-Catherine de la cathédrale St-Pierre-et-Paul le 17-7-1998, ainsi que ceux des serviteurs (Anna Demidova, la femme de chambre, Alexis Trupp, le valet de chambre, Ivan Kharitonov, le cuisinier) et du docteur Evgueni Botkine, médecin du tsarévitch, en présence de Boris Eltsine et de sa femme (requiem célébré par un archiprêtre mitré) ; aucun nom ne fut prononcé mais furent évoqués « ceux qui, pendant les années dures des persécutions féroces, furent martyrisés et assassinés au nom de la foi au Christ et dont Dieu connaît les noms » ; 19 coups de canon furent tirés (et non 21, le tsar n'étant pas régnant lors de sa mort). L'Église orthodoxe russe en exil a canonisé le tsar et sa famille. La Gde-Desse Maria et son fils Georges (non reconnus comme chefs de la famille impériale) étaient absents. Ils assistaient à une cérémonie présidée par le patriarche Alexis à St-Serge de Zagorsk à la même heure. **Énigme Anastasia :** *en 1920,* Franzisca Schanzkowska (née 1896), traumatisée par une explosion survenue dans l'usine de munitions où elle travaillait, disparut de l'hôpital où elle avait été internée [après une tentative de suicide le 17-2-1920 dans l'asile psychiatrique de Dalldorf (Berlin), sans dévoiler son identité]. *En 1922,* elle réapparut et prétendit être Anastasia, qui aurait été sauvée. Certains assurèrent la reconnaître, mais elle ne put faire établir ses droits : *1938 :* 1er procès, *1957 :* 2e à Hambourg, *1967 :* 3e (appel perdu), *1969 (18-2) :* 4e (le tribunal fédéral de Karlsruhe rejette son pourvoi en cassation). Connue sous le nom de Mme Anderson, alias Tchaïkovski (mariée en 1969 au Dr Manahan), elle mourut le 12-2-1984 et fut incinérée. Une comparaison génétique (grâce à des échantillons de sang prélevé sur elle en 1951 et de tissus humains prélevés en 1984) avec l'ADN du duc d'Édimbourg a dévoilé la supercherie. On avait soutenu aussi que *Tatiana* avait été sauvée grâce à l'Intelligence Service et serait morte secrètement en Irlande, et plusieurs *faux tsarévitch* s'étaient manifestés pendant la guerre civile.

1895-*mai* sacre de Nicolas II (19-5 : panique, 3 000 à 4 000 †). **1896**-*5/9-10* Nicolas II et tsarine en France. **1897**-*août* Pt Faure à St-Pétersbourg. **1898** *Minsk,* parti social-démocrate ouvrier russe créé. **1900** Lénine crée le journal marxiste clandestin *Iskra,* « l'Étincelle ». **1901**-*août* Nicolas II en France. **1902** parti socialiste-révolutionnaire créé. *-Mai* Pt Loubet en Russie. **1903** scission du parti social-démocrate ouvrier russe entre bolcheviks et mencheviks. *-avril Kichinev* (Moldavie) 50 Juifs tués. **1904**-*févr.* guerre russo-japonaise. *-28-7* PM *Viatcheslav Plehve* (né 20-4-1846) assassiné (bombe lancée sous sa voiture par Egor Sazonov). L'intelligentsia réclame des institutions de type occidental ; les ouvriers réclament la propriété collective de leurs usines, les paysans le partage des terres. *-Nov.* Nicolas II autorise un congrès de *zemstvos* (états généraux des seigneurs et des paysans).

GUERRE RUSSO-JAPONAISE (1904-05)

■ **Causes. 1°) Lointaines :** *a) désir de l'Angleterre d'affaiblir la Russie en Asie.* N'ayant aucun allié asiatique militairement valable en Perse et Asie centrale, elle mise sur le Japon en Extrême-Orient, et s'allie avec lui par traité en 1902. *b) Rivalité russo-japonaise en Chine du Nord-Ouest :* les Russes veulent annexer la Mandchourie (avec Port-Arthur), qui leur permettait de faire aboutir le *Transsibérien* dans une mer non gelée en hiver (leur port Vladivostok, plus au nord, est obstrué l'hiver) ; les Japonais cherchent à annexer la Corée. **2°) Proches :** *a) l'Angleterre, pour isoler la Russie, signe avec la France le 30-4-1904* un accord naval l'empêchant d'aider les Russes en Extrême-Orient. Malgré l'alliance franco-russe, les forces françaises d'Indochine ne feront rien pour empêcher la victoire japonaise, ce qui pousse le Japon à attaquer. *b) Le PM russe Plehve est convaincu que la guerre contre le Japon* sera « courte et victorieuse », ce qui renforcera le prestige du régime tsariste. *c) Le secrétaire d'État russe Bezobrazoff, chargé des questions d'Extrême-Orient,* est en même temps directeur de la Sté Bezobrazoff qui exploite forêts, mines et chemins de fer de Mandchourie. Il refuse d'exécuter l'accord russo-japonais de 1902, prévoyant l'évacuation de la Mandchourie par les Russes, de la Corée du Nord par les Japonais.

■ **Déroulement. 1904**-*26-1* le Japon remet une note à Moscou, réclamant l'évacuation de la Mandchourie (pas de réponse). *-8-2* l'amiral japonais Togo Heihachiro (1847-1934) attaque par surprise Port-Arthur ; coule 7 navires russes et bloque la rade. *-Févr./mai* attaque générale japonaise contre la péninsule de Kouang Tong, pour isoler Port-Arthur des forces terrestres russes. *Commandant en chef :* Mal Oyama Iulao (1842-1916). Hésitations du commandement russe : *1°)* amiral Alexeiev veut sauver Port-Arthur en forçant le goulet de Kouang Tong ; *2°)* Gal Kouropatkine (1848-1925), ministre de la Guerre, puis Cdt en chef, veut se replier au nord de la Mandchourie pour attendre des renforts. Les Japonais ont l'initiative et refoulent les Russes. *Victoires japonaises : -14-6* Wafangou ; *-26-8/3-9* Leao Yang ; *-10/8-10* Cha-ho ; *-15-10* les Russes décident d'envoyer par Le Cap et l'océan Indien leur escadre de la Baltique [amiral Rojdestvenski (1848-1909)], rejointe par l'escadre de la mer Noire, pour débloquer Port-Arthur, mais il lui faudra 8 mois pour faire la traversée. **1905**-*2-2 Port-Arthur* capitule. *-20-2/-9-3 Moukden* (310 000 Russes contre 310 000 Japonais, front de 65 km, pertes : Russes 100 000, Japonais 70 000) : les Russes se retirent en bon ordre à 100 km au nord. *-27-5* bataille navale de *Tsoushima :* amiral Togo attaque par surprise l'escadre russe de la Baltique alors qu'elle arrive dans la mer de Chine : sur 8 navires de ligne, 8 croiseurs et 9 torpilleurs, seuls échappent 1 croiseur et 2 torpilleurs (réfugiés à Vladivostok ; 3 torpilleurs retenus à Manille). *-23-8 traité de Portsmouth* après médiation américaine du Pt Theodore Roosevelt : cède Port-Arthur et partie de Sakhaline.

■ **Conséquences. 1°) 1re victoire des Asiatiques sur les Européens** (les Anglais ont pavoisé lors de la victoire de leurs alliés japonais à Tsoushima, mais c'est le début de la fin de la suprématie blanche en Asie). **2°) Détérioration de l'alliance franco-russe** (les Français ont laissé battre leurs alliés, alors que l'escadre française d'Indochine aurait facilement débloqué Port-Arthur. Guillaume II, qui a soutenu les Russes à cause de ses idées sur le « péril jaune », passe pour le meilleur ami du tsar. Les Français, pour maintenir l'alliance russe, doivent se racheter : ils souscrivent un emprunt de 2,5 milliards de F-or, soutiennent le régime tsariste lors du « dimanche rouge » et de la révolution de 1905). **3°) Le régime tsariste, ébranlé par la défaite, tombe dans la répression** (Raspoutine devient tout-puissant).

A l'époque, les contemporains n'ont pas compris l'importance de cette guerre : **1°)** *tactique et stratégique :* tranchées, fil de fer barbelé, mitrailleuses, gros effectifs ont renouvelé l'art de la guerre. Les Allemands ont tenu compte de cet enseignement (ils l'ont fait passer à l'armée turque qui battra les Bulgares à Andrinople en 1913). Les Français l'ont ignoré. **2°)** *Diplomatique :* les Français n'ont pas su voir que la défaite russe venait de la corruption et de la désorganisation de l'administration tsariste. L'état-major allemand l'a compris, et a perdu sa crainte du « rouleau compresseur russe » ; il envisage avec plus de confiance une guerre sur 2 fronts, jugeant l'armée russe incapable de l'attaquer efficacement. **3°)** *Pour Anglais et Américains,* la défaite russe est un coup d'arrêt à l'expansion russe en Extrême-Orient. Ils sont persuadés qu'ils vont profiter de la victoire japonaise (le Japon ayant été, croient-ils, un instrument entre leurs mains) et ne sont pas conscients du sentiment triomphal éprouvé au Japon.

■ **1905 révolution** provoquée par les contre-réformes et l'abandon des mesures libérales. *-22-1 « dimanche rouge »* à St-Pétersbourg : manif. pacifique de 100 000 ouvriers sans armes conduits par le moine *Gapone* (agent secret de la police, né 1870, tué 28-3-1906), l'armée tire (3 millions d'ouvriers feront grève pour protester). *-17-2* grand-duc Serge [né 1857, gouverneur de Moscou, cousin germain d'Alexandre III] assassiné par bombe lancée par Ivan Kaliaev (sera pendu). *-3-3* Nicolas II charge le ministre de l'Intérieur de créer une Assemblée représentative. *-25-6* révolte du **cuirassé *Potemkine*** à Odessa, 50 h., [menés par Athanase Matiouchenko (rentré clandestinement en Russie, fusillé 20-10-1909)] sur 800, massacrent 6 officiers et 30 matelots, obligent le navire à se diriger sur Odessa, essaient de soulever la ville, la bombardent, puis rentrent le 19-6 à Constanza (Roumanie) ; remis aux Russes le 26-6. *-Oct.* parti KD constitué. *-30-10* Nicolas II signe un manifeste mettant fin à l'absolutisme et annonçant une Constitution. *-Déc.* soulèvement réprimé, notamment à Vladivostok. *-7-12* grève générale à Moscou. *-19-12* insurrection armée à Moscou. **1906**-*avril* **Goremkine** PM. *-10-5* **1re Douma** [assemblée consultative élue ; elle prétend continuer les anciens *zemskii sobor* (états généraux), supprimés sous Pierre le Grand]. Les KD (Kadets) libéraux sont en majorité, grève générale à Moscou réprimée dans le sang (décembre). *-19-7* **Piotr Stolypine** (1862-1911) PM. *-12-8* bombe à la villa de Stolypine (32 †, lui indemne). *-9-11 oukase :* les paysans pourront quitter leur communauté rurale. **1907**-*5-3* **2e Douma,** dite « des extrêmes » : conflit avec Stolypine, dissolution. *-20-10* **3e Douma,** dite « des seigneurs », réactionnaire, s'appuie sur Stolypine ; réorganisation de l'armée, reconstruction de la flotte ; refonte de l'administration ; statut des peuples allogènes. **1911**-*14-9* Stolypine assassiné au théâtre par l'anarchiste Dmitri Bogrov (sera exécuté), devant Nicolas II et la cour. **1912** le tsar mène une politique réactionnaire ; décidé à intervenir militairement en Europe pour restaurer le prestige russe (assez lié à son cousin germain Guillaume II, il cherche à éviter la guerre avec l'Allemagne). *-4-4* massacre des ouvriers en grève des mines d'or de la Lena. *-22-4 :* 1er numéro de la *Pravda.* Découverte d'un complot sur le cuirassé *Ivan Zlataout* (14 exécutés). **1913**-*28-11* **4e Douma** (sera empêchée d'agir par l'état de guerre). **1914**-*janv.* **Goremkine** PM. *-Juillet* Pt Poincaré à St-Pétersbourg. *-1-8* déclaration de guerre de l'Allemagne (voir p. 680 a). *-29-10* la Turquie bombarde les ports russes de la mer Noire. **1914-15** Nicolas II laisse le commandement au grand-duc Nicolas puis, en 1915, prend lui-même le commandement, mais se révèle incapable. **1916**-*2-2* **Boris Stürmer** (1848-1917) PM. *-14-11* **Alexandre Trepov** (1862-1928) PM. **1917**-*8-1* **Pce Nicolas Golitzyne** PM.

☞ *De déc. 1825 à oct. 1905 (manifeste) :* 1 008 condamnations à mort (525 exécutions, dont 192 pour crimes politiques). *Entre le 17-10-1905 et le 17-10-1910 :* crimes politiques : 36 720 condamnés (à mort 5 735 dont 3 015 exécutés) ; crimes de droit commun : 1 257 condamnés à mort (dont 726 exécutés).

■ **Révolution de février 1917** (*mars* d'après le calendrier grégorien). **Causes lointaines : 1°)** *inadaptation aux nouvelles conditions sociales :* la *Douma,* créée en 1905, n'a pas permis au paysannat, au prolétariat urbain, à l'intelligentsia libérale, de se faire représenter. Le régime électoral favorise l'aristocratie terrienne (absentéisme : les grands seigneurs, richissimes, vivent à l'étranger). **2°)** *Indifférence de Nicolas II* aux problèmes politiques : quand on lui annonce le désastre de Tsoushima en 1905, il n'interrompt pas sa partie de tennis. **3°)** *Méfiance des aristocrates envers le tsar :* à cause de la présence de Raspoutine, haï et méprisé. **Causes proches : 1°)** *la guerre et les défaites :* la guerre a permis de juguler l'opposition (arrestation des 5 députés bolcheviks de la Douma), mais déconsidère les chefs militaires incapables de résister aux Allemands (seul Broussilov, en 1916, fait figure de vainqueur, mais ses succès sont sans lendemain). En nov. 1916, Milioukov (KD) tente de faire donner à son parti la responsabilité de l'effort de guerre ; les militaires complotent pour éliminer Nicolas II (avec l'aide des industriels). **2°)** *La famine et la misère* dues : à la baisse de la production agricole (10 millions de paysans mobilisés), à la désorganisation des transports (voies ferrées réquisitionnées). Les villes ne sont plus ravitaillées, les prix triplent. **3°)** *Généralisation des grèves :* à partir de janv. 1917, les ouvriers réclament une adaptation des salaires au coût de la vie, notamment à Petrograd (usines *Poutilov,* tramways) ; les bolcheviks encadrent les grèves et organisent des manifestations de femmes contre la pénurie. **Déroulement :** *-8-3* (23-2) défilés de femmes et d'ouvriers sans travail criant : « Du pain, à bas la guerre ! » *-9-3* grève quasi générale (drapeaux rouges ; cris « A bas l'autocratie ; vive la République ! »). *-10/12-3* le tsar envoie la troupe contre les manifestants ; elle obéit mal. *-12-3* des régiments de la garde fraternisent avec insurgés, entraînant toute la garnison de Petrograd. *Prise de l'arsenal et du palais d'Hiver.* A 18 h 30, démission du gouvernement Golitzine ; insurgés maîtres de la ville. *-13-3* formation de 2 gouvernements provisoires : 1°) *la Douma* constitue un comité provisoire à majorité KD (*Pt :* Pce Lvov ; *Affaires étrangères :* Milioukov ; *Justice :* Kerenski). Régime souhaité ; monarchie parlementaire ; 2°) *un Soviet,* imité de celui de 1905, élu par ouvriers et soldats, s'installe à Petrograd et réclame une Rép. socialiste. *-14-3* le tsar dissout la Douma ; son comité provisoire fusionne avec le Soviet. *-15-3* délégation du comité se rend près du tsar à Pskov pour exiger son abdication ; le tsar, déjà décidé et désireux de garder son fils hémophile près de lui, abdique en faveur de son frère Michel qui renoncera. Une république de fait s'installe. *-27-3* un wagon plombé (jouissant de l'exterritorialité) amène Lénine et une trentaine d'exilés de Zurich à Petrograd (en traversant l'Allemagne).

■ **État politique de la Russie.** Les *Douma* [mot médiéval : conseil au souverain (littéralement : « pensée »)] sont élues au suffrage restreint, et la composition du corps électoral peut être modifiée par décret. Le tsar reste souverain absolu et gouverne au moyen d'un puissant corps de fonctionnaires, surnommés les *tchinovniki* (les « hommes du *tchin* » : le *tchin* était le tableau d'avancement qui divisait le corps des fonctionnaires en rangs hiérarchiques). **Principaux groupes politiques :** *Bund,* parti social-démocrate ouvrier juif ; *Cent-Noirs,* extrême droite (terme provenant de la *sotnia* cosaque, groupe militaire) ; KD, constitutionnels démocrates ; *Narodniki,* populistes (*narod :* peuple) ; *Octobristes,* modérés, partisans de la charte d'octobre 1905 ; SD, socialistes démocrates (membres du POSDR, parti ouvrier socialiste démocrate russe), divisés en *bolcheviks* et *mencheviks* depuis 1903 ; SR, socialistes révolutionnaires ; *Zemlia i volia,* groupe terroriste issu des narodniki. **Principaux groupes sociaux-ruraux :** *batrak,* ouvrier agricole ; *biedniak,* paysan pauvre ; *koulak,* paysan riche ; *seriednak,* exploitant moyen ; **urbains :** *koupet,* riche marchand ; *koustar,* artisan ; *mechtchanin,* catégorie intermédiaire, marchand-artisan. **Principales divisions administratives :** *goubernija,* gouvernement ; *ouezd,* district ; *volost,* canton.

■ **État financier.** La Russie a 3 budgets : **1°)** *ordinaire :* publié officiellement pour influencer les prêteurs étrangers, mais inappliqué. **2°)** *Extraordinaire :* en progression (12 % de dépenses productives sur 7 milliards annuels) ; en déficit depuis 1880 (1911 : dette nationale : 9 milliards de roubles). **3°)** *Administratif :* alimenté par les emprunts contractés en France, sert aux dépenses de la cour et au maintien de l'ordre.

■ **Rôle de l'alliance française.** Ayant promis de mettre l'armée russe à la disposition de la France en cas de guerre franco-allemande (reconquête de l'Alsace-Lorraine), la Russie obtient le droit d'emprunter en France, en principe, pour alimenter les dépenses militaires et les infrastructures stratégiques (chemins de fer biélorusses et polonais). Mais en fait, le coulage est tel dans l'armée russe que son souséquipement lui enlève une grande part de sa valeur.

■ **Rôle de Raspoutine** (du russe *raspoutnik,* débauché). *Grégoire Yefimovitch* (1872-1916) surnommé *le Staretz* (« le saint »), paysan sibérien souvent considéré comme un moine [il fréquentait les *khlysty* (flagellants se livrant à des danses extatiques et à des fornications collectives ; la débauche considérée comme la meilleure voie d'accès à Dieu, permettant de vaincre le péché par le péché]. Il avait un

Politique extérieure russe de 1815 à 1917

■ **Expansionnisme.** Au XVIIIe s. pour Pierre le Grand et Catherine II. Au XIXe s. principaux objectifs : **a) Constantinople et les Détroits** (en russe, Constantinople se dit *Tsarigrad,* la « Ville des tsars »). **b) Europe orientale :** constitution sous la protection de la R. : *1°) fédération des nations slaves* [Polonais (catholiques), Tchèques (protestants), Bulgares, Serbes (orthodoxes), Bosniaques (musulmans), Croates (catholiques), etc.] ; les Slaves sont dans l'ensemble russophiles, sauf les Polonais, antirusses ; *2°) fédération des nations orthodoxes,* quelle que soit leur race : Roumains (latins), Grecs ; ethnies balkaniques diverses (surtout slaves) ; églises arabes du Proche-Orient. **c) Régions caspiennes :** depuis le traité de *Tourkmantchaï* (22-2-1828), les Russes ont progressé en Géorgie, Arménie, Azerbaïdjan jusqu'à l'Araxe. Il leur faudrait conquérir l'Iran (ou l'Afghanistan) pour accéder au golfe Persique. **d) Asie centrale :** s'agrandir aux dépens des nomades. **e) Extrême-Orient :** acquérir des provinces maritimes, au littoral dégagé des glaces, pour accéder au Pacifique.

■ **Angleterre.** Nicolas Ier la considère comme un adversaire (libéralisme, protestantisme, accord avec les libéraux français). **A partir de 1841** elle est la principale rivale à l'expansion russe vers Méditerranée et mers chaudes de l'Asie. L'Angleterre veut : *1°)* empêcher le démembrement de la Turquie, qui livrerait à la R. Constantinople et l'accès vers la Méditerranée ; *2°)* écarter les Russes de Perse et d'Afghanistan, d'où ils pourraient couper ses communications avec l'Inde ; *3°)* empêcher leur hégémonie en Extrême-Orient. Elle ne fera la guerre qu'une fois (*guerre de Crimée,* avec l'alliance française et turque 1854-55, voir à l'Index), mais s'opposera à la R. par tous les moyens jusqu'en 1914 (voir col. c). **1895** l'Angl. impose à la R. une frontière laissant à l'Afghanistan une bande de 20 km de largeur le long du fleuve Oxus (ainsi, pas de frontières communes Russie-Inde). **1896** la R. obtient la concession d'une voie ferrée en Perse de la Caspienne au golfe Persique, et le monopole des navires de guerre en Caspienne ; elle crée la *Banque des prêts de Perse,* assure la maîtrise financière de l'État persan. L'Angleterre se fait attribuer les recettes douanières des ports du golfe Persique. *Affaire du Transchinois :* Nicolas II veut organiser, à partir de Moukden et de Port-Arthur, un réseau ferré lui assurant le monopole du commerce chinois. Il constitue une Sté russo-française puis une Sté russo-belge. L'Angleterre fait donner par la Chine la concession aux Américains. **1902**-*30-1* alliance anglo-japonaise. **1904-05** l'Angl. entreprend de faire battre la Russie par le Japon. **1904**-*8-8* l'Angl. détache la France de la Russie (car l'escadre française d'Extrême-Orient est inférieure à la marine japonaise), en signant avec la Fr. un accord naval. -*21-10* incident du *Dogger Bank* en mer du Nord, la flotte russe rejoignant Port-Arthur tire sur des chalutiers anglais (1 coulé ; 2 †), les prenant pour des torpilleurs japonais ; une guerre russo-anglaise est évitée (arbitrage à La Haye). **1907**-*31-8* accord naval anglo-russe : l'Angleterre appuie la Russie contre l'Allemagne (son réarmement naval voulu par Guillaume II en fait son principal ennemi). -*24-9* accord avec Angl. sur Perse, Afghanistan, Tibet. **1914**-*août* l'Angl. laisse les 2 cuirassés allemands *Goeben* et *Breslau* rejoindre la mer Noire et renforcer la flotte turque. **1915** elle monte (avec les Français) l'opération des Dardanelles, pour occuper Constantinople et renégocier sa remise à la R., puis abandonne l'attaque des Dardanelles alors que la résistance turque est à bout (manque de munitions). **1916** l'Angleterre reconnaît à la R. le droit d'annexer Constantinople.

■ **Autriche. Jusqu'en 1848** l'Autriche conservatrice est une alliée privilégiée [intervention armée pour sauver François-Joseph (1848-49) des libéraux germanophones et nationalistes hongrois : impose le *statu quo* de 1815]. **1854** l'Autriche s'oppose à l'annexion des principautés roumaines par la R. [elle voudrait acquérir le bassin du Danube jusqu'à la mer Noire, alors que les Russes suivent un axe nord-sud d'Odessa vers la mer Égée]. -*20-4* l'Autriche s'allie avec la Prusse : la R. doit renoncer à l'annexion des principautés. -*Juin* la Turquie autorise l'Autriche à les occuper provisoirement jusqu'à la fin de la guerre. Pressée par les Anglo-Français d'entrer en guerre contre la Russie, elle reste neutre (2-12-1854) et adhère seulement à leurs propositions de paix. La R., dès lors, soutient ses sujets slaves et orthodoxes en perpétuelle rébellion. **1856** *congrès de Paris :* l'Autriche s'oppose à la réunion en un seul État des 2 principautés roumaines (voulue par la R.). **1878** *congrès de Berlin :* l'Autriche s'allie à l'Angleterre et obtient d'occuper la Bosnie-Herzégovine, ce qui fait d'elle une puissance balkanique (ennemie de la Serbie, prorusse) et sera la cause directe de la guerre de 1914. **A partir de 1880** les pangermanistes autrichiens mènent la même politique expansionniste que les Allemands, alliés aux Hongrois, antirusses, antiroumains, antiserbes. Il n'y a plus d'accord possible avec la R. **1914** l'armée russe porte ses coups les plus violents contre l'Autriche (1 328 000 prisonniers autrichiens en 3 ans).

■ **Éthiopie.** Assimilant les coptes à des orthodoxes, la Russie s'y est intéressée. **1889** un aventurier russe, Achinoff, tente avec des mercenaires de conquérir l'Éthiopie ; il échoue, mais laisse de nombreux missionnaires. **1893** Églises orthodoxes et éthiopiennes signent des accords (en 1900, le Gal russe Leonteoff sera nommé gouverneur général des possessions équatoriales de l'Éthiopie). **1898** lors de l'affaire de Fachoda, les Russes d'Éthiopie collaborent avec les Français du Soudan ; mais la France recule devant la guerre, et la Russie n'insiste pas.

■ **France. 1827-30** Nicolas Ier est l'allié de Charles X (opérations contre Turquie). **1830-48** il s'oppose à Louis-Philippe, considéré comme révolutionnaire (l'apparition du drapeau tricolore sur l'ambassade de France à Varsovie a déclenché le mouvement polonais de 1830-31), l'empêche d'annexer la Belgique en 1832, décrète un deuil officiel de 21 jours lors de la mort de Charles X (1836). **1849-54** avec Napoléon III, la France redevient conservatrice et Nicolas Ier lui accorde sa sympathie. **1854-55** Napoléon III s'allie à l'Angleterre et à la Turquie (guerre de Crimée). **1870-71** par ressentiment, Alexandre II laisse écraser la Fr. par la Prusse. **A partir de 1881,** l'alliance française devient indispensable au tsar pour des raisons financières : pour la Fr., le « rouleau compresseur russe » permettra de vaincre l'Allemagne et de récupérer l'Alsace-Lorraine. Les Français investirent ainsi 16 milliards de F-or en R. jusqu'en 1911 ; mais l'or français profite essentiellement à l'Allemagne, les Russes y achetant leurs biens d'équipement (les révolutionnaires russes jugent la Fr. complice des excès tsaristes ; en 1917, ils refuseront de rembourser l'argent prêté, le considérant entaché de crimes contre les droits de l'homme). **1911**-*déc.* après avoir aidé la Fr. à s'installer au Maroc, Nicolas II réclame aux Français de prendre position en faveur de l'occupation par la R. du Bosphore et des Dardanelles. La Fr., craignant l'Angleterre, ne cédera qu'en 1915, une fois la Turquie entrée en guerre aux côtés de l'Allemagne.

■ **Prusse.** Indifférence tant que l'Allemagne se désintéresse de la question d'Orient. **1848** Nicolas Ier sauve la monarchie prussienne. Il la croyait conservatrice, alors qu'elle était protestante, anticatholique, décidée à remplacer la Confédération de 1815 par un empire novateur, empêchant une coalition d'États conservateurs de lui casser les reins. **1863**-*8-3* convention avec Bismarck pour réprimer militairement la subversion politique russo-allemande. **1875** querelle Gortchakoff/Bismarck [Bismarck voudrait attaquer la Fr. (simple bluff) ; Gortchakoff le hait et le méprise ; Alexandre III interdit à Bismarck de menacer la Fr.]. **1878** *traité de Berlin :* Bismarck se rapproche de l'Angl. après les victoires russes sur la Turquie, et fait annuler le traité de San Stefano, avantageux pour la Russie. **1879** Bismarck, satisfait de victoires à l'ouest, a joué la carte autrichienne (expansion du germanisme vers le bas Danube et la Turquie) ; la Prusse devient une ennemie en puissance (exception : en Pologne, où la prussianisation affaiblit le polonisme). **1881** Nicolas II et Guillaume II (cousins germains par la tsarine) sont amis. **1905**-*24-7* à *Björkö,* Guillaume arrache à Nicolas un traité d'alliance défensive, séparant la R. de la Fr., mais le ministre russe Lansdorf le fait annuler. D'ailleurs, à cette époque, les « pangermanistes » songeaient à enlever à la R. les plaines à blé de l'Ukraine (*Drang nach Osten,* marche vers l'Est).

■ **Turquie.** La R. cherche à conquérir Constantinople et les détroits (accès vers la Méditerranée). **1676** 1re guerre de conquête. **1687-1792** 6e guerre : avance du Donetz au Dniestr et au Caucase. **1798-1806** alliance militaire (unique) ; les escadres russes franchissent librement les détroits et conquièrent les bases françaises de l'Adriatique. **1806-12** 8e guerre : la R. atteint le Danube (annexion de la Bessarabie 1812), mais perd l'Adriatique. **1828-29** offensive russe : Balkans (Andrinople pris) et Arménie (Kars et Ezzeroum pris, marche sur Trébizonde). **1829**-*14-7 traité d'Andrinople :* la R. annexe bouches du Danube et littoral oriental de la mer Noire jusqu'à la baie de St-Nicolas. **1833**-*8-7 traité secret d'Unkiar-Skelessi :* alliance défensive et offensive pendant 8 ans ; en échange, la Turquie ferme les Dardanelles à tout navire de guerre étranger. **1841**-*13-7* l'Angleterre intervient pour substituer le *traité de Londres.* Une garantie internationale remplace le protectorat russe : détroits neutralisés et interdits à tout navire de guerre. **1853-56** Mentchikoff réclame le protectorat des orthodoxes de Turquie (10 millions d'hab.) ; le sultan est soutenu par Angleterre et France (qui avait le protectorat des chrétiens de Terre sainte depuis 1740). **1853**-*4-11* la Turquie déclare la guerre et, grâce à la victoire franco-anglaise de Sébastopol, s'en tire à moindres frais : les principautés roumaines sont placées sous le protectorat de l'Europe ; la mer Noire est démilitarisée (avantage pour la Turquie). **1877-78** guerre déclarée par la R., par suite de représailles turques contre les orthodoxes des Balkans (Bulgares, Serbes, Monténégrins). Conquête de Bulgarie et Thrace. Prise de San Stefano, près de Constantinople, mais l'arrivée d'une escadre anglaise dans la mer de Marmara sauve Constantinople. **1878**-*mars traité de San Stefano :* une « Grande Bulgarie » (protectorat russe) menace Constantinople. -*Août traité de Berlin :* les Russes sont spoliés de leur victoire ; leurs alliés roumains, bulgares, serbes et monténégrins obtiennent quelques satisfactions. **1912** guerre contre les Turcs par États (balkaniques) interposés, qui arrachent des concessions aux Turcs, et finiront par les chasser des Balkans. Mais les Russes les avertissent : Constantinople est un domaine réservé aux tsars. **Après 1913,** les manœuvres russes pour enlever Constantinople sont, en fait, dirigées contre l'Autriche : le tsar sait qu'il ne pourra réussir qu'à la faveur d'une guerre. **1914-16** la R. en guerre obtient des Anglais et Français la cession de Constantinople. L'Angleterre a cédé, par crainte d'une défection russe. La défaite de la Russie en 1917-18 empêche la réalisation de son projet.

pouvoir de magnétiseur-guérisseur, et 2 fois (1907, 1908) il sauva la vie du tsarévitch Alexis (1904-18), hémophile et atteint d'hémorragies internes infectées. La tsarine Alexandra lui vouait une confiance absolue et l'avait pris comme directeur de conscience, malgré ses orgies, connues de tous, auxquelles il mêlait des dames de la haute société. Il influençait également le tsar (intervenant notamment dans les nominations de fonctionnaires). S'étant opposé à la guerre de 1914, estimant qu'elle se terminerait tragiquement pour la Russie impériale, il passa dès lors pour un agent de l'Allemagne, et fut l'objet de plusieurs attentats. En 1916, il recommanda au tsar de se montrer plus souvent aux troupes, de préparer la paix, de décider une réforme agraire favorable aux paysans, d'être plus tolérant à l'égard des Juifs, des minorités (notamment les Tatars) et des musulmans. La haine du peuple pour Raspoutine a contribué au discrédit de la famille impériale. Le *30-12-1916,* il fut abattu (à coups de revolver) par le prince Youssoupov (homosexuel qui aurait été son amant), achevé par le grand-duc Dimitri Pavlovitch (né 1891, cousin germain du tsar), le député d'extrême droite Vladimir Pourichkevitch (une tentative d'empoisonnement ayant échoué). Son corps jeté dans la Neva fut repêché le 1-1, enterré le 4-1 puis exhumé et brûlé par les révolutionnaires en mars. Youssoupov se réfugia en 1919 en France, où il mourut le 27-9-1967.

Gouvernement provisoire

■ **1917**-*15-3* **Pce Georges Lvov** [(2-11-1861/6-3-1925). Ancienne noblesse ; gouverneur de Toula jusqu'en 1905, puis député à la Douma (aile droite du *kadet :* parti constitutionnel libéral). *1914-17* responsable de la Santé militaire, se rend très populaire] élu Pt du Conseil. -*21-3* famille impériale arrêtée. -*17-4* Lénine a présenté aux bolcheviks ses *Thèses d'avril :* arrêt de la guerre, république des soviets, terre aux paysans, nationalisations. -*18-5* gouvernement provisoire de coalition avec des représentants du Soviet pour une paix sans annexion ni indemnité. -*16-6/7-7 :* 1er Congrès des soviets (105 bolcheviks sur 822 délégués). S'arroge le pouvoir souverain et désigne un comité exécutif. -*5-7* Lvov démissionne ; prisonnier des bolcheviks, il s'échappe, se réfugie à Neuilly.

■ **1917**-*5-7* **Alexandre Kerenski** [(Simbirsk 4-5-1881/ New York 10-6-1970). Avocat à Petrograd, *1912* élu député à la Douma (officiellement socialiste, mais en réalité membre du P. socialiste révolutionnaire clandestin) ; remarqué comme orateur de gauche. *1917-17-3* ministre de la Justice dans le ministère Lvov ; -*5-5* ministre de la Guerre (avec tous les pouvoirs), monte l'offensive Broussilov en juin] Pt du Conseil (pouvoirs dictatoriaux). -*16-7* insurrection armée pour renverser le gouvernement provisoire : échec ; le Gal Kornilov dégage Petrograd. -*21-7* Lénine s'enfuit en Finlande. -*6-8* Kerenski forme un 2e gouvernement de coalition. -*7/12-9* putsch du général Kornilov pour devancer une prise de pouvoir par les bolcheviks : échec. -*14-9* proclamation de la République. -*22-9* les bolcheviks prennent le contrôle du Soviet. -*6-10* Lénine élu Pt du soviet de Petrograd. -*8-10 :* 3e gouvernement de coalition. Lénine crée une milice révolutionnaire, la *Garde rouge* (recrutée parmi les ouvriers), et contrôle la garnison grâce au CMR (Comité militaire révolutionnaire). -*7-11* Kerenski se réfugie auprès des cosaques du général Krasnov, tente de reprendre Petrograd, s'échappe déguisé (exil en Europe, puis aux USA 1940-70). Créera en 1949 une Union pour la libération du peuple russe.

Révolution d'Octobre 1917
(Novembre, d'après le calendrier grégorien)

■ **Causes lointaines. 1°) Le gouvernement provisoire** républicain est paralysé par la désagrégation de l'administration ; par l'agitation autonomiste (notamment en Ukraine) ; par l'opposition entre ses membres modérés et extrémistes. Il décide la poursuite de la guerre (impopulaire) et en compensation décrète l'amnistie générale (libération des agitateurs bolcheviks). Les problèmes politiques et sociaux sont renvoyés à plus tard (théoriquement en décembre : élection d'une Constituante). **2°) Les soviets** s'installent partout (révocation de fonctionnaires, distribution des terres aux paysans, occupation des usines, prise du commandement par les hommes de troupe).

■ **Déroulement. 1917**-*5-11* (23-10 du calendrier russe) Lénine revient de Finlande et décide, avec Trotski, de déclencher l'insurrection le 6-11, veille de la réunion du IIe Congrès panrusse des soviets (où les bolcheviks doivent normalement être majoritaires). Trotski s'assure l'appui de la garnison en lui faisant croire que Kerenski veut l'envoyer au front. Nuit du -*6/7-11 :* Garde rouge et unités de la garnison, sous la direction du CMR, s'emparent des édifices publics (gares, centraux télégraphique et électrique, ministères, etc.). La population ne participe pas à l'action. -*7-11* (25-10) à 18 h, *bombardement du palais d'Hiver :* l'*Aurora* venu de Cronstadt tire un seul coup à blanc. Kerenski s'enfuit, à 20 h 40. Réunion du IIe Congrès panrusse des soviets (majorité bolchevique : 390 sièges sur

■ **Lénine,** Vladimir Illitch Oulianov (22-4-1870/21-1-1924). D'une famille de bourgeoisie anoblie, son grand-père maternel, le docteur Alexandre Blank (1802-70), était un juif converti à l'orthodoxie. *1887* son frère Alexandre est exécuté (attentat contre le tsar). *1894* instructeur dans les cercles ouvriers. *1895-juillet/août* contacts en Suisse avec le groupe de Plekhanov, puis visite Paris. *-Nov.* création de l'Union de lutte pour la libération de la classe ouvrière. *-21-12* il est arrêté. *1897* déporté à Chouchenskoïe (Sibérie), il est rejoint par sa mère et par Nadejda Kroupskaïa [(1869-1939) ; qu'il épousera le 22-7-1898]. *1900-10-2* libéré. *-28-7* il quitte la Russie. *1902-avril* en exil à Londres, il travaille au British Museum. *1903-25-6* et *1904-23-2* voyages à Paris. *1905-avril* à Londres il convoque le congrès du parti ouvrier (les mencheviks l'emportent). *-Nov.* il rentre à St-Pétersbourg. *1908-20-1* en exil à Genève, puis déc. à Paris (24, rue Beaunier et de juillet 1909 à juin 1912, 4, rue Marie-Rose, XIVe). Liaison avec Inès Armand († 10-9-1920, obsèques nationales). *1911* ouvre une école du Parti à Longjumeau (Essonne). *1912-14* il séjourne à Cracovie (Pologne autrichienne). *1914-17* en Suisse (conférence de Zimmerwald 1915 ; de Kienthal 1916). *1917-16-4* autorisé par les Allemands à traverser l'Allemagne. Il rédige *l'Appel aux citoyens de Russie* et renverse le régime tsariste ; chef du gouvernement. *1917-18* il finance les activités révolutionnaires du Komintern avec la fortune personnelle du tsar (482 millions de roubles-or distribués). *1918-30-8* blessé dans un attentat (balle dans le cou) par Fanny Roid Kaplan (SR de droite). *1921* il tombe malade (artériosclérose) et se retire aux environs de Moscou. *1922-26-5* 1re attaque cérébrale ; *-16-12* 2e attaque. *1923-6-3* rupture avec Staline (incident entre Staline et Nadejda Kroupskaïa). *-9-3* attaque d'apoplexie : demeure aphasique jusqu'à sa mort (version officielle ; en réalité, il est mort dément, son cerveau étant atteint par la syphilis). Mausolée, place Rouge où il est enterré le 27-1-1924 (monument inauguré nov. 1930) et exposé embaumé (rongé par la moisissure ; seules tête et mains en bon état). ŒUVRES : *Matérialisme et Empiriocriticisme* (1909), *l'Impérialisme, stade suprême du capitalisme* (1917), *l'État et la Révolution* (1917), *Manifeste aux ouvriers du monde* (1921), *Testament* (1922). L'effigie de Lénine sur les billets de banque russes a été supprimée en 1992.

■ **Le mausolée de Lénine.** En 1990, il était encore gardé 24 h sur 24 par la 1re compagnie du régiment du Kremlin. Les gardes d'honneur (taille exigée 1,75 à 1,82 m, formés pour rester debout totalement immobiles), relevés toutes les heures, assuraient 4 ou 5 services par jour. Pour 25 services, ils avaient droit à une ration supplémentaire : 3 biscuits, 4 morceaux de sucre, 30 g de saucisson et du beurre et à une permission en ville ; 50 services, une permission et des félicitations ; 100 services, 10 jours de congé.

650). Il désigne un Conseil des commissaires du peuple *(Sovnarkom)*, entièrement bolchevik (*Pt* : Lénine ; *Affaires étrangères* : Trotski ; *Nationalités* : Staline). *-8-11* (26-10) paix immédiate et inconditionnelle, offerte à tous les belligérants ; distributions des terres aux paysans, accomplies par les soviets au cours de l'été, homologuées. *-14-11* soviets d'entreprises reçoivent autorité de gestion. *-15-11* nationalités allogènes obtiennent autodétermination. *-Fin nov.* et *déc.* grandes villes enlevées à l'administration menchevik, coups de main des gardes rouges et des garnisons bolchevisées (exemple : à Moscou, action de Boukharine 15-11). *-15-12* armistice avec empires centraux. *-20-12 Tcheka* (commission extraordinaire) créée.

☞ L'agit-Prop (Agitation-Propagande) : expression apparue en 1917 ; utilise trains et bateaux avec agitateurs, musiciens, acteurs.

■ **1918**-*18-1 Assemblée constituante élue* [Pt Victor Tchernov (1876-1952)], majorité menchevik (il n'y a que 2 500 bolcheviks en Russie ; les SR ont eu 58 % des voix aux élections de nov.). *-19-1* elle siège 1 jour et est dispersée par la force ; presse d'opposition supprimée. *-23/31-1* IIIe Congrès des soviets (proclamation de la Rép. socialiste fédérative soviétique de Russie, « déclaration des droits du peuple travailleur et exploité », ratification de la paix). *-28-1* Armée rouge créée, placée sous autorité de Trotski. *-8-2* démobilisation décidée. *-18-2* Allemands rompent armistice et reprennent marche sur Petrograd. *-1-3* pourparlers reprennent à *Brest-Litovsk*. *-3-3* traité signé. *-5-3* accord, les Soviétiques acceptent de céder Pologne, Ukraine, Russie blanche, pays Baltes, Finlande, Géorgie, Arménie. *9-3* intervention occidentale. *-12-3* capitale transférée à Moscou. *-5-4* Japonais occupent Vladivostok. *-12-4 gouvernement Lénine* (dictatorial) s'installe à Moscou et prend le nom de *Politburo* (5 membres : *Lénine, Trotski, Staline, Kamenev, Boukharine*). *-25-5* nationalisation industrie et commerce. *-mai/juin* début des réquisitions agricoles. *-Juin/nov.* industrie nationalisée. *-6-7* Mirbach, ambassadeur d'Allemagne, assassiné par les socialistes révolutionnaires de gauche voulant rouvrir les hostilités. *-10-7 constitution de la RSFR* (République socialiste fédérative de Russie). Anglais occupent Turkestan, Mourmansk et Arkhangelsk. Turcs entrent en Transcaucasie, Allemands en Ukraine et Finlande. *-16/17-7* tsar, tsarine et leurs enfants exécutés à Iekaterinbourg ; voir p. 1232 a ; grand-duc Michel (frère du tsar) exécuté à Perm. *-Juillet/août* révolte opposants d'extrême gauche. *-Sept.* SR sont liquidés par léninistes. **1919**-*févr.* début de la guerre polono-russe. *-4-3* Komintern créé. *-30-3* Felix Dzerjinski nommé chef de la Tcheka, commissaire du peuple à l'Intérieur. **1920** typhus (6 millions de †). *-16-1* Conseil suprême de l'Entente lève blocus de la Russie. *-14-10* traité de Tartu avec Finlande. **1921**-*2/18-3* commune insurrectionnelle de Cronstadt contre bolcheviks. *-12-3* paix de Riga avec Pologne. **1922** Trotski et Staline s'opposent sur l'« exportation de la révolution et la politique économique » ; la **1re troïka** (attelage à 3 chevaux, au figuré : triumvirat) : Staline, Kamenev [Lev Borissovitch (Rozenfeld), 1883/25-8-1936, exécuté pour haute trahison], Zinoviev (Grigori Ievseïevitch Radomylski, 1883/26-8-1936, exécuté pour haute trahison), a le pouvoir. *-1-3* la Tcheka remplace la Guépéou (voir p. 1235 c). *-27-3/2-4* XIe Congrès nomme Staline secr. gén. du Parti. *-16-4* accord de *Rapallo* : relations diplomatiques avec Allemagne rétablies. *-1-5* : 1re ligne aérienne internationale soviétique Moscou/Berlin. *-19-5* création des Jeunesses communistes. *-30-12* fondation de l'URSS (voir p. 1238 a).

Guerre civile de 1918-22

■ **Causes. a) Opposition tsariste.** **Gal Antoine Denikine** (1872-1947), Cdt en chef sous Kerenski, participe au putsch manqué de Kornilov ; puis commande *l'armée blanche d'Ukraine* [formée à Novorosiisk, armée par les Anglo-Français (matériel payé par des envois de blé russe en France)], et avance jusqu'à 300 km de Moscou ; battu, il fusionne ses troupes avec celles de Wrangel. Le 18-11-1918, **l'amiral Alexandre Koltchak** (1874-1920), chef de la flotte impériale de mer Noire, prend le titre de *régent suprême de Russie,* installe un gouvernement antirévolutionnaire à Omsk (Sibérie) et prend le commandement des armées blanches. Maître de la Sibérie et de l'ouest de l'Oural jusqu'à la Volga. Mars 1919, a une armée de 145 000 h., 211 canons, 1 300 mitrailleuses. Gardien du trésor des Romanov (650 millions de roubles en lingots d'or et 500 millions en bijoux). Ayant dû battre en retraite, il est pris par les Rouges à Irkoutsk et exécuté le 7-2-1920. **Gal Laurent Kornilov** (1870-1918). Après son putsch manqué contre Kerenski (9-9-1917), tué au combat à Krasnodar en Ukraine (13-4-1918). **Gal Nicolas Ioudenitch** (1862-1933), généralissime sur le front de Turquie. Rejoint les côtes baltes sur un navire anglais et s'avance en juin 1919 jusqu'aux faubourgs de Petrograd. Abandonné par les Anglais, il part pour l'exil et y meurt. **Gal Piotr Wrangel** (1878-1928), commande l'armée d'Ukraine en 1919-20 (victoires sur le Dniepr et au Kouban). Abandonné par les Français, se rembarque en nov. 1920. **b) Opposition populaire.** Surtout en Sibérie, hostile au pouvoir central (Koltchak aurait gagné la partie s'il avait proclamé l'indépendance de la Sibérie et n'avait pas tenté de reconquérir la R. d'Europe). Les cosaques, religieux et monarchistes, fournissent des unités combattantes. **c) Action des Tchèques.** Ils ont une « légion » de 45 000 h. en Sibérie. **d) Intervention des Alliés** qui voient dans les Soviétiques des alliés des Allemands (exception : quand les pourparlers de Brest-Litovsk sont rompus, momentanément du 18 au 26-2-1918, les Franco-Anglais acceptent de fournir vivres et munitions à Lénine). **1918**-*11-3* (8 jours après Brest-Litovsk), les Anglais débarquent à Mourmansk. *-Avril* corps expéditionnaire allié débarque à Vladivostok : 60 000 Japonais, 8 000 Américains, 6 000 Canadiens, 1 500 Anglais, 1 000 Français, 1 000 Italiens et Tchèques, Polonais, Roumains, Serbes, Croates et Lettons. Commandant en chef : Gal Janin. Une commission interalliée (France, G.-B., USA, Japon, Tchécoslovaquie) est chargée des relations politiques avec le gouvernement provisoire sibérien. Siège à Omsk. *-20-7* rompent avec le gouvernement soviétique, favorisant la création de l'armée Denikine, qui s'engage à reprendre l'Ukraine aux Allemands. *-2-8* occupent Arkhangelsk. *-13-8* débarquent à Bakou, Américains pénètrent en Sibérie. *-10-9* et *30-9* les Soviétiques envoient 93,5 t d'or en All. pour acheter des armes (la Fr. récupérera l'or : 8 milliards de F). *-25-10* blocus des côtes déclaré. A partir de nov. les Alliés ne voient plus dans les Soviétiques des partisans de l'All. (ils déclarent nulle la paix de Brest-Litovsk et les annexions austro-allemandes et turques), mais leur reprochent leur messianisme révolutionnaire. Ils craignent notamment que les communistes russes ne prennent en main le communisme allemand. *-6-11* Gal français Janin à Arkhangelsk. *-20-11* une flotte franco-anglaise pénètre en mer Noire. *-Déc.* les Français débarquent à Odessa. Dès lors, les Alliés envisagent de constituer des protectorats : les Anglais convoitent le pétrole de Bakou et les pêcheries des mers polaires ; les Français espèrent récupérer l'Ukraine, appuyée au sud sur la Crimée occupée, et au nord-ouest sur la Pologne alliée (les richesses de l'Ukraine serviraient de gage aux emprunts russes de l'avant-guerre) ; les Japonais espèrent coloniser l'Extrême-Orient russe et la Sibérie. *Impérialismes secondaires* : les Polonais en Ukraine ; les Turcs au Turkestan (action d'Enver Pacha), les Allemands dans les pays Baltes (tentatives pour créer des États baltiques indépendants, mais germanisés). **e) Forces centrifuges.** En principe, Lénine accorde aux populations allogènes de l'empire le droit à l'autodétermination. Celles-ci veulent s'émanciper de Moscou pour adopter des régimes non socialistes et indépendants. Font dissidence : Finlande, Estonie, Lituanie, Russie blanche, Ukraine, Crimée, Géorgie, Arménie, Azerbaïdjan, qui se rallient aux armées blanches.

■ **Déroulement.** **1918**-*21-1* Trotski crée l'Armée rouge. *-Mai/juin* divisée en 12 armées locales de 8 000 à 15 000 h. (sauf la Xe armée : 40 000 h., 240 canons, 13 trains blindés). Tient tête à l'armée cosaque du Don (ataman Krasnov), à peu près aussi forte, et aux 2 armées du Caucase septentrional (100 000 h.) ; total des troupes ralliées aux Blancs 1 million d'h. *-Déc.* la Xe armée réoccupe le bas Dniepr et s'avance sur le Don jusqu'à Rostov. **1919**-*3-1* Riga occupée par armée. *-Mai* Denikine ne peut établir la liaison avec Koltchak, sur la Volga. *-Juin* les Rouges reprennent Oufa à Koltchak. *-Juin/août* avec l'aide de la flotte franco-anglaise, l'armée blanche de Denikine prend Kertch, puis Odessa. *-Août* Koltchak est écrasé et rejeté derrière l'Oural. *-Sept.* Trotski réunit 189 000 h. contre. Les Anglais évacuent Arkhangelsk. *-21-10* Ioudenitch battu devant Petrograd. *-15-11* Koltchak perd Omsk. *-Déc.* les Anglais exigent de Denikine la reconnaissance des États polonais et roumain (agrandis de la Bessarabie ex-russe). **1920**-*1-1* Trotski déclenche une contre-offensive contre Denikine. *-15-1* Koltchak démissionne. *-16-1* levée du blocus par les Alliés. *-2-2* Koltchak pris (7-2 fusillé à Irkoutsk). Wrangel remplace Denikine. *-Mai/juin* Polonais occupent Kiev (7-5 au 11-6) mais sont rejetés (armistice de Riga 12-10). *-17-6* Wrangel écrase XIIe armée rouge à Mélitopol. *-14-10* est battu à Nikopol. *-Oct.* le baron Ungern-Sternberg, successeur de Koltchak en Sibérie, se réfugie avec son armée en Mongolie (il y proclame un empire indépendant). *-22-12* (ou 17-2-1921) une partie de la flotte russe se réfugie à Bizerte jusqu'au 16-11-1924 (partie acquise par la France, partie vendue à des démolisseurs). **1921**-*28-2/8-3* soulèvement des *marins de Cronstadt* qui réclament le retour aux sources du pouvoir soviétique et rejettent la dictature ; écrasé par l'Armée rouge (Trotski et Toukhatchevski) [épuration (social-révolutionnaire de droite, de gauche et mencheviks)]. *-Juin* Ungern-Sternberg vaincu par l'Armée rouge et fusillé. *-29-10* proclamation à Tchita (Sibérie orientale) d'une *République d'Extrême-Orient* (prosoviétique). *-Nov.* Rouges forcent les lignes de Perekop et conquièrent Crimée ; armée Wrangel (130 000 h.) évacuée sur Constantinople par flotte anglo-française. **1922**-*14-11 l'Armée rouge réoccupe Vladivostok*, la Rép. de Tchita est rattachée à la Russie soviétique. La Mongolie-Extérieure devient un protectorat.

■ **Causes de la défaite des Blancs. a) Corruption des cadres :** négligence, paresse, goût de la *dolce vita.* En Sibérie, à l'arrivée de Koltchak, il y avait 196 états-majors sans troupes. De nombreux régiments blancs comptaient 2 ou 3 officiers pour 1 seul homme. Une grande partie du matériel fourni par les Alliés était revendue au marché noir et, en fin de compte, rachetée par les Rouges. **b) Trahison des Tchèques de Sibérie :** anciens prisonniers de guerre autrichiens, réarmés contre l'Autriche, ils avaient rejoint Koltchak après la paix de Brest-Litovsk, les Allemands

La NEP

Définition. NEP : *Novaïa Ekonomitcheskaia Politika* (Nouvelle Politique économique), décidée par Lénine le *16-3-1921*, après les désordres de février 1921 (notamment la mutinerie de Cronstadt, qui réclamait : liberté de parole et de presse ; élection des soviets au scrutin secret ; liberté d'action pour socialistes, anarchistes, syndicats ; libération des détenus politiques ; liberté de production pour les artisans non employeurs ; suppression des réquisitions ; égalité du rationnement).

Causes. 1°) *le Comité central craint que la révolte des marins n'entraîne la paysannerie,* excédée par les prélèvements (quadruplés entre 1917 et 1920). 2°) *La révolution vient d'échouer en Allemagne :* Lénine, qui, pendant 2 ans, avait compté sur l'adhésion au bolchevisme d'une Allemagne industrialisée, comprend qu'il ne peut plus compter sur les biens d'équipement allemands ; il faut donc faire prendre patience au peuple.

Déroulement. 1°) *21-3-1921, loi supprimant le prélèvement automatique* des récoltes [total des prélèvements de céréales prévus pour 1921 : 240 millions de pouds (contre 423 en 1920), le reste pourra être vendu par les producteurs qui auront le droit de se procurer eux-mêmes les produits dont ils auront besoin]. 2°) *Autres mesures économiques :* les entreprises de l'État sont tenues à une gestion capitaliste (investissements, bénéfices) ; certaines propriétés agricoles de l'État sont cédées à bail ; la circulation monétaire redevient libre ; la monnaie est stabilisée par l'émission de *tchervonets* (10 roubles-or) et roubles du trésor (1 rouble-or équivalant à 50 milliards de roubles-papier). 3°) *Mesures sociales :* l'outillage collectivisé est rendu aux paysans, les entreprises de moins de 10 ouvriers (avec force motrice), 20 (sans force motrice) sont dénationalisées ; retour à la hiérarchie des salaires ; autorisation de créer de nouvelles entreprises privées. 4°) *Accords avec l'étranger :* Lénine décide de faire venir en Russie des techniciens étrangers, il passe des accords commerciaux avec l'Allemagne (Rapallo 16-4-1922), avec paiements stipulés en tchervonets (un accord analogue signé avec l'Angleterre se heurte au veto américain).

Résultats. En 1922, la production agricole remonte au niveau de 1913 et la production industrielle à la moitié ; les prix agricoles baissent ; mais l'État maintient des prix industriels élevés pour pouvoir investir (« crise des ciseaux »).

Conséquences sociales. Naissance d'une classe sociale de petite et moyenne bourgeoisie : ruraux (*koulaks,* gros paysans) ; citadins (*nepmen,* petits patrons). Certains Occidentaux (notamment Lloyd George) ont cru que la NEP prouvait le pragmatisme de Lénine : avec l'expérience, il deviendrait un politicien de la vieille école. Mais la NEP n'était qu'un repli tactique dans la marche vers la Révolution mondiale.

Titres du tsar

Sa Majesté N..., empereur et autocrate de toutes les Russies, tsar de Moscou, Kiev, Vladimir, Novgorod, Kazan, Astrakhan, de Pologne, de Sibérie, de la Chersonèse taurique, de Géorgie, seigneur de Pskow, grand-duc de Smolensk, de Lituanie, Volhynie, Podolie et Finlande, prince d'Estonie, Livonie, Courlande et Seingalle, Samogitie, Bielostok, Carélie, Tver, Yougorie, Perm, Viatka, Bolgarie, et d'autres pays, etc.

Chefs de la maison impériale

☞ Depuis 1613, avènement des Romanov au trône de Moscovie, le souverain désignait son successeur de son vivant. Après la mort de Pierre Ier (1727) 7 souverains se succédèrent à la suite de coups d'État ou révolutions de palais. En 1796, Paul Ier publia les *Statuts de la maison impériale,* le 16/17-4, jour de son couronnement et, en 1886, Alexandre III (par oukaze du 14-7) confirma la dévolution de la couronne dans la postérité masculine par ordre de primogéniture, les femmes étant susceptibles d'accéder au trône en cas d'extinction totale de la postérité masculine, mais leur mariage devait être approuvé par l'empereur et leurs conjoints appartenir à des maisons régnantes ou souveraines. En cas de mariage non conforme aux lois de la maison, les princesses devaient renoncer à leurs droits à la succession. Ce fut le cas pour : *Tatiana* lorsqu'elle épousa en 1res noces en 1911 le prince Constantin Bagration-Moukhransky ; *Irina,* nièce de Nicolas II, lorsqu'elle épousa en 1916 le prince Félix Youssoupov. Le même oukaze réglementait la titulature des membres de la maison impériale : *grand prince (grande princesse) de Russie* avec qualification d'*Altesse impériale* aux fils, filles, frères et sœurs, et, dans la postérité mâle, aux petits-fils et petites-filles d'un souverain ; *prince (princesse) de Russie* avec traitement d'*Altesse* aux arrière-petits-fils et arrière-petites-filles d'un souverain et au fils aîné de chaque arrière-petit-fils d'un souverain ; *prince (princesse) du sang de Russie* avec qualification d'*Altesse sérénissime* aux autres descendants de la maison impériale dans la tige mâle. Le 24-8-1911, Nicolas II, peu avant le mariage du grand-prince Michel, son frère cadet 2e dans l'ordre de succession (après le *tsarévitch* Alexei) avec Mme Wulfert (née Natalia Cheremetievsky), modifia les *Statuts* par oukaze. « Le mariage d'un mâle de la maison impériale ayant droit à la succession au trône avec une personne d'une autre religion ne s'effectue qu'avec la conversion de celle-ci à la religion orthodoxe. » (Cet amendement visait spécialement le grand prince Vladimir, oncle de Nicolas II, dont l'épouse, Maria, née duchesse de Mecklembourg-Schwerin, épousée en 1874, ne se convertit à la religion orthodoxe qu'en 1911.) Article 188 : « A l'avenir, aucun grand prince ou grande princesse ne pourra contracter de mariage avec une personne ne possédant pas de dignité égale, c'est-à-dire n'appartenant pas à une maison régnante ou souveraine. » Lors de la révolution de 1917, sur 11 grands princes vivants, 5 seulement étaient mariés selon les lois fondamentales. Les survivants épousèrent (sauf Ivan, marié à la princesse Elena de Serbie) des filles de l'aristocratie russe ou étrangère (l'un épousera une arrière-petite-fille de souverain issue d'un mariage non égal de naissance, la princesse Paley).

■ 1924-92. **Vladimir** (Borgä, Finlande 30-8-1917/ Miami 21-4-1992) fils du grand-duc Cyrille [(1876/29-9-1938) qui se proclama « curateur du trône » 26-7-1922, empereur 31-8-1924, petit-fils d'Alexandre II et cousin germain de Nicolas II, bien qu'il fût exclu de la succession par Nicolas II pour avoir, malgré son interdiction, épousé en 1905 l'ex-épouse du frère de l'impératrice, la grande-Dchesse Victoria Fedorovna (née Pcesse Victoria de Saxe-Cobourg-et-Gotha, 1876-1936)]. Épousa le 15-8-1948 la Pcesse Leonide Georgievna Bagration-Moukhransky (23-9-1914) ; fille du Pce Georges Bagration-Moukhransky, veuve en 1res noces de Summer Moore Kirby dont 1 fille Marie. Fixé en France à St-Briac (Ille-et-Vilaine). Études au lycée russe de Neuilly, puis à Londres, transféré en Allemagne en 1944 par les Allemands. 1er voyage en Russie du 5 au 8-11-1991, à l'invitation du maire de St-Pétersbourg, Anatoli Sobtchak. Funérailles célébrées le 29-4-1992 à St-Pétersbourg. Enterré dans la chapelle de la forteresse St-Pierre-et-St-Paul. **Sœurs :** *Marie* (1907-51) épousa 1925 Charles, Pce de Leiningen (1898-1946) ; *Kyra* (1909) épousa 1938 Pce Louis-Ferdinand de Prusse.

■ 1992. **Maria** (née à Madrid 23-12-1953), fille de Vladimir, épousa 22-9-1976 François-Guillaume de Hohenzollern, Pce de Prusse (né 3-9-1943, petit-fils de Guillaume II), qui par décret du grand-duc Vladimir a été admis dans la maison impériale de Russie comme grand-duc Michel avec qualification d'Altesse impériale ; 1 fils qui suit.

■ 1997. **Georges** (14-3-1981).

☞ Succession dynastique contestée par le Pce Nicolas Romanov (né 1922), aîné des Romanov survivants descendant de *Nicolas* [(1831-91), frère cadet d'Alexandre II] ; *Pierre* (1864-1934), marié à la Pcesse Militza de Montenegro ; *Roman* (1896-1978), marié 3-11-1921 à Prascovia Ctesse Cheremetieff (mariage morganatique).

Noblesse russe

■ Origine. **Dvorianstvo** (noblesse territoriale) constituée des descendants des anciens compagnons des Pces varègues d'origine normande (IXe s.), des chefs militaires venus de Pologne, Lituanie, Hongrie, Allemagne, Italie avec leurs armées, des Begs tartares vaincus par les Russes et passés au service de la Moscovie, et de quelques Russes purs (commerçants, artisans et agriculteurs). Les nobles *(dvorianes)* recevaient du Pce des domaines *(pomestias),* et devaient en retour des contingents en cas de guerre. Ils ne portaient pas de titres, sauf celui de Pce dans les familles des maisons régnantes inféodées par les Pces de Moscou (exemples : Bariatinsky, Galitzine, Dolgorouky, Gortchakoff), mais ce titre ne leur donnait aucun privilège. Certaines familles formaient autour du trône une oligarchie, les **boyards** (dignité non héréditaire). Les grands-Pces, puis les tsars, choisissaient leurs épouses dans les familles des Pces boyards ou dvorianes. Pierre le Grand recruta dans le *dvorianstvo* la plupart des jeunes qu'il envoya à l'étranger. Il ne nomma plus de boyards (le dernier, le Pce Ivan Troubetkoï, mourut en 1750). Ayant établi une nouvelle échelle fondée sur les services rendus à l'État, il forma une caste de courtisans et de fonctionnaires. Pour récompenser certains, le tsar demanda des brevets de titres étrangers à l'empereur d'Allemagne (St-Empire) : exemples : baron, comte, prince.

■ Titres. **Maison impériale.** *Titres portés :* **grand-duc veliki kniaz** (dit grand-prince à l'époque féodale), **grande-duchesse, velikaïa kniaguinia, prince** (voir ci-dessus). Le titre de prince se transmettant en Russie à tous les membres de la famille, il y avait au moins 2 000 princes *(kniaz).*

Autres familles titrées. **Prince :** *avant Pierre le Grand,* 20 à 30 principautés médiévales et de nombreuses principautés grandes ou petites. En 1911, sur 19 familles de cette ancienne noblesse, 11 étaient issues de boyards. *A partir de Pierre le Grand,* titre donné pour services rendus (1er Pce, Menchikov en 1705). **Comte :** conféré à partir de Pierre le Grand (en 1706) parfois à de puissantes familles nobles non princières (anciens boyards). [Exemples : Cheremetiev (1er titre en 1706), Golovine, Tolstoï, Apraxine.] **Baron :** conféré à partir de Pierre le Grand. Rarement donné à des Russes (1er titré, Chavirov en 1717). Surtout donné à des étrangers [banquiers, industriels (Dimsdale, médecin de Catherine II et de Paul Ier)] et même à des Juifs de haut mérite, ce que critiquait la noblesse balte en Russie, issue des chevaliers Teutoniques. Il n'y eut pas de titres russes de duc, marquis, vicomte.

■ Noblesse non titrée. La noblesse dite héréditaire remontait, pour quelques familles, à l'époque des premiers souverains qui régnèrent sur la Russie. Elle comptait de grands noms, souvent d'origine boyarde, tels que les Cheremetiev qui n'étaient pas tous comtes, les Narychkine, d'où était issue la mère de Pierre le Grand, les Golovine, les Pouchkine. Les vieilles familles non titrées, illustres surtout par l'ancienneté, étaient nombreuses.

■ Noblesse administrative. Le *katalogos* des rangs fut importé en 1472, lors du mariage de Sophie Paléologue (venue de Byzance) et d'Ivan IV, et transformé par Pierre le Grand en *Table des rangs (le Tchin).* Un étudiant figurait au 14e rang, un lieutenant au 12e, un colonel ou un conseiller de collège au 6e, un général ou un conseiller privé au 2e, le feld-maréchal et le chancelier de l'Empire au 1er. On était vraiment considéré comme noble à partir du 8e rang. Cela représentait environ 200 000 personnes. Le père de Lénine y figurait comme directeur de collège. Chaque rang avait son traitement : Votre Haute Excellence, Votre Haute Origine, Votre Haute Noblesse, Votre Noblesse, etc.

■ Classification de la noblesse. La législation nobiliaire subit des modifications à chaque changement de règne. Cependant, le statut de Catherine II du 21-4-1785 resta en vigueur jusqu'en 1917. Les nobles étaient divisés en 6 groupes, inscrits distinctement dans le registre généalogique de la noblesse, tenu dans chaque province russe, sous l'autorité d'un *maréchal de la noblesse,* assisté de députés élus de la province. 1re, noblesse récente (anoblie par lettres patentes ou décrets) ; 2e, noblesse militaire ; 3e, noblesse acquise dans les services civils ; 4e, noblesse étrangère ; 5e, noblesse titrée (princes, comtes, barons créés par lettres patentes) ; 6e, « noblesse ancienne » constituée par les nobles pouvant prouver la possession de l'état noble avant 1685, c'est-à-dire les anciens nobles dont les ancêtres avaient été inscrits sur le registre de velours rouge institué par Ivan III, et continué par Ivan IV, de 1462 à 1533.

■ Nombre de nobles. *1762 :* 560 000 pour 21 millions d'hab. ; *1795 :* 600 000 après les 3 partages de la Pologne, avec une partie de la noblesse polonaise ; *1917 :* 1 900 000.

Familles titrées : environ 850 [dont 250 portant le titre de prince (1/6 issu de Rurik ou de Guedimine ; beaucoup d'origine géorgienne), 300 comtes, 250 barons, 1 duc [1], 4 marquis [1]].

Nota. – (1) Titres étrangers. Les titres ont été abrogés depuis le 25-11-1917. Cependant A. Tolstoï (1883-1945), écrivain rallié au régime, fut toujours désigné, même par Staline, comme « comte Tolstoï ». Les grands-ducs décernèrent quelques titres en exil.

ayant exigé qu'ils leur soient livrés. Pris en main par une mission militaire française (Gal Janin, qui cependant ne leur donna pas l'ordre de délivrer Koltchak encerclé), ils devaient être le noyau de la reconquête de la Russie d'Europe à partir de l'Oural. Mais le gouvernement tchèque (Benès) leur interdit d'agir contre les Rouges. Ils s'organisent donc en « grandes compagnies », occupant la ligne du *Transsibérien* et accaparant le matériel ferroviaire (qui transporte leur butin). Ils se replient lentement (en 4 ans) vers Vladivostok, négociant leur retraite avec les Rouges : ils arrêtent Koltchak à Irkoutsk et le livrent aux bolcheviks. c) **Mésentente entre les Alliés :** chacun des Alliés cherche à profiter de la guerre civile pour favoriser ses propres intérêts : les Anglais poussent en avant Koltchak qui leur a promis des avantages en Oural et au Caucase. Le Gal français Janin décide de faire soutenir Koltchak en nov. 1918 par l'armée japonaise (inutilisée) qui aurait été transportée par le *Transsibérien* jusqu'à l'Oural. Wilson met son veto, craignant de voir les Japonais s'incruster en Extrême-Orient russe. Les Anglais ont gêné l'action de Denikine, puis de Wrangel, car ils voyaient en eux des créatures de l'état-major français (projet d'un protectorat français en Ukraine et Russie du Sud) ; ils ont abandonné Ioudenitch, pour ne pas favoriser l'établissement des Allemands dans les pays Baltes, etc. d) **Habileté diplomatique des Soviétiques :** ils ont compris qu'il fallait faire des concessions aux nouveaux États pour les amener à se retirer de la lutte ; ils ont accordé l'indépendance ou fait d'importantes concessions territoriales à : Finlande, Estonie, Lettonie, Lituanie, Pologne, Roumanie, États transcaucasiens, Extrême-Orient, Boukhara. Une fois la paix rétablie, ils ont récupéré les territoires abandonnés en Asie (les concessions faites en Europe seront reprises en 1940 et 1944). e) **Valeur militaire de l'Armée rouge :** les combattants sont motivés : ouvriers communistes formant la Garde rouge ; paysans décidés à acquérir des terres ; officiers, anciens sous-officiers ou soldats espérant monter en grade malgré leur roture (ce qui était impossible dans l'armée tsariste). Trotski se révèle être un bon chef de guerre : sens de l'organisation, volonté de vaincre, stratégie. f) **Affaiblissement de l'esprit de croisade anticommuniste :** vers 1921-22, les nations occidentales craignent de passer pour réactionnaires si elles luttent contre le bolchevisme [effet de la propagande menée auprès des mouvements ouvriers occidentaux par le *Komintern* (créé mars 1919)]. *Mutinerie des marins français de la mer Noire* qui, ayant appris le 10-4-1919, à Odessa, le succès de la manifestation parisienne du 6-4 [150 000 personnes contre l'acquittement de Raoul Villain, l'assassin de Jaurès : (2 †, 10 000 arrestations)], ont cru à la victoire de la révolution communiste à Paris. Le 16-4 la mutinerie touche le *Protet* en pleine mer [chefs : André Marty (1886-1956), Badina] et, le 20-4, en rade d'Odessa, elle touche la *Justice,* la *France,* le *Jean-Bart* et le *Waldeck-Rousseau.* L'escadre doit être ramenée à Toulon, ce qui affaiblit les armées blanches de Denikine.

■ Conséquences de la guerre civile. a) **Renforcement de l'État dictatorial** avec, le 30-12-1922, *création de l'URSS* (voir p. 1238 a). b) **Expansion du communisme :** la IIIe Internationale réunie à Moscou en août 1920 dicte aux partis nationaux qui la composeront 21 conditions, notamment : discipline rigide, alignement sur les positions du Komintern, refus des compromis, promotion de la Révolution, soutien à l'URSS. Trotski fera de l'expansion du communisme à l'extérieur l'objectif no 1 de l'URSS. Il se heurtera à Staline (partisan du repliement provisoire sur l'URSS) et sera éliminé. c) **Difficultés économiques :** Lénine a dû improviser : répartition socialiste (le dirigisme étatique tolère provisoirement la petite entreprise privée) ; – travail obligatoire avec égalité des salaires ; – nationalisation des banques, du commerce extérieur, des transports et des entreprises de plus de 5 ouvriers (avec force motrice) ou plus de 10 (sans force motrice) ; – réquisition des récoltes (on laisse à chaque famille paysanne de quoi se nourrir pendant 1 an) ; – cours forcé de la monnaie (en 1923, 1 rouble-or vaudra 50 milliards de roubles-papier, inflation comparable à celle de l'Allemagne). Réaction : les ouvriers travaillent au ralenti ; les paysans ne produisent plus que pour leurs besoins (leurs surplus étant réquisitionnés pratiquement pour rien) ; niveau de la production en 1921 (1913 : indice 100) : industrie 18 ; agriculture 65. La famine de 1921 nécessite l'intervention du comité Nansen (1 million de †). Les révolutionnaires non bolcheviks déclenchent des émeutes.

Commission extraordinaire de lutte contre la contre-révolution et le sabotage. *Fondée* par Lénine en déc. 1917. *Tchekas* locales coordonnées à Moscou par la VTchK (Commission extraordinaire panrusse). Remplacée par la GPU (ou Guépéou) en 1922.

Tcheka (*Vserossiiskaïa Tcherezyytchaïnaïa Komissia po Borbe y Kontrrevoliutsiei i Sabotajem :* Commission extraordinaire panrusse pour la lutte contre la contre-révolution et le sabotage) (police politique). *Fondée* 20-12-1917 par Félix Dzerjinski (1877-1926). **Effectifs :** *1921 :* 283 000 [dont troupes intérieures et sécurité militaire 126 000, troupes de la section spéciale (garde des camps) 17 000, personnel civil 90 000 ; non compris les indicateurs. En 1913, l'Okhrana avait 15 000 h.]. **Exécutions par la Tcheka :** 50 000 (insurgés pris les armes à la main exclus) à 200 000 pour la période 1918-fin 1922. Les tribunaux tsaristes auraient condamné à mort 14 000 pers. de 1861 à 1917 (4 500 en 1906-07).

Guépéou. (*Gosudarstvennoe politi tcheskoe upravlenie,* Direction politique de l'État). (police secrète). Remplace le 6-2-1922 la Tcheka par le moyen des tribunaux révolutionnaires, liquide l'opposition SR, et tiendra en main l'administration de chaque république fédérée ; il ne dépendra que de son chef, à Moscou [1922-24 : *Dzerjinski,* directeur adjoint *Beria* (23 ans)] et arrivera à faire du parti communiste officiel un parti unique.

L'URSS (1922-91)

☞ Histoire de l'URSS, de sa fondation (le 30-12-1922) à sa disparition (le 8-12-1991), voir p. 1238 a et suivantes. Économie, voir p. 1245 c.

■ **Situation.** 22 402 200 km², environ 1/6 des terres habitées (16 831 000 en Asie et 5 571 000 en Europe) y compris mer Blanche 90 000 km² et mer d'Azov 37 300 km². Environ 15 % des terres émergées. 8 980 km d'est en ouest, 4 490 km du nord au sud. **Frontières :** + de 60 000 km (1 fois 1/2 circonférence du territoire) ; avec Finlande 1 269 km, Norvège 156, Pologne 1 000, ex-Tchécoslovaquie 110, Hongrie 215, Roumanie 800, Turquie 560, Iran 2 675, Afghanistan 2 000, Chine 4 800, Mongolie 3 200, Corée du Nord 50. **Littoral** (y compris les îles) 106 360 km. **Altitude** *maximale :* pic du Communisme (Pamir) 7 495 m ; *minimale :* dépression de Karaghé – 132 m (est de la mer Caspienne). **Mer intérieure. Caspienne :** 367 000 km² (ex-URSS 323 800 km², Iran 43 200 km²).

■ **Population totale** (en millions d'hab.). *1940 :* 194,1 ; *46 :* 167 ; *50 :* 181,7 ; *59 (recensement) :* 208,83 ; *70 (rec.) :* 241,7 ; *79 (rec.) :* 262,08, dont 52,4 % de Russes ; *89 (rec.) :* 286,7, dont 50,8 % de Russes. **Nationalités** (en 1989) : environ 100 reconnues dont 70 de moins de 1 million de personnes. *Principales* (en millions) : Russes 147,3, Ukrainiens 51,7, Ouzbeks 19,9, Kazakhs 16,5, Biélorusses 10,2, Azerbaïdjanais 7, Géorgiens 5,4, Tadjiks 5,1, Moldaves 4,4, Kirghiz 4,3, Lituaniens 3,7, Turkmènes 3,5, Arméniens 3,2, Lettons 2,6, Estoniens 1,5. *Effectifs les plus faibles* (en unités) : Outches 2 600, Saames 1 900, Oudèghes 1 600, Esquimaux 1 500, Itelmènes 1 400, Orotches 1 200, Kètes 1 100, Nganassans 900, Ioukaguirs 800, Tofalars 800, Aléoutes 500, Neguidaliens 500. **D.** 12,8 (région de Moscou + de 100, Ukraine du Sud et région de Kiev + de 80, Moldavie, Géorgie et Azerbaïdjan + de 100 ; au-delà de l'Oural : peuplement discontinu sauf le long du *Transsibérien* jusqu'au Kouzbass, 10 à 50 ; Asie centrale : oasis, régions de piedmont, vallées fluviales parfois + de 200 ; reste de l'URSS : – de 5). **Répartition** (en %) : hommes 47,3, femmes 52,7. **Age** (en 1987) : *– de 15 ans :* 26 % (18 % en 1913), *+ de 65 ans :* 9 % (19 000 centenaires). **Taux d'accroissement** (en %) : *1979 à 89 :* 9,3 (Tadjiks 34,5, Ouzbeks 29,3, Turkmènes 28, Kirghiz 22, Azerbaïdjanais 16,6, Kazakhs 12,6, Moldaves 10, Lituaniens 8,6, Géorgiens 8,6, Arméniens 8,3, Russes 7,1, Biélorusses 6,7, Ukrainiens 4). **Minorités russophones hors Russie :** *1989 :* 25 millions dont, en % de la population des États : Kazakhstan 41, Lettonie 33, Estonie 28, Kirghizistan 28, Ukraine 21, Turkménistan 13, Moldavie 13, Biélorussie 12, Ouzbékistan 11, Tadjikistan 10, Lituanie 9, Azerbaïdjan 8, Géorgie 7, Arménie 2. **Natalité :** 1,99 % (5 000 000 par an), max. 3,78 % (Tadjikistan). **Mortalité** *infantile* (en ‰) : *1971 :* 22,9 ; *74 :* 28 ; *81 :* 36 ; *89 :* 24,7. **Avortements :** + de 7 millions par an dont environ 35 % illégaux (7 à 8 par naissance dans la partie occidentale). **Suicides :** *1987 :* 54 000. **Espérance de vie :** *1897 :* 32 ans ; *1931 :* 47 ; *72 :* h. 64, f. 74 ; *80 :* h. 63, f. 74 ; *86 :* h. 64, f. 73. **Famines :** *1918-22 :* 5 000 000 † ; *1932-34 :* 6 000 000 †. **Drogués :** 123 000 (nov. 1987). **Résidents à l'étranger :** 150 000.

■ **Émigration. 1918-20** *nombre :* plus de 1 000 000 de civils de toutes conditions et une partie de l'armée blanche (145 673 partirent avec le Gal Wrangel le 11-11-1920) ; à peine 10 % des évêques et 0,5 % des prêtres partirent. **1945** « personnes déplacées », prisonniers de guerre, déportés (environ 500 000). **1970-77** contestataires ; Juifs. Entre oct. 1972 et avril 1973, les émigrés devaient payer une taxe selon leur niveau d'instruction [exemple : diplômés de l'Institut des sciences humaines 4 500 roubles (+ de 5 000 $), docteur ès sciences 19 400]. **Émigration juive** (voir p. 1229 a). **Nombre d'émigrés en France :** *1931 :* 71 928 ayant un passeport Nansen, plus de nombreux clandestins ou en partance pour USA, pays balkaniques (Yougoslavie), Constantinople, Angleterre, Belgique. *1950 :* 75 000 dont 30 000 nouveaux.

■ **Alcoolisme. Buveurs** (en 1988) : 150 à 160 millions dont 20 à 30 abusent de boisson, dont 5 à 6 sont alcooliques. *Consommation de vodka ou de samogone* (vodka clandestine à base de sucre) *1952 :* 51 litres par an et par hab. ; *83 :* 30. **Méfaits :** 1 Soviétique sur 6 naît débile ou atteint d'une tare héréditaire due à l'alcoolisme. 1 million de morts par an. L'alcoolisme est à l'origine de 85 % des meurtres, viols, actes de banditisme et vols.

Institutions

■ **Statut de l'URSS.** Fondée le 30-12-1922, elle est « un *État multinational fédéral uni*, constitué selon le principe du fédéralisme socialiste, par suite de la libre autodétermination des nations et de l'association librement consentie des Républiques socialistes soviétiques égales en droits » (art. 70). Elle comprend *15 Rép. fédérées souveraines* qui peuvent faire sécession (art. 72), mais il faut (loi du 3-4-1990) un référendum avec majorité des 2/3 des inscrits et l'approbation du Parlement fédéral.

Républiques fédérées : chacune a sa Constitution (établie sur la base de la Const. de l'URSS et tenant compte de ses particularités nationales) ; possède Soviet suprême, Praesidium du Soviet suprême, Conseil des ministres, Cour suprême, Soviets des députés, des travailleurs et leurs comités exécutifs, législation civile et criminelle, du travail, de la famille, hymne, drapeau, armes et capitale. Chacune a le droit d'entrer en relations directes avec un État étranger, de signer des accords, d'échanger des représentants diplomatiques et consulaires, de sortir librement de l'URSS. Certaines comprennent des Rép. autonomes.

Républiques autonomes [20 dont République soviétique fédérative socialiste de Russie (RSFSR) 16, Géorgie 2, Ouzbékistan et Azerbaïdjan 1] : chacune fait partie intégrante de la Rép. fédérée (possède une Constitution, un Soviet suprême, une Chambre élue pour 5 ans et un Conseil des ministres). Son territoire ne peut être modifié sans son consentement.

Régions autonomes (8 dont RSFSR 5, Géorgie 1, Azerbaïdjan 1, Tadjikistan 1). Le soviet des députés des travailleurs est l'organe du pouvoir d'État.

Districts autonomes (13 dont RSFSR 10, Géorgie 1, Azerbaïdjan 1, Tadjikistan 1) : réservés aux minorités.

■ **Constitution.** La *Constitution* (promulguée 31-1-1924) reprenait les grands traits de celle de l'État russe de juillet 1918 : Congrès des soviets souverain ; Comité exécutif central de 2 chambres (Conseil de l'Union et Conseil des nationalités). Praesidium, chef d'État collectif, aux pouvoirs illimités ; désignant notamment le *Politburo*. La dernière Constitution, celle du 7-10-1977 amendée le 1-12-1988, modifiait celle du 5-12-1936, faisant de l'URSS un « État socialiste du peuple entier » (art. 1er). L'*État socialiste,* au cours de son développement, était censé traverser *2 étapes historiques :* 1°) **Passage du capitalisme au socialisme** jusqu'à la victoire totale et définitive de ce dernier ; l'État socialiste était alors un État de *dictature du prolétariat,* forme particulière, selon Lénine, de l'alliance des ouvriers et des paysans conclue en vue de renverser complètement le capital et d'instaurer et de consolider le socialisme. La classe ouvrière en tant que classe la plus avancée et politiquement la mieux organisée joue le rôle dirigeant. 2°) **Après la victoire définitive du socialisme,** réalisée en URSS, l'État était devenu un État du peuple tout entier exprimant la volonté et les intérêts de l'ensemble du peuple soviétique, et non plus les intérêts et la volonté d'une classe déterminée. L'État agit en fonction de l'idéal communiste : le libre développement de chacun est la condition du libre développement de tous. « Tout le pouvoir appartient au peuple » qui « exerce le pouvoir d'État par l'intermédiaire des soviets des députés du peuple, qui constituent la base politique de l'URSS. Tous les autres organes d'État sont soumis au contrôle des soviets [...] et responsables devant eux » (art. 2). « L'organisation et l'activité de l'État [...] se conforment au principe du centralisme démocratique : tous les organes du pouvoir d'État [...] sont élus et doivent rendre compte de leur activité au peuple, les décisions des organes supérieurs sont exécutoires pour les organes inférieurs. » (art. 3) « Les questions les plus importantes de la vie de l'État sont soumises à la discussion populaire ainsi qu'au référendum. » (art. 5) « L'orientation fondamentale du développement du système politique [...] est l'approfondissement continu de la démocratie socialiste. »

Amendements. Du 1-12-1988 : ils instituent une *présidence de l'État,* un *Soviet suprême* issu du Congrès des députés du peuple, une *nouvelle loi électorale* et un *comité de surveillance constitutionnel* (composé d'un Pt, d'un vice-Pt et de 21 m. élus pour 10 ans par le Congrès des députés du peuple « parmi les spécialistes de la politique et du droit » et incluant des représentants de chaque Rép. fédérée). **Du 13/15-3-1990 :** ils abrogent le rôle dirigeant du PC. **27-12-1990 :** *créations : cabinet ministériel* directement soumis au chef de l'État, responsable devant lui mais aussi devant le Soviet suprême à la majorité des 2/3, *Conseil de sécurité,* placé auprès du chef de l'État, *vice-Pt de la Rép., Cour suprême d'arbitrage, Conseil de la Fédération* (35 membres représentant des 15 Rép. fédérées et de Rép. autonomes).

■ **Propriété.** La *base économique* de la société soviétique était la propriété socialiste des moyens de production. 1°) **Propriété socialiste,** appartenant au peuple en entier (terre, richesses du sous-sol, forêts, eaux, principaux moyens de production, industries du bâtiment et agricoles, banques, moyens de transport et de communication, institutions scientifiques et culturelles, biens des entreprises commerciales, services communaux, la majeure partie des fonds locatifs urbains et autres entreprises organisées par l'État, les autres biens nécessaires à la réalisation des tâches de l'État). 2°) **Propriété kolkhozienne,** *coopérative* (machines, bâtiments, entreprises et bétail collectif, production) qui appartenait aux diverses collectivités de travailleurs (seuls les membres de la coopérative ont le droit de la gérer). 3°) **Propriété personnelle,** fondée sur les revenus issus du travail ; terre remise aux *kolkhozes* en jouissance perpétuelle et gratuite. *Peuvent être propriété personnelle* les objets d'usage, de commodité et de consommation personnelle, les biens de l'économie domestique auxiliaire, une maison d'habitation, et les épargnes venant du travail. La propriété personnelle des citoyens et le droit de l'hériter sont protégés par l'État. Les citoyens peuvent avoir *en jouissance* des lots de terre qui leur sont accordés selon les modalités établies par la loi, pour pratiquer l'économie auxiliaire (incluant bétail et volaille), le jardinage et la culture potagère, ainsi que pour construire des habitations individuelles. Les biens en propriété personnelle ou donnés en jouissance aux citoyens ne doivent pas être utilisés pour en tirer des revenus ne provenant pas de leur travail, ni au préjudice des intérêts de la société (art. 13). La loi autorise les métiers individuels artisanaux, agricoles et de services, fondés sur le travail accompli personnellement par leur possesseur, sans exploitation du travail d'autrui. **La loi du 15-3-1990 :** reconnaît la propriété privée (votée au Congrès du peuple par 1 771 voix contre : 164 et 76 abst.).

■ **Droits et libertés du citoyen.** *Droit au travail,* le principe : « De chacun selon ses capacités, à chacun selon son travail » est réalisé. *Droit au repos,* à *l'instruction,* à *bénéficier des acquis de la culture ; liberté de création* scientifique, technique et artistique ; *droit de participer* à la *gestion des affaires* de l'État et des organisations sociopolitiques, de *faire des suggestions et des critiques* aux organes de l'État et des organisations sociales ; *liberté* d'expression, de presse, de réunion, de meeting, de défilé et de manifestation dans la rue ; *droit de se grouper* en organisations sociales ; *liberté* de conscience ; *égalité de l'homme et de la femme,* et droit aux allocations familiales ; *inviolabilité* de la personne, du domicile et de la correspondance ; *droit à la protection de la justice,* de porter plainte contre les fonctionnaires. Les libertés doivent s'exercer dans l'intérêt des travailleurs et afin de consolider le régime socialiste, et seule l'éducation communiste est reconnue. **Devoirs.** *Travail consciencieux, respect de la Constitution* et des lois, de la propriété socialiste, d'autrui, des nationalités et ethnies, de la nature, *sauvegarde des intérêts de l'État, service militaire, éducation des enfants, internationalisme.*

■ **Fêtes nationales.** 7-8/11 (révolution d'Oct.) ; 9-5 (jour de la victoire) ; 7-10 (jour de la Constitution).

■ **Hymne. 1943**-*31-12* l'*Union indestructible des libres Républiques* (texte de R.V. Mikhalkov et El Registan, musique d'A.V. Alexandrov) remplace *l'Internationale* (qui reste l'hymne du parti communiste pansoviétique). Jouée pour la dernière fois le 23-12-1991 pour l'accréditation de l'ambassadeur d'URSS à Jérusalem.

Dirigeants de 1917 a 1991

■ **Présidents du Comité exécutif central des Soviets (VTSIK). 1917 Iakov Sverdlov** (1885/16-3-1919) [*1901* militant révolutionnaire (parti social-démocrate), plusieurs fois déporté en Sibérie ; *1912,* rallié à Lénine. *1917* chef du mouvement bolchevik en Oural, y prend le pouvoir avant la révolution d'Octobre. *-21-11* Pt du comité exécutif central à Moscou. *1918-juillet* fait approuver par le peuple le massacre de la famille impériale à Iekaterinbourg. *1924* son nom est donné au lieu du massacre (Sverdlovsk)]. **1919 Michel Kalinine** (19-11-1875/3-6-1946) [fils de paysans, ouvrier dans une usine de munitions. *1898* membre du P. social-démocrate. *1899* 10 mois de prison. *1904-05* déporté en Sibérie. *1908-13* banni de St-Pétersbourg, ouvrier-paysan à Tver. *1913* déporté, évadé, clandestin à St-Pétersbourg. *1917* combattant de la révolution d'Octobre. *1919* membre du Comité central. *1922* Pt du Tsik (Comité central des Soviets). *1930* membre du conseil de la police soviétique].

■ **Présidents du Praesidium du Soviet suprême. 1937**-*4-6* **Michel Kalinine. 1946 Nicolas Chvernik** (1888/24-12-1970) [*1905* à St-Pétersbourg, membre du parti clandestin local. Chargé de l'agitation à Toula et à Samara ; plusieurs fois en prison et exilé. *1917* leader nat. des ouvriers des ateliers d'artillerie. *1921-23* Pt du comité des syndicats de la métallurgie du Donetz. *1923* membre du Praesidium, commissaire du peuple (RSFSR) pour l'Inspection ouvrière et paysanne. *1942* Pt de la commission d'enquête sur les crimes nazis. *1946* Pt du Praesidium. *1953* élu à Vienne vice-Pt de la fédération mondiale des syndicats]. **1953**-*6-3* **Kliment Vorochilov** (23-1-1881/3-12-1969) [fils d'un cheminot ukrainien. *1897* ouvrier mineur à 16 ans. *1903* membre du parti social-démocrate, se lie avec Lénine au congrès de Stockholm. *1907-14* prison et déportation. *1917* chargé par Lénine du commandement militaire de l'Ukraine. *1918* adjoint de Staline pour la défense de Tsaritsyn. *1919* membre du Conseil de la guerre et du Politburo. *1920* G^al. *1921* membre du Comité central. *1935* M^al (le 1er de l'Union soviétique). *1937* épure l'armée. *1940* vaincu en Finlande, destitué. *1941* commandant du front du Nord. *1945* négociateur des armistices finlandais et hongrois ; gouverneur de Hongrie. *1953-6-3* Pt du Praesidium]. **1960**-7-5 **Leonid Brejnev** (19-12-1906/19-12-1982) [fils d'ouvriers métallurgistes ukrainiens. *1923* entre au Komsomol. *1931* membre du Parti. *1935* ingénieur métallurgiste. *1938* secr. du comité régional de Dniepropetrovsk. *1944-45* G^al de brigade (direction politique de l'armée). *1946 :* 1er secr. du comité régional de Zaporojié ; *1947* de Dniepropetrovsk. *1950 :* 1er secr. en Moldavie (met fin à l'agitation proroumaine). *1952* membre du Comité central. *1953* disgracié à la mort de Staline (envoyé au Kazakhstan). *1956* réintégré par le XXe Congrès. *1957* membre titulaire du Praesidium. A partir de 1960, diminué physiquement. *1964-7-5* laisse son poste à Mikoyan et travaille à la chute de Khrouchtchev. *1973* prix Lénine de la paix. *1976-janv.* « cliniquement mort » après attaque. *-8-5* M^al. *-9-12* héros de l'Union soviétique. *1977-16-6* Pt du Présidium suprême. *1978-20-2* reçoit l'ordre de la Victoire (retiré sept. 1989 par Praesidium du Soviet suprême)]. Sa fille, Galina († 30-6-1998 à 69 ans) eut de nombreux amants et se maria 3 fois (3e mari : Iouri Tchourbanov, 1er vice-ministre de l'Intérieur jusqu'en 1985, arrêté 1987, condamné pour corruption). **1964**-*17-5* **Anastase Mikoyan** (25-11-1895/21-10-1978) [Arménien. *1908* au séminaire. *1913* révolutionnaire, dans la clandestinité à Bakou. *1918* arrêté en Arménie par les Anglais, évite de justesse l'exécution. *1922* au Comité central. *1926* suppléant au Bureau politique (titularisé 1934). *1927* commissaire du peuple au Commerce (nombreux voyages à l'étranger). *1956* un des leaders de la déstalinisation. *1962* mission à Cuba (rapprochement avec Castro). *1964-17-5* à *1965-9-12* Pt du Présidium]. **1965**-9-12 **Nikolaï Podgorny** (18-12-1903/11-1-1983) [fils d'un métallurgiste ukrainien. *1918* ouvrier, membre du Komsomol. *1930* du Parti, étudiant à l'université ouvrière de Kiev. *1931* ingénieur. *1939* commissaire du peuple à l'Alimentation (Ukraine). *1945* représente l'Ukraine au Conseil des ministres. *1950 :* 2e secr. du Parti (Ukraine). *1957 :* 1er secr. du Parti

(Ukraine). *1958* suppléant au Bureau politique ; *1960* titularisé. *1964* renverse Khrouchtchev ; rivalité avec Brejnev et Kossyguine pour le secrétariat gén. du Parti. *1965-9-12* renonce au secrétariat gén., accepte la présidence du Praesidium. *1977* destitué.]. **1977**-*16-6* **M**al **Brejnev** (1906-82). **1982**-*10-11* **Vassili Kouznetsov** (1900-90) [intérim]. **1983**-*16-6* **Youri Andropov** (15-6-1914/9-2-1984). **1984**-*9-2* **Vassili Kouznetsov** (intérim). *-12-4* **Constantin Tchernenko** (24-9-1911/10-3-1985). **1985**-*10-3* **Vassili Kouznetsov** (intérim). *-2-7* **Andreï Gromyko** (18-7-1909/2-7-1989) [*1943* ambassadeur aux USA. *1946* à l'Onu. *1949* : 1er vice-ministre des Aff. étr. *1952* ambassadeur à Londres. *1953* : 1er vice-ministre des Aff. étr. *1957 avril-1985 juillet* : ministre des Aff. étr. *1973-85* au Politburo. *1983* : 1er vice-Pt du gouv. *1985*-2-7 Pt du Praesidium.]. **1988**-*1-10* **Mikhaïl Gorbatchev**.

■ **Président de l'URSS. 1990**-*15-3*/**1991**-*25-12* **Mikhaïl Gorbatchev** (né 2-3-1931).

■ **Présidents du Conseil des ministres. 1917 Vladimir Ilitch Oulianov Lénine** (22-4-1870/21-1-1924). **1922 Alexis Rykov** (25-2-1881/14-3-1938, exécuté) [militant révolutionnaire à Saratov. *1902* arrêté (troubles du 1er Mai). *1905* reprend son activité. *1917* collaborateur de Lénine. *1918* directeur du ravitaillement de Moscou. *1921* vice-Pt du Conseil des commissaires du peuple. *1924* succède à Lénine comme Pt du Conseil des ministres. *1930* accusé de déviationnisme de droite, fait son autocritique. *1936* compromis (procès de Moscou) avec Boukharine. *1988* réhabilité]. **1930 Viatcheslav Skriabine, dit Molotov** (9-3-1890/10-11-1986) [origine bourgeoise (cousin du compositeur Scriabine). École polytechnique de St-Pétersbourg. *1906* militant clandestin sous le nom de *Molotov* « marteau ». Plusieurs déportations en Sibérie ; collaborateur de Staline à la *Pravda*. *1917* m. du comité révolutionnaire de Petrograd, 2e secr. du Parti. *1930-41* chef du gouv. *1939* min. des Aff. étr. *1941* vice-Pt (Pt : Staline). *1949-53* laisse les Aff. étr. à Vychinsky ; *1956* les laisse à Chepilov. *1957* éloigné en Mongolie (ambassadeur). *1964* exclu du Parti.]. **1941**-*7-5* **Joseph Staline** (21-12-1878/5-3-1953). **1953**-*6-3* **Georges Malenkov** (8-1-1902/14-1-1988). **1955**-*8-2* (Mal) **Nicolas Boulganine** (11-6-1895/25-2-1975). **1958**-*27-3* **Nikita Khrouchtchev** (17-4-1894/11-9-1971). **1964**-*15-10* **Alexis Kossyguine** (20-2-1904/18-12-1980). **1980**-*23-10* **Nicolas Tikhonov** (né 30-10-1906) [Ukrainien. Ingénieur métallurgiste. Ministre. 1979-*27-11* au Politburo]. **1985**-*2-7* **Nikolaï Ryjkov** (né 1929). **1991**-*14-2* **Valentin Pavlov** (né 26-9-1937).

■ **Présidence de l'Union.** Poste créé par le Soviet suprême le 27-2-1990 par modification de la Constitution (avant, le chef de l'État était le président du Praesidium). *Pt* : élu pour 5 ans par le Congrès des députés du peuple [loi du 13-3-1990 (votée par 1 817 voix contre 133, 61 abst. et 11 refus de vote), à partir de 1995 (au suffrage universel) 65 ans au max., renouvelable une fois]. *Pouvoirs* : droit de légiférer par décret, de recourir au référendum, de veto et de déclarer la guerre. Pt assisté de *2 organes consultatifs* : Conseil présidentiel et Conseil de la fédération (où siègeront les dirigeants des républiques).

■ **Conseil des ministres** (appelé Conseil des commissaires du peuple avant le 16-3-1946) assurant avant 1989 l'exécutif, responsable devant le Soviet suprême, ou, entre les sessions, devant le Praesidium du Soviet suprême. *Composition* fixée par le Soviet suprême ou son Praesidium : *Présidium du Conseil des ministres* : 14 membres, Pt, 1ers vice-Pts, vice-Pts ; *ministres* 87.

Parlement de l'URSS

■ **Avant 1989. Soviet (conseil) suprême** comprenant environ 1 500 membres élus pour 5 ans et répartis dans : le **Soviet de l'Union** (750 membres élus par circonscription selon la population, 1 pour 360 000 hab. ; s'occupant des intérêts généraux) et le **Soviet des nationalités** (750 membres, 32 députés par rép. fédérée, 11 par rép. autonome, 5 par région autonome, 1 par district autonome). **Les élections** avaient lieu au suffrage universel, égal et direct, et au scrutin secret. *Droit de vote* et éligibilité : 18 ans. *Dernières élections le 4-3-1984* : 184 006 373 électeurs (99,99 % des inscrits). Élus : 1 071 communistes et 428 sans parti ; 492 femmes ; 527 travailleurs manuels ; 242 kolkhoziens. Le **Praesidium du Soviet suprême** était élu à la séance commune des 2 chambres avec son Pt (chef de l'État), son 1er vice-Pt, 15 adjoints (1 pour chaque rép. fédérée), le secr. du Praesidium et 21 membres. Le Soviet suprême lui déléguait entre les sessions (2 par an) l'exercice du pouvoir exécutif. Les lois étaient adoptées à la simple majorité des voix ou par référendum organisé sur sa décision.

■ **De déc. 1989 à 1991. Congrès des députés du peuple** : créé par l'amendement du 1-12-1988. 2 250 membres. *750 députés du peuple* élus au suffrage universel dans des circonscriptions territoriales (1 pour environ 257 000 électeurs). *750 représentants des nationalités* élus au suffrage universel dans des circonscriptions nationales territoriales (par rép. fédérée 32, rép. autonome 11, région autonome 5, district autonome 1). *750 représentants des organisations légales* (ex-PC 100, syndicats 100, Union des femmes 75, Jeunesses communistes 75, Académie des sciences 25, Écrivains 10, Comité pour la paix 7, Union des philatélistes) élus par les membres des organisations. *Pouvoirs* : constituant ; élection du *Soviet suprême* et de son Pt ; adopte ou peut révoquer les lois votées par le Soviet suprême. **Élections du 26-3-1989** : *participation* 89,8 % ; sur 2 250 députés, 2 044 élus dont (en %) femmes 17,1 ; ouvriers 18,6 ; kolkhoziens 11,2 ; membres du PC 87,6. **1er tour** : 1 264 députés élus. **-9-4** : **2e tour** : dans les circonscriptions où un candidat n'a pas atteint la majorité (64 circonscriptions sur 1 500). **-14-5** : **3e tour** : 192 circonscriptions où aucun candidat n'avait eu 50 % (Egor Ligatchev, chef des conservateurs, élu député de Leningrad avec 60 % des voix).

■ **Soviet suprême.** Élu par le Congrès du peuple. Comprend 542 membres répartis en 2 chambres, *soviet de l'Union* 271 et *soviet des nationalités* 271. Nomme le Pt du Conseil des ministres et gouvernement (responsables devant lui). Pour la 1re fois, l'ex-URSS se dote d'un Parlement permanent (doit siéger en 2 sessions de 7 à 8 mois par an). Chaque année, ses effectifs doivent être renouvelés afin qu'à l'issue des 5 ans de la législature tous les 2 250 députés de l'ex-URSS aient siégé au Soviet suprême.

■ **Soviets locaux. Avant 1989** : 5 000. **Élections du 20-6-1982** : 2 288 885 députés (ouvriers 44,3 %, kolkhoziens 24,9, femmes 50,1, – de 30 ans 34, sans-parti 57,2) ; **des 21-6 et 5-7-1987** : apparition de candidatures multiples dans 4 % des circonscriptions.

Parti communiste de l'Union soviétique (PCUS)

■ **Fondé** 1903 par Lénine (terme bolchevik abandonné en 1952). Rassemblait 14 PC des Républiques soviétiques, 6 organisations régionales du Parti, 150 organisations départementales du Parti, 4 384 urbaines et d'arrondissement du Parti, et plus de 141 000 cellules de base constituées selon l'appartenance aux unités de production. Bureau ou comité élus au scrutin secret, à chaque niveau.

■ **Adhésion.** Depuis 1966, il fallait avoir 23 ans et être parrainé par un membre depuis plus de 5 ans dans le Parti. Les moins de 23 ans adhéraient d'abord aux Komsomols. **Membres** : *1917 janv.* : 23 600, *avril* : 100 000, *août* : 240 000, *oct.* : 350 000 ; *39* : 2 300 000 ; *52* : 6 700 000 ; *66* : 12 500 000 ; *86* : 18 309 693 ; *90 (1-10)* : 17 742 634 [dont (en %) : ouvriers 27,6, kolkhoziens 7,6, salariés 40,5. Inactifs 17,4]. *91 (août)* : 15 000 000.

■ **Rôle. Avant 1990** : seul parti légal ; « Force qui dirige et oriente la société soviétique, c'est le noyau de son système politique, des organismes d'État et des organisations sociales. Existe pour le peuple et au service du peuple. Il définit la perspective générale du développement de la société, les orientations de la politique intérieure et étrangère de l'ex-URSS. Il dirige la grande œuvre créatrice du peuple soviétique, confère un caractère organisé et scientifiquement fondé à sa lutte pour la victoire du communisme. » **A partir du 15-3-1990** « le Parti participe à la direction du pays », mais « n'assume pas toute l'autorité gouvernementale » (le multipartisme est adopté). « Son rôle est d'être leader politique, sans prétention particulière sur la société inscrite dans la Constitution. »

■ **Organes suprêmes. Congrès** : au moins une fois tous les 5 ans (**XXVIe** : 1986, **XXVIIIe** : juillet 1990 ; environ 5 000 participants. **Comité central** élu par le Congrès pour 5 ans à bulletin secret [au 25-4-1989 : 249 m. (en mai 1988 : dont *+ de 70 ans* : 13,7 % ; *60 à 70* : 36,8 ; *50 à 60* : 42 ; *– de 50* : 6,5), 115 m. suppléants, dirige toute l'activité du Parti, réunions plénières 2 fois/an], **Commission de révision** (70 m.), **Bureau politique ou Politburo** : dirige les travaux du Parti entre les plénums du Comité central (au moins 2 fois par an). Politburo et secrétariat se réunissent chaque semaine. Le secrétaire du Parti ne pouvait modifier le Bureau politique, ni lui imposer une nouvelle politique. Sur 27 personnalités qui ont siégé au Politburo de 1917 à oct. 1962, 15 au moins ont péri de mort violente (assassinat, exécution, suicide). *Composition* (juillet 1991) *24 membres et 2 de droit* : Gorbatchev (60 ans), secr. du CC ; Ivachko (58 ans) ; *7 élus par le CC* ; *1ers secr. des Rép. fédérées* ; *7 sans responsabilités dans les Rép. Secr. gén.* (élu à main levée) : *1922-(4-4)* Joseph Staline. *1953-(13-11)* Nikita Khrouchtchev. *1964-(14-10)* Leonid Brejnev. *1982-(12-11)* Iouri Andropov. *1984-(13-2)* Constantin Tchernenko. *1985-(11-3)* Mikhaïl Gorbatchev.

Nota. – On appelle *apparatchiks* les membres permanents du Parti (400 000 à 500 000 salariés à temps complet) et *nomenklatura* l'élite officielle, politique, administrative ou intellectuelle dont la nomination à ces postes dépend du Parti, des syndicats ou des soviets (leur liste constitue une nomenclature). Russes, Biélorusses et Ukrainiens représentaient 80 % des membres du PC, et 82 % des membres du Politburo.

Effondrement du PCUS : **1991**-*23/25-8* : 2 décrets suspendent l'activité des PC russe et soviétique et les exproprient. La Cour constitutionnelle de Russie, nouvellement créée, est saisie simultanément par 37 députés de l'ex-PCUS, et par le gouvernement russe qui lui demande de déclarer inconstitutionnelles les activités du PC. Convoqué par la Cour comme témoin, Gorbatchev refuse de comparaître. *-29-8* suspension de l'activité du PCUS dans entreprises et administrations (150 000 licenciés). Sur 19 millions d'adhérents, 4 millions quittent le PCUS en quelques mois. *6-11* décret d'interdiction. **1992**-*30-12* arrêt de la Cour : l'interdiction des organes centraux du PCUS est légale, celle des cellules de base illégale ; la confiscation des biens communistes venant des ressources de l'État est légale, est illégale celle des avoirs constitués à l'origine par les militants.

Fortune : évaluée officiellement (21-8-1991) à 4 milliards de roubles (12 milliards de F) ; en fait 980 milliards de F. Comprend 5 234 bâtiments administratifs, 3 583 organes de presse, 23 maisons de repos. Le parquet de Russie a saisi 14 milliards de $ en liquide, gelé 3 milliards de $ et estimé que plus de 170 milliards de $ auraient été placés à l'étranger (près de 7 000 comptes numérotés en France, Amérique latine, Iran, dans sociétés mixtes, trusts, SARL). 100 t d'or auraient été écoulées clandestinement. A côté des entreprises officielles du PCUS, des sociétés privées auraient bénéficié de capitaux « blanchis » du Parti. Exemple : *Menatep*, holding créé 1988 avec le concours du ministère soviétique des Finances et de la Banque d'État.

☞ Le PCUS aurait détourné 55 à 180 milliards de $ et aurait, de 1981 à 90, versé 250 millions de $ aux partis amis (dont 26 au PCF de 1979 à 90 et 21,2 au PC américain).

■ **Union des jeunesses communistes léninistes de l'ex-URSS**, ou **Komsomols** *(Koummounistitcheskyi Soyouz Molodioji)*. Fondée 1918, regroupe les jeunes de 14/28 ans. Autodissoute en congrès extraordinaire (27-9-1991). **Effectifs** (en millions) : *1918* (oct.) : 0,22 ; *19* (oct.) : 0,96 ; *20* (oct.) : 0,4 ; *25* : 1,5 ; *31* : 3 ; *40* : 10 ; *45* : 15 ; *49* : 9,28 ; *52* : 16 ; *70* : 27 ; *74* : 37 ; *87* : 40.

Syndicats

■ **Membres.** 140 000 000 (en 1987) ouvriers, kolkhoziens, employés et étudiants (environ 99 %). 731 000 organisations de base groupées en 31 syndicats sectoriels (exemple syndicat de l'automobile). **Organisations syndicales kolkhoziennes et sovkhoziennes** : 91 605 (28 000 000 membres). Congrès par branche tous les 5 ans. Dans l'intervalle, le Conseil central des syndicats soviétiques (CCSS, Pt A. Chibaev) assure la direction. Les syndicats ont le droit d'initiative législative, gèrent la Sécurité sociale, le contrôle de l'application de la législation du travail et de la sécurité du travail. **Comités d'entreprise** (690 000 en 1975) : signent chaque année des conventions collectives avec l'administration. **Presse** : *Troud* (18 700 000 ex.), *Syndicats soviétiques* (600 000 ex.).

Services de renseignements

■ **KGB (Komitet Gosudarstvennoy Bezopasnosti,** Comité pour la sécurité de l'État). **Siège** : édifice de la Loubianka, place Dzerjinski. **Origine** : **1917**-*20-12 Tcheka* (voir p. 1235 c). **1921** INO (département d'espionnage à l'étranger) et KRO (service de contre-espionnage) *créés*. **1922**-*1-3* devient *GPU* ou *Guépéou* (voir p. 1235 c). **1923** remplacée par *OGPU (Obioédinionnyé Oupravlenié*, Direction politique d'État unifiée) ; dissociée du *NKVD*, devient autonome ; *chef* : 1926 Viatcheslav Menjinsky. **1934** réintègre le ministère de l'Intérieur ; le *NKVD (Narodnij kommissariat vnutrennykh del*, Commissariat du peuple aux Affaires intérieures) désigne les services secrets jusqu'en 1946 (sauf de févr. à juillet 1941, NKGB : Commissariat du Peuple pour les questions de sécurité) ; *chefs* : Iagoda (1891-1938, exécuté) ; 1936-*25-9* Iejov. **1946** on dit *MVD* (ministère des Affaires intérieures) ou *MGB* (ministère pour la Sécurité d'État) ; *MVD* : administration des camps ou Goulag (après la mort de Staline, le Goulag sera éclaté entre plusieurs ministères). **1954**-*mars KGB* : regroupe services d'espionnage extérieur, police politique, garde-frontières et unités spéciales ; dissous en 1991, après l'échec du putsch anti-Gorbatchev dont Vladimir Krioutchkov, chef du KGB, a été l'un des principaux investigateurs. **1991** *SVR* : Service de renseignement extérieur ; l'appareil interne du KGB devient le *FSK* (Service fédéral de contre-espionnage), puis le *FSB* (Service fédéral de sécurité). Le *GROU* (Direction principale du renseignement), service secret de l'armée, *créé* 1920 par Trotski, alors chef de l'Armée rouge, est toujours actif. **Missions** : sécurité intérieure et extérieure de l'ex-URSS. 6 directions : centre de formation des cadres, gardes-frontières, police secrète, technique, contre-espionnage et étranger (dont section D : désinformation). **Employés** : 700 000 agents (dont 250 000 gardes-frontières), 6 000 000 de correspondants, 70 % des diplomates travaillaient pour le KGB [Auraient eu 1 500 000 collaborateurs (dont 480 000 officiels, 1 million d'informateurs)]. **Présidents du KGB** (1917-90) : 1917 Félix Dzerzjinski [1, 2, 3] ; 1926 Viatcheslav Menjinsky [3] ; 1934 Genrikh Iagoda [4] ; 1936 Nikolaï Iejov [4] ; 1938 Lavrenti Beria [4] [né en 1899. 1915 recherché par police ; 1917 recruté par Dzergjinski ; 1920 pourchasse Russes blancs, en France et Tchécoslovaquie (sous le nom de code de Yemon Lidze), responsable de la GPU en Géorgie ; 1934 membre du Comité central ; 1938 directeur du NKVD ; 1945 ministre de la Sécurité d'État, développe l'espionnage scientifique pour doter l'URSS de l'arme nucléaire] ; févr.-juillet 1941 Vsevolod Merkoulov [5] ; 1941 Beria [4] ; 1943 Merkoulov [5, 6] ; 1946 Victor Abakoumov [6] ; août-déc. 1951 Sergueï Ogoltsov [6] ; 1951 Semion Ignatiev [6] ; mars-juin Beria [7] arrêté 25-6, exécuté déc.) ; 1953 Sergueï Krouglov [7] ; 1954 Ivan Serov [9] ; 1958 Alexandre Chelepine [9] ; 1961 Vladimir Semitchatsny [9] († 12-1-2001, à 77 ans) ; 1967 Iouri Andropov [9] ; mai-déc. 1982 Vitali Fedortchouk [9] ; 1982 Victor Tchebrikov [9] ; 1988 Vladimir Krioutchkov [9] ; 1991 Evgeni Primakov [8] ; 1996 Viatcheslav Troubnitkov [8]. **Transformations** : *11-10-1991* KGB dissous, remplacé par 4 agences : renseignements extérieurs [1re direction principale ; directeur : Evgueni Primakov (1er civil chef de l'espionnage)], contre-espionnage, protection et surveillance des communications, comité d'État pour la défense des frontières (gardes-frontières). Lutte contre grand banditisme et mafias relève du ministère de l'Intérieur. 60 000 hommes des troupes spéciales de l'ex-KGB seront transférés à l'armée. *Janv. 1992* fusion KGB-ministère de l'Intérieur annulée par la Cour constitutionnelle.

Nota. – (1) Tcheka. (2) GPU. (3) OGPU. (4) NKVD. (5) NKGB. (6) MGB. (7) MVD. (8) SVR. (9) KGB.

■ **VPK (Voïenno-Promychlennaïa Komissia,** Commission du présidium du Conseil des ministres pour les questions d'industrie militaire). Technologie occidentale acquise par espionnage (%) : américaine 61,5, ouest-allemande 10,5, *française 8*, britannique 7,5, japonaise 3.

■ **GRO (Glavnoe razvedivatelnoe oupravlenie,** Service de renseignement et d'action militaire). *Employés* 30 000 dont 4 000 officiers en URSS et dans pays de l'Est, ou en service extérieur. Contrôle les *Spetsnaz* (unités d'élite).

Nota. – Selon Alexandre Karbanov (Gal du KGB) les polices secrètes soviétiques auraient exterminé 5 millions de Soviétiques de 1917 à 1954 (1,2 par l'Oguépéou et le Guépéou, 3,5 par le NKVD), et 4 millions de « contre-révolutionnaires » auraient été condamnés sous Staline ; 30 espions, dont 2 agents du KGB, ont été arrêtés en ex-URSS de 1985 à 90, et 29 exécutés.

Histoire

■ **1922** *-30-12* **fondation de l'URSS.**

☞ **Reconnaissent le gouvernement soviétique : 1924**-*1-2* G.-B. ; *-7-2* Italie ; *-31-5* Chine ; *-28-10 France* ; **1925**-*20-1* Japon ; **1933**-*16-11* USA. **Rupture des relations diplomatiques : 1927**-*26-5* au *20-12-1929* G.-B./URSS (affaire *Arcos*) ; **1927**-*14-12* au *12-12-1932* Chine/URSS. **Traités de non-agression** avec : **1926**-*28-9* Lituanie ; **1932**-*21-1* Finlande, *-5-2* Lettonie ; *-4-5* Estonie ; *-25-7* Pologne ; *-29-11 France ;* **1937**-*21-8* Chine. **Conventions de Londres** des 3, 4 et 6-7-1933 avec Afghanistan, États baltes, Finlande, Iran, Pologne, Roumanie, Tchécoslovaquie, Turquie, Yougoslavie pour l'acceptation d'une définition commune de l'agresseur. **1935**-*2/16-5* aménagement de l'assistance mutuelle.

1924-*21-1* **Lénine meurt.** L'Institut Lénine sera créé en 1926 pour étudier ses idées, son cerveau prélevé fut découpé (en 30 000 tranches entre des lames de verre). *-31-1 : 1re Constitution* de l'URSS. *-3-3* **époque stalinienne.** *-20-8* Boris Savinkov [(1879-1925) ancien min. de la Guerre de Kerenski] rentre avec un faux passeport, arrêté, condamné à 10 ans ; se suicidera (?) en prison. **1925** création du prix Lénine. *-15-1* Trotski cesse d'être commissaire à la Guerre. *-10-4* Tsaritsyne devient Stalingrad. *-24-4* traité de neutralité et de non-agression avec All. **1926** Pie XI envoie le jésuite Michel d'Herbigny pour sacrer des évêques clandestins. *-24-4 traité de Rapallo :* Allemagne et URSS renoncent à toute réparation de guerre : si l'une est attaquée par une tierce puissance, l'autre restera neutre, chacune s'interdisant d'entrer dans une coalition pouvant soumettre l'autre à un boycott économique ou financier. *-Oct.* **2e troïka** (d'opposition) : Trotski (exclu du Bureau politique), Kamenev [Lev Borissovitch Rosenfeld, dit (1883-1936, fusillé) ; sa femme Olga Bronstein (née 1883), sœur de Trotski, arrêtée 1935, sera fusillée le 11-9-1941)] et Zinoviev [Grigori Ievseïevitch Radomyslski, dit (1883-1936, fusillé)]. **1927** le Code pénal définit comme « contre-révolutionnaire » toute action ou « inaction » tendant à l'affaiblissement du pouvoir. *-Avril* le IVe congrès des Soviets décide, à l'instigation de Staline, la mise au point d'un plan quinquennal. *-12-5 rupture des relations anglo-soviétiques. -Oct.* Trotski et Zinoviev exclus du Comité central du PCUS. *-Nov.* impôt en nature remplacé par impôt en argent. **1928**-*28-1* armée soviétique appelée Armée rouge. *1er plan quinquennal* pour l'industrie lourde (adopté au Congrès des Soviets de 1929). *-18-5* procès des saboteurs de Chakhty. **1929**-*21-6* arrêté « sur les mesures relatives à la consolidation du système kolkhozien » : marque début de la collectivisation forcée. *-18-9 : 1re moissonneuse-batteuse* soviétique. *-5-11* création *d'Intourist.* **1930** disgrâce d'Alexis *Rykov* (1881-1938, fusillé) et de *N. I. Boukharine ; dékoulakisation :* les paysans riches *(koulaks)* sont dépossédés. École primaire obligatoire. **1931** 1re *locomotive à vapeur* soviétique. **1932**-*juillet* famine en Ukraine, Volga et Kazakhstan. *-Nov.* passeport intérieur. *-29-11 pacte de non-agression franco-soviétique. -Déc.* collectivisation achevée. Main-d'œuvre concentrationnaire utilisée massivement. On fit un héros pour la jeunesse de Pavlik Morozov (12 ans) qui dénonça ses parents réfractaires à la collectivisation (sera assassiné 6 mois après). **1933**-*août* canal Staline ouvert entre mer Blanche et Baltique. *-16-11* relations diplomatiques avec USA. **1933-34** 15 millions de paysans chassés de leurs terres, déportés en Sibérie (6 millions de † ; 1 000 000 exécutés et famine en Ukraine). **1934**-*26-1 : 2e plan quinquennal. -18-9* entrée à la SDN. *-27-10* le NKVD qui remplace le Guépéou (depuis juillet) a toute autorité sur les camps de travail et les institutions de travail correctif. *-1-12 Kirov* [né 1886 (Sergheï Mironovitch Kostrikov, dit) membre du Politburo et proche collaborateur de Staline], assassiné par Leonid Nicolaïev. Sa mort est le prétexte à des épurations sanglantes et massives ; plusieurs milliers de fusillés sans jugement ; sur 139 membres et suppléants du Comité central, 98 sont éliminés. *-5-12 pacte franco-soviétique* entre Laval et M.M. Litvinov (1876-1951). *-Déc.* début de la « Grande Terreur ». Jdanov († sept. 1948), responsable de l'idéologie, impose enrégimentement des arts et des sciences au service du communisme.

1935-*25-1 Valerian Kouïbychev* (né 1888) meurt subitement (empoisonné ?). *-7-4* une loi autorise la condamnation à mort des enfants à partir de 12 ans. *-2-5 traité d'assistance mutuelle franco-soviétique* (Pierre Laval). *-15-5 :* 1re ligne du métro de Moscou (11 km). *-Août* mise à l'honneur de Stakhanov (voir encadré p. 1239 a). **1936-38** *Ejovschina :* période de 2 ans dite aussi « Grande Terreur ». Nikolaï Ejov commissaire du peuple à l'Intérieur (15 000 000 d'arrestations, 680 000 exécutions par Laurent Beria, Géorgien). **1936**-*19/24-8* **1er procès de Moscou « des 16 »** du « contre-terrorisme-trotskiste-zinovievien ». Principaux accusés condamnés à mort (dont Kamenev et Zinoviev), fusillés 25-8 ; *-26-8* M.M. Tomski (né 1880) se suicide. Procureur général Andreï Vychinski (1883-1954). *-5-12 Constitution* approuvée par un congrès extraordinaire. **1937-38** arrêtés 7 000 000, exécutés 1 000 000, décédés dans les prisons et camps 2 000 000. Population des camps : 8 000 000 (dont 1 000 000 de prisonniers). **1937**-*23/30-1 :* **2e procès de Moscou « des 17 »** du « centre antisoviétique trotskiste » : 18 accusés dont 13 condamnés à mort dont G.L. Piatakov (né 1890) et L.P. Serebriakov (né 1890), et Karl Sobelsohn, dit Radek (né 1885 ; condamné à 10 ans ; tué en prison par un détenu en 1939). *-juin* **procès des généraux.** *-11-6* exécution du *Mal Mikhaïl Toukhatchevski* (né 16-2-1893) et de nombreux chefs de l'Armée rouge (4 maréchaux sur 5 ; 75 membres du conseil militaire sur 80 ; 14 généraux d'armée sur 16 ; 60 de corps d'armée sur 67 ; 136 de division sur 199 ; 221 de brigade sur 397 ; les 8 amiraux ; les 11 commissaires politiques d'armée ; 35 000 officiers supérieurs et subalternes). *Raison :* provocation montée à l'aide de faux documents par les services secrets hitlériens (dans le but de décapiter l'Armée rouge) et dont le Pt tchèque Beneš s'était fait involontairement le complice. **1938**-*2/13-3* **3e procès de Moscou « des 21 »** du « bloc antisoviétique des droitiers et trotskistes » : 21 accusés, 19 condamnés à mort dont N.I. Boukharine (né 1888) et A. Rykov (né 1881, ancien chef du gouv.), Iagoda (1891-1938). Épuration des cadres techniques et administratifs (déportés en camps : 20 000 000). *-Juillet/août* agression japonaise repoussée près du lac Khassan. *-Déc.* Yejov destitué.

1939-*10-3 XVIIIe congrès :* 1 108 délégués sur 1 996 du précédent congrès fusillés. *-13-5* V.M. Molotov (1896-1986) remplace Litvinov aux Aff. étrangères. *-23-8 pacte de non-agression germano-soviétique :* protocole secret plaçant dans la sphère d'influence soviétique : Pologne orientale, Bessarabie roumaine, Estonie et Lettonie. *-17-9* Armée rouge entre en Pologne. *-27-9* partage de la Pologne avec l'Allemagne (Ukraine et Biélorussie polonaise réunies aux républiques socialistes soviétiques de même nom). *-29-9* protocole secret ajoutant Lituanie dans sphère soviétique et programmant une étroite coopération économique et militaire avec l'Allemagne. *-30-11-1939/12-4-1940 guerre de Finlande* (qui perd Carélie et partie de la Laponie). *-14-12* URSS exclue de la SDN. **1940**-*14/18-6* occupation des pays Baltes, incorporés à l'URSS, élections générales sous contrôle des Soviétiques. *26-6* après ultimatum, la Roumanie cède à l'URSS Bessarabie (45 650 km²) et Bucovine du Nord (10 432 km²). **1941**-*7-5* Staline (secrétaire du Parti) devient chef du gouvernement. *-15-5* Joukov et Timochenko présentent à Staline un plan d'attaque préventive qu'il repousse. *-22-6* Samarkand, fouille du tombeau de Tamerlan.

Invasion allemande (voir guerre germano-russe p. 692). Staline est pris au dépourvu, quoique averti dès le 1-6 ; Hitler le devance, craignant que l'URSS ne le coupe du pétrole roumain. *-30-6* formation d'un Comité d'État à la défense (chef : Staline). *-16-8* l'Armée rouge ayant perdu 700 000 prisonniers, « l'ordre 270 » décrète traître à la patrie tout soldat soviétique capturé par l'ennemi. *-28-8 :* 800 000 Allemands de R. (dont 400 000 de la Rép. allemande de la Volga) sont déportés au Kazakhstan. *-Fin sept.* après 3 mois de guerre, l'Allemagne contrôle le Donbass (60 % du charbon soviétique, 75 % du coke, 50 % du fer, 20 % de l'acier) et espère prendre très vite possession de 100 millions d'ha du lac Ladoga à la Caspienne, englobant Moscou, Leningrad, réserves minières et agricoles d'Ukraine, 90 % des ressources pétrolières de l'URSS ; mais Leningrad, assiégée 900 j. du 8-9-1941 au 27-1-1944 (800 000 † de bombardements, faim, maladie) ne cédera pas. **1941-42** 1 360 grandes entreprises (10 millions d'ouvriers) déplacées vers Oural, Volga, Sibérie. **1943**-*31-1* Stalingrad : Paulus capitule. *-15-5* Komintern dissous.

L'URSS après Lénine

1°) Application des idées de Lénine. Établissement d'un parti au pouvoir dictatorial, capable de structurer le prolétariat (maintien du Guépéou devenu le NKVD ; identification du Parti et de l'État ; nomination aux postes clefs d'exécutants disciplinés). **Poursuite de la lutte révolutionnaire à l'étranger** (la IIIe Internationale a permis à de nombreux partis communistes locaux de prendre le pouvoir et de créer des États marxistes). **Collectivisation et socialisation de l'économie** (le XVe congrès du PC, en décembre 1927, a mis fin à la NEP). La propriété privée des moyens de production est abolie, la terre devient propriété de l'État (la *« dékoulakisation »* de 1930 élimine 8 millions de propriétaires moyens, déportés ou exécutés), ainsi que forêts, mines, usines, banques ; un secteur privé [exploitations collectives (coopératives) ou privées et individuelles, paysannes ou artisanales, fondées sur le travail personnel] subsiste ; la propriété privée édifiée avec les revenus du travail est possible. Les 3 plans quinquennaux (1928-41) qui aboutissent à stabiliser une économie socialiste veulent mettre en exploitation le continent soviétique en vertu d'un plan établi, et non pour la recherche du profit individuel. **2°) Divergences entre léninisme et stalinisme. a) L'État stalinien est resté fidèle au panrussisme tsariste :** bien que Géorgien, Staline n'a guère appliqué les idées libérales de Lénine en matière de nationalités. Il a favorisé la russification de l'URSS (emploi généralisé du russe comme langue de travail, implantation de Russes, Biélorusses, Ukrainiens dans les États allogènes). **b) La coexistence pacifique est surtout conçue comme favorable à la défense nationale :** l'URSS doit jouer des rivalités entre ses adversaires pour accroître sa puissance (et aider les nations communistes à accroître la leur). **c) Le stalinisme est moins favorable aux Juifs que le léninisme :** Lénine, d'accord avec Trotski, voyait dans les Juifs un élément international, utile pour le triomphe d'une société socialiste mondiale. Staline voit dans les Juifs une nationalité peu assimilable, les Juifs sont éliminés : Trotski, Kamenev, Zinoviev, Radek, Joffe, ainsi que Frounze, etc. **d) Le culte de la « personnalité » :** Lénine avait pris parti, de son vivant, pour Trotski, contre Staline et, dans son « testament », il s'est montré nettement antistalinien. Pour les trotskistes, Staline a fait dévier la révolution vers une dictature réactionnaire n'ayant plus rien à voir avec le socialisme (réponse des staliniens : vivant à l'époque des fascismes, Staline a pu triompher de Hitler et de Mussolini en les battant sur leur propre terrain ; Trotski aurait perdu la partie contre eux et aurait ruiné le socialisme en voulant défendre à tout prix la non-personnalité du pouvoir dirigeant). **e) Banalisation du « communisme de guerre » :** la terreur policière (Tcheka, Guépéou) et la mise en veilleuse des droits de l'homme étaient pour Lénine momentanées, à laquelle on ne devait avoir recours que dans des circonstances exceptionnelles, pour empêcher l'échec de la révolution. Pour Staline, le respect des droits de l'homme n'est pas une valeur en soi. La suppression des libertés fondamentales de l'individu peut être envisagée sans limite de temps. **f) L'idéologie internationaliste est mise en veilleuse :** l'URSS a créé une ligue d'États communistes, solidaires, mais fidèles aux patriotismes locaux. L'épithète « multinational » a pris un sens péjoratif : c'est le capitalisme qui n'a pas de patrie.

Staline, Joseph Vissarionovitch Djougatchvili (dit) du mot russe *stal* (« acier ») [né à Gori, Géorgie, le 21-12-1878 (et non 1879), † le 5-3-1953 ; taille 1,65 m ; à 5 ans a la variole, à 7 ans atrophie du bras gauche ; enfant, appelé Sosso puis aura plusieurs pseudonymes dont Koba]. *Père :* Vissarion, cordonnier ivrogne ; *mère :* Catherine Gueladzé, fille de serf. *Ép. 1o)* 1906 Ekaterina Svanidzé, dite Kato, († 1908) dont *Iakov* (16-3-1907/15-4-1943, lieutenant d'artillerie, prisonnier le 16-7-1941 ; ayant appris le 13-4 le massacre de Katyn se serait suicidé par dégoût en se jetant contre les barbelés électrifiés du camp de Sachsenhausen) qui eut 2 filles ; *liaison* 1911 avec Maria Kouzakova dont *Konstantin* (né 1912) ; *2o) Nadejda Allellouïeva* (22-9-1901/9-12-1932, suicide), dont *Svetlana Allellouïeva* [née 1926, mariée 3 fois (*1re :* Grigori Mouzov dont Iosef ; *2e :* Iouri Jaanov dont Katia ; *3e :* Wes Peters dont Olga), *1970* en exil volontaire (privée de citoyenneté), *1984-3-11* rentre en URSS avec sa fille Olga, elles retrouvent leur nationalité soviétique. *1988-mai* reperd sa nationalité pour être retournée aux USA], *Vassili* (1921-45, aviateur), *Jacob* († 1962 ; marié 4 fois, eut 2 fils et 2 filles). *1893/29-5-1899* séminaire de Tiflis ; à l'observatoire de physique ; agitateur. *1902, 08, 10, 11, 12* déporté en Sibérie et évadé. *1912* coopté au Comité central du parti bolchevique. *1913-17* député. *1916* exempté du service militaire. *1917* libéré de son exil à Krasnoïarsk par la révolution ; rédacteur en chef de la *Pravda*. *-26-10* commissaire du peuple aux Nationalités. *1922-23-4* secr. gén. du Parti. *1924* chef du triumvirat ou « Troïka » avec Zinoviev (1883-1936, exécuté) et Kamenev (1883-1936, exécuté). *1941-7-5* commissaire à la Guerre ; Pt du Conseil des commissaires du peuple. *1943-7-3* maréchal. *1945-1-5* généralissime. *1953-5-3,* 9 h 53, meurt d'une hémorragie cérébrale, laissé 6 à 8 h sans aide médicale sur ordre de Beria (ou assassiné par des proches redoutant une nouvelle purge ?). Inhumé dans le mausolée de Lénine, transféré clandestinement au pied du Kremlin (nuit du 30 au 31-10-1961). Il s'opposa à Trotski pour instaurer le socialisme dans un seul pays et en acceptant temporairement la NEP (Nouvelle Politique économique). Il lança le 1er plan quinquennal en 1928 et la collectivisation des terres en 1929. Sa doctrine, le stalinisme, se caractérise d'abord par l'opportunisme, la centralisation, l'autoritarisme et, après 1945, l'intransigeance (refus de la coexistence pacifique). Staline publia : « les Fondements du léninisme » (1924), « les Questions du léninisme » (1926), « Matérialisme historique et Matérialisme dialectique » (1938), « les Problèmes économiques du socialisme » (1952).

Trotski, Léon (Ianovka, au sud de l'Ukraine 7-11-1879/dans sa villa de Coyacán, Mexique 21-8-1940). Leiba Bronstein, dit Lev Davidovitch. Origine bourgeoise et juive. *1898*-28-1 arrêté à Odessa. *1899* condamné à 4 ans d'exil en Sibérie. *1902* s'évade, laisse sa femme et ses 2 enfants, et vit en Angleterre avec un faux passeport au nom de Trotsky, se lie avec Martov et Lénine. *1903* se range avec Martov aux côtés des mencheviks, les modérés minoritaires, contre les bolcheviks, majoritaires, dirigés par Lénine, à qui il reproche son « jacobinisme centralisateur ». Rencontre à Paris sa nouvelle compagne, Natalia Sedova. *1905* rentré en Russie, déc. arrêté. 1906 condamné au bannissement à vie en Sibérie, de nouveau évadé. *1905-17* en exil à Vienne où il fonde la *Pravda*, en Suisse, *France*, Espagne, USA. *1917-mai* revient en Russie. *-Juillet* rejoint Lénine à Petrograd, rallie les bolcheviks, membre du Comité central des soviets de Petrograd. *-Oct.* commissaire du peuple aux Aff. étr. *1918-25* commissaire à la Guerre, vainqueur des armées blanches. *1924-oct.* publie « les Leçons d'octobre », pamphlet antistalinien. *1925-janv.* écarté du ministère de la Guerre. *1926-oct.* chassé du Politburo. *1927-nov.* exclu du Parti. *1928-janv.* relégué au Kazakhstan (Alma-Ata). *1929-20-1* expulsé, conduit à frontière ukrainienne. *1929-33* exilé en Turquie. *1932* déchu de la nationalité soviétique. *1933-35* en France (expulsé par Laval). *1937-40* au Mexique, où il vivra avec Alexandra Lvovna qu'il épousera dont il avait eu Zinaïda (née 1901) et Nina (née 1902) [*1938* y fonde la IVe Internationale dont il est Pt] *1940-21-8* meurt à 19 h 20 ; a été mortellement blessé le 20 d'un coup de piolet par un agent stalinien espagnol, Jaime Ramón Mercader del Rio (pseudonyme Jacques Mornard ou Franck Jacson, né 7-2-1913. Arrêté sur place, condamné à 30 ans, libéré 1960, sera décoré et nommé général, inhumé à Moscou 1979) ; il y avait eu 3 autres tentatives d'assassinat (la 1re menée par le peintre mexicain Siqueiros).

ÉTAT DE L'URSS EN 1940

■ **Population en 1913 et**, entre parenthèses, **en 1937** (en %). *Urbanisée* : 18 (33) ; *active* : secteur primaire 75 (56) ; secondaire 9 (24) ; tertiaire 16 (20). *Niveau de vie* : pouvoir d'achat des salaires + 10 % par rapport à 1913, cadres, membres du Parti, techniciens bénéficient de prestations diverses ; enseignement secondaire et supérieur encore peu dispensé : 1,4 million d'élèves.

■ **Population prévue en 1937.** 180 millions (162 à la mi-mars selon Ivan Kraval, un des organisateurs du recensement qui sera fusillé pour cette déclaration). 170 selon un recensement organisé en janvier 1939 sous le contrôle de Molotov (résultats confidentiels).

■ **Économie. Plans quinquennaux** *(piatiletka)* : élaborés par branches, régions économiques, républiques. Discutés et adoptés aux congrès du Parti. Les projets de plan des républiques sont soumis au Comité du plan d'État *(Gosplan)* du Conseil des ministres de l'URSS. Les *1er* (1928-32) et *2e* (1933-37) *plans* ont été exécutés avant terme. Le *3e* (1938-42) a été stoppé par la guerre. Le *4e* (1946-50) a été consacré à la reconstruction. Le *5e* (1951-55) adopté par le XIXe Congrès en oct. 1952 et le *6e* (1956-60) qui fut révisé après 1 an. Le *12e plan* couvrait la période 1986-90. **Causes du progrès :** *formation de cadres techniques. Aide étrangère* : + de 20 000 techniciens et spécialistes étrangers (Allemagne, Amérique). *Rationalisation* du travail avec les *oudarniks* (ouvriers de choc), émules de l'ouvrier mineur *Alexei Stakhanov* (1906-77) qui réussit, la nuit du 30 au 31-8-1935, à extraire 105 t de houille (la norme étant de 7 t) et fit extraire, le 19-9-1936, 227 t [en 1990 la *Komsomolskaïa Pravda* révélera que Stakhanov était aidé secrètement par 2 assistants (Borisenko et Chigolev)]. Son nom fut donné à une méthode au rendement (stakhanovisme) encouragée par Staline. Les dirigeants syndicaux critiqueront cette nouvelle exploitation ouvrière entraînant la formation d'une classe d'ouvriers privilégiés, avec une priorité quantitative et non qualitative. Leurs critiques expliquent en partie la sanglante épuration qu'ils subirent entre 1936 et 1938. **Agriculture. Collectivisation :** pratiquement achevée. **Production** (en millions de t, 1913 et, entre parenthèses, 1940) : *céréales* 80 (96) ; *betterave à sucre* 10 (21) ; *coton* 0,7 (2,3) ; *bovins* (en millions de têtes) 60 (60) ; **surfaces cultivées** (en millions d'ha) : *1913* :105 (*1940* : 137). **Industrie. Production** (en millions de t, 1913 et, entre parenthèses, 1940) : *charbon* 29 (166) ; *pétrole* 9 (31) ; *électricité* (en milliards de kWh) 2 (48), barrage du Dniepr achevé oct. 1932 ; *acier* 4 (19). *L'industrie du caoutchouc* (à peu près inexistante jusqu'en 1928) couvre 50 % des besoins [plantes à latex acclimatées (saphys, glaïeul du Mexique) et caoutchouc synthétique]. **Transports. Fluviaux :** réseau amélioré par les canaux *Baltique-mer Blanche*, ouvert 1933 ; *Belomor* : longueur 200 km, 19 écluses [construit en 2 ans par 250 000 détenus (dont 60 000 victimes). Trop étroit, est pris par les glaces la moitié de l'année. *Moskova-Volga*, achevé 1937, faisant de Moscou un grand port fluvial. **Voies ferrées :** *Transsibérien* entre Omsk et Tcheliabinsk doublé puis triplé ; les liaisons Moscou et Leningrad avec Donbass-Arkhangelsk-Moscou sont doublées, les lignes Moscou-Kharkov reconstruites ; *Turksib* (Turkmenistan-Sibérie, inauguré 1-5-1930), lignes Oural-Kouznetz, Karaganda-Balkach et Oural-Karaganda réalisées ; liaison Baïkal-Pacifique projetée.

■ **Rang dans le monde.** 3e puissance industrielle (2e d'Europe) sans avoir aliéné son indépendance au profit de créanciers étrangers, mais le niveau par habitant est très bas. 2e fer, pétrole, or ; 3e énergie électrique (40 milliards de kWh en 1938 contre 2,5 en 1928), fonte, acier, coton ; 4e houille, moteurs d'automobiles. Commerce et industrie privés sont éliminés ; **% dans le commerce mondial :** *1932* : 2,3 ; *37* : 1,3 [0,8 % de la production nationale est disponible pour l'exportation (11,6 en 1913)], les produits manufacturés représentent 68,1 % des exportations.

■ **Situation militaire. Effectifs** (en 1940) : 151 divisions d'infanterie, 32 de cavalerie, 38 brigades motorisées, 4 flottes et 3 flottilles (la marine est très en retard). Mais les *purges de 1937* ont désorganisé l'armée. Si les effectifs sont restés stables (1 750 000 h.), l'encadrement a été décapité. Il reste 2 maréchaux sur 5 ; 2 généraux d'armée sur 15 ; 28 de corps d'armée sur 85 ; 85 de division sur 195 ; 186 de brigade sur 406. Les cadres nommés après la purge manquent d'expérience, notamment dans la coordination entre les différentes armes et dans la logistique (transports par voie ferrée ; peu de moyens motorisés). En déc. 1939 l'URSS ne peut pas aligner contre la Finlande plus de 9 divisions, d'où son échec contre une armée 12 fois inférieure en nombre (les Allemands en ont tiré la conclusion erronée de la nullité militaire de l'URSS). Armement (usines créées vers 1930 par les Allemands) : *artillerie* (la meilleure du monde) : obusiers de 203 mm, canon antiaérien de 76 mm, antichar de 45 mm ; artillerie lourde à longue portée ; fusées (batteries lance-roquettes légères ou *Katioucha*, uniques au monde) ; *blindés* (en 1941) 20 000 : 6 types dont le *T34* (avec un canon de 76 mm), le meilleur du monde (115 exemplaires en 1940, 1 475 en 1941) ; *avions* : 12 000 [dont *Yak* et *Ilouchine* (production 4 400/an)].

ÉTAT DE L'URSS EN 1945-46

■ **Destructions dues à la guerre.** 1 710 villes, 70 000 villages, 65 000 km de voies ferrées, 1 135 mines de charbon (production : 130 millions de t) ; 7 millions de chevaux, 17 millions de bêtes à cornes, etc. 25 millions de sans-abri. *Retard du programme de développement* : 9 ans. *Valeur des destructions* (30 % des richesses nationales) : 2 560 millions de roubles, soit 7 années de travail. **Pertes en hommes :** 27 ou 28 millions (dont militaires 8 668 000).

☞ 900 000 Soviétiques ont combattu du côté de l'Allemagne : Russes 300 000, Ukrainiens 220 000, Turkmènes 110 000, Caucasiens 110 000, Cosaques 82 000, Tatars 35 000, Lituaniens 27 000, 3 divisions SS de Lettons, 2 autres d'Estoniens, 1 de Biélorusses, 2 escadrons de Kalmouks. Le Gal Vlassov (1900/1-8-1946), encerclé plusieurs semaines par Allemands, et ayant le sentiment que ses troupes étaient volontairement sacrifiées par le haut commandement soviétique, se rend en août 1942, accepte de recruter armée de libération russe parmi les prisonniers. Forme le Comité national russe ; mars 1944, Hitler et Himmler envisagent de lui confier une armée russe de 650 000 h [en fait, Vlassov n'eut que 3 divisions dont celle du Gal Bunichenko (18 000 h.)]. Installé à Prague en févr. 1945, aidera, en mai, la résistance tchèque à neutraliser les SS, se rend le 7-5 aux Américains qui le livrent avec ses troupes aux Russes. *-1-8* est exécuté. De 1945 à 1947, les Occidentaux livrent 2 000 000 de réfugiés soviétiques à l'URSS (dont la France 102 481).

■ **Territoires acquis depuis 1939.** (en km2 et, entre parenthèses, population en millions d'hab.) : 682,8 (22,7) dont provinces finlandaises 44,1 (0,5), provinces polonaises 178,7 (11), roumaines : Bessarabie 44,3 (3,2) et Bucovine septentrionale 10,4 (0,5). États baltes : Estonie 47,4 (1,1), Lettonie 65,8 (1,9) et Lituanie 55,7 (2,9), Tannou-Touva 165,7 (0,06), Prusse-Orientale 11,6 (0,3), Tchécoslovaquie (Ruthénie) 12,7 (0,72), sud de Sakhaline 36 (0,4) et îles Kouriles 10,2 (0,02) perdues 1905.

A Yalta, l'URSS a obtenu la reconnaissance des agrandissements de 1940 (Finlande, Roumanie), plus la Pologne orientale et la Bucovine. Elle doit renoncer à annexer une partie de l'Iran (sud de l'Azerbaïdjan), mais étend son influence sur les *États « satellites »*, Pologne, Hongrie, Tchécoslovaquie, Roumanie, Bulgarie, et (plus tard) Allemagne de l'Est, dont économies et armées sont intégrées aux siennes.

■ **Déportations de nationalités.** *Allemands de la Volga* 1 240 482, *Tchétchènes-Ingouches* 407 917, *Coréens* 170 000, *Baltes* 175 536, *Ukrainiens* 173 714, *Tatars de Crimée* 165 629 installés en Ouzbékistan et remplacés par des Slaves (Biélorusses, Russes, Ukrainiens) [la Rép. tatare de Crimée (qui avait collaboré avec Allemagne) est supprimée], *autres peuples du Caucase* 120 933, *Kalmouks* 81 246, *Karatchaïs* 64 818, *Moldaves* 46 465, *Polonais de Biélorussie* 36 916. **Rétablis dans leurs régions :** *1957* : Tchétchènes ; *1960* : Ingouches ; *1958* : Kalmouks, Karatchaïs, Balkhars. **Expulsés des États baltes** (voir Estonie, Lettonie, Lituanie à l'Index).

-23-8 Moscou, corps diplomatique revient de Kouibychev. **1945** libération. *-8-5* Mal Joukov (1896-1974) reçoit la capitulation allemande. *-8-8* URSS (48 h après Hiroshima) déclare guerre au Japon qui capitule *2-9*.

1947-*2-7* refuse le plan Marshall. *-22/28-9* Kominform créé. **1948**-*12-1* Solomon Mikhoels [acteur, directeur du Théâtre national juif de Moscou, Pt du Comité juif antifasciste (CAJ)] tué dans un « accident » de la circulation. *-15-6* début du *blocus de Berlin*. *-28-6 Yougoslavie exclue du Kominform*. *-31-8* Andreï Jdanov meurt subitement. **1949**-*25-1* création du *Comecon* (voir CAEM p. 932 c). *-11-5* fin du blocus de Berlin. *-14-7* : 1re bombe atomique soviétique. **1950**-*14-2* traité d'amitié sino-soviétique. **1952**-*5/14-10 XIXe congrès* : Staline prépare un remaniement du Parti. **1953**-*13-1* « complot des blouses blanches » [visant Beria : il aurait été fomenté par 9 médecins (dont 6 Juifs, « associés à la juiverie internationale ») chargés de faire mourir discrètement les personnalités soviétiques ; ils auraient tué Chtcherbakov en 1945 et Jdanov en 1948]. *-5-3* **Staline meurt** (voir encadré p. 1238 b).

1953-*6-3* **Georges Malenkov** (8-1-1902/14-1-1988) Pt du Conseil [*1918-20* dans l'Armée rouge. *1920* étudiant à l'École technique de Moscou. *1925* secrétaire particulier de Staline. *1935-38* responsable des purges des procès de Moscou. *1939* secrétaire du Comité central. *1941-45* chargé de la production aérienne. *1946* au Politburo, 2e secrétaire du Parti. *1952* au Comité central]. *-9-3* enterrement de Staline (10 à 500 † étouffés). *-28-3* amnistie (les médecins du « complot des blouses blanches » sont libérés) ; révision du Code pénal. *-26-6* Lavrenti Beria (né Géorgie 29-3-1899), chef du NKVD de 1938 à 1941, chef de la police politique depuis 1942, Mal en 1945, vice-Pt du Conseil des ministres, arrêté pour espionnage à la solde de l'étranger, haute trahison, activité contre-révolutionnaire, terreur et viols (exécuté 23-12-1953). Ses collègues lui reprochaient d'envisager la mise à l'écart du PC, restauration du capitalisme, abandon de la RDA. [*-13-3* crée 4 groupes au sein du MVD, chargés de réexaminer le « complot des blouses blanches » et ceux intentés à plusieurs officiers du MGB après 1951. *-15-3* fait passer la censure sous le contrôle du MVD ; propagande antioccidentale mise en sourdine. *-21-3* propose de mettre fin aux grands chantiers (goulag devenu superflu). *-24-3* propose amnistie. *-27-3* amnestie dite « Vorochilov » : *droit commun* : condamnés à 5 ans au maximum ; *les politiques* à 3 ans maximum ; *autres*, de moitié. 1 178 422 détenus libérés (sur 2 500 000). *-4-4* circulaire secrète au MVD interdit la torture ; note du MVD innocente médecins juifs. *-Avril* propose de rappeler les fonctionnaires russes du PC en poste dans États baltes, de supprimer le 2e secrétaire russe chargé de surveiller le chef du parti des républiques ; entame des négociations avec le primat de l'Église uniate, Yosyf Slipyi. *-16-6* restrictions liées au régime des passeports abolies : 3 900 000 retrouvent liberté de déplacement. *-20-6* restrictions de déplacement des étrangers supprimées.] *-20-8* communiqué sur l'expérimentation de la bombe H. *-3-9 Khrouchtchev*, 1er secrétaire, critique la politique agricole stalinienne. **1954**-*17-8* décret sur mise en valeur des terres vierges, 1 million de « volontaires ». *-14-9* bombe A soviétique larguée sur troupes en manœuvres (ni morts ni blessés, mais aucun suivi des radiations). **1955** *-févr.* Malenkov renversé (*1957* exclu du Praesidium, puis du Parti).

1955-*8-2* **Nicolas Boulganine** (11-6-1895/25-2-1975) [ingénieur, *1917* entre au Parti. *1917-22* chef de la police secrète. *1922-27* membre du Conseil supérieur de l'éducation. *1938* directeur de la Banque d'État. *1939* membre du Comité central. *1941* responsable civil de la défense de Moscou. Gal de division. *1944* Gal d'armée. *1947* Mal, ministre des Armées. *1949* remplacé par A.M. Vassilevski (1895-1977), devient vice-Pt du Conseil (ami influent de Staline). *1953* forme une « troïka » (avec Khrouchtchev et Malenkov)] Pt du Conseil. *-14-5 pacte de Varsovie*. *-26-5/2-6* Khrouchtchev à Belgrade. **1956**-*14/25-2 XXe congrès* : dans son rapport secret, Khrouchtchev dénonce fautes et crimes de Staline (motivation de la « déstalinisation » : absoudre les compagnons de Staline qui lui succèdent au pouvoir). *-17-4* Kominform dissous. *-Juin* Tito à Moscou. *-Sept.* 1er vol d'un avion de ligne à réaction, le *TU-104*. *-22-10* l'URSS accepte le retour de Gomulka à la tête du PC polonais. *-4-11 intervention armée à Budapest*. **1957** *le Docteur Jivago* de Boris Pasternak paraît en Italie. *-31-1* réhabilitation de 18 victimes des purges de 1936 dont Toukhatchevski. *-Févr.* réhabilitation des nations déportées. *-Mai* création de 105 *sovnarkhozes* (de *Sovietnarodnoie Khozaistvo*), conseils économiques régionaux. *-22/29-6* le Comité central exclut les membres du « groupe antiparti » : Molotov, Malenkov, Lazare Kaganovitch (23-11-1893/25-7-1991), etc., qui ont voulu destituer Khrouchtchev. *-4-10* : *1er Spoutnik*. *-15-10* accord atomique secret avec Chine. *-27-10* Mal Joukov cesse d'être ministre de la Défense ; sera exclu de la direction du Parti. *-5-12* : 1er brise-glace à propulsion nucléaire *Lénine*. **1958**-*déc.* Boulganine, accusé d'activités antiparti, limogé (Pt du conseil provincial de Stavropol, *1960* retraite à Moscou).

1958-*27-3* **Nikita Khrouchtchev** (Kalinovka 17-4-1894/11-9-1971) Pt du Conseil [fils d'un mineur ukrainien. *1909* ajusteur à la mine ; vers 20 ans apprend à lire. *1918* membre du PC. *1921* sa 1re femme meurt (famine). *1924* épouse Nina Petrovna. *1929* étudiant à l'Académie de Moscou. *1932* : 2e secr. du Comité du Parti (région de Moscou). 1934 (janv.) au Comité central. *1938-49* : 1er secr. du PC ukrainien (*1939* membre du Politburo). *1949* secrétaire du Comité central du Parti. *1953* : 1er secrétaire. *1954-64* nombreux voyages]. Amorce la *déstalinisation* ; suppression des livraisons obligatoires à l'État ; parcs de MTS (stations de machines et tracteurs) vendus aux kolkhozes. *-31-3* URSS suspend essais nucléaires. *-4-11* demande révision du statut de Berlin-Ouest qui devrait être transformé en « ville libre ». **1961**-*12-4 vol de Gagarine*. *-4-5* en G.-B., *George Blake*, agent double, condamné à 42 ans de prison (s'évadera 22-10-1966 et passera en URSS). *-3-6* Khrouchtchev rencontre Kennedy à Vienne. *-17/31-10 XXIIe congrès* : reprise des attaques contre Staline. Différend avec Chine rendu public. Rupture avec Albanie qui accuse URSS de révisionnisme. *-Oct./nov. affaire de Cuba* (retrait des fusées soviétiques). *Réconciliation avec Tito*. **1963**-*13-5* espion *Oleg Penkovski* fusillé. *-16-5 Valentina Tereshkova* 1re femme dans l'espace. *-5-8 pacte de Moscou* interdisant expériences nucléaires (sauf souterraines). **1964**-*15-10* renversé par Brejnev, Khrouchtchev se retire dans une datcha, près de Moscou. Ses *Mémoires*, parus en Occident avant sa mort, ont été contestés. Son fils Sergeï, professeur, est devenu américain le 12-7-1999.

1964-*15-10* **Alexis Kossyguine** (20-2-1904/18-12-1980) PM. (*1919* volontaire dans l'Armée rouge à 15 ans. Ingénieur textile. *1927* au Parti. *1938* maire de Leningrad. *1939* commissaire de l'Industrie textile. *1948-53* membre du Politburo. *1960* vice-1er ministre de Khrouchtchev).

1964-*15-10* **Leonid Brejnev** (1906-82) « secr. gén. du Comité central du PC », titre qui n'avait pas été attribué depuis la mort de Staline. **1965** suppression des sovnarkhozes créés en 1957-58, les ministères industriels sectoriels étant reconstitués. Vladimir Lyssenko (29-9-1898/nov. 1976), directeur de l'Institut de génétique, démis. **1966**-*mars XXIIIe congrès* consacre changements décidés lors de la chute de Khrouchtchev. *-Sept.* Comité central approuve réforme accroissant pouvoirs des gestionnaires. **1967**-*juin* rencontre Johnson-Kossyguine à Glassboro (New Jersey, USA). **1968**-*20/21-8 intervention en Tchécoslovaquie*. **1969**-*3-3* incidents avec Chinois sur l'Oussouri (40 Chinois †, 31 Russes †). L'URSS envisage un bombardement nucléaire des installations nucléaires chinoises. **1970**-*12-8 traité avec All. féd. de non-recours à la force*. *-Déc.* procès à Leningrad de 9 Juifs qui ont voulu détourner un avion de l'Aeroflot, (2 condamnés à mort : Mark Dymchitz et Édouard Kouznetzov ; peines commuées en 15 ans de détention). **1971**-*déc.* soutien Inde et Bangladesh contre Pakistan. **1972**-*23/30-5* Nixon à Moscou. *Accords Salt URSS/USA* : partiel sur limitation des armements stratégiques ; pour éviter incidents entre navires de guerre en haute mer ; sur expérience spatiale com-

Victimes

Guerre 1914/18. 1 800 000 † dont combattants 1 450 000, militaires hors combat 391 000.

Guerre civile 1918/22. Armée rouge 700 000, armée blanche 500 000, civils [exécutions politiques, famines, épidémies (+ de 3 000 000 de †)] 5 800 000 à 8 800 000. *Exécutions politiques :* chiffre officiel fourni par la Tcheka : 12 000 entre 1918 et 1920 (selon certains : 140 000 jusqu'au 6-2-1922).

Selon le démographe Maksudov : *entre 1918 et 1928 :* 10 300 000 † [guerre civile, répression, famine et grandes contagions (typhus, etc.) favorisées par les troubles] ; *en 1933-34 :* 7 500 000 † (famine provoquée par la collectivisation, exécutions et déportations au « goulag » ou ailleurs) ; *de 1939 à 45 :* militaires 7 500 000 † ; civils 9 à 11 millions d'exécutions et déportations (nationalités allogènes, anciens prisonniers de guerre, etc.). *Total pour 40 ans :* 42,3 millions de † (60 selon d'autres auteurs).

Pour B. Conquest *(La Grande Terreur)* plus de 8 millions de victimes de la collectivisation et de la famine de 1932-33. Pour Soljenitsyne, 15 millions de fusillés, victimes de la famine, prisonniers de guerre soviétiques incarcérés à leur retour dans des camps spéciaux, peuples déportés.

☞ Pour l'association russe Memorial, 18 millions de victimes dont 515 000 seront réhabilitées de 1991 à 2000.

■ **Goulag** [de *Glavnoïe OUpravlenie LAGuereï* (direction principale des camps de travail forcé) organisée 3-4-1919]. 15-4-1919 une loi distingue : 1°) des *« camps de travail correctifs »* remplaçant, par une réhabilitation par le travail, l'emprisonnement (dont le terme disparaîtra du Code pénal en 1922) ; une instruction du 17-5 définit les personnes à y placer (« fonctionnaires de l'ancien régime », individus condamnés pour délits de parasitisme, proxénétisme, prostitution »). 2°) *Des « camps de concentration »* regroupant des « socialement dangereux ». Ces distinctions restent théoriques. Nombres de détenus : 100 000 à 150 000. La mortalité dépend des normes sanitaires, des conditions de travail, de l'alimentation (en 1920, ration alimentaire la plus élevée d'un ouvrier occupé à des travaux pénibles : pain 225 g, viande 7, sucre 10). **1922**-*automne* camps placés, comme les prisons, sous une direction du NKVD, le GOUMZ (Direction principale des lieux de détention) ; les détenus, surtout de droit commun, ne travaillent pas. **1923**-*sept.* 355 établissements dépendant du GOUMZ, 79 947 détenus (prisons, colonies de travail correctif et camps). 89,1 % de droit commun, 4,8 % accusés de crimes contre l'État ; déportés des îles Solovki, dépendant du Guépéou. D'abord établis dans les îles Solovki (mer Blanche), d'où le titre du livre de l'écrivain Soljenitsyne *l'Archipel du Goulag* (1972-73), les camps étaient dans les années 1980 situés en majorité en Russie d'Europe, et le long de la voie ferrée Baïkal-Amour, en Extrême-Orient soviétique. Certains étaient réservés aux femmes (elles gardaient avec elles leurs enfants jusqu'à 2 ans). Certains regroupaient les enfants d'âge scolaire, les adolescents (de 10 à 18 ans). Les prisonniers étaient affectés à des travaux publics, miniers, agricoles.

■ **ITK (Ispravitelno-Troudovaïa Kolonia).** Colonies de travail collectif pour condamnés à des peines de 5 ans ou moins. **ITL (Ispravitelno-Troudovoï Lagpunty).** Camp de travail correctif. **Troudposelki** ou **Spetzposelki.** « Villages de travail » ou « zones spéciales » où étaient assignés à résidence les *troud* ou *spetz poselentsy* (les « colons de travail » ou « colons spéciaux »). Gérés par les commandatures du NKVD.

Nombre de détenus (en millions) : *1930 :* 1,5 ; *33 :* 3,5 ; *36 :* 6,5 ; *38 :* 11,5 ; *41 :* 13,5 ; *85 :* 4 (2 000 camps, 20 000 † par an) ; *89 :* 0,8 (selon le min. de l'Intérieur) ; *92 (7-2)* libération des 10 derniers prisonniers politiques détenus au dernier goulag (camp de Perm-35, Oural). **Détenus étrangers :** plusieurs milliers ont disparu dans les camps soviétiques : communistes idéalistes partis en URSS dans les années 1920, déportés de camps nazis libérés par l'Armée rouge et dont certains furent envoyés en Sibérie, Alsaciens et Lorrains enrôlés de force dans la Wehrmacht et ayant déserté vers les lignes russes (10 000 à 15 000 détenus au camp de *Tambov*, à 470 km au sud-est de Moscou ; officiellement, 1 352 Français y sont morts, mais 7 000 y ont disparu). *Américains :* selon les Russes, 39 Américains (13 femmes, 26 hommes) libérés en Allemagne par l'Armée rouge en 1945 furent déportés en ex-URSS. Des Américains faits prisonniers en Corée ou au Viêt Nam y auraient aussi été détenus.

Dékoulakisation : aurait touché 381 026 familles soit 1 803 392 personnes en 1930-31. 1 317 022 recensées au 1-1-1932 (si certaines avaient, sans doute, pu s'enfuir, la majorité était morte en route, de faim, de maladie et d'épuisement).

Colons spéciaux (au 1-1-1953) : 2 753 356 dont : Allemands 1 224 931 ; peuples du Caucase du Nord 498 452 ; peuples de Crimée 204 698 ; partisans de l'OUN 175 063 ; Baltes expulsés en 1945-49 : 139 957 ; déportés de Géorgie en 1944 : 86 663 ; Kalmyks 81 475 ; déportés du « littoral de la mer Noire » 57 142 ; « Vlassovtsy » 56 746 ; Polonais de Biélorussie 36 045 ; Moldaves déportés en 1949 : 35 838 ; Baltes déportés en 1940-41 : 32 405 ; victimes de la loi du 2-6-1948 sur le parasitisme 27 275 ; ex-koulaks 24 686 ; déportés de Géorgie en 1951-52 : 11 685 ; Biélorusses, Ukrainiens déportés en 1940-41 : 10 023 ; Moldaves déportés en 1940-41 : 9 793 ; autres 40 479.

☞ Certains peuples ont connu 2 vagues de déportation, notamment ceux de Géorgie en 1944 et 1951-52, et les Baltes en 1940-41 et 1945-49.

■ **Peine de mort.** Abolie en 1917, 1920 par Lénine et mai 1947 à 1950 : 18 crimes en sont passibles en temps de paix, dont : trahison, assassinat, contrefaçon, corruption, vol. Il y a environ 100 condamnations à mort prononcées chaque année.

■ **Contestataires et dissidents (Quelques).** **Zalman Apterman :** *refuznik* de 99 ans, obtient visa de sortie en oct. 1987. **Iossif Begun** (né 1932) : mathématicien juif arrêté nov. 1982, condamné oct. 1983 à 7 ans de réclusion + 5 de relégation, libéré 23-1-1987 et autorisé à émigrer. **Vladimir Boukovski** (né 1943) : *1971-5-1* condamné à 7 ans de privation de liberté, *1976-18-12* échangé contre le Chilien *Luis Corvalán.* **Valery Chalidze :** physicien, *1972* à *1990-15-8* privé de liberté. **Anatoli Chtaranski** (né 1948) : *1978-10-7* condamné à 3 ans de prison et 10 ans de travaux forcés. *1986-11-2* échangé contre espions émigrés en Israël (devenu Nathan, min. du Commerce et de l'Industrie en Israël). **Youri Daniel :** *1988-30-12* émigré. **Nick Danilov :** journaliste inculpé d'espionnage, rentre aux USA le 30-9-1986, en échange de *Guennadi Zakharov*, fonctionnaire à l'Onu, arrêté pour espionnage en août à New York. **Gal Grigorenko** (1907/22-2-1987) : *1969/26-6-1974* interné dans clinique psychiatrique ; restera privé de liberté jusqu'au 10-3-1978. **Alexandre Guinzbourg :** *1978-10-7* condamné, *1979-24-2* échangé (en même temps que les autres dissidents *Kouznetsov, Dymchitz, Moroz* et *Vins*) contre 2 espions *(Enger, Tcheriviev)* condamnés aux USA. **Anatoli Koryaguine :** médecin condamné à 7 ans de camp en 1981 pour avoir dénoncé l'utilisation des hôpitaux psychiatriques à des fins politiques, autorisé à émigrer le 24-4-1987. **S. Kovaliev :** biologiste, *1975-12-12* condamné à 7 ans de camp et 3 ans d'exil. **Anatoli Martchenko** (né 23-1-1938) : ouvrier devenu écrivain, un des fondateurs du Comité pour la surveillance de l'application des accords d'Helsinki, meurt en prison le 8-12-1986. **Jaurès Medvedev** (né 1925) : biologiste, *1973* privé de liberté. **E. Neizvestny** (né 1926) : sculpteur, *1976-10-3* quitte l'URSS. **Ida Nudel**, « mère des refuzniks », autorisée à émigrer le 3-10-1987. **Leonid Pliouchtch :** mathématicien, autorisé à quitter l'ex-URSS après 3 ans d'hôpital psychiatrique, *1976-11-1* exilé à Paris. **Rostropovitch** (né 1927, violoniste) **et son épouse** (cantatrice **Galina Vichnievskaïa**) : *1974* exilés, *1978-15-3* déchus de leur citoyenneté, *1988-3-12* retournent en URSS, *1989-8-2* réintégrés dans l'Union des compositeurs, *1990-16-1* retrouvent leur nationalité. **Andreï Sakharov** (21-5-1921/14-12-1989) : père de la 1re bombe H soviétique, académicien (*1969* prix Staline), fonde le Comité pour la défense des droits de l'homme, *1970* (veuf depuis 1969) épouse Elena Bonner (médecin). *1975* prix Nobel de la paix, *-12-11* visa refusé pour Oslo, *1980-22-1* exil à Gorki avec sa femme, *1981-22-11/8-12* avec elle, grève de la faim pour que leur fille puisse rejoindre aux USA son mari, Alexei Semionov, *1983* on lui refuse la possibilité d'émigrer car il détient des secrets d'État, *1985-7-12* Elena va se faire soigner aux USA. *1986-24-12* libéré, revient à Moscou. *1988-20-10* élu au praesidium de l'Académie des sciences, *-nov.* 1er voyage à l'étranger. *1989-20-4* élu au Congrès des députés du peuple par l'Académie des sciences (806 voix sur 1 101). **André Siniavski :** (1925-97) *1966* condamné à 12 ans de travaux forcés, *1973* émigre en France, *1989-4-1* autorisé à rentrer en ex-URSS. **Alexandre Soljenitsyne** (né 1918) ; voir à l'Index. **Valery Tarsis :** écrivain, *1966* à *1990-15-8* privé de liberté. **Alexandre Zinoviev** (né 1922) : philosophe, *1978-sept.* démis de son professorat (le *6-8* avait été autorisé à se rendre 1 an à l'université de Munich), rentré en 1999.

■ **Réhabilités (Quelques).** **1987**-*19-2* **Boris Pasternak** (1899-1960) écrivain. **1988**-*9-2* : 20 condamnés du 3e procès de Moscou de 1938 dont **Nicolas Boukharine** (1888-fusillé mars 1938) et **Alexis Rykov** (1881-fusillé mars 1938) ; 10 avaient déjà été réhabilités. *-21-3 Boukharine* et *Rykov* réintégrés à titre posthume par Politburo. *-13-6* **Grigori Zinoviev** (1883-fusillé 25-8-1936), **Kamenev** (1883-fusillé 1936), **Piatakov** et **Radek** (1885-en réclusion 1939). *-10-7* **Zelinski, Ivanov, Zoubarev, Grinko, Krestinski, Ikramov, Charangovitch** et **Khodjaev** réintégrés dans PC [ainsi que *Boukharine, Rykov, Rozengolts, Tchernov, Boulanov, Maximov-Dikovski, Christian Rakovski* (1873-1941 ? en détention) réhabilités pénalement en février]. Pour *Tomski* (suicidé avant d'être condamné), son appartenance au Parti est confirmée depuis 1904. *-9-9* la *Pravda* reconnaît pour la 1re fois le rôle de *Trotski* dans la révolution. **1989**-*7-1* la *Pravda* annonce la réhabilitation collective des victimes du stalinisme. *-28-4* historien *Roy Medvedev* réadmis au PC. *-Août* « groupe de *Zinoviev* » réintégré dans PC.

■ **Écrivains exécutés.** **1921** *Nikolaï Goumilev* (né 1886). **1937** *Boris Pilniak* (né 1894), *Nikolaï Kliouïev* (né 1887). **1940** *Isaac Babel* (né 1894).

☞ **Opposition intellectuelle.** *Samizdat :* « auto-édition » d'œuvres clandestines (mot forgé par analogie avec la *Gossizdat*, « édition d'État »). Œuvres littéraires, rapports politiques, scientifiques, sociologiques, historiques ; traductions interdites officiellement. Tirages limités, mais les exemplaires circulent de la main à la main. *Principaux centres de diffusion :* les universités de Moscou et Leningrad. Le KGB intervenait ponctuellement, voulant éviter les procès, mal vus par l'opinion.

mune en 1975 ; de coopération médicale, scientifique, technologique ; traité maritime ouvrant 40 ports d'URSS et des USA aux cargos de chacun des pays ; contrat de livraison à l'URSS de 750 millions de $ de céréales et règlement des dettes de guerre soviétiques aux USA (commerce entre les 2 pays passera de 200 millions à 2 milliards de $ par an) ; *prévisions :* achat de 20 millions de m^{3} par an de gaz naturel soviétique pour 25 ans, à partir de 1980. *-17-7* Égypte expulse conseillers soviétiques. **1973** fusée *Cosmos* explose (9 †). **1974**-*13-2* Soljenitsyne expulsé. *-9-6* reprise (après 56 ans) relations diplomatiques avec Portugal. *-27-6/3-7* Nixon à Moscou. *-23-11* Vladivostok, accord de principe Brejnev/Ford sur armements. **1975**-*15-1* dénonciation du traité de commerce signé en 1972 avec USA. *-Août* la revue *Kommunist* condamne les PC qui ne s'opposent pas au maoïsme. *-9-11* mutins détournent destroyer *Storojevoï* (3 575 t, équipage 240 h.) vers Suède ; attaqué par aviation soviétique, doit stopper : on parle alors de 50 tués (dont 35 sur un destroyer du même type bombardé par erreur) [pas de † sur le *Storojevoï* ; un officier mutin sera fusillé]. *-Déc.* controverse *Pravda/Humanité* sur camps de travail en URSS. *-17-12 :* 4 artistes dissidents autorisés à quitter l'URSS. **1976** pénurie de pain (récolte céréales 1975 : 140 millions de t sur 215 prévus). *-20/23-1* visite de Kissinger : accord de principe sur Salt (voir à l'Index). *-24-2/25-3 XXVe congrès* (débat URSS/eurocommunistes). **1977**-*8-1* Moscou, attentat dans métro (7 †). *-16-6* Brejnev Pt du Praesidium suprême (fonction cumulée avec celle de secrétaire général, par suite d'une modification de la Constitution). Intervention en Angola et Éthiopie. *-7-10 nouvelle Constitution.* *-13-11* Somalie expulse Soviétiques. **1978**-*30-12* Sverdlosk, incendie centrale nucléaire. **1979**-*31-1 :* 3 dissidents arméniens, accusés d'attentat dans le métro, fusillés. *-27-5* Juifs autorisés à émigrer. *-Juin* rencontre Brejnev/Carter à Vienne. *-Déc.* intervention militaire en Afghanistan. **1980**-*4-1* (au 24-4-1981) embargo américain sur livraisons de céréales. *-Mars* fusée *Vostok* explose lors du remplissage des réservoirs (50 †). *-19-7* jeux Olympiques à Moscou. *-22-10* PM *Kossyguine* démissionne (opération préparée par A. Chelepine) [reproches : échec agricole, 1963 pour la 1re fois achat de blé étranger, politique internationale (échecs : Cuba, rapports avec Chine, décoration de héros de l'Union soviétique donnée à Nasser en 1956)]. *-10-11* l'historien Andreï Amalrik (né 1938) † en Espagne (accident voiture). **1981**-*23/25-10* émeutes à Ordjonikidze. *-Nov.* au Caucase. *-1-12* arrêt de travail d'1/2 h à Tallin (Estonie) à l'appel du Front nat. et démocratique de l'Union soviétique (demande rappel des troupes d'Afghanistan, non-ingérence en Pologne, fin des exportations alimentaires en particulier vers Cuba, libération des détenus politiques, diminution de la durée du service militaire). **1982**-*26-1* Mikhaïl Souslov (né 1903) meurt. *-15-6* Gromyko annonce que l'URSS s'engage à ne pas utiliser en premier l'arme nucléaire. *-10-11 Brejnev* meurt, inhumé dans le mur d'enceinte du Kremlin.

1982-*12-11* **Youri Andropov** (15-6-1914/9-2-1984) secr. général du Parti [père cheminot. Télégraphiste, projectionniste, technicien en navigation fluviale. *1939* entre au Parti. *1940-44* en Carélie. *1953-56* ambassadeur en Hongrie. *1957* chef de section au Comité central. *1961* élu au Comité central. *1962* secrétaire du Comité central. *1967-mai/1982-24-5* Pt du KGB ; *1967-juin* du Politburo (suppléant). *1973-avril* membre du Politburo. *1982-24-5* membre du secrétariat du Comité central]. *-23-11* membre du Praesidium du Soviet suprême. **1983**-*5-6* naufrage sur Volga (170 †). *-16-6* Andropov Pt du Praesidium. *-1-9* chasse soviétique abat un Boeing sud-coréen survolant par erreur URSS (269 †). *-2/11-11* manœuvres secrètes d'Otan (Able Archer) ; URSS croit à une guerre. **1984**-*9-2 Andropov* meurt.

1984-*11-4* **Constantin Tchernenko** (24-9-1911/10-3-1985) [*1929* chef de service de la propagande des komsomols. *1930* volontaire dans l'Armée rouge. *1933* garde-frontière. *1943* études à l'École supérieure du Parti. *1945* secrétaire du comité du Parti de Penza. *1948* chef du département de propagande du Comité central du Parti de Moldavie ; *1956* de l'Agitprop ; *1960* du secrétariat du Praesidium du Soviet suprême ; *1965* du service général du Comité central. *1966* à *1971* membre suppléant du Comité central ; *1971-mars* membre ; *1976-mars* secrétaire. *1977* suppléant au Politburo. *1978* député au Soviet suprême]. Élu Pt du Praesidium. *-12-4* Pt du Conseil. *-8-5* URSS boycottera jeux Olympiques de Los Angeles. *-Mai* Juan Carlos Ier en URSS (1er voyage officiel d'un chef d'État espagnol en URSS). *-13-5* explosion base de Severomorsk (mer de Barents) [200 † ; 1 000 missiles détruits] ; incendie 5 j. *-Juillet* Molotov, ministre des Affaires étrangères de Staline en disgrâce depuis 1957, réadmis dans le PC à 94 ans. *-Mi-déc.* explosion dans usine de la Défense en Sibérie (centaines de †). *-19-12* M^{al} Oustinov, ministre de la Défense, meurt. *-22-12* M^{al} Sokolov le remplace. **1985**-*10-3 Tchernenko* meurt.

1985-*11-3* **Mikhaïl Gorbatchev** (né 2-3-1931 à Privolnoïe, territoire de Stavropol) [ép. *1953* Raïssa Titarenko Maximovna (5-1-1932/20-9-1999) professeur à l'université 1957-61. *1971* membre du Comité central. *1980-oct.* au Politburo]. Secr. général du PC. *-17-5* mesures contre l'alcoolisme (vente après 14 h, âge minimal 21 ans, amendes). *-2-7* Gromyko élu Pt du Praesidium du Soviet suprême ; remplacé aux Affaires étrangères par *Edouard Chevardnadze* qui entre au Politburo dont Grigori Romanov est évincé. *-2/5-10* Gorbatchev à Paris. *-19/21-11* rencontre Gorbatchev/Reagan à Genève. **1986** radar de Krasnoïarsk terminé. *-3-2* Youri Tchourbanov (gendre de Brejnev, 3e mari de Galina), ancien vice-ministre, arrêté (sera condamné à 12 ans pour corruption). *-25-2 XXVIIe congrès* du PC. *-26-4* accident nucléaire à *Tchernobyl*. *-25/27-5* Gorbatchev en Roumanie. *-18-8* Helsinki (1re rencontre avec Israéliens, 1re officielle depuis 1967). *-31-8* paquebot *Amiral-Nakhimov* coulé en mer Noire par cargo (426 †). *-20-9* échec détournement d'avion : (6 †). *-22-9* or de l'*Édimbourg*, coulé pendant la 2de guerre, remonté et partagé G.-B./URSS. *-10/13-10* rencontre Gorbatchev/Reagan à Reykjavik. *-19-11* loi sur travail individuel. **1987**-*28-3/1-4* Mme Thatcher en URSS. *-6-5* Moscou : manif. de *Pamiat*. *-28-5* Moscou, *Mathias Rust* (Ouest-Allemand, 19 ans) atterrit place Rouge avec Cessna 172 (condamné 4-9-1987 à 4 ans de prison, relâché 3-8-1988). *-30-5* Gal A. Koldounov, Cdt en chef des forces de défense aérienne, et Gal Sergueï Sokolov, ministre de la Défense, remplacés. *-18-6* amnistie partielle. *-6-7* Tatars manifestent place Rouge. *-18-8* Démétrios Ier, 1er patriarche de Constantinople à venir à Moscou depuis 4 siècles. *-23-8* pays baltes : milliers de manifestants contre anniversaire de leur rattachement à l'URSS. *-11-11* B. Eltsine démis, pour « excès de réformisme », de la direction du PC de Moscou ; remplacé par Lev Zaïkov. *-8/10-12* Gorbatchev à Washington. Traité de démantèlement des forces nucléaires intermédiaires. **1988**-*1-1* loi sur autonomie des entreprises. Hôpitaux psychiatriques rattachés au ministère de la Santé. 1ers chèques. *-13-1* accord avec Suède qui obtient 75 % de zone économique en litige. *-28-1* ville et arrondissement de Moscou, appelés du nom de Brejnev, retrouvent leurs anciens noms. *-19/22-1* emprunt de 100 millions de F suisses auprès de banques européennes et japonaises. *-14-2 bibliothèque de Leningrad :* 396 000 livres brûlés, 3 600 000 endommagés par l'eau. *-8-3* détournement d'un avion Aeroflot échoue (13 †). *-14/18-3* Gorbatchev en Yougoslavie. *-14-4* accords à Genève sur Afghanistan. *-27-4* suicide de Valeri Legassov (académicien). *-15-5 début du retrait d'Afghanistan*. *-26-5* loi sur coopératives. *-29-5/2-6* Reagan à Moscou. *-6-6* concile orthodoxe à Zagorsk (1er depuis 1917). *-6/11-6* millénaire de l'évangélisation de la Russie. *-9-6* Iouri Koroliev, chef de section au secrétariat du Praesidium suprême, reconnaît trucage des élections. *-28-6/2-7* : 19e conférence nationale du PC (1re depuis 1941). 5 000 délégués (1 pour 3 780 adhérents) « au scrutin secret » (4 991 présents). *Création d'un poste de chef de l'État* élu à scrutin secret par un nouveau Congrès des députés du peuple. Projet de « Mémorial » dédié aux victimes de Staline. *-27-7 destruction du 1er SS-20* en présence d'Américains. *-29-7* Gorbatchev propose des baux de 25, 30 et 50 ans pour paysans. *-Sept.* allègement des restrictions sur l'alcool. *-9-9/1-10* **Gorbatchev élu Pt du Praesidium** par Soviet suprême. *-12/16-9* tournée houleuse de Gorbatchev en Sibérie. *-24/27-10* visite chancelier Kohl. *-Nov.* construction de 6 centrales nucléaires arrêtée. *-29-11* fin du brouillage des émissions en russe des radios occidentales. *-2-12* autorisation d'acheter les appartements d'État. *-6-12* rencontre Gorbatchev/Reagan/Bush à New York. *-16-12* nouveau Code pénal. *-Déc.* dévaluation de 50 % du rouble officiel au 1-1-1990 et suppression du contrôle soviétique dans les Stés mixtes (*joint ventures*).

1989-*22-1* Moscou, 1er concours de beauté : *miss Charm 89*. *-15-2 fin du retrait d'Afghanistan*. *-16-2* Lituaniens pour l'autodétermination. *-17-2* 1er ambassadeur auprès CEE. *-28-2* manif. à Erevan (1er anniversaire de Soumgaït). *Du 22-11-1988 au 7-2-1989 :* 141 000 Azéris ont fui l'Arménie et 158 800 Arméniens l'Azerbaïdjan. 43 800 Arméniens et 4 100 Azéris sont rentrés chez eux. *-Févr.* réforme des prix reportée. *-3-3* la ville d'Andropov reprend son nom de Rybinsk. *-8-3* URSS reconnaît compétence de la Cour de La Haye pour protection des droits de l'homme. *-18, 22* et *25-3* manif. pour Eltsine. *-26-3 :* 1er tour élections au Congrès des députés du peuple (2e 9-4, 3e 14-5). *-5-4* Gorbatchev à Londres. *-7-4* naufrage d'un sous-marin nucléaire en mer de Norvège (court-circuit) : [27 rescapés, 42 †]. *-25-4 :* 110 cadres du plénum du Comité central démissionnent. *-Avril rapport Khrouchtchev publié*. *-1-5* sucre rationné : 2 kg par mois et par personne ; confitures : 3 kg l'été. Sucre utilisé clandestinement pour faire de l'alcool (depuis restriction de la vodka en 1985). *-5-5* Mgr Lustiger à Moscou abrège son voyage. *-16-5* Pékin, rencontre Gorbatchev/Deng Xiaoping. *-20-5 :* 200 000 manifestants à Erevan, demandent libération des dirigeants arméniens. *-21-5* 14 Britanniques sont expulsés (dont 8 diplomates et 3 journalistes). Moscou, meeting pour la démocratie : 100 000 pers. *-25-5* **Gorbatchev élu chef de l'État** par le Congrès (2 123 voix pour, 87 contre, 11 abstentions ; était le seul candidat). *-27-5* Congrès élit Soviet suprême (libéraux écartés, Eltsine élu). *-12/14-6* Gorbatchev en Allemagne fédérale. 1ers plans exacts de Moscou disponibles. *-4-7* Gorbatchev à Paris. Après avoir volé une heure sans son pilote (qui s'était éjecté), un Mig-23 s'écrase en Belgique (1 †). *-7-7* la *« doctrine Brejnev »* sur la souveraineté limitée des États socialistes est officiellement abandonnée par le pacte de Varsovie. *-11-7* grève de 12 000 mineurs de l'Oural. *-17-7* messe de requiem pour le tsar Nicolas II célébrée à Moscou (la 1re depuis 1918). *-18-7* pour obtenir l'arrêt des grèves, Gorbatchev annonce 100 milliards de F d'importations de biens de consommation. *-31-7* la propagande antisoviétique ne sera plus un crime contre l'État. *-Août* Egor Ligatchev (né 29-9-1920) blanchi des accusations de corruption. *-3-8* Nikolaï Vorontsov (biologiste, 55 ans) ministre pour la Protection de la nature, 1er membre du gouvernement n'appartenant pas au PC. *-Sept.* URSS accepte de démanteler le radar de Krasnoïarsk. *-22/23-9* URSS renonce à lier l'accord Start à l'abandon par USA du projet de « guerre des étoiles ». *-6/7-10* Gorbatchev en RDA. *-9-10* loi réglementant le droit de grève (jusqu'alors interdit dans secteurs clés). *-Oct.* canonisation du 1er patriarche, Job, et de Tikhon, 1er patriarche après le rétablissement du patriarcat en 1918. 1re messe au Kremlin depuis 1918 (400e anniversaire du patriarcat). *-23-10* URSS propose de supprimer pour l'an 2000 toutes bases militaires à l'étranger. *-24-10* Soviet suprême propose l'élection des Pts des républiques au suffrage universel. *-30-10* manif. devant siège du KGB. *-1-12* rencontre Gorbatchev/Jean-Paul II à Rome. *-2-12* Gorbatchev/Pt Bush à Malte. *-6-12* Gorbatchev/Pt Mitterrand à Kiev. *-24-12* Soviet suprême déclare « nuls et non avenus » les protocoles secrets du pacte Hitler-Staline.

1990-*31-1 :* Moscou, place Pouchkine : 1er McDonald's. 1re manif. d'homosexuels. *-4-2* Moscou, 100 000 manifestants pour démocratie. *-28-2* loi sur la terre autorisant baux à vie. *-4-3 législatives* dans républiques. *-13-3* loi du Soviet suprême autorisant multipartisme. *-14-3* **Gorbatchev élu Pt de l'URSS par le Congrès** (1 329 voix pour, 495 contre, 54 abstentions). *-3-4* loi sur modalités de sécession des républiques (principe constitutionnel affirmé par l'art. 72). *-13-4* agence Tass reconnaît que *Katyn* a été un « grave crime de l'époque stalinienne ». *-23-4 accord sur traité de l'Union entre les 9 + 1* (9 républiques et 1 fédération) ; 6 républiques voulant leur autonomie ou leur indépendance refusent d'y participer (Arménie, Estonie, Géorgie, Lettonie, Lituanie, Moldavie). *-1-5* défilé organisé pour la 1re fois par syndicats (et non PC) : Gorbatchev, hué par 10 000 à 30 000 opposants, quitte la tribune. *-5-5* URSS participe à réunion ministérielle de l'Otan sur unification allemande (conférence 2 + 4). *-15-5* **Gorbatchev élu Pt de l'Union.** *-16-5* URSS obtient statut d'observateur au Gatt. *-Juin* film *l'Aveu* présenté à Moscou. *-29-5 Eltsine élu Pt du Parlement*. *-8-6* Congrès proclame primauté des lois et Constitution russes sur celles de l'URSS par 544 voix contre 271. *-9-6* élections des 252 députés au Soviet suprême de R. *-12-6* déclaration de souveraineté (907 voix pour, 13 contre, 9 abstentions). *-13-6* Soviet suprême approuve principe de l'*« économie de marché contrôlée »* (dénationalisation de la propriété d'État, réforme agricole, financière et bancaire). *-15-6 Ivan Silaiev* (60 ans) PM. *-22-6 :* 1er congrès du PC russe, Ivan Polozkov élu 1er secrétaire. *-15-7* restitution de la citoyenneté aux personnes déchues de 1966 à 88. *-19-7* bombe dans train (4 †). *-20-7 plan « Eltsine »* de privatisation et de libération des prix. *-30-7* reprise relations diplomatiques avec Albanie (rompues 1961). *-1-8* censure politique supprimée. *-9-9* Moscou, père Alexandre Menn assassiné. *-16-9 :* 50 000 manifestants pour démission de l'ex-PM Nikolaï Ryjkov. *-30-9* relations consulaires avec Israël officielles. *-1-10* loi sur liberté de conscience. *-12-10 Constitution adoptée*. *-15-10* Gorbatchev, prix Nobel de la paix. *-7-11* Alexandre Chmonov tire 2 coups de feu sur Gorbatchev. *-18-11* Gorbatchev au Vatican. *-24-11* **traité de l'Union** définit structures d'une « Union des républiques souveraines (URS) » et permet à chaque république d'agir en État souverain sur son propre territoire, l'État fédéral étant chargé de la coordination des politiques étrangère, économique et de défense. *-29-11* URSS vote résolution 678 de l'Onu autorisant recours à la force en Iraq. *-11-12* Congrès demande au Pt de l'URSS de ne plus impliquer l'armée dans conflits ethniques. *-12-12* USA accordent crédit de 1 milliard de $ pour achat de céréales. *-14-12* Rome : CEE accorde aide alimentaire et médicale de 5,2 milliards de F. *-20-12* Chevardnadze, ministre des Affaires étrangères depuis 1985, démissionne pour protester contre « l'avancée de la dictature ». *-24-12* loi obligeant les 15 républiques à organiser un référendum sur leur appartenance à une « Union soviétique rénovée », suivi d'un autre référendum sur la propriété de la terre (602 voix pour, 369 contre, 40 abstentions). *-27-12 révision constitutionnelle :* cabinet ministériel responsable, vice-Pt, Conseil de sécurité, Cour suprême d'arbitrage et Conseil de la Fédération. *-29-12* décret, applicable au 1-1-1991, créant TVA à 5 % sauf sur alimentation.

1991-*14-1* **Valentin Pavlov** (né 26-9-1937) PM. *-20-1* Moscou, 500 000 manifestants à l'appel d'organisations réformatrices ; *-26-2* Moscou : 100 000 pour Eltsine. *-17-3 référendum* (voir encadré col. c). *-1-4* hausses de prix. *-9-4* début du retrait des troupes de Pologne. *-15-4* Eltsine à Strasbourg et Paris. *-16-4* Gorbatchev au Japon. *-6-5* fin grève des mineurs (9 semaines), accord transférant mines à la R. *-9-5* Chine et URSS déclarent qu'ils ne sont plus une menace l'un pour l'autre. *-12-5 destruction du dernier SS-20*. *-12/19-5 :* 1re visite d'un secrétaire général du PC chinois (Jiang Zemin) depuis 1957. Accord sur tracé frontière orientale. *-20-5* Moscou : 15 000 manifestants pour Eltsine. *-22-5* URSS demande à l'Occident 100 milliards de $ pour sauver la perestroïka. *Loi instaurant régime présidentiel* (690 voix pour, 121 contre, 87 abst.). *-5-6* Oslo, Gorbatchev reçoit prix Nobel de la paix décerné en 1990. *-12-6 présidentielle de la Fédération de Russie :* participation 75 % ; Boris Eltsine élu (57,3 % des voix). *-4-7* Chevardnadze (ancien min. des Aff. étr.) quitte PC. *-25/26-7* plénum du Comité central du PCUS. Gorbatchev propose abandon du principe de la lutte des classes. *-4-8* vacances de Gorbatchev (mer Noire). *-16-8* Alexandre Iakovlev, 1er conseiller de Gorbatchev, démissionne du PCUS et dénonce menace d'un coup d'État.

> **Référendum du 17-3-1991** sur le « maintien de l'URSS en tant que fédération renouvelée de républiques souveraines et égales en droits ». Sur 15 républiques, 6 (Arménie, Estonie, Géorgie, Lettonie, Lituanie, Moldavie) refusent de voter, 4 (Biélorussie, Kirghizistan, Turkménistan, Tadjikistan) posent la question exacte, 5 posent une question différente (exemple au Kazakhstan : État et non république) ou ajoutent une question (exemple Russie : pour ou contre l'élection du Pt de Russie au suffrage universel direct ; 75,09 % des électeurs donnent leur avis : oui 69,86 %). *Circonscriptions* 1 059. *Participation* 80 % : 148 574 606 votants : oui 76,4 %, non 21,7, nuls 1,9. *Résultats* (participation en % et, en italique, % de oui) : RSFSR 75,4 ; *71,3*. Ukraine 83,5 ; *70,2*. Biélorussie 83,3 ; *82,7*. Ouzbékistan 95,4 ; *93,7*. Kazakhstan 88,2 ; *94,1*. Azerbaïdjan 75,1 ; *93,3*. Kirghizistan 92,9 ; *94,6*. Tadjikistan 94,4 ; *96,2*. Turkménistan 97,7 ; *97,9*. Bachkirie 81,7 ; *85,9*. Bounatie 80,2 ; *83,5*. Daghestan 80,5 ; *82,6*. Kabardino-Balkane 76,1 ; *77,9*. Kalmykie 82,8 ; *87,8*. Carélie 75,8 ; *76*. Komi 68,2 ; *76*. Mari 79,6 ; *79,6*. Mordovie 84,3 ; *80,3*. Ossétie du Nord 85,9 ; *90,2*. Tatarie 77,1 ; *87,5*. Touva 80,6 ; *91,4*. Oudmourtie 74,3 ; *76*. Tchétchénie-Ingouchie 58,8 ; *75,9*. Tchouvachie 83,1 ; *82,4*. Iakoutie 78,7 ; *76,7*. Karakalpakie 98,9 ; *97,6*. Abkhazie 52,3 ; *98,6*. Nakhitchévan 20,6 ; *87,3*.

Coup d'État des conservateurs

1991-*19-8* constitution d'un *Comité d'État pour l'état d'urgence* (CEEU) : *Guennadi Ianaev* (né 26-8-1937) [élu (sous la pression des conservateurs) 27-12-1990 au 2e tour par 1 237 voix contre 563. Membre du Bureau politique du PCUS depuis juillet 1990] vice-Pt, *Valentin Pavlov* (né 26-9-1937) PM, *Vladimir Krioutchkov* (né 1924) Pt KGB, *Oleg Baklanov* (né 1932) 1er vice-Pt du Conseil de Défense, *Boris Pougo* (né 1937) ministre de l'Intérieur, *Mal Dmitri Iazov* (né 1923) ministre de la Défense, *Vassili Starodoubtsev* (né 1931) Pt de l'Union des paysans, *Alexandre Tiziakov* Pt de l'Association des entreprises d'État. Déclare Gorbatchev incapable pour « raisons de santé » d'exercer ses fonctions de Pt, et le place en résidence surveillée ; Ianaev prend ses fonctions. État d'urgence pour 6 mois, restauration de la censure. Concentration de chars à Moscou. Eltsine déclare illégales les actions du CEEU. 100 000 manifestants à Leningrad, 60 000 à Kichinev (Moldavie). *-20-8* Moscou : 60 000 manifestants devant Parlement. La direction russe exige retrait des troupes de Moscou, dissolution du CEEU et possibilité de rencontrer Gorbatchev qui devra être examiné par des médecins. *-21-8* affrontements autour du Parlement (3 †, seront faits « héros de l'Union soviétique »). Devant le Parlement réuni en session extraordinaire, Eltsine annonce qu'il prend le commandement des forces armées. Le ministre soviétique de la Défense ordonne le retrait de l'armée. Réunion du Praesidium qui juge illégaux destitution de Gorbatchev et transfert de ses pouvoirs au vice-Pt. *Nuit du 21 au 22-8* Gorbatchev rentre à Moscou. Il annonce à la télévision qu'il reprendra ses fonctions « dans les 24 h ». *-22-8* putschistes arrêtés, sauf Pougo et le Gal Akhromaiev qui se suicident. Moscou, la foule déboulonne la statue de Dzerjinski (fondateur de la Tcheka). *-23-8* sont nommés : Vadim Bakatine, chef du KGB ; Victor Barannikov, ministre de l'Intérieur ; Gal Evgueni Chapochnikov, de la Défense ; Gal Lobov, chef d'état-major. Eltsine révèle : « Les putschistes devaient exécuter 12 personnalités libérales. »

1991-*20/24-8* Eltsine reconnaît indépendance *Estonie* et *Lettonie*. Parlement ukrainien proclame indépendance *Ukraine*. Gorbatchev demande au Comité central du PCUS de se dissoudre, interdit par décret l'activité du PCUS dans l'armée, au sein du KGB et au ministère de l'Intérieur ; démissionne de son poste de secrétaire général du PC de l'Union soviétique, interdit par décret la *Pravda*. *-25/26-8 Biélorussie* proclame indépendance. *-26-8 Moldavie* proclame indépendance. Nombreuses statues de Lénine déboulonnées. *-27-8* Gorbatchev menace de démissionner si les républiques remettent en cause le traité de l'Union, et défend Eltsine. *-29-8* Soviet suprême suspend activité du PCUS et décide de se dissoudre. *-30-8* indépendance *Azerbaïdjan* ; *-31-8* du *Kirghizistan* et de l'*Ouzbékistan*. *-2-9* députés arméniens du *Haut-Karabakh* et du district de *Chaounian* proclament indépendance de leur région. Inculpation officielle des putschistes. *-2/5-9* session extraordinaire du Congrès suspend Constitution et adopte (par 1 682 voix contre 43 et 63 abst., sur 2 250 députés) système provisoire ; *Déclaration des droits et des libertés de l'homme* adoptée par 1 724 voix contre 4, 13 bulletins blancs et 37 abstentions. *-4-9* déclaration de souveraineté du Soviet de la république de *Crimée*. Nouveau Conseil d'État reconnaît indépendance des *pays Baltes*. *-9-9 Tadjikistan* indépendant. *-21-9 Arménie* indépendante. *-27-9* congrès extraordinaire des Komsomols qui se sabordent. *-1-10* Alma-Ata : 12 républiques sur 13 approuvent projet de traité économique. *-3-10* Nicolas Riabov, ex-membre du PC, remplace le Pt du Conseil de la Rép. russe Vladimir Issakov, démis par députés. *-11-10* KGB dissous. *-18-10 Moscou :* 8 républiques signent le traité économique. *-23-10 :* 1re session du nouveau Parlement, en présence des députés de 7 républiques (Biélorussie, Kazakhstan, Kirghizistan, Ouzbékistan, Russie, Tadjikistan, Turkménistan). *-27-10 Turkménistan* indépendant. Des 15 anciennes républiques soviétiques, seules Russie et Kazakhstan

Institutions transitoires : mises en place le 5-9-1991 par le Congrès des députés. **Pouvoir exécutif :** *Conseil d'État :* composé d'un Pt élu pour 5 ans par les citoyens de l'Union (mandat renouvelable 1 fois) et les Pts des différentes républiques acceptant l'Union dans un nouvel ensemble. **Pouvoir représentatif :** *Soviet des républiques :* 20 députés par république plus 1 par entité nationale autonome (la Fédération de Russie a ainsi 52 députés) ; principe de vote : 1 république, 1 voix. *Soviet de l'Union* (Chambre des nationalités) : députés choisis dans l'ancien congrès selon les quotas de nationalité précédemment en vigueur, mais avec l'approbation des organes suprêmes des républiques fédérées. **Pouvoir économique :** *Comité économique interrépublicain :* composition paritaire ; Pt nommé par le Conseil d'État. Les grands ministères (Défense, Affaires étrangères, KGB) subsistent sous l'autorité directe du Conseil d'État dont le Pt de l'URSS n'est que le représentant.

n'ont pas déclaré leur indépendance. *-6-11* PCUS dissous en Russie. *Eltsine se nomme chef du gouvernement russe* (garde direction ministère de la Défense, de l'Intérieur et du KGB de la Russie). *-7-11* pour la 1re fois, pas de défilé militaire place Rouge. Manif. devant statue de Lénine. *-14-11* Gorbatchev présente un projet d'*Union des États souverains* (UES). *-25-11* les dirigeants des 7 républiques se réunissent à Novo-Ogarevo, près de Moscou, dans la datcha de Gorbatchev. Projet de l'UES repoussé. *-28-11* loi restituant la citoyenneté russe aux déchus contre leur gré (dont 175 écrivains et artistes, et 400 000 Juifs émigrés en Israël). *-8-12 Minsk,* après réunion dans la forêt de Bielojev, communiqué Russie (Eltsine)-Biélorussie (Chouchkewitch)/Ukraine (Kravtchouk) constatant que l'URSS cesse d'exister en tant que sujet du droit international et en tant que réalité politique. Elles décident : de créer une *Communauté d'États indépendants (CEI)* à laquelle pourront librement adhérer d'autres rép., de coordonner leurs politiques économique et bancaire, et de conserver un commandement unifié de l'espace commun militaro-stratégique et un contrôle unifié de leurs armes nucléaires. *-17-12* rencontre Eltsine/Gorbatchev et accord sur la fin de l'URSS à la fin de l'année. *-21-12* Alma-Ata : conférence [11 des 12 Pts des ex-républiques soviétiques (pays Baltes exceptés), Pt géorgien absent]. Consacre la fin de l'URSS. *-25-12* Gorbatchev annonce sa démission à la télévision : « Le pire dans cette crise est l'effondrement de l'État. » A minuit, le drapeau russe remplace celui de l'Union soviétique sur le Kremlin.

POLITIQUE EXTÉRIEURE DEPUIS 1917

■ **Responsables de la diplomatie.** **1917-18** Trotski (1879-1940). **1918-30** Georges Tchitcherine (1872-1936). **1930-39** Litvinov (Wallach Finkelstein, 1876-1951). **1939-45** Molotov (Viatcheslav Skriabine dit, 1890-1986). **1957-85** Andreï Gromyko (18-7-1909/2-7-1989). **1985-90** Edouard Chevardnadze (né 25-9-1928).

■ **Guerre contre les puissances capitalistes.** **1917**-*nov.* Lénine proclame le décret sur la paix, l'idéal révolutionnaire étant incompatible avec l'état de guerre. Mais les Allemands refusent de mettre fin aux hostilités sans conditions : lançant une offensive contre Petrograd, ils obligent les bolcheviks à signer un traité classique de vaincus (Brest-Litovsk, 3-3-1918). Trotski forge l'Armée rouge qui, après l'effondrement austro-allemand de nov. 1918, mènera la guerre contre les Alliés, antibolchevistes et protecteurs des tsaristes. **1918-20** l'Angleterre mène de nombreuses opérations en mer Noire contre les bolcheviks et occupe l'Azerbaïdjan (pour contrôler les champs pétrolifères du Caucase). **1919** la Russie s'oppose à la remise de Constantinople aux Grecs. Les bolcheviks reconquièrent les parties russes de l'empire tsariste, mais font des concessions (Finlande, pays Baltes, Pologne orientale, Roumanie). **1919-22** guerre russo-turque, la R. fait des concessions en Arménie. La question de Constantinople est moins importante pour elle [progrès de la navigation dans les autres mers (Baltique, océan glacial Arctique, Pacifique) ; régime plus libéral des Détroits].

■ **Concessions aux capitalistes.** Tchitcherine rétablit des relations commerciales avec les nations capitalistes. Motifs : *a)* les investissements étrangers sont indispensables. En 1931, les USA exportent 60 % de leurs machines vers l'URSS et, en 1932, la G.-B. 80 %. Sans les transferts occidentaux de techniques, d'usines clés en main et de spécialistes, les grands travaux staliniens n'auraient pu être réalisés ; les aciéries de Magnitogorsk (1er complexe mondial du genre) ont été fournies par *MacKee Corporation,* le barrage du Dniepr avait comme maître d'œuvre ***Hugh Cooper,*** les raffineries du 2e Bakou furent construites par l'*Universal Oil Products,* la *Badger Corporation* et la *Lummus Company ; b)* l'Armée rouge a besoin de la technologie militaire allemande (après l'accord de Rapallo le 16-4-1922 avec l'Allemagne, les Allemands utilisent des terrains de manœuvre en URSS).

■ **Expansionnisme révolutionnaire.** Le *Komintern* soutient les révolutionnaires de tous les pays, notamment en Chine, Indochine, Mexique, aussi les relations politiques avec les États occidentaux restent-elles tendues malgré les bonnes relations commerciales et financières.

■ **Rapprochement apparent avec les démocraties (1934-36).** Staline prend visiblement parti contre Hitler (mais la coopération militaire avec l'All. n'est pas interrompue). **1934** l'URSS entre à la SDN. **1935** accord limité avec France (Pierre Laval). *-Mai* accord avec Tchécoslovaquie (aide militaire soviétique reste subordonnée à l'accord de Roumanie et Pologne). **1936** accord secret avec France pour faire passer des armes à l'Espagne républicaine. **1939** la victoire de Franco en Espagne persuade Staline que les démocraties sont incapables de résister au fascisme.

■ **Préparation de la 2de Guerre mondiale (1936-41).** Hitler veut conquérir la R. **1936** Staline, manœuvré par les services secrets nazis, anéantit les cadres de l'Armée rouge (affaire Toukhatchevski, voir p. 1209 b) ; *-25-11* Hitler signe avec Japon puis avec Italie (le 6-11-1937) le *pacte anti-Komintern.* Staline l'interprète comme une manœuvre de propagande pour mobiliser, en faveur de l'Allemagne, l'idéologie antibolchevique (en fait, le Japon ne soutiendra pas Hitler contre l'URSS en juin 1941, et Mussolini le fera très peu ; seule la Hongrie, ayant adhéré en avril 1939, prendra le pacte au sérieux). **1939** Molotov (révolutionnaire réaliste) remplace Litvinov (tendances occidentales) : Staline croit qu'une guerre entre puissances « capitalistes » renforcera son pouvoir. *-23-8 pacte germano-soviétique* [Staline veut récupérer les territoires perdus en 1920-23 (objectif atteint entre sept. 1939 et oct. 1940) et refaire son armée désorganisée par les purges de 1936]. **1941**-*22-6* agression allemande ; l'URSS ne cherche qu'à résister avec l'aide des Alliés.

■ **Expansionnisme soviétique après 1944.** Staline estime possibles de vastes annexions en Europe et en Extrême-Orient, et organise une Europe centrale communiste. L'aide aux mouvements révolutionnaires dans le tiers-monde (Viêt Nam, Cuba, Afrique) devient très active, sauf dans la zone atlantique où les accords de Yalta ont reconnu la suprématie américaine (abandon de la révolution portugaise en 1974). *Coût* de l'établissement en Éthiopie d'un régime marxiste-léniniste : 3 milliards de $; fournitures d'armes aux pays africains : 7 milliards de $; entretien de Cuba : 6 millions de $/jour (en 1979). Intervention en Afghanistan (voir p. 950 b).

GUERRE FROIDE (1946-63)

■ **1946**-*5-3* à Fulton (Missouri), Churchill parle de « rideau de fer » (fermeture des frontières entre États satellites et Europe occidentale). **1947**-*12-3* Truman proclame sa « doctrine » (à propos des visées soviétiques sur Grèce et Turquie), promettant une aide économique et militaire à tout pays menacé par l'URSS. *-Avril* conférence sur l'All. à Moscou, échec : les zones d'occupation occidentale et soviétique restent séparées ; aucune paix définitive en vue. *-Mai* communistes exclus des gouvernements français et italiens. *-5-6* le Gal américain *Marshall* met au point son plan de sauvetage des pays européens ; la Chine de Tchang Kaï-chek semble perdue ; les Américains veulent conserver l'aide prévue par la doctrine de Truman aux États européens, y compris l'Allemagne ; ils espèrent attirer les pays de l'Est, par l'espoir d'une aide économique. *-2-7* les pays de l'Est refusent. *-5-10* URSS crée le *Kominform,* remplaçant le Komintern (créé 1919, dissous 1943) et chargé de coordonner, en politique extérieure, l'action des États et des partis communistes. **1948**-*févr.* Tchécoslovaquie tente de quitter le camp soviétique, le *coup de Prague,* l'en empêche (voir à l'Index). Les Occidentaux décident, en compensation, de relever l'Allemagne de l'Ouest. Riposte soviétique : *blocus de Berlin* (juin 1948/mai 1949) contré par pont aérien (voir à l'Index). *-Juin* la Yougoslavie quitte le bloc soviétique, sans rejoindre le bloc occidental (titisme = non-engagement). **1949**-*avril* création de l'Otan. *-Mai/oct.* proclamation de 2 États allemands : occidental (RFA), communiste (RDA). *-Sept.* communistes achèvent conquête Chine. *1re bombe atomique soviétique.* Mal Constantin Rokossovski (1896-1968), Soviétique d'origine polonaise, ministre de la Défense en Pologne. **1950 guerre de Corée** (Staline teste la volonté de résistance américaine). L'Onu soutient la Corée du Sud, la guerre froide semble dégénérer en guerre mondiale. Mais l'URSS sait que les USA n'interviendront pas contre elle si elle ne prend pas part directement au conflit : elle n'envoie pas de troupes officielles et remporte un succès moral. **1953**-*5-3* Staline meurt. La tension diminue. *-Juillet* armistice en Corée. *-12-8 : 1re bombe thermonucléaire* soviétique. **1954**-*oct.* les Français rejettent la CED, d'où réarmement de l'Allemagne de l'Ouest. **1955**-*mai pacte de Varsovie* (alliance militaire des pays de l'Est). *-Juillet conférence de Genève :* Russes et Américains n'aboutissent à aucun accord sur le désarmement mondial, mais la tension diminue. **1956**-*févr.* Khrouchtchev proclame la déstalinisation. *-Oct./nov.* révolte en Hongrie. L'Occident laisse l'URSS la réprimer (Français et Britanniques s'étant engagés dans l'affaire de Suez). **1957**-*4-10* lancement du *Spoutnik.* L'équilibre politique et économique semble rétabli entre les 2 « Super-Grands » et la guerre froide perd sa raison d'être. **1958** *conférence de Genève* sur arrêt des essais nucléaires. **1959** rencontre Eisenhower/Khrouchtchev. **1960**-*mai* Khrouchtchev parle de la « coexistence pacifique » et accepte une conférence à 4 à Paris [1-5, un U2, avion espion américain volant à 19 000 m d'alt. est abattu en URSS (ou se pose à la suite de l'arrêt d'un moteur ?) ; 7-5 Krouchtchev révèle l'arrestation du pilote Francis Gary Powers [† 1977, accident d'hélicoptère ; condamné à 10 ans, sera échangé févr. 1962 contre Rudolf Abel (1903-71) espion soviétique arrêté 1957 à New-York] ; *Paris :* conférence avec Eisenhower, de Gaulle, MacMillan ; Khrouchtchev repart pour Moscou, Eisenhower refusant de lui présenter des excuses]. **1961**-*août construction du mur de Berlin* pour empêcher les Allemands de l'Est d'émigrer à l'Ouest. **1962** les Russes *installent des fusées à Cuba,* mais les retirent dès le 1er ultimatum de Kennedy (en oct.) [les Américains retirent leurs fusées de Turquie]. **1962-63** rupture avec Chine. **1963**-*juillet* renonçant à la guerre froide voulue par la Chine, l'URSS signe avec USA *l'accord de Moscou* sur arrêt des essais nucléaires. Le rapprochement entre France et Chine crée une sorte de 3e force.

■ **Liste non exhaustive des conflits régionaux où les militaires soviétiques ont combattu depuis 1950.** **Afghanistan** (22-4-1978/30-11-1979, puis intervention officielle 1979-1989), **Angola** (nov. 1975/nov. 1979), **Corée** (1950/1953), **Égypte** (18-10-1962/31-3-1963 ; 1-10-1969/16-7-1972 ; 5-10-1973/31-3-1974), **Éthiopie** (9-12-1977/30-11-1979), **Syrie** (du 5 au 13-6-1967 ; du 6 au 24-10-1973).

■ **Soviétiques expulsés pour activités indésirables.** **Du Bangladesh :** *1983 :* 33 diplomates. **Bolivie :** *1972* (avril) : 49. **Chine :** *1974 :* 3 diplomates. **Colombie :** *1972* (août) : 8 diplomates. **Danemark :** *1983* (févr.) : 1. **Égypte :** *1972 :* 17 000 experts. *1981 :* l'ambassadeur, 249 diplomates et conseillers divers. **Espagne :** *depuis 1977 :* 14. ***France :*** *1965* (févr.) : directeur de l'Aeroflot à Paris ; *1970 :* 5 diplomates ; *1973 :* attaché de l'air adjoint ; *1977* (11-2) : 1 fonctionnaire de l'Unesco ; *1978 :* attaché militaire adjoint ; *1980* (9-2) : 1 membre du consulat, 1 consul à Marseille ; *1983* (5-4) : 47 diplomates ; *1986* (1-2) : 4 diplomates. **G.-B. :** *1971* (sept.) : 105 diplomates et fonctionnaires sur 500 ; *de 1972 à 84 :* 9 autres ; *1985* (avril) : 5 diplomates, (sept.) : 25 diplomates ; *1989* (mai) : 14 diplomates. **Grenade :** *1983 :* 49 diplomates. **Iran :** *1983 :* 18 diplomates. **Italie :** *1982 :* 2 diplomates. **Pays-Bas :** *81* (avril) : correspondant de Tass. **Portugal :** *1982 :* 7. **Suisse :** *1983* (début) : 3. **USA :** *1977 :* correspondant de Tass ; *1978 :* 3 diplomates ; *1986* (19/21-10) : 1980 diplomates (l'URSS expulse 199 Américains le 27-5 et 55 le 19-10). **Zaïre :** *1963 :* toute l'ambassade (15 diplomates).

RELATIONS FRANCO-SOVIÉTIQUES

■ **Après la Révolution de 1917,** la France tentera de récupérer ses investissements en Russie. **1918-20** avec l'aide de la Pologne francophile, et s'appuyant sur ses bases navales d'Odessa et de Crimée, elle protège le gouvernement dictatorial du chef cosaque Petlioura en Ukraine, qui reconnaît pratiquement son protectorat et lui accorde la mainmise sur l'industrie du Donetz comme garantie de la dette contractée par les tsars. La défaite de Petlioura consacre la liquidation des avoirs français en R. **Après 1921,** les bolcheviks joueront contre la France la carte allemande. **1924**-*28-10 la France reconnaît l'URSS.* **1927**-*7-10* rappel de Radowsky, ambassadeur à Paris. **1932**-*29-11 pacte de non-agression.* **1934**-*5-12* traité sur l'intéressement mutuel dans la conclusion d'un pacte régional oriental. **1935**-*2-5 pacte d'assistance mutuelle Staline-Laval.* **1941**-*30-6* relations diplomatiques rompues par Vichy. *-26-9 l'URSS reconnaît de Gaulle comme chef de la France libre.* **1944**-*2/10-12 de Gaulle en URSS, traité d'alliance et d'assistance mutuelle pour 20 ans.* **1955**-*7-5* l'URSS dénonce le pacte ; cause : ratification française des accords de Paris avec l'Allemagne féd. **1956**-*6-11* tension à propos de Suez. **1960**-*23-11/3-12 Khrouchtchev à Paris,* accord économique. **1964**-*30-10* accord commercial pour 1965-69. **1966**-*20-6/1-7 de Gaulle en URSS.* **1969**-*26-5* accord économique pour 5 ans. **1970**-*6/7-10 Pt Pompidou* en URSS. **1971**-*25/30-10 Brejnev* en France. **1973**-*10-7* programme décennal de l'approfondissement de la coopération économique et industrielle ; *-23-7* scientifique et technique. **1974**-*12/13-3* rencontre Pompidou/Brejnev à Pitsounda (Géorgie). *-Déc.* Pt Giscard d'Estaing /Pt Brejnev à Rambouillet. **1975**-*19/24-3* PM *Chirac* en URSS. *-14/18-10* Pt *Giscard d'Estaing* en URSS ; rencontres au sommet périodiques prévues ; 5 contrats économiques (2 455 milliards de F). **1976**-*16-7* accord sur arme nucléaire. **1977** déclaration sur détente. **1980**-*mai* rencontre Brejnev/Giscard d'Estaing à Varsovie. **1982** contrat d'achat de gaz soviétique. **1984**-*20/23-6* Pt *Mitterrand* en URSS. **1985**-*oct. Gorbatchev* en France. **1986**-*7/10-7* Pt *Mitterrand* en URSS. **1987**-*14/16-5* PM *Chirac* en URSS. **1988**-*25/26-11* Pt *Mitterrand* en URSS. **1989**-*4-7 Gorbatchev* en France. *-6-12* Pt *Mitterrand* à Kiev. **1990**-*25-5* Pt *Mitterrand* en URSS. *-28/29-10 Gorbatchev* à Paris. *-29-10 traité franco-soviétique d'entente et de coopération* signé à Rambouillet.

FÉDÉRATION DE RUSSIE

HISTOIRE DEPUIS LE 27-12-1991

■ **Boris Nikolaïevitch Eltsine** (né 1-2-1931) [*1961* membre du PC. *1976* 1er secr. du comité régional du PC de Sverdlovsk. *1981* m. du Comité central. *1985-avril* du département de la Construction au Comité central. *-Déc.* du comité du Parti de Moscou. *1985-juillet à 1986-févr.* suppléant du Bureau politique. *1987* vice-ministre de la Construction. *-Nov.* perd son poste de 1er secr. du Parti de Moscou. *1989-26-3* député de Moscou au Ier Congrès des députés soviétiques (89,4 % des voix). *1990-mars* député de Sverdlovsk au Parlement de Russie. *-29-5* Pt du Parlement de Russie (élu 3e tour par 535 voix devant Alexandre Vlassov 467). *1991-12-6* élu Pt de la Fédération de Russie (57,3 % des voix : Nicolaï Ryjkov 16,85, Vladimir Jirinovski 7,81, Aman-Geldy Tuleyev 6,81, Viktor Bakatine 3,42, Albert Mikachov 0,7 ; participation 64 %). *Santé :* grande sensibilité psychologique. Doigts arrachés en jouant avec une grenade. Hernie discale (opérée 1990). Intervention chirurgicale à l'intestin. Otite. Depuis 1987, souffrirait de cirrhose du foie, d'une tumeur au cerveau, d'hypertension et d'ischémie du myocarde (rétrécissement des artères) [8 alertes connues : 1994-10-12 (hospitalisé 2 semaines) ; 1995-juillet (arrêté 2 semaines), 26-12 (absent 2 mois) ; 1996-5-11 quintuple pontage, 8/20-1 double pneumonie, 10-12 « refroidissement ». *1998*-13-3 problèmes respiratoires aigus, 12-10 bronchotrachéite. 26-10 asthénie, 23-11 pneumonie. *1999*-17-1 ulcère à l'estomac]. A cependant dépassé de plus de 8 ans l'espérance moyenne de vie d'un Russe]. **1991**-*27-12* vente de terres autorisées (concerne 40 000 fermiers cultivant 2,3 millions d'ha contre 531,8 millions d'ha alloués aux kolkhozes et aux sovkhozes). **1992**-*1-1* « privatisation accélérée ». *-26-1* budget d'austérité. *-31-1* Onu : R. succède à l'URSS au Conseil de sécurité. *-5/6-2* Eltsine en France (1re exécution de l'hymne impérial russe depuis 1917). *-16-3* Eltsine se nomme min. de la Défense à titre « intérimaire ». *-31-3* Pacte fédéral donne aux républiques « souveraines » des droits supérieurs à ceux des régions. *-19-4* Moscou : manif. pour Eltsine. *-7-5* décret créant « armée russe ». *-Juin* Eltsine à Washington. *-15-6* **Egor Gaïdar** (né 19-3-1956) PM. *-4-10* Gorbatchev, qui refuse de témoigner au procès du PCUS, se voit interdire de quitter le territoire russe (17-10, autorisé à se rendre aux obsèques de Willy Brandt). *-9-10* Eltsine fait saisir les locaux de la fondation Gorbatchev. *-21-10* radio-télévision de St-Pétersbourg, tenue par conservateurs, placée sous tutelle de la Russie. *-28-10* Parlement privé du contrôle de la garde parlementaire (8 000 h.). *-7-11* anniversaire révolution d'Octobre : manif. interdite sur place Rouge (moins de 10 000 manifestants). *-1-12* VIIe Congrès des députés du peuple (Parlement élargi). Eltsine renonce à la prolongation de ses pouvoirs spéciaux en matière économique mais réclame de nommer seul les ministres, sauf le PM. Pour le Congrès, les ministres doivent être nommés par le Soviet suprême et être responsables devant lui. *-10-12* les députés votent contre la nomination de Gaïdar comme PM. *-12-12* compromis prévoyant un référendum sur nouvelle Constitution. *-14-12* **Viktor Tchernomyrdine** [(né 9-4-1938) [*1978-82* responsable de l'ind. lourde au Comité central du PC. *1985-1989* min. de l'Industrie du gaz. *1989-92* Pt de Gazprom. Proche de l'Union civique et des « industrialistes », hostile à une libéralisation accélérée de l'économie] PM. **1993**-*27/29-1* Eltsine en Inde. *-23-2* « journée des Forces armées » : 20 000 communistes et militants d'extrême droite, dont de nombreux officiers, réclament gouvernement de salut national. *-7-3* Eltsine menace de prendre des mesures « pas très conformes aux lois » si aucun accord n'est trouvé entre Congrès et exécutif. *-10-3* VIIIe Congrès extraordinaire sur « le respect de la Constitution par le chef de l'État ». *-11-3* conservateurs refusent référendum prévu 11-4 (par 560 voix contre 276) et compromis sur partage du pouvoir. *-16-3* Pt Mitterrand en Russie. *-20-3* Eltsine annonce un régime « d'administration directe » du pays jusqu'au référendum. *-21-3* les députés saisissent la Cour constitutionnelle. Manif. pour et contre Eltsine. *-22-3* la Cour déclare : « Eltsine ne peut organiser un référendum sur la réforme de la Constitution. » *-28-3* vote pour la destitution d'Eltsine : 73 voix manquent pour majorité des 2/3 requises (617 oui sur 1 033 voix). *-29-3* Congrès approuve l'organisation d'un référendum mais impose 4 questions et une majorité de plus de 50 % des *inscrits*. *-3/5-4* sommet russo-américain à Vancouver. *-25-4 référendum* (en %) : votants 64,5 ; 58,7 font confiance à Eltsine (non 39,2), 53 sont pour réformes des entreprises (non 44,6), 49,9 pour une présidentielle anticipée (non 30,2), 67,1 pour des législatives anticipées (non 19,3). *-1-5* Moscou, émeutes (600 blessés ; 1 policier blessé † le 5-5). *-18-5* procès des 12 putschistes de 1991 reporté *sine die*. *-5/26-6* Conférence constitutionnelle le 16, 82 % des députés adoptent principes de la nouvelle Constitution. *-11-6* monopole d'État sur alcool rétabli. *-Juillet* intervention au Tadjikistan pour soutenir régime néocommuniste. *-1-8* administrateur provisoire russe en Ingouchie et Ossétie du N. tué dans embuscade. *-1-9* vice-Pt *Routskoï* suspendu pour corruption. *-3-9* Cour constitutionnelle estime cette suspension contraire à la Constitution. *-18-9 Egor Gaïdar* 1er vice-PM chargé de l'économie. *-21-9* Eltsine dissout le Parlement qui se retranche dans la Maison-Blanche, annonce des législatives pour le 12-12-1993. Parlement remplace Eltsine par Routskoï. Eltsine soutenu par PM Tchernomyrdine, min. de la Défense Gravtchev (dit « Pacha Mercedes »), min. de l'Intérieur Erine et par communauté internationale. Milliers de manifestants anti-Eltsine autour de la Maison-Blanche. Décret donne pleins pouvoirs à Eltsine. *-24-9* troupes d'élite autour Maison-Blanche privée d'électricité et de télécommunications. *-27-9* Eltsine rejette compromis prévoyant législatives et présidentielle simultanées. *-28-9* heurts manifestants/armée. *-1-10* Parlement rejette projet d'accord sous égide patriarche Alexis II. *-3-10* sur ordre de Routskoï, manifestants occupent mairie de Moscou et tentent de prendre radio-télévision d'Ostankino. Partisans d'Eltsine dans la rue, armée appelée en renfort. État d'urgence décrété. *-4-10* armée attaque Maison-Blanche. Routskoï et Khasboulatov, Pt du Parlement, se rendent. *Bilan officiel :* 145 à 147 †. *-5-10* centaine d'arrestations. *-7-10* soviets de Moscou et de la Fédération dissous. *-11/21-10* Eltsine au Japon. *-15-10* Routskoï et Khasboulatov inculpés d'organisation de désordre de masse (2 à 15 ans de prison). *-18-10* état d'urgence levé. *-1/2-11* PM Balladur à Moscou (propose pacte de sécurité européen). *-2-11* Conseil de sécurité de Russie adopte doctrine militaire : intervention de l'armée à l'intérieur des frontières russes ainsi qu'à l'extérieur dans l'ex-URSS, et au-delà, si agression contre Fédération de Russie et alliés ; 1re frappe nucléaire non exclue (était abandonnée depuis 1982). *-7-11* commémoration de la révolution d'Octobre empêchée (1re fois depuis 1917). *-16-11* musée Lénine fermé. *-12-12 référendum pour Constitution :* 54,8 % de participation, 58,4 % oui ; *législatives* (Douma). *-22-12* centre de télévision d'État (Éther) et radio d'État (Voix de la Russie) créés. **1994**-*4-1* Maison-Blanche rouverte. *-18-1* nouveau *gouv. Tchernomyrdine* (majorité conservatrice). *-27-1 Sergueï Doubinine* (né 1951) min. des Finances. *-2-2 élections locales :* victoire de l'ancienne nomenklatura. *-3-2* Eltsine en Géorgie. *-15-2* réapparaît après 10 jours d'absence (rumeurs sur santé). *-23-2* Douma : amnistie des putschistes d'oct. *-28-2* diplomate américain expulsé (après renvoi des USA du diplomate russe Lyssenko). Nikolaï Golouchko, chef du contre-espionnage, limogé. *-1-3* grève des mineurs. Procès des putschistes de 1991 annulé. *-2-3* après restitution par les USA de la cloche d'un sous-marin soviétique disparu dans le Pacifique en 1968, restitution d'un morceau de l'avion U2 de Francis Gary Powers (voir p. 1242 b). *-15-4* accord avec Ukraine sur flotte de la mer Noire : 80 à 85 % des 440 navires pour la Russie. *-27-4* Andreï Aïzderzis, député, assassiné. *-9-5* Moscou, 15 000 manifestants menés par Routskoï pour renverser le régime. *-22-6* opération anti-mafia (2 000 arrestations) *-30-7 :* 10 millions d'actionnaires de la Sté d'investissement MMM (déclarée illégale 28-7) créée par Sergueï Mavrodi perdent leurs économies : titre racheté 950 roubles (valant 1 600 en févr., 115 000 jusqu'au 25-7). *-31-8* derniers soldats russes quittent All. (aide allemande : 50 milliards de F pour construire 45 000 logements en Russie avant 1996) et États baltes. *-2-10* Moscou : 15 000 manifestants pour 1er anniversaire événements d'oct 1991. *-12-10 Andreï Vavilov* (33 ans) min. des Finances. *-17-10* journaliste Dimitri Kholodov † après attentat (enquêtait sur trafic d'armes du haut commandement). *-17/20-10* Élisabeth II en Russie. *-4-11 Vladimir Panskov* min. des Finances. *-11-12* intervention en Tchétchénie (voir p. 1245 a). **1995**-*1-2* adhésion au Conseil de l'Europe reportée (à cause de Tchétchénie). *-8-2 traité de coopération avec Ukraine*. *-1-3* V. Listiev, directeur général de la télévision publique, assassiné. *-30-3* dépistage obligatoire du sida pour les étrangers séjournant plus de 3 mois. *-Avril* explosion de 200 wagons de munitions en Sibérie. *-28-5* Sakhaline, séisme (magnitude 7,5) [1 000 à 2 000 †]. *-30-5 Gal Alexandre Lebed* (né 20-4-1950), chef 14e armée en Transnistrie, démissionne (14-6, limogé par Eltsine). *-7-7 Gal Anatoli Koulikov* (né 4-9-1946) min. de l'Intérieur. *-11-7* Eltsine hospitalisé pour ischémie. *-20-7* Oleg Kantor, Pt banque Iougorski, assassiné. *-13-9* Moscou, roquette contre ambassade américaine. *-19-10 Andreï Kozyrev* (né 27-3-1951), min. des Affaires étrangères, limogé (21-10, maintenu). *-20/21-10* Eltsine en France. *-17-12 législatives* (Douma). **1996**-*5-1 Yevgueny Primakov* (né 29-10-1929) min. des Aff. étrangères. *-16-1 A. Tchoubaïs* (né 1955), 1er vice-Pt chargé de l'Économie, démis ; *-25-1* remplacé par *V. Kadanikov* (né 3-9-1941). *-14-2* PM Juppé en Russie. *-28-2* Russie membre à part entière du Conseil de l'Europe. Signe Convention des droits de l'homme et celles sur prévention de la torture et protection des minorités nationales, précisant que la ratification demandera quelques années. *-2-4 accord d'union avec Biélorussie :* Communauté des républiques souveraines (SSR) dans CEI. *-19/20-4* Moscou, sommet sur sûreté et sécurité nucléaires avec G7. *-24/26-4* Eltsine en Chine. *-8-5* Moscou : manif 30 000 communistes. *-11-6* Moscou : attentat métro (4 †). *-16-6* Moscou, Iouri Loujkov élu maire (89,9 % des voix). *Présidentielle : 1er tour* (en %) : Eltsine 35,8, Ziouganov 32,04, Lebed 14,5, Iavlinski 7, Jirinovski 5,7, autres 5 (dont Gorbatchev 0,5) ; participation 69,8 (*-3-7 : 2e tour :* participation 67,25, Eltsine réélu 53,8, Ziouganov 40,3 ; contre les deux 5,9). *-18-6* Eltsine limoge Gratchev et nomme Gal Lebed secr. du Conseil de sécurité. *-20-6* Eltsine limoge Gaux Alexandre Korjakov, chef de sa garde personnelle, Mikhaïl Barsoukov, chef du FSB, et le 1er vice-PM *Oleg Soskovets*, pour avoir arrêté 2 animateurs de sa campagne. *-11/-12-7* Moscou, attentat dans trolleybus (1 †, 35 bl.). *-15-7* A. Tchoubaïs directeur de l'administration présidentielle. *-17-7* Gal *Igor Rodionov* (né 1-12-1936) ministre de la Défense. *-31-8* fin du conflit tchétchène. *-Sept./déc. régionales :* 44 gouverneurs élus (pro-Eltsine 27). *-17-10* Lebed limogé ; *-19-10* remplacé par Ivan Rybkine. *-5-11* manifestations contre arriérés de salaires (42,8 milliards de F). *-10-11* Moscou, attentat dans cimetière [13 † (anciens d'Afghanistan)]. *-18/19-11* St-Pétersbourg, explosion dans le métro. *-26-12* monopole sur alcool rétabli. **1997**-*1-1* nouveau Code pénal reconnaissant droits individuels et propriété privée. *-2-2* Pt Chirac en R. *-16/23-2* Lebed en France. *-7-3 A. Tchoubaïs* 1er vice-PM. *-17-3* Tchoubaïs et *Boris Nemtsov* (né 1959) 1ers vice-PM. *-Fin mars* pollution nucléaire militaire près de Tcheliabinsk. *-2-4* accord d'union avec Biélorussie. *-14-5* Conseil permanent Otan-Russie créé. *-22-5* ministre de la Défense, *Igor Rodionov*, et chef d'état-major, *Viktor Samsonov*, limogés pour corruption. *-Juin* Larissa Netchaeva, directrice financière du Spartak Moscou, assassinée. *-30-6* (au 3-1-2000) Tatiana Diatchenko (37 ans), fille Eltsine, conseillère Pt. *-2-7 Valentin Kovalev*, ministre de la Justice, limogé pour une affaire de mœurs. *-5/7-9 :* 850e anniversaire de la fondation de Moscou. *-17-9* Russie membre du Club de Paris. *-25/28-9* Pt Chirac en R. *-20-11 Mikhaïl Zadornov* (né 4-5-1963) ministre des Finances. **1998**-*1-1* nouveau rouble (= 1 000 anciens). *-23-3* gouvernement limogé. *-24-4* **Sergueï Kirienko** [né à Soukhoumi (Géorgie) 27-7-1962 ; ingénieur ; crée la banque Garantia ; *1996* Pt de la Cie pétrolière Orsi ; *1997* (mars) vice-PM puis (nov.) min. de l'Énergie], PM par intérim, investi PM (251 voix pour, 25 contre, 117 abstentions) et min. des Finances. *-Avril* la Cour suprême contraint Elstine à promulguer la loi de 1997 déclarant propriété d'État le butin de l'Armée rouge en Allemagne (l'Allemagne réclame 200 000 œuvres d'art). *-2-7* Gazprom s'engage à payer ses impôts. *-3-7* Gal Lev Rokhline, député à la Douma et Pt du MSA, assassiné. *-6-7* accord avec Kazakhstan sur partage du pétrole de la Caspienne. *-23-8* **Viktor Tchernomyrdine** PM. *-11-9* **Yevgueny Primakov** (né 29-10-1929 dans une famille juive) PM, investi (315 voix pour, 63 contre, 15 abst.). *-Sept.* feux de forêts : 450 000 ha détruits en Extrême-Orient. *-7-10* « journée nationale de protestation ». *-20-10* St-Pétersbourg, procès (29-10, renvoyé à une date ultérieure) d'Alexandre Nikitine, capitaine de la flotte, qui a dénoncé, en 1995, les conditions de stockage des combustibles nucléaires irradiés de la presqu'île de Kola (févr. 1999 Cour suprême rejettera son appel ; acquitté 29-12-1999). *-20-11* Galina Starovoïtova (52 ans, député réformatrice) assassinée (6e député assassiné depuis 1993). **1999**-*27-1* grève de 300 000 enseignants contre salaires impayés. *-4-3* Boris Berezovski, secrétaire, exécutif de la CEI, démis. *-23-3* Viktor Ilioukhine affirme que 235 millions de $ du FMI ont été versés sur le compte d'une Sté australienne détenue à 25 % par la fille d'Eltsine. 4,8 milliards de dollars accordés par le FMI n'ont pas été placés en Russie mais répartis dans des banques étrangères. *-26-4* Moscou, bombe hôtel Intourist (11 blessés). *-12-5* Primakov renvoyé. *-15-5* échec de la procédure de destitution d'Eltsine (il fallait 300 voix sur 450). Chefs d'accusation : 1o) signature des accords de Minsk sur dissolution de l'URSS, en décembre 1991 : 239 voix ; 2o) « événements de septembre-octobre 1993 à Moscou » : dissolution du Parlement, puis bombardement de la Maison-Blanche, où s'étaient retranchés les députés de l'opposition : 263 ; 3o) déclenchement de la guerre en Tchétchénie, en déc. 1994 : 283 ; 4o) « mesures qui ont conduit à l'affaiblissement des capacités de défense et de sécurité de la Russie » : 241 ; 5o) « génocide contre le peuple russe » : détérioration des conditions de vie des citoyens, chute de la démographie : 238]. Communistes, agrariens et députés de Pouvoir du peuple ont voté pour la destitution. Il y a eu des défections dans le groupe réformateur Iabloko et un fort absentéisme. *-19-5* **Serguei Stepachine** (né 2-3-1952) PM investi (298 voix pour, 55 contre et 14 abst.). *20-7* Grigori Pasko, journaliste et ancien officier, condamné à 3 ans de prison pour divulgation de secrets d'État, amnistié (après 18 mois de préventive). *9-8* **Vladimir Vladimirovitch Poutine** PM ; investi 16-8 (233 voix pour, 84 contre et 17 abst.). *-31-8 Moscou* (centre commercial place du Manège), bombe (1 †, 40 bl.). *-9-9* immeuble explose rue Gourianov (92 †). *-13-9* chaussée de Kachira (118 †). *-16-9 Volgodonsk* près de Rostov, camion piégé (19 †). *-31-12* Pt Elstine démissionne.

■ **1999**-*31-12* **Vladimir Poutine** (né Leningrad 7-10-1952, chef depuis 25-7 1998 du FSB ex-KGB) Pt par intérim. **2000**-*3-1* limoge la « conseillère en image » d'Elstine, sa fille cadette Tatiana Diatchenko (mise en cause corruption). *-10-1 Mikhaïl Kassianov* (déjà ministre des Finances) nommé vice-PM unique et coordinateur du gouv. ; Sergeï Choigou, ministre des Opérations d'urgence. *-26-3* Poutine élu Pt au 1er tour [11 candidats, participation 68,88 %, Poutine 52,94, Guenadi Ziouganov (PC) 29,21, Grigori Iavlinski (libéral) 5,8]. *-6-4* l'assemblée parlementaire du Conseil de l'Europe vote (1re fois) la suspension du droit de vote de la Russie (membre depuis 1990) 78 voix pour, 69 contre. *-14-4* ratifie traité de désarmement *Start II* Douma (288 voix pour, 131 contre, 4 abst.). *-17-5* **Mikhaïl Kassianov** PM par intérim. *-13-6* Vladimir Goussinski, Pt du groupe Média-Most et de NTV, arrêté pour détournement de fonds [1996 Goussinski soutient Elstine, obtient autorisations pour NTV et crédits de Gazprom (l'État 1er actionnaire) qui prend le contrôle de NTV]. *-Juin* Douma retire aux gouverneurs leur droit de siéger au Conseil de la Fédération ; 7 districts fédéraux seront créés avec 1 superpréfet. *-17-7* Boris Berezovski, député, démissionne, dénonce l'escalade « autoritaire » du pouvoir. *-8-8* Moscou, explosion place Pouchkine (8 †, 93 bl.). *-12-8* mer de Barents, *Koursk* (sous-marin nucléaire) coule par 108 m. de fond (118 †) [explosion d'1 torpille d'essai ?]. *-26/28-8* Moscou, incendie tour TV Ostankino (hauteur 540 m), (4 †). *-6-12* Edmund Pope, homme d'affaires, 1er Américain incarcéré pour espionnage en Russie depuis 1961 (sera grâcié). *-12-12* Goussinski arrêté en Espagne pour « escroquerie » à la demande de Moscou. **2001**-*17-1* New York, Pavel Borodine arrêté [(mandat lancé par la Suisse), *-7-4* transféré à Genève, inculpé de blanchiment d'argent (environ 25 millions de $), *-12-4* libéré sous caution (3,3 millions d'euros), *-13-5* repart pour Moscou]. *-3-4* NTV reprise par Gazprom. *-13/14-4* nouvelle direction installée sous protection des forces spéciales. *-16-4 Sevodnia*, quotidien, ferme. *-17-4 Itogui*, hebdo, rédaction limogée. *-20-4* 2 condamnation de l'Onu pour action russe en Tchétchénie (1re en 2000) par 22 voix [12 contre (dont Chine et Inde) ; 19 abst.]. *-1/2-7* Pt Chirac en Russie.

STATUT

■ **Constitution du 12-12-1993.** Remplace celle du 7-10-1977, amendée 130 fois depuis. Fédération. **Pt** : élu pour 4 ans au suffrage univ. (rééligible 1 fois). Nomme le Premier ministre ; haut commandement de l'armée, supervise politique étrangère, organise référendums, dissout la Douma d'État, proclame loi martiale et loi d'urgence, casse toute décision du gouvernement en désaccord, suspend tout acte d'un « sujet de la Fédération » contredisant Constitution et loi fédérales, signe les lois. Ne peut être destitué que par un vote à la majorité des 2/3 dans chaque chambre. **Premier ministre :** nommé par le Pt et approuvé par la Douma, démissionne après une élection présidentielle. Peut poser la question de confiance devant la Douma. En cas de vote-sanction, le Pt peut révoquer le gouvernement, ou dissoudre la Douma. **Parlement** (ou **Assemblée fédérale**) comprenant : **Conseil de la Fédération** (Chambre haute, indissoluble) : 178 députés élus pour 4 ans [2 pour chacune des 89 entités territoriales (dont 1 nommé par chef de l'exécutif avec accord du pouvoir législatif et 1 élu par le parlement régional)]. *Pt :* Egor Stroev depuis 23-1-1996. Ne peut pas être dissous par le Pt. Décide de la destitution du Pt, nomme les juges des 3 hautes cours, nomme et révoque le procureur général, approuve état d'urgence et loi martiale, entérine tout changement des frontières intérieures, approuve les lois adoptées par la Douma ; et **Douma d'État** (Chambre basse) : 450 députés élus pour 4 ans (jusqu'en 1995, pour 2 ans), au scrutin proportionnel par liste (50 %) et majoritaire uninominal à 1 tour par circonscription (50 %). Engage la procédure de destitution du Pt, approuve la nomination du PM, proclame l'amnistie, peut poser la question de confiance au gouv. ; prépare et adopte les lois. Ne peut être dissoute la première année. *Pt :* Guennadi Seleznev (né 6-11-1947) depuis 17-1-1996. **Cour constitu-**

tionnelle (indépendante de l'exécutif). *Créée* déc. 1991, suspendue 7-10-1993, rétablie 21-7-1994 ; *membres :* 19 juges nommés par le Conseil de la Fédération ; Pt élu par les juges. **Conseil de sécurité.** *Créé* 3-6-1992. Organe constitutionnel formé et présidé par le Pt de la Fédération ; *rôle :* examine les problèmes stratégiques de l'État. **Conseil de défense.** *Créé* 25-7-1996. Organe consultatif permanent du Pt ; *rôle :* conseil en matière d'organisation militaire et de mise en œuvre des décisions du Conseil de sécurité.

■ **Élections à la Douma** (nombre de sièges et, entre parenthèses, scrutins proportionnel/majoritaire). **12-12-1993 :** 444 (225/219). Réformateurs (pro-Eltsine) 164 (78/86) : Choix de la R. (coalition) 96 (40/56), Iabloko 33 (20/13), P. unité et concorde 27 (18/9), Mouv. pour des réformes démocratiques 8 (0/8). Centristes et divers 98 (35/63) : Union civique 18 (0/18), Femmes de Russie 25 (21/4), P. démocratique 21 (14/7), Dignité et Charité 3 (0/3), Avenir de la R. 1 (0/1), Indépendance 30 (0/30). Conservateurs et nationalistes 182 (112/70) : pcd 70 (59/11), pc 65 (32/33), P. agraire 47 (21/26) ; **17-12-1995 :** participation 64,95 %. P. communiste de la Fédération de R. 157 (99/58), Notre Maison la R. 55 (45/10), pldr 51 (50/1), Iabloko 45 (31/14), P. agraire 20, Choix démocratique de la R. 9, Pouvoir au peuple (communistes) 9, Congrès des Communautés russes 5, Femmes de R. 3, En avant la R. 3, Bloc Ivan Rybkine 3, P. républicain de la R. 2, autres 11, sans étiquette 77. **19-12-1999 :** pcfr 113 [dont 67 acquis à la proportionnelle (24,29 % des voix), au scrutin uninominal 46]. Unité (S. Choïgou) 72 [64 (28,32 %), 8]. Otchizna 67 [37 (13,3 %, 30]. sps-Union des Forces de droite (S. Kirienko) 29 [24 (8,52 %), 5]. Bloc de Jirinovski 17 [17 (5,98 %), 0]. Bloc Iabloko (G. Iavlinski) 20 [16 (5,93), 4]. Liste ayant obtenu – de 5 % des voix 10 [0 (13,64 %), 10]. Sans étiquette 106 [0 (0 %), 106]. Sièges non pourvus 9. Total (votes blancs et nuls inclus) 441 [225 (100 %), 216].

■ **Partis. P. communiste de la Fédération de Russie (pcfr)** créé 1993, *Pt :* Guennadi Ziouganov. **Parti Iabloko (la Pomme)** créé 1993 par Grigori Iavlinski (réformateur). **Choix (démocratique) de la Russie** créé 12-6-1994 par Egor Gaïdar (libéral-conservateur). **Notre Maison la Russie** ou **P. du pouvoir** créé 12-5-1995, *Pt :* Viktor Tchernomyrdine (pro-Eltsine) ; coalition financée par le complexe énergétique. **P. libéral-démocrate de Russie (pldr)** créé janv. 1991, fascisant, de Vladimir Jirinovski (né 1946) pour renaissance de l'Empire grand-russe ; *ennemis :* influence américaine et sionisme. **P. socialiste des travailleurs (pst)** créé déc. 1991 ; membres : 6 000 ; organisations régionales : 65. **P. démocratique de Russie (pdr)** créé mai 1990 ; membres : 50 000 ; *dirigeant :* Victor Petrov. **Mouvement chrétien-démocrate de Russie (mcdr)** créé 1990, *leader :* Victor Aksyuchits, et **P. constitutionnel-démocrate (« Kadet », pcd). Front national patriotique, Pamiat (« Mémoire »)** ultranationaliste. **P. de l'économie libre** créé 11-6-1992 par Constantin Borovoï (mathématicien devenu milliardaire, Pt de la Bourse des marchandises de Russie). **Union civique** créée 1992 par Arkadi Volski, Pt depuis juin 1990 de l'Union des industriels et entrepreneurs de Russie. Pour l'interventionnisme étatique et une réforme économique très progressive. **P. de l'unité et de la concorde** créé oct. 1993 par Sergueï Chakhraï (modéré). **Mouvement pour des réformes démocratiques** créé juin 1991 par Anatolii Sobtchak (10-8-1937/20-2-2000, maire de St-Pétersbourg juin 1991-juin 1996) et Edouard Chevardnadze. **P. agraire** fondé 1993 par Mikhaïl Lapchine, 30 millions de membres (conservateur). **Entente au nom de la Russie** créée févr. 1994, rejointe par Alexandre Routskoï (né 1947) [national-communiste]. **En avant la Russie, ex-Union (libérale-démocrate) du 12-Déc.,** fondé 1995, *Pt :* Boris Fedorov ; dissidents de Choix de la Russie. **Congrès des communautés russes (kro)** créé avril 1995, *Pt :* Iouri Skokov, Alexandre Lebed. Prône une reconstitution de l'ex-URSS sur des bases confédérales. **P. de l'autogestion populaire** créé 1995 par Sviatoslav Fedorov (né 1927, ophtalmologiste). **Femmes de Russie** créé oct. 1993, *Pte :* Alevtina Fedulova, centre gauche. **P. populaire-républicain de Russie (pprr)** créé déc. 1996 par Gal Alexandre Lebed. **Mouvement communiste social et politique russe** fondé 30-9-1998 par Andreï Brejnev, petit-fils de Leonid. **Unité (Yedintsvo)** alliance pro-Eltsine, Sergueï Choïgou. **P. social-démocrate** créé 20-10-1999 par Mikhaïl Gorbatchev. **Patrie (Otchizna)** alliance créée 3-8-1999 entre **Toute la Russie** (*Vsia Rossia* autour d'E. Primakov, nombreux gouverneurs des régions) et **la Patrie** (*Otchizna Otetchestvo* créée 19-12-1999, Primakov, Loujkov et Vladimir Iakolev. **Union des forces de droite,** Sergeï Kirienko, Boris Nemtsov, Egor Gaïdar. **Mouvement interrégional unité,** fondé 21-9-1999 par des sénateurs, Sergueï Choïgou.

■ **Drapeau.** Adopté en 1667 par Pierre Ier le Grand après un voyage en Hollande et repris le 22-8-1991 : 3 bandes horizontales (blanche, bleue, rouge), couleurs panslaves (août 1917 drapeau national ; le drapeau impérial était jaune avec l'aigle noire à 2 têtes et l'écusson de St Georges au centre ; le drapeau de la marine était blanc avec croix de St-André en bleu). **Armoiries.** Officialisées le 25-11-1993. Sur fond de gueules, aigle dorée bicéphale (symbolisant Occident et Orient), surmontée de 3 couronnes (pouvoirs législatif, exécutif, judiciaire) enserrant le sceptre royal de la souveraineté nationale et le globe terrestre coiffé de la croix pattée de l'Église orthodoxe ; sur son poitrail, le blason de Moscou (saint Georges victorieux du dragon). **Fête nationale.** 12-12 (nouvelle Constitution). **Hymne.** Depuis 1991, ouverture de *La Vie pour le Tsar,* opéra de Maurice Glinka (hymne sans paroles). 8 et 21-12-2000, Douma et Sénat votent pour rétablir l'hymne soviétique (choisi par Staline en 1943, paroles de Sergueï Mikhalkov, réaménagé sous Khrouchtchev et Brejnev) avec d'autres paroles, l'aigle bicéphale impériale comme symbole de l'État et renommer l'armée russe « Armée rouge ».

■ **Services de renseignements** (en 1995). **SVR (Smousba Veniechny Razvietski :** renseignement extérieur) chargé de l'espionnage à l'étranger. 12 000 h. **FSK** : contre-espionnage ; siège à la Loubianka (celui du KGB) ; depuis le 23-11-1994, retrouve pouvoirs d'instruction du KGB. Reconstitué en service fédéral de sécurité (FSB) depuis le 12-4-1995 (70 000 à 80 000 h.). Dirige également le *FPS* (service fédéral des frontières, 180 000 h.) ; *chef :* Nikolaï Kovalev (né 1949) depuis 9-7-1996 ; le 19-6-1996, devient le **FSO** (Service fédéral de la protection) depuis 19-6-1996 (auparavant **Guo** (ou Direction générale de la protection) : service de sécurité du Kremlin ; opérationnel à Moscou, qui absorbe le *SBP* (Service de la sécurité présidentielle). **Fapsi :** agence fédérale des communications et d'information du gouv. **Tax Police :** police secrète, combat l'évasion fiscale. **MVD :** ministère de l'Intérieur ; combat le crime organisé. **Gru :** service secret de l'armée ; 30 000 agents (dont *Spetsnaz,* commandos d'élite).

■ **Criminalité. Moscou :** 130 bandes ethniques. **Crimes et délits** (en millions) : *1990 :* 1,83 ; *94 :* 2,6 (dont 32 000 assassinats) ; *95 :* 2,75. **Détenus :** *2001 :* environ 1 000 000 dont 50 000 femmes ; 18 000 mineurs dans des camps de redressement dont 1 000 adolescentes. **Condamnés à mort :** *le 3-6-1999* Eltsine a gracié les 713 derniers condamnés à mort.

Organisation de la Fédération

■ **Traité de la Fédération de Russie.** Signé le 31-3-1992 par 18 républiques souveraines (ex-« autonomes »), 68 régions et territoires de la Fédération et les villes de Moscou et St-Pétersbourg. Reconnaît à ses membres le contrôle de leurs richesses naturelles et l'indépendance de leurs relations politiques et économiques internationales, mais laisse à Moscou la direction de la politique extérieure et de la défense, des politiques monétaire, fiscale et budgétaire. Non signé par le Tatarstan et la Tchétchénie, qui ont proclamé leur indépendance. **Constitution du 12-12-1993** institue 89 « sujets de la Fédération » dont 21 républiques, 6 territoires *(kraï),* 49 régions *(oblast),* 1 région autonome juive *(Birobidjan),* 10 districts autonomes *(okrug)* et 2 villes fédérales *(Moscou et St-Pétersbourg).* **Décret du 13-5-2000** crée 7 districts fédéraux *(federalnyi okroug)* dirigés par des super-préfets nommés par le Pt le 18-5-2000 : *Centre* (capitale Moscou), supergourverneur Gal Gueorgui Poltavtchenko ; *Nord-Ouest* (St-Pétersbourg), Gal Viktor Tcherkessov ; *Oural* (Ekaterinbourg), Gal Piotr Latychev ; *Sibérie* (Novossibirsk), Léonid Dratchevski ; *Extrême-Orient* (Khabarovsk), Gal Konstantin Poulikovski ; *Volga* (Nijni Novgorod), Sergueï Kirienko ; *Nord-Caucase* (Rostov s/ Don), Gal Viktor Kazantsev.

Républiques

☞ Population au 1-1-1997 et, entre parenthèses, population des capitales en 1996.

Alania (voir **Ossétie du Nord,** col. c).

Adyghées (*Maikop* 166 700 hab. au 1-1-1999). 7 600 km^2. 449 300 hab. (au 1-1-1999) dont environ 120 000 Tcherkesses. **1922**-*27-7* région autonome rattachée au territoire de Krasnodar. **1991** république. **1992**-*5-2* **Aslan Dzharimov** élu Pt (réélu 12-1-1997).

Altaï (*Gorno Altaïsk* 48 300 hab.). 92 600 km^2. 202 000 hab. **1922**-*1-6* région autonome d'Oirot. **1948**-*7-1* rebaptisée. **1991**-*3-7* république autonome. **1994**-*févr.* **Valeri Tchaptynov** élu Pt. **1997**-*14-12* **Semion Zoubakine** élu Pt.

Bachkortostan [Bachkirie] (*Oufa* 1 096 400 hab.). 143 600 km^2. 4 096 000 hab. (en 1998) [Bachkirs 25 %, Russes 40, Tatars 25]. **1557** annexée. **1919**-*23-3* république autonome. **1990**-*12-10* proclame sa souveraineté ; s'appelle République sociale soviétique bachkire. **1992**-*28-3* déclaration d'indépendance. **1993**-*12-12* **Murtaza Rakhimov** élu Pt (réélu 14-6-1998). **1994**-*août* traité avec la Russie. **1993**-*24-12* Constitution. **1999**-*automne* début construction du barrage d'Iumaguzinsk sur la Belaïa, hauteur 60 m, lac de retenue d'1 milliard de m^2 sur 70 km de long, danger écologique.

Bouriatie (*Ulan-Udé* 368 100 hab.). 351 300 km^2. 1 050 000 hab. (Bouriates 23 %, Russes 72). **1689** traité de Nerchinski et **1727** traité de Kyakhta : cédée par la Chine. **1920**-*1-3* fondée. **1923**-*30-5* république autonome. **1994**-*30-6* **Leonid Potapov** élu Pt (réélu 21-6-1998).

Carélie (*Petrozavodsk* 282 200 hab.). 172 400 km^2. 780 000 hab. (Caréliens 11 %, Russes 71). **1809** annexée à la Russie. **1917** membre de l'URSS. **1920**-*8-6* fondée en tant que commune de travail. **1923**-*25-7* république autonome. **1940**-*31-3* république socialiste de Carélie-Finlande. **1956** république autonome. **1990**-*10-8* proclame sa souveraineté. **1991**-*nov.* république de Carélie. **1994**-*17-4* **Victor Stepanov** élu Pt. **1998**-*17-5* **Sergueï Katanandov** élu Pt.

Daghestan [ou **Pays des montagnes**] (*Makhatchkala* 332 200 hab. au 1-1-1999). 50 300 km^2. 2 120 100 hab. (au 1-1-1999) [plus de 30 peuples dont (en %) : Avars 25,7, Darguines 15,2, Koumyks 12,4, Lezuiens 11,6, Russes 11,6. 80 % de musulmans]. Environ 30 langues (12 officielles). **1723** cédée par Perse. **1859** annexée. **1921**-*20-1* république autonome. **1991**-*16-5* proclame sa souveraineté. **1994**-*août* choléra. -*15-8* **Magomedali Magovedov** élu Pt (réélu 25-6-1998). **1996**-*16-11* attentat à Kaspiisk (67 Russes †). **1997**-*2-8* : 3 membres de l'association *Equilibre* enlevés, libérés 17-11. **1998**-*janv./juillet Chamyl Bassaïev* PM. -*21-5* début d'insurrection (2 †, 4 bl.). **1999**-*30-3* **Moukhou Aliev** élu Pt. -*4-8* : 1 000 islamistes avec Bassaïev et Khattab passent de Tchétchénie au Daghestan, prennent plusieurs villages et appellent à la Guerre sainte contre Moscou (voir p. 1245 b). -*Août/début sept.* contre-offensive russe. -*22-8* islamistes se replient en Tchétchénie. -*5-9 Bouinaksk,* voiture piégée devant immeuble habité par des Russes (64 †).

Ingouchie (voir **Tchétchénie,** p. 1245 a).

Kabardie-Balkarie (*Naltchik* 230 800 hab. (au 1-1-1999)). 12 500 km^2. 786 300 hab. (au 1-1-1999 [Kabardes 45,6 %, Russes 35,1, Ingouches et autres peuples caucasiens 8,1]. **1557** annexée. **1921**-*1-9* région autonome des Kabardes ou Kabardins (Tcherkesses orientaux). **1922** de Kabardino-Balkarie. **1936**-*5-12* république autonome. **1946** coupée en Z, Balkarie rattachée à la Géorgie. **1957**-*9-1* réunies. **1991**-*30-12* référendum pour république de Balkarie. Congrès du peuple restaure l'État de Kabardie. **1992**-*5-1* **Valeri Kokov** élu Pt (réélu 12-1-1997). -*26-9* Naltchik : manif. antirusse, après arrestation du Pt de la Confédération des peuples montagnards du Caucase. **1994**-*1-7* traité avec Russie.

Kalmoukie (*Elista* 96 200 hab.). 75 900 km^2. 317 000 hab. (Kalmouks 40 %, Russes 40). **Début XVIIe s.** dominée par Russes. **1920**-*4-11* région autonome. **1935**-*22-10* rép. autonome. **1943** dissoute. **1957**-*9-1* région autonome. **1958**-*29-7* république autonome. **1990**-*18-10* proclame sa souveraineté. **1993**-*11-4* **Kirsan Ilioumjinov** (né 1962) élu Pt (réélu 15-10-1995). **1994**-*25-3* Constitution abrogée. -*5-4* remplacée par le « Code de la steppe ».

Karatchaïo-Tcherkessie (*Tcherkess* 121 400 hab. au 1-1-1999). 14 100 km^2. 433 500 hab. (au 1-1-1999) dont 100 000 Tcherkesses. **1922**-*12-1* région autonome. **1926**-*26-4* séparée en région autonome des Karatchaïs (région abolie en 1943 et rétablie 9-1-1957) et district national des Tcherkesses (qui redevient région autonome en 1928). **1957** région autonome rattachée au territoire de Stavropol. **1991**-*3-7* république. **1992** république fédérée divisée en 5 sous-républiques (des Karatchaï, de Tcherkessie, d'Abasinsk, de Zelentchoukso-Ouroupsk, des Cosaques de Batalpachinsk) ; **1995**-*28-4* **Vladimir Khoubiev** élu Pt. **1999**-*16-5* **Gal Vladimir Semenov** élu Pt **-16-9** territoire autonome au sein de la Russie.

Khakassie (*Abakan* 163 100 hab.). 61 900 km^2. 584 000 hab. **1930**-*20-10* région autonome. **1991** république. **1992 V. Chtygachev** Pt. **1996**-*22-12* **Alexei Lebed** (frère d'Alexandre) élu Pt.

Komis [Rép. des] (*Syktyvkar* 228 800 hab.). 415 900 km^2. 1 172 000 hab. (Komis 25 %, Russes 60). **XIVe s.** annexée. **1921**-*22-8* république autonome. **1936**-*5-12* république autonome. **1990**-*sept.* déclaration de souveraineté. **1994**-*8-5* **Iouri Spiridonov** élu Pt (réélu 30-11-1997).

Maris [Rép. des] (*Iochkar Ola* 250 900 hab.). 23 200 km^2. 764 000 hab. (Maris 45 %, Russes 45). **1552** annexée. **1920**-*4-11* république autonome. **1936**-*5-12* rép. autonome. **1990**-*oct.* république socialiste. **1991**-*déc.* **Vladislav Zotine** élu Pt. **1995**-*juin* Constitution adoptée. **1997**-*4-1* **Viatcheslav Kislitsyne** élu Pt. **2000**-*25-1 présidentielle.*

Mordovie (*Saransk* 319 700 hab.). 26 200 km^2. 950 000 hab. (Mordoves 36 %, Russes 59). **XIIIe s.** occupée par les Russes. **1930**-*10-1* région autonome. **1934**-*20-12* république autonome. **1995**-*5-10* **Nikolaï Merkouchkine** élu Pt (réélu 15-2-1998).

Ossétie du Nord [ou **Alania** depuis 1994] (*Vladikavkaz,* ex-*Ordjonikidze* 309 100 hab. (au 1-1-1999). 8 000 km^2. 662 700 hab. (au 1-1-1999) [Ossètes 60 %, Russes 29, Ingouches, Géorgiens, Arméniens. Majorité de musulmans]. **1861** annexée. **1918**-*4-3* république autonome. **1921**-*20-1* rép. autonome des Montagnes. **1924**-*7-7* région autonome. **1936**-*5-12* rép. autonome. **1991**-*avril* combats Ossètes et minorité ingouche revendiquant souveraineté pour leur région d'origine (à l'est de l'Ossétie). **1992**-*12-6* état d'urgence, 60 000 soldats russes envoyés. -*Nov.* 35 000 Ingouches (90 % de la minorité en Ossétie) se réfugient en Ingouchie. **1994**-*16-1* **Akhsarbek Galazov** (né 1930) élu Pt. -*12-11* nouvelle Constitution. **1998**-*29-1* Vincent Cochetel, chef de mission du HCR pour le Caucase du N., enlevé, libéré le 12-12. -*18-1* **Alexandre Dzassokhov** Pt. **1999**-*19-3* marché de Vladikavkaz, attentat (58 †, environ 100 bl.).

Oudmourtie (*Ijevsk* 654 400 hab. en 1995). 42 100 km^2. 1 636 000 hab. (Oudmourtes 33 %, Russes 58). **XVe et XVIe s.** annexée. **1920**-*4-11* région autonome de Votsk ; **1932** d'Oddmourtie. **1934**-*28-12* république autonome. **1995**-*19-4* **Alexandre Volkov** élu Pt (réélu 20-4-1999).

Sakha [ex-Iakoutie] (*Iakoutsk* fondée 1832, 191 400 hab.). 3 103 200 km^2. 1 032 000 hab. (Iakoutes 33 %, Russes 51, Ukrainiens 7, autres 9,3). **XVIIe s.** conquise. **1922**-*27-4* république autonome. **1990**-*27-9* république socialiste soviétique de Iakoutie-Sakha. **1991**-*20-12* **Mikhaïl Nikolaev** élu Pt (réélu 22-12-1996). **1992**-*mars* république des Sakha. Principal producteur de l'or et des diamants russes. Risques de sécession.

Tatarstan (*Kazan,* 1 101 500 hab. en 1999). 68 000 km^2. 3 763 000 hab. (Tatars 49 %, Russes 43). Les Tatars dits « Tatars de la Volga » ou « de Kazan » sont 1 536 000 sur 5 931 000 en ex-URSS. Autres groupes importants : Tatars d'Astrakhan (divisés en Koundroffs et Karagachs) et Tatars de Crimée. **1552** conquis. **1920**-*27-5* région autonome. **1921**-*13-10*/**1944**-*26-6* République autonome de Crimée rattachée à l'Ukraine. **1941-44** collabore avec les Allemands et les Roumains, déportations ; république supprimée. Incorporé à l'Ukraine, repeuplé de Russes et d'Ukrainiens. Actuellement, les Tatars vivent en Ouzbékistan (574 000) et Kazakhie (288 000) ; sont « citoyens ayant autrefois habité la Crimée ». Musulmans ont gardé des attaches avec les Turcs (autrefois maîtres de la Crimée). Revendiquent le retour dans leur province. **1943** découverte de pétrole. **1990**-*30-8* Tatarstan proclame sa souveraineté. **1991**-*12-6* **Mintimir Shaimiev** élu Pt. *-oct.* déclaration d'indépendance. **1992**-*21-3* référendum sur État souverain : oui 61,4 %. *-Avril* Constitution adoptée. **1994**-*15-2* traité d'unité avec Russie ; l'associe à la Fédération. Montée de l'islamisme et menace de guerre civile. **1996**-*17-3* et **2000**-*25-3* Shaimiev réélu Pt.

Tchétchénie (ancienne Tchétchénie-Ingouchie) [*Groznyï* 200 000 hab. (est. 1995). 19 300 km^2 (avec l'Ingouchie). 780 500 hab. (au 1-1-1999). 862 000 hab. [Tchétchènes (ou Nochkuos) 58 %, Ingouches (ou Galgaïs) 18, Russes 16] ; musulmans de tradition soufie. **1708-1877** conquête russe. **Tchétchènes** (en milliers 2001) : Tchétchénie 200/250, Ingouchie 200/250, reste de la Russie, Turquie 40, Jordanie 20. **Fin XVIIIe s.** cheikh Mansour (1732-94) résiste aux Russes. **1830-59** imam Chamyl résiste. **1850-60** conquise. **1921**-*20-1* la RSSA de Gorskaja (rép. autonome des Montagnards) rassemble Balkars, Tchétchènes, Ingouches, Kabardes, Karachai, Ossètes. **1922**-*30-11* région autonome des Tchétchènes, **1924**-*7-7* d'Ingouchie. **1927** soulèvement contre collectivisation, réprimé. **1934**-*15-1* région autonome de Tchétchénie-Ingouchie. **1936**-*5-12* république autonome. **1939** divisions du NKVD assiègent (1.an) capitale de district Naja-Yourt où des rebelles s'étaient retranchés. **1942** Maïerbek Charipov tente de prendre Groznyï. **1944**-*23-2* république dissoute : 333 739 Tchétchènes et Ingouches déportés, accusés de collaboration avec Allemands. Au *1-4 :* 475 000 déportés ; **1957**-*9-1* restaurée ; Tchétchènes et Ingouches réhabilités ne peuvent récupérer leurs terres données à l'Ossétie du Nord. **1991**-*27-10* élections Parlement et Pt au suffrage univ. (les Ingouches n'ont pas pris part au vote) ; **Gal Djokhar Doudaev** (1944-96) élu Pt du Comité exécutif du Congrès national du peuple tchétchène. Scrutin annulé par Parlement de Russie comme illégal. *-8-11* Eltsine impose état d'urgence et administration directe. **1992**-*7-3* Parlement de Tchétchénie rétablit alphabet latin (adopté 1927 à la place de l'arabe et remplacé 1938 par le cyrillique). *-31-3* coup de force échoue. *-3-4* Tchétchénie prend le contrôle des troupes ex-soviét. (2 000 h.). *-Oct.* proclame indépendance ; blocus financier par Russie et anarchie. 3 régions ingouches proclament la *rép. autonome d'Ingouchie*, reconnue par Moscou bien que n'ayant ni Parlement ni frontière définie avec Tchétchénie. *-10-11* état d'urgence, entrée de troupes russes. **1993**-*17-4* Doudaev dissout le Parlement. **1994**-*27-5* commando russe libère otages. Doudaev échappe à attentat. Russie étend état d'urgence à 2 régions limitrophes. *-Juin* Conseil provisoire de l'opposition (dirigée par Umar Avtourkhanov). *-8-8* affrontements : (4 †). *-11-8* Doudaev décrète mobilisation générale et restaure Parlement. Rouslan Khasboulatov, ex-Pt Soviet suprême, rejoint opposition. *-Sept.* affrontements. *-19-10* forces gouvernementales prennent Ourous-Martane : (160 †). *-2/3-11* attentat contre palais présidentiel. *-1-12* avions russes bombardent Groznyï. Opposition rallie Doudaev. *-11-12* offensive russe (40 000 h.). **1995**-*2/3-1* combats autour du palais présidentiel (centaines de † russes). *-4-1* troupes d'élite russes envoyées. *-13-1* Groznyï, bombardements. *-18-1* Moscou, cessez-le-feu signé. *-19-1* forces russes prennent palais présidentiel vide. *-25-1* combats s'étendent. *-Févr. personnes déplacées :* Ingouchie 90 000, Daghestan 65 000, Ossétie du N. 5 000. *-8-2* Doudaev quitte Groznyï. *-14-2* combats autour de Groznyï. *-15-2* cessez-le-feu. *-20-2* combats reprennent. *-21-2* Groznyï prise. *-13-6* Russes prennent Chatoï. *-14/19-6* commando tchétchène attaque ville russe de Boudennovsk, se retranche dans l'hôpital avec 1 000 otages, Russes attaquent : (150 otages †). *-30-7* accord de paix. *-Août* combats reprennent. *-9-10* retrait russe et application de l'accord du 30-7 suspendus. *-25-10* attentat (18 militaires russes †). *-4-12* Groznyï, attentat (11 †). *-11-12 :* 16 indépendantistes †. *-14-12* **Dogou Zavgaïev** (prorusse) élu chef de l'État (irrégularités). *-14/15-12* Goudermès, indépendantistes retiennent 140 soldats russes. *-18-12* contre-attaque russe. *-25-12* Goudermès reprise (267 civils et 68 Russes †). **1996**-*9-1* commando tchétchène prend 2 000 otages à Kizliar (Daghestan) et se replie à Pervomaïskaya avec 160 personnes. *-15/18-1* assaut russe (153 rebelles, 26 Russes †). *-4/11-2* Groznyï, milliers de manifestants demandent départ des Russes. *-20-2* Russes prennent Novogroznyï (200 †). *-6-3* rebelles reprennent Groznyï 3 j. *-15-3* bombardements russes. *-31-3* Eltsine ordonne cessez-le-feu. *-Début avril* offensive russe. *-22-4* Doudaev tué dans bombardement. *-29-4* **Zelimkhan Iandarbiev** (né 1952) vice-Pt le remplace. *-27-5* rencontre Eltsine à Moscou. *-1-6* cessez-le-feu. *-10-6* Nazran, accord de paix : élections libres sous contrôle international après départ troupes russes prévu 31-8. *-7-7* offensive russe. *-9-7* bombardements russes. *-6/9-8* indépendantistes reprennent Argoun, Goudermes, Groznyï. *-22-8* cessez-le-feu signé par Gal Lebed et Aslan Maskhadov (né 1951), chef d'état-major. *-31-8* accord de paix de Kha Ssavioust (retrait russe et statut gelé jusqu'au référendum, prévu 2001). *-19-10 Aslan Maskhadov* PM. *-23-11* accord de coopération avec Russie. *-30-12* départ des dernières troupes russes. **1997**-*27-1* **Aslan Maskhadov** (né 1951) élu Pt avec 59,3 % des voix devant Chamil Bassaiev (23,5 %) et législatives. *-12-5* accord de paix signé à Moscou. *-2-7* Christophe André, administrateur de Médecins sans frontières (né 1966), enlevé (s'échappera le 20-10). *-9-9* accord avec Russie sur transit pétrolier. **1998**-*1-1 Chamyl Bassaïev* (né 1965) PM. *-1-5* Valentin Vlassov, représentant d'Eltsine, enlevé (libéré 13-11). *-24-6* état d'urgence. *-23-7* voiture piégée contre Maskhadov (1 garde du corps †). Bassaïev démissionne. *-3-10 :* 3 ingénieurs anglais et 1 Néo-Zélandais enlevés (retrouvés décapités 8-12). **1999**-*3-2* Maskhadov proclame la Charia. *-5-3* Gal Guennadi Chpigoun, représentant du min. de l'Intérieur russe, enlevé. *-21-3* échec attentat contre Maskhadov. *-16-8* état d'urgence. *-5-9* bombardements russes (frontières avec Daghestan). Riposte à l'attaque en août et début sept. au Daghestan de Chamyl Bassaïev et Khabib Abd Arrahman Khattab (Jordanien, wahhabite) et aux attentats de Moscou. *-1-10* Russes pénètrent en Tchétchénie. *-24-10* frontière avec Ingouchie fermée pour éviter passage des réfugiés (170 000 passés depuis sept.). **2000**-*1/6-2* Goznyï prise. *-17-2* Vladimir Kalamanov nommé « représentant du Pt Poutine pour faire respecter droits de l'homme et libertés » en Tchétchénie. *-29-2* Chatoï prise. *-31-5* Sergueï Zverev, adjoint au gouverneur russe (Nikolaï Kochman) tué (attentat). *-21-4* administration directe de Moscou. *-12-6* Akhmad Kadyrov, grand mufti, nommé chef de l'administration par Poutine. *-Juillet* attentats-suicides contre armée russe. *-20-8* Aslanbek Aslakhanov à la Douma (pas de scrutin en déc. 1999 à cause de la guerre). *-12-10* Groznyï, attentat (17 †). **2001**-*9-1* Kenny Gluck, coordinateur de Médecins sans frontières-Hollande, enlevé. *-18-1 départ* de la plupart des ONG. *-Mars Stanislaw Iliassov* chef du gouvernement.

Peuples du Caucase : environ 12 millions d'hab., 9 grandes ethnies, 70 ethnies secondaires, depuis toujours en lutte entre elles ou contre le pouvoir central. Pour y mettre fin : 7 nations déplacées après 1947, nouveau découpage territorial. Aujourd'hui, 9 régions ou républiques autonomes (6 en Russie méridionale, 3 en Géorgie) revendiquent l'indépendance ou le regroupement. Les Cosaques, autorisés depuis juin 1992 comme « association culturelle », réclament « l'autonomie administrative » dans leurs 11 districts traditionnels (entre Don, Kouban et rivière Terek).

☞ **Bilan des guerres de déc. 1994 au 11-7-1996 :** *tués civils* 40 000 (à 80 000 ?) ; *militaires* tchéchènes 7 000, russes 3 962. **De sept. 1999 au 15-5-2000 :** *civils* 40 000 ; *militaires* tchétchènes 500, russes 2 719 (au 13-3, + de 7 000 (d'après les Tchétchènes). *Forces russes* (en 2001) : 80 000 à 140 000 h. D'oct. 1999 à mai 2001 : *forces russes* (bilan officiel) 3 375 soldats † (en fait 5 000 à 7 000 ?) 10 174 bl. ; civils 87 000 †. En mars 2001, 280 000 à 320 000 réfugiés à l'extérieur.

☞ **Otages au Caucase :** de 1992 à août 2000, 1 743 enlevés (992 ont été libérés). *Dépenses militaires* russes dans Caucase du Nord : environ 1,5 milliard de F/mois. 75 % des Russes soutiennent l'action de Poutine au Caucase.

☞ **Ingouchie :** 3 600 km^2, 317 000 hab. (au 1-1-1998). *Capitale :* Nazran 77 000 hab. (au 1-1-1999). **1924** région autonome. **1936**-*5-12* forme rép. autonome avec Tchétchénie. **1944** rép. supprimée. **1957**-*9-1* rétablie. **1992** rép. autonome d'Ingouchie reconnue par Russie. **1993**-*15-5* déclaration de souveraineté dans la Fédération russe. **1994**-*28-2* **Rouslan Aushev** (né 1955) élu Pt (réélu 1-3-1998).

Tchouvachie (*Tcheboksary* 461 600 hab.). 18 300 km^2. 1 359 000 hab. (Tchouvaches 70 %, Russes 20). **1552** dominée par Russes. **1920**-*24-6* région autonome. **1925**-*21-4* rép. autonome. **1993**-*26-12* **Nikolaï Fedorov,** ancien ministre russe de la Justice, élu Pt (réélu 28-12-1997).

Touva ou **Tyva** (*Kyzyl* 95 400 hab.). 170 500 km^2. 310 000 hab. (Touvas 60 %, Russes 36). **1914** protectorat russe. **1921**-*14-8* rép. populaire de Tahnou-Touva, **1926** de Touva. **1944**-*11-10* région autonome. **1961**-*10-10* rép. autonome. **1992**-*15-3* **Cherig-Ool Oorjak** élu Pt (réélu 16-3-1997). **1993**-*22-10* nouvelle Constitution.

☞ **Nouvelles républiques** (non reconnues par Fédération de Russie) : **Primorie** (*Vladivostok : 1860* fondée, *1891* Transsibérien inauguré, *1958-92* fermée aux étrangers) 309 000 hab. (Russes 100 %). *1993-8-7* députés proclament république. **Vologda** *(Vologda)* 1 362 000 hab. (Russes 90 %). Volonté d'indépendance économique vis-à-vis de Moscou. En mai 1993, la **province de Krasnoïarsk** a demandé un statut de république fédérée.

Territoires

■ **Altaï.** 169 000 km^2, 2 675 000 hab. **Khabarovsk.** 825 000 km^2, 1 555 000 hab. **Krasnodar.** 76 000 km^2, 5 009 900 hab. (au 1-1-1998) ; *Krasnodar* (ex-Ekaterinodar) 642 200 hab. (au 1-1-1999). **Krasnoïarsk.** 2 340 000 km^2, 3 095 000 hab., *gouverneur :* Gal Alexandre Lebed (né 20-4-1950), élu 19-5-1998 par 57,2 % des voix. **Primorié.** 166 000 km^2, 2 239 000 hab. **Stavropol.** 66 500 km^2, 2 659 900 hab. (au 1-1-1999) ; *Stavropol* 343 500 hab. (au 1-1-1999).

Régions

■ **Nord.** **Arkangelsk :** 587 000 km^2, 1 506 000 hab. **Mourmansk :** 145 000 km^2, 1 030 000 hab. **Vologda :** 146 000 km^2, 1 344 000 hab.

■ **Nord-Ouest.** **St-Pétersbourg** ex-Leningrad : 86 000 km^2, 1 677 000 hab. **Novgorod :** 55 000 km^2, 738 000 hab. **Pskov :** 55 000 km^2, 827 000 hab.

■ **Centre.** **Bryansk :** 35 000 km^2, 1 473 000 hab. **Iaroslav :** 36 000 km^2, 1 443 000 hab., *gouverneur :* A. Litsyne. **Ivanovo :** 24 000 km^2, 1 256 000 hab. **Kaluga :** 30 000 km^2, 1 096 000 hab. **Kostroma :** 60 000 km^2, 801 000 hab. **Moscou :** 47 000 km^2, 6 573 000 hab. **Orel :** 25 000 km^2, 910 000 hab. **Ryazan :** 40 000 km^2, 1 316 000 hab. **Smolensk :** 50 000 km^2, 1 166 000 hab. **Tula :** 26 000 km^2, 1 800 000 hab. **Tver :** 84 000 km^2, 1 642 000 hab. **Vladimir :** 36 000 km^2, 1 443 000 hab.

■ **Volga-Vyatka.** **Kirov :** 121 000 km^2, 1 623 000 hab. **Nijni-Novgorod** (ex-Gorki) : 75 000 km^2, 3 710 000 hab., *gouverneur :* M. Roussak.

■ **Terre noire centrale.** **Belgorod :** 27 000 km^2, 1 477 000 hab. **Kirsk :** 30 000 km^2, 1 341 000 hab. **Lipetsk :** 24 000 km^2, 1 248 000 hab. **Tambov :** 34 000 km^2, 1 301 000 hab. **Voronezh :** 52 000 km^2, 2 495 000 hab.

■ **Volga.** **Astrakhan :** 40 000 km^2, 1 029 000 hab. **Penza :** 43 000 km^2, 1 555 000 hab. **Samara :** 54 000 km^2, 3 763 000 hab. **Saratov :** 100 000 km^2, 2 726 000 hab. **Ulianovsk :** 37 000 km^2, 1 490 000 hab. **Volgograd :** 114 000 km^2, 2 702 000 hab.

■ **Caucase.** **Rostov :** 100 800 km^2, 4 367 900 hab. (au 1-1-1999) ; *Rostov-sur-le-Don* 1 005 800 hab. (au 1-1-1999).

■ **Oural.** **Kourgan :** 71 000 km^2, 1 105 000 hab. **Orenburg :** 124 000 km^2, 2 226 000 hab. **Perm :** 161 000 km^2, 2 997 000 hab. **Ekaterinbourg** (ex-Sverdlovsk : 195 000 km^2, 4 668 000 hab., *gouverneur :* Edouard Rossel ; 17-7-1993 proclamée rép. de l'Oural ; 27-10 Constitution adoptée ; 10-11 dissoute par Eltsine. **Tcheliabinsk :** 88 000 km^2, 3 675 000 hab.

■ **Sibérie occidentale.** **Kemerovo :** 96 000 km^2, 3 042 000 hab. **Novosibirsk :** 178 000 km^2, 2 745 000 hab. **Omsk :** 140 000 km^2, 2 174 000 hab. **Tioumen :** 1 435 000 km^2, 3 177 000 hab. **Tomsk :** 317 000 km^2, 1 072 000 hab.

■ **Sibérie orientale.** **Irkoutsk :** 768 000 km^2, 2 785 000 hab. **Tchita :** 432 000 km^2, 1 288 000 hab.

■ **Extrême-Orient.** **Amour :** 364 000 km^2, 1 016 000 hab. **Kalingrad :** 15 000 km^2, 935 000 hab. **Kamtchatka :** 472 000 km^2, 402 000 hab. **Magadan :** 1 199 000 km^2, 251 000 hab. **Sakhaline :** 87 000 km^2, 632 000 hab.

Région autonome juive

Birobidjan (*Birobidjan* 82 000 hab.). 36 000 km^2. Partie du territoire de Khabarousk. 207 000 hab. [Russes 128 000 ; Juifs : *1970 :* 15 000, *80 :* 10 000 (sur 214 000 hab.) ; Ukrainiens 14 000]. **1928** district national juif. **1934**-*7-5* région autonome. **1934-37** 20 000 Juifs d'URSS occidentale s'y installent. **1936**-*29-8* décret créant un territoire national juif ; yiddish langue officielle avec le russe. **1945-48** immigration reprend (survivants des persécutions nazies). **1948** mesures antisémites (abolition culture yiddish, fermeture théâtres et écoles), population décroît. **1983** campagne pour inciter à l'émigration. **1991**-*oct.* république autonome. *Gouverneur :* Nikolaï Volkov.

Districts autonomes

■ **Aginski-Bouriatski.** Dépendant de la région de Tchita (Sibérie orientale), 19 000 km^2, 78 000 hab., chef-lieu : *Aguinskoïe* 8 000 hab. en 1992, *1937-26-9* district fondé.

■ **Tchoutchkes.** Région de Magadan (Extrême-Orient) 738 000 km^2, 87 000 hab., *Anadyr* 8 000 hab. en 1992, *1930-10-12* république fondée.

■ **Evenks.** Territoire de Krasnoiarsk (Sibérie orientale), 768 000 km^2, 25 000 hab., *Toura* 4 000 hab. en 1992, *1930-10-12* rép. fondée.

■ **Khantys-Mansis.** Région de Tioumen (Sibérie occidentale) 523 000 km^2, 1 314 000 hab., *Khanty-Mansiisk* 25 000 hab. en 1992, *1930-10-12* rép. fondée.

■ **Komis-Permiak.** Région de Perm (Oural), 30 000 km^2, 160 000 hab., *Koudymkar* 26 000 hab. en 1992, *1925-26-2* fondé.

■ **Koriakz.** Région du Kamtchatka (Extrême-Orient) 302 000 km^2, 40 000 hab., *Palana* 3 000 hab. en 1992, *1930-10-12* rép. fondée.

■ **Nénetz.** Région d'Arkangelsk (Nord), 178 000 km^2, 55 000 hab., *Narian-Mar* 17 000 hab. en 1992, *1929-15-7* rép. fondée.

■ **Taïmyr.** Dolgano-Nénetz (territoire de Krasnoiarsk), 862 000 km^2, 54 000 hab., *Doudinka* 20 000 hab. en 1992, *1930-10-12* fondé.

■ **Oust-Ordynski Bouriatski.** Région d'Irkoutsk (Sibérie orientale), 20 000 km^2, 138 000 hab., *Oust-Ordynski* 11 000 hab. en 1992, *1937-26-9* fondé.

■ **Iamalo-Nenets.** Région de Tioumen (Sibérie occidentale, 750 000 km^2, 493 000 hab., *Salékharde* 23 000 hab. en 1992, *1930-10-12* fondé.

Villes fédérales

■ **Moscou.** 8 637 000 hab., *gouverneur :* Gal Gromov, élu 10-1-2000. **St-Pétersbourg.** 4 774 000 hab., *gouverneur :* Alexandre Iakolev.

■ Économie

■ **Russie.** **Rang dans le monde** (en 1999). 1er gaz naturel, réserves de gaz. 2e p. de t.. 3e orge, diamants, lignite, pétrole, potasse. 4e fer. 5e blé. 6e millet, charbon, uranium. 7e bois, étain, or, réserves de pétrole. 8e porcins. 9e bovins. 11e argent, phosphates.

PNB (en milliards de $) : *1992 :* 500 ; *95 :* 385,5 ; *96 :* 420,6 ; *97 :* 443,46 ; *98 :* 384,6 ; *99 :* 169 ; **par hab.** (en $) : *1992 :* 3 400 ; *95 :* 2 600 ; *96 :* 2 837 ; *97 :* 2 680 ; *98 :* 2 620 ; *99 :* 1 340. **PIB** (en 2000) : 257. PIB en parité de pouvoir d'achat : 4 141. **PIB** (variation en %) : *1992 :* – 14,5 ; *93 :* – 8,7 ; *94 :* – 12,7 ; *95 :* – 4,2 ; *96 :* – 6 ; *97 :* 0,9 ; *98 :* – 4,9 ; *99 :* 3,2 ; *2000 :* 7,6. **Part dans le PIB** (en %) ; secteur privé 70 (en 1998), économie non officielle 41,6 (en 1995). **Pop. active** (en %), **et,** entre parenthèses, **part du PNB** (en %) :

agr. 13 (13), ind. 30 (23), services 50 (39), mines 7 (25). **Chômage** (en %) : *1992* : 4,7 ; *95* : 8,9 ; *96* : 10 ; *97* : 11,2 ; *98* : 13,3 ; *99* : 12,3 ; (en 1989, 6 700 000 dans l'ex-URSS ; le chômage était censé ne pas exister, on parlait de 500 000 «parasites et vagabonds »).

Économie parallèle : 145 milliards de $ (plusieurs milliers de millionnaires clandestins). 3 000 gangs (25 000 h.). *Activités :* marché noir, pillage des entrepôts d'État, trafic de stupéfiants, armes. La mafia contrôlerait 40 000 entreprises, soit 40 % à 70 % de l'économie. 50 % des revenus serviraient à la corruption.

Données financières

■ **Budget** (en milliards de roubles, 1999). **Dépenses :** 575. **Recettes :** 474. **Solde budgétaire** (en % du PIB) : *1995* : – 5,7 ; *96* : – 8,3 ; *97* – 5 ; *98* : – 3,6. **Budget militaire :** *1998* : 81,7 milliards de roubles. **Réserves en devises de la Banque centrale** (en milliards de $) : *1995* : 14,38 ; *96* : 11,28 ; *97* : 13,02 ; *98* : 7,8 ; *2000* : 20.

☞ *Du 26-7 à fin août 1993,* retrait et échange des roubles imprimés avant 1993 (montant 1 000 milliards de roubles, soit 1 milliard de $).

■ **Placements des citoyens russes.** 250 milliards de $ dans des banques étrangères, soit 5 fois le budget annuel de la Russie.

Pénurie de moyens de paiement et crise de liquidités : paiement en nature (salaires, retraites avec des « livres de crédit » sur les commerçants) ; impossibilité pour les particuliers de retirer l'argent de leurs comptes bancaires, disparition des kopecks (le cuivre valant 20 fois leur valeur nominale).

■ **Inflation.** *Avant 1990,* théoriquement, l'inflation n'existait pas (à la hausse d'un produit correspondait la baisse d'un autre), mais les produits nouveaux n'intervenaient pas dans l'indice des prix, la baisse concernait souvent des produits désuets ou introuvables. Pour la 1re fois, en juillet 1979, les produits de luxe ont augmenté de 50 %, les voitures de 18 %, les meubles importés de 30 %, les restaurants et cafés de 25 à 30 %, mais il n'y eut pas de baisse sur les articles démodés. **Indice des prix à la consommation** (en %) : *1992* : 1 528,7 ; *93* : 875 ; *94* : 309 ; *95* : 197,4 ; *96* : 47,8 ; *97* : 14,7 ; *98* : 27,8 ; *99* : 85,9 ; *2000* : 20,2.

■ **Monnaie** (au cours du $). *1989-nov.* : 1 $ = 0,622 rouble officiel, 6,26 roubles touristiques (10 roubles au marché noir) ; **1992**-*mai* : 80,2 roubles ; **1993**-*31-3* : 414 ; *31-10* : 1 184 ; **1994**-*19-1* : 1 607 ; *6-7* : 2 008 ; *11-10* : 3 926 ; **1995**-*26-1* : 4 004 ; *29-4* : 5 130 ; *15-6* : 4 726 ; *1-7* : rouble encadré ; **1996**-*1-12* : 5 560 ; **1997**-*31-12* : 5 960.

■ **Crise financière** (été 1998). *-17-8* dévaluation de 34 %. *Du 17-8 au 14-11* moratoire de 90 jours sur le paiement des dettes des banques et des entreprises (suspension du remboursement des GKO ou bons du Trésor à court terme). Environ 190 banques régionales seront aidées par le gouvernement et 18 banques stratégiques seront renflouées.

☞ **Nouveau rouble :** vaut 1 000 anciens roubles depuis 1-1-1998 ; peut être échangé jusqu'en 2002. **1998**-*31-7* : 6,328 $; *-31-8* : 7,9 ; *-30-9* : 16,09 ; *31-12* : 20,65. **2000**-*30-6* : 28,07.

■ **Ventes d'or** (ex-URSS). Le rouble n'étant pas convertible, l'ex-URSS réglait en or (elle est le 2e producteur). Vendu en grande partie dans le cadre d'accords de *swap* : *1988* : 260/270 t (3,7 milliards de $) ; *89* : 290/300 t (4,5) ; *90* : 360 t (4,5). **Réserves d'or** (en t) : *1900* : 652,7 ; *13* : 1 200,1 ; *15* : 1 337,9 ; *20* : 317 ; *53* : 2 049,8 ; *90* : 784 ; *95* : 271,8 ; *2000 (31-12)* : 384.

■ **Dette publique extérieure** (en milliards de $) dont, entre parenthèses, créanciers multilatéraux : FMI, Banque mondiale... *1995* : 120,4 (11,4) ; *96* : 125 (15,3) ; *97* : 124,6 (18,7) ; *98* : 183,6 (26). **Dette totale** (en % du PIB) : *1995* : 35,8 ; *96* : 31,5 ; *97* : 30,8 ; *98* : 57,4 ; *99* : 119,3 ; *2000* : 149,8 ; **envers le Club de Paris** (18 États) : 48,3 (au 1-1-2002) dont All. 21,1, Italie 5,9, Japon 5,6, *France 4* (accord Club de Paris/Russie août 1999 sur le rééchelonnement partiel de la dette).

■ **Dette extérieure** (en milliards de $). *En oct. 1998,* 182,8 dont gouvernement fédéral 152,8 (180 en mars 1999), entreprises et banques 28,5, gouv. local 1,5 ; (en % du PIB) : *1994* : 44 ; *96* : 29 ; *99* : 85. **Gestion de la dette** assurée par la Russie. Après avoir reconnu (nov. 1991) leur responsabilité conjointe dans le service de la dette extérieure de l'ex-URSS, les républiques ont accepté que la Russie conserve les avoirs de l'ex-URSS, mais rembourse cette dette. L'Ukraine, qui avait accepté de prendre en charge 16,37 % de la dette, a proposé (janv. 1993) d'en prendre 20 % à condition que la Russie lui fournisse auparavant un inventaire des actifs soviétiques à l'étranger. **Rééchelonnements** (en milliards de $) : **dette publique :** *1993* : 15 (sur 15 ans) ; *94* : 7 (1,1 remboursé après accord du 4-6) ; *95* : 7 ; *96* : 40 (sur 25 ans) ; **privée :** *1994* (5-10 accord de Madrid) : 24 (sur 45) + 2 d'intérêts dus à 600 banques, étalés sur 15 ans (1er versement de 500 millions de $ avant 1-1-1995) ; *95* (16-11) : 25,5 + 7 d'arriérés de paiement étalés sur 25 ans (1er versement prévu 2002).

Fonds promis par la Communauté européenne (en millions d'euros). 988,6 dont *1992* : 111 ; *98* : 139,7. **Financements nets du FMI** (en milliards de DTS) : 13,74 dont *1992* : 0,72 ; *98* : 3,93.

☞ Une partie des prêts du FMI a été placée par la Banque centrale de Russie à Jersey à fins de spéculations.

■ **Emprunts émis par la Russie tsariste. France : 1822** *à* **1917** 1 500 000 particuliers souscrivent des emprunts russes pour 12,5 milliards de F-or de l'époque (il y avait en 1913, à la cote officielle, 80 actions et 11 obligations industrielles, 26 emprunts d'État ou garantis par l'État et 42 emprunts des chemins de fer). **1918**-*8-2* le comité exécutif des Soviets décrète que « tous les emprunts sont annulés sans condition ni exception ». Les porteurs reçoivent leurs derniers intérêts en nov. **1919** traité de Versailles, l'or russe passé dans les caisses allemandes se retrouve dans les coffres de la Banque de France. La France en conserve 47 t. **1926** l'URSS propose d'apurer sa dette en versant à la France 61 annuités de 60 millions de F-or contre un crédit marchandises de 120 millions de $. La Fr. refuse. **1963** contacts repris. Les 47 t d'or sont officiellement affectées en atténuation de la créance de l'État français. Il reste alors dans les comptes publics une créance théorique de 7 milliards de F-or. **1965** visite de Khrouchtchev (le 5 % de 1906 monte de 800 % en 12 mois). **1990**-*29-10* traité d'entente franco-soviétique. Selon l'art. 22, l'URSS doit régler ses arriérés. **1992**-*7-2* traité franco-russe sur le règlement des contentieux financiers. **1993**-*2-4* accord du Club de Paris : la Russie se reconnaît seule héritière de la dette. **1996**-*26-11* et **1997**-*27-5* accords prévoyant versement de 400 millions de $ en 8 fois (dernier versement 3-8-2000) [environ 2 500 millions de F dont : pour porteurs de titres émis avant 1917 qui bénéficieront de la franchise fiscale 2 481,6, pour les spoliés de 1939-45, en particulier Stés pétrolières de Pologne annexée 18,4]. *Bilan :* 315 129 porteurs ont (entre 6-7-1998 et 5-1-1999) déposé 9 213 000 titres de 4 000 variétés. Ont touché par virement une indemnité non imposable et sans prélèvements sociaux. Plafonnée à 97 938 F, constituée d'un forfait de 806 F, augmenté d'un montant proportionnel à la valeur du portefeuille. Somme prévue (2,664 milliards de F) soit environ 300 F par titre). Le Groupement national de défense des porteurs de titres russes a protesté. 4 358 porteurs percevront le maximum. 5 000 porteurs ont été exclus de l'indemnisation (titres émis par des Stés ayant leur siège social en France). *Valeur théorique actualisée pour un titre de 500 F-or :* 10 000 F + 30 000 F, montant cumulé des intérêts (4 à 5 %) non payés depuis 1917 ; pour la totalité des titres : 160 milliards de F (capital 40, intérêts 120). **Allemagne : 1918** traité de Brest-Litovsk ; la Russie s'engage à livrer 55 t d'or en dommages de guerre et à titre d'indemnisation des porteurs allemands d'emprunts russes. **G.-B. :** 45 millions de £ (460 millions de F) d'avoirs russes étaient bloqués depuis 1918 par la G.-B. qui estimait à 900 millions de £ le préjudice subi par la Couronne et les épargnants britanniques. De son côté, l'URSS réclamait 2 milliards de £ pour dommages subis du fait de l'intervention du corps expéditionnaire britannique entre 1918 et 1921. **1986**-*15-8* G.-B. et URSS ont renoncé à leurs prétentions. Les 45 millions de £ (bloqués à la banque Baring) serviront à indemniser les particuliers (environ 3 700) qui recevront environ 10 % de la valeur des titres détenus (450 F environ). **Suisse : 1990**-*févr.* a obtenu l'indemnisation des biens helvétiques détruits en 1939-45 et des biens nationalisés après annexion ou occupation de Pologne, États Baltes et Roumanie.

☞ Le 21-11-1996, la Russie a émis un emprunt obligataire international de 1 milliard de $ (1er depuis 1917).

■ **Recettes fiscales** (en 1999). 14 milliards de $ (10 prévus). **Impôts sur le revenu. Taux maximal :** *1992* : 67 % ; *93* : 55 (50 % des revenus d'un particulier ou d'un industriel ne seront plus imposés si réinvestis dans projet industriel à long terme, logement ou construction). *En 1996,* près de 35 % des impôts prévus n'ont pas été collectés (poids de l'impôt, fraude, corruption). *En 2000* : taux unique adopté 13 %. Suppression des multiples fonds sociaux. Pour échapper à la progressivité de l'ancien système, 90 % des Russes affirmaient gagner moins de 5 000 roubles (environ 1 790 $).

■ **Salaires. Moyen mensuel** (au 11-11-2000) : 91 $. **Minimum** (au 1-7-2000) : 132 roubles/mois (4,7 $), prévu (au 1-1-2001) 200. **Minimum vital** (février 1999, en roubles) : actifs 910, enfants 829, retraités 589. **Répartition des salariés selon leur salaire mensuel** (en F, 1998 ; *% de la population active et,* entre parenthèses, *nombre d'individus,* en milliers) : *200 F* : 8,2 (4 928) ; *400* : 15,8 (9 496) ; *600* : 15,2 (9 135) ; *800* : 12,9 (7 753) ; *1 000* : 10,5 (6 310) ; *1 400* : 14,3 (8 594) ; *1 800* : 8,5 (5 108) ; *2 600* : 8,2 (4 928) ; *5 000* : 5,2 (3 125) ; *6 000* : 1 (601) ; *7 000* : 0,1 (60) ; *8 000* : 0,05 (30) ; *10 000* : 0,03 (18) ; *12 000* : 0,01 (6) ; *15 000 et plus* : 0,01 (6). **Salaires impayés** (en % du PIB) : *1997 (janv.)* : 11 ; *98 (sept.)* : 27. *Au 1-10-1998,* l'État devait aux employés du service public 88,1 milliards de roubles (5,16 milliards de $).

■ **Personnes vivant sous le seuil de pauvreté. Diposant de 4 $/j et par tête** (en %, 1988) : 35. 1 000 000 d'enfants sans domicile fixe.

Agriculture, pêche, forêts

■ **Ex-URSS (avant 1992). Terres** (en millions d'ha, 1976) : disponibles 2 200, cultivables 606 dont arables 227, pâturages 329,2, foin 42,8. 60 % des terres labourées se trouvent dans la zone d'agriculture « risquée » (elle représente 1 % aux USA) [le sol est trop humide dans les rép. baltes, en Biélorussie, dans les régions centrales de la RSFSR ; en revanche, l'Ukraine, les régions de la Volga, du Kazakhstan (principales régions productrices de l'ex-URSS) sont très arides (tous les 3 ou 4 ans, elles souffrent d'une grande sécheresse) ; sur 40 % des labours : – de 400 mm de précipitations par an]. **Terres dotées d'un réseau d'assèchement et terres irriguées** (en millions d'ha, 1985) : 36,3 (20,8 irriguées, 15,5 asséchées).

Kolkhozes (*kollektivnoïé khozaïstvo,* exploitation collective ou coopérative). Créés 1922, multipliés à partir de 1929-30 avec la collectivisation forcée. A partir de 1960, leur importance diminua au profit de celle des *sovkhozes* gérés par un bureau élu par les membres. La terre appartenait à l'État et leur était concédée gratuitement et à perpétuité. Possédaient instruments de production (bâtiments, machines...) et bétail. Leurs membres, rémunérés selon travail et qualification professionnelle, pouvaient posséder maison, jardin, enclos, porcherie, basse-cour. Un kolkhoze moyen avait 6 500 ha dont 3 600 ha labourés, 4 600 bêtes, 41 tracteurs, 11 moissonneuses, 19 camions. Les kolkhozes fournissaient environ 60 % des produits agricoles, 80 % des céréales. **Sovkhozes** [*sovietskoïé khozaïstvo,* exploitation agricole appartenant à l'État (terre, moyens de production)]. Directeur nommé par l'État. Un sovkhoze moyen avait 16 300 ha dont 5 300 ha labourés, 6 200 bêtes, 57 tracteurs, 18 moissonneuses, 25 camions.

Propriété privée de la terre. Kolkhoziens, ouvriers et employés des sovkhozes disposaient de terrains individuels (0,5 ha en moy.) prélevés sur les fonds des kolkhozes et sovkhozes (8 100 000 ha au total). Ils pouvaient vendre leurs surplus au cours du marché ou par l'intermédiaire de la coopérative de consommation, le *tsentrosoyouz.* Fin 1990, 7 millions de paysans (5 % de la main-d'œuvre agricole) travaillaient dans des exploitations en coopératives privées. Fin 1991, 1/3 des agriculteurs travaillaient au contrat-bail (exploitation et jouissance de la terre sans en être propriétaire).

Statistiques (kolkhozes et, entre parenthèses, sovkhozes) : *nombre* (en 1985) : 26 200 et 400 de pêche (22 687). *Surface exploitée* (en millions d'ha, 1980) : 175,3 (372,5) *Élevage* (en %) : bovins : 43,2 (35,8) ; porcins : 43,2 (34,5) ovins : 36 (46,5). **Pénurie :** *causes :* insuffisance des investissements ; subventions excessives (en 1989, 20 % du budget) ; prélèvements de l'État ; fixation arbitraire des prix d'achat de la production. Semences médiocres, mauvaises pièces de rechange (matériel inemployé à 60 %). Manque de personnel (20 % des moissonneuses-batteuses sans conducteur), d'engrais. Récoltes mal réparties (25 % restent sur place), stockage déficient (jusqu'à 40 % de la récolte peuvent se détériorer), spéculation distribution mal coordonnée.

Importations de céréales (en millions de t) : *1984-85* : 55,4 ; *1990-91* : 27, soit 18 % des échanges mondiaux (l'URSS avait cependant connu sa meilleure récolte : 108 millions de t, soit 14 % du commerce mondial, et 118,3 millions de t de céréales secondaires) ; *1991-92* : 37 à 42.

■ **Russie. Depuis le 7-1-1991, privatisation des terres :** auparavant, la jouissance d'une terre pouvait être accordée par les fermes collectives ou les autorités locales à tout individu ou collectif d'État ou privé (coopérative) pour des usages personnels (construction de logements) ou agricoles. Les droits de jouissance étaient transmissibles aux héritiers directs ou collatéraux. Un individu ou un collectif pouvait également louer des terres pour usage agricole. Les terres pouvaient devenir propriétés privées et être revendues sous certaines conditions (délai de 10 ans en Russie, mais seulement aux soviets locaux ou à des représentants de l'État). Le 3-1-1992, la Russie a décidé de démanteler sovkhozes et kolkhozes, et de les réorganiser en Stés par actions, associations, coopératives ou fermes individuelles. Ceux travaillant à perte (10 %) ont été déclarés en faillite et démantelés dès janv. 1992. La propriété des équip., bâtiments, matériels et stocks de biens (y compris bétail) des anciennes fermes collectives a été attribuée gratuitement aux fermiers en fonction de leur travail. Le *décret de libéralisation des terres* du 28-10-1993 [6 millions d'ha ; patrimoine d'État (200 millions d'ha) exclu] a permis aux paysans de rester groupés en entreprises. Ceux qui souhaitaient se retirer pouvaient réclamer une part du matériel ou une compensation matérielle. Devenus propriétaires fonciers, ils pouvaient former une exploitation séparée, transmettre leur propriété en héritage, l'échanger contre une part matérielle. *A partir du 1-1-1994,* les livraisons obligatoires à l'État ont été supprimées.

■ **Terres agricoles** (nov. 1997). 221 millions d'ha. **Propriété « privée » :** 137 millions d'ha (62 %) dont *propriété des détenteurs de titres fonciers* (53 % ; 27 000 grandes exploitations, en moyenne 5 000 ha et 6 000 employés, environ 50 % de Stés par actions, 12 % de coopératives agricoles, 4 % d'assoc. d'exploitations paysannes ; 14 000 entreprises agricoles dépendant de l'industrie et de l'armée pour alimenter leur personne) ; *exploitations individuelles* (6 % des terres, 2 % de la production, 8 % des travailleurs agricoles) : *1999* : 274 000 exploitations (moyenne : 48 ha) et *lopins privés* moyenne : 0,4 ha (3 % en 1998) ; 50 % de la production agricole globale ; 16 000 000 de personnes ; 5 700 000 ha, soit 2,6 % des terres agricoles ; 80 % des superficies sont consacrées aux pommes de terre). **Propriété de l'État et des municipalités :** 38 % dont (en %) utilisés par différentes grandes entreprises 15, fonds de redistribution des terres 9, municipalités 9, réserve foncière de l'Etat 3, fonds sylvicole 2.

■ **Production** (en millions de t, 1999). **Céréales** (en millions de t) : *1913* : 81,6 (dont 26 % commercialisés) ; *28* : 71,7 ; *92* : 103,8 ; *93* : 94,9 ; *94* : 78,6 ; *95* : 62,1 ; *96* : 69,3 ; *97* : 88,5 ; *98* : 47,8 (sécheresse touchant 44 entités administratives) ; *99* : 54,7 ; *2000* : 65,4 dont blé 30,9, orge 10,6, avoine 6,2, seigle 3,3, légumineuse à grains 1, maïs 1, millet 0,92, riz 0,44. **Divers :** lait 33,1, p. de t. 31,2, bett. à sucre 12, légumes 10,5, raisins 5,3, viande, tournesol 4,6, fruits 2,8 (en 1997), coton, tabac, thé, vin 2,1, sucre 1,4, huile végétale 0,78, soja 0,31, beurre 0,27, œufs 32,5 (milliards d'unités).

■ **Forêts** (en ex-URSS). 49,6 % de la superficie. **Bois d'œuvre** (en millions de m³) : *1991* : 269 ; *95* : 109 ; *96* : 95,2 ; *97* : 83 970 000 ; *98* : 115 600 000. **Pâte à papier** (en millions de t) : *1991* : 6,4 ; *95* : 4,2. **Papier :** *1991* : 4,8 ; *95* : 2,8.

■ **Élevage. Cheptel** (en millions de têtes). *Ex-URSS* : **1913 :** bovins 58, porcins 23, ovins 90, chevaux 33. **51 :**

Réformes

■ **Ex-URSS.** **1979** primes allant jusqu'à 50 % du salaire pour récompenser les initiatives ; renforcement de la responsabilité et de la discipline (dans la brigade de Nicolas Zlobin qui s'engage à faire un travail parfaitement fini dans certains délais, à un coût déterminé et qui, en échange, est autonome et se partage salaires et primes). **1985-88 perestroïka** (restructuration, refonte). Système économique de gestion et de direction préconisé par *Gorbatchev ;* se caractérise par la **glasnost** (transparence de l'information), transformation de la planification, modernisation des échanges intérieurs et extérieurs, défis scientifiques et technologiques mais aussi refonte du système de rémunération, « développement de la démocratie dans l'entreprise comportant l'élection des cadres à tous les niveaux et ultérieurement l'autogestion ». **1986**-*19-11* loi sur le « travail individuel » qui rétablit partiellement, à compter du 1-5-1987, l'initiative économique privée dans commerce, artisanat et services. **1987**-*1-1* système de contrôle de la qualité dans 1 500 entreprises. Gorbatchev se prononce pour la réforme du système des prix et l'abandon des subventions. *-30-6* loi sur les entreprises d'État qui prévoit pour 1988 la mise en place progressive d'une autonomie de gestion dans tous les secteurs d'activité. **1988** *-1-1* entrée en vigueur de la loi sur l'autonomie des entreprises (production et gestion), 1re application de la politique de restructuration. **1989**-*19-12* le Soviet suprême adopte un plan visant à instaurer par étapes une « économie socialiste de marché » d'ici à 1995. **1990**-*14-4* plan d'accélération des réformes économiques : *1°)* à partir du 1-7 : programme de dénationalisations (70 % des Stés d'État) ; *2°)* début 1991 : libéralisation des 2/3 des prix. *-Juillet plan « des 500 jours »* ou *plan Eltsine* (privatisations et libération des prix). Rejeté par Gorbatchev comme s'opposant au plan d'ensemble pour l'ex-URSS. *-Oct.* Soviet suprême de l'ex-URSS vote « orientations d'ensemble fondamentales pour la stabilisation de l'économie et la transition vers une économie de marché ». **1991**-*janv.* rapport commun FMI, Berd, Banque mondiale et OCDE critique le bilan de Gorbatchev (réformes partielles et désordonnées) et conditionne l'aide extérieure à une réforme radicale (stabilisation financière, privatisations, démonopolisations, restructuration du secteur financier, reconversion du secteur militaire et mesures de protection des catégories sociales démunies). *-14-6* Russie, loi-cadre sur « les fondements du système économique de la république » qui sera soumis aux seuls mécanismes du marché. *-Juillet* Gorbatchev annonce pour la fin 1992 la privatisation de 80 % du commerce de détail et des services, la possibilité pour Stés étrangères et banques d'acquérir actions et propriétés en ex-URSS et, une loi sur les investissements étrangers autorisant la création d'entreprises détenues à 100 % par des étrangers. *-12-8* Fonds de privatisation créé.

■ **Russie.** **1992**-*2-1* libération des prix de gros et détail. *Egor Gaïdar* programme libéral exigé par FMI. Contraction des dépenses publiques, resserrement monétaire et unification du taux de change du rouble. Encouragement à la libre entreprise. Allègements fiscaux pour entreprises et particuliers. Convertibilité partielle du rouble pour encourager l'investissement privé. Ouverture du marché russe aux investisseurs étrangers. Coopération du gouv. avec le système bancaire, y compris privé. Privatisation de 30 % du patrimoine de l'État dans 2 à 3 ans, de 60 à 70 % dans 10 à 15 ans. Transformation des grandes et moyennes entreprises en Sté par actions ou holdings. *-13-8* néo-communistes réclament une aide massive aux entreprises d'État (1 000 milliards de roubles), le gel des prix et salaires, un contrôle du prix des produits de base, un retour aux commandes d'État, un cours du rouble artificiellement soutenu. **1993**-*1-1* PM *Viktor Tchernomyrdine* rétablit le contrôle des prix sur des produits de base. *-18-1* ne s'appliquera qu'aux entreprises monopolistiques. *-25-2* plan anti-inflationniste (abaissement du déficit budgétaire de 15 % du PIB à 5 % et de l'augmentation de la masse monétaire en circulation, limitée à 5 à 10 % par mois). **1994**-*mai* de soutien aux investissements. *-1-7 :* 2e phase de privatisations, ouverte aux étrangers, prévoyant la vente d'actions contre espèces et la vente des 20 % de parts restant aux investisseurs institutionnels (Douma hostile). **1995**-*5-7* rouble stabilisé (1 $ = environ 4 500 roubles). *-Oct.* programme d'encouragement à l'investissement. **1997**-*28-4* réforme des monopoles (gaz, électricité, chemins de fer), suppression progressive des aides au logement. *-19-5* programme d'action économique pour relancer la production et lutter contre la corruption.

Difficultés. Complexe monopoliste, habitué au centralisme ; manque d'expérience du comportement de marché chez les entrepreneurs ; dislocation du PC, seule structure capable de mettre en œuvre les décisions du gouvernement ; dépendance de sources d'approvisionnement en situation de monopole ; inadéquation du système monétaire et financier ; impossibilité d'appliquer en même temps des mesures immédiates (libération des prix et des salaires par exemple) et à long terme (privatisations, effacement du déficit budgétaire) ; prédominance de l'économie parallèle ; corruption.

Investissements étrangers. Loi du 4-7-1991. Freinés par désorganisation, inflation et instabilité politique. La Russie a proposé aux pays du G7 d'échanger leurs créances sur l'ex-URSS (70 à 85 milliards de $ en juillet 1992) contre des actifs russes. **Investissements étrangers** (en milliards de $) : *1992 :* 1,45 ; *93 :* 1,21 ; *94 :* 0,64 ; *95 :* 2,02 ; *96 :* 2,48 ; *97 :* 6,64 ; *98 :* 2,76 ; *99 :* 2,6. **Pays d'origine** (en %, 1995) : USA 33, All. 10, Suisse 10, *Fr. 5,* G.-B. 3, Canada 3, P.-Bas 2, Italie 1.

Privatisations. **Petite privatisation :** *30-11-1992 :* magasins et kiosques, cantines et restaurants, ateliers de confection et réparation. 95 % des privatisables étaient privatisées en 1998. **Grande privatisation :** *secteurs exclus :* énergie, matières 1res, défense et situations monopolistiques. 14 500 entreprises devaient être transformées avant le 1-10-1992 en Stés par actions ou holdings. L'entreprise garde une majorité de contrôle (les dirigeants détenant 10 % des parts), 49 % pouvant être cédés, y compris à des étrangers. Salariés et retraités reçoivent gratuitement 25 % des actions de l'entreprise (mais sans droit de vote) et peuvent en acheter avec un rabais de 30 % ; le reste est vendu aux enchères et l'État conserve 20 % des actions. A partir d'oct. 1992, les actions ont été mises sur le marché avec possibilité d'échange contre des « coupons de privatisation » distribués du 1-10 au 31-12-1992 aux 144 millions de Russes (y compris les enfants) moyennant 25 roubles (30 centimes). Valeur nominale des coupons : 10 000 roubles (120 F). En principe, ces coupons (1 500 milliards de roubles) représentent 1/3 des actifs des entreprises concernées. *Possibilités offertes jusqu'au 31-12-1993, puis 30-6-1994 :* les possesseurs de coupons peuvent : *1°)* les vendre ; *2°)* les placer dans un fonds de privatisation en échange d'actions du fonds ; *3°)* les échanger contre des actions lors des ventes aux enchères [valeur *1994 :* 42 000 roubles (125 F)]. *1res ventes aux enchères (déc. 1992) :* la confiserie moscovite « Le Bolchevique » et la cimenterie de Zelonogork ; *1res grandes entreprises privatisées :* Kamaz, constructeur auto (automne 1990). Grand magasin Goum à Moscou transformé en Sté par actions le 6-12-1990.

bovins 59, porcins 27, ovins 108, chevaux 15,4. **61 :** bovins 82, porcins 67, ovins 137. **88 :** bovins 118,8, porcins 77,7, ovins 139,5, caprins 6,5, buffles 0,31, volailles 1 160. *Russie :* **1999 :** poulets 419 (en 1997), bovins 28,6, caprins 17,1, porcins 17,3, ovins 13,6, chevaux 2,3 (en 1997).

■ **Pêche** (en ex-URSS). **Lieux :** 47 000 km de côtes et pêche dans les eaux internationales. **Flotte :** la plus importante du monde (50 % du tonnage) représentant 22 % des bateaux de pêche mondiaux et 80 % des navires frigorifiques et usines. **Quantités pêchées** (en millions de t) : *1938 :* 2 ; *60 :* 3 ; *80 :* 8,9 ; *84 :* 10 (dont Arctique et Atlantique 3,1, Pacifique 6,1, eaux intérieures 0,8, Méditerranée et mer Noire 0,4, océan Indien 0,06) ; *91 :* 6,97 ; *92 :* 5,31 ; *93 :* 4,37 ; *94 :* 3,54 ; *95 :* 3,94 ; *96 :* 4,14 ; *97 :* 4,71 ; *98 :* 4,51 ; *99 :* 4,22. *Prise de baleines :* 3 220 (en 1987).

Énergie

■ **Charbon.** **Réserves** (en milliards de t) : *charbon* 6 789 (58 % du monde) [accessibles 104], *lignite* 1 702 (68 %) [accessibles 137]. **Production** (en millions de t) : *1913 :* 28 ; *28 :* 32 ; *29 :* 41 ; *40 :* 140 ; *50 :* 187 ; *60 :* 380 ; *70 :* 433 ; *85 :* 726 ; *86 :* 512 ; *87 :* 589 ; *88 :* 602 ; *89 :* 740 ; *90 :* 693,7 ; *91 :* 686. *Russie : 1991 :* 353 ; *92 :* 337 ; *93 :* 305 ; *94 :* 272 ; *95 :* 263 ; *96 :* 256 ; *97 :* 244 ; *98 :* 158,4 ; *99 :* 140,3. **Lignite** (en millions de t). *1913 :* 1 ; *28 :* 3 ; *40 :* 26 ; *50 :* 74 ; *60 :* 130 ; *70 :* 145 ; *85 :* 159 ; *86 :* 150 ; *87 :* 166 ; *88 :* 170. *Russie : 1992 :* 130,6 ; *93 :* 113,6 ; *95 :* 89,3 ; *96 :* 90,2 ; *97 :* 88,8 ; *98 :* 76,2 ; *99 :* 107,6. **Gisements :** OCCIDENTAUX : *1940 :* 72 % de la prod. totale ; *60 :* 64 % ; *80 :* 42 %. *Donbass* 225 millions de t/an. *Toula,* en déclin, alimente des centrales thermiques. *Vorkouta* fournit du coke aux hauts fourneaux de Tcherepovets et de l'Oural. Fermeture prévue 2040. Fermetures prévues de 1999 à 2001 : 181 mines. En 1998, 40 mines (420 000 mineurs ont perdu leur emploi). ORIENTAUX (Oural compris) : 90 houillères à ciel ouvert (40 % de la prod. totale). Prix de revient 4 ou 5 fois inférieur. *Kouzbass* haut pouvoir calorifique, 45 % de la prod. exportés (155-160 millions de t) ; *1990-91 :* prod. en baisse de 5 millions de t. *Oural* gisements dispersés, faible pouvoir calorifique, peu cokéfiable. *Karaganda* environ 48 millions de t. *Gisements de l'avenir :* Ekibastouz en exploitation, cendreux et médiocre, 67 millions de t (en 1980), 90 (en 1985). Kansk-Atchinsk, en projet 8 centrales thermiques de 8 400 MW. Yakoutie du S. réserves importantes dont 98 % cokéfiables. *Gisements divers* d'intérêt local : Sakhaline, Bouréia, Tcheremkovo, Tchita. Le 2-12-1997, coup de grisou à Novokouznietsk (Sibérie) [61 †].

■ **Électricité.** **Production** (en milliards de kWh) : *1913 :* 2 ; *28 :* 5 ; *32 :* 13,5 ; *38 :* 36,2 ; *40 :* 48,6 ; *45 :* 43,3 ; *50 :* 91,2 ; *55 :* 170 ; *60 :* 292 ; *70 :* 741 ; *78 :* 1 202 ; *80 :* 1 294 (dont nucléaire 72,9) ; *82 :* 1 367 (100) ; *85 :* 1 545 (167) ; *88 :* 1 705 (216) ; *89 :* 1 772. *Russie : 90 :* 1 082 ; *95 :* 867 ; *97 :* 834 ; *98 :* 826 ; *99 :* 843,7 (dont nucléaire 128,9 en 2000). **Centrales thermiques classiques :** sur gisements de lignite (Toula, Ekibastouz), tourbe (Biélorussie, pays Baltes), charbon (Donbass, Oural, Kouzbass, Tcheremkovo), hydrocarbures ou près des oléoducs, près des centres de consommation. Depuis 1990, nombreuses centrales fermées pour raisons « écologiques ». Le besoin en eau chaude pour le chauffage n'est plus assuré qu'à 80 %.

Hydroélectricité : 1/10 actuellement utilisé. 2/3 du potentiel en Sibérie et Extrême-Orient. **Nombre de centrales et,** entre parenthèses, **production en milliards de kWh : Europe :** équip. du *Dniepr* 6 (12), *Don, Volga* 7 (40), *Kama* 4 dont 2 en projet. Importantes possibilités en Transcaucasie (production actuelle 15). **Asie :** *Ob* et *Irtych* 2, *Ienisseï* 2 (puissance installée : 0,006), *Angara* 3 (0,014) ; *Léna, Amour* et affluents inutilisés. **Asie centrale :** centrales sur le piémont ou dans les hautes vallées *(Nourek).*

Énergie nucléaire : *1re centrale* entrée en service près de Moscou, à Obnins, en 1954. En 1998, 29 réacteurs exploités (en 9 centrales) dont 15 à haut risque. Depuis la catastrophe de *Tchernobyl* en 1986, la construction de 36 tranches (type VVER et RBMK) a été interrompue, 4 terminées n'ont pas été mises en service. 25 commandes ou projets ont été annulés dans CEI et États baltes (capacité totale 100 GWe). 13 ans seraient nécessaires pour remplacer les réacteurs démodés (dont environ 15 RBMK de type Tchernobyl) par des centrales à gaz sûres. *Coût de la remise à jour* des 32 réacteurs les plus modernes de la CEI : 10 milliards de $. Aide occidentale prévue : 0,5. Un projet américain envisage de réutiliser dans des centrales civiles l'uranium militaire retraité (dilué avec de l'uranium 235 naturel pour obtenir un mélange enrichi à 3 %). En 1998, décision de construire 7 réacteurs avant 2010. **Nombre de tranches en exploitation** (au 1-1-1999) : 29, puissance installée nette (en MWe) : 19 843. Le 16-6-2001, la Douma a approuvé en 3e lecture (243 voix contre 125) le projet autorisant importation et stockage en Russie de déchets nucléaires étrangers (en 20 ans, 20 000 t. pourraient rapporter 20 milliards de $). 80 % des Russes seraient opposés au projet.

Nota. – Le transport de l'électricité pose des problèmes à cause des distances, pertes en ligne de 8 à 15 % de la production. 80 % des ressources énergétiques sont situés à l'est de l'Oural alors que la partie européenne en consomme 80 %.

■ **Gaz** (en milliards de m³). **Réserves prouvées :** 47 730 (en 2000). **Production :** *URSS : 1929 :* 2,3 ; *40 :* 3,2 ; *55 :* 9 ; *60 :* 45,3 ; *65 :* 28 ; *70 :* 198 ; *75 :* 269 ; *80 :* 435 ; *85 :* 643 ; *90 :* 815. *Russie : 1991 :* 643 ; *93 :* 618 ; *95 :* 595 ; *2000 :* 584,2. **Gisements : OCCIDENTAUX : au pied du Caucase,** *Stavropol* (depuis 1949) et *Krasnodar* (depuis 1956), 9 % de la prod. *« 2e Bakou »,* gaz et pétrole vers Volgograd et Oufa, 8 % de la production ; Ukraine, gisements de *Datchava* et *Chebelinka,* 18 % de la production. ORIENTAUX et DE L'OURAL : en Sibérie occ., gisements considérables de *Berezovo, Yamal* (depuis 1960 ; 240 jusqu'en l'an 2000), *Tioumen, Medvezdie* (depuis 1972) [*production 1985 :* 72 ; *92 :* 68,6], *Urengoï* [depuis 1978 ; plus grand gisement mondial (*production 1989 :* 335 ; *94 :* 250)], *Yambourg* [*production 1989 :* 90 ; *94 :* 180 ; *95 (est.) :* 205]. Plus de 60 % des réserves dont 10 000 à *Urengoï* et 5 000 à *Yambourg.* Exploitation difficile : épaisseur du permafrost (sous-sol gelé en permanence ; en russe, *merzlota*). ASIE CENTRALE : *Orenburg* (depuis 1974, réserves 2 000), 10 % de la production, *Sakha* (ex-Iakoutie) [réserves 800], inexploité. *Youbilnoïé, Komsomolskoïé, Zapoliarsnoïé* (réserves 3 500, potentiel 180), *Bovanenko* et *Kharasaveï* (*Yamal,* 180 à 200). **Gazprom** [Sté par actions depuis 5-11-1992, privatisée en 1994. *Capital :* État 38 %, personnel 31, divers 41 (dont Ruhrgas 4). 22-10-1996 introduite en Bourse ; 300 000 personnes, 94 % de la production. *Chiffre d'affaires* (en milliards de $). *1995 :* 5,16 ; *96 :* 22,06 ; *97 :* 22,74 ; *98 :* 22,05 ; *2000 :* 17,7. *Produit* (en milliards de m³ : 1996 : 565 ; *2000 :* 523. *Principaux clients :* Allemagne, Italie, *France* (27 % du gaz consommé).

Gazoducs (en km) : *1971 :* 70 000 ; *80 :* 135 000 ; *Russie : 1993 :* 138 000 dont le *Sojuz* (Orenbourg-Europe orientale, 2 677 km), en service depuis 1979 ; *Urengoï* (Sibérie), frontière tchèque, environ 5 000 km (ouvert 1985-86) ; *Yamal* (projet de gazoduc de 4 000 km vers l'All. en 1998). Réseau en mauvais état (corrosion, défaut d'entretien et de pièces détachées) dû au manque d'investissements.

■ **Pétrole** (en millions de t). **Réserves :** *2001 :* 6 627. **Production :** *URSS : 1917 :* 8,8 ; *28 :* 11,6 ; *29 :* 13 ; *42 :* 22 ; *45 :* 19,4 ; *50 :* 38 ; *55 :* 70,8 ; *60 :* 148 ; *65 :* 243 ; *70 :* 353 ; *75 :* 490,8 ; *80 :* 603 ; *90 :* 575. *Russie : 1991 :* 462 ; *92 :* 399 ; *93 :* 354 ; *94 :* 318 ; *95 :* 307 ; *96 :* 301,2 ; *97 :* 294,4 ; *98 :* 294,7 (dont Loukoïl 53,7, Sourgoutneftegaz 35,2, Ioukos 34,1, Sidanko 19,9, TNK 19,7, Rosneft 12,6, Slavneft 11,8, Onako 7,8, autres 108,2) ; *99 :* 293,3 ; *2000 :* 316,2. **Gisements :** *1913,* 4 gisements (Bakou découvert 1873, Grosnyï, Maïkop et Emba) fournissent environ 25 % de la production mondiale, mais sont dominés par des intérêts étrangers (Shell, Nobmazout). *Après 1917,* pétrole délaissé au profit du charbon. *Depuis 1950,* en expansion. *Perspectives :* les *gisements découverts avant 1930* (Bakou, Grosnyï, Maïkop) sont en voie d'épuisement. *« 2e Bakou »* (exploité depuis 1940) groupe 3 bassins (au nord Perm, au centre Tatarie et Bachkirie, au sud champs de Kouibychev, Saratov, Volgograd, Orenburg), mais depuis 1950 leur production décline. *Délai d'épuisement : 1969 :* 27 ans ; *80 :* 15 ; *90 :* 13. *Gisements moyens récents :* Biélorussie environ 10 millions de t, Ukraine 13, Asie centrale et Kazakhstan (Mangychlak, Tenghiz : réserves 25 milliards de barils/j) découverts 1963, 40 millions de t. *Sibérie occ.* et *« 3e Bakou »,* production depuis 1965, environ 40 champs le long de l'Irtych, de la Chanda et de l'Ob (dont Chaïm-Surgut, Fjodorovak et Samotlor 143 millions de t), 48 % de la production (Sibérie occ. 77 % en 1988, contre 10 en 1960). *Ourengoï,* gisement découvert 1990 en Sibérie occ. *Arctique,* mers de Barents et de Kara, environ 21 millions de t par an. Le plateau continental (6 millions de km²) offre 70 % de chances de recéler des hydrocarbures. *Gisement secondaire :* Sakhaline. Des contrats d'exploration-production ont été signés avec des Cies pétrolières étrangères. **Consommation** (en millions de t) : *1990 :* 249,7 ; *95 :* 146,1 ; *99 :* 126,2. **Exportations** (de pétrole brut, en millions de t) : ex-URSS : *1995 :* 95,8 ; *98 :* 124,6 ; *99 :* 123,7 (vers Allemagne 31,9 ; Italie 18,1 ; Pologne 14,8).

Oléoducs (en km) : *1965 :* 27 000 ; *70 :* 35 000 ; *81 :* 70 800. Depuis 1992, réseau partagé entre les anciennes républiques. Vers régions consommatrices : Bakou relié à Ukraine et Moscou ; « 2e Bakou » à Irkoutsk, Moscou, Pologne, Allemagne (centre de raffinage de Schwedt) et ex-Tchécoslovaquie. **Raffinage :** capacité insuffisante.

☞ 30 % des pipelines seraient hors d'usage, 35 000 à 36 000 puits inactifs en Russie faute de pièces détachées ; nombreux accidents dus à la vétusté.

Mines

■ **Fer. Réserves** considérables (60 % en Europe, assez près des gisements de charbon). **Production** (en millions de t de fer contenu) : *1913 :* 4,7 ; *46 :* 11,2 ; *55 :* 41,7 ; *70 :* 106 ; *80 :* 147,5 ; *85 :* 152 ; *88 :* 143,5 ; *95 :* 73,2 ; *96 :* 72 ; *97 :* 78,3 ; *98 :* 63,2 ; *99 :* 97. **Gisements :** *Krivoï-Rog* (assez profond : riche, superficiel : teneur 30 à 40 %, 1/3 de la production). Anomalie magnétique de *Koursk* (exploité depuis 1959, assez profond). *Presqu'île de Kertch* (pour sidérurgie locale sur littoral de la mer d'Azov). *Carélie* et *Kola* (pour l'usine de Tcherepovetz). *Oural* [faible teneur, petits gisements, parfois associés à des non-ferreux comme vanadium, chrome ; épuisement progressif (magnétites de Magnitogorsk)]. *Kazakhstan* (Temirtau), *Altaï, monts Saian et Angara* pour sidérurgie du Kouzbass.

■ **Autres minerais. Bauxite :** St-Pétersbourg (Tikhvin), Oural, Sibérie. **Beryllium** (en 1995) : 30 t. **Cobalt** (en 1998) : 4 t. **Cuivre :** Oural (Sverdlovsk, Tchéliabinsk, Orenburg). **Étain :** 8 000 t. Oudokan (près du lac Baïkal). **Plomb** et **zinc :** Oural, Caucase, monts Altaï, monts Iablonovoï. **Manganèse :** Oural, Sibérie, Extrême-Orient. **Nickel** (en 1998) : 240 000 t : péninsule de Kola, Sibérie centrale (Norilsk), Yakoutie. **Or :** *réserves (est.) :* 3 500 t ; *production* (en t) : *URSS 1952 :* 117,1 ; *85 :* 264 ; *90 :* 302. *Russie 1991 :* 168,1 ; *95 :* 131,9 ; *98 :* 114 ; *99 :* 105. **Argent :** *production* (en t) : *1992 :* 300 ; *93 :* 300 ; *94 :* 250 ; *95 :* 250 ; *96 :* 700 ; *97 :* 700 ; *98 :* 400 ; *99 :* 380. **Diamants :** *production* (en millions de carats) : *1970 :* 7,8 ; *85 :* 11,8 ; *87 :* 10,8 ; *90 :* 14. *Russie : 1995 :* 12,5 ; *96 :* 12,5 ; *97 :* 9,55. Depuis le 25-7-1990, 95 % des diamants commercialisés par De Beers pour 5 ans, contre crédit de 1 milliard de $. Contrat reconduit le 23-2-1996 pour 3 ans. **Chrome, magnésium, titane :** Oural. **Apatites :** presqu'île de Kola (1er gisement mondial). **Lithium** (en 1995) : 20 000 t. **Phosphorites :** bassin de la Kama-Viatka. **Sels potassiques :** haute Kama. **Soufre :** Kouibychev, Oural, Asie centrale. **Sel :** rives de la Caspienne. **Sel gemme :** Oural, Berezniki. **Uranium** (en 1999) : *Réserves :* 140 900 t ; *production :* 2 600 t.

Industrie

■ **Métallurgie. Acier** (en millions de t) : *1913 :* 5 ; *30 :* 6 ; *39 :* 17 ; *46 :* 13,3 ; *50 :* 27,3 ; *55 :* 45,2 ; *60 :* 65,3 ; *65 :* 85 ; *70 :* 116 ; *80 :* 148 ; *85 :* 155 ; *86 :* 161 ; *87 :* 162 ; *88 :* 163. *Russie : 1995 :* 51,6 ; *96 :* 49,2 ; *97 :* 50,8 ; *98 :* 43,8 ; *99 :* 51,5. **Non-ferreux** (en millions de t, 1998) : aluminium 3, cuivre raffiné : 0,51. **Métallurgie lourde.** Combinats. **Principaux centres :** *Donbass-Krivoï-Rog,* reconstruit après la guerre, plus du tiers de l'acier (environ 30 millions de t). *Oural-Kouzbass,* créé 1927. Les distances (2 000 km) rendant difficile le fonctionnement, ce combinat s'est morcelé ; Magnitogorsk utilise davantage le charbon de l'Oural et le Kouzbass un gisement de fer découvert au pied de l'Altaï (combinat dissous 1960, après la découverte du charbon de Karaganda). *Oural-Karaganda :* fer de l'Oural et charbon de Karaganda (à 1 200 km). Combinats moins importants à Moscou et en Asie (*Irkoutsk-Tcheremkovo :* Extrême-Orient). **Métallurgie de transformation.** *Moscou, St-Pétersbourg* et *Donbass-Krivoï-Rog,* centres anciens fabriquant surtout matériels ferroviaire et automobile, machines textiles et armes. *Vallée de la Volga* (Gorki et Kazan au nord, Saratov et Volgograd au sud) : autos, tracteurs, machines-outils. *Oural* (Nijni-Taguil, Sverdlovsk, Tcheliabinsk) : outillage, armes, autos. *Sibérie* (Novossibirsk, Irkoutsk et centres du Kouzbass) : outillage, matériels agricole et ferroviaire. **Électroménager et biens de consommation.** Industrie récente (créée par le plan de 7 ans, 1959-65) : insuffisante dans beaucoup de domaines.

■ **Textile.** Lin, coton, laine, soie. **Avant 1914 :** région centrale autour de Moscou. **Depuis 1919 :** les textiles bruts se développent : lin (terrains humides de Biélorussie), laine (steppes asiatiques), coton [irrigation en Turkestan et Ferghana (haute vallée du Syr-Daria)]. Électrification des anciennes régions manufacturières, notamment St-Pétersbourg et Moscou (et ses environs, notamment Ivanovo), qui travaillent lin de Biélorussie, coton du Turkestan, laine des steppes. Textiles artificiels (Moscou, St-Pétersbourg). **Depuis 1945 :** bonneterie et confection restent localisées de préférence en Europe (majorité des consommateurs). **Tissus** (en 1996, millions de m^2) : 1 431 dont cotonnades 1 023, soieries 139, lin et jute 116, lainages 50,3. **Tapis :** 6,1. **Articles en maille** (en millions) : 80,7. **Chaussures :** 209.

■ **Industrie chimique** (en milliers de t, 1999). Engrais 11,5, matières plastiques 1,8 (en 1997). **Papier** (en millions de t) : *1991 :* 4,8 ; *93 :* 2,9 ; *94 :* 2,2 ; *95 :* 2,8 ; *97 :* 2,2.

■ **Construction mécanique. Machines énergétiques et électrotechniques de matériel roulant :** locomotives électriques et Diesel. **Automobiles** (production totale et, entre parenthèses, voitures de tourisme, en milliers) : *1946 :* 74,7 (5) ; *65 :* 616,3 (201,2) ; *75 :* 1 964 (1 201) ; *86 :* 2 230 (1 330) ; *Russie : 1992 :* 963 ; *93 :* 956 ; *94 :* 798 ; *97 :* 985 ; *99 :* particulières 933,2, utilitaires 228. **Moissonneuses-batteuses, tracteurs :** *1991 :* 178 ; *93 :* 89,1 ; *95 :* 21,2 ; *97 :* 12,6. **Téléviseurs** (en milliers) : *1991 :* 4 439 ; *95 :* 1 005 ; *96 :* 313 ; *97 :* 329. **Réfrigérateurs** (en milliers) : *1955 :* 151 ; *65 :* 1 675 ; *70 :* 4 140 ; *85 :* 5 900 ; *88 :* 6 200. *Russie : 1992 :* 3 710 ; *95 :* 1 784 ; *96 :* 1 064 ; *97 :* 1 118. **Machines à laver** (en milliers) : *1991 :* 5 541 ; *95 :* 1 294 ; *96 :* 760 ; *97 :* 801.

■ **Complexe militaro-industriel (VPK).** *Ex-URSS : vers 1985-90 :* plus de 14 millions d'employés et près de 80 % de l'industrie russe. Environ 6 000 entreprises. Plus de la moitié du PNB. La défense proprement dite représente 20 % du revenu national et 7,5 % du PIB (mais 47 % des dépenses publiques). *Russie : en 1991 :* 300 000 salariés ont perdu leur emploi (reconversion d'usines), 76 % l'ont retrouvé une fois l'usine reconvertie. *En 1996 :* 1 200 entreprises et 700 centres de recherche ; effectifs : 2,2 millions.

Ventes d'armes (en milliards de $) : *1988 :* 7,2 ; *89 :* 7 ; *90 :* 4,3. *Russie : 1992 :* 3,6 ; *93 :* 4,5 ; *94 :* 1,5 (baisse due au trafic). **Clients :** *Iran* (3 sous-marins de combat, 1 000 chars T 72, Mig 29 pour 3,5 milliards de $), *Chine* (missiles sol-air S 300, chasseurs SU 27, moteurs de fusée, systèmes de guidage de missiles, destroyers), *Émirats, Inde, Angola, Iraq, Syrie* (bombardiers SU 24 MR). Ils remplacent les clients traditionnels (Éthiopie, Cuba, Corée du Nord, Afghanistan, Europe de l'Est). La Chetex, société créée par des chercheurs atomistes d'Arzamas-16 (cité secrète créée 1946 à 400 km de Moscou), propose des explosions nucléaires à des fins civiles (grands travaux). **Trafic** d'armes et de matériaux nucléaires ou radioactifs.

Transports

■ **Transports intérieurs. Marchandises** (en millions de t, 1995) : 3 457,6 dont route 1 441, chemin de fer 1 028, tubes 783, fluvial 140, maritime 65, aérien 0,6. **Voyageurs** (en millions de personnes, 1995) : 45 037 dont car et autobus 22 817, trolleybus 8 547, tramway 7 584, métro 4 150, chemin de fer 1 833, taxi 86, aérien 32, fluvial 25, maritime 3.

■ **Mode de transport des usagers russes** (en %, 1er trim. 1999) : automobile 59,3, chemin de fer 31,2, aérien 13,4.

■ **Aviation. Organisation :** *Aeroflot,* qui avait le monopole du transport aérien en ex-URSS, conserve les lignes internationales au départ de Moscou et St-Pétersbourg, et les vols intérieurs de Russie. Environ 70 nouvelles Stés de transport sont apparues, les États ayant accaparé les aéroports situés sur leur territoire et les avions qui y étaient rattachés. Un comité aéronautique inter-États (MAK) a été créé en janv. 1992, comprenant 14 membres (rép. de l'ex-URSS, Lituanie exceptée). Il a repris les accords signés par Aeroflot avec 113 pays. **Aéroports :** 140. **Passagers transportés** sur les lignes domestiques : 139 millions. **Destinations :** 3 600 sur 11 fuseaux horaires. **Appareils :** plus de 10 000 hélicoptères et petits avions, 3 600 avions de ligne (dont 70 % hors d'âge). **Accidents :** LIGNES DOMESTIQUES : 18,62 pour 1 million de vols (Lufthansa 0,2, Air France 0,6). LIGNES INTERNATIONALES : sécurité et maintenance comparables à celles des grandes compagnies étrangères.

■ **Chemins de fer. Cheminots :** 3 500 000. **Réseau :** *longueur* (en milliers de km) : *1913 :* 69,7 ; *40 :* 100 ; *84 :* 143,6 ; *86 :* 144,9 ; *87 :* 146,1 (51,7 électrifiés) ; *89 :* 146,7. *Russie : 1996 :* 87 (dont 44 électrifiés). *Densité* (en km pour 1 000 km^2) : Russie, pays Baltes, Biélorussie, Ukraine, Moldavie 26 à 40, centre et Volga 16 à 26 ; Asie, 0,9 à 15. Nombreuses lignes à voie unique. **Vitesse** (en km/h) : *trains de marchandises :* 31 ; *voyageurs :* 60 à 80 en moyenne, 160 sur Moscou-St-Pétersbourg (bientôt 200). **Équipements** (en 1990) : plan décennal de modernisation : 1,3 milliard de F. 1/3 des ouvrages doit être refait d'urgence et 1/4 du matériel roulant est hors d'usage.

■ **Transports fluviaux. Réseau navigable : ex-URSS :** 550 000 km dont 150 000 exploités (20 700 km de canaux) ; **Russie :** 94 000 km (en 1994). **Sibérie :** fleuves facilement navigables [dont (en km) : *Ienisseï* 3 400 km, *Ob* 3 600, *Lena* 4 100, *Irtych* 3 700, *Amour* 2 800 (sur 4 314), *Angara* 1 500], mais l'embâcle dure 180 à 240 j. **Europe :** fleuves aménagés et reliés entre eux par le système des 5 mers (*Caspienne, Azov, mer Noire, mer Blanche, Baltique*) ; 63 écluses, passage de navires de 3 000 t et 3,50 m de tirant d'eau ; comprend : lac *Onega, canal de la mer Blanche,* voie *St-Pétersbourg-lac Onega, canal Volga-Baltique* (490 km), *Volga moyenne* (2 350 km), *basse Volga* (600 km), *canal Volga-Don*, partie navigable du *Don* (480 km), *canal Moscou-haute Volga* (320 km), navigable 6 à 7 mois par an (la Volga est accessible en hiver grâce à des brise-glace) ; assure environ les 2/3 du trafic, intérêt militaire (possibilité pour des petits navires de transiter de la Baltique à la mer Noire en 18 j). *Dniepr :* accessible jusqu'à Kiev à des bateaux de 3 500 t, 2e transversale en direction de la Pologne. **Projets :** *canal de l'Ob à l'Ienisseï* pour relier le lac Baïkal à l'Irtych. **Parc :** 15 000 bateaux de marchandises (17 200 000 t en 86).

■ **Transports maritimes. Cabotage :** surtout mers Noire, Caspienne et Baltique (des brise-glace maintiennent la voie ouverte 3 mois l'été). **Flotte marchande** (en millions de tonneaux) : *1955 :* 2,5 ; *60 :* 3,4 ; *70 :* 14,8 ; *80 :* 23,4 ; *86 :* 28,1 ; *90 :* 26,7 ; *95 :* 25,3 (dont Russie 16,5). *Russie : 1996 :* 13,8 ; *98 :* 11 (4 723 bateaux). 2/3 des bateaux ont moins de 10 ans. Beaucoup de navires récents, souvent achetés à l'étranger (Pologne, ex-RDA, pays scandinaves, CEE, Japon). Peu de grosses unités, car l'ex-URSS n'a pas de grands ports en eau profonde. **Ports** mal équipés. 2 peuvent recevoir des bateaux de 100 000 tpl (*Klajpeda,* Baltique ; *Novorossisk,* mer Noire), capacité de chargement et déchargement insuffisante. Saturation au-dessus de 28 millions de t/an.

■ **Routes. Réseau :** *ex-URSS : 1984 :* 1 516 700 km dont 1 097 100 revêtus ; *Russie : 1995 :* 945 000 km dont 80 % revêtus. **Transport :** 30 % du fret total (*France,* Italie 65 à 70 %). **Parc** (en millions, au 1-1-1999) : voitures particulières 15 ; utilitaires 9,6.

Tourisme

■ **Flux de visiteurs (hors CEI). Étrangers venant en Russie** (en millions), total et, entre parenthèses, touristes : *1988 :* 6 (2,45) ; *90 :* 7,2 (2,28) ; *95 :* 5,31 (1,78) ; *96 :* 5,49 (1,71). **Russes voyageant à l'étranger** (en millions), total et, entre parenthèses, touristes : *1988 :* 4,2 (1,04) ; *90 :* 9,09 (2,15) ; *95 :* 8,39 (2,55) ; *96 :* 7,77 (3,42). **Recettes** (en milliards de $). *1992 :* 0,7 ; *94 :* 1,1.

■ **Principales destinations des touristes russes** (hors CEI et États baltes, en milliers de personnes). Turquie 721, Pologne 524, Chine 327, Finlande 255, Émirats arabes unis 206, Espagne 143, Italie 133, All. 114, Grèce 100, Bulgarie 98, Hongrie 94, Chypre 86, Égypte 62, *France 55,* Thaïlande 36, Rép. tchèque 36, G.-B. 32, Corée du Sud 27, Tunisie 21, Israël 20, Suède 17, USA 16.

■ **Provenance des visiteurs étrangers** (hors CEI et États Baltes, en milliers, 1996). Finlande 1 363,2 (dont loisirs 345,2), Pologne 874,5 (756,7), Chine 349,4 (136), All. 280,3 (104,6), USA 178,8 (52,4), G.-B. 102,5 (28,3), *France 96,7 (41,7),* Italie 73,1 (26,5), Japon 49,8 (16,8).

☞ Les statistiques comptabilisent les touristes (visiteurs passant au moins une nuit mais pas plus d'une année dans le pays visité) et les excursionnistes (arrivant et repartant le même jour).

Commerce extérieur

■ **Évolution. Avant 1914** exportation de matières 1res vers Europe, de produits manufacturés vers Asie, importation de machines, café, vins, etc. **A partir de 1917** volonté d'autarcie (à peu près complète en 1932). Au cours des années 1920, USA, All., Italie et *France* ont fourni l'essentiel des import. soviétiques en machines et matériel. **De 1945 à 1960** (guerre froide) aide au tiers-monde, utilise Comecon. **Après 1960** échanges par contrats bilatéraux avec Europe, Japon et (1972) USA (en général : produits bruts contre biens d'équipement de technologie avancée). Simultanément, baisse du commerce avec Comecon qui ne peut fournir ces produits, et avec tiers-monde qui n'a que des produits bruts (souvent concurrentiels) et ne peut payer en devises fortes. **De 1974 à 1982** l'ex-URSS accumule des « créances stériles » : 15 milliards de $ pour commerce avec Europe et Est (25 environ avec l'ensemble du CAEM). Cependant, par le jeu des prix, l'ex-URSS paraît gagnante. **A partir de 1990** récession puis effondrement des échanges. Troc utilisé à cause de la crise et de l'absence de monnaies fiables.

■ **Échanges de l'ex-URSS** (en milliards de roubles) et, entre parenthèses, part de la Russie (en %, 1991). **Exportations :** gaz 15,5 (92,8), pétrole brut 12,22 (93,5), produits pétroliers 9,5 (85,3), non ferreux (dont cuivre, aluminium) 5,75 (54,2), métallurgiques 3,73 (70,3), bois (dont rondins, bois de sciage) 2,85 (73,4), coton et articles en coton (dont fibres) 1,25 (80). **Importations :** sucre brut 3,76 (80,3), produits métallurgiques 3,73 (77,5), blé 3,43 (71,4), maïs 3,06 (48,9), viande et produits carnés 2,83 (57,4), chaussures de cuir 1,7 (68,2), cigarettes 1,65 (80), confection en tissu 1,37 (77,8), en maille 1,1 (83,5). *Total :* 77,3 (57,8).

Commerce extérieur de l'ex-URSS (export. et, entre parenthèses, import., en milliards de $). **Total :** *1990 :* 85,6 (98,3) ; *91 :* 45,23 (44,1). **Par pays** (en 1991) : *socialistes :* Bulgarie 1,25 (2,08) ; Chine 1,6 (1,7) ; Corée du Nord 0,17 (0,16) ; Cuba 0,85 (1,87) ; Hongrie 1,68 (1,28) ; Mongolie 0,31 (0,21) ; Pologne 2,24 (1,93) ; Roumanie 0,95 (0,87) ; Tchécoslovaquie 2,82 (0,49) ; Viêt Nam 0,25 (0,22) ; ex-Yougoslavie 1,41 (1,19). *Occidentaux :* Allemagne 5,9 (7,73) ; Autriche 1 (1,3) ; Belgique 1,15 (0,52) ; États-Unis 0,7 (3,7) ; Finlande 1,8 (0,75) ; *France 2,15 (1,4) ;* G.-B. 2,3 (0,67) ; Italie 2,83 (2,53) ; Japon 2,1 (2,34) ; P.-Bas 2,42 (0,7) ; Suisse 1,11 (1). *En développement :* Afghanistan 0,34 (0,065) ; Algérie 0,11 (0,25) ; Arabie saoudite 0,13 (0,006) ; Corée du Sud 0,32 (0,25) ; Égypte 0,22 (0,24) ; Inde 0,65 (0,86) ; Syrie 0,09 (0,25) ; Turquie 0,9 (0,7).

Commerce extérieur de la Russie. Montant (en milliards de $). **Import :** *1992 :* 93 ; *93 :* 44,3 ; *94 :* 50,5 ; *95 :* 60,9 ; *96 :* 61,5 [*dont* (en %) : machines, équipements et matériels de transport 34,9, médicaments 2,5, viande surgelée 2,4, boissons 2,3, tubes d'acier 2, sucre 1,5] ; *97 :* 66,9 ; *98 :* 59,5 ; **de** (en %) UE 36,1, CEI 26, PED 14,7, PECO 7,4, pays Baltes 1,6 [*dont* (en %) : biens d'équip. productif 23,1, aliments, boissons, tabac 14,5, produits agr. 13,7, chimiques 12,3, véhicules et équip. de transp. 10,8, métaux et dérivés 4,3, équip. de précision, optique 4,3, produits d'extraction 2,4, textiles et produits dérivés 2,3, autres 12,3] ; *99 :* 40,2 *dont* CEI 8,4 ; *2000 :* 44,2. **Export. :** *1992 :* 53,6 ; *93 :* 59,7 ; *94 :* 68,1 ; *95 :* 81,3 ; *96 :* 88,4 ; *97 :* 86,7 ; **vers** (en %) UE 32,5, CEI 19,2, PED 17,7, PECO 11,5, pays Baltes 3,2 ; *98 :* 73,9 [*dont* (en %) : produits d'extraction 43,2, métaux et dérivés 26,5, produits chimiques 7,7, véhicules et équip. de transp. 4,8, biens d'équip. productif 3,6, métaux et pierres précieux 3,2, produits agr. 1,1, textiles et produits dérivés 1, équip. de précision, optique 0,6, armes et munitions 0,3, aliments, boissons, tabac 0,2, autres 7,8] ; *99 :* 75,1 dont CEI 10,6 ; *2000 :* 105,2 (41 % du PIB). **Solde :** *1993 :* 1,5 ; *94 :* 28,2 ; *95 :* 33,2 ; *96 :* 41,3 ; *97 :* 32,7 ; *98 :* 26 ; *99 :* 36,2 ; *2000 :* 61.

■ **Fuites de capitaux** (en milliards de $). *1992 :* 18,5 ; *93 :* 15,8 ; *94 :* 14,5 ; *95 :* 13,3 ; *96 :* 14,4 ; *97 :* 34,8 ; *98 :* 37,5 ; *99 :* 15,7 ; *2000 (est.) :* 20.

Communauté d'États indépendants (CEI)

Union libre d'États indépendants regroupant 12 des 15 anciennes républiques soviétiques. Arménie, Azerbaïdjan (depuis sept. 1993), Biélorussie, Géorgie (depuis déc. 1993), Kazakhstan, Kirghizistan, Moldavie, Ouzbékistan, Russie (Fédération de), Tadjikistan, Turkménistan, Ukraine. Les 3 États Baltes (Estonie, Lettonie, Lituanie) restent en dehors.

■ **Principales institutions.** *Conseil des chefs d'État :* se réunit 2 fois par an (présidence tournante). *Conseil des chefs de gouvernement* (réunion tous les 3 mois). *Conseils interministériels* (Aff. étr., Défense, Économie et Finances, Transports et Communications, Protection sociale, Affaires intérieures). *Conseils spécialisés :* État-major de coordination de la coopération militaire, Conseil des commandants des forces frontalières. *Secrétariat exécutif :* prépare accords et sommets. *Comité consultatif de coordination :* permanent ; 2 représentants par pays. *Organes juridictionnels et consultatifs :* Tribunal économique, Commission aux droits de l'homme, Assemblée interparlementaire, organes de coopération sectorielle, *économiques :* Comité interétatique économique (MEK) [1er organe supranational ; décisions approuvées à 80 % des voix (dont Russie 50, Ukraine 14) ; entrée en fonction prévue le 7-10]. Banque interétatique.

■ **Secrétariat :** Minsk (Biélorussie) ; *secrétaire exécutif : 1998 (29-4)* Boris Berezovski [né 1946, fortune évaluée par *Forbes* (revue amér.) à 4 milliards de $] depuis 29-4-1998 ; *1999 (5-3) :* Ivan Korotchenia. **Population totale** (en 1994) : 293,4 millions d'habitants.

■ **Histoire. 1991**-*8-12 convention de Minsk* (Biélorussie) : CEI créée par communiqué commun Biélorussie-Russie-Ukraine constatant la fin de l'ex-URSS en tant que réalité politique. *-13-12 Achkhabad :* ralliement des 5 républiques d'Asie centrale (Kazakhstan, Kirghizistan, Ouzbékistan, Tadjikistan, Turkménistan). *-21-12 déclaration d'Alma-Ata :* signée par 11 États, ralliement de 8 autres républiques dont certaines souhaitent le maintien d'un centre et de structures fédérales comme contrepoids à une hégémonie russe. *-23-12* la CEE reconnaît la Russie en tant qu'État successeur de l'ex-URSS (principe reconnu le 21-12). *-30-12 Minsk : convention sur les forces stratégiques* conclue entre les 11 membres de la CEI, accord sur commandement unique des forces nucléaires. **1992**-*20-3 Kiev :* création de force collective de maintien de la paix [(avec réserves Azerbaïdjan et Ukraine) ; en 1996, en Abkhazie 1 700 h, Transnistrie 1 200, Tadjikistan 12 500 (12 000 Russes et 500 Kazakhs)]. *-27-3* mise en place d'un *Assemblée interparlementaire*. *-15-5 Tachkent :* traité de sécurité collective signé par Arménie, Kazakhstan, Turkménistan, Ouzbékistan, Russie, Tadjikistan. *-6-7 Moscou :* accords sur statut et composition des forces stratégiques. **1993**-*22-1 Minsk :* charte CEI adoptée (sauf Moldavie, Turkménistan et Ukraine). *-24-9 Moscou :* traité d'union économique, création de la zone rouble (sauf Turkménistan et Ukraine). Adhésion de l'Azerbaïdjan, *-déc.* de la Géorgie. *-24-12 Achgabat,* sommet : Turkménistan adhère à l'union économique. **1994**-*25-3* CEI observateur à l'Onu. *-19-7* convention de défense commune adoptée. *-9-9 Moscou,* sommet : *Comité économique interétatique* (MEK) créé (sauf Azerbaïdjan et Turkménistan). **1995**-*9-2 Alma-Ata,* sommet : projets russe (défense commune des frontières extérieures CEI) et kazakh (assistance mutuelle interétatique) rejetés. *-26-5 Minsk,* sommet : union douanière Russie-Biélorussie. *-3-10* Conseil de la Fédération russe adopte loi sur référendum ouvert aux Russes de la CEI. *-3-11* accord sur espace scientifique et technologique. **1996**-*19-1* union douanière Russie-Biélorussie-Kazakhstan au Kirghizistan. *-29-3 Moscou :* accord d'intégration régionale approfondie, dite « union des quatre » : Biélorussie, Kazakhstan, Kirghizistan et Russie. *-2-4* traité d'union Biélorussie Russie prévoyant une Communauté des républiques souveraines (SSR) ; coopération : défense, protection des frontières, politique étrangère et union douanière. *-30/31-5 Genève :* conférence sur réfugiés et migrants de la CEI. **1997**-*oct.* Géorgie, Ukraine, Azerbaïdjan et Moldavie s'associent dans le GUAM, groupe consultatif dépourvu d'obligations et d'institutions propres. Soutient le développement de nouveaux axes de communication Europe/Asie centrale – comme le projet Traceca, financé par le programme Tacis de l'Union européenne – permettant d'exporter le pétrole de la Caspienne en évitant la Russie. *-26-11 Bakou,* protocole signé fixant les objectifs : coopération au niveau international, opposition au séparatisme, soutien au règlement des conflits régionaux, approche commune sur les opérations de maintien de la paix et l'approvisionnement en énergie, création d'un corridor de transit Asie/Europe, promotion commune de leurs intérêts au sein des organisations internationales et préparation de leur éventuelle adhésion aux institutions occidentales et atlantiques. **1998**-*2-4* traité d'union Russie-Biélorussie. *-23-5* charte d'union signée. **1999**-*20-5* traité de sécurité collective prorogé par 6 des 9 États membres (Azerbaïdjan, Géorgie et Ouzbékistan ont annoncé leur retrait en février).

■ **Principaux problèmes. Militaires :** contrôle des armes nucléaires stratégiques (Ukraine hostile au contrôle russe), sort des missiles nucléaires tactiques. Délimitation des pouvoirs militaires de la CEI (Azerbaïdjan, Biélorussie, Moldavie, Ukraine veulent des armées nationales). Création d'une *force d'interposition* pour conflits internes. Formée de volontaires des armées des États indépendants, intervient à la demande des parties impliquées, après en avoir informé le Conseil de sécurité de l'Onu et la CSCE, elle ne doit pas participer aux combats mais créer les conditions d'un règlement pacifique. **Politiques :** hostilité de certaines républiques (Ukraine) à la création d'organes centraux et de structures de coordination de politique étrangère. **Économiques et monétaires :** *divergences* sur le partage de la dette soviétique et des ressources économiques (exemple : le Tatarstan veut conserver ses ressources pétrolières) ; sur une politique monétaire commune et une zone rouble (la Banque centrale de Russie serait l'organe central d'émission, le quota attribué aux banques centrales des États membres étant fonction de leur part dans le PNB de l'ex-URSS en 1990 ; politique monétaire et réglementation bancaire seraient décidées à Moscou, le conseil de coordination des banques centrales n'ayant qu'un rôle consultatif).

■ **Conflits interethniques. 1918-22** Staline, commissaire aux nationalités, crée des entités artificielles (1919 Bachkirie, 1920 Tartarie ; une vingtaine de peuples reçoivent un statut d'autonomie). **1921** rattachement à la Géorgie d'une partie de l'Abkhazie, le reste restant rattaché à la Russie. **1936** Transcaucasie divisée en 3 républiques, Nagorny-Karabakh, peuplé d'Arméniens, rattaché à l'Azerbaïdjan. **1944** plus de 1 200 000 personnes déplacées, déportation en Asie centrale des petits peuples du Caucase du Nord, Tchétchènes, Ingouches, Balkars, des Meshkètes (Turcs géorgiens), Tatars de Crimée, Allemands de la Volga. Division de l'Ossétie en Ossétie du Nord (russe) et Ossétie du Sud (Géorgie) ; de la Bessarabie en Bessarabie du Nord (Moldavie) et Bessarabie du Sud (Ukraine). **1956** Crimée russe rattachée à l'Ukraine. **1990-95** *affrontements en Moldavie :* russophones et Moldaves ; *au Haut-Karabakh :* Arméniens et Azerbaïdjanais ; *en Tchétchénie (1990-96) :* Tchétchènes et Ingouches ; *au Kirghizistan :* Kirghizes et Ouzbeks ; *en Abkhazie (1993-95) :* Abkhazes et Géorgiens. Plus de 80 conflits déclarés ou latents. *Tendances centrifuges dans la Fédération de Russie* de républiques (Tatarstan, Tchétchénie, Iakoutie) ou *régions autonomes* (Belgorod, Kamtchatka) qui ont refusé de signer le traité de la Fédération et réclament le statut de républiques fédérées.

■ **Économie. PIB** (en 1993) : 1 218 milliards de $. **Exportations** (dont avec CEI et/ **importations** (dont avec CEI), en millions de $, 1997) : Arménie 243 (105)/823 (230) ; Azerbaïdjan 835 (432)/822 (379) ; Biélorussie 7 206 (5 284)/8 569 (5 700) ; Géorgie 311 (198)/944 (352) ; Kazakhstan 6 749 (3 243)/4 549 (2 581) ; Kirghizistan 614 (328)/690 (416) ; Moldavie 1 067 (801)/1 241 (674) ; Ouzbékistan 3 700 (1 727)/4 000 (1 584) ; Russie 86 098 (16 625)/52 324 (13 416) ; Tadjikistan 759 (286)/780 (512) ; Turkménistan 1 167 (867)/1 228 (664) ; Ukraine 14 417 (5 771)/16 399 (9 150).

Rwanda

Carte p. 1015. V. légende p. 950.

☞ Souvent appelé le « pays des mille collines ». Le préfixe *Ba* désigne le pluriel (*Bahutu :* des Hutu).

■ **Situation.** Afrique. **Superficie :** 26 338 km². **Frontières** (en km) : Ouganda 199, Tanzanie 217, Burundi 290, Congo dém. 217. **Altitude :** *maximale* Mt Karisimbi (volcan, 4 507 m), *moyenne* 1 600 m (hauts plateaux). **Climat.** Équatorial tempéré par l'alt. ; 18 °C en moy. 4 *saisons :* sèche (mi-déc.-janv.), pluies (févr.-juin), sèche (juin-sept.), pluies (mi-sept./mi-déc.).

■ **Population.** *1999 :* 8 200 000 hab. ; *2000 (est.) :* 7,67 ; *2025 (prév.) :* 12 000 000. Bahutu, agriculteurs, 89,8 % ; Batutsi (appelés Watussi par les 1ers explorateurs allemands), pasteurs d'origine nilotique (250 000 à 500 000 ont émigré depuis l'indépendance), 9,8 % ; Batwa, chasseurs pygmoïdes, 1ers hab. du pays, 0,4 %. **D.** 311,3 (la plus forte d'Afrique). **Taux** (en ‰, 1999) : *natalité* 39, *mortalité* 18, *mortalité infantile* 114. **Fécondité :** 6 enfants par femme. **Espérance de vie** (en 1999) : 43 ans. **Sida :** 370 000 séropositifs dont 22 000 de – de 15 ans ; 170 000 † depuis le début de l'épidémie. En 2000, 500 000 séropositifs. **Personnes déplacées :** *1990-92 :* 350 000 ; *fin 1993 :* 900 000 ; *mai 1994 :* plus de 1 300 000. (*Bany rwanda :* Rwandais résidant en Ouganda.) **Étrangers** (en 1993) : 1 500 dont 400 Français. **Réfugiés** (en milliers) : *1993 :* 448 ; *94 :* 2 254 (au Congo dém. 1 253, Tanzanie 626, Burundi 278, Ouganda 97) ; *95 :* 1 808 ; *96 :* 456 ; *97 :* 52 ; *98 :* 49 ; *99 :* 62 (Congo dém. 33, Tanzanie 20, Ouganda 8, Burundi 1). **Réfugiés burundais au Rwanda** (en milliers) : *1993 :* 250 ; *94 :* 10 ; *99 :* 1,4. **Pop. urbaine** (en 1998) : 6 %.

■ **Langues.** Kinyarwanda *(nationale),* anglais et français (12 %, *officielle*), kiswahili. **Analphabètes** (2000) : 51,8 %. **Religions** (en %). Catholiques 50, animistes 30, protestants 12, musulmans 8.

■ **Villes** (en 1990). *Kigali* 363 607 hab., Butare 38 964 (à 136 km), Ruhengeri 32 332, Gisenyi 21 560 (à 179 km).

■ **Histoire.** Selon une légende, les Tutsi descendraient des Chamites (Hamites : issus de Cham). **Xe** ou **XIVe s.** début de la royauté (roi : *Mwami*). **1898** souveraineté allemande proclamée devant le roi et ses chefs. **1900** 1re mission des Pères blancs à Save. **1914-16** attaques belges contre troupes allemandes. **1916** retrait des Allemands. **1924**-*20-10* Rwanda-Urundi (formé en 1922, capitale : *Usumbura*) placé par SDN sous mandat belge, maintien des royautés, accès aux postes principaux réservés aux Tutsi. **1925** uni au Congo belge. **1931**-*12-11* le roi Musinga, déposé par les Belges, est remplacé par son fils Charles Rudahigwa Mutara (1er Mwami catholique, † juillet 1959). **1945** l'Onu transforme le mandat en tutelle. **1957**-*mars manifeste des Bahutu,* élaboré par le Comité des 9 (dont G. Kayibanda et J. Habyarimana), dénonce le monopole politique détenu par une race. **1959**-*août* création de l'Union nat. rwandaise (Unar), parti monarchiste et unitaire. *-Oct.* création du P. du mouvement de l'émancipation des Bahutu (Parmehutu). *-Nov. Toussaint rwandaise* (révolution sociale) : révolte des Hutu, massacre de Tutsi ; de nombreux Tutsi quittent le pays. **1960**-*déc.* roi Kigeri V exilé par Belges.

1961-*28-1* **République** proclamée à Gitarama. *-Janv.* **Dominique Mbonyumutwa** Pt. *-Mars* 1res attaques de l'Unar venant de pays voisins. *-25-9* référendum : 80 % contre monarchie tutsi. Autonome. *-Sept. législatives,* 78 % au Parmehutu. *-26-10* **Grégoire Kayibanda** (1924-76, Hutu, ancien séminariste) Pt. **1962**-*1-7 indépendance.* **1963**-*déc.* à **1964**-*janv.* milliers de Tutsi tués en représailles aux raids de Tutsi venant du Burundi, ministres tutsi et personnalités exécutés. **1969** Kayibanda réélu Pt. ; majorité Mouv. démocrate républicain/Parmehutu à l'Ass. **1973**-*févr.* Tutsi chassés d'écoles, admin. et secteur privé. *-5-7* coup d'État militaire, **major-Gal Juvénal Habyarimana** (3-8-1937/6-4-1994, Hutu) au pouvoir. IIe Rép. **1975** coopération militaire signée avec France. **1978**-*17-12 référendum* pour Constitution. MNRD devient parti unique. Politique des quotas. *-24-12* Habyarimana Pt (99 % des voix). **1982**-*oct.* 80 000 réfugiés hutu et tutsi refoulés en Ouganda. **1983**-*19-12* Habyarimana réélu (99,97 %). **1987**-*déc.* Front patriotique rwandais (FPR ; tutsi) créé en Ouganda. **1988**-*août* dizaines de milliers de réfugiés arrivent du Burundi. *-Déc.* Habyarimana réélu (99,98 %). **1990**-*7-9* visite de Jean-Paul II. *-1-10* membres du FPR rentrent d'Ouganda. *-4/5-10* tirs à Kigali (mise en scène pour faire croire à une attaque FPR). Aide militaire française (opération *Noroît*), belge et zaïroise. État de siège. Tutsi et opposants hutu arrêtés. **1991**-*23-1* raid FPR sur Ruhengeri. *-10-6* nouvelle Constitution : création d'un poste de PM, multipartisme, droit de grève des fonctionnaires. *-1-11* retrait des troupes belges. Milices de Réseau Zéro (pour zéro Tutsi) organisées par Agathe Habyarimana (épouse du Pt). *-Nov./déc.* afflux de réfugiés hutu du Burundi. **1992**-*4-3* massacres de Tutsi dans le Sud. *-3-4 Dsimas Nsengiyaremye* PM, gouv. de coalition. *-10-6* renforts militaires français. *-8-7* combats dans le nord-est : 300 000 personnes déplacées. *-12-7* cessez-le-feu signé à Arusha (Tanzanie) puis à Addis-Abéba. *-Août* massacres de Tutsi près de Kibuye ; *-Déc.* de Tutsi et opposants hutu près de Gisenyi ; **1993**-*20/22-1* à Gisenyi, Ruhengeri, Kibuye et Byumba. *-8-2* offensive FPR dans le nord : centaines de milliers fuient vers Kigali. *-7-3* cessez-le-feu signé à Dar es-Salam, en vigueur le 10-3. *-Avril* Radio-TV libre des Mille Collines créée, appellera au meurtre des Tutsi (cesse d'émettre le 17-7-1994, s'exile au Zaïre). *-17-7 Agathe Uwilingiyimana* (MDR) PM. *-4-8 accords de paix signés à Arusha. -1-11* déploiement de la Minuar (Mission des Nations unies pour l'assistance au Rwanda). *-Déc.* départ des forces françaises de l'opération *Noroît.* **1994**-*23-2* Kigali, incidents meurtriers Hutu/Tutsi. Institutions de transition reportées. *-6-4* les 2 Pts hutu Habyarimana (Rwanda) et Ntaryamira (Burundi) et l'équipage (3 Français) tués par 2 Sam-16 tirés par FPR sur leur Falcon atterrissant à Kigali (pris pour un C-130, avion militaire belge qui devait arriver ?). *-7-4* massacre. Agathe Uwilingiyimana et 10 Casques bleus belges chargés de sa protection assassinés par les Forces armées rwandaises (Far). Personnalités hutu de l'opposition tuées. Évacuation des étrangers (opération *Amaryllis*). *-8-4 Jean Kambada* PM intérimaire. Massacre systématique des Tutsi. *-12-4* Belgique retire son contingent. *-21-4* Minuar réduite de 2 500 à 270 h. *-1-5* progression du FPR, centaines de milliers fuyant vers sud-est, FPR ferme frontière avec Tanzanie. *-17-5* Minuar portée à 5 500 h. Embargo sur les armes. *-Juin* archevêque de Kigali, 2 évêques, 10 prêtres tués par FPR. *-22-6/21-8* opération française *Turquoise* (environ 2 500 h., à Goma au Zaïre). *-2-7* la France crée une zone humanitaire sûre (ZHS) dans le sud-ouest (Gikongo, Kibuye, Shangugu). *-4-7* FPR entre à Kigali. *-16-7* milliers de soldats hutu des Far passent au Zaïre.

1994-*19-7* **Pasteur Bizimungu** (Hutu, FPR, né 1950) Pt, *Faustin Twagiramungu* (Hutu, FPR) PM. *-22-7* choléra, milliers de réfugiés quittent Goma et les camps de Kibumba et Munigi. *-17-8 :* 20 000 réfugiés gagnent Bukavu (Zaïre), 20 000 autres sont sur les routes. **1995**-*22-4* plusieurs milliers de Hutu déplacés tués par l'APR (Armée patriotique rwandaise) à Kibeho. *-17-8* embargo sur armes suspendu un an. *-28-8* Twagiramungu démissionne. *-31-8 Pierre-Célestin Rwigema* (Hutu, né 1953) PM. *-11-9 :* 111 civils tués à Kanama (représailles : des militaires sont tombés en embuscade). *-1-11* Kigali, conférence sur le génocide. *-5-11* attaque contre rebelles hutu sur l'île d'Iwawa (lac Kivu) : 150 Hutu †. *-27-11* Twagiramungu affirme détenir des preuves du massacre d'environ 250 000 personnes par l'armée du régime en 16 mois. *-6-12 :* 38 ONG expulsées. **1996**-*26-3* Forces de résistance pour la démocratie (FRD) créées par Twagiramungu. *-Nov./déc.* 719 307 réfugiés rentrent du Zaïre et 483 445 de Tanzanie. **1997**-*4-5 :* 91 réfugiés meurent étouffés dans le train qui les rapatriait. **1998**-*15-12* remise du rapport de la mission parlementaire d'information dirigée par Paul Quilès sur le rôle de la France au Rwanda de 1990 à 1994 (la France n'est pas impliquée dans le génocide). **1999**-*29/31-3 élections* locales. *-6-11* Rwanda suspend sa collaboration avec le TPIR pour protester contre la libération d'un inculpé. **2000**-*28-2* PM Rwigema démissionne. *-22-3* Pt Bizimungu démissionne ; vice-Pt **Gal Paul Kagamé** (né oct. 1957) Pt par intérim, désigné Pt le *17-4* par l'Assemblée nationale transitoire. *-8-3 Bernard Makusa* PM. **2001**-*7-6* Bruxelles, cour d'assises. Condamnés : Alphonse Higaniro (ex-ministre) 20 ans, Vincent Ntezimana (professeur) 12, sœurs (religieuses) Gertrude 15 et Julienne 12.

☞ **Bilan des massacres** (depuis 6-4-1994) : 1 à 1,5 million de † (en majorité Tutsi). **Détenus en attente de jugement** (avant 2001) : 115 000. **Tribunal pénal international pour le Rwanda (TPIR)** créé 8-11-1994 (résolution 955 de l'Onu), se réunit à Arusha en Tanzanie ; 26-8-1996, 1re audience. Au 26-6-2001 8 sentences dont 5 condamnés à perpétuité dont le 1er *Jean Kambanda* (PM en 1994) et 1 relaxé.

■ **Statut.** *République.* **Constitution** du 10-6-1991. Depuis juillet 1994, pouvoir détenu par Front patriotique rwandais (FPR, créé 1988 à Kampala, majorité tutsi). Gouvernement provisoire de coalition. **Armée patriotique rwandaise (APR),** devenue armée nationale. Depuis 25-11-1994, **Assemblée** *intérimaire* de 74 membres dont 24 Hutu. **Préfectures :** 11. **Communes :** 145.

■ **Fête nationale.** 1-7 (indépendance). **Drapeau** (adopté en sept. 1961). Bandes verticales rouge, jaune (lettre R) et verte.

■ **Partis. Front patriotique rwandais (FPR)** fondé 1990, Paul Kagamé. **Mouvement républicain nat. pour la démocratie et le développement (MRNDD)** parti unique de 1975 à 1991, sous le nom de *Mouv. révolutionnaire pour le développement* (MRD), Mathieu Ngirumpatse. **Mouv. démocratique républicain (MDR),** Bonaventure Ubalijoro. **P. démocrate-chrétien (PDC)** fondé 1990, Jean Nepomucène Nayinzira. **P. libéral (PL)** fondé 1991, Prosper Higiro. **P. social-démocrate (PSD)** fondé 1991.

■ **Prisonniers** (en 2001). 115 000 ayant participé au génocide (pourraient être jugés par la gacaca, justice coutumière) ; de juillet 1994 à juin 2001, 2 500 procès terminés (400 condamnés à mort (20 exécutés en public en 1997), 1 300 peines de prison, 700 acquittés).

■ **Économie. PNB** (en 1999) : 230 $ par hab. **Population active** (en %) **et**, entre parenthèses, **part du PNB** (en %) : agr. 82 (41), ind. 6 (21), services 11 (37), mines 1 (1). **Inflation** (en %) : *1990 :* 4,2 ; *95 :* 22 ; *96 :* 7,4 ; *97 :* 12,4 ; *98 :* 5,9 ; *99 :* – 2,4. **Aide** (en millions de $) : *1995 :* 659 ; *96 :* 675 ; *97 :* 591 ; **aide militaire française :** 7 millions de F (en 1991). **Militaires envoyés :** *1992-10-6* -150 ; *93-20-2 :* 240 (total 600), *-mars :* 300 départs ; *94-avril :* totalité quitte le Rwanda. **Agriculture. Terres** (en milliers d'ha, 1988) : espace cultivé : 1 102 (45 % de la superficie). **Production** (en milliers de t, 1999) : plantain 2 105, patates douces 1 100, manioc 250, haricots secs 105 (17 % des terres cultivées), p. de t. 176, sorgho 85, maïs 55, café 19, pois 12, thé 13, coton. **Élevage** (en milliers de têtes, 1999). Poulets 1 223, caprins 920, bovins 726, ovins 290, porcins 160. 90 % du cheptel aurait disparu en 1994. **Forêts** (en 1996). 5 660 000 m³. **Pêche** (en 1997). 3 100 t. **Mines** (en t). Béryl 27, wolfram 4,7, cassitérite (faillite, production très réduite), colombo-tantalite 0,6, or 700 kg. **Hydroélectricité.**

■ **Commerce** (en millions de $). **Export./import. :** *1997 :* 87/297 ; *98 :* 60/285 ; *99 :* 61/253 (*exporte* café, thé, peaux).

■ **Rang dans le monde** (en 1999). 18e thé.

SAINT-CHRISTOPHE ET NIÉVÈS SAINT-KITTS ET NEVIS

Carte p. 895. V. légende p. 950.

■ **Situation.** Iles Sous-le-Vent (Antilles). **Superficie :** 261,6 km². **Climat.** Tropical (17 à 33 °C). Pluies 1 300 mm. **Population.** *1999 :* 40 000 ; *2000 (est.) :* 45 000. **D.** 157. **Taux** (en ‰) : *natalité* (en 1989) : 20,9 ; *mortalité :* 11,1. **Religions.** Anglicans, protestants, catholiques.

■ **2 îles. St-Christophe (St-Kitts) :** 168,9 km². *Altitude maximale :* Mt Liamuiga (terre fertile) 1 145 m, 31 824 hab. (en 1992). **Capitale :** *Basseterre :* 12 605 hab. (en 2000). **Nevis (Niévès) :** de l'espagnol *nieves* ou « nuages (qui entourent le Pic) » (985 m), 93,3 km², à 3 km au sud-est de St-Christophe, 8 794 hab. (en 1992). *Charlestown :* 1 411 hab. (en 2000).

■ **Histoire. 1493** découvertes par Christophe Colomb. **1623** colonisation anglaise de St-Christophe, **1628** de Niévès. **1871-1956** membre de la fédération des îles Leeward. **1956** autonomie. **1958-62** m. de la Fédération des Indes occidentales. **1967**-*27-2* État associé à G.-B. *-Mai* Sécession d'Anguilla (légale 19-9-1980). **1983**-*19-9 indépendance. -23-9* entre à l'Onu.

■ **Statut.** *Monarchie constitutionnelle. État associé au Commonwealth.* **Constitution** du 19-9-1983. **Assemblée :** 11 membres élus, dont pour St-Kitts 8, Nevis 3, plus 3 nommés et 1 de droit. **Chef de l'État :** reine Élisabeth II. **Gouverneur :** sir Cuthbert Montroville Sebastian (né 22-10-1921) depuis 1-1-1996. **PM :** *1967* (févr.) Robert Bradshav († mai 1978) ; *1978* Paul Southwell († 1979) ; *1979* Lee Moore ; *1995* (4-7) Denzil Llewellyn Douglas (né 14-1-1953).

■ **Fête nationale.** 19-9. **Drapeau** (adopté 19-9-1983). Vert (fertilité) et rouge (lutte pour l'indépendance), bandeau noir (héritage africain), à lisérés jaunes (soleil) et 2 étoiles blanches (espérance, liberté). **Fleur nationale :** Poinciana ou flamboyant *(Delonix Regia)* du nom de M. de Poincy (gouverneur français) qui l'introduisit dans le pays. **Oiseau national :** pélican marron *(Pelecanus occidentalis)*.

■ **Économie. PNB** (en 1999) : 6 740 $ par hab. **Population active** (en 1991) : 16 744 pers. **Budget** (en millions de $ des Caraïbes de l'Est, 1996) : *recettes :* 165,9, *dépenses :* 158,5. **Croissance** (en 1998) : 3,6 %. **Production agricole** (en milliers de t, 1999). Canne à sucre 197, sucre brut 30,8 (en 1997), coprah 12 t (en 1990), mélasse 5,7 (en 1995), fruits et légumes 3, noix de coco 2, coton, sel. **Élevage** (en 1999). Caprins 13 000, ovins 8 000, bovins 4 000, porcins 3 000. **Pêche** (en 1997). 161 t, homards. **Industrie.** Électronique, confection. **Tourisme** (en 1999). 224 000 visiteurs dont 84 000 en séjour et 137 400 passagers de croisière. **Siège de Stés offshore.**

■ **Commerce** (en millions de $). **Export./import. :** *1995 :* 19/133 ; *96 :* 22/149 ; *97 :* 36/148.

SAINTE-HÉLÈNE

Carte (voir planisphère, fin du volume). V. légende p. 950.

■ **Situation.** Ile de l'Atlantique Sud (à 1 950 km de l'Angola), d'origine volcanique. **Superficie :** 122 km². **Altitude** *maximale :* Diana's Peak 820 m. **Climat.** Doux.

■ **Population.** 5 157 hab. (1998). **D.** 58,6. **Langue.** Anglais. **Religion.** Anglicans. **Capitale.** *Jamestown :* 884 hab. (en 1998).

■ **Histoire. 1502** découverte par le Portugais João da Nova Castella. **1633** annexée par Hollande. **1659** prise par Cie des Indes orientales anglaises. **1815**-*16-10*/**1821**-*5-5* louée au gouvernement français pour l'exil de Napoléon. **1834** cédée à la couronne britannique. **1857** la reine Victoria donne Longwood à la France.

■ **Statut.** *Colonie britannique.* **Gouverneur :** David Hollamby depuis 24-6-1999. **Conseils exécutif :** 8 m. (5 élus, 3 nommés) et le gouverneur ; **législatif :** 12 membres élus, 3 membres de droit. **Drapeau** (adopté 1984). Fond bleu. En haut et à gauche, drapeau du Royaume-Uni, armoiries de l'île (bateau, oiseau).

■ **Économie. PNB** (en 1999) : 4 920 $ par hab. **Agriculture.** Bananes, légumes. **Élevage** (en 1994). Volailles 8 814, caprins 1 203, ovins 1 051, bovins 673, porcins 622, ânes 415. **Forêts. Pêche** (en 1997). 847 t. **Timbres.**

■ **Commerce** (en milliers de £, 1994-95). **Export. :** poissons 199. **Import. :** 5 075 *dont* produits alim. 1 416, fuel 432. *Partenaires :* G.-B., Afrique du Sud.

DÉPENDANCES

■ **Ascension** (à 1 131 km au nord-ouest). 88 km². 1 049 hab. en 1999 (dont, en 1997, St-Héléniens 750, Américains 160, Britanniques 92). **1501** découverte le jour de l'Ascension. **1815-1922** inhabitée. **1922** annexée par G.-B. **Capitale :** *Georgetown.* Tortues vertes. *Relais* de télécommunications américaines.

■ **Tristan da Cunha** (à 2 600 km à l'ouest du Cap, 4 000 de Montevideo, 2 120 de Ste-Hélène). 98 km². 288 hab. en 1997, volcanique (alt. maximale 2 060 m). **1506**-*mars* découverte par le Portugais Tristão da Cunha. **1816**-*14-8* annexée par G.-B. *-28-11* occupée par garnison (5 officiers, 36 sous-officiers et soldats, avec leurs familles) par crainte d'un enlèvement de Napoléon. **1821** garnison évacuée à la mort de Napoléon ; 3 militaires reviennent. **1825** 25 hab. Célibataires, ils font venir 4 femmes de Ste-Hélène. **1880** 109 hab. (métis). **1927** 135 hab. **1938**-*1-12* dépendance de Ste-Hélène. **1961**-*10-12* les 280 hab. sont évacués en G.-B. (crainte d'éruption volcanique), reviennent (1963-67). **Pêche :** langoustines. **Dépendances :** *île Inaccessible* (10 km², pingouins), *île Nightingale* (2 km²), *île Gough* (91 km²), station météo. **Capitale :** *Edinburgh.*

SAINTE-LUCIE

Carte p. 895. V. légende p. 950.

■ **Situation.** Ile des Antilles. **Superficie :** 616,3 km². **Côtes :** 158 km. **Altitude** *maximale :* Mt Gimie 950 m. **Climat.** Doux ; temp. moy. 26 °C. *Pluies* de juin à nov.

■ **Population.** *2000 (est.) :* 161 000 hab. dont (en %) Noirs 90,3, métis 5,5, Indiens 3,2, Blancs 0,8, divers 0,1 ; *2025 (prév.) :* 210 000. **D.** 247. **Age :** *- de 15 ans :* 32,8 %, *+ de 64 ans :* 5,3 %. **Langues.** Anglais, patois français (kweyol). **Religions** (en %). Catholiques 90,5, anglicans 3,4, adventistes 2,4, baptistes 1,1, méthodistes 0,9, divers 0,1. **Capitale.** *Castries* (depuis 1786, appelée auparavant le « Carénage », et entre 1792 et 1796 la « Félicité ») : 59 788 hab. (en 1997).

■ **Histoire. 1502**-*13-12* découverte par Christophe Colomb. **1605-38** établissement anglais. **1650** devient française ; **1661** anglaise ; **1666** française. **1718** donnée par le Régent au Mal d'Estrées. **1722**-*déc.* occupation anglaise. **1723**-*janv.* Anglais chassés. **1778**-*14-12* seconde occupation anglaise. **1783** traité de Versailles : restituée à la France, sur l'insistance du Mal de Castries, ministre de la Marine. **1794** occupation anglaise. **1795** Anglais chassés. **1796** reprise. **1802** rendue à la Fr. **1814** *traité de Paris :* cédée à G.-B. **1838** esclavage aboli. **1956** autonomie. **1958-62** membre de la Fédération des Indes-Occidentales. **1967**-*1-3* État associé. **1979**-*22-2 indépendance.* **1980-81** troubles politiques. **1983**-*sept.* cyclone.

■ **Statut.** *Monarchie, membre du Commonwealth.* **Constitution** du 22-2-1979. **Chef de l'État :** reine Élisabeth II. **Gouverneur :** Pearlette Calliopa Louisy (née 8-6-1946) depuis 17-9-1997. **PM :** Kenny Anthony (né 8-1-1951) depuis 22-5-1997. **Sénat :** 11 membres dont 6 sur avis du PM, 3 sur avis du leader de l'opposition et 2 nommés par le gouv. **Assemblée :** 17 membres élus pour 5 ans.

■ **Élections du 23-5-1997 :** UWP 1 siège, SLP 16. **Drapeau** (adopté 1-3-1967). Fond bleu (mer), 3 triangles l'un sur l'autre : jaune, noir et blanc (2 pitons volcaniques émergeant du soleil levant).

■ **Partis. P. travailliste saint-lucien (SLP)** fondé 1946, *Pt :* Kenny Anthony. **P. uni des travailleurs (UWP)** fondé 1964, *Pt :* Vaughan Lewis.

■ **Économie. PNB** (en 1999) : 3 840 $ par hab. **Population active** (en %) **et**, entre parenthèses, **part du PNB** (en %) : agr. 30 (24), ind. 20 (26), services 50 (50). **Chômage :** 27 %. **Agriculture. Terres** (en %) : agricoles 35, urbanisées 10, bois 31, pâturages 15, bananes 9. **Production** (en milliers de t, 1999) : bananes 135 (15 % du PNB), mangues 27, noix de coco 18, tubercules 4, fruits 3, ignames, manioc. **Élevage** (en milliers de têtes, 1999). Volailles 200, porcins 15, ovins 13, bovins 12, caprins 10. **Pêche** (en 1997). 1 311 t. **Tourisme. Visiteurs** (en 1998) : 414 000. **Revenus :** 270 millions de $ (en 1997), 50 % du PNB.

■ **Commerce** (en millions de $). **Export./import. :** *1997 :* 61/332 (*exporte* huile de coco, papier, vêtements *vers* G.-B., USA).

SAINT-MARIN

Carte p. 1142. V. légende p. 950.

☞ *Abréviation :* St-M. : Saint-Marin.

■ **Nom.** Du diacre Marino qui fonda St-M. en 301.

■ **Situation.** Enclave en Italie, à 20 km de Rimini, dans les Apennins. 60,5 km². **Altitude** *maximale :* Titano 749 m. **Frontières :** environ 70 km. **Climat.** Continental (été 33 °C, hiver – 10 °C). **Population.** *2000 (est.) :* 27 000 hab. (12 500 citoyens vivent au-dehors : Italie, *France,* USA, Belgique). **D.** 430. **Langue.** Italien. **Religion.** Catholiques. **Capitale** (en 1997). *Saint-Marin* (San Marino) : 4 401 hab.

■ **Histoire. 301** fondé par Marino, diacre dalmate. **1000-1100** institué en commune. **1295-1302** 1er statut. **Vers 1440-63** république. St-M. participe aux guerres contre les Malatesta, seigneurs de Rimini, aux côtés des Montefeltro et des ducs d'Urbino. **1463** le pape Pie II reconnaît l'autonomie de St-M. **1627** traité de protection avec St-Siège. **1739-40** le pape Clément II refuse l'annexion de St-M. préparée par le cardinal Alberoni, légat de Romagne. **1849** Garibaldi réfugié politique. **1862**-*22-3* traité de bon voisinage avec Italie. **1943** accueille 100 000 réfugiés. **1957** crise politique dénouée après intervention discrète des USA et blocus de l'armée italienne au profit des démocrates-chrétiens et sociaux-démocrates. **1968** traité révisé avec Italie. **1971** retrouve droit de frapper monnaie. *-10-9* suppression des termes « amitié protectrice » dans la convention Italie/St-M. du 31-3-1939. **1986**-*26-8* gouvernement de compromis : démocrates-chrétiens/communistes. **1991**-*16-12* coopération et union douanière avec CEE. **1992**-*2-3* admis à l'Onu. *-23-9* au FMI.

■ **Statut.** *République* (la plus ancienne du monde). **Constitution** du 8-10-1600. **Grand Conseil** (Parlement : 60 m. élus pour 5 ans), élit tous les 6 mois 2 **capitaines régents** (au 1-10-2000 : Maria Domenica Michelotti et Gian Marco Marcucci), qui exercent le pouvoir exécutif avec le **Congrès d'État** (gouv., 10 membres). **Élections du 30-5-1993 : P. démocrate-chrétien** (fondé 1948, Cesare Antonio Gasperoni) 41,37 % ; **P. socialiste** (fondé 1990, Maurizio Rattini) 23,72 ; **P. démocrate progressiste** (fondé 1941, Claudio Felici) 18,56, **Alliance populaire des démocrates** 7,70 ; **Mouvement démocrate** 5,27 ; **Refondation communiste** 3,36.

■ **Fêtes nationales.** 3-9 (St-Marin), 5-2 (Ste-Agathe). **Drapeau** (adopté 6-4-1862). Bandes horizontales blanche (neige et nuages sur le Titano) et bleue (ciel). Au centre, armoiries : 3 citadelles du Titano couronnées de plumes d'autruche et entourées de laurier et de chêne.

■ **Noblesse.** Le Conseil a concédé des titres de 1621 à 1907, puis de 1928 à 1976. **Statistiques** (de 1861 à 1976) : 177 titres concédés [1 princesse (Pallavicini, en 1961), 12 ducs, 19 marquis, 76 comtes (dont en 1976 François Porteu de La Morandière), 4 vicomtes, 39 barons, 1 prédicat, 5 patriciens, 20 nobles (dont 73 héréditaires et 3 personnels conférés entre 1960 et 1975)].

■ **Économie. PNB** (en 1999) : 13 200 $ par hab. **Agriculture. Terres :** arables 6 000 ha, forêts 5 000, causses. Blé, vin. **Philatélie. Carrière :** pierre. **Industrie.** Textile, habillement, ciment, cuir, papier, céramique, tuiles, caoutchouc synthétique. **Union douanière** avec Italie. **Siège de sociétés.** *1986 :* 150 ; *1996 :* environ 1 000. **Tourisme** (en 1999). 3 080 000 visiteurs.

SAINT-VINCENT ET LES GRENADINES

Carte p. 895. V. légende p. 950.

■ **Situation.** Ile des Antilles dont dépendent certaines Grenadines [Bequia, Moustique (achetée vers 1960 par l'Anglais Colin Tennant au gouv. de St-Vincent), Canouan, Mayreau, Prune, Petit-St-Vincent, Union (10 km²)]. **Superficie :** 389,3 km² dont St-Vincent 344. **Altitude** *maximale :* volcan de la Soufrière 1 245 m (1979 éruption, destruction de 70 % de la prod. de bananes, 1 178 †). **Climat.** Tropical chaud. 20 à 32 °C.

■ **Population.** *2000 (est.) :* 118 000 hab. (avec dépendances), dont Noirs 65,5 %, métis 23,5, Indiens 5,5, Blancs 3,5, Amérindiens 2 ; *2025 (prév.) :* 130 000. **D.** 290. **Langue.** Anglais. **Religions** (en %). Chrétiens (protestants 81, cath. 13, autres 6). **Capitale** (en 1996). *Kingstown :* 16 132 hab.

■ **Histoire. 1498**-*22-1* découverte par Christophe Colomb. **1783** colonie britannique. **1956** autonomie. **1958-62** membre de la Fédération des Indes occidentales. **1969**-*26-10* État associé. **1979**-*27-10 indépendance. -5-12 élections :* Labour (Vincent Beache) 11 sièges. *-7-12* tentative de rébellion. **1981**-*29-7* échec coup d'État.

■ **Statut.** *Monarchie, membre du Commonwealth* depuis 27-10-1979. **Constitution** du 27-10-1979. **Chef de l'État :** reine Élisabeth II. **Gouverneur :** sir David Jack depuis 19-1-2000. **PM :** James F. Mitchell (né 15-5-1931) depuis

30-7-1984. **Assemblée :** 21 membres (15 élus, 6 nommés). **Élections du 15-6-1998 :** NDP 8 sièges, ULP 7.

■ **Fête nationale.** 27-10 (indépendance). **Drapeau** (adopté 12-10-1985). Bandes verticales bleue (ciel), jaune (soleil levant) portant 3 losanges verts posés en V (« Perles des Antilles ») et verte (végétation).

■ **Économie.** **PNB** (en 1999) : 2 780 $ par hab. dont (en %) agr. 28, ind. 22, services 50. **Croissance** (en %) : *1995 :* 4,4 ; *96 :* 3,3 ; *97 :* 1 ; *98 :* 5,1. **Population active** (en %, 1990) : agr. 35, ind. 15, services 50. **Agriculture.** **Terres cultivées :** 53 %. **Production** (en milliers de t, 1999) : bananes 52,8, canne à sucre 20, noix de coco 23, patates douces 1,9, plantain 1,7, coprah, cacao, café, amarante. Marijuana. **Élevage** (en milliers, 1999). Poulets 153 (en 1983), ovins 13, porcins 9, bovins 6, caprins 6. **Pêche** (en 1997). 1 410 t. **Tourisme** (en 1997). **Visiteurs :** 65 000.

■ **Commerce.** **Export./import.** (en millions de $, 1998) : 49/201 (*exporte* bananes, patates douces).

SALOMON (ILES)

Carte p. 1284. V. légende p. 950.

■ **Nom.** Selon une légende, au large de l'Amérique du Sud il y avait des îles très riches : les îles du roi Salomon.

■ **Situation.** Pacifique (1 600 km à l'est de la Nlle-Guinée ; 2 575 km au nord-est de l'Australie). **Superficie :** 27 556 km^2. 992 îles et îlots dispersés sur environ 1 500 km ; surface maritime : 1 million de km^2. **Côtes :** 5 313 km. **Climat.** *Temp. moy.* 26 °C. *Pluies* 3 000 à 3 500 mm.

■ **Population.** *2000 (est.) :* 444 000 hab. dont (en %) Mélanésiens 94, Polynésiens 4, Gilbertiens 1, Européens 1 ; *2025 (prév.) :* 900 000. **Réfugiés** (en 1999) : 32 000 déplacés. **D.** 15,6. **Age :** *– de 15 ans* : 43,79 %. **Espérance de vie** (en 1998) : 72 ans. **Langues.** Anglais *(officielle),* pidgin english, environ 87 langues indigènes. **Religions.** 95 % de chrétiens (anglicans 35 %, catholiques 19 %, évangélistes 17 %, United Church 11 %, adventistes 10 %). **Capitale.** *Honiara :* 40 000 hab.

■ **10 grandes îles** dont **Guadalcanal** (6 475 km^2, alt. maximale Mt Makarakombou 2 330 m) 40 000 hab., **Malaita** (4 900 km^2) 80 000 hab., **San Cristóbal** (3 230 km^2), **New Georgia** (5 024 km^2), **Santa Isabel** (4 122 km^2), **Choiseul** (3 294 km^2), **Shortland** (340 km^2), **Mono** ou **Trésor** (80 km^2), et 4 groupes de petites îles.

■ **Histoire.** **1568** découvertes par Alvaro de Mendaña. **1885** conquête allemande. **1893-99** protectorat britannique. **1942** occupation japonaise. *-Août* débarquement américain à Guadalcanal. **1960** création d'un Conseil exécutif et législatif. **1973** élections (*Mamaloni,* chef du People's Progressive Party, devient PM). **1976**-*2-1* autonomie interne. **1978**-*7-7* indépendance. **1989-97** alternance de 2 PM : *Solomon Mamaloni,* (né 1943) et *Francis Billy Hilly* (né 1947). **1997**-*6-8 Bartholomew Ulufa'Alu* PM. **1999-2000** Guadalcanal, lutte (pour qu'on leur restitue leurs terres) du mouvement de libération d'Isatabu (IFM), voulant chasser les immigrés venus de Malaita, contre Forces de l'Aigle de Malaita (MEF) : 60 †. **2000**-*juin* Malaita Eagle Force volent les armes de la police et obligent le PM Bart Ulufa'Alu à démissionner. Cessez-le-feu. *-30-6 Mannasseh Sogavare* (né 1954) PM. *-Oct.* accord de paix.

■ **Statut.** *Monarchie, membre du Commonwealth.* **Constitution** du 7-7-1978. **Reine :** Élisabeth II. **Gouverneur** (nommé pour 5 ans par la reine) : sir John Lapli depuis 7-8-1999. **PM** et **ministres** élus : parmi les membres du Parlement. **Chambre :** 50 membres élus pour 4 ans.

■ **Fête nationale.** 7-7 (indépendance). **Drapeau** (adopté 18-11-1977). Triangles bleu (mer), portant 5 étoiles blanches (groupes d'îles) et vert (terre) séparés par une bande jaune (soleil levant).

■ **Économie.** **PNB** (en 1999) : 740 $ par hab. **Population active** (en %) **et,** entre parenthèses, **part du PNB** (en %) : agr. 74 (64), mines 1 (1), ind. 5 (5), services 20 (30). **Inflation** (en %) : *1993 :* 7 ; *94 :* 13,7 ; *95 :* 7,9 ; *96 :* 7,2 ; *97 :* 8,1 ; *98 :* 12,4 ; *99 :* 8,3. **Aide extérieure** (en 1997) : 133 millions de $. **Agriculture.** **Terres cultivées :** 2 %. **Production** (en milliers de t, 1997) : noix de coco 225, patates douces 63, coprah 27, huile de palme 26, cacao 3, ignames. **Élevage** (en 1999). Porcins 58 000, bovins 10 000. **Forêts** (en 1998). 872 000 m^3. 93 % des terres. Abattage massif par Stés japonaises, coréennes, malaises. **Pêche** (en 1997). 53 431 t. Coquillages, peaux de crocodile. **Mines.** Phosphate, bauxite, or (18 kg en 1995), argent (70 kg/an). **Tourisme.** **Visiteurs** 16 000 (en 1997). *Saison touristique :* décembre à mars.

■ **Commerce** (en millions de $). **Export./import. :** *1995 :* 168/154 ; *96 :* 162/151 ; *97 :* 173/170 ; *98 :* 142/160.

■ **Rang dans le monde** (en 1999). 29e cacao.

SALVADOR (EL)

Carte p. 1106. V. légende p. 950.

☞ *Abréviation :* El S. : El Salvador.

■ **Nom.** Donné en l'honneur du Très Saint Sauveur.

■ **Situation.** Amér. centrale. **Superficie :** 21 040,79 km^2 dont lacs intérieurs 247 km^2. **Longueur :** 175/225 km. **Largeur :** 75/110 km. **Côtes :** 307 km. **Frontières** (en km) : Honduras 342, Guatemala 203. **Régions :** plaines basses 12 %, montagne 88 % (90 % du sol d'origine volcanique). **Climat.** Tropical : saison sèche (nov.-avril), humide (mai-oct.). Humidité de l'air 71 à 81 %. *Tierras calientes* (0 à 800 m) 22 à 28 °C ; *tierras templadas* (800-1 200 m) 19 à 22 °C ; *tierras frias* (1 800-2 700 m) 16 à 19 °C.

■ **Population** (en millions d'hab.). *1961 :* 2,51 ; *71 :* 3,55 ; *92 :* 5,6 ; *2000 (est.) :* 6,32 dont (en %, 1990) métis 89, Indiens 10, Blancs 1 ; *2025 (prév.) :* 9. **D.** 288. **Age :** *– de 15 ans* : 38 %, *+ de 64 ans* : 5. **Taux** (‰, 1999) : *natalité* 29, *mortalité* 5 (infantile 35). **Espérance de vie** (en 1999) : *h.* 67, *f.* 73 ans. **Analphabètes** (en 1993) : 22 %. **Émigrés :** 1 500 000 ? **Réfugiés :** 400 000, dont du Honduras 40 000, Nicaragua 20 000, Costa Rica 10 000, Bélize 1 000. **Villes** (en 1995). 262, dont *San Salvador* (alt. 700 m) 610 700 hab., Santa Ana 202 337 (en 1992) (à 66 km), San Miguel 182 817 (en 1992) (à 138 km), San Vicente 168 000.

■ **Langues.** Espagnol *(officielle),* nahuatl. **Religions.** Catholiques 75 %, protestants (mormons, témoins de Jéhovah, évangélistes).

■ **Histoire.** **1523** conquis par l'Espagnol Pedro de Alvarado. **1821**-*15-9 indépendance.* **1823-39** fait partie de la Fédération d'Amér. centrale. **1841** *république.* **1932** révolte paysanne réprimée par Gal Martínez (30 000 †). **1961-64** membre du Marché commun centraméricain. **1962**-*1-7* **Cel Julio Rivera Carballo** (1921-73) Pt. **1967**-*1-7* **Gal Fidel Sanchez Hernandez** Pt. **1969**-*juillet* guerre de 5 jours avec Honduras (suite à l'expulsion de Salvadoriens vivant au Honduras) : 5 000 †. **1970** zone démilitarisée entre El S. et Honduras. **1972**-*20-2* élections truquées. *-25-3* coup d'État du Cel Benjamin Mejia échoue (environ 200 †). *-Juin* José Napoleón Duarte exilé. *-1-7* **Cel Arturo Molina Barraza** (né 1927) Pt. **1974-81** luttes sociales ; milices privées. **1977**-*1-7* **Gal Carlos Romero Mena** (né 1924) Pt ; l'opposition dénonce les irrégularités : 6 † (200 selon l'opposition). **1979**-*20-1 :* 5 †. *-1-2* attentat (ERP) : 16 †. *-4-5/1-6* ambassadeur de Fr. Michel Dondenne et ses collaborateurs pris en otage à l'ambassade par le BPR (Bloc populaire révolutionnaire). Libérés ; les révolutionnaires peuvent partir pour Panamá. *-11-5* ambassadeur du Venezuela et ses collaborateurs pris en otage (s'évadent 20-5). *-15-10* coup d'État militaire. Romero renversé ; junte (**Adolfo Majano-Ramos** (né 1938) et **Jaime Gutierrez**). *-28-11* ambassadeur d'Afr. du S. enlevé. **1980**-*3-1* junte militaire démocrate-chrétienne. Ambassadeurs de Panamá et Costa Rica enlevés. *-22-1* commémoration de la révolte de 1932 (21 †) ; fusillade (environ 67 †). *-5-2* prise d'otages à l'ambassade d'Esp. par la guérilla. *-6-3* état de siège : réformes agraires *-7-3* nationalisation banques, café et sucre. *-23-3* Mgr Oscar Arnulfo Romero (né 1917), archevêque de San Salvador : un soldat n'est pas obligé d'obéir à un ordre de tuer ; *-24-3* tué par terroristes de droite (en févr. 1989, Roberto d'Aubuisson sera mis en cause, puis acquitté). *-30-3* obsèques, fusillade (50 †). *-30-10* paix avec Honduras. *-13-12* **José Napoleón Duarte-Fuentes** (1925-90) (23-11-1925/23-2-1990) Pt. **1981**-*janv.* guérilla (plus de 1 000 †). *-1-10* offensive, échec. **1982**-*28-3 élections* Constituante : démocratie chrétienne 24 sièges, coalition d'extrême droite du major Roberto d'Aubuisson 36 (dont Arena 19). *-1-5* **Alvaro Magaña-Borjo** (né 1925, MNR) Pt provisoire. *-Déc.* Pt remplace Pt José Napoleón Duarte. **1983**-*6-1* mutinerie du Lt-Cel Sigfrido Ochoa-Pérez dans le N. *-Mars* offensive antiguérilla région de Guazapa. *-6-3* visite Jean-Paul II. *-Déc.* guérilla prend caserne El Paraiso (100 soldats †). **1984**-*6-5* **José Napoleón Duarte** Pt. *-15-10* La Palma, rencontre Duarte/guérilla (Guillermo Ungo, Ruben Zamora) ; *-30-11 :* 2e rencontre. **1985**-*5-1* Pedro René Yánes, conseiller du Pt, tué par l'extrême droite. *-24-10* Inès Duarte, fille du Pt, libérée 44 jours après enlèvement en échange de guérilleros invalides et 22 prisonniers politiques. **1986**-*10-10* séisme (1 000 à 1 500 †). **1987**-*31-3* guérilla tue environ 100 soldats (à El Paraiso). **1989**-*24-1* guérilla propose de participer à l'élection présidentielle (y renonce 10-3 et demande boycott 16-3). *-19-3 présidentielle :* 45 à 50 % d'abstentions ; dans 10 % des communes, vote empêché par affrontements (43 † : 29 rebelles, 10 militaires et 4 civils), **Alfredo Cristiani-Burkard** (né 1947) élu. *-15-4* Madeleine Lagadec, infirmière française, assassinée. *-Nov.* 3 000 † (guérilla 1 600, soldats 400, civils 1 000), la guérilla occupe le Sheraton de San Salvador quelques jours, (en sept. 1990, procès Cel Guillermo Benavides, condamné 24-1-1992 à 30 ans de prison). *-16-11 :* 6 jésuites espagnols tués par militaires. **1990**-*12-1* Hector Oqueli, secrétaire gén. adjoint MNR, assassiné au Guatemala. *-Nov.* guérilla (100 †). **1991**-*1-1* hélicoptère américain abattu (3 †). *-2-3* guérilla attaque barrage (capitale privée d'électricité). *-10-3 législatives :* Arena perd majorité absolue. *-10/14-7* offensive guérilla. *-13-9* trêve du FMLN sous égide Onu. *-17-12* rompue. *-19-12* FMLN abat hélicoptère hondurien (9 †). **1992**-*16-1* accords de paix *(traité de Chapultepec)* : armée (55 000 à 63 000 h.) réduite de 50 % (sur 2 ans) et structure militaire FMLN démantelée (du 1-2 au 31-10), armes rendues devant observateur Onu. *-23-1* accord gouv./guérilla sur amnistie. *-11-9* différend avec Honduras sur accès au Pacifique réglé. *-15-12 fin officielle de la guerre civile.* Selon Onu, 106 assassinats de juin 1992 à janv. 1993. **1993**-*6-2* armée réduite à 31 500 h. *-23-3* amnistie des militaires accusés d'atrocités (votée par 47 voix sur 84). *-18-11* mutinerie prison (27 †). **1994**-*24-2* mutinerie prison (7 †). *-20-3 présidentielle* (1er tour), *législatives* (84 députés du Congrès, 20 du Parlement centraméricain) et *municipales* (262 maires) ; surveillance de 3 000 observateurs internationaux et 12 000 policiers. *-24-4 :* 2e tour *présidentielle ;* **Armando Calderón Sol** (né 24-6-1948, Arena) élu Pt (68,32 %) devant Ruben Zamora (FMLN, 31,68 %), en fonctions 1-6. *-27/28-9 :* 300 anciens soldats prennent en otages 27 députés au Parlement ; réclament des terres et des indemnités de démobilisation. **1995**-*25/26-1* nouvelle occupation. *-30-4 Onusal,* présente depuis juillet 1991, remplacée par *Minusal* (Mission des Nations unies pour l'accompagnement des accords de paix au Salvador). *-5-8* PC (fondé mars 1930) se dissout. *-15-12* Ramon Salazar (direction du FLMN) assassiné. **1996**-*8-2* visite de Jean-Paul II. **1998**-*nov.* cyclone *Mitch* (240 †, 155 disparus, 59 000 sans-abris). **1999**-*1-6* **Francisco Guillermo Flores Perez** (né 17-10-1959) élu Pt 7-3 (51,99 %). **2001**-*1-1* $ US adopté. *-13-1* séisme (7,6), 827 †, 2 000 disparus. *-13-2* séisme (6,6), 274 †.

☞ **Bilan de la guerre :** *de 1980 à 1992 :* 80 000 † (dont *1980-81 :* 33 000 †, 7 000 disparus). DÉPLACÉS : 350 000 à 1 000 000. DÉGÂTS : 2 milliards de $.

■ **Statut.** *République.* **Constitution** du 20-12-1983, modifiée avril 1991 (type présidentiel). **Pt** élu pour 5 ans au suffrage univ. **Assemblée législative :** 84 membres élus pour 3 ans au suffrage univ. **Élections du 12-3-2000 :** FMLN 31 sièges, Arena 29, divers 24.

■ **Fête nationale.** 15-9. **Drapeau** (adopté 17-5-1912). Bleu, blanc, bleu, avec armoiries [triangle maçonnique (égalité), 5 volcans (5 provinces) portant le cap de la Liberté entourés de 5 drapeaux, de la devise « Dieu, Union, Liberté » et d'une guirlande de feuilles et de fleurs.

■ **Partis.** **Alliance républicaine nationaliste (Arena)** fondée 1981 par Roberto d'Aubuisson (1944-92) dirigeant présumé des escadrons de la mort, *Pt :* Alfredo Christiani Burkard. **P. de conciliation nationale (PCN)** fondé 1961, *Pt :* Francisco José Guerrero. **P. démocrate-chrétien (PDC)** fondé 1960 par José Napoléon Duarte (1925-90), *secr. gén. :* Ronald Umaña, 150 000 m. **Convergence démocratique (CD),** *coordinateur :* Juan José Martell. **Mouvement de l'unité (MU),** parti neutre lié à la mouvance évangéliste. **Front Farabundo-Marti de libération nat. (FMLN)** fondé 10-10-1980, *Pt :* Facundo Guardano. Devient parti 23-5-1992. Regroupe 20 organisations marxistes-léninistes, 8 000 combattants environ (démobilisés) [dont *Armée révolutionnaire du peuple* (ERP) 4 000 h., Joaquín Villalobos, *Forces populaires de libération* (FPL) 3 000 h., *Forces armées de résistance nat.* (Farn) 2 000 h. *Parti révolutionnaire des travailleurs d'Amér. centrale* (PRTC), Roberto Roca, *Forces armées de libération* (FAL, nom de guerre PC), Shafick Handal]. **Front démocratique révolutionnaire (FDR)** regroupe partis de gauche, « organisations populaires » liées à guérilla, associations, syndicats, etc. FMLN et FDR coordonnent en principe leur action [Direction révolutionnaire unifiée (DRU)]. **P. démocrate,** *leader :* Joaquín Villalobos ; depuis mars 1995, animé par les Forces populaires de libération (FPL), le P. communiste et le P. des travailleurs centraméricains (PRTC) : **Expression rénovatrice du peuple (ERP), Résistance nationale (RN)** fondée le 28-3-1995, avec le MNR (Mouvement national révolutionnaire, fondé 1967). **P. de rénovation social-chrétien** fondé 5-3-1995, *leader :* Abraham Rodriguez.

■ **Économie.** **PNB** (en 1999) : 1 960 $ par hab. **Croissance** (en %) : *1995 :* 6 ; *96 :* 2,1 ; *97 :* 4 ; *98 :* 3,5 ; *99 :* 2,6 ; *2000 (est.) :* 2. **Pop. active** (en %) **et,** entre parenthèses, **part du PNB** (en %) : agr. 50 (10), ind. 18 (24), services 32 (66). *Salaire minimal journalier :* zone urbaine 3 $, campagne 1,5. **Chômage :** *1999 :* 8 %, mais 40 à 50 % sous-employés. **Population sous le seuil de pauvreté :** 48 %. **Inflation** (en %) : *1990 :* 19 ; *91 :* 14,4 ; *92 :* 11,2 ; *93 :* 18,5 ; *94 :* 9,6 ; *95 :* 11,4 ; *96 :* 7,4 ; *97 :* 2,5 ; *98 :* 2,5 ; *99 :* 0,5. **Dette extérieure** (en milliards de $) : *1993 :* 1,9 ; *95 :* 2,2 ; *99 :* 3,5. **Transferts des émigrés aux USA :** 1 milliard de $ (en 1999). **Agriculture.** **Terres** (en %) : arables 27, cultivées 8, irriguées 5, pâturages 29, forêts 6. **Production** (en milliers de t, 1999) : canne à sucre 5 500, maïs 684 (45 % des terres), sorgho 218,6 (en 1995), café 144, riz 60, haricots 51, coton 4. **Élevage** (en milliers de têtes, 1999). Poulets 6 000, bovins 1 141, porcins 335, chevaux 96, mulets 24, caprins 15. **Forêt** (en 1998). 5 129 000 m^3. **Pêche** (en 1997). 10 636 t (pêche industrielle, dont crevettes 85,5 %). **Mines.** Or, argent, mercure, zinc, sel (0,1 % du PNB). **Énergie.** **Production d'électricité** (en milliards de kWh) : *1997 :* 3,64 dont hydraulique 32,8 %. **Industrie.** Agroalimentaire, confection, boissons, pétrole, chimie, meubles, chaussures (Bally, Hush Puppies), tabac. **Transports** (en km). **Routes :** 9 977 ; **voies ferrées :** 602. **Aéroport international** de Comalapa. **Voitures immatriculées :** 308 695. **Tourisme** (en 1997). 385 000 visiteurs.

■ **Commerce** (en milliards de $). **Export./import. :** *1996 :* 1,02/2,57 ; *97 :* 1,36/2,97 ; *98 :* 1,13/3,11 ; *99 :* 1,16/3,3 (*exporte* café, sucre, crevettes).

■ **Rang dans le monde** (en 1999). 14e café.

SAMOA OCCIDENTALES

Carte p. 898. V. légende p. 950.

■ **Situation.** Océanie, au sud des îles Phoenix. **Superficie :** 2 831 km^2. **Iles :** 9 dont Savaii 1 708 km^2 et Upolu 1 123 km^2, Manono, Apolina. **Côtes :** 403 km. **Altitude** *maximale* : 1 876 m. **Climat.** *Temp. moy.* 26,3 °C ; *pluies :* 2 852 mm/an.

■ **Population.** *2000 (est.) :* 174 000 hab. dont (en %) Polynésiens 88, métis 10, Européens 2 ; *2025 (prév.) :* 300 000. **D.** 61,5. **Espérance de vie** (en 1998) : 71 ans. **Capitale.** *Apia* sur Upolu : 34 126 hab. (en 1991). **Émigration** importante. **Langues.** Anglais, samoan *(officielles).*

■ **Religions** (en %). Protestants 70, cath. 20.

■ **Histoire.** **1722** découvertes par Hollandais Roggeveen. **1768** visitées par Bougainville et **1787** La Pérouse. **1830** évangélisation. **1880-1914** colonie puis protectorat allemand. **1899** *traité de Berlin : zone occidentale* influence allemande, *orientale* américaine. **1914** occupation néo-zélandaise. **1920** mandat néo-zélandais sur partie allemande. **1962**-*1-1 indépendance.* **1991** vote à 21 ans.

■ **Statut.** *Royaume, État membre du Commonwealth.* **Constitution** du 28-10-1960. **Chef d'État** *(O le Ao O le Malô)* : roi Malietoa Tanumafili II (né 4-1-1913) depuis 1-1-1962 ; à sa mort, la royauté sera abolie et son successeur élu par l'Assemblée pour 5 ans. **PM :** Tuilaepa Sailele Malielegaoi (né 1945) depuis 23-11-1998. **Assemblée législative :** 49 membres [47 élus par collèges des chefs *(mataï ;* 25 000 votants) et 2 au suffrage univ. pour 5 ans]. **Élections d'avril 1996 :** P. des droits de l'homme 28 sièges, P. du devenir nat. 14, Indépendants 7.

■ **Fête nationale.** 1er juin. **Drapeau** (adopté 1-1-1962). Rouge (courage), carré bleu (liberté), avec 5 étoiles blanches (Croix du Sud).

■ **Économie. PNB** (en 1999) : 1 050 $ par hab. **Population active** (en %) **et,** entre parenthèses, **part du PNB** (en %) : agr. 58 (31), ind. 10 (13), services 32 (56). **Inflation** (en %) : *1995 :* 1,1 ; *96 :* 3,5 ; *97 :* 10,5 ; *98 :* 2,2 ; *99 :* 9. **Aide extérieure** (en 1998) : 148 millions de $. **Transferts des émigrés :** 2/3 du PNB. **Agriculture** (en 1995). **Terres cultivées :** 42 %. **Production** (en milliers de t, 1996) : noix de coco 130, taro 37, coprah 11, bananes 10, papayes 10. **Élevage** (en milliers de têtes, 1999). Poulets 1 000, porcins 179, bovins 26, chevaux 3. **Forêts** (en 1998). 131 000 m³. **Pêche** (en 1997). 4 590 t. **Tourisme** (en 1997). 68 000 visiteurs.

■ **Commerce** (en millions de $). **Export./import. :** *1996 :* 10/100 ; *97 :* 15/97 ; *98 :* 15/97 ; *99 :* 20/115.

SÃO TOMÉ-ET-PRÍNCIPE

Carte p. 1192. V. légende p. 950.

■ **Nom.** *St Thomas :* découverte 21-12-1471 (jour de la St-Thomas) par Pedro Escobar et João de Santarem. *Principe* (île du Prince) : donné en l'honneur du Pce Alphonse, futur roi du Portugal (Alphonse V).

■ **Situation.** Afrique. **Superficie :** 1 001 km² (dans le golfe de Guinée à 200 km de la côte). 2 îles (distantes de 145 km) : *São Tomé* 836 km², *Príncipe* 128 km², et quelques îlots. **Côtes :** 209 km. **Altitude** *maximale :* Pic de São Tomé 2 024 m. Jungle montagneuse et cultures. **Climat.** Chaud et humide (27 °C).

■ **Population.** *2000 (est.) :* 149 000 hab. dont Forro (São Tomé), Monco (2 000 hab., Principe), Angolar (10 000 hab., Angola-Congo), Tonga (métis Forro-immigrés) et Capverdiens. **D.** 142. **Langue.** Portugais *(officielle).* **Religion.** Catholiques (82 %). **Capitale.** *São Tomé :* 43 420 hab. (est. 1991).

■ **Histoire. 1493** colons venus de Madère introduisent l'esclavage et la canne à sucre. **1522-1974** colonie puis TOM portugais. **1800** introduction du caféier. **1876** abolition de l'esclavage. **Vers 1900** introduction du cacaoyer. **1973**-*mars* création d'une Ass. législative. **1974**-*25-11* accord avec Port. pour l'indépendance. **1975**-*12-7 indépendance.* **Manuel Pinto da Costa** (né 1940) Pt, réélu 30-9-85 (exilé en Angola 1991-93). **Tentatives de coup d'État :** 1978, 1979, 8-3-1988 (2 †). Influence soviétique jusqu'en 1990. **1990**-*22-8 :* 72 % de oui au référendum sur Const. instaurant multipartisme. **1991**-*20-1 :* 1res élect. multipartites. -*3-4* **Miguel Trovoada** (né 27-12-1936) Pt (élu 3-3). -*31-12* départ des derniers soldats angolais (présents depuis 1978). **1995**-*15-8* coup d'État militaire, Trovoada arrêté (libéré 18-8). -*22-8* amnistie. -*30-12* **Armindo Vaz d'Almeida** PM. **1996**-*21-7* Trovoada réélu Pt avec 52 % des voix. -*19-11* **Raúl Bragança Neto** PM. **1998**-*nov.* **Guilhermo Posser da Costa** (né 1945) PM.

■ **Statut.** *République démocratique.* **Constitution** du 10-9-1990. **Pt** élu au suffrage universel pour 5 ans. **Assemblée :** 55 membres élus pour 4 ans au suffrage universel. **Élections du 8-11-1998 :** victoire du P. social-démocrate [(PSD) ex-Mouv. de libération de São Tomé et Principe (MLSTP) *fondé* 1972, parti unique jusqu'en 1990)] avec 31 sièges *Pt :* Francisco Fortunato Pires. Autres partis : Action démocratique indépendante, P. de convergence démocratique, Coalition démocratique de l'opposition.

■ **Fêtes nationales.** 15-9 (déclaration de l'indépendance), 5-11 (1er cri d'indépendance). **Drapeau** (adopté 5-11-1975). Bandes horizontales verte et jaune avec 2 étoiles noires (les 2 îles) ; triangle rouge (guerre d'indépendance).

■ **Économie. PNB** (en 1999) : 290 $ par hab. **Population active** (en %) **et,** entre parenthèses, **part du PNB** (en %) : agr. 82 (70), ind. 3 (5), services 15 (25). **Dette extérieure** (en millions de $) : *1994 :* 225 ; *98 :* 320. **Agriculture. Terres cultivées :** 37 %. **Production** (en milliers de t, 1999) : noix de coco 26, bananes 13,5, cacao 4 [10 en 1975 (soit 60 kg par hab., record du monde)], coprah 0,5, café. **Élevage** (en milliers de têtes, 1999). Poulets 100 (en 1983), chèvres 5, bovins 4, ovins 3, porcins 2. **Pêche** (en 1997). 3 338 t. **Zone franche** sur l'île de Principe, créée en 1996. **Pétrole.** Réserves offshore. **Tourisme** (en 1997). 2 000 visiteurs.

■ **Commerce** (en millions de $). **Export./import. :** *1994 :* 41/12 ; *95 :* 9/46 ; *96 :* 11/42 ; *97 :* 11/40 ; *98 :* 11/16.

■ **Rang dans le monde** (en 1999). 25e cacao.

SÉNÉGAL

V. légende p. 950.

☞ *Abréviation :* S. : Sénégal.

■ **Nom.** Du fleuve [adjectif latin *senegale,* tiré de Zenaga ou Sanhadja, nom des Berbères sahariens ou de Sunu Gaal (en wolof : « notre pirogue »)].

■ **Situation.** Afrique. **Superficie :** 196 722 km². **Frontières** (en km) : Gambie 740, Guinée 330, Guinée-Bissau 338, Mali 419, Mauritanie 813. **Côtes :** 531 km. **Altitude** *maximale :* 581 m. **Régions :** *côtière* large de 100 à 120 km ; *Casamance* au sud de l'enclave de la Gambie, plus humide [28 350 km², 975 722 hab. ; divisée depuis 1984 en basse Casamance (Ziguinchor), 300 252 hab. (Diolas 60,7 %, Mandingues 9,3, Peuls 8,8, Wolofs 4,8) et haute Casamance (Peuls 31 %, Diolas 29, Mandingues 14, Wolofs 3,4)]. *Centre-nord* très sec (plaines du Ferlo, brousse très claire à épineux) ; *sud-est* plus vallonné ; *vallée du Sénégal* longue, étroite, avec décrues. **Climat.** Tropical, saison des pluies, chaude (juillet-oct.) ; sèche (nov.-mai). *Températures à Dakar :* 23,8 °C (janv. 21,1 °C, juillet 27,3 °C).

■ **Population** (en millions d'hab.). *1988 (27-5)* 6,92 ; *2000 (est.) :* 9,49 ; *2025 (prév.) :* 17. **D.** 48,2. Dont (en %) Wolofs 43,7 (fonctionnaires, instituteurs, cultivateurs, commerçants ; surtout dans les régions de Dakar et du bassin arachidier : Diourbel, Louga), Toucouleurs (rive gauche du Sénégal entre Podor et Matam) et Peuls (gardiens de troupeaux, agriculteurs) 23,2, Sérères 14,8 (agriculteurs, régions de Thiès, Fatick et Kaolack), Diolas 8, Mandingues 5, Bainouks et Balantes 3 (en 81) [régions de Ziguinchor et Kolda], Lébous (région de Dakar, pêcheurs), Sarakollé, Bambaras, Maures, Bassaris, Coniaguis. **Age :** *- de 15 ans :* 44,6 %, *+ de 64 ans :* 3,1 %. **Espérance de vie** (en 1999) : 53 ans. **Mortalité** *infantile* (en 1999) : 68 ‰. **Réfugiés** (en 1999) : 42 000 dont 40 000 de Mauritanie. **Immigration :** Guinéens 220 000, Mauritaniens 130 000 en 1990 (200 à 300 000 avant avril 1989), Libanais 30 000, *Français 16 000* (en 1988). **Pop. urbaine** (en 1998) : 46 %. **Villes** (aggl., en 1998). *Dakar* 1 920 000 hab., Thiès 320 000 [à 70 km], Kaolack 200 000 [192 km], St-Louis 180 000 (264 km), Ziguinchor 148 831 (en 1992) (454 km), Diourbel 73 000 (en 1984).

■ **Langues.** Français *(officielle),* wolof (80 %). **Analphabètes** (en 1999) : 48,9 %. **Religions** (en %). Musulmans 84 (plusieurs confréries : mouridisme (créé par cheikh Amadou Bamba, † 1927), tidjanisme ou Niassene, Khadria, Layenne), catholiques 6 (300 000), animistes 7.

■ **Histoire.** **Xe s.** siège du royaume de Tekrour ou Tokoror (francisé en Toucouleur). **XIe s.** Toucouleurs deviennent musulmans. Nar Diabi fonde (dans le Fouta) dynastie des Mannas qui, après 3 siècles, sont renversés par les Tondions, amis vassaux des Mandingues. **XIVe s.** *apogée de l'empire mandingue.* **XVe s.** les roy. sérère et wolof se détachent du Tekrour, d'autres divisions surviennent (*1559* le Cayor quitte l'empire wolof). **1445** le Portugais *Gadamosto* découvre cap Vert et s'installe à Gorée. **1659** des Français fondent St-Louis et s'installent à Gorée et en Casamance (traite des Noirs et trafic de gomme arabique). **1814** *traité de Paris* accorde à la Fr. monopole du commerce avec le S. **1854-65** *Gal Louis Faidherbe* (1818-89 ; gouverneur 1854-61 et 1863-65) soumet l'intérieur (repousse Maures au nord du fleuve Sénégal et Toucouleurs d'El Hadj Omar). **1857** Leopold Auguste Protet (1808-62 ; amiral 1860) fonde Dakar. **1885**-*6-7* ch. de fer Dakar-St-Louis inauguré. **1886** Lat Dior dernier damel (roi) du Cayor tué. -*12-5* accord franco-portugais. **1888**-*22-4* Fr. prend possession de Ziguinchor. **1898** conquête achevée. **1903** sécurité établie. **1924** Casamance pacifiée. **1943** Alinsitoe Diatta (employée de maison) cristallise la résistance diola à Cabrousse en Casamance, -*28-1* se livre († 22-5-1944 ? déportée près de Tombouctou). **1944**-*1-2* Thiaroye : massacre. **1958**-*25-11* rép. autonome. **1959**-*4-8* adhère à *Fédération du Mali.* **1960**-*4-4* accords d'*indépendance* signés à Paris. -*26-4* accord France/Port. sur frontière maritime avec Guinée-Bissau. -*20-6 indépendance en union avec Mali.* -*20-8* quitte Fédération du Mali.

1960-*5-9* **Léopold Sédar Senghor** (né 9-10-1906, connu aussi comme poète, élu mai 1983 à l'Académie française) Pt. **1962**-*11-12* coup d'État échoué ; Pt du Conseil *Mamadou Dia* (né 1910) arrêté (libéré mars 1974). **1964** dissolution du FNS. **1966** UPS parti unique. **1968**-*mai* manif. d'étudiants (29-5 : 1 †). **1969**-*11/23-6* état d'urgence. **1970**-*févr. Abdou Diouf* PM. **1974**-*août* pluripartisme rétabli. **1976**-*déc.* UPS devient PS. **1978**-*26-2* Senghor réélu Pt (82,02 % des voix) contre Abdoulaye Wade (PDS) [17,38 %]. **1980**-*31-12* Senghor démissionne.

1981-*1-1* **Abdou Diouf** (né 7-9-1935) Pt. -*26-5* loi instaurant pluralisme. -*30/31-7* intervention en Gambie sur demande du Pt gambien. -*17-12 Confédération de Sénégambie* créée. **1981**-*janv.*/**83**-*avril* **Habib Thiam** (né 21-1-1933) PM. **1982**-*24/25-5* visite Pt Mitterrand. **1983**-*27-2* Diouf réélu Pt. -*Avril* **Moustapha Niasse** PM. **1987**-*févr.* agitation étudiante. -*Avril* rébellion policière, 6 000 policiers mis à pied. **1988**-*28-2* Diouf réélu Pt (73,2 % des voix ; Abdoulaye Wade 25,8 %). -*29-2* Wade arrêté. -*1-3* état d'urgence (levé 18-5). -*Mai* Wade condamné à 1 an de prison avec sursis. **1989**-*avril* conflit pasteurs/paysans. 2 gardes forestiers mauritaniens tuent 2 Sénégalais : protestation sénégalaise ; meurtres de centaines de Sénégalais en Mauritanie et de Mauritaniens au S. Rapatriements croisés : 150 000 personnes. -*22-5* relations diplomatiques rompues avec Mauritanie (revendications communes sur rive droite du S.). -*Mai/juin* exode de Mauritaniens noirs au S. -*19-6* Abdul Ahad Mbacké, calife général de la confrérie soufie des Mourides, meurt. -*31-7* conflit de frontière maritime avec Guinée-Bissau. -*30-9* Conféd. sénégambienne dissoute. **1990** Noirs voulant s'infiltrer en Mauritanie : 5 à 10 † par semaine. -*14-11* manif. à Dakar. -*25-11 municipales* et *rurales.* **1991**-*7-4* **Habib Thiam** PM. Entrée de l'opposition au gouv. **1992**-*19/23-2* visite Jean-Paul II. -*25-3* camion d'ammoniaque explose (80 †). **1993**-*21-2* Diouf réélu Pt (58,4 %, Wade 32,03, Landing Savané 2,91, Abdoulaye Bathily 2,41, Iba Der Thiam 1,61, Mador Diouf 0,97, Mamadou Lô 0,85, Babacar Niang 0,81, abstentions 48,54 %). -*15-5* Babacar Seye, vice-Pt du Conseil constitutionnel, tué (2 tueurs condamnés le 7-10-1994 aux travaux forcés ; commanditaire inconnu). -*24-8* plan d'austérité Sakho-Loum : diminution de 15 % du traitement des fonctionnaires (65 000, masse salariale 130 milliards de F CFA, 60 % du budget). -*Oct./déc.* grèves. **1994**-*20-1* pleins pouvoirs économiques accordés au Pt Diouf après dévaluation de 50 % du F CFA (12-1). -*16-2* émeutes [Association des Moustarchidines (Wal Moustarchidati), dissoute 17-2] à Dakar (6 policiers †). **1995**-*15-3* **Abdoulaye Wade** PM. **1996**-*8-4* négociations gouvernement/MFDC. -*24-11* élections régionales (PS vainqueur). **1997**-*juillet/oct.* violences : 300 †. **1998**-*4-7* **Mamadou Lamine Loum** (né 3-2-1952) PM. -*Juillet* sécheresse, menace de famine. -*22-12* excision interdite. **2000**-*27-2* et -*19-3 présidentielle.* -*1-4* **Abdoulaye Wade** (né 29-5-1926, époux de Viviane Vert, Française) Pt (58,49 % des voix, Diouf 41,51). -*3-4* **Moustapha Niasse** (né 4-11-1939) PM. **2001**-*7-1* référendum pour Constitution (94 % de oui). -*3-3* **Mame Madior Boye** PM. -*29-4 législatives :* victoire gouvernementale.

■ **Statut.** *République.* **Constitution** du 7-3-1963, révisée 22-2-1970, 21-9-1991, mai 1992 et 2001. **Pt** élu pour 7 ans, au suffrage universel. **Sénat.** 60 membres. **Assemblée nationale :** 120 membres élus pour 5 ans (scrutins majoritaire et proportionnel). **Conseil suprême de la magistrature. Cour suprême. Régions.** 10 depuis 24-3-1984 (30 départements) : Dakar, Diourbel, Fatick, Kaolack, Kolda, Louga, St-Louis, Tambacounda, Thiès, Ziguinchor (Kolda et Ziguinchor ont la Casamance). **Élections législatives du 24-5-1998 et,** entre parenthèses, **du 9-5-1993 :** participation : 39 % (40,74 %) ; PS 93 sièges (84) ; PDS 23 (27) ; Renouveau démocratique (alliance Jëf-Jël/USD) 11 ; And Jëff 4, Ligue démocratique dont CD et MPT 3, PIT 1, CDP/GB 1, PDS/L 1, FSD 1, BCG 1, RND 1. **Du 29-4-2001 :** sur 120 députés, coalition Sopi (*changement* en wolof) [progouvernementale] 89, AFP (Alliance des forces de progrès, de Moustapha Niasse) 11, PS (ancien parti au pouvoir) 10, URD (Union pour le renouveau démocratique, de Djibo Ka) 3, AJ PADS (And Jef/Parti africain pour la démocratie, de Landing Savané) 2, PPC (Parti du progrès et de la citoyenneté) 1, RND (Rassemblement national démocratique) 1, PLS (Parti libéral sénégalais) 1, Jëf-Jëf 1, PIT (Parti de l'intégration et du travail) 1.

■ **Fête nationale.** 4-4 (indépendance). **Drapeau** (adopté en sept.1960). Bandes verticales verte, jaune et rouge ; étoile verte (unité et espoir).

☞ **Casamance.** 28 350 km². **Nom** d'un fleuve. **Région :** *Basse-Casamance* habitée par Diolas, animistes, forestiers et agriculteurs. **Production :** riz, huile de palme, arachide. **Histoire :** depuis 1960 refoule Wolofs musulmans venus cultiver l'arachide. **1982**-*fin juin/début juillet* attaque de campements d'immigrés originaires de Guinée-Bissau (15 †). -*26-12* Ziguinchor : manif. pour indépendance. **1983**-*18-12* combats : 24 † ; **1990**-*sept.* 40 †. **1991**-*31-5* cessez-le-feu : 150 † en 1 an. -*23-12 :* 1 député et 1 conseiller rural tués. **1993**-*avril/juin* 300 †. -*8-7* cessez-le-feu (1 000 † en 1 an). **1995** 300 rebelles et 30 militaires †. -*6-4 :* 4 touristes français disparus. **1997**-*23-3 :* 40 † ; violences scolaires. -*20-8* 30 rebelles et 28 militaires †. -*4-10 :* 30 rebelles †. -*Oct./nov.* nombreux †. **1999**-*fin avril* 30 †. -*26-12* cessation des combats. **Mouv. des forces démocratiques de la Casamance (MFDC)** créé 1947 (illégal), *secr. gén. :* abbé Augustin Diamacoune Senghor ; opte pour la paix. *Dissidents :* Front Sud et Front Nord.

ÉCONOMIE

■ **PNB** (en $ par hab.). *1990 :* 665 ; *95 :* 730 ; *98 :* 520 ; *99 :* 510. **Croissance** (en %) : *1995 :* 2 ; *96 :* 5 ; *97 :* 6 ; *98 :* 4,9 ; *99 :* 5,1. **Population active** (en %) **et,** entre parenthèses, **part du PNB** (en %) : agr. 70 [19 (11 selon certains)], ind. 12 (17), services 15 (62), mines 3 (2). **Chômage :** (en %) : *1995 :* 30. **Inflation** (en %) : *1995 :* 7,9 ; *96 :* 2,8 ; *97 :* 1,8 ; *98 :* 1,2 ; *99 :* 0,8. **Déficit budgétaire** (dons exclus) : *1995 :* 3,7 % du PIB. **Aide extérieure** (en milliards de $) : *1996 :* 0,54 ; *1997 :* 0,57. **Dette extérieure** (en milliards de $) : *1992 :* 3,72 ; *95 :* 3,46 ; *97 :* 3,7.

■ **Agriculture. Terres** (en milliers d'ha, 1981) : arables 5 225, cultivées 5, pâturages 5 700, forêts 5 318, eaux 419, divers 2 957. (L'arachide occupe 31 % des terres cultivées, le millet 42 %.) **Production** (en milliers de t, 1999) : canne à sucre 887, arachides 1 014, sorgho et millet 506, riz paddy 124, maïs 66, manioc 37, coton 23, patates douces, légumes. **Élevage** (en milliers de têtes, 1999). Volailles 40 000, ovins 4 300, caprins 3 570, bovins 2 955, chevaux 444, ânes 375, porcins 330. **Pêche** (en 1998). 378 100 t. Conserveries. **Forêts** (en 1998). 4 909 000 m³.

■ **Mines.** **Phosphates** de chaux (1 800 000 t en 1999) et d'alumine (27 200 t en 1996), **sel** (113 400 t en 1996), **fer** (750 000 t à Falémé en 1996), **pétrole** (prospection au large de la Casamance, gisement de Dome-Flore). **Tourbe** (Saloum, Casamance). **Gaz** (Diam-Nadio, 300 000 m^3/jour, Thiès). **Titane** (10 000 t en 1996). **Or** (13 t à Sabodala). **Terre à foulon** (79 200 t en 1996).

■ **Industrie.** Alimentaire (huileries), filature, tissage, cuir, engrais, pesticides, matériel de construction, ciment. Raffinerie de pétrole à Mbao. **Transports** (en km, 1996). **Routes :** 14 576. **Voies ferrées :** 905.

■ **Tourisme** (en 1999). **Visiteurs :** 420 000 ; *nuitées :* 1 526 241. **Recettes** *brutes* (en milliards de F CFA) : 70. **Sites :** Saint-Louis, parc de Djoudj (oiseaux), Touba (mosquée), Kaolack (marché), M'Bour (baobabs), Petite-Côte (Nianing), Joal-Fadiouth (île aux coquillages), Casamance : Kabrousse (féticheurs), Cap-Skirring, Ziguinchor, Enimpore (cases à impluvium), M'Lomp (cases à étages), îles de Karabane.

■ **Commerce** (en millions de $). **Export./import. :** *1996 :* 88/1 435 ; *97 :* 903/1 333 ; *98 :* 967/1 518. (*Exporte* huiles, produits alim. et chim. *vers France,* Inde, Italie, Mali, P.-Bas /*importe de France,* Nigéria, USA, Côte d'Ivoire, Italie, Espagne).

■ **Rang dans le monde** (en 1999). 9e millet, phosphates.

SEYCHELLES
V. légende p. 950.

■ **Nom.** Donné en 1756 en l'honneur de l'intendant Jean Moreau de Séchelles.

■ **Situation.** Océan Indien. Archipel (115 îles). A 1 100 km de Madagascar et 1 760 km de Mombasa. **Superficie :** 309 km^2 (455,3 avec le lagon Aldabra). **Côtes :** 600 km. **Altitude** *maximale :* morne Seychellois 905 m. **Sol :** granite (32 îles) et corail (83 îles). **Iles.** 115 sur 150 000 km^2, 46 habitées. **Principales :** GRANITIQUES : 41 îles *Mahé* (nom de Mahé Cte de la Bourdonnais donné 1744) 144 km^2 ; *Praslin* [nom de Gabriel de Choiseul (1712-85), duc de Praslin, min. de la Marine, donné 1768] 45 km^2, 4 400 hab. ; *Silhouette* 15 km^2, 390 hab. ; *La Digue* 15 km^2, 1 911 hab. CORALIENNES (ou éloignées) : 74 dont *îles Amirante* ou *de l'Amiral* (en l'honneur de Vasco de Gama qui les découvrit en 1502, venant d'être nommé amiral) ; *Farquhar* (nom du 1er gouverneur britannique de l'île Maurice, sir Robert Farquhar, comprenant également île Providence) ; *Aldabra* (de l'arabe Al-Khadra, la Verte) comprend les îles Cosmoledo, atoll inscrit au patrimoine de l'humanité depuis 1982 ; *Frégate* 2 km^2, 25 hab. **Climat.** *Temp.* moy. 29,9 °C. *Pluies* 2 333 mm. Humidité 80 %. **Tortues** géantes (1,50 m de hauteur, 300 kg).

■ **Population.** *2000 (est.) :* 82 000 hab. *Origines :* Afrique, Europe, Asie. *2025 (prév.) :* 110 000. **D.** 175,7. **Age :** *- de 15 ans :* 28,8 %, *+ de 64 ans :* 6,3 %. **Espérance de vie** (en 1998) : 71 ans. **Capitale.** *Victoria,* sur Mahé 25 000 hab. en 1993.

■ **Langues** (en %). Créole 95, anglais 45, français 37 *(nationales).* **Religions** (en %). Catholiques 92, anglicans 6.

■ **Histoire.** **1502** découvertes par des Portugais. **1742-44** explorées par le Français L. Picault ; deviennent îles La Bourdonnais. **1756** propriété de la Cie des Indes ; puis Seychelles. **1770** 1er colons sur l'île de Ste-Anne, **1792** administrées par Jean-Baptiste Quéau de Quinssy (instituteur). **1814** occupées par Anglais, rattachées à Maurice. **1888** 1er poste d'administrateur. **1897** 1er gouverneur. **1903**-*nov.* colonie britannique. **1970**-*nov.* autonomie. *Constitution.* **1976**-*juin* G.-B. rend îles Aldabra, Farquhar et Desroches qui dépendaient du territoire britannique de l'océan Indien. *-29-6 indépendance.* **James Mancham** (né 1930) Pt. **1977**-*5-6* révolution : Mancham renversé ; **France Albert René** (né 16-11-1935) Pt [élu 27-6-1979, réélu 18-6-1984, 12-6-1989 (97 % des voix), 23-7-1993 (59,5 %) et 20-3-1998 (66,7 %)]. **1981**-*25-11* échec coup d'État de 49 mercenaires sud-africains dirigés par Mike Hoare. **1982**-*17-8* mutinerie échoue (7 †). **1985**-*29-11* Gérard Hoareau, opposant, assassiné à Londres. **1986**-*sept.* complot déjoué. **1990**-*juin* visite Pt Mitterrand. **1991**-*3-12* multipartisme. **1992**-*juillet* Commission constituante élue. *-15-11 référendum* Constitution : non 53,7 %. **1993**-*18-6 référendum :* oui 73,6 %. **1998**-*20-3 législatives,* FPPS 30 sièges sur 34.

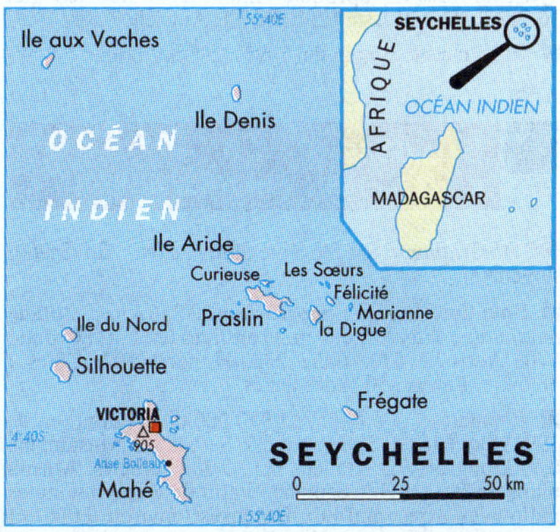

■ **Statut.** *République, membre du Commonwealth.* **Constitution** du 18-6-1993. Pt : élu pour 5 ans au suffrage universel. **Assemblée populaire :** 34 m. dont 25 élus et 9 nommés pour 5 ans. **Partis.** **Front progressiste du peuple seychellois (FPPS)** fondé 1978 (18 000 adhérents), unique jusqu'en 1991. James Michel. **P. démocratique** fondé 1992, James Mancham. **Opposition unie** fondée 1995, Wavel Ramkalawan. **Seychelles nat. P. (SNP),** Wavel Ramkalawan. **Fête nationale.** 18-6 (Constitution). **Drapeau** (adopté 8-1-1996). Faisceaux : bleu, jaune, rouge, blanc, vert.

■ **Économie.** **PNB** (en 1999) : 6 710 $ par hab. **Population active** (en %) : agr. 11, ind. 26, services 63. **Croissance** (en %) : *1997 :* 4,4 ; *98 :* 4,3. **Dette extérieure** (en millions de $) : *1994 :* 204 ; *98 :* 219. **Agriculture.** **Terres** (en milliers d'ha, 1981) : cultivées 4, forêts 5, eau 1, divers 17. **Production** (en t, 1996) : noix de coco [le coco de mer (vallée de Mai à Praslin) donne des noix de 30 kg, ressemblant parfois à l'anatomie féminine (« coco-fesse »)] 4 000, bananes 2 000, cannelle 435, thé 250 (en 1998), coprah 170. **Élevage** (en 1999). Volailles 148 638, porcins 18 000, caprins 5 000, bovins 1 000. **Pêche** (en 1997). 6 000 t. **Guano.** **Industrie.** Bière, tabac, conserveries (dont 1 de thon : 22,426 t en 1994), jus de fruits, plastiques, peinture. **Tourisme** (en 1998). **Visiteurs :** 128 258 (dont, en 1996, *Français 25 485,* Allemands 20 577, Anglais et Irlandais 15 285, Italiens 16 034). **Sites :** ÎLES GRANITIQUES (Mahé, Praslin, La Digue, Silhouette), CORALIENNES (Bird, Denis, Desroches) ; Victoria (marché). **Au 1-11-1999,** *Gold Card* (droit d'entrée de 100 $ par visiteur) pour protéger l'environnement, valable à vie. **Zone offshore :** siège de 3 000 sociétés. **Zone franche.**

■ **Commerce** (en millions de $). **Export./import. :** *1996 :* 100/379 ; *97 :* 113/340 ; *98 :* 122/405 (*exporte* conserves de thon, poisson frais et congelé, écorce de cannelle, coprah). **Réexportations** (produits pétroliers).

SIERRA LEONE
Carte p. 1167. V. légende p. 950.

■ **Nom.** Signifie « montagne du lion » en espagnol *(sierra)* et italien *(leone).*

■ **Situation.** Afrique, au sud de la Guinée. **Superficie :** 71 740 km^2. **Frontières** (en km) : Guinée 652, Libéria 306. **Côtes :** 402 km. **Zones :** basse au sud-ouest, plateaux et montagnes à l'intérieur, au nord et à l'est. **Climat.** Plus humide au sud-est (végétation tropicale, pluies de mi-juin à mi-sept.) qu'au nord-est (savane). *Températures :* Freetown de 23,7 à 29,4 °C ; *pluies* 3 015 mm par an.

■ **Population.** *2000 (est.) :* 4 870 000 hab. dont (en %, 1996) Mendes 31, Temmes 29,8, Limbas 8,5, créoles environ 40 000, Guinéens 850 000, Libanais 12 000 (détiennent 60 % du commerce) ; *2025 (prév.) :* 11 000 000. **D.** 68. **Age :** *- de 15 ans :* 44,7 %, *+ de 64 ans :* 3,1 %. **Mortalité infantile** (en 1999) : 136 ‰. **Espérance de vie** (en 1998) : 38 ans. **Population urbaine** (en 1998). 35 %. **Réfugiés** (en 1999) : en Guinée 35 000 (rapatriés début 2001), Libéria 90 000, Gambie 10 000 ; *déplacés* 500 000. **Langues.** Anglais *(officielle),* krio (lingua franca), français (20 %). Langues traditionnelles : temme, mende, soussou, malinké, foulah, lokko. **Religions** (en %). Musulmans 75, animistes, chrétiens 10.

■ **Villes** (rec. 1985). *Freetown* 1 300 000 hab. (est. 1994), Koindu 82 474, Bo 59 768, Makeni 49 474, Kenema 52 473.

■ **Histoire.** **1380** comptoirs installés par des Dieppois. **1462** le Portugais Pedro da Cintra débarque sur la côte. **1787** installation d'esclaves affranchis venus d'Amérique, de Jamaïque et de G.-B. et voulant fonder une *province de la liberté.* **1790** arrivée de *marrons,* esclaves fuyant la Jamaïque. **XIXe s.** arrivée des *recaptives,* esclaves repris par Anglais aux navigateurs français, espagnols et portugais continuant la traite (abolie 1807). **1808** colonie britannique. **1961**-*27-4 indépendance, Milton Marguai* († 1964) PM. **1964**-*avril Albert Marguai,* (son frère) PM. **1967**-*mars législatives :* succès d'opposants (Siaka Stevens). Putsch : partie de l'armée (Gal David Lansana) tente de maintenir le PM au pouvoir ; contre-coup d'État. *-24-4* **L^t-C^{el} Andrew Juxon-Smith** instaure conseil de réforme militaire. **1968**-*18-4* coup d'État du C^{el} David Bangura ; *Siaka Stevens* († 29-5-1988) PM. **1971**-*23-3* empêche un putsch du Gal Bangura. *-19-4* république. *-Avril* **Stevens** Pt et *Sorie Koroma* PM. *-29-6* Gal Bangura exécuté. **1974**-*oct.* état d'urgence. **1975**-*juillet Christian Kamara-Taylor* PM. **1977**-*31-1* manif. étudiantes. **1985**-*28-11* **major-Gal Joseph Saidu Momoh** (né 26-1-1937) élu Pt le 1-10-1985 au suffrage universel, réfugié en Guinée. **1987**-*22/23-3* putsch échoue. **1989** 6 exécutions (pour tentative coup d'État 1987). **1991**-*23-3* guérilla [Front révolutionnaire uni (FRU ou RUF), caporal Foday Sabana Sankoh né 1937]. **1992**-*29-4* coup d'État, Conseil national provisoire de gouvernement (NPRC), Pt. : **capitaine Valentine Strasser** (né 1966), vice-Pt. : capitaine Julius Maada Bio. *-29-12* échec coup d'État. *-30-12 :* 26 exécutions. **1995**-*25-1* attaque du RUF sur Kambia. *-21-6* partis autorisés. *-2-10* coup d'État, échec. **1996**-*16-1* coup d'État, Strasser exilé en Guinée. **Gal Julius Maada Bio** Pt de la junte. *-29-3* **Ahmad Tejan Kabbah** (né 16-2-1932) Pt (élu au 2e tour le 17-3 : 59,49 % des voix) [1er tour (26/27-2) : 35,8 %, John Karefa-Smart (UNPP) 22,63 %]. *-22-4* rencontre (en Côte d'Ivoire) Kabbah/ Sankoh. *-30-11* traité de paix gouv./RUF. **1997**-*25-5* coup d'état militaire, Kabbah se réfugie en Guinée, remplacé par C^{dt} **Johnny Paul Koroma.** *-2-6* offensive Ecomog et armée nigériane contre putchistes. Guerre intermittente. *-30-8* Cedeao impose embargo. *-8-10* Onu impose embargo sur pétrole et armes. *-21-10* cessez-le-feu. **1998**-*12-2* Ecomog renverse la junte. *-10-3* **Kabbah** revient. *-23-10* Sankoh emprisonné et condamné à † puis libéré. **1999**-*6-1* Freetown prise par rebelles (6 000 †) ; *-19-1* reprise par Ecomog. *-7-7 Lomé,* accord : RUF obtient amnistie et postes au gouvernement. Le Gal Mosquito (San Bockarie, ancien disc-jockey puis coiffeur pour dames), adjoint de Sankoh, refuse l'accord. *-25-11 Minusil* (mission de l'Onu en Sierra Leone) pour garantir l'accord de paix (11 000 h.). **2000**-*2-5* RUF reprend le combat ; 500 casques bleus pris en otage. *17-5* Sankoh repris. *-mai-juin* opération Pallister : 800 soldats britanniques protègent Freetown.

☞ **Bilan de la rébellion** (23-3-1991 à juillet 1999) : 50 000 †, 5 000 à 10 000 amputés, 5 000 à 10 000 viols, 10 000 enfants-soldats.

■ **Statut.** *République, membre du Commonwealth.* **Constitution** du 3-9-1991 (suspendue). **Pt** élu au suffrage universel. **Parlement :** 127 membres dont 105 élus, 12 chefs élus et 10 nommés par le Pt. Dissous 29-4-1992. **Élections des 26/27-2-1996 :** SLPP 36,1 % des sièges. **Fête nationale.** 27-4 (indépendance). **Drapeau** (adopté 27-4-1961). Bandes horizontales verte (agriculture), blanche (justice) et bleue (port de Freetown).

■ **Parti.** Unique de juin 1978 à sept. 1991 : **All People's Congress (APC)** fondé 1960, *Pt. :* Edward Turay.

■ **Économie.** **PNB** (en 1999) : 130 $ par hab. **Population active** (en %) **et,** entre parenthèses, **part du PNB** (en %) : agr. 65 (38), ind. 5 (4), services 20 (46), mines 10 (12). **Inflation** (en %) : *1988 :* 30 ; *89 :* 60 ; *90 :* 111 ; *91 :* 102,7 ; *92 :* 65,5 ; *93 :* 21,9 ; *94 :* 24,2 ; *95 :* 26 ; *97 :* 12,7 ; *98 :* 35,6 ; *99 :* 34,1. **Aide extérieure** (en millions de $) : *1996 :* 1 019 ; *97 :* 1 004.

■ **Agriculture.** **Terres** (en milliers d'ha, 1986) : arables 1 620, cultivées 146, pâturages 2 204, forêts 2 060, eaux 12, divers 1 132. **Production** (en milliers de t, 1999) : riz 247 (en 1994, 71 % des terres cultivées), manioc 281, cédrat 70 (en 1986), huile de palme 45, café 15, millet 5, cacao 11, maïs 9, cola 7 (en 1986), tabac, gingembre 0,7 (en 1994), noix de coco, bananes, caoutchouc. **Elevage** (en milliers de têtes, 1999). Poulets 6 000, bovins 400, ovins 350, caprins 190, porcins 52. **Forêts** (en 1998). 3 315 000 m^3. **Pêche** (en 1997). 69 000 t.

■ **Mines** (en 1999). Diamants 300 000 carats (1 000 000 en 1975), bauxite 99 600 t, rutile 144 000 t (en 1994), fer (n'est plus exploité depuis 1984), chrome, platine, or.

■ **Tourisme** (en 1997). 48 000 visiteurs.

■ **Commerce** (en millions de $). **Export./import. :** *96 :* 47/211 ; *97 :* 17/92 ; *98 :* 7/95 ; *99 :* 6/80 (*exporte* rutile, diamants, cacao, café, or *vers* USA, G.-B., Belgique, P.-Bas, All.).

■ **Rang dans le monde** (en 1999). 14e diamants. 15e cacao.

SINGAPOUR
Carte p. 1174. V. légende p. 950.

■ **Nom.** Du sanskrit *Singha Pura* (« la Cité du Lion »). XIVe s. nom malais Temasek (« la Ville de la mer »). Appelée Syonan (« la Lumière du Sud ») pendant l'occupation japonaise 1942-45.

■ **Situation.** Asie. **Superficie :** 647,8 km^2 dont construits 323, fermes 10,4, forêt 28,6, marais 15,5, divers 270,7. **64 îles** dont **Singapour** (584,8 km^2, 42 km sur 23 km, ville 97,4 km^2, côtes 150,5 km). *Altitudes maximales :* Bukit Timah Peak (165 m) [immeubles UOB Plaza 280 m (66 étages), OUB Centre 280 m (60 étages), Republic Plazza 280 m (66 étages) Treasury 238 (52 étages)]. Cité-État. **63 petites îles** dont : *Pulau* (45,6 km^2) dont Tekong 24,42 km^2, Ubin 10,19, Sentosa 3,49, Ayer Chawan 1,69. Séparées de la Malaisie par le *détroit de Johor* (largeur 640 à 914 m) et digue de 1 056 m. **Côtes :** 193 km. **Climat.** Équatorial chaud et humide (25,3 à 32,1 °C). *Saison* sèche de juin à sept., *mousson* de déc. à mars. *Pluies :* 2 346 mm. Humidité moy. 84,3 %.

■ **Population.** *1825* (1-1, 1er rec.) : 10 683 hab. (dont 4 580 Malais, 3 317 Chinois, 756 Indiens, 74 Européens) ; *1860 :* 80 792 (dont Chinois 62 %) ; *1994* (30-6) : 2 930 200 ; *2000 (est.) :* 3 270 000 dont (en %, 1999) Chinois 76,85, Malais 14,04, Indiens 7,68, divers 1,43 ; *2025 (prév.) :* 5 000 000. **D.** 4 884. **Age :** *- de 15 ans :* 18,2 % ; *+ de 64 ans :* 6,8 %. **Espérance de vie** (en 1998) : 77 ans. **Urbanisation :** 100 %.

■ **Langues** (nationales) *[officielles].* Malais, chinois, tamoul, anglais. **Religions** (en %). Taoïstes et bouddhistes 53,9, musulmans 15,4, chrétiens 12,6 (catholiques 4,8, protestants 7,8), hindouistes 3,6.

■ **Histoire.** **1511** 1ers missionnaires portugais. **1819** sir Thomas Stamford Raffles (1781-1826) fonde comptoir avec accord de la Cie britannique des Indes orientales et du sultan de l'île. **1824** cédé à perpétuité à la Cie des Indes par le sultan. **1826** forme avec Malacca et Penang les Établissements des détroits. **1832** en devient la capitale. **1851** gouvernement direct du gouverneur général de l'Inde. **1867** colonie britannique. **1941**-*8-12* attaque japonaise. **1942**-*15-2* capitulation (tués et blessés : Japonais 9 000 ; Britanniques 9 000 + 100 000 prisonniers) ; occupation japonaise. **1945**-*sept.* retour des forces britanniques. **1946** colonie de la Couronne à laquelle sont rattachées les îles Christmas et Cocos. **1955** nouvelle Constitution. Iles Cocos transférées à l'Australie. **1955**-*6-4* à **1956**-*6-6* **David Marshall** (1908-95) PM. **1958**-*oct.* îles Christmas transférées à l'Australie. **1959**-*3-6* autonomie. *-5-6* **William Goode** Pt et **Lee Kuan Yew** (né 16-9-1923) PM. *-22-12* **Yusof bin Ishak** († 23-11-1970) Pt (élu 3-12).

1963-*16-9 indépendance ;* adhère à la Fédération de la Malaisie. **1965**-*9-8* s'en sépare. *-22-12 république.* **1971**-*2-1* **Benjamin Henry Sheares** († 12-5-1981) Pt. **1981**-*24-10* **Chengara Veetil Devin Naïr** Pt. **1985**-*28-3* démissionne. *-2-9* **Wee Kim Wee** (né 4-11-1915) Pt. *-Nov.* crise boursière. **1990**-*29-11* **Goh Chok Tong** (né 20-5-1941) PM. **1991**-*14-8* Parlement dissous. **1992**-*3-1* chewing-gum interdit (hygiène). **1993**-*2-9* **Ong Teng Cheong** (né 22-1-1936) élu 23-8 Pt (58,7 % des voix devant Chua Kim Yeow). **1996**-*28/29-2* visite Pt Chirac. **1999**-*1-9* **Sellapa Rama Nathan** (né 3-7-1924) élu 18-8 Pt.

☞ **Monuments les plus anciens :** Parlement (1826-27), Nagore Durgha (1828-30), mosquée Jamae (1630-35).

■ **Statut.** *République, membre du Commonwealth.* **Constitution** du 3-6-1959. **Pt** (Yang di Pertuan Negara) élu pour 6 ans au suffrage universel (depuis 1993). **Parlement :** 83 membres élus pour 5 ans au suffrage universel + 1 m. non-électeur et 2 m. nommés. **Élections législatives du 2-1-1997 :** PAP (People's Action Party) 81 sièges (au pouvoir depuis 1959), opposition 2. **Fête nationale.** 9-8 (indépendance). **Drapeau** (adopté 3-12-1959). Bandes horizontales rouge (fraternité humaine) et blanche (pureté). Croissant blanc (jeune nation montante), 5 étoiles blanches (démocratie, paix, progrès, justice, égalité).

■ **Drogue.** Les trafiquants de plus de 15 g d'héroïne, 30 de cocaïne, 200 de résine de cannabis risquent la peine capitale (plus de 80 exécutés depuis 1974 dont 1 Néerlandais le 23-9-1994).

■ **Économie. PNB** (en 1999) : 28 080 $ par hab. **Croissance** (en %) : *1995* : 8,9 ; *96* : 9 ; *97* : 7,8 ; *98* : 1,3 ; *99* : 5,6 ; *2000* : 10,1 ; *2001 (est.)* : 5 à 7. **PIB par secteur** (en %, 1999) : services financiers et d'affaires 26, manufacturier 25, commerce gros et détail 15, transports et communications 11, construction 8, autres services 13, biens 2. **Population active** (en 1999) : 1 976 000. **Chômage** (en %) : *2000* : 3,5. **Inflation** (en %) : *1992* : 2,3 ; *93* : 2,6 ; *94* : 3,1 ; *95* : 1,7 ; *96* : 1,4 ; *97* : 2 ; *98* : – 0,3 ; *99* : 0,7 ; *2000 (est.)* : 1,5. **Salaire moyen** (en $ par mois, 1999) : 2 630. **Taux d'épargne** (en % du PNB, 1992) : 46,4. **Place bancaire :** 145 établissements (en 1998). **Balance des paiements** (en milliards de $) : *1998* : 49,8.

■ **Agriculture. Terres cultivées** (en 1997) : 10,8 km^2. Fruits, légumes, fleurs. **Élevage** (en millions de têtes, 1999). Volailles 3, porcins 0,19. **Pêche** (en 1998). 7 730 t. **Industrie.** Équip. de transp., constructions électriques, électronique, produits en acier, raffineries pétrolières, produits chim. et gaz industriel, vêtements, peinture, produits pharmaceutiques, etc. **Transports** (en km, 1998). **Routes :** 3 122 ; **voies ferrées :** 25,8 ; **trafic portuaire :** 140 992 bateaux, 858 millions de t de marchandises (1er port mondial en 1996). **Tourisme** (en 1998). **Visiteurs :** 6 241 000 ; **chambres d'hôtel :** 27 500.

■ **Commerce** (en milliards de $). **Export./import. :** *1997* : 125/132,4 ; *98* : 109,9/104,7 ; *99* : 114,7/111 (*exporte vers* USA, Malaisie, Hong Kong, Japon, *France /importe* d'USA, Japon, Malaisie, *France,* Hong Kong).

SLOVAQUIE

Carte p. 1269. V. légende p. 950.

☞ *Abréviations :* S. : Slovaquie ; Slov., slov. : Slovaque(s), slovaque(s).

■ **Situation.** Europe. **Superficie :** 49 035 km^2. Montagnes : Htes et Basses-Tatras. **Frontières** (en km) : Ukraine 90 km, Pologne 444, Autriche 91, Hongrie 515, Rép. tchèque 215 (différend frontalier portant sur 700 ha). **Altitude** *maximale :* pic Gerlach 2 655 m dans les Htes-Tatras. **Climat.** Tempéré : – 1,6 °C en janvier, + 21,1 °C en juillet (Bratislava). *Pluies :* 400 mm à 1 700 mm dans les Htes-Tatras. *Hiver* froid et neigeux (vents d'ouest), *été* sec et chaud (vents d'est).

■ **Population** (en millions d'hab.). *1900* : 2,78 ; *20* : 3 ; *39* (avril) : 2,69 (superf. 37 853 km^2 après annexions hongroises) ; *40* : 2,45 ; *50* : 3,46 ; *61* : 4,17 ; *70* : 4,53 ; *80* : 4,99 ; *96 (est.)* : 5,37 ; *2000 (1-1)* : 5,39 dont (en %) Slovaques 85,6, Hongrois 10,5, Tsiganes 1,69, Tchèques, Moraves, Silésiens 1,1, Russes, Ruthènes, Ukrainiens 0,65, Allemands 0,1, Polonais 0,05, divers 0,3 ; *2025 (prév.)* : 5. **D.** 109,9. **Espérance de vie** (en 1998) : 73 ans. **Taux** (‰, 1999) : *natalité* 11, *mortalité* 10 (infantile 9). **Langue officielle.** Slovaque (langue obligatoire de l'administration depuis 16-11-1995). **Religions** (en %, 1991). Catholiques romains 60,4, protestants 6,2, uniates 3,4, calvinistes 1,6, orthodoxes 0,7. **Slovaques en Rép. tchèque :** 310 000 ; **en Hongrie :** 100 000.

■ **Villes** (en 2000). *Bratislava* (ex-Presbourg) 448 292 hab., Kosice (ex-Cassovie) 241 874, Presov 94 977, Nitra 87 591.

■ **Histoire. Av. J.-C. XVe-IIIe s.** occupée par Celtes. **179** légions romaines avec Marc Aurèle à Trenčin. **Apr. J.-C. IVe s.** Marcomans remplacés par *Quades* (Germains orientaux) ; invasion des *Huns* dans région danubienne. **Ve s.** *Lombards* occupent la région danubienne. Expansion des *Slaves* en Europe centrale. **567-800** invasion des Avars. **VIe et VIIe s.** les Slov., peuple slave, s'établissent. **IXe s.** Ptés de Morava en Moravie du Sud et de Nitra en S. de l'Ouest forment empire de Grande Moravie. **840** Pribina dirige les 2 Ptés unies en 1 État chrétien (converti par St Cyrille et St Méthode 863-65). **894** Svätopluk meurt. Germains et Magyars provoquent chute de l'empire slave. **905-907** Arpad, roi des Magyars, écrase Gde Moravie et assujettit tribus slov. (ou vivant sur territoire slov.). **XIe s.** domination hongroise. Langues littéraires : latin et tchèque. Paysans continuent à parler dialectes slovaques. **1465** *Academia Istropolitana* à l'orientation humaniste à Presbourg (Bratislava). **1536** Presbourg devient cap. de Hongrie (Budapest étant occupée par Turcs). **1627** contre-réforme en Hte-Hongrie. **1635** université Pazmany à Trnava, imprimerie. S. de l'Ouest devient centre culturel du pays (XVIIe et XVIIIe s.). **1762** 1er essai de codification du slovaque (de Slovaquie de l'Ouest) comme langue littéraire (Anton Bernolák 1762-1813, prêtre). **1827** Presbourg, assoc. tchécoslov. fondée par des étudiants. **1843** codification du slovaque (de S. centrale) comme langue littéraire (Ludovit Stur, intellectuel protestant). **1848**-*mai* Stur prend la tête de ceux qui élaborent revendications slov. *-Sept.* Slov. aident troupes croates à réprimer révolution magyare, Kossuth ayant refusé aux Slov. une certaine autonomie. **1849** 30 députés slov. demandent au nouvel empereur, François-Joseph, statut de pays de la Couronne pour la S. **1863** *Matica Slovenska* à Martin (slov.) : établissement culturel et scientifique, défend culture slov. **1867** compromis austro-hongrois : Slov. mécontents (pouvoir accru des autorités hongroises sur Slov., province de Transleithanie). Politique de magyarisation. **1867-1918** pauvreté ; 750 000 Slov. émigrent vers USA ou Canada. **Début XXe s.** mouv. autonomiste réapparaît avec abbé Hlinka. **1915**-*22-10 traité de Cleveland* signé par Assoc. nat. tchèque et Ligue slov. aux USA sur État fédératif de la nation tchèque et slov. : autonomie slov. garantie. Tomas Masaryk, Tchèque, chef de la résistance anti-autrichienne, crée gouv. tchécoslovaque en exil à Paris avec *Milan Rastislav Stefanik* (Slovaque, 1880/4-5-1919, accident d'avion), astrophysicien devenu français ; Gal de brigade] et Édouard Benès. **1918**-*30-5 traité de Pittsburg* (USA) complète et corrige traité de Cleveland. Masaryk promet autonomie interne dans le nouvel État tchécoslovaque (créé le 28-10). *-30-10* un Conseil national slov. se forme et adhère à la Rép. tchécoslov. L'armée tchèque se déploie en S. ; son anticatholicisme révolte les campagnes. **1919**-*4-5* Stefanik [Slov., min. de la Guerre (Défense) de la Rép. tchéco-slovaque] tué dans accident d'avion (inexpliqué). *-Août* l'abbé *Hlinka* remet à la Conférence de paix (Versailles) un mémorandum : « La S. est devenue une colonie de la Bohême... » Incarcéré à son retour. **1920**-*29-2 Constitution ;* la Tchécoslovaquie est un État unitaire. **1938** minorité allemande [des Carpates : 128 000 pers. environ, adhérant au nazisme (*Deutsche Partei* : 60 000 membres environ)]. Le régime s'appuie sur : HSLS *(Hlinkova slovenska ludova strana),* parti populaire slov. de Hlinka ; organisation paramilitaire *Hlinkova garda (POHG)* ou Garde Hlinka (HG), créée été 1938, comparable à la SA (section d'assaut) allemande (en 1942, les gardes Hlinka sont maîtrisés, leur activité baisse) ; réapparaissent en 1944 dans les groupes en état d'alerte, chargés de répression ; *Église catholique* (clergé à la tête de la HSLS) ; *armée :* 2 divisions (50 000 h.). *Industrie :* contrôlée par banques et entreprises allemandes. *-Sept.* accords de Munich. *-6-10* **Mgr Josef Tiso** (13-10-1887/18-4-1947) obtient l'autonomie interne (21-11), et forme un gouvernement à Bratislava. *-2-11* S. du Sud cédée à la Hongrie. **1939**-*9-3* Mgr Tiso destitué par gouv. de Prague. *-13-3* Hitler convoque Mgr Tiso à Berlin : Tiso doit choisir entre dépècement de la S., protectorat allemand ou indépendance. *-14-3* Diète slov. proclame indépendance. *-21-7* république sous protection allemande. *-Sept.* participe à campagne contre la Pologne. **1940-45** régime « modéré » : 2 200 arrestations par la Centrale de sécurité d'État (dont environ 1 500 pour activité communiste illégale), 3 595 condamnés pour délits politiques par les tribunaux régionaux (verdicts jusqu'à l'automne 1944 : assez cléments). **1940**-*nov.* adhère au pacte tripartite. **1941** guerre contre URSS (2 divisions de 50 000 h.). *-Avril* camps de travail. Persécution contre Juifs (4 % de la pop.) [éliminés du commerce, industrie, professions libérales et fonction publique ; le Juif converti a les mêmes droits que l'aryen]. *-Sept.* Diète vote code juif. **1942**-*mai* loi sur déportation des Juifs : environ 58 000 Juifs slov. envoyés pour « travailler en Pologne » (en fait dans des chambres à gaz). Le gouv. slov. a versé aux Allemands 500 Reichsmarks pour chaque Juif « réinstallé » en Pologne. *-Automne* déportations cessent (sur intervention du Vatican). **1944** Allemands envahissent S. Insurrection : environ 25 000 † (partisans communistes, patriotes et cadres du régime de Mgr Tiso). *-Mai* Diète vote loi interdisant « transports » de Juifs (seront internés dans des camps slov.). *-29-8* soulèvement contre All. *-Sept./oct.* armée allemande occupe territoire slov. **1945**-*janv.* S. orientale libérée par Russes. Tchécoslovaquie reconstituée. **1946** institutions autonomes (Conseil national, Conseil des commissaires). **1947**-*18-4* Mgr Tiso est pendu. **1954** Gustav Husak (communiste) accusé avec d'autres communistes de « nationalisme bourgeois slov. » et condamné. **1960** Constitution abolit embryon d'autonomie accordé en 1945. **1968** Dubček (Slovaque réformateur) remplace Novotny (Tchèque) à la direction du PC tchécoslovaque. *-28-10 Constitution* (entrée en vigueur 1-1-1969) : 2 Rép. socialistes, tchèque et slov. (disposant chacune d'un gouv. et d'une assemblée). **1988**-*25-3* Bratislava, manif. « aux bougies des chrétiens slov. » réprimée : 32 arrêtés. **1989**-*19-11* Václav Havel et 12 mouvements indépendants constituent Forum civique à Prague ; à Bratislava, constitution de *Public contre la violence.* *-20-11* Bratislava, rassemblement de plusieurs milliers de citoyens et d'étudiants. *-10-12* Husak, Pt de la Rép., démissionne. 100 000 hab. de Bratislava marchent vers Hainburg (Autriche), coupent des barbelés. **1990**-*30-3* Bratislava, Mouv. pour l'indépendance de la S. : 2 000 manifestants. *-21/22-4* Jean-Paul II à Prague, Velehrad (Moravie) et Bratislava. *-8/9-6 législatives :* victoire VPN et KDH. **1991**-*13-3* Bratislava, manif. nationaliste slov. *-23-4 Vladimír Mečiar* (né 26-7-1942), PM slov., démis de ses fonctions par Conseil national de Bratislava (inquiet de ses tendances nationalistes). *Jan Carnogursky* (né 1-1-1944) PM. *-24-4* : 50 000 manifestants. Mečiar fonde mouvement d'opposition. **1992**-*23-3* Parlement slov. rejette motion indépendantiste. *-5/6-6 législatives :* parti Mečiar a la majorité. *-20-6* accord Václav Klaus (tchèque)/ Mečiar sur partition (prévue 31-12) ou « divorce de velours ». *-23-6* Ivan Gaparovic élu Pt du Parlement slov.

1993 *-1-1* **indépendance.** *-15-2* **Michal Kováč** (né 5-8-1930) [HZDS] Pt. *-24-6* **Vladimír Mečiar** PM. *-27-10* loi sur restitution aux églises et communautés religieuses des biens confisqués entre 1945 et 1990. *-10-11* gouvernement de coalition. **1994**-*8-1 manif.* minorité hongroise pour une province autonome. *-11-3* Mečiar renversé. *-16-3* **Jozef Moravik** (né 1945) PM [gouvernement de coalition]. *-30-9* et *-1-10 législatives :* HZDS 34,96 % (61 sièges), Choix commun 10,41 (18), Minorité hongroise 10,18 (17), Union démocrate 8,06 (15), KDH 10,08 (17), ZRS 7,34 (13), SNS 5,4 (9). *-22-10* référendum sur privatisations (invalidé 24-10 car seulement 19,96 % de participation au lieu de 50). *-13-12* **Vladimír Mečiar** PM (HZDS). **1996**-*26-3* traité d'amitié avec Hongrie ratifié. **1997**-*22/24-5* référendum sur entrée Otan : 55 % non (mais il y a eu 91,5 % d'abstentions : annulé). **1998**-*29-1, 6-2, 5-3, 19-3 et 16-4* l'Assemblée ne parvient pas à élire un Pt. *-Juillet* inondations. *-25/26-9 élections,* HZDS 27 % (43 sièges), SDK 26,33 (42), SDL 14,66 (23), SMK 9,12 (15), SNS 9,07 (14), SOP 8,01 (13). *-29-10* démission de Mečiar. *-30-10* **Mikulas Dzurinda** (né 4-2-1955) PM. **1999**-*15-6* **Rudolf Shuster** (né 4-1-1934) élu Pt [1er tour (15-5) : 47,4 %, Vladimír Mečiar 37,2, Magda Vasaryova 6,6 ; 2e tour (29-5) : 57,2 % contre Mečiar 42,8].

■ **Statut.** *République.* **Constitution** du 1-9-1992. **Pt :** élu au suffrage universel pour 5 ans. **Assemblée du Conseil national :** 150 membres élus à la proportionnelle pour 4 ans. **Armée.** 39 564 hommes environ (en 1999). **Fête nationale.** 1er janv. **Drapeau** (adopté 1-9-1992). Bandes horizontales blanche, bleue et rouge (couleurs panslaves) et armoiries (fond rouge, croix patriarcale sortant d'une montagne bleue).

■ **Partis. Mouvement pour une S. démocratique (HZDS)** fondé 1991, *Pt* : Vladimír Mečiar. **Mouv. chrétien-démocrate (KDH)** fondé 1990, *Pt* : Jan Carnogursky, 300 000 m. en 1991. **P. nat. slov. (SNS)** fondé mars 1990, *Pt* : Anna Malikova, 2 000 m. en 1990. **P. de la gauche démocratique (SDL)** fondé 1991, remplace le PC, *Pt* : Jozef Migas, 42 000 m. en 1991. **P. démocrate (DS)** fondé 1944 (1948 *P. de la renaissance slov.,* recréé déc. 1989), *Pt* : Jan Langos. **P. communiste de S. (KSS)** fondé mars 1991, *Pt* : Jozef Sefe, 10 000 m. **Coalition démocratique slov. (SDK),** 5 formations : KDH (J. Carnogursky), Union démocratique (DU), P. démocratie (DS, Jan Langos), Verts, Socio dém. (SDSS), *Pt* : Mikulas Dzurinda. **P. de l'entente civique (SOP)** fondé avril 1998, *Pt* : Pavol Hamzck. **P. de la coalition hongroise (SMK),** *Pt* : Bela Bugar.

■ **Économie. PNB** (en 1999) : 3 500 $ par hab. **PIB** (en 1999) : 19,6 milliards de $. **Pop. active** (en %, est. 1999) **et,** entre parenthèses, **part du PNB** (en %) : agr. 7,4 (4,1), ind. 29,6 (26,4), bâtiment 8,9 (5,2), services 54,1 (54,6). **Croissance** (en %) : *1995* : 6,7 ; *96* : 6,2 ; *97* : 6,2 ; *98* : 4,1 ; *99* : 1,9 ; *2000 (est.)* : 2,1. **Inflation** (en %) : *1990* : 10 ; *91* : 64,2 ; *92* : 8 ; *93* : 25,1 ; *94* : 11,7 ; *95* : 7,2 ; *96* : 5,4 ; *97* : 6,4 ; *98* : 5,6 ; *99* : 14,2 ; *2000 (est.)* : 8,4. **Chômage** (en %) : *1990* : 1,6 ; *95* : 13,1 ; *98* : 12,5 ; *99* : 16,2 ; *2000 (est.)* : 18,6. **Dette extérieure** (en milliards de $) : *1994* : 4,3 ; *95* : 5,8 ; *96* : 7,8 ; *97* : 9,9 ; *98* : 11,9 ; *99* : 10,5 (56 % du PIB). **Réserves en devises** 1999 : 3,4 milliards de $. **% du secteur privé dans le PIB** (en 1997) : 75.

■ **Agriculture. Terres agricoles :** 2,44 millions d'ha. Restitution de 150 ha au max. à chaque ex-propriétaire. **Production** (en milliers de t, 1999) : blé 1 187, bett. à sucre 1 405, orge 724, maïs 779, p. de t. 384, pommes 68, pois 24. **Élevage** (en millions de têtes, 1999). Poulets 12,2, porcins 1,59, bovins 0,7, ovins 0,3. **Forêts** (en 1998). 5 532 000 m^3.

■ **Énergie. Électricité** (en kWh, 1999) : 14 068 dont thermique 8 909, hydraulique 4 470. *Centrales* hydroélectrique de Gabcikovo en service depuis 20-10-1992, puissance prévue 3 milliards de kWh ; nucléaire de Bohunice (production 11,4 milliards de kWh en 1995) de Mochovce (28-8-1998, mise en service de la 1re tranche). **Industrie.** Métallurgie, produits semi-finis et armement. **Transports** (en km, 1999). **Routes :** 17 734. **Voies ferrées :** 3 665. **Tourisme.** 975 000 visiteurs (en 1999).

■ **Commerce** (en milliards de $). **Export./import. :** *1997* : 8,7/10,2 ; *98* : 10,4/12,5 ; *99* : 10,2/11,3 [(en %) *exporte* biens intermédiaires 27,5, mach. et équip. 39,4, produits man. 12,9, produits chim. 7,9 *vers* Rép. tchèque 18,1, All. 27,9, Autriche 8,8, Italie 8,1/*importe* mach. et équip. 37,7, biens intermédiaires 18,3, combustibles minéraux et hydrocarbures 12,9, produits chim. 11,3 *de* Rép. tchèque 16,7, All. 26,2, Russie 12, Italie 7,1, Autriche 4,8].

■ **Rang dans le monde** (en 1999). 28e charbon.

SLOVÉNIE

Carte p. 1291. V. légende p. 950.

☞ *Abréviations :* S. : Slovénie ; Slov., slov. : Slovène(s), slovène(s).

■ **Situation.** Europe. **Superficie :** 20 256 km^2. **Altitude** *maximale :* Triglav 2 864 m. **Frontières** (en km) : Croatie 670, Autriche 330, Italie 232, Hongrie 102. **Côtes :** 46,6 km. **Forêts :** 50 % des terres.

■ **Population.** *2000 (est.)* : 1 990 000 d'hab. dont (en %, 1991) Slovènes 90,5, Croates 2,9, Serbes 2,2, Musulmans 0,7, Hongrois 0,5, Italiens 0,1. 5 000 réfugiés, Musulmans de Bosnie-Herzégovine. Statut de « communautés nationales » reconnu aux Hongrois (environ 9 000) et

Italiens (environ 2 500) mais non aux Serbes et Croates ou Allemands (5 000 à 15 000) ; *2025 (prév.)* : 2 000 000. **D.** 98,7. **Taux de natalité** (en 1999) : 9 ‰. **Espérance de vie** (en 1998) : 74 ans. **Analphabétisme :** 0,8 %. **Langues.** Slovène. **Religion.** Catholiques 75 %. **Villes** (en 1995). *Ljubljana* (autrefois Laybach) 330 000 hab. (en 1997), Maribor 103 113, Koper 24 595.

■ **Histoire. Fin VIe-début VIIe s.** Slovènes (Slaves) occupent Alpes orientales, entre Danube moyen et golfe de Trieste. **VIIe s.** raids en Bavière, nord de l'Italie et Istrie. **745** Slovènes de Carinthie convertis au catholicisme. **VIIIe s.** chefs nationaux (Knez) sous suzeraineté bavaroise (Carantanie). **VIIIe-Xe s.** christianisation par évêché de Salzbourg et patriarcat d'Aquilée. **788** Carinthie incorporée au royaume franc avec Bavière. Maintien des chefs nationaux jusqu'en 820. **907-955** domination hongroise. **955-1260** incluse dans l'empire allemand. **XIe-XVe s.** division en duchés et comtés (Styrie, Carinthie, Carniole) gouvernés par patriarches d'Aquilée et dynasties allemandes : Babenberg, Andechs-Meran, Spanheim, Ctes de Celje, Ctes de Goritsa. Réunis peu à peu par Habsbourg, sauf Frioul et Istrie, conquis par Venise. **XVe-XVIIe s.** colonisation allemande. **1809-13** *partie des provinces illyriennes françaises :* Slov. s'appuient sur Fr. contre culture allemande. **1813** retour à l'Autriche. **1814** 2 provinces autrichiennes, capitales Laybach (Ljubljana) et Trieste. **1918**-*29-10* indépendance des territoires slov., croates et serbes de l'Autriche-Hongrie. *-3-11* Gorica, Gradiska, Istrie, Trieste, Carniole du Sud-Ouest occupés par Italiens, Britanniques, Français. *1-12* incluse dans *roy. des Serbes, Croates, Slovènes.* **1919**-*12-8* reçoit région du Prekmurje (« au-delà de la Mura »). *-10-9 traité de St-Germain :* vallée de Mezica et Jezersko en Carinthie inclus avec le sud de la Styrie (devenue Yougoslavie 1929). **1920**-*13-10* plébiscite en Carinthie du Sud-Est (Slaves 70 %, Allemands 30 %) : 59,14 % votent pour union à Autriche. *-12-11 traité de Rapallo :* anciens comtés de Gorica et Gradiska, Trieste et sud-ouest de la Carniole cédés à l'Italie. **1941-45** partagée entre Allemagne, Hongrie et Italie. **1947**-*10-2 traité de paix italo-yougoslave de Paris :* reçoit partie de la Vénétie Julienne et nord de l'Istrie (sud à la Croatie).**1954**-*5-10* reçoit zone B de Trieste. **1988**-*21-11 :* 150 000 manifestants à Ljubljana pour droits de l'homme. **1989**-*11-1* création du *Demos,* groupe politique indépendant du PC. **1990**-*8-4 élections. -2-7* S. déclaration d'indépendance. *-23-12 référendum :* 88,2 % pour l'indépendance.

Indépendance. 1991-*20-2* résolution sur la « dissociation de la Yougoslavie en 2 ou plusieurs États souverains ». *-22-4* **Milan Kučan** (né 14-1-1941) élu Pt (58,3 % des voix contre Joze Pucnik 41,7 %). *-25-6* S. proclame son indépendance et cesse tout versement au budget fédéral (12 % du total). *-26-6/18-7* la Serbie se résigne à l'indépendance de la S., jugée « à part » dans la Fédération. *-10-7* par 189 voix contre 11, le Parlement slov. entérine l'accord de Brioni suspendant pour 3 mois la déclaration d'indépendance. *Guerre civile. -18-7* retrait de l'armée fédérale. **1992**-*20-1* la CEE reconnaît l'indépendance (déjà reconnue par une trentaine de pays, dont l'All.). *-24-4 Janez Drnovšek* (né 17-5-1950) PM. *-6-12 législatives et présidentielle* (Kučan réélu avec 63,93 % des voix). **1993**-*20-1* S. entre au FMI. *-14-5* au Conseil de l'Europe. **1996**-*17-5* visite Jean-Paul II. *-10-6* S. associée à l'UE. **1997**-*23-11* Kučan réélu Pt [55,57 % devant Janes Podobrik (SLS)]. **2000**-*3-5 Andrej Bajuk* (né 18-10-1943) PM. *-Nov. Janez Drnovšek* PM.

■ **Statut.** *République.* **Constitution** du 23-12-1991. **Pt** : élu au suffrage univ. pour 5 ans. PM élu par l'Assemblée. **Conseil nat.** : 40 élus pour 5 ans, répartis en 5 collèges représentant les intérêts sociaux, économiques, locaux, etc. **Assemblée nat.** : 90 élus pour 4 ans dont 88 à la proportionnelle et 2 réservés aux minorités italienne et hongroise. **Élections du 15-10-2000** : LDS 36,21 %, SDS 15,8 %. **Fête nationale.** 25 juin. **Drapeau** (adopté 24-6-1991). Bandes horizontales blanche, bleue et rouge (couleurs panslaves) et armoiries [3 pics montagneux blancs (Alpes) traversés par 2 lignes bleues (côte), 3 étoiles jaunes (duché de Celje) dans un ciel bleu].

■ **Partis. P. libéral-démocrate de S.** (LDS) fondé 12-3-1994, fusion du P. libéral démocrate, P. démocrate, écologistes, P. socialiste, *Pt* : Janez Drnovšek. **Liste associée des sociaux-démocrates** (ZLSD, ancien PC) fondée 1992, *Pt :* Borut Pahor. **P. nat. slov.** (SNS) fondé 1991, *Pt :* Zmago Jelincic. **P. démocrate de S.** fondé 1994 par scission du P. démocrate, *Pt* : Anton Persak. **Verts** (ZS) fondé 1993, *Pt :* Vane Gosnik. **P. social-démocrate de S.** (SDSS) fondé 1989, *Pt :* Janez Jansa. **P. populaire s.,** fusion avril 2000 du **P. slovène du peuple** (Marjan Podobnik) et du **P. chrétien-démocrate de S.** (fondé 1989, Lojze Peterle). **P. démocratique des retraités,** Jnko Kusar.

■ **Économie. PNB** (en 1999) : 9 960 $ par hab. **Population vivant sous le seuil de pauvreté** (en 1995) : 13 %. **Population active** (en %) **et,** entre parenthèses, **part du PNB** (en %) : agr. 8,4 (5), ind. 38,5 (34,4), mines 0,8 (1,1), services 52,3 (60,2). **Croissance** (en %) : *1995* : 4,1 ; *96* : 3,5 ; *97* : 4,6 ; *98* : 3,9 ; *2000* : 5. **Inflation** (en %) : *1995* : 13,5 ; *96* : 9,9 ; *97* : 8,4 ; *98* : 7,9 ; *99* : 6,2 ; *2000* : 9. **Chômage** (en %) : *1995* : 14,5 ; *99* : 13 ; *2000* : 7,5. *Salaire mensuel moyen (brut) :* 1 000 $. **Dette extérieure** (en milliards de $) : *1999* : 5,4 (28 % du PIB).

■ **Agriculture** (en milliers de t, 1999). P. de t. 194, maïs 311, bett. à sucre 380, blé 170, raisin 141, choux 64. **Élevage** (en milliers de têtes, 1999). Volailles 9 732, porcins 592, bovins 453, ovins 28. Pays des ours bruns : 500 en 2000. **Pêche** (en 1999). 3 000 t. **Forêts** (en 1998). 2 133 000 m^3. **Mines** (en milliers de t, 1996). Charbon et lignite 4 778, plomb 4 (en 1998) et zinc. **Industrie.** Aluminium (usine de Ptuj), chimie et pharmacie, automobile, meubles, caoutchouc, papier, métaux. **Énergie.** *Électricité* : production (en 1996) 12,7 milliards de kWh dont (en %) hydraulique 28,76 et nucléaire 35,72. Hydroélectrique (barrages sur Sava, Drava et Soča). Centrale nucléaire à Krsko (construite avec Croatie). **Privatisations :** achevées en juin 1994 pour 2 601 entreprises. **Transports** (en km, 1997). **Routes :** 14 851. **Voies ferrées :** 1 201.

■ **Tourisme. Visiteurs** (en 1997) : 974 000. **Revenus :** 7 % du PNB. **Sites :** littoral, lacs Bled et Bohinj, Pohorje, Kranjska gora. *Parc naturel :* Triglav (84 800 ha).

■ **Commerce** (en millions de $). **Export./import. :** *1995* : 8,32/9,5 ; *96* : 8,31/9,2 (*exporte* mach. et équip. de transp. 2,77, produits man. 1,81, produits chim. 0,9, produits alim. 0,26 *vers* All. 2,54, Italie 1,1, Croatie 0,9, *France 0,6,* Autriche 0,55, Russie 0,3/*importe de* All. 2,04, Italie 1,6, *France 0,92,* Autriche 0,83, Croatie 0,6, Russie 0,21) ; *97* : 8,4/9,37 ; *98* : 9/10,1 ; *99* : 8,6/9,9.

■ **Rang dans le monde** (en 1996). 20e lignite.

SOMALIE

Carte p. 1093. V. légende p. 950.

☞ *Abréviations :* S. : Somalie ; Som., som. : Somalien(ne)(s), somalien(ne)(s).

■ **Noms.** *Terre de Punt* ou *Pouanit* (Égyptiens), *Terre des Aromates* (Romains), *Barral agiab* (« Terre des étrangers », Arabes), *Biladu somal* (« Terre des Somaliens »). *Somalie* vient de *soo mal* (« va traire », en somali, pour offrir du lait aux hôtes) ou *zumal* (« peuple riche en bétail », en arabe).

■ **Situation.** Afrique. **Superficie :** 637 657 km^2 (Somalie ex-italienne 462 539, ex-britannique 176 118). **Frontières :** (en km) : Éthiopie 1 626 km, Kenya 682 km, Djibouti 58 km. **Côtes :** 3 025 km. **Altitude** *maximale* : 2 500 m. Plaine (au sud), haut plateau (500 à 1 000 m), savane, montagne au nord. **Climat.** Chaud et sec, *températures moyennes :* à Mogadiscio : janv. 25,6 °C, juillet 26,1, à Berbera : 42 °C de juin à sept. *Pluies* mars à juin, et sept. à déc., 32 à 50 mm/an dans le Sud, 410 mm/an à Mogadiscio.

■ **Population.** *2000 (est.) :* 11 530 000 hab. (75 % pop. nomade) ; *2025 (prév.) :* 21 300 000. **D.** 14,2. **Age :** *- de 15 ans :* 44,4 %, *+ de 64 ans :* 2,8 %. **Mortalité** *infantile :* 126 ‰ (en 1999). **Espérance de vie** (en 1999) : *h.* 45, *f.* 48. **Réfugiés** (en 1999) : déplacés 350 000 ; en Éthiopie 170 000, Kenya 160 000, Yémen 49 400, Djibouti 21 000. **Langues.** Somali (langue écrite depuis 1991) et arabe *(officielles),* italien, anglais. **Religions.** Musulmans sunnites (99,5 %), minorité chiite, 2 000 catholiques (Italiens), animistes.

■ **Villes** (en 1990). *Mogadiscio* 900 000 hab., Kismaayo 90 000, Hargeysa 90 000, Berbera 70 000 (base navale), Merka 62 000. **Distances de Mogadiscio** (en km) : Berbera 1 350, Hargeysa 1 400, Kismaayo 500.

■ **Histoire. Vers 1400** sultanat de Harrar. **Vers 1500** Ahmed Ibrahim Gurey, « le Gaucher », réorganise le pays et interdit de payer tout tribut au négus d'Abyssinie. **1506** bombardements portugais (Zeilah, Brava, Mogadiscio), Ahmed Gurey tué. **1887** protectorat britannique du Somaliland. **XIXe s.** accords pour partage en zones d'influence : **1884** Angl.-Italie, **1888** Angl.-Fr. sur Côte des Somalis, **1889** Éthiopie-Italie, **1891** Angl.-Italie, **1897** Fr.-Éthiopie, Côte française des Somalis ; la Fr. occupe la Côte française des Somalis, la G.-B. le Nord *(British Somaliland)* et au sud le Jubaland, l'Italie le Sud *(Somalia Italiana)* protectorat en 1889 et colonie en 1905, administrée par G.-B. de 1941 à 1949, confiée sous mandat à l'Italie du 1-4-1950 au 30-6-1960. **1899-1920** révolte de Mohammed Abdullah Hassan († 1920) [Sayyad Mohammed] dit « le Mollah fou du Somaliland ». **1941** G.-B. prend S. italienne. **1948** G.-B. cède à l'Éthiopie Ogaden et une partie de la *Reserved Area.* **1948-60** S. italienne gérée par AFIS *(Amministrazione Fiduciaria Italiana in Somalia,* déléguée par l'Onu). **1954** la région du haut et le reste de la *Reserved Area* (aurait dû se trouver sous administration italienne sur mandat de l'Onu). **1960** *indépendance* de l'ex-British Somaliland (26-6) et de l'ex-Somalia Italiana (1-7) qui fusionnent (1-7) **République de Somalie.** *-Juillet* **Aden Abdullah Osman** Pt. **1967**-*juin* **Abdirashid Shermarke** Pt (assassiné en oct. 1969). **1969**-*21-10* coup d'État. *-Oct.* **Mohamed Syaad Barré** [(1919-95) appartenait au clan sudiste des Marehans] Pt. **1974**-*14-2* adhère à Ligue arabe. **1975** facilités accordées aux Soviétiques à Berbera et dans îles Bajuni ; construction base aérienne à Wanle-Weyn (à 80 km de Mogadiscio). Aide militaire soviétique : 130 millions de $ par an. **1976**-*1-7* constitution du P. socialiste révolutionnaire, dissolution du Conseil suprême de la révolution (créé 21-10-1969). **1977** participe à guerre de l'Ogaden (commence le 23-7), mais battue (voir **Éthiopie**). *-Nov.* expulsion des conseillers soviétiques. **1978**-*9-4* coup d'État militaire : échec (20 †). *-Oct.* 17 officiers condamnés à mort. **1979**-*févr.* opposition [Front d'action démocratique (FAD) responsable du coup d'État du 9-4-1978] réorganisée en FSS avec appui éthiopien (2 000 h. : secr. général Mustapha Haaji Nuur). *-23-12* facilités offertes aux Américains à Berbera. **1982**-*févr.* troubles à Hargeysa. *-5-7* combats avec Éthiopiens en S. **1982-83** troubles (centre et nord) : opposition soutenue par Éthiopie. **1986**-*23-12* **Barré** (seul candidat) élu Pt (avec 99,93 % des voix). **1987**-*24-1* des rebelles enlèvent 10 Français de Médecins sans frontières (libérés 6-2). **1988**-*19-7* rebelles MNS atteignent Berbera (après attaque de Hargeysa en mai). **1989**-*9-7* Mgr Salvatore Colombo, évêque de Mogadiscio, assassiné. *-14-7* émeutes à Mogadiscio (24 † officiellement, 1 500 ?). *-Juillet/oct.* mutineries dans l'armée. **1990**-*6-7* émeute stade de Mogadiscio (60 †). *-12-12* rebelles attaquent Mogadiscio. *-24-12* multipartisme autorisé. **1991**-*21-1 Omar Arteh Ghaleb* PM. *-27-1* rebelles prennent palais présidentiel. Barré se réfugie à Burumbuh. *-29-1* **Ali Mahdi Mohamed** Pt par intérim. *-30-1* rebelles prennent Berbera. *-Févr.* 600 réfugiés éthiopiens (sur 75 000) tués par rebelles. *-Mai* rebelles CSU prennent Kismaayo (70 000 réfugiés). *-18-5* MNS proclame indépendance de **Rép. du Somaliland** dans le Nord (capitale : Hargeysa). *-21-7* accord 6 grands partis (partage des fonctions et projet de Const.). *-17-11* combats factions hawiyés (3 000 †). **1992**-*17-1* Aïdid prend Mogadiscio. *-Août* famine. *-4-8* Mogadiscio, 1er bateau français (2 000 t de vivres). *-19/29-8* pont aérien français (200 t de nourriture) permettant de nourrir 35 000 pers. par jour. *-21-8* Américains *Provide Relief* [28-8, *pont aérien* (85 000 t en 1992, 143 000 en 1993)]. *-14/29-9 :* 1er contingent de 500 casques bleus pakistanais de l'*Onusom I* (résolution 751 du 24-4-1992, 4 219 prévus). *-20-10* France, opération *Du riz pour la Somalie* (5 824 t). *-3-12* résolution 794 à l'unanimité pour opération *Restore Hope* : 38 000 militaires [*Unitaf* : force d'intervention de l'Onu, *Cdt en chef* : Gal Robert Johnston (USA), 20 pays participent] dont 28 150 Américains, 2 120 Français (opération *Oryx*), 2 000 Italiens, 1 200 Marocains, 900 Canadiens, 587 Belges, 750 Égyptiens, 700 à 900 des Émirats, 300 Mauritaniens, 300 à 400 Turcs. *-8-12* Kismaayo : 100 †. *-9-12* Mogadiscio : 1 800 marines américains débarquent (contrôlent aéroport et port) et 130 Français. *-27-12* accord Gal Aïdid (1925-96)/Mohamed. **1993**-*4-1 militaires déployés :* 28 870 dont 20 515 Américains, 2 454 Français, 2 150 Italiens. *-7-1* Mogadiscio, combats marines/Somaliens (7 †). *-26/27-3* résolution 814 (à l'unanimité) : *Onusom II* [28 000 h. + 3 000 administratifs de 22 pays (*Cdt en chef* : Gal Cevik Bir, Turc), *coût prévu :* 1,5 milliard de $ sur 1 an, en vigueur le 5-5-1993, remplace la force d'action unifiée]. *-27-3* factions créent un *Conseil nat. transitoire. -26-4* Mogadiscio, troupes Onu remplacent marines. *-5-5* **Mohamed Ibrahim Egal** Pt du Somaliland (État non reconnu). **1994**-*mars* choléra (100 †). *-24-3* accord de cessez-le-feu Aïdid (SNA)/Mohamed (au nom des 12 autres factions). *-25-3* fin retrait américain, *-31-3* retrait italien. *-1-11* conférence de réconciliation boycottée par Mohamed. **1995**-*2-3* fin retrait des 8 000 derniers Casques bleus protégés par force multinationale (opération *Bouclier unifié*). Pertes Onu (1992-95) : 132 †. *-17-9* Aïdid prend Baidoa. **1996**-*16-1* prend Huddur. *-22-5* reprise par Rahawein. *-1-8* Aïdid meurt de ses blessures (bataille de Mogadiscio). Son fils, Hussein, se dit Pt par intérim ; combats entre factions rivales (centaines de †). **1997**-*mars* Egal réélu. *-Juin* Conférence de réconciliation nationale repoussée. *-Oct./nov.* inondations Sud (1 980 †, 60 000 ha dévastés). *-22-12* accord entre factions signé au Caire. **1998**-*janv.* Somaliland, fièvre du Rift. *-Févr.* embargo saoudien sur exportations de viande. **1999**-*été* mauvaises récoltes, famine. **2000**-*2-5* conférence de réconciliation nationale à Arta (Djibouti). *-25/26-8* **Abdoulkassim Salat Hassan** [58 ans, du sous-clan Habr Gedir (Hawiye)] élu Pt par Parlement de transition (245 m.) siégeant à Arta. *-8-10 Ali Khalif Galaydh* (né 15-10-1941) PM.

■ **Statut.** *République démocratique.* **Constitution** temporaire du 6-10-1990 adoptée par référendum le 31-10, remplace celle du 2-12-1984. **Assemblée nationale :** 171 membres, élus pour 5 ans au suffrage universel, et 6 membres, nommés. **Fête nationale.** 21-10 (révolution). **Drapeau** (adopté 12-10-1954). Bleu, étoile blanche (5 branches pour symboliser les 5 régions).

■ **Partis. Front démocratique de salut de la S.** (FDSS, clan majertein) fondé 1981 [fusion du *Front de salut Som.* (FSS), *Front démocratique de la S.* et *P. des travailleurs som.*], *Pt :* Abdullahi Yussuf Ahmed. **Mouv. nat. som.** (MNS, clan nordiste issak) fondé 1981 à Londres, *Pt :* Abderrahman Ahmed Ali, guérilla depuis 1982. FDSS et MNS ont créé 8-10-82 : **Front communiste Somalia First,** *Pt :* Mahmud Shaykh Ahmad. **Mouv. démocrate som.** (SDM, agriculteurs sudistes) fondé 1992, *Pt :* Abdulkadir Mohamed Adan. **Congrès de la S. unifiée** (CSU, sudiste hawiyé) fondé 1989, *Pt :* Abdullah Ma'alin († 1996) puis son fils Hussein. **P. socialiste révolutionnaire de S.,** unique 1976-91.

■ **Clans armés** (en 1992). **Alliance nat. som.** (SNA) fondée avril 1992, *chef :* Gal Mohamed Farah Aïdid remplacé le 3-8-1996 par son fils Hussein (clan Habr Gedid), 10 000 à 20 000 h. (QG Bardera). **Clan Ogadeni** (Cel Omar Jees, allié au Gal Aïdid), contrôlait Kismaayo. **Clan Darod,** Gal Hersi Morgan (gendre de Barré).

■ **Économie. PNB** (en 1999) : 150 $ par hab. **Population active** (en %) **et,** entre parenthèses, **part du PNB** (en %) : agr. 65 (65), ind. 8 (9), services 27 (26). **Inflation** (en %) : *1990* : 140,4 ; *91* : 55,1 ; *92* : 36,3 ; *93* : 24,3 ; *94* : 18,9 ; *95* : 16,3. **Dette extérieure** (en milliards de $) : *1994* : 2,07 ; *95* : 2,14 ; *96* : 2,09 ; *97* : 2,06 ; *98* : 2,3. **Transferts des émigrés du Golfe :** 30 % du PNB. **Agriculture. Terres** (en milliers d'ha, 1983) : arables 8 150, pâturages 28 850, forêts 8 800, eaux 1 032, brousse 6 197, divers 26 765. **Production** (en milliers de t, 1999) : sorgho 230, canne à sucre 210, maïs 150, légumes 74, bananes 47, sésame 25, haricots 21 (en 1986), pamplemousses 19, fruits, arachides 3, riz 1, coton 2, tabac, kapok. Myrrhe, encens. **Élevage** (en millions de têtes, 1999). Ovins 13, caprins 12,5, chameaux 6,1, bovins 5, ânes 0,02, mulets 0,02. Viande, cuirs et peaux. **Forêts** (en 1998). 7 955 000 m^3. **Pêche** (en 1997). 16 000 t. **Mines.** Sel. Non exploitées : fer, plomb, étain, manganèse, lignite, sépiolite, gypse, uranium, thorium. Recherches pétrole. **Industrie.** Inexistante. **Transports. Routes** (en 1996) : 22 100 km. **Tourisme** (en 1997) : 10 000 visiteurs.

■ **Commerce** (en millions de $, 1992). **Export./import. :** 80 /150 (*exporte* bananes, animaux vivants, cuirs et peaux *vers* Arabie saoudite, Italie, ex-URSS, G.-B., Yémen./*importe de* G.-B., Italie, All., Chine.

■ **Rang dans le monde** (en 1999). 24e ovins.

Soudan
V. légende p. 950.

☞ *Abréviation* : S. : Soudan.

■ **Nom.** De *Beled as-Sudan* (« Pays des Noirs »). Autrefois, on appelait *Nubie* (« le Pays de l'or » en langue indigène) le nord du Soudan (entre 6e et 1re cataractes du Nil) et le Soudan *Royaume de Méroé* puis *Royaume de Sinnar* de 1605 à 1821 et *Soudan anglo-égyptien* de 1898 à 1955.

■ **Situation.** Afrique. 2 505 813 km², 1,7 % de la surface terrestre du globe, plus grand pays d'Afrique (8,3 % du continent). **Frontières** (en km) : Éthiopie 1 606, Érythrée 605, Tchad 1 360, Égypte 1 273, Rép. centrafricaine 1 165, Congo dém. 628, Ouganda 435, Libye 383, Kenya 232. **Côtes :** 853 km (mer Rouge). **Altitude** *maximale* : Mt Kete 3 187 m. **Régions :** *Nord et Est :* désert de Nubie ; *Centre :* plaine du Nil ; *Ouest et Sud :* plateaux avec montagnes. **Climat.** Tropical continental, équatorial au sud. *Records :* – 2 °C et + 52,5 °C (Khartoum 31 °C en janv., 23 en juillet). *Pluies :* 0,1 à 1 500 mm/an (Khartoum 161 mm/an).

■ **Population** (en millions d'hab.). *2000 (est.)* : 29,82 ; *2025 (prév.)* : 46. **D.** 11,5. **Ethnies :** 572. *En %* : Noirs 52, Arabes 39, Bejas 6. **Age :** *- de 15 ans* : 45 %, *+ de 64 ans* : 2 %. **Mortalité** *infantile* : 70 ‰ (en 1999). **Espérance de vie** (en 1998) : 55 ans. **Analphabètes :** 71,8 % (en 1996). **Réfugiés** (en milliers) : déplacés 4 000 ; réfugiés Soudanais en Ouganda 180, Éthiopie 70, Kenya 65, Congo dém. 50, Centrafrique 35, Tchad 20 ; réfugiés au Soudan 363 dont Érythrée 320, Éthiopie 30. **Émigrés :** 1 000 000 (pays du Golfe et Libye).

■ **Langues.** Arabe *(officielle)*, anglais, dinka, environ 200 dialectes. **Religions** (en 1993). Musulmans sunnites 62,8, coptes ; catholiques 2 245 000 (10 évêques, 241 prêtres dont 101 soudanais, 69 religieux (28 soudanais), 263 religieuses (74 soudanais) ; protestants christianisés 13,4 % et fétichistes (Nord), animistes 23,8 % (Sud).

■ **Villes** (en 1993). *Khartoum*, Omdurman et Khartoum North 1 600 000 hab., Omdurman 1 271 403, Port-Soudan 308 195, El-Obeïd 229 425, El-Fâsher 141 844, Atbara 576 000, Juba 114 980. **Distances** (en km de Khartoum) : El-Atbara 326, El-Obeïd 690, Medani 183, Port-Soudan 1 200.

■ **Histoire.** **VIe-XVe s.** siège de l'ancien roi de Nubie et de la civilisation du fer à Méroé, le S. a connu de nombreuses guerres intestines. **XIVe s.** islamisation. **1504-1821** sultanat des Founj, roy. de Sinnar. **1820-21** conquête par Mehemet Ali. **1821-85** Soudan turco-égyptien. **1826** Khartoum capitale. **1880** Mohammed Ahmed Ibn Abdoullah († 1885), mystique, se proclame *mahdi* (« le Bien Guidé ») et, avec ses *ansar* (« les Victorieux »), s'oppose aux Égyptiens impurs et aux chrétiens. **1885** prend Khartoum (Charles-Gordon, Gal britannique, né 28-1-1833 dit Gordon Pacha, tué 26-1). **1885-99** État mahdiste, règne du khalifa Abdullahi Ibn Mohamed. **1896-98** expédition anglo-égyptienne ; affaire de Fachoda (voir à l'Index). **1898-2-9** Omdurman ou Karari : Gal Horatio Herbert Kitchener (1850-1916 en mer), *sirdar* (Cdt en chef de l'armée du khédive), bat khalife et reprend Khartoum. **1899**-*19-1* condominium anglo-égyptien. Gouverneur général nommé par khédive d'Égypte sur recommandation du gouv. **1904** Sud interdit aux commerçants nordistes, protégé par la division en territoires fermés, les *closed districts*, ensuite répartis entre missions catholiques, anglicanes et protestantes. **1914-18** les Anglais se rapprochent des ansars. Abdel Rahman, fils du mahdi, devient un fidèle des Anglais. **1922** loi des *closed districts*. **1924** révolte de la Ligue du drapeau blanc. **1930** dans le Sud, déplacement des nordistes employés, remplacement par des indigènes. **1936** *traité anglo-égyptien* redéfinit condominium. **1941** la confrérie Khatmiya proche des Égyptiens fonde son parti, Al Achikka (les Frères). **1945** ansars fondent parti, Oumma. **1948** *législatives* organisées par Britanniques ; Oumma vainqueur, les Archikkas boycottent les élect. **1951** Farouk se proclame roi d'Égypte et du S. **1953** autonomie interne, *élections :* victoire du P. nationaliste unioniste, Oumma vaincu (22 sièges sur 97). **1955** ansars s'allient au Parti communiste (fondé 1946 comme Mouv. de libération nat.) ; parviennent à imposer l'indépendance.

République. **1956**-*1-1- indépendance*, Conseil de souveraineté (5 membres) ; guerre civile. **1958**-*juin* Parlement refuse d'accorder l'autonomie au Sud. -*17-11* coup d'État militaire, dictature du **Mal Ibrahim Abboud.** **1962** Brazzaville : exil des intellectuels sudistes qui fondent la Scadnu *(Sudan African Closed Districts National Union).* **1963** devient la Sanu *(Sudan African National Union).* **1963-72** guerre du Sud-Soudan, rébellion des Anya-Nya. **1964**-*21-10* Abboud renversé. **1965**-*juillet* **Ismail el-Azhari** Pt. **1969**-*25-5* coup d'État du **Gal Gaafar Mohammed Nemeyri** (né 1-1-1930). **1970**-*9-11* alliance RAU Libye/Soudan. **1971**-*19-7* coup d'État procommuniste du Cel Hachem el-Atta, échec. Répression. -*12-10* Nemeyri élu Pt. **1972**-*26-2* accord d'Addis-Abéba gouv./Cel Joseph Lagu (né 22-11-1931), chef de l'*Anyanya Liberation Front*, mettant fin dans le Sud à la guerre menée depuis le 19-8-1955 par 4 000 000 d'animistes ou christianisés (500 000 †). -*Juillet* relations diplomatiques avec USA reprises. Refus d'adhérer à l'Union des rép. arabes. **1973**-*25-1* complot découvert. -*8-3 :* 8 terroristes de Septembre noir tuent 3 diplomates (ambassadeur et conseiller américains, chargé d'affaires belge) dans l'ambassade saoudienne. -*Août Constitution.* **1974**-*20-10* émeutes dans le Sud. **1975**-*5-9* complot du Lt-Cel H.H. Osman ; échec. **1976**-*3-1* : 6 officiers exécutés. -*2-2* : 10 autres exécutions. -*2-7* complot : échec (environ 1 000 †). -*15-7* pacte de défense commune avec Égypte. **1977**-*avril* Nemeyri réélu Pt. **1979**-*mai* Nemeyri Mal. **1981**-*mars* complot : échec. Nombreux raids libyens. **1982**-*janv.* et *déc.* manif. contre hausses des prix. -*2-7* vice-Pt Abdel Magid Khalil démis, remplacé par Joseph Lagu. **1983**-*16-5* rébellion militaire à Bor. Cel Garang envoyé sur place prend le maquis. -*Sept.* loi islamique (*charia*) en vigueur. -*29-9 :* 13 000 amnistiés. **1984** recrudescence guérilla dans le Sud. -*Avril* loi martiale. **1985**-*18-1* Mahmoud Mohamed Taha (chef islamique des « Frères républicains», 76 ans) exécuté. -*27-1* : 4 otages (dont 2 Français), pris 10-2-1984, libérés par Armée populaire de libération du Sud (APLS) contre rançon (20 millions de F ?) ; famine ; aide américaine. -*27/28-3* émeute de la faim : 8 †.

1985-*6-4* **Gal Swar El Dahab** renverse Nemeyri qui, revenant des USA, reste au Caire. *Bilan de la famine depuis 1983* : 250 000 (?) †. **1986**-*12-4* élections. -*16-8* Fokker civil abattu par l'APLS dans le Sud (63 †). **1987** le gouvernement déclenche la guerre contre les Noirs du Sud ; pour les tribus nilotiques (Nuer du Haut-Nil, Fertit du Bahr el-Ghazal, Mundari de l'Equatoria), arabes (Missirieh du Kordofan, Rezigat du Darfour), les sudistes (notamment les Dinka) sont des êtres inférieurs. -*28-3* : 1 000 Dinka (Noirs) tués par Rizagat (Arabes) à Ed-Dai'en. -*11/12-8* : 250 à 600 civils tués à Wau par armée. **1988** *famine* (centaines de milliers de †). -*Mai* FNI entre au gouvernement. -*16-11* accord guérilla/PUD pour l'arrêt des combats. -*29-12* manif. contre hausse des prix. PUD se retire du gouvernement de coalition. **1989**-*28-1* rebelles prennent Nasir ; -*16-2* Liria ; -*17-4* Bor. -*23-5* affrontements entre Arabes et Four (453 †). -*30-6 coup d'État.* -*6-7 Sadek el-Mahdi* PM renversé, arrêté, libéré 10-1-1990.

1989-*10-7* **Gal Omar Hassan el-Bechir** (né 1-1-1944) chef du Conseil de commandement de la révolution (CCR). -*Déc.* Mahjoub Mohamed (détention illégale de devises) et Saïd Ahmed Gaballah (trafic d'héroïne) exécutés. -*21-12* avion de Médecins sans frontières abattu (4 † dont 3 Français). **1990**-*févr.* APLS assiège Juba. -*25/28-3* Darfour, lutte Tchadiens/armée tchadienne. -*23-4* complot : échec. -*24-4 :* 28 officiers fusillés. **1991**-*22-3* Code pénal, fondé sur la charia, dans les régions à majorité musulmane. -*1-4* combats dans le Sud. -*Mai* rébellion privée de l'aide éthiopienne (chute du Pt Mengistu). **1992**-*mai/juin* négociations d'Abuja (Nigéria conciliateur). -*18-7* pont aérien humanitaire interrompu. Nuer (Riek Maschar) contre Dinka du Sud (John Garang) ; région de Bor pillée. **1993** conflit frontalier avec Égypte dans la zone d'Alaïb (17 000 km² près de la mer Rouge). -*3-2* accord sur rapatriement de 300 000 Éthiopiens. -*10-2* Jean-Paul II à Khartoum. -*26-4* négociations de paix (ajournées 15-5). -*Juillet* guerre tribale au Sud. -*16-10* Hassan el-Bechir Pt. -*23-10* CCR autodissous. **1994**-*mai/juin* menace de famine. -*15-6* l'APLS crée un gouvernement du Nouveau Soudan. **1995**-*12-2* accords de Nairobi entre les 2 APLS (John Garang et Riek Maschar). -*26-3* cessez-le-feu de 2 mois gouv./rebelles du Sud. -*30-3/2-4* conférence populaire arabe et islamique à Khartoum. -*24-5* attentat contre Pt égyptien Moubarak à Addis-Abeba (le 31-1-1996, l'Onu enjoint au S. de livrer les « responsables »). -*9/12-9* manif. à Khartoum contre hausse des prix : 2 †. -*Oct.* Libye expulse 300 000 travailleurs soudanais. -*25-10* offensive APLS dans le Sud, avancée de 50 km, Parajok prise. -*25-12 :* 3 500 prisonniers libres, 1 200 femmes. **1996**-*31-1* Onu accuse le S. de soutenir le terrorisme, départ nombreux diplomates. -*6/17-3 législatives* et -*22-3 présidentielle* (el-Bechir réélu avec 73,2 % des voix). -*Juillet/sept.* manif. contre hausse des prix. -*Déc.* Sadek el-Mahdi, ancien PM (chef du Parti Oumma), se réfugie en Érythrée. **1997**-*13-1* offensive de l'ADN d'Éthiopie et d'Érythrée. -*21-4* accords de paix gouv./7 factions (dissidentes de l'APLS) au Soudan-Sud. -*4-11* USA décident embargo en représailles contre le soutien du S. au terrorisme international. **1998**-*printemps* famine dans le Sud. -*12-2* accident d'avion (ou tir SPLA) : 26 † sur 56 passagers dont le vice-Pt Mohammed Saleh. -*24-6 référendum* pour Constitution (96,7 %). -*15-7* cessez-le-feu pour acheminer aide intern. aux victimes de la famine (prolongé de 3 mois en oct. et en janv. 1999). -*20-8* frappe américaine contre l'usine chimique d'El-Chifa au N. de Khartoum (représailles aux attentats contre les ambassades américaines de Nairobi et Dar es-Salam). **1999**-*8/13-1* Christian Solidarity International (ONG suisse) rachète 1 050 esclaves noirs (50 $ par personne). -*5-4* cessez-le-feu du gouvernement dans le Sud. -*26-11 Djibouti :* signature de « L'appel de la patrie » entre le Pt el-Bechir et Sadek el-Mahdi, chef du P. Oumma et secrétaire général de l'AND pour mettre fin à la guerre civile. -*12-12* état d'urgence pour 3 mois (12-3-2000 reconduit jusqu'à la fin de l'année, 3-1-2001 reconduit jusqu'au 31-12), Parlement dissous. **2000**-*13/22-12* **el-Bechir** réélu Pt (86,5 %) pour 5 ans. **2001**-*19-2 mémorandum d'entente populaire* Congrès national populaire (créé mai 2000 par Hassan al-Tourabi)/APLS de John Garang. -*21-2* al-Tourabi arrêté.

■ **Statut.** *République fédérale islamique.* **Constitution** d'oct. 1985, suspendue juin 1989 ; nouvelle du 30-6-1998. Applique la charia. **Assemblée nationale :** 360 sièges dont 270 élus, 35 s. réservés aux femmes, 26 aux diplômés de l'Université, et 29 aux agriculteurs, bergers, hommes d'affaires et syndicalistes. **Élections législatives du 13 au 22-12-2000,** boycott de l'opposition. **États.** 26 (depuis 1994) dirigés par un gouverneur élu et des ministres nommés par le gouv. **Fête nationale.** 1-1 (indépendance). **Drapeau** (adopté 20-5-1970). Bandes horizontales rouge (socialisme), blanche (pureté, optimisme), noire (nation), triangle vert (prospérité et islam).

■ **Partis** (interdits de 1989 à 1998). **Front national islamique (FNI)** et **P. nat. du congrès** fondé 1992, cheikh Hassan al-Tourabi (démis 26-6-2000 remplacé par Ibrahim Ahmad Omar). **Alliance démocratique nat. (AND)** créée 1995, front uni de l'opposition, *Pt* Mohamed Osman al-Mirghani. **Oumma,** Sadek el-Mahdi. **P. unioniste démocratique (PUD),** Mohamed Osman al-Mirghani. **P. communiste soudanais,** Ibrahim Nugud, **Union des partis sudistes (UPS). Congrès de Béja. Direction légale de l'armée soudanaise (DLAS). Alliance des forces soudanaises (AFS). Front des forces démocratiques (FFD),** Ghazi Solimane, opposition.

Guérilla dans le Sud. **Armée de Libération des Peuples du S. (APLS ou ALPS)** appuyée par Éthiopie et Kenya, chef Cel John Garang de Mabior (né 1945, Dinka) qui demande l'abrogation de la charia]. **1991**-*août* Cdt Riek Maschar, Cdt Lam Akol et Cdt Gordon Kuong créent l'APLS « unifiée » ; **1993**-*mars* sont rejoints par un autre Nuer, Cdt William Nyuon. *Bilan (1983-2000) :* 1 900 000 †. **1998**-*6-5* accord sur autodétermination prévue. Massacres, viols, prises d'esclaves, villages incendiés dans les zones d'exploitation pétrolière. **MISS (Mouvement pour l'indépendance du Sud-Soudan),** Cdt Riek Maschar. **Coût :** 400 millions de $ par an.

■ **Économie.** **PNB** (en 1999) : 310 $ par hab. **Pop. active** (en %) **et,** entre parenthèses, **part du PNB** (en %) : agr. 72 (40), ind. 9 (10), services 18 (50), mines 1 (0). **Croissance** (en %) : *1998* : 6 ; *99* : 5,3 ; *2000 (est.)* : 3. **Inflation** (en %) : *1992* : 117,6 ; *93* : 95 ; *94* : 101 ; *95* : 400 ; *96* : 150 ; *97* : 150 ; *98* : 17 ; *99* : 18. **Dette extérieure** (en milliards de $) : *1993* : 14 ; *95* : 19 ; *97* : 16 ; *98* : 24 ; *2000* : 25. **Apport des salaires des émigrés** dans les pays du Golfe. **Aides :** FMI, Banque mondiale : aide suspendue en 1993 ; CEE : 45 millions d'écus en 1993. **Aide humanitaire** pour le Sud. **Agriculture.** **Terres** (en milliers d'ha, 1981) : arables 12 390, cultivées 55, pâturages 56 000, forêts 48 630, eaux 12 981, divers 120 522. **Production** (en milliers de t, 1999) : canne à sucre 5 950, sorgho 4 000, arachides 980, blé 168, millet 499, coton 72 [687 en 1970], dattes 145, mangues 138, sésame 100, bananes 23, manioc 10, gomme arabique (1er producteur mondial), kapok. **Élevage** (en millions de têtes, 1999). Ovins 42,5, poulets 38, caprins 36,4, bovins 35, chameaux 2,9 (en 1997), ânes 0,6. Canal de drainage du Jonglei (320 km) en construction. **Forêts** (en 1998). 9 486 000 m³. **Pêche** (en 1997). 48 000 t. **Mines.** Fer, manganèse, mica blanc, quartz, marbre, cuivre, or (5,6 t en 1997), chromite, sel, magnésite. **Énergie.** **Pétrole :** *réserves :* environ 2 milliards de barils ; *pipe-line :* 1 610 km jusqu'à Port-Bashair sur la mer Rouge en service depuis mai 1999 ; *production :* 200 000 barils/jour. **Industrie.** Produits alim., coton. **Transports** (en km, 1996). **Routes :** 11 900 dont 4 320 revêtus ; **voies ferrées :** 5 516. **Tourisme.** **Visiteurs** (en 1997) : 64 000.

■ **Commerce** (en millions de $). **Export./import. :** *1997* : 594/1 580 ; *98* : 596/1 915 ; *99* : 616/1 988 (*exporte* coton, gomme arabique, millet et sorgho *vers* G.-B., All. 2,54, Japon, *France*/*importe de* G.-B., USA, Japon, All., *France 0,92*) ; *98* : 590/1732.

■ **Rang dans le monde** (en 1999). 7e bovins, ovins. 10e millet.

Sri Lanka (Ceylan)
Carte p. 1257. V. légende p. 950.

☞ *Abréviations :* Tam., tam. : Tamourls, tamoul(e)(s).

■ **Nom.** *Sri Lanka* (« Vénérable lieu ») ; adopté 22-5-1972. Vers le IIe s. av. J.-C., nom sanskrit : *Tamraparni* (« Feuille de cuivre ») ; les Grecs, puis les Romains en ont fait *Taprobane*. *Ceylan* vient du pali *Sinhala* ou *Sihala* (« Lion »), abréviation de *Sihaladvipa*, « l'Île des lions ». Le mot *Sihala* était lui-même tiré de *Sihabahu* (« le Bras de lion »), père de Vijaya, 1er conquérant du pays.

■ **Situation.** Asie. Ile tropicale de l'océan Indien à 50 km de l'Inde (détroit de Palk). **Superficie :** 65 610 km² dont terres 64 740. **Longueur** *maximale :* 435 km. **Largeur :** 225 km. **Côtes :** 1 340 km. **Altitude** *maximale :* Pidurutalagala 2 538 m. **Relief :** *centre :* montagnes, plateaux (304 à 936 m), forêts denses mais résiduelles. *Littoral :* mangrove. **Climat.** Tropical, tempéré : 26,6 à 27,7 °C (différence de 10 °C entre le matin et le soir). *Soleil :* 2 900 à 3 100 h par an. *Humidité* relative : 70 % le jour, 90 à 95 % la nuit, 60 % dans les zones les plus sèches. *Pluies :* Colombo 2 480 mm/an. *4 saisons :* mousson du sud-ouest (mai à sept.), inter-moussons (oct. et nov.), mousson du nord-est (déc. à févr.), inter-moussons (mars et avril).

■ **Population** (en millions d'hab.). *1871 :* 2,4 ; *1911 :* 3,6 ; *71 :* 12,7 ; *83 :* 15,4 ; *2000 (est.) :* 18,82 ; *2025 (prév.) :* 24. **D.** 286. **En 1988 :** *Cinghalais* 12,2. *Tamouls Sri Lankais* 2,08, majorité dans le nord, 43 % dans l'est (Cinghalais 26 %, musulmans 31 %) ; immigrés [venus au XIXe s. pour les plantations de thé ; *81 :* 0,8 (5,6 %), devaient être rapatriés en Inde (0,45 rapatriés fin 1987) ; le reste a reçu la nationalité sri lankaise]. *Musulmans* (venus vers le Xe s.) : 1,2. *Autres* 0,13. 30 % de la population vit en dessous du seuil de pauvreté. **Émigration :** 0,89. **Personnes déplacées** (en 1999) : 560 000 ; *réfugiés :* 100 000 en Inde. **Age :** *– de 15 ans :* 26,5 %, *+ de 64 ans :* 6,5 %. **Espérance de vie** (en 1998) : 73 ans. **Langues.** Cinghalais *(officielle)* 74 %, tamoul 18,5 % *(officielle depuis 1977)* et anglais 10 % *(officielle depuis 1983)*. **Religions** (en %, 1988). Bouddhistes 69 (dont 90 % Cinghalais), hindouistes 15 (dont 80 % Tamouls), musulmans 8, chrétiens 8 (dont Cinghalais 700 000, Tamouls 300 000).

■ **Villes** (en 1990). *Colombo* 800 000 hab. (en 1996), Dehiwala-Mount Lavinia 196 000, Moratuwa 170 000, Jaffna 129 000, Kotte 109 000, Kandy 104 000 [altitude : 558 m ; température moyenne : 25 °C, centre du bouddhisme : Dalada ou temple de la Dent de Bouddah (relique arrivée vers 330) ; fêtes juillet-août], Galle 82 000.

■ **Histoire. Av. J.-C. VIe s.** colonisée par des hab. du nord de l'Inde. **Vers 450** roi légendaire Vijaya fonde dynastie des Sinhala. **Vers 350** Anuradhapura fondée. **IIIe s.** près de Samanalawewa, hauts fourneaux où la combustion est attisée par les vents de la mousson, produisent à partir du minerai de fer l'acier des épées de Damas. **Vers 250** roi Devanampiyatissa ; bouddhisme introduit. Tissamaharama, capitale dans le S. lors d'invasions de Damilas (Tamouls). **100** ou **101** roi cinghalais Duttagamini chasse les Damilas du roi Pandya de Madurai, Ellara. **89 à 77** relations maritimes avec Empire romain. **Vers 60** invasion dravidienne : Dambulla capitale, roi Vattagamini Abhaya. **Apr. J.-C. Vers 200** roi Voharikatissa : introduction du sanscrit. **Vers 240** roi Vijayindu, prince brahmaniste. **Vers 260** roi Sangabo Abhaya, soutien du bouddhisme. **Vers 330** développement du culte des Maitreya. **350-XIe s.** essor puis apogée de la civilisation cinghalaise, capitale Anuradhapura. **Vers 360** roi Buddha-Dasa. **480** roi Dhatu-Sena libère Lanka des envahisseurs tamouls. **Vers 490** révolte de Kassyapa, Dhatu-Sena assassiné, capitale créée à Sigiriya. **490-510** guerre civile. **Vers 772-777** invasion tamoule (Polonnaruva devient la capitale). **Vers 800** roi lettré Dapula II. **831-851** Tamouls pillent Anuradhapura. **851-885** Sena II chasse Tamouls. **XIe s.** population commence à se retrancher dans le Sud [instabilité politique (invasions sud-indiennes)]. **Vers 1000** sous Mahinda V, pillage d'Anuradhapura. **1032** Mahinda V meurt. **1055-1110** Vijaya Bahu Ier chasse les Tamouls. **1153-86** Parakrama Bahu Ier restaure bouddhisme. **1186-96** roi Nissamkamalla : raids tamouls. **1215-40** Nord occupé par armées tamoules du roi Pandya Narasimba II. Nouvelle capitale : Dambadeniya. **1240** Parakrama Bahu II chasse Tam. **1273** nouvelle capitale : Yapahuva. **1285** Tam. prennent Yapahuva et emportent la Dent de Bouddha à Madurai. **1286** Parakrama Bahu III se reconnaît vassal des rois Pandyas. **1290-1327** Parakrama Bahu IV se révolte contre Tam., nouvelle capitale : Kurunegala. **1347** invasions tam. : roi Buwanaïké Bahu Ier ; Gampola capitale. **XVe s.** début de domination européenne. **Vers 1410** Vira Alekeswara : Kotté capitale. **Vers 1430** Parakrama Bahu VI. **1505** le Portugais Francisco de Almeida domine le pays sauf roy. de Kandy. Catholicisme introduit (5 % de la pop.). **1518** Portugais à Colombo. **1534** 3 rois à Ceylan : *Kotté :* Buwanaïké Bahu VII (1534-42) ; *Sitavaka :* Mayadunné (1534-81) ; *Jaffna :* roi tamoul. **Vers 1550** 4 rois : *Kotté :* Dharmapala (1542-97) ; *Sitavaka :* Mayadunné (1534-81) ; *Kandy :* Vira Vikrama (1542-89) ; *Jaffna :* roi tamoul. **1602** arrivée du capitaine hollandais Joris Spilberg. **1604-36** Sénerat : alliance Kandyens/Hollandais. **1658** Hollandais favorisent commerce, construction de canaux, culture de la cannelle. **1672** amiral Blanquet de la Haye occupe la baie de Trincomalee : traite avec Rajasingha II ; Fort du Soleil français quelques mois. **1687-1739** Vimaladharmasuriya II résiste aux Hollandais et favorise catholiques à Kandy. **1796** côtes annexées par Angl. **1802** colonie britannique. **1815** G.-B. annexe Kandy : révolte. **1817** révolte (10 mois). Britanniques prennent la Dent. Colonie de la Couronne. **1828** café introduit. **1848** révolte. **1850** Britanniques restituent la Dent aux moines de Kandy. **1867** thé introduit. **1876** hévéa d'Amazonie introduit. **1880** cocotier.

1948-*4-2* **indépendance** (Ceylan État laïque). **1956** État bouddhiste, cinghalais langue officielle. Tam., accusés de vouloir détruire le bouddhisme, protestent contre l'établissement de Cinghalais dans l'Est. *-Avril* **Salomon Bandaranaïke** (de la caste des goyigama, marié 1940 à Sirimavo née 1916 dans une famille Radala) PM. **1957**-*25-7* compromis : langue tamoule reconnue minoritaire et employée dans l'administration au nord et à l'est ; certaine autonomie accordée. **1958**-*avril* pacte annulé par clergé bouddhiste. **1959**-*25-9* Bandaranaïke assassiné. *-Sept.* **Wijeyananda Dahanayake** PM. **1960**-*mars* **Dudley Senanayake** PM. *-21-7* **Sirimavo Bandaranaïke** (1916-2000), veuve de Salomon, PM (1re femme au monde à être PM). **1964** accord avec Inde : en 15 ans 600 000 Tam. indiens regagneront l'Inde (de 1964 à 75 : 75 000 repartiront). **1965** conservateurs au pouvoir. *-Mars* **Dudley Senanayake** PM. **1970** Jaffna, création d'un Mouvement étudiant Tam. (MET), qui dresse le SLFP contre Tam. *-Mai* **Sirimavo Bandaranaïke** PM. **1971**-*5-4* insurrection du JVP réprimée. *-Mai* 15 000 à 20 000 †. Aide soviétique (armement et experts) pour lutte antiterroriste. Le CP (prosoviétique) et le LSSP (trotskiste) accusent le JVP de révolte « raciste et fasciste ». *-Juin* aide chinoise.

1972-*mai* **William Gopallawa** († 1981) Pt. *-Mai* Ceylan devient Sri Lanka, bouddhisme religion d'État. Création des NTT *(Nouveaux Tigres tamouls)* avec Chine opposés à l'Inde. **1975**-*27-7* Prabhakaran (NTT) et 2 complices tuent maire tam. de Jaffna. **1976** NTT deviennent les LTTE *[Liberation Tigers of Tamil Eelam* (TLET, en français)]. **1977**-*16-2* état d'urgence depuis avril 1971 levé. *-19-2* PC quitte gouv. *-Juillet élections :* parti de S. Bandaranaïke battu ; **Junius Jayewardene** (conservateur) PM. *-Août* Jaffna, affrontements : police tue 4 Tam., 40 000 se réfugient au N.

1978-*4-2* **Junius Richard Jayewardene** (17-9-1906/1-11-1996) Pt ; **Ranasinghe Premadasa** PM. **1980**-*16-10* Sirimavo Bandaranaïke déchue pour 7 ans de ses droits civiques (rendus 1-1-1986). **1981**-*4-6/17-8* état d'urgence. **1982**-*août* affrontements à Galle. **1983**-*mai* à l'université Peradeniya à Kandy. *-18-5* état d'urgence. *-1-8* fin des combats (470 à 1 000 †, 79 000 sinistrés). *-4-8 :* 6e amendement constitutionnel interdit aux députés de défendre tout séparatisme (démission des 14 députés du TULF). Inde entraîne guérilla tam. **1984** bonzes lancent campagne de guerre totale contre Tam. Tigres recrutent 10 000 h. ; plusieurs centaines de †. *-Mai* Israël (relations rompues depuis 1970) ouvre une « Section of Interest » dans l'ambassade américaine pour l'entraînement antiterroriste du NIB (services secrets). *-Oct.* 7 bombes à Colombo. *-30-11 :* 70 Tigres tués. **1985**-*14-5* Tam. tuent 148 personnes à Anuradhapura. **1985**-*sept.* 3 des 5 députés tam. kidnappés. **1986**-*20-4* digue rompue : 2 500 †. *-3-5* Colombo, attentat : 22 †. *-13-7* négociations échouent. **1987**-*6-4* Colombo, attentat : 117 † ; *-21-4 :* 127 † ; *-17-4 :* 122 passagers d'autocar tués par Tam. *-3-5* attentat contre avion : 17 †. *-4-6* Inde parachute 25 t de vivres et médicaments à Jaffna. *-Juillet* FPL (Front patriotique populaire) forme branche armée. *-23-7 :* 500 suspects arrêtés. *-29-7* accord Inde/Sri Lanka sur régionalisation de la partie tam. L'Inde, garante de la paix, doit désarmer Tigres et rebelles dans les 72 heures. FPL refuse et appelle les étudiants à la guerre. *-5-8* force de paix indienne FPI (6 000 h.) à Jaffna. *-Août* rivalités entre Tam. : dizaines de †. *-18-8* attentat contre Jayewardene au Parlement (1 ministre †, plusieurs blessés). *-Sept.* FPI renforcée. *-10-10* reprend Jaffna aux Tigres. *-10-11* Colombo, attentat : 32 †. **1988**-*févr.* Vijaya Kumaratunga (gendre de Mme Bandaranaïke), Pt du Front populaire du Sri Lanka (SLMP), assassiné. *-22-5* Jayewardene (82 ans) provoque en duel Wijeweera, chef du JVP. *-Juillet/août* FPL et Tigres organisent grèves. *-Sept.* fusion administrative des provinces du N. et de l'E. *-26-9* ministre de la Reconstruction assassiné. *-19-11 provinciales :* 65 % de votants malgré l'opposition des Tigres. FRLPE a tous les sièges au N. *-10-12* JVP attaque prison de Bogambara, *-13-12* prison de Colombo (225 détenus libérés, 30 †).

1988-*19-12* **Ranasinghe Premadasa** (1924/1-5-1993) élu Pt par 50,43 % des voix devant Mme Bandaranaïke 44,9 %, Ossie Abeygooneseka (gauche) 4,5 %, 55 % de participation. **1989**-*11-1* état d'urgence levé. *-5-2* attentat, Mme Bandaranaïke blessée. *-15-2 législatives :* partis tam. participent, sauf TLET (plus de 700 † en 7 semaines). *-Mars* **Dingiri Banda Wijetunga** (né 15-2-1922) PM. *-13-4* Trincomalee, bombe (41 †). *-1-6* Premadasa demande retrait FPI pour 29-7. *-25-6/15-7 :* 542 assassinats politiques. *-29-6* Inde refuse d'appliquer cessez-le-feu avec Tam. *-13-7* Appapillai Amirthalingam, chef du TULF, assassiné. *-25-8* attentat contre Premadasa échoue. *-Oct.* 35 tués dans université. Tigres prêts à arrêter guérilla si retrait total FPI et annulation des élections de nov. 1988. *-13-11* Wijeweera, chef du JVP, tué. **1990**-*24-3* départ derniers soldats indiens (zones reprises par Tigres). *-16-6* cessez-le-feu. *-19-6* reprise guerre civile. *-3-8* plus de 140 musulmans massacrés dans 2 mosquées. **1991**-*2-3* Ranjan Wijeratne, min. de la Défense, assassiné. *-Mai* 500 000 à 800 000 réfugiés (région de Mannar). *-11-5 régionales :* UNP 190 sièges sur 237, SLFP 36. *-23-5* TLET suspectés dans l'assassinat de Rajiv Gandhi. *-10-8* combats armée/Tam. : 2 200 † en 1 mois. *-30-8* Premadasa suspend le Parlement devant une menace de destitution. **1992** *bilan :* 4 000 † (2 876 f., 1 157 militaires). **1993**-*23-4* Lalith Athulathmudali, Pt DUNF, assassiné. *-1-5* Premadasa tué dans attentat (24 †).

1993-*7-5* **Dingiri Banda Wijetunga** (né 15-2-1922) [UNP] élu Pt pour 19 mois (fin du mandat de son prédécesseur). **Ranil Wickramasinghe** (né 24-3-1949) PM. *-29/30-9* combats armée/Tam. : 236 †. *-1-10* armée prend Kilali. *-11-11* Tam. prennent Pooneryn (reprise le 13) : 1 000 †. **1994**-*18-8* **Chandrika Bandaranaïke Kumaratunga** PM. *-23-10* 58 tués dont Gamani Dissanayake (né 1942), secr. gén. de l'UNP, candidat à la présidentielle.

1994 *-9-11* **Chandrika Bandaranaïke Kumaratunga** (née 29-6-1945, fille de Sirimavo et veuve de Vijaya Kumaratunga, assassiné févr. 1988), élue Pte (62,28 % des voix) devant Srima Dissanayake (35,91). *-12-11* en fonctions. *-14-11* **Sirimavo Bandaranaïke** (17-4-1916/10-10-2000, mère de la Pte) PM. **1995**-*3-1* cessez-le-feu avec Tam. ; rompu 19-4. *-28-6* attaque Tam. : 140 †. *-7-7* Colombo, attentat suicide : 21 †. *-17-10* opération *Rayon de soleil* contre Jaffna (prise 1990 par Tamouls). *-17/30-10 :* 600 Tamouls †. *-20-10* Colombo, explosion (TLET ?) dans 2 dépôts de carburant : 25 †. *-11-11* Colombo, commando suicide contre QG de l'armée : 21 †. *-2-12* TLET prennent Jaffna. **1996**-*31-1* Colombo, attentat suicide : 72 †. *-16-5* l'armée reprend péninsule de Jaffna. *-11-6* TLET attaquent Aruwakalu : 14 †. *-4-7* Jaffna, attentat suicide : 21 †. *-18-7* TLET attaquent le camp militaire de Mullaitiva : 1 208 soldats et 128 rebelles †. *-Juillet* revers pour l'armée : 300 à 1 000 †. *-24-7* Colombo (banlieue), 2 bombes dans train : 69 †. *-22-9* offensive contre TLET : 200 †. **1997**-*9-1* TLET attaquent Paranthan : 223 soldats et 142 rebelles †. *-2-2* attaque de 3 camps militaires : 68 soldats et 3 civils †. *-21-3* couvre-feu instauré. *-10-6* Vavuniya, affrontements : 100 †. *-15-10* Colombo, camion piégé : 13 †. *-Oct.* Nord et Est, affrontements : 500 †. *-19-10* Nord-Est, bataille navale marine/rebelles : 100 †. *-Déc.* Nord, affrontements : 300 †. **1998**-*25-1* Kandy, attentat du TLET : 16 †. *-Fév.* Nord, 300 rebelles et 20 soldats †. *-6-2* Colombo, attentat suicide : 8 †. *-5-3* Colombo, bus piégé : 30 †. *-4-8* état d'urgence. *-27-9* attaque contre un centre de détention : 40 rebelles et 9 soldats †. *-Sept./déc.* 20 000 hommes engagés pour ouvrir une route vers Jaffna : 1 500 soldats et 1 300 rebelles †. **1999**-*18-12 :* attentats à Colombo : 38 † et 129 bl. (dont la Pte). *-21-12* Pte réélue. **2000**-*5-1* attentat devant le bureau du PM : 13 †. *-17-5 Batticaloa,* bombe : 23 †. Combats près de Jaffna. *-7-6* attentat : 21 † (dont 1 ministre). **2000**-*20-8* PM S. Bandaranaike démissionne, **Ratanasiri Wickremanayake** (né 5-5-1933) PM. *-24-12* cessez-le-feu unilatéral du TLET. **2001**-*21-3* mettent fin à la trêve en coulant un bateau de guerre.

☞ **Bilan de la guérilla** (1983-2000) : 61 000 †.

■ **Statut.** *République démocratique socialiste* depuis 1978. *Membre du Commonwealth.* **Constitution** du 31-8-1978. **Pt :** élu pour 6 ans au suffrage univ. **Chambre des représentants :** 225 élus pour 6 ans au suffrage univ. **Élections du 10-10-2000 :** Alliance populaire 107 sièges, Congrès musulman 10, P. dém. de l'Eelam Tamoul 5. **Sénat :** aboli déc. 1971. **Provinces.** 8 et 25 districts. **Fête nationale.** 4-2 (indépendance). **Drapeau** (adopté 17-12-1978). Fond jaune. A gauche, bandes verticales verte (musulmans) et orange (Tamouls). A droite, lion jaune portant une épée (autorité) sur fond brun et 4 feuilles (symboles bouddhistes).

■ **Partis. Alliance populaire** fondée 1993, coalition de 8 partis dont le SLFP, *leader :* Chandrika Bandaranaïke. **P. ceylanais pour la liberté (SLFP)** fondé 1951, Sirimavo Bandaranaïke (centre gauche). **P. nat. unifié (UNP)** fondé 1946, Ranil Wickramasinghe, A. C. Hameed (centre droite). **Lanka Sama Samaja Party (LSSP)** fondé 1935, Batty Weerakoon. **P. communiste (CP)** fondé 1943, Pieter Keuneman (léniniste). **Tamoul United Liberation Front (TULF)** fondé 1949 [fusion 1972 du *P. fédéral tam.* fondé 1949, Amirthalingam avec *Congrès tam.* (fondé 1944, S. R. Kanaganayagam)], *leader :* Murugesu Sivasithamparam. **Ceylon Worker's Congress (CWC)** fondé 1939, Savumyamoorthy Thondaman. **Democratic Workers' Congress** (DWC) fondé 1978, *leader :* V. P. Ganesan. **Congrès des musulmans de Sri Lanka (SLMC)** fondé 1980, *Pt :* Mohamed Ashroff. **Front démocratique national unifié (DUNF)** fondé 1991, G.M. Premachandra. **Cinghala Urumaya** (l'Héritage cinghalais) fondé avril 2000, *Pt :* Suneetha Gunasekara.

Tamouls. Ils revendiquent au nord et à l'est un État tamoul indépendant : l'*Eelam.* Ils appellent les Sri Lankais *mlechchas* (impurs). En 1992, ils disposaient de 20 000 combattants et de 40 000 mobilisables (contre 75 000 soldats gouvernementaux). En mai 1985, 3 groupes armés sur 5 se réunirent dans le **Front de libération de l'Eelam Tamoul (FLET),** puis l'**Organisation de libération de l'Eelam (OLET),** fondée 1973 par des étudiants, dont Thangathurai (condamné à mort 1982, mais tué en prison par ses codétenus), soutenu par l'Inde, prosoviétique. **Tigres libérateurs de l'Eelam tamoul (TLET ou LTTE)** [tigre : symbole du royaume de Jaffna du XIVe s.] qui a succédé en 1977 aux Nouveaux Tigres Tamouls (NTT), *leaders :* Velupillai Prabhakaran, dit Thamby (« petit frère », né 1955), Anton Balasingham et Sathasivam Krishnakumar (dit Kittu, † 16-1-1993). Depuis 1992, contrôlaient Jaffna au N. **Front révolutionnaire de libération du peuple de l'Eelam** (**FRLPE**) fondé 1981, marxiste, *leader :* Varatharaja Perumal, dirige Conseil provincial du Nord et de l'Est, armé par l'Inde pour lutter contre Tigres de 1988 à fin 1989. **Organisation révolutionnaire de l'Eelam** (**EROS**) fondée 1975 à Londres par Aliathamby Ratnasabathy, marxiste. **Organisation de libération du peuple tamoul de l'Eelam** (**OLPTE**) fondée 1980, scission du TLET, n'a pas rejoint le Front, *leader :* Sidthadthan, marxiste. **Armée nationale tamoule (ANT),** financée par Inde pour contrer les Tigres.

Mouvement extrémiste cinghalais. Rohana Wijeweera (renvoyé 1964 de l'université de Moscou pour opinions maoïstes, condamné à prison à vie 20-12-1974, libéré 1977, tué 13-11-1989) fonde en 1964 le **Janatha Vimukti Peramuna** (**JVP**, Front populaire de libération) marxiste, puis nationaliste ; 2 000 membres. Démantelé 1989-90.

Force de paix indienne (FPI). *1987 :* 3 000 h. ; *88 :* 70 000 à 100 000 h. Retrait du 1-8-1989 au 23-4-1990. *Coût de l'engagement* (1989) : 900 millions de F.

■ **Économie. PNB** (en 1999) : 820 $ par hab. **Croissance** (en %) : *1998 :* 5 ; *99 :* 3,5 ; *2000 (est.) :* 6. **Pop. active** (en %) **et**, entre parenthèses, **part du PNB** (en %) : agr. 50 (25), ind. 17 (24), services 32 (49), mines 1 (2). **Chômage** (en %) : *1998 :* 12 ; *99 :* 9. **Inflation** (en %) : *1996 :* 15,9 ; *97 :* 14,17 ; *98 :* 13 ; *99 :* 8. **Dette extérieure** (en milliards de $) : *1995 :* 7,9 ; *96 :* 6,4 ; *97 :* 8,6 ; *98 :* 9,2. **Déficit budgétaire** (en milliards de $) : *1995 :* 1,06 (8,4 % du PIB) ; *97 :* 0,54.

Situation économique. 1970-77 : socialisation (*1972 :* 110 000 ha sur 242 000 des plantations de thé nationalisés). **1983-88 :** ralentissement économique (budget de la Défense : *1983 :* 3,5 % ; *86 à 88 :* 15 %). **1988 :** Pt Premadasa promet 2 500 roupies aux 1 400 000 familles pauvres (coût : 40 milliards de roupies, soit 3/4 du budget, ramené à 10 pour 300 000 familles). **1989 :** 500 entreprises étrangères acceptées (117 000 emplois créés) : électronique, jouets, textiles (350 usines). **1990 :** guerre du Golfe (perte en millions de $: salaires des émigrés 30 à 40, embargo sur le thé 24). **1991-92 :** exportations textiles compensant baisse du thé, privatisations (plantations). **1993-94 :** production agricole en hausse.

■ **Agriculture. Terres cultivées :** 33 % (dont riz 38 %, thé 12 %, caoutchouc 18 %). **Production** (en milliers de t, 1999) : riz 2 692, noix de coco 2 000 (en 1997), canne à sucre 946, manioc 257, thé 280, caoutchouc 96, patates douces 62, café 10. **Bois :** 10 414 000 m³ en 1998. **Élevage** (en milliers de têtes, 1999). Poulets 11 000, bovins 1 599, buffles 764, caprins 591, porcins 76, ovins 12. **Pêche** (en 1999). 279 900 t. **Mines.** Graphite, mica, sable, silice, quartz, sel, pierres précieuses (saphirs, Ratnapura), kaolin, fer. **Hydroélectricité. Industrie.** Thé, caoutchouc, sucre, coton, noix de coco, raffinerie de pétrole. **Transports. Routes :** 99 200 km (en 1996) ; **voies ferrées :** 1 450 km (en 1995).

■ **Tourisme. Visiteurs** (en milliers) : *1980 :* 400 ; *88 :* 183 ; *90 :* 297 ; *95 :* 403,1 ; *97 :* 366,2. **Sites :** *Anuradhapura* (IIe s. av. J.-C.-VIIe s. apr. J.-C.) : stupas (reliquaires monumentaux) et restes de palais. *Aukana :* bouddha (13 m de haut). *Dambulla :* 5 cavernes de bouddhas sculptés. *Mihintale :* stupas. *Sigiriya :* palais-forteresse et fresques. *Polonnaruwa* (XIe-XIIe s.) : stupas, restes de palais, statues colossales de Bouddha (Gal Vihara). *Thuparama Dagoba :* reliquaire (Ve s.). *Sigiriya :* vatadage (68 piliers entourant 4 bouddhas). *Régions Centre-Nord et Sud-Est :* vastes réservoirs d'irrigation antiques. *Hikkaduwa :* plage). *Kandy :* temple de la Dent. Montagnes centrales. *Pic d'Adam ou Sri Pada* (empreinte sacrée), 2 243 m ; 500 000 pèlerins de déc. à avril ; temple abritant l'empreinte sacrée (1,60 m sur 0,77) découverte par le roi Valagam Bahu au Ier s. av. J.-C. : celle de Bouddha pour les bouddhistes, de Shiva pour les hindous, d'Adam pour les musulmans, de saint Thomas pour les chrétiens.

■ **Commerce** (en milliards de $). **Export./import. :** *1996 :* 4,09/5,41 ; *97 :* 4,63/5,85 ; *98 :* 4,73/5,92 ; *99 :* 4,59/5,88 (*exporte* thé, pierres précieuses, caoutchouc).

■ **Rang dans le monde** (en 1999). 3e thé (2e exportateur). 18e riz. 27e cacao, phosphates.

SUÈDE

Carte p. 1050. V. légende p. 950.

☞ *Abréviations :* S. : Suède ; Suéd., suéd. : Suédois(e), suédois(e).

■ **Nom.** *Sverige,* « roy. des *Suiones* », l'une des 3 ethnies primitives ; le souvenir des *Goths* (Gota) et *Vénèdes* [nom donné à une tribu slave (« Venda »), qu'on retrouve dans Wendes], s'est perdu au XIIIe s.

■ **Situation.** Europe. **Superficie :** 449 964 km² (dont 38 459 d'eaux intérieures). 1 572 km × 499 km. *Laponie du Sud :* 165 000 km². **Frontières** (en km) : Norvège 1 619, Finlande 586. **Côtes :** 3 218 km. 96 000 lacs. **Régions :** *Nord-Ouest* sommets élevés (Kebnekaise 2 111 m, Sarektjakka 2 090, Kaskasatjakka 2 076, Sulitelma 1 860), vallées glaciaires (Torne, Lulevatten, Hornavan, Storuman) ; *Norrland et Dalécarlie :* plaines et plateaux du golfe de Botnie aux Mts Kölen, coupés de vallées où les fleuves (*älv*) ont un cours rapide ; *Svealand et région des grands lacs* (entre Baltique et Skagerak) : plaines et lacs (Vänern 5 585 km², Vättern 1 912, Mälaren 1 140) ; *Småland :* plateau, marécages, lacs ; *Scanie et îles :* Öland 1 344 km², Gotland 3 001 km² et Orust 346 km² ; *littoral :* découpé de baies profondes [*fjord* (bras de mer) ; *vik* (baie ; 14 000 menacées de pollution)]. **Climat.** Rude mais influencé par le Gulf Stream ; janv. – 14 °C (extrême nord) à – 1 °C (S. méridionale), juillet 13 à 17 °C (à *Stockholm :* janv. + 3,2 °C, juillet 18 °C) ; *pluies* 385 mm. Soleil 1 700 h (lever : *21-6 :* 3 h 28, *21-12 :* 8 h 37 ; coucher : *21-6 :* 20 h 52, *21-12 :* 15 h 36). *Soleil de minuit :* 2 mois environ, au-delà du cercle polaire.

DÉMOGRAPHIE

■ **Population** (en millions d'hab.). *1750 :* 1,78 ; *1800 :* 2,35 ; *50 :* 3,5 ; *1900 :* 5,14 ; *39 :* 6,34 ; *50 :* 7,04 ; *60 :* 7,49 ; *70 :* 8,08 ; *82 :* 8,32 ; *97 :* 8,83 ; *98 :* 8,84 ; *2000 (est.) :* 8,9 ; *2025 (prév.) :* 9. **D.** 20. **Age :** *- de 15 ans :* 18,4 %, *+ de 64 ans :* 17,3 %. **Espérance de vie** (en 1999) : h. 77 ; f. 82. **Taux** (‰, 1999) : *natalité :* 10, *mortalité :* 11, *mariages :* 3,79 (en 1997), *divorces :* 2,55 et *accroissement naturel :* 1,07 (en 1995). **Avortements légaux :** *1960 :* 2 792 ; *70 :* 16 100 ; *80 :* 34 887 ; *89 :* 37 862 ; *94 :* 32 284. **Lapons :** environ 17 000 (Norvège 40 000, Finlande 4 000), 90 % vivent dans le Nord (Laponie du Sud). **Émigration** (en milliers) : *1840 à 1910 :* 600 ; *1984-93 :* 210 ; *93 :* 29,8 ; *94 :* 32,6 ; *95 :* 34 ; *96 :* 33,8. **Immigration** (en milliers) : *1970 :* 155 ; *81-85 :* 41 ; *88 :* 51 dont 14 de Nordiques ; *90 :* 60 dont 18 de Nordiques ; *93 :* 62 ; *94 :* 83,6 ; *95 :* 45,8 ; *96 :* 39,8. *Étrangers* (en % de la pop.) : *1950 :* 1,8 ; *60 :* 2,5 ; *70 :* 5,2 ; *80 :* 5,1 ; *90 :* 5,6 ; *95 :* 4,6 ; *96 :* 4 ; (en milliers) : *1971 :* 467 (dont Finlandais 209) ; *81 :* 414 ; *84 :* 399 (+ 400 naturalisés) ; *95 :* 520 dont Européens 366 [dont Finlandais (beaucoup ont le suédois comme langue maternelle) 107, Bosniaques 48, Yougoslaves 40, Norvégiens 33, Danois 27, Turcs 22, Polonais 16, Allemands 13], Africains 89, Asiatiques 88, Américains 35. Les immigrés estoniens sont aujourd'hui citoyens suédois. **Langue.** Suédois (officielle). **Religions.** Luthériens 95 %, Église d'État (instituée 1527, 1-1-2000 devient une personne juridique comme les autres religions). Le roi doit professer la doctrine de la Confession d'Augsbourg. Catholiques 130 000. Orthodoxes de rite oriental 106 000. Musulmans 50 000. Juifs 16 000. *Patronne :* Brigitte Birgerdotter (1303-73 ; canonisée 7-10-1391), mère de Ste Catherine de Suède (1331-81 ; canonisée 1474).

■ **Villes** (en 1999). *Stockholm* 736 113 hab. (aggl. en 1997 1 587 993), Göteborg 459 593 (aggl. 773 756 [à 478 km], Malmö 254 904 (aggl. 506 254) [à 604 km], Uppsala 187 302 (à 90 km), Linköping 131 948 (à 208 km), Västerås 124 780 (à 115 km), Örebro 122 641 (à 215 km), Norrköping 122 415 (à 165 km), Jönköping 115 987 (à 338 km), Hälsingborg 116 337 (à 578 km), Borås 96 106 (à 531 km), Kiruna 26 149 en 1991 (à 1 352 km).

HISTOIRE

■ **Av. J.-C. Vers 2500** populations agricoles, néolithiques ; climat chaud et sec. **Vers 1400** civilisation du Bronze introduite par des Germaniques venus du sud de la Baltique et du Jutland. **Vers 1000** (âge du Fer) certaines tribus germaniques du Nord (Goths, Vandales, Burgondes) émigrent vers l'Ukraine, sans doute en raison d'un changement climatique. Leurs régions d'origine (Gotland, Vendel, Bornholm) restent encore habitées. **Apr. J.-C. IXe s.** Vikings suédois se dirigent de préférence vers Lettonie, Pologne, Russie. La sous-tribu des Varègues colonise les côtes de la mer Noire. **829** et **853** échecs de tentatives d'évangélisation par saint Anschaire, évêque de Hambourg. **Vers 980** Vikings suédois s'allient aux Danois ; **Éric le Victorieux** († 994) roi du Danemark et de la Westrogothie suédoise. **1016-35 Knut (Canut) II le Grand** (995-1035), roi (Knut Ier) chrétien d'Angl. et de Danemark, a de nombreux vassaux suédois. **Vers 1020** il charge le missionnaire anglais saint Sigfrid d'York de christianiser la S. Sigfrid fonde l'évêché de Wexiow et baptise le roi Olof, fils d'Éric. **XIe-XIIIe s.** guerre civile entre descendants d'Éric (Westrogothie) et de Stenkil (Ostrogothie), d'abord païens, puis partisans des missionnaires immigrés contre le prêtre suédois des Ériquistes. **1130-56** le roi **Sverker Ier l'Ancien** fait venir des cisterciens qui fondent plusieurs monastères. **Vers 1250** Birger Jarl fonde Stockholm. **1275-90 Magnus Ier Birgersson** roi de S. **1319 Magnus II Eriksson** (1316/1-12-1374) roi de S. et Norvège (1319-63). Ép. Blanche de Namur (1335). **1397-1521** *union de Calmar* avec Norvège et Danemark.

■ **Dynastie Vasa. 1523**-*6-6* **Gustave Ier Vasa** (1496/20-9-1560) élu roi (*1518* otage de Christian II de Danemark, *1519* s'évade, *1521* prend Upsal, *1523* Calmar, chasse les Danois. *-Juin* élu roi par le Riksdag de Strängnäs). **1527**-*6-6* Église nationale suéd. (luthérienne). **1540** Gustave Ier fait reconnaître ses fils comme héritiers. **1544** les états déclarent la Couronne héréditaire dans sa maison. Le Sénat l'oblige à accepter le luthéranisme. **1560**-*sept.* **Éric XIV** (13-12-1533/tué en prison 26-11-1577), fils de Gustave Ier. **1561** occupe Estonie. **1563-68** lutte entre Danemark, Pologne, Lübeck. **1568** détrôné par ses frères pour meurtre ; emprisonné, sera tué sur ordre de Jean III. *-Avril* **Jean III** (21-12-1537/17-11-1592), 2e fils de Gustave Ier, frère d'Éric XIV. **1570** *traité de Stettin* avec Danemark. **1583** prend Carélie et Ingrie après guerre contre Russie. **1592**-*mai* **Sigismond III Vasa** (20-6-1566/30-4-1632), fils de Jean III (roi de Pologne 1587-1632), détrôné 1599 (car favorise les catholiques). **1595** *paix de Teusina.* Narva et Estonie deviennent suéd. La S. contrôle le golfe de Finlande. **1599 Charles IX** (4-10-1550/30-10-1611), fils de Gustave Ier, régent puis roi (1604) ; luthéranisme seule religion tolérée ; royauté héréditaire, soumet Finlande. **1605** à Kirkholm, Polonais battent Suéd. **1611**-*oct.* **Gustave II Adolphe** (19-12-1594/tué à Lützen 16-11-1632), fils de Charles IX ; épouse Marie-Éléonore de Brandebourg. **1613** *traité de Knäred* avec Danemark. **1617** *traité de Stolbova* avec Russie : possession d'Estonie, Ingrie et Carélie confirmée à la S. **1628** entrée en guerre contre l'Empereur. *-10-8* le *Vasa* [longueur 69 m, largeur 11,70 m, hauteur quille au sommet du grand mât 52,50 m, tirant d'eau 4,80 m, voiles (10) 1 275 m², 64 canons, le plus beau bateau de l'époque] chavire à sa 1re sortie dans le port de Stockholm (renfloué 24-4-1961). **1629** *paix d'Altmark* avec Pologne : S. garde grande partie de la Livonie. **1630** alliée à la Fr., envahit Brandebourg. **1631-32** bat Tilly. **1632**-*16-11* bat Wallenstein à Lützen mais est tué. *-Nov.* **Christine** (8-12-1626/Rome 19-4-1689, inhumée dans la crypte de St-Pierre ; dite l'Amazone du Nord), fille de Gustave II. Influencée par l'ambassadeur de France Pierre Hector Chanut (1604-77), elle décide de s'entourer de penseurs et artistes français. **1632-17-12/1644** régence d'*Axel Gustafsson Oxenstierna* (1583-1654), chancelier. **1634** *Constitution.* *-5/6-9* Suéd. battus à Nördlingen. Oxenstierna invite la Fr. à entrer dans la guerre. *-1-11 traité de Paris :* places d'Alsace conquises cédées provisoirement à Louis XIII. Hugues de Groot (Hugo Grotius), légiste hollandais, représente Oxenstierna en Fr. **1643-45** guerre contre Danemark. *Traité de Brömsebro :* Danemark perd Gotland, Oselec et Halland. **1648** *traité de Westphalie :* S. reçoit Poméranie, Stettin, Wismar, Brême, Verden. **1650**-*20-10* Christine couronnée. **1654**-*6-6* abdique (ne se mariera pas et se convertira le 24-12 au catholicisme) ; part pour Rome. **1656** 1er séjour en Fr. *-29-7* arrive au château d'If. *-8-9* arrive à Paris. **1657-58** 2e séjour (Fontainebleau), y fait, le 10-11-1657, assassiner son grand écuyer et amant, Giovanni, marquis de Monaldeschi (à cause de ses infidélités ou d'un libelle calomnieux). **1660** tentative pour redevenir reine de S. **1667** aspire à la couronne de Pologne, se fixera à Rome (amant : cardinal Azzolino).

■ **Dynastie palatine. 1654**-*juin* **Charles X Gustave** (8-11-1622/25-2-1660) Pce des Deux-Ponts, petit-fils de Charles IX, cousin de Christine. **1655** envahit Pologne et Lituanie. **1656** attaque Danemark, occupe Pologne du roi Jean-Casimir. **1657** guerre contre Brandebourg. **1658** occupe Jutland, menace Copenhague. *-27-2 traité de Roskilde :* Danemark cède à S. Scanie, Bornholm, provinces norvégiennes du Bohuslän et de Trondheim. *-Août* Charles X reprend les armes. **1659** médiation franco-anglo-hollandaise. Pourparlers de Copenhague : Danemark et Oliva avec Pologne, Brandebourg et Autriche.

1660-*févr.* **Charles XI** (24-11-1655/5-4-97) fils de Charles X. *-3-5 traité d'Oliva :* Jean-Casimir Vasa de Pologne (fils de Sigismond III), roi († 1672 à Paris, enterré à St-Germain-des-Prés), renonce au trône de S. Possession de Poméranie confirmée. *-6-6 traité de Copenhague :* S. rend Bornholm au Danemark. **1661**-*juillet paix de Cardis* avec Russie. S. gagne Livonie. Reçoit de Fr. des subsides. **1668** adhère à la Triple Alliance contre Louis XIV. **1672** Charles XI gouverne lui-même ; *traité franco-suéd.* de Stockholm, négocié par Pomponne, contre Provinces-Unies, visant à fermer la Baltique au commerce hollandais. **1675** S. battue à Fehrbellin par Grand Électeur de Brandebourg. **1676-79** guerre de Scanie. **1679** *paix de Lund* avec Danemark. **1681** adhère à coalition Hollande-Espagne-Empereur contre France. **1692** *diète de Verden* proteste contre édits de réduction dépouillant barons baltes. Révolte de Reinhold Patkul.

1697-*avril* **Charles XII** (27-12-1682/11-12-1718), fils de Charles XI. Il n'a que 15 ans. Le tsar, les rois de Pologne et Danemark veulent profiter de sa jeunesse pour reprendre les provinces baltiques. **1698** *traité franco-suéd.* d'alliance défensive. **1699**-*nov.* accord secret russo-danois de Préobrajenkoé contre S. Accord semblable avec Auguste II de Saxe-Pologne et Baltes révoltés. **1700**-*été* début de la « guerre du Nord » : S. contre coalisés. Frédéric IV envahit Schleswig-Holstein, dont le duc est un beau-frère de Charles XII, et assiège Toenningen. Charles XII bat Danois à Copenhague *(8-8),* Russes à Narva *(30-11)* [nombreux officiers français dans l'armée suéd.]. Incendie du château royal. **1701-07** Charles XII conduit campagne de Pologne et Saxe. **1701**-*18-7* bat Saxons à *Kockenhusen.* **1702**-*mai* prend Varsovie. *-19-6* bat Auguste II à *Klissow.* Cheremetiev bat suéd. à *Erestfer* et *Hummelshof.* Apraxine les bat à *Ingrishof* et Pierre le Grand prend *Notéborg.* Pays baltes ravagés. **1703**-*1-5* Charles XII bat Polonais à *Pultusk.* Capitulation de Thorn. Stanislas Leszczynski élu roi de Pologne sous pression suéd. **1704**-*août* Stanislas fuit Varsovie. Charles XII repousse Saxons au-delà de l'Oder. Pierre le Grand prend Narva, Dornat et conquiert Livonie et Estonie. **1705**-*nov.* alliance Pologne-S. contre Russie. **1706**-*24-9* paix d'*Altranstädt* avec Auguste II. **1708**-*févr.* Charles XII prend Grodno. *-13-7* Suéd. vainqueurs à *Hollosin.* Charles XII marche sur Ukraine pour rejoindre Mazepa, révolté contre le tsar. **1709**-*8-7 Poltava,* suéd. battus. **1709-14** Charles XII réfugié en Turquie. **1709**-*oct. traité de Thorn* entre Saxe et Russie ; *traité de Copenhague* entre Russie et Danemark. **1713** le tsar prend Helsingfors, les Prussiens la Poméranie, les Danois Verden, Brême et Wismar. **1714**-*22-11* Charles XII arrive à Strålsund (Scanie). **1715**-*3-4* traité d'alliance de Versailles avec Fr. *-22-12* Charles XII fait appel à des subsides français (600 000 écus par an). **1717** *traité d'Amsterdam ;* Fr. médiatrice entre S. et Russie. **1718**-*janv.* congrès russo-suéd. des îles d'Åland. *-11-12* Charles XII a presque reconquis Norvège sur Danemark mais est tué d'une balle à Fredrikshald.

1718-*déc.* **Ulrique-Éléonore** (23-1-1688/24-11-1741), sœur de Charles XII. (*1713-14* régente. *1715* ép. Frédéric de Hesse-Cassel dont elle n'aura pas d'enfants). **1719**-*sept. traité de Stockholm* avec Hanovre (George Ier d'Angl.) ; S. abandonne Brême et Verden. **1720**-*mars* Ulrique abdique en faveur de son mari.

1720-*mars* **Frédéric Ier de Hesse-Cassel** (27-4-1676/25-3-1751), mari d'Ulrique. Rivalité des « *Chapeaux* » francophiles et des « *Bonnets* » nationalistes (voir ci-après).

-21 janv. traité de Stockholm : Prusse obtient Stettin et Poméranie occidentale. *-Mai* débarquement russe en S., tsar demande médiation de la France. *-9-6 traité de Stockholm* avec Danemark. **1721**-*18-9 de Nystad* avec Russie : S. perd Livonie, Estonie, île d'Ösel, Ingrie, partie de Finlande et de Carélie, Vyborg. **1727** traité d'alliance avec Fr. **1737** Maupertuis en Laponie avec Celsius. **1743**-*17-8 traité d'Âbo* : perte d'une autre partie de Finlande.

■ **Maison Holstein-Gottorp. 1751**-*avril* **Adolphe-Frédéric** (14-5-1710/12-4-1771) fils de Christian de Holstein-Gottorp (1673-1726), marié à Albertina de Bade, descendante d'une P[cesse] Vasa ; ép. *29-8-1744* Louise Ulrique de Hohenzollern (1720-82), sœur de Frédéric le Grand. *1743* désigné comme héritier grâce à l'influence russe. *-4-7* élu. **1751-71** rivalité [les *« Chapeaux »* (avec Charles XII), 1er parti politique, voulaient la restitution des territoires pris par les Russes, souhaitaient une politique plus mercantiliste et s'opposaient aux partisans de Horn (les *« Bonnets »*) à qui ils reprochaient une politique digne de « bonnets de nuit »]. **1757** *traité de Stockholm* (contre la Prusse). **1760** Pierre-Hubert Larchevêque (1721-78), appelé en S. pour remplacer Jacques-Philippe Bouchardon († 1753), dirige 1768-76 Académie royale des Beaux-Arts. **1767-68** Kerguelen Trémarec en Laponie.

1771-*12-2* **Gustave III** (24-1-1746/29-3-1792), fils d'Adolphe-Frédéric, ép. *1-10* Sophie-Madeleine de Danemark (1746-1813). *-1-3* à Paris depuis 1 mois (sous le nom de Cte de Gothland), apprend à l'Opéra la mort de son père. **1772**-*19-8* coup d'État. Gustave III amoindrit les pouvoirs de la Diète et de la noblesse ; réformes. **1773**-*nov.* Axel von Fersen le Jeune (4-9-1755/20-6-1810) va en Fr. [*1774-30-1* fait la connaissance de Marie-Antoinette, se lie avec le couple royal (voir p. 650 c). *1780* s'embarque sous les ordres de Rochambeau pour la guerre d'Amérique]. **1784** Gustave III va en France sous le nom de Cte de Haga. *-23-6* ascension (ballon) de Pilâtre de Rozier, à Versailles, en sa présence. *-19-7* traité d'alliance avec Fr. qui augmente les subsides (6 millions de livres pendant 5 ans). **1785**-*7-3* la Fr. remet à la S. St-Barthélemy (à 197 km au nord-ouest de la Guadeloupe). **1788**-*juin* S. déclare guerre à la Russie : à Anjala, 113 officiers demandent à la tsarine de renverser leur roi et d'affranchir la Finlande ; ils seront jugés et condamnés à mort (un seul, le colonel Hestsko, sera exécuté). **1789**-*27-4* oblige la noblesse à le soutenir. **1790** combats indécis. *-14-8* paix blanche avec Russie. **1791-92** Gustave III tente une coalition contre la France révolutionnaire. **1792** coalition aristocratique. *-29-3* Gustave III meurt de la blessure reçue le 16-3 dans un bal masqué [Jacob Johan Anckarström (né 1762), qui a tiré sur lui, sera exécuté le 27-4-1792].

1792-*mars* **Gustave IV Adolphe** (1-11-1778/Suisse 7-2-1837) fils de Gustave III. Ép. *31-10-1797* Frédérique P[cesse] de Bade (1781-1826). **1792-94** régence du duc Charles de Sudermanie, futur Charles XIII. **1795** S. reconnaît Fr. républicaine. Traité défensif avec Fr. **1795-96** Louis-Philippe d'Orléans (futur roi) voyage en Laponie. **1805-07** Gustave IV adhère à la 3e coalition contre Napoléon. **1807** perd Poméranie suédoise occupée par les Français. **1808** cède Finlande aux Russes. *-13-3* est déposé par coup d'État militaire. *-29-3* abdique.

1809-*juin* **Charles XIII** (7-10-1748/5-2-1818), fils d'Adolphe-Frédéric, oncle de Gustave IV. *-3-6* élu. *-6-6 Constitution*. *-17-9* paix de Fredriksham. Cède Finlande à Russie. *-10-12* paix avec Danemark. **1810**-*6-1* paix avec France ; conquiert Norvège. Charles XIII n'ayant pas d'enfant, la coalition fait choisir par la Diète son héritier présomptif, le P[ce] danois Christian-Auguste d'Augustembourg (1768-1810) ; adopté, devient Charles-Auguste, mais il meurt le 28-5 en Scanie (chute de cheval ; certains diront empoisonné). *-20-6* à ses obsèques, Fersen, grand maréchal, que l'opinion rend responsable de sa mort, est massacré par la foule sans que la troupe intervienne. Le lieutenant Carl Otto Mörner fait à Paris une démarche auprès de Bernadotte, le maréchal français le mieux apprécié en S. pour sa bienveillance envers les S. faits prisonniers en Poméranie en 1806 (il a été gouverneur du Jutland et des villes hanséatiques en 1808-09). D'autres démarches sont faites par le consul général de S. à Paris, Elof Signeul, et Joseph-Antoine Fournier, agent consulaire français à Göteborg. *-26-7* comité secret se prononce pour le prince Frédéric-Christian d'Augustembourg, frère de Charles-Auguste. *-21-8* élection : Bernadotte élu à l'unanimité : devient Charles-Jean (*19-10* se convertit au luthéranisme ; *20-10* débarque en S.). **1811**-*16-3* Charles-Jean régent. *-17-11* S. déclare la guerre à l'Angl., mais ne respecte pas le blocus imposé par Napoléon. **1812**-*janv.* Napoléon occupe la Poméranie. *-5-4 traité de St-Pétersbourg avec Russie* : la S. renonce à la Finlande mais pourra annexer la Norvège. *-18-7 traité de paix d'Örebrö avec Angl.* **1813** participe avec Russes et Prussiens à l'armée du N. contre Napoléon. *-7-12* bat les Danois. **1814**-*14-1 traité de Kiel* : S. reçoit Norvège du Danemark et renonce à Poméranie.

■ **Maison Bernadotte. 1818**-*févr.* **Charles XIV** ou **Charles-Jean** (Jean-Baptiste, Pau 26-1-1763/Stockholm 8-3-1844), ép. *17-8-1798* Desideria, née Désirée Clary (1777-1860), belle-sœur de Joseph Bonaparte ; maréchal de France 1804 ; P[ce] de Pontecorvo 1805 ; élu par le Riksdag (Parlement) P[ce] héritier de Suède (fils adoptif de Charles XIII) 21-8-1810. **1844**-*8-3* **Oscar Ier** (Paris, 4-7-1799/8-7-1859), son fils, ép. 19-6-1823 Joséphine de Beauharnais-Leuchtenberg (14-3-1807/7-6-1876). **1859**-*8-7* **Charles XV** (3-5-1826/8-1872), son fils, régent depuis le 25-9-1857 ép. 19-6-1850 Louise des Pays-Bas (5-8-1828/30-3-1871). **1872**-*18-9* **Oscar II** (21-1-1829/8-12-1907), son frère, ép. 6-6-1857 P[cesse] Sophie de Nassau (9-7-1836/30-12-1913). **1905** sécession de la Norvège.

1907-*8-12* **Gustave V** (16-6-1858/29-10-1950), fils d'Oscar II, ép. *20-9-1881* P[cesse] Victoria de Bade (7-8-1862-1930). 1er roi de S. à ne pas être couronné. **1909**-*août* « grande grève », affrontement entre patronat (SAF) et syndicats (LO), échec pour les syndicats ouvriers. **1914-18** S. reste neutre. **1918-21** suffrage univ. pour hommes et femmes. **1919** journée de travail de 8 h. **1932**-*sept. Per Albin Hansson* (social-démocrate) PM. **1936**-*juin Axel Pehrsson-Bramstorp* PM. *-Sept. P. A. Hansson* PM. **1938** accords de Saltsjöbaden entre SAF et LO. **1939-45** S. reste neutre mais exporte du fer en All. (payé en or) et autorise le transit de troupes all. par train vers la Norvège ; environ 500 volontaires suédois dans les Waffen SS. **1946**-*oct. Tage Erlander* (1901-85, social-démocrate) PM.

1950-*29-10* **Gustave VI Adolphe** (11-11-1882/15-9-1973), fils de Gustave V, ép. *1°) 15-6-1905* Marguerite de Saxe-Cobourg-Gotha (15-1-1882-1920, P[cesse] de G.-B.), *2°) 3-11-1923* Louise de Battenberg (lady Mountbatten 1889-1965). **1967**-*1-9* conduite auto à droite. **1969**-*14-10 Olof Palme* (30-1-1927, assassiné 28-2-1986, social-démocrate,) PM. *-Déc.* grève sauvage des mineurs de Kiruna. **1971** début du Parlement à 1 chambre.

1973-*15-9* **Charles XVI Gustave** (né 30-4-1946) [petit-fils de Gustave VI, fils de *Gustave-Adolphe, duc de Västerbotten* (22-4-1906/26-1-1947, accident d'avion) qui ép. 20-10-1932 P[cesse] Sibylle de Saxe-Cobourg-Gotha, duchesse de Saxe (18-1-1908/28-11-1972)], ép. *19-6-1976* Silvia Renate Sommerlath (Allemande, née 23-12-1943). *Enfants* : Victoria (née 14-7-1977 ; régente 14-7-1995) duchesse de Vestrogothie ; Charles-Philippe (né 13-5-1979) duc de Värmland ; Madeleine (née 10-6-1982) duchesse de Hälsingland et Gästrikland. **1976**-*19-9 législatives* : sociaux-démocrates battus (1re fois depuis 1932). *-Oct.* **Thorbjörn Fälldin** (né 24-4-1926, P. du centre) PM. Plan d'austérité. **1978**-*18-10* **Ola Ullsten** (né 23-6-1931, libéral) PM. **1979**-*11-10* **Fälldin** PM. **1980**-*23-3 référendum* : 58,2 % pour la mise en service d'un maximum de 12 réacteurs nucléaires et leur fermeture avant 2010. *-Mai* grève de 1 000 000 de salariés pour relèvement des salaires. **1981**-*27-10* sous-marin soviétique s'échoue dans archipel de Karlskrona. **1982**-*19-9* sociaux-démocrates reprennent pouvoir. *-Oct.* 6 sous-marins russes (?) près de la base de Muskö. *-5-10* **Olof Palme** PM. *-8-10* dévaluation de 16 %. **1984**-*16/18-5* Pt Mitterrand en S. **1985**-*15-9 élections* : sociaux-démocrates gardent le pouvoir. **1986**-*28-2* PM Palme (opposé à l'Otan) assassiné (-27-7-1989 Christer Pettersson, accusé du meurtre, condamné à prison à vie, -12-10 acquitté ; police secrète d'Afr. du Sud impliquée ? En févr. 1999 Öcalan, leader kurde a accusé son ex-épouse d'avoir commandité le meurtre). *-12-3* **Ingvar Carlsson** (né 9-11-1934, social-démocrate) PM. **1989**-*1-7* contrôle des changes supprimé. **1990**-*15-2* plan d'austérité rejeté (190 voix contre 153). *-Avril* TVA portée à 25 %. *-13-6* réforme fiscale (en vigueur 1-1-1991) ; 9 contribuables sur 10 ne paieront plus qu'un impôt communal de 31 % environ ; les revenus de plus de 180 000 couronnes par an paieront 20 % d'impôts d'État supplémentaires. **1991**-*janv.* programme de 3,8 milliards de couronnes pour sauvegarder les ressources énergétiques. *-17-5* couronne suédoise liée à l'écu (marge 1,5 %). *-15-9 législatives* : défaite des sociaux-démocrates ; **Carl Bildt** (né 15-7-1949, P. modéré) PM. *-6-10* Charles XVI au Vatican (1re visite d'un souverain suédois) : célébration œcuménique (Jean-Paul II et primats de l'Église luthérienne suéd. et finlandaise). **1992**-*7-3* ancien ministre Gunnar Strang (né 1907), un des pères du « modèle suédois », meurt. **1993**-*22-4* plan d'économies budgétaires (1994-98) de 81 milliards de couronnes. *-30-9* visite du Pt Mitterrand. *-30-11* manif. d'extrémistes (500 arrestations). **1994**-*15/18-3* Charles XVI à Paris. *-Sept. législatives* : succès social-démocrate. *-7-10* **Ingvar Carlsson** PM. *-13-11* référendum sur adhésion à l'Union européenne, participation 83,3 %, oui 52,3, non 46,8, blancs 0,9. **1995**-*8-12* Parlement approuve séparation Église/État en 2000 (282 voix pour, 19 contre). **1996**-*21-3* **Göran Persson** (né 20-6-1949, social-démocrate) PM. **1997**-*18-12* loi prévoyant la fermeture des 2 réacteurs de Barsebäck le 1-7-1998 et le 1-7-2001 (58 % des Suédois seraient contre la fermeture). **1998**-*16-4* accords de Schengen ratifiés. *-Sept. législatives* : SAP perd 30 sièges, KD en gagne 27. *-29/30-10 Göteborg,* incendie discothèque : 63 † (mis par 4 jeunes Iraniens trouvant l'entrée trop chère). **1999**-*30-4* « Ombudsman contre la discrimination en raison d'orientations sexuelles » (en abrégé : Homo) créé.

Famille du roi Charles XVI Gustave

Sœurs. Marguerite (née 31-10-1934) ép. 30-6-1964 John K. Ambler (né 6-6-1924), homme d'affaires britannique, dont 2 fils, 1 fille. **Brigitte** (née 19-1-1937) ép. 30-5-1961 P[ce] Jean-Georges de Hohenzollern (né 31-7-1932), 6e enfant du P[ce] Frédéric-Victor de Hohenzollern, chef de la maison princière de Hohenzollern, dont 2 fils et 1 fille. **Désirée** (née 2-6-1938) ép. 5-6-1964 baron Nicolas Silfverschiöld (né 31-5-1934) dont 1 fils, 2 filles. **Christine** (née 3-8-1943) ép. 15-6-1974 Tord Magnusson (né 7-4-1941) dont 3 fils.

Oncles et tantes. 1°) Sigvard, duc d'Uppland (né 7-6-1907), appelé (7-3-1934) en raison de son mariage Monsieur Bernadotte et titré 2-7-1951 Cte Bernadotte de (af) Wisborg par la grande-duchesse de Luxembourg. Ép. *1°)* 8-3-1934 Erika Patzeck (née 12-7-1911), divorce 14-10-1943 ; *2°)* 26-10-1943 Sonia Helina Robbert (née 12-10-1909), divorce 6-6-1961 ; *3°)* 30-7-1961 Gullan Marianne Lindberg (née 15-7-1924), perd en 1934 ses droits de succession et n'appartient plus à la maison royale (en 2001, intente un procès pour récupérer son titre). Il a eu de son 2e mariage le Cte *Michel* Sigvard Bernadotte de (af) Wisborg (né 21-8-1944). **2°) Ingrid** (28-3-1910/7-11-2000) ép. 24-5-1935 Frédéric IX de Danemark (1899-1972). **3°) Bertil, duc de Halland** (28-2-1912/5-1-1997) ép. 7-12-1976 Lilian Marie Davies (née 30-8-1915), divorcée d'Ivan Craig, actrice galloise. **4°) Charles-Jean, duc de Dalécarlie** (né 31-10-1916) renonce à ses droits, porte le nom de Bernadotte depuis 22-2-1946, titré 2-7-1951 par la G[de]-duchesse de Luxembourg [Cte Charles-J. Bernadotte de (af) Wisborg] ; ép. le 19-2-1946 Kerstin Elin Wijkmark (1910-1987, divorcée d'Axel Johnson), et en 1988 Ctesse Gunilla Marta Louise Wachtmeister (née 12-5-1923) : perd ses droits de succession et n'appartient plus à la maison royale.

■ **Noblesse. 1561** Erik XIV crée 3 titres de comte et 9 de baron. **1626** *Maison des nobles (Riddarhus)* instituée par Gustave Adolphe. **1866** n'est plus chambre haute, reste un organisme représentatif. 200 familles britanniques entrèrent dans la noblesse. *Duc* : 1 titre autorisé : duc d'Otrante (Fouché). *Comte* : porté par le chef de nom et d'armes et par ses héritiers en primogéniture mâle (Brahe fut le 1er comte). *Baron* : porté par tous les descendants mâles du titre (Oxenstiern fut le 1er baron. Les filles non mariées des comtes et barons portent le titre de comtesse ou baronne avant leur prénom. **Statistiques** (1995) : comtes 46, barons 122, familles nobles sans titres 440.

■ Politique

■ **Statut.** *Royaume* : roi par la grâce de Dieu, roi de Suède, des Goths et des Vendes. Depuis le 1-1-1980, le 1er enfant du roi (fils ou fille) est l'héritier de la Couronne (même s'il s'agit d'une fille qui a un frère après elle) [succession *cognatique*]. Pays neutre. **Constitution** du 1-1-1975 abrogeant celle du 6-6-1809. Le roi doit être luthérien. Depuis 1975, il ne désigne plus le **PM** (c'est le Pt du Parlement qui le fait) et ne préside plus le Conseil des ministres. La responsabilité gouvernementale repose sur le parti de la majorité au **Parlement** ou **Riksdag** (310 m. élus au suffrage univ. direct et 39 au suffrage proportionnel pour 3 ans). 24 **départements. Fête nationale.** 6-6 (élect. de Gustave Vasa en 1523 et Constitution de 1809). **Drapeau** (adopté 22-6-1906, origine XVIe s.). Croix jaune sur fond bleu. **Devise royale** (depuis 1973) : « Pour la Suède, en notre temps. » **Hymne national.** *Du gamla, du fria* de Richard Dybeck (1811-1877).

Élections au Parlement
(résultats en %)

Année	*Rassemblement des modérés* (MS)	*Libéraux* (FP)	*Centre* (CP)	*Sociaux-démocrates* (SAP)	*Chrétiens-démocrates* (KDS)	*Gauche* (VP)	*Divers*
1932	23,1	12,2	14,1	41,7		8,3	
1940 [1]	18	12	12	53,8		4,2	
1948	12,3	22,8	12,4	46,1		6,3	
1956	17,1	23,8	9,4	44,6		5	
1958 [2]	19,5	18,2	12,7	46,2		3,2	
1964	13,7	17	13,2	47,3		5,2	3,6
1968	12,9	14,3	15,7	50,1		3	4,1
1970	11,5	16,2	19,9	45,3	1,8	4,8	0,5
1973 [3]	14,3	9,4	25,1	43,6	1,8	5,3	0,5
1976	15,6	11,1	24,1	42,7	1,4	4,8	0,4
1979	20,3	10,6	18,1	43,2	1,4	5,6	0,8
1982	23,6	5,9	15,5	45,6	1,9	5,6	3,8
1985	21,3	14,2	10	44,7	2,4	5,4	2
1988	18,3	12,2	11,3	43,2	2,9	5,8	6,2
1991	21,9	9,1	8,5	37,6	7,1	4,5	11,3 [4]
1994	22,4	7,2	7,7	45,3	4,1	6,2	7,2 [5]
1998	22,7	4,7	5,1	36,6	11,8	12	7,1 [6]

Nota. – (1) Furent considérées comme un vote de confiance pour le PM social-démocrate. (2) Élections extraordinaires sur la question des pensions, après dissolution du Parlement. (3) Depuis 1976, les immigrés peuvent voter aux élections départementales et communales. (4) NYD (Démocratie nouvelle) 6,7 %, MP (Verts) 3,4 %. (5) NYD 1,2, Verts 5, divers 1 (6) dont Verts 4,5.

☞ De 1932 à 1976 (interruption de 3 mois en 1936), les sociaux-démocrates ont gouverné seuls ou en coalition : de 1936 à 1939 avec Parti agrarien, de 1939 à 1945 en coalition quadripartite, et de 1951 à 1957 avec agrariens. En 1976, les 3 partis « non socialistes » [Rassemblement des modérés (conservateurs), P. du centre et P. libéral] ont obtenu la majorité et formé le 1er gouv. exclusivement « bourgeois » *(Fälldin)* qui a éclaté (dissensions au sujet du nucléaire). Le P. libéral a formé un gouv. minoritaire avec Ola Ullsten. Après élection de 1979, les non-socialistes ont formé un gouv. tripartite Fälldin. En 1981, le Rassemblement des modérés a quitté le pouvoir (dissensions sur système fiscal) puis les 2 partis du centre ont formé un gouv. Fälldin. Élections de 1982 : les sociaux-démocrates ont reconquis le pouvoir avec Olof Palme, puis l'ont perdu en 1991. **18-9-1994** : votants 86,7 %. Sièges : sociaux-démocrates 161 ; conservateurs 80 ; libéraux 26 ; centristes 27 ; chrétiens-démocrates 15, partis de gauche 22 ; verts 18. **20-9-1998** : sociaux-démocrates 131 ; gauche 43 ; verts 16 ; conservateurs 82 ; chrétiens-démocrates 42 ; centristes 18 ; libéraux 17.

Élections européennes du 15-6-1999 : succès du parti libéral 13 % des voix, recul des conservateurs 20,6 % contre 23,2 en 1995.

■ **Partis. P. social-démocrate suédois (SAP)** fondé 1889, au pouvoir de 1932 à 1976 et de 1982 à 1991 et depuis 1994 ; 164 008 m. (en 2000) ; *Pt :* Göran Persson depuis 15-3-1996. **P. du centre (CP)** fondé 1910 (avant 1957 : *P. agrarien*) ; *Pt :* Lennart Daléus ; 66 000 m. **P. libéral (FP)** fondé 1902 ; *Pt :* Lars Leijonborg ; 21 000 m. (en 1999). **Parti des modérés (MS)** fondé 1904, issu de l'ancienne *Organisation nat. de la droite,* devenue ensuite le *P. conservateur ;* 100 000 m. (en 1997) ; *Pt :* Bo Lundgren depuis 4-9-1999. **P. de gauche (VP)** remplace en 1990 le *P. communiste,* fondé 1917, devenu PC en 1921, 12 000 m. (en 1992) ; *Pte :* Gudrun Schyman depuis 1992. **P. chrétien-démocrate (KD)** fondé 1964 ; 29 000 m. ; *Pt :* Alf Svensson. **P. écologiste (MP)** fondé 1981 ; *Ptes :* Lotta Nilsson Hedström et Birger Schlaug. **Démocratie nouvelle (NYD)** fondée 1991, *Pte :* Vivianne Franzen.

ÉCONOMIE

■ **PNB** (en 1999). 24 500 $ par hab. **Croissance** (en %) : *1992 :* – 1,4 ; *95 :* 3 ; *96 :* 1,6 ; *97 :* 2,3 ; *98 :* 3 ; *99 :* 3 ; *2000 :* 3,6 ; *2001 (prév.) :* 3. **Population active** (en %) **et,** entre parenthèses, **part du PIB** (en %) : agr. 3,5 (2), ind. 24,9 (31,5), mines 0,5 (0,5), services 71,1 (66). 48 % de femmes. 1 325 000 fonctionnaires (86) (32 % de la pop. active). **Chômage** (en %) : *1991 :* 2,7 ; *95 :* 8,2 ; *97 :* 6,5 ; *98 :* 6,5 ; *99 :* 5,4 ; *2000 (est.) :* 4,5. **Absentéisme :** 27,7 jours par an.

■ **Données financières. Inflation** (en %) : *1991 :* 9,4 ; *92 :* 2,3 ; *93 :* 4,7 ; *94 :* 2,2 ; *95 :* 2,6 ; *96 :* – 0,2 ; *97 :* 0,8 ; *98 :* 1,1 ; *99 :* 0. **Dévaluations :** *1981 :* 10 %, *oct. 82 :* 16 %. **Impôts 1997 :** *sur revenu :* taux maximal 59,6 % ; *sur sociétés :* 28 %. **Réforme fiscale** (1992-93) : baisse de TVA (1-1-1992) de 25 à 18 % [sur alimentation (ramenée à 21 % le 1-1-1993), hôtel, restauration, tourisme, voyages] ; taxes sur plus-values de cessions d'actions et revenus de placements de 30 à 25 % ; droits de succession 60 à 30 %. **Prélèvements obligatoires** (en % du PNB) : *1991 :* 56,4 ; *95 :* 67,3 ; *98 :* 54,8 %. **Finances publiques** (en milliards de SK) : **budget annuel** (1996-97) : revenus de l'État 662, dépenses 674,4, déficit du budget – 12,3, service de la dette 95 ; **dette publique :** *1993 :* 900 dont extérieure 74 ; *1995 :* 1 384 ; *96 :* 1 411 (en % du PIB, 1998 : 74,2). **Déficit budgétaire** (en % du PNB) : *1982-83 :* 13,1 ; *85-86 :* 7,2 ; *89-90 :* 0 ; *91-92 :* 0,2 ; *92-93 :* 14 ; *94-95 :* 12. **Réserves** (au 31-12-2000) : 14,86 milliards de $.

■ **Agriculture** (en 1996). 90 488 exploitations (282 187 en 1951), 2 811 534 ha cultivés (3 526 546 en 1951), superf. moy. des exploitations 32 ha (12 en 1951). **Terres** (en %) : incultes 29,4, cultivées 7, forêts 52,2, eaux 8,5. **Production** (en milliers de t, 1999) : bett. à sucre 2 600, orge 1 880, blé 1 670, avoine 1 242, p. de t. 986, plantes oléifères 417 (en 1989), seigle 166. **Forêts** (en 1998). 59 % des terres ; production : 58,1 millions de m^3. La S. exporte 50 % des produits, pâte à papier. **Élevage** (en milliers de têtes, 1999). Poulets 13 000, porcins 2 321, bovins 1 757, ovins 420, chevaux 86. Animaux à fourrure. Rennes 292. **Pêche** (en 1998). 414 300 t.

■ **Énergie. Électricité** (en 1999) : 154,2 milliards de kWh dont hydraulique 70,5, thermique 11,3, nucléaire 73,2 [12 réacteurs sur 4 sites au sud, programme condamné à terme (30-11-1999 1er réacteur fermé à Barseback, fermeture du 2e prévue en juillet 2001)], importations 8. 12 sociétés de prod. (dont Vattenfall, entreprise publique, 11 000 agents, 50 % de la prod.), 304 entreprises de distribution (2 000 en 1969). *Prix du kWh :* 25 à 40 centimes. **Dépendance énergétique** (en %) : *1973 :* 78 ; *90 :* 55. **Mines** (en milliers de t, 1999). **Fer** minerai 18 296, [teneur 65 %, la plus grande mine du monde à ciel ouvert à Kiruna, (Laponie)], *réserves :* 2,7 milliards de t, **pyrite** 429 (en 1988), **zinc** 133, **plomb** 116, **cuivre** 72, **argent, or. Industrie.** Mécanique [Volvo (en 1994) 349 000 voitures], métallurgie, équip. électrique, constructions navales, sidérurgie, bois, papier et pâte à papier, agroalimentaire, chimie, disques.

■ **Transports** (en km). **Routes :** 210 760 (en 1997) ; **voies ferrées** (en 1998) : 10 998 dont 7 614 électrifiés. **Pont d'Oresund,** voir Danemark. **Tourisme** (en 1997). 2 376 000 visiteurs.

☞ **Répartition des entreprises** (en % : État, coopérative de consommation en italique, privé entre parenthèses ; effectifs). *Mines :* 50 (50) ; 11 853. *Métallurgie et constructions mécaniques :* 3 *1* (96) ; 457 340. *Ind. extractives ; carrières, matér. de construction :* (100) ; 34 000. *Forestières :* 3 *2* (95) ; 170 800. *Alimentaires :* 4 *8* (88) ; 87 500. *Textiles :* 1 (99) ; 36 683. *Chimiques :* 2 *3* (95) ; 79 300. *Toutes industries :* 4 *2* (94) ; 931 000. **Privatisations** (en 1992) : 35 entreprises [250 milliards de couronnes suéd. (SK)]. *Gain :* 10 milliards de SK. *Secteurs :* groupes LKAB (mine de fer), NCP (bois-papier), Procordia et SSAB (sidérurgie). **Expatriations de sociétés :** *de 1965 à 84,* elles auraient fait perdre les 3/4 des sommes attendues avec l'impôt sur la fortune. *Exemples :* Ikea au Danemark, Tetra Pak en G.-B., financier Fredrik Lundberg en Suisse depuis 1985.

■ **Commerce** (en milliards $). **Export./import. :** *1996 :* 84,9/72,9 ; *97 :* 83/66,7 ; *98 :* 85/68,6 ; *99 :* 84,8/68,5 [(en milliards de couronnes, 1995) *exporte* mach.et équip. de transp. 271, produits man. 129, chimie 50, mat. 1res sauf fuel 35 *vers* All. 83,8, G.-B. 44,6, Norvège 34,8, Danemark 33,4, USA 25,8/*importe de* All. 66,2, G.-B. 53,6, USA 46,9, Danemark 34,7, Finlande 28,8].

■ **Rang dans le monde** (en 1999). 6e plomb. 9e bois. 11e cuivre, fer. 12e zinc. 14e argent.

SUISSE

V. légende p. 950.

☞ *Abréviations :* Conf. : Confédération ; S. : Suisse.

■ **Nom.** De *Schwyz,* un des cantons fondateurs. **Nom officiel :** Confédération suisse (mais le sigle CH *Cofoederatio Helvetica* est agréé pour plaques minéralogiques et codes postaux).

■ **Situation.** Europe. **Superficie :** 41 284,6 km^2 dont 1 289,5 en lacs de plus de 5 km^2. **Frontières** 1 881,5 km, enclaves comprises, avec Italie 741,3, *Fr. 571,8,* All. 362,5, Autriche 164,8, Liechtenstein 41,1. **Longueur** 220,1 km. **Largeur** 348,4 km. **Altitudes :** *maximale* pointe Dufour (massif du Mt Rose) 4 634 m, *minimale* lac Majeur 193 m. **Village le plus élevé :** Juf (Grisons) 2 126 m, **le plus bas :** Ascona (Tessin) 196 m.

■ **Lacs. Léman. Superficie :** 582 km^2 (dont à la Suisse 343,4, France 239) [*Grand Lac :* 503, *Petit Lac ou lac de Genève :* 79]. **Altitude :** niveau de base : pierres du Niton (rive gauche du Rhône) 373,6 m au-dessus de la mer. Depuis 1892, régulé par le barrage du pont de la Machine à Genève. **Périmètre** *des rives :* 167 km (au nord 95, sud 72, rive française 54). **Largeur** *maximale* (Amphion/baie de Morges) : 13,8 km. **Longueur :** axe Villeneuve-Genève : 73 km. **Bassin** *d'alimentation :* 6 830 km^2. **Bateaux :** plus de 26 000 embarcations à moteur immatriculées, 11 617 points d'amarrage. **Niveau :** jusqu'en 1713, nappe à écoulement libre. XVIIIe s. : Genève établit des barrages pour alimentation en eau et pour force motrice destinée à l'ind. textile, d'où procès opposant cantons de Vaud et du Valais ; 1877 et 84 : construction des barrages à rideaux mobiles du pont de la Machine. **Eaux :** *couches profondes* ou *hypolimnion* 200 m de prof. environ jusqu'au fond (15 % du volume total des eaux, renouvellement en 20 ans) ; *moyennes* ou *métalimnion* entre 50 et 200 m de prof. (55 % de la masse liquide, renouvellement en 10 ans) ; *supérieures* ou *épilimnion* de 50 m de prof. à la surface, les plus agitées sous l'effet des vents, des variations brusques de température et de l'évaporation. *Volume :* 88,9 milliards de m^3 (dont petit lac 3,3). **Frontière :** passe par le milieu du lac (*Convention franco-suisse* du 25-2-1953). **Iles** *artificielles* (hauts-fonds consolidés) : îles Laharpe 5 000 m^2, de Peilz 77, la Roche-aux-Mouettes 1 600. **Marées :** semi-diurnes et de quelques mm aux extrémités de la nappe. **Profondeurs** *maximale :* 309,70 m entre Évian et Ouchy. Petit lac : 78 m ; *moyenne :* 152,70 m. **Régimes** *max. normal :* 372 m, *min. :* 371,70 m (371,50 m dans les années bissextiles). Rapides variations de niveau, quelques minutes à une heure ; quasi quotidiennes, dues à une brusque dépression causée par le vent, ou à l'augmentation de la pression atmosphérique comprimant la nappe. L'eau s'abaisse, une onde se forme qui traverse le lac jusqu'au bord opposé, où le niveau monte ; hauteur exceptionnelle (20-8-1890) : 0,63 m. **Température** (prise entre 20 et 30 m de prof. dans le Grand Lac) : *été* (juillet-août) 20 °C en moy. ; *hiver* environ 4 °C. **Vagues :** dues aux vents, exceptionnelles : 2,50 m entre crête et creux (moy. : 1,50 m en eau profonde pour une vitesse de 5 m). **Autres lacs. Nombre :** *naturels :* 1 600 ; *artificiels :* 50. **Principaux** (en km^2 et, entre parenthèses, profondeur en m) : *Constance* 539 (252), rives 259 km sur 3 États (All., Autriche, Suisse). *Neuchâtel* 215 (153) longueur 65 km, largeur 12 km. *Majeur* 212 (372) [37,5 km × 8 km, Italie, Suisse]. *Quatre-Cantons* 114 (214) [37 km × 14,5 km]. *Zurich* 88 (143) [39 km × 2 à 4 km]. *Lugano* 49 (288). *Thoune* 48 (217, maximale 534), 18,5 km × larg. maximale 3,6 km. *Bienne* 40 (74) [14,5 km × 3,5 km]. *Zoug* 38 (198), longueur 14 km, 2 bassins divisés par presqu'île du Kiemen. *Brienz* 30 (261) [14,5 km × largeur maximale 2,5 km]. *Walensee* 24 (144). *Morat* 23 (46).

■ **Glaciers.** 140 (1 556 km^2) dont Aletsch 117,6 km^2 (longueur : 23,6 km), Gorner 63,7, Fiescher 39, inférieur de l'Aar 35,5, Grindelwald 27,1.

■ **Cours d'eau** (longueur en Suisse, en km). 42 000 dont Rhin 375, Aar 295, Rhône 264, Reuss 159, Linth-Limmat 140, Sarine 129, Thur 125, Inn 104, Tessin 91, Doubs 74,3.

■ **Régions. Alpes** (60 %) séparées par vallées du Rhône et du Rhin supérieur, en 2 chaînes : au nord Dents du Midi, Alpes bernoises, des Quatre-Cantons et glaronaises et au sud Mt-Blanc, Alpes valaisanes, tessinoises, groupe de l'Adula prolongé vers l'est par 2 chaînes de l'Engadine Nord et Sud, de part et d'autre de la vallée de l'Engadine. **Jura** (10 %, alt. maximale Mt Tendre 1 679 m) : alternance de synclinaux et d'anticlinaux parallèles et réguliers (monts et vaux) coupés par des vallées transversales (combes). **Plateau suisse** (Mittelland, entre Alpes et Jura). Non plissé au nord (dépôt de mollasses du Miocène), plissé au sud (collines préalpines ; alt. maximale Napf 1 408 m).

■ **Climat.** Tempéré ; méditerranéen au sud des Alpes ; semi-méditerranéen avec influence océanique autour du Léman ; continental au nord-est ; semi-continental avec influence océanique au nord-ouest. La température moyenne diminue de 0,59 °C par 100 m d'altitude (1 °C pour 177 m d'alt.). Une grande partie du territoire peut être classée comme de climat *alpestre.* Le *fœhn* venu de l'Adriatique, frais et humide sur les pentes sud des Alpes, devient sec et chaud sur les pentes nord, à la suite d'un phénomène de compression ; il contribue à élever la température moy. dans les régions montagneuses de Suisse et d'Autriche. Il souffle en moyenne 34 jours par an (hiver 9, printemps 11, été 4, automne 10).

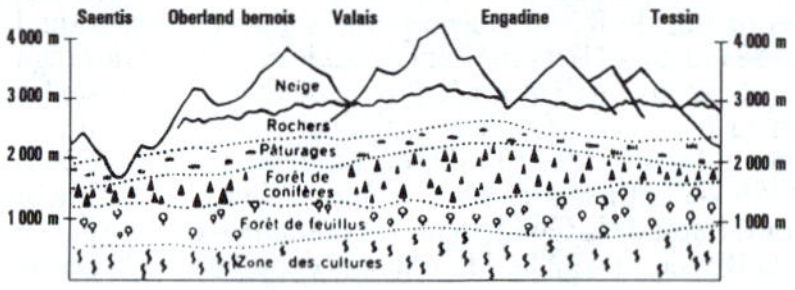

DÉMOGRAPHIE

■ **Population** (en millions d'hab.). *1600 :* 1,1 ; *1930 :* 4,06 ; *50 :* 4,71 ; *80 :* 6,37 ; *98 :* 7,1 ; *99 :* 7,1 ; *2000 :* 7,2 ; *2025 (prév.) :* 8. **Age** (en %) : *– de 15 ans :* 17,1, *+ de 64 ans :* 15,1. **Espérance de vie** (en 1999) : h. 76 ans ; f. 82. **D.** 172,5 (250 en ne tenant compte que du territoire habité de façon permanente). **Taux** (en ‰, 1999) : *naissances* 11 ; *décès* 9 ; *mariages* (en 1998) 5,4 [Suisse/Suissesse 22 806, Suisse/étrangère 7 398, étranger/étrangère 4 969, étranger/Suissesse 3 510]. *Divorces* (en 1998) 17 868.

■ **Étrangers, résidents permanents** (en milliers). *1880 :* 211 (7,5 % de la pop.) ; *1910 :* 552 (14,7) ; *30 :* 356 (8,7) ; *50 :* 285 (6,1) ; *60 :* 506 (9,5) ; *70 :* 983 (15,9) ; *80 :* 893 (14,1) ; *90 :* 1 100 (16,4) ; *98* (au 31-12) : 1 348 (19) [dont Italiens 336, ex-Yougoslaves 324, Portugais 136, Allemands 98, Espagnols 91, Turcs 80, Asiatiques 60, *Français 57,* Américains 44, Africains 32, Autrichiens 28, Anglais 20, Grecs 6,4, dont actifs (en août 1995) 939 (frontaliers 151)] ; *99 (au 31-12) :* 1 368,6 (19,2). **Réfugiés** (en 1999) : 104 000 dont 66 000 Yougoslaves. **Migrations internationales** (en 1999) : *immigrés* 107 953 (dont 83 677 étrangers) ; *émigrés* 91 804 (62 780 étr.) ; *solde* 16 149 (Suisses 4 748, étrangers 20 847). **Obtention de la citoyenneté suisse :** *1990 :* 8 658 ; *94 :* 13 739 ; *95 :* 16 790 ; *96 :* 19 159 ; *97 :* 19 169 ; *98 :* 21 277 dont naturalisations 20 498 (dont ordinaires 14 277, réintégrations 22, facilitées 6 189), reconnaissances de citoyenneté 201, mariages avec citoyen suisse 0, adoptions 578.

Mesures prises : 1977 référendum (projet proposant de réduire le % d'étrangers vivant en Suisse à 12,5 %) : 1 182 820 voix contre, 495 904 pour. La limitation à 4 000 par an des naturalisations est aussi rejetée. **Depuis 1980** la S. cherche à stabiliser le nombre des étrangers. Certains ont une autorisation de séjour à l'année, d'autres une autorisation d'établissement, ils peuvent alors résider en S. pour une durée illimitée et exercer librement une activité lucrative. **1995** permis annuels 367 181, d'établissement 950 039, saisonniers 37 875, frontaliers 151 692. **1996** rejet de l'initiative « contre l'immigration clandestine » par 53,6 % des voix.

☞ **Naturalisation ordinaire :** justifier de 12 ans de séjour en Suisse, dont 3 des 5 années qui précèdent la requête (les années entre 10 et 20 ans comptent double). Il sera également examiné si le requérant s'est intégré à la communauté suisse et s'est accoutumé au mode de vie et aux usages suisses. Depuis le 1-1-1992, l'étrangère n'acquiert pas automatiquement la nationalité suisse par mariage. Les enfants d'un Suisse ou d'une Suissesse sont suisses dès leur naissance, quelle que soit la nationalité de l'autre parent.

■ **Suisses établis à l'étranger** (en 1998). 562 813 (dont avec double nationalité 391 056, dont *France 145 984 (122 361)*, All. 66 744 (39 778), USA 66 176 (43 821), Italie 39 418 (28 400), Canada 34 228 (23 681), G.-B. 24 208 (16 784). *1850-88 :* 290 000 Suisses ont émigré ; à partir de 1890, le mouvement se renverse.

Environ 1 000 000 de soldats suisses servant à l'étranger sont morts au combat, de la fin du Moyen Age aux guerres napoléoniennes (voir à l'Index). Le régiment des Gardes suisses joua un rôle capital au début de la Révolution française. Des gardes suisses assurent depuis des siècles la protection du Vatican.

■ **Langue principale des Suisses et**, entre parenthèses, **des étrangers** (en %, 1990). **Nationales :** allemand 73,4 (19,6), *français 20,5 (13,3)*, italien 4,1 (23,7), romanche 0,7 (0,1). Le *romanche* est un parler « rhéto-roman » divisé en romanche proprement dit (Grisons) et en *ladin* (Engadine). Les tribus de la Rhétie étaient en grande partie celtiques et le romanche moderne est une langue celtolatine, avec une phonétique voisine tantôt des langues d'oïl, tantôt des langues d'oc (différente des dialectes italiens de Lombardie). Le vocabulaire a emprunté de nombreuses racines aux anciens parlers indo-européens des Rhètes (groupe illyrien, proche de l'albanais moderne). **Autres :** 1,3 (43,3). **Locuteurs** (totaux) : allemand 4 374 694, français 1 321 695, italien 524 116, romanche 39 632, autres 613 550.

Nota. – La limite du français et de l'allemand, qui était sur l'Aar au Vᵉ s., a reculé jusqu'à la Sense au IXᵉ s., la Sarine au XIIIᵉ s., la Thielle au XVIIIᵉ s. Dans la haute vallée du Rhône, Brigue est devenue germanophone au IXᵉ s., Raron et Visp au XIIIᵉ s. On distingue 12 *patois franco-suisses* dont aucun n'est une langue écrite et publiée (sauf pamphlets et satires) et 6 *dialectes germano-suisses* (alémaniques).

■ **Religions** [nombre et, entre crochets, % chez les Suisses (et les étrangers), 1990]. Protestants 2 747 821 ([43,7 (7)]. Catholiques romains 3 172 321 [43,3 (59,2)] ; chrétiens 11 748 [0,2 (0)]. Autres communautés chrétiennes 58 101 [0,8 (0,9)]. Orthodoxes 71 501 [0,2 (5)]. Israélites 17 577 [0,2 (0,4)]. Musulmans 152 217 [0,1 (11,6)]. Autres 29 175 [0,1 (1,7)]. Sans indication 101 899 [1,1 (3,1)].

■ **Villes** [au 1-1-1999 et, entre parenthèses, aggl.] *Berne* 127 000 hab. (317 367), Zurich 349 800 (à 95 km, 935 118), Genève 175 800 (à 152 km, 452 248), Bâle 170 800 (à 67 km, 402 387), Lausanne 120 500 (286 106), Winterthur 87 337[1] (118 578), Neuchâtel 70 397[1] (70 397), St-Gall 70 061[1] (132 172), Lucerne 57 690[1] (180 427), Bienne 49 802[1] (84 501), Thoune 39 420 (87 959), La Chaux-de-Fonds 37 222[1] (47 668), Köniz 36 015[1], Schaffhouse 33 695[1] (59 973), Fribourg 32 054[1] (79 418), Coire 30 219[1] (57 901).

Nota. – (1) au 1-1-1998.

■ HISTOIRE

■ **Av. J.-C. Vers 12000** présence de chasseurs magdaléniens [surtout dans l'Appenzell, giboyeux (grottes de Wildkirchli)]. **De 2000 à 1000** des Ligures (bûcherons) construisent de nombreux villages sur pilotis (*palafittes*, dits à tort « cités lacustres »). **Après 1000** les Celtes (civilisation de Hallstatt, 1ᵉʳ âge du fer) se mêlent aux Ligures : les guerriers occupent des éperons rocheux fortifiés, leurs fiefs, des villages enclos au pied des collines. **500-100** civilisation de *La Tène* (2ᵉ âge du fer) : village suisse, au bord du lac de Neuchâtel, péage gaulois (tribu des Séquanes). **100** les Helvètes (tribu celte) chassés du bassin du Main (All.) par les Germains se fixent sur le Plateau suisse, qui prend le nom d'*Helvétie*. **58** Helvètes quittent la S. en direction de l'Aquitaine. Battus par César à Bibracte chez les Éduens, ils sont refoulés sur le Plateau suisse.

■ **Apr. J.-C. Période romaine 57 av. J.-C.-407 :** le Plateau suisse forme la cité des *Helvetii*, cap. Aventicum (Avenches). Au nord-est, cité des *Rauraci*, cap. Vindonissa (Windisch). Bâle (Basilea) fondée. Au sud-est, dans les montagnes, province celto-illyrienne de Rhétie (tribu des Rhètes), cap. Curia (Coire), territoire de passage vers Rhin et Danube. **381** 1ʳᵉ mention d'un évêque suisse, Théodore, évêque d'Octodurum (Martigny). **Après 407** Alamans occupent Helvétie orientale jusqu'à l'Aar (les 2/3). **443** Burgondes (tribu germanique) installés comme colons en Helvétie occidentale (1/3). Constitution de la frontière romane/germanique. **496** Francs, maîtres de l'All., battent Alamans et annexent Helvétie alémanique à Franconie. **532** roy. des Burgondes annexé à Francie occidentale (reste romanophone). Christianisation. **614** saint Gall (Irlandais) fonde l'abbaye de ce nom, future principauté. **843** *traité de Verdun :* Helvétie alémanique fait partie du duché d'Alémanie (roy. germanique) ; Burgondie, de la Lotharingie. **888** démembrement de l'Empire carolingien : partie lotharingienne de la S. appartient au roy. de « Bourgogne transjurane » de Rodolphe Cᵗᵉ d'Auxerre, puis **933** au roy. d'Arles. **934** Rodolphe II achète roy. d'Arles, et englobe Bourgogne transjurane dans roy. de Bourgogne-Provence.

1033 empereur Conrad II hérite du roy. de Bourgogne-Provence, désormais rattaché à l'Empire germanique. **1097** ducs de Zaehringen deviennent recteurs de Bourgogne. **1191** Berthold V fonde Berne. **1218** extinction des Zaehringen : leurs fiefs bourguignons et alémaniques (50 % de la Suisse, du Léman au lac de Constance) passent aux Cᵗᵉˢ de Kybourg puis, par mariage, aux Habsbourg (forteresse d'origine en Argovie). Berne, Zurich et Soleure obtiennent l'immédiateté impériale (c.-à-d. le privilège de relever directement de l'empereur) ; Genevois et Bas-Valais sont aux Cᵗᵉˢ de Savoie. **Vers 1230** ouverture du col du Gothard. **1231** vallée d'Uri reçoit l'immédiateté impériale, échappant à la suzeraineté des Habsbourg. **1240** empereur Frédéric II accorde immédiateté impériale à Schwyz. **1273** Rodolphe de Habsbourg devient empereur et remet en cause immédiatetés suisses. **1291**-*août serment du Grütli* au bord du lac des Quatre-Cantons (à la suite d'une alliance de 1273), considéré comme fondation de la Confédération : alliance perpétuelle des pays d'Uri et de Schwyz (immédiats) avec moitié de l'Unterwald (Nidwald), non immédiat, fief des Habsbourg. Plus tard, l'autre moitié de l'Unterwald (Obwald), non immédiat, s'y joint. Combat contre les Habsbourg pour maintenir immédiateté de Schwyz et Uri, et la faire obtenir à Unterwald. **1298** Bernois vainqueurs des vassaux habsbourgeois. *Guillaume Tell* [milicien condamné par le bailli habsbourgeois Gessler (pour avoir refusé de le saluer) à faire tomber d'un coup de flèche une pomme placée sur la tête de son fils ; même anecdote racontée par les sagas norvégiennes (XIᵉ s.) ; reconnu légendaire, cet épisode a été retiré des manuels d'histoire en 1901]. **1309** l'empereur élu Henri VII de Luxembourg accorde immédiateté à Unterwald. **1315**-*15-11* victoire des confédérés sur les Habsbourgs à Morgarten. **1323** 1ʳᵉ alliance de Berne avec Unterwald pour 3 ans. **1332**-*7-11* Lucerne entre dans la Confédération. **1339** *guerre de Laupen :* la noblesse bourguignonne et Fribourg essaient de freiner l'accroissement de Berne. Ils sont battus par Rodolphe d'Erlach le *21-6*. **1342** Cᵗᵉ de Savoie acquiert Sion ; Haut-Valais reçoit un comte-évêque savoyard. **1343** *Nuit sanglante* de Lucerne : parti des Habsbourg anéanti. **1350** *Nuit sanglante* à Zurich. Occupation de Rapperswil par Zurichois. **1351** Zurich, entrée le 1-5 dans la Confédération, assiégée par duc Albert. **1352**-*4-6* Glaris admis avec droits restreints dans la Confédération ; Zoug le *27-6*. **1353**-*6-3* Berne entre dans Conf. (sans s'allier avec Zurich ni Lucerne). **1354** nouveau siège de Zurich. **1355** *paix de Ratisbonne*. **1367** soulèvement des Grisons contre Cᵗᵉ-évêque de Coire (fondent Ligue de la Maison-Dieu, transformée en Ligues grisonnes *1395*, disparaîtront *1424*). **1375** les *Gouglers*, entrés dans le pays à la suite d'une querelle d'héritage avec l'Autriche, sont battus à Buttisholz, Fraubrunnen et Anet. **1382** guerre contre les Kybourg : Jean Roth déjoue coup de main contre Soleure. **1383** Bernois assiègent Berthoud et **1384** l'achètent aux Kybourg. **1384-1425** soulèvements dans le Valais contre occupation savoyarde et absolutisme des Cᵗᵉˢ-évêques de Sion. Obtention de chartes communales. **1386**-*9-7* bataille de *Sempach* (le duc d'Autriche, Léopold, est tué avec 110 seigneurs suisses pro-habsbourgeois). **1388** *massacre de Weesen ;* victoire des Glaronnais à Näfels contre les Autrichiens. **1389** paix de 7 ans avec Autriche : transformée en paix de 20 ans en 1394, de 50 ans en 1412, perpétuelle en 1474 : reconnaissance comme État souverain dans l'Empire de la « Ligue des 8 cantons ». **1393** *Convenant de Sempach,* 1ʳᵉ loi militaire suisse, assurant la protection des civils.

1401-29 *guerre d'indépendance de l'Appenzell* [alliance avec la ville de St-Gall (1401) contre le Pᶜᵉ-abbé ; entrée dans la Conf. comme État protégé (1411)]. **1403-40** *politique du Gothard :* guerre contre duc de Milan et conquête de la Léventine et du val d'Ossola (1426) malgré la défaite d'Abedo (1422). **1405** *grand incendie de Berne*. **1415** Frédéric de Habsbourg, partisan du pape schismatique Jean XXIII, mis au ban de l'Empire : les confédérés envahissent Argovie autrichienne. **1436** ligue des Dix Juridictions fondée à Davos (8-6). **1436-50** *1ʳᵉ guerre de Zurich* [*Alter Krieg,* « vieille guerre » (par opposition à celles de 1529-31)] : l'héritage du Cᵗᵉ de Toggenbourg oppose Zurich aux autres cantons. **1443**-*juill.* ses troupes sont battues à St-Jacques-sur-la-Sihl. **1444**-*26-8* défaite de *St-Jacques-sur-la-Birse :* le dauphin (futur Louis XI), appelé par les Autrichiens au secours de Zurich assiégée, écrase une petite troupe de confédérés qui subissent de lourdes pertes. *-28-10* signe avec eux une déclaration de « bonne et perpétuelle amitié » (base du mercenariat suisse en faveur des rois de France). Zurich délivrée réintègre la Conf. **1450** paix (répartition entre cantons des fiefs Toggenbourg). **1451** le Pᶜᵉ-abbé de St-Gall entre dans la Conf. **1453**-*25-1* Charles VII signe un traité d'alliance avec la Conf. **1460** profitant de la querelle entre pape et duc Sigismond, les confédérés prennent Thurgovie (annexée 1468). **1474-77** Berne entraîne confédérés dans guerre de Bourgogne. **1474** paix perpétuelle avec Autr. ; bailli Hagenbach exécuté. **1475**-*13-10* victoire de la Planta : Savoyards chassés du Valais. **1476** Louis XI allié des Suisses ; Charles le Téméraire vaincu le *-2-3* à *Grandson (canton de Vaud),* le *-22-6* à *Morat (canton de Fribourg),* **1477** tombe devant Nancy. **1478** expédition victorieuse contre Bellinzone. Milanais battus à Giornico. **1481** *Convenant de Stans* grâce à la médiation de Nicolas de Flue entre villes et campagnes ; *-22-12* entrée de Fribourg et de Soleure dans Conf. **1496** les *Cent-Suisses* en France chargés de la protection du roi (Charles VIII) et de son palais. **1498** Grisons, hostiles au Tyrol, deviennent pays allié. **1499** *guerre de Souabe,* après le refus des Suisses de reconnaître la Chambre impériale de justice et de payer le denier commun. Victoires de Bregenz, Luziensteig, Bruderholz, Schwaderloh, Frastenz, Calven et Dornach. *-22-9 traité de Bâle :* les cantons cessent de dépendre des tribunaux et des services fiscaux de l'Empire (indépendance de fait).

1501 Bâle et Schaffhouse entrent dans la Conf. : neutralité dans la guerre d'Italie (Frédéric II/ Louis XII). **1511** Matthieu Schinner, évêque de Sion, conclut alliance avec pape et confédérés pour chasser Français de Milan. **1512** conquête de Milan ; duc Sforza se met sous le protectorat des Suisses et leur donne Tessin et Valteline. **1513**-*6-6* Novare, 24 000 Suisses battent la Trémoille (8 000 †). Appenzell devient 13ᵉ canton. **1515**-*13-9* la défaite des Suisses à Marignan leur impose la neutralité ; Mulhouse s'allie à la Conf. tout en restant ville impériale. **1516**-*29-11* Fribourg, *paix perpétuelle signée avec France.* **1519** *Zwingli* commence à prêcher à Zurich. **1521**-*27-5* alliance renouvelée avec France. **1523** *Réforme* introduite à Zurich : 67 thèses de Zwingli ; **1524** en Thurgovie, à St-Gall (Pᶜᵉ-abbé chassé), Bâle, Schaffhouse, Soleure et Berne. **1527** sac de Rome : mort héroïque de la Garde pontificale suisse. **1528** Berne, Glaris, St-Gall, Schaffhouse adoptent Réforme. **1529** *1ʳᵉ guerre de religion* (*guerre de Kappel :* paix de compromis entre cath. et zwingliens). **1531** *2ᵉ guerre de Kappel,* provoquée par Zwingli réclamant droit de prêcher dans cantons cath. (Lucerne, Uri, Schwytz, Unterwalden, Zug). *-11-10* Zwingli tué à Kappel. 2ᵉ paix nationale [cath. maintiennent leurs positions (Pᶜᵉ-abbé de St-Gall rétabli)]. **1536** Jean-François Nageli conquiert canton de Vaud pour Berne. **1541** *Calvin* fonde à Genève un régime politico-religieux d'une grande austérité. **1553** capitulation générale d'Henri II avec Cantons (en vigueur jusqu'en 1671). **1555** l'Aragonais Michel Servet, antitrinitaire, exécuté. **1569** *traité de Thonon :* Savoie renonce au Valais. **1584-86** *alliance perpétuelle* (Genève, Berne et Zurich). **1586**-*5-10* la *Ligue Borromée,* ou *Ligue d'or,* réunit les 7 cantons catholiques [le cardinal Charles Borromée (1538-84), archevêque de Milan, avait eu le Tessin sous sa juridiction]. **1597** Appenzell partagé en 2 demi-cantons (Rhodes-Extérieures protestant, Rhodes-Intérieures cath.).

1602-*31-1 traité d'alliance* avec France (juré à N.-D. de Paris 13-10 ; échéance 1651). *-Déc.* Genève, *nuit de l'Escalade :* 300 h. du duc de Savoie, qui ont escaladé les murs, sont repoussés (17 Genevois †). **1616** Louis XIII institue régiment des gardes suisses.

1620-39 *guerre de la Valteline* [épisode de la *guerre de Trente Ans (1618-48)* : **1620** conquête par les Espagnols ; massacre des protestants (600 †) ; **1624-27** conquête par les Français (alliés des Grisons) ; **1627-31** reprise par Espagnols et troupes pontificales ; **1635-37** reconquise par Français ; **1639** attribuée aux Grisons (condition : maintien du catholicisme)]. **1647** *Défensional de Wil,* Constitution militaire suisse complétée en 1668. **1648** paix de Westphalie, l'indépendance des cantons vis-à-vis de l'Empire allemand est reconnue juridiquement ; Neuchâtel érigé en principauté souveraine, mais le Pᶜᵉ-abbé de St-Gall devient Pᶜᵉ suisse ; Mulhouse, cessant d'être ville impériale, devient, de fait, une rép. suisse. **1653** *guerre des paysans :* Nicolas Leuenberger et Christian Schybli exécutés. **1656** *1ʳᵉ guerre de Villmergen :* cantons cath. conservent leurs positions. **1663**-*18-11* alliance franco-suisse renouvelée (serment à N.-D. de Paris : Louis XIV avec les représentants des cantons menés par le bourgmestre Waser de Zurich). **1685** révocation de l'édit de Nantes : huguenots affluent (rôle important dans textile, orfèvrerie, horlogerie, banque, commerce international).

1707-*13-9* Frédéric Iᵉʳ de Prusse, soutenu par les Bernois, proclamé Pᶜᵉ de Neuchâtel et Valangin (l'héritière Marie d'Orléans, duchesse de Nemours, étant morte le 16-6 sans héritier ; les Orléans-Longueville détenaient Neuchâtel depuis 1504). Principauté de Neuchâtel attribuée à la maison de Prusse. **1712** *2ᵉ guerre de Villmergen* (troubles du Toggenbourg), paix d'Aarau : influence des cantons protestants ; dans les bailliages communs, principe de la parité. **1715** *Trucklibund :* alliance des cantons cath. avec la Fr. [modifié en 1777 par Vergennes (*traité de Soleure*) : tous les cantons (cath. et protestants) alliés]. **1721-84** soulèvements contre patriciats. **1777**-*28-5* alliance franco-suisse renouvelée pour 50 ans. **1789**-*14-7* 21 Suisses défenseurs de la Bastille massacrés. **1792**-*10-8* défense des Tuileries par la Garde suisse, la plupart (786) sont massacrés du 10-8 au 3-9, Diète et Cantons rappellent les 11 régiments du Service de France. *-19-11* **Rép. rauracienne** (Porrentruy). **1793**-*10-3* son Assemblée vote pour la réunion à la Fr. (devient le département de Mont-Terrible). *-29-1* (et *17-5-1798*) départements français du Mont-Blanc et Léman créés empiètent sur Conf. **1797** Pierre Ochs, César de La Harpe et Mengaud travaillent au renversement de la Confédération. Bonaparte occupe Valteline et l'incorpore à la *Rép. Cisalpine,* fait occuper l'évêché de Bâle. **1798**-*24-1* Vaudois chassent Bernois. *-28-1* Gᵃˡ Ménard entre à Lausanne, Soleure et Fribourg. Dernière Diète à Aarau. *-5-3* prend Berne (Neuenegg, Fraubrunnen, Grauholz) : écroulement de l'ancienne Conf. *Du 24-1 au 9-2* **Rép. lémanique** (devjendra canton). *Du -12-4 au 19-2-1803* Rép. helvétique (État unitaire) : lutte contre la résistance des cantons montagnards. *9-9 Jour d'horreur* dans le Nidwald. Pestalozzi à Stans. **1799** révoltes contre gouv. helvétique. La S. théâtre des guerres européennes.

1802 Gᵃˡ suisse Andermatt fait bombarder Zurich ; gouv. helvétique expulsé après la *guerre des Bâtons (Steckklikrieg).* Luttes entre unitaires et fédéralistes. *-30-8* **Rép.**

rhodanique dans le Valais [sera le 12-12-1810 annexée par la France (département du Simplon)]. **1803**-*19-2 Acte de médiation :* conférence des 19 cantons avec Bonaparte comme médiateur (St-Gall devient canton laïque). **1812** 8 000 Suisses meurent dans la retraite de Russie (Berezina). **1813**-*déc.* suppression de l'Acte de médiation. **1814-15** *Longue Diète de Zurich* et nouveau pacte fédéral : rétablissement des pouvoirs aristocratiques et de l'ancienne Conf. d'États. **1815** *Congrès de Vienne :* Genève, Valais et Neuchâtel [qui demeure fief personnel du roi de Prusse (statut mixte)] entrent dans la Conf. Reconnaissance de la neutralité suisse (par Autriche, France, G.-B., Prusse, Russie et Portugal). Perte de Valteline, Mulhouse et val d'Ossola. Genève annexe 6 communes françaises (pays de Gex) et obtient la franchise douanière dans une zone d'environ 2 000 km^2 au pays de Gex et en Haute-Savoie. Ancien évêché de Bâle intégré au canton de Berne (Jura bernois). **1816** *traité de Turin.* Genève annexe 16 communes savoyardes. **1830** renversement des patriciats [Thurgovie, Zurich, St-Gall, Lucerne, Soleure, Schaffhouse, Argovie, Vaud], nouvelles constitutions libérales. **1831** Louis-Philippe supprime le service suisse en France. Patriciens bernois cèdent la place à un gouv. libéral. Troubles à Bâle qui se sépare en 2 demi-cantons, Bâle-Ville et Bâle-Campagne. **1839** gouv. et Grand Conseil zurichois remplacés par des libéraux conservateurs. **1841** Lucerne se donne une constitution conservatrice. Suppression des couvents d'Argovie et expédition de « corps francs » contre Lucerne, alliance des cantons conservateurs. **1844** combat du Trient : le Haut-Valais conservateur dirige le canton. Lucerne rappelle les jésuites. **1845** 2e expédition des corps francs contre Lucerne, soutenue par les cantons libéraux (défaite de Malters : 104 †, 1 800 prisonniers). Alliance de la S. primitive avec Fribourg et Valais. **1847** Diète à Berne : la majorité protestante réforme le Pacte fédéral, suppression du Sonderbund et des cantons catholiques, expulsion des jésuites. Gal Henri Dufour (1787-1875) [100 000 h.] termine en 26 j. la *guerre du Sonderbund* contre Gal de Salis-Soglio [85 000 h. (pertes : fédérales 78 †, 260 bl., séparatistes 24 †, 116 blessés)]. **1848**-*12-9 nouvelle Const. fédérale acceptée.* Soulèvement et victoire des républicains dans la principauté de Neuchâtel. **1856** coup de main des royalistes prussiens à Neuchâtel ; contre-attaque des républicains. La Prusse menace d'entrer en guerre ; Napoléon III intervient. **1856-70** mouvements populaires contre libéraux-radicaux (*1856* Soleure ; *1861-64* Genève ; *1864* Bâle-Campagne où, pour la 1re fois, le référendum obligatoire et le droit d'initiative sont introduits ; *1867* Zurich ; suivent jusqu'en *1870 :* Thurgovie, Argovie, Soleure, Lucerne, Berne ; plus tard, référendum obligatoire ou facultatif, droit d'initiative et élection directe du gouv. sont également adoptés par autres cantons). **1857**-*26-5* roi de Prusse renonce à ses droits (traité de Paris). **1859** interdiction du service mercenaire. **1860** malgré le traité de 1564 et les revendications suisses, la Savoie est rattachée à la Fr. ; la zone franche savoyarde (Chablais et Faucigny) est maintenue sous son régime français. **1862** accord avec la Fr. sur la vallée des Dappes. **1864**-*22-8 :* 1re *Convention de Genève* (12 États signataires, but : amélioration de la condition des militaires blessés), Croix-Rouge. **1868** 1re grève en S. (Genève). **1870-71** guerre franco-allemande : troupes suisses occupent frontière. **1871**-*28-1* l'armistice franco-allemand conclu à Paris ne concerne pas l'armée Bourbaki (83 301 h.) qui est internée le *1-2* (les frais, 12 154 396 F, seront remboursés au 12-9-1872). **1873** *Kulturkampf* [« combat pour la civilisation », anticatholique, de Bismarck en All., influence en Suisse (Berne, Soleure, Genève)] : un régime conservateur remplace le gouv. libéral à Lucerne, puis au Tessin en 1875. **1874** nouvelle Const. fédérale, favorable à un renforcement de la centralisation, bases de la législation sociale, référendum facultatif. **1875** tribunal fédéral créé à Lausanne. **1890** soulèvement au Tessin contre conservateurs : intervention de la Conf. et introduction du système proportionnel. **1891** droit d'initiative populaire. **1893-95** guerre douanière avec Fr. [la Chambre des députés française, gagnée au protectionnisme, rejette le traité de commerce (conclu en juillet 1892) détaxant certains produits suisses. La S. riposte en surtaxant les produits français].

1909-*nov.* séparation de l'Égl. et de l'État à Genève et à Bâle-Ville. **1914-18** mobilisation sous les ordres du Gal Wille. **1918**-*11-11* grève générale. **1919**-*8-11* système proportionnel pour élect. au Conseil nat. ; semaine de 48 h dans entreprises industrielles. **1920** *S. entre à la SDN* (référendum : 416 870 oui, 323 719 non) ; principe de neutralité confirmé par la *déclaration de Londres.* **1921** création de l'Office du travail. **1924** convention arbitrale avec Fr. au sujet des zones franches de Savoie. **1925** fondation de *Migros* (transformée en coopérative en 1940) par Gottlieb Duttweiler (1888-1962). **1929** adhésion au pacte Kellog : renonciation au recours à la guerre. **1931** la Cour de La Haye soutient la plainte suisse au sujet de la Savoie. **1932**-*9-11* émeute à Genève : 13 † (la droite avait organisé un meeting contre 2 révolutionnaires genevois : Léon Nicole et Dicker ; les socialistes les attaquent, la police tire ; Nicole est arrêté). **1936** dévaluation du franc. **1938** frontières fermées aux réfugiés juifs allemands. Paul Grueninger († 1972), Cdt de gendarmerie qui a fait passer 3 000 juifs en fraude, sera destitué et condamné à 300 F d'amende (réhabilité 1995). **1939-45** mobilisation sous les ordres du Gal Guisan (1874/8-4-1960) ; l'All. dépose 1,7 milliard de FS d'or volé. **1940** internement de troupes françaises et polonaises. *-22-6* armistice France-Allemagne ; le Gal Henri Guisan renvoie 300 000 h. sur 450 000. *-25-6* le Pt, Marcel Pilet-Golaz, déclare que la Suisse entend s'adapter à la « nouvelle Europe ». *-9-8* traité de commerce avec Allemagne. **1941-42** 60 % de l'industrie d'armement, 50 % de l'industrie optique et 40 % de l'industrie des machines travaillent pour l'All. La Confédération fournit des crédits (1,123 milliard de FS). **1943** 1er conseiller fédéral socialiste : Ernest Nobs. **1945** fin 2de Guerre mondiale, démobilisation ; la S. a accueilli 300 000 réfugiés dont 25 000 juifs ; environ 30 000 juifs refoulés (excuses présentées par le Président en 1995) ; la S., déçue par la SDN et s'estimant empêchée par sa neutralité, renonce à organiser un référendum sur une entrée éventuelle à l'Onu. **1946** relations diplomatiques rétablies avec URSS (rompues 1918). **1950** adhésion à l'OECE. **1959** adhésion provisoire au Gatt ; vote des femmes adopté Vaud (puis 1960 Neuchâtel et Genève). **1960** adhésion à l'AELE. **1963** au Conseil de l'Europe. **1971**-*30/31-10* les femmes votent aux législatives. **1972**-*22-7* signature accords de libre-échange avec CEE (*3-12* approuvée par vote). **1974**-*mai* à Zurich, contestation des jeunes (origine : protestation contre subvention de 150 millions de F à l'Opéra). **1978**-*24-9 création du canton du Jura.* **1983**-*14/16-4* Pt Mitterrand en S. (1re visite officielle d'un Pt français depuis celle de Fallières les 15/16-8-1910). **1984**-*12/17-7* Jean-Paul II en S. 1re femme élue au Conseil fédéral. **1985**-*1-1* Conseil fédéral limite vitesse à 120 km/h sur autoroutes et à 80 sur routes pour 3 ans (définitif en 1987). **1990**-*26-9* crucifix interdit dans les écoles (contraire à la neutralité constitutionnelle). *-Déc.* fermeture des parcs pour drogués (Platzspitz de Zurich et Kleine Schanze de Berne). **1993**-*18-8* Lucerne, incendie du pont de la Chapelle (construit 1333, décoré 1599 de 112 peintures, rouvert 1994). *-3-12 :* 2e visite Pt Mitterrand. **1995**-*1-1* introduction TVA (taux unique 6,5 %). **1996**-*1-1* droit de vote passe de 20 à 18 ans. *-Déc.* 240e cas de vache folle recensé. **1997**-*1-9* Zurich hold-up à la poste, 53 millions de FS (8-9: 20 millions récupérés ; 13 voleurs arrêtés). **1999**-*6-10* le parlement vote l'abolition (au 1-1-2001) du statut des fonctionnaires qui deviendront révocables, et le salaire au mérite. **2000**-*26-7* le juge américain Edward Korman approuve l'accord de 1,25 milliard de $ conclu août 1998 entre Crédit suisse, UBS et organisations juives sur comptes en déshérence de victimes de la Shoah en échange de l'abandon des plaintes de survivants. *-21-8* refuse de renoncer au secret bancaire (les banques suisses géreraient 35 % des avoirs privés mondiaux). **2001**-*1-1* les entreprises suisses ne peuvent plus déduire de leur revenu imposable les pots-de-vin versés pour obtenir des contrats.

POLITIQUE

■ **Statut.** *Confédération de 26 cantons.* **Constitution** de 1848 révisée 29-5-1874 et 18-4-1999 (en vigueur 1-1-2000). Il faut au moins 100 000 électeurs en 18 mois pour en demander la révision (totale ou partielle). **Fête nationale.** 1-8 (serment du Grütli en 1291, depuis 1994 jour férié). **Drapeau** (adopté 12-12-1889). Croix blanche sur fond rouge, les bras sont 1/6 plus longs que larges (origine XIVe s.). Seul drapeau carré avec celui du Vatican.

■ **Législatif. Assemblée fédérale** formée du **Conseil des États** [46 membres élus pour 4 ans (2 par canton, 1 par demi-canton) ; élections au système majoritaire sauf canton du Jura (proportionnelle)] et du **Conseil national** [200 membres élus pour 4 ans à la proportionnelle. *Grands cantons :* Zurich 34 sièges, Berne 27 ; *petits :* Uri, Nidwald, Obwald, Glaris et Appenzell Rhodes-Intérieures 1, élections avec système majoritaire (dans les 21 autres, élections à la proportionnelle avec méthode du quotient)]. Les députés conservent leur profession (session de 3 semaines par saison).

Élections du 24-10-1999. Conseil des États : PRD 18, PDC 15, UDC 7, PSS 5, PLS 2. **Conseil national :** PSS 55, PRD 44, PDC 34, UDC 30, PES 9, PLS 7, FPS 7, LdU 3, DS 3, UDF 3, PEV 2, PST 2, Lega 1, UDF 1.

■ **Exécutif. Conseil fédéral** (gouvernement) : 7 m. élus pour 4 ans par l'Assemblée fédérale. Elle élit le Pt pour 1 an et le vice-Pt qui lui succède. Sur 7 sièges, 2 ou 3 sont normalement réservés à des représentants de la population de langues française et italienne. La réélection, après 4 ans, est généralement assurée. Les membres sont égaux en droit. Le Pt n'agit qu'en tant que *primus inter pares,* à côté de diverses obligations de représentation. Les membres du gouv. ne font pas partie du Parlement, ils disposent d'un droit d'intervention (mais pas de décision) [composé à l'origine d'un seul parti (radicaux), de plusieurs depuis 1891 (depuis 1959 : 2 radicaux, 2 socialistes, 2 démocrates-chrétiens, 1 démocrate du centre)].

■ **Présidents de la Confédération. 1970** Hans Peter Tschudi (né 22-10-1913). **71** Rudolf Gnaegi (1917-85). **72** Nello Celio (1914-95). **73** Roger Bonvin (1907-82). **74** Ernst Brugger (1914-98). **75** Pierre Graber (né 6-12-1908). **76** Rudolf Gnaegi. **77** Kurt Furgler (né 24-6-1924). **78** Willy Ritschard (né 1918). **79** Hans Hürlimann (né 1918). **80** Georges-André Chevallaz (né 7-2-1915). **81** Kurt Furgler. **82** Fritz Honegger (né 25-7-1917). **83** Pierre Aubert (né 3-3-1927). **84** Léon Schlumpf (né 3-2-1925). **85** Kurt Furgler. **86** Alphonse Egli (né 8-10-1924). **87** Pierre Aubert. **88** Otto Stich (né 10-1-1927). **89** Jean-Pascal Delamuraz (1936-98). **90** Arnold Koller. **91** Flavio Cotti (né 18-10-1939). **92** René Felber (né 14-3-1933). **93** Adolf Ogi (né 18-7-1942). **94** Otto Stich. **95** Kaspar Villiger (né 5-2-1941). **96** J.-P. Delamuraz. **97** Arnold Koller (né 29-8-1933). **98** Flavio Cotti. **99** Ruth Dreifuss (née 1940). **2000** Adolf Ogi (né 1942). **01** Moritz Lenenberg (né 1946).

■ **Chanceliers de la Confédération.** Élus par les 2 Chambres réunies du Parlement (sans être soumis à réélection tous les 4 ans) ; fonction essentiellement administrative ; assistent aux séances du Conseil fédéral avec voix consultative. **1848**-*16-12* Johann Ulrich Schiess (1813-83). **1881**-*14-12* Gottlieb Ringier (1837-1929). **1909**-*16-12* Hans Schatzmann (1848-1923). **1918**-*11-12* Adolf Steiger (1859-1925). **1925**-*26-3* Robert Kaeslin (1871-1934). **1934**-*22-3* Georges Bovet (1874-1946). **1943**-*15-12* Oskar Leimgruber (1886-1976). **1951**-*13-12* Charles Oser (né 17-2-1902). **1967**-*14-12* Karl Huber (né 18-10-1915). **1981**-*11-6* Walter Buser (né 14-4-1926). **1991**-*12-6* François Couchepin (né 19-1-1935). **1999**-*15-12* Annemarie Huber-Hotz.

■ **Neutralité.** Depuis Marignan (1515), la S. a cessé de prendre part aux conflits européens ; sa *neutralité* a été reconnue par le Congrès de Vienne en 1815. De nombreuses organisations internationales ont établi de ce fait leur siège en Suisse (exemples : Comité international de la Croix-Rouge, OIT, Office européen des Nations unies, UPU, UIT, Organisation européenne pour la recherche nucléaire, BRI). La Suisse n'est pas membre de l'Onu, mais l'est de ses plus importantes organisations.

■ **Initiative et référendum.** Existent au niveau fédéral cantonal et parfois communal. **Initiative populaire :** permet de faire valoir des idées politiques sous forme de projets d'articles constitutionnels qui seront soumis au vote du peuple et des cantons. Pour qu'elle fasse l'objet d'un scrutin sur le plan fédéral, ceux qui l'ont lancée doivent recueillir en 18 mois au moins 100 000 signatures d'électrices et électeurs.

Référendum fédéral : permet de demander l'organisation d'un vote populaire sur une loi fédérale nouvelle ou révisée. Il faut recueillir au minimum 50 000 signatures en 90 jours ou que 8 cantons soumettent une demande. *Obligatoire* pour les révisions de la Constitution fédérale, les arrêtés urgents qui dérogent à la Constitution, les arrêtés d'approbation de certains traités internationaux particulièrement importants ; *facultatif* pour lois fédérales, actes (appelés arrêtés fédéraux) de portée générale, arrêtés d'approbation de certains traités internationaux. Il est *toujours décisif ;* en général *suspensif* et *obligatoire* [le résultat n'est positif dans le cas du référendum obligatoire qu'à la « double majorité du peuple et des cantons » (12 : majorité de 20 cantons et 6 semi-cantons), le référendum facultatif ne requiert pas la majorité des cantons ; sur environ 300 cas où la double majorité était requise, les cantons ont tenu en échec 8 fois une majorité populaire positive]. **Référendum cantonal :** constitutionnel, législatif et parfois administratif.

Statistiques. De 1848 (création de l'État fédéral) au 31-12-1995, les citoyens suisses se sont prononcés sur 437 questions (dont 220 depuis 1965) avec référendum obligatoire pour 311 questions, facultatif pour 126.

☞ *Abréviations :* a. : accepté(s), r. : rejeté(s).

Référendum obligatoire, sur révision de la Constitution fédérale totale : *1872* projet du Parlement r. *1874* a. *1935* initiative populaire r. ; **partielle :** 39 projets r., 107 a. ; 10 contre-projets r., 18 a. ; initiatives populaires : 107 r., 12 a. ; **de la Constitution de 1874 :** 136 révisions partielles. **Sur arrêtés urgents dérogeant à la Constitution :** aucun r., 11 a. **Sur traités internationaux :** 2 r. (adhésion à l'Onu 1986, l'Espace économique européen 1992), 2 a. (entrée dans SDN 1920, traité de libre-échange avec CEE 1972).

Référendum facultatif : proposé 126 fois ; le Parlement a adopté environ 1 800 actes qui auraient pu être soumis à référendum (proposé en moyenne 7 fois sur 100) ; **sur lois et arrêtés de portée générale :** 62 projets du Parlement r., 60 a. ; **sur traités internationaux :** 2 r., 2 a. (dont en 1992 adhésion aux institutions de Bretton Woods).

Quelques référendums récents. 1971-*7-2* vote des femmes en matière d'élections et de votation fédérale (621 109 oui, 323 882 non) ; Uri, Schwyz, Obwald, Glaris, St-Gall, Appenzell ont une majorité de non. **1974**-*20-10* loi visant à ramener en 3 ans de 1 million à 500 000 le nombre d'étrangers en S. : r. (65,79 % des voix et les 22 cantons). **1980**-*mars* séparation Église/État : r. **1984**-*20-5* limitant secret bancaire : 73 % non. **1985**-*9-6* projet « droit à la vie » (contre l'avortement) : 69 % non. *-1-12* suppression de la vivisection : 70 % non. **1986**-*13-3* adhésion à l'Onu : 1 591 150 non, 511 713 oui. **1987**-*6-12* âge de la retraite porté de 65 à 62 ans pour les hommes, 62 à 60 ans pour les femmes : 65 % non. **1988**-*4-12* semaine de travail de 40 h : 68,5 % non. **1989**-*26-11* suppression de l'armée : non 64,4 %, oui 35,6 % (Genève 50,4 %, Jura 55,5 %) ; les partis s'y opposent, sauf socialistes (pas de mot d'ordre), extrême gauche et Jeunesses socialistes. **1990**-*23-9* nucléaire : 52,9 % pour son maintien (18 cantons sur 26), 65 % contre (à Genève), 54,6 % pour un moratoire de 10 ans sur la construction de nouvelles centrales (69,2 % à Genève, 22 cantons pour). **1991**-*3-3* droit de vote à 18 ans (au lieu de 20, uniquement au niveau fédéral) : a. (72,8 %). *-23-9* nucléaire (21 cantons sur 26) : majorité contre l'abandon et moratoire de 10 ans sur nouvelles centrales. **1992**-*17-5* entrée au FMI et Banque mondiale : a. (55,8 %). *-6-12* 50,3 % contre Espace économique européen, participation 78,3 %. **1993**-*7-3* réouverture casinos (fermés 1928) : a. (72,4 %). *-26-9* contrôle vente d'armes : a. (86,3 %). *-28-11* TVA (remplace impôt sur chiffre d'affaires) : 66,7 % pour taux 6,2 %, 57,8 pour 6,5 % (avec possibilité 7,5 pour financer Sécurité sociale) ; 75 % contre interdiction publicité tabac et alcool. **1994**-*20-2 une initiative populaire* demande d'inscrire dans la Constitution l'obligation de transférer de la route au rail, dans les 10 ans, le trafic marchandises en transit par les Alpes (de frontière à frontière) : a. [950 000 oui (880 000 non)]. *-12-6 : 1 révision constitutionnelle* proposée par le Parlement, accroissant la compétence de la Confédération dans le domaine de la culture : r. par 12 cantons contre 11 [malgré 1 060 000 oui (1 020 000 non)]. Participation : 47 %. *1 révision constitutionnelle* voulant donner à la Confédération la compétence de faciliter la naturalisation des jeunes étrangers qui ont passé leur enfance en Suisse : r. par 13 cantons contre 10. *1 loi* prévoyant la création d'un corps suisse de « casques bleus » volontaires : r. [1 200 000 non (900 000 oui)]. *-25-9 : 1 révision du Code pénal* devant permettre de punir la discrimination raciale (notamment dans les établissements publics) et le « négationnisme » : a. [1 130 000 oui (940 000 non)]. *-4-12 : 1 loi* augmentant les possibilités de garde à vue des étrangers en instance d'expulsion : a. [1 430 000 oui (530 000 non)]. **1995**-*25-6* : 3 QUESTIONS : *1 projet* retardant la retraite des femmes de 62 à 64 ans : a. (1 110 000 oui, 720 000 non ; participation : 40 %). *1 initiative populaire* demandant une augmentation des rentes de l'assurance-vieillesse et la fixation de la retraite à 62 ans pour hommes et femmes : r. [1 310 000 non (500 000 oui) et tous les cantons]. *1 loi* assouplissant le régime de la vente des immeubles à des étrangers : r. (960 000 non, 830 000 oui). **1996**-*10-3* : équipement personnel des militaires passera à la charge de la Confédération, non 56,1 % ; suppression de la réglementation sur l'eau-de-vie et les appareils à distiller, oui 80,8 %, *-1-12* : renforcement de la lutte contre l'immigration clandestine, non 53,6 %. **1997**-*8-6* négociation de l'adhésion à l'Union européenne, non 73,9 % ; interdiction d'exporter du matériel de guerre, non 77,3 %. **1998**-*8-6* interdiction du génie génétique, non 66 % ; contre la police « fouineuse », non 75,1 %. *-29-11* Projet Drogleg : dépénalisation de la drogue et réglementation de la production et du commerce non 70,6 % ; modernisation du rail, oui 63,5 %. **1999**-*18-4* réforme de la Constitution, oui 59,2 % ; abandon de la convertibilité du Franc suisse en or. *-13-6* loi sur l'asile, oui 70,6 %. **2000**-*12-3* parité totale en politique, non 82 % ; réduction de 50 % du trafic routier, non 79,8 % ; procréation respectant la dignité humaine, non 71,7 %. *-24-9* limitation des étrangers à 18 % de la population, non 63,7 %. Refus de nouvelles taxes destinées à encourager l'utilisation des énergies renouvelables. **2001**-*4-4* ouverture de négociations sur l'adhésion à l'UE, non 77 %. *-26-11* refus de réduire le budget militaire de 5 milliards de FS à 3,2 milliards de FS d'ici à 10 ans. Refus d'abaisser de 65 à 62 ans l'âge de la retraite pour les hommes.

■ **Femmes et politique. Droit de vote :** accordé en 1971 sauf dans 8 cantons ; Appenzell (Rhodes-Intérieures) l'accorde le dernier le 26-11-1990 (jugement du Tribunal fédéral) [28-4-1991 : 1re participation]. **Conseils : fédéral :** 1re élue le 2-10-1984 Élisabeth Kopp (née 16-12-1936) [min. de la Justice, démissionnera le 12-12-1988 (elle aurait averti son mari d'une enquête sur le « blanchiment » de 1 million de $ venant de la drogue) ; démissionnera du Conseil le 12-1-1989 et devra renoncer au poste de vice-Pte de la Confédération prévu en 1990 ; acquittée (simple amende) le 2-2-1990]. 2e élue le 10-3-1993 Ruth Dreifuss ; 3e élue le 30-4-1999, Ruth Metzler ; en 1995, **national :** 43 femmes (sur 200) ; **des États : 8** (sur 46).

■ PARTIS

Alliance des indépendants (LdU). *Origine : 1925* Gottlieb Duttweiler (1888-1962) fonde la Migros (principes nouveaux de vente directe). Soutient les candidats sans parti, favorables à ses thèses. *1936* fonde son propre mouvement. *Volonté :* pour une démocratie réelle et non seulement formelle. *Slogan :* « Écologie, Solidarité, Liberté. » *Pt :* Daniel Andres. *Membres :* 3 000.

Alliance verte et sociale. *Pte :* Isabel Jordi-Ertler.

Démocrates suisses (DS). *Fondés* 1961. Entend maintenir une S. libre, démocratique et indépendante. *Pt :* Rudolf Keller. *Membres :* 6 500.

Lega dei Ticinesi. *Fondée* 1991. *Pt :* Giuliano Bignasca.

P. chrétien social (PCS). *Pte :* Monika Bluch-Süss.

Parti suisse de la liberté (FPS). *Fondé* 1985. *Vice-Pt :* Jürg Scherrer. *Membres :* 13 000.

Parti démocrate-chrétien suisse (PDC). *Origine : 1848* les vaincus du Sonderbund, conservateurs catholiques, ont 8 députés. *1880* Union conservatrice suisse. *1894* P. populaire cath. *1912-22-4* P. populaire conservateur suisse. *1957-févr.* P. conservateur chrétien-social. *1970-déc.* nom actuel. *Rayonnement :* national. *Tendance :* P. populaire du centre, aile chrétienne sociale, conservatrice et progressiste. *Principes :* liberté, responsabilité individuelle, solidarité, subsidiarité et justice. *Slogan :* « La véritable alternative aux positions extrêmes ». *Pt :* Adalbert Durrer. *Membres :* 99 000.

Les Verts-Parti écologiste suisse (PES). *Fondé* 1983. *Pt :* Ruedi Baumann. *Membres :* 5 000.

Parti évangélique suisse (PEV). *Fondé* 1919. *Objectifs :* indépendant de toute Église particulière, tend à créer une société personnaliste d'inspiration chrétienne. *Pt :* Ruedi Aeschbacher. *Membres :* 4 000.

Parti libéral suisse (PLS). Successeur de l'Union libérale démocratique suisse, *fondé* 1961. Évolue vers le centre, puis la droite au début XXe s. *Tendance :* défend le fédéralisme et la liberté d'action individuelle, opposé à toute ingérence exagérée de l'État, favorable à l'Union européenne. *Pt :* Jacques-Simon Eggly. *Membres :* 18 000.

Parti radical-démocratique suisse (PRD). *1848* rôle principal. *1878* groupe créé au Parlement fédéral. *1894* P. nat. rassemblant partis cantonaux. *Rayonnement* national, sauf en Appenzell (Rhodes-Intérieures). Centriste, défenseur des libertés et de l'économie de marché. *Slogans :* « Les radicaux : la sécurité par l'innovation », « Plus de liberté et de responsabilité, moins d'État », « Les radicaux : les optimistes réalistes ». *Pt :* Franz Steinegger. *Membres :* 112 000.

Parti socialiste suisse (PSS). Organisation nat. *1888* fondation. *1920-10/12-12* scission (refus d'adhérer à la IIIe Internationale). *Tendance* sociale-démocrate et réformiste. *Slogans :* « Pour une Suisse sociale, solidaire et européenne ». *Pte :* Christiane Brunner depuis 15-10-2000. *Membres :* 38 000.

Parti suisse du travail (PST). *1920* 1re scission du P. socialiste. *1921-mars* P. communiste suisse. *1939* sections vaudoises et genevoises exclues du PSS en raison de l'attitude de Léon Nicole envers l'URSS. *1940-45* interdit par Conseil fédéral. *1944-oct.* fondation. *Tendance :* socialisme. *Slogan :* « Vivre mieux et autrement. » *Pte :* Christiane Jaquet-Berger. *Membres :* 1 200.

Union démocratique du centre (UDC). *Origine :* scission du P. radical. *1937* P. des paysans, artisans et bourgeois (PAB). *1971* UDC fondée avec le P. démocratique. *1929* représenté au Conseil fédéral. *Tendance :* conservateurs de droite, pour le maintien de l'indépendance et de la neutralité, l'initiative et la responsabilité individuelles. *Slogan :* « Des positions claires. » *Pt :* Ueli Maurer. *Financier :* Christoph Blocher. *Membres :* 82 000.

Union démocratique fédérale (UDF). *Fondée* 1975. *Pt :* Christian Waber.

■ CANTONS

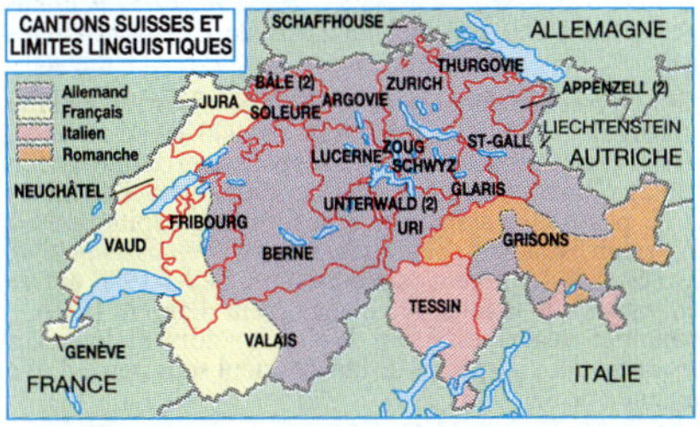

LISTE

☞ *Légende :* nom français ou allemand (standard) ; entre parenthèses : nom abrégé et date d'entrée dans la Ligue ou la Confédération ; puis superficie et population (au 1-1-1999), D., langue(s), et capitale (en italique), habitants (en 1999) [agglomération au 1-1-1999].

Appenzell [2] (Rhodes-Extérieures) (AR 1513) 242,8 km² 53 816 hab. D. 221,6. Allemand. *Herisau* 15 900 hab. *Écusson :* ours emblème de l'abbaye de St-Gall. **Appenzell [2] (Rhodes-Intérieures)** (AI 1513) 172,5 km² 14 873 hab. D. 86,2. Allemand. *Appenzell* 5 600 hab.. **Argovie (Aargau)** (AG 1803) 1 403,6 km² 536 462 hab. D. 382,2. Allemand. *Aarau* 15 400 hab. (aggl. 73 535). *Écusson* à 3 étoiles représentant les 3 territoires du canton.

Bâle-Ville [2] (Basel-Stadt) (BS 1501) 37 km² 190 505 hab. D. 5 148,8. Allemand. *Bâle* 168 700 hab. (aggl. 402 387). **Bâle-Campagne [2] (Basel-Landschaft)** (BL 1501) 517,6 km² 256 761 hab. D. 496,1. Allemand. *Liestal* 12 300 hab. (aggl. 40 322). *Armoiries* avec crosse épiscopale (rouge : Bâle-Campagne ; noire : Bâle-Ville), la ville ayant été le siège d'un prince-évêque. **Berne (Bern)** (BE 1353) 5 959,2 km² 941 144 hab. D. 157,9. Allemand et français. *Berne* 123 100 hab. (aggl. 317 367). Ville créée 1191 par le duc Berchtold de Zähringen, qui lui donna le nom du 1er animal trouvé à la chasse : un ours (*Bär*).

Fribourg (Freiburg) (FR 1481) 1 670,6 km² 232 086 hab. D. 138,9. Allemand et français. *Fribourg* 31 900 hab. (aggl. 79 418). *Blason* blanc et noir (couleurs des ducs de Zähringen).

Genève (Genf) (GE 1815) 282,3 km² 398 910 hab. D. 1 412,9. Français. *Genève* 172 800 hab. (aggl. 452 248). *Blason :* demi-aigle (avant la Réforme, Genève était ville d'Empire) et clé d'or en pal contournée (était aussi ville épiscopale). **Glaris (Glarus)** (GL 1352) 685 km² 38 698 hab. D. 56,5. Allemand. *Glaris* 5 500 hab. *Armoiries* représentant saint Fridolin (patron du pays).

Grisons (Graubünden) (GR 1803) 7 105,3 km² 186 118 hab. D. 26,2. Allemand, italien, romanche. *Coire* 30 800 hab. *Alliance réthique* (de 3 « Ligues », XIVe et XVe s.) : Maison-Dieu groupait sous l'écu chargé du « bouquetin saillant de sable » les sujets de l'évêque et du chapitre de Coire (Coire et ses environs, l'Engadine) : ligue Grise (écu de sable et d'argent) d'où le nom des Grisons du bassin supérieur du Rhin ; bannière « écartelée d'azur et d'or à la croix de l'un à l'autre » de la ligue des Dix-Juridictions, dans le Prättigau (région de Davos et Arosa).

Jura [1] (Jura) (JU 1979) 838,5 km² 68 995 hab. D. 82,3. Français. *Delémont* 11 500 hab. Ses 3 districts de Delémont (capitale), Porrentruy et des Franches Montagnes, formaient auparavant le nord du canton de Berne. *Armoiries :* crosse épiscopale de l'évêque de Bâle. *Hymne :* la *Rauracienne* (1830, Xavier Stockman).

Lucerne (Luzern) (LU 1332) 1 493,5 km² 343 254 hab. D. 229,8. Allemand. *Lucerne* 57 200 hab. (aggl. 180 427).

Neuchâtel (Neuenburg) (NE 1815) 802,9 km² 165 594 hab. D. 206,2. Français. *Neuchâtel* 31 700 hab. (aggl. 70 397).

Saint-Gall (St. Gallen) (SG 1803) 2 025,7 km² 444 891 hab. D. 219,6. Allemand. *Saint-Gall* 69 700 hab. (aggl. 132 172). **Schaffhouse (Schaffhausen)** (SH 1501) 298,5 km² 73 725 hab. D. 247. Allemand. *Schaffhouse* 33 800 (aggl. 59 973). Signifierait « maison du mouton » (de *Schaf* : mouton). **Schwyz** (SZ 1291) 908,2 km² 126 479 hab. D. 139,3. Allemand. *Schwyz* 13 700 hab. **Soleure (Solothurn)** (SO 1481) 790,6 km² 243 450 hab. D. 307,9. Allemand. *Soleure* 15 300 hab.

Tessin (en italien Ticino) (TI 1803) 2 812,3 km² 306 179 hab. D. 108,9, Italien. *Bellinzona* 16 800 hab. (44 246). **Thurgovie (Thurgau)** (TG 1 803) 991 km² 226 479 hab. D. 228,5. Allemand. *Frauenfeld* 21 100 hab. *Armoiries :* 2 lions empruntés au blason des comtes de Kybourg.

Unterwald [2] Nidwald (Unterwalden nid dem Wald) (NW 1291) 275,9 km² 37 320 hab. D. 135,3. Allemand. *Stans* 6 600 hab. *Armoiries :* portent les clefs de saint Pierre (Nidwald sur fond rouge, Obwald sur rouge et blanc). **Unterwald [2] Obwald (Unterwald ob dem Wald)** (OW 1291) 490,6 km² 31 989 hab. D. 65,2. Allemand. *Sarnen* 9 200 hab.. **Uri** (UR 1291) 1 076,8 km² 35 612 hab. D. 33,1. Allemand. *Altdorf* 8 600 hab..

Valais (Wallis) (VS 1815) 5 224,5 km² 274 458 hab. D. 52,5. Français et allemand. *Sion* 26 800 hab. (aggl. 51 958). *Écusson :* rouge et blanc évoquant la bannière épiscopale de Sion avec 13 étoiles représentant les 13 dizains (districts) du canton. **Vaud (Waadt)** (VD 1803) 3 211,7 km² 611 613 hab. D. 190,4. Français. *Lausanne* 114 200 hab. (aggl. 286 106). *Drapeau* vert adopté en 1798. Blanc adopté en 1803 et devise « Liberté et Patrie ».

Zoug (Zug) (ZG 1352) 238,7 km² 96 517 hab. D. 404,3. Allemand. *Zoug* 22 400 (aggl. 80 758). **Zurich** (ZH 1351) 1 728,9 km² 1 187 609 hab. D. 686,9. Allemand. *Zurich* 336 800 hab. (aggl. 935 118).

Nota. – (1) Détaché du canton de Berne en 1978 à la suite de campagnes menées par les séparatistes francophones depuis 1914. Gouvernement en fonction le 1-1-1979. (2) 3 cantons sont divisés en demi-cantons : Unterwald (dès les origines) ; Appenzell (depuis 1597, à la suite de la Réforme) ; Bâle (depuis 1833, après guerre civile).

STATUT

■ **Confédération.** Comprend 20 cantons et 6 demi-cantons souverains. Assure la sécurité intérieure et extérieure, garantit les constitutions cantonales et entretient des rapports diplomatiques avec les États étrangers. Sont de son ressort : douanes, poste, télégraphe et téléphone, monnaie, régie des poudres et organisation militaire. Elle arme les troupes, crée un droit uniforme (Code des obligations, Code civil, Code pénal), contrôle trafic routier et chemins de fer, économie forestière, chasse, pêche et utilisation des forces hydrauliques. Elle prend des mesures pour le développement économique du pays (protection de l'agriculture par exemple) et de la prospérité générale (assurances sociales, etc.).

■ **Cantons. Ayant une assemblée populaire annuelle** ou **Landsgemeinde :** *origines : Gerichtsding* (cour de justice des citoyens libres) et gestion commune des biens fonciers. *1309* pour les cantons primitifs. *1387* Glaris. *1389* Zoug. *1403* Appenzell. Les jeunes âgés de 16 ans (parfois 14) avaient le droit de voter. *1623* Glaris introduit une *Landsgemeinde* catholique, une réformée, une collective (dissoutes 1836). *1848* Schwyz et Zoug suppriment les Landsgemeinde, *1928* Uri, *1997* Nidwald. *État actuel :* les Landsgemeinde ont encore lieu le 1er dimanche de mai dans 1 canton (Glaris) et le dernier dimanche d'avril 1 demi-canton [Appenzell (Rhodes-Intérieures) (les citoyens se rendent à l'ass. annuelle avec leur épée)]. **Cantons n'ayant pas de Landsgemeinde :** *Parlement, Grand Conseil (Grosser Rat, Kantonsrat, Landrat, Parlement) :* élu généralement pour 4 ans, exerce le pouvoir législatif, désigne les titulaires de certaines charges et contrôle les actes du gouvernement. Exécutif cantonal élu par le peuple. *Conseil d'État (Regierungsrat) :* collège exécutif de 5 à 9 membres, dispose du pouvoir réglementaire et prépare la majorité des projets de loi.

Le droit de révocation des autorités (analogue au *recall* américain) subsiste théoriquement dans une dizaine de cantons, mais il est rarement appliqué ; l'initiative populaire constitutionnelle et législative, le référendum législatif (obligatoire dans 16 cantons) et financier figurent dans les const. cantonales qui fixent le nombre des signatures nécessaires pour valider la demande. Les cantons peuvent

HYMNE NATIONAL SUISSE

Sur nos monts, quand le soleil
Annonce un brillant réveil,
Et prédit d'un plus beau jour le retour,
Les beautés de la patrie
Parlent à l'âme attendrie ;
Au ciel montent plus joyeux
Les accents d'un cœur pieux.

Lorsqu'un doux rayon du soir
Joue encore dans le bois noir,
Le cœur se sent plus heureux, près de Dieu.
Loin des vains bruits de la plaine,
L'âme en paix est plus sereine ;
Au ciel montent plus joyeux
Les accents d'un cœur pieux.

Lorsque dans la sombre nuit
La foudre éclate avec bruit,
Notre cœur pressent encore le Dieu fort ;
Dans l'orage et la détresse,
Il est notre forteresse.
Offrons-lui des cœurs pieux
Dieu nous bénira des cieux.

Des grands monts vient le secours,
Suisse, espère en Dieu toujours !
Garde la foi des aïeux, vis comme eux !
Sur l'autel de la patrie
Mets tes biens, ton cœur, ta vie !
C'est le trésor précieux
Que Dieu bénira des cieux.

☞ C'est le plus ancien hymne national : chanté depuis 1603.

Architecture

■ **Époque romaine.** *Augst* (Bâle), *Avenches, Martigny, Nyon, Windisch.* **Paléochrétienne-préromane.** *Riva San Vitale* (baptistère), *Münster-Müstair* (fresques), *St-Maurice* (fouilles, trésor). **Romane.** Abbayes et prieurés : *Romainmôtier, Payerne, Grandson, St-Pierre-des-Clages, St-Maurice, St-Sulpice, St-Ursanne, Spiez, Amsoldingen, Giornico, Schaffhouse* (cloître). Cathédrales : *Bâle, Coire.* Collégiales : *Neuchâtel, Zurich.* Égl. paroissiale : *Zillis* (plafonds peints).

■ **Époque gothique.** Cathédrales et collégiales : *Genève, Lausanne, Fribourg, Sion, Berne.* Abbayes : *Königsfelden* (vitraux), *Wengenetti* (cloître), *Hauterive, Bâle* (cordeliers). Châteaux : *Chillon, Colombier, Estavayer, Grandson, Hallwil, Oron, Neuchâtel, Nyon, Lenzbourg, Kyburg, Bellinzona, Tarasp, Vufflens, Aigle, Thoune, Burgdorf, Champvent.* Hôtels de ville : *Berne, Bâle, Sursee, Zoug.* Ensembles urbains : *Berne, Fribourg, Morat, Lucerne, Stein am Rhein, Werdenberg.*

■ **Époque Renaissance.** Cathédrales et collégiales : *Lugano* (façade), *Lucerne.* Églises paroissiales ou chapelles : *Stans, Riva San Vitale* (Santa Croce). Fortifications : *Schaffhouse, Soleure.*

■ **XVIIe-XVIIIe s.** Cathédrales, abbatiales et collégiales : *Arlesheim, Muri, Disentis, Rheinau, St-Urban, Bellelay, St-Katharinental, Einsiedeln, St-Gall. Soleure.* Églises des jésuites : *Lucerne, Soleure.* Paroissiale : *Schwyz.* Temples protestants : *Berne* (St-Esprit), *Morges, Genève* (Fusterie). Hôtels de ville : *Zurich, Neuchâtel.* Maisons, palais, maisons de corporations : *Zurich* (Meise), *Bâle* (Blaues et Weisses Haus, Kirschgarten), *Berne* (von Erlach, von Wattenwyl), *Neuchâtel* (du Peyrou), *Genève* (rue des Granges). Châteaux, maisons de campagne : *Berne* (Hindelbank, Thunstetten, etc.), etc.

■ **Époque moderne.** *Bâle :* École des arts et métiers, église St-Antoine, musée Tinguely, poste d'aiguillage Auf dem Wolf, ensemble Waterckhof. *Berne :* gare, cité du Tscharnergut, École des arts et métiers, Palais fédéral (1902), quartier résidentiel Schlosspark, Boll-Sinneringen. *Cointrin :* aéroport. *Corseaux :* maison Le Corbusier. *Genève :* maisons Le Corbusier (« Clarté »), cité du Lignon. *Kloten-Zurich :* aéroport. *Lugano :* Banca del Gottardo (Botta). *Monte Carasso* (Tessin) : ensemble locatif Morena. *Morges :* siège de l'administration du canton de Vaud. *St-Gall :* université, bâtiment de l'EMPA. *Vals :* bains thermaux. *Vevey :* bâtiment Nestlé. *Winterthur :* hôtel de ville (1868), musée d'art. *Zurich :* université, centre Le Corbusier, hôtel Zürichberg, couverture de la gare centrale. *Lausanne :* laboratoire École polytechnique.

conclure entre eux des accords ou « concordats » sur des objets précis et limités, avec l'approbation et l'aide de la Confédération (ainsi l'assistance au lieu de domicile en 1960 ; la coordination scolaire entre cantons en 1970).

■ **Communes.** **Nombre :** 2 915 (en 1998). **Les plus vastes :** Bagnes (Valais) 282,3 km^2, Davos (Grisons) 254,2, Zermatt (Valais) 242,9. **Les plus petites :** Ponte Tresa (Tessin) 0,28 km^2, Kleingurmels (Fribourg) 0,30 km^2, Roveredo (Tessin) 0,31 et Rivaz (Vaud) 0,32. **Les moins peuplées :** Landarenca (Grisons) et Goumoëns-le-Jux (Vaud) 20 hab.

Économie

■ **PIB** (en 1999). 38 570 $ par hab. 389,3 milliards de francs suisses dont revenus de l'étranger 54,5, à destination de l'étranger 32,2. **PIB** (en 1999) : 389,3 milliards de FS dont consommation privée 234,6, export. de biens 124,9, import. de biens 125, constructions 39,4, consom. publique 57, export. de services 36,4, investissements d'équip. 39,3, import. de services 18,5, variation des stocks + 1,1. **Revenu national total** (en milliards de FS, 1999) : 328,6 dont revenus des salariés 236,1, de la fortune des ménages 27,4, des personnes indépendantes 15,7, autres postes 49,4. **Croissance PIB** (en %) : *1990 :* + 2,8 ; *91 :* + 2,3 ; *92 :* – 0,3 ; *93 :* – 0,8 ; *94 :* + 1 ; *95 :* + 0,1 ; *96 :* – 0,7 ; *97 :* + 1,7 ; *98 :* + 2,1 ; *99 :* 1,7 ; *2000 (est.) :* 2 ; *2001 (prév.) :* 2 à 2,5. **Déficit public** (en % du PIB) : *1996 :* 1,7 ; *97 :* 2,4 ; *98 :* 3,5. **Endettement public** (en % du PIB) : *1996 :* 49,2 ; *97 :* 50,6 ; *98 :* 50. **Population active** (en %) **et,** entre parenthèses, **part du PNB** (en %) : agr. 5,6 (2,9), ind. 33,2 (32,2), services 61,2 (64,9). **Chômage** (en %) : *1990 :* 0,6 ; *91 :* 1,1 ; *95 :* 4,2 ; *97 :* 5,2 ; *99 :* 2 ; *2000 :* 2. *Chômeurs : 1990 :* 18 133 ; *98 :* 98 602 ; *99 :* 71 987 ; *2000 :* 62 953. **Durée moyenne du travail** (en 1996) : 41,9 h/semaine.

■ **Agriculture.** **Répartition des terres** (en milliers d'ha) : 4 128 dont *SAU* 1 581, forêts 1 252, habitat et infrastructures 241, surfaces improductives 1 053. **Exploitations agricoles** (en 1998) : *76 412 dont – de 5 ha :* 17 459 ; *5 à 10 ha :* 14 402 ; *10 à 20 ha :* 26 637 ; *+ de 20 ha :* 17 914. **Production** (en milliers de t, 1999) : bett. à sucre 1 187, p. de t. 540, blé 493, orge 263, pommes 350, raisin 160, poires 100, seigle 18, avoine 30. *Vigne* (coteaux ensoleillés du lac Léman, Neuchâtel, Bienne, Zurich, vallées du Rhône, du Rhin, Tessin) : 0,62 % de la superf. arable et alpestre exploitée, 1,25 % de la *SAU,* rendement moyen 91,2 hl de moût/ha. **Élevage** (en milliers de têtes, 1999). Poulets 6 565, bovins 1 615, porcs 1 420, moutons 490, chevaux 46. **Production** (en milliers de t, 1999) : lait 3 850, viande 427, fromage 133, beurre 40, œufs 64 millions. **Forêts** (en %, 1995). Jura 17,6, Préalpes 17,5, Plateau 19,6, Alpes 31,2, sud des Alpes 14,1 ; propriétaires (en %, 1998) : communes et collectivités 67,7, privés 26,9, cantons 4,7, fédération 0,7 ; essences (en %, 1995) : épicéa 37,3, hêtre 17,5, sapin argenté 14,6, frêne 2,9, érable 2,3, autres feuillus 6,1, autres résineux 9,3. **Pêche** (en 1997). 1 554 t.

■ **Énergie.** **Charbon** (en 1998) : importé d'All. 98 000 t, exporté 0 t. **Nucléaire :** centrales à Beznau I et II, Mühleberg, Gösgen et Leibstadt. *26-10-1998,* le gouvernement décide la fermeture des centrales vers 2025. **Pétrole :** importé par pipe-lines de Gênes, Lavéra et Ferrare ou par voie fluviale [15,1 millions de t (en 1997)] ; raffineries. **Gaz :** extrait du pétrole ou importé de Hollande par gazoduc. **Électricité** (production en 1999) : 66,6 milliards de kWh dont *hydroélectricité* 41,8 (457 usines, puissance 11,4 millions de kWh en 1991) [barrages : *poids :* grande Dixence (1966), hauteur 285 m (le + haut du monde) ; *voûte :* Mauvoisin, hauteur 250 m] ; *nucléaire :* 24,8. *Export. d'électricité :* 43,3 milliards de kWh (en 1998). *Import. d'énergie complémentaire :* 37,4 (en 1998). *Consommation d'énergie* (en %, 1998) : produits pétroliers 61, électricité 21, gaz 11, bois de chauffage, charbon et coke 2, chauffage à distance et déchets 5. **Projet d'énergie à l'hydrogène** « Shee-Tree » (Solar Hydrogen and Electrical Energy-Trans European Entreprise) de l'ingénieur Gustav Grob : 1 400 km^2 de capteurs solaires au Sahara, pipe-line pompant dans la Méditerranée 4 millions de l/heure d'eau dont l'électrolyse produirait 50 milliards de m^3 d'hydrogène par an, gazoduc de 3 300 km traversant l'Italie pour alimenter la Suisse en carburant. *Coût :* 220 milliards de FS (840 milliards de F).

■ **Industrie.** Industrie à forte valeur ajoutée. 33 % exportés. **Métallurgie de transformation** : machines, équip. électrique et électronique, matériel scientifique, instruments de précision, machines-outils, machines textiles, dont Zurich est la métropole ; *grandes firmes :* Asea-Brown-Boveri, Alusuisse, Sulzer, Ascom, Landis et Gyr, Oerlikon-Bührle. **Chimie** : 21 % des export., 70 000 employés, notamment à Bâle. Ciba-Geigy, Hoffmann-La Roche, Sandoz : 10 % des médicaments, 15 % des colorants fabriqués dans le monde. **Horlogerie :** *effectifs* (en 1991) : 33 919 (Jura, Genève, Bienne, Granges et Schaffhouse). Groupe Swatch (Nicolas Hayek), leader mondial. Concurrence japonaise et américaine. **Export.** (en milliards de FS) : *1982 :* 3,5 ; *90 :* 6,8 (dont électronique 3,5) ; *92 :* 7,3 *vers* (en 1990) : CEE 2,44, USA 0,9, Japon 0,62, Singapour 0,4, Moyen-Orient 0,3. **Textile** : au N.-E. : Bâle, St-Gall (cap. de la broderie), Zurich (textiles synthétiques). **Agroalimentaire** : Nestlé, Jacobs-Suchard, Lindt et Sprüngli (prod.), Migros, Coop (production et distribution). Chocolat (en 1988) : production 104 208 t, 1,071 milliard de FS, consommation nat. 66 008 t (11,1 kg/hab.).

■ **Place financière.** **Nombre d'établissements et,** entre parenthèses, **de succursales :** *1985 :* 481 (4 038) ; *90 :* 495 (4 387) ; *97 :* 394 (3 439 ; *98 :* 376 (3 199). **Employés en Suisse :** *1985 :* 48 600 ; *90 :* 119 700 ; *95 :* 109 200 ; *97 :* 119 691 ; *98 :* 118 687. **Total du bilan** (en milliards de FS) : *1995 :* 1 323,4 ; *96 :* 1 495 ; *97 :* 1 782,3 ; *98 :* 2 057,9. **Fonds gérés** (en 1999) : 12 000 milliards de FF (dont clients suisses 5 600, étrangers 6 400).

☞ **Secret bancaire :** date de 1934. Sa violation vaut au maximum 6 mois de prison et 200 000 FF d'amende. *1977 :* convention de diligence des banques (renouvelée en 1992), oblige le banquier à vérifier l'identité des clients et à ne pas prêter assistance à la fuite des capitaux ou à l'évasion fiscale sous peine de sanctions. *Depuis août 1990,* le recyclage de l'argent « sale » est puni. *Le 1-4-1998,* entrée en vigueur de la loi sur le blanchiment d'argent (LBA) : banquier, avocat, dirigeant de « trust » doivent dénoncer les opérations suspectes de blanchiment sous peine d'une amende de 830 000 F.

Nota. – *Canton de Zoug* (loi de 1928 visant à attirer les sociétés de capitaux) : paradis fiscal, 10 000 holdings, un des 1ers centres mondiaux de commerce du pétrole.

■ **Investissements directs suisses à l'étranger** (en milliards de FS, fin 1998). 249,9 dont USA 57,7, G.-B. 32,6, All. 19, P.-Bas 16,8, *France 13,5,* Singapour 9,7, Italie 7,6, Canada 6,3, Irlande 5,5, Luxembourg 5,1.

■ **Transports** (en km, 1997). **Routes :** 71 086 ; **voies ferrées :** 5 041. **Navigation rhénane** (en 1999) : Bâle (arrivées 6 701 589 t, départs 746 261 t) ; redistribue les marchandises importées]. Grâce au grand canal d'Alsace, la navigation est possible toute l'année. **Flotte maritime :** 367 673 tx, basée principalement à Gênes, Marseille, Rotterdam. *Navires :* 23.

■ **Tourisme** (en 1998). **Capacité d'accueil :** 99 963 établissements ; 1 071 750 lits dont hôtels 260 290, établissements de cure 5 060, chez l'habitant 360 000, campings 208 200, divers 238 200 ; **nuitées :** 68 229 000 dont Suisses 35 992 000 et étrangers 31 322 370.

■ **Principales entreprises en Suisse** (vente consolidée en milliards de FS, 1997). Nestlé 69,9, Metro 51,9, ABB Asea-Brown-Boveri 45,6, Glencore International 42, Novartis 31,1, Roche 18,7, Migros Gemeinschaft 17,2, Coop 11,9, Richemont 11,4, Adecco 11,4, Holderbank 11,2, Klaus J. Jacobs Holding 11, Swisscom 10,6, Sair-Group 10,5.

■ **Finances publiques fédérales** (en milliards de FS, 2000). **Recettes :** 45,5 dont courantes 44,7 (impôts 41,7, patentes 0,7, revenus des biens 1,2, taxes 0,9, recettes d'investissement 0,8. **Dépenses :** 47,4 dont prévoyance sociale 12,6 (dont assurances sociales 4,6), trafic 6,7, finances et impôts 8,9, défense nationale 5, agr. 3,9, enseignement et formation 3,3, relations avec l'étranger 2,2, admin. générale 1,7, protection et aménagement du territoire 0,7, secteurs écon. divers 0,6. **Comptes de la Confédération, des cantons et des communes : solde :** – 4,9 dont *Confédération :* recettes 45,5, dépenses 48,5, solde – 2,9 ; *cantons :* recettes 58,2, dépenses 59,7, solde – 1,5 ; *communes :* recettes 40,5, dépenses 41, solde – 0,5. **Inflation** (en %) : *1992 :* 4 ; *93 :* 3,3 ; *94 :* 0,9 ; *95 :* 1,8 ; *96 :* 0,8 ; *97 :* 0,5 ; *98 :* 0 ; *99 :* 0,8 ; *2000 (est.) :* 1,2. **Balance dépenses/recettes** (en milliards de FS, 1999) : *marchandises :* 125/124,8. *Services :* 20,3/41,6. *Facteurs de revenus :* 38/66,5 dont travail 8,1/1,5, capital 30,2/65. Contribution extérieure au PNB 183,6/233. *Transferts courants :* 9,8/4,4. **Total :** 193,4/237,4. **Banque nationale suisse** (en milliards de FS, 1999) : réserves monétaires 70,29 ; encaisse or 11,94 ; devises 54,61 ; billets en circulation 37,18.

■ **Commerce.** **Export./import.** (en milliards de FS) : *1950 :* 3,9/4,5 ; *60 :* 8,1/9,6 ; *70 :* 22,1/27,9 ; *80 :* 49,6/60,9 ; *90 :* 88,3/96,6 ; *95 :* 96,2/94,5 ; *96 :* 98,6/96,7 ; *97 :* 110,4/110,1 ; *98 :* 114,1/115,8 ; *99 :* 120,7/120,1 ; *2000 :* 126,5/128,6, *exporte* machines 37,1, prod. chimiques et pharmaceutiques 35,9, instruments de précision, horlogerie et bijouterie 20,5, textile 3,9, prod. agricoles et sylvicoles 4,4 *vers* (en %) All. 22,2, reste de l'UE 16,2, USA 11,6, *France 9,* Italie 7,6, G.-B. 5,4, *importe* biens de consommation 47,5, mat. 1res et prod. semi-ouvrés 35,8, biens d'équipement 39, produits énergétiques 6,3 *de* (en %) All. 31,2, reste de l'UE 21,2, *France 10,8,* Italie 10, USA 6,8, G.-B. 4,5.

■ **Rang dans le monde** (en 1999). 26e vin.

Suriname

Ancienne Guyanne hollandaise.
Carte p. 894. V. légende p. 950.

☞ *Abréviations :* S. : Suriname ; Sur. : Surinamiens.

■ **Situation.** Amérique du Sud. A 400 km de Cayenne. **Superficie :** 163 265 km^2. **Frontières** (en km) : Brésil 597, Guyana 600, Guyane française 510. **Côtes :** 386 km. **Climat.** Chaud et humide. *Températures moyennes :* sur la côte jour 27 °C, nuit 23 °C ; *max.* sept. 32 °C, *min.* févr. 22 °C. *Pluies* (en mm) : côte 2 200, intérieur 300 ; mai et juin 300 par mois. 80 % d'humidité en moy. Ouragans. 4 *saisons :* peu pluvieuse déc. à févr., assez sèche févr. à avril, pluies avril à mi-août, sèche mi-août à déc.

■ **Population.** *2000 (est.) :* 452 000 hab. dont (en %, 1996) Créoles 34,7, Hindous 33,49, Japonais 16,33, Bushnegroes en tribus 9,55, Indiens en tribus 1,79, Chinois, 1,55, Amérindiens 1,31, Européens 0,44, divers 0,84 ; *2025 (prév.) :* 460 000. **D.** 2,77. **Age :** *– de 15 ans :* 32,1 %, *+ de 64 ans :* 5,5 %. **Taux** (en ‰, 1999) : *natalité* 24, *mortalité* 6. **Espérance de vie** (en 1999) : *h.* 68, *f.* 73 ans. **Émigration :** vers *Hollande* (200 000 Sur. y vivaient en 1982), *Guyane française* [10 000 en 1992 (avril-oct. : plan de retour)].

■ **Langues.** Néerlandais *(officielle),* anglais, espagnol ; langue de chaque ethnie : sranang tongo, chinois, javanais, sarnami, hindi. **Religions** (en 1971). Hindouistes environ 100 000 (en 1986), catholiques 70 175, musulmans 74 078, frères évangélistes 51 868, réformés et luthériens 3 911, bouddhistes.

■ **Villes** (en 1993). *Paramaribo* (à 32 km de la mer) 289 000 hab. (en 1997), Wanica 68 582, Nickerie 36 896.

■ **Histoire.** **1498** découvert par Espagnols. **1594**-*23-4* Domingo de Vera en fait une possession espagnole. **1614** établissement anglais fondé par le capitaine Charles Leigh. **1630** échec colonisation française de Maréchal. **Vers 1640** installation de Noailly et de quelques Français. **1650** établissement des Anglais Francis Willoughby et Laurens Hide. **1664** arrivée de juifs de Cayenne avec David Nassy. **1667** le Hollandais Abraham Crÿnssen prend S. aux Anglais ; *traité de Breda :* S. reste hollandais (Guyane hollandaise 1668). **1683** États de Zélande vendent le S. à la Cie des Indes Occidentales, la ville d'Amsterdam et la famille Van Sommelsdijck. **1765-93** rébellions d'esclaves (dirigées par Joli Cœur, Baron et Boni). **1796-1802** et **1804-16** domination anglaise. **1808** esclavage aboli [sur 315 000 esclaves, il y en a alors 37 000 importés au S. Beaucoup se sont réfugiés à l'intérieur. Leurs descendants (Marrons) y habitent encore]. **1816** redevient hollandais (convention de Londres). **1850** 1ers immigrés chinois (total 3 000). **1863**-*1-7* abolition officielle de l'esclavage. **1873** 34 000 immigrés de l'Inde britannique (ouvriers sous contrat sur les plantations) ; 2/3 restent. **1890** immigrés de l'Inde hollandaise, surtout de Java (total 33 746 dont 2/3 restent). **1922** partie de territoire du roy. des P.-Bas. **1948** règlement intérimaire ; suffrage universel. **1954**-*29-12* Constitution, autonomie interne. **1973**-*févr.* grèves et troubles politiques. *-Oct. élections* gagnées par Créoles et Javanais (NPK et PNR) devant P. hindoustani (VDP). **1975**-*mai* troubles Créoles-Hindoustanis.

1975-*25-11* **indépendance ;** 130 000 Sur. avaient déjà quitté S. pour P.-Bas ; **Johan Ferrier** Pt. **1980**-*25-2* soulèvement militaire. *-31-3 Henk Chin A Sen* PM. *-13-8* coup d'État, procastristes éliminés de l'équipe dirigeante. *-15-8* **Henk Chin A Sen** (1933-99) chef d'État et PM. *-Oct.* **Désiré (Desi) Bouterse** Pt du Conseil nat. militaire. *-20-11* Constitution (suspendue 25-2-80). **1981**-*15-3* coup d'État (sergent Hawker), échec. **1982**-*4-2* coup d'État militaire ; **Fred Ramdat Misier** Pt de la Rép. *-11-3* coup d'État par ex-Lt Ramboçus, échec. Hawker libéré, sera repris et exécuté. *-31-3 Henry Neyhorst* PM. *-8-12* coup d'État. Gouv. démissionnaire. *9-12* Bouterse fait exécuter 15 opposants. Arrêt de l'aide apportée par P.-Bas, suspension par USA de tous liens économiques et financiers. **1983**-*28-2 Errol Alibux* PM. *-1-11* expulsion conseillers et diplomates cubains. **1984**-*9-1* Alibux démissionne ; *3-2 Wim Udenhout* PM. **1986**-*24-3* capitaine Étienne Boerenveen (2e homme du régime), accusé de trafic d'héroïne, arrêté à Miami.

-*Juillet* guérilla des « Bushnegroes » (Ronny Brunswijck, puis Michel Van Rey). **1987**-*30-9 référendum.* **1989**-*juillet* accord de paix inappliqué (opposition de l'armée). **1990**-*juin* combats ; Brunswijck arrêté, libéré 20-6 pour « raison d'État », assigné à résidence 21-6 à Paris. Guérilla chassée de ses bases (bastion de Moengo). *Bilan des combats depuis 1986 :* 500 †. -*24-12* coup d'État militaire (inspiré par Bouterse). -*27-12* Pt **Ramsewak Shankar** (né en 1938, depuis 26-1-1988) démissionne (27-12-1990). **1991**-*7-1* **Johan Kraag** (né en 1914) nommé Pt par l'Ass. -*16-9* **Johannes Ronald Venetiaan** (né 1936) Pt (élu 7-9). **1992**-*23-6* traité de coopération avec P.-Bas. -*20-11* Bouterse, chef de l'armée, démissionne. **1994**-*nov.* émeutes. **1996**-*14-9* **Jules Wijdenbosch** (né 2-5-1941) Pt. **2000**-*4-8* **Ronald Venetiaan** Pt, élu 25-5. -*12-8 Jules Ajodhia* PM.

■ **Statut.** *République.* **Constitution** de 1987 (adoptée par référendum 30-9 avec 93 % de oui). **Assemblée nationale :** 51 élus au suffrage univ. pour 5 ans. **Pt :** élu pour 5 ans par le Parlement. **Vice-Pt** et **PM :** Pretaapnarian S.R. Radhakishun depuis 14-9-1996.. **Élections du 25-5-2000 :** Front nouveau 33 sièges, Plate-forme démocratique nat. 3, P. démocrate nat. 10, divers 5.

■ **Fête nationale.** 25-11 (indépendance). **Drapeau** (adopté 25-11-1975). Bandes horizontales, 2 vertes, 2 blanches (justice et liberté) et 1 rouge avec étoile jaune (unité et avenir doré de la nation).

■ **Partis. Alternative démocratique** fondée 1991, alliance électorale Forum alternatif, Bush Negro Unity Party et Renewed Progressive Party, S. Ramkhelawan. **P. démocratique nat.** (NDP) fondé 1987, Désiré Bouterse. **Nouveau Front pour la démocratie et le développement** fondé 1987, alliance électorale, Ronald Venetiaan.

■ **Économie. PNB** (en 1999) : 1 690 $ par hab. **Population active** (en %) et, entre parenthèses, **part du PNB** (en %) : agr. 20 (11), ind. 20 (19), services 55 (65), mines 5 (5). **Inflation** (en %) : *1992 :* 35 ; *93 :* 143,5 ; *94 :* 368,5 ; *95 :* 235,9 ; *96 :* – 0,7 ; *97 :* 7,1 ; *98 :* 18,5. **Aide des Pays-Bas :** suspendue 1982/12-7-1989 (200 millions de florins/an). **Transferts des expatriés. Agriculture. Terres** (en milliers d'ha, 1980) : arables 40, cultivées 12, pâturages 10, forêts 15 530, eaux 180, divers 555. **Production** (en milliers de t, 1999) : riz 180 (92 % des terres cultivées), canne à sucre 90, bananes 48, légumes 32, agrumes 19, noix de coco 11, huile de palme 7,7 (en 1990). **Drogue.** Fournit 30 % de la cocaïne des P.-Bas (transite parfois par Guyane). **Élevage** (en milliers de têtes, 1999). Volailles 3 000, bovins 102, porcs 25, moutons 11, chèvres 10. **Forêts** (en 1998). 183 000 m³. 95 % des terres. Risque de surexploitation. **Pêche** (en 1995). 13 000 t. **Énergie. Hydroélectricité** (en 1994) : 1,42 milliard de kWh (permet de transformer la bauxite). **Mines. Bauxite :** exploitée depuis 1900 ; minerai (en 1999) : 3 043 000 t ; **alumine :** 1 500 000 t (en 1995) ; **aluminium :** 28 100 t (en 1995). 80 % des revenus d'exportations, 60 % des rentrées fiscales, 6 % des emplois en 1985. **Transports** (en km). **Routes :** 4 470. **Voies ferrées :** 120.

■ **Tourisme** (en 1998). 32 234 visiteurs.

■ **Commerce** (en millions de $). **Export./import. :** *1997 :* 701/658 ; *98 :* 436/552 (*exporte* alumine, crevettes, riz, aluminium *vers* Norvège, P.-Bas, USA, Japon).

■ **Rang dans le monde** (en 1999). 7e bauxite.

SWAZILAND
Carte p. 952. V. légende p. 950.

■ **Nom.** Ancien royaume de *Ngwane.*

■ **Situation.** Afrique. **Superficie :** 17 363 km². D'ouest en est : haut Veld (1 200-1 300 m), montagnes ; moyen Veld (200-500 m), larges vallées ; bas Veld (150-200 m), plaine ; plateau [Lebombo] (500-900 m). **Frontières** (en km) : Afrique du Sud 430, Mozambique 105. **Climat.** Plus humide en altitude et moyen Veld.

■ **Population.** *2000 (est.) :* 984 000 hab. dont (en 1990) 2,1 % de Blancs ; *2025 (prév.) :* 2 000 000. **Réfugiés :** 70 000 du Mozambique. **D.** 57,6. **Âge** (en %) : – *de 15 ans :* 45,6, *+ de 64 ans :* 2,6. **Mortalité** *infantile :* 72 ‰ (en 1999). **Espérance de vie** (en 1998) : 60 ans. **Sida :** 70 % des enseignants sont séropositifs. **Villes.** *Mbabane* 52 000 hab. (en 1990), Manzini 78 000 (en 1999).

■ **Langues.** Swazi *(officielle)*, anglais, afrikaans, zoulou. **Religions** (en %). Chrétiens 77, animistes 23.

■ **Histoire. XVIIIe s.** migration des Swazis vers le sud du Swaziland actuel. **1815-36 Sobhuza Ier** roi. **1836 Mswati II** roi. **1881** et **1884** conventions de Pretoria et Londres, décident de l'indépendance et des frontières. **1894**-*10-12* admin. confiée à la rép. du Transvaal. **1899** début de la guerre des Boers, le Transvaal retire ses administrateurs. **1902** la régente *Labotsibeni* demande protection britannique. **1903** droits du Transvaal transférés à son gouverneur militaire britannique. **1906** au haut-commissaire britannique pour Bechuanaland. **1921**-*déc.* **Sobhuza II** roi (22-7-1899/21-8-1982, 112 femmes légitimes, environ 600 enfants). **1967**-*25-4* autonomie. **1968**-*6-9* indépendance. **1982**-*21-8* reine **Dzeliwe** régente. Accord avec Afr. du Sud pour accès à la mer (100 000 ha peuplés par environ 800 000 Swasis), pas encore appliqué. **1983**-*10-8* reine **Ntombi**, mère de Mswati III, remplace reine Dzeliwe. **1986**-*févr.* Pce Msanasibili arrêté. -*25-4* roi **Mswati III** (Pce Makhosetive, né 19-4-1968) [gouverne depuis 1989]. **1995** sécheresse. **1996**-*26-7* **Barnabas Sibusiso Dlamini** (né 1942) PM.

■ **Statut.** *Royaume, membre du Commonwealth.* **Constitution** du 13-10-1978. **Roi,** titré *Ngwenyama* (le lion), pouvoir partagé avec reine mère (*Ndlovukazi :* « lady éléphant »), mère ou tante du roi. Le roi est polygame et ses femmes portent le titre de *mères de la nation.* **PM. Assemblée :** à base tribale (55 m. élus et 10 nommés). **Sénat :** 10 m. élus et 20 m. nommés. **Partis.** Interdits depuis 1973. **Fête nationale.** 6 sept. **Drapeau** (adopté 30-10-1967). Repris sur celui du Swazi Pioneer Corps (2de Guerre mondiale) : bandes horizontales, 2 bleues, 2 jaunes et 1 marron (avec emblème de 1890 : bouclier en cuir de bœuf, 2 sagaies, un bâton de combat et 3 glands).

■ **Économie. PNB** (en 1999) : 1 270 $ par hab. **Population sous le seuil de pauvreté :** 48 %. **Croissance** (en %) : *1995 :* 3 ; *96 :* 2,7 ; *97 :* 3,2 ; *98 :* 2. **Population active** (en %) **et,** entre parenthèses, **part du PNB** (en %) : agr. 49 (31), ind. 18 (27), services 32 (40), mines 1 (2). **Inflation** (en %) : *1993 :* 8 ; *94 :* 13,8 ; *95 :* 12,8 ; *96 :* 12,2 ; *97 :* 15,7 ; *98 :* 7,5 ; *99 :* 6,1. **Apport des salaires des émigrés :** environ 20 % du PNB. **Agriculture. Production** (en milliers de t, 1999) : canne à sucre 3 700, maïs 113, agrumes 89 (en 1994), ananas 35, coton 4, riz 1. **Élevage** (en milliers de têtes, 1999). Poulets 834 (en 1986), bovins 652, chèvres 438, porcs 31, moutons 26, ânes 13. **Forêts** (en 1998). 1 494 000 m³. **Mines** (en milliers de t, 1994). Charbon (réserves 5 milliards de t) 28,1, fer, asbeste 227,7, or, étain, argent, mica. Moellons 211 500 m³. Diamants 52 800 carats. **Industrie.** Pâte de bois 200 000 t (en 1995), raffineries de sucre, agroalimentaire, textile, chimie. **Transports** (en km). **Routes :** 3 810 (en 1996). **Voies ferrées :** 301 (en 1997). **Tourisme** (en 1997) 322 000 visiteurs.

■ **Commerce** (en millions de $). **Export./import. :** *1996 :* 896/1 076 ; *97 :* 961/1 173 ; *98 :* 790/941 (*exporte* produits miniers, bois et produits en bois, sucre, fruits, coton brut *vers* Afrique du S., G.-B.).

SYRIE
V. légende p. 950.

☞ *Abréviation :* S. : Syrie ; syr. : syrien.

■ **Situation.** Asie. **Superficie :** 184 050 km². **Frontières** (en km) : Turquie 822, Iraq 605, Jordanie 375, Liban 375, Golan occupé 76). **Côtes :** 193 km. **Altitude** *maximale :* Mt Hermon (djabal al-Cheikh) 2 814 m. **Régions :** *littoral* étroit (plaines dominées par les monts de Lattaquié), humide ; *fossé* étroit, nord-sud du Ghab, arrosé par l'Oronte entre monts de Lattaquié et d'al-Zawiyah ; *plateaux, vallées* et *steppes ;* à l'est, désert (Djézireh au nord, Chamiya au sud). **Climat.** Continental et sec à l'intérieur, très froid de déc. à avril, maritime et humide sur le littoral. Été jusqu'à 42 °C. *Saisons touristiques :* printemps, automne. *Pluies :* 200 mm (250 à Damas).

■ **Population** (en millions). *1970 :* 6,3 ; *87 :* 10,9 ; *88 :* 11,3 ; *2000 (est.) :* 16,13 ; *2025 (prév.) :* 27. **D.** 87,6. **Âge :** – *de 15 ans :* 40,6 %, *+ de 64 ans :* 3,2 %. **Espérance de vie** (en 1998) : 69 ans. **Taux** (en ‰, 1999) : *natalité* 33, *mortalité* 6. **Arabes :** 88 %. **Minorités :** Kurdes 6,8 %, Arméniens 2,8, Tcherkesses 40 000, Assyriens (réfugiés mésopotamiens araméophones) 30 000. **Émigrés :** 400 000 (surtout dans le Golfe). **Langues** (en %). Arabe *(officielle)* 90, circassien (tcherkess), arménien 2, araméen. **Analphabètes** (en 1998) : h. 13 %, f. 42 %.

■ **Religions. Musulmans :** SUNNITES 6 850 000 (74 % de la pop.). CHIITES 550 000 [10 %, secte alaouite ; région côtière de l'Ansarieh, très influents. Appelés alaouites par les Français à partir de 1920, mais connus sous le nom de nusayris, descendent des amorrites ou moabites, majoritaires dans djebel al-Nuseiriah, djebel al-Alaouyn et plaines environnant Lattaquié. *4 noyaux :* Mataouirah (la tribu du Pt Assad), Khayatun, Haddun et Kalbiyah : ismaéliens (qui, vers la fin du Moyen Âge, suivent l'hérésie d'Abou Chouaib Mohammed Ibn Nusayr d'où leur nom, nusayris). *Principales sectes :* Murchidiyah, Kamarie (secte du Pt Assad et Chamsia). Sous le mandat français, servaient dans unités coloniales, police de l'administration et en 1946 étaient pour la plupart maintenus en fonction, en particulier dans l'armée. Participèrent à la résurgence du parti Baas syrien, fondé à Damas au début des années 1940 par Michel Aflak (chrétien-orthodoxe, puis converti à l'islam) et Salah-ed-Dine al-Bitar (sunnite)]. DRUZES 120 000. **Chrétiens :** *1958* 17 %, *2001* 10 %. **Non catholiques :** grecs orthodoxes (melkites arabes) 172 783 (ou 500 000 ?), syriens jacobites 53 000 (ou 90 000 ?), protestants 10 000, nestoriens 30 000, arméniens grégoriens 11 648 (ou 100 000 ?). **Catholiques :** melkites 57 344 (ou 200 000 ?), syriens 32 000 (ou 40 000 ?), arméniens 35 000, chaldéens 30 000, maronites 30 000, latins 10 000. **Juifs :** *1948 :* 40 000 ; *90 :* 4 300 à 5 200 ; *93 (mars) :* 1 450 (avant avril 1992, ne pouvaient émigrer que pour raisons médicales sous caution de 15 000 à 20 000 $; depuis, nombreux départs vers USA) ; *95 :* 200 ; *99 :* 50 à 70.

■ **Villes** (est. 1999). *Damas* (surnom : Perle du désert) 3 500 000 hab., Alep 3 000 000, Homs 1 300 000, Lattaquié 303 000 (en 1994), Hamâh 273 000 (en 1994). **Population urbaine** (en 1998) : 54 %. **Golan** occupé par Israël (1 250 km²) 15 000 h. **Distances** de Damas (en km) : Alep 362, Beyrouth 109, Hamâh 214, Homs 167, Lattaquié 350.

■ **Histoire. Av. J.-C. 3000-1000** établissement de peuples sémites : *Cananéens, Amorrhéens* et *Araméens.* **2400-2250** royaume d'*Ebla* (actuelle Tell Mardikh dans le nord) [contemporain du royaume de *Mari* sur l'Euphrate (Tell harīrī), dont les hab. sont d'origine sémite]. **2000** disputé entre empires akkadéen, assyrien, égyptien et perse. **IIe millénaire** la S. est disputée entre Égyptiens et Hittites. **Ier millénaire** la S. est soumise aux empereurs assyriens, babyloniens, perse. **VIe s.** les Perses fondent une satrapie. **331** S. conquise par Alexandre. **312-05** attribuée à *Antigonos* à la mort d'Alexandre. **305** *Séleucos Ier Nikator,* satrape de Babylonie, annexe S., y installe sa capitale [Antioche, avec comme port Séleucie de Piérie (bouches de l'Oronte)], fonde la dynastie des *Séleucides* (20 rois en 240 ans : de Séleucos Ier à VII et d'Antiochos Ier à XIII). **64** *Pompée* dépose *Antiochos XIII* et son rival *Philippe,* et transforme la S. en province romaine. **Apr. J.-C. 261** *Odainat,* roi de Palmyre, aide Romains contre *Sapor Ier,* roi sassanide. **267** est assassiné. Sa veuve, la reine *Zénobie,* bat les Romains contrôlant l'Égypte. **272** doit évacuer Ancyre, est battue à Antioche puis **274** à Émèse par Aurélien qui la fait prisonnière. **275** garnison romaine massacrée ; représailles : ville incendiée, habitants déportés. **395-640** S. rattachée à Byzance, accueille hérésies chrétiennes antibyzantines : nestorianisme, monophysisme, monothélisme. **459** *Siméon* Stylite (né vers 390) meurt près d'Antioche (voir à l'Index). **611-22** S. annexée par roi perse Chosroès. **622-40** récupérée par empereur byzantin Héraclius. **640** Byzantins capitulent à Césarée devant Arabes. **641** *Moawiya Ier* (La Mecque vers 603-Damas 680), gouverneur de S. sous califats d'Omar et d'Othman. **656** *Othman* assassiné. Moawiya refuse de reconnaître Ali comme calife. **657** à *Siffin,* combat indécis Moawiya/Ali. **660** Moawiya se proclame calife. **661** Ali tué à Koufa. **Dynastie omeyyade :** règne à Damas de 661 à 750 (14 califes héréditaires) et à Cordoue de 756 à 1031. **730** *Jean Damascène* (Damas, 676-749), vizir, deviendra moine (déclaré docteur de l'Église en 1890). **750** *Marwan II* vaincu et tué avec sa famille (sauf un qui s'échappe et gagne l'Espagne). *Damas,* capitale de l'Empire arabe. **IXe s.** morcellement politique. **850-900** reconquête byzantine partielle. **1141-1270** Hamâh fief des assassins. **XIIe-XIVe s.** les croisés fondent des **principautés franques** (Pté d'Antioche et Cté d'Édesse). **XIVe-XVe s.** souveraineté des **Mamelouks.** **1516-17** invasion turque de *Sélim Ier.* **1799** échec à *St-Jean-d'Acre* de la tentative d'invasion de Bonaparte.

☞ **Reine de Palmyre :** Esther-Lucy Stanhope (née Londres 12-3-1776), nièce par sa mère de William Pitt ; 1,82 m. *10-2-1810* s'embarque pour l'Orient, fait naufrage près de Rhodes, séjourne en Égypte. *Mai 1912* débarque à Jaffa, Palestine. Surnommée *Méleki,* la reine, s'installe à Damas. *27-3-1813* atteint Palmyre. *Févr. 1814* au Liban. *1838* soulève les Druzes. *23-6-1839* meurt, ruinée.

1833 Turquie cède S. à l'Égypte de Méhémet-Ali. **1841** la reprend. **1860**-*mars Ahmed,* pacha de Damas, décide massacre de maronites chrétiens. *Abd el Kader* prévient consul de Fr. (qui arme 1 200 Maghrébins) et négocie avec les représentants musulmans. -*9-7 Damas, émeute antichrétienne ;* Abd el Kader envoie 40 h. protéger consulat de France ; avec 2 de ses fils, Mohammed et Hachemi, et 300 h., il donne refuge aux chrétiens et refuse leur restitution (12 000 sauvés). Ahmed sera fusillé par ordre du sultan. **1915-21** marine française occupe îlot de Rouad au large de Tartous. **1916-18** Arabes se révoltent contre Empire ottoman ; proclament l'indépendance. Damas devient le centre du mouv. **1918** constitution du Congrès national et d'un gouv. nat. *1-10* **Fayçal** (fils du roi Hussein du Hedjaz) roi ; rentre à Damas et proclame la création du royaume arabe de Syrie, revendique Palestine et Liban. **1918-19** interventions anglaise en Palestine (Gal Allenby entre à Damas oct. 1918) et française en S. (Gal Gouraud, haut-commissaire de Fr. en Syrie et Cilicie, en exécution de l'accord Sykes/Picot). **1919** commission *King-Crane* (Américains envoyés par Pt Wilson), recommande État unifié réunissant Palestine et Liban (autonomie). **1920**-*8-3* Congrès nat. syrien refuse mandat français et proclame émir *Fayçal* roi de S. -*Juin* intervention française (Gouraud). -*24-7* victoire de Maissaloun. -*25-7* Gouraud bombarde Damas et y rentre, Fayçal (devient roi d'Iraq) et son gouv. chassés. -*1-9* Gouraud proclame le « *Grand Liban* », y rattache des territoires musulmans (Bekaa, Tyr, Tripoli), puis crée l'*État d'Alep* [avec régime spécial pour le *sandjak d'Alexandrette :* 4 700 km², 220 000 hab. en 1937 (80 000 Turcs, 90 000 Arabes, 25 000 Arméniens, plus Kurdes, Circassiens, divers) ; 3 langues officielles : arabe, français, turc], l'*État de Damas,* le *territoire des Alaouites* (promu État 1922) devenu gouvernement de Lattaquié en 1930 et, en mars 1921, l'*État du djebel druze.* **1923** Catroux en S. : fédération syrienne regroupe Damas, Alep et territoire des alaouites. **1924** État alaouite séparé à nouveau. **1925-27** insurrection partant du djebel druze dirigée par sultan Pacha el-Atrache (1891-1982), matée par Gal Sarrail. **1926**-*avril* **Damad Ahmed Nami** Pt. **1928**-*févr.* **Taj Addin el-Husni** Pt (jusqu'en nov. 1931). Chambre élue. **1930**-*14-3* dissoute. **1932**-*juin* **Méhémet-Ali al Abed** élu Pt de la Rép. **1933**-*21-11* Fr. propose alliance mais maintient États druze et alaouite en dehors. Nationalistes refusent. **1934** Chambre dissoute. **1935** agitation. **1936**-*9-9* troubles ; *accords Pierre Viénot* (secr. d'État) : traité prévoyant indépendance après 3 ans. *-Déc.* **Hachem al-Atassi** Pt. **1939**-*7-6* al-Atassi démissionne. *-23-6* Fr. cède Alexandrette à Turquie. *-10-7* Fr. dissout la Chambre, suspend la Constitution et nomme un Conseil gouvernant par décrets. **1941**-*8-6* intervention des troupes britanniques et des forces du Gal Catroux ; Gal Dentz (vichyste) capitule ; « au nom de la Fr. libre », Catroux proclame que Liban et S. seront « des peuples souverains et indépendants » qui pourront « se constituer en États séparés ou s'unir ». Indépendance et souveraineté seraient garanties par un traité négocié avec la Fr. *-12-9* cheikh **Mohamad Tage Eddine al-Hassani** (1894-1943) Pt. *-27-9* Catroux déclare la S. indépendante. **1943**-*janv.* **Jamil al-Ushi** Pt. *-Mars* **Ata al-Ayoubi** Pt. *-Juillet* **Shukri al-Kuwatli** Pt (jusqu'en mars 1949). **1945** troubles. *20-5* Français tués. *-21-5* révolte des gendarmes syriens. *28-5* troupes françaises combattent en ville. *-29-5* 1 avion français lance 3 bombes. *-31-5* cessez-le-feu. Armée britannique oblige Fr. à évacuer S. **1946**-*17-4* **indépendance** complète. Évacuation des troupes françaises achevée. **1948**-*mai*/**1949**-*avril* guerre avec Israël. **1949**-*mars/juin* présidence vacante. *-Juin* **Husni el-Zaim** Pt (déposé et exécuté). *-Août/déc.* présidence vacante. *-Déc.* **Hachim al-Atassi** Pt (déposé déc. 1951). **1951**-*déc.* **Adid es-Shishakli** Pt. *-Déc.* **Fawzi Silo** Pt après coup d'État. **1953**-*juillet* **es-Shishakli** Pt (déposé févr. 1954, assassiné 1964). **1954**-*févr.* **al-Atassi** Pt. **1955**-*sept.* **al-Kuwatli** Pt. Pacte militaire avec Égypte et Arabie signé. **1958**-*1-2* RAU [République arabe unie (S. s'en sépare sept. 1961)]. **1961**-*28-9* coup d'État militaire, quitte la RAU. *-Déc.* **Nazim Kudsi** Pt. **1963**-*8-3* coup d'État militaire, les alaouites prennent le contrôle de l'armée. *-Mars* **Gal Atassi** Pt du Conseil de la révolution. *-17-4* projet de fédération RAU, Iraq et S. [abandonné après répression putsch pronassérien à Damas (18-7)]. *-Juillet* **Amin al-Hafez** Pt. **1966**-*23-2* coup d'État. **Noureddine el-Atassi** (né 1929, † 2/3-12-1992, après 22 ans de détention) Pt. **1967**-*5/10-6 guerre contre Israël* qui prend le Golan. **1970**-*mars* **Ahmed Khatib** Pt. *-13-11* Hafez el-Assad renverse Atassi. *-27-11* S. adhère au pacte de Tripoli (alliance Égypte-Libye-Soudan).

1971-*12-3* **Hafez el-Assad** [(6-10-1930/10-6-2000, alaouite) élu Pt, réélu 8-2-1978, 10-2-1985 (99,97 %) et 2-12-1991 (99,98 %)]. *-17-4* S. membre de l'Union des Rép. arabes (URA : S., Libye, Égypte). **1972**-*4-3* Tripoli (Liban) : Gal Amran, ancien min. de la Défense, assassiné. **1973**-*janv.* émeutes religieuses et politiques. *-Sept.* réconciliation avec Jordanie (sommet du Caire Assad-Hussein). *-6-10 guerre de Tichrine contre Israël*, Kuneitra libérée (cap. du Golan). **1975**-*avril* différend avec Iraq (sur utilisation des eaux de l'Euphrate). **1976**-*21-1* et *-1-6* intervention au Liban (voir Liban p. 1165 b). *-4-10* Pt Sadate chef de l'URA [Le Caire cap. (n'a pas eu d'existence réelle : divergences Égypte/Libye)]. **1978**-*10-2* S. et Iraq se réconcilient contre Égypte. *-24-10* Assad à Bagdad. *-26-10* charte commune. **1979**-*16-6* : 60 officiers tués (école d'artillerie d'Alep). *-Juin* attentats Frères musulmans contre Baas et Alaouites. **1980**-*16-1* **Abdelraouf Kassem** PM. 2 000 conseillers soviétiques (dont 800 techniciens pour barrage sur l'Euphrate). *-29-1* attentat ambassade de S. à Paris (1 †). *-Juin* capitaine Ibrahim Youssef, « cerveau » du massacre de l'école d'Alep 16-6-1979, tué. *-26-6* attentat manqué contre Assad (plusieurs centaines de fusillés). *-21-7* Salah Eddin Bitar (né 1912), ancien PM, assassiné à Paris. *-7-8* reddition d'environ 300 Frères musulmans. *-8-10* Assad en URSS : traité d'amitié et de coopération. **1981**-*avril* incidents avec Frères musulmans à Hamâh. *-3-9* explosion voiture piégée à Damas (20 †). *-4-9* Louis Delamare, ambassadeur de Fr., tué au Liban (par services secrets syriens ?). *-29-11* voiture piégée idem (60 † et 135 bl.). *-Nov. législatives,* pour la 1re fois. Pas d'élus communistes. Attentat islamiste au siège des services de renseignements à Damas (200 †). *-14-12* Israël annexe Golan. **1982**-*2/17-2* complot de 150 officiers sunnites, répression (10 000 à 25 000 †), destruction de Hamâh, 500 millions de $ de dégâts. *-Mars Alliance nat. pour la libération de la S.* (Frères musulmans et Front islamique) pour lutter contre régime. *-8-4* frontière fermée avec Iraq. *-10-4* oléoduc Kirkouk-Banias (Iraq-Syrie) fermé. *-6-6 guerre du Liban* (voir Liban p. 1165 c) ; pertes : 80 avions, 20 batteries missiles sol-air, 200 chars. **1983**-*24-6* Yasser Arafat expulsé de Damas. *-nov.* Assad, crise cardiaque (coma de quelques heures) ; son frère Rifaat tente de prendre le pouvoir. **1984**-*mars* visite Gemayel (Pt libanais), accord israélo-libanais abrogé. *-Juin/nov.* exil « forcé » de Rifaat el-Assad, frère du Pt. *-26/28-11* Pt Mitterrand en S. **1985**-*28-12* accord de Damas avec milices libanaises (chiites, Druzes, chrétiens). **1986**-*6-4* attentats islamistes, 140 élèves officiers †. **1986-87** intervention à Beyrouth. **1987**-*févr.* coup d'État échoue (49 pilotes exécutés). *-1-11* **Mahmoud al-Zohbi** (21-5-2000, se suicide, accusé de corruption). PM. **1988**-*24-4* Arafat à Damas. **1989**-*13-4* hélicoptères syriens tirent par erreur sur navire soviétique. *-22-10 accords de Taëf* : légalisent présence miliatire syr. au Liban. *-28-12* relations diplomatiques rétablies avec Égypte. **1990**-*28-4* Assad en URSS. *-2-5* Pt Moubarak en S. *-2-8/1-3-1991* guerre du Golfe : Syrie avec USA. *-13-10* armée syrienne contrôle territoire tenu par Aoun au Liban. *-30-10/3-11-1991* S. participe à conférence de Madrid sur la paix au Proche-Orient. **1991**-*mai* traité syro-libanais : S. reconnaît indépendance du Liban pour la 1re fois, mais estime que les 2 pays appartiennent à une même nation. Investissements privés encouragés. *-15-10* Aloïs Brunner (né 1912), accusé de la mort de 120 000 juifs et réfugié à Damas depuis 1954, disparaît. *-Déc.* 2 800 à 3 000 prisonniers politiques libérés. **1992**-*avril* juifs obtiennent liberté d'immigrer. *-4-6* Monzer al-Kassar, impliqué dans attentat de Lockerbie, arrêté. *-Juillet* Rifaat el-Assad autorisé à rentrer pour assister aux obsèques de sa mère. *-2-8* accord avec Turquie sur partage des eaux de l'Euphrate. **1994**-*16-1* Genève sommet (Hafez el-Assad/Bill Clinton) sur la paix avec Israël. *-20-1* Bassel el-Assad (né 1964), fils et héritier du Pt, tué accident de voiture. *-27-4* accord de coopération militaire avec Moscou. **1994-96** pourparlers de paix avec Israël. **1996**-*6-5* bombe sur le trajet qu'aurait dû emprunter Pt Assad, 600 arrestations dans la communauté turque. *-Mai* attentats. *-31-12* autobus explose, 15 †. **1998**-*8-2* Rifaat el-Assad (frère du Pt), vice-Pt (depuis 11-3-1984) destitué. *-16/18-7* Assad en France. *-20-10* signature d'un accord Syrie-Turquie ; la S. cesse de soutenir le P. des travailleurs du Kurdistan. **1999**-*10-2* Assad réélu Pt (99,987 % des voix). Négociations de paix sur le Golan (voir Israël). **2000**-*mars* al-Zohbi démissionne (accusé de corruption, se suicide 21-5). *-13-3* **Mohammad Moustapha Miro** (né 1941) PM. *-10-6* Hafez el-Assad meurt. *-13-6* funérailles à Gardaha. *-11-6* Bachar el-Assad (né sept. 1965) G^{al}. *-20-6* secr. gén. du Baas. Constitution révisée : Pt éligible à 34 ans (âge de Bachar el-Assad) au lieu de 40. *-27-6* le Parlement le désigne comme candidat unique à la présidence.

2001-*11-7* **Bachar el'Assad** Pt élu 10-7 (97,29 % des voix). *-26-7* environ 30 m. de la confrérie des Frères musulmans libérés. *-Nov.* 600 prisonniers politiques amnistiés. *-5-5* Jean-Paul II en Syrie. *-6-5* se rend à la mosquée des Omeyyades, dite la *mère des mosquées*, pose la main sur le cénotaphe de Jean-Baptiste, vénéré aussi par l'islam comme Yahia. *-25/27-6* el-Hassad en France.

☞ Selon le Département d'État américain, la S. a été de 1983 à 1986 impliquée dans 50 attentats (500 †) imputables à des dirigeants d'organisations, comme Abou Nidal et Abou Moussa, ou à des organisations comme Septembre noir. Selon d'autres rapports, elle organise un trafic de drogue au Liban (rapport : 1 milliard de $ par an).

Nota. – S. et ex-URSS étaient liées par traité d'amitié et de coopération depuis 1981. *Conseillers soviétiques : 1987* : 2 240 ; *88* : 1 240 ; *90 (avril)* : 440.

■ **Statut.** *République.* Démocratie populaire socialiste. État laïque. **Constitution** du 31-1-1973, soumise à référendum 12-3 (votants 88,9 %, oui 97,6 %). **Pt :** musulman, élu au suffrage universel pour 7 ans par référendum sur proposition de l'Ass. ; 3 **vice-Pts**. **Assemblée du peuple :** 250 élus pour 4 ans au suffrage univ. **Mohafazats** (préfectures) : 14. **Élections du 30-11-1998 :** FNP 200 sièges. **Fête nationale.** 17-4 (départ des Français en 1946). **Drapeau** (adopté 29-3-1980). Bandes horizontales rouge, blanche (2 étoiles vertes au centre : Syrie et Iraq) et noire.

■ **Partis.** **Front national progressiste** fondé 1972 regroupe : **P. socialiste arabe Baas** fondé 1947 [fusion du *Baas* et du *P. socialiste arabe* fondé 1945 par Akram Hourani († 24-2-1996 à 82 ans)], *secr. gén. :* Bachar el-Assad ; **Syrian Arab Socialist Union Party,** Safwan Koudsi ; **P. arabe socialiste unioniste,** Fayez Ismaïl ; **P. arabe socialiste** fondé 1994, Abdel Ghani Kannout ; **P. communiste de S.** fondé 1924, Youssouf Faisal.

■ **Prisonniers politiques.** 1 500 ou + (en mai 2000) ; des milliers torturés ; nombreux détenus sans jugement.

■ ÉCONOMIE

■ **PNB** (en 1999). 1 040 $ par hab. **Croissance** (en %) *1995* : 5 ; *96* : 5 ; *97* : 1,9 ; *98* : 2 ; *99* : 3,1. **Pop. active** (en %) **et,** entre parenthèses, **part du PNB** (en %) : agr. 25 (30), ind. 20 (10), services 50 (47), mines 5 (13). **Chômage** (en %) : *1997* : 9. **Inflation** (en %) : *1985* : 14 ; *90* : 19,4 ; *91* : 7,7 ; *92* : 9,5 ; *93* : 11,8 ; *94* : 20 ; *95* : 12 ; *96* : 8,3 ; *97* : 1,9 ; *98* : – 1,3 ; *99* : – 1,5. **Aide extérieure** (en 1997) : 250 millions de $; *arabe* (depuis 1986) : 500 millions de $/an. **Dette extérieure** (en milliards de $) : *1987* : 4,67 ; *90* : 16,4 ; *95* : 18 ; *99* : 21,4. **Budget militaire** (en 1992) : 43 % du budget total (armée 400 000 h. plus service de sécurité 200 000 h.).

■ **Agriculture.** **Terres** (en milliers d'ha, 1991) : pâturages 7 936, terres cultivables 6 079, cultivées 5 576, forêts 731, eaux 137, t. incultes 3 635. Le barrage de Tapka sur l'Euphrate permettra d'irriguer 640 000 ha en 2000 (la S. dispute à Turquie et Iraq l'utilisation du fleuve). **Production** (en milliers de t, 1999) : blé 2 691 (1 000 en 1999), bett. à sucre 750, raisin 451, orge 424, olives 401, tomates 401, coton 300, p. de t. 250, maïs 125, lentilles 152, oignons 123, riz, tabac 19. Roseraies. **Élevage** (en milliers de têtes, 1999). Poulets 18 000, moutons 15 000, chèvres 1 250, bovins 905. **Pêche** (en 1999). 14 600 t.

■ **Énergie.** **Pétrole** (en millions de t) : *réserves* 350, *prod. 1995* : 31,1 ; *99* : 29. *Revenus 1993* : 1 000 à 1 500 millions de $. **Gaz** (en milliards de m^3) : *réserves* 240, *prod. 1995* : 2,94 ; *97* : 4,1 ; *98* : 5,9 ; *99* : 6,3 (grâce à de récentes découvertes, pourrait exporter 120 000 barils/j.). **Électricité** (en milliards de kWh, 1997) : 17 dont hydraulique 50,92 % ; barrage du 6-Octobre sur l'Euphrate (1989-94), retenue 1,4 milliard de m^3 ; 12,5 % de l'énergie électrique. **Mines** (en milliers de t, 1997). Phosphates 2 175 (en 1999), sel 72, marbre, gypse 183, lignite, asphalte 82.

■ **Industrie.** Raffineries de pétrole, cuir, cuivre, textile, tapis, agroalimentaire, métallurgie, BTP. **Transports** (en km, 1997). **Routes :** 41 451. **Voies ferrées :** 2 423. **Oléoducs** de Syrie, Iraq et Arabie saoudite.

■ **Tourisme** (en 1997). **Visiteurs :** 842 000 dont 1 818 000 Arabes. **Revenus** (en millions de $) : 1 480. **Sites :** *Damas* (mosquée des Omeyyades, tombeau de Saladin, palais Azem, chapelle Ste-Honorine, Bab Charki, fenêtre de St-Paul, souks), *krak des Chevaliers* (1170), *Palmyre, Alep, Apamée, Rasafa, Bosra* (ruines), châteaux de *Marqab* et de *Saladin, Ugarit* (1er alphabet du monde), basilique *St-Siméon*.

■ **Commerce** (en milliards de $). **Export./import. :** *1996* : 4/5,4 ; *97* : 3,9/4 ; *98* : 2,9/3,9 ; *99* : 3,5/3,8 [(en milliards de £ syr. en 96) : *exporte* pétrole 28,5, textiles 3,9, fruits et légumes 3,1, coton 1,9 *vers* Italie 12,9, *France 6,9,* Esp. 4,4, Liban 2,4, Arabie 2,1/*importe de* All. 4,8, USA 4,3, Italie 4, *Fr. 3,5,* Turquie 3,4].

■ **Rang dans monde** (en 1999). 9e coton. 10e phosphates.

■ TADJIKISTAN

Carte p. 1228. V. légende p. 950.

☞ *Abréviation :* T. : Tadjikistan.

■ **Situation.** Asie. **Superficie :** 143 100 km^2. **Frontières** (avec Ouzbékistan, Kirghizistan, Chine, Afghanistan) : 1 200 km. **Montagnes** 93 % : *Pamir,* « toit du monde », Samoni [depuis 1999, avant *pic du Communisme* (7 495 m)]. **Glacier :** le plus long et le plus épais du monde : *Fedtchenko* 71 km (épaisseur 550 m). **Climat.** Continental, sec et chaud. Moyenne janv. – 0,9 °C [en montagne, jusqu'à – 55 °C) (Mourgab)] ; juillet 27,4 °C.

■ **Population** (en millions d'hab.). *2000 (est.)* : 6,4 ; *2025 (prév.)* : 9. **Répartition** (en %, 1997) : Tadjiks 62,3, Ouzbeks 24,9, Russes 7,3 (80 000 en 1994 contre 380 000 en 1990), Kirghizs 1,3. **D.** 44,7. **Taux** (en ‰, 1999) : *natalité* 25, *mortalité* 6 (infantile : 25), *accroissement* 19,2 (en 1997). **Espérance de vie** (en 1999) : *h.* 66, *f.* 71 ans. **Population urbaine** (en 1998) : 33 %. **Réfugiés** (en 1999) : Ouzbékistan 30 000, Turkménistan 17 000, Kirghizistan 11 000. **Villes.** *Douchanbe* (ex-*Stalinabad*) 513 000 hab. (en 1998), Khodjent (ex-Léninabad) 163 000 (en 1993), Kouliab, Mourgab. **Langue.** Tadjik [apparenté au *farsi* (perse) ; également parlé en Chine, Afghanistan et nord du Pakistan]. **Religions.** Musulmans (sunnites) ; orthodoxes. Dans le Gorno-Badakhchan, ismaélites (chiites, chef : l'Aga Khan).

■ **Histoire.** **1876** protectorat russe, partie de l'émirat de Boukhara. **1917** régime soviétique proclamé dans le nord. **1924**-*14-10* région autonome de l'Ouzbékistan. **1925** république autonome, **1929**-*16-10* fédérée de l'URSS. **1989**-*23-1* séisme : 4 000 †. **1990**-*11/13-2* émeutes à Douchanbe : 50 †. *-24-8* T. proclame sa souveraineté. *-Sept.* Rakhmon Nabiev, chef du PC tadjik, élu Pt du Parlement ; remplace M. Aslonov, accusé d'avoir suspendu les activités du PC (transformé en « Parti socialiste »). *-23-9* état d'urgence. *-6-10* Nabiev démissionne devant opposition démocratique.

1991-*9-9* **indépendance** proclamée. *-24-11* **Rakhmon Nabiev** (1931-93) élu Pt de la Rép. (58 % des voix). **1992**-*20-1* le « Parti socialiste » reprend son nom de PC et exige la restitution de ses biens. *-Mars/mai* manif. contre Nabiev. Le parti Rastokhez (Renaissance islamique) revendique Samarkand et Boukhara (en Ouzbékistan). *-Août* affrontements procommunistes/islamistes : 180 †. *-31-8* démocrates et islamistes occupent palais présidentiel. Nabiev disparaît, *-7-9* démission forcée. **Akbarcho Iskanderov**, Pt du Parlement, Pt par intérim. *-28-9* guerre civile dans le Sud : plus de 1 000 †. La Russie envoie des renforts. *-2-10* Iskanderov demande aide à l'Onu. *-27-10* putsch néocommuniste échoue : 600 † en 2 j. *-17-11* Parlement réuni à Khodjand dans le Nord. Iskanderov démissionne. *-19-11* **Emomali Rakhmonov** (né 5-10-1952), protégé de Safarov († 1993), élu Pt du Parlement. *-27-11* cessez-le-feu communistes/islamo-démocrates. Présidence abolie par Parlement. *-14-12* procommunistes (kouliabis) de Safarov prennent Douchanbe. 50 000 islamo-démocrates se réfugient en Afghanistan, des dizaines assassinés. **1993**-*17-6* partis d'opposition interdits. *-31-7* Russes bombardent Tadjiks en Afghanistan : 20 †. *-3/4-8* Ouzbeks bombardent villages tenus par l'opposition. *-13-8 :* 25 gardes-frontières russes tués par rebelles tadjiks. *-20-10* offensive des forces CEI à la frontière : 70 islamistes †. **1994**-*5-4* Moscou, négociations avec rebelles islamistes. *-17-9* cessez-le-feu. *-28-9* accrochage opposition/gardes-frontières : 19 †. *-6-11* Rakhmonov élu Pt (58,3 % des voix devant Abdoumalyk Abdoulladjanov) ; opposition islamiste absente. Référendum pour nouvelle Constitution. *-16-12* mission d'observation Onu (Monut, 84 membres dont 40 militaires). **1995**-*2/3-1* attaque rebelles : 11 soldats russes †. *-26-2* et *12-3 législatives :* 84 % de participation ; communistes 60 sièges sur 181. *-7/10-4* offensive tadjike à l'est : 200 †. *-26-4* cessez-le-feu. *-17-5* rencontre Rakhmonov/Nouri à Kaboul. **1996** guerre civile. *-24-1* mufti et sa famille assassinés. *-9-2* **Takhio Azimov** (né 4-12-1947) PM. *-12-6* raids aériens russes sur Tavil-Dara.-*23-12* accord Rakhmonov/Nouri à Moscou. **1997**-*4/17-2 :* rebelles enlèvent 14 pers. (membres Onu et CICR, journalistes, min. de l'Intérieur tadjik). *-8-3* accord sur désarmement des rebelles. *-30-4* attentat : Rakhmonov (blessé). *-27-6* Moscou : accord de paix signé Pt/rebelles. *-10-7* amnistie. *-9/10-8* affrontements avec forces du C^{el} Mahmoud Khoudoberdiev. **1998**-*28-9* islamistes acceptent de participer au gouv. et au processus de paix. *-4-11* 1 000 h. de Khoudoberdiev attaquent Khodjent, 200 †, rebellion maîtrisée. **1999**-*26-9* référendum, oui 71,79 % (parlement bicaméral, mandat du Pt porté de 4 à 7 ans). *-6-11* Rakhmonov réélu (96,99 %) devant Davlat Ousmon (P. de la renaissance islamique). *-20-12* Akil Akilov PM. **2000**-*27-2 législatives :* victoire P. démocratique populaire. *-Mai* fin de la Monut (Mission d'observation des Nations unies au T.), remplacée juillet par Untop (*UN-T. Office of Peace Building*, Bureau de l'Onu-T. pour la reconstruction de la paix). *-5-6* traité d'amitié éternelle T./Ouzbékistan sur frontières. *-16-9* fin du mandat des forces de maintien de la paix de la CEI. *-30-10* nouvelle monnaie, le *somini.* **2001**-*11-4* Gal Habib Sanguinov, vice-ministre de l'Intérieur, assassiné.

☞ Depuis l'été 1999, MOI (Mouvement islamique d'Ouzbékistan), basé au T. et en Afghanistan, s'infiltre en Ouzbékistan *via* T. et Kirghizistan. *Poisition vis-à-vis des* talibans : Ouzbékistan : Islam Karimov, prêt à les reconnaître s'ils arrêtent de soutenir le MOI ; *Kirghizistan* : prêt à les reconnaître ; *Turkménistan* : Saparmurat Niazov propose solution fédérative pour l'Afghanistan (Nord resterait autonome, administré par Massoud) ; *Kazakhstan* : offre sa médiation ; *Tadjikistan* : soutient Massoud.

☞ **Bilan** (1992-95) : 100 000 † et 1 000 000 de réfugiés.

■ **Statut.** *République, membre de la CEI.* **Constitution :** 6-11-1994, révisée 26-9-1999. **Pt** : élu au suffrage universel pour 7 ans. **Parlement** : élu pour 5 ans. *Madschlisi-Namojandagon* (Assemblée des représentants) : 63 m. élus pour 5 ans (41 au scrutin uninominal à 2 tours et 22 à la proportionnelle). *Madschlisi-Millij* (Assemblée des notables) : 33 m. (25 élus et 8 nommés par le Pt). **Élections des 27-2 et 23-3-2000** : *Ass. des représentants* : participation 93 % ; PDPT 30 sièges (64,5 %), PC 13 (20,6), OTU 2 (7,4), indépendants 15, vacants 3 (Nations unies et OSCE doutent du caractère loyal de la consultation). *Ass. des notables* : victoire du PDPT.

■ **Partis.** **Opposition tadjike unie** (OTU) composée essentiellement du P. de la renaissance islamique, Abdullah Nouri. **P. démocratique populaire du T.** (PDPT), E. Rakhmonov. **Front populaire** (procommuniste). **Opposition** islamiste en exil en Afghanistan, rentrée au T. depuis la paix de 1997 (10 000 à 50 000 h. armés par Arabie saoudite). *Chefs* : Quazi Touradjon-Zode, Saïd Abdullah Nouri. **Présence militaire russe** (accord signé 1999 pour base permanente) : 30 000 soldats dont 11 600 à la frontière avec Afghanistan.

■ **Fête nationale.** *9-9* (indépendance). **Drapeau** (adopté 24-11-1992). Bandes horizontales rouge (ex-URSS), blanche (coton), couronne dorée surmontée de 7 étoiles dorées (souveraineté, amitié) et verte (agriculture).

■ **Région autonome.** **Gorno-Badakhchan : 63 700 km².** 161 000 hab. *Khorog* 15 000 hab. (en 1976). Région depuis 2-1-1925.

■ **Économie.** **PNB** (en $ par hab.) : *1991* : 1 000 ; *96* : 316 ; *99* : 320. **Croissance du PIB** (en %) : *1995* : – 12,4 ; *96* : – 16,7 ; *97* : 1,7 ; *98* : 5,3 ; *99* :3,7. **Inflation** (en %) : *1992* : 822 ; *93* : 2 884,8 ; *94* : 350,3 ; *95* : 682,1 ; *96* : 422,4 ; *97* : 85,4 ; *98* : 43,1 ; *99* :27,5. **Chômage** (en %) : *1995* : 1,8 ; *99* : 3,1. **Population active** (en %) **et**, entre parenthèses, **part du PNB** (en %) : agr. 42 (33), ind. 38 (35), services 20 (32). **Salaire moyen mensuel** (1er sem. 2000) : 10 $. **Population sous le seuil de pauvreté** : 85 % selon l'Onu. **Part du secteur privé dans le PIB** : 30 % (en 1999). **Dette extérieure brute** (en % du PIB) : *1999* : 128.

■ **Agriculture.** **Production** (en milliers de t, 1999) : blé 450, céréales 254, tomates 200, oignons 145, coton fibres 142 (en 1998), p. de t. 136, pastèques 100, raisin 87, pommes 87, maïs 25, riz 24, orge 20, tabac 10. Soie. **Élevage** (en milliers de têtes, 1999). Ovins 1 620, volailles 1 000, bovins 912, caprins 710, yaks. **Pêche** (en 1997). 200 t. **Énergie.** **Charbon** : *réserves* : 4 milliards de t ; *production* : *1992* : 160 000 t ; *93* : 200 000 t ; *94* : 140 000 t ; *95* : 30 000 t. **Hydroélectricité** (en 1997) : 14 milliards de kWh. **Mines.** **Mercure.** **Or** (2,7 t. en 1999). **Argent. Tungstène. Pétrole. Gaz.** **Industrie.** Aluminium, ind. légère, agroalimentaire, textile. **Transports** (en km). **Routes** : 13 700 (en 1996) dont 11 300 bitumées. **Voies ferrées** : 480 (en 1990).

■ **Commerce** (en millions de $). **Export./import.** : *1992* : 193/254 ; *95* : 749/810 ; *96* : 770/668 [(en %) *exporte* métaux 52,7, textile 29,2] ; *97* : 746/750 ; *98* : 597/711 ; *99* : 672 (dont *vers* CEI 315)/642 (dont *de* CEI 469).

■ **Rang dans le monde** (en 1999). 15e coton.

TANZANIE
V. légende p. 950.

☞ *Abréviation* : Z. : Zanzibar.

■ **Nom.** Vient de *Tanganyika* et *Zanzibar*. **Situation.** Afrique. **Superficie** : 945 087 km² (dont 2 643 km² pour Zanzibar et Pemba). **Frontières** (en km) : Burundi 451, Kenya 769, Malawi 475, Mozambique 756, Ouganda 396, Rwanda 217, Zambie 338, Congo (dém.). **Côtes** : 1 424 km. **Altitude** *maximale* : Mt Kilimandjaro 5 895 m. **Lacs** : *Victoria. Tanganyika. Malawi* (Nyasa). *Natron* (forte teneur en soude). **Climat.** Très humide (côte et îles, 23 à 28 °C), chaud et sec (plateau central), semi-tempéré (montagnes). Grosses pluies avril-mai, petites oct.-nov. *Saisons* : chaude et sèche (janv.-mars), fraîche et sèche (juin-sept.).

■ **Population.** *2000 (est.)* : 33 690 000 hab. ; *2025 (prév.)* : 51 000 000. **Répartition** : 126 ethnies, Bantous 95 %, Sukumas 2 000 000, Chaggas, Makondes et Hayas 350 000, Massaïs 60 000 (environ 500 000 en 1990). **D.** 35,6. **Age** (en %) : – *de 15 ans* : 44,9, + *de 64 ans* : 2,9. **Espérance de vie** (en 1998) : 48 ans. **Réfugiés** : *1992* : 70 000 du Burundi ; *94* : 300 000 du Rwanda ; *99* : 413 000 dont 29 999 Burundais, 100 000 Congolais (Rép. dém.) et 20 000 Rwandais. **Divisions** : *Tanzanie intérieure* 942 626 km², 24 972 000 hab. Africains 98 %. **D.** 26,5. *Zanzibar et Pemba* (archipel : 2 grandes îles, Unguja et Pemba ; 2 petites, Mafia et Tumbatu). 2 461 km², 663 000 hab. **D.** 269,4.

■ **Langues.** *Officielles* : swahili (langue nationale, de l'arabe *swahil*, côte), anglais (2e langue). **Religions** (en %). Musulmans (sunnites, chaféites, ismaéliens) 30, (Zanzibar 99, continent 40) ; chrétiens 44 ; animistes 26.

■ **Villes** (en 1988). *Dodoma*, 203 800 hab., *Dar es-Salaam* (cap. jusqu'en 1990) 1 360 850 hab. (aggl.), Mwanza 223 000, Tanga 187 600 (à 568 km), Zanzibar 157 600 (à 72 km), Arusha 88 155 (à 841 km).

■ **Histoire.** **Zanzibar et Pemba.** **VIIIe s.** arrivée d'Arabes d'Oman. **XIe s.** arrivée de Persans. **1000-1500** culture swahilie sur la côte. **XVIe s.** installation portugaise sur la côte. **1652** Arabes chassent Portugais. **XIXe s.** traite des esclaves développée. **1832** capitale du sultanat d'Oman. **Saïd bin Sultan** sultan de Zanzibar, Mascate et Oman. **1856** séparation Z./Oman. *-Oct.* **Majid bin Saïd**, son fils, sultan. **1870**-*oct.* **Barghash bin Saïd** (1833-88), son frère, sultan. **Vers 1870** le chef Mirambo en concurrence avec Arabes. **1886** traité Angleterre/Allemagne reconnaissant autorité du sultan sur îles de Z., Pemba, Mafia et Lamu et 5 à 10 milles de côte entre rivières Mniajani et Mogadiscio. **1888**-*mars* **Khalifa bin Barghash**, son fils, sultan. **1890**-*févr.* **Ali bin Saïd** (1854-90), son oncle, sultan. *-1-7* protectorat britannique reconnu par Fr. (contre Madagascar) et All. (contre Héligoland). Noirs tuent 5 000 Arabes. 10 milles de bande côtière aux Anglais. **1893**-*mars* **Hamed bin Thwain**, son neveu, sultan. **1896**-*août* **Khalid** sultan. *-Août* **Hamoud bin Mohammed**, neveu de Khalifa bin Barghash, sultan. **1902**-*juillet* **Ali bin Hamoud**, son fils, sultan. **1911**-*déc.* **Khalifa II bin Haroub** (1880-1960), neveu d'Hamed bin Thwain, sultan. **1960**-*9-10* **Abdullah bin Khalifa** (1910-63), son fils, sultan. **1963**-*1-7* **Jamshid bin Abdullah** (né 16-9-1929), son fils, dernier sultan. *-10-12* **indépendance.** **1964**-*12-1* révolution du P. afro-shirazi : sultan déposé, exilé en G.-B. 17 000 Arabes †, plusieurs milliers s'exilent. *République populaire.* **Abeid Karume** (1905-72) Pt. *-26-4* s'associe au Tanganyika. **1972**-*avril* **Aboud Jumbe** Pt. **1984**-*janv.* **Ali Hassan Mwinyi** Pt en exercice. **1990**-*21-10* **Salim Amour** élu Pt (97,7 % des voix). **1996**-*22-10* réélu (50,2 %). *-26-10 législatives* : CCM 26 sièges sur 50. **2000**-*29-10* **Amani Abeid Karume** élu Pt. **2001**-*27-1 Pemba*, manifestation du Civic United Front, 33 †.

Tanganyika. **1871**-*10-11* John Rowlands [Henry Morton Stanley (10-6-1841/10-5-1904)], journaliste américain envoyé par Gordon Bennett (directeur du *New York Herald*), retrouve David Livingstone (19-3-1813/1-5-1873), missionnaire et géographe perdu depuis 1866 (*« Doctor Livingstone, I presume »*, dira-t-il). **1884** colonie allemande. **1885-1919** territoire de l'Afrique orientale allemande. **1888**-*18-8* Allemagne prend officiellement possession du Tanganyika. **1891** protectorat allemand institué entre Ouganda et Afrique orientale allemande (capitale : Dar es-Salaam). **1911** Kattwinkel (Allemand) découvre fossiles humains dans la gorge d'Olduvai. **1919** mandat britannique : Tanganyika. **1926** Conseil législatif créé (**1945** : ouvert aux Africains). **1959** Mary Leakey découvre l'Homme d'Arusha (*Homo habilis*). **1960**-*sept.* à **1962**-*juin* *Julius Nyerere* PM. **1961**-*9-12* **indépendance.** *-Déc. (à déc. 1962)* **Richard Turnbull** gouverneur général. **1962**-*juin* *Rashidi Kawawa* PM. *-1-12 république,* **Julius Nyerere** [avril 1922/14-10-1999 ; 2e des 4 fils de la 5e épouse de Nyerere Burito chef des Zanakis (tribu de 40 000 h.), instituteur catholique] Pt. **1964** mutinerie (40 militaires afr.), Nyerere demande aide anglaise (60 fusiliers-marins). *-26-4* s'associe à Zanzibar et Pemba.

Tanzanie. **1964**-*29-10* nom créé. **1964-85 Julius Nyerere** Pt, **Abeid Karume** (1905-72) vice-Pt (et Pt de Zanzibar). **1967** *déclaration d'Arusha* : socialisme, rôle prédominant des collectivités rurales *(ujamaas)*. **1970-75** construction du « Tazara » (entre Tanzanie et Zambie), 1 859 km, 2 000 ponts et viaducs, 19 tunnels, 147 gares ; travaux effectués par 15 000 Chinois et 40 000 Africains. **1972**-*févr. Rashidi Kawawa* PM. *-7-4* vice-Pt Karume assassiné. **1977** parti unique instauré. *-Févr. Edward Sokoine* PM. **1978**-*nov.* invasion ougandaise. **1979**-*mars* armée tanzanienne en Ouganda (coût de la guerre : 500 millions de $). **1980**-*nov. Cleopa Msuya* (né 4-1-1931) PM. **1981**-*mai* Tanzanie se retire d'Ouganda. **1983**-*janv.* complot : 600 militaires et 1 000 civils arrêtés. *-Févr. Edward Sokoine* PM († accident de la route en avril 1984). **1984**-*avril Salim Ahmed Salim* PM. **1985**-*5-11* **Ali Hassan Mwinyi** (né 8-5-1925, musulman de Zanzibar) Pt. **1990**-*20-7* Parlement dissous. *-1/4-9* visite Jean-Paul II. *-21-10* Mwinyi réélu (71 % des voix) Pt de Zanzibar. *-9-11 John Malecela* (né 1934) PM. **1991** famine dans le nord. **1992**-*1-7* multipartisme légalisé. *-Déc.* Zanzibar adhère à l'OIA (Organisation de l'islam en Afrique) et à l'OCI (Organisation de la Conférence islamique). **1993**-*août* se retire de l'OCI. *-30-11* accord de coopération économique avec Kenya et Ouganda. **1994**-*5-12 Cleopa Msuya* PM. **1995**-*29-10 législatives* et *présidentielle*, fraude à Dar es-Salaam. *-19-11* nouvelles élections à Dar es-Salaam, **Benjamin William Mkapa** (né 12-11-1938) élu Pt (61,8 % des voix). *-29-11* **Frederick Tuway Sumaye** (né 29-5-1950) PM. **1996**-*début janv.* 15 000, puis *-24-1*, 12 000 réfugiés rwandais autorisés à entrer (au total 600 000 en Tanzanie). *-21-5* naufrage ferry sur lac Victoria : 500 †. **1997** famine. **1998** inondations. *-7/8* attentat contre ambassade américaine de Dar es-Salaam, 4 †. **2000**-*29-10* Mkapa réélu Pt ; *législatives* : victoire du CCM.

■ **Statut.** *République membre du Commonwealth.* **Constitution** de janvier 1985, amendée mai 1992. **Pt** : élu au suffrage univ. pour 5 ans, **vice-Pt** et **PM** viennent de Tanzanie, **Pt** et **Chief minister** viennent de Zanzibar. **Assemblée nationale :** 275 membres dont 232 élus, 37 sièges réservés aux femmes, 5 à Zanzibar et 1 magistrat. **Régions.** 25 (dont 3 à Z., 2 à Pemba).

■ **Fête nationale.** 26-4 union du Tanganyika et de Z. **Drapeau** (adopté 30-6-1964). Triangles vert (agriculture et Tanganyika) et bleu (eau et Zanzibar), bande oblique noire (peuple) avec liserés jaunes (ressources minérales).

■ **Partis.** **Chama Cha Mapinduzi** (CCM, P. de la révolution, unique de 1965 à 1992) fondé 5-2-1977, issu de l'Afro-Shirazi Party (ASP) [Zanzibar] et de la TANU (Tanganyika African National Union, fondée juillet 1954) ; *Pt* : Benjamin William Mkapa. **Chadema** (P. de la démocratie et du développement) fondé 1993 ; *Pt* : Edwin Mtei. **Front civique uni** (CUF) fondé 1992 ; *Pt* : Seif Sharrif Hamad. **Convention nationale pour la reconstruction et la réforme** (NCCR) fondée 1992 ; *Pt* : Augustine Lyatonga Mrema. **Union pour une démocratie multipartite** (UMD) fondée 1993 ; *Pt* : Abdallah Said Fundikira.

■ **Économie.** **PNB** : 240 $ par hab. (en 1999). **Croissance** (est., en %) : *1995* : 3 ; *96* : 4,5 ; *97* : 4,7 ; *98* : 4,8 ; *99* : 4,4 ; *2000 (est.)* : 5,2. **Population active** (en %) **et**, entre parenthèses, **part du PNB** (en %) : agr. 83 (62), mines 1 (1), ind. 5 (11), services 11 (26). **Inflation** (en %) : *1992* : 23,5 ; *94* : 25,1 ; *95* : 22 ; *96* : 25,7 ; *97* : 16,1 ; *98* : 12,8 ; *99* : 7,9. **Dette extérieure** : 6,1 milliards de $ (en 1998).

■ **Agriculture.** **Terres** (en milliers d'ha, 1979) : arables 4 110, cultivées 1 030, forêts 42 260, pâturages 35 000, eaux 5 905, divers 6 204. **Production** (en milliers de t, 1999) : manioc 6 444, maïs 2 458, canne à sucre 1 355, riz 676, plantain 631, bananes 631, sorgho 609, patates douces 446, noix de coco 375, p. de t. 255, millet 194, mangues 188, cajou 82, café 47, coton 40 (en 1998), coprah 34, sisal 30, tabac 29, thé 25, pyrèthre. A Zanzibar, clous de girofle. **Élevage** (en milliers de têtes, 1999). Poulets 27 000, bovins 14 350, chèvres 9 682, moutons 4 150, canards 1 000, porcs 345, ânes 178. **Forêts** (en 1998). 39 022 000 m³. **Pêche** (en 1997). 357 000 t.

■ **Mines.** Charbon [gisements importants, peu exploités, mine de Kiwira : 4 000 t (en 1990)]. Fer, diamants (299 000 carats en 1999), or (1 500 kg en 1998), sel gemme, kaolin, étain, gypse, pierres semi-précieuses, écume de mer. **Transports** (en km, 1996). **Routes** : 88 200. **Voies ferrées** : 2 600. **Tourisme.** **Visiteurs** : 359 000 (en 1998). **Sites** : *cratère* du N'gorongoro (6 500 m², amphithéâtre de 20 km de largeur, 600 m de prof.), *gorge* d'Olduvai. 12 *parcs nationaux* dont (en km²) : Serengeti 12 950, lac Manyara 314. Zanzibar, Stone Town : Beit el-Ajaïb, Maison des merveilles (fort du XVIIIe s., musée).

■ **Commerce** (en millions de $). **Export./import.** : *1997* : 752/335 ; *98* : 589/1 452 ; *99* : 542/1 553 (*exporte* café 136, coton, noix de cajou, minéraux, tabac, thé *vers* All., Inde, Japon, Benelux).

■ **Rang dans le monde** (en 1999). 15e thé.

TCHAD
V. légende p. 950.

☞ *Abréviations* : Fr., fr. : Français, français ; Lib., lib. : Libyens, libyen(s) ; Tch. tch. : Tchadiens, tchadien(s).

■ **Nom.** En kanouri, « grande étendue d'eau, lac ».

■ **Situation.** Afrique. **Superficie** : 1 284 200 km². **Frontières** (en km) : Niger 1 175, Soudan 1 360, Libye 1 055 km, Rép. centrafricaine 1 197, Cameroun 1 094, Nigéria

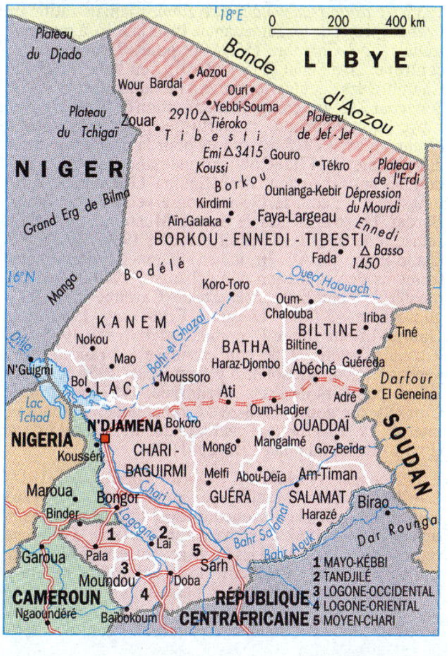

87. **Altitude** *maximale :* Tibesti 3 415 m. **Climat. 3 zones :** *désert* au nord, 500 000 km^2, 250 000 hab. ; *Sahel* au centre (région de Ndjamena) 1 500 000 hab. ; *savane* soudanaise au sud, à régime tropical semi-humide, 400 000 km^2, 2 000 000 d'hab. *Pluies :* 20 mm au nord, 300 à 800 au centre (juin-sept.), 800 à 1 200 (mai-oct.) au sud. Depuis 1968, le désert a progressé de 50 à 70 km ; la partie nord du lac Tchad est sèche. **Port le plus proche :** Douala au Cameroun (1 600 km). **Fleuves :** *Chari* 1 200 km (débit 180 à 3 600 m^3/s selon saison) ; *Logone* 970 km (55 à 900 m^3/s). **Lac Tchad :** *1870 :* 24 000 km^2, 50 milliards de m^3. *1975 :* côtes 100 à 250 km, 10 000 à 25 000 km^2 selon saison ; prof. 2,20 m. *1994-mai :* longueur 40 km, largeur 30 km, 3 000 km^2, 3 milliards de m^3 ; prof. 1,50 m. *2000 :* 1 350 km^2. *Causes :* sécheresse, absence de grandes crues (50 km^3) depuis 1975, irrigation. *Assèchements précédents :* 1908, 1914 et 1940. *Projet :* Transaqua, liaison Oubangui-Chari par canal ou réseau de pompes.

■ **Population** (en millions d'hab.). *1999 :* 7,7 ; *2025 (prév.) :* 15 ; Européens 5 000 [dont *1 250 Français (1970 : 6 500)*], Libanais, Syriens. Arabes : 800 000 ; *2000 (est.) :* 7 270 000. **D.** 5,7. **Espérance de vie** (en 1999) : *h.* 45, *f.* 50. **Age :** *– de 15 ans :* 47,7 %, *+ de 64 ans :* 2,8 %. **Mortalité** *infantile :* 110 ‰ (en 1999). **Pop. urbaine** (en 1998) : 23 %. **Sida** (est. 1997) : 6 000 cas. **Réfugiés** (en 1999) : 20 000 au Soudan. **Langues.** *Officielles :* français, arabe dialectal (les arabophones du nord réclament l'arabe littéraire comme langue nationale et officielle) ; 169 langues et plusieurs dialectes. **Religions** (en %). Musulmans 44 (dans le Dar el-Islam au nord), chrétiens 33 [Dar es-Soudan au sud (1ers prêtres en 1930, 1er évêque en 1986)], animistes 23.

☞ *Toubous :* guerriers, musulmans. *Saras :* cultivateurs ou fonctionnaires, animistes, protestants ou catholiques.

■ **Villes** (en 1993). *N'Djamena* (« la Ville où l'on se repose », ex-*Fort-Lamy*) 530 965 hab., Sarh (ex-Fort-Moundou) 282 103, Archambault 193 753 (à 476 km), Abéché 187 936 (à 756 km).

■ **Histoire. Du IVe s. av. J.-C. au XVIIe apr. J.-C.** civilisation sao. Empires : **XIe-XIXe s.** islamisation. **800** *Kanem-Bornou* fondé (apogée XIIIe s.) autour du lac Tchad ; **XIVe-XVe s.** *Bornou* (rôle important. Souverain représenté au Kanem par l'alifa Mao). **XVIIe-XIXe s.** *Baguirmi* (Tchad central ; devient vassal du Ouaddaï en 1870) ; **XVIIe-XXe s.** *Ouaddaï* (battu par les Fr. en 1909) à l'est ; **1823** lac Tchad découvert. **1886-92** le Soudanais Rabah (1845-1900) traverse le sud. **1897** Émile Gentil (1866-1914), explorateur fr., part au Tchad. Le *Léon-Blot,* bateau à vapeur transporté à dos d'hommes est mis à l'eau sur le lac Tchad. 1er traité de protectorat avec Gaourang, sultan de Baguirmi. **1899**-*21-3* accord franco-britannique plaçant Aozou au Tchad. *-17-7 Niellim* (sur le Chari), le lieutenant de vaisseau Bretonnet et Gourang battus par Rabah. Bretonnet tué ainsi que tous les Français. 3 missions sont envoyées : Foureau-Lamy (d'Algérie), Joalland et Meynier (du Soudan) et Gentil. *-28-10 Kouno,* mission Gentil bat Rabah. **1900**-*21-4* jonction des 3 colonnes à Kousseri. *-22-4* attaquent résidence de Rabah : Lamy bat Rabah (tués). *-5-9* décret créant le « Territoire militaire des pays et protectorats du Tchad ». Baguirmi, Kanem, N'délé sont des « protectorats coloniaux » de droit interne. Partie du « Congo français » comprenant Gabon, Moyen Congo, Oubangui-Chari. **1906**-*11-2* sous l'autorité du gouverneur d'Oubangui-Chari. **1909**-*2-6* Abéché prise. **1910**-*1-3* Congo français prend le nom d'A.-É.F. (Afrique-Équatoriale française). *-9-11* Cel Moll encerclé par sultan de l'Ouaddaï et celui des Massalit (Moll et sultan massalit tués). **1911**-*22-10* l'Ouaddaï se rend à la France (sultan Doudmourrah). **1913**-*27-11* Cel Emmanuel Largeau (11-6-1867/27-3-1916) prend Ain Galakka (Borkou). *-1-12* Si Ahmed Chérif battu, *3-12* Faya prise. **1913**-*fin* Borkou soumis. **1913-17** le lieutenant-colonel Tilho reconnaît Borkou et Tibesti. **1920**-*17-3* colonie avec lieutenant-gouverneur civil. **1921-22** le lieutenant-colonel Grossard délimite la frontière franco-anglaise au Ouaddaï. **1928** introduction du coton. **1929** France réoccupe Tibesti. **1935**-*7-1 traité franco-italien de Rome* ; jamais ratifié en France [projet de loi autorisant le Pt de la Rép. à ratifier le traité : *22-3* Chambre (555 voix pour, 9 communistes contre) et *26-3* Sénat (285 contre 0)] ; en Italie, le *25-5* la Chambre des députés approuve à l'unanimité et le *29-5* le Sénat par 238 voix contre 7 : rectification de frontière avec Libye (alors italienne), en vertu des promesses faites à l'Italie en avril 1915 à Londres pour la décider à entrer dans la guerre ; l'Italie obtient une bande [114 000 km^2 dont les oasis d'Aozou, Yebbi Souma, Guezenti et Ouri ; tungstène à Yedi], la France conserve oasis de Wour, Bardaï, Tekro et salines de Gouro. Mussolini, insatisfait, refuse d'occuper les territoires cédés. **1938**-*17-12* le Cte Ciano (min. des Aff. étr. italien) dénonce traité, car instruments de ratification non échangés. **1940**-*26-8* ralliement à la France libre ; *Félix Éboué* (Cayenne 1884-1944) gouverneur. *-2-12* Cel Leclerc à Fort-Lamy. **1946**-*16-12* Gabriel Lisette fonde P. populaire tch. (PPT). **1955**-*10-8* « traité d'amitié et de bon voisinage » France-Libye ; l'accord Laval-Mussolini n'y figure pas. **1956** loi-cadre élargit pouvoirs de l'Ass. territoriale. **1957** création de Conseils du gouv. **1958**-*28-11* république, autonomie interne. **1959** *législatives :* PPT vainqueur. *Gabriel Lisette* (Puerto Bello, Panama 1919/2001) PM.

Indépendance. 1960-*11-8* **François Tombalbaye** (1918/13-4-1975 ; Sara Madjingaye, protestant), Pt. **1961** convention spéciale sur concours de la France pour maintien de l'ordre. **1962** 1 seul parti autorisé (PPT). **1963**-*sept.* répression : 100 †. **1964** les Fr. évacuent le BET (Borkou, Ennedi, Tibesti). **1965**-*janv.* le Nord (580 000 km^2), contrôlé par l'armée française, passe sous administration tchadienne. *-27-10* rébellion (région du Guéra et du Tibesti). **1966**-*22-6* Soudan, création du Front de libération nat. (Frolinat) avec Ibrahim Abatcha (qui sera livré par ses soldats contre 3 millions de F CFA et tué en 1968) et Dr Abba Siddick (né vers 1922). **1968**-*févr.* intervention française contre rébellion. **1971**-*août* coup d'État, échec ; Tchad rompt relations avec Libye. **1972**-*févr.* reprise relations. *-Août* Soudan n'aide plus les rebelles. *-28-8* Outel Bono (opposant) tué à Paris. *-Sept.* intervention directe française terminée. (*Bilan tués :* militaires fr. 39, tch. 200, civils tch. 400, « rebelles » 2 000. *Coût :* 200 millions de F.) *-Oct.* combats : plus de 140 †. **1973** Libye occupe bande d'Aozou que le Pt Tombalbaye lui aurait vendue (accord secret). **1974**-*21-4* Françoise Claustre ethnologue française, Dr Staewens (Allemand, libéré 11-6 contre 4 millions de F), sa femme († de ses blessures), Marc Combe (s'évadera 23-5-1975), enlevés à Bardaï (Tibesti) par rebelles toubous (chef Hissène Habré). Persécution des chrétiens refusant l'initiation aux rites du Yondo. **1975**-*4-4 Cdt Pierre Galopin*, négociateur envoyé à la demande du gouv. tch., exécuté par rebelles. *-13-4* coup d'État ; Tombalbaye tué. Putschistes du Gal Odingar libèrent **Gal Félix Malloum** (né 13-9-1932, chrétien, Sara Mbaye) qui devient Pt. *-Sept.* la France accepte de payer 10 millions de F pour Françoise Claustre. *-25-9* partie de la rançon remise à Habré qui exige des armes. *-27-9* le Tchad reproche à la France d'avoir cédé à Habré et demande départ des troupes françaises. *-Oct.* elles évacuent Sarh. **1976**-*5/6-3* PM Chirac au Tchad : « réconciliation ». Accord de coopération militaire et technique. *-13-4* attentat contre Malloum, échec. *-18-10* Habré se sépare de son adjoint Goukouni Oueddei (chef coutumier, dernier fils du *Derdei*) qu'il estime trop proche de la Libye ; retour progressif des troupes françaises. **1977** Frolinat contrôle centre et est ; Goukouni, soutenu par Libye, tient le Tibesti ; Habré, dans l'E., garde quelques hommes (et la rançon de Françoise Claustre). *-1-2* Françoise et Pierre Claustre (prisonnier depuis juillet 1976) libérés par Frolinat. *-1-4* coup d'État, échec. *-20-6* offensive du Frolinat dans le N. La France appuie Malloum. **1978**-*18-1* enlèvement d'un Fr. et d'un Suisse (libérés avril). *-Févr.* Frolinat prend Faya-Largeau. *-30-4* **Opération Tacaud** (intervention française). *-Août* affrontements au sein du Frolinat (30 † à Faya-Largeau). *-29-8* **Habré**, PM du gouv. de « réconciliation nat. », ne veut pas intégrer son armée (FAN : 1 000 h.) dans l'armée nationale (ANT : 4 000 h.). **1979**-*févr.* N'djamena, combats FAN/ANT ; intervention française pour évacuer 3 700 Fr. *-10/11-2* gouv. de réconciliation nat. *-15-2* Habré contrôle capitale. *-Mars* sudistes et FAT [Forces armées tchadiennes] (Malloum) se réfugient au sud (Moundou et Sarh). Affrontements (625 †). *-14-3* accord de Kano (Nigéria) [sauf Frolinat du Dr Abba Siddick] pour « cessez-le-feu et réconciliation ». Malloum et Habré démissionnent. *-23-3* **Goukouni Oueddei** (né 1944 ; musulman, Toubou, chef du Frolinat) Pt du Conseil d'État provisoire. Intervention libyenne et nigériane. Massacres (10 000 † ?). *-Avril* **Lol Mahamat Shoua** (né 15-6-1939 ; musulman, Kanembou) Pt. *-21-8* accord de Lagos entre 11 factions. **1980**-*févr.* reste 1 200 militaires fr. *-Mars* reprise des combats. FAN (Habré) contre Forces armées populaires [Goukouni, FAT du Cel Kamougué et Front d'action commune d'Ahmat Acyl]. *-26-4* Goukouni démet Habré. *-17-5* fin de l'évacuation française. *-15-6* accord de défense Libye-Goukouni. *-6-12* offensive contre Habré. *-14-12* Habré s'enfuit au Cameroun (80 000 réfugiés). Intervention libyenne : 5 000 militaires dont 3 500 Lib. et 1 500 de la Légion islamique (mercenaires), 150 experts est-allemands, des Cubains et des mercenaires italiens. *-15-12* victoire de Goukouni. **1981**-*6-1* accord : fusion Tchad-Libye. *-14-1* résolution de Lomé, 12 pays africains la condamnent. *-3-11* départ des Lib. (alors 10 000 h.). *-Nov.* envoi (décidé 10/11-2 à Nairobi par OUA) d'une force interafricaine (4 000 h. du Zaïre, Nigéria, Sénégal), mission se terminant 30-6-1982. *-Déc.* offensive des FAN d'Habré. **1982**-*févr.* ont reconquis 2/3 du pays. *-28-2* cessez-le-feu. *-7-6* FAN prennent N'Djamena. *-22-6* Goukouni s'exile en Algérie puis fuit au Cameroun. *-19-7* mort d'Ahmat Acyl (soutien de Libye). *-4-9* FAN du Sud reprennent pays tenu par Kamougué (chef des FAT). *-21-10* **El Hadj Hissène Habré** (né 1942), Pt. **1983**-*mai* combats dans le nord. *-24-6* Goukouni reprend Faya-Largeau aidé par Lib. *-30-7* troupes gouvernementales reprennent Faya ; aviation libyenne la bombarde. *-10-8* troupes gouvernementales l'évacuent. **Opération Manta** (intervention française) : 314 militaires envoyés à N'Djamena. *-28-8 :* 8 avions de combat (Jaguar et Mirage) soutiennent les 3 000 h. des forces françaises qui **1984**-*janv.* s'installent dans une « zone rouge » à la hauteur du 15e parallèle. *-25-1* un Jaguar fr. abattu (1 †) et un Mirage touché. *-7-4 :* 9 paras fr. tués (imprudence). *-16-9* accord franco-lib. sur retrait simultané. *-Nov.* les Lib. ne se retirent pas. *-10-11* départ des derniers éléments de la force Manta (bilan : 13 †). **1984-85** rébellion dans le sud (les Codos). **1985**-*1-4* rencontre avortée Habré/Goukouni à Bamako. *-Nov.* nombreux ralliements à Habré. **1986**-*10-2* offensive du GUNT (Gouvernement d'union nat. de transition) et des Lib. au sud du 16e parallèle. **Opération Épervier** (intervention française). *-16-2 :* 11 Jaguar fr. détruisent piste d'aviation d'Ouadi-Doum contrôlée par Libye. *-17-2 :* 1 Tupolev lib. sur piste d'aviation de N'Djamena. *-17-3* bilan des combats depuis 10-2, selon les FAN : 235 † du GUNT et 2 Lib., destruction du PC de la légion islamique, 186 prisonniers dont 5 Lib. ; 200 véhicules récupérés. *-Nov.* rapprochement Habré/Goukouni. *-18-11* Acheikh Ibn Omar remplace Goukouni à la tête du GUNT. *-11-12* Lib. attaquent Bardaï, Wour, Zouar. *-17-12 :* 2 Transall français parachutent 16 t de vivres, munitions, carburants aux partisans de Goukouni dans le Tibesti. *-20-12* contre-offensive tchadienne à Zouar (Lib. 400 †). **1987**-*2-1* à Fada (Lib. 784 †, 154 chars détruits ; Tch. 18 †). *-21-1* Zouar dégagé. *-22-3* Ouadi-Doum repris (1 269 Lib. †). *-23/26-3* Lib. évacuent Faya-Largeau. *-12/15-7* Habré en France. *-8-8* Tchad prend Aozou : 500 Lib. †, 100 Tch. †. *-28-8* Lib. reprennent Aozou. *-5-9* Tch. détruisent en Libye base de Maaten es-Sarra : 1 713 Lib. †, 65 Tch. †, 22 avions détruits. *-7-9 :* 2 Tupolev 22 lib. vont vers N'Djamena. 1 est abattu par les Fr. ; 1 bombarde Abéché : 2 †. *-11-9* cessez-le-feu. *-21/22-11* combats près du Soudan avec légion islamique libyenne. **1988**-*7-3* attaque lib. à Karkour : 20 Lib. †. *-1-5* Goukouni forme nouveau GUNT. Cel lib. Aftar et 30 officiers rejoignent Front nat. du salut lib. (opposition). *-Août* Libye se proclame neutre. *-3-10* relations diplomatiques Tchad/Libye reprises. *-19-11* réconciliation gouv./Acheikh Ibn Omar, chef du *Front nat. tchadien* (sera en mars 1989 min. des Relations extérieures). *-8-12* combats Tch./Légion islamique au sud-est de Gozbeida (122 légionnaires et 8 Tch. †). **1989**-*1-4* complot d'Idriss Déby échoue ; il s'échappe. Son frère Itno, min. de l'Intérieur, tué en détention (?). *-21-7* Bamako, rencontre Kadhafi/Habré. *-31-8* accord : passé 1 an, le « différend » sera porté devant Cour de La Haye. Retrait du nord de 7 000 à 8 000 soldats lib., libération de 2 000 prisonniers lib., 500 prisonniers, dont 3 Cels, sont dans l'opposition lib. en exil. *-16-10* combats dans le Darfour (ouest du Soudan) contre Légion islamique (2 000 h. ou plus ; chef : Déby) : 50 à 90 † selon Tchad, plus de 1 200 † selon maquisards. *-30-10* l'armée tchadienne fait 600 †. **1990**-*31-1* Jean-Paul II au Tchad. *-25-3* légion Déby attaque près de frontière soudanaise. *-4-4* victoire armée tch. (Légion islamique 330 †). *-2-7 législatives. -22-8* Rabat, rencontre Habré/Kadhafi. *-10/15/25-11* Déby, avec 2 000 h., bat 9 000 h. de l'armée. *-29-11* Abéché prise. *-1-12* Déby entre à N'Djamena ; Habré fuit au Cameroun puis au Sénégal. *-Déc.* cour criminelle créée pour juger Habré.

1990-*4-12* **Idriss Déby** [né 1952 ; Zogawa Bideyat, musulman, chef du MPS (Mouv. patriotique du salut, fondé 8-3-1990)], Pt. *-7-12* armée américaine évacue 200 des 700 soldats lib. ralliés à Habré. **1991**-*11-2* Déby en France. *-14-2* manif. à N'Djamena : 1 †. *-5-3* **Jean Alingué Bawoyeu** PM. *-11-6* Frolinat dissous. *-Sept.* gouv. accuse Habré, réfugié au Sénégal, de crimes contre l'humanité (1982-90 : 40 000 †) et fait geler ses avoirs à Dakar (2 milliards de F CFA). *-Oct.* N'Djamena : Zagawas (soutenant Déby) chassent Hadjerais, militaires attaquent dépôt d'armes (40 †). *-22-12* offensive rebelle : Mouv. pour la démocratie et le développement (MDD), 3 000 à 3 500 h. dont partisans d'Habré (Goranes réfugiés au Niger, ex-soldats des FAN, chef Goukouni Guet) et Forces armées occ. (FAO, chef Brahim Malla). **1992**-*1-1* prennent Bol et Liwa. *-3 au 7-1* renforts fr. (450 h. du 8e Rpima et du 2e REI plus 4 Jaguar). *-5-1* victoire armée tchadienne. *Bilan :* 400 rebelles et 25 militaires †. *-8/11-1 :* 50 personnes exécutées à N'Djamena (dont 4 officiers), dont dirigeant du RDP (Rassemblement pour la démocratie et le progrès). *-28-1/3-2* offensive rebelle, échoue (250 †). *-16-2* Joseph Behidi, vice-Pt de la Ligue des droits de l'homme, assassiné. *-18-2* grève générale. *-21-2* militaires attaquent commissariat (13 †). *-Mars* Goukouni Guet exécuté. *-15-4* branche du Frolinat rejoint MPS. *-20-5* **Joseph Yodoyman** (1950/22-11-1993) PM. *-1/7-6 :* 164 rebelles tués. *-24-6* Libreville, accord Gouv./MDD. *-1-12* Goukouni à N'Djamena. *-15-12* Déby en France. *-19-12* Cameroun, Abbas Koty arrêté en voulant lancer offensive. **1993**-*23-1* putsch échoue. *-15-1/7-4* Conférence nationale souveraine. Élection d'un **Conseil supérieur de la transition (CST). Fidèle Moungar**, nommé PM par la Conférence, partage pouvoir exécutif avec Déby. *-15-4* accord de paix gouv./Koty, réfugié à Tripoli. *-5-8 :* 130 † dans le N.-E. *-8-8* N'Djamena, affrontements nordistes/forces de l'ordre : 41 †. *-17-8* Koty rentre à N'Djamena. *-22-9* abattu lors de son arrestation. *-28-10* Moungar renversé. *-6-11* **Delwa Kassire Koumakoye** PM. **1994**-*23-1* Front nat. du Tchad attaque Abéché : 201 †. *-3-2* Cour internationale de justice attribue au Tchad la bande d'Aozou. *Accrochages armée/rebelles. -12-8* FARF (Forces armées pour la Rép. fédérale) à Moundou : 9 †. *-12/14-8* dissidents du CSNPD (Comité de sursaut nat. pour la paix et la démocratie, sudiste) : 26 †. *-31-8* Moïse Kette, chef CSNPD, abandonne lutte armée. **1995**-*10-4* **Djimasta Koibla** (né 1950) PM. **1996**-*31-3 référendum* pour Constitution (61,46 %). *-2-6 présidentielle,* 1er tour : Déby 43,8 %, Abdelkader Wadal Kamougue (leader sudiste) 12,39 %. *-30-6 :* 2e tour : Déby 69,09 %, réélu Pt. *-12/14-10* Déby en France. Famine. **1997**-*16-5* **Nassour Guelendouksla Ouado** (né 1947) PM. *-30-10* affrontements (armée/FARF) à Moundou (100 †). **1998**-*30-4/3-5* visite de Kadhafi. *-8-5* accord avec FARF. *-Sept.* intervention au Congo dém.. *-Oct.* Tibesti : rebellion de Youssef Togoïmi [Toubou, ancien ministre de la Défense, dirigeant du MDJT (Mouvement pour la démocratie et la justice au T.), créé oct. 1998]. **1999**-*9-9 Syrte* (Lybie) rencontre Déby/Togoïmi, échec. *-2-11* Omou, attaque rebelle, 200 †. *-20-11* idem région d'Aozou, 80 †. *-12-12* **Nagoum Yamassoum** PM. **2000**-*25-1* Dakar, dépôt d'une plainte par l'Association des victimes des crimes et répressions politiques (AVCMP) au T. et par 7 Tchadiens contre Hissène Habré, qui y réside depuis 1990, pour torture et crime contre l'humanité (40 000 victimes). *-3-2* inculpé de complicité d'acte de torture par un juge du Sénégal (procédure annulée). *-2-3* expulsion de l'ambassadeur de France. **2001**-*20-3* Cour de cassation de Dakar : Habré ne peut être jugé au Sénégal ; *-7-4* déclaré indésirable, a un mois pour quitter le pays. *-20-5* Déby réélu (67,17 % des voix) devant 6 autres candidats dont Ngarleji Yorongar [(13,94 %), parti fédéraliste], Saleh Kebzaboh (6,5 %), Wadal Abdel Kamougué (5,13 %) ; nombreuses fraudes.

■ **Statut.** *République.* **Constitution** de 1996. **Conseil supérieur de la transition (CST) :** 57 membres, depuis 6-4-1993. **Assemblée nationale :** 125 membres élus au suffrage universel pour 4 ans. Multipartisme depuis 1992. **Élections des 5-1 et 23-2-1997 :** Mouvement patriotique du salut

(MPS) 65 sièges, Union pour le renouveau de la démocratie (URD) 29, Union pour la démocratie et le renouveau (UNDR) 15. **Inspections territoriales :** 5. **Préfectures :** 14.

■ **Fête nationale.** 11-8 (indépendance). **Drapeau** (adopté 6-11-1959). Bandes verticales bleue (ciel et eau), jaune (soleil et désert), rouge (sacrifice nat.). **Armée nationale.** 22 000 hommes (en 1997).

☞ **Dispositif Épervier** (assistance française). Déc. 1990 : 2 500 h. [dont à N'Djamena : 1 500, à Abéché : 300 depuis 15-2-1986 (à la suite de l'offensive libyenne)]. *Matériel :* N'Djamena : 7 Mirage F 1, 4 Transall, 1 C-135, 4 hélicoptères Puma, missiles Crotale. Couverture aérienne retirée en avril 1992 ; Abéché : blindés légers. *Effectifs prépositionnés en 1999 :* 945 h.

■ **Économie.** **PNB** (en 1999) : 210 $ par hab. **Population active** (en %) **et**, entre parenthèses, **part du PNB** (en %) : agr. 60 (44), ind. 10 (21), services 30 (35). **Inflation** (en %) : *1998 :* 615. **Budget annuel :** 230 millions de $. 80 % de la pop. vivent avec moins d'1 dollar/j. **Dette extérieure** (en millions de $, 1998) : 1 100. **Aide de la France** (en millions de F) : *1986 :* aide civile 400, force Épervier 1 500 ; *97 :* 317 (dont militaire 75) ; *98 :* 353. **Agriculture.** **Terres** (en milliers d'ha, 1979) : cultivées 3 150, pâturages 45 000, forêts 20 580, eaux 2 480, divers 57 190. **Production** (en milliers de t, 1999) : millet 366, sorgho 352, canne à sucre 280, arachides 245, manioc 195, maïs 173, coton 103 (en 1998), riz 100, légumineuses 22, tabac, gomme arabique. **Élevage** (en milliers de têtes, 1999). Bovins 5 582, poulets 4 000, chèvres 3 271, moutons 2 432, chameaux 677, ânes 252, chevaux 218. **Pêche** (en 1997). 85 000 t. **Mines.** Uranium, cassitérite, wolfram, or, bauxite, fer, natron (carbonate de soude) du lac Tchad. **Énergie.** **Pétrole :** *réserves* 1 000 millions de t ; à Sedigné (lac Tchad) et Doba (dans le sud 300 puits), exploitation prévue en 2000-2001, oléoduc de 1 070 km vers plate-forme off-shore camerounaise de Kribi/1re pierre posée 18-10-2000). Revenus anuels prévus : 125 millions de $. **Tourisme.** 25 000 visiteurs (en 1997).

■ **Commerce** (en millions de $). **Export./import. :** *1998 :* 261/356 ; *99 :* 202/317 (*exporte* coton, animaux, viande, cuirs et peaux *vers* Portugal, All., Afr. du Sud, *France*).

■ **Rang dans le monde** (en 1999). 12e p. de t.. 20e coton.

TCHÈQUE (RÉPUBLIQUE)

V. légende p. 950.

☞ *Abréviations :* T. : Tchécoslovaquie ; Tchéc., tchéc. : Tchécoslovaques, tchécoslovaque(s).

■ **Nom.** En tchèque *Cechy* (substantif pluriel) pour Bohême. **Situation.** Europe. **Superficie :** 78 864 km² [Bohême 52 769 : massifs entourant des plateaux (*alt. maximale :* Snezka 1 602 m dans les monts des Géants) ; Moravie 26 095]. **Frontières** (en km) : All. 646, Pologne 658, Autriche 362, Slovaquie 215. **Altitude** *maximale :* pic Gerlach 2 655 m. **Climat.** Tempéré presque continental : – 1,6 °C en janvier, + 19,4 °C en juillet (Brno). *Pluies :* 400 mm à 1 700 mm dans les montagnes. *Été* froid et pluvieux (si vents d'ouest) ou sec et chaud (si vents d'est).

■ **Population** (en millions d'hab.). *1995 :* 10,33 ; *99 :* 10,3 ; *2000 (est.) :* 10,19 ; *2025 (prév.) :* 10,2. **D.** 131. **Taux** (en ‰, 1999) : *mariages* 5,2 et *divorces* 3 (en 1996), *natalité* 9, *mortalité* 11. **Espérance de vie** (en 1998) : 74 ans. **Pop. urbaine** (en 1998) : 66 %. **Langues** (en %, 1998). Tchèque 81, morave et silésien 13,7, slovaque 3,1, polonais 0,6, allemand 0,5, divers 0,9. *Recensement suivant la langue maternelle* (en %, 1930) : Tchèques et Slovaques 66,91 %, Allemands 22,32, Hongrois 4,78, Ukrainiens (Ruthènes) 3,79, Polonais 0,57, juifs 1,29.

☞ En 1992, 2 850 000 Allemands des *Sudètes* [(ou descendants des expulsés de 1945-46) dont en ex-RFA 2 000 000, ex-RDA 700 000, Autriche 150 000] ont estimé avoir perdu 260 milliards de marks (1 000 milliards de F).

■ **Religions.** **Recensement de mars 1991** (en %) : sur 10 298 000 h. sans religion 39,94, catholiques romains 39,04, protestants 2,47, tchécoslovaques-hussites 1,70, autres chrétiens 0,50, non-chrétiens 0,20, sans réponse 16,16. *Vieille-catholique* [tradition hussite de Jan Rokycana († 1471)] *Tchécoslovaque hussite :* fondée 1919, appelée hussite en 1972 ; renoue avec les traditions utraquistes : communion sous les 2 espèces, liturgie en tchèque, pas de célibat dans le clergé [300 pasteurs (40 % de femmes)]. *De 1950 à 1990, Église clandestine :* environ 260 prêtres (dont 80 mariés) et 20 évêques (dont 8 mariés) ordonnés clandestinement ; beaucoup (dont 1 femme évêque) ordonnés par Félix Davidek (1921-88). *Juifs :* 3 000 à 15 000 (86 000 en 1938 dont 40 000 à Prague).

☞ **Saints Patrons :** Vencelas, Ludmila (veuve du Pce Borivoz tuée 15-9-921 par des Vikings au service de Drahomira, veuve de Vratislas Ier), Adalbert (2e évêque de Prague), Procope (canonisé 1204).

■ **Villes** (au 1-1-1999). *Prague* 1 993 270 hab., Brno 383 727, Ostrava 322 111, Plzen 168 422, Olomouc 103 372, Hradec Králové (ex-Königgrätz) 99 323, Ceské Budejovice 99 347, Karlovy Vary (ex-Karlsbad) 55 000.

■ HISTOIRE

■ **Av. J.-C.** **IIIe s.** régions tchèques et slovaques occupées par des Celtes (Boïens en Bohême) ; civilisation d'Unetice (bronze). **IIe s.** invasion des Marcomans (Germains occidentaux) ; Celtes se réfugient en Bavière (Boaria). **Apr. J.-C.** **IIe s.** contacts étroits entre Marcomans et Romains de Norique et Pannonie (guerres, puis échanges commerciaux). **IVe s.** Marcomans remplacés par Quades (Germains orientaux). **Ve s.** Lombards repoussent Celtes vers l'ouest. Tchèques occupent Bohême et Moravie. **VIe s.** Slaves chassent Lombards, duché slave (tchèque). **627-662** Samo († 658) crée État slave indépendant. **IXe s.** **830** Mojmir Ier. Ptés de Morava ; il y rattache Nitra formant Empire de Grande Moravie. **840** Pribina de Nitra (Slovaquie du sud) dirige les 2 principautés unies en un État chrétien (converti par St Cyrille et St Méthode, 863-865). **864** attaque de Louis le Germanique, allié aux Bulgares pris à revers par Byzance. Grande Moravie sous tutelle germanique. **869** *Svätopluk*, imposé par Germains, se retourne contre eux. **874** battu, reconnaît souveraineté de Louis le Germanique. **880** obtient protection du pape (bulle *Industriae tuae).* **894** Germains et Magyars provoquent chute Grande Moravie. **905-07** **Arpad**, roi des Magyars, écrase Moraves et assujettit tribus slaves.

Dynastie des Prémyslides (905-21). Fondée par **Vratislav Ier.** **924** **Venceslas** (Vaclav) (vers 907/28-9-929), son fils, duc, vénéré depuis comme saint patron. **929** se reconnaît vassal de Henri Ier l'Oiseleur. *-28-9* assassiné par son frère Boleslav Ier. **929** **Boleslav Ier** († 967). **950** vassal d'Othon Ier. **955**-*10-8* poussée magyare arrêtée. **967** **Boleslav II** († 999), son fils. **995** Librice, fait massacrer la famille Slavnikida (qui contrôlait Bohême Est et Sud-Est). **999** **Boleslav III le Roux** († 1037), son fils. **1003** prisonnier de Boleslas Ier de Pologne qui le fait aveugler ; meurt prisonnier. **1003** **Vladivoy** († 1034). **1034** **Bretislav Ier,** petit-fils de Boleslav II, unit Bohême et Moravie. **1055** **Spithnjev,** son fils. **1061** **Vratislav II,** son frère. **1085** couronné roi de Bohême à titre viager par l'empereur Henri IV. **1092** **Bretislav II.** **1100** **Borivoz II.** **1107** **Svätopluk.** **1109** **Ladislas Ier** († 1125). **1125** **Sobjislav.** **1140** **Ladislas II** († 1173), fils de Ladislas Ier. **1158** élu roi à vie. **1173-1198** anarchie. **1198** roi héréditaire. **1198** **Ladislas III** († 1222) duc de Bohême, fils de Ladislas II, abdique en faveur de son frère Ottokar. **1212** **Ottokar** ou (**Otakar**) **Ier** († 15-12-1230) reçoit titre de roi de Frédéric II de Hohenstaufen (« bulle d'or » de Sicile) ; bien que non allemand, est l'un des 7 Électeurs du St Empire. **1230** **Vaclav Ier,** son fils. **1253** **Ottokar II** (1230-78), fils d'Ottokar Ier. **1273** Rodolphe de Habsbourg élu empereur contre lui. **1278**-*26-8* Ottokar II meurt à Dürnkrut en tentant de prendre Vienne. **1283** **Venceslas II** élu (1300 roi de Pologne), ne parvient pas à faire proclamer son fils roi de Hongrie sous le nom de Ladislav V ; roy. prospère (mines d'argent de Kutna Hora).

Dynastie des Luxembourg. **1310** **Jean de Luxembourg** (né 1296, aveugle 1339, combat du côté français à Crécy où il est tué le 26-8-1346), fils de l'empereur Henri VII, roi de Bohême par mariage avec Élisabeth, sœur de Venceslas. **1335** acquiert Silésie en échange de sa renonciation au titre de roi de Pologne. **1338** bourgeois de Prague autorisés à construire un hôtel de ville. **1344** archevêché de Prague créé. **1346** **Charles IV** (1316/29-11-1378), fils de Jean de Luxembourg, empereur du St Empire, roi de Bohême. Le tchèque devient langue officielle. **1348** université de Prague fondée. **1356** statut autonome du roy. de Bohême confirmé (« bulle d'or » de Charles IV), « Couronne de St-Venceslas ». **1363** **Venceslas IV** (26-2-1361/16-8-1419), fils de Charles IV, couronné roi de Bohême du vivant de son père, élu empereur 1378 après la mort de celui-ci. **1410-15** favorable aux hussistes. **1415**-*6-7* *Jan Hus* (né 1370) condamné pour hérésie par le concile de Constance (réuni depuis 1414), brûlé vif. **1419**-*30-7 : 1re défenestration de Prague :* membres de la municipalité jetés par les fenêtres de l'hôtel de ville par le peuple de Prague mené par Jean Zelivsky, ancien moine lié aux millénaristes du mouvement Tabor. *-16-8* Venceslas, meurt. **Sigismond,** son frère, élu empereur, roi de Bohême. **1420-21-22-27-31** croisades du pape et de Sigismond contre hussites [dont Jean Zizka († 11-10-1424), prêtre Procope le Grand]. **1434** *-30-5 Lipany*, défaite armées hussites.

Dynastie des Habsbourg. **1437** **Albert II de Habsbourg** (1397-1439), roi d'All. et de Hongrie, élu roi de Bohême. **1440** **Ladislas II le Posthume** (22-2-1440/23-11-1458, roi de Hongrie 1444-57), fils d'Albert II retenu par son oncle l'empereur Frédéric III jusqu'en 1452. **1453** couronné à Prague ; s'appuie sur **Georges de Podiebrady** (23-4-1420/22-3-1471), partisan des hussites, élu 1458 roi de Bohême (1er roi national).

Dynastie des Jagellon (polonaise). **1471** **Ladislas II** (1456/13-3-1516), fils du roi Casimir IV de Pologne ; roi de Hongrie (Ladislas VI 1492-1516). **1485** paix religieuse de *Kutna Hora* (distingue foi religieuse des fidèles de celle de leurs seigneurs). **1515** accords de Vienne Jagellon/Habsbourg. **1516** **Louis II** (1506/26-8-1526, Mohacs), fils de Ladislas II.

Dynastie des Habsbourg **(1526-1918)** avec **Ferdinand Ier** qui a épousé Anna Jagellon. **1547**-*7-7* défaite des États tchèques ; villes perdent leur admin. autonome. Fin autonomie Égl. calixtine. **1564** **Maximilien II** (d'Autriche) ; monarchie bohémienne héréditaire dans famille Habsbourg. **1576** **Rudolf II** (d'Autriche). **1611** **Matthias II.** **1617** **Ferdinand II** (d'Autriche) déposé. **1618**-*23-5 : 2e défenestration de Prague :* Matthias a révoqué la « lettre de Majesté » de 1609 garantissant les libertés religieuses des protestants de Bohême ; les mécontents, menés par le Cte de Thurn, vont au palais du Hradschin réclamer justice aux gouverneurs impériaux. Ceux-ci demandent un délai. Les mécontents jettent par la fenêtre les gouverneurs Slavata et Martinic et leur secrétaire Fabricius (ceux-ci n'ont que quelques contusions mais cela déclenche la guerre de Trente Ans). **1619**-*26-8* **Frédéric,** Électeur du Palatinat, élu roi par les rebelles protestants. *-Nov.* couronné. **1620**-*8-11* à *la Montagne Blanche* les Impériaux [Jean T'serclaers, Cte Tilly (1559-1632), Wallon] battent les protestants tchèques (2 000 †) ; la Bohême sera province de l'empire d'Autriche et recatholicisée [de 90 % de protestants à moins de 10 % ; émigration des nobles vers All., des intellectuels, notamment Comenius (1592-1670), vers P.-Bas]. *-Nov.* **Ferdinand II.** **1627** « Constitution du pays renouvelé » : égalité Allemands/Tchèques. **1648** *paix de Westphalie* maintenant Bohême et Moravie parmi États cath. **1784** 4 villes de Prague unifiées. **1838** *Histoire de la Bohême* de Palacky publiée. *-2/12-6* Prague, *1er congrès panslave.* *-Juillet* Parlement élu au suffrage univ. direct. *-7-9* droits féodaux abolis avec indemnisation. **1848-60** répression. **1860**-*oct.* diplôme rétablissant constitutions particulières et régime censitaire. **1867** début émigration USA. **1869** firme *Skoda* créée. **1874**-*25-12* P. Jeunes-Tchèques créé. **1876** début tentative magyarisation au sud ; langue limitée à l'enseignement primaire. **1878** P. ouvrier social-démocrate créé. **1882** langue tchèque, même statut que l'allemand (difficultés avec minorité allemande : suspension) ; université tchèque restaurée. **1896** émeutes. **1907**-*26-1* suffrage univ. en Bohême. **1911** élections : P. agrarien domine (P. social-démocrate 37 % des voix). **1914-18** régiments tchèques sur front russe et dans armées alliées. **1915** *Masaryk,* chef de la résistance anti-autrichienne, crée gouv. tchèque en exil à Paris (secr. gén. Edvard Beneš). **1917** recrute armée tchèque dans les camps de prisonniers autrichiens en Sibérie. **1918**-*29-6* Fr. reconnaît Conseil nat. tchèque. *-14-10* gouv. provisoire. *-18-10* proclame *indépendance* à Washington. *-28-10* à Prague.

République. **1918**-*14-11* **Tomás Masaryk** (7-3-1850/14-9-1937), Pt provisoire. *-31-11* **Karel Kramar** (1860-1937), P. Jeunes-Tchèques, PM. *-Déc.* Masaryk élu Pt de la Rép. ; sécession des Allemands des Sudètes réprimée (pop. en % : Tchèques et Slovaques 65,5, Allemands 23,4, Hongrois 5,7, Ukrainiens 3,4, d'origine juive 1,3, Polonais 0,6). **1919**-*27-4/4-7* conflit avec Hongrie. *-8-5* a sous mandat l'Ukraine subcarpatique. *-26-5* Gal Pellé (Fr.) chef d'état-major et commandant en chef jusqu'au 26-10. *-Juin* **Vlastimil Tusar,** social-démocrate, PM. *-28-9 (au 30-11-1920)* légions tchèques de Russie évacuent la Russie. **1920**-*29-2* constitution : régime parlementaire bicaméral (environ 20 partis). *-4-6 traité de Trianon* avec Hongrie. *-14-8* création de la « *Petite Entente* », appuyée par la Fr. en 1922 [alliance avec Youg. (Roumanie adhère juin 1921), traité de non-agression avec URSS 4-7-1933, défection yougoslave 1936]. *-Sept.* **Jan Cerny** PM. **1921**-*26-9* **Edvard Beneš,** socialiste-national, PM. **1922**-*oct.* **Antonin Svehla**, agrarien, PM. **1924**-*25-1* accord franco-tchéc. (1925 : promesse d'assistance militaire). **1926**-*mars* **Jan Cerny** PM. *-Oct.* **Antonin Svehla** PM. **1929**-*7-12* **Frantisek Udrzal** PM. **1929-33** production industrielle : – 40 %. **1930** recensement : 14 729 536 hab. dont Tchécoslovaques 9 688 770, Allemands 3 231 688, Hongrois 691 923, Ruthènes 549 169, Polonais 81 737, autres pays 49 636, Slovaques 3 400 000, Juifs 186 642. **1932**-*oct.* **Jan Malypetr** PM. **1933** 1 200 000 chômeurs. **1935**-*16-5* alliance avec URSS. *-Nov.* **Milan Hodza** (1878-1944), agrarien, PM.

1935 *-18-12* **Edvard Beneš** (28-5-1884/3-9-1948) Pt de la Rép. **1938**-*20-5* mobilisation. *-21-5 Cheb (Eger) :* 2 Sudètes tués par policier tchèque à un poste-frontière. *-22/29-5 municipales :* Konrad Henlein (né 1898) 67 % des voix dans les Sudètes. *-1/2-9* entrevue Hitler/Henlein à Berchtesgaden. *-6-9* gouv. établit projet en 9 points. *-9-9* nouveau plan publié. *-13-9* incidents dans les Sudètes : 7 † (état de siège). *-16-9* Henlein et chefs des Sudètes réfugiés en Allemagne.-*21-9* **Gal Jan Syrovy** (né 1888, arrêté par Russes 1945, † en prison 1957) PM. *-23-9* mobilisation générale en T. *-24-9* All. donne 6 jours à la T. pour évacuer les Sudètes. *-29-9 Conférence de Munich* (Hitler/Mussolini/Chamberlain/Daladier) impose à la T. la cession des Sudètes (30 000 km^2, 3 000 000 d'hab.). *-30-9* T. accepte. *-1-10* Pologne prend Tesin (en allemand : *Teschen*) [1 270 km^2, 28 600 hab.]. *-5-10* Beneš démissionne (le 22-10 part pour G.-B., USA, Fr. ; est à Londres en 1940). *-6-10* Slovaquie autonome [PM Mgr Joseph Tiso (1887-1947)]. *-8/26-10* Ruthénie autonome renommée Ukraine subcarpatique. *-14-10* accord de principe Tchèques/Slovaques pour régime dualiste. *-20-10/2-11* Slovaquie du Sud et sud de l'Ukraine subcarpatique cédés à Hongrie. Arbitrage de Vienne (Ribbentrop-Ciano) au bénéfice de la Hongrie. La T. a perdu 41 098 km^2 et 4 876 000 hab. depuis le 1-10. *-5-11* **Milan Hodza** PM.

■ **Tchéco-Slovaquie.** **1938**-*30-11* Émil Hácha (12-7-1872/10-5-1945 en prison) élu Pt de la Rép. **Rudolf Beran,** agrarien, PM.**1939**-*9-3* gouv. destitue le gouv. autonome slovaque de Mgr Tiso pour action séparatiste. *-13-3* Mgr Tiso part pour Berlin. L'All. exige octroi du droit de libre détermination à la Slovaquie. *-14-3* la Diète slovaque proclame l'indépendance de l'État slovaque (voir p. 1254 b). Hongrois occupent Ukraine subcarpatique. *-15-3* occupation allemande. *-16-3* Hitler nomme Hácha Pt d'État du *protectorat de Bohême-Moravie*. *-21-3* Bon Constantin **von Neurath** (1873-1956) protecteur du Reich en Bohême-Moravie ; Sénat et Chambre tchéc. dissous. *-23-3 traité de protection* Allemagne/Slovaquie. *-31-3* armée tchéc. licenciée. *-28-10* manif. fête nat. : 9 blessés (dont 1 étudiant : Jan Opletal, † le 11-11 de ses blessures). *-17-11* universités fermées, 9 leaders étudiants exécutés, déportation de plusieurs centaines. **1940**-*9-7 Comité national* (Pt : Edvard Beneš ; chef du gouvernement : Mgr Jan Sramek), reconnu par Paris et Londres en nov. et déc. 1939, assure continuité tchéc. en G.-B. **1941**-*18-7* traité d'alliance Beneš/URSS. *-27-9* **Reinhardt Heydrich** (né 7-3-1904) nommé protecteur du Reich (remplace PM von Neurath). *-28-9 Prague :* attentat contre Heydrich ; proclame état de siège. *-16-10* transport de juifs de Prague à Łódź. **1942**-*27-5* Heydrich, blessé par commando parachuté (dont Jan Kubis qui lance une grenade sur la voiture, et Josef Gabuk) meurt 4-6 de septicémie : représailles allemandes (10 000 Tchèques seront déportés, 1 500 exécutés). *-Mai* **Gal Daluege** protecteur. *-Juin* 2 villages rasés par les Allemands croyant qu'un des auteurs de l'attentat en est originaire : le 10, Lidice (184 hommes massacrés et 235 femmes déportées) et le 24, Lezaky. *-19-6* dénoncés, 7 commandos seront cernés dans une église refuge et tués (les SS auront 14 †). Alors Gal Elias, PM, exécuté. **1943**-*24-8* Wilhelm Frick (12-3-1877/pendu à Nuremberg 16-10-1946) protecteur de Bohême-Moravie. **1944**-*25-8* début du soulèvement national slovaque. **Du 24-11-1941 au 5-5-1945 :** 139 654, principalement juifs, incarcérés à Terezin [33 419 y sont morts, 86 934 ont été déportés vers les camps d'extermination (Auschwitz), 17 320 s'en sortiront].

1945 *-mars* **Edvard Beneš** rentre à Prague ; **Jan Sramek** PM. *-janv.* Russes libèrent Slovaquie orientale. *-3-4 Zdenek Fierlinger* (1891-1976) Pt du Parti social-démocrate. *-4-4* Pt du gouv. de Front national. *-8-4* Russes arrivent à la frontière polono-tchéc. *-21-4* Américains (du Gal Patton) entrent en T. *-Avril* **Zdenek Fierlinger** PM. Fusion du gouv. Beneš émigré à Londres en juillet 1940 et du mouv. émigré en URSS, 4 partis tchéc. représentés (socialiste, social-démocrate, communiste, populiste) et 2 partis slovaques (démocrate, communiste). *-5-5* soulèvement de Prague 4 j avant arrivée des Russes. *-9-5* Prague libérée, IIe Rép proclamée. *-Juin* Pologne restitue Teschen. *-29-6* Ruthénie subcarpatique (confiée en mandat en 1919) cédée à URSS (environ 750 000 hab.). *-24-10* mines, industries, banques par actions, assurances et ind. alimentaire nationalisées. **1946**-*25-1* : 1er transport d'Allemands : 2 170 000 seront expulsés de Tchécoslovaquie. *-26-5* élect. Ass. constituante. *Pays tchèques :* PCT 40,17 % des voix, socialistes-nationaux 23,66, populistes 20,23, sociaux-démocrates 15,59. *Slovaquie :* P. démocratique 61,43, PCS 30,48, P. de la liberté 4,2, P. du travail 3,11. Élus : marxistes 152 dont communistes tchèques 93, sociaux-démocrates tchèques 36, slovaques 21, travaillistes slovaques 2, non-marxistes 148 dont socialistes-nationaux 55, populistes slovaques 47, démocrates 43, parti « Liberté slovaque ». Gouv. de coalition formé par le communiste **Klement Gottwald**.

1946-*18-6* **Edvard Beneš** élu Pt de la Rép. *-Juillet. Gottwald* Pt du gouv. fédéral. **1947**-*juillet* le gouv. accepte à l'unanimité le plan Marshall. Staline l'oblige à refuser. *Sécheresse :* récolte de 40 % moins abondante qu'avant guerre, rations alimentaires diminuées (beaucoup accusent les communistes qui détiennent la plus grande part du pouvoir). *-Nov.* congrès du P. social-démocrate, Pt Fierlinger et aile gauche battus. *Nouveau Pt :* Bohumil Lausman ; le PC renforce ses positions ; le min. de l'Intérieur et le min. de la Défense Gal Ludvík Svoboda (officiellement « sans parti ») sont communistes. **1948**-*7-1* expropriation des terres au-delà de 150 ha cultivés. *-13-2* les ministres socialistes-nationaux et populistes demandent au min. de l'Intérieur (communiste) d'annuler la nomination de 8 commissaires de police communistes. *-17-2* les communistes font pression sur les démocrates (mouvements de masse). *-20-2 :* 12 ministres de 3 partis (socialiste-national, chrétien-démocrate et démocrate-slovaque) démissionnent. Il reste la majorité des sociaux-démocrates et des « sans-parti » (14 en tout). *-21-2* manif. communiste. *-24-2* grève générale de 1 h. *-25-2* **coup de Prague :** Beneš, persuadé par les communistes qu'une guerre civile menacerait s'il refusait les démissions des ministres, accepte et approuve la composition d'un nouveau gouv. Gottwald (en majorité communiste) ; Jan Masaryk reste min. des Aff. étr. *-9-3* il tombe d'une fenêtre (suicide ?). *-28-4* nouvelles nationalisations (commerce en gros, construction, commerce extérieur et toute entreprise de plus de 50 employés). *-9-5* nouvelle *Constitution. -30-5 élections :* liste gouvernementale unique 89 % des voix. *-7-6* Beneš démissionne († 3-9-1948). *-22-6* le Gal Pika est pendu.

1948-*14-6* **Klement Gottwald** (23-11-1896/14-3-1953) Pt, **Antonín Zápotocký** PM. Nombreuses personnalités religieuses condamnées. **1949**-*1-1 :* 1er plan quinquennal. *-Juin* pour détruire l'influence de l'Égl. cath. (archevêque Mgr Beran), le gouv. fonde comité d'action cath. *-20-6* pape excommunie supporters des communistes. **1950** nombreux procès [3 types : « ennemis du peuple » (Mme Horakova, Z. Kalandra) ; nationalistes slovaques (Clementis, Husák) ; « agents du sionisme » (Slánský)]. 12 exécutions [dont 3-12-1952 Slánský (vice-Pt, PM), Vladimir Clementis (min. des Aff. étr.)]. **1953**-*14-3* Gottwald meurt.

1953-*21-3* **Antonín Zápotocký** (1884/17-11-1957) Pt. *-Mars* **Viliam Široký** (1902-71) PM. *-7-8* émeutes contre réforme monétaire du 30-5.

1957-*13-11* **Antonín Novotný** (10-12-1904/28-1-1975) Pt. **1961** difficultés économiques. **1962** Slánský et Clementis réhabilités ; Barak, min. de l'Intérieur, incarcéré. Restes de Gottwald transférés hors de son mausolée (Mt Vitkov) de Prague. **1963** conférence de Liblice : œuvre de Kafka réhabilitée. *-Sept.* **Joseph Lenárt** (né 3-4-1923) PM. **1968**-*5-1* Alexander Dubček, 1er secr. du PC, remplace Novotný. *-22-3* Novotný démissionne sur ordre de l'Ass. nat.

1968-*6-4* **Gal Ludvík Svoboda** (25-11-1895/20-9-1979) élu Pt. *-Avril* **Oldrich Cernik** (né 27-10-1921) PM. **« printemps de Prague »,** programme libéral. *-30-5/30-6* manœuvres du pacte de Varsovie, dernières troupes soviétiques partent 3-8. *-Juillet* pression soviétique sur Dubček pour restreindre libéralisme. *-29-7* Politburo soviétique arrive à Cierna. *-9/11-8* Tito et *-15-8* Ceaușescu en T. pour soutenir Dubček. *-21-8* membres du Comité central et du gouv. arrêtés et emmenés à Moscou ; intervention étrangère (20 000 puis 650 000 Soviétiques, Polonais, Hongrois, Allemands de l'Est, Bulgares) : *opération Danube :* 1er échelon 165 000 h., 4 600 chars ; 5 j plus tard, 400 000 h., 6 300 chars, 800 avions, 2 000 canons + unités de police et officiers du KGB. Les représentants des 5 États du traité de Varsovie constatent que la « contre-révolution » en T. menace le régime socialiste et qu'il est impossible de résoudre le problème en ayant seulement recours aux moyens politiques. [Sur 90 PC du monde, 11 approuvent (URSS, Pologne, Hongrie, All. dém., Bulgarie, Nord-Viêt Nam, Corée du Nord, Mongolie, Colombie, Chili, Syrie), le PCF désapprouve]. *-27-8* Dubček et Svoboda vont à Moscou pour obtenir la libération des ministres prisonniers, en échange de concessions : stationnement « temporaire » en T. des troupes russes, annulation de plusieurs réformes. *-13-10* censure préventive. *-16-10* accord sur stationnement des troupes étrangères. **1969**-*1-1* T. *devient État fédéral* (sigle CSSR) regroupant État slovaque et État tchèque (Bohême et Moravie). *-16-1* Jan Palach (étudiant, né 11-8-1948) s'immole par le feu sur la place Venceslas pour protester contre occupation soviétique ; *-19-1* obsèques. *-25-1* manif. d'unité nationale ; Jan Zajic, étudiant, s'immole par le feu. *-28-3* Tchéc. battent Russes au hockey. *-6-4* praesidium du PC « blanchit » 10 anciens dirigeants accusés de collaboration et de trahison depuis l'intervention : Bilak, Barbirek, Kolder, Piller, Rigo, Svestka, Lenard, Kapek, Indra et Jakeš. *-17-4* Comité central du PC remplace Dubček (Husák 1er secr.). *-3-6* Lubomir Strougal, Pt du bureau du PC pour Bohême et Moravie, devient officiellement le dauphin de Husák. *-19 au 21-8* manif. lors du 1er anniversaire de l'intervention : 4 †, 424 blessés et 2 174 arrestations en Bohême et Moravie. *-22-8* Ludek Pachman, champion d'échecs, arrêté. *-3-9* praesidium du PC slovaque annule sa résolution d'août 1968 condamnant intervention étrangère. Tous les organes du PC feront de même. *-25-9* Comité central révoque Dubček de la présidence du Parlement (et l'exclut du praesidium) ; révoque Josef Smrkovský de la présidence de la Ch. du Peuple (et l'exclut du Comité central avec 9 autres ; 19 démissionnent). Épuration du Parti. *-9-10* interdiction des voyages en Occident et Youg. *-16-10* épuration au Parlement, qui proroge ses pouvoirs jusqu'en janv. 1971. *-17-12* Smrkovský démissionne. Parlement crée des délits « contre l'économie socialiste », etc., permettant de sanctionner n'importe quoi. *Réfugiés tchéc. depuis l'intervention soviétique :* 50 000 [12 000 admis en Suisse, 8 000 en All. féd., 7 300 au Canada]. **1970**-*28-1* **Lubomir Strougal** (né 19-10-1924) PM. **1972**-*8-3 :* championnats du monde de hockey sur glace, T. bat 4-3 URSS : explosion de joie ; *-28-3 :* 2e victoire : enthousiasme (Prague, bureau Aeroflot mis à sac).

1975-*29-5* **Gustáv Husák** Pt (Slovaque, 10-1-1913/18-11-1991, emprisonné pour « déviationnisme » 1951-60). *-12/14-11* Strougal en Fr. : accord de coopération économique (pour 10 ans). **1977**-*5-1 :* 242 intellectuels signent la *Charte 1977* « afin de permettre à tous les Tchéc. de travailler et de vivre comme des êtres humains » [rédacteur : Jan Patočka, créateur du cercle philosophique de Prague (1907-mars 1977, † après interrogatoire policier)]. **1979**-*11-2* Jaroslav Sabata, porte-parole de la Charte, emprisonné. *-23-10* procès de la Charte [4 accusés : Václav Havel, Jiri Dienstbier (né 1937, journaliste, dramaturge), Petr Uhl (né 1941, journaliste), Václav Benda (né 1946, mathématicien, philosophe)]. **1980**-*13-1* Jiri Lederer, journaliste, signataire de la Charte, libéré après 3 ans de prison († 12-10-1983 en exil). *-Juillet* Rudolf Battek, membre du Vons (Comité de défense des personnes injustement poursuivies) et porte-parole de la Charte, condamné à 7 ans de prison. **1982**-*29-1* accord T./G.-B./USA prévoyant restitution de 18,5 t d'or volées par nazis et récupérées par Alliés en échange de l'indemnisation des émigrés tchéc. en G.-B. et USA. **1986**-*9-11* mort à Londres d'*Arthur London* (juif, né 1915, membre du PC, ancien des Brigades intern. en Esp., résistant en Fr., déporté, vice-min. des Aff. étr. en T., arrêté 1951, jugé nov. 1952, gracié, auteur de *l'Aveu*, nov. 1970 déchu de la nationalité tchéc.). **1988**-*1-1 :* 1res *mesures de privatisation* prennent effet. *-21-8* manif. 4 000 pers. à Prague pour anniversaire de l'invasion soviétique (plus grande manif. depuis 1969), 77 arrêtées. *-Oct.* **Ladislav Adamec** (né 10-9-1926) PM. *-27-10* amnistie. *-28-10* manif. pour anniversaire de la fondation de la Rép. *-31-10 :* 200 opposants arrêtés, dont Václav Havel (libéré 1-11). *-8/9-12* Pt Mitterrand en T. *-10-12 :* 1re manif. autorisée depuis 20 ans (3 000 pers.). *-15-12* Vasil Bilak (né 1917) démissionne de la direction du PC. **1989**-*16/21-1* manif. à la mémoire de Jan Palach. Arrestations, dont dirigeants de la Charte 1977 et Havel. *-21-8* manif. pour 21e anniversaire de l'intervention soviétique (376 arrêtés). *-29-9* Prague, 2 500 Allemands de l'Est réfugiés dans ambassade d'All. féd. ; 10 000 manifestants place Venceslas pour 71e anniversaire de la fondation de la Rép. (355 arrestations). *-28-10* dissidents arrêtés (dont Havel). *-17-11* Prague, 50 000 manifestants pour anniversaire du soulèvement étudiant contre nazis : répression voulue par services secrets [Gal Alois Lorenc (vice-min. de l'Intérieur et chef des services secrets) et Gal soviétique Victor Grouchko (vice-Pt du KGB)] [561 blessés dont 1 étudiant (Martin Smid) passé pour mort (en fait un agent des services secrets : Lt Ludek Zifcák)] ; but : remplacer Miloš Jakeš et Miroslav Stepan, discrédités par cette « bavure », par un proche de Gorbatchev, Zdenek Mlynar (signataire de la Charte 1977, vivant en exil à Vienne) ; mais Martin Smid dément sa mort et Mlynar décline l'offre du KGB. **« Révolution de velours » :** *-18-11 :* 200 000 manifestants. *-19-11* Havel et 12 mouv. indépendants constituent Forum civique. *-21-11* Adamec rencontre délégation du Forum civique. *-23-11* Bratislava, Dubček parle devant 200 000 pers. *-24-11* manif. *-25-11* Prague, 750 000 manifestants sur plaine de Letna ; démission du secr. gén. du PC, Miloš Jakeš (remplacé par Karel Urbanek), et des membres dirigeants. *-26-11* Adamec rencontre Havel et Dubček. *-27-11* grève générale. *-29-11* articles 4 (rôle dirigeant du Parti) et 16 (référence au marxisme-léninisme) de la Constitution abandonnés. *-30-11 ouverture frontière avec Autriche. -3-12* Adamec forme *gouv. de coalition* (5 non-communistes). *-4-12* visas de sortie supprimés. Sommet du pacte de Varsovie à Moscou condamne intervention d'août 1968. *-7-12* Adamec démissionne ; Jakeš exclu du PC. *Pacem in terris* dissous. *-9-12* **Marian Calfa** (né 1946) [PC sortant], PM, forme gouv. d'entente nat. (10 PC sur 21 m.). *-10-12 Husák démissionne. -17-12 fin officielle du rideau de fer T./Autriche -20-12* Adamec Pt du PC (59,2 % des voix), Vasil Mohorita 1er secr. (57 % des voix).

1989-*29-12* **Václav Havel** élu Pt de la Rép. [(né 5-10-1935). Fils de riches entrepreneurs ; ne peut faire d'études ; suit des cours du soir en travaillant le jour dans un laboratoire de produits chimiques et une brasserie. *1968* collabore au théâtre d'avant-garde de la Balustrade. *1969* signe *Manifeste en 10 points ;* ses textes et pièces de théâtre sont interdits. *1977* cofondateur de la Charte 1977. *1979-8-3* emprisonné. *1989-21-2* condamné à 9 mois pour « houliganisme ». *-17-5* libéré], élu par 323 membres de l'Ass. fédérale. **1990**-*janv.* dévaluation de 18,6 % (1 $ = 17 couronnes au cours commercial et 38 au cours touristique). Amnistie. *-6-1* nouveau Comité central du PC élu (80 pers.). *-28-1* Olomouc, manif. 20 000 pers. pour départ rapide des Soviétiques. *-30-1 :* 120 nouveaux députés élus au Parlement (138 communistes sur 350). *-26-2* retrait 2 500 soldats soviétiques (73 500 partirent jusqu'à mai 1991). Havel en URSS : fin du traité d'amitié, de coopération et d'assistance mutuelle. *-3-3* fin des « syndicats révolutionnaires » officiels, nouvelle confédération constituée. *-4-3* Dubček à Paris. *-21/22-4* Jean-Paul II à Prague. *-23-5* suicide d'Antonín Kapek, ancien membre du bureau politique du PC. *-8/9-6 législatives. -14-6* Josef Bartoncik, chef du P. populiste, suspendu pour avoir été pendant 17 ans un agent de la police secrète. *-5-7* Havel réélu Pt pour 2 ans par 234 voix contre 50. *-13-9* visite Pt Mitterrand. *-23/24-11 élect. locales :* victoire Forum civique. **1991**-*21-2* T. entre au Conseil de l'Europe. Loi sur l'indemnisation des biens nationalisés de 1945 à 1948. *-23-2* scission du Forum civique. *-26-5* Havel contre la publication des noms de l'ancienne Státní Bezpecnost (police politique). *-1-10* Havel en France. *-15-10* traité d'amitié et de bon voisinage avec All. *-17-10* loi d'épuration. *-11-12* loi interdisant propagation du communisme (passible de 1 à 5 ans de prison). **1992**-*28-1* Assemblée refuse d'élargir pouvoirs de Havel. *-16-4* vote restitution biens confisqués aux 25 000 Tchèques d'origine allemande et hongroise (25 millions de $). *-21-4* Bourse autorisée. *-5/6-6 législatives. -7-6* **Václav Klaus** (né 19-6-1941) PM tchèque. *-20-6* accord Václav Klaus/Vladimir Mečiar sur partition (prévue 30-9). *-24-6* **Vladimir Mečiar** PM slovaque. **Václav Klaus** PM tchèque. *-2-7* **Jan Straski** (né 1941) PM fédéral. *-3-7 présidentielle (1er tour) :* Havel ne parvient pas à obtenir un nombre suffisant de voix sur sa candidature ; *-20-7 : 2e tour :* Sladek, extrême droite, unique candidat, ne parvient pas à se faire élire. Havel démissionne. **Jan Straski,** PM, Pt par intérim. *-23-7* nouvel accord de partition Klaus/Mečiar. *-30-7 présidentielle : 3e tour :* aucun des 3 candidats n'est élu. *-4-8* cardinal Frantisek Tomasek (né 30-6-1899) meurt. *-1-10* Ass. fédérale rejette partition. *-7-11* Dubček meurt. *-11-11* Prague, manif., 4 000 mineurs contre privatisations. *-18-11* Ass. fédérale rejette partition (manque 3 voix) ; *-25-11* vote pour. *-5-12* Jiri Svoboda (né 1945), secr. gén. PC, blessé dans attentat.

■ **1993**-*1-1* **République tchèque.** *-19-1* entre à l'Onu. *-2-2* **Václav Havel** [élu Pt 26-11-1992 par le Conseil national tchéc. par 109 voix sur 200 devant Marie Stiborova (PC, 49 voix)] entre en fonctions. *-Janv.* TVA introduite. *-8-2* nouvelle monnaie (couronne tchèque). *-6-5* tentative d'attentat contre Havel déjouée. *-Juillet* **Václav Klaus** PM. *-9-7* loi sur l'illégalité du régime communiste et annulation de la prescription pour délits commis entre le 25-2-1948 et déc. 1989. **1994**-*21-7* Antonin Baudys, min. de la Défense, limogé (après scandales). *-31-10* Jaroslav Lizner, responsable des privatisations, arrêté pour corruption. *-3-11* accord avec All. : reprend réfugiés illégaux (30 000 en 1993). *-18/19-11 municipales :* P. démocratique civique (28,7 % des voix). **1995**-*20-5* Jean-Paul II en T. *-28-11* T. entre à l'OCDE (1er pays ex-communiste). **1996**-*23-1* demande d'admission à l'Union européenne. *-27-1* mort d'Olga Havlova (née 11-7-1933), femme du Pt. *-Août* faillites bancaires et crises financières. *-Nov. sénatoriales :* partis gouvernementaux (52 sièges sur 81). *-2-12* Havel opéré (tumeurs au poumon droit). **1997**-*4-1* Havel se remarie avec l'actrice Dagmar Veskrnova (née 1953). *-23-1* réconciliation avec All. sur Sudètes. *-2/3-4* Pt Chirac en T. *-26/27-4* Jean-Paul II en T. *-27/28-5* dévaluation de 10 % de la couronne tchèque après scandales financiers. *-Juillet* inondations, 46 †, 12 milliards de F de dégâts, 500 000 ha de cultures détruits, 20 000 ha endommagés, 2 500 têtes de bétail et 120 000 poulets noyés. *-30-11* Klaus démissionne. *-16-12* **Josef Tosovsky** (né 28-9-1950) PM. **1998**-*20-1* Václav Havel réélu Pt au 2e tour (99 voix sur 197 députés, 47 sur 81 sénateurs). *-17-7* **Milos Zeman** (né 28-9-1944) PM. **1999**-*26-6* Jiri Pelikan (né 1923), un des responsables du Printemps de Prague, meurt à Rome. *-3-12* Prague, 50 000 manif. contre PM. **2000**-*6-3* Havel encourage Madeleine Albright à lui succéder.

☞ 422 camps et prisons renfermaient 200 000 prisonniers d'opinion entre 1954 et 1963 (dont 67 % d'ouvriers et de petits employés).

POLITIQUE

■ **Statut.** *République.* **Constitution** du 16-12-1992. **Pt :** élu par le Parlement pour 5 ans, rééligible 1 fois. Celui-ci désigne le Pt du gouvernement responsable devant l'Ass. **Parlement :** *Chambre des députés* (200 m. élus au suffrage univ. pour 4 ans) et *Sénat* (81 m. élus pour 6 ans et renouvelables par tiers tous les 2 ans). **Droit de vote** à 18 ans. **Éligibilité** à 21 ans. **Élections des 19/20-6-1998 :** (entre parenthèses, 31-5 et 1-6-1996) : CSSD 74 (61), ODS 63 (68), KSCM 24 (22), KDU-CSL 20 (18), US 19.

■ **Fête nationale.** 28-10 (proclamation de la République tchèque en 1918). **Drapeau** (adopté 30-3-1920 et repris 17-12-1992). Bandes horizontales blanche et rouge (Bohême), triangle bleu à gauche (Moravie). **Noblesse.** Quelques titres de Pces furent concédés dans le royaume de Bohême, tel celui de Pce Kinsky (1746). Noblesse et titres ont été abolis (loi du 10-12-1918).

■ **Partis. P. communiste de Tchécoslovaquie (KSCM) :** fondé 1921. *Membres 1987 :* 1 717 016 ; *91 :* 760 000 ; *92 :* 150 000 (?). **Secr. gén. : 1948**-*févr.* Klement Gottwald (1896-1953) ; **53**-*mars* Antonin Novotný (1904-75) ; **68**-*5-1* Alexander Dubček [(né Slovaquie, 21-11-1921/7-11-1992). Ouvrier chez Skoda, 1951 député, 1955-58 école supérieure du PC soviétique à Moscou, 1958 (5-1) chef du PC, 1969 (17-4) démissionne. Pt de l'Ass. nat., (15-12) ambassadeur en Turquie, 1970 (janv.) démissionne du Comité central du PC, (26-6) exclu du PC, 1988 (13-11) Dr *honoris causa* de l'université de Bologne, 1989 (29-12) Pt du Parlement fédéral, 1990 (17-1) prix Sakharov du Parlement européen, 1992 (7-4) accident de voiture ; (7-11) meurt] ; **69**-*17-4* Gustáv Husák (1913-91) ; **87**-*17-12* Miloš Jakeš (né 12-8-1922) ; **89**-*25-11* Karel Urbanek (né 22-3-1941), *-20-12* Vasil Mohorita (né 19-9-1952), *-4-11* Pavol Kanis ; **91** Jiri Svoboda, cinéaste (Tchéc. et Moldave), Jiri Weiss (Slovaque) ; **92**-*mars,* éléments conservateurs, dont Miroslav Stepan, exclus. **P. communiste de Bohême-Moravie** fondé 1991, réorganisation du PC T. (Miroslav Grebeniček). **P. des communistes tchéc.** (SCK) fondé 22-3-1995, se veut le continuateur du PCT (Miroslav Stepan, ancien chef du PC à Prague). **Gauche démocratique** fondée 1993 à la suite de l'éclatement du PC, 10 000 m. (Lotar Indruch). **P. démocratique civique (ODS)** fondé 1991, scission du *Forum civique* (fondé 1989), 35 000 m. (Václav Klaus). **Union de la Liberté** (scission de l'ODS le 17-1-1998). **P. social-démocrate tchèque (CSSD)** fondé 1878, interdit en 1948, refondé 1989 (Milos Zeman). **Union démocrate-chrétienne-P. populaire tchèque (KDU-CSL)** fondé 1992 (Joseph Lux, 1956-99). **Association pour la république-P. républicain tchèque** fondé 1989 (Miroslav Sladek). **Alliance civique démocratique (ODA)** fondée 1991, scission du *Forum civique* (vacant). **Union du centre de Bohême-Moravie** (Jan Jegla). **P. chrétien-démocrate** fondé 1989 par Vaclav Benda (1947-99) (Ivan Pilip). **P. vert** fondé 1989 (Jaroslav Vleck).

ÉCONOMIE

■ **PNB** (en 1999). 5 120 $ par hab. **PIB** (en 1999) : 52,64 milliards de $. **Croissance du PIB** (en %) : *1992 :* - 6,4 ; *93 :* - 0,9 ; *94 :* 2,6 ; *95 :* 6,4 ; *96 :* 3,9 ; *97 :* 1 ; *98 :* - 2,2 ; *99 :* - 0,2 ; *2000 :* 2,6. **Population active** (en %) **et,** entre parenthèses, **part du PNB** (en %) : agr. 11 (6), mines 4 (5), ind. 45 (56), services 40 (33). **Chômage** (en %) : *1991 :* 6,5 ; *95 :* 2,9 ; *97 :* 5,2 ; *98 :* 7,5 ; *99 :* 9 ; *2000 :* 9,4. **Inflation** (en %) : *1990 :* 10,1 ; *91 :* 57,7 ; *92 :* 11 ; *93 :* 20,8 ; *94 :* 10 ; *95 :* 9,1 ; *96 :* 8,9 ; *97 :* 8,4 ; *98 :* 10,6 ; *99 :* 2,1. **Dette extérieure :** *2000 :* 21,6 % du PIB). **Balance des paiements courants** (en % du PIB) : *1995 :* - 2,7 ; *96 :* - 7,4 ; *97 :* - 6,1 ; *98 :* - 2,4 ; *99 :* - 2. **Réserves de change** (en 1997) : 9,7 milliards de $. **Dette de l'ex-URSS :** ex-T. environ 6 (3,5 milliards de $). **Salaire moyen mensuel** (fin 1999, en $) : 371.

■ **Privatisation.** Loi du 1-1-1991 (100 000 petits commerçants, artisans ; *bilan :* 20 000 ventes : 900 millions de $), loi du 26-2-1991 [4 200 grandes entreprises (sauf secteurs chemin de fer, télécommunications, énergie) *dont* 3 500 en Rép. tchèque ; 1re vague (1992-93) : 2 170 (dont 988 par coupons : 40 milliards de F ; 40 % vendus en févr. 1993 à 6 millions de Tchéc.) ; 2e vague (1993-94) : 861 (dont 500 par coupons : 31 milliards)]. *% du secteur privé dans le PIB : 1994 :* 56,3 ; *98 :* 75.

■ **Agriculture. Terres** (en milliers d'ha, 1997) : agricoles 4 280 (arables 3 091). **Production** (en millions de t, 1999) : blé 4, bett. à sucre 2,5, orge 2,2, p. de t. 1,46, houblon. *En 1992 :* 31 % des terres appartenaient à l'État, 61 à des coopératives, 4,4 à des propriétaires privés, 2,2 au domaine public. *Depuis le 1-1-1992,* on compte en ex-T. 1 221 coopératives « de propriétaires », 37 Stés par actions issues d'anciennes coopératives, 95 SARL et 100 Stés commerciales. Surface moyenne par coopérative : 1 875 ha (2,6 millions d'ha au total). Nombre d'agriculteurs privés : 52 000. **Élevage** (en milliers de têtes, 1999). Poulets 29 010, porcs 4 001, bovins 1 657, chèvres 151, moutons 94, chevaux 20. **Forêts** (en 1996). 10 385 500 m3. **Pêche** (en 1997). 20 881 t.

■ **Industrie. Électricité** (en milliards de kWh) : *1998 :* 65,11 dont nucléaire 13,2 (24,9 en 1994). *Le 9-10-2001 :* mise en service du 1er réacteur de *Temelin* (à 60 km de l'Autr. qui s'y oppose), 2e prévu en 2002. *Dukovany,* 7 milliards de kWh/an. Rép. tchèque exporte électricité vers Slovaquie. **Mines** (en millions de t). **Charbon :** *réserves* 11, *production* 17,7 (en 1998). **Lignite :** *réserves* 9,8, *production* 39,7 (en 1999). **Fer :** 1,8 (en 1989), **magnésite** 0,6, **zinc** 0,01, **cuivre** 0,02. **Acier :** 6,4 (en 1998). **Aluminium :** 0,03. Produits alim. : **bière** (Pilsen de Plzen). **Ciment** (en millions de t, 1998) : 4,5. **Textile. Chaussures. Voitures** (Skoda) : 173 700 (en 1994) dont 2/3 exportés. **Camions** (Tatra). **Tracteurs** (Zetor). **Cristalleries** (Bohême). **Bijoux** en verre. **Céramique. Chimie.**

■ **Transports** (en km, 1997). **Routes :** 55 567, dont autoroutes 506. **Voies ferrées :** 9 430.

■ **Tourisme** (en 1998). **Visiteurs :** 5 500 000 [11 574 000 (dont 1 668 846 Allemands) en 1997]. **Recettes :** 2,5 milliards de $.

■ **Commerce** (en milliards de $). **Export./import. :** *1995 :* 21,27/25,27 ; *96 :* 22,18/27,92 ; *97 :* 22,78/27,56 ; *98 :* 26,35/28,79 ; *99 :* 26,85/28,86 [(en millions de $) : *exporte* mach. et équip. de transp. 8 307, produits man. 5 056, automobiles 1 641, fer et acier 878, textile 721 *vers* All. 8 129, Slovaquie 1 638, Autriche 1 276, Pologne 1 077, *France 760,* Italie 716, G.-B. 655 / *importe* mach. et équip. de transp. 8 215, produits man. 4 276, produits chim. 2 516, articles man. divers 2 341, mach. électriques 2 041, combustibles minéraux, lubrifiants 1 266, fer et acier 833, textile 824 *de* All. 7 028, Slovaquie 1 265, Autriche 1 159, *France 1 122,* Italie 1 083, Russie 934, USA 830, G.-B. 776, Pologne 711.

■ **Rang dans le monde** (en 1999). 8e lignite. 11e uranium. 15e orge, charbon.

THAÏLANDE

V. légende p. 950.

☞ *Abréviation :* T. : Thaïlande.

■ **Noms.** *Siam* (employé officiellement de 1856 au 24-6-1939 et de 1945 à mai 1949). *Muang Thai,* nom populaire, encore usité.

■ **Situation.** Asie. **Superficie :** 513 115 km2. **Frontières** (en km) : Cambodge 803 km, Laos 1 754, Myanmar 1 800, Malaisie 506. **Côtes :** 3 219 km. **Longueur :** 1 620 km. **Largeur** *maximale :* 775. **Altitude** *maximale :* Doi Inthanon 2 576 m. **Régions :** *plateau de l'Indra San* (« cadeau d'Indra ») au nord-est, *plaine de la Chao Phraya* orientée nord-sud, comprenant le bassin de Bangkok et la plaine supérieure de la Ménam ; *chaîne continentale,* bordant la T. à l'ouest, orientée nord-sud ; *plateau de Korat ; régions côtières du sud-est ; péninsule de Malaisie.* **Rivière la plus longue :** Mun River 675 km. **Climat.** Tropical humide. *3 saisons :* chaude (mars-mai), pluvieuse (juin-oct.), fraîche (nov.-févr.). *Température moyenne :* 25 à 30 °C. *Pluies :* 500 mm (Korat) à 3 000 mm (péninsule).

■ **Population** (en millions d'hab.). *1911 :* 8,3 ; *19 :* 9,2 ; *29 :* 11,5 ; *56 :* 20,1 ; *2000 (est.) :* 60,49 ; *2025 (prév.) :* 73. **D.** 117,9. **Age :** *- de 15 ans :* 23,7 %, *+ de 64 ans :* 6,4 %. **Taux** (en ‰, 1999) : *natalité* 18, *mortalité* 7. **Santé :** *sida : 1999 :* 780 000 séropositifs (230 000 † depuis le début de l'épidémie) ; *2000 (prév.) :* 4 à 10 millions. *Drogués* (en 1996, est.) : 1 340 103 [*peines prévues :* transport 1 à 25 g : 10 à 20 ans de prison ; au-dessus : perpétuité ou mort]. *Ya ba* (le « médicament qui rend fou » : consommé par 2 700 000 Thaïlandais (300 000 drogués) ; fabriqué par les Wa à Muang Yarn (province de Chiang Mai). **Fécondité :** *années 1960 :* 6,3 enfants par f. ; *95 :* 1,95. **Espérance de vie** (en 1998) : 69 ans. **Pop. urbaine** (en 1998) : 21 %. **Réfugiés :** (Vietnamiens et Cambodgiens) : *1991 :* 359 072 Khmers ; *94 (sept.) :* 13 559 (centres de Sikhiu et Phanatnikhan). En *1999 :* 1 584 000 dont 145 000 du Myanmar et 13 100 du Laos. **Immigrés clandestins** (en 1998) : 1 000 000 dont 900 000 Birmans. **Prostituées** (en 1996) : 200 000 dont 20 % d'enfants. **Ethnies : Thaïs** 75 % [Thaï, Thaï Korat, Lao (Yuan, Kao, Wieng, Poan, Song), Shan ou Ngio, Lu, Putai, Yaw, Yuai, Sanam]. **Môn-Khmers** (Sakai, Lawa de Chiang Mai, Kamuk ou Puteung, Chaobon, Chawang, So, Saek, Kaleung, Ka Brao, Ka Hinhao, Sui ou Kui, Khmer, Mon, Annamite). **Chinois** 14 % [venus du sud, avant la fondation du 1er roy. thaï ; commerçants, ils s'établirent dans les villes côtières. Le roi Mongkut (fin XIXe s.) encouragea leur immigration]. **Tibéto-Birmans** [Lahu (Musser), Akha (Ee-Kor), Lisu (Lisor), Karen (Karian), Méo (Maeo), Yao, Tin ou Ka-Tin, Kha Tong Leung (Phi Tong Leung), Lawa de Kanchanaburi]. **Negritos** (Semang). **Austronésiens** [Malay, Moken, Chao Nam (gitans de la mer)].

■ **Langues.** Thaï *(officielle),* chinois, malais, anglais (affaires). **Religions.** Bouddhistes Theravâda *(officielle)* 94 %, musulmans (sunnites, dans le sud) 4 %, chrétiens 1,5 %. 150 000 moines *(bikkhus).* Les jeunes gens passent au minimum 3 mois comme novices *(samanens).*

■ **Villes. Capitale :** *Bangkok* 5 647 799 hab. (en 1997) [aggl. 8 661 228 en 1992 ; noms usuels : *Phra Nakhon* « Cité capitale » ou *Krung Thep* « Cité des Anges » ; nom officiel : *Krung Thep Maha Nakhon*]. **Provinces** (chefs-lieux et pop., en 1997) : Nakhon Ratchasima 2 494 516, Ubon Ratchathani 1 717 172, Khon Kaen 1 672 399, Chiang Mai 1 564 438 (alt. 310 m), Nakhon Si Thammarat 1 503 156, Buri Ram 1 476 984, Udon Thani 1 470 888, Si Sa Ket 1 410 002, Surin 1 359 549, Roi Et 1 302 422, Chiang Rai 1 253 202, Songkhla 1 166 519, Nakhon Sawan 1 124 270, Chaiyaphum 1 103 170.

■ **Histoire.** Population autochtone : Môn. **XIe-XIIe s.** pénétration lente des Thaïs venus du Yunnan vers la péninsule indochinoise ; *Chiengsaen* (capitale fondée XIIe s.), puis *Sukhothai* (1220-1438, annexion par le roi Boramaraja d'Ayutthaya) ; période d'*Ayutthaya* [ou *Ayuthia*] (fondée 1350 par un Pce d'U-Thong, 1350-1767 ; redécouverte 1956). **1578** Birmans chassés du Siam. **1605** arrivée des Hollandais. **1608** échanges d'ambassadeurs : Portugais, Malaccais, Hollandais. **1612** arrivée des Anglais. **1613** 1er comptoir hollandais. **1634** 1re ambassade du Japon. **1662** arrivée missionnaires français. Louis XIV envoie ambassadeur. **1685-87** Français à Ayutthaya. Ambassadeur siamois à la cour de Louis XIV. **1687** garnisons françaises à Bangkok et Mergui. **1688** soulèvement xénophobe. **1758 Suriyamarin** († 1767), dernier roi. **1767**-*7-4* Birmans prennent et détruisent Ayutthaya. **1767-82** interrègne. Gal Taksin chasse Birmans et gouverne, depuis Thonburi, comme roi du Siam.

Dynastie Chakri. 1782 **Rāma Ier** [Phra Buddha Yod Fa Chulalok] (1737-1809). Gal Chao Phya Chakri bat Cambodgiens. **A partir de 1782** royaume du Siam : Bangkok capitale. **1809 Rāma II** [Phra Buddha Lert La Nobhalai] (1768-1824), fils de Rāma Ier. **1824 Rāma III** [Phra Nang Klao] (1788-1851), fils de Rāma II. **1851 Rāma IV** [Phra Chom Klao ou Mongkut] (1804-68), demi-frère de Rāma III. **1851-68** modernisation. Traité d'amitié et commerce avec G.-B., USA, France, etc. **1852** G.-B. annexe partie de la Birmanie. **1868**-*oct.* **Rāma V** [Phra Chula Chom Klao ou Chulalongkorn] (1853-1910), fils de Rāma III. **1882** France conquiert Annam. **1888** T. cède territoires à la France, au nord-est du Laos, puis **1893** cède rive gauche du Mékong (Luang Prabang). **1896** *reconnaît protectorat français sur Cambodge.* Accord franco-anglais reconnaissant intégrité T. **1905-07** T. cède d'autres territoires : provinces de Battambang, de Siemréap (Cambodge). Cède à G.-B., en Malaisie, États de Kelantan, Trenganu, Kedah et Pérak.

1910-*oct.* **Rāma VI** [Vajiravudh] (1881-1925), fils de Rāma V. **1917** se joint aux Alliés. **1925**-*nov.* **Rāma VII** [Phra Pok Klao ou Prajadhipok] (1893-1941), frère de Rāma VI, abdique. **1932**-*24-6* coup d'État de Pridi Bhanomyong (1901-83). Fin de la monarchie absolue. **1935**-*mars* **Rāma VIII** [Ananda Mahidol] (1926-46, mort accidentelle), neveu de Rāma VII. **1940**-*sept.*/**1941**-*mars* **conflit avec France** *qui cède partie du Cambodge.* **1940-42** persécutions des chrétiens forcés de se déclarer bouddhistes. *-16* et *-26-12 :* 1 homme et 116 femmes fusillés (béatifiés

pour la moitié seulement les recettes ;

22-10-1989). **1941**-*8-12* occupation japonaise. T. déclare guerre à G.-B. et USA. Mouvement thaï libre (dirigé par Pridi Bhanomyong) résiste contre Japonais. **1943**-*25-10 pont de chemin de fer de la rivière Kwaï* inauguré [construit dans des conditions très dures, par les prisonniers des Japonais du camp de Kanchanaburi (40 000 †)]. **1945** fin de la guerre. **1946**-*1-1* abandon par la Fr. des territoires qui lui avaient été cédés.

1946-*9-6* **Rāma IX** [Bhumibol (« Force de la Terre ») Adulyadej] (né 5-12-1927), frère de Rāma VIII (ép. 28-4-1950 Pcesse Sirikit Kitiyakara (née 12-8-1932), couronné le 5-5-1950. *4 enfants :* Pcesse Ubol Ratana (née 5-4-1951, ép. août 1972 Peter Ladd Jensen, 1 fils et 2 filles), Pce (héritier, depuis déc. 1972) Vajiralongkorn (né 28-7-1952, ép. 3-1-1977 Somsawali Kitiyakara, 1 fille), Pcesse Maha Chakri Sirindhorn (née 2-4-1955), Pcesse Chulabhorn (née 4-7-1957, ép. 7-1-1982 Virayuth Didyasarin, 2 filles)]. **1946-50** *Pce Rangsit* régent. **1947**-*9-11* gouv. remplacé par des civils conservateurs. **1948**-*avril* Mal **Pibul Songgram** PM, dictature militaire. **1949**-*févr.* coup d'État, échec. **1950**-*5-5* roi couronné. **1951** Constitution de 1932 restaurée. **1957** Comité du Mékong créé avec Cambodge, Laos et Viêt Nam. **1958**-*oct.* Gal **Sarit Dhanarat**, élu, forme gouv. de droite avec Gal Thanom Kittikachorn (né 1911), PM adjoint. **1959** *Constitution provisoire.* **1963**-*9-12* mort du Gal Sarit ; **Kittikachorn** PM. **1968**-*20-6 nouvelle Constitution.* **1971**-*7-11* loi martiale. **1973**-*13-10* émeutes à Bangkok (100 †), Kittikachorn démissionne et s'enfuit, **Sanya Dharmasaki** PM. **1974**-*juillet* émeutes à Bangkok (dizaines de †) ; état d'urgence. **1975**-*janv. législatives :* droite militaire 40 % des sièges, civile 35, centre gauche 11, gauche 9. *-17-1* réforme agraire (maïs). Retrait partiel des Américains. Violence (manif., meurtres). *-28-2* secrétaire général du Parti socialiste, B. Punyodhaya, tué. *-1-4 élections,* **Seni Pramot** (1905-97) PM ; *-mars* **Kukrit Pramot** (1911-95, son frère) PM. *-20-7* départ du dernier soldat américain (il y avait en T. 7 bases aériennes et 44 406 h.). *-17-8* Mal Prapass, rentré d'exil, expulsé vers Taïwan. *-19-9* Kittikachorn rentre et devient bonze. *-24-9* **Seni Pramot** PM. *-29-9* étudiants exigent départ Kittikachorn. *-6-10* droite attaque université de Thammarat (41 †, 3 000 étudiants arrêtés). *Coup d'État* (accord tacite du roi à l'amiral Sagnad, ministre de la Défense) soutenu par les *Krating Daeng* [(« Buffles sauvages rouges »), regroupant depuis déc. 1974 étudiants des collèges et centres techniques contre l'extrême gauche]. Parlement dissous. **1976**-*avril* **Seni Pramot** PM. *-Oct.* **Thanin Kraivichien** PM. **1977**-*janv.* raids Khmers rouges ; Mal Prapass rentre. Lutte contre musulmans du sud. *-26-3* coup d'État manqué du Gal Chalard Hiranyasiri (exécuté 21-4) ; Gal Arun Thavatsin tué. *-Oct. coup d'État* du *Gal Kriangsak Chomanan* qui démissionne en déc. **1980**-*janv.* rébellion communiste dans le sud recule. *-3-3* Gal **Prem Tinsulanonda** PM. *-Oct./mars*-**1981** ralliement d'intellectuels (3 000 à 5 000) ayant pris le maquis en oct. 1976 aux côtés du PC. *-31-3* avion détourné à Bangkok par 5 Indonésiens (tués). *-1-4 coup d'État militaire,* Prem démissionne, son adjoint Gal **Sant Chitpatima** (né 1921) le remplace. *-2-4* Prem et la famille royale se réfugient au nord-est. *-3-4 Prem* reprend le pouvoir. *-Mai* 180 000 Khmers expulsés (30 000 vers USA, 104 000 au Cambodge, 66 000 vivant le long de la frontière et non considérés comme réfugiés). Accès interdit aux *boat people.* **1982**-*avril* 15 000 Laotiens expulsés. *-17/30-12 :* 64 000 Khmers expulsés. **1983**-*févr.* reddition d'environ 1 000 guérilleros communistes. **1985**-*9-9* putsch avorté. **1986**-*1-5* Assemblée dissoute. *-23-6* écologistes incendient usine de tantale à Phuket. **1987**-*22-12* suicide de Chaleronchai Buathong, responsable du sceau royal (scandale des décorations). **1988**-*18-2* cessez-le-feu avec Laos (après combats depuis 15-12-1987 pour une zone de 75 km²). *-29-4* Chambre dissoute. *-24-7 législatives :* victoire coalition (Chart Thai, démocrate, Rassadorn, démocrate uni). *-2-8* **Chatichai Choonhavan** (1920-98) PM (1er civil depuis 1966). *-Nov.* inondations (plus de 1 000 †). **1991**-*févr.* camion de dynamite explose (171 †). *-23-2 coup d'État du Gal Sunthorn Kongsompong. -24-2* loi martiale. *-26-2* roi Bhumibol soutient la junte. *-2-3* **Anand Panyarachun** (né 1932) PM. *-22-3 législatives :* victoire du Samakki Tham. **1992**-*17-3* Gal **Suchinda Kraprayoon** (né 6-8-1933) PM. *-Mai* manif. : répression, 42 † (ou 450 ?). *-21-5* couvre-feu levé. *-10-6* **Anand Panyarachun** PM. *-9-7* pouvoirs spéciaux de l'armée abolis. *-1-8* chefs de l'armée destitués. *-13-8* attentat, 3 †. *-13-9 législatives :* victoire démocrate. *-23-9* **Chuan Leekpai** (né 28-7-1938) PM (coalition). *-7-10* Parlement abroge amnistie couvrant émeutes de mai. **1993**-*10-5* incendie usine de poupées, 188 †. *-Juillet* troubles dans le sud. *-13-8* effondrement d'un hôtel à Nakhon Ratchasima, 137 †. **1994**-*avril* pont de l'Amitié inauguré (1 170 m sur Mékong, reliant T. au Laos). *-12-9* Gal de la police inculpé pour vol de bijoux royaux saoudiens en 1989 (affaire ayant entraîné 17 †). **1995**-*5-4* accord avec Cambodge, Laos et Viêt Nam sur exploitation des eaux du Mékong. *-13-7* **Banharn Silpa-archa** (né 20-7-1932) PM. **1996**-*17-11 législatives. -25-11* Gal **Chavalit Yongchaiyudh** PM (coalition). **1997**-*1-3 :* 90 000 réfugiés karen en T. (23 camps proches de la frontière birmane). *-Mars/mai* crise bancaire et boursière. *-2-7* décision de laisser flotter le baht (perd environ 20 % de sa valeur). *-11-8* accord avec FMI : aide 17,2 milliards de $. *-6-11* PM démissionne. *-9-11* **Chuan Leekpai** (né 28-7-1938) PM (démocrate). **1998**-*19-1/19-6* renvoi prévu de 300 000 travailleurs étrangers. **1999**-*1-10* ambassade du Myanmar à Bangkok : 38 otages pris par opposants birmans. *-Nov.* 600 000 travailleurs birmans expulsés. **2001**-*9-2* **Thaksin Shinawatra** (né juillet 1949, milliardaire) PM (TRT).

■ **Statut.** *Royaume.* **Constitution** du 9-12-1991, amendée 1992, 1995 et 1997. De 1932 à 1996, 15 constitutions, 21 PM et 18 coups d'État. **Sénat :** depuis janv. 1955, nombre de membres limité aux 2/3 de ceux de l'Assemblée ; nommés par le gouvernement, depuis 1997 élus au suffrage universel. **Ass. nationale :** 500 m. élus au suffrage universel pour 4 ans. **Élections du 6-1-2001 :** 453 sièges pourvus dont TRT 248, P. démocrate 128, P. de la nation thaïlandaise (Chart Thai) 41, P. de la nouvelle aspiration du peuple 36. **Changwad** (provinces) : 76 avec un *gouverneur,* divisées en *amphur* (districts), *tambol* (sous-districts) et *muban* (villages). **Fête nationale.** 5-12 (anniversaire du roi). **Drapeau** (adopté 28-9-1917). 2 bandes horizontales rouges (sang) et 2 blanches (pureté de la foi bouddhiste) ; bande bleue (monarchie) ajoutée en 1917 par solidarité avec les Alliés.

■ **Partis. Samakki Tham** (Justice et unité) fondé 1991, *Pt :* Narong Wongman (né 1925). **Palang Dharma** fondé 1988 (Sudarat Keyuraphan). **Chart Thai Party** (P. de la nation thaï) fondé 1981 (Banharn Silapa-Archa). **P. démocrate** fondé 1946 (Chuan Leekpai). **P. national démocrate** fondé 1981 (Kriangsak Chomanan). **Nouvelle Force** fondée 1974 (Chatichawal Chompudaeug). **Pracha Rasdr** (Sira Pattamakom). **Prachakorn Thai** (P. des citoyens thaïs) fondé 1981 (Samak Sundaravej). **P. social d'action** fondé 1981 (Montri Pongpanich). **P. libéral** fondé 1981 (Cel Narong Kittikachorn). **P. travailliste démocratique** fondé 1988 (Prasert Sapsunthorn). **Mass Party** fondé 1985 (Chalerm Yubamrung). **Pra Chaseri** (Wattana Khieovimol). **Pra Cha Thai** (Thawee Kraikupt). **Solidarité** fondée 1989 (Chayios Sasomsap). **Saha Chart** (Pattana Payakanthi). **P. démocratique du Siam** (Shirdsak Sanvieses). **Puangchon Chao Thai** (P. du peuple thaï) fondé 1981 (Boonyong Watthanapong). **Community Action Party** fondé 1981 (Boonchu Rojanastien). **Chart Pattana** fondé 1992 (vacant). **P. thai rak thai (TRT)** [les Thaïlandais aiment la T.] fondé 1998 (Thaksin Shinawatra). **P. de la nouvelle aspiration du peuple** fondé 1990 (Chavalit Yonghchaiyudh).

☞ **Insécurité :** nombreux assassinats d'hommes d'affaires (environ 5 000 tueurs à gage).

■ Architecture

■ **Périodes.** *Môn [Dvaravati]* VIe ou VIIe-XIe s., *Srivijaya :* VIIIe-XIIIe s., *Lopburi :* XIe-XIIIe s., *Chiengsaen :* vers XIe-XVIIIe s., *U-tong :* vers XIIe-XVe s., *Sukhothai :* XIIIe-XIVe s., *Ayutthaya :* XIVe-XVIIIe s., *Bangkok :* fin XVIIIe-début XXe s..

■ **Matériaux employés.** *Bois :* charpentes ; décoration (bois doré ou incrusté de mosaïque de verre pour les pignons, et bois doré, rouge foncé ou noir pour les piliers) ; *latérite* (stupas de *Sukhothai*) ; *grès blanc* (prang de *Phimai*) ; *feuilles d'or ; porcelaine, terre cuite vitrifiée* (dans les anciens temples) ; revêtement des monuments en briques ; *stuc :* portes, fenêtres, etc. ; *laque :* portes et fenêtres (dessins dorés sur fond de laque noire).

■ **Quelques termes.** *Wat :* groupe de bâtiments religieux (correspond aux monastères). *Bot* (ou *ubosoth*) : sanctuaire limité par des bornes, utilisé pour certaines cérémonies (l'ordination de bonzes par exemple). Les femmes n'y sont pas toujours admises. *Sima :* bornes déterminant l'aire consacrée. *Viharn (vihara) :* sanctuaire pour communauté de moines. *Stupa* ou *phra chedi* (dit aussi *prang* quand de forme allongée dérivée du style khmer comme pour le Wat Arun) : abritait autrefois des reliques du Bouddha et plus tard les cendres des rois et des religieux éminents. *Kuti :* résidence d'un bikkhu (bonze, moine bouddhiste). *Mondop :* bâtiment carré abritant en général une empreinte du pied du Bouddha *(prabat). Sala :* pavillon ouvert servant aux réunions ou sermons et parfois à des débats. *Sala Kan Parian :* pièce commune où les laïcs viennent apprendre les principes du bouddhisme. *Ho Rakhang :* beffroi formé de 4 mâts surmontés d'une structure en forme de temple. **Ornements symboliques.** *Naga* (ou *nak*) : serpent céleste, pourvoyeur de pluie (souvent représenté comme ornement de toit ou balustrade). *Cho Far* (ou tête de Naga) : orne le pignon des toits. *Thevada :* être céleste. *Garuda :* oiseau mythique, symbole royal. *Kinaree :* femme-oiseau.

■ **Principaux monuments. Temples :** 23 474 temples bouddhiques *(wat)* dont 381 à **Bangkok :** *Wat Arun* (temple de l'Aurore), restauré par roi Taksin (1767-82), tour principale 74 m ; *Wat Phra Kaeo* (temple du Bouddha d'émeraude), chédi doré, peintures murales et incrustations de nacre décorant les portes ; *Wat Rajabopit,* recouvert de tuiles chinoises vitrifiées ; *Wat Saket,* sur colline artificielle (mont d'Or ou *Phu Khao Thong*) ; *Wat Suthat* (monastère céleste du dieu Indra), sur la place, le *Si-kak Sao Ching Cha* (balançoire géante), brahmanique, portique de teck laqué rouge ; *Wat Pho* (temple du Bouddha couché, statue : hauteur 12 m, longueur 49 m) ; *Wat Benchamabophit* (temple de Marbre), Bouddha couché (hauteur 15 m, longueur 45 m) ; *Wat Trimitr Buddha* (1238-78, or pur, 5,5 t, hauteur 3 m) ; *Wat Yannawa* (base en forme de jonque). **Nakhon Pathom :** *Chedi Phra Pathom,* le plus ancien et le plus grand temple recouvert de faïence dorée (hauteur 115 m). **Chiang Mai :** *Wat Phra That Doi Suthep* (XIVe et XVIe s., à 1 050 m d'alt., surmonté d'un chédi de 22 m) ; *Wat Suan Dork* (Jardin de fleurs) ; *Wat Phra Singh.* **Lop Buri :** *Wat Phra Sri Ratana Maha That,* monastère (XIIe). **Sukhothai** (ancienne capitale du Siam) : *Wat Sra Sri, Wat Phra Badh Noi, Wat Chetupon, Wat Mahathat* (XIIIe-XIXe s). **Nakhon Si Thammarat :** *Wat Mahathat* [Xe s., chédi, flèche en or massif (400 kg), hauteur 78 m]. **Ayutthaya :** *Wat Pra Ram* (1369), *Wat Pra Si Sanpet* (XVe s., abrite « Bouddha recouvert d'or »), *Wat Rajapurana* (1424). **Phimai** (cité-sanctuaire) : fin XIe s., prang le plus haut de Thaïlande (28 m). **Palais : Bangkok :** palais royal (1876, 56 bâtiments sur 2,5 km²) ; Dusit (Assemblée nationale) ; Suan Pakkad ; Petchaburi ; Vimarn Mek (1902, plus grande structure en teck doré du monde). **Lop Buri :** Naraï. **Ayutthaya :** Chandrakasem.

■ Économie

■ **PNB** (en 1999). 2 016 $ par hab. **Taux de croissance** (en %) : *1990 :* 9,3 ; *95 :* 8,6 ; *96 :* 7,5 ; *97 :* 2,5 ; *98 :* – 6,5 ; *99 :* 5,5 ; *2000 (est.) :* 4,5-5,5 ; *2001 (est.) :* 3,5-4. **Population active** (en %) **et,** entre parenthèses, **part du PNB** (en %) : agr. 45,3 (10), mines 0,2 (2), ind. 21 (36), services 35 (52). **Chômage** (en %) : *1990 :* 3,9 ; *95 :* 2,5 ; *98 :* 5,1 ; *2000 (est.) :* 3,2. **Inflation** (en %) : *1995 :* 5,4 ; *96 :* 5,8 ; *97 :* 10,5 ; *98 :* 8,1 ; *99 :* 0,3 ; *2000 (est.) :* 2. **Dette extérieure** (en milliards de $) : *1985 :* 12,8 ; *91 :* 13,7 ; *94 :* 53,7 ; *96 :* 90 (49 % du PIB) ; *98 :* 104 ; *99 (nov.) :* 80. **Réserves en devises** (en milliards de $) : *1996 :* 37,2 ; *98 :* 28,8 ; *99 :* 32,4. **Traitement des fonctionnaires :** 40 % du revenu national.

■ **Agriculture. Terres** (en milliers d'ha) : arables 19 321, cultivées 1 785, pâturages 145, forêts 14 664, eaux 223, divers 17 289. **Production** (en milliers de t, 1999) : canne à sucre 52 839, céréales 26 394, riz 23 272 (41 % des terres, 1er exportateur mondial), manioc 16 930, maïs 4 630, caoutchouc 2 198, ananas 2 031, bananes 1 750, haricots 250, sorgho 230, kenaf et jute 110, coprah 90, patates douces 90, tabac 61, coton 24. **Élevage** (en milliers de têtes, 1999). Poulets 110 000, canards 21 000 (en 1995), porcs 7 200, bovins 5 677, buffles 4 200, ovins 41 ; en 1995 : chèvres 78, chevaux 15. Environ 3 390 éléphants domestiqués travaillent dans les forêts. **Forêts. Surface** (dans le sud, en %) : *1961 :* 50 ; *85 :* 21 ; *93 :* 13,5. 500 000 ha détruits par an. **Production** (en 1998) : 36 302 000 m³. Depuis 1975 l'exportation de troncs bruts (grumes) est interdite. **Pêche** (en 1999). 3 541 400 t. Crevettes.

■ **Énergie. Gaz naturel** (en milliards de m³, 1999) : *réserves :* 220, *production :* 16. **Pétrole** (en millions de t) : *réserves : 1995 :* 33 ; *production : 1993 :* 2,3 ; *95 :* 2,59 ; *97 :* 3,9 ; *99 :* 4,9. *Total* construit un oléoduc d'Andaman à Bangkok. **Mines** (en milliers de t, 1999). **Étain** 3, **lignite** 19 000, **fer** 213, **manganèse** 11 (en 1991), **plomb** 10 (en 1997). **Pierres précieuses.**

■ **Industries.** Agroalimentaire, textile, sucre, ciment 34 051 000 t (en 1995), acier 1 135 000 t (en 1993). **Productions manufacturières** (en milliers, 1998) : automobiles 50 400, véhicules industriels 179 600, motos 1 406 500 (en 1996), circuits intégrés 3,33 milliards (en 1996), fibres synthétiques 507 000 t. Fabrication de préservatifs : 1,7 milliards d'unités/an.

■ **Transports** (en km). **Routes :** 64 600 (en 1996). **Voies ferrées :** 4 623 (en 1994).

■ **Tourisme. Visiteurs** (en millions, 1999) : 7,75. **Revenus** (en milliards de $, 1998) : 6,14.

■ **Commerce** (en milliards de $). **Export./import. :** *1997 :* 57,4/62,9 ; *98 :* 54,4/43 ; *99 :* 58,4/50,3 [(en %, 1996) : *exporte* machines 38, produits man. 30,6, alim. 19,8 *vers* USA 17,9, Japon 16,8, Singapour 12,2, Hong Kong 5,8, Malaisie 3,6, Chine 3,3, G.-B. 3,2, P.-Bas 2,9, Taïwan 2,5, Corée du Sud 1,8, *France 1,8/importe* machines 48,9, produits man. 21,4, chim. 9,4 *de* Japon 27,8, USA 12,5, Singapour 5,4, Malaisie 4,9, All. 4,9, Taïwan 4,2, Corée du Sud 3,6, G.-B. 2,1, *France 1,2,* P.-Bas 0,8].

■ **Rang dans le monde** (en 1999). 5e canne à sucre. 6e riz. 7e pêche. 10e étain.

☞ **La drogue** rapporterait 4 milliards de $ et la **prostitution** 20 milliards de $ par an, soit 1/5 du PNB. 250 000 enfants de moins de 15 ans seraient contraints à l'esclavage sexuel. **Triangle d'or :** confins de : Myanmar, Thaïlande, Laos. *Production d'opium :* 3 500 t dont Myanmar 2 000, Laos 500, Yunan 500, Viêt Nam 400, Thaïlande 35, soit 130 à 150 t d'héroïne.

Togo

Carte p. 1099. V. légende p. 950.

■ **Situation.** Afrique. **Superficie :** 56 785 km². **Longueur :** 600 km. **Largeur :** 50 à 150 km. **Frontières** (en km) : Bénin 644, Burkina 126, Ghana 877. **Côtes :** 56 km (érosion très importante, recul de 140 m par endroit en 6 ans). **Altitude** *maximale :* Mt Agou 984 m. **Régions :** maritime 6 100 km² (927 753 hab.) ; plateaux 15 540 (662 873) ; centrale 20 000 (357 208) ; Kara 4 490 (280 697) ; savanes 8 470 (311 254). **Climat.** 3 *régions : nord* (sécheresse nov.-avril), *centre* (transition), *sud* (2 saisons de pluies mars-juin et oct.).

■ **Population** (en millions d'hab.). *1970 :* 1,95 ; *80 :* 2,52 ; *91 :* 3,64 ; *2000 (est.) :* 4,68 ; *2025 (prév.) :* 8. **Ethnies :** 37. *En %, en 1981 :* Éwé 20,76 ; Kabyè 13,89 ; Ouatchi (Éwé) 11,95 ; Losso 5,97 ; Mina 5,83 ; Cotocoli 5,07 ; Moba 4,79 ; Gourma 4,38 ; Akposso 2,78. **D.** 82,4. **Age** (en %) : *– de 15 ans :* 45,66, *+ de 64 ans :* 3,03. **Espérance de vie** (en 1998) : 49 ans. **Mortalité** *infantile* (en 1999) : 80 ‰. **Réfugiés** (en 1999) : 10 000 Ghanéens.

■ **Langues.** Français *(officielle),* nationales (éwé, kabié). **Religions** (en %). Animistes 50, catholiques 26, musulmans 15, protestants 9.

■ **Villes** (en 1997). *Lomé* 375 000 hab., Sokodé 51 000 (à 350 km), Kara 35 000 (à 428 km), Kpalimé 30 000 (à 121 km), Atakpamé 30 000 (à 167 km), Bassar 22 000, Dapaong 22 000 (à 662 km), Tsévié 20 247 (à 35 km), et en 1984 : Aného 14 272 (à 45 km) et Vogan 11 087.

■ **Histoire.** **1884**-*5-7* colonie allemande, explorée par *Nachtigal.* **1894-1914** protectorat allemand. **1897-1900** pacification. **1914**-*26-8* occupation franco-anglaise. **1919**-*19-7* mandat confié à la Fr. (Togo français, 55 000 km²) et G.-B. (Togoland, 30 000 km²). **1933**-*24/25-1* émeutes à Lomé et en province causées par fiscalité. **1956**-*26-6* fin du mandat anglais. *-30-8* Togo français devient Rép. autonome. **1957** Togo britannique, après plébiscite, intégré à la Côte de l'Or (Ghana) ; le peuple éwé se trouve ainsi divisé.

Indépendance. **1960**-*27-4* proclamation. **1961**-*9-4* **Sylvanus Olympio** (1902-63) Pt. **1963**-*13-1* tué. *-15-5* **Nicolas Grunitsky** (1913-69, beau-frère d'Olympio) élu Pt. *-10-7* accord de défense avec France. **1967**-*13-1* Grunitsky renversé par militaires († 1969). *-Janv.* **Kléber Dadjo** Pt. *-13-1* **Gal Gnassingbe Eyadema** (né 26-12-1937) assume le pouvoir, Pt le 14-4-1967, élu 30-12-1979, réélu 21-12-1986 et 25-8-1993 (96,49 %). **1974**-*24-1* échappe à un accident d'avion. *-2-2* nationalisation des phosphates. **1976**-*23-3* accord de coopération technique avec France. **1979**-*30-12* *Constitution* (référendum : 1 293 872 oui, 1 693 non) ; *législatives :* 96 % des voix pour RPT. **1980**-*13-1 IIIe Rép.* **1982**-*23-9* frontière avec Ghana fermée à cause de contrebande (café et cacao). **1983**-*13-1* Pt Mitterrand au Togo (un complot aurait dû éclater le même jour). **1985**-*24-3* *législatives* (77,45 % de participation). *-4-12* attentat, 1 †. **1986**-*24-9* commando attaque Lomé, 26 à 200 †. **1990** *législatives.* Manif. à Lomé : 5 † le 5-10 ; 2 † en nov. **1991** émeutes : 11 † le 16-3 ; 2 † le 5-4. *-9-4* couvre-feu. *-10-4* multipartisme admis. *-Juin* émeutes. *-8-7/28-8 Conférence nat.* *-13-7* élit son Pt, Mgr Sanouko Kpodrzo (né 1930), évêque d'Atakpamé. *-27-8* nomme **Joseph Kokou Koffigoh** (né 1948) PM, vote dissolution du RPT, élit HCR (Haut Conseil de la Rép.) et adopte loi fondamentale prévoyant régime semi-présidentiel. *-Oct.* émeutes, 16 †. *-1* et *8-10* putsch échoue. *-Déc.* 300 militaires français au Bénin. *-3-12* Koffigoh arrêté. *-30-12* à nouveau PM. **1992**-*janv.* attentats. *-5-6* Gilchrist Olympio (Union des forces de changement) blessé (attentat). *-21-6* et *-5-7 législatives.* *-29-7* Tavio Amorin, directeur du P. socialiste panafricain, meurt après attentat du 23. *-31-7* Lomé, grève générale. *-27-9 référendum pour Constitution* (98,11 %). *Violences :* plus de 80 †. *-22-10* militaires prennent en otage HCR (libéré 23-10 contre 130 millions de F). *-22-11 :* 150 000 manifestants. *-23-11* Lomé, grève gén. *-25-11* fusillade, 3 †. **1993**-*19-1* manif., 100 †. *-Mars* 130 000 réfugiés au Bénin, 100 000 au Ghana. *-24/25-3* putsch échoue, 2 †. Purge dans l'armée (dizaines d'exécutions). **1994**-*5-1* opposants contre une garnison à Lomé, 67 †. *-6/20-2 législatives.* *-14-2 :* 3 militants du CAR, dont 1 député élu le 6, assassinés. *-21-3* Koffigoh démissionne. *-23-4* **Edem Kodjo** PM. *-15-12* amnistie. **1995**-*12-8* accord gouv./HCR sur rapatriement de 131 000 réfugiés au Ghana et Bénin. *-Sept.* pluies, 35 000 sinistrés. **1996**-*20-8* **Kwassi Klutse** (né 29-7-1945) PM. **1998**-*21-6* Eyadema réélu Pt (52,13 %). **1999**-*21-5* **Koffi Eugène Adoboli** PM. **2000**-*31-8* **Agbéyomé Messan** (né 12-10-1954) PM.

■ **Statut.** *République.* **Constitution** du 27-9-1992. **Pt :** élu pour 7 ans au suffrage univ. **Assemblée nationale :** 81 membres élus pour 5 ans au suffrage univ. **Élections du 21-3-1999 :** abstention de l'opposition, RPT 79 sièges, indépendants 2. **Divisions.** 5 régions et 21 préfectures.

■ **Fêtes nationales.** 13-1 (libération), 24-1 (libération économique), 27-4 (indépendance), 21-6 (journée des Martyrs), 23-9 (agression). **Drapeau** (adopté 27-4-1960). 5 bandes horizontales vertes (agriculture) et jaunes (ressources minérales), étoile blanche (espoir) sur carré rouge en haut à gauche (effusion de sang et combat).

■ **Partis.** **Rassemblement du peuple togolais (RPT)** fondé 1969, parti unique de 1969 à 1991 ; *Pt :* Gal Eyadema. **Union des forces de changement** (Gilchrist Olympio). **Comité d'action pour le renouveau [CAR]** (Yao Agboyibo). **Coordination nat. des forces nouvelles (CFN)** fondée 1993 (Joseph Kokou Koffigoh). **Union togolaise pour la démocratie [UTD]** (Edem Kodjo). **Union pour la justice et la démocratie [UJD]** (Lal Taxpandjan).

■ **Économie.** **PNB** (en 1999) : 330 $ par hab. **Croissance** (en %) : *1999 :* 5,5. **Population active** (en %) **et,** entre parenthèses, **part du PNB** (en %) : agr. 60 (38), mines 5 (7), ind. 10 (19), services 25 (40). **Inflation** (en %) : *1992 :* 2,4 ; *93 :* 0,3 ; *94 :* 41,4 ; *95 :* 14,7 ; *96 :* 5 ; *97 :* 4,2 ; *98 :* 1 ; *99 :* – 0,1. **Dette extérieure** (en milliards de $) : *1998 :* 1,35.

■ **Agriculture.** **Production** (en milliers de t, 1999) : coton 691 (en 1998), ignames 630, manioc 469, maïs 350, palmistes 226,9 (en 1988), sorgho 222, riz 87, arachides 42, millet 41, café 13, cacao 9. **Élevage** (en milliers de têtes, 1999). Volailles 6 000 (en 1995), chèvres 1 900 (en 1995), porcs 850, moutons 740, bovins 223. **Forêts** (en 1998). 1 182 000 m^3. **Pêche** (en 1997). 14 000 t. **Mines.** Phosphates 2 000 000 t (en 1999) ; fer, marbre. **Industrie.** Ciment ; ind. alimentaire, boissons. **Hydroélectricité.** **Transports** (en km, 1996). **Routes :** 7 520. **Voies ferrées :** 525. **Tourisme** (en 1997). **Visiteurs :** 92 000. **Recettes :** 18 millions de $. **Sites :** Lomé, Boulomde, Ketao, Fazao, Kpalimé, Tamberma. *Châteaux :* Temberma, Kéran, Malfakassa. *Parc national* de Fazao (200 000 ha).

■ **Commerce** (en millions de $). **Export./import. :** *1996 :* 440/664 ; *97 :* 424/645 ; *98 :* 969/588 ; *99 :* 974/593 (*exporte* phosphates, coton, cacao, café).

■ **Rang dans le monde** (en 1999). 12e phosphates.

TONGA OU DES AMIS (ILES)

Carte p. de garde. V. légende p. 950.

■ **Situation.** Polynésie, 650 km à l'est des îles Fidji. **Superficie :** 748 km^2. **Côtes :** 419 km. **Zone maritime :** 700 000 km^2. 172 îles dont 36 habitées, 3 archipels. **Volcans** actifs : de 106 à 1 433 m (Mt Kao). **Climat.** *Température moyenne* annuelle : Vava'u 23,5 °C, Tongataou 21 °C. *Pluies :* Niuatoputapu 2 500 mm, Vava'u 2 000 mm, Tongatapu 1 500 mm.

Groupes d'îles. **Tongatapu** dont Tongatapu 257 km^2, Eua 87 km^2. **Ha'apai,** 36 îles principales, 118 km^2 dont Tofua 46,6 km^2, Kao 12,5 km^2. **Vava'u,** 34 îles principales, 115 km^2 dont Vava'u 89 km^2, Okoa 0,5 km^2, Utungake 1,9 km^2. **Fonulei-Tuku,** à 64 km de Vava'u, 32 îles. **Niuatoputapu-Tafahi,** à 240 km de Vava'u. **Niuafo'ou.** **Minerva Reefs,** à 500 km de Tongatapu.

■ **Population.** *2000 (est.) :* 110 000 hab. **D.** 147. **Origine :** polynésienne. **Age :** *– de 15 ans :* 41,5 %. **Espérance de vie** (en 1998) : 71 ans. **Émigrés :** 2 % de la pop. (vers Australie 30 000, Nlle-Zélande et USA). Achat de terres interdit aux étrangers. **Capitale.** *Nukualofa* (sur Tongatapu) 25 000 hab. (en 1992). **Langues.** Anglais, tongan. **Religions** (en %). Méthodistes 78, catholiques 15. *Tabou* vient du polynésien *tapu* (sacré).

■ **Histoire.** **1616** reconnues par les Hollandais Schouten et Jacob Le Maire. **1643** nouveaux contacts avec Hollande (A.J. Tasman). **1767** arrivée de l'Anglais Wallis, suivi par Cook qui nomme les îles « îles des Amis ». **1797** arrivée de missionnaires de la London Missionary Society. **Début XIXe s.** guerres civiles. **1834** conversion de Taufa'Ahau (futur roi George Tupou Ier) au méthodisme qui s'impose face à minorité cath. (missionnaires français). **1845**-*févr.* **George Tupou Ier** roi. **1850** *indépendance.* **1855** traité avec la Fr. **1886** neutralité (déclaration de Berlin). **1893**-*févr.* **George Tupou II** roi. **1900**-*18-5* protectorat anglais. **1918**-*avril* **Salote Tupou III** (1900-65), sa fille. **1958** autonomie. **1965**-*15-12* roi **Taufa'Ahau Tupou IV** (né 4-7-1918 ; 160 kg) [ép. en 1947 la Pcesse Halaevalu Mata'aho Ahome'e (née 1926) ; 2 fils, 2 filles ; a déshérité en 1980 son fils aîné, le Pce Alaivahamama'o (né 4-5-1948) pour s'être marié sans son autorisation]. **1970**-*4-6 indépendance.* **1999**-*14-9* entrée à l'Onu. *-1-10* le roi fait passer son pays à l'heure d'été pour qu'il soit le 1er à entrer dans l'an 2000.

■ **Statut.** *Royaume membre du Commonwealth.* **Constitution** du 4-7-1875. **PM :** Pce Ulukalala-Lavaka-Ata (né 1959) depuis 3-1-2000. **Conseil privé :** roi, cabinet et gouverneurs de Vava'u et de Ha'apai. **Assemblée législative :** 12 membres du cabinet royal, 9 nobles choisis parmi les 33 nobles de Tonga, 9 élus pour 3 ans ; se réunit au moins 1 fois par an. **Fête nationale.** 4 juin. **Drapeau** (adopté 4-11-1875). Fond rouge (sang de Jésus mort sur la croix). En haut et à gauche, croix rouge (dévotion du roi au christianisme) sur carré blanc (pureté).

■ **Économie.** **PNB** (en 1999) : 1 740 $ par hab. **Population active** (en %) **et,** entre parenthèses, **part du PNB** (en %) : agr. 50 (40), ind. 7 (9), services 43 (51). **Aide extérieure** (surtout G.-B.) : 24 % du PNB. **Transferts des expatriés :** 30 % du PNB. **Agriculture.** **Terres cultivées :** 79 % (1/4 des terres appartiennent au roi et à la noblesse). **Production** (en milliers de t, 1999) : ignames 31, manioc 28, noix de coco 25, légumes et melons 7, patates douces 5, oranges 3, coprah 2, bananes 1. **Élevage** (en milliers de têtes, 1999). Volailles 131 (en 1984), porcs 81, chèvres 14, chevaux 11, bovins 9. **Pêche** (en 1997) 3 000 t. **Tourisme** (en 2000). 44 460 visiteurs. **Timbres-poste.** 8 % des revenus.

☞ De 1987 à 1998, le Tonga vendait des passeports à Hong Kong (273 000 $ de Hong Kong la pièce ; *en 1992 :* 28 millions de $).

■ **Commerce** (en millions de $, 1996). **Export./import. :** *1198 :* 8/69 ; *99 :* 12/73 (*exporte* poisson, vanille, ignames et patates douces, vêtements).

TRINITÉ ET TOBAGO

Carte p. 895. V. légende p. 950.

■ **Situation.** Iles des Antilles à 32 km l'une de l'autre, à 12 km au large du Venezuela, dans le golfe de Paria. 5 128 km^2. **Côtes :** 362 km. **Altitude** *maximale :* Mt Aripo 940 m. **Climat.** Tropical ; saison sèche de janv. à mai, humide de juin à déc., moy. 26 °C. **Iles.** **Trinité** 4 828 km^2 (80 km du nord au sud, 48 d'est en ouest), 1 184 106 hab. **Tobago** 300 km^2 (41 km × 12 km), 45 000 hab. Ville : Scarborough. **23 petites îles** dont Petite Tobago 1 km^2, Monos 4,1, Chacachacare 3,9, Gaspar Grande 1,3, Huevos 0,8.

■ **Population.** *2000 (est.) :* 1 330 330 hab. dont (en %) descendants d'Africains 39,6, Indiens 40,3, métis 18,4, Chinois 0,4, Blancs 0,3 ; *2025 (prév.) :* 1 490 000. **D.** 259,4. **Age** (en %) : *– de 15 ans :* 27,9, *+ de 64 ans :* 6,3. **Espérance de vie** (en 1998) : 74 ans. **Villes** (en 1995). *Port d'Espagne* (Port of Spain) 45 284 hab., San Fernando 55 784, Arima 24 874. **Langue.** Anglais *(officielle).* **Religions** (en %, 1998). Catholiques 32,2, hindous 24,3, anglicans 14,4, musulmans 6.

■ **Histoire.** **Trinité :** **1498** découverte par *Christophe Colomb.* **1531** prise aux Espagnols par Anglais. **1797** reprises par Anglais. **1802** traité d'Amiens leur concède l'île. **Tobago :** **1642** colonisée par Hollandais *(Nieuwe Walcheren).* **1677** française. **1684** déclarée neutre par les puissances europ. **1717** saccagée et laissée déserte par Espagnols. **1737** occupée par Anglais. **1748** neutre. **1763-83** reconquise par Anglais. **1783** française. **1814** traité de Paris : anglaise. **1834** esclavage aboli. **1889** rattachée à Trinité. **1956** autonomie. **1958**-*3-11*/**1961**-*31-5* membre de la Fédération des Antilles britanniques. **1962**-*31-8* **indépendance.** *Eric Williams* (1911-81) PM. **1967**-*14-3* membre de l'OEA, **1973** du Caricom. **1976**-*1-8* **république.** **1981-86** *Georges Chambers* (1928-97) PM. **1986-91** *Arthur Robinson* PM. **1987**-*16-3 Noor-Motramed Hossanal* (né 1926) PM. **1990**-*27-7* coup d'État musulman, dirigé par Yasin Abu Bakr (20 †) : PM Robinson pris en otage (libéré 1-8). *-1-8* reddition. **1991**-*1-8 Patrick Manning* PM. **1995**-*4/7-8* état d'urgence. *-9-11 Basdeo Panday* (né 25-3-1933) PM. **1997**-*19-3* **Arthur Napoleon Raymond Robinson** (né 16-12-1926) Pt.

■ **Statut.** *République membre du Commonwealth.* **Constitution** du 1-8-1976. **Pt** élu par les Chambres. PM **Parlement : Sénat** 31 membres nommés (Pt 9, PM 16, opposition 6) ; **Assemblée** 36 membres élus pour 5 ans. **Élections du 11-12-2000 :** UNC 19, PNM 16, NAR 1.

■ **Fête nationale.** 31-8 (indépendance). **Drapeau** (adopté 31-8-1962). Bande oblique noire (force, unité et richesses du sol) avec liserés blancs (pureté des aspirations du peuple, égalité des hommes) sur fond rouge (chaleur et énergie du Soleil).

■ **Partis.** **Nat. Alliance for Reconstruction (NAR)** fondée 1983, *leader* : Anthony Smart depuis 1999. **People's Nat. Movement (PNM)** fondé 1956 (Patrick Manning). **United Nat. Congress (UNC)** fondé 1989 (Basdeo Panday).

■ **Économie.** **PNB** (en 1999) : 4 900 $ par hab. (6 500 $ en 1982). **Croissance** (en %) : *1994 :* 5,2 ; *95 :* 3,2 ; *96 :* 3,9 ; *97 :* 3,5 ; *98 :* 5,6 ; *99 :* 6,9 ; *2000 :* 7,9. **Pop. active** (en %) **et,** entre parenthèses, **part du PNB** (en %) : agr. 9,5 (2,2), mines et ind. 14 (35,2), services 76,5 (62,6). **Chômage** (en %) : *1995 :* 17,5 ; *99 :* 13,1. **Inflation** (en %) : *1995 :* 5,3 ; *96 :* 3,3 ; *97 :* 3,7 ; *98 :* 5,6 ; *99 :* 3,4 ; *2000 :* 3,8. **Dette extérieure** (en milliards de $) : *1996 :* 1,875 ; *99 (sept.) :* 1,515. **Agriculture.** **Terres cultivées :** 47 000 ha en 1999. **Production** (en milliers de t, 1999) : canne à sucre 1 200, oranges 15, riz 7, coprah 6, cacao 1, café 0,5. Rhum 3,9 millions de gallons (en 1999). **Pêche** (en 1997). 14 046 t. **Énergie.** **Pétrole** (en millions de t, 1999) : *réserves :* 67, *production :* 6,4 (22 % du PIB). **Gaz** (en milliards de m^3) : *réserves :* 750, *production :* 13,3 (en 1999). **Asphalte** (en milliers de t) : 15,4 (en 1997). **Industrie.** Raffinage, ammoniaque, ciment, acier, engrais, métaux, urée, méthanol. **Tourisme.** **Visiteurs :** 358 836 et 57 236 croisiéristes (en 1999). **Recettes :** 1,22 millions de TT$ (en 1999).

■ **Commerce.** **Export./import.** (en milliards de $) : *1994 :* 1,87/1,13 ; *98 :* 3/2,26 ; *99 :* 2,8 (fuel et produits pétroliers 54 % *vers* USA 38,9 %, Jamaïque 8 %)/2,74 (*de* USA 40 %).

■ **Rang dans le monde** (en 1999). 26e réserves de gaz. 29e gaz naturel.

TUNISIE

V. légende p. 950.

☞ *Abréviations :* T. : Tunisie ; Tun., tun. : Tunisiens, tunisien(ne)(s).

■ **Situation.** Afrique. **Superficie :** 163 610 km^2. **Altitudes :** *maximale* 1 544 m (djebel Chââmbi), *moyenne* 700 m. **Longueur :** 1 200 km. **Largeur :** 280 km. **Côtes :** 1 148 km. **Frontières** (en km) : Libye 459, Algérie (950 km). **Régions.** *Nord :* plaines de la Medjerda (25 000 km^2) entre montagnes de Kroumirie et collines des Mogods d'une part, la « Dorsale tunisienne » d'autre part (climat méditerranéen ; pluies : 400 à 1 534 mm à Ain Draham). *Centre :* hautes et basses steppes (climat continental chaud ; pluies : 150 à 400 mm). *Sud :* plaine côtière de la Djeffara et plateau du Dahar (climat saharien, semi-désertique, pluies : 50 à 150 mm). *Petite Syrte :* espace entre îles Kerkennah et de Djerba. Pays légendaire des *Lotophages* (mangeurs de lotus). *Chotts* ou *sebkha :* dépressions fermées recouvertes d'une pellicule d'eau plus ou moins étendue pendant la saison froide ; s'assèchent en été, surface tapissée d'efflorescences salines [*chott el-Jérid*, la « Grande Sebkha » ou *sebkha el-Takmart* (passage difficile)]. **Climat.** *Températures* à Tunis : hiver 11 °C, été 26 °C ; Djerba : 12 à 28 °C.

■ **Population.** *1911 :* 1 904 551 hab. [dont *Tunisiens* 1 756 075 (musulmans 1 706 830, israélites 49 245), *Européens* 148 476 (Italiens 88 082, Français 46 044, Maltais 11 300, Grecs 696, Espagnols 587, divers 1 767)] ; *36 :* 2 608 313 [dont *Tun.* (musulmans 2 265 750, israélites 59 485), *musulmans non tun.* 69 873, *Européens* (Français 108 168, Italiens 94 289, autres 10 848)] ; *56 :* 3 378 300 ; *80 :* 6 392 300 ; *2000 (est.) :* 9 840 000 ; *2025 (prév.) :* 13 000 000. **D.** 60,7. **Français :** *1880 :* 708 ; *1911 :* 46 044 ; *26 :* 71 020 ; *57 :* 180 440 ; *61 :* 62 400 ; *66 :* 16 700 ; *76 :* 16 000 ; *86 :* 12 500 (dont, en %, épouses françaises de Tun. 40, coopérants 25, cadres et techniciens du secteur privé 20, autres 15). **Italiens :** *1881 :* 11 000 ; *1911 :* 88 082 ; *31 :* 91 000 ; *51 :* 84 000 ; *61 :* 40 400 ; *86 :* 88 000. **Population urbaine** (en 1997) : 63 %. **Age** (en %) : *– de 15 ans :* 29,7, *+ de 64 ans :* 6. **Taux** (en ‰, 1999) : *natalité* 22, *mortalité* 7 (*infantile* 35). *Accroissement net naturel :* 17,2. **Espérance de vie** (en 1998) : 70 ans. **Contrôle de la croissance** (en 1987) : âge minimal du mariage des femmes relevé à 17 ans, monogamie, allocations familiales limitées à 4 enfants, puis à 3 en 1989 (4 dinars par mois, soit 30 F par enfant), contraception depuis 1961 [54,5 % des Tunisiennes (en 1992)], avortement (depuis 1965). **Émigration :** 350 000 dont *France 250 000* (en 1988) [dont 90 % du sud (Djerba, Gâbès, Tatâouîne...)], Libye 80 000 (l'été 1985, la Libye expulsa 22 000 Tun. et leurs familles), All. féd. 19 000, Italie 16 000, Algérie 10 000, Suisse 2 500.

☞ **Place des femmes en Tunisie** (en %) : députés 7, conseillers municipaux 16, fonction publique 25 (dont magistrature 33, enseignement 46), santé 46.

Gouvernorats (en 1994). L'Ariânah 556 247 hab., Béja 301 898, Ben 'Aroûs 369 552, Bizerte 475 053, Gâbès 310 643, Gafsa 304 665, Jendoûbah 403 000, Kairouan 528 899, Kasserine 385 450, Kebili 131 661, Le Kef 270 996, Mahdiâh 334 208, Medenine 382 699, Monastîr 363 126, Nabeul 577 813, Sfax 732 471, Sidi Bou Said 374 835, Siliana 243 536, Sousse 432 212, Tatâouîne 133 676, Tôzeur 89 088, Tunis Nord 881 560.

■ **Langues.** Arabe *(officielle),* français (parlé). Dans quelques villages (Jebel, Matmata, sud de Djerba), berbère mais pop. bilingue. **Enseignement** (en 1996). Primaire 1 500 000 élèves, secondaire 800 000, supérieur 120 000. En 1996, sur 2 100 000 élèves, 1 000 000 apprennent le français dans le primaire, 676 000 dans le secondaire, 112 000 dans le supérieur. **Analphabétisme :** 35 %. **Religions. Islamique** *(officielle)* [le chef de l'État doit être musulman] : 85 % de rite malékite, 15 % de rite hanéfite. **Catholiques :** 18 000 en 1996 (*1956 :* 60 000). **Juifs :** *1936 :* 59 485 ; *46 :* 70 000 (Tunis 34 193, banlieue 6 832, Djerba 4 294, Sfax 4 233, Soûsse 3 574, Gâbès 3 210, Nabeul 2 058, Bizerte 1 032, Zarzis 1 026, Béja 1 011) ; *56 :* 57 792 ; *60 :* 34 400 ; *65 :* 21 700 ; *70 :* 10 000 ; *93 :* 10 000 (?) [50 000 ont émigré en Israël] ; *97 :* 2 000.

■ **Villes. Population :** *Tunis* 674 100 hab. [*XIIe s. :* 100 000 ; *1911 :* 170 369 (dont 45 237 Italiens, *17 875 Français,* 5 986 Anglo-Maltais, 1 381 Européens), 75 000 musulmans, 26 500 juifs ; *56 :* 300 000], */97 :* 918 000. *En 1994 :* grand Tunis 1 700 000, Sfax 230 900, L'Ariânah 152 700, Ettadhamen 149 200, Soûsse 125 000, Kairouan 102 600, Bizerte 98 900, Gâbès 98 900, Djerba 95 000, Ben 'Aroûs 73 000, Bardo 72 700, Gafsah 71 170, Béja 55 000. **Distances de Tunis** (en km) : Bizerte 64, Gâbès 364, Gafsah 400, Kairouan 157, Sfax 269, Soûsse 141.

■ Histoire

■ **Période préromaine. Av. J.-C. Jusqu'au XIVe s.** habitée par les Capsiens (Capsa = *Gafsah,* « mangeurs d'escargots »). **XIVe s.** Phéniciens fondent Utique qui, avec Hippone (Algérie), est leur plus important comptoir africain. **Légende de Didon : 933 Ithoba'al** roi de Tyr. Sa fille *Jézabel* épouse le roi d'Israël *Achab,* et sa petite-fille *Athalie,* le roi de Juda *Joram.* Son petit-fils *Mattan* (ou *Mutto*) devient roi de Tyr ; il a 2 enfants, *Pygmalion* et *Élissa* (du grec *errer* « femme virile »), future *Didon* [qui, après avoir épousé le grand prêtre Acherbas (Sychée, chez Virgile), monte sur le trône]. Pygmalion, pour s'emparer du pouvoir, fait assassiner son beau-frère. Élissa s'enfuit, fait escale à Chypre, repart et fonde Carthage (*Kart hadschath :* « la ville neuve ») en 814. A *Byrsa* (en grec : « peau de bœuf »), Élissa, voulant acheter un terrain, devait recevoir autant de terre que pourrait en couvrir la peau d'un bœuf ; elle fait découper la peau en lanières, délimitant ainsi un espace de 4 km de circonférence. Élissa s'offre en sacrifice pour ne pas avoir à épouser le roi *Hiarbas* (ou, chez Virgile, meurt sur le bûcher en maudissant son amant *Énée,* parti fonder Rome). **574** Tyr en Phénicie détruite ; Carthage capitale du monde phénicien ou punique (Afr. du N. et Espagne) ; guerres navales contre Grecs, notamment Phocéens de Marseille (victoire d'une flotte étrusco-carthaginoise à Aléria, Corse, 536). **509** *1er traité Carthage/Rome :* les Romains n'ont pas le droit de naviguer au-delà du « Beau Promontoire » (sud du cap Bon). **480** à Himère, Grecs victorieux. Le roi carthaginois *Hamilcar* se jette dans le bûcher. **348** *2e traité :* Carthage prend la Sardaigne. **310** Carthage assiégée par le tyran de Syracuse : pour s'attirer la bienveillance de Tanit (déesse de la fécondité) et de son époux Baal Hammon, des centaines d'enfants sont sacrifiés sur le *tophet* (selon Diodore). **306** *3e traité :* Rome ne peut intervenir en Sicile, Carthage ne peut toucher à l'Italie. **264-146** *guerres puniques* contre Rome (voir Italie) avec *Hamilcar Barca* (vers 290-228) et ses fils, *Hannibal* [247/183, s'empoisonne à Libyssa près d'Herebe (Turquie)] et *Hasdrubal* († 207). **238** guerre des mercenaires.

■ **Période romaine. 146** Carthage rasée par Scipion Émilien ; Caton disait : *Delenda est Carthago* (« Il faut détruire Carthage ») ; son territoire devient la province d'Afrique (cap. Utique). **122** Carthage reconstruite *(Colonia Junonia)* [avec 6 000 colons amenés par Caius Gracchus]. **46** César bat Pompée à *Thapsus* (Moknine) : province d'Afrique agrandie à l'ouest de la moitié de la Numidie, à l'est, du littoral libyen. **14** Carthage redevient cap. **Apr. J.-C. 37** 2 capitales : *Carthage* (province proconsulaire) ; *Hadrumète* [Soûsse (province bizacienne)]. **162** thermes d'Antonin inaugurés. **Depuis 220** métropole chrétienne (Tertullien, saint Cyprien). **285-305** grands travaux de l'empereur Dioclétien. **312-337** Constantin restaure Carthage dévastée par son rival Maxence. **314** schisme des donatistes. **429-533** invasion des *Vandales* (ariens) qui favorisent donatistes. **439** *Genséric* prend Carthage. **533-698** occupation byzantine *(Bélisaire).*

■ **Période arabe. 647** débuts de l'invasion arabe. **670** Kairouan ville sainte, fondée par Okba ibn Nafi. **698** chute de Carthage. Islamisation et arabisation ; le dernier évêque chrétien s'exprime en syriaque (1073). **702** échec de la résistance berbère animée par Dihia la Kahena dans l'Aurès algérien, les monts des Nementcha et de Tebessa, et un peu dans les Matmata. **800-909** *dynastie des Aghlabides* (Kairouan) : apogée de la civilisation islamique. **910-73** *dynastie des Fatimides* (cap. : Mahdiâh). **1045** rupture avec califat fatimide du Caire. **1050-57** Arabes hillaliens, venus d'Égypte (200 000), éliminent dynastie berbère. **1159** Normands de Sicile vaincus par Abd el-Moumen, sultan almohade du Maroc qui conquiert la T. (Ifrika). **1228-1574** *dynastie des Hafsides* à Tunis. **1268** Charles d'Anjou, roi de Sicile, en guerre contre Hafsides. **1270** Saint Louis meurt devant Tunis (8e croisade). **1526-73** Hafsides, soutenus par Espagne, luttent contre Turcs. **1534** Kheïr-Eddin Barberousse prend Tunis menaçant Malte, Sicile et Naples. *-juin/juill.* Charles Quint prend Tunis ; Barberousse s'enfuit à Alger. **1573** don Juan d'Autriche prend Tunis.

■ **Période turque. 1574** conquête turque. **1577** *1er consul français.* **1590** les *janissaires* (du turc *Yeni Tcheri,* Nouvelle Milice, chrétiens convertis à l'islam) installent un dey secondé par un bey. Les deys gouvernent de 1598 à 1630 (accueil des Andalous 1609-12), les beys de 1631 à 1702. **1665**-*25-12* traité avec France : le consul fr. a prééminence sur autres consuls. **XVIIIe-XIXe s.** conquête de l'intérieur.

Beylicat héréditaire (dynastie hussaynite 1705-1957) de fait puis de droit (firman du 23-10-1871 : hérite du titre le mâle le plus âgé des Pces de la famille régnante). **1705**-*juillet* fondé par **Hussayn ben Ali** [1669-1740 ; fils de Benedetto Orsini (né Sartène 26-4-1642), enlevé 1661 par des Sarrasins, connu en Tunisie comme Ali-Orsino]. **1735**-*sept.* déposé. **Ali Pacha ben Mohammed** (1689-1756 étranglé), son neveu. **1741-42** *guerre contre la Fr.* (reprise de Tabarka et du cap Nègre). **1756**-*sept.* **Mohammed ben Hussayn** (1710-59), son fils. Algériens saccagent Tunis. **1759**-*mars* **Ali ben Hussayn** (1712-82), son frère. **1769-70** *guerre contre la Fr.* (cause : annexion de la Corse). **1782**-*févr.* **Hammouda Pacha ben Ali** (1759-1814), son fils. **1790** traité avec Espagne. **1814**-*sept./nov.* **Osman ben Ali** (1763-1814 assassiné), son frère. **1814**-*déc.* **Mahmoud ben Mohammed** (1757-1824), fils de Mohammed ben Hussayn. **1824**-*mars* **Hussayn ben Mahmoud** (1784-1835), son fils. **1835**-*mai* **Mustapha ben Mahmoud** (1786-1837), son frère. **1837**-*oct.* **Ahmed ben Mustapha** (1806-55), son fils. **1841** ferme le marché aux esclaves de Tunis. **1842** accorde la liberté à tous les enfants nés d'esclaves. Chapelle édifiée à Carthage en mémoire de Saint Louis. **1855**-*30-5* **Mohammed ben Hussayn** (1810-59), son cousin. **1857**-*9-9 Pacte fondamental* (*1re Constitution*) proclamé. **1859**-*23-5* **Mohammed es-Sakok ben Hussayn** (1813/27-10-1882), son frère. **1860**-*17-9* voit Napoléon III à Alger. **1860-73** mauvaise gestion du PM *Mustapha Khaznadar* (chassé 1873). **1861**-*26-4 nouvelle Constitution.* **1861-68** révolte contre fiscalité (mauvaise récolte) ; épidémie. **1864** *Constitution partiellement abrogée.* **1873**-*oct.*/**1877** *Khereddine* PM [né Caucase 1822, acheté par bey Ahmed, 1853 général, 1857 ministre de la Marine, 1861-67 mission diplomatique, 1868 aux Finances, 1870 ministre dirigeant, 1877-*juillet* se retire à Vichy puis Istanbul (grand vizir, ministre de la Justice), † janv. 1890]. **1874-82** Cdt François-Elie Roudaire (1836-85), croyant le chott Melrhir à – 27 m, veut le relier à la Méditerranée. **1878** *congrès de Berlin :* l'Angleterre laisse la Fr. libre en T. contre reconnaissance de son bail à Chypre.

■ **Période française. 1881**-*12-5 traité de Kasr-as-Saïd* (ou *du Bardo*) complété et précisé par *convention de La Marsa* (8-6-1883) : protectorat français. *-Oct.* **Théodore Roustan** (1833-1906), résident. **1882**-*28-10* **Ali ben Hussayn** (14-8-1817/11-6-1902), frère de es-Sakok, bey. *-Nov.* **Paul Cambon** (1843-1924), résident. **1884** cathédrale de Carthage construite (63 m). **1885** mouvement bourgeois de Tunis veut résister aux Français. **1886**-*nov.* **Justin Massicault** (1838-92), résident. **1892**-*nov.* **Charles Rouvier** (1849-1915), résident. **1894**-*nov.* **René Millet** (1849-1919), résident. **1896**-*28-9* convention franco-italienne. **1901**-*déc.* **Stephen Pichon** (1857-1933), résident. **1902**-*11-6* **Mohammed el-Hadi ben Ali** (24-6-1855/11-5-1906), fils d'Ali, bey. **1906**-*11-5* **Mohammed en-Nasr ben Mohammed** (14-7-1855/10-7-1922), son cousin, bey. **1907**-*janv.* **Gabriel Alapetite** (1854-1932), résident. Création du *Parti révolutionnaire tun.* (Jeunes Tun. ; *leader :* Ali Bach Hamba). **1909-10** naturalisation des juifs. **1911**-*7-11* affaire du cimetière de Jellaz (lieu vénéré que l'admin. militaire voulait immatriculer), incidents sanglants ; état de siège jusqu'en 1921. **1918**-*nov.* **Étienne Flandin** (1853-1922), résident. **1920**-*déc.* **Lucien Saint** (1867-1938), résident. Création du *Destour* (P. libéral constitutionnaliste). **1922**-*10-7* **Mohammed el-Habib ben Mamun** (13-8-1858/11-2-1929), cousin de en-Nasr, bey. **1923** Turquie renonce à ses droits. Loi sur la naturalisation. **1924** création d'une CGT tun. (interdite 1925). **1929**-*janv.* **François Manceron** (1872-1937), résident. *-11-2* **Ahmed ben Ali** (13-4-1862/19-6-1942), cousin de el-Habib, bey. **1930** congrès eucharistique de Tunis. **1933**-*juillet* **Marcel Peyrouton** (1887-1983), résident. **1934**-*2-3* congrès de Ksar Hellal, Bourguiba fonde *Néo-Destour,* (sera arrêté sept. 1934, libéré 1936, arrêté après émeute à Tunis le 9-4-1938 pour 5 ans). **1936**-*mars* **Armand Guillon** (1880-1983), résident. **1938**-*nov.* **Érik Labonne** (1888-1971), résident. **1940**-*3-6* **Marcel Peyrouton,** résident. *-26-7* **amiral Jean-Pierre Esteva** (1880-1951), résident. **1940**-*juillet* à **1943**-*mars* lois raciales (antijuives). **1942**-*19-6* **Mohammed el-Moncef** († 4-3-1948 à Pau en exil), fils de Mohammed en-Nasr, bey. **1942**-*8-11*/**1943**-*13-5* occupation allemande bien accueillie par nationalistes, Bourguiba (arrêté depuis 1938) libéré ; campagne de Tunisie : Esteva forme une « légion africaine » pour combattre les Alliés. Moncef nomme un gouvernement nationaliste modéré. *-11-5* **Gal Juin** résident intérimaire. *-13-5* de nombreux chefs du Néo-Destour compromis avec Allemands (sauf Bourguiba) s'enfuient ou sont arrêtés. *-16-5* Gal Giraud prend Tunis. Moncef, accusé de collaboration, doit abdiquer. **Mohammed el-Amina (Lamine)** [4-9-1881/Tunis 30-9-1962], fils de Mohammed el-Habib, bey ; il eut droit au titre de « Monseigneur » jusqu'à sa mort. 3 fils : Chadli, Mohammed, Salah Eddine et 9 filles. *-24-8* **Gal Charles Mast** (1889-1977), résident. **1945**-*févr.* « manifeste du Front tunisien » réclamant autonomie interne. *-Sept.* Grand Conseil réorganisé en 2 sections : 1 française, 1 tunisienne. Élues pour 6 ans (section tunisienne au suffrage indirect). *1res élections* boycottées par 80 % des inscrits. **1946**-*25-8* congrès clandestin ; nationalistes réclament indépendance. **1947**-*21-2* **Jean Mons** (né 1906), résident : supprime censure, réorganise Conseil des ministres en attribuant 6 ministères sur 12 aux Tunisiens (dont le poste de PM). *-5-8* Sfax, grève organisée par Union générale des travailleurs tun. (UGTT), 30 † (grévistes). *-Nov.* **Mustapha Kaak** PM. **1949**-*juin* projet de Constitution néo-destourien. **1950**-*13-6* Thionville, banquet donné pour **Louis Périllier** (1900-86), résident : Robert Schuman (min. des Aff. étrangères du gouv. Bidault) parle d'indépendance. *-Août* **Mohammed Chenik** PM. *-22-11 :* 7 grévistes tués à Enfidaville. **1951**-*8-2* décrets beylicaux : renforcent autorité du gouv. Font du PM le seul Pt du Conseil (subordonnant le secrétaire général, qui démissionne). *-7-11* mémorandum du PM Chenik sur autonomie interne. *-15-12* Maurice Schumann (secr. d'État aux Affaires étrangères du gouv. Pleven) répond : « La participation des Français de T. au fonctionnement des institutions politiques ne peut être écartée... Les rapports futurs de 2 pays ne peuvent être fondés que sur la reconnaissance du caractère définitif du lien qui les unit. » *-21-12* Néo-Destour et UGTT appellent à une grève générale de 3 j. *-24-12* **Jean Cte de Hauteclocque** (1893-1957), résident. **1952**-*18-1* Bourguiba arrêté (en résidence surveillée 743 j dans l'île de la Galite, au nord-ouest de Bizerte). Incidents au Sahel. *-22-1 :* manifestation et grève ; Cel Durand tué à Soûsse ; 17 † tunisiens). *-26-1* Edgar Faure propose reprise des négociations que le bey refusera à cause du « ratissage » du cap Bon (28-1/1-2). François Mitterrand, ministre d'État, propose plan d'autonomie interne (double nationalité accordée aux Français de T.) que Bourguiba accepte. *-28-1/1-2* ratissage du cap Bon (200 †). *-29-2* le gouv. français tombe. *-25-3* gouv. Chenik arrêté, envoyé dans le Sud. *-28-3* **Salaheddine Baccouche** PM (gouv. de fonctionnaires). *-1-8* bey puis Conseil des 40 refusent plan de réformes français. La *Main rouge,* formée de colons, tente d'étouffer la révolte par des attentats. *-5-12* Farhat Hached (syndicaliste) assassiné par Main rouge. *-15-12* grève du sceau du bey. Bey du camp Azzedine assassiné (avait assisté à la célébration du 14 Juillet à la résidence française). **1953**-*26-9* **Pierre Voizard** (1896-n.c.), résident. Attentats terroristes ; représailles de la Main rouge (Hedi Chaker tué en sept.). **1954**-*4-3* programme de réformes repoussé par nationalistes. Fellaghas (2 500 en groupes mobiles de 15 à 30) entretiennent l'insécurité. *-21-5* Bourguiba transféré à Groix. *-Mai* **Mohammed Salah Mzali** PM. *-Juin* rébellion (Salah ben Youssef instigateur). *-17-6* Mzali démissionne. *-30-7* **Gal Pierre Boyer de Latour du Moulin** (1896-1976), résident (1955 devient haut-commissaire). *-31-7* Mendès France, Pt du Conseil, accompagné du Mal Juin et de Christian Fouchet (ministre des Affaires tunisiennes et marocaines), proclame au palais du bey à Carthage principe de l'*autonomie interne.* *-2-8* **Tahar ben Ammar** PM. *-22-11* appel à la remise des armes. *-30-11/10-12 :* 2 713 soumissions (2 105 armes remises). **1955**-*1-6* Bourguiba rentre à Tunis. *-3-6* convention franco-tun. ; autonomie interne (ratifiée par Assemblée nat. 7-7). Salah ben Youssef, exclu du parti destourien, veut continuer lutte armée pour l'indépendance totale.

■ **Indépendance. 1956**-*20-3 indépendance.* *-15-4* **Bourguiba** PM. *-28-7* Ben Youssef se réfugie au Caire. *-Août élections :* 95 % des voix (598 000 voix) pour le Front nat. animé par le Néo-Destour (depuis 1934). *-11-8* Code du statut personnel : polygamie et droit de répudiation interdits. **1957**-*1-6* Bourguiba demande départ des troupes françaises. *-25-7* Lamine Ier destitué par l'Ass. constituante [mis en résidence surveillée à la Manouba, puis près de Tunis ; la beya Janina † 1960 ; Lamine emménage à Tunis (modeste appartement) et meurt 30-9-1962 ; ses biens sont confisqués : le pavillon des Bains (à la Marsa), le Dar el-Taj, le palais de la Couronne et celui d'Ahmed II sont détruits] ; il avait abdiqué en faveur de Sidi Hussayn en-Nasr, fils de Mohammed en-Nasr (22-4-1893/8-11-1963) qui abdique 24-7-1957 en faveur de son fils Rechad al-Mahdi (né 22-5-1947). *Chefs de la maison :* Sidi Soleïman († 26-8-1992), Sidi Allala (7-11-1910) son frère avec pour héritier Sidi Chadli Bey (né 12-12-1910) fils aîné du bey Lamine.

Opérations en Tunisie (1-1-1952/31-12-1957). **Effectifs :** Français 250 000. **Pertes :** *armée de terre :* 199 † [dont 80 au combat ou dans attentat, 119 de maladie, suicide, noyade] ; *de l'air :* 47 † [dont 13 dans opérations et accidents aériens), 26 accidents divers, 8 maladie].

■ **République. 1957**-*25-7* **Habib Bourguiba** (né Monastir 3-8-1903/6-4-2000) Pt, surnom : « Combattant suprême » [ép. *1°)* 1927 Mathilde Lorrain née Le Fras (1892-1976), veuve, dont *Habib* (né 9-4-1927, ambassadeur en Italie 1957-58, France 1958-61, USA 1961-63, secr. présidence 1963, secr. d'État aux Aff. étr. 1964-70, min. de la Justice 1971, Pt banque BDET 1971-88, hémiplégie 1977, conseiller spécial du Pt 1977-86 ; depuis 1988, consultant), divorce 1961 ; *2°)* 12-4-1962 Wassila Ben Ammar († 1999), divorce 11-8-1986. Élu Pt 8-11-1959 (99,78 % des voix), réélu 8-11-1965 (99,88 %), 2-11-1969 (99,98 %), 3-11-1974 (99,98 %), 18-3-1975 (Pt à vie, 99,85 %). **1958**-*8-2 :* 25 avions français bombardent *Sakhiet-sidi-Youssef* (représailles, 2 avions fr. touchés la veille par la DCA) : 75 †, 80 blessés, réfugiés algériens. *-17-6* accord prévoyant l'évacuation des troupes françaises sauf *Bizerte.* **1961**-*19-7* conflit franco-tun. à *Bizerte,* la T. ayant tenté un coup de force pour accélérer son évacuation (en 3 j, 1 000 Tunisiens et 30 Français †). *-12-8* Salah Ben Youssef tué à Francfort. *-30-9 :* 1er accord avec Fr. **1962**-*août* relations diplomatiques reprises avec Fr. *-Déc.* complot contre Bourguiba : 13 condamnés à †. **1963**-*13-12* Français évacuent Bizerte. **1964**-*12-5* loi nationalisant 400 000 ha appartenant à des étrangers (270 000 à des Français). Fr. suspend aide financière et dénonce convention de 1959. **1968** Fr. rétablit aide financière. *-Août* complot. **1969**-*nov.* **Bahi Ladgham** (10-1-1913/13-4-1998)PM. **1970** accord avec Algérie, la frontière tracée en pointillé depuis 1929 (de Bir-Romane à Fort-Saint) partage la nappe pétrolifère d'el-Borma qu'exploitait la T. depuis 4 ans. *-Mars* Ahmed ben Salah arrêté (ancien min. de l'Économie, partisan du collectivisme : *-24-5* condamné à 10 ans de travaux forcés, s'évadera 5-2-1973, gracié le 30-4-1988, rentrera le 16-6). *-Nov.* **Hedi Nouira** (5-4-1911/25-1-1993) PM. **1972**-*27/30-6* Bourguiba en Fr. **1974**-*12-1* Bourguiba et Kadhafi signent à Djerba projet de fusion T.-Libye (prévue par référendum, mais repoussée plusieurs fois). *-14-1* Chatti, min. des Aff. étr. (remplace Masmoudi, artisan de la fusion). *-5/24-8 :* 202 accusés de complot. **1975**-*4-10* Cour de sûreté condamne opposants (prison). *-7/8-11* Pt Giscard d'Estaing en T. **1976**-*21-3 :* 3 Libyens, accusés d'avoir voulu tuer Bourguiba et PM, arrêtés. Tension avec Libye. **1978**-*26/27-1* émeutes (50 à 100 †), arrestations de syndicalistes. *-Oct.* procès de 30 syndicalistes (dont Habib Achour, ancien secr. gén. de l'UGTT, condamné à 10 ans de travaux forcés). **1979**-*1-6* et *-3-8* certains syndicalistes graciés. **1980**-*26/27-1 :* 300 Tun. armés en Libye attaquent Gafsah. *-30-1 :* 3 navires de guerre français croisent dans le golfe de Gâbès. *-Févr.* Nouira atteint d'une hémorragie cérébrale. *-10/27-3* procès des conjurés de Gafsah (13 pendus le 12-4). *-23-4* **Mohammed M'Zali** (né 23-12-1925) PM. *-10-11* Bourguiba gracie la plupart des syndicalistes condamnés après émeutes du 26-1-1978. **1982**-*23/27-2* Kadhafi en Tunisie. *-10-8* Tunisie accueille Arafat et dirigeants OLP expulsés de Beyrouth. **1983**-*19-3* traité d'amitié avec Algérie. *-29-12/***1984**-*3-1* « révolte du pain » dans le centre (Kasserine) et le sud (Gafsah, Gâbès), 99 †. *-16-6* Driss Guiga, min. de l'Intérieur, jugé responsable des émeutes, condamné à 10 ans de travaux forcés. *-19-6 :* 8 condamnés à mort graciés. **1985**-*12-5 municipales :* participation 92 %, boycott de l'opposition ; 3 450 candidats (dont 418 femmes) présentés par PSD élus. *-20-8* Libye expulse 253 Tun. accusés d'espionnage. *-26-9* rupture relations diplomatiques avec Libye. *-1-10* raid israélien contre QG de l'OLP à Tunis. **1986**-*20-6* devant le faible % de candidats reçus au bac, Bourguiba annonce « session exceptionnelle » pour sept. *-8-7* **Rachid Sfar** (né 11-9-1933), PM. *-24-9* accord Fr.-T. sur avoirs de 12 471 Français ne résidant plus en T. (180 millions de F). *-2-10* M'Zali condamné à 1 an de prison par contumace pour franchissement illégal de la frontière les 3 et 4-9. *-Déc.* fils et gendres de M'Zali condamnés pour mauvaise gestion. **1987**-*26-3* rupture relations diplomatiques avec Iran. *-23-4* troubles à Tunis (étudiants islamiques). *-24-4* M'Zali (en Suisse) condamné à 15 ans de travaux forcés. *-2-8* attentats dans 4 hôtels (Soûsse et Monastîr), 12 touristes blessés ; revendiqué 10-8 par Djihad islamique, groupe Habib Dhaoui (exécuté 31-7-1986 pour attaques à main armée). *-10-8* Mohamed Ben Salah Ghodbani (participant de l'attaque de Gafsa en 1980) exécuté. *-27-9 :* 7 militants du MTI condamnés à † dont 5 par contumace, travaux forcés à perpétuité pour Rachid Ghannouchi (sera gracié 14-5-1988). *-2-10* **Zine el-Abidine ben Ali** PM. *-8-10* Mehrez Boudegga et Boulbaba Dekhil exécutés. *-7-11* Ben Ali destitue Bourguiba pour « incapacité ».

1987-*7-11* **Gal Zine el-Abidine ben Ali** (né 3-9-1936) Pt [réélu 2-4-1989 avec 99,27 % des voix (candidat unique) et 20-3-1994 avec 99,91 %], **Hedi Baccouche** (né 15-1-1930) PM. *-23-11* annonce d'un complot contre Ben Ali. *-Déc.* 2 487 prisonniers et 791 détenus politiques graciés. *-25-12* Cour de sûreté (créée 1968) supprimée. **1988**-*4-2* Kadhafi en Tunisie. *-18-3 :* 2 044 condamnés graciés, 1 275 réhabilités. *-11-4* Ben Ali prend ministère de la Défense. *-11/12-6 :* 2 statues de Bourguiba déboulonnées à Kairouan. *-28-6* multipartisme autorisé. *-25-7* suppression présidence à vie. *-6-8* Ben Ali en Libye. *-11-8* Tunis, statue de Bourguiba déplacée (à La Goulette) ; avenue Bourguiba devient avenue du 7-Nov. *-12-9* Ben Ali en Fr. (visite Coëtquidan, où il fut formé). *-22-10* Bourguiba transféré à Monastîr. Tahar Belkhodja, ancien min. de l'Information, condamné à 2 ans de prison avec sursis et amende (détournement de fonds). **1989**-*18-3 :* 1 246 détenus graciés (9 696 depuis le 7-7-1987). *-9-4* amnistie. *-5/6-6* Pt Mitterrand en T. *-Juin* gouv. refuse au mouvement Ennahdha (islamiste) de créer un parti. *-27-9* Baccouche PM et *-28-9* Ismaël Khelil, min. de l'Économie, renvoyés. *-27-9* **Hamid Karaoui** (né 30-12-1927) PM. *-31-10* Tahar Belkhodja revient. *-7-11 :* 1 354 remises de peines (dont Jelloul Azzouna, dirigeant du groupe dissident du PUP). **1990**-*janv.* inondations centre et sud. Manif. : 30 †, 15 disparus (200 millions de $ de dégâts). *-11-9* guerre du Golfe (voir p. 1127) : la T. approuve les résolutions du Conseil de sécurité. *-Déc.* 200 arrêtés liés au mouv. *Ennahdha.* **1991**-*2-1* manif. pour leur libération. *-Mars* 93 % des Tunisiens prêts à soutenir l'Iraq. *-29-3* Union gén. des étudiants suspendue. *-9-5* Tunis : 2 étudiants †. *-Fin mai* tentative de complot islamiste : 300 arrestations. *-9-10 :* 3 islamistes pendus pour attaque en févr. d'une permanence du RCD. *-22-10* Habib Boularès Pt du Parlement. **1992**-*mars* 8 000 islamistes arrêtés depuis 18 mois. *-19-3 :* 1 055 détenus graciés. *-30-8 :* 11 commandos condamnés à perpétuité. **1993** dinar convertible. *-6-1* contrôle des changes assoupli. *-Févr.* privatisations. *-20-3 :* 2 282 détenus graciés. *-1-4* Ben Ali en Libye. **1994**-*8-9 :* 170 Marocains expulsés. *-Déc.* importation et installation d'antennes paraboliques provisoirement interdites. **1995**-*11-2* Tamerza, attaque d'islamistes algériens (6 gardes †). *-12-4* accord d'association avec UE (en vigueur 1-3-1998). *-21-5 municipales :* RCD 99,86 % des sièges. *-5/6-10* visite Pt Chirac. **1996**-*2-2* Mohammed Mouada, Pt du MDS (arrêté 9-10-1995), condamné à 2 ans de prison pour détention de monnaies étrangères (réduits à 1 an le 26-2), et le *-28-2* à 11 ans pour atteinte à la sûreté de l'État (assigné à résidence 20-4-1997). *-14-4* visite de Jean-Paul II. *-28-7 :* 780 détenus graciés. *-Oct.* visite de Kadhafi. **1997**-*20-12* Mohamed Mouada, ancien Pt du MSD, arrêté. **1999**-*févr.* manif. étudiantes. *-24-10* Ben Ali réélu Pt (99,44 %). *-17-11* **Mohamed Ghannouchi** (né 1941) PM. **2000**-*févr.* violentes manif. de lycéens et de chômeurs. *-3-4/15-5* grève de la faim de Taoufik Ben Brik journaliste enquêtant sur corruption.

☞ **Biens immobiliers français :** concernent 2 800 familles. *1965* (sept.) convention : Tunisiens et Français peuvent librement acheter, vendre et gérer des biens immobiliers dans l'autre pays. *1989* (4-5) accord : les biens immobiliers français à caractère social ou professionnel (95 % du total) ne pourront être vendus jusqu'en 1993 qu'à l'État tun. pour un prix fixé sur ceux de 1956 majoré d'un coefficient de 2 à 4 selon l'état [l'Adept (Association pour la défense des biens patrimoniaux) voulait un coefficient de 10 à 15)]. *1993* (15-11) protocole : aide française à la balance des paiements tunisiens de 275 millions de F ; libre transfert définitif du produit de la vente des avoirs détenus par les Français.

■ Politique

■ **Statut.** *République islamique.* **Constitution** du 1-6-1959 (amendée 12-7-1988). **Pt :** musulman, âge 40 à 70 ans ; élu pour 5 ans au suffrage univ. en même temps que l'Assemblée ; rééligible 2 fois. En cas de carence du Pt, le Pt de l'Assemblée assure l'intérim ; il ne peut se présenter à l'élection qu'il doit organiser dans les 6 mois. **Assemblée nationale :** 182 élus pour 5 ans au suffrage univ. dont 34 réservés aux candidats de l'opposition et répartis à la proportionnelle. **Gouvernorats et conseils régionaux :** 23 divisés en 254 délégations, 2 044 imadas, 257 municipalités, 154 conseils ruraux. **Fêtes nationales.** 20-3 (indépendance), 1-6 (retour du Pt Bourguiba), 25-7 (proclamation de la république). **Drapeau** (adopté en 1835). Inspiré du drapeau turc ; rouge, avec croissant et étoile rouges de l'islam dans cercle blanc.

Élections législatives. 2-11-1981 : Front national (PSD et UGTT) 94,6 % des voix (136 sièges), MDS 3,28 %, MUP 0,81 %, PCT 0,78 %, indépendants 0,35 %. **2-11-1986 :** PSD 125 sièges. Protestant contre irrégularités, l'opposition a boycotté le scrutin. **2-4-1989 :** abstentions 23 % ; RCD 80,48 % (141 sièges), indépendants (intégristes) 15 %, MDS 3,76 %. **20-3-1994 :** RCD 97,73 % (144 sièges à pourvoir). 6 partis de l'opposition légale (2,87 % des suffrages) se partagent les 19 sièges « réservés » : MDS 10, Ettajdid 4, UDU 3, PUP 2. **24-10-1999 :** 182 sièges dont RCD 148 (91,54 % des voix) et 34 réservés à l'opposition (20 %) attribués au MDS 13, PUP 7, UDU 7, Attajdid (ancien PC) 5, P. social libéral 2.

■ **Partis. Rassemblement constitutionnel démocratique (RCD)** depuis 27-2-1988 [ex-*P. socialiste destourien (PSD),* de *Destour :* « Constitution » en arabe, en référence à celle de 1861, depuis oct. 1964 ; ex-**Néo-Destour** fondé 2-3-1934 par Bourguiba, après scission du P. libéral constitutionnaliste tunisien ou Destour, fondé 1920], *Pt :* Zine el-Abidine ben Ali. **Partis d'opposition légalement reconnus : Mouv. des démocrates socialistes (MDS)** fondé 1978, Mohamed Moada. **P. de l'Unité populaire (PUP)** fondé 1983 [scission du Mouv. de l'unité populaire **(MUP)** fondé 1973, Ahmed ben Salah], Mohamed Belhadj Amor, héritier du PC. **Rassemblement socialiste progressiste (RSP)** fondé 1983, Nejib Chebbi. **Mouv. de la rénovation-Ettajdid (MR)** depuis avril 1993, *secr. gén. :* Mohamed Harmel, 30 000 m. [*ex-P. communiste tun. (PCT)* fondé 1939, interdit 1963, autorisé 18-7-1981]. **Union démocratique unioniste (UDU)** reconnue 26-11-1988, fondée par Abderrahmane Tlili. **P. social pour le progrès** devenu **P. social libéral** (PSL) fondé 1988, Mounir Beji. Depuis 18-4-1990, MDS, PCT et MUP forment une coalition. **Non reconnus : Forum démocratique pour le travail et les libertés** fondé 1994 par Mustapha Ben Jaafar. **P. communiste ouvrier tunisien (PCOT)** *leader :* Hamma Hammami.

☞ **Mouvement de la tendance islamique (MTI)** fondé janv. 1981, intégriste, 5 000 à 6 000 m., interdit, se transforme en **Ennahdha** « Renaissance », intégriste, interdit ; *leaders en exil en France :* « émir » Rached Ghannouchi (né 1941) depuis 1989, *puis à Londres* Salah Karkar et Habib Mokni (depuis 1987) ; *en Algérie :* Mohamed Chemame (depuis janv. 1991), Abdelffetah Mourou et Hamadi Jelabi. **Front islamique du salut (FIS)** fondé 3-8-1994, Mohamed Ali el-Horani, intégriste, prône la lutte armée.

■ **Syndicats. Union générale des travailleurs tunisiens [UGTT,** créée 1946 par Habib Achour († 1999, à 86 ans), et Farhat Hached (assassiné 1952 par Main rouge)], *secr. gén. :* Abdessalem Djérad (l'UNTT : créée 19-2-1984, *secr. gén. :* Abdellaziz Bouraoui ; a fusionné sept. 1986).

■ Économie

■ **PNB** (en $ par hab.). *1960 :* 230 ; *70 :* 380 ; *80 :* 1 310 ; *84 :* 1 080 ; *90 :* 1 560 ; *95 :* 2 000 ; *98 :* 2 030 ; *99 :* 1 980. 6 % des ménages vivent au-dessous du seuil de pauvreté. **Population active** (en %) **et,** entre parenthèses, **part du PNB** (en %) : agr. 32 (18), mines 4 (8), ind. 28 (24), services 36 (50). **Taux de croissance du PIB** (en %) : *1998 :* 5,1 ; *99 :* 6,2 ; *2000 (est.) :* 7. **Répartition du PIB par secteur** (en %, 1999) : agriculture et pêche 15,8, administration publique 14,5, commerce 10,1, transp. et télécommunications 9,7, textile 6,7, restauration et hôtellerie 5,9, autres services marchands 5,7, organismes financiers 5,3, BTP 5,1, pétrole et gaz 4,6, autres industries manufacturières 4,6, agro-alimentaire 3,8, ind. mécanique et électrique 2,8, ind. chimique 2,1. **Chômage** (en %) : *1995 :* 16 ; *2001 (mars) :* 15,6. **Inflation** (en %) : *1990 :* 6,8 ; *91 :* 8,2 ; *92 :* 5,4 ; *93 :* 6 ; *94 :* 4,7 ; *95 :* 6,2 ; *96 :* 3,7 ; *97 :* 3,9 ; *98 :* 3,1 ; *99 :* 2,7 ; *2000 (est.) :* 2,9. **Dette extérieure** (en milliards de $) : *2001 (prév.) :* 13,2 (service 1,7). **Réserves en devises** (prév.) : 2 Md$ (2,3 mois d'importations).

■ **Agriculture. Terres** (en milliers d'ha) : superficie labourable 4 861,5, jachère 1 255, autres terres 7 050. Bois, forêts et autres terres non agricoles (y compris l'alfa) 982. Céréaliculture 1 679. Fourrages 302 (annuels 202, pluriannuels 100). Légumineuses 120. Arboriculture 1 965. Secteur coopératif et étatique : environ 450 000 ha de terres fertiles. *Terres irriguées* (en 1999) : 345 000 ha. **Production** (en milliers de t, 1999) : blé 1 400, olives 950, tomates 620, orge 410, p. de t. 298, pastèques 230, huile d'olive 180, raisin de table 107, oranges 105, dattes 95, melons 74 (en 1995), tabac, artichauts, amandes 42, alfa, seigle. Vin (en milliers d'hl) : *1965 :* 1 850 ; *81 :* 554 ; *85 :* 580 ; *93 :* 344 ; *94 :* 294 ; *95 :* 292 ; *96 :* 237 ; *97 :* 370 ; *98 :* 370. **Élevage** (en milliers de têtes, 1999). Volailles 39 000, moutons 6 600, chèvres 1 250, bovins 780, et (en 1995) chameaux 231, mulets 81, chevaux 56. **Pêche** (en 1999). 93 300 t. Conserves, crustacés. Aquaculture.

■ **Énergie. Pétrole** (en millions de t) : *au sud en mer près de Djerba :* réserves 219, production *1995 :* 4,3 ; *97 :* 3,8 ; *99 :* 4 ; *2000 :* 3 700 ; *off-shore d'el-Bouri* (en 1986) : à 125 km de Tripoli, attribué à Libye par Cour de La Haye : 500 puits, production 10 ; la T. perçoit 10 % de la production. **Électricité** (en 1997) : 7 388 millions de kWh. **Gaz :** Cap Bon, el-Borma, îles Kerkennah, Zarzis. (En milliards de m^3) : *réserves* 78, *production* 0,33 (en 1995). **Mines** (en milliers de t, 1995). Phosphates de chaux (à Gafsah, Kalaa-Djerba, Sehib) 8 000 (en 1999). Fer 218 (en 1999). Sel 435. Zinc 26 (en 1999). Plomb 1 (en 1998). Mercure. **Industrie.** Automobile, textile, vêtements, cuir, ciment 4,5 millions de t, produits alim., huile d'olive, artisanat (tapis, orfèvrerie), métallurgie, pétrochimie. **Transports. Routes :** 23 100 km (en 1996). **Voies ferrées :** 2 152 km (en 1994). **Gazoducs :** *Transmed* Algérie-Italie traversant la T. inauguré 18-5-1983, doublement achevé 1995 (T. prélève sur les quantités transportées, soit 102 millions de $, en 1986) ; M'Saken-Gâbès (250 km) en construction. **Aéroports internationaux :** Tunis-Carthage, Monastîr-Skanès, Djerba-Zarzis, Tôzeur-Nefta, Sfax-el-Maou, Tabarka-7-Novembre.

Nota. – 1 200 sociétés off-shore (environ 4,5 milliards de F, 91 000 emplois créés).

■ **Tourisme. Visiteurs :** *1996 :* 3 884 600 dont Allemands 808 500, Algériens 669 900, *Français 541 900,* Libyens 526 100, Italiens 270 100 ; *99 :* 4 831 000 (dont Allemands 1 030 000, Français 893 600, Italiens 354 000). **Nuitées** (en 1999) : 33,15 millions. **Employés** (en 1996) : à temps complet 40 000 pers., indirectement 200 000. **Lits :** 200 000 (prévus en 2 000). **Recettes** (en milliards de $) : *1987 :* 0,6 ; *88 :* 1,3 ; *90 :* 0,9 ; *91 :* 0,6 ; *95 :* 1,4 ; *96 :* 1,4 ; *97 :* 1,5. **Sites. Berbères :** troglodytes de Matmata, Ksours (greniers des crêtes en limite du désert). **Punique :** Carthage. **Romains :** colisée d'el-Djem, maisons à étage, souterrain de Bulla Regia, site d'Oudna (Uchina), *autres monuments* (voir Italie à l'Index). **Judaïque :** synagogue de Djerba (la Ghriba). **Islamiques :** Kairouan (grande mosquée, 670), Soûsse (Ribat, monastère fortifié fin VIIIe s.), Zitouna (mosquée, Tunis), Sidi Bou Said.

■ **Commerce** (en milliards de $). **Export./import. :** *1997 :* 5,56/7,91 ; *98 :* 5,74/8,35 ; *99 :* 5,79/8,34 (dont en % produits agricoles et alimentaires de base 7,9/5,2, énergétiques 7,1/6,4, miniers et phosphatés 10,3/1,9, autres produits intermédiaires 17,3/43,6, biens d'équipement 5,2/30,4, autres biens de consommation 52,2/12,5. **Partenaires** (en %, 1999) : *fournisseurs : France 26,7 ;* Italie 18,4 ; All. 11,1 ; USA 4,3 ; Belgique 3,8 ; Libye 2,8 ; Japon 2,5 ; autres 30,4. *Clients : France 26,3 ;* Italie 22,6 ; All. 14 ; Belgique 5,7 ; Libye 4,1 ; P.-Bas 3 ; Inde 2,6. **Zones franches.** *Bizerte* (46 ha, mise en service fin 1995), *Zarzis* (10 ha) près de la frontière libyenne.

☞ 1er accord d'association euro-méditerranéenne ratifié en juin 1996 par les Parlements tunisiens et français. L'Union européenne octroie 625 millions de F à la Tunisie, pour la mise à niveau de son économie.

■ **Rang dans le monde** (en 1999). 4e phosphates. 18e zinc.

Turkménistan
Carte p. 1228. V. légende p. 950.

■ **Situation.** Asie. **Superficie :** 488 100 km². **Frontières** (en km) : Ouzbékistan 1 621, Kazakhstan 379, Iran 992, Afghanistan 744, mer Caspienne 1 768. *Désert du Garagoum* sur les 3/4 du territoire. **Altitudes :** *maximale* Köpetdag 2 942 m ; *minimale* rives de la Caspienne – 28 m. **Climat.** Désertique et continental. Janv. – 4 °C (jusqu'à – 34 °C) ; juillet 28 °C (jusqu'à 50 °C dans le Garagoum).

■ **Population.** *2000 (est.) :* 4 480 000 hab. En % : Turkmènes 77 (en 1998), Ouzbeks 9,2, Russes 6,7, Kazakhs 2. **D.** 9,2. **Taux** (en ‰, 1999) : *natalité :* 22 ; *mortalité infantile :* 38 ; *accroissement naturel :* 13,7 en 1998. **Espérance de vie** (en 1997) : h. 62,1 ans ; f. 67,5 ans. **Population urbaine** (en 1998) : 45 %. **Langue.** Turkmène (turcophones). L'alphabet latin a remplacé l'alphabet cyrillique le 1-1-2000. **Religion.** Islam (sunnites).

■ **Villes** (en 1995). *Achgabat* 548 400 hab. en 1998, Çärjew (ex-Tchardjoou) 189 200, Dashowuz 141 800, Mary 101 000, Nebit-dag 87 800, Turkmenbachy (ex-Krasnovodsk) 59 500 (en 1991).

■ **Histoire. 1860-83** conquête russe. **1881** bataille de Gökdepe. **1918-24** rattachée à la Rép. autonome du Turkestan (RSFSR). **1924**-*27-10* Rép. socialiste du Turkménistan (URSS). **1990**-*7-1* élection d'un Parlement (175 membres). *-22-8* proclame sa souveraineté dans le cadre de l'URSS. *-12-10* création d'une présidence. *-27-10* **Gal Saparmourad Niyazov** (ex-secrétaire du PCT, né 19-2-1940) élu Pt par le Parlement. **1991**-*27-10 référendum* national (95,5 % des votants). *Indépendance. -Nov.* **Niyazov** également PM. **1992**-*21-6* Niyazov réélu Pt (99,5 %, suffrage universel). *-Juin* création des forces armées nationales. **1994**-*15-1* après *référendum,* mandat de Niyazov prolongé jusqu'en 2002 (99,9 % des voix). *-27-4* visite Pt Mitterrand. **1996**-*9-9* Pt Niyazov en France. **1999**-*12-12 législatives :* 98,9 % de participation.

■ **Statut.** *République,* membre de la CEI et de la Conférence islamique. **Constitution** du 18-5-1992. **Majlis** (parlement) : 50 membres élus au suffrage universel pour 5 ans. **Pt** (*Turkmenbasy,* « guide de tous les Turkmènes ») : élu au suffrage univ. pour 5 ans, 2 mandats au max. ; modifié 28-12-1999 pour une présidence à vie. **Organisme suprême représentatif :** *Halk Maslahaty* (Conseil du peuple) composé du gouvernement, des députés du Majlis, de 50 m. élus, de 10 m. nommés, des gouverneurs (*hâkim*) et élus des localités, du Pt de la Cour suprême, du Pt de la Cour suprême économique, et du procureur général du Turkménistan. **Fête nationale.** 27/28 oct. **Drapeau** (adopté 19-2-1997). Fond vert. A gauche, bande représentant les 5 dessins traditionnels des tapis et branche d'olivier (neutralité). 5 étoiles (régions) et croissant blancs.

■ **Parti unique. P. démocratique du Turkménistan** fondé 1991 (Saparmourad Niyazov).

■ **Économie. PNB** (en $ par hab.) : *1991 :* 1 600 ; *95 :* 1 150 ; *99 :* 620. **Croissance** (en %) : *1995 :* – 7,7 ; *96 :* 6,7 ; *97 :* – 11,4 ; *98 :* 5 ; *99 :* 16. **Inflation** (en %) : *1992 :* 483,2 ; *93 :* 3 128,4 ; *94 :* 2 562,1 ; *95 :* 1 105,3 ; *96 :* 714 ; *97 :* 83,7 ; *98 :* 16,8 ; *99 :* 24,1. **Chômage** (en %) : *1995 :* 1,3 ; *96 :* 1,6 ; *97 :* 1,8 ; *98 :* 3,1. **Dette extérieure** (en 1999) : 1,8 milliard de $ (65 % du PIB en 1999) [– créances de 1,7 dont sur Ukraine 1, Géorgie 0,5]. **Population active** (en %) **et,** entre parenthèses, **part du PNB** (en %) : agr. 42 (42), ind. 25 (20), mines 5 (18), services 28 (20). **Secteur privé dans le PIB** (en %, 1999) : 25. **Salaire moyen mensuel** (en 2000) : 59 $.

■ **Agriculture. Terres arables :** 3 % du territoire, 40 % des terres irriguées pour coton. **Production** (en milliers de t, 1999) : blé 1 506, céréales 1 600, pastèques 245, coton 1 300 (707 en 1998), tomates 172, raisin 165, oignons 112, maïs 8, orge 20. Riz. Soie. **Élevage** (en milliers de têtes, 1999). Moutons 5 650, volailles 3 000, bovins 880, chèvres 424, porcs 48. Mouton karakul. Sériciculture. **Pêche** (en 1997). 9 000 t.

■ **Énergie. Pétrole** (en millions de t) : *réserves :* 500 à 6 500 ; *production : 1975 :* 15,6 ; *95 :* 4,7 ; *99 :* 7 ; *2000 :* 7,1. **Gaz** (en milliards de m³) : *réserves :* 3 540 ; *production : 1991 :* 84 ; *95 :* 35,2 ; *96 :* 32,3 ; *97 :* 39,7 ; *98 :* 30,7 ; *99 :* 52,3. Le 1-3-1992, le Turkménistan a fermé le gazoduc alimentant Ukraine et Russie pour obtenir l'alignement sur les prix mondiaux. **Projets de gazoducs** (coût en millions de $) : *vers Chine* (mer Jaune ; 6 000 km ; export. vers Japon) via Ouzbékistan et Kazakhstan : 12 ; *Europe :* via Iran-Turquie-Bulgarie : 10. **Mines.** Brome, iode, sulfates, potasse, soufre, sel de magnésium, or, platine. **Industrie.** Raffinage, textile, engrais, métaux. **Transports. Aéroport :** Achgabat (ouvert le 1-1-1995). **Routes :** 24 000 km (en 1996). **Voies ferrées :** 2 164 km (en 1995). **Tourisme** (en 1997). 238 000 visiteurs.

■ **Réforme économique.** Droit de propriété de la terre et des moyens de production reconnu (mais non appliqué). Exonération d'impôts pour Stés occidentales investissant sur des projets prioritaires, création de banques commerciales pouvant réaliser des opérations en devises. **Situation économique** (en 1995). Crise financière (gaz non payé par CEI). Lenteur des réformes. Privatisations depuis 1992 limitées aux services (secteur privé 5 % du PIB).

■ **Commerce** (en milliards de $). **Export./import. :** *1996 :* 1,7/1 ; *97 :* 0,7/1,2 ; *98 :* 0,6/1 ; *99 :* 1,16 (*vers* CEI 0,6)/1,19 (*de* CEI 0,4).

■ **Rang dans le monde** (en 1999). 9e gaz naturel.

Turks et Caïques (Îles)
Carte p. 1048. V. légende p. 950.

■ **Nom.** *Turks :* cactus dont la fleur ressemble à un fez turc. *Caïques :* de l'espagnol *caicos* pour « îlot ». **Situation.** Amérique, à 150 km au nord de la Rép. dominicaine. **Superficie :** 430 km² (30 îles dont 8 habitées : Providentiales 5 586 hab.). **Altitude** *maximale* 48 m. **Côtes :** 389 km.

■ **Population.** *1999 (est.) :* 16 863 hab. dont 90 % de descendants d'Africains. **D.** 39,2. **Langues.** Anglais, créole français (Haïtiens) 5 %. **Religions.** Anglicans, baptistes, méthodistes, catholiques. **Capitale.** *Cockburn Town* sur Grand Turk, 4 000 hab.

■ **Histoire. 1512** découvertes par l'Espagnol Juan Ponce de León. **1670** cédées par Esp. à G.-B. **1670-1848** dépendance des Bahamas. **1776** agent britannique résident. **1838** esclavage aboli. **1958**-*3-1*/**1962**-*31-5* membre de la Fédération des Indes occidentales. **1962**-*31-5* colonie britannique. **1965-73** dépendance des Bahamas. **1973**-*10-7* colonie britannique. **1980** *Norman Saunders* PM sera arrêté avec le min. du Commerce, à Miami, pour trafic de drogue. **1985**-*22-3 Nathaniel Francis* (né 1913) PM. **1986** autonomie. **1988**-*3-3 Oswald Skippings* PM. **1990** entre dans le Caricom. **1991**-*3-4 Charles Washington Missick* PM. **1995**-*31-1 Derek Taylor* PM.

■ **Statut.** *Colonie britannique.* **Constitution** du 5-3-1988. **Conseils législatif** (19 m. élus pour 4 ans ou nommés) et **exécutif** (9 m. élus ou nommés). **Gouverneur :** Mervyn Jones depuis 2000. **Drapeau** (adopté en 1968). Fond bleu. En haut et à gauche, drapeau britannique. Armoiries : coquille de conche, langouste (pêche) et cactus (flore).

■ **Économie. PNB** (en 1999) : 5 710 $ par hab. **Croissance** (en %) : *1992 :* 6 ; *99 :* 8,7. Place financière (banques off-shore et domiciliation d'entreprises, 20 % du PNB). **Pêche** (en 1995). 1 400 t, langoustes, 6 % du PNB. **Tourisme.** 78 956 vis. (en 1995), 40 % du PNB.

■ **Commerce** (en millions de $, 1992-93). **Export. :** 6,5 (pêche). **Import. :** 39,8.

Turquie
V. légende p. 950.

☞ *Abréviations :* f. : fils ; fr. : frère ; T. : Turquie.

■ **Situation.** 780 576 km² dont en Asie Mineure (Anatolie, 755 688) et en Europe du S.-E. (Thrace, 24 378) [*1910 :* 2 969 500 km² ; *1939 :* 762 736 km²]. **Longueur** *maximale* 1 565 km. **Largeur** *moy.* 550 km. **Altitudes :** *maximale :* Mt Agri (Ararat) 5 137 m ; *moyenne :* 1 131 m (terres au-dessus de 500 m : 80 %). **Côtes :** 8 372 km dont mers Égée 2 805, Méditerranée 1 577, Noire 1 695, de Marmara 927. **Frontières** (en km) : Syrie 822, Iran 499, Iraq 331, Arménie 268, Géorgie 252, Bulgarie 240, Grèce 206, Nakhitchévan 9. **Lacs :** 9 423 km² dont Van 3 713 km² (niveau en hausse de 2,70 m de 1968 à 1996), Tuz Gölu 1 642, Beysehir 656, Egridir 468, Iznik 303. **Fleuves principaux** (en km) : *Kizil Irmark* (Halys) 1 355, *Sakarya* (Sagaris) 824, *Seyhan* (Sarus) 509. **Iles** (en km²) : *Gökçeada* 279, *Marmara* 117 [archipel : îles d'*Avsa, Ekinik, Koyun, Pasalimani ;* autres îles de la mer de Marmara : *Imrali ;* archipel des *Princes* (îles de *Burgaz, Büyük, Heybeli, Kinali, Sedef*)], *Bocaada* 36, *Uzunada* 25, *Alibey* 23. **6 zones :** *T. septentrionale* (côte de mer Noire) : plis et dépressions (660 à 3 500 m), pluies 879 mm/an, hiver doux, été tempéré (*Sinop :* janv. 7,1 °C, août 21,2 °C), forêts, arbres fruitiers. *Des détroits* (Dardanelles, Bosphore) : transition avec zone égéenne. *Méditerranéenne* (côte) : plaines riches au sud, été très chaud et sec (27,6 °C en juillet, max. 40 °C), bananiers, canne à sucre. *Taurus :* montagne de plus de 3 500 m. *Anatolie intérieure :* plateaux 800 à 1 500 m, bassins 100 à 300 m, massifs, été chaud et sec, hiver rude (400 mm pluie). *T. orientale :* montagneuse, suivant l'alt., été très chaud et hiver rude (moy. hivernale : de 0 à – 10 °C), pluies 500 à 1 000 mm.

Zones sismiques : 91,4 % de la T. *Erzincan* (1939) 40 000 †, (1992) 442 ; *Niksar-Erbaa* (1942) 3 000 † ; *Tosya-Lâdik* (1943) 5 000 † ; *Bolu-Gerede* (1944) 2 831 † ; *Varto* (1957) 2 394 †, (1966) 2 934 † ; *Lice* (1975) 2 385 † ; *Erzurum* (1983) 1 330 † ; *Izmit* (17-8-1999, magnitude 7,4) 17 127 †, 43 900 bl., 1 000 000 sans abri ; *Düzce* (12-11-1999, 7,2) 845 † et 4 948 bl.

■ **Population** (en millions d'hab.). *1910 :* 24 (dont Europe 6,5, Asie et Afrique 17,5) ; *14 :* 18,5 ; *23 :* 12,5 ; *27* (1er rec.) : 13,6 ; *35 :* 16,1 ; *40 :* 17,8 ; *50 :* 20,9 ; *60 :* 27,7 ; *70 :* 35,6 ; *75 :* 40,3 ; *2000 (est) :* 65,73 ; *2005 (prév.) :* 70,2 ; *2025 (prév.) :* 88. **D.** 85. **Taux** (en ‰, 2000) : *natalité* 21,8 (fécondité : 2,5 enfants/f.) ; *mortalité :* 6,7 (infantile 35,3) ; *accroissement naturel : 1960 :* 27 ; *70 :* 24,6 ; *80 :* 22,1 ; *90 :* 17,4 ; *94 :* 16,2 ; *95 :* 23. **Age** (en %) : *– de 15 ans :* 29,1, *+ de 64 ans :* 6. **Espérance de vie** (en 2000) : 69,1 ans. **Ruraux :** 24 millions dont propriété nulle : 3, inférieure à 3 ha : 16 ; **citadins :** 73 %. *Exode rural moyen* 3 % par an. **Analphabétisme** (en 1998) : h. 7 %, f. 25 %. **Ethnies** (en %) : Turcs 90, Kurdes 7, Arabes 1,2, Circassiens, Grecs, Arméniens, Géorgiens, Lazes (Caucasiens), juifs. 100 000 (?) Kurdes iraqiens réfugiés. **Bases américaines :** environ 6 000 Américains. **Immigrants d'origine turque** *1923-75 :* 1 289 540 (de Bulgarie 32,2 %, Grèce 31,7, Youg. 23,3, Roumanie 9,4) ; *1989 :* 320 000 réfugiés bulgares. **Travailleurs émigrés** (en 1997) : officiellement 1 315 000 (2 538 800 en 1989) avec familles et clandestins, dont All. 748 000, sans famille, Arabie saoudite 120 000, *France 73 000,* P.-Bas 65 000, Autriche 51 000, Belgique 38 000 Australie 21 000. **Réfugiés** (en 1999) : 500 000 à 1 000 000 de Kurdes déplacés. 11 800 en Iraq.

■ **Langue officielle.** Turc (romanisé depuis 1928 : « c » prononcé « dj », « ç » = « tch » ; « e » = « é » ou « è » ; « ı » sans point = entre « i » et « é », très bref ; « ô » = « eu » ; « ş » = « ch » ; « u » = « ou » ; « ü » = « u »).

■ **Religions.** *État laïque* (depuis 5-4-1928). *Musulmans* 96,9 % (en 1989 : sunnites 38,1 millions, chiites 17 millions, dont alevi 15 ; 66 674 mosquées en 1995) ; *sondage* (en 1999) : jeûnent pendant le ramadan 92,1 %, prient 5 fois par jour 45 %, sont pour le foulard à l'université 75 %. *Chrétiens* environ 100 000 (dont orthodoxes 55 000 ; Istanbul est le siège d'un patriarcat).

■ **Villes** (est. mi-1997). **Ankara** (capitale depuis 1923 ; *Antiquité* Ancyre, *XIXe s.* Angora, *1930* nom actuel) 3 693 300 hab. (*1910 :* 30 000 ; *27 :* 74 784 ; *28 :* 107 641 ; *55 :* 435 000). **Istanbul :** seule ville au monde construite sur 2 continents (Asie, Europe), séparés par le Bosphore. [*Av. J.-C. : vers 657* Byzas, marin grec légendaire, crée Byzance sur côte européenne (Corne d'Or, baie large de 550 m au sud du Bosphore). *Vers 637 :* Chalcédoine (Kadiköy) sur côte d'Asie par des Mégariens. *279 :* Byzantium (en latin) attaquée par Galates gaulois (doit payer tribut). Plusieurs s'installent sur la colline qui prend le nom de Galata. *Apr. J.-C. : 324* Constantin fait de Byzance la capitale de l'Empire romain d'Orient. *330 :* Roma Nova (Nouvelle Rome) inaugurée : devient Constantinopolis. *1453 :* conquise par Turcs, appelée Istanbul (nom officiel depuis 1930 ; cap. jusqu'en 1923)]. 9 198 809 hab. [*330 :* 15 000 ; *1203 :* 1 000 000 ; *1453 :* 36 000 ; *1470 :* 10 000 ; *1566 :* 600 000 ; *1875 :* 1 075 000 dont 650 000 musulmans, 150 000 Arméniens, 100 000 Grecs, 50 000 Francs (Européens autres que Grecs), 40 000 juifs ; *1912 :* 1 125 000 ; *1927 :* 673 000 ; *1940 :* 793 949 (superficie : vieille ville 22,5 km² ; territoire municipal 240 km² ; agglomération 362 km²)]. MONUMENTS : *byzantins : Ste-Sophie* 77 × 71,70 m ; dôme (de 562) 56 m, diamètres 30,90 et 31,80 m ; *Kariye Camii* ancienne église St-Sauveur-in-Chora (mosaïques, fresques) ; *Fethiye Camii* mosquée de Fetih ; *Küçük Ayasofia Camii* petite égl. des Sts-Serge-et-Bacchus ; *Yerebatan Sarayi* palais englouti (citerne avec colonnes). *Ottomans : Sultanahmet Camii* mosquée Bleue ; *Suleymaniye Camii* mosquée de Soliman construite par Mimar Sinan (1489-1578) ; *Rüstempasa Camii* mosquée de Rustem Pacha (faïences, fleurs, couleurs) ; *Sehzade Camii* mosquée du Prince ; *Sokollu Mehmet Camii* œuvre de Sinan ; *Beyazit Camii* mosquée de Beyazit. Palais : voir encadré p. 1280 b. **Smyrne (Izmir)** 3 114 859 hab. **Brousse (Bursa ;** Antiquité : Pruse ; 1re cap. ottomane 1 327) 1 958 529. **Konya** 1 931 773. **Adana** 1 682 483. **Gaziantep** 1 127 686. **Kayseri** (ancienne Césarée de Cappadoce) 974 035. **Erzurum** 873 289. **Eskişehir** 660 843. **Trébizonde (Trabzon)** 846 876. *En 1993 :* **Antioche (Antakya)** 123 871. **Zonguldak** 116 725. **Edirne (Andrinople)** 102 345 [mosquée de Selim II (Selimiye 1569-74), 4 minarets 70,90 m]. *En 1985 :* **Pergame** 35 000.

Histoire

■ **Av. J.-C.** Civilisations connaissant l'agriculture depuis 6500, cuivre 4300, bronze 2800 (fouilles d'Hacilar : objets de 7000 à 5400 av. J.-C.) ; **Çatal Höyük** (fresques les plus anciennes, la plus ancienne aggl. connue), **Tell Halaf** (3800-3500), *Troie I* (fondée vers 3300, ancien

nom : Wilusa ?). **Vers 3000** invasions indo-européennes : **Hattiens** ou **Protohittites,** qui adoptent civilisation assyrienne entre 1905 et 1775. **Après 1775 Hittites,** capitales *Hattousha*, puis *Koushshar* (capitale du roy. de Mourshil Ier, conquérant d'Alep et Babylone vers 1600), puis de nouveau *Hattousha* [cap. de l'Empire hittite de Shouppiloulíouma Ier (vers 1380-44) et de Mourshil II (vers 1344-10), titré Grand Hatti] ; occupent Cappadoce et régions continentales de l'Est anatolien ; créent la *civilisation du fer* vers 1400, qui leur confère la suprématie militaire. **Proto-Illyriens archaïques** (à partir de 2200) occupent régions occidentales, aux bords des mers Égée et Méditerranée, seront appelés en 1190 *peuples de la Mer* : Dardaniens (sur les Dardanelles) ; Teucres, sous-tribu des Dardaniens, en Troade (ont fondé vers 1850 la ville de l'Iliade, *Troie VI* ou *VII* selon archéologue Karl Blegen) ; Briges en Phrygie ; Sardes en Lydie [vallée du *Pactole* (Sarabat en turc) où régnera (de 562 à 548) le roi *Crésus* à la fortune légendaire (origine : roi *Midas* condamné à transformer en or tout ce qu'il touchait, se baigna dans la rivière qui devint aurifère)] ; Mésiens en Mysie ; Pélasges et Tyrséniens (cap. Tyrsa) sur côtes sud et dans les îles. **Vers 1250** les « peuples de la Mer », qui ont adopté les civilisations crétoise, égéenne et mycénienne (bronze, commerce maritime), détruisent l'empire hittite, adoptent l'armement en fer et partent à la conquête du monde méditerranéen. *A la même époque,* des Mycéniens détruisent *Troie VI* (voir à l'Index). **XIe au VIIe s.** Asie Mineure : *Occident* : roy. thraco-illyriens (Phrygie, Lydie, Lycie, Pamphilie, Mysie) soumis à l'influence culturelle grecque (vers le xe s. Phocée est fondée ; vers le VIIe s. plusieurs colonies, dont Massilia : Marseille) ; *centre et est* : petits royaumes « néo-hittites », sous influence assyrienne ; *extrême est* : royaume *d'Urartu* (Anatoliens antérieurs aux Hittites) devenu une puissance importante avec civilisation particulière ; résiste aux Assyriens, mais est détruit par l'empereur des Mèdes (Indo-Européens du groupe partho-scythe) *Cyaxare* vers 610. Remplacé par Arménie (voir **Arménie** p. 989 c). **582** *Cyaxare* partage Anatolie avec Lydiens (frontière : fleuve Hayls). **551** *Cyrus II,* roi perse, prend l'empire mède ; incorpore toute l'Asie Mineure, y compris territoires hellénisés de l'Ouest, dont il fait la IIIe satrapie de l'empire *achéménide* (que les Grecs appellent empire *mède*). **494** révolte des Grecs d'Asie Mineure (chef : Aristagoras, roi de Milet), matée par Perses ; Milétiens déportés sur le Tigre. **492-77** *guerres médiques* : Perses chassés d'Europe, gardent Asie Mineure. **334** conquête macédonienne d'Alexandre, victorieux au Granique, à Issos (333) et Arbelles (331). A sa mort, rivalités ; 4 royaumes hellénistiques : Cappadoce, Pont, Bithynie et Pergame [Eumène II († 19-7-159) en fait un puissant royaume qu'Attale III lèguera à Rome en 133]. **IIIe s.** Antiochos II fonde Laodicée (Phrygie). **123-63** *guerre de Rome* contre *Mithridate VII,* roi du Pont, qui conquiert Cappadoce et Bithynie, mais est vaincu à *Chéronée* par Sylla en 86, Pompée en 68. **47** César bat Pharnace et dit *Veni, vidi, vici* (« Je suis venu, j'ai vu, j'ai vaincu »).

■ **Apr. J.-C.** Puissance romaine consolidée par Hadrien (117-138), Marc Aurèle (161-180), Carus, qui repousse les Perses sassanides (276-293). Après période d'anarchie, Constantin transfère la capitale de l'empire à *Byzance* (inaugurée 11-5-330). **395-610** partage de l'Empire romain. L'Asie Mineure (entièrement hellénisée) est le bastion de l'Empire romain d'Orient ; résiste aux Slaves (en Europe) et Perses [empire sassanide, Asie (Constantinople assiégée, résiste aux Arabes 593, aux Sartes 616, aux Arabes 672-78 et 717-18, aux Bulgares 813)].

Empereurs romains d'Orient (Byzance)

■ **Dynastie des Constantins. 306 Constantin Ier** (Occident 270/288-337). **337 Constance II** (317-61) avec *Constantin II* (317-340) et *Constant Ier* (320-50, Occident). **361 Julien l'Apostat** (331-63, Occident). **Jovien. 363 Jovien** (vers 331-64). **Valentiniens. 364 Valentinien Ier** (321-75). *Valens,* son fr., associé à l'Empire (328-378). **375 Gratien** (359-83, Occident), f. de Valentinien. **Théodosiens. 379 Théodose Ier** le Grand (vers 347-95). **395 Arcadius** (377-408). **408 Théodose II** le Jeune (401-50), son f. **450 Marcien** (vers 391-457). **Thrace. 457 Léon Ier** (411-474). **474 Léon II,** son petit-f. **474 Zénon l'Isaurien** (vers 426-91), 1er époux d'Ariadne, fille de Léon Ier. **491 Anastase Ier** (vers 430-518), 2e époux d'Ariadne. **Justiniens. 518 Justin Ier** (vers 450-527). **525** épouse Théodora [née 495/7 (?), fille d'un gardien d'ours, devenue actrice]. **527** sont couronnés. **Justinien Ier** le Grand (482-565), son neveu ; collabore avec Justin Ier depuis 518. **532** révolte des Verts et Bleus (qui organisent les courses de chevaux) matée grâce à Théodora. **565 Justin II** († 578), son neveu. **578 Tibère II** († 582). **582 Maurice** (vers 539-602), son gendre ; décapité avec son f. **Phocas. 602 Phocas** (usurpateur) [610, mis à mort par la foule]. **Héraclides. 610 Héraclius Ier** (vers 575-641). **628** bat l'empereur sassanide Khosroès (les 2 empereurs se retrouvent épuisés devant les invasions arabes). **634-636** les Arabes prennent la Syrie. **639-643** Égypte byzantine. **641 Constantin III** Héraclius (612-41), son f. **Héraclius II** Héraclonas (618-45). **Constant II** Héraclius (630-68), son neveu. **668 Constantin IV** Pogonat (654-85). **676-77** les Arabes bloquent Constantinople et envahissent plusieurs fois la Cappadoce. **685 Justinien II** Rhinotmète (669-711). **695 Léonce** (usurpateur). **698 Tibère III** († 705), usurpateur exécuté par Justinien II. **705 Justinien II** restauré. **711 Philippique Bardanès,** renversé par les militaires. **713 Anastase II** († 716). **716-717 Théodose III** († 722). **Isauriens. 717 Léon III** l'Isaurien (vers 675-741). **717-18** les Arabes bloquent Constantinople. **740 Constantin V Copronyme** (l'« Ordurier » : ses détracteurs lui reprochaient sa lutte contre les icônes, et d'avoir, disaient-ils, souillé les fonts baptismaux lors de son baptême) [718-75], son f. **775 Léon IV** le Khazar (750-80), son f. **780 Constantin VI** (771-805), son f., détrôné (797) par sa mère. **797** *Irène* (752-803), sa mère. **802 Nicéphore Ier**, usurpateur (811, assassiné à la tête de son armée). **811** *Staurace* († 811), son f., associé depuis 803.**Michel Ier** Rangabé († après 840), époux de Procapia, fille de Nicéphore Ier. **813 Léon V** l'Arménien († 820). **820 Michel II** le Bègue († 829). **829 Théophile,** son f. († 842). **842 Michel III** l'Ivrogne (838-67), assassiné par Basile Ier. **Macédoniens. 867** *Basile Ier* (vers 812-86). **867 à 1056** Byzance repousse Arabes et étend son contrôle en Syrie. **886 Léon VI** le Sage (866-912), f. de Michel III. **912 Alexandre** (886-913), son fr., associé depuis 871. **912-59 Constantin VII** Porphyrogénète (« né dans la pourpre » ou « dans la chambre de porphyre », 905-59), son f. **920-44 Romain Ier** Lécapène († 944), usurpateur associé 919 à son beau-père. **944-46 Constantin,** son fr., appelé par certains Constantin VIII, associé au trône de Constantin VII. **959 Romain II** (939-63), son petit-fils. **963 Basile II** le Bulgaroctone (957-1025, « tueur de Bulgares ») avec : **Nicéphore II** Phocas (913-69) empereur 963-69 ; **Jean Ier** Tzimiskès (925-76) empereur 969-76, empoisonné. **1025 Constantin VIII** associé depuis 961 (vers 960-1028). **1028 Théodora** (995 ?- 1056) et **Zoé** Porphyrogénète (978-1050), ses filles, associées. Zoé évince Théodora et gouverne avec : **Romain III** Argyre (vers 970-1034), son 1er mari (1028-34), qu'elle assassine ; **Michel IV** le Paphlagonien, son 2e mari (1034-41) ; **Michel V** le Calfat, neveu de Michel IV, adopté par Zoé (1041-42) ; **Constantin IX** Monomaque, son 3e mari (1042-55). **Vers 1037** Tugrul Bey fonde *empire seldjoukide* (tribu turque) en Iran, effectue de nombreuses incursions en Asie byzantine. **1055 Théodora** revient. **1056-57 Michel VI** Stratiokos († 1059), son f., renversé. **Comnène. 1057 Isaac Ier** (vers 1005 ?-1061) abdique. **Doukas. 1059 Constantin X** Doukas (1007-67). **1067 Eudoxie,** sa veuve, qui épouse 1068 **Romain IV** Diogène, général († 1071). **1067-78 Constantin** (dit Constantin XII), le plus jeune frère de Michel VII. **1071 Michel VII** Doukas, f. de Constantin X. *-26-10* désastre byzantin de *Manzikert* (Malazgirt) ; les Turcs colonisent les 2/3 de l'est de l'Asie Mineure. **1077** Gazi Souleïman fonde royaume seldjoukide d'Anatolie. *-10-10* **Nicéphore III** Botoniate (usurpateur) [† après 1081], général élu par ses troupes révoltées contre Michel VII, relégué dans un couvent ; couronné 3-4-1078, épouse l'impératrice Marie. **Comnènes. 1081** *1-4***Alexis Ier** *Commène* (1048-1118), neveu d'Isaac Ier, épouse Irène Doukas. **1096** croisade de Pierre l'Ermite écrasée. **1097** croisade des chevaliers : Byzance reprend Nicée, Bithynie et Ionie ; rivalise avec Francs pour territoires reconquis ; s'allie temporairement aux Turcs. **1118 Jean II** (1088/8-4-1143), son f. *Anne Comnène* (2-12-103/vers 1153/54) sa sœur, essayera de lui substituer son époux Nicéphore Bryenne ; sera exilée en 1118, rédigera l'Alexeiade (Histoire de Byzance 1069-1118, en 15 livres). **1143 Manuel Ier** (vers 1122-80), son f. **1176** Kiliç Arslan II (1155-92), Pce de Konya qui a pris le titre de sultan, bat Manuel Comnène. **1180 Alexis II** (10-9-1167/sept. 1183, étranglé), son f. **1182** Latins de Constantinople massacrés. **1183**-*sept.* **Andronic Ier** (1122-85), son oncle, tué. **Anges. 1185 Isaac II** (1155-1204) détrôné, petit-fils de Théodora Comnène (fille d'Alexis Ier, épouse de Constantin Ange de Philadelphie). **1195 Alexis III** († 1210), son fr. qu'il détrône. **1203***Isaac II* et son f. *Alexis IV* (vers 1182-1204, couronné 1-8-1203) assassinés par Alexis V, gendre d'Alexis III. *-17-3* croisés (4e croisade), prennent Constantinople, placent Alexis le Jeune sur le trône. **Doukas. 1204**-*28-1* **Alexis V** Murzuphle (« aux sourcils épais »), usurpateur, renverse Isaac et Alexis qui sont tués. *-12-4* croisés reprennent Constantinople (massacres et pillages). *-Mai* fondent Empire latin de Constantinople (400 000 hab.). Des Comnènes se réfugient à Trébizonde et fondent une dynastie qui dure jusqu'en 1461. *Théodore Lascaris,* époux d'Anne Lange, fille d'Alexis III, s'allie au sultan turc d'Ikonion et fonde État byzantin en Lydie et Phrygie, capitale Nicée jusqu'à la reprise de Constantinople 25-7-1261.

Empereurs latins

1204 Baudouin Ier, Cte de Flandre (1171-1205). **1205**-*25-3* assiège Andrinople ; *-14-4* battu par Bulgares du tsar Kaloyan allié des Grecs ; prisonnier, assassiné. [En 1225, certains dirent le reconnaître dans un ermite réfugié dans une hutte près de Mortagne (Flandres) et le soutinrent 2 mois contre sa fille Jeanne, héritière du comté (démasqué, il avoua s'appeler Bertrand et être né à Reims) ; il fut pendu à Lille fin sept. 1225.] **1206-16 Henri Ier** de Hainaut son fr. **1217 Pierre** de Courtenay élu empereur de Romanie (vers 1167-1217 ou vers 1159-1219), fils de Pierre de France (7e fils du roi de France Louis VI le Gros et d'Adélaïde de Savoie) et de sa femme Élisabeth de Courtenay ; ép. en 2e noces 1193 Yolande de Flandre et Hainaut (fille de Baudoin Ier), † 24/26-8-1219. **1221 Robert Ier** de Courtenay († 1228), son fr. [ép. 1229 Marie de Brienne († 1275), fille de Jean I, Cte de Brienne, roi de Jérusalem]. **1228-61 Baudouin II** de Courtenay (1217-73), dit le *Porphyrogénète* (« né dans la chambre de pourpre », son père étant empereur régnant), son fr. **1268** l'Empire latin d'Orient (Constantinople et sa banlieue, et Thrace européenne) s'écroule après la prise d'Antioche. **Empereurs titulaires. 1273 Philippe Ier** de Courtenay, dit le Porphyrogénète (1243-83), ép. 1267 Beatrix de Sicile (fille de Charles Ier d'Anjou, roi de Sicile et de Jérusalem, † 1275. **1283 Catherine Ire de Courtenay** (vers 1274-1307) leur fille unique, ép 1301 Charles de France (12-3-1270/16-12-1325), Cte de Valois, fils du roi de France Philippe III, veuf de Marguerite d'Anjou († 31-12-1299). **1308 Catherine II** (1303-46) leur fille, ép. 1313 Philippe Ier de Sicile, Pce de Tarente (vers 1278/26-12-1332), veuf de Thamar Ange († 1308/9), fils de Charles II d'Anjou, roi de Sicile (III de Romanie). **1332 Robert** (1326/10-9-1364), Pce de Tarente, leur fils, sans postérité. **1364 Philippe II de Sicile** (1329/25-11-1374) son frère. **1374 Marguerite de Tarente** († 1360), sœur de Robert et Philippe II, épouse de François de Baux, duc d'Andria († 1353). **Jacques des Baux,** Pce de Tarente, leur fils, † sans enfant, teste le 15-7-1383 en faveur de **Louis Ier de France** [Louis Ier d'Anjou (1339-84), 2e fille du roi Jean II le Bon], adopté par la reine Jeanne de Naples (1326-82) le 29-6-1380, ép. 9-7-1360 Marie de Blois († 12-11-1404), il n'usa pas du titre ; ses droits sur la Romanie passèrent en **1384** à **Louis II d'Anjou** (5-10-1377/29-4-1417), son fils, père du roi René (1408-80).

☞ **En 1263** la femme de Baudouin II, l'impératrice Marie, marquise de Namur, vendit le marquisat de Namur à Gui de Dampierre, fils de Marguerite de Flandre qui aurait ainsi recueilli les droits à la couronne latine de Constantinople : 7 tenants du titre jusqu'à Jean-Thierry ou Jean III, seigneur de Winendale (marquis de Namur en 1418, † 1429) qui en 1421 vendit son marquisat à Philippe le Bon, duc de Bourgogne, par lequel les droits passèrent à la monarchie espagnole. Philippe, seigneur de Duy, fils naturel de Jean-Thierry et de Cécile de Savoie, est considéré parfois comme le véritable héritier de ces droits (ses descendants portent les titres de Vte d'Elzée et de Bon de Jonqueret).

Empereurs grecs de Nicée

1204 Théodore Ier Lascaris [couronné 1206 par Michel Autorianius († 1222)]. **1222 Jean III** Doukas Vatatzès (1193/30-10-1255), son gendre époux d'Irène. **1254 Théodore II** Doukas Lascaris (1222-58), son f. **1258 Jean IV** Doukas Lascaris (vers 1250-61), son f. **1258-61** régence de *Michel Paléologue*. **1261**-*25-7* reprend Constantinople qui redevient capitale.

Empereurs grecs de Constantinople

■ **Paléologues. 1261 Michel VIII** (1224-82). **1282 Andronic II** (1258-1332), son f., avec de 1295 à 1320 **Michel IX** (1277-1320), son f. **1328 Andronic III** (1295-1341), son f. **1341-54 Jean V** (1332-91), son f. **Cantacuzène. 1345-55 Jean VI** (vers 1293-1383), usurpateur. **1348** peste. **Paléologues. 1355-76 Jean V,** restauré. **1376 Andronic IV** (1348-85), son f. **1379-91 Jean V,** restauré. **1391 Manuel II** (1348-1425), son oncle, associé à Jean V son père, avec de **1399** à **1402 Jean VII** (1366-1420), f. d'Andronic IV, usurpateur. **1417** peste. **1425 Jean VIII** (1390-1448), f. de Manuel II. **1439** concile de Ferrare. Florence : les Grecs reconnaissent la prééminence du pape. **1447** peste. **1448 Constantin XI** Dragasès (1405-53), son fr., tué en combattant lors de la prise de Constantinople (29-5-1453) par Mehmed II. **1453** *fin de l'Empire.*

☞ **En 1460** le dernier Pce régnant de la dynastie, *Thomas Paléologue* (héritier de Constantin XI), despote de Morée, chassé de Patras par les Turcs, se réfugie à Rome près de Pie II. Il y meurt en 1465. Son fils André († 1502) lègue ses États à Ferdinand d'Aragon et Isabelle de Castille. **En 1472** *Zoé,* fille de Thomas, épouse, grâce à une dot du pape, le grand-duc de Russie Ivan III et transmet ses droits sur l'Empire à sa sœur Hélène, épouse *d'Alexandre Ier* Jagellon, roi de Pologne.

Les Ottomans

■ **1290** les Ottomans supplantent les Seldjoukides avec Osman (dynastie des *Osmanlis*). **1299 Osman Ier le Victorieux** (1258-1324), abdique. **1326 Orhân, Ghâzî** (1288-1360), son f., abdique. **1354** début de la conquête des Balkans. **1357** Süleyman prend Gallipoli ; *Kosovo :* bat Bulgares, Serbes et Bosniaques et prend Andrinople. **1359**-*juin* **Murâd Ier, Hhudavendigâr le Souverain** (vers 1326-89), son f., assassiné. **Vers 1370** *janissaires* (*Yeniçeri,* « nouvelle troupe ») créés par Murâd Ier. **1389**-*juin* **Bâyezîd (Bajazet) Ier, Yildirm (Foudre)** (1357-1403), f. de Murâd Ier, déposé. **1392-1401** assiège Constantinople. **1402**-*20-7 Ankara* : battu par Tamerlan. Rivalités entre émirats turcs. **1402-13** interrègne. **1410 Süleyman,** f. aîné de Bâyezîd Ier, tué par son frère Mousa. **1413**-*juillet* **Mehmed Ier, Tchelebi Ier le Seigneur** (1387-1421), f. de Bâyezîd Ier. **1421**-*mai* **Murâd II, Hodja** (vers 1402-51) f. de Mehmed Ier, abdique. **1422** assiège Constantinople. **1430** prend Salonique. **1444**-*10-11* bat Polonais à Varna et *1448-17-10* Hongrois à Kosovo. *-Déc.* **Mehmed II, Fâtih le Conquérant** (1432-81) f. de Murâd II, déposé *sept.* 1446. **1446**-*sept.* **Murâd II.** **1451**-*févr.* **Mehmed II.** **1453**-*29-5* prend Constantinople (siège du 5-4 au 29-5) ; **1461** Trébizonde. **1481**-*mai* **Bâyezîd II, Velî le Saint** (1452-1512), f. de Mehmed II, abdique. **Apogée de l'Empire ottoman.**

■ **1512**-*avril* **Selim Ier Javuz** (1466-1520), f. de Bâyezîd II qu'il a renversé avec l'aide des janissaires. **1514** bat les Perses. **1515** conquiert Anatolie et l'Anatolie de l'est. **1516** prend Alep et Damas. **1517** conquiert l'Égypte. **1520**-*sept.* **Süleyman Ier, Hhanûnî le Magnifique** (1495-1566) f. de Selim Ier, ép. Roxelane [† 1558, Hasseki Hürrem (« l'élue joyeuse »), esclave favorite qu'il a affranchie]. Annexe Algérie et Tunisie (Barberousse), **1521** Belgrade, **1522** Rhodes. **1526** victoire de *Mohacs* livre Hongrie. **1529** échec devant Vienne. **1533** Baghdad prise. **1535** ambassade française permanente à Constantinople. **1538** *Préveza* : Barberousse bat flotte de Charles Quint et de ses alliés. **1541** Transylvanie soumise. **1565** échec du siège de Malte. **1566**-*sept.* **Selim II, Jarkhoch (Ivrogne)** (1524-74), fils de Süleyman et de Roxelane. **1569**-*18-10* : 1res *capitulations* franco-ottomanes. **1571**-*15-8* Famagouste prise (conquête de Chypre) ; *-7-10 Lépante* : don Juan d'Autriche (240 galères, 120 000 h.) bat flotte de Selim II [commandée par Ali Pacha ; 300 galères (toutes prises à l'exception d'une trentaine)] : Chypre conquise. **1574**-*déc.* **Murâd III** (1546-95), f. de Selim II fait tuer ses 2 frères cadets. **1576-90** guerre avec Iran. **1595**-*janv.* **Mehmed III, Adlî** (1566-1603), f. de Murâd III, prend le pouvoir en faisant tuer ses 19 frères. Assassiné.

■ **1603** *-déc.* **Ahmed Ier, Bakhtî** (1590-1617), f. de Murâd III. **1617**-*nov.* **Mustafâ Ier, Deli** (1591-1639), fr. d'Ahmed Ier, déposé 1618. **1618**-*févr.* **Osman II** (vers 1604-22), neveu de Mustafa Ier, déposé, étranglé sur ordre de Murâd IV. **1622**-*mai* **Mustafâ Ier**, déposé une 2e fois, étranglé sur ordre de Murâd IV. **1623**-*sept.* **Murâd IV** (vers 1609-40), f. d'Ahmed Ier. **1623-40** prise de : Azerbaïdjan, Géorgie, Mésopotamie. **1640**-*févr.* **Ibrahim Ier le Fou**, son fr. (1615-48). **1645** débarquement en Crète (mort du duc de Beaufort et capitulation de Candie *1669*, évacuation totale par les Vénitiens *1710*). **1648** Ibrahim Ier déposé et étranglé. *-Août* **Mehmed IV le Chasseur** (1642-93), son f. **1656-1710** la famille des Koprülü détient la charge de grand vizir. **1683**-*juillet/sept.* 2e siège de *Vienne* (59 j), sauvée 12-9 à *Kalhenberg* par Jean Sobieski. **1687** *Mohacs :* Charles V de Lorraine (1643-90) bat T. qui perd Hongrie. *-9-11* Mehmed IV déposé. **Süleymân II** (1642-91), son demi-fr. **1691**-*juin* **Ahmed II** (1643-95), son demi-fr. **1695**-*févr.* **Mustafâ II** (1664-1703), son neveu, f. de Mehmed IV. **1699**-*16-1 traité de Karlowitz* avec Autriche, Russie, Pologne et Venise : T. renonce à Hongrie, Transylvanie, Ukraine, Azov. **1703** Mustafâ II forcé d'abdiquer. *-Août* **Ahmed III** (1673-1736), son fr. **1718** *paix de Passarowitz* : T. perd Belgrade, Albanie, Dalmatie, Herzégovine. **1730** Ahmed III déposé. *-Oct.* **Mahmud Ier le Bossu** (1696-1754), son neveu, abdique. **1739** Paix de *Belgrade :* T. récupère Serbie, Petite-Valachie, districts de Bosnie. **1742** Louis XV accueille l'ambassadeur Saïd Efendi. **1754**-*déc.* **Osman III** (1699-1757), son demi-fr. **1757**-*oct.* **Mustafâ III** (1717-74), son cousin. **1768-74** *guerre russo-turque.*

■ **1774**-*janv.* **Abdül-Hamîd Ier le Serviteur de Dieu** (1725-89), son demi-fr. **1774** *traité de Kutchuk-Kaïnardji :* T. laisse à Russie droit de libre commerce en mer Noire ; Crimée séparée de l'empire ottoman. **1788-92** *guerre russo-turque.*

■ **1789** *-avril* **Selim III l'Inspiré** (1761-juin 1808, exécuté), son neveu. **1791**-*4-8 traité de Svitchov* avec Autriche. **1792** *traité de Jassy :* territoire à l'est du Dniestr et Crimée perdus. Paix avec France. **1796** fin des accueils humiliants des ambassadeurs. **1799**-*janv. traité de Constantinople* avec Russie. **1805**-*26-12 paix de Presbourg :* Autriche cède Vénétie, Istrie et Dalmatie à Napoléon. **1807** Selim III déposé.

■ **1807** *-mai* **Mustafâ IV** (1779-1808, assassiné), f. d'Abdül-Hamîd Ier. Hostilités russo-turques. *-Août* Fr. réoccupe Sept-Iles et territoires dépendants (dont Novi Pazar). **1808**-*mars Slobozia,* accord avec Russie (non ratifié) sur évacuation des principautés par troupes russes, et passage des Détroits par la flotte du tsar. *-Juillet* Mustafâ IV renversé.

■ **1808**-*juillet* **Mahmud II, Adlî** (1785-1839), son demi-fr. **1809**-*janv.* convention des Dardanelles avec G.-B. : Détroits fermés aux flottes militaires en temps de paix. **1812** *traité de Bucarest* : T. cède Bessarabie à Russie mais garde Moldavie. **1815** Mahmud II essaie d'obtenir de la Russie restitution de la Bessarabie. **1821** soulèvement grec (voir **Grèce** p. 1103 a) ; le patriarche Grégoire V est pendu. **1826-56** *Tanzîmât* (Réformes). **1826** janissaires supprimés (dont cavaliers, *sipahî*). Révolte. *-14-6* palais du grand vizir pillé. Troupes royales bombardent casernes des janissaires. Bilan : 6 000 †, 18 000 déportés. **1827**-*20-10 Navarin :* flotte turque détruite par flotte internationale (Fr., G.-B., Russie). **1828**-*avril guerre russo-turque.* **1829**-*14-9 traité d'Andrinople* avec Russie. Grèce indépendante. « Bureau des traductions » adopte français comme langue diplomatique. **1830** Serbie autonome. **1831** 1er recensement de l'empire (but fiscal). **1832** 1er journal en langue turque à Istanbul. **1832-40** guerre avec Mehmed Ali qui s'est imposé en Égypte et vient de Syrie. **1834** poste publique créée (auparavant, réservée au sultan). 1ers ambassadeurs stables à Paris, Londres, St-Pétersbourg, Vienne ; rôle de Rachid Pacha (1802-58). **1835** Moltke (Prussien) réorganise l'armée et les Britanniques, la marine. **1836** ministères de l'Intérieur et des Aff. étrangères créés. **1838** sultan adopte costume européen (fez). **1839**-*24-6 Nizib,* Égyptiens battent Ottomans.

■ **1839** *-2-7* **Abdül-Medjîd Ier, Ghâzi** (23-4-1823/1861), son f. *-3-11 Khatt-i cherîf* de Gülkhâne (Maison des roses), [ou *Gülkhâne Fermâni* (Édit de réorganisation)] : sujets tous égaux ; administration spécialisée pour chaque grand domaine (réforme achevée vers 1870) et Conseil d'État comprenant représentants des provinces, des métiers et des communautés non musulmanes. **1840** Code civil inspiré du Code Napoléon (puis Code pénal). *-Déc.* Mehmed Ali quitte Syrie sous pression anglo-autrichienne. **1841**-*mai* Rachid Pacha quitte grand-vizirat, devient ambassadeur à Londres. **1843** loi de recrutement fondée sur égalité. **1845** réforme de l'enseignement. **1853-56** *guerre de Crimée.* T. alliée à France. Chrétiens de Crète demandent rattachement à la Grèce. **1856** *Khatt-i hümâyûn* (rescrit impérial) poursuit réformes dans l'empire (laïcisation). *-18-2 Islahat Fermâni* (Édit de réforme) : égalité devant loi et impôt, liberté d'organisation des Communautés (1863, règlement de la nation arménienne prévoit Ass. de 140 m.). *30-3 traité de Paris,* indépendance turque garantie. **1861** Liban autonome.

■ **1861** *-juin* **Abdül-Aziz Ier** (1830-76), demi-fr. d'Abdül-Medjîd. **1868** création des « Jeunes Turcs ». Lycée de Galata Saray ouvert avec aide française. **1869** université d'Istanbul créée. Concession ferroviaire Vienne-Istanbul accordée au baron Hirsch, banquier bavarois. **1870** 1re école juridique. *-5-6* incendie de Constantinople. **1872**-*31-7 Midhat Pacha* (1822-84) grand vizir. **1875** emprunts turcs pour 200 millions de £. *-Juillet* insurrection Bosnie-Herzégovine, Bulgarie. **1876**-*30-5* Abdül-Aziz abdique. *-5-6* suicide (ou assassinat ?).

■ **1876** *-mai/août* **Mehmed Murâd V** (21-9-1840/29-8-1904), son neveu (*-31-8* déposé pour faiblesse mentale et assigné à résidence au palais de Tchiraghan). *-Mai/sept.* insurrection en Bulgarie. *-30-6* Serbie déclare guerre à T. puis *-2-7* au Monténégro. *-8-7* accord du Reichstag (secret) Autriche/Russie sur partage de T. d'Europe. *-24-8* Serbie demande armistice.

■ **1876**-*août* **Abdül-Hamîd II** (22-9-1842/1918) son fr. *-1-11* T. (Ahmed Eyoub Pacha) bat Serbes (chef : Gal russe Tchernayev) à Alexinatz. *-5-12* tentative d'enlèvement de Murâd V (par 2 Turcs et 2 chrétiens déguisés en femmes) pour le faire fuir hors de l'empire. *-19-12* grand vizir *Mehmed Ruchdu Pacha* démissionne, remplacé par *Midhat Pacha. -23-12* Constitution *Kanuni Esasi :* loi fondamentale d'après Constitution belge de 1831 [119 articles ; partage des pouvoirs entre sultan (conserve l'essentiel) et Parlement (2 chambres ; contrôle faible)]. **1877** Abdül-Hamîd chasse Jeunes Turcs et restaure principes de gouv. islamique. *-15-1 accord de Budapest* Autriche/Russie (la 1re restera neutre en cas de guerre russo-turque mais pourra occuper Bosnie-Herzégovine). *-5-2* Midhat Pacha exilé en Europe [à son retour, devient gouverneur ; le 29-7-1881 arrêté et jugé pour l'assassinat d'Abdül-Aziz, condamné à mort, gracié, déporté à Ta'if (Arabie) et le 6/7-5-1884 étranglé sur ordre d'Abdül-Hamîd, ainsi que Mahmud Djéladédine Pacha]. *-28-2* armistice avec Serbie. *-31-3 Protocole de Londres* (rejeté par T. le 12-4). *-Avril* Abdül-Hamîd ajourne session du Parlement (élu au suffrage indirect, réuni 19-3 pour la 1re fois). **1876-78 guerre russo-turque** (250 000 Russes contre 135 000 Turcs dans les Balkans ; 70 000 Russes contre 70 000 Turcs en Anatolie orientale). *-24-4* Russie déclare guerre à T. ; Roumanie lui donne droit de passage sur son territoire. *-17-5* Russes occupent Ardahan. *-22-5* Roumanie proclame indépendance. *-26/28-5* Russes passent le Danube et pénètrent en T. *-Juillet/déc.* résistance turque à *Plevna* (30 000 Russes †). *-18-11* Russes prennent Kars (2 500 Russes et 5 000 Turcs †, 10 000 prisonniers). *-10-12* chute de Plevna après résistance d'Osman Pacha (Gâzi, « le Victorieux », titre donné aux combattants victorieux). **1878**-*3-1* chute de Sofia. *-9-1 Senova,* Russes battent Turcs (36 000 Turcs pris). *-10-1* Monténégrins occupent Bar (Antivari). *-11-1 Ahmed Hamdi Pacha* grand vizir. *-19-1* Abdül-Hamîd demande armistice par l'intermédiaire de la reine Victoria. *-20-1* chute d'Andrinople. *-23-1* flotte britannique passe Détroits. *-31-1* armistice avec Russie à Andrinople. *-2-2* Grecs entrent en Thessalie sans déclaration de guerre. *-4-2 Ahmed Véfik Pacha* grand vizir. *-13-2* Parlement suspendu. *-24-2* Roumains occupent Vidin. *-3-3 traité de San Stefano* (à 15 km de Constantinople) : principauté bulgare vassale créée. Monténégro reçoit Bar, mais séparé de Serbie par sandjak de Novi Pazar (occupation autrichienne) ; Serbie reçoit région de Nis (375 km²) ; réformes en Bosnie ; Iran reçoit district de Hatur. Russie annexe Kars, Batoum, Ardahan et Bayazid (contre indemnité de guerre de 1,41 milliard de roubles-or, ramenée à 400 millions) et Dobroudja (pourra être cédée à Roumanie contre Bessarabie) ; Abdül-Hamîd refuse de livrer la flotte (3e du monde). *-18-4 Mehmed Sadik Pacha* grand vizir. *-20-5* Ali Suavi tente d'enlever Murâd V pour le rétablir sur le trône. *-28-5 Mehmed Ruchdu Pacha* grand vizir. *-4-6* accord secret avec l'Angl. qui administrera Chypre sous souveraineté turque (tribut annuel) mais soutiendra la T. en cas d'opérations militaires russes en Turquie d'Asie. *Mahmed Essad Savfet Pacha* grand vizir. *-13-7 traité de Berlin :* Serbie et Roumanie indépendantes, Bulgarie et Roumélie orientale autonomes, promesse à la Grèce d'aménagement frontalier en Thessalie ; Bosnie et Herzégovine passent sous admin. autrichienne mais restent sous domination turque ; Angl. recevra Chypre ; réformes envers Arméniens dans 6 des *vilâyets* de l'Asie turque ; Russie conserve Kars, Ardahan et Batoum ; France et Italie reçoivent assurance d'occuper Tunisie et Tripolitaine ; T. doit payer à Russie 55 millions de £ turques-or. *Bilan :* T. perd 8 184 000 hab. et 237 298 km² ; 500 000 morts.

1878 *-mi-juillet* 3e tentative d'enlèvement et de restauration de Murâd V (lui-même franc-maçon). **1879**-*29-7 Ahmed Arifi Pacha* grand vizir. *-4-9* Angl. et Fr. mettent sous contrôle Égypte (difficultés financières). **1880**-*nov.* Égypte, soulèvement nationaliste d'Arabi Pacha. **1881**-*12-5* protectorat français en Tunisie. *-28-6* accord secret austro-serbe : neutralité en cas de guerre de l'autre partie contre 1 pays tiers. *-2-7* districts de Narda (Arta) en Épire et Thessalie remis à la Grèce. *-23-7* « Dette publique ottomane » créée. **1882**-*27-6* gouv. « national » en Égypte. *-13-9* troupes égyptiennes battues à Tell el Kébir ; Égypte occupée. *-11-12* ultimatum anglais : Alexandrie bombardée. *-15-12* débarquement anglais. **1883** mission militaire allemande (Gal Colmar von der Goltz). **1885**-*18-9* révolte en Roumélie orientale pour union avec Bulgarie. *-13/19-11* Serbie déclare guerre à Bulgarie, qui l'emporte. **1886**-*1-2/5-4* union Roumélie orientale/Bulgarie. *-3-3* accord de Bucarest, Bulgarie/Serbie. *-20-8* coup d'État en Bulgarie. **1887**-*7-7* Ferdinand de Saxe-Cobourg Pce de Bulgarie. **1888**-*12-8* Orient-Express achevé (ligne Budapest-Istanbul). **1889**-*21-5 Parti Union et Progrès* créé. *-18-9* navire-école *Ertoughroul,* pris dans typhon, coule sur rochers d'Oshima (en mer du Japon) : 587 †. Guillaume II à Istanbul. **1890**-*juin* 1re révolte à Erzurum : environ 100 † ; émeutes à Istanbul ; **1892-94** Kayseri, Yozgat, Tokat, Corum et Merzifon. **1894**-*août* insurrection à Sassoun (après arrestation de Mihran Damadian, activiste), 3 500 à 6 000 † (?). Double-Alliance envoie commissaires, puis France, Russie et Angleterre exigent réformes. **1894-96** massacres d'Arméniens par Turcs. **1895** soulèvement arménien en Anatolie orientale. *-Juillet* révolte à Zeytoun. Massacres en Arménie occ., soulèvement de Van. *-18-9* manif. à Bab Ali contre sultan. *-30-9* manif. armée des Arméniens pour occuper Sublime Porte (siège du gouv.) à Istanbul (172 Arméniens tués). **1896**-*28-1* fin de la révolte de Zeytoun. Épidémies de typhus, dysenterie et variole. *-24-5* insurrection en *Crète.* T. lui accorde autonomie, après intervention européenne ; musulmans émigrent en Anatolie. *-14-6* révolte à Van (préparée par les Arméniens du Dachnak) : soldats turcs et musulmans attaqués. *-16-8* Istanbul, commando Dachnak occupe siège de Banque ottomane (fondée 1863, capitaux français et anglais) et menace de la faire sauter si les puissances signataires du traité de Berlin continuent d'ignorer son article 61 (exige : haut-commissaire européen choisi par les 6 puissances qui désigneraient gouverneurs, sous-préfets et administrateurs de district ; milice, police et gendarmerie : autochtones commandés par officier européen ; réforme judiciaire selon modèle européen ; liberté de religion, d'enseignement et de presse ; 3/4 des revenus nationaux affectés aux besoins locaux ; arriérés d'impôts annulés ; 5 années d'impôts exonérées et 5 suivantes assignées à indemniser dommages dus aux désordres ; biens empiétés restitués ; retour des émigrés ; amnistie). Sur intervention russe, terroristes quittent T. pour Marseille, sans rien obtenir. *-Fin août* révolte des Arméniens à Istanbul (milliers d'Arméniens et forces de l'ordre tués). **1897**-*2-2* insurrection en *Crète. -15-2* forces grecques débarquent ; attaques de bandes armées grecques aux frontières ottomanes. *-18-4* **T. déclare guerre à Grèce.** *-10-5* Grèce demande intervention des Puissances. *-17-5* victoire turque à Deuméké (Domakos). *-20-5* armistice T.-Grèce. *-4-11 traité de Paris :* indemnité de guerre de 4 millions de £-or. *-18-12* Crète autonome ; départ des Turcs. *-21-12 Pce Georges de Grèce* gouverneur général de la Crète. **1898**-*oct.* Guillaume II à Istanbul. **1899**-*25-11* construction futur chemin de fer de Baghdad attribuée à All. **1900**-*14-12* accord franco-italien sur Tripolitaine et Maroc. Chemin de fer du Hédjaz (Istanbul-La Mecque, 1900-08). **1901**-*5-11* Français débarquent à Mytilène, demandant remboursement de 750 000 £ turques prêtées en 1876 par banquiers français Tubini et Lorenzo au gouv. turc (pour payer complot devant destituer Abdül-Aziz). T. règle 502 000 £. **1902**-*févr.* Paris, 1er congrès des *Jeunes Turcs.* *-21-9* soulèvement en Macédoine. **1903**-*25-7 :* 2e soulèvement en Macédoine. **1904** accord T.-Bulgarie. *-29-8* Murâd V meurt. **1905**-*21-7* attentat Dachnak contre Abdül-Hamîd échoue (chef : anarchiste belge Édouard Joris, gracié) : 26 ou 80 † (?). *-26-11* Autriche et Russie estimant réformes de la gendarmerie en Macédoine insuffisantes demandent à T. commission financière ; devant refus, Angleterre, Autriche, France, Italie et Russie envoient flotte et corps expéditionnaire. **1906**-*oct.* crise du rattachement de la Crète à la Grèce. **1907**-*25-4* contre des réformes en Macédoine, T. obtient des Puissances hausse de 11 % des droits de douane (au lieu de 8). *-31-8* entente franco-russe sur partage d'influence en Perse, Afghanistan et golfe Persique. **1908**-*9-6 Reval* (actuelle Tallin), Edouard VII voit tsar Nicolas II ; rumeur d'accord anglo-russe sur partage de T. *-Juillet révolte des Jeunes Turcs* [dont Mustafa Kemal, s'inspirant du Comité d'Union et de Progrès, créé 1889 à Paris par Ahmed Riza (1859-1930)] réclamant Constitution de 1876 ; Cdts Niyazi Bey et Enver Bey de Salonique prennent maquis avec soldats mutinés. *-6-7* mutineries à Monastîr. Sultan envoie 18 000 h. pour réprimer agitation en Macédoine, qui se rallie aux rebelles. Sultan rétablit Constitution. *-4-8 Kâmil Pacha* grand vizir. *-Sept.* Russie permet à l'Autr. d'annexer *Bosnie-Herzégovine* contre ouverture des Détroits aux navires russes (interdits depuis 1841). *-5-10* Bulgarie indépendante. *-6-10* Autriche annexe Bosnie-Herzégovine. Serbie désapprouve. *-7-10 Crète* proclame unionavec Grèce. *-Nov./déc. élections :* victoire d'Union et Progrès ; opposition libérale autour du Pce Sabâheddîn, neveu d'Abdül-Hamîd, échoue ; *uléma* dénoncent Jeunes Turcs comme mécréants influencés par Révolution française. **1909**-*12-1* T. reconnaît annexion Bosnie. *-31-3* Serbie reconnaît le « fait accompli ». *-9-4* accord Autr., Bulgarie et T. (qui reconnaît indépendance Bulgarie contre indemnité et restitution par Autr. du sandjak de Novi Pazar). *-12/13-4* Istanbul, « contre-révolution » du 31-3 : réclame retour à la loi coranique ; quartier arménien et palais de Yildiz pillés. *-23/24-4* Chevket Pacha avec armée de Macédoine mate révolte et décrète loi martiale. *-24-4* Parlement dépose Abdül-Hamîd pour despotisme, exilé à Salonique [selon *fetva* (décision interprétative de la loi coranique) du cheikh ul-Islam, aurait « brûlé des livres sacrés »].

■ **1909** *-27-4* **Mehmed V, Resat** (3-11-1844/3-7-1918) frère d'Abdül-Hamîd II, réside au palais de Dolmabahce. **1910** Parlement : 147 Turcs, 60 Arabes, 27 Albanais, 26 Grecs, 14 Arméniens, 10 Slaves et 4 juifs. **1911 : guerre italo-turque :** *-28-11* prétextant des provocations, l'Italie, qui veut s'établir en Tripolitaine, envoie un ultimatum à la T. et, sans attendre la réponse, commence les hostilités le 29-11. **1912** *-févr.* bombarde Beyrouth, occupe Rhodes et Dodécanèse. T. expulse 70 000 Italiens, barre Dardanelles. *-Juillet* négociations. *-18-10* traité d'*Ouchy-Lausanne* avec Italie. T. abandonne Tripolitaine (annexée le 5-11 par It.). Italie, qui occupe Rhodes et Dodécanèse depuis mai, y restera provisoirement jusqu'en 1948 (la T. n'ayant pu payer en 1913 les frais d'occupation pour que les Italiens évacuent). **1re guerre balkanique :** *-9-10* Monténégro déclare guerre à la T. *-17-10* Bulgarie, Serbie, Grèce déclarent guerre à la T. *-5-11* bataille de *Monastir* (contre Serbes), 20 000 Turcs tués. *-6-11* armée grecque à Salonique. Abdül-Hamîd revient à Istanbul (palais de Beylerbey). **1913**-*22-1* Nâzim Pacha, min. de la Guerre, assassiné par Union et Progrès ; *Mahmoud Chevket Pacha* grand vizir (assassiné 11-6). *-13-3* Grecs prennent Janina, 30 000 Turcs prisonniers. *-26-3* Bulgares, Serbes prennent Andrinople, 60 000 Turcs prisonniers, 9 500 Alliés †. *-30-5 traité de Londres :* T. abandonne possessions européennes, sauf presqu'îles de Chatalja et Gallipoli. **-Juin/juillet : 2e guerre balkanique** entre Bulgarie et Serbie. T. en profite et réoccupe Thrace orientale et Andrinople. **1914**-*2-8* traité d'alliance avec All. -*10-8* le *Goeben* et le *Breslau* se réfugient dans les Dardanelles et sont incorporés dans la flotte turque (voir à l'Index). -*9-9* T. abroge capitulations. -*15-9* amiral allemand Souchon commande flotte turque. **1914-18 : 1re guerre mondiale.** -*20-10* Russie déclare guerre à T. -*31-10* entre en guerre. Anglais prennent Bassorah. -*23-11* T. appelle au *djihad* (guerre sainte) contre Triple-Entente. **1915**-*18-3 Canakkale :* défaite navale anglo-française. -*25-4* Anglais et Français débarquent à Gallipoli, port des Dardanelles, mais doivent évacuer en août devant résistance turque dirigée par Mustafa Kemal (214 000 Britanniques et 27 000 Français hors de combat). Australo-Néo-Zélandais débarquent près de Çanakkale (bataille de *Gallipoli*). Massacres et transferts d'Arméniens vers les provinces méridionales de l'Empire ottoman (collaborent avec la Russie) (voir encadré p. 1281). -*18-5* France, G.-B. et Russie font savoir qu'elles tiendront personnellement responsables des crimes de la T. (contre l'humanité et la civilisation) tous les membres du gouvernement ottoman et ceux de ses agents impliqués dans de pareils massacres. -*21-8* Italie déclare guerre à T. **1917**-*15-12* armistice avec Russie. **1918**-*3-3 traité de Brest-Litovsk* rétablit frontières de 1876.

■ **1918** -*juillet* **Mehmed VI, Vahid-Eddine le Noir** (2-2-1861/15-5-1926 San Remo, Italie), fr. de Mehmed V. -*Sept.* Bakou occupée. -*30-10 armistice de Moudros.* -*1-11* occupation alliée. **1919-22 : guerre d'indépendance. 1919**-*15-5* Grecs occupent Smyrne. -*19-5* Mustafa Kemal débarque à Samsun ; -*11-9* devient chef d'un gouv. national opposé au gouv. de Constantinople (Damad Farid Pacha). Congrès des délégués des comités de résistance à Sivas. -*27-12* délégués vont à Angora (Ankara). **1920**-*Janv.* sultan réunit un Parlement (siègera 2 mois, 13 jours). Anglais occupent partie d'Istanbul, Mésopotamie et Samsun ; -*16-3* Constantinople. Chambre dissoute. -*23-4* à Angora, une Ass. nat. élue délègue ses pouvoirs à un Comité exécutif provisoire présidé par *Mustafa Kemal.* Le sultan lève une armée du calife contre lui. -*30-5* armistice avec Fr. en Cilicie (la Fr. a reconnu implicitement Kemal et occupe Syrie). -*10-8 traité de Sèvres* (non ratifié par sultan et Grande Assemblée) : T. perd Syrie, Palestine, Arabie, Iraq ; sont prévus des États kurde et arménien et la division de l'Anatolie en zones d'influence (France, Italie, G.-B.) ; Italiens occupent Konya et Antalya. Izmir est donnée aux Grecs qui revendiquent toute l'Anatolie occ. et attaquent T. **1921**-*20-1* loi fondamentale, amendée 1-11-1922, 29-10-1923 et 3-3-1924. -*Janv. Fevji Pacha* PM, kemaliste (opposé à Ahmed Tewfik Pacha, dernier grand vizir jusqu'en nov. 1922). -*4-3* traité avec Russie confirme restitution de Kars, Trébizonde et Ardahan. -*15-3* Berlin, Soghomon Téhlirian tue Talaat Pacha, ancien min. de l'Intérieur ottoman (acquitté juin). -*31-3* à *Inönü,* Ismet Pacha bat Grecs (il prendra le nom d'Ismet Inönü). -*5-8* Kemal Cdt en chef ; -*23-8/13-9* bat Grecs sur le Sakarya. -*20-9* Ataturk proclamé Ghâzi « le Victorieux » et Mal de T. Transfère la capitale à Angora qui devient Ankara. **1922**-*17-4* Berlin, Chirakian et Aram Yérganian tuent Djémal Azmi, responsable de massacres. -*Juillet Huseyn Rauf* PM. -*26-8* Kemal victorieux à *Doumloupinar* ; -*9-9* reprend Smyrne (en feu le 13-9). -*11-10* sur médiation française, alors que Lloyd George envisageait une guerre avec la T., *armistice de Moudania,* fin de la guerre avec Grèce. -*20-10* accord d'Angora avec Fr. -*30-10* (loi 1-11) *sultanat aboli.* Mehmed VI reste calife.

République

■ **1922** -*17-11* Mehmed VI s'enfuit dans une ambulance britannique qui le conduit à un navire britannique. -*18-11* la Grande Assemblée vote à l'unanimité la déchéance et choisit pour calife son cousin (f. d'Abdül-Aziz) Abdülmecit II (30-5-1868/23-8-1944 Paris, enterré à Médine) investi 24-11.

■ **1923** -*juin/août élections,* triomphe kémaliste. -*24-7 traité de Lausanne :* Grèce éliminée d'Asie Mineure (1 350 000 Grecs seront échangés contre 430 000 Turcs de Grèce). Il n'est plus question d'Arménie ni de Kurdistân. Dardanelles démilitarisées. -*Août Ali Fethi Okyar* (1880-1943) PM. -*2-10* puissances de l'Entente évacuent Istanbul. -*6-10* armée kémaliste rentre à Istanbul. -*13-10* Ankara capitale.

■ **1923** -*29-10* **Rép. proclamée**, Pt : **Gal Mustafa Kemal Atatürk** (« Père de tous les Turcs ») [Salonique 19-5-1881, mort 10-11-1938 à 9 h 05 d'une cirrhose du foie, né Mustafa Ali Rhiza, dénommé Kemal (« Perfection ») à l'École militaire où il excellait en mathématiques et finances, général, min. de la Guerre en 1911, 5-8-1921 titre de Gâzi donné par l'Ass. nat. avec pouvoirs dictatoriaux]. -*Oct.* **Ismet Inönü** PM. Parti unique : *P. républicain du peuple* (PRP). [Symboles : 6 flèches *(altiok) :* républicanisme, populisme, étatisme, révolutionnarisme, nationalisme et laïcité.] **1924**-*3-3* califat aboli, transformant le cheikh ul-Islam en Pt des Affaires religieuses. Ass. nationale dissoute. Traité d'échange de populations entre T. et Grèce ; 1 500 000 Turcs rentrent en T. et 1 500 000 Grecs en G. (sauf Grecs d'Istanbul et Turcs de Thrace occidentale). Loi d'exil pour les membres de la famille impériale (1952, femmes et descendants autorisés à rentrer ; 1974, hommes). Abdülmecit, et les Pces et Pcesses de la dynastie d'Osman sont conduits à la frontière bulgare (sans bagages). -*4-3/8-4* tribunaux religieux, écoles coraniques et *medrese* (collèges religieux) supprimés. Langue kurde interdite. -*30-4 Constitution.* -*22-11* **Ali Fethi Okyar** PM. **1925**-*11-2/15-4* révolte au Kurdistân turc (pour indépendance et califat), cheikh Saïd de Piran capturé (50 exécutés 29-6). -*4-3* **Ismet Inönü** PM. -*5-6* P. républicain progressiste dissous. -*25-11* loi impose aux Turcs port du chapeau *(shapaka)*, interdit port du *fez* ou *tarbouch* (qui permet pendant la prière de frapper le front contre terre) ; émeutes à Erzurum (24-11), Rize (25-11) et Maras (27-11). -*30-11* dissolution des *tarikats* (ordres de derviches), fermeture des couvents, dervicheries et *türbes* (tombeaux de marabouts, lieux de pèlerinage) ; mesures contre devins, chiromanciens et charlatans ; suppression des *uléma, imams, mollahs* et *muftis* ; port du turban interdit. -*17-12* traité d'alliance avec URSS. **1926**-*1-1* calendrier grégorien remplace calendrier arabe. -*13-1* traité anglo-turc de Baghdad ; T. renonce à Mossoul. -*Juillet* émeutes pour le port du fez, sévère répression. -*1-7* Code pénal (traduit de l'italien). -*4-10* Code civil (traduit du code suisse). **1927**-*19-6* loi autorisant le transfert des Kurdes vers l'ouest de la T. Ligue nationale kurde *Xoybûn* (Indépendance) organise résistance. **1928**-*avril* l'islam ne sera plus religion d'État. -*Mai* traité avec Italie qui renonce à Izmir, Antalya, Adana. **1929**-*29-8* enseignement de l'arabe interdit. -*Nov.* alphabet latin phonétique adopté. **1930**-*févr.* traité avec France met fin au conflit au sujet de la Syrie. -*12-8* P. républicain libéral créé (chef : Fethi Okyar), dissous 17-11. **1932** -*juillet* T. entre à la SDN. **1933**-*6-2* appel à la prière en turc. **1934** *Pacte balkanique :* Turquie, Grèce, Yougoslavie et Roumanie se garantissent leur intégrité territoriale. -*15-11* mosquées inutilisées rendues à des fins civiles (Ste-Sophie musée le 2-2-1935). -*8-12* droit de vote pour les femmes. Ordonnances obligeant les Turcs à prendre un nom de famille. **1936**-*20-7 Convention de Montreux* (T., G.-B., France, Russie et Roumanie) : T. assure défense des Dardanelles. **1937**-*5-9* révolte de Dersim écrasée dans l'est. -*1-11* **Celal Bayar** (1883-1986) PM. *Pacte de Saadabad :* Turquie, Iraq et Afghanistan, traité de non-agression et de non-intervention. **1938**-*28-6* associations religieuses interdites. -*10-11* Mustafa Kemal meurt. Sa fille adoptive, Sabiha Gokcen (1913/22-3-2001), adoptée 1925, sera 1re femme pilote militaire turque.

1938-*11-11* **Gal Ismet Inönü** (Ismet Pacha, 24-9-1884/25-12-1973) Pt. **1939**-*25-1* **Refik Saydam** (1881/8-7-1942) PM. -*23-6* France cède sandjak d'Alexandrette (Hatay). -*19-10* traité d'assistance mutuelle avec France et G.-B. **1941**-*18-6* traité d'amitié avec Allemagne ; la T. reste neutre. **1942**-*9-7* **Sükrü Saracoğlu** (1887-1953) PM. **1945**-*23-2* T. déclare guerre à All. et Japon sans y prendre de part active. -*19-3* Staline rompt traité d'amitié avec T. et réclame Kars et Ardahan. -*Déc.* création du *P. démocrate.* Nouveaux partis politiques autorisés. **1946**-*juillet* 1er scrutin direct et secret aux *législatives ;* P. démocrate entre au Parlement. -*7-8* **Recep Peker** (1889-1950) PM. **1947**-*10-9* **Hasan Saka** (1886-1960), PRP, PM. **1949**-*16-1* **Semsettin Günaltay** (1883-1961), PRP, PM. Catéchisme coranique rétabli dans les écoles. **1950**-*14-5 législatives* P. démocrate 53,6 % des voix, PRP 40 % ; troubles en province.

■ **1950**-*22-5* **Gal Celal Bayar** (1884-1986) Pt ; **Adnan Menderes** (1899-1961) PM (P. démocrate ; rétablit l'appel à la prière en arabe). **1950-60** appel aux capitaux étrangers. **1952**-*10-2* adhère à l'Otan. **1954**-*25-2* des blocs de glace venus du Danube (– 2 à – 6 °C à Istanbul) permettent de traverser à pied le Bosphore (1re fois depuis 1 000 ans). **1955**-*févr. pacte de Baghdad* (devenu Cento en 1958) réunissant T., Iran, Iraq, Pakistan, G.-B., USA. -*6-11* émeutes à Istanbul contre minorités. **1957**-*oct. élections anticipées,* le P. démocrate garde la majorité. L'opposition se durcit ; à Istanbul, heurts gréco-turcs. -*Déc.* lois répressives. **1960**-*27-5* **Gal Cemal Gürsel** (1895-1966) prend le pouvoir (P. démocrate dissous), -*30-5* PM. 400 internés Ile aux chiens. -*22-10* **Celal Bayar** Pt. **1961**-*13-7 Constitution* adoptée par référendum accordant droit de grève, liberté d'expression, réunion, association. -*16-9 :* 2 ministres, Zorlu et Polatkan, et -*17-9* Menderes (ex-PM) exécutés, Bayar emprisonné à vie. -*16-10* **Gürsel** Pt. Amnistie générale. -*20-11* **Ismet Inönü** (PRP) PM : gouv. de coalition. **1962**-*22-2* coup d'État, échec. -*Oct.* crise de Cuba, les USA acceptent de démanteler les bases de missiles Jupiter en T. **1963**-*21-5* putsch des officiers de l'École de guerre écrasé à Ankara. -*12-9* accord d'Ankara : association à CEE. **1965**-*20-2* **Suat Hayri Ürgüplü** (1903-81) PM. -*10-10 élections :* parti de la Justice (PJ) 52,9 % des voix, PRP 28,8. -*27-10* **Süleyman Demirel** (né 1924, Pt du PJ) PM.

■ **1966**-*29-3* **Gal Cevdet Sunay** (1900-82) Pt. **1969**-*oct. législatives :* PJ en tête, PRP 27,4 %. **1970** crises, bagarres. -*Juin* état de siège partiel, livre turque dévaluée des 2/3. **1971**-*janv./mars* violences, crise économique. -*12-3 l'armée prend le pouvoir, état de siège.* -*26-3* **Nihat Erim** (1912-80, assassiné), populiste, PM. -*26-4* état de siège dans 11 départements. Répression (gauche et intellectuels). -*22-5* consul d'Israël, otage des gauchistes, assassiné. -*22-7* P. ouvrier interdit. **1972**-*26-3* gauchistes enlèvent 3 techniciens anglais qui seront tués le 30-3. -*Mai* centaines de personnes de gauche arrêtées. -*22-5* **Ferit Melen** (né 1906, droite), PM.

■ **1973**-*6-4* **Gal Fahri Korutürk** (1903-87) Pt. -*15-4* **Naim Talü** (22-7-1919), indépendant, PM. -*14-10 législatives,* PRP 185 sièges, PJ 149, PSN 48. Fin état de siège. **1974**-*26-1* **Bülent Ecevit** (né 28-5-1924) coalition CHP-PSN, PM. -*Début juillet* culture du pavot, arrêtée en 1972, autorisée. -*20-7* intervention à Chypre. Incidents sanglants dans université. -*18-9* Ecevit démissionne. -*17-11* **Sadi Irmak** (né 15-5-1904, indépendant), PM. -*Déc.* assistance militaire américaine, suspendue (pour intervention à Chypre), reconduite jusqu'au 5-2-1975. **1975**-*31-3* **Demirel** PM ; gouv. de coalition après 6 mois de crise. -*Juin* attaques armées extrême droite contre progressistes. -*26-7* arrêt du fonctionnement des bases américaines (25 bases, 8 000 soldats), en réplique à embargo sur armes. -*Sept.* affrontements (étudiants de gauche et de droite). -*25-10* Ismail Erez (ambassadeur de T. à Paris) et son chauffeur †. **1976**-*13-10* cours de sûreté de l'État, créées en 1973, supprimées (avaient jugé 3 244 personnes). -*Nov.* universités d'Ankara et Istanbul fermées. **1977**-*1-5* manif. (40 † à Istanbul). -*5-6 législatives :* PRP 44 % des voix, PJ 41. -*21-6* **Ecevit** PM. -*21-7* **Demirel** (coalition PJ), PM. **1978**-*2-1* **Ecevit**, coalition PRP, PM. Nombreuses arrestations. -*9-10* réouverture bases américaines. -*24-12* affrontements à Karamanmaras entre Alevi (chiites) et sunnites (100 à 200 †). -*26-12* état de siège. **1979**–*7-2* Abdullah Ipekçi, rédacteur en chef du *Milliyet,* tué par Mehmet Ali Agca (arrêté, s'évadera et, le 15-5-1981, tirera sur le pape). -*14-10 élections partielles :* DYP perd 11 sièges au Sénat. -*25-11* **Demirel,** coalition PJ, PM. -*Déc.* état de siège maintenu dans 19 des 67 provinces. -*22-12* Paris, attaché de presse turc tué par Asala. **1980**-*24-1 politique libérale* (Turgut Özal, min. des Finances) : -*27-1* livre turque dévaluée de 33 %. Prix : hausse 30 à 200 %, taxe à l'importation ramenée de 25 % à 1 %. -*8/11-2* soulèvement à Smyrne ; 1 000 gauchistes internés. -*21-3 présidentielle,* Korutürk maintenu. -*6-4* **Ihsan Sabri Çaglayangil** (1908/30-12-1993) Pt par interim. -*12-9 coup d'État militaire (Gal Kenan Evren)* (2 000 † depuis 1-1-1980). Constitution de 1961 abolie.

■ **1980**-*12-9* **Gal Kenan Evren** (né 1918) chef de l'État. *21-9 amiral* **Bülent Ulusu** (7-5-1923) PM. -*26-9* Selluk Bakkalbasi, attaché d'ambassade, blessé à Boulogne-Billancourt par Asala. **1981**-*19-8* procès de 594 militants du PAN (extrême droite) et de leur chef l'ancien vice-PM Alpaslan Türkes (1917-97). -*16-10* partis dissous. -*3-11* Ecevit, ancien PM, condamné à 4 mois de prison pour avoir critiqué le régime. **1982**-*janv.* Parlement européen suspend relations avec T. ; Conseil de l'Europe condamne régime. -*4-5 Orhan Gunduz,* consul à Boston, tué par des Arméniens. -*Juin* dépôt de bilan de banque Kastelli. -*6-7* Ecevit condamné à 2 mois et 27 j de prison pour interview au *Spiegel.* -*14-7* vice-PM, *Turgut Özal,* démissionne. -*6-9* Istanbul, *Djihad islamique* attaque synagogue, 20 †. -*Oct.* plus de 26 000 détenus politiques. -*6-11 référendum sur Constitution,* oui 91 % (95 % de votants). -*9-11* Evren réélu Pt. **1983**-*mars* nouveaux partis autorisés ; interdits : anciens partis, activité politique de leurs dirigeants pendant 10 ans, références au marxisme, à une religion ou à l'extrême droite. -*7-3 Zongouldak,* coup de grisou, 100 †. -*Mai* opération contre Kurdes en Iraq. -*6-11 législatives :* PMP 45 % des voix. -*13-12* **Turgut Özal** PM. **1984**-*mars* état de siège levé dans 13 provinces. -*Mai* T. retrouve droit de vote au Conseil de l'Europe. -*Août/oct.* guérilla au Kurdistân. -*3-12* pont sur le Bosphore vendu au public 10 milliards de livres turques (200 millions de F). **1985**-*juin* barrage de Keban sur l'Euphrate (25 % de l'énergie électrique) vendu 880 millions de F. -*19-7* état de siège levé dans 6 départements et état d'urgence dans 6 autres. **1986**-*15-8* raid aérien en Iraq, 150 à 200 †. **1987**-*5-1 :* 1re zone franche à Mersin. -*4-3* raid en Iraq contre Kurdes. *Du 4 au 12-3 :* 0,80 m de neige à Istanbul. -*Mars* différend gréco-turc sur zones de recherche pétrolière en mer Égée. -*14-4* candidature à CEE. -*18-6* Parlement européen reconnaît génocide des Arméniens. -*20-6* après raid kurde à Pinarcik, massacre : 30 †. -*6-9 référendum* sur levée des

Sandjak (préfecture) d'Alexandrette (Iskenderun). 5 570 km^2 à la frontière de la Syrie et de la Turquie. Contient Antioche. **Av. J.-C. 300**-*22-5* Antioikeia fondée par Séleucos, héritier d'Alexandre le Grand. **300-64** capitale des Séleucides. **64** métropole de Syrie romaine (300 000 hab.). **Après J.-C. 341** métropole patriarcale de l'Orient chrétien (Église arienne, opposée à Rome). **526** séisme, 250 000 †. **VIIe-Xe s.** occupée par Arabes ; **969-1084** par Byzantins ; **1084-98** par Turcs seldjoukides ; **1098**-*3-6* par croisés francs : principauté chrétienne. **1159** reconnaît suzeraineté byzantine. **Vers 1200** fusionne avec roy. de Petite Arménie (Pce : Raymond Rouben, franco-arménien). **1268** conquise par Mamelouks ; dans l'Empire turc jusqu'en 1920 (devient une bourgade de 6 000 hab.). Les 3 dignitaires ecclésiastiques chrétiens portant le titre de « patriarche d'Antioche » (catholique, orthodoxe, jacobite) résident à Beyrouth, à Damas, au Caire. **1895, 1915** massacres d'Arméniens. **1916** accords Sykes/Picot. Cilicie et Syrie littorale sont sous influence française. Syrie alépine et damascène sous tutelle française. **1918**-*déc.* rapatriement des survivants arméniens décidé par Alliés, constitution d'une « Légion d'Orient » avec plus de 4 000 (?) Arméniens. Mustafa Kemal souhaite conserver un territoire jusqu'à Alexandrette et Mossoul. **1919** Gal Allenby (Cdt en chef allié) impose à la France une administration indirecte avec des fonctionnaires turcs (administrateur en chef : Cel Brémond). **1920**-*5-8* Arméniens d'Adana proclament leur république. Brémond y met fin en quelques heures. -*10-8 traité de Sèvres :* frontière syro-turque ; donne à Turquie rive gauche du Ceyhan avec Tarse, Adana, Sis... **1921**-*21-2* Londres, conférence pour réviser traité de Sèvres. Aristide Briand (Pt du Conseil) cède, ne laissant au mandat syrien que le sandjak. -*8-8* mandat français, une administration particulière (*moutassarif* et délégué du haut-commissaire) est prévue à la demande de l'Angleterre (Alexandrette étant le débouché de l'Iraq, sous mandat britannique). -*20-10* accord d'Angora : confirme frontière de l'accord de Londres. **1922** 175 000 Arméniens émigrent en Syrie, Liban, France. -*20-11* conférence de Lausanne. **1923**-*23-3* rattachée à l'État d'Alep, avec régime économique international. -*26-7* traité signé : entérine la Cilicie turque. **1925** à l'État de Syrie. **1936** la Fr. crée 2 républiques : Liban, Syrie (le sandjak reste autonome). **1937**-*nov.* nouvelle loi fondamentale. **1938** république du Hatay. **1939**-*23-6* accord franco-turc. -*23-7* évacuation du territoire : chacun peut opter pour la citoyenneté syrienne ou libanaise. 14 000 Arméniens s'exilent. La Syrie a renoncé à revendiquer la Cilicie, mais revendique toujours le sandjak.

L'Empire ottoman en 1914

■ **Statut.** Empire créé par Othan ou Osman, émir d'une tribu de Turcs oguz (venue d'Asie centrale avec les Seldjoukides, et fixée en Anatolie sur le fleuve Sakarya, dans la région de Sögüt). Formait une monarchie absolue et théocratique.

■ **Divisions.** *Vilayets* ou *provinces* (ex-*beylerbeyliks ;* 36 en 1840) gouvernées par des *valis* nommés par le sultan (assistés dès 1840 d'un *medjilis,* conseil de notables comprenant des chrétiens). Divisées en *sandjaks* administrés par des *moutasarrifs* nommés par le sultan. Quelques sandjaks, à cause de leur importance ou pour des raisons politiques (au Liban, à Jérusalem, ...), étaient autonomes et relevaient directement du pouvoir central. Sous-divisions : *kâzâs, nahijis.*

■ **Possessions directes.** 2 775 880 km^2, 22 600 000 hab. dont **15 vilayets d'Europe :** 175 880 km^2, 5 800 000 hab. *Kosovo, Monastîr, Scutari, Janina, Salonique, Andrinople* et partie du vilayet de *Constantinople* (cap. de l'Empire, environ 873 000 hab.) ; **vilayets d'Asie :** 1 800 000 km^2. [Asie Mineure (503 608 km^2, 19 230 000 hab.), *Anatolie orientale* (187 000 km^2, 2 472 400 hab.), *Syrie et Mésopotamie* (543 300 km^2, 4 667 900 hab. dont Liban et Syrie), Arabie du Nord, actuelle Jordanie (450 000 km^2, 1 050 000 hab.)] ; *Tripolitaine* (800 000 km^2, 800 000 hab.).

■ **Territoires unis par un lien de vassalité.** 3 500 245 km^2, 19 555 000 hab. dont *Bulgarie* et *Roumélie orientale* (unies depuis 1886, 96 660 km^2, 3 310 000 hab.), *Bosnie-Herzégovine* et partie de *Novi Pazar* (administrées par Autriche-Hongrie depuis traité de Berlin et lui appartenant en fait, 58 500 km^2, 1 568 999 hab.), *Crète* (autonome depuis 1898 sous un P^{ce} grec, 8 614 km^2, 294 000 hab.), *Samos* (Constitution depuis 1852, gouvernée par un P^{ce} fonctionnaire ottoman, 471 km^2, 49 000 hab.), *Égypte* (autonome depuis 1871, 1 036 000 km^2, 9 734 hab.), *Hedjaz,* actuelle Arabie saoudite (2 300 000 km^2, 1 000 000 d'hab.), *Turquie* d'Europe.

■ **Religions. Musulmans** sous l'autorité du cheikh ul-Islam [(mufti d'Istanbul, ou « grand mufti » ; créé par Süleyman), nommé et révoqué par sultan (communique décisions du khalife aux religieux, ulémas)]. **Non-musulmans** répartis en 5 *milleti khamse* (communautés) : grecque *(Rûm Millet),* arménienne (divisée depuis 1838 en Arméniens et Arméniens unis : catholiques rattachés à Rome), israélite, latine ou catholique. Assure domination turque tout en reconnaissant aux chefs des Églises pouvoirs de juridiction et de police, et les oblige à lever l'impôt pour le sultan. 1re Assemblée en 1876 : 16 langues et 14 religions différentes.

■ **Armée.** 900 000 h. dont armée active (ou *Nizam*) 350 000, territoriale *(Rédif)* 300 000, réserve de la territoriale *(Moustahfiz)* 250 000. Tout musulman faisait un service de 3 ans, mais pouvait se racheter au bout de 5 mois contre 30 livres turques ; chrétiens et juifs, exemptés, payaient une taxe.

Le sultan

■ **Sultan** ou *padichah.* Titres religieux : *khalife* (successeur du prophète), *khadime* [(khadim-ul-Haremeïn ech-Cherifeïn) : Serviteur des Deux Villes (Harems Illustres), La Mecque (« maison d'Allah ») et Médine (« tombeau du Prophète »)] et *Commandeur des croyants* (Emir el-Mouminin). **Épouses :** les 4 premières : *cadines ;* les suivantes : *ikbâl.* **Sultans sans barbe :** Selim 1er, Osman II, Murâd V, Mehmed VI.

Princes impériaux [*chehzadé* ou *chahzadé* (fils de chah, d'empereur), qui précèdent le prénom suivi de *Efendi*] : avaient le titre de « prince héritier » dans l'ordre de leur âge (1er prince, 2e...). **Princesses impériales** *(sultanes) :* filles de sultan ou de P^{ces} impériaux [prénom précédant titre de *Sultane Efendi ;* maris considérés comme gendres *(Damad)* du souverain. **Fils n'ayant pas droit de succession au trône ;** titres : *Sultanzadé* (fils de P^{ce}, P^{cesse}, Altesse) précédant prénom, suivi du titre de *Bey.* **Filles :** *Hanoum Sultane* (P^{cesse}, Altesse, titre suivant le prénom). **Validé Sultane :** sultane mère du sultan régnant, titre suivant le prénom, rang d'impératrice.

■ **Succession ottomane.** Elle avait lieu par ordre de primogéniture dans la ligne mâle directe jusqu'en 1687, puis par ancienneté d'âge dans la ligne mâle. Un cousin pouvait, s'il était plus âgé, succéder avant un fils. (Cette règle a permis à des imposteurs de se prétendre chefs de la dynastie, surtout depuis la disparition du sultanat et de l'Empire, ce qui entraîna la dispersion de la famille.)

Prétendants : depuis la mort du dernier calife à Paris le 23-8-1944. *38e chef* (1944) : Ahmed V Nikat (5-7-1883/15-11-1975), fils de Mehmed Selaheddin (1861-1915), petit-fils de Murâd V. *39e* (1954) : Osman V (24-2-1895/19-5-1973 à Nice), son demi-frère. *40e* (1973) : Abdül-Aziz II (24-9-1901/1977 à Nice), fils de Mehmed Seyfeddin, petit-fils de Abdül-Aziz Ier. *41e* (1977) : Ali Vassib (13-10-1903/1983), fils d'Ahmed V Nihat. *42e* (1983) : Mehmed Orhan (23-3-1907/15-3-1994 à Nice), fils de Mehemet Abdül-Kadir, petit-fils d'Abdül-Hamîd II. *43e* (1994) : Ertoughroul Osman (né 18-8-1912), son cousin germain.

■ **Résidences.** *Palais de Topkapi* [« porte du Canon » (2 canons protégeaient jadis une de ses portes)] ; initialement appelé le Nouveau Palais (commencé 1465, incendié 1574, 1665), résidence officielle de 1472 à 1853, musée depuis 1924 ; *Yildiz* (« étoile », « dahlia » ; selon légende, nom d'une favorite du sultan Abdülmecit), construit 1850 ; puis, après pillage de 1908, *palais de Dolmabahce* (construit 1840-50).

■ **Entourage. Eunuques :** seuls ceux chargés du service privé du sultan avaient droit de lui parler ; uniquement Noirs. **Ministres :** *vizir* ou *Sadr Azam* (PM temporel ; nombreux d'origine non turque). **Divan :** conseil privé. A côté, constituant avec eux la **Sublime Porte** (gouvernement), des ministres se répartissaient les divers services.

interdictions pesant sur anciens politiciens, oui 50,16 %. *-16-11 :* 2 dirigeants du PC clandestin rentrent d'exil (condamnés le 5-12 à 70 ans et 3 mois de prison chacun). *-29-11 législatives :* PMP 36,3 % des voix, 2/3 des sièges. **1988**-*1-4 :* 20 militants du PKK et 3 soldats †. *-1-6* Niyazi Adiguzel, Pt chambre de commerce d'Istanbul, assassiné. *-13/15-6* Özal en Grèce. *-18-6* attentat manqué contre Özal. *-23-6* glissement de terrain à Çatak, 300 †. *-Sept.* 120 000 Kurdes iraqiens réfugiés en T. **1989**-*4-1 Kaya Erdem,* vice-PM, démissionne (scandale financier) *-26-3 élections locales :* Anap 21,9 % des voix (perd 59 grandes villes) ; PSDP : 28,2, PJV : 25,6, P. islamiste 9,7. *-29-3* député tué au Parlement après dispute. *-24-6* Istanbul, 30 000 manifestants contre réfugiés bulgares. *-Juin/août* 300 000 à 500 000 réfugiés bulgares. *-8/9-8* droits de douane réduits de 200 % à – de 40 %. *-14-8* livre convertible.

■ **1989**-*9-11* **Turgut Özal** (1927-93) [2e Pt civil après Celal Bayar et 1er *hadj* (musulman ayant fait le pèlerinage à La Mecque)] élu 31-10 au 3e tour par 267 voix devant Feth Celikbas 14. **Yildirim Akbulut** (né 1935) PM. *-19-12* CEE refuse adhésion T. **1990**-*janv.* zone de sécurité créée frontière Syrie-Iraq. *-13-2* Özal en France. *-29-7* affrontements kurdes : 43 †. *-6-10* Mme Bahriye Uciok, ancienne députée, tuée par extrémistes musulmans. **1991**-*16-1* Gal Hulusi Sahin tué. *-5-4 :* 250 000 réfugiés kurdes iraqiens en T. *-6-4* Gal Memduh Unluturk assassiné. *-11-4* publication en kurde autorisée (interdit depuis 1983), articles réprimant délit d'opinion abrogés, détenus depuis plus de 10 ans libérés (43 000 sur 46 000). *-23-5* Gal Ismaïl Selen assassiné. *-4-6* Özal en France. *16-6* **Mesut Yilmaz** (né 6-11-1947, démocrate) PM. *-7-10* diplomate turc tué à Athènes par groupe 17-Novembre. *-11-10* offensive contre Kurdes. *-20-10 législatives :* PJV (27 % des voix). *-21-10* **Yilmaz** PM ; gouv. de coalition PJV/PSDP. *-4-11* accord PJV, PSDP et PP sur destitution Pt Özal. *-Nov.* Arabie saoudite, Émirats et Koweït verseront 4,5 milliards de $ sur 5 ans pour l'aide donnée à la guerre du Golfe. *-30-11* **Süleyman Demirel** PM (coalition DYP-Sodep). *-4-12* attentat contre sous-préfet de police d'Istanbul : 2 †. *-24-12* manif. PKK réprimée : 10 †. *-25-12* Istanbul, attentat PKK dans magasin : 11 †. *-Déc.* répression contre PKK : 7 000 † depuis 1988. **1992**-*3-3* mine de Kozlu, grisou : 400 †. *-13-3* Erzincan, séisme : 442 †. *-13-4* Pt Mitterrand en T. *-16/18-4* attentats : 51 †. *-25-6* Istanbul, « Coopération économique de la mer Noire » (CEN) créée entre 11 pays, riverains et voisins proches. *-16-7* visite Pt israélien Herzog (1re fois). *-Juillet/sept.* affrontements armée/PKK, 200 †. *-20-9* écrivain kurde Musa Anter tué. *-22/26-10* offensive en Iraq : 400 militants du PKK †. **1993**-*mi-janv.* 150 Kurdes †. *-24-1* Ugur Muncu (51 ans), journaliste, †. *-25-3 :* 3 militants de *Dev-Sol* †. *-Avril* radios privées suspendues pour 3 mois. *-17-4* Özal meurt (crise cardiaque).

■ **1993**-*16-5* **Süleyman Demirel** (né 1-11-1924) élu Pt au 3e tour par 244 voix sur 450. *-14-6* **Mme Tansu Ciller** (née 1945) PM. *-24-6* actions du PKK devant ambassade turque à Berne, 1 Kurde †. Consulats turcs : prises d'otages (Munich 20 ; Marseille 3) ; attaques d'entreprises turques (comme Turkish Airlines) à Copenhague, Stockholm, Londres, 20 villes allemandes. *-27-6* Antalya, attentat, 12 touristes bl. *-2-7 Sivas,* des islamistes opposés à l'écrivain Aziz Nesin, incendient un hôtel où se tient une réunion destinée à rendre hommage à Pir Sultan Abdal, poète alévi du XVIe s., 37 †. *-Juillet* touristes (dont 7 Français) enlevés par PKK. *-25-8* attentat contre touristes à Istanbul. **1994**-*14-2* Ankara, siège du DEP explose : 1 †. *-15-3* Istanbul, attentat islamiste contre pub : 1 †. *-27-3 municipales :* islamistes (PP) remportent mairie d'Istanbul et 28 chefs-lieux. *-2-4* attentat au Grand Bazar d'Istanbul (3e en 10 j visant touristes) : 2 †. *-22-8* à Istanbul : 3 †. *-13-9* PKK tue 17 civils dont 6 enseignants. *-17-9* attentat contre autocar militaire : 13 †. *-23-9* offensive contre PKK. *-29-9* Mehmet Topac, ancien min. de la Justice, assassiné par Dev-Sol. *-28-10* attentat à Smyrne : 1 †. **1995**-*1-1* PKK tue 17 civils. *-11-1* écrivain Onat Kutlar (né 1935) tué dans attentat. *-23-1* procès de l'écrivain Yachar Kemal pour propagande séparatiste, acquitté le 1-12 (sera condamné le 7-3-1996 à 20 mois de prison). *-22-2 :* 37 rebelles du PKK †. *-6-3* accord sur union douanière avec UE (prévue 1-1-1996). *-18-3 :* 15 soldats turcs †. *-20-3 intervention au Kurdistân iraqien (Iraq du Nord) (opération « Acier »)* 30 000 à 35 000 soldats. *-4-5* retrait total. *Bilan* (selon T.) : 555 †, 543 combattants PKK capturés (sur 2 400 à 2 800), 58 soldats †. *-27/28-8 :* 2 bombes à Istanbul : 2 †. *-17-9* Izmir, bombe dans café : 4 †. *-20-9* PM Ciller démissionne ; *-21-9* nouveau gouv. ; *-17-10* démission ; *-30-10* nouveau gouv. ; *-25-12* démissionne après *législatives.* **1996**-*1-1* union douanière avec UE en vigueur. *-3-3* accord Ciller (DYP)-Ylmaz (Anap) sur gouv. de coalition avec rotation du PM sur 5 ans : *-6-3* **Mesut Yilmaz** PM jusqu'à fin 1996, *Tansu Ciller* 1997-98, ensuite *Yilmaz* pour 2 ans. *-24-5* rupture coalition gouvernementale. *-6-6* Yilmaz démissionne. *-8-7* **Necmettin Erbakan** (né 1926) PM. Coalition Refah (islamiste) et DYP (droite). *-24-9* prison de Diyarbakir : émeute (9 détenus †). *-3-11* Abdullah Catli, trafiquant tué dans accident de voiture à Susurluk : enquête parlementaire en cours ; démission du min. de l'Intérieur. Attentat du PKK : 17 †. **1997**-*mai* offensive contre PKK : 1 300 †. *-30-6* **Yilmaz** PM. *-16-8* enseignement obligatoire porté de 5 à 8 ans, d'où fermeture des sections secondaires des écoles publiques d'enseignement religieux ; manifestations islamistes. *-14-12* candidature à l'UE (posée en 1963) rejetée. **1998**-*27-6* séisme dans le sud : 130 †. *-28-8* PKK proclame un cessez-le-feu inconditionnel au 1-9, refusé par le gouv. et l'armée qui exigent la reddition des militants avec leurs armes. *-13-10* la Syrie s'engage à ne plus soutenir le PPK. *-25-11* Yilmaz renversé, pour soupçon de liens avec un scandale bancaire avec la mafia. *-25-12 Yalim Erez* (né 1944) PM désigné (1er d'origine kurde ; renonce 6-1-1999). **1999**-*17-1* **Bülent Ecevit** (né 28-5-1924) PM. *-Févr.* manifestations en Europe, vague d'attentats en Turquie après l'arrestation d'Oçalan au Kenya le 15-2 (voir encadré p. 1281). *-5-3* attentat : 4 †. *-10-3* Istanbul, attentat centre commercial : 13 †. *-2-5* Merve Kavakci (P. islamiste de la Vertu), élue le 18-4, se présente à l'Assemblée avec un foulard ; protestations : séance levée. *-15-5* élection annulée (en mars, naturalisée Américaine sans autorisation). *-29-6* Öcalan condamné à †. *-21-7* Cevat Soysal, dirigeant du PKK capturé (sans doute en Moldavie). *-5-8* cessez-le-feu décrété par le PKK. *-11-12* T. candidate à l'UE. **2000**-*janv.* opération contre Hezbollah. *-Févr.* le PKK dit abandonner la lutte armée.

■ **2000**-*16-5* **Ahmet Necdet Sezer** (né 13-9-1941). Pt (élu 5-5 au 3e tour par 330 voix sur 550). *-6-7* Erbakan (ancien PM islamiste) condamné en appel à 1 an de prison (amnistié). *-Nov.* grève de la faim dans les prisons contre la réforme pénitentiaire. *-Déc.* assaut contre 20 prisons révoltées (30 †). **2001**-*22-2* décision de laisser flotter la livre qui baisse d'environ 30 %.

■ **Violence politique. Bilan de l'état-major général. Incidents :** *1978-79 :* 9 052 ; *79-80 :* 23 841 ; *80-81 :* 5 789 ; *81-82 :* 1 170. **Attaques ou affrontements armés :** *1978-79 :* 2 080 ; *79-80 :* 7 010 ; *80-81 :* 630 ; *81-82 :* 132. **Tués** (civils, entre parenthèses membres des forces de sécurité et, en italique, terroristes) : *1978-79 :* civils 869 (29), terroristes *37 ; 79-80 :* 2 677 (135) *109 ; 80-81 :* 227 (55) *174 ; 81-82 :* 63 (18) *44.* **Victimes du terrorisme** (15-8-1984 au 13-11-1998) : forces de sécurité 5 314 † (dont militaires 3 440, fonctionnaires 340), civils 4 630 (dont 3 579 hommes, 528 femmes, 523 enfants) et 18 431 militants PKK. **Terroristes arrêtés :** *1980-81 :* 43 140 ; *81-82 :* 13 346.

■ Politique

■ **Statut.** *République.* **Constitution** approuvée par référendum (91,5 %) le 7-11-1982. **Pt de la Rép. :** élu pour 7 ans par l'Assemblée nat. **Conseil du Pt :** comprend 4 m. du Conseil nat. de sécurité (commandants des 3 armes et de la gendarmerie). **Grande Assemblée nationale turque (GTNA) :** 550 élus pour 5 ans au suffrage univ. **Vilayets :** 80, gouvernés par un *vali.* **Loi civile :** celle du Code civil suisse (depuis 1926) : monogamie obligatoire, mais la tradition islamique (4 épouses) se maintient parfois chez les notables ruraux mais réprimé par la loi. **Fête nationale.** 29-10 (jour de la Rép.). **Drapeau** (adopté 5-6-1936). Croissant et étoile blancs (symbole turc et islamique) sur fond rouge. Le drapeau de la présidence porte en outre un soleil (la Rép. turque) entouré de 16 petites étoiles évoquant les États de Hiong-Nou en Chine (Huns), Scythes, Huns orientaux, empire des Hephtalites (Turkestân et Afghanistan), États ou khanats des T'ou-kine orientaux, États turcs d'Europe orientale et de la mer Noire (Avars, Petchenègues, Qipcaks ou Coumans), grands États turcs d'Asie centrale (khanat ouïgour, État des Kara-Khitaï, État des Khazars, État des Karbourg), Samanides, Ghaznevides, Karakhanides, Seldjoukides de Perse et d'Anatolie, État du Khwarezm, État timouride (de Tamerlan), État de Babur (sultanat de Delhi et Empire moghol), Empire ottoman. **Noblesse** et port des titres *(bey, pacha)* abolis et interdits (loi du 26-11-1934).

■ **Élections législatives** (en % des voix et, entre parenthèses, nombre de sièges). **29-11-1987 :** PMP 36,3 (292), PSDP 24,7 (99), PJV 19,2 (59), PGD 8,5, PP 7, PAN 2,9, PDR 0,8, divers 0,3. **20-10-1991 :** PJV 27 (178), PMP 24 (115), PSDP 20 (88), PP 16,9 (62), DSP (7). **24-12-1995 :** PR 21 (158), DYP (135), Anap (133), DSP (75), CHP (49). **18-4-1999 :** P. de la Vertu (111), DSP (136), Anap (86), DYP (85), MHP (129), indépendants (3).

■ **Partis politiques.** Dissous 16-10-1981, reconstitués 1983. **P. de la mère patrie (Anavatan Partisi, Anap** ou **PMP)**, droite libérale, fondé 20-5-1983, *Pt :* Mesut Yilmaz depuis 1991. **P. de la juste voie (PJV** ou **DYP, Dogru yol Partisi)** [droite agrarienne] fondé 23-6-1983, Mme Tansu Ciller depuis 13-6-1993 (avant, Süleyman Demirel). **P. de la gauche démocratique (DSP)** fondé 1985, Bulent Ecevit (depuis 13-9-1987). **P. social-démocrate populaire (PSDP)** fondé 1985, Murat Karayalçin, fusion du *P. populaire* (PP fondé 1983, centre gauche, M. Gurkan) et du *P. social-démocrate* (Sodep fondé 1983, Erdal Inönü). **P. d'action nationaliste (PAN** ou **MHP)** droite, fondé 1983, C^{el} Alparslan Türkes [1917/4-4-1997, dit le *basbug* (le chef)] depuis 4-10-1987, extrémiste, anime les « Loups gris » ; Koray Aydin ; Devlet Bahceli (né 1948). **P. de la prospérité** ou **Refah (PP)** traditionaliste musulman, fondé 1970 sous le nom de *P. de l'ordre national (Nizam),* dissous 1971, devient *P. du salut national* (PSN), dissous 1980, recréé 1983 sous son nom actuel, Necmettin Erbakan (né 1926), dissous 22-2-1998 remplacé par le **P. de la vertu** ou **Fazilet Partisi** fondé 17-12-1997, Ismaïl Alptekin (proche de Nec-

Quelques problèmes

■ **Arménie.** **Position turque sur le problème arménien.** Sous l'Empire ottoman, la minorité arménienne vécut 6 siècles dans une liberté et une prospérité qu'elle n'avait pas connues jusqu'alors. Puis la situation se détériora à partir de la 2e moitié du XIXe s. Les puissances occidentales (France, G.-B., All., USA, ainsi que l'URSS), voulant démembrer l'Empire ottoman, incitèrent les Arméniens à s'insurger en leur promettant la création d'un « État » arménien sous leur protection, sans tenir compte du fait que ceux-ci étaient en minorité dans toutes les provinces ottomanes. Au début, les missionnaires des collèges d'Istanbul, Trébizonde, Beyrouth, puis les églises et écoles appartenant à des Arméniens tinrent lieu de quartiers généraux et de dépôts de munitions. Les consulats des puissances servirent de centres de propagande. Des comités terroristes comme Hintchak et Dachnak, entraînés et équipés à l'étranger, agirent. En *1914,* des bandes arméniennes se constituèrent au-delà de la frontière turco-russe et se signalèrent par des massacres à Van, Mus, Bitlis, Erzurum, Erzincan, Kars, Hakkâri, Maras, Adana, Urfa, attaquant les arrières de l'armée turque. Le tsar Nicolas II remercia même le comité arménien de Van (avril 1915) pour son aide. Dans le journal arménien *Gotchnak* (mai 1915), les Arméniens se vantèrent de n'avoir laissé que 1 500 Turcs à Van (430 000 hab.). A cette époque, les Turcs se battant sur le front de Galicie, des Dardanelles, d'Erzurum, de Palestine et d'Iraq, les bandes arméniennes avaient les mains libres. Enver Pacha (1881-1922) et des « Jeunes Turcs pan-touraniens » (pour la restauration de l'empire des Steppes) considéraient les Arméniens (souvent pro-russes) comme un obstacle : national (ils ne sont pas Turcs), religieux (ils sont chrétiens) et militaire (certains servent dans l'armée tsariste). Le 24-4-1915 plusieurs centaines d'Arméniens, intellectuels, journalistes, membres de professions libérales, hommes d'affaires, membres du clergé sont arrêtés. Beaucoup seront fusillés. Pillages et massacres de la population locale à cause des attaques des Arméniens par des militaires (sous-payés et sous-alimentés) ou des irréguliers s'ensuivirent. Le gouv. ottoman décida le 27-5-1915 de transférer les Arméniens vers le sud, ce qui, sur une population d'environ 1 300 000 pers., causa la mort de 300 000 d'entre eux, massacrés ou morts de faim, de froid, de maladie ; 700 000 Arméniens quitteront la T., 180 000 y resteront. **Position arménienne**, voir **Arménie** p. 989 c.**Accusation de génocide. 1945 la notion de génocide,** apparaît dan l'acte d'accusation de Nuremberg, définie **1948**-9-12 par la Convention pour la prévention et la répression du crime de génocide, elle est adoptée à l'unanimité par l'Ass. générale de l'Onu et ratifiée par la Turquie.**1984**-*avril* génocide arménien reconnu par le tribunal permanent des peuples, qui a fait suite au tribunal Bertrand-Russel.**1985**-*29-8* le rapport de l'Onu, présenté par la sous-commission des droits de l'homme est adopté (notamment par le représentant de la France).**1987**-*juin,* le Parlement européen adopte une résolution dans le même sens. **1998**-*29-5* France, Ass. nationale : 1er vote unanime. **2000**-*26-10* Sénat : Adrien Gouteyron (sénateur et secr. général du RPR) dépose un texte. *-8-11* Sénat : 164 voix pour, 40 contre et 4 abstentions. **2001**-*18-1* Ass. nationale adopte définitivement cette loi (article unique) : « La France reconnaît publiquement le génocide arménien de 1915. » *-29-1* promulguée. La contestation du génocide arménien ne pourra être sanctionnée en France, la loi Gayssot de 1990, qui punit la négation des crimes contre l'humanité, ne s'appliquant qu'aux faits commis pendant la Seconde Guerre mondiale.

☞ La Constitution ne permet pas de voter une motion ou une résolution (comme l'ont fait Sénat belge, Parlement européen, Douma russe et Parlement italien). Aux USA, le Pt Clinton, soucieux des intérêts américains en T. a empêché un vote de la Chambre des représentants américains.

Le conseil de Paris a voté à l'unanimité la décision d'ériger un monument à la mémoire des Arméniens massacrés de 1915 à 1917. Il sera aussi dédié aux Arméniens morts pour la France lors des 2 guerres mondiales. La statue, financée par une souscription nationale, serait érigée en 2002, place du Canada (VIIIe). De David Erevantzi ; hauteur 6m avec le socle, représentant le moine et compositeur arménien Komitas [né 1869, déporté 1915, † 1935 à l'hôpital psychiatrique de Villejuif (V.-de-M.)].**Communauté arménienne en France :** 450 000 d'après la diaspora arménienne (CRDA) créé 1976. *Vagues d'immigration : XVIIe s. :* négociants à Marseille ; *1915 :* rescapés du génocide. Ressortissants plus jeunes nés aux Proche-Orient et en Turquie. Région parisienne : 200 000 [dont Alfortville (V.-de-M., la « petite Arménie ») où 1 habitant sur 6 est d'origine arménienne ; Rhône-Alpes : 100 000].

■ **Chypre.** **Position turque** (depuis 1998) : Chypre doit être un État indépendant confédéral, où les 2 États grec et turc vivront en paix, chacune dans un secteur formant un territoire homogène ; le gouv. confédéral ne doit disposer que de pouvoirs définis par un accord entre les 2 parties. **Position chypriote grecque,** voir **Chypre,** p. 1036 c.

■ **Détroits.** **Bosphore** (mer Noire/mer de Marmara, longueur 4 km, largeur minimale 760 m, maximale 3 500 m ; depuis 1973, pont de 1 074 m), **Dardanelles** (longueur 65 km, largeur minimale 1 375 m, maximale 8 275 m). **Régime juridique : 1774** *-21-7 traité de Kütchük-Kaïnardji,* la Russie obtient le libre passage des navires de commerce. **1829** *-14-9 traité d'Andrinople,* droit étendu aux navires de commerce de toutes nationalités. **1833** *-8-7 traité d'Unkiar-Skelessi,* la Russie obtient de la T. de fermer le détroit aux navires de guerre étrangers. **1923** *-24-7 Convention de Lausanne* liberté de passage, neutralisation, internationalisation (seule réserve : interdiction des navires de guerre étrangers). **1936** *-20-7 Convention de Montreux* signée par Fr., G.-B., Japon, T., URSS, Youg., Grèce, Roumanie et Bulgarie [les USA ont signé à Ouchy (Suisse) un accord séparé avec la T.] ; confie la garde des Dardanelles et du Bosphore à la T. : Dardanelles, mer de Marmara et Bosphore sont ouverts constamment aux navires de guerre de surface (sauf porte-avions) des riverains de la mer Noire, sauf s'ils sont belligérants, et aux navires marchands de tous les pays à l'exception de ceux en guerre avec la T. Ils sont aussi ouverts à un tonnage déterminé des flottes des autres puissances si elles ne sont pas belligérantes et si la T. reste neutre. Les sous-marins doivent transiter de jour et en surface et les canons, par exemple, ne peuvent pas dépasser 203 mm. Un État en guerre n'a pas le droit de faire franchir à ses navires la mer de Marmara, qui donne accès à la mer Noire, sauf en cas d'assistance prêtée à un État victime d'une agression en vertu d'un traité d'assistance mutuelle engageant la T. et conclu dans le cadre du pacte de la SDN. **1945** *-2-8 accord secret de Potsdam* USA, URSS, G.-B. décident une nouvelle procédure (URSS avançant que les interdictions de Montreux ne pouvaient jouer pour les navires allant de la mer Noire à la Méditerranée). **1956** (mission Chepilov au Caire), l'URSS déclare appliquer les accords de Potsdam. Pas de révision de la réglementation depuis ces accords. **1994** *-1-7* super-tankers et navires transportant cargaisons toxiques doivent notifier leur passage et traverser de jour ; **(1-11)** 2 couloirs de navigation dans chaque sens.

■ **Égée (mer).** Voir p. 1105 a.

■ **Kurdes.** **Affrontements** *(de 1984 à 1999) :* 6 356 avec forces de sécurité, 8 346 attaques à main armée, 3 000 attentats à l'explosif. **Coût de la répression** (est.) : 8 à 10 milliards de $ par an.

mettin Erbakan) interdit 22-6-2001 pour activités contraires au principe de la laïcité. **P. de la Turquie démocrate (DTP),** Ismet Sezgin. **P. républicain du peuple** (**PRP** ou **CHP**) social-démocrate, fondé 1923 par Mustafa Kemal, interdit 1981, recréé 9-9-1992, Deniz Baykal depuis 10-9-1995. **P. de la Grande Union (BDP)** extrême droite islamiste, fondé 1993, Mushin Yazicioglu. **P. de la démocratie du peuple (Hadep)**, défend les Kurdes ; socialiste, tendance communiste, fondé 1994, Ahmet Turan Demir. **Islamistes terroristes.** *Djihad, Mouv. de l'action islamique. Organisation de libération islamique.*

Parti des travailleurs kurdes (PKK) fondé 27-11-1978 par Abdullah Oçalan (né 1949 dit Apo). *1979* 1er congrès à Fis. *1980*-12-9 implanté au Kurdistân turc, puis en Syrie (Oçalan à Damas). *1984* Oçalan crée une branche militaire (les «Unités de libération du Kurdistân (Hazen Rizgariya Kurdistân, HRK). *1986*-oct. 3e congrès à Damas [Armée de libération populaire du Kurdistân (Arteshen Rizgariya Gelli Kurdistan, ARGK) créée]. Opérations militaires meurtrières. *1985*-21-3 Front de libération nationale du Kurdistân (Eniya Rizgariya Netewa Kurdistan, ERNK) créé. *1989* s'implante en Europe. *1993* interdit en Allemagne (26-11) et France. *1989* Unité des religieux nationaux créée (soutien de l'Iran). Chef des opérations Osman Oçalan (frère d'Abdullah). *1993*-mars protocole d'accord avec le Hezbollah kurde. *-23-3* cessez-le-feu unilatéral. *Déc.* quartier général à Seli (Iraq). *1995*-8/25-1 5e congrès : restructuration (marteau et faucille retirés des emblèmes). *1998* mars Sadim Sakik (commandant en second) pris par des commandos turcs au nord de l'Iraq. -20-10 accord de coopération Syrie/T. Oçalan expulsé vers Russie (18-10), arrêté 15-2-1999 à Nairobi à la sortie de l'ambassade de Grèce où il était réfugié, ramené en T., procès commencé le 31-5. *Budget annuel :* 86 millions de $. Contrôle 1/3 de la production illégale d'héroïne en T. (mais trafic aussi pratiqué par la gendarmerie). *Collabore :* avec Iraq (qui le soutient contre T. et autres mouvements kurdes) et avec l'Asala.

Loups Gris : extrême-droite, milice armée du Parti d'action nationale. 1974-80 : 700 assassinats (enseignants, politiciens de gauche). Méhmet Ali Agca en fait partie.

Vengeance islamique : responsable d'assassinats de personnalités « laïques » turques.

☞ **Devrimci Sol (Dev Sol) :** *fondé* 1978 par Bedri Yagan († 1993) et Dursun Karatas [né 1954 ; arrêté 1980, évadé 1989, arrêté 9-6-1994 en France, libéré 26-1-1995 (la loi française n'autorise pas l'extradition d'individus vers des pays appliquant la peine de mort), recherché]. *1994* devient Parti/Front révolutionnaire de libération populaire (DHKP-C). *Activités :* attentats contre forces de sécurité turques, le gouvernement et pays occidentaux qui le soutiennent. *1988* (août) accord de coopération avec PKK. *1992* attaque à la roquette contre consulat américain à Istanbul. Nombreux attentats. *1991-1-11* fin du procès de 1 243 m. (après 10 ans) : 582 acquittés, 66 non-lieux, 553 condamnés de 33 mois à 20 ans de prison, 41 à perpétuité, 1 à mort. *Voix noire* [Cemalettin Kaplan (1926/15-5-1995) vivait en All.].

■ Économie

■ **PNB** (en 1999). 3 480 $ par hab. (1 313 en 1980). **Taux de croissance** (en % du PIB) : *1995 :* 8 ; *96 :* 7,1 ; *97 :* 8,3 ; *98 :* 3,9 ; *99 :* - 6,1 ; *2000 :* 5,4. **Population active** (en %) **et,** entre parenthèses, **part du PNB** (en %) : agr. 30,4 (16), services 45 (60), ind. 22 (24). *Chômage* (en %) : *1991 :* 8,05 ; *95 :* 7,5 ; *2000 :* 6,6. *Part de l'économie informelle :* 30 %.

■ **Données financières.** **Inflation** (en %) : *1979 :* 78,9 ; *80 :* 93,7 ; *81 :* 27 ; *82 :* 26,3 ; *83 :* 37,1 ; *84 :* 49,7 ; *85 :* 44,1 ; *86 :* 30,7 ; *87 :* 55 ; *88 :* 75,2 ; *89 :* 58,7 ; *90 :* 80,4 ; *91 :* 71,1 ; *92 :* 65,9 ; *93 :* 71 ; *94 :* 125,5 ; *95 :* 78 ; *96 :* 79,8 ; *97 :* 99,1 ; *98 :* 69,7 ; *99 :* 68,8 ; *2000 :* 39. **Dette extérieure** (en milliards de $) : *1998 :* 103,8 ; *99 :* 104,3. **Transferts des émigrés** (en milliards de $) : *1992 :* 3 ; *94 :* 2,6 ; *95 :* 3,36 ; *96 :* 3,59 ; *97 :* 4,22. **Réserves en devises** *au 31-1-2000 :* 19,95 milliards de $. **Déficit budgétaire** (en % du PIB) : *1991 :* 5,3 ; *95 :* 4 ; *98 :* 6,9 ; *99 :* 11,6. **Aide militaire américaine :** 0,6 milliard de $ par an. **Drogue :** pays de transit.

■ **Agriculture.** **Terres** (en milliers d'ha, 1999) : cultivées 18 450, jachère 5 039, jardins 790, vigne 535, arbres fruitiers 1 316, oliveraies 595, forêt 20 703. *Irriguées : 1930 :* 18 ; *60 :* 170 ; *90 :* 3 000 ; *91 :* 3674. **Production** (en milliers de t, 1999) : blé 18 000, bett. à sucre 16 854, orge 7 700, tomates 8 956, melons et pastèques 3 932, p. de t. 6 000, raisins 3 340, pommes 2 500, oignons 2 500, maïs 2 400, olives 1 550, coton 802, oranges 830, tabac 262, riz 317, thé 120, ail 85, fruits secs (noisettes, amandes, figues, raisins, pistaches), seigle. Pavot. **Élevage** (en millions de têtes, 1999). Poulets 167, ovins 30, bovins 11,1, caprins 12,4, dindes 3,7, chèvres angoras 0,85, ânes 0,56, chevaux 0,3, buffles 0,33, mulets 0,12. **Forêts** (en 1998). 17 668 000 m³. **Pêche** (en 1999). 588 634 t. Aquaculture (carpes, truites).

■ **Mines** (en milliers de t, 2000). Lignite 61 685, fer 4 077, charbon 3 300, bauxite 449, zinc 27,7 (en 1998), uranium, manganèse, sulfure, antimoine, chrome, borax, soufre, écume de mer, asphalte. **Pétrole** (en 2000) 2 747 000 t. **Électricité** (en 1998). 110,8 milliards de kWh.

Projet d'aménagement du S.-E. de l'Anatolie (Güneydogu Anadolu Projesi ou GAP) : *but* : développer 75 000 km² (9,5 % du pays). Combiner 13 projets d'irrigation (7 000 km de canaux, 1 700 000 ha) et de production d'électricité. Réaliser sur le Tigre et l'Euphrate 22 barrages et 19 centrales hydroélectriques permettant d'irriguer 1 600 000 ha et de produire 27 milliards de kWh. *Coût :* 110 milliards de F. Réalisation sur 30 ans. 3 800 000 emplois créés à terme. **Barrage Atatürk :** sur l'Euphrate, inauguré 25-7-1992, coût 11 milliards de F, longueur 2 km, hauteur 170 m, 2 tunnels d'irrigation (diam : 7,62 m, longueur : 26,4 km), 8 900 kwh. **Barrage d'Urfa :** inauguré 9-11-1994, conduite souterraine (diam : 7,60 m, longueur : 26 km), débit maximal 328 m³/s.

■ **Énergie.** **Consommation** (en millions de tep, 2000) : 93,1 dont pétrole 38,2, gaz naturel 18,6, lignite 13, charbon 11,7, hydro 3,8.

■ **Industrie** (organismes étatisés). 250 complexes sidérurgiques, banques, textiles, brasseries, etc., 12 % des investissements globaux, 50 % des investissements industriels ; déficit : 3 milliards de $ (en 1993). **Transports** (en km, 1999). **Routes :** goudronnées 126 958. **Chemin de fer :** 6 682 dont 1 763 électrifiés. **Véhicules :** 6 626 885 dont voitures 4 072 326, minibus 221 683, bus 112 186, camions 1 069 902, motos 975 746, véhicules spéciaux 52 105, engins de travaux publics 120 937.

■ **Tourisme** (en 2000). **Visiteurs :** 10 428 154. **Recettes :** 5,2 milliards de $. **Monuments** *romains* (voir p. 1144), *grecs* (voir p. 1104).

■ **Commerce** (en milliards de $). **Export./import. :** *1995 :* 21,6/35,7 ; *96 :* 23,2/43,6 ; *97 :* 26,3/48,6 ; *98 :* 27/45,9 ; *99 :* 26,6/40,7 ; *2000 :* 27,3 *vers* (en %) All. 18,8, USA 11,2, G.-B. 7,4, Italie 6,4, France 6/53,9 *de* (en %) All. 13,2 Italie 8, USA 7,2, Russie 7,2, France 6,5. Commerce frontalier (par camions depuis Syrie et Iraq ; par bateaux depuis îles grecques) : café, thé, cigarettes, or, drogue (75 % de l'héroïne saisie en Europe via la Turquie).

■ **Rang dans le monde** (en 1999). 5e coton, orge. 6e thé, lignite. 9e blé, ovins.

Tuvalu (Îles)

Carte p. de garde. V. légende p. 950.

■ **Situation.** Au milieu du Pacifique (anciennes îles Ellice). **Superficie :** 26 km². 9 atolls coraliens (8 habités) [en km²] : Nanumea 3,61, Niutao 2,26, Nanumanga 3,10, Nui 3,37, Vaitupu 5,09, Nukufetau 3,07, Funafuti 2,54, Nukulaelae 1,66, Niulakita 0,41 ; 580 km de longueur. **Côtes :** 24 km. *Eaux territoriales :* 1,3 million de km².

■ **Population.** *2000 (est.) :* 11 000 hab. 2 000 travaillent à l'étranger (Nauru, Kiribati). **D.** 423. **Langues.** Anglais et tuvaluan (polynésien). **Religion.** Égl. de Tuvalu (congrégationalistes) 98 %. **Capitale.** *Funafuti* 4 000 hab (en 1993). Fangasale (centre administratif).

■ **Histoire.** **1568** Mendaña (Espagnol) découvre l'archipel. **XIXe s.** fournit main-d'œuvre pour mines du Pacifique, d'Australie et d'Amér. du Sud ; missionnaires protestants. **1877** sous juridiction britannique. **1892** protectorat britannique. **1916** colonie britannique ; rattachées aux îles Gilbert (voisines). **1972** typhon. **1974** *référendum* sur séparation. **1975**-*1-10* séparation effective. **1977** autonomie interne ; prennent le nom actuel (« Huit unis ensemble »). **1978**-*1-10* indépendance. **2000**-*5-9* entrent Onu.

■ **Statut.** *État membre du Commonwealth.* **Constitution** du 1-10-1978. **Assemblée :** 12 m. élus pour 4 ans au suffrage univ. **Chef de l'État :** reine Élisabeth II. **PM :** Ionatana Ionatana depuis 27-4-1999. **Gouverneur :** Tomasi Papua (né 1938) depuis 1998.

■ **Fête nationale.** 1-10 (indépendance). **Drapeau** (adopté 1-10-1978). Bleu clair avec Union Jack en haut à gauche et 9 étoiles jaunes pour les atolls.

■ **Économie.** **PNB** (en 1998) : 1 400 $ par hab. **Ressources :** noix de coco, coprah, fruits et légumes. Pêche : 400 t (en 1997). Timbres. Téléphone rose (couvre 10 % du budget). Vente (en 1998) de son nom de domaine officiel sur Internet (.tv) à des Stés de télévision (revenus prévus 50 millions de $ sur 10 ans). Devises des émigrés. *Aides d'Australie et de G.-B.*

UKRAINE

Carte p. 1228. V. légende p. 950.

☞ *Abréviations :* U. : Ukraine ; Uk., uk. : Ukrainiens, ukrainien(ne)(s).

■ **Nom.** *Oukraïna* désigne en 1183 les terres éloignées du sud-est de la Rous'Kyïvienne puis le territoire du peuple uk. des deux côtés du courant médian du Dniepr avec le centre à Kyïv, « mère des villes de Rous' ». *Petite Rous'* apparaît en 1335 et désigne la Galicie. **Milieu du XIVe s.** Pce moscovite se titule Pce de Rous' (1353 : Pce de toute la Russie). Pour différencier ces deux « Rous' », le patriarche de Constantinople parle pour la Rous' ukrainienne (galicienne et kyïvienne) de *Petite Russie* (intérieure) et de la Russie moscovite pour la *Grande Russie* (extérieure), conformément aux termes « Petite Grèce » et « Grande Grèce ». **XVIIe-XVIIIe s.** nom officiel de l'État *cosacohetmanien* uk. : *Voïsko Zaporoz'ke* (Armée zaporogue). **XIXe** s. nom unique : *Ukraine.*

■ **Situation.** Europe. **Superficie :** 603 700 km² (445 000 avant 1939), plus vaste pays d'Europe après la Russie. **Frontières** (en km) : Biélorussie 891, Hongrie 103, Moldavie 939, Pologne 428, Roumanie 531, Russie 1 576, Slovaquie 90. **Côtes :** 2 782 km. **Relief :** 2 massifs anciens (Karpaty et Donetsk), très usés, mais qui obligent Dniepr et Don à de longs détours. Plaines (*tchernoziom,* terres noires fertiles). **Climat.** Hiver doux (– 6 °C à Kyïv, – 3 °C à Odessa), étés chauds (respectivement 19 et 22 °C).

■ **Population.** *2000 :* 49 600 000 hab. dont (en %, 1998) Ukrainiens 72,3, Russes 22,1, juifs 0,9, Biélorusses 0,9, Polonais 0,4, Moldaves 0,6, Bulgares 0,5, Hongrois 0,3.**D.** 84,1. **Espérance de vie** (en 1999) : *h.* 62, *f.* 73 ans. **Mortalité** *infantile* (en 1999) : 14 ‰. **Sida** (fin 1998) : 36 565 cas recensés. **Accroissement naturel** (en ‰) : *1960 :* 13,6 ; *70 :* 6,4 ; *80 :* 3,5 ; *90 :* 0,6 ; *94 :* – 4,7 ; *95 :* – 5,8 ; *97 :* – 6,1. **Population urbaine** (en 1998) : 67,6 %. **Ukrainiens** (rec. 1989) : 6 765 621 dont Russie 4 363 992, Kazakhstan 895 964, Moldavie 599 777, Biélorussie 290 368, Ouzbékistan 154 105, Lettonie 92 101, Géorgie 51 472, Estonie 48 273, Lituanie 44 397, Tadjikistan 40 646, Turkménistan 35 814, Azerbaïdjan 31 344, Arménie 8 341. **Immigrés** (et descendants) : plusieurs millions en Amérique (dont USA 1,5 à 2, Canada 1). 1/3 des écoliers et étudiants a opté pour une éducation en russe.

■ **Villes** (en milliers d'hab., 1998). *Kyïv* (nom ancien : *Kiev*) 2 620, Kharkiv (*Kharkov*) 1 521, Dniepropetrovsk 1 122, Donetsk 1 065, Odessa 1 027, Lviv (Lvov) 802, Louhansk (*Lougansk, Vorochilovgrad*) 505. **Langues.** Ukrainien *(officielle),* langue slave parlée surtout dans les campagnes, l'élite et la pop. urbaine étant russophones.

■ **Religions. Uk. orthodoxes :** *patriarcat de Moscou* (autonomie administrative reconnue en 1990) 9 000 paroisses, 8 000 000 de fidèles ; *patriarcat de Kiev* créé 1992 (**Église uk.** autocéphale) ; *paroisses* 2 760, *fidèles* 10 000 000. **Uk. catholiques uniates** (rite grec) : *1946* interdits par pseudo-synode convoqué par NKVD, et rattachés de force en 1946-49 au patriarcat de Moscou (évêques assassinés ou déportés) ; *1988* autorisés ; *1993* création de 9 évêchés. 1 exarchat archiépiscopal (Kyïv–Vyshorod, 25-11-1995) après avoir reconstitué son archevêché (Lviv) et son évêché (Stanislaviv) supprimés par Soviétiques. 900 églises, attribuées par Staline aux orthodoxes, ont été restituées de gré ou de force aux uniates (d'où tensions). *Églises* 2 777, *fidèles* + de 5 000 000. **Catholiques latins :** *paroisses* 800 ; *fidèles* 1 000 000. **Juifs :** 600 000 (en 1992).

■ **Histoire. Civilisations anciennes :** culture trypilienne (IVe -IIIe millénaire av. J.-C.), culture de Zaroubinetsk (IIe s. av. J.-C.-IIe s. apr. J.-C.), culture de Tchernyakhiv (IIe s.-Ve s.). **Début de notre ère,** unions d'États des tribus Scythes et Antes (tribus protoslaves). **Grandes invasions :** traversée par Goths, Huns et autres tribus. **VIIe-IXe s.** formation de l'État des Slaves orientaux. **IXe** s. la Rous' Kyïvienne devient un État. **907** et **911** campagnes du Pce Oleg à Byzance, traité. **944** traité du Pce Igor. **957** Pcesse Olga adopte le christianisme. **964-66** Pce Sviatoslav soumet tribus finnoises et diverses tribus du N. et du N.-E. **988-89** Volodymyr (Vladimir) le Grand baptise les Kyïviens et la population d'U. **1019-54** Iaroslav le Sage ; construction de la cathédrale Ste-Sophie de Kyïv. **1050** l'évêque français Gauthier de Meaux vient demander à Iaroslav la main de sa fille Anne de Kiev pour le roi de France Henri Ier (il l'épousera le 19-5-1051). **XIIIe-XIVe s.** État de Galicie-Volhynie. **1239-41** invasions mongolo-tartares, Kiev détruite, Rous'Kyïvienne ruinée. **1253** le pape accorde la couronne royale au Pce Danylo Galytskyi (Galicien, 1238-64). **XIVe-XVe s.** U. fait partie du grand duché de Lituanie. **XVe s.** formation cosaque (du turc *kazak,* homme libre, rebelle) uk. au sud de l'U. **XVIe s.** fondation de la Sitch Zaporogue. Soulèvements des cosaques et paysans contre la noblesse polonaise (*1591* Krychtof Kosynskyï, *1594* Severyn Nalyvaïko, *1637* Pavlo Bout). **1569** union de la Lituanie et de la Pologne, domination polonaise. **1596** presque toute l'U. est rattachée au roy. de Pologne (forme une Église uniate, dépendante de Rome). Renforcement de la Sitch Zaporogue, république cosaque originale. L'hetman Pavlo Sagaïdatchnyï (1612-22) reporte la capitale cosaque à Kyïv. **1615** Kyïv, école-confrérie (collège) fondée, puis transformée (1633-47) par le métropolite Petro Mohyla en académie (*Kyïvo-Moguylianska*). **1648** l'hetman Bogdan Khmelnytskyï (1595-1657, ancien capitaine de l'armée française au siège de Dunkerque), chef de la sotnia (alors escadron de Tchyhyryn), se soulève contre Pologne. *-16-5* allié aux Tartares, il bat Polonais à Jovti Vody et *-26-5* à Korsoun. Début de la guerre de libération. **1648-54** État cosaque indépendant. **1649** *traité de Zborov :* pays cosaque indépendant. Khmelnytskyï signe accord avec doge, sultan, grand-électeur ; négocie avec roi de Suède Charles X. **1654** *traité de Pereyaslav,* autorise Moscou à placer des garnisons en U. Cosaques deviennent les vassaux du tsar de Moscou, Alexis. **1659-1784** État autonome. **1667** Khmelnytskyï †. *Traité russo-polonais d'Andruszov :* l'U. orientale (rive gauche du Dniepr) devient État autonome des Cosaques, sous protectorat des tsars. L'U. occidentale devient province de Pologne. **1708** Ivan Mazepa (1644/2-9-1709), chef des Cosaques, fait reconnaître indépendance par Charles XII de Suède. **1709**-*9-7* Suédois battus à *Poltava* par Pierre Ier, Cosaques redeviennent vassaux. **1772** *1er partage de la Pologne :* la Galicie devient autrichienne. **1775** *2e partage :* Catherine II annexe majeure partie de l'U. et supprime autonomie des Cosaques zaporogues ; fait raser Sitch, leur capitale. **XIXe s.** résistance culturelle à la russification. **1847** confrérie de Cyrille et Méthode détruite. **1863** interdiction de la langue uk. [centre à Lviv (zone autrichienne)]. **1876** oukase interdisant usage et enseignement de l'uk. en Russie. **1914**-*1-8* Lviv, création du Conseil suprême d'U. Pt : Kost Levytskyï. *-4-8* création de l'Union pour la libération de l'U. (émigrés d'U. centrale) ; *-Sept.* les Russes prennent Lviv. U. unie et russifiée. **1915**-*5-5* Vienne : Conseil général d'U. créé (Uk. de Galicie et Bukovine, et représentants de l'Union pour la libération de l'U.).

1917-*8-3* révolution russe. *-17-3* Kyïv, Rada (conseil) centrale d'U. créée. *-27-3* **Mykhaïlo Grouchevskyï** (1866/24-11-1934, historien) Pt. *-1-4* Kyïv, manif. 100 000 pers. pour autonomie uk. Petrograd, Conseil national uk. créé (Pt : Oleksander Lototskyi). *-17/21-4* Kyïv, Congrès national panukrainien (1 500 délégués) réélit Rada centrale, transformée en Parlement. *-22-4* le gouv. provisoire nomme Dmytro Dorochenko gouverneur régional pour Galicie et Bukovine occupées par Russes. *-18/23-5* Kyïv, Comité général militaire uk. créé [Pt : **Symon Petlioura** (17-5-1879/25-5-1926)]. *-16-7* reconnaissance réciproque de la Rada centrale et du gouv. provisoire russe. *-16/20-10* Tchyhyryn, Congrès panukrainien des Cosaques libres. *Gal Pavlo Skoropadskyï* (1873-1945) élu ataman. *-20-11* Rada centrale proclame République nationale uk. (UNR). **1918**-*3/4-1* France et G.-B. la reconnaissent et nomment des représentants à Kyïv [Gal Tabouis (1867-1958) et consul Picton Bagge]. *-7-1* offensive bolchevique. *-22-1* Rada centrale proclame indépendance de l'UNR. *-29-1 Krouty,* batailles bolcheviques (Mouraviev)/Uk. Kyïv, insurrection bolchevique (écrasée 4-2). *-30-1 Vsevolod Holoubovytch* forme un gouv. (majorité : socialistes révolutionnaires). *-7-2* gouv. et Rada centrale quittent Kyïv (prise par bolcheviques). *-9-2 traité de Brest-Litovsk* UNR/All./Autriche. *-11-2* gouv. bolchevique à Kyïv. *-12-2* UNR demande aide militaire aux Allemands. *-19-2/avril* Austro-Allemands libèrent l'U. *-2-3* Kyïv prise par All. et U. *-3-3 traité de Brest-Litovsk :* Russie soviétique, All. et Autriche reconnaissent la séparation de l'U. d'avec la Russie. *-Avril* armée de l'UNR libère Crimée. *-29-4* **Mykhaïlo Grouchevskyï** élu Pt. Coup d'État : conservateurs proclament Pavlo Skoropadskyï hetman de l'État uk. *-10-5 Fedir Lyzohoub* PM. *-15-5* Union nationale étatique uk. créée, opposée à Skoropadskyï. *-12-6* Kyïv, paix préliminaire avec Russie soviétique. *-Été Nestor Makhno* (1884/Paris, 1934, anarchiste) organise les « bataillons libres de la révolution » [(qui combattront Skoropadskyï et les Allemands) ; en oct. 1919 repousse Denikine, en déc. lutte contre bolchevistes, en janv. 1920 repousse Wrangel, août 1921 battu par bolchevistes, passe en Roumanie puis Pologne et France]. *-18/19-10* Lviv, Rada nationale (UNRada) proclame un État uk. en Galicie, Bukovine du Nord et Transcarpatie. *-9-11* UNRada proclame la Rép. nationale d'U. occidentale (ZUNR) et forme un gouv. (Kost Levytskyï). *-10/12-11* chute de l'empire austro-hongrois. *-11-11* Roumains occupent Tchernivtsi (en Bukovine). *-Nov.* Polonais occupent région des Lemky, du Sian, de Kholm et Pidlachie. *-13-11* l'Union nationale uk. forme un Directoire *(Volodymyr Vynnytchenko).* Russie annule traité de Brest-Litovsk. *-14-11* Skoropadskyï proclame fédération de l'U. avec Russie ; gouv. de *Serguii Guerbel. -16-11* insurrection du Directoire : Skoropadskyï est battu le 18-11 près de Motovylivka. *-21-11* Polonais prennent Lviv. *-2/5-12 :* 2e offensive bolchevique. *-14-12* Skoropadskyï se démet en faveur du Directoire. *-26-12* chef du Directoire : *Volodymyr Tchekhivskyï.* **1919**-*16-1 déclare guerre à Russie soviétique. -22-1* union UNR/ZUNR. *-11-2 Symon Petlioura* Pt du Directoire. *-Mai/juin* Denikine (Gal blanc) occupe U. orientale et méridionale. *-15-5* Polonais (Gal Haller) : offensive en Galicie et Volhynie. *-24-5* armistice UNR/Pologne. *-9-6* l'UNRada nomme *Yevhen Petrouchevytch* « dictateur » de la ZUNR. *-25-6* armée uk. de Galicie (UHA) déclenche offensive de Tchortkiv. *-28-6* offensive commune UNR/UHA (armée uk. de Galicie) vers Kyïv et Odessa. *-27-8* gouv. de l'UNR *(Isaac Mazepa). -31-8* armée uk. entre à Kyïv, se retire devant Denikine. *-10-9 traité de St-Germain :* l'Autriche cède Bukovine à Roumanie, et Transcarpatie à Tchécoslovaquie. *-15-9* Directoire délègue ses pouvoirs à *Symon Petlioura. -Oct.* Denikine occupe l'U. de la rive droite. *-6-11* l'UHA signe un armistice avec Denikine à Zatkivtsi et rejoint les rangs des « Forces armées de la Russie du Sud ». *-7-11 :* 3e offensive des bolcheviques contre l'U. *-16-12* occupent Kyïv. *-Déc.* Kharkiv devient capitale de la RSS d'U. **1920**-*12-1* UHA intégrée dans armée soviétique. *-20-1* Polonais suppriment Diète régionale et exécutif régional de Galicie (et plus tard d'autres institutions autonomes). Galicie orientale divisée en 3 *voïvodies :* Lviv, Stanyslav et Ternopil. *-Févr.* Denikine battu, chassé d'U. *-10-6 traité de Sèvres :* statut autonome pour Galicie. *-15-7* bolcheviques créent RSS de Galicie (Comité révolutionnaire dirigé par Volodymyr Zatonskyï). *-Août* arrêtent des socialistes révolutionnaires uk. (Vsevolod Goloubovytch, Ivan Lyzanivskyï, Nazar Petrenko). *-12-10* armistice polono-soviétique (RSFSR et RSS d'U.). **1921**-*18-3 traité de Riga* Pologne/RSFSR/RSSd'U. : en échange de la Podolie et de la Volhynie, la Pologne reconnaît l'U. soviétique. *-28-8* Kyïv, Ivan Androukh et Gryhorii Tchouprynka (Comité central insurrectionnel uk.) fusillés. *-Août* bolcheviques écrasent détachements de Makhno. *-25-9* Lviv, attentat de Stepan Fedak (de l'Organisation militaire uk.) contre Pilsudskyï. *-Automne/***1923**-*printemps* famine. *-4/29-11 :* 2e expédition d'hiver de l'armée de l'UNR (Yourko Tioutiounnyk). *-23-11 :* 359 soldats uk. fusillés.

1922-*30-12* **l'U. devient république de l'URSS. 1923**-*14-3* Conseil des ambassadeurs de l'« Entente » décide annexion Galicie à la Pologne. *-15-3* gouvernement en exil de la ZUNR (Yvehen Petrouchevytch) dissous. **1924**-*19-1* Constitution de l'URSS. **1926**-*25-5* Paris : Symon Petlioura assassiné par le juif russe Schwarzbard. *Andrii Livytskyï* († 17-1-1954) à la tête du Directoire de l'UNR (1945, se repliera à Munich). **1932/1933**-*printemps* famine, 6 à 8 millions de †. **1934**-*21-1* capitale transférée de Kharkov à Kyïv. **1939**-*17-9* Armée rouge entre en U. *-12-10* gouv. général créé dans une partie de l'ancien État polonais ; Lemky, Sian, Kholm, Podlachie en font partie. *-22-10* Assemblée populaire d'U. occidentale élue. *-27-10* approuve incorporation dans la RSS d'U. **1940**-*28-6* armée soviétique occupe Bukovine du N. et Bessarabie. **1941**-*22-6* invasion allemande. *-30-6* Lviv, l'OUN de Stepan Bandera [1-1-1909/assassiné 15-10-1959 en All. par Bogdan Stachinskyï (né 1931) sur ordre du KGB] proclame restauration de l'État uk. *Chef de gouvernement :* Yaroslav Stetsko. *-5-7* à Cracovie, Allemands arrêtent Bandera (déporté à Berlin), et à Lviv des membres du gouv. *-1-8* Galicie devient province du Reich. **1941-45** 6 à 8 millions de †. Collaboration de certains Uk. avec Allemagne : division de Waffen SS (galicienne). Armée nationale uk. (UNA, quelques milliers d'h.) ; armée insurrectionnelle uk. (UPA de Bandera), anticommuniste, luttera contre partisans soviétiques et Allemands et continuera guérilla plus de 5 ans dans forêts de l'U. occidentale. **1942-44** 2 000 000 de travailleurs forcés en All. **1943**-*oct./juin* reconquête soviétique : 15 771 condamnations à mort. **1945**-*26-6* U. un des pays fondateurs de l'Onu. *-29-6* la Tchéc. cède la Ruthénie subcarpatique à l'U. *-16-8* la Pologne confirme la frontière du 17-9-1939. **1946** indépendantistes déclenchent guerre civile (contre URSS et Pologne) ; continuent combats jusqu'en 1954 (pertes polono-soviétiques : 100 000 †) ; 2 000 000 d'Uk. déportés en Sibérie. **1947**-*10-2* la Roumanie abandonne à l'U. Nord-Bukovine et Bessarabie. **1954** entrée à l'Unesco. **1986**-*26-4* accident nucléaire de Tchernobyl. **1989**-*4-6* **Volodymyr Ivachko,** chef du PC uk., élu Pt du Soviet suprême d'U., par 278 voix contre 52 sur 450 députés. *-22-6 Stanislav Gourenko* (né 1936) élu 1er secr. du PC d'U. *-8-10* fondation du *Roukh* (« mouvement ») indépendantiste. **1990**-*16-7* U. déclare sa souveraineté (355 voix pour, 4 contre, 1 abst.). **Leonid Kravtchouk** Pt du Soviet suprême d'U. **1991**-*24-8 indépendance* proclamée (346 voix sur 450) ; interdiction du PC et loi sur l'indépendance économique de l'U. *-6-11* traité avec Russie : principe de relations directes avec U.

République indépendante. 1991-*1-12 référendum* sur indépendance : plus de 90 % pour (y compris les russophones). *-12-12* **Leonid Kravtchouk** (né 10-1-1934) élu Pt (62 % des voix) devant Viatcheslav Tchornovil (23 %). **1992**-*janv.* coupons (imprimés à Périgueux), unité monétaire de transition. *-16/17-6* Kravtchouk en France. *-25/26-6* Églises orthodoxe uk. et orthodoxe autocéphale uk. unifiées. *-12-7* Vladimir Lanovoy, min. de l'Économie ultra-libéral, remplacé par un ex-communiste. *-4-9* U. adhère au FMI. *-30-9* PM **Vitalyï Fokine** démissionne (réformes économiques jugées trop timides). *-6-10* accord commercial Russie-U. *-13-10* **Leonid Koutchma** PM. *-3-11* accord avec Russie sur dettes réciproques. *-18-11* pouvoirs spéciaux accordés jusqu'au 18-5-1993 au PM (refusés au Pt) pour réforme économique. **1993**-*7/17-6* grève des mineurs du Donetz (250 puits fermés). *-18-6* état d'urgence économique. *-28-9* Kravtchouk (cumulant fonctions PM et Pt) forme comité de coordination chargé des réformes, aidé par **Ioukhym Zviaguilskyï,** PM par intérim. **1994** aide américaine (700 millions de $). *-8-3* incendie dans centrale nucléaire de Zaporozhe. *-27-3/10-4 législatives :* participation (1er tour) 74 % et (2e) 50 %, gauche 150 sièges (dont communistes 115), démocrates nationalistes 100. *-18-5* Oleksandr Moroz Pt du Parlement. *25-5* **Vitalyï Massol** PM. *-14-6* accord de partenariat : l'Union européenne prend en charge nouveaux réacteurs. *-26-6* et *10-7* **Leonid Koutchma** (né 9-8-1938), élu Pt (52,58 % des voix). *-16-11* traité de non-prolifération nucléaire ratifié. **1995**-*1-3* **Ievguène Martchouk** PM. *-4-4* limogé par le Pt. *-25-5* exercices militaires U./USA. *-1-6* adhère au partenariat pour la paix

République autonome de Crimée. Superficie : 26 100 km^2. **Population** (en 1998) : 2 157 000 hab. dont russophones 67 %, Ukrainiens 26 %, Tatars 2 % (*1898 :* 88 % ; *1939 :* 20 % ; *de 1990 à 1997 :* environ 300 000 revenus). **Villes** (en 1997) : *Simferopol* 344 000 hab., Sébastopol 360 000 (dont 230 000 Russes, 80 000 Ukrainiens). **Histoire : jusqu'en 1783** État tatar *(khanat)* conquis par Catherine II. **1944** Tatars déportés en Asie centrale et Sibérie pour collaboration avec nazis. **1954** rattachée à l'U. pour le 300e anniversaire de l'union de la Russie et de l'U. **1987** Tatars manifestent à Moscou pour réclamer droit de retour en Crimée. **1991**-*4-9* proclame sa souveraineté. *-1-12* vote à 54 % pour indépendance de l'U. **1992**-*29-4* large autonomie. *-6-5* Parlement de Crimée proclame indépendance (sous réserve de référendum) ; Constitution. *-20-5* annule son vote du 6-5 (sur insistance du gouv. uk.). *-21-5* Parlement russe dénonce rattachement de la Crimée à l'U. **1994**-*16/30-1 Iouriï Mechkov* (né 1946, sécessionniste prorusse) élu Pt avec 72,9 % des voix devant Mykola Bagrov (23 %). *-Mars* U. réduit de 1/3 ses livraisons de gaz. *-27-3* référendum (condamné par U.) sur statut de Crimée : 80 % pour autonomie. *-20-5* Parlement rétablit Constitution de 1992 et vote pour service militaire en Crimée. *-11-9* Pt dissout Parlement. *-22-9* décret annulé. **1995**-*17-3* intervention d'unités spéciales uk. *-1-4* Pt uk. Koutchma contrôle le gouv. de Crimée. *-1-11* Constitution adoptée par Parlement (Rép. autonome dans l'U.). **1998**-*27-5* Sergeï Kunizyn PM. **1999**-*2-1* Koutchma signe la loi approuvant la Constitution.

de l'Alliance atlantique. *-Juin* épidémie de choléra. *-9-11* membre du Conseil de l'Europe. **1996**-*1/16-2* grève des mineurs du Donbass (non payés). *-28-5* **Pavlo Lazarenko** (né 23-1-1953) PM (démissionnera le 1-7-1997 ; soupçonné de blanchiment d'argent sera détenu aux USA). *-16-7* échappe à un attentat. *-2-9* la hryvna (1,75 $) remplace le karbovanetz (échange 1 pour 100 000). **1997**-*9-7* Madrid, Charte « Partenariat spécial » avec l'Otan signée. *-11-7* **Valeriï Poustovoïtenko** (né 23-2-1947) PM. **1998**-*avril* grisou dans mine de charbon du Donesk : 63 †, 71 bl. *-Juin* marche sur Kyïv des mineurs impayés depuis des mois. *-16-8* coup de grisou dans une mine : 24 †. *-2/4-9* visite du Pt Chirac. **1999**-*févr.* procès d'Anatoli Onoprienko (né 25-7-1959), voleur ayant tué 52 personnes, arrêté avril 1996. *-24-5* grisou dans le Dombass : 35 †. *-31-10* et *-14-11* Koutchma réélu Pt (56,25 %) devant Petro Symonenko (chef du PC non réformé). 38 %, Onopenko (social-démocrate) et Oudovenko et Kostenko (Roukh). *-22-12* **Viktor Iouchenko** (né 23-2-1954) PM. **2000**-*22-2* peine de mort abolie. *-11-3* grisou mine Barakova : 80 †. *-16-4* référendum : extension du droit de dissolution 85 %, limitation de l'immunité parlementaire 89 %, réduction du nombre de députés à 300 90 %, création d'une seconde Chambre 82 %. *-16-9* disparition du journaliste d'opposition Guéorgui Gongadzé, corps retrouvé en nov. *-15-12* fermeture de Tchernobyl. **2001**-*fév./mars* Kiev, nombreuses manifestations demandant le départ du Pt. *-29-5* **Anatoli Kinakh** (46 ans, centriste, Pt de l'Union des industriels et des entrepreneurs) PM. *-23/27-6* visite Jean-Paul II.

☞ **Exécutions** *(de 1996 à 1997) :* 180.

■ **Statut.** *République associée à la CEI.* **Constitution** du 28-6-1996. **Pt** élu pour 5 ans au suffr. univ. **Parlement** *(Verkhovna Rada) :* 450 membres élus au suffrage universel pour 4 ans. **Élections du 29-3-1998 :** PCU 123, PDPU 29, P. Roukh 41, P. Hromada, P. social-démocrate unifié 20, Verts 19, P. socialiste/P. des paysans 29, P. socialiste progressif 14, Bloc Indépendants 26, divers 22. **Organisation administrative :** 24 régions *(oblast)* divisées en districts *(rayons)* et Rép. autonome de Crimée.

■ **Fête nationale.** 24 août. **Drapeau** (adopté 4-9-1991). 2 bandes horizontales bleue (ciel) et jaune (champs de blé). **Emblème.** Trident de St Vladimir.

■ **Partis.** **P. démocratique populaire d'U. (NDP)** fondé 1996, *Pt :* Anatoliï Matvienko. **P. communiste d'U. (PCU)** aboli 1991, refondé juillet 1993, *membres :* 120 000, *Pt :* Petro Symonenko. **Roukh (Mouvement populaire de l'U.)** fondé 1989, *membres :* 62 000 de plein droit et 500 000 associés, *Pt :* Viatcheslav Tchornovil (24-12-1939/26-3-1999). **P. socialiste d'U. (PSU)** fondé 1991, *membres :* 34 780, *Pt :* Oleksandr Moroz. **P. des paysans** fondé 1992, *Pt :* Serguiï Dovgagne. **P. social-démocrate (unifié)** fondé 1996, *Pt :* Victor Medvedtchouk. **Union panukrainienne « Hromada »** fondée 1994, *Pt :* Pavlo Lazarenko. **P. des « Verts » de l'U.** fondé 1991, *membres :* 6 000, *Pt :* Vitaliï Kononov. **P. socialiste progressif** fondé 1996, *Pt :* Natalia Vitrenko. **P. « des Réformes et l'Ordre »** fondé 1997, *Pt :* Victor Pynzenyk. **Congrès des nationalistes uk.** fondé 1992, *Pt :* Slava Stesko. **Mouvement nationaliste intégral. Assemblée nationale uk. (ANU)** néo-fasciste, *Pt :* Oleh Vitovych. **P. républicain,** *Pt :* Bogdan Iarochynskyi. **P. républicain conservateur uk. (PRCU),** *Pt :* Stepan Khmara. **P. national démocratique. Alliance de centre gauche** (*membres :* 30 000, *Pt :* Volodymyr Filenko) qui compend le **P. pour la renaissance démocratique de l'U. (PRDU)** fondé 1990, *membres :* 2 500, Volodymyr Filenko. **P. uk. paysan démocratique** fondé 1990, *Pt :* Viktor Prysyazhnyuk. **P. démocratique d'U. (PDU)** fondé 1990, *Pt :* Volodymyr Iavorivskyi. **P. des chrétiens-démocrates,** *Pt :* Volodymyr Strelovych. **P. uk. national conservateur** fondé 1992, *Pt :* Oleh Soskine. **Congrès civique. P. du travail. P. libéral de l'U. (PLU). Courant socialo-communiste. P. agrarien démocratique d'U. (PAU)** fondé 1996, *Pte :* Kateryna Vashchuk. **Nouveaux partis créés pendant la campagne législative 1998 (mars). P. pour la renaissance régionale de l'U.** fondé 1997, *Pt :* Volodymyr Rybak. **Union socio-libérale.**

■ **Contentieux avec la Russie. Flotte de la mer Noire :** 370 bâtiments, 151 avions, 80 000 h., officiers majoritairement russes, marins favorables à l'indépendance de l'U. *1995-10-6* accord : la partie russe de la flotte restera ancrée à Sébastopol ; la Russie contrôlera 80 % des navires. **Armes nucléaires :** *1993-17-7* accord avec USA qui verseront à l'U. 175 milliards de $ pour démantèlement des SS 19. *-18-11* traité Start I ratifié (36 % des missiles et 42 % des 1 600 charges nucléaires seront démantelés). *1994-14-1* accord avec USA et Russie sur transfert missiles nucléaires (176 fusées ICBM mirvées, dont 130 SS 19, 46 SS 24, soit 1 240 ogives ; 43 bombardiers lourds avec 372 têtes nucléaires), 200 ogives transférées à Russie sur 10 mois. U. recevra en échange uranium civil russe (11,9 milliards de $). *1996-juin* dernières armes démantelées. **Économie :** l'U. accepte de payer 16,37 % (soit 13 milliards de $) et de recevoir en contrepartie sa part des actifs de l'ex-URSS à l'étranger. La Russie estime que, héritière de l'URSS, elle doit contrôler tous ses biens et assumer seule la charge de la dette extérieure. *1994-6-3* Russie réduit de 3/4 ses livraisons de gaz pour obliger U. à régler dette de 900 millions de $ (Turkménistan arrête les siennes pour 700 millions non payés).

■ **Économie. PNB** (en $ par hab.) : *1990 :* 2 300 ; *91 :* 2 700 ; *95 :* 1 400 ; *96 :* 1 748 ; *98 :* 870 ; *99 :* 640. **Évolution du PIB** (en %) : *1995 :* – 12,2 ; *96 :* – 10 ; *97 :* – 3 ; *98 :* – 1,7 ; *99 :* – 0,4 ; *2000 (est.) :* 5. PIB réel : 30 % du niveau de 1990 (hors économie souterraine estimée à 100 % du PIB). **Population active** (en %) **et,** entre parenthèses, **part du PNB** (en %) : agr. 19 (23), mines 3 (8), ind. 37 (25), services 41 (43). **Chômage** (en %) : *1995 :* 0,6 ; *96 :* 1,5 ; *97 :* 2,8 ; *98 :* 4,3 ; *99 :* 4,3. **Salaire moyen mensuel** (en $) : *1995 :* 49,6 ; *96 :* 76,1 ; *97 :* 84,7 ; *98 :* 71,3 ; *99 :* 36. **Population sous le seuil de pauvreté** (en 2000) : 50 %. **Salaire moyen mensuel** (en $, 2e trim. 2000 : 40. **Population disposant de 4 $/j. et par tête** (en %, 1998) : 41. **Inflation** (en %) : *1992 :* 1 209,6 ; *93 :* 4 734,9 ; *94 :* 891,2 ; *95 :* 376,7 ; *96 :* 80,2 ; *97 :* 15,9 ; *98 :* 10,6 ; *99 :* 19,2 ; *2000 :* 25,8 ; *2001 (prév.) :* 13,6. **Dette extérieure** (en milliards de $) : *1992 :* 13,1 ; *95 :* 6,6 ; *98 (1-10) :* 10,9 ; (en % du PIB) : *2000 :* 52. **Réforme :** introduction progressive de l'économie de marché. Privatisations : attribution aux Ukrainiens de 500 hrivna (environ 1 500 F) versés sur des comptes spéciaux. Oct. 1994 : libération des prix dont une partie ne peut être augmentée par les producteurs en situation de monopole sans accord du gouv. **Déficit budgétaire** (en % du PIB) : *1996 :* 4,5 ; *98 :* 2,3. **Investissements étrangers nets** (en millions de $) : *1997 :* 581 ; *98 :* 750. **Cours du $ en hrvina :** *1996 :* 1,9 ; *98 :* 3,4 ; *99 :* 5,2 ; *2000 (juin) :* 5,44.

■ **Agriculture. Terres cultivées :** 57 %. **Production** (en millions de t, 1999) : céréales 24 (51 en 1990, 35,5 en 1997), bett. à sucre 20, p. de t. 15,4, blé 13,4, orge 6,3, légumes 5,2, maïs 1,7, fruits 2,8, avoine 1,1. **Élevage** (en milliers de têtes, 1999). Volailles 122, bovins 11,7, porcins 10, ovins 1,19, chevaux 0,71, caprins 0,65. **Pêche** (en 1999). 438 700 t.

■ **Énergie. Charbon** (bassin du Donbass, Donetskiï Basseïn, en millions de t) : *1990 :* 165 ; *95 :* 83,6 ; *97 :* 73,3 ; *98 :* 68,1 ; *99 :* 72,7 [non rentable : 1 mineur produit 125 t/ an (Russie 225, USA 4 000) ; 4 mines rentables sur 250]. **Pétrole** (en millions de t) : *1995 :* 4,1 ; *2000 :* 2,4. **Gaz :** *1998 :* 17,9 ; *99 :* 18,1 milliards de m^3 (24,4 en 1991). **Électricité** (en milliards de kWh) : *1990 :* 298 (dont nucléaire 76) ; *94 :* 203 (68,8) ; *98 :* 172 ; *99 :* 171. Depuis 1-3-2001, réseaux russe et uk. fusionnés. Tchernobyl (voir à l'Index). **Mines** (en millions de t). Fer (Krivoï Rog, 60 % du fer de l'ex-URSS) *1995 :* 50,1 ; *97 :* 53,4 ; *98 :* 49,2 ; *99 :* 45. Manganèse (Nikopol, 80 % des réserves de l'ex-URSS) *1997 :* 3. Mercure. Or. Zirconium. Titane. Uranium. Graphite. Potasse. **Industrie.** Armement. Métallurgie (40 % de l'acier de l'ex-URSS), locomotives Diesel, téléviseurs, chaussures, chimie. **Transports** (en 1997). **Voies navigables. Routes :** 164 097 km. **Voies ferrées :** 22 701,5 km dont 8 446 électrifiés. **Tourisme** (en 1997). 337 000 visiteurs.

■ **Commerce** (en milliards de $). **Export./import. :** *1994 :* 13,8/16,4 ; *95 :* 13,1/15,5 ; *96 :* 14,4/17,6 ; *97 :* 14,2/17,1 ; *98 :* 12,6/14,7 ; *99 :* 11,6 (vers CEI 3,3)/11,8 (de CEI 5,1) ; *2000 (est.) :* 12,1/13,3.

■ **Rang dans le monde** (en 1999). 6e p. de t.. 7e fer. 8e charbon, orge. 13e blé.

URUGUAY (Rép. orientale de l')

Carte p. 987 c. V. légende p. 950.

☞ *Abréviation :* U. : Uruguay.

■ **Situation.** Amér. du Sud. **Superficie :** 175 016 km^2. **Frontières** (en km) : Brésil 985, Argentine 579. **Côtes :** 660 km. **Altitude** *maximale :* Sierra Carapé 513,6 m. **Climat.** Tempéré, très venteux. *Température* moyenne : hiver (juin-sept.) 7 à 12 °C, été (déc.-mars) 25 à 30 °C. *Pluies* (en mm/an) : sud 900, nord-ouest 1 300. Forte humidité.

☞ Pays de naissance de Lautréamont (1846-70), Jules Laforgue (1860-87), Jules Supervielle (1884-1960).

■ **Population.** *2000 (est.) :* 3 270 000 hab. dont (en 1982) Blancs 93 %, métis 4 %, noirs 3 % ; *2025 (prév.) :* 4 000 000. **D.** 19,3. **Age** (en %) : *– de 15 ans :* 24,4, *+ de 64 ans :* 12,9. **Taux** (en ‰, 1999) : *natalité :* 18, *mortalité :* 10. **Espérance de vie** (en 1999) : *h.* 70, *f.* 78 ans. **Nés à l'étranger** (en milliers) : 135,1 dont Argentine 19,3, Brésil 15,3, Amér. latine 4,6, Espagne 45,1, Italie 22,7, Europe 24,2, divers 4,4. **Émigration :** environ 500 000 Uruguayens vivent à l'étranger (Argentine, Brésil, Australie, Canada, USA, Espagne et France). **Immigration :** Espagne, Italie, Allemagne, France. *Pop. urbaine* (en 1998) : 91 %.

■ **Langue.** Espagnol *(nationale)*. **Religions** (en %). Catholiques 66, israélites 2, protestants 2.

■ **Villes** (en 1988). *Montevideo* 1 378 705 hab. (en 1996), Salto 80 890 (à 498 km), Paysandú 78 120 (à 379 km), Las Piedras 58 300 (à 20 km). **Stations balnéaires :** Punta del Este (à 140 km), La Paloma (à 220 km) ; plages 400 km.

■ **Histoire. Vers 2000 av. J.-C.** 2 000 tumulus (diamètre 40 m, hauteur 2 à 7 m) dans le département de Rocha. **1516** découvert par Juan Diaz de Solis (Espagnol, † 1516), pris par Espagnols. **1519** expédition de Magellan. **1527** Sebastian Gaboto (Sébastien Cabot, Vénitien, 1476-1557) construit un fort à l'embouchure du rio San Salvador. **1574** Juan Ortiz fonde San Salvador (aujourd'hui Dolores). **1624** jésuites fondent Santo Domingo de Soriano et commencent la colonisation. **1680** Colonia del Sacramento fondée par le Portugais Manoel de Lobos en face de Buenos Aires. Longue période de confrontations Espagne/Portugal. **1726** Espagnols fondent Montevideo. **1750** *traité de Madrid :* Espagne reçoit l'U. contre l'abandon des limites du traité de Tordesillas (1494), qui lui attribuait les terres à l'ouest d'une ligne nord-sud passant à 370 lieues des îles du Cap-Vert. **1776** vice-royauté du Rio de la Plata créée ; l'U. en fait partie. **1806-07** Anglais occupent Montevideo (l'Espagne, alliée de Napoléon, ayant perdu sa flotte à Trafalgar en 1805). **1810** Grito de Asencio, début des luttes pour indépendance [Gal José Artigas (1764-1850)]. **1811**-*mai Las Piedras,* victoire d'Artigas. **1814** Artigas chasse Espagnols. **1816** invasion portugaise. **1821** Brésil annexe Bande orientale (nom de l'U. avant l'indépendance). **1825**-*25-8 indépendance.* **1827** guerre contre Brésil. **1830**-*18-7* république. **1830-40** guerre épisodique avec Arg. **1835-39** guerre civile entre *colorados* (Rivera) et *blancos* (Oribe). **1839**-*10-3* Rivera s'allie à la province de Corrientes (Arg.) et avec la France contre Rosas (dictateur argentin). **1840**-*29-10* traité France (Bon de Mackau)/Argentine (Rosas) : l'Arg. reconnaît l'indépendance de l'U. **1842-51** guerre civile *(Guerra Grande)* avec intervention G.-B., France (qui participe à la bataille d'Obligado contre Argentine le 20-11-1845) et Garibaldi. **1846** abolition de l'esclavage. **1865-70** alliance avec Argentine et Brésil contre Paraguay. **1903**-*1-3* **José Batlle y Ordõnez** (1856-1929) Pt. **1904** apaisement des luttes intérieures. **1907**-*1-3* **Claudio Williman** (1863-1934) Pt. **1909** peine de mort abolie. **1911**-*1-3* **José Batlle y Ordõnez** Pt. **1915** journée de travail de 8 h. *-1-4* **Feliciano Viera** (1872-1927) Pt. **1918** *Constitution,* séparation Église/État ; nationalisations. **1919-33** et **1952-66** Pt remplacé par gouv. collégial. **1932** droit de vote aux femmes. **1958** *blancos* battent *colorados* (au pouvoir depuis 90 ans). **1963** début du MLN (Mouvement de libération nationale) *Tupamaros* [du chef inca rebelle Tupac Amaru (de son vrai nom José Gabriel Condorcanqui, né au Pérou 1740, exécuté à Cuzco 18-5-1781)] créé par Raul Sendic (1925/27-4-1989) contre impérialisme nord-américain. **1967** régime présidentiel. *-1-3* **Gal Oscar Gestido** (1901-67) Pt. *-6-12* **Jorge Pacheco Areco** (1921-98) Pt. **1971** consul du Brésil enlevé (libéré contre rançon en février), conseiller américain de la police exécuté, ambassadeur anglais Geoffrey Jackson enlevé. **1972** attentats, répression et écrasement des Tupamaros (le 1-9, Sendic arrêté, libéré 1985). *-1-3* **Juan Maria Bordaberry Arocena** (né 1928) Pt. **1973**-*27-6* Parlement dissous, remplacé par Conseil d'État (25 m.) ; militaires renforcent leur pouvoir. *-Oct.* intervention militaire à l'université, qui passe sous contrôle du pouvoir exécutif. *-9-11* partis et syndicats interdits. **1974**-*19-12* des inconnus tuent attaché militaire à Paris. **1976**-*janv.* arrestations, tortures. *-12-6* Bordaberry déposé par junte. *-12-6* **Alberto Demichelli Lizaso** (né 1896) Pt. *-1-9* **Aparicio Mendez** (né 1904) Pt. **1980** pianiste Miguel Angel Estrella libéré. *-30-11 référendum* constitutionnel : 57,81 % de non. **1981**-*1-9* **Gal Gregorio Alvarez Armelino** (né 26-11-1925) élu Pt par Conseil de la nation (Conseil d'État de 35 militaires et junte des officiers généraux). **1982**-*28-11 élections* pour désigner les chefs des 3 partis autorisés et les candidats à la présidentielle : victoire de l'opposition. **1983**-*25-8* concert de casseroles, 2 000 manifestants. *-27-11 :* 300 000 manifestants, pour « retour à la démocratie ». **1984**-*mars* Gal L. Seregni *(Frente amplio)* libéré. *-16-6* Wilson Ferreira Aldunate (leader *blanco*) arrêté le jour où il rentre après 10 ans d'exil (libéré 30-11). *-Août* accord du Club naval organise départ des militaires. *-25-11* élections. Acceptées pour hâter départ des militaires discrédités (échec économique et violations des droits de l'homme). **1985**-*11-2* Alvarez démissionne. *Bilan depuis 1973 :* 150 † ou disparus ; PNB – 19 % ; dette : 4,7 milliards de $ (nulle en 1973). *-15-2* Parlement en fonctions. *-1-3* gouv. civil : **Julio Maria Sanguinetti Coirolo** (né 6-1-1936) Pt, élu par 744 999 voix devant Alberto Zumaran (*blanco,* 634 166), José Crottogini (*Frente amplio,* 393 949). *-8-3* amnistie pour les Tupamaros. **1986** Punta del Este, conférence du Gatt créant l'Uruguay Round. *-22-12* amnistie pour les militaires ayant violé les droits de l'homme. **1987**-*oct.* Pt Mitterrand en U. **1989**-*16-4 référendum* sur amnistie : 56 % pour. *-27-11 élections.* U. au groupe d'appui à Contadora (avec Pérou, Argentine, Brésil) établit des relationsdiplomatiques avec Cuba et Chine populaire. **1990**-*1-3* **Luis Alberto Lacalle** (né 13-7-1941) Pt. **1991**-*mars accord d'Asuncion* sur zone de libre-échange entre pays du cône Sud (Mercosur). **1992**-*13-12 référendum* sur privatisations : 71,7 % contre. **1995**-*1-3* **Julio Maria Sanguinetti Cairolo** (né 6-1-1936) Pt (*P. colorado ;* élu 27-11-1994 avec 32,5 % des voix devant Tabaré Vasquez, *Frente amplio*). **1999**-*31-10* et *-28-11* **Jorge Batlle Ibañez** (né 25-10-1927) élu Pt (*P. colorado,* 51,59 %, en fonction le 1-3-2000).

■ **Statut.** *République.* **Constitution** du 27-11-1966, réformée par plébiscite du 8-12-1997. **Pt** élu au suffrage universel pour 5 ans. **Sénat :** 31 membres élus au suffrage universel à 2 tours pour 5 ans. **Chambre des députés :** 99 membres élus au suffrage universel pour 5 ans. **Dépar-**

tements : 19. **Vote** obligatoire. **Élections de 1999 :** *Sénat :* P. colorado 10 sièges, national 7, Encuentro progressista 12, Nuevo espacio 1 ; *Chambre :* colorado 33, national 22, Encuentro progressista 40, Nuevo espacio 4.

■ **Fêtes nationales.** 25-8 (indépendance). 19-4 (débarquement des partisans). 18-5 (bataille de Las Piedras). 19-6 (naissance de José Artigas). 18-7 (jour de la Constitution). 12-10 (jour de la Race). **Drapeau** (adopté 11-7-1830). 5 bandes blanches et 4 bleues (départements). En haut et à gauche, « Soleil de mai » sur fond blanc. On pavoisait aussi avec le drapeau d'Artigas (bleu, blanc, rouge) et le drapeau des 33 (héros de l'indépendance de 1825) avec la devise *Libertad o Muerte.*

■ **Partis. P. colorado** fondé 1836, modéré, *Pt :* José Luis Batlle. **P. national « blanco »** fondé 1836, nationaliste, *Pt :* Luis Alberto Lacaille Herrera. **Frente amplio** fondé 1971 (socialistes, communistes, tupamaros), *Pt :* Tabaré Vasquez. **Nuevo espacio** fondé 1989 par dissidents du Frente, *Pt :* Rafael Michelini. **Mouvement de libération nat.** (MLN), radical, ex-Tupamaros, fondé 1962, *Pt :* José Mújica.

■ **Économie. PNB** (en 1999) : 5 770 $ par hab. **Croissance** (en %) : *1995 :* – 2,5 ; *96 :* 5,4 ; *97 :* 4,9 ; *98 :* 4,6 ; *99 :* – 3,2. **Population active** (en %) **et**, entre parenthèses, **part du PNB** (en %) : agr. 11 (11), mines 1 (1), ind. 31 (28), services 57 (60). **Chômage** (en %) : *1995 :* 10,3 ; *99 :* 11,3. **Inflation** (en %). *1985 :* 83 ; *86 :* 71 ; *87 :* 57,3 ; *88 :* 59 ; *89 :* 90 ; *90 :* 112 ; *91 :* 102 ; *92 :* 58 ; *93 :* 55 ; *94 :* 44,7 ; *95 :* 35,4 ; *96 :* 24,3 ; *97 :* 15,1 ; *98 :* 8,6 ; *99 :* 4,1. **Dette extérieure nette** (en milliards de $) : *1995 :* 3 ; *96 :* 2,8 ; *97 :* 2,9 ; *98 :* 2,9.

■ **Agriculture. Surfaces exploitées par les établissements agricoles** (en milliers d'ha, en 1999) : total 15 622,5 dont prairies artificielles 652,8, vergers et cultures céréalières 635,2 ; plantations forestières 174,2, agrumes et vignes 45,2, divers 14 115,1. **Production** (en milliers de t., 1999) : riz 1 328,2, blé 559,2, orge 196,0, canne à sucre 167,2, p. de t. 145, maïs 242,5, tournesol 160,7, sorgho 106,1, soja 19,0, agrumes 328,6, vin 87 millions de litres. **Élevage** (en millions de têtes, 1999) : ovins 14,4, bovins 10,5, chevaux 0,4, porcins 0,3. **Viande** (en milliers de t., 1999) bovins 447,3,; ovins : 33,5, porcins 17,2, chevaux 7,4. Laine 57,21 t. **Pêche** (en 1999). 106 706 t.

■ **Mines.** Chaux, argile, dolomite, sable, granit, ardoise, silice, marbre, fer, talc, quartz, agate, **Énergie.** Electricité 7 milliards de kwh (en 1999) dont hydraulique 5,3. Pas de pétrole. . **Industrie.** Alimentation, textile, cuir, caoutchouc, chimie, ciment (ventes et exportations en 1999) 797 tonnes.

■ **Transports** (en km). **Routes :** 50 900 (en 1995). **Voies ferrées :** 2 993 (en 1999). **Tourisme. Visiteurs :** 2 273 164 (en 1999).

■ **Commerce** (en milliards de $). **Export./import. :** *1998 :* 2,77/3,8 ; *99 :* 2,24 [*dont* animaux vivants et produits 0,673, végétaux 0,353, textile et produits manufacturés 0,264, *vers* Brésil, Argentine, USA, Allemagne)]/3,36.

■ **Rang dans le monde** (en 1999). 17e ovins.

VANUATU
V. légende p. 950.

■ **Noms.** Ex-Nouvelles-Hébrides. Depuis le 30-7-1980, *Vanuatu* (Vanouatou ou « Notre Terre », « le pays qui se tient debout »).

■ **Situation.** Archipel du Pacifique. **Superficie :** 12 190 km², environ 80 îlots et îles (67 sont habitées) sur 800 km [Nlle-Calédonie à 540 km, Auckland (Nlle-Zél.) 2 250, Sydney (Australie) 2 550, Tahiti 4 500, Paris 21 000]. **Zone maritime :** 900 000 km². **Côtes :** 2 528 km. Sol d'origine volcanique, et corallien dans les parties basses. **Altitude** *maximale :* Mt Tabwemassana (Santo) 1 879 m. Certains volcans sont actifs (Lopévi, Yasour à Tanna, Bembow, Marum à Ambrym). **Climat.** Tropical, janv.-juin chaud et pluvieux, juin-déc. sec et frais. *Températures :* 15 à 34 °C. *Pluies :* 2,3 m par an.

■ **Population.** *2000 (est.) :* 192 000 hab. dont Mélanésiens 98 %, Européens 1,5 % (1 800 Français) ; *2025 (prév.) :* 320 000 hab. **Age (en %)** : – *de 15 ans :* 37,1, + *de 64 ans :* 3,1. **Espérance de vie** (en 1998) : 68 ans. **D.** 15,85. **Villes.** *Port-Vila* (île d'Éfaté) 30 139 hab. (est. 1999), Luganville (Santo) 11 360.

■ **Langues.** Français (40 %), anglais (60 %) et bichlamar (du portugais *bicho do mar*, « ver de mer », francisé au XIXe

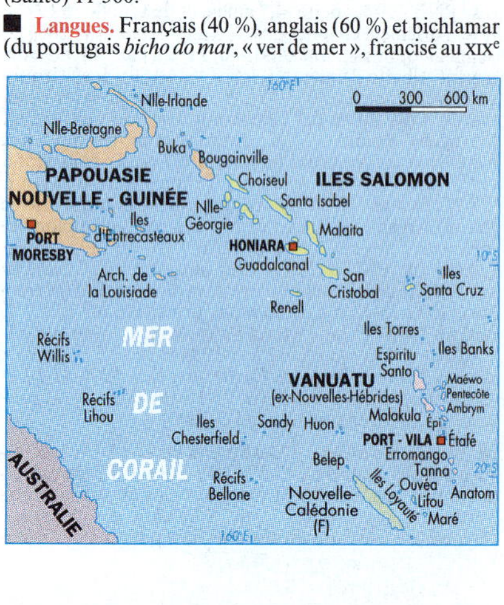

s., déformé en *biche de mer* ou *bêche de mer*, et qui désigne le sabir des pêcheurs) [officielles]. 105 langues mélanésiennes ou polynésiennes. **Religions.** Chrétiens 86 % (dont protestants 68, catholiques 18), animistes 15 %. A Tanna, culte de John Frum.

■ **Histoire.** Mélanésiens *(Canaques)* d'origine, apparentés aux Papous, auxquels se sont ajoutés des Polynésiens, des Tonga et des Samoa. **1606**-*1-5* le Portugais Pedro Fernandez de Queiros découvre l'île qu'il nomme « Terra Australia del Espiritu Santo ». **1768** Bougainville passe entre Santo et Mallicolo et découvre Pentecôte, Aoba et Maéwo, qu'il appelle *Grandes Cyclades.* **1774** Cook établit 1re carte des *Nouvelles-Hébrides.* Autres navigateurs : La Pérouse (1788), Antoine de Bruni d'Entrecasteaux (1793), capitaine Bligh (aux Banks 1793), Dumont d'Urville (1828), Belcher et Markham. **XIXe s.** fréquentées par baleiniers, acheteurs de santal et recruteurs de main-d'œuvre ; ont maille à partir avec autochtones et missionnaires qui commencent à s'installer à partir de 1828. **1887**-*16-11* commission navale mixte franco-anglaise constituée par Cdts et officiers des navires de guerre faisant campagne aux Nouvelles-Hébrides. **1906**-*27-2 convention de Londres,* ratifiée 20-10 : Fr. et G.-B. cosouveraines. **1911**-*6-8* protocole franco-britannique (ratifié 18-3-1922), reconnaissant les Nouvelles-Hébrides « territoire d'influence commune », placé sous un *régime de condominium.* **1954**-*28-3* pourparlers franco-britanniques d'Honiara : les hab. participeront aux affaires publiques. **1957**-*4-4 conseil consultatif* créé. **1975**-*18-1* réformes. -*10-11 législatives* (victoire du National Party) ; annulées pour fraude. -*27-12* déclaration unilatérale d'indépendance d'Espiritu Santo par *Jimmy Stevens (Tubo Patuntun)* [1922-94], du mouvement Nagriamel. -*30-12* Fr. et G.-B refusent. **1976**-*juin* conseil coutumier (*Malfatu Mauri*) créé. **1977**-*févr.* boycott de l'Assemblée par élus du Vanuaaku Pati (VP.) -*29-11 législatives* [VP ne présente pas de candidats ; parti modéré (francophone, cath.) a tous les sièges] ; VP crée gouv. populaire provisoire. **1978**-*11-1* **1er gouvernement autonome** (Pt : *George Kalsakau,* modéré). -*5-4* trêve entre les 2 partis. -*22-12* gouv. d'union nationale (Pt : *Gérard Leymang,* prêtre cath., modéré). **1979**-*19-9* projet de Constitution approuvé. -*14-11 législatives :* VP 26 sièges, divers 13. -*29-11 Walter Lini* (pasteur anglican, 1942-99) PM ; modérés portent plainte pour fraude électorale (en vain). -*Nov.* tentative de sécession des îles francophones de Santo et Tanna avec Stevens. **1980**-*30-4* négociations échouent. -*28-5* francophones dirigés par Stevens prennent Luganville (Santo). -*31-5* Britanniques et anglophones de Santo évacués sur Vaté. -*2-6* Lini fait réoccuper Tanna. -*3-6* la Fr. s'oppose à une réoccupation de Santo, tout en approuvant l'indépendance. -*5-6* Stevens forme gouvernement à Santo. -*11-6* manif. francophiles à Tanna, † du député Alexis Yulou, 25 bl. -*24-7* contingent militaire franco-britannique doit rétablir l'ordre.

■ **République. 1980** *30-7 indépendance.* **George Ati Sokomanu** Pt. -*12-8 :* 24 Français et 2 Australiens expulsés. -*18-8* arrivée à Santo d'un contingent de Papouasie-Nlle-Guinée après départ de la force franco-anglaise. -*31-8* Stevens arrêté, condamné à 15 ans de prison (libéré 19-8-1991) ; fin de la sécession de Santo. 2 274 arrestations dont 760 à Santo. **1981**-*2-2* expulsion de l'ambassadeur de France. -*Oct.* retour. **1983**-*10-3* débarquement temporaire sur îles Matthew et Hunter (inhabitées, à la Fr. et rattachées à la Nlle-Calédonie). Ambassadeur de Fr. rappelé. -*21-11 Lini* réélu. **1984**-*17-2* Sokomanu démissionne ; -*8-3* réélu. **1987**-*févr.* cyclone *Uma.* -*1-10* Henri Crépin-Leblond, ambassadeur de Fr., expulsé pour ingérence. **1988**-*16-5* manif., 1 †. -*16-12* Sokomanu dissout Parlement ; *Barak Sope* PM intérimaire. -*19-12 PM Lini* assigne le Pt à résidence (il lui conteste le droit de dissoudre le Parlement et de former un gouv.) ; Cour suprême donne raison à Lini. -*21-12 :* 27 arrestations (dont le Pt) pour incitation à la mutinerie. **1989**-*janv.* Sokomanu déchu (7-3 condamné à 7 ans de prison). -*30-1* **Fred Karlomnana Timakata** (né 1936) Pt. -*Avril* Sokomanu, Barak Sope et Carlot acquittés et libérés. **1991**-*6-9* Lini renversé. *Donald Kalpokas* (né 1943) PM. -*6-12 Maxime Carlot Korman* (né 1941, francophone) PM. **1992**-*janv.* les expulsés de 1980 peuvent rentrer. **1994**-*2-3* **Jean-Marie Leyé** (né 1932) Pt. -*26-5* loi de décentralisation. -*15-11 :* *1res élect. provinciales.* **1995**-*21-11* **Serge Vohor** (francophone) PM. **1996**-*23-2* **Maxime Carlot Korman** PM. -*30-9* **Serge Vohor PM.** -*Oct.* révolte des forces mobiles. **1997**-*5-12* Parlement dissous. **1998**-*12-1* émeutes (crise de la Caisse nationale de retraite). -*30-3* **Donald Kapolas Masikevanua** PM. **1999**-*24-4* **John Bani** (né 1-7-1941) élu Pt. -*25-11* **Barak Sope** PM.

■ **Statut.** *République membre du Commonwealth.* **Constitution** du 30-7-1980. **Pt :** élu pour 5 ans par un collège restreint. **Ass. :** 52 m. élus pour 4 ans. **PM** élu par l'Ass. **Élections du 2-11-1983** (en % des voix et, entre parenthèses, en nombre de sièges) : VP 56 (24), UPM 44 (12), Nagriamel 2,8 (1), Namaki Anté 2,6 (1), Fren melanesian 2,3 (1), VIAP 3,9 (0). **30-11-1987 :** VP 47 (26), UPM (20). **2-12-1991 :** UPM 30 (19), VP 22 (10), NUP 20 (10), NPP 5 (4), Tan Union 4 (1), Nagriamel 3 (1), Fren melanesian 2 (1). **30-11-1995 :** Unity Front 31,5 (20), UPM 27,5 (17), NUP 23,5 (9), indépendants 6,5 (2), Fren melanesian 2,5 (1), Nagriamel 2 (1). **6-3-1998 :** VP (18), UPM (12), NUP (11), Melanesian Progressive (6), John Frum (2), Indépendants (2), P. républicain (1).

■ **Fête nationale.** 30-7 (indépendance). **Drapeau** (adopté 18-2-1980). Bandes horizontales rouge (sang) et verte (richesse). Triangle noir avec corne de sanglier jaune (abondance) et feuilles de fougères (paix). *Y* noir et jaune (soleil).

■ **Circonscriptions administratives** (en 1999). 11 conseils de gouvernement locaux (en 1989), remplacés par *6 provinces* en 1994 (entre parenthèses : chef-lieu) : **Malampa :** comprenant les îles *Ambrym* 663 km², 7 613 hab. (Eas), *Mallicolo* ou *Malakula* 2 060 km², 19 766 hab. (Lakatoro), *Paama* 33 km², 1 644 hab. (Liro). **Penama :** *Ambae* 383 km², 10 692 hab. (Saratamata) ; *Maevo* ou *Aurora* 270 km², 3 385 hab. (Saratamata) ; *Pentecôte* 439 km², 14 837 hab. (Loltong). **Sanma :** *Malo* 180 km², 2 867 hab. (Luganville) ; *Santo* 3 712 km², 31 811 hab. (Luganville). **Shéfa :** *Éfaté* ou *Vaté* 1 076 km², 43 295 hab. (Port-Vila) [comprend les îles Nguna, Pele, Lelepa, Mosso] ; *Epi* 455 km², 4 706 hab. (Baie Rovo) ; *îles Shepherd* 86 km², 3 971 hab. (Morua). **Taféa** (Isangel) : *Anatom* 145 km², 754 hab., *Aniwa* 19 km², 387 hab., *Erromango* 975 km², 1 554 hab., *Futuna* 12 km², 411 hab., *Tanna* 550 km², 26 306 hab. **Torba** au nord : *Banks* (Sola) et îles de *Gaua, Mere Lava, Mota, Mota Lava, Vanua-Lava, Ureparapara* 722 km², 7 183 hab., *Torres* (Toga et îles de *Hui, Loh, Tegua* 98 km², 547 hab.

■ **Partis. Vanuaaku Pati** (VP, P. de Notre Terre) fondé 1971, anglophone et protestant, ex-New Hebridean Culture Assoc., devenue New Hebrides National Party, *Pt :* Edward Natapei. **Union des partis modérés** (UPM) fondée 1980, *Pts :* Serge Vohor et Willy Jimmy (en majorité francophone). **National United Party** (NUP) fondé 1991 (Dinh Van Than). **Melanesian Progressive Party** fondé 1988 (Barak Sope). **Tan Union** fondée 1974, francophone, influente île de Pentecôte (Vincent Boulekone). **Fren melanesian** fondé 1975, francophone protestant proche UPM, surtout île de Santo (Albert Ravutia). **Vemarana (ex-Nagriamel)** coutumier, surtout à Santo (Frankley Stevens). **Vanuatu Independent Alliance Party** (VIAP) fondé 1982 (Thomas Seru). **New People's Party** (NPP) fondé 1986 (Fraser Sine). **People's Democratic Party** (PDP) fondé 1994 par anciens du NUP. **John Brum** (Keasipai Song). **P. républicain de Vanuatu**, fondé 1998 (Maxime Carlot).

■ **Économie. PNB** (en 1999) : 1 210 $ par hab. **Croissance du PNB** (en %) : *1995 :* 2 ; *96 :* 3 ; *97 :* 2,7 ; *98 :* 4,4 ; *99 :* – 2,4. **Population active** (en %) **et**, entre parenthèses, **part du PNB** (en %) : agr. 70 (25), ind. 5 (8), services 25 (67). **Inflation** (en %) : *1990 :* 5 ; *91 :* 6,5 ; *92 :* 4,1 ; *93 :* 1,7 ; *94 :* 3,1 ; *95 :* 2 ; *96 :* 0,9 ; *97 :* 2,8 ; *98 :* 3,3 ; *99 :* 2,8. **Aide extérieure** (en millions de F, 1999) : Australie 56, *France 55,5,* UE 41, Banque asiatique de développement 33,8, Nlle-Zél. 19, Chine 5,5. **Agriculture. Terres** (en %) : cultivables 45, cultivées 8. Forêts 90. **Production** (en milliers de t, 1999) : noix de coco 280, café 42 (en 1993), coprah 30, cacao 2, légumes, fruits. **Élevage** (en milliers de têtes, 1999). Volailles 158, bovins 151, porcins 62, caprins 12. **Forêt.** Santal ; 63 000 m³ (en 1998). **Pêche** (en 1997). 3 000 t. **Mines.** Manganèse (Forari, arrêtée depuis 1979). **Routes.** 1 630 km. **Tourisme** (en 1998). **Visiteurs :** 52 085 (*de* Australie 62,39 %, Nlle-Zél. 11,86 %, Nlle-Calédonie 11,1 %). **Place financière.** 10 % du PNB en 1990. **Pavillon de complaisance** (438 bateaux en 1997).

■ **Commerce** (en millions de $). **Export./import. :** *1997 :* 35/94 ; *98 :* 34/88 (*exporte* coprah, viande bovine, bois *vers* Bangladesh, UE, Japon).

VATICAN

☞ Voir **Religions** p. 513.

VENEZUELA
Carte p. 1038a. V. légende p. 950.

☞ *Abréviation :* V. : Venezuela.

■ **Nom.** « Petite Venise », donné par Amerigo Vespucci en souvenir de Venise que lui rappelaient les huttes lacustres du lac de Maracaibo.

■ **Situation.** Amérique du Sud. **Superficie :** 912 050 km². **Altitude** *maximale :* pic Bolivar 5 007 m. **Côtes :** 2 816 km. **Iles :** 72 dont Chimanas, Plata, La Borracha, Margarita (plus Coche, Cubagua). Archipel de Los Roques. **Lac de** *Maracaibo :* 12 870 km². *Lagune de Sinamaica.* **Frontières** (en km) : Colombie 2 050, Brésil 2 200, Guyana 743. **Régions :** *côte* du Nord-Ouest : sèche, température élevée, palmiers, cactus géants. *Cordillère des Andes* (alt. maximale : Pico Bolivar 5 007 m) : humide, plus froid ; chaîne côtière : sec et ensoleillé. *Plaine* (llano) : bassin de l'Orénoque, tropical en saison sèche, savanes, forêt-galerie. *Guyane :* chaud, humide, tempéré sur plateaux (alt. 2 500 m aux Tepuyes), forêts, savanes. **Sites :** Canaima, Salto Angel (du nom de James Angel) [chute d'eau la plus haute du monde (980 m)], « Grande Savane ». **Climat.** *Température moyenne :* à Caracas : juin à oct. 17 à 30 °C, nov. à mai 12 à 25 °C ; entre 600 et environ 1 100 m d'alt. : 10 à 25 °C. *Saisons :* sèche nov. à avril, pluies mai à oct.

Nota. – Le V. revendique 155 000 km² en Guyana, pris au XIXe s. par la G.-B.

■ **Population** (en millions d'hab.). *1800 :* 0,78 ; *50 :* 1,37 ; *1920 :* 2,47 ; *50 :* 5,03 ; *71 :* 10,72 ; *85 :* 18,55 ; *2000 (est.) :* 24,17 ; *2025 (prév.) :* 35. En % (en 1985) : métis 69, Blancs 20, Noirs 9, Indiens 2. **D.** 26,4. **Age** (en %, 1999) : – *de 15 ans :* 32,7, + *de 64 ans :* 4,6. **Taux** (en ‰, 1999) : *natalité :* 25, *mortalité :* 5 (*infantile :* 21). **Espérance de vie** (en 1999) : *h.* 70, *f.* 76 ans. **Immigrés :** Colombiens plus de 1 000 000, Espagnols de 300 000 à 350 000, Italiens 250 000, Portugais 220 000. **Population urbaine** (en 1997) : 86 %.

■ **Langue.** Espagnol. **Religions** (en %). Catholiques 94,8, protestants 1, juifs 1.

■ **Villes** (est. 1998). *Caracas* 1 975 294 hab. (aggl. 4 000 000 en 1999), Maracaibo 1 400 643 (en 1990), Valencia 1 263 888, Barquisimeto 810 809, Ciudad Guayana 641 998, Maracay 458 761, Municipio Vargas

307 503, Barcelona 301 595, Ciudad Bolivar 278 525, Maturin 276 747 (en 1990), San Cristóbal 272 374, Puerto La Cruz 182 554. **Distances de Caracas** (en km) : Barquisimeto 453, Ciudad Bolivar 599, Maracay 109, Maracaibo 706, San Cristóbal 816, Valencia 158.

■ **Histoire.** Peuplé de Caraïbes et d'Arawaks. **1498** découvert par Colomb à son 3e voyage. **1499** Alonso de Ojeda et Amerigo Vespucci explorent région de Maracaibo. **1521** Cumaná, 1re ville fondée. **1528** Charles Quint confie la colonisation à la banque augsbourgeoise Welser, proclamée « seigneur perpétuel au V. ». **1529-47** gouv. allemand. **1546** expédition espagnole depuis la Nlle-Grenade (Colombie). **1560** V. gouverné par l'Audiencia de Santo Domingo. **1567**-*25-7* Diego de Losada fonde Santiago de León de Caracas. **1717** inclus dans la vice-royauté de Nlle-Grenade (cap. : Bogotá). **1731** capitainerie générale du Venezuela créée. **1739** rattachée à la vice-royauté de Nlle-Grenade. **1777** capitainerie générale du V. des provinces de Cumaná, Maracaibo, Guayana, et des îles de Trinidad et Margarita. **1810**-*19-4* autorités coloniales espagnoles déposées par notables de Caracas. **1811**-*5-7 indépendance*. **1812 Francisco de Miranda** (1750-1816) Pt d'avril à juillet, vaincu par Espagnols qui rétablissent leur pouvoir. **1812**-*juillet*/**1813**-*août* et **1814**-*janv.*/**1819**-*févr.* domination espagnole. **1813**-*août*/**1814**-*janv.* **Simon Bolivar** (24-7-1783, d'origine basque dit El libertador ; 17-12-1830 meurt en exil, disant : « J'ai labouré la mer ! ») Pt de Bolivie-Colombie-Pérou et V. **1819**-*févr.* **Bolivar** Pt. **1820**-*déc.* partie de la Rép. de Grande Colombie. **1821**-*24-6 Carabobo* : Bolivar bat Espagnols ; *indépendance*. **1830-48** **Gal José Antonio Paez.** **1848-58** dictature des frères **José-Tadeo et José-Gregorio Monagas.** 1858-70 guerres civiles : libéraux contre conservateurs, centralistes contre fédéralistes. **1870-88 A. Guzman Blanco.** Réformes. **Jusqu'en 1908 Joaquím Crespo et C. Castro,** instabilité. **1908-35** dictature de **Juan Gomez** (1857-1935). **1914** 1er puits de pétrole. **1935-45** transition, essai démocratique sous **Conteras** et **Angarita.** **1938**-*11-7* quitte la SDN. **1945**-*19-10* coup d'État **Rómulo Bétancourt** (1908-81). **1948-58** dictature militaire. **1948**-*15-2* **Rómulo Gallegos Freire** (1884-1969). **1952**-*déc.* **Marcos Perez Jimenez** (1914). **1958**-*23-1* régime démocratique présidentiel : **Wolfgang Larazabal Ugueto** Pt. -*Oct.* pacte de Punto Fijo : coalition gouvernementale des 3 grands partis pour 5 ans. -*Nov.* **Edgar Sanabria** Pt. **1959**-*13-2* **Rómulo Bétancourt** Pt. **1964**-*11-3* **Raul Leoni** (1905/5-7-1972) Pt. -*21-9* de Gaulle au V. **1969**-*2-3* **Rafael Caldera Rodriguez** (né 24-1-1916, social-chrétien) Pt. **1974**-*12-3* **Carlos Pérez Rodriguez** (né 17-10-1922, Action démocratique) élu. **1975**-*1-1* nationalisation des mines de fer ; -*29-8* de l'ind. pétrolière. **1978**-*3-12 législatives* et *présidentielle* (victoire du Copei). **1979**-*12-3* **Luis Herrera Campins** (né 4-5-1925) Pt. **1980**-*24-12* expulsion de 300 000 clandestins (90 % Colombiens). **1983**-*18-2* contrôle des changes. -*23-2* bolivar dévalué de 74 %. **1984**-*2-2* **Jaime Lusinchi** (né 27-5-1924, social-démocrate) Pt. **1987**-*1-12* fermeture universités après affrontements. **1989**-*2-2* **Carlos Andrés Pérez** (né en 1922, dit CAP, « El Gocho », Action démocratique) élu 4-12-1988 [54,5 % des voix devant 22 candidats dont Eduardo Fernandez (le « Tigre »), Copei, 41,7 %]. -*18-2* plan d'austérité : suppression du taux de change préférentiel (1 $ = 40 bolivars), liberté des prix et des taux d'intérêt (prix de l'essence + 150 %), salaires + 30 %. -*27-2* émeutes (tarifs transports doublés) : pillage de Caracas, répression [bilan : 246 † (500 à 1 200 selon certains)]. -*9/10-10* Pt Mitterrand au V. (victime d'un léger malaise). **1990**-*20-2* pillages. -*20-3* accord sur réduction de la dette avec 400 banques. **1991**-*20-11* émeutes étudiantes à Caracas (3 †). **1992**-*3-2* tentative de putsch du Lt-colonel Hugo Chavez : 19 †. -*4-2* : 1 089 militaires arrêtés. -*6-2* Noe Agosta, Pt de la CR (Causa Radical), arrêté. Pillages à Maracaibo. -*17-9* Maracay, manifestations, 1 †. -*27-11* putsch : échec, 250 †, conseil de guerre pour 1 200 militaires. -*6-12 élection* de 22 gouverneurs, 232 maires [dont à Chacao (Caracas) *Irene Sáez Conde* (née 13-12-1961, élue Miss Univers 20-7-1981, 1,85 m, 60 kg, tour de poitrine 92 cm, de taille 58)] : recul AD. **1993**-*mars* Caracas, manif. étudiantes. -*14-5* état d'urgence. -*21-5* Pérez suspendu pour « malversations » (arrêté 18-5 et destitué, sera le 30-5-1996 condamné à 2 ans et 4 mois de prison pour détournement de fonds ; libéré le 18-9). -*4/5-6* **Ramon Velasquez Mujica** (né en 1918) élu Pt intérimaire par le Congrès (205 voix sur 236 présents). -*7/8-8* Caracas, orage tropical *Bret*, 150 †. -*2/3-9* Caracas, violences, 1 †. -*5-12 présidentielle* et *législatives*. **1994**-*janv.* procédure pour corruption contre ancien Pt Lusinchi. -*1-1* TVA de 10 % sur commerce de détail (émeutes). -*3-1* mutineries prison de Maracaibo, 107 † ; -*4-1* pénitencier de Tocoron, 11 †. -*2-2* **Rafael Caldera Rodriguez** (né 24-1-1916) [Convergence démocratique, coalition de 17 partis dont conservateurs, MAS, PCV] élu Pt le 5-12-1993 avec 30,46 % des voix devant Claudio Fermin (AD) 23,6 %. -*24-2* putschistes de 1992 graciés. -*28-6* contrôle des prix et des changes, suspension de certaines libertés. -*29-11* : 107 détenus s'évadent de la prison de Tocuyito (tunnel de plus de 100 m). **1996**-*11-2* visite Jean-Paul II. -*Mars* manif. et grèves. **1998**-*6-12* **Cdt Hugo Chavez Frias** (né 28-7-1954) élu Pt (56,2 %, en fonctions le 2-2-1999). **1999**-*3-3* Chavez écrit au terroriste Carlos (emprisonné à Paris) une lettre de soutien. -*25-4 référendum* : abstentions 60,99, votants 39,11 dont 88 % pour élection d'une Assemblée constituante. -*25-7 élections* constituante : 128 sièges dont 119 au Pôle patriotique (coalition d'extrême gauche du Pt Chavez). -*15-12* référendum pour constitution : 71 %. Inondations, glissements de terrain, 25 000 à 50 000 †, 20 000 sinistrés. **2000**-*30-7* **Chavez** réélu Pt (56,93 %) contre Francisco Arias. -*7-11* loi lui permettant au Pt de gouverner par décret un an. -*24-12* Adina Bastidas vice-Pte.

■ **Statut.** *République bolivarienne du V.* depuis 15-12-1999. **Constitution** du 23-1-1961, révisée 15-12-1999. **Régions** : 9. **États** : 22. **District fédéral** : 1. **Iles** : 72 (dépendances fédérales). **Pt** élu au suffrage universel pour 6 ans, renouvelable une fois. **Assemblée** (165 m. élus pour 5 ans au suffrage universel). **Elections du 30-7-2000** : MVR 89 sièges.

■ **Fête nationale.** 5-7 (indépendance 1811). **Drapeau** (adopté 20-4-1836). Bandes horizontales jaune (avec armoiries), bleue (indépendance, avec 7 étoiles : provinces) et rouge (courage). **Noblesse.** *Titres conférés par l'Espagne* : 8 dont marquis 6, comte 1, vicomte 1.

■ **Partis.** **Action démocratique (AD)** fondée 1936 par Rómulo Bétancourt († sept. 1981, social-démocrate), 1 450 000 m. (Carlos Canache). **P. social-chrétien-Comité d'organisation politique des élections indépendantes (Copei)** fondé 1946, démocrate-chrétien, 1 500 000 m. (Luis Herrera Campins). **Mouv. vers le socialisme (MAS)** fondé 1971 par Teodoro Petkoff, socialiste (Felipe Mujica). **Mouvement électoral du peuple (MEP)** fondé 1967 (Luis Beltran Prieto Figueroa, † 1995). **Causa Radical (CR)** autogestionnaire et syndicaliste (Andres Velasquez). **Mouv. révolutionnaire bolivarien (MBR)** fondé 1983 (ex-Lt-Cel Hugo Chavez). **P. communiste du V. (PCV)** fondé 1931 (1 % des suffrages en 1973), 4 000 m. (Oscar Figuera). **Union rép. démocratique (URD)** fondée 1946 (Ismenia Villalba). **Mouv. d'intégration nat. (MIN)** fondé 1977 (Gonzalo Pérez Hernández). **Droite émergente du V. (DEV)** fondée 1989 (Vladimir Gessen, Rhona Ottolina, Godofredo Marin). **Convergence nat.** fondée 1993 (Rafael Caldera Rodriguez). **Mouvement pour la Ve république (MVR)** fondé 1997 (Hugo Chavez). **Patrie pour toutes les gauches (PPT).** **Pôle patriotique** (coalition MVR, MAS, PPT) fondé 1998.

Économie

■ **PNB** (en 1999). 4 850 $ par hab. **Croissance du PIB** (en %) : *1991* : 9,7 ; *95* : 2,3 ; *96* : – 1,6 ; *97* : 5,1 ; *98* : – 1,2 ; *99* : -7,2 ; *2000* : 2,2 ; *2001 (prév.)* : 4,5. **Population active** (en %) **et,** entre parenthèses, **part du PNB** (en %) : agr. 11 (5), ind. 22 (18), services 60 (53), mines 7 (23). 46 % environ de l'économie est informelle. **Chômage** (en %) : *1999* : 15,4 ; *2000* : 13. **Inflation** (en %) : *1985* : 11 ; *90* : 36,5 ; *91* : 32 ; *92* : 31 ; *93* : 46 ; *94* : 70,9 ; *95* : 56,6 ; *96* : 103,2 ; *97* : 37,6 ; *98* : 29,9 ; *99* : 20,2 ; *2000* : 15,4. **Dette extérieure** (en milliards de $) : *1998* : 37 ; *2000* : 34. Seul pays d'Amérique latine à avoir remboursé sa dette (capital et intérêts) jusqu'en déc. 1997. **Salaires** : 78 % de la population vit avec moins de 100 $ par mois. **Réserves** (devises, en milliards de $) : *1995* : 6,3 ; *2000* : 13,1.

■ **Agriculture.** **Terres** (en %) : forêts 39, pâturages 19,6, cultivées 7,6. 2,2 % des familles rurales possèdent 89 % des terres cultivées, 61,5 % en possèdent 11 % et 11 % n'ont pas de terre. **Production** (en milliers de t, 1999) : canne à sucre 7 988, bananes 1 551, maïs 1 024, riz 669, manioc 448, sorgho 401, oranges 331, p. de t. 252, tomates 187, noix de coco 104, café 67, coton 43, sésame 40 (en 1993), cacao 18, tabac 11, épices. **Élevage** (en milliers de têtes, 1998). Volailles 95 000 (en 1996), bovins 15 992, porcins 4 500, caprins 790, ovins 781. **Pêche** (en 1998). 516 800 t. Perles.

■ **Énergie.** **Pétrole** *découvert* 1922 [en millions de t : *réserves* : 10 481 (en 2001) dans la ceinture de l'Orénoque, *production* : *1990* : 113,8 ; *95* : 152,4 ; *97* : 171,4 ; *98* : 181 ; *99* : 163,2 ; *2000* : 166,8. *Revenus* (en milliards de $) : *1984* : 19 (90 % des recettes d'export.) ; *95* : 14,4 ; *96* : 6,17 ; *97* : 18 ; *98 (est.)* : 12,5]. **Gaz** (en milliards de m3) : *réserves* : 4 148 (en 2000), *production* : *1998* : 31,4 ; *99* : 26,8 ; *2000* : 27,2. **Électricité** (est. 1998) : 80,1 milliards de kWh. Barrages de Guri (le plus grand du monde) et de la Vueltosa. **Charbon** (en 1998) : 6 500 000 t. **Bitume** (en 1994) : *réserves* : 36,7 milliards de t (région d'Orénoque, coût d'exportation prévu 7 $ le baril). **Mines** (en 1998). Fer 17 000 000 t, or (*réserves* : 8 000 à 10 000 t en 1995, *production* : 17 t), diamants 300 000 carats, cuivre, nickel, bismuth, vanadium, bauxite 5 000 000 de t, manganèse, phosphates. **Industries.** Raffinerie, chimie, engrais, agroalim., ciment, métallurgie, aluminium, cuir, mécanique. **Transports** (en km, 1998). **Routes** : 94 546 dont 34 806 revêtus. **Voies ferrées publiques** : 288 (2 680 km en 2002), **privées** : 300. **Tourisme.** 800 000 visiteurs (en 1997).

■ **Commerce** (en milliards de $). **Export./import.** : *1997* : 21,2/14,6 ; *98* : 17,2/15,7 ; *99* : 20,9 (pétrole 15,8)/13,8.

■ **Rang dans le monde** (en 1999). 6e réserves de pétrole.

Iles Vierges britanniques

Carte page de garde.
V. légende p. 950.

■ **Situation.** Petites Antilles, à 96 km à l'est de Porto Rico. 153 km2. **Iles** : 36 dont 20 habitées. Toutes volcaniques et élevées, sauf Anegada qui est plate et corallienne. **Climat.** Subtropical, peu de pluies, chaleurs atténuées par les alizés. *Temp. moy.* : 22 à 28 °C hiver, 26 à 31 °C été.

■ **Population.** *2000* : 19 615 hab. (majorité noire) dont (en 1997) Tortola (56,39 km2) 15 687, Virgin Gorda (21,37 km2) 2 885, Anegada (38,85 km2) 191, Jost Van Dykes (2 îles, 9,07 km2) 172, autres îles 172. **D.** 125. **Capitale.** *Road Town* sur Tortola 6 608 hab. (en 1995).

■ **Langue.** Anglais. **Religions.** Méthodistes, anglicans, catholiques, autres.

■ **Histoire.** **1493** découverte par Colomb. **1648** établissement hollandais, **1666** anglais. **1774** Constitution. **1816** colonie rattachée à St Christophe et Niévès, et Anguilla. **1834** esclavage aboli. **1867** nouvelle association. **1871** dans Fédération des îles Leeward. **1950** gouv. représentatif. **1956** quitte la Fédération, devient colonie. **1958**-*3-1* dans la Fédération des Indes occidentales. **1967** autonomie.

■ **Statut.** *Colonie britannique.* **Constitution** de 1967, révisée juin 1977. **Gouverneur** : Francis Savage depuis mai 1998. **Ministre principal** : Ralph O'Neal depuis 25-5-1995. **Conseil législatif** : 15 m. dont 13 élus pour 4 ans, 1 nommé et 1 *ex officio*. **Conseil exécutif** : gouverneur, 1 membre *ex officio* (procureur général), ministre principal et 3 ministres. **Drapeau** (adopté 1956). Fond bleu. En haut et à gauche, drapeau du Royaume-Uni. Armoiries : Ste Ursule, patronne des îles, martyrisée avec 11 000 vierges représentées par 11 lampes.

■ **Économie.** **PNB** (en 1999) : 13 790 $ par hab. **Agriculture.** Fruits, légumes. **Élevage. Pêche** (en 1997). 1 000 t. **Industrie.** Raffinerie de pétrole. **Place financière.** Off shore. *Siège* de 200 000 Stés.

■ **Tourisme.** **Visiteurs** (en 1995) : 335 000. **Revenus** : 45 % du PNB. **Sites** : plages de Long Bay (Tortola), Deadman Bay (Peter Island) ; Baths (Virgin Gorda).

■ **Commerce** (en millions de $, 1996). **Export.** : 5,9 *dont* poisson, gravier, sable, fruits et légumes **vers** îles Vierges américaines. **Import.** : 158,4.

Viêt Nam

V. légende p. 950.

☞ *Abréviation* : VN : Viêt Nam.

■ **Définitions.** **Indochine** : ensemble colonial français comprenant Viêt Nam, Cambodge, Laos ; n'existe plus depuis 1954. **Viêt-bac** ou « Grand Nord » : région mitoyenne de la Chine qui servit de base au Viêt-minh. **Viêt-cong** : mouvement nationaliste et paracommuniste du Sud. **Viêt-minh** : abréviation de *Viêt Nam Dôc Lâp Dông Minh Hôi* (Ligue ou Front pour l'indépendance du Viêt Nam). **Viêt Nam** ou « Sud au-delà » : du sud de la Chine aux bouches du Mékong [de 1954 à 1975 : 2 Viêt Nam (Nord et Sud) de chaque côté du 17e parallèle]. **Annam** *(Trung Ky)* ou « Sud pacifié » : nom donné par les Chinois au Viêt Nam, repris par les Français pour le centre du Viêt Nam, le nord étant le Tonkin (de Dông King, capitale de l'Est) [*Bac Ky*], et le sud la Cochinchine *(Nam Ky)*.

■ **Situation.** Asie du Sud-Est. 331 114 km2, 3/4 de montagnes et de plateaux, plusieurs milliers d'îles. **Frontières** (en km) : Laos 2 130 km, Chine 1 281, Cambodge 1 228. **Côtes** : 3 444 km. **Longueur** : 1 650 km. **Largeur** : 600 km (minimale 50 km). **Archipels** : *Paracels* ou *Nansha* (nom chinois) ou *Hoang Sa* (vietnamien) : *1920* gouvernement d'Indochine accorde concession au Jap. pour exploiter phosphates ; *1939-45* occupation jap. ; *1946*-mai française ; -sept. nationalistes chinois ; *1950*-mai en partie commandés par Chinois [occupés par les Chinois depuis 1974]. *Spratley* ou *Xisha* (nom chinois) ou *Truong Sa* (vietnamien) : 227 000 km2 (225 000 submergés) [*1877-1930* les Anglais exploitent le phosphate ; *1930-39* rattachés à la Cochinchine ; *1939-45* occupés par Japonais ; *1946* par nationalistes chinois]. **Nord** (ancien VN du Nord). 158 750 km2. *Altitude maximale* : pic Fan Si Pan *(Hoang Liên Son)* 3 143 m. 23 000 km2 de plaines dominées par des montagnes. *Climat* : tropical (mousson), avec saison fraîche (mousson du nord-est : déc.-mars ; 16-17 °C) ; *températures* : à Hanoï 23,5 °C (janv. 16,3 °C, juillet 29,9 °C) ; *taux d'humidité* 84 % à Hanoï. **Sud** (ancien VN du Sud). 170 906 km2. *Altitude maximale* : plateau du Lang Biang 2 267 m. Plaines *(Nam Bô)* et delta du

Mékong, rizières, hévéas. *Climat* : de mousson : sec nov.-avril, humide mai-oct. ; *température :* 28 à 36 °C ; *pluies :* 1 678 mm/an. **Centre** *(Trung Bô).* Plaines côtières dominées par la cordillère Truong Son (4 m de pluies par an dans arrière-pays de Nha Trang), forêt tropicale sur le versant maritime, forêts et savanes sur le versant intérieur. Hauts plateaux. **Cours d'eau** (en km). Fleuves 41 000, canaux 3 100. *Fleuve Rouge* 510 au VN (débit 122,1 milliards de m^3 par an, apporte 80 millions de m^3 d'alluvions, le delta gagne chaque année 100 m sur la mer) ; affluents : Da 543, Lô 277, Gâm 210, Chay 306, Day (bras) 241. *Thai Binh,* formé de Câu 290, Thuong 156, Luc Nam 178. *Ky Cung* 230. *Ma* 426. *Ca* 379. *Gianh* 155. *Bên Hai* 66. *Thu Bôn* 102. *Da Rang* ou *Ba* 290. *Dong Nai* 500. *Mékong* 4 220 dont 220 au VN, source au Tibet ; delta en 9 branches (Cuu Long : « 9 dragons »), avançant tous les ans de 60 à 100 m dans la mer. Les deltas forment des plaines fertiles. **Principales plaines** (en milliers d'ha). Hâu Giang 3 354, Tiên Giang 2 241, delta du fleuve Rouge et du Thai Binh 1 500, Thanh-hoa et Nghê Tinh 680, Trung Bô méridional 610, plaine des Joncs 585, Binh Tri Thiên 200.

■ **Population** (en millions d'hab.). *1901 :* 13 ; *13 :* 17 ; *21 :* 15,6 ; *31 :* 17,7 ; *36 :* 19 ; *39 :* 24 ; *43 :* 22,6 dont Bac Bô (Tonkin) 9,8, Trung Bô (Annam) 7,2, Nam Bô (Cochinchine) 5,6 ; *55 :* 27,2 (Nord 13,6, Sud 13,6) ; *60 :* 31,6 ; *74 :* 46,2 ; *76 :* 49,9 ; *79 :* 52,7 (Nord 27,4, Sud 25,3) ; *88 (est.) :* 63 ; *2000 (est.) :* 80,55 ; *2025 (prév.) :* 110. **Taux** (en ‰, 1999) : *natalité :* 22, *mortalité :* 7 (*infantile :* 35). **Avortements :** 1,5 à 4 millions par an. **Croissance démographique** (en %) : *1982 :* 2,5 ; *89 :* 2,13 ; *91 :* 3 ; *93 :* 2,32. Limitation des naissances (oct. 1988) : la mère doit avoir 22 ans au 1er enfant et le père 24 ; 3 ans doivent séparer le 1er du 2e (le taux de natalité doit passer de 25 à 17 ‰ en 1990 et à 11 en 2000). **D.** 243,3 (1 000 dans les deltas). **Age** (en %) : *– de 15 ans :* 32,8, *+ de 64 ans :* 5,4. **Espérance de vie** (en 1999) : *h.* 63, *f.* 69 ans. **Ethnies :** 54 dont Viêt 85 % (plaines et agglomérations urbaines). **Minorités** (dans hautes et moyennes régions, 1976) : Tay 742 000, Khmer 651 000, Thaï 631 000, Muong 618 000, Nung 472 000, H'mong 349 000, Dao 294 000, Gia Rai 163 000, E-dê 142 000, Ba Na 78 000, Cham 65 000, Co Ho 63 000, Rê 57 000, San Diu 53 000, Sodang 53 000. **Français en Indochine :** *1940 :* 35 000 dont 22 000 civils. **Chinois** (en milliers) : vers *1900 :* 100 ; *21 :* 195 ; *31 :* 267 ; *50 :* 1 000 ; *75 :* 1 400 (dont Saïgon-Cholon 800). **Prostituées** (en 1992) : 600 000. **Opiomanes :** 300 000. **Sida** (en 1998) : 53 000 cas. **Réfugiés indochinois :** environ 3 000 000 depuis 1975, soit 5 % de la pop. (VN du Nord 2 %, Laos 10, Cambodge 25 à 30). **Boat people** (arrivés par mer dans les pays voisins) : *de 1977 à 1994 :* environ 1 300 000 dont, *de 1977 à 1989 :* 1 100 000 ; *en 1990 :* 31 000 ; *91 :* 22 500 ; *92 et 93 :* 100 à 200. De plus, 450 000 (?) se sont noyés en chemin ou ont été massacrés par des pirates. **Réinstallation de réfugiés indochinois entre 1975 et 1995 :** 1 311 183 (dont Cambodgiens 235 485, Laotiens 320 856, Vietnamiens 754 842) dont en Allemagne 19 428 (Vietnamiens 16 848), Australie 137 543 (110 996), Belgique 3 785 (2 051), Canada 137 145 (103 053), Danemark 4 725 (4 682), Finlande 1 902 (1 859), France 95 671 (27 071), G.-B. 19 974 (19 355), Japon 8 803 (6 469), Norvège 6 194 (6 064), Nlle-Zélande 10 628 (4 921), P.-Bas 8 063 (7 565), Suède 6 054 (6 009), Suisse 8 470 (6 239), USA 822 977 (424 590), Autres 19 821 (7 070). **Pop. urbaine** (en 1998) : 20 %.

■ **Villes.** *Hanoï* 2 150 000 hab. (en 1993) [2 139 km^2, 4 arrondissements, 11 districts ; 286 communes rurales]. Hô Chi Minh-Ville (Saïgon) 3 169 000 (en 1993) [à 1 738 km, 2 029 km^2] dont Cholon (quartier chinois) 500 000 ; 21 districts. Haïphong 456 000 (en 1993) [1 503 km^2]. Villes administrées directement par le gouv. : Da Nang (ex-Tourane) 370 670 ; Huê 270 000 ; Nha Trang 213 687 ; Nam Dinh 165 649 ; Quy Nhon 160 091.

■ **Organisation administrative.** 7 *régions* divisées en 53 *provinces* (mi-1993).

■ **Langues.** Vietnamien, langue de la majorité viêt (ou *kinh*) *[officielle]*, chinois, anglais, russe, français (70 000 francophones), langues des minorités ethniques. **Alphabétisation :** 82,5 % (50 % chez les moins de 15 ans dans faubourgs d'Hô Chi Minh-Ville).

■ **Religions. Bouddhistes :** 50 %. *Culte des ancêtres. Mai 1993,* arrestations massives de bouddhistes. **Caodaïstes :** 10 %. *Origine :* vers 1926 Ngo Van Chieu (spirite), Van Trung (riche négociant) et le pape Hô-Phap Pham Cong Tac († 1959). *Doctrine de la secte :* syncrétique, préconise « un Dieu unique, réincarnation de l'âme réglée par la loi du karma, respect des morts, culte de la famille, vertu de la résignation et pratique de la justice ». Les fidèles attendent la venue d'un Minh Vuong, « roi juste et éclairé », qui rétablira l'Age d'or disparu. *Devise :* « Amour et Justice ». Vénère Bouddha, Confucius, Lao Tseu, Jésus-Christ, des animaux sacrés (Dragon, Licorne, Tortue, Phénix). *Ville sainte :* Tây Ninh (à 100 km d'Hô Chi Minh-Ville). A l'entrée du temple, tableau réunissant Sun Yat-sen, Trang Trinh (fondateur) et Victor Hugo entourés d'auréoles. **Catholiques :** 6 %. *En 1954,* 670 000 avaient fui le Nord-VN pour le Sud. *Depuis 1976 :* environ 20 ordinations au Sud et 15 au Nord (soumises à autorisation du gouvernement). *1990 :* église édifiée à Hô Chi Minh-Ville (1re depuis 1975), création d'un séminaire à Cân Tho (5 en fonctionnement au VN, nombre limité et imposé de séminaristes). **Protestants :** 5 %. **Autres** ou **sans religion :** 29 %.

■ Histoire

■ **Avant J.-C.** Un *Homo sapiens vietnamensis* a vécu au Paléolithique à Yên Bai et à Ninh Binh. **Age du bronze,** civilisation de Dông Son (Tonkin) qui rayonne dans Sud-Est asiatique et Pacifique. **2000-258** royaume de Van Lang (15 tribus austro-asiatiques mettent en valeur delta du fleuve Rouge). **258-214** royaume d'Au Lac (aristocratie militaire). **IIIe s.** fin des royaumes austro-asiatiques : au nord, occupation chinoise et constitution de l'ethnie vietnamienne ; au sud, royaume indien, le *Champa,* qui résistera au Nord-VN jusqu'au XVIIIe s. **Après J.-C. 939** victoire de Bach Dang, quasi-indépendance des rois vietnamiens (investiture par empereur chinois et paiement d'un tribut symbolique). *Invasions chinoises :* XIe s. (Song), XIIIe s. (Mongols), XVe s. (Ming), XVIIIe s. (Tsing). La résistance consolide le VN. **Dynasties : 968-90** Dinh , **980-1009** Lê antérieurs, **1009-1225** Ly, **1225-1413** Trân ; occupation chinoise. **1427-1527** et **1533-1789** Lê postérieurs. **Du Ier au XVIIIe s.** insurrections : **40** des 2 sœurs Trung, **544** de Ly Nam Dê, **939** de Ngô Quyên, **1075** de Ly Thuong Kiêt, **1257-88** de Trân, de Hung Dao, **1418-27** de Lê Loi et Nguyên Trai. **1624** missions espagnoles. **1663** tribut trisannuel à la Chine. **1672** tribut tous les 6 ans. **1771** les 3 frères Nguyên de Tay Son (province de Binh Dinh) soulèvent paysans. **1788** Nguyên Hue proclamé roi (Quang Trung). **1792** il meurt. Tribut bisannuel à la Chine, visite d'hommage tous les 4 ans (avant, tous les 6 ans).

1802-*juin* **Gia Long (Nguyên Anh)** [1762-1820] fonde dynastie des *Nguyên.* Avec appui du missionnaire Pigneau de Béhaine et de négociants français, reconquiert Cochinchine, Annam et Tonkin. Se proclame empereur ; capitale : Hué. Le pays est appelé pour la 1re fois Viêt Nam (Sud peuplé par les Viêt). **1820 Minh Mang** († 21-1-1841), son fils, persécute les chrétiens (favorables à pénétration française) qui se soulèvent (Cochinchine 1833-36) ; impose protectorat au Cambodge (1834). **1841**-*janv.* **Thieu Tri,** son fils.

1848 Tu Duc (1830-83), son fils ; la France intervient pour protéger ses missions et s'assurer des débouchés, attaque Da Nang. **1858-60** *campagne de Cochinchine.* **1858**-*1/2-9* Tourane prise (par l'escadre de Rigault de Genouilly ; 5 canonnières de 1re classe). **1859**-*10/17-2* Saïgon prise. Attaque de Hanoï. **1861**-*17-2/1-13-8* My-Tho prise. -*Avril/déc.* Cochinchine pacifiée. **1862**-*5-6* Tu Duc cède à la France les 3 provinces orientales du Nam Ky (Basse-Cochinchine, Nam Bo), la liberté religieuse, le droit de commercer en Annam comme au Tonkin et une indemnité de 4 millions de piastres mexicaines (20 millions de F-or). **1863**-*28-11*/**1868**-*4-4 amiral de La Grandière* (1807-76) gouverneur de la Cochinchine. **1863** protectorat français au Cambodge. **1866/1868**-*mars* bassin du Mékong, fleuve coupé de rapides, non navigable, exploré par Doudart de Lagrée. **1867** 3 provinces occidentales du Nam Bo conquises. **1872** Jean Dupuis (1829-1912) [négociant français] remonte le fleuve Rouge (interdit aux étrangers) jusqu'en Chine avec une flottille (400 Chinois armés de chassepots). 4 mois plus tard, au retour, est bloqué par Vietnamiens. **1873** amiral Dupré envoie Francis Garnier (né 25-7-1839) aider Dupuis avec un aviso et 50 soldats. -*20-11* Garnier prend Hanoï avec moins de 600 h. (les siens et ceux de Dupuis). -*21-12* Garnier et son lieutenant, Balny d'Avricourt, tués par les *Pavillons-Noirs.* **1874**-*12-2* Français évacuent Hanoï. -*15-3 traité de Saïgon :* la France reconnaît l'indépendance de l'Annam, Tu Duc confirme cession Cochinchine ; fleuve Rouge ouvert au trafic français. -*31-8* traité de commerce. **1875**-*21-1* Banque de l'Indochine fondée. **1879**-*13-5* amiral Lafont démissionne. -*14-5* **Le Myre de Vilers** 1er gouverneur civil. **1882** la Chine (se disant suzeraine de l'Annam) laisse les Pavillons-Noirs massacrer les Français au Tonkin. Le Myre charge le Cdt Henri Rivière de rétablir l'ordre. -*25-4* Rivière (avec 580 Français et 25 tirailleurs annamites sur 3 canonnières) prend Hanoï. **1883**-*19-5* Rivière tué (avec 29 Français) dans une sortie au Pont-de-Papier. Une escadre (amiral Courbet) et 4 000 h. (Gal Bouët) sont envoyés : font diversion contre l'Annam. -*19-7* Tu Duc meurt à 54 ans. **Duc Duc,** son neveu et fils adoptif, empereur. Non couronné, déposé après 3 j. -*21-7* **Hiep Hoa (Pce Hong Dat),** frère de Tu Duc, empereur. -*18/20-8* forts de Thuan-An bombardés et occupés. -*25-8 traité d'Annam* reconnaît protectorat français sur Tonkin, accepte un résident français à Huê, cède la province de Binh Thuan, autorise l'occupation (à titre permanent) de Thuan-An et d'autres positions, ouvre au commerce Tourane et Sông-Day. -*30-11* Hiep Hoa déposé, meurt (empoisonné ?) ; **Kien Phuc (Ung Dang,** 15 ans), petit-neveu de Tu Duc, empereur. -*16-12* Courbet prend Son-tay. Corps expéditionnaire porté à 16 000 h. [avec Millot (Gal de division), Brière de l'Isle et Négrier (Gaux de brigade)]. **1884**-*12-3* Négrier prend Bac-ninh, Yên-thé, Thai-nguyên ; les Chinois se retirent. -*11-5 : 1er traité de Tientsin :* Chine s'engage à évacuer ses troupes du Tonkin, renonce à sa suzeraineté sur Annam. -*6-6* traité de protectorat sur Annam. -*23-6 :* 2 bataillons (Lt-Cel Dugenne) envoyés à Lang Son ; arrêtés, près du Bac-Lé, par des réguliers chinois (après 2 j de combat, Dugenne doit se retirer). -*12-7* Jules Ferry demande réparation d'au moins 250 millions de F. La Chine, estimant les torts partagés, refuse. -*31-7* Kien Phuc meurt. -*2-8* **Ham Nghi (Pce Ung Lich,** 13 ans), frère de Kien Phuc, empereur. -*19-8* nouvel ultimatum : Ferry demande 80 millions et réponse dans 48 h. -*23/29-8* Courbet bombarde Foutchéou, coule 22 navires chinois avec 2 000 h. d'équipage, détruit arsenal et forts ; puis, dans l'île de Formose, canonne et occupe Kélung, assiège Tamsui. -*27-8* la Chine proclame l'état de guerre avec la France. Le corps expéditionnaire français sera décimé par le choléra. **1885**-*13-1* Courbet fait sauter 5 navires de guerre chinois sortant du fleuve Bleu et occupe îles Pescadores ; établit dans le Pétchili le blocus du riz. -*13-2* Gal Négrier occupe Lang Son (poste clé contre les incursions chinoises). -*3-3* Tuyên Quang, assiégé depuis 36 j par Pavillons-Noirs, est dégagé par Brière de l'Isle. -*23-3* Négrier, avec 1 000 h., repousse en Chine un détachement chinois mais doit se retirer (perd 1/3 de son effectif). -*25-3* accord secret d'armistice avec Chine qui doit être signé le 30-3. -*28-3* Négrier, victorieux à Ky-lua, est blessé ; le Lt-Cel Herbinger prend le commandement ; abandonne Lang Son. -*29-3* à Paris, on parle de 1 800 Français perdus ; en fait, avec 1 200 †, les Chinois se replient sur la frontière ; les Français ont eu 5 † et 37 bl. -*30-3* Paris, Ferry demande un crédit extraordinaire de 200 millions de F, mais est renversé par 306 voix contre 149. *2e traité de Tientsin* (convention franco-chinoise ; *4-4* préliminaires signés à Paris, *9-6* traité définitif) confirme accords du 11-5-1884. Chine renonce à ses droits de suzeraineté au Viêt Nam et reconnaît ceux de la France sur le Tonkin. -*1-7* Huê, Gal de Courcy vient régler difficultés avec Annam. -*5-7* Huê, soldats du régent Thuyet attaquent soldats français qui résistent. Thuyet s'enfuit avec Ham Nghi. -*20-9* **Dong-Khanh [Pce Ung-Xuy,** 23 ans († 28-1-1889)], frère aîné de Ham Nghi, empereur. -*13-12* Paris, une commission parlementaire considère « comme funestes l'annexion et le protectorat ». -*24-12* son rapport est rejeté par 274 voix contre 270. **1886 Paul Bert** (1833-86), gouverneur général de l'Indochine, fait du Tonkin une vice-royauté. **1887 création de l'Union indochinoise** regroupant 3 protectorats (Annam-Tonkin, Laos et Cambodge), une colonie (la Cochinchine) et un territoire à bail (Kouang-Tchéou-Wan). -*5-7* Français prennent Huê (le corps expéditionnaire comprend 40 000 h. (4 000 † du choléra en août 1884). -*16-11* **Ernest Constans** (1833-1913) gouverneur gén. (poste créé 17-10). **1888**-*3-6* **Charles Marie David** [1842/11-11-1890) dit baron de Mayréna, ancien banquier à Paris, se proclame roi des Sédangs sous le nom de Marie Ier. -*1-11* Ham Nghi fait prisonnier [exilé à Alger, ép. Marcelle Laloi dont il eut 3 enfants : Nhu-May (agronome), Minh-Duc (officier) et une fille Nhu-Ly (veuve de François de La Besse)]. **1889**-*28-1* Dong-Khanh meurt ; **Thanh Thai** (10 ans), fils de Tu Duc, empereur. **1897**-*13-2* **Paul Doumer** (1857-1932) gouverneur ; grands travaux. **1898** École française d'Extrême-Orient créée. **1899** Doumer réorganise monopole de l'opium (1/3 des revenus de la colonie). **1907**-*3-9* Thanh Thai abdique ; **Duy Tan [Vinh-Sanh,** 8 ans († 24-12-1945)], fils de Thanh Thai, empereur. **1908** révolte de De Tham († 1913) au Tonkin. **1911**-*15-1* **Albert Sarraut** (28-7-1872/26-11-1962) gouverneur. **1914-18** 43 430 soldats et 48 980 ouvriers vietnamiens en Fr. **1916**-*3/4-5* rébellion de Duy Tan qui s'échappe ; repris le 6, déposé et exilé ; **Khai Dinh (Pce Buu Dao),** fils de Dong Khanh, empereur d'Annam. **1919** Sarraut promet l'autonomie à l'Indochine. **1925** Saïgon, grèves ouvrières à l'Arsenal. -*6-11* Khai Dinh meurt. Obsèques de Phan Chau-Trinh (nationaliste) et manif. anticolonialistes. **1926**-*8-1* **Bao Dai** (« Grandeur retrouvée ») **[Pce Vinh-Thuy,** 22-10-1913/31-7-1997], seul fils de Khai Dinh, empereur (à Paris de 1927 à 1932 au lycée Condorcet puis à Sciences politiques ; 1932-35 : règne à Huê). **1927** Nguyên Thai Hoc crée *Parti nationaliste* du VN. **1930**-*3-2 conférence de Kowloon :* il fonde PC indochinois avec Vô Nguyên Giap et Pham Van Dông. -*9/10-2* soulèvement de 2 Cies de tirailleurs du Tonkin (Yên Bai) déserteurs (9/10-1), commettent attentats, 10 † ; jacquerie paysanne en Cochinchine et N.-Annam réprimée, 10 000 †. -*14-2* attentat à Mao Khé, troubles en Cochinchine. **1930**-*mai*/**1931**-*sept.* émeutes agraires (« soviets du Nghê Tinh »). **1935**-*27/31-3* congrès du PC à Macao.

1940 (25 millions d'hab. dont 40 000 Français). -*20-6* **Gal Catroux** accepte qu'une mission de contrôle japonaise s'installe à la frontière tonkinoise pour interdire le ravitaillement de la Chine avec laquelle le Japon est en guerre non déclarée. -*23-6* Catroux se justifie auprès du gouv. de Vichy : il n'a pas d'avions, pas de DCA, pas de sous-marins. L'Indochine ne dispose que de 3 ou 4 divisions mal équipées. -*25-6* Vichy destitue Catroux, le remplace par le vice-amiral d'escadre **Jean Decoux** (1884-1963), commandant les forces navales d'Extrême-Orient, basées à Shangaï et Saïgon. -*20-7* Catroux passe ses pouvoirs à Decoux. -*30-8* Vichy, la France accorde des « facilités militaires » au Japon qui reconnaît la souveraineté française sur l'Indochine. -*22-9* Decoux obtient que les Japonais réduisent leurs forces au Tonkin de 22 000 à 6 000 h. -*23-9* l'armée japonaise de Canton (qui ne connaît pas les termes exacts de l'accord) met en déroute la garnison de Lang Son puis, sur ordre de l'empereur japonais, se retire († : 3 000 Japonais, 800 Français). -*20/23-11* Cochinchine, insurrection des réseaux clandestins créés par Tran Van Giau ; des notables sont tués, répression : 116 exécutés. **1941**-*11-5* Siam obtient territoires au Cambodge et Laos. -*21-7 protocole Darlan-Kato :* la France accorde au Japon utilisation d'aérodromes et stationnement de troupes sur tout le territoire. Le Japon obtient riz et matières premières, mais s'engage à respecter souveraineté française. -*2-9* **Hô Chi Minh** fonde le *Viêt-minh* (voir **Définitions** p. 1285 c). [Nguyên Tat Than, dit Nguyên Ai Quôc (Hoang Tru 19-5-1890/Hanoi 2-9-1969). Son pseudonyme signifie « à la volonté éclairée ». Famille mandarinale, père révoqué pour faute grave. *1919* à Paris, publie les *Revendications du peuple annamite. 1921-23* à Paris, 9, impasse Compoint. *1923* à Moscou. *1930* organise PCI (Parti communiste indochinois)]. -*Fin nov.* 75 000 Japonais en Indochine. -*8-12* alliance militaire Japon/Indochine. **1942-44** Hô Chi Minh s'impose par le terrorisme : assassinats de notables, de petits fonctionnaires, de paysans aisés et hostiles, pillages et incendies de villages rebelles à la propagande communiste. **1944**-*5-7* Cdt François de Langlade, parachuté au Tonkin, envoyé par de Gaulle pour rencontrer Decoux, en est dissuadé par le Gal Mordant (à la retraite). -*19-8* Mordant nommé par le comité d'action d'Alger chef de la résistance. -*14-11* Paris, télégramme de Pleven ordonnant à Decoux de rester à son poste. -*28-11* Langlade transmet, avec retard, un texte tronqué. -*22-12* Hô Chi Minh crée le « Détachement de la propagande armée » de 34 h. sélectionnés par Gal Giap (noyau de la future Armée populaire). -*Déc.* Japon perd Philippines ; redoutant un débarquement américain, il envoie 2 divisions supplémentaires en Indochine.

1945-*12-1* avions américains détruisent environ 40 navires japonais dans la rivière de Saïgon et au large du cap St-Jacques. *-9-3* Japonais attaquent garnisons françaises. *Pertes françaises :* 199 officiers, 598 sous-officiers, 1 322 h. de troupe (européens) ; *indochinoises :* inconnues. Les Japonais occupent toute l'Indochine (69 000 h.) ; *-11-3* proclament l'indépendance du VN. *-24-3* déclaration du Gouvernement provisoire de la République française : autonomie interne des 5 pays de la Fédération indochinoise incluse dans la future Union française et dotée de certains pouvoirs. *-17-4* Bao Dai proclame indépendance (*Tran Trong Kim* PM), se rallie au Japon. 5 700 officiers et soldats (dont 3 200 Vietnamiens) se sont réfugiés en Chine du Sud. La domination française s'étant estompée, les Américains cherchent des remplaçants pour obtenir des renseignements (*l'Agas,* service américain chargé de secourir les pilotes abattus en Indochine, est en relation avec le Viêt-minh). *-27-4* Hô Chi Minh rencontre en Chine le C^{dt} A. Patti [Américain à la tête de l'OSS *(Office of Strategic Services)* chargé des opérations dans le Nord contre régime colonial français]. Repli dans le sud de la Chine des détachements des G^{aux} Alessandri et Sabattier. Contacts entre QG avancé français de Colombo (Ceylan) et groupes épars tenant le maquis. *-4-5* le nom de Viêt Nam remplace celui d'Indochine. *-23-5 :* 1ers accrochages Français/Viêt-minh du Sud. *-Juin/juillet* équipe américaine du C^{dt} Allison K. Thomas, baptisée *Deer Team,* parachutée en zone vietnamienne, initie pendant 4 semaines 200 combattants vietnamiens au maniement des armes américaines. *-7-6* le Gal Leclerc est chargé de mettre sur pied un corps expéditionnaire pour l'Extrême-Orient. *Juill. conférence de Potsdam :* troupes anglaises et chinoises libéreront l'Indochine. *-8-8* à Tran Tao, Hô Chi Minh forme un « Comité de libération du peuple du Viêt Nam » (14 membres dont 11 communistes).

1945-*14-8* **amiral Georges Thierry d'Argenlieu** (1889-1964) nommé haut-commissaire de la France en Indochine pour rétablir souveraineté française. *-15-8* capitulation locale japonaise, Indochine occupée au nord du 16e parallèle par Chine, au sud par Britanniques (selon accords de Québec 1943 et Potsdam 1945). *-16-8* capitulation du Japon. Gal Leclerc commandant des forces françaises d'Extrême-Orient. Le G^{al} japonais Tsuchihashi remet ses pouvoirs au vice-roi *Phan Ké Toai,* délégué impérial à Hanoï, qui s'est rallié au Viêt-minh. Hô Chi Minh convoque convention nationale ; celle-ci, impressionnée par la photo dédicacée de C. Chennault (C^{dt} de l'escadrille des Tigres volants), la présence des Américains et les armes qu'ils ont distribuées, élit un gouv. provisoire dont Hô Chi Minh prend la tête. Le bruit court que les USA soutiennent le Viêt-minh (la *Deer Team* accompagne soldats du Gal Giap jusqu'à Hanoï). *-19-8* révolution à Hanoï. *-20/22-8* Viêt-minh prend Hanoï (assassinats de Français). *-22-8 Jean Sainteny* arrive à Hanoï (le 5-10, sera nommé commissaire de la République au nord du 16e parallèle). *-23-8* Jean Cédile parachuté en Cochinchine. Les Japonais refusent de libérer 1 500 soldats et officiers français des troupes coloniales, prisonniers depuis le 9-3. *-25-8 Bao Dai abdique* et devient le citoyen Vinh Thuy. *-27-8* Cédile entre en contact avec le comité exécutif provisoire du Viêt-minh. *-2-9 capitulation japonaise.* **République démocratique du VN (RDVN)** *fondée* à Hanoï [fête d'indépendance à Saïgon : 5 Français tués ; drapeaux rouges avec inscription *Doclâp* (« indépendance ») ; statue de Mgr Pigneau de Béhaine déboulonnée]. *-5-9* détachement anglo-indien. *-12-9* troupes chinoises arrivent au Tonkin (180 000 h.). Gal Gracey (Anglais) et 150 Français arrivent à Saïgon (2e DB et 9e division d'infanterie coloniale parties le 8-9 de Marseille sur le *Béarn*). *-21-9* Gracey déclare loi martiale. *-22/23-9* les 1 500 h. du 11e RIC retenus par Japonais sont libérés par Cédile et reprennent au Viêt-minh, avec 1 800 Gurkhas, les bâtiments des services publics sans tirer de coups de feu. Les hommes du 11e RIC malmènent plus de 11 000 Vietnamiens et les jettent en prison (seront libérés sur ordre de Cédile le lendemain). *-24/25-9* cité Heyraud à Saïgon : massacres d'Européens [150 Français torturés et tués, 200 enlevés (qu'on ne reverra plus)] par les *Binh Xuyen,* non désavoués par le Viêt-minh. *-5-10* arrivée du *Gal Leclerc* à Saïgon. *-19-10* avec 4 500 h., réoccupe principales villes de Cochinchine. *-31-10* d'Argenlieu (depuis le 5-9 à Chandernagor) arrive à Saïgon. *-1-11* Decoux (interné à Loc Ninh) part en avion pour la France. *-24-12* le *P^{ce} Vinh San* (ancien empereur Duy Tan, ami des réformes, déposé en 1916), que de Gaulle projetait de remettre sur le trône, se tue en Oubangui-Chari (accident d'avion) [déporté à La Réunion, il s'était engagé en 1944 dans la 1re armée française et rejoignait sa famille pour Noël].

1946-*6-1 élection* 1re Assemblée nationale de la RDVN. *-Janv.* le corps expéditionnaire a 30 000 h. *-28-2 accords franco-chinois* (négociateurs français : ambassadeur de Fr. à Tchoung King et Gal Salan, commandant des troupes françaises de Chine et du Tonkin). France renonce à ses droits particuliers fondés sur traités inégaux (concessions de Shanghaï, T'ien-Tsin, Han-K'eou, Canton, territoires à bail, privilèges du chemin de fer du Yunnan) ; Chine reçoit avantages commerciaux à Haïphong et au Tonkin, et nouveau statut pour ses ressortissants en Indochine ; armée chinoise doit évacuer zone d'occupation avant 31-3 (restera jusqu'en juin). *Négociations Jean Sainteny/Hô Chi Minh* à Hanoï (le 1er accepte le mot « indépendance », contre le retour de l'armée française). *-6-3 accord :* France reconnaît la RDVN comme « État libre ayant son gouvernement, son Parlement, son armée et ses finances », et s'engage à un référendum sur réunion des 3 *Ky* (pays) vietnamiens (Tonkin, Annam, Cochinchine) au sein de la Fédération indochinoise et de l'Union française. La relève des troupes chinoises sera assurée par 10 000 Vietnamiens et 15 000 Français (présence limitée à 5 ans, repli par 5e tous les ans). Le VN aurait une indépendance de fait à partir de 1951. *-7-3* à l'aube, Chinois tirent sur les dragueurs le *LCI* et le *Triomphant* qui se présentent : 36 Français tués. *-8/10-3* le débarquement est retardé : nécessité de dragages à l'entrée de Haïphong et comportement des troupes chinoises.

1946-*mars* **Hô Chi Minh** (« celui qui donne la lumière, qui est clairvoyant ») Nguyên That Thanh, dit Nguyên Ai Quoc (1890-1969) [fils d'un magistrat révoqué par l'administration coloniale française. *1911-17* photographe en Fr., membre du P. socialiste. *1920* au congrès de Tours, passe au PC. *1923-25* travaille au Komintern de Moscou. *1925-27* mission secrète en Chine. *1927-30* au Siam. *1930-31* emprisonné par Anglais à Hong Kong. *1931-40* missions secrètes du Komintern, notamment en Chine. *Sept. 1941* fonde Viêt-minh au VN dans le Viêt-bac. Prend le pseudonyme de *Hô Chi Minh. 1942-45* lutte contre Japonais (voir p. 1 255 c)] élu Pt, accepte que le VN soit, avec Cambodge et Laos, 1 des 3 États associés de la Fédération indochinoise, partie de l'Union française ; accepte retour armée française. Négociations sur relations diplomatiques du VN, statut futur de l'Indochine et intérêts économiques et culturels français. *-18-3* Leclerc entre à Hanoï. *-24-3* Thierry d'Argenlieu (qui désapprouve accords) reçoit Hô Chi Minh sur navire dans baie d'Along. *-1-4/11-5 conférence de Dalat* [Giap, Max André (membre MRP du cabinet d'Edmond Michelet, min. de la Défense)] bloquée : bute sur *l'union des 3 Ky, la date d'un référendum* (qui, selon les Vietnamiens, ne pourra pas être libre sous l'occupation française) et *les compétences de la Fédération indochinoise. -3-4* accord d'état-major : 2 775 soldats dans régions frontalières ; *opération Bentré :* débarquement des Français à Haïphong (accrochage avec Chinois, 34 †) [accord annexe prévoyait relève par armée vietnamienne sur 5 ans]. *-1-6* Saïgon, communiqué annonçant la création du gouv. provisoire de la **république de Cochinchine ;** *Nguyên Van Thinh* Pt (reconnu par la France sous réserve du résultat du référendum prévu par l'accord du 6-3). *-22-6* Hô Chi Minh en visite officielle à Paris. *-7-7 Hông Gaï :* une compagnie au service des troupes françaises arrêtée par l'armée Viêt-minh qui ouvre le feu. *-12-7* conférence de presse de Hô Chi Minh. *-Août* logé à Soisy-sous-Montmorency chez les Aubrac. *-3-8* Bac Ninh, embuscade contre 60 camions de ravitaillement (15 †). *-6-7/10-9* **conférence de Fontainebleau.** *-10-9* après avoir refusé un *modus vivendi* provisoire, Pham Van Dong déclare la conférence terminée. *-13-9* délégation vietnamienne quitte Paris. Hô Chi Minh prolonge son séjour. *-13/14-9* signe *modus vivendi* (après rencontre avec Thorez l'incitant à la paix ; pense que la gauche, majoritaire en nov., sera favorable aux négociations). Marius Moutet (ministre socialiste de la Fr. d'outre-mer) refuse de laisser la Cochinchine au VN, mais promet un référendum sur cette question et reconnaît unité monétaire et douanière de l'Indochine ; négociations de paix prévues janv. *-16-9* Hô Chi Minh embarque à Toulon.

Guerre d'Indochine

■ **Déroulement.** **1946**-*18-10* d'Argenlieu rencontre Hô Chin Minh en rade de Cam Ranh, à bord du *Suffren,* et lui demande le retrait vers le nord des forces armées vietnamiennes engagées au Sud. *-28-10* Hô Chi Minh convoque Assemblée nat. (291 députés sur 444 élus, 150 ayant disparu). *-8/10-11 Constitution* répudiant toute allégeance à la Fédération et à l'Union française (en violation des accords du 6-3). *-9-11* à la fin de la session, il ne reste que 2 membres de l'opposition. **Hô Chi Minh** Pt de la Rép., chef du gouv. et min. des Aff. étr. *Vo Nguyén Giap* (né 1912) min. de la Défense. Vinh Thuy (ancien empereur *Bao Dai*) reste conseiller suprême mais se réfugie à Hong Kong après avoir été envoyé en mission à Tchoung-King par Hô Chi Minh. Les marxistes (Hô Chi Minh, Giap, Le Van Hieu, Nguyên Van Tho, Pham Van Dong) détiennent les portefeuilles les plus importants. *-14-11* Assemblée ajourne la mise en vigueur de la Constitution. *-20-11 Haïphong,* matin, la marine française arraisonne un sampan chinois transportant de l'essence de contrebande. Les milices viêt-minh *(Tu Ve)* ouvrent le feu sur les marins français qui ripostent. En fin de journée, cessez-le-feu (24 † dont le C^{dt} Carmoin, chef de la mission française de liaison qui s'avançait le drapeau blanc à la main). Le Gal Morlière, commissaire de la République par intérim (Sainteny étant à Paris pour raisons de santé), a la réputation d'être un « mou », le C^{el} Dèbes, commandant le secteur de Haïphong, celle d'un « dur ». *-21-11* matin, les milices Tu Ve, que leurs chefs ne contrôlent plus, recommencent à tirer. Une commission mixte de liaison obtient l'arrêt des combats mais on apprend qu'à Lang Son, dans la matinée, un détachement français allant, pour la commission des crimes de guerre, entreprendre des fouilles dans un charnier japonais est tombé dans une embuscade (9 †). *-23-11* à 7 h, Dèbes lance un ultimatum : les Vietnamiens doivent se retirer avant 9 h des positions conquises à Haïphong : pas de réponse ; à 10 h 05, Dèbes fait tirer navires et avions de chasse. *-28-11* les Français contrôlent Haïphong et une partie de sa périphérie [bilan : 26 Français †, Vietnamiens 200 à 300 † (en 1946 le VN dira 3 000 † puis, en 1966, 6 000 †)]. **État des forces au Nord-Viêt Nam :** *françaises* 13 000 h., *vietnamiennes* 30 000 h. + 10 000 Tu Ve (au Sud 20 000 à 30 000 h.). *-2-12* Sainteny rentre à Hanoï. *-3-12* voit Hô Chi Minh, sans résultat. *-7-12* on intercepte un ordre de Giap fixant au 12-12 la date à laquelle « les préparatifs militaires en vue d'une action devaient être terminés ». *-18-12* Hô Chi Minh demande à Sainteny de recevoir le ministre Giap pour trouver une solution ; rendez-vous fixé au 19. *-19-12* Giap ne vient pas. Hô Chi Minh invite Sainteny. Giap demande à Morlière, qui accepte, de lever la consigne des troupes « pour faire baisser la tension ». Hô Chi Minh et son gouv. quittent Hanoï au début de l'après-midi. 19 h 55 l'artillerie viêt-minh ouvre le feu. 20 h l'usine électrique de Hanoï saute. 43 personnes sont massacrées dont 11 femmes violées et torturées, 200 otages enlevés dont 49 femmes et des bébés. Sainteny est blessé (sa voiture saute sur une mine) mais le coup de force échoue. Dans le delta et le centre d'Annam, les attaques viêt-minh ont commencé à 2 h du matin. 5 000 h. pris en renfort au Sud dégagent Hanoï et Huê. [*Thèses sur coup de force : française (officielle) :* préméditation du Viêt-minh (reconnue par le consul gén. des USA) ; *autres :* divergence entre partisans de la négociation (Hô Chi Minh) et partisans d'une attaque préventive (Giap) ; préméditation d'un coup d'État par d'Argenlieu et Gal Valluy (selon P. Devillers), qui ont pris des initiatives provocatrices, et ont désobéi aux ordres d'apaisement ; juge vraisemblable que l'action des Tu Ve (déclenchée malgré contre-ordre de Giap) ait été celle de provocateurs infiltrés par Sûreté française.] PCF décide de fournir armement au Viêt-minh (détourné des usines).

1947 budget militaire français (3 milliards de F) voté par 411 voix contre 0 (abstention des communistes). *-5-3* **Émile Bollaert** (1890-1978) haut-commissaire (le PM Ramadier, pour remplacer d'Argenlieu indiscipliné et gaulliste, envisagera d'envoyer Leclerc et Juin mais ils refuseront). *-1-4* Bollaert arrive à Saïgon. Selon Ramadier et les socialistes, l'art. 62 de la Constitution sur l'Union française, faisant du gouv. français le maître de la politique étrangère et de défense des territoires d'outre-mer, rend caduc l'accord du 6-3-1946. *-19-4* Viêt-minh propose négociations. *-Mai* min. de la Guerre, Paul Coste-Floret, demande livraison des légionnaires conseillers du Viêt-minh (cette condition humiliante fait échouer les négociations). *-12-5* Hô Chi Minh repousse conditions françaises d'armistice. Guérilla continue au Tonkin. *-18-7* Bao Dai, réfugié à Hong Kong, dénonce dictature du Viêt-minh. *-27-8* France décide de négocier avec Bao Dai. *-10-9* Bollaert offre au VN, au Cambodge et au Laos la *liberté* (en vietnamien *doc lap,* signifiant aussi indépendance) « dans les limites qu'impose l'appartenance de ces territoires à l'Union française ». Gal Valluy propose à Ramadier de provoquer guerre civile en créant gouv. anticommuniste. *-Oct./déc.* Français attaquent réduit viêt-minh du Haut-Tonkin (opérations *Léa* et *Ceinture*) [triangle Trai-nguyên/Bac-kan/Tuyen-quang ; Viêt-minh refuse combat « à l'européenne »]. *-7-10* défaite française à Sông Lô (Viêt-bac). *-6/7-12 entretiens, en baie de Ha Long,* Bollaert/Bao Dai (celui-ci obtient ralliement du Gal Xuan, chef du gouv. cochinchinois, qui forme en son nom un « gouv. central provisoire du VN »). Positions Viêt-minh : delta et montagnes, côtes Nord-Annam et Sud-Annam (armes venues des Philippines et de Thaïlande par avions privés américains), Cochinchine (bases camouflées du Mékong).

1948-*5-6 accords de la baie de Ha Long.* La France reconnaît indépendance du VN, droit à l'unité des 3 Ky (Tonkin, Annam, Cochinchine) et statut d'État associé. **Bao Dai** rétabli sur le trône par les Français. Vivra souvent à Cannes (enrichi, dit-on, par trafic de piastres). *-20-10* **Léon Pignon** (1908-76) haut-commissaire (remplace Bollaert). **1949**-*8-3 accords Bao Dai/Auriol :* la France reconnaît unité et indépendance du VN dans le cadre de l'Union. *-Sept. conférence de Pau* fixant modalités du transfert des pouvoirs de la France aux « États associés » d'Indochine (VN unifié, Cambodge, Laos). *-Nov.* Chine contrôle frontière du Tonkin. *-30-12* accords : VN (État associé), autonomie interne. **1950**-*18-1* Chine reconnaît Hô Chi Minh et l'aide. *-29-1* Assemblée nat. ratifie accords conclus avec VN, Cambodge et Laos par 401 voix contre 193. *-30-1* URSS reconnaît Rép. du VN. *-27-6* Américains envoient 35 conseillers militaires. *-30-6 :* 1re livraison de matériel de guerre américain à l'armée française d'Indochine. *-Sept./oct.* attaque viet. de la RC 4. *-Oct.* procès de Henri Martin [1943 résistant. Mai 1944 FTP ; entre dans la marine en déc. 1946, sert sur aviso *Chevreuil* à Haïphong. Janv. 1948 entre au PCF. Intègre groupe de propagande (60 militants dont 12 communistes) à l'arsenal de Toulon. 1949 distribue tracts pacifistes. 14-3-1950 dénoncé et arrêté (avec la moitié du groupe), accusé d'avoir saboté porte-avions *Dixmude,* relaxé (provocation anticommuniste ?), condamné à 5 ans (17-7-1951 confirmé en cassation), interné au bagne de Melun. 12-8-1953 libéré]. *-3-10* armée évacue *Cao Bang :* Français 2 000 †, plus de 3 000 prisonniers. *-19-10* évacue *Lang Son* (sans détruire stocks). *-20-10* Bao Dai revient au VN.

1950-*6-12* **Gal Jean de Lattre de Tassigny** (1889-1952) haut-commissaire et C^{dt} en chef des troupes. *-30-12* convention militaire : armée vietnamienne sous autorité Bao Dai. **1951** mouv. viêt-minh dissous. De Lattre qui demande 20 000 h. en obtient 15 000 à condition qu'ils soient renvoyés en France avant le 1-1-1952. *-13/17-1* bataille de *Vinh-Yen,* Giap perd 6 000 h. (†) et 500 prisonniers (l'aviation française utilise pour la 1re fois le napalm). *-Févr./mars* offensives vietnamiennes à Mao Khe et Ninh Binh repoussées. *-30-5* Lt Bernard de Lattre (fils du G^{al}) tué. *-Juin* de Lattre contrôle situation ; *-24-9* obtient des USA aide militaire accrue. *-14-10* contre-offensive de De Lattre. *-10-11* Franco-Vietnamiens prennent Hoa Binh. **1952**-*11-1* de Lattre †. *-24-2* Franco-Vietnamiens évacuent Hoa Binh. *-1-4* **Jean Letourneau** (1907-86) haut-commissaire. *-12-4 Gal Salan* C^{dt} en chef. *-Oct.* offensive vietnamienne au Tonkin. Réaction française (bases à Na San, Lai Châu renforcées). *-1/3-12* Giap attaque Na San : échec. **1953**-*janv.* offensive en Annam. Giap menace la plaine des Jarres et Louang Prabang. *-Avril* offensive au Laos (défense de Muong Khoua pendant 36 j). *-12-4* Salan évacue Sam Neua. *-8-5 Gal Navarre* C^{dt} en chef ; Gal Cogny remplace Gal de Linarès. Eisenhower annonce que les USA ont donné à la Fr. 60 millions de $ pour la guerre d'Indochine. *-9-5* René Mayer, Pt du Conseil, met fin au *trafic des piastres* en portant le taux de la piastre (fixé officiellement depuis 1945 à 17 F à 10 F [pour éviter une spéculation, les États associés n'ont pas été consultés (violation des accords du 8-3-1949 et des accords de Pau de 1950)] ; on pouvait légalement revendre 17 F à Paris des piastres achetées sur place 10 F ou moins. La piastre appartenant à la zone franc, des virements bancaires privés ou commerciaux, des mandats-poste mensuels et des transferts exceptionnels étaient obtenus par des dérogations contournant les règlements de l'Office indochinois des changes. *-3-7* **Maurice Dejean** (1899-1982) haut-commissaire. *-13-8* Français abandonnent camp retranché de Na San. *-17-10* Bao Dai fait adopter par un congrès national une motion demandant l'indépendance « totale ». *-22-10* « traité d'amitié et d'association Fr./Laos » (indépendance au sein de l'Union française). **Diên Biên Phu** (cuvette de 20 km de longueur) : *-20-11 opération Castor* ; reprise et occupée par 5 000 paras du C^el^ Gilles, devient camp retranché de 16 000 h. (4 500 parachutés) [décision du Gal Cogny]. *-7-12* C^el^ Christian de Castries (11-8-1902/30-7-1991, nommé général 15-4-1954) commandant du camp. *-10-12* Franco-Vietnamiens évacuent Lai Châu. *-25-12* offensive viêt-minh au Laos atteint Mékong. **1954-** *janv. P^ce^ Nguyen Phuoc Buu Loc* († 27-2-1990) PM. *-3-3* Washington, amiral Radford fait espérer au Gal Ély l'appui de 350 chasseurs, venant des 2 porte-avions croisant dans le golfe du Tonkin, et de 60 bombardiers stratégiques B 26 du Pacifique et de Manille. *-13-3* début offensive viêt-minh contre Diên Biên Phu (forces françaises : 12 bataillons ; artillerie : 2 groupes de 105 ; 1 de 155 ; 3 Cies de mortiers lourds). *-13/14-3* en 7 h de tirs Viêt-minh : 1 canon français détruit sur 28. *-14/31-3* armement largué par avion : 120 t/jour en moy. *-17-3* dernière évacuation sanitaire (Geneviève de Galard, convoyeuse, bloquée). *-28-3* dernier avion se pose à Diên Biên Phu. *-31-3* camp Isabelle, 5 pièces sur 12 en état de tirer. *-Fin mars* appui aérien en baisse (conditions météorologiques, DCA viêt-minh). *Bilan* (20-11-1953/6-5-1954) : 23 000 t larguées (munitions d'artillerie 4 000). *-24-4* par boutade (semble-t-il) Foster Dulles offre à Bidault 2 bombes atomiques. *-26-4* ouverture **conférence de Genève** au palais des Nations [décidée à la conférence de Berlin du 25-1 au 18-2-1954 par les min. des Aff. étr. des USA (Dulles), de G.-B. (Eden), de France (Bidault) et d'URSS (Molotov)] sur Corée et Indochine. **Membres des délégations** : *URSS* : Molotov (min. des Aff. étr.) et Andreï Gromyko (vice-min.) ; *Chine* : Zhou Enlai (PM du Conseil des affaires d'État et min. des Aff. étr.) ; *Viêt-minh* : Pham Van Dong (min. des Aff. étr.) ; *G.-B.* : Anthony Eden ; *USA* : apparition de John Foster Dulles (son sous-secr. d'État, le Gal Walter Bedell Smith, dirigera de fait la délégation) ; *France* : Georges Bidault (min. des Aff. étr.) puis Pierre Mendès France (Pt du Conseil et min. des Aff. étr.) à partir du 18-6 ; *États associés* : *Viêt Nam* : Tran Van Do ; *Cambodge* : Sam Sari ; *Laos* : Phoui Sananikone. *-28-4* « déclaration reconnaissant l'indépendance totale du VN et sa souveraineté pleine et entière ». *-1-5* il reste 7 obusiers de 105 mm, 2 de 155, en état de tirer, à Diên Biên Phu, 7 de 105 mm à Isabelle. *-7-5* **chute de Diên Biên Phu** à 17 h 30. Isabelle, point d'appui à 5 km, cessera le combat le 8-5. C^el^ Piroth (responsable de l'artillerie) se suicide après la chute de Béatrice et de Gabrielle. BILAN : **garnison française**, *avant l'assaut* : 10 871 h. + 4 277 h. parachutés en renfort. *Au 5-5* : 2 520 † et disparus dont Français de la métropole 498, d'Afrique du Nord 513, légionnaires 808 et « Indochinois » 698. *-6/7-5* : 700 ou 800 †. Prisonniers 9 500 dont 4 500 bl. (plus de la moitié mourront en captivité). Geneviève de Galard sera libérée le 3-9 ; *Viêt-minh* : sur 50 000 h. (28 bataillons) [plus 20 000 de maintenance] 10 000 †. CRITIQUES : *site* : isolé, pas de zone de combat à portée et pas de repli possible ; *camp* : puissance et défense insuffisantes (Gal Navarre n'obtient que 1/4 de ses demandes), manque de moyens aériens ; artillerie *ennemie* (notamment DCA) sous-estimée.

1954-*3-6* **Gal Paul Ély** (1897-1975) haut-commissaire et C^dt^ en chef. *-17-6* rencontre Bidault-Zhou Enlai. La Chine veut « interdire » l'Indochine aux USA et accepte ainsi le principe, cher à Bidault, d'une distinction entre situation du Laos et du Cambodge et celle du Viêt-Nam. *-18-6* Mendès France, investi par l'Assemblée nationale, fixe dans son discours d'investiture le 20-7-1954 comme date ultime pour l'obtention d'un accord de paix en Indochine ; *-23-6* rencontre Zhou Enlai et précise que la France accepte le partage du Viêt Nam (théorie que Bidault avait récusée). *-10/13-7* Genève, nombreux entretiens. [En fait, les accords datés du 20-7 sont signés le 21-7 vers 4 h du matin pour ceux concernant le Viêt Nam et le Laos, vers 12 h 30 pour ceux du Cambodge (la pendule de la salle de réunion du palais des Nations ayant été arrêtée à minuit). Accords rendus publics seulement le 12-8 pour éviter un exode massif d'habitants fuyant le régime communiste (surtout les fonctionnaires mis en place par les Français, et les habitants catholiques). 1 million de Tonkinois se réfugient en Cochinchine.] *-21-7* **accords de Genève** signés ; approuvés par l'Assemblée nationale le 23-7 par 462 voix (dont 95 communistes) contre 13, avec 134 abstentions (dont 70 MRP, dont Bidault) : hostilités cessent ; pays coupé en 2 zones par le 17e parallèle (proche du mur de Dông Hoi construit 1631 pour séparer les Nguyên des Trinh) ; dans les 300 j les forces françaises (120 000 h. au Nord) se regroupent au Sud ; les Viêt-minh au Nord (il y avait 140 000 Viêt-minh au Sud). Laos et Cambodge sont neutralisés. Indépendance, unité, souveraineté du VN sont reconnues. Élections générales prévues avant le 20-7-1956 pour unifier les 2 zones (n'auront pas lieu) ; la RDVN s'installe au nord du 17e parallèle (*secr. gén. du* PC : Truong Chinh. *Pt* : Hô Chi Minh. *PM* : Pham Van Dông. *Min. de la Défense* : Vô Nguyên Giap) [le 4-6, à Paris, traité d'indépendance et association signé avec P^ce^ Buu Loc]. *-9-9* troupes françaises évacuent Hanoï. *-10-10* troupes viêt-minh entrent à Hanoï. **1955**-*13-5*/**1956**-*28-4* troupes françaises et 887 000 Viêt-minh évacuent VN du Nord.

Commandants en chef : **1945**-*18-8* Gal Leclerc (Philippe de Hauteclocque) [1902-47]. **46**-*14-7* Gal Jean Valluy (1889-1970). **48**-*7-5* Gal Blaizot (n.c.). **49**-*6-8* Gal Marcel Carpentier (1895-1977). **50**-*6-12* Gal Jean de Lattre de Tassigny (1889-1952). **52**-*6-1* Gal Raoul Salan (1899-1984). **53**-*8-5* Gal Henri Navarre (1898-1983). **54**-*3-6* Gal Paul Ély (1897-1975).

■ **Forces en présence. Françaises et vietnamiennes** : Cefeo (Corps expéditionnaire français d'Extrême-Orient) : *1946* : 70 000 h. (85 000 en déc.) ; *47 (sept.)* : 115 000 ; *48* : 120 000 (90 000 prévus) ; *50* : 160 000 ; *51* : 190 000 (armée de terre 175 000, aviation 10 000, marine 5 000) dont 69 000 Français, 53 000 autochtones, 30 000 Nord-Africains, 18 000 Africains, 20 000 légionnaires, secondés par 55 000 supplétifs ; *54 (mai)* : 470 000 dont 225 000 autochtones (150 000 réguliers et 50 000 supplétifs vietnamiens, 15 000 laotiens, 10 000 cambodgiens). 250 avions, 11 à 20 hélicoptères dont 5 en service en même temps. **Forces viêt-minh** (au 1-1-1954) : 375 000 h. (150 000 réguliers, 150 000 miliciens, 75 000 régionaux).

■ **Dépenses militaires** (en milliards d'anciens F). *1945* : 3,2 ; *51* : 308. **Aide américaine** : *1952* : 280 (dont 86 en matériel) ; *53* : 292 (119) ; *54* : 475 (200), soit en 3 ans 940 (405 en matériel et 535 en devises). *De 1951 à 1954* : a représenté 80 % du coût de la guerre.

■ **Pertes militaires. Français** [tués et, entre parenthèses, blessés (*source* : *JO* 12-1-1955)] : *autochtones réguliers du Cefeo* 28 000 (21 200) [des armées des États associés 17 600 (12 100)]. Français métropolitains 20 700 (22 000). Africains et Nord-Africains 15 200 (12 900). Légionnaires 11 300 (7 200). *Prisonniers du Viêt-minh de 1945 à 1954* : 39 888 (non rendus par le Viêt-minh 29 954) dont Français 4 995 (2 350), légionnaires 5 349 (2 867), Africains, Nord-Africains 6 080 (2 290), autochtones du Cefeo 14 060 (13 200), des États associés 9 404 (9 247). Une nécropole (inaugurée en 1993) accueille à Fréjus (Var) 25 000 cercueils rapatriés. **Viêt-minh** : 9 000 prisonniers libérés en 1954. 500 000 tués (?). **Pertes civiles.** 800 000 à 2 millions.

République du Viêt Nam du Sud

1955-*23-10* **Bao Dai** déposé par référendum (98 % votent contre lui) [exilé en Fr. ; bouddhiste, devient catholique en 1988, † 1997, enterré à Passy] ; **Ngô Dinh Diêm** (catholique, né 1901) Pt de la Rép. [frères : aîné tué par communistes en 1945 ; Thuc, prêtre cath., 1938 1er évêque vietnamien (Vinh Long), 1961 archevêque de Huê ; Nhu et Can]. *-26-10* Rép. du Viêt Nam proclamée. Programme des hameaux stratégiques. **1956**-*4-3 législatives*. *-28-4* troupes françaises évacuent définitivement le VN du Sud (Saïgon). *-26-10* le VN du Sud se retire de l'Union et adopte Constitution ; aide américaine. *-Nov.* soulèvement paysan dans le Nghê An réprimé par 325e division américaine. **1959**-*8-7* conseillers militaires américains attaqués à Biên Hoa (2 †). **1960**-*11-11* échec putsch militaire. *-12-12* création du *Front national de libération* soutenu par le VN du Nord, surnommé *Viêt-cong* (« communistes vietnamiens »), leaders : Nguyên Huu Tho (11-7-1910/26-12-1996, avocat), Huynh Tan Phat († 30-9-1989, architecte), Trân Buu Kiêm, Mme Nguyên Thi Binh, etc. **1961**-*19-10* état d'urgence. *-11-12* : 2 compagnies américaines d'hélicoptères arrivent à Saïgon. **1962**-*8-2* : 3 000 conseillers américains au VN du Sud. **1963** bonzes lancent campagne contre Diêm. *-8-5* Huê, répression d'une manif. bouddhiste (9 †). *-Mai/juin* Pt et son entourage cath. (surtout son frère Nhu et sa belle-sœur) persécutent bouddhistes et opposants. *-11-6* bonze Thich Quang Duc (né 1897) s'immole par le feu. *-Juillet* pression américaine sur Diêm pour élargir bases du régime. *-Août* Henry Cabot Lodge, ambassadeur américain à Saïgon. *-21-8* attaque gouvernementale contre pagodes (1 400 arrestations). *-Sept./oct.* préparatifs complot (Gal Duong Van Minh). *-1-11* coup d'État, soutenu par CIA, du Gal Minh, du Gal Tran Van Dom, chef d'état major par intérim, et du Gal Ton That Dinh, gouverneur de Saïgon (que Nhu aurait chargé de laisser développer un complot pour mieux l'écraser). *-2-11* Diêm tué avec Nhu ainsi que chef de la marine et C^el^ Le Quang Tung, C^dt^ des forces spéciales vietnamiennes ; (Diêm, ayant proposé de se rendre avec son frère à l'état-major, est emmené ; à un arrêt, l'aide de camp du Gal Minh les abat (l'état-major avait accepté de participer au coup d'État contre vie sauve de Diêm, mais Gal Minh craignait que Diêm ne se venge de lui). **1964**-*30-1* G^aux^ Nguyên Khânh et Trân Thiên Khiêm renversent junte dirigée par le Gal Duong Van Minh. *-26-10* retour du pouvoir civil. *-1-11* Assemblée nat. (élue 27-9-1963) dissoute. **1965**-*27-1* *Gal Khánh* reprend pouvoir. *-Févr.* tentative de coup d'État du colonel Pham Ngoc Thao. *-21-2* Gal Trân Van Minh commandant en chef. *-20-6 Directoire militaire* Gal Nguyên Van Thieu (né 1923) Pt, et Gal Nguyên Cao Ky PM. **1970**-*mars* réforme agraire (1 003 325 ha distribués de mars 1970 à mars 1973). **1971**-*26-9 législatives*. *-3-10* **Gal Thieu** élu Pt.

Guerre du Viêt Nam (du 4-8-1964 au 27-1-1973)

■ **Déroulement. 1964** *-2/5-8 incident du golfe du Tonkin* : l'armée populaire du VN du Nord tire sur 2 destroyers américains (*Maddox* et *Turner Joy*) ayant pénétré dans eaux territoriales du VN du Nord : prétexte pour intervention américaine. *-4/5-8* début des raids américains au S. *-7-8* le Congrès américain vote la *résolution du Tonkin*, donnant au Pt Johnson pleins pouvoirs militaires au VN. **1965-68** *Gal William Child Westmoreland* (né 1914) C^dt^ en chef américain. **1965**-*7-1* : 1ers bombardements américains et vietnamiens au N. *-5-2* début des bombardements américains quotidiens au Nord. *-8-3* : 1er contingent de marines, à Da Nang. *-17-6* : 1er raid contre Viet-cong des bombardiers B-52 venus du Guam (à 50 km de Saïgon). **1966**-*29-6* : 1er bombardement de dépôts de carburant, à Hanoï et Haïphong. **1967**-*8-1* opération *Cedar Falls* (30 000 hab. dont 16 000 Américains) contre le « triangle de fer » contrôlé par communistes, au nord de Saïgon. *-20-4* Haïphong bombardé : 2 centrales électriques détruites. *-19-5* centre d'Hanoï bombardé. *-22-11* Amér. prennent la colline 875 près de Dak Tô, après 19 j de combats. **1968**-*20-1/8-4* siège de *Khé-Sanh*, victoire américaine. *-31-1 offensive du Têt* (*Têt Nguyên d'an*, « fête de la 1re Aube » : nouvelle année lunaire) ; principales villes investies, mais la population ne se rallie pas aux révolutionnaires (12 000 à 15 000 civils †, 30 000 Viêt-cong †). *-16-3* massacre de *My Lai* : 120 GI de la 11e brigade d'infanterie légère tuent 500 paysans (Lt William Calley condamné à détention à perpétuité le 29-3-1971, gracié au bout de 3 ans par Pt Nixon). *-22-3* Gal Westmoreland chef d'état-major. *-31-3* arrêt des raids américains au nord du 20e parallèle (-11-8 reprise. -25-11 arrêt). *-3-5* ouvertures de paix de la part du VN du Nord acceptées par le Pt Johnson. *-4/5-5* offensive communiste contre des villes et des bases du VN du Sud. **1969**-*25-1* ouverture de négociations à Paris. *-Juin* constitution du GRP (gouv. révolutionnaire provisoire) [Pt Huynh Tan Phat ; Mme Nguyên Thi Binh min. des Aff. étr.]. *-8-7* début du retrait des troupes américaines. *-2-9 mort de Hô Chi Minh* (et non 3-9, comme on l'affirmait jusqu'en 1989 pour que la date de son décès ne coïncide pas avec la fête nationale). D'après son testament, il voulait que ses cendres soient mises dans 3 vases en céramique enterrés dans le centre et le sud du VN sur 3 collines plantées d'arbres, refusait toute stèle ou statue et souhaitait que les paysans soient exonérés pendant un an de tout impôt avant la fin de la guerre contre le VN du Sud ; mais son corps a été embaumé (mal) et repose dans un cercueil de verre (mausolée place Ba-Dinh à Hanoï). **1970**-*18-3* le Gal Lon Nol dépose Sihanouk, chef du Cambodge ; il reçoit un soutien militaire direct des USA et du VN du Sud. *-Juin/juillet* les troupes américaines quittent le Cambodge. *-31-12* le Congrès annule la résolution du Tonkin. **1971**-*8-2/25-3* opération *Lam Son 719*, incursion sud-vietnamienne au Laos. *-26/31-11* bombardements au VN du Nord. **1972**-*30-3* le VN du Nord envahit le sud. *-Avril* début offensive des forces armées de libération. *-9-5* USA minent port d'Haïphong. *-12-8* les dernières troupes terrestres américaines quittent le VN : restent 43 000 hommes de l'aviation et du personnel d'entretien. *-18/30-12* raids massifs : 40 000 t de bombes sur Hanoï ; 1 318 †, 1 261 blessés nord-vietnamiens. *-30-12* fin bombardement américain au nord du 17e parallèle. **1973**-*15-1* arrêt de tout bombardement et minage au VN du Nord. *-27-1 accords de paix de Paris* par les 4 parties [VN du Nord, FNL (depuis juin 1969 GRP), USA, VN du Sud], les 4 participants de la conférence de Genève de 1954 (Chine, France, G.-B., URSS), les 4 membres de la commission de contrôle (Canada, Hongrie, Indonésie, Pologne) et le secr. gén. de l'Onu. Autodétermination de la population, réunification sont prévues sous le contrôle de commissions militaires mixtes et d'une commission internationale. *-28-1* cessez-le-feu, non respecté. *-Févr.* violents accrochages. *-28-3* retrait complet des Américains ; derniers prisonniers américains relâchés.

■ **Forces en présence. Viêt Nam du Sud** *(au 15-10-1972)* : 1 100 000 h. (dont 520 000 endivisionnés) ; **USA** : *1961 (printemps)* : 400 conseillers ; *62* : 9 000 ; *63 (fin)* : 16 000 ; *64 (31-12)* : 23 000 ; *65 (15-7)* : 125 000, *(déc.)* : 185 000 ; *66 (déc.)* : 390 000 ; *67 (déc.)* : 510 000 ; *68 (déc.)* : 580 000 ; *69 (31-1)* : 542 400 ; *70* : 415 000 ; *71* : 239 000 ; *72 (févr.)* : 133 700. Au 1-2-1968, les Américains avaient 2 900 avions, 2 560 hélicoptères, 850 tanks, 2 590 mortiers, 1 375 canons. Ils disposaient de plus du double des forces françaises pour un territoire 6 fois moins étendu, et la supériorité numérique était de 74 % sur l'adversaire (pour les Français, de 31 %). **Corée du Sud** : 39 000 h. **Australie** : 6 500. **Thaïlande** : 2 500. **Philippines** : 2 000. **Nlle-Zélande** : 400.

Viêt-cong et Viêt Nam du Nord : FNL (Viêt-cong) : 80 000 dont 35 000 combattants (?) ; **Nord-VN** : 165 000 combattants (?) [dont en 1967 : 63 000 (?) au Sud-VN]. 65 avions (au N.), 20 tanks (?), 3 000 mortiers, 420 canons.

■ **Pertes. Viêt Nam du Sud** : *militaires* : 200 000 † et 500 000 blessés (dont, en 1969, 24 000 † et plus de 100 000 bl. et disparus) ; *civils* (de 1965 à avril 1973) : 450 000 † et 1 million de blessés, 12 millions ont été déplacés (programme américain d'urbanisation forcée). Selon les USA, de 1968 à fin 1972 : 48 511 incidents « terroristes » auraient fait chez les civils 24 218 † et 53 468 bl. 37 556 personnes (dont 13 752 en 1972) auraient été enlevées.

USA : *militaires* (du 1-1-1961 au 27-1-1973) : 300 000 blessés et 58 000 † dont Noirs 12 % [*1961-62* : 42 ; *63* : 78 ; *64* : 147 ; *65* : 1 369 ; *66* : 5 008 ; *67* : 9 377 ; *68* : 14 589 ; *69* : 19 414 ; *70* : 4 221 ; *71* : 1 381 ; *72* : 300 ; *73* : 219], morts pour d'autres causes 10 390. *Américains disparus* : 2 273 officiers (dont 1 112 †) ; *libérés* : *1973* : 590 ; *75* : 68. *Matériel* (de 1962 à 1973) : 3 719 avions (plus 4 869 hélicoptères) dont par DCA 2 140 (2 373), SAM 197 (7), Mig 79 (2), au sol 145 (205), divers 1 158 (2 282). Nombre d'armes laissées en partant : 1 600 000 dont fusils M-16.

Viêt-cong et Viêt Nam du Nord : *militaires* : 737 000 † (selon USA) dont 157 000 en 1969 ; *civils* (de 1965 à 1973) : 50 000 † et 100 000 blessés.

Cambodge : *militaires :* 10 000 † et 20 000 blessés ; *civils :* 150 000 † et 300 000 bl. *Réfugiés :* 8 millions (soit 50 % de la population).

Laos : *militaires :* 40 000 † et 80 000 blessés ; *civils :* 50 000 † et 100 000 bl. *Réfugiés :* 1 million (soit 1/3 de la population).

■ **Coût de la guerre** (en milliards de $). *Dépenses USA* au Viêt Nam du Sud : 108 (aide économique non comprise). *Aide de l'URSS* au Nord : 1,66 ; *de la Chine :* 0,67.

■ **Dégâts. Bombes déversées :** de 1965 à 1971, 6 300 000 t [VN du Nord 600 000, VN du Sud 4 000 000, le reste sur la piste Hô Chi Minh ravitaillant le Viêt Nam (Laos 2 300 000) et le Cambodge], et 7 000 000 de t de munitions par bombardements terrestres et navals, presque tous sur le VN du Sud qui aurait reçu 1 000 377 t de bombes par an (l'Europe de 1939 à 1945 avait reçu 1 540 000 t). **Napalm** au Viêt Nam (selon le Sipri) 372 000 t entre 1961 et 1972 (14 000 pendant la guerre de 1939-45, 32 000 pendant celle de Corée). **Défoliant** (agent « orange ») : 40 millions de litres entre 1965 et 1971 (5 % des forêts auraient été détruites et 50 % endommagées ; naissances d'enfants malformés). *Au Sud,* destruction des villages [9 000 touchés (sur 15 000)], *au Nord,* destruction des centres industriels et des communications. 10 000 000 d'ha de cultures et 5 000 000 d'ha de forêts touchés par bombes ; 1 500 000 buffles et bœufs †.

Guerre de Réunification (1974-75)

1974-*15-1* disputes avec Chine qui revendique archipels des *Hoang Sa (Paracels), Truong Sa (Spratley)* [depuis toujours rattachés administrativement au territoire vietnamien]. Combats (2 j). *-6-8* Pt Nixon démissionne, Congrès américain supprime crédits au Sud-VN [aide américaine (en millions de $) : *1972-73 :* 1 614 ; *73-74 :* 1 026 ; *74-75 :* 700] ; l'armée sud-vietnamienne qui atteignait 710 000 h. (dont 130 000 déserteurs du Nord récupérés en 1973) voit sa puissance de frappe réduite de 60 %. *-28-8* offensive FNL près de Huê. Chinois occupent îles Paracels. **1975**-*janv.* Gal Tra (chef des maquisards au Sud de 1951 à 1975) avec l'appui du secr. gén. du PCV Lê Duan, surmontant les hésitations de l'état-major (qui prévoyait la grande offensive pour 1976), ordonne de prendre la province de Phuoc-Long. *-6/8-1* GRP occupe celle-ci. *-9-3* offensive du GRP aidé des forces nord-vietnamiennes sur hauts plateaux (Banmethuot, Kontum, Pleiku) qui ouvre la route de Saïgon. *-17/22-3* l'armée sud-vietnamienne abandonne hauts plateaux (1/5 du VN du Sud), exode massif. *-27-3 Huê* prise ; G^{al} Ky forme à Saïgon un « Comité pour le salut national ». *-29-3 chute de Da Nang.* *-1-4* abandon de Quy Nhon et de Nha Trang ; plus de 50 % du territoire contrôlés par GRP. *-8-4* un pilote sud-vietnamien bombarde palais présidentiel à Saïgon. *-21-4 Pt Thieu* démissionne. 44 navires américains évacuent Américains et environ 70 000 Sud-Vietnamiens. *-26-4 Vu Van Mau* († 20-8-1998) PM. *-27-4 Gal Minh* investi des pleins pouvoirs. Offre de négociations, GRP refuse. *-29-4* évacuation des derniers Américains. *-30-4 capitulation, Saïgon* rebaptisée Hô Chi Minh-Ville ; la Chine cesse son aide militaire.

Viêt Nam unifié

1975-*juin* banque unique (autres banques supprimées). Une partie de la population de Saïgon regagne les campagnes (on y comptait 200 000 prostituées, 150 000 drogués, 200 000 policiers). Apparition de maquis. *-15/17-7* les 2 Viêt Nam posent leur candidature à l'Onu. *-2-10* veto USA. *-9-11* la réunification des 2 VN est décidée et sera précédée par des élections générales et le vote d'une Constitution par la nouvelle Assemblée. *-13/21-11* conférence sur la réunification. **1975-77** inflation de 800 %, camps de rééducation. Mise en culture de terres nouvelles. **1976**-*21-1* pouvoir civil remplace militaires. *-12/13-2* affrontements à Hô Chi Minh-Ville dans l'église de Vinh Son, 3 †. *-15-2* démantèlement d'un 2e réseau de dissidents (à Biên-Hôa). *-25-4 élection* d'une Assemblée nat. par le VN du Nord et du Sud. *-2-7 fondation de la Rép. socialiste. Pham Van Dông* (18-3-1908/29-4-2000 ; auparavant, PM du VN depuis 10-9-1955) PM. *-Déc.* IVe congrès du PCV. Lê Duan secr. gén. Des prochinois sont exclus du comité central. Troubles à la frontière chinoise. **1977** incidents frontaliers avec Cambodge. Opposition bouddhiste. *-Avril* PM Pham Van Dông en Fr. **1978** *guerre avec Cambodge.* Collectivisation des terres. *-25-3* grandes entreprises privées abolies au VN du Sud. *-Mai* tension avec Chine (milliers de Chinois expulsés). *-27-6* rejoint Comecon. *-3-7* Chine interrompt son aide et rappelle experts. *-25-8* incidents de frontière (10 Chinois tués). *-17-10* Thich Thien Minh (dirigeant bouddhiste arrêté 13-4) meurt en prison. *-Oct.* inondations (500 000 ha). *-3-11* traité de coopération avec URSS. *-15-12* d'après Pékin il y a eu 1 100 incidents de frontière en 1978. **1979**-*7-1* le Funsk *(Front uni national pour le salut du Kampuchéa),* soutenu par l'armée vietnamienne, entre au Cambodge, prise de Phnom Penh. *-17-2 invasion chinoise* (320 000 h. dont 170 000 au VN du Nord) pour contrer invasion du Cambodge. *-22-2* Chinois prennent Lao Cai et Cao Bang *-5/16-3* retrait chinois. *Bilan des pertes :* Chine 26 000 †, 37 000 blessés, 260 blindés, 66 canons détruits ; VN du Nord 30 000 †, 32 000 blessés, 1 638 prisonniers, 185 blindés, 200 canons, 6 stations de missiles.

1980 150 000 soldats vietnamiens au Cambodge. *-23-7* Soyouz 37, avec cosmonaute vietnamien, Pham-Tuan. *-18-12 Constitution.* **1981**-*26-4 législatives. -7-5* incidents de frontière avec Chine (300 †). *-4-7* **Truong Chinh** (1907-88) Pt du Conseil d'État. **1982**-*juillet* construction d'un mur de 200 km à la frontière cambodgienne pour éviter infiltrations des Khmers rouges. *-Fin 1982* tentative de soulèvement militaire (?). **1983**-*16/17-4* Chinois bombardent positions vietnamiennes. Redistribution des terres. **1984**-*déc.* Tran Van Ba (39 ans, de nationalité française, non reconnue officiellement à Paris), Le Quoc Quan (43 ans), Ho Thai Bach (58 ans) accusés d'avoir voulu organiser une résistance armée, exécutés. **1986**-*nov.* dévaluation de 92 %. *-18-12 :* VIe Congrès du PCV, Nguyên Van Linh secr. gén. ; début du *Doi moi* (« renouveau ») préconisé par l'économiste Nguyen Xuan Oanh (diplômé de Harvard, ancien vice-PM du Gal Cao Ky). Truong Chin (secr. PC), Pham Van Dông (PM) et Le Duc Tho (né 14-10-1911) démissionnent. **1987**-*20-4 législatives. -17-6 Pham Hung* (1912/10-3-1988) PM.

1987-*18-6* **Vo Chi Cong** Pt. *-17-8* Le Duc Tho et son frère le Gal Mai Chi Tho, min. de l'Intérieur, s'opposent à la libération des prisonniers politiques et à la solution rapide du problème du Cambodge. *-2-9 :* 2 474 prisonniers politiques et 4 211 de droit commun libérés. *-7-9* Gal Nguyen Truong Xuan, commandant du port de Haïphong, condamné à 20 ans de prison, et 20 de ses subordonnés à 15 ans pour prévarication. *-30-9* Industrial and Commercial Bank créée : 1re banque privée. *-1-12* dong dévalué de 78 %. *-31-12* loi sur investissements étrangers permet possession à 100 % d'une entreprise, rapatriement des bénéfices et nombreuses exemptions d'impôts. **1988**-*1-1* Code des investissements. *-21-1* accord avec USA, 30 000 Amérasiens regagnent USA (3 500 étaient déjà rentrés de 1979 à 1986). *-17-2 :* 3 820 prisonniers politiques (dont 1 ancien ministre, 10 généraux, 25 aumôniers militaires) et 2 586 droit-communs libérés. *-10-3* PM Pham Hung meurt. *-11-3 Vo Van Kiet* (né 1922) PM. *-14-3* affrontements avec Chinois aux Spratley, 80 † vietnamiens. Famine dans le Nord : 8 millions de personnes fuient vers le Sud. *-5-4 début de décollectivisation des terres. -10-5 :* 3 vice-PM démis. *-26-5* le VN retirera 50 000 soldats vietnamiens du Cambodge jusqu'à la fin de l'année. *-22-6 Do Muoi* (né 1917) PM (soutenu par Nguyên Van Linh). *-Juillet* paysans du Sud demandent les terres redistribuées en 1983. *-Sept.* URSS propose de ne plus utiliser base aéronavale de Cam-Ranh. Les Américains quittent Philippines. *-2-9 :* 5 083 prisonniers libérés, 9 657 remises de peine. *-8-11* manif. de paysans à Saïgon (1re fois depuis 1975). *-Déc.* 12 000 soldats vietnamiens (sur 50 000) rentrent du Cambodge. **1989**-*févr.* presse avertie qu'elle doit rester au service du Parti et ne pas remettre en cause le socialisme. *-Fin 1989* URSS retire avions de Cam-Ranh (10 restent). **1990** 75 000 pers. des entreprises d'État licenciées, 500 000 militaires démobilisés en 2 ans. **1991**-*avril* Mme Duong Thu Huong, écrivain, exclue du PC et arrêtée. *-9-8 Vo Van Kiet* PM. *-7-11* accords de coopération économique avec Chine. **1992**-*20-4 nouvelle Constitution :* économie libéralisée. *-Mai* départ des derniers militaires ex-soviétiques (Cam-Ranh, moins de 2 000 h.). *-19-7 législatives :* 90 % m. du PCV (93 % en 1987). *-24-7* coulée de boue, 200 †.

1992-*23-9* **Lê Duc Anh** (né 1-12-1920) Pt. *-Déc.* Gal Giap en résidence surveillée. *-14-12* embargo américain assoupli : le Pt amér. autorise les firmes amér. à ouvrir des bureaux de représentation au Viêt Nam. **1993**-*9/11-2* visite Pt Mitterrand (va à Diên Biên Phu). *-Avril* complot d'exilés échoue (500 arrêtés). *-2-7* Pt Clinton autorise FMI à refinancer la dette vietnamienne (140 millions de $). *-18-8* arrivée du 1er diplomate américain en poste à Hanoï. **1994**-*3-2* USA lèvent embargo économique. *-14-3* accord Vatican-VN sur la nomination d'évêques. **1995**-*28-1* accord permettant l'ouverture de bureaux de liaison à Washington et Hanoï. *-28-7* membre de l'Ansea. *-6-8* reprise relations diplomatiques avec USA. **1997**-*9-5* Douglas Peterson (prisonnier du Viêt-cong du 10-9-1966 à janv. 1973) 1er ambassadeur américain depuis la guerre. *-Été* manifestations dans le Nord (province de Thai Binh) contre la corruption. *-20-7 législatives,* PC 85 % des sièges, indépendants 3 sièges. *-24-9* **Trân Duc Luong** (né mai 1937) élu Pt. *-25-9* **Phan Van Khai** (né déc. 1933) élu PM. *-3-11* typhon *Linda,* 503 †, 3 380 disparus. *-Nov.* Hanoï, 7e sommet de la francophonie. **1998**-*16-2* dévaluation du dong de 5,29 % ; *-7-8* de 9,1 %. *-28-8 :* 5 166 prisonniers politiques amnistiés ; *-27-10 :* 2 630. *-20-11* typhon *Dawn,* 200 † au 24-11. **1999**-*oct.* inondations, environ 500 †. **2000**-*sept.* inondations, 350 †. *-16/19-11* visite du Pt Clinton. **2001**-*2-2* révolte des Moïs des hauts plateaux réclamant terres ancestrales réprouvant la répression des églises protestantes.

■ Politique

■ **Statut.** *République socialiste.* **Constitution** du 20-4-1992. **Pt** élu pour 4 ans par l'Assemblée nat. **PM** élu par l'Assemblée nat. **Assemblée nationale :** 450 m. élus pour 5 ans au suffrage univ. 7 régions, 50 provinces et 3 villes.

■ **Fête nationale.** 2-9 (indépendance). **Drapeau.** Utilisé par Hô Chi Minh dans sa lutte de libération ; adopté (30-11-1955) par communistes. Rouge (révolution, sang) avec étoile jaune (peuple bâtissant le socialisme).

■ **Parti communiste du VN du Nord.** *Fondé* 1976 (remplace le P. des travailleurs du VN fondé en 1951 et le PC d'Indochine fondé en 1930), 2 200 000 membres dont à Hô Chi Minh-Ville 69 000 (sur 4,2 millions d'hab.). *Secr. gén. 1960 (10-9) :* Lê Duan (1908-86). *1986 (juillet) :* Truong Chinh ; *(-18-12) :* Nguyên Van Linh (1-7-1915/27-4-1998). *1991 (26-6) :* Dô Muoi (né 1917). *1997 (26-12) :* G^{al} Lê Kha Phiêu (né 1931). **2001**-*(-17-4) :* Nong Duc Manh.

■ Économie

■ **PNB** (en 1999). 380 $ par hab. (480 à Hô Chi Minh-Ville). **Croissance** (en %) : *1995 :* 9,5 ; *96 :* 9,5 ; *97 :* 8,5 ; *98 :* 5,8 ; *99 :* 4,1 ; *2000 (prév.) :* 5 à 6,5. **Pop. active** (en %) **et,** entre parenthèses, **part du PNB** (en %) : agr. 67 (36), mines 2 (2), ind. 10 (19), services 21 (43). Hô Chi Minh-Ville assure 30 % du PNB, 40 % des export., produit 40 % des biens de consom. ; revenu moyen de 60 % supérieur à celui du reste du pays. **Chômage** (en 1999) : 20 % (sous-emploi 40 %) [en 1998 : en ville 6 %, zones rurales 28 %]. **Budget. Déficit** : *1993 :* estimé à 5,6 % du PIB. **Part de la défense** (en 1991) : 50 %. **Inflation** (en %) : *1980 :* 30 ; *85 :* 160 ; *86 :* 700 ; *87 :* 1 000 ; *88 :* 300 à 700 ; *89 :* 500 à 700 ; *90 :* 90 ; *91 :* 67,2 ; *92 :* 17,5 ; *93 :* 5,2 ; *94 :* 14,4 ; *95 :* 13,1 ; *96 :* 4,5 ; *97 :* 5 ; *98 :* 8 ; *99 :* 4,5. **Dette extérieure** (en milliards de $) : *1992 :* 18 ; *95 :* 20,2 ; *98 :* 25. **Aide extérieure :** *Chine :* très importante jusqu'en 1979 (invasion du Cambodge). *URSS : 1986-90 :* 11,7 à 13,2 millions de $ (80 % des camions et de l'acier, 75 % des engrais, 60 % de l'électricité, 87 % du charbon, 40 % du ciment, 100 % du pétrole et du coton) ; *1991 :* aide supprimée. *Japon : 1992 :* 370 millions de $ (arrêtée depuis 1979). *France* (en milliards de F) : *1992 :* 0,221 ; *93 :* 0,435 ; *94 (21-7) :* la France annule 1,2 milliard de F de la dette et en rééchelonne 1,03. Selon le VN, celui-ci aurait besoin de 20 milliards de $ de crédits étrangers pour s'équiper d'ici à l'an 2000, et de 40 pour réhabiliter l'économie. **Conditions de vie. Salaire mensuel moyen** (en dongs) : 15 000 (22,75 F). *Prix* (en dongs) de 12 œufs : 2 000, d'un pantalon : 25 000, d'une bicyclette : 50 000 (300 000 pour les marques étrangères), de 1 kg de riz : 900. **Seuil de pauvreté :** *1993 :* 55 % ; *98 :* 35 % de la population vit en dessous.

☞ Dans les régions du centre, des familles affamées vendent leurs enfants pour 1,5 kg de riz.

☞ **Travailleurs vietnamiens dans les pays de l'Est :** *1980-90 :* plus de 290 000, dont URSS 70 000 à 125 000 (90 % de la pop. immigrée), All. dém. plus de 60 000, Tchéc. 38 000, Pologne 30 000, Bulgarie 25 000 à 33 000, Iraq 16 000 ; *91 :* 80 000 rapatriés (60 000 en 1990), dont les 2/3 des Vietnamiens de l'ex-All. dém. [15 000 encore sur place (27 000 en Tchéc., 72 000 dans l'ex-URSS)]. *Total 1990-93 :* plus de 100 000 rapatriés (55 000 sur place dont 70 à 90 % n'ont pas trouvé d'emploi).

■ **Agriculture. Terres** (en millions d'ha, 1985) : arables 6,9, cultivées 6, pâturages 4,8, forêts 26,6 [en fait, *1943 :* 14 (42 % de la superf.), *82 :* 7,8, *91 :* 6,4 (20 %) ; *1961-74 :* 5 % des forêts détruites, 50 % endommagées ; 200 000 ha perdus par an depuis 1975 ; *1992 :* export. de bois interdites (23-3) ; reboisement (projet) : 200 000 ha par an], eaux 0,4, divers 11,3. Terres propriété de l'État. Une loi (15-7-1993) autorise achat, vente, affermage et héritage du droit d'utilisation. Grands besoins hydrauliques (*1989 :* les réseaux couvrent 2,4 millions d'ha et utilisent 400 grands barrages, 2 000 moyens et 4 000 petits). **Production** (en millions de t) : riz *1987 :* 15 ; *90 :* 19 ; *91 :* 19,4 ; *95 :* 25 ; *97 :* 30,4 ; *98 :* 27,6 ; *99 :* 31,3 (rendement : 3 462 kg/ha, rizières 50 % des terres cultivées). En 1999 : céréales 26,3 (en 1994), canne à sucre 17,8, fruits 4 (en 1995), légumes 4 (en 1995), manioc 2, patates douces 1,6, maïs 1,7, café 0,48, arachides 0,38, ananas 0,31 (en 1995), coprah 0,21, hévéa (depuis 1880 ; emploie 200 000 pers.) 0,22, thé 0,06. **Forêts** (en millions d'ha). *1943 :* 13,5 ; *95 :* 9,2. **Production** (en 1998) : 36,2 millions de m^3. **Élevage** (en milliers de têtes, 1999). Poulets 95 000 (en 1995), canards 43 000 (en 1995), porcins 18 886, bovins 4 064, buffles 2 950, caprins 500, chevaux 127 (en 1995). **Pêche** (en 1998). 1 626 000 t.

Nota. – 20 à 25 % des récoltes se perdent car transports et stockage insuffisants.

■ **Énergie. Charbon :** *production : 1998 :* 13 100 000 t, *réserves :* 3,2 milliards de t. **Pétrole** (en millions de t) : *production : 1987 :* 0,27 ; *89 :* 1,49 [extrait du champ offshore de Bach Ho (« Tigre blanc ») (*réserves :* 42) par la Sté mixte soviéto-vietnamienne Viet-Sovpetro] ; *90 :* 2,5 ; *95 :* 7,7 [nouveau gisement off shore de Dai Hung (« Gros Ours »), à 250 km de Vung Tàu ; *réserves :* 69,3 ; *coût :* 300 millions de $; exploité 1994-95] ; *99 :* 14,6 ; *2000 :* 16,2. Brut exporté en totalité (import. de raffinés). **Gaz** (en mer) *réserves :* 175 millions de m^3. **Électricité :** 14,3 milliards de kWh (en 1997). Projet hydroélectrique de la rivière Ma (centrale de *Hoa Binh,* 8 milliards de kWh attendus ; de *Tri An Dam,* 1,5 milliard de kWh) et de Yalé. **Mines.** Phosphates (490 000 t en 1997), sel, tourbe, fer, chrome, étain (5 000 t en 1999), titane, cuivre, plomb, zinc, manganèse, or, mercure, uranium, thorium, bauxite. **Industrie. Production** (en milliers de t, 1995) : ciment 5 828, engrais 931, sucre 517, acier 408, coton 51.

Nota. – **Secteur public** (en 1992) : 30 % du PNB (57 % en Chine) mais 85 % du crédit bancaire, 12 000 entreprises, 2,6 millions de pers. (7 % des actifs) ; **privé :** *entreprises familiales :* 50 % des export. (1 milliard de $), 75 % du chiffre d'affaires du commerce de détail, 350 000 ateliers artisanaux, 3 millions de pers., 300 à 350 millions de $ investis par an ; 500 à 600 venant de la diaspora recyclés hors circuit bancaire (cantines populaires, caisses privées de prêts, d'entraide de longévité, classes d'âge, covillageois et parenté). Forte fiscalité (30 à 50 %). **Croissance** (en %) : *1989 :* + 34 ; *91 :* + 11 ; *92 :* + 27.

■ **Privatisation.** Le programme lancé en 1992 n'est toujours pas appliqué.

■ **Transports** (en km, 1997). **Routes :** 105 000 dont 15 % en dur. **Voies ferrées :** 3 260 (en 1999) ; Transvietnamien Hanoï-Hô Chi Minh-Ville (1 730 km, vitesse moy. 25 km/h). **Voies fluviales :** 10 783, **maritimes :** 2 700.

■ **Tourisme.** **Visiteurs :** *1988 :* 30 000 dont 300 Français ; *90 :* 250 000 ; *93 :* 670 000, Français en majorité ; *94 :* 1 018 000 ; *95 :* 1 300 000 ; *97 :* 1 700 000 ; *98 :* 1 500 000.

■ **Commerce** (en milliards de $). **Export.** (Fob)/**import.** (Caf) : *1995 :* 5,45/8,16 ; *96 :* 2,26/11,14 [(*exporte* pétrole 1,34, produits ind. 2,15, produits agr. et forestiers 1,26 *vers* (en %) Japon 26,4, Singapour 5,7, France 4,9, Australie 4,4, Taïwan 4,1/*importe de* (en %) Singapour 13,8, Corée du S. 12,9, Taïwan 9,5, Japon 9,2] ; *97 :* 9,18/11,59 ; *98 :* 9,36 (dont textile et vêtements 1,35, pétrole brut 1,2, riz 1,1, produits de la mer 0,85, café 0,5)/11,49.

■ **Rang dans le monde** (en 1999). 3e café. 4e riz. 6e porcins. 8e thé. 9e étain.

■ YÉMEN

Carte p. 986. V. légende p. 950.

☞ *Abréviation :* Y. : Yémen.

■ RÉPUBLIQUE DU YÉMEN

■ **Nom.** Yémen (la « droite » : situé à la droite de la *Kaaba,* pierre noire sacrée de La Mecque ; ou de l'arabe *Al-Yaman,* « terre du Sud »).

■ **Situation.** Asie. **Superficie :** 536 869 km^2. **Frontières** (en km) : Arabie saoudite 1 458 (contentieux), Oman 288. **Côtes :** 196 km.

■ **Population** (en millions d'hab.). *2000 (est.) :* 18,12 ; *2025 (prév.) :* 40. **D.** 33,75. **Taux** (en ‰, 1999) : *natalité :* 40, *mortalité :* 11 (*infantile :* 75), *accroissement :* 32,3. **Age :** *– de 15 ans :* 47,5 %, *+ de 64 ans :* 3,1 %. **Espérance de vie** (en 1999) : *h.* 58, *f.* 61 ans. **Analphabétisme** (en % 1998) : hommes 34, femmes 77. **Réfugiés** (en 1999) : 60 000 dont 49 000 de Somalie. **Capitale.** *Sanaa* 972 000 hab. (1995, Aden : capitale économique).

■ **Langues.** Arabe *(officielle).* 6 langues sud-arabiques en voie de disparition (dont mehri et soqotri). **Religions.** Musulmans 98 %. Juifs : *1948 :* 68 000 ; *93 :* 3 000.

■ **Histoire.** **1988**-*4-5* accord entre les 2 Y. du Sud et du Nord. Exploitation pétrolière commune avec zone démilitarisée de 2 200 km^2 de chaque côté de leur frontière. **1989**-*30-11 accord d'Aden* Pt Saleh (Nord-Y.)/secrétaire général du P. socialiste Ali Salem el-Bid (Sud-Y.) pour Y. unifié. **1990**-*22-5* réunification. *-24-5 Ali Abdallah Saleh* et *Haïdar Abou Bakr al-Attas* (sudiste) PM. *-Juillet* affrontements dans le Nord. *-3-8* vote contre la résolution de la Ligue arabe condamnant l'invasion du Koweït. *-Sept.* 850 000 Yéménites expulsés d'Arabie. **1991**-*15/16-5 référendum sur Constitution :* 98,3 % de oui. **1992**-*9-5* Ali Nasser Mohamed, ex-Pt du Sud-Y., amnistié. *-14-6* Hachem al-Attas, frère du PM, assassiné. *-Fin août* Maareb, accrochages tribus/police, 18 †. *-9-12* émeutes de Taez, 4 †. *-29-12* Aden, attentats contre hôtels (3 †). **1993**-*27-4 législatives :* 2 500 candidats (200 femmes), CPG 123 sièges, al-Islah 62, PSY 56, divers 60. *-4-8* bombe près du domicile du PM. *-19-8* opposé à la politique du Pt Saleh et de ses alliés du P. religieux, le vice-Pt el-Bid se retire à Aden. *-1-9* attaque contre installations du groupe Total. *-18/19-10* visite Pt Mitterrand. *-29-10* attentat contre les 2 fils du vice-Pt. **1994**-*23-1 :* 3 touristes français enlevés. *-20-2* Amman (Jordanie), accord de réconciliation entre les 3 partis au pouvoir. *-21-2* combats nordistes/sudistes. *-Avril/mai* plusieurs centaines de †. *-5-5* Sanaa bombardée par sudistes. *-9-5* Aden menacée par nordistes. PM *Abou Bakr al-Attas* démissionne. *-21/22-5* Sud-Y. proclame son indépendance. *-Fin juin* vice-Pt el-Bid s'enfuit à Oman. *-7-7* entrée nordistes à Aden, unité rétablie. *Bilan* (4-5 au 7-7) : au Nord : 3 800 † et 120 000 blessés ; au Sud : non communiqué. *-28-9* Parlement supprime Conseil présidentiel collégial. *-2-10* **Ali Abdallah Saleh** (né 1942) élu Pt pour 5 ans par le Parlement. *-3-10* **Abdelaziz Abd al-Ghani** (né 4-7-1939) PM. *-Déc. 1994/janv. 1995* incidents frontière saoudienne. **1995**-*13-1* Y. retire ses troupes du Nord. *-29-3* et *1-4* émeutes (hausse de l'essence), 3 †. *-7-6* accord avec Arabie : Y. renonce à revendiquer les 3 provinces cédées en 1934. *-17/18-12* Érythréens prennent l'île de la Grande Hanish en mer Rouge, contrôlée par le Y., 195 Yéménites prisonniers ; *-18/19-12* Y. bombarde l'île. **1996**-*25-1 :* 17 touristes français en otage, libérés 29-1. **1996-97** enlèvements fréquents. **1997**-*14-5* **Faraj Said bin Ghanem** PM. **1998**-*14-5* **Abdel Karim al-Iryani** (né 12-10-1934) PM. *-27-7 :* 3 sœurs de l'ordre de mère Teresa tuées par un déséquilibré. *-1-11* après arbitrage du 9-10, l'Érythrée restitue la Grande Hanish. *-28-12 :* 16 touristes enlevés par islamistes, 4 †. **1999**-*23-9* Saleh réélu (96,3 %). **2000**-*mai fatwa* contre les juifs. *-12-10* Aden, attentat suicide contre destroyer américain *USS Cole* 17 †.

■ **Statut.** *République islamique.* **Constitution** du 16-3-1994, modifiée 28-9. **Pt :** élu au suffrage universel (depuis 1999) pour 5 ans. **Parlement :** 301 membres élus pour 4 ans. **Élections du 27-4-1997 :** boycott du PSY ; CPG 186 sièges, al-Islah 54, indépendants 54, nassériens 3, baassistes 2, non attribués 2. **Conseil présidentiel :** 5 membres. **Conseil consultatif :** 59 membres. **Fête nationale.** 22-5 (unification). **Drapeau** (adopté 22-5-1990). Bandes horizontales rouge, blanche et noire (couleurs panarabes).

■ **Partis.** Environ 40. **Congrès populaire général (CPG)** ex-parti officiel du Nord, *Pt :* Ali Abdallah Saleh. **P. socialiste yéménite (PSY)** ex-parti officiel du Sud ; Ali Salem Obad. **Rassemblement yéménite pour la réforme (al-Islah)** fondé 1990, religieux à caractère tribal ; *Pt :* Cheikh Abdallah el-Ahmar. Influent dans le Nord. **Rassemblement unioniste** (opposition démocratique), Omar al-Jawi. **Al Haq** (islamiste), Ahmad Ash Shami.

■ **Économie.** **PNB** (en $ par hab.) : *1991 :* 650 ; *95 :* 250 ; *97 :* 270 ; *98 :* 330 ; *99 :* 200. **Croissance** (en %) : *1998 :* 3,8 ; *99 :* 4,9. **Population active** (en %) **et,** entre parenthèses, **part du PNB** (en %) : agr. 61 (10), mines 5 (34), ind. 10 (8), services 24 (48). **Chômage** (en 1999) : 25 %. **Inflation** (en %) : *1990 :* 30 ; *91 :* 45 ; *92 :* 62,4 ; *93 :* 50 ; *94 :* 75 ; *95 :* 48,8 ; *96 :* 30,2 ; *97 :* 5,4 ; *98 :* 8 ; *99 :* 6,2. **Dette extérieure** (en milliards de $, 1998) : 3,4. **Réserves** (en 2000) 2 milliards de $. **Population sous le seuil de pauvreté :** 19 %.

Agriculture. **Terres :** cultivées 1 630 972 ha. **Production** (en milliers de t, 1999) : sorgho 365, p. de t. 200, blé 144, légumes 105, raisin 98, bananes 79, légumineuses 67, orge 47, maïs 57, sésame 14, café 12, tabac 9, coton 5, qat [*Cathula edulis,* plante narcotique que l'on mâche ; cultivé sur 48,7 % des terres arables ; consommé par 50 à 90 % des hommes de + de 18 ans (30 à 50 % des femmes) et 15 à 20 % des – de 12 ans]. **Élevage** (en milliers de têtes, 1999). Volailles 22 000 (en 1995), ovins 4 595, caprins 3 558, bovins 1 289, chameaux 175. *Peaux* (en 1996) : 8 000 t. **Pêche** (en 1997). 116 000 t.

Énergie. **Pétrole** (en millions de t) : *réserves :* 546 ; *production : 1991 :* 9,3 ; *95 :* 16,6. *99 :* 18,8. **Gaz :** *réserves :* 479 milliards de m^3. **Électricité** (en 1997) : 2 358 GWh. **Industrie.** Agroalimentaire, cuirs et peaux, pétrochimie. **Transports** (en km, 1996). **Routes :** 64 725 dont recouvertes 5 240. **Tourisme** (en 1997). 84 000 visiteurs.

■ **Commerce** (en milliards de $). **Export./import. :** *1996 :* 2,5/2 ; *97 :* 1,5/2,17 ; *98 :* 1,5/2,7 ; *99 :* 2,52/2,11.

■ **Rang dans le monde** (en 1999). 24e millet.

■ ANCIEN YÉMEN DU NORD

■ **Situation.** 200 000 km^2. **Altitude** *maximale :* djebel Nabi Shuayb 3 760 m (point culminant de la péninsule arabique). **Régions :** mer Rouge, plaine côtière, la Tihāma ; moyens plateaux ; hauts plateaux au centre (basalte, granite, gneiss) ; zones volcaniques au centre et au nord-ouest de Sanaa (dernière coulée connue 1256). **Climat.** Tempéré au centre, désertique sur la Tihāma et sur les plateaux de l'Est. **Saisons :** petite saison des pluies mars-avril, pluies importantes de juin à sept. (Ta'izz 610 mm par an, Ibb 1 000, Sanaa 300, Tihāma 100 à 200). **Températures** *maximales* et *minimales :* Sanaa 28 °C, – 5 °C ; Ta'izz 32 °C, 15 °C ; Tihāma (moy. annuelle) été 32 °C, hiver 23 °C.

■ **Population** (en 1988). 8 742 000 hab. **D.** 43,7. **Age :** *– de 15 ans :* 49 %, *+ de 65 ans :* 3 %. **Religions.** Musulmans zaïdites (chiites : 50 % dans le Nord) et chaféites (sunnites : 50 % dans le Sud).

■ **Villes** (en 1986). *Sanaa* (2 200 m d'alt.) 427 185 hab., Hodeïda 170 000 (à 226 km), Ta'izz 150 000 (à 250 km), Ibb 48 806 (à 150 km), Dhamâr 40 000.

■ **Histoire.** Dans l'Antiquité, nommé « Arabie Heureuse », renommée pour l'encens. **Av. J.-C.** **XVe s. au IIe s.** 5 royaumes : *Maïn, Saba, Qataban, Aoussane, Hadramut.* **Vers 615** construction d'une digue (Marib, détruite 572 apr. J.-C.). **Vers 100** fusionne avec les Himyarites judaïques. **Après J.-C.** **120** 1re rupture de la digue de Marib. **IVe s.** occupation éthiopienne. Pénétration christianisme et judaïsme. **525-575** domination abyssine, **575-628** sassanide. **628** islamisation. **893** dynastie zaïdite constituée à Sa'dah. **1173** Saladin envahit Y. **1232-1454** dynastie des Banî Rassul. **1515-29** Y. conquis par Égyptiens. **1538-1630** occupation turque. **1630** indépendance. **1849-1918** occupation turque. **1878** imam **Mohammed Ier ben Yahya. 1891** imam **Mohammed II** (1839-1904). **1904** imam **Yahya** (1869-1948). **1905** et **1911** soulèvement contre Turcs. **1911** *traité de Daan :* Turquie reconnaît souveraineté de Yahya sur le Nord-Y. sous suzeraineté ottomane. **1918** *indépendance.* **1926** Yahya devient roi. **1934**-*20-5 traité de Tā'if* (renouvelable tous les 20 ans) : Y. cède 3 provinces (Assir : 80 000 km^2, Najrân et Djîzân) à l'Arabie saoudite. **1945** adhère à la Ligue arabe. **1947** entrée à l'Onu. **1948**-*17-2* Yahya assassiné par son gendre Abdallah. *-18-2/13-3* roi **Abdallah** (1888-1948). *-13-3* roi **Badr bin Ahmed,** fils de Yahya, reprend le trône. **1949** 50 000 juifs partent pour Israël. **1958**-*8-2*/**1961**-*26-12* forme avec RAU les *États-Unis arabes.* **1962**-*19-9* roi **Mohammed III el-Badr** (né 1927), son fils. *-26-9* déposé par coup d'État militaire ; *république proclamée,* **Abdullah al-Sallal** Pt. Soutenu par Arabie, entretient lutte armée contre républicains soutenus par 70 000 Égyptiens. **1965**-*24-8* accord : Égypte et Arabie retireront leur concours en août 1967. **1967**-*5-11* al-Sallal renversé ; *Conseil national républicain* [Pt **Abdul Rahman el-Iriani** (chaféite)] ; G^{al} *al-Amri* PM. **1970**-*25-3 fin de la guerre civile. -23-7* reconnu par Arabie. *-29-12 Constitution.* **1971**-*sept.* al-Amri exilé. **1972** renvoi des experts russes (avant, jusqu'à 2 000 Chinois et 1 000 Russes). *-Juillet* reprise relations diplomatiques avec USA, et aide économique américaine. De 150 000 à 300 000 réfugiés du Sud, regroupés pour former *Front national uni du Sud-Y.* (Pt Mekkaoui, anticommuniste). *-26-9* combats entre les 2 Y. *-28-11* accord sur fusion Nord/Sud. **1973**-*30-5* cheikh Osman tué, lutte contre révolutionnaires. **1974**-*13-6* coup d'État militaire prosaoudien. Cadi Abdul Rahman el-Iriani renversé, remplacé par L^t-C^{el} **Ibrahim al-Hamdi** (né vers 1940). Constitution suspendue, parti unique (Union yéménite) dissous. **1975**-*22-10* Conseil consultatif et Assemblée nat. dissous. **1977**-*11-10* al-Hamdi assassiné ; **Ahmad Hussein al-Ghachemi** Pt, **1978**-*24-6* tué (mallette piégée). *-17-7* **C^{el} Ali Abdallah Saleh** (né 1942) Pt. *-Oct.* tentative coup d'État. **1979**-*févr.* guerre avec Sud-Y. *-4-3* cessez-le-feu, retrait troupes du Sud-Y. *-7-3* reprise combats. *-21-3* retrait des troupes. *-Avril* plan de réunification avec Sud-Y. **1980** aide militaire soviétique. **1981**-*août* exécution de 12 officiers qui auraient tenté un coup d'État. **1982**-*3-4 :* 5e cessez-le-feu depuis 1981. *-Mai* FND (Front national démocratique), soutenu par Aden, renonce à l'action armée. *-13-12* séisme près de Dhamâr : 3 000 †. **1988**-*5-5 législatives. -17-7* Saleh réélu Pt.

■ **Statut.** *République islamique.* **Constitution** provisoire du 19-6-1974. **Conseil consultatif :** 128 élus le 5-7-1988 et 31 nommés par le Pt de la Rép. **Congrès général du peuple :** 1 000 m. dont 700 élus en août 1986. **Provinces :** 17 (*liwâ,* au pluriel *alwiya*). **Fête nationale.** 26-9 (chute de l'imamat). **Partis.** Interdits.

■ **Économie.** **Agriculture :** *terres cultivées* 14 %. **Tourisme :** *sites :* Sanaa, Jiblah (60 mosquées), Ta'izz (souks), Mokha, Sebid, Marib (capitale de la reine de Saba), Ouadi Dhar, Manakha, al-Taouila, al-Mahouît.

■ ANCIEN YÉMEN DU SUD

■ **Situation.** 336 869 km^2. **Iles :** *Kamaran* 22 km^2 dans la mer Rouge, *Périm* 13 km^2 dans le détroit de Bab el-Mandeb (« la porte des Pleurs » en arabe), *Socotra* (ou *Socotora*) et *'Abd al-Koûrî* au sud du golfe d'Aden. **Côtes :** 1 200 km (de Ras-Murad à Oman). **Altitude** *maximale :* 2 700 m. Plateau granitique et volcanique s'élevant d'est en ouest ; plaine côtière étroite au sud et à l'ouest ; vallée intérieure *(Wadi Hadramaout).* **Climat.** Chaud, aride sur la côte, plus frais à l'intérieur et en altitude ; chaud et humide mai-oct. (max. 41 °C). **Températures** *à Aden :* janv. 22 à 29 °C, juin 29 à 36 °C.

■ **Population.** *1989 :* 2 398 000 hab. Yéménites (75 %), faibles communautés indienne (11 %), somalienne (8 %), pakistanaise. **D.** 7,1. *Avant 1986,* il y avait entre 4 000 et 5 000 conseillers civils et militaires soviétiques et 2 000 Cubains et Allemands de l'Est. **Religions** (en %). Musulmans chaféites (sunnites) 96 ; hindous 3 ; chrétiens 1.

■ **Villes.** *Aden* 343 000 hab. (*est. 1980,* y compris Mansourah et Sheik Othman), capitale depuis 1968 ; Al Mukallâ 100 000, Seiyun, Shibām : 500 tours en pisé de 7 ou 8 étages.

■ **Histoire.** On distinguait la **colonie d'Aden** annexée le 19-1-1839 par l'Angleterre (194 km^2, plus dépendances : île de *Périm,* occupée 1857, île de *Kamaran,* prise aux Turcs 1915, îles de *Kouria* et *Mouria,* 28 km^2), et le **protectorat d'Aden** (287 490 km^2) divisé en protectorat oriental [229 667 km^2, 326 000 hab. ; comprenant 3 États : *État qu'aiti de Shihr et Mukalla, kathiri de Saï'un* et le *sultanat mahri de Qishn et Socotra* (3 625 km^2, 6 000 hab.)] et protectorat occidental [dont 6 émirats furent en 1959 le noyau de la *Fédération des émirats arabes du Sud,* qui devint la *Fédération d'Arabie du Sud* le 4-4-1962 (58 016 km^2, 820 000 hab.)], comprenant 17 États *(Lahej, Aqrabi, Aden, Haushabi, Alawi, Dalha, Muflahi, Shaïb, Haut-Yafa, Bas-Yafa, Fadhli, Audhali, Dathina, Beihan, Haut-Aulaqi, Bas-Aulaqi, Wahidi)* qui ont fusionné. **1963** insurrection contre Britanniques (bilan 1964-67 : terroristes 382 †, forces de l'ordre 74 †, nationalistes 290 †). **1967**-*30-11 indépendance (Rép. populaire du Y. du Sud).* NLF (*Front national de libération,* fondé 28-7-1963) l'emporte sur Flosy (*Front de la libération du Sud-Y. occupé,* fondé mai 1966) ; **Qahtan as-Shaabi** (né 1921) Pt. **1969**-*22-6* **Conseil de la présidence de la Rép.** de 5 m. renverse Pt. **1970**-*8-11* proclamation de la RDPY *(République démocratique populaire du Y.),* réformes, nationalisations, réforme agraire. **1978**-*27-6* **Salem Rubayya Ali** (Pt du Conseil depuis 22-6-1969) exécuté, remplacé de juin à sept. par **Ali Nasser Mohamed** et, à partir de déc., par **Abdel Fatah Ismaïl.** **1979**-*févr.* guerre avec Nord-Y. *-Avril* plan de réunification avec Nord-Y. *-25-10 traité avec URSS.* **1980**-*avril* **Al Nasser Mohamed** Pt. **1981**-*16-2* tir de 2 roquettes contre ambassade du Y. à Paris. **1982**-*mars* inondations, 482 †, 1 milliard de $ de dégâts. **1985** relations rétablies avec Oman (après rupture due à l'aide du Y. à la rébellion du Dhofar). **1986**-*13-1* coup d'État manqué. *-16/24-1 :* 6 832 étrangers évacués par mer. *-24-1* Mohamed renversé (fuit au Nord-Y.), guerre civile, environ 9 000 † dont ancien Pt Ismaïl et anciens dirigeants du P. socialiste : Ali Antar, Saleh Mouslah Kassem et Ali Chaya. 10 000 réfugiés au Nord-Y. *-8-2* **Haider Aboubaker al-Attas** Pt du praesidium du Conseil suprême du peuple. *Yassine Saïd Noomane* PM. **1987**-*11-10* incident frontière omanaise, 8 †. *-12-12* Pt Mohamed (exilé au Nord-Y.) et 14 partisans condamnés à mort. *-29-12 :* 5 condamnés exécutés. **1988**-*mars* incident de frontière avec Nord-Y. ; prospections pétrolières. **1990** rétablit liens avec USA. **1994**-*21-5* reprend son indépendance. Création d'un Conseil de salut national provisoire. *-7-7* Aden prise par nordistes.

☞ **Cheikh Saïd** (16,50 km^2) : **1868** Cie Rabaud-Bazin de Marseille achète (50 000 F) le territoire. **1870**-*7-7* traité de Constantinople reconnaît la validité de cet achat. **1885** la Turquie en prend indûment possession. **1886**-*7-7* Rabaud-Bazin transfère son acquisition à la France. **1918** Yéménites chassent Turcs ; présence économique française maintenue. **1939** France reconnaît souveraineté du Y.

■ **Statut.** *République démocratique et populaire.* **Constitution** du 30-12-1970. **Conseil suprême du peuple :** 111 membres représentant les 20 émirats soumis autrefois à la G.-B. **Gouvernorats :** 6 (en arabe *mouhâfazah,* au pluriel *mouhâfazât*). **Fêtes nationales.** 14-10 (1963 : 1re étincelle de la révolution) et 30-11. **Drapeau** (adopté 1967). Bandes rouge, blanche et noire ; triangle bleu avec étoile rouge (révolution).

■ **Agriculture.** **Terres :** cultivées 0,2 %, soit environ 600 km^2 (cultivables environ 2 000 km^2), uniquement oasis et fonds des vallées.

YOUGOSLAVIE
(République fédérale de)
V. légende p. 950.

☞ *Abréviations :* B.-H. : Bosnie-Herzégovine ; M. : Monténégro ; mus. : musulman(s) ; Y. : Yougoslavie.

■ **Nom.** Apparaît au XIXe s., calqué sur le mot *südslawisch* (« slave du Sud ») créé par les linguistes pour les populations des Alpes à la mer Noire. 1re Y. 1918-41, 2e Y. 1945-92, 3e Y. proclamée 27-4-1992 *République fédérale de Yougoslavie* (Serbie, Monténégro), Croatie, Macédoine, Bosnie-Herzégovine et Slovénie ayant pris leur indépendance.

EX-YOUGOSLAVIE

■ **Situation.** Europe. **Superficie :** 255 804 km². **Frontières** (en km) : Hongrie 623, Roumanie 557, Bulgarie 536, Albanie 465, Autriche 324, Grèce 262, Italie 202. **Altitude** *maximale :* Mt Triglav 2 864 m. **Côtes :** 2 092 km (610 km à vol d'oiseau). **Iles :** 1 269 dont (en km²) Krk 405,3, Cres 405,7, Brac 395,7, Hvar 297,5, Pag 284,3, Korcula 271,7. **Lacs :** 300 dont 19 ont une superf. de plus de 10 km². **Cours d'eau :** 1 850 de plus de 10 km de longueur représentant 118 000 km (3 bassins : *Adriatique* 20 %, *mer Égée* 10 %, *mer Noire* 70 %). *Danube :* 359 km en Y. (sur 2 783 km), navigable sur toute sa longueur. *Save :* 945 km, affluent le plus important du Danube, navigable sur 653 km. **Climat.** Méditerranéen, continental et montagneux.

■ **Population** (en millions d'hab.). *1920 :* 12 ; *39 :* 15,7 ; *50 :* 16,3 ; *60 :* 18,5 ; *70 :* 20,3 ; *80 :* 22,4 ; *91 (rec.) :* 23,5 dont **Républiques :** Serbie 5,75 (Serbes 85 %, Musulmans 3,5). Croatie 4,76 (Croates 78 %, Serbes 12,2). Bosnie-Herzégovine 4,37 (Musulmans 43 %, Serbes 31, Croates 17). Macédoine 2,03 (Macédoniens 67 %, Musulmans 21 dont Albanais 19, Serbes 3,3). Slovénie 1,97 (Slovènes 90 %, Croates 3, Serbes 2,3). Monténégro 0,61 (Monténégrins 68 %, Musulmans 13, Albanais 6,5, Serbes 3,3). **Régions autonomes** (est.) : Vojvodine 2,01 (Serbes 56 %, Hongrois 22, Croates 7). Kosovo 1,95 (Albanais 80 %, Serbes et Monténégrins 15).

Nationalités reconnues. 1918 : 3 (Croates, Serbes, Slovènes). **1946 :** 6 (Bosniaques, Croates, Macédoniens, Musulmans, Serbes, Slovènes) plus une douzaine de minorités (Albanais, Allemands, Bulgares, Grecs, Hongrois, Italiens, Slovaques, Tchèques, Tziganes, Ukrainiens, Valaques). **1981** (rec.) : 24 outre ceux s'étant déclarés « Yougoslaves ». **Août 1991** (rec.) : 27 [soit 3 de plus : *Bunjevci* et *Sockci* en Vojvodine (originaires de Bosnie-Herzégovine, parlent serbe mais utilisent caractères latins), *Égyptiens* en Macédoine (environ 5 000 ; disent descendre d'Égyptiens de l'Antiquité amenés dans les Balkans comme forgerons par les Grecs)]. **Répartition globale** (en %, 1988) : Serbes 36,3, Croates 19,8, Bosniaques 8,9, Slovènes 7,8, Albanais 7,7, Macédoniens 6, Monténégrins 2,6, Hongrois, 1,9 (450 000). *Autres ethnies* (Turcs 100 000, Roms, Valaques, Ruthènes, Ukrainiens, Slovaques 30 000, Bulgares, Roumains 30 000, Tchèques, Italiens 100 000) : moins de 1 % chacune.

Yougoslaves à l'étranger (en milliers) : 1 500 [Croatie 840, Slovénie 350, Serbie et Vojvodine 160, Bosnie-Herzégovine 50, Macédoine 40, Monténégro 30] dont **Amér. du Nord :** 1 050, **centrale :** 15, **du Sud :** 260 ; **Australie-Nlle-Zélande :** 30 ; **Asie :** 20 ; **Afrique :** 9 ; **Europe :** 200.

■ **Religions** (est.). **Orthodoxes** 8 000 000 (Serbes), 36 % (150 à 200 monastères). **Catholiques** 6 500 000, 29 % (Croatie 70 %, Slovénie 83 %, Bosnie 20 %, ensemble Serbie, Monténégro, Macédoine 4,6 %). **Musulmans** 3 000 000 (en 1981) [dont Bosnie-Herzégovine 2 000 000 (Slaves de nationalité « musulmane », Croates et Serbes), Serbie (Kosovo) plus de 1 000 000 (musulmans albanais et turcs), Macédoine 100 000 à 200 000 (Macédoniens, Albanais et Turcs), Monténégro quelques dizaines de milliers (surtout Albanais)] ; 2 000 mosquées. **Protestants** 1 %. **Juifs** *1941 :* 80 000 ; *45 :* 16 000 (décimés en Croatie en 1941) ; *87 :* 7 000. **Athées** 4 500 000, 20 %. La Constitution de 1946 garantit le libre exercice des cultes.

■ **Statut (avant 1991). République socialiste fédérative de Y. (RSFY)** comprenant 6 républiques et dans le cadre de la république de Serbie 2 provinces. **Constitution** du 21-2-1974 révisée 9-6-1981 et 29-12-1987. PRINCIPES : socialisme, démocratie, travail librement associé et autogestion (supprimée 8-8-1990). **Assemblée yougoslave :** *Conseil fédéral* (220 délégués, élus pour 4 ans, 30 par république et 20 par province ; définit la politique intérieure et extérieure, adopte lois, budget...). **Conseil des rép. et des provinces** (88 délégués élus pour 4 ans, 12 par république, 8 par province ; adopte plan social, s'occupe de l'économie, des finances...). **Présidence de la République,** collégiale, 8 membres représentant républiques ou provinces élus pour 5 ans. *Pt* et *Vice-Pt* de la présidence élus parmi les 8 pour 1 an. **Conseil exécutif fédéral** élu pour 4 ans par les 2 conseils de l'Ass. dont il est l'organe exécutif. **Économie.** Les moyens de production, qui étaient propriété sociale, peuvent être publics ou privés.

■ **Partis. Ligue des communistes de Y.** (LCY) fondée avril 1919, 2 099 613 m. (en juin 1987). **Alliance socialiste du peuple travailleur de Y.** (SAWPY) 14 151 135 m. (en 1981).

■ **Histoire. Illyrie. Av. J.-C. XIIe-IVe s.** formation de plusieurs royaumes illyriens. **Xe s.** habitée par *Illyriens* (région des Dinariques), *Pannoniens* (région danubienne). **VIIe s.** relations avec monde grec. **IVe s.** début de colonisation de l'Adriatique par Grecs. **385** le roi illyrien **Bardylis** unifie le pays. **IIIe s.** les corsaires illyriens font la guerre de course contre les navires romains dans l'Adriatique. **219** conquête de l'Illyrie par Rome. **168** organisation de la 1re province illyrienne. **35** *province romaine* (la langue illyrienne disparaît, sauf en Albanie). **Apr. J.-C. 284** coupée en 2 : Illyrie occ. (dépendante de Rome) à l'ouest de la Drina ; Illyrie orientale (dépendante de Salonique, puis après 330 de Constantinople) à l'est de la Drina. **VIe s. et VIIe s.** invasion des Slaves et des Avars, puis des Serbes et Croates ; ils adoptent l'alphabet latin à l'ouest, l'alphabet glagolitique puis cyrillique à l'est (voir **Rép. féd. de Y.** p. 1292 c).

Royaume des Serbes-Croates-Slovènes. 1917-*20-7 traité de Corfou,* Croates et Slovènes acceptent de se joindre à Serbie et Monténégro pour former un État des Slaves du Sud. **1918**-*29-10* État formé des ex-territoires austro-hongrois qui proclament leur indépendance *(Slovénie, Croatie, Dalmatie, Bosnie-Herzégovine). -31-10* prend le port autrichien de Pula et la flotte s'y trouvant. *-1/11* un commando italien détruit à Pula le navire amiral *Viribus Unites*. *-3/11* armistice de Villa Guisti Autriche/Italie. *23-11* Congrès national à Zagreb. Des députés, dissidents du Conseil national, conduits par S. Pribicevic (Serbe de Croatie), décident de s'unir à la Serbie ; de son côté, le Conseil national entame des négociations avec les Serbes de Serbie à Genève ; celles-ci tournent court, l'armée serbe occupant des territoires à partir du 1-12-1918. *-1-12* **Pierre Ier** roi des Serbes, Croates, Slovènes (auparavant, roi de Serbie, voir p. 1294 a), son fils *Alexandre* est régent. **1919**-*25-2* réforme agraire. **1920-21** *Petite Entente* avec Tchéc. et Roumanie contre Hongrie (qui voulait la révision des traités de Trianon et de Saint-Germain). **1921** *1re Constitution.* Votée en l'absence de 50 Croates du parti paysan de Stjepan Radic (1871-1928) [pour une solution fédérale] et de 59 communistes (parti interdit à la suite d'attentats terroristes). Prévoit un régime unitaire (avec 33 « régions »). *-16-8* **Alexandre Ier** (16-12-1888/9-10-1934), 2e fils de Pierre Ier, roi [son frère Georges (1887-1972) ayant renoncé à ses droits], ép. 8-6-1922 Pcesse Marie de Roumanie (3-1-1900/22-6-1961). **1927** *traité avec France.* **1928**-*8-8* le député radical monténégrin Punisa Račič abat 3 députés croates dont Stjepan Radic au Parlement. **1929**-*6-1 Constitution suspendue,* gouv. provisoire du roi Alexandre Ier.

Royaume de Yougoslavie. 1929-*3-10* adoption du nom de *royaume de Yougoslavie.* Un député de Zagreb, Ante Pavelič (14-7-1889/Madrid 28-12-1959), anime à l'étranger les *oustachi* (insurgés en Croatie), terroristes qui luttent contre l'unification de la Y. **1931** nouvelle *Constitution ;* création de 9 *banovinas.* **1934** traité de commerce avec All. Entente avec Grèce, Roumanie, Turquie. *-9-10* Alexandre tué (au révolver) à Marseille par Dimitri Kerim Veličo (né 18-10-1897) en Macédoine bulgare) [homme de main de Vancho Michailof (Mihajlov), un des patrons de l'*Orim (Organisation révolutionnaire intérieure macédonienne),* loué par le chef oustachi Pavelič ; tué sur place ; 3 complices seront arrêtés]. Louis Barthou, min. des Affaires étrangères, est tué, Gal Georges blessé.

1934-*13-10* **Pierre II** (6-9-1923/3-11-1970, fils d'Alexandre Ier) roi de Y. ; ép. à Londres 20-3-1944 Pcesse Alexandra de Grèce (25-3-1921/30-1-1993, fille du roi Alexandre Ier). **1934-41** conseil de régence du Pce Paul (1893-Paris 1967) assisté de *Radenko Stankovitch* et *Ivo Perovitch.* **1935** *Milan Stoyadinovitch* PM, germanophile. Pacte économique avec All. **1937** traité d'amitié avec Italie. **1939**-*6-2 Dragisha Ovetovitch* PM. *-26-8* accord avec Vlatko Machek (Pt du parti paysan croate) pour une certaine autonomie en Croatie. **1941**-*25-3* pacte d'alliance avec l'All. signé à Vienne. *-27-3* soulèvement à Belgrade, Pierre II est proclamé majeur. Pce Paul et les 2 régents sont forcés de démissionner. Paul exilé au Kenya jusqu'en 1946. *Gal Dushan Simovitch* PM. *-6-4* Y. envahie par Allemands, Italiens, Hongrois, Bulgares, Albanais. *-6/8-4* Belgrade bombardée, 12 000 †. *-10-4 création d'un État croate indépendant* (satellite de l'All. et de l'Italie) qui annexe B.-H., Srijem et donne la Dalmatie à l'Italie [Ante Pavelič, revenu d'Italie, en est le chef (*poglavnik*) 15-4 avec les *oustachi*]. Massacres de Serbes en Croatie, Dalmatie, B.-H. par les *oustachi* (plusieurs centaines de milliers en avril-août, plus les victimes du camp de concentration de Jasenovac). Le duc de Spolète, neveu du roi Victor-Emmanuel d'Italie, choisi le 18-5 comme roi, ne viendra pas. *-14-4* Pierre II part pour Athènes puis Le Caire et Londres. *-15-4* le Gal Simovitch et le gouvernement partent pour Jérusalem. Ils gagneront Londres (le roi ne pourra pas rentrer en 1945, il résidera quelques années en France). *-18-4* capitulation. *-19-4* Y. démembrée. *-Avril* mouvement de résistance du Cel (plus tard Gal) Draja Mihailovíc (1893-1946, officiellement min. de la Guerre du gouv. yougoslave en exil à Londres). Quelques dizaines de milliers de *tchetniks* (résistants royalistes serbes) occupent montagnes de Serbie, une partie de la Bosnie et le Monténégro. *-Juillet* résistance communiste. *-Nov.* les *titistes* accréditent l'idée que les tchetniks sont proallemands (en 1943, ils sont quelques dizaines de milliers dont 20 000 regroupés autour de l'état-major, dans le sud de la Bosnie, et par petits groupes dans les régions montagneuses, en particulier du Monténégro) ; les 2 mouvements collaborent, mais les communistes exigent le changement immédiat des autorités civiles dans les territoires libérés ; les partisans de Mihailovíc veulent attendre la fin de la guerre pour opérer des réformes par voie démocratique et constitutionnelle. Une lutte s'ensuivra entre les 2 mouvements. **1942**-*26/27-11* création de l'*Avnoj (Conseil antifasciste de libération nationale de la Y.)* où s'affrontent royalistes de Mihailovíc et communistes de Tito. **1943**-*mars bataille de la Neretva :* titistes bousculent tchetniks. *-14/31-4* Tito envoie 3 émissaires dont Milovan Djilas à Zagreb (cap. de la Croatie oustachi) et obtient un échange de prisonniers (dont a bénéficié sa 2e femme, Herta Haas) ; une collaboration à la défense de la côte dalmate contre un éventuel débarquement britannique est envisagée. Les titistes considéraient les tchetniks comme leurs principaux adversaires. *-Juin Trifunovitch* PM. *Bataille de la Sutjeska :* les titistes perdent 2/3 de leurs effectifs. Churchill envoie auprès de Tito 2 émissaires, dont son fils Randolph, qui revient persuadé qu'il faut le soutenir. *-Sept.* capitulation italienne. Les titistes récupèrent les armes abandonnées par les Italiens. *-28-11/1-12 conférence de Téhéran :* reconnaissance des titistes comme armée alliée, arrêt du soutien aux royalistes de Mihailovíc. *-29-11* l'Avnoj transforme le comité nat. en gouv. provisoire dirigé par *Tito* (malgré l'opposition de Staline), décide que le nouvel État sera édifié sur une base fédérative et abolit la monarchie. **1944**-*1-6* Pierre II (sous pression anglaise) nomme *Ivan Subasich* (Croate) PM. *20-6* la G.-B. retire son appui à Mihailovíc. *-18-10* Tito à Moscou

demande de l'aide. *-20-10* Belgrade libérée par Soviétiques et titistes. **1945**-*7-3* le Conseil de régence charge Tito de former un gouv. qui est reconnu par les Alliés. *-11-4* traité d'armistice avec URSS. *1-5* Sarajevo libérée. *-8-8* Pierre II retire sa confiance au Conseil de régence. Tito organise des élections pour une Constituante. *-24-11 élections* 1 seule liste « Front national » : † de 90 % des voix. **Bilan 1941-45** (guerre contre les Allemands et guerre civile) : 1 014 000 † (soit 5,9 % de la pop.) dont Serbes 487 000 (6,9 %), Croates 207 000 (5,4), musulmans 86 000 (6,8), juifs 60 000 (77,9), Tziganes 27 000 (31,4).

Chef de la maison royale (Karageorgevitch) : Mgr le P^ce^ héritier (titre officiel) Alexandre de Yougoslavie (né Londres 17-7-1945) ; fils unique du roi Pierre II et de la reine Alexandra. Épouse 1°) 1-7-1972 P^cesse^ Maria da Gloria d'Orléans-Bragance (née 13-12-1946), dont P^ce^ Pierre (né 5-2-1980), P^ce^ Philippe et P^ce^ Alexandre (nés 15-1-1982), divorce ; 2°) 21-9-1985 Katherine Clara Batis. Réside en G.-B. Venu en Y. pour la 1re fois le 5-10-1991, à la demande de l'opposition (Mouvement du renouveau serbe et royaliste). Accueil triomphal.

Frères de Pierre II : *Tomislav* (né 9-1-1928/juillet 2000) épouse 1°) 6-6-1957 Margravine Marguerite de Bade (14-7-1932), 2°) 1982 Linde Bonnay ; *André* (né 28-6-1929) épouse 1°) 2-8-1956 P^cesse^ Christine de Hesse (née 10-1-1933), divorce 1962, 2°) 18-8-1963, P^cesse^ Kira de Leiningen (née 18-7-1930) [dont Christophe (1960-94)].

Cousins : enfants du régent Paul (1893-1976) et d'Olga de Grèce (1903/16-10-1997) : *Alexandre* (né 13-8-1924) ép. 1°) 12-2-1955 Maria Pia de Savoie (24-9-1934) [dont Dimitri et Michel (nés 18-6-1958), Serge et Hélène (nés 12-3-1963)], divorce 1967, 2°) 2-11-1973 Barbara de Liechtenstein (née 9-7-1942) [dont Dusham (né 25-3-1977)]. *Nicolas* (1928-54). *Élisabeth* (née 7-4-1936).

☞ **Noblesse** : la Constitution du 3-9-1931 ne reconnaissait aucun privilège de naissance tel que ceux de la noblesse et des familles titrées. Mais le souverain conféra ou reconfirma les titres. **Statistiques** (en 1988) : familles nobles subsistantes 223. En exil, le roi Pierre II (qui n'avait pas abdiqué) a conféré et confirmé 7 titres : *prince* 1 (Premuda), *duc* 1 (Saint-Bar), *comtes* 4, *barons* 2 (dernier : 1964, Gilbert de Melita, d'origine anglaise, résidant au Portugal). Seuls les membres de la famille royale étaient (et sont) P^ces^ (ou P^cesses^) de Yougoslavie.

■ **République populaire. 1945**-*29-11* l'Assemblée proclame la république. *-Déc.* **Ivan Ribar** Pt. **1946**-*31-1 Constitution. -Juillet* exécution de nombreux chefs tchetniks dont Mihailovic. *-29-11 référendum pour la république.* **1947**-*10-3 traité de Paris* : retour aux frontières de 1919, Italie cède Istrie (presque entière), Zadar (Zara) et île de Lastovo (Lagosta). **1948**-*29-6 rupture avec Moscou*, la Y. est expulsée du Kominform. **1950** début autogestion.

1953-*14-1* **Josip Broz**, dit **Tito**, pseudonyme pris 1934, Pt [25-5-1892/4-5-1980 ; 7e enfant de Franjo Broz, paysan croate. Apprenti, puis ouvrier d'usine ; 1914 dans l'armée austro-hongroise (prisonnier des Russes 25-3-1915) ; 1917-20 dans l'Armée rouge ; 1919 adhère au PC ; 1923-28 agent du PC (clandestin) en Y. 1928-34 : 5 ans de prison en Y. ; 1934-36 au Komintern à Moscou ; 1936-37 participe aux brigades internationales (guerre d'Espagne) ; fin 1937 chef du PC clandestin de Y. ; 1941 des partisans communistes. 1943-nov. maréchal ; 1944-25-5 échappe à un raid allemand, se réfugie île de Vis. *-Août* accord avec Churchill. 1945-déc./1980-mai secr. gén. du PC]. *-Mai* Tito à Londres. **1954**-*5-10* après accord Y./Italie/USA/G.-B., reçoit zone B (525 km² au sud de la ville) du territoire de Trieste (73 500 hab.) qu'elle administrait depuis 1945 et qui sera divisée entre Slovénie et Croatie. **1955**-*26-5* Boulganine et Khrouchtchev à Belgrade. **1956**-*juin* Tito à Moscou (1re visite depuis 1948). **1960** cardinal Stepinac meurt (1946 condamné à 16 ans de prison pour collaboration, 1951 assigné à résidence). **1968** mouvements étudiants : la Y. condamne l'intervention soviétique en Tchéc. **1971** lutte contre centralisme : mouvements nationalistes surtout en Croatie. *-12-12* démission des dirigeants de la Ligue communiste croate opposée au centralisme. **1972**-*oct.* épuration idéologique. Démission des dirigeants de la Ligue des communistes serbes (libéralistes). **1974**-*mai* Tito *Pt à vie. -22-9* : 32 membres d'un groupe « kominformiste » prosoviétique condamnés à la prison. **1975** condamnation (4e) de l'écrivain Mihajlov (7 ans de prison). 200 arrestations (nationalistes, irrédentistes, staliniens ou « kominformistes »). **1976**-*12-1* reprise des livraisons d'armes américaines (arrêtées depuis 15 ans). *-Févr.* procès à huis clos de Dusan Brkitch (ex-vice-Pt du gouv.) et de 3 accusés de « kominformisme ». *-7-2* vice-consul yougoslave assassiné à Francfort. *-Mars* procès d' une trentaine de « kominformistes » (il y a environ 4 000 Yougoslaves « kom » en URSS). *-28-8* Yvan Tuksor (secr. de l'Union fédéraliste croate) abattu à Nice. *-14-9* détournement d'un Boeing 727 de la TWA sur New York-Chicago par des Croates. *-6/7-12* Pt Giscard d'Estaing en Y. **1977**-*21-1 Djemal Bjeditch* (né 1917), PM depuis juillet 1971, tué (accident d'avion). Tito met sa femme en résidence surveillée. **1979**-*10-2* mort d'*Edward Kardelj* (né 1910), « dauphin » de Tito. *-Avril* tremblement de terre, 200 †. **1980**-*4-5* Tito meurt après 4 mois d'agonie. Enterré dans le parc de sa villa de Belgrade.

1980-*5/15-5* **Lazare Kolichevski** (né 1914) Pt par intérim. *-Juin* dinar dévalué de 30 %. *-24/25-6* Pt Carter en Y. **1981** intervention FMI. *-25-2* accord économique avec CEE. *-11-3/4-4* émeutes des Albanais au Kosovo (voir p. 1294 a). **1982**-*1/2-4* émeutes à Priština (Kosovo). *-16-5 Mme Milka Planinc* (née 21-1-1924, Croate) PM. *-Oct.* dévaluation 20 % ; plan de stabilisation à long terme du FMI. **1984**-*févr.* jeux Olympiques d'hiver à Sarajevo. **1986**-*15-5 Branko Mikulic* PM. **1987**-*mars* grève ; loi prévoyant blocage des salaires ou diminution de 20 à 50 %. *-3-9* Paracin (Serbie), 4 militaires tués par conscrit albanais. *-12-9* Hamdija Pozderac († 6-4-1988), vice-Pt de la Fédération, compromis (scandale Agrokomerc), démissionne. *-Nov.* dévaluation 24,6 %. *-2/3-12* Mojsov à Paris. **1988**-*14/18-3* Gorbatchev en Y. *-Juin* grèves et manif. après loi du 15-5-1987 sur encadrement des salaires. *-Nov.* révision partielle, *Constitution adoptée* (compromis autogestion et marché, contrôle possible de Serbie sur Kosovo). **1989**-*15-3 Ante Marcovic* (Croate, né 25-11-1924) PM. *-15-5 Janez Drnovsek* Pt du praesidium PM. **1990**-*20/23-1* XIVe congrès extraordinaire de la LCY interrompu par départ délégation slovène. *-Avril/déc.* 1res *élections parlementaires* libres dans les 6 rép. Succès opposition en Croatie et Slovénie. PC de Serbie devient parti socialiste. *-15-5* **Borisav Jovic**, représentant de la Serbie, élu Pt (*Stipe Suvar*, Croate, vice-Pt). *-29-7 Markovic* crée parti réformateur. *-8-8* système d'autogestion supprimé officiellement. *-25/26-8* explosion mine de charbon à Kreka-Dobrnja (134 † ?). **1991**-*15/16-3* démissions Jovic [qui la reprend sur demande de l'Ass. serbe], Nedad Bucin (représentant du Monténégro) et Jugoslav Kostic (représentant de la Vojvodine). *-18-3* Parlement de Serbie limoge Riza Sapundzija, représentant du Kosovo à la présidence (celle-ci ne compte plus que les représentants de Slovénie, Croatie, B.-H. et Macédoine). *-27-3*, 50 000 manifestants à Belgrade contre PM. *-Mai* dirigeants macédoniens et slovènes veulent retirer leurs recrues de l'armée fédérale. *-15/16-5 Stipe Mesic*, candidat à la présidence, n'obtient pas la majorité. *-20-5* décide de passer outre.

Guerre civile. 1991-*mai* affrontements interethniques. *-25-6* **Croatie et Slovénie déclarent leur indépendance.** *-27/30-6* intervention armée fédérale en Slovénie pour contrôler postes-frontières. *-28/30-6* mission de conciliation de la CEE. *Indépendance Croatie et Slovénie suspendue pour 3 mois. -1-7* **Stipe Mesic** (Croate) Pt de Y. *-2-7* combats armée fédérale/défense territoriale slovène. *-3-7* Croatie, *début guerre serbo-croate. -5-7* CEE décide embargo sur armes et gel aide financière. *-7-7 Brioni,* entretiens entre représentants CEE et dirigeants serbes, croates et slovènes. Envoi d'observateurs, moratoire de 3 mois sur indépendance. *-18-7* Slovénie, fin hostilités. *-22-7* Croatie, affrontements Croates/armée fédérale à dominante serbe. *-16-8* ultimatum du Pt croate Franjo Tudjman aux autorités fédérales : la souveraineté croate doit être respectée. 400 † depuis juin. *-7-9* La Haye, ouverture conférence de paix. *-12-9* démission des ministres croates du gouv. fédéral. *-12/20-9* Serbes bosniaques créent des régions autonomes serbes en B.-H. *-17-9* **Macédoine indépendante** (après référendum le 8-9). Combats près de Zagreb. Cessez-le-feu, mais l'armée fédérale, proserbe, accentue son offensive en Croatie où les Croates bloquent les casernes. *-25-9* Conseil de sécurité vote embargo sur livraisons d'armes à la Y. *-29-9* combats reprennent. *-3-10* Serbie et Monténégro s'arrogent les pouvoirs du Parlement fédéral avec l'appui de l'armée. Blocus des ports de Croatie et encerclement de Dubrovnik. *-7-10 Mesic* démissionne. *-8-10,* 8e cessez-le-feu. 300 Croates † après 3 mois de combats. *-15-10* Parlement de B.-H. déclare sa souveraineté et sa neutralité. *-22-10* Serbie propose « petite Y. » comprenant les républiques désirant y participer et les régions autonomes serbes de Croatie et B.-H. *-28-10* Serbes rejettent plan de paix CEE. *-8-11* sanctions économiques de CEE. *-13-11* cessez-le-feu à Dubrovnik et évacuation des civils. *-19-11* armée fédérale et milices serbes prennent *Vukovar* (Croatie) assiégée depuis 3 mois. 2 000 à 5 000 †. *-23-11,* 14e cessez-le-feu. *-25-11* embargo Onu sur les armes. *-6-12* sanctions des USA après le bombardement de Dubrovnik et Osijek. *-19-12* proclamation de la **Rép. de Krajina,** enclave serbe en Croatie. *-21-12* proclamation d'une **république souveraine de B.-H.** serbe. *-23-12* l'Allemagne reconnaît indépendance Slovénie et Croatie. *-28-12* Zagreb bombardée par armée fédérale. **1992**-*1-1,* 15e cessez-le-feu ; Cyrus Vance, émissaire de l'Onu, obtient déploiement de casques bleus en Croatie. Serbes occupent 20 % du territoire croate. *-7-1* hélicoptère CEE abattu par armée fédérale (5 †). *-14-1,* 50 observateurs Onu en Croatie. *-15-1* CEE reconnaît Slovénie et Croatie. *-21-2* Conseil de sécurité décide à l'unanimité l'envoi de 14 000 casques bleus. 500 000 pers. déplacées, dégâts 21 milliards de $. *-29-2/1-3* violences en B.-H. à propos du référendum sur l'indépendance. *-4-4* **guerre en Bosnie-Herzégovine** (voir p. 1008 b). *-6-4* début du siège de Sarajevo. *CEE reconnaît indépendance de Bosnie. -27-4* **Rép. fédérale de Y.** (Serbie et Monténégro) proclamée.

■ **Économie. PNB** (en $ par hab.) : *1982* : 3 100 ; *85* : 2 070 ; *91 (est.)* : 2 211. **Taux de croissance** (en %) : *1986* : 3,7 ; *87* : 2,7 ; *88* : 1,7 ; *89* : 1,5 ; *90* : 5,4 ; *91* : 4,9. **Population active** (en %) **et**, entre parenthèses, **part du PNB** (en %) : agr. 25 (13), ind. 30 (31), services 44 (53), mines 1 (3). **Inflation** (en %) : *1980* : 30 ; *81* : 46 ; *82* : 29 ; *83* : 37 ; *84* : 58 ; *85* : 74 ; *86* : 87 ; *87* : 117 ; *88* : 195 ; *89* : 1 269 ; *90* : 593 ; *91* : 121.

■ **Agriculture. Production** (en milliers de t, 1992) : maïs 4 513, bett. à sucre 2 763, blé 2 101, p. de t. 807, raisins 394, prunes 374, tournesol 359, pommes 204, seigle 16, tabac 11, chanvre 10. **Élevage** (en milliers de têtes, 1992). Volailles 23 293, porcs 4 092, moutons 2 752, bovins 1 991, chevaux 82. **Pêche** (en t, 1992). Poissons d'eau douce 7 410, de mer 209, crustacés et coquillages 6 730. **Chasse** (en 1992). Lièvres 129 715, biches 8 052, sangliers 4 469, cerfs 976, chamois 65, ours 22.

■ **Énergie** (en millions de t, 1992). **Lignite** : *réserves* : 21 582, *production* : 39,3. **Pétrole** : *réserves* : 40, *production* : 1,2. **Gaz** : 846 millions de m³. **Mines** (en milliers de t, 1992). Fer (brut) 512, cuivre 23 085, plomb et zinc 804, bauxite 792, chrome, mercure, antimoine, manganèse, sel, baryte, argent, or. **Industrie** (en t, 1992). Alumine 1 086 000 (en 1990), ciment 2 036 000, acier 665 000.

■ **Tourisme. Revenus** (en milliards de $) : *1990* : 2,6 ; *91* : 0,25 ; *92* : 87,8. **Visiteurs** (en 1992) : 3 082 854 dont Allemands 38 263, Italiens 10 277, Autrichiens 3 950.

■ **Commerce** (en milliards de $). **Balance** : *1989* : – 1,43 ; *90* : – 4,58 ; *91* : – 2,26 (*export.* 9,55/*import.* 11,8).

■ **Rang dans le monde** (en 1988). 5e maïs. 6e bauxite, charbon brun et lignite. 7e lignite.

■ République fédérale de Yougoslavie

■ **Situation.** Europe. **Superficie** : 102 173 km². **Frontières** (en km) : Bosnie-Herzégovine 527, Roumanie 476, Bulgarie 318, Croatie 306, Albanie 287, Macédoine 221, Hongrie 151. **Altitude** *maximale* : Mt Djeravica de la montagne Prokletije (Serbie) 2 656 m. **Côtes** (Monténégro) : 199 km. **Lacs** (en km²) : Piva 112,5, Skadar 369,7, Djerdap 253, Vlasina 16, Perucac (sur la Drina) 12,4, Gazivode 11,9. **Cours d'eau** (en km) : *Danube* 588 (sur 2 783), *Save* 206 (sur 945). **Climat.** Méditerranéen, continental et montagnard.

■ **Population** (en millions d'hab.). *1948* : 6,9 ; *53* : 7,4 ; *61* : 8,1 ; *71* : 8,98 ; *81* : 9,9 ; *91* : 10,4 [dont (en %) Serbes 62,3, Albanais 16,6, Monténégrins 5, Yougoslaves 3,3, Hongrois 3,3, Musulmans 3,1, Romanis 1,3, Croates 1,1, Slovaques 1, Macédoniens 0,5, Roumains 0,4, Bulgares 0,2, Valaques 0,2, Ruthènes 0,2, Turcs 0,1, Slovènes 0,1, autres ethnies 2] ; *93* : 10,48 ; *98* : 8,39 ; *2000 (est.)* : 10,5 ; *2025 (prév.)* : 11. **D.** (en 1999) 103,7. **Accroissement naturel** : 19 147 pers. en 1998. **Age** : *- de 15 ans* : 20,2 %, *+ de 64 ans* : 13,6 %. **Taux** (en ‰, 1999) : *natalité* : 12, *mortalité* : 11 (infantile : 13). **Espérance de vie** (en 1998) : 73 ans. **Pop. urbaine** (en 1997) : 58 %. **Nombre de nationalités** : 24 au rec. de 1981, outre les personnes s'étant déclarées « yougoslaves » ; 35 à celui de 1991, 2 de plus : Bunjevci et Sokci. **Réfugiés** (en 1999) : 600 000 déplacés. Réfugiés en All. 212 000, Suisse 66 000, Bosnie 20 000, Belgique 20 000, Italie 17 900 et Macédoine 17 000. Réfugiés de Croatie 296 000, de Bosnie 180 000.

■ **Langue.** Serbe. **Religion.** Orthodoxes 70 %.

■ **Villes** (en 1998). *Belgrade* 1 594 483 hab., Novi Sad 266 674, Niš 249 845, Kragujevac 180 882, Priština 163 493, Subotica 145 157, Zrenjanin 132 712, Pančevo 123 884, Podgorica (ex-Titograd) 162 172 (en 1997), Čačak 116 242 (en 1997).

■ **Histoire.** [**Guerre** : voir **Bosnie-Herzégovine** p. 1008 b, **Croatie** p. 1046 a. **Plan de paix Vance-Owen** : voir p. 1008 c.] **1992**-*15-6* Dobrica Cosic (né 29-12-1921, écrivain serbe) Pt de la République. *-2-7 Milan Panic* (né 20-12-1929, homme d'affaires d'origine serbe, naturalisé Américain) PM. *-13-8* Onu autorise force de protection. *-26/27-8 conférence de paix à Londres.* Lord Owen remplace lord Carrington, Pt. La conférence devient permanente. *-30-9* Genève, Pts Tudjman (Croate) et Cosic (Serbe) normalisent leurs relations. *-15-10,* 1ers casques bleus (Gal Morillon). *-2-11* épreuve de force entre Panic et ultranationalistes groupés autour du Pt serbe Milosevic. *-18/20-12 législatives* et *présidentielle. -29-12* Panic, accusé de vouloir soumettre la Y. à « l'occupation étrangère », destitué par Parlement. **1993** combats Croates/musulmans. *-9-2 Radoje Kontic* (né 31-5-1937, Monténégrin, ingénieur) PM. *-22-2* résolution 808 Onu autorise la création d'un tribunal international pour juger les crimes de guerre dans l'ex-Y. *-Mars* offensive serbe en Bosnie orientale. Gal Morillon à Srebrenica. *-12-4* zone d'exclusion aérienne de l'Otan (*Deny Flight*). *-31-5* Pt Cosic destitué par Parlement fédéral à l'initiative des ultranationalistes de Vojslav Seselj, chef du P. radical (SRS), qui contrôlent 30 % des sièges, appuyés par les socialistes serbes (ex-communistes, parti de Slobodan Milosevic, prétextant menace de coup d'État). Milos Radulovic (Monténégrin), Pt du Conseil des Républiques, fait fonction de Pt. *-25-6* Zoran Lilic (né 25-6-1953) élu Pt par le Parlement fédéral. *-Août* Croates assiègent Mostar. *-1-9* Genève, *plan Owen-Stoltenberg* : Bosnie redécoupée en 3 républiques [Serbes (qui approuvent le projet) 53 % du territoire ; Musulmans 30 % ; Croates 17 %]. Échec. *-Oct.* combats dans enclave de Bihac. **1994**-*févr.* offensive serbe sur Sarajevo. *-Mars* sur Gorazde. *-1-3* Washington, accord sur fédération croato-musulmane dans Bosnie redécoupée ; rejeté par Serbes bosniaques. *-Mai* offensive serbe sur Tuzla. *-5-7* plan de partage du groupe de contact (créé 25-4 entre Occidentaux et Russes) : 51 % à fédération croato-musulmane, 49 % aux Serbes qui refusent les 28-7 et 3-8, à 90 % , après référendum. *-Sept./nov.* offensive serbe sur Bihac. *-Déc.* cessez-le-feu. **1995**-*mars/avril* guerre des villes (22-4 aéroport Sarajevo fermé). *-Mai* 377 casques bleus otages. *-3-6* force de réaction rapide créée. *-Juin/juillet* Sarajevo, combats. *-Août* offensive croate en Krajina. *-15-8,* 128 000 réfugiés en Serbie. *-8-9 accord de Genève* : République serbe autoproclamée admise comme entité constitutive de la Bosnie. *-3-10* accord séparatistes Serbes/Croates sur Slavonie orientale (rejeté 28-10). *-21-11 Dayton* (USA), *accord sur règlement du conflit yougoslave* Serbie/Croatie/Bosnie. Voir **Bosnie** p. 1008 a. **1996** *-9-4* G.-B. reconnaît république fédérale de Y. **1997**-*23-7* **Slobodan Milosevic** (né 29-8-1941) Pt (élu 15-7). **1998**-*28-2/1-3* intervention à l'arme lourde au Kosovo. *-1-4* Onu résolution 1160 : embargo sur les armes à destination de l'ex-Y. *-20-5* **Momir Bulatovic** (né 21-9-1956) PM. **1999**-*23-4 référendum* Serbie et Monténégro sur médiation internationale sur le Kosovo, non 97 %. *-19-8 Belgrade,* 150 000 personnes manifestent pour demander la démission de Milosevic. **2000**-*14-4 Belgrade,* 100 000 manifestants. *-17-5* les autorités serbes prennent contrôle de TV et radio indépendantes. *-25-5* fermeture provisoire des universités et des collèges. *-27-5* Milosevic inculpé de crimes de guerre et de crimes contre l'humanité par le TPI. *-6-7* le Parlement fédéral adopte des amendements à la Constitution : Pt élu au suffrage universel pour 4 ans, renouvelable une fois. Amendements rejetés par le Monténégro. *-24-9 élections générales* dans la fédération boycottées au Kosovo et Monténégro. *-26-9* la commission électorale crédite Vojislav Kostunica de 48,96 % et Milosevic de 38,62 %. Milosevic annonce un 2e tour, refusé par Kostunica. *-28-9* 2e tour convoqué 8-10. L'Opposition démocratique de Serbie (ODS) appelle à la désobéissance civique. Monténégro et église orthodoxe reconnaissent la victoire de Kostunica. *-29-9* manifestations, grève de 7 500 mineurs de Kolubara. *-5-10* la Cour constitutionnelle annule l'élection présidentielle. 300 000 manifestants à Belgrade. Parlement et TV officielle pris. *-6-10* Milosevic reconnaît sa défaite.

■ **Bilans. Bosnie-Herzégovine** (automne 1991/hiver 1995). *Victimes :* 220 000 † et portés disparus. *Réfugiés :* 966 000. Sarajevo 25 000 †, Srebrenica : entre 8 000 et 11 000 †. **Croatie** (printemps 1991/hiver 1995). *Victimes :* 13 000. *Réfugiés :* 73 000. *Disparus :* 1 580. Vukovar 2 500 † et + de 700 disparus. **Kosovo** (févr. 1998/juin 1999). *Victimes :* au moins 3 000. *Réfugiés :* 1 400 000 (dont 200 000 Serbes). *Disparus :* 10 000. **Slovénie** (26-6/18-7-1991). *Victimes :* une quinzaine. Ni réfugiés, ni disparus.

■ **Sanctions de l'Union européenne** (levées 10-12-2000). *Sept. 1998* **embargo aérien :** interdiction des vols de la JAT vers UE ; *mai 1999 :* des Cies aériennes de l'UE vers Y. *Mars 2000 :* suspendu pour un an. **Embargo pétrolier :** *avril 1999 :* vente interdite à la RFY. *Nov. :* exception pour fioul de chauffage aux villes dirigées par l'opposition à Milosevic. **Avoirs de la RFY :** *juin 1998 :* gel des avoirs youg. dans l'UE et des investissements de l'UE en RFY. *Avril 1999 :* extension du gel aux individus liés à Milosevic. *Juillet 2000 :* la Commission européenne établit une « liste blanche » de 190 entreprises qui échapperont aux sanctions. **Sanctions diplomatiques :** *avril 1999 :* 588 Youg. n'ont pas le droit de voyager dans l'UE. **Exemptions pour Monténégro et Kosovo :** *sept. 1999 :* embargo sur ventes d'armes de l'Onu en mars 1998. **USA** export. et import. de biens, y compris produits pétroliers introduits (sauf pour certains destinés aux Monténégro et Kosovo).

■ **2000-7-10 Vojislav Kostunica** (né le 24-3-1944) Pt investi devant le Parlement, entre en fonctions. *-9-10* Bulatovic, PM, démissionne. *-Oct.* voyage du Pce Alexandre. Kostunica annonce son intention de lui rendre les propriétés de la famille royale dont Palais Blanc, Vieux Palais (Belgrade) et Oplenac. *-27-10* **Zoran Zizic** [vice-Pt du Parti populaire socialiste du Monténégro (SNP)] PM fédéral ; gouv. de coalition (ODS, SNP, SNS). *-16-11* relations diplomatiques reprises avec All., France, G.-B. et USA. **2001**-*1-11* Y. réintègre l'Onu (avait été exclue en 1992 quand le Conseil de sécurité avait refusé que le pays dirigé par Milosevic occupe le siège vacant de l'ancienne République socialiste de Y.). *-26-2* loi amnistiant 24 000 h. ayant déserté l'armée serbe pendant le conflit du Kosovo. *-1-4* Milosevic arrêté après 36 h de siège et de tractations (poursuivi par le justice serbe pour abus de pouvoir et malversations financières, 130 millions de $) et incarcéré à Belgrade. *-28-6* transféré au TPI (La Haye). *-17-7* **Dragisa Pesic** (Monténégrin PSP) PM.

■ **Statut.** *République fédérale.* **Constitution** du 27-4-1992, révisée juillet 2000. **Pt de la République :** élu au suffrage univ. pour 4 ans, renouvelable 1 fois ; pouvoirs représentatifs, commande forces armées, propose des candidats pour des fonctions déterminées, annonce les élections de l'Assemblée fédérale, nomme et révoque les ambassadeurs. **Assemblée fédérale :** 2 chambres élues : *Conseil des républiques :* 40 membres (20 par république, choisis par les Assemblées des rép.), *Conseil des citoyens :* 138 m. (Serbie 108, Monténégro 30) élus au scrutin proportionnel à 1 tour. **Élections au Conseil des citoyens du 3-11-1996 :** coalition de gauche (Serbie, SPS, JUL, Nouvelle démocratie) 64, P. démocratique des socialistes de Monténégro (DPS) 20, Zajedno (coalition Ensemble) 22, P. radical serbe (SRS) 16, P. populaire du Monténégro 8, divers 8.

■ **Fêtes nationales.** 1-1. 1-5. 4-7 (jour du Combattant). 29-11 (fête de la République). **Drapeau** (adopté 27-4-1992) Bandes horizontales bleue, blanche et rouge (couleurs panslaves). **Armoiries.** Aigle bicéphale surmontée d'une couronne et écusson à croix blanche. En 1946, armoiries remplacées par étoile communiste (supprimée 1992).

République du Monténégro

■ **Nom** (apparu fin XIIe s.). Du mont Lovcen, dit aussi *Crna Gora* (Tserna Gora) ou Montagne noire.

■ **Situation.** 13 812 km². Montagnes ; golfe des Bouches de Kotor très découpé. **Altitude** *maximale :* Bobotov kuk de la montagne Durmitor 2 522 m. **Climat.** Méditerranéen sur littoral et en bordure du lac Skadar (369,7 km², le plus grand des Balkans) et du cours inférieur des rivières Moraca et Zeta ; au nord, montagneux, continental.

■ **Population.** *1998 :* 647 118 hab. dont (en %) Monténégrins 62, Musulmans 14,6, Albanais 6,6, Yougoslaves 4,2, Serbes 9,3, Croates 1, autres 0,3 ; *97 (est.) :* 643 000. **D.** 46,9 (en 1998). **Analphabétisme :** 7,6 %. **Religions.** Orthodoxes 80 %, musulmans 20 %. **Capitale.** *Podgorica* (ex-Titograd) 163 492 hab. (en 1998), Cetinje (Cettigne, ancienne capitale) 12 000.

■ **Économie. Terres :** 518 824 ha (en 1999) dont 185 341 cultivables ; céréales, vergers, oliviers, vignes, élevage. **Industrie :** bauxite, plomb, zinc, charbon, bois. Participait en 1999 pour 8,2 % aux exportations de la Y. et, en 1996, pour 6 % au revenu national. 110 000 pers. vivaient en dessous du seuil de pauvreté. **PIB** *1997 (est.) :* 1 648 $ par hab. **Chômage :** 36,9 % (en 1999). **Tourisme.** *Parcs :* Durmitor (33 000 ha), Biogradska Gora (5 400 ha), Lovcen (2 000 ha). *Littoral.*

■ **Histoire. Antiquité** tribus illyriennes *(Dioclééens, Labéates, Autoriates,* etc.). **IIIe-IIe s. av. J.-C.** État illyrien (Risan, Scodra). **168** sous le pouvoir de Rome. **297** réorganisation de Dioclétien, fait partie de la Dalmatie supérieure (Prévalitane) puis, après la dislocation de l'Empire, de l'empire d'Orient puis de Byzance. **Fin VIe-début VIIe s.** Slaves s'installent en Duklja (Dioclée). **XIe s.** Duklja *(Zeta)* va de la Bojana et des Prokletije jusqu'à la Piva et Risan, et confine au nord-est à la Raška. **970-1016** *knez* (Pce) Vladimir ; l'empereur Samuel de Macédoine envahit la Zeta, qu'il annexe à Byzance. **1035** 1re insurrection contre Byzance sous Vojislav (échec). **1042** 2e (victoire et extension de l'État de *Zeta*). Sous Pce Bodin (1092-1101), l'évêché de Bar devient archevêché. **1189** le souverain de Serbie *Stefan Némanya* annexe la *Zeta* à la *Raka.* **1296** 1re mention de la *Crna Gora* (Tserna Gora) allant de Niksic et de Grahovo au lac de Skadar, et de l'est de Kotor à Danilov Grad. **1360-1421** après éclatement de l'empire serbe, dynastie des Balšić (issus des nobles français « des Baux ») en Zeta [dans le nord (1402) et sud (1385) de l'Albanie]. **1421-39** despotat de Serbie annexe Zeta. **1439-99** dynastie orthodoxe des *Crnojević* (Tsernojevitch) en Zeta, mention fréquente du « Monténégro ». **1479-81** Zeta occupée par Turcs. **1482** Cettigné fondée. **1482-99** Zeta envoie un otage à Constantinople (le fils d'Ivan Crnojević) ; vassale privilégiée des Turcs, paie tribut au sultan. Assemblée indépendante des représentants nationaux. **1499** perd indépendance. **1514-1697** certaine autonomie. **1696**-*juillet* **Danilo Ier Petrovitch Niegoch** (1675-1735) élu prince-évêque *(vladika)* ; les neveux succèdent aux oncles jusqu'en 1860. **1702**-*25-12* vêpres monténégrines : massacre des Turcs, Albanais et Serbes renégats. **1711** alliance des princes-évêques et du tsar (Pierre le Grand) contre Turcs (subside annuel de 1 000 ducats). **1735 Slava II** (1702-82). **1782 Pierre Ier**, son cousin. **1830 Pierre II** (1813/19-10-1851), son neveu, délimite frontières avec Autriche sans intermédiaire turc. **1851 Danilo II** (25-5-1826/13-8-1860), son neveu, renonce à l'épiscopat. **1852**-*8-1* se proclame Pce séculier *(gospodar)* de Monténégro. Repousse invasion turque. **1853**-*févr.* invasion turque arrêtée par Autrichiens. **1858** Turcs battus à Grahovo par le duc Mirko Petrović. **1859** frontières délimitées par commission internationale. **1860**-*14-8* **Nicolas Ier Pétrovitch Niegoch** (7-10-1841/Antibes 1-3-1921), fils de Mirko Pétrovitch (1820-67) neveu de Danilo ; ép. 8-11-1860 Milena Vucotitch (4-5-1847/16-3-1923). Descendance : voir encadré ci-dessous. **1862** Omer Pacha conquiert partie du M. jusqu'à Cettigné ; arrêté par intervention européenne. *-8-9 traité de Cettigné :* M. reconnaît suzeraineté turque. **1876** Nicolas Ier attaque Turcs (victoires 1876-78). **1878** *traité de Berlin : indépendance reconnue par Turquie* avec débouchés sur Adriatique [ports de Bar (Antivari) et d'Ulcinj (Dulcigno)]. **1896**-*24-10* Hélène, fille de Nicolas Ier, ép. Victor-Emmanuel, Pce de Naples (roi d'Italie le 29-7-1900). **1910**-*28-8 Nicolas devient roi.* **1914** entrée en guerre côté serbe contre Autriche. **1916** conquis par Autr. ; le roi se retire en Fr. **1918**-*13-11* pour renverser dynastie, l'Assemblée *(Skupstina) incorpore M. au roy. de Serbie* en présence des troupes serbes.

Partie de la Yougoslavie. 1918 Église orthodoxe monténégrine supprimée par décret. **1919**-*7-1* combat proserbes ; Gal français Venel y met fin et arrête indépendantistes. **1941** domination italienne. Mussolini offre le trône au Pce Michel qui refuse et est interné en Allemagne, État réduit avec gouverneur italien. **1943**-*sept.* Allemands rattachent les bouches de Kotor au Monténégro. **1946** République populaire de la Fédération de Y. Retrouve le territoire de 1913, sauf Pec qui passe au Kosovo ; conserve les bouches de Kotor. La capitale, transférée de Cetinje à Podgorica, est appelée Titograd. **1988**-*20-8,* 20 000 manifestants à Podgorica contre situation au Kosovo. *-7/8-10,* 50 000 manifestants ; gouv. local démissionne. **1989**-*11-1,* 80 000 manifestants ; directions collégiales du PC et de la Rép. du Monténégro démissionnent. *-13-1* Parlement dissous. *-9-4 Nenad Bucin* élu au suffrage univ. représentant à la Présidence de la Y. *-Oct.* retour au Monténégro des dépouilles de Nicolas Ier, de la reine Milena et de 2 de leurs filles inhumées à San Remo (Italie). **1990**-*23-12* **Momir Bulatovic** (né 1928), P. démocratique socialiste (PDS, ex-PC), élu Pt. **1991** Monténégrins combattent Croates aux côtés des Serbes (Dubrovnik). **1992**-*1-3 référendum sur maintien du M. dans l'État yougoslave.* Sur 66 % de votants, 95,94 % de oui [abst. : 33,96 % (partis d'opposition, Albanais, musulmans)]. **1993**-*10-1* Bulatovic réélu Pt au 2e tour (63,29 % des voix) devant Branco Kostic, dissident du PDS. *-5-3 Milo Djukanovic* PM. *-Sept.* Serbie filtre les exportations de produits alimentaires vers le M. **1998**-*15-1* **Milo Djukanovic** Pt (élu le 19-10-1997). *-16-7 Filip Vujanovic* PM. **1999**-*1-11* Mark monnaie officielle à côté du dinar. **2000**-*31-5* Goran Zugic, proche du Pt, assassiné. *-7/8-7* rejette réforme fédérale adoptée 6-7 en Serbie (dont le mandat du Pt renouvelable). **2001**-*juin* référendum sur l'indépendance prévu.

■ **Chefs de la maison royale** (Pétrovitch Niegoch). **1921**-*1-3* **Pce Danilo Ier** roi de M. (29-6-1871/24-9-1939), fils de Nicolas Ier, ép. 27-7-1899 Mileza ou Militza (avant Jutta), Desse de Mecklembourg (24-1-1880/17-2-1946), abdique. **1921**-*7-3* **Pce Michel** (14-9-1908/1986), son neveu, ép. 27-1-1941 Geneviève Prigent (1919-89) [divorce 11-4-1949]. **1986 Pce Nicolas** (né 24-7-1944), son fils, ép. 1976 France Navarro (née 27-1-1950) dont Altinaï (née 28-10-1977) et Boris (né 20-1-1980). Vit en France. Architecte. S'est rendu au M. en oct. 1989 pour le retour des cendres de son bisaïeul Nicolas Ier (accueil triomphal).

Royalistes : dits « les Verts », couleur des partisans de Nicolas Ier en 1918, les proserbes étant les « Blancs ».

■ **Statut.** *République.* **Présidence** collégiale avec 4 vice-Pts élus au suffrage univ. majoritaire. **Chambre :** 78 élus à la proportionnelle. **Élections du 31-5-1998 :** coalition *Vivre mieux* (*leader :* Milo Djukanovic), [dont P. démocratique socialiste (Milica Pejanovic-Djurisic), P. populaire (Novak Kilibarda) et P. social-démocrate (Zarko Rakcevic)] 42 sièges (49,5 % des voix) ; P. populaire socialiste (Momir Bulatovic) 29 (36,1) ; Alliance libérale (Slavko Perovic) 5 (6,3) ; Union démocratique albanaise (Ferhat Dinosa) 1 ; Union démocratique du M. (Mehmet Bardhi) 1. **Noblesse. Titres :** *archiduc, duc, marquis, comte,* conférés entre 1697 et 1852 avant l'indépendance. Danilo Ier conféra quelques titres de *baron* et Nicolas Ier accorda, même en exil en 1920, des titres de *duc, marquis, comte, baron* à des étrangers.

République de Serbie

■ **Situation.** 88 361 km² (55 968, sans les provinces autonomes). Partie centrale des Balkans. **Altitude** *maximale :* Djeravica 2 656 m. **Cours d'eau :** 52 000 km (le bassin du Danube occupe 84 % de la superf. de la Serbie). **Capitale.** *Belgrade* 1 594 483 hab. en 1998 (au 31-12-1999 : 69 067). **Population.** *1900* (31-12) : 2 493 770. *1998 :* 7 747 000 hab. dont (en %, 1991) Serbes 65,9, Albanais 17,1, Hongrois 3,5, Yougoslaves 3,3, Musulmans 2,5, Monténégrins 1,4, Romanis 1,4, Croates 1,1, Slovaques 0,7, Macédoniens 0,5, Roumains 0,4, Bulgares 0,3, Ruthènes 0,2, Valaques 0,2, Turcs 0,1, autres ethnies 0,4. **D.** (en 1997). 87,7. **Réfugiés** (fin 1992) : 438 510, la plupart de B.-H. (210 910) et Croatie (197 880), et 350 000 clandestins. **Analphabétisme :** 7,7 %.

■ **Économie. Agriculture** (en milliers de t, 1999). Maïs 6 120, bett. à sucre 2 408, blé 2 056. **Industrie** (en t, 1999). Charbon 28 979 331, magnésite (minerai) 82 291 (en 1997), plomb raffiné 3 690, zinc 3 409, les plus grands gisements de cuivre. **Énergie. Gaz naturel :** 679 millions de m³. **Électricité :** 31 155 GWh. **Revenu national :** *1996 :* 94,2 % (Serbie centrale : 58,9 %) : export. yougoslaves (en 1998) : 95,3 %. **PIB** par hab. : *1997 :* 1 718 $ (Serbie centrale 1 680). **Chômage :** *1999 :* 26,6 % (Serbie centrale 22,1 %). **Tourisme. Sites :** monastères, rapides de la Drina, Belgrade, montagne de Zlatibor. Parcs naturels de Djerdap (64 000 ha), Tara (19 200 ha), Kopaonik (12 000 ha), Fruska Gora (22 460 ha). Thermalisme.

■ **Histoire. Ier s.** 1re mention des Serbes, installés au nord-ouest du Caucase [ils seraient des Asianiques (non indo-européens), ayant parlé une langue alarodienne (du groupe vannique, près du lac de Van)]. **Fin IVe s.** s'installent en Saxe, entre fleuves Elbe et Saxe, y fondent un État. **VIIe-VIIIe s.** Serbes ou Sorabes de Saxe, vassaux du roi des Francs. **638** une partie s'installe en Thessalie. **VIIe s.** tribus serbes s'installent entre Drina, Lepenica, Piva et Lipljan, le Lab et le massif Rudnik ; suzeraineté byzantine. **IXe s.** union tribale devient Pté de Ras *(Raša, Raška),* entre le Lim et la montagne Rudnik, s'étend au cours de luttes contre Byzance et Bulgares. **1166-1371** *dynastie Némanyitch (Némanjide).* **1180** après mort de l'empereur byzantin Emmanuel Comnène, *indépendance.* **Fin XIIe s.** extensions sous le règne de **Stefan Némanyia** (1168-96) : Zeta, Pirot, Kosovo. **1217 Étienne Ier Nemanjic,** grand *joupan* de Serbie depuis 1196, titré roi par le pape Honorius III, couronné par un légat pontifical (sera recouronné en 1221 selon les rites orthodoxes par son frère St Sava) ; **1219** proclame l'Église serbe autocéphale. **1331-55 Étienne IX Douchan** étend sa domination sur Macédoine, sauf Salonique (1342-45), Albanie et Épire (Grande Serbie), épouse la sœur du tsar bulgare ; se fait couronner à Skopje « empereur des Serbes et des Grecs » (1346). Capitale : *Skopje.* **1371** le sultan ottoman *Mourad Ier* entreprend la conquête de la Serbie. **1389**-*28-6* prince Lazare battu au « Champ des Merles », au Kosovo, par Mourad ; Serbie vassale des Turcs. **1392** Turcs soumettent Pté de Vuk Brankovitch (Kosovo). **1427-56** *Georges Brankovitch,* « despote » de Serbie, lutte contre Turcs. **1448** Kosovo, *Mourad II* bat Jean Hunyadi (Hongrois). **1459** chute du Despotat, dernier État serbe. Brankovitch capitule à Smederovo. Les Turcs sont maîtres de toute la Serbie sauf Belgrade. Suppression du patriarcat de Pec. **1521** Turcs prennent Belgrade. **1557** patriarcat de Pec rétabli. **1593** insurrection des chrétiens (surtout du Kosovo), durement réprimée. **1717** Autrichiens (Pce Eugène) prennent Belgrade. **1718** *traité de Passarowitz,* après victoires du Pce Eugène : Turcs cèdent à l'Autriche le nord de la Serbie (avec Belgrade) jusqu'au nord du Kosovo. Retour des Serbes dans le nord du Kosovo. **1737-39** Turcs reprennent territoires perdus en 1718. **1787-91** insurrection serbe soutenue par Austro-Russes. **1791** *paix de Svichtovo* conclue par Autriche, puis Russie ; *paix de Iassy* avec Turquie ; insurgés amnistiés.

1804-*5-2* **Djordje Petrovitch,** dit **Kara-Djordje** (Georges le Noir) [3-9-1752/13-7-1817], marchand de porcs, dirige insurrection contre Turcs. **1806**-*30-11* entre à Belgrade, massacre civils turcs. **1808**-*déc.* élu Pce héréditaire des Serbes. **1812** *traité de Bucarest :* Russie et Turquie promettent autonomie aux Serbes. **1813** invasion turque en Serbie. Russie cesse de soutenir insurgés (chute de Belgrade 1813). *-21-9* Kara-Djordje se réfugie en Autriche.

1815-17 Miloch Obrenovitch (18-3-1780/26-9-1860), éleveur de porcs illettré, ép. Ljubica. Dirige révolte contre Turcs. **1817** Kara-Djordje rentre en Serbie, Miloch le fait tuer (25-3) et envoie sa tête au sultan (24-7). Après négociations, Miloch obtient large autonomie pour la Serbie (port d'armes, impôts, justice) comprenant 4 *nahiya* (districts). *-6-11* Miloch élu Pce de Serbie par la nation. **1826** soutien de la Russie : convention d'Ackermann. **1827**

Miloch reconnu Pce héréditaire par l'Assemblée nat. serbe. **1829** *traité russo-turc d'Andrinople.* La Turquie reconnaît l'autonomie de la Serbie, sans le Kosovo. **1830**-*30-11* Miloch Pce héréditaire sous suzeraineté turque. **1835** *1re Constitution* dite « de la Visitation » (2-2 ratifiée par la *Skoupchtina,* Assemblée de plus de 4 000 membres), abrogée 3 mois après. **1838** *2e Constitution* dite « turque ». **1839**-*25-2* promulguée. *-13-6* en conflit avec la Skoupchtina, Miloch abdique en faveur de son fils aîné. *-16-6* **Milan II** (21-10-1819/8-7-1839 de la tuberculose). *-8-7* **Michel III** frère de Milan (16-9-1823/9-6-1868 assassiné). **1842**-*25/26-8* chassé par révolte. *-14-9* Parlement destitue dynastie Obrenovitch.

1842 *-15-9* **Alexandre Karageorgevitch** (11-10-1806/3-5-1885), fils de Djordje, rentré en Serbie en 1839, ép. Persida Nena Dovitch (13-2-1813/29-3-1873). **1842**-*15-9* élu Pce des Serbes. **1848**-*27-6* reconnu par Turquie. **1849** aide Autrichiens contre Hongrois. **1856** *congrès de Paris* accorde garantie internationale à Serbie. **1858**-*12-12* s'enfuit. **1859**-*3-1* abdique.

1858-*23-12* **Miloch Obrenovitch** revient au pouvoir. Abolit Constitution de 1838. **1859**-*12-1* Miloch reconnu par Turquie. **1860**-*26-9* meurt.

1860-*26-9,* 2e règne de **Michel III. 1868**-*9-6* assassiné à Belgrade (complot de Paul Radovanovic).

1868-*juin* **Milan IV** (22-8-1854/11-2-1901), cousin et fils adoptif de Miloch. Sous la régence de *Ristitch.* [1872 majeur. 1875-*17-10* ép. Nathalie Kechko (19-5-1859/8-5-1941), fille d'un Roumain qui avait été colonel dans l'armée russe.] **1876-77** battu par Turcs. **1876-78** les Serbes massacrent les musulmans de Serbie, mais 30 000 réfugiés au Kosovo se vengent sur les Serbes orthodoxes encore présents. Nouvelle émigration serbe vers la Serbie. **1878**-*3-3 congrès de Berlin reconnaît indépendance serbe ;* Serbie acquiert territoires (Niš, Pirot Vranje). **1881**-*28-6* traité secret d'alliance avec l'Autriche. **1882**-*6-3* Milan IV devient Milan Ier, roi de Serbie. **1885** guerre contre Bulgarie : *Slivnitsa,* Serbie battue, paix sans pertes territoriales. **1888** *Const. démocratique.* **1889**-*6-3* Milan Ier, obligé d'abdiquer (trop autoritaire et divorce), prend le nom de Cte de Takowo.

1889-*8-3* **Alexandre Ier Obrenovitch** (15-8-1876/10 ou 11-6-1903), fils de Milan Ier, roi à 13 ans à l'abdication de son père. **1896**-*13-4* renverse régents et abroge Constitution de 1888 ; rappelle Milan Ier qui devient chef de l'armée et instaure *régime policier.* **1900**-*5-8* à 24 ans, ép. Draga Lougnevitza (1867-1903), 36 ans, veuve du Cel Maschin, ancienne dame de compagnie de la reine Nathalie. **1903**-*10-6* Alexandre Ier et Draga tués par nationalistes de « l'Unité ou la Mort », dite la « Main noire », soutenant les Karadjordjevitch ; sont aussi tués Pt du Conseil (Gal Zinzar Marcovitch), min. de la Guerre, min. de l'Intérieur, 2 frères de la reine. Plusieurs assaillants furent nommés ministres (Maschin, Antic), tous furent décorés. L'un des chefs, le Lt Dragoutine Dimitrievic, surnommé Apis, recevra la direction des services secrets.

1903-*15-6* **Pierre Ier Karageorgevitch** (11-7-1844/16-8-1921), fils d'Alexandre Karageorgevitch, ép. 11-8-1883 Pcesse Zorka de Monténégro (23-12-1864/28-3-1890). *-15-6* élu roi de Serbie par l'Assemblée nat. ; s'appuie sur Russie. **1908** l'Autriche-Hongrie annexe Bosnie-Herzégovine (en majorité serbe). **1912** *-17-10, 1re guerre balkanique :* Serbie, Bulgarie, M. et Grèce déclarent guerre à Turquie. **1913** *2e guerre balkanique :* Serbie, M., Grèce, Turquie et Roumanie contre Bulgarie. *-10-8 traité de Bucarest :* Serbie reprend Kosovo, Metohija, nord et centre de Macédoine. **1914**-*28-6* la Main noire, dirigée par le Cel Dragoutine Dimitrievic-Apis, chef du service de renseignements du haut état-major serbe, mêlée à l'*attentat de Sarajevo.* *-Juillet* Alexandre (fils de Pierre Ier) régent. *-28-7 Autriche-Hongrie déclare guerre à Serbie* (soutenue par Monténégro et Russie). *-17-8* victoire serbe. *-2-12* Autrichiens prennent Nich et Belgrade. *-8-12* victoire de Roudnik. *-15-12* Belgrade reprise. **1915**-*15-12* Allemagne, Autriche et Bulgarie attaquent Serbie ; retraite troupes et gouvernement serbes vers Corfou, à travers l'Albanie (pertes : 150 000 h.). **1917**-*20-7* traité de Corfou. **1918** intégrée au *royaume des Serbes, Croates et Slovènes* (voir p. 1291 b). **1941** occupée par les Allemands, a retrouvé ses frontières de 1878, sauf le district de Pirot, annexé par Bulgarie. Sous la direction du Gal Nedic, a perdu la Macédoine au profit de la Bulgarie ; le Kosovo est rattaché à la Grande Albanie que contrôle l'Italie. Au nord, la Croatie lui a pris la Sirmie, la Hongrie et la Batchka ; le Banat serbe est administré de fait par les Allemands du docteur Sepp Janko.

1981 révolte albanaise (9 †, 1 000 à 2 000 arrestations). **1987**-*14-12* **Ivan Stambolic** (né 12-7-1912) élu Pt de Serbie, doit démissionner. **1988**-*22-9,* 130 000 manifestants pour soutenir minorités serbe et monténégrine du Kosovo. *-Oct.* Serbie demande contrôle sur Kosovo et Vojvodine. *-19-11,* 1 million de manifestants à Belgrade. **1989**-*28-3 nouvelle Constitution* promulguée. *-8-5* **Slobodan Milosevic** (né 20-8-1941, Pt du P. socialiste de Serbie) élu Pt (au suffrage univ. majoritaire à 2 tours). *-28-6,* 1 million de Serbes assistent au 600e anniversaire de la bataille de Kosovo Polje. *-Juillet* PC se transforme en P. socialiste. **1990**-*25-7,* 100 000 manifestants pour autonomie. *-28-9 nouvelle Constitution. -2-12 législatives. -9-12* Milosevic réélu Pt au suffrage univ. direct [65,34 % des voix, devant Vuk Draskovic (Pt du Mouvement serbe du renouveau, nationaliste) 16,40 % et Ivan Djuric (1947-97, Alliance des forces réformatrices) 5,52 %, autres candidats 2 %]. **1991**-*11-2 Dragutin Zelenovic,* PM. *-Mars* manif. de l'opposition démocratique, réprimées par armée. **Guerre civile :** voir p. 1292 b. **1992** politique de conquêtes en Croatie et Slovénie pour une « grande Serbie ». *-9-3* anniversaire des manif. de 1991. Belgrade, 50 000 manifestants pour l'élection d'une Assemblée constituante à la proportionnelle, la démission de Milosevic, l'amnistie des « déserteurs » et la liberté des médias. *-27-4 constitue avec M. la Rép. fédérale de Y.-13-8* Serbie reconnaît officiellement la Slovénie. *-10-10* boycotte, à Zagreb, la réunion des représentants de la Y. et de la Croatie. *-19-10* la police serbe tente d'occuper les locaux de la police fédérale à Belgrade. Les Pt et PM de la Fédération, Dobra Cosic et Milan Panic, réclament démission de Milosevic. *-20-12* Milosevic réélu Pt avec 57,5 % des voix contre Milan Panic. **1993**-*10-2 Nikola Sainovik* (SPS) PM. *-11-3* Milosevic, à Paris pour rencontrer les médiateurs Vance et Owen, promet d'user de son influence sur Serbes de B.-H. *-2-6* Vuk Draskovic (opposition) arrêté. *-5-7* libéré après visite de Danielle Mitterrand à Belgrade. *-20-10* Milosevic dissout Assemblée après que radicaux ont demandé vote de confiance au gouv. *-19-12 élections* anticipées. **1994**-*1-2* Dragan Tomic (P. socialiste) Pt du Parlement. *-15-3 Mirko Marjanovic* (né 27-7-1937) (SPS) PM. **1995**-*26-12,* 5 partis d'opposition forment Parlement « parallèle » pour protester contre la non-retransmission télévisée des débats. **1996**-*10-5* Niš, 20 000 ouvriers en grève. *-3* et *-17-11 municipales ;* victoire de la coalition d'opposition « Ensemble » dans 14 villes. Sera contestée par le pouvoir puis admise en janv. et févr. 1997 après des manif. quasi quotidiennes en nov. et déc. **1997**-*21-9* et *-5-10 présidentielle* et *législatives,* annulées car participation insuffisante (48,97 %). *-21-12* **Milan Milutinovic** (né 12-12-1942), socialiste, élu Pt au 2e tour avec 59,7 % des voix (contre V. Sesej 37,2 %), entre en fonctions le 29-12. **1998-99** guerre du Kosovo (voir encadré p. 1295). **1999**-*15-6* le patriarche Pavle II et le St Synode orthodoxe demandent la démission de Milosevic et un gouvernement de salut national. *-Août/sept.* manifestations contre Milosevic. *-9-11* **Mirko Marjanovic** (SPS) PM. **2000**-*15-1* Belgrade, Zeljko Raznatovic dit Arkan (né 17-4-1952) chef de milice assassiné. *-7-2* Pavel Bulatovic, min. fédéral de la Défense, assassiné. *-Févr.* embargo aérien suspendu pour 6 mois. Parlement dissous. *-Août* Ivan Stambolic enlevé. *-23-10* Marjanovic démissionne sous la pression de la rue. *-24-10* **Milimir Minic** (SPSQ) PM. **2001**-*25-1* **Zoran Djindjic** PM. *-Janv.-févr. Sud-Est,* affrontements entre forces serbes/Albanais de l'Armée de libération de Presevo-Medvedja-Bujanovac (UCPMB). *-2-4* Milosevic reconnaît avoir financé les forces serbes de Bosnie et de Croatie. *-Mai* forces yougoslaves se déploient sous la supervision de l'Otan.

■ **Statut.** *République.* **Constitution** du 28-9-1990. **Pt** élu au suffrage univ., 2 mandats au maximum. **Parlement :** 250 membres élus au scrutin majoritaire à 2 tours. **Élections du 23-12-2000 :** Opposition démocratique de Serbie (DOS) de Kostunica 176 sièges, socialistes 37, Parti radical de Vojislav Seslj 23, Parti de l'unité serbe 14.

■ **Partis. Alliance de gauche :** *P. socialiste serbe (SPS), Socialisticka Partija Srbije* depuis 1990, ex-communiste, *Pt :* avril 2001 Zivadin Jovanovic ; *Gauche yougoslave unie (JUL), Jugoslovesnka Ujedinjena Levica, Pte :* Mirjana Markovic (épouse de Milosevic) ; *Nouvelle démocratie.* **Coalition Zajedeno (Ensemble) :** *Pt :* Djindjic ; *P. démocratique serbe (SDS), Pt :* Zoran Djindjic ; *Mouvement serbe du renouveau (SPO), Pt :* Vuk Draskovic ; *Alliance civique, Pte :* Vesna Pesic ; *Parti démocratique serbe, Pt :* Vojislav Kostunica. **Parti radical (SRS)** (ultranationaliste), *Pt :* Vojislav Sesej.

PROVINCES AUTONOMES

■ **KOSOVO ET METOHIJA.** 10 887 km². **Population.** *1930 :* Serbes et Monténégrins + de 60 % ; *50 :* Albanais + de 60 % ; *81 :* Serbes 11 % ; *97 (est.) :* 2 188 000 hab. dont (en %) Albanais (*Kosovars*) 82 (60 en 1945), Serbes 10, musulmans 3, Romanis 2,3, Monténégrins 1, Turcs 0,5, Croates 0,4 ; *99 (sept.) :* 1 506 000. **D.** (en 1997) 201. **Taux de natalité** (en ‰, 1991) : Serbes 19,1, Albanais 27,6, Monténégrins 12,9. *Analphabètes :* 13,6 % (en 1996). **Capitale.** *Priština* 241 565 hab. (en 1997). **PIB** (en 1996) : 452 $ par hab. **Chômage :** 43,8 % en 97 (40 000 Albanais ont émigré pour travailler en Europe occ.). **Langue.** Serbe *(officielle).* **Ressources.** *Agriculture* « arriérée » sur 578 895 ha dont 398 746 ha cultivables et 180 030 ha de pâturages. Blé, maïs, seigle, orge, avoine, tournesol, bett. à sucre, bovins, ovins. *Mines :* nickel, zinc, plomb, cadmium, bauxite, chrome, manganèse. **Histoire. Basse Antiquité** établissement d'Illyriens ou de Thraces dont descendraient les Albanais. **Moyen Age** établissement des Serbes. **1346** à Pec, réside le patriarche de l'Église orthodoxe serbe (1346-1463 et 1557-1766). **Fin du Moyen Age** établissement de tribus albanaises. **1455** domination turque. **1593** insurrection des chrétiens. **1688-90 et 1737-39** après les guerres, nombreux établissements albanais musulmans et migrations des Serbes vers le nord. **1880** 1er gouv. provisoire albanais. **1913** rattaché à la Serbie. **1918** intégré à la Y ; réforme agraire dépossédant grands propriétaires musulmans. **1914-39** politique d'assimilation et d'émigration forcée ; résistance armée albanaise. **1918-23** révolte (mouvement Kachak). **1941** victoires de l'Axe ; création d'une Grande Albanie englobant le Kosovo. Milices kosovares tuent 10 000 Serbes et en chassent 100 000, remplacés par 75 000 Albanais. **1944-45** insurrection de Shaban Polluzha. **1945** Tito, voulant prendre la tête d'une fédération balkanique, ménage la nouvelle Albanie du communiste Enver Hodja, et interdit le retour de colons serbes au Kosovo. **1966** fin de la politique répressive (destitution de Rankovitch, vice-Pt yougoslave et ministre des Affaires intérieures). **1968** Albanais nationalistes réclament statut de Rép. fédérée ; escorte serbe. **1974** *Constitution yougoslave :* province autonome. Front de libération nationale du K. : attentats. **1981** Albanais réclament statut de Rép. *-13-3/4-4* émeutes, 9 †. Église de Pec (sanctuaire serbe) incendiée. **1982**-*1/2-4* émeutes à Priština. *-17-4* Mouvement pour la République albanaise de Y. (LRSHJ) regroupe 4 groupuscules. **1983**-*janv.* Mouvement national pour la libération du Kosovo [(LKÇK), « Aigles noirs ». *1998* rejoindront UCK]. **1985** LRSHJ devient Mouvement pour la République populaire du Kosovo (LRPK). **1986**-*avril* manif. **1988**-*20-10,* 20 000 Serbes et Monténégrins manifestent à Kosovo Polje contre « albanisation » du Kosovo. *-17-11,* 100 000 Albanais manifestent à Priština. **1989** *-26-2* état d'urgence. *-23-3* abolition du statut de « province autonome » du Kosovo et de la Vojvodine ; manifestations d'Albanais réprimées ; institutions du Kosovo dissoutes ; résistance albanaise. *-1-3* état d'urgence partiel. *-23-12 Ligue démocratique du K.* (LDK) créée par Ibrahim Rugova. **1990**-*26-6* institutions propres au Kosovo interdites. *-2-7* Parlement, réuni illégalement, proclame la Rép. du K. *-5-7* Parlement dissous ; « serbisation » (fonction publique, écoles, etc.). *-7-9* ex-députés de souche albanaise promulguent « Constitution de la Rép. du Kosovo », fixent législatives au 28-11, jour de la fête nat. albanaise. *-12-10* Rahman Morina, chef de la *Ligue des communistes du Kosovo* (LCK), †. **1991**-*18-3* Parlement de Serbie limoge Riza Sapundzija, représentant du Kosovo à la présidence collégiale, et décide, par 211 voix, l'abrogation de la présidence de la province. Arrestation de membres du Front national albanais (organisation armée pour la sécession). *-26/30-9 référendum* clandestin sur indépendance (oui 99 %), proclame la république du Kosovo (reconnue par l'Albanie). *-21-10* la pop. albanaise nomme Bujar Bukoshi « chef du gouv. albanais ». *-Déc.* rues de Priština reçoivent des noms de héros serbes. **1992**-*24-5 législatives* et *présidentielle* clandestines organisées par Albanais, non reconnues par Belgrade. **Ibrahim Rugova,** chef du LDK, élu Pt. *-8-8* Parlement serbe vote un projet de colonisation du Kosovo par Serbes et Monténégrins, financé par un prélèvement de 3 % sur les revenus bruts des commerces privés et des agriculteurs du Kosovo. *-25/28-8 conférence de Londres* sur paix en Y. ; les Albanais du Kosovo réclament la souveraineté. *-13-10* manif. pour la reprise de l'enseignement en albanais. *-20-12* élections anticipées ; boycottage albanais ; 10 % des inscrits (Serbes) votent. Zelko Raznjatovic, dit Arkan, chef de bande (« Tigres ») et criminel de guerre, élu député. **1993** gouv. du Kosovo en exil à Stuttgart. **1996**-*11-2* attentats antiserbes revendiqués par *Armée de libération du Kosovo* (UCK ou *Ushtria çlirimtare e Kosovës,* créée années 1980 ; leader : Adem Jashari). *-Fin avril* incidents Serbes/Albanais, 7 †. **1997**-*janv.* attentats de l'UCK. *-Oct./janv. 1998* affrontements police/étudiants albanais (chassés des universités depuis 1992). **1998**-*30-1* Rugova propose de placer le Kosovo pour 2 ans sous protection internationale. *-26/28-2* région de Drenica, affrontements Serbes-Albanais, 35 à 75 † ; *-1-3* environ 100 † ; ratissage par 40 000 policiers serbes. *-9-3 Priština,* 20 000 manifestants albanais ; *-13-3,* 50 000. *-22-3 législatives* et *présidentielle* (organisées par Albanais) : **Rugova** élu Pt (85 %), Assemblée : majorité des 130 sièges au LDK. *-24-3* région de Decani, affrontements. Priština, manifestation des Serbes ; *-9-4* des Albanais. *-16-4,* 7e marche des Albanais à Priština. *-Mai* offensive serbe. Voir encadré p. 1295. **2000**-*28-10 municipales,* boycott serbe, victoire ligue démocratique du K. (58,13 %), Parti démocratique du Kosovo (PDK, 26,95 %), dirigé par l'ancien chef de la guérilla albanaise Hashim Thaci, et l'Alliance pour l'avenir du Kosovo (AAK, 7,72 %), d'un autre commandant de l'ex-UCK, Ramush Haradinaj.

■ **VOJVODINE.** 21 506 km². **Population.** *1998 :* 1 968 000 hab. dont (en %) Serbes 57,2, Hongrois 17, Yougoslaves 9, Croates 3,7, Slovaques 3,2, Monténégrins 2,2, Roumains 2, Ruthènes 1 ; *96 (est.) :* 1 983 166. 39 nationalités. **D.** (en 1998) 91,5. **Capitale.** *Novi Sad* 266 674 hab. (en 1998). **Langue.** Serbe *(officielle). Analphabètes :* 4,4 % (en 1996). **PIB.** 2 189 $ par hab. (en 1996). **Chômage :** 27,9 % (en 1997). **Ressources.** *Agriculture :* terres agricoles 1 789 073 ha dont 398 746 cultivables et 180 030 de pâturages. Blé, maïs, bett. à sucre, tournesol, houblon, pommes de terre, luzerne, tabac. Porcins, bovins. *Pétrole* (en milliers de t, 1999) : 694,1. *Gaz* (en milliers de m³, 1999) : 678,6. **Histoire. 1000-1526** comitat *(comitatus)* du royaume hongrois (Srem, Bacs, Bodrog, Keve, Torontal). **XIVe s.** Serbes du Sud s'installent progressivement. **XVIe s.** sous le pouvoir turc, la population serbe s'installe dans les régions dévastées. **1687-1718** Turcs repoussés ; développement sous la monarchie Habsbourg ; une partie frontière militaire a un régime spécifique. **1918** la Grande Assemblée nationale proclame rattachement à la Serbie. **1989**-*5/6-10* manif. à Novi Sad pour rapprochement avec Serbie. Pression serbe sur minorités (restrictions du droit à l'enseignement dans la langue maternelle, usage obliga-

Sandjak de Novi Pazar. District montagneux (8 700 km²), enclavé entre Serbie et Monténégro. 440 000 hab., dont plus de 250 000 musulmans, se considérant comme Bosniaques. *1991-oct.* référendum pour « l'autonomie territoriale et politique » (plus de 98 %). *1992-janv. et mars* élections clandestines pour désigner Parlement et gouv. (dirigé par Rasim Ljajic, secr. d'Action démocratique). *1992-12-2 au 1993-1-1,* 50 attentats antimusulmans attribués aux milices serbes.

Grande Serbie. Tito y était hostile. Réclamée par les nationalistes serbes (dès 1937, projet de « nettoyage ethnique » du Kosovo), réunissant en un seul État tous les Serbes de Y. que le redécoupage des frontières par Tito a divisés entre les Rép. de la Fédération. Vidées des non-Serbes, les régions « serbes » des autres Rép. (Krajina croate, Herzégovine orientale) seraient rattachées à la Serbie, ainsi que les territoires conquis pour assurer la continuité territoriale.

Kosovo

☞ Pour Michel Massenet, conseiller d'État, cette guerre a été engagée illégalement. La Charte des Nations unies exige qu'une délibération du Conseil de sécurité précède toute frappe militaire : le Conseil de sécurité n'a pas été réuni ; la Charte de l'Onu a été violée. Les paragraphes 1 à 7 du Pacte atlantique engagent les Alliés à s'abstenir de régler leurs différends par la guerre, sauf s'ils sont attaqués. Le Pacte atlantique a été violé. L'article 35 de la Constitution française a été violé : le Parlement n'a pas été consulté.

1998-*juin* l'UCK contrôle 30 % du pays. *-16-7 Pristina,* 1re réunion interdite du Parlement élu le 22-3. *-Fin juill.* offensive serbe pour récupérer les territoires contrôlés par l'UCK. *Bilan de févr. au 19-7 :* 460 †. *-13-8* UCK crée une direction politique de 6 m. *-16-8* Serbes prennent Junik. *-Sept.* Rugova crée les Forces armées de la Rép. du K. (Fark). *-Sept.* les Serbes reprennent les villages occupés par UCK. *Bilan :* 800 † et 60 000 réfugiés en Albanie et Monténégro. *-23-9* résolution 1199 de l'Onu demandant le retrait des Serbes sinon frappes de l'Otan en Serbie. *-24-9* ultimatum de l'Otan à Milosevic. *-28-9* Conseil exécutif provisoire du K. dirigé par Zoran Andjelkovic nommé par le Parlement serbe. *-13-10 accord de Belgrade* sur retrait serbe et déploiement de la mission de vérification au K. (MVK dirigée par William Walker) 2 000 h. basés en Macédoine et non armés dépendant de l'Organisation pour la sécurité et la coopération en Europe (OSCE) [se déploient à partir de janv. 1999 pour garantir le cessez-le-feu]. *-16-10* l'Otan donne jusqu'au 27-10 à la Serbie pour retirer ses troupes (ce qu'elle fait). *-7* et *8-12* Serbes et Albanais rejettent projet d'autonomie du K. présenté par le médiateur américain Christopher Hill. *-10-12* Force européenne au K. (ou *Joint Guarantor* « garantie conjointe ») 1 800 h. (dont 800 Français, 330 Britanniques, 270 All., 270 It., 80 Néerlandais, 14 Canadiens, quelques Grecs et Turcs, 2 Américains) basée à Kumanovo en Macédoine sous contrôle Otan. Dirigée par le Gal Marcel Valentin (Français), doit protéger les 2 000 vérificateurs de l'OSCE. *-14-12* reprise des combats Serbes/UCK. *-24-12* offensive serbe région de Podujevo. **1999**-*15-1 Racak,* 45 Kosovars massacrés par Serbes ? *-18-1* Serbie interdit l'entrée au K. de Louise Arbour (procureur du tribunal pour l'ex-Youg.) et expulse William Walker, chef des observateurs de l'OSCE. *-6/23-2 conférence de paix de Rambouillet* préparée par le groupe de contact (USA, France, G.-B., Allemagne, Italie, Russie), but : négociations Serbie/Kosovo pour créer une « autonomie substantielle » du K., l'accord étant accompagné d'un déploiement de 30 000 soldats de l'Otan. *-23-2* négociation ajournée, Serbie refuse les soldats de l'Otan, les Kosovars veulent un référendum sur l'indépendance. *-14/19-3 conférence de paix de Paris,* les Albanais acceptent l'accord et signent le 18-3, les Serbes refusent. *-21-3* début du retrait du K. des 1 380 vérificateurs de l'OSCE. *-24-3, 19 h 06 GMT,* début de l'opération *Force déterminée* (frappes de l'Otan sur défense aérienne et anti-aérienne de Serbie). Exode des populations. *-28-3 phase 2* rebaptisée *Force alliée* (bombardement des postes de commandement et des troupes). *-31-3,* 3 aviateurs américains capturés à la frontière serbo-macédonienne (seront libérés le 1-5). *-1-4* rencontre Milosevic/Rugova. *-3-4* bombardement du ministère de l'Intérieur à Belgrade. *-6-4* Belgrade décrète un cessez-le-feu de 3 jours pour Pâques. *Phase 2-plus* visant toutes les infrastructures jugées utiles au pouvoir. *-6/7-4* la Macédoine expulse 60 000 réfugiés. *-11-4* l'Otan approuve opération *Abri allié* (force internationale d'aide aux réfugiés en Albanie de 8 000 h.). *-12-4,* 2 missiles touchent un train de voyageurs, 10 †. *-14-4* bombardement d'une colonne de réfugiés sur la route de Prizren, 73 †. *-20/21-4* Belgrade, bombardement du siège du parti socialiste, et de la TV le *23-4. -23/25-4 Washington, sommet du cinquantenaire de l'Otan,* décision d'intensifier les frappes, embargo pétrolier et décision d'organiser une conférence sur la stabilité dans les Balkans. *-6-5 Bonn (All.),* plan du G8 pour retrait des Serbes du Kosovo et déploiement d'une force internationale. *-7-5* bombardement du camp militaire de Koriza, 87 †. *-8-5* bombardement (3 missiles) par erreur de l'ambassade de Chine à Belgrade, 4 †, 21 bl. *-10-5* Serbie annonce retrait partiel de ses troupes. *-17-5* manifestations dans le sud de la Serbie contre l'envoi de réservistes au Kosovo. *-27-5* Milosevic, Milan Milutinovic et 3 autres dirigeants serbes inculpés de « crimes contre l'humanité » par le TPIY. *-3-6* Milosevic accepte le plan du G8. *-9-6 Kumanovo (Macédoine),* vers 21 h, signature d'un accord donnant 11 jours aux Serbes pour se retirer (*phase 1 :* le 15, Sud et Pristina, *2 :* le 18, Centre et *3 :* le 20, terminé). *-10-6, vers midi,* début du retrait, suspension des frappes après 79 jours. La résolution 1244 de l'Onu (14 voix pour, abstention de la Chine) autorisant le déploiement de la Kfor (force d'intervention) et le transfert de l'Administration à une force civile sous égide Onu. *-11/12-6* exode des civils serbes du Kosovo. 200 parachutistes russes contrôlent aéroport de Pristina. *-12-6* premiers soldats anglais de la Kfor au Kosovo (*opération Gardien conjoint* pour rétablir l'ordre, maintenir la paix et préparer le retour des réfugiés ; 50 000 h. de 30 pays en 5 zones (USA, Italiens, Anglais et Français). *-14-6* début du retour des réfugiés. *-18-6 Helsinki (Finlande),* accord : les Russes n'auront pas de zone mais seront répartis entre zones française, allemande et américaine. *-20-6* fin de l'évacuation des Serbes. *-20/21-6* accord Hashim Thaçi (PM du gouvernement provisoire du K.)/Kfor sur démilitarisation de l'UCK (1 mois pour déposer les armes, 3 pour rendre les uniformes). Début des représailles contre Serbes et Tsiganes. *-26-6* USA offrent 5 millions de $ pour la capture de Milosevic. *-20-9* accord sur démilitarisation (le 21-9 à minuit) ; l'UCK sera remplacé par un corps de protection (TMK ou *Trupat e Mbrojtjes Së Kosovës*) commandé par Agim Ceku (ancien dirigeant militaire de l'UCK), 5 000 h. dont 2 000 réservistes, pourra détenir 750 armes. **2000**-*15-3* après de nombreux incidents à Mitrovica, l'Otan envoie 1 000 h. en renfort. **2001** attentats antiserbes.

☞ **Force internationale de paix au Kosovo (Kfor)** *chef :* Gal Mickael Jackson (G.-B.) ; 8-10-1999 Gal Klaus Reinhardt (All.) ; 18-4-2000 Gal Juan Ortuno (Esp.) ; oct. 2001 Gal Marcel Valentin (Fr.). *Effectifs :* 45 000 h. : USA 7 000 (150 chars) ; G.-B. 8 000 à 12 000 ; France 6 000 ; All. 6 000 ; 30 pays 4 000. *Secteurs :* Gnjilane et S.-E. (USA) ; Pristina et Centre (G.-B.) ; Mitrovica et N.-E. (France) ; Prizren et S.-O. (All.) ; Pec et O. (Italie). **Mission des Nations unies pour le Kosovo (Minuk),** issue de la résolution 1244 de l'Onu ; *haut représentant :* Bernard Kouchner désigné le 2-7, en fonctions le 15-7 (remplacé 13-2-2001 par Hans Haekkerup nommé 8-12-2000 ministre de la Défense, Danois) aidé par 5 administrateurs régionaux, s'occupe de l'administration civile. Environ 2 500 personnes. 4 branches : OSCE : doit bâtir des institutions démocratiques, HCR : humanitaires, UE : reconstruction, Onu : administration civile.

Armée de Libération du Kosovo (UCK) (Serbie/Kosovo) en Bosnie en 1992 ; 5 000 h. d'origine albanaise combattent aux côtés des musulmans en Bosnie. *Effectifs 1998 :* 500 ; *99 :* 12 000/20 000 dont 1 000 mercenaires principalement musulmans. *Financement* aide de pays musulmans, réseaux Bin Laden, et de la diaspora en Europe. Trafic de stupéfiants en Suisse. **Forces armées de la République du Kosovo (Fark),** *Forcave Armatosure e Republikes e Kosoves.* Fondé été 1998 en Albanie à l'instigation de Bujar Bukoshi. Début 1999, leur chef Tahir Zema meurt, démembrement.

■ **Réfugiés. Sur 2 000 000 de Kosovars albanais,** *de mars 1998 au 24-3-1999 :* 170 000 déplacés. *Du 25-3 au 2-6-1999 :* 980 000 ont quitté le Kosovo [vers Albanie 442 600, Macédoine 248 900, Monténégro 68 400, Serbie 60 000, Bosnie 21 700, autres pays 198 000]. Au *20-7-1999,* 130 000 (sur 200 000) Serbes ont quitté le Kosovo. *Retours au Kosovo : du 11-6 au 14-7 :* 654 000 Kosovars (de Macédoine 218 000, Monténégro 48 300, Albanie 389 100 et Bosnie 4 400). *Au 14-7,* il restait 117 000 réfugiés dans ces 4 pays et 92 000 dans des pays tiers.

■ **Coût de la guerre pour les intervenants contre la Serbie.** 4 milliards de $ (France pour 0,7).

Forces aériennes de l'Otan au 24-3-1999 et, entre parenthèses, **au 15-4 :** avions USA 260 (480), Canada 6 + ravitailleurs (8), Allemagne 14 (13), Norvège 6 (7), Danemark 4 (6), G.-B. 8 (34), Italie 8 (30), Pays-Bas 16 + ravitailleurs (18), Belgique 10 (14), Portugal 3 (3), Espagne 4 + ravitailleurs (11), Turquie 3 (11), *France 18 (60).*

Destructions annoncées par l'Otan : 93 chars (ou 14 ?) sur 350, 153 (ou 18 ?) transports de troupes blindées (sur 430 à 450), 339 autres véhicules blindés, 389 (ou 20 ?) pièces d'artillerie (sur 750). 112 sites bombardés avec des bombes à uranium enrichi.

☞ Sur 14 000 missions de frappe (24 000 bombes et missiles) en 78 j, le Pentagone a reconnu 30 erreurs de bombardement et l'association Human Rights Watch 90.

■ **Armée serbe au Kosovo** (selon l'Otan). 430 000 h., 300 chars, 300 blindés et 600 pièces d'artillerie. En juin, 200 chars se retirent. **Pertes :** *Serbes :* selon l'Otan, 5 000 militaires tués, selon les Serbes 462 soldats et 124 policiers tués ; *Kosovars :* environ 10 000 †. **Victimes** civiles de bombardements Otan : 500 à 1 500 †.

■ **Destructions en Serbie.** 4 100 millions de $ dont ponts 355, raffineries de pétrole 600, électricité 270, TV 98, téléphone 75, eau 2, industries 2 762, habitations 201, bâtiments administratifs 72, monuments historiques 100. **Coût reconstruction :** 50 milliards de $.

toire des caractères cyrilliques, serbisation des noms de villes et rues). Sur 140 000 réservistes de l'armée fédérale, 80 000 sont de Vojvodine. 100 000, dans des minorités, exilés pour échapper à la conscription. **1990** autonome. **1992 Bosko Perosevic** Pt tué 3-5. **Statut.** *République.* **Constitution** du 28-9-1990. **PM :** Koviljko Lovre. **Assemblée provinciale :** 12 m. (P. socialiste de Serbie 7, P. radical serbe 5).

Économie

■ **PNB** (en $ par hab.). *1995 :* 920 ; *96 :* 980 ; *97 :* 977 ; *98 :* 1 380 ; *99 :* 2 490. **Population active** (en %) **et,** entre parenthèses, **part du PNB** (en %) : agr. 22 (15), mines 3 (5), ind. 35 (45), services 40 (35). **Croissance** (en %) : *1995 :* 6,1 ; *96 :* 5,9 ; *97 :* 7,4 ; *98 :* 2,5 ; *99 :* – 23,2. **Inflation** (en %) : *1992 :* 8 926 ; *95 :* 71,8 ; *96 :* 90,5 ; *97 :* 18,5 ; *98 :* 29,8 ; *99 :* 42,4. **Chômage** (en %) : *1995 :* 24,7 ; *99 :* 27,4. **Monnaie :** dinar : 1 nouveau dinar (24-1-1994) = 1 DM. **Réserves** (milliards de $) : *1992 :* 0,88 ; *98 (déc.) :* 6,45. **Salaire** mensuel moyen (déc. 1999) : 90 $.

■ **Agriculture. Terres** (en milliers d'ha, 1999) : agricoles 5 637 dont cultivables 4 437, pâturage 1 163. **Production** (en milliers de t, 1999) : maïs 6 100, blé 2 167, bett. à sucre 1 900, p. de t. 991, raisin 485, prunes 481, tournesol 281, pommes 192, soja 160, seigle 17, tabac 12. **Élevage** (en milliers de têtes, 1999). Volailles 26 188, porcs 4 372, moutons 2 392, bovins 1 831, chevaux 86. **Forêts** (en 1997). 2 932 ha, 1 320 000 m^3.

■ **Pêche** (en t, 1998). Poissons d'eau douce 10 112, de mer 416, crustacés et coquillages 16. **Chasse** (en 1997). Lièvres 109 000, sangliers 3 667, cerfs 2 642, biches 644, ours 69, chamois 60.

■ **Énergie** (en millions de t, 1998). **Production :** lignite 43,5, pétrole 0,9, gaz 731 millions de m^3. **Électricité :** 40,6 milliards de kWh (en 1998). Projet de centrale à Bilji Breg de 82,48 milliards de kWh abandonné : menacerait le canyon de la Tara (le plus profond du monde après celui du Colorado, à 1 300 m). 4 barrages sur Moratcha dont un de 150 m de hauteur (lac de 26 km) ; monastères et Podgorica menacés en cas de rupture (région sismique). **Mines** (en milliers de t, 1999). Fer (brut) 826, cuivre 61, plomb, zinc 6, bauxite 228, chrome, mercure, antimoine, manganèse, sel, baryte, argent, or.

■ **Industrie** (en milliers de t, 1998). Ciment 2 253, acier (brut) 913. Alumine 160. Matér. d'équip., produits chim., matériaux de construction, métaux de base, papier, textile, produits alim., cigarettes. En 1999, 194 025 entreprises, dont 129 117 en propriété privée.

■ **Transports** (en km, 1998). **Voies ferrées :** 4 069 dont 1 384 électrifiés. **Routes :** 50 497.

■ **Tourisme. Visiteurs** (en milliers, 1998) : 283 *dont* Italie 20,4, Allemagne 13, Grèce 12,5, Autriche 7, G.-B. 6,8, *France 4,7.* **Recettes :** 40,8 millions de $ (en 1997).

■ **Commerce** (en millions de $). **Export./import. :** *1995 :* 1 531/2 665 ; *96 :* 1 846/4 113 ; *97 :* 2 677/4 826 ; *98 :* 2 858/4 849 ; *99 :* 1 510/3 370 (*exporte* produits man. 1 366, produits alim. et bruts 690, produits chim. 87, mach. et matér. de transp. 57 *vers* Italie 157, ex-URSS 77, Rép. tchèque 15/*importe de* Italie 333, ex-URSS 274, Rép. tchèque 77, G.-B. 54).

■ **Rang dans le monde** (en 1999). 5e lignite. 12e cuivre.

■ **Dette extérieure** (en % du PIB) : *1999 :* 84. La Y. a été radiée du FMI (15-12-1992). **Réserves. Devises** (en milliards de $) : *1993 :* 1,39 ; *94 :* 2,88 ; *95 :* 3,7 ; *96 :* 4,59 ; *97* (nov.) : 5,86.

Blocus économique. Décrété 11-11-1991, levé officiellement le 1-10-1996, par les 24 pays les plus riches du monde, visait surtout Serbie et Monténégro (aide financière accordée par la CEE aux Rép. yougoslaves coopérant avec médiateurs européens). A favorisé le développement du marché noir (60 % de l'économie), de la contrebande (côte Adriatique, frontières avec Roumanie, Bulgarie, Macédoine) et d'un système bancaire parallèle.

Zambie

V. légende p. 950.

☞ *Abréviation :* Z. : Zambie.

■ **Situation.** Afrique. **Superficie :** 752 614 km². **Frontières** (en km) : Angola 1 110, Malawi 837, Mozambique 419, Namibie 233, Rép. dém. du Congo 1 930, Tanzanie 338, Zimbabwe 797. **Altitude** *maximale :* collines Mufinga 2 164 m. ; *minimale :* Zambèze 329 m. Plateaux (900-1 500 m), collines, lacs et plaines. Pays de savanes typiques. Plateaux couverts de hautes herbes et d'arbres ; plus au nord, les arbres sont plus hauts et forment un vrai rideau ; dans les vallées, taillis. **Climat. 3 saisons :** froide et sèche (mai à août ; temp. 10 à 25 °C) ; chaude et sèche (sept. à nov.) ; chaude et pluvieuse (nov. à avril ; 25 à 32,2 °C). **Pluies :** plus de 1 270 mm/an au nord, 508 à 762 mm au sud, pouvant commencer en oct. et se terminer en mars.

■ **Population** (en millions d'hab.). *2000 (est.) :* 9,87 ; *2025 (prév.) :* 16. **D.** 13,1. **Age :** *– de 15 ans :* 47,6 %, *+ de 64 ans :* 2,5 %. **Taux** (en ‰, 2000) : *natalité :* 42, *mortalité :* 22 (*infantile : 1980 :* 97 ; *99 :* 109 ; *2000 :* 92,4). **Croissance** par an (en %) : *1961-71 :* 2,8 ; *71-81 :* 3,2 ; *80-90 :* 3,2 ; *91-93 :* 3,5 ; *2000 :* 2. **Espérance de vie** (en 1998) : 40 ans. **Santé :** 17 à 22 % séropositifs (en 2000). **Étrangers :** *1969 :* 54 175 (43 390 Européens, 10 785 Asiatiques) ; *90 :* 70 000. **Immigration :** Zimbabwe, Malawi, G.-B., Asie (les personnes

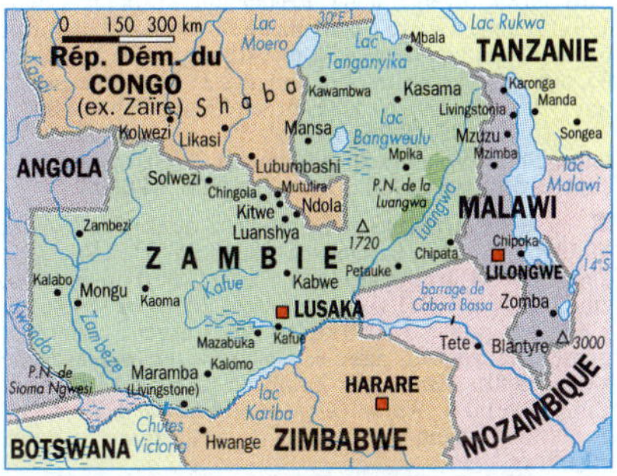

qui immigrent viennent temporairement, souvent sous contrat). **Population urbaine** (en 2000) 49 %. **Réfugiés** (en 1999). 205 000 (d'Angola 160 000 et Congo dém. 40 000).

■ **Langues** (en %, 1990). bemba 40, myanja 20, tonga 15, lunda-luvale 8,5, lozi 7,5, tumbuka 3,7, mambwe 3,5, anglais (officielle) 1,12. **Religions.** Chrétiens 75 % (dont catholiques 50 %, réformés, anglicans, méthodistes, presbytériens), animistes, hindous et musulmans 25 %.

■ **Villes** (en 1990). *Lusaka* 1 207 980 hab., Ndola 545 000, Kitwé-Nkana 348 571 ; *plus de 100 000 hab. :* Chipata, Mufilira, Chingola, Kabwe, Luanshya, Livingstone (chef-lieu de 1907 à 1935).

■ **Histoire. 1889** G.-B. donne une charte à la British South Africa Company pour administrer le territoire au nord du fleuve Limpopo. **1897** résident britannique pour les 2 provinces du nord de la Rhodésie. **1911** forment la Rhodésie du Nord. **1924** protectorat britannique. **1953**-*6-3* membre de la Fédération d'Afrique centrale (avec Rhodésie du Sud et Nyassaland), dissoute 31-12-1963.

1964-*24-10 indépendance, prend nom de Zambie.* **Kenneth David Kaunda** Pt [né 28-4-1924, fils d'un pasteur presbytérien du groupe tonga malawite ; 1953 secrétaire gén. du Congrès nat. africain ; 1955 interné pour possession de littérature interdite ; 1958 fonde Congrès national de Z. (interdit 1959) ; 22-1-1964 PM. *Surnoms :* Libérateur, Moïse noir, Messie, l'Inattendu]. **1973**-*janv.* Rhodésie ferme frontière avec Z. (qui aide des guérilleros de Rhodésie). **1975**-*23-3* arrestation des dirigeants (50) du Zanu. **1976**-*janv.* état d'urgence. **1978** grève de 300 techniciens blancs de la « ceinture du cuivre », contre crimes organisés par hindous (secte Thug), les « étrangleurs du Bengale », et exécutés par des Noirs. -*Oct.* réouverture frontière avec Rhodésie ; raid rhodésien (destruction de 12 bases de guérilleros partisans de N'komo). **1980**-*26-1* mort de l'ancien vice-Pt Simon Kapwepwe. -*Oct.* échec coup d'État. **1982** sécheresse. **1982-85** mévente du cuivre. **1986**-*19-5* attaque sud-africaine contre ANC. -*Déc.* émeutes de la faim (15 †). **1987**-*mai* rupture avec FMI. -*6-7* ferry-boat *Maria* heurte un rocher : 400 † (les crocodiles du fleuve Luapala déchiquettent les corps). **1989**-*3-5* Jean-Paul II en Z. **1990**-*30-6* coup d'État échoue. -*30-11* multipartisme autorisé. **1991**-*oct.* épidémie de choléra, 321 †. -*31-10 présidentielle* et *législatives* : **Frederick Chiluba** [né 30-4-1943, père mineur ; 1974-91 Pt du Congrès zambien des syndicats (ZCTU) ; 1981 emprisonné] élu avec 75,77 % des voix devant Kaunda. **1992** sécheresse. -*24-6* Chiluba en France. -*Juillet* privatisations. -*Oct./nov.* choléra. -*17-11* émeutes à Lusaka. **1993**-*4-3/25-5* état d'urgence (complot ?). -*17-3* manif. à Lusaka. Privatisations. **1994**-*janv.* limogeages ministériels (corruption, drogue). **1996**-*18-11* Chiluba réélu. **1997**-*28-10* échec coup d'État militaire. -*29-10* état d'urgence (levé 17-3-1998). -*25-12* Kaunda arrêté.

■ **Statut.** *République membre du Commonwealth.* **Constitution** du 2-8-1991, révisée en 1996. **Pt :** élu pour 5 ans au suffrage universel. **Assemblée :** 150 m. élus au suffrage universel pour 5 ans, plus 10 nommés par le Pt. **Élections du 18-11-1996 :** MMD 131 sièges, NP 5, ZADECO 2, AZ 2, divers 10. **Chambre des chefs :** 27 m. **Provinces :** 9, divisées en districts.

■ **Fête nationale.** 24-10 (indépendance). **Drapeau** (adopté 24-10-1964). Vert (agriculture). En bas, rectangle de bandes verticales rouge (indépendance), noire (peuple) et jaune (cuivre) surmonté d'un aigle jaune.

■ **Partis. P. unifié pour l'indépendance nationale (UNIP)** fondé 1958 par Kenneth Kaunda, unique de 1972 à 1990, *Pt :* Kebby Musokotwane, remplacé le 28-6-1995 par K. Kaunda. **Mouv. pour la démocratie multipartite (MMD)** fondé 1990 (Frederick Chiluba). **P. national (NP)** fondé 1993 (Humphrey Mulemba). **Zambia Democratic Congress (ZADECO)** fondé 1995 (Dean Mungomba). **Agenda for Zambia (AZ)** fondé 1996 (Akashambatwa Lewanika). **P. unifié pour le développement national (UPND)** (Andy Mazoka). **National coalition congress (NCC)** (Never Mumba). **Zambia alliance P.** (Mgamba Mungomba). **P. républicain (RP)** (Ben Mwila).

■ **Économie. PNB** (en 1999) : 270 $ par hab. **Croissance** (en %) : *1995 :* – 3,8 ; *96 :* 4,9 ; *97 :* 2,5 ; *98 :* 4,9 ; *99 :* 3,6 ; *2000 :* 3,2 ; *2001 (prév.). :* 5. **Population active** (en %) **et,** entre parenthèses, **part du PNB** (en %) : agr. 67 (17,3), ind. 8 (25), services 16 (57,1), mines 11 (6,1). **Inflation** (en %) : *1990 :* 114 ; *91 :* 92,6 ; *92 :* 125 ; *93 :* 92 ; *94 :* 53 ; *95 :* 35 ; *96 :* 45 ; *97 :* 24,8 ; *98 :* 25 ; *99 :* 26,6 ; *2000 :* 30,1 ; *2001 (prév.) :* 17,5. **Dette extérieure** (en milliards de $) : *1991 :* 8 ; *97 :* 6,9 ; *98 :* 6,4. **Aide extérieure :** en moyenne 1 milliard de $ par an. **Taux de pauvreté :** 73 %.

■ **Agriculture. Terres** (en milliers d'ha, 1981) : arables 15 000, cultivées 750, pâturages 35 000, forêts 20 350, eaux 1 189, divers 13 564. **Production** (en milliers de t, 1999) : canne à sucre 1 600, maïs 856, manioc 530, millet 61, blé 99, patates douces 54, soja 40, sorgho 36, arachides 35, oignons 27, tournesol 27, tomates 25, légumineuses 24 (en 1995), coton 13, riz 15. Paprika. Fleurs. Tabac 4 000 t. **Forêts** (en 1998). 8 042 000 m³. **Élevage** (en milliers de têtes, 2000). Volailles 20 000, bovins 2 840, ovins 1 000, chèvres 580, porcs 480. **Pêche** (en 1998). 64 000 t.

■ **Mines. Cuivre** (minerai en milliers de t) : *1988 :* 470 ; *90 :* 496 ; *95 :* 350 ; *96 :* 364 ; *97 :* 324 ; *98 :* 355 ; *99 :* 250 ; *2000 :* 256. **Autres mines** (en t, 1995) : charbon 360 000, zinc 1 000 (en 1994), cobalt 3 000 (en 2000), or 184 kg (en 1998), émeraudes 53 000 kg (en 1993), argent, cadmium, gypse, manganèse, pétrole. **Barrages** (en milliards de kWh, 1990). *Kariba* sur Zambèze (à cheval sur Z. et Zimbabwe) 0,6 ; *Kafue Gorge* 0,9 ; *Victoria Falls* 0,108. **Industrie.** Ciment, alimentation (sucre), engrais, métaux, cigarettes.

■ **Transports** (en km). **Routes** (en 1997) : 66 781. **Voies ferrées** (en 1993) : 2 164 dont Tazara (Tanzania-Zambia Railway, construits 1970-75 avec prêt chinois de 412 millions de $, 1 860 km dont 891 en Z.) de Ndola à Dar es-Salaam (Tanzanie) ; voies 1,067 m, capacité 2,5 millions de t/an.

■ **Tourisme** (en 1998). 382 000 visiteurs.

■ **Commerce** (en milliards de $). **Export./import. :** *1996 :* 1,06/0,7 ; *97 :* 1,05/0,84 ; *98 :* 0,91/0,82 (*exporte* cuivre, cobalt, zinc, plomb *vers* Japon, France, Thaïlande, Inde).

■ **Rang dans le monde** (en 1999). 9e cuivre.

ZIMBABWE

V. légende p. 950.

☞ *Abréviation :* Z. : Zimbabwe.

■ **Nom.** « Maison de pierre » ou « forteresse ». Nommé 1923 *Rhodésie* [Cecil Rhodes (1853-1902)].

■ **Situation.** Afrique (entre Zambèze et Limpopo). **Superficie :** 390 757 km². **Altitudes :** *maximale* Mt Inyanga 2 592 m, *minimale* 162 m, *moyenne* 1 430 m. **Frontières** (en km) : Mozambique 1 231 km, Zambie 797, Botswana 813, Afrique du Sud 225. **Climat.** Chaud et pluvieux nov. à févr. ; plus frais mi-mai à mi-août. **Temp. moyenne annuelle** (Harare) : 17 à 19 °C. **Pluies :** 831 mm/an.

■ **Population** (en millions d'hab.). *1890 :* 0,5 ; *1962 :* 4,1 ; *70 :* 5,13 ; *74 :* 5,9 ; *82 :* 7,85 ; *92 :* 10,4 (Noirs : 77 % de Shona et 18 % de Ndébélé) ; *2000 (est.) :* 12,39 ; *2025 (prév.) :* 12. **D.** 31,7. **Age :** *– de 15 ans :* 39,6 % ; *+ de 64 ans :* 3,5 %. **Taux** (en ‰, 1999) : *natalité :* 32, *mortalité :* 20 (*infantile :* 53). **Espérance de vie** (en 1999) : 40 ans. **Sida :** 1 500 000 séropositifs (en 1999) ; est. 2001 : 100 000 †. **Européens :** *1975 :* 275 000 (dont nés en Rhodésie 93 000, venus d'Europe 6 700, d'Afrique du Sud 50 000, de pays devenus indépendants 13 000) ; *81 :* 190 000 ; *83 :* 130 000 ; *87 :* 90 000 ; *89 :* 100 000 ; *97 :* 80 000. **Métis :** *1978 :* 23 600. **Indiens :** *1978 :* 10 500. **Immigration et émigration :** *1955-75 : immigrés* 224 000, *émigrés* 176 207 ; *75-80 : émigrés* 81 728, *immigrés* 40 548 ; *81 :* – de 20 000 Européens ; *83 :* 19 076 (7 000 arrivants). **Pop. urbaine** (en 1998) : 34 %.

■ **Langues.** Anglais *(officielle),* shona 70,8 %, ndébélé 15,8 %. **Religions** (en %). Anglicans 36, catholiques 15, presbytériens 12, méthodistes 9, animistes.

■ **Villes** (en 1992 et, entre crochets, composition en 1978). *Harare (ex-Salisbury)* 1 184 189 hab. (alt. 1 480 m) [Européens 117 500, Africains 480 000, Asiatiques 4 800, métis 8 000], Bulawayo 620 936 (à 441 km) [Européens 52 000, Africains 294 000, Asiatiques 3 000, métis 9 000], Gweru (ex-Gwelo) 124 735 (Africains 58 000, Européens 8 800), Mutare (ex-Umtali) 131 808 (à 262 km) [Européens 9 100, Africains 51 000], Kwekwe 55 000 (à 214 km), Kadoma 47 000, Masvingo (ex-Fort-Victoria) 32 000.

■ **Histoire. Vers 10000 av. J.-C.** peuples de *Bushmen* du désert de Kalahari. Des Bantous (du sud du Soudan et du bassin du Congo) repoussent les Bushmen vers désert. **XVIe s.** empire galla. **XVIIIe s.** empire de Monomotapa. **1817** *Mzilikazi* († 1868), Gal du roi zoulou *Shaka,* fonde vers 1840 roy. du Matabele. **1855**-*15-11* missionnaire anglais David Livingstone (1813-73) découvre chutes Victoria. **1859** Robert et John Moffat fondent 1er établissement permanent européen *(mission Inyati).* **1868** Adam Renders découvre ruines de Zimbabwe (explorées 1871 par Karl Mauch). **1888** *Lobengula* roi des Matabele. **1890**-*12-9* des pionniers, partis de Kimberley le 6-5, atteignent le site de Harare. Administré par British South African Company [fondée par Cecil Rhodes (5-7-1853/26-3-1902, enterré au sommet du Matopos), dissoute 1923]. **1891**-*9-5* protectorat britannique sur Bechuanaland, Matabeleland et Mashonaland. **1893**-*9-6* guerre contre Matabele. **1894** Lobengula meurt. **1895** Mashonaland et Matabeleland appelés Rhodésie. **1896**-*9-7* rébellion du Mashonaland. **1923** *colonie autonome* (Rhodésie du Sud). **1953**-*15-12 fédération avec Rhodésie du Nord et Nyassaland.* **1960** barrage de Kariba inauguré. **1961** *Constitution,* droit de vote pour 60 000 Noirs. **1963**-*31-12* fédération avec Nyassaland dissoute. **1964**-*févr.* commando *Crocodile* (rebelles) : 1re guerilla. *14-6 Ian Smith* (né 8-4-1919) PM. **1965**-*11-11 déclare son indépendance* contre volonté de la G.-B. qui désire seulement des droits politiques plus importants pour les Africains. Embargo organisé par G.-B. et sanctions de l'Onu, mais soutient Afr. du Sud et Portugal. **1966**-*9-5/25-8* négociations à Londres. **1967**-*22-4* ne reconnaît plus d'allégeance envers G.-B. **1969**-*20-6 référendum* pour indépendance.

République indépendante. 1970-*2-3 république.* -*16-4* **Clifford Dupont** († 28-6-1978) Pt. Régime foncier : « zones blanches » (pénétration facile, près des grandes villes) et « noires », ou terres tribales (accès interdit aux étrangers sans autorisation du gouvernement). **1971**-*24-11 accord anglo-rhodésien ;* commission d'enquête (lord Pearce). **1972** 1re insurrection armée. **1973**-*10-1* frontière avec Zambie fermée, rouverte 4-2. **1974**-*12-12* libération des dirigeants nationalistes. **1975**-*juin* combats Zapu/Zanu à Harare. -*25-8,* 1re conférence constitutionnelle entre Noirs et Blancs (sur le Zambèze). -*15-12* nouvelle conférence. **1976**-*janv./mars* guérilla accrue. -*14-1* **John Whrathall** († 31-8-1978) Pt. -*3-3* Mozambique ferme ses frontières. -*5-3* I. Smith rompt négociations avec Nkomo. -*22-3* Callaghan (PM britannique) dit qu'un accord anglo-rhodésien est subordonné à l'accession des Noirs au pouvoir dans les 2 ans. -*9-8* raid rhodésien contre un camp de réfugiés à Nyazonia (Mozambique : plus de 300 †). -*28-10/14-12* conférence à Genève pour un gouvernement de transition ; ajournée *sine die,* 2 des 6 ministres noirs du cabinet Smith démissionnent et forment le *Zupo (Z. United Peole's Organization).* **1977**-*22-1* Chitepo, 2e vice-Pt du Conseil national africain, est assassiné à Lusaka (colis piégé). -*24-1* Smith rejette le plan britannique. -*30/31-1,* 400 écoliers africains sont enlevés par maquisards à Tuli. -*Févr.* Zanu (?) massacre 4 religieuses et 4 jésuites à Musami. -*6-8* attentat à Salisbury (11† et 60 blessés). **1978**-*3-3* accord Smith/3 modérés [Ndabaningi Sithole (aile intérieure de l'ANC), Jeremiah Chirau (Zupo), Abel Muzorewa (UANC : Conseil national africain unifié)] rejeté par Onu et direction du Front patriotique (Zapu et Zanu). -*20-3* gouvernement de transition : *Smith* PM. -*Juin :* 8 missionnaires britanniques et leurs 4 enfants sont massacrés. -*3-9* Viscount d'Air Rhodesia abattu par missile de Nkomo, 48 † (dont 10 massacrés). -*Oct.* raid en Zambie et Mozambique (1 560 †). **1979**-*31-1,* 84,4 % des Blancs approuvent Constitution. -*2-2* abolition des lois raciales. -*12-2* Sam-7 abat Viscount d'Air Rhodesia (59 †). -*22-2* raid en Angola (160 †). -*28-2* Parlement dissous. -*17/21-4, 1res élections au suffrage universel* sous contrôle d'étrangers pour les 72 membres noirs. -*28-5* **Josiah Gumede** (Noir ndébélé, né 1920) élu Pt par le Sénat et l'Assemblée. -*1-6 Abel Muzorewa* PM, forme un gouvernement d'union nationale, Smith ministre sans portefeuille. -*19-7* l'armée tue 183 « auxiliaires africains » qui refusaient d'être transférés (accusés d'intimidation). -*5-8 accords de Lusaka.* -*10-9* début de la conférence de Londres (gouv. britannique/rhodésien/Front patriotique). -*22-11* Muzorewa accepte le plan britannique. -*5-12* les rebelles l'acceptent. -*11-12* Parlement dissous.

Colonie britannique. 1979-*12-12* Rhodésie redevient (provisoirement) *colonie britannique ;* Gumede transmet ses pouvoirs à lord Soames. -*21-12 accord final de Londres* (lord Carrington/Muzorewa/Nkomo, Mugabe). Onu lève sanctions économiques. -*23-12* frontières avec Zambie et Mozambique rouvertes. -*26-12* Gal Josiah Tongogara, chef militaire guérilla, meurt (accident). -*28-12* début cessez-le-feu. **1980**-*10-2* attentat manqué contre Mugabe.

☞ **Guérilla : basée en Zambie :** le *Zapu,* appelé Armée révolutionnaire des peuples du Zimbabwe (Zipra). **Au Mozambique :** le *Zanu,* Armée de libération nationale africaine du Zimbabwe (Zania). **Aide** (en 1979) : au Mozambique, 1 400 Russes, 700 Allemands de l'Est et 500 Cubains. En Angola, 19 000 Cubains, 6 000 Allemands de l'Est, quelques Tchèques et quelques Bulgares par la Zambie.

République indépendante. 1980-*18-4 indépendance ;* **Canaan Banana** [né 1936, pasteur méthodiste ; comparaît 6/7-7-1997 pour viol homosexuel et tentatives (6 aides de camp et 1 jardinier)] Pt, *Robert Mugabe* PM. -*31-7* Salisbury, manifestants abattent statue de Rhodes. -*5-8* Edgar Tekere, ministre du Travail, arrêté pour meurtre d'un fermier blanc. -*17-9* Gal Peter Walls révoqué. -*9/10-11* Bulawayo, affrontements Zanla/Zipra, 38 †. **1981**-*11/14-2* affrontements, 300 †. -*8/9-8* arrivée de 600 instructeurs coréens. -*16-12* Salisbury, attentat siège Zanu, 6 †. **1982**-*17-2* Nkomo accusé de complot, éliminé du gouvernement, assigné à résidence. -*Juillet* couvre-feu. -*26-7* sabotage de 12 avions à Thornhill. **1983**-*févr.* 3 000 Ndébélés (Nkomo) tués au Matabeleland. -*8-3* Nkomo réfugié au Botswana, puis G.-B. -*16-8* rentre à Harare. -*31-10* Muzorewa, ancien PM, arrêté. **1984**-*4-9* libéré. **1985** Matabeleland, troubles. **1986**-*22-10* manif. anti-Blancs à Harare. **1987**-*2-4* Smith suspendu du Parlement pour 1 an. -*26-11,* 16 Blancs et 4 Noirs tués (ferme du Matabeleland). -*22-12* pacte Zanu/Zapu pour parti unique (vice-Pt Joshua Nkomo). -*31-12* **Robert Mugabe** (né 14-4-1928) Pt. **1988**-*mai* amnistie. -*11/13-9* Jean-Paul II au Zimbabwe. **1989**-*19-12* création du Zanu-PF. Mugabe réélu Pt (fusion Zanu/Zapu). **1990**-*28/30-3 élections* à la Chambre sur base non raciale : victoire du Zanu-PF ; Mugabe réélu Pt (au suffrage universel). -*25-7* état d'urgence levé (en vigueur depuis 25 ans). **1992**-*27-1* mort de Sally Mugabe (née 1933), femme du Pt (appelée « Mère de la nation »). -*Avril* sécheresse, famine pour 4,6 millions de personnes. **1993** loi agraire : redistribution de terres. **1996**-*17-3* Mugabe réélu (92,7 % des voix, seul candidat, 68 % d'abstention). -*17-8* Mugabe épouse Grace Marufu (née 1965). **1997**-*mars* Mugabe en France. -*28-11* nationalisation prévue de 1 500 propriétés (4,5 millions d'ha exploités par des Blancs) et décision d'indemniser 50 000 combattants de la guerre d'indépendance (coût 2,5 milliards de $ zimbabwéens). **1998**-*21/22-1* émeutes (faim ; hausse des prix), 9 †. -*Août* intervention en Rép. dém. du Congo, 3 000 h. (6 000 en nov., 13 000 en 1999) ; coût (est.) : 1 million de

$ par jour. **2000**-*12/13-2 référendum* sur Constitution, non 54,6 %. *-28-2 à début avril* des anciens combattants occupent environ 1 000 fermes de Blancs. *-6-4* loi permettant d'exproprier les fermiers blancs sans indemnité. *-11-4* Parlement dissous. *-15* et *18-4* : 2 fermiers blancs tués. *-25-6 législatives. -Juin* 804 fermiers blancs (sur 4 500) expropriés sans indemnité. *-9-7* Harare, match de football, panique (12 †). *-14-7* redistribution des terres. *-18-8* saisie de 229 fermes supplémentaires (au total 3 270). *-Oct. Harare,* émeutes de la faim.

■ **Bilan de la guérilla. De 1972 au 30-11-1979 :** 14 469 † (dont forces de sécurité 1 146, civils blancs 473, noirs 7 548, terroristes 10 273). Malaria, réfugiés au Mozambique ; 30 % du bétail africain mort. **De 1982 à mi-1988 :** 1 000 à 3 500 † dont 50 Blancs.

■ **Statut.** *République membre du Commonwealth.* **Constitution** du 29-11-1969. **Pt** élu pour 6 ans. **Assemblée :** 150 membres, dont 120 sont élus pour 6 ans, 12 nommés par le Pt ; 10 sont les chefs et 8 sont les gouverneurs provinciaux. **Élections des 8 et 9-4-1995 :** *Assemblée :* Zanu-PF 148 sièges, Zanu-Ndongo 2 ; **des 24/25-6-2000 :** Zanu-PF 62 sièges, MDC 47. **Fête nationale** 18-4 (indépendance). **Drapeau** (adopté 18-4-1980). Bandes horizontales verte (richesse agricole), jaune (richesse minérale), rouge (sang répandu par lutte armée) et noire, étoile rouge (idéal national), oiseau (emblème national) dans triangle blanc (paix).

■ **Partis. Blancs. Conservative Alliance of Zimbabwe** fondée 1962, *leader :* Gerald Smith. **Noirs. United African Council (UANC)** fondé 1971, *leader :* évêque méthodiste Abel Muzorewa (Shona, né 14-4-1925), démissionne 12-11-1985 ; *secr. général :* Walter Mutimukulu. **Zimbabwe Democratic Party (ZDP)** fondé 1979, scission de l'UANC, James Chikerema. **Z. African National Union (Zanu)** fondée 1977, révérend Ndabaningi Sithole [Shona, né 21-7-1920, 1961 fonde Zapu avec Nkomo, 1963 fonde Zanu, 1964-75 emprisonné, 1975 s'exile, 1983 s'exile USA ; rentre 25-1-1992 ; en 1996, appartient au Zanu-Ndongo (opposition) ; 18-12-1997, condamné à 2 ans de prison pour complot, † 12-12-2000 aux USA]. **United National Federal Party (UNFP)** fondé 1978, *chef :* Kayisa Ndiweni (né 16-7-1916). **Zanu-PF** fondée 19-12-1989 [fusion du **Patriotic Front Zimbabwe African People's Union (PF Zapu)** fondé 1961, Joshua Nkomo (Ndébélé, 1917/1-7-1999), dont la branche militaire [**Z. People's Revolutionary Army (Zipra)**] opérait à partir de Zambie, et du **Z. African National Union – Patriotic Front (Zanu-PF)** fondé 1963 : regroupe ethnie shona, Robert Mugabe]. **Z. Unity Movement (ZUM)** fondé 1989, Edgar Tekere. **Chimwenje,** mouvement clandestin armé, Simba Mhlanga. **Mouvement pour le changement démocratique (MDC)** créé 2000, Morgan Tsvangirai.

■ **Économie. PNB** (en $ par hab.) : *1989 :* 710 ; *90 :* 660 ; *95 :* 510 ; *97 :* 720 ; *99 :* 610 ; *99 :* 340. **Population active** (en %) **et,** entre parenthèses, **part du PNB** (en %) : agr. 55 (22), ind. 15 (30), services 25 (43), mines 5 (5). **PIB au coût des facteurs (en %)** : agriculture 19,2 ; mines 1,8 ; industrie manufacturière 17,5 ; distribution/tourisme 19,5 ; services aux entreprises 26 ; autres services 16. **Croissance** (en %) : *1998 :* 1,9 ; *99 :* 1,4. **Chômage** (en 1998) : 50 %. **Inflation** (en %) : *1990 :* 17,4 ; *91 :* 24,3 ; *92 :* 46,3 ; *94 :* 15 ; *95 :* 22 ; *96 :* 21,4 ; *97 :* 18,1 ; *98 :* 31,8 ; *99 :* 70. **Dette extérieure :** *1999 :* 101,5 % du PIB.

☞ Les Blancs (1 %) contrôlent l'économie.

■ **Agriculture. Terres** (en milliers d'ha, 1981) : arables 2 678, cultivées 78, pâturages 4 856, forêts 23 810, eaux 391, divers 7 323. **Production** (en milliers de t, 1999) : canne à sucre 4 657, maïs 1 520, blé 320, tabac 212, millet 53, sorgho 108, arachides 60. Sécheresse en 1992 et 1995. 4 500 CFU (fermiers commerciaux dont environ 100 Noirs) cultivent 11,5 millions d'ha (28 % des terres arables) et produisent 80 % des récoltes. 7 millions de Noirs, dont 850 000 fermiers africains traditionnels, cultivent 16 millions d'ha. **Forêts** (en 1998). 8 378 000 m^3. **Élevage** (en milliers de têtes, 1999). 70 000 éléphants, volailles 15 000, bovins 5 500, chèvres 2 705, ovins 525, porcs 272, ânes 104.

■ **Pêche** (en 1997). 18 000 t.

■ **Énergie. Charbon** (en millions de t, 1998) : *réserves* 8 320 ; *production* 5,5. **Mines** (en milliers de t, 1997). Chrome 670, asbeste 157 (en 1993), cuivre 3 (en 1999), nickel 11, cobalt, or 24 t (en 1999), argent, bauxite, fer, lithium. Diamants 350 000 carats (en 1997).

■ **Industrie.** Produits alim., textile, tabac. **Transports** (en km). **Routes** (en 1996) : 18 338. **Voies ferrées** (en 1995) : 2 759.

■ **Tourisme. Visiteurs :** *1989 :* 504 000 ; *97 :* 1 894 000. **Sites :** *chutes Victoria* sur le Zambèze (parc national), ruines de *Zimbabwe* (XVIe ou XVIIe s.), *Inyanga, Khami, Dhlo Dhlo, Nalatale, Nyahokwe ;* lac de *Kariba* (sur le Zambèze, un des plus grands lacs artificiels) ; *parcs :* 44 680 km^2 dont Hwange (14 620 km^2), Wankie (13 030 km^2). Nombreux éléphants.

Terres réservées (*Land Tenure Act,* partageant le territoire en 2 parties égales entre Blancs et Noirs, aboli en 1979) : Africains 181 940 km^2 dont *Tribal Trust Land* (maintenu) 162 240 km^2 ; Blancs 181 596 km^2 dont *General Land* 156 297 km^2 ; terres nationales 26 708 km^2. *Land Act 1992* sur nouveau partage des terres.

■ **Commerce** (en milliards de $). **Export./import. :** *1995 :* 2,1/2,7 ; *96 :* 2,4/2,8 ; *98 :* 1,86/2,7.

■ **Rang dans le monde** (en 1999). 13e diamants. 15e nickel. 16e or. 17e thé. 20e charbon. 22e coton. 24e cuivre, phosphates. 26e canne à sucre, fer.

Devises de quelques pays

Afghanistan : Dieu, Roi, Patrie (avant 1980).
Afrique du Sud : Ex Unitate Vires (L'union fait la force).
Albanie : Prolétaires de tous les pays, unissez-vous.
Algérie : La révolution par le peuple et pour le peuple.
Allemagne : Einigkeit und Recht und Freiheit (Unité, Droit et Liberté).
Andorre : Virtus Unita Fortior (L'union fait la force). *Sur blason :* Touche-moi si tu oses.
Antilles néerlandaises : A Libertate Unanimus (D'accord sur la liberté).
Arabie saoudite : Il n'y a de dieu qu'Allah, Mohammed est son prophète.
Autriche : *ancienne devise des Habsbourg :* A.E.I.O.U. [Austriae est imperare orbi universo (latin), et Alles Erdreich ist Oesterreich untertan (allemand) : La souveraineté universelle revient à l'Autriche]. *Plus de devise actuellement.*
Bahamas : Expulsis piratis restituta commercia (Les pirates chassés, le commerce restauré). Onward, Upward, Forward Together (Maintenir, croître et progresser ensemble). It's better in the Bahamas (C'est meilleur aux Bahamas).
Barbades : Pride and Industry (Fierté et Travail).
Belgique : L'union fait la force.
Bélize : Sub Umbra Floreo (Je prospère à l'ombre).
Bénin : Fraternité, Justice, Travail.
Bermudes : Quo fata ferunt (Où que le destin m'entraîne).
Birmanie : Le bonheur se trouve dans une vie harmonieusement disciplinée.
Bolivie : Dieu, Honneur, Patrie.
Botswana : Let there be rain (Que tombent les pluies).
Brésil : Ordem e Progresso (Ordre et Progrès).
Burkina : La Patrie ou la mort ? Nous vaincrons (avant, Hte-Volta : Unité, Travail, Justice).
Burundi : Unité, Travail, Progrès.
Caïmans : Établies par Dieu sur les flots.
Cameroun : Paix, Travail, Patrie.
Canada : A mari usque ad mare (D'un océan à l'autre). *Québec :* Je me souviens (emblème : le lys).
Cap-Vert : Unidade, Trabalho, Progresso (Unité, Travail, Progrès).
Centrafricaine (République) : Unité, Dignité, Travail, et Zo Kwe Zo (Un homme vaut un homme, en sango).
Chili : Por la razón o la fuerza (Par la raison ou la force).
Chine nationaliste (Formose) : Fermeté dans la dignité et dynamisme dans l'indépendance.
Colombie : Libertad y Orden (Liberté et Ordre).
Congo (Rép. populaire du) : Unité, Travail, Progrès.
Côte d'Ivoire : Union, Discipline, Travail.
Cuba : Patria o Muerte, Venceremos (La Patrie ou la mort, nous vaincrons).
Danemark : *pas de devise. Chaque souverain a la sienne. Celle de la reine Margrethe II est :* L'aide de Dieu, l'amour du peuple, la grandeur du Danemark.
Dominicaine (République) : Dios, Patria, Libertad (Dieu, Patrie, Liberté).
Égypte : *avant la révolution :* La justice prime la force ; *à la révolution :* Unité, Discipline, Travail ; *plus tard :* Science et Foi ; *depuis février 1972 :* Silence et Patience, Liberté, Socialisme, Unité.
Équateur : Dieu, Patrie et Liberté.
Espagne : *depuis 19-12-1981 :* Plus ultra (encore au-delà) [des colonnes d'Hercule (celles-ci figurent sur les armoiries nationales)].
États-Unis : *devise du grand sceau :* E pluribus unum (latin) ; Out of many, one (anglais) : Tous ensemble ne font qu'un. *Devise nationale :* In God we trust : En Dieu notre confiance.
Éthiopie : *avril 1974 :* l'Éthiopie tend les mains vers le Seigneur (pour le pays). Lion vainqueur de la tribu de Juda (pour la dynastie). *Depuis 1974 :* Etiopia Tikdem (Éthiopie d'abord).
Falkland : To remain a British colony (Demeurer une colonie britannique).
Fidji : Crains Dieu et honore la reine.
France : Liberté, Égalité, Fraternité. (*État français 1940-44 :* Travail, Famille, Patrie.) *La Réunion :* Florebo quocumque ferrar (Je fleurirai partout où je serai porté).
Gabon : *devise de la République :* Union, Travail, Justice. *Devise du Président :* Dialogue, Tolérance, Paix.
Gambie : Progrès, Paix, Prospérité.
Ghana : Freedom and Justice (Liberté et Justice).
Grande-Bretagne : Dieu et mon droit (en français).
Grèce : Ma force, c'est l'amour de mon peuple. La liberté ou la mort.
Grenade : Clarior e tenebris (La clarté suit les ténèbres).
Guatemala : Liberté – 15 septembre 1821.
Haïti : Liberté, Égalité, Fraternité. L'union fait la force.
Honduras : Libre, Souveraine, Indépendante.
Hongrie : Tout le pouvoir est au peuple.
Inde : La vérité l'emportera.
Indonésie : Bhinneka tunggal ika (Unité dans la diversité).
Iran : Dieu, Roi, Patrie (avant 1980).
Iraq : Une seule nation arabe, avec une mission éternelle. Unité, Liberté, Socialisme.
Islande : La nation est construite sur la loi.
Israël : *devise officieuse :* Résurrection.
Jamaïque : Out of many, one country (Issu de plusieurs ethnies, un seul pays).
Jordanie (Royaume hachémite) : Construisons notre pays, et servons notre nation. Allah, al Watan, al Malik (Dieu, la Patrie, le Roi).
Kenya : Harambee (En avant tous ensemble).
Koweït : *pas de devise. Emblème :* faucon dont les ailes déployées encerclent un boutre koweïtien.
Lesotho : Khotso Pula, Nala.
Liban : *pas de devise, un emblème :* le cèdre. *Devise du Chef de l'État :* Ma Patrie a toujours raison.
Libéria : The love of liberty brought us here (L'amour de la liberté nous amena ici).
Libye : Liberté, Socialisme, Unité.
Liechtenstein : Dieu, Prince, Patrie.
Luxembourg : *devise du Grand-Duc :* Je sers. *Devise nationale depuis 1867 :* Mir wellen bleiven wat mir sin (Nous voulons rester ce que nous sommes).
Macao : Cité du nom de Dieu, il n'y en a pas de plus loyale.
Madagascar : Liberté, Patrie, Progrès.
Malaisie : Unity is strength (L'unité fait la force).
Malawi : Unity and Freedom (Unité et Liberté).
Mali : Un peuple, un but, une foi.
Malte : Virtute et Constantia (Par le courage et la constance).
Maroc : Dieu, la Patrie, le Roi.
Maurice : Étoile et clé de l'océan Indien.
Mauritanie : Honneur, Fraternité, Justice.
Mexique : *devise du Chef de l'État :* Arriba y adelante (Plus haut et plus loin).
Monaco : *devise des princes :* Deo juvante (Avec l'aide de Dieu).
Myanmar : voir Birmanie.
Népal : La vérité prévaudra toujours. Il est doux et honorable de mourir pour la patrie.
Nicaragua : Dios, Patria y Honor (Dieu, Patrie et Honneur).
Niger : Fraternité, Travail, Progrès.
Nigéria : Unity and Faith (Unité et Loyauté).
Norvège : Devise du roi : Allt for Norge (Tout pour la Norvège).
Nouvelle-Zélande : Onward (Toujours droit).
Ouganda : For God and my Country (Pour Dieu et mon pays).
Pakistan : Ittehad, Yaquin-i-Mukham, Tanzim (Unité, Foi, Discipline).
Panama : Pro Mundi Beneficio (Pour le plus grand bien du monde entier).
Paraguay : Paz y Progreso (Paix et Progrès).
Pays-Bas : Je maintiendrai.
Pérou : Firme y feliz por la Unión (Stable et heureux grâce à l'union de tous).
Portugal : O Bem da Nação (Le bien de la nation).
Rwanda : Liberté, Coopération, Progrès.
Saint-Marin : Libertas (Liberté).
Salvador (El) : Dios, Union y Libertad (Dieu, Union et Liberté).

☞ Suite voir Table des matières.

ENSEIGNEMENT

☞ Pour connaître la sélection **Quid** des meilleurs sites Internet sur l'enseignement, rendez-vous sur **www.quid.fr**

DANS LE MONDE

☞ *Abréviations :* cy. : cycle ; enseign. : enseignement ; établ. : établissement ; sup. : supérieur.

☞ Dépenses éducatives dans le monde : 2 000 milliards de $ (soit 5 % du PIB).

■ **Analphabétisme. Définitions. De l'Unesco :** *illettré* (ou *analphabète*) : personne incapable de lire et d'écrire, en le comprenant, un exposé simple et bref de faits en rapport avec sa vie quotidienne ; du **groupe permanent de lutte contre l'illettrisme (GPLI) :** *illettrisme :* situation de personnes qui ont été scolarisées, mais qui ne maîtrisent pas suffisamment l'écrit pour faire face aux exigences minimales requises dans la vie professionnelle, sociale, culturelle et personnelle. *Analphabétisme :* situation de personnes qui n'ont jamais eu l'occasion d'apprendre un code écrit dans aucune langue.

Pourcentage d'analphabètes chez les plus de 15 ans et, entre parenthèses, **en millions. Dans le monde :** *vers 1950 :* 44 % ; *70 :* 32 (780) ; *80 :* 30,5 (877) ; *90 :* 24,7 (885) ; *95 :* 22,6 (885) dont Afrique 43,8 (179), Asie 27,7 (651), Amérique 8,3 (45), Océanie 5,2 (1,1), Europe 1,5 (9) ; *2000 (est.) :* (880). **Par pays** (est. 2000) : Afghanistan hommes 49/femmes 79,2. Algérie 24,9/48,7, Argentine 3,1, Bangladesh 48,3/70,5, Brésil 14,9/14,6, Burkina-Faso 66,8/86,9, Canada 3,4 [1], Chine 7,7/22,6, Colombie 8,2, Congo 12,5/25,6, Égypte 33,4/56,3, Espagne 1,4/3,2, Gabon 20,2/37,8, Grèce 1,4/4, Guinée 44,9/73, Haïti 49/53,5, Inde 31,4/57,5, Indonésie 8,1/17,9, Iran 16,3/30, Italie 1,1/1,9, Libéria 30,1/63,2, Maroc 38,1/63, Mexique 6,9/10,9, Mozambique 40,1/71,6, Niger 76,5/91,7, Ouganda 22,3/42,9, Pakistan 42,4/72,2, Pérou 5,3/14,6, Portugal 5,2/10, Sénégal 52,8/72,4, Somalie 33,1/59,2, Soudan 31,7/54, Syrie 11,7/39,6, Tchad 37,9/65,3 [1], Thaïlande 2,8/6, Tunisie 18,6/39,9, Turquie 6,4/23,3, USA 5 à 25 [1] (20 % des adultes seraient incapables de lire et écrire correctement, 40 % des jeunes de 17 ans seraient incapables de comprendre le sens des phrases simples de la vie quotidienne), ex-Yougoslavie 2,4/10,8 [1].

Nota. – (1) est. 1995.

Pourcentage des 16 à 65 ans éprouvant des difficultés à lire et à comprendre des textes de la vie quotidienne (enquête OCDE, 1995) : Suède 7,5 ; Pays-Bas 10,5 ; Allemagne 14,4 ; Canada 16,6 ; USA 20,7 ; *France 40,1 ;* Pologne 42,6.

☞ **France. Tests réalisés lors des journées d'appel de préparation à la défense (JAPD).** Étude sur 21 750 jeunes, d'environ 17 ans, aux sessions de juin 2000. 9,3 % ont de graves difficultés de lecture (garçons 11,5 %, filles 7,1 %) dont 5 % sont dans une situation qui peut déboucher sur l'illettrisme. 22,4 % de ceux ayant un niveau d'études primaires, de collège ont buté sur la compréhension d'un texte narratif de 607 mots. % de jeunes en difficulté (jeunes non diplômés en filières professionnelles avant CAP et BEP) 16,7 %, du BEP au bac pro 7,1 % et jeunes au lycée ou en études supérieures 4,2 %.

Niveau des élèves entrant en 6e. Compétences en lecture (en %, sept. 1996) : maîtrisant les compétences approfondies (retrouver des informations simples contenues de manière non explicite dans un texte) ou remarquables (comprendre un texte en mettant en relation les informations qu'il contient) 46,7, les compétences de base (reconnaître des mots courants, déchiffrer les mots inconnus et comprendre un texte simple) 39,7, ne maîtrisant pas les compétences de base 13,6.

■ **Limites de l'âge scolaire obligatoire.** Afr. du Sud 6-14 ; Algérie 6-15 ; Allemagne 6-18 ; Argentine 5-14 ; Bahreïn 6-15 ; Belgique 6-18 (16 à 18 : temps partiel) ; Brésil 7-14 ; Cameroun 6-12 ; Canada 6-16 ; Chine 7-15 ; Comores 7-16 ; Congo 6-16 ; Danemark 7-16 ; Espagne 6-16 ; Finlande 7-16 ; *France 6-16 ;* G.-B. 5-16 ; Grèce 6-15 (16 si non diplômé ens. secondaire 1er cy.) ; Inde 6-14 ; Irlande 6-15 ; Israël 5-15 ; Italie 6-14 ; Japon 6-15 ; Luxembourg 6-15 ; Mali 7-16 ; Népal 6-11 (école anglaise) ; P.-Bas 5-18 ; Portugal 6-15 (15 pour élèves scolarisés depuis 1987/88) ; Russie 6-15 ; Suède 7-15 ; Togo 6-12 ; Tunisie 6-16 ; USA 6-16.

■ **Personnel enseignant et,** entre parenthèses, **effectifs scolaires dans le monde** (en millions). *1980 :* 38,3 (857) ; *85 :* 42,2 (918,9) ; *90 :* 47,1 (980,5) ; *95 :* 52 (1 103,8) ; *97 :* 54,1 (1 154,7) dont Afrique 4,8 (138,7), Amérique 10,5 (191,5), Asie 28,3 (679,4), Europe 10,1 (137,6), Océanie 0,5 (7,5).

■ **Pourcentage des dépenses éducatives publiques par rapport au PIB** (en 1997). Monde : 4,8 ; pays développés : 5,1 ; en développement : 3,9 ; les moins développés : 2.

■ **% des dépenses éducatives en faveur de l'enseignement privé par rapport aux dépenses totales** (en 1998). Corée du Sud 40, Grèce 29, USA 25, Japon 24, Australie 19, Espagne 17, Canada 11, Autriche 7, Belgique 7, *France 6,* Danemark 5, Italie 3, Suède 2.

■ **Vacances scolaires** (nombre de jours de classe et, entre parenthèses, de vacances). **Allemagne :** 200/226, début de l'année scolaire le 1-9. [dates et longueur variables suivant États]. **Autriche :** enseignement scolaire 14,5 semaines (été 9 sem.), universitaire 16 sem. (été 12 sem.). **Belgique :** 182 (78 : été 2 mois, Noël 2 sem., Pâques 2 sem., 1er trimestre : 6 j, 2e : 5 j, 3e : 4 j). **Danemark :** 200 (été 45 j, automne 1 sem., Noël 1 sem., Pâques 1 sem. et j de fête). **Espagne :** *1er degré* 185, *2e degré* 170, début de l'année scolaire le 15-9. (Noël 2 sem., Pâques 10 j, été 8 sem.). **Finlande :** hiver 2 sem., été 10 sem. **France :** voir p. 1318 b. **Grèce :** ens. scolaire 175, universitaire 115. **Israël :** ens. élémentaire 1-7/31-8 ; secondaire 21-6/31-8 et 5 ou 6 sem. selon religions. **Italie :** 200/210, début de l'année scolaire le 1-9 ; universitaire 1-11. (été 2 mois, Noël 15 j, Pâques 5, fêtes religieuses 19). **Japon :** 240 (été 45 j). **Luxembourg :** 216. **Maroc :** 1er trimestre : 16 j, 2e : 15 j, 3e : 2 j, été 2 mois 1/2. **P.-Bas :** *1er degré* 200 soit 5 j/sem. à 240 soit 6 j/sem., *2e degré* 195. **Portugal :** *1er degré* 175 soit 5 j/sem., 208 soit 6 j/sem. *2e degré* 164. **Royaume-Uni :** *Angleterre, Pays de Galles, Irlande du Nord* 190 à 200 (et 10 j éventuels), *Écosse* 190, début de l'année scolaire en sept. (Noël 3 sem., Pâques 2 sem., été 6 sem.). **Tunisie :** 210 (30-6/15-9, nov. 8 j, déc. 14 j, mars 15 j). **USA :** 173 (été 3 mois).

■ **Effectifs totaux des enseignements primaire, secondaire et supérieur** (monde entier, en millions). *1950 :* 252,5 (dont supérieur 6,5) ; *60 :* 433,1 (12,1) ; *70 :* 608,1 (28,1) ; *80 :* 857 (51) ; *90 :* 980,6 (68,6) ; *97 :* 1 154 (88,2).

■ **Scolarisation dans l'enseignement supérieur. Taux d'inscription brut d'étudiants, quel que soit leur âge** (en % de la population d'âge universitaire, les 5 années suivant l'âge de la fin de la scolarité secondaire, en 1996) : *France 51.* Italie 47. Argentine 36 [2]. Égypte 20 [1]. Iran 16,6. Brésil 15. Tunisie 14. Inde 7. Chine 6. Côte d'Ivoire 6.

Nota. – (1) 1995. (2) 1994.

■ **Diplômes obtenus par la population active, Baccalauréat et,** entre parenthèses, **enseignement supérieur/supérieur avec recherche** (en %, 25,34 ans). Allemagne 88 (22/14), Australie 64 (28/19), Autriche 84 (12/7), Belgique 73 (34/16), Canada 87 (46/23), Corée 92 (34/65), Danemark 85 (27/7), Espagne 53 (32/21), Finlande 84 (36/14), *France 75 (30/15),* G.-B. 63 (26/17), Grèce 66 (22/15), Irlande 67 (29/16), Islande 61 (24/19), Italie 55 (9/9), Japon 93 (45/23), Norvège 93 (30/27), Nlle-Zélande 79 (26/16), P.-Bas 74 (27/27), Portugal 29 (11/8), Suède 87 (31/10), Suisse 88 (25/16), USA 88 (36/27).

ENSEIGNANTS DANS LE MONDE 1996-97 (en milliers) DONT FEMMES (entre parenthèses, en %)

En 1996-97	Préscolaire	1er degré	2e degré	3e degré
Algérie	1,3 (88)	171,0 (45)	151,9 (45)	19,9 (n.c.)
Allemagne	116,7 (97)	224,5 (81)	542,4 (49)	275,0 (29)
Argentine	76,2 (96)	309,1 (89)	125,2 (66)	70,7 (46)
Autriche	13,4 (98)	31,3 (84)	79,8 (56)	26,4 (27)
Belgique [3]	24,2 (99)	60,7 (72)	127,0 (53)	32,9 (36)
Brésil	299,9 (n.c.)	1 413,6 (85)	352,9 (n.c.)	164,1 (38)
Canada [1]	12,9 (67)	148,6 (67)	133,3 (67)	176,8 (34)
Égypte	12,1 (99)	310,1 (52)	259,6 (41)	38,8 (30)
Espagne [1]	57,0 (95)	162,1 (66)	270,9 (52)	88,2 (32)
France	*106,6 (81)*	*211,2 (79)*	*483,5 (59)*	*141,4 (34)*
Grande-Bretagne	15,6 (100)	283,5 (81)	464,1 (55)	89,2 (30)
Italie [1]	114,2 (99)	251,8 (94)	461,8 (64)	70,3 (29)
Maroc	39,5 (34)	114,4 (38)	84,2 (32)	13,2 (n.c.)
Pays-Bas [3]	24,9 (74)	84,9 (60)	69,0 (29)	48,2 (24)
Pologne [1]	73,9 (98)	325,6 (81)	121,3 (n.c.)	75,4 (35)
Russie [3]	646,0 (n.c.)	395,0 (98)	1 070,0 (79)	382,9 (n.c.)
Suisse [5]	10,2 (99)	38,5 (69)	n.c. (n.c.)	7,7 (14)
Tunisie	2,2 (n.c.)	59,7 (49)	36,5 (44)	6,6 (27)
USA [1]	307,8 (95)	1 499,7 (86)	1 394,0 (56)	915,2 (39)

Nota. – (1) 1995-96. (2) 1994-95. (3) 1993-94.

ÉTUDIANTS A L'ÉTRANGER

■ **Étudiants étrangers inscrits dans chaque pays et % du total des étudiants** en 1996/97. USA [1] 453 785 (3,2). G.-B. 198 839 (10,5). Allemagne 165 977 (7,8). *France [1] 138 191.* Australie 102 284 (9,8). Russie [2] 73 172 (1,6). Japon [2] 53 511 (1,4). Belgique [2] 34 966 (9,9). Autriche 27 172. Italie 24 858 (1,3). Suisse 24 093 (16,3). Chine [2] 22 755. Espagne [2] 21 403 (1,4). Ukraine [2] 18 302 (1,2). Liban [1] 18 253 (22,4). Turquie [2] 14 719 (1,3). Roumanie 14 181 (4). Argentine [2] 12 678. Afr. du Sud [2] 12 625 (2). Suède 12 189 (4,4). Syrie 11 790 (7,1). Norvège [1] 11 225 (6,2). Jordanie [1] 10 991. Danemark [1] 8 982 (5,1). Bulgarie 8 496 (3,2). Tadjikistan 6 726 (8,8). Centrafrique [1] 6 726. Nlle-Zélande 6 415 (3,8). Hongrie [2] 6 399 (5,4). Portugal [2] 6 140 (2). Irlande 5 975 (4,4). Arabie S. 5 361 (2,1). Pologne [1] 5 202 (0,7). Philippines [1] 4 864 (0,2). Cuba 4 243 (3,8). Bahreïn [1] 3 986. Rép. Tchèque 3 901 (1,9). Finlande 3 829 (1,7). Biélorussie [1] 3 714. Maroc [2] 3 617. Kazakhstan [1] 2 928 (0,7). Tunisie 2 861 (2,3). Koweït [1] 2 694 (9,4). Émirats arabes unis 1 584 (9,8). Qatar 1 360 (16). Macao 1 224 (16,4). Moldavie 1 187 (1,3). Ex-Youg. 1 180 (0,7). Indonésie [1] 1 147 (0). Arménie [1] 869 (2,2). Lettonie 850 (1,5). Algérie [1] 740. Croatie 725 (0,8). Panamá [2] 708 (1). Madagascar 678 (2,5). Iran 622 (0,1).

Nota. – (1) 1995/96. (2) 1994/95.

EN FRANCE

☞ **Durée moyenne des études :** *1998 :* 19 ans. Les jeunes sortis de formation en 1995, 96 et 97 sont âgés en moyenne de 21,6 ans (*1990 :* 20,7 ; *1975 :* 18,6).

Source : Ministère de l'Éducation nationale.

QUELQUES DATES

■ **Époque gallo-romaine. 3 cycles.** *7-12 ans :* sous la direction du maître d'école (*magister ludi*), on apprend à lire et à compter. *12-15 ans :* auprès du grammairien *(grammaticus),* étude de la langue, explication de texte. Prose : œuvres de Cicéron et Salluste. Poésie : Horace, Virgile, Ovide, Térence. *Enseignement supérieur :* art oratoire enseigné par le rhéteur. Les campagnes n'ont pas d'écoles et la population est illettrée. Dans les familles riches, précepteurs. Universités célèbres : Autun, Marseille et Bordeaux.

■ **Fin du Moyen Age et Ancien Régime** (surtout dans les villes marchandes). Naissance de la scolarisation. *« Petites écoles »,* apprenant à lire, écrire, compter en langue vernaculaire, tenues par des « régents », souvent mixtes malgré l'interdiction de l'Église ; *écoles pratiques,* formant au métier d'écrivain public ; *manécanteries,* éducation vocale, apprentissage de la lecture et de l'écriture ; *écoles « techniques »* (ou empiriques), organisées par des particuliers, artisans, etc. **XVIe s.** à partir du concile de Trente, *écoles de charité* destinées aux pauvres dans certaines paroisses urbaines. **XVIe et XVIIe s.** essor de l'école urbaine et rurale, création des *écoles religieuses* tenues par les curés, des *collèges* tenus par les congrégations. Jusqu'à la révocation de l'édit de Nantes (1685), les protestants ont des établissements scolaires et universitaires (académies) qui échappent au contrôle de l'Église.

■ **1791**-*3* et *14-9 lois* supprimant les congrégations : les enseignants sont autorisés à faire la classe à titre personnel (en touchant une pension de l'État). **1792**-*12-12 décret.* **1793**-*15-9* et *21-10 décrets :* grandes lignes des 3 degrés (primaire, secondaire, supérieur) ; *décret Lakanal* (Joseph, 1762-1845) : « l'enseign. est libre [...] tout citoyen a le droit d'ouvrir une école et d'enseigner [...] muni d'un certificat de civisme et de bonnes mœurs. » **1795**-*août* la Constitution du Directoire reconnaît la liberté d'enseigner. **Jusqu'au XIXe s.** alphabétisation au nord d'une ligne Saint-Malo-Genève (en Normandie, 80 à 90 % des hommes, 75 % des femmes savent écrire leur nom) ; au sud, la majorité ne sait ni lire ni écrire.

■ **1802**-*1-5 loi du 11 floréal an X.* **1808**-*17-3 décret* créant l'Université nouvelle (d'État). La France est divisée en académies. Le primaire reste aux mains de l'Église, le secondaire et le supérieur passent sous le contrôle de l'État. Des collèges secondaires privés existent à côté des lycées d'État. **1816**-*29-12 loi* obligeant les communes à pourvoir à l'enseignement primaire. **1824**-*8-4* une ordonnance met en place un support juridique pour les établissements privés, qui place l'enseign. primaire sous la responsabilité des évêques et des congrégations. **1833**-*28-6 loi Guizot :* crée aux chefs-lieux d'arrondissements une école primaire sup. ; aux chefs-lieux de départements une école normale d'instituteurs. **1836** *Friedrich Fröbel* (1782-1852) crée à Blankenburg (Thuringe) un *Kindergarten* (jardin d'enfants) pour orphelins de 1 à 6 ans. **1850**-*15-3 loi Falloux* (Alfred-Frédéric, Cte de, 7-5-1811/6-1-86) : affirme la liberté de l'enseign. ; oblige les communes de 800 hab. et plus à entretenir une école primaire de filles ; l'Église a encore un droit de regard. Les établ. congréganistes se développent. Il y a dans chaque département une académie. **1854**-*14-3* loi reconstitue les grandes circonscriptions académiques. **1865**-*21-6* loi organise l'enseignement secondaire spécial, à durée réduite. **1867**-*30-10 Victor Duruy* (1811-94) étend cette obligation aux communes de 500 hab. et crée des cours publics pour jeunes filles. **1875**-*12-7* loi : *liberté étendue* à l'enseign. sup., les élèves des facultés libres peuvent, pour la collation des grades, se présenter devant les facultés de l'État ou devant un jury mixte. A partir de *mai 1877,* les républicains combattent l'Église et l'éducation religieuse. **1879**-*9-8 loi* obligeant les départements à entretenir une école normale d'institutrices. **1880**-*18-3* l'État reprend le droit exclusif de conférer les grades. *-21-12 loi Camille Sée* (1847-1919) : organise l'enseign. secondaire féminin. **1881**-*16-6* loi : enseignement primaire gratuit. **1882**-*28-3 loi Jules Ferry* (5-4-1832/17-3-93) : instruction primaire obligatoire de 7 à 13 ans, l'école publique devenant neutre et gratuite ; l'instruction morale et civique remplace l'enseign. religieux ; la religion pourra être enseignée le jeudi, mais en dehors de l'école. L'enseign. religieux reste un droit des élèves et des familles, à condition qu'il soit organisé en dehors des heures de classe et des édifices scolaires. Charge des commissions municipales scolaires de contrôler l'assiduité. **1886**-*30-10 loi René Goblet* (1828-1905) : laïcise le personnel enseignant dans les écoles laïques (laïcisation achevée en 1897, mais il y a encore 7 000 religieuses dans les écoles publiques en 1901) et décide de l'organisation de l'enseign. primaire. **1889**-*18-7* les instituteurs deviennent des fonctionnaires d'État. **1890**-*8-8* enseign. secondaire moderne créé.

■ **1902**-*27-6 décret* ordonnant la fermeture des 120 écoles congrégationistes ouvertes, après la loi du 1-7-1901 sur les associations, sans avoir demandé une autorisation législative. *-15-7* circulaire ministérielle ordonnant la fermeture de 2 500 écoles tenues par des religieux et des sœurs en situation irrégulière pour n'avoir pas sollicité l'autorisation législative ou pour avoir ouvert après la promulgation de la loi du 1-7-1901. Troubles graves dans le Finistère. **1904** *interdiction des congrégations enseignantes* (en 1912, on ne comptera plus que 27 écoles congréganistes, contre 13 000 en 1880). **1905** *séparation* de l'Église et de l'État. **1907** *Maria Montessori* (1870-1952) chargée à Rome de la *Casa dei bambini.* **1912**-*10-5 arrêt Bouteyre* du Conseil d'État. Les ecclésiastiques sont exclus de l'enseign. public. **1919**-*25-7 loi Astier* sur l'enseign. technique. **1924**-*25-3* arrêté du ministre de l'Instruction publique assimilant l'enseign. secondaire féminin au masculin. **1925**-*13-5* décret prévoit 3 sections en supprimant la section latin-langues : latin-grec (A), latin-sciences (A'), langues-sciences (B). **1930**-*12-3* gratuité en 6e (étendue à tout le secondaire en 1930-32). *-5-4* ouverture du 1er jardin d'enfants à Paris, place du Cardinal-Amette. **1931**-*10-3* la Chambre des députés vote à l'unanimité des 414 votants l'article 50 de la loi de finances du 31-3 accordant la gratuité de l'enseignement secondaire public (classe de 5e), « sous réserve du maintien de la liberté de l'enseign. qui est l'une des lois fondamentales de la République ». Le Conseil constitutionnel s'est récemment référé à ce vote pour affirmer le principe constitutionnel de la liberté de l'enseignement. Les votants avaient refusé des dégrèvements fiscaux compensateurs pour les familles confiant leurs enfants à l'enseignement privé (438 députés contre les dégrèvements et 121 pour). **1936**-*9-8 réforme de Jean Zay* (6-8-1904/21-6-1944) : réorganisation du 1er degré pour que les plus doués puissent passer dans le 2d degré, puis le supérieur ; prolongation de la scolarité de 1 an. **1941**-*2-11 loi du gouvernement de Vichy* accordant des *subventions* aux écoles privées. **1945**-*28-3* à *l'Assemblée consultative,* Georges Cogniot, communiste, demande, avant leur suppression définitive, la réduction de ces subventions pour l'année scolaire en cours, Gaston Tessier (CFTC) demandant leur augmentation. *-2-11* loi du 2-11-1941 abrogée par le gouvernement de Gaulle.

■ **1946** *dans la Constitution :* accès égal pour tous à la culture. **1947**-*19-6 rapport de la commission Paul Langevin* (1872/19-12-1946)*-Henri-Wallon* (1879-1962) : prolongation de la scolarité obligatoire par paliers jusqu'à 18 ans ; prise en charge par l'école de la formation professionnelle à partir de 15 ans ; 3 cycles : 6-11 ans primaire, 11-15 ans orientation, 15-18 ans détermination ; supérieur : 2 années d'études préuniversitaires, 2 de licence, grandes écoles ou écoles d'application. Plan non retenu. **1951**-*11-1 loi Deixonne* sur l'enseignement des langues régionales (alsacien, breton, catalan et corse). *-17-6* élections, le « front laïque » devient minoritaire. *-21-9* **loi Marie** étendant le bénéfice des bourses aux élèves de l'enseignement privé votée par 361 voix contre 236 grâce à l'union du centre et de la droite (MRP, RGR, RPF, indépendants, paysans). Les laïques regroupent communistes, socialistes et quelques radicaux ou progressistes. *-28-9 loi Barangé* (Charles, né 1897) créant une allocation scolaire pour les familles quelle que soit l'école choisie, votée par 313 voix contre 255. Les 2 lois donnent lieu à des débats de 10 jours chacun. **1956**-*3/4-6* projet Billières : constitution d'écoles moyennes d'orientation : scolarité de 2 ans, collaboration de maîtres de divers degrés, établissements ni primaires ni secondaires ; abandonné juillet 1957 ; suppression de l'examen d'entrée en 6e. *-29-12* suppression des devoirs à la maison pour le primaire. **1959**-*6-1 réforme Berthoin* (décret) : scolarité obligatoire jusqu'à 16 ans ; cycle d'observation (6e-5e) ; nouvelles dénominations : CET, CEG, lycées, lycées techniques.

■ **1959**-*31-12* **loi Michel Debré** (système des contrats). Après la démission d'André Boulloche, ministre de l'Éducation nationale, la loi, défendue en personne par Michel Debré (Premier ministre), est adoptée par 427 voix contre 71 et 18 abstentions volontaires. L'opposition se réduit aux communistes, socialistes et quelques radicaux (Arthur Conte, Félix Gaillard, Maurice Faure). Les établissements ont le choix entre : **1°) L'intégration à l'enseignement public** (quelques écoles d'entreprise y auront recours). **2e) Le statu quo :** les établissements « hors contrat » ne bénéficient d'aucune aide financière de l'État. **3°) Le « contrat simple » :** l'État rémunère les maîtres, mais ne participe pas aux frais de fonctionnement des écoles ; en contrepartie, l'école s'engage à respecter les normes établies par l'État sur la qualification des maîtres, l'effectif des classes et sur l'organisation générale de l'enseignement. **4°) Le « contrat d'association » :** les maîtres sont payés par l'État, qui participe aussi aux dépenses de fonctionnement ; restent à la charge des familles : investissements et dépenses concernant culte, instruction religieuse, internat et 1/2 pension. Les établissements doivent se conformer aux règles en vigueur dans l'enseignement public (exemple : les horaires).

■ **1960** les partis de gauche donnent leur accord au serment, que le Comité national d'action laïque (Cnal) leur avait demandé de prêter, d'abroger la loi Debré. **1963**-*8-8 décret Fouchet :* porte à 4 ans le cycle d'observation et d'orientation ; 1er cycle du second degré (6e-5e-4e-3e) dans les CES ; après la 3e, cycle long [lycées, 3 voies (littéraire, scientifique ou technique)] ou court (sections industrielle, commerciale et administrative, donne CAP ou BEP). **1967** Fernand Oury (1920-98) publie avec Aïda Vasquez (psychologue vénézuélienne) : *Vers une pédagogie institutionnelle.* Combinant les principes de Freinet et la psychanalyse, il créé un système coopératif d'éducation qui doit inscrire le sujet, au travers du groupe, dans l'ordre institutionnel. **1969** *circulaire* du ministère de l'Éducation nationale : suppression des classes du samedi après-midi.

■ **1971**-*1-7* loi facilitant notamment la transformation des contrats simples en contrats d'association, votée par 376 voix contre 92. *Principaux opposants :* Gaston Defferre, Michel Rocard, François Mitterrand, Roland Leroy. Certains réformateurs se prononcent contre le texte (Jean-Jacques Servan-Schreiber) et d'autres pour (Pierre Sudreau, Michel Durafour). **1972** *arrêté* reportant au mercredi le repos du jeudi.

■ **1975**-*11-7* **loi Haby.** *Extension du réseau des classes maternelles :* en 1980, 100 % des 4/6 ans sont accueillis. Abandon de tout redoublement du cours préparatoire. *Tronc commun de formation (collège unique) :* du cours préparatoire à la 3e. Disparition des 3e aménagées. Les enfants qui connaissent des difficultés graves sont accueillis dans des *SES (Sections d'éducation spécialisée). Actions de soutien :* les maîtres doivent prêter une attention particulière aux élèves en difficulté dans 3 matières essentielles (français, maths, langue vivante). *Activités d'approfondissement :* travaux variés accomplis par les enfants sous le contrôle des professeurs. *Gratuité de l'enseignement :* prêt à tous les élèves des collèges de tous les manuels scolaires (réalisé *1977-78* pour 6e, *78-79* 5e, *79-80* 4e, *80-81* 3e, *81-82* 2e, *82-83* 1re) ; prise en charge progressive du ramassage scolaire par État et collectivités locales.

Grands principes

■ **Liberté de l'enseignement.** Permet la coexistence d'un système public d'enseignement et d'établissements privés pouvant bénéficier de l'aide de l'État et soumis à un contrôle. **Enseignement primaire :** pour ouvrir une école, il suffit d'être français, majeur et titulaire d'un diplôme de fin d'études secondaires, et d'en faire une déclaration au maire de la commune (loi du 30-10-1886). **Secondaire :** il faut être bachelier et licencié et adresser la déclaration à l'inspecteur d'Académie. **Supérieur :** une déclaration de 3 futurs administrateurs de l'établissement doit être adressée au recteur ou à l'inspecteur d'Académie. Tout citoyen âgé de 25 ans ou toute association peut ouvrir un cours d'enseignement supérieur, mais l'établissement ne peut porter le titre de « faculté libre » que s'il compte autant de professeurs pourvus du grade de docteur que la faculté d'État qui compte le moins de chaires.

■ **Instruction obligatoire de 6 à 16 ans.** Les parents qui le souhaitent peuvent faire donner à leurs enfants un enseignement par des professeurs particuliers. Un contrôle est exercé par le maire et la commission municipale scolaire. Les parents qui ne s'y soumettraient pas risqueraient de perdre leurs droits civils et civiques et d'être déchus de l'autorité parentale (loi du 22-5-1946).

■ **Laïcité.** L'enseignement public est neutre en matière de religion, de philosophie, de politique : loi du 28-3-1882 (préambule de la Constitution de 1946 repris dans la Constitution de 1958 qui s'y réfère). *L'école publique est non confessionnelle :* les *personnels* pédagogiques (directeurs, surveillants, enseignants) des écoles primaires et secondaires sont des laïques (loi du 28-3-1882, loi du 30-10-1886, Conseil d'État du 10-5-1912). L'enseignement supérieur est ouvert aux ecclésiastiques. L'*enseignement donné est areligieux :* la loi du 28-3-1882 affirme la laïcité des programmes, dans lesquels l'instruction morale religieuse est supprimée au profit de l'instruction civique. *L'école publique est neutre :* l'enseignement doit respecter les religions (impartialité stricte) ; une journée de congé est octroyée dans les écoles primaires publiques (loi du 28-3-1882) pour que les parents puissent, s'ils le souhaitent, assurer une instruction religieuse. D'autres textes ont complété ces dispositions, en permettant la préparation de la 1re communion et en autorisant la création des aumôneries dans les lycées et collèges (loi du 9-12-1905). Les élèves doivent respecter une certaine neutralité. Le Conseil d'État a rappelé que, si le port par les élèves de signes (exemple : foulards) par lesquels ils manifestent leur appartenance à une religion n'est pas incompatible avec le principe de la laïcité, cette liberté ne permet pas aux élèves d'arborer des insignes d'appartenance religieuse qui constitueraient un acte de pression, de provocation, de prosélytisme ou de propagande (Conseil d'État 27-11-1989). Il estime illégal un règlement intérieur de collège interdisant le port de tout signe distinctif, vestimentaire ou autre, d'ordre religieux, politique ou philosophique (arrêt du 2-11-1992). Si le port de tels signes revêt le « caractère d'un acte de pression, de provocation, de prosélytisme ou de propagande, ou constitue un acte de nature à perturber l'ordre dans l'établissement ou le déroulement des activités d'enseignement », une décision d'exclusion de l'école est légale. Le 14-2-2000, le Conseil d'État a considéré que *« l'exercice de la liberté d'expression et de manifestation de croyances religieuses ne fait pas obstacle à la faculté pour les chefs d'établissement, et le cas échéant les enseignants, d'exiger des élèves le port de tenues compatibles avec le bon déroulement des cours, notamment en gymnastique et en technologie ».* 2 sœurs (dont la mère s'est récemment convertie à l'islam), refusant de retirer leur foulard pendant les cours d'éducation physique et de chimie, ont été expulsées du collège Léo-Larguier à la Grande-Combe (Gard). Depuis la rentrée 1998, elles étaient en salle de permanence pendant ces cours.

☞ En novembre 1994, Hanifa Cherifi (née 1953) fut nommée médiateur de l'Éducation nationale chargée de résoudre les affaires de port du foulard (400 cas de 1994 à 1998).

☞ **Bas-Rhin, Haut-Rhin et Moselle :** annexés par l'Allemagne de 1871 à 1918, ont gardé le statut scolaire remontant à la loi Falloux de 1850. L'enseignement religieux (2 h par semaine) fait partie de l'horaire normal. Il est donné par des instituteurs volontaires. Les enfants peuvent s'en faire dispenser à la demande de leurs parents. 4 confessions sont reconnues : Église catholique, Église réformée d'Alsace et de Lorraine (calviniste), Église de la confession d'Augsbourg (luthérienne) et confession israélite.

☞ D'après un sondage CSA (pour Le Monde et Notre Histoire) réalisé les 28 et 29-6-2000 : 57 % sont pour un enseignement d'histoire des religions, 55 % contre la distribution de menus spéciaux à la cantine en fonction de la religion des élèves, 72 % contre les dispenses de cours les jours de fêtes religieuses (vendredi et samedi).

■ **Gratuité.** Totale pour l'école primaire, partielle dans l'enseignement secondaire (sauf livres) et supérieur (sauf droits d'inscription).

■ **Rôle de l'État** (loi du 18-3-1880). Dans son arrêt du 5-6-1969 (Syndicat autonome du personnel enseignant des facultés de droit et des sciences économiques de l'État, RDP 1969), le Conseil d'État a annulé un arrêté ministériel du secrétariat à l'Éducation nationale qui accordait, dans certaines disciplines littéraires, une équivalence de diplômes nationaux à des étudiants qui avaient accompli avec succès leur scolarité dans des établissements privés. Des examens spéciaux pour les étudiants des établissements privés, avec des jurys composés exclusivement de professeurs de l'enseignement public, furent organisés. **Contrôle sur le fonctionnement des écoles privées. Garantie d'égalité d'accès à l'instruction pour tous les enfants. Collation des grades et diplômes :** examens publics ouverts à tous les élèves.

☞ L'enseignement public relève de l'autorité directe du ministre de l'Éducation nationale qui assure la responsabilité de l'organisation et du contrôle de l'éducation à tous les niveaux. **Exceptions :** *l'enseignement agricole* relève du ministère de l'Agriculture ; divers départements ministériels (ministère de la Défense, de la Justice, de l'Industrie, etc.) assurent la responsabilité d'*établissements spécialisés* et de *grandes écoles ;* le ministère de la Jeunesse et des Sports couvre les activités relevant de l'*éducation populaire,* des *loisirs,* de la *jeunesse,* des *sports.* La loi relative à l'éducation s'applique à tous les *établissements d'enseignement publics et privés sous contrat* (90 % des établissements d'enseignement privés), ainsi qu'aux *établissements d'enseignement français à l'étranger.*

Programmes. **Collèges :** 24 h d'enseign. (6e, 5e) ; 24 h 30 (4e, 3e) ; tronc commun (base de 24 élèves par classe et de 1 h par élève au-dessus de 24 élèves) : français, maths, langue vivante, histoire-géographie, économie, sciences expérimentales, éducation civique, artistique, manuelle et technique, physique et sportive. *A partir de la 4e :* libre choix de 1 ou 2 options : latin, grec, 2e langue vivante, technologie, langue vivante renforcée. **Lycées :** en seconde et 1re, culture générale commune en lettres et maths, sciences humaines (histoire, géographie, initiation à l'étude des faits économiques et sociaux contemporains), sciences expérimentales (physique, chimie, technologie et biologie), langue, activités physiques et sportives ; philosophie en terminale. Gamme étendue d'options. La dernière année est consacrée à l'apprentissage d'un nombre plus restreint de disciplines, choisies par les jeunes eux-mêmes. **Baccalauréat** (voir p. 1312 b).

Formations professionnelles. Menant aux CAP et BEP, dans les lycées d'enseign. professionnel (LEP) qui remplacent les collèges d'enseign. technique (CET). **Éducation spéciale** donnée aux handicapés, dans des structures d'accueil aménagées. Élection de délégués dans chaque classe des collèges et lycées. *Participation* des élèves au fonctionnement de la classe et de l'établissement ; choix d'options complémentaires et de voies de l'orientation. *Coopération entre l'école et les familles.*

Application de la réforme. *1977-78 :* cours préparatoire et classe de 6e ; *1978-79 :* cycle élémentaire 1re année (CE1) et 5e ; *1979-80 :* CE2 et 4e ; *1980-81 :* 1re année du cycle moyen (CM1) et 3e ; *1981-82 :* 2e année (CM2) et 2e ; *1982-83 :* 1re ; *1983-84 :* terminale.

■ **Enseignement privé. 1977**-*28-6* **loi Guermeur** (Guy, né 11-1-1930) votée par 292 voix contre 184, après avoir été présentée à 7 heures du matin, à la fin d'une nuit de débats, et avoir été déclarée irrecevable dans tous ses articles, sauf un, par le bureau de la Commission des finances. *Principaux opposants :* François Mitterrand, Pierre Mauroy, Louis Mermaz, Gaston Defferre, André Chandernagor, Georges Fillioud, Marcel Franceschi, André Labarrère, etc. **1981**-*30-9* Gaston Defferre et Alain Savary demandent aux préfets de ne pas inscrire d'office les crédits municipaux destinés aux écoles primaires privées sous contrat. **1982**-*25-1* début des consultations de Savary, ministre de l'Éducation nationale. *-24-4* l'Unapel réunit 100 000 personnes à Pantin. *-9-5* discours au Bourget de Mauroy devant 250 000 personnes réunies par le Cnal. *-4-8* Savary annonce que la réflexion portera aussi sur l'enseignement public. Mais le Cnal réagit négativement et Savary abandonne cette idée. *-Nov.* et *-déc. :* l'enseignement catholique manifeste à Paris contre le refus d'autoriser l'ouverture d'un centre de formation des maîtres à Amiens. Manifestations aussi à Brest, Nantes, Pontivy, etc., contre des municipalités socialistes hostiles au paiement de crédits. *-20-12* **plan Savary :** prône « l'insertion du secteur privé au sein du service public d'enseignement », à partir de la transformation des écoles libres en EIP (établissements d'intérêt public). Savary propose comme modèle les « groupements d'intérêt public » prévus dans la loi Chevènement sur la recherche et assurant une prédominance de l'État sur l'initiative privée. *Ces propositions annoncent aussi des contraintes : a) la carte scolaire :* « Les types de formation et les enseignements assurés dans les établissements feraient l'objet d'une carte qui serait arrêtée par les autorités académiques, après concertation. Pour bénéficier d'une aide publique, les initiatives privées devraient s'insérer dans cette carte. » *b) La transformation en emplois des crédits* qui assurent leur rétribution dans le cadre des contrats permettrait d'assurer leur intégration sur des emplois et leur affectation aux EIP. **1983**-*10-1* le Comité national de l'enseignement catholique propose de négocier « une harmonisation des rapports État-école privée accompagnée de garanties pour l'autonomie des établissements, la liberté de choix des familles et des personnels, la liberté de constitution d'un projet éducatif ». Savary ouvre une phase de « contacts confidentiels » avec notamment le chanoine Paul Guiberteau (né 14-7-1924), secrétaire général de l'Enseignement catholique, et Pierre Daniel (Pt de l'Unapel). *-21-4* Savary demande, par circulaire aux préfets et aux recteurs, de la rigueur dans l'octroi de l'aide aux écoles privées sous contrat. Il décide d'accorder des moyens « limitatifs », et non plus « évolutifs », à ces écoles. Les nouveaux postes d'enseignants ne dépasseront pas 500 ; l'augmentation du « forfait d'externat » (subventions de l'État au secondaire sous contrat) sera fixée à 6,8 %. Guiberteau conteste les bases de calcul. *-26-6* rassemblement de 20 000 maîtres et directeurs de l'enseignement catholique sur la pelouse de Reuilly (à Vincennes). *-12-7* Savary clôt la phase de contacts confidentiels. *-2-9* Mauroy lance un appel à la titularisation de 15 000 maîtres volontaires. *-23-9* mot d'ordre de grève, pour l'intégration de la FEP-CFDT (Fédération de l'enseignement privé) suivi par 12 500 enseignants (sur 120 000). *-18-10* **nouveau plan Savary**. Le Cnal refuse. L'enseignement catholique accepte de discuter en partie. *-29-12* le Conseil constitutionnel annule les dispositions budgétaires de titularisation. **1984**-*13-1 nouveau plan* reprend les notions d'EIP et de carte scolaire, avance l'idée d'une décentralisation du financement ; dans le cadre des EIP, titularise-fonctionnarise « sur place » des maîtres volontaires rémunérés sur des échelles de titulaires ou auxiliaires. Un contrat de droit public sera offert aux non-volontaires. *-5-2* l'enseignement catholique accepte de discuter sur carte scolaire et décentralisation. Il rejette les visées unificatrices du gouv. à propos de la situation des enseignants et des EIP. Il propose qu'un « groupement public d'intérêt éducatif (GPIE) collecte les fonds publics affectés au fonctionnement de ces établissements (privés associés par contrat au service public) et les répartisse ». Il serait administré par les représentants légaux signataires des contrats de chacun des établissements qu'il regroupe ; 2 personnalités qualifiées désignées par le préfet, selon les cas, ou 2 représentants des municipalités, ou 2 conseillers généraux ou 2 conseillers régionaux. Ces contre-propositions ne sont pas retenues.

☞ Avec le projet Savary (1983-84), qui inscrit le principe de l'aide publique à l'enseignement privé, la gauche abandonne la doctrine qu'elle avait toujours soutenue depuis 1879 : « A école publique, fonds publics ; à école privée, fonds privés. »

Manifestations. Du Comité national d'action laïque (Cnal) : organisée le 25-4-1984, elle ne put rassembler au niveau national les 2 millions de personnes escomptées (environ 16 000 personnes à Marseille, 30 000 à Lille ; à Paris, 600 000 selon le Cnal, 200 000 pour l'AFP, 81 000 à 99 000 pour *Le Matin,* 75 000 pour la préfecture de police). **Du Comité national de l'enseignement catholique : 1984**-*22-1* Bordeaux 70 000 ; *-29-1* Lyon 160 000 ; *-18-2* Rennes 300 000 ; *-25-2* Lille 350 000 ; *-4-3* Versailles 600 000 à 800 000 ; *-24-6* Paris 1 000 000 à 1 400 000 (1 800 000 selon le secrétariat de l'enseignement privé), la plus importante démonstration de masse depuis 1968.

1984-*12-7* **retrait du projet de loi.** *-17-7* Savary démissionne. *-29-8* J.-P. Chevènement (nouveau ministre de l'Éducation nationale) : 1°) affirme les principes du service public, garant de l'intérêt général : mêmes règles budgétaires pour les établissements d'enseignement public et privé (crédits limitatifs pour ceux-ci) ; créations de classes nouvelles conformes aux prévisions des cartes et schémas de formation des départements et régions ; retour aux règles de la loi du 31-12-1959 pour la nomination des maîtres de l'enseignement privé (art. 1 et 4 de la loi Guermeur du 25-11-1974 abrogés) : maîtres nommés en accord avec le chef d'établissement ; possibilité pour l'État de créer des établissements d'enseignement public là où il n'en existe pas (établissements transférés ensuite aux collectivités locales) ; 2°) adapte les rapports entre établissements d'enseignement privé et pouvoirs publics aux règles nouvelles de la décentralisation : accord des communes pour les nouveaux contrats d'association dont la réalisation interviendra sur décision de l'État, et seulement si les conditions prévues pour la conclusion des contrats ne sont plus remplies (maintien des contrats simples) ; dépenses de fonctionnement matériel des éta-

ÉTUDIANTS ET DIPLÔMÉS DANS LE MONDE EN 1996-97

Pays	Effectifs (dont femmes)	% d'étudiants dans chaque domaine d'études dont, entre parenthèses, de femmes						Diplômés (dont femmes)
		Education	Lettres	Sciences sociales	Sciences exactes et naturelles	Sciences médicales	Autres [1]	
Afrique du Sud [3]	468 086 (230 600)	20,7 (63,7)	12,4 (60,9)	44,1 (46,0)	17,7 (29,4)	4,0 (61,2)	0,9 (54,6)	147 391 (79 358)
Albanie	24 257 (13 377)	12,4 (81,6)	21,0 (70,1)	36,2 (46,9)	22,2 (44,7)	7,3 (63,2)	0,9 (24,4)	3 963 (2 106)
Algérie [4]	267 142 (118 368)	0,7 (25,8)	13,4 (65,4)	25,0 (46,7)	49,8 (36,3)	10,0 (49,9)	1,1 (54,9)	32 557 (15 974)
Allemagne	2 131 907 (975 448)	5,8 (71,3)	15,8 (61,4)	30,5 (44,1)	30,7 (22,9)	10,8 (64,5)	6,4 (70,1)	336 473 (153 710)
Argentine [3]	740 545	1,6	11,4	42,2	29,7	13,7	1,4	40 599
Australie	1 041 648 (529 335)	8,2 (70,7)	13,3 (66,6)	32,7 (52,4)	31,6 (28,2)	11,6 (73,8)	2,6 (60,1)	141 478 (80 491)
Autriche	293 172 (136 501)	6,5 (75,1)	15,0 (63,2)	40,9 (48,6)	28,3 (25,6)	8,1 (60,2)	1,2 (16,1)	21 357 (11 106)
Belgique [2]	322 364							59 894
Bangladesh [5]	370 900							69 278
Bénin	14 055 (2 657)	26,6 (20,6)		48,9 (19,9)	18,2 (12,6)	3,7 (24,3)	0,6 (13,2)	933 [9]
Brésil [3]	1 661 034 (907 677)	11,6 (81,2)	9,0 (72,8)	44,0 (51,3)	25,5 (34,0)	9,3 (66,1)	3,7 (64,7)	240 269
Bulgarie	262 757 (161 049)	14,2 (80,3)	8,3 (72,0)	38,9 (65,7)	25,2 (45,7)	7,2 (70,4)	6,2 (28,7)	36 463 (23 538)
Cambodge	10 019 (1 591)	26,4 (20,8)	2,2 (24,4)	28,8 (12,4)	22,6 (11,0)	20,1 (19,0)		790 [6]
Cameroun [6]	33 177							1 804 [10]
Canada [4]	1 763 105							383 946 (197 405)
Chili	380 603 (175 242)	7,8 (78,4)	6,4 (70,8)	37,3 (51,1)	42,6 (29,1)	5,8 (66,7)		41 458 (21 927)
Chine [3]	2 926 935	16,4	6,4	9,4	53,2	8,9	5,6	1 040 135
Colombie	644 188 (334 204)	13,7 (67,1)	3,4 (53,0)	43,2 (56,2)	30,6 (33,5)	9,1 (69,8)		92 219 (51 454)
Congo	13 806 [7]							1 095 [11]
Corée du Sud	2 541 659							387 697
Côte d'Ivoire	51 215 [2]							5 243 [10]
Danemark [4]	174 975 (94 452)	17,5 (75,0)	17,7 (67,7)	23,8 (42,7)	21,0 (29,3)	11,3 (81,2)	8,7 (38,7)	30 243 (15 308)
Égypte [4]	850 051 (352 902)	15,9 (53,9)	19,2 (53,4)	41,2 (35,8)	14,6 (29,4)	7,4 (43,1)	1,7 (27,0)	107 512 (43 829)
Équateur	256 541 [6]							11 722 [8]
Espagne	1 684 445 (890 357)	8,0 (74,7)	9,9 (64,1)	42,2 (57,4)	30,5 (32,9)	7,1 (70,2)	2,3 (56,0)	177 737 (101 310)
Finlande	226 458 (119 653)	9,1 (76,4)	13,5 (70,2)	23,8 (58,6)	37,0 (23,8)	16,2 (83,4)	0,4 (38,2)	28 625 (16 645)
France [4]	*2 091 688 (1 147 202)*	*4,2 (72,8)*	*15,0 (75,2)*	*39,6 (60,4)*	*24,7 (30,9)*	*10,6 (62,9)*	*6,0 (39,0)*	*389 820*
Gabon	4 655 (1 785)	7,9 (22,3)	25,5 (32,6)	47,5 (35,9)		19,2 (58,5)		730 [6]
Ghana	9 609 [6]							2 739 [8]
Grande-Bretagne [3]	1 813 280 (923 878)	9,4 (71,1)	14,9 (60,5)	30,8 (50,2)	28,7 (25,3)	16,2 (77,4)		456 180 (239 913)
Grèce	297 291 [7]							26 581 [2]
Guinée	8 151 (879)	3,6 (9,2)	17,4 (14,1)	21,7 (13,0)	41,9 (6,5)	14,4 (17,0)	1,0	891 [5]
Hongrie [3]	170 147 (88 379)	20,7 (79,5)	11,6 (65,2)	25,9 (50,8)	32,0 (27,6)	7,2 (60,3)	2,7 (60,5)	25 542
Inde	6 060 418 (2 198 559)	3,9 (46,1)	48,8 (41,4)	20,7 (29,3)	24,6 (30,4)	2,0 (35,4)		1 213 387 [8]
Indonésie [4]	2 303 469 (803 577)	17,2 (43,7)	6,4 (42,1)	46,3 (36,8)	28,2 (23,8)	1,9 (48,5)		200 583 (94 151)
Iran [4]	1 048 093 (384 461)	13,5 (48,9)	12,9 (58,3)	20,6 (30,9)	36,2 (21,2)	11,9 (57,9)	4,9 (33,2)	83 385 (26 938)
Irlande	134 566 (69 482)	2,8 (69,4)	17,7 (66,6)	27,0 (57,1)	30,1 (33,9)	5,1 (63,6)	17,4 (52,3)	35 380 (18 259)
Israël	143 180 [7]							15 573 [2]
Italie	1 892 542 (1 021 815)	3,4 (88,9)	15,4 (77,5)	41,9 (54,5)	27,7 (34,5)	8,7 (56,6)	3,0 (59,1)	175 489 (97 906)
Japon [3]	3 917 709 (1 727 199)	7,9 (71,4)	18,1 (71,3)	37,9 (38,9)	22,9 (13,0)	8,1 (65,5)	5,0 (48,2)	1 127 500 (568 212)
Jordanie	112 959 (52 934)	11,7 (64,8)	17,8 (63,7)	31,5 (37,5)	27,2 (35,5)	10,6 (54,1)	1,3 (60,5)	22 395 (11 921)
Kenya [6]	35 421							10 701
Laos	5 016 [7]							1 645 [3]
Liban [4]	81 588 (40 160)	0,6 (38,1)	26,3 (53,6)	51,8 (50,5)	16,7 (36,9)	3,4 (52,5)	1,2 (68,4)	9 653 (4 234)
Libye	72 899 [8]							n.c.
Luxembourg	709 [9]							n.c.
Malaisie	121 412 [6]							28 886 [8]
Mali	6 703 [6]							1 353 [2]
Maroc [3]	250 919 (102 720)	0,1 (30,6)	30,3 (51,2)	37,1 (41,7)	28,8 (28,4)	3,0 (49,3)	0,7 (34,1)	24 501 (9 592)
Mexique	1 612 318 (769 394)	14,2 (63,6)	2,0 (57,6)	40,9 (54,1)	31,1 (28,4)	8,3 (58,0)	3,5 (50,7)	283 553 (115 834)
Nigéria [2]	207 982(n.c.)	14,9 (n.c.)	10,9 (n.c.)	22,4 (n.c.)	41,2 (n.c.)	10,6 (n.c.)		31 322 [6]
Norvège	185 320 (104 224)	16,6 (75,0)	12,1 (63,2)	29,9 (52,8)	18,0 (28,9)	11,2 (78,9)	12,1 (51,7)	52 990 (30 370)
Nlle-Zélande	169 656 (97 223)	12,7 (82,1)	21,1 (62,0)	32,7 (56,2)	20,8 (33,0)	7,6 (78,2)	5,1 (51,4)	34 218 (20 141)
Pakistan	221 313 [8]							93 570 [7]
Pays-Bas	468 970 (226 016)	12,0 (66,5)	8,3 (60,0)	47,9 (50,0)	20,3 (18,7)	10,0 (69,6)	1,5 (35,0)	77 951 (37 748)
Pérou	475 709 [8]							27 428 [8]
Philippines [4]	2 017 972							286 545
Pologne [2]	747 683							134 367
Portugal [4]	319 525 (180 506)	11,8 (79,1)	8,4 (70,2)	40,9 (59,6)	30,8 (37,3)	5,6 (72,0)	2,5 (54,7)	39 116 (25 103)
Roumanie	411 687 (217 605)	1,4 (87,7)	9,4 (65,3)	40,4 (58,0)	31,5 (33,6)	14,4 (73,7)	3,0 (31,5)	70 841 (37 956)
Russie [3]	4 458 363 (2 463 912)	10,2 (87,5)	7,3 (75,3)	22,3 (72,3)	48,5 (34,3)	8,5 (78,5)	3,3 (46,1)	950 488 (560 224)
Sénégal	21 562 [8]							4 917 [5]
Slovaquie	101 764 (51 100)	17,4 (74,3)	8,0 (57,0)	22,5 (55,4)	43,0 (32,9)	8,6 (69,0)	0,5 (31,2)	12 799 (6 855)
Suède	275 217 (153 600)	14,1 (75,4)	15,6 (64,7)	25,9 (57,9)	30,6 (31,0)	13,2 (76,9)	0,5 (76,5)	35 243 (20 530)
Suisse [4]	148 024 (55 746)	5,1 (70,0)	14,2 (57,1)	41,3 (40,2)	31,3 (15,8)	8,1 (54,9)	0,1 (20,3)	37 210 (12 734)
Syrie [3]	196 753 (76 245)	2,4 (53,0)	26,8 (56,9)	28,2 (30,2)	31,0 (31,0)	11,5 (35,4)	0,1 (59,2)	24 202 (10 477)
Tchèque (Rép.)	207 221 (100 315)	16,5 (70,2)	8,0 (57,7)	26,1 (53,8)	34,0 (24,8)	9,8 (67,9)	5,6 (55,0)	30 640 (16 604)
Thaïlande [4]	1 220 481 (n.c.)	8,7 (n.c.)	3,5 (n.c.)	59,7 (n.c.)	20,9 (n.c.)	5,9 (n.c.)	1,3 (n.c.)	130 223 (n.c.)
Tunisie	121 787 (54 278)	1,9 (41,9)	23,6 (61,0)	31,9 (43,7)	26,9 (32,4)	8,4 (55,0)	7,3 (28,5)	11 654 (4 984)
Turquie [3]	1 174 299 (449 771)	9,6 (41,5)	4,9 (47,3)	52,7 (36,7)	22,3 (28,7)	9,7 (63,9)	0,7 (3,3)	124 861 (51 256)
Ukraine [10]	890 192							140 218
USA [4]	13 710 150 [6]							2 454 932 [4] (1 354 800)
Ex-Yougoslavie	172 313 (92 697)	6,0 (71,4)	12,7 (76,3)	28,8 (60,2)	40,7 (37,0)	10,3 (68,3)	1,5 (26,0)	19 050 (10 484)

Nota. – (1) Information et documentation, enseignement ménager, secteur tertiaire, sciences de l'ingénieur, architecture et urbanisme, production industrielle, transports et télécommunications, agriculture, divers. (2) 1993/94. (3) 1994/95. (4) 1995/96. (5) 1989. (6) 1990. (7) 1992. (8) 1991. (9) 1986. (10) 1981. (11) 1988. *Source :* Unesco.

blissements sous contrat d'association : pour les collèges et lycées à la charge des départements et régions (avec compensation par l'État), pour les écoles à la charge des communes (qui peuvent s'en acquitter en nature, retour à la loi Debré) ; concertation entre les représentants élus et les établissements d'enseignement privé : collectivités dans les organes votant le budget, commissions de concertation (représentants des collectivités territoriales et des établissements privés, et personnes choisies par l'État, compétentes pour les conditions d'instruction, de jonction et d'exécution des contrats et l'utilisation des fonds publics). *-29-12 le Conseil constitutionnel* annule pour 1985 la possibilité prévue pour l'État (art. 119 de la loi de finances) de créer exceptionnellement des établ. d'enseign. public et de les transférer ensuite aux collectivités territoriales. **1985**-*18-1* le Conseil constitutionnel supprime l'accord obligatoire des communes pour les nouveaux contrats d'association (classes 1er degré). *-13-3* et *-12-7:* 3 circulaires et 3 décrets précisent la procédure des crédits budgétaires limitatifs (les créations de postes du privé rémunérés par l'État sont calculées proportionnellement à celles de l'enseignement public) et les nouveaux rapports entre municipalités et écoles élémentaires sous contrat avec l'État (accords financiers à l'amiable entre municipalités voisines pour élèves ne résidant pas dans la commune de l'école privée, et pour élèves des cl. maternelles). **1992**-*13-6,* l'État s'engage à payer 1,8 milliard de F à l'enseignement catholique, sur 6 ans (sur les 11 milliards d'arriéré pour le forfait d'internat, de 1982 à 1989). **1993**-*28-6* par 474 voix contre 89, l'Assemblée nationale adopte en 1re lecture l'aménagement de la *loi Falloux* (15-3-1850) en autorisant les collectivités locales à subventionner les investissements des établissements privés sous contrat sans excéder le montant des investissements réalisés dans l'enseign. public. *-15-12* le Sénat modifie l'art. 69 de la loi Falloux et autorise le libre financement des investissements des établissements sous contrat par les collectivités territoriales. **1994**-*4-1* plan de 2,5 milliards pour le public ; F. Mitterrand prend position pour l'école publique (le fera encore les 6 et 15-1) ; *-13-1* le Conseil constitutionnel annule l'art. 2 de la loi du 15-12-1993. *-14-1* le gouvernement renonce à déposer un nouveau texte ; *-16-1* Paris, manifestation pour l'école publique (112 organisations, 260 000 à 1 million de personnes selon les sources) ; *-21-1 loi Bourg-Broc* promulguée (sans textes censurés) ; *-19-4* remise du *rapport Schléret* sur la sécurité dans les établissements scolaires (commission nommée le 4-1 a commencé ses travaux le 22-1) : 339 établissements dont 110 privés non conformes aux normes de sécurité.

☞ Les collectivités territoriales ne peuvent subventionner plus de 10 % des dépenses d'un lycée privé selon la loi Falloux du 15-3-1850, mais la loi Astier du 25-7-1919 autorise les établissements techniques privés à percevoir sans limitation des fonds publics pour leurs dépenses de fonctionnement et d'investissement. Les collectivités ont utilisé ce biais pour financer en fait l'enseignement général, la distinction entre les locaux servant aux cours techniques et ceux servant à l'enseignement général étant difficile à établir à l'intérieur d'un même groupe scolaire.

■ **Réformes (collèges, lycées, enseignement supérieur)** élaborées à partir du constat de rapports sur l'enseignement. *Rapport Schwartz* sur l'enseignement et la recherche scientifique en 1981, *Legrand* sur les collèges du 6-1-1983. *Commission Prost* de nov. 1983. *Propositions du Collège de France* pour l'enseignement de l'avenir (rapport du 27-3-1985). *Plan de rénovation de l'enseignement technique* court.

1983-84. COLLÈGES : 130 collèges volontaires ont expérimenté tout ou partie des propositions du *rapport Legrand,* notamment la structuration des 6e et 5e en groupes de niveau. Élaboration d'un « projet d'établissement » ayant pour objectif l'accueil dans le cycle d'observation, et un effort d'attention aux CPPN (classes préprofessionnelles de niveau) et CPA. Élaboration de projets pédagogiques d'équipe avec autonomie de l'établ. pour le choix des initiatives. Action pédagogique de sensibilisation au tiers-monde (30 établ. volontaires). *Répartition selon les forces :* les classes d'un même niveau, 6e et 5e, sont fondues dans un ensemble de 78 à 104 élèves de toutes forces contenant des divisions de 26 élèves au maximum, soit de même force pour les maths, la langue vivante et 1/3 de l'horaire de français, soit toutes forces confondues pour les autres disciplines. La constitution de ces groupes nécessite 1 mois pour le français et les maths, 3 pour la langue vivante. En 4e et 3e, tronc commun par groupes homogènes avec éventail plus large d'options. *Plus de redoublement :* les capacités ne sont plus évaluées par addition de notes mais par constat d'une progression et de l'atteinte du but pédagogique défini par les programmes scolaires. A la fin de la 4e, il y a un bilan de l'élève avant la 3e qui reste un palier de sélection. Les classes de CPPN et les LEP seront à terme supprimés, les LEP se transformant en lycées d'enseign. général favorisant les passerelles avec l'enseign. long. *Horaires des cours :* allégement à terme (50 min au lieu de 1 h). *Nouvelles matières :* technologies modernes de la 6e à la terminale, heures plus nombreuses pour arts et sports, décloisonnement des disciplines. *Tutorat :* exercé par le tuteur (professeur documentaliste ou conseiller d'éducation) sur 12 à 15 élèves d'une même division pour leur enseigner une méthodologie, leur conseiller une gestion de leur temps, servir d'intermédiaire entre les autres enseignants, et d'interlocuteur auprès des parents. LYCÉES : retour de l'enseignement des sciences naturelles et enseign. obligatoire de la philosophie en terminales F5, G6, F7, F7'. Création d'une 1re G commune avant les bacs G1, G2, G3.

Rentrée 1986. ÉCOLES : priorité donnée à l'accueil des enfants de 3 et 2 ans. COLLÈGES : mise en application des nouveaux programmes en 6e. Mise en place de nouvelles classes de 4e technologiques dans le cadre de la rénovation de la formation au BEP et au CAP. LYCÉES : mise en place du bac professionnel. Option informatique pour toutes les sections de 1re. **Novembre. Projets Monory. Aménagement du second cycle long et du baccalauréat :** *horaire hebdomadaire :* 26 h (au maximum 30 h pour 1res et terminales technologiques) en 10 demi-journées (3 h de cours le matin et 2 h l'après-midi). *Mercredi après-midi :* pas de cours. *Travail personnel :* 3 h par jour en seconde et 5 h en terminale. *Programmes du bac recentrés autour de la culture générale :* en 1re et terminale, 3 ensembles d'enseignements : matière principale (maths, lettres, technologie) 1/3 du temps ; disciplines associées à cette matière 1/3 du temps ; enseign. communs (culture générale et sport) 1/3 du temps surtout l'après-midi. *4 bacs : ès lettres* (lettres-sciences, langues, arts, économie), *ès sciences* (maths-physique, biologie, technologie, économie), *ès techniques industrielles, ès techniques économiques.* **Calendrier :** vacances intermédiaires plutôt courtes (Toussaint : 8 j, février : 10, Pentecôte : 5) ; rentrée plus tardive ; Noël et Pâques inchangées. **Maîtres :** création du statut de *maître directeur* pour renforcer l'autorité des directeurs d'école. Mises à disposition, remplacées par des subventions. Interdiction de distribuer des formulaires d'assurances scolaires. PEGC (professeurs d'enseign. général des collèges) remplacés par des professeurs certifiés (au moins licenciés).

1987. Carte scolaire : assouplie surtout pour l'entrée en 6e, les familles pouvant choisir entre 3 ou 5 établ. *Rétablissement d'un vrai 3e trimestre.* **Orientations** décidées en fin de 5e et de 3e dans l'enseign. privé sous contrat, automatiquement homologuées dans l'enseign. public. **Nouveau brevet** (juin 1987), **1er bac professionnel. Maître directeur d'école** (décret du 2-2-1987) : tout en restant chargé d'une classe, assume des fonctions : **1°)** administratives dans les écoles de plus de 2 classes (gestion des locaux, des emplois du temps...) ; **2°)** pédagogiques (admission des enfants, suivi des élèves) ; **3°)** sociales avec les parents, partenaires sociaux, enfants. *Recrutement :* inscription sur une liste d'aptitude possible après 1 an d'ancienneté et avis de l'inspecteur départemental ; stage de formation de 2 trimestres (en dehors du temps de travail) suivi d'une évaluation ; nomination après période probatoire de 1 an et inspection.

1989. Réforme scolarité préélémentaire et élémentaire.

1993-*7-6* **Réforme François Bayrou** (bac 1995). **Bac général :** 3 séries : L (littérature), ES (sciences économiques et sociales), S (sciences) ; **technologique :** 4 séries : SMS (sciences médico-sociales), STI (sciences et technologies industrielles), STL (sciences et technologies de laboratoire), STT (sciences et technologies tertiaires).

1994-*27-5* **Nouveau contrat pour l'école :** 150 propositions faites par Bayrou à l'issue de la concertation nationale engagée le 27-1. **École préélémentaire :** limitation à 25 des effectifs des classes situées en Zep (zone d'éducation prioritaire) d'ici à 1997. **École élémentaire :** priorité à la maîtrise de la langue. Observatoire de la lecture créé (recherche, évaluation). Rythmes scolaires inchangés (27 h pour les maîtres, 26 pour les élèves) ; aide aux devoirs quotidienne de 30 min assurée par les maîtres en fin de journée. **Collège :** 3 cycles. *6e :* horaires de français et d'éducation physique augmentés, dispositif de consolidation à effectif réduit concentré sur les apprentissages fondamentaux expérimenté dans 300 collèges volontaires. *5e-4e :* option latin proposée à toutes les 5e, 2e langue vivante obligatoire en 4e. *3e :* options sciences expérimentales, grec, technologie. **Lycée :** les options existantes seront accessibles, directement ou par cours régulier à distance (salle multimédia). **Enseignants :** tous consultés sur les nouveaux programmes. Direction des ressources humaines créée dans chaque rectorat. Aucun enseignant ne peut être nommé à un poste difficile sans son accord ; avantages de carrière pour celui qui accepte. **Vie scolaire :** *école du soir* pour adultes dans chaque établissement ; *personne ressource* dans chaque rectorat (interlocuteur des parents) ; *école des parents* dans chaque département pour former des délégués de parents d'élèves ; *contrats d'association à l'école* pour diplômés au chômage, préretraités, étudiants ; *réseaux d'établissements* dans le cadre de bassins de formation pour favoriser l'échange d'expériences et la gestion des ressources humaines. **Formation professionnelle :** ouverture de sections d'apprentissage dans les LEP ou conventions avec les CFA (centres de formation à l'apprentissage) ; passerelles entre formations générales, technologiques et professionnelles.

1995. Nouveau programme école maternelle et élémentaire.

1997-*17-6* Claude Allègre, min. de l'Éducation nationale annonce : « Le ministère ne sera plus cogéré avec les syndicats. Le gouvernement prendra ses responsabilités » ; il désigne le SNES-FSU et dénonce le corporatisme et le conservatisme de ce principal syndicat du 2d degré et de sa secr. générale, Monique Vuaillat ; *-23-6* il souhaite réformer le mouvement national qui organise les changements de postes des enseignants du 2d degré (« dégraisser le mammouth ») ; *-6-7* annonce la création de 40 000 emplois-jeunes (écoles 30 000, collèges 10 000) ; *-3-9* projet de loi réprimant pénalement le bizutage ; *-4-9* Allègre dénonce l'absentéisme des enseignants, estimé à 12 % (6 % selon les études officielles) ; *-9-9* il déclare : « les gens dans la fonction publique ont 1 mois de vacances ; les enseignants en ont 4 et en plus ils prennent leurs congés-formation sur la scolarité. Il faut remettre la responsabilité et la démocratie dans l'enseignement » ; *-10-9* il souhaite que le temps consacré à la formation professionnelle soit pris sur les congés des enseignants. *-Sept.* fonds social pour le paiement des cantines créé (290 millions de F) ; allocation de rentrée scolaire portée à 1 600 F. *-Oct.* circulaire modifiant en milieu scolaire la composition des repas (datant de 1971). *-Nov.* programme d'équipement des établ. d'ordinateurs en réseau Internet. *-9-11* Allègre annonce un colloque sur les études au lycée, confié à Edgar Morin (qui interroge les savants) et à Philippe Peirieu (qui consulte lycéens et enseignants). *-17-12* réforme de l'administration centrale : 11 directions au lieu de 16. **1998**-*8-1* enquête : « Quels savoirs enseigner dans les lycées ? », 4 millions de questionnaires envoyés, 65 % de réponses en avril. **1999**-*23-1* Allègre présente la *Charte pour bâtir l'école du XXIe s.* pour réformer l'école primaire. 3 buts : adapter les programmes et les rythmes scolaires et redéfinir le métier de professeur (septembre, 1 800 écoles élémentaires volontaires expérimenteront le projet). *-Mai* audit sur le collège confié à François Dubet. *-15-9* plan quinquennal des universités du IIIe millénaire (« U3M »).

1998-*15-10 :* 500 000 manif. en France (Strasbourg 8 000, Bordeaux 20 000). *-17-10* manif. : 1 500/2 000 casseurs : 4 blessés dont 2 policiers et 1 lycéen, vitrines brisées, wagons RER saccagés, voitures incendiées. **1999**-*13-9* budget de l'Éducation nationale le plus élevé d'Europe : 620 MdF (2 fois le montant de l'impôt sur le revenu de tous les Français) pour entretenir 1 418 000 personnes dont 906 000 enseignants. Chaque élève coûte 35 900 F ce qui représente pour le contribuable 12 000 F. A la sortie, il y a 40 % d'illettrés (Suède 7 %, Allemagne 14). **2000**-*16-3* grèves (primaire 67,9 %, collèges 71,6, lycées d'enseignement général 67,7) : 200 000 enseignants, parents et élèves. *-mars* **programme de Jack Lang.**

Réformes acquises : *déconcentration :* gestion des mutations du personnel plus proche des académies. *Université du IIIe millénaire :* plan de rénovation et transformation de l'enseignement supérieur. Investissement de 46 MdF sur 6 ans. *Plan social étudiant* (présenté avril 1999) : 2,7 MdF sur 4 ans (création de bourses par cycle, exonération de droits d'inscriptions, relèvement du plafond des ressources donnant droit à une bourse, créations d'aides exceptionnelles). *Licence professionnelle :* adoptée au Cneser (Conseil national de l'enseignement supérieur et de la recherche) en novembre 1999.

Réformes appliquées mais contestées : *des lycées :* adoptée par le Conseil supérieur de l'éducation en mars 1999. Mise en œuvre en septembre 1999 en seconde : allégement des programmes, mise en œuvre d'un enseignement d'éducation civique, juridique et sociale, aide individualisée en français et en maths pour groupes de 8 élèves au maximum. Réforme poursuivie de la 1re à la rentrée 2000 : introduction de travaux personnels encadrés (travail interdisciplinaire) à la terminale en 2000. *Des collèges :* adoptée depuis sept. 1999. Prévoit une meilleure liaison CM2/6e et des heures de remise à niveau pour petits groupes d'élèves en 6e et 5e. En 2000, « travaux croisés » expérimentés en 4e. *Charte pour l'école du XXIe s. :* expérimentée dans plus de 2 000 écoles. Prévoit une réorganisation du temps scolaire avec constitution d'équipes éducatives renforcées par les emplois-jeunes.

Réformes en discussion. *Lycées professionnels : statut des enseignants* [conflit en janv. 2000 avec IUFM (Institut universitaire de formation des maîtres)] : 1er projet pour une plus grande professionnalisation des jeunes enseignants. *Baccalauréat :* introduction du contrôle continu. *Personnel de direction :* après le rapport Blanchet (avril 1999), proposition acceptées sauf sur formation et évolution de carrière. Suite au rapport Monteil (juin 1999) Allègre envisageait de donner une place plus importante à la note accordée par les chefs d'établissement.

Chantiers à ouvrir. *Plan pluriannuel. Aménagement et réduction du temps de travail.*

ENSEIGNEMENT PRIMAIRE

☞ La loi d'orientation sur l'éducation du 10-7-1989, codifiée depuis le 15-6-2000, a organisé la scolarité préélémentaire et élémentaire en cycles pédagogiques pluriannuels, mis en place de manière généralisée depuis le 1-1-1992 : *cycle 1* (apprentissages premiers) à l'école maternelle ; *cycle 2* (apprentissages fondamentaux) débute au cours de la dernière année de maternelle et se poursuit les 2 premières années de l'école élémentaire (cours préparatoire et cours élémentaire 1) ; *cycle 3* (approfondissement) les 3 dernières années de l'école élémentaire (cours élémentaire 2 et cours moyen 1 et 2), jusqu'à l'entrée au collège.

Un arrêté du 22-2-1995 a fixé les nouveaux programmes pour l'école maternelle et élémentaire, allégés et recentrés sur les apprentissages de base, et les horaires. La durée passée à l'école élémentaire peut être réduite ou prolongée d'un an sur proposition des maîtres du cycle. En cas de désaccord, la famille peut, dans les 15 jours, faire appel auprès de l'inspecteur d'académie. A l'issue de la scolarité élémentaire, l'enfant accède de droit au collège, à moins d'une proposition contraire du conseil des maîtres de cycle, confirmée par la commission d'harmonisation présidée par l'inspecteur de l'Éducation nationale de la circonscription.

ÉDUCATION PRÉÉLÉMENTAIRE

■ **Généralités. Créée** par décret du 18-1-1887. **Facultative.** Donnée aux enfants d'au moins 2 ans à la rentrée scolaire, accueillis, dans la limite des places disponibles, dans les écoles ou classes maternelles. Inscription auprès du maire de la commune de résidence (ou d'une autre commune en l'absence de place ou d'école), qui désigne l'école que l'enfant fréquentera. Les dérogations d'école (à l'intérieur d'une même commune ou dans une commune d'accueil) sont du ressort des maires concernés. Le directeur de l'école procède à l'admission au vu du certificat d'inscription délivré par le maire, d'une fiche d'état-civil, d'une attestation de vaccination (obligatoire) et d'un certificat médical d'aptitude. En l'absence d'école maternelle, les parents qui le souhaitent font inscrire les enfants âgés de 5 ans en section enfantine d'école élémentaire. Les enfants sont répartis en sections en fonction de leur âge et de leur rythme d'apprentissage. Des programmes ont été établis en 1995 : les enfants apprennent à vivre ensemble, à parler, à s'initier à l'écrit sous toutes ses formes, à découvrir le monde, à construire les notions de temps et d'espace, à accéder à la culture (musique, arts plastiques, littérature, sciences et techniques...) et à affiner leurs capacités sensorielles et motrices d'imagination et de création.

■ **Scolarité.** Concerne des enfants de 2 à 6 ans ; organisée le plus souvent en 3 sections, petits, moyens et grands, peut comprendre une section de « tout petits » (enfants de 2 ans). Pas de redoublement. **Effectif moyen par classe :** fixé par l'inspecteur d'académie, directeur des services départementaux de l'éducation nationale (pas d'effectif maximal défini au niveau national).

■ Enseignement élémentaire

■ **Généralités.** L'instruction, obligatoire pour les enfants de 6 à 16 ans révolus, est donnée dans les établissements scolaires publics ou privés ou dans la famille (sur déclaration au maire et à l'inspecteur d'académie). Les enfants sont scolarisés à l'école élémentaire à compter de la rentrée scolaire de l'année civile de leurs 6 ans jusqu'à leur entrée au collège (entre 10 et 12 ans). Même procédure d'inscription que pour l'école maternelle, s'il s'agit d'une 1re inscription ou d'un changement d'école. **Durée hebdomadaire :** *français, langues vivantes :* cycle 2 : 9 h (dont 1 h de langues vivantes facultative) ; cycle 3 : 9 h (dont langues vivantes : limite 1 h 30). *Mathématiques :* cycle 2 : 5 h ; cycle 3 : 5 h 30. *Découverte du monde, éducation civique :* cycle 2 : 4 h. *Histoire, géographie, éducation civique, sciences et technologie :* cycle 3 : 4 h. *Éducation artistique, physique et sportive :* cycle 2 : 6 h ; cycle 3 : 5 h 30. *Études dirigées :* cycles 2 et 3 : 2 h. **Total :** 26 h.

■ **Sorties scolaires.** Visites ou activités à l'extérieur de l'école ; en septembre 1999, une circulaire en a fixé les modalités dans les écoles maternelles et élémentaires publiques.

■ **Communauté scolaire. Conseil des maîtres :** rassemble l'équipe pédagogique (ensemble des enseignants de l'école et des membres du réseau d'aides spécialisées exerçant dans l'école). Donne son avis sur l'organisation du service et les questions relatives à la vie de l'école. **Conseil des maîtres de cycle :** rassemble les membres de l'équipe pédagogique compétents pour le cycle. Élabore le projet pédagogique du cycle et fait des propositions relatives à la progression des élèves. **Conseil d'école :** composé du directeur et de l'ensemble des enseignants de l'école, d'un maître du réseau d'aides spécialisées, du maire et d'un conseiller municipal, des représentants des parents d'élèves élus par les parents d'élèves à parité avec le nombre de classes (comité des parents) et du délégué départemental de l'Éducation nationale chargé de visiter l'école. Vote le règlement intérieur de l'école, établit éventuellement un projet d'organisation du temps scolaire dérogatoire aux règles nationales (soumis à décision de l'inspecteur d'académie), adopte le projet d'école, donne son avis sur les questions intéressant la vie de l'école. **RASED (réseaux d'aides spécialisées aux élèves en difficulté) :** psychologues scolaires, rééducateurs et instituteurs spécialisés, sous la responsabilité de l'inspecteur de l'Éducation nationale de la circonscription pédagogique, et qui interviennent dans les écoles afin d'aider les élèves en difficulté.

☞ Un accueil peut être organisé dans les écoles en dehors des heures scolaires, financés par les collectivités locales, ou les associations privées.

Méthode Freinet (Institut coopératif de l'école moderne) : 1re école fondée en 1920 par Élise († 1983) et Célestin Freinet (1896-1966) à Vence. Stimule la créativité chez les élèves, les incitent à prendre une part de responsabilité dans la vie de l'école ; les maîtres travaillent en équipe, pratiquent une pédagogie individualisée ; les parents sont associés à la gestion.

Élections de parents d'élèves

Conseils d'école (élémentaire). En %, en 1999 et, entre parenthèses, **en 1998 : voix :** FCPE 28,75 (29,57). Peep 6,09 (6,28). Fnape 0,26 (0,09). Unaape 1,27 (1,27). Listes d'Union 4,14 (4,4). Groupements de parents 52 (51,25). Associations locales 1,44 (1,24), non affiliées 6,05 (5,89). **Sièges :** FCPE 28,81 (29,66). Peep 5,51 (5,61). Fnape 0,25 (0,1). Unaape 1,16 (1,16). Listes d'Union 4,38 (4,5). Groupements de parents 52,61 (51,91). Associations locales 1,31 (1,19), non affiliées 6,05 (5,87). **Taux de participation :** 51,23 (49,78).

Nota. – FCPE : Fédération des conseils de parents d'élèves des écoles publiques. *Peep :* Féd. des parents d'élèves de l'enseignement public. *Unaape :* Union nat. des associations autonomes de parents d'élèves. *Fnape :* Féd. nat. des associations de parents d'élèves de l'enseignement public.

Enseignements du second degré

Dispensé dans collèges et lycées.

Collège. De la 6e à la 3e. En 1997-98, création d'unités pédagogiques d'intégration (Upi) regroupant des adolescents présentant un handicap compatible avec une scolarisation en collège.

Autres niveaux. Classes d'initiations préprofessionnelles en alternance (Clipa, appelées avant Cipal), classes préparatoires à l'apprentissage (CPA).

Lycée d'enseignement général et technologique. Classes de seconde, 1re et terminale préparant au bac, au bac de technicien ou au brevet de technicien.

Lycée professionnel. Classes préparant en 1 ou 2 ans aux BEP et en 1, 2 ou 3 ans aux CAP, bac professionnels et brevets des métiers d'arts (BMA).

Enseignements adaptés du second degré. Sections d'enseignement général et professionnel adapté (Segpa), groupes de classes-ateliers (GCA) et établissements régionaux d'enseignement adapté (Erea). Voir p. 1305 a.

■ Collège

■ **Généralités.** Remplace le collège d'ens. secondaire (CES), le collège d'ens. général (CEG) et le 1er cycle du lycée. **Études :** 4 ans. **Sanction :** *diplôme national du brevet.* **Cycles :** *collège :* 3 cycles : cycle d'adaptation 6e ; cycle central, approfondissement et élargissement des connaissances 5e et 4e ; cycle d'orientation 3e.

Redoublements : *à la fin de chaque cycle :* le conseil de classe en décide. En cas de désaccord, les parents peuvent être reçus par le principal du collège. A l'issue de la rencontre, c'est lui qui prend la décision ; si le désaccord persiste, on peut exercer un recours auprès d'une commission d'appel. *En cours de cycle (fin de 5e) :* le redoublement n'intervient que sur demande écrite des parents.

■ **Coût de l'école en 1998.** 1er degré : 25 900 F/an par écolier (équivalent aux autres pays développés) ; 2^d degré : 46 800 ; enseign. supérieur : 50 400.

☞ **Entrée en 6e :** plus de 90 % des élèves maîtrisent les compétences de base en lecture, 75 % en calcul. 6 % ne maîtrisent ni la lecture ni le calcul ; 3,5 % les maîtrisent remarquablement.

☞ **Poids réglementaire d'un cartable :** 10 % du poids de l'enfant, selon circulaire de 1985 (en fait, 26 % en 6e).

Horaires	6^e	5e et 4^e	3e option langue vivante II	3e option techno.
Enseignements obligatoires				
Français	6 h	4 à 5 h 30	4 h 30	4 h 30
Maths	4 h	3 h 30 à 4 h 30	4 h	4 h
Langue vivante I	4 h	3 à 4 h	3 h	3 h
Hist.-géo., éduc. civique	3 h	3 à 4 h	3 h 30	3 h 30
Sciences vie et Terre	1 h 30	1 h 30 à 2	1 h 30	1 h 30
Physique-chimie		1 h 30 à 2	2 h	1 h 30
Technologie	1 h 30	1 h 30 à 2	2 h	
Enseign. artistique	1 h	2 h 30 à 3	2 h	2 h
EPS (éducation physique et sportive)	4 h	3 h	3 h	3 h
Option obligatoire				
Langue vivante II		en 4e : 3 h	3 h	5 h
Options facultatives				
Latin	2 h	3 h	3 h	
Grec		3 h	3 h	
Langue régionale		3 h	3 h	
Langue vivante II				3 h
Technologie		en 4e : 3 h		
Études dirigées	2 h			

■ **Classes particulières proposées aux élèves en difficulté.** Certaines dépendent de l'enseignement adapté ou de classes dans les lycées professionnels pour les élèves souhaitant préparer un CAP en 3 ans dans un lycée ou par voie d'apprentissage. **Exemples :** *CPPN :* classe préprofessionnelle de niveau (avant d'accéder à une CPA ou une 4e préparatoire). *CPA :* classe préparatoire à l'apprentissage (élèves issus de 5e pour préparer un CAP par apprentissage). *4e préparatoire ou 3e préparatoire :* pour préparer un CAP ou un BEP dans un lycée ou par apprentissage. *4e d'aide et de soutien et 3e d'insertion :* enseignement allégé, mais révision des bases nécessaires à l'entrée en BEP ou CAP. *4e et 3e technologique des lycées professionnels :* avec option pour découvrir les différentes voies qui s'ouvriront à lui à l'issue de la 3e technologique. *4e et 3e technologiques des collèges* (ou à option technologique) : avec enseignement général et horaire renforcé en technologie.

Si on prépare un CAP ou un BEP sans avoir suivi une classe de 3e, on n'a plus accès au bac professionnel. Après une 3e d'insertion ou technologique, ou une 3e générale, et après avoir obtenu un BEP ou un CAP, on peut poursuivre ses études pour préparer un bac professionnel ou technologique si le niveau est jugé satisfaisant en BEP ou en CAP. Le passage dans ces classes suppose l'accord des parents.

■ **Structures. Conseil des professeurs :** étudie chaque trimestre le cas de chaque élève et établit des propositions qui sont ensuite examinées par le *conseil de classe.* **Autonomie pédagogique :** organisation des classes en groupes, emploi de contingents d'heures d'enseign. mises à disposition, choix de sujets d'enseign. spécifiques et d'activités facultatives. *Actions de soutien* en français, maths. et 1re langue vivante pour les élèves en difficulté (1 h pour chacun). *Activités d'approfondissement* dans les mêmes matières pour les élèves qui manifestent un goût particulier pour ces matières. *Classes à effectif réduit* pour élèves ayant des lacunes graves. *Diversification des modalités d'aide pédagogique* en fonction des situations particulières. *Contenus d'enseignements nouveaux* (éducation manuelle et technique, remplacée progressivement à partir de 1985 par l'ens. de la technologie : électronique, mécanique et automatisme, gestion et bureautique, sciences physiques dès la 6e) ou *rénovés* (en particulier l'éducation artistique qui intègre notamment le dessin et la musique).

■ **Brevet des collèges. Épreuves écrites :** *français* (3 h), noté sur 80 points (questions de vocabulaire, grammaire et compréhension à partir d'un texte ; rédaction ; dictée) ; *maths* (2 h) sur 80 points (travaux numériques et géométriques) ; *histoire et géographie* (2 h) sur 40 points. **Éducation physique :** 40 points. **Autres disciplines :** prises en compte d'après les résultats de l'année portés sur une fiche scolaire (langues vivantes, sciences physiques et sciences naturelles). **Admissibilité :** il faut 100 points sur 200 pour les 3 épreuves écrites et la moyenne pour l'ensemble des résultats.

☞ **Poursuite des études en 2de ou en LP** (lycée professionnel) : en tenant compte des vœux de la famille, le conseil de classe propose la poursuite des études ou le redoublement. Si les parents ne sont pas d'accord, ils peuvent faire appel devant une commission ou par voie d'examen. La famille est informée de la décision d'affectation faite en fonction des décisions d'orientation (orientation vers une 2de de lycée ou vers un LP) et des possibilités d'accueil de la carte scolaire. *Élèves des établ. privés sous contrat passant dans un établissement public :* doivent au préalable être admis à entrer en 2e cycle ; cette orientation doit être confirmée par une commission d'homologation. L'affectation se fait en fonction des capacités d'accueil. *Hors contrat :* doivent passer un examen.

Système de notation. 1er degré : *A* ou *I :* excellent ou très satisfaisant. *B* ou *II :* bien ou satisfaisant. *C* ou *III :* moyen ou insuffisant. *D* ou *IV :* médiocre ou insuffisant. *E* ou *V :* faible ou très insuffisant. **2^d degré :** alphabétique (A, B, C, D, E) ou numérique (0 à 20), au choix de l'établissement.

■ Lycée

■ **Nom.** Du grec *Lukeion,* nom d'un bois redouté pour ses loups, aménagé pour les loisirs avec un gymnase. Aristote y installa un cours de philosophie (335-323 avant J.-C.). En 1786, l'académicien La Harpe (1739-1803) appella *lycée* son cours de littérature publique. Le Consulat choisit ce terme pour désigner les *écoles centrales de l'enseignement secondaire* prévues par la loi du 25-2-1795 de la Convention. **Uniforme :** Ier Empire : veste et culotte bleues, collets et parements bleu céleste, chapeau rond jusqu'à 14 ans, puis chapeau français ; boutons jaunes portant le mot « prytanée » ou « lycée » (à Paris, numéro du prytanée ou du lycée) au milieu et, autour, en légende, le nom du lieu où il était situé.

■ **Réforme.** *Principes :* le lycée doit préparer l'entrée dans l'enseignement supérieur ou l'accès à la vie professionnelle et permettre une orientation progressive et des réorientations éventuelles. La formation doit permettre d'acquérir des éléments communs de culture générale et pratique (éducation à la citoyenneté, expression artistique, apprentissage des nouvelles technologies). Les heures de cours magistral sont réduites pour laisser plus de place à l'enseignement en petits groupes. Les programmes doivent privilégier les connaissances de base, les apprentissages fondamentaux et la maîtrise des savoirs dans une perspective multidisciplinaire. *Mise en place :* 2 arrêtés du 18-3-1999 : 1°) la *seconde* reste une classe de détermination avec un tronc commun d'enseignements et 2 enseignements de détermination au choix des élèves. 2°) fourchette des horaires réduite selon les options (de 29,5/32,5 h à 26,5/29,5 h, moyenne 27 h). *Dispositif d'accompagnement :* enseignement en modules (3,5 h/semaine) pour tous ; dans certaines disciplines, aide individualisée (2 h/semaine) pour les élèves les plus en difficulté. *Nouveaux enseignements proposés depuis la rentrée 1999 :* éducation civique 1 demi-heure/semaine ; atelier d'expression artistique 72 h/an ; mise à niveau informatique 18 h/an ; danse dans le cadre des enseignements artistiques ; enseignement de détermination d'EPS. *Aménagement progressif des programmes :* enseignement des sciences économiques et sociales plus centré sur environnement et actualité ; allègement en *seconde* des programmes d'histoire et géographie, sciences et techniques médico-sociales, sciences et techniques biologiques et paramédicales, techniques des sciences physiques ; en *terminale* des programmes d'histoire et de géographie pour les séries générales et la STT. En 1999-2000 : allègement des programmes de mathématiques, physique et chimie et SVT. *Rentrée 2000 :* nouveaux programmes de français, mathématiques, physique et chimie, SVT (déjà expérimentés dans quelques lycées depuis la rentrée 1999).

Enseignement général

■ **Classe de 2de.** Dite de *détermination*, commune à tous les élèves qui passent à la rentrée des tests d'*évaluation* en français, maths, histoire-géographie, langue vivante I. *Modules* pour les aider à combler leurs lacunes et à approfondir leurs connaissances, 45 minutes hebdomadaires par matière. *Options* préfigurant le choix de la 1re. **Enseignements communs :** français 4 h, maths 3 h 30, sciences de la vie et de la Terre 2 h ou technologie des systèmes automatisés 3 h, langue vivante I 2 h 30, histoire-géographie 3 h, éducation physique 2 h, modules 3 h. **Options** (2 obligatoires) : arts (plastiques ou cinéma-audiovisuel ou musique ou théâtre-expression dramatique) 4 h, sciences de la vie et de la Terre 2 h, gestion et informatique 3 h, grec ancien 3 h, informatique et électronique en sciences physiques 3 h, latin 3 h, langue vivante II [2] 3 h, III [2] 3 h, langue régionale 3 h, productique 4 h, sciences biologiques et agronomie (dans lycées agricoles) 4 h, sciences et techniques biologiques et paramédicales 4 h, sciences et techniques médico-sociales 4 h, techniques des sciences physiques 4 h, technologie des systèmes automatisés (pour ceux n'en suivant pas en enseign. commun) 3 h, arts appliqués (équivalant à 2 options) 11 h.

■ **Classes de 1re et de terminale.** 3 filières avec enseignements obligatoires, enseignements de spécialité (1 matière obligatoire) et des options facultatives (1 au moins, 3 au plus). **Horaires des classes de 1re,** entre parenthèses, **de terminale,** en italique, **coefficient au baccalauréat : filière littéraire (L) :** lettres classiques, lettres et langues, lettres et mathématiques, lettres et arts. *Obligatoires :* français 5 (0) *5*, philosophie 0 (8) *7*, lettres 0 (2) *2*, langue vivante I 4 (3) *4*, histoire-géographie 4 (4) *4*, enseignement scientifique 4 (2) *2*, langue vivante II [2] 3 (3) *4*, ou latin 4 (3) *4*, ou grec ancien 4 (3) *4*, éducation physique 2 (2) *2*, modules 2. *Spécialité :* langue vivante III [2] 0 (3) *4*, ou grec ancien 0 (3) *4*, ou latin 0 (3) *4*, ou arts 4 (0) *6*. *Options* [1] *:* langue vivante II [2] 3 (3), III [2] 3 (3), latin 3 (3), grec 3 (3), maths 4 (0), arts (pratiques et histoire) 4 (4). **Économique et sociale (ES) :** économie et sciences sociales, économie et langues vivantes, économie et mathématiques. *Obligatoires :* sciences économiques et sociales 5 (5) *7*, maths

■ Enseignement agricole

☞ Sauf exception, il relève du ministère de l'Agriculture et de la Pêche. L'enseignement est général, technologique et professionnel. *Secteurs :* production, transformation des produits agricoles, commercialisation, aménagement de l'espace et protection de la nature. *Formations :* initiale, par apprentissage et en formation continue.

■ **Comporte :** *1°) cycle court* avec préparation du Capa (Certificat d'aptitude professionnelle agricole et classe y préparant) en 3 ans ou en 2 ans dans un centre de formation d'apprentis (CFA) à l'issue de la 5e, ou du Bepa (Brevet d'études professionnelles agricoles et classe y préparant) en 2 ans à l'issue de la 3e ; *2°) cycle long* avec classe de seconde commune aux filières qui préparent au BTA (Brevet de technicien agricole et classe y préparant) ou au bac en sciences agronomiques et techniques, ou au BTS en 2 ans. L'enseignement *supérieur agronomique ou vétérinaire* est ouvert aux titulaires des différents diplômes délivrés par le ministère de l'Agriculture et de la Pêche, ainsi qu'aux bacheliers des séries scientifiques.

■ **Élèves de l'enseignement agricole** (1998-99). **Établissements publics/privés** et, entre parenthèses, **nombre de filles. Cycle court :** classes prépa., apprentissage (CPA) 480 (74). Clipa 194 (48)/90 (45). 4e de collège 54 (15). 3e de collège 115 (31). 4e préparatoire 124 (58)/3 844 (1 679). 3e préparatoire 132 (49)/5 077 (2 479). 4e technologique 2 099 (452)/7 596 (2 791). 3e technologique 2 350 (518)/9 419 (3 938). CAP, BEP en 1 ou 2 ans 88 (32)/26 (4). Capa en 1 ou 2 ans 428 (112)/4 776 (2 467). Bepa 1re année 9 710 (6 000)/21 643 (12 860) ; 2e année 8 699 (3 225)/19 454/7 834. **Cycle long :** seconde 6 820 (2 007)/2 556 (799). 1re S 1 399 (486)/434 (132). Terminale S 1 396 (500)/464 (134). 1re bac techno. 5 178 (1 514)/2 074 (534). Terminale bac techno. 5 232 (1 477)/2 048 (497). 1re bac pro 4 162 (1 138)/3 652 (905). Terminale bac pro 3 688 (918)/3 096 (725). BTA 1re 2 387 (1 465)/6 615 (5 325) ; terminale 2 099 (1 201)/5 261 (4 177). **Classes supérieures :** BTSA 1re année 7 747 (2 678)/3 903 (1 389) ; 2e année 6 536 (2 229)/3 312 (1 165). BTSA en 1 an 165 (59)/133 (41). Classes préparatoires post-BTS 356 (151) ; math sup bio 86 (45) ; math spé bio 68 (28) ; prépa ENV 27 (19).

■ **Personnels. Enseignement technique agricole :** *public :* 12 209 dont enseignants 6 545 (dont 2 555 certifiés, 2 488 PLP, 842 ingénieurs, 83 agrégés), direction 600, surveillance 1 008, Atoss 4 056 ; *privé :* 4 588 agents contractuels de droit public. **Enseignement supérieur agricole :** *public :* 2 351 dont enseignants-chercheurs et Ipac 1 002, non-enseignants (Iatos) 1 349.

■ **Budget** (en millions de F, 1999). 6 967 dont privé 2 585 et public 3 412.

☞ Les établissements sont dotés d'exploitations (189) en ateliers technologiques (8 agréés). *Surface des exploitations* (en ha) : total enseignement technique 13 500, supérieur 2 100 ; moyenne 90.

■ Enseignement spécialisé

Pour enfants et adolescents gênés dans leur scolarité par des difficultés ou des troubles variés (psychologiques, affectifs, caractériels, etc.) ou handicapés. **Inscriptions :** aux commissions d'éducation spécialisée dans chaque département : celles-ci peuvent être saisies par des parents ou des personnes s'occupant des enfants. Adresses données par l'inspection d'académie ou la direction départementale des affaires sanitaires et sociales. **Accueil :** *1er degré :* classes spécialisées dans les écoles maternelles et élémentaires, établ. scolaires spécialisés. *2^d^ :* sections d'éducation spécialisée (SES) et classes-ateliers (CA) dans les collèges ; écoles nat. de perfectionnement (ENP). Les établ. médicaux et médico-éducatifs et les établ. socio-éducatifs dépendent du ministère de la Santé.

■ Apprentissage

■ **Généralités.** Formation en alternance des jeunes de 16 à 25 ans (15 ans pour les élèves ayant terminé la 3e) dans une entreprise par un maître d'apprentissage, complétée par une formation théorique et générale de 400 h au moins dans une section d'apprentissage ou dans un **Centre de formation d'apprentis (CFA) :** niveau 3e d'un collège. **Classes préparatoires à l'apprentissage (CPA) :** implantées dans les centres de formation d'apprentis (CFA), accueillent aussi des élèves sous statut scolaire. *Enseignement alterné :* 2 semaines de formation en CFA et 6 semaines de travail en entreprise. Depuis le 1-6-1983, la région met en œuvre les actions d'apprentissage dans le cadre de politiques régionales (l'État conservant le suivi de la pédagogie). **Inscriptions :** s'adresser à l'ANPE, aux services académiques de l'inspection de l'apprentissage, au rectorat, à l'ingénieur général d'agronomie (agr.), aux chambres d'agr., de commerce, de métiers selon la formation envisagée, aux centres d'information et d'orientation, aux chambres syndicales pour trouver un maître d'apprentissage.

■ **Contrat d'apprentissage.** Un certificat d'embauche est nécessaire. Contrat de travail de 1 à 3 ans souscrit entre un employeur et un apprenti ou son représentant légal s'il est mineur. L'apprenti est considéré comme un jeune travailleur et rémunéré à ce titre. Il perçoit un salaire déterminé en pourcentage du salaire minimum de croissance dont le montant varie chaque année en fonction de son âge (art. L. 117-10 et D. 117-1 et suivants du Code du travail).

■ **Sanction.** Diplôme de l'enseign. technique, généralement CAP (certificat d'aptitude professionnelle), Capa (certificat d'aptitude professionnelle agricole) ; brevet de compagnon (Ht-Rhin, Bas-Rhin et Moselle). Possibilité de préparation de Bepa, BTA, BTSA. Diplômes de l'enseignement professionnel ou technologique du 2^d^ degré ou du supérieur ou titres homologués.

■ **Effectifs d'apprentis hors agriculture (flux d'entrée en apprentissage).** *1985-86 :* 213 369 (103 186) ; *95-96 :* 306 000 ; *99-2000 :* 331 600.

■ **Effectifs dans les centres de formation d'apprentis (CFA), France, sans Tom,** (en 1999-2000) : *total apprentis* 360 267 [CPA (classes préparatoires à l'apprentissage) 8 746 en 1999-2000] dont *niveau V* (CAP-BEP) : 248 114 ; *IV :* 66 469 ; *III :* 32 507 ; *II et I :* 13 177.

■ **Effectifs des CFA publics et privés** (en 1999-2000). **Total :** 360 200 ; **dans les principaux groupes de formation** (commerce et réparation automobile, industries agro-alimentaires, services personnels et domestiques, construction, hôtels-restaurants, commerce de détail) : secteur industriel 213 723, services 122 488 ; **selon les organismes gestionnaires des CFA** (en %, 1997-98) : organismes privés 48,4, chambres des métiers 25,4, chambres de commerce et d'ind. 9,6, établ. publics d'enseign. 6,1, collectivités territoriales 2,4, conventions nationales 0,7.

■ Compagnonnage

■ **Origine. 1268** ouvriers voyageurs sont mentionnés dans le *Livre des métiers* d'Étienne Boileau. Pour s'affranchir du cadre étroit des corporations, des sociétés s'organiseront clandestinement autour d'un Tour de France destiné à parfaire les connaissances professionnelles en favorisant une certaine liberté de voyager. Aux métiers traditionnels (charpenterie, taille de pierre, menuiserie, couverture) s'ajouteront progressivement d'autres corps d'état proches du bâtiment et de l'artisanat traditionnel. Au début du XIXe s., Agricol Perdiguier (1805-75) contribue à réduire les querelles internes. **Organisation.** Tour de France de ville en ville (durant 5 à 7 ans en moyenne) ; l'itinérant est hébergé dans la Maison des compagnons, il parfait sa connaissance du métier dans l'entreprise ou il est placé et en suivant les cours dispensés au siège. La présentation d'un chef-d'œuvre est toujours demandée à celui qui désire devenir compagnon. Comme leurs prédécesseurs, les compagnons actuels possèdent un nom de reconnaissance (exemples : Louis-le-Charolais, Manceau-la-Fermeté).

■ **Sociétés de compagnonnage. Association ouvrière des compagnons du Devoir du Tour de France,** 82, rue de l'Hôtel-de-Ville, 75180 Paris Cedex 04. *Créée* 1941. 4 800 apprentis (niveau d'entrée 3e des collèges et évaluation des connaissances pour préparer en 2 ou 3 ans CAP et BEP) et 2 800 aspirants et stagiaires jeunes itinérants accomplissent leur Tour de France (perfectionnement). Revendique 4 500 compagnons sédentaires dans le monde (surtout en France). 110 points de passage en France et dans le monde, Allemagne, Belgique, Italie, Suisse. 37 centres de formation. Forme à 21 métiers. **Fédération nationale compagnonnique des métiers du bâtiment,** 7, rue Petit, 75019 Paris. *Créée* 1952 (1 fédération nationale et 17 régionales). Regroupe 4 sociétés autonomes préexistantes : Charpentiers des Devoirs, Maçons-Tailleurs de Pierre des Devoirs, Menuisiers et Serruriers du Devoir de Liberté, Couvreurs Plombiers Plâtrier du Devoir. Perpétue la tradition du perfectionnement professionnel et humain par le voyage. Dirige des centres de formation. A fondé l'*Institut européen de formation, compagnons du Tour de France* (LP privé sous contrat d'association avec l'État) à Mouchard (Jura) pour l'enseignement de ces métiers vers les CAP, BEP et au-delà. **Union compagnonnique des compagnons du Tour de France des devoirs unis,** 15, rue Champ-Lagarde, 78000 Versailles. *Créée* 1889. *Membres en 2000 :* 1 500 (*1830 :* 200 000, *vers 1930 :* 5 000). 27 maisons, 700 compagnons, 400 jeunes en formation dans plus de 60 professions.

☞ En dépit de légendes et de symboles parfois communs (temple de Jérusalem, équerre et compas), la franc-maçonnerie, apparue au XVIIIe s., par sa vocation, dépasse le cadre de la culture de métier.

■ Formation professionnelle

☞ Voir aussi le chapitre **Travail**.

■ **Financement. Actions financées par les entreprises ou les individus :** *secteur 1,5 % strict :* actions financées par les entreprises assujetties au 1,5 % (entreprises privées, Fongecif et autres organismes collecteurs du 1,5 %) ; *secteur 1,5 % d'extension :* actions de formation relevant du titre VII de la loi de 1971 (personnels de l'État et des collectivités locales), formations des agents relevant de dispositions particulières (personnels hospitaliers, secteur de l'artisanat, du commerce et de l'agriculture), formations organisées pour les demandeurs individuels payants, celles payées par les Assedic et les actions à caractère international financées par les entreprises françaises et étrangères. **Par les fonds publics :** *de l'État :* actions conventionnées par la préfecture de région, le ministère du Travail et des Affaires sociales ; *de collectivités territoriales :* essentiellement contrats passés avec les conseils régionaux.

■ **Organismes publics. Association nationale pour la formation professionnelle des adultes (Afpa) :** 13, place du Général-de-Gaulle, 93108 Montreuil Cedex. *Statistiques* (en 1999). 477 536 diagnostics des besoins, aides à l'orientation et validation des projets, suivis et accompagnements vers l'emploi dont 427 950 demandeurs d'emploi et 49 586 salariés. *Stagiaires :* 149 006, accueillis pour une des 500 formations à plus de 300 métiers. *Centres :* 266 (66,4 millions d'heures de formation pour demandeurs d'emploi et salariés en CIF, plan de formation, contrat d'insertion en alternance).

Établissements du ministère de l'Éducation nationale. Groupements d'établissements pour la formation continue (Greta) : 288 regroupant 5 600 établissements (collèges, lycées, lycées professionnels). Proposent également des prestations en amont et en aval de la formation : conseil, ingénierie, bilan. Activités coordonnées dans chaque académie par la *Dafco* (Délégation académique à la formation continue) et au niveau national par le bureau de la formation continue des adultes (direction de l'enseignement scolaire). *Statistiques (1997) :* stagiaires 497 445, volume financier 2,542 milliards de F, nombre d'heures/stagiaires 78,8 millions. *Nombre de stagiaires selon la catégorie du financeur des actions de formation :* employeurs (1,5 %) 198 822, État 128 488, collectivités locales 126 719, individuels 42 410 ; *niveau des formations :* CAP et BEP 60 %, bac et brevet professionnel 20 %, BTS 7 % ; *stagiaires par domaines de formation (en %) :* formations générales 34,1, industrie : 19,7, services 38,5, développement personnel 7,7 ; *statut professionnel des stagiaires (en %) :* en activité 49,7, demandeur d'emploi 41,1, en reconversion 1,7, sans activité 7,4. **Centres de formation continue des universités :** *stagiaires :* 413 000 ; *heures de stages :* 43 millions dans 78 universités ou centres universitaires, grandes écoles ou établissement d'enseignement supérieur. **Conservatoire national des arts et métiers (Cnam)** et ses centres associés : voir encadré p. 1307 c. **Centre national d'enseignement à distance (Cned) :** formations en partie à distance et en partie en présence (en partenariat avec d'autres organismes de formation), regroupements périodiques ou accompagnements (à l'initiative de l'entreprise ou du Cned) ; tarifs applicables en fonction de la nature de l'organisme (voir p. 1310 c). **Centre national de documentation pédagogique (CNDP) :** voir p. 1310 b. **Agence nationale pour le développement de l'éducation permanente (Adep) :** tour Franklin, Paris-La Défense. Ne fait pas de formation directe. **Centres académiques de formation continue (Cafoc) :** *nombre :* 30 ; assurent dans chaque académie une fonction de recherche-développement dans la formation des adultes : ingénierie pédagogique, formation de formateurs intervenant en Greta ou en entreprise, conseil, études, expertise.

Éducation musicale et arts plastiques

Centres de formation pédagogique pour musiciens intervenant en milieu scolaire : dans une dizaine de villes. Des professionnels de l'art (« intervenants associés ») forment les instituteurs pour les options du Deug 1er degré. **Classes « de patrimoine » et « arc-en-ciel »** (en relation avec les écoles d'art) sont développées, permettant des sessions continues de sensibilisation artistique. Le nombre de postes aux Capes et agrégation d'enseignements artistiques est maintenu à un haut niveau. **Ateliers d'arts plastiques** dans 200 collèges (3 h pour les élèves volontaires de 4e et 3e). Extension des chorales et ensembles instrumentaux. Sections A3 dans les lycées dont 2 arts plastiques et 2 éducation musicale. 3 nouvelles sections conduisant au bac technologique. Arts appliqués (F12). Classes de préparation d'un diplôme sup. d'école de niveau post-BTS dans les 4 écoles d'arts appliqués de Paris. Création expérimentale d'une douzaine d'options en théâtre et expression dramatique, puis d'options cinéma et audiovisuel.

Éducation physique et sportive

Sections nationales et interrégionales (1er et 2e cycles) qui accueillent les élèves d'un niveau sportif déjà confirmé pour leur permettre de suivre un entraînement intensif ; **sections sports-études promotionnelles** pour les jeunes dont la vocation sportive est affirmée, et souhaitant accéder aux sections interrégionales ou nationales.

Inspection générale pour l'éducation physique et sportive, **Inspection pédagogique régionale** dans toutes les académies et une **agrégation** d'Éducation physique et sportive depuis 1983 (30 postes).

appliquées à l'économie et aux sciences sociales 2 (4) *5*, histoire-géographie 4 (4) *5*, français 4 (0) *4*, philo. 0 (4) *4*, langue vivante I 3 (3) *3*, II [2] ou langue ancienne 3 (3) *3*, éducation physique 2 (2) *2*. *Spécialité* : sciences économiques et sociales 0 (2) *2*, ou maths appliquées 0 (2) *2* ou langue vivante renforcée (possibilité de langue vivante III [2]) 0 (2) *2*. *Options* [1] : maths appliquées 2 (0), lettres 0 (2), enseign. scientifique 4 (2), langue vivante II [2] 3 (3), III [2] 3 (3), latin 3 (3), grec 3 (3), arts (pratiques et histoire) 4 (4). **Scientifique (S) :** sciences et mathématiques, sciences et physique-chimie, sciences de la vie et de la Terre, sciences et technologie. *Obligatoires :* maths 5 (6) *7*, physique-chimie 4 (5) *6*, sciences de la vie et de la Terre 3 (3) *6*, ou technologie industrielle 8 (8) *9*, ou biologie-écologie 5 (5) *7*, français 4 (0) *4*, philo. 0 (4) *3*, langue vivante I 3 (3) *3*, histoire-géographie 3 (3) *3*, éducation physique 2 (2) *2*, modules 2. *Spécialité :* maths 0 (2) *2*, ou physique-chimie 0 (2) *2*, ou sciences de la vie et de la Terre 0 (2) *2*, ou biologie-écologie 0 (3) *2*. *Options* [1] : sciences expérimentales 3, technologie industrielle 3 (3) *1*, agronomie et environnement 3, langue vivante II [2] 3 (3) *1*, III [2] 3 (3) *1*, latin 3 (3) *1*, grec 3 (3) *1*, arts (pratiques et histoire) 4 (4) *1*.

Nota. – (1) Seuls les points au-dessus de 10 sont comptabilisés au baccalauréat. (2) La langue vivante II ou III peut être une langue régionale.

Enseignement technologique

■ **Généralités.** Après la 2de, formation des techniciens en 2 ans (plus spécialisée dans un domaine précis que le bac de technicien) et préparation à l'exercice d'une activité professionnelle du niveau IV de technicien.

■ **9 filières. Sciences technologiques industrielles (STI) :** génie mécanique (options A : productique mécanique, B : systèmes motorisés, C : structures métalliques, D : bois et matériaux associés, E : matériaux souples, F : microtechniques), génie civil, énergétique, électronique, électrotechnique, des matériaux – arts appliqués – optique. **Sciences médico-sociales (SMS). Sciences et technologies de laboratoire (STL) :** physique (de laboratoire et de procédés industriels), chimie (id.), biochimie et génie biologique. **Sciences et technologies tertiaires (STT) :** informatique et gestion, comptabilité et gestion, action et communication administratives, action et communication commerciales. **Sciences et technologies de l'agronomie et de l'environnement (STAE). Sciences et technologies du produit agroalimentaire (STPA). Hôtellerie. Techniques de la musique et de la danse.** Pour ces deux derniers baccalauréats (hôtellerie, musique et danse), la décision se prend dès la 3e et la sélection est sévère.

Enseignement professionnel

■ **Généralités.** Donné dans des *lycées professionnels* (LP) qui préparent au CAP, au BEP (diplômes de niveau V) et au baccalauréat professionnel (niveau IV) : selon les diplômes, des séquences éducatives facultatives, ou des périodes de formation en entreprise obligatoire sont effectuées dans les entreprises. Certains LP assurent des enseignements complémentaires au CAP et au BEP. *Sanction :* examen et délivrance d'une mention complémentaire.

■ **Études. a) En 2 ans, brevet d'études professionnelles (BEP) :** *créé* en 1969 pour les élèves sortant de 3e. BEP types (secteurs industriel, économique, commercial, administratif, social). Les meilleurs élèves sortant des classes de BEP peuvent avoir accès aux classes de 1re des lycées techniques pour préparer en 2 ans un BTn ou un BT. *Classes d'adaptation* destinées à faciliter le passage du 2e cycle court au 2e cycle long pour les meilleurs élèves titulaires du BEP. L'entrée dans ces classes est décidée après étude du dossier du candidat. Le BEP permet également l'accès au bac professionnel. **b) En 2 ans,** après la 3e, **certificat d'aptitude professionnelle (CAP) :** sanctionne l'acquisition de la technologie de base d'un métier donné (ouvrier ou employé qualifié). Il existe 228 CAP nationaux, 39 départementaux. Après, le brevet professionnel (BP) peut sanctionner une formation professionnelle acquise par la pratique du métier. Il existe 63 BP nationaux, 4 départementaux. **c) En 2 ans,** après un BEP ou un CAP, **bac professionnel,** *créé* en 1986. Il existe actuellement 40 spécialités de baccalauréat professionnel.

Vie scolaire

Collèges et lycées

■ **Direction.** Collèges et lycées sont des établissements publics locaux d'enseignement (EPLE) dirigés par un *proviseur* pour les lycées, un *principal* pour les collèges, lesquels sont aidés dans leur mission par un conseil d'établissement et sur le plan pédagogique par divers conseils.

■ **Conseil d'administration. Membres :** le chef d'établ. (Pt) ; 5 représentants de l'administration ; 7 élus par des personnels d'enseign. et d'éducation ; 3 élus par des parents ; 5 élus par des élèves dans les lycées, 5 ou 7 dans les collèges ; 5 personnalités locales. **Rôle :** vote le budget, le règlement intérieur de l'établ. ; donne tous avis et présente toutes suggestions au chef d'établ. sur le fonctionnement pédagogique de l'établ. et de la communauté scolaire. Peut siéger comme conseil de discipline.

■ **Comités de parents (secondaire). Élections de parents d'élèves** (2000-2001) **en % en 2000 et,** entre parenthèses, **en 1999. Voix :** FCPE 57,74 (57,46), Peep 21,52 (22,61), Fnape 0,24 (0,24), Unaape 2,11 (2,01), listes d'Union 1,69 (1,70), divers 16,71 (15,97). **Sièges :** FCPE 56,29 (56,57), Peep 16,32 (17,21), Fnape 0,17 (0,2), Unaape 1,8 (1,7), listes d'Union 2,91 (3), divers 22,51 (21,32). **Taux de participation aux conseils d'établissement :** 32,76 (33).

■ **Conseil des professeurs.** Réuni tous les trimestres sous la présidence du chef d'établ. pour examiner le comportement scolaire de chaque élève et le guider dans son orientation.

■ **Conseil de classe.** Réuni sous la présidence du chef d'établissement ou de son représentant. **Membres :** personnel enseignant de la classe ; 2 délégués des parents ; 2 élèves de la classe ; et, s'ils ont eu à connaître le cas personnel d'un ou plusieurs élèves de la classe : le conseiller principal ou d'éducation, le conseiller d'orientation ; le médecin scolaire, l'assistante sociale, l'infirmière. **Rôle :** examine des questions pédagogiques et les résultats des travaux du conseil des professeurs.

■ **Équipe éducative.** Responsable de chaque élève. Composée de l'élève, de ses professeurs et de ses parents.

■ **Équipe pédagogique.** Groupe de professeurs responsables d'une classe avec coordination permanente des enseignements disciplinaires pour aider les élèves en difficulté et élaborer des propositions pour le projet d'établ.

☞ **Pacte (Projet d'activités éducatives et culturelles) :** sur l'initiative des enseignants (audiovisuel, expression dramatique, développement de l'expression orale et écrite, développement de la connaissance de l'environnement et du patrimoine local). **PAE (Projets d'actions éducatives) :** introduits depuis janvier 1983 dans les écoles maternelles et élémentaires (environnement, arts, bibliothèques). *But :* lutte contre l'échec scolaire et les inégalités sociales et culturelles, dans une perspective de plus grande autonomie des établ., sur l'initiative des élèves : activités interdisciplinaires, culturelles, socioculturelles scientifiques, cadre de vie... **Bizutage :** mot d'origine obscure (St-Cyr) apparu 1843, 1896 (Centrale, Normale sup.). Pratiqué depuis le Moyen-Âge. Loi du 17-6-1998 : délit passible de 6 mois d'emprisonnement accompagné d'une amende de 50 000 F.

Vacances scolaires

■ **Nombre de jours de vacances. 1800 :** 50 (*grandes vacances* 31-7/20-9). **1891 :** 81 (*dont grandes vacances* 31-7/1-10). **1912 :** 75 (14-7/1-10). **1939 :** 75 (15-7/1-10). **1965 :** 113 (1-7/17-9 ou 10-7/27-9). **1976 :** 120 (30-6/14-9). **1982 :** 108 (29-6/9-9). **1990 :** 108 (5-7/9-9). **1992 :** 116 (8-7/10-9). **1994 :** 111 (6-7/5-9). **1999 :** 117 (1-7/5-9).

■ **Congé hebdomadaire.** Mercredi (au lieu du jeudi, depuis 1972). Samedi entier libre dans certains établissements (pour les classes secondaires).

■ **Dates en 2001-2002 (2002-2003)** (départs après la classe, rentrée le matin). **Rentrée :** 6-9 (5-9). **Toussaint :** 27-10/5-11 (26-10/4-11). **Noël :** 22-12/7-1 (21-12/6-1). **Hiver :** *A :* 9-2/25-2 (22-2/10-3), *B :* 2-2/18-2 (15-2/3-3), *C :* 16-2/4-3 (8-2/24-2). **Printemps :** *A :* 6-4/23-4 (19-4/5-5), *B :* 30-3/15-4 (12-4/28-4), *C :* 13-4/29-4 (5-4/22-4). **Été :** 29-6 (28-6). **Zones. A :** Caen, Clermont-Ferrand, Grenoble, Lyon, Montpellier, Nancy-Metz, Nantes, Rennes, Toulouse. **B :** Aix-Marseille, Amiens, Besançon, Dijon, Lille, Limoges, Nice, Orléans-Tours, Poitiers, Reims, Rouen, Strasbourg. **C :** Bordeaux, Créteil, Paris, Versailles.

Effectifs totaux

Source : Service de la prévision, des statistiques et de l'évaluation (Vanves).

Total (public et privé) et % par rapport à la population totale (France métropolitaine)

1906	6 500 000	16,55	**1975**	13 160 000	25,01
1936	6 390 000	15,25	**1980**	13 386 000	25
1946	6 043 000	14,91	**1985**	13 856 000	25,16
1956	8 072 000	18,58	**1990**	13 735 701	24,37
1960	9 501 000	20,89	**1994**	14 036 486	24,44
1964	10 604 000	21,95	**1995**	12 796 000 [1]	22,05
1968	11 656 000	23,55	**1998**	12 158 100 [1]	20,7
1970	12 130 000	24	**1999**	12 080 400	20,7

Nota. – (1) Sauf enseignement spécial.

■ **Nombre d'élèves** (y compris Dom-Tom) en milliers. **Rentrée 2000 (et 1999) :** 12 508 (12 556), préélémentaire 2 542 (2 513), élémentaire et spécial 4 002 (4 058), collégiens 3 384 (3 362), lycéens 1 492 (1 516), étudiants post-bac 321 (320), lycéens professionnels 767 (786).

■ **Part d'une génération accédant au bac** (en %, 1997-98). **Niveau V :** MEN 78,7, agricole 4,1, apprentissage 8, ensemble 90,8 (91,3). **Niveau IV :** bac général 34,2, bac technologique 20,6, bac professionnel 13,3, ensemble 67,9.

Enseignement privé

■ **Part de l'enseignement privé. Nombre d'élèves** (en %) : *1994-95 : 1er degré :* 13,8 ; *2d degré :* 20,5 ; *universitaire :* 7,8 ; *1998-99 :* 16 (enseignement privé sous contrat).

■ **Nombre d'établissements** (1998-99). **Écoles :** 5 706 dont 277 maternelles, 5 429 élémentaires. **Établissements du second degré :** 3 590 dont 1 146 lycées, 655 lycées professionnels, 1 789 collèges. **Techniciens supérieurs :** 302. **Enseignement agricole :** 54. **Classes préparatoires :** 79.

■ **Catholique privé** (en 1995-96). **Nombre d'élèves** (France métropolitaine) : *1er degré :* 861 457 ; *2d degré :* 1 117 666. **% de l'enseignement catholique dans l'enseignement privé :** *1er degré :* 96,84 ; *2d degré :* 93,22.

Nota. – Sous contrat d'association 24 %, sous contrat simple 73 %, hors contrat 3 %.

☞ **Couvent des Oiseaux :** ouvert par les chanoinesses de St-Augustin de la Congrégation de Notre-Dame (fondée 1597) en 1818 au 84-86, rue de Sèvres ; au 84, Pigalle avait fait peindre des milliers d'oiseaux, au 86 le marquis du Lau d'Allemans avait eu une volière. Fermé depuis 1904, après la loi sur l'enseignement congréganiste, sera démoli en 1909. La maison d'éducation survivra rue de Ponthieu, puis rue Michel-Ange.

■ **Juif privé. Établissements :** *fondés* après la Seconde Guerre mondiale. **Effectifs :** environ 25 000. **Écoles :** 109 (la majorité sous contrat d'association). **Alliance israélite universelle :** *née* 1860. *Pt :* Ady Steg. *Établ. :* 49. *Élèves :* 21 489 dont Israël 12 568, Canada 5 589, Maroc 1 019, Belgique 700, *France 579* [2 établ. : Enio-Georges Leven (collège-lycée 332 élèves) et école, collège, lycée de l'Alliance (593 élèves)], Iran 402, Espagne 302, Syrie 130. **ORT France :** *créée* 1880 en Russie ; *1921* en France. *Pt du Conseil d'admin. :* Marcel Bénichou, 10, villa d'Eylau, 75116 Paris. *Écoles :* Paris, Choisy-le-Roi, Montreuil, Villiers-le-Bel, Lyon, Marseille, Strasbourg, Toulouse. *Élèves* (1997) : 4 000 élèves et stagiaires dans plus de 60 métiers.

■ **Laïc privé.** Établissements régis par les lois du 30-10-1886 (élémentaire), du 15-03-1850 (secondaire) et du 25-7-1919 (technique). La plupart sont en nom propre et dépendants du directeur qui les ont créés, les gèrent et les développent. La quasi-totalité sont « hors contrat », ne reçoivent aucune aide directe de l'État et gardent une relative liberté et autonomie pédagogique. **Établissements :** 2 000. **Élèves :** 400 000. **Enseignants :** 16 000.

Enseignement 1er et 2d degrés

■ **Établissements du 1er degré** (en 1999-2000). **Publics et,** entre parenthèses, **privés :** écoles maternelles 18 285 (273) ; élémentaires 34 025 (5 385) dont à classe unique 5 606 (169). **Nombre de classes :** maternelles et enfantines 68 342 (939) ; élémentaires 165 154 (35 442).

■ **Taux de scolarisation en maternelle, France métropolitaine** (en %). *2 ans :* 35,2 % en 1998-99, 35,0 en 1999-2000 (public 29,5, privé 5,7) ; *3 ans :* 99,9 en 1998-99, 100 en 1999-2000 (public 88, privé 11,8).

Taux d'accès d'un niveau à l'autre dans le cycle d'enseignement général (France métropolitaine, Public et Privé) **en 1999 et,** entre parenthèses, **en 1985 :** 6e-5e : 99,1 (95,6) ; 5e-4e : 95,7 (79) ; 4e-3e : 92,8 (96,2) ; 3e-2de : 66,2 (63,9) ; 2de-1re : 93 (90,9) ; 1re-term. : 97,1 (95,1).

■ **Établissements du 2d degré** (en 1999-2000). Collèges 4 953 (1 786), lycées professionnels (LEP, CET) 1 087

(635), lycées 1 456 (1 097). *Lycées :* 4 écoles de métiers et Erea de Vaucresson ; *lycées professionnels :* 22 établissements municipaux de l'Académie de Paris.

Effectifs 1999-2000 ACADÉMIES	1er degré		2d degré	
	public	privé	public	privé
Aix-Marseille	255 997	27 659	206,4	50,9
Amiens	195 652	18 996	168,2	29,3
Besançon	109 766	9 923	96,1	16,7
Bordeaux	248 571	30 910	209,6	46,6
Caen	126 643	27 205	108,5	32,7
Clermont-Ferrand	101 132	19 378	86,9	27,8
Corse	24 205	1 248	21,5	1,5
Créteil	434 944	27 165	334,4	47,8
Dijon	146 703	12 293	130,1	20
Grenoble	271 578	41 505	220,1	57,9
Lille	397 311	93 337	353	113,2
Limoges	55 290	3 486	52,3	6,6
Lyon	263 941	57 136	205,5	77,1
Montpellier	208 239	27 914	171	37,6
Nancy-Metz	229 985	15 063	203,7	35,1
Nantes	229 117	127 270	189	127,8
Nice	175 887	15 098	142,1	21,9
Orléans-Tours	226 396	24 013	195,2	32,9
Paris	136 327	36 234	130,3	59,4
Poitiers	139 430	19 129	123,2	21,8
Reims	133 037	13 054	115,3	21
Rennes	191 882	120 277	166,2	119,7
Rouen	184 116	17 218	163,9	29,6
Strasbourg	176 519	9 449	139,1	21,7
Toulouse	214 762	31 873	178,8	40,2
Versailles	552 850	44 171	429,7	77,4
DOM	249 765	20 746	205,5	16,3
TOM	97 546	21 435	n.c.	n.c.
Total France	**5 777 591**	**913 185**	**4 745,6**	**1 190,5**
dont Fr. métropolitaine	5 430 280	871 004	4 540,1	1 174,2

Mode d'hébergement (en %, 1999-2000 ; répartition en 1996-97). **Public :** *externes* 38,6 (lycées 37,5, collèges 45,2, LEP 32,8) ; *1/2 pensionnaires* 57,3 (lycées 53, collèges 54,3, LEP 51,7) ; *internes* 4,1 (lycées 9,5, collèges 0,5, LEP 15,5). **Privé :** *externes* 45,2 (lycées 50,1, collèges 35,5, LEP 55,6) ; *1/2 pensionnaires* 48,4 (lycées 37,2, collèges 58,3, LEP 32,1) ; *internes* 6,4 (lycées 12,7, collèges 6,2, LEP 12,3).

Tarif des internats (en F, par an, 1987-88) : public 3 000 à 7 500. Privé [1] 9 500 (sous contrat) à 24 000 (hors contrat).

Nota. – (1) en 1983-84.

■ **Nombre d'élèves par classe (public et,** entre parenthèses, **privé, en 1999-2000). 1er degré :** *écoles maternelles* 25,5 (25,9) ; *primaires* 22,3 (23,9). **2d degré :** collèges 23,5 (24,9), lycées professionnels 21 (19,2), lycées 27,7 (24).

Taux de redoublement (en %, métropole, public et privé, 1999-2000). *6e :* 10 ; *5e :* 5,2 ; *4e :* 8,9 ; *3e :* 8.

Élèves d'âge théorique normal (en %, métropole, public et privé, 1999-2000). *11 ans/6e :* 69,6 ; *12 a./5e :* 65,9 ; *13 a./4e :* 62,7 ; *14 a./3e :* 59,8.

■ ÉLÈVES ÉTRANGERS

■ **1er degré** (France métropolitaine). En *1975-76 :* 562 994 ; *85-86 :* 697 213 ; *99-2000 :* 372 268 dont Algériens 54 054 (privé 1 167), Marocains 85 868 (1 156), Tunisiens 27 243 (450), autres d'Afrique 48 076 (929), Espagnols 3 796 (536), Portugais 37 081 (1 781), Italiens 3 834 (450), autres de l'UE 15 256 (2 972), Turcs 48 100 (613), Sud-Est asiatique 11 805 (469), autres 37 155 (3 059).

■ **2d degré.** En *1995-96 :* 357 194 (6,4) ; *98-99 :* 294 097 (5,4) ; *99-2000 :* 275 550 (5,1) [dont Algériens 31 890, Marocains 79 603, Tunisiens 21 428, autres francophones d'Afrique 30 198, Portugais 32 019, Espagnols 3 468, Italiens 3 605, autres pays de l'UE 10 575, autres pays européens 10 051, Turcs 24 946, Sud-Est asiatique 8 359, autres 19 408].

■ **Pourcentage par rapport au nombre total d'élèves. 1er degré** [1] : *+ de 15 % :* Paris 23,2 % ; Créteil 19,6 ; Corse 16 ; Versailles 15 ; *– de 3 % :* Nantes 2,1, Caen 2, Poitiers 1,8, Rennes 1,2. **2d degré** [1] : *+ de 7 % :* Créteil 15,6, Paris 14,7, Versailles 12,2, Strasbourg 11,1, Corse 11, Lyon 10,4, Besançon 8,6, Grenoble 7,4, Nice 7,4, Nancy 7,3, Orléans-Tours 7,2, *– de 2 % :* Poitiers 1,9, Caen 1,9, Nantes 1,8, Rennes 1. **Pourcentage par niveau. 1er degré :** préélémentaire 7,7 ; CP-CM2 9,2) ; initiation 76,8 ; adaptation 16,9 ; perfectionnement 18. **2d degré :** 1er cycle 7,3 ; CPPN-CPA 12,4 ; 2e cycle 4,7 ; enseignement professionnel 8,7.

Nota. – (1) Enseignement spécial inclus en 1993-94.

■ ÉLÈVES HANDICAPÉS

■ **1er degré.** *Classes d'intégration scolaire (Clis) :* handicapés physiques, sensoriels ou mentaux. Depuis 1991, regroupent les classes de perfectionnement créées par la loi du 15-4-1909 et les classes intégrées dans les écoles ordinaires (circulaires du 29-3-1982 et du 29-3-1983). *Unités pédagogiques d'intégration (Upi) :* implantées dans certains collèges, accueillent des élèves de 11 à 16 ans pouvant tirer profit du milieu scolaire.

☞ Classes spéciales en métropole (en 1999-2000) : 44 790 (dont privé 2 585). Élèves scolarisés à temps plein 19 303, partiel 7 218.

1er degré 1999-2000	Public	Privé	Total
Préélémentaire	2 111 169	305 555	2 416 724
CP	645 023	103 150	478 173
CE1	676 589	110 053	786 642
CE2	652 101	112 203	764 304
CM1	645 044	115 620	760 664
CM2	648 743	119 791	768 534
Total CP – CM2	3 267 500	560 817	3 828 317
Initiation	2 023	125	2 148
Adaptation	7 383	1 922	9 305
Classe d'intégration scolaire	42 205	2 585	44 790
Total	5 430 280	871 004	6 301 284

2d degré 1999-2000	Public	% Filles	Privé	% Filles
6e	654 939	48,6	168 496	46,5
5e	620 827	49,6	159 866	47,4
4e disp. amg.	16 259	44,1	3 830	37,6
4e G. nc. amg.	607 028	50,4	156 958	48,5
3e générale	551 845	52,4	145 502	50,2
3e insertion	17 710	40,3	2 355	35,5
CL-relais UPI	non détaillé			
4e technologique	11 540	26	7 934	31,9
3e technologique	21 781	26,8	12 682	36,4
CPA CIPAL [1]	non détaillé			
2de G et T-BT	397 241	55,5	98 600	54,2
1re G et T-BT	368 396	55	98 770	54,8
Terminale G et T-BT	397 264	55	104 174	54,9

Nota. – (1) Classe d'initiation préprofessionnelle en alternance.

Professionnel 1999-2000	Public	% Filles	Privé	% Filles
CAP 1 an	1 772	31,2	2 829	84,5
CAP 2 ans	39 443	46,4	13 900	71,6
CAP 3 ans	8 207	35,5	3 381	44,6
BEP 1 an	1 716	45,8	218	46,8
BEP 2 ans	356 210	43,7	92 248	51,5
Bac pro 1 an Bac pro. 2 ans Bac pro. 3 ans	non détaillé			
MC [1]	5 481	35,9	1 429	61,5
BMA 1 an BMA 2 ans	non renseigné			

Nota. – (1) Mentions complémentaires.

■ **2d degré.** *Sections d'enseignement général et professionnel adapté (Segpa), groupes de classes-ateliers (CGA) :* créés par les circulaires du 21-9-1965 et du 2-3-1966. Intégrés dans les collèges, scolarisent des déficients légers. Depuis la circulaire du 20-6-1996, seules les Segpa subsistent. *Établissements régionaux d'enseignement adapté (Erea) :* créés par le décret du 14-1-1954. Accueillent des handicapés lourds. Depuis le décret du 30-8-1985, sont assimilés à des établissements du 2d degré. **Effectifs** (en 1999-2000) : 118 292 (Segpa 106 721, Erea 11 571).

■ **Seuil de fermeture d'écoles rurales à classe unique.** Depuis le 13-1-1982, les classes de moins de 9 élèves sont maintenues ; auparavant, en cas de fermeture, les élèves étaient regroupés dans l'école d'un village central dotée de classes de tous les niveaux ou, dans chaque village, une seule classe de niveau homogène était maintenue (l'ensemble des classes dispersées constituant une école intercommunale).

☞ **Seuils de dédoublement des classes :** l'effectif de référence pour la constitution des classes est de 24 élèves.

ENSEIGNEMENT DES LANGUES

■ **France métropolitaine, en 1999-2000, public et,** entre parenthèses, **privé. 1er degré. Élèves étudiant une langue :** 1 404 957 (391 867) dont préélémentaire 21 187 (27 372), CP 26 019 (21 561), CE1 214 918 (67 298), CE2 247 175 (75 556), CM1 365 931 (93 073), CM2 527 697 (106 345), autres 2 030 (662). **Langues étudiées :** anglais 1 077 293 (347 102), allemand 249 618 (32 616), espagnol 39 282 (4 712), italien 23 184 (720), arabe 2 809 (193), portugais 4 021 (89), russe 427 (n.c.), divers 8 323 (6 435).

■ **2d degré. Élèves étudiant une 1re langue :** 5 294 499 (1 102 664) dont 1er cycle 3 158 321 (657 552), 2e cycle général et technologique 1 464 098 (301 519), 2e cycle professionnel 672 080 (143 593). **Langues étudiées :** anglais 4 724 584 (1 023 327), allemand 515 139 (69 892), espagnol 42 168 (7 296), autres 12 608 (2 149). **Étudiant une 2e langue :** 2 746 324 (570 790) dont 1er cycle 1 449 997 (300 819), 2e cycle général et technologique 1 239 975 (251 657), 2e cycle professionnel 56 352 (18 314). **Langues étudiées :** anglais 345 744 (47 089), allemand 536 063 (132 821), espagnol 1 684 039 (367 448), italien 157 458 (17 475), autres 23 020 (5 957).

■ **Étude du latin et du grec ancien.** L'enseignement du latin débute en 5e et celui du grec en 3e. En 2de, 1re et terminale, selon les sections, ces langues sont obligatoires ou facultatives. En 1re, un horaire de 5 h est proposé à ceux qui n'ont commencé qu'en 2de. En terminale, une langue ancienne peut être choisie comme enseignement de spécialité. **Élèves** (en 1999-2000) **étudiant le latin :** 567 444 dont 1er cycle 495 969 (5e 184 416, 4e 164 113, 3e 147 440) et 2e cycle général et technologique 71 475 (2de générale et techno. 36 321, 1re gén. et techno. 18 072, terminale gén. et techno. 17 082). **Le grec :** 27 255 dont 3e 14 294, 2de générale et techno. 5 590, 1re gén. et techno. 3 928, terminale gén. et techno. 3 443.

■ **Langues régionales. Conditions.** Basque, breton, catalan, occitan peuvent être étudiés depuis la *loi Deixonne* du 11-1-1951 ; le corse peut être étudié depuis 1974 *(décret Fontanet).* **Académies d'enseignement.** *Alsacien :* Strasbourg ; *basque :* Aix, Bordeaux ; *breton :* Nantes, Paris, Rennes, Versailles ; *catalan :* Montpellier ; *corse :* Aix, Corse, Nice ; *occitan :* Aix, Bordeaux, Clermont, Limoges, Montpellier, Nice, Toulouse.

■ **Engagements pris par la France** en signant le 7-5-1999 la Charte européenne des langues régionales et minoritaires du Conseil de l'Europe. **Enseignement écoles maternelles et primaires** *« au moins* [avec les] *élèves dont les familles le souhaitent et dont le nombre est jugé suffisant ».* **Secondaire,** les souhaits des élèves eux-mêmes sont pris en compte. Les enseignants nécessaires seront formés. **Justice :** les lois les plus importantes seront traduites dans les langues visées par la Charte. **Autorités locales et régionales :** publication, *« dans la mesure où cela est raisonnablement possible »,* des textes officiels dans les langues régionales, et emploi, *« le cas échéant conjointement avec la dénomination dans la langue officielle », « des formes traditionnelles et correctes de la toponymie ».* **Médias :** encourager et/ou faciliter la présence des langues régionales. **Activités et équipements culturels :** traduction dans les langues régionales d'œuvres produites dans d'autres langues et vice versa. **Vie économique et sociale :** interdiction d'exclure les langues régionales des entreprises ; rédaction des consignes de sécurité dans les langues régionales locales. **Échanges transfrontaliers :** favoriser les contacts entre locuteurs de la même langue habitant des États différents.

■ **Conseil constitutionnel.** Il a jugé que la Charte comportait des clauses contraires à la Constitution, il a rappelé que, selon l'article 1er de la Constitution, « la France est une République indivisible [qui] assure l'égalité devant la loi de tous les citoyens sans distinction d'origine, de race ou de religion », selon l'article 2, « la langue de la République est le français ». Il a souligné que « le principe d'unicité du peuple français (...) a valeur constitutionnelle ». « La Charte, en ce qu'elle confère des droits spécifiques à des groupes de locuteurs de langues régionales ou minoritaires, à l'intérieur de territoires dans lesquels ces langues sont pratiquées, porte atteinte aux principes constitutionnels d'égalité devant la loi et d'unicité du peuple français. »

3-5-2001 **Conseil Supérieur de l'Éducation** (CSE), consultatif, rejette le développement des langues régionales au sein du service public, présenté par Jack Lang le 25-4. **Enseignement bilingue :** 25 voix contre (UNSA, FO, Snalc, FCPE), 14 pour (CFDT, FSU), 5 abstentions ; pratique de l'immersion 32 contre.

L'ENSEIGNEMENT SUPÉRIEUR EN FRANCE

QUELQUES DATES

Avant le XIIe s. Enseignement supérieur donné par écoles d'évêchés ou de cathédrales (écoles de chapitres), puis on admit le principe d'une corporation dégagée de cette tutelle et l'ajout des sciences profanes : droit, médecine, botanique, astronomie, géométrie, mathématiques. **Après 1192** 1er privilège de l'Université de Paris donné par le pape Célestin XII (1er statut en 1215). **1257** fondation de la *Sorbonne* par Roger de Sorbon (1201-74, chanoine) ; grande salle de cours. Délivre 3 grades (déterminance, baccalauréat, licence) et 1 grade honorifique (doctorat). Nombreuses fondations privées réservées aux étudiants (on disait « écoliers ») au quartier Latin (latin obligatoire dans la vie quotidienne). Les universités sont des institutions autonomes, à statut propre, bénéficiant de privilèges (collation des grades), rassemblant tous les étudiants et maîtres, étudiant toutes les disciplines. Similaires aux corporations, elles sont divisées en facultés spécialisées : théologie (discipline prééminente) ; arts (lettres et sciences) ; droit (surtout droit canon) ; médecine. *Direction :* doyen et recteurs élus. **1289**-*26-10* le pape Nicolas IV érige en universités les écoles de droit, de médecine et des arts de Montpellier. A Paris, l'université n'a pas de locaux, on professe *place Maubert* ou sur la paille de la rue du *Fouarre.* Des mécènes financent des collèges [exemples : *des Chollets* fondé 1291 par le cardinal Jean Chollet pour 2 étudiants pauvres des diocèses de Beauvais et Amiens ; *de Navarre,* fondé 1304 par Jeanne, reine de France et de Navarre, pour 70 boursiers ; *de Lisieux* fondé 1336 par Guy d'Harcourt, évêque de Lisieux, pour 24 boursiers puis 36 (1414) ; *de Bayeux* fondé 1370 par Gervais Chrétien pour 26 boursiers ; *de Reims* fondé 1390 par Guy de Roye]. **1793**-*15-9* décret de la Convention supprimant les 21 universités.

1806-*10-5* création de l'*Université impériale* qui a le monopole de l'enseignement précisé par le décret du 17-3-1808 : *art. 1er.* L'enseignement public dans tout l'Empire est confié exclusivement à l'Université. *Art. 2.* Aucune école, aucun établissement quelconque d'instruction ne peut être formé hors de l'Université et sans l'autorisation de son chef. *Art. 3.* Nul ne peut ouvrir d'école, ni enseigner publiquement, sans être membre de l'Université, et gradué par l'une de ses facultés. Néanmoins, l'instruction dans les séminaires dépend des archevêques et évêques, chacun dans son diocèse [...]. *Art. 38.* Toutes les écoles de l'Université prendront pour base de leur enseignement : 1°) les préceptes de la religion catholique ; 2°) la fidélité à l'Empereur, à la monarchie impériale dépositaire du bonheur des peuples, et à la dynastie napoléonienne conservatrice de l'unité de la France et de toutes les idées libérales proclamées par les Constitutions... 5 ordres : théologie, droit, médecine, sciences (mathématiques et physiques), lettres. L'Université impériale comprend autant d'*académies* qu'il y a de cours d'appel (27). Les *facultés* sont des organismes d'État directement administrés par le pouvoir central qui désigne leurs doyens. **1850**-*15-3* **loi Falloux :** supprime l'Université de France (héritière de l'Université impériale) et la remplace par l'*Instruction publique,* prévoit une académie par département. **1854**-*14-6* division de la France en 16 *circonscriptions académiques.* **1855**-*25-7* création des *facultés.* **1885**-*25-7* création du *Conseil général des Facultés* pour les rapprocher. *-28-12* décret fixant l'organisation des facultés. **1893**-*28-4* attribution de la personnalité civile au corps formé par la réunion de plusieurs facultés de l'État dans un même ressort académique. **1896**-*10-7* les corps de faculté prennent le nom d'*universités,* dotées de la personnalité morale ; maîtres et élèves sont libres de leurs travaux.

1920-*31-7* un décret précise et élargit les règles de constitution des universités et crée les *instituts* en complément des facultés et des universités. **1920**-*22-11* : 1er restaurant universitaire à Paris (rue Pierre-Curie). **1966**-*22-6* **décret sur les facultés :** *1er cycle* de 2 ans : diplôme Dues ou Duel. *2e cycle :* court, 1 an, licence ; long, 2 ans, maîtrise. *3e cycle :* doctorat. Les IUT assurent en 2 ans la préparation du DUT. **1968**-*12-11* **loi d'orientation** (dite *loi Edgar Faure*) : *autonomie administrative :* unités d'enseignement et de recherche (UER) et universités sont administrées par un conseil élu et dirigées respectivement par des directeurs et par un président, eux-mêmes élus ; *pédagogique :* elles déterminent programmes, modalités d'enseignement et procédés de vérification des connaissances ; *financière :* l'établissement autonome dispose librement des dotations budgétaires affectées par l'État et de ses ressources d'origine publique ou privée. *Participation,* au niveau de : *la gestion* dans le cadre des organismes élus où se trouvent tous ceux qui prennent part à la vie de l'université (essentiellement conseils d'UER et conseils d'université) ; *l'organisation de l'enseignement* au sein des mêmes conseils ; *la vie régionale et nationale* par la présence, dans les organismes de gestion et les différents conseils, de personnalités du monde extérieur, et la multiplication des relations avec les communautés locales et régionales, avec le monde économique et social, et avec les autres universités (notamment européennes et francophones). *Pluridisciplinarité :* cherchée dans le regroupement des UER, le remodelage des universités : contacts entre disciplines, nouvelles formations, définition de nouveaux diplômes nationaux. **1984**-*26-1* **loi sur l'enseignement supérieur** (dite *loi Savary).* Concerne toutes les formations.

1988-92 **réforme Jospin :** rénovation des 1ers cycles, création de postes, autonomie des universités et *plan U3M (Université du IIIe millénaire)* reposant sur un partenariat État/collectivités locales en vue d'une carte universitaire nationale décentralisée et contractualisée. **1991-93** **création de 7 nouvelles universités :** Artois (Arras-Béthune), Cergy-Pontoise, Évry-Val d'Essonne, Littoral (Dunkerque-Boulogne), Marne-la-Vallée, La Rochelle, Versailles-St-Quentin-en-Yvelines. **Création des IUP** (industries universitaires professionnalisées).

1995-*20-1* **rapport Laurent** préconise la création d'instituts universitaires régionaux avec des conseils régionaux, responsables de la formation professionnelle (dispensée en alternance ou en apprentissage, enseignement sanctionné par un diplôme reconnu par l'État, pour faciliter un retour vers les BTS, l'enseign. supérieur, les IUT ou les formations longues). **Propositions :** *rénovation des Deug :* mise en place de nouveaux rythmes sur une année universitaire en continu, aménagements pour les étudiants salariés ou accueil de bacheliers en janvier ou février. *Tutorat :* renforcement, prime pour enseignants-chercheurs acceptant d'inter-

Premières universités d'Europe. **1150** Bologne et Salerne (Italie). **1192** Paris. **1214** Oxford (Grande-Bretagne). **1217** Toulouse. **1243** Salamanque et **1254** Séville (Espagne). **1257** Cambridge (Grande-Bretagne). **1289** Montpellier. **1306** Orléans. **1332** Cahors. **1339** Grenoble. **1348** Prague (Tchécoslovaquie). **1362** Cracovie (Pologne). **1386** Heidelberg, **1388** Cologne, **1392** Erfurt, **1409** Aix, Leipzig et **1419** Rostock (Allemagne). **1422** Dole, Nantes. **1431** Poitiers. **1437** Caen. **1441** Bordeaux. **1450** Besançon. **1456** Greifwald, **1457** Fribourg-en-Brisgau, **1502** Wittenberg, **1527** Marburg, **1551** Rome, université pontificale grégorienne, *fondée* par jésuites, **1554** Königsberg, **1558** Iéna et **1810** Berlin (Allemagne).

venir en 1er cycle. *Professionnalisation :* ouverture des universités à la formation continue (nouveaux financements) pour offrir une qualification et un diplôme à 100 000 ou 150 000 étudiants. *Système d'aides aux étudiants :* aides positives pour créer de nouvelles allocations et bourses, basées sur critères familiaux, géographiques, nécessités universitaires (par transfert de 80 % de l'allocation logement spécialisée) ; prêts étudiants de 2e et 3e cycle par des sociétés de cautions mutuelles garanties par l'État. Relèvement des droits d'inscription (1er cycle : 2 000 F au maximum, 2e cycle : 3 000 F, 3e cycle : 4 000 F). *Financement des universités :* renforcement de l'autonomie de gestion des budgets (dotations d'emploi d'enseignants et de personnels, dotation globale d'investissement). **1995**-*26-1* **circulaire Fillon :** à titre exceptionnel et par dérogation, les titulaires d'un DUT peuvent être admis à s'inscrire en 2e année d'IUT, après avis favorable motivé du directeur de l'IUT. *-10-2* retirée à la suite de nombreuses manifestations. **1996** *(1er semestre)* François Bayrou organise des **états généraux de l'Université :** consultation des étudiants, enseignants, personnels administratifs, etc. ; propositions : *semestre d'orientation* lors de l'entrée en fac permettant aux étudiants de se réorienter facilement en cas d'erreur ; *information des lycéens* avec des heures spécialement consacrées à la préparation du projet professionnel ; *regroupement des aides sociales* au sein d'une Allocation sociale d'études unique ; *filière technologique :* valorisation des enseignants [outre la recherche, les activités des professeurs (enseignement, encadrement, animation...) sont prises en compte dans le déroulement de leurs carrières ; leur cours sont évalués par les étudiants grâce à un questionnaire individuel et anonyme] ; *modernisation des universités :* les établissements deviennent progressivement propriétaires de leurs locaux. Un plan « Université 2000 plus » permet de construire des salles de travail pour les étudiants et des bureaux pour les enseignants. Une agence de modernisation des universités aide les établissements dans leur gestion. *Juin* rapport de la Commission présidée par Roger Fauroux.

Rentrée 1997. **Entrée en vigueur de la réforme Bayrou des 1ers cycles :** organisation semestrielle des études (avec réorientation possible à la fin du 1er semestre) ; institution d'un tutorat ; généralisation des unités d'enseignement capitalisables ; introduction d'une unité d'expérience professionnelle (stage en entreprise) ; évaluation des formations et des enseignants.

Organes consultatifs nationaux

■ **Conseil supérieur de l'Éducation nationale.** **Origine :** Conseil de l'Université, présidé par un Grand Maître nommé par l'Empereur (1808). Conseil royal de l'Instruction publique (1815) ou Conseil royal de l'Université (1845), puis Conseil supérieur de l'Instruction publique (1850), et Conseil impérial de l'Instruction publique (1852-70), Conseil supérieur de l'Instruction publique (lois de 1873 et 1880), Conseil supérieur de l'Enseign. public (ordonnance du 26-4-1945), Conseil supérieur de l'Éducation nat. (lois du 6-4 et du 18-5-1946). **Rôle :** *donne son avis au ministre ; organe juridictionnel* compétent pour affaires administratives et disciplinaires (maîtres et étudiants) : ses arrêts sont susceptibles de recours en cassation devant le Conseil d'État.

■ **Conseil national des universités (CNU).** Organe consultatif de gestion des personnels enseignants et collège de spécialistes chargés d'apprécier les candidatures des professeurs et des maîtres de conférences des universités et de les proposer au ministre, en vue de leur recrutement ou de leur avancement.

■ **Conseil national de l'enseignement supérieur et de la recherche (Cneser).** Présidé par le ministre. *Membres :* 40 élus représentant les universités, 21 nommés représentant les grands intérêts nationaux. Obligatoirement consulté pour les affaires budgétaires, statutaires, réglementaires, administratives et institutionnelles.

■ **Conférence des Pts d'université (CPU).** Se réunit soit à sa diligence, soit à l'initiative du ministre qui la préside.

■ **Conférence des directeurs d'écoles et de formation d'ingénieurs (CDEFI).** Établit des relations privilégiées avec la **Commission des titres d'ingénieurs,** organe de contrôle du niveau de la qualité du titre d'ingénieur décerné par une école et qui a le pouvoir d'habiliter les écoles privées à délivrer le diplôme et donne son avis lorsqu'il s'agit des écoles publiques.

EPCSCP (Établissements publics à caractère scientifique, culturel et professionnel)

■ **Universités. Rôle.** Elles dispensent des formations comprenant à part égale des enseignements fondamentaux et pratiques appuyés sur la recherche et ses applications. « Pluridisciplinaires, elles doivent associer autant que possible les arts et les lettres aux sciences et aux techniques pour permettre à l'étudiant de choisir dès le 1er cycle, dans des conditions propres à chaque université, plusieurs disciplines, et dès le 2e cycle favoriser la recherche interdisciplinaire. » Elles délivrent des diplômes nationaux, des titres, des diplômes d'université spécialisés et le doctorat. Elles assurent la formation de base des cadres supérieurs de l'enseignement et de la recherche, des secteurs judiciaires, de la magistrature, des administrations publiques et privées, de la culture, de la communication, des bibliothèques et des musées, du secteur santé (médecins, pharmaciens, dentistes et personnels paramédicaux), des industries et des petites et moyennes entreprises, de la banque et du commerce. **Budget.** **Ressources :** crédits attribués par l'État, ressources propres [donations, participations d'entreprises, subventions diverses (collectivités territoriales), droits d'inscription]. **Interlocuteur officiel.** La Direction générale de l'enseignement supérieur au sein du ministère de l'Éducation nationale, de la Recherche et de la Technologie. **Nombre** (en 1998). Universités 84 [83 universités EPCSCP (Ile-de-France 17, province et Dom 66) et université française du Pacifique (établissement public à caractère administratif)]. Une ou plusieurs universités peuvent être créées dans chaque académie.

Organisation. **Président de l'université :** élu pour 5 ans par les membres des 3 conseils : *conseil d'administration, conseil scientifique, conseil des études et de la vie universitaire.* Il a autorité sur le personnel de l'établ. ; il est responsable du maintien de l'ordre. Il dirige l'université. **Secrétaire général :** *nommé* par le ministre de l'Éducation nationale sur proposition du Pt. **Conseil d'administration (A) :** *mission :* a pouvoir de décision et d'exécution, vote le budget, détermine la politique de l'établ., répartit entre les unités pédagogiques et les services communs (bibliothèques, gymnases, administration) emplois et ressources alloués par le ministère. *Membres :* 30 à 60, élus au suffrage direct pour 4 ans, sauf les représentants étudiants (2 ans). *Répartition :* représentants des enseignants-chercheurs, enseignants et chercheurs 40 à 45 %, étudiants 20 à 25 %, personnalités extérieures 20 à 30 % (responsables économiques régionaux, syndicalistes, des collectivités locales, etc.), personnel administratif, technique et de service 10 à 15 %. **Conseil scientifique :** *mission :* définir politique et programmes de recherche. *Membres :* 20 à 40 (représentants des personnels 60 à 80 %, des étudiants de 3e cycle 7,5 à 12,5 %, personnalités extérieures 20 à 30 %). **Conseil des études et de la vie universitaire :** *mission :* représente au CA les orientations pédagogiques et toute mesure visant à favoriser l'orientation des étudiants ou à améliorer leurs conditions de vie et de travail. *Membres :* 20 à 40 (représentants d'enseignants et étudiants 75 à 80 %, des personnels administratifs et techniques 10 à 15 %, personnels extérieurs 10 à 15 %).

Composantes. **Unités de formation et de recherche (UFR) :** assurent les enseignements des grands secteurs disciplinaires de droit, sciences économiques, lettres et arts, sciences humaines, sciences exactes et naturelles, technologie et formations de santé. Ont vocation de formation générale (exemple : UFR de 1er cycle), ou sont orientées vers des formations spécialisées (exemples : UFR de droit, de lettres, etc.) ou essentiellement tournées vers la recherche ou les enseignements de 3e cycle. Chaque unité est gérée par un Conseil élu (maximum : 40 membres), comprenant des personnalités extérieures (20 à 50 %), qui détermine les statuts de l'UFR, ses structures internes et ses liens avec d'autres universités, assure la gestion sur le plan pédagogique (programmes de recherches, méthodes), élit le directeur de l'UFR. **Instituts et écoles de formation ou de spécialisation internes :** préparent à des diplômes nationaux et/ou à des diplômes qui leur sont propres. Certains sont conçus pour répondre à une mission nationale, régionale ou internationale de formation. **Services communs :** bibliothèques, services d'accueil, d'orientation et d'insertion professionnelle des étudiants, de formation continue, des activités physiques et sportives. **Écoles rattachées.**

■ **Instituts nationaux polytechniques.** 3 INP (Grenoble, Nancy et Toulouse) groupent des écoles nationales supérieures d'ingénieurs, anciennement instituts d'université, assimilés aux universités.

■ **Grands établissements.** Institut d'études politiques de Paris, Observatoire de Paris, École des hautes études en sciences sociales, École pratique des hautes études, Muséum national d'histoire naturelle, École centrale des arts et manufactures, Institut national des langues et civilisations orientales, Collège de France, Cnam (Centre national des arts et métiers), Palais de la Découverte, École nationale des chartes, Institut de physique du globe de Paris, École nationale supérieure des sciences de l'information et des bibliothèques.

Organisation des études supérieures

■ **Conditions d'entrée.** Bac ou diplôme d'accès aux études universitaires (Daeu) pour les non-bacheliers qui ont interrompu leurs études depuis au moins 2 ans, qui ont 20 ans au moins et justifient de 2 années d'activité professionnelle salariée ayant donné lieu à cotisation à la Sécurité sociale (y compris activité passée à élever un ou plusieurs enfants) ou qui ont 24 ans au moins.

■ **Choix.** L'étudiant peut choisir : 1°) **un système d'orientation** au sein des universités pour l'accès à des formations diverses, de difficulté croissante, où la sélection s'effectue progressivement au cours des cycles d'études successifs : après 1 an en médecine, odontologie, pharmacie au moyen d'un examen classant ; 2 ans pour l'inscription à certaines maîtrises ou à une formation d'ingénieur ; 4 ans pour être admis à préparer un diplôme d'études approfondies (DEA) ou un diplôme d'études sup. spécialisées (DESS). 2°) **un système de sélection** pratiqué dans les grandes écoles et les formations technologiques courtes. Le bac est complété par un concours ou par le dépôt d'un dossier examiné par un jury d'admission.

Enseignement supérieur court

☞ Concerne surtout les secteurs industriels et tertiaires. Au bout de 2 ans (parfois 3), il est délivré un diplôme national à objectif professionnel.

■ **Instituts universitaires de technologie (IUT). Créés** 1966 au sein des Universités. **Conseils d'administration :** composés des représentants des employeurs, salariés, enseignants, diplômés et ministère concerné ; 1/3 viennent de l'extérieur de l'Université. **Commissions pédagogiques :** composées de représentants des professions et des formations, revoient régulièrement les formations en fonction des évolutions technologiques et socio-économiques. **Formation donnée :** technicien supérieur (niveau III), moins spécialisée que les BTS. **Durée :** 2 ans (après le bac). 35 h par semaine (cours, travaux pratiques et dirigés). Chaque département organise les 2 années d'études en fonction des centres d'intérêt primordiaux du secteur concerné. **Admission :** après vérification du niveau du candidat : examen du dossier par un jury, complété éventuellement par un entretien ou un test. **Passage en 2e année :** prononcé par le chef d'établissement. Un stage dans une entreprise ou un organisme public est obligatoire pour obtenir le diplôme en fin de scolarité. **Redoublement :** autorisé une seule année. **Nombre :** 106 (à la rentrée 2000) IUT et 25 spécialités [plusieurs avec option en 2e année, dispensées dans 594 (à la rentrée 2000) départements et réparties en secteurs secondaire et tertiaire]. **Sanction :** diplôme universitaire de technologie (DUT). **Corps enseignant :** enseignants d'université ou du secondaire et technique, chercheurs des universités, professionnels. **Année spéciale ou année post-1er cycle :** 1 an, pour les étudiants ayant effectué 2 ans d'enseign. supérieur. Les diplômés des IUT ou les titulaires d'un BTS peuvent, après 3 ans de vie professionnelle, entrer dans une formation conduisant au diplôme d'ingénieur : cycle préparatoire de 6 à 18 mois, associant cours par correspondance et périodes de regroupement, permettant aux stagiaires d'harmoniser leurs connaissances théoriques et d'accéder au cycle terminal (12 à 36 mois) tout en continuant à exercer leur emploi. **Effectifs :** voir p. 1308 b.

■ **Sections de techniciens supérieurs (STS) au sein des lycées. Admission :** sur examen, sur titre ou concours, avec ou sans le bac, selon les spécialités. **Formation :** dans certains lycées techniques, lycées agricoles ou établ. de même niveau, en vue de carrières précises (industrie graphique, gestion hôtelière, secrétariat de direction trilingue...). **Durée :** 2 ans, 3 ans pour BTS de prothésiste, orthésiste et podo-orthésiste, et diplôme de conseiller en économie sociale et familiale. **Sanction :** BTS (brevet de technicien supérieur), diplôme professionnel. **Effectifs dans les STS et les classes préparant au DECF** (public + privé, France métropolitaine, en 1999-2000) : 243 033 dont DECF 6 269, STS et assimilés 212 837 (dont agriculture 21 909, privé 72 713). **Effectifs (STS, DECF) dont,** entre parenthèses, **filles** (France métropolitaine, 1999-2000) : *STS et assimilés Éducation nationale :* 212 837 (111 705), classes de mise à niveau 2 920 (1 883), DPECF 1 606 (843), STS en 1 an 287 (120), 2 ans 203 320 (105 709), 3 ans 2 223 (1 859), DMA 632 (373), DSAA 364 (239), DNTS et formations complémentaires post-BTS 1 485 (679) ; *Agriculture :* 21 909 (7 670), STS en 1 an 398 (120), 2 ans 21 511 (7 550) ; *Autres ministères :* 2 018 (1 103), classes de mise à niveau 59 (31), DPECF 40 (17), STS en 2 ans 1 786 (973), 3 ans 56 (55), formations complémentaires post-BTS 26 (8), DMA 51 (19) ; *total STS* 236 764 (120 478). *DECF :* Éducation nationale 6 180 (3 342), autres ministères 89 (41) ; *total DECF* 6 269 (3 383). **Entrants 1re année de STS** (en 1999-2000). Domaines technico-professionnels (hors ministère de l'Agriculture et de la Pêche) 108 728 dont disciplinaires (lettres et arts) 15, de la production 33 280, des services 75 433. **Origine** (en %). Terminale S 6,6, ES 7,8, L 5,7, STI 19,8, STT 31, autres 5,6, bac pro. 6,3, autres 17,2.

■ **Université. Sanction :** diplôme d'études universitaires scientifiques et techniques (Deust) qui doit permettre d'entrer directement dans la vie professionnelle.

■ **Formations paramédicales.** *Au sein de l'Université et dans des écoles relevant du ministère chargé de la Santé :* orthophonie, orthoptie, audioprothèse, formation de sage-femme, d'assistante sociale. **Accès :** sélectif intervenant dès le bac, à l'issue d'un concours, d'un examen, d'un test ou d'un entretien. **Durée d'études :** prolongeable jusqu'à 4 ans.

Enseignement supérieur long

En général, études universitaires organisées en 3 cycles successifs, sanctionnés par des diplômes nationaux.

■ **1er cycle.** Formation générale et d'orientation, ouvert aux titulaires du bac. **Durée :** 2 ans dont un 1er semestre d'orientation. Comporte des enseignements plus ou moins disciplinaires et offre une diversité d'enseignements, tenant compte de l'évolution des connaissances et des débouchés. **Diplôme :** *Deug (Diplôme d'études universitaires générales)* pouvant être assorti de mentions. Le Deug remplace depuis le 27-2-1973 le diplôme universitaire d'études littéraires (Duel), le diplôme universitaire d'études scientifiques (Dues), le diplôme d'études juridiques générales et le diplôme d'études économiques générales. **Inscriptions :** 3 annuelles (2 en 1re année, 1 en 2e ou 1 en 1re, 2 en 2e) au maximum. Exceptionnellement, 1 ou 2 supplémentaires peuvent être autorisées par le Pt de l'université. **Matières étudiées :** *obligatoires ; optionnelles* (choisies et réparties par le Conseil de l'université) ; *libres* (choisies par les étudiants). Étude des langues vivantes dans toutes les filières. **Contrôle des connaissances et des aptitudes :** examens terminaux ou contrôle continu et régulier, ou par les 2 modes de contrôle combinés. **Secteurs :** *lettres et langues, mentions :* arts et archéologie ; lettres classiques ; lettres modernes ; langues, littératures et civilisations étrangères (LLCE) ; langues étrangères appliquées (LEA) ; sciences du langage ; médiation culturelle et communication. *Sciences humaines et sociales, mentions :* géographie ; histoire ; histoire des arts et archéologie ; maths, informatique et statistiques appliquées aux sciences humaines (MISASH) ; philosophie ; sciences du langage ; sociologie ; psychologie. *Théologie, mentions :* théologie catholique ; théologie protestante. *Staps* (sciences et techniques des activités physiques et sportives). *Droit. Administration économique et sociale (AES). Économie et gestion. Sciences et technologies, mentions :* mathématiques, informatique et applications aux sciences (Mias) ; sciences de la matière (SM) ; sciences et technologies pour l'ingénieur (STPI) ; sciences de la Terre et de l'Univers (STU) ; sciences de la vie (SV) ; mathématiques appliquées et sciences sociales (Mass). *Arts, mentions :* arts plastiques ; arts du spectacle ; histoire des arts et archéologie ; médiation culturelle et communication ; musique.

■ **2e cycle.** Approfondissement, formation générale, scientifique et technique de haut niveau préparant à l'exercice de responsabilités professionnelles. **Durée :** 2 à 3 ans après le Deug. **Formations :** fondamentales, professionnelles et/ou spécialisées. **Diplômes :** *licence* (Deug + 1 an d'études) et *maîtrise* (licence + 1 an d'études) ; *à finalité professionnelle* en un bloc indivisible de 2 ans, en vue d'acquérir une maîtrise de sciences et techniques (MST), de sciences de gestion (MSG), de méthodes informatiques appliquées à la gestion (Miage) ; *conduisant au titre d'ingénieur diplômé,* conçues en un bloc de 3 ans d'études.

■ **3e cycle. Durée :** une ou plusieurs années de préparation. **Accès :** sélection parmi les titulaires d'une maîtrise, d'un titre d'ingénieur ou d'un diplôme rendu équivalent par la validation des acquis. **Formations dispensées :** *professionnelle* de 1 an assortie d'un stage obligatoire en entreprise en vue d'acquérir un diplôme d'études supérieures spécialisées (DESS) ; *formation à et par la recherche* sanctionnée après la 1re année par le diplôme d'études approfondies (DEA) et menant, en 2 à 4 ans, au doctorat. Formation à la recherche technologique sanctionnée par un diplôme national, le diplôme de recherche technologique (DRT).

■ **Médecine. Centres hospitaliers universitaires (CHU) :** *créés* 1958 pour rapprocher l'Université de l'hôpital. Résultent d'une convention entre les unités médicales et les hôpitaux. Le personnel médical d'encadrement employé à plein temps a une mission de soins, d'enseign. et de recherche. Tous les étudiants font leurs études dans les unités médicales et dans le cadre des CHU où ils reçoivent une formation théorique et pratique. **Durée :** 8 ans et plus. **Accès :** titulaires du bac toutes séries, mais ceux des séries scientifiques sont mieux préparés. **Nombre :** 25 en province, 11 à Paris.

Cycles : 1er cycle d'études médicales (PCEM) : 2 ans ; 1re année commune à médecine et odontologie ; sélection (examen classant en fin de 1re année) en fonction de la capacité de formation des CHU et des besoins (diminution d'environ 10 % par an depuis 1980). **2e cycle (DCEM) :** 4 ans ; *1re année :* formation médicale générale, initiation aux fonctions hospitalières ; *3 autres années :* pathologie et thérapeutique, formation théorique et enseignements cliniques (stages). Les étudiants sont rémunérés à partir de la 5e année d'études médicales (3e année du DCEM). **3e cycle :** pour les étudiants qui ont validé le DCEM et le certificat de synthèse clinique et thérapeutique (CSCT). *Médecine générale ou résidanat :* 2 ans 1/2, sanctionnés à l'issue d'une formation théorique comportant des fonctions hospitalières et un stage chez un praticien, et après soutenance d'une thèse, par le diplôme d'État de docteur en médecine et la qualification en médecine générale. *Médecine spécialisée :* subordonné à la réussite au concours de *l'internat* (6 disciplines : spécialités médicales, chirurgicales, biologie médicale, psychiatrie, médecine du travail, santé publique) ; organisé en diplômes d'études spécialisées (DES), préparé en 4 à 5 ans ; sanctionné par le diplôme d'État de docteur en médecine et 1 DES ; au cours du 3e cycle, les étudiants peuvent préparer le DEA.

■ **Pharmacie. Durée :** 6 ans et plus. **Cycles : 1er cycle :** 2 ans (examen classant pour le passage en 2e année). **2e cycle :** 2 ans. **3e cycle :** 2 ans ; l'étudiant soutient la thèse en vue du diplôme d'État de docteur en pharmacie.

A l'issue de la 5e année, les étudiants se destinant aux spécialisations peuvent, après réussite au concours de *l'internat en pharmacie,* préparer des *diplômes d'études spécialisées* (DES) dans le cadre des filières de sciences biologiques spécialisées et de sciences pharmaceutiques spécialisées. Le mémoire du DES peut tenir lieu de thèse en vue du diplôme d'État de docteur en pharmacie. Les titulaires de ce diplôme peuvent s'engager dans le cycle doctoral (DEA + doctorat) ou préparer un diplôme d'études supérieures spécialisées (DESS).

■ **Réforme Bayrou** (1997) [arrêtés des 9-4, 30-4 et 23-5-1997]. **1er cycle.** Les 2 années du Deug sont divisées en 4 semestres (oct.-fév., fév.-juin) faisant chacun l'objet d'une évaluation séparée : l'étudiant qui échoue en fin d'un semestre ne redouble que ce semestre et non plus l'année entière. Le semestre initial permet de poursuivre dans la même filière ou de s'inscrire dans un autre Deug d'un secteur proche, ou de se réorienter vers un IUT, un BTS ou une classe préparatoire aux grandes écoles. Une *commission d'orientation* (nommée par le Pt de l'université) examinera les demandes. Un *tutorat* d'accompagnement des étudiants de 1re année de Deug, assuré par des étudiants volontaires de 2e et de 3e cycle sous la responsabilité des enseignants, doit être généralisé. **Notation :** les notes se compensent et il n'y a plus de note éliminatoire. Une unité d'enseignement est acquise dès que l'étudiant y obtient la moyenne, même dans un ensemble auquel il échoue (il ne repasse que les unités qui lui manquent). Le Deug est obtenu avec la moyenne générale aux unités d'enseignement. Les étudiants ayant acquis 70 % des unités peuvent s'inscrire dans le semestre ou l'année supérieure, à condition de préparer les unités manquantes. De même, en fin de 2e année, un étudiant peut passer en licence s'il a 80 % de son Deug.

2e cycle. Les étudiants peuvent, dans le cadre du semestre universitaire, effectuer un stage conventionné en entreprise (unité d'expérience professionnelle) cohérent avec la formation suivie. Le ministre de l'Éducation nationale en conditionne l'entrée en vigueur à la signature effective de la charte nationale des stages, qui constitue une garantie sur le contenu et les conditions d'encadrement. L'étudiant pourra aussi passer un semestre dans un établissement d'enseignement supérieur de l'Union européenne lié par une convention avec l'université française dont il relève. Un travail personnel d'études et de recherche pourra être organisé sur 2 semestres de maîtrise. **1999 :** création de la licence professionnelle, du mastaire, conféré de plein droit aux titulaires d'un DEA, d'un DESS, d'un titre d'ingénieur diplômé, d'un titre ou diplôme délivré au nom de l'État, de niveau analogue figurant sur une liste fixée par arrêté du Min. de l'Ens. Sup.

■ **Odontologie. Durée :** 6 ans et plus. 1re année commune avec 1re année de médecine (PCEM 1), au terme de laquelle les étudiants subissent un examen classant. Les étudiants classés s'inscrivent en 2e année d'odontologie. *6e année :* thèse en vue du diplôme d'État de docteur en chirurgie dentaire. Puis, spécialisation : CES de chirurgie dentaire (A et B), certificat d'études cliniques spéciales mention orthodontie (Cecsmo), diplôme d'études supérieures de chirurgie buccale, attestation d'études approfondies (AEA), après réussite au concours de l'internat, DEA puis doctorat de recherche.

Nota. – Afin de permettre aux étudiants en médecine, odontologie, pharmacie de se préparer au DEA puis à la recherche, une maîtrise de sciences biologiques et médicales a été créée, ouverte aux étudiants de 2e année de médecine, odontologie, pharmacie.

■ **Enseignement supérieur à distance.** Offert aux étudiants désireux de préparer un diplôme national mais qui ne peuvent assister aux cours d'une université pour des raisons de force majeure (santé, éloignement, travail, situation de famille) et à des non-étudiants (adultes et auditeurs libres). Dispensé par certaines universités dotées d'un centre de téléenseignement. Le *Centre national d'enseignement à distance (Cned)* prépare à des concours de la fonction publique et dispense des formations spécifiques (voir p. 1310 c).

IUP (Instituts universitaires professionnalisés)

■ **Créés** en 1991 pour répondre aux besoins en cadres des entreprises, ils ouvrent l'université sur le monde des entreprises sur la base du partenariat. **Formation** technologique longue avec tiers de temps en entreprise, initiation à la recherche et au moins une langue étrangère. **Accès :** bac + 1 (fin de 1re année de Deug ou de CPGE). 3 ans sanctionnés par la maîtrise et le titre d'ingénieur-maître avec Deug et licence (fin 1re et 2e année). Les diplômés d'IUP peuvent préparer le diplôme de recherche technologique (DRT) ou le diplôme d'études approfondies (DEA), puis le doctorat.

■ **Formation continue** (loi du 16-7-1971). Dispensée dans les établissements universitaires ou les écoles. Permet aux personnes engagées dans la vie professionnelle de suivre des cours du soir en bénéficiant d'horaires aménagés et d'accéder aux diplômes universitaires. De son côté, le *Conservatoire national des arts et métiers (Cnam)* et ses centres régionaux accueillent des auditeurs salariés, sans exigence de titre, à ses cours du soir durant lesquels ces derniers bénéficient d'un enseignement gradué qui peut, à terme, donner accès à un titre d'ingénieur.

Statistiques

■ **Étudiants inscrits dans l'enseignement supérieur** (France métropolitaine, en milliers). *1960-61 :* 309,7 (dont universités hors IUT 214,7) ; *70-71 :* 850,6 (637) ; *80-81 :* 1 174,9 (799,2) ; *90-91 :* 1 698,7 (1 097,6) ; *95-96 :* 2 140,9 (1 362,5) ; *98-99 :* 2 089,5 (1 290,2) ; *99-2000 :* 2 095 (1 252,2, IUT 117, STS 237, autres 412,3). **Par disciplines ou spécialités (en 1999-2000). Total France métropolitaine** 2 094 781 (+ DOM 2 125 588) : **universités** 1 398 551 [hors IUT 1 252 151 (dont écoles d'ingénieurs dépendantes des universités 29 378), IUT 117 022] ; **IUFM** 80 120 ; **STS** 236 764 (*public* MEN 149 654, autres ministères 14 397, privé 72 713) ; **CPGE** 76 500 (*public* MEN 60 999, autres ministères 1 716, privé 13 785) ; **préparations intégrées** 2 926 ; **écoles d'ingénieurs** 56 373 (*public* MEN 20 962, autres ministères 14 219, privé 21 192) ; **écoles de commerce, gestion, vente et comptabilité** 56 070 ; **établissements d'enseignement universitaire privé** 22 267 ; **écoles normales supérieures** 3 209 ; **juridiques et administratives** 7 692 ; **supérieures d'art et d'architecture** 51 402 ; **paramédicales et sociales** 82 739 ; **autres** 20 168.

Répartition en %

	1960-61	1965-66	1980-81	1990-91	1994-95	1999-2000
Droit, sc. éco. [1]	17	21	22,3	24,7	24,2	24,1
Lettres [2]	31,1	33,2	30,7	34,2	35,4	34,8
Sciences [3]	33,1	30,3	16,2	20,5	19,4	19,9
Médecine, dentaire	14,7	12,2	16,9	13,2	11	7,9
Pharmacie	4,1	3,3	4,3	2,5	2,2	1,9
IUT			6,2	6,4	6,7	8,3
Sports (Staps)			1,1	1	1,1	3

Nota. – (1) Et AES ; avec IEP de Paris. (2) Et sc. humaines ; avec Deug enseign. 1er degré. (3) Avec INP, Ensi (écoles d'ingénieurs) et Mass (maths appliquées aux sciences sociales).

■ **Age des étudiants en France. Nombre d'hommes et,** entre parenthèses, **de femmes selon leur âge** (en 2000-2001) : *total : 1 430 310 (790 104). 15 ans :* 1 (0). *16 ans :* 199 (106). *17 :* 11 730 (7 373). *18 :* 146 028 (90 528). *19 :* 200 483 (118 406). *20 :* 207 424 (120 374). *21 :* 178 866 (101 518). *22 :* 155 470 (82 821). *23 :* 124 138 (62 483). *24 :* 87 655 (42 473). *25 :* 59 700 (28 681). *26 :* 39 798 (21 061). *27 :* 31 677 (16 448). *28 :* 24 293 (12 638). *29 :* 19 445 (10 001). *30-39 :* 91 048 (46 788). *40-49 :* 39 345 (21 753). *50-59 :* 10 691 (5 656). *60 et plus :* 2 319 (996).

■ **Étudiants inscrits dans les universités** (en 1999-2000). **Total :** 1 398 551 et, entre parenthèses, **femmes** (55,5 %) : droit-sc. politiques 181 246 (61,5) ; sc. éco., gestion (hors AES) 102 972 (47,4) ; AES 52 087 (59,1) ; lettres, sc. du langage, arts 120 836 (73,3) ; langues 137 434 (75,5) ; Sc. humaines et sociales 227 189 (65,9) ; sc. et structures de la matière 107 903 (34,7) ; sc. et technologie-sc. pour l'ingénieur 85 942 (22,1) ; sc. de la nature et de la vie 85 211 (56,5) ; Staps 41 864 (32,3) ; médecine-odontologie 112 275 (55) ; pharmacie 26 570 (67,1) ; IUT 117 022 (39,3).

■ **Effectifs des étudiants des universités** (en 1999-2000). **France métropolitaine + Dom** et, entre parenthèses, **nouveaux entrants :** droit-sc. politiques 181 246 (32 189) ; sc. éco., gestion (hors AES) 102 972 (14 593) ; AES 52 087 (15 492) ; lettres, sc. du langage, arts 120 836 (22 777) ; langues 137 434 (33 054) ; sc. humaines et sociales 227 189 (41 402) ; sc. et structures de la matière 107 903 (28 057) ; sc. et technologie-sc. pour l'ingénieur 85 942 (4 425) ; sc. de la nature et de la vie 85 211 (14 708) ; Staps 41 864 (11 237) ; médecine-odontologie 112 275 (15 422) ; pharmacie 26 570 (4 201) ; IUT 117 022 (47 819).

■ **Évolution des étudiants en formation (secteur secondaire/secteur tertiaire.** *1975-76 :* 43 336 (21 246/22 090) ; *80-81 :* 53 609 (25 445/28 164) ; *85-86 :* 60 174 (28 166/32 648) ; *90-91 :* 72 309 (34 922/37 387) ; *95-96 :* 100 753 (46 261/54 492) ; *98-99 :* 111 256 (49 121/62 135) ; *99-2000 :* 113 520 (49 969/63 551).

■ **Nouveaux bacheliers dans l'enseignement supérieur** (en 1999-2000). **Baccalauréat général** 274 207 (bacheliers 1999 : 259 009) : **universités** 195 789 (disciplines générales, de santé et formations ingénieurs 167 005, IUT 28 784) ; **STS** 24 453 (publiques 13 406, privées 11 047) ; **CPGE** 33 446 (publiques 28 324, privées 5 122) ; préparations intégrées (écoles d'ingénieurs) 1 210 ; **écoles :** d'ingénieurs 2 756 (publiques 1 924, privées 832) ; écoles de commerce, gestion, vente, comptabilité 3 928 ; facultés privées 3 197 ; écoles de notariat 170 ; d'architecture 1 159 ; supérieures artistiques et culturelles 3 225 ; paramédicales 2 545 ; préparant aux fonctions sociales 413 ; autres écoles de spécialités diverses 1 916. **Baccalauréat technologique** 114 976 (bacheliers 1999 : 114 947) : **universités** 44 295 (disciplines générales, de santé et formations ingénieurs 30 403, IUT 13 892) ; **STS** 65 828 (publiques 50 917, privées 14 911) ; **CPGE** 1 539 (publiques 1 456, privées 83) ; préparations intégrées (écoles d'ingénieurs) 4 ; **écoles :** d'ingénieurs 32 (publiques 24, privées 8) ; écoles de commerce, gestion, vente, comptabilité 543 ; facultés privées 238 ; écoles de notariat 63 ; d'architecture 156 ; supérieures artistiques et culturelles 674 ; paramédicales 1 214 ; préparant aux fonctions sociales 112 ; autres écoles de spécialités diverses 280.

■ **Origine socioprofessionnelle des étudiants français** (en métropole, 1999-2000). 1 269 743 dont agriculteurs 27 110, artisans, commerçants, chefs d'entreprise 89 433, professions libérales, cadres supérieurs 416 645, professions intermédiaires 209 909, employés 160 842, ouvriers 139 438, retraités, inactifs 124 027, indéterminés 102 339.

Étudiants inscrits dans les universités

Disciplines	1er cycle	2e cycle	3e cycle	Effectifs 1999-2000
AES	33 277	19 721	540	53 538
Droit- sc.politiques	90 604	63 281	30 701	184 586
IUT	117 407	0	0	117 407
Langues	81 722	52 887	6 017	140 626
Lettres, arts, sc. du langage	66 566	44 239	11 589	122 394
Médecine-Odontologie	37 040	22 695	52 819	112 554
Pharmacie	10 854	5 126	10 590	26 570
Sc. éco., gestion	37 209	44 822	22 566	104 597
Sc. hum. et sociales	103 007	95 723	32 047	230 777
Sc. nat. et vie	40 447	30 794	15 355	86 596
Sc. et structures matière	66 414	31 498	12 763	110 675
Sc. tech. ingénieur	13 121	57 461	15 856	86 438
STAPS	26 059	15 996	822	42 877

Étudiants en formation en 1999-2000

En IUT	Total[1]	Filles[2]	Diplômes[3]
Secteur secondaire			
Biologie appliquée	5 915	65,1	2 581
Chimie	3 681	54,1	1 568
Génie chimique	1 025	34,2	461
Génie civil	3 782	14,1	1 652
Génie électrique	11 190	5,9	4 161
Génie mécanique	8 237	5,1	3 269
Génie thermique	1 697	7,5	690
Hygiène et sécurité	1 209	29,4	396
Mesures physiques	5 427	19,6	2 235
Maintenance industrielle	2 512	4,1	1 029
Organisation, gestion de la prod.	1 931	19,3	730
Sciences, génie des matériaux	791	15,8	189
Génie des télécommunications	2 572	9,8	734
Secteur tertiaire			
Gestion des entreprises	20 426	61,4	8 212
Information-communication	4 158	79,3	1 779
Carrières juridiques	2 039	85,2	817
Informatique	9 363	17,5	3 303
Carrières sociales	2 081	70,2	861
Statistiques	1 585	54,5	557
Techniques de commercialisation	18 322	59,7	7 318
Gestion logistique et transport	3 270	43,9	1 173
Service, réseaux communication	1 416	32,8	284
Gestion adm. et commerciale	891	71,7	190
Ensemble	**113 520**	**39,8**	**44 189**

Nota. – (1) France métropolitaine. (2) En %. (3) Diplômes délivrés à l'issue de l'année scolaire 1997-98.

■ **Étudiants étrangers en France. Nombre total et,** entre parenthèses, **% d'étrangers :** *1985-86 :* 131 979 (13,6) ; *89-90 :* 131 654 (11,8) ; *92-93 :* 138 477 (10,7) ; *93-94 :* 139 563 (10) ; *94-95 :* 134 418 (904) ; *95-96 :* 129 761 (8,9) ; *96-97 :* 125 205 (8,6) ; *97-98 :* 121 624 (8,5) ; *98-99 :* 121 582 (8,7) ; *99-2000 :* 128 788 (9,2). **Pays d'origine** (en 1999-2000) : *Europe* 39 065 (All. 5 422, Italie 3 841, Espagne 3 626, G.-B. 3 132, Grèce 2 535, Portugal 2 303, Belgique 1 932, Luxembourg 1 250, Suède 951, P.-Bas 586, Irlande 594, Autriche 435, Danemark 290, Finlande 328), *Asie* 17 382 (Liban 2 499, Turquie 1 747, Corée du S. 1 614, Iran 1 378, Syrie 1 320, Chine 2 121, Japon 1 445), *Afrique* 62 637 (Maroc 17 889, Algérie 12 531, Tunisie 5 671, Cameroun 3 275, Sénégal 4 075), *Amérique* 9 328 (USA 2 507, Brésil 1 351, Canada 972), *Océanie* 191, *Apatrides* 185. **Par disciplines étudiées** (en 1998-99) : lettres et sciences humaines 48 765, sciences et Staps 23 245, sciences économiques et AES 20 151, médecine, pharmacie et dentaire 15 211, droit 16 882, IUT 4 534.

■ **Établissements d'enseignement supérieur** (en métropole, en 1999-2000). Total : 4 173 : universités 89, IUT 101, IUFM 26, STS 1 966, CPGE 494, écoles d'ingénieurs 240, de commerce, gestion et comptabilité 221, établissements universitaires privés 18, écoles normales supérieures 4, d'architectes 24, supérieures artistiques et culturelles 217, paramédicales 438, préparant aux fonctions sociales 130, spécialisées diverses 205.

■ **Encadrement au 1-1-1998.** *Total enseignants* 78 613 (soit 1 pour 26,6 étudiants) dont enseignants chercheurs 49 378, du second degré et divers 13 948, personnel contractuel hospitalo-universitaire 4 093, assistants 1 513. *Non-enseignants* 45 354 (soit 1 pour 46).

■ **Taux d'encadrement des étudiants.** *1995 :* 1 professeur pour 22,7 étudiants ; *96 :* 21,6 ; *97 :* 20,9 ; *98 :* 19,8 ; *99 :* 19,25.

Universités

Paris, Versailles et Créteil

L'Académie de Paris est, depuis le 1-2-1972, réorganisée en 3 académies : *Paris, Versailles* (Yvelines, Hts-de-Seine, Essonne, Val-d'Oise) et *Créteil* (Seine-St-Denis, Val-de-Marne, Seine-et-Marne) dirigées chacune par un recteur chancelier des universités et coordonnées par un comité des recteurs, présidé par le recteur de l'Académie de Paris.

Paris I 12, pl. du Panthéon, 75231 Paris Cedex 05. **II** 12, pl. du Panthéon, 75231Paris Cedex 05. **III** 17, rue de la Sorbonne, 75230 Paris Cedex 05. **IV** 1, rue Victor-Cousin, 75230 Paris Cedex 05. **V** 12, rue de l'École-de-Médecine, 75270 Paris Cedex 06. *IUT* 143, av. de Versailles, 75016 Paris. **VI** 4, place Jussieu, 75252 Paris Cedex 05. **VII** 2, place Jussieu, 75251 Paris Cedex 05. *IUT.* **VIII** 2, rue de la Liberté, 93526 St-Denis Cedex, *IUT Tremblay-en-France*, 93290 ; *Montreuil*, 10-20, rue Anatole-France, 93100. **IX** place De-Lattre-de-Tassigny, 75775 Paris Cedex 16. **X** 200, av. de la République, 92001 Nanterre. *Ville-d'Avray* 1, chemin Desvallières, 92410. **XI** centre scientifique, 15, rue Georges-Clemenceau, 91405 Orsay. *IUT Cachan* 9, av. de la Division-Leclerc, 94230 ; *Orsay* BP 23, 91406 ; *Sceaux* 8, av. Cauchy, 92330. **XII** 61, av. du Général-de-Gaulle, 94010 Créteil . *IUT Créteil* av. du G[al]-de-Gaulle 94010 Cedex ; *Fontainebleau* domaine de Bellefontaine, 77210 Avon ; *Melun-Sénart* av. Pierre-Point, Lieusaint, 77127. **XIII** avenue J.-B.-Clément, 93430 Villetaneuse. *IUT St-Denis* place du 8-Mai-1945, 93206. *Villetaneuse* av. J.-B.-Clément, 93430. **Cergy-Pontoise** 33, bd du Port, 95011. *IUT* 1, allée des Chênes-Pourpres, 95014 Cedex. **Évry-Val-d'Essonne** bd François-Mitterrand, 91025 Cedex. *IUT* **Marne-la-Vallée** 5, bd Descartes, 77454 Marne-la-Vallée Cedex 2. **Versailles-St-Quentin-en-Yvelines** 23, rue du Refuge, 78035 Versailles Cedex. *IUT Vélizy* 10-12, av. de l'Europe, 78140. *Rambouillet. Mantes-la-Jolie.*

Province et Dom-Tom

■ **Aix-Marseille. I** 3, place Victor-Hugo, 13331 Aix-en-Provence. **II** Jardin du Pharo, 58, bd Charles-Livon, 13264 Marseille Cedex 07. *IUT Aix* av. Gaston-Berger, 13625. **III** 3, av. Robert-Schuman, 13628 Aix-en-P. Cedex 01. *IUT Marseille* traverse Charles-Sosini, 13388 Cedex 13.

■ **Amiens.** Chemin du Thil, 80025 Amiens Cedex 1. *IUT* av. des Facultés. Le Bailly, 80025.

■ **Angers.** 30, rue de Rennes, BP 3532, 49035 Angers Cedex. *IUT* 4, bd Lavoisier, 49000.

■ **Antilles-Guyane.** Bd Légitimus, BP 250, 97157 Pointe-à-Pitre Cedex (Guadeloupe). *IUT* Bois Chaudat, BP 725, 97387 Kourou.

■ **Artois.** 9, rue du Temple, BP 665, 62030 Arras Cedex.

■ **Avignon et pays du Vaucluse.** 74, rue Louis-Pasteur, 84029 Avignon Cedex 1.

■ **Besançon.** 3, rue Goudimel, 25030 Besançon Cedex. *IUT* 30, av. de l'Observatoire, 25009 ; *Belfort* 11, rue Engel-Gros, BP 527, 90016.

■ **Bordeaux. I** 351, cours de la Libération, 33405 Talence Cedex. *IUT Talence* Domaine universitaire, 33405 Cedex. **II** 146, rue Léo-Saignat, 33076 Bordeaux Cedex. **III** Domaine universitaire, 33607 Pessac Cedex. *IUT Gradignan* rue Naudet, BP 204, 33175 Cedex. **IV** avenue Léon-Duguit, 33608 Pessac.

■ **Brest.** Rue des Archives, BP 808, 29285 Brest Cedex. *IUT* rue de Kergoat, 2, rue de l'Université, 29334 Quimper Cedex. **Bretagne Sud.** campus de Tohannic, BP 573, 56017 Vannes Cedex. Rue de Saint-Mandé, BP 92116, 56325 Lorient Cedex.

■ **Caen.** Esplanade de la Paix, 14032 Caen. *IUT* bd du Maréchal-Juin, 14032. *IUT Cherbourg* rue Max-Pol-Fouchet, 50130 Octeville.

■ **Chambéry.** 27, rue Marcoz, BP 1104, 73011 Chambéry Cedex. *IUT Annecy* 9, rue de l'Arc-en-Ciel, BP 908, 74019 Annecy-le-Vieux Cedex.

■ **Clermont-Ferrand.** I 49, bd Gergovia, BP 32, 63001 Clermont-F[d] Cedex. *IUT Aubière* Ensemble universitaire des Cézeaux 24, av. des Landais, 63170. **II** 34, av. Carnot, BP 185, 63006. *IUT Montluçon* av. Aristide-Briand, BP 408, 03107.

■ **Corse.** 7, av. Jean-Nicoli, BP 52, 20250 Corte. *IUT Corte* 7, av. Jean-Nicoli, BP 24, 20250.

■ **Dijon.** Campus universitaire de Montmuzard, BP 27877, 21078 Dijon Cedex. *IUT* bd du Docteur-Petitjean, BP 510, 21014 ; *Le Creusot* 12, rue de la Fonderie, 71200.

■ **Dunkerque.** 1, place de l'Yser, BP 1022, 59375 Dunkerque Cedex ; *IUT Béthune* rue du Moulin-à-Tabac 62408 ; *Calais* 19, rue Louis-David, BP 689, 62226 ; *Dunkerque* 129, av. de la Mer, 59242.

■ **Grenoble. I** Domaine universitaire de St-Martin-d'Hères, BP 53, 38041 Grenoble Cedex 9. *IUT St-Martin-d'Hères* Domaine universitaire BP 67, 38402. **II** Domaine universitaire St-Martin-d'Hères, BP 47, 38040 Grenoble Cedex 9. UFR faculté libre de droit délocalisée à *Valence,* 12, rue Louis-Gallet. *IUT* 1, place Doyen-Gosse, 38031 Cedex. **III** Domaine universitaire St-Martin-d'Hères, BP 25, 38040 Grenoble Cedex 9. **INP** 46, av. Félix-Viallet, 38031 Grenoble Cedex.

■ **La Rochelle.** 23, av. Albert-Einstein, 17071 La Rochelle Cedex 9 ; *IUT* 15, rue François-de-Vaux-de-Foletier, 17026 Cedex.

■ **Le Havre.** 25, rue Philippe-Lebon, BP 1123, 76063 Le Havre Cedex. *IUT* place Robert-Schuman, BP 4006, 76077.

■ **Lille. I** Cité scientifique, 59655 Villeneuve-d'Ascq Cedex. *IUT Villeneuve-d'Ascq* BP 179, 59653 Cedex. **II** 42, rue Paul-Duez, 59800 Lille. *IUT Roubaix* rond-point de l'Europe, BP 557, 59100. **III** Pont-de-Bois, BP 149, 59653 Villeneuve-d'Ascq-Pont-de-Bois Cedex. *IUT* 9, rue Auguste-Angellier, 59046.

■ **Limoges.** 13, rue de Genève, 87065 Limoges Cedex. *IUT* Allée André-Maurois, 87065 Cedex.

■ **Lyon. I** 43, bd du 11-Novembre, 69622 Villeurbanne Cedex. *IUT Villeurbanne* 43, bd du 11-Novembre, 69621 Cedex et 17, rue France, 69100 Lyon. **II** 86, rue Pasteur,

Étudiants en minorités en 2000-2001 (tous cycles confondus)	AES	Droit, sc. po.	Ingénieur	IUT	Langues	Lettres et arts	Médecine	Dentaire	Pharmacie	Sc. éco et gestion	Sc. hum. et soc.	Sc. nat. et vie	Sc. struct. matière	Sc.tech. ingénieur	Staps (sport)	Total
Aix-Marseille-I (Provence)	–	–	387	–	5 394	5 748	–	–	–	87	8 825	1 514	2 239	1 037	–	25 231
Aix-Marseille-II (Méditerranée)	1 762	–	565	2 021	–	–	5 195	437	1 656	2 126	595	1 535	1 111	836	1 598	19 437
Aix-Marseille-III	1 207	9 839	653	1 420	799	–	–	–	–	3 060	444	1 343	1 914	969	–	21 648
Avignon	515	1 036	–	378	1 524	655	–	–	–	6	1 147	400	1 080	89	273	7 103
Total académie	*3 484*	*10 875*	*1 605*	*3 819*	*7 717*	*6 403*	*5 195*	*437*	*1 656*	*5 279*	*11 011*	*4 792*	*6 344*	*2 931*	*1 871*	*73 419*
Technologie Compiègne	–	–	1 927	–	–	–	–	–	–	–	55	89	24	1 014	–	3 109
Picardie (Amiens)	2	2 033	–	2 858	1 915	1 684	1 799	–	639	1 297	3 430	1 206	1 590	719	953	20 125
Total académie	*2*	*2 033*	*1 927*	*2 858*	*1 915*	*1 684*	*1 799*	–	*639*	*1 297*	*3 485*	*1 295*	*1 614*	*1 733*	*953*	*23 234*
Institut polytechnique Sevenans	–	–	960	–	–	–	–	–	–	–	6	–	–	637	–	1 603
Besançon (Franche-Comté)	1 406	1 396	564	2 781	1 644	1 298	1 893	–	462	436	3 157	1 235	1 583	1 656	1 239	20 750
Total académie Besançon	*1 406*	*1 396*	*1 524*	*2 781*	*1 644*	*1 298*	*1 893*	–	*462*	*436*	*3 163*	*1 235*	*1 583*	*2 293*	*1 239*	*22 353*
Bordeaux-I	–	–	1 075	1 604	–	5	–	–	–	102	104	2 575	3 280	1 977	–	10 722
Bordeaux-II (Victor-Segalen)	–	–	68	–	27	–	6 071	501	1 139	43	4 265	1 461	282	85	1 233	15 175
Bordeaux-III (Montaigne)	–	–	–	976	5 244	4 286	–	–	–	46	4 134	44	1	116	–	14 847
Bordeaux-IV (Montesquieu)	1 832	6 721	–	1 310	7	–	–	–	–	2 725	72	–	–	14	–	12 681
Pau et Pays de l'Adour	792	2 146	265	1 198	1 665	1 333	–	–	–	1 281	976	747	1 727	449	549	13 128
Total académie	*2 624*	*8 867*	*1 408*	*5 088*	*6 943*	*5 624*	*6 071*	*501*	*1 139*	*4 197*	*9 551*	*4 827*	*5 290*	*2 841*	*1 782*	*66 553*
Caen (Basse-Normandie)	794	2 370	698	2 786	2 667	2 096	1 724	–	746	2 321	4 446	1 730	1 672	661	1 193	25 900
Total académie	*794*	*2 370*	*698*	*2 786*	*2 667*	*2 096*	*1 724*	–	*746*	*2 321*	*4 446*	*1 730*	*1 672*	*661*	*1 193*	*25 900*
Clermont-Ferrand-I (Auvergne)	203	3 376	–	1 888	–	67	2 381	319	612	2 622	1	151	22	56	–	11 698
Clermont-Ferrand-II (Blaise-Pascal)	–	–	1 087	800	2 664	1 459	–	–	–	354	3 695	1 526	1 622	949	1 026	15 182
Total académie	*203*	*3 376*	*1 087*	*2 688*	*2 664*	*1 526*	*2 381*	*319*	*612*	*2 976*	*3 696*	*1 677*	*1 644*	*1 005*	*1 026*	*26 880*
Corse (Pascal-Paoli)	–	637	–	304	687	323	–	–	–	229	527	267	206	157	172	3 509
Total académie	–	*637*	–	*304*	*687*	*323*	–	–	–	*229*	*527*	*267*	*206*	*157*	*172*	*3 509*
Marne-la-Vallée	–	123	272	1 102	1 141	356	–	–	–	1 394	1 162	52	1 424	1 169	638	8 833
Paris-XII (Paris-Val-de-Marne)	3 571	3 285	–	2 461	1 290	734	2 610	–	–	3 038	2 580	1 243	1 363	582	831	23 588
Paris-XIII (Paris-Nord)	1 548	2 170	300	3 272	930	667	2 706	–	–	1 749	2 876	791	887	755	696	19 347
Paris-VIII (Paris-Vincennes)	1 131	2 536	–	556	2 992	5 915	–	–	–	953	11 775	–	544	361	41	26 804
Total académie	*6 250*	*8 114*	*572*	*7 391*	*6 353*	*7 672*	*5 316*	–	–	*7 134*	*18 393*	*2 086*	*4 218*	*2 867*	*3 206*	*78 572*
Dijon (Bourgogne)	1 013	3 019	743	2 754	2 182	2 067	2 027	–	574	1 334	3 764	2 062	1 561	491	1 357	24 948
Total académie	*1 013*	*3 019*	*743*	*2 754*	*2 182*	*2 067*	*2 027*	–	*574*	*1 334*	*3 764*	*2 062*	*1 561*	*491*	*1 357*	*24 948*
INP Grenoble	–	–	3 504	2	–	–	–	–	–	196	–	20	139	830	–	4 691
Chambéry (Savoie)	459	968	608	1 955	1 599	366	–	–	–	1 295	2 345	440	834	765	467	12 101
Grenoble-I (Joseph-Fourier)	–	–	726	2 354	–	–	2 556	–	781	468	732	2 505	3 536	1 959	1 854	17 471
Grenoble-II	178	4 949	–	3 211	–	714	–	–	–	4 983	4 143	–	311	111	–	18 600
Grenoble-III (Stendhal)	–	–	–	–	3 824	2 645	–	–	–	–	476	–	–	1	–	6 946
Total académie	*637*	*5 917*	*4 838*	*7 522*	*5 423*	*3 725*	*2 556*	–	*781*	*6 942*	*7 696*	*2 965*	*4 820*	*3 666*	*2 321*	*59 809*
Artois (Arras)	839	1 659	–	1 848	1 162	1 008	–	–	–	484	1 144	619	742	793	740	11 038
Lille-I	74	–	1 952	2 074	–	185	22	–	–	4 097	2 751	3 509	3 388	2 380	10	20 442
Lille-II	990	6 871	–	930	–	–	5 182	427	1 880	1 529	41	241	–	16	1 795	19 902
Lille-III (De-Gaulle)	1 314	85	–	744	4 453	5 044	–	–	–	276	8 866	–	259	14	–	21 055
Littoral (Dunkerque)	1 157	1 050	–	1 088	1 205	648	–	–	–	1 172	1 096	878	1 125	733	681	10 833
Valenciennes-Hainaut-Cambrésis	131	1 530	882	2 058	1 167	979	–	–	–	739	855	–	976	1 370	415	11 102
Total académie	*4 505*	*11 195*	*2 834*	*8 742*	*7 987*	*7 864*	*5 204*	*427*	*1 880*	*8 297*	*14 753*	*5 247*	*6 590*	*5 306*	*3 641*	*94 372*
Limoges	473	1 629	384	1 752	1 219	845	1 469	–	531	577	1 720	839	1 107	551	581	13 677
Total académie	*473*	*1 629*	*384*	*1 752*	*1 219*	*845*	*1 469*	–	*531*	*577*	*1 720*	*839*	*1 107*	*551*	*581*	*13 677*
Lyon-I (Claude-Bernard)	–	–	252	3 773	5	–	8 134	506	1 823	689	132	4 206	4 250	1 511	2 156	27 437
Lyon-II (Lumière)	1 078	2 824	–	334	2 932	5 169	–	–	–	1 980	10 545	8	216	102	–	25 188
Lyon-III (Jean-Moulin)	1 846	7 024	–	600	3 095	1 037	–	–	–	2 599	2 845	–	–	–	–	19 046
St-Étienne (Jean-Monnet)	658	1 456	247	2 499	1 325	1 237	1 456	–	–	763	1 300	615	527	599	477	13 159
Total académie	*3 582*	*11 304*	*499*	*7 206*	*7 357*	*7 443*	*9 590*	*506*	*1 823*	*6 031*	*14 822*	*4 829*	*4 993*	*2 212*	*2 633*	*84 830*
Montpellier-I	1 133	5 787	–	–	–	–	4 732	450	1 844	3 315	49	223	10	84	2 181	19 808
Montpellier-II (Languedoc)	–	–	1 222	3 129	–	–	–	–	–	518	51	3 460	2 960	1 368	–	12 708
Montpellier-III (Paul-Valéry)	1 660	37	–	–	4 562	4 959	–	–	–	56	9 495	130	195	30	–	21 124
Perpignan	468	1 915	–	936	1 321	613	–	–	–	804	1 169	397	409	208	314	8 554
Total académie	*3 261*	*7 739*	*1 222*	*4 065*	*5 883*	*5 572*	*4 732*	*450*	*1 844*	*4 693*	*10 764*	*4 210*	*3 574*	*1 690*	*2 495*	*62 194*
INP Nancy	–	–	2 802	–	–	6	–	–	–	2	25	227	55	314	–	3 431
Metz	596	1 292	873	2 041	1 692	2 203	–	–	–	841	3 121	445	1 177	1 442	175	15 898
Nancy-I (Henri-Poincaré)	–	–	1 042	2 307	–	–	4 223	409	1 088	257	46	2 017	1 393	1 699	1 244	15 725
Nancy-II	1 098	3 274	–	1 948	2 749	1 717	–	–	–	3 171	4 672	–	180	148	–	18 957
Total académie	*1 694*	*4 566*	*4 717*	*6 296*	*4 441*	*3 926*	*4 223*	*409*	*1 088*	*4 271*	*7 864*	*2 689*	*2 805*	*3 603*	*1 419*	*54 011*
Angers	752	1 530	–	1 215	1 819	673	1 774	–	540	1 534	2 817	1 090	1 147	851	–	15 742
Maine-Le Mans	377	1 064	171	1 323	955	455	–	–	–	646	998	349	866	434	424	8 062
Nantes	516	3 427	954	3 073	3 480	2 121	2 841	598	907	2 226	6 409	1 757	1 674	1 373	1 463	32 819
Total académie	*1 645*	*6 021*	*1 125*	*5 611*	*6 254*	*3 249*	*4 615*	*598*	*1 447*	*4 406*	*10 224*	*3 196*	*3 687*	*2 658*	*1 887*	*56 623*
Nice-Sophia-Antipolis	782	3 518	595	2 533	2 363	2 015	1 924	246	47	1 842	4 635	1 404	2 584	674	1 237	26 399
Toulon	–	2 298	380	1 893	1 109	617	–	–	–	1 016	30	345	932	383	649	9 652
Total académie	*782*	*5 816*	*975*	*4 426*	*3 472*	*2 632*	*1 924*	*246*	*47*	*2 858*	*4 665*	*1 749*	*3 516*	*1 057*	*1 886*	*36 051*
Orléans	989	2 180	708	2 607	1 787	842	–	–	–	1 604	1 150	1 036	1 288	780	1 149	16 120
Tours (François-Rabelais)	1 112	2 147	828	2 310	2 225	2 210	2 452	–	718	999	4 585	1 886	1 017	280	–	22 769
Total académie	*2 101*	*4 327*	*1 536*	*4 917*	*4 012*	*3 052*	*2 452*	–	*718*	*2 603*	*5 735*	*2 922*	*2 305*	*1 060*	*1 149*	*38 889*
IEP Paris	275	3 130	–	–	–	–	–	–	–	251	235	–	–	–	–	3 891
Inst. nat. langues et civil. orient.	–	25	–	–	8 773	41	–	–	–	56	30	–	–	28	–	8 953
Inst. phys. du globe Paris	–	–	–	–	–	–	–	–	–	–	–	80	–	–	–	80
Observatoire de Paris	–	–	–	–	–	–	–	–	–	–	–	41	–	–	–	41
Paris-I (Panthéon-Sorbonne)	1 325	11 345	–	–	–	4 996	–	–	–	8 503	9 038	24	558	161	–	35 950
Paris-II (Panthéon-Assas)	894	13 401	90	–	–	10	–	–	–	2 087	837	–	–	–	–	17 319
Paris-III (Sorbonne-Nouvelle)	–	26	–	–	7 941	8 201	–	–	–	38	1 436	–	–	33	–	17 675
Paris-IV (Paris-Sorbonne)	–	–	–	–	5 762	9 034	–	–	–	13	8 260	–	–	52	3	23 124
Paris-V (René-Descartes)	381	3 030	–	2 223	145	486	7 616	1 060	2 706	231	6 855	1 033	844	157	898	27 665
Paris-VI (P.-et-M.-Curie)	–	–	694	–	–	–	8 952	299	–	39	46	7 102	9 675	2 787	–	29 594
Paris-VII (Denis-Diderot)	365	21	12	92	3 077	2 447	5 453	816	–	72	4 872	2 715	4 253	549	–	24 744
Paris-IX (Paris-Dauphine)	36	207	–	–	–	–	–	–	–	5 825	80	–	933	97	–	7 178
Total académie	*3 276*	*31 185*	*796*	*2 315*	*25 698*	*25 215*	*22 021*	*2 175*	*2 706*	*17 115*	*32 089*	*10 995*	*16 463*	*3 864*	*901*	*196 214*
La Rochelle	45	1 090	–	863	744	217	–	–	–	297	758	963	862	404	–	6 243
Poitiers	823	3 224	715	2 301	1 954	2 093	1 625	–	459	2 388	3 824	1 322	1 240	1 067	1 061	24 096
Total académie	*868*	*4 314*	*715*	*3 164*	*2 698*	*2 310*	*1 625*	–	*459*	*2 685*	*4 582*	*2 285*	*2 102*	*1 471*	*1 061*	*30 339*
Reims	1 456	2 910	145	3 061	1 686	983	1 992	333	785	993	3 287	1 351	1 160	1 096	1 046	22 284
Troyes	–	–	702	–	–	–	–	–	–	–	–	–	6	586	–	1 294
Total académie	*1 456*	*2 910*	*847*	*3 061*	*1 686*	*983*	*1 992*	*333*	*785*	*993*	*3 287*	*1 351*	*1 166*	*1 682*	*1 046*	*23 578*
Brest (Bretagne-Ouest)	756	1 745	171	2 225	1 714	1 057	1 377	77	–	704	2 532	1 134	1 580	834	746	16 652
Bretagne-Sud	232	573	–	1 635	720	270	–	–	–	530	454	410	955	562	–	6 341
Rennes-I	1 127	4 792	940	3 280	–	–	2 908	363	845	2 525	425	2 763	2 973	1 357	–	24 298
Rennes-II (Haute-Bretagne)	1 390	1	–	–	4 140	5 063	–	–	–	10	7 483	27	152	–	1 908	20 174
Total académie	*3 505*	*7 111*	*1 111*	*7 140*	*6 574*	*6 390*	*4 285*	*440*	*845*	*3 769*	*10 894*	*3 334*	*5 660*	*2 753*	*2 654*	*67 465*
Le Havre	391	750	162	1 954	473	205	–	–	–	903	745	391	555	582	–	7 111
Rouen	840	2 698	–	1 838	2 560	1 666	2 235	–	647	1 107	5 267	1 467	1 586	706	1 371	23 988
Total académie	*1 231*	*3 448*	*162*	*3 792*	*3 033*	*1 871*	*2 235*	–	*647*	*2 010*	*6 012*	*1 858*	*2 141*	*1 288*	*1 371*	*31 099*
Mulhouse (Haute-Alsace)	602	350	536	2 022	759	406	26	–	–	612	719	52	844	624	–	7 552
Strasbourg-I (Louis-Pasteur)	–	–	719	863	–	–	3 408	339	1 046	1 412	2 459	2 570	2 615	1 027	–	16 458
Strasbourg-II	–	71	–	–	3 279	3 726	–	–	–	162	4 492	–	–	88	1 388	13 206
Strasbourg-III (Robert-Schuman)	739	5 243	–	1 107	–	–	–	–	–	1 106	187	–	28	68	–	8 478
Total académie	*1 341*	*5 664*	*1 255*	*3 992*	*4 038*	*4 132*	*3 434*	*339*	*1 046*	*3 292*	*7 857*	*2 622*	*3 487*	*1 807*	*1 388*	*45 694*
Inst. nat. polytechn. Toulon	–	–	2 122	–	–	–	–	–	6	–	17	177	216	417	–	2 955
Toulouse-I	2 673	9 037	–	447	–	–	16	–	–	4 078	172	–	225	95	61	16 804
Toulouse-II (Le Mirail)	151	–	–	626	6 055	5 666	–	–	–	524	13 625	7	258	78	10	27 000
Toulouse-III (Paul-Sabatier)	–	–	–	5 121	6	–	4 515	461	1 192	597	31	5 175	5 549	3 001	2 536	18 184
Total académie	*2 824*	*9 037*	*2 122*	*6 194*	*6 061*	*5 666*	*4 531*	*461*	*1 198*	*5 199*	*13 845*	*5 359*	*6 248*	*3 591*	*2 607*	*74 943*
Cergy-Pontoise	40	2 292	–	1 115	1 423	606	–	–	–	1 192	587	900	1 698	408	–	10 261
Évry-Val-D'Essone	1 099	771	–	1 641	66	221	–	–	–	1 672	793	427	782	1 265	380	9 117
Paris-X (Paris-Nanterre)	1 058	7 539	21	852	4 410	4 070	–	–	–	3 552	10 326	–	384	122	1 327	33 661
Paris-XI (Paris-Sud)	31	3 630	588	3 390	–	52	3 177	–	2 570	1 557	161	3 496	4 306	2 137	1 393	26 488
Versailles-St-Quentin	911	2 008	138	1 171	549	312	–	–	–	1 071	1 047	669	1 838	667	198	10 579
Total académie	*3 139*	*16 240*	*747*	*8 169*	*6 448*	*5 261*	*3 177*	–	*2 570*	*9 044*	*12 914*	*5 492*	*9 008*	*4 599*	*3 298*	*90 106*
Total France métropolitaine	**52 096**	**179 110**	**35 449**	**118 829**	**134 257**	**119 628**	**106 471**	**7 641**	**26 243**	**109 988**	**227 359**	**82 913**	**103 504**	**57 768**	**44 137**	**1 405 393**
Antilles-Guyane	159	2 397	–	157	1 668	1 158	315	–	–	947	1 426	641	1 733	236	491	11 328
La Réunion	1 463	1 037	–	260	1 583	563	–	–	–	676	2 211	820	799	293	513	10 218
Total DOM	*1 622*	*3 434*	–	*417*	*3 251*	*1 721*	*315*	–	–	*1 623*	*3 637*	*1 461*	*2 532*	*529*	*1 004*	*21 546*
Pacifique	516	709	–	–	790	318	–	–	–	–	465	232	307	10	24	3 371
Total général	**54 234**	**183 253**	**35 449**	**119 246**	**138 298**	**121 667**	**106 786**	**7 641**	**26 243**	**111 611**	**231 461**	**84 606**	**106 343**	**58 307**	**45 165**	**1 430 310**

69365 Lyon Cedex 7. *IUT Bron* 5, av. P.-Mendès-France, 69676 Cedex. **III** 1, rue de l'Université, BP 638, 69239 Lyon Cedex 2.

■ **Le Mans.** Avenue Olivier-Messiaen, BP 535, 72017 Le Mans Cedex 9. *IUT* avenue Olivier-Messiaen, 72017 Cedex.

■ **Metz.** Ile du Saulcy, BP 794, 57012 Metz Cedex 1. *IUT* Ile-du-Saulcy, 57000.

■ **Montpellier. I** 5, bd Henri-IV, BP 1017, 34006 Montpellier Cedex 1. **II** place Eugène-Bataillon, 34095 Montpellier Cedex 5. *IUT* 99, av. d'Occitanie, 34075 Cedex ; *Nîmes* 8, rue J.-Raimu, 30039 Cedex. **III** route de Mende, 34199 Montpellier Cedex 5.

■ **Mulhouse.** 2, rue des Frères-Lumière, 68093 Mulhouse. *IUT* 61, rue Albert-Camus, 68093 Cedex ; *Colmar,* 32, rue du Gillenbreit, 68000.

■ **Nancy. I** 24-30, rue Lionnois, BP 3069, 54013 Nancy Cedex. *IUT Villiers-lès-Nancy* Le Montet, 54600. *IUT Longwy* rue de Lorraine, Cosnes-et-Romain, 54400. **II** 25, rue Baron-Louis, BP 454, 54001 Nancy Cedex. *IUT* 2 *bis*, bd Charlemagne, 54000. **INP** 2, av. de la Forêt-de-Haye, BP 3, 54501 Vandœuvre-les-Nancy Cedex.

■ **Nantes.** 1, quai de Tourville, BP 1026, 44035 Nantes Cedex 1. *IUT* 3, rue du Maréchal-Joffre 44041 Cedex ; *St-Nazaire* Le Heinlex, BP 420, 44606 Cedex.

■ **Nice.** 28, av. Valrose, 06108 Nice Cedex 2. *IUT* 41, bd Napoléon-III, 06041 Cedex.

■ **Nouvelle-Calédonie.** Nouméa. *Créée* 31-5-1999.

■ **Orléans.** Château de la Source, BP 6749, 45067 Orléans Cedex 2. *IUT* BP 6729, 45067 Cedex ; *Bourges* 63, av. du Maréchal-de-Lattre-de-Tassigny, 18028.

■ **Pau.** Domaine universitaire, av. de l'Université, BP 576, 64012 Pau Université Cedex. *IUT* 1, av. de l'Université, 64000 ; *Bayonne* av. Jean-Darrigrand, 64100.

■ **Perpignan.** 52, av. de Villeneuve, 66860 Perpignan Cedex. *IUT* chemin de la Passio-Vella 66025 Cedex.

■ **Poitiers.** 15, rue de l'Hôtel-Dieu, 86034 Poitiers, *IUT* 6, allée Jean-Monnet, BP 389, 86010 ; *Angoulême* 4, av. de Varsovie, 16021 Cedex.

■ **Polynésie française.** Papeete. *Créée* 31-5-1999.

■ **Reims.** Villa Douce, 9, bd de la Paix, 51097 Reims Cedex. *IUT* rue des Crayères, BP 257, 51059 Cedex ; *Troyes* 12, rue Marie-Curie, BP 206, 10010 Cedex.

■ **Rennes. I** 2, rue du Thabor, 35065 Rennes Cedex. *IUT* rue de Clos-Courtel, 35000 ; *Lannion* rue Édouard-Branly, BP 150, 22302 Cedex. **II** 6, av. Gaston-Berger, 35043 Rennes Cedex. *IUT Lorient* rue Jean-Zay, 56100 ; *Quimper* 2, rue de l'Université, BP 139, 29191 Cedex ; *Vannes*, rue Montaigne, BP 1104, 56008 Cedex.

■ **La Réunion.** 15, av. René-Cassin, 97715 Saint-Denis-Messag Cedex 9. *IUT* Saint-Pierre, 80, bd Hubert-de-Lisle, BP 350, 97448 Cedex.

■ **Rouen.** 1, rue Thomas-Becket, 76821 Mont-Saint-Aignan Cedex. *IUT Mont-St-Aignan* rue Lavoisier, 76821.

■ **Saint-Étienne.** 34, rue Francis-Baulier, 42023 Saint-Étienne. *IUT* 28, av. Léon-Jouhaux, 42023 Cedex.

■ **Strasbourg. I** 4, rue Blaise-Pascal, 67070 Strasbourg. *IUT* 3, rue St-Paul, 67300 Schiltigheim. **II** 22, rue Descartes, 67084 Strasbourg. **III** 1, place d'Athènes, BP 66, 67045 Strasbourg Cedex. *IUT Illkirch-Graffenstaden* 72, route du Rhin, 67400.

■ **Toulon et du Var.** Av. de l'Université, BP 132 83957 La Garde Cedex. *IUT La Garde* av. de l'Université, 83130.

■ **Toulouse. I** place Anatole-France, 31042 Toulouse. *IUT Rodez* 33, av. du 8-Mai-1945, 12000. **II** 5, allée Antonio-Machado, 31058. *IUT.* **III** 118, route de Narbonne, 31062 Cedex. *IUT* 115, route de Narbonne, 31077 Cedex. *IUT Tarbes* 1, rue Lautréamont, BP 1624, 65016 Cedex. **INP** place des Hauts-Murats, 31006 Cedex 6.

■ **Tours.** 3, rue des Tanneurs, 37041 Tours Cedex. *IUT* 29, rue du Pont-Volant, 37023 Cedex.

■ **Valenciennes.** Le Mont-Houy, 59313 Valenciennes Cedex 9. *IUT.*

☞ L'université française du Pacifique installée à Papeete et Nouméa a été remplacée par les Universités de Nouvelle-Calédonie et de Polynésie française.

Radio et télévision éducatives

■ **Télévision régionale France 3.** Environ 40 émissions de 1/2 h par an, cours enregistrés sur cassettes sonores, cours écrits, devoirs et exercices, regroupements périodiques d'étudiants. **Radio : Sorbonne-Radio-France** 40 h de cours par semaine pendant 20 semaines, souvent en direct des amphithéâtres des universités littéraires de Paris (cours de licence et d'agrégation). Voir aussi le chapitre **Informations**. **Centre audiovisuel de l'ENS de St-Cloud (CAV).** Produit une partie des émissions universitaires télévisées et des émissions pour le Conseil de l'ordre des médecins (formation postuniversitaire des médecins). Émissions de 1/2 h tous les 15 j sur France 2. **Service du film de la recherche scientifique (SFRS).** 6, avenue Pasteur, 92170 Vanves. Associé au CNDP. Catalogue : 1 000 titres (prêt et vente). Voir aussi **CNDP** ci-dessous.

Organismes divers

■ **Centres d'information et d'orientation (CIO).** *Nombre :* 617 (au 1-3-1995) en France, ouverts à tous. Permanence dans tous les établissements scolaires. **Service commun universitaire d'accueil, d'orientation et d'insertion professionnelle (SCUIO).** Dans les universités.

■ **EGIDE (Centre français pour l'accueil et les échanges internationaux ; ex-CIES).** 28, rue de la Grange-aux-Belles, 75010 Paris. *Pt :* Jean Nemo, *directeur :* Yves Péchon. *Créé* 1960. Organise chaque année accueil et séjour de 30 000 étudiants, professionnels, scientifiques, personnalités et l'envoi de 10 000 experts français à l'étranger. Organise la mobilité internationale des chercheurs dans le cadre des Programmes d'actions intégrées et la gestion des bourses Lavoisier pour étudiants français se formant à l'étranger. Association à but non lucratif, 240 salariés. Intervient aussi pour le compte des Affaires étrangères et de 500 organismes (UE, organisations internationales, États étrangers, collectivités territoriales, entreprises, universités ou laboratoires de recherche). *Fonds gérés :* 940 millions de F. *Implantations en province :* 23.

■ **Centre national de documentation pédagogique (CNDP).** 29, rue d'Ulm, 75230 Paris Cedex 5. Établ. public continuateur du *Musée pédagogique* (créé 1879), sous tutelle du ministère de l'Éducation nat. *Réseau :* services généraux, centraux ; 180 centres de documentation pédagogique, 28 établ. publics à vocation académique (CRDP) s'appuyant sur 86 centres départementaux (CDDP), nombreuses antennes locales ; 114 librairies et 116 vidéothèques. **Missions :** *documentation pédagogique :* textes officiels ; rapports de jurys de concours et autres documents ; 155 médiathèques ; *édition sur tous supports :* un catalogue de 2 000 titres et des productions : télévisuelles [La Cinquième, documentation d'accompagnement sur Internet (site des professionnels de l'éducation)] ; audiovisuelles hors antenne : vidéo ; multimédias ; écrites : *17 revues* dont : *Textes et documents pour la classe* (TDC), *Argos*, etc. ; informatiques : une centaine de logiciels et CD-Rom pédagogiques, des services sur Internet ; *ingénierie éducative :* pour développer l'usage des nouvelles technologies et favoriser l'équipement des établ. : les dossiers de l'Ingénierie éducative ; réseau de consultants dans CRDP et CDDP.

■ **Centre national des œuvres universitaires et scolaires (Cnous).** 69, quai d'Orsay, 75007 Paris. *Créé* 1955. Établ. public sous tutelle du ministère chargé de l'Enseign. sup. *Conseil d'admin. :* représentation de l'admin. et des étudiants. *Réseau :* 28 Crous (centres régionaux ; 1 par académie), 14 Clous (centres locaux). *Bourses d'enseignement sup. :* gestion de plus de 450 000 bourses sur critères sociaux et universitaires. *Mission :* favoriser l'amélioration des conditions de vie et de travail des étudiants. *Logement des étudiants :* 150 000 lits en 541 résidences universitaires, dont 92 000 chambres en cités universitaires et 49 500 studios. *Restaurants universitaires :* 186 737 places, 67 millions de repas en 2000 (59 000 000 en 1967), prix du repas : 15,30 F (au 1-1-2001). *Service social* (entretien, aide ponctuelle par le Fonds de solidarité universitaire). *Service des emplois temporaires* pour les étudiants et *logements* en ville. *Animation culturelle* (programme « Culture-action »). *Loisirs et tourisme :* en liaison avec l'Otu (Organisation pour le tourisme universitaire). *Accueil des étrangers* boursiers (+ de 10 000). Fait partie du GIP (groupement d'intérêt public) qui gère la participation de la France aux programmes de l'UE (Erasmus et Leonardo). **Budget** (en milliards de F) : Cnous + 28 Crous : 4,8.

☞ Pour bénéficier des prestations du Crous, les étudiants doivent être inscrits dans des établissements d'enseignement supérieur autorisés ou agréés par la Sécurité sociale étudiante.

■ **Observatoire national de la vie étudiante (OVE).** Créé en 1989, dépend du CNOUS.

■ **Institut national de recherche pédagogique (INRP).** 29, rue d'Ulm, 75230 Paris Cedex 05. Établissement public national à caractère administratif sous tutelle des ministres chargés de l'Éducation nationale, de l'enseignement supérieur et de la Recherche. *Organisation :* Conseil d'admin., directeur, Conseil scientifique, secr. gén. *Publications : Revue française de pédagogie, Histoire de l'éducation, Repères, Didaskalia, Aster, Recherche et Formation, Perspectives documentaires en éducation, Éducation et Société.* 8 collections dont *l'École en débats, Enseignants et chercheurs,* rapports de recherche.

■ **Institut national de recherche et d'application pédagogique (Inrap).** Ministère de l'Agriculture, 17, rue Sully, 21000 Dijon.

■ **Office national d'information sur les enseignements et les professions (Onisep).** 12, mail Barthélemy-Thimonnier, BP 86, Lognes, 77423 Marne-la-Vallée Cedex 2. Placé sous la tutelle du ministère de l'Éducation nat. *Réseau :* 30 délégations régionales, 260 points de vente dans 94 départements, 12 100 points de consultation gratuite dans collèges et lycées. *Collections :* Dossiers, Parcours, Découvertes, *Infosup*, CD-Rom, etc.

■ **Centre national d'études et de recherches en technologies avancées (Cnerta).** Ministère de l'Agriculture, 26, bd Dr-Petitjean, 21000 Dijon.

Les universités ne bénéficient pas de franchise leur permettant d'accueillir des manifestations non autorisées par les pouvoirs publics.

Universités du 3e âge

■ **Origine.** *1973 :* 1re université créée à Toulouse sur l'initiative du Pr Pierre Vellas. Modèle imité dans de nombreux pays : Belgique, Suisse, Pologne, Espagne, Italie, G.-B., Canada, USA, Allemagne, Suède, etc. **But.** Activités culturelles, physiques et artisanales (yoga, gymnastique, histoire régionale, langues étrangères, économie, politique, reliure, dessin, voyages). **Conditions.** Pas de diplômes exigés. **Frais d'inscription.** 150 F et + par an, réduits de moitié pour démunis.

☞ **Renseignements :** *Union française des universités tous âges (Ufuta).* Siège : université de Nancy-I, BP 239, 54506 Vandœuvre-lès-Nancy. *Association internationale des universités du 3e âge (Aiuta).* Pdt : Prof. Dr. Louis Bourgeois, 25, rue du Plat, 69002 Lyon.

Fondation Marcel Bleustein-Blanchet pour la vocation. Secrétariat : 60, av. Victor-Hugo, 75116 Paris. **Créée :** *15-3-1960* par Marcel Bleustein-Blanchet, Pt de Publicis, reconnue d'utilité publique depuis le 18-9-1973. **Pte :** Élisabeth Badinter. **Organisation :** donateurs, souscripteurs ; jury (29 m. dont académiciens, prix Nobel, professeurs au Collège de France, m. de l'Institut et de nombreuses personnalités incarnant la réussite de la vocation dans le domaine des sciences, arts, lettres, musique) ; jury du prix littéraire de la Vocation (12 m. critiques littéraires, écrivains, lauréats de la Fondation) ; du prix de Poésie (9 m. poètes, écrivains, journalistes) ; comité de sélection. **Décerne** chaque année 20 bourses de 50 000 F chacune, dont une pour le prix littéraire (auteur de 18 à 30 ans d'expression française, ayant déjà été publié en France) ; et une pour le prix de Poésie (poète de 18 à 30 ans, manuscrits pris en considération) et une bourse européenne pour ressortissants de l'UE. **Conditions :** 18 à 30 ans ; être français et membre de l'UE, ressentir une vocation dont on a fait la preuve par des débuts de réalisation. **1 030 lauréats.**

☞ **Université de tous les savoirs :** en 2000, au Cnam, 1 conférence/jour par un savant.

Cours par correspondance

■ **Origine.** *1850* l'Anglais Isaac Pitman crée des cours par correspondance en sténographie et comptabilité.

■ **Législation** (France, loi du 12-7-1971). Inscriptions : *le démarchage pour provoquer la souscription d'un contrat d'enseignement est strictement interdit au domicile des particuliers ou sur les lieux de travail. Le contrat de souscription à un cours ne peut se former que par correspondance et ne peut être signé qu'après 6 jours francs* (à compter du lendemain du jour de sa réception). *Au moment de l'inscription, il ne peut être réglé plus de 30 % du prix de l'enseignement,* fournitures non comprises. Si l'enseignement s'étend sur plus d'un an, les 30 % sont calculés sur le prix de la 1re année en cours. *Sous peine de nullité, le contrat doit reproduire les dispositions de l'article 9 de la loi du 12-7-1971, et préciser les conditions dans lesquelles l'enseignement sera donné à l'élève :* il doit y être annexé le plan d'études avec des indications sur le niveau des connaissances préalables nécessaires, sur celui des études, leur durée moyenne et les emplois auxquels elles préparent. Interruption : *si, pour une cause indépendante de sa volonté, l'élève ne peut plus suivre les cours,* lui-même ou son représentant légal (père, mère ou tuteur) peut demander la résiliation du contrat qui, dans ce cas, doit être obtenue sans donner lieu à indemnité. Dans tous les cas, pendant 3 mois à compter de la date d'entrée en vigueur du contrat, le souscripteur (l'élève ou son représentant) peut se libérer de son engagement avec l'école, c'est-à-dire arrêter ses cours (sans donner de justification) moyennant une indemnité (au maximum 30 % du prix total de l'enseignement, fournitures non comprises). Les sommes déjà versées peuvent être retenues à concurrence de cette limite.

Aucune école privée par correspondance n'est agréée officiellement par l'État. Un institut peut préparer à un diplôme, mais ne peut en délivrer. L'école peut délivrer des *certificats de scolarité* qui n'engagent qu'elle.

■ **Nombre d'élèves.** Environ 700 000 personnes, en majorité de 18 à 30 ans (jeunes en formation initiale ou adultes engagés dans la vie professionnelle), dont 350 000 au Cned (85 % d'adultes), 400 000 dans des organismes privés.

■ **Centre national d'enseignement à distance (Cned).** *Créé* 1939. Établissement public national sous la tutelle du ministère de l'Éduc. nat. Formations de tous niveaux (500 complètes, 3 300 modules) dans le cadre de la formation initiale ou professionnelle. 400 000 inscrits dont 31 400 dans 176 pays dont 80 % d'adultes. 7 500 professeurs (vacataires compris). *Direction générale* (Téléport 2, 2, bd Nicéphore-Niepce, BP 80300, 86963 Futuroscope Cedex) et *8 instituts :* **Poitiers-Futuroscope, Grenoble, Lille, Lyon, Rennes, Rouen, Toulouse, Vanves.**

■ **Centre national de promotion rurale (CNPR).** Marmilhat, 63370 Lempdes. Établissement public du ministère de l'Agriculture. *Préparation* CAP, BEP, BT, BTS agricoles, agroalimentaires, technico-commerciaux ; certains concours du ministère de l'Agriculture.

■ **Télé-enseignement universitaire.** Enseignements dispensés par 21 universités et par le Centre national d'enseignement à distance (Cned).

■ **Renseignements.** *Centre Information-Documentation Jeunesse (CIDJ) :* 101, quai Branly, 75740 Paris Cedex 15. *Chambre syndicale nat. de l'enseignement privé à distance :* 1, rue Thénard, 75005 Paris.

Élections universitaires

■ **Conseil des UER.** UER et UFR sont des composantes internes des universités et ont chacune un conseil d'administration. Depuis la loi de 1984, les conseils d'UER ont été remplacés par les conseils d'UFR. **3 conseils centraux au niveau de chaque université :** *Conseil d'administration* (CA), *Conseil des études et de la vie universitaires* (Cévu), *Conseil scientifique* (CS). Les étudiants élus (2 300 pour toute la France, élus par les étudiants de chaque université) siègent dans ces instances et élisent 11 d'entre eux qui seront leurs représentants au Conseil national de l'Enseignement supérieur et de la Recherche (Cneser). *Élections du 18-7-2000* (nombre de voix et, entre parenthèses, nombre d'élus) : Unef-ID, Unef 684 (5), associations étudiantes indépendantes 431 (3), UNI 275 (2), BDE 153 (1).

■ **Crous** (mars 2000). *Bénéficiaires :* 2 051 109. *Élections :* 126 131 votants, 122 278 suffrages exprimés ; participation : 6,15 %. *Suffrages exprimés :* Unef-ID 41,31 % (94 sièges), Cnelia-Fage-PDE 27,11 (56), Unef 9,43 (11), Uni 8,83 (8), Sud 2,49 (1), Étudiants musulmans 1,59 (3), divers 9,23 (23).

Universités libres

■ **Établissements.** Peuvent passer des conventions avec les universités publiques. 7 établissements universitaires privés l'ont fait pour certaines disciplines.

■ **Diplômes.** *Diplômes propres,* reconnus officiellement par décret ou par la Commission des titres d'ingénieurs ; *diplômes d'État* pour formations paramédicales et sociales (DE) ou formations courtes (BTS par exemple) ; *diplômes universitaires* passés devant une université publique, en cas de convention, ou un jury ministériel.

■ **Effectifs. Enseignement universitaire privé :** 17 617 *dont par discipline :* lettres 5 729, théologie et droit canonique 7 050, français pour étrangers 2 032, sciences éco. et AES 1 366, sciences et Mass 1 135, médecine et biologie humaine 717, droit 464, Staps 355 ; *dont par cycles* (entre parenthèses, % de filles) : *1er :* 14 277 (66), *2e :* 3 656 (56,5), *3e :* 780 (41,4), *Capes Capet Agrég. :* 449 (59,9). Étrangers 3 241 (16,9 %) *dont en % par cycles 1er :* 19,4, *2e :* 9,2, *3e :* 18,2. **Établissements catholiques** (en 1998) : *total* 34 337 [1] dont Paris 9 603, Lille 13 000, Angers 11 362, Lyon 4 530, Toulouse 4 800. *Étrangers* 4 665 [1] dont Paris 2 201 [1], Angers 1 700, Lyon 416, Lille 400.

Nota. – (1) 1997.

■ **Principales universités. Aix-en-Provence :** *Fac. libre de théologie réformée,* 33, av. Jules-Ferry, 13100 Aix. *Étudiants :* 73. 1er, 2e, 3e cycles et formation permanente.

Angers : *Univ. catholique de l'Ouest,* 3, place André-Leroy, BP 808, 49008 Angers, Cedex 01. *3 sites :* Angers, Guingamp et Vannes-Arradon. Théologie, lettres classiques et modernes, histoire, documentation, tourisme, langues vivantes, patrimoine artistique et médiation culturelle, psychologie, développement, sc. de l'éduc., sociologie, communication et sc. du langage, maths, biologie, environnement, métiers du sport, ressources humaines ; librairie, école sup. d'électronique (Eseo), de commerce (Essca), de chimie (Etsco) ; d'action internationale et de production ; 8 conventions avec des universités d'État : psychologie, sc. de l'éducation, communication et sc. du langage, lettres, linguistique, théologie. (Groupe Isaip-Esaip). *Étudiants :* 11 115, 1 407 étrangers + 8 465 stagiaires).

Lille : *Univ. catholique* 60, bd Vauban, BP 109, 59016 Lille Cedex ; diplômes nationaux préparés (en convention avec Lille-I, Lille-II, Artois, Littoral, Valenciennes). *Regroupe :* 6 facultés (qui constituent l'Institut catholique de Lille), 30 écoles et instituts, 4 hôpitaux, 40 équipes de recherche, 200 accords de coopération et conventions avec l'étranger, 200 associations étudiantes, 7 juniors-entreprises, 1 700 chambres et studios dans des résidences universitaires, une bibliothèque et une aumônerie. *Étudiants :* 14 250, 400 étudiants étrangers, 4 000 diplômés par an.

Lyon : *Univ. catholique,* 25, rue du Plat, 69288 Lyon Cedex 02. Droit, lettres, sciences, philosophie et théologie, divers instituts spécialisés, Faculté de théologie. Faculté de philosophie. Secteur de droit, économie et sciences sociales. Secteur de lettres et langues. Secteur scientifique. Écoles d'ingénieurs : CPE (chimistes et électroniciens), ECAM (ingénieurs généralistes), ISARA (agriculture et agro-alimentaire). Centres d'études et de formation permanente. Instituts et centres associés. *Étudiants* (en 1999-2000) : 9 394.

Paris : *Institut catholique de Paris,* dit « la Catho », fondé 1875 par Mgr Maurice d'Hulst (1841-96), 21, rue d'Assas, 75270 Paris Cedex 06. *6 facultés :* théologie et sciences religieuses, droit canonique, philosophie, sciences sociales et économiques, lettres, institut supérieur de pédagogie (faculté d'éducation) ; institut de langue et culture française. Cours universitaires d'été. Université du milieu de la vie. Département de la recherche. Séminaire universitaire des Carmes. *Écoles supérieures professionnelles :* centre de formation pédagogique Emmanuel-Mounier, écoles de bibliothécaires-documentalistes, de formation psycho-pédagogique, de psychologues praticiens, instituts supérieur d'électronique de Paris, d'interprétation et traduction. *A Cergy-Pontoise,* groupe ESSEC, avec EPSCI, IMHI, ESSEC ME et Institut polytechnique St-Louis (13, bd de l'Hautil, 95092 Cergy-Pontoise Cedex) : école de chimie organique et minérale, instituts supérieur agricole de Beauvais, de géologie Albert-de-Lapparent, libre d'éducation physique supérieure et 4 autres écoles. *Total :* 19 871 étudiants auditeurs et stagiaires, dont 2 905 étrangers, 900 enseignants. *Fac. libre de philosophie (IPC),* 70, av. Denfert-Rochereau, 75014 (150 ét.). Fac. libre de droit, d'économie et de gestion (Faco), 115, rue N.-D.-des-Champs, 75006 (300 ét.). Université libre des sciences de l'Homme-Centre d'études philosophiques *(ULSH-CEPHI),* 115, rue N.-D.-des-Champs, 75006 Paris (189 ét.). Faculté libre des sciences de la communication *(ISERP-ITAIM), 87 bis,* rue Carnot, 92300 Levallois (70 ét.). Institut protestant de théologie, 83, bd Arago, 75014 Paris. *Faculté libre de théologie évangélique,* 85, av. de Cherbourg, 78740 Vaux-sur-Seine.

Strasbourg : université des sciences humaines, 67084 Strasbourg Cedex. Établissement public dont font partie les facultés de théologie catholique (fondée en 1902) et protestante. *Étudiants :* 900.

Toulouse : *Institut catholique,* 31, rue de la Fonderie, 31068 Toulouse Cedex 07. 4 facultés, 8 écoles professionnelles et 9 instituts supérieurs. Effectif total 6 578 dont sc. religieuses 4 906, formation permanente 2 483. Enseignants réguliers 130, vacataires 500. Fondé 1877, recueille l'héritage de l'Université médiévale fondée le 12-4-1219. Organismes intégrés : facultés de théologie, de droit canonique, de philosophie, libre des lettres, Institut de Recherche Interdisciplinaire sur les Sciences (Iris), instituts d'études religieuses et pastorales (IERP), de science et de théologie des religions (ISTR), de musique sacrée (IMS), d'art religieux de Toulouse (IART). Centre d'études africaines arabes (CEA), Télé-enseignement biblique (Teb), Institut Supérieur pour la Communication, l'Audiovisuel et le Multimedia (ISCAM), Institut universitaire de langues et de cultures françaises (IULCF), Année de formation permanente des prêtres (AFP), Séminaire Universitaire Pie XI. Organismes associés : École supérieure d'agriculture de Purpan (Esap), Centre d'éducateurs de jeunes enfants (CEJE), Institut de formation, recherche, animation, sanitaire et social (IFR@SS), Centre de préparation aux carrières sanitaires et sociales (Cepress), Collège d'Occitanie, Centre de formation d'éducateurs de jeunes enfants (CFEJE), Centre de formation pédagogique pour l'enseignement catholique du 1er degré (CFP), Association catholique pour les enseignements du 2nd degré (ACES Formation), École de journalisme (EJT). *Centre Sèvres (Institut de philosophie et de théologie de la Compagnie de Jésus), 35 bis,* rue de Sèvres, 75006 Paris. *Étudiants :* 280, *auditeurs libres :* 2 000.

Pôle universitaire Léonard-de-Vinci 92916 Paris-La Défense Cedex. Créé 1995. *École de Management Léonard-de-Vinci :* 2 formations en 4 ans après le bac (commerce et gestion, européenne de gestion et technologie), 6 formations de 3e cycle (entreprendre sur le Net, contrôle de gestion, ingénierie et négociations commerciales internationales, management et stratégie d'entreprise, management des affaires européennes, marketing et commerce sur Internet). *École Supérieure d'Ingénierie Léonard de Vinci :* formation en 5 ans après le bac et 2 formations de 3e cycle (Calcul scienctifique et Conception mécanique, Internet : programmation et applications). *Institut International du Multimédia :* formation en 4 ans après le bac pour devenir chef de projet multimédia en ingénierie, design ou 3 D, formation à distance. *Centre de formation d'apprentis :* recrutement bac + 2, formation en 1 an (informatique, mécanique et vente). *Instituts :* de l'environnement, international des projets (formation continue) et international du multimédia (niveau bac). *Étudiants* (en 2000-2001) : 2 800.

Accords internationaux de double diplôme : Fachhochschule de Reutlingen, université de Brighton, South Bank University de Londres, Politechnico di Torino, université San Pablo CEU de Madrid et 18 accords internationaux d'échanges d'étudiants.

Écoles présentes sur le pôle : européenne des transports, supérieure du commerce extérieur, sup. de fonderie, de formation en architecture et aménagement de l'espace pour l'Ile-de-France, sup. d'application des biotechnologies, mastère en management par la qualité du centre d'études sup. des techniques industrielles.

☞ **Fédération internationale des universités catholiques :** *fondée* 1949. *Secrétariat :* 21, rue d'Assas, 75270 Paris Cedex 06. *Pt :* Dr Jan Peters, Nimègue, Pays-Bas. *Secr. gén. :* Pr Guy-Réal Thivierge, Canada. *Membres :* 192 universités catholiques dans 44 pays.

Examens, diplômes

Niveau d'instruction

■ **Évolution. % des personnes de 10 ans et plus sachant lire et écrire dans la population générale :** *1901 :* sexe masculin 86,5 – féminin 86,6 ; *1931 :* 95,2 – 94,3 ; *1946 :* 96,9 – 96,6.

% des époux et, entre parenthèses, **des épouses sachant signer à leur mariage :** *1686-90 :* 29 (14), *1786-90 :* 47 (27) ; *1816-20 :* 54,3 (34,4) ; *1869 :* 76 (63) ; *1890 :* 92 (86) ; *1900 :* 95 (94) ; *1910 :* 97,9 (96,8) ; *1930 :* 99,3 (99,1).

■ **Niveau général.** Depuis 1900, le nombre des « premiers sujets » est resté d'environ 300 par année, celui des « seconds sujets » est passé de 300 à 2 000. En 1900, il y avait un « premier sujet » et un « second sujet » sur 20 bacheliers ; en 1985, un « premier sujet » et 30 « seconds sujets » sur 120 bacheliers.

■ **Sortants du système éducatif** (France métropolitaine, en milliers, 1998). **Par niveaux de formation :** 730 dont non qualifiés 60, CAP-BEP 165, bac 219, enseignement sup. court 138, sup. long 148. **Selon le plus haut diplôme obtenu :** 730 dont aucun ou CEP 96, brevet 52, CAP-BEP 117, bac général 85, bac technicien ou professionnel 94, BTS-DUT 95, Deug, paramédical ou social 43, sup. long 148.

■ **Principaux diplômes délivrés** en France métropolitaine, en 2000, et, entre parenthèses, **% admis/présentés. Brevet :** 582 098 (78,1) [série collèges 522 885 (79)]. **CAP** (1999) : 211 825 (73,8). **BEP** (1999) : 203 156 (72,4). **Baccalau-**

Bégaiement

■ **Origine.** Physiologique et psychologique, avec peut-être une prédisposition héréditaire (cas 6 ou 7 fois plus nombreux dans les familles de bègues). **Causes** (souvent associées). Déficit moteur, dominance latérale, gauchers contrariés (exceptionnellement), retard d'élaboration du langage (chez 50 %), problèmes psychologiques (troubles émotionnels, anxiété, critiques familiales, problèmes conflictuels avec la mère, taquineries de camarades) transformant en un « bégaiement vrai » ce qui, au départ, n'était qu'un « bégaiement primaire » appelé normalement à disparaître. La crainte des moqueries des camarades qui imitent le petit bègue entraîne un repli sur soi et des frustrations. **Fréquence.** Sur 100 cas, 75 % de petits garçons. 50 % apparaissent avant 5 ans, 80 % avant 7 ans. **Traitements.** Parmi plus de 300 méthodes, on peut retenir 3 catégories : la *psychothérapie* qui ne modifie pas le bégaiement à elle seule mais est indispensable à un bon résultat ; les *techniques psychomotrices :* rééducation respiratoire, relaxation, etc. ; *techniques orthophoniques :* rééducation du langage, conduisant à une « régulation vocale ». Enfin, de façon temporaire, une *thérapeutique médicamenteuse* peut être associée. **Nombre en France :** 600 000. **% d'enfants atteints :** 4 (dont 1/4 restera bègue adulte si rien n'est fait). **Début (en %) :** avant 3 ans : 27 ; 3 à 7 ans : 68 ; après 7 ans 5.

■ **Renseignements. Association des Bègues de France :** 30, av. Gabriel Péri, 93100 Montreuil-sous-Bois. **Association Vaincre le Bégaiement :** 14, place des Orphelins, 67000 Strasbourg.

Dyslexie

■ **Fréquence.** 5 à 10 % des enfants d'âge scolaire (2 fois plus de garçons que de filles) ; 10 à 20 % rencontrent des difficultés temporaires dues à une immaturité du cerveau, à une méthode de lecture mal adaptée (exemple : la méthode globale telle qu'elle fut présentée à ses débuts), à des troubles psychoaffectifs... **Troubles associés.** Troubles de la structuration spatiale, retard de langage, troubles affectifs et retards dans d'autres étapes de la vie scolaire (apprentissage de l'orthographe, du calcul, etc.). Avant 7 ou 8 ans, il semble difficile de faire un diagnostic correct. Le dépistage précoce, suivi d'une rééducation appropriée, permet de transformer le comportement de l'enfant : il perd son sentiment de culpabilité, clarifie sa pensée, découvre parfois le goût de l'effort intellectuel.

■ **Renseignements. UNFD** (Union nationale France dyslexie) : 26, av. du Dr. A. Netter, 75571 Paris Cedex 12. **Apaed** (Association de parents et amis d'enfants dyslexiques), BP 34, 95150 Taverny. **Apeda-France** (Assoc. française de parents d'enfants en difficulté d'apprentissage du langage écrit) : 3 *bis,* avenue des Solitaires, 78320 Le Mesnil-Saint-Denis. **APTL** (Assoc. nat. de parents pour l'adaptation scolaire et professionnelle des enfants et adolescents atteints de troubles du langage) : 182, rue Nationale, 36400 La Châtre. **Caed** (Comprendre et aider les enfants dyslexiques) : 4, rue Pierre-Guilbert, 91330 Yerres. **SOS Dyslexia** (Assoc. de parents, professionnels, jeunes et adultes concernés par les troubles du langage écrit), 36, rue de la Pompe, 75116 Paris.

« Surdoués »

■ **Définition.** Se manifestent par un développement prématuré du langage, de la lecture (33 % savent lire avant 5 ans), une curiosité inlassable, une grande capacité d'assimilation. Il y a aussi des surdoués *créatifs* (plus difficiles à dépister). **Fréquence.** *1 pour 1 000 enfants.* **Classes.** *3 classes expérimentales* à l'école publique Las Planas (Nice) [(quotient intellectuel de 130 à 160) couvrant le programme primaire en 3 ans (5 à 8 ans) au lieu de 5]. *Classe de 6e/5e :* lycée privé Michelet (Nice). En sept. 1991, la presse a signalé le cas d'Arthur Ramiandrisoa (14 ans, QI 170) qui avait passé son BEPC à 9 ans, le bac à 11 ans et terminait à 14 ans une maîtrise de maths pures à l'UFR de Paris-VI. Il n'était jamais allé à l'école, son instruction ayant été essentiellement assurée par son père d'origine malgache et sa mère vosgienne. Il a raconté son parcours dans *Mon école buissonnière* (éditions Fixot).

réat : total 486 575 (78,3) dont *bac général* 262 595 (79,8) [littéraire L 56 931 (80,1), économique et social ES 72 921 (78,1), scientifique S 132 743 (80,7)] ; *bac technologique* 144 212 [sc. et techno. industrielles STI 35 168 (73,4), sc. et techno. de laboratoire STL 6 155 (80,1), sc. médico-sociales SMS 18 387 (82,3), sc. et techno. tertiaires STT 76 413 (80,4)] ; *bac professionnel* 83 607 (77,6).

☞ Selon le Conseil économique et social, chaque année, on peut estimer à plus de 25 milliards de F le coût des redoublements des élèves qui, du cours préparatoire, parviennent en terminales.

Enseignement technique

■ **Niveau V** (ouvriers qualifiés). **CAP** *nationaux :* 242 spécialités différentes ; *départementaux :* 27 métiers ou options. **Brevet d'études professionnelles (BEP) :** 48 spécialités, environ 80 % des candidats au BEP passent en même temps les épreuves du CAP.

■ **Niveau IV** (maîtrise et techniciens). **Brevet professionnel (BP) :** recherché souvent par des titulaires d'un CAP ou BEP, exerçant déjà un métier et pouvant obtenir, après une préparation extrascolaire de 2 ou 3 ans, une formation spécialisée complémentaire dans le cadre de la promotion sociale. *BP nationaux :* 72 spécialités. **Brevet de technicien (BT) :** 35 spécialités et options, en fin de classe terminale d'une formation professionnelle du 2e cycle long. **Bac de technicien** (voir tableau p. 1313).

■ **Niveau III** (techniciens sup.). **Brevet de technicien sup. (BTS) :** après le bac et 2 ans d'études générales et technologiques, 111 spécialités ou options. **Diplôme universitaire de technologie (DUT) :** (22 spécialités) voir IUT p. 1307 a.

■ **Examens. Candidats présentés et,** entre parenthèses, **admis** (France métropolitaine, public + privé, 1999) : *CAP nationaux et départementaux :* 286 832 (211 825 : 73,8 %) ; *BEP :* 280 657 (203 156 : 72,4 %). *BP nationaux :* 11 565 admis [en *1997* : 34 164 (10 458 : 35,8 %)]. *BT :* 3 191 (2 255 : 70,7 %). *BTS :* 136 601 (86 914 : 63,6 %).

■ **Diplômés de l'enseignement agricole public et privé** (en 1999). Capa 5 800, Bepa 25 535, BTA 5 685, bac S 1 353, bac professionnel 6 052, BTSA 9 834, bac techno 5 105.

Certificat d'études

Origine : *1866* circulaire du ministre Victor Duruy préconisant la délivrance d'un « certificat d'études primaires » en laissant l'initiative aux inspecteurs d'académies, *1882* organisation obligatoire, *1959* loi sur l'école obligatoire jusqu'à 16 ans. *1989*-28-8 supprimé par décret ; tombé en désuétude du fait de la prolongation de la scolarité jusqu'à 16 ans et de l'entrée de tous les enfants au collège (6e) [en 1988, il y avait eu 48 candidats].

Les *classes de fin d'études (FE)* des écoles primaires accueillant les enfants de 12 à 14 ans et préparant au CEP ont aussi disparu.

Brevet des collèges

■ **Diplôme national.** Institué par le décret du 6-9-1985 (12 ans après la suppression du BEPC) ; comporte un examen en plus du contrôle continu des connaissances. Un nouveau diplôme a été institué pour la session 87 [3 séries : « collège », « technologique » et « professionnelle » (pour les élèves des classes de 3e préparatoire)].

Taux de réussite au brevet (par série)

Brevets délivrés Session 2000	Collèges	Techno.	Profes.	Réussite (en %)
Aix-Marseille	22 459	1 275	169	75,4
Amiens	16 928	1 091	347	76,4
Besançon	10 321	1 177	388	76,3
Bordeaux	22 657	1 860	1 743	77,4
Caen	13 021	966	281	79,4
Clermont-Ferrand	10 023	821	1 219	75,0
Corse	2 108	5	–	76,6
Créteil	34 468	871	1 751	74,8
Dijon	13 800	1 323	481	78,5
Grenoble	25 975	1 709	1 351	81,1
Lille	40 556	2 444	3 160	75,6
Limoges	5 218	465	172	78,8
Lyon	25 571	1 658	599	77,3
Montpellier	19 354	1 101	514	79,5
Nancy-Metz	21 062	2 532	802	77,6
Nantes	31 680	2 654	983	81,0
Nice	16 560	344	126	81,7
Orléans-Tours	20 150	2 194	928	74,1
Paris	14 720	484	691	79,5
Poitiers	13 296	1 583	947	79,7
Reims	11 950	1 527	676	78,0
Rennes	26 866	2 998	1 892	80,8
Rouen	18 294	1 723	282	80,1
Strasbourg	15 023	724	84	76,9
Toulouse	20 859	1 949	849	81,9
Versailles	49 966	1 646	1 654	78,4
France métropolitaine	**522 885**	**37 124**	**22 089**	**78,1**

☞ **Principaux brevets français :** *brevet d'apprentissage agricole ; d'aptitude à l'animation socio-éducative* (Base) créé 5-2-1970 ; *élémentaire* (BE) créé 18-1-1887 ; *d'enseignement commercial industriel* (BEI) et *supérieur d'études commerciales* (BSEC), supprimé ; *d'études du 1er premier cycle* (BEPC), créé 1974, remplace BEPS (brevet d'études primaires supérieures), maintenu jusqu'à la mise en place du brevet d'études générales ; *d'études professionnelles* (BEP) ; *professionnelles agricoles* (Bepa) ; *professionnel* (BP) ; *sportif populaire* ouvert aux garçons de moins de 13 ans, aux filles de moins de 12 ans ; *sportif scolaire* (BSS) ; *supérieur de capacité*, créé 1887, modifié 1928, supprimé ; sanctionnant les études faites dans une école normale ou une école primaire supérieure (3 années après le BE) ; *de technicien* (BT) ; *agricole* (BTA) ; *supérieur* (BTS).

■ **Sessions.** *1994 :* 757 000 candidats (553 000 reçus) ; *95 :* 779 000 (576 000) ; *96 :* 789 414 (589 514). *97 :* 790 886 (590 364) ; *98 :* 769 687 (570 533) ; *2000 :* 745 600 (582 098).

Baccalauréat

■ Histoire

■ **Au Moyen Age.** Du latin *bacca laurea,* baie du laurier dont on couronnait le vainqueur. Le mot vieux-provençal et dialectal espagnol *bacalar* désigne une figue-fleur et par analogie un jeune paysan (langue d'oïl : *bachelier*). On appelait « bacheliers » les jeunes clercs admis à l'essai dans les chapitres de chanoines. **XVIe s.** cet état est réservé aux maîtres ès arts (reçus à la déterminance après 2 ans d'études de logique). Les *baccalaureati* sont admis à préparer la licence, et le *baccalaureatus* devient le temps d'étude nécessaire pour être licencié (2 autres années).

■ **1808**-*17-3* Napoléon rétablit la maîtrise ès arts et lui donne le nom de *baccalauréat* qui devient un grade universitaire sanctionnant les études secondaires (5 bacs : lettres, sciences, médecine, droit, théologie), candidats âgés de 16 ans au moins. **1808-21** littéraire et oral (explication d'un auteur latin ou grec). **1809** les 1ers bacheliers sont 31. **1810**-*16-2* latin, traduction orale. **1820**-*18-9* écrit : version latine ; 3 oraux : philosophie, rhétorique, histoire. **1821** création d'un bac ès-sciences avec questions de maths et physique et sciences naturelles (oral). **1830** épreuve écrite (composition française ou version) ; questions sur les syllogismes obligatoires à l'oral. **1840** version latine obligatoire et éliminatoire ; auteurs français au programme de l'oral. **1852** écrit : version latine, composition latine ou française sur un sujet littéraire, historique ou moral (elle se maintient jusqu'au ministère Ferry) ; oral : logique, histoire-géographie, arithmétique, géométrie, physique élémentaire. **1853** épreuve de langue vivante au bac ès sciences. **1857** composition obligatoirement en latin. **1859** à la demande du candidat, peut être passé en 2 parties, sur 3 ans. **1864**-*27-11* décret Duruy : composition philosophique à l'écrit ; oral non précisé sur les matières enseignées. **1872** Jules Simon met l'accent sur les langues vivantes, « on étudiera désormais le latin pour le comprendre et non pour le parler ». **1874** bac ès sciences scindé en 2 séries d'épreuves à subir à un an d'intervalle (origine des 2 parties). **1880** les 2 séries sont nommées *rhétorique* et *philosophie* (1re version latine, composition française, thème de langue vivante ; 2e composition philosophique, composition scientifique). **1881-82** scolarité de l'enseignement secondaire portée à 6 ans, institution du 1er bac. **1891** bacs classique et moderne créés (2 parties à 1 an d'intervalle, 2 sessions (juillet et sept.), écrit et oral, 3 options (philo., maths, sciences), 3 sujets différents à l'écrit, production du livret scolaire. **1896** bacs classique et moderne : 2 langues vivantes au lieu du latin. **1902** section A (latin-grec), B (latin-langues), C (latin-sciences), D (sciences-langues vivantes) ; le grade de bachelier confère les mêmes droits pour toutes les options. **1925** A (latin-grec), A' (latin sans grec), B (français, 2 langues vivantes). **1927** 1re partie 3 séries (A latin-grec, A' latin-langue vivante, B langues vivantes). **1945** série technique créée. **1946** 7 séries de 1re partie créées (4 classiques, 2 modernes, 1 techn.). 4 séries en 2e partie (philo., maths, sciences ex. et maths et technique). **1953** série techn. B-techn. et économique créée. **1959** session de sept. remplacée par oral de contrôle. **1960** série technique et économique créée. **1963** 1 seule série (l'ancienne 2e partie) ; options : philo., sciences expérimentales, maths, technique, sciences économiques ; examen probatoire fin classe de 1re (session de contrôle oral éventuel, 5 séries). **1965** probatoire supprimé mais exigé pour session 1965. **1966** 2 sessions, certificat de fin d'études secondaires pour les ajournés (moyenne 8/20). **1968** séries A, B, C, D, E créées et bac technologique. A titre exceptionnel, le bac 1968 ne comporte pour les 2 sessions que des oraux obligatoires et des épreuves facultatives. Bac de français créé. **1969** 1 session normale, 1 de remplacement, épreuves obligatoires en 2 groupes, série D' créée, épreuves anticipées de français (écrit + oral). **1970** options A6 (éduc. musicale) et A7 (arts plastiques) créées. **1983** mentions supprimées ; **1984** rétablies. **1985** bac professionnel créé. **1993**-*15-9* séries ES, L et S créées. **1994** réforme appliquée pour le bac 1995.

Baccalauréat général par académie et série en 2001 (résultats provisoires session de juin)

Académies	Série L			Série ES			Série S			Toutes séries			Rappel 2000		
	Présentés	Admis	% d'admis/présentés	Présentés	Admis	% d'admis/présentés	Présentés	Admis	% d'admis/présentés	Présentés	Admis	% d'admis/présentés	Présentés	Admis	% d'admis/présentés
Aix-Marseille	3 313	2 658	80,2	4 258	3 162	74,3	7 005	5 164	73,7	14 576	10 984	75,4	15 087	11 405	75,6
Amiens	1 953	1 577	80,7	2 946	2 239	76	4 616	3 376	73,1	9 515	7 192	75,6	10 177	7 774	76,4
Besançon	1 108	893	80,6	1 835	1 486	81	2 991	2 380	79,6	5 934	4 759	80,2	6 109	4 942	80,9
Bordeaux	3 692	3 153	85,4	3 874	3 015	77,8	7 029	5 631	80,1	14 595	11 799	80,8	15 301	12 212	79,8
Caen	1 851	1 485	80,2	2 148	1 596	74,3	3 688	2 830	76,7	7 687	5 911	76,9	7 803	5 978	76,6
Clermont-Ferrand	1 485	1 262	85,0	2 078	1 660	79,9	3 136	2 510	80	6 699	5 432	81,1	6 893	5 636	81,8
Corse	447	379	84,8	306	247	80,7	563	430	76,4	1 316	1 056	80,2	1 472	1 145	77,8
Créteil	4 153	3 139	75,6	6 375	4 473	70,2	9 838	6 824	69,4	20 366	14 436	70,9	20 929	15 051	71,9
Dijon	1 719	1 428	83,1	2 313	1 848	79,9	4 045	3 295	81,5	8 077	6 571	81,4	8 482	6 847	80,7
Grenoble	3 221	2 818	87,5	4 549	3 838	84,4	7 792	6 551	84,1	15 562	13 207	84,9	16 374	14 091	86,1
Lille	4 222	3 256	77,1	6 607	4 970	75,2	11 930	9 469	79,4	22 759	17 695	77,7	24 251	18 719	77,2
Limoges	696	586	84,2	942	731	77,6	1 700	1 328	78,1	3 338	2 645	79,2	3 533	2 799	79,2
Lyon	2 975	2 534	85,2	5 010	3 989	79,6	8 044	6 634	82,5	16 029	13 157	82,1	16 497	13 592	82,4
Montpellier	2 753	2 256	81,9	3 283	2 538	77,3	5 706	4 367	76,5	11 742	9 161	78	11 932	9 324	78,1
Nancy-Metz	2 307	1 898	82,3	3 675	2 961	80,6	6 088	4 837	79,5	12 070	9 696	80,3	12 546	10 134	80,8
Nantes	3 551	3 062	86,2	5 201	4 239	81,5	8 716	7 315	83,9	17 468	14 616	83,7	18 751	15 692	83,7
Nice	2 223	1 854	83,4	2 864	2 287	79,9	4 708	3 730	79,2	9 795	7 871	80,4	10 216	8 057	78,9
Orléans-Tours	2 578	2 097	81,3	3 586	2 801	78,1	6 160	4 937	80,1	12 324	9 835	79,8	12 843	10 324	80,4
Paris	3 731	2 933	78,6	4 587	3 385	73,8	7 053	5 503	78	15 371	11 821	76,9	16 270	12 603	77,5
Poitiers	1 843	1 531	83,1	2 231	1 701	76,2	3 883	3 113	80,2	7 957	6 345	79,7	8 278	6 715	81,1
Reims	1 302	1 085	83,3	2 163	1 689	78,1	3 425	2 611	76,2	6 890	5 385	78,2	7 265	5 763	79,3
Rennes	3 132	2 757	88	4 541	3 821	84,1	7 744	6 609	85,3	15 417	13 187	85,5	16 719	14 426	86,3
Rouen	2 139	1 704	79,7	3 240	2 341	72,3	4 596	3 435	74,7	9 975	7 480	75	10 350	7 826	75,6
Strasbourg	1 377	1 189	86,3	2 538	2 100	82,7	4 286	3 557	83	8 201	6 846	83,5	8 526	7 156	83,9
Toulouse	2 891	2 416	83,6	3 456	2 741	79,3	6 446	5 233	81,2	12 793	10 390	81,2	13 202	10 909	82,6
Versailles	5 437	4 451	81,9	9 266	7 207	77,8	14 565	11 544	79,3	29 268	23 202	79,3	29 083	23 475	80,7
Total général	**66 099**	**54 401**	**82,3**	**93 872**	**73 065**	**77,8**	**155 753**	**123 213**	**79,1**	**315 724**	**250 679**	**79,4**	**328 889**	**262 595**	**79,8**

Baccalauréat technologique par académie et série en 2001 (résultats provisoires session de juin)

Académies	Secteur industriel STI STL		Sciences médico-sociales SMS		Sc. et technologies tertiaires STT		Musique, Danse F11, F11'		Hôtellerie HÔTEL		Séries agricoles STAE et STPA		Toutes séries		Rappel 2000	
	Présentés	% Admis	Présentés	% Admis	Présentés	% Admis	Présentés	% Admis	Présentés	% Admis	Présentés	% Admis	Présentés	% Admis	Présentés	% Admis
Aix-Marseille	2 336	75,0	938	77,4	4 112	72,7	10	90,0	99	74,7	202	69,3	7 697	73,9	7 598	76,6
Amiens	1 567	75,3	1 074	75,0	3 291	73,4	0	0,0	74	87,8	222	74,3	6 228	74,4	6 592	75,4
Besançon	1 272	81,4	322	88,8	1 753	77,0	17	88,2	76	90,8	202	69,8	3 642	79,5	3 782	82,6
Bordeaux	2 366	82,4	707	87,8	4 003	80,9	38	94,7	162	86,4	411	78,1	7 687	82,0	7 705	82,5
Caen	1 303	78,0	466	91,0	2 022	82,6	12	100,0	97	89,7	188	86,7	4 088	82,5	4 230	82,3
Clermont-Ferrand	966	80,2	628	86,3	1 526	82,6	0	0,0	84	82,1	288	77,4	3 492	82,2	3 561	84,0
Corse	135	71,1	146	79,5	416	82,0	0	0,0	28	53,6	7	14,3	732	77,7	690	71,7
Créteil	3 160	67,7	2 091	63,5	8 150	67,8	18	83,3	65	84,6	108	74,1	13 592	67,3	13 611	71,0
Dijon	1 559	80,2	590	82,2	2 305	80,4	17	82,4	75	96,0	288	74,0	4 834	80,4	4 946	79,7
Grenoble	2 686	84,9	1 063	89,4	4 609	83,0	0	0,0	135	89,6	342	80,4	8 835	84,3	9 156	84,2
Lille	4 766	69,1	2 255	80,9	8 290	76,6	41	97,6	294	88,1	475	78,9	16 121	75,3	16 423	75,9
Limoges	684	74,4	342	82,7	788	78,8	0	0,0	35	74,3	193	68,9	2 042	77,0	2 147	75,9
Lyon	2 523	81,5	969	85,3	4 463	75,8	26	96,2	78	96,2	318	87,4	8 377	79,3	8 477	79,8
Montpellier	1 670	74,6	786	84,5	3 522	81,9	20	90,0	70	97,1	292	75,7	6 360	80,2	6 398	78,2
Nancy-Metz	2 814	75,5	929	84,2	4 104	80,0	29	89,7	141	86,5	256	71,5	8 273	78,8	8 575	78,7
Nantes	2 837	86,0	1 367	91,1	4 931	83,3	47	95,7	217	87,1	565	82,5	9 964	85,2	10 268	85,2
Nice	1 072	75,5	300	88,0	2 729	77,7	37	100,0	164	87,2	71	57,7	4 373	78,1	4 533	78,5
Orléans-Tours	2 192	80,5	707	86,3	3 548	81,3	0	0,0	152	86,8	376	76,9	6 975	81,4	7 151	81,6
Paris	1 329	72,2	680	74,7	2 594	67,8	61	88,5	194	85,1	1	100,0	4 859	70,9	4 854	73,0
Poitiers	1 247	81,9	621	91,8	2 379	79,9	0	0,0	99	90,9	267	73,4	4 613	81,9	4 688	83,9
Reims	1 222	74,6	534	86,1	2 017	78,9	9	66,7	45	93,3	305	69,8	4 132	78,0	4 364	80,3
Rennes	2 854	87,1	1 336	89,0	5 325	85,0	24	91,7	110	93,6	710	76,3	10 359	85,6	11 086	85,7
Rouen	2 022	68,4	553	80,7	3 678	75,4	18	100,0	65	73,8	190	84,2	6 526	74,0	6 705	74,9
Strasbourg	1 688	81,5	504	89,3	2 150	84,0	0	0,0	154	89,6	166	76,5	4 662	83,6	4 633	83,6
Toulouse	2 178	82,9	941	85,1	3 383	83,5	14	100,0	161	85,1	519	77,1	7 196	83,1	7 293	84,6
Versailles	4 104	73,7	1 855	78,0	10 799	73,8	20	60,0	168	92,3	132	91,7	17 078	74,5	17 250	76,5
Total général	**52 552**	**77,4**	**22 704**	**82,2**	**96 887**	**77,7**	**458**	**91,3**	**3 042**	**87,4**	**7 094**	**77,1**	**182 737**	**78,3**	**186 716**	**79,3**

Organisation

Toutes les calculatrices de poche sont autorisées (y compris à infrarouge) sauf celles à imprimante et celles pouvant communiquer avec d'autres.

■ **Épreuves.** En 2 groupes : **1er groupe :** épreuves écrites et orales (matières obligatoires) ; **2e groupe :** épreuves orales au choix du candidat.

Épreuve d'éducation physique et sportive : obligatoire dans le 1er groupe d'épreuves ; si la note est supérieure à 10, elle compte dans le total des notes des épreuves du 1er groupe. Sinon, elle entre en déduction du total de ces points, sauf s'il y a attestation d'assiduité et d'application aux cours d'éduc. phys. établie par le chef d'établissement.

Épreuves facultatives : dessin, musique, éducation ménagère, langues vivantes étrangères et régionales, travail manuel (mécanique ou menuiserie) : seuls les points au-dessus de 10 entrent en ligne de compte.

■ **Corrections des copies.** Les membres des jurys sont désignés par le recteur d'académie. Le chef du centre d'examen s'assure que les professeurs ne corrigeront pas les copies de leurs propres élèves et évite de regrouper dans un même jury des professeurs exerçant dans une même localité.

Le jury doit obligatoirement consulter le livret scolaire y compris pour l'épreuve anticipée de français et en tenir compte, notamment si les écarts entre les résultats de l'examen et ceux de l'enseignement sont importants.

Le jury est souverain dans ses décisions qui ont un caractère définitif (arrêt du Conseil d'État du 20-3-1987). Seule une erreur de droit ou des faits matériellement inexacts (exemple : note mal reportée) seront rectifiés par le rectorat.

■ **Résultats.** **3 cas peuvent se présenter :** *l'élève a eu :* **1°)** *moins de 8 de moyenne au 1er groupe :* ajourné ; peut demander un certificat de fin d'études secondaires au directeur de l'académie, ou redoubler ; **2°)** *entre 8 et 10 :* doit passer les épreuves du 2e groupe ; reçu si moyenne générale des 1er et 2e groupes au moins égale à 10 ; **3°)** *10 ou plus :* est définitivement admis.

■ **Droits du candidat.** **Communication des copies :** tout candidat peut demander la communication de sa copie corrigée sans avoir à expliquer les motifs de sa demande ni justifier d'un intérêt à agir [loi n° 78-753 du 17-7-1978 (*JO* du 18) modifiée par la loi n° 79-587 du 11-7-1979 (*JO* du 12)]. Le principe général a été consacré par un arrêt d'assemblée du Conseil d'État le 8-4-1987. Elle ne peut avoir lieu qu'après la proclamation définitive des résultats, du 1er (ou du 2e groupe d'épreuves si le candidat a été admis à l'oral de rattrapage) mais le candidat ne peut ni contester une note ni réclamer une double correction. **Retardataires :** *Cas exceptionnels :* le chef de centre peut les admettre dans l'heure suivant le début des épreuves. En cas de grèves ou barrage des routes par manifestants, la préfecture prévient le rectorat ; candidats admis dans les 2 h suivant le début de l'épreuve. L'absence à une épreuve n'est pas suffisante pour être admis d'office à la session de septembre. Il faut un cas de force majeure (répertorié par les textes) : empêchement matériel insurmontable (accident très grave, perturbation météorologique), événement tragique touchant le candidat.

Quelques personnalités n'ayant pas eu leur bac : Pierre Bérégovoy, Gal Bigeard, Marcel Bleustein-Blanchet, Alain Delon, Gérard Depardieu, Sylvain Floirat, Sacha Guitry, André Malraux, Georges Marchais, Alain-Dominique Perrin (P-DG de Cartier), Antoine Pinay, Sheila.

Statistiques

■ **Bacheliers. Nombre d'admis bac général.** **1809 :** 32. **1850 :** 4 147 (ès lettres ou philosophie 3 279, ès sciences 868). **1900 :** *2e partie :* 5 717 (philo 4 537, maths 1 180). **1914 :** *1re partie :* 9 635 ; *2e partie* 7 733 (philo 4 773, maths 2 960). **1930 :** *1re partie :* 17 012 (A 3 121, A' 8 147, latin-sc. 1 422, B 4 322) ; *2e partie :* 15 566 (philo 11 413, maths 4 153). **1939 :** *1re partie :* 33 104 (A 10 053, A' 14 737, B 8 314) ; *2e partie :* 23 977 (philo 16 573, maths 7 404). **1950 :** *1re partie :* 40 333 (A 6 210, B 9 094, C 6 927, M 16 239, T 1 863) ; *2e partie :* 32 362 (philo 17 186, sc.-ex. 6 747, maths 7 474, maths et techn. 955). **1960 :** *1re partie :* 88 335 (A 4 983, A' 1 277, B 14 752, C 12 807, M 27 281, M' 21 327, T 5 385, T' 523) ; *2e partie :* 59 284 [dont A (lettres) 17 186, B (économique et social) 7 777, C (maths et sc. physiques) 7 474, D (maths et sc. de la nature) et D' (sc. agro. et techn.) 6 747, E (sc. et techn.) 955]. **1970 :** 138 707 (A 64 502, B 11 304, C 21 443, D et D' 36 011, E 5 447). **1980 :** 159 769 (A 40 391, B 31 521, C 32 658, D et D' 48 545, E 5 823, expérimental 831). **1990** 247 213 (A 63 727, B 60 092, C 56 812, D et D' 58 672, E 7 910). **1995 :** 281 000 (dont L 69 490, ES 74 961, S 136 553). **1997 :** 262 301 (L 67 948, ES 72 205, S 122 148). **1998 :** 268 119 (L 66 947, ES 72 744, S 128 428). **1999 :** 258 756 (L 60 147, ES 73 553, S 125 056). **2000 :** 262 595 (L 56 931, ES 72 921, S 132 743) ; **2001 :** voir tableau p. 1312.
Bac technologique. **1995 :** 124 488 ; **1997 :** 132 415 ; **1998 :** 140 679 ; **1999 :** 144 103 ; **2000 :** 152 778 ; **2001 :** 143 144.
Bac professionnel. **1995 :** 85 152 ; **1997 :** 74 405 ; **1998 :** 79 256 ; **1999 :** 92 617 ; **2000 :** 88 296 ; **2001 :** 87 617.

■ **Taux d'accès en classe terminale de la classe d'âge concernée** (en %). *1990 :* 54 ; *91 :* 58,2 ; *92 :* 60,5 ; *93 :* 62,6 ; *94 :* 67,1 ; *95 :* 63,7 ; *96 :* 63,6 ; *97 :* 62,8 ; *98 :* 68.

■ **Taux d'accès de la seconde au bac** (en %, 1998). *Armentières* Paul-Hazard 84. *Arras* Gambetta 82, Robespierre 85. *Bressuire* Maurice-Genevoix 85. *Carentan* Sivard-de-Beaulieu 83. *Commercy* Henri-Vogt 82. *Creutzwald* Félix-Mayer 87. *Dunkerque* Vauban 84, Auguste-Angellier 82. *Épinal* Louis-Lapique 82. *Guebwiller* Joseph-Storck 89. *Hazebrouck* des Flandres 87. *Langres* Diderot 82. *Le Havre* François-Ier 84. *Livry-Gargan* André-Boulloche 83. *Longjumeau* Jacques-Prévert 84. *Lyon* du Parc 83, Gerland 83, Édouard-Herriot 87. *Mâcon* Lamartine 84. *Marly-le-Roi* Louis-de-Broglie 84. *Nantes* La Colinière 83. *Noisy-Le-Grand* Flora-Tristan 83. *Palaiseau* Camille-Claudel 84. *Paris* Condorcet 93, Henri-IV 92, Carnot 91, Auguste-Renoir 87, Jean-Baptiste-Say 85, Buffon 83, Hélène-Boucher 82, Maurice-Ravel 81. *Pau* St-John-Perse 82. *Quimper* Auguste-Brizeux 84. *Rennes* Jean-Macé 81. *Saverne* Général-Leclerc 85. *Sceaux* Lakanal 82. *Sin-Le Noble* Arthur-Rimbaud 84. *St-Germain-en-Laye* général rue Fer-à-Cheval 84. *St-Omer* Alexandre-Ribot 86. *Strasbourg* Fustel-de-Coulanges 84. *Thiers* Jean-Zay 82. *Toulouse* Pierre-de-Fermat 87. *Tours* Descartes 83. *Tulle* Edmond-Perrier 81. *Valenciennes* Henri-Wallon 84. *Vendôme* Ronsard 81. *Verdun* J.-A.-Margueritte 84. *Versailles* Hoche 84. *Yvetot* Raymond-Queneau 81.

Coût du bac [1] (coût total en millions de F et, entre parenthèses, coût moyen par candidat en F, 1993) : *bac général :* 88,53 (227,12). *Bac technologique :* 56,6 (305,31). *Bac professionnel :* 29,73 (395,72). *Épreuve anticipée de français : bac général :* 14,41 (39,14), *bac techn. :* 5,33 (34,64). *Corrections d'épreuves* (en F par copie au 1-3-1995) : taux normal 8,74, majoré 10,93. *Vacation orale* (4 h d'interrogations) : 218,59 F.

Nota. – (1) France sans Tom, dépenses d'organisation, déplacements des jurys, sauf travail des services d'organisation des examens et rémunération des personnes affectées.

Résultats (France métropolitaine)

Années	Bac général		Bac technologique		Bac professionnel	
	Présentés	Succès (en %)	Présentés	Succès (en %)	Présentés	Succès (en %)
1990	327 484	75,5	163 565	68,9	32 296	74,7
1991	356 332	75,0	169 284	67,8	46 397	74,1
1992	373 651	72,9	174 851	68,0	58 835	76,4
1993	374 990	74,1	175 255	66,9	70 988	72,1
1994	365 786	74,3	177 217	71,5	80 024	74,4
1995	373 146	75,2	175 061	75,8	87 326	73,0
1996	347 102	74,4	166 239	78,4	90 787	78,2
1997	343 297	76,3	169 846	77,3	92 744	79,3
1998	337 595	79,4	176 319	79,8	102 908	77,0
1999	330 067	78,4	176 310	78,9	113 630	77,7
2000	328 889	79,8	179 124	79,4	117 019	79,1
2001	315 724	79,4	182 737	78,3	112 441	77,9

■ **Pourcentage de bacheliers par génération** (garçons et, en italique, filles). **1850** 1,3 ; **70** 1,9 ; **80** 2 ; **90** 2,2 ; **1900** 1,8 ; **10** 2-*0,02* ; **20** 2,8-*0,4* ; **30** 3,9-*1,2* ; **40** 5,6-*2,9* ; **50** 5,9-*4,4* ; **60** 12,6-*12,4* ; **65** 11,6-*11,8* ; **68** 18,5-*20,8* ; **70** 18,5-*21,5* ; **75** 22,2-*29,9* ; **83** 27,9 ; **87** 32,8 ; **88** 36 ; **90** 43,5 ; **92** 51,2 ; **94** 58,9 ; **96** 61,2 ; **99** 61,8 ; **2000** 61,7 ; **01** 61,6.

Certificat de fin d'études secondaires (non admis au bac mais ayant obtenu entre 8 et 10 de moyenne) : *1997 :* 15 909 au bac technologique et 32 485 au bac général.

■ **Bonnes notes.** En 1983, à Paris, *sur 19 608 candidats* à l'épreuve anticipée de français, *7* ont obtenu 19 sur 20 à l'écrit (*23* à l'oral) ; *30 :* 18 sur 20 à l'écrit (*118* à l'oral) ; *84 :* 17 sur 20 à l'écrit (*249* à l'oral) ; *210 :* 16 sur 20 à l'écrit (*636* à l'oral) ; *382 :* 15 sur 20 à l'écrit (*1 116* à l'oral). **% des candidats selon les notes obtenues** (en 1987). **15 sur 20 et + et,** entre parenthèses, **15 à 10 sur 20. Écrit :** *A1 :* 4 % (34 %) ; *A2 :* 4 (27) ; *A3 :* 2 (26) ; *B :* 2 (32) ; *E :* 1 (21) ; *S :* 5 (39). **Oral :** *A1 :* 10 (58) ; *A2 :* 10 (58) ; *A3 :* 7 (46) ; *B :* 9 (59) ; *E :* 5 (64) ; *S :* 14 (58).

■ **Mentions** (en 1997). *Admis aux bacs L, ES, S :* 268 868 dont mention très bien TB 3 809, bien B 19 244, assez bien AB 57 060 ; *technologiques :* 136 204, TB 374, B 5 357, AB 30 602. **% des bacheliers ayant une mention selon les séries** (en 2000) : **L :** 28 (TB 1 ; B 6 ; AB 21). **S :** 40,2 (TB 3 ; B 11,2 ; AB 25,9). **ES :** 22 (TB 0,6 ; B 4 ; AB 17,4) ; **bac général :** 32,4 (TB 1,9 ; B 8,1 ; AB 22,5). **STI :** 37,3 (TB 0,9 ; B 8,5 ; AB 27,8). **STL :** 36,9 (TB 0,8 ; B 7,1 ; AB 29). **STT :** 27,7 (TB 0,2 ; B 3,9 ; AB 23,6). **Autres séries techno. :** 29,8 (TB 0,4 ; B 5 ; AB 24,3). **Bac technologique :** 42 (TB 0,5 ; B 7,1 ; AB 34,4). **Bac professionnel :** 44,2 (TB 0,5 ; B 7,8 ; AB 35,9).

Concours général

■ **Origine.** *Fondé* 1744 par l'université de Paris grâce au legs de l'abbé Louis Le Gendre († 1734). *1re distribution des prix* à la Sorbonne 23-8-1747. Remis en vigueur par Bonaparte (1er consul) 23 fructidor an XI. Supprimé 1906, rétabli 1921.

■ **Organisation.** Par le min. de l'Éducation nat. et les rectorats en liaison avec le min. des Aff. étr., le min. de la Coopération et les inspecteurs d'académies. Ouvert aux meilleurs élèves, inscrits par leurs professeurs, de 1re et terminale des établissements publics et privés sous contrat, et des lycées français de l'étranger. Un arrêté de novembre 1995 limite les possibilités d'inscription pour préserver le niveau du concours. **Correction :** un jury national pour chaque matière. **Remise des prix :** fin juin. **Épreuves** (49 entre mars et mai) : **1re :** composition française *(séries A,*

B, S, E), version latine *(A, B, S)*, version grecque *(A, B, S)*, thème latin *(A, B, S)*, histoire *(A, B, S)*, géographie *(A, B, S)*. **Terminale :** construction *(E)*, technologie informatique *(H)*, technologie (11 épreuves : *F1, F2, F3, F4, F5, F6, F7, F7', F8, F9, F10)*, langues : all., angl., arabe, esp., hébreu, it., port., russe *(A, B, C, D, E)*, philo. *(A, B, C, D, E)*, économie et droit *(G1, G2, G3)*, sc. éco. et sociales *(B)*, maths *(C, D)*, sc. naturelles *(D)*, sc. physiques *(C, D, E)*. **1re et terminale :** éducation musicale, arts plastiques. **Candidats :** *1980* : 3 735 ; *85* : 4 274 ; *90* : 10 289 ; *91* : 10 286 ; *92* : 10 776 ; *93* : 11 240 ; *94* : 13 247. *95* : 13 806 ; *96* : 11 707 ; *97* : 10 146 ; *2000* : 11 336 ; *2001* : 12 424. Distinctions : 275. **1997 : 1re place :** *lycée Henri-IV* : 14 citations (dont 4 prix) ; **2e place :** *Louis-le-Grand* : 11 mentions.

Diplômes d'études supérieures

■ **Étudiants français dans l'enseignement supérieur selon l'origine socioprofessionnelle du chef de famille** (ensemble université dont, entre parenthèses, filles ; en italique CPGE [1] et en gras STS [2]). Agriculteurs exploitants 27 110 (dont f. 17 698) *1 103*, **4 156** ; artisans, commerçants et chefs d'entreprise 89 433 (50 468) *3 888*, **12 403** ; professions libérales et cadres supérieurs 416 645 (223 469) *29 307*, **21 057** ; professions intermédiaires 209 909 (119 022) *8 800*, **25 617** ; employés 160 842 (93 376) *5 044*, **24 588** ; ouvriers 139 438 (83 013) *3 236*, **36 448** ; retraités, inactifs 124 027 (70 460) *3 943*, **18 699** ; indéterminé 102 339 (56 443) *755*, **5 038** ; *ensemble* 1 269 743 (713 949) *56 076*, **148 006.**

■ **Devenir après un an des étudiants entrés en 1re année de 1er cycle universitaire** (en %, 1998-99). *Poursuite dans la filière* 65,6 (dont passage 44,4, redoublement 21,2), *réorientation* 10 (passage 2,2, redoublement 7,7), *sortie* 24,5. **Taux d'accès en 2e cycle** (France entière, en %, 1999-2000). **Par série de bac :** ensemble 59,2 (dont en 2 ans 32,6), bac général 68,1 (38,4), bac technologique 22,5 (8,8), bac professionnel 8,5 (3,2). **Par filière (tous bacs) :** droit 59,6 (dont en 2 ans 32,6), sciences éco. 58,2 (29,6), lettres, sc. humaines 57,7 (35,9), sciences, Mass 58,9 (27,3), toutes filières 59,2 (32,6).

■ **Principaux diplômes délivrés en 1998** (France métropolitaine). BTS 80 670, DUT 39 837, diplôme de 1er cycle (Deug, Deust) 135 754, licence 136 789, maîtrise 91 622, DESS 26 777, DEA 23 822, doctorat 9 576, diplôme de docteur (santé) 6 824, diplôme d'ingénieur 23 068.

■ **Principaux diplômes [1,2] d'État délivrés par les universités en 1998. Disciplines non médicales :**

	Deug	Deust	Licences	Maîtrises	DESS	DEA	Doctorats
Droit	17 922	255	17 696	16 203	4 849	4 736	678
Sc. économ.	10 027	241	10 361	13 313	8 888	1 898	493
AES	7 052	14	6 560	4 987	264	-	-
Lettres, sc. humaines	60 099	279	64 946	30 151	6 851	7 207	2 175
Sciences	32 564	956	32 915	26 147	5 822	9 900	6 204
Staps	6 143	202	4 311	821	103	81	26
France métro.	**133 807**	**1 947**	**136 789**	**91 622**	**26 777**	**23 822**	**9 576**
+ Dom	135 434	1 947	138 102	92 086	26 853	23 910	9 597

Nota. – (1) Ne sont pas mentionnés la capacité en droit et les magistères (respectivement 961 et 1 160 diplômés). (2) Les diplômes d'IUP sont comptés avec les Deug, licences et maîtrises.

■ **Disciplines médicales en 1998 en France métropolitaine : diplôme de docteur** 6 824 (pharmacie P 2 072, odontologie O 882, médecine M 3 870) ; **capacité en médecine** M 1 924 ; **DESS** 474 (M 167, P 307) ; **doctorat** 597 (M 426, P 157, O 14) ; **DES, DIS, DESC** 3 565 (M 3 327, P 230, O 8) ; **AFS, Afsa** 476 (M 475, P 1) ; **HDR** 489 (M 452, P 35, O 2).

■ **Proportion des femmes diplômées en 1997, en France métropolitaine, dont étrangères entre parenthèses :**

	Droit, économie	Lettres, langues, sc. humaines	Sciences, Staps	Ensemble
Deug-Deust	60,8 (5)	76,3 (3,7)	43,9 (2,2)	62,6 (3,7)
Licence	61,3 (5,4)	75,9 (4,4)	42,9 (2,1)	63,1 (4,2)
Maîtrise	60,1 (5,4)	74,1 (7,1)	39,2 (3,3)	58,5 (5,7)
DESS	53,6 (5,9)	72,1 (5,8)	33,6 (4,7)	53,5 (5,7)
DEA	55,3 (11)	59,9 (22,3)	36,6 (10)	48,8 (15)
Doctorat	35,9 (15,7)	49,6 (23,6)	35,6 (19,2)	38,9 (20,1)

☞ **Licences de droit :** *en 1900* : 1 475 ; *30* : 1 931 ; *60* : 1 943. **Doctorats** *de médecine : 1900* : 1 126, *30* : 1 076, *60* : 2 242 ; *de chirurgie dentaire : 1900* : 105, *30* : 473, *60* : 606 ; *de pharmacie : 1900* : 614, *30* : 682, *60* : 1 085 ; *de sciences : 1900* : 37 ; *30* : 73 ; *60* : 293.

Docteur *honoris causa* (pour l'honneur) : grade honorifique décerné sans justificatif de connaissances dans la spécialité concernée. En dehors des universités, il n'y a aucune législation ou réglementation relative à son attribution.

Magistère : diplôme d'université. *Créé* : févr. 1985. Sanctionne une formation pluridisciplinaire, à finalité professionnelle. *Durée* : 3 ans. *Admission* : titulaires du Deug, d'un DUT, élèves des grandes écoles, + présentation de dossier.

Mastère : label délivré par la Conférence des grandes écoles, n'est pas un diplôme. *Admission* : titulaires d'un diplôme d'ingénieur ou d'une école de gestion, d'un DEA ou d'un titre équivalent. *Durée minimale* : 4 trimestres.

Grandes Écoles

Abréviations. *A.* : année, annuel. *Ad.* : admis. *Adm.* : admission. *Admiss.* : admissible. *Adm. p.* : admission parallèle. *Adm. sur t.* : admission sur titre. *Agrég.* : agrégation. *Agro.* : agronomie. *An.* : années [durée des études en]. *Archi.* : architecture. *Ass.* : assistant. *Bac* : baccalauréat. *C.* : concours. *Ca.* : candidats. *C. comm.* : concours commun. *Cl.* : classe. *Cy.* : cycle. *Dipl.* : diplôme, diplômé. *D.u.* : droits universitaires. *Éc.* : école. *Éco.* : économie. *Eff.* : effectifs. *Él.* : élève. *Ens.* : enseignement. *EN* : École nationale. *ENS* : École normale supérieure. *Éq.* : équivalent. *Ét.* : études, étudiant. *Établ.* : établissement. *Étr.* : étrangers. *Ext.* : externe. *F.* : filles. *Fac* : faculté. *Fonct.* : fonctionnaire. *Frais* : frais de scolarité. *G.* : garçons. *Gdes éc.* : grandes écoles. *Ing.* : ingénieur. *Inst.* : institut. *Int.* : interne. *Lic.* : licence. *Maîtr.* : maîtrise. *Méca.* : mécanique. *Nat.* : national. *Pl.* : place. *Polytechn.* : polytechnique ou X. *Prépa* : Préparatoire. *Prof.* : professeur. *Promo* : promotion. *Publ.* : public. *Sc.* : sciences. *Spé.* : spécial. *SS* : Sécurité sociale. *Sup.* : supérieur. *T.* : titre. *Techno.* : technologique. *Tit.* : titulaire. *Univ.* : université, universitaire.

Généralités

Les grandes écoles publiques relèvent soit de l'Éducation nationale soit des universités (composantes de l'Université) : écoles nationales supérieures d'ingénieurs (Ensi), éc. universitaires d'ingénieurs. D'autres écoles publiques ou privées sont rattachées aux universités par convention : Éc. nationale supérieure d'électricité (Supélec), etc. D'autres sont liées par contrat de recherche pour la préparation des DEA ou DESS et le développement de la formation de leurs ingénieurs et cadres commerciaux. Les grandes écoles publiques et écoles supérieures publiques sont dirigées par un directeur nommé par le ministre et reçoivent leurs crédits de l'État. Elles ont un corps enseignant propre à chacune d'elles, principalement choisi par le directeur, et disposent d'un conseil d'administration comprenant un nombre important de personnalités extérieures.

■ **Direction.** Les grandes écoles publiques sont dirigées par un directeur nommé par le ministre de tutelle. Elles reçoivent leurs crédits directement de l'État et disposent d'un corps enseignant propre à chacune d'elles. Le conseil d'administration comprend un nombre important de personnalités extérieures.

■ **Durée totale des études après le bac.** Années préparatoires + années d'école : 5 ans.

■ **Accès. Sur sélection : en 1re année : 1°)** *après le bac* : concours sur épreuves ou sur examen de dossier ; **2°)** *après bac + 2* : soit après classe préparatoire, par concours ; soit par concours ou examen de dossier pour titulaires de Deug, DUT, BTS ; **en 2e année :** *après bac + 3 ou 4* : sur examen de dossier pour titulaire de licence ou maîtrise. *Diplômes délivrés* : d'ingénieur reconnu par la Commission des titres d'ingénieur, de haut enseign. commercial visé par le ministre chargé de l'Enseign. supérieur. *Les écoles normales supérieures* préparent les concours de recrutement des professeurs agrégés.

Écoles d'ingénieurs

■ **Effectif des écoles d'ingénieurs en formation initiale,** en France métropolitaine [nouvelles formations d'ingénieurs (NFI) exclues] dont, entre parenthèses, **dans les écoles privées.** *1980-81* : 36 952 (8 490) ; *85-86* : 45 365 (10 325) ; *90-91* : 57 653 (14 002) ; *95-96* : 75 640 (18 689) ; *96-97* : 76 841 ; *97-98* : 75 098 ; *98-99* : 82 954 (20 484) ; *99-2000* : 85 360 (21 192).

Écoles d'ingénieurs (en 1999-2000)	Nombre d'écoles	Effectifs		Diplômes délivrés en 1999
		Inscrits *	Femmes (%)	
Écoles publiques sous tutelle du MEN :	**128**	**50 340**	**22,5**	**13 493**
Universitaires :	*95*	*29 378*	*24,9*	*8 395*
Eni [1]	4	2 815	7,3	588
Insa [2]	4	7 902	30,4	1 603
Ensam [3]	12	4 550	10,3	1 317
Autres	13	5 695	16,5	1 590
Indépendantes :	*33*	*20 962*	*19,2*	*5 098*
Écoles publiques dépendant d'une autre admin. :	**46**	**13 828**	**27,9**	**4 464**
Agriculture, pêche	15	3 844	55,8	1 302
Défense	14	3 704	12,9	1 175
Industrie-commerce	8	3 136	20,8	890
Postes, télécom.	3	1 697	15,7	655
Équipement-transport	5	1 431	21,7	426
Emploi-solidarité	1	16	50	16
Ville de Paris	2	391	37,1	89
Écoles privées	**64**	**21 192**	**19,3**	**5 612**
Total	**238**	**85 360**	**22,6**	**23 569**

Nota. – (*) Les inscrits en cycle préparatoire ne sont pas compris dans le total. (1) Écoles nationales d'ingénieurs. (2) Instituts nationaux des sciences appliquées. (3) Écoles nationales des arts et métiers et assimilées.

Le **rapport Attali**, commandé en 1997 par Claude Allègre et présenté le 5-5-1998, propose d'intégrer les classes préparatoires aux universités en réformant l'Éna et Polytechnique.

Les concours d'entrée comporteraient « progressivement une part accrue de contrôle continu, d'oraux et d'entretiens » ; des concours particuliers permettraient d'accueillir davantage d'élèves des filières technologiques. Les cursus des écoles seraient « harmonisés » avec ceux des universités. Le texte préconise « de mêler leurs promotions, de rendre certains cours accessibles indifféremment aux étudiants des unes et des autres, d'organiser la mobilité des enseignants entre les 2 formes d'enseignement et de mettre en commun des moyens scientifiques et techniques sur des campus regroupant des universités et des écoles ».

Le cursus de Polytechnique passerait à 3 ans et s'ouvrirait aux préparationnaires technologiques, aux titulaires de DUT et de 1ers cycles universitaires. L'Éna réduirait ses promotions d'un tiers et diversifierait son recrutement via des centres de préparation régionaux « adossés » aux universités. Les 2 perdraient le monopole d'accès aux grands corps de l'État en fonction du classement de sortie des étudiants.

Études médicales : le cursus commencerait en 4e année, après une licence « biomédicale » commune aux futurs médecins, pharmaciens, dentistes. Elles comporteraient 2 phases, de 3 ans puis de 2 ans.

Les formations supérieures seraient alignées sur un système « 3-5-8 » correspondant à des « niveaux pertinents de sortie » de l'université, avec des diplômes « à valeur professionnelle » reconnus par les conventions collectives. Le 1er niveau, la licence (bac + 3), serait passé par unités capitalisables. Il y aurait moins de cours magistraux, les étudiants seraient répartis en petits groupes. Le Deug subsisterait comme diplôme intermédiaire. 2e niveau, accessible sans sélection, « maîtrise » préparée en 2 ans, après la licence, avec 6 mois d'études, 6 mois de stage et 1 an consacré à des études complémentaires pour ceux voulant entrer dans la vie active à « bac + 5 » ou à la recherche pour les futurs enseignants du supérieur, chercheurs et membres des grands corps de l'État. Ces derniers devront encore effectuer trois années d'études pour obtenir un doctorat.

Autres propositions : la France universitaire serait divisée en 8 « provinces » ; tous les 5 ans, chaque université ou grande école serait réévaluée.

■ **Écoles de commerce, gestion et vente. Nombre d'écoles.** *1990-91* : 193 ; *95-96* : 252 ; *99-2000* : 226. **Effectifs :** *1990-91* : 46 006 ; *95-96* : 50 416 ; *99-2000* : 56 070.

■ **Effectifs** (France métropolitaine, en 1999-2000). **Écoles de commerce, gestion.** *Total 55 652 [(dont h. 30 220/f. 25 432) étrangers 9,7 %]* dont groupe I 38 798 [(21 031/17 767) 8,3 %], II 3 854 [(2 385/1 469) 25,3 %], III 13 000 [(6 804/6 196) 9,5 %]. **Écoles de vente.** 418 [(316/102) 2,5 %].

■ **Niveau de formation des étudiants à leur entrée dans une école de commerce et gestion** (en 1999-2000). **Total et %.** Niveau bac 25 (0,1), bac 5 584 (22,8), BTS-DUT 4 564 (18,6), CPGE 5 447 (22,2), Deug-Deust 1 111 (4,5), 2e cycle universitaire 2 278 (9,3), 3e 769 (3,1), école d'ingénieur 570 (2,3), de commerce 630 (2,6), autre origine 3 561 (14,5).

■ **% des femmes dans les principales grandes écoles.** ESCP 46, HEC 33,3, Essec 33, Mines Nancy 29,6, Mines Paris 21,2, Mines St-Étienne 17,6, Ponts et Chaussées 15,1, Supélec 13,1, Télécom 13, Centrale 12,3, Polytechnique 9,3.

Classes préparatoires

Argot des prépa. *Hypokhâgne*, puis *khâgne* : prépa à Normale sup. lettres (élèves : hypokhâgneux, khâgneux). *Hypotaupe*, puis *taupe* : prépa aux grandes écoles scientifiques : Normale sup. sciences, X, Centrale, etc. (élèves : hypotaupins et taupins ; pour Centrale : piston). *Agro* : prépa aux Écoles agronomiques. *Véto* : prépa aux Écoles vétérinaires. *Élèves de 1re année* : bizuths, *2e année* : carrés (en taupe 3/2), *3e année* : cubes (ou 5/2), *4e année* : bicas (ou 7/2).

Effectifs (1999-2000)

■ **Total.** 313 264 dont filles 151 114 dont : **classe préparatoire aux grandes écoles.** *Total* 70 231 (dont, entre parenthèses, filles 27 253) dont : **Éducation nationale :** 68 515 (26 863), *prépa. scientifiques* 43 249 (11 184), 1re année 21 538 (6 210), 2e année 21 711 (4 974), *économiques* 15 136 (8 005), 1re année 7 941 (4 293), 2e année 7 195 (3 712), *littéraires* 10 130 (7 674), 1re année 6 094 (4 699), 2e année 4 036 (2 975). **Autres ministères :** 1 716 (390), *prépa. scientifiques* 1 338 (349), 1re année 527 (129), 2e année 811 (220), *économiques* 208 (22), 1re année 105 (16), 2e année 103 (6), *littéraires* 170 (19), 1re année 81 (16), 2e année 89 (3), *préparations sup. BTS* (après un BTS, organisée par le ministère de l'Agriculture). **Diplôme d'études comptables et financières.** *Total* 6 269 (dont, entre parenthèses, filles 3 383) dont : **Éducation nationale :** 6 180 (3 342). **Autres ministères :** 89 (41). **Section de techniciens supérieurs.** *Total* 236 764 (dont, entre parenthèses, filles 120 478) dont : **Éducation nationale :** 212 837 (111 705), classes de mise à niveau 2 920 (1 883), DPECF 1 606 (843), STS en 1 an (loi quinquennale) 287 (120), STS en

2 ans 203 320 (105 709), STS en 3 ans 2 223 (1 859), DMA (diplôme des métiers d'art) 632 (373), DSAA (diplôme supérieur d'arts appliqués) 364 (239), DNTS (diplôme national de technologie spécialisée) et formations complémentaires (post-BTS) 1 485 (679). **Agriculture :** 21 909 (7 670), STS en 1 an 398 (120), STS en 2 ans 21 511 (7 550). **Autres ministères :** 2 018 (1 103), classes de mise à niveau 59 (31), DPECF 40 (17), STS en 1 an 0 (0), STS en 2 ans 1 786 (973), STS en 3 ans 56 (55), formations complémentaires (post-BTS) 26 (8), DMA 51 (19).

Autres écoles supérieures. **Total** 392 798 (dont, entre parenthèses, filles 215 523) dont : écoles d'ingénieurs 79 098 (17 587) [dont dépendantes des universités 25 979 (6 547)] ; préparations intégrées 2 380 (584) ; écoles de commerce, gestion et comptabilité 46 759 (20 933) ; établissements privés d'enseignement universitaire 21 893 (14 378) ; écoles normales supérieures 3 215 (1 092) ; instituts universitaires de formation des maîtres 81 305 (55 899) ; écoles d'architecture 18 533 (7 950), supérieures artistiques et culturelles 30 188 (17 217), paramédicales hors universités 65 663 (52 966), préparant aux fonctions sociales 17 449 (14 085), juridiques et administratives 6 522 (3 280), de journalisme, et littéraires 2 489 (1 693), vétérinaires 2 094 (1 221), de spécialités diverses 15 210 (6 638).

Nota. – (1) CPGE : classes préparatoires aux grandes écoles. (2) STS : sections de techniciens supérieurs, sous la tutelle du ministère de l'Éducation nationale, de la Recherche et de la Technologie.

Prépas aux grandes écoles (% des intégrés par rapport aux effectifs). HEC, Essec, ESCP-EAP, EM Lyon, ESC Reims : *option scientifique :* Ipésup (Paris 4e) [2] 96,3 ; Henri-IV (Paris 5e) [1] 90,9 ; Louis-le-Grand (Paris 5e) [1] 87,5 ; Ste-Geneviève (Versailles, 78) [3] 80,8 ; Hoche (Versailles, 78) [1] 78,6 ; Carnot (Paris 17e) [1] 75,5 ; St-Louis (Paris 6e) [1] 71,1 ; Prépacom (Paris 4e) [2] 67,1 ; Le Parc (Lyon 6e, 69) [1] 65,8 ; St-Jean-de-Passy (Paris 16e) [3] 58,9. *Option économique :* Henri-IV (Paris 5e) [1] 75 ; Ipésup (Paris 4e) [2] 69,23 ; Hoche (Versailles, 78) [1] 68,89 ; Madeleine-Daniélou (Rueil-Malmaison, 92) [3] 56,41 ; St-Louis-de-Gonzague (Paris 16e) [3] 47,5 ; Carnot (Paris 17e) [1] 47,22 ; N.-D.-du-Grandchamp (Versailles, 78) [3] 46,15 ; Ampère (Lyon 2e, 69) [1] 36,36 ; Claude-Monet (Paris 13e) [1] 33,33 ; Prépacom (Paris 7e) [2] 33,33 ; St-Jean (Douai, 59) [3] 33,33.

Edhec, ESC Rouen, ICN, Audencia, INT Management, ESC Bordeaux, ESC Lille : *option scientifique :* Bellepierre (St-Denis, Réunion) [1] 69,6 ; Henri-Wallon (Valenciennes, 59) [1] 51,4 ; St-Paul (Lille, 59) [3] 50 ; Pierre-Corneille (Rouen, 76) [1] 45,7 ; N.-D.-du-Grandchamp (Versailles, 78) [3] 44 ; Alfred-Kastler (Cergy-Pontoise, 95) [1] 41,9 ; Chateaubriand (Rennes, 35) [1] 39,5 ; Blaise-Pascal (Clermont-Ferrand, 63) [1] 39,5 ; Externat Ste-Marie (Lyon 5e, 69) [3] 39,4 ; Chaptal (Paris 8e) [1] 39,2. *Option économique :* St-Paul (Lille, 59) [3] 70 ; Stanislas (Cannes, 06) [3] 64,29 ; Georges-de-La Tour (Metz, 57) [1] 60,53 ; St-Jean (Douai, 59) [3] 52,78 ; Alfred-Kastler (Cergy-Pontoise, 95) [1] 51,85 ; St-Michel-de-Picpus (Paris 12e) [3] 51,85 ; Carnot (Dijon, 21) [1] 47,06 ; St-Joseph-du-Loquidy (Nantes, 44) [3] 45,65 ; St-Just (Lyon 5e, 69) [1] 45,45 ; Marcelin-Berthelot (St-Maur-des-Fossés, 94) [1] 45 ; St-Vincent-Providence (Rennes, 35) [3] 44,44.

Polytechnique, Centrale (Paris et Lyon), Mines (Paris), Sup Aéro, Ponts et Chaussées, Supélec : *filière maths-physique :* Henri-IV (Paris 5e) [1] 57,1 ; Ste-Geneviève (Versailles, 78) [3] 49,6 ; Hoche (Versailles, 78) [1] 45,8 ; Louis-le-Grand (Paris 5e) [1] 37,2 ; Le Parc (Lyon 6e, 69) [1] 31,9 ; Pasteur (Neuilly-sur-Seine, 92) [1] 27,4 ; Condorcet (Paris 9e) [1] 26,6 ; Pierre-Corneille (Rouen, 76) [1] 24,3 ; Blaise-Pascal (Orsay, 91) [1] 22,5 ; Clemenceau (Nantes, 44) [1] 22,2. *Physique-chimie :* Henri-IV (Paris 5e) [1] 51,9 ; Ste-Geneviève (Versailles, 78) [3] 46 ; Louis-le-Grand (Paris 5e) [1] 40,9 ; Ipésup (Paris 4e) [2] 40 ; Hoche (Versailles, 78) [1] 38 ; Pierre-de-Fermat (Toulouse, 31) [1] 29,1 ; Pasteur (Neuilly-sur-Seine, 92) [1] 28,8 ; Le Parc (Lyon 6e, 69) [1] 26,3 ; Thiers (Marseille 1er, 13) [1] 25,7 ; Blaise-Pascal (Orsay, 91) [1] 25. *Physique et sciences de l'ingénieur :* Ste-Geneviève (Versailles, 78) [3] 60,8 ; Louis-le-Grand (Paris 5e) [1] 60,6 ; Pierre-de-Fermat (Toulouse, 31) [1] 45,5 ; Saint-Louis (Paris 6e) [1] 40,4 ; Hoche (Versailles, 78) [1] 34,4 ; Condorcet (Paris 9e) [1] 25,6 ; Le Parc (Lyon 6e, 69) [1] 23,8 ; Marcelin-Berthelot (St-Maur-des-Fossés, 94) [1] 23,5 ; Clemenceau (Nantes, 44) [1] 23,4 ; Thiers (Marseille 1er, 13) [1] 22,5.

ENS Ulm et ENS Lyon : *toutes options confondues :* Henri-IV (Paris 5e) [1] 28,5 ; Pierre-de-Fermat (Toulouse, 31) [1] 23,3 ; Louis-le-Grand (Paris 5e) [1] 21,6 ; Lakanal (Sceaux, 92) [1] 18,1 ; Claude-Monet (Paris 13e) [1] 14,6 ; Fustel-de-Coulanges (Strasbourg, 67) [1] 11,5 ; Chateaubriand (Rennes, 35) [1] 8,8 ; Madeleine-Daniélou (Rueil-Malmaison, 92) [3] 7,1 ; Blaise-Pascal (Clermont-Ferrand, 63) [1] 6,9 ; Fénelon (Paris 6e) [1] 6,2 ; Condorcet (Paris 9e) [1] 6,1 ; Le Parc (Lyon 6e, 69) [1] 5,8.

Nota. – (1) Établissement public. (2) Privé. (3) Privé sous contrat.

ÉCOLES DES GRANDS CONCOURS TRADITIONNELS

POLYTECHNIQUE, DITE « L'X »

■ **École polytechnique.** **Siège :** 91128, Palaiseau Cedex (de la création à 1976 : rue de la Montagne-Ste-Geneviève, Paris 5e). Relève du ministère de la Défense. **Fondée** 11-3-1794 (École centrale des travaux publics, puis 1-9-1795 nommée École polytechnique) par la Convention nationale, animée par 2 membres du Comité de salut public, Lazare Carnot et Prieur de la Côte-d'Or, et un grand savant, Gaspard Monge. En 1804, Napoléon lui donna un statut militaire. **Devise de l'école :** « Pour la Patrie, les Sciences, la Gloire. » **But** *(loi Debré de 1970) :* donner à ses élèves une culture scientifique et générale les rendant aptes à occuper, après formation spécialisée, des emplois de haute qualification ou de responsabilité à caractère scientifique, technique ou économique dans les corps civils et militaires de l'État et dans les services publics, et de façon plus générale dans l'ensemble des activités de la nation. **Bal :** 1er le 22-2-1879. **Point Gamma :** fête imaginée par Émile Lemoine (promotion 1861), 1re célébration 1862 ; remplaçait le bal burlesque des « fruits secs » disparu 1848. Interdite 1880, reprise 1919, interrompue 1939-45, rétablie 1947. **Effectifs :** 940 dont 142 étrangers en 2000-2001. *Places offertes en 2000 :* 177 MP, 168 PC, 26 PSI, 15 PT, 2 TSI, 2 ENSAM, 10 voie universitaire, au plus 100 étrangers. *Admis en 2000 :* 432 (dont 32 à titre étranger) sur 3 548 ca. français ; 54 ca. étr. admis par la voie universitaire. **Statut des élèves français :** élèves-officiers de l'École polytechnique, perçoivent une solde spéciale de 2 900 F environ pendant toute la scolarité (4 ans) et à partir de la 2e année, ils sont nommés aspirants et reçoivent une indemnité représentative de frais de 2 500 F. Les jeunes filles sont admises depuis 1972. **Scolarité :** Formation professionnalisante en 4 ans : 2 ans généralistes dont 8 mois d'expérience de terrain et 4 trimestres de sciences ; puis 2 ans spécialisation en sciences et techniques. *Conditions :* 17 à 21 ans au 1er janv., être physiquement apte au service militaire.

■ **Études doctorales** (2000-2001). 264 inscrits en thèse, 74 en DEA. 62 thèses soutenues en 1999-2000.

■ **Recherche.** 572 chercheurs dans 24 laboratoires : biologie et chimie ; mécanique des solides et des fluides ; optique ; électromagnétisme et physique des plasmas et des particules ; physique des solides ; informatique, mathématiques et physique théorique ; sciences humaines et sociales.

■ **Débouchés de l'X.** **Nombre de places offertes dans les corps de l'État** (en 2000) : *ingénieurs :* mines 10, ponts 28, télécoms 21, armement 33, génie rural, eaux et forêts 11, aviation civile 3, météorologie 1, géographie 2. *Administrateurs :* Insee 10, contrôle des assurances 5. *Officiers des armées* 43. *Études doctorales* 70. *Autres formations complémentaires* 270.

☞ **Quelques élèves illustres :** *Pts de la République :* Sadi Carnot, Albert Lebrun, Valéry Giscard d'Estaing. *Maréchaux et amiraux de France :* J.-B. Philibert Vaillant, Adolphe Niel, amiral de France Rigault de Genouilly, Edmond Le Bœuf, P.-J. François Bosquet, Maux J. Maunoury, Joseph Joffre, Ferdinand Foch, Émile Fayolle. *Scientifiques, industriels, divers :* Louis Poinsot, Louis Joseph Gay-Lussac, Denis Poisson, François Arago, Augustin Fresnel, Augustin Cauchy, Antoine Becquerel, Michel Chasles, Auguste Comte, Joseph Gratry, Joseph Liouville, Urbain Le Verrier, Gal Louis Faidherbe, Charles Hermite, Camille Jordan, Fulgence Bienvenüe, Henri Poincaré, Édouard Estaunié, Marcel Prévost, Jacques Rouché, Gal Gustave Ferrie, Henri Becquerel, André Citroën, Conrad Schlumberger, Honoré d'Estienne d'Orves, Raoul Dautry, Jacques Rueff, Jean Borotra, Louis Leprince-Ringuet, Louis Armand, Charles de Freycinet, Auguste Rateau, Pierre Termier, Henri Le Chatelier, Maurice Allais (prix Nobel), Georges Besse, Jacques Lesourne, André Giraud, Raymond Lévy, Pierre Delaporte, Henri Martre, Claude Perdriel, Jean Gandois, Claude Bébéar, Lionel Stoleru, Jean Peyrelevade, Jean-Louis Beffa, René Fourtou, Michel Pèbereau, Paul Quilès, Jacques Attali, Bernard Arnault, Bernard Pache, Pierre Suard, Serge Tchuruk, Philippe Jaffré.

☞ Le 1er sujet de composition française, donné au concours d'entrée à Polytechnique de 1804, portait sur le discours de *Laïus* (époux de Jocaste et père d'Œdipe) ; devint vers 1842 synonyme de discours.

CENTRALE-SUPÉLEC

CONCOURS COMMUN

■ **Candidatures.** En *1999 :* 11 350 ca. (programme MP, PC, PSI, TSI), regroupe 6 éc. publ. et 2 privées (Supélec, Eso).

■ **Écoles.** **École centrale des arts et manufactures (ECP, École centrale de Paris,** dite **« Piston, Centrale »).** Grande Voie des Vignes, 92295 Châtenay-Malabry Cedex. *Créée* 1829. *Eff.* 1 679 (f. 15 %). *2001 :* 330 pl. offertes + 2 places handicapés (10 132 inscrits en 2000) ; étr. MP : 12 places, PC 8, PSI : 5. **De Lille.** *Créée* 1872. **De Lyon.** *Créée* 1857. **De Nantes** [anciennement Éc. nat. sup. de mécanique (ENSM)]. *Créée* 1919. **École supérieure d'électricité (ESE** dite **« Supélec »).** *Fondée* 1894. **École supérieure d'optique (Eso,** dite **« Supoptique »).** *Créée* 1920. **Institut d'informatique d'entreprise (IIE).** *Créé* 1968.

MINES-PONTS-TÉLÉCOMS

CONCOURS COMMUN

■ **Candidatures** (en 2000). Filières MP, PC, PSI, PT et TSI 10 454. Recrutement dans la filière PT (574 ca.) sous-traité à la banque PT ; celui de la filière TSI (199 ca.) l'est au concours Centrale/Supélec ; concours commun « Mines-Ponts » 8. *Écoles :* nationale des ponts et chaussées (ENPC), *supérieure* de l'aéronautique et de l'espace (Ensae), de techniques avancées (Ensta), des télécommunications (ENST), des mines des Paris (ENSMP), de St-Étienne (ENSMSE), de Nancy (ENSMN), des télécommunications de Bretagne (ENSTB) et École polytechnique pour la filière TSI.

■ **Écoles.** **École nationale des ponts et chaussées (ENPC,** dite **« les Ponts »).** 6-8, av. Blaise-Pascal, Champs-sur-Marne, 77455 Marne-la-Vallée Cedex 2 et 28, rue des Sts-Pères, 75007 Paris. *Fondée* 1747 par Jean-Rodolphe Perronet. *Eff. 2000 :* 629 élèves-ingénieurs dont 103 admis en 1re année au concours commun et 105 en 2e année sur titre ; 46 stagiaires ; 154 en mastères et MBA ; 134 élèves-chercheurs ; 114 DEA ; 13 en formation post-concours d'architecte urbaniste de l'État. *Total : 1 090.* **ENS de l'aéronautique et de l'espace (Ensae,** dite **« Supaéro »).** 10, avenue Édouard-Belin, 31055 Toulouse Cedex 04. *Créée* 1909 par le colonel Jean-Baptiste Roche (1861-1954). *Eff. 2001 :* 734 dont 85 étrangers. *Diplômés 2000 :* 165. **Des mines de Paris (ENSMP,** dite **« Mines de Paris »).** *Fondée* 19-3-1783 par Balthazar-Georges Sage (1740-1824), chimiste et minéralogiste. *Eff.* 1 010 dont 42 ing. él. des Mines, 613 él. chercheurs et en formations spécialisées, 325 él. civils. *C. 2000 :* MP 46, PC 19, PSI 25, PT 0. **Mines de Nancy (EMN,** dite **« Mines Nancy »).** *Fondée* 1919. *Eff.* 364. **Mines de St-Étienne (ENSMSE,** dite **« Mines St-Étienne »).** *Créée* 1816. *Eff. 2000 : 1re a. :* 102 (f. 16 %) dont MP 42, PC 24, PSI 21, sur t. (Deug, licence) 3. *Dipl. 2000 :* 108. **De techniques avancées (Ensta,** dite **« Techniques avancées »).** *Créée* 1970. **Des télécommunications (ENST).** *Créée* 1942 (succède à l'Éc. supérieure de télégraphie créée 1878). *Eff.* 1 000 (f. 13 %). *Dipl. 1999 :* ingénieurs 263. **De Bretagne (ENST Bretagne,** dite **« Télécoms Bretagne »).** *Fondée* 1977. **École d'ingénieurs (INT).** *Créée* 1979. 2 écoles : **Télécoms INT.** *Eff. : 1re a. :* 159, *2e a. :* 220, *3e a. :* 204. *Dipl. 2000 :* 175. **INT Management.** *Eff. : 1re a. :* 159, *2e a. :* 158, *3e a. :* 125. *Dipl. 2000 :* 96.

AUTRES CONCOURS COMMUNS

■ **Écoles nationales supérieures agronomiques (Ensa). Candidatures.** Forment des ingénieurs de conception, C. comm. A pour él. math spé., biologie. 1 568 ca. en 1987, 508 ad. dont Ina 172 (*1995 :* 180), Ensaia 82, Ensam 82, Ensar 94, Ensat 45, Ensia A 45, Ensbana 23. Concours B 608 ca., 102 ad. dont Ina 21 (*95 :* 23). **Institut.** **Institut national agronomique Paris-Grignon (Ina,** dit **« Agro »).** 16, rue Claude-Bernard, 75005 Paris. Installé à Versailles en 1848. Supprimé en 1852. *Nouvel Ina* créé 9-8-1876 par Eugène Tisserand. 1-1-1972 fusion de l'Ina « Agro » avec l'Ensa de Grignon. **Écoles.** **Ensa : Montpellier (Ensam).** *Créée* 1872. *Eff.* 320 él. **Rennes (Ensar).** *Créée* 1830. **Toulouse (Ensat).** *Créée* 1909. **D'agronomie et des industries alimentaires de Nancy (Ensaia).** *Fondée* 1970. **Des industries agricoles et alimentaires (Ensia).** *Créée* 1893. **Nationale supérieure d'horticulture et d'aménagement du territoire d'Angers (Enshap).** *Créée* 1971. **Formation des ingénieurs forestiers de Nancy (Fif). De biologie appliquée à la nutrition et à l'alimentation (Ensbana).** *Créée* 1962.

■ **Écoles nationales d'ingénieurs des travaux agricoles (Enita). Candidatures.** 4 *C. comm. : C.* (A), Enit et Ensa pour prépa. BCPST et TB. (B), Enit pour tit. Deug sciences et Deust dans mention et spécialités appropriées. (C), Enit pour tit. BTS agr., DUT ou BTS options appropriées. (D) pour tit. maîtrise sciences (accès en 2e année d'école). *Adm.* (en 2001) 36 fonctionnaires sur les 4 concours. **Écoles.** **Bordeaux.** *Créée* 1962. **Clermont-Ferrand.** *Créée* 1984. **Dijon.** *Créée* 1993. Voir **Enesad** p. 1316 b. **École nationale d'ingénieur des techniques des industries agricoles et alimentaires (Enitiaa) Nantes.** *Créée* 1973.

■ **Écoles nationales supérieures d'ingénieurs (Ensi). Candidatures.** Nées de l'union des instituts d'université avec des écoles d'ingénieurs en 1969, 29 Ensi + Escil + EFPG. *Adm. :* prépa. 2 a. Impossibilité de se présenter plus de 3 fois. *Concours communs polytechniques :* sur programme math spé M, P, TA, TB, organisé par le Service des concours communs polytechniques. *C. phys. M :* 6 680 ca., 2 415 classés, 863 ad. *C. phys. P :* 6 320 ca., 2 680 classés, 977 ad. *C. chimie P' :* 4 839 ca., 1 401 classés, 207 ad. *C. chimie P :* 5 449 ca., 2 015 classés, 453 ad. *C. phys. TA :* 600 ca., 221 classés, 90 ad. *C. chimie TB :* 49 ca., 25 classés, 20 ad.

Écoles. **Chimie de Clermont-Ferrand (ENSCCF).** *Créée* 1908. **Lille (ENSCL).** *Créée* 1894. **Montpellier (ENSCM).** *Créée* 1889. **Mulhouse (ENSCMu).** *Créée* 1822. **Rennes (ENSCR).** *Créée* 1919. **Toulouse (ENSCT).** *Créée* 1906. **École européenne de chimie, polymères et matériaux de Strasbourg (ECPM).** *Créée* 1995. **Chimie et de physique de Bordeaux (ENSCPB).** *Créée* 1891. **Synthèses, de procédés et d'ingénierie chimiques d'Aix-Marseille (SPI Chimie).** *Créée* 1990. **École supérieure de chimie et physique électronique de Lyon (CPE).** *Créée* 1992.

Écoles chimie P'. **ENS : de chimie de Paris (ENSCP).** *Créée* 1896. **Des industries chimiques de Nancy (Ensic).** *Créée* 1887. **École supérieure de physique et de chimie industrie de la Ville de Paris (ESPCI,** dite **« PC »).** *Créée* 1882.

Écoles des concours communs polytechniques. **École française de papeterie et des industries graphiques (EFPG,** dite **« Papet »). ENS : d'électrochimie et d'électrométallurgie de Grenoble (Enseeg).** *Créée* 1921. **D'électrotechnique, d'électronique, d'informatique et d'hydraulique de Toulouse (ENSEEIHT,** dite **« N7 »).** *Créée* 1907. **D'électricité et de mécanique (Ensem).** Vandœuvre-lès-Nancy. *Créée* 1900. **D'électronique et de radioélectricité de Bordeaux (Enserb).** Talence. *Créée* 1920 ; **de Grenoble (Enserg).** *Créée* 1957. **D'hydraulique et de mécanique de Grenoble (ENSHMG).** *Créée* 1929. **D'informatique et de mathéma-**

tiques appliquées de Grenoble (Ensimag). *Créée* 1960. **D'ingénieurs de constructions aéronautiques (Ensica).** *Créée* 1945. **D'ingénieurs électriciens de Grenoble (Ensieg).** *Créée* 1901. **D'ingénieurs de mécanique énergétique de Valenciennes (Ensimev).** *Créée* 1979. **Des industries textiles de Mulhouse (ENSITM).** *Créée* 1861. **De mécanique et d'aérotechnique (Ensma).** *Créée* 1948. **D'ingénieurs de mécanique et des microtechniques (ENSMM).** *Créée* 1927. **De physique de Grenoble (ENSPG). De physique de Marseille (ENSPM,** dite « **Sup.-phy.** »). *Créée* 1959 ; **de Strasbourg (ENSPS).** *Créée* 1981. **D'ingénieurs de génie chimique (EnsiGC). Institut des sciences de la matière et du rayonnement. École nationale supérieure d'ingénieurs de Caen (ISMRA).** *Créé* 1914.

■ **Écoles du concours Arts et Métiers. Recrutement** principal commun, sur C. (2 fois au max.) à l'issue des cl. prépa T et TA. **Écoles.** **ENS des Arts et Métiers (Ensam).** 151, bd de l'Hôpital, 75013 Paris. *Créée* 1780. **Des arts et industries de Strasbourg (Ensais).** *Créée* 1875. **De céramique industrielle (Ensci).** *Créée* 1893. **De l'électronique et de ses applications (Ensea).** *Créée* 1952.

■ **Écoles du concours commun des écoles de la Fesic.** Fédération d'écoles supérieures d'ingénieurs et de cadres groupant 25 écoles privées rattachées à l'enseignement catholique. Ne figurent pas ci-dessous les écoles de commerce et de gestion (Essec, Edhec, Ieseg, Essca), qui organisent des concours propres, et l'IEFSI qui entre dans le cadre des formations complémentaires. **Écoles. Catholique d'arts et métiers (Ecam).** *Créée* 1900. **Supérieure de chimie organique et minérale (Escom).** *Créée* 1957. **D'électronique de l'Ouest (Eseo).** *Créée* 1956. **Des techniques industrielles et des textiles (Estit).** *Créée* 1895. **Des hautes études industrielles (HEI).** *Créée* 1885. **Instituts. Catholique d'arts et métiers (Icam).** *Créé* 1988. **Agricole de Beauvais (Isab).** *Créé* 1854. **D'agriculture (Isa).** *Créé* 1963. **D'électronique du Nord (Isen) ; de la Méditerranée (Isem-Toulon),** *créé* 1991 ; **de Bretagne (Iseb-Brest),** *créé* 1994 ; **de Paris (Isep),** *créé* 1955.

ÉCOLES D'INGÉNIEURS A CONCOURS PARTICULIERS

FORMATIONS POLYVALENTES

■ **Écoles polyvalentes. Recrutement.** Écoles ayant un mode de recrutement propre. Voir aussi écoles des grands concours traditionnels (ECL, ECP, EP, ENSMP, ENPC, Ensta, ENSMIM, Ensase, IPN), écoles du concours Arts et Métiers (Ensam, Ensais), concours Fesic, HEI, Ecam, Icam, Institut national des sciences appliquées, universités délivrant le diplôme d'ingénieur. **Écoles. Fondation EPF. École d'ingénieurs.** 3 *bis,* rue Lakanal, 92330 Sceaux. *Créée* 1925. **ENS des techniques industrielles et des mines d'Alès (Enstima).** *Créée* 1843. **École des mines de Douai (EMD).** *Créée* 1878. **Groupe Écoles supérieures d'ingénieurs de Marseille (Esim).** *Créé* 1891. **Isba. ISMEA. ITII-PACA électronique. École supérieure des sciences et technologies de l'ingénieur de Nancy (ESSTIN ;** ex-**Isin).** *Créée* 1960.

■ **Écoles nationales d'ingénieurs (Eni). Recrutement.** Créées 1961 ; recrutent : *en 1re a. : C. comm.* national pour titulaires bac S, 3 200 ca., 421 ad. Concours sur dossier pour titulaires STI. *En 3e a. : concours* spécial sur dossier et entretien ; dipl. exigés : BTS, DUT, Deug ou niveau éq. *En 4e a. : C.* sur dossier et entretien ; dipl. exigés : maîtrise ou DEST. *An.* 5. **Spécialités :** *génie civil* et *génie mécanique* à St-Étienne ; *génie méca.* et *productique* à Metz et Tarbes ; *génie méca. électronique* à Brest. *Recherche* à Brest, St-Étienne et Tarbes. **Écoles. Brest (Enibr).** *Créée* 1961. **Metz (Enim).** *Créée* 1962. **St-Étienne (Enise).** *Créée* 1961. **Tarbes (Enit).** *Créée* 1963.

■ **Instituts nationaux de sciences appliquées (Insa). Recrutement.** Concours d'admission commun aux 4 Insa. Concours sur titre, dossier et éventuellement entretien. *Admission parallèle 1re a.* du 1er cycle pour titulaires bac S et STI. *1re a.* du 2e cycle pour titulaires BTS, Deug sciences et technologies, math spé 3/2 et DUT. *2e a.* 2e cycle pour titulaires maîtrise ès sciences, maîtrise de sciences et techniques, ou formation continue DUT ou BTS + 3 ans. **Instituts. Lyon.** *Créé* 1957. **Rennes.** *Créé* 1961. **Rouen.** *Créé* 1985. **Toulouse.** *Créé* 1961.

■ **Universités délivrant le diplôme d'ingénieur. Recrutement.** Sur dossiers et titulaires : Deug, DUT, BTS, classes préparatoires, parfois aussi sur concours (notamment en 1re année). **Écoles. Cust.** Institut des sciences de l'ingénieur de l'université Blaise-Pascal. Aubière. *Créé* 1969. **École supérieure de l'énergie et des matériaux (Esem).** Orléans. *Créée* 1983. **D'ingénieurs de Poitiers (Esip). École universitaire d'ingénieurs de Lille (Eudil).** *Créée* 1969. **Formations. D'ingénieurs de l'université Paris-Sud (Fiupso).** Orsay. *Créée* 1983. **Supérieure d'ingénieurs de l'institut scientifique et polytechnique** (dit « **Institut Galilée** »). Villetaneuse. *Créée* 1973. **D'ingénieurs diplômés en sciences et technologie de l'université Pierre-et-Marie-Curie.** *Créée* 1983. **Instituts. Agricole et alimentaire de Lille (IAAL).** *Créé* 1985. **De formation supérieure en informatique et communication (Ifsic).** *Créé* 1987. **Des sciences de l'ingénieur de Montpellier (Isim).** *Créé* 1969. **Des sciences et techniques de Grenoble (ISTG-Université Joseph-Fourier Grenoble-I). Des sciences et techniques des aliments de Bordeaux (Istab).** *Créé* 1986. **Université. De technologie de Compiègne (UTC).** *Créée* 1973.

■ **École non habilitée. Ingéniorat en intelligence artificielle, reconnaissance des formes et robotique (IRR-UPS).** *Créé* 1979.

FORMATIONS SPÉCIALISÉES

■ **Écoles aéronautiques. École nationale de l'aviation civile (Énac).** Toulouse. *Créée* 1948. **École supérieure des techniques aérospatiales (Esta).** *Créée* 1930.

■ **Écoles à dominante agriculture-industries alimentaires.** Voir Isa, Isab, à concours Fesic (col. a) et Ensa, Enita (p. 1315 c).

■ **Écoles de base. Instituts. National supérieur de formation agroalimentaire (Insfa).** *Créé* 1991. **Supérieur d'agriculture Rhône-Alpes (Isara).** Lyon. *Créé* 1968. **Écoles supérieures. D'agriculture d'Angers (Esa).** *Créée* 1898. **De Purpan (Esap,** dite « **Purpan** »). *Créée* 1919. **Du bois (ESB).** Nantes. *Créée* 1934. **D'ingénieurs et de techniciens pour l'agriculture (Esitpa).** Val-de-Reuil. *Créée* 1919.

Écoles de spécialisation. Centre national d'études agronomiques des régions chaudes (Cnearc). Montpellier. *Créé* 1902. **École nationale du génie rural, des eaux et des forêts (Engref).** *Créée* 1965. **ENS. D'horticulture (ENSH,** dite « **Horti** »). *Créée* 1874. **De meunerie et des industries céréalières (Ensmic).** *Créée* 1924. **Du paysage de Versailles (ENSPV).** *Créée* 1976. **École supérieure d'application des corps gras (ESACG).** *Créée* 1952. **Établissement national d'enseignement supérieur agronomique de Dijon (Enesad). Instituts. D'études supérieures d'industrie et d'économie laitières (Iesiel).** *Créé* 1930. **Supérieur de l'agroalimentaire (Isaa).** *Créé* 1981.

École non habilitée. Institut supérieur des productions animales (Ispa). *Créé* 1982.

■ **Écoles à dominante construction bâtiment-travaux publics. Écoles de base.** Voir aussi école des mines de Paris, Nancy, St-Étienne, de géologie Nancy, des ponts, grands concours traditionnels, Insa Lyon et Toulouse, Ensais, ENSPS, ESGM, ENGEES. **École des ingénieurs de la ville de Paris (EIVP).** *Créée* 1959. **École nationale du génie de l'eau et de l'environnement de Strasbourg (ENGEES). ENS de géologie (ENSG,** dite « **Géol** »). *Créée* 1908. **École nationale des travaux publics de l'État (ENTPE).** *Créée* 1953. **École spéciale des travaux publics du bâtiment et de l'industrie (ESTP).** *Créée* 1891.

École de spécialisation. Institut supérieur du béton armé (Isba). *Créé* 1953.

☞ Dans le groupe ESTP **(École supérieure de travaux publics) : Cachan, Caen, Metz.**

■ **Écoles à dominante électricité-électronique. Écoles de base. Écoles centrales. D'électronique (ECE). Des techniques de l'environnement industriel (Ectei).** *Créée* 1919. **École française d'électronique et d'informatique (Efrei).** *Créée* 1937. **École internationale des sciences du traitement de l'information (Eisti). Écoles supérieures. D'ingénieur en génie électrique (Esigelec).** *Créée* 1901. **D'informatique-électronique-automatique (ESIEA).** *Créée* 1958 ; **ESIEA Ouest. D'ingénieurs en électrotechnique et électricité (ESIEE).** *Créée* 1966. **Centre d'enseignement et de recherche en informatique, communication et systèmes (Cerics).** *Créé* 1983. **École spéciale de mécanique et d'électricité (Esme-Sudria).** *Créée* 1905. **Institut supérieur de microélectronique appliquée (Ismea).** *Créé* 1982.

Écoles non habilitées. École supérieure d'informatique (Esi). *Créée* 1965. **Institut méditerranéen d'informatique et de robotique (Imerir).** *Créé* 1981. **Institut supérieur d'automatique et d'informatique industrielle (Isaii).**

■ **Écoles à dominante mécanique-métallurgie. Écoles de base.** Voir aussi Ensam, Ecam, Icam, ENSMM, ENSM, Enim, Enise, Enit, Insa, Cust, Eudil. **Centre d'études supérieures des techniques industrielles (Cesti).** *Créé* 1956.

Écoles de spécialisation. Écoles supérieures. De fonderie (ESF). *Créée* 1923. **Du soudage et de ses applications (Essa).** *Créée* 1930. **Institut supérieur des matériaux et de la construction mécanique (ISMCM).** *Créé* 1948.

■ **Écoles à dominante physique-chimie.** Voir aussi Eso, Ensi, Escom, ICPI, département de chimie des Insa. **ENS de physique. De Marseille (ENSPM,** dite « **Physique Marseille** »). **De Strasbourg (ENSPS). École supérieure de chimie de Marseille (ESCM). Institut textile et chimique de Lyon (Itech-Lyon).** *Créé* 1899.

Écoles de spécialisation. ENS du pétrole et des moteurs (ENSPM). *Créée* 1954. **Écoles supérieures. Des industries du caoutchouc (Esica).** *Créée* 1943. **Institut national des sciences et techniques nucléaires (INSTN).** *Créé* 1956. **D'ingénierie, de pétroléochimie et de synthèse organique industrielle (Esipsoi).**

■ **Écoles à dominante textile. Écoles de base.** Voir aussi Itech, ITR. **ENS des arts et industries textiles (Ensait). École supérieure des industries textiles d'Épinal (Esite).** *Créée* 1905.

Écoles de spécialisation. École supérieure des industries du vêtement (Esiv). *Créée* 1945. **Institut textile de France (ITF).**

■ **Écoles militaires.** École de l'air (EA), navale (EN, dite « la Baille »), spéciale militaire de St-Cyr (ESM), technique supérieure des travaux maritimes (ETSTM), Cours supérieur d'armement (Cosar), d'engins missiles (Cosem), École supérieure de l'électronique de l'armée de terre (Eseat), du génie militaire (ESGM), du Commissariat de la marine, du Commissariat de l'air. Voir à l'Index.

■ **Écoles de diverses spécialités. Écoles de base. Écoles nationales. De météorologie (ENM,** dite « **Météo** »). *Créée* 1948. **Des sciences géographiques (ENSG).** *Créée* 1941. **École supérieure des géomètres et topographes (ESGT).** *Créée* 1945. **École et Observatoire de physique du globe.** *Créé* 1919.

Écoles de spécialisation. Instituts. De génie informatique et industriel (IG2I). *Créé* 1992. **Français du froid industriel et du génie climatique (IFFI).** *Créé* 1942. **ENS de création industrielle (ENSCI,** dite « **les Ateliers** »). **Écoles supérieures. De métrologie (ESM).** *Créée* 1929. **Des professions immobilières (Espi). Des techniques aéronautiques et de construction auto. (Estaca).** *Créée* 1925.

Écoles non habilitées. Institut de mathématiques appliquées (Ima). *Créé* 1970. **Institut polytechnique des sciences appliquées (Ipsa).** *Créé* 1961.

■ **Ingénieurs en formation continue.** Quelques centaines d'adultes engagés dans la vie professionnelle obtiennent chaque année un diplôme. **Centre d'études supérieures industrielles (Cesi).** *Créé* 1958. **Conservatoire national des arts et métiers (Cnam).** Paris. *Créé* 1794 par l'abbé Grégoire. **Ingénieurs diplômés par l'État (DPE).** *Créé* 1937.

■ **Nouvelle formation d'ingénieur (NFI).** Filières mises en place en 1990. 3 à 5 ans d'études. Recrutement bacheliers ou bac + 2 (Deug scientifique, DUT, BTS). Scolarité alternant école/entreprise. Contrat d'apprentissage assurant une rémunération minimale.

ÉCOLES DE COMMERCE ET DE GESTION

■ **Bac + prépa + 3 ans. Banque commune d'épreuves écrites. Écoles de la Chambre de commerce et d'industrie de Paris (CCIP). HEC (École des hautes études commerciales)** : 1, rue de la Libération, 78351 Jouy-en-Josas. *Fondée* 1881 par la Chambre de commerce et d'ind. de Paris. *Installée* à Jouy (campus de 118 ha) depuis le 9-7-1964, mixte depuis 1973. *But :* former de futurs cadres et dirigeants d'entreprises. Accréditations : EQUIS-AACSB. *Effectifs 2000-2001 :* 1 327 (filles 40 %). 280 cl. prépa. à Paris et en province. En 2000, 3 221 ca., 380 ad. Concours 2e année admission directe ouvert aux diplômés de l'université ou d'une grande école, C. commun HEC, ESCP et certaines ESC 820 ca., 60 ad. *Diplômes 2000 :* 416. *Frais* (scolarité) 1re année 43 000 F, 2e année 42 500 F, 3e année 40 500 F, (logement + petit déjeuner pour 3 mois) 6 600 F. **ESCP (École supérieure de commerce de Paris.** *Fondée* 1-10-1819. **Essec (École supérieure des sciences économiques et commerciales).** BP 105, 95021 Cergy-Pontoise Cedex. *Fondée* 1907 par la Compagnie de Jésus, prise en charge en 1913 par l'Institut catholique de Paris, accréditée AA CSB, membre de la Fesic. **EAP (École européenne des affaires).** *Créée* 1973. **École de hautes études commerciales.** Nice. **Du Nord (Edhec Lille).** *Créée* 1921. **École de management de Lyon (EM Lyon).** *Créée* 1872. **INT Management (Institut national des télécommunications).** Concours sur banques de notes de la CCIP pour les prépas HEC, spécifique pour autres candidats (maths spé., ENS Cachan, universitaires).

Concours 2000	Inscrits		Admissibles		Admis
	Total	dont f.	Total	dont f.	
HEC	3 221	1 694	676	298	380
Essec	3 488	1 688	841	378	370
ESCP (1998)	3 983	1 999	1 173	594	298

Admis définitifs. HEC (en 2000) 380 (dont 161 f.) dont 1re a. 1, 2e a. 329, 3e a. 50. **Essec** (en 1998) 370 dont 1re a. 5, 2e a. 310, 3e a. 55. **ESCP** (en 1998) 298 (dont 157 f.) dont 1re a. 2 (2), 2e a. 267 (41), 3e a. 29 (14).

Écoles supérieures de commerce (ESC). 18 écoles dites « sup. de Co. » ; écrit commun avec coefficients différents selon épreuves, oral dans les centres où l'élève est admis. Les candidats sont répartis en fonction des résultats, de leur choix et des places au concours. Voir ci-dessous.

Écoles. Ceram-ESC Sophia-Antipolis : *créée* 1963. **Amiens-Picardie** : *créée* 1942. **Dijon** : *créée* 1899. **Brest** : *créée* 1962. **Chambéry** : *créée* 1968. **Clermont** : *créée* 1919. **Grenoble** : *créée* 1984. **Le Havre** : *créée* 1871. **Lille** : *créée* 1892. **Montpellier** : *créée* 1897. **Nantes Atlantique (Escna)** : *créée* 1900. **Pau** : *créée* 1970. **Poitiers (Escem)** : *créée* 1961. **Rennes. La Rochelle. St-Étienne** : *créée* 1969. **Toulouse** : *créée* 1903. **Tours (Escem)** : *créée* 1982. **Troyes.**

Candidats aux concours ESC (1995)	P	C	O	A	E
Amiens	90	1 225	906	552	105
Bordeaux	170	6 565	2 505	1 501	171
Brest	130 [2]	4 470 [2]	1 757 [2]	1 278 [2]	135 [2]
Clermont-Ferrand	160	3 251	1 646	1 030	162
Dijon	110	1 699	1 007	748	85
Grenoble	255	4 099	1 921	886	168
Le Havre	100	1 380	694	480	59
Lille	145 [1]	2 734 [1]	1 435 [1]	798 [1]	150 [1]
Marseille	170 [1]	5 928 [1]	2 172 [1]	1 207 [1]	170 [1]
Montpellier	140 [1]	3 182 [1]	1 726 [1]	1 100 [1]	157 [1]
Nantes	220	4 992	1 773	1 252	298
Nice	115	2 046	1 060	693	72
Pau	140 [1]	2 277 [1]	1 072 [1]	727 [1]	131 [1]
Poitiers	135	2 427	1 463	989	152
Toulouse	150	4 580	1 727	916	102
Tours	135	2 856	1 500	1 042	141

Légende : **P** : places mises au concours. **C** : nombre de candidatures. **O** : admissibles à l'oral. **A** : admis. **E** : entrés. *Nota.* – (1) 1994. (2) 1993.

■ Candidats aux concours des grandes écoles de commerce et (nombre d'intégrés) [en 1999]. ESC Reims 5 206 (intégrés 260), ESC Rouen 5 079 (236), Edhec 4 982 (460), ESC Nantes 4 878 (273), ESC Bordeaux 4 818 (250), INC Nancy 4 714 (176), EM Lyon 4 659 (238), ESCP 4 348 (355) [en 2000], ESC Toulouse 4 148 (235), ESC Grenoble 4 090 (263), ESC Marseille 3 900 (229), Essec 3 393 (370), HEC 3 221 (380) [en 2000], ESC Lille 2 835 (193), Ceram Sophia 2 524 (190).

Concours « Écricome ». Banque d'épreuves écrites communes **ESC : Bordeaux** (*créée* 1874) ; **Marseille-Provence** (*créée* 1872) ; **Reims** (*créée* 1928) ; **Rouen** (*créée* 1871) ; **Institut commercial de Nancy (ICN)** [*créé* 1905].

Banque commune d'épreuves ESLSCA-ISC. **École supérieure de gestion (ESG). Institut supérieur du commerce (ISC).** *Créé* 1963.

Admission propre. École supérieure libre des sciences commerciales appliquées (ESLSCA). *Créée* 1949. Instituts. **Européen de négociation (IEDN). Georges-Chétochine (IGC).** *Créé* 1980. **Des hautes études économiques et commerciales (Inseec).** *Créé* 1975. **Supérieur de gestion (ISG).** *Créé* 1967.

■ Prépa + 3 ans (admission propre). Écoles supérieures. **De commerce (ESC).** Instituts. **Des hautes études économiques et commerciales (Inseec). Supérieur du commerce international de Dunkerque (Iscid).** *Créé* 1985.

■ Bac + 2. + 2 ans. Centres de formation. **Et d'interrecrutement des entreprises (Cefire). D'apprentis du groupe IGS (Institut de gestion sociale). Centre interentreprises de formation en alternance (Ciefa).** Écoles. **Internationale supérieure de management des entreprises de l'hôtellerie-restaurant et du tourisme (École de Savignac).** *Créée* 1988. **De vente de Picardie (EVP). Internationale de l'achat (EIA).** Écoles supérieures. **Européenne d'administration et de management (Esam). D'action et de recherche commerciales (Esarc). De commerce et de technologie (ESCT). Internationale de commerce (Esidec). Informatique, de commerce et de gestion (Esig). Des Pays de la Loire (ESPL). De négociation et de management commercial (Essica). De vente (Sup de V). Des métiers de la vente par alternance (Sup'TG Niort).** Instituts. **International de commerce et distribution (ICD-Sud). Comtois d'études polytechniques (Icep). De formation par alternance (Ifa). De management hôtelier international (IMH).** *Créé* 1981. **Des professions des affaires et du commerce (Ipac). De développement (ISD). Isède-CD. Des techniques d'ingénieurs de l'industrie de Haute Normandie (ITIIHN).** Instituts supérieurs. **Européen de formation par alternance et continue (Isefac). D'enseignement au management agroalimentaire (Isema). De gestion Asie-Pacifique (Isuga). De gestion et de commerce (Supgeco).** + 3 ans. **Euro-American Institute of Technology (EAI Tech).**

■ Bac + 1, + 3 ans. **Institut de l'économie et du commerce international (Ileci).** *Créé* 1988.

■ Bac + 5 ans. Écoles supérieures. **De commerce et de management (Esdes). Des sciences commerciales (Essca).** *Créée* 1909. Institut. **D'économie scientifique et de gestion (IESEG).**

■ Bac + 4 ans. **Académie mercure des affaires internationales. Centre d'études franco-américain de management (Cefam). Études supérieures appliquées aux affaires (Esa 3).** *Créée* 1986. **Euro-American Institute of Technology (EAI Tech). European Business School (EBS).** *Créée* 1967. **European University Toulouse. Faculté Léonard-de-Vinci.** Écoles. **Des commerces d'alimentation (Ecal). De commerce européenne (ECE).** *Créée* 1988. **Des dirigeants et créateurs d'entreprise (EDC).** Écoles supérieures. **De commerce de Compiègne, de Saint-Étienne (ESC).** *Créée* 1989. **De commerce et de gestion (ESCG).** *Créée* 1978. **De commerce international du Pas-de-Calais (ESCIP). De gestion et de commerce international (ESGCI). De gestion et de finances (ESGF).** *Créée* 1975. **Internationale d'administration des entreprises (Esiae).** *Créée* 1978. **De management des entreprises (Esime). De management de l'entreprise (Espeme). Des technologies et des affaires (Esta). De vente et d'exportation (Esve). De commerce (Sup'entreprise). Du développement d'entreprise (Weller). De management international (EPSCI). Supérieure du commerce extérieur (ESCE).** Instituts. **International de commerce et de distribution (ICD Paris). ICS Bégué.** *Créé* 1957. **Privé de recherche et d'action commerciale (Idrac).** *Créé* 1965. **Européen des affaires de Paris (IEA).** *Créé* 1979. **Européen de commerce et de gestion (IECG). Franco-européen de management (Ifam).** *Créé* 1982. **De management des affaires (Imea). Supérieur des affaires et du management (Insam). De préparation à l'administration et à la gestion (Ipag).** *Créé* 1989. **Supérieur d'études financières et d'ingénieries (Isefi). Supérieur européen de gestion (Iseg).** *Créé* 1964. **Supérieur des sciences, techniques et économies commerciales (Istec).** *Créé* 1961. **Management & Business Administration (MBA-Institute). De formation internationale (Ifi).** Banque commune d'épreuves Sésame. Centres d'études supérieures. **Européennes de Caen (Cesec Sup Europe). Européennes de management (Cesem).** *Créé* 1974. **European Business programme (EBP-France).**

■ Bac + 3 ans. **American Business School (ABS). Académie commerciale internationale (ACI).** *Créée* 1921. Écoles. **Des assistants d'entreprises de la CCI de Paris (CPSS-Trudaine). Commerciale de la Chambre de commerce et d'industrie de Paris (Eccip). De gestion et de commerce (EGC). Supérieure d'assistants de direction (Esad). Supérieure pour l'innovation et l'action vers les métiers de l'entreprise (Esiame). Supérieure des techniques de gestion (Sup'TG Blois). Supérieure des métiers de la vente et de la gestion (Sup'TG). Supérieure des métiers du commerce et de la gestion (Sup'TG). De commerce et de gestion. De commerce et de gestion des entreprises. De gestion et de commerce. De gestion, commerce et informatique (EGCI). Internationale des affaires et du management (Eiam). Supérieure de gestion et de commerce (ESGC).** Instituts. **Commercial de Nancy (ICN). Européen de négociation (IEDN). De formation supérieure à l'action commerciale (Ifsac). Supérieur d'administration et de management (Isam). Supérieur de gestion (ISG). De commerce et d'informatique (Icin). De préparation à l'action commerciale. Supérieur de préparations professionnelles (ISPP).**

> Grandes écoles européennes de management. Année de création, durée des études en mois, coût en F, nombre de participants par année, % nationaux entre parenthèses, âge moyen à l'entrée. **Institut européen d'administration des affaires (Insead) :** Fontainebleau (1959), 10 m. 140 000 F, 460 p. (17 %), 28 a. **International Institute for Management Development (IMD) :** Lausanne (1957), 11 m., 130 000 F, 65 p. (12 %), 30 a. **London Business School (LBS) :** Londres (1965), 21 m., 100 000 F, 180 p. (46 %), 27 a. **Erasmus :** Rotterdam (1967), 24 m., 85 000 F, 120 p. (40 %), 26 a. **Institut supérieur des affaires, HEC-Isa (Isa) :** Jouy-en-Josas (1969), 16 m., 125 000 F, 140 p. (50 %), 29 a. **Scuola di direzione azientale (SDA Bocconi) :** Milan (1975), 16 m., 110 000 F, 130 p. (62 %), 28 a. **Manchester Business School (MBS)** (1965) : 21 m., 65 000 F, 120 p. (60 %), 27 a. **Instituto de estudios superiores de la empresa (Iese) :** Barcelone (1958), 21 m., 70 000 F, 205 p. (67 %), 26 a.

■ Bac + 2 ou 3 ans. **Euro-American Institute of Technology (EAI Tech).** Écoles supérieures. **De commerce international (ESCI).** *Créée* 1983. **De commerce et technologie (ESCT). De négociation commerciale (Negosup).** *Créée* 1992. **De Wesford.** Instituts. **De formation aux affaires et à la gestion (Ifag).** *Créé* 1968. **Supérieur de technologie et management (ISTM). Des techniques d'ingénieurs de l'industrie de Hte-Normandie (ITIIHN).**

■ Bac + 2 ans. Recrutement commun des écoles supérieures de double compétence (ESCD). **École de spécialisation à la vente de produits et services industriels (ESV). Centre de formations technologiques et commerciales (Tecomah).** Écoles supérieures. **De vente industrielle internationale. De commerce et d'industrie de l'Ain (ESCI). De logistique industrielle (Esli).** Instituts. **Supérieur de promotion industrielle (Ipi). Consulaire supérieur de management des industries du bois (Ismib).**

■ Niveau bac + 3 ans. **Institut supérieur d'enseignement commercial (Isec).** + 4 ans. **American University of Paris (AUP). Schiller International University (Siu).** *Créée* 1968.

■ Autres. Celsa-Paris IV Sorbonne. École des hautes études en sciences de l'information et de la communication. *Créée* 1957. Centres. **D'études du commerce extérieur/Centre supérieur des transports internationaux (CECE/CSTI).** *Créé* 1958. **De formation aux affaires (Cefa-MBA).** *Créé* 1971. **Normand de recherches en informatique (Cenori-Chambre de commerce et d'industrie du Havre). Cesma MBA.** *Créé* 1970. **Groupe des écoles parisiennes de gestion (EPG). IEFSI-MBA.** *Créé* 1961. Instituts. **Agroalimentaire international (IAAI). Supérieur de gestion du personnel (Faclip). Des études économiques, sociales et techniques de l'organisation (Iesto/Cnam).** *Créé* 1955. **De gestion internationale agroalimentaire (Igia).** *Créé* 1978. **De gestion sociale (IGS 3e cy. de management et développement des ressources humaines).** *Créé* 1979. **Du management de l'achat industriel (Mai).** *Créé* 1976. **Européen d'administration des affaires (Insead).** *Créé* 1959. **Portuaire du Havre (Iper)-Groupe ESC Normandie.** *Créé* 1978. Instituts supérieurs. **Des affaires (Isa).** *Créé* 1969. **Du commerce (Groupe ISC).** *Créé* 1963. **Du commerce et de la vente (ISCV).** *Créé* 1956. **De formation à la gestion du personnel (Isfogep-Groupe Essec).** *Créé* 1975. **De gestion (ISG).** Mastères ESG. Groupe ESG.

■ Classement des écoles à partir de données recensées de 1992 à 1996 par l'audit d'Ernst & Young. **Groupe 1 : Essec, EAP, ESCP, HEC et ESC Lyon :** *recrutement :* augmentation ; taux d'admissions parallèles en 1re année : – de 20 %. *Coût par étudiant :* environ 100 000 F/an, voire plus. **Groupe 2 : Edhec, Rouen, Bordeaux, Nantes, Grenoble, Nancy, Reims, Marseille :** *recrutement :* diminution ; taux d'admissions parallèles : – de 30 %. *Coût par étudiant :* 40 000 à 80 000 F. **Groupe 3 : Chambéry, Lille, Strasbourg, Clermont-Ferrand, Amiens, Tours, Rennes, Toulouse :** taux d'admissions parallèles : 30 à 50 %. *Coût par étudiant :* 25 000 à 60 000 F. **Groupe 4 : La Rochelle, Troyes, Montpellier, St-Étienne, Le Havre-Caen, Dijon, Brest, Pau, Nice et Poitiers :** *recrutement :* en baisse ; taux d'admissions parallèles en 1re année : + de 50 %.

■ Cadres issus des meilleures écoles de commerce et, entre parenthèses, des 3 cycles de gestion. *1987 :* 77 % (61,5 %) ; *1997 :* 59 % (78 %).

■ Classement par les grandes entreprises. Établi sur la moyenne des notes obtenues par les 66 écoles ou facultés dans les domaines des connaissances, du développement des qualités humaines et de l'ouverture à l'international. *Source :* Nouvel Économiste du 29-1-1999. **Ingénieur :** ENS Télécom Paris 16,01, Centrale Paris 15,93, Ensimag 15,87, Supaéro 15,81, Mines Paris 15,57, Agro 15,49, Polytechnique 15,43, Ponts et Chaussées 15,31, INT Évry 15,27, Centrale Lyon 15,23, Mines Nancy 15,12, Enseeiht Toulouse 14,99, Supélec 14,81, Ensam 14,73, EST Paris 14,65, Insa Lyon 14,59, Ensta Paris 14,56, Icam 14,34, UTC Compiègne 14,07, Esiea Paris 14, ESPCI Paris 13,83, Enserb Bordeaux 13,83, Paris-XI Orsay 13,17, Efrei 13,10, ENSG Nancy 12,67, Cesi Paris 12,17, ECE 11,67. **Gestion :** Essec 16,1, HEC 15,92, EM Lyon 15,91, ESCP 15,51, EAP 14,97, Edhec Lille 14,83, ICN Nancy 14,72, ESC Reims 14,14, ESC Rouen 13,92, Essca Angers 13,81, MSG-DESS Paris-IX Dauphine 13,53, IEP Paris 13,5, IECS Strasbourg 13,41, ESC Toulouse 13,34, Nantes 13,26, Bordeaux 13,23, Grenoble 13,17, Marseille 12,68, Tours 12,3, ISC Paris 12,3, ESC Lille 12,28, MSG-DESS Paris-I Sorbonne 12,22, ESC Clermont-Ferrand 12,18, Montpellier 12,01, Amiens 11,94, Dijon 11,93, Rennes 11,92, EBS Paris 11,83, ISG Paris 11,83, ESC Le Havre 11,4, Ceram Nice 11,27, MSG-DESS Lyon-III 10,96, MSG-DESS Lille-I 10,5, Ieseg Lille 10,28, ESC La Rochelle 10,25, MSG-DESS Grenoble-II 10,19, Inseec Bordeaux 10,12, MSG-DESS Rennes 10,12, Ipag Paris 9,88.

Classement des écoles de commerce considérées les meilleures par les recruteurs (sondage BVA/Figaro du 18-6-2001) : HEC 46,7 % [1] ; Essec 46,1 ; ESCP-EAP 44,2 ; EM Lyon 21,8 ; Edhec 14,5 ; Esca (Angers) 4,8 ; ESC Reims 4,2 ; ESC Rouen 4,2 ; Sciences po 4,2 ; ESC Lille 3,6 ; ESC Bordeaux 3 ; ESC Nantes 3 ; ISG 2,4 ; École des cadres 1,8 ; ESC Grenoble 1,8 ; ICN (Nancy) 1,8.

Nota. – (1) total des % supérieur à 100, plusieurs réponses étant acceptées.

Autres écoles

■ Écoles nationales vétérinaires (ENV). **ENV d'Alfort (ENVA).** *Fondée* 1765. **De Lyon (ENVL).** *Créée* 1762. **De Toulouse (ENVT).** *Créée* 1828. **De Nantes (ENVN).** *Fondée* 1979.

■ Écoles artistiques. Architecture. **3 diplômes :** de l'Ensais, de l'Esa et des Écoles d'architecture [nom depuis 1984 où les Upa (Unités pédagogiques d'architecture) ont été transformées en éc.]. Les études d'architecte DPLG durent 6 ans (depuis 1998) en 2 cycles comprenant respectivement 8 et 12 certificats + travail personnel, seules les écoles d'architecture délivrent le DPLG ; toutes les éc. sont des établ. publ.

Paris (établissement public) Paris-Val-de-Seine et Paris-Malaquais, *créées* 2000. Paris-la-Seine, *créée* 1975. Versailles. Province : Bordeaux. Bretagne. Clermont-Ferrand. Grenoble. Languedoc-Roussillon. Lille. Marseille-Luminy. Nancy. Nantes, *créée* 1969. Normandie. St-Étienne, *créée* 1971. Strasbourg. Toulouse, *créée* 1968.

Ensais. Ensemble universitaire de l'École spéciale d'architecture (Esa) et de l'Union centrale des arts décoratifs (Ucad). *Créé* oct. 1988. Écoles. **Spéciale d'architecture (Esa).** *Créée* 1865. **Camondo (Union centrale des arts décoratifs).** *Créée* 1944.

■ Art. Écoles. **Du Louvre.** *Créée* 24-1-1882 par décret du ministre Antonin Proust (École d'administration des musées). **Nationale supérieure des arts décoratifs (Ensad,** dite **« Arts déco »).** *Fondée* 10-9-1766. **Nationale supérieure des beaux-arts (Ensba).** *Créée* à partir des Académies royales de peinture et de sculpture (1648) et d'architecture (1671), réorganisée 1969, 1984 et 1990. *Eff.* 682. *Dipl. 1999/2000 :* 98. **Nationales de province.** Aubusson. Bourges. Cergy-Pontoise. Dijon. Limoges. Nancy. Nice. **Régionales et municipales d'art.**

■ Arts appliqués. Mise en place depuis 1983 d'un diplôme supérieur d'arts appliqués (DS) dans 4 écoles d'arts appliqués. *Durée des études :* 2 ans.

Écoles supérieures. **Des arts appliqués aux industries de l'ameublement et de l'architecture intérieure Boulle.** *Créée* 1886. **Des arts appliqués Duperré.** *Créée* 1856. **Des arts et industries graphiques Estienne** dite **« École Estienne ».** *Créée* 1889. **Des arts et techniques de la mode (Groupe Esmod).** *Fondée* 1841. **Nationale supérieure des arts appliqués et des métiers d'art (Ensaama).** *Créée* 1969.

■ Audiovisuel. **Institut de formation et d'enseignement pour les métiers de l'image et du son (Femis).** Écoles nationales. **Supérieure Louis-Lumière.** *Créée* 1926. **De la photographie (ENP).** *Créé* 1982. Privée. **Institut international de l'image et du son.** *Créé* 1988.

■ Musique. Conservatoire national supérieur de musique et de danse. **Paris :** 209, av. Jean-Jaurès 75019 Paris. *Créé* 3-8-1795 (16 thermidor an III) par Bernard Sarrette (1765-1858). *But :* formation musicale et chorégraphique de haut niveau : interprètes, créateurs, enseignants, ingénieurs du son, notateurs en chorégraphie. *Effectifs (2000-2001) :* 1 426. **Lyon :** *créé* 1979.

Conservatoires nationaux de régions (CNR). Écoles nationales de musique (ENM). Écoles municipales agréées. Écoles publiques ou privées. Classes à horaires aménagés. Voir p. 425 a.

■ Théâtre. Voir l'encadré p. 397 a. Écoles nationales. **CNSAD.** Paris. **École du TNS.** Strasbourg. **Éc. nat. sup. des arts et techniques du théâtre (Ensatt).** Lyon. **Éc. de la comédie.** St-Étienne. **Éc. du Théâtre national de Bretagne.** Rennes. **Éc. régionale d'acteurs.** Cannes. CNR. A Bordeaux et Montpellier : *cursus* complet de 3 ans. Cours privés. *Les plus réputés :* cours Florent et Simon.

Écoles de transport

■ Écoles. **Nationale de la marine marchande (ENMM).** Le Havre. Marseille. Nantes. St-Malo. **De direction du transport routier (EDTR).** *Créée* 1979. **De maîtrise des transports (EMTR). De maîtrise de transport de voyageurs (EMTV). Du transport et de la logistique (ETL). Européenne de transports (EET).** Instituts. **Du droit international des transports (Idit). National des transports internationaux et des ports (Itip). Supérieur des transports de personnes (ISTP).** IUP. **Métiers du transport, de l'hôtellerie et du tourisme. Management transport logistique.**

ÉCOLES DE LA COMMUNICATION

■ **Journalisme. Centres. De formation et de perfectionnement des journalistes (CFPJ).** Paris. *Créé* 1946. *Effectifs :* 93. **Universitaire d'enseignement du journalisme (Cuej).** Strasbourg-III. *Créé* 1957. *Effectifs :* 115.

Écoles. De journalisme et de communication de Marseille (EJCM). Aix-Marseille-II. **Des hautes études en sciences de l'information et de la communication (Celsa).** Paris-IV. **Supérieure de journalisme (ESJ).** Lille. *Créée* 1924. **Institut. Pratique de journalisme (IPJ). IUT. De Bordeaux-Talence. De Tours.**

■ **Formations mixtes. École. Française des attachés de presse et des professionnels de la communication (Efap).** *Fondée* 1961. **Instituts. Français de presse et de sciences de l'information (IFP).** Paris-II. *Créé* 1957. **Des sciences de l'information et de la communication.**

■ **Relations publiques. Institut supérieur libre d'enseignement des relations publiques (Iserp).** *Créé* 1980.

■ **Relations internationales. Instituts. D'études des relations internationales (Ileri).** *Créé* 1948. **De l'économie et du commerce international (Ileci).**

■ **Bibliothécaires et documentalistes. École nationale supérieure des sciences de l'information et des bibliothèques (Enssib).** *Créée* 1963. **Institut national des techniques de la documentation (INTD)** [Cnam]. *Créé* 1950.

■ **Interprétation et traduction. Écoles supérieures. D'interprètes et de traducteurs (Esit). De cadres (interprètes-traducteurs) [Esuca].** Toulouse. **Institut supérieur d'interprétation et de traduction (Isit).** Paris. *Créé* 1957.

ÉCOLES DE LA FONCTION PUBLIQUE

ÉCOLE NATIONALE D'ADMINISTRATION (ÉNA)

■ **Siège.** 1, rue Ste-Marguerite, 67080 Strasbourg Cedex et 13, rue de l'Université, 75007 Paris. **Créée** par l'ordonnance générale nº 45-2283 du 9-10-1945, chargée du recrutement et de la formation des fonctionnaires se destinant au *Conseil d'État,* à la *Cour des comptes,* à l'*Inspection générale des Finances,* aux *carrières diplomatiques* ou *préfectorales,* au *corps des administrateurs civils,* ainsi qu'à *certains autres corps* ou *services déterminés par décret.* Conditions d'accès et scolarité réformées par décret du 21-9-1972, loi du 28-9-1982, décret du 19-1-1983, loi du 23-12-1986. **Conseil d'administration :** *Pt* Renaud Denoix de Saint-Marc, vice-Pt du Conseil d'État. *Directrice* Marie-Françoise Bechtel (née 19-3-1946 à Coarraze, Pyrénées-Atlantiques), agrégée de philosophie, ancienne élève de l'Éna (1978-1980) promotion Voltaire, conseiller d'État.

■ **2 cycles. Concours :** *externe :* pour candidats de moins de 28 a., titulaires d'un diplôme national de 2e cycle (la plupart des admis sont diplômés de l'IEP de Paris et titulaires d'un diplôme univ.). *Interne :* candidats de moins de 47 ans justifiant de 5 ans d'exercice professionnel dans un emploi de fonctionnaire ou agent de l'État, d'une collectivité territoriale ou d'un établissement public.

Troisième concours [1] : candidats de moins de 40 ans qui ont exercé 8 a. un mandat électif ou une activité professionnelle en dehors de la fonction publique ; candidats sélectionnés sur dossier après 2 épreuves (écrite, orale). Suivent un cy. de préparation au « 3e concours » sur un an pour tit. d'un dipl. ou d'un certificat de l'ens. sup., 2 a. pour les non-tit. Ils poursuivront la même scolarité que celle suivie par les ca. issus des 2 autres C. ; le classement final est commun.

Nota. – (1) Créée en 1983 par Anicet Le Pors, secr. d'État à la Fonction publique, cette première formule du 3e concours avait été supprimée par la loi du 23-12-1986. Pour ca. de 41 a. au plus, ayant 8 a. au minimum de responsabilités électives comme membre non parlementaire d'un conseil régional ou général, maire et, dans les communes de plus de 10 000 hab., adjoint au maire ; membre d'un organe national ou local d'administration ou de direction d'une des organisations syndicales considérées comme les plus représentatives sur le plan national ; membre élu du bureau du conseil d'administration d'une association reconnue d'utilité publique ou d'une Sté, union ou fédération soumise aux dispositions du Code de la mutualité, membre du conseil d'administration d'un organisme régional ou local chargé de gérer un régime de prestations sociales. De 1983 à 1986, 29 élèves ont été recrutés par ce 3e concours, dit la « 3e voie », dont 10 en 1983, 7 en 84, 7 en 85, 5 en 86. On reproche à cette 3e voie : 1°) d'abaisser le niveau du concours en créant un concours spécial, une scolarité spéciale, un classement de sortie spécial et des postes spécialement réservés pour les lauréats dans l'administration ; 2°) d'être contraire au principe posé dans la Déclaration des droits de l'homme et du citoyen, art. 6, selon lequel tous les citoyens sont « également admissibles » à tous les emplois publics « selon leur capacité et sans autre distinction que celle de leurs vertus et de leurs talents ».

■ **Nombre de candidats et,** entre parenthèses, **postes offerts. Concours externe :** *1980 :* 921 (81) ; *85 :* 1 068 (75) ; *96 :* 1 350 (51) ; *97 :* 1 306 (52) ; *98 :* 1 108 (55) ; *99 :* 995 (55) ; *2000 :* 1 030 (55). **Concours interne :** *1980 :* 446 (59) ; *85 :* 602 (75) ; *96 :* 369 (40) ; *97 :* 333 (41) ; *98 :* 338 (44) ; *99 :* 356 (44) ; *2000 :* 427 (44). **3e concours :** *1983 :* 194 (10) ; *86 :* 112 (10) ; *96 :* 166 (9) ; *97 :* 152 (9) ; *98 :* 127 (11) ; *99 :* 169 (11) ; *2000 :* 159 (11).

■ **Préparation au concours.** *Fac. de droit,* 3, av. R.-Schuman, 13628, Aix-en-Provence. *Paris-I,* 12, place du Panthéon et 14, rue Cujas, 75005 Paris. *Paris-IX,* place du Mal-de-Lattre-de-Tassigny, 75016 Paris. *IEP de Bordeaux, Grenoble, Rennes, Toulouse, Aix-Marseille, Lille, Strasbourg* et *Paris* (Sc.-Po. n'admet dans sa prépa. à l'Éna que des dipl. IEP).

■ **Noms des promotions. 1997-99 :** Cyrano de Bergerac (104 élèves). **1998-2000 :** Averroès. **1999-2001 :** Nelson Mandela. **2001-2002 :** Copernic.

☞ **« Sortir dans la botte » :** dans les 15 premiers. Choix traditionnel à la sortie : Inspection des finances, Conseil d'État, Cour des comptes, Quai d'Orsay et préfectorale.

■ **Scolarité. Régime :** externat. **Études :** gratuites. **Durée :** 27 mois dont 12 de stage affecté auprès d'un préfet puis d'un ambassadeur ou dans des institutions européennes ou internationales, puis formation à l'admin. pratique. **Carrière.** Choisie par l'élève selon son classement. Il signe alors l'engagement de rester 10 ans au service de l'État et est affecté par arrêté du ministre chargé de la Fonction publique à cette carrière, dans laquelle il est ensuite nommé par décret. L'élève qui refuse de souscrire l'engagement ne peut être nommé dans aucune des carrières auxquelles prépare l'éc. et doit rembourser les traitements et indemnités perçus en cours de scolarité ; il n'a pas la qualité d'ancien élève de l'Éna.

■ **Effectifs. Anciens élèves français :** 5 085 dont 4 333 en activité au 1-10-1999. **Femmes** (en %) : *1945 :* 2 ; *1998 :* 36. **Élèves étrangers :** 2 000. **Activités** (en %) : service de l'État 73 (dont 1 % remplissent des mandats électifs nationaux) ; entreprises publiques et privées 20 ; organismes publics, collectivités territoriales, organisations internationales, fédérations professionnelles, associations 6. **Nombre :** Présidence de la République : 13 ; membres du gouvernement : 9 ; Assemblée nationale : 44 ; Conseil constitutionnel : 3 ; Conseil économique et social : 5 ; Sénat : 13 ; Haute Cour de justice : 1. *Ministères et institutions :* Économie 592, corps préfectoral 286, Emploi et Solidarité 188, Corps diplomatique et consulaire 182, Affaires étrangères 154.

INSTITUTS D'ÉTUDES POLITIQUES (IEP)

Établissements publics à caractère scientifique, culturel et professionnel jouissant de la personnalité morale et de l'autonomie pédagogique et scientifique, administrative et financière.

IEP Paris, dit **« Sciences-Po ».** 27, rue St-Guillaume, 75337 Cedex 07. Héritier de l'École libre des Sciences politiques. Constitue un grand établissement (décret du 17-7-1984). *Fondée* 1872 par Émile Boutmy (1835-1906) et un groupe d'amis dont Hippolyte Taine (1828-93). *But :* préparer aux fonctions stratégiques de l'entreprise et aux C. administratifs de haut niveau. *Effectifs 1998-99 :* 4 123 dont *1re a.* 401, *2e a.* 933, *3e* 786. *Admission 1re a.* après un examen écrit ouvert aux tit. du bac. obtenu lors de l'a. en cours ou de l'a. précédente *1998 :* 2 303 ca., 261 ad. (11 % reçus) ; les bacheliers mention « très bien » peuvent obtenir une dispense de l'examen par le jury d'entrée de l'a. en cours ou de l'a. précédente (81 inscrits en 1998). *2e a.* aux titulaires d'un diplôme validant bac + 3 années d'études 1 626 ca., 520 ad. ; aux salariés ayant au min. 5 a. d'expérience professionnelle (en *1998 :* 8 reçus sur 29 ca.). *Diplômes 1995 :* 726. Formations complémentaires : prépa. aux C. admin. Éna, ENM, Banque de France, UE, Commissariats de l'air, terre, mer, Assemblées, DEA et DESS, doctorat ; formation continue. *Années d'études :* 2 ou 3 selon l'admission. *Frais* (1998-99) : 5 950 F + SS éventuellement. *Corps enseignant* 1 200 (40 % de l'univ., 30 % de l'admin., 30 % des entreprises et professions libérales). *Diplômés,* selon la section choisie (en 1998) : service public 264 ; économie et finances 175 ; communication et ressources humaines 202 ; section internationale 137. Un 1er cycle franco-allemand ouvre à Nancy en 2000.

☞ **2001**-*oct.* nouvelle voie d'entrée : dispense de concours certains bacheliers issus de lycées sensibles (7 établissements de la banlieue parisienne et de la région de Nancy ont signé des conventions). Les candidats, repérés dès la seconde, bénéficieront d'un suivi particulier, seront sélectionnés par le lycée en terminale, puis choisis par Sciences-Po. après un entretien *« de motivation et de ritualisation ».* **Recrutement prévu :** 60 élèves (15 % de l'effectif total). Les bourses de mérite, créées 1998 par Claude Allègre, permettent déjà à 493 étudiants modestes de préparer les concours des grandes écoles.

Groupes sociaux des élèves admis à Sciences-Po (en %) : cadres et professions intellectuelles supérieures : 56 ; professions de l'enseignement : 15,5 ; chefs d'entreprise : 9,5 ; professions intermédiaires : 7,5 ; autres, agriculteurs, retraités, militaires : 5,5 ; employés : 2 ; ouvriers : 0,5.

Autres IEP. Aix-en-Provence, *créé* 1956. **Bordeaux,** *créé* 1948. **Grenoble,** *créé* 1948. **Lille,** *créé* 1991. **Lyon,** *créé* 1948. **Rennes,** *créé* 1991. **Strasbourg,** *créé* 1945. **Toulouse,** *créé* 1948.

INSTITUTS RÉGIONAUX D'ADMINISTRATION (IRA)

Créés par l'art. 15 de la loi du 3-12-1966. 5 instituts : Lille et Lyon (depuis 1970), Nantes (1971), Metz (1974), Bastia (1979). Forment des fonctionnaires qui se destinent aux carrières d'attachés (administration centrale, préfectures, éducation nationale, etc.). L'Ira de Lille forme également des fonctionnaires spécialisés dans le traitement de l'information, recrutés par concours spécial.

AUTRES ÉCOLES

■ **Finances et Économie. Écoles nationales (EN). Du cadastre (ENC).** *Créée* 1944. **De la concurrence, de la consommation et de la répression des fraudes (ENCCRF).** *Créée* 1963. **Des douanes (END).** *Créée* 1946. **Des impôts (Eni). De la statistique et de l'administration économique (Ensae). De la statistique et de l'analyse de l'information (Ensai). Du Trésor public (ENT).** *Créée* 1946.

■ **Éducation nationale. Institut national d'études du travail et d'orientation professionnelle (Inetop).** *Créé* 1928.

■ **Justice. Écoles nationales. De la magistrature (ENM).** *Créée* par ordonnance du 22-12-1958. **Des greffes.** *Créée* 1974.

■ **Instituts d'études judiciaires (IEJ).** Rattachés aux fac. de droit, prépa. au Concours externe de l'École nationale de la magistrature.

■ **Police. École normale supérieure de police (ENSP).** *Créée* 1941.

■ **Postes et Télécommunications. École normale supérieure des postes et télécommunications (ENSPTT).** *Créée* 1888.

■ **Santé, travail, Sécurité sociale. Centre national d'études supérieures de Sécurité sociale (CNESSS).** *Créé* 1960. **École nationale de la santé publique (ENSP). Institut national du travail, de l'emploi et de la formation professionnelle (INTEFP).**

CONCOURS ADMINISTRATIFS

■ **Niveau exigé. Catégorie A :** niveau ét. sup., lic. le plus souvent, Deug quelquefois. **B :** niveau bac, bac + 2, DUT, BTS, parfois certificat de fin d'ét. secondaires (CFES), Eseu, BT, ou capacité en droit. **C :** niveau BEPC, projet de fusion avec **D :** *C. internes* réservés aux fonctionnaires sans condition de dipl. par voie d'inscription sur une liste d'aptitude ou au tableau d'avancement, avec certaines conditions d'âge et d'ancienneté ; *externes* ca. tit. de dipl. très sup. aux dipl. demandés à cause de la situation actuelle de l'emploi.

■ **Liste des concours.** Renseignements : différentes admin., *Journal officiel,* min. de la Fonction publique (bureau des concours), 32, rue de Babylone, 75007 Paris. Onisep, 75635 Paris Cedex 13. **Clôture des inscriptions.** Souvent 1 mois 1/2 avant la date des concours. Il faut parfois un dossier.

■ **Préparation par correspondance. Centre de formation professionnelle et de perfectionnement du ministère de l'Économie et des Finances (CFPP). Centre national d'enseignement à distance (Cned). Cours par correspondance** (enseignement privé) : Institut ou Centres de préparation à l'administration générale (CPAG).

ÉCOLES NORMALES SUPÉRIEURES

☞ Les ENS, dites Normales Sup., regroupent 3 000 élèves environ.

■ **École normale supérieure (ENS).** 45, rue d'Ulm, 75005 Paris ; 48, bd Jourdan, 75014 Paris et 1, rue Maurice-Arnoux, 92120 Montrouge. Éc. provenant de la fusion en 1976 de l'ENS (« Ulm »), *fondée* 30-10-1794 par la Convention, et de l'ENS de jeunes filles (« Sèvres »), fondée 1881. *Effectifs* 957 (dont 15 étrangers). **Statut des élèves :** en principe internes, ils sont fonctionnaires stagiaires ; scolarité de 4 ans ; payés environ 7 500 F/mois. S'ils quittent la fonction publique (ou assimilée) avant 10 ans à compter de leur entrée à l'ENS, ils doivent rembourser leur traitement au prorata de la durée leur restant à servir. **Nombre de places offertes par an** [après 2 ans de prépa (« khâgne » en lettres et « taupe » en sciences)] : *en lettres :* environ 100 ; *sciences exactes :* + de 100. Depuis 1999, concours spécial « ENS-Europe » plus spécialement organisé en sciences pour étrangers non passés par prépa. françaises. Étrangers (hors UE) admis en surnombre et classés en « Bis » à leur rang de mérite. **Organisation :** *11 départements :* sciences exactes ou naturelles (maths et applications, informatique, physique, chimie, terre-atmosphère-océan, biologie) ; sc. humaines et sociales (philosophie, littérature et langages, sciences sociales, histoire, géographie). Les élèves préparent en université une licence, une maîtrise et en général un DEA (parfois regroupés en magistère). Souvent agrégés à la sortie de l'École, ils commencent la rédaction d'une thèse qu'ils soutiennent 2 ou 3 ans après leur sortie. **Quelques anciens élèves prix Nobel :** *lettres :* Romain Rolland, Henri Bergson, Jean-Paul Sartre ; *économie :* Gérard Debreu ; *chimie :* Paul Sabatier ; *physique :* Gabriel Lippmann, Jean Perrin, Alfred Kastler, Louis Néel, Pierre-Gilles de Gennes, Claude Cohen-Tannoudji ; toutes les Médailles Fields françaises sauf une sont d'anciens Normaliens. *Scientifique normalien le plus célèbre :* Louis Pasteur. **Politiques :** Léon Blum, Louis Herriot, Georges Pompidou, Laurent Fabius, Alain Juppé, etc.

■ **ENS de Cachan** (ex-Enset : Éc. normale sup. de l'ens. techn.). 61, av. du Président-Wilson, 94235 Cachan Cedex. *Créée* 1912. *Effectifs* 1 500. Antenne de Bretagne, campus de Ker Lann, 35170 Bruz. *15 départements :* mathématiques, informatique, mathématiques-informatique, physique, chimie, biochimie, génie mécanique, civil et électrique, économie et gestion, sciences sociales, anglais et arts-création industrielle ; 17 laboratoires de recherche (dont la majorité associée au CNRS) ; 12 magistères, 20 préparations à l'agrégation ; 26 DEA ; 10 spécialités de doctorat ; 3 mastères spécialisés (proposés par la formation continue). *Résultats à l'agrégation :* plus de 300 succès chaque année.

■ **ENS de Fontenay-Saint-Cloud.** 31, av. Lombart, 92260 Fontenay-aux-Roses (jusqu'au 31-8-2000). Installée à Lyon depuis sept. 2000 : 15, parvis René-Descartes, 69007 Lyon. *Créée* 10-7-1987, fusion des sections Lettres et Sciences humaines de l'ENS de Fontenay (*fondée* 1880) et de l'ENS de St-Cloud (*fondée* 1882).

■ **ENS scientifique de Lyon.** 46, allée d'Italie, 69364 Lyon Cedex 07. Regroupe les sections scientifiques des ENS de Fontenay et Saint-Cloud.

AUTRES ÉTABLISSEMENTS D'ENSEIGNEMENT SUPÉRIEUR

■ **Collège de France.** 11, place Marcellin-Berthelot, 75231 Paris Cedex 5. Établ. d'ens. sup. et de recherche fondamentale. **Origine : 1517** François Ier envisage de créer un collège où l'on enseignerait particulièrement les langues anciennes orientales. **1530** *institution des lecteurs royaux :* 5 chaires (hébreu 2, grec 2, math. 1). **1531** 3e chaire d'hébreu. **1534** 1 de latin. **1538** plusieurs de langues orientales. Appelé *Collège du roi*, puis *des trois langues* (grec, hébreu, latin), puis *Collège royal* (1611), devenu *impérial* sous les Ier et IId Empire, puis *Collège de France* depuis 1870. **Bâtiments :** construits en 1774 par Chalgrin et plusieurs fois agrandis aux XIXe et XXe s. **Organisation :** dépend du min. de l'Éducation nationale. Prof. nommés par le chef de l'État sur proposition du corps professoral du Collège de France. Un des prof. exerce les fonctions d'Administrateur. **Enseignants :** 52 prof., 2 chaires d'État pour prof. étr. (1 chaire européenne et 1 chaire intern.) ; plus de 800 chercheurs, ing., techniciens et administratifs. **Matières enseignées :** math., physique, chimie, biologie, lettres et sc. humaines, histoire, philosophie, économie, Antiquité, linguistique. Ces enseignements, qui doivent exposer la « science en voie de se faire », sont dispensés librement, sans préoccupation de dipl., et sont renouvelés chaque année. Toutes les chaires sont mutables et remises en question au départ des savants qui les occupaient. L'assemblée des prof. doit se prononcer dans chaque cas sur leur maintien ou leur transformation. **Accès à l'enseignement :** libre (plus de 5 000 auditeurs en moy. pour 52 matières), **aux laboratoires :** sur autorisation du prof.-directeur du laboratoire. **Examens :** ne prépare à aucun examen ni diplôme. **Annuaire :** publie le résumé de l'enseignement et des recherches de l'année précédente.

☞ **Cours célèbres :** Champollion, Michelet, Renan, Claude Bernard, Bergson, Valéry, Barthes, Foucault, Braudel, Dumézil, Lévi-Strauss.

■ **Centre international de formation européenne (Cife).** *Créé* 1954 par Alexandre Marc. Siège social : Maison de l'Europe, 35-37, rue des Francs-Bourgeois, 75004 Paris. *Direction gén.* 10, av. des Fleurs, 06000 Nice. Organisation internat. privée. Nombreux séminaires et colloques sur les questions européennes. *Inst. univ., Inst. européen des hautes études intern.* (Nice et Berlin) : sessions d'oct. à juin à Nice et à Berlin, dipl. *Sessions d'études européennes* (Munich) : cours hebdo. de 3 h en 2 semestres (nov.-févr. et avril-juin), dipl. *Collège univ. d'études fédéralistes-Fondation E.-Chanoux* (Aoste, Italie) : session 6 semaines en juillet et août, session d'approfondissement, 2 sem. ; certificat. *American European Summer Academy* (Schloss Hofen, Autr.) : session 3 sem. en juillet ; certificat. *Session d'études européennes* (All., Rép. tchèque) : session 3 sem. en sept., certificat. **Publication :** *L'Europe en formation.*

■ **École pratique des hautes études (EPHE).** 45-47, rue des Écoles, 75005 Paris. *Fondée* 1868 par Victor Duruy (1811-94), min. de l'Instruction publique. Grand établ. dépendant des min. de l'Éduc. nat. et de la Recherche. Formation à la recherche. Délivrance d'un dipl. propre, de DEA et de doctorats. **Implantations :** Dinard, Lyon, Marseille, Montpellier, Perpignan. **3 sections :** sc. de la vie et de la Terre, sc. hist. et philologiques, sc. religieuses. 1 300 étudiants, 3 000 auditeurs.

■ **École des hautes études en sciences sociales (EHESS).** 54, bd Raspail, 75006 Paris. Grand établ. d'ens. sup. et de recherche relevant du min. de l'Éducation nat. **Mission :** recherche et enseignement de la recherche en sc. sociales. Dipl. propre, DEA, doctorats et habilitations à diriger des recherches. **Implantations :** Paris, Marseille, Toulouse, Lyon. 82 équipes et centres de recherches. 21 formations doctorales, dont 8 constituant l'École doctorale de l'EHESS. 2 700 étudiants. 4 divisions : histoire ; aires culturelles ; sociologie, psychologie, anthropologie sociale ; économie et méthodes mathématiques. *Publications :* plusieurs dont *Annales* (histoire, sciences sociales).

■ **École nationale des Chartes (ENC).** 19, rue de la Sorbonne, 75005 Paris. *Fondée* 22-2-1821 par Louis XVIII. **But :** formation de spécialistes des disciplines nécessaires à l'intelligence des sources de l'histoire de Fr., et prépa. profes. des cadres responsables de la conservation et mise en valeur des collections publiques. *C.* 1re année : – de 27 ans tit. bac + 2 a. prépa. (« hypocharte » et « charte »), aux lycées Henri-IV à Paris (section A), Pierre-de-Fermat à Toulouse, Fustel-de-Coulanges à Strasbourg (sections A et B), Camille-Guérin à Poitiers, Carnot à Dijon, Faidherbe à Lille et Chateaubriand à Rennes (section B). *C. 2000 :* 178 ca., 22 ad. *C. 2e a. :* – de 28 ans + niveau lic. *2000 :* 28 ca., 1 ad. *Dipl. 2000 :* d'archiviste paléographe 36. *Eff.* 116 (f. + de 50 %). *Durée des études :* 4 a. Dans la limite des postes en concours, les élèves souscrivant un engagement de 10 a. dans la fonction publique, à compter de leur entrée à l'école, perçoivent un traitement d'environ 7 000 F.

☞ **Élèves célèbres :** Georges Bataille, André Chamson, Jean Favier, Gabriel Hanotaux, Roger Martin du Gard, François Mauriac, Gaston Paris.

■ **École nationale du Patrimoine (ENP).** 117, bd St-Germain, 75006 Paris. *Créée* 1990. Éc. d'application recrute les membres du corps des conservateurs du patrimoine (archéologie, archives, inventaire général, monuments historiques, musées). *C. externe* bac + 3, – de 30 ans. *C. interne :* fonct. A ou B, – de 50 ans, 7 ans de service. *Durée des études :* 18 mois dont stages et mission à l'étranger. *Dipl.* ENP. Conservateur du patrimoine. **Effectifs** (2001) : 45 conservateurs stagiaires (dont 6 étrangers).

Depuis 1996, l'École nationale du patrimoine forme aussi des restaurateurs du patrimoine dans le cadre de son département **Institut de formation des restaurateurs d'œuvres d'art (Ifroa),** 150, avenue du Pt-Wilson, 93210 La Plaine-St-Denis. *C. :* + 20 ans, – de 35 ans, pas de condition de diplôme. 7 spécialités (arts du feu, arts graphiques, arts textiles, mobilier, peinture, photographie, sculpture). *Durée des études :* 4 a. (1 stage à l'étranger de 3 mois). *Dipl.* ENP restaurateur du patrimoine. *Effectifs :* 65 en 2001.

■ **Institut national des langues et civilisations orientales (Inalco,** dit **« Langues'O »). Origine : 1795**-*30-3* décret-loi du 10 germinal an III créant l'*École spéciale des langues orientales* pour enseigner des langues orientales vivantes « d'une utilité reconnue pour la politique et le commerce ». 1res langues enseignées : turc, arabe et persan. **1874** transférée 2-4, rue de Lille (installation en 1887 après travaux). **1914**-*8-6* décret, devient *l'École nationale des langues orientales vivantes (Enlov).* Nombre des langues *1914 :* 20 ; *1945 :* 50. **1971** nom actuel *Inalco*, rattaché à Paris-III. **1985** « grand établissement à caractère scientifique, culturel et professionnel » directement rattaché au ministère. 4 centres d'enseignement (rue de Lille, Clichy, Asnières, Dauphine), 1 pôle de recherche rue Broca. **Langues enseignées :** 88 dans 10 départements (Afrique ; Europe centrale et orientale ; Asie du Sud-Est-Haute Asie-Pacifique ; Asie du Sud ; Chine ; Japon ; Arabe ; Hébreu ; Russie-Eurasie). Centres de recherches, centre multimédia. *Effectifs* (en 2000-2001) : 9 813 inscrits, 247 auditeurs libres, 2 503 en double inscription (1er cycle : 7 301, 2e : 1 852, 3e : 478), 124 en formation continue et 58 Erasmus. **Filières spéciales :** dép. de commerce international (CPEI), hautes ét. intern. (HEI), traitement automatique des langues (Tal), ingénierie multilingue, communication interculturelle, français langue étr. (FLE).

PERSONNEL ENSEIGNANT

■ **Personnels du secteur public enseignants** (France métropolitaine, 1998-99) : 795 966 (femmes 62,9 % ; temps partiel 7,5), titulaires 766 144 (63,2 ; 7,4) ; non-titulaires 29 822 (53,4 ; 8,5). **Non-enseignants :** 285 989 (64,5 ; 17,3), titulaires 227 689 (65,2 ; 12), non-titulaires 58 300 (61,8 ; 38,2). **Total :** 1 081 955 (63,3 ; 10,1).

Par type d'établissements. 1er degré 302 812 (dont non-enseignants 0) ; 2d degré 599 573 (202 782) ; supérieur 110 454 (45 355) ; formation 35 700 (4 436) ; administration centrale et services extérieurs 33 416 (33 416). **Total** 1 081 955 (285 989).

Enseignants du 1er degré privé sous contrat. Total 42 853 (dont préélémentaires et élémentaires 41 643, ens. spécialisé 1 210). **Instituteurs** 23 993 (femmes 93,5 %), spécialisés 759 (85,1), suppléants 3 287 (91,5), professeurs des écoles 14 814 (88,6). **% temps partiel :** 13,8. **% agrément ou contrat définitif :** 83,1. **DOM :** 924 dont Guadeloupe 212, Martinique 229, Guyane 98, Réunion 385.

■ **Personnels de direction, d'éducation, d'orientation et Atos des établissements du 2d degré public** (France métropolitaine, 1999-99). **Effectifs et** entre parenthèses, **% de femmes. Titulaires** 150 301 (63,5 %) : *catégorie A* 31 329 (52) [personnel de direction d'établissement du 2d degré 11 751 (35,1), directeurs de CIO et conseillers d'orientation-psychologues 4 111 (72,2), conseillers principaux d'éducation 8 479 (60,2), d'éducation 785 (66,6), enseignants sur postes de non-enseignants 725 (50,9), conseillers d'administration scolaire et universitaire 656 (33,8), attachés et attachés principaux 4 802 (61,8), autres 20 (55)] ; *B* 12 340 (88,8) [secrétaires d'administration scolaires et universitaires 7 796 (86,3), infirmiers 4 075 (97,4), instructeurs 81 (77,8), techniciens de laboratoire 260 (41,5), assistants sociaux 78 (92,3), autres 50 (46)] ; *C* 106 632 (64) [agents et adjoints administratifs 16 451 (96), et aides techniques 753 (80,3), agents chefs des établissements d'enseignement 1 408 (68), maîtres ouvriers, OP, OEA, AST 83 591 (57,3), agents techniques, aides et aides techniques de laboratoire 4 423 (67,3), autres 6 (0)]. **Non-titulaires** 52 422 (60,4) [maîtres d'internat 11 491 (43,5), surveillants d'externat 32 655 (63,6), auxiliaires de service 803 (66,4), de bureau 374 (97,1), contractuels et autres non-titulaires 7 099 (70,1)]. **Total** 202 723 (62,7). *Effectifs à temps partiel* (en %) 17,2 : catégorie A 4,8, B 16,2, C 9,8, non-titulaires 40.

■ **Personnels non-enseignants du supérieur** (France métropolitaine, 1998-99). **Total :** 45 354 (64,1 % de femmes) dont universités 34 813, écoles d'ingénieurs 3 961, autres 6 580. **Par catégorie :** titulaires 42 645 (63,5 % de femmes) dont A 8 983 (51,1), B 9 797 (65,2), C 23 865 (67,4) ; non-titulaires 2 709 (72,3) dont contractuels 1 977 (71,4), auxiliaires et vacataires 732 (74,9).

■ **Personnels d'inspection, de direction et Atos de l'administration centrale et des services académiques** (France métropolitaine, 1998-99). **Total** 33 416 : *titulaires* 30 625 (76 % de femmes) [catégorie A 8 820 (54,4), B 9 412 (86,4), C 12 397 (83,6)] ; *non-titulaires* 2 791 (75,6).

■ **Aides-éducateurs à l'Éducation nationale** (en 1999-2000). Total des contrats enregistrés 62 086 (74 % de femmes) dont France métropolitaine 57 846 (75), DOM 4 240 (65). *Établissements concernés en France métropolitaine* et, entre parenthèses, *DOM :* maternelles 2 839 (285) ; élémentaires 13 635 (704) ; collèges 4 922 (179) ; LEGT 1 438 (54) ; LP 1 056 (35) ; autres 178 (12).

■ **Répartition par âge à l'embauche** (en %). *21 ans et moins :* 20,7 %. *22 :* 15,5. *23 :* 19. *24 :* 20,2. *25 :* 18,3. *26 :* 4,1. *27 et plus :* 2,1. **Par niveau de formation à l'embauche.** Bac : 52,3 % ; bac + 2 : 31,4 ; supérieur à bac + 2 : 16,3 ; inférieur au bac : 0,1.

PERSONNELS DE L'ÉDUCATION NATIONALE ET DE L'ENSEIGNEMENT SUPÉRIEUR

En France métropolitaine et DOM (au 1-1-1998)	Effectifs	Age moyen	% de femmes	% de temps partiel
Par catégories				
Catégorie A	629 016	42,8	57,4	7,2
Catégorie B	240 932	42	77,7	8,8
Catégorie C	148 472	43	66,3	12,7
Total titulaires	1 018 420	42,6	63,5	8,4
non-titulaires	101 444	30,8	59,2	26,6
TOTAL	**1 119 864**			
Par fonctions				
Enseignants du 1er degré	*315 228*	*41,2*	*77,2*	*5,9*
Professeurs des écoles	110 210	40,6	75,8	3,5
Instituteurs spécialisés	10 426	42,2	64,7	2,9
Instituteurs	193 789	41,5	78,7	7,4
Autres titulaires	99	48,5	52,5	2
Total titulaires	314 524	41,2	77,2	5,9
Non-titulaires	704	33,7	79,2	2,4
Enseignants du 2d degré	*411 624*	*42,8*	*56,6*	*9,6*
Agrégés et chaires	41 799	42,8	49,6	6,4
Certifiés et assimilés	223 850	42,1	60,4	10,3
Chargés et adjoints d'enseignement	9 855	45,8	57	12,7
PEGC	37 576	50,1	58,8	15,1
Prof. de lycées professionnels	60 313	44,5	47	7,3
Prof. des écoles	5 127	42,8	50	1,6
Instituteurs spécialisés	3 136	43	45,1	3,1
Instituteurs	895	38,1	49,8	4,9
Autres titulaires	406	49,8	32,8	3,9
Maîtres auxiliaires	26 817	35,1	57,9	7,2
Autres non-titulaires	1 850	35,9	39,5	23,9
Total non-titulaires	28 667	35,2	56,7	8,3
Enseignants du supérieur	*65 468*	*45,3*	*31,2*	*1,7*
Établissements de formation	33 428	29,7	60,2	0,9
Non-enseignants	*294 117*	*40,7*	*64,5*	*18*
TOTAL	**1 119 865**	**41,6**	**63,1**	**20**

Corps ou grade (1998-99)	LEGT (en %)	Collèges (en %)	LP (en %)	Ensemble (en %)
Chaires supérieures	1,5	0	0	0,6
Agrégés	23	4,9	0,5	11
Bi-admissibles	1,4	0,7	0,1	0,9
Certifiés [1]	63,4	70,9	6,8	59
Adjoints [2]	1,1	2,5	1,3	1,8
PEGC [3]	0	15,8	0,1	7,7
PLP	7	2,1	72,1	15,3
Non-titulaires	2,5	3	9,2	3,7

Nota. – PEGC : professeur d'enseignement général de collège. PLP : professeur de lycée professionnel. (1) Et assimilés. (2) Et chargés d'enseignement. (3) Et personnel du 1er degré.

ENSEIGNANTS SELON LA DISCIPLINE

Métropole – Public (en 1998-99)	Total	% de non-titulaires	% de femmes
Philosophie	4 177	0,9	39,4
Lettres	68 561	2,5	74,7
Langues vivantes	50 842	3,7	79,6
Histoire-géographie	26 053	0,4	54,2
Sciences économiques et sociales	3 467	0,6	44,3
Mathématiques	47 938	1,4	47,5
Physique-chimie	19 600	1,8	42,8
Biologie-géologie	17 373	4,6	64,9
Biotechnologie-génie biologique et biochimie	1 489	12,6	63,2
Éducation musicale	5 196	10,2	59,3
Arts plastiques	5 557	1,6	59,8
Métiers des arts appliqués	2 799	8,1	54,6
Technico-profes. de la prod.			
Technologie	13 615	0,7	39,1
Encadrement des ateliers	10	0,0	20,0
Génie industriel	6 828	15,3	34,5
Génie chimique	172	24,4	22,7
Génie civil	3 629	16,8	6,0
Génie thermique	1 202	16,7	3,6
Génie mécanique	15 340	6,4	2,6
Génie électrique	8 049	5,1	3,9
Biotechnologie-santé-environnement-génie biologique	3 794	11,7	94,7
Hôtellerie : techniques culinaires	1 231	13,1	5,1
Technico-profes. des services			
Encadrement des ateliers	4	25,0	0,0
Informatique – télématique	131	0,8	5,3
Industries graphiques	239	30,1	17,2
Conduite – navigation	377	36,6	2,9
Métiers d'arts, de l'artisanat et spécifiques	383	39,7	26,4
Économie familiale et sociale – collectivités	1 696	31,3	97,2
Paramédical et social, soins personnels	2 179	22,6	88,2
Économie et gestion	24 416	2,9	72,1
Hôtellerie : services, tourisme	1 226	15,6	38,5
Développement personnel			
Enseignement non spécialisé	108	87,0	65,7
Éducation physique et sportive	29 344	1,8	46,8
Total général	**367 025**	**3,7**	**56,7**

■ **Heures rémunérées** (en 1998-99) [entre crochets heures d'enseignement dont, entre parenthèses, h supplémentaires]. **Corps ou grade :** agrégés et chaires supérieures 15,7 [dont enseignement 14 (dont suppléants 1,8)], certifiées et assimilés 18,1 [16,8 (1)], adjoints et chargés d'enseignement 19,5 [16,9 (0,9)], PEGC 17,5 [17 (0,8)], PLP 20 [19,4 (1,1)], titulaires : 18,1 [16,9 (1,1)], non-titulaires : 18,4 [17,9 (0,9)], *ensemble* 18,1 [16,9 (1,1)].

■ **Besoins moyens annuels en nouveaux enseignants titulaires des 1er et 2d degrés publics pour assurer les rentrées 2000 à 2004** (France métropolitaine et DOM). Total 1er degré

13 900, 2[d] degré 12 200, lettres 1 856, lettres-histoire-géo 115, sciences 3 259, sciences humaines 1 199, langues vivantes et lettres-langues 1 986, éducation physique et sportive 891, enseignements artistiques 558, *total :* enseignement général 9 864, technique et professionnel 2 006, documentation 330.

☞ **Plans annoncés le 15-11-2000 :** *pluriannuel relatif aux emplois :* entre 2001 et 2003 : 33 200 emplois supplémentaires au budget ; *de programmation des recrutements :* entre 2001 et 2005 : 150 000 emplois suppl.

■ **Instituts universitaires de formation des maîtres (IUFM). Effectifs** (en 1999-2000) **France métropolitaine :** *1er degré :* 28 687 dont 1re année : 16 158, 2e : 12 529. *2d degré :* 51 763 dont 1re année : 38 355 ; 2e : 13 408. *Total 1re année :* 54 513 ; *2e :* 25 937. **Total** 80 120 [dont province 62 487, Ile-de-France 17 633 (dont Paris 6 180, Créteil 5 012, Versailles 6 441)]. **Dom** 1 861 (dont Antilles-Guyane 830, Réunion 1 031).

ENSEIGNEMENTS PRIMAIRE ET SECONDAIRE

■ CLASSIFICATION

ENSEIGNEMENT DU 1er DEGRÉ

■ **Professeurs des écoles. Corps créé par décret du 1-8-1990. Se substitue à celui des instituteurs.** *Recrutement par concours externe académique :* au niveau bac + 3 (depuis 1992). *Concours internes :* 2. *Préparation :* non obligatoire dans les instituts universitaires de formation des maîtres (IUFM : 1 par académie ; admission après sélection). *Après réussite* au concours, une année de formation en tant que professeur des écoles stagiaire conduisant à l'obtention du diplôme professionnel de professeur des écoles et à la titularisation.

■ **Enseignement spécialisé.** Ouvert aux instituteurs et professeurs des écoles titulaires. *CAPSAIS :* certificat d'aptitude aux actions pédagogiques spécialisées d'adaptation et d'intégration scolaires. *Préparation :* au centre national de Suresnes et dans les IUFM. 7 options possibles. Il faut obtenir 3 unités de spécialisation (chacune validée de façon indépendante).

■ **Enseignement privé. Hors contrat :** recrutement sur la base d'un contrat de travail de droit privé qui varie selon l'employeur. **Sous contrat** relevant de la loi Debré du 31-12-1959 : les maîtres contractuels (contrat d'association) et agréés (contrat simple) accèdent à l'échelle de rémunération des professeurs des écoles par concours au niveau de la licence ou d'un diplôme équivalent dont les modalités d'organisation et d'admission sont similaires à celles de l'enseignement public. Ils suivent une formation d'une année en centre de formation pédagogique privé. Nomination sous réserve de l'accord d'un chef d'établissement. Conditions d'exercice et déroulement de leur carrière identiques à celles des maîtres de l'enseignement public.

ENSEIGNEMENT DU 2d DEGRÉ

■ **Professeurs certifiés.** Corps régi par décret 4-7-1972. 2 classes (normale : 11 échelons ; hors classe : 6 échelons). **Recrutement :** par concours du Capes pour les *disciplines générales. 27 sections :* philo, lettres classiques, lettres modernes, histoire-géo., allemand, anglais, arabe, chinois, espagnol, hébreu, italien, néerlandais, portugais, russe, maths, physique-chimie, phys. électr. appliquée, sciences de la vie et de la Terre, éduc. musicale, arts plastiques, basque, breton, catalan, occitan-langue d'oc, langue corse, sciences éco. et soc., documentation. Par concours du Capet pour les *disciplines techniques. 12 sections :* génie mécanique (construction, productique, maintenance), génie civil (structures et ouvrages, équip. techniques et énergie), génie industriel (bois, structures métalliques, matériaux souples, plastiques et composites, verre et céramique), génie électrique (électronique, électrotechnique, informatique et télématique), sciences et techniques médico-soc., biotechnol. (biochimie-génie bio., santé-environnement), technologie (construction mécanique, construction élec., gestion), économie et gestion (éco. et gestion admin., éco. et gestion comptable, éco. et gestion commerciale), informatique et gestion, hôtellerie-restauration, industries graphiques, arts appliqués. Résultats (voir col. c et p. 1321 a). *Concours externes* préparés pendant une 1re année dans un IUFM ou seul ou avec l'aide du Cned. Épreuves écrites d'admissibilité et orales d'admission (sur dossier avec exposé et entretien). Si réussite, nomination comme professeur stagiaire. 2e année de formation en IUFM validée par examen de qualification professionnelle, puis titularisation dans le corps des professeurs certifiés.

Nota. – La catégorie « professeur d'enseignement technique » n'existe plus.

■ **Professeurs de lycée professionnel.** Corps régi par décret 6-11-1992 : *2 classes* (normale : 11 échelons, hors classe : 6 échelons). Doivent être titulaires du CAPLP 2 (Certificat d'aptitude au professorat de lycée professionnel de 2e grade). Conditions de recrutement proches de celles des certifiés. **15 spécialités :** maths-sciences, lettres-histoire, langues vivantes-lettres (anglais-lettres, allemand-lettres, espagnol-lettres), arts appliqués, biotechnologies (biochimie-génie-biologie, santé-environnement), sciences et techniques médico-sociales, génie mécanique (construction, productique, maintenance des véhicules, mach. agricoles, engins de chantier, maintenance des systèmes mécaniques automatisés), génie électrique (électrotechnique, électronique), génie civil (équip. techn., énergie, construction et économie, construction et réalisation des ouvrages) ; génie industriel (structures métalliques, bois, matériaux souples, plastiques et composites, construction et réparation carrosserie automobile). Génie chimique. Communication administrative et bureautique, comptabilité, bureautique, vente, hôtellerie-restauration (organisation et production culinaire, services et commercialisation).

■ **Déclarations d'incidents. Nombre dans les établissements du 2d degré :** 240 000 par trimestre en 1998-99 dont 2,6 % de faits graves, violences verbales 40 %, dégradations 20,2, atteintes physiques 16,6. *Auteurs :* élèves 86 %. **Dossiers portés en justice :** selon la Fédération des autonomes de solidarité, 1 554 dossiers portés par les personnels de l'Éducation nationale adhérant à son réseau associatif (700 000 personnes) pour 1998-99. Sur les 2 918 dossiers passés en justice de 1996 à 1998, + de 90 % concernent des personnels victimes ; le reste, des personnels accusés dans des affaires d'accident ou de mœurs. **Dossiers traités par la justice :** insultes ou menaces 32,4 %, agressions 24,3, coups donnés 4,6, affaires de mœurs 9, autres incidents 14,7. *Agresseurs :* élèves 44 %, parents 33 %. **Dossiers liés à la violence scolaire :** 51 % sont classés sans suite (cas de la quasi-totalité des affaires liées à des agressions verbales). 159 ont débouché sur des peines d'amendes pour les agresseurs, 693 sur des versements de dommages et intérêts, 99 sur des peines de prison.

■ **% de collèges se disant concernés par les phénomènes de violence.** Violences verbales 65, violences physiques 64, vol ou tentative de vol 45, dégradation des locaux 28, détérioration du matériel de l'établissement 28, tags 20, détérioration de biens personnels 18, port de couteau ou cutter 16, racket 11, port d'autres armes 11, bombe lacrymogène 6, incendie ou tentative 6, consommation de stupéfiants 5.

■ **Professeurs d'éducation physique.** Corps régi par décret du 4-8-1980. *2 classes* (normale : 11 échelons, hors classe : 6 échelons). Doivent être titulaires du Capeps. Concours pour tit. licence de sciences et techniques des activités physiques et sportives (Staps), diplôme ou attestation de capacité en sauvetage aquatique et secourisme. Mêmes conditions de recrutement que pour les certifiés.

■ **Professeurs agrégés.** Corps régi par décret 4-7-1972. *2 classes* (normale : 11 échelons, hors classe : 6 échelons). Doivent être titulaires d'une maîtrise ou Capes, Capet, CAPLP 2, Capeps. **38 sections et options :** philo., lettres classiques, modernes, grammaire, hist., géo., sc. soc., anglais, allemand, arabe, chinois, espagnol, hébreu, italien, japonais, polonais, portugais, russe, mathématiques, sc. physiques (physique ou chimie ou phys. appliquée), sc. de la vie et de la Terre, biochimie-génie biol., mécanique, génie civil (structures et ouvrages, équip. techn. et énergie), mécanique, électrique (électronique et informatique industrielle, électrotechnique et électronique de puissance), économie et gestion (*option A :* administrative, *B :* comptable et financière, *C :* commerciale, *D :* informatique et gestion), éducation musicale et chant choral, arts (*option A :* arts plastiques, *B :* appliqués), éducation physique et sportive (résultats voir ci-dessous).

■ CONCOURS DE RECRUTEMENT

AGRÉGATION EXTERNE

Disciplines	Postes 1997	Postes 1998	Postes 1999	Postes 2000	Admis 1997	Admis 1998	Admis 1999	Admis 2000	Présents 2000
Philosophie	73	60	90	80	73	60	90	80	1 225
Lettres classiques	100	80	75	70	100	80	75	70	435
Grammaire	15	15	11	10	15	15	11	10	60
Lettres modernes	170	150	145	130	170	150	145	130	1 357
Allemand	82	70	67	53	66	70	67	53	335
Anglais	195	160	155	145	195	160	155	145	1 067
Arabe	5	8	10	10	2	6	10	10	77
Chinois			5	4			4	0	13
Espagnol	58	68	70	75	58	68	70	75	491
Hébreu		1		1		1		1	10
Italien	12	15	15	15	12	15	15	15	117
Japonais		2		4		2		4	9
Polonais		1		1		1		1	9
Portugais	4	3	2	2	3	3	2	2	22
Russe	1	2	2	2	1	2	2	2	15
Histoire	138	139	130	117	138	139	130	117	2 806
Géographie	41	41	40	35	41	41	40	35	393
Sciences écon. et sociales	40	35	30	27	40	35	30	27	153
Mathématiques	427	400	368	300	382	359	368	300	1 876
Physique	197	157	154	150	159	157	154	150	975
Chimie	83	60	60	58	83	60	60	58	475
Phys.-élec. appliquée	94	60	50	38	44	58	50	38	282
Sc. de la vie et de la Terre	130	150	155	160	130	150	155	160	1 915
Éducation musicale	59	51	40	32	22	26	33	32	119
Arts plastiques	39	31	31	26	39	31	31	26	365
Arts appliqués	20	16	13	10	10	8	13	10	91
Éduc. physique et sportive	47	42	42	40	34	42	42	40	590
Génie civil									
structures et ouvrages	46	36	30	23	27	24	26	23	118
équip. techn. et énergie	17	14	13	10	11	14	13	10	87
Mécanique	116	85	81	61	100	85	81	61	392
Génie mécanique	95	70	65	52	58	55	65	48	197
Génie électrique									
électronique	47	35	26	20	31	35	26	18	191
électrotechnique	52	40	34	27	25	29	31	24	165
Biochimie-Génie bio.	23	19	19	16	23	19	19	16	154
Économie et gestion									
administrative	35	29	28	28	33	29	28	28	192
comptable et financière	80	66	64	55	76	66	64	55	373
commerciale	51	42	41	40	51	42	41	40	310
informatique et gestion	8	7	7	7	8	7	7	7	42
Total	**2 600**	**2 260**	**2 189**	**1 950**	**2 260**	**2 144**	**2 169**	**1 937**	**17 563**

CAPES / CAPEPS EXTERNES
CAPES/CAPEPS RÉSERVÉS de la session 2000

Disciplines	Postes 1999	Postes 2000	Admis 1999	Admis 2000	Présents 2000	Concours réservés postes	Concours réservés admis	Concours réservés présents
Documentation	120	160	120	160	1 591	60	56	79
Philosophie	60	50	60	50	1 863	20	20	43
Lettres class.	370	320	370	320	762	16	11	14
Lettres mod.	1 150	1 030	1 150	1 030	6 094	130	103	258
Allemand	240	175	216	173	1 206	68	54	121
Anglais	1 270	1 050	1 067	1 050	5 429	305	305	454
Arabe	12	12	12	12	159	2	1	1
Chinois	n.c.	3	n.c.	3	38	2	1	1
Espagnol	560	650	560	650	3 422	150	112	176
Hébreu	n.c.	n.c.	n.c.	n.c.	n.c.	2	0	0
Italien	42	50	42	50	610	19	15	36
Néerlandais	n.c.	n.c.	n.c.	n.c.	n.c.	1	0	0
Portugais	3	3	3	3	86	2	1	1
Russe	3	3	3	3	69	2	0	1
Basque	2	2	2	2	6	1	0	0
Breton	4	4	4	4	12	2	0	0
Catalan	2	2	2	2	11	1	0	0
Corse	3	3	3	3	27	1	0	0
Occitan-langue d'oc	14	15	14	15	57	2	0	0
Tahitien-français	3	3	3	3	26	0	0	0
Hist.-géogr.	845	775	845	775	8 221	126	81	178
Sciences éco. et soc.	60	50	60	50	821	16	12	20
Mathématiques	945	890	945	890	6 720	115	109	263
Phys./chim.	600	620	600	620	3 690	53	53	80
Phys. élec. appliquée	85	65	85	65	401	8	6	11
Sc. de la vie et de la Terre	560	650	560	650	3 936	75	70	151
Éduc. music.	287	230	287	230	586	71	64	101
Arts plast.	120	110	120	110	1 480	22	22	38
Danois	0.	0	0	0	0	1	0	0
Grec mod.	0	0	0	0	0	1	0	0
Japonais	0	0	0	0	0	4	4	4
Vietnamien	0	0	0	0	0	1	1	2
Turc	0	0	0	0	0	2	1	1
Suédois	0	0	0	0	0	1	0	0
Ens. relig. catholique	0	0	0	0	0	35	29	30
Ens. relig. protestant	0	0	0	0	0	8	3	4
Total Capes	**7 360**	**6 925**	**7 133**	**6 923**	**47 323**	**1 325**	**1 134**	**2 068**
Capeps	1 050	1 050	1 050	1 050	6 485	100	67	103

CAPES / CAPEPS INTERNES ET SPÉCIFIQUES

En 2000	Postes 1998	Postes 1999	Postes 2000	Admis 1998	Admis 1999	Admis 2000	Présents 1998	Présents 1999	Présents 2000
Documentation	70	60	50	393	60	50	64	414	433
Philosophie	70	55	30	201	46	30	50	173	149
Lettres class.	40	20	7	35	10	7	12	37	33
Lettres mod.	600	405	215	872	383	208	434	644	520
Allemand	150	75	30	361	45	30	79	298	217
Anglais	539	358	200	1 570	350	200	405	1 209	853
Arabe	5	1	1	5	1	0	1	8	6
Chinois	3		1	5		1	2		11
Espagnol	200	140	83	640	140	83	148	604	515
Hébreu	1		1	3		0	1		2
Italien	60	40	20	125	30	20	27	152	148
Néerlandais	1			6			1		
Portugais	3	2	1	6	2	1	2	6	9
Russe	5	2	2	12	2	1	2	14	10
Basque	2	1	1	0	0	0	0	0	1
Breton	2	2	1	3	1	1	2	1	1
Catalan	2	1	1	2	0	0	0	1	0
Corse	2	2	1	3	2	0	2	2	2
Occitan-langue d'oc	4	2	1	3	2	1	1	3	5
Tahitien-français	2	2	2	8	2	2	2	6	6
Histoire-géo.	200	135	74	488	113	74	128	384	344
Sc. éco. et soc.	45	35	20	130	30	20	36	118	82
Mathématiques	308	200	106	665	162	106	236	446	365
Physique et chimie	90	45	22	208	30	22	35	227	225
Phys. et élec. appliquées	20	12	7	59	9	7	9	51	38
Sc. de la vie et de la Terre	290	160	84	410	115	84	118	402	392
Éduc. musicale	75	65	22	183	33	22	69	131	96
Arts plastiques	66	55	32	116	55	32	58	125	109
Total Capes	**2 855**	**1 875**	**1 015**	**6 512**	**1 623**	**1 002**	**1 924**	**5 456**	**4 572**
Capeps	500	380	220	834	360	220	401	615	572

■ **Postes aux concours** (session 1999). **Concours externes** (en 1998) **public,** *professeurs des écoles*, inscrits : 8 916 (46 602 présents/8 914 admis). *Agrégation, Capes, Capeps, Capet, CAPLP2 :* 13 704 (98 781/13 364). **Internes (public),** *agrégation, Capes, Capeps, Capet, CAPLP2 :* 4 720 (21 318/4 180). **Externes et internes de l'enseignement privé :** 4 500 (16 288/3 157). **Conseillers principaux d'éducation** (externe + interne) : 620 (10 513/620). **Conseillers d'orientation psychologues :** 190 (1 457/190).

■ **Professeurs d'enseignement général de collège (PEGC).** Ils enseignent dans les collèges. Plus de recrutement après décret du 14-3-1986.

■ **Adjoints d'enseignement.** Titulaires d'une licence d'ens. ou d'un diplôme équivalent ; service : surveillance et ens. ou documentation. Recrutement arrêté.

Maîtres auxiliaires : possèdent un diplôme de l'enseignement supérieur permettant de s'inscrire aux concours de recrutement de professeurs du 2d degré correspondants, recrutés par décision rectorale à titre exceptionnel. **Contractuels :** choisis en raison de leurs titres ou de leur qualification professionnelle. *Age moyen :* 32,4 ans (35 % des maîtres auxiliaires ont moins de 30 ans). 62,6 % sont des femmes.

Suppléants et maîtres auxiliaires (en 1995-96) : 32 265 dont lycées 15 300, lycées professionnels 11 000, collèges 2 600, conseillers d'éducation, d'orientation, documentation 2 200, écoles 1 165.

Capet, CAPLP 2 et autres concours

Concours 1995 et 2000	Postes				Admis				Présents
	1997	1998	1999	2000	1997	1998	1999	2000	2000
Capet externe	1 400	1 245	1 108	840	1 334	1 201	1 064	835	5 925
Capet interne	840	415	430	235	622	366	343	199	1 437
Capet spécifi.	405	185	–	–	289	146	–	–	–
Capet réservé	212	302	290	250	126	249	251	212	504
Total Capet	**2 857**	**2 147**	**1 828**	**1 325**	**2 371**	**1 962**	**1 658**	**1 246**	**7 866**
CAPLP2 ext.	2 200	2 050	1 997	2 200	2 127	1 961	1 948	1 998	15 598
CAPLP2 int.	1 300	870	860	700	1 109	738	777	623	3 571
CAPLP2 spé.	635	430	–	–	513	289	–	–	–
CAPLPL2 rés.	768	1 059	1 100	1 060	641	892	853	803	1 768
Total CAPLP2	**4 903**	**4 409**	**3 957**	**3 960**	**4 390**	**3 880**	**3 578**	**3 424**	**20 937**
CP/Capet int.	50	–	–	–	44	–	–	–	–
CP/CAPLP2 int.	150	200	200	100	118	150	137	88	211

Personnels non enseignants

Concours 1995 et 2000	Postes				Admis				Prés.
	1997	1998	1999	2000	1997	1998	1999	2000	2000
CPE [1] exter.	400	450	450	470	400	450	450	470	8 884
CPE interne	135	135	170	140	135	135	170	140	1 263
CPE spécif.	65	65	–	–	65	65	–	–	–
CPE réservé	151	215	215	210	151	215	215	210	362
Total CPE	**751**	**865**	**835**	**820**	**751**	**865**	**835**	**820**	**10 509**
COP [2] exter.	50	75	150	155	50	75	150	155	1 229
COP interne	35	35	40	30	35	35	40	30	214
COP spécif.	15	15	–	–	15	15	–	–	–
COP réservé	32	60	60	55	32	60	60	55	97
Total COP	**132**	**185**	**250**	**240**	**132**	**185**	**250**	**240**	**1 540**

Nota. – (1) Conseillers principaux d'éducation. (2) Conseillers d'orientation.

Concours d'accès a l'échelle de rémunération des certifiés en 1998

Concours	Postes	Présents	Admis
Agrégation	150	1 276	118
Capes/Capeps	1 161	3 963	1 137
Capet, CP/Capet	247	722	212
CAPLP 2	350	1 420	317
Total	**1 908**	**7 381**	**1 784**

☞ **En 1980 :** agrégation 1 000 postes (17 582 inscrits/960 admis). Capes 1 292 (26 997/1 314). Capet 408 (22 685/408). **1987 :** création de Capes et Capet internes. **1988 :** assouplissement des conditions d'accès : suppression du principe de correspondance entre la discipline de la licence obtenue et la section du Capes visé (*JO* du 15-9-1987). Les titulaires d'une maîtrise obtenue après dispense de licence peuvent se présenter au Capes (titulaires de dipl. de grandes écoles ou de dipl. étrangers, admis à l'université sur équivalence licence).

Inspection

■ **Rôle de l'inspecteur.** Veille à la mise en œuvre de la politique éducative arrêtée par le ministre de l'Éducation nationale. **Missions :** inspection, évaluation, animation et impulsion auprès des personnels enseignants et d'orientation.

■ **Inspecteur de l'Éducation nationale. Recrutement :** par concours ou sur une liste d'aptitude et par voie de détachement. **Effectif :** 1 800 dont enseignement 1er degré 1 189, général et technique 517, information et orientation 94.

■ **Inspecteurs pédagogiques régionaux, inspecteurs d'académie (IPR-IA). Missions :** évaluation des enseignants, animation pédagogique, participation au recrutement et à la formation des enseignants ainsi qu'à l'organisation des examens. **Recrutement :** par concours ouvert par spécialité ou sur liste d'aptitude. **Effectifs :** 809.

■ **Inspecteurs d'académie, directeurs des services départementaux de l'éducation nationale (IA-DSDEN) et inspecteurs d'académie adjoints (IAA). Recrutement :** choisis dans le corps des IPR-IA, détachés sur emploi : nommés par décret du président de la République. **Effectifs :** IA-DSDEN 97, IAA 40.

Enseignement supérieur

■ Catégories d'enseignants

■ **Titulaires. Professeurs :** font progresser la recherche par leurs propres travaux ou en dirigeant des équipes de chercheurs ; président les jurys d'examens, de mémoires et de thèses ; dirigent universités et les UER qu'elles regroupent ; participent au perfectionnement des autres enseignants et aux programmes d'éducation permanente ; participent à l'orientation et à l'information des étudiants. *Nomination :* par décret du Pt de la République (art. 508 4431 du 6-6-1984). Ils doivent être docteurs d'État et avoir effectué au moins 2 ans d'enseignement magistral.

Enseignants (du public) en fonctions
par type d'établissement

En 1998-99	Universités [1]	Ensi	Autres [2]	Total
Droit				
professeurs	2 243	1	60	2 304
maîtres de conférences	3 970	–	62	4 032
assistants titulaires	597	–	1	598
attachés et moniteurs [3]	2 233	–	–	2 233
autres [4]	1 317	3	118	1 438
Total	*10 360*	*4*	*241*	*10 605*
Lettres				
professeurs	3 784	8	163	3 955
maîtres de conférences	8 028	7	585	8 620
assistants titulaires	286	–	10	296
attachés et moniteurs [3]	2 366	–	–	2 366
autres [4]	5 823	56	1 859	7 738
Total	*20 287*	*71*	*2 617*	*22 975*
Sciences				
professeurs	6 504	200	585	7 289
maîtres de conférences	13 798	287	1 239	15 324
assistants titulaires	442	4	13	459
attachés et moniteurs [3]	4 960	–	–	4 960
autres [4]	3 188	59	1 525	4 772
Total	*28 892*	*550*	*3 362*	*32 804*
Santé				
professeurs	4 656	–	–	4 656
maîtres de conférences	3 195	–	3	3 198
assistants titulaires	160	–	–	160
chefs de clinique, AHU, PHU [5]	4 093	–	–	4 093
attachés et moniteurs [3]	122	–	–	122
autres [4]	–			
Total	*12 226*	–	*3*	*12 229*
Toutes disciplines				
professeurs	17 187	209	808	18 204
maîtres de conférences	28 991	294	1 889	31 174
assistants titulaires	1 485	4	24	1 513
chefs de clinique, AHU, PHU [5]	4 093	–	–	4 093
attachés et moniteurs [3]	9 681	–	–	9 681
autres [4]	10 328	118	3 502	13 948
Total	*71 765*	*625*	*6 223*	*78 613*

Source : RERS. (1) Hors IUT et Ensi (mais y compris les établissements rattachés en vertu des dispositions du décret du 14-3-1986 fixant les règles d'organisation et de fonctionnement de certaines écoles d'ingénieurs rattachées). (2) ENI, Insa, ENS, grands établissements, écoles françaises à l'étranger, IUFM, etc. (3) Attachés temporaires d'enseignement et de recherche et moniteurs. (4) Enseignants de type « second degré » et Ensam, fonctions spécifiques des grands établissements et des écoles françaises à l'étranger, lecteurs et maîtres de langue étrangère. (5) AHU : assistants hospitalo-universitaires, PHU : praticiens hospitalo-universitaires.

Maîtres de conférences (auparavant, maîtres assistants). *Recrutement :* par concours, doivent être titulaires d'un doctorat de 3e cycle, prof. agrégés, admissibles à l'agrégation ou inscrits sur la liste d'aptitude aux fonctions de maître assistant au 15-8-1979. *Nomination :* par le min. de l'Éducation nat. à partir d'un choix effectué par la commission de spécialité et d'établissement, et ratifié par le Conseil national des universités après avis du conseil de l'UFR et du conseil d'établissement.

Assistants : doivent animer les travaux pratiques ou dirigés ; en fait, font aussi des cours magistraux, corrigent des examens, organisent les enseignements et dirigent parfois des mémoires de maîtrise (sont suppléés par des chargés de travaux pratiques). Beaucoup doivent faire des travaux de recherche pour être titularisés et sont ainsi surchargés : leur recherche en pâtit. *Recrutés* au minimum au niveau de la licence ou de la maîtrise, en fait au niveau de l'un au moins des diplômes conduisant à un doctorat de 3e cycle ou à un doctorat d'État.

☞ **Heures de présence des professeurs d'université :** en 1982, une circulaire d'Alain Savary précisait que les enseignants d'une univ. ou d'une école devaient à cet établ. leur temps plein d'activité professionnelle, soit légalement 39 h/sem., avec 32 j ouvrables de congés. Les enseignants ont rappelé les nombreux travaux de correction, préparation de cours magistraux, surveillance d'examens, recherche, etc., qu'ils devaient assurer en plus de leurs cours.

☞ **Réforme des carrières universitaires** (arrêté du 6-6-1984) : création de 2 corps d'enseignants du supérieur : maîtres de conférences et professeurs des universités, ayant un statut d'*enseignants-chercheurs.* Cette nouvelle organisation devait aboutir à l'extinction progressive (dans les 5 ans) des corps de maîtres assistants et d'assistants. Les enseignants-chercheurs sont recrutés au niveau national (diplômes) et local (intervention des établissements). *Obligation des services :* enseignement par an : cours 128 h ; travaux pratiques 288 h ; travaux dirigés 192 h. Chaque enseignant-chercheur doit établir tous les 4 ans un rapport d'activité sur sa mission (enseignement et recherche).

■ **Personnels temporaires.** Exemples : **assistants** (médecine, odontologie) : recrutés pour un max. de 6 ans en lettres et de 7 ans en médecine. **Délégués à titre temporaire :** peuvent être nommés pour un intérim, ou en cas d'impossibilité de nomination d'un titulaire. **Enseignants associés :** français ou étrangers, enseignants ou non, spécialistes d'une discipline donnée, ne remplissant pas des conditions normales de recrutement. Recrutés pour une période pouvant atteindre 2 ans, prorogeable annuellement par décision ministérielle.

■ **Autres enseignants dans les universités. Enseignement du 2[d] degré :** peuvent être mis à la disposition de l'ens. sup. mais restent titulaires dans leur corps d'origine. *Emplois de type universitaire* (exemples : agrégés et certifiés nommés à des emplois d'assistants) ; ou *de type 2[d] degré* (exemples : agrégés et certifiés, et prof. techn., adjoints de lycée techn. enseignant dans les IUT). **Professeurs étrangers :** recrutés comme prof. ou maîtres de conférences titulaires, sur proposition des instances compétentes de l'univ. et du Conseil national des univ.

☞ **Professeur émérite :** professeur pouvant exercer ses fonctions au-delà de la retraite.

■ Statistiques

■ **Emplois enseignants** (en 1998). 79 815 dont *titulaires* 78 408 dont personnels de direction 36, professeurs 14 507, maîtres de conférence 31 581, assistants 1 812, personnels des corps spécifiques 764, hospitalo-universitaires 6 188, professeurs agrégés 8 443, certifiés 4 262, EPS 1 192, autres enseignants du 2[d] degré 1 270, élèves 168, contractuels 5 345, élèves ENS rémunérés 2 840. *Personnels associés à temps partiel* 1 407 dont enseignants médecine générale 37, professeurs 1 370.

■ **Personnels non enseignants** (en 1998). 50 868 dont Atos (administratifs, techniciens, ouvriers et service) 19 215, Ita (ingénieurs, techniciens et administratifs) 27 559, bibliothèques 4 068, divers 26.

■ **Nombre d'étudiants. Par enseignant** dans univ. et centres univ. (toutes disciplines) : **1928-29 :** 55 dont prof.-maîtres de conférences 72, maîtres-ass.-chargés de travaux 230 ; **49-50 :** 41 dont prof.-maîtres de conférences 161, maîtres ass. chargés de travaux 68 ; **65-66 :** 22 dont prof.-maîtres de conférences 78, maîtres ass.-chargés de travaux 105, ass. 45 ; **75-76 :** 20 dont prof.-maîtres de conférences 73, maîtres ass.-chargés de travaux 67, ass. 46 ; **81-82 :** droit, sc. éco. 50,3, lettres 33,2, sciences 9,3, santé 16,6 ; **98-99 :** 19,8 (Atos 29,75). **Par professeur seul : 1928-29 :** 121, **49-50 :** 210, **65-66 :** 190, **75-76 :** 277, **78-79 :** 191, **81-82 :** 83,4, **82-83 :** 83.

Répartition par ages (en %)

En 1998-99	Droit	Lettres	Sciences	Santé	**Total**
Professeurs					
– de 30 ans	0,2	0	0	0	0
30 à 34 ans	4,7	0,2	1	0	1
35 à 39 ans	7,9	1,7	5,5	2,3	4,2
40 à 44 ans	8,7	6,3	10,1	10,7	9,2
45 à 49 ans	14,1	13,2	11,5	16,8	13,6
50 à 54 ans	27,8	27,4	27,4	23,4	26,4
55 à 59 ans	19,9	26,2	27,6	18,7	24,1
60 ans et +	16,7	25	16,9	28,1	21,5
Maîtres de conférences					
– de 30 ans	2,4	0,8	3,3	0,3	2,2
30 à 34 ans	20,8	11	22,8	5,4	17,5
35 à 39 ans	18,5	16	20,4	14,2	18,3
40 à 44 ans	13,7	15,4	10,4	14,8	12,6
45 à 49 ans	12,9	16	7	15,9	11,2
50 à 54 ans	18,5	19,2	14,4	22,8	17,1
55 à 59 ans	9,5	13,7	14,8	16,2	13,9
60 ans et +	3,7	7,9	6,9	10,5	7,1

Disciplines médicales et odontologiques

Les enseignants exercent des fonctions d'enseignement et de recherche et des fonctions hospitalières au sein d'un CHU regroupant une ou plusieurs UFR médicales et un CHR (centre hospitalier régional), ou une UFR d'odontologie et le service de consultations et de traitements dentaires d'un CHU.

Médecine. Titulaires : *prof. titulaires des univ.* (en même temps médecins, chirurgiens, spécialistes ou biologistes des hôpitaux, en qualité de chef de service) ; *maîtres de conférence agrégés des univ.* (en même temps médecins, chirurgiens, spécialistes ou biologistes des hôpitaux en qualité ou non de chef de service) ; *chefs de travaux* des univ.-assistants des hôpitaux (disciplines biologiques) **Temporaires :** *chefs de clinique des univ.*-assistants des hôpitaux (disciplines cliniques) ; *assistants des univ.*-assistants des hôpitaux (disciplines biologiques).

Odontologie. Titulaires : *prof. de catégorie exceptionnelle* de chirurgie dentaire-odontologiste des services de consultation et de traitement dentaire (assimilés aux maîtres de conférence) ; *prof. du 1er grade* (assimilés aux maîtres-assistants) ; *du 2e grade* (assimilés aux chefs de travaux). **Temporaires :** *assistants* de chirurgien dentiste odontologiste, assistants des services de consultation et de traitement dentaire.

☞ **Recrutement :** *chefs de travaux des disciplines médicales* parmi les assistants des hôpitaux ayant exercé 3 ans. *Professeurs de 2e grade de chirurgie dentaire :* parmi les assistants de chirurgie dentaire ayant exercé au moins 2 ans.

Enseignement du français à l'étranger

■ **Pourcentage d'élèves suivant un enseignement en français par rapport au nombre total d'élèves** (en 1994). *Europe* occidentale (France exclue) 20,88, de l'Est 6,69 ; *Maghreb* 55,62 ; *Afrique* francophone 98,98, non francophone 1,23 ; *Proche- et Moyen-Orient* 8,38 ; *Amérique du Nord* 10,95 ; *Amérique latine et Caraïbes* 2,23 ; *Asie et Océanie* 0,21.

■ **Établissements scolaires français à l'étranger** (aidés par les min. des Aff. étr. ou de la Coopération et du Développement ; 1990-91). *Nombre d'établissements,* entre parenthèses *nombre d'enseignants français* et en italique *nombre d'élèves* : total 289 (5 430) *144 320* dont Afr. subsaharienne 96 (1 305) *35 137* ; *Europe* 60 (1 313) *38 753* ; Afr. du N. 60 (99) *32 887* ; Amériques 48 (918) *31 209* ; Asie-Océanie 35 (266) *6 334*.

Alliance française. 101, bd Raspail, 75006 Paris. *Créée :* 1883. *Pt :* Jacques Viot (né 1921). *Secr. gén. :* Jean Harzic (né 1936). *Objectif :* diffusion de la langue et de la civilisation française dans le monde grâce à 1 009 comités ou associations affiliées (manifestations socio-culturelles, bibliothèques et cours de langue française). Activité enseignante dans environ 785 centres. **Étudiants** (en 1999) : 372 685 dont Amérique latine et Antilles 130 562, Europe 80 472, Asie-Océanie 75 810, Afrique 63 436, Canada-USA 22 405, Antilles 15 948. *Pays ayant le plus d'étudiants* (en 1999) : Mexique 26 202, Brésil 23 254, Madagascar 18 654, Inde 18 200, Pérou 17 703. *Villes en comptant le plus* (en 1999) : Bogota 6 875, Mexico 6 714, Quito 6 514, Buenos Aires 5 571. *Paris :* reçoit 2 000 étudiants/par jour, débutants à professeurs stagiaires de français langue étrangère.

Mission laïque française. 9, rue Humblot, 75015 Paris. *Créée :* 1902. *Objectifs :* diffusion de la langue et de la culture françaises, aide aux expatriés pour éducation et formation, coopération au développement culturel et éducatif des pays francophones. *Réseau :* 20 000 élèves (maternelle à terminale), 2 000 enseignants, 68 établissements dans 30 pays.

■ **Instituts et centres culturels français.** Dépendant de la DGCID et sous le contrôle ou la direction des ambassades et de leurs services culturels. **Nombre :** *1999 :* 157 dont Europe 54, Afrique francophone 25, Europe centrale et orientale 22, Maghreb 14, Asie-Océanie 14, Proche-Orient 12, Afrique non francophone 9, Amérique 7. **Élèves :** *1987 :* 120 000 (dont Europe occidentale : 75 000 ; Proche-et Moyen-Orient : 12 000 ; Afr. du Nord : 10 000) ; *1997 :* 240 000 ; *1999 :* 170 000 dont Europe 84 000, Afr. du Nord 27 000, Asie 26 000, Proche- et Moyen-Orient 21 000, Afr. sub-saharienne 6 000, Amérique latine 6 000. **Personnel :** *1999 :* 700 agents recrutés par le ministère des Affaires étrangères dont 197 coopérants du service national (CSN). 5 000 recrutés locaux (Français 1 640, étrangers 3 360), dont 2 500 enseignants.

■ **Enseignants.** Environ 20 000 exerçant hors de Fr. dont titulaires du min. de la Coopération (Afrique francophone au sud du Sahara) 2 829, du min. des Relations extérieures 8 177 ; auxiliaires recrutés localement 8 708. **Comparaison :** G.-B. 6 200 enseignants à l'étranger + 2 000 volontaires.

Écoles françaises à l'étranger

☞ **Crédits alloués** (en millions de F, 2000) : 146,5 dont Éc. fr. d'Extrême-Orient 35,2 ; Casa Velázquez 31,3 ; Éc. fr. de Rome 29,3 ; Éc. fr. d'Athènes 25,7 ; Institut fr. d'archéologie orientale du Caire 25.

■ **École française d'Athènes.** **Fondée** 11-9-1846. **Champ des recherches :** essentiellement Grèce (mais aussi Albanie, Bulgarie, Russie) ; une fouille à Chypre. **Organisation :** 1 directeur, 2 directeurs d'études (Antiquité, études néo-helléniques), 12 membres scientifiques français et étrangers, 100 chercheurs associés aux différents programmes scientifiques. Bourses mensuelles pour de jeunes doctorants (50 par an). **Services :** bibliothèque (60 000 volumes), publications, architecture, dessin, photographie, restauration, topographie.

■ **École française de Rome.** **Fondée** 20-11-1875 pour accroître l'influence culturelle française après la défaite de 1871. Installée au palais Farnèse avec une annexe piazza Navona. **But :** développement et diffusion des recherches sur l'histoire de l'Italie (Antiquité, Rome, Moyen Age, Italie moderne et contemporaine). **Activités :** publications des travaux, fouilles et recherches archéologiques. **Organisation :** 1 directeur, 3 dir. d'études (Antiquité, Moyen Age, hist. moderne et contemporaine), 18 membres (2 ou 3 ans en poste) dont 8 (Antiquité), 4 (médiéval), 6 (moderne et contemporain), 130 bourses mensuelles par an pour de jeunes doctorants.

■ **Institut français d'archéologie orientale du Caire.** **Fondé** 28-12-1880. *Siège :* palais Mounira depuis 1907. **Activités :** fouilles et recherches archéologiques, impression et publication des travaux, colloques, séminaires. **Organisation :** 1 directeur, 1 directeur des études (coptes et arabo-islamiques), 10 laboratoires (archéologie, architecture, archives, bibliothèque de 70 000 volumes, céramologie, dessin, informatique, photographie, restauration, topographie), 8 membres scientifiques français et étrangers, chercheurs associés, chercheurs en mission et boursiers doctorants.

■ **École française d'Extrême-Orient (Efeo).** **Fondée** 20-1-1900 (statuts 25-2-1901). Institution de recherche sur les civilisations de l'Asie du Sud, Sud-Est et Nord-Est. **Membres :** anthropologues, archéologues, architectes, historiens, historiens de l'art, linguistes, philologues et spécialistes d'épigraphie. Attachée à l'étude des sources. Exige de ses chercheurs la connaissance des langues vernaculaires écrites ou parlées. **Organisation :** siège à Paris depuis 1956, centres en Asie.

■ **Casa Velázquez** (Madrid). **Fondée** en 1920 avec le soutien d'Alphonse XIII pour nouer des relations culturelles France/Espagne. Bâtiments inaugurés 1928, détruits 1936 et reconstruits 1959. L'École des hautes études hispaniques (EHEH) comprend 18 membres scientifiques (archéologues, historiens, littéraires, etc.) et sa section artistique 15. Bourses : 60 par an (de 1 à 3 mois) pour jeunes doctorants et artistes. Bibliothèque (76 000 volumes). **Activités :** colloques, séminaires, expositions, concerts.

Budget

■ **Dépense globale d'éducation** (métropole, Dom-Tom, étranger). **Montant** (en milliards de F, et en % du PNB) : *1975 :* 100,1 (6,5) ; *80 :* 189,8 (6,4) ; *95 :* 585,7 (7,3) ; *96 :* 602,6 (7,3) ; *97 :* 619,2 (7,3) ; *98 :* 634,5 (7,2).

■ **Dépense intérieure d'éducation.** Dépenses effectuées par l'ensemble des agents économiques, administrations publiques centrales et locales, entreprises et ménages, pour les activités d'éducation en métropole : activités d'enseignement scolaire et extra-scolaire de tous niveaux, activités visant à organiser le système éducatif (administration générale, orientation, documentation pédagogique et recherche sur l'éducation), activités destinées à favoriser la fréquentation scolaire (cantine et internats, médecine scolaire, transports) et les dépenses demandées par les institutions (fournitures, livres, habillement).

Structure du financement final (en %, 1999). État (Éducation nationale 59, autres ministères 6,7), collectivités territoriales 22, autres administrations publiques 0,7, entreprises 7,2, ménages 10,4.

Montant (en milliards de F et, entre parenthèses, en % du PIB) : *1975 :* 95,9 (6,5) ; *80 :* 180,8 (6,4) ; *85 :* 319,3 (6,8) ; *90 :* 425,5 (6,5) ; *95 :* 560,2 (7,3) ; *99 :* 625,7 (7,2) dont État 380, collectivités territoriales 139,652, autres administrations publiques 3,96, entreprises 37, ménages 65. **Par habitant :** 10 600 F. **Par élève** (en F, 1999) : *1er degré :* préélémentaire 25 500, élémentaire 26 200 ; *2d degré :* 1er cycle 43 000 ; 2e cycle général 50 700 ; techn. 62 700 ; professionnel 56 400, STS-CPGE 68 900, université 41 200, ingénieur universitaire 77 800, IUT 55 900. **Dépenses totales selon la scolarité** (en milliards de F, 1999) : *1er degré :* préélémentaire : 61,2, élémentaire : 101,3. *2d degré :* 1er cycle 137,2 ; 2e cycle général 54 ; techn. 28,4 ; professionnel 45, STS-CPGE 20, universités (hors IUT et ingénieurs) : 51,5, ingénieurs 2,2, IUT 6,4.

■ **Éducation nationale.** **Budget total** (en milliards de F) : *1990 :* 227,4 ; *95 :* 304,4 ; *99 :* 348,8 [18,4 % du budget de l'État] ; *2000 :* 361 (18,3 %).

1°) Enseignement scolaire (en milliards de F et, entre parenthèses, en % du budget de l'État) : *1980 :* 92,5 ; *85 :* 158,8 ; *90 :* 199,9 (16,2) ; *95 :* 262,2 (17,6) ; *99 :* 298, 2 (18,4) [dont (en millions de F) *dépenses ordinaires :* 297,4 dont traitements, pensions et charges sociales 244,1 et personnel de l'enseignement privé 33. Moyens des services 253 dont dépenses de personnel en activité 176,7 et à la retraite 58,2. Crédits d'intervention publique 43,97 (dont enseignement privé 38,3). Bourses et secours d'études 4,17. Contribution de l'État aux transports scolaires 0,624 ; *dépenses en capital* dont autorisations de programme 0,708, crédits de paiement 0,754] ; *2000 :* 308,5 (18,3).

Répartition. **Administration et intervention :** ensemble des moyens de fonctionnement et d'investissement au titre de l'administration centrale et des services académiques (rectorats et inspections académiques) et dépenses mises, de par la loi, à la charge de l'État au titre des établissements privés sous contrat : 122,02. **Enseignement primaire :** moyens que le ministre consacre, conformément au partage des compétences entre l'État et les communes : 57,9. **Secondaire :** moyens que le ministère consacre, conformément au partage des compétences entre l'État, les départements et les régions : 116,9. **Établissements publics :** placés sous la tutelle du ministère (Onisep, CNDP-CRDP, Cereq, CNDE, CIEP) : 0,95.

2°) Budget de l'enseignement supérieur (en millions de F) : *1990 :* 27,4 ; *95 :* 42,2 ; *98 :* 48,4 ; *99 :* 51,11 (enseignement supérieur 39,78 ; action sociale 8,9 dont Cnous, les 28 Crous, la Cité universitaire de Paris, l'Observatoire de la vie étudiante 0,64, bourses et secours d'études 7,158, œuvres sociales 1,9 ; rectorat 2,43) ; *2000 :* 52,5.

■ **Répartition des dotations budgétaires** (en milliards de F, 1996). **Écoles :** maternelles : 27,2 ; élémentaires : 41,7 ; enseignement spécialisé 1er degré : 5,2. **2d degré :** 1er cycle (collèges) : 73,9 ; 2e cycle général (lycées) : 28,9 ; technique (lycées) : 14,5 ; professionnel (lycées) : 24,3 ; spécial : 4,3 ; apprentissage : 0,01. **Enseignement supérieur :** 50. Administration générale : 7,7 ; orientation : 1,6 ; cantines et internats : 11,6 ; médecine scolaire : 2,5.

Répartition des dépenses

■ **Enseignement public.** **Rémunération des personnels et matériels :** *personnels d'enseignement et de direction :* État. *Administratifs et de service : 1er degré :* communes ; *2d :* État. *Fonctionnement, matériel : 1er degré :* communes ; *2d :* collèges : départements et lycées : régions.

Dépenses d'investissement : *1er degré :* communes avec subventions du département financées sur crédits du budget de l'État. *2d : acquisitions de terrains :* communes avec subventions de l'État ; *travaux :* idem ; exceptionnellement État (Dom-Tom, opérations de caractère national) ; *équipement en matériel :* État. *Universités :* État.

■ **Enseignement privé.** **Sous contrat :** *personnel enseignant :* État. *Autres personnels et fonctionnement matériel :* classes sous contrat d'association : *1er degré :* communes ; *2d :* État (forfait d'externat) ; sous contrat simple : familles. **Hors contrat :** familles sauf exception.

Crédits d'État pour l'enseignement privé (budget 1999, en milliards de F) : rémunération des personnels enseignants 33. Contribution au fonctionnement 5,3 dont forfait d'externat 4,7.

■ **Dépenses communes** (enseignement public et privé). **Bourses :** enseignement supérieur et 2d degré : à la charge de l'État. *Enseignement supérieur* (en milliards de F) : *1985 :* 1,68 ; *90 :* 3,17 ; *95 :* 5,8 ; *98 :* 6,5 ; *99 :* 8,9 dont bourses 7,2. Œuvres universitaires : 1,7 milliard de F.

Transports scolaires : depuis 1-9-1984, relèvent de la compétence des départements. Compétence de l'État pour Ile-de-France et Tom.

Aide aux familles (en milliards de F, 1999) : 7,3 dont internats et demi-pensions 3,4 ; bourses et manuels scolaires 4,2 ; transports scolaires (Ile-de-Fr. et Tom) 0,6.

Logements en cités universitaires (en 1997) : *résidences universitaires* 480 ; *logements subventionnés* 100 200. *Subvention* totale 201 232 843 F ; par lit 210,77 F. *Redevance mensuelle* acquittée par l'étudiant 710 F (en 1999).

Restauration universitaire : *restaurants universitaires* 466 (184 500 places) ; *repas servis* 78 millions. *Subvention* 564 720 000 F ; par repas 8,46 F. *Prix acquitté par l'étudiant* 14,50 F (1-1-1999).

Coût moyen de l'équipement d'un élève en 2000 et, entre parenthèses, **en 1999 :** *cours préparatoire :* 560 dont fournitures cartables 276, livres 0, vêtements matériels 43, frais administratifs 190. *Cours moyen :* 953 (489 en 1999 dont 111, 149, 190). *6e :* 1 102 (865) dont fournitures non papetières 526 (261), vêtements de sport 324 (378), papeterie 253 (260). *4e :* 1 858 (848 en 1999 dont 293, 464, 280). *2de :* 3 451 (1 057 dont 525, 482, 278).

■ **Dépenses par étudiant** (moyenne, en milliers de F, 1996). Universités 35,5, IUT 53,5, STS 64,4, CGPE 75,5, ingénieurs universitaires 89,2.

■ **Manuels scolaires.** **Enseignement public :** **1er degré** (art. 8 du décret du 29-1-1890, modifié par le décret du 12-4-1943) : les fournitures scolaires individuelles, livres compris, sont à la charge des familles si leur gratuité n'est pas assurée par le budget municipal. 91 % des communes prennent en charge la fourniture des manuels. **2d degré :** depuis 1977, prêt gratuit des manuels (loi du 11-7-1975). L'État prend en charge l'achat des manuels de collège prêtés aux élèves (dépense restant à la charge de l'État conformément aux dispositions du décret du 25-2-1985). Aucune disposition réglementaire n'existe pour l'achat des manuels de lycée car, sauf exception, les élèves de 2d cycle ne sont plus soumis à l'obligation scolaire. Depuis la rentrée 1990, la gratuité des manuels est étendue aux élèves de 4e et 3e technologique des lycées professionnels. Les crédits sont répartis entre les académies au prorata des effectifs. En 1998, renouvellement des livres de 4e (9 livres par élève pour 637 356 élèves), introduction du manuel de physique-chimie en 5e (pour 665 241 élèves). A la rentrée 1999, 347,64 millions de F pour le renouvellement des manuels de 3e. **Enseignement privé :** **établissements sous contrat simple :** la fourniture des manuels n'incombe pas aux collectivités publiques, sous réserve de l'application des dispositions de la loi du 31-12-1959 prévoyant que les communes peuvent faire bénéficier tout enfant, sans considération de l'établissement qu'il fréquente, de mesures à caractère social. **Sous contrat d'association :** le décret du 22-4-1960, modifié par le décret du 12-7-1985, précise que l'État prend en charge les dépenses pédagogiques (montant déterminé par la loi de finances). Celles-ci concernent les dépenses afférentes à la fourniture des manuels scolaires dans les collèges et des documents pédagogiques à usage collectif dans les lycées d'enseignement professionnel.

Aides aux familles

■ **Aides en millions de F** (en 1996). Total 26 609 dont **aides budgétaires (État) :** 13 993 dont *aides directes :* 11 751 [dont bourses et aides individualisées exceptionnelles (AIE) 6 300, allocation de logement social (ALS) 4 642, aide personnalisée au logement (APL)-part État 749, prêts d'honneur 35, bourses diverses (transport des handicapés) 25], *aides indirectes :* 2 195 (dont œuvres universitaires 1 917, exonération des droits d'inscription des boursiers

193, aides aux associations 85), *fonds de garantie des prêts aux étudiants* : 47. **Aides fiscales (État)** : 9 330 dont quotient familial pour étudiants rattachés au foyer fiscal parental 6 400, déduction d'une pension alimentaire versée à un enfant majeur étudiant 2 000, réduction d'impôt pour frais de scolarité 850, avantage minimal en impôt (réduction d'une pension alimentaire) 80. **Autres aides :** 3 286 dont *versement des régimes sociaux* : 3 241 [dont contribution des régimes au financement des assurances sociales 2 760, aide personnalisée au logement (APL) 481], *fonds d'amélioration de la vie étudiante (Fave)* : 45.

■ **Allocations de rentrée scolaire (ARS).** Depuis sept. 1993. **Plafond de ressources** (rentrée 2000, en F) : foyer avec *1 enfant scolarisé* 102 558, avec *2* 126 225, avec *3* 149 892, avec *4* 173 559 + 23 667 F par enfant en plus. **Montant** (par enfant de 6 à 18 ans, en F) : *1993* : 416 ; *94* et *95* : 1 500 ; *96* : 1 000 ; *depuis 97* : 1 600.

■ **Bourse des collèges** (loi du 29-7-1998). Remplace depuis sept. 1998 l'aide à la scolarité. Versées par l'Éducation nationale en fonction des ressources et du nombre d'enfants à charge de la famille à tous les collégiens. **Bénéficiaires :** public et privé sous contrat d'association et inscrits dans un Centre national d'enseignement à distance (Cned). **Plafond de ressources :** variable selon le nombre d'enfants à charge, revalorisé chaque année en fonction de l'évolution du Smic. Les ressources (revenu fiscal de référence) et le nombre d'enfants à charge sont justifiés par l'avis d'impôt sur le revenu de l'année n – 2 établi par les services fiscaux.

Montants en 2000-2001 (en fonction des revenus de 1998) : si ressources inférieures à 38 546 F : 354 F ; si inférieure à 20 845 F : 1 135 F ; si inférieures à 7 345 F : 1 821 F (plus majoration).

■ Bourses d'études

■ **Conditions d'attribution.** Aux élèves (français ou étrangers) du 2d degré et aux étudiants de l'enseignement public ou privé habilité à recevoir des boursiers nationaux, situé en Fr. métropolitaine ou dans un département d'outre-mer. **Critères :** ressources et charges des familles, définies chaque année par un barème national. Le plafond des ressources au-dessous duquel une bourse peut être accordée varie en fonction du nombre de points de charge. La famille des enfants originaires d'un pays hors UE doit résider en France ou dans un département d'outre-mer.

■ **2d degré** (lycée). **Points de charge :** famille avec 1 enfant à charge : 9 points ; pour le 2e à charge : 1 ; chacun des 3e et 4e : 2 ; à partir du 5e : 3 ; candidat boursier déjà scolarisé en 2e cycle ou y accédant à la rentrée suivante : 2 ; pupille de la Nation ou justifiant d'une protection particulière : 1 ; père ou mère élevant seul 1 ou plusieurs enfants : 3 ; père et mère tous deux salariés : 1 ; conjoint en longue maladie ou en congé de longue durée : 1 ; enfant au foyer infirme permanent sans droit à l'allocation d'éducation spéciale : 2 ; ascendant à charge au foyer atteint d'une infirmité ou d'une maladie grave : 1.

Plafond des ressources imposables (1er échelon en 1998-99) : *9 points* : 50 958 ; *10* : 56 620 ; *11* : 62 282 ; *12* : 67 944 ; *13* : 73 606 ; *14* : 79 268 ; *15* : 84 930 ; *16* : 90 592 ; *17* : 96 254 ; *18* : 101 916 ; *19* : 107 578 ; *20* : 113 240 ; *21* : 118 902 ; *22* : 124 564.

Montant de la part de bourse (en 1999-2000) : 258 F.

■ **Enseignement supérieur. Points de charge :** 9 ; candidat boursier pupille de la nation ou bénéficiaire d'une protection particulière : 1 ; candidat boursier dont le domicile habituel est éloigné de 30 à 249 km de la ville universitaire : 2 ; de 250 km et plus : 1 supplémentaire ; père ou mère élevant seul(e) un ou plusieurs enfants : 1 ; pour chaque enfant étudiant dans l'enseignement supérieur à l'exclusion du candidat boursier : 3 ; pour chaque autre enfant à charge, à l'exclusion du candidat boursier : 1 ; atteint d'une incapacité permanente (non pris en charge à 100 % dans un internat) : 2 ; candidat boursier souffrant d'un handicap physique nécessitant l'aide d'un tiers : 2 ; candidat marié dont les ressources du conjoint sont prises en compte : 1 ; pour chaque enfant à charge du candidat : 1.

Plafond de ressources imposables (1er échelon en 2000-2001) : **0 point :** 98 800 ; **1 :** 109 900 ; **2 :** 121 000 ; **3 :** 131 900 ; **4 :** 142 900 ; **5 :** 153 800 ; **6 :** 164 800 ; **7 :** 175 700 ; **8 :** 186 800 ; **9 :** 197 700 ; **10 :** 208 700 ; **11 :** 219 700 ; **12 :** 230 600 ; **13 :** 241 700 ; **14 :** 252 700 ; **15 :** 263 700 ; **16 :** 274 600 ; **17 :** 285 600.

Montant annuel (en F, 2000-2001) : *boursiers sur critères sociaux* : 1er échelon : 7 794 ; 2e : 11 682 ; 3e : 15 048 ; 4e : 18 324 ; 5e : 21 402. *Universitaires* : fonction publique : 20 988 ; DEA : 22 968 ; DESS : 22 968 ; agrégation : 23 976.

☞ *Autres possibilités pour les étudiants non boursiers français* : prêts d'honneur, remboursables sans intérêt 10 ans après la fin des études. *En cas de graves problèmes financiers,* une aide peut être accordée sur les crédits du Fonds de solidarité étudiante. S'adresser à l'assistante sociale du Crous.

■ **Nombre de boursiers en France métropolitaine + Dom** (en 1999-2000). *Collèges* : 780 397 (public 708 472, privé 71 925). *Second degré* : 620 055 (public 541 220, privé 78 835). *Supérieur* : 440 251 [universités 309 142 (soit 22,1 % des étudiants), CPGE et STS 92 106 (29,4 %)].

La recherche

☞ *Abréviations* : voir liste p. 1314 b.

Comparaisons

■ **Dépense intérieure de recherche et de développement dans le monde** (en milliards de F) **et**, entre parenthèses, **financement des entreprises** (en %). USA [3] 1 609,85 (66,8), CEE [1] 970 (54,8), Japon [1] 619,9 (72,6), All. [3] 305,5 (63,5), *France [1] 186,9 (50,3)*, G.-B. [1] 156,85 (47,3).

■ **Dépense intérieure de recherche et de développement** (en % du PIB). Suède [2] 3,7, Finlande [3] 3,09, All.[3] 2,38, *France [1] 2,21*, Danemark [3] 1,99, P.-Bas [1] 1,95, Belgique [2] 1,84, G.-B. [1] 1,83, CEE [1] 1,81, Autriche [3] 1,63, Irlande [2] 1,39, Italie [3] 1,04, Espagne [3] 0,9, Portugal [2] 0,62, Grèce [2] 0,5.

■ **Dépenses de recherche par origine. Industrie et (public/autres)** [en %, 1998]. Japon 73,4 (19,7/6,8), Irlande 69,4 (22,2/8,4), Suède 67,7 (25,2/5,5), USA 66,7 (29,8/4), Belgique 64,2 (26,4/9,4), Finlande 63,9 (30/6,1), All. 61,7 (35,6/2,7), Danemark 53,4 (36,1/10,5), Autriche 51,2 (44,6/4,2), *France 50,3 (40,2/9,5)*, Espagne 49,8 (38,7/11,5), G.-B. 47,3 (31/21,6), P.-Bas 45,6 (39,1/15,4), Italie 43,9 (51,1/5), Portugal 21,2 (68,2/10,5), Grèce 20,2 (46,9/32,9).

■ **Nombre de chercheurs, personnel total et,** entre parenthèses, **en équivalent temps pleins.** All. [1] 237 712 (461 539), Australie [1] 62 250 (90 717), Belgique [2] 23 486 (39 080), Canada [4] 84 583 (137 198), Corée du S. [2] 102 660 (136 559), Danemark [2] 17 443 (34 083), Espagne [1] 60 269 (97 098), Finlande [1] 23 745 (46 517), *France [1] 155 005 (303 452)*, G.-B. [1] 158 671, Hongrie [3] 12 579 (21 329), Italie [2] 76 056 (141 737), Japon [2] 625 442 (894 003), Norvège [2] 17 490 (24 877), P.-Bas [2] 38 055 (83 967), Pologne [3] 58 042 (87 297), Portugal [2] 13 642 (18 035), Suède [2] 36 878 (65 495), USA [6] 964 800.

Nota. – (1) 1998. (2) 1997. (3) 1999. (4) 1995. (5) 1996. (6) 1993.

Recherche en France

■ Statistiques

■ **Crédits de recherche et de développement** (en milliards de F). *1990* : 30,8 ; *91* : 29,9 ; *92* : 29,4 ; *93* : 28,8 ; *94* : 26,8 ; *95* : 27,1 ; *96* : 24,7 ; *97* : 22,3 ; *98* : 19,5.

■ **Dépense nationale de recherche et développement en France (DNRD) et intérieure (DIRD)** (en milliards de F). *1981* : 62,6 [62,5] ; *85* : 106 [106,9] ; *90* : 156,8 [157,2] ; *95* : 180,8 (179,1) ; *97* : 183,5 (181,9) ; *98* : 188,6 (185,9) ; *99 (est.)* : 193,1 (191,1). **En % du PIB :** *1990* : 2,41 ; *95* : 2,31 ; *97* : 2,22 ; *98* : 2,18 (dont Japon 3,1, USA 2,7, All. 2,3, G.-B. 1,8, Italie 1) ; *99 (est.)* : 2,17.

■ **Budget civil de recherche et de développement (BCRD).** Regroupe les dotations inscrites au titre de la recherche sur le budget d'une quinzaine de ministères y compris la section Recherche du ministère chargé de la Recherche.

Budget (en milliards de F). *1987* : 38,4 ; *90* : 45,4 ; *95* : 51,6 ; *98* : 53 ; *99* : 53,9 ; *2000* : 54,65 ; *2001* : 55,87. **Répartition** (en %) : sciences du vivant 24,8, espace 17, math, physique, chimie 11,7, transports, aéronautique, matériaux et procédés 10, sciences humaines et sociales 9,3, sc. et techniques de l'information et de la communication 7,9, énergie 7,9, environnement 7,3, autres 4,1.

Crédits. PLF 2001 (en millions de F) : affaires étrangères 922,84. Agriculture, Pêche et Alimentation 139,58. Coopération 0. Culture 746,21. Défense 1 250. Environnement 81,58 [+ IPSN (Institut de protection et de sûreté nucléaire) 1 334,5]. Équipement et Transports 2 101,25. Logement 173,37. Industrie 5 956,66. Intérieur 3. Recherche 40 267,76, enseignement supérieur 2 662,83, scolaire 79,17, total 55 864,83.

■ **Dotation des organismes** (en millions de F, 2001). *Source* : ministère de l'Éducation nationale. **Établissements publics scientifiques et technologiques (EPST) :** 22 993 dont CNRS 14 127,17, Inra 3 549,62, Inserm 2 796,02, IRD 1 081,99, Inria 574,66, LCPC 277,53, Cemagref 265,94, Inrets 228,55, Ined 91,52. **Établissements publics industriels et commerciaux (Epic) :** 13 213,29 dont Cnes 7 560, CEA 3 319, Ifremer 960,7, Cirad 745,2, Ademe 179,3, BRGM 344,06.

■ **Effectifs de recherche et développement** (en 1998). *Chercheurs hors défense* : 155 055 (dont entreprises 72 847, administrations 62 158) ; *total hors défense* : 303 542 (dont entreprises 168 119, administrations 135 423) ; *personnel défense* : 3 771. *Total* : 307 313.

■ **Personnels de la recherche** (en 2001). Chercheurs et, entre parenthèses, ingénieurs, techniciens et administratifs (ITA). *EPST* : 44 309 agents dont chercheurs 17 516 (ITA 26 793) : CNRS 11 769 (ITA 14 641), Inra 1 851 (6 682), Inserm 2 237 (2 845), IRD 831 (803), Inria 406 (476), Cemagref 76 (536), Inrets 156 (262), Ined 57 (107), LCPC 133 (441). **Fondations :** 215 chercheurs (804 ITA) dont Pasteur Paris 150 (599).

■ **Dotations aux institutions de recherche biologique et médicale** (en millions de F, 2001). 953,21 dont ANRS 241. Institut Pasteur de Paris 341,43, réseau international 50,46, de Lille 41,06. Institut Curie 38,01. Autres centres anticancéreux 2. IFRTP 88,76. CNS 80. CNG 50. Divers 2.

■ **Aides à la recherche. Crédit impôt recherche :** égal à 50 % de la différence entre les dépenses de recherche et de développement d'une année civile, et la moyenne des dépenses des 2 années précédentes, revalorisées de l'indice moyen des prix à la consommation. En 1997, a profité à 3 338 entreprises (2,87 milliards de F). **CRITT (Centres régionaux d'innovation et de transfert de technologie). Conventions Cifre (Conventions industrielles de formation par la recherche) :** associent une entreprise, un laboratoire et un jeune ingénieur ou universitaire possédant un DEA et désirant préparer un doctorat. *Durée* : l'entreprise bénéficie pendant 3 ans d'une subvention forfaitaire versée par l'ANRT (Association nationale de la recherche) pour le compte du ministère. *Montant* : 96 000 F pour salaire brut minimum annuel hors charges de 132 600 F. *Nombre : 1991* : 700 ; *98* : 660 pour 200 millions de F. **Cortechs (Conventions de recherche pour les techniciens supérieurs) :** permettent aux PME/PMI de recevoir une subvention dans le cadre du recrutement d'un jeune technicien supérieur chargé de mener à bien un projet innovant. *1998* : 329 pour 45 millions de F. **Conventions pour les diplômes de recherche technologique (DRT) :** aide au projet de développement technologique qui associe une PME-PMI porteuse d'un projet innovant, un ingénieur-maître ou un ingénieur, inscrit dans une formation DRT d'un an ou 18 mois et un laboratoire de recherche. L'entreprise reçoit une subvention plafonnée à 70 000 F par an. *1998* : 62 pour 15 millions de F. **Soutien de stage de longue durée :** 4-6 mois dans PME-PMI pour des étudiants en fin de cursus, jusqu'à 30 000 F : 11 millions de F en 1998. **Allocations de recherche :** aides à la formation par la recherche pour la préparation d'une thèse. *Durée* : 2 ans (parfois 3). *Montant* : 7 400 F bruts/mois. *Bénéficiaires* (en 1998) : 3 800. **Accueil des post-doctorants dans les PME-PMI :** recrutés sur un contrat de travail à durée indéterminée. L'entreprise reçoit une subvention annuelle de 150 000 F. 50 millions de F en 1998 pour 170 docteurs et 250 docteurs en 1999 et 2000. La plupart des **organismes de recherche financent des aides à la formation** au niveau doctoral. Des aides sont aussi accordées par les **collectivités territoriales.** Pour **l'étranger,** des **bourses** de spécialisations et de recherche sont offertes par le ministère des Affaires étrangères : programme « Lavoisier », conventions Citère, ou bourses pour des instituts de recherche à l'étranger.

Financement des travaux de recherche menés par les entreprises dans leurs propres laboratoires (en 1998) : 115,8 milliards de F dont fonds propres 93,2, publics 11,8, autres (principalement venant de l'étranger) 10,8.

■ **Budgets** (en milliards de F) **et rapport au chiffre d'affaires** (en %) **en 1998.** Alcatel 18,30 (13,1), Renault 10,49 (4,3), Thomson-CSF 10 (24,7), Rhône-Poulenc 8,5 (9,8), PSA 8,5 (3,8), Aérospatiale 8,37 (15,24), Elf 6,55 (3,1), France-Télécom 5 (3,1), Alsthom 2,92 (3,1), EDF 2,9 (1,5), Schneider 2,6 (5,2), Valéo 2,48 (6,2), L'Oréal 1,88 (2,5), Saint-Gobain 1,64 (1,4), Bull 1,47 (5,9), Total 1,39 (0,8), Suez-Lyonnaise 1,2 (0,6), Usinor 1 (1,4), Pierre Fabre 0,94 (13,9), Air Liquide 0,87 (2,1), Framatome 0,78 (4,3), Danone 0,78 (0,9), Vivendi 0,67 (0,3), Pechiney 0,6 (0,9), Gaz de France 0,47 (0,7).

■ **Chercheurs du secteur privé. Nombre** (en 1998) : 72 847 dont agricoles et alimentaires 1 496 ; énergie 3 007 ; industries chimiques 3 933 ; pharmaceutiques 6 291 ; caoutchouc et plastique 1 251 ; travail des métaux 1 063 ; machines et équipements 3 473 ; machines de bureau et matériel informatique 2 794 ; machines et appareils électriques 2 872 ; équipements de radio, télévision et communication 11 120 ; instruments médicaux de précision et d'optique 7 472 ; automobile 6 609 ; aéronautique et spatiale 6 125 ; services de transport et de communications 3 674 ; services informatiques 3 844 ; ingénierie, études et contrôles techniques 2 702.

☞ **Projets « Allègre » :** *1998-10-10* projet de décret prévoyant la disparition des unités propres de recherche et une association systématique avec l'université. *-5-11* et *3-12* plusieurs milliers de chercheurs manifestent à Paris et en province contre « la transformation du CNRS en agence de moyens ». *-14-12* réunion du Comité national de la recherche (1 000 participants). Opposition aux projets de réforme. *1999-17-2* Lionel Jospin confie une mission de réflexion sur les problèmes de la recherche aux députés socialistes Jean-Yves Le Déaut et Pierre Cohen.

☞ **Loi sur l'innovation et la recherche du 12-7-1999** sur partenariats organismes de recherches/entreprises.

Le Comité interministériel de la Recherche scientifique et technologique (Cirst) de juin 1999 a donné priorité, notamment aux études génomiques et postgénomiques, aux neurosciences et aux études portant sur la biologie du développement. Un comité des Sciences du vivant a été mis en place.

■ Principaux organismes

☞ **Ministère de l'Éducation nationale, de la Recherche et de la Technologie.**

■ **Ademe.** Voir à l'Index.

■ **Agence de l'innovation (Anvar).** 43, rue Caumartin, 75436 Paris Cedex 09. **Créée** 1968. Épic sous tutelle des min. de l'Industrie, des PME et de la Recherche. **Pt :** Philippe Jurgensen. **But :** promouvoir innovation et progrès technologiques, faciliter les transferts de technologie des laboratoires aux industries, coopération internationale (Eurêka, Taftie). 25 délégations régionales. **Effectifs :** 503. En 2000, a soutenu 3 240 initiatives pour 1 425 millions de F.

Propriété intellectuelle

Brevets

■ **Législation. Origine France : 1762** déclaration parlant des « arrêts, lettres patentes, brevets ou autres titres... constitutifs des privilèges ». **1791**-*7-1* loi complétée par celle du 25-5 (parle de « brevets d'invention »). **1844**-*5-7* article 1er : « Toute découverte ou invention confère à son auteur le droit exclusif... ». **1992** 1er Code de la propriété intellectuelle. **Étranger :** *USA* en 1793, 1809, 1836, *Russie* et *Prusse* 1812, *P.-Bas* 1817, *Autriche* 1820, *Suède* 1834, *Portugal* 1837, *Union douanière allemande* 1842.

■ **Contrefaçon. Estimation du commerce mondial :** 5 %. **Répression** en France : *juridictions pouvant être saisies :* pour concurrence déloyale, tribunal de commerce ; pour contrefaçon, tribunal correctionnel ou TGI. *Peines en cas d'infraction* (loi du 1-3-1994) : amende 500 000 F, emprisonnement 2 ans au maximum. En cas de délinquance à l'échelle nationale (exemple : vêtements produits à Paris par des étrangers) ou internationale, saisir le tribunal correctionnel (juridiction pénale) qui jugera le délit (on pourra, muni du jugement pénal, revenir devant le tribunal de commerce pour déterminer le montant de la sanction financière).

■ **Brevets déposés dans le monde** (en 1998). **Par des nationaux à l'étranger,** entre parenthèses, **dans le pays et,** en italique et en %, **par des étrangers dans le pays :** Japon 434 804 (434 416) *17,7.* USA 2 105 554 (230 336) *47,7.* Corée 38 338 (121 632) *58,4.* Allemagne 543 683 (149 493) *68,4.* G.-B. 381 096 (135 938) *85,6. France* 244 824 (123 167) *89,1.* Russie (en 1997, en nombre) 18 935 (15 277) *32 943.* P.-Bas 134 750 (111 899) *97,7.*

■ **Brevets déposés à l'Office européen des brevets (OEB).** *1998 :* 82 087 dont USA 23 502, Allemagne 16 117, Japon 13 813, *France 5 644,* G.-B. 3 972, Pays-Bas 3 504, Suisse 3 159, Italie 2 845.

■ **Demandes internationales de brevet (PCT)** reçues par l'Organisation mondiale de la propriété intellectuelle (OMPI). *1999 :* 74 023 dont USA 29 463, Allemagne 10 897, Japon 7 255, G.-B. 4 741, *France 3 633,* Suède 2 619.

■ **Principaux déposants de brevets en France** (en 1998). Philips Electronics 902, Siemens 784, Canon 782, Robert Bosch 682, NEC 572, Smithkline Beecham 558, Matsuschita 479, Alcatel Alsthom 478, Lucent Technologies 448, Hewlett Packard 420, Sony 405. *Source :* INPI.

■ **Demandes de brevet pour une protection en France par des résidents en France et des non-résidents.** *1985 :* 13 520 (42 595). *1990 :* 15 723 (66 161). *1995 :* 16 188 (73 565). *1998 :* 20 415 (109 534) dont USA 38 123 ; Allemagne 20 970 ; Japon 16 675 ; G.-B. 6 119.

■ **Demandes de brevets d'invention par domaines technologiques** (dépôts faits à l'INPI par des résidents français, en 1998). 16 795 dont machines-mécanique 5 136, électronique-électricité 3 490, consommation des ménages et bâtiment, travaux publics 2 490, instrumentation 1 904, chimie-pharmacie 1 750, procédés industriels 1 671.

Marques

■ **Dépôts de marques pour une protection en France par des résidents en France et,** entre parenthèses, **des non-résidents** (1ers dépôts et renouvellements). *1985 :* 40 340 (16 573) ; *1990 :* 67 805 (27 320) ; *1995 :* 56 845 (26 730) ; *1998 :* 73 671 (55 364 dont USA 13 488, Allemagne 10 780, G.-B. 6 192, Benelux 4 370, Italie 3 231).

■ **Principaux déposants de marques en France** (en 1998). France Télécom 206, ITM Entreprises 116, Colgate Palmolive 86, L'Oréal 85, Alcatel Alsthom 78, Henkel 75, Hasbo 71, Comptoir des parfums 61, Sté Générale 60.

Dessins et modèles

■ **Dépôts de dessins et modèles pour une protection en France par des résidents (et non-résidents).** *1985 :* 16 735 (6 843) ; *1990 :* 24 540 (12 155) ; *1995 :* 35 580 (14 041) ; *1996 :* 51 332 (16 385) ; *1998 :* 56 354 (17 209 dont Allemagne 5 901, Italie 3 156, Suisse 1 854, USA 1 298, Pays-Bas 1 053, Espagne 914).

■ **Principaux déposants de dessins et modèles en France** (en 1998). Billon Frères 567, Décathlon 246, Marlent 191, Dorado 142, Christian Dior 134, Procter & Gamble 113, Orval 104, Hermès 103.

■ **Échanges techniques** (en millions de F). **Déficit global :** *1996 :* 3 975 ; *97 :* 5 048 ; *98 :* 3 148 (dépenses 18 431 ; recettes 15 283). **Déficits les plus importants** (en 1997) : *par branche :* prod. pharmaceutiques 1 100. prod. des ind. agr. et alim. 1 500 ; matér. de traitement de l'information 2 200. *Par pays :* USA 6 864 ; Suède 1 130 ; Pays-Bas 1 033. **Excédents les plus importants** (en 1997) : *par branche :* produits de la parfumerie 1 300 ; études techniques, ingénierie 1 100 ; pneumatiques et autres prod. en caoutchouc 516 ; textiles, articles d'habillement 467. *Par pays :* Japon 803 ; Espagne 685 ; Italie 461 ; Allemagne 236.

Quelques adresses

Appareils ou produits. Institut national de la propriété industrielle (INPI), 26 *bis,* rue de St-Pétersbourg, 75800 Paris Cedex 08. *En province :* délégations régionales (Bordeaux, Grenoble, Lille, Lyon, Marseille, Nancy, Nantes, Nice, Rennes, Strasbourg, Toulouse). *Dépôts :* à l'Inpi ou délégations régionales (par courrier), préfectures pour brevets d'invention, aux greffes des tribunaux de commerce ou, à défaut, des tribunaux de grande instance. Pour un brevet, déposer la description détaillée de l'invention (elle doit répondre à 3 critères : nouveauté, application industrielle, activité inventive). *Brevets :* redevance de dépôt d'une demande de brevet, de certificat d'utilité 250 F ; rapport de recherche 2 100 F ; de délivrance et d'impression du fascicule 560 F ; maintien d'un brevet possible 20 ans moyennant des annuités (de 190 F la 1re année à 3 815 F la 20e). Un certificat d'utilité est valable 6 ans moyennant des annuités (de 190 F la 2e année à 630 F la 6e). *Marques :* redevance de dépôt 1 300 F pour 3 classes pour 10 renouvelables + 250 par classe supplémentaire. *Dessins et modèles :* redevance de dépôt 250 F + 150 F par reproduction noir et blanc. **Organisation mondiale de la propriété industrielle (OMPI) :** instaurée à la suite de la convention de Stockholm du 14 juillet 1967 (à laquelle 177 États ont souscrit au 14-3-2001). *Siège :* Genève. **Organisation européenne des brevets (OEB) :** *créée* oct. 1973. *Siège :* Munich. **Fédération nationale des associations françaises d'inventeurs,** 12, rue Raymond-Losserand, 75014 Paris. **Compagnie nationale des conseils en propriété industrielle,** 92, rue d'Amsterdam, 75009 Paris. **Association des inventeurs et fabricants français (AIFF),** 12, rue de Beccaria, 75012 Paris.

Sté pour la protection des arts visuels, des modèles et des marques (Artema) 8, av. Percier, 75008 Paris. *Abonnement annuel* pour non-inscrit au registre de commerce 380 F, inscrit : 1 050 F.

Audiovisuel. Sté civile des auteurs multimédia (Scam), 5, av. Velasquez, 75008 Paris. Rassemble réalisateurs, auteurs, écrivains, vidéastes, photographes et dessinateurs. Discussion, perception et répartition des droits d'auteurs. *Droit d'entrée :* 150 F. *Cotisation annuelle :* 100 F.

Littérature. Sté des gens de lettres de France (SGDL), 38, rue du Fbg-St-Jacques, 75014 Paris. Défense du statut des auteurs de l'écrit, conseils juridiques, aides, bourses, prix littéraires, dépôt de manuscrits, dépôt numérique, rencontres culturelles. *Cotisation annuelle :* 200 F.

Informatique. Agence pour la protection des programmes (APP), 119, rue de Flandre, 75019 Paris. Facilite actions amiables ou judiciaires pour contrefaçon et organise un système de dépôt qui donne date certaine aux logiciels. Agents assermentés pour constatation d'infraction.

Œuvres théâtrales, dramatico-musicales, lyriques et chorégraphiques au théâtre, de fiction au cinéma, à la radio, à la télévision et pour le multimédia images fixes. Sté des auteurs et compositeurs dramatiques (SACD), 11 *bis,* rue Ballu, 75442 Paris Cedex 09. *But :* perception et répartition des droits d'auteur, promotion du répertoire, défense des intérêts matériels et moraux de la profession. *Adhésion :* 310 F.

Œuvres musicales avec ou sans paroles (chansons, rock, jazz, rap, techno, musique symphonique, de chambre, électroacoustique, musiques de films, réalisations musicales audiovisuelles, vidéoclips) ; **littéraires** (sketches, poèmes). **Sté des auteurs compositeurs et éditeurs de musique (Sacem),** 225, av. Charles-de-Gaulle, 92521 Neuilly. *Adhésion :* 679 F. *Cotisation par répartition :* pour les auteurs et compositeurs 43 F ; pour les éditeurs 64 F.

Syndicat nat. des chercheurs et usagers de la propriété industrielle et intellectuelle (SNCUPI), 183, rue Paradis, 13006 Marseille.

Société des auteurs dans les arts graphiques et plastiques (ADAGP), 11, rue Berryer, 75008 Paris. *Créée* en 1953, elle perçoit et répartit les droits d'auteur des œuvres dans les arts visuels. *Adhésion :* 100 F. Représente environ 42 000 artistes plasticiens et photographes.

■ **Bureau de recherches géologiques et minières (BRGM).** Tour Mirabeau, 39-43, quai A.-Citroën, 75015 Paris. Orléans : 3, av. Claude-Guillemin. **Pt :** Yves Caristan. **Épic : effectifs** (en 2000) : 850 dont 600 chercheurs, ingénieurs et techniciens ; 24 services géologiques régionaux. **Budget** (2001) : 500 millions de F.

■ **Bureau des longitudes. Siège :** Petit-Luxembourg puis Louvre. 1804 (20-1), Observatoire 1874, Palais de l'Institut. **Composition (décret 30-1-1970) :** membres titulaires 13, en service extraordinaire 3, correspondants 32. **Origines : 1795** (25-6) *créé* par loi du 7 messidor, an III, après audition d'un rapport lu par l'abbé Grégoire affirmant son but : reprendre « la maîtrise des mers aux Anglais » grâce à l'amélioration de la détermination des longitudes en mer. Imitant le *Board of Longitudes* anglais créé en 1714, il doit résoudre les problèmes astronomiques que pose la détermination de la longitude avec une précision toujours meilleure. Chargé aussi de la rédaction de la *Connaissance des temps* (publication annuelle depuis 1679) et d'un annuaire « propre à régler ceux de la République », qu'il devait présenter tous les ans au Corps législatif. Il a sous sa responsabilité l'Observatoire de Paris, celui de l'École militaire et les instruments d'astronomie appartenant à la nation. Un membre du Bureau doit assurer chaque année un cours d'astronomie. **Premiers membres :** *géomètres :* Lagrange et Laplace ; *astronomes :* Lalande, Delambre, Méchain, Cassini ; *navigateurs :* Bougainville, Borda ; *géographe :* Buache ; *artiste :* Caroché (fabricant d'instruments scientifiques). Publie des tables du Soleil (Delambre), de la Lune (Burckardt et Damoiseau), des planètes (Bouvard), des satellites de Jupiter (Laplace). **1854** décret du 30-1 : outre la rédaction et la publication de la *Connaissance des temps* et de l'*Annuaire,* le Bureau est « appelé à porter et à provoquer des idées de progrès dans toutes les parties de la science astronomique et de l'art d'observer » et à « donner son avis sur les questions concernant les observations et sur les missions scientifiques confiées aux navigateurs chargées d'expéditions lointaines ». Ainsi le Bureau publie des *Annales.* Il organise plusieurs expéditions : mesures géodésiques, observation d'éclipses solaires, observation du passage de Vénus devant le Soleil. Il participe à la fondation de plusieurs organismes : Bureau international de l'heure, Groupe de recherches de géodésie spatiale. **Service des calculs :** *créé 1802.* Composé de 7 personnes sous les ordres d'un membre du Bureau chargé des éphémérides. **1961** devient le Service des calculs et de mécanique céleste, puis unité de recherche associée au CNRS ; assure des tâches de recherche et poursuit des activités de calcul d'éphémérides. **1998** devient l'Institut de mécanique céleste et de calcul des éphémérides, rattaché à l'Observatoire de Paris. **Membres :** chercheurs 21, techniciens 15. **Publications :** ouvrages scientifiques. Élabore et publie des éphémérides astronomiques, issues des travaux de la mécanique céleste, donnant pour plusieurs milliers d'années la position du Soleil, de la Lune, des planètes, des satellites, des comètes, des astéroïdes, avec une très grande précision pour n'importe quelle date. *Connaissance des temps,* fondée en 1679, fournit des positions (Soleil, Lune, planètes, principaux satellites des planètes et des gros astéroïdes) avec précision. Actuellement, ces éphémérides sont publiées sous forme de fonctions élémentaires du temps adaptées à la micro-informatique. *Annuaire* (données sur calendriers, fêtes légales, heures de lever et coucher du Soleil, de la Lune et des planètes). *Éphémérides nautiques* (depuis 1889) permettent aux marins de faire le point astronomique en mer. *Éphémérides aéronautiques* (depuis 1938). *Cahiers des sciences de l'Univers* (depuis 1991, succédant à 4 volumes de l'Encyclopédie scientifique de l'Univers). *Introduction aux éphémérides astronomiques. Le Calendrier républicain. Les Éclipses de Soleil.* Son service de renseignements répond aux demandes des tribunaux, de la police et des compagnies d'assurances pour les conditions d'éclairement en un lieu, et à des demandes diverses (architectes, historiens, cinéastes...). Il fournit à partir de ses théories des données pour les besoins des astronomes (guidage des télescopes au sol ou dans l'espace, préparation des missions d'exploration spatiale), diffuse ses éphémérides sur Internet. *Partenaires :* grands bureaux d'éphémérides (Observatoire naval de Washington, Rutherford Appleton Laboratory, Institut d'astronomie appliquée de St-Pétersbourg et Département hydrographique de Tokyo) ; Jet Propulsion Laboratory (USA) ; Institut d'astronomie appliquée de St-Pétersbourg, Université de São Paulo et Observatoire de Rio de Janeiro ; Space Telescope Institute (USA), Observatoire de Teramo et Catania ; Institut d'astrophysique de Bangalore ; Observatoire de Bucarest.

■ **CEA (Commissariat à l'énergie atomique)** voir à l'Index.

Effectifs de chercheurs (en 1997). *Public civil :* 91 800 dont femmes 25 600 soit 27,9 % (EPST 31 %, Épic 18, EPA 24, ISBL 47, universités 28). *Entreprises :* 78 300 dont femmes 13 500 soit 17,3 % (dont en % par branche d'activité : pharmacie 47, agroalimentaire 34, chimie 28, textile, habillement 23, énergie 23, agriculture 21, verre 18, transport et communications 18, bois, papier, carton 17, services d'ingénierie 17).

% des femmes dans les principaux organismes publics (en 1997). Inserm 49,5, Pasteur-Paris 46,5, Ined 41,5, Inrets 33, Inra 30,8, CNRS 29,3, Ademe 28,6, CSTB 22,8, Inria 20,5, Cnes 20,4, Ineris 19,7, Ifremer 19,5, CEA 18, Cemagref 17, Cirad 16,2, IRD 14,7, BRGM 14,4, Onera 13.

% des femmes selon les professions (en 1997). Professeurs, professions scientifiques 52 (enseignants du 2d degré 56), cadres administratifs et commerciaux d'entreprise 32,9, cadres de la fonction publique 31,4, ingénieurs, cadres techniques d'entreprise 11,9.

Formation des chercheurs en entreprise (hommes/femmes, en %, 1997). Diplôme < bac + 2 (15,7/9,3), licence, maîtrise (12,2/20,4), diplôme d'ingénieur (60,8/47,7), doctorat (hors médecine) (6,5/10,8), en médecine (2,0/9,5), diplôme étranger (2,7/2,3), ensemble (100/100).

Étudiants de 3e cycle et dans les écoles d'ingénieurs. Effectifs et, entre parenthèses, **% de femmes** (1997-98) : écoles d'ingénieurs 79 098 (22,2), 3e cycle universitaire 204 465 (49,7) [dont sciences 16 165 (35,6), lettres 28,027 (59,5), économie et droit 25,442 (51,9), médecine, dentaire et pharmacie 31 667 (50,7)].

Diplômés (docteurs et ingénieurs). Effectifs et, entre parenthèses, **% de femmes** (1997-98). Diplômés d'ingénieurs 23 068 (22,5), docteurs 10 840 (39,4) [dont sciences 6 683 (35,5), lettres 2 393 (49,6), économie et droit 1 107 (36,0), médecine, dentaire et pharmacie 657 (47,3)].

■ **Cemagref (Centre nat. du machinisme agricole, du génie rural et des eaux et forêts).** Voir à l'Index.

■ **Cirad (Centre de coopération internationale en recherche agronomique pour le développement).** 42, rue Scheffer, 75116 Paris. **Épic : Pt :** Daniel Nahon (né 30-1-1943). **Directeur général :** Bernard Bachelier. Spécialisé en agronomie des régions tropicales et subtropicales. Réalisations expérimentales, recherche, formation, information scientifique et technique. En coopération avec 90 pays, chercheurs dans 50 pays. **Effectifs** (en 2000) : 1 800. **Budget** (en 2000) : 1 milliard de F.

■ **Cité des sciences et de l'industrie.** Voir à l'Index.

■ **Cnes (Centre national d'études spatiales).** 2, place Maurice-Quentin, 75039 Paris Cedex 01. **Créé** 1961 (voir à l'Index).

■ **CNRS (Centre national de la recherche scientifique).** 3, rue Michel-Ange, 75794 Paris Cedex 16. **Créé** 1939. **Directrice générale :** Geneviève Berger (née 26-1-1955), biologiste. **Pt du centre :** Gérard Mégie (né 1-6-1946), polytechnicien. **Créé** 18-10-1939, établissement public national à caractère scientifique et technologique placé sous la tutelle du min. de la Recherche. Organisme de recherche fondamentale, couvre l'ensemble des domaines de la science. **Organisation :** *8 départements scientifiques :* sciences physiques et mathématiques, physique nucléaire et corpusculaire, sc. et technologies de l'information et de la communication, sc. de l'ingénieur, sc. de l'Univers, sc. chimiques, sc. de la vie, sc. de l'homme et de la société ; *2 instituts nationaux :* IN2P3 (Institut nat. de physique nucléaire et de phys. des particules), Insu (Institut nat. des sc. de l'Univers) ; *des programmes interdisciplinaires* liés aux grands problèmes de société. *Géré* par 18 délégations régionales. **Effectifs** (en 2000) : 25 283 dont 11 349 chercheurs et 13 934 ingénieurs, techniciens et administratifs. Unités de recherche et de service 1 300 dont 85 % en partenariat avec l'enseignement supérieur. **Budget** (en milliards de F) : *1995 :* 12,7 ; *96 :* 13,3 ; *97 :* 13,5 ; *98 :* 15,1 ; *99 :* 15,5 (2,36 milliards d'euros) ; *2000 :* 15,87 (2,42) dont sciences de la vie 3,04, chimiques 1,82, de l'homme et de la société 1,66, physiques et math 1,43, pour l'ingénieur 1,40, physique nucléaire et corpusculaire dont IN2P3 1,09 [ressources propres 1,77 milliards de F ; *salaires* représentant 75 % du budget ; *valorisation :* 3 230 brevets actifs, 470 licences et 2 600 contrats industriels en cours ; plus de 220 créations d'entreprises à partir de laboratoires du CNRS ; *coopération internationale :* 180 programmes de coopération scientifique ; 35 laboratoires européens associés et jumelés ; 5 000 stagiaires étrangers accueillis dans les laboratoires] ; *2001 :* 16,1 (2,46).

☞ **Enquête de l'Ifrap (Institut français pour la recherche sur les administrations publiques,** association loi de 1901, indépendante de tout parti politique). **Critiques :** les agents du CNRS sont des chercheurs à vie, inamovibles. *Age moyen :* 46,7 ans (41 pour chercheurs du secteur privé). Activités redondantes de certains laboratoires (37 s'occupent de mécanique, 35 s'intéressent aux nanotubes, 18 traitent de géodynamique, 14 de génomes). Souvent, un laboratoire est créé à l'instigation d'un chercheur renommé et sa structure maintenue après la mort de celui-ci. Le département des sciences de l'homme et de la société (2 106 chercheurs de 49,4 ans en moyenne) emploie 3 fois plus de chercheurs que celui des technologies de l'information.

D'après *Georges Pompidou :* « le CNRS est un énorme organisme ingouvernable. C'est une juxtaposition de coteries... un rassemblement de chercheurs fonctionnarisés, qui s'installent dans leur fromage et y restent jusqu'à la retraite, sans autre souci que de s'adonner à leurs marottes, qu'elles débouchent ou non sur des découvertes... Ces gens-là dépensent de l'argent public sans aucun scrupule... Je suis hostile à ce que l'on fasse carrière au CNRS. » *Claude Allègre :* « Comment occuper les physiciens du CNRS qui sont trop nombreux et dont la majorité n'est pas de niveau international ? En leur fabriquant de gros instruments ! Merci pour les contribuables ! »

■ **CSTB (Urbanisme et logement). Centre scientifique et technique du bâtiment.** 4, av. du Recteur-Poincaré, 75782 Paris Cedex 16. **Épic : Pt :** Alain Maugard (né 23-4-1943). **Budget** (en 1999) : 400 millions de F. **Effectifs :** 630.

■ **Dret (Direction des recherches et études techn. de l'armement).** Avant 1977 : Direction des recherches et moyens d'essais (voir à l'Index).

■ **France Télécom R & D, ex-Cnet (Centre national d'études des télécommunications).** 38-40, rue du Gal-Leclerc, 92794 Issy-les-Moulineaux. **Créé** 1944. Centre de recherche de France Télécom. **Effectifs :** 3 000.

■ **Ifremer (Institut français de recherche pour l'exploitation de la mer).** **Siège :** 155, rue Jean-Jacques-Rousseau, 92138 Issy-les-Moulineaux Cedex. **Épic : créé** 5-6-1984. **Effectifs :** 1 700 dans 5 centres : Boulogne/Mer, Brest, Nantes, Toulon (La Seyne), Tahiti et 24 stations. **Budget** (en 1999) : 1 milliard de F.

■ **IFRTP (Institut français pour la recherche et la technologie polaires).** Technopole de Brest-Iroise, BP 75, 29280 Plouzané. **Créé** 1992. Groupement d'intérêt public. Agence de moyens au service des programmes scientifiques développés en Arctique, Antarctique, dans les îles sub-antarctiques. Opérateur du *Marion-Dufresne* pour la réalisation de campagnes océanographiques spécifiques. **Budget :** 160 millions de F. **Directeur :** Gérard Jugie.

■ **IGN (Institut géographique national).** 136 *bis,* rue de Grenelle, 75007 Paris. Chargé de l'entretien d'un réseau géodésique et d'un réseau de nivellement de précision, couverture photographique aérienne, établissement des cartes topographiques de base et dérivées. Accomplit des travaux de télédétection aérienne et spatiale à caractère géographique.

■ **IHES (Institut des hautes études scientifiques).** 35, route de Chartres, 91440 Bures-sur-Yvette. Recherche avancée en mathématique et physique théorique. **Fondé** 1958 par Léon Motchane. Fondation reconnue d'utilité publique. **Budget** (en 2000) : 26 millions de F.

■ **Ined (Institut national d'études démographiques).** 133, bd Davout, 75980 Paris Cedex 20. **Créé** 1945. **Effectifs :** 163. **Publications :** *Population, Travaux et Documents.*

■ **Inra (Institut national de la recherche agronomique).** 147, rue de l'Université, 75338 Paris Cedex 07. **Créé** 18-5-1946. **Pt :** Bertrand Hervieu. **Effectifs** (en 2000) : 8 534 dont chercheurs 1 808, ITA 6 726. **Budget** (en 2001) : 3 683,1 millions de F.

■ **Inrets (Institut national de recherche sur les transports et leur sécurité).** 2, av. du Gal-Malleret-Joinville, 94114 Arcueil Cedex. **Créé** sept. 1985. **Effectifs :** 414 dont 175 chercheurs et 239 ingénieurs, techniciens et administratifs.

■ **Inria (Institut national de recherche en informatique et en automatique).** Domaine de Voluceau-Rocquencourt, 78153 Le Chesnay Cedex. **Créé** 1967. **Pt :** Bernard Larrouturou (né 1958). **Centres :** Rocquencourt, Rennes, Sophia-Antipolis, Grenoble, Nancy. **Effectifs** (sur postes budgétaires) : 766 dont 348 scientifiques. **Budget** (en 2000) : 577 millions de F HT dont 24 % de ressources propres.

■ **Inserm (Institut national de la santé et de la recherche médicale).** 101, rue de Tolbiac, 75654 Paris Cedex 13. **Créé** 1964. Établissement public à caractère scientifique et technologique. **Directeur général :** Christian Brechot. **Effectifs :** 10 000. 300 laboratoires, 7 centres d'investigation clinique, 62 Instituts fédératifs de recherche. **Budget** (en 2001) : 3 milliards de F.

■ **Institut Pasteur.** 28, rue du Dr-Roux, 75724 Paris Cedex 15. **Créé** 4-6-1887 (initiative de Louis Pasteur). Fondation privée reconnue d'utilité publique, inaugurée 14-11-1888 par Sadi Carnot. **Directeur :** Pr Philippe Kourilsky (né 1942). **Effectifs :** 2 467. 122 unités et laboratoires ; plus de 1 000 élèves et stagiaires de 60 nationalités par an. **Formation** postuniversitaire à la recherche et au diagnostic ; 30 centres experts pour surveillance et diagnostic de maladies infectieuses (20 nationaux, 10 collaborateurs OMS) ; 21 instituts dans le monde ; collaborations intern. ; centre de santé (24 200 consultations et 76 400 vaccinations en 2000). **Principales contributions :** découvertes fondamentales (bactériologie, virologie, immunologie, biologie moléculaire) ; sérothérapie ; vaccins ; action anti-infectieuse des sulfamides et des sulfones ; mise au point de tests de dépistage ; isolement du virus du sida. 8 prix Nobel depuis 1900. **Budget** (en 2001) : 162,6 millions d'euros [dont en % : apports de l'État (subventions recherche-contrats et conventions publics) 31,4 ; concours privés (mécénat et revenus du patrimoine) 24,2 ; redevances industrielles et services 44,4]. **Partenaires privilégiés :** Bio-Rad, Aventis-Pasteur, Procter et Gamble.

■ **IRD (Institut de la recherche et pour le développement, ex-Orstom).** 213, rue La Fayette, 75010 Paris. Établissement public scientifique et technologique. **Créé** 1944. **Pt :** Philippe Lazar. **Effectifs :** 2 300. **Budget** (en 2001) : 1,1 milliard de F. **Organisation :** dép. scientifiques : milieu et environnement, ressources vivantes, sociétés et santé, expertise et valorisation, soutien et formation ; unités de recherche et de service : 90. **Dispositif :** 5 centres en Fr. métropolitaine, 5 dans les Dom-Tom et environ 25 à l'étranger.

■ **Laboratoire central des Ponts et Chaussées (LCPC).** Paris : 58, bd Lefebvre, 75732 Cedex 15. Bouguenais : Bouaye BP 4 129, 44341 Cedex. Champs-sur-Marne : cité Descartes, 2, allée Kepler, 77420. Versailles : 13, route de la Minière, bât. 140, 78000. Établissement public à caractère scientifique et technologique depuis mai 1998. **Pt :** Bernard Decomps. **Effectifs :** 574 agents dont 220 ingénieurs et chercheurs. **Pôles d'activité :** chaussées, géotechnique, ouvrages d'art, environnement et génie urbain, exploitation et sécurité routière, sciences de l'ingénieur. **Autres moyens** réseau scientifique et technique de l'équipement.

■ **Onera (Office national d'études et de recherches aérospatiales).** 29, av. de la Division-Leclerc, 92320 Châtillon Cedex.

■ **Universités, grands établissements, écoles d'ingénieurs.** Assurent aussi une part importante de la recherche fondamentale.

SYNDICATS ET ORGANISATIONS

ORGANISATIONS ÉTUDIANTES

☞ *Abréviation :* Synd. : Syndicat.

■ **Origine.** 1res associations générales d'étudiants (AGE) : **1878** Lille, **1884** Paris, **1889** Montpellier ; **1907** (4-5) se fédèrent au Congrès de Lille. AGE déclarée comme association (voir Unef, p. 1326 a). **1946** *Charte de Grenoble :* définit l'étudiant comme « un jeune travailleur intellectuel » et l'Unef comme un syndicat. **1947-56** tendance « gestionnaire et apolitique » (majos). **1947** grève étudiante contre le relèvement des droits universitaires. **1948** création de la *Sécurité sociale étudiante.* **1971**-*janv.* bureau PSU démissionne. AJS (regroupée dans tendance unité syndicale) face à UEC (tendance Renouveau). Incapables de cohabiter, les 2 fractions tiennent des congrès séparés : Unef à Dijon *(févr.)* Michel Serac Pt ; Unef à Paris *(mars)* Guy Konopnicki Pt. -*Juillet* Konopnicki intente procès à Serac, mais le trib. de grande instance estime que *« en droit comme en fait il n'y a plus d'Unef ».* Élections Cneser : Unef 40,6 % des voix (7 sièges), Lidie [Liste indépendante de défense des intérêts des étudiants (Anemf et Fnage)] 18,73 % (3), Cleru 8,65 % (2), Uni 8,55 % (1), Amru 5,91 % (1), Défense des libertés étudiantes 7,81 % (1), Marc 4,64 % (1), Action régionale universitaire 3,9 % (1). Certaines associations membres de l'Anemf décident de créer des mutuelles indépendantes (Lyon et Grenoble : en 1970 la Smerra ; puis Nord – Nord-Ouest : Smeno). **1974** Clef : regroupe : Association nat. des étudiants en lettres, droit, sciences, sciences éco. et technologie de Fr. (Anef) ; Ass. nat. des ét. en médecine de Fr. (Anemf) ; Ass. nat. des ét. en pharmacie de Fr. (Anepf) ; Union nat. des ét. en chirurgie dentaire (Unecd) ; Féd. nat. des ass. des gdes écoles (Fnage). **1978** *Syndicat des étudiants libéraux de France (Self)* plus connu sous le sigle Celf. Cnef (Confédération nat. des étudiants de France), congrès de réunification mars 1982 de Fnef et Clef ; ne tiendra plus de congrès après 1986. **1982** *Unef Solidarité étudiante* prend la suite d'Unef Renouveau animée principalement par des étudiants de l'UEC et du Ceres. **1982-83** préparation d'une nouvelle loi d'orientation de l'enseignement sup. De nombreuses grèves éclatent (diminution de la représentation étudiante dans les conseils et « secondarisation » des 1ers cycles). Les organisations de gauche (Unef SE et Unef ID) sont partagées entre les mots d'ordre politiques et leur volonté de relayer l'avis des étudiants. Elles ne participent que sporadiquement. L'Unef ID boycotte les élections au Cnous en décembre 1983. **1984**-*janv.* loi votée ; suspension des élections : les universités, devant adapter leurs statuts, gardent provisoirement les conseils précédemment élus. **1986** gouv. de droite. Nouvelle loi en préparation. Orchestrée par Unef ID, agitation relayée par les synd. ens., gagne les lycées. La mort d'un étudiant précipitera le retrait du projet et le départ du min. Devaquet. **1987** réforme des Crous. Reprise des élections. Liste indépendante soutenue par la Cnef ; sur la base de ces résultats seront nommés les étudiants au Conseil supérieur de l'éducation (1 Unef ID, 1 Unef SE, 1 Défense des étudiants) et à l'Observatoire de la vie étudiante (4 Unef ID, 2 Unef SE, 1 Uni, 1 Celf, 2 Défense des étudiants). **1989** création de la *Fage* à Lille puis à Paris. **1991** *Fagem :* Féd. des assoc. gén. d'étudiants et monodisciplinaires.

PRINCIPALES ORGANISATIONS

■ **Action française étudiante.** 10, rue Croix-des-Petits-Champs, 75001 Paris. **Fondée** 1904. **Adhérents :** 1 500. **Pt :** Alexis Charvet. **But :** rassembler les étudiants royalistes dans la ligne définie par Charles Maurras sur les thèmes d'une université autonome et corporative. **Presse :** *Les Épées* (national, trimestriel), *La Canne plombée, Les Guêpes* (Lyon), *La Bombarde* (Grenoble), *Non conforme* (Dijon), *Le Pré carré* (Rouen), *La Lanterne* (Toulon), *Alternatives* (Clermont-Ferrand), *La Fronde* (Brest), *Insurrection.* Refuse depuis sept. 1990 de participer aux élections universitaires pour ne pas accroître le morcellement de la population étudiante.

■ **Fage (Féd. des assoc. générales étudiantes).** 22, rue de Cronstadt, 75015 Paris. **Fondée** 1989. Indépendante, non rattachée politiquement. **Buts :** défense des intérêts matériels et moraux des étudiants ; de l'économie sociale étudiante ; regroupement des fédérations locales d'associations étudiantes. **Organisation :** bureau nat. (12 m.) élu par ass. gén. des AGE au cours d'un congrès annuel (400 pers.). **Membres :** 30 fédérations regroupant environ 1 200 assoc. locales regroupant 300 000 étudiants. **Pt :** Stephen Cazade. **Représentativité** (en 1994) : Cnous : 21 %, Cneser : 29 %. 1er mouvement étudiant de France en nombre d'élus nationaux. **Publications :** *Décisions étudiantes* (pour 5 000 assoc.), guide *Réflexe* (200 000 ex.).

■ **Fédération nat. du renouveau universitaire.** 7, rue du Parc-du-Château, 78480 Verneuil. **Fondée** 1990. **Secr. gén. :** Olivier Bertrand. Contre mainmise de l'État sur les universités. **Presse :** bulletin de liaison.

■ **Gud (Groupement universitaire de défense).** 92, rue d'Assas, 75006 Paris. **But :** contrecarrer les syndicats de gauche, y compris par la force.

■ **MJLE (Mouvement des jeunes pour la liberté de l'enseignement).** **Fondé** 1978 pour défendre l'enseignement libre. **Adhérents :** environ 4 000.

■ **Mnef (Mutuelle nationale des étudiants de France).** **Fondée** 1948 (loi du 27-9 instituant un régime de Sécurité sociale pour les 50 000 étudiants de l'époque). **Personnel :** 600 salariés. **Prestations versées chaque année :** 520 millions de F (Sécurité sociale 400, mutuelle 120). A partir de 1968, concurrence : Stés mutuelles étudiantes régionales (Smer). Procédure en cours contre les dirigeants. **Adhérents :** *1984 :* 354 000 ; *87 :* 338 000.

■ **Mutuelles étudiantes régionales.** 151, rue de Grenelle, 75007 Paris. Mouvement né à Nancy 1948 avec la MGEL, développé dans tous les centres universitaires au début des années 1970. **Affiliés** (1998-99 est.) : 825 000. Gère les remboursements du régime obligatoire de Sécurité sociale étudiante (loi du 23-9-1948), couverture complémentaire maladie, développement de divers services destinés à améliorer la vie des étudiants (logements, jobs, stages, assurances...). 11 mutuelles réunies au sein de 2 unions nationales : Mer créée 1993 (MGEL, Smerep,

Smeso) et Usem (11, rue Surcouf, 75007 Paris) créée 1972 (Mep, Sem, Smeco, Smereb, Smerep, Smerra, Smerrag).

■ **PSA (Pour un syndicalisme autogestionnaire). Fondé** sept. 1982, soutenu par la CFDT. **Dissous** 13-1-1991.

■ **Renouveau lycéen.** 8, rue du Général-Clergerie, 75116 Paris. **Fondé** 1991. **Secr. gén. :** Xavier Challon. **Publications :** *Agir, Terre en vue* (feuille de route de jeunes du Front national).

■ **UEC (Union des étudiants communistes).** 74, bd de Stalingrad, 94408 Vitry-sur-Seine Cedex. **Créée** 1919. Mouvement de la jeunesse communiste. **Secr. nat. :** Olivier Valentin. **Adhérents :** 2 000 organisés en cercles et en 3 réseaux dans les universités, IUT, grandes écoles, cités univ. **Publication :** *Avant-Garde* (20 000 ex.).

■ **Ugé (Union des grandes écoles).** 37, rue Ballu, 75009 Paris. **Pte :** Claire Immarigeon. Organisation syndicale. **Adhérents :** 4 000. **Publications :** *La Marmite* (15 000 ex., trim.), *Grandes Écoles* (1 000 ex.).

■ **Unef (Union nat. des étudiants de France). Histoire : 1907**-*4-5 Union Nationale des associations générales d'étudiants de France (Unef)* fondée à Lille. **1922** obtient la représentation étudiante aux conseils de discipline, entreprend des réalisations d'entraide : sanatoriums, restaurants, service d'entraide. **1929**-*16-5* reconnue d'utilité publique. **1940** se rallie à la Révolution nationale, **1941**-*juin* à l'initiative de la loi établissant un *numerus clausus* à l'encontre des étudiants juifs. **1944** des AGE de province sont dissoutes ou mises sous séquestre. **1949** membre fondateur de l'UIE (Union internationale des étudiants). **1957** obtient la cogestion des œuvres universitaires, ce qui provoque des adhésions. **1958** s'engage sur le problème algérien. 18 AGE (majos) fondent le Mef (Mouvement des étudiants de Fr.), mais le haut-commissaire à la Jeunesse et aux Sports, Maurice Herzog, refuse de les recevoir. **1959** *Congrès de Lyon :* réintègrent Unef moyennant promesse de retour à neutralité politique, qui ne sera pas tenue. **1960** Dominique Wallon, qui a pris des contacts avec le FLN algérien, devient Pt de l'Unef. *-27-10 :* 1re manif. de rue unitaire contre la guerre d'Algérie, perte de l'appui officiel. **1961**-*déc.* et **1962**-*févr.* prend part aux manif. anti-OAS. Majos tentent une opposition interne plus vigoureuse avec le *Clief (Comité de liaison et d'information des étudiants de Fr.).* **1961** majos créent *Fnef (Fédération nat. des étudiants de Fr.)* sous la direction de Lapasset, s'implantera en droit et médecine. **1962** Unef 80 000 adhérents, Fnef 20 000. **1964** 2 groupes : minos traditionnels (chrétiens progressistes issus de la Jec), souvent proches du Sgen ; marxistes : PSU, UEC (Union des étud. communistes), trotskistes, etc. Revendications : présalaire, participation aux assemblées d'égal à égal avec enseignants. Syndicat révolutionnaire pour les minos. Certains prôneront la politique du pire (saboter les mécanismes d'aide aux étudiants pour en prouver l'inefficacité). *-Févr.* manif. interdisant la Sorbonne au min. de l'Éducation nat. lors de la visite du Pt de la Rép. italienne Segni ; mise en état de siège du Quartier latin. Gouv. réforme le CNO et diminue possibilités de participation des étudiants à sa gestion. *-Pâques* Congrès de Toulouse, réalistes font échec aux extrémistes. **1965** Nallet Pt. **1966** Congrès de Grenoble reconnaît faillite Unef. **1967** PSU s'empare de l'Unef. *-3/11-7* minos se maintiennent au pouvoir grâce à des mandats validés sans contrôle. Majos refusent d'acquitter leurs cotisations et sont invalidés. **1968**-*printemps* 5 tendances minos unies contre majos : PSU (tenait bureau), PCF (UEC), JCR (dissidente de UEC), Fédération des étud. révolutionnaires (Fer, trotskiste), Union des jeunesses communistes marxistes-léninistes (UJCML, maoïste). Unef s'épuise en luttes intestines et n'a pas de Pt (Sauvageot n'est que vice-président). *-Automne* refuse la loi d'orientation universitaire [*après mai 1968,* majos se sont émiettés : *Uni* (Union nationale inter-universitaire) ; *Rep* (Rassemblement des étudiants pour la participation) sigle Model ; *Cleru* (Comité de liaison des étudiants pour la réforme universitaire) ; *Anemf* (Association nationale des étudiants en médecine de France, fusion Unemf et Agemp) *créée* 1965]. *-Déc.* Ligue communiste de Krivine et maoïstes abandonnent l'Unef. **1970** abandonnée par le PSU, concurrencée par des mouvements modérés ou conservateurs. **1971**-*10-1* scission Unef-Renouveau voulant participer aux élections prévues par la loi Edgar Faure s'oppose à l'Unef-US (Unité syndicale) qui, animée par un courant trotskiste, s'y refuse. **1980** Unef-US et Mas (Mouvement d'action syndicale) fusionnent et forment l'Unef ID (indépendante et démocratique). **1981** présente des candidats aux élections universitaires, face à l'Unef-Renouveau. **2001**-*24-6* réunification des 2 branches.

■ **Solidarité étudiante (Unife SE).** 52, rue Édouard-Pailleron, 75019 Paris. **Origine :** *Unef Renouveau,* née de la scission de l'Unef le 10-1-1971 devenue en 1983 Unef SE. **Organisation :** 78 AGE dans chaque site universitaire, elles-mêmes composées d'associations par filières, Cité-U, ou écoles... *Collectif national :* 180 membres. *Bureau national :* 31 membres. **Pte :** Marie-Pierre Vieu. **Adhérents :** 10 000. **Élus :** 1 358. **Publications :** *Le Nouveau Campus* (150 000 ex.) 4 fois/an, *Le Guide de l'étudiant* (150 000 ex.), *L'Unef-inform, Le Bulletin des élus, Agir, La Vie des associations,* de nombreux bulletins locaux. **Associés :** Fruf (Fédération des résidents universitaires de France), UGE (Union des grandes écoles), SL-Unef (Syndicat lycéen Unef), CFE-Unef (Centre de formation des élus).

■ **Unef indépendante et démocratique (Unef ID).** 112, bd de La Villette, 75019 Paris. **Créée** 1980. **Organisation :** 60 AGE dans chaque ville universitaire regroupant des comités d'action par filière ou école, les comités de résidents en cité universitaire et les maisons de l'étudiant. *Congrès national :* tous les 2 ans, 77e congrès (28-4 au 1-5-2001), 900 délégués. *Collectif national :* 125 membres. *Bureau national :* 34 membres. **Pt :** Yassir Fichtali. **Adhérents :** *1986 :* 50 000 ; *2000 :* 20 000. **Élus :** 658 aux CA, Cevu et CS, 1 213 aux conseils d'UFR, 96 au CA des Crous, 320 dans les conseils de résidence, 5 au Cneser et 5 au Cnous. **Publications :** *Étudiant de France* (50 000 ex.), *La Lettre des élus* (2 500 ex.), *Guide de l'étudiant* (200 000 ex.), *Regards étudiants* (10 000 ex.), *Guide des droits étudiants* (40 000 ex.).

■ **Uni (Union nationale interuniversitaire).** 8, rue de Musset, 75016 Paris. **Créée** 1968. « Regroupe tous ceux (enseignants, lycéens, étudiants et socioprofessionnels) qui entendent défendre une société de liberté et de responsabilité à l'univ. ou à l'école. » **Pt :** Jacques Rougeot. **Publications :** *L'Action universitaire* (75 000 ex.), *Vie étudiante* (150 000 ex.), *Vie lycéenne* (100 000 ex.), *Actua Médecine* (30 000 ex.), *Promotion Grandes Écoles* (30 000 ex.), *Dossiers Solidarité atlantique* (20 000 ex.), *Action étudiante* (200 000 ex.), *Action IUT* (60 000 ex.), journaux de facs (500 000 ex.). **Associés :** Institut pour la formation des élus universitaires, Association pour les univ. indépendantes, Centre d'études et de diffusion.

Résidents universitaires

■ **Feruf (Féd. des étudiants en résidence universitaire de France).** 112, bd de La Villette, 75019 Paris. **Fondée** 1975. Associée à l'Unef ID. **Pt :** David Lebon. **Adhérents :** 12 000. **Publication :** *Le Résident* (20 000 ex.).

■ **Fruf (Féd. des résidences universitaires de Fr.).** 145, bd de la Reine, 78000 Versailles. **Fondée** 1964, à la suite d'une grève de loyer. **Pt :** Guillaume Hoibian (né 21-1-1967). **Adhérents :** 13 000 + 22 000 de clubs divers. **Publications :** *Cité U* (60 000 ex.) et *L'Ouvre-Boîte* (bulletin de liaison des assoc. de Fr.) ; *Droit de Cité* (journal des élus aux conseils de résidences).

Syndicats lycéens

■ **FIDL (Fédération indépendante et démocratique lycéenne).** 28, bd Bonne-Nouvelle, 75010 Paris. **Créée** mai 1987. Majoritaire ; 3 élus sur 3 au Conseil supérieur de l'éducation.

■ **UNL (Union nationale lycéenne).** 13, bd Rochechouart, 75018 Paris. **Créée** 1994. **Pte :** Perrine Corcuff.

Organisations d'enseignants

■ **Afef (Association française des enseignants de français).** 19, rue des Martyrs, 75009 Paris. **Fondée** 1967 sous le sigle AFPF. Regroupe 5 000 enseignants. **Pte :** Jeanne-Antide Huynh. **Publications :** *Le français aujourd'hui* (trim.) et supplément pédagogique (trim.).

■ **Fédération des délégués départementaux de l'Éducation nationale.** 124, rue La Fayette, 75010 Paris. Association complémentaire de l'ens. public. **Pt :** Jean Vanrullen. **Secr. gén. :** Christiane Mousson. **Fonctions :** visite des bât. scolaires (équip., entretien, sécurité, etc.), des éc. élémentaires et maternelles, publiques et privées ; liaison entre éc. et municipalité, entre usagers et admin. ; animation, création des œuvres ou équip. complémentaires de l'éc., responsabilité du concours des écoles fleuries ; réflexion et information sur l'éc. et l'éducation, lancement et publication d'enquêtes annuelles. **Adhérents :** 36 000. **Publication :** *Le Délégué de l'Éducation nat.* (40 000 ex., trim.).

■ **Fede (Fédération européenne des écoles). Fondée** 9-4-1963 à Barcelone. Rassemble les écoles de 41 pays membres du Conseil de l'Europe. **Pt :** Edouard Jagodnik.

■ **Mel (Mouvement des enseignants libéraux).** 25, quai Voltaire, 75007 Paris. **Créé** 1978. **Pt :** Daniel Houlle. **Secr. gén. :** Dominique Ambiel (né 6-6-1954). **Direction :** collectif (25 membres). **Adhérents :** 4 021.

■ **Spen (Syndicat des psychologues de l'Éducation nationale).** Réclavet, 30340 Rousson. Affilié à l'Assoc. nat. des organisations de psychologues (Anop) [voir p. 188 c]. **Créé** juin 1975. **Secr. gén. :** André Ginel. **Publication :** *Journal du Spen* (bimestriel).

☞ **Assoc. française des psychologues scolaires (AFPS) :** 9, allée Brahms, 91410 Dourdan. **Créée** 1962. **Pte :** Suzanne Guillard. **Buts :** formation, recherche et échanges professionnels. **Adhérents** (en 2000) : 985 sur les 3 000 psychologues scolaires en France. **Publications :** *Psychologie et Éducation* (trim.), *Échanges* (trim.), *la Lettre internationale de l'AFPS* (sem.).

Syndicats des enseignants

■ **@venir.écoles (syndicat du 1er degré affilié à la CFE-CGC).** 59-63, rue du Rocher, 75008 Paris. **Créé** 1-6-1999 après le départ du SNE (Synd. nat. des écoles). **Pt :** Michel Cotilleau. **Secr. gén. :** François Henry. Membre de la Fer (Féd. de l'enseignement et de la recherche), affiliée aux fonctions publiques CGC. **Adhérents :** 1 000. **Publication :** *@venir-infos* (10 000 ex.).

■ **CNGA (Conseil national des groupes académiques de l'enseignement public).** 59-63, rue du Rocher, 75008 Paris. **Fondé** 20-6-1968, affilié 1-9-1994 à la CFE-CGC, membre de l'UFCP (Fonction publique CGC). **Pte :** Marie-Élisabeth Allainmat. Pour la neutralité (ens. et enseignants). Pour une réforme (1er cycle du collège adapté à la diversité des élèves, 2e cycle progressivement optionnel aboutissant à un bac par matières). **Adhérents :** enseignants et non-enseignants du 2d degré. **Publication :** *Université autonome.*

■ **CSEN (Confédération syndicale de l'Éducation nationale).** 48, rue Vitruve, 75020 Paris. **Créée** 5-1-1984. **Secr. gén. :** Monique Cartigny. Rassemble 6 féd. de synd. et synd. indépendants : la FNSAESR, le Snalc, le SUPDLC/FNPAES, le Snaims (infirmières en milieu scolaire), Snacem (conservatoires et écoles de musique) et SNE (Syndicat national des écoles) ; affiliée à la Cesi (Conféd. européenne des synd. indépendants). **Adhérents :** 35 000. **Publication :** *Temps futur.*

■ **FAEN (Fédération autonome de l'Éducation nat.).** 13, avenue de Taillebourg, 75011 Paris. **Créée** 1990. **Secr. gén. :** Bernard Groseil. Regroupe des syndicats autonomes : SNCL, Snep, SPDLC, Snapai, SNPTO, Stip. Affiliée à la Fgaf (Féd. gén. autonome des fonctionnaires) dont elle constitue la branche éducation.

■ **Ferc-CGT (Fédération CGT de l'Éducation, de la Recherche et de la Culture).** 263, rue de Paris, case 544, 93515 Montreuil Cedex. **Fondée** 1945. **Secr. gén. :** Christian Dubot. Regroupe les synd. départementaux de l'Éd. nat., des personnels enseignants, tech., administratifs et de service de l'Éd. nat., de la Culture, de la Recherche, des personnels de l'Afpa, de l'ens. et de la formation privés, du personnel ouvrier du Crous, du secteur socio-éducatif MJC, AJ, Cemea, FJT, Ligue de l'ens., UCPA et diverses assoc. **Adhérents :** 30 000. **Publication :** *Le Lien.*

■ **Fnec-FP-FO (Fédération nationale de l'Enseignement, de la Culture et de la Formation professionnelle-Force ouvrière).** 7, passage Tenaille, 75680 Paris Cedex 14. **Créée** 1948. **Secr. gén. :** François Chaintron. Regroupe les syndicats FO de l'Éducation nat., Recherche, Ens. sup., Crous, Afpa, ens. privé, min. de la Culture. Continue la Féd. des maîtres de l'ens. laïque CGT de 1919 et la Féd. gén. de l'ens. CGT de Léon Jouhaux de 1929. Membre fondateur du Secrétariat profes. de l'ens. de la CISL, devenue Internationale de l'Éducation. **Adhérents :** 55 000. **Publication :** *Le Syndicaliste indépendant.*

■ **FNEPL (Fédération nationale de l'enseignement privé laïque).** 37, rue d'Amsterdam, 75008 Paris. **Fondée** 1951. **Pt :** J. Roche. **Secr. gén. :** J.-M. Tilly. Représentatif de l'enseignement privé hors contrat, membre de l'UNAPL. **Publication :** recueil de jurisprudence sociale.

■ **FNSAESR (Fédération nationale des syndicats autonomes de l'Ens. supérieur et de la Recherche).** 87, rue de Rome, 75017 Paris. **Fondée** 1948. **Pt :** Jacques Foyer (droit, Panthéon-Assas). **Secr. gén. :** Jean-Louis Charlet (latin, Aix-Marseille I). **Regroupe** 12 syndicats. **Adhérents :** 4 972. **Publication :** *Bulletin* (trim.).

■ **FNSPELC (Fédération nationale des syndicats professionnels de l'enseignement libre catholique).** 194, rue de Tolbiac, 75013 Paris. **Créée** 1905 (le plus ancien syndicat de l'enseignement privé). **Secr. gén. :** Paul Morandat. **Publication :** *Éducateur chrétien.*

■ **FPFRE (Fédération des professeurs français résidant à l'étranger).** 7, rue Delaroche, 37100 Tours. **Fondée** 1932. **Pt :** Michel Laurencin. **Publications :** 2 revues annuelles.

■ **FSU (Fédération syndicale unitaire de l'enseignement, de l'éducation, de la recherche, de la culture, de la formation et de l'insertion).** 35, rue de Metz, 75010 Paris. **Créée** 15-4-1993. **Secr. gén. :** Gérard Aschieri. **Regroupe :** 19 syndicats d'enseignants et de personnels de l'éducation dont Snes (Synd. nat. des ens. du 2d degré), Snep (éduc. phys. exclus de la Fen en 1992), Snetaa (ens. profes.), Snesup (ens. sup.), Snetap (ens. agr.) syndicat d'origine du secr. gén. de la FSU, Snu-Ipp (regroupant 55 000 instituteurs), Snasub (admin.), Snics (infirmières), Snuasen (assistantes sociales) et Snip-en, qui résultent de scissions au sein de syndicats de la Fen, Unatos (filière ouvrière), SNCS (chercheurs scientifiques). **Adhérents :** 200 000. **Publication :** *Pour.*

■ **Scenrac (Synd. CFTC de l'Éd. nat., de la Recherche et des Affaires culturelles).** 13, rue des Écluses-Saint-Martin, 75010 Paris. **Fondé** 1964. **Pt :** Joseph Fischer. **Secr. gén. :** Didier Patte. **Publication :** *Scenrac-Information.*

■ **Sgen-CFDT (Fédération CFDT des syndicats généraux de l'Éducation nat. et de la Recherche publique).** 47-49, av. Simon-Bolivar, 75950 Paris Cedex 19. **Fondée** 1937. **Secr. gén.** (depuis 1998) : Jean-Luc Villeneuve. **Regroupe :** 120 syndicats sur une base géographique et professionnelle, le personnel de l'Éducation nat. (enseignants ou non), la Recherche scientifique, l'Ens. agricole publ. et la Jeunesse et les Sports. 1re organisation dans la recherche publique (CNRS, Inserm), 2e organisation dans l'ens. supérieur, le 2d degré, l'ens. agricole public et Jeunesse et Sports. 3e organisation dans le 1er degré. **Adhérents** (en 2000) : 40 000. **Publications :** *Profession éducation, Campus* (ens. sup.), et nombreuses publications catégorielles.

■ **Sie-Sup (Syndicat indépendant de l'enseignement supérieur).** 30, rue de Gramont, 75012 Paris.

■ **Snalc (Syndicat nat. des lycées et collèges).** 4, rue de Trévise, 75009 Paris. **Fondé** 21-4-1905 sous le nom de « Fédération nat. des prof. de lycées de garçons et de l'enseignement secondaire féminin ». Nom actuel : 15-7-1937. **Pt :** Bernard Kuntz (né 16-6-1951) depuis 1-4-1997. Personnels d'ens., de gestion, d'éducation, d'EPS, d'Asu, d'orientation et de surveillance. Membre de la Confédération syndicale de l'Éducation nat. (CSEN). **Élus :** nationaux 11, académiques 240. **Adhérents :** 14 000. **Publica-**

tions : *La Quinzaine universitaire* (20 000 ex., bimensuel), *Snalc-Info* (bim.).

■ **SNCL (Syndicat nat. des collèges et des lycées).** 13, av. de Taillebourg, 75011 Paris. **Fondé** 1960. **Secr. gén. :** Marc Geniez. Regroupe toutes les catégories de professeurs, de personnels d'éducation et de surveillance des collèges et lycées de l'ens. public. **Adhérents** (en 2000) : 13 000. Affilié à la Féd. autonome de l'Éd. nat. **Publication :** bulletin mensuel.

■ **SNE (Syndicat national des écoles).** 4, rue de Trévise, 75009 Paris. **Créé** 24-9-1962 par des dissidents du SNI qui reprochaient à leur syndicat des positions politiques partisanes. A fusionné en 1973 avec le Syndicat gén. de l'ens. public créé 1970, puis le 4-6-1986 avec le Snade (Syndicat nat. autonome des directeurs d'école). Représente les enseignants du 1er degré au sein de la CSEN. Refuse tout engagement partisan, idéologique, politique ou religieux. Demande l'amélioration des conditions de travail des enseignants (20 h en présence des élèves, 4 h de concertation). **Pt :** Jean-Claude Halter. **Adhérents** (1996-97) : 8 000. **Publication :** *La Voix de l'École* (60 000 ex., mensuel).

■ **Snec (Syndicat national de l'enseignement chrétien).** Affilié à la CFTC. **Pt :** Christian Levrel depuis 16-4-1999.

■ **Snep (Syndicat national des écoles publiques).** 20, rue Neuve-des-Boulets, 75011 Paris. **Créé** 1990. **Secr. gén. :** Francine Yong. Représente les enseignants du 1er degré. Revendique une indépendance complète, financière et idéologique, la défense de la laïcité, la définition des obligations de service sur la base de 24 h en présence des élèves et un statut pour les directeurs d'école. Affilié à la Faen. **Publications :** *Bulletin national* (trim.), *La Lettre* (bimens.).

■ **Snes [Syndicat national des enseignants du second degré (classique, moderne, technique)].** 1, rue de Courty, 75341 Paris Cedex 07. **Créé** 3-4-1966 [fusion de l'ancien Snes (Synd. nat. de l'ens. secondaire formé en 1944 et issu du Spes : Synd. du personnel de l'ens. secondaire) et du Snet (Synd. nat. de l'ens. techn.)]. Membre fondateur de la FSU (avril 1993) après exclusion de la Fen (oct. 1992). **Secr. gén. :** Bernard Boisseau, François Labroille, Jean-Marie Maillard, Denis Piget, Frédérique Rolet, Monique Vuaillat. **Élections :** *professionnelles déc. 1999 :* 55,17 % ; *internes juin 1999 :* Unité et Action 77,19, École émancipée 16,38, Pour le retour à un syndicalisme indépendant 6,44. **Adhérents :** 77 000. **Publications :** *L'Université syndicaliste* (160 000 ex., hebdo.), *Le Courrier de S1* (bimensuel).

■ **Snes-Sup. (Syndicat national de l'enseignement supérieur).** 78, rue du Fbg-St-Denis, 75010 Paris. **Créé** 1935. **Secr. gén. :** Maurice Hérin. **Vote** *d'orientation :* tendance Action syndicale 77 % des voix (1987 : 75,23) ; courant UID Sup 9 ; École émancipée 14,2. **Adhérents :** 5 000.

■ **Snirs (Syndicat national indépendant de la recherche scientifique).** 3, rue Michel-Ange, 75016 Paris.

■ **SNPTA (Syndicat national des personnels techniques et administratifs de l'Éducation nat.).** Cned, 60, bd du Lycée, 92171 Vanves Cedex. **Créé** 1987. **Secr. gén. :** Guy Gaïtti. Affilié à la Faen.

■ **SPDLC (Syndicat des personnels de direction des lycées et des collèges).** 20, rue Neuve-des-Boulets, 75011 Paris. **Fondé** 1996. **Secr. gén. :** Daniel Marcq. Affilié à la Faen.

■ **Syndicats des enseignants SE FEN.** 209, bd Saint-Germain, 75007 Paris. **Fondé** 1921. **Secr. gén. :** Luc Bérille. Représentatif des enseignements scolaires. **Adhérents** (en 2001) : 85 000. **Publication :** *L'Enseignant* (2 éd., mensuel), *La Lettre de l'Enseignant, Passerelle.*

■ **UNSA Éducation [ex-Fen (Fédération de l'Éducation nationale)].** 48, rue La Bruyère, 75440 Paris cedex 09. **Secr. gén. :** Jean-Paul Roux (né 10-10-1942) depuis 1997. Regroupe 26 syndicats de l'Éducation, de l'Éducation populaire, de la Recherche, de la Jeunesse et des Sports, de la Culture, de la Justice, des collectivités territoriales, de la fonction publique hospitalière et du secteur privé. Continue la Fédération de l'Éducation nationale (1948-2000) et la Fédération générale de l'enseignement créée **1928** et adhérente de la CGT. **1948** refuse éclatement entre CGT et FO et regroupe depuis divers courants syndicaux. Reconnaît droit de tendance et possibilité de présenter motion d'orientation au congrès : résultats du vote conditionnent la composition des instances de la Féd. **1991** réorganisation, les tendances minoritaires (Unité Action animée par des membres du PCF en particulier) s'étant affranchies des règles statutaires et décisions des instances. **1992** congrès extraordinaire de Perpignan adopte modifications mettant fin à la structuration de la Féd. par les tendances et affirmation de son attachement au syndicalisme réformiste alliant force et négociation pour obtenir des accords. *-6-10* désaffiliation des syndicats dirigés par la tendance Unité et Action proche du PCF. *-Déc.* Congrès de Perpignan, nouveaux statuts. **1993**-*févr.* participe à la création de l'Unsa (Union nationale des syndicats autonomes) avec la Fgaf (fonctionnaires), FMC (cadres de la SNCT), Fat (Transports), FGSOA (salariés de l'agriculture et de l'agroalimentaire), SIA (artistes interprètes) et SRCTA (audiovisuel) regroupant 360 000 adhérents. Adhère à l'Internationale de l'éducation, Secrétariat professionnel de la Conféd. intern. des synd. libres. **2000 :** Congrès de Pau, la FEN prend le nom d'UNSA Éducation devenant ainsi la fédération des personnels de l'Éducation, de l'Éducation populaire, des Sports, de la Recherche et de la Culture de l'UNSA. Se dote d'un projet éducatif qui intègre, dans l'action éducative, l'ensemble de la société. **Adhérents :** fin des années *1970 :* 550 000 ; *2000 :* 150 000. **Publications :** *L'Enseignement public, UNSA Éducation Infos, Flash.*

■ **Unsen-CGT (Union nationale des syndicats de l'Éducation nationale).** **Née** de la transformation du SNETP-CGT (Synd. national des enseignements techn. et profes.) en Sden (Synd. départemental de l'Éd. nat.), Bourse nationale CGT, 263, rue de Paris, 93515 Montreuil. **Fondée** 1944. **Secr. gén. :** Denis Baudequin. Depuis 1988, syndique l'ensemble des personnels d'enseignement, éducation, direction, écoles, collèges, lycées et lycées professionnels. **Adhérents :** 13 000. **Publication :** *Perspectives Éducation Formation.*

■ **Élections professionnelles.** En 1999, 700 000 enseignants ont participé au scrutin triennal. **Résultats et,** entre parenthèses, **en 1996 :** *1er degré :* Snu-IPP 43,05 (39,36), SE-Fen 27,68 (32,14), Sgen-CFDT 10,65 (10,59), SNE 2,86 (3,58), Snudi-FO 8,35 (6,75), Sud 3,54 (2,39), divers 3,85 (3,88). *2d degré :* Snes-FSU 55,36 (57,64), Sgen-CFDT 14,13 (14,15), Snalc-CSEN 9,32 (9,33), FO 7,34 (6,7), SE-Fen (SE-Fen/SNCL) 7,07 (4,62), Sud 3,27 (1,29), divers 3,38 (6,07).

MOUVEMENTS DE PARENTS D'ÉLÈVES

■ **Élections des représentants des parents d'élèves.** (Voir p. 1302 a et 1304 b).

■ **FCPE (Fédération des conseils de parents d'élèves des écoles publiques).** 108, av. Ledru-Rollin, 75544 Paris Cedex 11. **Fondée** 1947. **Pts :** Jean Cornec (né 7-5-1917), Jean Andrieu (né 27-11-1933), J.-P. Mailles (né 28-5-1944) et Jacques Dufresne (né 23-7-1950). **1994**-*sept.* Bernard Borecki. **1996**-*8-6* Georges Dupon-Lahitte. **But :** propager et défendre l'idéal laïc, promouvoir un service nat. public d'éducation, gratuit, respectueux de toutes les familles de pensée. **Adhérents :** 320 000 ; familles votant pour la FCPE 1 600 000 ; 120 000 élus dans les conseils d'éc. et d'administration où elle détient la majorité des sièges avec 20 000 conseils locaux. **Publications :** *La Revue des parents* (300 000 abonnés, bimestriel) ; *La Famille et l'École* (30 000 abonnés, bimensuel).

■ **FFNEAP (Fédération familiale nat. pour l'enseignement agricole privé).** 277, rue St-Jacques, 75005 Paris. **Fondée** 1956. **Pte :** Marthe Valayer. **Secr. gén. :** Alexis Le Roy. Membre du Cneap (Conseil nat. de l'ens. agricole privé). **Adhérents :** 42 000. Regroupe les 210 associations des établ. d'enseignement agricole privés catholiques, aide ces associations dans leur mission d'action éducative et familiale.

■ **Fnape indépendance (Fédération nat. des associations de parents d'élèves de l'enseignement public).** 27, rue du Fbg-Poissonnière, 75009 Paris. **Fondée** 1932. Réunit 120 associations, 18 000 adhérents. Mise en liquidation judiciaire 15-12-2000.

■ **Peep (Fédération des parents d'élèves de l'enseignement public).** 89, bd Berthier, 75847 Paris Cedex 17. **Fondée** 1905 par Paul Gallois. **Pt :** Christian Janet depuis mai 1998 (auparavant : J.-P. Bocquet depuis mai 1992, Joëlle Longueval depuis mai 1991, Jacques Hui depuis mai 1986, J.-M. Schléret depuis mai 1980, Antoine Lagarde). **Principes :** primauté de la famille en matière d'éducation ; attachement à l'éc. publique avec laïcité ouverte. **Adhérents :** 4 985 associations et 33 unions régionales et fédérales, 300 000 adhérents pour 1er et 2d degrés, large représentativité dans l'ens. agr., sup., français à l'étranger et en apprentissage. **Publications :** *La Voix des parents* (bimestriel, guide pratique pour adhérents) ; *Peep-Info., Flash-infos* (pour responsables). Guides : *Séjours linguistiques, la Santé de nos enfants.*

■ **Unaape (Union nationale des associations autonomes de parents d'élèves).** 42, rue Carvès, 92120 Montrouge. **Fondée** juin 1968. **Pte :** Anne Saada. **But :** primauté de la famille dans les choix éducatifs, neutralité politique, syndicale, idéologique et religieuse, défense des valeurs civiques et morales (sens des responsabilités et goût de l'effort, apprentissage des droits et devoirs de chacun, respect d'autrui). **Adhérents :** environ 50 000. A obtenu 1,27 % des voix en 1998 dans les écoles et 2,02 % dans les conseils d'administration. **Publications :** *Présence des parents* (4 fois par an) ; *Unaape-Information* (mensuel de liaison).

■ **Unapel (Union nationale des associations de parents d'élèves de l'enseignement libre).** 277, rue St-Jacques, 75005 Paris. **Fondée** 1930. **Pt :** Éric de Labarre. **Adhérents :** 800 000 familles pour 2 millions d'él. scolarisés dans 10 000 établ. privés sous contrat. **Publication :** *Famille et Éducation* (775 000 ex., 6 nos par an).

ASSOCIATIONS DE JEUNESSE ET D'ÉDUCATION POPULAIRE

☞ Il y a en France près de 200 associations de jeunesse et d'éducation populaire agréées et subventionnées par l'État. **Renseignements :** Direction départementale de la Jeunesse et des Sports du domicile, ou réseau de l'Information Jeunesse : 1 CIDJ à Paris, 31 CIJ (régionaux), 1 570 BIJ et PIJ (intercommunaux).

CIDJ (Centre d'information et de documentation de la jeunesse). 101, quai Branly, 75740 Paris Cedex 15. Min. de la Jeunesse et des Sports. 5 000 pages de documentation mises à jour chaque année. **Domaines :** enseignement, formation professionnelle, métiers, formation permanente, vie quotidienne, loisirs, vacances, voyages à l'étranger, sports, Europe et l'international, initiative et gestion de projet.

MAISONS DES JEUNES ET DE LA CULTURE

■ **Origine.** **1944** (4-10) mouvement *République des Jeunes* créé à Lyon par des représentants de mouvements de jeunesse, de syndicats et d'organisations de la Résistance. **1946** *Fédération des maisons des jeunes.* **1948**-15-1 *Fédération nationale des maisons des jeunes et de la culture.* **1969** se fractionne entre la FFMJC (Féd. française des maisons des jeunes et de la culture) et l'Unireg (Union des féd. régionales des maisons de jeunes et de la culture). **1969-70** réorganisation ; les 26 fédérations régionales (y compris celles des départements d'outre-mer) adhèrent soit à la FFMJC, soit à l'Unireg. **1992** réseau Areges MJC créé par 6 féd. régionales de la FFMJC. **1994** Conféd. des MJC de France (CMJCF) créée par 15 régions de l'Areges MJC et de l'Unireg. **1997** Coordination européenne des MJC et Youthclubs créée. **Activités** (% des MJC les exerçant). Culturelles (diffusion, théâtre, cinéma, musique, expo.) 80, sportives 75, d'expression 70, au service de partenaires associatifs (prêt de salle, imprimerie), scientifiques, techniques et audiovisuelles 63, action sociale et formation 33, tourisme social 29, économiques (développement local, entreprises intermédiaires, vente de services) 20. **Financement.** Par usagers et municipalités (47,4 %), conseils généraux, ministère de la Jeunesse et des Sports.

■ **CMJCF (Confédération des maisons des jeunes et de la culture de France).** 168 *bis*, rue Cardinet, 75017 Paris. **Pt :** Frédéric Prelle. **Dir. gén. :** Pierre Clouet. *En 2000 :* 14 féd. régionales, 900 MJC et associations, 460 000 adhérents, 3 700 000 usagers, 7 200 salariés, 19 000 bénévoles, plus de 300 types d'activités. Cofondatrice de « Contact-2103 », coordination européenne des MJC et Youthclubs. **Publication :** *J* (trimestriel).

■ **FFMJC (Fédération française des maisons des jeunes et de la culture).** 15, rue La Condamine, 75017 Paris. **Pt :** Régis Gontier. **Délégué gén. :** Michel Dehu. *En 1990 :* 17 féd. régionales, 1 143 MJC, 35 centres intern. de secours, 100 lieux de rock, 70 000 danseurs, 200 salles de spectacles ; plus de 440 000 adhérents. Membre de l'Ecyc (Confédération européenne des clubs de jeunes) comprenant 16 000 MJC. Université d'été internationale chaque été. **Publication :** *Espaces publics* (trimestriel).

FOYERS ET CLUBS DE JEUNES

■ **Fédération nationale Léo-Lagrange.** 153, av. Jean-Lolive, 93695 Pantin Cedex [Léo Lagrange (1900-40), sous-secrétaire d'État aux Sports et Loisirs en 1936-37 ; 1938 avocat, député socialiste du Nord, créa l'École de ski, les congés payés, le brevet sportif populaire, organisa le tourisme populaire]. **Pt :** Bruno Le Roux, **Secr. gén. :** Alain Sauvreneau. **Créée** 1950. **But :** développer l'initiative et la responsabilité de chaque citoyen dans la collectivité. **Adhérents** (en 2000) : 100 000, 300 000 usagers, 1 000 associations affiliées. **Publication :** *Le Bloc-Notes* (mensuel).

■ **Fédération sportive et culturelle de France.** 22, rue Oberkampf, 75011 Paris. **Créée** 1898 par Dr Paul Michaux, sous le nom de *Féd. gymnastique et sportive des patronages de Fr.* **Pt :** Clément Schertzinger. **Activités :** branche sportive environ 80 % des activités (avec ou sans compétitions) ; socio-éducative et culturelle, centres de vacances et de loisirs. **Adhérents** (en 1998) : 216 532 (1 986 assoc., 70 relais départementaux). **Publication :** *Les Jeunes.*

■ **Union nationale des foyers et services pour jeunes travailleurs** (Association nat. d'éducation populaire). 12, av. Gal-de-Gaulle, 94307 Vincennes Cedex. **Créée** 1955. **Pt :** Bernard Faure. **Dir. :** Jean-Claude Dumoulin. **Adhérents :** 410 foyers pour jeunes travailleurs de 18 à 25 ans (55 000 places), 20 services sans hébergement. **Mission :** insertion sociale et professionnelle.

☞ **Ligue française de l'enseignement** (voir p. 1329 c).

L'*Ufoleis* (10 500 ciné-clubs) est la plus grande fédération de ciné-clubs du monde. L'*Ufolep-Usep* (27 618 sociétés et 1 272 594 lic.) est la plus grande fédération omnisports de France.

AUBERGES DE JEUNESSE

■ **Quelques dates.** **1907** Richard Schirmann ouvre la 1re AJ à Burg Altena (Allemagne). **1929** Marc Sangnier (1873-1950), militant de la paix et de la coopération internationale, crée la 1re AJ en Fr. (Bierville). **1937** essor des AJ avec Léo Lagrange (voir ci-dessus). **1956** regroupées dans une Fédération unie (Fuaj). **1959** la Ligue française pour les AJ (LFAJ) s'en retire. **1966** accord entre les 2 associations ; réciprocité d'accueil.

■ **Fuaj (Fédération unie des auberges de jeunesse).** 27, rue Pajol, 75018 Paris. **Créée** 6-4-1956. **Agréée** 3-7-1959. **Pt :** Serge Goupil. **Secr. gén. :** Édith Arnoult-Brill. **Activités :** hébergements, stages sportifs et culturels, chantiers, rencontres internationales. 185 auberges en Fr. réservées aux adhérents (13 000 lits, 1 500 000 nuitées). Affiliée à la Féd. internationale des auberges de jeunesse (International Youth Hostel Federation/IYHF : 6 000 auberges dans 63 pays ; 3 800 000 adhérents).

■ **LFAJ (Ligue française pour les auberges de la jeunesse).** 67, rue Vergniaud, 75013 Paris. **Fondée** 1930 par Marc Sangnier. **Pte :** Annaïg Calvez. **Secr. gén. :** Marc Guillemot. *En 2000 :* 70 auberges et maisons amies, 70 000 adhérents, 6 000 lits, 1 000 000 de nuitées. Accueille les adhérents de l'International Youth Hostel Federation.

Chantiers de jeunes

■ **Cham (Chantiers Histoire et Architecture médiévales).** 5-7, rue Guilleminot, 75014 Paris.

■ **Club du Vieux Manoir.** Ancienne abbaye du Moncel, 60700 Pontpoint. **Créé** 1952, agréé et reconnu d'utilité publique. Restauration de monuments historiques, recherches et études archéologiques de vestiges, animation des chantiers pour le grand public (visites guidées, expositions, spectacles, etc.). 20 à 25 réhabilitations par an. **Membres :** plus de 4 000. **Conditions :** âge minimal 15 à 16 ans suivant les cas. 80 F par jour, 90 F de cotisation assurance ; hébergement en camps ou cantonnements ; séjours de 15 j au minimum l'été. **Publications :** *Les Cahiers médiévaux, Art et Tourisme, Les Historiques* (études sur les châteaux), cours « Sauvetage et Archéologie ».

■ **Cotravaux. Coordination pour le travail volontaire des jeunes.** 11, rue de Clichy, 75009 Paris. **Créé** 1959, sous le patronage du Haut Comité de la jeunesse. Aménagement de lieux collectifs (socioculturels, touristiques), protection de l'environnement et du patrimoine. Regroupe 12 associations [équipes internationales, adolescents (14-18 ans) ou adultes].

Associations membres. Alpes de lumière, maison du Patrimoine, 04300 Mane. **AUI,** 2, rue Belliard, 75018 Paris. **Echel,** La Louvrière, 25330 Nans-sous-Ste-Anne. **Fuaj,** 27, rue Pajol, 75018 Paris. **Les Compagnons bâtisseurs,** Sud-Ouest résidence, 2, rue Claude-Bertholet, 81100 Castres. **Concordia,** 1, rue de Metz, 75010 Paris. **Jeunesse et Reconstruction,** 10, rue de Trévise, 75009 Paris. **Neige et Merveilles,** La Minière de Vallauria, 06430 St-Dalmas-de-Tende. **Service civil international,** 2, rue Camille-Flammarion, 75018 Paris. **Solidarités Jeunesses,** 38, rue du Fbg-St-Denis, 75010 Paris. **Unarec,** 33, rue Campagne-Première, 75014 Paris. **Union Rempart,** 1, rue des Guillemites, 75004 Paris.

Associations d'échanges internationaux

■ **AFS Vivre sans frontière.** Association de bénévoles, présente dans 53 pays. *Ass. française* **créée** 1950, *reconnue d'utilité publique* 1965. 46, rue du Cdt-Jean-Duhail, 94120 Fontenay-sous-Bois. Année scolaire, mois d'été ou trimestre scolaire à l'étranger, missions bénévoles à l'étranger à partir de 16 ans, accueil d'un jeune étranger.

■ **Centre de coopération culturelle et sociale.** *Agréé* 4-3-1952. 7, rue N.-D.-des-Victoires, 75002 Paris. **Créé** 1-11-1947. **CEI-Club des 4 Vents. Créés** 1947 et 1953, fusion 1991. 1, rue Gozlin, 75006 Paris. Organisent séjours linguistiques, sportifs, culturels et touristiques pour enfants à partir de 6 ans. Étudiants et adultes : stages, jobs à l'étranger. **Fédération française des clubs Unesco.** 2, rue Lapeyrère, 75018 Paris. **Créée** 1956 (agréée Jeunesse et Sports). **FFOSC (Fédération française des organisations de séjours culturels et linguistiques et sportifs).** 108, bd Péreire, 75017 Paris. Délivre un label de qualité. **Lec (Loisirs culturels à l'étranger).** 89, av. de Villiers, 75017 Paris. **Créé** 1972. 8 formules de séjour linguistique en Allemagne, Espagne, G.-B., Irlande, Écosse, USA. Accueil en familles et en collèges. **Union nationale des organisations de séjours linguistiques (Unosel).** 15-19, rue des Mathurins, 75009 Paris. **Créée** 1979. Écoles de langues. Délivre un label de qualité. Organise des séjours linguistiques.

Activités scientifiques

■ **Association française d'astronomie.** 17, rue Émile-Deutsch-de-la-Meurthe, parc Montsouris, 75014 Paris. **Créée** 1946 par Pierre Bourge. **Pt :** O. Las Vergnas. **Adhérents :** 2 500 membres individuels, 150 associations. **Abonnés :** 20 000. **Publication :** *Ciel et Espace* (mensuel, 70 000 à 110 000 ex.).

■ **ANSTJ (Association nat. sciences techniques jeunesse).** **Secrétariat :** 16, place Jacques-Brel, 91130 Ris-Orangis. **Siège :** Palais de la Découverte, 75008 Paris. **Activités :** séjours de vacances pour 8/18 ans, aide au développement de projets à caractère scientifique dans le cadre de clubs, échanges entre jeunes et milieu de la recherche et de l'industrie (festivals de l'Espace, des Trophées et Coupe E=M6, « Nuit des Étoiles » avec France 2) ; stages de formation pour enseignants et animateurs en astronomie, techniques aérospatiales (fusées), énergie solaire, informatique, électronique, robotique, télédétection, écologie, géologie, météorologie. *En 2000 :* 500 clubs, 100 000 participants, 1 000 animateurs, 60 permanents, 200 ateliers et classes de découverte, 5 délégations régionales.

■ **Ref-Union (Réseau des émetteurs français-Union française des radioamateurs).** Section de l'Iaru (International Amateur Radio Union), BP 7429, 37074 Tours Cedex 2. **Créée** 1925. **Pt :** Élisée Bismuth Fedro. *Reconnue d'utilité publique* 1952. **Adhérents :** 9 000. **Publications :** *Radio REF* (mensuel), *Bulletin F 8 REF* (hebdo.).

Activités culturelles

■ **A Cœur Joie.** « Les Passerelles », 24, av. Joannès-Masset, BP 9 261, 69264 Lyon Cedex 09. **Créé** 1940 par César Geoffray (1901-72). **Pt :** Erwin List. **Activités :** mouvement intern. de chant choral (chorales pour enfants et adultes), stages de formation chefs de chœurs, rencontres musicales. Choralies de Vaison-la-Romaine. **Publication :** *Chant choral magazine.* **Maison d'édition :** Éd. A Cœur Joie, BP 9151, 69263 Lyon Cedex 09. **Effectifs :** France 17 000 m.

■ **Afocal (Association pour la formation des cadres de l'animation et des loisirs).** 98 *bis*, bd de la Reine, 78000 Versailles. **Créée** 1979. Formation aux brevets d'animateurs et de directeurs de centres de vacances et de loisirs : Bafa, BAFD ; formations à visée profes. **Délégations régionales :** 11. *Stagiaires :* 7 000. *Assoc. adhérentes :* 56.

■ **Association internationale du nouvel objet visuel.** 32, allée Darius-Milhaud, 75019 Paris. **Pte :** Catherine Brelet. **Créée** 1964 par Jacques Anquetil (Union des maisons des métiers d'art français). Ouverte à tous les créateurs.

■ **Ateliers des Trois-Soleils.** 75, rue Eugène-Pons, 69004 Lyon. **Créés** 1957-58. **Agréés** 1962 (régional), 1974 (national). **Activités :** peinture, sculpture, poterie, vannerie, tissage, reliure, photo, art floral, batik, bijouterie, éducation corporelle. S'adresse en priorité aux animateurs, éducateurs, enseignants et travailleurs sociaux. *Stages d'art et artisanat :* Riverie, 69440 Mornant. **Adhérents :** 1 200. *Bénéficiaires au 2e degré :* 50 000.

■ **Centre national français du film pour l'enfance et la jeunesse.** 133, rue du Château, 75014 Paris. **Pt :** M. Hacquard. **Créé** 1949. **Centre d'information sur la production mondiale de films pour jeune public. Publications :** feuille d'information.

■ **Cœurs vaillants et Ames vaillantes de France.** 63, av. de la République, BP 700, 92542 Montrouge Cedex. Mouvement cath. d'éd. pour 5 à 15 ans. Assoc. **créée** 1936 par les pères Courtois (1897-1970) et Pihan (1912-96), nommée également *Action catholique des enfants.* **Activités :** réunions axées sur la vie (scolaire, familiale, loisirs, environnement), rassemblements, jeux, fêtes. 10 000 animateurs encadrent 60 000 enfants. **Publications :** *Les Mifasols* (5-8), *Ricochet* (8-11), *Vitamine* (11-15), *Relais* (animateurs).

■ **Familles rurales (Fédération nat.).** 7, cité d'Antin, 75009 Paris. **Créée** 26-6-1943. **Pte :** Marie-Claude Petit. **Dir. :** Gilles Mortier. **Composition :** 180 000 familles (soit plus de 1 million de personnes en milieu rural) dans 3 300 associations locales réunies dans 80 fédérations départementales et 18 féd. rég., 45 000 responsables bénévoles et 20 000 salariés. **Activités :** *animation :* 2 000 centres de loisirs et camps (70 000 enfants et jeunes accueillis, 5 500 animateurs) ; 800 clubs féminins ; plus de 1 000 clubs de retraités-personnes âgées, 4 500 aides ménagères. *Consommation :* 350 responsables locaux, informations, résolution des litiges, permanences et formation des responsables. Plus de 20 établ. d'information, consultation et conseil conjugal. Transports scolaires, garderies familiales, bourses aux vêtements, bibliobus, etc. **Publications :** *Familles rurales* (5 000 ex.), *Flash* (80 000 ex.), mensuels.

■ **Flec (Fédération loisirs et culture).** 24, bd Poissonnière, 75009 Paris. **Fondée** 7-7-1946. **Pt :** P. Fresil depuis 1986. Ciné-clubs pour enfants, jeunes et adultes ; formation cinéma-vidéo-multimédia. **Publications :** *Filmographe, Loisirs et Culture.*

■ **FNCTA (Fédération nat. des compagnies de théâtre et d'animation).** 12, rue de la Chaussée-d'Antin, 75009 Paris. **Fondée** 1907. **Pt :** Patrick Schoenstein. *En 2000 :* environ 1 200 compagnies théâtrales affiliées et environ 30 000 comédiens. **Publication :** *Théâtre et Animation.*

■ **Les Francas (Fédération nat. laïque de structures et d'activités éducatives, sociales et culturelles).** 10-14, rue Tolain, 75980 Paris Cedex 20. **Pt :** Pierre Durand. 91 associations départementales, 17 unions régionales. 20 000 adhérents. 1 200 000 enfants et jeunes dans 5 000 centres d'activités. 20 000 personnes formées par an (bénévoles et professionnels). Programme national « Place de l'enfant ». **Publications :** *Camaraderie* (20 000 ex.), *Réussir* (pour les éducateurs) ; documents techniques et pédagogiques.

■ **Inter-Animation.** 1, rue Gozlin, 75006 Paris. Regroupe des associations agréées. **Chant choral :** A Cœur Joie (voir ci-dessus). **Stages d'expression, d'animation, spectacle, artisanat :** *Animation jeunesse,* 13, rue de Buci, 75006 Paris. **Jeunesses musicales de France** (voir p. 426 c). **Jeunesse et Marine,** 10, rue de Constantinople, 75008 Paris.

■ **Loisirs-Jeunes.** 36, rue de Ponthieu, 75008 Paris. *Agréé* en 1957. **Pt :** M. Berthet.

■ **Vacances pour tous.** 21, rue St-Fargeau, 75989 Paris Cedex 20 (service vacances de la Ligue française de l'enseignement et de l'éducation permanente). **Activités :** centres de vacances, séjours linguistiques, voyages scolaires, classes de découverte, formations Bafa, BAFD. **Par an :** 950 000 participants, 10 millions de journées, 307 centres d'accueil pour 35 426 lits.

Scoutisme

Généralités

■ **Quelques dates. 1899-1900** lors du siège de Mafeking (Afr. du Sud ; 217 j du 13-10-1899 au 12-5-1900), le colonel Robert Baden-Powell [(22-2-1857/Kenya 8-1-1941) ; ép. le 30-10-1912 Olave Saint Clair Soames (22-2-1889/1977)] crée un corps de cadets de 12 à 16 ans pour remplir les tâches de messagers (*scouts*). **1907**-*29-7 au 9-8* B.-P. réunit les 22 premiers « boyscouts » sur l'île de Brownsea (G.-B., Dorset). **1908** le livre *Scouting for Boys (Éclaireurs)* propage ses idées. -*18-4 The Scout [l'Éclaireur* (hebdo)] lancé. **1909** 1ers Éclaireurs unionistes à Nantes. **1910**-*oct.* France, le pasteur Galienne s'inspire de la méthode scoute pour grouper quelques garçons de son patronage parisien du quartier populaire de Grenelle. Baden-Powell fonde avec sa sœur Agnès les Girl-guides. **1911** plus de 500 000 scouts dans le monde. L'abbé Augustin-Marie d'Andreis de Boson (1883-1960) fonde à Nice les Éclaireurs des Alpes. -*Janv.* 1re troupe d'Éclaireurs unionistes à Boulogne-sur-Seine (pasteur Samuel Williamson) qui applique la méthode scoute aux sections cadettes des UCJG (Union chrétienne de jeunes gens). -*Mars* Georges Bertier, directeur de l'École des Roches, et le lieutenant de vaisseau Nicolas Benoit fondent une troupe d'Éclaireurs de France à Verneuil-sur-Avre. -*2-11* les Éclaireurs de Fr. se constituent en association. Les groupes nés dans les UCJG avant les Éclaireurs unionistes de Fr. se constituent en un mouvement distinct, les Éclaireurs unionistes. **1912** des unités sont créées dans le cadre des Unions chrétiennes de jeunes filles. Création au Creusot (Saône-et-Loire) de la Milice St-Michel par Louis Faure ; à Paris, Henri Gasnier et l'abbé Marcel Caillet fondent les Intrépides du Rosaire. **1913** 1er camp intern. à Birmingham : 30 000 participants. **1914-20** fondation de groupes catholiques. **1916**-*2-10* le chanoine Antoine-Louis Cornette (1860-1936) et Édouard de Macédo fondent les Entraîneurs de St-Honoré-d'Eylau ; le 1er QG des Scouts de France est installé dans la cave du presbytère de St-Honoré-d'Eylau. **1918** B.-P. publie le « livre des Éclaireurs ». **1920**-*25-7* les groupes cath. forment les « scouts de Fr. » au 1er *jamboree* (mot zoulou : « assemblée d'amis »), 1 500 participants. **1921** fondation de la FFE (Fédération française des Éclaireuses), formée de sections unionistes, neutres, libres (catholiques) et d'une section israélite (1927). **1923** création des EIF (Éclaireurs israélites) et Guides de Fr. (catholiques). **1939**-*juin* 3 305 149 scouts dans 47 pays. **1964** section neutre de la FFE formée avec les EDF et les EEDF (Éclaireuses et Éclaireurs de Fr.) ; la section israélite rejoint les EIF. **1970**-*janv.* fusion de la FFEU, section féminine de la FFE (Fédération fr. des Éclaireuses unionistes) avec Éclaireurs unionistes de Fr. ; création de la FEEUF (Fédération des Éclaireuses et Éclaireurs unionistes de Fr.). **1990** scouts musulmans de France créés.

■ **Principes. But :** contribuer au développement personnel et social des jeunes. Ouvert à tous, à caractère non politique. **Fondé sur :** les contacts internationaux dans la perspective de la promotion de la paix, de la compréhension et de la coopération ; la participation au développement de la société dans le respect de la dignité de l'homme et de l'intégrité de la nature ; la prise en charge par chacun de son propre développement ; une méthode d'auto-éducation progressive, comportant des programmes adaptés aux différentes tranches d'âge et fondée sur une « promesse » et une « loi », l'éducation par l'action, la vie en petits groupes, un système de progression personnelle et des activités se déroulant au contact de la nature. « On peut compter sur l'honneur d'un scout, un scout est loyal, c'est le devoir d'un scout d'être utile aux autres, un scout est l'ami de tous, un scout est courtois, un scout est un ami des animaux, un scout obéit aux ordres, un scout sourit et siffle quand il rencontre une difficulté, un scout est économe, un scout est propre dans ses pensées, ses paroles et ses actes. » **Insigne des chefs scouts.** Badge de bois ; 2 bûchettes enfilées aux extrémités d'un lacet de cuir noué en collier. A l'origine, provenaient du collier d'un roi zoulou. **BA.** Bonne action *(good turn)* ; à faire chaque jour. **Emblème mondial.** Fleur de lys que l'on trouvait sur cartes et boussoles, symbole de la bonne direction. La corde qui l'entoure symbolise l'unité. **Décoration. Loup de bronze :** créé 1935, décerné par Comité mondial pour services exceptionnels, a été attribué à 256 personnes.

■ **Jamborees mondiaux.** 1er le 25-7-1920. **Nombre de participants** (en milliers) : *1920* Londres, G.-B. 8 ; *1924* Ermelunden, Dan. 5 ; *1929* Birkenhead, G.-B. 50 ; *1933* Gödöllö, Hongrie 25 ; *1937* Vogelenzang, P.-Bas 28 ; *1947 Moisson, Fr. 25 ; 1951* Bad Ischl, Autr. 13 ; *1955* Niagara Falls, Can. 11 ; *1957* Sutton Coldfield, G.-B. 34 ; *1959* Makiling Park, Philippines 12 ; *1963* Marathon, Grèce 14 ; *1967* Farragut, USA 12 ; *1971* Asagiri Heights, Japon 24 ; *1975* Lillehammer, Norv. 17 ; *1983* Calgary, Can. 16 ; *1988* Sydney, Australie 15 ; *1991* Soraksan, Corée 20 ; *1995* P.-Bas 29 ; *1998* Chili 31 ; *1999 Bourran, Fr.*

Scoutisme mondial

■ **OMMS (Organisation mondiale du mouvement scout).** *Conférence mondiale :* composée de 151 organisations nationales ; tous les 3 ans. *Conseil mondial :* 12 membres de pays différents élus par la conférence pour 6 ans ; renouvellement par moitié. **Pt :** Garnet de La Hunt. **Bureau mondial** *du scoutisme :* 5, rue du Pré-Jérôme, Case postale 241, 1205 Genève, Suisse. **Secrétaire général :** Jacques Moreillon (Suisse). Organise les jamborees quadriennaux. **Nombre de scouts** (au 1-1-2001) : plus de 28 000 000 dans 151 organisations nationales et 216 pays et territoires dont (en milliers, 2000) : Indonésie 9 961. USA 6 253. Philippines 3 491. Inde 1 963. Bangladesh 1 325. Thaïlande 1 238. G.-B. 542. Pakistan 508. Corée 247. Canada 238,9. Japon 227,5. Kenya 190,5. Allemagne 127. Pologne 117,7. *France 113,6.* Australie 109,5. Italie 108,7. Malaisie 96,4. Belgique 91,2. Espagne 82,9. Égypte 74,6. Chine 69,4. Hong Kong 69. Monaco 67. Portugal 66,7. Suède 65,5. Ouganda 65,2. Congo 62,8. Brésil 60,5. Mexique 59,5. P.-Bas 59,3. Danemark 51,7. Tanzanie 49,9. Nigéria 46,7. Argentine 45,4. Tunisie 40,9. Irlande 38,8. Chili 35,2. Finlande 30,5. Suisse 29,9. Nouvelle-Zélande 28,5. Rép. tchèque 26,1. Népal 25,8. Israël 21,9. Sri Lanka 21,7. Palestine 20,3. Bénin 19,6. Grèce 19,5. Arabie saoudite 19,3. Afrique du Sud 18,5. Autriche 16,3. Norvège 15,2. Jordanie 14,2. Libye 14,2.

■ **Féminin. Association mondiale des guides et des éclaireuses (AMGE) :** *conférence mondiale :* tous les 3 ans, 140 organisations nationales. *Comité mondial :* 19 membres, de pays différents, élus par la conférence pour 6 ans. *Pte :* Ginny Radford. *Bureau mondial :* Olave Centre, 12c Lyndhurst Road, NW3 5PQ, Londres. *Directrice :* Lesley Bulman. *Nombre de guides :* + de 10 000 000 dans 136 pays dont (en milliers) USA 3 525, Philippines 1 275, Inde 958, G.-B. 698, Canada 232, Indonésie 98, Corée 90,9, Pakistan 67, Autriche 10.

Scoutisme en France

☞ Le terme scoutisme, nom commun, ne peut être déposé à l'Institut national de la propriété industrielle. Le ministère de la Jeunesse et des Sports a agréé au plan national les associations de scoutisme ayant un rayonnement national.

Associations reconnues par l'OMMS

■ **Organisation.** Fédération de 6 associations. **Conseil nat. :** Pts et commissaires généraux des 6 associations. **Siège** et **bureau :** 65, rue de la Glacière, 75013 Paris. **Pt :** Christian Larcher.

Association EEDF (Éclaireuses et Éclaireurs de France). 12, place Georges-Pompidou, 93167 Noisy-le-Grand Cedex. **Fondée** 1911. **Pt :** François Rage. **Délégué gén. :** Dominique Girard. Association laïque mixte ouverte à tous. Accueille enfants, adolescents, handicapés en loisirs courts et séjours de vacances. **Organisation :** environ 380 groupes locaux. **Branches :** lutins (6 à 8 ans), louveteaux (8 à 11 ans), éclaireuses/éclaireurs (11 à 15 ans), aîné(e)s (15 à 19 ans). **Effectifs :** 35 000. **Publications :** *Loustic* (6 à 10 ans), *L'Équipée* (8 à 14 ans) ; *Routes nouvelles* (aîné(e)s et responsables). **Stages :** Bafa-BAFD agréés, stages techniques. *Centre national* de Bécours, EEDF. Becours 12320 Verrières.

Éclaireuses et Éclaireurs israélites de France. 27, avenue de Ségur, 75007 Paris. **Créée** 1923. **Pt :** Olivier Jaoui. **Branches :** *cadette* (bâtisseurs-bâtissettes) 8 à 11 ans, *moyenne* (éclaireurs-éclaireuses) 12 à 15 ans, *Perspective* 15 à 17 ans, *Cadres,* aîné(e)s. **Effectifs :** 1 067 m. environ dans 50 groupes locaux. **Formation :** stages Bafa, BAFD agréés, de formation juive et scoute. **Publications :** *Boné* (8-11 ans), *Mag'Azim* (12-15 ans), *Horizon PB* (15-17 ans), *Bulletin des cadres.*

EEUF (Éclaireuses et Éclaireurs unionistes de France). 15, rue Klock, 92110 Clichy. **Fondée** 1911, ouverte à tous ; d'inspiration chrétienne et d'origine protestante. **Pt :** David Honegger. **Secr. gén. :** Hervé Roulland. **Effectifs :** environ 8 000 filles et garçons, dont 1 200 animateurs bénévoles. Louvettes-louveteaux (8 à 12 ans), éclaireuses et éclaireurs (12 à 16 ans), aîné(e)s (16 à 18 ans). **Publications :** *Kotick* (8 à 12 ans), *Bivouac* (12 à 16 ans), *Catalyse* (16 à 18 ans), *Le Lien* (cadres et animateurs). **Formations :** Bafa, BAFD agréés.

Guides de France. 65, rue de la Glacière, 75013 Paris. Assoc. de scoutisme, féminin, catholique, ouverte à tous. **Créée** 1923. **Pte :** Anne Bossy. **Commissaire gén. :** Hélène de La Messelière. **Effectifs :** 23 000. **Branches :** Farandoles (6-8 ans), Jeannettes (8-12 ans), Guides (12-14 ans), Caravelles (14-17 ans), Jeunes en marche (18-20 ans). **Publications :** *Demain, Les Guides de France* (trim. pour responsables). Une revue trimestrielle par tranche d'âge. *Pour toi* (pour jeunes handicapés mentaux). **Services pédagogiques :** jeunes handicapés, Unités Soleil (migrants), Galaxies (ruraux). **Formation :** stages Bafa-BAFD agréés et stages techniques. *Centre international de formation :* Village des Feux nouveaux à Mélan (Alpes-de-Hte-Provence).

Scouts de France. 54, av. Jean-Jaurès, 75940 Paris Cedex 19. **Créée** 1920 par le père Sevin, le chanoine Cornette et Édouard de Macédo. Association de scoutisme catholique, ouverte à tous. **Pt :** Christian Traisnel. **Commissaire gén. :** Philippe Da Costa. **Effectifs :** 113 000 garçons et filles dont 23 000 cadres sur 1 500 implantations locales (+ 150 Dom-Tom et étrangers). **Branches :** louveteaux-louvettes (8-12 ans) ; scouts-scoutes (11-15 ans) ; pionniers-pionnières (14-18 ans) ; compagnons filles et garçons (17-21 ans). **Propositions :** 6-8 ans. Sarabandes ; « Arc-en-Ciel » : accueil de jeunes handicapés ; scouts marins ; membres associés. **Opérations :** « Plein-Vent » accueil de jeunes défavorisés. **Publications :** *Demain les Scouts de France* (pour les cadres), une revue par tranche d'âge. **Formation :** stages Bafa-BAFD agréés et stages techniques nombreux. *Centre national de formation :* Château de Jambville (Yvelines).

Scouts musulmans de France. 12, place Georges-Pompidou, 93160 Noisy-le-Grand. **Effectifs :** 1 500.

Associations non reconnues

Y compris associations n'ayant pas fait de demande de reconnaissance OMMS et AMGE.

■ **ENF (Éclaireurs neutres de France).** 11, rue Henri-Chevreau, 75020 Paris. **Pt :** Pierre Guichard. **Créée** 1947, agréée Jeunesse et Sports. **Effectifs** (en 2000) : 1 500. 2 sections (masculine et féminine). Louveteaux-louvettes (8-12 ans), éclaireurs-éclaireuses (12-16 ans), routiers, éclaireuses, aînées (16-18 ans). **Formation :** CEP 1, CEP 2, CNC (Camp national de cadres). **Publications :** *Feu de camp, L'Angon* (revue des cadres), *Servir* (routiers et aînées).

■ **FEE (Fédération des éclaireuses et éclaireurs).** 11, rue Henri-Chevreau, 75020 Paris. **Créée** 1989, laïque, agréée Jeunesse et Sports. **Pte :** Danielle Lequets. **Organisation :** 20 assoc. adhérentes. **Branches :** louveteaux (8-11 ans), éclaireurs (12-16 ans), routiers (18-25 ans). **Effectifs :** 2 000. **Formation :** stage 1er, 2e, 3e Deg-Bafa. **Publications :** *La Feuille, Mieux, Étapes.*

■ **AGSE-FSE (Guides et Scouts d'Europe).** Section fr. de l'Union intern. des guides et scouts d'Europe (UIGSE), route de Montargis, BP 17, 77570 Château-Landon. Mouvement fondé à Cologne (Allemagne) en 1956, déclaré en France 1958, contrat féd. signé par les associations fondatrices à Paris le 15-3-1963, agréé Jeunesse, Sports et Loisirs en 1970, reconnu avec statut consultatif par le Conseil de l'Europe en 1980. **Pt féd. :** Attilio Grieco (It.). **Commissaire féd. :** Pierrette Givelet (Fr.). **Pt français :** Bertrand Bouchend'homme. **Effectifs** (Europe, 12 pays + Canada) : 55 000 ; *France 26 000.* Section guides *(filles)* 40 %, scouts *(garçons)* 60 %. **Branches :** louveteaux-louvettes 8-12 ans ; éclaireurs-éclaireuses 12-17 ans ; routiers, pilotes ou guides-aînées 17 ans et +. *Chefs-cheftaines :* 18 ans et +. **Buts :** former des jeunes par la pratique du scoutisme authentique de Baden-Powell sur les bases chrétiennes.

■ **SUF (Scouts unitaires de France).** 21-23, rue Aristide-Briand, 92175 Vanves Cedex. Association **créée** 1971, reconnue d'utilité publique, agréée par le ministère de la Jeunesse et des Sports et le ministère de l'Environnement. **Pt :** Gérard Bouet. **Commissaire gén. :** Philippe de Robien. **Délégué gén. :** Ludovic Du Bot. **Branches :** *garçons :* louveteaux (8 à 12 ans), éclaireurs (12 à 17 ans), routiers (17 à 25 ans) ; *filles :* jeannettes (8 à 12 ans), guides (12 à 17 ans), guides aînées (17 à 25 ans). **Effectifs :** 20 000. **But :** promouvoir des « citoyens sains, heureux et utiles » par la pratique du scoutisme hérité de Baden-Powell et de ses fondateurs catholiques en France.

■ **Divers. Scouts St-Louis** (région de Lyon) : environ 250. **Scouts et guides N.-D. de France. Scouts Baden-Powell de France. Scouts St-Georges :** ont fondé en 1970 l'Association française des scouts et guides catholiques. **Raiders :** environ 200. **Europ-Jeunesse** (région Nord) : environ 350. **Scouts mormons. Éclaireurs de l'Évangile** (secrétariat national en Isère). **Éclaireurs de l'Armée du Salut. Flambeaux/Claires Flammes** (secrétariat national à Strasbourg, bd Wilson). **Éclaireurs adventistes. Association des scouts chrétiens évangélistes. Association française du scoutisme unioniste. Scouts orthodoxes de France.**

☞ **Musées en France :** Barberaz (73), La Croix-Valmer (83), Liévin (62), Nice (06), Pau (64), Sisteron (04), Thorey-Lyautey (54). **Archives nationales** à Toulouse (déposées aux archives municipales).

Associations de jeunesse et d'éducation populaire

■ **Cemêa (Centres d'entraînement aux méthodes d'éducation active).** 24, rue Marc-Séguin, 75883 Paris Cedex 18. **Créés** 1937. **Pt :** Jérôme Chapuisat. 29 associations régionales, 70 000 stagiaires/an. **Publications :** *Vers l'éducation nouvelle : Les Cahiers de l'animation* (20 000 ex.). Collection de fichiers et dossiers pédagogiques.

■ **Culture et Liberté.** 3, rue de Metz, 75010 Paris. **Née** de la fusion du Mouvement de libération ouvrière et du secteur éducation populaire du Centre de culture ouvrière. **Créée** 1970, agréée 1973. 15 associations. 20 000 participants.

■ **Fnepe (Fédération nat. des écoles des parents et des éducateurs).** 5, impasse du Bon-Secours, 75543 Paris Cedex 11. **Créée** 1970 regroupant les associations fondées à partir de 1929, reconnue d'utilité publique. **Pt :** Philippe Gutton. **Directrice :** Noëlle Mariller. **Rôle :** accueil, écoute, accompagnement des parents et des enfants, formations, animations. **Publication :** *L'École des parents* (bimestr. plus hors-série). 30 EPE en France.

■ **Jeunesse de la mer.** 23, rue Jean-de-Beauvais, 75005 Paris. **Fondée** 1930 par Louis-Joseph Lebret (dominicain) et l'abbé Havard. Jusqu'en 1972 Jeunesse maritime chrétienne (JMC). Association nationale agréée par min. Jeunesse et Sports, s'adresse aux jeunes marins de la pêche, du commerce, des écoles maritimes... Membre de la Mission de la mer. **Pt :** Jean-Paul Février. **Délégué général :** Alain Le Doaré. **Publication :** *Jeunesse maritime* (3 n[os]/an).

■ **Ligue française de l'enseignement et de l'éducation permanente.** 3, rue Récamier, 75007 Paris. **Fondée** 1866 par Jean Macé (1815-94) pour militer en faveur de la démocratie et de l'école laïque ; reconnue d'utilité publique. **Pt :** Roger Lesgard (né 3-12-1935). **Secr. gén. :** Jean-Marc Roirant. **Organisation :** 22 sections régionales, 100 fédérations départementales d'œuvres laïques, plus de 31 000 associations (en 2000). **Publications :** *Enjeux et Débats, Les Idées en mouvement, En jeu.*

■ **MJCF (Mouvement de la jeunesse catholique de France).** **Créé** 1970. Organise pèlerinages, veillées de prières, chapelets, retraites, camps de vacances, week-ends, randonnées, visites culturelles.

■ **Mouvement rural de jeunesse chrétienne.** 53, rue des Renaudes, 75017 Paris. **Créé** 1929 sous le sigle Jac (Jeunesse agricole catholique), devient le MRJC en 1965, né de la fusion de la Jac et de la Jeunesse agricole féminine (JACF). **Pt nat. :** Frédéric Delattre. **Effectifs :** 15 000 militants, 40 000 sympathisants, 3 branches. Jac : aides familiaux, exploitants agr., jeunes en formation agr. (10 %). JTS (jeunes travailleurs salariés) : apprentis, salariés, chômeurs (20 %). GE (groupe école) : scolaires lycéens, étudiants (70 %). **Publications :** *MRJC info.*

■ **Œuvres de jeunesse de Timon-David.** 88 A, bd de la Libération, 13248 Marseille Cedex 04. **Fondées** 1847 par le père Timon-David (1823-91). **But :** éducation par les loisirs des jeunes de milieux populaires. **Effectifs :** 41 religieux, 3 000 jeunes. **Établissements :** 10 œuvres, 3 écoles-collèges, 3 paroisses.

■ **Peuple et culture.** 108-110, rue Saint-Maur, 75011 Paris. **Créée** 1945. **Pt :** Cécil Guitard. **Au niveau local :** recherche-action et interventions en matière d'actions éducatives et culturelles, d'échanges internationaux, d'insertion et de lutte contre l'exclusion, de formation et de développement local ; **national :** journées d'études, séminaires et recherches. **Publications :** *Lettre* (3 n[os] par an), *Alternatives rurales* (4 n[os] par an).

■ **UFCS (Union féminine civique et sociale).** Voir à l'Index.

Écoles parallèles, pédagogie

■ **Association Montessori de France.** 322, rue des Pyrénées, 75020 Paris. **Fondée** 1950 par Mme Jean-Jacques Bernard. Affiliée à l'Ass. Montessori intern. **Pte :** Marie-Louise Pasquier. **Activité :** principal soutien des écoles Montessori de France.

■ **Anen (Association nat. pour le développement de l'éducation nouvelle à l'école).** 1, rue des Néfliers, 31400 Toulouse. **Fondée** 1969. Regroupe des écoles s'inspirant des travaux de R. Cousinet.

■ **Cepi (Collectif des équipes de pédagogie institutionnelle).** BP 68, 94002 Créteil. **Créé** 1978. **But :** définir une pédagogie nouvelle. S'inspire des travaux de Freinet (1920), F. Oury et A. Vasquez (1969) et des découvertes sur l'inconscient. **Adhérents :** 800 à 1 000.

■ **École Decroly.** 49, avenue Daumesnil, 94160 St-Mandé. Fondée par Ovide Decroly (1871-1932), médecin et pédagogue belge. Méthode basée sur la notion de « centre d'intérêt ».

■ **École Perceval.** 5, av. d'Epremesnil, 78400 Chatou. **Fondée** 1957, sans but lucratif (assoc. loi 1901). Pédagogie Rudolf Steiner. **But :** approche originale des matières, rythmes d'apprentissage, relations élèves-parents, professeurs. Direction collégiale. 380 élèves de la maternelle aux grandes classes. *Féd. des écoles Steiner :* 800 éc. dans le monde dont 9 en France.

L'INFORMATION

☞ Pour connaître la sélection **Quid** des meilleurs sites Internet sur l'information, rendez-vous sur **www.quid.fr**

☞ *Abréviations :* ab. : abonné(s) ; ar. : arabe(s) ; bimens. : bimensuel(s) ; conserv. : conservateur(s) ; dém. : démocrate ; DG : directeur général ; dim. : dimanche ; dr. : droite ; écon. : économie ; éd. : édition ; ex. : exemplaire(s) ; f. : fondé(s) ; fr. : français ; hebdo. : hebdomadaire(s) ; ind. : indépendant(e)(s) ; inf. : information(s) ; j. : journaux ; lib. : libéral(e) ; mag. : magazine(s) ; mens. : mensuel(s) ; mon. : monarchique ; nat. : national ; périod. : périodique(s) ; prov. : provinciaux ; pub. : publicitaire ; quot. : quotidien(s)(ne) ; rad. : radical ; soc. : socialiste(s).

JOURNAUX

RECORDS

■ **Journaux les plus anciens. Allemagne** 1470 : brochure publiée à Cologne. 1609 : *Avisa Relation oder Zeitung :* hebdo ; du 15-1 à 1616 en Basse-Saxe, puis 1620-24 : *Relation aller fürnemmen und gedenk wüdigen Historien,* hebdo. publié à Strasbourg au moins jusqu'en 1622. 1616 : *Frankfurter Oberpostamtszeitung.* 1650 : *Einkommende Zeitungen* à Leipzig de juillet à sept. (1er quotidien). **Angleterre** 1621 : *Weekley News.* 1625 : *Mercurius Britannicus.* 1702 : *Daily Courant* (quotidien). **Belgique** 1605 : *Nieuwe Tydingen* (disparu). **Chine** de 400 à 1934 : *Tching Pao.* **Espagne** 1641 : *Gaceta Semanal.* **Italie** Rome : *Acta Diurna Populi Romani* (journal gravé sur des tablettes). 1640 : *Gazzetta Pubblica.* **France** 1631 (janvier) : *Nouvelles ordinaires de divers endroits :* absorbées par *La Gazette* de Théophraste Renaudot (fondée 31-5-1631), qui devint *La Gazette de France* le 1-1-1762 et cessa de paraître le 30-9-1915. 1665 : *Journal des savants.* 1673 : *Le Mercure.* Tirage moyen au XVIIe s. : 1 200 ex., au XVIIIe s. : 12 000 ex. 1650 : *La Muse historique.* 1777 (1-1) : *Le Journal de Paris* (quotidien). **Suède** 1645 : *Hermes Gothicus.* 1645 : *Post och Inrikes Tidningar* fondé par l'Académie royale des lettres de Suède. **Suisse** 1610 : *Ordinari Wochenzeitung.*

■ **Journaux publiés sans interruption depuis le plus longtemps. Angleterre** *Berrow's Worcester Journal* (fondé 1690 et hebdo. depuis 1709). Pour les quotidiens, le *Lloyd's List* (fondé 1734). Le *Times* a pour origine le *Daily Universal Register,* journal fondé le 1-1-1785 (titre actuel depuis 1788). **France** *Journal de la Corse* (fondé 1815, devenu bihebdo., 3 500 ex.). **Suède** *Post och Inrikes Tidningar* (fondé 1645). **USA** Le *New York Post* a pour origine le *New York Evening Post,* hebdo. fondé le 29-10-1764, devenu quot. en 1836.

■ **Journaux les plus lourds.** *Sunday New York Times* 6,35 kg (du 5-8-1987). *Vogue* amér., 828 pages (de sept. 1987). *Bride's* amér., 1 034 p. (de févr.-mars 1990). **Le plus épais.** *Shukan Jutaku Joho* 1 940 pages (hebdo japonais d'immobilier, du 10-1-1990). **Les plus grands.** *Het Volk* (quot., Gand, Belgique 14-6-1993) 142 × 99,5 cm. *The Nantucket Inquirer and Mirror* (hebdo. amér.) : 76 × 56 cm. *The Constellation* (imprimé par George Roberts aux USA 4-7-1859) : 130 × 89 cm. **Les plus petits.** *Diario di Roma* (1829) 9 × 11 cm. *Daily Banner* de Roseburg (USA) 7,6 × 9,5 cm. *Le Petit Format* (Apt, Vaucluse) 7,5 × 10,5 cm. *Vossa Senhoria* (quot., Brésil, 1935) 3,5 × 2,5 cm (16 pages).

■ **Tirages les plus forts** (nombre d'exemplaires). **Quotidiens :** EX-ALL. FÉD. : *Bild Zeitung* 5 310 904. ANGLETERRE : *Sun* 4 183 647 (8). CHINE : *Le Quotidien de l'Armée de libération* 100 000 000 (2). ÉTATS-UNIS : *Wall Street Journal* 1 841 188 (9). FRANCE : *L'Équipe* 1 957 173 (du 13-7-1998 ; 1 645 907 vendus) ; *Ouest-France* 1 299 231 (du 16-8-1988) ; *Le Figaro* 970 577 (du 19-3-1991). Le 1er journal tiré à 1 million d'ex. fut *Le Petit Journal* en 1886 (il coûtait 5 centimes). JAPON : *Yomiuri Shimbun* 14 811 181 (6) (matin 9 969 321, soir 4 841 860) et 14 385 464 (10), *Asahi Shimbun* (7) 8 256 000 (soir 4 750 000). EX-URSS : *Trud* 15 400 000, *Pravda* 10 700 000 (1), *Komsomolskaïa Pravda* (journal des jeunesses communistes) 22 000 000 (5), *Izvestia* 8 600 000 (1).

Périodiques : international *Reader's Digest* (mensuel). 48 éditions, dans 56 pays, en 19 langues, près de 28 millions d'ex./mois. **Nationaux** ANGLETERRE : *The News of the World,* journal du dimanche 4 954 000 (3) (4 849 679 (8)). FRANCE hebdo. : *TV Magazine* (voir p. 1351 a) ; mensuel : *Modes et Travaux* 1 132 461 (3). JAPON : *Iye ho Hikari* 1 147 000 (3). EX-URSS : *Rabonitza* 13 300 000 (1) ; *Argumenty i Fakty* (hebdo.) diffusion 33 431 100 (5). USA : *Parade* (supplément couleur distribué avec 340 journaux du dimanche) 37 000 000 (11).

Nota. – (1) 1983. (2) 1985. (3) 1986. (5) Mai 1990. (6) 1er avril 1990. (7) 1991. (8) Août 1994. (9) 1996. (10) Janvier 2000. (11) Avril 2000.

Journal le plus cher : l'édition du 19-12-1997 du quotidien italien *Il Manifesto* (fondé en 1971) coûtait 50 000 livres (177 F) au lieu de 1 800 (6 F) pour lui permettre de rester indépendant.

AGENCES DE PRESSE

GÉNÉRALITÉS

■ **Origine. 1832** *Charles Havas* (Fr., 1783-1858) fonde à Paris un « Bureau de nouvelles » qui devient en **1835** l'agence Havas sous le nom d'« Agence des feuilles politiques, correspondance générale ». Les nouvelles proviennent des journaux étrangers traduits dès leur arrivée à Paris, puis des correspondants que l'agence engagera en Europe. **1845** le *Morning Chronicle* de Londres reçoit pour la 1re fois une information de presse par le télégraphe Morse. **1849** Bernhard Wolff (All.), réfugié à Paris en 1848 et qui a travaillé chez Havas, fonde l'agence Wolff en Allemagne. **1851** *Julius Reuter,* également réfugié à Paris et ancien de Havas, fonde l'agence Reuter en G.-B. **1880** 1ers téléscripteurs : Wright (USA) et Jean Baudot (Fr.).

■ **Nombre.** 196 recensées dans le monde en 1996 ; 5 couvrent 99,8 % du globe.

■ **Définition juridique en France** (extraits de l'ordonnance du 2-11-1945 et loi du 19-10-1970). Organismes privés commerciaux qui fournissent aux journaux et périodiques des articles, informations, reportages, photos et autres éléments de rédaction, et qui en tirent leurs principales ressources. Les agences de presse peuvent donc vendre leurs services à d'autres organismes dans la mesure où la majeure partie de leur chiffre d'affaires est réalisée avec la presse. Il leur est interdit de faire « toute forme de publicité en faveur des tiers » et de « fournir gratuitement des éléments de rédaction aux journaux et périodiques ».

■ **Organisations professionnelles en France. Fédération française des agences de presse (FFAP)** 24, rue du Fbg-Poissonnière, 75010 Paris. *Pt :* Daniel Renouf. *Regroupe* plusieurs syndicats, des agences de presse d'informations générales (Sapig), photographiques (information et de reportage (Saphir), multimédia (SAM), de nouvelles (Sanov), télévisées (Satev), groupant les 3 grands : l'AFP et les bureaux parisiens d'AP et de Reuters. **Fédération nationale des agences de presse photos et informations** 13, rue La Fayette, 75009 Paris. *Pt :* Jean Desaunois (Imapress).

AGENCES MONDIALES

■ **Agence France-Presse (AFP). Siège :** 11-13, place de la Bourse, 75002 Paris. Bureaux dans 165 pays. **Origine :** *1835* agence fondée par Charles-Louis Havas (1785-1858). *1852* devient aussi agence de publicité. *1859* accord avec Reuter et Wolff pour un « partage du monde ». *1940-nov.* cède pour 25 millions de F sa branche information à l'État français qui en fait l'Office français d'information (OFI) à Vichy puis Clermont-Ferrand. *1944-20-8* des journalistes résistants occupent l'OFI, 13, place de la Bourse ; création de l'Agence France-Presse. Martial-Claude Bourgeon, directeur général. *-30-9* ordonnance accordant à l'AFP un statut « provisoire » d'établissement public autonome. *1945-22-3* François Crucy. *-29-12* Maurice Nègre. *1946-17-6* Paul-Louis Bret. *1950-2-1* Maurice Nègre. **Statut :** *loi du 10-1-1957* et *décret du 9-3-1957 :* « organisme autonome doté de la personnalité civile et dont le fonctionnement est assuré suivant les règles commerciales. » **P-DG :** élu par le Conseil d'administration en dehors de ses membres, pour 3 ans (renouvelables), et par 12 voix au moins aux 3 premiers tours. **Pt :** *1954* Jean Marin [Yves Morvan, 24-2-1909/3-6-95)] ; *1975* (13-6) Claude Roussel (1919-98) ; *78* (29-5) Roger Bouzinac (né 28-7-1920) ; *79* (8-10) Henri Pigeat (né 13-11-1939) ; *87* (22-1) Jean-Louis Guillaud (né 5-3-1929) ; *90* (26-1) Claude Moisy (né 26-6-1927) ; *93* (1-1) Lionel Fleury (né 17-1-1946) ; *96* (3-2) Jean Miot (né 30-7-1939) ; *99* (9-3) Éric Giuily (né 10-2-1952) [démission 26-9-2000] ; *2000* (11-10) Bertrand Éveno (né 26-7-1944). **Conseil d'administration :** 15 membres dont 8 représentants des directeurs de quotidiens désignés par leurs organisations (par suite d'un accord entre elles, la Féd. nat. de la presse française en désigne 5 et le Syndicat nat. de la presse quotidienne régionale 3 ; l'un de ces délégués est obligatoirement vice-Pt), 2 du service public de radio et TV nommés par le 1er ministre (porte-parole du gouvernement), 3 des services publics abonnés à l'agence (1 désigné par le 1er ministre, 1 par le min. des Affaires étrangères, 1 par le min. de l'Économie et des Finances), 2 du personnel de l'agence (1 journaliste et 1 non-journaliste). **Effectifs :** 2 000 dont 1 250 journalistes et 250 photographes, plus de 2 000 pigistes. **Réseau :** 110 bureaux et plus de 50 correspondants locaux, dans 110 pays. **Couverture :** organisation par continent en 5 pôles : Paris, Hong Kong, Montevideo, Nicosie (Chypre), Washington. **Chiffre d'affaires** (en millions de F) : *1998 :* 1 330,7 ; *99 :* 1 366,5 ; *2000 :* 1 566.

Service général : 3 000 000 de mots/j en 6 langues ; base de données de 60 000 000 de dépêches (depuis 1983) ; 500 photos d'actualité/j, 7 000 000 en archives. **Multimédia :** fabrication de services clés en main et de produits spécialisés pour les éditeurs de sites Internet avec des packages textes, photos, graphiques animés et vidéos ; services adaptés aux intranets des entreprises ; sélections à la carte, selon les thèmes, par e-mail ; AFP Direct : accès par Internet aux « fils » mondiaux de l'AFP (sur abonnement) ; banque de photos *ImageForum* (700 000 photos) ; banque de données sport. **Filiales :** *AFX News* et *AFX Asia :* service aux opérateurs des marchés anglais, allemand, italien, néerlandais et espagnol ; *EPA (European Press Photo Agency,* avec 12 agences européennes) : photo ; *Logipress :* vente de technologie ; *Polycom* (avec France Télécom et la Sté des bourses françaises) : diffusion satellitaire. **Partenariat TV** (avec Bloomberg) : chaîne d'informations en continu (sur CanalSatellite et le câble).

■ **Reuters Holdings. Siège :** 85, Fleet Street, EC4P 4A5, Londres (G.-B.) ; *Paris :* 101, rue Réaumur, 75002. **Fondée** *1851* par Paul-Julius Reuter (All. ; 1816-99, ancien collaborateur de Havas). *1963* s'oriente vers l'information boursière, s'implante aux USA et s'informatise : Stockmaster (1964), Money Monitor (1972), Dealing Service (interactif, 1981). *1985* prend en gérance le service photos d'UPI. *1999-déc.* rachète le groupe français ORT (marque Euridile). **Pt :** Peter Job. **Statut :** *1851* Sté familiale, *1915* Sté anonyme, coopérative, *1984* cotée aux Bourses de Londres et de New York. **Services aux médias :** nouvelles en 16 langues et photos d'actualité, fabrication de programmes TV (Reuters Television, ex-Visnews) ; **à la communauté financière :** services d'information en temps réel (203 marchés), transactionnels (Instinet, racheté 1991), systèmes de salles de marchés (Globex, Dealing 2 000-1 et 2) [traite 50 % des négociations de change], bases de données spécialisées combinées avec des inf. en temps réel (Reuters 3 000) [lancé 1996, 25 000 consoles installées début 1998, coût : plus de 100 millions de $]. **Équipement :** 362 000 terminaux dans 150 pays. Dispose du 2e réseau de satellites après celui du Pentagone. **Effectifs** (en 1999) : 16 900 (dont 400 en France) dont 2 000 journalistes, photographes et cameramen dans 96 pays (et en couvrant 157). **Utilisateurs :** 519 000 dans 57 700 organisations. **Dépêches :** 7 000/jour (en 23 langues). **Diversification :** *Reuters Television* depuis 1992 (*1960* Reuters reprend 11 % de l'agence d'images TV d'actualité Visnews ; *contrôle* 33 % d'ITN (agence d'images TV anglaise), 10 % de WTN aux USA. **Chiffre d'affaires** (en milliards de £) : *1991 :* 1,47 (profit net imposable 0,34) ; *2000 :* 3,59 (0,41).

■ **Associated Press (AP). Siège :** 50, Rockefeller Plaza, New York (USA) ; *Paris :* 162, rue du Fbg-St-Honoré, 75008. **Fondée** 1848 par James Gordon Bennett, David Hale et Horace Greeley pour le partage des frais de reportage de 6 journaux de New York. **Statut :** Sté coopérative sans but lucratif. **Directeur :** Louis D. Boccardi (né 26-8-1937) depuis 1985. **Abonnés :** *USA :* 5 000 stations radio et TV, 1 700 quotidiens ; *étranger :* 17 700 quot., mag., TV et radios ; *en France :* 44 titres (75 % de la diffusion nationale) + radios et TV. **Bureaux :** 242 (dont bureaux photo). **Effectifs :** 3 700. **Services** « nationaux » de nouvelles en 6 langues (anglais, français, allemand, espagnol, néerlandais, suédois), quotidiennement 20 millions de mots [exemple : Data Stream (« flux de données ») aux USA] ; infographies : 20/j en anglais, allemand, espagnol] ; photos d'actualités (1 000/j) ; TV (chaîne APTV créée 1994, devenue APTN 1998 après rachat de WTN) ; multimédia (dont sites Internet pour les abonnés). **Chiffre d'affaires :** *1998 :* 3 milliards de F. **Affilié :** AP-Dow Jones (AP-DJ) *créé* 1966 avec le groupe Dow Jones (éditeur du *Wall Street Journal*), inf. économiques et financières en anglais (plus de 2 000 abonnés dans le monde).

■ **United Press International (UPI). Siège :** 1400, Eye Street N.W., Washington, DC 20005 (USA) ; *Paris :* 2, rue des Italiens, 75009. **Créée** mai 1958 (fusion United Press Association, 5 000 clients, fondée 21-6-1907 par E.W. Scripps, et International News Service, 3 000 clients, fondé 1909 par le groupe Hearst). Vendue en 1982 par le groupe Scripps-Howard à Media News Corporation qui le revendit 23-6-1986 à Mario Vázquez-Raña, propriétaire du groupe El Sol, Mexico. Sous tutelle du juge des faillites (endettement : 60 millions de $), UPI fut rachetée en mai 1992 par Pat Robertson (prêcheur évangéliste) pour 6 millions de $, puis pour 3,95 millions de $ par Middle East Broadcasting (chaîne de TV arabophone basée à Londres, aux capitaux saoudiens). *1999* (août) revend sa clientèle radio et TV à Associated Press pour se consacrer à l'information spécialisée, sur Internet. **Pt :** Arnaud de Borchgrave. **Implantation :** 60 bureaux dans 90 pays. **Effectifs :** 250 employés (1 800 en 1985) [USA : 2 000 abonnés].

Quelques autres agences

Entre parenthèses, date de fondation.

Albanie *Agence télégraphique albanaise* (*ATA*, 1994). **Algérie** *Algérie Presse Service* (*APS*, 1963). **Allemagne** *Deutscher Depeschen Dienst* (*DDP*, Unterföhring, 1971). *Deutsche Presse-Agentur* (*DPA*, Hambourg, 1948). *Evangelischer Pressedienst* (*EPD*, Francfort, 1877). *Katholische Nachrichten-Agentur* (*KNA*, Bonn). *Springer Auslandsdienst* (*SAD*, groupe Springer, Hambourg). *Vereinigte Wirtschaftsdienste* (*VWD*, Eschborn, 1949). **Autriche** *Austria Presse Agentur* (*APA*, 1946). **Belgique** *Agence Belga* (1920). **Bulgarie** *Bulgarski Telegrafitscheka Agentsi* (*BTA*, 1918). **Canada** *Presse canadienne* (1917). **Chine** *Xin Hua* (bureaux : 170 dont Chine 70 ; effectifs : 7 900). *Zhongguo Xinwen She* (Agence des nouvelles de Chine, 1952). **Danemark** *Ritzaus Bureau* (*RB*, Copenhague, 1866). **Espagne** *Colaboraciones de prensa independiente* (*Colpisa*, Madrid, 1972). *Copi* (1982). *Cover* (1979). *DTR Press* (Madrid, 1979). *EFE* (Madrid, 1939). *Europa Press* (Madrid, 1966). *LID* (Barcelone, 1981). *Logos* (Madrid). *Mencheta* (Madrid, 1966). **États-Unis** *Bloomberg Business News* [*Bloomberg*, New York, économique, 1981 par Michael Bloomberg ; capital : M. Bloomberg 70 %, banque Merrill Lynch 20 %, partenaires de l'agence 10 % ; terminaux : 130 000 ; effectifs : 7 000 dont 750 journalistes ; radios d'inf. financières, production de j. TV, multimédia, 1 mag. ; CA 1998 : 11 milliards de F]. *Central News of America* (New York). *Central Press Association* (Cleveland). *Copley News Service* (Washington). *Crain News Service* (Chicago). *Dow Jones CDJ* (New York, 1882), publie 3 journaux. *Jewish Telegraphic Agency* (*JTA*, New York, 1919). *Hearst News* (Washington). *Knight-Ridder News* (*KRN*) et *Financial News Television* (*KRFN*, Washington). *New York Times News Service* (*NYTNS*, New York). *Scripps Howard News Service* (Washington). *States News Service* (*SNS*, Washington). *United Media New York* (New York). **Finlande** *Oy Suomen Tietotoimisto* (*STT*). **France** *La Cote bleue* (Bourse). *Agence centrale de Presse-Communication* (ACP-C, 1990). *Agence générale d'informations* (1980, succède à l'agence Aigles 1967). *Agence Libération* (juin 1971 par M. Clavel et J.-P. Sartre). *Agra Presse* (1949 par Henri Deramond, 3 000 ab.). *Agence Presse Service (APS)*. *Sté générale de Presse*. **Grande-Bretagne** *AFP-Extel News* (*AFX*, 1993). *Press Association* (*PA*, 1868). **Grèce** *Athens News Agency* (*ANA*, 1895). *Macedonian Press Agency* (*MPA*, 1991). **Hongrie** *Atlantis* (1990). *Magyar Tavirati Iroda* (*MTI*, 1880). *Referenczy Europress* (*REP*, 1990). **Inde** *Hindustan Samachar* (1948). *Press Trust of India* (*PTI*, 1947 ; bureaux : 102 dont Inde 88 ; effectifs : 1 554). *Samachar Bharati* (1966). *United News of India* (*UNI*, 1961). **Israël** *Agency of Associated Israeli Press*. *Israel News Agency* (*ITIM*). *Jewish Telegraphic Agency*. *Mednews Agency*. *World Zionist Organization Press Service*. **Italie** *Agenzia Giornalistica Italia* (*AGI*, Rome, 1950). *ADN Kronos* (Rome, 1951). *Ansa* (Rome). *ASCA* (Rome, 1968). *Radiocor* (Milan, 1953). **Japon** *Jiji Press* (bureaux : 82 dont Japon 29 ; effectifs : 1 460). *Kyodo News* (bureaux : 92 ; effectifs : 1 980). **Liban** *Agence nationale d'information* (*ANI*). **Maroc** *Maghreb Arabe Presse* (*MAP*, 1959). **Norvège** *Bulls Pressetjeneste* (*BP*, 1930). *Norsk Telegrambyrå* (*NTB*, 1915). *Norsk Presse Service* (*NPS*, 1960). **Pays-Bas** *Algemeen Nederlands Persbureau* (*ANP*, 1934). *Gemeenschapelijkf Persdienst* (*GPD*). **Pologne** *Omnia Press*. *Polska Agencja Prasowa* (*PAP*, 1944). *Polska Agencja Informacyjna* (*PAI*). *Unia Press*. **Portugal** *Lusa* (Lisbonne, 1987). **Roumanie** *AM Press* (1991). *Mediafax* (1993). *Rompres* (1939). **Russie** *Itar-Tass* (Telegrafnoe agentsvo Sovietskovo Soïouza : Agence d'information télégraphique de la Russie). *Créée* 22-1-1992, continue l'*agence Tass* fondée 1-12-1917 (bureaux : 134 dont 61 à l'étranger ; effectifs : 4 000. *Rossiïskoïe Informastsionnoïe Agentura Agentsvo Pechati Novosti* (*RIA-Novosti*, Moscou, agence d'État issue de la fusion par décret, en décembre 1993, de RIA, février 1991, et de Novosti, ex-2de agence de presse de l'URSS, la nouvelle entité étant alliée aux 14 agences des pays de la CEI). *Interfax* (1990). *Postfactum* (Moscou, 1992). **Suède** *Förenade Landsortstidningar* (*FLT*). *Nyhetsbyrån. Telegrambyrå*. *Pica Pressfoto*. *Pressens Bild*. *Svenska Nyhetsbyrån*. *Tidningarnas Telegrambyrå* (*TT*, 1921). **Suisse** *Agence télégraphique suisse* (*ATS*, 1894). *Correspondance politique suisse* (*CPS*). *Sportinformation Berne*. *Agence de presse internationale catholique* (*Apic*, 1920). **Syrie** *Syrian Arab News Agency* (*SANA*, 1965). **Rép. tchèque** *Ceska Tiskova Agentura* (*CTA*, 1994). *Ceska Tiskova Kancelar* (*CTK*, 1918). **Tunisie** *Tunis Afrique Presse* (*TAP*). **Turquie** *Akajans* (1976). *Anadolu Ajansi* (*AA*, 1920 ; 200 abonnés, utilise turc, anglais, français). *Anka Haber Ajansi* (*Anka*, 1972). *Hürriet Haber Ajansi* (*HHA*, 1963). *Ihlas Ajansi* (*IHA*, 1993). *Türk Haberler Ajansi* (*THA*). *Ulusal Basin Ajansi* (*UBA*, 1979). **Vatican** *Agenzia Internationale Fides* (*AIF*, 1926).

■ **Agences de photos françaises.** **Nombre :** environ 100, employant de 2 à 200 personnes, + environ 60 photothèques.

Agence générale d'images (AGI). *Détient* Gamma (voir ci-après), Stills, Explorer, Giraudon, F. Spooner. Détenue à 75 % par Hachette Filipacchi Médias depuis nov. 1999. **Chiffre d'affaires :** *1995 :* 160 000 F.

Corbis Sygma. *Fondé* 1973 (et dirigé jusqu'en mai 1998) par Hubert Henrotte (né 16-6-1934). *Dirigé* par Jean-Marc Smadja (né 1947). Racheté juin 1999 par Corbis (détenu par Bill Gates). 50 photographes exclusifs et 150 correspondants. **Groupe Sygma :** *filiales* Kypa-Interpress, Sygma USA, Sygma Londres. **Chiffre d'affaires :** *1998 :* 125 millions de F (dont 40 % à l'exportation), total groupe 170 millions de F.

Gamma. *Fondée* 1967 par Gilles Caron et Raymond Depardon. Détenue à 100 % par AGI. **Pt :** Rémi Gaston-Dreyfus. 1er réseau de distribution mondial : 700 000 photos disponibles sur Numéris depuis 1989, 35 reportages diffusés par jour dans 50 pays, 25 agents/bureaux de vente à l'étranger, 25 groupes sous contrat gèrent la prod. de 500 photos/an dont 150 à titre régulier. **Chiffre d'affaires** (en millions de F) : *1992 :* 85 ; *93 :* 92 ; *95 :* 81 ; *96 :* 82 ; *97 :* 88 ; *98 :* 85.

Magnum Photos. *Fondée* 1947 par Henri Cartier-Bresson, Robert Capa, George Rodger, David « Chim » Seymour. Coopérative internationale (41 photographes-membres propriétaires). **Bureaux :** Paris, New York, Londres, Tokyo, Milan. 14 agents à l'étranger. **Chiffre d'affaires :** *1998 :* 70 millions de F.

Sipa Press. *Fondée* 1968 par le journaliste turc Göksin Sipahioglu (né 28-12-1926). **Bureaux :** Paris, New York. 62 représentants dans le monde. 50 photographes à Paris, collabore avec 3 000 photographes dans le monde. **Chiffre d'affaires :** *2000 :* 100 millions de F (hors bureau New York) dont 45 % à l'export ; total groupe 115 millions de F.

Autres agences. AFP Photo, Agence Vu, Arenok, Cosmos, Eurelios, Impress, Keystone-l'Illustration (1923), Rapho [1933, par Raymond Grosset (1910-2000)], Roger Viollet, Sunrgia.

☞ **Part du « people »** (photos de célébrités) **dans le chiffre d'affaires** (en %, 1998) : Sygma 55 à 60, Sipa 40, Gamma 30. La série de clichés du baiser entre lady Diana et Dodi aurait rapporté 10, voire 30 millions de F.

Presse étrangère

Quotidiens en 1996	Nombre de titres	Tirages (en milliers)	Exemplaires /1 000 hab.
Allemagne	375	25 500	311
Belgique	30	1 625	160
Canada	107	4 718	159
Danemark	37	1 628	311
Espagne	87	3 931	99
Finlande	56	2 332	455
France	*117*	*12 700*	*218*
G.-B.	99	19 332	332
Italie	78	5 960	104
Japon	122	72 705	580
Norvège	83	2 578	593
Pays-Bas	38	4 753	305
Pologne	55	4 351	113
Portugal	27	740	75
Russie (Féd.)	285	15 517	105
Suède	94	3 933	446
Suisse	88	2 383	330
Ukraine	44	2 780	54
USA	1 520	56 990	212

Source : Unesco.

■ **Exportations et,** entre parenthèses, **importations de quotidiens et de périodiques** (en millions de $, 1995). Allemagne 982,4 (318,5), USA 856 (242,4), G.-B. 600,6 (149,2), *France 549,7 (446)*, Pays-Bas 238,7 (116,3), Italie 233,9 (143,1), Belgique et Luxembourg 157,3 (255,6), Canada 153,4 (638,8), Finlande 152,9 (20,9), Espagne 152,1 (148), Suisse 94,7 (377,3), Danemark 60,9 (31,4), Japon 52 (185,6), Suède [1] 26,2 (68,7), Irlande 16,5 (78,2), Norvège 1,2 (42,2).

Nota. – (1) 1990.

☞ Principaux titres. *Légende :* date de fondation, tirage en milliers d'exemplaires.

■ **Algérie. Quotidiens. Alger :** *El Moudjahid* [2] (1965, FLN) 392. *Horizons* [2] (1985) 200. *Le Soir d'Algérie* [2] (1990) 130. *Al Massa* [1] (1985) 100. *Le Matin* [2] (1991, ind.) 100. *El Watan* [1] (1990, ind.) 95 (en 2000). *La Tribune algérienne* (1994) n.c. *Ach-Chaab* [1] (1962, FLN) 24. *La Liberté* [2] (1992, ind.). **Constantine :** *An-Nasr* [1] (la Victoire, 1963) 340. **Oran :** *El Djoumhouria* [1] (1963) 20. **Hebdomadaires. Alger :** *El Mountakheb* [1] (1986) 120. *Révolution africaine* [2] (1993, socialiste) 50. *Révolution et Travail* [1,2] (1993) 10. *Adhwa* [1] (1983). *El Moudjahid El Ousboui* [1] (1956, FLN). *Ethaoura oua El Fellah* [1]. *La Nation* (reparaît depuis 11-10-1998) 35. *El-Houria* (La Liberté) 20. **Constantine :** *El-Hadef* [2] (1972) 110. **Mensuels. Alger :** *Alouane* [1] (1973) 84. *Actualités-Économiques* [2] (1986) 50. *Amal* [1] 24. *El Djazaïr-Réalités* [1,2] (1972). *AfricSport* [2] (1985). *Afric-Eco* [2] (1985). *Ethakafa* [1], *1er Novembre* [1,2]. *Al Açala* [1] (1970). *Parcours* [1,2] (1986). *Économie* [1,2]. *El Djazairia* [1]. *Tribune du petit commerçant et artisan* [1,2] (1987). *Développement et Wilayate* [1,2]. *Culture et Société* [1,2]. *Politique internationale* [1,2].

Nota. – (1) En arabe. (2) En français.

☞ *Oct. 1988* (levée du monopole d'État) : le nombre de titres passe de 28 à 148 ; *1990 :* 10 quotidiens, 37 journaux non quotidiens (1,4 million d'ex.), 48 périodiques (803 000 ex.) ; *92 :* 5 quotidiens (1 million d'ex.).

■ **Allemagne. Groupes. Axel Springer Verlag AG.** *Fondé* par Axel Springer (12-5-1912/22-9-85). **Chiffre d'affaires** (en milliards de DM) : *2000 :* 5,2 (bénéfice net : 0,295). **Effectifs :** *2000 :* 12 504. Presse : 7 quot. : *Die Welt, Hamburger Abendblatt, Bild, Berliner Morgenpost, Elmshorner Nachrichten, Bergedorfer Zeitung, B.Z.* 4 j. du dimanche : *Welt am Sonntag, Bild am Sonntag, B.Z. am Sonntag, Euro am Sonntag*. 18 mag. : *Hörzu, Funk Uhr, Journal für die Frau, Allegra, Bild der Frau, Bildwoche, Auto Bild* (10 éditions à l'étranger), *Sport Bild, TV Neu, Familie & Computer, Computer Bild, Computer Bild Spiele ; Aktien Research, Popcorn, Mädchen, Miss Beauty, Hammer, Musikexpress/Sounds*. 17 mag. spécialisés : *Sprint, Rute & Rolle, Tennis Magazin, Golf Sport, Foto-Magazin, Fotowirtschaft, Weltkunst, Antiquitäten-Zeitung, Antike Welt, Künstler, Fliegermagazin, Fly and Glide, Rallye Racing, Aero International, Savoir Vivre, Kunstpreis Jahrbuch*. Groupe : Medical Tribune. Divers : *Econ Ullstein List, Cora Verlag*. Nombre de titres à l'étranger : Autr. 2, Croatie 2, Esp. 13, *France 1*, G.-B. 1, Grèce 1, Hongrie 29, It. 1, P.-Bas 1, Pol. 13, Roumanie 7, Rép. tchèque 13, Suisse 2, Turquie 1. Groupe Édition : Ullstein Verlag. Contrôle 41 % de la chaîne SAT. 1. **WAZ (Westdeutsche Allgemeine Zeitung).** *Fondé* 1948 par l'union des 4 quot. *Westdeutsche Allgemeine Zeitung, Westfällische Rundschau, Neue Ruhr-Zeitung, Westfalenpost* (tirage 1 million d'ex., diffusion à 80 % par abonnement) qui partagent certaines charges (imprimerie, distribution, régie publicitaire). **Effectifs** (en 1996) : 5 000. **Chiffre d'affaires :** *1995 :* 11 milliards de F. **Süddeutscher Verlag GmbH.** *Fondé* 6-10-1945 par Edmund Goldschagg, Franz Schöningh, August Schwingenstein (Dir. : Dr Dirk Refäuter, Bernd M. Baldzuhn, Dr Gunther Braun, Bernhard von Minckwitz, Hans-Wilhelm von Viereck). Presse : 5 quot. : *Süddeutsche Zeitung, Neue Presse, Freies Wort/Südthüringer Zeitung, Frankenpost, Bayerische Staatszeitung ;* 5 gratuits et suppléments ; presse professionnelle : *Der Standard*. Imprimerie : SV-Druckteknik, KG Südthüringer Druckerei u. Verlagshaus, Druckzentrum KG. Services Médias électroniques. **Jahreszeiten Verlag GmbH.** *Fondé* 1948 (propriétaire : Thomas Ganske). Presse : mag. : *Architektur & Wohnen, BMW Magazin, Country, Der Feinschmecker, Die Woche, Für Sie, Living Gardens, Merian, New World, Petra, Prinz, Relais & Châteaux, Selber Machen, Vital, Wein Gourmet, Zuhause Wohnen*. **Heinrich Bauer Verlag.** *Fondé* 2-1-1874 par Louis Bauer (1850-1941) [propriétaire : Heinz Bauer]. **Chiffre d'affaires** (en milliards de DM) : *1999 :* 3,08. Presse : mag. grand public : *Auf einen Blick, Auto Zeitung, Avanti, Bauidee, Bella, Bravo, Bravo Girl !, Bravo Screenfun, Bravo Sport, Das Neue, Das Neue Blatt, Das Neue Wochenend, Fernsehwoche, Geldidee, Kochen & Geniessen, Laura, Laura Wohnen Kreativ, Mach mal Pause, Maxi, Mini, Motorrad Reisen & Sport, Neue Post, Neue Revue, Praline, Playboy, Schoene Woche, Selbst ist der Mann, Tina, Tina Koch-& Backideen, TV 14, TV Hören und Sehen, TV Klar, TV Movie, TV Pur, Vida, Wohnidee*. **France :** *Maxi, Girls !*. **G.-B. :** *TV Quick, Bella, Take a Break, That's Life, Cookbook*. **Espagne :** *Bravo*. **USA :** *Woman's World, First for Women, Soap Opera Update, Soaps in Depth, Twist, J-14*. **Rép. tchèque** et **Slovaquie :** 6 mag. **Pologne :** *Bravo, Tina, Bravo Girl, Bravo Sport, Twoje Imperium, Twoj Weekend, Imperium TV, Swiat Kobiety, Tele Tydzien, Tele Swiat, Zycie na Goraco*. **Portugal :** *Bravo*. **Hongrie :** *Bravo, Bravo Girl !, Tina, Buci Maci*. **Roumanie :** *Bravo*. **Hubert Burda Media.** *Fondé* par Franz Burda (1903-86) ; *Pt :* son fils, Dr Hubert Burda (né 1940). **Chiffre d'affaires** (consolidé ; en milliards de DM) : *1999 :* 2 235. Presse : 205 mag. dont 147 à l'étranger ; en Allemagne : *Bunte, Burda Mode + Magazin, Das Haus, Elle, Elle Bistro, Elle Décoration, Focus, Freizeit Revue, Freundin, Glücks Revue, Instyle, Lisa, Lisa Kochen & Backen, Lisa Wohnen & Dekorieren, Meine Familie & Ich, Mein Schöner Garten, Neue Woche, Norddeutsche Neueste Nachrichten, Schweriner Volkszeitung, Super Illu, Super TV, Verena, Wellfit*. Services en ligne : *Focus Online, Haus + Garten*. **Gruner und Jahr AG & Co KG.** *Fondé* 1965 par John Jahr, Gerd Bucerius, Richard Gruner. Filiale de Bertelsmann. [Propriétaires Bertelsmann AG (74,9 %), Constanze-Verlag, John Jahr GmbH & Co.] *Pt :* Bernd Kundrun. Quotidiens : Allemagne 6, Hongrie 3, Roumanie 1, Slovaquie 1. Magazines : All. 39, France 13, Esp., Pol., USA 7, G.-B., Italie 3, Autriche 2 (à 75 %). Autres activités : imprimerie, production radio et TV, médias électroniques, service boursier en ligne. **Chiffre d'affaires** (en milliards de DM) : *1991-92 :* 3,6 ; *96-97 :* 4,8 ; *97-98 :* 5,13 ; *98-99 :* 5,36 (résultat net : 0,46). **Effectifs** (1997-98) : 11 914. **Bertelsmann.** 3e mondial. *Capital* (en %) : Fondation Bertelsmann [créée 1977 par Reinhard Mohn] 68,8, famille Mohn 20,5, Gerd Bucerius Zeit-Verleger 10,7. *Pt :* Thomas Middelhof. **Chiffre d'affaires et,** entre parenthèses, **résultat net** (en milliards de DM) : *1991-92 :* 16 (0,57) ; *92-93 :* 17 (0,58) ; *93-94 :* 18,2 (0,75) ; *94-95 :* 20,6 (0,805) ; *96-97 :* 22,4 (1,02) ; *97-98 :* 22,9 (1,12) ; *98-99 :* 29 (0,91) ; *99-2000 :* 32,5 (résultat courant 3,34). **Effectifs** (en 2000) : 76 300. Filiales en France : France Loisirs, Encyclopédies Bordas, BMG France, Prisma Presse, Les codes Rousseau, Impact Médecin, BOL, RTL. Contrôle : 40 mag. à l'étranger ; aux USA : Random House (100 % depuis mars 1998), RCA Records, Doubleday, Ricordi. Participations : RTL Group (ex-CLT-UFA ; 40 % ; TV, depuis avril 1996), RTL 2, Fun Radio, M 6, Vox, Première (50 %).

Quotidiens (fin 1997). **Augsbourg :** *Augsburger Allgemeine* (1945) 387. **Berlin :** *Berliner Zeitung* (1877) 349. *Die Welt* (1946) 285. *Berliner Morgenpost* (1898) 215. **Chemnitz :** *Freie Presse* (1962) 477. **Cologne :** *Kölner Express* (1964) 457. *Kölner Stadt-Anzeiger* (1876) 319. **Dortmund :** *Ruhr-Nachrichten* (1949) 237. **Dresde :** *Sächsische Zeitung* (1952) 408. **Düsseldorf :** *Rheinische Post* (1946) 444. *Express* 121. **Erfurt :** *Thüringer Allgemeine* (1946) 554. **Essen :** *Westdeutsche Allgemeine Zeitung* 1 298. **Francfort/Main :** *Frankfurter Allgemeine* (1949) 514. *Frankfurter Rundschau* 218. **Hambourg :** *Bild* (1952) 5 472. *Hamburger Abendblatt* (1948) 355. *Die Welt* (1946) 285. *Hamburger Morgenpost* 185. **Hanovre :** *Hannoversche Allgemeine Zeitung* (1949) 620. **Leipzig :** *Leipziger Volkszeitung* (1894) 361. **Ludwigshafen :** *Die Rheinpfalz* (1945)

264. **Magdebourg :** *Volksstimme* (1890) 304. **Munich :** *Süddeutsche Zeitung* (1945) 505. *Münchner Merkur* (1946) 231. *Abendzeitung* (1948) 230. **Nuremberg :** *Nürnberger Nachrichten* (1945) 362. **Oldenbourg :** *Nordwest Zeitung* (1945) 350. **Stuttgart :** *Stuttgarter Zeitung* (1945) 240. **Ulm :** *Südwest Presse* (1830) 380. **Hebdomadaires. Bad Woerishafen :** *Deutsche Handwerks-Zeitung* 434. **Düsseldorf :** *Businesskombi* 375. *Deutsches Handwerksblatt* 216. **Hambourg :** *Die Zeit* (1946) 555. **Périodiques** (ex. vendus 1er trim. 2000). **Magazines :** *Bild am Sonntag* 2 374. *Das Beste* 1 099. *Stern* [fondé 1948 par Henri Hannen (1913-96)] 1 078. *Der Spiegel* 1 058. *Bunte* 789. *Focus* 773. *Super Illu* 626. **TV :** *TV Movie* 2 562. *TV Spielfilm* 2 331. *Hörzu* 2 063. *Auf einen Blick* 1 946. *TV Hören und Sehen* 1 542. *Funk Uhr* 1 135. *Fernsehwoche* 1 004. **Femmes : hebdo. :** *Bild der Frau* 1 893. *Neue Post* 1 263. *Freizeit Revue* 1 099. *Tina* 1 006 ; **bimens. :** *Brigitte* 962. *Für Sie* 590 ; **mens. :** *Petra* 360. *Ratgeber Frau und Familie* 331. *Cosmopolitan* 326. *Amica* 281. **Famille :** *Eltern* 411. **Jeunesse :** *Bravo* 772. *Mickey Maus* 476. *Bravo Girl* 359. **Maison :** *Das Haus* 2 011. *Architektur & Wohnen* 86. **Érotisme :** *Coupé* 302. *Blitz Illu* 201. *Praline* 183. **Auto-moto :** *ADAC Motorwelt* 13 182. *Auto Bild* 803. *ACE Lenkrad* 568. *Auto Motor und Sport* 501. *AvD Motor & Reisen* 414. **Sports :** *Sport Bild* 494. *DAV Panorama* 411. **Sciences :** *GEO* 508. *PM Magazin* 423. **Informatique :** *Computer & Co.* 1 746. *Computer Bild* 1 032. *PC Welt* 462. *Chip* 405. *c't Magazin* 390. **Économie :** *FondsMagazin* 1 722. *Deutsche Handwerks Zeitung* 433. *Börse online* 226. **Société et Politique :** *Vorwärts* 647. *Die Zeit* 436.

☞ *Fin 1997 :* 427 journaux dont 402 quotidiens (36 millions d'ex.), 1 807 périodiques (203 millions d'ex.).

■ **Belgique. Quotidiens.** *En 1998 :* 17 entreprises de presse, 28 titres de journaux (dont édités en français 16, néerlandais 11, allemand 1). *Tirage total quotidiens en 1997 :* 1 928 744. *Diffusion totale nette quot. en 1997 :* 1 573 182. *Investissements pub. dans les quot. belges :* 11 150 millions de FB (est. 1997). *Chiffre d'affaires des entreprises de presse quotidienne en 1996 :* 27,2 milliards de FB. **Diffusion contrôlée** (1er trim. 2000) : **néerlandophones/bilingues :** *De Standaard* (Krantengroep) 499 [1]. *Het Laatste Nieuws* 280 [2]. *Het Nieuwsblad de Gentenaar* 214. *Gazet van Antwerpen* 118. *Het Volk* 109. *Het Belang van Limburg* 102. *De Financieel Economische Tijd* 53. *De Morgen* 50. **Francophones/allemands :** *Le Soir* 122. *La Meuse-La Lanterne* 84. *La Dernière Heure les sports* 77. *La Nouvelle Gazette-Sud Presse* 67. *La Libre Belgique* 53. *L'Écho* 28. *Grenzecho* 10. **Hebdomadaires** (diffusion nette, en 2000). **Néerlandophones :** *De Zondag* 450. *Jobe* 413. *Touring Magazine* 345. *Humo* 242. *Teve-Blad* 200. *Story* 165. *Flair* 132. *Knack* 129. *Knack Focus* 129. *Libelle/Proevens* 85. *TV-Expres* 81. *Joepie* 73. *Voetbal Magazine* 66. *TV Gids* 59. *Zondagsblad* 51. *Kwik* 39. **Francophones :** *Ciné Télé Revue* 400. *Sensa* 152. *Télépro* 151. *Télé Star Télémoustique* 134. *Victor-Le Soir* 125. *Mille et un délices* 101. *Femmes d'Aujourd'hui* 99. *Le Vif/L'Express* 86. *Flair* 132. *Top Santé* [3] 78.

Nota. – (1) En 1999-2000. (2) 2e trim. 2000. (3) Édition belge.

☞ *Source :* Association belge des éditeurs de journaux (ABEJ), Centre d'information sur les médias (CIM) et Féd. nationale des hebdo. d'information (FNHI).

■ **Canada. Quotidiens.** *1er : La Gazette de Halifax*, f. 1752. *Nombre en 1997 :* 106 quotidiens (en 1996, 4,7 millions d'ex.). **Nombre de titres et**, entre parenthèses, **nombre moyen d'ex. vendus par jour de publication** (en milliers, du 31-3-1995 au 1-2-1996) : **groupes :** Hollinger 26 (512,9), Thompson 22 (886,8), Southam 17 (1 430,3), Toronto Sun Publishing 10 (587,4), Irving 4 (141,2), Power 4 (312,9), Quebecor 4 (445,9), Bourgogne 3 (48,5), Newfoundland Capital Corp. 3 (48,5). **Indépendants :** 12 (887,8). **Tirage moyen par jour** (en milliers, période du 1-1 au 30-9-1999) : *Toronto Star* [1] 467,6. *Toronto Globe and Mail* 309. *Toronto National Post* [8] 300. *Montréal Le Journal* [3] 258. *Toronto Sun* [4] 239,8. *Vancouver Sun* [6] 186,4. *La Presse* (Montréal) [5] 168,2. *Vancouver Province* [6,10] 147,3. *Montréal Gazette* [6] 138,8. *Edmonton Journal* [6] 138,5. *Ottawa Citizens* [6,10] 136,7. *Winnipeg Free Press* [2] 130,1 [9,10]. *Calgary Herald* [6] 111,8 [9,10]. *Hamilton Spectator* [6] 103,4 [9,10]. *London Free Press* [1] 102,4 [9,10]. *Québec Le Journal* [3] 96,1 [9,10]. *Québec Le Soleil* [7] 85,5 [9,10]. *Toronto Financial Post* [4] 76,1 [9,10].

Nota. – (1) Indépendant. (2) Thomson (début 2000 : vend ses 55 quot. et 75 mag. pour développer le *Globe and Mail* et Internet). (3) Quebecor. (4) Toronto Sun Publishing. (5) Power. (6) Southam. (7) Hollinger. (8) 1er no 27-10-1998 : tiré à 500 000 ex. (groupe Southam). (9) du 31-3 au 30-9-1996. (10) du 1-1 au 30-9-1997.

☞ 85 % des magazines vendus en kiosque sont américains.

■ **Chine. Quotidiens. Nombre :** *1978 :* 180 ; *2000 :* 2 000 (26 millions d'ex.). **Pékin :** *Renmin Ribao* (Quot. du Peuple, organe du PC chinois, f. 15-6-1948) 4 000. *Gongren Ribao* (Quot. ouvrier, f. 1949) 1 700. *Jingji Ribao* (écon., f. 1983) 1 500. *Zhongguo Qingnian Bao* (Quot. de la jeunesse, f. 1951) 1 400. *Jiefangjun Bao* (Quot. de l'Armée de libération, f. 1956) 650. *Beijing Ribao* (f. 1952) 550. *Beijing Wan-bao* (Quot. du soir, f. 1958) 500. *Keji Ribao* (Quot. scientifique et techn., f. 1986) 500. *Guangming Ribao* (Clarté, f. 1949) 400. *Zhong guofunu bao* (Quot. des Femmes, f. 1984) 400. *Nongmin Ribao* (paysan, f. 1980) 300. *China Daily* (f. 1981) 300. **Périodiques. Nombre :** *1978 :* 900 ; *2000 :* 8 000.

■ **Espagne. Groupes. Zeta.** 7 [5] (3 048 [6]) 835 [7] ; *Periódico de Catalunya, de Aragon* [1], *Extremadura* [1]. *La Voz de Asturias* [1]. *Gaceta de Negocios* [1]. *Tiempo* [2]. *Panorama* [2]. *Interviu* [2]. *Man* [3]. *Fortuna Sports* [3]. *Quadrifoglio* [4]. *Ronda Iberia* [3]. *Novedades* [4]. *Tiempo de Viajar* [3]. *Conocer* [3]. *Penthouse* [3]. *Primera Línea* [3]. *Estar Mejor* [3]. *Ardi* [4]. *Oro Visa* [4]. **Grupo 16.** 5,8 [5] (1 721 [6]) 213 [7] ; *Cambio 16* [2]. *Motor 16* [2]. *Inversión 16* [2]. *Historia 16* [3]. *Gran Auto 16* [3]. *Marie Claire 16* [3]. *Gentes y Viajes* [3]. **Hachette.** 5 [5] (7 821 [6]) 1 958 [7] ; *Elle. Diez Minutos. Teleprograma. Fotogramas. Crecer Feliz. Ragazza. Elle Decoración.* **Prisa** (Promotara de Informaciones SA, f. 1976). **Chiffre d'affaires :** *1997 :* 2,7 milliards de F (bénéfice net 0,23) **dont quot. :** *El País* 1,4 (0,165). *Cinco Dias* (0,011) ; **radios :** groupe Union Radio (9,5 millions d'auditeurs) 0,817 (0,16) dont SER (1re radio généraliste), M80, 40 Principales, Dial, Radiole ; **audiovisuel :** Sogecable (50 %) 3,2 (0,011) dont Canal + (1,5 million d'ab.), Canal Satellite Digital, CSD (plateforme numérique lancée 1997, coût 2,6, ab. 400 000 fin mars 1998, déficit 0,54), Sogecine (12 % des films produits, 30 % des recettes). **Prensa española.** *ABC* [1] ; *Blanco y Negro* [2]. **Recoletos. Capital** (en %) : Pearson (voir p. 1333 a) 75, Telefonica Multimedia (TM) 20. **Chiffres d'affaires :** *1998 :* 2,2 milliards de F **dont quot. :** *El Mundo* (300 000 [7]), *Marca* (sport, 458 000 [7]), *Expansion* (61 270 [7]) ; **hebdomadaires :** *Gaceta* (150 523 [7]), *Telva* (TV, 111 338 [7]), *Diaro Medico* (45 407 [7]), *Actualidad Economica* (22 552 [7]) ; **audiovisuel :** 10 % de la TV Antena 3 et 5 % de la plate-forme numérique Via Digital (VD).

Nota. – (1) Quotidien. (2) Hebdo. (3) Mensuel. (4) Bimensuel ou trimestriel. (5) Recettes publicitaires en millions de pesetas. (6) Audience en milliers de lecteurs. (7) Diffusion en milliers d'exemplaires.

Quotidiens. Diffusion contrôlée (en milliers d'ex. ; *source :* Tarif Media 2001) : **Madrid :** *El País* (1976, également diffusé à Barcelone) 435. *Marca* 397. *El Mundo* (1989) 324. *ABC* (1903, mon., cath., ind.) 293. *As* (1967, sport) 140 (en 1998). **Barcelone :** *La Vanguardia* (1881, dr. lib., ind.) 205. *El Periódico de Catalunya* (1978) 194. *Mundo Deportivo* (1904, sports) 102. *Expansión* 59. **Bilbao :** *El Correo* (1937, droite) 133. **La Corogne :** *La Voz de Galicia* 106 (en 1998). **Gijon :** *El Comercio* 29. **Grenade :** *Ideal* 37. **Malaga :** *Sur* 41. **Oviedo :** *La Nueva España* (1937) 55. **Pampelune :** *Diario de Navarra* 62. **Saint-Sébastien :** *El Diario Vasco* 100. **Saragosse :** *Heraldo de Aragón* 66 (en 1998). **Valladolid :** *El Norte de Castilla* 36. **Valence :** *Las Provincias* 56 (en 1998). *Levante-EMV* 56 (en 1998). **Périodiques** (idem). *El Semanal TV* 990. *Byn Dominical* 753. *Via Digital* 600. *Hola* 599. *Tecnologik @* 573. *Oro* 500. *Expansión & Empleo* 375. *Bravo* 342. *El Cultural* 324. *La Luna* 324. *Muy Interesante* 275. *Magazine* 267. *Mia* 254. *Caza Diez* 213. *Ronda Iberia/Iberia* 200. *Quo* 191. *Cosmopolitan* 172. *Que me dices* 164. *Mi casa* 158. *Ser Padres Bebe* 144. *Computer Hoy* 132. *Telva* 126.

■ **États-Unis. Groupes** (chiffre d'affaires en milliards de $ si non précisé). **News Corporation.** *Pt :* Rupert Murdoch (né 11-3-1931 en Austr., nat. Amér. en 1985) détient 30 % du capital, 40 % avec sa famille. Contrôle plus de 800 sociétés dans 50 pays. **Chiffre d'affaires :** *2000 :* 13,4 milliards (bénéfice 1,15 euro). **Effectifs :** 35 000. **Principales activités : USA :** *The New York Post* (depuis 1976), *Star, Fox TV* (22 chaînes dont réseau Fox Network, chaîne câblée FX, d'information en continu Fox News Channel, payante Fox Kids Latin America) ; Chris Craft Industries (10 chaînes TV) ; 20th Century Fox (voir à l'Index) ; Harper-Collins (maison d'édition) ; TV Guide Inc. (43,6 %) [magazines TV] ; Harperand Row, Heritage Media (marketing) ; Delphi Internet Service, MCI Communication (multimédia) ; Los Angeles Dodgers (club sportif). **G.-B. :** News Corporation Ltd : 1/3 de la presse [dont le *Sun, News of the World* (depuis 1969) et le *Times* (depuis 1981)]. En mai 1991, a vendu 9 titres 0,65 milliard de $ à K III Holdings ; puis 3 titres à Emap Plc (10 millions de £ : *New Woman, Car, Supercar and Classics). Édition :* Harper-Collins. **Multimédia :** News Datacom, Delphi Creative. **TV :** Fox Broadcasting, Canal Fox, FXM (chaîne cinéma), Fox Latin America (à péage), participation chaîne satellitaire en Amérique du Sud, 37,6 % de BSkyB (British Sky Broadcasting, environ 40 chaînes), Star TV Hongkong, Foxtel Australie, 24 % de Kirch Pay TV (Allemagne), alliance avec Canal +, Havas et Bertelsmann pour bouquet numérique. **Australie :** environ 100 journaux dont *The Australian, The Adelaïde News, The Daily Telegraph, The Herald and Weekly Times* [1991 (3-10) fusion du *Melbourne Herald* et du *Sun (Herald-Sun)* à Melbourne, du *Daily Telegraph* avec le *Daily Mirror (Daily Telegraph Mirror)* à Sydney], 4 maisons d'édition (dont Harper-Collins), 36 chaînes de TV (25 % de Foxtel), 50 % de Fox Studios Australia (cinéma). 1 Cie aérienne (Ansett). **Nlle-Zélande :** 49,7 % de Independent Newspapers : 10 quot. de métropole, 50 autres titres ; *Pacific Islands Monthly.* **Fidji :** 5 journaux. **Europe :** News Corp Europe depuis fin nov. 1998 à Milan. **Amérique latine :** télévision : Canal Fox, Fox Sports, Fox Kids, 12,5 % de Telecine, 21,5 % de Cinecanal, Sky Latin America. **Allemagne :** télévision TM3 et 24 % de Kirch Pay TV. **Asie :** télévision : une trentaine de chaînes dont Star TV, 80 % de News Broadcasting Japan, India Sky Broadcasting, Phoenix, Indovision, 50 % de Asia Today. **Newhouse. Newspapers Group.** New York (*Pt :* Samuel Newhouse) : 26 quot. dont *The New Yorker* (depuis mars 1985), *Vogue.* **Time Warner.** Créé par fusion 1989 de Time (familles Luce et Temple) et Warner. **Chiffre d'affaires :** *1992 :* 13,07 [dont cinéma 3,45, musique 3,21, édition 3,12 *(Life, Sports Illustrated, Fortune, Money, People, Washington Star, Southern Living, Entertainment Weekly)*, TV cable 2,09 (7,1 millions d'abonnés), TV cryptée [Home Box Office (HBO) et Cinémax] 1,44 (23,7 millions d'ab.)]. **Gannett.** 1er groupe américain (en 1999). 81 quot. rég. dont *USA Today*, 12 hebdo., 6 stations de TV, 16 radios, institut de sondage Louis Harris (*chiffre d'affaires :* 3,5). **Dow Jones.** *Créé* 1882 par Charles H. Dow, Edward T. Jones et Charles M. Bergstresser. **Chiffre d'affaires :** 2,3 (dont versions électroniques 20 %) ; 23 quot. dont *Wall Street Journal* (17 sites d'impression aux USA), *The Asian Wall Street Journal* (1976, 72 000 ex., 9 imprimeries), *Wall Street Journal Europe* (1983, 98 000 ex., 5 imprimeries), *The W.S.J. Sunday* (en cahier dans plusieurs journaux du dimanche (7,2 millions d'ex.) ; 4 mag. ; 50 % de la chaîne financière CNBC Europe (avec NBC) ; **Knight-Ridder.** 2e groupe américain (en 1999). **Chiffre d'affaires :** 2,3 ; 31 quot. dont *Miami Herald, Philadelphia Inquirer.* **New York Times. Chiffre d'affaires :** *1992 :* 1,77 ; 24 quot. (dont *Boston Globe* racheté 1,1 milliard de $ en 1993), 15 mag. dont *Family Circle.* **Tribune.** 3e groupe américain depuis le rachat du groupe Times Mirror en mars 2000. 20 quot. dont *Los Angeles Times, Chicago Tribune*, 18 mag., 22 stations de TV, 4 radios, 1 équipe de base-ball (Chicago Cubs). **Chiffre d'affaires** *1999 :* 3,2 milliards de $ (Times Mirror : 3). **Washington Post.** 2 quot. **Newsweek.** Livres, édition, audiovisuel, électronique. **Reader's Digest. Chiffre d'affaires :** *1997 :* 2,8 ; 6 magazines (dont *Sélection du R.D.*, voir p. 1330 a), livres, musique, vidéo. **Hearst.** *Créé* 1903 par William Randolph Hearst (le *Citizen Kane* d'Orson Welles) à partir du journal Motor. *Pt :* Franck Bennack. **Chiffre d'affaires :** *1995 :* 3. 81 éditions internationales dans 29 pays, en 16 langues : 12 quot., 13 mag. dont *Cosmopolitan, Harper's Bazaar, Esquire*, 20 périodiques techn. et profes. par United Technical Publications, 2 maisons d'édition, 7 radios, 8 chaînes de TV, parts de chaînes câblées (dont Canal +).

Quotidiens. [*Source :* Audit Bureau of Circulations.] **Nombre de quotidiens :** *1940 :* 1 878 ; *45 :* 1 749 ; *86 :* 1 657 ; *97* (1-2) : 1 520 ; *2000* (1-2) : 1 483. **Hebdomadaires :** *1993 :* 7 406. 63 grandes villes (689 en 1910) ont plusieurs quotidiens ; ainsi New York en a 3 traditionnels plus des quotidiens de quartier atteignant parfois de gros tirages. *Tirage moyen de la semaine sauf samedi* (en milliers) [période de 6 mois finissant le 30-9-1999] : **Arlington** (Virginie) : *USA Today* 1 672. **Boston :** *B. Globe* (f. 1872 ; racheté 1992 par Arthur Sulzberger Jr pour 1,1 milliard de $) 463. *Herald* (f. 1892) 256. **Chicago :** *Tribune* (f. 1847) 658. *Sun Times* (f. 1848) 468. **Cleveland :** *Plain Dealer* 386. **Dallas :** *Morning News* 490. **Detroit :** *Free Press* (f. 1831) 365. *News* (f. 1873) 232. **Houston :** *Chronicle* 542. **Long Island :** *Newsday* 575. **Los Angeles :** *Times* (f. 1881) 1 078. *Daily News.* **Minneapolis :** *Star Tribune* 337. **Miami :** *Herald* 349. **Newark :** *Star-Ledger* 407. **New York** [1] : *NY Times* [(1er no *NY Daily Times* 18-9-1851) ; racheté 1896 par Adolph Ochs ; dirigé par son gendre Arthur Hays Sulzberger en 1935, puis, en 1963, par son petit-fils Arthur Ochs Sulzberger Sr, surnommé *Punch* par son père, depuis 1992 par Arthur Ochs Sulzberger Jr (dit *Pinch*). En couleurs depuis le 16-10-1997 (coût : 1 milliard de $). *Recettes publicitaires :* 70 % du *chiffre d'affaires* (pub. et annonces classées 50 % des pages, 35 % le dimanche). *Pagination :* semaine 136 p. ; dimanche 7 à 12 cahiers (396 à 576 pages, max. 720 en août 1987). Pèse en moyenne 2,7 kg (max. 6,5)] 1 086. *Wall Street Journal* (1er no 8-7-1889 ; remplace les bulletins boursiers manuscrits portés aux abonnés dans le quartier de la Bourse) 1 900 (+ 535 000 abonnés payants à l'édition interactive en ligne). *Daily News* (1947 : 4 500, racheté mars 1991 par Maxwell) 702. *NY Post* (f. 1801 : le plus ancien quot. amér.) 438 [pertes annuelles 27 millions de $ en 1976, racheté 30 millions de $ en 1976 par Rupert Murdoch (150 millions de $ de perte en 12 ans), Peter Kalikov 1988, pertes 14 à 18 millions $/an, repris par Murdoch oct. 1993 pour 25 millions de $ (grâce à une dérogation à la loi interdisant le cumul chaîne TV + journal dans une ville)]. **Orange County :** *Registers* 359. **Philadelphie :** *Inquirer* (f. 1829) 399. *Daily News* 162. **Phoenix :** *Arizona Republic* 433. **Portland :** *Oregonian* 348. **Saint Louis :** *Post Dispatch* (f. 1878 par John Pulitzer) 303. **San Diego :** *Union Tribune* 377. **San Francisco :** *Chronicle* (f. 1986) 457. *Examiner* (f. 1986) 107. **Washington DC :** *W. Post* (f. 1877) 763.

Nota. – (1) **New York Herald Tribune :** disparu en 1966 ; l'éd. parisienne, lancée en 1887 par J. Gordon-Bennett, a été relancée en 1967. Voir aussi Quid 1998 p. 1622.

Périodiques. [En milliers vendus (période de 6 mois finissant le 31-12-1998)]. *Modern Maturity* 20 534. *NRTA/AARP Bulletin* 20 358. *Reader's Digest* 13 768 [1], créé févr. 1922 par De Witt et Lila Wallace. *TV Guide* 12 580 [3]. *National Geographic Magazine* [1] [édité par la N.G. Society créée 13-1-1888 ; abonnés : 9 millions, lecteurs : 40 millions dans 164 pays] 8 169 [4]. *Better Homes and Gardens* 7 613. *Family Circle* [1] 5 005. *Good Housekeeping* [1] 4 585. *Ladies Home Journal* 4 576. *Woman's Day* [1] 4 242. *McCall's* 4 203. *Time* [2] (f. 1923 par Henry Luce et Briton Hadden) 4 074 [4]. *People Weekly* 3 635. *Playboy* 3 336. *Sports Illustrated* 3 264. *Prevention* 3 144. *Newsweek* 3 100 [4]. *Redbook* 2 868. *Cosmopolitan* 2 768. *The American Legion Magazine* 2 712. *Southern Living* 2 519. *Via Magazine* 2 508. *Seventeen* 2 416. *Martha Stewart Living* 2 354. *National Enquirer* 2 244. *YM* 2 187. *US News & World Report* 2 181. *Glamour* 2 163. *'Teen* 2 078. *Smithsonian* 2 041. *Money* 1 905.

Nota. – (1) Mensuel. (2) Hebdo. (3) Bihebdo. (4) En 2000 (*source :* Tarif Media International 2001).

☞ **Look :** créé 1937, a disparu le 19-10-1971. Son tirage était passé de 2 500 000 ex. en 1946 à plus de 7 500 000. Il a disparu par manque de publicité, bien qu'il eût abaissé son tirage à 6 500 000 et diminué ses tarifs calculés d'après la diffusion. **Life :** créé 23-11-1936 par Henry Luce, a cessé de paraître fin 1972 (dernier no le 29-12), bien qu'on eût réduit le tirage de 8,5 à 5,5 millions. Chaque no était vendu au-dessous du prix de revient, les budgets publicitaires ayant diminué (une page couleur coûtant 64 000 $, soit 320 000 F, les annonceurs préféraient payer 1 minute de TV). Il est reparu de 1978 au 17-3-2000 (baisse des ventes de 1,8 à 1,5 million d'ex. et de 9 % de la publicité, entre 1998 et 1999).

■ **Grande-Bretagne. Groupes. Associated Newspapers.** Pt : Vte Rothermere. 2 quot. : *Daily Mail* (nat.), *The Evening Standard.* 14 quot. Provinciaux. 28 hebdo. (dont *The Mail on Sunday,* nat.).

Emap (*DG* : Robin Miller). *En G.-B.* : 100 magazines grand public (dont 6 conjointement à Hachette Filipacchi Médias) et professionnels, salons professionnels, 17 stations de radio, services en ligne ; *France* : 40 mag. (voir p. 1340 b) ; *USA* 130 mag. (groupe Petersen racheté janv. 1999). **Chiffre d'affaires** (en milliards de F) : *1992-93* : 3 ; *93-94* : 4,5 ; *95-96* : 5,5 [dont mag. grand public G.-B. 1,65, France 1,37, mag. profes. et salons 1,33, journaux et imprimerie (revendus mars 96) 0,79, radio 0,36] ; *96-97* : 7,496 (dont France 2,1).

Financial Times. Filiale de Pearson (voir ci-dessous). *Dir. gén.* : Olivier Fleurot (né 1952, DG des *Échos*) depuis le 13-10-1998. Presse : **G.-B.** : *The Financial Times* (quot. nat.), groupe *The Economist* (50 %), FT Business (11 magazines), FTSE International (50 %), FT Marketwatch (34 %), FT Interactive Data. **Allemagne** : *Financial Times Deutschland* (50 %). **Espagne** : *Expansión, El Mundo* (30 % par le groupe Recoletos). **France** : *Les Échos.* **Afrique du Sud** : *Business Day & Financial Mail* (50 %). **Russie** : *Vedmosti* (journal économique, en partenariat avec *Dow Jones*). **Portugal** : *Economica* (par Recoletos). **Chiffre d'affaires** (en 2000) : 802 millions de £ (résultat d'exploitation 98). **Effectifs** (en 1999) : 1 200 dont 550 journalistes.

Guardian Meda Group (*Pt* : Paul Myners). 2 quot. : *The Guardian* (nat. ; *chiffre d'affaires 2000* : 120 millions de £, bénéfice net 19 ; *effectifs* : 270 journalistes), *Manchester Evening News.* 2 hebdo. : *Guardian Weekly, The Observer* racheté avril 1993.

Maxwell Foundation. En liquidation judiciaire, administrateur judiciaire : cabinet Arthur Andersen ; *ancien Pt* : Robert Maxwell [Jan Ludvik Hoch, né Tchécoslovaquie 1923, arrivé G.-B. 1940, fonde Pergamon Press 1949, député travailliste 1964-70, † nuit du 4 au 5-11-1991 au large des Canaries, tombé de son yacht (arrêt cardiaque ; l'hypothèse d'un suicide ou d'un meurtre déguisé en accident est écartée ; pour certains, il aurait été un agent soviétique de haut rang)]. *Déc. 1991* : on découvre que les dettes du groupe s'élèveraient à 34 milliards de F (2 fois 1/2 le chiffre d'affaires) et que 5,26 milliards de F, venant des 6 fonds de pensions de retraite de MCC et MGN, ont servi à rembourser les dettes des Cies privées du groupe ou à soutenir les cours de MCC et MGN (32 000 affiliés lésés dont 14 000 retraités). **1°) Groupe Mirror (MGN : Mirror Group Newspapers)** : 54,8 % possédés par le groupe Maxwell : *The Daily Mirror* (nat.), *Sunday Mirror, The People, Sunday Mail, Daily Record* (écossais), *Sporting Life* (nat.). Cecil King († 1987) avait dirigé de 1951 à 1968 l'IPC (International Publishing Corp.), groupe Mirror que Maxwell racheta en 1985. Aux USA, le *Daily News* (quot.) racheté par Maxwell en mars 1991. En Europe, avait lancé *The European* (hebdo, f. 11-5-1990 repris 1992 par David et Frederick Barclay, format tabloïd mai 1997, disparu déc. 1998) ; *chiffre d'affaires* et, entre parenthèses, *résultats* (en millions de £) : *1991* : 459,9 (47,3) ; *92* : 466,1 (– 84) ; *dette* (janv. 1999) : 500 millions de £. **2°) MCC (Maxwell Communication Corporation)** : 68 %. *Chiffre d'affaires 1988* : 11 milliards de £ (en investit 2 pour racheter MacMillan et une partie de Dun et Bradstreet). « Dépeçage » en 1992 de MCC et MGN : *Daily News* repris par *US News & World Report* le 26-10, mise en vente du *Daily Mirror,* cession des actifs britanniques de MCC avec vente de la filiale MBCG (Maxwell Business Corporation, 40 magazines) au groupe britannique Emap, vente de *The European* (disparu nov. 1998).

☞ A revendu 30 millions de £ le 11-3-1998 *The Independant* (centriste, lancé 1986, acheté mai 1994) au groupe Independant Newspapers (75 % de la presse irlandaise) de l'Irlandais Tony O'Reilly, qui en détenait 46 %.

IPC Magazines. 1er éditeur de magazines grand public en G.-B. *Acheté* 860 millions de £ en janvier 1998 par la Sté d'investissements Cinven au groupe hollandais Reed Elsevier (voir p. 1334 a). **Chiffre d'affaires** (en 1996) : 314 millions de £ (bénéfice : 63).

News Corporation Ltd. *Pt* : Rupert Murdoch (voir presse USA, p. 1332 b). Voir aussi Quid 1998, p. 1622 c.

Pearson. *Dir. gén.* : Marjorie Scardino (Américaine, née 1947). *En G.-B.* : Pearson Education (fusion sept. 2000 avec NCS) ; édition (en mai 1998, a racheté en partie l'éditeur américain Simon & Schuster ; fusion déc. 1998 avec Addison Wesley Longman ; Dorling Kindersley racheté mai 2000) : Penguin Group ; TV (22 % de RTL Group). **Chiffre d'affaires** (en 2000) : 3 874 millions de £ (résultat d'exploitation 333). **Effectifs** (1998) : 20 000.

Reed International. 74 titres (début 1998) dont *New Scientist* (seul titre conservé lors de la vente de 17 titres du groupe IPC : voir ci-dessus), *TV Times* ; quot. régionaux. Détient 50 % de Reed Elsevier (voir p. 1334 a) à parité avec Elsevier.

United Newspapers. *Pt* : lord Stevens. 3 quot. : *Daily Express, Daily Star, Yorkshire Post* ; 5 quot. du soir ; 1 hebdo. : *Sunday Express* ; 50 hebdo. prov. payants ; 62 hebdo. prov. gratuits ; 214 magazines dont 70 mensuels publiés aux USA. A racheté en 1985 le groupe Express (*Daily Express, Daily Star* et *Sunday Express*) créé par lord Beaverbrook (1879-1964).

The Telegraph. *Pt* : Conrad Black (Canadien). 1 quot. : *The Daily Telegraph* (nat.). 1 hebdo. : *The Sunday Telegraph* (nat.). 1 magazine hebdo. : *The Spectator.*

Principaux journaux. Moyenne des tirages vendus (en milliers, 1999) et, entre parenthèses, **date de fondation. Quotidiens du matin. « Populaires »** : *Sun* [1] (1964 ; ex-*Daily Herald* f. 1911, racheté 1961 par Cecil King et 1969 par groupe Murdoch) 3 584 [6]. *The Mirror* [1] (1903) 2 297,4. *Daily Star* (1978) 518. **« Marché intermédiaire »** : *Daily Mail* [1] (1896 par Alfred Harmsworth puis lord Northcliffe ; 1971 absorbe le *Daily Sketch*) 2 376,7. *The Express* [1] (1900 par Pearson, repris 1911 par Beaverbrook et 1964 par United Newspaper) 1 054. *Daily Record* 637. **« De qualité »** : *The Daily Telegraph* [2] (1855) 1 036,3. *The Times* [1] [1785-1-1 *Daily Universal Register* lancé par John Walter ; 1788-1-1 devient *The Times* ; 1806 1res illustrations ; 1902-17-1 supplément littéraire ; 1908-mars racheté par lord Northcliffe ; 1922 à la mort de celui-ci, racheté par Major Astor ; 1966 repris par Roy Thomson ; 1979-12-11 reparu après 50 semaines de grève (coût : 30 millions de F, augmentation de productivité de 30 %) ; 1981 repris par R. Murdoch] 724,7. *The Guardian* [3] (1821, *Manchester Guardian* jusqu'au 24-8-1959) 394,2. *The Financial Times* [1] [1884 *Financial News* ; 1888-9-1 *London Financial Guide* ; 13-2 devient le *Financial Times* (lettre confidentielle de 4 pages) ; 1 893 sur papier saumon (original et moins cher car de mauvaise qualité) ; 1945-1-10 fusion du *Financial News* et du *Financial Times* ; 1957 racheté par Pearson] 421,9. *The Independent* (1986) 224,6. **Journaux du dimanche. « Populaires »** : *News of the World* [1] (1843) 4 093,1. *Sunday Mirror* [1] (1963) 1 989,9. *Sunday People* [1] (1881) 1 583,5. **« Marché intermédiaire »** : *The Mail on Sunday* (1982) 2 304,9. *The Express on Sunday* (1918/1961 contrôle le *Sunday Dispatch* ; 1989-9-4 dernier journal national imprimé à Fleet Street) 977,5. *Sunday Sport* (1986) 208,3. **« De qualité »** : *Sunday Times* (1822) 1 348,6. *Sunday Telegraph* (1961) 822. *The Observer* [1] (1791) 407,8. *The Independent on Sunday* (1990) 249,5.

☞ Le *Sun, Daily Mail, Daily Mirror* et *News of the World* sont les principaux **tabloïds** : journaux populaires, souvent presse à scandales, à large diffusion.

Périodiques (en 1999). **TV et Radio** : *Skyview TV Guide* 4 803. *What's on TV* 4 492. *Radio Times* (1923) 3 779. *Cable Guide* 3 230. *TV Times* (1968) 3 066. *TV Quick* 2 133. *Sky View Digital TV Guide* 1 696. **Féminins** : *Take a Break* [4] 4 462. *Asda Magazine* [5] 4 291. *Safeway Magazine* [5] 3 916. *Sainsbury's Magazine* [5] 2 765. *The Somerfield Magazine* [5] 2 578. *Woman's Own* [4] 2 504. *Bella* [4] 2 444. *Hello !* [4] 2 288. *Woman* [4] 2 063. *Good Housekeeping* [5] 1 994. *Chat* [4] 1 947. *Cosmopolitan* [5] 1 890. *Best* [4] 1 700. *Woman's Weekly* [4], *Marie Claire* [5] 1 592. *Ideal Home* [5] 1 526. *Prima* [5] 1 375. *Homes & Gardens* [5] 1 355. *OK !* [5] 1 330. *Vogue* [5] 1 264. *House & Garden* [5] 1 242. *Sugar* [5] 1 209. *Woman & Home* [5] 1 201. **Divers** : *Reader's Digest* [5] 3 780. *FMH (For Him Magazine)* [5] 3 765. *AA Member's Magazine* [6] 3 642. *Auto Trader* [4] 2 017. *Loaded* [5] 2 192. *National Geographic* [5] 1 912. *Saga Magazine* [5] 1 872. *BBC Gardener's World* [5] 1 785. *Max Power* [5] 1 464. *BBC Top Gear* [5] 1 418. *What Car ?* [5] 1 348. *Maxim* [5] 1 186. *Weight Watcher* [7] 1 172. *Hair* [7] 956. *Sky* [5] 913. *Men's Health* [5] 898. *Classic Cars* [5] 830. *Top of the Pops Magazine* [5] 757. *BBC Match of the Day* [5] 724. *GQ* [5] 717. *Golf Monthly* [5] 703. *Four Four Two* [5] 667. *Q* [5] 642. *TV Hits* [5] 606. *F1 Racing* [5] 578. *TES (Times Educational Supplement)* [4] 575. *Motorcycle News* [4] 568. *Empire* [5] 567. *Mixmag* [5] 558. *Superbike* [5] 554. *Revs* [5] 552. *OnDigital* [5] 531. *Performance Bikes* [5] 522. *Slimming World Magazine* [7] 517. *What Hi-Fi ?* [5] 514.

Nota. – (1) Indépendant. (2) Conservateur. (3) Libéral. (4) Hebdomadaire. (5) Mensuel. (6) Trimestriel. (7) Bimensuel.

☞ **Nombre de magazines en 1998** : 6 500 dont grand public 2 200, professionnels 4 300.

■ **Inde. Groupes. Times of India Group.** *Times of India. Evening News of India. Navbharat Times. Maharashtra Times.* 2 périodiques : *Femina. Filmfare.* **Indian Express Group.** *Indian Express. Lokasatta. Dinamani. Andhra Prabha. Kannada Prabha. Financial Express.* 6 périodiques. **Hindustan Times Group.** *Hindustan Times. Hindustan. Pradeep.* 3 périodiques. **Ananda Bazar Patrika Group.** *Ananda Bazar Patrika. The Telegraph.* Périodiques (dont *Sunday*).

Nombre de journaux (en 1998). 43 828 dont en hindi 17 836, anglais 6 517. **Quotidiens** : 4 890 dont en hindi 2 202, urdu 509, anglais 353, tamil 344, marathi 302, kannada 290, malayalam 208, telegu 129, gujarâti 106, punjabi 106, bengali 96. **Hebdo.** : 15 645 dont en hindi 9 062, urdu 1 290, anglais 835, marathi 870, bengali 580, gujarâti 565, tamil 391, kannada 337, punjabi 332, telugu 236, malayalam 167, bilingues 534, plurilingues 92.

Quotidiens (juillet-déc. 1997). *The Times of India* 1 257,1. *Malayala Manorama* 957,8. *Punjab Kesari* 762,8. *Gujarat Samachar* 761,8. *The Hindu* (f. 1878) 682,1. *Mathrubhumi* 679,9. *Eenadu* 665,9. *Indian Express* 665. *Dainik Jagran* 659,1. *Sandesh* 590,9. *Hindustan Times* (f. 1924) 573,9. *Ananda Bazar Patrika* 500,7. *Navbharat Times* 430,4. **Plus ancien quotidien encore existant** : *Bombay Samachar,* fondé 1822.

Hebdomadaires (en 1996). *The Sunday Times* 1 306. *Malayala Manorama* 1 158. *Kumudam* 497. *India Today* 414. **Bimensuels** (juillet-déc. 1997). *Saras Salil* 744. *Vanitha* 368. **Annuels** (en 1997). *Kalnirnay* (janv.-juin) en marathi 4 550, en hindi 400. *Manorama Yearbook* 187.

■ **Italie. Groupes** (*CA* : *chiffre d'affaires* en milliards de lires). **Benedetti.** 14 quot. dont *La Repubblica* ; périodiques : *L'Espresso, Guida TV, Confidenze, Grazia, Dolly. CA 1990* : 2 350. **RAI.** *CA 1989* : 3 296. **Rusconi.** *CA 1996* : 1,5 milliard de F. **Fininvest** (frères Silvio et Paolo Berlusconi). *CA 1991,* consolidé : 45,9 milliards de F. Contrôle *Mondadori* (89 %) et *Il Giornale.* **Rizzoli-Corriere della Sierra (RCS).** Détenu à 100 % par la holding HDP (Holding di partecipazioni industriali, détenue par Sicind du groupe Fiet et Mediobanca). Quot. : *Il Corriere della Sera, La Gazzetta dello Sport* ; périodiques : *Panorama, Epoca. CA 2000* : 1,75 milliard d'euros (bénéfice net 0,96). Associé à 50 % avec Hachette pour l'édition italienne du magazine *Elle.* **L'Espresso.** *CA 1957* : 1 347 (résultat net 48,4) ; quot. : *La Repubblica.*

Quotidiens. *Nombre* : *1946* : 136 ; *76* : 77 ; *88* : 69 ; *91* : 95 ; *94* : 79 ; *98* : 92. **Diffusion contrôlée** (oct. 1999-sept. 2000 ; *source* : Tarif Media International 2001). **Bari** : *La Gazzetta del Mezzogiorno* (1922) 60. **Bergame** : *L'Eco di Bergamo* (1880) 57 (en 1999). **Bologne** : *Il Resto del Carlino* (1885, ind.) 186. **Brescia** : *Giornale di Brescia* (1945) 56 (en 1999). **Catane** : *La Sicilia* (1945) 63. **Florence** : *La Nazione* (1859) 155. **Gênes** : *Il Secolo XIX* (1886) 128. *Gazetta del Lunedi* 66. **Livourne** : *Il Tirreno* (1978) 92 (en 1999). **Messine** : *Gazzetta del Sud* (1952) 60. **Milan** : *Corriere della Sera* (1876, ind.) 704. *La Gazzetta dello Sport* (1896) 441 (en 1999). *Il Sole 24 Ore* (1965, financ., ind.) 410. *Milano Finanza* 260. *Il Giornale* (1974) 237. *Il Giorno* (1956) 87. *Avvenire* (1968, cath.) 94. **Naples** : *Il Mattino* (1892) 103. **Palerme** : *Giornale di Sicilia* (1860) 69. **Parme** : *Gazetta di Parma* 47. **Rome** : *La Repubblica* (1976) 646. *Il Messaggero* (1915, ind.) 293. *L'Unità* (1924, communiste) 59. *Il Tempo* (1944, ind.) 57. **Sassari** : *La Nuova Sardegna* (1892) 62 (en 1999). **Trieste** : *Il Piccolo* (1881) 50. **Turin** : *La Stampa* (1867, ind.) 395. *La Stampa Cronache* 362. *Tuttosport* (1945) 117 (lundi 142). **Udine** : *Il Messaggero veneto* (1946) 53 (en 1999). **Venise** : *Il Gazzettino* (1887, ind.) 138. **Vérone** : *L'Arena* (1866) 53 (en 1999).

Périodiques. *Nombre* : *1998* : 758. **Diffusion contrôlée** (idem). **Hebdo.** : *Sorrisi e Canzoni TV* 1 682. *Famiglia Cristiana* 970. *TV sette* 800. *Oggi* 749. *Gente* 693. *Donna Moderna* 611. *Panorama* 525. *L'Espresso* 402. *Guida TV* 389. *Telepiù* 377. *Chi* 360. *Anna* 302. *Anna in Cucina* 295. *Gioia* 284. *Grazia* 280. *GrandHotel* 258. *Glamour* 235. *Visto* 180. *Amica* 165. *Novella 2000* 157. *Bella* 150. *Eva Tremila* 131. *Auto oggi* 123. *Il Giornalino* 115. **Mensuels** : *Focus* 605. *Quattroruote* 522. *Casa Facile* 498. *Qui Touring* 447. *Starbene* 326. *Vera* 286.

■ **Japon. Quotidiens. Tirage total** (en 1993) : 52 433 000 ex. Les journaux sont livrés à domicile, matin et soir, par des agences de distribution locales. La livraison des 2 éditions est comprise dans le prix de l'abonnement. **Édition du matin et,** entre parenthèses, **du soir** (*source* : Tarif Media International 2001) : *Yomiuri Shimbun* (1874) 10 237 (4 233), distribué en France depuis le 1-6-1992. *Asahi Shimbun* [Lumière du matin] (1879) 8 322 (4 071), distribué en Europe depuis le 1-1-1986, aux USA depuis le 1-10-1987, en Asie depuis le 1-10-1990, à Hong Kong depuis le 1-2-1996. *Mainichi Shimbun* (1872) 6 341 (n.c.). *Nihon Keizai Shimbun* (1876) 3 044 (n.c.). **Périodiques. Diffusion contrôlée** (idem) : *Aera* 350. *Shukan Asahi* 332. *Nikkei Business* 319. *Nikkei Marketing Journal* 313. *Nikkei Personal Computing* 298. *Priv* 221. *Nikkei Industrial Daily* 220. *Vingtaine* 202. *Première* 200. *Nikkei PC 21* 194. *Men's Club* 188. *Nikkei Click* 175.

■ **Liban. Quotidiens.** *En 1994* : 16 quotidiens (500 000 exemplaires). **En arabe** : *Al-Liwa* (1963) 79. *Al-Nahar* (1933) 77,6 (aussi diffusé en France). *Al-Anwar* (1959) 75,2. *Al-Amal* (1939) 35. *Al-Hayat* (1946) 31 (en France : 300). *Ad-Dunya* (1943) 25. *An-Nida* (1959) 10. *Ach-Chaab* (1961) 7. *Al-Bairaq* (1911) 3. *As-Safeer* (1951). *Ach-Charq* (1945). *Ad-Diyar* (1941). **En français** : *L'Orient-Le Jour* (1942, fusion 1972) 23. **En anglais** : *The Daily Star* (1996). **Hebdomadaires. En arabe** : *As-Sayad* (1943) 94,7. *Al-Ousbouh al'Arabi* (1959) 88,4. *Al-Hawadess* (1911) 85. *Al-Hadaf* (1969) 40. *Ash-Shira* (1950) 40. *Al-Hurriyah* (1960) 30. *Al-Afkar* (1938). *Al-Tadamum* (1982). *Al-Dustur* (1968). *Sabah al-Khair* (1951). *Al-Kifah al-Arabi* (1957). *Al-Mustaqbal* (1938). *Al-Watan al-Arabi* (1976). *Al-Massira* en fusion avec *Telegraf Beyrouth* (1982). *Al-Nahar al-Arabi wal Dawli* (1977). *Bayrut al-Massa* (1946). *Ar-Rayeh. As-Sayad. Ilal Amam. Lissan-Ul-Hal. Al-Bilad. Al-Bina'a. Al Watan Al Arabi* (en France : tirage 100). **En français** : *La Revue du Liban* (1928) 22. *Nouveau Magazine* (1956) 18. *Le Commerce du Levant* (1929) 15. *Prestige* (1993). *Chronique* (1996). **Magazines.** *Chronique. Femme magazine. Masculin. Prestige. Spécial-Vision.* **En anglais** : *Monday Morning* en fusion avec le *Sada Al-Janoub* (1972). **Mensuels** (en 2000). *Al Hasna* 60. *Middle East Travel* 11. *Gamepro Middle East* 5.

■ **Luxembourg. Quotidiens** (tirage moyen mi-1999). **En allemand et français** : *Luxemburger Wort* (1848, catholique) 87,6. *Tageblatt* (1927, soc.) 29,6. *Zeitung vum Lëtzebuerger Vollek* (1946, communiste) 8. *Lëtzebuerger Journal* (1948, lib.) 14. **En français** : édition luxembourgeoise du *Républicain lorrain* (1963, imprimé à Metz) 17. **Hebdomadaires. En allemand avec des rubriques en français** : *Télécran* 45,3. *Revue* 33,2. *Lëtzebürger Land* 6,5. **En anglais** : *Luxembourg News* diffusé parmi les communautés étrangères. **Sensibilité écologiste (en allemand)** : *Grénge Spoun* 3. **En Français** : *Le Jeudi* 10,6.

■ **Maroc. Quotidiens.** *Nombre en 1994* : 13 (344 000 ex.) ; *1995* : 560 titres dont en arabe 375, en français 185. **Diffusion** (est. 1er semestre 1995). **En arabe** : *Al Alam* [1] (1946) 65-79. *Al Ittihad El Ichtiraki* [3] (1983) 93-100. *Anoual* [8] (1983) 20-25. *Bayane Al Yaoum* [2] (1975) 10-15. *Assahra Al Maghribia* (1989, progouvernemental) 11-15. *Rissalat Al-Oumma* [6] (1983) 5-7. *Attakatoul Al Watani* [9] (1992) 30. *Al Haraka* [7] (1977) 5-7. *Annidal Addimocrati* [5] (1984) 3-5. *Al Anbaa* (1970, gouvernemental) 8-10. *Al Mithaq Al Watani* [4] (1977) 7-10. **En français** : *Le Matin du Sahara et du Maghreb* (1971, progouvernemental) 75-90. *L'Opinion* [1] (1965) 70-75. *Libération Maroc* [3] (1976) 20-22 (en France : 35). *Al Maghrib* [4] (1977) 5-7. *Al Bayane* [2] (1975) 30-33. **En espagnol** : *La Mañana del Sahara y del Maghreb* (1990, progouvernemental) 3-5. **Hebdomadaires. En arabe** : *Al Ousboua Assahafi Wa Assyassi* (1988, social) 30. *Asdaa* (1993, social) 30. *Maghrib al Yaoun* (1995, ind.) 30. *Adimocratia al Oummalia* [9] (1980) 15. *Al Ousboua Addahik* (1987, satirique) 10. *Attarik* (1988, social) 10. *Al Mountakhab* (1988, sport) 10. *Al Mouatine Assyassi* (1991, social) 30. *Al Mouslim Assyassi* (1991, social) 10. *Al Kaafila* (1990, culture) 10. *Arriyada* (1983, sport) 10. *Chououn Jamaiya* (1988, social) 10. *Al Hadaf Arriyadi* (1988, sport) 10. *Al Moultaka Arriyadi* (1988, sport) 10. *Al Alam Arriyadi* (1988, sport) 10. *Al Jarida Achaabia* (1993, social) 10. **En français :** *L'Économiste* [12] (1991) 40. *La Vie économique* (1976) 40. *La Nouvelle Tribune* (1996, ind.) 30. *Maroc Hebdo* [12] (1992, ind.) 30. *Le Temps du Maroc* (1995, progouvernemental) 30. *Maroc Économie* (1993) 20. *La Tribune populaire* (1992, social) 10. *L'Écho touristique* (1995) 10. *La Gazette du tourisme* (1993) 10. *La Vie touristique* (1980) 10. *L'Annonceur* (1994, publicité) 10. *Cedies-Informations* (1988, écon.) 10. *Le Journal de Tanger* (1980, régions) 10. *La Tribune du sport* (1995) 10. *La Gazette de l'urbanisme* (1995) 10. **En anglais :** *Hello Morocco* (1992) 10. **Mensuels. En arabe :** *Chououne Maghribia* (1995) 30. *Al Assas* (1980, gauche) 20. *Al Majalla al Maghrebia* (1992, social) 15. **En français :** *Télé Plus* (1990) 30. *Sur la 2* (1994) 30. *Maghreb Magazine* (1992, ind.) 30. *Enjeux* (1989, écon.) 20. *La Citadine* (1995, féminin) 20. *Femmes du Maroc* (1985) 20. *Info Magazine* (1991, informatique) 10. *Maroc Informatique* (1991) 10. *Le Monde agricole et la pêche maritime* (1986, écon.) 10. *L'Événement magazine* (1995, ind.) 10.

Nota. – (1) Parti de l'Istiqlal. (2) Parti du progrès et du socialisme. (3) Union socialiste des forces populaires. (4) Rassemblement national des indépendants. (5) Parti national démocrate. (6) Union constitutionnelle. (7) Mouvement populaire. (8) Organisation de l'action démocratique et populaire. (9) Confédération démocratique du travail. (10) Mouvement national populaire. (11) Parti de Choura et de l'Istiqlal. (12) Aussi diffusé en France.

■ **Pays-Bas. Groupes. Wolters Kluwer.** Presse professionnelle. **Chiffre d'affaires :** *1995 :* 9 milliards de F, résultat net de 1,35 milliard. Présent dans 16 pays. A racheté : en décembre 1995, pour 12 milliards de F, l'éditeur américain spécialisé dans l'informatique CCH ; en France : en 1989, les éditions Lamy ; en 1994, le groupe Lamarre ; en 1996 le groupe Liaisons. Présent en G.-B. et en Espagne. **Chiffre d'affaires de la filiale française** (*Pt :* Jean-Marc Detailleur) : 650 millions de F. **Reed Elsevier** [fusion en 1992 de Reed (fondé 1690 à Worcester ; voir G.-B. p. 1269 a) et d'Elsevier (fondé en 1580 à Leyde ; *CA 1997 :* 4,8 milliards de F)]. 1er groupe mondial de presse professionnelle. *En France :* détient le groupe Stratégies et les éditions Prat. **Chiffre d'affaires :** *1999* (hors participations) : 36,97 milliards de F. **Effectifs** (en 1999) : 27 700. **VNU** Presse professionnelle informatique. **Chiffre d'affaires :** *2000 :* 3,38 milliards d'euros, résultat net 0,8.

Quotidiens (en 2001, source Cebuco). **Amsterdam :** *De Telegraaf* (1893) [2,3] 808. *De Volkskrant* (« Journal du Peuple », 1920) [2] 346. *Trouw* (1943, calviniste) [2] 126. *Het Parool* (1940) [1,3] 89. **La Haye :** *Haagsche Courant/Het Binnenhof* (1883) [1,3,4] 117. **Rotterdam :** *Algemeen Dagblad* (1946) [2,3] 359. *NRC Handelsblad* (1970) [1,3] [Nieuwe Rotterdamse Courant 1844, Algemeen Handelsblad 1828] 272. *Rotterdams Dagblad* (1991) [1,4] [Het Vrije Volk 1945, Rotterdams Nieuwsblad 1878] 102. **Utrecht :** *Utrechts Nieuwsblad* (1893) [1,3,4] 87.

Nota. – (1) Soir. (2) Matin. (3) Indépendant. (4) Régional.

Périodiques (en 2000). *Kampioen* [2] 3 680. *Avrobode* [1,3] 789. *Voetbal Totaal* 743. *Libelle* [1] 640. *Topproduct.nl* 560. *Vara TV Mag.* [1] 504. *Mikro Gids* [1,3] 478. *Margriet* [1] 423. *NCRV-gids/De Gids* [1,3] 366. *Privé* [1] 352. *Donald Duck* [1] 335. *Story* [1] 273. *TeleVizier* [1,3] 263. *TV Studio* [1] 234. *Voetbal International* [1] 185. *Panorama* [1] 156. *Knip Mode* 109. *VT-Wonen* [2] 168. *Beaumonde* 149. *Viva* 149. *Mijn Tuin* 145. *Management Team* 141. *Yes* [1] 133. *Autoweek* [1] 128. *Seasons* 121. *Ariadne Wonen* 114. *Nieuwe Revu* [1] 111. *Nouveau* 100. *101 Woonideeën* 109. *Cosmopolitan* 97.

Nota. – (1) Hebdo. (2) Mensuel. (3) TV.

■ **Portugal. Quotidiens. Lisbonne. Matin :** *Correio da Manhã* (1979) 85. *Público* (1990) 52. *Diário de Notícias* (1864) 55. *O Dia* (1975) 46. *Diário Economico* (1990) 20. **Soir :** *A Capital* (1968) 40. **Porto. Matin :** *Jornal de Notícias* (1888) 70. *O Primeiro de Janeiro* (1868) 50. *O Comércio do Porto* (1854) 30. *O Jogo* (1984) (sport). **Périodiques. Hebdomadaires :** *TV Guia* (1979) 257. *Expresso* (1973) 139. *Nova Gente* (1979) 80. *O Independente* (1988) 80. *Tal e qual* (1980) 58. *Semanário* (1983) 55. *Sete* (1978) 54. *A Visão* (1993) 50. *O Diabo* (1976) 46. *Semanário Económico* (1987) 28. *Autosport* (1977) 20. *Blitz* (1986). *Volante* (1927). **4 par semaine :** *A Bola* (1945, sport) 180. *Record* (1949, sport) 125. **3 par semaine :** *Gazeta dos desportos* (1984) 25. **Mensuels :** *Africa Hoje* (1985) 30. Général : *Homen* (1989) 30. Écon. : *Negocios* (1989) ; *Exame* (1989) 31. Femmes : *Ragazza* 66. *Elle* (1988) 56. *Máxima* (1989) 45. *Mulher Moderna* (1988). *Grande Reportagem* (1990). **Bimensuel :** *Jornal de Letras* (1980) 80.

■ **Russie. Quotidiens. Moscou :** *Troud* (Travail, journal des syndicats, 1921) 1 819. *Moskovski Komsomolets* 1 457. *Rossiiskaïa Gazeta* (1990) 1 219. *Komsomolskaïa Pravda* (1925) 871. *Rossiiskie Vesti* (1992) 650. *Vétchernaïa Moskva* (1923, ind.) 400 (soir 120). *Moskovskaïa Pravda* (1920) 379. *Pravda* (La Vérité ; 5-5-1912, parution suspendue 14-3-1992 puis reprise) 300 [1]. *Izvestia* (Nouvelles, 1917) 260 [1,2]. *Krasnaïa Zvezda* [journal des forces militaires] (1924) 160. *Commersant Daily* 114 [1]. *Nezavissimaïa Gazeta* (1990) 100. *The Moscow Times* 35 [1]. *Vedomosti* Moscou 30 [1], St-Pétersbourg 7 [1].

☞ **1er titre indépendant :** *Niezavissimaïa Gazeta* (« Gazette indépendante ») fondé 1990.

Périodiques. Diffusion (*source :* Tarif Media International 2001) : *Is Ruk v Ruki* 450. *Financial Izvestia* 410. *Burda Moden* 400. *Cosmopolitan* 300. *Domashni Ochag* 230. *Elle* 180. *Moskovskiye Novosti* 140. *KTO !* 130. *Men's Health* 112. *Playboy* 105. *Domovoy* 102. *Ogonyok* 100. *Yes !* 98. *Avtopilot* 97. *Itogi* 85.

Nota. – Chiffres de février 1995 sauf : (1) source Tarif Media International 2001 ; (2) idem, diffusion contrôlée.

■ **Suisse. Groupes. Édipresse** (Lausanne). 3e en Suisse. Détenu par la famille Lamunière (41,26 % du holding, 72,13 % des voix). *P-DG :* Pierre Lamunière. **Chiffre d'affaires :** *2000 :* 730 millions de FS. **Publications en Suisse :** 17 titres (*CA 1998 :* 370 millions de FS) *24 Heures, Le Matin semaine, Le Matin dimanche, Terre et Nature (Le Sillon romand), Le Temps* (47 %), *La Tribune de Genève* (75 %), *Femina, Animan, TéléTemps, TV Guide, Le Temps stratégique, Aux trouvailles, Bilan* (mens. écon.), *Télé Top Matin, Optima, Optipharm, Lausanne-Cités* (gratuit, 50 %), *Genève Home Informations* (idem), Tribune, Télé Tribune Mt-Blanc France. **Espagne :** 19 titres [*CA 2000 :* 156 millions de FS] ; 85 % du groupe Hymsa dont *Lecturas* (hebdo., 311 112 ex.), *Clara* (mens., 234 108 ex.), *Labores* (mens., 108 314 ex.), *Patrones* (mens., 62 367 ex.) ; 50 % de Semana/Rivadencyra : *Semana* (243 679 ex.), *Top Auto* (mens. 32 261 ex.) ; lancés en 2000 : *Silueta* (mens. santé, 246 216 ex.) et *Habitania* (mens. déco., 92 744 ex.). **France :** *M Magazine* (98 468 ex.). **Grèce :** 14 titres. **Portugal :** 17 titres dont *Telenovelas* (151 781 ex.), *Caras* (129 125 ex.). **Pologne :** 8 titres dont *Przyjaciółka* (hebdo., 566 513 ex.), *Viva !* (bimens., 284 009 ex.), *Vita* (mens., 162 101 ex.). **Roumanie :** 4 titres. Service en ligne : Edicom depuis janv. 1996. **Ringier. Chiffre d'affaires** (en millions de FS, 2000) : 1 018 (résultat net après impôt 50,4). Activités : imprimerie, presse, édition, médias électroniques, production TV. *Europe :* All., Hongrie, Roumanie, Slovaquie, Rép. tchèque. *Asie :* Chine, Viêt Nam. Service en ligne : *Webdo* lancé 1996 (site Internet de *L'Hebdo*). **Effectifs** (1998) : 4 281.

☞ *En 1998 (mi-avril) :* 228 titres dont 82 quot. (16 quot. ont disparu en 1997). *Diffusion des quot.* (1997, en milliers d'ex.) : 2 664,1 dont en allemand 2 034,9, français 525,7, italien 96,1, romanche 7,4.

Quotidiens francophones (en 2000). **Bienne :** *Le Journal du Jura/Tribune jurassienne* (1864, ind.) 16. **Delémont :** *Le Quotidien jurassien* [fusion *Le Démocrate* (1877, ind.) et *Le Pays*] 24,9. **Fribourg :** *La Liberté* (1871, ind.-chrétien) 35,9. **Genève :** *La Tribune de Genève* (1879, ind.) 80. *Le Temps* [fusion 18-3-1998 du *Journal de Genève* (fondé 1826, lib.), fusionné en 1992 avec la *Gazette de Lausanne* (fondée 1798, lib.) avec *le Nouveau Quotidien de Lausanne*] 51. **La Chaux-de-Fonds :** *L'Impartial* (1880, ind.) 28. **Lausanne :** *24 Heures* (1762, ind.) 92,6. *Le Matin* (1893, ind.) 67,6. **Neuchâtel :** *L'Express* (1738, ind.) 30,8. *L'Impartial* (ind.) 22,5. **Sion :** *Le Nouvelliste* (1960, de droite, non affilié) 42,1. **Quotidiens germanophones** (66 quot., 2,079 millions d'ex.). **Aarau :** *Aargauer Zeitung* (ind.) 120. *Badener Tagblatt* (1849, ind.) 45. **Arbon :** *Bodensee Tagblatt* (bourgeois) 15,2. **Bâle :** *Basler Zeitung* (1977) 115,9. **Berne :** *Berner Zeitung* (ind.) 134,7. *Der Bund* (1850, lib.) 66. **Bienne :** *Bieler Tagblatt* (1850, ind.) 34. **Brigue :** *Walliser Bote* (1840, dém.-chr.) 27,1. **Coire :** *Bündner Zeitung* (1876, ind.) 43. **Frauenfeld :** *Thurgauer Zeitung* (1798, bourgeois) 32. **Fribourg :** *Freiburger Nachrichten* (dém. chr.) 16,5. **Glaris :** *Glarner Nachrichten* (bourgeois) 140. **Liestal :** *Baselland-schaftliche Zeitung* (1832, bourgeois, ind.) 21. **Lucerne :** *Neue Luzerner Zeitung* (lib.) 133,4. **St-Gall :** *St-Galler Tagblatt* (1838, lib.) 115,6. *Die Ostschweiz* (1874, chrétien-dém.) 22. **Schaffhause :** *Schaffhauser Nachrichten + Wochen-Express* (1862, bourgeois) 26. **Schwyz :** *Bote der Urschweiz* (ind.) 14,5. **Soleure :** *Solothurner Zeitung* (1907, rad.) 84,7. **Spiez :** *Berner Oberländer* (1897, bourgeois) 20. **Stäfa :** *Zürichsee-Zeitung* (1845, rad.) 30. **Wetzikon :** *Der Zürcher Oberländer* (1961, rad.-dém.) 35. **Winterthur :** *Der Landbote* (1836, ind.) 42. **Zoug :** *Neue Zuger Zeitung* (ind.) 18,5. **Zurich :** *Blick* (1959, ind.) 335,1. *Tages Anzeiger* (1893, ind.) 281,8. *Neue Zürcher Zeitung* (1780, lib.) 166,5. **Quotidiens italophones** (87 900 ex.). **Lugano :** *Corriere del Ticino* (1891, ind.) 37,5. *La Regione Ticino* (ind.) 31. *Giornale del Popolo* (1916, catholique) 27. **Périodiques.** *CoopZeitung* [2] 1 240,4. *SonntagsBlick* [2] 334,5. *Coopération* [2] 288. *Femina* [2] 269 (en 1999). *Schweizer Illustrierte* [2] 248. *Tele* [2] 229,2. *Télé-Top-Matin* [2] 228,8. *SonntagsZeitung* [2] 218,5. *Ticino 7 TV-Radio* [2] 104,1. *Facts* [2] 104. *Die Weltwoche* [2] 91,2. *L'Illustré* [2] 90,7. *Cash* [2] 72. *Bilanz* [1] 60. *L'Hebdo* 59,4. *Radio TV 8* [2] 57. *dimanche.ch* [2] 50. *Finanz und Wirtschaft* [3] 46,7. *HandelsZeitung* 35,7 [2]. *Edelweiss* [1] 30. *Du* [1] 29,8. *Bilan* [1] 20,4.

Nota. – (1) Mensuel. (2) Hebdomadaire. (3) Bihebdomadaire.

■ **Tunisie. Quotidiens.** *En 1994 :* 7 (403 000 ex.). **Tunis :** *Al-Amal* (1934, ar.) 50. *As-Sabah* (1951, ar., politique) 50. *L'Action* (1932, fr.) 50. *Essabah* 50 [1,2,3]. *Al Hourria* 50 [1,2]. *Le Temps* 50 [1,2]. *La Presse* (1936, fr.) 50 [1]. *Le Renouveau* (1988, fr.) 23 [1,2]. **Périodiques.** *Ach-Chourouk* 110. *El-Bayane* (1977, ar.) 100 (en France : 200). *Irfane* (1966, ar., enfants) 100. *Ar-Rai* (1977), *Al-Biladi* (1974, ar.). 90. *Jeunesse Magazine* (ar., fr.) 50. *Tunis-Hebdo* (1973, fr.) 40. *Dialogue* (1974, fr.) 30. *Al-Moustaqbal* (1980, ar.). 20. *Ar-Rai* (1977, ar.) 20. *Le Sport* (1965, fr.). 20. *Ach-Chaâb* (1963, ar.) 15. *Al-Oumma* (1977, ar.) 8. *Le Phare* (1980, fr.) 8. *Démocratie* (1978, fr.) 5.

Nota. – (1) *Source :* Tarif Media International 2001. (2) Tirage. (3) Version française : *Le Temps* (tiré à 600).

■ **Turquie.** *En 1994 :* 57 quotidiens (2,7 millions d'ex.), 1 100 journaux non quotidiens et périodiques (3,5 millions d'ex.). **Quotidiens** (ventes en févr. 2000). *Hürriyet* (1948) 554. *Sabah* (1985) 472. *Star* 398. *Posta* 334. *Milliyet* (1950) 326. *Türkiye* (1970) 312. *Takvim* (1994) 221. *Zaman* 218. *Zaman* 218. **Hebdomadaires** (mars 1997). **Istanbul :** *Aktüel* (1991) 29. *Girgir* (1976, satirique) 28. *Tempo* (1989) 27. *Ekonomist* (1991) 18. *Hibir* (1989) 18. *Nokta* (1983) 12. *Kongre* (1995). **Mensuels. Istanbul :** *Bizim Aile* 42. *Penthouse* (1992) 42. *Playboy* (1986) 31. *Blue-Jean* (1987, mens.) 28. *Playmen* (1985) 22. *Oto Haber* (1991) 19.

■ **Vatican. Quotidiens.** *L'Osservatore Romano* (1861) n.c. **Hebdomadaires.** En italien (1950), français (1949), anglais (1968), espagnol (1969), portugais (1970), allemand (1971). **Mensuel.** En polonais (1980).

La presse en France

☞ *Abréviations :* ab. : abonnés ; CA : chiffre d'affaires ; ex. : exemplaires ; j. : journal ; jx : journaux ; red. rédacteur ; rep. : reporter(s) ; synd. : syndicat.

Voir également la liste donnée en début de chapitre.

Quelques dates

■ Ancien Régime

Fin XVe s. feuilles volantes, sous forme d'*occasionnels* (récits d'événements politiques), de *canards* (événements extraordinaires, faits divers criminels ou merveilleux), de *libelles* (religieux ou politiques) qui avaient les caractéristiques de la presse, sauf la périodicité. **1611-48** *Mercure français* (annuel). **1631**-*janv. Nouvelles ordinaires de divers endroits,* 1er périodique français (idée du coiffeur parisien Louis Vendosme). -*31-5* le médecin Théophraste Renaudot (Loudun 1586-Paris 1653) les rachète et en fait *La Gazette* (du vénitien *gazetta :* petite monnaie), hebdomadaire de 4 pages (informations officielles sur la santé du roi), lequel deviendra en 1762 l'organe officiel du ministère des Affaires étrangères, sous le titre de *Gazette de France.* **1665** *Le Journal des savants* (1re utilisation du mot « journal » en Fr.) créé par François-Eudes de Mézeray (1610-83) et Denis de Salho (notices bibliographiques publiant les *Nouvelles de la République des lettres* qui disparaissent en 1792). **1672** *Mercure galant,* devenu *Mercure de France,* fondé par Jean Donneau de Visé (1638-1710), *Nouveau Mercure galant* (1724), puis *Mercure français.* Disparu en 1820 ; titre repris 1889 par une revue littéraire. **1777**-*1-1 Le Journal de Paris :* 1er quotidien français, lancé par le pharmacien Cadet de Vaux. **1783** l'Académie obtient la suppression du *Journal de Monsieur,* rédigé par Geoffroy et l'abbé Royon, à cause du compte rendu insuffisamment respectueux de l'une de ses séances. **1787** environ 50 périodiques à Paris et 30 en province. Exemples : *Journal de Trévoux* (ou *Mémoires de Trévoux,* abrégé de *Mémoires pour l'Histoire des sciences et des beaux-arts ;* 1701-67), *Nouvelles ecclésiastiques* (1728-1803), *Journal historique et politique* (1772-92), *Journal encyclopédique* (1756-1773).

■ De 1789 à 1814

1789-*19-5* autorisation de publier des périodiques. -*26-8* article XI de la Déclaration des droits de l'homme définissant la liberté de la presse. -*Mai/déc.* plus de 1 500 périodiques dont : *Le Journal des débats et décrets* [créé 29-8-1789 par Gaultier de Biauzat pour rendre compte des débats de la Constituante et confié à Baudoin, imprimeur de l'Assemblée. *1799* acheté par les frères Bertin, Louis-François dit l'Aîné (1766-1841) et Louis-François Bertin de Vaux (1771-1842) ; ajout à son titre : *des lois du pouvoir législatif et des actes du gouvernement. 1805* Napoléon en fait le *Journal de l'Empire,* censuré par Fiévée (1805) puis confisqué (18-2-1811). *31-3-1814* Bertin reprend son titre, tirage 27 000 ex. *1815 Cent-Jours :* redevient *Journal de l'Empire,* après Waterloo : *Journal des Débats. 1830* orléaniste. *IId Empire* dirigé *1854* par Édouard Bertin (1797-1871). *1870* républicain conservateur ; paraîtra jusqu'en août 1944]. *Le Moniteur universel. Gazette de France* devenue *Gazette nationale. Le Journal de Paris. Feuille villageoise.* Nombreuses feuilles appartenant à des particuliers : *Le Patriote français* (Brissot) ; *Le Courrier de Provence* (Mirabeau) ; *Le Journal politique et national* (Rivarol) ; *Les Révolutions de France et de Brabant* (C. Desmoulins) ; *L'Ami du Roi* (Suleau) ; *Les Actes des Apôtres* (Peltier) ; *L'Ami du peuple* (Marat ; 1er no 12-9 sous le titre *Le Publiciste parisien,* dernier 21-9-1792) ; *Le Père Duchesne* (Hébert). **1792**-*10-8* la liberté de la presse n'est plus respectée : nombreux journalistes exécutés. Fin des journaux royalistes puis girondins. C. Desmoulins puis Hébert exécutés. **1794**-*juillet* des journaux royalistes reparaissent : *La Quotidienne* (Michaud) [sous le titre *Le Tableau de Paris* puis reprend son nom (219 nos du 19-2 au 5-10-1795) ; proscrite, 1 mois ; le *Tableau de Paris* (7-11-1795/22-3-1796), *Bulletin politique de Paris et des départements* (23-3/13-4-1796), la *Feuille du jour* (14-4/21-10-1796), *la Quotidienne, ou Feuille du jour* (22-10-1796/4-9-1797)] ; *L'Orateur du Peuple* (Fréron) et *Le Journal des Hommes libres* (jacobins) ; *Le Tribun du peuple* (Babeuf). **1796** plus de 70 périodiques à Paris. Établissement de la censure. **1800**-*17-12* arrêté ne laissant que 13 journaux parisiens et faisant du *Moniteur universel* l'organe officiel du gouvernement. **1805** *Le Journal des débats* devient *Le Journal de l'Empire* (voir plus haut). **1810** un journal par département. **1811** arrêté ne laissant que 4 journaux à Paris et confisquant leur propriété ; en province, ils traitent la politique par extraits du *Moniteur.* **1814** parution du *Journal de la Corse* d'Ajaccio, le plus ancien des journaux français actuels.

De 1814 a 1914

■ **Restauration.** **1814**-*21-10* journaux et périodiques astreints à demander une autorisation pour paraître ; censure pour non-périodiques. **1815**-*24-3* **(les Cent-Jours)** Napoléon abolit censure, direction de la librairie et de l'imprimerie, rétablit la liberté de la presse. *La Quotidienne* [reparue 1-6-1814/31-3-1815, *Feuille du jour* 1-4/6-7-1815 (période des Cent-Jours), *La Quotidienne ou la Feuille du jour* 7-7/18-9-1815, reprend son nom] et la *Gazette de France* soutiennent les conservateurs, *Le Journal des débats* le gouvernement, *Le Constitutionnel* (fondé 1815) les libéraux. **1819** Lorilleux met au point l'encrage par rouleau. **1824** *Le Globe* fondé par l'autodidacte Pierre Leroux (1797-1871) et le Pr Paul-François Dubois (1793-1874) [deviendra l'un des quotidiens les plus opposés à Polignac ; *1831-janv.* « organe des saint-simoniens » ; *1832-avril* disparaît ; *1837* puis *1845* reparaît ; *1848* absorbé par *Le Crédit*]. **1827**-*25-3* loi (applicable à partir du 1-1-1828) multiplie par 2,5 les tarifs de la poste pour les journaux. Pour réduire la surcharge de cette taxe (uniforme quel que soit le format), les quotidiens parisiens augmentent leur format (de 23 × 36 cm à 33 × 45), passent à 3 colonnes et s'ouvrent plus largement à la publicité. *Le Temps* (fondé 1829 par J. Coste) paraîtra jusqu'en 1942. Les ordonnances de Charles X menaçant la liberté de la presse, *Le National* (lancé 3-1-1830 par Thiers, Mignet, Sautelet et Carrel) et *La Tribune* provoquent la Révolution de 1830.

■ **Monarchie de Juillet.** Presse plus libre. **Journaux royalistes :** *Les Débats* (14 700 abonnés en 1831), *Le Constitutionnel* (23 000 ab. en 1831), *La Presse, Le Voleur* [fondé 1828 par Émile de Girardin (1806-81, enfant naturel d'un capitaine de hussards ; tua en duel Armand Carrel pour un article déplaisant)], *La Mode* (fondée 1829 par Girardin), *L'Avenir* (de Lamennais : 1830-31, catholique), *L'Univers* [*L'Univers religieux* fondé 3-11-1833 par l'abbé Jacques-Paul Migne (qui l'abandonne le 8-1-1836) ; change de titre le 20-8-1834, repris mars 1843 par Louis Veuillot ; 4 500 ex. en 1845, 7 000 dans les années 1870], *L'Union monarchique* (issue févr. 1847 de la fusion de *La Quotidienne, La France* et *L'Écho français*). **Journaux d'opposition :** *La Réforme* (de Ledru-Rollin), *Le Siècle, Le National* (dirigé par Carrel resté seul, qui sera emprisonné en 1832 puis tué 24-7-1836 lors d'un duel avec É. de Girardin, dir. de *La Presse ;* républicain modéré à partir de 1832 ; 4 300 ex. en 1846), *L'Atelier* (ouvrier, fondé 1840 par des disciples de Philippe Buchez, ancien saint-simonien). **Légitimistes :** la *Gazette de France, Journal des connaissances utiles* (fondé 1831, 132 000 abonnés), *Musée des familles* (fondé 1833 par Girardin). **1829** *Le Correspondant* (revue) fondé. **1832** *Le Magasin pittoresque* fondé par Édouard Charton (mensuel, puis 1-1-1884 bihebdomadaire). **1832-35** fondation de l'agence Havas. **1836**-*1-7* lancement de journaux à 40 F d'abonnement par an au lieu de 80 F (*La Presse* de Girardin avec un feuilleton quotidien, *Le Siècle* journal d'opposition de Dutacq ; les autres journaux s'alignèrent, sauf le *Journal des débats*), de journaux illustrés [*La Caricature* (hebdo. fondé 1830 par Charles Philippon), *Le Charivari* (quotidien fondé 1832 par Philippon, parut de juin 1832 à 1893, Cham y publia 150 dessins par an de 1860 à 1879)], de magazines illustrés, de revues savantes *(La Revue des Deux Mondes).* **1840** *La Liberté* d'Alexandre Dumas, vendue 1 sou (5 c), est tirée à plus de 100 000 ex. **1847** Marinoni met au point la presse à réaction qui imprime 8 000 numéros à l'heure, puis en 1867 la rotative qui, en 1900, tire à l'heure 50 000 ex. de 4 pages.

■ **IIe République.** **1848**-*févr./juin* liberté presque absolue, 200 titres à Paris. Lois du 12-8-**1848,** 29-7-**1849,** 29-7-**1850,** liberté restreinte. Après le coup d'État du 2-12-1851 ne subsistent que 11 journaux. **1852**-*23-2* instauration du système des avertissements (imposant aux journaux une autocensure).

■ **Second Empire.** **Empire autoritaire (1852-60) : 1852** Nicolas Serrière met au point le clichage qui permet la duplication. Paris, journaux gouvernementaux : *Le Moniteur universel, Le Pays, Le Constitutionnel* et *La Patrie ;* catholiques : *L'Univers* (devenu ultramontain avec Veuillot, supprimé du 29-1-1860 au 16-4-1867 ; tiré à 80 000 ex. ; remplacé par *Le Monde*) ; *Le Siècle* de Havin (le plus fort tirage, anticlérical) soutient la politique des nationalités. **De 1860 à 1868 :** le gouvernement, ne pouvant plus contrôler les journaux, favorise les créations pour affaiblir leur audience [*L'Opinion nationale* de Guéroult en 1859, *Le Temps* créé 25-4-1861 par Auguste Nefftzer, dirigé 1872 par Adrien Hébrard (1833-1914), *L'Avenir national* de Peyrat en 1863, *La Liberté* acquise par Girardin en 1866, *Le Figaro* hebdo. créé 1854 par Hippolyte de Villemessant (1810/11-4-1879) devenu bihebdomadaire en 1856, puis quot. en 1866]. *Le Petit Journal* (journal à 1 sou : 5 c) créé le 1-2-1863 par Moïse (dit Polydore) Millaud, non politique, de demi-format, 4 pages (6 en 1901) ; en 1870, plus de 400 000 ex. *Le Soleil,* quot. lancé 1865 par Millaud [*La Lune,* mens. puis hebdo., lancé oct. 1865 pour ridiculiser *Le Soleil,* condamné, cesse 17-1-1868 après 48 numéros, reparaît 26-1-1868 : *L'Éclipse*], *Le Gaulois* (quot. fondé 1867). **De 1868 à 1870 :** la loi du 11-5-1868 supprime l'autorisation préalable et les avertissements. Des titres nouveaux apparaissent, exemples : *L'Électeur libre* de J. Favre et E. Picard, *Le Réveil* de Delescluze, *Le Rappel* inspiré par V. Hugo, *La Lanterne* (hebdo., du 1-6-1868 à nov. 1869 : 74 numéros, pamphlétaire) et *La Marseillaise* (quot.) tous deux de Henri Rochefort (1831-1913, fils du Mis de Rochefort-Luçay).

L'Illustration fondée par J.-B. Paulin (1793-1859) [5 293 numéros ; *4-3-1843 :* 1er numéro. *15-2-1845 :* 1re bande dessinée (histoire de M. Cryptogame)]. *1884:* la couleur apparaît (litho) ; *1885 :* 1re photo publiée (*1897* régulières) ; *1907 :* 1re photo couleur. Tirage *1847 :* 13 400 ex. ; *1848 :* 35 000 ; *1900 :* 52 000 ; *1915 :* 300 000 ; *1921 :* 98 000 ; *1929 :* numéro sur la mort de Foch 650 000 ; *1930 :* 210 000 ; *1938 :* 142 000 ; *1940 :* 220 000 ; *1944 :* 103 000 ; le no 5076 du 15-6-1940 ne fut pas distribué ; dernier no : le no 5292-5293 ; *1944 :* procès contre les Baschet (non-lieu 12/19-8) et la Sté d'Illustration (condamnation 5-12). **La Petite Illustration** créée 1913. **Le Monde illustré** lancé 18-4-1857, absorbé 1938 par *Miroir du Monde,* sabordé 1940, reparu de févr. 1945 à 1948, fusionne avec **France Illustration** (no 1 le 6-10-1945, qui devient mensuel en 1953, disparaît en déc. 1955 et fusionne en 1956 avec *Fémina* qu'absorbe *Réalités* qui sera absorbé par *Spectacle du Monde* 1980).

Tirages des quotidiens politiques en mai 1870 (en milliers). *Le Centre gauche* 2 400, *La Cloche* 10 500, *Le Français* 4 200, *Le Gaulois* 35 500, *La Marseillaise* 5 200, *Le National de 1865 :* 25 000, *Le Parlement* 8 300, *Paris-Journal* 6 500, *Le Peuple français* 36 300, *Le Public* 4 400, *Le Rappel* 39 700, *Le Réveil* 9 200, *Le Soir* 2 900.

■ **IIIe République.** **Après 1870** papier chiffon remplace le papier à base de pâte de bois : permettra le papier en bobine pour les rotatives. **1874** transcripteur Baudot : transmet plus de 5 000 mots à l'heure. **1879** les journaux louent des fils à l'administration des Postes (télégraphe inventé en 1845). **1881**-*29-7* loi assurant la liberté de la presse. **1884** *La Petite Gironde* installe un bureau de rédaction à Paris (grâce au télégraphe). **1886** Mergenthaler invente la composition mécanique (la linotype pénètre en France au XXe s.). **1892** Hachette s'intéresse aux messageries de journaux. **Tendances :** journaux légitimistes : *L'Union,* la *Gazette de France* et *L'Univers* ; bonapartistes : *L'Ordre, Le Gaulois, Le Pays* et *Le Petit Caporal* ; orléanistes : *Le Français, Le Journal de Paris, Le Soleil* ; *La Défense sociale et religieuse* (où Mgr Dupanloup soutenait Mac-Mahon), *Le Journal des débats* modéré, *Le Rappel* radical, *Le Temps, Le XIXe Siècle, Le Petit Journal* (contrôlé par Girardin), *La France* et *La République française,* organe de Gambetta.

Tirages de quotidiens en 1880. **Républicains :** *Le Petit Journal* 583 820 (1 000 000 en 1895, antidreyfusard), *La Petite République* 196 372, *La Lanterne* 150 531, *L'Intransigeant* 71 601, *La Paix* 52 949, *Le Petit National* 46 837, *La France* 43 753, *Le Petit Parisien* (fondé 1879) 39 419, *Le Rappel* 33 535, *La Marseillaise* 28 818, *Le Nouveau Journal* 27 384, *Le Temps* 22 764. **Conservateurs :** *Le Figaro* (avec son supplément) 104 924, *Le Petit Moniteur* 100 476, *Le Soleil* 45 190, *Le Petit Caporal* 25 051, *La Petite Presse* 22 629, *Le Gaulois* 14 854, *La France nouvelle* 14 554, *Le Moniteur universel* 13 872, *L'Univers* 10 367.

1900-1914. **Grand public :** *Le Petit Parisien* fondé par Louis Andrieux ; 1er no le 16-10-1876, repris 27-2-1877 par Eugène Schnerb (relancé 1888 par Jean Dupuy ; *1896 :* 600 000 ; *1901 :* 850 000 puis 1 500 000 ex., le plus fort tirage du monde), *Le Journal* (1er no le 28-9-1892, de Fernand Xau puis Eugène Letellier) et *Le Matin* (de Maurice Bunau-Varilla, créé 1885). **Presse de qualité du centre :** de 15 à 20 c, tous moins de 100 000 ex., *Le Figaro* conservateur, *Le Gaulois* monarchiste, *Le Journal des débats* lu pour ses chroniques, *Le Temps* journal de référence (*1904 :* 35 000 ; *12 :* 45 000), *Excelsior* (lancé 16-11-1910 par Pierre Laffitte, racheté 1917 par Paul Dupuy). **Presse d'opinion de droite :** *L'Écho de Paris* (fondé 1844, organe officiel de la Ligue des patriotes), *L'Éclair, La Libre Parole* (fondée 1892, par Édouard Drumont, antisémite), *L'Autorité* de Paul de Cassagnac, antirépublicain, *L'Action française* de Charles Maurras et Léon Daudet, quot. depuis 1908, *L'Intransigeant* (Rochefort, 1881) ; **religieuse :** *L'Univers* (disparaît en 1914), *La Croix* [des pères assomptionnistes fondée 1883, 300 000 ex. (et *Croix* locales 50 000)] ; **du centre :** *La République française, La Patrie, La Presse, La Liberté, Le Siècle, Le XIXe Siècle* (plus ou moins de droite) ; **radicale :** *Le Rappel, La Lanterne, Le Radical, Le Voltaire, L'Action* (fondée 1903, anticléricale), *La Justice* (fondée 1880, inspirée par Clemenceau), *L'Aurore* (1897), *L'Homme libre* (1913) ; **socialiste :** *Le Cri du Peuple* [de Jules Vallès (1883-86)], *La Petite République* (fondée 1880, d'abord rachetée, dirigée par Millerand 1893, Jaurès 1897-1904, Briand 1906), *L'Humanité* (fondée 1904 par Jaurès). **Presse féminine :** *Fémina* (1901), *Petit Écho de la Mode* (1878, 300 000 ex. en 1900) ; **enfantine :** *Le Petit Français illustré* (1889), *La Semaine de Suzette* (1905), *L'Intrépide* (1908), *L'Épatant ;* **intellectuelle :** *La Revue des Deux Mondes, Le Correspondant, Le Mercure de France,* la *Revue de Paris* (dirigée par Ernest Lavisse), *La Revue blanche* (des frères Natanson, 1891-1903), *La Nouvelle Revue française* (1908), *Comoedia* (1907). **Divers :** *L'Assiette au beurre* (4-4-1901 au 15-10-1913, satirique, socialisante), *Gil Blas* (grivois), *Le Vélo* (1er quot. sportif, fondé 1891), *L'Auto* (fondée 1900 par Henri Desgranges), *Je sais tout* (1905, mensuel), *La Science et la Vie* (1913). **Province :** 242 quot. en 1914. Radicaux : *Le Progrès* de Lyon (1859), *Le Petit Marseillais* (1868) et *La Dépêche* de Toulouse. Plus modérés : *La Petite Gironde* de Bordeaux (1876), *L'Écho du Nord* (1868). Socialiste : *Le Réveil du Nord* de Lille (1899). Démocrate-chrétien : *L'Ouest-Éclair* (lancé 1899 par Emmanuel Desgrées du Lou et l'abbé Trochu).

Tirages en 1912. **Paris :** *Le Petit Parisien* 1 295 000, *Le Journal* 995 000, *Le Petit Journal* 850 000, *Le Matin* 647 000, *La Croix* 300 000, *Excelsior* 110 000, *L'Éclair* 77 000, *La Liberté* 77 000, *La Presse* 75 000, *L'Humanité* 63 000, *La Petite République* 47 000, *L'Intransigeant* 46 000, *La Patrie* 46 000, *Le Temps* 45 000, *La Libre Parole* 44 000, *Le Figaro* 36 000, *Le Radical* 32 000, *La Lanterne* 28 000, *Le Journal des débats* 26 000, *Paris-Midi* 24 000, *Le Gaulois* 20 000, *Le Paris-Journal* 18 000, *Le Rappel* 14 000, *La Gazette de France* 5 000. **Province :** plus de 200 000 : *Le Progrès* (de Lyon), *Lyon républicain, L'Ouest Journal* (Rennes), *La Petite Gironde* (Bordeaux), *La Dépêche* (Toulouse), *Le Petit Marseillais ;* environ 100 000 : *L'Écho du Nord* (Lille), *La France* (Bordeaux).

De 1914 a 1945

■ **1914-18.** Censure appliquée à partir du 2-8-1914.

■ **1919-39.** *Le Petit Parisien* (tirage 1 500 000 ex. jusqu'en 1935, ensuite concurrence de *Paris-Soir* créé 1923 par Eugène Merlot dit Merle). *Le Petit Journal* devient l'organe des Croix-de-Feu et décroît. *Le Matin* décroît. *Le Journal,* acquis par l'agence Havas, reste à plus de 400 000 ex. *L'Écho de Paris* disparaît en 1937. *L'Intransigeant,* le plus grand journal du soir des années 20, décroît après 1931 [Léon Bailby (1867-1954) fonde *Le Jour*]. **Groupe Coty :** [François Spoturno (1874-1934), parfumeur d'origine corse] achète 1928 *Le Gaulois* qu'il fusionne avec *Le Figaro* acheté 1922 et lance en 1928 *L'Ami du peuple* (vendu 10 c au lieu de 25, boycotté par les Messageries Hachette et l'agence Havas, tire cependant avec son édition du soir jusqu'à 1 000 000) ; le groupe fut dispersé en 1933. *Le Figaro* (avec Lucien Romier et Pierre Brisson) retrouvera style et clients habituels. **Groupe Prouvost :** fondé par Jean Prouvost (1885-1978, industriel du textile soutenu par le groupe sucrier Béghin), achète *Paris-Midi* en 1924, puis *Paris-Soir* en 1930 qu'il fait monter de 60 000 à plus de 1 500 000 en 1934 ; crée en 1938 *Match* (illustré) et *Marie Claire* (hebdo. féminin). **Journaux du centre :** *Le Figaro. Les Débats. Le Temps* [*1931 :* 68 000 ; des participations de groupes du charbon (Peyerimoff) et de la métallurgie (Wendel, Suez, Rothschild, Comité des assurances) le font pencher à droite avec Émile Mireaux et Jacques Chastenet]. **Catholiques :** *La Croix* et les périodiques de la Maison de la Bonne Presse. *La Vie catholique illustrée* (fondée 1924) et *L'Aube* (fondée 1932 par les démocrates chrétiens). *Sept* (hebdo., 1934-37). *Temps présent* (1937-38). **De droite :** *L'Écho de Paris. L'Intransigeant. Le Petit Journal* (après 1937). *L'Ami du peuple. L'Ordre. L'Écho national* (André Tardieu, 1919-34). *La Liberté* (reprise par Taittinger, puis 1937 organe de Doriot). *L'Action française* (condamnée par le Vatican en 1926). *Candide* (fondé 1924, dirigé par J. Bainville, puis P. Gaxotte, plus de 500 000 en 1937). *Je suis partout* [1er no le 29-11-1930, fondé par Jean Fayard, dir. Pierre Gaxotte (historien royaliste) ; groupe Claude Jeantet, dessinateur Ralph Soupault, etc.), 1936 racheté à Fayard, devient fasciste et antisémite, Robert Brasillach rédacteur en chef (26-6-1937/sept. 43), suspendu mai 1940 (campagne contre Reynaud), reparaît 7-2-1941, j. collaborateur, atteint parfois 100 000 ex., sept. 1943 Pierre-Antoine Cousteau, rédacteur en chef, et Rebatet assurent la direction ; suspendu par Laval 28-7-1944, reparaît une fois le 16-8]. *Gringoire* (fondé 1929, dirigé par H. de Carbuccia, 800 000 en 1937). *Noir et Blanc* (1er no le 22-4-1934, éd. Albin Michel). **De gauche :** *Le Quotidien* (d'Henry Dumay, fondé 1922, atteint 380 000, puis chute après 1926). *L'Œuvre* (fondée 1902, plus de 200 000 ex. avec Jean Piot et Geneviève Tabouis, influencée par Marcel Déat après 1936). **Radicaux :** *L'Ère nouvelle, La République* et *La Dépêche de Toulouse.* **Communistes :** *L'Humanité* (1920 : 150 000, 1939 : 350 000), *Ce Soir* (fondé 1937). **Socialistes :** *Le Populaire* (dirigé par Léon Blum, important vers 1936), *Marianne* (1932, Gallimard, Emmanuel Berl, dir. janv. 1937, 150 000 ex.), *La Lumière* (1927), *Vendredi* (1935, Jean Guehenno, André Chamson ; organe de combat du Front populaire). **Satiriques :** *Le Canard enchaîné* hebdo. (1915). *Ric et Rac* hebdo. (1935 : 340 000), *L'Os à moelle* (1938, de Pierre Dac), *Rire.* **Grivois :** *La Vie parisienne, Le Sourire, Frou-frou* (1923), *Séduction* (1933), *Vénus* (1936). **Cinéma :** *Ciné Magazine* (1920-33), *Ciné Miroir* (1922), *Mon Film* (1923), *Film complet* (1925), *Cinémonde* (1927), **Commercial :** *Vendre* (nov. 1923, Étienne Damour).

Tirages en 1939. **Paris :** *Paris-Soir* 1 739 594, *Le Petit Parisien* 1 422 401, *Le Journal* 411 421, *L'Humanité* [6] 349 587, *Le Matin* 312 597, *Ce Soir* [6] 262 547, *L'Œuvre* [7] 236 045, *Le Jour-L'Écho de Paris* [2] 183 844, *Le Petit Journal* [5] 178 327, *Le Populaire* [1] 157 837, *La Croix* [8] 140 000, *L'Intransigeant* 134 462, *Excelsior* 132 792, *Paris-Midi* 102 000, *Le Figaro* 80 604, *L'Époque* [10] 80 000, *Le Temps* 68 556, *L'Information* 50 000, *L'Action française* [9] 45 000, *La Liberté* [12] 30 000, *Le Journal des débats* [2] 25 000, *L'Aube* [8] 15 000, *Le Peuple* [13] 15 000, *La République* [3] 15 000, *L'Homme libre* [2] 5 000, *Le Petit Bleu* [2] 5 000, *L'Ordre* [14] 5 000. **Province :** *L'Ouest-Éclair* (Rennes) [2] 350 000, *La Petite Gironde* (Bordeaux) [2] 325 000, *L'Écho du Nord* (Lille) [2] 300 000, *La Dépêche de Toulouse* [3] 260 000, *Le Progrès de Lyon* [3] 220 000, *Le Réveil du Nord* (Lille) [4] 200 000, *Le Petit Dauphinois* (Grenoble) [2] 200 000, *La France de Bordeaux* [3] 180 000, *Le Petit Marseillais* [2] 150 000, *Les Dernières Nouvelles de Strasbourg* [2] 150 000, *L'Est républicain* (Nancy) [2] 140 000, *La Presse réunie* (12 quot. alsaciens) [1] 140 000, *La Dépêche du Centre* (Tours) [3] 140 000, *L'Éclaireur de Nice* (plus édition du soir) [2] 130 000, *Le Nouvelliste de Lyon* [1] 130 000, *Le Petit*

Provençal [3] 120 000, *La Tribune républicaine* (St-Étienne) [4] 120 000, *L'Éclaireur de l'Est* (Reims) [3] 100 000, *Le Courrier du Centre* (Limoges) [2] 100 000.

Nota. – (1) Démocrate. (2) Modéré. (3) Radicalisant. (4) Socialisant. (5) Devenu l'organe du PSF (Parti social français, Croix-de-Feu). (6) Communiste. (7) Radical de gauche. (8) Catholique. (9) Monarchiste. (10) Droite antimunichoise. (11) Socialiste. (12) PPF (Parti populaire français) de Doriot. (13) Syndicaliste. (14) Indépendant antimunichois.

■ **1939-45. Zone Sud :** la plupart des journaux se replient à Lyon *(Le Figaro, L'Action française, Le Journal, Le Temps).* Sauf *L'Action française,* la plupart se saborderont en 1942 après l'invasion de la zone Sud (*Le Figaro* le 11-11, *Le Temps* le 29-11). *La Croix* continuera à paraître à Limoges jusqu'au 21-6-1944, mais résistera le plus possible aux ordres de Vichy. *Paris-Soir,* sabordé le 12-11-1942, contraint à reparaître, disparaîtra le 25-5-1943 (édition de Toulouse fin 1943). **Zone Nord :** les Allemands feront reparaître la plupart des grands régionaux et favoriseront à Paris la reparution de journaux collaborationnistes [*Le Matin* dès le 17-6-1940, *Le Petit Parisien* le 8-10, *Paris-Soir* le 26-6, *L'Œuvre* (Déat) le 24-9, *Le Cri du Peuple* (Doriot), *Les Nouveaux Temps* (Jean Luchaire) le 1-11] et d'hebdomadaires comme *Signal* (traduit de l'allemand), *Au Pilori, Je suis partout* (300 000 ex. en 1944).

■ De 1945 a nos jours

1944 L'ordonnance du 20-8 interdit la publication de tous périodiques ayant paru sous l'occupation allemande. **L'ordonnance du 30-9** interdit la reparution des quotidiens qui avaient continué de paraître en zone Nord après le 25-6-1940 et en zone Sud après le 26-11-1942. Cette date empêchait la reparution du *Temps* qui avait cessé de paraître le 29-11-1942 et autorisait celle du *Figaro* (suspendu le 20-11-1942). 2 journaux furent néanmoins autorisés à reparaître : *La Croix* (grâce aux appuis MRP) et *La Montagne* (grâce aux appuis socialistes). **1945** nombre de quotidiens nationaux 26, provinciaux 153. **1946** 203 titres (plus de 15 millions d'ex.). **1947** grève des ouvriers du livre. Les Messageries françaises de presse (MPF) font faillite ; la loi Bichet donne naissance aux Nouvelles Messageries de la presse parisienne (NMPP). **1950** à **1995** constitution de grands groupes de presse : voir p. 1340 a. **1953** création de *L'Express* (sera suivi par *Le Nouvel Observateur, Le Point, L'Événement du jeudi*). **1954**-2-8 loi de « dévolution des biens de presse » censée apurer le passif de la collaboration. Certains propriétaires sont définitivement expropriés et leurs biens peuvent être proposés à la vente par la SNEP. D'autres se voient proposer une indemnisation ou une reprise de leurs biens, évalués à leur prix à la veille de la guerre. **1972** grève (plusieurs semaines) à *Sud-Ouest.* **1975-77** conflit au *Parisien libéré ;* le Syndicat du Livre admet la modernisation. **1994** conflit à *Sud-Ouest.*

■ **Quotidiens récemment disparus. L'Aube** [fondé mars 1932 par Francisque Gay et Gaston Tessier, sabordé juin 1940, reparaît 1944 ; *tirage 1946 :* 240 000 ; *51 :* 35 000 (dont 19 vendus) ; disparaît oct. 1951]. **L'Époque** (fondé 1932 par Henri de Kérillis, suspendu à l'armistice de 1940, reparu 3-5-1945, dernier nº 18-11-1950). **Libération** (avec Emmanuel d'Astier de la Vigerie, paru de 1944 à nov. 1964 ; sa veuve a cédé en 1973 le titre à l'équipe regroupée autour de Serge July, voir p. 1343 c). **Le Matin, le Pays, le Soir, Franc-Tireur** [(fondé 1942) racheté 1957 par Del Duca et devenu *Paris-Journal* puis *Paris-Jour ; diffusion 1960 :* 103 971 ; *65 :* 225 994 ; *70 :* 259 395 ; disparu depuis]. **Combat** [fondé 1941, clandestin jusqu'au 21-8-1944 ; d'abord organe du mouvement fondé par Henri Frenay ; dirigé par Pascal Pia et Claude Bourdet ; manchette « De la Résistance à la révolution », éditoriaux de Camus et d'Albert Ollivier. Camus, malade, s'éloigne en août 1945 puis reviendra. *1950-février* Henry Smadja évince Bourdet. *1973* Philippe Tesson, rédacteur en chef, part fonder le *Quotidien de Paris ;* disparaît 30-8-1974 ; 9 376 numéros publiés ; *diffusion 1947 :* 130 000 ; *50 :* 89 000 ; *60 :* 60 000 ; *74 :* 10 000 (son P-DG Henri Smadja était mort le 15-7)]. **Le Populaire, Paris-Presse** (fondé 1944, disparu 12-7-1970 ; *diffusion 1960 :* 88 868 ; *65 :* 58 974). **Le Temps de Paris** (du 15-4 au 4-7-1956, destiné à « déstabiliser » *Le Monde*). **Vingt-Quatre Heures** (fondé oct. 1965 par Marcel Dassault, disparaît 1966). **La Nation** (gaulliste, tiré à 15 000 ex., diffusé à 3 000, disparaît le 12-7-1974). **L'Imprévu** (paru 11 jours, du 27-1 à févr. 1975, puis relancé par Michel Butel et Bernard-Henri Lévy le 19-9-1977). **J'informe** (fondé 19-9-1977 par Joseph Fontanet, disparaît le 17-12 après 77 nos, passif 30 millions de F). **Rouge** (quot. de la Ligue communiste révolutionnaire du 15-3-1976 au 2-2-1979, redevenu hebdo.). **Le Matin de Paris** (fondé 1-3-1977 par Claude Perdriel, a déposé son bilan le 6-5-1987) ; diffusion *1977 :* 104 743 ; *81 :* 178 847 ; *86 :* 91 517. **Forum International** (paru du 15-5-1979 au 28-5-1980). **Combat socialiste** (paru du 24-2 au 10-7-1981). **Paris ce soir** (du 8-1 à févr. 1984). **Le Sport** (du 12-9-1987 au 29-6-1988). **La Truffe** (lancé 30-9-1991, cesse après 6 semaines). **Le Jour** (du 25-3 au 19-11-1993). **Paris 24 h** (du 16-5 au 31-5-1994). **Le Français** (du 25-10-1994 au 6-6-1995). **InfoMatin** (du 10-1-1994 au 8-1-1996, perte 150 millions de F). **Le Quotidien de Paris** (de Philippe Tesson : du 4-4-1974 au 26-6-1978, reparaît du 29-11-1979 au 4-7-1994 ; titre racheté, reparaît de février 1995 au 14-11-1996). **Le Quotidien de la République** (d'Henri Emmanuelli : du 17 au 28-11-1998).

■ Quelques règles

■ **Clause de conscience** (loi du 29-3-1935 instituant le statut des journalistes, devenue article L. 761-7 du Code du travail). Un journaliste peut démissionner sans préavis et avec le bénéfice des indemnités de licenciement en 3 circonstances : *cession* du journal ou du périodique (« clause de cession ») ; *cessation de la publication* pour quelque cause que ce soit ; *changement notable dans le caractère ou l'orientation* du journal ou du périodique si ce changement crée, pour la personne employée, une situation de nature à porter atteinte à son honneur, à sa réputation ou, d'une manière générale, à ses intérêts moraux.

■ **Délits de presse** [2]. Peuvent être poursuivis ceux qui, par des écrits, des affiches, des films ou des discours, auront appelé à commettre un crime ou un délit (provocation, qu'elle soit ou non suivie d'effet). *1º) Atteintes à l'éthique sociale :* provocation aux crimes et aux délits de droit commun, outrage aux mœurs, publication de certains débats judiciaires (procès en diffamation, en divorce, en recherche de paternité), apologie des crimes de guerre, le fait de chercher à jeter le discrédit sur un acte ou une décision de justice par acte, parole ou écrit. *2º) Délits dirigés contre le pouvoir :* provocation aux crimes et délits contre la sûreté de l'État, atteintes au moral de l'armée, au crédit de la nation ou aux diverses autorités publiques, offense au chef de l'État (imputation d'un fait déterminé ou dans son expression outrageante, qu'il s'agisse de la vie publique ou privée du chef de l'État ; la poursuite la plus récente pour offense au chef de l'État date de 1973). *3º) Délits contre les personnes :* injure et diffamation [allégation ou imputation d'un fait qui porte atteinte à l'honneur (se rapporte à la dignité et à l'intégrité morale) ou à la considération (notion plus large comprenant en particulier la réputation professionnelle et sociale) de la personne ou du corps auquel le fait est imputé].

Il faut un lien direct entre la provocation et le délit ou le crime qui peuvent éventuellement être commis par des tiers ; la discussion publique des actes politiques du Pt de la République est autorisée et s'arrête là où commence l'offense au chef de l'État. Le ministre est libre de poursuivre qui il veut.

■ **Dépôts. Administratif** [2] **:** 10 ex. (quotidiens), 6 ex. (hebdomadaires, bihebdomadaires et trihebdomadaires), 4 ex. (mensuels) à la Direction du développement des médias, ex-SJTI (69, rue de Varenne, 75007 Paris), pour les journaux parisiens, ou à la préfecture ou à la sous-préfecture (autres départements). **Judiciaire :** 2 ex. au parquet du tribunal de grande instance. *Publications pour la jeunesse :* 5 ex. au min. de la Justice. **Légal** [1] : *éditeur :* 4 ex. à la Bibliothèque nationale de France (BNF), 1 au ministère de l'Intérieur (publication éditée à Paris), ou à la préfecture (en dehors de Paris) ; *imprimeur :* 2 ex. à la BNF si ses ateliers sont à Paris ou en Ile-de-France, ou à la bibliothèque dépositaire habilitée s'il est situé en province (loi du 20-6-1992, décret d'application du 31-12-1993).

■ **Directeur** [2]. Doit être français, majeur et jouir de ses droits civiques.

■ **Droit de réponse** [2]. Si l'on est mis en cause par un article, on peut répondre dans le journal. Le directeur doit insérer cette réponse dans les 3 jours de sa réception ou, s'il ne s'agit pas d'un quotidien, dans le numéro suivant. Cette insertion gratuite peut atteindre la longueur de l'article auquel elle répond, avec un maximum de 200 lignes. Elle ne doit contenir aucun terme contraire à la loi, aux bonnes mœurs ou à l'honneur du journaliste qui a écrit l'article. Le refus injustifié d'insertion est un délit passible d'amende et de dommages et intérêts.

Nota. – (1) Loi du 21-6-1943, décrets des 21-11-1960 et 16-1-1982. (2) Loi du 29-7-1881.

■ **Liberté de la presse.** Fait partie du droit constitutionnel positif français ; le préambule de la Constitution de 1958 réaffirme les principes de la Déclaration des droits de 1789 et ceux de la loi du 29-7-1881 sur la liberté de la presse. Comprend le droit de publier ce que l'on veut. Mais *on doit publier :* 1º) *des mentions obligatoires* dans chaque numéro : nom du directeur, de la publication, nom et adresse de l'imprimeur, tirage, etc. ; 2º) *des insertions* résultant de jugements rendus par les tribunaux, ou de l'application du droit de réponse. La censure et l'exigence d'un cautionnement sont prohibées.

Dans ses décisions des 10 et 11-10-1984 et du 29-7-1986, le Conseil constitutionnel a précisé que le pluralisme des quotidiens d'information politique et générale est un objectif de valeur constitutionnelle.

Loi du 1-8-1986. Elle reprend les dispositions de l'ordonnance du 26-8-1944, relatives à l'interdiction du prête-nom, au caractère nominatif des actions et à l'agrément par le conseil d'administration de toute cession d'actions. On est tenu d'indiquer le nom du dir. de la publication et du responsable de la rédaction, du propriétaire ou du représentant légal de l'entreprise éditrice et de ses 3 principaux associés. L'actionnaire majoritaire, s'il s'agit d'une personne physique, doit être le dir. de la publication. Dans les autres cas, le représentant légal de l'entreprise éditrice est le dir. de la publication. Le dir. de la publication jouissant de l'immunité parlementaire européenne doit (comme les bénéficiaires de l'immunité parlementaire nationale) désigner un codirecteur sur lequel pèsent les responsabilités pénales et civiles.

Il est interdit de recevoir des fonds ou avantages d'un gouvernement étranger. Les prises de participations étrangères dans des publications en français existantes sont limitées. Les créations sont libres et sans restriction pour les publications en langue étrangère. Les situations existantes à la date d'entrée en vigueur de la loi ne sont pas remises en cause.

Loi du 27-11-1986. Elle complète la loi du 1-8-1986, à la suite de la décision du Conseil constitutionnel du 29-7-1986 déclarant non conformes à la Constitution certaines dispositions de la loi concernant l'acquisition, la prise de contrôle ou la prise en location-gérance d'une publication quotidienne imprimée d'information politique et générale et l'abrogation de l'ordonnance du 26-8-1944 sur l'organisation de la presse française ainsi que la loi du 23-10-1984 visant à limiter la concentration fixant à 15 % le seuil de concentration des quot. nat. de même nature et à assurer la transparence financière et le pluralisme des entreprises de presse. Le dispositif de la loi du 23-10-1984, estimé contraignant pour la liberté d'entreprendre, a été remplacé. Désormais, il est interdit d'acquérir, de prendre, en location-gérance ou sous son contrôle, une publication existante, au-delà d'une diffusion atteignant 30 % de l'ensemble de la diffusion des quotidiens d'information politique et générale. Ces dispositions n'empêchent pas de créer des titres nouveaux ou de développer la diffusion de publications existantes.

☞ *Ordonnance du 26-8-1944* sur la presse et l'affaire Hersant, et *loi du 12-9-1984* sur le pluralisme et la transparence de la presse : voir Quid 1987.

■ **Limites.** Pour la plupart fixées par la loi du 29-7-1881. L'art. 27 réprime le délit de « fausses nouvelles » lorsqu'elles ont troublé ou sont susceptibles de troubler « la paix publique ». Un texte punit « l'offense au président de la République » et une loi particulière prévoit l'offense aux chefs d'État étrangers et aux diplomates. Il est interdit d'encourager la réalisation de crimes et de délits. La loi du 1-7-1972 a créé le délit de « provocation à la haine ou à la discrimination raciale » ; la loi réprime la négation du génocide. Les textes les plus appliqués concernent la diffamation et l'injure. L'écrit litigieux est presque toujours considéré comme condamnable, sauf si le journaliste parvient à prouver « la réalité du fait diffamatoire ». Si le journaliste brandit un procès-verbal de police ou un rapport confidentiel qui prouve la réalité de l'information publiée, le tribunal l'écartera en constatant qu'il est parvenu entre les mains du prévenu « par des moyens inconnus du Code de procédure pénale ». Si les phrases incriminées sont considérées comme diffamatoires, le journaliste peut revendiquer la bonne foi. Mais, contrairement au droit commun, la loi sur la presse exige que l'on fasse la preuve de son innocence.

■ **Pressions externes.** *Juridiques* (saisies, poursuites judiciaires, blocage avant distribution) ; *fiscales* (menace de modifier le régime fiscal du journaliste de manière défavorable) ; *financières* [amendes, préjudices des saisies, retrait des contrats de publicité d'État (Loterie nationale, emprunts, bons du Trésor, PTT), ou du secteur nationalisé, refus de facilités bancaires] ; *professionnelles* (raréfaction des informations, interdiction d'accès à certaines sources) ; *flatteuses* (décorations, invitations).

■ **Publications dangereuses. Loi du 16-7-1949 sur les publications destinées à la jeunesse :** le ministre de l'Intérieur peut interdire la mise en vente aux mineurs (1er degré d'interdiction), l'exposition à la vue du public et la publicité par voie d'affiches (2e degré), ou toute forme de publicité (3e degré) à l'égard des publications présentant un danger pour la jeunesse en raison de leur caractère licencieux ou pornographique, ou de la place faite au crime ou à la violence, à la discrimination ou à la haine raciale, à l'incitation à l'usage ou au trafic de stupéfiants. Interdictions *1995 :* 4 ; *96 :* 16 (dont *1er :* 8 ; *2e :* 8) ; *97 :* 7 (dont *1er :* 2 ; *2e :* 3 ; *3e :* 2) ; *98 :* 7 (dont *1er :* 3 ; *2e :* 3 ; *3e :* 1).

■ **Publications étrangères.** Le ministre de l'Intérieur peut interdire la circulation et la diffusion de journaux et livres étrangers (ou les faire saisir) ; les écrits « de provenance étrangère » rédigés en français et publiés en France.

■ **Régime fiscal. Taxe professionnelle :** exonération. **TVA :** depuis le 1-1-1982 (sauf pour les publications éditées par des associations et n'ayant pas obtenu de numéro d'inscription auprès de la CPPAP : commission paritaire des publications et agences de presse). *En % :* publications inscrites à la Commission paritaire (ensemble) 2,1 depuis 1-1-1989 (dont quotidiens et publications assimilées 2,1 depuis 1-1-1977, hebdo. politiques nationaux 2,1 depuis 28-12-1988) [Guadeloupe, Martinique, Réunion 1,05] ; non inscrites 19,6. Depuis le 1-1-1989 : **en métropole** (y compris la Corse) 2,1 % pour les **publications inscrites** à la commission paritaire des publications et agences de presse [et faisant l'objet d'un agrément du directeur des services fiscaux territorialement compétent], s'applique aux publications de presse d'un Dom, importées d'un pays tiers ou faisant l'objet d'une acquisition intracommunautaire, dans les mêmes conditions que pour les publications éditées en métropole. **Dans les Dom** (Guadeloupe, Martinique, Réunion) : 1,05 %, **publications non inscrites** (ou pour lesquelles le service n'a pas accordé son agrément) 19,6 % ; s'applique notamment aux publications qui, en raison de leur caractère licencieux ou pornographique ou de la place faite au crime et à la violence, ont fait l'objet d'au moins 2 des interdictions prévues à la loi du 16-7-1949 ; elles sont exonérées, sous certaines conditions, lorsqu'elles sont éditées par un organisme sans but lucratif ou par des collectivités publiques ou leurs établissements publics. **Comparaisons**

■ **Charte du journaliste.** Adoptée en 1918 par le Syndicat national des journalistes, révisée et complétée en 1938. « Un journaliste, digne de ce nom, prend la responsabilité de tous ses écrits, même anonymes ; tient la calomnie, les accusations sans preuves, l'altération des documents, la déformation des faits, le mensonge pour les plus graves fautes professionnelles ; ne reconnaît que la juridiction de ses pairs, souveraine en matière d'honneur professionnel ; n'accepte que des missions compatibles avec la dignité professionnelle ; s'interdit d'invoquer un titre ou une qualité imaginaires, d'user de moyens déloyaux pour obtenir une information ou surprendre la bonne foi de quiconque ; ne touche pas d'argent dans un service public ou une entreprise privée où sa qualité de journaliste, ses influences, ses relations seraient susceptibles d'être exploitées ; ne signe pas de son nom des articles de réclame commerciale ou financière ; ne commet aucun plagiat, cite les confrères dont il reproduit un texte quelconque ; ne sollicite pas la place d'un confrère, ni ne provoque son renvoi en offrant de travailler à des conditions inférieures ; garde le secret professionnel ; n'use pas de la liberté de la presse dans une intention intéressée ; revendique la liberté de publier honnêtement ses informations ; tient le scrupule et le souci de la justice pour des règles premières ; ne confond pas son rôle avec celui du policier. »

■ **Charte de Munich.** Déclaration des devoirs et des droits des journalistes approuvée 24/25-11-1971, adoptée depuis par la Fédération internationale des journalistes (FIJ), par l'Organisation internationale des journalistes (OIJ), et par la plupart des syndicats de journalistes d'Europe. **Devoirs :** les devoirs essentiels du journaliste dans la recherche, la rédaction et le commentaire des événements sont : **1** – Respecter la vérité, quelles qu'en puissent être les conséquences pour lui-même, en raison du droit que le public a de connaître la vérité. **2** – Défendre la liberté de l'information, du commentaire et de la critique. **3** – Publier seulement les informations dont l'origine est connue ou, dans le cas contraire, les accompagner des réserves nécessaires ; ne pas supprimer les informations essentielles et ne pas altérer les textes et les documents. **4** – Ne pas user de méthodes déloyales pour obtenir des informations, des photographies et des documents. **5** – S'obliger à respecter la vie privée des personnes. **6** – Rectifier toute information publiée qui se révèle inexacte. **7** – Garder le secret professionnel et ne pas divulguer la source des informations obtenues confidentiellement. **8** – S'interdire le plagiat, la calomnie, la diffamation et les accusations sans fondement, ainsi que de recevoir un quelconque avantage en raison de la publication ou de la suppression d'une information. **9** – Ne jamais confondre le métier de journaliste avec celui du publicitaire ou du propagandiste ; n'accepter aucune consigne, directe ou indirecte, des annonceurs. **10** – Refuser toute pression et n'accepter de directive rédactionnelle que des responsables de la rédaction. Tout journaliste digne de ce nom se fait un devoir d'observer strictement les principes énoncés ci-dessus. Reconnaissant le droit en vigueur dans chaque pays, le journaliste n'accepte en matière d'honneur professionnel que la juridiction de ses pairs, à l'exclusion de toute ingérence gouvernementale ou autre. **Droits : 1** – Les journalistes revendiquent le libre accès à toutes les sources d'information et le droit d'enquêter librement sur tous les faits qui conditionnent la vie publique. Le secret des affaires publiques ou privées ne peut en ce cas être opposé au journaliste que par exception et en vertu de motifs clairement exprimés. **2** – Le journaliste a le droit de refuser toute subordination qui serait contraire à la ligne générale de l'organe d'information auquel il collabore, telle qu'elle est déterminée par écrit dans son contrat d'engagement, de même que toute subordination qui ne serait pas clairement impliquée par cette ligne générale. **3** – Le journaliste ne peut être contraint à accomplir un acte professionnel ou à exprimer une opinion qui serait contraire à sa conviction ou à sa conscience. **4** – L'équipe rédactionnelle doit être obligatoirement informée de toute décision importante de nature à affecter la vie de l'entreprise. Elle doit être au moins consultée, avant toute décision définitive, sur toute mesure intéressant la composition de la rédaction : embauche, licenciement, mutation et promotion des journalistes. **5** – En considération de sa fonction et de ses responsabilités, le journaliste a droit non seulement au bénéfice des conventions collectives, mais aussi à un contrat personnel assurant la sécurité matérielle et morale de son travail ainsi qu'à une rémunération correspondant au rôle social qui est le sien, et suffisante pour garantir son indépendance économique.

par pays : *taux des journaux et,* entre parenthèses, *périodiques* (en %, 1996) : All. 7 (7 [1]), Autriche 10 (10 [2]), Belgique 0 (0 [3]), Danemark 0 (25 [4,5]), Espagne 4 (4), Finlande 22 [6] (22 [7]), G.-B. 0 (0), Grèce 4 (4), Irlande 12,5 [8] (21), Italie 4 (4), Luxembourg 3 (3), P.-Bas 6 (6 [9]), Portugal 5 (5), Suède 6.

Nota. – (1) 15 % pour écrits « nuisibles à la jeunesse » et publicitaires. (2) Publicitaires 20. (3) Si parution au moins 50 fois/an et comprenant des infos d'intérêt général, sinon 6. (4) Paraissant au moins tous les mois, contenu rédactionnel d'au moins 15 %. (5) Édités par syndicats et clubs pour leurs membres : exonérés si sans publicité et vendus à leur coût de fabrication. (6) 0 en cas d'abonnement de plus de 1 mois. (7) 0 si abonnement de plus de 1 mois et pour certaines publications d'infos internes aux organismes à but non lucratif. (8) Publication d'infos générales paraissant au moins 2 fois/mois. (9) Parution au moins 3 fois/an. (10) Hebdo. ; 25 sinon.

■ **Responsabilité.** *Juridique :* délits de presse. *Morale :* relève surtout de la conscience et de l'honneur du journaliste et de la morale professionnelle (déontologie). A l'intérieur du journal, le directeur, qui peut avoir à répondre de tout ce qu'il imprime, a le droit de s'opposer à certaines insertions dont il estime ne pouvoir porter le fardeau. Le directeur de la publication et le journaliste sont responsables de leurs écrits.

■ **Saisie.** *Administrative* (justifiée pour maintenir l'ordre public). *Dans le cadre de poursuites pénales. Pour la défense d'intérêts privés* (contrefaçon, atteinte à la vie privée). En cas d'infraction par voie de presse, une saisie judiciaire (sur 4 exemplaires) peut être ordonnée par le juge d'instruction si le dépôt légal n'a pas été effectué. On peut saisir des écrits considérés comme dangereux, au-delà de 4 exemplaires, même si le dépôt légal a été effectué : écrits attentatoires à la moralité publique, publications anarchistes ou contenant des « provocations » au vol, meurtre, pillage ou aux violences contre les personnes, ou incitant les militaires à la désobéissance.

En matière de crimes et délits contre la sûreté de l'État et, s'il y a urgence, en matière de saisie, les préfets ont les mêmes pouvoirs qu'un juge d'instruction.

■ **Vente sur la voie publique.** Colportage, vente ou distribution sur la voie publique des journaux, livres, brochures et tracts, sont libres. Les colporteurs professionnels doivent faire une déclaration préalable à la préfecture (vente dans le cadre d'un département), sous-préfecture (arrondissement), mairie (commune). Ils reçoivent un récépissé. Préfet ou maire peuvent interdire la vente et la distribution en certains endroits. A Paris, un arrêté du 5-2-1929 et une ordonnance du 8-11-1948 les interdisent notamment près des établissements scolaires et des églises, et aux abords immédiats des marchés. Sont également interdites les ventes en groupe et les ventes immobiles qui provoquent des attroupements et gênent la circulation.

Organismes

■ **Association internationale de la presse francophone (AIPF).** *Fondée* 15-6-1993. *Regroupe* 500 titres. *Pt :* Jean Bletner. *Vice-Pte :* Agnès Rico.

■ **Association mondiale des journaux (AMJ).** Ex-FIEJ *créée* 1948, *regroupe* 67 associations d'éditeurs de 93 pays, 17 agences de presse, 1 800 publications. Représentée en France par la SPP et le SPQR. *Dir. gén. :* Timothy Balding.

■ **Fédération nationale de la presse française (FNPF).** *Fondée* 1945. *Adhérents :* 6 organisations représentant 2 300 journaux et publications. *Pt :* depuis le 13-12-2000 : Lionel Guérin (né 22-4-1949). *Dir. gén. :* François Devevey (né 19-3-1945).

■ **Fédération nationale de la presse d'information spécialisée (FNPS).** *Fondée* 1974. 7 syndicats : presse agricole et rurale ; culturelle et scientifique ; professionnelle ; sociale ; économique, juridique et politique ; d'informations spécialisées ; médicale et des professions de santé. Regroupe 1 481 titres. *Pt :* Lionel Guérin. *Dir. gén. :* Jean-Michel Huan. *Chiffre d'affaires total* (en 2000) des 1 503 publications adhérentes : 13 milliards de F dont recettes de ventes 62 %, publicitaires 38 %. *Tirage total annuel :* 530 millions d'ex. ; *diffusion :* 450 millions d'ex.

■ **Fédération de la presse périodique régionale (FPPR).** 3 synd. : **Synd. de la presse hebdo. régionale (SPHR)** (230 adhérents, tirage : 3 000 à 70 000 ex.) ; **Synd. nat. des publications régionales (SNPR)** ; **Synd. de la presse judiciaire de province (SPJP)**. *Origine :* Synd. nat. de la presse périodique de province, créé à la Libération, transformé 1973 dans les 3 syndicats ci-dessus, regroupés dans l'UNPPI, créée 1970 entre le SNPPP et la Fédération française de la presse périodique, devenue la FPPR en 1992. 380 titres. *Tirage total :* 3 millions d'ex. par parution. *Pt :* Bernard Bienvenu. *Dir. :* Ismène Vidal.

■ **Syndicat de la presse magazine et d'information (SPMI).** *Créé* 1995 [succède à la FNPHP (Féd. nationale de la presse hebdomadaire et périodique)]. Constitué en dehors de la FNPF. *Pt :* Marc-Noël Vigier. 62 sociétés représentant 460 titres. *Chiffre d'affaires :* 18 milliards de F. *Principaux groupes :* Hachette Filipacchi Médias, Vivendi Universal Publishing, Prisma Presse, Emap, Marie-Claire. 41 millions de lecteurs des seuls titres SPMI de plus de 50 000 exemplaires ; 90 % de la population française lit un titre membre.

■ **Syndicat de la presse parisienne (SPP).** *Fondé* 6-11-1882 ; *recréé* 26-10-1944. *Pt :* Xavier Ellie (né 28-6-1947) depuis juin 2000. *Dir. :* Laurent Dubois, Frédéric Ranchet. *Chiffre d'affaires de la PQN* (en 1998) : 7,74 milliards de F. *Nombre de titres* (en 1998) : 23. *Diffusion totale* (en 1998) : 743 490 000 d'ex. *Audience* (en 2000 ; *source :* Europqn) : 8 689 000 personnes déclarent lire chaque jour au moins 1 quotidien national.

■ **Syndicat de la presse quotidienne régionale (SPQR).** *Créé* 11-6-1986 (fusion du Synd. nat. de la presse quotidienne régionale et du Synd. des quot. régionaux) 33 adhérents. 410 éditions, 6 millions d'ex./j. *Points de vente :* 42 000. *Lecteurs :* 20 millions. *CA* des journaux adhérents : 15 milliards de F. *Salariés :* 16 000. *Pt :* Jean-Louis Prévost (né 14-5-1944) depuis juin 1997. *Dir. gén. :* Bruno Hocquart de Turtot.

■ **Syndicat professionnel de la presse magazine et d'opinion (SPPMO).** A succédé en mai 1995 au SPHP. *Pt :* François d'Orcival (né 11-2-1942). 110 titres.

■ **Syndicat de la presse quotidienne départementale (PQD).** *Fondé* 1948. Représente 28 quotidiens départementaux dont 5 aux Dom, 10 radios locales privées, 15 serveurs télématiques de presse. *Tirage moyen par jour :* 1 million d'ex. *Lecteurs :* plus de 4 millions/j. *CA :* 2,2 milliards de F. *Pt :* Alain Boulonne. *Dir. :* Agnès Rico.

Journalistes

■ **Formation.** 9 écoles reconnues par la profession (voir p. 1318 a) forment 15 % des journalistes (durée de l'enseignement : 2 ans), issus à 80 % de filières littéraires.

■ **Journalistes tués pour leurs opinions dans l'exercice de leur profession. 1969-89 :** 715 (Amérique 393, Asie 171, Proche-Orient 65, Europe 46, Afrique 40). **90 :** 42. **91 :** 65. **92** *selon RSF* (Reporters sans frontières) : 61. **93** *FIJ* (Féd. internationale des journalistes) : 75 ; *RSF :* 59. **94** *FIJ :* 115 (tués de façon violente, même s'ils ne sont pas directement visés en tant que journalistes) ; *RSF :* 102 (dont Rwanda 48, Algérie 18, Bosnie 8), plus 33 autres sans qu'il soit possible d'affirmer que leur décès soit lié à leur profession ; *CPJ (Committee to Protect Journalists, créé* 1981) : 72. **95** *RSF :* 49 (dont 22 en Algérie). **96** *RSF :* 28 ; *International Press Institute :* 38 (dont Algérie 11, Russie 7, Tadjikistan, Ouzbékistan 2). **97** *RSF, CPJ :* 26 (dont Amérique latine 10, Inde 7) ; *FIJ :* 47. **98** *FIJ :* 50 ; *RSF :* 19. **99** *RSF :* 36. **2000 :** *RSF :* 32 ; *CPJ :* 24. **En prison. 1993 :** 128. **1994 :** 173. **1996 :** 102. **1997 :** 93 (dont Éthiopie 15, Chine 12, Turquie 9). **1998 :** *RSF :* 93. **1999 :** *RSF :* 85. **2000 :** *CPJ :* 81 (dont en Chine 22) ; *RSF :* 329 interpellés.

■ **Carte de presse.** *Créée* par la loi du 29-3-1935, attribuée par la **Commission de la carte d'identité des journalistes professionnels (CCIJP) :** commission paritaire de 32 membres, 16 directeurs de journaux (dont 8 suppléants) et 16 journalistes professionnels (dont 8 suppléants).

Nombre attribué. *1960 :* 8 092 journalistes professionnels (dont 1 161 femmes). *1970 :* 11 493 (2 177) ; *80 :* 16 619 (3 833) ; *93 (31-12) :* 27 939 (10 110) ; *95 (31-12) :* 28 471 (10 522) ; *97 (31-12) :* 30 003 (11 387) ; *99 :* 31 685 (12 349). **Répartition** (au 2-1-2001) : *titulaires :* 23 847 dont reporters-photographes 738 (pigistes 650), reporters-dessinateurs 30 (pigistes 37), reporters d'images 626 (pigistes 341), sténographes-rédacteurs 122 (pigistes 3), rédacteurs traducteurs 46 (pigistes 4), rédacteurs réviseurs 132 (pigistes 39), bénéficiaires de l'art. R. 761-14 (chômeurs) 1 072, directeurs (anciens journalistes) 462 ; *stagiaires :* 2 735 (pigistes 1 121). *Total journalistes possédant la carte :* 32 738 (dont 39,7 % de femmes).

Rapport du CCIJP (en %, 1990) : *femmes :* 30 (25 en 1981), 48,6 jusqu'à 25 ans. *Age :* jusqu'à 45 ans : 73,6 (71 en 1983). *Études :* sup. 69,8 (38 en 1966). *Pigistes :* 14,8 (9,6 en 1980). *Répartition dans la presse :* écrite 74,7 (spécialisée 22,2, régionale 21,8, techn. et profes. 13,3, nat. 8,8, magazines nationaux 5,2, institutionnelle 3,4), audiovisuel 17, agences de presse 7,8. *Salaire moyen brut mensuel :* 15 900 F.

■ **Élections (triennales) à la commission de la carte des journalistes professionnels. Scrutin (du 20-6-2000) :** *inscrits :* 29 087. *Votants :* 16 321. *Suffrages exprimés :* 16 051 (56,11 %). *Résultats* (en % *et,* entre parenthèses, *nombre de sièges*) : SNJ 45,66 (4), CFDT 17,1 (2), CGT 15,87 (1), CFTC 10,98 (1), FO 5,63 (0), CGC 4,75 (0).

■ **Syndicats de journalistes. Synd. national des journalistes (SNJ)** 33, rue du Louvre, 75002 Paris, autonome, *fondé* 1918. *1er secr. gén. :* François Boissarie (*Le Figaro*). **Union synd. des journalistes CFDT** 49, av. Simon-Bolivar, 75019 Paris, *f.* 1886. *Secr. gén. :* Alain Goguey. **Synd. nat. des journalistes CGT** 263, rue de Paris, case 570, 93514 Montreuil Cedex, *f.* 1934. *Secr. gén. :* Michel Diard. **Synd. gén. des journalistes FO** 2, rue de la Michodière, 75002 Paris, *f.* 1948. *Pt :* Armand Capocci. *Secr. gén. :* Marie Pottier. **Synd. des journalistes CGC (SJCGC)** 64, rue Taitbout, 75009 Paris, *f.* 1972. *Pt :* Pierre Bail. *Secr. gén. :* Claude Didier. **Synd. chrétien des journalistes CFTC** 13, rue des Écluses-St-Martin, 75010 Paris, *f.* 1972. *Pt :* Michel Staniul. *Secr. gén. :* Michel Eicher.

Syndicat d'ouvriers, d'employés et de cadres de presse. Comité intersyndical du Livre parisien. Fédération des industries du livre, du papier et de la communication (Filpac) CGT 263, rue de Paris, 93100 Montreuil. *Origine :* Fédération française des travailleurs du livre, créée 1881, a fusionné avec celle des industries papetières en 1986. Les ouvriers du livre ont, dès le XVIe s., formé une élite car ils devaient savoir lire et écrire ; ils ont toujours eu une tradition corporatiste, les maîtres imprimeurs étant de petits artisans. Regroupe 220 syndicats des travailleurs du livre (imprimerie de labeur et de presse, édition, reliure-brochure, sérigraphie, reprographie). En 1905, elle obtint l'instauration du *label,* apposé sur tous les imprimés exécutés dans les ateliers dont tout le personnel technique adhère à la Fédération. Les ouvriers du livre obtinrent souvent des conditions de travail enviables par rapport à celles des autres corporations du métier, notamment la limitation à 6 h des horaires journaliers en presse. *Regroupe* plus de 90 % des salariés des imprimeries de journaux quotidiens, gérant de fait l'emploi dans les quotidiens de Paris. **Syndicat nat. de presse, d'édition et de publicité FO (SNPEP FO)** 61, rue Beaubourg, 75003 Paris. *Fondé* 1946, 1948 CGT-FO. *Secr. gén. :* Jacques Girod. **Fédération de la communication CFTC** 8, bd Berthier, 75017 Paris.

■ **Prix de la presse. Pulitzer** (USA) : *créé* 1917 ; 14 catégories presse. *Lauréats 2001 :* reportage international : Ian Johnson (*The Wall Street Journal*) et Paul Salopek (*Chicago Tribune*), national : *The New York Times,* « national à chaud » : David Cay Johnston (*The New York Times*), « service public » : *The Oregonian,* journalisme d'investigation : David Willman (*Los Angeles Times*), « d'explication » : *Chicago Tribune.* **International pour la liberté de la presse :** *créé* 1991 par le Comité pour la protection des journalistes. *Lauréats 2000 :* Zeljko Kopanja (Bosnie-Herzégovine), Modeste Mutinga (Congo), Steve Gan (Malaisie), Masmallah Shamsolvaezin (Iran) ; *Burton Benjamin Memorial Award :* Otis Chandler. **Albert-Londres** (voir p. 340 a). *Lauréats 2000 :* écrit : Serge Michel (*Le Figaro*) ; audiovisuel : Danielle Arbid (Arte). **Alexandre-Varenne :** *créé* par la fondation Varenne ; *récompense* **des journalistes de la presse quotidienne régionale** (total 70 000 F) : *lauréat 1er prix 2000 :* Florence Traulle (Nord-Éclair) ; **hebdomadaire régionale** (total 50 000 F) : *lauréat 1er prix 2000 :* Christophe Benoît (*La Gazette de Montpellier*). **Louis Hachette :** remplace depuis 2000 le prix de la Fondation Mumm pour la presse écrite *créé* 1984 par Alain de Gunzbourg. *Montant :* 50 000 F ; *jury* (2000) : Françoise Giroud (Pte), Christine Ockrent, Jean Daniel, André Fontaine, Alain Genestar, Franz-Olivier Giesbert, Claude Imbert, Philippe Labro, Ivan Levaï (vice-Pt), Bernard Pivot, Patrick Poivre d'Arvor, Philippe Tesson, Roger Thérond. *Lauréats 2000 :* Jacques-Pierre Amette, Jean-Jacques Chiquelin, Jean-Michel Dunnay, Michel Peyrard, Michel de Pracontal. **France Infos :** *créé* 2000 par la station de radio ; *récompense* un livre de photos d'actualité. *Lauréats 2000 :* Jane Evelyn Atwood (*Trop de peines*), prix spécial : *Siècle* (éd. Phaidon). **De la libre expression :** *créé* 1991 par l'UIPF ; *récompense* le fait d'avoir maintenu des activités indépendantes malgré les pressions. *Lauréat 2000 :* Michel Auger (*Journal de Montréal*), victime d'un attentat le 13-9-2000. **De l'information sociale :** *créé* 1985 par l'Association des journalistes d'information sociale à la mémoire de journalistes tués dans un accident d'avion ; décerné à de futurs journalistes se destinant à la presse sociale ; *montant :* 20 000 F ; *jury :* Pt et Pts d'honneur de l'AJIS, autres personnalités qualifiées. *Lauréats 2000 :* Sonya Faure (CFJ), Sophie Caillot (ESJ Lille), Frédéric Pommier (ESJC Marseille), Pauline Simonet (ESJ Lille). **Du festival « Visa pour l'image » de Perpignan :** *créé* 1988 pour le photoreportage, *a lieu* en septembre. *Lauréats 2000 :* **grand prix Care International** (reportage humanitaire) : Yoav Lemmer (AFP) : cyclone Eline au Mozambique ; **Canon du « Picture Editor » (directeur de la photo) :** Sarah Harbutt (*Newsweek*) et *Special Award Achievement :* Roger Thérond ; **Kodak du jeune reporter :** Thomas Dworzak (Magnum) : Tchétchénie. **visa d'or :** *news :* Raphaëlle Gaillarde (Gamma) : les grands brûlés ; *presse quotidienne internationale :* Dudley Brooks (*Washington Post*) : les charniers en Ouganda ; *magazine :* Éric Bouvet (Gamma) : Tchétchénie. **Lazareff :** *créé* 1988 par Marcel Desvaux, Ladislas de Hoyos, Emmanuel de La Taille, parrainé par Moët-et-Chandon ; *montant :* 20 000 F ; *récompense* un journaliste de la presse écrite révélant dans le grand reportage des qualités et un talent fidèles à l'esprit du fondateur de France-Soir ; *décerné* jusqu'en 1998. **Reporters sans frontières-Fondation de France :** *créé* 1992 ; *montant :* 50 000 F. *Lauréate 2000 :* Carmen Gurruchaga (*El Mundo ;* victime d'une tentative d'attentat de l'ETA). **Stendhal :** *créé* 1990, *géré* par la fondation Adelphi, en coopération avec le Parlement européen et la Commission européenne. **Thucydide :** *créé* 2001 par le centre Thucydide de l'université Panthéon-Assas ; *récompense* l'auteur d'un article traitant des relations internationales ; *lauréat 2001 :* Renaud Girard (*Le Figaro*). **Unesco-Guillermo Cano :** *créé* 1997, du nom d'un Colombien assassiné pour ses articles sur la drogue ; *montant :* 25 000 $; *décerné* à une personne ou une institution ayant contribué à la défense de la liberté de la presse ; *lauréats : 1997 :* Gao Yu (Chinoise emprisonnée 1993-99) ; *98 :* Christina Anyanwu (Nigériane emprisonnée 1995) ; *99 :* Jesus Blancornelas (Mexicain victime d'une tentative de meurtre en nov. 1997) ; *2000 :* Nizar Nayyouf (Syrien emprisonné depuis le 10-1-1992).

Associations. Association mondiale des journaux (AMJ) ex-fédération internationale des journalistes (FIEJ) *fondée* 1948, basée à Paris, réunit 67 syndicats de 93 pays occidentaux. *Pt : 2001 :* Roger Parkinson (Canada). **Association de la presse étrangère (APE)** *créée* 1944, rassemble 450 journalistes de 63 pays. *Pt : 2001 :* Elias Masboungi (Liban). **Fédération internationale de la presse périodique (FIPP)** *Pt :* Gérald de Roquemaurel. **Fédération internationale des rédacteurs en chef** *créée* 1935 par Joseph Ageorges. *Pt :* Michel Bassi. **Organisation internationale des journalistes (OIJ)** *fondée* 1946 à Prague, groupe 310 000 journalistes de 112 pays. **Reporters sans frontières (RSF)** *fondée* 1985. *Pt :* Noël Copin depuis 7-6-1994. 600 adhérents. **Union des journaux et des journalistes de France** regroupe 520 adhérents, 950 membres, 46 supports s'adressant à 13 000 000 de lecteurs. **Union internationale de la presse catholique (UIPC)** *fondée* 1936 à Rome. **Union intern. des journalistes et de la presse de langue française (UIJPLF)** *fondée* 1950, 3 024 membres dans 120 pays. *Pt : 2001 :* Hervé Bourges. Centre de documentation : La Pressothèque. Publication : *La Gazette de la presse francophone* (20 000 ex.). Agence d'information (UPF) sur serveur Internet. **UJJEF** (voir p. 1342 b). **Union nationale des syndicats de journalistes (UNSJ)** *fondée* 1966 regroupe SNJ, USJF-CFDT et SNJ-CGT ; le SGF-FO l'a quittée en févr. 1983 à la suite de la « mainmise » du livre CGT sur le journal *L'Union* de Reims. **Union syndicale des journalistes sportifs de France (USJSF)** *fondée* 18-1-1958, 1 800 membres.

L'Argus de la presse. Sté privée renseignant ses abonnés sur ce qui est diffusé à leur propos, *fondée* 1879 par le Vte François-Auguste de Chambure. *Clients :* 13 000 à 15 000. *Publications dépouillées :* plus de 10 000.

Statistiques générales

■ Budget

■ **Aides à la presse. Origine :** régime primitivement destiné aux publications ayant « un caractère d'intérêt général d'instruction, d'éducation, d'information du public ». Puis on a ajouté : *« récréation »* et le régime a été progressivement étendu à l'ensemble des publications. Pour en bénéficier, il faut obtenir un no d'inscription auprès de la Commission paritaire des publications et agences de presse.

Crédits votés pour 2001 et, entre parenthèses, **votés en 2000** (en millions de F). **Aides directes :** 255,7 (260,8) ; **spécifiques :** *fonds d'aide* aux quot. nationaux à faibles ressources publicitaires [1] 30 (26,6 [2]), aux quot. de province à faibles ressources de petites annonces 9 (8,5), à la presse hebdomadaire régionale [3] 9,2 (8,7), au portage [4] 52,5 (50,5) ; contribution au plan social de la presse parisienne 14 (13,5) ; aide au portage de la PQN [5] 7,5 (7,5) ; FAEPFE (Fonds d'aide à l'expansion de la presse française à l'étranger) 24 (23) ; fonds presse et multimédia [6] 15 (15) ; **générales traditionnelles :** remboursement à la SNCF des réductions de tarifs accordées à la presse 99,5 (101), aide à la transmission par fac-similé [7] 5 (6,5). **Indirecte :** abonnement de l'État à l'AFP [8] 613 (607,4). **Fonds de modernisation [9] :** 200 (200).

Autres aides indirectes (en 2000 et, entre parenthèses, 1999) : *dépenses fiscales de l'État en faveur de la presse :* allègement de la TVA 1 200 (1 200), régime spécial des provisions pour investissement 50 (55) ; *des collectivités locales :* exonération de taxe professionnelle 1 207 (1 206) ; *des entreprises publiques :* contribution au budget général de La Poste : 1 900 (1 850).

Nota. – (1) Créé 12-3-1986. (2) Dont *La Croix, L'Humanité*, quot. à prix très faible. (3) Créé 1996. (4) Créé 1997. (5) Créé 1995. (6) Annoncé 1996, créé 1997, doté depuis 1998 ; destiné à faire aux entreprises de presse écrite une avance, remboursable, de 30 % pour le développement de nouveaux supports numériques ; géré et financé par l'IFCIC. (7) Depuis 1999, l'allègement des charges téléphoniques (institué 1951) est supprimé. (8) En attente d'une réforme annoncée. (9) Créé 1998, alimenté par une taxe de 1 % sur certaines dépenses de publicité hors médias ; attribuera des avances remboursables (55 % des interventions prévues) et des subventions (45 %).

■ **Contrôle.** Une commission auprès du ministère de la Justice, présidée par un conseiller d'État et composée d'une trentaine de personnes (représentants de divers ministères, de mouvements et organisations de jeunesse, d'associations familiales, d'éditeurs, dessinateurs, membres de l'enseignement, magistrats, députés et sénateurs), signale aux autorités compétentes les agissements ou infractions de nature à nuire, par voie de presse, à l'enfance et à l'adolescence. Selon l'article 14 de la loi du 16-7-1949, le ministre de l'Intérieur peut interdire (de vente aux mineurs, d'exposition, de publicité) des publications recelant un danger pour les mineurs, en raison de leur caractère licencieux ou pornographique, de la place faite au crime et à la violence, à la discrimination et à la haine raciale, à l'incitation à l'usage ou à la détention ou au trafic de stupéfiants.

Nombre de titres ayant fait l'objet d'une interdiction : *1982-86 :* 62 ; *1991-97 :* 48 (dont *Hot vidéo, Demonia, Échangistes, Revue d'histoire révisionniste*). La plupart ont été relevés de cette interdiction.

☞ Une double interdiction de vente et d'exposition entraîne l'exclusion du système de distribution par le réseau des messageries de presse et rend les publications concernées inéligibles au bénéfice du régime économique de la presse.

■ **Coût. De production :** *rédaction* 20 % des charges. *Frais de documentation et d'agence* 2 à 3 %. *Services administratifs et commerciaux* 11 à 14 %. *Amortissement des équipements* 3 à 5 % des coûts de production. *Papiers* 25 à 30 %.

Presse française en 1998	Tirage total annuel [1]	Chiffre d'affaires [2]		
		total	ventes	publicité
Total	**8,19**	**63,61**	**36,7**	**26,8**
Inf. générale et politique nationale	0,95	10,8	5,94	4,96
locale	2,55	17,73	10,48	7,26
Spécialisée grand public ..	2,56	23,89	17,05	6,83
techn. et profes.	1,82	4,08	0	4,08
Gratuite (d'annonces) ..	1,82	4,08	0	4,08

Nota. – (1) En milliards d'exemplaires.
(2) En milliards de F. *Source :* SJTI.

Fabrication (salaires) 30 % [charge importante due à la puissance du Syndicat du livre qui, défendant l'intérêt de ses syndiqués, entraîne une limitation de la productivité et le maintien d'effectifs en surnombre]. **De distribution :** 6 à 10 % (environ 35 % du prix de vente du journal). **Prix moyen des quotidiens** (en F, en 1994). *Source :* FIEJ. Suisse 6,34, Italie 5,98, *France 4,20,* Japon 3,85, Belgique 3,74, Espagne 3,64, Allemagne 3,43, G.-B. 2,6, USA 2,34, Brésil 0,62.

■ **Exemples de prix en France** (en F, en mai 2000). **Quotidiens :** *France-Soir* 5,50, *Le Figaro* 7, *Les Échos* 7,50, *La Tribune* 7,50, *Le Monde* 7,50. **Hebdos :** *Télé-Z* 2, *Télé-Loisirs* 5,90, *Télé-Poche* 6, *Télé-Star* 6, *Télé-7 Jours* 6,50, *Télé Câble Satellite Hebdo* 8, *Voici* 8,50, *Marianne* 15, *Télérama* 10, *VSD* 14, *Elle* 14, *Paris-Match* 14, *Le Revenu* 18, *Le Point* 18, *Courrier international* 18, *L'Express* 18, *L'Expansion* 20, *Le Nouvel Observateur* 20. **Mensuels :** *Prima* 12, *Vital* 15, *Marie-Claire* 15, *Capital* 15, *Le Revenu patrimoine & placements* 20, *GEO* 32. **Bimensuel :** *Le Nouvel Économiste* 20.

☞ Quotidien le plus cher de France : le *Bulletin quotidien* fondé en 1973 par Georges Bérard-Quelin : 29 300 F/an pour environ 30 pages agrafées, 5 fois par semaine.

■ **Recettes. Chiffre d'affaires** (en milliards de F) : *1982 :* 32,81 ; *90 :* 57,16 ; *95 :* 59,06 ; *96 :* 60,96 ; *97 :* 61,97 ; *98 :* 63,45 [dont ventes : 36,75 (presse quot. nat. 6,3 dont ventes 3,08 ; quot. régionale 15,92 dont ventes 9,81), publicité et petites annonces 26,86] ; *99 :* 66,78. *Source :* SJTI.

■ **Ventes en kiosque** (déc. 1999). **Ventes moyennes** (en milliers d'ex.) : *par jour :* quot. nat. (base : 7 titres) 1 548 (suppléments 1 138 ; *par mois :* mag. (base : 471 titres) 31 945, encyclopédies et multimédia 4 500. **Chiffre d'affaires moyen** (en milliers de F) : *par jour :* quot. nat. 10 340 (suppléments 15 383) ; *par mois :* mag. (base : 471 titres) 800 000, encyclopédies 100 000. *Source :* Indices mensuels NMPP.

■ **Titres. Nombre en 1998 :** 3 626 dont 92 quot., 28 journaux du 7e jour, 953 hebdo., 1 352 mensuels, 1 164 trimestriels et 37 d'autres périodicités. **Total annuel du tirage et de la diffusion :** ensemble 8 306/7 017 dont quot. 3 479/2 880 y compris 7e jour 211/182.

■ **Chiffre d'affaires** (en milliards de F), **diffusion et tirage** (en milliards d'ex.) en 1998 (*Source :* SJTI). **Toutes catégories :** *chiffre d'affaires :* 63,45 (*1999 :* 66,78) dont *ventes* 36,74 (dont au numéro 23,95, abonnement 12,79) [*1999 :* 37,54] ; *publicité* 26,79 (commerciale 29,30, petites annonces 5,41) [*1999 :* 29,24]. *Diffusion annuelle* 7,02 (*tirage* 8,31). **Presse gratuite d'annonces :** *chiffre d'affaires :* 4,20 (*1982 :* 1,34). *Diffusion annuelle :* 1,81 (*82 :* 1,51). *Tirage* 1,81 (*82 :* 1,51). **Nationale d'information générale et politique :** *chiffre d'affaires :* 10,57 ; *ventes* 5,82 (au no : 3,77 ; abonnement 2,05) ; *pub.* 4,75 (commerciale 3,59, petites annonces 1,16). *Diffusion :* 0,74 (*82 :* 0,93). *Tirage :* 0,93 (*82 :* 1,21). **Locale :** *chiffre d'affaires :* 17,38 ; *ventes* 10,37 (au no : 7,37, ab. 3) ; *publicité* 7,01 (commerciale 4,92, petites annonces 2,09). *Diffusion :* 2,25 (*82 :* 2,43). *Tirage :* 2,43 (*82 :* 2,74). **Spécialisée grand public :** *chiffre d'affaires :* 24,22 ; *ventes* 17,26 (au no : 12,45, abonnement 4,81) ; *pub.* 6,96 (commerciale 6,39, petites annonces 0,57). *Diffusion :* 1,95 (*82 :* 1,75). *Tirage :* 2,68 (*82 :* 2,18). **Spécialisée technique et professionnelle :** *chiffre d'affaires :* 7,09 ; *ventes* 3,29 (au no : 0,35, abonnement 2,94) ; *pub.* 3,80 (commerciale 3,05, petites annonces 0,75). *Diffusion :* 0,26 (*82 :* 0,32). *Tirage :* 0,29 (*82 :* 0,36).

■ **Commerce extérieur** (en millions de F). **Exportations :** *1995 :* 2 740 ; *96 :* 2 468 ; *97 :* 2 567 ; 98 : 2 756 dont Union européenne 1 511 (dont Belgique-Luxembourg 766, Allemagne 240, Espagne 111, Italie 108, Portugal 54, G.-B. 53, Pays-Bas 26, Grèce 17, Autriche 8, Danemark 4, Suède 3, Finlande 2), Suisse 703, Canada 76, Japon 11, USA 12. **Importations :** *1995 :* 2 225 ; *96 :* 2 015 ; *97 :* 2 320 ; *98 :* 2 623 dont UE 2 111 (dont Allemagne 548, G.-B. 392, Italie 352, Belgique-Luxembourg 217, Espagne 188, Pays-Bas 132, Danemark 8, Portugal 3, Autriche 3, Irlande 2, Suède 1), USA 303, Suisse 51, Canada 17, Japon 5.

■ **Entreprises de plus de 20 personnes exerçant à titre principal l'édition de journaux et,** entre parenthèses, **de revues et périodiques** (en 1998). **Nombre :** 96 (319) dont *20 à 49 pers. :* 25 (230) ; *50 à 99 :* 17 (44) ; *100 à 249 :* 19 (32) ; *250 à 499 :* 15 (8) ; *500 ou + :* 20 (5). **Effectifs :** 28 060 (21 031). **Chiffre d'affaires :** 27,92 (35,69) milliards de F HT dont 1 (2,45) à l'exportation.

■ **Consommation des ménages. Produits de la presse** (en millions de F) : *1980 :* 14 313 ; *86 :* 28 995 ; *90 :* 33 192 ; *91 :* 35 013 ; *92 :* 36 308 ; *93 :* 36 539 ; *94 :* 36 788 ; *95 :* 36 799 ; *96 :* 37 316 ; *97 :* 37 652.

■ **Dépenses « presse » des Français. Par ménage** (en 2000, *source :* NMPP) : 728 F (dont quotidiens 152, magazines 573). Longtemps, le prix du journal a suivi celui du timbre-poste. *En 1957 :* ils coûtaient tous deux 20 F (20 c d'aujourd'hui) ; *1967 :* timbre 0,30 (journal 0,40) ; *1987-91 :* 2,20 F (de 3,40 à 5 F). *1994 :* 2,80 F (de 3 à 7,50 F). *1998-2001 :* 3 F (de 3 à 7,50 F).

■ **Lecture. % de Français, de 15 ans et plus, lisant un quotidien :** tous les jours ou presque : *1967 :* 60 ; *73 :* 55 ; *93 :* 41 ; *97 :* 36 ; plusieurs fois par semaine : *1973 :* 8 ; *93 :* 16 ; *97 :* 11 ; 1 fois par semaine : *1973 :* 8 ; *93 :* 18 ; *97 :* 15 ; plus rarement : *1997 :* 11 ; jamais : *1973 :* 29 ; *93 :* 25 ; *97 :* 27. **Des magazines :** *régulièrement :* mag. TV 58, féminin 28, loisirs 23, informations 13, santé, mag. de fin de semaine 12, sciences 10, décorations 8, culture 7, économie 7, autres 8, aucun 16.

DISTRIBUTION

■ **Abonnements.** La plupart des quotidiens gèrent eux-mêmes leurs abonnés. Les périodiques font souvent appel à une entreprise de messagerie : la Sté Presse-Routage. **Part des abonnements dans la diffusion totale annuelle** (en %, 1998) : *presse d'information générale et politique* : nationale 25,8, locale 29,9 ; *spécialisée* : grand public 19, technique et professionnelle 63,4.

■ **Portage à domicile.** Largement utilisé pour les quotidiens aux USA, G.-B., Allemagne, il est peu fréquent en France sauf dans certaines régions du Nord, de l'Ouest et de l'Est (en Alsace : 80 % de la diffusion des quotidiens). A Paris : *Le Parisien libéré, Le Monde, Le Figaro* et *Libération* proposent ce service. **% du portage dans la diffusion totale annuelle** (en 1998) : *information générale et politique* : nationale 4,9, locale 30,6 ; *presse spécialisée* : grand public 1,1, technique et professionnelle 1,2. *Ensemble* (hors journaux gratuits) 14,4.

■ **Vente au numéro.** 32 000 points de vente NMPP (voir ci-dessous). Afin de pallier aux fluctuations importantes des ventes des titres, ainsi qu'à la fidélité de moins en moins importante des acheteurs à leurs points de vente, les distributeurs doivent toujours livrer un surplus d'exemplaires pour toujours être sûrs d'assurer la vente.

☞ **Union nationale des diffuseurs de presse (UNDP)** : *créée* 1970. 18 000 des 32 000 points de vente au chiffre d'affaires de 24,5 milliards de F (en 1999). *Pt* : Jean-Pierre Marty (depuis 1991).

☞ Depuis le 15-6-1998, 80 distributeurs automatiques de journaux proposent *Le Monde, Le Parisien, Le Figaro, Libération* et *L'Équipe* dans certaines stations du métro parisien.

■ **Coopératives de presse.** *La loi Robert-Bichet* du 2-4-1947 définit des règles toujours en vigueur. Un éditeur de presse peut se distribuer lui-même ou mettre sa distribution en commun avec d'autres éditeurs. Ceux-ci doivent alors constituer une coopérative qui peut assurer sa distribution (cas des MLP) ou la confier à une Sté de messagerie dont elle doit détenir la majorité du capital (cas des NMPP). La garantie de distribution ne peut être refusée à un nouveau journal à condition qu'il satisfasse aux avis rendus par le Conseil supérieur des messageries de presse (CSMP), chargé de l'application de cette loi. Tout titre, quelle que soit son importance, paie le même taux de base pour se faire distribuer et bénéficie d'un même traitement pour les conditions de transport et délais de mise en place dans les points de vente. En contrepartie, il doit donner à sa coopérative l'exclusivité de sa distribution au numéro. **Coût de la distribution** (en % du prix de vente du titre, TVA incluse) : MLP 34, NMPP 36,5 [dont diffuseurs 17,5, dépositaires de presse (grossistes) 10, NMPP 9]. Il faut y ajouter les frais d'invendus et de statistiques. L'éditeur reste propriétaire de son journal jusqu'à la vente.

Sociétés de messagerie : les messageries assurent : tri, groupage, transport, distribution aux dépositaires, gestion (facturation, statistiques, centralisation du produit de la vente, collecte des invendus). En province, chaque entreprise de presse assure, par ses propres camions et motos, sa distribution. En 2001 : NMPP, SAEM Transport Presse, les Messageries lyonnaises de presse (MLP, voir col. c) et Rhônes-Alpes Diffusion.

NMPP (Nouvelles Messageries de la presse parisienne). 52, rue Jacques Hillairet, 75012 Paris. *Créées* 16-4-1947. Elles ont succédé aux *Messageries Hachette* : fondées 1897, poursuivirent en 1940 leur activité en zone libre sous le contrôle de Vichy et, en zone occupée, furent réquisitionnées et prirent le nom de *Messageries coopératives des journaux français*. Les Allemands instaurèrent un taux unique de remise par catégories de journaux et non par titres. A la Libération, la distribution des journaux fut confiée aux *Messageries françaises de presse (MFP)*, dirigées par des personnalités d'obédience communiste, qui réquisitionnèrent elles aussi les Messageries Hachette. En 1947, elles avaient accumulé 500 millions de F de passif. Avec la promulgation de la loi Bichet (voir ci-dessus), les MFP sont dissoutes et les NMPP créées le 16-4-1947. **Capital** (depuis 1947) : 51 % détenus par *5 coopératives d'éditeurs de presse* (Quotidien de Paris, Presse hebdo. et périodique, Publications hebdo. et périodiques, Presse périodique et Publications parisiennes), 49 % par le groupe Hachette. **Directeur général :** nommé par Hachette et approuvé par le conseil de gérance des NMPP ; depuis 1994 : Yves Sabouret (né 15-4-1936). **Effectifs** (au 31-12-2000) : 2 322. **Diffusent** : 3 500 titres dont 950 importés par l'intermédiaire de 350 dépositaires servant 32 000 points de vente ; exportent 2 600 titres vers 113 pays. **Ventes** (en milliards de F, 2000) : 19 (dont 1,9 à l'export) dont magazine 12,6, quotidiens 3,9, produits hors-presse et multimédia 2,5. **Nombre total d'exemplaires vendus** (en 2000) : 1,8 milliard. **Taux d'invendus** (ex. retournés par les diffuseurs) : *1996* : 40,1 % ; *97* : 35,1 ; *98* : 36,9 ; *99* : 37,1 ; *2000* : 36,1. Sa principale filiale, la *Sté d'Agences et de Diffusion (SAD)*, assure la distribution dans les 20 plus grandes villes de France. **Diversification des points de vente : points de vente quotidiens (PVQ)** : 600 commerces de proximité en Ile-de-France, principalement stations-service, cafés, boulangeries et supérettes. **Nombre de diffuseurs servis par les messageries** : environ 32 000, dont 8 500 magasins spécialisés, 8 800 tabacs presse traditionnels, 800 Relay (ex-Relais H), 830 kiosques, 1 100 enseignes concepts NMPP (450 Maisons de la Presse, 650 Mag Presse), 1 350 rayons intégrés en hypers ou supermarchés, 1 850 magasins en galeries marchandes, 1 500 maisons de la presse traditionnelles, 330 points de vente en station-service, 840 PVQ. *Nombre de magasins à Paris et petite couronne* : 1 915 dont intramuros 1 173 (dont kiosques 330, Relay 180).

MLP (Messageries lyonnaises de presse). *Créées* en août 1945. *Dir.* : Daniel Valent. **Chiffre d'affaires** (en 1999) : 2,65 milliards de F. **Titres distribués** : 1 600 (dont mensuels 41 %. **Taux d'invendus** (ex. retournés par les diffuseurs) : *1996* : 60,9 % ; *98* : 62,1 %. **Effectifs** : 356.

Transport presse. *Créé* 1936 par Georges Ventillard. *Capital* (en %) : Hachette (via la Sopredis dont Yves Sabouret, directeur général des NMPP, est le Pt) : 49, 3 coopératives : 51.

■ **Diffusion** (payée en France ; en milliers, 2000). *Source* : Tarif Media (données Diffusion Contrôle-OJD sauf *). **Quotidiens nationaux** : voir p. 1343 a.

Régionaux : Ouest-France 788 (1999-2000), Centre France (groupe) 405 (dont Le Populaire du Centre 339 (en 1999-2000), La Montagne 218, Le Berry républicain 35, Le Journal du Centre 35), Sud-Ouest 345, Le Progrès (groupe) 339 en 1999-2000, La Voix du Nord 331, L'Est républicain (groupe) n.c. (dont L'Est républicain 218, Le Journal de la Haute-Marne 27, Libération Champagne 9), Le Dauphiné libéré 264, La Nouvelle République du Centre Ouest 253, La Dépêche du Midi 206, Le Télégramme 189, La Provence 168, Le Républicain lorrain 167, Midi libre 160, Nice Matin 148, Les Dernières Nouvelles d'Alsace 137, L'Ardennais 123, L'Alsace 111, Le Courrier de l'Ouest 99, Var Matin 89, Paris Normandie 84 (dont Paris-Normandie n.c., Havre libre 18, le Havre presse 15), Nord-Éclair 43, Le Courrier picard 71, L'Indépendant 68, Presse-Océan 56, La République du Centre 54, Le Maine libre 49, L'Yonne républicaine 39, La Charente libre 39, Le Quotidien de la Réunion 34, La République des Pyrénées 31, L'Écho républicain 30, L'Est Éclair 29, La Presse de la Manche 26, L'Aisne nouvelle 25, Centre-Presse Aveyron Midi-Libre 23, Centre Presse Vienne 21, Havre libre 18, Le Havre Presse – Le Progrès 15, L'Éveil de la Haute-Loire 15, La Nouvelle République des Pyrénées 13, Le Petit Bleu d'Agen 12, L'Éclair-Pyrénées 9, Nord Littoral 8, Dordogne libre 5.

Périodiques régionaux. La Manche libre 67, Le Courrier cauchois 43, La République de Seine-et-Marne 35, Nord-Est Hebdo 34, Le Pays roannais 32, L'Ami du Peuple Hebdo 30, Le Courrier de la Mayenne 30, Le Républicain (Essonne) 26, Liberté Dimanche 24, La Lozère Nouvelle 24, L'Éveil normand + Pont-Audemer 24, La Voix de l'Ain 23, Le Tarn libre 22, L'Éclaireur du Gâtinais et du Centre 21, Le Trégor 21, Le Journal de Gien 19, Les Nouvelles (Yvelines) 19, La Marne 17, L'Avenir de l'Artois 13.

Hebdos infos générales. Paris Match 630, France Dimanche 561, Figaro Magazine 484, Ici Paris 464, Le Nouvel Observateur 456, L'Express 423, Pèlerin Magazine 311, Le Point 303, Journal du dimanche 279 (en 1999-2000), Gala 257, VSD 215, Point de vue 224, Le Nouveau Détective 224, La Vie 206, Le Monde diplomatique 140 (en 1999-2000), Courrier international 112.

Presse féminine. Mode : Madame Figaro 485, Marie-Claire 427, Elle 314 (en 1999-2000), Marie-Claire Idées 267, Biba 248, Cosmopolitan 201 (en 1999-2000), Marie France 186 (en 1999-2000), 20 Ans 149, Vogue 76, L'officiel de la couture 68, Dépêche Mode 44, Femme 41, Casting Magazine 38, Mariages 28 (en 1999-2000). **Généralistes :** Femme actuelle 1 590 (en 1999-2000), Prima 881, Maxi 621, Modes et Travaux 578, Voici 543 (en 1999-2000), Avantages 528 (en 1999-2000), Nous Deux 368, Côté femme 188 (en 1999-2000), DS 116 (en 1998). **Santé :** Bien-Être et Santé 512, Top Santé 434, Santé Magazine 392 (en 1999-2000), Réponses Santé 179 * (1er sem. 1999), Psychologies Magazine 154, Tribune Santé 128 (en 1999), Vital 98, Votre Beauté 87 (en 1999-2000). **Cuisine :** Cuisine actuelle 192 (en 1999-2000), Cuisiner ! 200 *, Guide Cuisine 137 (en 1999-2000), Cuisine et Vins de France 106 (en 1999-2000), Cuisine gourmande et vins 101 (en 1999-2000).

Presse associative. Messages du Secours catholique 1 104 (en 1995), CFDT Magazine 400 *, L'Ancien d'Algérie 360 (en 1999-2000), La Voix du combattant 227, L'Enseignement public 133, Logement et Famille 98 (en 1999-2000), L'Université syndicaliste 80 (en 1999-2000), L'Enseignant 78, Le Cheminot retraité 76 (en 1999-2000), L'Information immobilière 65, Le Rotarien 35 (en 1999), The Lion 32 (en 1999-2000), Options 30, Faire face 24, Équilibre 21 (en 1999-2000), L'Homme nouveau 13 (en 1999-2000), Revue de l'habitat français 13 (en 1999-2000), La Jaune et la Rouge 9, Juris-Associations 9.

Culturelle. Lire 95 (en 1999-2000), Historia 68 (en 1999), L'Histoire 66 (en 1999-2000), Beaux-Arts Magazine 53 (en 1999-2000), Historia thématique 52 (en 1999), La Gazette de l'hôtel Drouot 43 (en 1999-2000), Aladin 38 (en 1999-2000), Magazine littéraire 38 (en 1999-2000), Connaissance des arts 29 (en 1999), Notre Histoire 20 (en 1999-2000).

Économique et financière. Le Particulier 479, Capital 398 (en 1999-2000), Challenges 264, Mieux vivre votre argent 256 (en 1999-2000), Le Revenu patrimoine placements 178 (en 1999-2000), Le Revenu 167 (en 1999-2000), Investir 151 (en 1999-2000), L'Expansion 143, Enjeux-Les Échos 130, Vie Financière 128, Les Échos 125, Management 98 (en 1999-2000), Alternatives économiques 90, Entreprise 80, La Tribune 89 (en 1999-2000), Valeurs actuelles 83, Le Nouvel Économiste 75, Défis 68, Jeune Afrique Économie 57 * (en 1998).

Familiale et seniors. Pleine Vie 966 (en 1999-2000), Notre Temps Magazine 928 (en 1999-2000), Famille et Éducation 772 (en 1999-2000), Viva 710 (en 1999-2000), Sélection du Reader's Digest 696 (en 1999-2000), Réponse à tout ! 393 (en 1998), Parents 336 (en 1999-2000), Famille Magazine 203 (en 1998), Enfant Magazine 180 (en 1999-2000), Famili 166 (en 1999-2000), La Voix des parents 72 (en 1999-2000).

Informatique/Multimédia/Électronique/Internet/Jeux vidéo. Play Station Magazine 149 (en 1999-2000), Micro Hebdo 113 (en 1999-2000), Web Magazine 111, SVM-Science et Vie micro 103, PC Expert 97, PC Direct 91, Micro Achat 70, PC Achat 57 (en 1999-2000), Joystick 66 (en 1999-2000), SVM Mac 49, Consoles + 41, Univers Macworld 36, Joypad 34, PC Fun 29 (en 1999), Électronique pratique 21, Home PC 19 (en 1999-2000), Sono 19.

Jeunes. Enfants : Super Picsou Géant 228 (en 1999-2000), Picsou Magazine 188 (en 1999-2000), J'aime lire 186 (en 1999-2000), Le Journal de Mickey 179 (en 1999-2000), Mickey Parade 127 (en 1999-2000), Pomme d'Api 127 (en 1999-2000), Winnie 95, Images Doc 78 (en 1999-2000), Popi 76 (en 1999-2000), Tobogan 75 (en 1999-2000), Les Clés de l'actualité Junior 75 (en 1999-2000), Astrapi 68 (en 1999-2000), Babar 63 (en 1999-2000), Wapiti 63 (en 1999-2000), Okapi 62 (en 1999-2000), Abricot 60 (en 1999-2000), P'tit Loup 60 (en 1999-2000), Picoti/Picota 59 (en 1999-2000), Toupie 56 (en 1999-2000), Bambi 53 (en 1999-2000), L'hebdo des Juniors 52 (en 1999-2000), Wakou 52 (en 1999-2000), Youpi 48 (en 1999-2000), Je bouquine 47 (en 1999-2000), Moi, je lis 47 (en 1999-2000), Je lis déjà 44 (en 1999-2000), Je lis des histoires vraies 34 (en 1999-2000). **Étudiants :** Le Monde Dossiers et Documents 74 (en 1999-2000), Le Monde de l'éducation 43 (en 1999-2000). **Adolescents :** Star Club 201 (en 1999-2000), Salut 84 (en 1999-2000), Les Clés de l'actualité 60 (en 1999-2000).

Maison et Jardin. Art et Décoration 375 (en 1999-2000), Rustica 292 (en 1999-2000), Pour nos jardins 254 (en 1999-2000), Maison & Travaux 229 (en 1999-2000), L'Ami des jardins 176 (en 1999-2000), Journal de la maison 150 (en 1999-2000), Mon jardin & ma maison 144 (en 1999-2000), Elle Décoration 143 (en 1999-2000), Maison française 133 (en 1999-2000), Marie-Claire Maison 131 (en 1999-2000), Maison Magazine 128 (en 1999-2000), Maisons côté sud 95 (en 1999-2000), Idées Maison bricolages 77 (en 1999-2000), La Vie du jardin et des jardiniers 76 (en 1999-2000), Maisons côté ouest 73 (en 1999-2000), Système D 62 (en 1999-2000), Vieilles Maisons françaises 16, Piscines & Spas 7 (en 1999-2000).

Masculins. New Look 192 (en 1999-2000), Max 99, M Magazine 86, Playboy 51 * (en 1998), Monsieur 25 (en 1999-2000).

Musique. Rock & Folk 33 (en 1999-2000), Le Monde de la musique 32 (en 1999-2000), Diapason 30 (en 1999-2000), Groove 23 (en 1999-2000), L'Affiche 21 (en 1999-2000), Hard-Rock 13 (en 1999-2000), Son Vidéo Magazine 9 (en 1999-2000).

Photo/Vidéo/Cinéma. Actua Vidéo 403 (en 1999-2000), Officiel des spectacles 200 (en 1999-2000), Première 183 (en 1999-2000), Ciné Live 127 (en 1999-2000), Pariscope 125 (en 1999-2000), Studio Magazine 71 (en 1999-2000), Chasseur d'images 68 (en 1999-2000), TV Vidéo Jaquettes 51 (en 1999-2000), Photo 42 (en 1999-2000), Réponses Photo 37 (en 1999-2000), Cahiers du cinéma 21 (en 1999).

Sciences. Science et Vie 286, Sciences et Avenir 246, La Recherche 58 (en 1999-2000), Ciel et Espace 57 (en 1999-2000), Pour la science-Les Genèses de la science 40 *.

Sport. Auto Plus 354, Action Auto Moto 333, Automobile Magazine 182 (en 1999-2000), France Football 165 (en 1999-2000), Onze Mondial 164 (en 1999-2000), Auto Journal 163, GTI Mag 129 (en 1999-2000), Moto Magazine 123, La Voix des sports 69, Pêche et Poissons 66 (en 1999-2000), La chasse 65 (en 1999-2000), Midi olympique 65, Cheval Magazine 65 (en 1999-2000), Sport auto 62, Voiles et Voiliers 60 (en 1999-2000), Vélo Magazine 55 (en 1999-2000), Cheval Star 54 (en 1999-2000), Moto verte 52, Moto Journal 51 (en 1999-2000), Échappement 51 (en 1999-2000), Tennis Magazine 51 (en 1999-2000), Bateaux 48 (en 1999-2000), Le Pêcheur de France 46 (en 1999-2000), Planète Foot 43 (en 1999-2000), 5 Majeur n.c., Option auto 39, Golf Magazine n.c., Auto Hebdo 38 (en 1999-2000), Jogging international 38 (en 1999-2000), Auto verte 37, Vie de la moto 32 (en 1999-2000), Moto Revue 30, VTT Magazine 30 (en 1999-2000), Cycle 29 (en 1999-2000), Vélo vert 27, 4 × 4 Magazine 27 (en 1999-2000), Automobiles classiques 26, Moteur Boat Magazine 26 (en 1999-2000), La Montagne et Alpinisme 26 (en 1999-2000), Rétroviseur 24, Connaissance de la chasse 24 (en 1999-2000), Wind 23 (en 1999-2000).

Télévision. Télé 7 Jours 2 403 (en 1999-2000), Télé Z 2 291, Télé Loisirs 1 902, Télé Star 1 682, Télé Poche 1 071, Télérama 664, Télécâble Satellite 646 (en 1999-2000), Télé Magazine 540, Télé K 7 261 (en 1999-2000), Visu 43.

Tourisme/Gastronomie/Voyages. Guide du routard 2 179 * (en 1998), GEO 370 (en 1999-2000), Terre sauvage 103 (en 1999-2000), Voyager Magazine 88 (en 1999-2000), Détours en France 88 (en 1999-2000), Grands Reportages 62 (en 1999-2000), Saveurs 59 (en 1999-2000), Pyrénées Magazine 58 (en 1999-2000), Alpes Magazine 47 (en 1999-2000), Gault Millau Magazine 43 (en 1999), Ulysse 46 (en 1999-2000), Camping Car 40 (en 1999-2000), Le Caravanier 29 (en 1999-2000), Pays de Provence 21 (en 1999-2000), Massif Central Magazine 22 (en 1999-2000), Armen 11.

Divers. Chasseur français 548 (en 1999-2000), Télé 7 Jeux 432 (en 1999-2000), Entrevue 397 (en 1999-2000), Télé Star Jeux 207 (en 1999-2000), La Vie du rail 152, Jeux de notre temps Magazine 105 (en 1999-2000), Vocable 106 (en 1999-2000), Écho des savanes 93 (en 1999-2000), Trente Millions d'amis 90 (en 1999-2000), Nova Magazine 55 (en 1999-2000), Today in English 39 (en 1999-2000), Sciences humaines 35, Loisirs-Santé 21, Le Monde des philatélistes 18 (en 1998).

Principaux groupes de journaux

☞ Depuis 1951, la presse française a subi une forte *concentration*. Causes : *augmentation du prix de vente* qui conduit, de 1951 à 1962, les journaux départementaux (tirage de 2 000 à 100 000 ex.) à se regrouper ; *couplage publicitaire* (à partir de 1963) ; *financement de matériel moderne* (à partir de 1966) ; *réduction des recettes publicitaires* au profit de la télévision. Plusieurs groupes se partagent parfois les participations d'un même journal. *Source :* Stratégies.

Principaux groupes français dans les médias (en 1993) **et chiffre d'affaires total** (en milliards de F). **Caisse des dépôts et consignations :** 869,3 [Communication Développement (71 %), Fonds spécialisés COM 2i, Paricom, Incom, Canal + (5 %), BDDP, Euro-RSCG, IDA]. **Alcatel Asthom :** 156,3, par sa filiale la Générale occidentale (chiffre d'affaires : 6,3) détient : CEP Communication (27 %), groupe Express (100 %), Sebdo Le Point (89 %), groupe de la Cité (68 %), Radio Nostalgie (36 %). Candidat à la reprise de RMC et du groupe Hersant. **Compagnie générale des eaux :** 147,6 : Canal + (20 %), Havas, Générale d'Images (99 %), CGV Télé Services (83 %) Chaînes thématiques et locales, UGC (26 %), UGC DA, Decaux (12 %), Chérie FM, Sofinergie. **Lyonnaise des eaux :** 93,5 : Havas (4 %), Lyonnaise Communication (99 %), M6 (25 %), Chaînes thématiques (entre 6 et 15 %), ITI, Cie Européenne de droits. **Bouygues :** 57,5 : groupe TF1 (34 %), Ciby 2000 (100 %). **Matra Hachette :** 54 : Hachette Filipacchi Presse, Amaury (16,5 %), Le Provençal (49,9 %), L'Événement du jeudi (30 %), Hachette Livre, Europe 1 (39,7 %), Giraudy (21 %), Le Nouvel Économiste. **LVMH :** 23,8 : Desfossés international (53 %), Groupe Investir. Candidat à la reprise du groupe Hersant. **Chargeurs :** 8,6 : AMLF (50 %), Pathé (50 %), RennProductions, BSkyB (16 %), CanalSatellite (20 %), Lyonnaise Communication (10,3 %).

Principaux groupes de presse français. Chiffre d'affaires et, entre parenthèses, **résultat net** (en millions de F, 1994) : Hachette Filipacchi Presse 8 771,2 (374,15) ; groupe La Voix du Nord 2 200 (n.c.) ; groupe Amaury 2 147,4 (141,2) ; Bayard Presse 2 021,6 (3,73) ; Comareg 1 929,8 (121,2) ; CEP Presse 1 901 (n.c.) ; Publications Vie catholique 1 537,7 (42,1) ; Filipacchi Médias 1 532,3 (130,5) ; Ouest-France 1 406,2 (4,7) ; groupe Sud-Ouest 1 292,1 (n.c.) ; Sélection du Reader's Digest 1 278,7 (147,5) ; Le Monde 1 075,4 (– 63,35) ; Spir Communication 1 037,1 (150,1) ; groupe Marie-Claire 817 (n.c.).

Principaux groupes européens. Chiffre d'affaires presse et édition et, entre parenthèses, **total** (en milliards d'écus, 1993) : Bertelsmann (Allemagne) 5,28 (9,62) ; Reed Elsevier (P.-Bas/G.-B.) 2,71 (3,53) ; *Matra Hachette (Fr.) 2,23 (8,3) ;* Axel Springer (Allemagne) 1,8 (1,8) ; Pearson (G.-B.) 1,52 (1,52) ; Holtzbrinck (Allemagne) 1,2 (1,2) ; United Newspaper (G.-B.) 1,15 (1,15) ; VNU (P.-Bas) 1,03 (1,03) ; Fininvest (Italie) 1,015 (6,63) ; News International (G.-B.) 0,89 (0,89).

Liste

■ **Alain Ayache (Éditions). Chiffre d'affaires** (en millions de F) : *2000 :* 103. **Publications :** Le Meilleur (130 000 ex.), Spécial Dernière (140 000 ex.), Réponse à tout (mensuel, fondé 1990, 296 400 ex.), Réponse à tout-Santé (fondé 1991, 186 800 ex., Questions de femmes (mensuel, 234 700 ex.), Réponse à tout-Jeux (83 400 ex.), Lettre juridique du commerce et de l'industrie (18 000 abonnés), La Bourse pour tous (hebdo., 85 000 ex.), Numero (mensuel, 80 000 ex.), DS (mensuel, 112 000 ex.), Le Grand livre de Réponse à tout (annuel, 102 000 ex.). **Effectifs** (en 1996) : 42.

■ **Amaury (Éditions). Capital** (en %) : Philippe Amaury 75, Hachette 25. **P-DG :** Philippe Amaury (né 6-3-1940) depuis le 18-11-1983. *1975* grève. *1977-2-1* mort d'Émilien Amaury. *1978-14-5* mort de Claude Bellanger, dir. *1983* conflit entre enfants d'Émilien (Philippe et Francine) tranché : Francine garde Marie-France (vendu avril 1988 à Bauer) et Point de vue-Images du monde. *1992-mars* vend à Hersant : Le Maine libre, Le Courrier de l'Ouest et Liberté dimanche ; *1993* vend à Hachette : Super Maine et Inter Hebdo (hebdos gratuits). A racheté le Futuroscope (Poitiers) en février 2000. *2001-13-6* arrête *Aujourd'hui en France* pour pouvoir distribuer *Le Parisien* sans passer par les NMPP. *-Juillet* perspective d'accord sur une nouvelle sté de distribution. **Chiffre d'affaires** (en millions de F) : *2000 :* 4 237 (*résultat net :* 158). **Publications :** *quotidiens :* Le Parisien, L'Équipe, L'Écho républicain. *Hebdos :* L'Équipe Magazine, France Football. *Mensuel :* Vélo Magazine. *Trimestriel :* Tennis de France. **Imprimerie :** 520 millions de F investis, mise en service juin 1998 à Saint-Ouen (S.-St-D.). **Autres activités :** télématique et Internet (« PL », L'Équipe), organisation d'épreuves sportives (Sté du Tour de Fr., Rallye-Raid Paris-Dakar). Régie publicitaire (Manchette). *L'Équipe TV :* 1 chaîne TV d'informations sportives en continu lancée 31-8-1998. **Effectifs :** 2 900.

■ **Bayard** (avant 1969, Maison de la Bonne Presse, fondée 1873, propriété des assomptionnistes). **Pt du conseil de surveillance :** Charles-Jean Pradelle. **Pt du directoire :** Alain Cordier (né 5-5-1954). **Presse :** 100 titres dont 48 en France. *Exemplaires :* 7,6 millions. *Quotidien :* La Croix (La Croix-L'Événement créé 1883 ; *1995 :* nouvelle maquette : couleurs, infographies). *Revues adultes :* L'Ami des jardins et de la maison, La Chasse, Le Chasseur français, Grand Gibier, Pêche et Poissons, Pêche Mouche, Pêche pratique, Pèlerin Magazine, Les Dossiers de L'Actualité, Enfant Magazine, Terre sauvage. *Jeunes :* Popi, Pomme d'Api, Pomme d'Api Soleil, Les Belles Histoires, Astrapi, J'aime lire, Maximum, Okapi, Je bouquine, Phosphore, Youpi, Images Doc, Grain de soleil, Babar, Today in English, Les Guides de Phosphore, Les Premières Histoires de Popi, I love English. *Seniors :* Notre Temps, Jeux de Notre Temps, Côté femme, Vermeil. *Religieuses :* La Documentation catholique, Le Monde de la Bible, Signes d'aujourd'hui, Signes Musiques, Points de repère, Prions en église, Panorama, Écritures (coéd.), Questions actuelles, journaux paroissiaux, Croire Aujourd'hui, Croire aujourd'hui jeunes chrétiens. *Hors-série :* Guide de la retraite, Succession et Héritage, Passeport du contribuable. *Titres à l'étranger :* environ 50 en Afrique francophone, Allemagne, Belgique, Canada, Chine, Corée, Espagne, Finlande, Grande-Bretagne, Italie, Mexique, Norvège, P.-Bas, Pologne, Suisse, USA. **Édition** (catalogue de 1 400 titres) : 7,5 millions de livres vendus en 1999) : diffusion de livres : Sofedis. **Activités industrielles** (photogravure, photocomposition, expédition, routage) : Hafiba. **Multimédia :** 11 CD-Rom et plusieurs sites Internet. **Voyages :** NDS. **Chiffre d'affaires consolidé** (en milliards de F HT) : *1995 :* 1,98 ; *96 :* 2,06 ; *97 :* 2,21 ; *98 :* 2,3 ; *99 :* 2,4 ; *2000 :* 2,56. **Effectifs :** *permanents : 1992 :* 1 816 ; *98 :* 1 460 ; *2000 :* 1 600 ; *pigistes : 2000 :* 3 000.

■ **Breteuil. Directeur :** Michel de Breteuil (né 6-12-1926). **Publications :** Amina (98 600 ex.), Afrique médecine et santé.

■ **Capital Média. Pt :** Henri J. Nijdam (né 30-11-1950). A créé *Marketing Mix*, racheté *Stratégies* en mai 1984 pour 26 millions de F, en a fait le pivot d'un groupe de presse au chiffre d'affaires de 100 millions de F (bénéfice : 13 millions de F) et l'a revendu 181 millions de F en avril 1990 à Reed International. *Titres de Marketing Finance SA :* Stratégies (14 300 ex.), Création (14 000 ex.), Marketing Mix (11 000 ex.), Direct (5 500 ex.). Il fonde avec Nicolas Tassy en 1990 Capital Média. **Publications :** Capital Finance, Le Journal de l'assurance, Publicita Italia, La Revue vinicole, Licence IV, La Revue du vin de France, L'Éperon, Yacht Club, Le Trombinoscope (Parlement et gouvernement, régions), Le Nouvel Économiste. **Sté d'édition moderne parisienne (SEMP) :** rachetée début 1994 environ 20 millions de F, publie Votre Beauté, Mariages, Coiffure de Paris.

■ **Condé Nast.** Racheté 1959 par la famille Newhouse. **USA :** *Pt :* « SI » (Samuel Irving) Newhouse Jr. 2ᵉ groupe (après Hearst). Vogue, Architectural Digest, Bon Appétit, Glamour, Mademoiselle, Bride's, Self, GQ, Vanity Fair, Gourmet, Condé Nast Traveler, Allure, Details, House & Garden, CN Sports for Women, Wired Magazine, W, Woman's Wear Daily. **Europe :** *Pt :* Jonathan Newhouse. *Londres :* Vogue, House & Garden, Brides & Setting up Home, Tatler, The World of Interiors, Vanity Fair, GQ, GQ Active, CN Traveller. *Paris :* Vogue, Vogue Hommes International Mode. *Milan :* Vogue, l'Uomo Vogue, Vogue Bambini, Vogue Pelle, Vogue Gioiello, Vogue Sposa, Glamour, Sposabella. *Munich :* Vogue, GQ, AD. *Madrid :* Vogue, Vogue Novias, GQ. **Australie :** Vogue, Vogue Living, Vogue Entertaining & Travel. **Japon :** GQ, Vogue Nippon. **Corée :** Vogue, Glamour. **Taiwan :** Vogue, GQ. **Brésil :** Vogue, Casa Vogue. **Russie :** Vogue Russie. **France :** *chiffre d'affaires* (en millions de F) *1994 :* 262 ; *97 :* 117 ; *98 :* 132. *Pertes : 1991 :* 6 ; *92 :* 17 ; *93 :* 9 ; *94 :* 22 ; *95 :* 30 ; *98 :* n.c.

■ **Échos (Les).** *Fondés* 1908, vendus 1988 par Jacqueline Beytout (qui a quitté la présidence le 20-1-1989) au groupe Pearson (voir p. 1333 a). **Dir. gén. :** David Guiraud. **Chiffre d'affaires** (en millions de F) : *1990 :* 580 ; *91 :* 538 (*résultat d'exploitation :* 55,6) ; *92 :* 532 (36) ; *93 :* 569 (69) ; *94 :* 574 (17) ; *95 :* 620 (25) ; *96 :* 666,3 (– 3,5) ; *97 :* 748,3 (90,8) ; *98 :* 861 (162,3) ; *99 :* 919 (189) ; *2000 :* 1 114 (300). **Publications :** *quotidien :* Les Échos ; supplément : *hebdomadaire :* Les Échos Week-End, Les Échos.net. *Lettres professionnelles : hebdomadaires :* Biotechnologies & Finances, La Lettre du transport et de la logistique, Capital Finance ; *bimensuelles :* Industries agro-alimentaires et Distribution, La Lettre des télécommunications, Automobile à composants, Emballage Industrie, Sport, Finance & Marketing, Aéronautique Business, Energie News, Tourisme & Business. *Mensuels :* Enjeux-Les Échos. *Bimestriel :* Connectis. *Trimestriel :* Les Échos Sup', Série Limitée.

■ **Emap France.** 3ᵉ groupe de presse magazine. Filiale du groupe britannique (voir p. 1333 a). **Chiffre d'affaires** (en 2000) : 2,24 milliards de F. A racheté en 1994 les Éditions mondiales. *Fondateur :* Cino del Duca (1899-1967). Groupe cédé en 1979 au groupe Cora que rejoignit fin 1982 le groupe Revillon. **Pte d'honneur :** Mme Simone Cino del Duca (née 18-7-1912, P-DG de 1967 à 1980). **P-DG :** *1981 :* Antoine de Clermont-Tonnerre (né 18-6-1941), *1987 :* Francis Morel (né 16-7-1948), *mars 1995 :* Kevin Hand, *2001 :* Arnaud de Puyfontaine pour *40 magazines* dont Télé Poche, FHM (lancé 17-6-1999), Le Chasseur français, Top Santé, Télé Star, Décision Auto, Nous Deux, Les Veillées des chaumières, Consoles +, Auto Plus, Modes & Travaux, Grands Reportages, Diapason, Caméra Vidéo, Montagnes Magazine, Golf européen, Studio, Maisons en France, Demeures & Châteaux, Broadcast, et 14 titres de presse professionnelle.

Nota. – Modes de Paris a été cédé au groupe Éditions du Hennin en 1984.

■ **L'Étudiant.** *Fondé* 1975. *1993* cède 24 % au Gan. *1998-nov.* racheté par Havas (devenu Vivendi Universal Publishing). **P-DG :** René Silvestre. **Dir. gén. :** Benoît Prot. **Dir. gén. adjoint :** Élisabeth Maarek-Lévy. **Effectifs :** 180 dont 31 journalistes. **Chiffre d'affaires** (en millions de F) : *2000 :* 200. **Publications :** L'Étudiant (mensuel), hors-séries, guides pratiques (100 titres), Salons (28 titres), Télématique, annuaires (2/an), multimédia.

■ **Excelsior-Publications. P-DG :** Paul Dupuy. **Dir. gén. :** Jean-Pierre Beauvalet. **Chiffre d'affaires** (en millions de F) : *2000 :* 650. **Publications :** *hebdomadaire :* Option Finance. *Mensuels :* Science et Vie, Action Auto Moto, Science et Vie junior, Biba, 20 ans, Max, M Magazine, F 1 Magazine, Automobiles Classiques, Sciences et Vie Découvertes, Mixte, Vital, Dépêche Mode. *Bimestriels :* Les Cahiers de Science et Vie. *Annuel :* Guide Susse de camping et de caravaning.

■ **Expansion (Groupe).** Filiale à 100 % de Vivendi Universal Publishing. **Origine :** *1967* lancement de l'Expansion (relancé 1994). *1970* création de Management (mensuel cédé en 1972) et de La Lettre de l'Expansion (hebdo. confidentiel). *1972* achat d'Architecture d'aujourd'hui (bimestriel). *1974* parution de Lire (mensuel cédé au Groupe Express en 1982). *1976* Harvard-L'Expansion (devenu L'Expansion Management Review). *1978* F Magazine (féminin cédé à Filipacchi en 1982). *1980* Paris Hebdo (interruption le 26-3). *1985* L'Entreprise (mensuel destiné aux dirigeants d'entreprise relancé 1994). *1987* rachat du groupe Bertez (créé 1984, La Vie française, L'Agefi, La Tribune de l'Économie, devenue La Tribune de l'Expansion), de Interéditions (livres économiques et financiers, 150 titres ; cédé à Masson en 1990) et de 45 % du capital du Journal des Finances (hebdo.) cédés en 1989. *1991* L'Agefi et *1992* La Tribune apportés au holding Desfossés International dont le Groupe Expansion devient actionnaire à environ 15 %. *1994* CEP Communication prend le contrôle par une augmentation de capital de 200 millions de F. *1997-1-9* CEP Communication est absorbé par Havas (voir p. 1353 a). *1999-févr.* reprend 65 % de L'Européen. *2000-févr.* acquiert 40 % du groupe Mieux-Vivre. **Presse économique et financière :** L'Expansion (bimensuel), L'Entreprise (mensuel), L'Expansion Management Review (trimestriel), La Lettre de L'Expansion (hebdo.), La Vie financière (hebdo.), L'Entreprise en solo (bimestriel), Tableau de bord. **Autres titres :** Courrier International (hebdo.), Résumés (lettre mensuelle). **Divers :** centre de prévisions de L'Expansion, Forums (débats), Time System (système d'organisation de projet). **Chiffre d'affaires** (en millions de F) : *1994 :* 430 ; *95 :* 432 ; *96 :* n.c ; *97 :* 550 ; *98 :* 530 ; *99 :* 587 (y compris Courrier International) ; *2000 :* 560.

■ **Express (Groupe).** Filiale à 100 % de Vivendi Universal Publishing (voir p. 1353 a). **Chiffre d'affaires** (en millions de F) : *1986 :* 761 ; *87 :* 865 ; *88 :* 1 000 ; *89 :* 1 120 ; *90 :* 1 259 ; *91 :* 1 120 ; *92 :* 1 000 ; *94 :* 780 ; *95 :* 795 ; *98 :* 815 (résultat net : 21,4) ; *99 :* 866 (résultat courant 110). **Pt du conseil de surveillance :** Jacques Duquesne. **Pt du directoire** *et dir. de la rédaction :* Denis Jeambar. **Hebdomadaires :** L'Express, Le Vif-L'Express (Belg.). **Mensuels :** Lire (créé 1975 par J.-L. Servan-Schreiber), Maison française. **Bimestriel :** Maisons Magazine.

■ **Fleurus Presse** (SARL). Contrôlé par le groupe La Vie/Télérama. *Créé* 1986, succède à l'UOCF (Union des œuvres catholiques de France), *fondateur* des Cœurs vaillants en 1929 : Gaston Courtois. *Dir. gén. :* Stéphane Leblanc (né 4-4-1956). **Chiffre d'affaires** (en millions de F) : *2000 :* 106. **Diffusion totale :** 400 000 ex. **Effectifs :** 70. **Publications :** *hebdomadaire :* Hebdo Junior. *Mensuels :* Abricot, Blaireau, Je lis déjà, Hibou, Je lis des histoires vraies, Les petites sorcières, Mille et un histoires, Mon Journal arc-en-ciel, Papoum.

■ **Hachette Filipacchi Médias. Origine :** *1962* Filipacchi Médias (anciennement Publications Filipacchi) créé par Daniel Filipacchi et Frank Ténot lors du lancement de Salut les copains. *1980* rachète 20 % de Marlis (holding du groupe Hachette) conjointement avec Jean-Luc Lagardère (participation portée à 35 % en 1987). *1992* se recentre sur l'activité presse du groupe Hachette, en prenant une participation directe de 34 % dans Hachette Filipacchi Presse (HFP). *1997-18-6* HFM, holding dont le groupe Lagardère a la majorité, réunit les activités des groupes HFP et Filipacchi Médias. **P-DG :** Gérald de Roquemaurel (né 27-3-1946). **Capital** (au 31-3-2000, en %) : Hachette SA 66, Lagardère SCA 0,4, public 33,6. **Effectifs** (au 31-12-1999) : 8 873. **CA** (en milliards de F, 1999) : 15,3 ; *résultat net* (consolidé part du groupe) : 0,821. **Presse magazine France :** Hachette Filipacchi Associés (100 %) éditrice en location-gérance de la presque totalité des titres, dont : *hebdos :* Elle, France Dimanche, Ici Paris, Le Journal du dimanche, Pariscope, Paris Match, Télé 7 Jours ; *mensuels :* Auto Moto, Première, l'Écho des savanes, Elle Décoration, Jeune et Jolie, Marie-Claire, Onze mondial, Parents, Photo, Quo, Télé 7 Jeux, Union, OK Podium, Bon voyage ; *bimestriel :* Elle à table. **Sté de conception de presse (SCP,** 80 %) : *mensuel :* Entrevue. **Disney Hachette Presse (DHP,** 49 %) : détenue avec The Walt Disney Company France (51 %), éditrice en licence de 14 titres de la presse jeunesse dont *hebdo. :* Le Journal de Mickey ; *mensuels :* Bambi, Mickey parade, Minnie, Junior, Picsou magazine, Winnie, P'tit Loup ; *bimestriel :* Super Picsou géant ; *hors-série :* Mickey jeux, Winnie jeux. **Hachette Disney Presse (HDP,** 49 %) : éditrice des journaux de jeux pour adolescents (Joypad, Joystick, Playstation). **Publifa :** gère le mensuel Top Famille Magazine détenu à 50 % avec PVC (Publications de la vie catholique). **Presse magazine internationale :** 151 titres dans 32 pays (à fin 1999). *USA :* Hachette Filipacchi Magazines, détenue à 100 %, 1ᵉʳ groupe de presse magazine spécialisée, 4ᵉ en presse

■ **Hachette.** *Créé* 1826 par Louis Hachette (1800-64). *1945* lance le magazine *Elle*. Racheté 1980 par le groupe Matra. A fusionné en sept. 1992 avec Matra. *1985* lance l'enseigne Relais H. *1986* prend le contrôle d'Europe 1. *1988* rachète Grolier et Diamantis (USA). *1994* Matra Hachette est racheté par **Lagardère Groupe.** *1996* rachète Hatier. **P-DG :** Jean-Luc Lagardère (né 10-2-1928). **Vice-Pt :** Daniel Filipacchi (né 12-1-1928). **Vice-P-DG :** Yves Sabouret (né 15-4-1936). Groupe international multimédia détenu à 100 % par Lagardère SA. **Chiffre d'affaires consolidé** (en milliards de F) : **Hachette :** *1985 :* 11,6 ; *86 :* 14,7 ; *87 :* 17,2 ; *88 :* 24,4 (*bénéfice net consolidé* 0,215) ; *89 :* 28,9 (*bénéfice net* 0,47) (dont plus-value de 2,02 milliards de F grâce à la vente de l'immeuble des NMPP) ; *90 :* 31,4 (*bénéfice net* 0,49) ; *91 :* 30,4 (*résultat net* - 1,931 dont - 1,793 dus à la Cinq). **Matra-Hachette :** *1992 :* 55,1 (*résultat net part du groupe* 0,35) ; *93 :* 54 ; *95 :* 32 (dont distribution, services 13, presse 10,2, livre 4,2, audiovisuel 2,6, multimédia 2). **Endettement** (juin 1991) : 10,9 milliards de F. **Effectifs :** 31 000 dont France 14 939 [livre 5 716, presse 6 297, audiovisuel 1 586, distribution et services 1 234, dir. générale 106], international 16 271. **Hachette Livre :** *P-DG :* J.-L. Lisimachio (né 3-6-1945). *CA* (en milliards de F) : *1995 :* 4,2 ; *98 :* 5,04 ; *99 :* 5,4 (résultat net 0,205). *Effectifs* (en 1999) : 3 626.

Activités au 17-1-1993. France : *littérature générale :* Hachette littérature [1] (participations en % : J'ai lu 35,2, De Fallois 33, La Table ronde 10), Grasset et Fasquelle [*1907* Grasset fondée par Bernard Grasset (1881-1955). *1954* filiale Hachette. *1967* fusion avec Fasquelle. *Chiffre d'affaires* (en millions de F) : environ 100. *Pt :* J.-C. Fasquelle (45 salariés)], Fayard, Lattès, Stock, Le Chêne, Édition n° 1. *Education :* Hachette Classiques [1], Hachette Édition et Diffusions internationales [1], Edicef, Librairie pédagogique du Centre. *Vente directe :* Livre de Paris, Rombaldi, Quillet. *Grande diffusion :* Hachette Jeunesse [1], Gautier-Languereau/Deux Coqs d'or, Librairie générale française (Livre de poche), Librairie Champs-Élysées, Média 1000, Harlequin, Gérard de Villiers (depuis 1987, avant aux Presses de la Cité). **Europe :** *Marabout :* Belgique. *Diffulivre :* Suisse. *Grolier Hachette International :* Irlande, Italie, Suisse, Turquie. *Salvat :* Espagne. **Amérique du Nord :** *Grolier* [*fondé* 1895 par Walter M. Jackson, avait pris le nom de Jean Grolier (1479-1575), bibliophile français ; acheté 2,5 milliards de F en 1988] : USA, Canada. *CEC :* Canada. **Amérique latine :** *Difédi :* Argentine, Chili, Colombie, Costa Rica, Mexique.

Nota. – (1) Départements de la maison mère.

magazine, CA (1999) 3,6 milliards de F, 23 titres dont Woman's Day (4,2 millions d'ex.), Car and Driver, George, Première, Elle. *Espagne :* Hachette Filipacchi détenue à 100 %, 1er groupe de presse magazine, 18 titres dont Diez Minutos, Supertele, Elle, Ragazza. *Europe (hors Espagne) :* éditeur en Grande-Bretagne avec Emap, en Italie avec Rusconi (100 %, 3e groupe de presse, environ 10 titres) et Rizzoli (Elle, Elle Déco), en Grèce, en Allemagne avec Burda, Russie, Pologne, Portugal, Pays-Bas, Suède, Rép. tchèque, Norvège, Turquie. *Asie-Pacifique :* éditeur en Australie, Japon (Fujingaho, 100 %), Chine continentale et Hong Kong, Corée, Viêt Nam, Inde, Singapour, Taiwan, Thaïlande. *Amérique centrale et du Sud :* Argentine, Mexique, Brésil, Chili, Colombie. **Presse quotidienne régionale et suppléments :** *Quillet* (100 %) : holding des participations, dans la presse quotidienne régionale, à l'exclusion des éditions Amaury et de Publications Groupe Loisirs (PGL), détenues par HFP. *Groupe La Provence* (100 %) : La Provence (quot.). *Groupe Nice Matin* (72,9 %) : Nice Matin (quot.), Immo, le Contadin, la Corse votre Hebdo. *Éditions Amaury* (25 %) : Le Parisien, L'Équipe et L'Équipe Magazine. *Pressinter* (100 %) : supplément Fémina Hebdo (dans 12 quot. régionaux et le Journal du Dimanche, 2 millions d'ex.). *Publications Groupe Loisirs (PGL)* (100 %) : supplément TV Hebdo (dans 18 quot. régionaux, 2,8 millions d'ex.).

Logistique presse et industrielle. Banques de données, informatique éditoriale, documentation, agences de presse, agence photo Gamma (75 %), traitement de l'image Hafiba (100 %) ; fabrication, achat papier, distribution : vente au n°, abonnement, portage (Edivente, Promevente, STPP).

Publicité. Groupe Interdeco : gère la vente des espaces publicitaires des titres les plus diffusés du groupe ainsi que pour des éditeurs extérieurs. **Hachette Filipacchi Global Advertising :** gère la publicité internationale. **Eurosud :** publicité locale des titres régionaux du groupe. **Nouveaux médias et produits dérivés, diversification.** *Édition électronique :* Hachette Filipacchi Télématique ; *médias one-to-one :* Hachette Filipacchi Interactions (magazines de marques, banques de données, régies spécialisées), Interdéco Multimédia (vente d'espace publicitaire sur Internet) ; *merchandising :* + de 150 licences, chiffre d'affaires : vente en gros de + de 3 milliards de F en Asie, Japon, Europe et USA ; *audiovisuel :* Téva, chaîne de télévision par câble et satellite (24,5 %), *Film Office :* distribution de cassettes (vente et location), exploitation des films en cinéma et réalisation des ventes de droits audiovisuels aux chaînes TV.

■ **Havas.** Voir **Vivendi Universal Publishing** p. 1353 a.

■ **Hersant.** *Fondé* par Robert Hersant [(31-1-1920/21-4-1996), 8 enfants dont 3 fils : Jacques (1941-92, député apparenté RPR du Pas-de-Calais, 1986-88), Michel (né 1943), Patrick, dit Philippe (né 1957)]. *1938* membre des Jeunes Socialistes, *1940* de Jeune Front. *1945-avril* se présente aux municipales à Paris. *1947-3-12* condamné à 10 ans d'indignité nationale (amnistié en 1952). *1950* fonde L'Auto-Journal. *1952* crée L'Oise-Matin, *1955* L'Équipement et Le Quincailler. *1956* député UDSR (même groupe que F. Mitterrand), invalidé 18-4, réélu juin (jusqu'en 1978). *1957* fonde agence de publicité Publiprint. *1958* regroupe (avec Centre-Presse) 4 journaux de l'ouest et du sud du Massif central. *1959* achète L'Éclair de l'Ouest (Nantes), L'Action républicaine (Dreux) et La Liberté du Perche (Nogent-le-Rotrou). *1960* achète Le Berry républicain. *1963* achète La Liberté du Morbihan (Vannes). *1964* crée France-Antilles. *1966* crée la Socpresse (holding). *1968* achète Nord Matin et *1972* Paris-Normandie. *1975-févr.* achète Le Figaro au groupe Prouvost (44 millions de F ; en devient le P-DG). *1976* majoritaire à Nord-Éclair ; rachète France-Soir au groupe Hachette (60 millions de F avec les imprimeries). *1978-juillet* rachète à Marcel Fournier L'Aurore (qui devient une édition du Figaro en 1985). *-Sept.* rachète Paris-Turf. *-28-11* inculpé d'infraction à l'ordonnance du 26-8-1944 (usage de 17 prête-noms, dont ses fils Jacques et Michel, et direction de plus d'un quotidien) suite à la plainte déposé par les syndicats de journalistes SNJ, FO et CFDT. Cette poursuite n'aboutit pas. *1981* cède France-Antilles. *1982* cède La Nouvelle République. *1983* achète Le Dauphiné libéré. *1984-17-6* député européen sur la liste UDF-RPR (jusqu'à sa mort) ; naissance du Figaro Économie. *1985-déc.* achète Le Progrès de Lyon, *1986-janv.* achète L'Union de Reims ; député (apparenté UDF) de l'Oise (jusqu'en 1988) ; reprise du Figaro littéraire.*-13-8* la majorité RPR-UDF qui a accédé au pouvoir en mars fait voter une nouvelle loi sur la presse qui remonte à 30 % le seuil de concentration. *1987* naissance du Figaroscope ; avec Berlusconi, reprend la Cinq (25 % ; n'en détiendra plus que 7,5 % en juin 1991) ; achète le réseau Fun, prend le contrôle du Soir (Belgique). *1988* achète Jours de France. *1989-15-11* le tribunal de commerce de Montpellier condamne le pourcentage de prise de participation (un peu + de 30 %) dans Le Midi libre (les statuts interdisant à tout actionnaire de détenir plus de 15 %). *1990* achète Rzeczpospolita en Pologne (pour 5 millions de $). *1991-janv.* achète 24 % de L'Est républicain. *-Mars* achète Le Bien public. *1992-mars* achète au groupe Amaury 240 millions de F Le Maine libre (chiffre d'affaires : 129 millions de F), Le Courrier de l'Ouest (chiffre d'affaires : 177 millions de F), Liberté Dimanche (chiffre d'affaires : 20 millions de F) ; rachète L'Ardennais à L'Est républicain (chiffre d'affaires : 77 millions de F). *1993-mars* cède Fun-Radio à la CLT ; *-juillet* achète (331,5 millions de F) 51 % des Dernières Nouvelles d'Alsace à Hachette Filipacchi par la Sté alsacienne de médias (SAM, filiale Hersant/Jean-Marc Vernes) ; *-15-12* la cour d'appel de Paris confirme la décision du Conseil des bourses des valeurs (CBV) : la SAM doit reprendre au prix fort les autres actions et le contrôle de plus de 82 % des DNA. [Coût du rachat passé de 335 à 650 millions de F. Capital de la SAM réparti en 3 tiers entre France-Antilles, Banque Vernes et Est républicain dont France-Antilles possède 27 %. Pourvoi en cassation de la SAM rejeté 14-2-1996.] *1994-juillet* cède au groupe anglais Emap pour 204 millions de F : L'Auto Journal, Sport Auto, La Pêche et les Poissons, La Revue nationale de la chasse, 30 Millions d'amis, Chiens 2 000, Wind, Bateaux, L'Ami des jardins, Vivre au jardin, Bonne Cuisine. *1996-mai* cède Centre-Presse à La Nouvelle République du Centre-Ouest. *-Juin* finalise la cession de sa participation de 36 % au Midi libre (depuis 1987) ; revend Rzeczpospolita (pour 46 millions de $). *1997* cède ses parts dans la Société du journal téléphoné et ses journaux gratuits (200 millions de F). *1998-25-6* Y. de Chaisemartin annonce l'ouverture du capital du Figaro et de la Socpresse à hauteur de 40 %. Le Figaro SA créé. *-29-9* rachète La Voix du Nord. *1999-25-6* Le Figaro Holding créé : Socpresse 95,1 % ; Carlyle (banque américaine) 4,9 %.

☞ R. Hersant contrôlait, en 1992, 32,95 % de la diffusion des quotidiens français selon le SNJ ; 29,28 % selon le SJTI (Service juridique et technique de l'information du gouv.) distinguant la Socpresse de France-Antilles [s'il en avait contrôlé plus de 30 %, il encourait de 2 mois à 1 an de prison et/ou de 10 000 à 200 000 F d'amende (lois des 1-8 et 27-11-1986)]. La diffusion totale payée atteignait 2 621 664 ex. selon les chiffres 1992 de Diffusion-Contrôle-OJD, soit 33,23 % du total de la diffusion des quotidiens d'information politique et générale (7 887 865 ex.). En excluant le groupe de L'Est républicain : 2 334 242 ex., soit 29,59 %.

Socpresse. P-DG : Yves de Chaisemartin (né 26-8-1948) depuis 1996. **Capital** (au 31-12-1989, en %) : Hersant Robert († 21-4-1996) 60, Rolande 15, enfants 9,3 ; publicité annonces (contrôlé par Hersant) 15,7. **Chiffre d'affaires** (en milliards de F) : *1990 :* 7 ; *91 :* 6,9 ; *93 :* 6,15 ; *94 :* 6,17 ; *95 :* 7 ; *96 :* 6,7 ; *97 :* 6,7 (résultat d'exploitation : 0,397) ; *recettes publicitaires 1990 :* 3,7 ; *91 :* 3,3 ; *93 :* 2,6 ; *frais financiers : 1990 :* 0,354 ; *91 :* 0,416 ; *96 :* 0,255 ; *97 :* 0,21 ; *cash-flow : 1990 :* 0,095 ; *91 :* -0,05 ; *93 :* -0,22. *Endettement : 1993 :* 4 ; *94 :* 3 ; *97 :* 1,8 (+ 0,45 de crédit-bail) ; *99 :* 7,18. **Endettement** (en mars 1999) : 2,3 milliards de F. **Effectifs** (en 1999) : 6 648. **Publications :** *quotidiens :* Le Figaro et suppléments (95,1 %), Le Figaro-L'Aurore (100 %), Paris-Turf (100 %), Le Courrier de l'Ouest (80,3 %), Le Dauphiné libéré (90 %), L'Espoir (St-Étienne) (100 %), Le Journal de Saône-et-Loire (100 %), Lyon Matin (95,1 %), Le Maine libre (100 %), Presse-Océan (100 %), Nord-Éclair (100 %), La Voix du Nord (58 %, via Rossel détenu à 40 %), Le Progrès (100 %), La Tribune (St-Étienne) (100 %) ; *Pologne :* Tempo ; *Belgique :* Le Soir, La Nouvelle Gazette, La Meuse. *Magazine :* TV Magazine. **Divers :** pôle imprimerie (dont Roissyprint), Football Club de Nantes.

Groupe France-Antilles. P-DG : Philippe Hersant. **Chiffre d'affaires** (en milliards de F) : *1994 :* 1. **Quotidiens de province :** L'Union de Reims (100 %), L'Ardennais (55 %), Paris-Normandie (100 %), Les Dernières Nouvelles d'Alsace (27 %), Libération Champagne (100 %), Le Journal de la Hte-Marne (100 %), L'Est Éclair (100 %), L'Est républicain (27 %) ; **des Dom-Tom :** La Dépêche de Tahiti (50 %), France-Antilles Guadeloupe et Martinique (100 %), Le Journal de l'île de la Réunion (50 %), La Nouvelle de Tahiti (50 %), Les Nouvelles calédoniennes (100 %).

Famille Hersant. *Pte :* Rolande Hersant. Possède L'Éclair (Nantes) (100 %).

Diversification. Agence de presse (AGPI), Agence de publicité (Publi-Print), **Centre d'imprimerie offset** (Paris-Print) comprenant 79 groupes de rotatives et 7 sorties, capacité de tirage 1 250 000 journaux/jour, avec 8 centres de traitement par fac-similés (Toulouse, Caen, Marseille-Vitrolles, Nantes, Nancy, Lyon, Roubaix, Poitiers). **Régies publicitaires :** Stés liées à France-Antilles dont les comptes ne sont pas publiés. Le groupe détient en outre 10 % du Midi libre, L'Indicateur Bertrand, Votre tricot, Chevaux et Cavaliers, Carrières et Emplois, etc. **Audiovisuel :** contrôle plus de 30 radios locales par l'intermédiaire de ses journaux ou de l'Agence française de communication. Prépare une chaîne de TV européenne (TVE).

■ **IDG Communications France.** Presse professionnelle informatique. **Chiffre d'affaires :** *2000 :* 187 millions de F. **Publications :** Le Monde informatique, Distributique, Info PC, Réseaux et télécoms, Langages et systèmes, Create.

■ **Lagardère.** Dénommé MMB jusqu'à fin 1992 puis Lagardère Groupe jusqu'à juin 1996. **3 pôles** [contribution au chiffre d'affaires (CA) et, entre parenthèses, au résultat d'exploitation (consolidés, en millions d'euros)] : Lagardère Médias : *CA : 1998 :* 6 360 (234) ; *99 :* 6 873 (282) ; *2000 :* 7 203 (323) **dont numérique :** Lagardère Active : portails internet (dont club-internet et T-Online regroupés en 1999, digitall depuis automne 1999), services on- et offline (Hachette Multimedia), édition, distribution des droits électroniques et numérisation (Plurimédia, racheté 1999), communication multisupports (Studio Grolier : Internet, Wap, TV interactive) ; TV : partenariat avec Canal-Satellite et MultiThématiques (7 marques, 25 chaînes dans 14 pays), chaînes thématiques (via les filiales d'Europe 1 Communication : MCM, Muzzik, Canal J, La Chaîne Météo, Santé vie), droits audiovisuels (Europe Images International : 1er exportateur français de programmes TV) ; production cinéma (Hachette Première) ; radio : Europe 1, Europe 2 et RFM ; **livres :** Hachette Livre ; **magazines :** Hachette Filipacchi Médias (voir p. 1340 c) ; **distribution et retail :** Hachette Distribution Services (HDS) : 3 300 magasins, marques internationales dont Relay (1 000 magasins dans 11 pays) et Extrapole (magasins culturels multimédias, détient 85 % de la librairie du Furet du Nord). EADS : ex-Aerospatiale Matra issue 1999 de la fusion de Matra Hautes Technologies avec Aerospatiale. Regroupement avec DaimlerChrysler Aerospace (DASA) et le groupe espagnol Casa annoncé fin 1999. *Capital* (en %, mi-2000) : État 47,7, Lagardère 33, public 17, salariés 2,3. *CA : 1998 :* 3 197 (343) ; *99 :* 4 257 (158) **dont aéronautique :** Airbus (100 %), ATR (100 %), Eurocopter 70 %, DaimlerChrysler 30 %), Dassault Aviation ; **défense et lanceurs stratégiques :** Matra BAe Dynamics (à 50/50 avec British Aerospace) et Matra Missiles (100 %) : accord signé oct. 1999 pour regroupement avec Alenia Marconi Systems dans la Sté Européenne de Missiles ; **espace :** Aerospatiale Matra Lanceurs et Matra Marconi Space ; **systèmes, services et télécommunications :** pôles C4ISR (Command, Control, Communication, Computer, Intelligence, Surveillance, Renseignement), Services et Tests, Conception et Fabrication industrielle (Matra Datavision et ses filiales), Internet et Services (MCN sat Holding, Matranet, MGN), Télécommunications [Matra Nortel Communications (55 %), Intecom] et filiale MSI. Matra Automobile : *CA : 1998 :* 1 143 (70) ; *99 :* 1 143 (70). **Effectifs** (au 31-12-2000) : 43 902 dont groupe EADS 13 459, Lagardère Media 26 884, automobile 3 329, hors pôles 230.

■ **Liaisons** (Groupe). *Fondé 1944* par Patrice Aristide Blank (1920-98), Pt du quotidien *France-Soir ; 1966* rachète *L'Officiel des transporteurs ; 1970* Pt du groupe Liaisons ; *1980* rachète *Liaisons sociales ; 1996-1-10* cédé au groupe Walter Kluwer (P.-Bas). **P-DG :** Stéphane Tschanz. **Chiffre d'affaires** (en millions de F) : *1995 :* 363 ; *2000 :* 650. **Publications :** 11 guides annuels ; 26 périodiques (402 000 ex. dont 95 % par abonnement) dont Liaisons sociales, Gestion sociale, Social pratique, Entreprise et Carrières, Barème social périodique, Protection sociale, Les Nouvelles fiscales, Revue française Gestion, Officiel des transports, Bus et car, Liaisons transports, Moniteur des pharmacies, Moniteur hospitalier, Porphyre, Cultivar, Viti, Circuits culture, Lettre Circuits culture, Magasin agricole, Lettre juridique et fiscale, Points de vente, Écho de la presse, Sonovision, Tourhebdo. **Autres activités :** organisation de salons, télématique, édition de livres.

■ **LVMH.** Possède D.I. groupe (La Tribune), Investir (racheté en 1993 par Ufipar, filiale à 100 %) et 49 % du magazine Femme.

■ **Marie Claire.** *Fondé* 3-3-1937. **Dirigé** par Évelyne Berry (née Prouvost 1939), petite-fille de Jean Prouvost (1885-1978). **Capital :** holding familiale Laurev (contraction de Marie-Laure et d'Évelyne) 58 % (Évelyne Prouvost-Berry et Nicholas Berry 60, Marie-Laure Prouvost 40), Hachette Filipacchi Média 42 %. **Chiffre d'affaires** (en milliards de F) : *2000 :* 1 milliard de F. **Publications :** *mensuels :*

et Vins de France, Cosmopolitan, Famili, Marie Claire [Europe (All., Belg., Esp., G.-B., Grèce, Italie, P.-Bas, Russie, Turquie) ; Asie (Corée, Hong Kong, Japon, Malaisie, Taiwan) ; Amérique (Brésil, Colombie, Mexique, Porto Rico, USA, Venezuela) ; Australie ; Afrique du Sud], MC Maison (Corée, Espagne, Turquie), MC Idées, Marie France, 100 Idées Jardin.

■ **Média-Participations.** Holding belge. **Capital** de 1 112 332 188 FB [*fondé* 1986 par Rémy Montagne (1917-91), ancien secr. d'État de R. Barre à l'Action sociale]. **Pt :** Jacques G. Jonet. **P-DG** (Paris) : Vincent Montagne (fils de R. Montagne). **Dir. gén. adjoints :** Claude de Saint-Vincent et Pierre-Marie Dumont. **Chiffre d'affaires** (en millions de FF, 2000) : 973. **Principales filiales :** Dargaud, Rustica, Eureka Omega Diffusion, MDS, Groupe Fleurus-Mame, Edifa, I. Média. **Marques :** Dargaud, Blake et Mortimer, Lombard, Lucky Comics, Signé, Long Courrier, Troisième Vague, Poisson Pilote, Citel, Dargaud-Marina, Belvision, Fleurus Enfants, Fleurus Jeunesse, Fleurus Idées, Desclée, Mame, Droguet & Ardant, Tardy, Criterion. **Presse :** La Lettre de Dargaud, Magnificat, Hebdo Jardin, Détours en France, Votre Maison, Cuisine et Terroirs, Au Jardin, Famille Chrétienne, Maxilien, TL Notre Hebdo, Les Cahiers d'Edifa.

■ **Milan Presse. P-DG :** Patrice Amen. **Chiffre d'affaires** (en millions de F, 1996) : 285. **Effectifs :** 270. **Titres :** *tourisme :* Pyrénées Magazine, Alpes Magazine, Bretagne Magazine, Esprit du Sud-Ouest, Pays basque Magazine, Pays de Provence-Côte d'Azur Magazine, Bretagne Magazine, L'Esprit du Sud-Ouest. *Jeunesse :* Picoti, Toupie, Toboggan, Wakou, Wapiti, Moi je lis, Les Clés de l'actualité, Les Clés de l'actualité junior, Oxebo, Julie, Petites mains, Mobiclic, Les Aventuriers, J'apprends à lire, Toboclic.

■ **Monde (Le).** *Publications :* Le Monde (voir p. 1344 a), Le Monde diplomatique, Le Monde des débats (voir p. 1348 c).

■ **Ouest-France.** Détenu depuis avril 1990 à 99 % par l'Association pour le soutien des principes de la démocratie humaniste (*Pt :* Jacques Duquesne) détenue par Sipa (détient aussi Publihebdos, la régie publicitaire Précom et une participation dans Sofiouest avec Spir Communication). A racheté le groupe Méaulle en 2000. **Publications :** *quotidiens :* Ouest France, Le Télégramme de Brest, Le Courrier de l'Ouest, Le Presse Océan, Le Maine Libre. **Chiffre d'affaires** (en millions de F, consolidé 1999) : 500. **Effectifs** (au 30-6-2000) : 700.

■ **Perdriel. P-DG :** Claude Perdriel (né 25-10-1926). **Chiffre d'affaires** (en millions de F) : *1992 :* 610. *Titres :* Le Nouvel Observateur, Challenges, Sciences et Avenir.

■ **Prisma Presse.** *Créé* nov. 1978 par Axel Ganz (All., né 25-7-1937). Filiale de Gruner und Jahr (voir p. 1331 c). **Pt :** Axel Ganz. **Dir. gén. :** Jean-Pierre Caffin. **Chiffre d'affaires et,** entre parenthèses, **résultat** (en millions de F) : *1994-95 :* 2 900 ; *97-98 :* 3,518 (337) ; *98-99 :* 3 500 (262) ; *99-2000 :* 3 423 (300). **Effectifs** (mi-2000) : 773. **Publications :** GEO (lancé mars 1979), Ça m'intéresse (mars 1981), Prima (oct. 1982), Femme actuelle (oct. 1984), Télé-Loisirs (mars 1986), Voici (nov. 1987), Guide cuisine, Cuisine actuelle (racheté déc. 1989), Capital (sept. 1991), Gala (28-1-1993), Cuisine gourmande (1994), Management (1995), VSD (1996), Web Magazine (1999), Femme (1999), National Geographic (1999).

■ **Publications de la Vie catholique (PVC). Origine :** *1945-8-1* Georges Hourdin (3-1-1899/29-6-1999) fonde La Vie catholique illustrée (devenue La Vie) ; *1951* co-fonde Radio Cinéma (futur Télérama) ; *1953* fonde l'Actualité religieuse dans le monde (devenu l'Actualité des religions) ; *1961* fonde Croissance des jeunes nations. **Pt du directoire :** Gilles de Courtivron. **Capital** (en %, au 30-6-2000) : famille Hourdin 27, Stés du personnel (La Vie, Télérama, PVC) 18, Michel Houssin 15, Sté civile de participation (Gilles de Courtivron, J.-P. Hourdin, Jacques Bayet et Jacques Giraud) 15, petits porteurs 15, Geneviève Laplagne 6, François de la Villeguerin 4. **Chiffre d'affaires** (en millions de F, 1999) : 1 703 (résultat net consolidé 35,1) dont presse 1 044. **Activités presse :** *3 filiales : 1°)* Malesherbes-Publications (*P-DG :* Jean-Claude Petit) ; *2°)* Télérama ; *3°) Fleurus Presse* (voir p. 1340 c). *Hebdomadaires :* La Vie, Télérama. *Périodiques :* Actualité des religions, Croissance Image du mois, Prier. *Publications historiques* (*P-DG :* Jean-Marie Borzeix) : *Mensuels :* Notre Histoire, Ulysse. *SPER* (*P-DG :* Joël Cassard) : *Mensuels :* Top Famille Magazine, Danser. **Autres activités :** Presse-Informatique, Édi-Informatique, Publicat, La Procure, Desclée de Brouwer, France-Routage.

■ **Revenu Multimédia (Groupe). P-DG :** Robert Monteux (né 16-9-1937). **Chiffre d'affaires** (en millions de F, 2000) : 210. **Publications :** *hebdomadaires :* Le Revenu Bourse Hebdo (1968 ; avec suppl. mens. Placements), La Lettre recommandée (1978), Air et Cosmos (1963) ; *mensuel :* Interavia (1937). **Services multimédias** sur Minitel, Audiotel, Internet, Le Revenu TV.

■ **Société générale de Presse. Fondateur :** Georges Bérard-Quélin (1917-90). **P-DG :** Marianne Bérard-Quélin (née 5-10-1960). **Publications :** *quotidiens :* Correspondance économique, Correspondance de la Presse, Correspondance de la Publicité, L'Index-Revue quotidienne de la presse française, Bulletin quotidien. *Hebdomadaires :* Bilans hebdomadaires, Actualités économiques, Documents et Informations parlementaires, La Lettre financière, La Lettre de l'énergie, Électrique-Électronique, Mécanique, Transports, Lettre d'Allemagne, Textiles-Habillement, Hommes d'aujourd'hui et de demain, Europe Afrique-Service, Europe-Service. **Services de documentation** (abonnements annuels comprenant : volumes et mises à jour régulières, service de renseignements par téléphone, politique, économie, adm., presse et information publicité, UE, etc.). Services électroniques biographiques (Minitel, Intranet). **Agence française d'extraits de presse.**

■ **Sud-Ouest. Pt du directoire :** Pierre Jeantet. **Dir. gén. :** Olivier Faguer. **Chiffre d'affaires** (en millions de F, 2000) : groupe 1 723 dont Sud-Ouest 1 068. **Publications :** *quotidiens :* Sud-Ouest, Charente libre, La République des Pyrénées, L'Éclair, Dordogne libre. *Hebdomadaires.*

■ **Tests.** Détenu à 100 % par Vivendi Universal Publishing. Presse informatique. **Publications :** *magazines professionnels :* 01 Informatique, Décision micro et réseau, 01 Réseau, Internet professionnel, Décision micro et réseau, Le Nouvel hebdo ; *grand public :* L'Ordinateur individuel, Micro hebdo, Newbiz.

■ **Valmonde & Cie. Créé** 1955 par Raymond Bourgine (1925-90). *Détenu* à 95 % par le Groupe Industriel Marcel Dassault depuis le 8-1-1998. *Pt du Conseil de surveillance :* Olivier Dassault (né 1-6-1951). *Pt du directoire :* François d'Orcival (né 11-2-1942). **Publications :** *hebdomadaire :* Valeurs Actuelles (*directeur de la rédaction :* Gérard Gachet) ; *mensuel :* Le Spectacle du Monde (*directeur :* François d'Orcival) ; *trimestriel :* Jours de Chasse (*dir. :* Olivier Mayeras) ; *hors-séries :* Grands peintres ; *annuel :* Album de l'Année Perspectives (fondé 1990, 10 000 ex.). **Chiffre d'affaires** du groupe (2000) : 105 millions de F. **Effectifs** (fin 2000) : 84.

■ **Ventillard (Publications Georges). Pte :** Paule Ventillard. **Publications :** Électronique pratique, Sono Magazine, Système D, Les Bricothèmes de Système D, Almanach Vermot, Interfaces PC, Tout faire au jardin, Micros et Robots.

■ **Voix du Nord (La).** Voir p. 1345 a.

Presse spécialisée

Journaux d'entreprise

UJJEF-l'Information d'entreprise. 420, rue St-Honoré, 75008 Paris. Ex-Union des journaux et journalistes d'entreprise de France. *Créée* 1947. *Pt :* Didier Willot. *Regroupe* 700 entreprises, 1 200 professionnels de la communication ; *logo* affiché par 600 journaux (22 000 000 de lecteurs).

Presse politique

■ **Périodiques de l'État.** *Nombre :* 2 500 dont ministère de la Défense 38, services du Premier ministre 34, PTT 26, Éducation 25.

■ **Périodiques politiques** (assimilés fiscalement aux quotidiens). *1978-28-4 :* Le Canard enchaîné, L'Express, France nouvelle, L'Humanité dimanche, Minute, Le Nouvel Observateur, Le Point, Réforme, Syndicalisme Hebdo CFDT, Témoignage chrétien, Tribune socialiste, Valeurs actuelles, La Vie ouvrière-CGT. *-27-10 :* Le Nouvel Économiste, Charlie Hebdo, Jeune Afrique, La Sélection hebdomadaire du Monde. *1979-26-4 :* Le Pèlerin, La Vie, Paris-Match. **Publications non habilitées** *pour périodicité insuffisante :* Le Courrier du Parlement, Heures claires, Afrique-Asie, L'Économiste du tiers-monde ; *faute de consacrer en moyenne plus du tiers de leur surface rédactionnelle à l'actualité politique :* France catholique Ecclesia, Le Hérisson, La Terre, La Vie française, VSD ; *parce que répondant principalement aux préoccupations d'une catégorie particulière de lecteurs :* La Lettre de l'Expansion.

■ **Presse communiste. Évolution :** *1944-45 :* plus de 30 titres (avec journaux sympathisants) dont 2 quot. à Paris et 17 en province (tirage global 2 100 000 ex.). *1951 :* 13 (960 000 ex.), *1958 :* 4 (200 000 ex.). *Jusqu'en 1953 :* le PC a disposé d'un 2e quotidien nat. (Ce soir : 478 000 ex. en 1947) ; le quotidien Libération (animé par Emmanuel d'Astier de la Vigerie) défendait des positions proches. *1993 :* renonce à ses 3 éditions régionales Rhône-Alpes, Midi-Pyrénées, Val-de-M. *1947 :* représentait 16 % de la presse nationale ; *77 :* 2,5 %. **Situation :** *quotidiens :* L'Humanité (journal du PCF, 55 113 ex. en 2000), L'Écho du Centre (Limoges, 55 765 ex. en 2000), La Liberté (Lille, a cessé 1992), La Marseillaise (Marseille, 155 522 ex. en 2000). *Hebdo. nationaux :* L'Humanité Hebdo 163 750 en 2000, Regards 50 000, La Terre 178 000 en 2000 ; *régional bilingue :* L'Humanité d'Alsace et de Lorraine 30 000. *Mensuels :* Les Cahiers du communisme, Économie et Politique, L'Avant-Garde (pour lycéens, jeunes salariés et chômeurs). *Trimestriel :* Le Nouveau Clarté (pour étudiants), L'École et la Nation. *Divers :* environ 50 hebdos départementaux ; 300 journaux de villes (bi- et trimestriels) ; 150 journaux d'entreprises dont 15 mensuels.

☞ Certains ont présenté le PCF comme le 1er magnat de la presse française en disant qu'il avait 500 titres en comptant les publications d'organisations proches du PC, tels La Vie ouvrière (organe de la CGT), les journaux du Snes et de l'Unef, ou encore Heures claires (mensuel de l'Union des femmes françaises), les éditions Vaillant (dont publications pour enfants, notamment Pif-Gadget), les éditions Miroir-Sprint (Miroir du football, Miroir du cyclisme, Miroir du rugby et Mondial), Logement et Famille, Le Réveil des combattants. Cet amalgame est contesté par les responsables de ces journaux.

Presse religieuse

☞ *Légende :* (1) Quotidien. (2) Hebdomadaire. (3) Bimensuel. (4) Mensuel. (5) Trimestriel.

■ **Catholique.** *Chiffre d'affaires :* 4 milliards de F [dont Bayard 2 (voir p. 1340 a), Vie catholique 1,1, Média-Participations (voir col. a)]. *Titres :* 80. *Tirages* (en millions) : presse grand public 5, presse des mouvements catholiques 5,3, presse paroissiale 2,5, titres institutionnels 0,1. **CNPC (Centre national de la presse catholique)** 12, rue Ampère, 75017 Paris. 30 titres de diffusion nationale dont La Croix-L'Événement [1], 7 hebdo., 15 mensuels et 4 bimensuels, 1 trimestriel. Total : diffusion 120 millions d'ex./an. **APCR (Association régionale de la presse catholique)** 16, rue Croix-de-Séguey, B.P. 506, 33005 Bordeaux Cedex. *Fondée* 1946, 27 hebdo., diffusion cumulée 15 600 000 ex./an + bulletins diocésains (à l'origine, bulletins officiels de l'évêque : 95 en France : tirage entre 500 et 11 000 ex.).

Presse paroissiale : titres souvent réalisés à partir de fonds communs regroupés dans la **FNPLC (Fédération nationale de la presse locale chrétienne)** 74, rue Hippolyte-Lefebvre, 59000 Lille. *Fondée* 1976, regroupe 1 500 journaux au tirage annuel cumulé de 20 000 000 d'ex. Bulletins ou revues de mouvements catholiques, œuvres, congrégations. **FFPC** (Fédération française de la presse catholique) B.P. 618, 75367 Paris Cedex 08. *Fondée* fin janvier 1995 par le CNPC, l'ANPCP et la FNPLC (diffusion cumulée 156 millions d'ex./an). **APMS** (Association de la presse des mouvements et services d'Église), 18, rue de Varenne, 75007 Paris.

Bayard Presse (voir p. 1340 a). **Publications de la Vie catholique** (voir col. a). **Fleurus Presse** (voir p. 1340 c). **Publications indépendantes :** Témoignage chrétien [2], La France catholique [2], L'Homme nouveau [3], Famille chrétienne [2], Croire aujourd'hui [3], Étincelles [4], Fêtes et Saisons [4], Feu et Lumière [4], Missi [4], Peuples du monde [4], Points de repères (7 nos par an), journaux d'informations paroissiales (est. janv. 1994 : environ 1 000 titres, 1 200 journaux paroissiaux).

☞ **Dans le monde : UCIP (Union internationale de la presse catholique) :** ONG *créée* 1927 à Bruxelles. *Siège :* Genève. *Membres :* 10 000 dans 115 pays.

■ **Juive. L'Arche** [4] **:** *fondée* 1957, environ 20 000 ex. (environ 12 000 ab.). **Hamoré** [5]. **Information juive** [4] **:** *fondée* 1948 à Alger, 10 000. **Tribune juive** [3] **:** *fondée* 1968, 10 000 (8 000 ab.). **Notre Chemin** [4] **:** *créé* 1945. **Actualité juive** [2] **:** *fondée* 1982, 18 000 ex. **Les Nouveaux Cahiers** [5] : 3 000. **La Presse nouvelle.**

■ **Protestante. Christianisme au XXe siècle** [2] (6 000 ex.). **Évangile et Liberté. Réforme**[2] (7 000 ex.). **Études théologiques et religieuses** [5] (2 000 ex.). **La Revue réformée** [5] (1 200 ex.). **Hokhmais** (3 nos/an, 850 ex.).

Publications gratuites

■ **Quelques dates. 1963** 1er hebdo. : Le Carillon [feuille paroissiale (Le Mans) ronéotypée, conçue par un prêtre ; devenue un groupe, filiale d'Ouest-France puis, récemment, absorbé par Spir-Communication]. **1973** fondation du Syndicat de la presse gratuite (SPG). **1981** adhésion au Bureau de vérification de la publicité. **1982** fondation du CDPG (organisme de constat de la distribution des périodiques gratuits). **1992** le CDPG devient la section « Presse gratuite » de Diffusion Contrôle (ex-OJD).

■ **Nombre de titres. En 2000 :** environ 500. **Nombre d'exemplaires diffusés.** 40 millions par semaine (dans les boîtes aux lettres 90 %, mises en dépôt dans des commerces 10 %). **Recettes publicitaires :** 5,65 milliards de F. **Lecteurs** (*source :* Ipsos, 1999) : 23 millions/semaine. 42 % des Français ont déjà acheté un bien ou un service par une petite annonce de la presse gratuite.

■ **Grands réseaux nationaux ou plurirégionaux. Comareg** *créée* 1968, filiale du groupe Vivendi Universal Publishing, *P-DG :* Jean-Jacques Raynaut ; 155 titres du réseau Bonjour (petites annonces et publicité locale), 14 millions d'ex./sem. Activité on-line : Bonjour.fr (300 000 annonces/sem.). 7 sites pré-presse (180 000 pages fabriquées/an) ; 4 imprimeries intégrées. Distribution publicitaire (5 000 000 de documents distribués/an). *Chiffre d'affaires et,* entre parenthèses, *résultat* (en millions de F) : *1990 :* 2 000 (130) ; *91 :* 1 800 ; *93 :* 1 335 (176) ; *94 :* 1 930 (134) ; *95 :* 2 058 ; *96 :* 2 235 ; *97 :* 2 280 ; *99 :* 2 375 ; *2000 :* 2 291. *Effectifs* (2001) : 3 000. **Spir-Communication :** *fondé* 1971, à Aix-en-Provence par Claude Léoni, détenu à 67,87 % par Sofiouest ; 156 journaux diffusés dans environ 50 départements, 13,1 millions d'ex./semaine. *Chiffre d'affaires consolidé 2000 :* 2,1 milliards de F.

Réseaux régionaux ou pluri-départementaux. Une dizaine, 5,8 millions d'ex. par sem. : **groupe S3G** (Sté des gratuits de Guyenne et Gascogne) [détenu à 95 % par le groupe Sud-Ouest] 2 100 000 ex./semaine. *Chiffre d'affaires en 2000 :* 370 millions de F ; Le Galibot (détenu à 100 % par Spir Communication depuis le 1-1-2000 ; 1 450 000 ex./semaine) ; Ep Plus ; Segic ; GDM ; Sopic ; Fréquence 7 ; Écho Régie du Val d'Oise ; Image et Communication ; Dépêche du Midi ; Indépendant-Midi libre ; Inter-Régies (filiale du Parisien) ; Éditions de l'Échiquier ; Publival-Sopep ; Éd. du Val d'Automne ; Éd. Claude Vervin ; Sté maubeugeoise d'édition ; La Tribune ; Com-re-co ; Publi-Édition ; Informations dieppoises. **Gratuits indépendants hors réseaux :** une quinzaine.

■ **Journal du métro. Dans le monde :** *1995* à Stockholm, le groupe Metro Time Group (MTG) lance le quotidien *Metro.* **En France :** *3-5-1999* à Paris, Métrobus lance l'hebdomadaire *A nous Paris* (48 à 56 pages, 400 000 ex.) dans 227 stations.

JOURNAUX DE RUE

Définition : vendu à la criée par des sans-abri. **Dans le monde** (*source :* Courrier de l'Unesco, févr. 1999). **Origine :** *1989* création de *Street News* à New York. **Nombre de titres :** plus de 150 dans environ 20 pays dont en Europe 70 (dont 50 % en Allemagne), USA 40, Canada 10. **Tirage** (est.) : 30 millions. **En France. Ventes** (est. à mi-juin 1998) : 450 000 ex./mois. **Liste des titres** (mi-1998) : **Macadam Journal :** *lancé* mai 1993, *édité* par la SARL Macadam-Urgences à Lille, *vendu* 10 F, dont 6 F pour les vendeurs ; *ventes moyennes 1997-98 :* 100 000 ex./mois (avant, avait atteint un tirage de 800 000 ex./mois). **La Rue :** *lancé* oct. 1993, mensuel, *implanté* sur 21 sites en France (dont agences 4, associations 17), *membre* du réseau créé *The Big Issue* (britannique), *vendu* 15 F dont 7,80 F pour les vendeurs ; *ventes 1997 :* 34 000 ex. **L'Itinérant :** ex-*Lampadaire*, issu d'une scission au sein du *Réverbère* édité par le « Syndicat des exclus de la nation », association loi 1901 remplaçant la Sté anonyme dirigée par Georges Mathis, fondateur, plusieurs fois condamné pour ses écrits antisémites ; *devenu* en 1997 Europass, parution suspendue début 1998, hebdo. + almanachs et guides, *édité* par la SARL Com' Sol, vendu 10 F dont 7 F pour les vendeurs ; *ventes 1997-98 :* 40 000 ex. **Sans-Abri :** *lancé* févr. 1994, *édité* par une association d'Annecy (Hte-Savoie), *vendu* 10 F dont 7,50 F pour les vendeurs ; *diffusion moyenne :* 60 000 ex. **Sans-Logis :** *édité* par une association de Meurthe-et-Moselle, *vendu* 10 F dont 8 F pour les vendeurs ; *diffusion :* 30 000 ex.

QUOTIDIENS

■ **Nombre de titres** (non compris les quotidiens spécialisés) **et,** entre parenthèses, **tirage global** (en milliers). **Paris :** *1788 :* 2 (4). *1803 :* 11 (36). *12 :* 4 (35). *25 :* 14 (59). *31-32 :* 17 (85). *46 :* 25 (180). *67 :* 21 (763, dont 560 de petits journaux non politiques à 5 centimes). *70 :* 36 (1 070). *80 :* 60 (2 000). *1914 :* 80 (5 500). *17 :* 48 (8 250, chiffre du 1-7, après le passage des journaux de 5 à 10 centimes, le tirage tomba à 6 100 en oct.). *24 :* 30 (4 400). *39 :* 31 (5 500). *46 :* 28 (5 959). *52 :* 14 (3 412). *72 :* 11 (3 877). *80 :* 12 (2 913). *90 :* 11 (2 741). *95 :* 12 (2 844). **Province :** *1788 :* 1 (0,5). *1812 :* 4 (3). *31-32 :* 32 (20). *50 :* 64 (60). *70 :* 100 (350). *80 :* 190 (750). *1914 :* 242 (4 000). *39 :* 175 (5 500). *46 :* 175 (9 165). *52 :* 117 (6 188). *72 :* 72 (7 498). *80 :* 73 (7 535). *90 :* 62 (7 010). *92 :* 94 (8 398).

■ **Audience.** Enquête Ipsos pour l'EUROPQN (Études et unité de recherches opérationnelles de la presse quotidienne nationale) et le SPQR (Syndicat de la presse quotidienne régionale) auprès de 21 475 personnes âgées de 15 ans et plus, en continu du 10-1 au 30-12-2000. **Quotidiens nationaux.** La Croix, Les Échos, L'Équipe, Le Figaro, France-Soir, L'Humanité, Libération, Le Monde, Le Parisien-Aujourd'hui, La Tribune, Le Journal du dimanche, L'Équipe Dimanche, Le Parisien Dimanche. **Nombre de lecteurs** (lecture numéro moyen) : 8 689 000 (soit 18,3 % de la population). **Habitude de lecture :** *lisant un numéro tous les jours ou presque :* 9 % ; *3 à 5 fois/semaine :* 7,3 ; *1 à 2 fois/semaine :* 16,7 ; *2 à 3 fois/mois ou moins souvent :* 18,1. **Lieu de lecture :** domicile 68,9 %, travail 22, transports 6, salle d'attente 8,7, autre 14,4. **Temps consacré à la lecture des titres :** 31,4 min. **Profil du lecteur :** actifs (58 % contre 53,6 dans la pop. française), moins de 35 ans (35,8 % contre 33,5), aux revenus/foyer élevés (24,7 % disposent de plus de 240 000 F contre 13,1). *Hommes :* 57,6 %, *femmes :* 42,4. **Répartition par quotidien : lecture d'un numéro moyen :** porte sur le nombre de nos lus parmi les 5 ou 6 derniers parus (en milliers et, entre parenthèses, % de pénétration) : La Croix 299 (0,6), Les Échos 749 (1,5), L'Équipe 2 647 (5,6), Le Figaro 1 377 (2,9), France-Soir 598 (1,3), L'Humanité 331 (0,7), Libération 868 (1,8), Le Monde 1 905 (4), Le Parisien-Aujourd'hui 2 059 (4,3), La Tribune 513 (1,1). **Dernière période** (nombre des personnes ayant lu ce journal la veille ou, à défaut de parution, l'avant-veille) : La Croix 223 (0,5), Les Échos 516 (1,1), L'Équipe 2 013 (4,2), Le Figaro 1 094 (2,3), France-Soir 364 (0,8), L'Humanité 239 (0,5), Libération 592 (1,2), Le Monde 1 361 (2,9), Le Parisien-Aujourd'hui 1 726 (3,6), La Tribune 302 (0,6), Le Journal du dimanche [1] 1 229 (2,5), L'Équipe Dimanche [1] 2 232 (4,7), Le Parisien Dimanche 601 (1,3). *Ensemble PQN :* 6 607 (13,9).

Quotidiens régionaux (66 titres). **Nombre de lecteurs** (lecture numéro moyen) : 18 984 000 (soit 40,3 % de la population). **Heures de lecture :** 18 % prennent leur journal avant 8 h, 63,3 % avant midi. **Achat :** abonnés (nos postés) 6,2 %, (nos portés) 16,4, acheteurs au n° 44,4, trouvant leur journal sur leur lieu de travail 7,1, prêté ou donné 32,3. **Temps consacré à la lecture :** 25 min/j (+ de 1/2 h : 30 %). **Lieu :** domicile 76,6 %, travail 12,3, transports 1.

■ **Diffusion totale payée** (en milliers, 1999-2000). **Quotidiens nationaux :** L'Équipe 395,5, Le Monde 389, Le Figaro 367,1, Libération 166,6, France-Soir 135,7, Les Échos 127,1, La Croix 87,3, La Tribune 90,6, L'Humanité 52,3.

Abonnés (en %, 1999-2000) : *quotidiens parisiens :* La Croix 92,8, L'Humanité 54,5, La Tribune 33,9, Le Monde 32,4, Le Figaro 14,2, Le Parisien 4,2, L'Équipe 1,5, France-Soir 4, Libération 5,7.

Ventes à l'étranger (en %, 1999-2000) : Le Monde 11,1, Libération 5,1, France-Soir 3,8, Le Figaro 3,5, L'Équipe 1,5, Les Échos 2,3, La Tribune 1,7, La Croix 1,6, L'Humanité 0,4, Le Parisien 0,2.

■ **Pages. Nombre moyen de pages :** *1900 :* 4. *14 :* 10. *39 :* 12. *44 :* 2. *46 :* 4. *50 :* 8. *60 :* Paris 15,8 (province 14,5). *70 :* 18,7 (19,9). *80 :* 23,6 (25,1). *88 :* 36,3 (29,4).

■ **Prix moyen** (en F de l'époque). **Publications :** *2000 :* 9,62. **Quotidiens parisiens :** *1834 :* 0,25 ; *51 :* 0,10 ; *1914 :* 0,05 ; *38 :* 0,50 ; *44 :* 2 ; *47 :* 5 ; *57 :* 20 ; *63 :* 0,30 ; *74 :* 1 ; *79 :* 2 ; *88 :* 4,50 ; *90 :* 5 ; *97 :* 5,8 ; *2000 :* 6,91. **Ensemble des quotidiens :** *1980 :* 2,38 ; *85 :* 4,33 ; *90 :* 4,86 ; *92 :* 5,56 ; *96 :* 5,29 (Le Monde, L'Humanité, Les Échos, Le Figaro, Libération, La Tribune, Paris-Turf 7, La Croix 6,5, France-Soir 5, L'Équipe 4,9, Le Parisien 4,8). **De l'abonnement annuel à un quotidien** (en heures de travail d'un manœuvre de province, d'après Jean Fourastié) : *1795 :* 600 ; *1834 :* 421 ; *36 :* 205 ; *71 :* 164 ; *89 :* 96 ; *1910 :* 73 ; *21 :* 27,5 ; *36 :* 20,1 ; *39 :* 26,8 ; *44 :* 35,6 ; *50 :* 26,8 ; *55 :* 25,3 ; *62 :* 23 ; *74 :* 29. **De l'abonnement au « Figaro »** (en heures payées au Smic) : *1983 :* 52 ; *86 :* 61,4 ; *88 :* 66,4 ; *89 :* 59,7 ; *91 :* 64,2 ; *93 :* 67,2 ; *95 :* 61,93 ; *98 :* 62,39.

PRINCIPAUX TITRES

☞ *Légende :* en italique le **tirage** (nombre d'exemplaires imprimés) ou, en caractères ordinaires, la **diffusion** (total des ventes nettes au numéro, des abonnements payants et des services gratuits permanents).

Sources : Tarif Média et Médiapouvoirs. Lorsque les données ont été fournies par Diffusion Contrôle-OJD (Office de justification de la diffusion), le titre est suivi d'un astérisque.

☞ *Abréviations :* A : annuel ; ab : abonnement(s) ; BH : bihebdomadaire ; BM : bimensuel ; BMT : bimestriel ; f. : fondé ; gr. : gratuit ; H : hebdomadaire ; j. : journal ; M : mensuel ; np : diffusion non payée (France) ; Q : quotidien ; SMT : semestriel ; T : trimestriel ; TH : trihebdomadaire.

PRESSE QUOTIDIENNE NATIONALE

☞ **Quotidiens disparus** (voir encadré p. 1336 a).

Affiches parisiennes TH *1998 : 11 000.*

Agefi (L') [Agence économique et financière] f. 1911. Rachetée en 1997 par Finintel à Desfossés International ; depuis juin 2000, Finintel est détenu à 70 % par F. Pinault. *1988 : 7 000. 94 :* 6 000. *98 :* 8 000 ; *99 :* 5 000 (payés). *2000 :* 6 000.

Aujourd'hui en France * *1994* édition nationale du *Parisien* [voir p. 1344 a] (4 éditions sur 8 départements d'Ile-de-France et limitrophes). *1999 :* 120 891 payés. *2001-13-6* supprimé suite au conflit avec les NMPP (voir p. 1339 a).

Aurore (L') * 156 128 (79), ab. 18 280, np 3 496. *1942* f. par Robert Lazurick († 1968) et sa femme Francine († 1990). *1944* à la Libération s'installe dans les anciens locaux de L'Œuvre. *1948* (6-7) absorbe La France libre. *1951* Marcel Boussac († 1980) contrôle 74,3 % du capital, R. Lazurick reste gérant statutaire. *1978* (6-7) Boussac vend à Franpress le holding Aurore SA qui contrôle L'Aurore et Paris-Turf. *1984* (1-9) le groupe Hersant en devient officiellement propriétaire. *Diffusion : 1960 :* 355 257. *65 :* 347 705. *70 :* 301 577. *77 :* 268 839. *78 :* 217 989. *81 :* 125 000. *82 :* 53 000. *83 :* 35 000. Édition du Figaro depuis 1985.

Bulletin quotidien f. 1973 par Georges Bérard-Quélin (1917-90). *1999 : 1 100.*

Combat Socialiste a cessé de paraître le 10-7-1981.

Correspondance (La). De la presse f. 1947 par Georges Bérard-Quélin (1917-90). *2000 :* 1 150. **De la publicité** *2000 :* 6 000. **Économique** *2000 :* 1 050.

Cote Desfossés * f. 1825. *1991 :* 26 851. *92* (janv.-sept.) : 26 078. A racheté la Tribune de l'Expansion en 1992 (voir **La Tribune**).

Croix (La) * f. 16-6-1883, par le père Vincent de Paul Bailly. Détenu par Bayard Presse depuis sa fondation. *1996-18-3* nouvelle formule. *1999-11-1* parution le matin. *Dir. :* Bruno Frappat (depuis 1997). *Déficit d'exploitation* (en millions de F) : *1996 :* – 15,5 ; *97 :* – 9,5 ; *98 :* – 7,1 ; *99 :* – 23 ; *2000 :* – 6. *Diffusion : vers 1930 :* 150 000/180 000. *60 :* 88 917. *65 :* 114 296. *70 :* 132 927. *80 :* 118 817. *85 :* 109 807. *90 :* 103 625. *93 :* 98 353 (86 797 ab.). *94 :* 96 703. *95 :* 98 253. *96 :* 96 993. *97 :* 96 131. *98 :* 94 399. *99 :* 91 689. *2000 :* 90 440.

Échos (Les) * f. 1908 par Robert Servan-Schreiber. *1959 :* 34 777. *67 :* 44 585. *75 :* 54 285. *81 :* 60 931. *86 :* 80 437. *90 :* 109 645. *93 :* 120 960. *98 :* 134 638. *99 :* 147 411. *2000 :* 154 038. *Dir. de la rédaction :* Nicolas Beytout. *Chiffre d'affaires* (en millions de F, 1999) : 919 (résultat avant impôt : 220,4).

Équipe (L') * f. 28-2-1946 par Jacques Goddet (21-6-1905/15-12-2000). *1948* (29-9) : 823 587 ex. vendus (Marcel Cerdan champion du monde). *1960 :* 197 508. *67 :* 227 352. *76 :* 211 854. *81 :* 240 142. *82 :* 223 234 [*9-7 :* 801 357 ex. (France-All. du Mundial espagnol)]. *86 :* 254 251. *90 :* 300 940. *91 :* 311 791 [*2-12 :* 601 815 (victoire de la France en coupe Davis)]. *92 :* 320 219. *93 :* 336 745 [*27-5 :* 983 000 (victoire OM sur Milan AC)]. *Toutes éditions : 1996 :* 386 517. *97 :* 388 914. *98 :* 404 447 [*13-7-1998 :* 1 645 907 (victoire de la France en coupe du monde de football)]. *99 :* 389 298. *99-2000 :* 398 583. Voir aussi **L'Équipe Magazine** et **L'Équipe Dimanche,** p. 1347 a.

Figaro (Le) * *Devise :* « Sans la liberté de blâmer, il n'est point d'éloge flatteur » (Beaumarchais). *1826-15-1* hebdo. de 4 pages, f. par Maurice Alhoy (chansonnier) et Étienne Arago (romancier). *-fin* vendu à Lepoitevin-Sainte-Alme qui le cédera à Victor Bohain. *1835* Bohain emprisonné ; repris par Alphonse Karr. *1839* relanché par Dutacq. *1847* paraît l'après-midi (dir. Léon Bernis). *1827-16-6* quotidien. *1834 à 1854* parution irrégulière. *1854-2-4* Hippolyte Cartier, dit de Villemessant (1812-79), reprend l'hebdo. *1856* paraît 2 fois/semaine. *1866-16-11* devient Le Figaro quotidien (le plus ancien de Paris), 56 000 ex. (dont 15 000 abonnements), tenu de n'imprimer aucune dissertation politique, financière ou économique. *1867-28-5* obtient l'autorisation pour devenir politique (caution de 60 000 F versée 17-5). *1879-12-4* de Villemessant †. *1914-mars* Gaston Calmette assassiné par Mme Caillaux. *1922-1-3* François Spoturno, dit Coty, prend le contrôle, *1927* devient le directeur politique. *1929-25-3* redevient Le Figaro. *-1-4* fusionne avec Le Gaulois. *1934-juin* Mme Léon Cotnaréanu (ex-Mme Coty) principale actionnaire. *-7-6* redevient Le Figaro. *1936* Pierre Brisson (1896-1964) directeur. *1942-10-11* suspendu par le secr. d'État à l'Information. *1944-23-8* reparaît. *1950* Mme Léon Cotnaréanu vend 50 % de ses actions au groupe Prouvost ; bail cédant à une Sté financière direction et gestion du Figaro. *1952 :* 1er concours. *1964-déc.* Pierre Brisson meurt. *1965* Jean Prouvost et Ferdinand Béghin rachètent les actions Cotnaréanu. *1975-juillet* Prouvost vend à Robert Hersant, 72 millions de F. *1977-6-6* Raymond Aron (dir. politique) le quitte et Jean d'Ormesson (dir. gén., gendre de Béghin) se retire en restant éditorialiste. Claude Maurice part en faisant jouer la clause de conscience. *1978-oct. Figaro Magazine* créé. *1979-3-8* pages rédactionnelles communes Aurore-Figaro. *1980-avril Madame Figaro* créé. *1987 :* 83 000 participants au concours. *1988* Franz-Olivier Giesbert rédacteur. *En 1992,* 40 000 lettres de lecteurs reçues (1 506 publiées). *Diffusion* (en milliers d'ex.) : *1886 :* 80. *1928 :* 50. *32 :* 10. *45 :* 231. *47 :* 399. *60 :* 391. *70 :* 430. *76 :* 347. *79 :* 312. *86 :* 443. *90 :* 424. *93 :* 400. *96 :* 374. *97 :* 372. *98 :* 370 (360,4 payés). *98-99 :* 363. *99 :* 366,7 payés. *99-2000 :* 373,7. *Site Internet :* 850 000 visites en avril 2001.

France-Soir * f. 8-11-1944, suite du j. clandestin *Défense de la France. 1946* contrôlé par Hachette. *1972-21-4* mort de Pierre Lazareff. *1973* Philippe Bouvard rédacteur en chef. *1976-juin* vendu à Sté Presse-Alliance (Robert Hersant) et dirigé par Paul Winkler. *1987* Philippe Bouvard dir. gén. adjoint et dir. de la rédaction. *1989* Michel Schifres le remplace. Suppléments gratuits en banlieue. *1992-oct.* Bernard Morrot, *1997-sept.* Yves Thréard : dir. de la rédaction. *1999-mars* racheté 1 F symbolique par Georges Ghosn. *2000-21-12* revendu 1 F symbolique au groupe italien Poligrafici Editoriale. *Chiffre d'affaires* (en millions de F) : *1997 :* 313 ; *98 :* 300 ; *99 :* n.c. ; *2000 :* n.c. *Pertes* (en millions de F) : *1995 :* 85 ; *96 :* 86 ; *97 :* 80 ; *98 :* 142 ; *99 :* 74 ; *2000 :* n.c. *Endettement total* (est. fin 1999) : 320 millions de F. *Effectifs : 1997 :* 250. Format tabloïd depuis début juin 1998. *Diffusion : 1960 :* 1 115 783. *70 :* 868 927. *76 :* 530 276. *80 :* 433 432. *85 :* 397 933. *90 :* 228 976. *98 :* 164 137. *98-99 :* 162 635. *99 :* 148 875. *99-2000 :* 138 249.

Humanité (L') * f. 1904 par Jean Jaurès ; titre trouvé par son ami Lucien Herr. 1er n° : 18-4 (capital 800 000 F fournis en grande partie par la Cie des Agents de change 300 000 F, et les Louis-Dreyfus 75 000 F). *1905* journal du Parti socialiste unifié. *1914-18* dirigée par Pierre Renaudel, *1918-oct./1958* Marcel Cachin. *1919* journal du PCF. *1930-sept. :* 1re fête de L'Humanité. *1939-26-8* interdite ; clandestine jusqu'en 1944, communiste. Durant la guerre d'Algérie : saisie 27 fois, objet de 150 poursuites (dont provocation de militaires à la désobéissance 49, diffamation envers l'armée 24, atteinte à la sûreté intérieure de l'État 14). *1999-janvier* fusion avec *L'Humanité hebdo. -18-3* nouvelle formule. *2000-nov.* l'État efface une dette de 13 millions de F. *-Déc.* Patrick Le Hyaric dir. (remplace Pierre Zarka). *2001-févr.* ouvre son capital à des investisseurs privés ; le PCF verse une subvention de 3 millions de F/an. *Capital* (en %, en mai 2001) : PCF 40, Sté des lecteurs 20, SHIP [Sté Humanité investissement pluraliste, dont TF1 et Hachette Médias (groupe Lagardère)] 20, Sté des amis de L'Humanité 10. *Rédacteurs en chef : 1926-avril* Paul Vaillant-Couturier, *1929* Florimont Bonte, *1931* Pierre Laurent (Darnar), *1935* Vaillant-Couturier († 10-10-1937), *1937* Georges Cogniot, *1944* Georges Cogniot, *1947* Étienne Fajon, *1974* Roland Leroy, *1994-févr.* Claude Cabanes (dir. Pierre Zarka puis Richard Béninger), *2000-nov.* Pierre Laurent. *Effectifs* (en 1998) : 59 journalistes. *Chiffre d'affaires* (en millions de F) : *1992 :* 97,1 ; *96 :* 201,2 (avec L'Humanité-Dimanche) ; *97 :* 197,8 ; *98 :* 193,2 ; *99 :* 180,3. *Résultats : 1991 :* – 36,7 ; *92 :* – 20,8 ; *96 :* – 3,7 ; *97 :* 8,4 ; *98 :* – 8,7 ; *99 :* – 29,2 ; *endettement* (en 2000) : 50. *Tirage : 1904-18-4 :* 130 000. *20 :* 140 000. *27 :* 200 000. *30 :* 173 947. *35 :* 217 850. *36* (juin) 320 000. *37* (janv.) 400 000. *Diffusion : 1946 :* 400 000. *60 :* 142 962. *65 :* 148 721. *75 :* 151 387. *80 :* 142 560. *81 :* 154 293. *83 :* 118 710. *86 :* 106 671. *88 :* 109 314. *90 :* 84 194. *92 :* 64 538. *94 :* 69 045. *95 :* 65 312. *98 :* 59 339. *99 :* 57 227. *2000 :* 55 113.

Impact Quotidien f. 1991. 58 000.

International Herald Tribune * f. 4-10-1887 par James Gordon Bennett Jr (édition européenne du New York Herald) ; suspendu 1940-44. *1985 :* 170 234 ; *93 :* 190 705 ; *97 :* 210 141 ; *98 :* 227 945 ; *99 :* 234 712 ; *99-2000 :* 235 858 (dont France 34 606). Propriété à 50/50 du *New York Times* et du *Washington Post*. Imprimé dans 19 sites sur 3 continents, vendu dans 184 pays.

Journal officiel 1er numéro 30-12-1868, repris depuis 1880 en régie directe par l'État ; édition des « lois et décrets » 60 000 (ab) ; Ass. nat. 14 000 (ab), Sénat 12 000 (ab). *Recettes* sur ventes (en 1999) : 1 207,7 millions de F (dont ventes au numéro 52, abonnements 55,7, annonces 1 017,8, travaux 17,9, autres 64,3).

Libération * titre repris d'un quotidien disparu (voir p. 1336 a). Titre actuel f. 18-4-1973 (1er n° 22-5), interrompu été 1973 ; arrêté 21-2-1981, reparu le 13-5-1981 (avec Serge July) ; *1983-fin* Sté anonyme de financement, avec Charles Gombault, Françoise Giroud, Antoine et Jean Riboud, Gilbert Trigano, entre dans le capital, pour 9 % puis 45,5 % (minorité de blocage). *1986-92* a une édition lyonnaise. *1988* égalité des salaires abandonnée. *1993-26-9* nouvelle formule, remaniée 27-3-1995. *Dir. gén. :* Évence-Charles Coppée. *Dir. de la rédaction :* Jacques Amalric. *Capital* (en %, en mars 2001) : Sté civile des personnels de Libération 36,4, Pathé 21,8, 3i (fonds d'investissement britannique) 20,8, communication et participation (Les Amis de Libération, S. July et E.-C. Coppée) 13, Suez Net Invest 3, El Mundo 2, La Libre Belgique 2, Le Nouvel Observateur 1. *Chiffre d'affaires* (en millions de F) : *1995 :* 449,7 ; *96 :* 435,6 ; *97 :* 463,2 ; *98 :* 476,6 ; *99 :* 537,7 ; *2000 :* n.c. ; *résultats nets : 1987 :* – 28,5 ; *88 :* 16,1 ; *89 :* 16,8 ; *90 :* 11 ; *91 :* 12 ; *92 :* 1,036 ; *93 :* 4,4 ; *96 :* – 27,6 ; *97 :* 7,6 ; *98 :* 3,4 ; *99 :* 17,5 ; *2000 :* n.c. *Diffusion : 1975 :* 16 580. *80 :* 41 619. *85 :* 138 536. *90 :* 182 183. *91 :* 183 202. *92 :* 174 031. *94 :* 169 056. *95 :* 171 190. *96 :* 163 193. *97 :* 173 055. *98 :* 171 553. *99 :* 168 814. *2000 :* 171 260. *Site Internet :* 2 000 000 de visites en avril 2001.

Monde (Le) * création voulue par de Gaulle pour succéder au *Temps* compromis par ses liens avec les milieux industriels et financiers depuis 1931 et par son attitude sous l'Occupation. *1944-11-12* SARL Le Monde créée, capital 200 000 F réparti en 200 parts : Hubert Beuve-Méry 40, René Courtin 40, Christian Alfred Funck-Brentano 40 et 6 autres actionnaires ; Hubert Beuve-Méry nommé gérant. Reprend les biens du *Temps* et s'installe dans ses locaux, 5, rue des Italiens. *-18-12,* 1er nº sur une grande page recto verso (le papier est rare), format du *Temps. Siège : 1944 :* 5, rue des Italiens ; *1990-printemps :* 15, rue Falguière ; *1996-21-4,* 21 *bis,* rue Claude-Bernard. *Créé* par Hubert Beuve-Méry (1902-89) qui signe *Sirius* ses éditoriaux ; successeurs : *1969-déc.* Jacques Fauvet (né 9-6-1914), *1982* André Laurens (né 7-12-1934), *1985* André Fontaine (né 30-3-1921), *1991-11-2* Jacques Lesourne (né 26-12-1928), *1994-4-3* Jean-Marie Colombani (né 7-7-1948). *1951-juillet à déc.* crise intérieure, 80 parts bloquées sur 280 à l'assemblée générale de la SARL Le Monde. *1994-20-1 grève de 1 h* (1re depuis la création du journal). *-19-12* transformée en SA à directoire et conseil de surveillance. *2000-1-7* prend le contrôle du Midi Libre ; *-27-6* J.-M. Colombani reconduit à l'unanimité. *2001-mai* rachète Courrier International. *Capital* (en %, 1998) : Sté des rédacteurs *du Monde (SRM)* [*Pt :* Michel Noblecourt (né 9-1-1950) depuis 25-2-1998] 32,54, Association Hubert Beuve-Méry 12,94, Sté des lecteurs 10,46, Le Monde Entreprises 10,46, Sté des cadres 3,2, des employés 2,59, Le Monde Investisseurs 7,92, Le Monde Presse 6,29, Iéna Presse 4,92, Le Monde Prévoyance 3,55, Claude Bernard Participations 2,64, J.-M. Colombani 0,05. *Chiffre d'affaires* (en millions de F) : *1996 :* 1 158 (résultat 4,1) ; *97 :* 1 269,9 (42,5) ; *98 :* 1 393,8 (63,2) ; *99 :* 1 545 (79,3) ; *2000 :* 2 192 (118,9). *Directrice générale :* Dominique Alduy. *Dir. gén. adjoint :* Noël-Jean Bergeroux. *Conseil de surveillance :* Alain Minc (Pt), Michel Noblecourt (vice-Pt). *Pt du directoire :* J.-M. Colombani. *Rédaction permanente :* 232 journalistes. *Diffusion : 1944 :* 1er nº 147 190. *46 :* 110 000. *60 :* 166 910. *65 :* 230 012. *68* (mai : tirage 800 000). *72 :* 360 006. *80 :* 426 183. *90 :* 386 103. *94 :* 354 129. *95 :* 379 095. *96 :* 377 206. *97 :* 392 515. *98 :* 394 739. *99 :* 400 435. *99-2000 :* 398 610. *Tirage moyen : 1991 :* 517 535. *94 :* 472 973. *96 :* 495 384. *97 :* 510 234. *98 :* 514 533. *Records : 1981-11-5 :* 1 058 226 (2e tour élection présidentielle), *15-6 :* 1 024 075 (1er tour élections législatives). *1988-10-5 :* 1 087 709 (2e tour élection présidentielle). *Site Internet :* 2 400 090 visiteurs et 12 824 000 pages vues en février 2000.

Panorama du médecin BH 1er nº 25-9-1975. *39 000*-38 000.

Paris-Turf * f. 1946. *1990 :* 129 886. *92 :* 126 452 (np 893). *93 :* 120 583 (np 718). *94 :* 117 776. *95 :* 117 658. *96 :* 115 196. *97 :* 112 351. *99 :* 105 757. *2000 :* 106 629.

Présent f. 5-1-1982 par Bernard Anthony, François Brigneau, Hugues Keraly, Pierre Durand (26-7-1933/23-10-94) et Jean Madiran. 5 j/sem. Proche du Front national. Environ 10 000.

Quotidien du Médecin * (Le) f. 30-1-1971. *1987 :* 61 670. *90 :* 81 291. *93 :* 80 725. *96 :* 83 259. *99 :* 81 711. *2000 :* 79 755.

Quotidien du Pharmacien (Le) BH f. 1985. *1989 :* 21 000. *94 :* 18 000. *98 :* 18 000. *99 :* 22 000. *2000 :* 22 000.

Tribune (La) * *1970* création du Nouveau Journal. *1980* devient Le Journal de l'Économie. *1985* devient *La Tribune de l'Économie. 1988* devient *La Tribune de l'Expansion* (racheté 51 000 F par le groupe Entreprendre). *1992* racheté par Desfossés International. *-Oct.* Fusion *La Tribune de l'Expansion* avec *La Cote Desfossés* qui donne naissance à *La Tribune Desfossés. 1996-nov.* nouvelle formule ; redevient *La Tribune. Dir. gén. :* Christian Menanteau. *Diffusion : 1987 :* 39 906. *88 :* 52 087. *90 :* 60 814. *93 :* 72 777. *96 :* 79 971. *98 :* 94 352. *99 :* 96 632. *99-2000 :* 102 581. *2000 :* 104 359 (payés 90 918).

Wall Street Journal Europe f. 1983. *2000 :* 12 695.

Week-end * *1963 :* 127 788. *93 :* 106 632. *94 :* 80 407. *95 :* 75 759. *96 :* 96 233. *97 :* 92 266. *99 :* 87 220.

■ Presse quotidienne régionale

☞ *Légende :* voir p. 1343 b.

Action républicaine (L') * *1996 :* 8 093. *98 :* 8 816. *99 :* 8 989. *99-2000 :* 9 065.

Alsace (L') * (Mulhouse) 1er nº : 24-11-1944 ; a absorbé le 1-1-1966 *Le Nouveau Rhin français. 1961 :* 93 040. *82 :* 128 010. *90 :* 125 812. *95 :* 124 996. *98 :* 121 257. *99 :* 119 844. *2000 :* 119 268. **Du Lundi** * H *1963 :* 67 963. *82 :* 72 407. *86 :* 68 832. *93 :* 70 704. *95 :* 72 980. *96 :* 71 369. *97 :* 71 230. *98 :* 70 691. *99 :* 70 426. *2000 :* 69 132.

Ardennais (L') * (Charleville) en 1992 fusionne avec *L'Union. 1961 :* 28 291. *75 :* 31 096. *83 :* 29 470. *92 :* 26 607. *96 :* 134 091. *98 :* 129 017. *99 :* 127 301. *2000 :* 125 954.

Berry républicain-Centre France (Le) * [Bourges] *1961 :* 40 726. *1981-29-12 :* vendu au groupe Hersant, racheté par Centre France. *1982 :* 41 170. *86 :* 36 958. *89 :* 37 823. *95 :* 36 894. *98 :* 35 681. *2000 :* 34 870.

Bien public-Les Dépêches (Le) * (Dijon) le Bien public f. 1850 par Eugène Jobard et le Bon Thénard. *1991* racheté à la famille Thouard par la Sté Delaroche (groupe Hersant ; édite le *Progrès de Lyon*). Fusionne avec les Dépêches. *Pt :* François Prétet (depuis janvier 1997). *1961 :* 36 654. *82 :* 51 456. *88 :* 57 387. *95 :* 61 492. *96 :* 59 911. *97 :* 58 749. *98 :* 58 256. *99 :* 56 755. *2000 :* 56 690.

Centre-France * *1998 :* 343 390. *99 :* 339 905. *99-2000 :* 338 576. **Dimanche** * *1992 :* 285 697 (np 8 045). *94 :* 293 458. *95 :* 282 259. *96 :* 275 451. *99 :* 244 956. *2000 :* 245 999.

Centre-Presse. Aveyron * *1986 :* 24 696. *93 :* 25 226. *96 :* 24 966. *97 :* 24 802. *98 :* 24 119. *2000 :* 23 907. **Vienne** * *1960 :* 89 622. *71 :* 124 264. *81 :* 77 108. *82 :* 12 908 (le 13-2 supprime 6 éditions). *85 :* 15 549. *93 :* 24 117. *95 :* 25 256. *97 :* 23 882. *99 :* 22 489. *2000 :* 22 219.

Charente libre * (Angoulême) f. 1944. *1962 :* 28 240. *85 :* 39 068. *88 :* 48 433. *93 :* 40 423. *95 :* 40 496. *96 :* 40 342. *97 :* 40 476. *98 :* 40 128. *99 :* 40 212. *2000 :* 40 031.

Corse matin-Nice matin *1999 :* 52 929. *2000 :* 50 408.

Courrier (Le). Courrier Économie *H* 5 100-4 800 (ab 3 500). **De l'Ouest** * (Angers) *1961 :* 90 589. *82 :* 113 103. *90 :* 109 041. *95 :* 108 802. *98 :* 105 747. *99-2000 :* 103 023. **Picard** * (Amiens) *1960 :* 68 414. *75 :* 89 095. *84 :* 63 803. *90 :* 80 441. *95 :* 82 739. *96 :* 80 690. *98 :* 74 974. *99 :* 74 183. *2000 :* 73 364.

Dauphiné libéré (Le) [Groupe Rhône-Alpes-Bourgogne] * (Grenoble) *1960 :* 329 809. *67 :* 406 003. *76 :* 332 794. *85 :* 365 965. *86 :* 359 489. *87 :* 339 020 (avec Loire-Matin). *88 :* 294 200. *89 :* 293 642. *92 :* 292 207. *94 :* 285 502. *97 :* 269 071. *98 :* 264 738. *99 :* 263 428. *2000 :* 263 966. **Dimanche** * *1987 :* 402 917 (avec *Loire-Matin Dimanche*). *88 :* 372 438 (avec *Vaucluse-Matin Dimanche*). *90 :* 393 831. *92 :* 400 643. *94 :* 394 638. *95 :* 388 942. *96 :* 384 935.

Dépêche (La). Du Midi * (Toulouse) f. 1870. *P-DG :* Jean-Michel Baylet (né 17-11-1946) depuis 16-6-1995 [succède à sa mère Évelyne, dir., élue 29-5-1959 à la mort de son mari Jean (né 1904)]. *Capital* (en actions) : Martine et Jean-Michel Baylet 9 306, Danièle Malet (sœur aînée de J.-M.) 3 165, Liliane Caujolle 3 001, public 1 000. *Chiffre d'affaires* (1997) : 668 millions de F. *1960 :* 248 699. *70 :* 274 210. *82 :* 253 451. *87 :* 245 565. *94 :* 220 169. *95 :* 243 172. *98 :* 211 132. *99 :* 211 729. *2000 :* 213 233. **De Tahiti** *21 000* (samedi).

Dernières Nouvelles (Les). D'Alsace * (Strasbourg, f. 1877). Racheté 250 millions de F en 1997 par l'Est Républicain. *Capital* (en %) : L'Est Républicain 30, Multimédia Futur (dont groupe France-Antilles 50, L'Est Républicain 50) 70. *Chiffre d'affaires* (en 2000) : 770 millions de F. *1961 :* 134 928. *82 :* 218 619. *83 :* 219 413. *84 :* 218 636. *86 :* 220 855. *89 :* 222 337 (np 7 540). *90 :* 223 256. *94 :* 217 665. *95 :* 218 054. *98 :* 212 300. *99 :* 209 734. *2000 :* 207 389 (201 814 payés). **Du lundi** * (Bas-Rhin) H *1960 :* 62 349. *82 :* 123 583. *90 :* 128 936. *95 :* 128 339. *98 :* 125 968. *99 :* 133 106. *2000 :* 136 856.

Dordogne libre (La) * *1986 :* 3 561. *95 :* 5 344. *96 :* 5 370. *97 :* 5 432. *98 :* 5 351. *99 :* 5 395. *2000 :* 5 428.

Écho (L'). Ex-L'Écho du Centre : dépôt de bilan février 1994 et 2-10-1996 (parution non suspendue). Plan de relance déposé fin 1998. *1994 :* 36 000. *2000 : 55 861*-55 765. **La Marseillaise** *2000 :* 155 522. **Républicain** * *1961 :* 21 174. *93 :* 33 917. *98 :* 31 691. *99 :* 31 248. *2000 :* 31 215 (4 éditions).

Éclair-Pyrénées * (Pau) *1988 :* 9 768. *95 :* 10 033. (St-Étienne) contrôlé par *Le Progrès de Lyon* depuis *1963 :* 31 151. *83 :* 16 984. *87 :* 9 966. *99 :* 9 961. *2000 :* 9 867.

Est (L'). Éclair * (Troyes) *1992 :* 31 645. *94 :* 29 978. *95 :* 31 145. *98 :* 30 454. *99 :* 30 253. *2000 :* 30 091. **Républicain** * (Nancy) f. 1889. *Capital* (en %, 1998) : famille Lignac 40, France Antilles 27. *Chiffre d'affaires* (en 1996) : 850 millions de F. *1960 :* 218 657. *82 :* 255 116. *90 :* 246 282. *93 :* 291 076. *95 :* 230 923. *96 :* 227 458. *97 :* 225 243. *98 :* 220 708. *99 :* 219 198. *2000 :* 218 356.

Éveil de la Haute-Loire (L') * [Le Puy] f. 1944. *1987 :* 13 657. *89 :* 14 027. *90 :* 14 100. *95 :* 14 757. *96 :* 14 849. *97 :* 14 926. *98 :* 15 007. *99-2000 :* 15 088.

France Antilles *1993 : 56 500* (samedi : 110 100). *2001 : 60 000* (samedi : *115 000*).

Gazette provençale (La) BH (Avignon) *2001 : 8 000*-7 360 (ab 2 980).

Havre. Libre * *1988 :* 25 064. *91 :* 24 612. *95 :* 22 377. *99 :* 19 250. *99-2000 :* 18 819. **Presse (Le)** * *1988 :* 17 486. *92 :* 17 167. *93 :* 16 922. *94 :* 16 651. *95 :* 16 574. *99 :* 15 283. *99-2000 :* 15 239.

Indépendant (L') * [Perpignan] f. 1846. Détenu par le Midi libre depuis 1987. *1963 :* 62 131. *83 :* 74 117. *90 :* 73 504. *92 :* 86 608 (np 3 269). *94 :* 72 366. *95 :* 72 639. *96 :* 71 189. *97 :* 71 523. *99 :* 71 980. *2000 :* 71 673.

Informateur corse (L') H [Bastia] *2001 : 16 000*-16 000.

Journal (Le). Du Centre * (Nevers) *1961 :* 39 270. *93 :* 35 910. *94 :* 35 521. *95 :* 37 348. *2000 :* 34 546. **De la Haute-Marne** * (Chaumont) *1967 :* 20 986. *83 :* 15 337. *92 :* 15 065. *95 :* 28 391. *2000 :* 27 241. **De l'île de la Réunion** *2001 : 28 000.* **De Saône-et-Loire** * f. 1920 (Courrier de S.-et-L.). *1960 :* 21 086. *82 :* 45 608. *90 :* 44 641. *94 :* 78 290. *95 :* 77 745. *97 :* 74 619. *2000 :* 72 477.

Journée vinicole (La) f. 1927. *17 000* (+ 5 000 pour nos spéciaux). Mardi : édition internationale bilingue, dont 4 pages en anglais, diffusée dans 127 pays.

Libération Champagne * (Troyes) *1988 :* 15 287. *90 :* 14 033. *91 :* 13 237. *93 :* 11 918. *94 :* 11 609. *95 :* 10 976. *96 :* 10 568. *97 :* 10 273. *99 :* 9 022. *2000 :* 8 854.

Liberté * (Lille) f. 1944, disparu juillet 1992. **Dimanche** * *1999-2000 :* 25 093 (2 éditions). **De l'Est (La)** * (Épinal) *1988 :* 32 261. *91 :* 31 866. *94 :* 32 104. *97 :* 30 610. *99 :* 30 950. **Du Morbihan (La)** * [Lorient] *1993 :* 7 011 (perte 1994 : 7 millions de F ; fermé fin oct. 1995).

Loire-Matin-La Dépêche (St-Étienne) * *1988 :* 18 275.

Lyon Figaro f. *1986 :* 13 050.

Lyon Libération * f. sept. 1986. *1991 :* 8 927 (ab 714), disparu 19-12-1992.

Lyon Matin * *1988 :* 42 773. *90 :* 37 989. *93 :* 28 220. *94 :* 26 178. *95 :* 23 569. *98 :* 10 216. *2000 :* 5 128. **Dimanche** * (avant le 5-5-1980, *Dernière Heure lyonnaise*) H. *1988 :* 48 577.

Maine libre (Le) * *1960 :* 48 321. *84 :* 57 278. *95 :* 54 891. *96 :* 54 117. *99-2000 :* 50 572.

Marchés (Les) * f. 1946. *1992 :* 9 603. *2000 :* 4 975.

Marseillaise (La) *1989 : 146 406. 2001 :* 155 522. **Du Berry** *1996 :* 10 583. Voir **L'Écho-La Marseillaise. Du Languedoc** *49 865* (3 éditions). **Var-Le Varois** *29 650*-24 912.

Méridional (Le) * [Marseille]. A fusionné avec *Le Provençal* 4-6-1997 : voir **La Provence** ; f. 1914 : 334 054. *1960 :* 83 397. *80 :* 57 196. *85 :* 72 737. *90 :* 68 785. *91 :* 64 664. *92 :* 65 144. *93 :* 65 247 (np 4 031). *94 :* 64 480. *95 :* 65 019. *96 :* 63 696. **Dimanche** * H *1988 :* 58 366. *90 :* 61 962. *93 :* 56 490 (np 2 243). *94 :* 55 842. *95 :* 56 793. *96 :* 56 418.

Midi libre * (Montpellier) f. 1944. *1960 :* 161 900. *85 :* 181 398. *90 :* 185 107. *91 :* 184 554. *92 :* 182 357. *93 :* 178 697. *94 :* 176 955. *95 :* 175 423. *97 :* 168 559. *2000 :* 164 952. **Dimanche** * H *1993 :* 237 063. *95 :* 236 613. *96 :* 237 322. *98 :* n.c.

Montagne (La) * [Clermont-Ferrand] f. 1919 (1er nº le 4-10) par Alexandre Varenne (député socialiste). *1975 :* 255 645. *82 :* 256 447. *90 :* 246 915. *93 :* 240 835. *95 :* 232 444. *97 :* 222 915. *99 :* 217 947. *2000 :* 218 194.

Nice-Matin * *Capital :* Hachette Filipacchi Médias 97 %. *Effectifs :* 320 journalistes. *1960 :* 161 900. *82 :* 261 926. *83 :* 262 234. *84 :* 259 006. *85 :* 262 660. *90 :* 253 128. *95 :* 249 800. *97 :* 224 226. *99-2000 :* 148 134 (np 4 259, ab 7 391). **Dimanche** *1993 :* 238 453. *94 :* 235 303. *95 :* 236 717. *96 :* 234 641.

Nord-Éclair * (Roubaix) f. 1944. *1963 :* 73 307. *70 :* 100 832. *82 :* 91 329. *85 :* 95 601. *86 :* 92 868. *91 :* 100 905. *95 :* 96 661. *2000 :* 65 723 (np 3 717, ab 2 011).

Nord Littoral * (Calais) f. 1944. *1970 :* 17 500. *82 :* 10 888. *85 :* 8 943. *91 :* 7 303. *93 :* 7 498. *95 :* 7 384. *99 :* 7 508.

Nord-Matin * (Lille) f. 1944. Racheté 1967 par R. Hersant à la Fédération socialiste du Nord-Pas-de-Calais [l'accord stipulait qu'un traitement favorable (tribunes, éditoriaux) devait être réservé aux élus socialistes]. Absorbé par *Nord-Éclair* (Roubaix) fin 1993. *1975 :* 108 019. *89 :* 99 012.

Nouvelle République (La) * [Tours] f. 1944. *1961 :* 238 176. *82 :* 280 910. *85 :* 273 647. *90 :* 267 064. *93 :* 266 875. *94 :* 264 960. *95 :* 264 729. *99 :* 254 361 (249 377 payés). **Des Pyrénées** * (Tarbes) f. 1944. *1990 :* 17 256. *93 :* 16 473. *95 :* 16 124. *99 :* 13 725. *2000 :* 13 801.

Nouvelles calédoniennes (Les) 1er nº : 16-7-1971. *26 000.*

Ouest France * (Rennes) f. 7-8-1944 par Paul Hutin-Desgrées : 277 000. *1961 :* 535 179. *70 :* 623 174. *82 :* 707 661. *85 :* 735 172. *90 :* 795 436. *95 :* 797 090. *99-2000 :* 788 069 (np 22 307, ab 154 678) (40 éditions dans 12 départements). *Chiffre d'affaires : 1998 :* 1,665 milliard de F. Depuis avril 1990, détenu à 99 % par l'Ass. pour le soutien des principes de la démocratie humaniste (Jacques Duquesne) : capital incessible.

Paris-Normandie * (Rouen) f. 1944. *1961 :* 137 044. *70 :* 160 533. *82 :* 134 848. *90 :* 114 313. *91 :* 112 126. *93 :* 106 509. *95 :* 104 327. *96 :* 98 381. *99-2000 :* 86 891.

Parisien (Le) * f. 22-4-1944. *1960* se régionalise. *De mars 1975 au 16-8-1977* conflit avec ouvriers de l'imprimerie sur la modernisation. *1977-2-1* mort d'Émilien Amaury (chute de cheval). *1985,* 4 nouvelles éditions sur Paris et proche banlieue. *2001-13-6* Se retire des NMPP pour assurer sa propre diffusion (SDVP créée : Sté de Distribution et de Vente du Parisien). *Diffusion : 1960 :* 756 775. *65 :* 743 564. *74 :* 785 734. *76 :* 359 112. *82 :* 337 428. *90 :* 383 957. *95 :* 451 159. *98 :* 486 109. *99 :* 487 902. *2000 :* 492 518.

Petit Bleu d'Agen (Le) * ex-Petit Bleu du Lot-et-Garonne f. 1914. *1982 :* 12 217. *90 :* 12 927. *2000 :* 12 643.

Populaire du Centre (Le) * [Limoges] f. 1905. *1988 :* 55 967. *91 :* 55 115. *95 :* 53 622. *96 :* 47 148. *99 :* 50 703. *2000 :* 50 629. Couplé avec **Centre France**.

Presse de la Manche (La) * f. 5-11-1889 *Le Réveil cherbourgeois* BH, puis *Cherbourg-Éclair*, nom actuel 1953. (Cherbourg) *1993 :* 27 397. *2000 :* 26 798.

Presse Océan-L'Éclair * (Nantes) *1960 :* 73 327. *83 :* 83 775. *93 :* 82 559. *94 :* 79 507. *95 :* 77 931. *96 :* 72 474. *97 :* 69 148. *98 :* 65 512. *99 :* 60 671. *99-2000 :* 58 906.

Progrès (Le) * [Lyon] f. 12-12-1859, vendu 1986 environ 300 millions de F à R. Hersant. *1961 :* 354 896. *67 :* 460 227. *80 :* 347 526. *82 :* 300 085. *86 :* 271 035. *87* (avec *La Tribune*) : 282 020. *88 :* 362 396. *90 :* 351 108. *95 :* 438 312. *2000 :* 404 881 (np 11 520, ab 67 361). **Dimanche** * H *1992 :* 525 290 (avec *La Tribune, Les Dépêches* et *Le Journal*). *95 :* 514 646. *96 :* 514 380.

Provençal (Le) * [Marseille] f. 23-8-1944. *1961 :* 193 534. *67 :* 307 950. *75 :* 181 977. *83 :* 158 439. *86 :* 174 321. *90 :* 158 947. *91 :* 156 912. *93 :* 153 863 (np 8 870). *94 :* 155 197. *95 :* 149 734. *96 :* 148 440. Fusion avec *Le Méridional* 4-6-1997 : voir **La Provence** ci-après. **Dimanche** * H. *1988 :* 167 366. *91 :* 160 658. *93 :* 152 443 (np

4 678). *94 :* 148 852. *95 :* 147 532. *96 :* 148 194. *97 :* 145 103. **Le Soir-Le Provençal** * (Marseille) *1961 :* 44 146. *82 :* 20 158. *88 :* 13 994. *90 :* 15 052. *91 :* 14 785. *93 :* 12 974 (np 1 402). *94 :* 12 147. *95 :* 9 217.
Provence (La) [Marseille] lancé 4-6-1997 (fusion du *Méridional* et du *Provençal*). *1998 :* 182 597 ; *99 :* 175 596. *2000 :* 174 781 (np 7 131, ab 13 176).
Quotidien de la Réunion (Le) *1990 :* 29 509. *93 :* 30 671. *96 :* 33 948. *97 :* 34 401. *99 :* 35 065. *2000 :* 34 718.
Républicain lorrain (Le) * [Metz] f. 1919 par Victor Demange. *1961 :* 166 898. *67 :* 225 795. *85 :* 201 488. *90 :* 192 853. *91 :* 168 906. *93 :* 192 441. *2000 :* 173 898 (np 6 515, ab 6 295) [13 éditions]. **Lundi matin Moselle** * *1993 :* 168 541. *95 :* 163 535. *2000 :* 153 393 (np 6 493, ab 5 324).
République (La). Des Pyrénées * (Pau) *1963 :* 18 758. *82 :* 28 300. *90 :* 29 253. *93 :* 29 478. *95 :* 30 398. *2000 :* 31 607 (np 835, ab 6 497). **Du Centre** * (Orléans) *1961 :* 56 704. *75 :* 74 318. *85 :* 65 634. *90 :* 63 218. *93 :* 61 350. *94 :* 60 792. *95 :* 61 044. *2000 :* 57 080 (np 2 832, ab 15 582).
Sénonais libéré BH *2001 :* 4 500-4 500.
Sud-Ouest * (Bordeaux) f. 29-8-1944 (prend la suite de La Petite Gironde f. 1872). *Directeurs :* Jacques Lemoine († 1968), Henri Amouroux, *1974* Jean-François Lemoine († févr. 2000), *2000* Pierre Jeantet. *Conflits : 1957* ne paraît pas pendant une semaine ; *1972* ne paraît pas 26 j ; *1994 du 2 au 6-5* parution interrompue (conflit sur la modernisation avec la CGT, nouveau conflit). *Effectifs :* 1 126. *Chiffre d'affaires* (en millions de F) : *2000 :* 1 068. *Diffusion : 1959 :* 301 756. *70 :* 374 768. *85 :* 364 426. *89 :* 375 636. *92 :* 366 751. *94 :* 360 786. *95 :* 359 282. *96 :* 351 515. *98 :* 349 858. *99 :* 336 269 payés. *2000 :* 345 431. **Dimanche** * *95 :* 297 696. *96 :* 297 695. *97 :* 295 370. *98 :* 287 488. *99 :* 283 621. *2000 :* 291 293.
Télégramme (Le) * [Morlaix] ex-Télégramme de Brest et de l'Ouest f. 1944 (1er n° : 18-9). En 2001, 15 éditions locales. *1961 :* 111 699. *85 :* 176 251. *90 :* 186 414. *91 :* 186 287. *93 :* 187 641. *94 :* 189 500. *95 :* 194 191. *99 :* 197 574. *99-2000 :* 196 928 (np 7 702, ab 5 748). *Chiffre d'affaires* (en 1996) : 396 millions de F (bénéfices après impôts 8,5).
Tribune (La) * [St-Étienne]. *Le Progrès* (voir plus haut) l'a rachetée en 1963.
Union (L') * [Reims] en 1992 a fusionné avec *L'Ardennais*. *1961 :* 139 201. *93 :* 138 834. *95 :* 137 518. *97 :* 133 362. *98 :* 129 017. *99 :* 127 301. *2000 :* 125 954 (np 2 751, ab 15 239).
Var Matin * (Toulon). Racheté mi-1998 par *Nice-Matin*. *1960 :* 34 925. *85 :* 83 384. *90 :* 78 635. *92 :* 75 806. *94 :* 75 569. *96 :* 70 558. *99 :* 92 991. *99-2000* (7 éditions) : 91 826 (np 3 074, ab 4 577). **Dimanche** * *1993 :* 72 742 (np 2 355). *94 :* 72 891. *95 :* 72 341. *96 :* 69 635.
Voix du Nord (La) * f. 1941. *P-DG :* Jean-Louis Prévost. *Capital :* VNI (Voix du Nord Investissements) 72 % [dont groupe belge Rossel (détenu à 40 % par la Socpresse) 58 % au 30-6-2000. *Chiffre d'affaires* (en millions de F) groupe : *1993 :* 1 800 ; *94 :* 2 000 ; *97-98 :* 1 700 (dont 900 pour le quotidien). [*1961 :* 336 614. *67 :* 399 539. *85 :* 374 171. *87 :* 380 956. *90 :* 372 175]. Supplément mens. « Chronique-Accents » depuis mai 1992. *93 :* 370 871. *94 :* 372 271. *95 :* 356 903. *96 :* 348 436. *97 :* 339 183. *98 :* 331 841. *99 :* 331 321. *2000* (25 éditions) : 330 924 (np 10 343, ab 12 989).
Yonne républicaine (L') * [Auxerre]. *1988 :* 41 025. *93 :* 40 634. *94 :* 40 453. *95 :* 40 430. *2000 :* 40 496 (ab 8 352).

■ Périodiques

☞ 53 % des acheteurs de presse magazine (65 % des moins de 35 ans) jugent que *la « une » joue un rôle important* dans leur décision d'achat ; elle entraîne des achats supplémentaires dans 8 % des cas (étude France Rail Publicité/Ipsos 6/11-1-1997).

Lectorat presse magazine

Pendant longtemps, les enquêtes de lectorat ont été réalisées par le CESP (Centre d'études des supports de publicité). Depuis 1992, elles sont effectuées selon une autre méthodologie par l'APPM (Association pour la promotion de la presse magazine), le CESP n'ayant plus qu'un rôle de contrôle. La 1re étude AEPM (Audiences, Études sur la presse magazine), réalisée par l'APPM en 1993, a été publiée en mars 1994.

■ **Lecture dernière période** de parution **(LDP).** Enquête faite par l'Ipsos, ISL et la Sofrès et contrôlée par le CESP pour l'AEPM du 1-1 au 31-12-2000 sur 143 magazines et 4 couplages auprès de 19 845 personnes de + de 15 ans (dont 3 814 de profession « affaires, cadres » ou « professions intermédiaires »). *Au total :* 45 600 000 Français (95,9 % de la pop.) lisent au moins 1 magazine et en moyenne 6,5 mag. *Chaque jour :* 31 600 000 (66,4 % de la pop.) en lisent au moins 1. **Nombre de lecteurs** (en milliers) : **bi-hebdomadaire :** France Football 1 766. **Hebdomadaires :** Auto-Hebdo 520, Auto Plus 2 495, Côté Femme (ex-Bonne Soirée) 526, Courrier international 696, Elle 2 337, L'Équipe Magazine 4 051, L'Événement France Soir 541, L'Express 2 117, Femina Hebdo 4 878, Femme actuelle 8 554, Le Figaro Magazine 2 244, France-Dimanche 2 353, Gala 2 122, Ici-Paris 2 260, Madame Figaro 1 885, Marianne 999, Maxi 3 615, Moto Journal 978, Nous Deux 1 875, Le Nouvel Observateur 2 333, L'Officiel des spectacles 1 547, Oh Là ! 714, Pariscope 865, Paris-Match 4 201, Pèlerin Magazine 1 247, Le Point 1 405, Point de vue 936, Rustica 1 266, Télé Câble Satellite Hebdo 3 229, Télé K7 1 430, Télé Loisirs 7 428, Télé Magazine 1 202, Télé Poche 5 374, Télérama 2 746, Télé 7 Jours 9 055, Télé Star 6 911, Télé Z 8 729, TV Hebdo 5 795, TV Magazine 13 971, Version Femme 4 201, La Vie 909, La Vie du Rail 694, Voici 4 038, VSD 1 641.

Bimensuels : L'Auto Journal 2 071, L'Expansion 841, Vocable 528.

Mensuels : Alternatives économiques 787, L'Ami des jardins et de la maison 1 413, L'Automobile Magazine 2 208, Auto Moto 3 153, Avantages 2 421, Biba 992, Ça m'intéresse 2 809, Capital 2 684, Challenges 952, La Chasse 1 184, Le Chasseur français 2 812, Ciné Livre 1 104, Cosmopolitan 921, Cuisiner [1] 1 124, L'Écho des Savanes 1 226, Elle Décoration 2 056, Enfants Magazine 1 879, Enjeux-Les Échos 668, L'Entreprise 1 349, Entrevue 2 363, Eurêka 712, Famili 1 543, Femme 615, Géo 4 730, Girls ! 916, Grands Reportages 971, Historia 1 190, Investir Magazine 837, Jeune et Jolie 1 165, Le Journal de la Maison 571, Lire 745, Marie-Claire 3 435, Marie France 1 989, Max 794, Média Cuisine [2] 3 683, Cuisine Actuelle 3 288, Guide Cuisine 1 233, Mieux vivre votre argent 979, Modes et Travaux 3 834, Le Monde diplomatique 1 442, Mon jardin et ma maison 1 536, Moto Magazine 1 500, Newlook 859, Notre Temps Magazine 3 622, OK Podium 640, Onze-Mondial 2 766, Option Auto 801, L'Ordinateur individuel 1 127, Parents 3 883, Le Particulier 1 898, Pêche et Poissons [3] 1 231, Phosphore 979, Photo 930, Play station Magazine 3 184, Pleine Vie 2 652, Pour nos jardins 717, Première 1 805, Prima 3 891, Psychologies Magazine 1 039, Le Revenu français mensuel patrimoine et placements 578, Salut 687, Santé Magazine 4 873, Science et Vie 3 487, Science et Vie junior 1 822, Sciences et Avenir 2 188, Sélection du Reader's Digest 3 331, Sport-Auto 1 245, Star Club 819, Studio Magazine 1 151, SVM-Science et Vie Micro [4] 1 205, Système D 1 182, Télé 7 jeux 4 612, Tennis Magazine 727, Terre sauvage 1 367, Top Famille Magazine 1 267, Top Santé 4 945, 30 Millions d'Amis 2 131, Vingt ans 1 049, Vital 548, Vogue 1 278, Votre Beauté 523.

Bimestriels : Art et Décoration 5 238, Cuisine gourmande 1 635, Détours en France 668, Famille et Éducation 1 387, Maison et Travaux 3 522, Maison française 806, Maison Magazine 1 246, Maison Côté Ouest 1 067, Maisons Côté Sud 1 392, Marie Claire Maison 2 828, Pyrénées Magazine 989, Super GTI Mag 2 255, Votre maison 846.

Nota. – (1) Devenu Cuisiner France Soir en sept. 2000. (2) Couplage Guide Cuisine et Cuisine Actuelle. (3) Devenu La pêche et les poissons en oct. 2000. (4) Devenu SVM en févr. 2000.

Tirage ou diffusion

☞ *Légende :* voir p. 1343 b.

ABC Des mots croisés BMT *52 000*-27 000.
Abeille (L') [Épinal] H *12 000*-12 000. **De France et l'Apiculteur** M *2000 :* 30 000, ab 30 000.
Action agricole (L') BM (Tarn-et-Garonne) 7 940. **De Touraine** * H *2000 :* 5 066 (np 2 951).
Action-Auto-Moto * M [fusion mars 1994 d'*Auto-Moto* f. 1982 et de *l'Action automobile et touristique* : M f. 1934. *1960 :* 441 773. *85 :* 414 037. *89 :* 338 249]. *94 :* 436 000. *97 :* 401 627. *98-99 :* 371 340. *2000 :* 343 056 (np 5 306, ab 218 367). **Commerciale** M *1993 :* 15 074. *2000 :* 16 381 (np 3 703). **Française Hebdo (L')** H (f. 1908, interdite 1944, reparaît 10-6-1947 comme *Aspects de la France*, redevient *L'Action française* en janv. 1992). *30 000.* **Guns** M *20 000*-15 000. **Nice-Côte d'Azur** M *1989 :* 15 000. **Poétique** T *2 500*-2 000 (ab 1 300). **Sociale** M f. 1995. **Sociale et Santé** BMT *35 000* (à *100 000* nos spéciaux). **Vétérinaire** H *5 000. 2000 :* 5 000.
Actua Ciné M f. sept. 1979 *1993 :* 420 909 * (np 83 918). *98 :* 550 000. **Vidéo** M f. 1987. *1995 :* 269 391. *96 :* 312 540. *2000 :* 421 109 (np 11 309, ab 408 709).
Actualité Fiduciaire (L') M f. 1927. *1993 :* 26 308. *98 :* 17 446 (ab 16 740, np 703). **Des Religions** M ex-*Actualité religieuse* f. 1950. *2000 : 50 000*-35 000 (ab 25 000).
Actualités pharmaceutiques M *2000 :* 12 000.
Actuel * M f. 1970 par J.-F. Bizot ; suspendu 1975-78. *1979 :* 174 524. *81 :* 311 584. *92 :* 117 870. Suspendu déc. 1994.
Aéroports Magazine * M *1991 :* 7 838. *92 :* 10 100. *2000 :* 8 383 (np 6 250, ab 870).
Affiches (Hte-Saône) H *2000 : 25 700*-25 700. **D'Alsace et de Lorraine (Les)** BH *2000 : 10 500*-10 500 (ab 9 500). **De Grenoble et du Dauphiné (Les)** * H *2000 :* 14 712 (np 1 483, ab 7 355).
Africa international M *50 000*-45 000.
Afrique. Agriculture M *2000 : 8 034*-8 000. **Asie** * M (ex-*Africasia* BM f. oct. 1969, disparu 1987). **Automobile** BMT 1er n° mars 1984. *2000 : 40 000*-22 000. **Magazine** * M 1er n° déc. 1983. *2000 :* 37 427.
Agrandi (L') M f. 1995. *2000 : 15 000*-10 000.
Agriculteur (L'). De l'Aisne * H *2001 :* 5 500. **De la Dordogne** H *2000 :* 10 343. **De Loir-et-Cher** * BM *1992 :* 7 254. *95 :* 6 309 (np 2 213). **Normand** H (Calvados, Manche, Orne) *2000 :* 26 052. **Provençal** H *2000 :* 8 000.
Agriculture. 44 BM *2000 : 18 800*-18 500. **-Horizon Nord-Pas-de-Calais** * H *2000 :* 19 733. **Sarthoise (L')** * H *2000 :* 5 386 (avec *L'Avenir agricole*).
Ain agricole (L') * H *1993 :* 7 813. *2000 :* 4 637 (ab 3 868).
Air. Actualités M 1er n° 1967. *41 000*-41 000. **Et Cosmos** * H 1er n° 26-3-1963. *2000 :* 30 441 (np 3 924, ab 18 026). **Fan** * M 1er n° nov. 1978. *2000 :* 9 308. **France Magazine** * M f. mai 1997, remplace *Atlas* et *Parcours*. *1997 :* 364 089. *98 :* 434 105. *2000 :* 408 723.
Aisne nouvelle (L') * TH f. 1945. *2000 :* 26 358.
Aix Hebdo * H gr. *2000 : 112 000.*
Aladin * M *1993 :* 26 010. *94 :* 30 143. *2000 :* 39 828.
Allobroges de la Drôme H *2001 : 11 000.*
Allô. Dix-huit M 1er n° : 1-1-1945. *2001 : 17 500*-17 000. **Sambre** * H gr. *2001 : 100 000.*

Alpes Magazine * BMT f. 1990. *2000 :* 50 395.
Alpinisme et Randonnée * M *1995 :* 17 095. *2000 :* 13 575.
Alsace automobile (L') M f. 1927. *2001 : 47 000*-47 000.
Alternatives économiques * M ex-BM (jusqu'en 1985) f. nov. 1980 par Denis Clerc (professeur agrégé). *Chiffre d'affaires* (1999-2000) : 23 millions de F. *Effectifs* (2000) : 28 (dont 7 journalistes). *1990 :* 39 000. *2000 :* 96 072 (np 2 700, ab 75 932).
Al Watan al-arabi H (arabe) *1989 :* 53 712 *. *2000 : 100 000.*
Ami (L'). Des jardins et de la maison * M *1962 :* 72 100. *85 :* 166 265. *95 :* 153 809. *2000 :* 191 300 (np 2 849, ab 111 928). **Du peuple hebdo** * H *1960 :* 102 398. *93 :* 41 762. *2000 :* 37 405.
Amina M 1er n° 1972. *2000 :* 97 500.
Ancien d'Algérie (L') * M *1993 :* 321 746. *95 :* 339 598. *96 :* 345 722. *2000 :* 362 759 (ab 360 432).
Animaux Magazine M *1994 : 48 000* (ab 35 000). *2000 : 20 000* (ab 20 000).
Anjou (L'). *1995 :* 4 382. *2000 :* 11 740. **Agricole** H *1989 :* 9 818 *. *2000 :* 11 740.
Annales. D'histoire économique et sociale (Les) f. janv. 1929 par Lucien Febvre et Marc Bloch. **De l'Institut Pasteur** (en anglais depuis avril 1989).
Annonces (Les) H f. 1945. *1994 : 9 000. 99 : 30 000*-20 000. **Du bateau** M 1er n° : 15-11-1979. *2000 :* 40 000.
Apnea Magazine f. mai 1986. *2000 :* 19 000.
Aquarium Magazine M f. avril 1985. *2001 : 28 000*-13 500.
Arboriculture fruitière (L') * M f. 1954. *2000 :* 7 357.
Arche (L') M f. 1957. *2000 : 25 000.*
Archéologia M f. 1964. *2000 :* 30 180.
Archicréé BMT * *1992 :* 19 033. *2000 :* 10 000 (np 1 644).
Architecture d'aujourd'hui (L') * BMT f. nov. 1930. *1993 :* 21 054. *95 :* 19 275. *2000 :* 12 603 (np 502, ab 8 648).
Argus (L'). De l'assurance H * *1993 :* 20 913. *2000 :* 20 955 (np 5 035, ab 15 799). **De l'automobile et des locomotions (L')** H *2000 :* 110 000 (ab 40 000). **Miniature** M f. 1978. *2001 : 10 000.* **Du commerce et de l'entreprise** BMT ex-*Argus du fonds de commerce et de l'industrie* f. 1982. *2000 : 15 000.*
Armées d'aujourd'hui * M f. juillet 1975. *1988 :* 118 014. *93 :* 138 456. *96 :* 133 369. *98 :* 129 258 (ab 127 971).
Armor Magazine M f. 1969. *2000 : 40 000* (ab 25 000).
Art. Et décoration * 9 nos/an. *1960 :* 37 181. *96 :* 315 228. *2000 :* 363 601 (np 1 581, ab 19 964). **Et Poésie** T *3 000.*
Artistes BMT f. 1986. *1994 :* 32 050. *99 :* 35 000 (ab 11 500).
Arts et manufactures * M *1999 :* 9 150 (np 2 729). Devenu *Centraliens.*
AS 36 (Châteauroux) H gr. *2000 :* 60 500.
Assiette au beurre (L'). Paru de 1901 à 1936.
Assuré social (L') BMT 1er n° juin 1964. *1998 : 15 000.*
Astres M *2000 : 100 000*-80 000 (ab 20 000).
Atout. Chat M *2000 : 75 000*-45 000 (ab 18 000). **Cheval** M 1er n° 22-2-1998. *2000 : 70 000*-37 000 (11 000 ab). **Chien** M *2000 : 80 000*-48 000 (ab 21 000).
Aube nouvelle-Bagneux-Montrouge H *1 500.*
Aujourd'hui Madame H f. juin *1988 :* 600 000. *93 :* 246 333. Disparu.
Aurore paysanne (L') BM *1994 :* 7 900. *2000 :* 6 000.
Auto. Design BMT f. 1994. *1994 :* 32 500. **Expertise carosserie** * BMT *1992 :* 9 573. *2000 :* 5 244. **Hebdo** * H f. 1976 : 58 310. *93 :* 53 155 (ab 7 804). *95 :* 52 208. *99-2000 :* 47 890. **Infos** BM *2000 :* 16 000 (ab 12 700). **Journal (L')** * BM f. 1950. *1993 :* 257 449. *95 :* 155 012. *2000 :* 170 990 (np 1 676, ab 52 762). **Modélisme** BMT f. 1995 : *23 000. 2000 :* n.c. **Plus** H *2000 :* 341 159. **RCM** M *1994 : 37 000* (ab 3 500). *2000 :* 25 000 (ab 3 300). **Rétro** * M f. juin 1980. *2000 :* 30 225. **Verte** * M *1995 :* 37 392. *2000 :* 41 115. **Volt** * M *1991 :* 6 413. *95 :* 3 331. *2000 :* 2 320.
Automobile Magazine (L') * M f. 1945. *1965 :* 161 406. *84 :* 207 181. *87 :* 202 542. *89 :* 204 023. *91 :* 189 910. *92 :* 205 980. *93 :* 202 388. *95 :* 202 008. *96 :* 185 818. *2000 :* 198 315 (np 2 242, ab 53 362).
Automobiles classiques * BMT f. *1983 :* 25 316. *95 :* 31 892. *96 :* 35 609. *2000 :* 32 387.
Autre Afrique (L') H 1er n° 21-5-1997. Arrêté 4-1-2000.
Autrement M f. 1975.
Auvergnat de Paris (L') H 1er n° 14-7-1882. *1970 :* 25 000. *98 : 20 000*-19 000.
Avantages * M f. sept. 1988. *1991 :* 617 148. *95 :* 631 157. *96 :* 615 450. *97 :* 605 084. *2000 :* 552 624.
Avant. -Garde M *1994 : 145 000. 2000 : 33 000.* **-Scène Cinéma** f. 1961. *2001 : 3 500* à *5 000.* **Scène Théâtre.** BM f. 1949. *2001 : 3 500* à *5 000.*
Avenir H (Charente) *2000 :* 2 400. **Agricole de l'Ardèche** H *2000 :* 4 000. **Côte d'Azur** * H *1994 : 7 000. 2000 :* 5 708. **De la Mayenne-Maine agricole** * H *1992 :* 12 407. *95 :* 10 228 (np 222). **Agricole et viticole aquitain** BM *1998 :* 8 000. **Hebdo** H *1994 : 30 000. 2000 :* 8 000. **Et santé** * M *1992 :* 15 555. *2000 :* 11 689.
Aviasport M f. 1954. *2000 : 15 000*-14 620.
Balades en France BMT 1er n° 2-1-1995. *2000 : 35 000*-20 000.
Banque Magazine * M *1993 :* 14 088. *2000 :* 8 188 (np 884, ab 6 974).
Barème des coefficients M 2 500.
Barreau de France (Le) T f. 1921. *2000 : 32 000*-30 000.
Basket-ball 10 nos/an f. 1982. *2000 :* 22 000 (ab 16 000).
Bateaux * M *1970 :* 43 162. *89 :* 70 107. *90 :* 70 123. *93 :* 69 442. *95 :* 63 506. *96 :* 61 108. *2000 :* 53 737.
Bâtiment artisanal (Le) * M *1993 :* 74 932. *2000 :* 82 000.
Batirama * M f. avril 1969. *1988 :* 7 653. *2000 :* 10 330.
Beautérama T f. 1960, relancé 1995. *2000 : 5 000*-2 500.
Beaux-Arts magazine * M f. 1982 (1er n° avril 1983) ; racheté par Flammarion mars 1996. *1993 :* 53 591. *2000 :* 57 757.
Bel Age Magazine BT 1er n° 25-1-1999. *2000 : 130 000*-100 000 (suspendu).
Belles Demeures M f. 1988. *2000 :* 45 000.

Betteravier français (Le) M (de mai à sept.). BM (oct. à avril) 19 nos/an ; f. 1945. *1994 :* 38 500. *2000 :* 36 000.
Biba * M f. 1980. *1991:* 202 348. *97:* 203 810. *98:* 197 235. *2000 :* 265 179 (np 2 141, ab 42 779).
Bien-être et Santé * 10 nos/an. *1995 :* 458 842. *2000 :* 528 483.
Bijoutier (Le) * M f. 1990. *2000 :* 4 182.
Bilans hebdomadaires H f. 1945. *2000 :* 1 000.
Billard international M *40 000*-18 000 (ab 3 500).
Biofutur M f. mars 1982. *2000 : 10 000*-9 000.
Bip 41-Toutes Éditions H gr. *2000 : 75 000.*
Bois national (Le) H f. 1930. *1991 : 25 000. 2001 :* n.c.
Boisson-restauration Actualités M f. déc. 1977. *2000 : 23 000.*
Boissons de France M f. 1914. *2000 : 9 000*-9 000.
Bonheur * M *1960 : 475 082. 95 :* 1 191 944. T *1995 :* 3 558 641.
Bonhomme Picard (Le) * H *1995 :* 7 025. *2000 :* 7 945.
Bonjour. Aix-Perthuis * H gr. *2000 : 103 417.* **Aude Info Carcassonne** * H gr. *2001 : 61 000.* **Gab 25 Besançon** * H *2001: 100 000.* **Hebdo Gironde** * H gr. *2001: 285 000.* **Le 60 Creil** * H gr. *2000 : 100 000.* **Le 71 Mâcon** * H gr. *2001: 59 000.* **Le 73 Chambéry** * H gr. *1994:* 45 000. *2001 : 94 000.* **Le 74 Annecy** * *2001 : 95 000.*
Bonne Soirée * H f. 1922 (Belg.) diffusée en Fr. depuis 1947. *1995 :* 285 009. *96 :* 273 188. *98 :* 266 186 (ab 138 743) voir **Côté femme**.
Boucherie française (La) M f. 1945. *2001 : 18 000.*
Bougie du sapeur (La) paraît les 29 février depuis 1980. Créé à la mémoire du sapeur Camember. *1996 : 200 000. 2000 : 220 000.*
Boulangerie (La). Française M 1er no 1-1-1904. *2001 :* 4 000 (ab).
Bourbonnais Hebdo H *2001 : 24 800.*
Bretagne. Économique M 9 nos/an. 1er no : avril 1987. *2001 : 15 000*-15 000. **Magazine** * T 1er no 6-6-1998. *2000 :* 30 215.
Bricomag M 1er no mai 1993. *2000 : 10 500*-10 000.
Bridgeur (Le) M 1er no oct. 1959. *2000 : 25 000*-25 000 (ab 23 800).
Bulletin officiel d'annonces des Domaines-BOAD BM 1er no 20-9-1947. *2000 : 33 000*-32 000.
Burda M 1er no 28-12-1988. *2001 : 100 000*-70 000.
Cadences 10 nos/an. gr. f. févr. 1987. *2001 : 65 000.*
Cadres CFDT 5 nos/an. *2001 : 38 000*-35 000.
Caducée (Le) M f. 1961. *1999 :* 12 900 (ab 6 700).
Cafetier restaurateur parisien (Le) M f. 1945. *2001: 5 000.*
Cahiers (Les). Du Cinéma * M f. avril 1951 par Lo Duca et Jacques Deniol-Valcroze. Édités par la Sté Éditions de l'Étoile (Le Monde 81,8 %), *1995 :* 28 474. *96 :* 30 313. *2000:* 25 482. **Du communisme** M f. 1924. n.c. **De la puériculture** T *1999 : 3 000*-2 700. *2000 :* n.c. **Rationalistes** M f. 1931. **Techniques du bâtiment** * M *2000 :* 14 698.
Camaraderie BMT *1999 : 35 000* (ab 30 000).
Caméra. International *20 000*-16 000. **Vidéo & Multimédia** M f. 1987. *2000 :* 35 000 (ab 30 000).
Ça m'intéresse * M f. 1981. *2000 :* 249 929 (ab 96 366).
Camping-car * 8 nos/an. *1993 :* 60 403. *2000 :* 43 050.
Campus. Annonces f. 1980. *Sept. 1992-août 1993 :* 53 793 (nos spéciaux : 100 000). **Mag** M gr. f. mars 1991. *2001:* 120 000.
Canard enchaîné (Le) f. par Maurice Maréchal (1882-1942) et Henri-Paul Gassier (1883-1951) ; un des journaux de tranchées aurait paru sous le titre *Le Canard poilu* (février 1915), *Le Canard du boyau*, à la 74e demi-brigade d'infanterie (avant sept. 1915), *10-9-1915 : 1er* de 5 numéros (*2e* 20-9, *3e* 30-9, *4e* 15-10, *5e* 4-11-1915) ; reparaît 5-7-1916 ; s'appelle du 15-10-1919 au 6-5-1920 *Le Canard déchaîné*. Publication interrompue 11-6-1940. Le 3-12-1973 le dessinateur Escaro découvrit des « plombiers » posant des micros. *Dir. : 1944* Pierre Bénard († 1946) ; *1946* Robert Tréno. *1970-92 :* Roger Fressoz (alias André Ribaud) ; *1992 :* Michel Gaillard. *Rédacteurs en chef :* Claude Angeli, Éric Emptaz. *Chiffre d'affaires* et bénéfice net (en millions de F) : *1991 :* 144 (12,8) ; *92 :* 186,2 (21,3) ; *93 :* 184 (27,7) ; *98 :* 231,7 (20,4) ; *99 :* 216 (23,1). *Diffusion : 1936 :* 250 000. *46 :* 536 436. *50 :* 145 650. *55 :* 120 915. *60 :* 282 014. *70 :* 450 000. *82 :* 441 729. *83 :* 412 608. *84 :* 387 000. *85 :* 346 934. *87 :* 395 622. *88 :* 423 100. *89 :* 374 199. *90 :* 376 287. *92 :* 367 045. *93 : 493 102*-408 792 (ab 49 746, lecteurs 1 180 000). *96 : 611 145*-478 737. *98 :* 459 338 (payés dont 55 522 ab) [records : *janv. 72 :* 580 000 (feuille d'impôts de Chaban-Delmas), *sept. 72 :* 750 000 (affaire Aranda), *oct. 79 :* 850 000 (suicide de Boulin), 650 000 (diamants de Bokassa), *80 :* 900 000 (après appel tél. de Bokassa), *81 :* 2e tour de l'élection présidentielle 1 229 574 (record 13-5 : 1 000 414)]. *Dossiers : 1993 :* 91 864. *96 :* 100 524 (ab 19 161).
Canoë Kayak Mag BMT f. 1970. *2000 : 30 000*-18 000 (ab 8 000).
Capital * M f. oct. 1991. *1991 :* 205 000. *93 :* 339 025. *95:* 374 206. *2000:* 420 325 (np 3 464, ab 93 929). **Santé** BM puis M 1er no 24-9-1997. *1998 :* 185 345 (np 549).
Caractère * BM (+ cahier technique de l'Imprimerie nouvelle depuis fin 1986). *2000 :* 7 878 (np 658, ab 7 213).
Caravane Magazine BMT f. 1995. *2001 : 65 000.*
Caravanier (Le) * 8 nos/an f. 1965. *1993 :* 62 223. *2000 :* 30 741.
Carillon (Le). Morlaix/Lannion H gr. *2000 :* 30 000. **Tours** * H gr. *2000 :* 98 500.
Carotte moderne T *1994 : 12 000. 99 : 10 000.*
Casting Magazine * M f. 1992. *1993 :* 43 543. *96 :* 43 994. *97 :* 42 531. *2000 :* 40 137.
CD. Consoles M f. 1994. *1996 :* 27 296. *97 :* 39 146. Devenu *Gen 4 consoles. 2000 :* n.c. **-Rom Actualités** T f. 1994. 3 000. **-Rom Magazine** * *M* 1er no : 23-6-1995. *1995 :* 35 550. *96 :* 20 632. *97 :* 32 433. *98-99 :* 20 099.
Centrale (La) * H ex-*Centrale des particuliers. 1993 :* 68 885. *95 :* 62 803. *96 :* 60 133. *97 :* 55 800. *2000 :* 51 477. **Des artistes** M f. 1997.
Centraliens * M ex-*Arts et manufactures. 2000 :* 8 271 (np 2 113).
Challenges * M f. 1962. *1995 :* 205 888. *2000 :* 266 294.
Champigny notre ville M *2001 : 34 500.*
Chantiers. Coopératifs T *1997 :* 6 755. **De France** * 10 nos/an. f. 1962. *2000 :* 9 974. **Du Cardinal** T *70 000.*
Charentais annonces. Angoulême * H gr. *2000 : 70 000.* **Cognac-Saintes** H gr. *2000 : 50 000.* **Royan-Rochefort** H gr. *2000 : 54 000.*
Charlie Hebdo f. 1970 (ex-*Hara Kiri :* voir p. 1347 c), disparu mai 1981, reparaît 1-7-1992. *Dir. :* Georges Bernier. *1992 :* 28 000. *1996 :* 70 000 (record : 122 000 à la mort de F. Mitterrand). *99-janv. :* moins de 60 000.
Charpente-Menuiserie-Parquets M 10 nos/an. *1996:* 5 375. *2000 :* 9 835 (np 8 861).
Chasse-marée * 9 nos/an. f. 1981. *2000 :* 21 213.
Chasseur (Le). De bécasse BMT 1er no : 10-11-1997. *2000: 28 000*-25 800. **De sanglier** M 57 500-56 972. *2000 :* 39 876 (ab 5 592). **D'images** * 10 nos/an f. 1976. *2000:* 83 052. **Français** * M f. 1885 (1er no : 15-6). Cédé à Manufrance puis, 1981, Bernard Arnault, Clément Venturi, Didot-Bottin ; vendu à Bayard-Presse en juin 1990 : 160 millions de F. [*Chiffre d'affaires : 1989 :* 106 millions de F (*résultat net :* 15 millions de F) ; *dette :* 40 millions de F]. *Diffusion : 1885 :* 160 000. *1930 :* 400 000. *63 :* 778 281. *86 :* 556 646. *88 :* 578 689. *91 :* 580 405. *93 :* 585 216. *95 :* 571 895. *96 :* 567 197. *97 :* 575 334. *98 :* 575 600. *2000 :* 557 222.
Chasseurs de l'Est T. *1994 : 46 000. 2000 :* 35 000 ab.
Chat Magazine BMT 1er no 22-11-1996. *2001 : 50 000.*
Chatillonnais et l'Auxois (Le) * H *2000 :* 4 759.
Chaud-Froid-Plomberie-CFP M f. 1947. *2000 :* 9 528.
Chausser 10 nos/an. *2000 :* 4 800 (éd. spéciale 9 700).
CHD génération l'Industrie hôtelière * M (ex-*L'Industrie hôtelière*) *2000 :* 32 471 (np 13 868, ab 18 603).
Chef (Le) * 9 nos/an f. 1987. *2000 :* 18 609 (np 9 207, ab 9 395).
Cheminées Magazine T 1er no : nov. 1979. *2001 : 38 000.*
Cheminot retraité (Le) * M *1993 :* 98 725. *2000 :* 85 523 (np 7 742, ab 75 781).
Cheval. Magazine * M f. 1971. *2000 :* 73 977 (ab 33 937). **Pratique** M 1er no : 24-3-1990. *2001 : 85 000*-55 000. **Star** * M f. 1991. *2000 :* 60 611 (ab 33 148).
Chiens de Chasse M *2000 :* 25 600.
Chirurgien-dentiste de France (Le) * H *1994 :* 23 156. *95 :* 22 664. *2000 :* 28 863 (np 13 199, ab 15 476).
Chocolat et confiserie Magazine * 8 nos/an. Remplace *La confiserie magazine.* 1 710.
Chouan * (La Roche-sur-Yon) H gr. *2000 : 97 500.*
Christianisme au XXe siècle (Le) H f. 1871. *2000 :* 5 000.
Chronique républicaine * H *1998 :* 15 860. *2000 :* 16 532 (np 1 214, ab 3 068).
Chti (Le) * A gr. f. 1974. *2000 :* 197 710.
Cibles M 1er no mars 1967. *2000 : 55 000*-35 000.
Ciel et Espace * M f. 1971. *1999-2000 :* 67 350 (ab 21 276).
Cimaise BMT f. 1953. *2000 : 15 000*-10 000 (ab 3 000).
Cinéphage (Le) M f. 1991. *1994 :* 47 000 (ab 12 500).
5 Majeur * M 1er no 15-3-1991. *1998 :* 28 443. *2000 :* n.c.
50 Millions de consommateurs M (devenu *60 Millions*).
58 Nevers (Le) * H gr. *2000 :* 66 800.
Circuler BMT 1er no mars 1984. 12 000 (ab 8 000).
Classe (La) * M 1er no 25-8-1989. *1994 :* 34 000 (ab 30 000). *98 :* 27 887. *2000 :* 35 164 (ab 25 861). **Maternelle** f. sept. 1991. M *95 :* 38 949. *2000 :* 55 216 (ab 39 636).
Clefs d'or (Les) BMT *2000 :* 3 200.
Coiffure. De Paris (La) * M *1993 :* 34 731. *2000 :* 23 269. **Et Styles** * T 1er no mars 1946. *2000 :* 10 726 (ab 2 575).
Coiffures Modes * BMT f. 1985. *2000 : 130 000*-57 000.
Collectionneur français (Le) M 1er no 1964. *2000 : 2 500*-2 500 (ab 1 350).
Collectivités express * M *2000 :* 19 811 (np 9 707).
Cols bleus * H *1998 :* 17 107 (ab 16 082).
Combat pour la paix 10 nos/an. *5 000*-3 000.
Comédie-Française. Le programme T *1994 : 6 000.*
Commentaire T f. 1978 par Raymond Aron. *2000 : 6 000* (ab 3 000).
Communes, départements et régions de France * M f. 1959. *1992 :* 9 148. *2000 :* 6 830 (np 567, ab 6 263).
Concours médical (Le) * H f. 1879. *1993 :* 73 838. *99-2000 :* 49 816 (np 30 807, ab 19 006).
Confidences * H f. 1938. *1971 :* 280 767. *86 :* 350 000. Suspendu.
Connaissance. De la chasse * M f. 1976. *1992 :* 36 234 (np 12 859). *99-2000 :* 30 170 (np 4 809, ab 12 975). **Des Arts** * M f. 1952. *1993 :* 47 053. *96 :* 41 271. *98 :* 38 593. *2000 :* 35 998. **Du Rail** M f. 1979. *2000 : 9 800.*
Consoles + * M f. 1991. *1993 :* 81 636. *95 :* 70 833. *96 :* 65 851. *99-2000 :* 45 138 (ab 3 837).
Contact M (Économie franco-allemande) 5 000 (ab 2 000).
Cosmopolitan * M f. 1973. *1974 :* 159 752. *84 :* 294 060. *90 :* 293 222. *95 :* 266 125. *96 :* 251 439. *97 :* 244 895. *99-2000 :* 224 726 (ab 5 333).
Cote des Arts (La) BM 12 000 (ab 5 600).
Côté femme * H (remplace *Bonne Soirée*) f. *2000 :* 200 705.
Courrier. Cauchois * H *99-2000 :* 43 916. **De la Mayenne** * H *99-2000 :* 31 297. **De l'Eure** * H *1999-2000 :* 7 212. **De Mantes** * H *2000 :* 8 341. **De Saint-Claude** * *2000 :* 3 967. **Du Loiret** * H *1999-2000 :* 9 004. **Du Parlement** BMT *1994 :* 6 000. **Du Pays de Retz** * H *1998-99 :* 12 126. **Des Yvelines** * H *2000 :* 6 439. **Des Hts-de-Seine (Le)** * H *2000 :* 1 841. **Français** * (Bordeaux) cath. H *1993 :* 32 743. *96 :* 47 192 (np 3 000). *2000 :* 23 685. **Indépendant (Le)** * H *2000 :* 8 486. **International** H lancé nov. 1990, racheté 1994 par la Générale occidentale puis par CEP Communication (futur Vivendi Universal Publishing) et 2001 (2-7) par Le Monde SA. *1993 :* 91 756 ; *97 :* 110 133 ; *2000 :* 125 803 (np 6 053, ab 69 785). **Savoyard** * H *1998 :* 3 574 (np 710, ab 2 443).
Courses et Élevage BMT *2000 : 5 000*-5 000.
Crapouillot (Le) rédigé au front par Jean Galtier-Boissière (31e d'infanterie, † 1966), imprimé à Paris, paru en août 1915, racheté par Jean-Jacques Pauvert puis J.-F. Devay (fondateur de *Minute*), Jean Boizeau (†) puis J.-Claude Goudeau, puis (nov. 1991) Roland Gaucher. 5 nos/an. *1994 :* 25 000 à 30 000.
Crémier fromager (Le) M *2000 :* 5 400.
Critique M f. 1946 par G. Bataille. *Dir. :* Philippe Roger (depuis 1996).
Croissance M f. mai 1961 par Georges Hourdin. *2000 : 25 000*-20 000 (ab 18 000).
Croix. Magazine-Nord-Pas-de-Calais (La) * H (Lille) *1969 :* 30 084. *88 :* 13 053. *99-2000 :* 9 196 (np 2 160, ab 3 396). **Du Midi-Toulouse-Hte-G.** * H *1995 :* 31 414. *96 :* 29 200.
Cuisine. Actuelle * M lancé janv. 1991. *1996 :* 330 942. *99-2000 :* 208 055. **De saison** M lancé 1995 : *260 000. 99 : 120 000*-80 000. **Et Terroirs** TMT lancé mars 2000 : *50 000*-50 000. **Et Santé** M lancé avril 1998. 80 000 (ab 14 000). **Et Vins de France** * M f. 1947. *1995 : 190 130. 99-2000 :* 113 764 (ab 38 178). **Gourmande** * BMT f. 1994. *Févr.-juillet 1994 :* 231 480. *97 :* 187 174. *99-2000 :* 114 477.
Cuisiner ! * M 1er no : oct. 1992. *2000 :* 200 000.
Cultivar BM + M f. 1968. *1995* * : 45 420 (np 19 136). *2000 : 50 000*-48 633.
Cycle (Le) * M *1999-2000 :* 32 090 (ab 8 503).
Cyclo Passion * M lancé déc. 1994. *1999-2000 :* 29 869.
Cyclotourisme M f. 1953. *2000 : 30 000.*
Cyno Mag BMT 1er no : oct. 1995. *2000 : 35 000*-27 000 (ab 3 500).
Danser M f. avril 1983. *2000 : 25 000.*
Débitant de tabac (Le) M f. 1896. *2000 : 6 000.*
Décision. Environnement * M f. nov. 1991. *2000 :* 5 760. **Micro et réseaux** H f. 1990. *1999-2000 :* 59 805 (np 23 672, ab 30 310).
Débat (Le) BM f. 1980 par Pierre Nora et Marcel Gauchet. *2000 : 6 000 à 8 000* (ab 3 000).
Défense. Nationale M *2000 :* 7 600 (ab 7 000). **Paysanne du Lot (La)** * *2000 :* 5 000.
Défis * M f. 1983. *1999-2000 :* 74 889 (ab 24 938).
Demeure historique (La) T f. 1965. *2000 :* 10 000 (ab 4 500).
Demeures et châteaux BMT f. 1978. *2000 : 45 000*-39 070.
Démocrate vernonnais (Le) H *2000 : 7 000*-6 000.
DEP 93 * H gr. *1999* (1-10/31-12) : 432 600 (4 éditions). *2000 :* 352 900.
Départements f. 1990. *2000 :* 10 000 (ab 9 500).
Dépêche. D'Auvergne BH *2000 : 5 550.* **De l'Aube** H *2000 : 8 000.* **D'Évreux (La)** * H *1998-99 :* 17 769 (4 éditions). **Meusienne (La)** H *2000 : 73 440.* **Mode** * M f. 1956. 10 nos/an. *1998-99 :* 68 252 (ab 10 900). **Vétérinaire (La)** * H f. 1977. *1999 :* 4 146.
Détours en France * 8 nos/an f. 1991. *1996 :* 91 007. *97 :* 82 236. *99-2000 :* 92 435 (np 1 516, ab 57 052).
Diapason * M f. 1956. *1993 :* 50 671. *2000 :* 50 000.
Diogène T f. 1952. *1994 :* 1 600. *99 : 1 300.*
Dix-Huit (Bourges) H *1999 : 2 500.*
Documentation (La). Catholique BM *2000 : 20 000*-20 000. **Par l'image (La)** M *2000 :* 28 000 ab (sept. 60 000).
Documents et informations parlementaires H *2000 :* 1 200.
Don Quichotte M f. févr. 2000 : 80 000.
Droit maritime français (Le) M *2000 : 1 200.*
DS Magazine * M 1er no : avril 1997. *1998-99 :* 112 859 (ab 3 677). *2000 :* n.c.
Dunkerque Expansion M *1998 :* 20 000 (ab).
Dynasteurs M f. 1985 (devenu *Enjeux-Les Échos* 1992).
Échappement * M f. 1968. *1972 :* 61 163. *90 :* 125 701. *97 :* 63 465. *98 :* 56 821. *99-2000 :* 56 997.
Écho (L'). De la presqu'île guérandaise * f. 1926. *2000 :* 18 005. **De l'Armor et de l'Argoat** * H *2000 :* 12 806. **De la mode** paru de 1878 à 1988. **De la timbrologie** * M f. 1887. *1998 :* 17 881. **Des concierges** M *15 000.* **Des savanes** * M f. 1984. *1997 :* 123 515. *2000 :* 111 540 (ab 4 110). **Touristique** * H *2000 :* 15 355 (np 3 448, ab 11 896).
Éclaireur (L') *-**Les trois villes sœurs et le Vimeu** H *2000 :* 2 287 (2 éd.). **Brayon** * BH *2000 :* 3 586. **-Chateaubriant** * *1999-2000 :* 10 853. **Des coiffeurs** * H *2000 :* 13 536 (np 5 266, ab 6 853). **Du Gâtinais et du Centre** * H f. 1882 *(Le Gâtinais) 1999-2000 :* 21 632. **-Vallée de la Bresle** * H *2000 :* 3 303 (2 éd.).
École des Parents (L') M *2000 : 13 000*-12 000 (ab 10 000).
Écologie XXI BMT 1er no : avril-mai 1997.
Economia M lancé déc. 2000.
Économie. Et comptabilité T *2000 : 3 000.* **Et Construction** T *2000 :* n.c. **Et Politique** M *2000 :* 15 000.
Economist (The) H *1999* (janv.-juin) : 708 716 (mondiale).
Écran fantastique (L') M f. 1971. *2000 :* 46 800 (ab 8 300).
Écrits de Paris M f. janvier 1947, succède à *Questions actuelles* f. sept. 1944. *2000 : 6 000.*
Écrivains BMT lancé 1995 : *20 000.*
Éducation (L'). Enfantine M 10 nos/an. *2000 :* 28 500. **(L') Musicale** M *2000 :* 6 180 (ab 5 288). **Physique et Sportive** voir **EPS 1.**
Égoïste A f. 1977 par Nicole Wisniak. 35 000.
Électro négoce M f. 1953. *2000 :* 6 500.
Électronique. Pratique * M f. 1950. *2000 :* 27 154 (ab 11 110).
Elektor électronique et micro-informatique M *2000 :* 27 380.
Éléments T *2000 : 10 000.*
Éleveur de lapins (L') T f. 1978. *2000 : 4 500.*
Elle * H f. 21-11-1945. *1960 :* 653 303. *1985 :* 383 121. *90 :* 360 977. *91 :* 347 041. *92 :* 347 703. *93 :* 341 433

(np 11 344). *94* : 340 729. *95* : 340 819. *96* : 339 044. *97* : 340 203. *98* : 351 286. *2000* : 351 315. 31 éditions étrangères dont USA (en 1985) 900 000, Japon (en 1989) 250 000, G.-B. (en 1985) 215 000, All. (en 1988) 186 000, Espagne (en 1986) 133 600, Mexique (en 1993) 155 000, Turquie (lancée 1999). **Elle à Table** * BMT *1999-2000* : 139 490. **Elle Décoration** * M lancé déc. 1987. 10 nos/an. *1997* : 192 782. *2000* : 176 212. **Elle Top Model** T lancé févr. 1994 à 1 000 000 d'ex. (100 000 en France).

Élu (L'). D'aujourd'hui M f. 1975. *1989* : 34 500 ab. *2000* : n.c. **Local** M *1994* : *22 000*-(ab 21 000). *2000* : n.c.

Emballage digest M f. 1958. *2000* : 10 450.

Emballages magazine * M *2000* : 9 554 (np 5 094).

Encore M 1er no : oct. 1996. *1998* : *200 000*.

Enfant. D'abord BMT *1998* : 30 000 (ab 14 500). **Du 1er âge (L')** A *1994* : 710 000. *2000* : 780 000. **Magazine** * M f. 1976. *1990* : 159 188. *95* : 202 268. *96* : 206 300. *97* : 196 978. *99-2000* : 193 879.

Enjeux-Les Échos * M f. 26-3-1992 (succède à *Dynasteurs*). *1995* : 120 178. *97* : 129 012. *2000* : 146 313.

Enseignant-École libératrice (L') * M *1995* : 138 873. *96* : 182 655. *97* : 146 246. *2000* : 143 038 (np 62 618).

Enseignement public-Fen actualités (L') * BMT *1971* : 497 548. *86* : 418 100. *90* : 350 635. *94* : 175 837. *98* : 148 171. *2000* : 141 090 (np 6 212, ab 134 878).

Ensemble M (Loire-Atlantique-Anjou) *2000* : 10 000.

Entourage BMT f. 23-2-1994. *1994* : 120 000. *99* : 30 000.

Entreprendre * M f. 1984. *1994* : *80 000*-65 000. *97* : 39 824. *99-2000* : 33 287.

Entreprise (L') * M f. mai 1985 (*L'Entreprise-A pour affaires*) par Jacques Barrault et Jean Boissonnat. *1995* : 110 051. *97* : 119 534. *98* : 114 577. *2000* : 85 296.

Entrevue * M f. 1992. *1996* : 335 634. *97* : 346 097. *98* : 352 037. *2000* : 434 260 (ab 12 028).

Environnement Magazine * M succède aux *Annales des chemins vicinaux* (f. 1845), *Annales de la voirie* (f. 1923), *Annales de la voirie et de l'environnement* (f. 1979). *1995* : 9 093. *96* : 7 343. *97* : 9 368. *2000* : 9 068.

Éperon (L') M *2000* : 45 000 (ab 9 500).

EPS 1 (Éducation physique et sportive 1er degré) BMT f. 1982. *2000* : 24 340 ab.

Équilibre * BMT *1995* : 26 781. *96* : 24 379. *97* : 23 661. *98* : 23 412. *99-2000* : 24 869.

Équipe (L'). Magazine * H f. 2-2-1980. *1990* : 330 412. *93* : 375 400. *96* : 389 332. *97* : 407 097. *98* : 430 090. *2000* : 397 995. **Dimanche** lancé printemps 1998. *1999* : 271 810. *2000* : 315 596 (payée).

Ère nouvelle (L') T *1997* : *10 000*.

Esprit M f. 1932 par Emmanuel Mounier (directeur † 1950), rassemble Georges Izard (rédacteur en chef), Jean Lacroix, Denis de Rougemont, Jacques Madaule, Étienne Borne et Paul-Louis Landsberg. Pierre-Henri Simon, Pierre-Aimé Touchard, André Déléage puis Henri Marrou-Davenson, André Ulmann. *1940-nov.* paraît en zone non occupée. *1941-juillet* parution interdite. *1944-1-12* reparaît. *Dir.* : *1950* : Albert Béguin († 1957). *1957-76* : Jean-Marie Domenach (rédacteur en chef depuis 1949, † 5-7-1997), *1977-janv.* Paul Thibaud (rédacteur en chef depuis 1967), *1989* Olivier Mongin. *2000* : *10 000* (ab 5 000). **De vie-L'Ami du clergé** H 18 000 (ab 10 000). **Libre (L')** M f. 1994 par Guy Sorman. *100 000*.

Essentiel du management (L') * M f. mars 1995 : 119 368. *96* : 119 695. *97* : 124 827. *99-2000* : 109 458. Devenu *Management*.

Essor. De l'Isère (L') H *2000* : *22 500*. **De la Gendarmerie nationale (L')** M *2000* : *35 000*. **Du Limousin** H *1994* : *15 000*. *99* : 2 500 (ab 2 000). **Sarladais** * H *2000* : 8 168. **Savoyard** * *1999-2000* : 7 493.

Estampille (L')-L'Objet d'art M *2000* : 27 184 (ab 18 836).

Études (Les) M f. 1856. *2000* : 12 000 (ab 10 000).

Étudiant (L') M f. 1975. *1994* : 78 226. *96* : *120 000*. *2000* : *120 000*-88 467.

Eure (L'). Agricole H *1998* : 4 014. **Inter Annonces** H (Évreux) gr. *2000* : *108 000* (2 éd.) ; couplé avec **Inter Information** * *1995* : 11 506. *96* : 10 648.

Eurêka M f. 1995 : *300 000*. *1998-99* : 133 178 (ab 102 295).

Europe M f. 1923 avec Romain Rolland. 6 000. **Échecs** M f. 1959. *2000* : *30 000* (ab 6 000).

European (The) H *223 006*.

Européen (L') H 1er no 25-3-1998. *120 000*-80 000. *1998-août* en redressement judiciaire. *1999-févr.* repris par les groupes Expansion et Rizzoli Corriere della Serra. *-fin mai* T prévu.

Éveil (L'). De Lisieux + Côte normande * H *1996* : 8 772. *98* : 8 337. *99* : 8 504. *2000* : 5 609. **De Nanterre** H *2000* : *24 000*. **De Pont-Audemer** H *2000* : 11 604. **Normand** * H f. 1944. *2000* : 12 751.

Événement (L') * ex-*L'Événement du jeudi* f. nov. 1984 par Jean-François Kahn avec le soutien de 19 000 petits actionnaires. *1994-oct.* dépôt de bilan. *1995-janv.* 51 % du capital pris par Thierry Verret [Hachette 24 %, EDJ Partenaires 24 %, Association des amis de l'EDJ (18 000 lecteurs-actionnaires) 1 %]. *1996-déc.* J.-F. Kahn part pour lancer *Marianne*. *1998-mai* repris par Hachette Filipacchi Médias (groupe Lagardère). *1999-9-1* nom actuel. *-oct.* cédé à J.-F. Kahn et Maurice Szafran. *2000-juillet* racheté par France-Soir. *-Sept.* devient supplément à France-Soir. *Chiffre d'affaires* : *1990-91* : 288 millions de F (*perte* : – 26) ; *91-92* : 327 ; *92-93* : 316,5. *1er no* : *25 000*, *3e* : *160 000*. *1987* : 150 061. *90* : 194 462. *95* : 167 352. *96* : 214 634. *97* : 199 918. *98* : 169 820. *2000* : *200 000*.

Expansion (L') * BM f. 1967. *1968* : 86 392. *85* : 168 733. *90* : 161 725. *91* : 151 867. *92* : 157 766. *9-1-92* (changement de formule) : 5 927 vendus (sur Paris-surface). *6-2-92* : 2 564 vendus sur Paris. *1995* : 147 758. *98* : 140 837. *99* : 144 981. **Voyages** 3 fois par an. f. 1981. 140 000 (ab 129 000). *2000* : 149 601.

Expert automobile (L') * M f. 1965. *2000* : 8 196.

Exploitant (L'). Agricole de Saône-et-Loire * H *1996* : 11 377. *2000* : 7 964 (ab 6 702). **Familial** M f. 1960. *2000* : *62 000* (ab 58 500).

Express (L') f. 15-5-1953 (supplément hebdo. des *Échos*, appartient aux Servan-Schreiber) ; 1er no : 16-5 (12 pages, 45 000 ex.). *1955-oct./-9-3-1956* quotidien. *1964-21-9* News-Magazine. *1966-oct.* édition internationale. *1967-janv.* Claude Imbert rédacteur en chef. *1969-juillet* groupe Express SA Holding. *Oct.* J.-J. Servan-Schreiber secrétaire général du Parti radical. *1971-juin* Olivier Chevrillon et Claude Imbert partent. *1977-mars* cédé à James Goldsmith 60 millions de F. Goldsmith fait entrer Raymond Aron ; Jean-François Revel dir. de la rédaction ; départ de Jean Daniel. *1981-mai* Jean-François Revel démissionne, Olivier Todd licencié. *1987* racheté par la CGE. *1992-sept.* crée un GIE avec *Le Point*. *1995* racheté par CEP Communication. *1997* filiale à 100 % de Havas. *Dir. de la rédaction* : Denis Jeambar depuis avril 1996. H *1959* : 138 180. *64* : 152 917. *72* : 614 101. *80* : 506 878. *85* : 519 000. *87* : 555 093. *89* : 566 688. *90* : 576 497. *91* : 580 253. *92* : 571 979. *93* : 578 234. *95* : 562 155. *96-97* : 557 865 (np 5 567). *97* : 544 091. *98* : 548 028. *2000* : 556 515 (np 5 463). **International** H *1993* : 137 073. *96* : 45 317. *98-99* : 38 428. *2000* : 40 423.

Faditt A f. 1956. *1992* : *112 644*-102 801. *95* : *98 000*. *2000* : *80 000*.

Faire face * M f. par l'APF (Association des paralysés de France) *1993* : 30 583. *95* : 25 864. *96* : 28 752. *97* : 29 074. *98* : 30 510. *2000* : 30 478.

Fait main M f. 1982. *1994* : 136 000 ab. *99-2000* : 52 934 (ab 41 125).

Famili * M lancé 23-2-1993. *1995* : 228 901. *96* : 220 291. *97* : 190 779. *98* : 187 545. *99-2000* : 170 930.

Famille. Chrétienne H f. 1978. *2000* : 60 000. **Du cheminot (La)** M *1989* : *20 000*. **Et Éducation** * BMT f. 1948 par l'Unapel. *2000-6-1* fusion avec *Top Famille*. *1996* : 789 337. *97* : 778 351. *98* : 764 061. *98-99* : 771 011. **Magazine** * M f. 1988 (ex-*Clair Foyer* f. 1954. *1998-janv./juin* : 300 837). *1995* : 196 074. *98* : 207 388. *98-99* : 200 783.

Fana de l'aviation (Le) M f. 1969. *2000* : *45 000*.

Fémina Hebdo H 1er no : 14-2-1998. *2000* : 2 136 000.

Femme * M (BMT jusqu'en oct. 1995) f. 1984 succède à *F Magazine* * M f. 1978. *2000-1-3* nouvelle formule ; réd. en chef : Philippe Labi. *1981* : 543 416. *82* : 222 491. Repris 31-12-1997 par Gonzague Saint-Bris (dir. depuis 1992) puis juin 1999 par Prisma Presse. *90* : 45 718. *95* : 74 017. *96* : 78 822. *97* : 70 856. *98* : 46 897. *2000* : 62 400. **Actuelle** * H f. 1984. *1987* : 1 979 597. *92* : 1 772 313. *95* : 905 881. *96* : 1 893 753. *97* : 1 872 196. *98* : 1 812 234. *99* : 1 760 152. *2000* : 1 640 795. **Pratique** * M *1961* : 274 419. *1982* : 237 531. *83* : 215 083. *85* : 168 172. *88-89* : 171 055. *1992-févr.* : dépôt de bilan. *-Mars* : racheté par Éd. Maredaj. *94* : 180 000. *96* : 180 000.

Femmes d'aujourd'hui * H f. 1993. *1968* : 868 735. *82* : 561 307. *84* : 1 057 896. *87* : 420 000. *88* : 279 408. *89* : 171 055 (*chiffre d'affaires* : 100 millions de F, *déficit* 29). *1990-avril* : dépôt de bilan.

Fer de lance * BMT *1996* : 21 049 (np 823). *2000* : n.c.

Figaro Magazine (Le) * H f 9-10-1978. *1984* : 640 757. *86* : 688 668. *88* : 665 094. *89* : 649 613. *91* : 655 984. *95* : 531 105. *96* : 507 678. *97* : 502 194. *98* : 500 606. *99-2000* : 514 221.

Film français (Le) H f. 1944. *2000* : *13 500*-10 570.

Films et documents f. 1940 par Marcel Cochin : 1 000.

Fleurs de France 8 nos par an. f. 1967. *1994* : 5 000 *. *2000* : 10 000.

FOEVEN T *2000* : *10 000*.

Foi aujourd'hui (La) M *40 000* (ab 35 000).

Foot H f. 1990. *1994* : 85 000 (ab 80 000). *96* : 102 524 ab. *2000* : 95 000 (ab 92 523).

Forêt. -Entreprise 6 nos/an (+ manuels techniques) f. 1960. *1994* : 8 500 à 10 500. *2000* : 5 400. **Privée (La)** BMT f. 1958. *1998* : *4 000*. *2000* : 2 000.

Forêts de France * M *1996* : 7 371. *98* : 6 592. *99* : 6 616.

Forum. TP 7 nos/an. *2000* : 320 000. **De la poste** M *1998* : *330 000*-320 000.

Français du monde T 5 nos/an. f. 1980. *2000* : *7 000*.

France. Agricole (La) * H f. 1945. *1960* : 100 284. *93* : 201 794. *2000* : 182 021 (ab 164 189). **Aviation** BM *1994* : 80 000. **Cadres** (France TGV + France Aéroports) M f. févr. 1998. *2000* : 503 462. **Catholique** H f. 1925. *2000* : *20 000*. **Cycliste (La)** BM *1986* : 35 000 (ab 25 000). *2000* : 15 000. **-Dimanche** * H f. 1946. *1971* : 1 062 268. *83* : 682 602. *86* : 721 001. *90* : 646 185. *98* : 604 549. *99-2000* : 520 864. **Football** * BH (en 1970 puis H ; redevenu BH févr. 1997) f. 1947. *1959* : 114 269. *90* : 184 785. *93* : 220 163. *96* : 230 554. *97* : 214 021. *99-2000* : 177 136 (np 1 889, ab 43 461). **Horizon-Le Cri du rapatrié** BMT *1994* : 10 000. *2000* : 3 000. **Horlogère (La)** * M f. 1901. *2000* : 4 670 (np 782, ab 3 796). **Moto Magazine** M *1999* : *35 000*-32 000. **Pays arabes** M *1994* : *10 000*. *99* : 29 300. **-Soir Est** BM gr. (3 éd.) : 94 Nord : 159 200, 94 Sud : 160 150, 77 Nord : 81 000. **-Soir Paris** BM gr. 300 000. **Tabac** * M *1991* : 18 982. *93* : 12 398. *96* : 9 163. *97* : 8 411. *98* : 7 865. *2000* : 7 143 (np 1 272, ab 5 840). **Tennis de table magazine** M *1993* : 33 918. *2000* : *13 000*-12 000.

Franchise magazine 6 nos /an f. 1982. *2000* : 7 505.

Frères d'armes BMT f. 1963. *1994* : *10 000*. *98* : *15 000*-15 000.

Fret aérien international BMT *2000* : *16 026*-16 000.

Futuribles M f. 1975. *1998* : *5 000*-5 000 (ab 4 000). *2000* : *800*.

Gai-Pied H *1er no* 1-4-1979, baptisé par Michel Foucault, M puis H (nov. 1982). *1985* : 27 000 vendus, *88* : 10 000, *92* : 6 000 (dernier no 30-10-1993 : 28 000).

Gala * H (depuis 29-7-1993). *1er no* 28-1-1993. *1995* : 361 891. *96* : 356 387. *97* : 331 362. *2000* : 289 026.

Gault Millau Magazine * BMT *1986* : 125 685. *90* : 93 665. *93* : 62 669. *95* : 62 748. *96* : 58 143. *97* : 76 587. *99-2000* : 53 845 (np 726, ab 13 128).

Gazette (La). De l'hôtel Drouot H f. 1891. *1999-2000* : 48 221. **De la Manche** * *1989* : 15 821. *96* : 14 305. *97* : 13 866. *98* : 13 738. *99-2000* : 13 451. **De Montpellier** * H f. par Pierre Serre qui détient 51 % (La Dépêche du Midi : 34 %). *1995* : 10 963. *2000* : 17 870. **Nord-Pas-de-Calais** TH *1998* : 14 850 (ab 13 100). **Des armes** M *1997* : 20 000. **Des uniformes** BM *1997* : 20 000. **Des communes, des départements, des régions (La)** * H f. 1934. *2000* : 29 870 (np 1 921, ab 27 794). **Du Morvan (La)** * BH *2000* : 3 264. **Du Palais** TH *2000* : 20 000. **Du Parlement** TH f. 1881 par Félix Colin. *2000* : *20 000* (no spécial annuel : *Le Trombinoscope* 6 nos/an. 60 000 ex. vendus). **Du Val-d'Oise** * H *1999-2000* : 5 781 (4 éd.). **Hôtelière** * M *2000* : 1 933 (np 563, ab 1 604).

Gazoline M f. 1995. *2000* : 31 241.

Gé-magazine M *1994* : *25 000*. *2000* : *15 000*-10 000.

Gen 4. Consoles M (ex-*CD consoles*) 1er no : 25-10-1999. *2000* : n.c. **PC CD-Rom** M (ex-*Génération 4*) *2000* : n.c.

Généraliste (Le) BH f. 1975. *Oct. 1995-sept. 1996* : 58 504.

Génération. PC * M f. 1993. *1996* : 71 843. **4** M f. 1987. *1993* : 51 082. *95* : 41 982. *2000* : 60 167. Devenu *Gen 4 PC CD-Rom*.

GEO * M f. 1979. *1990* : 583 825. *95* : 548 626. *96* : 517 038. *97* : 519 908. *98* : 487 494. *99-2000* : 422 499.

Géopolitique T f. 1982. 25 000.

Girls ! M 1er no : 25-2-1998. *2000* : 251 069.

Glamour M f. 1988. *1993* : 93 000 ; a fusionné avec *Vogue* en mars 1995.

Globe Hebdo voir Quid 1998 p. 1637 a.

Glory M 1er no : 25-3-1998 : *350 000*.

Golf Européen * M f. 1914. *1993* : 29 538. *99-2000* : 20 650. **Guide complet du golfeur** 5 nos/an. *50 000*-30 000. **Magazine** * M *1995* : 63 524. *99-2000* : 47 949. **Senior** T 1er no : 1-6-1997. *2000* : 20 000 (ab 8 000).

Goyav M 1er no févr. 1996 : *30 000*.

Grand Écran M f. déc. 1992 (Gaumont ; couplé avec **Spectateur** et **Ciné Libre**) *350 000*-350 000.

Grandes Lignes TGV * M *1995* : 203 297. *96* : 250 611. *98* : 300 445. Voir *France Cadres*.

Grands Reportages * M f. 1978. *1991* : 148 021. *95* : 93 805. *96* : 97 554. *97* : 84 551. *98* : 64 724. *99-2000* : 61 867.

Green-Keeper T f. 1987. *2000* : 2 000 (ab 1 450).

Guide Cuisine * M f. 1991. *1996* : 158 895. *97* : 180 552. *98* : 159 796. *2000* : 148 403.

Gyn. obs. BM 1er no : 1er mai 1979. *2000* : 8 000.

Hara-Kiri. Sous-titre : « Journal bête et méchant ». f. sept. 1960. *1961* interdit 7 mois. *1966* tirage : 240 000 ex. ; interdit 8 mois. *1969* devient H. *1970-nov.* interdit. *-23-11* lancement de *Charlie Hebdo* (voir p. 1347 b). *1990-6-11* racheté 80 000 F par Bruno Larebière (Louftallah) pour le compte du Dr Daniel Cosculluela (sous-titre : « Le Journal de l'Europe à feu et à sang »). 6-1-1993 : fusion avec *La Grosse Bertha*, reparaît 1996 : *10 000*.

Haut. Anjou (Le) * H *1995* : 14 650. *99-2000* : 13 897. **-Parleur (Le)** * M f. 1926. *1995* : 33 198. *96* : 32 475.

HD 14 (Caen) H *2000* : *14 300*.

Hebdo. Cuir * BM *1991* : 7 009. *2000* : 6 797 (np 2 933). **De l'actualité sociale (L')** [ex-*Vie ouvrière* f. 1909 par la CGT] 1er no : 1-10-1993. *2000* : *150 000*. **Dijon** * gr. H *2000* : 105 000. **Saint-Étienne** H gr. *1994* : *162 000*. *96* : 160 000.

Hérisson-Marius-L'Épatant (Le) H f. 1937. *1994* : 20 000 ; suspendu le 10-5-1995.

Histoire (L') * M f. 1978. *1993* : 59 142. *95* : 68 277. *99-2000* : 75 604. **-Historama** * M (fusion 1984 avec *Histoire Magazine*) *1985* : 132 000. *86* : 66 435. *91* : 53 514 (np 297, ab 35 246).

Historia * M f. 1909 par Jules Tallandier, 1946 *Lisez-moi Historia*, 1955 redevient *Historia*. *1999-nov.* nouvelle formule. *1959* : 290 248. *85* : 104 097. *95* : 78 146. *99* : 75 300.

Historiens et Géographes BMT *2000* : 12 000 (ab 12 000).

Home. PC * M *1995* : 52 717. *98-99* : 28 327. **Theater** M f. 1995. *99-2000* : 22 692 (ab 6 000).

Homéopathie européenne (L') BMT f. 1912. *2000* : *4 000*-4 000.

Homme (L'). Nouveau * BM *1971* : 20 930. *90* : 26 991. *95* : 24 838. *99-2000* : 15 992.

Hommes. Et Commerce * BMT f. 1952. *1990* : 9 482. *98* : 12 748. *2000* : *17 000*. **Volants** BMT *1994* : 15 000.

Horoscope M *1960* : 102 250. *2000* : 80 000.

Hospitalisation nouvelle M *1998* : *6 000*-6 000. **Privée** M *2000* : *6 000*.

Hôtelier (L') BMT *1998* : *6 000*-5 500.

Hôtellerie (L') * H f. 1923. *2000* : 46 214 (ab 46 061).

Humanité (L'). D'Alsace et de Lorraine H *30 000*. **Hebdo** H Ex-*Humanité Dimanche* (titre actuel depuis le 20-11-1997). *1960* : 460 141. *68* : 415 557. *92* : 108 000 (ab 21 000, en kiosque 5 000, diffusion par militants 82 000). *94* : 193 400. *97* : 110 000. *98* : 193 400. *2000* : *55 113*.

Icare * T *1993* : 7 498. *2000* : 7 269.

ICF-L'Indicateur du commerce de France * M f. 1971. *1995* : 18 599. *2000* : 14 549 (np 7 300, ab 892).

Ici Paris * H f. 1945. *1960* : 705 718. *91* : 412 307. *95* : 469 403. *98* : 502 085. *2000* : 518 576.

Idiot international (L') H f. 1969 par Jean-Edern Hallier avec J.-P. Sartre et Simone de Beauvoir ; relancé 1984, mars 89, nov. 90, arrêté 30-5-91 ; depuis, reprises épisodiques. 50 000.

Ile-de-France cycliste (L') BM f. 1944. *2000* : 15 000.

Il était une fois le cinéma T f. 1995.

Images de guerre BMT f. 1995.

Impact BMT (cinéma) f. 1986 : 60 000. H gr. (Longwy). *1994* : 38 050. **Internat** M *1998* : *12 000*-10 000. **Médecin hebdo** * H f. 1979. *2000* : 65 240 (ab 30 232).

Impartial H *1989 : 15 000.* **(L')** * H (Eure) *1999 :* 12 797. (Drôme) *1995 :* 8 953. *99 :* 9 221 (np 3 700).
Indépendant (L'). Du Haut-Jura * *2000 :* 2 400. **Du Louhannais et du Jura** * TH *2000 :* 6 325. **Du Pas-de-Calais** * *2000 :* 17 846.
Index SVP H *1994 : 37 000* (ab 25 000).
Indicateur. Bertrand : **Midi-Méditerranée** M *2000 :* 20 000 ; **Paris-Banlieue** BM f. 1905. *2000 :* 25 000 ; **Rhône-Alpes** M *2000 :* 10 000. **Lagrange** M *1999 : 20 000*-20 000.
Industrie hôtelière (L') * M f. 1950. *2000 :* 32 471. Devenu *CHD génération l'Industrie hôtelière.*
Industries. Alimentaires et agricoles M f. 1883. *2000 :* 4 200 (4 200 ab). **Des céréales** * BMT *2000 :* 3 000. **Et Techniques** * M 11 n^{os}/an + 1 spécial. *2000 :* 30 545 (np 14 750, ab 15 580). **Mécaniques** * M *1996 :* 4 924 (np 612).
Infirmière magazine (L') f. 1987. M *1993 :* 68 251. *98 :* 60 000 (ab 44 859). *2000 :* n.c.
Info. Chimie magazine * M (ex-*Informations chimie*) *2000 :* 5 071. **Dimanche** H f. 1995. **Timbre** M f. 1995.
Informateur (L'). D'Eu * H *1995 :* 8 739. *97 :* 8 766. *98 :* 8 893. *2000 :* 8 872. **Judiciaire** * *1995 :* 8 870.
Information. Agricole (L') M f. 1952. *2000 : 8 500*-8 000. **Dentaire (L')** H *1993 :* 17 187. *2000 :* 19 123 (np 9 495, ab 9 598). **Géographique (L')** BMT *1998 : 3 000*-2 500. **Historique (L')** BMT *1998 : 3 000*-2 500. **Immobilière** * M f. 1893. *1991 :* 101 925. *95 :* 91 376. *2000 :* 66 773. **Juive** M f. 1948. *1996 : 10 000. 2000 : 9 000.* **Littéraire (L')** 5 n^{os}/an. *1998 : 5 000*-4 000 ab.
Informations. Agricoles H (Landes) *2000 :* 10 500. **Catholiques internationales** * M *32 000.* **Chimie** * M *1996 :* 4 813. *97 :* 4 826. *2000 :* 5 071. Devenu *Info chimie magazine.* **Dieppoises (Les)** * BH f. 1944. *1999-2000 :* 14 910. **Fleuristes** M f. 1971. *2000 : 9 500*-9 000. **Police** * *1994 :* 25 001. *95 :* 24 868.
Informatiques magazine * BM f. 1994 : *160 000* (T). *96 :* 50 936. *97 :* 60 675. *98 :* 65 642. *2000 :* 50 074.
Ingénieur Constructeur ETP (L') BMT *1998 : 5 000*-5 000 (par ab).
Initiatives contact BMT f. 1995 : *70 000. 1996 : 50 000. 2000 : 50 000*-35 000.
Inrockuptibles Hebdo (Les) * H f. 1986. *1994 :* 39 000. *96 :* 32 200. *97 :* 33 826. *98 :* 37 823. *99 :* 40 222.
Instrumentation et systèmes * M f. 1978. 9 n^{os}/an + hors-série. *2000 :* 6 618.
Intégration Magazine M gr. lancé mai 2000. *2001 :* 13 000.
Intellect BMT *1994 : 48 700*-27 000.
Interactif M f. 1995 : *100 000.*
Inter. Automatique M f. 1974. *1999 : 3 200*-2 880. **Forain** BM f. 1947. *2000 :* 2 880.
Intermédiaire des chercheurs et des curieux (L') f. 1864, suspendu de mai 1940 à avril 1951.
Internet. Professionnel * M f. sept. 1996. *1996 :* 25 265. *98 :* 31 753. *99 :* 33 151. *99-2000 :* 35 087 (np 15 722, ab 19 356). **Reporter** M f. 1995 : *60 000.*
Intimité. Nouvel (Le) * f. 1947 lancé par Cino Del Duca 1945 sous le titre *Véronique, Nouvel I.* en mai 1989. H *1959 :* 588 706. *80 :* 633 345. *85 :* 420 681. *90 :* 226 933. Suspendu 24-6-1992. **Magazine** M f. 1945. *2000 : 330 000*-210 000 (ab 35 000).
Intramuros BMT *2000 : 20 000*-15 000.
Investir * H f. janv. 1974. Racheté environ 185 millions de F par LVMH en 1993. *1991 :* 105 015. *95 :* 104 405. *99 :* 141 230. *99-2000 :* 166 432 (np 13 171, ab 92 229). **Magazine** * M f. 1988 (supplément d'*Investir*). *1998 :* 137 935. *99 :* 151 065. *99-2000 :* 179 299 (np 13 516, ab 96 482).
J'accuse M f. 1990. Parution suspendue.
Jalons f. 1991. 1 à 4 n^{os}/an. *1994 : 50 000*-25 000. *98 : 25 000*-13 000. *2000 : 150 000*-100 000.
Jalouse * M 1er n° : 24-4-1997 : *97 000. 99-2000 :* 80 279.
Jardin. Des modes * M f. 1979. *1980 :* 89 581. *85 :* 32 230. *90 :* 18 889. *95 :* 15 016. **Familial de France (Le)** BMT f. 1974. *2000 : 27 000*-24 500 par ab. **Pratique** BMT *2000 : 95 000*-75 000.
Jardineries – Végétal * BM (+ 1 hors-série) *2000 :* 8 107.
Jardins de France M f. 1947. *1993 :* 12 736*. *2000 :* 16 500.
J'assure M f. 1995 : *120 000.*
Jaune et la Rouge (La) * M *2000 :* 12 296 (np 2 988).
Jazz. Hot M f. 1935 par Charles Delaunay (fils de Robert et Sonia). *2000 :* 20 000. **Magazine** M f. 1954. *1994 :* 12 000. *2000 :* 18 500 (ab 3 500).
Jazzman M f. 1992 : *51 000. 2000 :* 40 000.
J'économise BM f. sept. 1998. *1998 :* 300 000. *2000 :* 81 087.
Jeune. Afrique l'intelligent * H f. 1960 (*Jeune-Afrique*). *1972 :* 40 000. *81 :* 100 267. *86 :* 112 405. *89 :* 80 009. *92 :* 100 430. *99-2000 :* 76 350 (étranger 57 581 payés). **Afrique Économie** BM f. 1981. *1994 :* 64 493 *. *95 :* 40 456 *. *98 :* 36 950 *. *2000 :* 39 150. **Cinéma** M f. 1964 par Jean Delmas. 4 500. **Et Jolie** * M f. 1987. *1995 :* 193 477. *98 :* 215 593. *2000 :* 250 536.
Jeunes. Agriculteurs M f. 1950. *2000 : 30 000.* **A Paris** * M f. 1990. *1999-2000 :* 145 697 (np 148 465).
Jeux de notre temps magazine * M f. 1986. *1993 :* 121 041. *99-2000 :* 111 823.
Job pratique magazine BMT *2000 : 85 000*-48 900 (ab 34 960).
Jogging international * M f. 1983 11 n^{os}/an. *1996 :* 39 020. *97 :* 39 454. *98 :* 38 656. *99-2000 :* 41 019.
Journal (Le). D'Elbeuf * BH *1999-2000 :* 4 273. **De Gien** * H *2000 :* 20 385. **De chirurgie** BMT *2000 :* 2 000 (ab 1 500). **De l'Orne** * H *2000 :* 7 352. **De la Confédération musicale de France** BMT f. 1906. *2000 :* 9 000 par ab. **De la maison** * M f. 1968. *1970 :* 46 994. *90 :* 204 178. *97 :* 133 872. *99-2000 :* 158 058. **De la marine marchande** H f. 1919. *2000 :* n.c. **De la moto** M *1987 :* 207 257. *96 :* 171 371. **De Millau** * H *1997 :* 6 835. *2000 :* 6 631. **De Montreuil** f. 1845. *1997 :* 9 681. *2000 : 9 000.* **De la paix (Le)-Pax Christi** T f. 1951. *1999 :* 3 600 (2 900 ab). **De la Sologne et de ses environs** 5 n^{os}/an. f. 1972. *1999 :* 14 210. **Des Arts** M f. 1993. *1994 : 30 000. 2000 : 25 000.* **Des Communes** M *2000 :* 8 000. **Des Finances** H f. 1867. Racheté début 1998 par Serge Dassault. *1993 :* 77 000 (ab 35 000). *2000 : 13 500*-77 500 (ab 45 802). **Des instituteurs et des institutrices** M 10 n^{os}/an. *1994 :* 100 000 (ab 45 000). *97 :* 42 000 ab. *98 :* 40 000 ab. (sept. : 80 000). *99 :* 38 000. **Des maires** * M *1992 :* 10 442. *2000 :* 16 137. **Des ménagères** (Mulhouse) H f. 1901. *2000 : 4 550*-4 300. **Des mots croisés** H *39 000.* **Du bâtiment et des travaux publics** * H. *1992 :* 12 154. *97 :* 9 195. *2000 :* 9 493. **Du dimanche** * H f 1948. *1960 :* 582 132. *95 :* 343 242. *2000 :* 283 622. **Du fermier et du métayer** M f. 1948. *20 000* (np 2 000). *2000 :* n.c. **Du jeune praticien** *1994 : 23 000*-22 000. **Du Parlement** BM *12 000.* **Du pâtissier confiseur-glacier** * M *2000 :* 7 612 (np 1 321, ab 6 178). **Du Périgord** * f. 1989. *1995 :* 5 898. *2000 :* n.c. **Du sport** M f. 1993. *1994 :* 47 800 (ab 9 500). **Du textile** * H f. 1964. *1992 :* 20 355. *2000 :* 17 725 (np 4 903, ab 12 891). **International de médecine** H *1998 : 61 500*-61 000.
Jours. De chasse T 1er n° : oct. 2000 *80 000.* **De France** voir Quid 1998 p. 1637 c.
Joyce 8 n^{os}/an. f. 1987. *1992 :* 30 046 *. *98 :* 22 540 *. *2000 :* 25 000.
Joypad * M *1995 :* 52 141. *98 :* 45 959. *2000 :* 39 325.
Joystick * M f. 1989. *2000 :* 80 788.
Judo BMT 6 n^{os}/an. *2000 :* 40 000 (ab 15 000).
Juke-Box magazine f. 1984. *1994 :* 13 200. *2000 :* 10 800.
Karaté-Bushido * M f. 1974. *1999 :* 25 432.
Kinésithérapie actualité * H *2000 :* 11 311 (np 4 721).
Lectures françaises M f. 1957.
Lettre (La). De l'Expansion H f. 1970. 7 000. **De la prévention** M *1994 : 45 000.* **Du médecin** M 10 000.
Lettres françaises BT f. 1941, cesse 1972, reparaît 1990 : 25 000.
Liaisons sociales * Q *1996 :* 28 847. M *1996 :* 43 068. *2000 :* 30 606.
Liberté. De Normandie-Bonhomme libre * *1996 :* 19 643. **Dimanche** * (Rouen) H *1960 :* 31 635. *95 :* 45 752. *96 :* 43 654. *2000 :* 25 093.
Licence IV voir **Hôtellerie (L')**.
Lien horticole * H *1991 :* 13 493. *98 :* 10 292. *2000 :* 7 658.
Lion (The) * M *1995 :* 36 306. *2000 :* 34 180.
Lire * M f. 1975 par Bernard Pivot et Jean-Louis Servan-Schreiber. *1976 :* 103 014. *90 :* 145 490 (*mars :* 792 000 lecteurs). *91 :* 141 605. *92 :* 112 392. *95 :* 114 880. *96 :* 107 593. *97 :* 103 918. *98 :* 103 428. *99 :* 103 800. *2000 :* 106 042 (np 2 278, ab 60 356).
Littérature T *2000 : 1 300*-1 300.
Livres. De France M 1er n° : 1-1-1979. *1999 : 6 500*-6 500 (5 415 ab). **Hebdo** H *1999 : 9 500*-9 500 (8 500 ab).
Loco-revue * M *1993 :* 19 046. *95 :* 18 360. *2000 :* 18 105.
Logement et famille * M *1993 :* 101 536. *2000 :* 98 830.
Logiciels et systèmes M f. 1995. *2000 : 22 000*-18 000.
Loisirs. Nautiques M *1998 :* 15 000. *2000 :* 21 000. **Santé** 5 n^{os}/an. *1995 :* 26 353. *2000 :* 21 280 (np 452, ab 20 828).
Losange (Le) M *2000 : 43 500*-42 000.
Lozère nouvelle (La) * H *1986 :* 20 885. *89 :* 22 937. *90 :* 21 726. *91 :* 22 345. *95 :* 24 201. *2000 :* 25 386.
LSA – Libre-service actualités * H *1993 :* 29 671. *2000 :* 32 320 (np 7 138, ab 24 456).
Lui * M (BMT en 1993) f. nov. 1963 par Daniel Filipacchi. *1964 :* 131 466. *79 :* 489 261. *80 :* 466 864. *86 :* 300 201. *87 :* 258 154. *88 :* 200 817. *90 :* 113 186. *93 :* 70 358 (59 043 payés). Suspendu fin 1993, reparaît 27-9-1995 : *230 000.*
Lyon. Capitale H 1er n° : 19-10-1994. *2000 :* 20 000. **Cité** M 260 000. **Poche** H *1993* * : 9 243 (np 301). *2000 :* 13 500.
M Magazine M 1er n° : avril 1998. *98 :* 275 000.
Macadam Journal f. 11-5-1993. Voir p. 1343 a.
Machines production * BM *1991 :* 12 015. *95 :* 7 437 (np 4 053). *98 :* 7 953. *2000 :* 8 312 (np 560).
Mad Movies BMT f. 1972. 80 000.
Madame Figaro * f. 1980. M puis BM 1983 et H 1984. *1991 :* 651 751. *95 :* 551 127. *99-2000 :* 509 281.
Magazine. De la discothèque et des disc-jockeys (Le) BMT *2000 :* 4 500. **De la Touraine** T *1995 :* 9 287 *. *98 :* 15 130. **De l'Optimum** BMT succède à *L'Officiel Homme* [f. 1977. 16 679 (ab 1830)]. *1999-2000 :* 45 751. **Des expositions (Le)** BMT 1er n° : 19-3-1996. *1998 : 30 000.* **Des Français expatriés (Le)** remplacé par Français à l'étranger T 1er n° : juin 1997. *2000 : 98 000.* **Hebdo** H f. 15-4-1983, disparaît 10-1-1985. 150 000 (en 1984). **Littéraire** * M f. 1966. *2000 :* 52 750 (np 1 171).
Magic ! BMT f. 1995. *2000 : 45 000*-20 000.
Maintenance et entreprise * M *1989 : 7 500. 2000 :* 1 464.
Maintenant BM f. 1995 : *100 000.*
Maison. Bricolages * M *1993 :* 124 645. *99-2000 :* 83 494 (np 4 242, ab 43 712). **De Rustica** * M (suppl. gr. de *Rustica*) *1960 :* 129 169. *95 :* 288 279. **Et Jardin** * M *1960 :* 48 424. *91 :* 96 759. Fusionné 25-3-1993 avec *Vogue Décoration. 95 :* 112 732. Suspendu fin 1996. **Et Travaux** * BMT *1991 :* 243 490. *93 :* 204 118. *95 :* 190 204. *2000 :* 260 197. **Française** * M *1992 :* 98 067. Nlle formule (20-4-1993) : 126 000. *94 :* 135 645. *95 :* 155 493. *98-99 :* 174 904 **Madame Figaro** * 1er n° : 20-5-1996. *1999-2000 :* 141 828 (np 1 339).
Maisons. A vivre T f. 1995 : *150 000. 2000 : 60 000.* **Côté Ouest** * *1995 :* 87 552. *99-2000 :* 91 513. **Côté Sud** * *1995 : 114 140. 99-2000 :* 128 271. **De France** M *2000 :* 30 000. **Et Décors Méditerranée** * *1995 :* 71 424. *99-2000 :* 89 947.
Management * M (succède à *L'Essentiel du management*). *1999-2000 :* 109 458.
Manche libre (La) * H *1964 :* 47 000. *95 :* 67 291. *2000 :* 67 595.
Marchand forain M *1999 : 16 000*-14 400.
Marchés tropicaux et méditerranéens (Les) H *1989 :* 5 327 *. *92 :* 3 603 *. *98 :* 2 911. *2000 : 2 516.*
Mariages T *1995* * : 35 355. *99-2000 :* 33 970.
Marianne * H f. avril 1997 par Jean-François Kahn. S'inspire du journal lancé 1932 par Gaston Gallimard et Emmanuel Berl. *1997 :* 231 427. *98-99 :* 216 213. *99-2000 :* 204 999 (np 1 999, ab 35 837).
Marie-Claire * M f. 3-3-1937 par Jean Prouvost ; relancé 1954. *1960 :* 1 021 298. *85 :* 601 795. *90 :* 600 226. *91 :* 574 435. *95 :* 552 485. *99-2000 :* 496 151 (np 1 094, ab 30 467). **Bis** SMT *320 000*-267 000. *Déc. 93 :* liquidation judiciaire. *Oct. 94 :* titre repris (2 millions de F) par le groupe Marie-Claire qui relance le journal. **Idées** * T f. 1991. *1995 :* 244 120. *99-2000 :* 317 475. **Maison** * M *1973 :* 369 885. *87 :* 203 080. *95 :* 180 568. *99-2000 :* 154 657.
Marie-France * f. 17-11-1944 par Émilien Amaury. H puis M en 1956. *Avril 1988* racheté par Bauer. *Juillet 1993 :* racheté à 70 % par New Press (Alain Tailliar, Gérard Soulas, Marcel Tiboulet). *1994 :* liquidation judiciaire. *22-2-1995 :* relancé. *1960 :* 646 067. *79 :* 524 796. *85 :* 378 649. *90 :* 280 373. *92 :* 243 566. *94 :* 280 000. *96 :* 228 332. *99-2000 :* 203 692.
Marin (Le) * H *1993 :* 14 659. *99-2000 :* 9 491.
Marine f. 1951. *1998 :* 17 017.
Marius H f. 1924 voir **Hérisson-Marius-l'Épatant**.
Market-Équipement du cadre de vie * 10 n^{os}/an. 3 éditions. Édition jaune : *1989 :* 65 256. *96 :* 11 099. *99-2000 :* 12 269.
Marne (La) * H (Meaux) *1993 :* 27 396. *97 :* 22 906. *2000 :* 19 658.
Marseillaise de l'Essonne M *1998 : 40 000.*
Mass 67 Strasbourg * H gr. *1993 :* 198 999. *2000 :* 194 237.
Massif Central Magazine * BM *1995 :* 36 143. *99-2000 :* 23 695.
Max * M f. 1988. *1991 :* 69 231. *2000 :* 120 340.
Maxi * H f. 1986. *1991 :* 912 925. *2000 :* 662 541.
Maxi-Basket * M *1991 :* 40 801. *93 :* 50 843. *98 :* 20 224.
Maximal M lancé nov. 2000 : 300 000.
Maximots BMT *1994 : 44 800*-25 000. *96 : 59 500*-31 000.
Médaille militaire (La) T *1994 : 76 500* par ab. *2000 : 7 100.*
Médaillé du Travail (Le) T f. 1930. *2000 :* 36 000.
Médecin de France (Le) *2000 :* H *20 000.* M *40 000.*
Médecine. Douce M f. 1981. *2000 :* 68 430. **Naturelle** BMT *1994 :* 58 900 (ab 13 000). *2000 : 75 000*-64 134 (ab 23 946). **Tropicale** T *2000 :* 5 600.
Médecines nouvelles T f. 1985. *2000 :* 33 000.
Médias M f. 1980. *1989 :* 11 166. *91 :* 26 570. *92 :* 15 002.
Médiaspouvoirs T f. 1985. Suspendu fin 1998.
Méditerranée Magazine * BM *1995 :* 66 598. *96 :* 57 271.
Mégahertz M *1994 :* 34 800 (ab 6 300).
Meilleur (Le) H f. 5-3-1971 par Alain Ayache. 450 000.
Mémorial de l'Isère * *1995 :* 4 928. *99-2000 :* 5 092.
Mer. Et Bateaux (ex-*Année Bateaux Magazine*) M *2000 : 28 000*-22 000 (ab 8 000). **Et Océan** M f. 1995. *1995 : 150 000*-50 000. *2000 :* 22 000.
Messager-L'Essor savoyard Haute-Savoie (Le) * H *1993 :* 39 950. *96 :* 29 030. *99 :* 27 896.
Messages du Secours catholique * M *1960 :* 435 867. *85 :* 1 076 000. *90 :* 1 123 421. *95 :* 1 104 242.
Mesures * M *1996 :* 12 662. *2000 :* 12 617 (np 6 509).
Métro (Le) M *1994 : 85 000.*
Métropolis T *1994 :* 5 000.
Micro. Hebdo * H f. avril 1998. *1998 :* 91 860. *99 :* 103 166. *99-2000 :* 121 677. **Pratique** * M f. 1996. *1997 :* 47 826. *2000 :* 66 313 (np 4 056, ab 30 448).
Midi. -Auto-Moto M f. 1936. *2000 :* 14 815. **Mut** * BMT *1990 :* 115 680. *95 :* 55 090. *96 :* 58 080. **Olympique, l'hebdo du rugby** * f. 1919 H *1995 :* 74 231. *96 :* 70 756. *2000 :* 74 249. **Olympique Magazine** *2000 : 150 000*-80 000.
Mieux vivre votre argent * M f. 1979. *1990 :* 147 009. *95 :* 225 600. *96 :* 230 960. *99-2000 :* 264 872.
Migrations M *1986 :* 41 270. *88 :* 36 153.
Militaria Magazine M f. sept. 1984. *2000 : 27 800*-15 638.
Minéraux et fossiles M f. 1974. *6 000*-5 700 ab.
Minitelescope T f. 1995.
Minute * H f. 6-4-1962 par Jean-François Devay († 1971). *1962 :* 33 976. *81 :* 148 472. *85 :* 135 395. *86 :* 120 000. *87 :* 92 851. *88 (mars) :* 70 000. *89 :* n.c. Règlement judiciaire nov. 1987, repris janv. 90 par proches du Front national, devient *Minute-La France. 90 :* 54 749. *91 :* 40 062. *92* cédé à Gérald Penciolelli. *93 :* 36 017. *98 :* 31 430. En liquidation judiciaire. *1999-15-6* attribué à SE2M, Sté multimédia de Catherine Bernay.
MOCI (Le) Moniteur du Commerce international * H *1989 :* 13 842. *93 :* 13 131. *99 :* 13 811 (np 4 204).
Modèle. Magazine M *1992 :* 21 069 (np 2 871). *2000 :* 20 230. **Réduit d'avion** M *1994 : 25 000. 99-2000 :* 23 000. **Réduit de bateaux** M *1994 : 25 000. 2000 : 20 000.*
Modes & Travaux * M f. 1919. *1960 :* 1 041 095. *80 :* 1 472 193. *84 :* 1 357 081. *86 :* 1 132 461. *90 :* 930 877. *91 :* 867 861. *95 :* 723 104. *99-2000 :* 607 508.
Monde (Le). 2 lancé nov. 2000 par Le Monde avec Hachette-Filipacchi Médias et GS Presse. 1er n° : 160 000. **De l'éducation, de la culture et de la formation** * M succède au *Monde de l'éducation* (f. nov. 1974) depuis janvier 1997. *1990 :* 90 807. *96 :* 53 904. *99-2000 :* 47 901. **Dossiers et Documents** * *1993 :* 89 775. *99-2000 :* 81 042. **De la Bible** BMT *2000 :* 15 000. **De la musique** * M *1999-2000 :* 35 903. **Des débats** M f. oct. 1992. **Des philatélistes** * M 1er n° : 13-10-1951. *1991 :* 31 650. *93 :* 28 668. *98-99 :* 19 898. **Diplomatique** * M f. 1953. *1990 :* 128 519. *95 :* 164 116. *99-2000 :* 197 526 (ab 61 916). **Du muscle** M f. 1975. *2000 :* 27 050. **Et vie** BM *2000 : 12 000*-10 000. **Informatique** * H *1991 :* 34 433. *93 :* 42 852. *2000 :* 61 859 (ab 22 389). **Moto** M *45 000.* **Sélection hebdomadaire (Le)** * H *1993 :* 19 675. *99-2000 :* 19 354.

Mondial * M f. 1986. (Voir **Onze Mondial**) **Basket** * M f. 1991. *1995* : 62 396 (ab 3 832). *99-2000* : 18 158.
Moniteur (Le). Architecture M f. 1989. *1993* : 10 508 (ab 8 701). **Du commerce et de l'industrie** H. *1994 : 20 000.* **Des pharmacies et des laboratoires** * H *1991* : 32 016. *93* : 29 953. *2000* : 31 394 (ab 27 052). **Des travaux publics et du bâtiment** * H *1991* : 76 054. *93* : 73 031. *2000* : 61 724 (ab 53 570). **Des ventes** BH *2000 : 25 000* (ab 12 000). **Judiciaire : voir Tout Lyon**.
Mon Jardin et ma Maison * M *1962* : 83 604. *84* : 215 179. *93* : 207 790. *95* : 201 609. *99-2000* : 158 241 (ab 73 275).
Monsieur * T 1er no 2-3-1995 : *50 000. 1999-2000* : 30 183.
Montagne et Alpinisme (La) * 4 nos/an f. 1874. *1993* : 34 681. *95* : 29 116. *99-2000* : 27 639 (np 1 379, ab 26 159).
Montagnes magazine * M f. 1978. *1993* : 31 882. *99-2000* : 24 501.
Monuments historiques BMT f. 1936. *1998* : 12 000 (ab 6 000 dont 3 750 payants).
Moteur Boat Magazine * *1995* : 26 701. *99-2000* : 29 701.
Moto. Crampons Magazine * M *1993* : 60 350. *99-2000* : 39 484. **Cyclisme** BMT f. 1994. *1994* : 40 000. *2000* : 28 000 (ab 9 250). **Flash** M *1994* : 39 500. *2000 : 60 000*-28 000 (ab 9 250). **Journal** * H f. 1972. *1991* : 73 777. *93* : 70 258. *99-2000* : 54 672 (np 1 415). **Magazine** * M f. 1983. *1994* : 60 000. *99-2000* : 127 476. **Revue** * H f. 1913. *1939* : 320 000. *1976* : 88 571. *86* : 63 124. *98* : 34 093. **1** * M *1991* : 32 055. *99-2000* : 36 108. **Verte** * M *1992* : 78 623. *99-2000* : 58 374 (ab 15 169).
Mots croisés. De Guy Hachette T *1994* : 21 000. *96* : 18 000. **De poche** BMT *1994* : 23 000. *2000* : *36 000.* **Voyage** BMT *1994* : 23 000. *96* : 24 000.
Mots. Mêlés M *2000 : 99 500.* **Mêlés géants** BMT *1996* : 39 000.
M6 Ciné Vidéo T f. 1995. *1998* : 120 000.
Muséart * M f. 1990. *1992* : 43 908. *98-99* : 29 872.
Musées et Collections publiques T *2000* : 1 700.
Mutualiste RATP (Le) T *1994 : 72 000.*
Mutualité 10 nos/an. *1994* : 270 000. *98 : 235 000.*
MVP Basket * *1995* : 44 310. *96* : 43 498.
Nantes Poche H *2000 : 8 000* (ab 500).
Natation Infos M *1994* : 3 000. *2000* : 4 000.
National. Geographic France (éd. américaine : 1er no envoyé oct. 1888 à 200 membres fondateurs de la National Geographic Society créée janv. au Cosmo Club de Washington). M lancé oct. 1999. *1999-2000* : 875 286 (np 3 379, ab 86 972). **Hebdo** *2000 : 80 000.*
Nature et Jardin M f. févr. 1995. *80 000.*
Naut'Argus T *1999* : 22 000 (ab 2 000).
Négoce M *2000 : 12 000.*
Néo Restauration Magazine * BM puis M *1990* : 13 412. *93* : 14 522. *95* : 18 737. *2000* : 20 264 (np 7 884).
Neptune Moteur Yachting * M f. 1984. *99-2000* : 19 367.
Net.Pro * M 1er no 1-61998. *1998-98* : 19 185. **Mag** M lancé févr. 2001.
Netsurf * M 1er no : 1-11-1995. *1997* : 23 711. *99-2000* : 26 438.
Neuilly-Journal indépendant M *1994 : 24 000. 2000* : 40 000.
Newbiz M 1er no : juillet-août 2000 : *260 000.*
Newlook * M f. 1983. *1991* : 188 901. *95* : 149 107. *99-2000* : 114 441.
Newsbourse H 1er no : 19-11-2000. *2000 : 130 000.*
Nice-Matin Dimanche * H *1991* : 239 554. *92* : 240 495 (np 5 485). *93* : 238 453. *96* : 230 601 (np 5 477).
Nitro * BM f. 1981. *1995* : 19 127. *99-2000* : 17 184.
Nord. Automobile M f. 1925. *2000* : 20 000. **Est Hebdo** * *1998* : 33 410. **Hebdo Éclair** H 411 267.
Normandie. Magazine SA M *2000* : 20 000.
Notre. Histoire * M *1991* : 32 106. *92* : 30 985. *93* : 35 367. *95* : 34 924. *99-2000* : 31 206 (np 9 832, ab 14 306). **Temps** * M f. 1968. Racheté juin 1999 par le groupe Emap. *1969* : 85 821. *83* : 651 505. *89* : 1 115 360. *95* : 1 069 623. *99-2000* : 940 349 (np 10 172).
Nous T *2000 : 24 000*-23 000. **Deux** * H f. 14-5-1947. *1960* : 1 303 819. *80* : 946 676. *85* : 785 011. *90* : 519 457. *95* : 444 310. *2000* : 418 225.
Nouveau (Le). Détective * H. A succédé en 1983 à Détectives (f. 1927). *1991* : 214 165. *92* : 227 865. *99-2000* : 260 793 (ab 6 311). **Dimanche** * H f. 1995 : *250 000.*
Nouveau Politis (Le) H *1994* : 20 000 à 40 000 (voir **Politis – La Revue**).
Nouveaux Cahiers (Les) T *1998 : 3 000.*
Nouvel (Le). Agriculteur f. 1966 (suite d'*Agri* 7 f. 1964). 119 000. Disparu. **Économiste** * H f. 1975 ; 1er no : 10-10 (regroupe *Entreprise* et *Les Informations*). *1992*-7-12 Hachette-Filipacchi vend ses parts (65 %) et CEP (35 %) à Henri Nidjam Pt du groupe Capital Média pour 60 millions de F. *1995* capital Financière Press Plc 80 % [détenu à 100 % par Wagram Poncelet Communication (Antoine Midy)], Hachette-Filipacchi 20 %. [*Chiffre d'affaires* (en millions de F) : *1995* : 103 (perte nette 42). A déposé son bilan 10-6-1996]. *1998* racheté par Gérard Pélisson et Paul Dubrule. *1976* : 127 679. *83* : 116 063. *87* : 100 778. *88* : 86 662. *93* : 98 954. *95* : 99 673. *96* : 69 725. *2000* : 81 907. **Hebdo** M lancé mars 2001. **Observateur** * H Héritier de *L'Observateur politique, économique et littéraire*, f. 1950 par Claude Bourdet (1909-96), Hector de Galard († 1990), Gilles Martinet, Roger Stéphane (suicidé 3-12-1994) [1er numéro 13-4 ; 24 pages] devenu *France-Observateur* le 15-4-1954 et repris en 1964 par Claude Perdriel (19-11 : 1er no). *1966* : 69 301. *80* : 373 055. *85* : 333 726. *88* : 369 845. *89* : 403 457. *91* : 415 354. *92* : 417 592. *93* : 423 154. *95* : 471 470. *98* : 478 385. *99* : 484 863. *99-2000* : 487 816 (np 6 007, ab 368 552).
Nouvelle. Famille éducatrice * M *1960* : 750 897. *84* : 870 797. *89* : 807 101. *92* : 830 543 (np 34, ab 830 509). **Revue pédagogique** M *2000 : 25 000 (sept. 80 000).* **Revue du son** M *1994 : 55 000. 2000 : 39 000* (voir **Revue du son et du home cinéma**). **Revue socialiste** BM f. 1974.

Nouvelles (Les). Françaises M f. 1997 ; bilingue français-russe ; dirigé par Marek Halter. *60 000.* **Littéraires** f. 21-10-1922 par Frédéric Lefèvre avec Jacques Guenne et Maurice Martin du Gard. *1922-71* publiées par Larousse. *1970* contrôlées par R. Minguet. *1975* reprises par Ph. Tesson. *1983* vendues 2,5 millions de F à Ramsay, *juin 84* suspendues, devenues *L'Autre Journal. 1985* achetées par la Fnac, *5-12* redeviennent *Les Nouvelles. 1988* Cessent de paraître, *1991* rachetées par Bernard-François Dalmon. **De Bordeaux et du Sud-Ouest** H *1994 : 42 000. 2000 : 25 000.* **De Falaise et Condé** * BH *1998-99* : 4 292. **De la boulangerie-pâtisserie** * BM *2000* : 21 010. **De la Nièvre** H *2000 : 19 500.* **De Loire-Atlantique** H *1994 : 31 000. 2000 : 26 000.* **De Moscou** (éd. fr.) *14 000* (parues de juin 1989 à août 1990). **Des Ardennes** H *2000 : 15 500.* **Du 16e** M gr. *1994* : 77 750. *2000* : 68 000. **Du Tarn** H *2000 : 20 000.* **Du Tarn-et-Garonne** H *2000 : 16 300.* **Hebdo 31** H *2000 : 25 000.*
Nova Magazine * M f. 1994. *1994* : 80 000. *99-2000* : 56 387.
NRF T Nouvelle Revue française. M f. 1-2-1909 (publie *La Porte étroite* d'André Gide). 1er dir. 1912 : Jacques Copeau. *1914* s'interrompt. *1919-25* reprise par Jacques Rivière († 1925). *1925* Gallimard. *1935* Jean Paulhan. *1940-déc.* Drieu La Rochelle. *1944* interdite. *1953-1-6* reparaît *(Nouvelle NRF)* avec Jean Paulhan et Marcel Arland. *1999* devient T.
Numismatique et Change M *2000* : 12 000.
Objectif et Action mutualistes M *1994* : de 180 000 à 320 000. *98* : de 250 000 à 350 000. *2000 : 353 000.*
Océans-Monde de la mer BMT *1998 : 50 000.*
Œil (L') M f. avril 1955 par Georges et Rosamonde Bernier ; suspendu 1972, repris 1976, racheté par Gallimard en mars 1997. *1994* : 20 000. *2000 : 35 000.*
Officiel (L'). De la couture et de la mode de Paris * M f. 1921. *1986* : 31 742. *95* : 77 807. *99-2000* : 97 676. **De l'artisanat rural** T *1999 : 2 500.* **De la franchise** BMT f. 1995. **De la sage-femme** 10 nos/an. *4 600.* **De l'automobile** * voir **Auto Infos. Des comités d'entreprise et services sociaux** M *11 000.* **Des spectacles** * H *1993* : 191 445. *95* : 186 045. *99-2000* : 202 669. **Des textiles** T *1994* : 15 000. **Des transporteurs** * H *1993* : 19 845. *96* : 17 061. *99-2000* : 18 532. **Du cycle et de la moto** M *2000 : 6 000.* **Du prêt-à-porter** T *1994* : 10 000. **Homme** * voir **Magazine de l'Optimum**.
Oise. Avenir H *2000 : 18 000.*
Onze Mondial * M f. 1976 (fusion avec Mondial 1989). *1990* : 207 127. *91* : 220 473. *95* : 183 829. *99-2000* : 192 695.
Opéra international M *1994* : 12 534. *2000* : 16 000.
Option. Auto * BMT puis M *1992* : 69 443. *93* : 79 253. *2000* : 50 053. **Finance** f. 1988. H *2000 : 20 000*-20 000.
Ordinateur individuel (L') * M *1991* : 70 234. *92* : 82 235. *93* : 85 018. *99-2000* : 140 637 (np 1 506).
Orne (L'). Combattante * *1995* : 17 552. *2000* : 17 706. **Hebdo** * *1995* : 12 027. *1999-2000* : 11 513.
Pages et Livres f. 1998.
Panorama M *1994* : 70 000. *2000* : 50 000. **Aujourd'hui** * M *1960* : 167 512. *86* : 85 000.
Papetier (Le). De France M *1998* : 6 500 *. *2000* : 12 500. **Libraire** M *1992* : 12 000 à 15 000.
Papier, carton et cellulose * M *1993* : 4 825 (np 3 876).
Paradoxes T *1989* : 5 250-6 000. Parution suspendue.
Parapente * *1995* : 13 247. *96* : 14 170.
Parents * M f. 1969 : 235 991. *1984* : 345 611. *85* : 338 744. *86* : 359 948. *91* : 317 020. *95* : 397 732. *99-2000* : 369 175. **D'élèves** 4 nos/an. *85 000.*
Paris. Boum Boum * H gr. *1993-94* : 255 019. *98* : 240 540. *2000 : 270 000.* **Capitale** M f. 1989. *1994 : 110 000. 2000 : 65 000.* **Dayori** M *1994* : 42 000. **Le Journal** * M *1993* : 318 911. *95* : 335 619. *98-99* : 1 028 592 (np 1 028 272). **-Match** * H *Match* créé 1928 par Léon Bailby, racheté 1938 par Jean Prouvost [*1938-7-7* : 80 000 (alors magazine sportif) ; *-oct.* : 450 000 (mag. d'actualité générale) ; *1939-avril* : 900 000 ; *-oct.* : 1 400 000 ; *1940* : 1 700 000]. *25-3-1949* reparaît sous son nom actuel, racheté 18-6-1976 par Daniel Filipacchi. *Diffusion* : *1959* : 1 448 299-*1 656 647. 76* : 558 000. *78* : 693 278. *80* : 836 257. *81* : 919 223. *82* : 926 650. *83* : 928 007. *84* : 888 590. *85* : 900 127. *86* : 897 027. *87* : 883 318. *88* : 875 419. *89* : 875 959 *90* : 885 589. *91* : 861 846. *93* : 842 425. *95* : 825 412. *98* : 783 127. *99* : 776 737. *99-2000* : 782 988 (np 10 147, ab 198 774). **Nord-Oise** H gr. *1994 : 79 000.* **15** M gr. *2000* : 60 000. **16e** M *1994 : 29 000. 2000 : 33 000.* **Tel** M *85 000.*
Pariscope * H f. 1965. *1995* : 116 750. *99-2000* : 127 661.
Particulier (Le) * 27 nos/an f. 1949. *1960* : 134 360. *82* : 426 622. *90* : 554 189. *95* : 517 584. *2000* : 482 099. **Immobilier** M 1er no : 1-6-1986. *2000 : 60 000*-60 000.
Particulier à particulier (De) H 1er no : 17-10-1975. f. par Catherine Néressis et Patrick Jolly. *2000* : 82 000.
Passion 4 × 4 M f. 1994 : *60 000. 2000 : 65 000.*
Pâtre M *1995* * : 5 290 (ab 4 153). *98* : 7 000.
Patriote Côte d'Azur H *2001 : 46 770.* **Beaujolais** * BH *1995* : 6 633. *2000 : 46 770.*
Pause Mots croisés BMT *1994* : 22 000. *96* : 19 000.
Pays. D'Auge (Le) * BH *1995* : 15 084. *99-2000* : 14 506. **Basque Magazine** f. février 1996. *1999-2000* : 24 195. **Breton (Le)** M *1996 : 36 000.* **Briard** * *1999-2000* : 8 592. **De Cognac (Le)** M *1994 : 8 500. 98 : 8 000.* **De Provence-Côte d'Azur** T 1er no : 28-10-1996. *1999-2000* : 27 200. **Du Nord** * BMT f. 1994. *1995* : 19 799. *98-99* : 19 015. **Gessien** * H *1995* : 5 330. *96* : 5 268. **Malouin** * H *1995* : 7 139. *98-99* : 8 335. **Roannais** * H *1998-99* : 35 463.
Paysage actualités M *1994* : 15 000. *2000* : 10 000.
Paysan. Breton * H *1993* : 80 562. *2000* : 70 038. **D'Auvergne (Le)** * H *1990* : 9 974. *2000* : 8 545 (np 3 649). **De Haute-Garonne** BMT 8 100. **D'Ille-et-Vilaine/Agri Coopé** * H 18 064. **Du Haut-Rhin** * H *1998* : 6 002. **Du Midi** H *1994* : 38 000. *96* : 21 000. **Nantais (Le)** M *2000* : 3 000. **Savoyard** BM *2000* : 3 200. **Vosgien** * H *1989* : 4 129. *93* : 3 448. *2000* : 3 251.
PC. Expert * M 1er no 11-2-1992. *1993* : 77 348. *2000* : 110 148. **Fun** *1995* : 46 122. *2000* : 35 226. **Magazine** M *2000* : 86 890 (np 17 792). **Max** * M 1er no : 1-6-1998. *1998* : 65 145. *2000* : 32 312 (np 10 595).
Pêche. Et les Poissons (La) * M *1990* : 94 954. *91* : 102 750. *93* : 97 122. *99-2000* : 66 518 (ab 46 280). **En mer (CLA)** M *2000* : 43 000 (ab 10 000). **Pratique** M *1993* : 81 067 *. *95* : 81 106 *. *96* : 74 400 *. *2000* : 55 251.
Pêcheur de France (Le) * M *1991* : 78 934. *93* : 75 133. *95* : 73 595. *99-2000* : 51 919 (np 4 622, ab 31 234).
Pêches sportives * BMT f. 1995 : *30 000. 99-2000* : 6 648.
Pèlerin-Magazine * (*Le Pèlerin* jusqu'au 5-10-1984) H f. 1873 par les assomptionnistes. *1960* : 554 600. *86* : 427 539. *89* : 338 771. *92* * : 354 421. *93* : 353 987. *95* : 343 401. *96* : 346 149. *99-2000* : 318 334.
Pensée (La) BMT f. 1939. *2000* : 4 000 (ab 2 500).
Penthouse M *1986* : 154 726. *92* : 51 000. *99* : 80 000.
Perche (Le) * H *1995* : 12 649. *2000* : 14 095.
Périgord-Magazine M *1986 : 6 500.*
Personality M 1er no : 6-1-1998 : *200 000.*
Perspectives. Agricoles M *2000 : 10 000.* **Immobilières** * BMT puis T. *1998* : 10 328 (np 4 967).
Petit (Le). Meunier * H *1996* : 1 320. **Quimpérois** * H gr. *1993-94* : 72 750. *2000* : 71 900.
Petites Affiches lyonnaises BH * *2000* : 7 871 (np 3 727).
Pétrole informations * BMT *1993* : 5 008. *2000* : 2 379.
Peuple libre * H (Valence) *1992-93* : 10 816. *2000* : 9 014.
Pharmacien de France (Le) * BM *2000* : 16 198.
Philatélie française (La) M *2000 : 12 000* (ab 10 000).
Photo * M 1er no : juillet 1967. *1969* : 60 871. *81* : 204 349. *83* : 228 021. *86* : 156 706. *88* : 100 665. *91* : 90 190. *2000* : 77 287. **Argus** devenu *Photoplus.*
Photographe (Le) M *2000* : 11 000 (6 200 ab).
Photographies Magazine M f. 1984. *1994* : 6 650 (ab 1 500). *96* : 49 930.
Photoplus M (ex-*Photo Argus*) *2000* : 25 000.
Phytoma-La Défense des végétaux * M *2000* : 6 512.
PIC international M *2000* : 6 611.
Pigeon voyageur de France BM *3 000.*
Piscines & Spas * T ex-*Piscines Magazine 1993* : 9 561. *95* : 6 858. *2000* : 8 030.
Plainpied T *2000* : 12 500 (ab 6 700).
Plaisir de la maison T *1965* : 28 692. *2000* : 140 000.
Plaisirs de la chasse M *1991* : 33 017. *92* : 30 987. *93* * : 30 155. *95* * : 29 231. *96* * : 27 005. *2000* : 25 000.
Planche Mag M f. 1980. *2000* : 28 000.
Planète f. par Louis Pauwels et Jacques Bergier. 1er no : 4-3-1961. Parution suspendue. **Internet** * M f. 1995 : *30 000. 1996* : 17 383. **Foot** * M *1999-2000* : 47 967.
Plastiques. Flash M *2000* : 7 000 (ab 4 400). **Modernes et Élastomères** * M *2000* : 3 751 (np 1 940, ab 1 480).
Playboy M ex-*Playboy Magazine* : 1er no déc. 1953 aux USA par Hugh Heffner [(né 9-4-1926 à Chicago) ; *1979* abandonne la direction à sa fille, reste réd. en chef]. *1974* : 205 885. *82* : 168 916. *85 : 250 000* au min. *92* : 59 864. *95* : 52 334. *2000* : 51 245.
Play-Time BM (Pau) *2000 : 25 000.*
Player One * M *1995* : 55 757. *99* : 35 082.
Playstation magazine * BMT f. 1995. *2000* : 167 232.
Plein Air et culture T *30 000.*
Pleine. Forme magazine * BMT 25 673. **Vie** * M ex-*Le Temps retrouvé* f. 1997. *1996* : 608 289. *98* : 836 760. *2000* : 1 001 180 (ab 848 105).
Plongeurs international M 1er no : 21-4-1997. *1999* : *40 000*-20 000.
Point (Le) * H f. 25-9-1972 par Claude Imbert. *Dir.* : Franz-Olivier Giesbert. *Dir. de la rédaction* : Michel Colomès. *Chiffre d'affaires et,* entre parenthèses, *résultat net* (en millions F) : *1989-90* : 387,6 (– 17,8) ; *90-91* : n.c. (5,3) ; *91-92* : 350 (8) ; *92-93* : 341 (4) ; *95* : 347 ; *98* : 342 (12,1) ; *99* : 378 (22,2) ; *2000* : 406 (25). *Effectifs* : 177. *1981* Gaumont chef de file d'un groupe d'investisseurs l'achète 160 millions de F. *1992* la Générale occidentale rachète 40 % du *Point* et en sept. 93 encore 40 %. *1995* cédé à CEP Communication. *1997-oct.* racheté 120 millions de F par Artémis (François Pinault). *1999-avril* achète les Éditions Tallandier (édite *Historia*). *2000-juillet* achète les Éditions scientifiques, éditeur de *L'Histoire* et de *La Recherche*. Prix du no : *1993* : 20 F, *94 (22-1)* : 15 F, *(7-5)* : 18 F. *Diffusion* : *1972-73* : 163 910. *76* : 221 788. *85* : 337 909. *86* : 330 949. *90* : 318 056. *91* : 306 196 (no 1 000 de nov. : 515 000). *95* : 312 764. *97* : 311 566. *98* : 318 374. *99* : 324 049. *2000* : 323 915 (dont France payés 302 525). **Édition internationale** * H *1991* : 36 812. *92* : 32 301. *93* : 30 375. *99* : 19 998 (France, payés).
.Net (prononcer « point net ») * M 1er no : 18-10-1996. *1997* : 28 676. *98-99* : 32 110 (np 913, ab 3 766).
Point de vue * H 1er no 23-3-1945 ; titre trouvé par M. Bleustein-Blanchet ; fondateurs : Raymond Aron, Pierre Descaves, Roger Féral. *1948* racheté, fusionne avec *Images du Monde* ; dirigé par Charles Giron. *1951* couverture couleur ; *1988* racheté ; *1993* tout en couleur. *Diffusion* : *1960* : 163 779. *85* : 356 325. *92-93* : 376 171. *95* : 334 891. *96* : 315 456. *97* : 338 145. *98* : 345 915. *2000* : 301 341.
Point économique (Le) 4 fois/an. *2000 : 32 000.*
Points. De repère M f. 1973. *1994* : 42 000. **De vente** H *1993* : 20 057 *. *96* : 19 131 *. *2000 : 19 124.*
Police Mutualité * *1994* : 140 309. *95* : 138 873.
Politique. Étrangère T *1994 : 5 000* (ab 3 200). **Hebdo.** f. 1970. **Internationale** M f. 1978.
Politis-La Revue succède 15-10-1992 à *Politis* f. janv. 1987 ; suspendu juillet 1995, reparaît juin 1996 : 14 000. Nouvelle formule 24-4-1997. Détenu à 34 % par *Le Monde diplomatique* depuis mai 2000. *1999* : 13 000 (ab 10 000).

Pomme de terre française (La) BMT *1990 :* 5 081 *. 92 : 5 111 *. *2000 :* 9 600.
Porc Magazine * M *1993 :* 12 975. *2000 :* 13 301 (ab 7 336).
Porphyre M *1991* * : 16 010. *92* * : 11 631. *2000 :* 10 000.
Positif M f. mai 1952 par Bernard Chardère. *2000 :* 27 000.
Pour. La science * M f. 1977. *1991 :* 54 588. *2000 :* 72 000. **Nos jardins** * BMT *1961 :* 782 849. *90 :* 582 526. *93 :* 445 489. *94 :* 425 573. *95 :* 387 878. *2000 :* 264 057.
Pouvoirs T f. 1977. *1998 :* 133 000.
Praticiens et 3e âge. Gériatrie contemporaine M *1994 : 18 000*-17 500 (ab 8 800). *2000 : 18 000.*
Première * M f. 1976. *1976 :* 139 101. *86 :* 424 468. *90 :* 255 200. *95 :* 227 807. *2000 :* 209 253.
Presse. D'Armor * H *1991 : 6 755*-7 054. *2000 :* 7 323. **De Gray-Vesoul** * *1995 :* 15 230. *99 :* 15 042. **Française (La)** * H *30 000* ab payants 24 500. **Flamande** *1995 :* 13 440. **Médicale (La)** 40 nos/an. *2000 :* 15 000 (ab 10 000).
Prévention routière BM *1960 :* 108 119. *86 :* 317 679. Voir **Action-Auto-Moto. Prévention routière dans l'entreprise** * BMT *1991 :* 49 408. *2000 :* 38 836.
Prima * M f. 1982. *1991 :* 1 174 778. *92 :* 1 185 461. *95 :* 1 209 953. *97 :* 1 175 911. *2000 :* 932 969.
Princes d'Europe et d'ailleurs 4 nos/an f. 1997. *2000 :* 15 000 (hors-séries 40 000).
Prions en Église M f. 1987. *1994 :* 430 000.
Profils médico-sociaux H *1999 :* 70 000 (ab 37 000).
Progrès agricole et viticole (Le) BM *2000 :* 9 500.
Projet T f. 1966. *2000 : 6 000* (ab 3 150).
Propos utiles aux médecins H *1998 :*10 000.
Propriété agricole (La) * M *1990 :* 17 645. *92 :* 16 097. *96 :* 12 250 (np 725). *2000 :* 10 921.
Propriétés de France BMT *1994 : 65 000. 2000 : 45 000*-40 000.
Psychologies Magazine * M f. 1970. Racheté février 1997 par J.-L. Servan-Schreiber. *1990 :* 64 194. *95 :* 83 045. *99-2000 :* 170 960.
P'tit. Basque (Le) * H gr. *1996 :* 88 875. **Bergeracois** * H gr. *1993 :* 87 750. *96 :* 30 165.
Publi. Aveyron * H gr. f. 1997. *Janv.-oct. 1992 :* 54 558. *2000 :* 61 426. **62** H gr. 208 948. **Toulouse** H gr. *2000 :* 288 000.
Pyrénées Magazine * BM f. 1988. *1999-2000 :* 60 136.
40 Hebdo (Le) (Pessac) H gr. f. 1973. *2000 : 76 500.*
4 × 4 Magazine * M f. 1982. *1998-99 :* 29 712.
Quatre Saisons du jardinage (Les) BMT f. 1980. *1994 :* 22 000 (ab 20 000). *2000 :* 23 000 (ab 20 000).
87 Limoges (Le) * H gr. *2000 :* 108 000.
93 Hebdo H *1994 : 45 000. 98 : 10 000.*
Que Choisir ? M 1er no : déc. 1961. *1999 :* 257 980. *2000 :* 292 000. *01 :* 335 000. **Santé** f. oct. 1990. 1er no : *300 000. 1993 :* 50 000 (suspendu fin 1993).
Quel Avenir Magazine M f. 1986. *1999 : 85 000.*
Questions de femmes M f. 1996. *Juillet-déc. 1998 :* 238 344 (payés). *2000 : 400 000.*
Quincaillerie moderne (La) M *2000 :* 8 000.
Quinzaine (La). Littéraire BM f. 1966. *1998 :* 33 000 (ab 10 500). *2000 :* 20 000 (ab 7 000). **Universitaire (La)** BM *1998 :* 45 000 par ab.
Quo M f. 1996. *1999 :* 159 817. (Suspendu oct. 2000).
Radio CB Magazine M *1994 :* 25 000. *96 :* 35 000.
Radio.-Plans * M f. 1933. **REF** M *1996 :* 11 500.
RCM M *2000 :* 26 500 (ab 4 500).
Rebondir M f. janv. 1993. *1993 :* 204 909. *2000 :* 120 000.
Recherche (La) * M f. 1970 (ex-*Atome*). *1995 :* 74 928. *96 :* 76 544. *99-2000 :* 73 415.
R & T Magazine M f. 1995.
Réforme H f. 1945 (1er no 24-3) par les pasteurs Albert Finet et Jean Bosc. *2000 :* 7 000 (ab 6 800).
Regards M (ex-*Révolution*). 1er no : 30-3-1995. *1999 :* 50 000 (ab 20 000). **Sur l'Eure** H *1999 : 20 000.* **Sur le Jura** H *1994 : 15 600. 98 :* 11 000.
Régional de Cosnes H *1998 : 8 677.*
Renaissance * H (Saône-et-Loire) *2000 :* 13 029. **Le Bessin** * BH *1992 :* 7 308. *2000 :* 6 645. **Du Val-d'Oise** H *1994 : 30 000. 98 : 10 000.*
Renouveau * H *1986 :* 14 608. *92 :* 11 664. *2000 :* 8 649.
Réponse à tout * M f. 1990. *1993 :* 501 160. *99 :* 277 993.
Réponses. Photo * M f. 1992. *1993 :* 55 612. *99-2000 :* 44 147. **Santé** M (ex-*Réponse à tout santé*) f 1991. *1995 :* 313 453 *. *99 :* 178 896. *Janv.-juin 99 :* 178 896.
Reporter M f. 6-1-1988.
Républicain (Le). Essonne * H 7 éditions *1999 :* 28 653. **Du Lot-et-Garonne** * (Marmande) H *1995 :* 17 437. *2000 :* 20 496.
République de Seine-et-Marne (La) * H (Melun) *1995 :* 42 957. *99-2000 :* 35 926.
Résistant (Le) * H (Libourne) *2000 :* 8 348.
Retraité militaire (Le) M *2000 : 400 000*-400 000.
Rétroviseur * M *1990 :* 47 314. *2000 :* 28 422.
Réveil. De Mauriac H *1994. 2001 : 7 500.* **De Neufchâtel** * H *1995 :* 16 090. *2000 :* 14 367. **Des Combattants (Le)** M *2000 :* 60 000. **Du Vivarais et de la Vallée du Rhône** * H *1994 :* 20 000. *2000 :* 13 106. **Normand** * H *1995 :* 13 036. *2000 :* 12 982.
Revenu (Le) * H f. janv. 1999 (ex-*Le Revenu français* f. 1994). *1995 :* 187 209. *98 :* 168 998. *2000 :* 262 223. **Mensuel placements** * M f. 1968. *1998 :* 177 242.
Révolution H f. 1980. *1994 :* 150 000 (ab 52 000) ; dernier no 23-3-1995 ; devenu *Regards.*
Revue. Aérospatiale M *1999 : 75 000*-67 395. **Avicole (La)** BMT *2000 :* 2 200 ab. **Chiens 2000** M f. 1973. *1994 :* 45 000. *2000 : 70 000*-70 000. **De l'art** T *1994 :* 2 500. *2000 : 2 000*-2 000. **D'économie politique** f. 1887. **De la cavalerie blindée** T *1994 :* 5 000. *2000 :* 2 000. **De l'ameublement** * M *1996 :* 4 834. *99 :* 2 972. **De l'habitat français** * M *1991 :* 23 519. *93 :* 20 886. *2000 :* 14 997. **De l'infirmière** BM *1990 :* 40 023 *. *2000 :* 35 000. **De médecine vétérinaire** M *2000 :* 2 350. **Des collectivités locales et l'équipement des collectivités locales** M f. 1949. *1999 : 12 700.* **Des communes et des établissements publics (La)** M f. 1908. *1996 :* 16 021. *2000 :* n.c. **Des Deux Mondes** M f. mars 1829 par François Buloz. *2000 :* 15 000 (ab 7 500). **Des musées de France** BMT f. 1950. *1994 :* 8 000 (ab). **Des œnologues et des techniques vitivinicoles et œnologiques** T *2000 :* 18 000 (ab 6 000). **Des parents (La)** BMT *1994 :* 420 000 (ab 395 000). *2000 :* 290 000. **Des tabacs** M *2000 :* 30 000. **Du cinéma** M f. 1951. 65 000 (ab 52 000). **Du Louvre** BMT *2000 :*10 000. **Du Marché commun** M *2000 :* 2 500. **Du palais de la Découverte** M f. 1972. *2000 :* 5 000 (ab 3 000). **Du praticien** * BM *1996 :* 20 351. *2000 :* 18 909. **Du son et du home cinéma** M *2000 :* 24 000. **Du vin de France** M f. 1927. *2000 :* 45 000 (ab 15 000). **Fiduciaire (La)** M *2000 :* 105 000. **Générale de l'hôtellerie, de la gastronomie et du tourisme** M *12 000* (hôtellerie), *8 000* (restauration). **Générale nucléaire** * BMT f. 1975. *1993 :* 4 959. *95 :* 4 412. *2000 :* 3 494. **Historique** f. 1876. **Hospitalière de France (La)** BMT *2000 : 3 200.* **Internationale de défense** M 35 984. **Laitière française-RLF** M *1999 :* 5 000. *2000 :* n.c. **Maritime (La)** T *1998 : 4 000. 2000 : 2 500.* **Masson du pédiatre** 8 nos/an. *1994 : 6 000.* **Moto technique** T *2000 :* 15 000. **Nationale de la chasse** * **(La)** M f. 1947. *1989 :* 82 440. *95 :* 67 377. **Parlementaire** M f. 1905. *2000 : 5 000.* **Politique et parlementaire-RPP** BMT *1994 : 5 500.* **Vinicole internationale M.** f. 1880. *2000 :* 8 500.
Revue française. De comptabilité * M *1991 :* 16 522. *2000 :* 10 739. **De généalogie** BMT *1994 :* 24 000. *2000 : 43 000.* **De logistique** M 10 nos/an. 7 000. **Des télécommunications** T *40 000.* **D'apiculture (La)** M *1998 :* 18 000. Devenue *Abeille et fleurs-Revue française d'apiculture* (*2000 :* 18 000).
Revue technique. Automobile * M f. 1946. *1992 :* 23 277. *95 :* 16 448. *99-2000 :* 12 407. **Du bâtiment et des constructions industrielles** * BMT f. 1953. *1997 :* 19 040. *2000 :* 14 896.
Ring of the world M 1er no : 1-7-1999. *2000 :* 19 000.
Rivarol H f. 1951 par René Malliavin. *1994 :* 16 000. *2000 :* 18 000.
Rock. & Folk * M f. 1966. *1990 :* 49 077. *95 :* 45 002 (ab 6 715). *99-2000 :* 38 201. **Sound** * M f. 1992. *1999-2000 :* 23 957.
Rotarien (Le) * M f. 1952. *1993 :* 39 256. *95 :* 39 631. *96 :* 39 497. *99 :* 38 542 (ab 37 612).
Rouge et or * T *1989 :* 12 250. *1995 :* 7 638.
Routiers (Les) M f. 1934. *2000 :* 45 000.
Rue (La) BM 1er no : 21-10-1993. Voir p. 1343 a.
Rugby. Drop M 41 000. **Mag** M ex-*Rugby Magazine. 1994 :* 90 000 (ab 70 000). *2000 :* 36 000 (par ab).
Rustica hebdo * H f. 1928. *1960 :* 129 169. *83 :* 226 853. *90 :* 298 876. *92 :* 275 424. *95 :* 292 417. *96 :* 279 591. *99-2000 :* 297 862.
Sables-Vendée Journal * H *1995 :* 9 457. *98 :* 10 457.
Saint-Hubert (Le) BMT f. 1904. *1994 :* 39 000. *2000 :* 10 000 ab.
Saisons de la danse (Les) M *2000 :* 11 000 (ab 3 500).
Salama M f. 1996 : *50 000.*
Santé. Et Fitness M f. 1995 : *60 000.* * M *2000 :* 57 731. **Magazine** * M f. 1988. *1993 :* 451 975. *95 :* 421 726. *99-2000 :* 407 319. **Plus** T f. 1991. *1999 :* 20 000. **Super Forme** BMT f. 1995 : *35 000.* Suspendu.
Santérama M f. 1991. *2000 :* 85 000.
Sapeur-Pompier (Le) M f. 1889. *2000 :* 82 000 (ab 80 000).
Sauvagine et sa chasse (La) * M f. 1936. *1990 :* 24 953. *92 :* 22 808. *98 :* 21 256. *2000 :* 19 019 (ab 16 122).
Saveurs * BMT f. 1989. *1993 :* 97 077. *99-2000 :* 64 984.
Savoie * *1995 :* 5 482. *99-2000 :* 4 056.
Scène (La) T f. 1996 : 14 000. *2000 :* 10 000.
Science. Et Nature M puis BMT f. 1990. *1998 :* 75 000. *2000 : 50 000*-35 000. **Et Vie** * M f. 1913. *1959 :* 193 249. *92 :* 327 625. *95 :* 344 547. *2000 :* 346 281. **Et Vie économie** * M f. 1984. *1991 :* 115 408. *92 (juin) :* disparu. **Et Vie Junior** * : voir p. 22 c. **Et Vie micro-SVM** * M f. 1983. *1998 :* 149 813. *2000 :* 114 183 (ab 52 293). **SVM Achat** * M f. mars 1999. *Mars-sept. 1999 :* 59 481. **SVM Mac** * M f. sept. 1988. *2000 :* 57 367 (ab 20 255). **SVM Multimédia** M f. 1995 : *120 000. 96 :* 50 603. Suspendu. **SVM Shopping** M f. 1995 : *80 000.* Suspendu. **Illustrée** M f. 1989. *1993* * : 100 150. *96* * : *80 000. 99 : 60 000.*
Sciences. Et Avenir * M f. 1946 ; *1976 :* racheté par Perdriel. *1960 :* 77 016. *87 :* 164 330. *93 :* 189 781. *94 :* 178 317. *95 :* 215 907. *2000 :* 259 328 (np 3 612, ab 195 418). **Et Santé** M f. 1995 : *80 000. 98 :* 70 000.
Scientific American M 670 000 (édition internationale 600 000, européenne 70 000).
Scrabblerama M *6 000* (ab 5 000).
Sécurité civile et industrielle f. 1946. M *2000 :* 8 100.
Sélection du Reader's Digest * M f. 1947 (aux USA 1922 par De Witt et Lila Wallace) (*1947 :* 1er no : 300 000, 3e : 600 000). *1959 :* 1 183 692. *78 :* 1 096 872. *85 :* 962 365. *92 :* 1 063 107. *95 :* 929 710. *99-2000 :* 757 219.
Semaine (La). Des hôpitaux A f. 1924. *1998 :* 10 000. **Juridique** H *2000 :* 9 411 (ab 9 168). **De Paris (Une)** voir **Pariscope. Du Pays basque** * *1995 :* 9 451. **Provence** H *18 000* (6 éd.). **Des Pyrénées** * f. déc. 1994. *1996 : 6 823.* **Des sports** H 1er no : février 1997.
Semences et Progrès T f. 1974. *2000 : 8 000*-6 300.
Semeur Hebdo * H *1995 :* 11 985. *2000 :* 11 010.
Service. 2000 magazine * BMT *2000 :* 20 207. **Public information** M *1999 :* 150 000.
Sésame M f. 1995 : 350 000.
Sexy Mag' BMT f. 1989. *50 000*-35 000.
Signature M f. 1969. *1991 :* 51 514. *94 :* 39 458 (np 12 202). *95 :* 37 326. *98 :* 60 000. *2000 :* 69 100.
Sillon (Le). H *1998 :* 18 600. **Limousin** * M *1991 :* 40 858 (np 710). *93 :* 37 864. *95 :* 38 298 (np 1 315).
Ski. Magazine M *50 000.* **Français** 5 nos/an. *2000 :* 36 000 à 40 000.
Skieur magazine BMT f. 1995 : 50 000. *2000 :* 22 000.
Soins M *1994 :* 32 000. *2000 :* 30 000.
76 (Le) * (Le Havre) H gr. *2000 :* 127 000.
Sono * M f. 1976. *1994 :* 22 901. *95 :* 25 498. *2000 :* 22 399.
Sonovision M *2000 :* 15 000.
Souder * BMT. *1998 :* 2 247. *2000 :* 1 646.
Souvenir. Français T *25 000.* **Napoléonien** * BMT *3 000.*
Spécial. Dernière H f. 1969. *1970 :* 169 378. *80 :* 358 364. *84 :* 217 755. *98 :* 350 000. *2000 :* 150 000. **Karting** f. 1960. 6 à 8 nos/an. *1994 :* 9 800 ab.
Spectacle. Infos T *1996 :* 86 000. **Du Monde (Le)** M f. 1962 ; a repris en 1980 *Réalités* [*Fémina* qui avait repris en 1962 *Fémina-Illustration* (fusion de *Fémina* et de *France Illustration* en 1956)]. Racheté début 1998 par Serge Dassault. *1962 :* 22 636. *82 :* 112 633. *94 : 85 048*-84 138. *2000 :* 48 379 (ab 45 950).
Spectateur * M f. 1993. *1998 :* 300 040. *2000 :* 360 000.
Spélunca T f. 1961. *2000 :* 3 700.
Sport (Le) Q de sept. 1987 à juin 88 ; H depuis 20-10-1989 ; vendu par Robert Laffont (Groupe Entreprendre) aux Éditions Mondiales le 1-3-1990. *1991 :* 80 426. M *96 :* 24 800 (ab 3 200). **Dans la cité** T *2000 :* 7 000. **Et nature** T f. 1994. *1994 : 100 000.* **Et plein air** M *1999 : 7 000.*
Sport-Auto * M *1984 :* 104 641. *93 :* 84 745. *95 :* 61 345. *96 :* 67 873. *97 :* 74 359. *2000 :* 71 581.
Sport's magazine M f. mai 1994. *1994 :* 50 000. *96 :* 52 000.
Star Club * M f. 1987. *1999-2000 :* 234 427.
Starissime T f. 1995 : *250 000.*
Stratégies * H f. 1971. *1996 :* 13 222. *2000 :* 13 307 (ab 9 472).
Studio magazine * M f. 1987. *1995 :* 96 555. *99-2000 :* 81 243.
Sucrerie française A *2000 :* 3 000.
Sud-Ouest Dimanche * H f. 1949. *1991 :* 284 375. *92 :* 283 484. *93 :* 287 770. *95 :* 297 695. *2000 :* 291 293.
Super. GTI Mag * *1995 :* 70 988. *96 :* 91 160. **Nana** M *1998 :* 38 250.
Surf Session M f. 1986. *2000 :* 30 000 (ab 5 000).
SVIP annonces H gr. *1999 : 76 800.*
SVM voir **Science et Vie.**
Synthèse médicale H *1998 :* 55 850.
Système D * M f. 1924. *1992 :* 149 522. *95 :* 123 602. *2000 :* 131 335.
TAM (Terre-Air-Mer) * M 160 158.
Tarif Média BMT f. 1961. *1992 :* 3 211. *2000 :* 2 800.
Tarn libre (Le) * H *1995 :* 23 080. *2000 :* 22 901.
Techniques. Et Architecture * BMT *1993 :* 15 070. *97 :* 12 490. *2000 :* 7 720. **Hospitalières** *2000 : 6 500.* **Techniques nouvelles** * M. *1992 :* 5 362. *94 :* 4 121 (np 2 129). *96 :* 3 870. *2000 :* 3 672.
Télé. Câble Satellite Hebdo * H f. 1990. *1995 :* 300 924. *99-2000 :* 663 425. **Câble Vidéo** M f. 1995. **Horaires** H Lancé 15-9-1997 par Alain Ayache : *402 000.* **Journal** * H f. 1974. *1975 :* 155 178. *85 :* 130 611. *88 :* 91 865. *2000 :* 70 000. **K 7** * H f. 1983. *1990 :* 250 056. *95 :* 408 149. *99-2000 :* 267 111. **Loisirs** * f. 1986. *1991 :* 1 337 176. *99-2000 :* 1 913 559. **Magazine** * H f. oct. 1955. *1959 :* 218 206. *65 :* 280 929. *85 :* 344 121. *90 :* 392 888. *95 :* 435 836. *99-2000 :* 540 525. **Max** H lancé 11-3-1998. *1998 (mai) :* 55 000. **Poche** * H f. 12-1-1966 par Cino Del Duca (origine : 1960 : *Télé Juniors*, 1962 : *TV France.* 1965 *TV Dernière*). *1965 :* 832 452. *80 :* 1 875 638. *85 :* 1 827 050. *90 :* 1 671 424. *92 :* 1 465 928. *95 :* 1 384 652. *2000 :* 1 079 801. **Pratique** H f. 1998. **Rapid'** H f. 1998. 120 000. **7.** H *1990 :* 192 988. **7 Jeux** * M f. 1978. *1990 :* 412 899. *95 :* 545 893 (np 1 722). *99-2000 :* 461 177. **7 Jours** * H f. 26-3-1960 par Jean Prouvost et Hachette ; *1976 :* J. Prouvost vend ses parts à Hachette. *Dir. de la rédaction :* Patrick Mahé. *1960 :* 204 122. *63 :* 870 000. *70 :* 2 500 000. *80 :* 1 694 844. *85 :* 3 063 412. *86 :* 3 137 039. *90 :* 3 001 296. *91 :* 2 980 331, record 3 147 000 (Alain Delon et sa fille). *92 :* 2 981 663. *95 :* 2 870 892. *99 :* 2 502 133. **Star** * H f. oct. 1979. Filiale à 100 % de Emap France (racheté à CLT Multi Media). *P-DG :* Arnaud de Puyfontaine ; *rédactrice en chef :* Catherine Rambert. *1981 :* 542 406. *82 :* 1 040 897. *84 :* 1 379 464. *86 :* 1 530 421. *95 :* 2 035 897. *98-99 :* 1 922 477. *2000 :* 2 437 179. **Travail Magazine** M f. 1995. *1996 :* 11 000. **Z** * H f. 1982. 1er no : 50 000 ex. vendus, 10e : 120 000, 100e : 272 000. *1986 :* 200e : 545 000. *88 :* 300e : 865 000. *93 :* 1 820 557. *94 :* 1 939 738. *95 :* 2 063 696. *96 :* 2 124 511. *99 :* 2 268 982.
Télérama * H f. 1950 (ex-*Radio-Cinéma-Télé* qui devient *Télérama* en 1955). Nouvelle présentation 1986, abandonnée 1996. Devenu SA à conseil de surveillance et directoire en mars 2001. *1959 :* 67 259. *82 :* 429 666. *85 :* 508 707. *86 :* 514 724. *87 :* 498 059. *90 :* 518 487. *95 :* 627 120. *96 :* 629 829. *97-98 :* 661 215. *2000 :* 676 855.
Télévision le Mensuel M 1er no : 19-3-1997 : 120 000. Dirigé par André Rousselet. Suspendu sept. 1997.
Télex 57 * (Forbach) H gr. *1994 :* 42 871. *2000 :* 45 500.
Tel quel 94 nos publiés au Seuil de 1960 à 1982.
Témoignage chrétien H succède, à la Libération, aux *Cahiers du Témoignage chrétien,* f. nov. 1941 par le père Chaillet (jésuite). *2000 : 15 000*-12 000.
Temps. Des poètes (Le) T *5 000.* **Modernes (Les)** M f. par J.-P. Sartre. 1er no : 25-10-1945, *4 500.* **Retrouvé (Le)** * voir **Pleine Vie.**
Tennis. De France * M f. 1953. *1991 :* 52 610. *93 :* 33 918. *96 :* 16 974. **Info** M *1994 : 24 000. 2000 :* 27 000. **Magazine** * M *1991 :* 83 433. *95 :* 55 442. *99-2000 :* 58 864.
Terre (La) H f. 1937. Organe du PCF. *1960* * : 140 511. *81* * : 238 796. *82* * : 230 008. *94 :* 178 000. *2000 :* 178 000. **De chez nous** * H (Besançon) *1993 :* 8 448. *2000 :* 6 993. **Magazine** M *1998 :* 170 000. **Provençale** BMT f. 1998 : 50 000. **Sauvage** * M f. 1986. *1993 :* 144 119. *99-2000 :* 112 268 (np 2 982, ab 63 448). **Vivaroise** * H *1995 :* 10 900. *99-2000 :* 10 887.

Terres. Lointaines f. 1955 ; racheté par Edifa en 1995. *1995 : 25 000. 98 :* 15 000. Suspendu.
Thalassa M *1994 :* 44 000.
Tiercé Magazine.
Timbroscopie M f. 1984. *1991 :* 53 791 *. *2000 : 80 000*-n.c.
Time International (Europe) H *1994 : 620 000. 99-2000 :* 558 842.
Tir à l'arc (Le) 6 nos/an. *2000 : 12 000*-10 000 (ab 10 000).
Top. Affaires Lyon * H gr. *2000 : 440 000.* **Famille Magazine** * M ex-*Top Famille* f. 1996 par HFM et Disney Company. *1997 :* 156 302. Disney Co. se retire. *98-99 :* 139 663. *2000-avril* nom actuel (fusion avec *Famille Magazine*). *Mars-déc. 2000 :* 256 474 (np 4 913, ab 137 731).
Top Santé * M f. oct. 1990. *1995 :* 697 278. *97-98 :* 602 072. *99-2000 :* 531 833 (np 3 004, ab 76 327).
Tourhebdo * H. f. 1979. *97-98 :* 12 521. *2000 :* 13 476.
Tous témoins M f. 1995 : *270 000.*
Tout-Lyon et Moniteur judiciaire réunis (Le) * BH *1996 :* 8 031 (np 1 913). *97-98 :* 8 127. *2000 :* 7 842.
Tout Prévoir * M f. 1858. *2000 :* 41 266 (ab 18 381).
Toute l'alimentation M f. 1958. *1994 :* 10 500. *2000 :* 8 500.
Toutes les nouvelles. Versailles + Rambouillet * H *1998 :* 24 156. *99-2000 :* 20 402. **De l'hôtellerie et du tourisme-TLN** M *2000 :* 12 000.
Transaction TM 1er n° : 1946. *2000 :* 26 000.
Transfac M f. 1985. *1994 : 210 000. 2000 : 180 000.*
Transports Actualités BM f. 1976. *2000 :* 8 733.
Travailleur. Catalan H *2000 : 14 810.* **De la Somme** M *1998 : 60 000.* **Du sous-sol (Le)** BM *2000 : 16 000.*
Travaux. Agricoles de France M *2000 : 6 250.*
Trégor (Le) * H f. 1970. *1995 :* 21 831. *99-2000 :* 22 452.
13. Édition Arles * H gr. *1994 :* 42 930. *99 :* 48 000. **Marseille** * H gr. *1993 :* 350 963. *99 :* 365 000.
30 Millions d'amis-La Vie des bêtes * M f. 1978. *1990 :* 114 232. *91 :* 120 922. *95 :* 107 657. *99-2000 :* 95 791.
36 000 communes M f. 1971. *2000 : 8 000 à 10 000.*
Tribune. De Montélimar (La) * H *1995 :* 20 404. *96 :* 19 614. **De l'assurance (La)** M *2000 :* 10 000. **De la presse** M f. 7-1-1992 par Antoine Ingold. 100 000. **De la vente** M f. 1952. *2000 :* 28 000. **Gaulliste** BMT *1994 : 15 000.* **Juive** BM f. 1968. *2000 :* 10 000. **Libre des forces de vente (La)** M *1987 :* 22 152. *2000 :* n.c. **Médicale** H 50 500. **Parlementaire française et européenne** M f. 1985. 15 000. **Régionale** (Issy-les-Moulineaux) M 27 900.
Troc tout M f. 1994 : 70 000. 95 BM : 50 000.
Trombinoscope (Le) A f. 1981. *2000 :* 12 500.
TV. Câble hebdo * H f. 1990. *De mai à déc. 1990 :* 37 630. *91 :* 60 077. *93 :* 94 441. **Hebdo** H *1992 :* 1 904 322. *99-2000 :* 1 873 311. **Magazine** H f. 7-2-1987. *1987 :* 1 200 000. *88 :* 2 000 000. *2000 :* 4 606 123. Distribué avec 38 titres (*Le Figaro, France-Soir* et 36 régionaux). **Vidéo Jaquettes** * M f. 1982. *1992 :* 117 387. *93 :* 115 440. *95 :* 74 207. *96 :* 67 302. *97 :* 54 884. *98, 2000 :* n.c.
Ulysse * BMT f. 1988. *1997 :* 35 709. *99-2000 :* 50 418 (ab 33 646).
Une (La) M f. oct. 1996 : *100 000. 2000 : 40 000*-15 000.
Uniformes M 17 000.
Union M f. 1972. *1994 :* 200 000. **Agricole** * H *1995 :* 6 414. *2000 :* 5 467. **Agricole et rurale (L')** * BH (Cantal). *1998 :* 7 717. **Paysanne** H (Corrèze). *1999 :* 4 500.
Union agricole et rurale-Cantal * BH (voir **Réussir**).
Unique BMT f. 1994 : 80 000 (ab 3 000).
Univers. Mac * M *1995 :* 51 625. *97 :* 42 125. *2000 :* 42 922. **Santé** M f. 1995 : 490 000.
Université autonome M 9 nos/an. *1994 :* 15 000. *2000 :* 1 500. **Syndicaliste (L')** * H *1995 :* 140 560. *99-2000 :* 159 343.
Urbanisme BMT *1994 :* 8 000. *2000 :* 7 300.
Usine nouvelle (L') * H f. 1891 (*L'Usine*, 1945 *L'Usine nouvelle*). *1996 :* 63 799. *2000 :* 65 893.
Utile M f. 1995 : 180 000-230 000.
Val et 18-Bourges (Le) H gr. *1994 :* 59 000. *2000 :* 64 000.
Val magazine H gr. *2000 :* 218 000.
Valeurs actuelles * H f. 6-10-1966 [*Aux écoutes de la Finance* (lancé 15-12-1929) puis *Finance*]. Racheté début 1998 par Serge Dassault. *1967 :* 72 417. *73 :* 125 190. *79 :* 127 688. *83 :* 105 922 (dont gr. 20 554). *87 :* 95 506. *88 :* 104 456. *91 :* 92 717. *94 :* 92 849. *95 :* 85 919. *97 :* 89 978. *2000 :* 86 764 (np 2 520, ab 75 234).
Vaucluse agricole H *2000 :* 8 127.
Vécu T *2000 : 41 000*-17 100 (ab 1 000).
Veillées (Les) BM puis H (depuis 3-5-1952) 65 000 (ab 50 000). 1er n° : 7-11-1877 (coût 5 c) sous le titre *Les Veillées des chaumières* [*1884 :* 75 000. *1961 : 80 640.*]
Vélo magazine * M f. 1978. *1991 :* 40 287. *94 :* 49 752. *97 :* 76 308. *99 :* 61 210. *99-2000 :* 59 785. **Vélo Vert** * M *1995 :* 34 378. *96 :* 39 630. *2000 :* 32 185.
Vendée agricole (La) H *1994 :* 12 000. *98 :* 10 900.
Vendredi H f. 1989. 270 000. Suspendu sept. 1994.
Vénerie * T *1996 :* 6 124 (np 46, ab 6 033). *2000 :* 6 322.
Vermeil M f. 1982. *1993 :* 50 000. *2000 :* 30 000.
Vertical * M f. 1985. *1994 :* 19 892. *98 :* 21 000 (ab 6 000).
Vidéo 7 * M 11 nos/an f. juillet 1981. *1993 :* 142 635. *95 :* 115 028. *96 :* 100 161 (ab 10 300).
Vie (La) * H ex-*La Vie catholique illustrée*, née 1976 de la fusion de *Sept* (lancé 1934 par les dominicains) et de *La Vie catholique* de Francisque Gay (f. 1924, animée par Georges Hourdin) lancée 8-7-1945 par G. Hourdin (dir. jusqu'en 1974), Ella Sauvageot et Joseph Folliet : *60 000. 1955 :* 550 000 (payés). *59 :* 477 159. *83 :* 324 878. *85 :* 331 842. *90 :* 259 410. *95 :* 251 174. *96 :* 250 894. *2000 :* 219 481. **Agricole et coopérative** (Nice) H *2000 :* 10 000. **Charentaise** * H *1998 :* 3 462. **Claire** BMT 42 000. **Communale et départementale** * M *1990 :* 17 230. *92 :* 17 086. *94 :* 17 584 (ab 13 878). *2000 :* 17 391. **Corrézienne** H (Brive) voir **Courrier français**. **De l'auto** * H *1996 :* 43 514. *2000 :* 45 666. **De la moto** * BM *1990 :* 19 652. *96 :* 28 738. *2000 :* 32 918. **Des métiers** M *1994 :* 80 000. *2000 :* 100 000. **Économique du Sud-Ouest** M *1998 :* 15 000. **Du rail et des transports** * H f. 1938. *1994 :* 214 183. *96 :* 192 923. *2000 :* 155 462 (ab 153 509). **Et santé** M *1990 :* 34 752 *. *99 :* 40 000 (par ab). **Financière** * H ex-*La Vie française* f. 1945. *1995 :* 78 397. *98 :* 94 727. *2000 :* 133 474. **Judiciaire** H f. 1995. **Naturelle** M *1998 :* 45 000. **Nouvelle** * H (Chambéry) *97 :* 3 722. *99-2000 :* 3 471. **Ouvrière** voir **Hebdo de l'actualité sociale**. **Quercynoise** voir **Croix du Midi**.
Vieilles Maisons françaises * BMT *1989 :* 20 991. *93 :* 23 416. *95 :* 20 089. *96 :* 19 424. *2000 :* 17 097.
Vienne rurale (La) H *1989 * :* 9 869. *98 :* 5 793.
Vies de famille (caisses d'allocations familiales) (ex-*Bonheur*). f. 1996. *2000 :* 800 000.
Villages-Val de Marne * H *1996 :* 1 098.
Ville de Paris M *230 000.*
Villefranchois (Le)-Les nouvelles du Rouergue et du Quercy * H *1995 :* 9 136. *2000 :* 8 427 (np 338, ab 5 536).
Vin-Le Magazine de Nicolas * *1995 :* 245 600.
Visu * H *1995 :* 39 450. *2000 :* 44 143.
Vital * M f. 1980. *1995 :* 180 521. *96 :* 122 299. *2000 :* 107 475.
Viti * M *1991 :* 28 696. *93 :* 26 011. *2000 :* 31 776.
Viva-La Vie mutualiste * M *1991 :* 792 072. *95 :* 710 281. *96 :* 701 601. *2000 :* n.c.
Vivre BM *2000 :* 41 160. **Avec les oiseaux** BMT *2000 : 26 000* (ab 7 000). **Nu magazine – La Vie au soleil** M *1991 :* 45 000.
Vocable * BM *1991 :* 157 188. *93 :* 138 417. *95 :* 115 912 dont allemand 21 066, anglais 72 229, espagnol 22 617. *97 :* 96 585. *99-2000 :* 111 304.
Vogue. Paris * M f. 1921. *1950 :* 24 508. *81 :* 65 424. *90 :* 76 991. *91 :* 80 455. *94 :* 84 826. *95 :* 83 998. *96-97 :* 93 860. *97 :* 72 987 (payés). *2000 :* 108 666. **Hommes** M f. 1972-76. *1986 * :* 47 115. *91 * :* 55 489. *93-94 :* 60 730. SMT *2000 :* 55 000.
Voici * H f. nov. 1987. S'est vu intenter plus de 170 procès en 1997 (le 31-7, condamné à 1,5 million d'amendes ; total 1997 plus de 15 millions). *1988 :* 257 000. *89 :* 403 723. *92 :* 799 761. *93 :* 761 917. *94 :* 745 398. *95 :* 806 949. *96 :* 752 497. *96-97 :* 735 189. *2000 :* 610 651.
Voies ferrées BMT *2000 :* 19 000 (ab 7 500).
Voile Magazine * M f. 1995 : *85 000. 99-2000 :* 43 872.
Voiles et voiliers * M f. 1972. *1995 :* 78 111. *96 :* 75 604. *99-2000 :* 73 186.
Voix (La). De France BMT *2000 :* 35 000 (ab 30 200). **De la Terre** (Agen) BM *2000 :* 7 000. **De l'Ain** * H *1995 :* 23 033. *2000 :* 23 448. **Des bêtes** BMT *2000 :* 57 000 (ab 46 000). **Des communes, des départements et des régions** H *2000 :* 8 000 (ab 7 200). **Des employés et cadres** 5 nos/an. f. 1963. *2000 :* 15 000. **Des parents** BMT * *1997 :* 80 439. *2000 :* 72 065. **Des sports** * H *2000 :* 70 849. **Du Cantal** voir **Croix du Midi**. **Du Jura** * H *1996 :* 13 516. *2000 :* 12 674. **Du retraité** M f. 1919. *2000 :* 25 000 (ab 19 000). **Du cheminot ancien combattant** * T 7 000. **Du combattant** * M *1990 :* 262 589. *99-2000 :* 228 593 (np 1 626, ab 226 967). **-Le Bocage** * BH *2000 :* 7 697. **Populaire** (Colombes) H *2000 : 18 000.*
Vol libre M f. 1976. *2000 :* 13 000.
Volonté (La). Du commerce, de l'industrie et des prestations de services M *1994 :* 59 745. *99 : 21 000.* **Paysanne de l'Aveyron** * H. *2000 :* 10 546. **Paysanne du Gers** * BM *2000 :* 18 562.
Votre. Beauté * M f. 1933. *1961 :* 60 147. *89 :* 84 905. *90 :* 104 372. *2000 :* 99 716. **Dimanche** H f. 1995 : *200 000.* **Maison** * BMT *1966 :* 38 272. *87 :* 253 040. *93 :* 173 570. *99-2000 :* 69 838.
Vous et votre avenir M *1998 :* 80 000.
Voyager Magazine * M f. 1990. *1999-2000 :* 91 916.
Voyageur représentant (Le) T *2000 :* 58 000.
Vrai papier journal (Le) f. par Karl Zéro. 1er n° : juillet-août 2000. *2000 : 200 000*-110 000.
VSD (vendredi-samedi-dimanche) * H f. sept. 1977 par Maurice Siegel (1919-85), repris par ses fils, François et Jean-Dominique. 10-8-1995 : dépôt de bilan. 1996 racheté 140 millions de F par Prisma Presse, reparaît 6-6. *1991 :* 293 068. *94 :* 297 765. *97 :* 311 170. *98 :* 254 603. *98-99 :* 234 674. *2000 :* 215 706.
VTT Magazine * M f. 1987. *2000 :* 26 000.
Web. Magazine * M 1er n° : 29-4-1999. *2000 :* 123 689 (np 2 282, ab 13 433). **Zoom** BM 1er n° : 5-2-2001.
Wind * M f. 1977. *1992 :* 48 684. *99-2000 :* 28 015.
Yahoo ! Internet Life M (éd. américaine lancée 1996 ; *1999 :* 1 000 000) 1er n° : 24-2-2000. *2000 :* 200 000. Suspendu.
Yatchs BMT f. 1989. *2000 : 38 000.*
01 Informatique A 40 000. * H f. 1966. *1993 :* 51 097. *97 :* 63 967. *99 :* 71 324. *99-2000 :* 71 476 (np 24 866, ab 34 162).

■ Presse pour les jeunes

☞ *Légende :* voir p. 1343 b.

Abricot * M f. 1987. *1999-2000 :* 63 129 (ab 31 142).
Arkéo junior * M f. 1994 : 45 000. *2000 :* 29 000 (ab 18 500).
Astrapi * BM f. 1978. *1985 :* 99 367. *95 :* 74 567. *99-2000 :* 79 409 (ab 62 739).
Aventuriers (Les) * M f. 1998. *1999-2000 :* 48 649 (ab 36 807).
Babar * M. f. 1991. *1999-2000 :* 70 471 (ab 40 389).
Bambi * M *1995 :* 68 805. *99-2000 :* 62 884 (ab 23 424).
Belles Histoires de Pomme d'Api (Les) * M f. 1979 : 55 000. *1990 :* 72 594. *96 :* 69 008. Suspendu.
Bisounours M *1994 :* 18 000 (ab 8 000).
Blaireau * M f. 1987. *1998-99 :* 31 156 (ab 23 062).
Bonhomme M. f. 1992. *1994 :* 22 000-35 000 (ab 10 000).
Clés de l'actualité (Les) * H f. 1992. *1993 :* 81 998. *95 :* 90 549. *99-2000 :* 64 446 (ab 46 767). **Junior** * H f. 1995. *1999-2000 :* 80 004 (ab 67 645).
Coulicou M *1992 :* 100 000. Suspendu.
Cousteau Junior M f. 1995. *1999 : 100 000*-80 000.
D. manga M f. 1989. *2000 :* 53 250.
Donald magazine *1986 :* 58 208. *89 :* 20 091. Suspendu.
Dorothée magazine * f. sept. 1989. *1994 :* 62 104. *95 :* 65 243. *96-97 :* 62 585. Suspendu.
Équipée/Loustic (L') T *1994 :* 5 000. *2000 :* 15 000.
Fripounet * H f. 1946. *1961 :* 134 139. *76 :* 170 886. *79 :* 140 442. *90 :* 40 000. *92 :* 135 000. Suspendu.
Girls ! * M 1er n° 25-2-1998, ex-*Bravo-Girl !* f. 1992. *1993 :* 228 027. *97 :* 153 779. *2000 :* 251 069 (ab 19 791).
Grain de Soleil * M f. 1988. *1996 :* 58 684. Suspendu.
Guides Phosphore 7 nos/an, ex-*Talents* M puis T 1er n° : 14-11-1992. *1993 :* 62 793 *. *97 :* 36 030. *2000 :* n.c.
Hebdo des Juniors (L') * H Fusion de *Infos Junior* (f. 1995) et de *Télérama Junior* (f. 1992). 1er n° : 28-5-1997 : *73 000. 1996 :* 77 797. *99-2000 :* 55 905 (ab 50 817).
Hibou * M f. 1986. *1995 :* 31 324. *98-99 :* 26 838 (ab 18 813).
I Love English * M f. 1985. *1990 :* 72 237. *91 :* 58 822. *93 :* 65 709. *95 :* 56 124. *99-2000 :* 42 983.
Images Doc * M f. 1989. *1999-2000 :* 94 290 (ab 75 483).
Infos Junior * 1er n° 2-9-1993. *1995 :* 48 621. Suspendu.
Jacinte * M f. 1975. Suspendu.
J'aime lire * M f. 1977. *1982 :* 134 000. *83 :* 129 077. *89 :* 150 000. *92 :* 139 388. *99-2000 :* 208 476 (ab 164 093).
Je bouquine * M f. 1984. *1986 :* 60 000. *90 :* 73 407. *93 :* 67 769. *95 :* 60 616. *99-2000 :* 55 526 (ab 44 941).
Je lis. Déjà * f. 1989. *1999-2000 :* 47 331 (ab 33 969). **Des histoires vraies** * M f. 1992. *1999-2000 :* 36 110 (ab 25 707).
Jeunes (Les) BMT *2000 :* ab 8 500.
Journal (Le). De Mickey * H f. 1936. *1963 :* 375 233. *81 :* 379 672. *85 :* 307 116. *91 :* 211 518. *95 :* 204 752. *97 :* 196 422. *99-2000 :* 202 677 (ab 74 894). **Des enfants** H f. 1984, supplément de l'Alsace. *1989 :* 85 000. *90 :* 141 819-192 610 (ab 133 941). Suspendu.
Kouakou BMT *1998 : 260 000.* Suspendu mi-1999 à fin 2000.
Koalec BMT 1er n° : 5-12-1997. *2000 : 7 000.*
Mickey Parade *M *1994 :* 195 730. *95 :* 186 042. *96 :* 189 657. *99-2000 :* 146 499 (ab 10 705).
Mikado * M *1994 :* 43 000. *96 :* 48 250 (ab 28 077).
Miss-Star Club * M f. 1992. *1994 :* 112 871. *99-2000 :* 92 892.
Moi, je lis * M f. 1987. *1999-2000 :* 52 018 (ab 37 399).
Mon Quotidien Q f. 18-1-1995. 50 000 ab. 250 000 lecteurs.
OK Podium * M f. 1993 (1964 *OK âge tendre*, 1972 *Podium Hit*, 1976 *OK !*). *1994 :* 190 036. *95 :* 194 883. *97 :* 298 502. *98 :* 159 788. *99 :* 124 202 (ab 9 609).
Okapi * BM f. 1971. *1973 :* 91 752. *85 :* 81 251. *90 :* 125 055. *95 :* 90 005. *99-2000 :* 73 651 (ab 60 491).
Oxebo ! BMT f. 1997 : *42 000*-35 000. *2000 :* 39 000.
Patouille M 1er n° 17-4-1997. *1999 :* 15 000 (ab 5 000).
Perlin H f. 1956. *1994 :* 30 922. *95 :* 40 552. *96 :* 29 135.
Petit Léonard (Le) M f. janv. 1997. *2000 :* 25 600 (ab 9 650).
Petites mains BMT f. 1997. *2000 :* 35 000.
Phosphore * M f. 1981. *1985 :* 57 749. *91 :* 108 995. *93 :* 104 258. *95 :* 99 532. *98 :* 84 476. *99-2000 :* 92 333 (ab 62 265).
Picoti/Picota * M *1999-2000 :* 66 469 (ab 31 928).
Picsou-Magazine * M f. 1972 : 312 181. *85 :* 306 176. *90 :* 245 549. *91 :* 233 036. *95 :* 234 148. *96 :* 229 182. *98 :* 206 829. *2000 :* 219 747 (ab 28 208).
Pif [*Jeune Patriote* (clandestin 1943-44), *Vaillant* 1945, *Pif Gadget* 1969, *Nouveau Pif* et *Pif* 1986 H puis M (1992)] H *1971 :* 334 080. *81 :* 400 034. *92 :* 90 000. Suspendu déc. 1993.
Pilote * f. le 29-10-1959 (H) puis M depuis 5-6-1974, fusionne avec *Charlie Hebdo* 1986, disparaît nov. 1989. *1962 :* 126 796. *82 :* 68 008. *86 :* 44 141.
Pomme d'Api * M f. 1966. *1977 :* 155 273. *90 :* 147 054. *95 :* 109 666. *99-2000 :* 144 190 (ab 106 694).
Popi * M f. 1986. *1990 :* 98 086. *92 :* 77 896. *93 :* 79 139. *95 :* 67 722. *99-2000 :* 86 872 (ab 51 866).
P'tit Loup * M f. 1989 (7 à 10 ans). *1991 :* 76 505. *92 :* 72 864. *95 :* 86 856. *96 :* 76 721. Suspendu.
Routes nouvelles T *2000 : 5 000.*
Salut * BM puis M f. 1962 (*Salut les copains* M) : 533 769. *63 :* 890 845. *64 :* 1 040 228. *68 :* 990 643. *70 :* 819 921. *72 :* 736 292. *79 :* 236 717. *82 :* 193 388. *84 :* 236 696. *89 :* 140 252. *91 :* 145 614. *93 :* 100 949. *95 :* 117 279. *96 :* 150 222. *97 :* 262 157. *99-2000 :* 102 613. Record : 1 million d'ex. (mariage de Sylvie Vartan et Johnny Hallyday).
Science et Vie Junior * M f. 1989. *1992 :* 186 266. *95 :* 178 480. *96 :* 184 939. *99-2000 :* 170 706 (ab 131 162).
Spirou H f. 1936. *1955 :* 79 810. *60 :* 99 256. *66 :* 119 431. *68 :* 104 711. *73 :* 85 072. *80 :* 83 426. *88 :* 29 683. *90 :* 66 000. *92 :* 47 000. Suspendu.
Strange M f. 1970. *1994 :* 70 000 (ab 5 000).
Super Picsou géant * BMT *1995 :* 272 786. *99-2000 :* 255 629.
Télé Club Plus M *1994 :* 182 133 *. *95 :* 81 517 *. *2000 :* 48 300.
Télérama Junior * H f. 1992. *1995 :* 37 581. Suspendu.
Tintin * H f. Belgique 26-9-1946, France 1948. *1955 :* 92 473. *59 :* 187 373. *62 :* 204 598. *73 :* 85 425. *81 :* 54 249. *85 :* 35 623. Remplacé déc. 1988 par **Tintin Reporter** (dernier n° 28-7-1989).
Toboggan * M f. 1982. *1999-2000 :* 82 135 (ab 46 404).
Today in English * M f. 1991. *1999-2000 :* 43 451 (ab 33 062).
Toupie M f. 1984. *1996 :* 79 503. *99-2000 :* 64 004 (ab 35 844).
Tribule M lancé sept. 2000 : 70 000.
20 Ans * M f. 1960. *1965 :* 76 048. *90 :* 94 151. *91 :* 108 661. *93 :* 157 075. *96 :* 150 638. *98 :* 160 744. *2000 :* 164 648 (ab 15 640).
Wakou * M f. 1989. *1999-2000 :* 59 703 (ab 42 972).
Wapiti * M f. 1987. *1989 :* 145 432. *91 :* 104 731. *93 :* 109 619. *97 :* 99 306. *99-2000 :* 71 694 (ab 51 326).

Winnie * M f. 1985 (Winnie l'Ourson). *1986 :* 170 047. *93 :* 88 372. *99-2000 :* 108 773 (ab 54 172).
Youpi * M f. 1988. *1995 :* 43 052. *99-2000 :* 59 055 (ab 46 456).

Publicité

■ **Origine** (en France). **1580** dans les *Essais,* Montaigne parle d'un système d'*avertissement* permettant aux riches de connaître les besoins des plus nécessiteux. **1630** Théophraste Renaudot, directeur de *La Gazette,* crée un *bureau de rencontres et d'adresses.* **1836** Émile de Girardin lance *La Presse* avec des *annonces payées.* **1869** apparition du terme *réclame.* **1927** Marcel Bleustein-Blanchet le remplace par celui de *publicité* pour la création de son agence Publicis (voir p. 1353 a).

☞ **Musée de la publicité :** *ouvert* 18-11-1999 au pavillon de Marsan (Louvre) ; *architecte :* Jean Nouvel ; *collections :* 100 000 affiches, films publicitaires et documents sonores ; *médiathèque.*

■ **Mémorisation** ou **« pénétration mémorielle ». Une publicité perçue une seule fois** (on parle de « 1re exposition ») **est mémorisée :** *s'il s'agit d'une affiche* par 4 % des gens, *d'un message radio* 5 %, *de presse* 10 %, *de télévision* 15 %, *de cinéma* 75 %. *S'il n'y a qu'un message* dans un écran publicitaire TV, il sera mémorisé par 76 % du public, s'il y en a 7 ou 8 par 50 %, s'il y en a 15 par 44 %. **« Taux de reconnaissance » :** *pour une publicité classique :* 35 %, *jouant sur l'humour ou la dérision :* jusqu'à 65 %. *Temps moyen de passage devant une affiche :* 2,5 secondes.

☞ C'est Avenir qui a lancé en 1981 la campagne « L'afficheur qui tient ses promesses » : 1re affiche le 2 sept. : Myriam, jeune mannequin en bikini, annonçait « Demain, j'enlève le haut » ; 2e le 4 sept. : annonce « Demain, j'enlève le bas » ; 3e : paraît nue, de dos.

■ **Échecs publicitaires. 1969** J. Walter Thompson, lessive Ala : « enzymes gloutons » (les ménagères craignirent qu'ils ne « mangent » les couleurs de leur linge). **1972** BNP : « Votre argent m'intéresse ». **1973** Vittel : « Buvez et pissez ». **1977** bière Fischerlei : « La cannette de bière qui a du ventre » ; Renault 14 représentée par une poire (incomprise car trop symbolique). **1978** RSCG pour Citroën : « l'anti-tape-cul » (le client achète d'abord un statut social, pas un anti-tape-cul). **1981** Valéry Giscard d'Estaing : « Il faut un président à la France » (réplique : on n'en avait donc pas ?). **1993** affiche Benetton du jean et du tee-shirt ensanglantés d'un soldat croate (provoqua une forte baisse des ventes).

☞ **Canular :** la campagne pour Garap, en 1953, vantait un produit fantôme.

Données globales

Sources des statistiques : Irep, Sécodip, AACC, UDA, Advertising Age.

En France

☞ Les médias comportaient 18 millions d'insertions publicitaires en 2000.

■ **Annonceurs. Nombre** (est.) : *1998 :* 2 300 000 dont 26 000 dans les médias ; *2000 :* 32 000 dans les médias.

■ **Dépenses publicitaires. Dépenses par support** (en milliards de F, 2000) : 190,6 dont (en %) *médias* 40,6 (presse hors petites annonces 15,7, TV 13,1, affichage 5,3, annuaires et guides 3, radio 3, cinéma 3) ; *hors médias* 59,4 (marketing direct 30,9, promotion 15,6, publicité par l'événement 7,1, relations publiques 5,4, Internet 0,5).

Dépenses publicitaires par tête (en F) : *1975 :* 199 ; *80 :* 379 ; *85 :* 726 ; *89 :* 1 160 ; *90 :* 1 247 ; *91 :* 1 279 ; *97 :* 2 729.

Dépenses plurimédia par secteurs (en %, 1999) : services 7,1, distribution 11,3, alimentation 11, industrie du transport 10,2, toilette/beauté 7,9, télécommunication 7,5, édition 5,6, information médias 5,4, culture/loisirs 5,3, voyage/tourisme 3,4.

■ **Investissements en 2000. Montant par média** (en milliards de F, *source :* IP, prév. fin 99) : 60,06 dont presse 25,7, (dont PQN 2,6, PQR 4,7, mag. 9,7, presse spécialisées 4, gratuite 4,8), TV 22,2, affichage 7,4, radio 4,3, cinéma 0,4.

☞ **Investissements publicitaires des annonceurs Internet dans les médias traditionnels** (en milliards de F bruts, *source :* Sécodip) : *janv.-oct. 1998 :* 0,37 ; *janv.-oct. 1999 :* 1,02 ; *fin 1999 :* 1,4 à 1,5.

■ **Premiers annonceurs français. Investissements** (en millions de F, 1999) : L'Oréal 2,3, France Télécom 2,1, PSA 1,8, Vivendi 1,7, Nestlé Entr. 1,6, groupe Mulliez 1,5, Renault 1,4, groupe Danone 1,4, Unilever 1,2, groupe Carrefour 1,2.

■ **Campagnes d'information du gouvernement** (en millions de F TTC, francs courants). *1984 :* 105 ; *85 :* 195 ; *86 :* 171 ; *87 :* 237 ; *88 :* 244 ; *89 :* 175 ; *90 :* 322 ; *91 :* 335 ; *92 :* 445 ; *93 :* 237 ; *94 :* 341 ; *95 :* 274 ; *96 :* 312 ; *97 :* 272.

■ **Répartition des recettes publicitaires en France** (en %, est. 2000). Presse 50,4, TV 30,1, publicité extérieure (affichage) 11,6, radio 7,1, cinéma 0,8. *Source :* Irep.

■ **Publicité comparative.** Tolérée (loi du 18-1-1992) à condition de : ne pas être trompeuse, prendre en compte des biens et services « objectivement comparables », n'engendrer aucune confusion sur le marché, ne pas entraîner le discrédit ou dénigrement d'un concurrent, ne pas porter sur des reproductions ou des invitations de marques ou noms commerciaux protégés. Le concurrent doit être informé avant publication, avec un délai pour réagir.

■ **Loi Sapin** (loi n° 93-122 du 29-1-1993). Relative à la prévention de la corruption et à la moralisation et la transparence politiques et économiques, elle réglemente le financement des campagnes électorales ; fixe les conditions d'activité des prestataires de service ; modifie les procédures d'autorisation des grandes surfaces commerciales ; réglemente la concurrence et la passation de marchés par les collectivités locales. *Articles relatifs à la publicité :* agences et médias doivent communiquer leurs barèmes. Tout achat d'espace ne peut être réalisé par une agence de publicité, une centrale d'achat ou tout autre intermédiaire, que par mandat écrit. L'intermédiaire ne peut être rémunéré que par son client, l'annonceur, et le support ne peut lui verser aucune rémunération ou avantage. L'espace est facturé par le support directement à l'annonceur qui peut seul bénéficier de remises ou ristournes. La violation de ces dispositions est sanctionnée pénalement. *Remise pratiquée par les médias :* TV 20 à 40 % ; radio 50 à 75 ; affichage 40 à 55 ; quotidiens nationaux : 30 à 35, régionaux 0 à 20, magazines 35 à 45.

Le **Service central de la prévention de la corruption (SCPC),** créé 1993, contrôle son application.

☞ Selon Arthur Andersen, cette loi a fait baisser le résultat d'exploitation des agences de 50 %.

■ **Publicité sur Internet. Dans le monde. 1re régie publicitaire du Web** (en 1999) : Sté américaine DoubleClick, chiffre d'affaires (en 1999) : 1,8 milliard de F. **Dépenses publicitaires sur Internet : dans le monde** (en milliards de F) : *1998 :* 13 ; *2004 (prév.) :* 225 ; **aux USA** (en milliards de $) : *1997 :* 0,91 ; *99 :* 1,92 ; *prév. 2000 :* 2 à 3 ; *2003 :* 11,3 ; *2004 :* 22. **Campagnes :** *2000 :* 10 392 par 2 893 annonceurs (32 376 bannières). **Principaux annonceurs aux USA** (en millions de $, déc. 2000) : Amazon.com 61,8, Barnesandnoble.com 23,8, Classmates.com 19,3, First USA 11,2, Ebay 11,1. **% d'internautes cliquant sur les bandeaux publicitaires :** *1997 :* 10 ; *2000 :* 0,25. **Coût pour mille** sur la cible des ménagères de moins de 50 ans (en euros, 2000) : G.-B. 16,7, Allemagne 15,6, *France 14,2.* **En France. Entreprises présentes (on-line) :** *1996 :* 30 000 ; *97 :* 60 000 (2,5 %) dont *ayant leur propre site :* 57 000, *ayant acheté de l'espace publicitaire :* 13 000. **Dépenses des annonceurs sur Internet** (en millions de F) : *1997 :* 645 ; *98 :* 1 280 dont achat d'espace 1 200, création on/off-line 80 ; *2000 :* 945. **Parts de marché selon le format** (en %, au 26-10-2000) : bannières 79, sponsoring 11, publi-rédactionnel 9, e-mailing 1.

☞ *En 2000,* 85 % des annonceurs nationaux et 40 % des locaux régionaux étaient présents sur Internet.

Dans le monde

■ **Dépenses publicitaires mondiales. Montant** (en milliards de F) : *1999 :* 2 165 ; *2000 :* 2 335 ; *2001 (est.) :* 2 475 ; *2002 (prév.) :* 2 622. *Source :* Zenith Media. **Répartition géographique** (en %) : Amérique du Nord 46, Europe 30,5 (dont *France 3,5*), Japon 11, Asie Pacifique 8, Amérique du Sud 6, reste du monde 2.

■ **Achat d'espace publicitaire dans le monde** (en milliards de $, 1999). Carat [2,3] 8,5, Optimum Media Direction [1] 6 (en 1997), Mediacom (Grey) [1] 4,8, CIA MediaNetwork 4,7, Initiative Media [1] PMI + WIM 4,4.

Nota. – (1) USA. (2) G.-B. (3) France.

■ **Dépenses publicitaires aux USA. Par support** (est. 2000) : voir tableau ci-dessous. **Principaux annonceurs** (en milliards de $, 1998) : General Motors 2,94, Procter & Gamble 2,65, Philip Morris 2,05, Daimler Chrysler 1,65, Sears Roebuck & Co 1,58, Ford Motor 1,52.

Investissements publicitaires

En 1998	Total		Répartition (en %)				
	En milliards d'euros	Par hab. (en euros)	Presse	TV	Affichage	Radio	Ciné.
Allemagne	16,3	199	67,1	24,7	3,4	3,7	1
Autriche	1,47		36,6	58,5	10,4	10,3	–
Belgique	1,53	150	36,6	42,9	10,4	8,8	1,5
Danemark	1,34		74,7	20,1	2,7	1,8	0,6
Espagne	3,63	92	36,6	46,2	5,3	10,8	1,1
Finlande	0,95		72,5	20,5	3,3	3,6	0,2
France	*8,77*	*150*	*47,2*	*33,9*	*11,7*	*6,6*	*0,6*
G.-B.	15,7	266	54,6	35,3	5,2	4	0,9
Grèce	1,14		48	46,9	–	5,1	–
Irlande	0,43		46,7	33,4	8,9	10,1	0,9
Italie	6,08	106	34,4	56,4	4,3	4,6	–
Japon	32,4		37,7	43,9	13,4	5	–
Norvège	1,05		53	38,2	2	5,7	1,1
Pays-Bas [1]	2,91		72,3	18,2	3,6	5,5	0,4
Portugal	1,12	43	27,8	63,4	–	8,7	–
Suède	1,63		71,1	20,6	4,5	3,3	0,5
Suisse	2,19	309	72,4	10,6	13,2	2,7	1,1
USA	100,9		46,1	39,9	1,3	12,7	–

■ **Marketing direct aux USA.** Ventes par support (en milliards de $, 1998) : mailing 589,8, marketing téléphonique 666,3, journaux 248,5, magazines 95, TV 126,7, radio 47,8, autres 84,4. *Total :* 1 858,7 dont consommateur 978,8 d'entreprise à entreprise 879,9.

■ **Principales sociétés d'études marketing. Chiffre d'affaires** (en millions de F, 1993) : AC Nielsen 7 020, IMS International 3 435, Iri 1 874, GFK 1 234, Arbitron 960, Sofres/Sécodip 940, Research International 823, Video Research 673, Walsh International/PMSI 646, Westat 633.

■ **Dépenses publicitaires par habitant** (en F, 1996). USA 1 890, Japon 1 615, Allemagne 1 235, G.-B. 905, *France 880.*

■ **Sponsoring. Dans le monde. Investissements** (en milliards de F, 1998) : 78. **Aux USA. Investissements** (en millions de $, est. 1998) : 6 760 dont sports 4 550 ; concerts et tournées 675 ; festivals, foires, événements annuels 578 ; causes 544 ; arts 413. **Principaux sponsors** (en millions de $, est. 1997) : Philip Morris 140-145, Anheuser-Bush 130-135, Coca-Cola 110-115, General Motors 90-95, Pepsi Cola 75-80, Nike 60-65.

Agences de publicité

En France

■ **Achat d'espaces. Volumes d'achats grands médias des principales enseignes** (en milliards de F, est. 1999). Carat (Aegis) 17,96, Media Planning (Havas Advertising) 11,2, OMD (Omnicom) 7,87, Publicis Centre Media (Publicis) 5,19, Initiative Media (Interpublic) 3,83, Mindshare (WPP) 2,62, Mediavest (DMB & B) 2,62, Universal Media (McCann) 1,77, CIA Le Lab (Tempus) 1,72, MediaCompany (groupe Grey) 1,61, Zenith Media 1,15.

■ **Premiers groupes de communication en France. Marge brute** (en milliards d'euros, 2000) : Interpublic + True North 8,12, Omnicom 6,99, WPP 6,88, Havas 2,28, Publicis 1,77. **Havas. Origine :** agence de presse *créée* 1835 (voir AFP p. 1331 b). *1879* cotée en bourse. *1940* cède à l'État sa branche information qui deviendra l'Agence France Presse en 1944. *1944* contrôlée majoritairement par l'État. *1968* filialise l'activité conseil en publicité sous le nom d'Havas Conseil, qui deviendra Eurocom (1974) puis Euro RSCG (1991) puis Havas Advertising. *1975* filialise l'activité voyages. *1976* acquiert 45 % du groupe de presse et de salons CEP Communication (absorbé par Havas en 1997). *1979* achète la librairie Nathan. *1984* crée Canal+. *1987* privatisée. *1995* entre dans le multimédia. *1998-mars* filiale à 100 %, par fusion-absorption de la Cie générale des Eaux devenue Vivendi (voir à l'Index), se recentre sur édition et multimédia. *2001-janv.* devient Vivendi Universal Publishing. *-29-5* rachète 16,9 millions d'actions détenues par la famille Bronfman (8 milliards de F). **P-DG :** *1998-mars* Éric Licoys (né 26-8-1938). **Acquisitions 1998-99 :** La Découverte & Syros, Groupe Quotidien Santé, Doyma, Groupe Anaya, Groupe L'Étudiant, Groupe OVP-Vidal, Cendant Software (rebaptisé Havas Interactive), Barbour Index, Aique, Medi-Media, Nil éditions, 50 % d'Atica et Scipione (Brésil) ; lancement de BOL (50 %). **Cessions 1998-99 :** Havas Intermediation (IP), Oda, Havas Voyages, ITI/Télé Images, Mk2, Pôle Publicité Extérieure (Avenir, HMC Transports, Claude Publicité), Havas Media Hebdos. **Positions 2000 :** L'un des leaders mondiaux du multimédia, n° 1 en Europe continentale de l'édition scolaire et de référence, n° 1 en France en littérature générale, distribution de libre, information professionnelle et presse gratuite. **Chiffre d'affaires 2000 :** 52,5 milliards de F. **Résultat d'exploitation 2000 :** 3,1 milliards de F. **Effectifs :** 20 000. **Activités 2000 : presse :** 80 titres dont *news-magazines :* Courrier international, L'Express, etc. ; *Jeunes :* L'Étudiant ; *économie :* L'Expansion, L'Entreprise, La Vie française, etc. ; *informatique :* 01 Informatique, Linea EDP, etc. ; *construction :* Le Moniteur, Building, Barbour Index, etc. ; *industrie :* L'Usine nouvelle ; *agriculture :* La France agricole ; *distribution :* LSA ; *médical :* Le Quotidien du Médecin, etc. ; *gratuits :* Bonjour. **Salons :** 80 manifestations, organisées par Exposium, couvrant tous les secteurs de la vie économique et professionnelle dont : Intermat, Medec, Sial, Sima, Emballage, Sircom, etc. et également le Salon de l'Étudiant organisé par le groupe L'Étudiant. **Livres :** 45 marques dont *éducation et référence :* Larousse, Bordas, Nathan, Le Robert, Anaya, etc. ; *médical :* MediMedia, Masson, Doyma, Vidal ; *juridique :* Dalloz ; *sciences, techniques et gestion ;* Dunod ; *littérature générale :* Laffont, Plon-Perrin, Les Presses de la Cité, Solar, Belfond, La Découverte & Syros, Pocket, 10/18, Fleuve noir, etc. **Multimédia :** CD-Rom et services en ligne développés par Havas Interactive et ses marques : *éducation :* Coktel, Knowledge Adventure, Nathan Multimédia, Syracuse Language ; *référence/vie pratique :* Larousse Multimédia, Sierra Home ; *jeux :* Blizzard, Sierra, Flipside.com. **Livre électronique :** Havas e-Content Publishing, Bookpole (50 %). **Diffusion/distribution :** *livres :* Havas Services et ses filiales Livredis, Interforum, Dil, etc. ; *club :* France Loisirs (à 50/50 avec Bertelsmann) ; *librairie sur Internet :* bol (à 50/50 avec Bertelsmann) ; *presse et documents publicitaires :* Delta Diffusion. **Publicité :** 220 agences du groupe Havas Advertising, dans 65 pays : *conseil en communication :* Euro RSCG, Campus, Diversified Agencies ; *conseil média et achat d'espace :* Media Planning.

■ **Agences** (*source* Insee). **Nombre :** 2 629 dont de publicité 2 330, de promotion 167, de marketing direct 76, de communication santé 56. **Salariés** : *total :* 17 339 ; *par agence :* moins de 6 dans 71,4 % des agences. **Chiffre d'affaires :** 29,5 milliards de F, **marge brute :** 13,5. **Agences conseils en communication :** voir AACC, col. b.

■ **Principaux groupes et agences. Revenus bruts** (en milliards de F, 2000) : Havas Advertising (en France) 2,87 (2,32 en 1999), Publicis France Groupe 1,85 (1,44), BBDP France (groupe ; devenu TBWA en 2000) 1,26 (0,96), DDB Communication France 1,2 (1), McCann Erickson Group 0,68 (0,58), BBDO Paris (groupe) 0,63 (0,51), Ogilvy France Groupe 0,61 (0,53), Young & Rubicam Group 0,6 (0,54), Ammirati Puris Lintas Groupe (devenu Lowe Lintas & Partners en 2000) 0,43 (0,36).

– **BDDP (Boulet, Dru, Dupuy, Petit) :** *créé* nov. 1983 par Jean-Claude Boulet (ex-Pt, parti début 1998), Jean-Marie Dru (Pt), Marie-Catherine Dupuy (dir. de création) et Jean-Pierre Petit (a quitté le groupe en 1994). 3e en France, 14e dans le monde en 1996. Racheté 836 millions de F par le groupe GGT (G.-B.) en sept. 1996. Repris par Omnicom début 1998. *Marge brute* (en millions de F) : *1993 :* 1 143 ; *94 :* 1 167 ; *95 :* 1 150 ; *98 :* France 960,2.

– **Eurocom-France** (fusion de Bélier et d'HDM le 29-10-1991) : *Pt :* Alain de Pouzilhac. *Implantations* dans 40 pays en Europe. **RSCG :** *créé* 1969 par Bernard Roux (né 15-8-1934), Jacques Séguéla (né 23-2-1934), Alain Cayzac (né 2-6-1941), Jean-Michel Goudard (né 13-11-1939). *Agences dans le monde :* 200. **Euro RSCG :** voir ci-dessous.

– **Havas Advertising :** *issu* février 1996 d'*Euro RSCG* créé 2-10-1991 (RSCG absorbé par Eurocom). 4e place mondiale, 1re européenne et française. Filiale d'Havas de février 1997 à début juin 2001. *P-DG : monde* (Euro RSCG World Wide) : Bob Schmetterer. *France :* Alain de Pouzilhac (né 11-6-1945). *Vice-Pts :* Jean-Michel Carlo, Alain Cayzac (né 2-6-1941), Jacques Séguéla. *4 divisions : 1°) Euro RSCG :* marque mondiale du groupe ; *2°) Campus :* réseau de 5 agences européennes ; *3°) Mediapolis :* joint-venture avec Young & Rubicam pour le conseil média et l'achat d'espaces ; *4°) Diversified Agencies :* agences locales autonomes. *Chiffre d'affaires et,* entre parenthèses, *résultat net* (en milliards de F) : *1992 :* 31,4 (0,2) ; *93 :* 27,1 (0,14) ; *94 :* 26,2 (0,13) ; *95 :* 26,5 ; *96 :* 29,1 (0,191) ; *97 :* 34 (0,26) ; *98 :* 38,26 (0,403) ; *2000 :* 78,7. *Marge brute : 1996 :* 4,365 ; *97 :* 5,111 dont (en %) USA 30,7, France 30,6, G.-B. 14,4, reste de l'Europe 16,3, Asie-Pacifique 5,6, Amérique latine 2,4 ; *98 :* 5,735. *Endettement :* 0,895 en 1995. *Effectifs* (au 31-12-1997) : 7 636 dans 200 agences, 63 pays.

☞ A déposé plainte le 2-5-1996 contre 6 banques (BNP, Arjil, Caisse des dépôts, Francic, CNP, Crédit national), puis contre Bernard Roux, à la suite de la signature, en 1991, d'un protocole ; les banques ont déposé plainte pour dénonciation calomnieuse le 17-6-1996. Condamné le 13-1-1997 à payer 85 millions de F (765 F par action) aux 6 banques ; versés début avril.

– **Publicis :** 5e mondial, 2e en France, 2e en Europe. *Créé* 8-3-1926 par Marcel Bleustein-Blanchet (21-8-1906/11-4-1996) [« Publi » comme publicité, « cis » comme 6 de 1926]. *Capital* (en %, au 31-12-2000) : Somarel 22,4 (dont Élisabeth Badinter 43,22, institutionnels 18,55, collaborateurs 18,55, Sophie Dulac 16,05, Michèle Bleustein-Blanchet 2,42, Nicolas Rachline 1,21), institutionnels 57,4, autocontrôle 0,6, Élisabeth Badinter 5,6, personnes physiques 14. *Pt du conseil de surveillance :* Élisabeth Badinter (née 5-3-1944, fille de Bleustein-Blanchet). *Pt du directoire :* Maurice Lévy (né 18-2-1942). *1929* 1er message publicitaire radiophonique lancé sur Radio Tour Eiffel. *1931* budget André (slogan : « Le chausseur sachant chausser »). *1938* prise de participation dans Gaumont. *1972-sept.* incendie du siège des Champs-Elysées ; rachat d'Intermarco Hollande et de l'agence Suisse Farmer. *1993* rachète FCA (Feldman Calleux Associés, fondé 1971 par Jean Feldman et Philippe Calleux). *1996-mars* rompt l'alliance conclue 1988 avec True North. *1997-déc.* lance une OPA sur True North ; échoue. *1996-2000* acquisition de 43 agences (dont aux USA 15, en Asie 11) dont le groupe Saatchi & Saatchi. *Espaces :* 12 500 m² sur les Champs-Elysées, 9 % du groupe américain True North. *Agences :* dans 170 villes de 102 pays. *Effectifs :* 20 340. *Chiffre d'affaires et,* entre parenthèses, *bénéfice net* (en milliards de F) : *1990 :* 16,2 (0,17) ; *95 :* 20,5 (0,15) ; *96 :* 21,9 (0,18) ; *97 :* 26,3 (0,23) ; *98 :* 35,9 (0,38) ; *99 :* 45 (0,54) ; *2000 :* 77,4 (0,99). *Marge brute* (en milliards de F) : *1999 :* 5,6.

■ Dans le monde

■ **Premiers groupes publicitaires** (*Source :* Advertising Age). **Marge brute** (en milliards de $, 1999) : Omnicom [2] 5,74, Interpublic Group of Cos. [2] 5,08, WPP [1] 4,82, Havas Advertising [4] 2,39, Dentsu [3] 2,11, B Com 3 [2] 1,93, Young & Rubicam [2,5] 1,87, Grey Advertising [2] 1,58, True North [2] 1,49, Publicis [4] 1,43.

Nota. – (1) G.-B. (2) USA. (3) Japon. (4) France. (5) A fusionné avec WPP en mai 2000.

■ **Premières agences européennes. Marge brute** (en millions de $, 1998 ; *source :* Advertising Age) : Euro RSCG Worldwide 647,4, BBDO Worldwide 634,8, McCann Erickson Worldwide 627,5, Publicis Worldwide 586,8, Young & Rubicam 516,3, Ogilvy & Mather Worldwide 498,1, DDB Needham Worldwide 480,4, Grey Advertising 433,1, J. Walter Thompson Co. 431,7, TBWA International 357,9.

■ Organismes professionnels

■ En France

■ **AACC (Association des agences conseils en communication).** 40, bd Malesherbes, 75008 Paris. *Fondée* 1972 (sous le sigle AACP, Association des agences conseils en publicité). Regroupe 200 agences (9 400 salariés ; marge brute 7,4 milliards de F). *Pt :* Alain Cayzac (né 2-6-1941).

■ **BVP (Bureau de vérification de la publicité).** 11, rue St-Florentin, 75008 Paris. *Fondé* 1935. *DG :* Joseph Besnaïnou. *Missions :* élaboration de recommandations (codes d'usage professionnels) ; émission d'un avis obligatoire avant diffusion d'un message publicitaire télévisé. **Adhérents :** 1 100 en 4 catégories (organisations professionnelles, annonceurs, agences de publicité, supports et membres correspondants : syndicats et associations professionnelles). En 1999, 11 032 avis avant diffusion de spots publicitaires dont TV 5 900, radio 1 200 (600 spots TV modifiés).

■ **CESP (Centre d'étude des supports de publicité).** 136, bd Haussmann, 75008 Paris. Association. *Fondée* 1956. **Adhérents :** 250 (annonceurs, agences et conseils en communication, centrales d'achat d'espace, médias). **Objets** depuis les nouveaux statuts du 16-12-1992 : lieu de rencontres, de concertation ; organe d'audit, de contrôle et de labélisation des études d'audience médias. *Pt* (depuis janv. 1998) : Patrice Saugeron (né 21-6-1947). *Dir. gén. :* Emmanuel Fraisse (né 21-4-1950).

■ **Diffusion contrôle (Association pour le contrôle de la diffusion des médias).** 18-20, pl. de la Madeleine, 75008 Paris. **Origine :** *1922* Charles Maillard fonde l'OJT (Office de justification des tirages) constitué le 26-1-1926 sous forme d'association. Étienne Damour (1888-1933) insiste sur l'idée d'un contrôle des tirages. *1946* devient l'OJD (Office de justification de la diffusion). *1992* nom actuel. **Organisation :** 3 collèges (éditeurs, annonceurs, publicitaires). **Objet :** contrôler tirage et diffusion des titres et supports adhérents, par procès-verbal, déclaration de diffusion sur l'honneur (DSH) ou « déclaration déposée » ; effectue 1 650 contrôles par an. **Adhérents** (au 29-11-2000) : 1 770 dont presse 1 562 [soit 85 % de la diffusion totale de la presse : bureau presse payante (OJD) 1 005, de la presse gratuite 428, des écrits spécialisés 73, des supports imprimés 51, des supports audiovisuels et télématiques 5], publicitaires 45, annonceurs 22, membres associés 68. *Pt :* Geoffroy Pinoncély (groupe Danone). *Dir. gén. :* Patrick Bartement.

■ **Irep (Institut de recherches et d'études publicitaires).** 62, rue La Boétie, 75008 Paris. *Fondé* 1958. **Adhérents :** 110 (agences, annonceurs, conseils en expertise média, médias/régies, instituts d'études et universités). *Pt :* Didier Truchot.

■ **Sécodip (Sté d'études de la consommation et de la publicité).** *Fondée* 1969. *P-DG :* Jean-Michel Portier. Groupe Taylor Nelson Sofres (créé 1997). Organise la page publicitaire de 850 titres de presse, 6 chaînes TV, 18 stations de radio, de réseaux d'affichage et de cinéma.

■ **UDA (Union des annonceurs).** Association loi 1901. *Fondée* 1916. *Pt :* Geoffroy Pinoncély (conseiller du président de Danone). *Vice-Pt, dir. gén. :* Gérard Noël. Représente plus de 400 entreprises.

■ **Udecam (Union des entreprises de conseil et achat media).** Association. *Créée* 1996. **Regroupe :** Carat France, CIA Medianetwork France, Initiative Media, Media First Center, Mediapolis, Optimedia, Optimum Media et TMPF. *Pt :* Hervé Blandin (P-DG de CIA Medianetwork).

Organismes de défense des consommateurs

BVP (voir plus haut). **Commission nationale informatique et libertés (Cnil),** 21, rue St-Guillaume, 75340 Paris Cedex 07. En 20 ans, 30 000 plaintes reçues dont un grand nombre dans le secteur de prospection commerciale. **Commission de contrôle de la publicité,** ministère de la Santé, sous-direction de la pharmacie, bureau PH3, 1, place de Fontenoy, 75350 Paris 07 SP. **INC (Institut national de la consommation),** 80, rue Lecourbe, 75015 Paris. **Union française du marketing direct (UFMD),** 60, rue La Boétie, 75008 Paris. Liste Robinson/stop publicité *créée* avril 1976. Environ 150 entreprises adhérentes et 147 000 inscrits (à fin 2000).

■ Médias

■ Affichage

Réglementation

☞ La loi du 29-7-1881 sur la liberté de la presse évoque l'affichage dans son article 15, mais protège les panneaux réservés à l'affichage administratif et non les murs des propriétés privées. Un propriétaire qui peint sur son mur « défense d'afficher loi du 29-7-1881 » n'est donc pas protégé. Il peut seulement arracher ou faire arracher toute affiche, même officielle, apposée contre son gré.

■ **Généralités.** L'affichage, dès lors qu'il est visible de toute voie ouverte à la circulation publique, est réglementé, dans un but de protection du cadre de vie, par la loi du 29-12-1979 et ses décrets d'application (notamment celui du 21-11-1980) et, dans l'intérêt de la circulation routière, par le décret du 11-2-1976. La loi du 29-12-1979 module en fonction des sites la possibilité d'apposer toute inscription ou image destinée à informer le public ou attirer son attention. La publicité est interdite de manière absolue dans les espaces très sensibles (immeubles ou sites classés, parcs nationaux, réserves naturelles, sur les arbres), qu'ils soient situés en ou hors agglomération, le terme agglomération étant défini selon les règlements de la circulation routière. La loi du 2-2-1995 (entrée en vigueur en oct. 1996), modifiant celle du 29-12-1979, impose une déclaration (au maire et au préfet) préalable à l'installation de tout dispositif publicitaire.

☞ **Enquête 1999 sur le dispositif de contrôle** (en 1997 et 1998) : amendes administratives 24, déposes d'office 450 ; règlements locaux approuvés 914, en cours d'élaboration 472.

■ **Affichage politique.** Interdit sur papier blanc (réservé aux affiches officielles) et tricolore (bleu, blanc, rouge, s'il s'agit d'affiches électorales).

■ **En agglomération.** La publicité est interdite dans les lieux protégés (secteurs sauvegardés, sites inscrits à moins de 100 m et dans le champ de visibilité des monuments historiques) sauf dérogation. Dans les secteurs non protégés, elle est soumise au respect des règles nationales permettant de garantir la protection du cadre de vie (types de supports interdits, publicité interdite sur les murs des bâtiments présentant un caractère d'habitation et dont les ouvertures ne sont pas de surface réduite, publicité scellée au sol ou installée sur le sol interdite dans les aggl. de moins de 10 000 hab. ne faisant pas partie d'un ensemble multicommunal de plus de 100 000 hab. défini selon l'Insee, dimensions des publicités en rapport avec la taille de l'aggl., etc.). Les communes peuvent adapter ces règles en fonction du tissu urbain et de leurs objectifs particuliers. Chaque commune doit affecter à l'« affichage d'opinion et la publicité des associations sans but lucratif » (décret 92-220 du 25-2-1982) une surface minimale de 4 m², pour les communes de moins de 2 000 hab., à 32 m², pour une ville de 50 000 hab. Emplacements disposés à moins de 1 km d'un point quelconque de l'agglomération.

☞ Un arrêté du maire de Paris du 15-12-1995 (publié au *Bulletin municipal officiel* du 22-12) prévoit l'enlèvement d'office des affiches illicites aux frais du responsable de l'affichage. *Montant forfaitaire des frais de déplacement :* 2 400,60 F par intervention ; majoration : 50 % pour exécution entre 22 h et 6 h, 100 % de nuit, dimanches et jours fériés.

■ **Hors agglomération.** Interdite dans l'espace naturel. Cette interdiction peut être levée dans les groupements d'habitation à proximité immédiate des établissements industriels et commerciaux, des centres artisanaux, par une réglementation spéciale élaborée par élus et représentants de l'administration, à l'initiative du maire.

Certaines activités, dont celles utiles aux personnes en déplacement (restauration, garage, station-service...), peuvent être signalées hors agglomération à l'aide de préenseignes – considérées comme des publicités de proximité – scellées au sol ou installées directement sur le sol, en conformité avec le décret du 24-2-1982 (dimensions, nombre, distance).

■ **Sanctions.** Administratives ou pénales selon les préjudices occasionnés. Les 1res relèvent de la compétence des maires et des préfets. La personne qui omet de faire la déclaration préalable ou fait une fausse déclaration est redevable d'une amende administrative de 5 000 F (nouvel article 23-1 de la loi du 29-12-1979). En outre, qui a apposé, fait apposer ou maintenu une publicité irrégulière est redevable d'une astreinte de 500 F par jour et par infraction (1995). En cas de condamnation, le tribunal judiciaire peut prononcer une amende de 50 à 10 000 F par jour et dispositif en infraction (doublée si récidive).

Si une affiche est diffamatoire ou appelle à commettre certains crimes contre les personnes, les biens ou la sûreté de l'État, les peines prévues par la loi de 1881 peuvent s'appliquer à l'auteur de l'affiche ou, à défaut, à l'imprimeur. Si aucun n'est connu, l'afficheur peut être poursuivi. Si la provocation à commettre des crimes a été directement suivie d'effet, les auteurs de l'affiche tombent, en application des règles de la complicité, sous le coup des dispositions du Code pénal réprimant ces infractions. Maires ou préfets peuvent faire procéder à des lacérations d'affiches, mais la jurisprudence n'en admet la légalité que si, vu l'urgence, elles sont nécessaires pour prévenir ou faire cesser les troubles graves à l'ordre public provoqués par ces affiches.

On risque 1 mois à 2 ans de prison pour toute « dégradation de monuments, statues et autres objets destinés à l'utilité ou à la décoration publiques ». *Si l'inscription peut être effacée* sans laisser de traces, il n'y a plus délit, mais simple contravention jugée par le tribunal de police. *Affichage d'images contraires à la décence :* 600 à 1 200 F d'amende et jusqu'à 8 j de prison.

☞ **Associations « antipub » :** *Casseurs de pub :* Comité des créatifs contre la publicité (CCCP), 11, place Croix-Pâquet, 69001 Lyon. *Paysages de France :* MNEI, 5, place Bir-Hakeim, 38000 Grenoble. Lutte contre l'affichage commercial illégal : *Résistance à l'agression publicitaire,* 53, rue Jean-Moulin, 94300 Vincennes.

Statistiques

■ **Affichage en Europe. Volume** (en milliards de F, 1996 ; *source :* Europub-Havas) : *France 8,03,* G.-B. 4,23, Allemagne 3,97, Suisse 2,06, Italie 1,55, Espagne 1,23, Belgique 1,02, Pays-Bas 0,82. **Prix unitaire net pour 1 semaine d'affichage** pour 2 m² (en milliers de F, 1998 ; *source :* J.-C. Decaux) : Allemagne 375, Danemark 374, Espagne

370, G.-B. 366, Portugal 359, Belgique et Luxembourg 301, Pays-Bas 297, *France 264*, Slovaquie 192.

■ **Principaux afficheurs en France.** (*CA* : chiffre d'affaires en millions de F.) **Avenir France** : cédé avril 1999 à J.-C. Decaux par Havas. *Panneaux* (au 3-1-2000) : 23 161 répartis en 5 réseaux nationaux, 21 140 en 12 réseaux locaux. En Europe : 11 607 en 2 réseaux. *CA* (en 1998) : 2 200. *Effectifs* : 1 100 (en 1999). **Dauphin** : *panneaux* (au 1-1-2000) : 41 602. *CA* (en 1998) : 1 400. **Giraudy** : *panneaux nationaux* : 21 330, *saisonniers été* : 20 418, *Ile-de-France* 2 205 (+ 128 réseaux locaux). *Effectifs* (au 30-9-1997) : 920. *CA* : 1 400 (en 1999). Racheté 425 millions de $ mars 2000 par TDI (USA). Détient notamment 99,7 % de l'Irep. **J.-C. Decaux** : mobilier urbain dont abribus, plans d'information, hypers, centres commerciaux. *Emplacements* : 24 172 dont Paris 2 168, banlieue 5 938, province 16 066. *CA* : 3 250 (en 1997). *Dans le monde* (mi-2001) : 515 000 faces publicitaires. *CA* (en 2000) : 1,4 milliard d'euros.

■ **Patrimoine en affichage temporaire** (*source* : Métrobus). Panneaux : grand format 170 000, mobilier urbain 104 000, autobus 40 000, métro 9 500, gares 45 000.

■ **Premiers annonceurs de l'affichage. Investissements** (en millions de F, 1999) : groupe Mulliez 417, Ford 317, France Telecom 278, Carrefour 256, Vivendi 223, Nestlé 205, PSA 194, LVMH 167, Danone 162, Rallye 157.

■ **Investissements. Par formats d'affichage** (en millions de F, 1999) : grand format 6 135, transports 1 967, mobilier urbain 1 590, autres (aéroports, vitrines, caddies, etc.) 246. **Par secteurs** (en % de parts de marché, 1999) : distribution 24,3, transport 12,3, culture/loisirs 11,1, télécommunications 8, boissons 7,8, voyage/tourisme 5,2, alimentation 6,7, information/média 5,3, toilette/beauté 5,2, services 4,3.

☞ *A Paris* : tous formats confondus, l'affichage représente un marché de 1,7 milliard de F (soit 25 % du marché français).

■ **Tarifs** (exemples, en milliers de F HT, au 1-1-2001, *source* : Tarif Média). **Affichage mural.** (7 j, panneaux de 4 × 3 m, Sté Avenir) **Paris** : 1re couronne (300 panneaux) : 568,5 ; 2e couronne (500) : 840 ; points de vente Paris et banlieue (932) : 1 922,6. **Province** : *23 agglomérations de + de 200 000 hab.* (849) : 2 335 ; *54 de + de 100 000 hab.* (4 184) : 5 728 ; *63 de plus de 85 000 hab.* (5 048 de 8 et 12 m^2) : 9 760.

☞ Un panneau sur un mur d'immeuble rapporte de 5 000 à 150 000 F/an à la copropriété (bail de 6 ans). **Panneaux déroulants** : présentent jusqu'à 6 affiches successivement, éclairées en transparence ; placés au maximum à 7 m de hauteur ; rapportent de 2 500 à 10 000 F/semaine.

Mobilier urbain (Sté J.-C. Decaux, 7 j, sous glace éclairé la nuit par transparence). **Abribus** : *national* (16 305 faces) : 5 139,3 ; *capitales régionales* (9 627 dont en province 5 400 au choix parmi 10 700) : 3 828,9 ; *réseau cinéma* (3 322) : 2 794,1.

Mur peint publicitaire (Paris). Interdit en 1943, réautorisé en 1979. 10 à 300 par an (suivant surface du mur et situation).

Autobus (Sté France Bus). **Parisiens** (et banlieue ; 7 j, 1/2 parc) : *2 300 arrières* ; 1 045 ; *côtés extérieurs* : 2 900 côtés panoramiques : 1 155, 1 750 côtés droits : 453. **Interurbains** : *arrière* (100 × 83 cm, 1 an) : 2,05 à 5,5. **Urbains** : 82 agglomérations, *côtés extérieurs* (flancs gauches, format 274 × 68 cm, 1 an environ 8 300 emplacements) : 2,66 à 3,7 selon périodes.

Métro. Paris (Sté Métrobus, RER Paris-banlieue inclus, 7 j) : *quais* (450 panneaux de 4 × 3 m) : 1 200 ; *couloirs* : 120 × 176 cm (1 300 panneaux) : 850 ; 200 × 150 cm (3 × 650 panneaux) : 620. **Lille** (Sté France Rail Publicité) : 100 faces dans 64 stations, 120 × 174 cm, 7 j : 59. **Lyon** (idem) : 125 faces dans 36 stations, 120 × 174 cm, 7 j : 73,8. **Marseille** (2 lignes, 26 stations), 110 faces (120 × 176 cm), 7 j : 29,6.

Publicité lumineuse (prix annuels). *Toiture et terrasses d'immeubles* Paris et périphériques : 250 à 500. *Balcons* : 130 à 250.

Taxi. Portières (Sté Eurotaximedia, 14 j/28 j hors frais techniques, au 1-1-2000) : *Paris et Ile-de-France* : 500 faces (250 taxis) 500/800 ; 3 000 f. 1 900/3 200 ; *province* (Lyon, Marseille, Strasbourg, Cannes, Rouen, Nancy, Metz) : 100 faces 150/250 ; 200 f. 250/400.

■ Publicité aérienne (France)

■ **Avion** (au 1-1-2000). **Affichage sur aérotextes** : 1,80 × 50 m (texte : maximum 45 lettres) : 2 950 F/heure de vol ; **panneaux géants tractés** : (100 à 1 000 m^2) : *8 avions sur toutes les plages de France, 2 j* : 150 000 F ; *numériques* : 2 950 F/h.

■ **Sky typing ou écriture du ciel.** *Employé* pour la 1re fois par Citroën en 1923. Se pratique à 4 000/6 000 m d'altitude par des avions équipés de générateurs de fumée ; *texte* : jusqu'à 30 caractères, plusieurs lignes ; zone de lisibilité du sol : diamètre de 50 à 60 km (hauteur des majuscules : 800 à 900 m, longueur d'un mot de 7 majuscules : environ 6 km) visible 10 à 20 minutes.

■ **Mongolfière** (Sté Euromontgolfière). Montgolfière de 28 m de haut. **Sur voile** : lettres ou logo de 2 m de haut ou voile entièrement siglée. *7 j* : 91 ; *14 j* : 160 ; *30 j* : 310. **Sur nacelle** : *7 j* : 28,5 ; *14 j* : 56 ; *30 j* : 108.

■ Cinéma (France)

■ **Recettes publicitaires** (en millions de F). *1980* : 182 ; *85* : 475 ; *90* : 409 ; *95* : 302 ; *97* : 308. **Investissements publicitaires** (en 1998) : 700. **Premiers annonceurs du cinéma. Investissements** (en millions de F, 1999) : Nestlé 53, France Telecom 38, groupe L'Oréal 31, Pinault-Printemps-Redoute 26, Renault 25, Galeries Lafayette 24, Vivendi 23, La Française des Jeux 22, Bouygues 20, groupe Mulliez 20.

■ **Exemples de tarifs** (en FHT, base 30 s, espace seul, dans les salles en régie chez Circuit A, au 5-7-2000 ; *source* : Tarif Média). Ciné Paris (340 salles) 268 110, Ciné Puissance (1 048 salles) 589 499. *Majorations-spécifications* : dernier film : + 20 % ; avant-dernier + 10 % ; plusieurs spots même bande : 2e film : + 10 %, 3e : + 12 %, 4e : + 15 % ; spot à plusieurs annonceurs : + 30 % par annonceur ; adresse en fin de spot : + 5 %.

■ **Salles publicitaires en France** (en 1996). **Nombre** : 3 099 dont Paris 301, banlieue 333, province 2 465. **Entrées** : 136 300 000.

■ Presse (France)

■ **Part de la publicité dans le chiffre d'affaires** (en %). *1985* : 40,99 ; *90* : 46,6 ; *92* : 42,2 ; *93* : 37,9 ; *94* : 40 ; *95* : 39,5 ; *96* : 41,9 ; *97* : 42,6 ; *2000* : 45,5.

■ **Investisseurs publicitaires. Premiers annonceurs** (en millions de F, 1999) : Vivendi 693, groupe L'Oréal 663, France Telecom 638, Carrefour 585, Renault 508, PSA 462, LVMH 446, groupe Mulliez 420, BNP Paribas 408, Volkswagen 366. **Répartition par support** : 28,06 dont magazines 10,08, quot. régionaux 4,94, gratuits 4,7, presse professionnelle 4,18, quot. nationaux 2,45, collectivités locales 1,24, hebdos régionaux 0,46.

■ **Pagination publicitaire en 1997 et,** entre parenthèses, **meilleure année depuis 1989.** *Source* : Sécodip. **Hebdomadaires d'information générale** : Le Nouvel Observateur 2 499 (3 975 [2]), L'Express 2 051 (5 886 [1]), Le Point 1 552 (3 838 [1]), Paris-Match 1 306 (2 150 [1]), Le Figaro Magazine 1 271 (3 810 [1]), L'Événement du jeudi 896 (2 542 [1]), VSD 868 (2 150 [2]), Courrier international 537. **Presse féminine/Santé** : Elle 3 171 (3 682 [2]), Figaro Madame 1 783 (3 245 [1]), Femme actuelle 1 431 (1 386 [1]), Marie-Claire 1 403 (2 037 [2]), Gala 1 231, Cosmopolitan 978 (1 382 [2]), Avantages 981 (886 [4]), Vogue 810 (1 596 [2]), Officiel couture 695, Prima 830 (853 [4]), Biba 808 (1 162 [3]), Modes & Travaux 752 (827 [1]), Maxi 607, Voici 580, Marie-France 493, Santé Magazine 458, Top Santé 371. **Presse télévision** : Télérama 1 948, Télé 7 Jours 1 550 (2 155 [2]), Télé Star 1 305 (1 787 [1]), TV magazine (Hersant) 1 218, TV Mag 1 194, Télé Loisirs 1 173 (1 081 [2]), Télé Z 911 (1 371 [1]), Télé Poche 876 (1 495 [2]), TV Hebdo national 678, Télé Magazine/Super Télé 551, Télé K7/Télé 7 vidéo 483. **Presse économique** : Usine nouvelle Hebdo 2 080, La Vie française 1 496 (2 076 [2]), L'Expansion 1 121 (2 640 [1]), Le Nouvel Économiste 883 (2 334 [2]), L'Entreprise/A pour Affaires 778, Valeurs actuelles 725, Capital 710 (731 [4]), Investir 630, Challenges 586, Enjeux-Les Échos 525, Mieux vivre votre argent 475, Entreprendre 420, Le Revenu français : hebdo 536, mensuel 223, Essentiel Management 349. **Quotidiens nationaux** : Les Échos 3 097, La Tribune 2 577, Le Figaro 1 852, Le Monde 1 744, Libération 1 148, L'Équipe 971, Le Parisien 870, La Croix 417, France-Soir 268, Journal du dimanche 264, L'Humanité 197. **Presse jeunes** : Les Inrockuptibles 754, L'Étudiant 685, Rock & Folk 303, Star Club 274, Bravo Girl 245, Phosphore 203, XL Magazine 188, Miss Star Club 154, Salut 153, OK Podium 128, Science et Vie junior 108, Best 92, Talents 90. **Maison et jardin** : Art et Décoration 603, Rustica 601, Elle Décoration 599, Maison française 444, Maisons Côté Sud 443, Marie-Claire Maison 394, Maison et Travaux 343, le Journal de la maison 322, Mon jardin-Ma maison 237, L'Ami des jardins et de la maison 191, Système D 171. **Presse familiale** : Parents 735, Enfants Magazine 617, Famili 519, Pleine Vie 520, Famille Magazine 332, Sélection du Reader's Digest 270. **Presse seniors** : Notre temps 537. **Presse automobile** : Auto plus 835, Auto Journal 725, Automobile Magazine 541, Action Auto Moto 263, Automobiles classiques 237. **Presse loisirs** : Diapason-Harmonie 946, Chasseur d'images 519, Géo 496, Le Monde de la musique 493, Max 478, Première 478, Le Chasseur français 455, Studio Magazine 396, Ça m'intéresse 396, Grands Reportages 373, Science et Vie 334, Sciences et Avenir 323, Vogue Hommes 271, GaultMillau Magazine 231, Lire 212.

Nota. – (1) En 1989. (2) En 1990. (3) En 1991. (4) En 1992.

■ **Magazines de marque** ou **« consumer magazine ». Nombre de titres** (en 1999) : environ 2 000. **Chiffre d'affaires publicitaire** (est. 1999) : 600 millions de F. **Diffusion annuelle** (en millions d'exemplaires, janv. 2000 ; *source* : Carat Média) : 520 dont Canal Plus le magazine des abonnés 55, TV Shopi 52, Tati Mag. 33, Vivre Champion 27,6, A nous Paris 23,4, CanalSatellite Mag 14,4, La Poste et vous 12.

Prix

Les tarifs tiennent compte de l'audience et de la nature de la publication, de l'emplacement dans le journal, de la forme du placard (surface, illustration, couleur), de la fréquence de publication de l'annonce, etc. Certains sont sujets à révision, compte tenu des variations de tirage, des mois, des tarifs spéciaux pour campagne de masse. Certains journaux n'acceptent pas de publicité, exemples : *Le Canard enchaîné, Que Choisir ?, 60 Millions de consommateurs.*

■ **Part des recettes publicitaires dans les recettes des quotidiens** (en %, 1997). USA 87, Norv. 63, All. 61, Port. 60, P.-Bas. 55, Suède 55, Belg. 52, Esp. 52, Dan. 50, Irl. 50, G.-B. 49, It. 47, Jap. 13, Grèce 40, *France 40*. *Source* : FIEJ.

■ **Magazines américains aux plus importantes recettes publicitaires** (en millions de $, 1997). People Weekly 588,5, Sports Illustrated 548,6, Time 533,2, TV Guide 469,2, Newsweek 408,5, Better Homes & Gardens 377,4, PC Magazine 333,5, Business Week 329,7, Forbes 243,8, U.S. News & World Report 239,2.

■ **Page la plus chère.** Publicité en quadrichromie du magazine américain *Parade* (tirage 33,2 millions/semaine) : 629 600 $ (4,4 millions de F) en avril 1996. **En France** (en 2001) : 4e de couverture en quadrichromie dans *Télé 7 Jours* : 555 000 F HT ; pleine page quadri dans *Le Monde* (Cahier « Entreprises ») : 603 000 F HT.

■ **Quotidiens nationaux. Prix 1/4 de page noir et blanc, pages intérieures** (au 1-1-2001, en euros HT, *source* : Tarif Media) : Le Figaro 22 400 (16 200 [1]). Le Monde 15 092,5 (verso) ou 15 550 (recto). L'Équipe [4] 7 699 à 17 120. Les Échos 7 470. Libération 7 318 à 8 690. La Tribune 6 098 à 7 318. France-Soir [3] 6 098 (verso) à 6 860,2 (recto). Le Parisien-Aujourd'hui en France 3 811 (verso, 1er cahier, dimanche) à 13 644,2. La Croix 3 049 à 4 954,6. L'Humanité 2 101 (verso [1]) à 3 201 (recto).

Nota. – Publicité : (1) culturelle, (2) financière.

■ **Magazines grand public. Audience AEPM** (en millions de lecteurs, juillet 1999-juin 2000) **et,** entre parenthèses, **prix de la page quadrichromie** (en euros HT, au 1-1-2001, *source* : Tarif Media) : **féminins** : Femme actuelle 8,89 (39 637). Prima 3,88 (29 575). Modes & Travaux 4 (19 437). Voici 3,66 (13 263). Maxi 3,52 (16 617). Marie Claire 3,33 (29 728). Avantages 2,49 (24 544). Elle 2,32 (23 782). Marie France 1,85 (16 617).

Informations générales : Paris-Match 4,09 (29 880). Sélection du Reader's Digest 3,4 (106 000). Le Nouvel Observateur 2,47 (22 928). Le Figaro Magazine 2,24 (30 000). L'Express 2,07 (23 325). VSD 1,67 (12 196). Le Point 1,42 (16 769). Pèlerin Magazine 1,4 (8 385).

Télévision : Télé 7 Jours 8,95 (47 107). Télé Z 8,62 (31 862). Télé Loisirs 7,26 (recto 32 319). Télé Star 7,05 (30 337). TV Hebdo 5,76 (43 600). Télé Poche 5,34 (20 123). Télérama 2,81 (23 325).

■ **Presse des jeunes. Prix d'une page noire et,** entre parenthèses, **quadri** (en milliers de F, 2001, *source* : Tarif Media) : Rock & Folk 28 (40). OK Podium – (61).

■ **Bottin mondain** (en milliers de F, 2002). **Quadricolor et,** entre parenthèses, **noir** : cahier de tête 33,9. Chapitres : page 22,5 (19) ; 1/2 p. 13,8 (10,6) ; 1/4 p. 8,1 (5,9). Liste mondaine recto 32, verso 29.

■ Radio

☞ Publicité introduite sur la radio publique par la loi du 24-5-1951. Les lois du 29-7-1982 et du 30-9-1986 et les cahiers des charges de Radio France ont élargi cette autorisation à la diffusion de la publicité effectuée par les organismes publics ou parapublics : CNCL puis CSA. **Volume autorisé** : *Radio-France* : programmes nationaux : 30 min/jour en moyenne annuelle ; stations locales : illimité ; *radios privées* : selon catégorie et conventions signées avec le CSA.

■ **Formes.** *Communiqués* (textes courts en général) 30 s et 120 mots au max. *Minutes publicitaires, concerts entrecoupés de publicité, programmes sponsorisés.* Pour éviter la saturation, le temps accordé à la publicité est limité (exemple : sur RTL, pas plus de 7 min de publicité par 1/2 h).

■ **Statistiques générales. Nombre de messages** (en milliers, 1999) : *radios généralistes* : 313 dont RTL 94, Europe 1 : 78, RMC 71, Sud Radio 70. *Radios FM* : 616 dont NRJ 104, Nostalgie 70, Chérie FM 64, Europe 2 : 61, Skyrock 60, RTL2 : 60, RFM 56, Fun Radio 52, Rire et Chansons 46, GIE les Indépendants 30, Radio Classique 12.

Investissements publicitaires par station (en millions de F, 1999) : *radios généralistes* : 3 800 dont RTL 2 169, Europe 1 : 1 125, RMC 275, Sud Radio 146. *FM : nationales 5 700 dont* NRJ 1 579, Nostalgie 772, Chérie FM 650, Europe 2 : 605, RFM 463, Skyrock 407, GIE les Indépendants 351, RTL2 : 324, Fun Radio 301, Rire et Chansons 155, Radio Classique 77, *locales* : chiffre d'affaires net des radios privées (est. 1990) : 1 013 millions de F. **Par secteurs** (part du marché en %, 1998) : distribution 21,4, ind. du transport 12,8, information services 16,8, média 14,6, édition 10, culture/loisirs 8,9, boissons 2,9, alimentation 2,5, voyage/tourisme 1,9, énergie 1,8.

Premiers annonceurs (en millions de F, 1998) : Carrefour 250, PolyGram 250, Renault 234, Citroën 183, SFR 179, Peugeot 170, France Télécom Mobiles 156, Bouygues 156, Darty 133, France Télécom 131.

Recettes des radios publiques (en millions de F). **Radio France** : *1994* : 73,1 ; *97* : 93,3 ; *99* [1] : 94,4. **RFI** : *1994* : 2,5 ; *97* : 4,3 ; *99* [1] : 5,5.

Nota. – (1) prévision loi de finances initiale.

■ **Tarifs** (en milliers de F HT, 2001 ; *source* : Tarif Média). **Publicité de messages de marques** : 30 s en semaine.

Europe 1 : *4 h 30/6 h* : 0,9 à 1,7. *6/6.30* : 13,1 à 19,9. *6.30/7* : 37,6 à 48,2. *7/7.30* : 58,1 à 82,2. *7.30/8* : 50,2 à

71,2. *8/8.30* : 36,6 à 51,8. *8.30/9* : 33,9 à 48,1. *9/9.30* : 16,2 à 26,2. *9.30/10.30* : 11,7 à 18,7. *10.30/11* : 9 à 14,4. *11/12* : 6,3 à 9,5. *12/12.30* : 13,5 à 21. *12.30/13* : 11,3 à 17,6. *13/13.30* : 5,7 à 9,6. *13.30/14* : 3,2 à 4,5. *14/16.30* : 2,2 à 3,2. *16.30/18* : 13,5 à 21,9. *18/19* : 7,7 à 11,8. *19/20* : 6,8 à 9,9. *20/22.30* : 3,5 à 5,3. *22.30/23* : 3,6 à 5,4. *23/24* : 0,5 à 1,1. *0/1* : 0,63 à 1,17. *1/4* : 0,36 à 0,81. *4/4.30* : 0,9 à 1,8.

France-Inter : *5/6* : 3. *6/6.30* : 8,5. *6.30/7* : 27. *7/9* : 43. *9/11* : 15. *11/13* : 17. *13/17* : 4. *17/19* : 12. *19/19.30* : 18. *19.30/20* : 12. *20/24* : 3. **France Info :** *5/6* : 5. *6/7* : 15. *7/9* : 25. *9/11* : 15. *11/13* : 10. *13/17* : 5. *17/20* : 9. *20/24* : 3,5.

RTL (en milliers d'euros) : *5/5.30* : 0,4 à 0,5. *5.30/6* : 1 à 1,4. *6/6.30* : 3,1 à 4,2. *6.30/7* : 7,1 à 9,6. *7/7.30* : 10,1 à 13,7. *7.30/8* : 8,5 à 11,5. *8/8.30* : 6,3 à 8,5. *8.30/9* : 5 à 6,7. *9/10* : 4,5 à 6,2. *10/11* : 5,2 à 6,8. *11/11.30* : 4,8 à 6,4. *11.30/12.30* : 4,6 à 6,3. *12.30/13* : 3,5 à 4,8. *13/14* : 2,6 à 3,6. *14/15* : 2,1 à 2,8. *15/16* : 2,4 à 3,3. *16/16.30* : 3,4 à 4,6. *16.30/17.30* : 3,9 à 5,2. *17.30/18* : 4,2 à 5,7. *18/18.30* : 2,7 à 3,6. *18.30/19* : 2 à 2,7. *19/19.30* : 1,6 à 2,2. *19.30/20* : 1,4 à 1,9. *20/20.30* : 0,8 à 1,1. *20.30/21* : 0,5 à 0,7. *21/22* : 0,4 à 0,5. *22/23* : 0,2 à 0,3. *23/24* : 0,2.

Sud Radio (exemples, en milliers d'euros) : *5.30/6* : 0,04 à 0,05. *6/6.30* : 0,14 à 0,2. *6.30/7* : 0,35 à 0,47. *7/7.30* : 0,67 à 0,9. *7.30/8* : 1,05 à 1,42. *8/8.30* : 0,75 à 1,02. *14/15* : 0,38 à 0,51. *18/18.30* : 0,39 à 0,53. *20.30/24* : 0,04 à 0,05.

4 régies publicitaires se partagent 85 % des investissements en radio : **Régie 1** (Matra-Hachette) : Europe 1, Europe 2, RFM, Skyrock et les « indépendants » ; **IP Groupe** (filiale de Vivendi Universal Publishing, ex-Havas), qui gère RTL, Fun, Wit FM, M 40 et Sud Radio ; **« 15/34 »,** régie intégrée du groupe NRJ, « vend » Chérie FM et Rire et Chansons ; **Génération expertise media (GEM) :** RMC et Nostalgie.

■ Télévision

☞ **Lions d'or 2001 du Festival international de la publicité de Cannes :** *spot TV :* chaîne Sports TV (Inde) ; *presse/affichage :* vêtement Diesel ; *Internet :* produits Fjallfil Dairy, chaussures Nike ; *tous supports :* campagne antitabac en Floride.

■ **Audience. Contrôle :** voir encadré p. 1374 a.

☞ **Comportements des téléspectateurs face aux coupures publicitaires** (en %, 1998 ; *source :* Sofres) : font autre chose 49 (dont vont aux toilettes 39, lisent un journal ou un magazine 20, feuillettent les programmes TV 20, débarrassent la table 15, font la vaisselle 11, couchent les enfants 6, descendent les poubelles 5, promènent le chien 5, autres 16), jettent un coup d'œil sur les programmes des autres chaînes 34, discutent 26, regardent ces publicités 19, baissent le son 15, changent de programme 15, sans opinion 3.

■ **Formes. Publicité « compensée » :** 1re admise [collective pour groupes de produits ou organismes officiels (Loterie nationale, Caisse d'épargne, etc.)]. **De marque :** introduite sur la *1re chaîne* : 1968 (1-4), *2e* : 1971 (1-1), *3e* : 1983 (1-1). **Cobranding :** campagne publicitaire ou promotionnelle présentant 2 marques (*brand* en anglais) simultanément. *Exemples :* Ariel et Whirlpool ; Twingo et plusieurs marques de chaussures (pour le lancement de la Twingo Easy). **Infomercial** (de *information* et *commerciale) :* court métrage publicitaire (90 s à 30 min ; spot classique : 30 s) construit comme un show autour d'un produit, présenté par une personnalité qui constate la véracité de la promesse publicitaire. *1res en France :* 1995 Ariel, table ronde de fabricants de vêtements animée par Christine Bravo, réalisée par Saatchi & Saatchi, durée 90 s ; Philips, présentée par Daniel Gélin, réalisée par Euro RSCG. *Aux USA,* tarif très inférieur au spot classique : *utilisée* (en 1996) par 65 % des plus gros annonceurs, 92 % des chaînes commerciales, *génère* 30 % des recettes des chaînes câblées ; une chaîne spécialisée diffuse même des *minimercials* (5 à 6 min) et des *storymercials* (jusqu'à 30 min).

Publicité virtuelle. Procédés : *Epsis* de la Sté Symah Vision (filiale de Matra-Hachette Multimédia) ; remplace une portion d'image réelle par une image numérique. Nécessite 512 processeurs effectuant plus de 10 milliards d'opérations par seconde ; *PEB (Princeton Electronic Billboard)* [USA], *Scidel* (Israël).

■ **Législation.** *1969 (janv.) :* RFP (Régie française de publicité) créée par décret. *1971 :* les revenus publicitaires ne doivent pas excéder 25 % des ressources de l'audiovisuel public. *Lois 1982 et 1986 :* TV privée créée (ressources : publicité 100 %). *1986 :* RFP remplacée par la CNCL. *1987* (décret du 26-1) : les émissions parrainées doivent être annoncées comme telles dans leur générique. Les messages concernant certains secteurs économiques, comme la presse ou la distribution, sont interdits. *1992 :* RFP dissoute.

Obligations relatives à la diffusion relevant du cahier des missions et des charges pour les chaînes publiques, des décisions d'autorisation du CSA pour les chaînes privées. **Durée des écrans** (par heure d'antenne quotidienne) : 6 min [1] (maximum 10 min/heure glissante et 4 min/écran) ; *chaînes du câble :* en général, 9 min (maximum 12 min pour une heure donnée). **Écran interrompant les œuvres cinématographiques et,** entre parenthèses, **audiovisuelles :** *France 2 :* interdite (interdite) ; *France 3 :* interdite (interdite) ; *TF1 :* durée maximale : 4 min (4 min pour œuvres de longue durée) ; *M6 :* 6 min (sans limitation de durée) ; *Canal+ :* diffusion en clair uniquement. **Secteurs interdits :** *boissons* de plus de 1,2 degré d'alcool.

Comparaisons internationales

■ **Durée maximale de la publicité, en minutes par jour, sur les télévisions nationales. All. :** *ZDF* 20, *ARD* 20. **Autriche :** *ORF 1* 20. **Belg./Lux. :** *RTL* 68. **Canada :** 12 min/h (pour toutes les stations). **Espagne :** *TVE 1* 57, *TVE 2* 42. **Finlande :** *MTV 1* 16, *MTV 2* 9. **France :** 12 min/h. Pas de « page » supérieure à 4 min 30 s (chaînes commerciales) ou 6 min (chaînes publiques). 1 seule coupure/film. **G.-B. :** *ITV* 90, *4e chaîne* 50. **Grèce :** *ERT* 35, *YENED* 75. **Irlande :** *RTE 1* 58, *RTE 2* 25. **Italie :** *RAI 1* 28, *RAI 2* 34, *RAI 3* 4, *TV privée* 15 %/h. **P.-Bas :** *P.-Bas 1* 21, *P.-Bas 2* 15 ; durée maximale autorisée par sem. : 6 h. **Portugal :** *RTP 1* 90, *RTP 2* 45. **Suisse :** *SRG (allemande)* 23, *SSR (italienne)* 23, *SSR (française)* 23.

■ **Chaînes TV sans publicité commerciale. Belgique :** RTBF. **France/Allemagne :** Arte. **G.-B. :** BBC. **Japon :** NHK.

■ **Coût de la publicité à la TV aux USA.** *30 s sur un grand réseau :* 70 000 à 270 000 $, moy. 118 840 (CBS 120 700, NBC 118 100, ABC 117 700), *sur une TV indépendante :* de 10 à 15 000 $. **Message radio :** 1 $ (petites villes) à 300 $ ou plus.

Nombre de spots publicitaires pour des produits alimentaires par heure de programme TV pour la jeunesse : Australie 12, USA 11, G.-B. 10, *France 8,* Grèce 7, Allemagne 6, Pays-Bas 4, Suède moins de 1, Norvège 0.

☞ **Spot TV le plus cher :** *réalisé* par le metteur en scène de cinéma Ridley Scott pour les ordinateurs Macintosh d'Apple, d'après *1984* de G. Orwell. *Coût :* 600 000 $. *Diffusion :* 1 seule fois, en 1984, pour 1 million de $.

Distribution sauf dans les Dom-Tom, Mayotte et St-Pierre-et-Miquelon (y compris Casino, ED, Nouvelles Galeries qui ont des activités de fabricants mais réalisent la majorité de leur chiffre de vente par la vente de produits d'autres marques). *Cinéma. Édition* (musicale, phonographique et partitions musicales autorisées depuis mai 1988). *Presse. Publicité politique* relative à la limitation des dépenses électorales et à la clarification du financement des activités politiques (art. 22 de la loi du 15-1-1990). *Tabac* et produits du tabac (loi du 9-7-1976, modifiée par la loi du 10-1-1991). *L'interdiction pour l'édition et pour le cinéma* reposait sur le désir de ne pas privilégier les grosses entreprises. *Celle de la distribution* parce que ce secteur finançait plus de 80 % de la presse quotidienne régionale et pour protéger le petit commerce qui n'a pas les moyens de s'offrir des campagnes à la télévision.

Coupures de films et fictions. 1 fois au maximum. L'autorisation d'une 2e coupure a été envisagée : Patrick Le Lay (P-DG de TF1) y était opposé car, lors de la privatisation de TF1, le groupe Bouygues s'était engagé à la coupure unique indépendamment de ce que disait la loi. Nicolas de Tavernost (directeur général de M6) était pour : « TF1 bénéficie déjà de la 2e coupure au moins 4 soirées sur 7 dans ses programmes hors fiction » ; il évaluait entre 80 et 120 millions de F le manque à gagner de M6 pour cause de manque de place dans les écrans de grande audience, spécialement le soir.

Nota. – (1) Contre 12 min sur les chaînes publiques avant la réforme Trautmann de l'audiovisuel (appliquée 1-1-2000). *Conséquences* (en millions de F, 2000, est. AACC) : France Télévision : – 2 178 ; TF1 : + 600 à + 800 ; M6 : + 300 à + 450 ; presse magazine : + 300.

■ **Spots diffusés. Nombre :** *1994 :* 374 105 ; *98 :* 471 913 ; *99 :* 498 270 dont (en milliers) *TF1* 133, *M6* 128, *France 2* 109, *France 3* 82, *Canal+* 21, *La Cinquième* 25.

☞ Un adulte français a vu en moyenne 13 minutes de publicité télévisée par jour en 1995 (un adulte américain : 55 minutes).

■ **Durée moyenne de la publicité diffusée. Par jour et,** entre parenthèses, **dans la tranche 19-22 h** (1997, en min) : 428,7 min (107,9) dont *TF1* 127,7 (28,4), *M6* 110,1 (24,8), *France 2* 109,3 (26,3), *France 3* 81,6 (28,4). **Par heure sur TF1,** entre parenthèses **France 2/France 3 et,** en italique, **M6** (en mars 1998, mois de référence, en min) : *à 8 h :* 4,4 (8,4/2,4) *0,7 ; à 12 h :* 12,7 (11,8/9,5) *12,2 ; à 20 h :* 7,9 (9,2/10,2) *12 ; à 23 h :* 7,9 (4,7/5,8) *6,8.*

■ **Investissements publicitaires. Par support** (en milliards de F, 1999) : *TF1 :* 14,5 ; *M6 :* 5,4 ; *France 2 :* 4,6 ; *France 3 :* 2,9 ; *Canal+ :* 0,8 ; *La Cinquième :* 0,1. **Par secteur** (part de marché, en %, 1999) : alimentation 25,8, toilette, beauté 13,2, édition 10,7, industrie transport 10,4, produits et matér. d'entretien 6,6, télécommunication 6, services 5,4, culture et loisirs 3,8, boissons 3,2, voyage, tourisme 2,4. **Premiers annonceurs** (en millions de F, 1999) : groupe L'Oréal 1 503, Nestlé 1 076, Unilever 1 047 Danone 1 025, Procter & Gamble 867, PSA 784, TF 1 653, Seagram 632, Henkel 622, Ferrero 562.

☞ **Marché publicitaire sportif :** 15 milliards de F en Europe.

■ **Recettes publicitaires des chaînes publiques** (en millions de F). **France 2 :** *1994 :* 1 987,1 ; *97 :* 2 518 ; *99* [1] *:* 2 526. **France 3 :** *1994 :* 1 004,2 ; *97 :* 1 632,9 ; *99* [1] *:* 1 806,9. **La Cinquième :** *1995 :* 6,4 ; *97 :* 27,5 ; *99* [1] *:* 19,3.

Nota. – (1) prévision loi de finances initiale.

■ **Taxe sur la publicité télévisée.** *Créée* par la loi de finances pour 1982. **Montant :** *message au prix maximal de 1 000 F (HT) :* 10 F ; *entre 1 001 F et 10 000 F :* 30 F ; *entre 10 001 F et 60 000 F :* 220 F ; *supérieur à 60 000 F :* 420 F.

■ **Volume sonore des spots.** Dans 95 % des cas, il dépasse celui des émissions ; écarts moyens : plus de 3 décibels, soit 50 % de plus que le volume habituel.

■ **Tarifs. Prime time** [1] (spot de 30 s, exemples, HT, en milliers de F, 1998) : *TF1 :* 418 (mercredi 20 h 34, dans « Sacrée Soirée »), 534 (dim. 21 h 41, au milieu d'un match de coupe du monde de football). *France 2,* mercredi 20 h 48 : 319. *M6,* lundi 21 h 30 : 228 (20 h 45 : 198). *France 3,* jeudi 20 h 57 : 142. *Canal+,* dimanche 13 h 45 avant « la semaine des Guignols » : 141 (lundi 20 h : 111,5). *La Cinquième,* dimanche 18 h : 10.

Nota. – (1) *Périodes de plus grande écoute :* prime time (20 h-22 h 30) et access prime time (19 h-20 h).

Légende : **tarifs** (sauf indication contraire, en milliers d'euros HT, les lundis en 2001, *source :* Tarif Média mai/juin). **Heures de diffusion** en italique (spots de 30 s).

TF1 [1] *6.30* : 0,5. *7.45* : 4,9. *8.05* : 4,4. *8.35* : 2,6. *9* : 1,4. *9.10* : 1,8. *9.30* : 2. *10* : 2. *10.30* : 2,6. *11.30* : 4,4. *12* : 8,3. *12.30* : 9,5. *12.40* : 14,5. *12.54* : 22,2. *13* : 21,5. *13.30* : 25. *13.34* : 25,8. *13.50* et *14.10* : 20. *14.30* : 13. *15* : 12,3. *15.30* : 11,5. *16* : 12,4. *16.30* : 13,2. *17* : 17. *17.40* : 16. *18.10* : 15,4. *18.20* : 13. *19* : 18. *19.10* : 22. *19.40* : 39. *19.50* : 36,5. *20* : 37. *20.30* : 84. *20.34* : 94,1. *20.40* : 82. *20.41* : 95. *20.42* : 81. *21.40* : 80. *21.41* : 93. *21.42* : 68. *22.30* : 34. *22.34* : 34,7. *22.50* : 31. *22.51* : 29,50. *23.10* : 31. *23.11* : 29,5. *23.40* : 24. *23.41* : 19,5. *0.30* : 11.

France 2 [1]. *6* : 0,9. *7* : 4,1. *7.30* : 6,4. *8.10* : 5,6. *8.35* : 5. *9* : 4,3. *9.30* : 3,2. *10.35* : 2,6. *11.10* et *11.25* : 2,4. *12.05* : 4. *12.20* : 8,4. *12.50* et *12.55* : 10,8. *13.35* : 6,6. *13.40* : 5,2. *14.55* : 3,8. *15.40* : 2. *16.35* et *16.55* : 1,5. *18.35* : 4,7. *19.25* et *19.35* : 8,1. *19.50* : 16. *19.57* : 18,4. *20.35* : 32. *20.36* : 27,1. *20.40* : 29,6. *21.55* : 10,8. *22.15* : 8,4. *22.40* : 7,9. *23.40* : 2,6. *23.50* : 1,4. *0.50* : 0,6.

France 3 [2]. *6.05* et *7.33* : 0,5. *7.53* : 1,7. *8.03* : 3,2. *9.45* : 0,8. *11* : 0,9. *11.45* : 2,1. *12.10* : 3,2. *12.35* : 7,3. *13* : 6,4. *13.15* : 1,5. *13.20* : 4,7. *14.45* : 4,4. *15* : 3,8. *16.15* : 2. *16.33* : 1,1. *17.03* : 4,4. *18.03* : 2,4. *18.30* : 4,7. *19* : 8,4. *19.15* : 12,8. *19.30* : 18,6. *19.55* : 15,9. *20* : 15,5. *20.15* : 18,8. *20.30* : 14,5. *20.31* : 17,1. *20.32* : 20,4. *21.56* : 10,4. *22.35* : 7,3. *22.55* : 3,2. *0.35* et *0.45* : 0,6.

Canal+ [3]. *7.15* : 0,3. *7.45* : 0,4. *8.15* et *8.30* : 0,3. *12.40* : 1,2. *12.55* : 3,7. *13.15* : 3. *13.30* : 2,1. *18* : 1. *18.30* : 1,5. *18.40* et *18.55* : 3,3. *19.20* : 5,5. *20.01* : 11,2. *20.20* : 9,4. *20.31* : 3,6.

La Cinquième [4]. *6.40* : 0,2. *7.15, 7.45* et *8.15* : 1,2. *9, 9.30* et *10* : 0,37. *10.40* : 0,49. *11.40* et *11.42* : 0,51. *12.10, 12.12, 12.40* et *12.42* : 0,67. *13.40* : 0,8. *14* : 0,82. *14.30* et *14.32* : 0,65. *16, 16.02, 16.30* et *16.32* : 1,05. *17.30, 17.32, 18* et *18.02* : 1,3. *18.30* et *18.32* : 1,7.

M6 [5]. *7.15* : 0,8. *7.45, 8.05* et *8.40* : 1,4. *9.10, 9.40, 10, 10.05, 10.30, 10.45, 10.55, 11, 11.30* et *11.50* : 1,6. *12.15* : 6,4. *12.30* : 8. *13.05* : 12,8. *13.25* : 8,6. *14.10* : 8,4. *15.15* : 4,6. *15.30* : 4. *16.10* : 2,2. *16.25* : 1,8. *16.40, 16.55, 17.10, 17.20* et *17.35* : 1,4. *17.50* : 3,6. *18.05* : 3,8. *18.30* : 5,2. *19* : 9,4. *19.30* : 12,8. *19.50* : 14,8. *20.05* : 26,4. *20.25* : 29,8. *20.40* : 33,4. *20.50* et *21.40* : 36,8. *22.40* : 16,8. *23.10* : 10,8. *0.20* : 3,4. *0.40* : 2,6. *0.50* : 2. *1.10* : 1,2. *2* : 0,6. *2.30* : 0,4.

Nota. – (1) Du 1 au 29-4. (2) Du 30-4 au 17-6. (3) Exemples (tarif A). (4) Du 18 au 30-6. (5) Du 1-5 au 30-6.

■ Internet

■ **Types de publicités** ou **« formats ». Bandeau commercial :** forme évoluée du bandeau traditionnel positionné en tête de page. Un menu déroulant est obtenu à partir de la bannière qui s'élargit pour contenir des informations commerciales ; **animé :** mini-vidéo ; **publicité interstitielle :** une page publicitaire plein écran surgit avant celle demandée par l'internaute. **Bouton marchand :** plus petit qu'un bandeau, renvoie au site de la marque ou présente le produit grâce à un menu déroulant. **Microsite Web :** un carré de grande taille s'insère au milieu d'une page ; format agressif créé début 2001 aux USA pour lutter contre le désintérêt des internautes pour les messages publicitaires. **Vignette marchande :** intègre un texte publi-rédactionnel qui invite à cliquer sur le bouton. **Fenêtre « pop-up » :** format d'1/3 de page environ, surgit inopinément et se superpose, en la cachant, à la page consultée. **Rémunération. A l'efficacité : coût pour mille (CPM) :** pour chaque lot de 1 000 bannières totalement téléchargées, l'annonceur paie (en France) de 200 à 400 F ; **au clic :** tarif fixe ou bien fixe + % sur la transaction réalisée si l'annonceur est un service marchand ; **affiliation :** l'annonceur proprose ses produits *via* d'autres sites, qui touchent un % pour chaque vente générée.

■ **Tarifs** (exemples, en F, *source :* Tarif Media mai/juin 2001). **Bandeau et mots clés** (Sté Ecila, au 1-1-2000) : *bandeau : 20 000 affichages :* 2 400 à 4 500 ; *100 000 :* 9 500 à 18 000 ; *mots clés : 1 000 affichages :* 280. **Page** (Sté Kompass Monde Internet, au 1-1-2000) : 2 800 ; logo 800, hyper lien vers site Web client 5 500. **CPM :** Sté Investir (au 1-1-2001) : environ 300, selon emplacement.

■ Publicité directe (hors médias)

■ **Forme.** Marketing direct, télémarketing, promotion, stimulation. *Favorise la vente* des produits, par opposition à la publicité qui en *défend l'image.*

■ **Tarifs. Mailing simple :** *coût :* environ 5,13 F (en 1998) par envoi (location d'un fichier : environ 1,20 F/adresse ; vente : environ 5 F/adresse). **Réception d'appel :** 20 à 40 F l'appel (émission au contact abouti entre 30 et 60 F). **Publicité sur téléphone mobile** (Sté Bouygues Telecom, au 1-1-

2001) : message (10 s) *à l'unité* : simple : 0,18 F, interactif 0,27 ; *par modules préconstruits* : 50 000 contacts : 7 200 (simples)/10 800 (interactifs) ; 100 000 : 13 500/20 250 ; 150 000 : 18 900/28 350 ; 300 000 : 35 100/52 650.

■ **Dépenses des annonceurs. Montant** (en milliards de F, 2000, *source* : France Pub) : 58,8 dont mailings 27,9, éditions publicitaires 22,3, prospectus 4,4, autres 4,2.

☞ **Pour ne plus recevoir de publicité par courrier** : *Stop Publicité*, Syndicat des entreprises de vente par correspondance, 60, rue La Boétie, 75008 Paris.

Radiodiffusion et télévision dans le monde

Technique

Ondes

■ **Caractéristiques. Vitesse de propagation :** environ 300 000 km/s. Fréquence × longueur d'onde = vitesse de propagation, habituellement exprimée ainsi :

f (en Hz) × λ (en km) = c (en km/s).

Un signal radio de 100 MHz (100 mégahertz) a une longueur d'onde de :

$$\lambda = \frac{c}{f} = \frac{300\ 000}{100\ 000\ 000} = 0{,}003 \text{ km, soit 3 m.}$$

Dans un câble en cuivre, la vitesse est plus faible que dans le vide ; la longueur d'onde sera plus petite car, quand un signal de fréquence donnée se propage dans des milieux différents (où la vitesse de propagation est différente), la longueur d'onde du signal varie, mais pas sa fréquence. La longueur d'onde donne une indication sur l'ordre de grandeur de la longueur des antennes émission ou réception à utiliser.

Réflexion : sur les couches ionisées de l'atmosphère : couches D (à 75 km d'altitude) et E (à 100 km) de jour seulement ; couche F (entre 150 et 400 km) de jour et de nuit.

Grandes ondes kilométriques (km) : *VLF (very low frequency) et longues, LF (low frequency)* : se réfléchissent sur la couche la plus basse. **Ondes moyennes** hectométriques (hm) ou *MF (medium frequency)* : ne se réfléchissent pas le jour, seule l'onde de surface est utilisée ; la nuit, se réfléchissent sur la couche F, leur portée croît considérablement. **Ondes courtes** décamétriques (dm) ou *high frequency* : se réfléchissent de jour et de nuit sur la couche F. **Ondes** *m (métriques)* ou *VHF (very high frequency)*, **ondes** *dcm (décimétriques)* ou *UHF (ultra high frequency)*, **ondes** *cm (centimétriques)* ou *SHF (super high frequency)* : traversent l'ionosphère sans réflexion.

Fréquence et longueur d'onde : *radiodiffusion* : grandes ondes 0,1 à 0,375 MHz (3 000 à 800 m) ; petites 0,375 à 3 MHz (800 à 100 m). *Radiodiffusion et communications radiotéléphoniques* : ondes courtes 3 à 30 MHz (100 à 10 m). *TV* : 30 à 300 MHz (10 à 1 m).

TV et radar : 300 à 3 000 MHz (1 à 0,1 m). *Radar et communications téléphoniques interurbaines* : 3 000 à 30 000 MHz (0,1 à 0,01 m).

■ **Bandes de fréquence attribuées.** Le règlement des radiocommunications (révisé en 1998) a attribué, dans le spectre des fréquences utilisables pour les radiocommunications, certaines bandes à la « radiodiffusion » (y compris la télévision).

Bandes pour la « région 1 » (Europe, Afrique, Sibérie...) : *en grandes ondes* : 148,5 à 283,5 kHz ; *ondes moyennes* : 526,5 à 1 606,5 kHz ; *ondes courtes* : quelques bandes de 200 à 500 kHz autour des fréquences (en MHz) : 6-7-9-11-13-15-17-21 ; *ondes métriques et décimétriques* : « modulation de fréquence » : 87,5 à 108 MHz, TV : 47 à 68 MHz, 174 à 230 MHz et 470 à 862 MHz ; *ondes centimétriques* : 11,7 à 12,5 GHz (pour les satellites de diffusion directe) ; *millimétriques* : 40,5 à 42,5 GHz, non encore utilisées.

Le spectre des fréquences radio entre 9 kHz et 400 GHz est partagé entre 37 services de radiocommunication civils ou militaires, dont 19 « de Terre » et 18 « spatiaux », dont : *services fixes* (exemple : liaisons par faisceaux hertziens) ; *mobiles* : *terrestres* (radiotéléphone, radiotaxi, pompiers, police, etc.) ; *maritimes* (liaisons téléphoniques entre navires ou entre navires et la côte, signaux de détresse) ; *par satellite* (liaisons avec sondes spatiales). *Radionavigation* : *maritime* (service des phares et balises, pilotage dans ports ou estuaires) ; *aéronautique* (relevé des points, atterrissage aux instruments). *Radiolocalisation et radiodétection* (radars de ports et d'aéroports, radars embarqués, suivis d'un vaisseau spatial). *Radiométéorologie. Radio-amateurs. Radiodiffusion.*

■ **Canal.** Bande de fréquences assignée à une émission. *Largeur utilisée* : pour le son en modulation d'amplitude est d'environ 10 à 15 kHz, de fréquence 200 kHz ; TV 8 MHz (y compris le son). En bande décimétrique, pour la télévision, la bande a été divisée en 48 canaux numérotés de 20 à 68. A Paris-Tour Eiffel, les canaux sont : *TF1* : canal 25 ; *France 2* : canal 22 ; *France 3* : canal 28 ; *M6* : canal 33. *Canal +* est diffusé en ondes métriques.

■ **DAB (Digital Audio Broadcasting : diffusion audio numérique).** Système de radiodiffusion sonore permettant la diffusion d'une dizaine de programmes dans une bande de 1,5 MHz, en utilisant un très grand nombre d'ondes porteuses modulées par des signaux numériques. Permet une bonne protection contre les brouillages (notamment en réception mobile), une bonne qualité de son (identique au DVB) et la transmission et l'affichage de différentes données [messages de 32 caractères maximum] (exemples : titre et interprète d'une chanson, liste des hôtels ou parkings de la ville, météo) ou images (pochette du disque diffusé, spot publicitaire, logo de la station). Des programmes à péage (avec carte à puces ou autres) sont possibles. *Émetteurs* : fréquence de 1,5 gigahertz (bande L), débit d'environ 200 kilobits par seconde. Contrairement à la FM, chaque opérateur ne dispose pas de sa propre fréquence : les émetteurs diffusent des « blocs » de 5 à 9 programmes, ce qui suppose une entente entre les opérateurs. *Réception* : récepteur fixe ou mobile nécessitant un modulateur, d'où un coût prévu élevé ; commercialisation depuis l'automne 1998.

La norme européenne DAB née en 1991 dans le cadre du projet Eureka 147 (lancé 1986) a abouti à la plate-forme EuroDAB (conférence des fréquences de Wiesbaden en 1995) devenue internationale : WorldDAB en 1996. 3 bouquets autorisés par le CSA (Conseil supérieur de l'audiovisuel) diffusent sur Paris 16 programmes audionumériques.

1er semestre 1998 : démarrage des émissions en DAB sur Lyon, Marseille, Toulouse et Nantes. *Début 1999* : Bordeaux, Grenoble, Nice, Lille, Strasbourg. *Fin 1999* (prév.) : Havre, Rouen, Caen, Metz, Nancy, Lyon, Clermont-Ferrand, St-Étienne, Montpellier, Toulon, Tours, Orléans, Rennes et Brest. *Auditeurs potentiels* : (est. fin 1999) : 25 millions.

☞ **Auditeurs potentiels à l'étranger** (en %) : Suède 75, Belgique 70, G.-B. 60, Allemagne 36.

■ **Multiradio.** Sté française d'édition de programmes thématiques de radio numérique pour le câble sans animateurs ni publicité avec un son de qualité CD, transmission d'informations (nom du programme, titre, interprète) par l'écran du téléviseur. *Diffusion* : réseaux câblés de Paris, Boulogne, Levallois-Perret, Neuilly, St-Mandé, Vincennes. *Équipement* : décodeur Visiopass de France Télécom. *Accès* : abonnement (25 F/mois) en plus de l'abonnement basique à TV Câble et Visiopass.

Réseaux français

■ **1°) Ondes** métriques, décimétriques ou centimétriques se propageant uniquement en ligne directe (il n'y a pas de réflexion sur la couche ionisée de l'atmosphère), le récepteur doit être « en vue » de l'émetteur, 2 réseaux ont été mis sur pied :

I. Réseau hertzien terrestre. Les émetteurs sont placés dans les endroits les plus élevés possible pour étendre au maximum leur portée (exemples : pic du Midi de Bigorre 2 888 m, puy de Dôme 1 465 m, aiguille du Midi 3 842 m). Le centre de Romainville (près de Paris) assure la coordination.

Émetteur. Sources sonores : disques, magnétophones, microphones (le son ou onde acoustique est transformé en impulsion électrique de très faible énergie dans un microphone). **Procédés d'émission :** modulation d'amplitude (l'impulsion modifie l'amplitude de l'onde électromagnétique porteuse). Modulation de fréquence : elle modifie son nombre d'oscillations par seconde. Un circuit oscillant (formé d'un condensateur et d'une bobine), en résonance avec l'onde qui le parcourt, diffuse l'onde par l'antenne. Un transistor ou un tube à vide compense les pertes d'énergie et permet un fonctionnement permanent.

Récepteur. Son **antenne** capte les ondes émises. En modifiant les caractéristiques d'un circuit oscillant, on fait varier la fréquence (et la longueur d'onde) du courant électrique de résonance et on sélectionne ainsi les ondes d'une station émettrice. Puis le circuit de démodulation sépare les oscillations de fréquences audibles, des ondes porteuses à haute fréquence. L'**amplificateur** (transistor ou tube) alimenté par la tension du secteur augmente l'amplitude des ondes audibles. Le **haut-parleur** transforme les oscillations électromagnétiques en sons.

Nombre d'émetteurs et réémetteurs (au 1-7-1994) en France métropolitaine. **Radio France** : *émissions à modulation de fréquence* : 1 505 émetteurs principaux et 208 réémetteurs, radios locales autorisées, 524 stations. *En modulation d'amplitude* : *réseau A*, l'émetteur à ondes kilométriques (ondes longues) à Allouis (Cher) rayon 400 à 500 km, suivant conditions géographiques ou géologiques, 10 émetteurs à ondes hectométriques (ondes moyennes) à la périphérie du territoire diffusant France Inter. *Réseau B*, 20 émetteurs à ondes hectométriques diffusant Radio Bleue.

Radios périphériques : dotées chacune, pour une partie du territoire français, de fréquences en bande II (modulation de fréquence), en ondes kilométriques (Luxembourg, Europe 1, Radio Monte-Carlo) et une station en ondes hectométriques (Sud Radio, en Andorre).

Télévision (au 1-3-2000) : 14 267 émetteurs sur 4 488 sites pour les 6 chaînes (TF1, France 2, France 3, Canal+, Arte/La Cinquième, M6).

Utilisation du réseau hertzien par la radio et la télé en France : contrôlé par TDF. 2 gammes d'ondes : UHF *(TF1, France 2, France 3, Arte/La Cinquième, M6)* et VHF *(Canal+)*. 58 canaux théoriquement utilisables (48 sur UHF, 10 sur VHF). Une partie de ces canaux pourrait être libérée si un grand nombre d'émetteurs n'était plus monopolisé pour atteindre l'ensemble du territoire (cas actuel) ou si les chaînes nationales étaient diffusées par satellite (près des 3/4 des canaux deviendraient disponibles, seuls les programmes régionaux de France 3 étant diffusés par eux).

Actuellement et dans ces conditions, 80 chaînes privées ne pourraient être diffusées que localement.

II. Par satellites. Satellites de transmission. 1re génération : utilisés comme réflecteurs d'ondes, ils ne peuvent assurer les liaisons qu'à temps partiel au moment où ils sont en visibilité simultanée des stations à relier. Ils nécessitent au sol des installations coûteuses et un personnel qualifié (la puissance des signaux d'un satellite recueillis au sol est d'environ 1 millionième de 1 millionième de watt). **1958**-*18-1 Score* (USA), altitude 185 à 1 492 km. **1960**-*12-8 Echo I* (USA), 598 à 1 691 km. -*4-10 Courrier IB* (USA). **1962**-*10-7 Telstar* (USA), 952 à 5 634 km, spécialisé dans le relais des télécommunications à large bande [des images envoyées d'Andover (USA) relayées par Telstar sont reçues en France à Pleumeur-Bodou]. -*17-9*, 1re retransmission de programmes en *« Mondovision »* (hommage à Dag Hammarskjöld, ancien secrétaire général de l'Onu, diffusé simultanément à New York, Paris et Uppsala, en Suède). **1964**-*16-4* : 1re transmission en direct Japon-France (et une trentaine d'autres pays) par *Relay* (alt. 1 323 à 7 433 km) au moment où il survole la Mandchourie. **Stations au sol :** plus de 100 dont *Allemagne* 3 (Raisting). *G.-B.* 2 (Goonhilly Downs). *Brésil* 1 (Rio de Janeiro). *Canada* 4. *France* 5 (dont 1 à TDF, pour le satellite *Symphonie*, Pleumeur-Bodou). *Italie* 4 (Fucino). *Japon* 4. *Porto Rico* 1. *Suède* 2. *Trinidad* 1. *USA* 32 plus 1 à bord du *Kingsport*, etc.

2e génération : permettant des relations permanentes. *Molnyia/soviétiques* placés depuis 1965 sur la même orbite (460 à 40 000 km) ; il y en a toujours un dans la bonne position pour relayer les communications. *Synchrones* et *géostationnaires américains* placés depuis 1963 sur une orbite telle (alt. 35 786 km, rayon 42 164 km) qu'ils mettent pour tourner autour de la Terre le même temps que met celle-ci à tourner sur elle-même : 23 h 56 min 4 s. Pour un observateur sur Terre, ils apparaissent immobiles. 3 *Syncom* (*I : 14-2-1963, II : 27-7-1963, III : 9-4-1964*) ont assuré, en oct. 1964, la retransmission en direct aux USA des JO de Tokyo, puis par bande enregistrée en Europe. *Early Bird* placé 6-4-1965, au-dessus de l'Atlantique, a permis des liaisons commerciales régulières France-USA. *Radouga*, placé 1975, satellite synchrone soviétique.

Satellites de diffusion. 3e génération : *ATS 6* (USA, 30-5-1974), arrêté 1979. *CTS (Hermes)* [Canada, 17-1-1976], arrêté 1978. *Symphonie 1* et *2*, lancés 18-12 et 26-8-1974 : construits par 3 Stés all. (MBB, Siemens, AEG Telefunken) et 3 Stés fr. (Thomson CSF, SAT, SNIAS) arrêtés. Voir p. 59 b.

☞ Voir également l'encadré sur les **Satellites TV européens**, p. 1368.

■ **2°) Par câble. Définition :** vecteur de signaux audio ou vidéo à partir d'une tête de réseau jusqu'aux téléviseurs raccordés. 2 techniques : *le coaxial* (fil de cuivre qui transporte des signaux électriques) et *la fibre optique* (minuscule fil de silicium transportant des signaux lumineux) qui permet d'acheminer un plus grand nombre de signaux et de dialoguer avec l'abonné, mais est plus coûteuse. **Origine :** créée après 1945 aux USA pour résoudre les problèmes de mauvaise réception de la télévision hertzienne en ville, la télévision par câble s'est développée en raison de sa capacité à proposer un grand nombre de chaînes thématiques s'adressant à des publics spécifiques. *1948 USA* : John Walson installe une antenne collective à Manoha City (Pennsylvanie). *1950 Canada* : zones rurales. *G.-B.* : zones d'ombre. *1960 P.-Bas* : réseaux dispersés, souvent exploités par les municipalités. *1966 USA* : lutte des radiodiffuseurs pour protéger leurs stations hertziennes. *1972 USA* : programmes non locaux autorisés. *1973 Belgique* : 300 000 foyers équipés. *1982 G.-B.* : développement. *1983* : *France* (voir p. 1367 a).

Télévision

■ **Bande passante.** Ensemble des fréquences existant dans le signal de la plus faible à la plus élevée.

■ **Bouquet.** Ensemble de chaînes diffusées par un opérateur depuis un même satellite.

■ **Caméra.** Elle possède un tube à rayons cathodiques sensible à la lumière : quand il est frappé par des photons, des électrons sont émis et pénètrent dans le tube. Quand un élément de la surface du tube est très éclairé, sa charge électrique devient plus positive que celle du reste de la surface, puisqu'il perd davantage d'électrons ; la caméra fournit ainsi une *copie électrique* de la scène qu'elle photographie. Cette copie est ensuite *analysée* : le faisceau d'électrons émis passe à travers 2 systèmes de plaques de déviation magnétique disposées perpendiculairement à l'intérieur du tube. Le 1er système déplace le faisceau de gauche à droite, le 2e de haut en bas. La surface du tube est *balayée* 25 fois par seconde. Le 100 Hz est présent sur la plupart des modèles 16/9 ; en doublant la fréquence de balayage vertical on diminue l'effet de scintillement de l'image et des lignes.

Balayage cathodique et balayage matriciel : la surface à analyser est parcourue par un faisceau d'électrons dévié par un champ magnétique, d'où un balayage qui n'est pas rigoureusement linéaire ; on ne peut être assuré que chaque *eldim* (ou *pixel*) occupe la même position à l'émission ou à la réception. Le développement des écrans plats à la réception et des « *sensors* » à l'émission conduit au « *balayage matriciel* », chaque eldim occupant sur la surface d'une image une position rigoureusement définie en x et y. Les caméras d'amateur modernes utilisent, à la place des analyseurs cathodiques, des éléments photosensibles « CCD » *(charge coupled device* : dispositif à transfert de charge) du type « balayage matriciel ». Celui-ci s'imposera sans doute à l'émission comme à la réception, permettant de diminuer la bande passante, de projeter sur grand écran sans perdre de luminosité (vidéo projecteur) et de voir la télévision en relief sans lunettes (voir **Stéréotélévision** col. c). **« Progressive scan » (balayage progressif) :** diminue totalement le scintillement et améliore la qualité de l'image ; utilisé pour les écrans 16/9.

Louma : inventée en 1963 par Jean-Marie Lavalou et Alain Masseron (arsenal de Toulon). Caméra fixée à l'extrémité d'un bras articulé qui lui permet des mouvements complexes.

■ **Compression numérique.** Transforme images, sons et données en succession de 0 et de 1 (bits) puis réduit le débit obtenu de 270 Mbits/s à 55 Mbits/s d'un satellite en réduisant le volume d'informations transmises : n'est diffusé que ce qui change entre 2 images successives. *Standard adopté* (par le DBV : voir TV numérique p. 1358 c) MPEG-2 pour les images, MPEG-1 pour le son.

■ **Décodeur.** Fabriqué par Thomson Multimédia, Philips, Sony, Sagem et Pioneer. **Viaccess** (France Télécom) : permet de recevoir les programmes de TPS et d'AB Sat ; *prix* avec parabole double tête : environ 4 500 F. **D-box :** *développé* par Beta Technik (filiale de Kirch) et Irdeto (filiale de NetHold), il n'est pas bloqué sur un seul système d'accès. Retiré de la vente fin 1997 par Kirch et Bertelsmann sur demande de la Commission de Bruxelles qui n'avait pas encore agréé leur fusion. **Mediabox :** *développé* par la Sté européenne de contrôle d'accès (Seca), dont Canal+ et Bertelsmann sont actionnaires. *Commercialisé* en France par Canal+, en Allemagne par MMBG. **X-Com :** licence Viaccess, permet de recevoir les programmes d'AB Sat. **Fonctionnement.** Le *tuner* se cale sur la chaîne choisie. Le *démodulateur* traduit les signaux analogiques en signaux numériques. Le *désembrouilleur* rend les signaux lisibles à l'aide du mot clé niché dans le boîtier « contrôle d'accès ». Le *démultiplexeur* sépare images, sons et commandes. Les *décompresseurs* restituent images et sons initiaux (voir **Compression** ci-dessus). Les informations sont de nouveau traduites en signaux analogiques par le *convertisseur numérique analogique.*

Décodeurs numériques : *équipés* de disque dur, *permettant* de s'en servir comme magnétoscope numérique, de télécharger des jeux vidéo, d'accéder à Internet. *Lancement prévu* 2d semestre 2001. *Coût* prévu : 2 000 à 3 000 F.

■ **Définition** (nombre de lignes sur l'écran). **Europe. 1939** 405-441 lignes. **1943-44** les USA apportent du matériel de guerre incluant la TV en 525 lignes (adopté après 1940) ; le balayage horizontal étant difficile à modifier, il est repris mais à 25 images/seconde (au lieu de 30) soit 630, ajusté à 625 lignes (G.-B., All., Esp., etc.). **France. 1939** 455 lignes. **1945** 441 lignes (matériel installé par les Allemands rue Cognacq-Jay) **1948** 819 lignes, image supérieure, surtout pour la réception collective sur moyen ou grand écran (les récepteurs individuels, alors coûteux, sont peu répandus). On pensait qu'une définition plus élevée rendrait plus facile ultérieurement l'adoption de la couleur. Le 819 lignes protégeait la France contre une concurrence étrangère, mais l'isolait. **1952** 1ers convertisseurs capables de modifier la définition. **Après 1960** l'inconvénient du 819 lignes, qui exige une plus grande largeur de bande passante, grandit (les bandes I et III attribuées à la télévision contiennent 6 canaux en 625 lignes contre 2 en 819). **1961** en raison de l'encombrement des ondes, on ne peut utiliser pour la 2e chaîne la 2e bande réservée dans les ondes métriques (VHF) et on adopte les ondes décimétriques (UHF) en se ralliant au standard européen de 625 lignes. **1983** tous les récepteurs sont compatibles avec la norme 625 lignes, les émissions en 819 sont arrêtées. **Belgique. 1984** opte pour un double réseau (625 et 819 lignes). **Autres pays** (sauf G.-B. qui avait un 405 lignes) : 625 lignes.

■ **Écran** (format). **Actuel :** rapport 4/3, insuffisant pour capter correctement le regard. **Haute définition : 16/9,** celui du cinéma ; si l'on s'installe à la distance optimale, c'est-à-dire 3 fois la hauteur de l'écran, l'œil a un angle de vue de 30 degrés, proche du champ de vision naturel ; *nécessite un décodeur* car le 16/9 n'est diffusé qu'en D2-Mac, PalPlus (analogique) et en DVB (numérique) ; *pays le mieux équipé :* Japon (60 % du parc, fin 1998).

Grands écrans plats (10 cm d'épaisseur environ) 1er à tube plat commercialisé fin février 1998 : FD Trinitron Wide de Sony, permettant également d'afficher Internet, fax, CD-Rom, Power Point ; *prix :* 19 000 F. **Écrans totalement plats :** sans tube cathodique ; *à cristaux liquides* : modèles 25 pouces (63,5 cm) et 28 pouces (71 cm, en format 16/9) commercialisés par Sharp mi-2000 en France ; *à plasma* (Plasmatron de Sony lancé au Japon en déc. 1996 ; 50 000 à 180 000 F fin 1999, 20 000 à 30 000 F vers 2004. *Marché mondial* (prév. 2000) : 25 milliards de $/an. *Inconvénients :* poids et consommation électrique élevés. Concurrencés par la vidéoprojection (voir p. 1359 a). **Technologies utilisées** : **1°)** *puce à miroirs :* permet d'offrir des images de qualité sur des écrans d'1 m de diagonale et de quelques cm d'épaisseur. **2°)** *Plasma :* selon le principe d'une décharge électrique qui crée de la lumière comme pour allumer un tube néon ; peut atteindre 150 cm de diagonale (127 cm en format 16/9) *pour une épaisseur de 7 cm et offrir un angle de vision jusqu'à 160 °.* **3°)** *Micropointes* ou *Fed (Field Emission Display) :* technologie « émissive » inspirée des recherches du Leti (Laboratoire d'électronique de technologie et d'instrumentation) dépendant du CEA (Commissariat à l'énergie atomique) et développée par Pixtech ; consiste à produire uniquement la lumière à afficher, en plaçant un canon à électrons derrière chaque pixel ; écrans commercialisés depuis décembre 1995 ; plus lumineux et consommant 5 fois moins d'électricité que les écrans à plasma. *4°) Nanotubes de graphite :* inventés par les Suisses Olivier Küttel et Olivier Gröning ; sources froides d'électrons. **5°)** *Palc (Plasma adressed liquid crystal) :* technologie Sony, hybride ; prototype présenté en oct. 1997, commercialisé depuis 2000 ; 70 000 à 120 000 F à mi-2001.

☞ Sont diffusés en 16/9 films sur CanalSatellite, et depuis sept. 1998, programmes de soirée de TF1, France 2, France 3 et M6 sur TPS.

☞ **Écrans les plus grands du monde** (système suisse) : 25 m × 40 m. **Les plus petits** (montres avec un téléviseur incorporé) : 80 g, écran de 30,5 mm de diagonale.

Écran (matériau). **Plastique :** *inventé* en 1998 par 2 chercheurs de Cambridge (G.-B.) : 5 × 5 cm, monochrome.

■ **Émetteurs.** Après avoir été amplifié et codé en Secam, Pal ou NTSC, le message électrique fourni par la caméra est transmis aux émetteurs au moyen de faisceaux hertziens en utilisant la modulation de fréquence. En France, procédé Secam. Les émetteurs diffusent en modulation d'amplitude l'onde porteuse jusqu'aux récepteurs dont l'antenne est convenablement orientée vers l'émetteur le plus proche. La modulation d'amplitude ne permet pas la stéréo. Seuls les émetteurs équipés du système Nicam la permettent ; l'équipement de tous les émetteurs est envisagée (problèmes de coût). **Portée maximale théorique** (car limitée par le relief) selon la hauteur de l'antenne : 10 m (15 km) ; 100 (47,5) ; 300 (82) ; 500 (106) ; 1 000 (150).

■ **Guides de navigation.** Ils remplaceront, à l'écran, les magazines de programmes télévisés.

■ **Home cinema.** Cinéma à domicile. **Coût d'équipement hors téléviseur** (en F, en 2001) : *minimum :* amplificateur Dolby Pro Logic 2 000, enceintes adaptées 2 000 ; *pour choisir les films à la carte :* lecteur de LaserDisc 2 000 ; *qualité supérieure :* amplificateur Dolby Digital, lecteur DVD, 6 enceintes et 1 caisson de graves amplifiés : 10 000 à 12 000.

■ **Mac (Multiplex analogique en composantes).** Codage utilisant un multiplexage temporel (alors que les codages Secam et Pal font appel à un multiplexage fréquentiel). Sépare les informations de couleur de celles de luminance. Les signaux sont comprimés dans le temps (étape numérique) avant de moduler successivement la même porteuse. Il n'y a plus de pollution de l'image par la présence de la sous-porteuse couleur. L'image est plus nette sur des images de références en laboratoire (moins probant avec un programme normal). Mac permet 4 canaux sonores de très haute qualité ou 8 de bonne qualité ; acheminement de télétextes avec une plus grande capacité de transmission que le Secam ou Pal. Normes européennes de transmission TV compatibles avec les récepteurs actuels. A donné naissance au *B Mac* australien, *C Mac* (de l'Independent Broadcasting Authority IBA), *D Mac* britannique et *D2 Mac* (français 1983).

D2 Mac Paquet : le signal diffusé par satellite est transmis par les émetteurs hertziens terrestres (système D2), par codage analogique simultané (Mac) de la chrominance (couleur) et de la luminance (lumière), par « paquets ». Les définitions du Secam (210 000 points d'analyse efficaces), celles du D2 Mac (180 000) et de la TVHD (400 000) sont inférieures à la définition théorique principalement à cause de la compression de l'image pour réduire la bande passante. Correspond à une définition de 625 lignes améliorée, mise en service pour le satellite TDF 1, pour la Sept. La réception nécessite des antennes paraboliques et des récepteurs spéciaux, ou des adaptateurs pour les récepteurs classiques. Voir aussi TVHD, p. 1358 a.

☞ Les satellites TDF 1 et TDF 2 (en France) et TV Sat (en Allemagne), destinés à les promouvoir, étant tombés en panne et les chaînes commerciales françaises étant opposées à cette norme qui devait surtout améliorer la qualité des images, celle-ci a finalement servi comme norme de cryptage et imposé un nouveau format.

■ **Magnétoscope grand public.** Permet l'enregistrement et la lecture sur une cassette (ruban magnétique) des images captées par une caméra ou à partir d'une émission télé (image et son) puis de les faire passer sur un téléviseur. **Ampex :** 1er magnétoscope (Sté amér. Ampex, 1966). **Standards :** *Video Home System (VHS)* mis au point par JVC et VHS-C en 1976 (Matsushita, Japon), commercialisé en France par Thomson, Philips, Grundig. Le standard « 8 mm » utiliserait la même minicassette sur toutes les marques des appareils futurs (incompatible avec les appareils actuels). *SVHS :* mis au point par JVC, compatible avec les équipements VHS. Le 8 mm (Sony) ne l'est pas.

■ **Multiplex.** Émission (radio ou TV) réalisée depuis plusieurs lieux différents, reliés à la station émettrice par câble téléphonique ou ondes hertziennes.

■ **Nicam** (Near Instantaneous Compression of the Audio Modulation : compression quasi instantanée de la modulation son). Son audionumérique installé sur une sous-porteuse, son supplémentaire permettant la stéréo.

■ **« Pay per view »** ou **« paiement à la séance ».** Après avoir sélectionné le programme voulu avec la commande numérique, on règle en introduisant une carte d'abonnement dans le décodeur. **USA :** DirecTV, 1er réseau numérique de réception directe : 150 programmes différents en 1994 et 300 en 1995 ; 11 millions d'abonnés à mi-2001 ; reprise par le groupe News Corp. prévue 2d semestre 2001. 1ers tests : TCI, ATT et US-West à Denver (avec catalogue de plus de 1 400 longs métrages). Viacom à Castro Valley (Californie), Time Warner dans les réseaux câblés de Queens, à New-York et Orlando. **Europe :** 400 programmes différents diffusés sur les satellites Astra pourront être captés.

France : achat des droits exclusifs de diffusion de films français récents en paiement à la séance : le Conseil de la concurrence, sur plainte de TPS, a condamné Canal+ : *déc. 1998* pour abus de position dominante, *juin 1999* à une amende de 10 millions de F, *mai 2001* à des mesures conservatoires en attendant le jugement sur le fond.

■ **Ratio d'efficacité** fondé sur le nombre d'informations visuelles (pixels actifs), la « luminance » et la « chrominance » (*source :* Philips) : HDTV (1 250 lignes) 533, HiVision 479, HD Mac 253, Muse 183, Standard Définition (625 lignes) 100, D2 Mac 81, Pal+ 69, Pal 66, compatible D2 Mac (92/94) 52/69, NTSC 525 lignes 47, compatible Pal+ 44.

■ **Picture and picture (PAP).** 2 images, venant de 2 chaînes différentes, se partagent l'écran. Le son de l'une est délivrée par les haut-parleurs et le son de l'autre par le casque. **Picture in picture (PIP).** Une petite image d'une autre chaîne permet par exemple de surveiller le début d'une autre émission.

■ **Pixel** (de l'anglais *picture element,* en français **eldim :** élément d'image). L'œil (pouvoir séparateur : environ 2') peut distinguer 280 000 points d'image de format 4/3 en télévision. En portant ce nombre à 480 000, l'image paraît plus fine. Utilisé pour définir le pouvoir de résolution des capteurs d'image à CCD, des Caméscopes, des téléviseurs à cristaux liquides. [Pour les téléviseurs à tube cathodique depuis que les canons sont disposés en ligne (Pil) et non plus en triangle, le pouvoir de résolution se définit en nombre de lignes (horizontales et verticales).] Les luminophores étant déposés en bandes verticales, la pureté de couleur est indépendante des impacts dans la direction verticale.

■ **Prise péritel** ou **prise Scart.** Prise à broches, standardisée, qui permet de relier le téléviseur à tous ses périphériques : micro-ordinateur, console de jeux vidéo, magnétoscope, Caméscope, décodeur.

■ **Récepteur.** Reconstitue dans le tube image l'image de la scène analysée, à partir des signaux hertziens captés par son antenne. Les électrons sont projetés vers la face interne du tube par un filament chauffé : le canon à électrons. Ce flux d'électrons modulé par le signal TV reçu est focalisé en un faisceau qui balaye l'écran fluorescent au moment même où un faisceau balaye la surface du tube de la caméra dans le studio. Le balayage rapide de l'écran produit une image constituée de petits points. Le *« spot »* (impact du faisceau) part du haut de l'écran, parcourt les lignes impaires, constitue une trame sur 1/50 de seconde, remonte en haut de l'écran, parcourt, encore en 1/50 de seconde, les lignes paires et constitue une 2e trame. Il a exploré 2 fois la surface de l'écran en 1/25 de seconde pour reconstituer une image complète formée de 2 trames ou 2 demi-images. Il y a donc 25 images/s mais 50 trames entrelacées dont chacune ne comporte que la moitié du nombre de lignes ; cet entrelacement évite un papillotement désagréable et fatigant pour le téléspectateur. Un balayage progressif double la bande passante.

■ **Régie.** Salle de contrôle concentrant les appareils de commande d'un studio ou d'un car de reportage. De la régie, le réalisateur choisit les images venant des différentes caméras.

■ **Rétroprojection.** L'image est projetée par l'arrière (« rétro ») sur un translucide, format 4/3, de 130 cm à 150 cm de diagonale, soit une image de 1 m de base. Le système tient dans un meuble de 50 à 80 kg. *Avantage :* il n'est pas nécessaire de faire l'obscurité dans la pièce pendant le fonctionnement. *Inconvénients :* les angles de vision horizontaux et verticaux sont limités. Il faut se trouver le plus possible en face de l'axe de l'écran. L'image n'a pas le même piqué que celle d'un téléviseur classique. **A cristaux liquides CGS (continuous grain silicon** ou silicium à grain continu) : utilise un circuit imprimé déposé sur une plaque de verre ; luminosité (850 lumens) et résolution (1 280 × 1 024 points) améliorés ; prototype présenté par Sharp fin 1999 [diagonale 60 pouces (152 cm)] ; *inconvénient :* profondeur 60 cm, prix + de 300 000 F ; non encore commercialisé à mi-2001.

■ **Stéréotélévision. Procédé des anaglyphes** (inventé au milieu du XIXe s. pour la photo noir et blanc) repris en 1964 par le Tchécoslovaque Vladimir Novotny. Nombreux essais aux USA, URSS, Japon, France (en déc. 1984 en particulier). Résultats mauvais pour TV couleur.

Procédés exploités : 1°) *double image* [Delbord et Roeper, avec anamorphose, en 1948 au Cnet (Issy-les-Moulineaux) ; Marc Chauvierre, sans anamorphose, en 1974 chez Lierre] repris commercialement par USA et All. Il faut des lunettes spéciales réglables selon la distance. **2°)** *Transmission successive des images droite et gauche avec lunettes à obturateurs optoélectriques synchronisés avec le récepteur :* très développé au Japon, USA (Stereographic), France (Céralion). Pour l'holographie (étude en cours) il faudra des années pour un résultat concret. En 1978 Chauvierre a proposé un réseau lenticulaire (Yves aux USA et Bonnet en France pour la photo) combiné avec le balayage matriciel (le balayage d'un rayon cathodique n'est pas assez linéaire). Jacques Guichard a repris l'idée au Cnet, avec de bons résultats en noir et blanc, et utilise la couleur (6 caméras, projection sur grand écran) à l'institut Heinrich Hertz (Berlin). Études reprises à Rennes au CCETT (Centre commun études télédiffusion-télécommunications) [Bruno Choquet]. Techniquement, les problèmes de la TV 3 D sont résolus, mais la compatibilité avec les appareils existants reste un problème.

■ **Subliminale (image).** Non perceptible par l'œil et d'une durée inférieure à celle de la perception oculaire, stimulerait l'inconscient du spectateur. Interdite dans les films publicitaires depuis 1973.

Pays ayant adopté le Secam : *France*, ex-All. dém., Arabie saoudite, Bulgarie, Côte d'Ivoire, Cuba, Égypte, Grèce, Haïti, Hongrie, Iran, Iraq, Liban, Luxembourg, Maroc, Monaco, Pologne, ex-Tchécoslovaquie, Tunisie, ex-URSS, Zaïre ; **le Pal :** Afrique du Sud, Albanie, Algérie, ex-All. féd., Australie, Belg., Brésil, Danemark, Esp., G.-B., Italie, Luxembourg, Norvège, P.-Bas, Suède, Suisse, ex-Yougoslavie ; **le NTSC :** Canada, Japon (NTSC modifié), autres pays d'Asie, Mexique, USA.

■ **Télécommande.** 1er téléviseur équipé d'une télécommande commercialisé au Japon en 1971.

■ **Télévision couleur.** Fondée sur l'analyse *trichrome* des images : 3 images « primaires » (rouge R, verte V et bleue B) sont formées à partir de l'image à transmettre par l'interposition de filtres colorés et, à la réception, la superposition des 3 images primaires reconstitue l'image d'origine. *Exemple de technologie possible :* 3 canons à électrons projettent 3 faisceaux dont chacun reconstitue l'une des images primaires RVB. Pour qu'elles se superposent parfaitement, on interpose un « masque » percé de 400 000 petits trous à travers lesquels les 3 faisceaux vont frapper sur l'écran 3 petits points correspondant chacun à l'une des couleurs primaires. Ce tube aux cathodes disposées en delta (Δ) présente des difficultés de convergence des faisceaux, un rendement lumineux assez faible et une forte sensibilité aux champs magnétiques extérieurs. Depuis une dizaine d'années, il a été remplacé par des tubes autoconvergents dont les cathodes sont placées sur un même plan horizontal. Les luminophores sont devenus des lignes verticales de phosphore déposé en bandes discontinues et alternées (RVB). Le masque comporte des ouvertures ovales en quinconce. *Avantages :* meilleure restitution, plus grande luminosité, insensibilité au champ magnétique terrestre, meilleure pureté, plus grande fiabilité due à la suppression des réglages de convergence. *Compatibilité :* chaque signal correspondant à l'une des couleurs primaires est transformé en un signal donnant une image en noir et blanc *(luminance)* et en 2 signaux de couleur *(chrominance)* superposés à cette image, invisibles sur un récepteur noir et blanc.

NTSC (National Television System Committee) : procédé américain lancé en 1953. On l'a surnommé *Never Twice The Same Color* (jamais 2 fois la même couleur). Fait transporter simultanément sur la même onde sous-porteuse les 2 signaux de chrominance correspondant à un élément d'image, imposant ainsi à la sous-porteuse une double modulation combinée d'amplitude et de phase. Fonctionne en 525 lignes et 30 images/seconde.

Pal (Phase Alternative Line) : procédé allemand dû à Walter Bruch (1963 chez Telefunken), améliorant le NTSC : 1 sous-porteuse à modulation de phase et transmission alternée D_b-D_r du Secam. Fonctionne en 625 lignes et 25 images/seconde. Plus économique que le Secam. **Pal+ :** permet la diffusion d'images en 16/9 pour les écrans 16/9 et pour ceux 4/3 compatibles 16/9.

Secam (Séquentiel couleur à mémoire) : procédé français dû à Henri de France (1911-86), mis au point par la Cie française de télévision (filiale de la CSF et de St-Gobain). Présenté officiellement en déc. 1959, breveté, adopté par le Pal en 1963, mis en service en oct. 1967. Repose sur la transmission simultanée du signal de luminance par l'onde porteuse et d'un seul signal de chrominance par la sous-porteuse, l'autre étant transmis, après, séquentiellement (ces signaux de différence de couleur sont nommés D^r (R-Y) et D_b (B-Y), Y = luminance, R = rouge, B = bleu). Le signal transmis est en mémoire et est réutilisé au moment où parvient le signal suivant de façon à disposer, sur chaque ligne, de chacun des 2 signaux de chrominance. Le procédé Secam de « balayage alterné » n'impose à la sous-porteuse que la modulation de fréquence, entraîne une plus grande stabilité de l'image et une meilleure couleur, ne provoque aucun risque d'interférences entre les divers signaux, et permet l'utilisation sans modifications des équipements d'émission, de relais et d'enregistrement du noir et blanc. Ne permet pas le son stéréo (il faut le **Nicam** : voir p. 1357 b). Fonctionne en 625 lignes.

■ **Télévision haute définition (TVHD). Chronologie : 1969** début des recherches. **1972** NHK, Toshiba, Sony et Matsushita définissent le système *Muse* (voir col. c). **1980** norme Mac élaborée par des Britanniques. **1985** l'UER (voir p. 1360 b) recommande l'usage du D2 Mac. **1986**-*12/15-5* assemblée du CCIR à Dubrovnik ; les Européens proposent leur norme D2 Mac CCIR ; puis HD Mac, compatibles avec les Pal et Secam existants. **1987** avec les satellites de diffusion directe, mise en place des normes du type Mac pour les nouveaux programmes. **1988**-*janv.* le JPEG (Joint Photographic Expert Group), constitué mi-1986, sélectionne l'algorithme le plus prometteur que la CCETT (française) avait déjà proposé. MPEG (Motion Picture Expert Group) développe la TV numérique et des projets multimédia. *-Sept.* A Brighton, présentation à l'IBC (Convention internat. de radiodiffusion) d'une chaîne d'équipements de production et de diffusion de TVHD analogique. USA, la FCC *(Federal Communication Commission)* lance un programme d'ATV *(Advanced TV)* diffusable par voie terrestre dans les canaux existants et susceptible d'être reçu sur des téléviseurs compatibles NTSC. **1988-89** introduction du numérique au stade de la production. **1989**-*21-5* l'UER se prononce pour le HD Mac. *-Juin* l'Office parlementaire d'évaluation des choix scientifiques et technologiques présente la télévision numérique comme encore un « rêve ». **1989-90** installation d'une mémoire d'image dans les téléviseurs 4 : 3 (format actuel) permettant de doubler la cadence trame : 50 images au lieu de 25 (pays à réseau de 50 Hz) ; 60 images au lieu de 30 (pays à réseau de 60 Hz), étude d'un système unique à 100 Hz. **1990** EDTV en Europe ; mise en place des 1ers récepteurs D2 Mac au format 16/9 (France et Allemagne). *-8-6* General Instruments propose à la FCC son système numérique DigiCipher de TVHD. **1991** les Européens lancent Savoie 1250, GIE qui produit 13 h de programmes par jour en TVHD aux JO d'Albertville. *-Avril 91 à avril 92 :* 6 projets testés pour la norme TVHD amér. [dont 2 analogiques (NTSC amélioré, système Muse japonais) et 4 numériques (dont 1 de TCE)]. *-25-11* Japon, lancement de HiVision, chaîne TVHD (8 h de programme par j pour 500 postes recensés) qui regroupe NHK, chaînes privées et producteurs (126 membres). *-5-12* General Instrument (USA) annonce un prototype de TVHD numérique. *-15-12* Filmnet diffuse en simulcast, D2 Mac/Pal en Scandinavie (150 000 décodeurs). *-19-12* USA, la norme D2 Mac s'imposera le 1-1-1995 aux nouveaux services (les opérateurs existants en sont exemptés) ; construction des réseaux en 1995, diffusion en simulcast (programme normal doublé par une version haute définition diffusée sur un canal voisin) en 1997. En Europe, Anglais et Allemands suscitent *Pal+ :* pour pouvoir diffuser sur un réseau terrestre et de manière compatible en Pal des émissions en 16/9, on n'utilisera plus pour une image conventionnelle que 432 lignes (au lieu des 576 actuelles). Le reste servira à élargir l'image pour les téléviseurs dotés du récepteur ad hoc. Ce projet marginalise les procédés français (Secam et D2 Mac : seul moyen de diffuser des images en 16/9). Une directive de la CEE impose le D2 Mac pour 1995 et pour les nouvelles chaînes satellites (MOU : *Memorandum of understanding*). **1992**-*1-3* en France : 1 200 récepteurs équipés en 16/9 D2 Mac. *-12-3* la norme D2 Mac ayant été imposée sur Télécom 2, Canal+ renonce à monter sur ce satellite 7 chaînes dont il est actionnaire (TV Sport, Canal Jimmy, Canal J, Ciné-Cinéma, Ciné-Cinéfil, Paris 1re, Planète) : la promotion du décodeur D2 Mac de France Télécom priverait Canal+ de son monopole de fait sur les décodeurs cryptés en norme Secam). André Rousselet, patron de Canal+, se montre favorable à un bouquet de chaînes cryptées en Secam sur le satellite Télécom 2A, s'accompagnant de certaines diffusions en simulcast 16/9 et en D2 Mac. Il parie à terme sur la compression numérique qui suppose l'installation d'un terminal chez l'usager pour décompresser. **1993**-*févr.* la CEE renonce à Mac pour le numérique. Philips reporte la production des récepteurs HD Mac qui devaient être mis sur le marché en 1994. *-Oct.* la CLT annonce pour mi-94 un bouquet de chaînes par satellite sur France et Allemagne. *-Déc. DirecTV,* grâce au 1er satellite de TV numérique, lancé par Ariane, propose aux Américains 120 chaînes thématiques payantes. **1994** les surcoûts de la production en HD Mac et l'échec commercial du D2 Mac (les téléviseurs format 16/9 valant de 13 000 à 30 000 F) incitent à privilégier le numérique. *-Juillet* accord Canal+/Bertelsmann pour développer en Europe de nouveaux services de télévision payante. **1995**-*août* protocole d'accord Canal+/Bertelsmann/CLT pour une prise de participation de la CLT au capital de la SECA. **1996**-*janv.* rupture des négociations CLT/Canal+ d'entrée de la CLT au capital de CanalSatellite. *-Février* protocole d'accord CLT/Murdoch pour créer une société commune de développement de la télévision numérique en Allemagne. *-Mars* annonce de « l'alliance à 4 » BSkyB/Bertelsmann/Canal+/Havas pour le développement de la télévision numérique en Europe, du lancement d'un bouquet numérique sur la France AB Production sur Eutelsat, de la fusion des pôles audiovisuels des groupes Bertelsmann et CLT, du lancement conjoint de TPS (télévision par satellite), bouquet numérique sur la France par TF1 (25 %), France Télévision (25 %), Lyonnaise des Eaux (10 %), M6 (20 %) et la CLT (20 %), sur Eutelsat (coût total estimé : 2,5 milliards de F sur 5 ans). *-27-4* commercialisation en France du bouquet Canal+/CanalSatellite numérique émis par le satellite Astra. *-Fin juin* Bertelsmann se retire du bouquet TPS. *-Fin juillet* Murdoch se retire de « l'alliance à 4 » et rejoint Leo Kirch. L'Organisation internationale de normalisation (Iso) et *l'European Lauching Group (ELG)* réunissent les opérateurs européens de réseaux câblés, de satellites et de chaînes de TV : l'embrouillage et le contrôle d'accès posent des problèmes [en Europe, 3 systèmes coexistent parfois sur un même satellite (exemple : *Astra*) : *Vidéocrypt :* contrôle d'accès de la chaîne BSkyB ; *Sister :* contrôle d'accès des chaînes associées à Canal+ sur Télécom A 2 ; *Eurocrypt :* utilisé en Scandinavie pour réception des chaînes d'Astra, et en France sur réseaux câblés. Pour les programmes non payants, les postes de TV actuels devront être équipés de décodeurs pour recevoir les signaux numériques. **1998** les USA adoptent un standard de 1 080 lignes et 1 920 points/ligne, soit un nombre de pixels multiplié par 5. *-1-11* 40 chaînes diffusent leurs premiers programmes TVHD dans les 10 principales villes des USA. *-15-11* bouquet numérique hertzien en G.-B. (30 chaînes dont 15 nouvelles). **1999** numérique hertzien en Espagne. Motorola invente une puce, insérée dans le système électronique M-DTV, neutralisant les interférences dans la diffusion de programmes pour la TVHD. **2001** début du numérique hertzien au Japon, en Suède (10 % des ménages concernés) et **fin 2002** en France (30 ou 36 programmes ; 80 % du territoire couvert en 2003 [1]). **2006** cessation théorique des émissions analogiques aux USA et **2010/2015** en France.

Nota. – (1) Dans son numéro du 7-6-2001, *Écran total* estimait 80 % des immeubles parisiens inadaptés à la réception du numérique terrestre.

☞ La diffusion intégrale et simultanée en numérique des chaînes actuellement diffusées en terrestre – ce que l'on appelle le *simulcast* – apparaît indispensable pour permettre aux téléspectateurs ayant acquis des équipements de réception numérique d'avoir accès à leurs programmes actuels avec les avantages liés à la diffusion numérique.

Normes TVHD	Muse	HD Mac	Pal+	D2 Mac
Nombre de lignes	1 125	1 250	625	625
Fréquence de balayage (en Hz)	60	50	50	50
Largeur de bande (en MHz)	8	12	5	5,75
Format de l'écran (larg./hauteur)	16/9	16/9	16/9	16/9
Zone d'influence	Japon	Europe	Europe	Europe

■ **Normes TV aux USA. SDTV (TV standard) :** *8 normes* de 480 lignes, 640 ou 704 points/ligne, format 4/3 ou 16/9, fréquence 24, 30 ou 60 Hz, balayage progressif ou entrelacé. **TVHD :** *6 normes* de 720 ou 1 080 lignes, 1 280 ou 1 920 points/lignes, format 16/9, fréquence 24, 30 et 60 Hz, balayage progressif ou entrelacé.

Normes de production. Utilisables pour la TVHD, les images tournées sur des supports comportant plus de 1 000 lignes : vidéo HD ou film (super-16 ou 35 mm).

Système Muse (Multiple Sub-Nyquist Sampling Encoding) : norme conçue par NHK et exigeant une mémoire de grande capacité afin de stocker les 4 salves de signaux avant reconstitution de l'image sur l'écran. Incompatible avec les postes existants, les normes numériques de la TV adoptées par le CCIR depuis 1982, et les standards Mac (D2 Mac Paquet européen, C Mac Paquet anglais, et B Mac développé aux USA par la Comsat). Conçu pour les réseaux électriques à 60 Hz (Japon et USA). Au début de la télévision, la fréquence du courant alternatif avait servi de base de temps pour caler en permanence le balayage de l'écran et conditionna le nombre de lignes à balayer sur l'écran. Américains et Japonais alimentés en 60 Hz choisirent une définition de 525 l. Les Européens alimentés en 50 Hz, choisirent une définition de 625 l. pour Pal et Secam. Le passage du 50 au 60 Hz, possible par conversion, est coûteux, produit des parasites et altère plus ou moins le signal vidéo.

Standard HDP (High Definition Progressive). Projet Eureka 95 : nécessite un débit numérique en série de plus de 1 milliard de bits par seconde. Des standards intermédiaires ont été créés [base d'échantillonnage 4:2:2 (norme de production en composantes numériques)]. Afin de permettre aux canaux de TV actuels d'accepter ces débits, on recourt à la compression temporelle de l'image. Exemples : *Thomson :* facteur de compression de 20, *General Instruments* (projet) : 100. Système compatible avec les postes existants mais dépassé par la TVHD numérique.

■ **Télévision numérique.** Chaque élément constitutif d'une image est codé en binaire. On utilise des microprocesseurs très rapides ; la compression (taux : d'au moins 32 pour 1, voir p. 1357 a) permet de réduire le nombre d'informations qu'on fait voyager par voie hertzienne, câble ou satellite. A l'arrivée, le récepteur contient un micro-ordinateur, comprenant microprocesseurs, algorithmes d'interprétation des bits transmis et mémoire permettant d'afficher l'image. *Avantages :* meilleure image (suppression du moiré et du papillotement), maintenue nette en permanence (effets du vieillissement du tube automatiquement compensés) ; manipulation possible de l'image (la télécommande permet d'arrêter l'image, d'insérer une 2e image d'une autre chaîne, en fenêtre) ; son stéréo ; émissions bilingues (après la mise en place des satellites) ; suppression de 500 des 600 composants du récepteur.

Standard : DVB (Digital Video Broadcasting) : groupe *créé* en Europe en 1990, comprend plus de 170 Stés de 21 pays. *But :* à la suite du programme Spectre, définir des normes techniques pour la commercialisation. Le sigle, adopté en sept. 1993, s'appliquera ensuite au câble et à la réception terrestre (MMDS). *S'est prononcé* pour l'**OFDM** (Orthogonal Frequency Division Multiplex) : technologie multiporteuse (voir **DAB** p. 1356 a).

■ **Transmission. Analogique** (Pal, Secam, NTSC, Mac, Muse) quand le signal est électrique ; **numérique** ou **digitale** quand les données vidéo voyagent sous forme de séries chiffrées, comme en informatique.

Aux USA, AT & T-Paradyne a mis au point une compression des données permettant de transmettre des signaux de TV sur une ligne téléphonique classique, avec un débit de 1,5 à 2 millions de bits/s (modems actuels : 56 000/s au maximum).

■ **Tridimensionalité. TV 3D :** prototypes développés notamment par Samsung : 2 projecteurs fournissent des images séparées pour chaque œil, restituant, sans lunettes, le relief ; l'image suit le déplacement des pupilles.

1re version conçue par l'Américain Parviz Soltan et réalisée par Neos Technologies, commercialisée depuis 1995.

■ **Vidéo.** Permet de transmettre à l'émetteur les images électroniques d'une caméra électronique. Permet des émissions en direct ou l'enregistrement sur bande magnétique. *Caméscopes :* caméras vidéo à magnétoscope incorporé. En vente depuis 1983-84. Le *Betacam,* réalisé par Sony avec Thomson, s'impose à partir de 1982.

■ **Vidéodisque.** Permet de faire passer sur un téléviseur des images préenregistrées sur disque. *1927 :* J.-L. Baird expérimente le stockage de signaux vidéo sur un gramophone avec un disque 78 tours reproduisant une image de 30 lignes à 30 périodes/seconde. *1980-82 :* lancement à grande échelle, échec provisoire pour des raisons techniques et commerciales. **Standards :** Philips (Laservision), RCA (Sélectavision) abandonné, JVC-VHD ne fonctionnant que sur téléviseur NTSC amér. abandonné. **DVD** (Digital Versatile Disc) : permet l'enregistrement de 133 min (pour le DVD 9, le plus courant ; DVD 18 : 2 × 236 min) de film sur chaque face, soit 7 fois plus d'informations que le CD audio ou le CD-Rom. Image (résolution : 720 points/ligne courte 430 pour un laserdisc) et son quasi parfaits, nombreuses fonctions interactives (*exemples :* format, langue de doublage ou de sous-titrage, filtrage des scènes violentes) ; peut lire les CD audio. *Commercialisé* depuis mi-1998 (lecteur : à partir de 1 600 F en 2001 ; disques : environ 150 F). *Ventes de lecteurs/de disques* (fin 1998) : en France 80 000 (677 000), aux USA 1 500 000 (35 000 000). *Titres disponibles* (en 1998) : en France 250, aux USA 2 500.

CDI (Compact-Disc Interactif) **et DVI** (Digital Video Interactive) : voir à l'Index.

■ **Vidéotransmission.** Moyen de communication collective permettant de faire participer au même événement et en direct des spectateurs situés en divers lieux dans des salles équipées d'écrans géants. La transmission des images et des sons est assurée par les réseaux hertziens terrestres ou par satellite.

■ **Vidéoprojection.** Les images passent sur un écran *à cristaux liquides* (LCD : Liquid Cristal Display) à matrice active à partir duquel elles sont projetées sur un mur ; à chacun des pixels de l'écran correspond une électrode transparente susceptible de laisser passer plus ou moins de lumière en fonction du signal reçu. Avec 100 000 points correspondant à 320 lignes, l'image a une définition inférieure à celle de la télévision (625 lignes). *Autres technologies utilisées : micromiroirs* pour portables et multimédias ; *tritube* pour installations fixes. *Prix* (mi-2001) : vidéoprojecteur (ou « téléprojecteur ») multimédia 15 000 à 35 000 F.

☞ La « puce à images » mise au point par Texas Instrument, composée de 508 000 micromiroirs réorientés 50 fois/seconde, reproduit les images par réflexion et permet d'obtenir une image aussi bonne que sur écran plat (voir p. 1357 a) mais sur un écran 4 fois plus grand.

Histoire

Radiodiffusion

1872-*20-7* 1er brevet pour télégraphie sans fil déposé par *Mahlon Loomis* (Amér., 1826-86). **1890** *Édouard Branly* (Français, 1844-1940, physicien et médecin) invente et construit le 1er radioconducteur (tube rempli de limaille de fer mis en circuit avec un galvanomètre et une pile) ; le cohéreur permet de capter les ondes hertziennes. **1892** *Nathan Stribblefied* († 28-3-1928) fait une démonstration de transmission de parole à Murray (Kentucky, USA) ; **1894** il imagine la 1re antenne. **1895**-*7-5 Alexandre Popov* (Russe, 1859-1906) fait fonctionner son appareil de TSF devant la Sté de physique de St-Pétersbourg. **1896**-*mars* il met au point l'antenne de réception d'ondes et, avec un mât de 18 m, transmet le 24-3 sur 250 m, entre 2 locaux de l'université de St-Pétersbourg, le 1er message sans fil en morse (Heinrich Hertz). *-2-6* le marquis italien *Guglielmo Marconi* (1874-1937) s'installe en G.-B. et dépose le 1er brevet d'un appareil de TSF ; il effectue des liaisons sur 3 km ; **1897** il en effectue sur 13 km (mars) et 20 km (juillet) entre 2 navires de guerre italiens. *Eugène Ducretet* (Fr., 1844-1915) construit le 1er appareil TSF français. **1898** *lord Kelvin* (Angl.) transmet les 1ers radiogrammes entre 2 stations Marconi installées à l'île de Wight et à Bournemouth (G.-B.) éloignées de 23 km. *-26-10* Ducretet établit une liaison télégraphique tour Eiffel/Panthéon (4 km) avec un équipement dérivé de celui de Popov. **1899**-*28-3* Marconi établit la *1re liaison radio au-dessus de la Manche* sur 46 km, grâce à 2 stations d'essai [bâtiment des phares South-Foreland à 6 km de Douvres (G.-B.) sur une falaise de 80 m et Wimereux (P.-de-C.) dans le châlet « l'Artois »] : envoi d'un message à *Branly.* D'autres appareils ont été installés sur le bateau-phare *le Godwind,* à 19 km au nord de South-Foreland, avec une antenne de 24 m de haut, et sur l'*Ibis* et la *Vienne* qui croisent dans le détroit avec des antennes de 22 m et 31 m de haut.

1900 1re *station commerciale* d'émission en Allemagne. **1901** Sté française de télégraphie et de téléphonie sans fil fondée sous la présidence technique de Branly. *-12-12* 1re *liaison transatlantique* entre Poldhu (Cornouailles), station de 10 kW et Terre-Neuve (hôpital des contagieux) par Marconi. **1902**-*févr.* des messages de Poldhu sont reçus à bord du *Philadelphia* à 2 500 km. **1903** sous l'impulsion du capitaine *Gustave Ferrié* (1868-1932), création du poste de la tour Eiffel avec le concours de l'Observatoire de Paris. **1906** 1res expériences de radiophonie de l'Américain *Reginald Aubrey Fessenden* (Canada, 1868-1932). **1907** invention du *tube à vide* par *Lee De Forest* (Amér., 1873-1961) ; en amplifiant les ondes hertziennes, il permettra la radiophonie puis d'autres perfectionnements. *-7-10* 1re *liaison commerciale régulière transatlantique* sans fil *(Sté Marconi)* entre Clifden (Irlande) et Glace Bay (Terre-Neuve) ; long. 3 650 km [transmet 20 mots/minute ; prix 0,50 F le mot (pour la presse 0,25 F)]. **1909** 1er *sauvetage maritime grâce à un message TSF* (collision *République-Florida,* 760 rescapés). **1910**-*13 ou 20-1* Enrico Caruso (Italien) chante *Cavalliera Rusticana* et *Paillasse,* avec Mariette Mazarin (Fr.), du Metropolitan Opéra devant un poste de Lee De Forest. *Dunwoody/Pickard* (USA) inventent le *poste à galène.* **1912**-*14-4* les appels radio du *Titanic* alertent le *Carpathia* et permettent de sauver 703 personnes. Depuis, installation radio et écoute obligatoire des SOS à bord des bateaux. **1920** programmes quotidiens d'information et de musique en G.-B. *(Marconi),* environ 300 auditeurs (récepteurs à galène). USA, apparition des stations radio. *-2-11* à la station KDKA *(Westinghouse Co.),* Pittsburgh (USA), un bulletin quotidien d'informations annonce l'élection du Pt Harding. 1res émissions radio en URSS. **1921**-*févr.* 1ers essais à Radio-Tour Eiffel avec capitaine Ferrié. *-Mars* foire de Paris, des récepteurs sont exposés. *-22-6* diffusion d'un concert donné à la Salle des ingénieurs civils. *-Déc.* 1res *transmissions par radio à partir de la tour Eiffel* [longueur d'ondes 2 650 m, puissance 900 W (6 lampes de 150 W), 2 h de programme par j entre 17 h et 19 h]. **1925** USA, Pt Hoover utilise la radio pour sa campagne électorale. **1933** 1ers postes miniatures *(Pigmy).* **1938**-*30-10* sur CBS (USA), Orson Welles, 23 ans, déclenche une panique en annonçant un débarquement de Martiens.

Télévision

1817 *Jons Jacob Berzelius* (Suédois, 1779-1848) découvre la propriété du sélénium d'augmenter ou diminuer sa résistivité selon l'éclairement reçu. Cette propriété donnera naissance à la *cellule photovoltaïque,* moyen de transformer la lumière en courant électrique. **1843** essais de transmission Londres-Portsmouth par télégraphe automatique *Alexander Bain* (Anglais, 1810-77), abandonnés faute de synchronisation entre émetteur et récepteur. **1847** travaux de *Karl Braun* (Allemand) sur les rayons et l'oscillographe cathodique annonçant l'analyse électronique de l'image. **1848** synchronisation réussie par *Bakewell* (Amér.) en enroulant feuille de départ et d'arrivée par des cylindres tournant à vitesse constante. **1856** France, *Giovanni Caselli* (abbé florentin, 1815-91) réalise un système semblable (*pantélégraphe*) qui sera utilisé pour la transmission de dessins et lettres (sur les lignes du télégraphe électrique) en 1866 entre Paris et Lyon, puis prolongé entre Lyon et Marseille. **1873** 2 télégraphistes anglais, *Joseph May* et *Wiloughby Smith,* confirment les travaux de Berzelius sur le sélénium. **1875** *G.R. Carey* (Amér.) propose d'utiliser le sélénium pour la transmission des images à distance. **1878** idée reprise par *Constantin Senlecq* (Fr., 1842-1934), notaire à Ardres (Pas-de-Calais), qui fait paraître, dans *la Lumière électrique,* un article sur le « télectroscope » (en 1877, il avait réussi à transmettre une image avec un télégraphe autographique). **Principes des 1ers appareils de télévision mécanique :** l'image est projetée sur une multitude de petits grains sensibilisés au sélénium, puis analysée point par point par un commutateur tournant. L'appareil est relié à un récepteur composé de minuscules lampes, chacune d'entre elles étant reliée à un des grains de sélénium. A la réception du signal, la lampe brille d'autant plus que le grain correspondant a été plus violemment éclairé. Cet appareil ne sera jamais réalisé ; il aurait été trop encombrant et aurait interdit la transmission de l'image à grande distance. **1880** *Maurice Leblanc* (Fr., 1857-1923) propose de projeter sur l'image un rayon lumineux mobile, 1er pas vers la technique du *flying spot* (mise au point), utilisée ensuite dans les appareils de télécinéma (transformation de l'image film en image télévision). **1884**-*6-1* brevet de *Paul Nipkow* (Allemand, 1860-1940) pour un disque analyseur d'images qui sera utilisé jusqu'en 1939, pour la télévision. **1887** *Heinrich Hertz* (Allemand, 1857-94) démontre que les rayons ultraviolets de la lumière provoquent une émission de charges électriques négatives par certains métaux : découverte des électrons (expliqués par Albert Einstein en 1905). **1889** *Lazare Weiller* (Fr., 1858-1928) remplace le disque de Nipkow par une roue comprenant une succession de miroirs d'inclinaison différente. **1898** *Marcel Brillouin* (Fr.) remplace les trous du disque de Nipkow par de petites lentilles encastrées et augmente ainsi la quantité de lumière reçue par la cellule.

1900 1re apparition du mot télévision (Exposition universelle de Paris). **1907 1re photo** transmise par *Arthur Korn* (Allemand), entre Verdun et Paris. Procédé perfectionné par *Édouard Belin* (Fr., 1876-1923) à partir de 1911. **1907-11** *Boris Rosing* (Russe, † 1918) conçoit le tube cathodique qui prévoit un balayage électronique de l'image à transmettre. **1921** 1er *message fac-similé* envoyé par Belin de France aux USA : *bélinographe :* l'image ou le texte est enroulé sur un cylindre et éclairé. Les pinceaux lumineux, variables selon la teinte du papier aux endroits successivement explorés, sont réfléchis sur une cellule photoélectrique reliée par un réseau télégraphique à un récepteur. Sur un papier photosensible, le pinceau lumineux reconstitué se projette. **1923** 1er *système de TV* de *John Logie Baird* (Anglais, 1888-1946) : *televisor* (lancé 1929) utilisant un disque de Nipkow à l'émission et un amplificateur à lampes à la réception et, pour moduler la lumière, un obturateur électromagnétique. Définition de la 1re image transmise par 18 lignes. *-29-12* brevet de l'*iconoscope :* 1er tube électronique analyseur d'images, de *Wladimir Kosma Zworykin* (Russe, 1889-1982), élève de Rosing, émigré aux USA, réalisé pour Westinghouse (démonstration publique 18-11-1929, sortie 20-12-1938) ; permet les hautes définitions et constitue le vrai départ de la TV. **1924** *Charles Jenkins* (Amér., 1867-1934) crée une *lampe au néon à cathode plate* qui permet de mieux suivre les variations du courant-lumière. *René Barthélemy* (Fr., 1899-1954) invente un disque à images. **1925** Baird intègre la lampe de Jenkins à son appareil et fait une 1re démonstration publique en avril dans le magasin Selfridge's (Londres). **1926**-*27-1 naissance officielle de la TV.* Baird, à la Royal Institution, transmet, d'une pièce à l'autre, l'image d'une figure humaine. Il fonde la 1re *Sté de télévision,* la *Baird Television Company.* **1927** la *Bell Telephone* organise une émission télévisée en direct entre New York et Washington. *-9-2* Baird transmet la 1re image par-dessus l'Atlantique (longueur d'ondes 35 m) ; transmet son visage (en 30 lignes) de Coudlson (Surrey) à Hartsdale (New York). **1928**-*juillet* 1ers *essais de TV en couleurs* (G.-B.) par Baird. **1929**-*30-9* Baird : définition de 30 lignes pour des émissions expérimentales de la BBC (émetteur de Daventry de 11 h à 11 h 30, ondes moy. de 363 m ; puissance 1,5 kW). 1ers essais de TV à 50 lignes entre New York et Washington (380 km) par la Bell. *-8-3,* 1res *émissions régulières de 30 lignes* en Allemagne (par la *Deutsche Reichspost*). 1er *appareil français avec lampe au néon et disque de Nipkow : Barthélemy* et ses collaborateurs *Strelkoff* et *Marius Lamblot.*

1930-*juillet* retransmission d'une pièce de Pirandello. **1931** *Henri de France* (Français, 1911-86) fonde au Havre la Cie générale de télévision et met au point des appareils à 60 lignes. *Marc Chauvierre,* chez Integra, réalise une caméra en *flying spot* utilisée plus tard à Radio Lyon, et met sur le marché du matériel pour le grand public. *-3-6 :* 1er *reportage en plein air* (G.-B., Baird). **1932** 1re *émission expérimentale de TV électronique* à New York. **1936** station de TV d'Alexandra-Palace à Londres (BDC) ; 2 standards, Baird (240 l.), Marconi (405 l.). Jusqu'au 2-11, 1res *émissions régulières de TV électronique.* Allemagne, pendant 16 j, 150 000 spectateurs assisteront en direct aux JO de Berlin, retransmis par câble à Hambourg, Leipzig, Munich, Nuremberg. *Marc Chauvierre* présente à la Sorbonne le 1er récepteur français à tube cathodique, pour grand public, le *visiodyne.*

1940 foire internationale de New York. *-30-4* émissions publiques régulières. **1941** émissions régulières aux USA à partir de l'Empire State Building. **1943** 1er *journal télévisé* à Schenectady (USA). **1944** 1er *système de TV en couleurs* par John L. Baird. **1945** Marc Chauvierre et Jacques Donnay présentent au GTIR un système avec transmission de l'image et du son sur la même porteuse (son en numérique).

1951-*26-6 :* 1re *émission publique de TV couleurs* (CBS à New York). **1952** le *kinéscope,* mis au point par *O. B. Hanson,* vice-Pt de NBC, apparaît. **1954**-*6-6 Eurovision* inaugurée (festival des fleurs de Montreux ; pape parlant depuis le Vatican). **1962**-*11-7 :* 1re *liaison régulière Amérique-Europe* via le satellite Telstar d'Andover (Maine, USA), captée à Pleumeur-Bodou. **1968**-*févr.* retransmission des JO de Grenoble, en direct dans 32 pays ; plus de 600 millions de téléspectateurs. **1969**-*21-7* Neil Armstrong *(en direct)* 1er homme à marcher sur la Lune. **1991**-*18-12 Time Warner* ouvre à Queens (New York) un système câblé expérimental à 150 canaux (extension à 500 prévue). **1994** 1res transmissions en TV numérique pour le grand public par DirecTV aux USA.

Stations locales privées

■ **Radios pirates.** Stations dont les émetteurs situés en mer au-delà de la limite des eaux territoriales échappaient aux contrôles des gouvernements des pays vers lesquels ils diffusaient. La 1re, *Radio Veronica,* entra en action en avril 1960 à bord du *Veronica,* au large des côtes hollandaises à la hauteur de La Haye. Une dizaine d'autres suivirent, presque toutes au large des côtes anglaises. *Radio Caroline,* créée 1964, fut pendant 4 ans et 8 mois la plus écoutée (elle touchait de 28 à 50 millions d'auditeurs). Le 15-8-1967, à la suite de plaintes répétées de 9 pays du Conseil de l'Europe, dont la France, un décret du Parlement britannique les mettait hors la loi.

■ **Télévisions privées (Europe).** 1re **station** fondée en déc. 1965 à bord du bateau *Cheeta,* au large de Malmö, par la Sté *Radio-Dyd,* qui exploitait depuis 1961 une station de radio en ondes métriques. **France :** *1973 à 1977,* Valleraugue (Gard) recevant mal les images des chaînes nationales eut son propre émetteur. *1981 :* essais à Lyon (canal 22), à Paris XIIIe *(Captain Vidéo). 1983-févr. : Antenne 1* qui voulait émettre entre minuit et 3-4 h. **Belgique :** *Télé Contact* depuis oct. 1980. **Italie :** *1976-23-7 : légalisation des stations locales « libres ».*

Statistiques

En France

■ **Antennes satellites individuelles. Ventes et,** entre parenthèses, **parc** (en milliers) : *avant 1990 :* 80 ; *95 :* 350 (1 158) ; *mi-98 :* (2 140).

■ **Caméras vidéo et Caméscopes. Parc des Caméscopes** (en milliers) : *1985 :* 35 ; *88 :* 450 ; *90 :* 1 320 ; *95 :* 3 650. **Achats de la distribution** (en milliers) : *1985 :* 35 ; *90 :* 535 ; *95 :* 440 ; *96 :* 440 ; *97 :* 450 ; *98 :* 480 ; *99 :* 580.

■ **Décodeurs. Canal+ :** voir p. 1372 c. **Visiopass de France Télécom** (en milliers, au 30-6-1994) : 91.

■ **Magnétoscopes. Parc en service** (en milliers) : *1977 :* 5 ; *78 :* 30 ; *79 :* 105 ; *80 :* 235 ; *85 :* 2 790 ; *90 :* 10 015 ; *95 :* 17 380. **Taux d'équipement des foyers** (en %) : *1980 :* 1,2 ; *85 :* 13,4 ; *90 :* 43,4 ; *95 :* 68,2. **Marché apparent** (en milliers) : *1977 :* 11 ; *78 :* 38 ; *79 :* 86 ; *80 :* 144 ; *85 :* 672 ; *90 :* 2 417 ; *93 :* 2 013 ; *95 :* 2 200 ; *97 :* 2 250 ; *98 :* 2 450 ; *99 :* 2 700.

■ **Téléviseurs. Parc** (en milliers) **dont,** entre parenthèses, **en couleurs :** *1974 :* 15 230 (2 230) ; *82 :* 21 345 (12 245) ; *85 :* 23 935 (16 840) ; *90 :* 30 765 (26 150) ; *95 :* 34 720 (32 540). **Équipement des foyers** (en %) **dont,** entre parenthèses, **en couleurs :** *1974 :* 82,4 (12,5) ; *82 :* 91 (57,8) ; *85 :* 92 (73,1) ; *90 :* 95 (90,8) ; *95 :* 94,5 (93,8). **Marché apparent** (en milliers) **dont,** entre parenthèses, **en couleurs :** *1974 :* 1 760 (670) ; *80 :* 2 467 (1 750) ; *85 :* 2 655 (2 220) ; *90 :* 3 526 (3 300) ; *95 :* 3 974 (3 856). **Importations** (en milliers, 1995) : 2 901 dont Union européenne 2 464, Turquie 147, Thaïlande 130, AELE Hongrie 53, Corée du Sud 35, Malaisie 11, Hong Kong 7, Chine 5, Japon 4, Singapour 2. **Marché par taille d'écran** (en %) : **jusqu'à 45 cm :** *1980 :* 10,9 ; *92 :* 40 ; *94 :* 35,1 ; *95 :* 35,1 ; **46 à 55 cm :** *1980 :* 22,1 ; *94 :* 32,6 ; *95 :* 31,7 ; **+ de 56 cm :** *1980 :* 67 ; *94 :* 32,3 ; *95 :* 33,1.

Téléviseurs couleur. Ventes et, entre parenthèses, **parc** (en milliers, au 31-12). **Au format 16/9 :** *1991 :* 2 (2) ; *95 :* 85 (232) ; *97 :* 185 (547) ; *98 :* 300 ; *99 :* 450. **Équipés pour la réception du son stéréo Nicam :** *1994 :* 460 (460) ; *97 :* 1 600 (4 695) ; **équipés du télétexte :** *1991 :* 66 (66) ; *96 :* 1 475 (3 736) ; *97* (est.) : 1 700 (5 436). **Combinés TV/magnétoscopes :** *1993 :* 5 ; *96 :* 180 (300) ; *97* (est.) : 260 (560) ; *98 :* 400 ; *99 :* 500.

Marché apparent en millions de F

(*Source :* Simavelec)

Année	TV noir et blanc	TV couleur	Magnétoscopes	Décodeurs vidéo	Total vidéo
1985	283	6 274	2 721	1 922	11 200
1990	65	7 662	4 961	5 457	18 145
1991	51	9 431	4 217	6 617	20 316
1992	59	7 831	3 830	7 606	19 326
1993	27	7 729	3 126	5 952	16 834
1994	18	7 498	3 534	4 934	15 984
1995	30	7 700	2 969	4 837	15 537

■ **Équipement des ménages en Europe. Nombre de ménages** (en millions) **équipés d'un téléviseur dont,** entre parenthèses (en %), **équipé du câble/du satellite** (au 31-12-1997, *source :* Astra) : Allemagne 33,12 (53,3/33,6) ; Royaume-Uni 23,74 (9,3/18,1) ; *France 21,27 (9,6/11,6)* ; Italie 20,2 (0/3,7) ; Pologne 11,78 (30,1/17,5) ; Espagne 11,73 (3,3/9,6) ; P.-Bas 6,49 (94,3/4) ; Belgique 4,35 (93/2,6) ; Suède 3,95 (46,4/18,2) ; Rép. tchèque 3,91 (16,9/15,5) ; Hongrie 3,76 (39,7/22,1) ; Portugal 3,11 (6,6/11,5) ; Autriche 3,09 (32,8/34,6) ; Suisse 2,86 (78,5/13,4) ; Danemark 2,33 (26,8/40,5) ; Finlande 2,06 (38,1/8,1) ; Norvège 1,77 (41,6/18,9) ; Slovaquie 1,73 (25,5/39,1) ; Irlande 1,15 (45,2/9,9) ; Croatie 0,7 (6,4/21) ; Slovénie 0,65 (38/21,2) ; Luxembourg 0,16 (87,7/10,3).

■ **Nombre d'abonnés individuels aux chaînes payantes françaises et,** entre parenthèses, **étrangères** (en milliers). *1990 :* 3 033 (212) ; *95 :* 4 070 (2 608).

☞ **Nombre de personnes pour 1 poste de TV en 1998 :** USA 1,2, Japon 1,6, *France 1,7,* Allemagne 1,8, G.-B. 2,2, Italie 2,3, Suisse 2,4, Russie 2,7, Hong Kong (Chine) 3, Brésil 3,6.

■ **TV par satellite. Nombre de chaînes diffusées sur l'Europe :** *1991 :* 126 ; *95 :* 260 dont en anglais 53, arabe 36, allemand 35, *français 31*, espagnol, suédois 11, turc 9, russe 8, norvégien 7, néerlandais, italien 6, autres 47. *Source :* Euroconsult.

■ **Principaux diffuseurs européens. Nombre** (en 1996) : environ 300, dont 98 créés en 1995. **Chiffre d'affaires** (en milliards de F, 1992) : Rai (It.) 16,7 ; BBC (G.-B.) 9,9 ; RTVE (Esp.) 9,2 ; ARD (All.) 9,1 ; Fininvest (It.) [1] 8,3 ; *France Télévision* [1] (Fr.) 8,2 ; *Canal +* (Fr.) 7,9 ; ZDF (All.) 7,9 ; *TF1* (Fr.) 7,7 ; CLT (Lux.) [1] 4,1.

Nota. – (1) Chiffre d'affaires cumulé des chaînes TV du groupe.

■ **TV interactive par câble en Europe. Nombre de foyers équipés en 1995,** entre parenthèses **2000** (est.) **et,** en italique, **en 2005** (prév., en milliers). *Source :* Ovum. USA 550 (7 220) *24 500* ; Europe entière 314 (5 350) *23 200* dont Royaume-Uni 107 (760) *2 080*, Allemagne 93 (1 860) *7 540*, Espagne 36 (844) *3 350*, *France* 16 (492) *2 300*, P.-Bas 16 (460) *2 080*, Belg.-Lux. 9 (266) *1 200,* Italie 0 (165) *2 060.*

Parc en 1997 (*Source :* Unesco)	Récepteurs TV		Récepteurs radio	
	Total (milliers)	‰ hab.	Total (milliers)	‰ hab.
Afrique du Sud	5 200	134	13 750	355
Algérie	3 100	105	7 100	242
Allemagne	46 500	567	77 800	948
Argentine	7 950	223	24 300	681
Australie	10 150	554	25 500	1 391
Autriche	4 250	525	6 080	751
Belgique	4 720	466	8 075	797
Brésil	36 500	223	71 000	434
Bulgarie	3 310	394	4 510	537
Canada	21 500	710	32 300	1 067
Chine	400 000	321	417 000	335
Danemark	3 121	594	6 020	1 145
Égypte	7 700	119	20 500	317
Espagne	16 200	409	13 100	331
États-Unis	219 000	806	575 000	2 116
Finlande	3 200	622	7 700	1 498
France	34 800	595	55 300	946
Grande-Bretagne	30 500	521	84 500	1 443
Grèce	2 540	240	5 020	475
Hongrie	4 420	435	7 010	690
Inde	63 000	65	116 000	120
Indonésie	13 750	68	31 500	155
Irlande	1 470	402	2 550	697
Islande	98	358	260	950
Israël	1 690	288	3 070	524
Italie	30 300	528	50 500	880
Japon	86 500	686	120 500	956
Luxembourg	163	391	285	683
Maroc	3 100	115	6 640	247
Mexique	25 600	272	31 000	329
Monaco	25	768	34	1 039
Norvège	2 030	462	4 030	917
Nlle-Zélande	1 926	512	3 750	997
Pays-Bas	8 100	519	15 300	980
Pologne	13 050	337	20 200	522
Portugal	3 020	306	3 310	336
Rép. tchèque	5 470	531	8 270	803
Roumanie	5 250	233	7 200	319
Russie (Féd.)	60 500	410	61 500	417
Sénégal	361	41	1 240	141
Suède	4 600	519	8 250	932
Suisse	3 100	457	7 100	979
Thaïlande	15 190	254	13 959	234
Tunisie	920	100	2 060	224
Turquie	20 900	330	11 300	178
Ukraine	18 050	353	45 050	882
Viêt Nam	3 570	47	8 200	107

Organismes internationaux

■ **UER** (Union européenne de radio-télévision). 17 A, ancienne route, 1218 Gd-Saconnex/Genève, Suisse. *Créée* 12-2-1950. Organisation indépendante non commerciale regroupant 69 membres actifs européens et 49 membres associés. *1953-juin* 1er direct télévisé multinational (couronnement de la reine Elizabeth II). *1954* fondation de l'Eurovision. *-juin* 1re transmission en Eurovision (fête des Narcisses à Montreux). *1967* 1re transmission Eurovision en couleur. *1987* échec du lancement d'Europa TV, chaîne européenne d'informations par sat. *1989-février* Eurosports. *1992-janv.* lancement du réseau satellite Euroradio. *1993-janvier* avec l'OIRT (ex-union des radiodiffuseurs d'Europe de l'Est) ; lancement d'Euronews. *1994-janv.* installation à l'UER d'un bureau de coordination DVB (TV numérique) international, puis *1995-octobre* DAB (radio numérique). *1998-août* numérisation du réseau Eurovision. *Chiffre d'affaires* (en millions de FS, 1999) : 407 dont droits et événements sportifs 189, réseau 117.

■ **Autres organismes. Asbu** (Arab States Broadcasting Union). *Créée* 1969. 34 pays. **Abu** (Asia-Pacific Broadcasting Union). *Créée* 1964. *1984* fonde *Asiavision.* **CBU** (Caribbean Broadcasting Union). *Créée* 1970. **Cirtef** (Conseil international des radios télévisions d'expression française). Bd Auguste-Reyers, 52, 1044 Bruxelles, Belgique. *Créé* juin 1978. *Membres :* 46 organismes de radio-télévision. **CRPLF** (Communauté des radios publiques de langue française). Maison de Radio France, 116, av. du Pt-Kennedy, 75786 Paris Cedex 16. *Créée* 17-11-1955. **Eurêka audiovisuel.** 5/7, rue de la Bonté, B 1050 Bruxelles, Belgique. *Créée* 20-10-1989. *Membres :* 31 pays. **Eurimages.** Conseil de l'Europe, avenue de l'Europe, F-67075 Strasbourg Cedex. *Créée* 1988. *Membres :* 24 pays. *Activités :* aides à la coproduction, à la distribution, aux salles. **Eurovision.** Structure d'échange de programmes de télé entre les membres de l'UER. *Budget :* 450 millions de F suisses. *Indicatif :* quelques mesures du *Te Deum* de Marc-Antoine Charpentier. *Coordination technique des transmissions :* centre de contrôle Eurovision (EVC), à Genève. *Réseau* (en 1995) : 6 000 km de circuits terrestres plus 6 voies vision dans les systèmes de satellites géostationnaires. Dessert plus de 38 800 émetteurs et réémetteurs qui diffusent 88 programmes dans 47 pays d'Europe et du Bassin méditerranéen. *Auditoire potentiel max. :* plus de 350 millions de personnes. *Récepteurs TV :* 130 millions. **EVN** *(Eurovision news).* Banque d'images d'actualité gérée dans le cadre de l'*Eurovision.* **Ibero-americano.** *Créée* 1971. 22 pays. **Média 95.** Commission européenne, DGX, information, communication, culture, audiovisuel, 120, rue de Trèves, B 1040 Bruxelles, Belgique. *Activités :* programme d'action de l'Union européenne. **Nanba** (North American National Broadcasters). *Créé* 1978. **Observatoire européen de l'audiovisuel.** 76, allée de la Robertsau, 67000 Strasbourg. *Créé* 15-12-1992. **Urti** (Université radiophonique et télévisuelle internationale). Maison de Radio France, Paris. *Créée* 1949 (Uri), devenue Urti 1961. **Urtna** (Union des radios et télévisions nationales africaines). *Créée* 1962.

■ **Marchés de la télévision. Europe. MIP-TV :** Marché international des programmes de télévision (créé 1963, Cannes). **MIP-Com. :** Marché international des programmes audiovisuels (créé 1985, Cannes, en oct.). **MIP-Asia** (créé 1994). **Mifed :** Marché international du film et du documentaire de télévision (1959, Milan). **Festival international de télévision de Monte-Carlo** (secteur commercial depuis 1979). **London Multi-Media Market (« 3 M »)** (créé 1982, Londres). **États-Unis. NATPE :** *National Association of Television Program Executives* (créée 1963, devenue internationale en 1978). **Amip :** *American Market for International Programs* (créé 1983, Miami).

Principaux prix et festivals de télévision

■ **Prix décernés par des pays ou des associations étrangères auxquels participe la France. Prix Italia.** *Créé* 1948 pour la radio (1957 pour la TV), par Gian Franco Zaffrani, dir. de la RAI. *Décerné* en septembre, en Italie. 3 catégories : radio, TV et Internet. **Palmarès TV 2000. Fiction :** « Shame » (ARD, Allemagne) ; *série :* « Warrior » (BBC, G.-B.). **Documentaire :** *culturel :* « Jazzman from the Gulag » (France 3, France) ; *actualités :* « I love you, Natasha » (SVT, Suède). **Musique et arts :** « Passengers » (SRG/SSR, Suisse).

Rose d'or de Montreux (Suisse). *Créée* 1961. Décernée fin avril-début mai. Concours international d'émissions de divertissement à la télévision. Ouvert aux diffuseurs et producteurs indépendants. 5 catégories : musique, comédie, variétés, jeux, sitcoms. **Prix :** 1 rose d'or choisie parmi les 5 roses d'argent et 5 roses de bronze. **Prix spéciaux :** *Unda* décerné à l'œuvre soulignant le mieux des valeurs humaines ; *de la Presse* (Rose d'or de la presse) ; *arts & specials* (Prix de la Ville de Montreux) ; *Internet* (e-Rose). **Palmarès 2000. Rose d'or :** The Mole (VRT, Belg.). **Rose d'argent :** *musique :* « Joseph and the Amazing Technicolor Dreamcoat » (Universal Pictures Visual Programming, G.-B.) ; *comédie :* « People like us » (BBC 2, G.-B.) ; *variétés :* « Fracamente... me ne infischio » (Rai Uno, It.) ; *sitcoms :* « All Stars » (Vara Television, P.-Bas) ; *jeux :* « The Big Class Reunion » (Wegelus TV APS, Dan.) ; *Arts & specials :* « EGG the art show # 101 ». **Prix Unda :** « The Rest » (TLN Television). **Prix de la presse :** « All Stars » (Vara TV, P.-Bas).

Festival international de programmes audiovisuels (Fipa). *Créé* 1987 par Michel Mitrani. *Financé* à 50 % par le CNC et 50 % par des Stés d'auteurs (SACD, SCAM, Sacem) et la ville de Biarritz, le conseil régional d'Aquitaine, le conseil général des Pyrénées-Atlantiques. *Décernés* en janv. à Biarritz (depuis 1996). **Fipas d'or 2000. Fictions :** Fatou la Malienne de Daniel Vigne (France). **Séries et feuilletons :** Det nya landet de Geir Hansteen Jörgensen (Dan.). **Documentaires et essais :** Le Rêve de Sisyphe de Faouzia Fekiri (France/P.-Bas). **Grands reportages et faits de société :** Chronique d'une mort décidée de Vincent Fooij (Belgique)). **Musique et spectacle vivant :** Gloriana de Phyllida Lloyd (G.-B.). **Programmes courts :** Grief de Hadar Friedlich (Israël). **Prix Michel Mitrani :** Pourquoi fait-il bon vivre en Russie ? de Stéphane Bou et François Duprat (France).

Festival de TV de Monte-Carlo. *Créé* 1961. Févr. Compétition programmes fictions et actualités. **Prix :** 12 nymphes d'or et 2 d'argent [reproduction de La nymphe Salmacis, œuvre du sculpteur monégasque François-Joseph Bosio (1768-1845)]. **Prix spéciaux :** Amade, du producteur européen, Unda, de la Croix-Rouge monégasque, Urti (Grand Prix international du documentaire de création). Journal quotidien du festival : Télé-Vision. **2001 (41e festival). Nymphes d'or principales :** *téléfilm :* « Dirty Pictures » (USA) ; *mini-série :* « Un pique-nique chez Osiris » (France) ; *reportage d'actualité :* « The Mozambique Floods » (G.-B.) ; *documentaire d'actualité :* « Koursk, tragédie dans la mer de Barents » (Norvège).

Prix Louis-Philippe Kammans. *Créé* 1974. *Décerné* par les membres de la Communauté des TV francophones suisse SSR, belge TRB, canadienne SRC, françaises TF1, France 2, France 3. Récompense des dramatiques en français.

Prix Futura. *Créé* 1982. Couronne une œuvre scientifique. En avril, à Berlin, tous les 2 ans.

International Emmy Awards. En décembre, à New York.

Prix Ondas. *Créé* 1954. Décerné à Barcelone par la Sté esp. de radiodiffusion (SER) et depuis 1983 par l'UER. **Lauréats 1999. Radio :** « Kosowo z daleka » (Polskie Radio, Pologne) ; « Rafael Sanchez erzählt : spiel mir das lied vom tod » (ARD/WDR, Allemagne) ; « Zawod na Czasle » (Polskie Radio, Pologne). **TV :** « Donnacha » (RTE, Irlande) ; « Real men don't wear togs » (RTE, Irlande) ; « Le cas Lovecraft » (France 3, France). *Mention spéciale :* « Azinhaga, Lisboa, Lanzarote... por José Saramago » (TVE, Espagne).

Prix de l'Association française des critiques et informateurs de télévision. *Créé* 1950 (meilleur réalisateur et meilleure émission de l'année).

7 d'or de Télé 7 Jours. *Décernés* depuis 1975 par la rédaction de Télé 7 Jours d'abord, puis vote du public, puis en fonction du courrier des lecteurs. En 1985, Étienne Mougeotte, directeur de la rédaction de Télé 7 Jours, modifie la formule en créant « La Nuit des 7 d'Or » sur le modèle des césars. **Palmarès 2000. 7 d'Or décerné par le public : film de télévision :** « L'institutrice » [1]. **Feuilleton ou série :** « Une famille formidable » [1]. **Comédien(ne) de fiction :** Mimi Mathy pour « Joséphine, ange gardien » [1], Pierre Mondy pour « Les Cordier, juge et flic » [1]. **Émission de divertissement :** « Le plus grand cabaret du monde » [2] (Patrick Sébastien) ; **d'animation et de jeunesse :** « Les Minikeums » [3] ; **d'information ou de reportages :** « Zone interdite » [4] (Bernard de La Villardière) ; **de société :** « Ça se discute » [2] (Jean-Luc Delarue) ; **de sport :** « Téléfoot » [1] (Thierry Roland, Christian Jeanpierre, Vincent Hardy et Pascal Praud) ; **spéciale :** « Enfoirés en 2000 » [2] ; **de jeux :** « Le Bigdil » [1] (Vincent Lagaf) ; **de découverte, aventure et évasion :** « Faut pas rêver » [3] (Laurent Bignolas). **Présentateur(trice) du journal :** Rachid Ahrab et Carole Gaessler [2] (JT de 13 h en semaine). **Animateur(trice) câble et satellite :** Patrick Sabatier pour « Pendant la pub » [5], Véronika Loubry pour « Le Hit » [6]. **Par les professionnels : auteur ou scénariste :** Laurent Cantet et Gilles Marchand pour « Ressources humaines » [7]. **Réalisateur de fiction :** Nadine Trintignant pour « Victoire ou la douleur des femmes » [2] ; **d'émission :** Gérard Pulliccino pour « Johnny à la tour Eiffel – 100 % Hallyday, 40 ans d'amour » [1]. **Documentaire unitaire :** « Sur la terre des dinosaures » [3]. **Série documentaire :** « Strip Tease » [3]. **Émission éducative :** « Les écrans du savoir » [8] (François Busnel, Yvan Couderc, Marie Monthuir et Élisabeth Tchoungui) ; **culturelle :** « Tout le monde en parle » [2] (Thierry Ardisson) ; **musicale :** « Taratata » [2] (Nagui). **Nouveau programme câble et satellite :** « La route » (Canal Jimmy).

Nota. – (1) TF1. (2) France 2. (3) France 3. (4) M6. (5) Monte Carlo TMC. (6) MCM. (7) Arte. (8) La Cinquième.

Prix Jean-d'Arcy. *Créé* avril 1984 par la TV publique en hommage au fondateur de l'Eurovision. *Décerné* pour la 1re fois le 24-12-1984 (prix 1985).

RADIOAMATEURS

1re liaison : avril 1922, le Français Léon Deloy (« F8 AB ») réussit plusieurs liaisons bilatérales avec l'Angleterre et le 28-11-1923 la 1re liaison avec l'Amérique.

Radioamateurs célèbres : roi Hussein de Jordanie JY1A, roi Juan Carlos d'Espagne, sénateur Goldwater (USA), Owen Garriott W5LFL, 1er astronaute radioamateur en 1983.

■ **Services amateurs.** *Objet :* instruction individuelle, intercommunication et études techniques ; activités effectuées par des amateurs autorisés s'intéressant à la technique de la radioélectricité à titre personnel et sans intérêt pécuniaire. Sous la tutelle de l'Autorité de régulation des télécommunications (ART) depuis le 1-1-1997. **Autorisation d'émettre.** Délivrée après : **1°)** obtention du certificat d'opérateur radiotéléphoniste ou radiotéléphoniste-radiotélégraphiste après examen ; **2°)** agrément de la candidature par différents ministères ; **3°)** constatation de la conformité de l'installation aux conditions techniques prévues. **3 groupes de licences :** *classe 1* (radioamateurs confirmés) : HF/VHF/UHF, 250 watts ; *classe 2 :* VHF/UHF, 100 watts ; *classe 3* (novices) : VHF, 10 watts. Redevance. Licence annuelle 300 F.

■ **Fréquences.** 38 bandes autorisées en métropole, de 1,810 MHz à 250 000 MHz. Jusqu'à 10 000 MHz communications à très longue ou très courte distance. Au-delà de 10 000 MHz, domaine plutôt expérimental. **Puissances autorisées :** varient selon groupes et classes d'émission. De 10 à 250 W. **Indicatifs :** *préfixe d'appartenance géographique : France continentale :* F suivi d'un *suffixe* (chiffre de 0 à 9, puis groupe de 2 ou 3 lettres) caractérisant le titulaire. Exemples : F6 XZB, F9 IV. *Dom-Tom :* préfixes particuliers. Exemples : FM Martinique, FR la Réunion, etc. *Pays étrangers :* lettres ou chiffres. Exemple : G Angleterre, EA Espagne, LU Argentine, 9V Singapour, 9H4 Malte, etc. **Infrastructures.** Dans de nombreux pays, réseaux de relais émetteurs-récepteurs VHF (en France, plus de 100 relais VHF, bande 144 MHz, et 40 relais UHF 430 MHz). Balises émettant un signal fixe pour l'étude de la propagation et un réseau de transmission de données 50 BBS (boîtes aux lettres informatiques). Dans l'espace, 10 satellites à l'usage exclusif des radio-amateurs. En France, satellite Race (Radio-Club de l'espace) avec le soutien du Cnes ; satellite *Sara (Satellite amateur de radioastronomie)* lancé fin 1991 par Esieespace (radio-club de l'Esiee, École supérieure d'ingénieurs en électrotechnique et électronique) pour étudier les rayonnements radioélectriques de Jupiter.

■ **Modes de trafic.** Télégraphie, téléphonie, téléscripteur, télévision à balayage lent ou de type classique, fax-similé (télécopie), transmission de données par voie radio (packet-radio). *Choix* des fréquences et modes se combinent pour réaliser des liaisons : en vue directe, à grande distance, intercontinentales, par réflexion sur la Lune ou sur des essaims de météorites, par satellites radioamateurs. **Trafic radioamateur :** le radioamateur communique au moins : indicatif officiel, prénom, localité, conditions de réception et d'émission, matériel utilisé (antenne, émetteur...). Informations technico-scientifiques seulement (ni messages privés, ni politique, ni religion ou langage cru...). Parfois, termes abrégés directement issus du code télégraphique ; *QRA :* domicile ; *QRG :* fréquence ; *QRM :* interférences ; *QSB :* affaiblissement passager ; *QSL :* carte accusé de réception, confirme la liaison radio ; *OM* (Old Man), opérateur ; *YL* (Young Lady), opératrice. Beaucoup d'autres abréviations employées sur les canaux banalisés (CB) sont à proscrire chez les radioamateurs. **Écoute des radioamateurs :** très facile, avec récepteurs ordinaires, dans les bandes 7, 14, 21 et 28 MHz, à l'époque où les radioamateurs utilisaient la modulation d'amplitude (AM). Actuellement, le trafic s'effectue presque entièrement en modulation à bande latérale unique (BLU, SSB pour les Anglo-Saxons) ; une petite portion de la bande 28 MHz est utilisée par certains radioamateurs (en particulier amér.) en modulation de fréquence (FM). Le décryptage de la BLU (bande latérale inférieure ou supérieure) ne peut s'effectuer que par un récepteur « de trafic » équipé d'un oscillateur local créant une porteuse artificielle dont est dépourvue l'émission BLU. **Nombre de personnes à l'écoute :** environ 6 000. *SWL* (Short Wawe Listener) : pratique l'écoute avec virtuosité, édite souvent une carte QSL pour confirmer l'écoute des stations entendues. Peut obtenir un code de reconnaissance du type F-12345 (100 F pour 5 ans), en s'adressant au Cnera (voir Renseignements, ci-dessous).

■ **Autres activités.** *Réseaux d'urgence :* exercices et alertes réelles dans le cadre du service de Protection civile et du plan Orsec. *Compétitions :* maximum de liaisons en un temps déterminé. Exemple : championnat de France (REF). *Diplômes :* obtenus pour des liaisons réussies avec des correspondants déterminés dans des conditions précises. Octroyés par le Réseau des émetteurs français qui assure le transit des cartes QSL. *Radiogoniométrie sportive :* dite chasse au renard. Compétitions de localisation d'une balise par radio. *Radio-clubs :* assurent l'échange des connaissances théoriques et pratiques et préparent à l'examen pour l'obtention de la licence.

Nombre de radioamateurs. **Monde :** environ 4 200 000 (Japon 1 200 000, USA 600 000, Allemagne 65 000). **France :** *1925 :* 255 ; *39 :* 650 ; *50 :* 3 000 ; *60 :* 4 000 ; *70 :* 6 000 ; *80 :* 11 000 ; *91 :* 17 000 ; *95 :* 18 500 dont groupe A : 600, B : 200, C : 6 200, E : 11 000. **Radio clubs :** 500. **Examens radioamateurs. Candidats et,** entre parenthèses, **admis** (du 1-1-1994 au 26-10-1995) : *catégorie A :* 620 (528) ; *C :* 1 466 (1 221) ; *E :* 414 (387) ; *télégraphie* (passage de C en E) : 3 144 (2 635).

☞ **Renseignements :** *ART (Autorité de régulation des télécommunications)* 7, square Max-Hymans, 75730 Paris Cedex 15. **Associations françaises :** *AIR (Association internationale des radioamateurs)* 89, rue de Rivoli, 75001 Paris (1er centre de formation professionnel préparant exclusivement aux examens radioamateurs). *Cnera (Commission nationale des écouteurs de bandes radioamateurs du REF-Union),* BP 7429 – 37074 Tours Cedex 2. *FNRSEC (Féd. nat. des radioamateurs au service de la sécurité civile,* BP 2, 67810 Holtzheim. *REF-Union (Réseau des émetteurs français-Union fr. des radioamateurs), Section fr. de l'Union intern. des radioamateurs (Iaru),* BP 7429, 37074 Tours Cedex 2 [*fondée* en 1925 ; reconnue d'utilité publique (en 1952) ; modifiée en Union en 1993. *Pt :* Élysée Bismuth ; *adhérents :* 10 000 ; *hebdo :* « Bulletin F8 REF » ; *mensuel :* « Radio REF »]. *UEF (Union des écouteurs français),* BP 31, 92242 Malakoff Cedex. *UFT (Union fr. des télégraphistes)* 72, chemin de Bellevue, 83500 La Seyne-sur-Mer. *Uniraf (Union nat. des invalides radioamateurs de Fr.)* 2, rue Vivaldi, 78100 Saint-Germain-en-Laye. *Unaraf (Union nat. des aveugles radioamateurs de Fr.)* 156, rue du Fbg-St-Antoine, 75012 Paris. *URC (Union des radio-clubs)* 11, rue de Bordeaux, 94700 Maisons-Alfort [*fondée* en 1968 ; *membres :* + de 1 000 ; *bulletin hebdo. :* « F8URC » ; *magazine :* « OCI » (Ondes courtes informations)].

CANAUX BANALISÉS (CB)

■ **Définition.** De l'anglais *Citizen Band* (en français : « canaux banalisés » pour conserver le sigle). *Radiocommunication de loisir à courte distance* autorisée en France depuis le début des années 80, à distinguer des radios professionnelles publiques et des radios objets de l'activité des radioamateurs. Permet des contacts radio, sans assurer la confidentialité. Utilisée notamment pour des contacts de convivialité, d'entraide, d'assistance, par des usagers de la route. Les stations CB peuvent communiquer librement entre elles dans un langage clair, uniquement en phonie.

■ **Réglementation.** L'ART assure la tutelle de la CB. **Norme française** (Afnor NF C92-412) : permet 3 types de modulation (AM, BLU, FM), avec une puissance autorisée de 4 W en crête de modulation et exclusivement sur les mêmes 40 canaux préréglés (26,960 à 27,410 MHz).

Norme européenne (ETS 300-135 de l'ETSI) : adoptée en février 1991 pour matériels fonctionnant uniquement sur les 40 canaux en modulation FM. Depuis le 1-1-1992, l'autorisation administrative prend la forme d'une licence générale qui ne donne pas lieu à la délivrance d'un document individuel pour chaque utilisateur. L'arrêté du min. des PTT du 31-3-1992 (*JO* du 3-4) a fixé les conditions générales d'utilisation des postes CB. Les postes fonctionnent sur un maximum de 40 fréquences préréglées avec un espacement de 10 kHz entre canaux adjacents. La bande de fréquences allouée aux postes CB est la suivante : 26,960 à 27,410 MHz exclusivement. Les postes CB doivent être installés et exploités dans les conditions suivantes : émettre en modulation de fréquence ou en modulation d'amplitude (double bande latérale ou bande latérale unique) avec une puissance qui ne doit pas dépasser 4 W en crête de modulation quel que soit le type de modulation. Cette puissance correspond à 4 W de puissance de la porteuse en modulation de fréquence ; 1 W de puissance de la porteuse en modulation d'amplitude double bande latérale ; 4 W de puissance crête en bande latérale unique.

Antennes. Omnidirectionnelles et directives autorisées sous réserve que leur gain ne soit pas supérieur à 6 dB, par rapport au doublet 1/2 onde ; toutefois, les antennes verticales sans gain (par rapport au doublet 1/2 onde) et des doublets 1/2 onde doivent être à environ 12 m, et les autres types d'antennes CB à environ 20 m d'une antenne de réception de la radiodiffusion sonore et télévisuelle, afin d'éviter les perturbations de la réception sonore et télévisuelle. Certaines installations TV sont brouillées par la proximité d'installations CB (environ 6 000 cas par an). S'adresser au Conseil supérieur de l'audiovisuel (CSA) après avoir fait vérifier l'installation TV par un professionnel, pour s'assurer qu'elle est conforme aux normes en vigueur (dans 50 % des cas, elles ne le sont pas).

Taxation. Taux fixé chaque année. Depuis 1992, payée 1 seule fois, lors de l'acquisition d'un appareil neuf (taxe intégrée dans le prix TTC).

■ **Code CB.** Issu du code Q utilisé dans les services radiomaritimes et aériens. *QQR :* appel de détresse. *QRA :* situation de la station (en fixe). Domicile. *QRB :* distance entre stations. *QRD :* route suivie. *QRG :* fréquence. *QRK :* visibilité, qualité des signaux. Rapport d'écoute. *QRL :* occupé. *QRM :* brouillage. Tout ce qui empêche de moduler : *QRM-pro* (travail professionnel) ; *QRMgastro* (repas) ; *QRM22* (police) ; *QRM bleu* (policier) ; *QRM rouge* (gendarme), etc. *QRN :* parasites atmosphériques. *QRO :* puissant, grand, fort (signal). Par extension abusive : chic, sympa, serviable... *QRP :* faible, petit (signal). Par extension. *QRPP :* très petit, enfant (*QRP Pépette :* petite fille). *QRQ :* plus vite (parlez QRQ). *QRS :* plus lentement (parlez QRS). *QRT :* cessez les émissions : « je passe QRT » (se conjugue). *QRU :* plus rien à dire. *QRV :* prêt. *QRX :* silence. *QRZ :* indicatif. *QSA :* intensité de réception. *QSO :* contact radio. *QST :* message général. *QTH :* lieu d'émission. *QTR :* heure. *TX :* poste émetteur.

Chiffres. **51** = poignée de main. **73** = salutations. **88** = grosses bises. **212** = 51 + 73 + 88... **144** = dormir. **318** = arrêt pipi. **600** = téléphone. **813** = boire un coup.

Expressions. *Aquarium :* autocar. *Barbecue :* radar. *Blanc :* silence. *Boîte à images :* radar routier. *Break :* signale que l'on désire prendre part à une conversation (QSO) en cours. *Copier :* entendre, recevoir une émission. *Galette :* sélecteur de canaux (faire un tour de galette : écouter les canaux). *Gastro :* repas. *Gastroliquides :* boisson. *Grand ruban :* autoroute. *Inséparables :* motards. *Mayday :* SOS. *Mike :* microphone (prononcer « maïke »). *Moduler :* émettre. *Moustacher :* émetteur qui « bave » sur les canaux adjacents. *Om :* homme (par extension : opérateur CB). *Papa 22 :* police ou gendarmerie. *Pastille :* micro. *Push-pull :* voiture. *P-P 2 roues :* moto. *P-P mille pattes :* camion, routier. *Radio :* degré d'intelligibilité. *Râteau :* antenne directive. *Roger* (prononcer « rodgeur ») : compris. *Route claire ou propre :* sans radar. *Santiago :* indication de la force de la réception des signaux de 0 à 9. *Skip :* saut dans une transmission, distance entre 2 points éloignés. *Stand-by :* attente sur canal d'appel ou tout autre canal. *Sucette :* micro. *Tonton, vitamines, watts ou boîte de vitamines :* amplificateur d'émission (interdit !). *Tonton Victor :* TV. *QRM Tonton Victor :* parasites TV. *Tirelire :* péage. *Tuniques bleues :* police. *Visu :* rencontre. *Whisky :* watts. *XYL :* femme de l'opérateur. *YL :* opératrice CB.

☞ Certains utilisent plus particulièrement *les canaux 9* (opérations d'entraide et d'assistance), *19* (usagers de la route), *27* [canal d'appel (canal 11 en FM)].

■ **Radiocommunication de loisir. 1°) Jouets radioélectriques** (postes à portée limitée) : talkie-walkie, jouet ; puissance max. : 5 milliwatts, taxés mais doivent être agréés par l'Administration. **2°) Télécommandes de modèles réduits :** licences délivrées par le min. des P et T pour 5 ans. *Coût :* 180 F. **Réglementation :** *puissance max. :* 5 watts ; *fréquences* (en MHz) : modèles réduits 26,815 à 26,905 ; aéromodélisme 41,000 à 41,100 ; modèles réduits 41,100 à 41,200 ainsi que 72,000 à 72,500.

RADIOCOMMUNICATIONS AVEC MOBILES MARITIMES

Service manuel (communication avec les services en mer) : assuré par les centres radiomaritimes. *Radiotéléphone maritime et fluvial, en ondes métriques :* permet des communications dans le sens terre-navire et navire-terre (VHF bidirectionnelle). *Radio-télex automatique, en ondes décamétriques :* relie les navires équipés du système Tor (Telex Over Radio) au réseau télex terrestre. *Service maritime par satellite Inmarsat :* assure les communications télex et téléphoniques avec les navires.

☞ **Renseignements :** *Agence nationale des fréquences (ANFR),* : 78, av. du Gal-de-Gaulle, BP 400, 94704 Maisons-Alfort Cedex.

Radiodiffusion et télévision en France

Quelques dates

XVe s. (2e moitié) Louis XI crée le monopole des postes. **1793**-*23-7* monopole des télégraphes malgré la Déclaration des droits de l'homme (art. 11). **1837**-*2-3* loi interdisant les transmissions, sans autorisation, de signaux à l'aide de machines télégraphiques ou de tout autre moyen. *-2 et 6-5* lois instaurant le monopole des transmissions télégraphiques. **1851**-*27-12* décret-loi établissant le monopole de l'État sur les lignes téléphoniques dont les services sont ouverts au public (télégraphe puis téléphone). Définit les modalités de leur contrôle. **1904** poste télégraphique (TSF : télégraphie sans fil) de la tour Eiffel créé par le capitaine Ferrié avec le concours de l'Observatoire de Paris. **1910**-*1-1* le mot *télévision* apparaît dans *La France illustrée* (hebdo publié par l'Œuvre des orphelins apprentis d'Auteuil). Sté française de radioélectricité (SFR) créée. **Jusqu'en 1919** les émissions privées de messages radiophoniques seront interdites, la radio étant une arme de guerre. **1920**-*oct.* l'État français ne peut éviter la concession au groupe CSF-SFR (Compagnie générale de TSF-Sté française radioélectrique) du droit de construire et d'exploiter un centre émetteur-récepteur puissant à Ste-Assise (S.-et-M.). La Sté exploitante prend le nom de *Radio France*. **1921**-*22-6,* 1re émission de radiodiffusion à l'initiative de la CSF. *-26-11,* 1er concert diffusé. *-24-12* émissions expérimentales régulières de la tour Eiffel. **1922** une Direction de la radiodiffusion nationale est créée aux PTT (confiée à Marcel Pellenc). *-6-11* mise en service d'émetteurs de 2 kW (longueur d'ondes 1 565 m) à Levallois-Perret. *1re émission à destination du public :* 1er concert Radiola diffusé à 20 h 45, organisé par la Sté française de radio électricité, 79, bd Haussmann (Paris), présenté par « Radiolo » (pseudo de Marcel Laporte, ancien acteur de l'Odéon, † 1971 à 80 ans) ; après accord du min. des PTT, diffuse 2 poèmes, 2 morceaux de chant, 5 d'orchestre et 1 solo de piano. L'émission débute par la marche d'*Alceste* de Gluck, interprétée par un orchestre dirigé par Victor Charpentier (frère de Gustave), puis ce sont les bulletins d'informations, météo et commentaires sportifs. *-8-11* création de *Radiola*, station privée (exploitée par la Cie française de radiophonie, à Levallois puis à Clichy) ; deviendra *Radio-Paris* puis le *Poste parisien* ; 1re radio d'État : *Radio-PTT*. *-25-12* sur Radiola, « Paris-Bethléem » de Georges Angelloz, musique de Victor Charpentier (1re pièce écrite pour la radio). **1923**-*7-6,* 3 stations émettrices : Radiola, la tour Eiffel et l'École sup. des PTT. *-30-6* loi de finances rectificative (art. 85) étendant le monopole à l'émission et la réception des signaux radioélectriques de toute nature. Ce monopole était « justifié » par divers arguments : rareté des fréquences hertziennes, inaliénabilité du domaine public hertzien, respect des conventions internationales relatives à la répartition des fréquences, exercice de la souveraineté nationale, sécurité du pays. La loi laissait à l'État la faculté de délivrer des autorisations d'exploitation à des stations privées (accordées par le ministre des PTT), précaires et révocables, l'administration se réservant le droit d'exercer un contrôle technique sur leurs détenteurs. A partir de 1923, l'État développe un réseau public sous l'égide de la Direction de la radiodiffusion ; service extérieur du ministère des PTT, Radio-PTT commence ses émissions régulières [1re station sur ondes moy. (450 m)]. *-23-11* décret : les récepteurs doivent être déclarés (pour des motifs de Défense nationale), les émetteurs doivent demander l'autorisation des PTT. **1924**-*29-3 Radio-Paris* (ex-Radiola) émetteur de 20 kW (sur 1 750 m) à Clichy ; remplace celui de Levallois-Perret pour la radio publique. **1925** postes privés régionaux. Jeux radio de Jean Nohain sur le *Poste parisien* (appartenant à Paul Dupuy, du « Petit Parisien »). Apparition de l'enregistrement électrique avec microphone et amplificateur. **1926**-*28-12* décret-loi Bokanovski répartissant les « postes privés radioélectriques et les stations émettrices de radiodiffusion » sous l'autorité du ministre des PTT en 3 postes nationaux et 18 postes régionaux. L'État rachètera les postes privés à partir de 1933. **1927** naissance du « Radio-journal de France », à *Radio-PTT*. **1928**-*19-3* loi admettant 14 *postes privés* (stations confirmées) : *Poste parisien, Radio-Agen, Radio-Béziers, Radio-Bordeaux-Sud-Ouest, Radio-Juan-les-Pins, Radio-LL, Radio-Lyon, Radio-Mont-de-Marsan, Radio-Montpellier, Radio-Nîmes, Radio-Toulouse, Radio-Vitus, Radio-Paris, Radio-Normandie (légalisé en 1933).* **1929** création de l'Office national de la radiodiffusion. **A partir de 1929** aucune autorisation nouvelle n'est accordée à une station privée. *1re publicité à la radio* en France. **1930**-*3-11,* 1re démonstration de télévision à l'intention de la presse, salle de l'Olympia, Paris (matériel Baird). **1931**-*14-4, 1re démonstration publique de TV*, à l'aide d'un procédé électromécanique de Barthélemy, dans l'amphithéâtre de l'École supérieure d'électricité à Malakoff (30 lignes, écran 40 × 30 cm). Émetteur de Radio-Paris transféré à St-Rémy-l'Honoré (Yvelines ; 80 kW, puis 120, puis 150). *-6-5* début du *Poste colonial :* centre d'émission à Pontoise. 1er programme sur ondes courtes. *-Fin déc.* studios transférés 98 *bis*, bd Haussmann, Paris. **1932** 1 million de postes radio. *1er réseau de télévision français : Paris-Télévision,* Barthélemy utilise l'émetteur de *Paris-PTT*. Émissions expérimentales de 30 lignes le jeudi de 15 à 16 h, à partir de déc. ; tous les jours (sauf dimanche) à 8 h 15 ou 14 h 15 (30 à 45 min) à partir de janv. ; longueur d'onde 441 m, puissance 0,8 kW ; environ 30 destinataires. **1933** l'État rachète *Radio-Paris* à la CFR et divers postes provinciaux. Henri Queuille, min. des PTT, fait installer un studio de TV rudimentaire au 87, rue de Grenelle à Paris, relié en permanence à l'émetteur des PTT. *-25-4* démonstration publique de télévision parlante dans l'auditorium du *Poste parisien* (Champs-Élysées). *-31-5 taxe sur récepteurs,* en contrepartie les postes publics ne feront plus de publicité. *-9-9, 1re séance de cirque télévisée à 16 h 30. -24-12* fête à l'hôtel Majestic pour Branly, émission de télévision du poste PTT. *-31-12,* 12 stations privées et 14 d'État + 3 stations périphériques : *Luxembourg* (1932), *Monte-Carlo, Andorre.* **1934** Marcel Bleustein-Blanchet rachète Radio-LL qui devient *Radio-Cité. -Juin, 1re prise de vues en plein air en France* dans les jardins voisins du ministère du Commerce. Ces 1res émissions sont reçues par quelques personnes qui ont bricolé elles-mêmes leur appareil mais sont captées à des distances plus grandes qu'aujourd'hui, car elles sont diffusées sur ondes moyennes. La nuit, on peut recevoir des émissions anglaises à Paris, et on captera à Toulouse des émissions faites au Havre. *1er récepteur public de télévision* par la Cie des compteurs, *l'Integra ;* 400 à 500 récepteurs fin 1934 en Fr. **1935**-*13-2* institution du Conseil sup. de la radio. *-26-4* **inauguration officielle de la TV** (entre 20 h 15 et 20 h 30 au 103, rue de Grenelle) ; conférence de la comédienne Béatrice Bretty ; diffusion en 60 lignes ; portée du poste (500 W) : 100 km autour de Paris. *-10-11* Georges Mandel inaugure à la tour Eiffel la 1re émission publique 180 lignes ; les émissions peuvent être reçues en radio à Paris par les sans-filistes payant des récepteurs spéciaux. *-17-11* émetteur provisoire de 2,5 kW sur la tour Eiffel. *-18-11,* 17 h 30 à 19 h 30, démonstration pour la presse, avec Susy Wincker 1re speakerine depuis juin (caméra 180 lignes). Expériences à Toulouse (oct.), Strasbourg (nov.) et Limoges (déc.). Récepteurs (exemple Barthélemy sous la marque *Emyvisor*) en vente 5 000 à 10 000. **1936** 3 millions de postes radio. **1937** le réseau de radiodiffusion d'État Radio-PTT est mis en place avec 3 postes nationaux et 18 relais en province. *-4-1 émissions régulières* de TV en Fr., émetteur de 25 kW (semaine de 11 h à 11 h 30, 20 h à 20 h 30 ; dimanche 17 h 30 à 19 h 30). L'Allemagne adopte le 441 lignes. **1938** émissions régulières en 445 lignes de la tour Eiffel (long. d'onde 6 m, puissance 30 kW). *-17-10* arrêté sur le droit de contrôle politique de l'État sur la radio. **1939** entrée en service de l'émetteur d'*Allouis* (Cher) sur 164 KC, puissance totale 900 kW. *-Janv.* émetteur renforcé de la tour Eiffel (puissance max. 5 kW). *-29-7* décret créant la *Radiodiffusion française nationale* (RN) dotée d'un budget autonome et placée sous l'autorité du président du Conseil [elle est rattachée au commissariat général de l'Information pour tout ce qui touche à l'information (1er commissaire général : Jean Giraudoux du 29-7-1939 au 21-3-1940)]. 15 h d'émissions par sem. 5 millions de postes radio. **1940**-*1-4* gouv. Reynaud ; la RN est rattachée au min. de l'Information (créé par décret). *-8-4* à la présidence du Conseil. *-17-6* gouvernement Pétain ; au min. de l'Intérieur. *-19-6* à la présidence du Conseil sous l'autorité d'un haut-commissaire à la Propagande (Jean Prouvost 19-6 au 23-6). *-18-7* à la vice-présidence du Conseil. *-13-12* à la présidence du Conseil. **1941**-*4-1* aux Affaires étrangères. *-10-2* à la vice-présidence du Conseil. **1942**-*7-11* loi de Vichy réorganise la radio et l'autorise à prendre des participations dans les postes privés ainsi placés sous tutelle de l'État. La Cie des compteurs et la firme allemande Telefunken signent un accord pour une station *Paris-Télévision.* Inaugurée le 29-9-1943, diffuse en 421 lignes depuis la tour Eiffel. **1943**-*8-5 au 16 ou 17-8-1946* Paris-Télévision (directeur Kurd Hinzmann) entre en service sous contrôle allemand [en 1942 l'administration française a acheté Magic City, 188, rue de l'Université, la Familiale de l'Alma, 13-15, rue Cognacq-Jay et le garage qui les sépare (émet 4 j sur 7 de 10 h à 12 h, 3 j de 15 h à 17 h et tous les j de 20 h 30 à 22 h : variétés, théâtre en français et allemand). *Vedettes :* Howard Vernon, Léo Marjorie, clowns Pipo et Rhum, Jacques Chesnay, Olivier Hussenot. Environ 1 000 récepteurs (dont hôpitaux et foyers allemands). **1944**-*22-6* ordonnance crée une direction de la Radiodiffusion. *-12-8* émetteur d'Allouis détruit par Allemands (remis en service 19-10-1952 : onde longue, 250 kW). *-2-10* radio rattachée au commissariat de l'Information. **1945**-*23-3,* 2 ordonnances confirment le monopole de l'État réquisitionnant toutes les installations de postes privés. La RN devient *RDF (Radiodiffusion française).* L'émetteur de la tour Eiffel de 441 lignes, endommagé en 1940, assure à nouveau les émissions. **1946** organisation provisoire de la radio et de la télévision. 4 réseaux complémentaires. Paris-Inter (France I), Fr. II (régional), Fr. III (culturel national), Fr. IV (haute fidélité). Émission de TV 1 h par jour (16 h 30 à 17 h 30) et soirée mardi et vendredi. *-Oct.* « Paris-Cocktail » (qui deviendra « Télé Paris ») de Jacques Chabannes et Roger Féral. *-17-12, 1er bulletin TV météo* en France.

1947-*5-6* spectacle de variétés retransmis en direct du Théâtre des Champs-Élysées à Paris (gala organisé par Aimée Mortimer). **1948**-*25-7, 1re arrivée du Tour de France* en direct à la TV (reportage animé par Jacques Sallebert). *-20-11 l'arrêté Mitterrand* (min. de l'Information) fixe le standard français à 819 lignes ; mais l'émetteur à 441 lignes doit poursuivre ses émissions jusqu'en 1958 (il sera détruit par un incendie le 31-1-1956). *-24-12* messe de minuit en direct de N.-D. de Paris à la TV. **1949**-*9-2* la RDF devient la *RTF (Radiodiffusion et télévision de France).* Dir. gén. : Wladimir Porché (1910-84). *-25-5,* 2 speakerines recrutées sur concours, Jacqueline Joubert et Arlette Accart. *-29-6* Pierre Sabbagh présente le *1er journal télévisé* (il y a 1 794 récepteurs en région parisienne). *-30-7* loi taxant les récepteurs : 3 000 anciens francs (AF) ; 6 000 dans lieux publics. *-Oct. 1re émission pour enfants* (magicien Télévisius). *-2-10* début du journal télévisé : 15 min. *-9-10, 1re messe des dimanches* (à 18 h). *15-12,* 2e émetteur sur 819 lignes. **1950**-*10-4* émetteur TV de Lille en service, de façon provisoire (il y a alors 3 794 récepteurs en Fr.). *-Oct. 1er feuilleton TV français* : « l'Agence Nostradamus » (policier). **1951**-*2-3, 1re dramatique vidéo :* « Pas d'accord pour Mister Blake ». *-24-5* loi autorisant la publicité collective dans les émissions de la RTF. **1952** invention du *Nagra,* magnétophone à ressort, par S. Kudelski. *-14-2* relais hertzien, Paris-Lille. *-9-7* mise en service du convertisseur qui permet aux récepteurs de 441 lignes de recevoir émissions extérieures et reportages en direct comme sur 819 lignes. **1953**-*2-6* couronnement de la reine d'Angl. en direct en Fr. *-2-11* émetteur TV de Strasbourg en service. *-25-12* relais assurent sa liaison avec Paris. Début de la « Séquence du spectateur » (record de longévité en Fr.). *-31-12* loi relative aux crédits affectés à la RTF pour 1954, formulant pour la 1re fois le monopole de programmation et de production. **1954** introduction de la modulation de fréquence à Paris (programme musical de Jean Tardieu et Marius Constant). *-11-5,* 1re retransmission en Fr. par relais mobiles (de Tours à Paris) sur grand écran (théâtre du Palais de Chaillot). *-13-6,* 1re retransmission en direct des 24 h du Mans. **1955** lancement d'Europe no 1. **1956**-*2-1, 1res élections législatives* en direct. *-2/3-1* l'émetteur de 441 lignes de la tour Eiffel incendié ne sera pas réparé ; remplacement des appareils en 441 lignes (remise de 5 000 AF). **1957**-*16-6, 1res images en direct du fond de la mer* (Cdt Cousteau). **1958**-*1-1,* 1re des *« Cinq Dernières Minutes »* de Claude Loursais. **1959**-*4-2* la RTF devient établissement public de l'État à caractère industriel et commercial, doté d'un budget autonome, placé sous l'autorité du ministre chargé de l'Information (pas d'organe délibérant). **1962**-*11-7, 1re liaison TV par satellite entre USA et Europe* (Telstar). **1963**-*16-5* émetteur expérimental parisien de la 2e chaîne diffuse programme couleurs, sur canal 22, puissance 100 kW. *-21-12 début officiel de la 2e* chaîne en noir et blanc sur 625 lignes. *-20-10* programmes nationaux de radio diffusés sur 4 « chaînes » : Paris-Inter (France I), programme régional (Fr. II), national (Fr. III) et haute fidélité (Fr. IV). **1964** disparition des émetteurs « régionaux », création de *France-Inter, France-Culture, France-Musique.*

1964-*27-6* **loi créant l'ORTF** (22-7 décret d'application). Placé sous la tutelle (et non plus l'autorité) du ministère de l'Information visant à contrôler le respect des obligations de service public. *Organisation :* conseil d'administration de 14 à 28 membres (représentant l'État : 50 %, et auditeurs, téléspectateurs, presse écrite, personnel et personnes hautement qualifiées : 50 %). Directeur gén. et gén. adjoint nommés par décret en Conseil des ministres. Pt nommé par le Conseil des ministres. Budgets et comptes soumis au contrôle a posteriori du min. de tutelle et du min. des Finances (contrôle d'État institué en 1968). Chaque année, lors du vote de la loi de finances, le Parlement est appelé à autoriser la perception de la redevance pour droit d'usage des postes de radio et de télé. Le monopole de production (énoncé en 1953 et réaffirmé en 1960) ne figure plus dans le décret sur le statut des personnels. **1965** 1re campagne présidentielle télévisée.

1966-*2-7* loi instituant au profit des auditeurs et téléspectateurs un droit à l'antenne et des garanties concernant la liberté et la qualité de réception. **1967**-*1-10* à 14 h 15 *début officiel de la couleur en Fr.* (1 500 récepteurs couleur en service) sur la 2e chaîne. **1968**-*20-8/1-10* après des grèves, reprise en main de l'ORTF. Décret élargissant la composition du conseil d'admin. ; allègement de la tutelle du min. des Finances, le min. de l'Information devient secrétariat d'État. **1969**-*sept.* 2 unités distinctes d'information télévisée entrent en concurrence ; 2 directeurs distincts à partir de janv. 1970. **1970** publicité de marque à la TV sur les 2 chaînes. *-30-6 commission d'études* (Pt : Lucien Paye) préconise de remplacer l'ORTF par un holding d'État contrôlant plusieurs Stés autonomes de radio et de télé, le monopole étant préservé. **1972**-*13-5* Jean-Jacques de Bresson, hostile au morcellement de l'ORTF, démissionne. *-3-7* loi modifiant le statut de l'ORTF, mais confirmant le monopole de programmation et diffusion. L'ORTF demeure un établissement public industriel et commercial, mais le P.-DG est désormais nommé pour 3 ans par décret en Conseil des ministres [1er P.-DG, Arthur Conte (né 31-3-1920) nommé 14-7, démis de ses fonctions 23-10-1973]. Conseil d'administration de 24 membres. *Création de 2 chaînes distinctes, et création du Haut Conseil de l'audiovisuel présidé* par le Premier ministre (comprend des représentants du Parlement et des personnalités du domaine culturel, artistique, scientifique, technique, juridique, professionnel, familial et syndical, a un rôle consultatif et intervient à la demande du gouvernement). La publicité ne peut dépasser 25 % des ressources de l'ORTF. La loi limite les dérogations au monopole de radio à 4 cas : les programmes destinés « à des publics déterminés », les émissions en circuit fermé « dans des enceintes privées », les expériences de recherche scientifique et les cas où « l'intérêt de la défense nationale ou de la sécurité publique » est en jeu. *-31-12 lancement de la 3e chaîne* de TV (couleur) sur 625 lignes.

1974-*8-7* loi déléguant le monopole d'État à TDF, divisant l'ORTF en 6 organismes autonomes [*Sté française de production (SFP),* d'économie mixte à participation majoritaire de l'État ; *3 Stés nationales* de programme au capital entièrement détenu par l'État : *TF1, Antenne 2* et *FR3* (chargée de coordonner les délégations régionales de l'ORTF devenues centres régionaux à autonomie renforcée) ; *Télédiffusion de France (TDF),* établissement public, industriel et commercial, chargé de la diffusion des programmes et de l'entretien des réseaux ; *Institut national de l'audiovisuel (Ina),* établissement public, industriel et commercial, assurant conservation et gestion des archives audiovisuelles ainsi que leur commercialisation, chargé de la recherche en matière de création audiovisuelle et devant conduire des actions de formation aux métiers de l'audiovisuel] ; tutelle du Premier min. et du min. délégué ; Pts des organismes et certains administrateurs nommés par l'État ; *Haut Conseil de l'audiovisuel* maintenu ; fixation du plafond de 25 % aux recettes de publicité de marques confirmé, création d'une *Commission de la redevance* et d'une *Commission de la qualité ;* élaboration de cahiers des charges précisant les missions des 6 organismes créés. Le démembrement de l'Office entraînera la multiplication des doubles emplois, l'amenuisement des moyens et la concurrence entre les chaînes se fera aux dépens de la qualité des programmes. **1975**-*janv.* mise en place de la Sté nat. de programme France-Régions (sigle : FR3). Diffuse 4 h/j en moyenne. 22 stations régionales régies par 11 directions régionales permettent de voir 35 min de TV spécifiquement régionale. Programme régional quotidien de radio assuré par 29 centres (2 à 4 h/j).

1976 *1ers magnétoscopes à cassettes* en France. *-1-1 émissions en couleurs* sur la 1re chaîne en 625 lignes. **1977**-*13-2 accords de Genève :* la conférence administrative mondiale pour la radiodiffusion attribue à chaque pays une position orbitale géostationnaire et 5 canaux pour des programmes de télévision. *-Mars Radio Verte* lancée par Brice Lalonde. *-15-5* expérimentation d'*Antiope* (d'Antiope Bourse). **1978**-*28-7* loi édictant que « toute personne qui viole le monopole sera punie d'un emprisonnement d'un mois à un an et d'une amende de 10 000 F à 100 000 F ou de l'une de ces 2 peines seulement ». *Rapport Nora-Minc ;* le réseau *Transpac,* adapté aux transmissions de données à grand débit, est ouvert aux services professionnels (applications informatiques). Mise au point de la norme *Télétel.* 1ers magnétoscopes grand public en France. **1979**-*févr.* accord franco-allemand pour la construction des satellites de radiodiffusion directe TDF1 et TV Sat. *Développement des « radios libres » :* elles sont brouillées (18-5 affrontement à Longwy autour de « Lorraine Cœur d'Acier », radio libre CGT) ou poursuivies pour infraction au monopole radio et TV (par exemple en août : affaire « Radio-Riposte », station parisienne du PS). **1981**-*1-1* sur TF1 séquence de 10 min pouvant être vue en relief avec des lunettes spéciales. La Commission présidée par *Pierre Moinot* préconise la décentralisation, l'autonomie garantie par une Hte Autorité indépendante du pouvoir, l'incitation à la création. *-9-11* loi établissant un régime transitoire et prévoyant une dérogation au monopole applicable à la modulation de fréquence, autorisant la création de radios locales privées par des associations loi 1901, allégeant les sanctions infligées (peines contraventionnelles) aux personnes qui diffuseraient sans autorisation. Il ne peut y avoir de publicité. Au-dessus de 500 W, TDF doit assurer les émissions. Un cahier des charges soumis à son contrôle doit être respecté. Sur 21 membres de la commission de répartition des fréquences, 16 sont choisis sur présentation d'un ministre. Arrêt du brouillage des radios libres.

1982-*29-7 loi n° 82 652 dite loi Fillioud consacrant le principe de la liberté de communication* (art. 1 « Les citoyens ont droit à une communication audiovisuelle libre et pluraliste ») ; le monopole de la programmation est aboli, les personnes privées peuvent accéder aux installations audiovisuelles, sous forme de services ou de programmes, mais l'art. 7 soumet l'usage des fréquences radioélectriques sur le territoire national à autorisation de l'État [déclaration pour les services relevant de la télématique interactive, autorisation préalable pour la diffusion de programmes (radios et télévisions locales), concession de service public pour les services de télévision hertzienne autres que locaux] ; TDF conserve le monopole de la diffusion ; institution de la **Haute Autorité de la communication audiovisuelle (Haca)** composée de 9 membres de 65 ans au max. [3 dont la Pte (Michèle Cotta, née 15-6-1937) désignés par Pt de la Rép., 3 par Pt du Sénat, 3 par Pt de l'Ass. nat.], renouvelée par tiers tous les 3 ans (mandat non renouvelable), chargée de veiller au respect des grands principes tels que pluralisme et équilibre et de garantir l'indépendance du service public (nomme les Pts des sociétés de programmes et veille au respect de leurs cahiers des charges par les organismes du secteur public), accorde les autorisations d'exploitation des services locaux (radios, télévisions hertziennes et réseaux câblés) ; mise en place d'une procédure pour l'attribution des fréquences aux radios locales privées (TDF intervenait pour l'établissement du plan de fréquences en étant juge et partie, puisqu'elle déterminait les règles et assurait la diffusion de certaines radios locales). Les décisions de la Hte Autorité ne seront guère respectées (radios émettant sans autorisation, ou sur une fréquence différente de celle attribuée, ou d'un lieu différent, ou dépassant la puissance autorisée). Instauration d'une redevance sur les magnétoscopes ; exonération de la redevance, pour les personnes âgées et sans ressources, sur les récepteurs de télévision. Les radios régionales sont rattachées à Radio-France. *-17-9* décret 82 791 recréant FR3 qui corrdonne 12 stés régionales de TV. **1983**-*1-1* FR3 s'ouvre à la publicité. *-5-9* 1re diffusion, de 17 h à 19 h 55, des programmes propres sur les 12 stations régionales de FR3. *-6-12* l'État concède à l'agence Havas la chaîne à péage Canal +, qui couvrira en 625 lignes la bande VHF de 819 lignes. **1984**-*1-8* publicité autorisée sur radios locales privées. *-Nov.* lancement de *Canal +. -4-12 :* 6 stations (NRJ, 95.2, Radio-Solidarité, Radio-Libertaire, T9F93, la Voix du Lézard) suspendues par la Haute Autorité pour avoir émis à + de 500 W. *-8-12 :* 50 000 manif. protestent à Paris contre ces sanctions. *-Déc.* la Haute Autorité renonce à faire appliquer les sanctions, bien que des contrevenants continuent à émettre. **1985** rapport de *Jean-Denis Bredin* (voir p. 1371 c). *-11-1* convention entre TDF et NRJ : TDF diffusera NRJ (qui émettait à 40 kW, mais le 20-2 NRJ dénonce l'accord pour mauvaise qualité technique de la diffusion). *-31-1* l'Agence française de communication (groupe Hersant) dépose devant le Conseil d'État un recours pour excès de pouvoir contre l'obligation faite aux radios locales privées d'inclure dans leurs programmes propres leurs bulletins d'information. *-4/11-3* procès intenté par Radio France et TDF à Radio-Solidarité et 95.2 pour « troubles causés sur la modulation de fréquence » (seront relaxées en cour d'appel le 12-7-1986). *-Juillet :* fermeture de Radio Gilda (créée 1981). *-31-7* création de 2 réseaux hertziens multivilles, concessions à la **Sté France Cinq** [formée par Jérôme Seydoux (Chargeurs réunis), Christophe Riboud (Ifop), Silvio Berlusconi (Fininvest) le 16-11-1985] et à la **Sté TV 6** [(28-1-1986) Publicis (25 %), Gaumont (25 %), NRJ (18 %)]. *-19-9* Radio France Loire-Océan compromet l'audition de Radio-Alouette (500 000 auditeurs). *-10-12* loi permettant à une même personne de disposer de 3 autorisations de radios locales privées. *-13-12* RMC rachète Fréquence Libre et y diffuse des émissions dans la tranche des 20 % ; loi créant le cadre juridique des télévisions privées locales.

Maison de Radio France

Siège : 116, avenue du Pt-Kennedy, 75016 Paris. *Architecte :* Henry Bernard. *Coût :* 250 millions de F. *Inaugurée* 14-12-1963. *Superficie :* terrain 3,6 ha, édifice 2,4 ha. **Couronne extérieure :** circonférence 540 m, hauteur secteur arrière 37 m (10 étages), avant 24 m (6 étages), plancher 90 000 m², façade aluminium 27 400 m² (9 800 panneaux), couloirs 5 km, 920 bureaux, 64 studios. *Tour :* hauteur 67,80 m, 23 étages (H. Bernard avait imaginé 130 à 140 m), section 32 × 14 m. *Chauffage et climatisation* par centrale thermodynamique utilisant l'eau d'un forage profond de 550 m. **Studios :** radiodiffusion 64. Émissions publiques : *salle Olivier-Messiaen* (920 places), pouvant accueillir un grand orchestre. *Studio Charles-Trénet* (257 pl.). *Studio Sacha-Guitry* (150 pl.). **Occupation :** Radio France (propriétaire) ; divers locataires (RFI, Ina).

1986-*27-1* NRJ devient l'un des principaux partenaires de la chaîne musicale TV 6 aux côtés de Gaumont, Publicis et Gilbert Gross. *-30-9 loi Léotard :* la notion de radio locale disparaît, les réseaux sont autorisés. Remplace la Haca par la **CNCL (Commission nationale de la communication et des libertés),** installée officiellement le 12-11-1986 : 13 membres : nommés par le Pt de la Rép. 2 ; de l'Ass. nationale 2 ; du Sénat 2 ; Conseil d'État 1 ; Cour de cassation 1 ; des comptes 1 ; Académie fr. 1 ; 3 personnalités qualifiées cooptées par les membres nommés. *Budget* (1988) : 154,8 millions de F. *Effectif* (1988) : 250. Délivre les autorisations ; compétences étendues au secteur privé de l'audiovisuel et la planification des fréquences [une personne détenant un réseau radiophonique national desservant plus de 30 millions d'auditeurs ne peut ni prendre le contrôle d'un 2e réseau de plus de 15 millions, ni posséder 2 réseaux desservant par exemple 30,1 et 15,1 millions d'hab.] N'a pas le pouvoir d'autoriser l'établissement et l'utilisation d'installations de télécom. réservées à un usage privé, le min. des PTT restant compétent pour les réseaux ouverts à des tiers. Pour les réseaux câblés de distribution, la DGT perd son monopole de maîtrise d'ouvrage, les collectivités locales pouvant faire appel à d'autres opérateurs.

1987 *attribution des 5e et 6e chaînes* à La Cinq (Robert Hersant et Silvio Berlusconi) et M6 (CLT) ; *privatisation de TF1* attribuée à Bouygues ; *1res chaînes thématiques du câble :* Paris Première, Canal J. Suppression de la redevance magnétoscope. **1988** création d'une *télé locale privée* hertzienne à Toulouse. **1989**-*12-1 loi Tasca,* remplaçant la CNCL par le **CSA** (voir p. 1363 c). *-3-10* directive concernant : publicité : maximum 15 % du temps de transmission quotidien et 20 % des tranches horaires de grande écoute ; délai de 2 ans entre la sortie en salle d'un film et son passage à la TV ; règles de protection des enfants et adolescents ; obligation de diffuser une proportion majoritaire d'œuvres communautaires chaque fois que c'est réalisable ; lorsque cette proportion ne peut être atteinte immédiatement, elle ne doit pas être inférieure à celle constatée en 1988 (1990 pour Grèce et Portugal). A2 et FR3 seront réunies sous une présidence commune.

1990 *La Sept* sur réseau hertzien ; *création d'Arte.* Antenne 2 devient France 2 et FR3, France 3. *-18-1, 2 décrets sur questions de diffusion.* Les chaînes doivent immédiatement diffuser 50 % de films et d'œuvres audiovisuelles d'origine française et 60 % d'origine communautaire. A partir du 1-1-1992, mêmes quotas aux heures de grande écoute : chaque jour de 18 à 23 h et le mercredi après-midi (dès 14 h). Les obligations de production sont assises sur le chiffre d'affaires net des chaînes, la part des émissions régionales exclue. Pour les œuvres audiovisuelles, les TV nationales doivent choisir, avant fin mars 1990, de consacrer 15 % de leur chiffre d'affaires net à des commandes françaises et en diffuser au moins 120 h en *prime time,* ou d'investir 20 % de leur chiffre d'affaires dans des œuvres communautaires, 15 % allant alors obligatoirement à des œuvres françaises. Quel que soit leur choix, les chaînes devront favoriser l'essor de la production privée indépendante en lui réservant 10 % de leur chiffre d'affaires. Une Sté de production indépendante ne doit pas détenir plus de 5 % du capital d'une chaîne. **1991**-*1-1* les chaînes doivent consacrer au minimum 3 % du chiffre d'affaires net de leur exercice précédent à la production cinéma. *-24/26-10* la FM fête ses 10 ans [8 radios en 1981 (France-Inter, France-Culture, France-Musique, Fip, Radio 7 et 3 radios expérimentales en province), 1 800 le 12-4-1991]. *-29-12,* loi sur la réglementation des télécoms. **1992**-*18-1* loi assouplissant le régime des quotas de diffusion d'œuvres françaises et européennes. *Arrêt de la Cinq* après son dépôt de bilan. Arte est diffusée sur le réseau de l'ex-Cinq. **1994**-*1-2* la loi Carignon sur l'audiovisuel autorise un actionnaire à détenir jusqu'à 49 % du capital d'une chaîne privée : Havas, la CGE et la Sté Gale prennent 48,7 % de Canal + ; *création de la Cinquième ;* modifie l'organisation du secteur radiophonique privé : l'autorisation initiale (qui ne peut excéder 5 ans) peut être reconduite par le CSA, hors appel aux candidatures, dans la limite de 2 fois et chaque fois pour une durée de 5 ans (sauf cas précisés par la loi). Le CSA peut délivrer, hors appel aux candidatures, des autorisations d'émettre par voie hertzienne privée pour une durée de moins de 6 mois. Un quota de 40 % de chansons d'expression française (dont la moitié au moins venant de nouveaux talents ou de nouvelles productions) est instauré pour la part des programmes composée de musique de variété. Une même personne physique ou morale ne peut disposer de plusieurs réseaux que dans la mesure où la somme des populations desservies n'excède pas 150 millions d'hab. **1996** lancement des bouquets numériques CanalSatellite (avril) et TPS (déc.). **1998** nouvel affichage anti-violence. **1999** *projet Trautmann* sur l'audiovisuel : 1°) *Création d'une société holding* dénommée France Télévision, chargée de coordonner les politiques de programme et les actions de développement et de gérer les affaires communes de France 2, France 3, La Cinquième/La Sept-Arte ; détiendra la totalité du capital des chaînes. Aura à sa tête un conseil d'administration de 12 membres, composé de 2 parlementaires désignés respectivement par l'Assemblée nationale et le Sénat ; 4 représentants de l'État ; 4 personnalités qualifiées nommées par le CSA et 2 représentants élus du personnel dont le président du conseil d'administration de France Télévision, qui sera aussi président des conseils d'administration de chacune des chaînes et proposera la nomination des directeurs généraux de chaque chaîne. 2°) *Fusion La Cinquième/La Sept-Arte.* 3°) *Allongement à 5 ans de la durée des mandats* des présidents de France Télévision et de l'Ina. 4°) *Création d'une filiale cinéma* dans chacune des chaînes publiques. 5°) *Modification du fonctionnement* des archives de l'Ina. 6°) *Réduction du temps de publicité* sur France 2 et France 3 à 5 minutes (au lieu de 12) au maximum par heure. 7°) *Pluriannualité budgétaire :* contrats d'objectifs et de moyens conclus avec l'État et servant de référence à la répartition annuelle des ressources. Un contrat unique sera établi pour France Télévision pour déterminer objectifs et moyens du groupe et ceux assignés à chaque chaîne le composant. 8°) *Transposition de la directive Télévision sans frontières (TSF)* qui prévoit des mesures de protection des mineurs et l'accès en clair du public aux évènements d'importance majeure, dont la liste sera fixée par décret, après consultation du CSA. *-30-12* création de la chaîne parlementaire. **2000**-*28-6* adoption du projet de loi de réforme de l'audiovisuel. Prévoit l'accès des chaînes de TV associatives à l'attribution de fréquences dans le numérique hertzien ; limite à 5 h nombre d'autorisations en mode numérique. *-31-8* Décret n° 2000-846 fixe les statuts de la sté holding France Télévision et ses relations avec ses filiales France 2, France 3 et La Cinquième. *-3-11* le SJTIC devient DDM (Direction du développement des médias). **2001**-*9-5* Catherine Tasca, ministre de la Culture, présente un projet de loi permettant aux chaînes dont l'audience est inférieure à 2,5 %, ou qui ne sont pas la duplication d'un programme principal de n'être pas soumises à la règle des 49 % (limitant la part d'un actionnaire à 49 %). *-24-7* appel par le CSA, à candidatures pour les TV numériques hertziennes (33 programmes, diffusion prévue fin 2002).

■ Service public radiodiffusion et télévision

☞ **Nombre des Pts qui se sont succédé** à la tête des organismes publics de l'audiovisuel de l'automne 1974 à juin 2001 : *France 2 :* 11. *France 3 :* 9. *RFO :* 7. *Ina :* 9. *SFP :* 10. *TDF :* 6. *Radio-France :* 7. *RFI :* 6. *Sofirad :* 10.

Conseil supérieur de l'audiovisuel

■ **Créé** par la loi du 17-1-1989, modifiant et complétant les lois des 30-9 et 27-11-1986. Remplace la CNCL. *Installation officielle* 13-2-1989. **Siège.** Tour Mirabeau, 39-43, quai André-Citroën, 75739 Paris Cedex 15. **Pt :** Dominique Baudis (né 14-4-1947). **Conseillers** [1] : 8. *Nommés par le Pt de la Rép. :* Hélène Fatou [2] (née 5-11-1932), Yvon Le Bars [3] (né 30-7-1939) ; *par le Pt du Sénat :* Jacqueline de Guillenchmidt [3] (née 1943), Philippe Levrier [4] (né 27-5-1949), Janine Langlois-Glandier [2] (née 16-5-1939) ; *par le Pt de l'Ass. nationale :* Joseph Daniel [3] (né 1944), Francis Beck [4], Pierre Wiehn [2] (née 26-4-1934).

Les fonctions de membre du CSA sont incompatibles avec tout mandat électif, emploi public et autre activité professionnelle. Les membres ne peuvent, directement ou indirectement, exercer des fonctions, recevoir des honoraires, ils ne peuvent pas détenir d'intérêts dans une entreprise de l'audiovisuel, du cinéma, de l'édition, de la presse, de la publicité ou des télécommunications.

Nota. – (1) *Élus* pour 6 ans : jusq'en janv. (2) 2003. (3) 2005. (4) 2007.

■ **Budget** (en millions de F). *2001 :* 215. **Effectifs** (en 2000). 283.

■ **Missions générales.** Autorité indépendante qui assure l'égalité de traitement ; garantit l'exercice de la liberté de la communication audiovisuelle, l'indépendance et l'impartialité du secteur public de la radio sonore et de la TV ; veille à la protection de l'enfance et de l'adolescence, à

Droits. A l'antenne : garantie d'expression accordée aux courants politiques, économiques et religieux. **De communication du gouvernement :** possibilité pour le gouvernement de s'exprimer. **De réplique :** possibilité pour les partis politiques d'opposition de répondre à une communication gouvernementale. **D'expression :** accordé sur les chaînes publiques à tous les partis et syndicats. **De réponse :** possibilité donnée à toute personne physique ou morale qui s'estimerait atteinte dans son honneur ou sa réputation de faire connaître sa réponse. La demande doit être formulée dans les 8 j suivant la diffusion de l'émission contestée. La réponse (30 lignes dactylographiées au maximum) doit être diffusée dans un délai d'un mois.

favoriser la libre concurrence, à la qualité et à la diversité des programmes, au développement de la production et de la création audiovisuelles nationales et à la défense et à l'illustration de la langue et de la culture françaises. Il peut formuler des propositions sur l'amélioration de la qualité des programmes. Il formule un avis sur les principales décisions prises par le gouvernement dans le domaine audiovisuel. Consulté sur la définition de la position de la France dans les négociations internationales sur la radio et la TV. Favorise la coordination des positions des services de communication audiovisuelle publics et privés sur le plan international ; exerce un contrôle sur le contenu et les modalités de programmation des émissions publicitaires diffusées par les Stés nationales de programme et les services de communication audiovisuelle autorisés.

■ **Compétences particulières. Secteur public :** nomme des administrateurs dans les organismes publics de l'audiovisuel et les Pts des Stés nationales de programme (de Radio France, RFO, RFI, et un Pt commun pour France 2, France 3 et La Cinquième : loi du 1-8-2000) ; fixe les règles des émissions électorales et d'expression directe, et les modalités du droit de réplique ; veille au respect des obligations des cahiers des missions et des charges. **Secteur privé :** autorise l'utilisation des fréquences autres que celles de l'État pour la diffusion des services de communication audiovisuelle par voie hertzienne terrestre et des services de radio sonore et de télé par satellite ; les services de radio (pour 10 ans au max., reconductible hors appel à candidature 2 fois max., pour 5 ans), l'exploitation des réseaux câblés (30 ans) [la diffusion d'une chaîne sur un réseau câblé est subordonnée à la conclusion d'une convention passée entre le CSA, au nom de l'État, et le service concerné]. Contrôle le respect des obligations auxquelles ces différents services sont assujettis. Reçoit les déclarations préalables des services de communication audiovisuelle qui y sont soumis. Le Pt du CSA a qualité pour agir en justice au nom de l'État.

Sanctions. A l'égard des secteurs publics et privés : suspension de l'autorisation (pour les chaînes privées) ou d'une partie du programme (pour toutes les chaînes) ; sanction pécuniaire ; **du secteur public :** le CSA peut révoquer le Pt des sociétés nationales de programme ; **du secteur privé :** réduction de la durée ou retrait de l'autorisation.

☞ **Le CSA est incompétent pour :** *effectuer la saisine directe* d'un juge pénal administratif ou d'un tribunal de commerce ; *les satellites* [contrairement à la Federal Communication Commission (FCC) aux USA ou au Conseil de la radiodiffusion et des télécommunications canadien (CRTC)] ; *les télécommunications* [domaine de l'Autorité de régulation des télécommunications (ART)] ; l'*Internet.*

Comités techniques radiophoniques (CTR). *Loi du 17-1-1989.* Des relais du CSA dans les 16 régions définies par le *décret du 7-9-1989* proposent au CSA une « présélection » des candidats. Les CTR veillent à ce que les radios respectent les conditions de leur autorisation.

Reproches du Conseil d'État au CSA. Dans un arrêt, le Conseil d'État a mis implicitement en cause la légalité du « communiqué 34 » du 29-8-1989 définissant 5 catégories de radios [radios non commerciales (A), commerciales à vocation locale ou régionale indépendantes (B), commerciales affiliées ou franchisées à un réseau ou abonnées à un fournisseur de programmes (C), commerciales à vocation nationale thématiques (D), commerciales à vocation nationale généralistes (E)], sur la base duquel sont lancés les appels à candidatures, et qui s'accompagne de principes dont celui sur la publicité locale « exclusivement destinée au financement de programmes locaux ». Le Conseil d'État estime que ni la loi du 30-9-1986 sur la communication, ni « aucun autre texte législatif ne donnent compétence au CSA pour édicter une telle règle » ; il conclut à « l'illégalité des conditions posées par le CSA pour faire acte de candidature » et annule donc les décisions qui font suite à l'appel du 9-2-1990, « entachées d'excès de pouvoir ».

■ **Respect des quotas de diffusion par les chaînes de TV en 1999. % d'œuvres européennes/d'expression originale française (EOF) 24 h/24, et,** entre parenthèses, **aux heures de grande écoute :** obligations 60/40 (60/40) ; *Arte :* 94,1/46,4 (–/–) ; *France 2 :* 70,2/50,7 (63,6/54) ; *France 3 :* 64,1/55,6 (77,4/64,3) ; *La Cinquième :* 79,4/61,2 (–/–) ; *TF1 :* 63,4/51,7 (68,4/60,8) ; *M6 :* 63/45,1 (61,5/42,4) ; *Canal+ :* 60,2/44,7 (59,5/50,8).

■ **Sanctions** (art. 42-1) **infligées aux télévisions** par le CSA [MF : millions de F]. **La Cinq :** *1989-10-2* non-respect des quotas de diffusion d'œuvres audiovisuelles d'expression originale française entre le 1-3 et le 1-12-1988 : 12,17 MF ; *-12-7* non-respect des quotas au cours du 2e exercice : 60,01 MF ; *-1-8* interruption à 4 reprises, par des écrans publicitaires, du film « Chasseur de gang » : 4 MF ; *-21-12* diffusion d'un téléfilm et d'un épisode de série comportant des scènes susceptibles de heurter gravement la sensibilité des enfants et adolescents : 3 MF ; *1990-20-12* mêmes raisons pour 3 téléfilms : 2 MF ; *1991-22-2* infraction à la réglementation sur le parrainage : 0,129 MF. **M6 :** *1989-12-7* déficit dans la diffusion d'œuvres communautaires au cours du 2e exercice : 0,485 MF ; *-21-12* diffusion, sans avertissement préalable, de « le Cri de la mort » et « le Témoin silencieux » : 0,5 MF ; « l'Ange de la vengeance » et « Assassin en sous-sol » : 5 MF ; *1992-30-1* diffusion d'un téléfilm (« Black Cobra ») comportant des scènes de violence et de cruauté inadmissibles : 0,2 MF. **TF1 :** *1991-22-2* infraction à la réglementation sur le parrainage : 2,3 MF ; *-17-5* diffusion de scènes de violence et de sadisme dans des émissions destinées à la jeunesse : diffusion d'un communiqué avant le journal télévisé du 28-5-1991 ; *1992-22-4* infraction à la réglementation sur le parrainage : 4,98 MF ; *-28-7* non-respect, en 1991, de l'obligation de diffuser un volume horaire annuel minimal de 120 h d'œuvres audiovisuelles d'expression originale française en 1re diffusion en clair en France et dont la diffusion débute entre 20 et 21 h : 30 MF ; *1994-1-4* 2 dépassements (81 secondes le 21-10-1992 et 94 le 26-6-1993) de la durée maximale de la publicité autorisée pour une heure donnée (12 minutes) : 2,8 MF (175 s à 16 000 F) ; *-7-7* infraction à la réglementation sur le parrainage et la publicité : 1,5 MF ; *1996-13-2* non-respect du quota de 60 % d'œuvres européennes en 1995 : 45 MF (à investir dans la production audiovisuelle).

☞ *Oct. 1995 :* le CSA refuse une coupure publicitaire dans une émission pour enfants diffusée le samedi matin. *Depuis 1995* (au 26-4-2001) : 1 sanction pour M6 et France 3, 2 pour France 2.

Le 15-5-2001, le CSA a envoyé à la radio Skyrock une mise en demeure (pouvant entraîner une sanction ou un retrait d'autorisation d'émettre) pour les propos « gravement attentatoires à la dignité de la personne humaine (...) » des émissions de l'animateur Difool commentant « Loft Story ».

☞ Les associations familiales reconnues par l'Unaf (voir le chapitre **Famille**) peuvent saisir le CSA si les chaînes TV n'ont pas respecté leurs obligations quant à la limitation de la violence et de l'érotisme (loi no 94-88 du 1-2-1994). Voir l'encadré p. 1376.

TDF

■ **Siège.** 10, rue Oradour-sur-Glane, 75732 Paris Cedex. **Origine.** *1974-sept.* partition de l'ORTF dont TDF (Télédiffusion de France). *1987* établissement public à caractère industriel et commercial, devient une Sté anonyme. *1988* filiale à 100 % de France Télécom. **Pt.** *1975-janv.* Jean Autin (1921-91). *1980-déc.* Maurice Rémy (né 17-6-1933). *1983-janv.* François Schoeller (né 25-3-1934). *1986-avril* Claude Contamine (né 29-8-1929) ; *-déc.* Xavier Gouyou-Beauchamps (né 25-4-1937). *1992-janv.* Bruno Chetaille (né 31-3-1954).

■ **Capital.** 1 043,5 millions de F. **Chiffre d'affaires** (TDF unité d'affaires, en millions de F) : *1997 :* 4 508 ; *98 :* 4 737 ; *99* (est.) : 4 756 ; *2000* (prév.) : 4 765 dont TV 2 254, radio 990, radiocoms et services 956, services vidéos 473, international (hors participations) 43, produits avancés 38, autres 11. **Effectifs** (en 1999) : 3 700. **Clients :** 1 700.

■ **Activités.** No 1 européen de la diffusion audiovisuelle. *Stations de diffusion :* plus de 5 200. **TV :** *France :* TF1, France 2, France 3, Canal +, La Cinquième/Arte, M6, RFO, Aqui TV, TLM, Canal Antilles, Canal Réunion, Canal Calédonie, Canal Polynésie, Canal Guyane, ATV, Antenne Réunion, TLT, TV 8 Mont Blanc, TMC, Clermont Première, TN TV Tahiti. *Pologne :* diffuse Canal + Polska. *Nombre total de fréquence TV diffusées :* 14 315. **Radio :** *France :* Radio France, RFO, RFI ; diffuseur principal de RTL, Europe 1, RMC, NRJ et de plus de 50 % des autres réseaux et radios locales (plus de 700 sites d'émission). *Pologne :* Radio Zet. *Total des fréquences FM diffusées :* 3 600. **Câble :** opérateur technique de 400 000 prises ; espace numérique (filiale) : antennistes spécialisés (habitat collectif). **TV numérique :** participe aux travaux européens du consortium DVB et aux groupes de travail français. *Plate-forme expérimentale :* mise en service sept. 1998 en Bretagne : 1 point de multiplexage, 3 sites d'émission (Rennes-St-Pern, Vannes Moustoir'Ac, Lorient) ; guide électronique des programmes, décrochage local numérique, contrôle d'accès, attribution d'une partie de la ressource pour les données ou les services multimédias. *Autres expérimentations :* en régions montagneuses (Vosges, Ariège). *G.-B. :* participe au capital de CTI qui a lancé la TV numérique terrestre en 1998. *Espagne :* associé avec San detel pour le développement de la TV numérique en Andalousie. **Réseaux de télécommunications :** 1er prestataire de services mobiles (radiotéléphone, radiomessagerie, transmission de données, réseaux à ressources partagées) ; participe au déploiement de la BLR (boucle locale radio) et de l'UMTS. *Nombre de sites :* plus de 5 000. **Informations multimédia :** *Visionaute :* 1er service d''information trafic en temps réel au monde ; *Mobiloc :* gestion de flottes de véhicules en temps réel ; *TDF-Citi :* information voyageurs sur les arrêts de bus, état des parkings, information des citoyens. **Recherche :** *2 centres :* TDF CCETT (Rennes) et TDF C2R (Metz) ; plus de 20 brevets déposés par an.

SFP

■ **Siège.** 2, av. de l'Europe, 94366 Bry-sur-Marne Cedex. **Créée** par la loi du 7-8-1974 (partition de l'ORTF) : Sté française de production et de création audiovisuelles. **P.-DG. 1975** *(janv.)* Jean-Charles Edeline (né 22-2-1923) ; **1978** *(oct.)* intérim : Bertrand Labrusse (né 7-6-1931) ; **1979** *(janv.)* Antoine de Clermont-Tonnerre (né 18-6-1941) ; **1984** *(janv.)* Bertrand Labrusse ; **1986** *(juillet)* François Lemoine (né 25-1-1938) ; **1988** *(janv.)* Philippe Guilhaume (1942-94) ; **1989** *(oct.)* Jean-Pierre Hos (né 6-6-1946) ; **1993** *(15-10)* Michel Bassi (né 9-7-1935), démissionne 27-2-1996. **1996** Jacques-Louis Bayle (né 1-9-1939), démissionne 3-10-1997. **1997** *(10-10)* Roland Fiszel (né 16-7-1948).

■ **Capital social** (en millions de F) **1998** (11-6) : 483,4.

■ **Statut. 1982** Sté nationale à capitaux d'État. Depuis 20-7-1982, ne bénéficie plus du système de « commandes obligatoires » des chaînes publiques. **1986** Sté anonyme : le capital doit être détenu majoritairement par des organismes publics. **1992** groupe (Sté mère avec 9 filiales). **1994** Sté mère coiffe 3 pôles : production, studio, vidéo. **1996**-*19-7* décret de privatisation. **1997**-*30-4* privatisation suspendue (Havas et la Générale des eaux retirent leur offre). *-3-10* fin du processus de privatisation. **1998**-*17-4* plan de redressement et plan social associé. Fusion des 3 pôles dans la Sté mère SFP SA. *-11-6* double augmentation de capital de 1 462 millions de F pour absorber les pertes. **Effectifs.** *1985* (31-12) : 2 515 ; *93* (31-12) : 1 000 ; *98* (janv.) : 997 ; *99* (janv.) : 440.

■ **Studios. Plateaux de tournage :** 16, à Bry-sur-Marne, St-Ouen et Boulogne-Billancourt (racheté 60 millions de F en juillet 1999).

■ **Production annuelle.** 1 700 h de programmes dont 1/6 en production. **Catalogue :** 2 158 h de fictions et documentaires.

■ **Chiffre d'affaires et,** entre parenthèses, **déficit net** (en millions de F). *1985 :* 1 317 (– 3,5) ; *86 :* 1 193 (– 161,1) ; *87 :* 1 120 (– 160,8) ; *88 :* 1 070 (– 129,7) ; *89 :* 988 (– 383,4) ; *90 :* 852 (– 479) ; *91 :* 683 (– 197) ; *92 :* 666 (– 229,5) ; *93 :* 661 (– 218,9) ; *94 :* 650 (– 156) ; *95 :* 646 (– 282) ; *96 :* 684 (– 233) ; *97 :* 616 (– 180) ; *98 (est.) :* 507 ; *99 (budget) :* 414 (– 25) ; *2000 (est.) :* 350 (– 80).

■ **Aide de l'État. Concours publics** (en millions de F). *1987-98 :* 3 641 dont État 3 241, France 3 : 151,7 ; La Sept 125,6, France 2 : 122,7.

INA

■ **Siège.** 4, av. de l'Europe, 94366 Bry-sur-Marne Cedex. Établissement public industriel et commercial depuis 1974. **Origine :** *1975* partition de l'ORTF. *1982* loi donnant à l'Ina **(Institut national de l'audiovisuel)** la propriété des archives 5 ans après leur diffusion. *1986* délai ramené à 3 ans. *1992* loi du 20-6 donnant à l'Ina la charge de gérer le dépôt légal des œuvres audiovisuelles. **P.-DG. 1976** *(juin)* Pierre Emmanuel (1916-84) ; **1979** *(mai)* Gabriel de Broglie (né 21-4-1931) ; **1981** *(sept.)* Joël Le Tac (né 15-2-1918) ; **1983** *(janv.)* Jacques Pomonti (né 1-8-1938) ; **1987** *(janv.)* Janine Langlois-Glandier (née 16-5-1939) ; **1990** *(13-1)* Georges Fillioud (né 7-7-1929) ; **1994** *(6-7)* Jean-Pierre Teyssier (né 23-7-1940) ; **1999** *(13-1)* Francis Beck (né 11-5-1947) ; **2001** *(14-2)* Emmanuel Hoog (né 15-9-1962). **Effectifs :** *1993 :* 850 ; *98 :* 991 ; *99 :* 970 ; *2000 :* 943.

■ **Mission.** Conserve et exploite les archives audiovisuelles des sociétés nationales de programmes ; gère le dépôt légal des documents sonores et audiovisuels radio ou télédiffusés ; contribue à l'innovation et à la recherche dans le domaine de la production audiovisuelle ; assure la formation continue aux métiers de l'audiovisuel et du multimédia.

■ **Budget. Résultat 2000** (en millions de F) : redevance de fonctionnement 397,3, d'investissement 18,3, recettes contractuelles 255,5 (dont prestations d'archivage et de communication aux diffuseurs 87,5, cessions de droits 66,3, formation 48,4, production 21, activités de recherche 13, divers 19,3).

Service en ligne : *créé* 1995 ; *1999 :* 750 000 pages lues/mois.

■ SOCIÉTÉS NATIONALES

RADIO FRANCE

■ **Siège.** 116, avenue du Pt-Kennedy, 75220 Paris Cedex 16. *Minitel :* 3615 Radio France. *Internet :* http : // www.radio-france.fr. **Organisation.** Conception et programmation d'émissions de radiodiffusion. Assure la gestion et le développement d'orchestres et de chœurs. **P.-DG. 1975** *(janv.)* Jacqueline Baudrier (née 16-3-1922) ; **1981** *(juillet)* Michèle Cotta (née 15-6-1937) ; **1985** *(oct.)* Jean-Noël Jeanneney (né 2-4-1942) ; **1986** *(déc.)* Roland Faure (né 10-10-1926) ; **1989** *(févr.)* Jean Maheu (né 24-1-1931) ; **1995** *(23-11)* Michel Boyon (né 30-4-1946) ; **1998** *(déc.)* Jean-Marie Cavada. **Dir. gén. délégués :** François Desnoyers (stratégie, développement et communication), Claude Norek (gestion et production). **Dir. gén. adjoints :** Patrick Pépin (antennes locales et action régionale), Sylvain Anichini (techniques et technologies nouvelles) et Didier Tourancheau (développement social et ressources humaines). **Effectifs** (au 31-12-2000). 3 892 permanents (dont 565 journalistes).

■ **Moyens techniques.** 124 studios (dont 71 en province) ; 3 bancs de montage électronique ; 3 magnétos 24 pistes.

Formations permanentes : *Orchestre national de France* (créé 1934) : 120 musiciens ; 76 concerts en 1998 ; dir. musical : Kurt Masur. *Orchestre philharmonique* (créé 1976) : 138 musiciens ; 78 concerts en 1998 ; dir. musical : Myung-Whun Chung. *Chœur de Radio France* (créé 1946) : 112 choristes ; chef de chœur : François Polgar. *Maîtrise de Radio France* (créée 1946) : 80 élèves (garçons et filles) ; dir. musical : Toni Ramon.

■ **Budget de fonctionnement** (projet de loi de finances 2001, en millions de F). **Ressources :** 3 069,8 dont *publiques* 2 839 (redevance de fonctionnement) *propres* 230,8 (dont publicité 92, parrainage 43, autres recettes commerciales 90,8, produits financiers 5). **Charges :** 3 069,8 dont personnel 1 664,5 (dont CDD et CDI 1 256,9 cachets et piges 407,6), diffusion 497,4, impôts, taxes et assimilés 294,2, dotations aux amortissements 111,1, frais de programmes 232,4, autres charges de gestion 270,2.

■ **Volume horaire annuel de diffusion en 2000. Hors satellite :** 469 765 *dont programmes nationaux* dont France-Inter 8 968 (dont décrochages grandes ondes 184), France-Culture 8 784, France-Musiques 8 784, France Info 8 784, le Mouv' 8 784, France Bleu OM 5 458 ; *réseaux locaux :* 420 203 dont les France Bleu 336 850, Fip 70 056, Urgences [Paris et Lille 1 236, « 107,7 FM » (radio d'autoroute) 8 784, divers 3 227] ; **par satellite :** Eutelsat (en sous-porteuse analogique de TV5) 26 352, bouquet numérique TPS 79 056 ; **numérique DAB terrestre** (à Paris) : 35 136.

■ **Programmes. France-Inter :** Paris-Inter *créée* 1947, devenue France-Inter 1963. Programme nat. diffusé 24 h/24 en stéréo. *Émetteurs : ondes longues :* 1 à Allouis (Cher) de 2 000 kW – 1852 m/162 kHz ; *modulation de fréquence :* 126 de 0,25 à 10 kW et 378 de complément de 1,50 à 100 W ; *satellite : Astra :* 19,2° Est en DVB ; *Eutelsat :* Hot Bird 1 : 1,13° Est en analogique ; bouquet TPS : Eutelsat DBB en numérique ; DAB sur Paris, Lyon, Marseille, Toulouse et Nantes. *Émissions doyennes :* « le Jeu des 1 000 francs » (créé par Henri Kubnick, 1959, lundi à vendredi 12 h 45). « Allô Macha » (1977, lundi à vendredi 1 h). « A l'heure du pop » (ex-« Pop Club » ; 1965, lundi à vendredi 22 h 45). « le Masque et la Plume » (1954, dimanche 20 h). « le Téléphone sonne » (1978, lundi au jeudi 19 h 20). *Dir. de la station :* Jean-Luc Hees.

France-Culture : *créée* 1963. *Diffusion :* en FM, 24 h/24 en stéréo. *Émetteurs :* 355 de 1,5 à 100 W et 124 de 200 W et 10 kW. Les programmes embrassent tous les champs du savoir et de la culture : grands entretiens, débats critiques, magazines, grands reportages, documentaires et émissions musicales. 1er employeur de comédiens en France, diffuse 8 h hebdomadaires de fiction. **France-Culture Europe** (ex-Victor) : programme culturel et d'information par satellite (Eutelsat II-F6 dit « Hot Bird 1 »), 24 h/24, composé d'émissions de France-Culture (75 %), France-Musique (20 %), et d'émissions culturelles réalisées par l'une des radios membres de la CRPLF (Communauté des radios publiques de langue française). *Directrice :* Laure Adler.

France-Musiques : *créée* 1963. *Diffusion :* en FM, 24 h/24 en stéréo. *Émetteurs :* 108 de 0,25 à 12 kW et 226 de complément de 1,5 à 100 W. *Directeur :* Pierre Bouteiller.

☞ **Hector** (prénom de Berlioz) : programme musical diffusé par satellite, composé de disques audionumériques, chaque jour entre 1 h et 7 h sur France-Musiques. **Concerts** diffusés sur France-Musiques ou sur le programme musical de France-Culture : 1 000 *dont produits par Radio France* 200.

France-Info : *créée* 1-6-1987, par Roland Faure et Jérôme Bellay (pseudo. de Dominique Quenin, né 10-10-1942). 1re radio d'information continue en France ; depuis juin 1993, en analogique sur Eutelsat II-F6 (Hot Bird 1), depuis juin 1996 sur CanalSatellite via Astra 1E et Astra 6 et depuis avril 1999 en numérique clair sur TPS via Eutelsat (Hot Bird). *Diffusion :* en MF, 24 h sur 24. *Émetteurs :* 206. *Dessert* 231 agglomérations de plus de 20 000 habitants et couvre 72 % de la population. *Directeur :* Pascal Delannoy.

Fip : *créée* 5-1-1971, par Pierre Codou et Jean Garretto (né 20-2-1932) pour « radio-guider » les Parisiens dans les embouteillages. *Diffusion* en FM 24 h/24 en stéréo. *Zones de diffusion :* Bordeaux (96.7), Nantes (95.7), Paris (105.1), Strasbourg (92.3) ; France entière sur CanalSatellite depuis 1997. *Directrice :* Dominique Pensec.

Le Mouv' : *créée* 17-6-1997 à l'intention des 15-35 ans. *Siège :* Toulouse. *Population desservie en 2001 :* 6 millions. *Émetteurs :* 10 + CanalSatellite, TPS, web. Entièrement numérique, de la production à la diffusion. Diffusée sur le câble depuis le 10-10-1997. Programme composé de 70 % de musique et de 30 % de contenu éditorial (services, informations et dialogue). *Dir. :* Marc Garcia.

France Bleu. Origine : *1975 :* après la partition de l'ORTF, FR3 prend en charge les radios en région. *1980* Radio France tente 3 expériences : Fréquence Nord (régionale), Radio-Mayenne (départementale), Melun FM (urbaine). *1982* Radio France reçoit la mission de développer en région des radios décentralisées pour assurer un service de proximité, et reprend les radios régionales dont FR3 avait la charge. Crée 7 radios locales, des « radios de pays » disposant d'émetteurs propres. *1982-89* création d'autres radios locales et *1983* prise en charge des 22 radios issues de FR3. **Activités périphériques :** *5 ateliers de création radiophonique :* Bordeaux, Nantes, Nice, Strasbourg, Paris qui assistent les radios locales et produisent pour leur compte séries, feuilletons ou documentaires. *5 centres de gestion interrégionaux :* Avignon, Besançon, Bordeaux, Nantes, Paris. *8 services techniques régionaux :* Béziers, Bordeaux, Limoges, Lyon, Marseille, Paris, Rennes, Strasbourg. Couvre un peu plus de 50 % du territoire. **Catégories : 38 généralistes « de pays » :** effectif : + de 1 700 pers., 269 journalistes, 260 techniciens, 248 personnels logistique et environ 400 animateurs et collaborateurs d'antenne. Réalisent tous les jours localement 5 à 18 h d'antenne spécifique (s'appuie en partie sur un programme fabriqué par l'antenne installée à Paris). *Diffusion :* 24 h sur 24, en FM pour stations locales, FM et OM pour l'antenne nationale.

Antennes : France Bleu Alsace (14-5-1985, Strasbourg), **Armorique** (5-11-1984, Rennes), **Auxerre** (30-12-1988), **Azur** (n.c., Nice), **Basse-Normandie** (28-7-1986, Caen), **Béarn** (1-4-1985, Pau), **Belfort** (14-12-1982, Belfort), **Berry Sud** (23-4-1982, Châteauroux), **Besançon** (8-1-1986), **Bourgogne** (6-1-1986, Dijon), **Breiz Isel** (3-8-1982, Quimper), **Champagne** (3-1-1988, Reims), **Cotentin** (1-10-1986, Cherbourg), **Creuse** (5-9-1982, Guéret), **Drôme Ardèche** (18-7-1983, Valence), **Gard Lozère** (20-10-1986, Nîmes), **Gascogne** (17-5-1983, Mont-de-Marsan), **Gironde** (24-12-1983, Bordeaux), **Haute-Normandie** (9-6-1986, Rouen), **Hérault** (20-11-1984, Montpellier), **Isère** (16-12-1983, Grenoble), **La Rochelle** (5-7-1988), **Limousin** [1-10-1983, Limoges (1926-oct. 1res émissions pendant 30 j, 1940 Radio-Vichy remplace Limoges-PTT, 1945 remise en service de Radio-Limoges par Emmanuel Clancier)], **Loire Océan** (13-9-1985, Nantes), **Lorraine Nord** (n.c., Metz), **Mayenne** (16-6-1980, Laval), **Melun** (11-9-1980, Corbeil), **Nord** (19-5-1980, Lille), **Orléans** (4-2-1985), **Pays d'Auvergne** (19-4-1983, Clermont-Ferrand), **Pays basque** (1-4-1985, Bayonne), **Pays de Savoie** (2-6-1988, Chambéry), **Périgord** (26-10-1982, Périgueux), **Picardie** (4-6-1985, Amiens), **Poitou** (prévue 31-12-2001, Poitiers), **Provence** (4-1-1988, Aix-en-Provence), **Radio Corse Frequenza Mora** (20-12-1983, Bastia), **Roussillon** (20-10-1986, Perpignan), **Sud Lorraine** (23-4-1984, Nancy), **Touraine** (5-1-1988, Tour), **Vaucluse** (29-6-1982, Avignon).

Audience cumulée [sept. 1999-juin 2000, *% et,* entre parenthèses, *milliers d'auditeurs un jour moyen de semaine* (*source :* enquête 75 000 + Médialocales-Médiamétrie)] : Alsace 6,2 (85). Armorique 10 (69,2). Auxerre 12,6 (34,3). Belfort 19,3 (21,1). Berry Sud 27 (51,3). Besançon 13,7 (53,7). Bordeaux Gironde 5,1 (55,9). Bourgogne 9,1 (38). Bretagne Ouest 12,4 (87,4). Champagne 5 (22,9). Cherbourg 15,6 (60,6). Creuse 41,2 (42,5). Drôme 16,7 (59,6). Fréquence Nord 5,1 (158). Hérault 7,7 (57,3). Isère 7,7 (69,2). La Rochelle 14,2 (63,1). Landes 13 (34,9). Limoges 22,9 (67,3). Loire-Océan 10,8 (96,6). Mayenne 29 (65,6). Nancy-Lorraine 6,7 (48,7). Normandie-Caen 22 (115). Normandie-Rouen 10,3 (101,2). Orléans 6,3 (32,3). Pau Béarn 5,9 (16,6). Pays Basque 14 (30,3). Pays de Savoie 15,5 (47,2). Périgord 20,1 (65,7). Picardie 7,5 (32,7). Provence 8,5 (126,1). Puy-de-Dôme 8,3 (41,8). Roussillon 12,3 (41,4). Tours 2,6 (11,7). Vaucluse 12 (50).

Sorbonne-Radio France : *créée* 1947. Depuis 1984, une association loi 1901 a institué un partenariat entre Radio France et le rectorat de l'académie de Paris. Ondes moyennes (312 m), fréquence 963 kHz. Retransmet en région parisienne des cours magistraux pluridisciplinaires de 8 universités Paris intra-muros, de l'Inalco (« langues O ») et du Collège de France. 40 h hebdo (9 h-17 h, du lundi au vendredi pendant l'année universitaire). Émission interrompue depuis 1997, reprise prévue à la rentrée 2001 par voie numérique, le micro-ordinateur de l'étudiant faisant office de récepteur radio.

Urgences-Radio France : *créée* 24-1-1994 pour les personnes en rupture professionnelle ou personnelle. 7 j sur 7 (16 h-17 h) en région parisienne (585 kHz OM de FIP) ; sur France Bleu : « Témoignage » (5 h 47), « Dix balles de bonheur » (8 h 22) et « Parrainage » (15 h 10). Depuis 5-3-2001, « Agence Urgences » d'aide aux personnes.

Sophia : *créée* avril 1996. Programme « Musique/Information » spécialement élaboré pour les radios associatives et commerciales indépendantes, retransmis 24 h/24 par le satellite Telecom 2A. 55 % de chanson française « pop-rock ». Animée entre 5 h et 1 h le lendemain (rubriques de 2 min).

« 107,7 FM, Programme Radio France » : *créée* juin 1995 en partenariat avec la Sanef (Société des autoroutes du Nord et de l'Est de la France) et Eurotunnel. Information routière en continu sur le trajet Paris-Arras-Calais (autoroutes A1 et A26). Studio entièrement numérique, conçu et équipé par Radio France. *Diffusion :* 24 h/24, en FM Synchrone (107,7 MHz), 3 décrochages locaux en isofréquence et RDS pour une info de trafic localisée + Eon-TA (permet l'écoute d'un programme de Radio France tout en bénéficiant des infos d'urgence de 107,7 FM). Bilingue français/anglais, avec un point météo et trafic toutes les 10 min et la reprise des flashes de « France-Info Express » toutes les 30 min.

Radio France Internationale (RFI)

■ **Siège.** A Radio France. **Origine. Poste colonial 1931-***6-5 :* 1re émission en ondes courtes depuis le studio de l'Exposition coloniale à Paris. **1935-***1-4* service en langues étrangères. **Paris mondial 1938-***1-4* remplace le Poste colonial. **1940-***17-6* interruption des émissions annexées à Radio-Paris. **Radio-Brazzaville 1940-***5-12* début émissions ondes courtes. **1943-***18-6* inauguration officielle (émetteurs plus puissants). **1964-***1-2* devient relais (jusqu'au 22-9-1972). **RFI 1975-***6-1* créée. **1983-***1-1* Sté autonome de radiodiffusion vers l'étranger, filiale de Radio France. **1986-***30-7* Sté nationale. *-30-9* P.-DG de RFI nommé par la CNCL. *-3-12* Sté indépendante. **1993-***22-11 Alliss* (1re antenne Volga, ondes courtes, multidirectionnelle) mise en service à Allouis-Issoudun. **2000-***1-3* accord de diffusion satellite avec Wolrdspace sur Afrique, Proche- et Moyen-Orient.

■ **Organisation.** Actions de coopération et le service d'une agence de presse spécialisée sur le tiers-monde : MFI (Médias France Intercontinents) *créée* 1-5-1982. **P.-DG. 1975-***janv.* Jacqueline Baudrier (née 16-3-1922). **1981-***juillet* Michèle Cotta (née 15-6-1937). **1985-***oct.* Jean-Noël Jeanneney (né 2-4-1942). **1986-***déc.* Henri Tezenas du Montcel (1942-94). **1989-***30-11* André Larquié (né 26-6-1938). **1995-***27-11* Jean-Paul Cluzel (né 29-1-1947). **Dir. gén. :** Benoît Paumer (né 19-2-1961). **Dir. des programmes :** Jean-François Acker. **Dir. de l'information :** Gilles Schneider. **Effectifs :** 732 permanents dont 320 journalistes et 376 personnels techniques et administratifs.

■ **Statistiques.** *Auditeurs réguliers :* 30 millions. *Langues employées à l'antenne :* 19. *Volume horaire hebdomadaire :* 223 h dont en espagnol 28 h, anglais 24 h 30, allemand 21 h, chinois 21 h, serbo-croate 17 h 30, roumain 16 h 30, polonais 15 h 45, portugais 14 h 30, russe 14 h, vietnamien 14 h, arabe, bulgare 12 h 15, brésilien 10 h 45, cambodgien 7 h, laotien 7 h, persan 7 h, turc 1 h, créole 30 min.

■ **Points de diffusion. Ondes courtes :** 7 points d'émission, comprenant 30 émetteurs de 100 à 500 kW. **Ondes moyennes :** 2 émetteurs de forte puissance (Chine, Chypre) et émetteurs locaux (Paris, Moscou, St-Pétersbourg, Washington). **FM :** + de 70 points d'émission.

Satellites de diffusion : *Afrique du Nord :* Intelsat 707, Eutelsat Hot Bird et Intelsat 705. *Afrique et océan Indien :* Intelsat 803, Intelsat 707 et Panamsat 4. *Europe :* Hotbird II F6, Astra (DVB et analogique) et Eutelsat Hot Bird. *Asie Océanie :* Palapa C2, Asiatsat 2 et Intelsat 704. *Amérique du Nord :* Sky Solidaridad, NSS 806 et Echostar. *Amérique du Sud :* NSS 806. *Caraïbes :* Panamsat 3.

■ **Budget** (en millions de F). *1995 :* 651,6 ; *96 :* 735,5 ; *97 :* 737,8 ; *98 :* 773,2 ; *99 :* 725,2 ; *2000 :* 745,2. **Ressources** (en 2000) : concours de l'État 452 (dont subvention du min. des Affaires étrangères 447,8), redevance 285,4, ressources propres 7,8 (dont publicité 5,5). **Répartition des dépenses** (en 2000) : services extérieurs 264,7, charges de personnel 333,1, autres services 61,1, amortissements et provisions 24,7, achats 15,7, contributions obligatoires 22,22, autres charges de gestion courantes 19, charges financières 1.

France Télévision

■ **Siège.** Depuis mi-1998 : Maison France Télévision, 7, esplanade Henri de France, 75907 Paris Cedex 15, 57 000 m². *Coût :* 1,7 milliard de F. *Architecte :* Jean-Paul Viguier.

■ **Organisation.** Comprend France 2 et France 3 (qui remplacent Antenne 2 et France Région 3 depuis le 7-12-1992) et leurs filiales France 2 Cinéma, France 3 Cinéma, France Télévision Publicité, France Télévision Distribution Méditerranée Film Production. **Pt commun** (loi du 2-8-1989) : **1989** *(30-8)* Philippe Guilaume (né 30-5-1942/13-8-1994) ; **1990** *(14-12)* Hervé Bourges (né 2-5-1933) ; **1993** *(13-12)* Jean-Pierre Elkabbach (né 2-9-1937) ; **1996** *(6-6)* Xavier Gouyou-Beauchamps (né 25-4-1937) ; **1999** *(28-5)* Marc Tessier (né 21-12-1946). Harmonisation des programmes, politique commune des sports et stratégie concertée de développement. Différences : *France 2 :* diffusant 24 h/24, propose au plus large public des émissions populaires de qualité ; *France 3 :* appuyée sur ses 24 éditions régionales et 33 locales, propose également un programme national généraliste.

☞ *En projet :* France Télévision deviendra Sté holding et France 2, France 3 et La Cinquième, ses filiales à 100 % ; Pt nommé pour 5 ans.

■ **Participations communes à France 2 et France 3** (en %, 1999). *France Télévision numérique* 100, *TV5 Satellimage* 33,32, *Euronews (Secemie)* 29,6, *Médiamétrie* 21,5, *Festival (France Télé Films)* 56, *TPS* via *France Télévision Entreprises* 8,5. **Participation de France 2 :** Mezzo (via France Télé Musique) 40 ; **de France 3 :** Music 3 : 80, La Cinquième 5, La Sept 44,12, Régions 50.

☞ Jean-Pierre Elkabbach avait réclamé 1,2 milliard de F au gouv., invoquant la situation financière désastreuse laissée par Hervé Bourges, qui avait déjà reçu 1 milliard de F en 1992. *Déficit 1994 :* environ 0,6 milliard de F (en 1997 et 98 : bénéfices). *Recapitalisation :* de 355 millions de F (dont 250 versés en 1994, 105 en févr. 1995).

France 2

■ **Siège.** Voir France Télévision. **Organisation.** Sté nationale de télévision : diffuse sur l'ensemble du territoire métropolitain (loi du 30-9-1986, art. 44-1). Conception, production et programmation d'émissions de télévision. **P.-DG. 1975-***janv.* Marcel Jullian (né 31-1-1922). **1977-***déc.* Maurice Ulrich (né 6-1-1925). **1981-***août* Pierre Desgraupes (1918-93). **1984-***nov.* Jean-Claude Héberlé (né 3-2-1935). **1985-***oct.* Jean Drucker (né 18-8-1941). **1986-***déc.* Claude Contamine (né 29-8-1929). **1989-***10-8* Philippe Guilhaume (1942-94), Pt A2 et FR3, démissionne 19-12-1990. **1990-***déc.* Hervé Bourges (né 2-5-1933). **1993-***déc.* Jean-Pierre Elkabbach (né 2-9-1937). **1996-***6-6* Xavier Gouyou-Beauchamps (né 25-4-1937). **1999-***28-5* Marc Tessier (né 21-12-1946). **Dir. gén. : 1999-***27-9* Jean-Michel Gaillard (né 16-5-1946). **1991-***10-1* Éric Giuily (né 10-2-1952). **1992-***sept.* Georges Vanderchmitt (né 26-7-1949). **1994-***janv.* Raphaël Hadas-Lebel (né 24-4-1940). **1996-***juin* Michèle Pappalardo (née 12-10-1956). **1999-***juin* Michèle Cotta (née 15-6-1937). **Dir. gén. délégué :** Christopher Baldelli. **Dir. gén. délégué chargé de l'information :** Olivier Mazerolle. **Effectifs** (au 31-12-2000). 1 574 collaborateurs permanents. **Diffusion terrestre.** En couleurs en 625 lignes (Secam). UHF (au 1-1-2000 population 99,9 %). Depuis juillet 1991, ouverture de l'antenne 24 h/24. **Émetteurs :**

principaux 112, réémetteurs 3 377, réseaux communautaires 247. Diffusion satellite en 625 lignes Secam sur Télécom 2B, en numérique DVB sur Eutelsat (TPS) (en déc. 1996, population desservie : 100 %) et sur Astra (Canal Satellite) en 2000.

■ **Budget** (en millions de F, 2001). **Ressources :** 6 035,7 dont redevance 3 798, publicité 2 072,2, parrainage 138, autres ressources 27,5. **Dépenses :** 5 991,6 dont programmes 2 728,1, personnel 684,3, versements et contributions 665,8, avances sports et SCI 146,4, information 310,4, diffusion 504, sports 449,9, diversification/développement 137,2, autres 158.

■ **Programmation** (en 2000, dont publicité et bandes annonces : 9,61 %). 8 784 h dont, en %, divertissements 15,64, fiction 18,56, information 16,88, magazines 12,28, documentaires 7,02, sports 7,24, jeunesse 5,78, cinéma 3,62, émissions religieuses 2,65, théâtre, musique 0,71. **Filiales** (voir p. 1365 c).

France 3

■ **Siège.** Voir France Télévision. Sté de télévision à vocation métropolitaine et régionale (loi du 30-9-1986, art. 44-3). **P.-DG. 1975**-*janv.* Claude Contamine (né 29-8-1929). **1981**-*juin* Guy Thomas (1924-92). **1982**-*sept.* André Holleaux (né 30-6-1921). **1985**-*oct.* Janine Langlois-Glandier (née 16-5-1939). **1986**-*déc.* René Han (né 16-8-1930). **1989**-*août* Philippe Guilhaume (1942-94) [Pt A2 et FR3]. **1990**-*déc.* Hervé Bourges (né 2-5-1933). **1993**-*déc.* Jean-Pierre Elkabbach (né 29-1937). **1996**-*juin* Xavier Gouyou-Beauchamps (né 25-4-1937). **Dir. gén. :** Philippe Levrier (né 1949). **Dir. gén. de l'antenne et des programmes :** Jean Réveillon. **Effectifs.** *1998 :* 3 760 permanents dont journalistes 1 006 (dont régions 799, Paris 207).

■ **Budget** (en millions de F, 1999). **Ressources :** 5 849,2 dont redevance 3 578, publicité 1 771,9, recettes commerciales 305,3, parrainage 100,9, produits financiers 25, autres 68,1. **Dépenses :** 5 849,2 dont programme national 2 116, programmes régionaux 1 901,5, charges générales 1 421,4, siège 409,6.

■ **Programmation** (1er semestre 1997). 3 412 h dont information 570, jeunesse 551, fiction 519, magazines 418, variétés/divertissements 272, cinéma 180, sport 173, documentaires 121, musique 52, spectacles 27, divers 500.

☞ Aux heures de grande écoute, France 3 doit respecter des quotas de diffusion : œuvres d'expression originale fr. 40 %, européennes 60 % ; pas plus de 192 films/an dont 104 entre 20 h 30 et 22 h 30 ; aucun film les mercredis et vendredis soirs (sauf films de ciné-clubs après 22 h 30), samedis, dimanches avant 20 h 30. Doit réserver des temps d'antenne à des émissions consacrées à l'expression directe des diverses familles de croyance et de pensée.

■ **Antennes régionales. Siège, historique, directeur régional et,** entre parenthèses, **budget de fonctionnement** (en millions de F, 2000)/effectifs budgétaires permanents (équivalents tps plein) : **Alsace :** place de Bordeaux, BP 428, 67005 Strasbourg Cedex. *1953* Télé-Strasbourg créée. *1975* FR3 créée. *Dir. :* Gérard Scheer (96,2/146). **Aquitaine :** 136, rue Ernest-Renan, 33075 Bordeaux Cedex. *1962* centre de TV régionale créé. *1983-5-9* FR3 créée. *Dir. :* Yves Gantou (108,2/154). **Bourgogne Franche-Comté :** 6, av. de la Découverte, BP 96, 21003 Dijon Cedex et 8, av. de la Gare d'Eau, BP 1207, 25004 Besançon. *1965-15-11* FR3 créée. *Dir. :* Gilles Cozanet (119,9/196). **Corse :** Résidence Méditerranée, av. Noël-Franchini, 20090 Ajaccio et Immeuble Forum du Fango, bd du Fango, 20200 Bastia. *1975* FR3 Provence-Côte d'Azur Corse créée. *Dir. :* René Siacci (103,7/138). **Limousin Poitou-Charentes :** 1, av. Marconi, 87060 Limoges Cedex ; ZUP des Couronneries, 86860 Poitiers Cedex ; 16, rue de l'Aimable Nanette, 17000 La Rochelle et 18, rue Marcelin-Roche, 19100 Brive-la-Gaillarde. *1965* Centre d'activités télévisées à Limoges, *1966* Poitiers. *1983-5-9* 1re diffusion FR3. *Dir. :* Michel Kops (123,3/217). **Lorraine Champagne-Ardennes :** 14, rue de Mirecourt, CS 4233, 54042 Nancy Cedex ; Rue Jankel-Segal, BP 1037, 51687 Reims Cedex 2 et 2/4, rue Lafayette, 57000 Metz. *1963* 1res émissions d'actualités télévisées. *1965* centre d'actualités télévisées à Reims. *1975* FR3 créée. *1983-5-9* progr. rég. diffusé 17 h-19 h 55. *Dir. :* Gérard Decq (121,3/219). **Méditerranée :** 2, allée Ray-Grassi, 13271 Marseille Cedex 08 ; 96, la Canebière, 13001 Marseille ; 159, av. du Pylône, La Brague, 06608 Antibes Cedex et 47, bd de la Roserai, St-Jean-du-Var, BP 43, 83100 Toulon. *1954* 1res émissions. *1972* 3e chaîne ORTF Marseille créée. *1975* FR3 créée. *1983-5-9* progr. rég. diffusé 17 h-19 h 55. *Dir. :* Christophe Ducasse (163,9/249). **Nord-Pas-de-Calais Picardie :** 36, bd de la Liberté, 59024 Lille Cedex ; 26, rue Roger-Martin-du-Gard, 80084 Amiens Cedex 2 ; Centre Nausicaa, BP 13, 62200 Boulogne et 146, rue Nationale, 59000 Lille. *1939* 1re émission TV à titre de démonstration. *1950* Télé-Lille émet depuis le beffroi. *1973* 3e chaîne lancée. *1983-5-9* progr. rég. diffusé 17 h-19 h 55. *Dir. :* Gilles Vaubourg (152,1/229). **Normandie :** 77, pl. des Cotonniers, BP 1084, 76173 Rouen Cedex ; 41, rue Fred-Scamaroni, BP 6000, 14067 Caen Cedex et 182, quai Georges-V, 76086 Le Havre Cedex. *1964* Centre d'actualités télévisées à Rouen, *1966* à Caen. *1983-5-9* progr. rég. diffusé 17 h-19 h 55. *Dir. :* Alain Gerbi (115/193). **Ouest :** 9, av. Janvier, BP 3153, 35031 Rennes Cedex ; 2, rue Gaëtan-Rondeau, Île Beaulieu, BP 2049, 44201 Nantes Cedex ; 26, rue Gougeard, 72017 Le Mans Cedex et Rue Frédéric-Le-Guyader, 29287 Brest. *1964* 1er journal télévisé à Rennes, puis à Nantes. *1971* 1re émission en langue bretonne. *1983-5-9* progr. rég. diffusé 17 h-19 h 55. *Dir. :* Jimmy Jonquard (165,5/218). **Paris-Ile-de-France Centre :** 66, rue Jean-Bleuzen, 92170 Vanves ; 2, pl. Anatole-France, 45060 Orléans Cedex ; Nouvelles Halles de Tours, porte E, 1er étage, 6, pl. Gaston-Pailhou, 37000 Tours et Bât. 670, ZIAP Châteauroux Déols, 36130 Déols. *1965* bureaux régionaux d'information (BRI) créées. *1969* direction régionale Paris-Normandie-Centre créée. *1983* région Normandie créée. *-5-9* progr. rég. diffusé 17 h-19 h 55. *Dir. :* Patrick Visonneau (176,6/245). **Rhône-Alpes Auvergne :** 14, rue des Cuirassiers, BP 3092, 69399 Lyon Cedex 3 ; av. du Grand Sablon, 38706 La Tronche Cedex ; 137, av. de Royat, 63407 Chamalières et 5, rue Nicolas-Chaise, 42100 St-Étienne. *1939* 1res émissions expérimentales à Lyon, *1954* TV présente à Lyon. *1975* FR3 créée. *1983-5-9* progr. rég. diffusé 17 h-19 h 55. *Dir. :* Roger Gicquel (173,2/281). **Sud :** Chemin de la Cépière, 31081 Toulouse Cedex ; 10, allée John-Napier, 34063 Montpellier Cedex 02 ; Immeuble Thalassa, rue de Rome-Bouran, 12000 Rodez ; 30, rue d'Alembert, Plateau St-Antoine, 81000 Albi ; Immeuble Le Colisée, 1, rue du Colisée, 30000 Nîmes et 2, av. Alfred-Sauvy, 66100 Perpignan. *1972* centre de TV créé. *1983-5-9* progr. rég. diffusé 17 h-19 h 55. *Dir. :* Patrick Darroze (174,4/258).

Canal France International (CFI)

■ **Siège.** 19, rue Cognacq-Jay, 75007 Paris. **P.-DG :** Jean Stock (de juillet 1998 à l'automne 2001). **Dir. gén. :** Jean-Claude Kuentz. *Créé* 1989 par le min. de la Coopération et du Développement. *4 canaux satellites :* Eutelsat HB3, Intelsat 704, NSS 806, NSS 803. **1°) CFI Pro :** fournisseur de programmes et d'informations pour les télévisions d'Afrique, Asie, Europe centrale et orientale, Proche- et Moyen-Orient : 78 pays, 132 chaînes, 375 millions de téléspectateurs potentiels (de plus de 15 ans), 10 236 h de programmes distribuées, taux moyen de reprise par les TV partenaires 30 % (en 2000). **2°) CFI TV :** en Afrique : *relancée* 5-7-1997, *diffusée* en clair dans le bouquet de chaînes francophones Le Sat (filiale de CFI depuis juin 2000), 8 millions de téléspectateurs potentiels. **Budget :** *2000 :* 170 millions de F dont (en %) subventions du min. des Affaires étrangères 89, publicité et sponsoring 11. **Régie publicitaire :** Régie outre-mer. **Coût total de la grille** (en millions de F) : *1994 :* 40,4 ; *96 :* 84,6 ; *2000 :* 60.

RFO (Sté nationale de radio et de télévision française d'outre-mer)

■ **Siège.** 35-37, rue Danton, 92200 Malakoff. **Origine. 1930** le Conseil des ministres décide d'installer un émetteur d'ondes courtes au service d'une station d'État diffusant des programmes à l'intention des colonies. **1931**-*1-5* mise en service pour l'inauguration de l'Exposition coloniale. **1945** la RDF (voir p. 1362 b) prend en charge les installations des Dom (Guadeloupe, Guyane, Martinique, Réunion). **1954**-*14-9* service de la Radiodiffusion de la France d'outre-mer créé. **1955**-*20-1* Sté de radiodiffusion de la France d'outre-mer (Sorafom) créée. **1964**-*14-4* devient Office de coopération radiophonique (Ocora). **1975** confiée à FR3. FR3 Dom-Tom diffuse un programme radio de 6 h à 24 h. **1982**-*sept.* Sté de radiodiffusion et de télévision pour l'outre-mer (RFO) créée (Sté nationale de programme) par décret du 17-9. **1998**-*15-9* devient Réseau France outre-mer. **1999**-*1-1* RFO 1 devient Télé Martinique, Réunion ou Guadeloupe (selon le site) et RFO 2, Tempo. **Capital social :** détenu par l'État depuis 11-4-1988. **Pt. 1983** René Maheu (né 24-6-1926). **1985**-*nov.* Jacques Vistel (né 20-1-1940). **1986**-*2-12* Jean-Claude Michaud (né 28-10-1933). **1989**-*28-3* François Gicquel (né 29-4-1938), démissionne le 15-2-1994 après avoir obtenu que RFO ne passe pas sous l'autorité de France Télévision. **1994**-*18-2* Gérard Belorgey (né 27-11-1933). **1997**-*juin* Jean-Marie Cavada (né 24-2-1940). **1998**-*nov* André-Michel Besse (né 11-9-1944). **Effectifs** (en 1998). Permanents 1 200, occasionnels 200.

☞ Il y a des TV légales concurrentes dans les Dom-Tom, des TV privées diffusent en Guadeloupe, Martinique, Guyane et Réunion : voir p. 1373 c.

■ **TV et Radio. 9 stations :** Guyane, Guadeloupe, Martinique, St-Pierre-et-Miquelon, la Réunion, Mayotte, Nlle-Calédonie, Wallis-et-Futuna et Polynésie française. **Volume annuel des programmes diffusés en volume horaire 1993 :** *RFO 1 :* 58 000 h (dont programmes nationaux 8 500 h, information locale 7 500, info. générale 5 000, programmes artistiques 4 300, programmes musicaux et divers 3 500) + programmes complémentaires de France-Inter (de 0 h à 5 h, heure locale). *RFO 2 :* diffusion de programmes de France-Inter en permanence et en direct.

Réseaux : *Wallis-et-Futuna et Mayotte,* 1 programme radio et TV (RFO 1). *Ailleurs, 2 réseaux radio* (France-Inter et FM), diffusant un programme local et propre à chaque station, et *2 réseaux TV : RFO 1* (programme France 2, France 3, production locale) et *RFO 2* (reprise des programmes de France 2, France 3, la Cinquième, Arte) envoyés de Paris par satellite Télécom 2A ou, pour zone Pacifique, par Intelsat. **Auditeurs potentiels :** 1,6 million.

☞ Plus de 70 % de la programmation fournis par France 2, France 3 et TF 1. Depuis le 29-10-1998, la station de Wallis-et-Futuna fonctionne de manière autonome. *TV par satellite :* RFO Sat lancée avril 1998 diffuse 4 h/jour sur CanalSatellite et TPS un programme composé des productions des 9 stations.

■ **Télévision. Volume horaire annuel de diffusion** (en 1995) : 51 251 h, dont Guyane 6 782, Polynésie française 6 668, Guadeloupe 6 600, Martinique 6 535, Réunion 6 279, Nlle-Calédonie 5 202, Wallis-et-Futuna 4 767, Mayotte 4 562, St-Pierre-et-Miquelon 3 856.

■ **Budget** (en millions de F). *1983 :* 400 ; *93 :* 1 087,3 ; *94 :* 1 128,3 ; *95 :* 1 134 ; *96 :* 1 164,1 ; *97 :* 1 200 ; *98 :* 1 224 ; *99 :* 1 251,8. **Ressources** (prév. 1999) : redevance 1 137,4 ; publicité 74,8 ; autres ressources propres 39,6. **Résultat :** *1997 :* + 1,1 ; *98 :* – 33 (– 8 selon la Direction) ; *99 :* – 64.

☞ Les mesures ministérielles du 11-1-1996 ont supprimé la publicité sur RFO 2, réduit l'accès gratuit de RFO aux images de TF1 et aligné la publicité radio sur celle de Radio France.

■ **Agence internationale d'images télévisées (AITV).** *Créée* mars 1986. Constitue une rédaction de RFO exclusivement tournée vers l'étranger. *Financée* par les ministères de la Coopération et des Affaires étrangères. *Diffusée* par CFI et TV5. **Budget** (en millions de F, 1998) : 14,8. **Production propre** (en 1997) : 8 425 sujets et 82 magazines [1]. **Diffusion :** *quotidienne :* 5 éditions de 10 min : Proche-Orient (en français), international (vers l'Afrique, en anglais et en français), Spécial Afrique (en français et en anglais). *Hebdomadaire :* 1 édition de 26 min (Afrique francophone) et 1 de 10 min (Proche-Orient). **Destinataires :** services par satellite. 81 pays.

Nota. – (1) En 1997, AITV a également diffusé 475 sujets réalisés par la rédaction nationale de RFO.

☞ AITV pourrait fusionner avec CFI (voir col. b).

Arte France

■ **Société européenne de programme de télévision. Histoire. 1985** idée de Pierre Desgraupes, chargé par Georges Fillioud d'imaginer des programmes pour les satellites TDF 1 et 2. **1986**-*23-2* création de La Sept *(Sté d'édition et de programmation de télévision),* Sté anonyme. **1988**-*oct.* lancement de TDF 1 qui doit retransmettre les images de La Sept en Europe mais il subit diverses pannes et le matériel de réception (antenne parabolique, démodulateur) est trop cher et techniquement imparfait. **1989**-*mars* La Sept devient la *Sté européenne de programmes de télévision.* -*Avril* le CSA autorise La Sept à utiliser un canal de TDF 1. -*14-5* diffusion par sat. -*Mai* accords passés avec les réseaux câblés : 3 h 30 d'émissions/jour rediffusées 2 fois. **1990**-*4-2* FR3 cède l'antenne à La Sept tous les samedis de 15 h à 0 h. -*2-10* ratification du traité franco-allemand pour la création d'Arte (Association relative aux télévisions européennes). **1991**-*mars* création du pôle allemand de coordination « Arte Deutschland TV GmbH ». -*30-4* création du Groupement d'intérêt économique (GIE) à Strasbourg. **1992**-*12-4* fin des émissions de la Cinq. -*23-4* l'État préempte le réseau pour installer Arte à partir de 19 h dès sept. ; appel d'offres lancé pour programmes antérieurs : candidats potentiels : La Sept, TV 1992 (chaîne thématique de formation permanente proposée par Jean-François Minne, Pt de l'Agence Cactus Communication), Canal 33 (de l'Union syndicale des producteurs audiovisuels, présidée par Jacques Peskine), projet de *chaîne d'information en continu* (à l'initiative de TF1, Canal +, M6), *Cinq +* (de l'Association de défense de la Cinq, Pt : Jean-Claude Bourret, 1 400 000 membres, chaîne dont les téléspectateurs seraient les principaux propriétaires). -*30-5* La Sept devient Sté d'édition de programmes (pôle français d'Arte GIE) et Arte GIE la remplace dans son rôle de diffuseur. -*23-9* RTBF (Belgique) devient membre associé d'Arte. -*28-9* lancement d'Arte en France sur le réseau hertzien alimenté par le satellite Télécom 2 B. **1993**-*4-2* la RTBF (Radio-Télévision belge de la Communauté française) devient membre associé d'Arte GEIE. -*27-9* La Sept devient La Sept Arte. **1994**-*31-12* Arte est diffusée sur le satellite Astra 1D. **1995**-*1-1* les chaînes régionales ORB (Potsdam) et MDR (Leipzig), membres de l'ARD depuis le 13-3-1991, rejoignent Arte Deutschland TV GmbH.-*6-7* Arte et la SSR (Sté Suisse de radiodiffusion et télévision) signent un accord de coopération. Arte est diffusée sur le satellite Eutelsat 2F1.-*12-7* Arte et la TVE (Televisión Española, SA) signent un accord de coopération. **1996** *(automne)* discussion du projet de loi prévoyant la fusion avec La Cinquième.-*2-12* la TVP (Telewizja Polska) et Arte signent un accord de coopération. **1997** rejoint le bouquet Canal-Satellite. 70 millions d'économies sont imposées au titre de la fusion programmée. **1998**-*15-1* Arte et l'ORF (Österreischicher Rundfunk) : accord de coopération. **1999**-*3-2* Arte et YLE/TV1 (Finish Broadcasting Co) : accord de coopération. **2000**-*2-8* La Sept Arte devient Arte France. -*10-11* Arte et TVP (voir ci-dessus) : accord d'association. **2001**-*12-2* Arte et NPS (Nederlandse Programma Stichting) : accord de coopération.

■ **Siège.** *Arte GEIE :* 2A, rue de la Fonderie, 67080 Strasbourg Cedex ; *La Sept :* 50, av. Théophile-Gautier, 76530 Paris ; *Arte Deutschland TV GmbH :* Schützenstrasse 1, 76530 Baden-Baden. **Organisation. GEIE Arte :** au **capital** de 60 millions de F, dont (en %) : La Sept 50 (dont Ina 15, Radio France 15, France 3 45, État 25), Arte Deutschland TV 50 (dont ZDF 50, ARD 50). Depuis le lancement d'Arte, est devenue, le 30-5-1992, le pôle français du GEIE, et Sté d'édition de programmes et non plus diffuseur. **Direction. Pt du comité de gérance d'Arte GEIE : 1991**-*avril* Jérôme Clément (né 18-5-1945) ; **1999**-*1-1* Jobst Plog (jusqu'en 2003). **Vice-Pt :** Jérome Clément. **Dir. des programmes :** Victor Rocaries. **Comité consultatif des programmes :** 16 représentants de la vie culturelle des 2 pays. **Effectifs** (permanents, en 2000) : Arte GEIE 280, La Sept Arte 200, Arte Deutschland 50. **Budget** (en millions de F). *1995 :* 1 739 ; *96 :* 993 ; *97 :* 940,3 ; *98 :* 1 795 ; *99 :* 1 835 ; *2000 :* 1 949 dont *programmes* 1 281 (soirées thématiques 221, cinéma 161, magazines/actualités 123, fictions 146, documentaires 200, spectacles 108, 2e version linguistique 87, interprogrammes 15, divers 220), *personnel et fonctionnement* 387, *diffusion* 192, *autres* 89.

■ **Diffusion.** *Par réseau hertzien terrestre :* 5e réseau [France (80 % des foyers) : 19 h à 3 h ; Europe de l'Est : Hongrie 30 h/mois de programmes, Pologne 20,

Roumanie 10, Rép. tchèque 20, Bosnie-Herzégovine/Slovénie 20, Russie 15 à 20]. *Par satellite :* en français : Télécom 2B (en Secam), Eutelsat 2 F1 (en Pal) ; en allemand, en Pal : DFS1-Kopernicus, Astra 1D. *Par réseaux câblés :* Allemagne, Belgique, Danemark, France, Luxembourg, Suisse. *Sur d'autres chaînes : RTBF* (Belgique) depuis 4-2-1993, *SSR* (Suisse), *TVE* (Espagne) depuis 1-10-1995 ; en Hongrie, Pologne, Roumanie, Russie, Rép. tchèque, ex-Yougoslavie. *Sur des réseaux câblés :* Autriche, Danemark et Luxembourg.

☞ *Adaptation linguistique :* par sous-titrage, doublage, « voice over », commentaire en « voix off » ou interprétation, 200 langues et dialectes pour 3 500 émissions diffusées.

■ **Audience. Potentielle** (août 1995) : + de 42 millions de foyers dont en Allemagne 19 ; *France 18* ; Belgique 4 ; Suisse, Autriche, Luxembourg 1,5. **Réelle** (en %) : **1995 :** *France 2 à 2,6* ; Allemagne 0,6 ; *téléspectateurs réguliers* (en millions) : *France 14* ; Allemagne 4 ; **1998 :** *France 3,5.*

☞ **Banque de programmes et de services (BPS) :** *accessible* sur le site Internet de la chaîne, 3 023 programmes (dont 130 extérieurs) téléchargeables.

■ La Cinquième

■ **Siège.** 8, rue Marceau, 92785 Issy-les-Moulineaux Cedex 9.

■ **Histoire. 1994**-*1-2* sera consacrée « au savoir, à la formation et à l'emploi ». *-1-12* création d'un GIE avec La Sept/Arte, à présidence tournante (6 mois) ; d'un comité d'orientation des programmes, de 21 membres nommés pour 3 ans. *-13-12* lancement à 18 h. *-14-12 :* 1re diffusion, de 7 h à 19 h, sur le 5e réseau hertzien partagé avec Arte (19 h-3 h). **1995**-*21-1* statuts et cahier des missions et des charges publiés au *Journal officiel. -3-11* émet, sur le câble à Paris et en région parisienne, de 19 h à 24 h, sur le canal 21 (retransmettant, dans la journée, les débats de l'Assemblée nationale). *-15-11* diffusion par Eutelsat II-F1. *-16-12* lancement de la 1re opération de « téléchargement ». **1996** création de la Banque de Programmes et de Services. **1998** 1re diffusion, de 6 h à 24 h ; *-31-1* sur CanalSatellite numérique (Canal 45) et *-16-2* sur TPS (Canal 5).

■ **Organisation. Capital social :** 100 millions de F dont (en %) État 83, France Télévision 5, La Sept 5, Ina 5, Bibliothèque de France et Réunion des musées nationaux 1. **Pt : 1994** (5-4) : Jean-Marie Cavada (né 24-2-1940 ; démissionnera 10-4-1997) ; **1997** (11-4) : Jérôme Clément (né 18-5-1945) ; **2000** (31-8) : Jean-Pierre Cottet (né 1946). **Directeur de l'antenne :** Jean Mino (né 27-4-1942). **Secr. gén. :** Hélène Font (née 22-5-1951). **Pte du comité d'orientation des programmes :** Jacqueline Baudrier (née 16-3-1922). **Effectifs :** environ 140. **Budget** (en millions de F). *1995 :* 755 ; *96 :* 800,7 ; *97 :* 731,3 ; *98 :* 781 ; *99 :* 803,6. **Ressources de fonctionnement** (prév. 1999) : 743,6 dont redevance 714,5, publicité 19,3, parrainage 2,6, autres ressources propres 3,7, produits financiers 3,5. **Dépenses de fonctionnement** (prév. 1999) : achats de programmes 569,4 (dont production TV 377,9, cinéma 9,1, autres 41,6), versements au compte de soutien 41,1, aux Stés d'auteurs 41,9, autres dépenses liées aux programmes 57,8 ; diffusion 138,9 ; taxes 7,9, fonctionnement général et services communs 57,4. **Résultats :** *1996 :* 7,8 ; *98 :* – 18,6. **Diffusion** (1998) : *réseau hertzien :* 4 790 h de programmes (dont documentaires 2 825 h), *sur satellite* (19 h à 24 h) : 1 653 h.

Audience (en %, source Médiamétrie) : *1995 :* 3,5 ; *96 :* 3,8 ; *97 :* 4,3 ; *98 :* 4,5.

Sofirad

■ **Origine. 1942**-*11-7* Sté financière de radiodiffusion (Sofira) créée par Pierre Laval (SA au capital de 20 puis 40 millions d'AF. *Pt :* Gal Denain). **1943** l'État (Vichy) rachète 79 967 actions et devient propriétaire de la Sofira qui possède des actions de Radio-Impérial (à Tanger) cédées par Charles Michelson à la France, et 50 % du capital de Radio Monte-Carlo rachetés à l'Ofepar. **1945** se transforme en Sofirad. Récupère actions allemandes et italiennes de Radio Monte-Carlo (contrôle plus de 80 %). **1945 à 1958** finance Andorre-Radio qui deviendra Sud-Radio. **1956** crée Cie libanaise de télé. **1959** rachète 35,76 % d'Europe 1 pour 13 millions de F avec 46,85 % des voix. **1960** vend 600 000 F *Télé 60* (ex-*Radio 44* qui deviendra *Télé 7 jours*) à Jean Prouvost. **1977** gère des participations de l'État français dans les postes privés de radio et de TV en France et à l'étranger. **1986**-*3-4* vend à Hachette sa participation dans Europe 1 (34,19 %). **1987** désengagement des activités radio du secteur concurrentiel, redéploiement vers coopération internationale. **1987**-*9-10* cède Sud-Radio Services au groupe Pierre Fabre SA pour 36 015 483 F. **1988** création de CFI. **1989** participation à la création de Radio Paris Lisbonne et, avec TF1 et Vidéotron, de 2M International, **1990** de Europa Plus, **1991** avec Canal +, de Canal Horizons, **1993** de MCM International. **1998**-*18-3* cède RMC pour 110 millions de F.

Le Câble en France

■ Quelques dates

1881 Clément Ader lance à Paris le *« théâtrophone »* (réseau téléphonique reliant des théâtres aux abonnés du téléphone). **1922** formule utilisée pour diffuser les programmes de Radio-Paris. **1944** apparaît aux USA. **1945** le monopole de la radiotélévision interdit pratiquement toute initiative privée de transmission des images par fil. Quelques cas tolérés, exemples : HLM des Hauts-du-Lièvre à Nancy (réseau frontalier à Willer-Thur en Alsace qui diffuse 9 programmes), Flaine (Hte-Savoie), Montigny-lès-Metz (Moselle, 1970). **1972**-*2-3 création de la SFT* (Sté française de télédistribution, filiale de TDF, Sté mixte, capital : 2 millions de F, financée pour moitié par ORTF et PTT) qui doit faire 7 expériences : Metz, Grenoble (en 1974), Créteil, Rennes, Chamonix, Nice et Cergy-Pontoise [chacune dominée par un certain type d'utilisation du câble (enseignement, informations municipales, etc.) sauf à Rennes où l'expérience revêt tous les aspects]. **1977**-*28-9* décrets réaffirmant le monopole de TDF (héritier de l'ORTF) pour la réalisation et la propriété des réseaux câblés qui doivent être exclusivement réservés à la distribution du service national de la radiotélévision diffusé par voie hertzienne (et éventuellement à des programmes étrangers sur le site). **1982**-*29-7* loi donnant à la DGT (Direction générale des télécom.) le monopole de la construction des réseaux câblés. *-3-11* lancement du *plan câble* qui prévoit 1 400 000 foyers équipés pour 1986, puis 1 million par an ; investissements : 50 milliards de F en 20 ans ; réseaux à structure en étoile en fibres optiques. Les PTT se chargent de la maîtrise de l'ouvrage, de l'exploitation technique et sont propriétaires des réseaux. Les collectivités locales créent des *Stés locales d'exploitation commerciale (Slec)* regroupant des personnes privées ou publiques, notamment TDF, qui sera responsable de l'équipement et de l'exploitation des têtes de réseaux. Ces Stés locales feront, pour les programmes, appel à des producteurs privés et publics (cahier des charges à respecter). **1983**-*20-1 :* 1re convention des villes câblées, *Télécâble 83. -19-12 mission câble* créée (Pt Bernard Schreiner) pour informer, coordonner les négociations, expérimenter des services « à valeur ajoutée », suivre les réalisations. **1984**-*21-5* inauguration du *réseau expérimental en fibres optiques de Biarritz* et 1re liaison Paris-Biarritz par visiophone. *Loi du 1-8 :* les organismes chargés d'exploiter les services locaux de radiotélévision par câble devront être des Stés d'économie mixte locales (régime de la loi du 7-7-1983). Est défini comme local (exploitation autorisée par la Haute Autorité) le service dont le réseau n'excède pas 60 km et 2 départements. **1985** 1re convention cadre avec PTT Rennes 12-3, Paris 30-4, Montpellier 14-5. **1986**-*15-1* création de *l'Avica* (Association des villes câblées). *-30-9 loi* « Communication et Liberté » : les communes autorisent l'établissement des réseaux (les PTT n'ont plus le monopole de leur propriété) et proposent à la CNCL la Sté pour une autorisation d'exploitation du réseau. La CNCL fixe les spécifications techniques et obligations concernant l'exploitation des réseaux et programmes distribués. Le câblage systématique de la Fr. n'est plus envisagé (*raisons :* manque de maîtrise industrielle de la fibre optique, et de capacité de financement de la part de l'État, réticences administratives de la DGT). *-1-12 : 1er réseau plan câble en exploitation à Paris. -24-12 Canal J, 1re chaîne thématique du câble, créée. -31-12,* arrêt des négociations entre PTT, villes et opérateurs pour la construction, dans le cadre du plan câble de 1982, de 52 réseaux, les autres seront construits dans le cadre concurrentiel défini par loi du 30-9-1986. **1987**-*17-4 Mission câble créée* (Pt : Michel Péricard, député). *-29-9* les règles générales sont fixées par décret. **1989** l'*Agence câble* remplace la *Mission câble,* département du Service juridique et technique de l'information (SJTI). **1990**-*29-12* loi modifiant celle du 30-9-1986 : *1°)* tous les systèmes de télédistribution sont assimilés à des réseaux câblés et soumis aux mêmes charges et obligations : autorisation d'établissement délivrée par la commune, et d'exploitation délivrée par le CSA sur proposition de la commune, dès lors qu'ils desservent plus de 100 foyers ou qu'ils distribuent des services autres que ceux normalement reçus par voie hertzienne dans la zone. *2°)* Les villes sont chargées de veiller à la cohérence de l'ensemble des infrastructures de télédistribution. Tous les réseaux sont tenus de respecter des spécifications techniques d'ensemble définies par arrêté interministériel, l'objectif étant de rendre possible l'interconnexion des réseaux. *3°)* Autorisation d'exploitation des services délivrée, sur proposition des communes, par le CSA : communication audiovisuelle ; par le ministre des PTT : services de télécom., autres que ceux directement associés à la télédistribution. **1992**-*31-3* accord France Télécom/câble-opérateurs (Lyonnaise Communications, Communications-Développement, Générale des Eaux) donnant à ces derniers la maîtrise du raccordement chez l'abonné (baisse des tarifs, amélioration du bouquet de programmes). *-13-7* loi modifiant celle de 1986 et permettant aux maires : *1°)* d'instituer une servitude de passage des câbles et équipements dans les parties communes des immeubles collectifs et des lotissements ; *2°)* de refuser une autorisation d'antenne collective pour des raisons esthétiques (notamment dans les Zac, opérations de restauration immobilière, secteurs sauvegardés et lotissements). Les antennes collectives (même supérieures à 100 foyers) qui ne distribuent que des chaînes hertziennes terrestres normalement reçues sur le site peuvent être exploitées, sous le régime de la simple déclaration préalable auprès du CSA et du procureur de la Rép., par toute personne morale. Les organismes d'HLM (offices publics ou Stés) peuvent solliciter une autorisation d'exploitation. La consultation des résidents d'immeuble en vue d'un raccordement au réseau câblé urbain est obligatoire avant de décider d'une exploitation autonome du site d'antenne de l'immeuble. *-Déc.* création de l'*Anoc* (Association des nouveaux opérateurs de réseaux câblés). **1993**-*janv.* France Télécom Câble reprend l'exploitation de 10 sites, dont ceux en fibres optiques. **1994**-*1-2* loi instituant un ordre chronologique pour l'exploitation des films : *1°)* paiement à la consommation et vidéocassettes ; *2°)* chaînes à options ; *3°)* chaînes généralistes. *-Oct.* création de l'*Apec* (Association of Private European Cable Network Operators). **1995**-*25-1* « décret câble » fixant le régime des chaînes du câble (notamment le téléachat). Pour les chaînes de cinéma : possibilité de programmer 416 films/an, moins de créneaux horaires de diffusion interdits, possibilité de faire de la publicité pour le cinéma. *-Févr.* Communication Développement, filiale de la Caisse des dépôts, cède ses réseaux à France Télécom Câble, Lyonnaise Communications et TDF. Création de *l'Afco* (Association fr. des câblo-opérateurs) regroupant France Télécom, la Cie générale de vidéocommunication, Lyonnaise Communication et l'Anoc. **1996**-*janvier* création de *l'UTLC* (Union des télévisions locales du câble). *-10-4* loi relative aux expérimentations dans le domaine des technologies et services de l'information. *-26-7* loi fixant les modalités d'exploitation des services de télécommunications sur les réseaux câblés. -*Juillet* au Mans, lancement de Cybercâble, 1re offre commerciale d'accès à Internet sur le câble. *-Déc.* 1ers réseaux câblés en numérique jusque chez l'abonné. **1997** Canal + devient l'actionnaire majoritaire de la Cie générale de vidéocommunication qui devient NC NumériCâble. *-Oct. Accès* (Association des chaînes du câble et du satellite) créée. *-Fin* 10 réseaux câblés proposent l'accès à Internet. **1998** France Télécom lance Modulo Câble, abonnement sur mesure, et Câble Wanadoo, accès forfaitaire et permanent à Internet. *-Juillet* NC NumériCâble signe un accord de distribution exclusif avec AOL. *-Septembre* Canal + ouvre le capital de NC NumériCâble à la Sté Exante (37 %). **1999** NTL (anglais) rachète les réseaux 1G de France Télécom. UPC (américain) présent en France dans Médiaréseaux rachète Citéréseau et Rhône Vision Câble, puis Vidéopole et RCF. InterComm (américain) entre au capital de Câble Services de France et reprend Sudcâble Services, TME, Cité Interactive, Première Cablevision. *-Septembre* fin du Plan Câble : Lyonnaise Câble puis NC NumériCâble passent des accords avec France Télécom pour reprendre les réseaux du Plan Câble. *-Novembre* Lyonnaise Câble lance le « forfait étoiles », abonnement à la télévision à la carte. NC NumériCâble commence à commercialiser Internet sur certains réseaux câblés. *-Décembre* protocole d'accord entre Canal+, Exante, et France Télécom sur les réseaux câblés exploités par NC NumériCâble. **2000**-*janvier* NC NumériCâble lance « la télé à la carte ». *-Février* UPC et InterComm fusionnent en UPC France. *-Avril* Afco et Anoc fusionnent en l'Aform (Association française des opérateurs de réseaux multiservices). *-Mai* Lyonnaise Câble devient « Noos » et son service Cybercâble, Noosnet. *-Décembre* l'Aform s'ouvre aux acteurs de la boucle locale radio. **2001**-*mars* 1res offres Internet haut débit et Internet + TV numérique (NC NumériCâble). *-Mai* l'Aform et les opérateurs de câble portent plainte contre l'État français devant la commission européenne pour distorsion de concurrence.

■ Quelques chiffres

■ **Réseaux. Sites exploités** (en avril 2000, *source :* Avicam) : 511 (1 477 communes). **Prises commercialisables et,** entre parenthèses, **abonnés** (au 31-12, en milliers) : *1987 :* 623 (150) ; *90 :* 2 777 (356) ; *92 :* 4 649 (1 041) ; *93 :* 5 284 (1 287 dont individuels 870, collectifs 416) ; *97 :* 6 856,1 (2 347,8) ; *98 :* 7 134,5 (2 588,6) ; *99 :* 7 680 (2 782,2) : *2000 :* 8 395,7 (3 055,4). *Taux de pénétration* (en % des abonnés par rapport aux prises commercialisables) : *au 31-12-2001 :* 36,39. **Abonnés TV numérique** inclus dans les abonnés tous services (au 31-12-2001) : 508 091, Internet 116 601, téléphone 40 308.

■ **Abonnés au câble en Europe** [(entre parenthèses foyers raccordés) en millions, 1999, *source* ECCA] : All. 18,7 (26,6), P.-Bas 6 (6,3), Belg. 3,8 (4), *France 2,6 (7,7),* G.-B. 3,9 (11,9), Suisse 2 (2,6), Suède 2 (2,6), Autr. 1,1 (1,7), Dan. 1,3 (1,7). **Taux de pénétration** (en % de la population totale) : *1995 :* 22,1 ; *96 :* 23,2 ; *97 :* 24 ; *98 :* 22. **En France :** par opérateurs (au 31-3-2000, *source :* Avicam) : nombre de sites (prises commercialisables, abonnés tous services). **Cuvelle :** 3 (1 370/768). **Est Vidéocommunication :** 117 (274 422/119 602). **France Télécom Câble :** 133 (1 565 385/707 920). **Ger-TV :** 2 (1 800/1 630). **Lyonnaise Câble :** 19 (2 237 076/756 277). **Martinique TV Câble :** 1 (41 000/18 693). **NC Numéricâble** (Canal+) : 31 (2 205 186/672 447). **NTL France :** 5 (212 321/75 466). **Région Communication S.A. :** 4 (4 358/1 621). **Sté de conception et de gestion de services :** 8 (9 023/4 706). **Usine d'électricité de Metz :** 27 (13 820/8 251). **UPC France/Citéréseau :** 2 (127 725/41 725) ; **/InterComm :** 29 (88 000/30 300) ; **/Médiaréseaux :** 1 (85 000/37 275) ; **/Réseaux câblés de France :** 9 (203 000/75 050) ; **/Rhône Vision Câble :** 1 (276 460/48 400) ; **/Vidéopole :** 83 (510 970/145 375). **Valvision :** 3 (31 422/14 026). **World Satellite Guadeloupe :** 1 (71 783/28 587). **Divers** (Sem, régies, Sivu...) : 32 (152 177/113 604).

■ **Coût. Financement assuré par France Télécom** (ex-DGT) [autorisations de programmes (en milliards de F)] : *1983 :* 0,6 ; *84 :* 0,7 ; *85 :* 2,2 ; *86 :* 1,9 ; *87 :* 3,1 ; *88 :* 3,3 ; *89 :* 3,3 ; *90 :* 3,3 ; *92 :* 2,6. *Total cumulé 1983-93 :* 25. **Investissement moyen par réseau Plan Câble :** 500 à 600 millions de F dont 90 % à la charge de France Télécom et 10 % à celle des opérateurs. **Coûts techniques de télédistribution** (en 1998) : *câble coaxial :* 2 000 à 2 500 F la prise. **Tarifs d'abonnement :** 149 F/mois au service de base (15 chaînes au moins). **Taux de désabonnement :** inférieur à 10 %.

■ **Chaînes thématiques du câble et du satellite. Date de création, capital, mode de diffusion (c. : câble, h. : hertzien, sat. : satellite) zone de diffusion** (en sus de la France métropolitaine) et **nombre d'abonnés au 31-12-2000 : 13e rue** (13-11-1997) : Universal Studios 100 % ; c., sat. **AB 1** (déc. 1995) : groupe AB 100 % ; c., sat. (Suisse). **AB Moteurs** (29-3-1999) : groupe AB 100 % ; c., sat. (Belgique, Suisse, Réunion, Pologne). **Action** (2-4-1996) : groupe AB 100 % ; c., sat. (Suisse, Réunion, Antilles). **Allociné Télévision** (sept. 2000) : CanalNumedia 75 %, Allociné SA 25 ; c., sat. **Animaux** (2-4-1996) : groupe AB 100 % ; c., sat.

Satellites TV européens

Répartition des chaînes par satellite en Europe (en 1995). 140 diffusées par 170 canaux. En 1994, 98 chaînes dont : en anglais 43 (Astra 56 %, Intelsat 23, Eutelsat 21), en allemand 33 (DBP 46 %, Astra 39, Eutelsat 9, France Télécom 6), en français 22 (France Télécom 81, DBP 9, Astra 5, Eutelsat 5).

Nombre de chaînes par satellite en France (en 1995). **Chaînes françaises** en clair/cryptées **et**, entre parenthèses, **étrangères :** Astra 3/10 (30/40), Eutelsat 2F1 4/1 (23/3), Eutelsat 2F2 0/0 (15/4), Eutelsat 2F3 0/0 (7/1), Télécom 2A 1/10 (0/0), Télécom 2B 5/5 (0/0).

Nombre de programmes diffusés sur la France (1er trim. 1996) : Astra 106, Eutelsat II-F1 : 41, Télécom 2A : 10, 2B : 10.

Nombre d'abonnés à au moins 15 chaînes en France (*source :* IP France) : *1997 :* 7 365 800 ; *98 :* 9 246 100.

■ **Asiasat 2.** Star-TV (réseau asiatique racheté par Murdoch) compte lancer 40 chaînes en 3 ans.

■ **Astra.** Système de 9 satellites et 2 prévus (positions orbitales 19,2° Est et 28,2° Est) exploité par la Sté européenne des satellites (SES) créé 1985. **Siège :** Betzdorf, Luxembourg. **Filiales :** Angleterre, Allemagne, Espagne, France, Pologne. **Chiffre d'affaires** (en 1999) : 4,757 milliards de F (*résultat net :* 1,320). **Norme de diffusion :** Pal 2D, Mac, MPEG 2. **Zone de couverture :** Europe.

Astra 1A. *Lancé* 11-12-1988 au cours du 1er vol commercial d'Ariane 4. *Mise en service :* 4-2-1989. *Fin de vie :* 2001. *Position :* 19,2° Est. *Fabrication :* GE Astro Space. *Poids :* 1 768 kg. *Répéteurs :* 16 de 45 W (12 après 5 ans). *Capacité :* 16 chaînes. **1B.** 2-3-1991 par Ariane 4 (*en service* 15-4). 19,2° Est. GE Astra Space. 2 617 kg. *Répéteurs :* 16 de 60 W (14 après 5 ans). 16 chaînes. **1C.** 12-5-1993 par Ariane 4 (*en service* 1-7). 19,2° Est. Hughes. 2 790 kg. *Répéteurs :* 16 de 63 W (20 après 5 ans). 34 chaînes. **1D.** 1-11-1994 par Ariane 4 (*en service* 1-11-1995). 19,2° Est (mars 1998 : déplacé temporairement 28,2 ° Est). Hughes. 2 940 kg. *Répéteurs :* 16 de 63 W. 66 chaînes. **1E.** 19-10-1995 par Ariane 42 L (*en service* 1-1-1996), 19,2° Est. Hughes. 3 014 kg. *Répéteurs :* 20 de 85 W (18 après 5 ans). 66 chaînes. **1F.** 8-4-1996 par la fusée russe Proton D1-e. 19,2° Est. Hughes. 3 010 kg. *Répéteurs :* 22 de 82 W (20 après 5 ans). 56 chaînes. **1G.** 2-12-1997 par Proton D1-e. 19,2° Est. Hughes. *Répéteurs :* 30 de 98,5 W (28 après 5 ans) pour la TV numérique. 56 chaînes. **2A.** *Lancé* 30-8-1998 par Proton D1-e. 28,2° Est. Hughes. 3 635 kg. *Répéteurs :* 30 de 100 W (28 après 5 ans), tous pour la TV numérique. 56 chaînes. **1H.** *Lancé* 18-6-1999 par Proton, 19,2° Est. Hughes. 3 700 kg. *Répéteurs :* 30 de 98,5 W (28 après 5 ans) dont 2 opèreront dans la bande Ka (voie de retour) ; tous pour la TV numérique. 64 chaînes. **2B.** *Lancé* 14-9-2000 par Ariane 5. 28,2° Est. Matra Marconi Space. 3 300 kg. *Répéteurs :* 30 de 180 W (28 après 5 ans), tous pour la TV numérique. 56 chaînes. **2D** *Lancé* 29-12-2000 par Ariane. 28,2° Est. *Répéteurs :* 16. **2C** *Prévu* 2e trim. 2001 par Proton. 28,2° Est. *Répéteurs :* 32 (28 après 5 ans). **1K.** *Prévu* 1er trimestre 2001 par Ariane ou Proton. 19,2° Est. Alcatel Space. 4 450 kg/4 650 kg. *Répéteurs :* 52 bande Ku et 2 bande Ka, (46 bande Ka et 2 bande Ka après 5 ans). *Missions : 1°)* remplacement et replacement Astra 1B, capacité de réserve pour les bandes 1A, 1B, 1C et 1D. *2°)* Faisceaux en bande Ku de réutilisation de fréquence : l'un sur l'Irlande/R.-U., l'autre sur l'Europe continentale. *3°)* Optimisation du système de retour direct par satellite, élargissement géographique de la zone de couverture, secours en bande Ka de Astra 1H. Pourra diffuser jusqu'à 400 chaînes en numérique.

Chaînes et stations diffusées (mai 1999) : TV 464 (dont 372 en numérique), radio (plus de 400) vers 22 pays. **Foyers desservis** (en millions, au 30-6-1998) : 73,44 dont 25,83 en réception directe (individuelle et collective) et 47,61 par câble.

■ **Atlantic Sat** (Irlande). *Lancé* 1990.

■ **BS.** Voir Yuri, p. 61 b.

■ **BSB** (G.-B.). **Opérateur :** British Satellite Broadcasters (fusionne 5-11-1990 avec Sky Television). A utilisé Marco Polo en 1990 puis Astra à partir de févr. 1991. Voir p. 61 a.

■ **Eutelsat** (voir p. 60 c). Organisation européenne de télécom. par satellite, créée 1977. **Membres :** 47 pays opérateurs publics et privés de télécom. **Eutelsat I-F1-F2-F3-F4-F5.** *Lancés* entre 1983 et 88 ; **II-F1.** *Lancé* 30-8-1990 par Ariane IV, 48°. **II-F2.** *Lancé* 15-1-1991 par Ariane IV, 12,5° Ouest. **II-F3.** *Lancé* 7-12-1991 par Atlas II, 21,5° Est. **II-F4.** *Lancé* 9-7-1992 par Ariane IV, 28,5° Est. **II-F6** (dit **Hot Bird 1**). *Lancé* 28-3-1995, 13° Est. 16 répéteurs de 70 W. **Hot Bird 2.** *Lancé* 21-11-1996, 13° Est (après quelques jours de tests à 29° Est). *Diffusion :* chaînes des bouquets TPS, ABSat et de Telepiu. **Hot Bird 3.** *Lancé* 2-9-1997, 13° Est. **Hot Bird 4.** *Lancé* 27-2-1998, 13° Est. 20 répéteurs. **W2.** *Lancé* 5-10-1998, 16° Est. **Hot Bird 5.** *Lancé* 9-10-1998, 13° Est. **W3.** *Lancé* 12-4-1999, 7° Est. **Sesat.** *Lancé* 17-4-2000, 36° Est. **W4.** *Lancé* 24-5-2000, 36° Est. **W1.** *Lancé* 6-9-2000, 10° Est. **Eurobird.** *Prévu* début 2001. **Atlantic Bird.** *Prévu* mi-2001. **Newbird.** *Prévu* mi-2001.

Foyers desservis (en millions, fin 1999) : 81.

■ **Globalstar.** 4 satellites *lancés* 14-2-1999. (Voir à l'Index.)

■ **Hispasat** (Espagne). **1A :** *lancé* 10-9-1992. **1B :** *lancé* 22-7-1993, 30° Ouest. Couverture Europe de l'Ouest et Amérique hispanophone, diffuse 5 canaux Pal.

■ **HS 601.** 3 sat. **DBS** (Direct Broadcast Satellite) : **-1 :** *lancé* déc. 1993 par Ariane. **-2 :** *lancé* 4-8-1994 de Cap Canaveral sur fusée Atlas, géostationnaire. 101° Ouest. **-3 :** *lancé* janv. 1995 par Ariane. 27 réémetteurs peuvent transmettre jusqu'à 5 chaînes chacun.

■ **Intelsat.** 35 satellites (voir p. 60 a). **VF-2** (chaînes norvégienne et suédoise). **VF-11** (la Fr. peut capter CNN) et **VF-12** (chaînes anglophones et germanophones essentiellement). **VF-15** (*lancé* 26-1-1989).

■ **Kopernikus. DFS 1 :** *lancé* oct. 1992. *Opérateur :* Bundespost allemande. *Canaux de télévision :* 13 en Pal. **DFS 2** et **DFS 3** ne transmettent pas de chaînes de télévision sauf des décrochages locaux quotidiens de 30 min.

■ **Marco Polo.** Sat. de BSB, 5 chaînes depuis août 1990 en D2 Mac.

■ **Olympus** (sat. de l'Agence spatiale européenne). *Lancé* 12-7-1989 (voir p. 61 a). Fin de mission 31-8-1993.

■ **TDF. Historique de TDF 1 et TDF 2 : 1979**-*2-10* sommet franco-allemand décide la construction de TDF 1, TDF 2 et TDF 3 ; à la suite du rapport Cannac, la France s'engage dans les 2 filières techniques : *faible et moyenne puissance* (20 à 50 W avec Télécom 1) et *forte puissance* (230 W, avec TDF 1). TDF 1 (qui remplace le projet L Sat, financé par All. 54 % et France 46 %) est conçu par *Eurosatellite* (voir *opérateur* ci-dessous) dans le cadre d'une coopération franco-all. prévoyant le développement en commun d'un système de diffusion directe par satellites (TDF pour la France, TV Sat pour l'Allemagne), relayant chacun 4 chaînes et capables de couvrir l'Europe entière. **1983** les progrès de l'électronique rendent moins évident l'avantage des satellites de forte puissance. **1984**-*9-3 rapport Gérard Théry :* TDF 1 est technologiquement dépassé et économiquement non viable. **1985** le Pt Mitterrand autorise la création de chaînes privées hertziennes, ce qui fait perdre de son intérêt au satellite. **1986**-*11-3* attribution de 5 canaux à la chaîne culturelle, la La 5 et à un consortium mené par Berlusconi, Maxwell, Seydoux et Kirch. *-Mai* accord annulé par le gouv. Chirac. **1987**-*12-1 rapport Contamine :* une Sté de commercialisation des satellites TDF 1-TDF 2 peut être constituée. Gérard Longuet, min. des PTT, et François Léotard, min. de la Culture et de la Communication, s'opposent à la poursuite du programme. *-21-10 rapport J.-Pierre Souviron* (ancien dir. gén. de l'Industrie) : TDF 1 n'est pas rentable, il a déjà coûté 1,7 milliard de F à l'État. Son arrêt complet en coûterait 0,6 et son lancement 0,8 (1,361 avec TDF 2). **1988**-*31-8* Michel Rocard (PM) juge la situation « parfaitement détestable » mais autorise le lancement de TDF 1 sous certaines conditions. Plus de 2 milliards de F ont déjà été dépensés. L'abandon de TDF 1 suivant l'échec de l'allemand TV Sat 1 risquerait de priver de moyens l'industrie européenne pour la conquête des marchés de la télévision haute définition. *-20-10* **TDF 1** lancé par Ariane 2. *-28-11* 1re émission. **1989**-*20-4* le CSA répartit les canaux à partir de 1990 ; 6 chaînes télé sur ses 5 canaux image : Canal +, Canal + Deutschland, Canal Enfants jumelé à Euromusique, Sport 2/3 et La Sept. 2 propositions pour la radio : Radio France avec 2 canaux stéréo (programme musical et culturel) et RFI avec 1 canal mono (pour sa duplication). Canal + garantit un « droit d'accès aux opérateurs concurrents ». *-1-8 :* 20 h 35 TDF 1 tombe en panne. 2 h plus tard, 4 canaux sur 5 remis en marche ; le canal 1 (attribué à Sport 2/3) reste en panne et est neutralisé le 27-9. **1990**-*24-7* **TDF 2** lancé par Ariane 4, *-16-8* totalement opérationnel. *-12-9* défaillance du canal 17 de TDF 1 (remis en service 14-5-1991). *-21-9* le CSA réattribue les canaux de TDF 1 (Canal + Deutschland a quitté TDF 1). *-11-10* défaillance des tubes 1 et 13 de TDF 2 à la suite d'une éclipse solaire. *-26-11 rapport Eymery* rendu public. Consacre l'abandon de la filière TDF sur les satellites de forte puissance et propose une négociation sur les plans de fréquences. En fin de vie, TDF 1 et 2 ont été cédés à Eutelsat puis à une sté russe. TDF 2 est tombé en panne en 1998.

Opérateur : consortium franco-allemand *Eurosatellite* qui regroupe Aérospatiale (maître d'ouvrage délégué) et les firmes Alcatel Espace, Thomson, TST, ANT et ETCA.

Capital de TDF [budget annexe des P et T 11 %, Cogecom (filiale de France Télécom) 40 %]. **Coût de TDF 1 et,** entre parenthèses, **de TDF 2** (en millions de F) : développement et fabrication du satellite 973 (766), lancement et assurance 501 (689), mise à poste et assistance industrielle 125 (83), connexion et divers (D2 Mac) 130 (90). *Total* 1 729 (1 628). 2,2 milliards de F sont pris en charge par État et Cnes ; le reste par TDF (partie en fonds propres, partie en emprunts). *Chiffre d'affaires annuel :* environ 50 millions de F.

Diffusion : Arte [français, allemand (canal 9)], Canal + [français (canal 5)], MCM Euromusique [français (canal 17)], RFI (pour l'alimentation d'Arabsat) [français (canal 1)].

Nombre de foyers qui recevaient les programmes de TDF 1/2 (au 1-1-1995) : 52 000.

■ **Télécom 1** (12 canaux, vie prévue 7 ans). [voir aussi p. 61 a] **1 A.** *Lancé* 4-4-1984, *mis en service* en déc, fin de service 28-8-1992. Diffuse NRJ, Radio-Nostalgie, Europe 2, Skyrock, Fun Radio, RFM, Kiss FM et Pacific FM ; achemine des services numériques et une dizaine de programmes du réseau des radios privées. **1 B.** *Lancé* 8-5-1985, mis en service 31-7. Tombé en panne 15-1-1988. Coût 700 millions de F dont lancement 300. Achemine images de La Cinquième et de M6 vers leurs réémetteurs et ceux de Canal J vers le réseau câblé. Peut être capté par des paraboles individuelles de 95 cm. **1 C.** *Lancé* 11-3-1988, *mis en service* en juin.

Télécom 2A. *Lancé* 16-12-1991. **Diffusion :** *Secam :* Canal +, Canal J, Canal Jimmy, Ciné-Cinéfil, Ciné-Cinémas, Eurosport France, MCM Euromusique, Paris Première, Planète. *D2 Mac 16/9 :* Canal +, Ciné-Cinémas, France Supervision. **2B.** *Lancé* 11-4-1992, 5° Ouest. *Diffusion : Secam :* Arte, France 2, LCI, M6, RTL TV, TF1, Monte-Carlo TMC. **2C.** *Lancé* 6-12-1995 ; pour transmissions professionnelles [coût total : 6,3 milliards de F (financés par France Télécom 60 %, Délégation pour l'armement 40)]. **2D.** *Lancé* 7-8-1996 [1], 8° Ouest, 11 répéteurs.

Recettes commerciales de Télécom 2A, 2B et 1C (en millions de F, 1995) : 470.

Nota. – 1C et 2C assurent principalement des services professionnels et la distribution en D2 Mac ou en numérique vers les réseaux câblés. (1) D'où le choix d'Astra par Canal + pour le lancement de son bouquet numérique.

☞ *% des Français recevant les programmes de Télécom 2A :* 10, *2B :* 65.

■ **Télé X** (Suède). *Lancé* avril 1989. 4 chaînes.

■ **Thor** (ex-Marco Polo 2, vendu par le réseau BSkyB à Norwegian Telecom en juin 1992). **Opérateur :** Telenor (ex-Norwegian Telecom Satellite Division). **Membres :** Danemark, Finlande, Norvège, Suède. *Lancement :* 17-8-1990. *Position orbitale :* 0,8° Ouest. *Canaux :* 9.

■ **TV-Sat 1** (All. féd.). *Lancé* 20-11-1987, n'a pas déployé l'un de ses 2 panneaux solaires et n'aurait pu fonctionner compte tenu d'une usure des tuyères servant à le stabiliser (coût 3 milliards de F). **TV-Sat 2** (All. féd.) *Lancé* 9-8-1989. 2 chaînes.

■ **Projets. Tel-Sat** (Suisse), **Nordsat** (Suède), **Unisat** (G.-B.), **Sarit** (Italie), **Sabs** (Arabie saoudite) : tous abandonnés au profit d'Europesat.

☞ TV-Sat 1 et TDF 1 ont une puissance d'émission de 230 W, pèsent 2 t, peuvent embarquer 5 réémetteurs dont 4 actifs. L'énergie disponible est fournie par des panneaux solaires alimentant 5 tubes à ondes progressives (Top) pesant 7,3 kg avec leur bloc d'alimentation.

■ **Foyers équipés pour la réception directe en Europe** (en milliers) **et,** entre parenthèses, **pénétration de la réception** (en %), **en 1993.** Allemagne 6 200 (17,52), Autriche 625 (21,04), Belgique 15 (0,41), Danemark 295 (13,17), Espagne 820 (7,23), Finlande 55 (2,84), *France 577 [dont 107 avec antennes collectives] (2,79),* G.-B. 2 790 (12,38), Grèce 1 (0,03), Irlande 35 (3,34), Italie 50 (0,23), Luxembourg 2 (2,13), Norvège 200 (12,55), P.-Bas 195 (3,11), Portugal 200 (6,4), Suède 410 (12,20), Suisse 125 (5,04). *Source :* Screen Digest, 1994.

■ **Satellites utilisés pour la diffusion de programmes de TV en langue française pour la France. Astra** (19,2° Est) : TV Sport France [1,a], Eurosport [1,2]. **TDF 1/TDF 2** (19° Ouest) : Canal + [2,b], MCM [2,a], Canal France International (CFI). **Télécom 2A** (8° Ouest) : Canal + [3,c], Canal J [3,c], Canal Jimmy [3,c], Ciné-Cinéfil [3,c], Ciné-Cinémas [3,c], Planète [3,c], TV Sport France [3,c], MCM [3,c], Canal + [2,b], Ciné-Cinémas [2,b], France 2 16/9 [2,a], Canal + [2,b]. **Télécom 2B** (5° Ouest) : TF1 [3,a], France 2 [3,a], Canal J [3,a], Canal Jimmy [3,a], Canal + [3,c], Arte [3,a], M6 [3,a].

Eutelsat II-F1 et Hot Bird 1 (13° Est) : La Cinquième [1], Arte [1], MCM international [1], TV5 [1], Canal + Horizons [1], AB Channel [1]. **II-F3** (16° Est) : RTM1 [1], Nile TV international [1], TV7 Tunisie [1], Algerian TV [1]. **II-F4** (7° Est) : Quorum Satellite Network [1].

Nota. – (1) Pal. (2) D2 Mac. (3) Secam. (a) Non crypté. (b) Eurocript. (c) Nagravision.

A Vendre à louer interactif (nov. 1998 sur TPS, déc. 2000 sur Noos) : 227 000 F ; sat. **Bloombert TV France** (janv. 1997) : Bloomberg L.P. 100 % ; c., sat. **C : Direct** (téléchargement de logiciels, juillet 1996) : c., sat. **Canal Club** (mars 1996) : 250 000 F (CanalSatellite 100 %) ; c., h., sat. (Bénélux, Suisse). **Canal J** (23-12-1985) : 21 000 000 d'euros dont Lagardère Active 51 %, Canal + 49 ; c., sat. (Polynésie fr., Antilles, Belgique, Suisse), 3 000 000 d'ab. **Canal Jimmy** (7-1-1991) : 1 176 000 F (MultiThématiques SA 100 %) ; c., sat. (Italie), 2 900 000 ab. **Cartoon Network** (1-4-1998) : c., sat. **Chasse et pêche** (2-4-1996) : groupe AB 100 % ; c. (Suisse), sat. **Ciné-Cinémas** (7-1-1991) : 1 204 300 F (MultiThématiques 100 %) ; c., sat. (Bénélux, Italie, Scandinavie), 1 350 000 ab. **Ciné Classics** (7-1-1991) : 1 204 300 F (MultiThématiques 100 %) ; c., sat. (Espagne, Italie), 1 200 000 ab. en France. **Ciné-Palace** (2-4-1996) : groupe AB 100 % ; c., sat. **Club Téléachat** (19-5-1998) : Home Shopping Service (détenu à 100 % par M6) 100 % ; c. sat., 3 000 000 de foyers. **CNN International** (informations en continu sept. 1985) : c., sat. (4 versions différentes reçues par 180 000 000 de foyers dans

212 pays). **Comédie !** (29-11-1997) : 30 000 000 F dont Pathé 66 %, Canal+ 18,7, RF2K 15,3 ; c., sat. **Comète** (févr. 2001 sur TPS) : 277 000 F ; sat. (Europe). **CTV Contact Télévision** (2-5-1994) : 3 250 000 F dont Interactive Partners, Talliesin ; c., sat., 1 600 000 ab. **Cuisine.TV** (14-4-2001) : 1 000 000 d'euros dont Pathé 51 %, RF2K 49 ; c., sat. (DOM-TOM). **Demain !** (emploi, formation, etc. ; 29-10-1997) : Canal+ 100 % ; c., sat. **Disney Channel** (29-7-1996, lancée 22-3-1997) : 1 000 000 F ; c., sat. (Antilles). **Encyclopedia** (2-4-1996) : groupe AB 100 % ; c., sat. **Equidia** (16-9-1996) : intégrée au pôle TV Multimédia du PMU ; c., sat. **Escales** (2-4-1996) : groupe AB 100 % ; c., sat. (Belgique, Suisse). **Euronews** (1-1-1993) : ITN (G.-B.) 51 %, Secemie (sté éditrice de la chaîne européenne multilingue d'information EuroNews) 49 ; c., h., sat. (43 pays d'Europe et du bassin méditerranéen). **Eurosport** (1989) : 3 000 000 F dont TF1 34 %, Canal+ 33, ESPN 33 ; c., sat. (en 17 langues). **Eurosport France** (1-3-1993) : TF1 100 % ; c., sat. (Belgique, Luxembourg, Suisse romande, Antilles fr., Réunion, Nlle-Calédonie). **Fashion TV** (vidéo clips de mode, 1-5-1997) : sat. **Festival** (24-6-1996) : 20 000 100 F dont Carlton 33 %, France 2 : 28, France 3 : 28, arte 11 ; c., sat., 900 000 ab. **Fit TV** (sept. 1997) : groupe AB 100 % ; c., st. **Forum** (déc. 1997) : MultiThématiques 100 % ; c., sat., 1 500 000 ab. **Fox Kids** (1-6-1997) : 819 414 euros, Fox Kids Europe et Fox Children Network ; c., sat., 900 000 ab. **Game One** (sept. 1998) : Interactive Partners 85 %, Infogrames 15 ; c., sat. (Afrique par Canal+ Horizons, Hongrie, Pologne). **Histoire** (3-4-1997) : 15 000 000 F dont Arte 25 %, France Télévision 25, Finance & communication DVPT 20, France Télécom 10, Ina 10, Lyonnaise Communication 10 ; c., sat., 870 000 ab. **i-télévision** (4-11-1999) : 200 000 000 F (Canal+ 100 %) ; c., sat. **Initiés-TV** (6-12-2000) : 51 500 euros (A7 Média) ; c., sat. **Kiosque** (27-4-1996) : 50 000 F dont Canal+ 80 %, Vivendi 20 ; c., sat. **KTO** (13-12-1999) : Association Paris-Notre-Dame 100 % ; c., sat. **La Centrale interactive** (janvier 2001) : 277 000 F ; sat. (Europe). **La Chaîne des marques** (1998) : sat. **La Chaîne Histoire** (8-5-1997) : groupe AB 100 % ; c., st. **La Chaîne Météo** (21-6-1995) : 5 000 000 F (Lagardère et Canal+) ; c., sat. **LCI (La Chaîne Info)** (24-6-1994) : TF1 100 % ; c., sat. (reçue par 3 500 000 foyers). **LCI Finance** (déc. 2001) : c., sat. **LCP-AN (La Chaîne parlementaire – Assemblée nationale)** (30-12-1999) : 250 000 F (Assemblée nat. 100 %) ; c., sat. **L'Équipe TV** (31-8-1998) : 20 100 000 F (journal L'Équipe 100 %) ; c., sat., 2 250 000 ab. **Ludi TV** (26-6-1999) : 66 800 F (Visiware 100 %) ; c. sat. **M6 Music** (5-3-1998) : M6 Métropole Télévision 100 % ; c., sat. **Mangas** (2-4-1996) : groupe AB 100 % ; c., sat. **MCM** (juillet 1989) : 1 606 000 euros dont Lagardère Médias 51 %, Canal+ 49 ; c., sat., 3 000 000 000 d'ab. **Mezzo** : Lagardère Thématiques 50 %, Wanadoo Audiovisuel 25, France Télévision 22,5, Arte France 2,5 ; c., sat., 1 800 000 ab. **Monte Carlo TMC** (1954) : 30 000 000 F dont Havas Image 52,5 %, Canal+ 23,75, CLT-UFA 23,75 ; c., h., sat., 3 000 000 d'ab. **MTV** (USA 1981, Europe 1987) : Viacom 100 % ; c., sat. **Multimusic** (Sté Multiradio 1993) : 631 110 F dont Opus 21 [Orbus Morgan Grenfell Private Equity 80 %, Pierre Bellanger 20] 66 %, France Télécom Multimédia 100 ; c., DTH (direct-to-home), Internet, ADSL, 3 500 000 ab. **Multivision** (paiement à la séance ; 24-1-1994) : 4 005 000 F (TPS 100 %) ; c., sat., 1 000 000 d'ab. **Musique classique** (2-4-1996) : groupe AB 100 % ; c., sat. **Odyssée – la chaîne documentaire** (10-9-1996, lancée 12-1-1998) : 50 000 F (TF1 100 %) ; c., sat., 1 700 000 ab. **OMTV** (club de football de Marseille ; janvier 1999, lancée 16-1) : c., sat., 27 000 ab. **Paris Première** (1986) : 7 010 000 F dont Suez-Lyonnaise Communications 73,35 %, groupe Marie-Claire 15,99, M6 : 10,66 ; c., sat. 4 000 000 d'ab. **Pathé Sport** (1999) : Pathé 100 % ; c., sat., 1 800 000 F. **Planète** (19-9-1988) : 49 285 700 F (MultiThématiques 100 %) ; c., sat. (Allemagne, Belgique, Italie, Pologne, Suisse), 3 500 000 en France. **Public Sénat** (février 2000) : 250 000 F (Sénat 100 %) ; c., sat. **Recrut Interactif** (juillet 1998, lancée mars 2000 sur TPS, déc. 2000 sur Noos) : 227 000 F ; c. (Europe), sat. **Régions** (11-5-1998) : 30 000 000 F dont France 3, France Télécom Multimédia, Crédit Local de France-Dexia ; c., sat. **RFM TV** (9-9-1999) : groupe AB 100 % ; c., sat. **RFO Sat** (25-3-1998) : RFO 100 % ; c., sat. **Rire** (2-4-1996) : groupe AB 100 % ; c., sat. **Romance** (2-4-1996) : groupe AB 100 % ; c., sat. **RTL9** (1955) : groupe AB 65 %, CLT-UFA 35 ; c. (2 200 000 ab. en France et en Suisse), h., sat., (750 000 foyers en Lorraine). **Seasons** (1-11-1996) : MultiThématiques 98 %, Havas Images 1, Canal+ 1 ; c., sat. (Allemagne, Espagne, Italie, Pologne), 125 000 ab. en France. **Série Club** (8-3-1993) : 38 112,25 euros dont TF1 50 %, M6 50 ; c., sat., 1 950 000 ab. **Shopping Avenue** (19-5-1998) : 500 000 F (TF1 100 %) ; c., sat. **TCM (Turner Classic Movies)** (17-9-1993, lancée 15-10-1999 en France) : 40 000 euros ; c. (Belgique, Luxembourg, Suisse). **Télé Création Citoyenne** : sat., Internet. **Téléton** (19-11-1996) : 50 000 F dont TF1 : 25 %, Suez Lyonnaise des Eaux 25, M6 : 25, France Télécom 17, France Télévision 8 ; c., sat. **Téva** (6-10-1996) : 250 000 F dont M6 : 51 %, Marie-Claire 24,5, Hachette Filipacchi Média 24,5 ; c., sat., 1 158 000 ab., **TF6** (18-12-2000) : 80 000 euros dont TF1 : 50 %, M6 : 50 % ; c., sat. **TFJ (Télévision française juive)** (30-4-1998) : 1 250 000 F ; c., sat., 2 000 000 d'ab. **Tiji** (enfants de moins de 7 ans ; 15-12-2000) : 21 000 000 euros dont Lagardère Active 51 %, Canal+ 49 % ; c., sat. (Maghreb par Canal Horizons, Afrique noire par le Sat). **TPS Cinéma : Cinéstar 1/Cinéstar 2/Cinétoile/Cinéfaz/Cinécure** (29-8-1996) : 50 000 F dont TPS 99 %, TPS gestion 1 ; c., sat., 1 000 000 d'ab. **TPS Interactif** (1-1-1998) : 50 000 F (TPS 100 %) ; sat. **TPS Sport : Infosport/TPS Foot/Superstades** (10-7-1998) : TPS 100 % ; c., sat., Infosport 1 800 000 ab., TPS Foot 1 000 000 d'ab. **TV Breizh** (sept. 2000) : 15 000 000 d'euros dont Artémis (F. Pinault) 27 %, TF1 : 22, Crédit agricole de Bretagne 15, News International plc (R. Murdoch) 13, Mediaset Investment (S. Berlusconi) 13, groupe J.-C. Darmon 6, Panavi Holding Production (R. Ruello) 4 ; c., sat. **Voyage** (31-5-1996) : 22 223 000 F (Pathé 100 %) ; c., sat. **Wishline** (4-12-1999) : 1 250 000 F lux. (MultiThématiques 100 % ; Espagne, Italie, Pologne). **XXL** (2-4-1996) : groupe AB 100 % ; c., sat.

■ **Nombre de chaînes francophones en France :** *1996 :* 45 ; *98 :* 86. **Foyers abonnés** (en millions) : *1996 :* 1,3 ; *98 :* 2,8. **Parts de marché des opérateurs** (début 2000, en % ; *source :* CSA) : France Télécom 28, Lyonnaise 25, Canal+ 23, UPC (United Pan-Europe Communications) 13, régies et divers 7, EDF 4.

■ **Abonnés tous services/dont TV, dont,** entre parenthèses, **TV numérique/Internet** (en milliers, au 31-12-1999, *source :* Afco) : 2 887,2/2 866,2 (320,5/50,5) dont Lyonnaise Câble 720/707 (157/29), NC NumériCâble 662/661,7 (91,9/n.c.), France Télécom câble 720/714 (64/15), nouveaux opérateurs 673,8/671,9 (6,2/6,5).

■ **Nouveaux services.** Certains réseaux câblés proposent des services en paiement à la séance. **Éducâble :** à destination des écoles raccordées au réseau câblé d'un site, banque de films éducatifs en autoprogrammation par les professeurs des écoles. **Vidéo-surveillance :** sur les réseaux câblés de Nîmes, Hénin-Beaumont, Roubaix-Tourcoing, Levallois et Lambersart, pour la sécurité urbaine. **Odyssée :** télévidéothèque scientifique grand public créée mars 1991 (Massy et communes associées : Télessonne). **Services domotiques :** protections et alarmes contre incendie, effraction, vol, agression. Certains câblo-opérateurs proposent l'accès à Internet à haut débit sur les réseaux câblés ou même l'accès au téléphone. *Statistiques* (au 31-3-2001, *source :* Aform) : prises commercialisables 8 504 866, abonnés tous services 3 105 962, Internet 151 109, téléphone 49 610. **Autres services :** *banques de données urbaines* pour le cadastre informatisé et le tracé des réseaux (eau, assainissement, électricité, téléphone, télédistribution), réalisées à Colmar et à Mulhouse.

■ **Le Câble français. 1ers réseaux non PTT en exploitation commerciale :** *Munster* (oct. 1978) : 13 chaînes ; *Metz* (juin 1979) : 16 chaînes ; *Dunkerque* (janv. 1984) : 15 chaînes ; *Nice* (sept. 1984). **1ers réseaux PTT en exploitation commerciale :** *Biarritz* (sept. 1984), réseau expérimental fibres optiques : 15 canaux ; *Cergy-Pontoise* (déc. 1985), 14 chaînes.

■ **Paris TV-Câble.** 4-6, villa Thoréton, 75015 Paris. Sté d'économie mixte. *Créée* décembre 1986. *Pt :* Bernard Pons (né 18-7-1926). *Dir. gén. :* Cyrille du Peloux. **Capital** (en %) : Lyonnaise Câble 52,4, Ville de Paris 23,1, France Télécom 24,5.

RADIOS PRIVÉES

☞ En 2001, il y a 600 fréquences FM exploitées en France : 3 000 par les radios du service public (France Bleu, Fr. Culture, Fr. Info, Fr. Inter, FIP, France Musiques, Le Mouv') ; 3 000 par les stations privées dont 1 900 pour les radios commerciales en réseaux, 700 pour radios commerciales indépendantes et 400 pour les associations.

■ **Bandes de fréquences utilisées par la radio. Ondes longues :** bande kilométrique (148,5 à 283,5 kHz) ; **moyennes :** bande hectométrique (526,5 à 1 606,5 kHz) ; **courtes :** bande décamétrique (3 à 30 MHz), *FM (RDS)* ; **satellite :** bande métrique (87,5 à 108 MHz).

■ **DAB (Digital Audio Broadcasting).** Radiodiffusion sonore numérique. *1991-oct.* création en France du club DAB. **Bandes de fréquences :** 1 500 MHz (pour la diffusion terrestre et satellitaire : 1452-1492 MHz), bande I (47-68 MHz), bande élargie III (174-240 MHz). **Services :** programmes radiodiffusés de qualité CD, programmes payants avec carte à puce personnelle, radiomessagerie (envoi d'un message, radiotexte permettant l'affichage du titre du morceau, du nom de l'interprète, d'informations météo ou routières...). **Accès aux services :** autoradio DAB (10 000 F) ou boîtier DAB à raccorder à un autoradio (4 000 à 7 000 F), programmes payants sur abonnement. **Expérimentations :** *14-3-2001* publication au *JO* par le CSA des candidats admis à concourir pour des diffusions DAB en Ile-de-Fr. : 26 blocs de fréquences, soit plus de 200 programmes sonores et services associés. Diffusion prévue 2002. Voir p. 1356 a.

Autoroute-Info : sur Paris-Toul., Mulhouse, Lyon, tunnel du Mt-Blanc, Corse ; Bourges-Clermont-Ferrand. **Autoroute FM (Paris-Poitiers) :** Paris-Caen, Vitré, Nantes, Poitiers, Bourges. **107.7 FM :** entre Paris-Calais. **Trafic FM :** Aix-en-Provence-Nice, Monaco, Marseille, Toulon. **Radio-Trafic :** Lyon-Aix-en-Provence, Marseille, Orange-Perpignan, Narbonne-Toulouse, Bordeaux-Poitiers, Bayonne.

■ **RDS (Radio Data System).** Permet, dans le cadre d'un programme à modulation de fréquence, la transmission de signaux numériques auxiliaires au signal FM. Ces signaux sont inaudibles pour l'utilisateur. **Services :** syntonisation automatique : recherche permanente du meilleur émetteur pour la station désirée ; informations liées aux programmes radiodiffusés et, en particulier, affichage sur l'écran à cristaux liquides du récepteur du nom de la station ; informations non liées aux programmes radiodiffusés : réception de messages sur récepteur portatif individuel (radio-messagerie unilatérale, exemple : le service Opérator de TDF qui comptait 50 000 abonnés en juillet 1993) ; téléaffichage : gestion des emplacements dans un parking, de la circulation des bus en milieu urbain... **Accès aux services :** conditionné à l'acquisition de récepteurs autoradio équipés RDS : *en 2000* 80 % des autoradios vendus. Préfigure le DAB (voir ci-dessus).

■ **Catégories de radios privées.** Depuis le « communiqué 34 » du 29-8-1989 du CSA les radios sont classées en 5 catégories et ne peuvent en changer : **1°) catégorie A :** *radios non commerciales* aux ressources commerciales inférieures à 20 % de leur chiffre d'affaires ; *éligibles au Fonds de soutien à l'expression radiophonique* (voir col. c) ; vocation : radios de proximité, radios communautaires, culturelles ou scolaires ; peuvent faire appel, pour une part non prépondérante de leur temps d'antenne, à des banques de programmes ou à un fournisseur de programmes identifié constitué sous la forme d'une association ou d'un GIE regroupant des radios associatives et à la condition que cette fourniture soit effectuée à titre gracieux. **2°) Catégorie B :** *radios commerciales locales indépendantes* ne couvrant pas plus de 6 millions d'habitants ou ne s'étendant pas au-delà du ressort géographique de 2 comités techniques radiophoniques ; présence exclusive ou prépondérante d'un programme d'intérêt local ou régional. **3°) Catégorie C :** *radios commerciales locales rattachées à un réseau :* émissions d'intérêt local diffusées à des heures et pendant un temps d'antenne significatifs et programme fourni par un tiers (autre qu'une radio déjà autorisée en catégorie E) et non financé par des ressources commerciales locales. **4°) Catégorie D :** *radios nationales thématiques :* diffusion d'un programme thématique sur le territoire nat. (réseaux musicaux par exemple), programme ne comprenant pas de décrochage pour la diffusion d'émissions ou de publicités locales, exclusivement financé par la publicité nationale (annonceurs dont la zone de chalandise excède le ressort géographique de 2 comités techniques radiophoniques). **5°) Catégorie E :** *radios nationales généralistes :* programmes faisant une large part à l'information, aux émissions de services, aux émissions à vocation culturelle et aux jeux, présentant une variété de genres dans leur partie musicale, ne comprenant pas de décrochage pour la diffusion d'émissions ou de publicités locales, exclusivement financés par la publicité nationale.

Nombre de radios et, entre parenthèses, **de fréquences** (en 1997). **Catégorie A** (associatives) 535 (400), **B** (locales commerciales indépendantes) 305 (700), **C** et **D** (services thématiques à vocation nationale) 9 (1 440), **E** (services généralistes à vocation nationale) : RTL, Europe 1, RMC (460).

Répartition du chiffre d'affaires (en % des radios) : *de 0 à 200 000 F :* 25 ; *de 200 à 500 000 F :* 25.

☞ Les services qui consacrent à des programmes d'intérêt local au moins 3 h de diffusion/j entre 6 h et 22 h peuvent diffuser des messages de publicité locale d'une durée ne dépassant pas 25 % de celle des programmes d'intérêt local.

■ **Loi sur les quotas de chansons françaises. Amendement Pelchat** *voté* 1-2-1994, *entré en vigueur* 1-1-1996 : *oblige* les radios privées diffusant de la musique de variétés (radios communautaires et de musique classique ne sont pas concernées) à diffuser, entre 6 h 30 et 22 h 30, au moins 40 % de chansons d'expression française, dont 50 % de nouveaux talents (artistes n'ayant pas obtenu 2 Disques d'or, c'est-à-dire n'ayant pas vendu 2 × 100 000 exemplaires) ou de nouvelles productions, interprétées en français ou dans une langue régionale française.

■ **Organisations professionnelles. CNRL (Confédération nationale des radios libres) :** *catégorie :* A. *Siège :* Tour Pleyel, 153, bd Anatole-France, 93200 St-Denis. **Conseil national des radios associatives (CNRA) :** 7, rue Lavoisier, 82300 Caussade. **Sirti (Syndicat interprofessionnel des radios et télévisions indépendantes) :** *cat. :* B. *Siège :* 11 *bis*, rue de Moscou, 75008 Paris. **SNRP (Syndicat national des radios privées) :** *cat. :* B ou C. *Siège :* Immeuble Grand Cap, 574 Chemin Wette-Fays, 69300 Caluire. **SRGP (Syndicat des radios généralistes privées) :** *siège :* c/o Europe 1 Communication, 28, rue François-Ier, 75008 Paris.

■ **Fonds de soutien à l'expression radiophonique (FSER). Siège :** 35, rue St-Dominique, 75007 Paris. **Membres de la commission :** 11 dont *Pt :* Denis Rapone (maître des requêtes au Conseil d'État), représentants de l'État 4, des radios associatives 4, des régies publicitaires 1. *Rattaché* à la Direction du développement des médias (Premier ministre). **Mission :** attribution de subventions de fonctionnement, d'installation et d'équipement aux radios locales associatives dont « les ressources commerciales, venant de messages diffusés à l'antenne et présentant le caractère de publicité de marque ou de parrainage, sont inférieures à 20 % de leur chiffre d'affaires total ». *Alimenté* par une taxe parafiscale sur les recettes publicitaires des services de radio et de TV ; ces recettes figurent au budget de l'Ina. **Montant de la taxe encaissée** (en millions de F) : *1990 :* 64,2 ; *96 :* 100 ; *99 :* 110 ; **2000 :** 130,2. **Dossiers examinés :** *1996 :* 531 ; *99 :* 567. **Montant des subventions attribuées** (en millions de F) : *installation : 1999 :* 0,38 ; *2000 :* 1,2 (pour 12 radios) ; *fonctionnement : 1999 :* 53,4 (309) ; *97 :* 80,4 (533) ; *99 :* 92,3 (536) ; *2000 :* 101,6 (541) ; **des aides à l'équipement attribuées :** *1998 :* 10,2 ; *99 :* 9,5 ; *2000 :* 4,2 (68).

Chiffre d'affaires des radios subventionnées par le FSER (en millions de F, 1997). 245 (hors bénévolat et avantages en nature) dont subventions FSER 89,8, autres subventions 40,9, cotisations, dons 29,3, publicité 8,2, autres activités radiophoniques 16,3, autres activités 10,9, transfert de charges et produits exceptionnels 56,6.

Radios généralistes

Europe 1

■ **Siège.** 26 *bis*, rue François-Ier, 75008 Paris. **Grandes ondes :** 183 kHz (1 639 m).

■ **Histoire.** **1949** Charles Michelson (d'origine roumaine, en France depuis 1930, avait obtenu en 1939 du gouv. français la concession de l'exploitation d'un émetteur à Tanger, projet arrêté par la guerre) obtient (en compensation) une option pour la concession de l'exploitation de la télé à Monte-Carlo et fonde la SA monégasque *Images et Son*. **1952**-*27-6* le gouvernement sarrois transfère le monopole d'exploitation de la radiotélévision à une Sté d'État, la *Sté sarroise de radiodiffusion*, en précisant dans les statuts que les associés ne pourraient être que la France (30 %) et la Sarre (70 %). Cette Sté accorde à son tour à une nouvelle Cie, la *Sté sarroise de télévision*, filiale d'Images et Son, la concession pour 50 ans d'un émetteur TV et d'un émetteur radio de 400 kW en Sarre. **1954** *Images et Son* a pour principaux actionnaires : *RBV Radio-Industrie* (450 millions de F) ; *Sté monégasque de banque et de métaux précieux ; Louis Merlin et ses associés, Thomson-Houston*. **1955**-*1-1* à 6 h 30, 1re émission expérimentale (fréquence 240 kHz). A 7 h, il faut stopper, la fréquence étant celle du radiophare de l'aéroport de Genève. *-2-1 :* 1re émission régulière lancée sur 250 kHz, mais la Finlande se plaint de brouillage. Europe 1 passe à 245 kHz, mais le Danemark proteste : c'est la fréquence de son émetteur de Kalundborg, puis la Norvège s'émeut. *-5-1* Europe 1 doit suspendre ses émissions. *-10-1* elle passe à 238 kHz, mais Radio Luxembourg qui est à 233 est brouillée. Europe 1, accusée de contrevenir à la convention de Copenhague (1948) qui avait prévu que la Sarre ne pourrait pas disposer d'un émetteur ondes longues, rétorque que Radio Luxembourg n'est pas elle-même signataire de cette convention et qu'elle émet sur une longueur d'ondes qui lui a toujours été refusée. *-19-1* les émissions cessent ; pendant 3 mois la station disparaît ou réapparaît selon les circonstances. *-3-4* Europe 1 se fixe sur 180 kHz (1 667 m GO) et diffuse ses premiers messages publicitaires. *-Sept.* l'État français demande à Sylvain Floirat (1899-1993), P-DG des établissements Breguet, de reprendre RBV-Radio-Industrie en dépôt de bilan. *-Oct.* Floirat constitue la *Sté d'exploitation, de constructions, d'outillage et d'électronique* (capital 50 millions de F). Il entre ainsi à Images et Son. **1956**-*juillet* Floirat devient propriétaire d'Images et Son détenu jusqu'alors par la Sté monégasque de banque. **1957** le capital est alors réparti entre lui (35 %), *RBV*, en règlement judiciaire (34 %), Thomson-Houston (10 %) et des petits porteurs. *-1-1* la Sarre redevient allemande. *-8-1* Floirat Pt d'Images et Son. **1959** le juge autorise la cession à la *Sofirad* pour 1 200 millions de F des 42 944 actions Images et Son de la RBV. **1960** Images et Son crée avec Publicis la Régie no 1 (régie publicitaire exclusive d'Europe 1). **1961**-*18-1* Images et Son devient *Europe No 1-Images et Son*. **1962** capital d'Images et Son : 15 millions de F [*Sofirad* 35 % des actions (+ de 46 % des voix) ; *Groupe Floirat* 35 % (31 % des voix) ; *Pté de Monaco* 5,5 % (3,5 % des voix) ; *Thomson-Houston* 2 % (1,65 % des voix) ; + 15 % de petits porteurs]. **1964**-*17-3* Images et Son-Europe no 1, capital 18 millions de F (720 000 actions de 25 F), introduite à la cote officielle de la Bourse. **1975**-*nov.* la Conférence internationale de Genève de l'UIT attribue à la Fr., pour *Europe 1*, 182 kHz avec une puissance apparente rayonnée de 38 décibels dans l'axe de 222°. **1980**-*15-12 Jean-Luc Lagardère* Pt. **1981** *Pierre Barret* Pt.

1982 suppression du monopole d'État et ouverture de la bande FM aux opérateurs privés. **1983**-*janv.* Images et Son-Europe no 1 prend le contrôle d'Affichage-Giraudy ; *-30-3* devient *Europe 1 Communication*. **1986** l'État français (Sofirad) se retire du capital en cédant sa participation de 34 % au groupe Hachette. *Frank Ténot* Pt. *-7-3* un arrêté ministériel attribue 20 fréquences FM à Europe 1 qui peut dès lors diffuser en FM. *Europe 2* (programme musical repris par plusieurs radios locales). **1994**-*31-3 Jacques Lehn* Pt. **1996** développement d'un pôle de production et de droits audiovisuels. **1998** s'équipe d'un studio numérique et du système Numisys. *-1-9* lancement d'un site d'information sur Internet. **1999**-*mars Arnaud Lagardère* Pt.

■ **Activités. Radios :** généraliste (Europe 1), musicales (Europe 2, RFM), étrangère (EDI : Europe Développement International, 25 radios ou programmes dans 17 pays). **Publicité :** régies publicitaires radio (Europe Régies), affichage (Billboard). **Audiovisuel :** Ardisson & Lumières, Cipango, GMT, Top Télé, Atlantique, Vision 7, Europe Images, Hachette Première.

Chiffre d'affaires (en millions de F) : *1991-92 :* 2 360 ; *92-93 :* 2 444 ; *93-94 :* 2 495 ; *94-95 :* 2 650 ; *95-96 :* 2 807 (dont Giraudy 1 210) ; *97* (radio) : 1 260 (dont 16,6 % hors de France) ; *98 (est.) :* 3 050. *Bénéfice consolidé : 1991-92 :* 74,1 ; *92-93 :* 76,3 ; *93-94 :* 92,6 ; *94-95 :* 70,4 ; *95-96 :* 70,5 ; *96-97 :* 72,8.

■ **Direction. P-DG :** *d'Europe 1 Communication :* Arnaud Lagardère ; *d'Europe 1 Télécompagnie :* Jérôme Bellay (né 10-10-1941) nommé 15-4-1997. **Effectifs** (radio, mai 1998) : 2 149.

■ **Capital.** 164 937 100 F (1 649 371 actions de 100 F). **Répartition** (janv. 1998) : groupe Lagardère 45,1 %, Silchester International 6, Trésorerie générale des finances de Monaco 4,9, public 44.

■ **Émetteurs.** Ondes longues 183 kHz, centre d'émission en Sarre ; FM : 149 émetteurs en France. **Studios :** 28, rue François-Ier, 75008 Paris.

■ **Émissions et animateurs célèbres.** *Vous êtes formidables :* Pierre Bellemare (1955-56). *Signé Furax, Bonjour chez vous, Les kangourous n'ont pas d'arêtes :* Francis Blanche (1956-68). *Bonjour Monsieur le Maire :* Pierre Bonte (6 à 7 h, 1960-84). *Salut les Copains :* Daniel Filipacchi (17 h à 18 h, 1960-68). Maurice Biraud (9 h à 12 h, 1960-68). *Campus :* Michel Lancelot (20 h à 22 h, 1968-72). *Déjeuner Show, Les Dossiers extraordinaires, 20 Millions cash, Le Sisco :* P. Bellemare (11 h 30, 1969-86). *L'Horoscope de Madame Soleil* (15 h à 17 h, puis 6 h 55, 1970-93). *Mosik, Basket, Hit Parade :* Jean-Loup Lafont (17 h à 19 h, 1972-84). *Mélodie Parade :* Gérard Klein (10 h à 12 h, 1974-75). *Le Club de la Presse :* Alain Duhamel, Gérard Carreyrou, Étienne Mougeotte (dimanche, puis lundi 19 h, 1976). *Découvertes :* J.-P. Elkabbach, B. Rapp, M. Field (18 h à 19 h, 1982). *Studio 1 :* Michel Drucker (9 h à 12 h, 1983-86). Coluche (1985-86). *Les Roucasseries :* Jean Roucas (11 h à 12 h 30, 1986-94). Jean Amadou et Maryse (9 h à 11 h, 1989). *Vinyl Fraise :* François Jouffa (14 h à 16 h, 1991). *Arthur et les Pirates* (16 h à 18 h, 1992). *Brunner à vif :* Pascal Brunner (11 h à 12 h 30, 1995). *Génération Europe 1 :* Michel Field (20 h à 22 h, 1995).

■ **Publicité** (en 1997). **Durée** *moyenne :* 6 min/h ; *maximale :* 13 min 45 s. **Tarifs :** voir p. 1355 c.

■ **Autres radios. Françaises :** *Europe 2* diffusée par près de 200 radios en France. *RFM* détenue à 95 % depuis déc. 1995, 118 émetteurs en France. **Étrangères :** Allemagne *(Radio Salü*, créée janvier 1990, *Newstalk, Delta, Kiss FM et OK Radio)*, Chine *(Bashen, Beat Media)*, Espagne *(Radio Top)*, Pologne *(Radio Zet)* depuis 1994, Russie *(Europa Plus*, créée avril 1990 : 47 stations), Rép. tchèque *(Europa 2 créée mars 1990, Fréquence 1)*, Slovaquie *(Europa 2)*, Hongrie *(Radio 1)*.

Radio Adour Navarre

(Radio Adour Navarre et Radio Pyrénées Loisirs).

Créée 1-7-1978. **Pt.** Georges Eguimendya.

■ **Siège.** Domaine Ste-Croix, route d'Olhette, 64500 Ciboure. **Fréquence.** 99,4 MHz et 88,7 MHz en FM. **Émissions.** 24 h/24. Retransmet par réception satellite une partie des programmes de RTL. Émetteurs à L'Ursuya et à La Pierre-St-Martin. **Écoute.** 1 000 000 d'auditeurs potentiels (Pyr.-Atl., Landes, Htes-Pyr., Gers, partie de Gironde Sud).

Radio Antilles

Créée 1965 par Jacques Tremoulet (2-10-1896/5-3-1971).

■ **Siège.** Montserrat (Antilles britanniques). **Émissions.** Diffusées de Montserrat en ondes moyennes et en modulation de fréquence.

RTL Group

■ **Origine.** *1931* **Radio Luxembourg** créée par privatisation du service luxembourgeois de radiodiffusion. A bénéficié de la part du gouvernement du Luxembourg d'une concession de 25 ans, prorogée jusqu'en 2010. *1946* s'implante sur le marché français en émettant en grandes ondes. *1986* diffusion sur FM. *1993* diffuse sur 104 émetteurs en FM.

■ **1re émission. Radio** 12-1-1931, **télévision** 23-1-1955. *Années 50,* CLR (Cie lux. de radiodiffusion) devient CLT (Cie lux. de télédiffusion).

■ **Régie publicitaire.** IP Groupe (détenu à 100 %).

■ **Statut.** Suite à la fusion de CLT-UFA avec Pearson TV, création de RTL Group SA le 25-7-2000.

■ **Actionnaires** (en %, juillet 2001). BW TV 37, Bertelsmann 30, public 11. **Chiffre d'affaires** (en milliards d'euros) : *1999 :* 3 539 ; *2000 :* 4 044. **Répartition du chiffre d'affaires** (en %, 2000) : *par activité :* télévision 71, radio 6, production et droits 27. **Bénéfice net** (en millions d'euros) : *1999 :* 170 ; *2000 :* 67. **Direction :** *administrative dir. gén. :* Ewald Walgenbach. *Administrateur délégué :* Didier Bellens. **Conseil d'administration :** 14 administrateurs. **Effectifs** (en 2000) : 6 930.

■ **Principales filiales. Radio :** *Allemagne :* 104.6 RTL, RTL Radio, Die grössten Oldies Radio 21-der neue Rocksender, Antenne Bayern, Radio NRW, Radio Hamburg, Klassik Radio, Berliner Rundfunk 91,4, FM Radio Network ; *Belgique :* Bel RTL, Radio Contact ; *France :* RTL, Fun Radio, RTL2 ; *Luxembourg :* RTL Radio Lëtzebuerg ; *Pays-Bas :* Veronica FM ; *Suède :* WOW 105.5, 104,7 RTL. **Télévision :** *Allemagne :* RTL Television, RTL II, Super RTL, VOX ; *Belgique :* RTL TVI, Club RTL ; *France :* M6, RTL9, TMC ; *Hongrie :* RTL KLUB ; *Luxembourg :* RTL Télé Lëtzebuerg ; *Pays-Bas :* RTL4, RTL5, Yorin ; *Pologne :* RTL7 ; *Grande-Bretagne :* Channel 5 ; *Espagne :* Antenna 3, Via Digital. **Services de télévision :** *France :* VCF ; *Allemagne :* CBC ; *Luxembourg :* Enex, BCE. **Production :** *Allemagne :* UFA Film & TV Produktion Trebitsch Produktion Holding ; *P.-Bas :* Holland Media House ; *Luxembourg :* Delux Productions ; *G.-B. :* Thames Television, Alomo, Talkback Productions ; *USA :* Pearson TV Worldwide Productions, Pearson TV North America ; *Australie :* Grundy. **Droits :** *Allemagne :* BMG Video, UFA Sports ; *France :* SND, Groupe Jean-Claude Darmon ; *Luxembourg :* CLT-UFA International ; *G.-B. :* Pearson Television International. **New Media :** *Allemagne :* RTL New Media ; *France :* M6 Web, RTL Net ; *P.-Bas :* RTL i Media ; *Luxembourg :* IP Web.Net, RTL New Media Luxembourg ; *G.-B. :* Pearson Television Enterprises.

■ **Émetteurs (au Luxembourg). Radio. Beidweiler** ondes longues, 1 271 m (234 kHz), 2 000 kW pour RTL-France. **Junglinster** ondes courtes, 49,26 m (6 090 kHz), 250/500 kW programme all. ; ondes courtes, 19,54 m (15 350 kHz), 10 kW. **Marnach** ondes moy. 208 m (1 440 kHz), 600/1 200 kW programme all. **Hosingen** modulation de fréquence, canal *6*, 88,9 MHz, 100 kW et canal *33*, 97 MHz, 100 kW programme all. ; modulation de fréquence canal *18*, 92,5 MHz, 50 kW programme luxembourgeois. **Télévision. Dudelange ; canal 7** 100 kW (10 kW pour le son), couleurs Pal, pour RTL Plus ; **canal 21** 1 000 kW (100 kW pour le son) couleurs Secam, pour RTL Télévision France ; **canal 27** 1 000 kW (100 kW pour le son) couleurs Pal pour RTL Télévision Belgique.

■ **Programmes radio. RTL ondes longues.** Géré et exploité par 3 filiales : **Ediradio :** *P-DG :* Rémy Sautter (15-4-1945). *Vice-Pt, Dir. gén. :* Robin Leproux, succède à Stéphane Duhamel. *Dir. gén. de l'information :* Noël Couëdel (né 25-12-1942). *Effectifs :* 248. **Information et diffusion :** *cogérant :* R. Sautter. *Dir. de la rédaction :* Noël Couëdel (25-12-1942). Regroupe journalistes et secteurs de l'information. *Effectifs :* 87. **SCP (Sté commerciale de promotion et de publicité) :** *Dir. gén. :* Robin Leproux. *Effectifs :* 18.

1°) RTL-France, sur ondes longues, 234 kHz (1 282 m) 24 h/24. Une liaison spécialisée louée aux PTT relie les studios du 22, rue Bayard, Paris 8e à l'émetteur situé au Luxembourg. Un secours est assuré par une liaison satellite. *En modulation de fréquence :* depuis 1986, RTL dispose d'émetteurs FM sur le sol français. **Dir. de la rédaction :** Noël Couëdel. **Émissions doyennes :** *Le Journal inattendu* (1967, samedi 13 h). *Les Grosses Têtes* (1977, lundi au dimanche 16 h 30). *RTL en scène* (1977, lundi au vendredi 11 h).

RTL 2, *siège :* 22, rue Bayard, 75008 Paris. **Dir. gén. :** Jean-Baptiste Jouy. *Origine : 1991* fusion des réseaux Maxximum (36 fréquences) exploités par RTL et Métropolys (44 fréquences). *-Nov.* fusion des 2 réseaux en M40. CLT réduit sa participation dans la Sodéra. *1995-mars* devient RTL 2. *Fréquences :* 71. *Effectifs* (au 31-12-1999) : 49. *Régie publicitaire :* IP France. *Capital :* RTL Group 100 %.

2°) Programmes radio allemands « RTL Radio », sur la bande FM (88,9 MHz, 93,3 MHz et 97 MHz), sur ondes courtes (49,26 m/6090 kHz) et moyennes (1 440 kHz) tous les j de 5 h 30 à 1 h. *Auditeurs potentiels* (en millions) : 18 dont par satellite 10, voies terrestres 5, câble 3.

3°) Programmes radio luxembourgeois « RTL Radio Lëtzebuerg » (FM Canal 18, 92,5 MHz), en luxembourgeois. *Audience quotidienne :* 7 %.

■ **Programmes télévision. 1°) RTL 9 :** RTL Télévision *créé* 1954. 1er programme TV de la CLT. Programme en français diffusé vers Luxembourg et Lorraine. *Siège :* 45, bd Pierre-Frieden, L-2850 Luxembourg. **Administrateur délégué :** Claude Berda. *Couverture géographique :* Lorraine, une partie des Ardennes, Bas-Rhin et le réseau câblé français. *Audience :* 2,96 millions. **2°) RTL-TV1,** *créé* 1987. Programme spécial pour la Belgique francophone (avant, RTL Télévision). Distribué par câble. 1re chaîne fr. de Belgique. *Dir. :* Pol Heyse. **3°) RTL Télévision,** *créé* 1984 (RTL Group détient 100 %). 1re chaîne privée en Allemagne. Reçue par plus de 97 % des ménages. *Part de marché :* 14,8 %. 1er rang des TV privées all. *Dir. :* Gerhard Zeiler. **4°) M6,** *créé* 1987 (RTL Group détient 43,8 %), voir p. 1373 a. **5°) RTL 4,** *créé* oct. 1989. *Audience :* P.-Bas : 18 %. **6°) RTL Hei Elei,** programme quotidien diffusé en langue lux. *Audience :* 83 %. *Dir. :* Alain Berwick. **7°) RTL II,** *créé* mars 1993. *Capital* (en %) : Tele München 31,5, Henrich Bauer 31,5, RTL Group 35,9. *Effectifs :* 100. *Fréquences :* 82. *Audience :* 4 %.

RMC (Radio Monte-Carlo)

■ **Siège.** *Monaco :* 10-12, quai Antoine-Ier, 98080 Cedex ; *Paris :* 46, av. Kleber, 75116.

■ **Histoire.** **1942** *créée* le 20-3. **1943** la Sofira prend une participation de 50 %, le reste étant partagé entre des capitaux allemands (la Sté Inter Radio) et italiens. *-17-7* 1res émissions. **1944**-*août,* après le départ des Allemands, les émissions s'arrêtent. **1945** (début) la part de la Sofira (qui devient la Sofirad) passe de 50 à 83 %, le reste est attribué au Trésor monégasque. *-23-6* les émissions reprennent. **1965** RMC émet en ondes longues. **1986** diffusion sur FM. **1989** rachète 51 % de Nostalgie. **1993** diffusion sur 94 fréquences en FM. *-Nov.* appel d'offre pour la privatisation : RMC ses filiales à 51 %, Nostalgie et la régie publicitaire GEM. **1994**-*2-3* prix proposé : 640 MF. *Offres reçues :* Havas 540, NRJ 440, Générale des Eaux 405, VSD 330. Le Conseil de la concurrence a déclaré irrecevable l'offre d'Havas (danger du regroupement des 2 régies IP Groupe et GEM). *-30-6* rachète 75 % de Radio-Montmartre (puis 25 % le 31-5-1995). **1998**-*17-3* cédé à Sud Communication (Sud Radio 52,9 %, la Dépêche du Midi 27,1 %, groupe NRJ 19,9 %) pour 100 millions de F (est.). *-22-7* plan social : 72 millions de F d'investissements. **2000**-*juin* repris par le groupe NRJ. *-Nov.* NRJ Group doit renoncer à la reprise du fait de la loi anti-concentration (audience cumulée maximale de 150 000 000 d'auditeurs) mais reprend les 20 % de Nostalgie détenus par RMC. Alain Weill, ex-DG de NRJ Group, reprend RMC via Nextradio (35 %) avec la sté d'investissement Alpha (65 %).

☞ **Privatisation :** tentatives 1986, 1992, 1994, 1996 (prix plancher 500 millions de F, seul candidat : Sud-Radio, détenue par le groupe pharmaceutique Fabre, échec 15-2-1996).

■ **Organisation. Conseil d'administration :** 18 membres (12 Français, 6 Monégasques). Pt nommé sur proposition du prince de Monaco. **Dir. gén. :** *1944* Robert Schick, *1962* Jean Gondre. *1964* Jean Béliard (né 22-3-1919). *1966* Jacques Maziol (né 13-1-1918). *1973* Henri Dolbois (né 15-8-

1926). *1977* Frédéric de La Panouse. *1978* Michel Bassi (né 9-7-1935). *1982* Jean-Claude Héberlé (né 3-2-1935). *1985* Jean-Pierre Hoss (né 6-6-1946). *1986* Pierrick Borvo (né 5-4-1942), démissionne 9-11-1988. *1988-18-11* Hervé Bourges (né 2-5-1933). *1991-23-1* Jean-Noël Tassez (né 18-3-1956), démissionne le 29-3-1996, Georges Vanderchmitt (né 27-7-1949, Pt de Sofirad) est nommé administrateur délégué. **Pt délégué du conseil d'admin. :** Jean Pastorelli. **Dir. d'antenne :** *1993-1-5* Jérôme Bellay ; *1994-janv.* Jean-Pierre Foucault ; *1998-août* Jean-Marie Ferraud. **Dir. gén. adjoint chargé de la gestion :** Alexis Monnier. **Effectifs** (en 1999) : 140 salariés. **Régie publicitaire :** IP France.

■ **Capital.** 42 millions de F (83,33 % détenus par NRJ Group et 16,67 % par l'État princier). **Chiffre d'affaires** (en millions de F) : *1993-94 :* 324,2 ; *94-95 :* 306,1 ; *95-96 :* 214,8 ; *97-98 :* 160. **Bénéfice ou perte :** *1993-94 :* – 11,3 ; *94-95 :* + 210,8 ; *95-96 :* – 100,9 ; *97-98 :* + 90. *Capitaux permanents* (au 30-9-1996) : 115,4.

■ **Émissions. Émetteur :** 2 000 kW à Roumoules (A.-Hte-Pr.) depuis le 15-10-1974. **Mode :** *ondes longues* (1 400 m, 216 kHz) relayées en FM. **Émission doyenne :** *Tauromachie* (1957).

■ **Zones d'écoute. Jour** : *ondes longues :* au sud d'une ligne Nantes-Dijon ; *moyennes :* sud-est France et Italie ; *modulation de fréquence :* 113 villes françaises. **Nuit** : *longues :* France entière ; *moyennes :* jusqu'à 3 000 km autour de Monaco ; *courtes :* jour et nuit jusqu'à 4 000 km autour de Monaco.

Sud-Radio

■ **Siège.** 4, place Alfonse-Jourdain, 31071 Toulouse Cedex. **Histoire. 1951** accord Puiggros-Sofirad (voir **Radio Andorre,** Quid 1982, p. 1308 b). **1958** accord de l'évêque d'Urgel, coprince d'Andorre, pour des émissions quotidiennes de 2 h, exclusivement réservées à de la musique ininterrompue. *-18-9* « Andorre-Radio » commence à émettre de 12 à 14 h et, contre la décision de l'évêque, de 19 à 23 h. Le Conseil des Vallées, mécontent, démissionne. **1960**-*27-10* Puiggros se retire de l'affaire, Andorre-Radio devient Andorradio. *-Nov.* le Conseil le reconnaît. **1962**-*22-10* devient Radio des Vallées, Andorre 1, et exploite la station sous le nom de Sud-Radio. **1981**-*6-11* le Conseil des Vallées ferme l'émetteur de Sud-Radio en Andorre ; *-15-11* reprise des émissions sans messages publicitaires mais installation à Muret (Hte-G.) par TDF. **1983**-*16-3* émissions reprises depuis le pic Blanc en Andorre. **1987**-*6-9* la Sofirad vend Sud-Radio 36 millions de F à un GIE constitué par Pierre Fabre (Laboratoires Fabre, 25 %). **1989** accord de partenariat avec WIT FM (radio locale Bordeaux et Gironde). **1990** commercialisation du couplage publicitaire. Plein Sud (Sud + WIT FM) et prise de participation majoritaire de Sud-Radio dans WIT FM. **1993** augmentation de capital : 18,15 millions de F.

■ **Capital.** 69,71 % Sud Communication. **Chiffre d'affaires** (net en millions de F, 2000) : 93. **P-DG :** Pierre-Yves Revol depuis 23-6-1995. **Régie publicitaire :** IP France.

■ **Émetteurs.** *Ondes moyennes* (de 5 h à 0 h 10 : 366 m, 819 kHz) ; *modulation de fréquence* (24 h/24 en stéréo ; 88,5 à 106 MHz). *Pic du Midi* 102 MHz, *pic de Nore* 104,7, *pic du Néoulous* 103,2, *pic de la Rhune* 103,9. **Diffusion :** CanalSatellite.

■ **Zone couverte.** Midi-Pyrénées, Aquitaine, Languedoc-Roussillon.

Réseaux musicaux nationaux

■ **Fun Radio. Siège :** Serc SA (Sté d'exploitation Radio Chic) et **studios :** 20, rue Bayard, 75008 Paris. **P-DG :** Robin Leproux. **Origine :** *1984* Fun Radio créée. *1985* Cofirad SA, holding regroupant 7 filiales « Radio Fun », créée. *1987* rachat de la Cofirad par la Serc, filiale du groupe Hersant : réseaux Fun et Chic. *1989* plan de relance. *1993* entrée de la CLT. *1994-6-3* le gouvernement demande au CSA de retirer son interdiction de diffuser en direct les témoignages d'auditeurs dans l'émission « Lovin' Fun ». **Émetteurs** (en 2001) : 197. **Effectifs** (au 31-12-1998) : 69. **Régie publicitaire :** IP France. **Capital** (en %, 2001) : RTL Group 100 %. **Chiffre d'affaires** (en millions de F) : *1996 :* 140 (résultat net 12).

Le 3-7-1985, la loi Lang a reconnu la nécessité de reverser aux artistes-interprètes des droits en contrepartie de la diffusion de leurs œuvres. Ces droits s'ajoutent à ceux perçus par la Sacem au bénéfice des auteurs (qui composent la musique et créent les paroles interprétées). Ces 2 catégories de droits sont principalement calculées en % du chiffre d'affaires publicitaire déclaré par les radios. La Sté pour la perception de la rémunération équitable (SPRE) perçoit les rémunérations dues aux artistes-interprètes et aux producteurs de phonogrammes, et supervise 4 organismes chargés de les redistribuer dont l'*Adami* (Sté pour l'administration des droits des artistes et musiciens-interprètes), plus spécifiquement en charge des solistes ou vedettes, et la *Spedidam* (Sté de perception et de distribution des droits des artistes-interprètes de la musique et de la danse). Le 9-9-1987, une commission composée en nombre égal de représentants des ayants droit et des utilisateurs de phonogramme a fixé un barème de rémunération. Les radios ont accepté les modalités d'application de la loi sauf NRJ qui, par l'intermédiaire de l'Union pour la défense des radios locales privées, a déposé, le 8-2-1988, un recours devant le Conseil d'État, contestant la composition de la commission et le montant du barème. *En 1993*, NRJ a accepté de régler 40 millions de F.

■ **Nostalgie. Siège :** 22, rue Boileau, 75016 Paris. **Dir. gén. :** Pierre-Jean Bozo. **Origine : 1983** créée à Lyon. **1984** à Paris. **1985** 1re station franchisée à Montpellier. Réseau national. **1986** plus de 120 franchisées. RMC entre dans le capital avec 35 %. Implantation à Paris. **1989** RMC majoritaire (51 %). **1991** reprend sa régie avec la GEM, régie publicitaire commune à RMC et Nostalgie. **1994** actionnariat : RMC 51 %, Générale Occidentale 49. **1998** NRJ 100 %. **Fréquences :** 167. **Effectifs** (avec les filiales) : 330. **Régie publicitaire :** NRJ Régies. **Chiffre d'affaires et,** entre parenthèses, **résultat net après impôts** (en millions de F) : *1991-92 :* 216,3 (11,4) ; *96-97 :* 329,8 (15,6) ; *97-98 :* 299,1 ; *98-99 :* 243,5.

■ **NRJ (groupe). Siège :** 22, rue Boileau, 75016 Paris. **Pt :** Jean-Paul Baudecroux (né 11-3-1946). **Pt du directoire, Dir. gén. des programmes :** Max Guazzini. **Dir. gén. :** Pierre-Jean Bozo. **Origine : 1981** créée (sous forme associative). **1982**-*juillet 1re émission* à partir d'une chambre de bonne parisienne. *1983* constitution d'une Sté commerciale pour exploiter NRJ. **1985** classée 1re radio FM ; lanc. de 18 stations en province. **1987** *Chérie FM* créée avec participation de NRJ. **1989**-*8-12* introduite en Bourse sur le second marché à 380 F (sera au règlement mensuel en 1994). **1990** 150 stations ; lanc. de *Rire et Chansons* en Ile-de-Fr. ; **1991** *Energy Berlin.* **1993** 3 nouvelles stations en Allemagne et 1 en Suède. 1er réseau commercial en Suède (dans 6 villes) ; station ouverte à Munich (All.) : *« Radio Xanadu » (réseau allemand) :* 3e radio de Munich, rachetée par NRJ à 50 %, détient d'autres radios à Berlin, Leipzig, Dresde et Chemnitz. **1998**-*mars* acquiert *Nostalgie.* **2000**-*avril* annonce d'OPE du groupe Sonopar (Sté mère) sur le groupe NRJ (NRJ, Chérie FM, Rires et Chansons). **Effectifs** (avril 1998) : 723 dont radio 360 (dont à Paris 110). **Régie publicitaire :** *NRJ Régie* (créée 1984 sous le nom de *15/34*) commercialise NRJ, Chérie FM, Nostalgie et Rires et Chansons. **Capital** (en %, au 26-6-2000) : NRJ group (détenu à 74,2 % par J.-P. Baudecroux) 42,37, J.-P. Baudecroux 32,57, autres administrateurs 3,85, public 21,21. **Nombre d'émetteurs** (mars 1999) : 250. **Chiffre d'affaires consolidé et,** entre parenthèses, **résultat** (en millions de F) : *1990 :* 314 (97) ; *91 :* 303,3 (73,9) ; *92 :* 374 (91,7) ; *93 :* 430 (111,2) ; *94 :* 560 (132) ; *95 :* 710 (83) ; *96 :* 854 (93) ; *97 :* 1 015 (115,4) ; *98 :* 1 158 (125,3) ; *98-99 :* 1 610 (220) ; *99-2000 :* 1 870 (326,6).

■ **Radio Classique. Siège :** 12 *bis*, place Henri-Bergson, 75365 Paris Cedex 08. **P-DG :** Élisabeth Descombes. **Dir. de la rédaction :** Gérard Bonos. **Origine :** *1982* création. *1986* Sté Radio Classique SARL créée. *1988* Envirosoc prend le contrôle. *1992* Sté Iéna Communication, filiale de la Sagem, rachète Radio Classique. *1999-juin* cédée à Desfossés International, devenu DI Group. **Fréquences** (au 1-1-2001) : 82. **Effectifs :** 40. **Régie publicitaire :** DI Régie. **Chiffre d'affaires** (en millions de F) : *1998 :* 30,4 (résultat net 2,6) ; *99* et *2000 :* n.c. **Auditeurs** (début 2001) : 600 000/j.

■ **RFM. Siège :** 28, rue François-Ier, 75008 Paris. **Pt du directoire :** Andrew Manderstam. **Dir. gén. :** Frédéric Schlesinger. **Origine :** *1981* création de *RFM la Radio Couleur* par Patrick Meyer. *1989* le groupe britannique Crown reprend 35 %. *1992* règlement judiciaire ouvert. *1993* dépôt de bilan. Le CSA autorise le plan de reprise par Manderstam. *1995* Europe 1 actionnaire principal. **Fréquences :** 150. **Auditeurs potentiels :** 30 millions. **Effectifs** (fin 1995) : 66 + 8 de la SARL Pub 7 (réseau Septentrion). **Régie publicitaire :** Régie Radio Music, filiale à 100 % du groupe Europe 1 Communication. **Capital :** Lagardère Active Broadcast 95 %, salariés 5 %.

■ **Skyrock. Siège :** 37 *bis*, rue Greneta, 75002 Paris. **Pt :** Pierre Bellanger. **Dir. gén. des programmes :** Laurent Bouneau. **Origine :** *1981* Pierre Bellanger et « Le Monde » créent *Cité Future*, radio musicale qui disparaît en 1982. *1982* Pierre Bellanger crée « La Voix du Lézard ». *1986* Skyrock créée. **Fréquences** (févr. 2001) : 101. **Effectifs :** 63. **Régie publicitaire :** Lagardère Active Publicité. **Capital** (en %) : Morgan-Grenfell 80, Pierre Bellanger 20.

■ **Chante France.** Siège : 37 *bis*, rue Greneta, 75002 Paris. **Origine :** créée 1994. 1re radio diffusant exclusivement des chansons françaises. Cédée fin oct. 1997 à un organisme financier par le groupe Lagardère après la fusion HFP-Filipacchi Médias pour respecter la loi anti-concentration. Détenue depuis 1999 par le groupe Orbus (Morgan Grenfell 80 %, Pierre Bellanger 20 %).

Fournisseurs de programmes

■ **BFM. Siège :** 43, rue Marius-Jacotot, 92800 Puteaux. **P-DG :** Jean-Luc Mano. *Lancée* 16-11-1992 par Jacques Abergel et Patrick Fillioud. Dominante économique et financière en continu. **Effectifs :** 50. **Régie publicitaire :** BFM Régies, créée déc. 1998 à 50/50 avec Europe 1. **Capital** (2001, en %) : Cie financière Edmond de Rothschild 18,78, Media 9 : 39,26, Mediavision 5,5, groupe Dassault 11,21, groupe Bloomberg 8,56, Apax Partners 15,2. **Chiffre d'affaires** (1998) : environ 20 millions de F. **Auditeurs :** 130 000/j.

■ **Chérie FM. Siège :** 22, rue Boileau, 75203 Paris Cedex 16. **Pt :** Marc Pallain. **Origine :** *1987 Chérie FM Paris* créée. *1989* lancement du réseau de radios FM abonnées. NRJ reprend réseau Pacific FM pour distribuer le programme Chérie FM. **Stations abonnées** (en 2000) : 130. **Effectifs :** 40. **Régie publicitaire :** NRJ Régies, détenue à 99,81 % par NRJ. **Capital :** NRJ Group 99,99 %.

■ **Europe 2. Siège :** 28, rue François-Ier, 75008 Paris. **Dir. gén. :** Frédéric Schlesinger (DG de RFM). **Origine :** *1986-nov.* créée par Europe 1 Communication à Dijon et Bordeaux. *1987-janv.* à Paris. Filiale à 100 % d'Europe 1 Communication. *1988* fournisseur de programmes. **Fréquences :** 195. **Effectifs :** 76. **Régie publicitaire :** Régie Radio Music. **Capital :** Lagardère Active Broadcast 100 %.

Écoutes inattendues. Par un fer à repasser : le cas s'est produit : des voisins avaient installé chez eux une super-antenne. **Par les dents :** Pierre Bellemare dans *C'est arrivé un jour* a raconté le cas d'un homme habitant près de la tour Eiffel. Il avait 2 dents en métal qui s'étaient oxydées. Chaque fois que ses dents entraient en contact, elles faisaient interférence avec l'antenne de la Tour et recevaient les émissions radio. Lorsqu'il bâillait ou entrouvrait la bouche, le phénomène cessait. On lui mit des dents en porcelaine et le phénomène disparut.

■ **Radios chrétiennes. Fédération française des radios chrétiennes (FFRC). Siège :** 7, place St-Irénée, 69321 Lyon Cedex 05. **Pt :** Yvon Gargam. **Vice-Pt :** père Emmanuel Payen. *Regroupe* 80 radios associatives (225 fréquences). **Audience :** 1 574 000 auditeurs/j (4 202 000/sem.).

Radio Notre-Dame. 311, rue Rosenwald, 75015 Paris. *Créée* 1981 par l'archevêché de Paris, émet sur 100.7 en Ile-de-France. **Pt :** Mgr di Falco. **Dir. gén. :** Nicolas Barré. **Audience :** 75 000 auditeurs/j (plus de 400 000/sem.).

Radios chrétiennes en France (RCF). Ex-*Fourvière FM.* **Siège :** 7, place St-Irénée, 69321 Lyon Cedex 05. **Dir. gén. :** Emmanuel Jousse. **Dir. de la rédaction :** Jean-François Bodin. **Origine :** *1986* 11 radios chrétiennes de la région Rhône-Alpes se fédèrent pour créer et diffuser un programme prévoyant des décrochages locaux. *1999* 51 radios associées et reliées par satellite (180 fréquences sur 54 départements). **Effectifs :** 250 salariés et 3 000 bénévoles. **Budget annuel :** 7,3 millions de F. **Audience :** 880 000 auditeurs/j (2 000 000/sem.). Diffusion TPS, Noos, France Telecom Câble et Internet.

■ **RCJ (Radio Communauté juive).** 39, rue Broca, 75005 Paris. *Créée* 1981 sur 94.8. **Dir. gén. :** David Saada. **Audience :** 50 000 auditeurs/j (250 000/sem.). Sur CanalSatellite depuis 1998.

Télévisions privées

Quelques dates

■ **Avant 1985.** *Réglementation :* une autorisation est nécessaire. Les amateurs ne doivent causer aucun brouillage aux stations officielles fonctionnant dans ces bandes, sous peine d'interdiction. *Systèmes autorisés :* téléviseurs monochromes, 405 ou 625 lignes ou compatibles de télévision couleur entre 1 250 et 1 260 MHz. *Bandes :* 434,5-440 MHz et 1 250-1 260 MHz. *Puissance fournie :* limitée à 70 watts au moment où la puissance HF émise est maximale. *Antennes utilisées :* dans la mesure du possible, à polarisation verticale dans la bande 1 250-1 260 MHz.

■ **1985**-*4-1* le Pt Mitterrand déclare être « pour la liberté » mais « le problème est de savoir comment l'organiser ». *-10-1* G. Fillioud, secr. d'État aux Techniques de la communication, propose la création de 2 réseaux nationaux contrôlés par des éditeurs de programmes privés ; chaque réseau aurait pour base un groupe de presse, une Sté de production et de distribution et un groupe publicitaire. *-11-1* ordonnance de non-lieu d'un juge d'instruction du tribunal de Paris en faveur d'Éric Féry et Michel Fiszbin, responsables des émissions de la TV privée Antenne 1, inculpés d'usage de fréquence radioélectrique non autorisée ; l'ordonnance se fonde sur la constatation d'une antinomie entre les notions de concession et d'autorisation (une ordonnance de non-lieu du même juge en faveur de J.-L. Bessis, animateur de Canal 5, le 29-8-1984, avait été infirmée par la chambre d'accusation qui avait ordonné le renvoi du prévenu devant le tribunal correctionnel). *-14-1* R. Hersant annonce la « création immédiate » avec différents partenaires de *TVE (Teleurop)*, qui émettrait de 6 h à 24 h, avec 4 h quotidiennes de programmes mises à la disposition de stations régionales et locales ; *dir. gén. :* Philippe Ramond. *-20-2* création d'une Sté « Europe 1 » (50/50 % des capitaux) en vue d'un système de télévision nat. privée. *-4-3 :* 225 demandes d'attribution de fréquence adressées à la Haute Autorité depuis janvier (Ile-de-Fr. 40, Rhône-Alpes 14, Provence-Côte d'Azur 11, Midi-Pyrénées 11, Pays de la Loire 8, Aquitaine 1). *20-5 rapport de Jean-Denis Bredin* (commandé le 14-1 par L. Fabius) préconisant la création de 2 chaînes de TV privées diffusées en clair, financées par la publicité et fonctionnant sous le régime de la concession prévu à l'art. 79 de la loi du 29-7-1982 et, au niveau local, de chaînes privées diffusées en clair, financées par la publicité. Mais les contraintes politiques, techniques et financières conduisent à la construction de la TV privée à partir de chaînes nationales et non locales. Voir Quid 1988, p. 1103. *-20-12* les propriétaires de sites ou d'édifices élevés ne pourront pas s'opposer à l'installation, « sur leur toit, terrasses ou superstructures », de moyens d'émission par voie hertzienne, décidée par l'établissement public de diffusion, qui conserve le monopole de diffusion sur le territoire français. L'opposition combattra cet amendement jugé par elle destiné à empêcher la Ville de Paris de disposer comme elle l'entend de la tour Eiffel lorsque entreront dans les faits les télévisions régionales. **1986**-*16-3* les télés locales accèdent aux nouveaux secteurs publicitaires et peuvent interrompre par des spots le cours des programmes. Grille, délais et quota de programmation des films sont alignés sur ceux en vigueur dans le service public. Chaque télévision locale doit diffuser un programme original (d'environ 1 h au minimum) conçu ou composé par chaque station, sa durée devra et pourra recourir « directement ou indirectement » à un même fournisseur de programmes commun à plusieurs stations pour plus de 50 % de la durée de sa programmation.

TF1

■ **Quelques dates. 1974** TF1 devient Sté de programme à la suite de l'éclatement de l'ORTF. **1975** début des émissions en couleur (achèvement en 1981). **1984** 1res émissions du matin le week-end. **1987**-*4-4* la CNCL accorde à Francis Bouygues une concession pour 10 ans. **1996**-*26-3* le CSA reconduit la concession jusqu'en 2002.

☞ L'association « Changez la Une » a déposé le 4-4-1996 un recours devant le Conseil d'État contre l'absence d'appel à candidatures en dépit de « manquements » de la chaîne depuis 1987.

■ **Privatisation. Circonstances.** Plusieurs groupes ou Stés étaient intéressés par TF1 : Silvio Berlusconi, Francis Bouygues, Filipacchi, Robert Hersant, Hachette, Robert Maxwell, Bernard Tapie. *En avril 1987* restaient sur les rangs : *Hachette* (associé à Havas, mais Havas s'était retiré le 9-2-1987) ; *Bouygues,* qui avait animé un groupe repreneur comprenant : Bouygues 50 %, Pergamon Media Trust Pic (Maxwell, G.-B.) 20, GMF (Garantie mutuelle des fonctionnaires), Fnac 6, Éditions mondiales 4, Sté générale 4, Maxwell Media (F) 4, groupe Bernard Tapie 3,33, Financière Faltas 3, Indosuez 2,32, Crédit lyonnais 2,17, Sté pour le développement de la TV 0,17, Le Point 0,6, groupe Marie-Claire 0,2, L'Expansion 0,1, Le Quotidien du Médecin 0,033, Gallimard 0,033, François Dalle 0,017, Le Seuil 0,017, Fleurus 0,017 et Set Presse comme partenaire associé.

1re phase. 1987-*16-4* l'État vend 50 % de TF1 au groupe animé par Bouygues pour 3 milliards de F (chèque remis le 16-4), soit à 285 F l'action. On s'attendait alors, suivant la promesse du PM Jacques Chirac, à la suppression, après une période de transition, de la publicité sur les chaînes publiques. TF1 et La Cinq auraient ainsi pu se partager 5 milliards de F de recettes publicitaires. **2e phase. 1987**-*juillet* offre publique de vente pour les 50 % restants. Le 23-6, la *Commission de la privatisation* avait confirmé la valeur minimale de TF1 à 4,5 milliards de F et fixé à 1,5 milliard le prix minimal de cession des 50 %. Sur 10 500 000 actions, 7 636 000 au nominal de 10 F (soit 36,40 % du capital) sont cédées par offre publique de vente, à 165 F l'action, et 2 040 000 sont offertes à la vente aux salariés et anciens salariés, à 132 F. Des délais de paiement de 3 ans leur sont accordés. Ils bénéficient d'une action gratuite pour une action acquise dans la limite de 4 815 F, soit 36 titres, à condition que les titres ainsi acquis soient conservés au moins 1 an à compter du jour où ils sont devenus cessibles. TF1 leur propose, en outre, des prêts représentant de 2 à 4 mois de salaire, remboursables sur 8 ans au taux de 1,5 %. Un fonds commun de placement leur permet d'acheter des actions à moitié prix (pour chaque franc versé par le personnel, La Une donne 1 F). 824 000 actions sont mises en réserve par l'État en vue d'assurer l'attribution gratuite d'actions aux petits porteurs et aux salariés dans les conditions prévues par la loi. Les petits porteurs sont servis les premiers jusqu'à 10 titres par personne. Ils peuvent bénéficier d'une action gratuite pour 5 actions achetées à condition de les conserver au moins 18 mois et dans la limite d'une contre-valeur ne dépassant pas 25 000 F. *-24-7* 1re cotation sur le 2[d] marché : prix offert au public 165 F, 1er cours 178 F, cours le + haut 210 F. *-Fin déc.* le cours est toujours supérieur au 1er cours, alors que la Bourse baisse de plus de 30 %. 1 384 salariés ou anciens salariés sont alors actionnaires de leur Sté, ayant souscrit 2,33 % du capital sur les 10 % réservés par la loi. **1999**-*7-6* : 1re cotation au règlement mensuel. **2000**-*10-5* entrée dans le Cac 40.

La charge d'agents de change Cholet-Dupont avait estimé TF1 à 3 milliards de F, soit 140 F environ par action en s'appuyant sur : *1°) la perspective des bénéfices ; 2°) l'actif net :* 653 millions au 31-12-1986, soit 22 F par action ; *3°) des comparaisons internationales :* les chaînes de TV britanniques cotées capitalisaient environ 12 fois leurs bénéfices [(en tenant compte du risque de non-renouvellement des autorisations d'émettre) ; le risque était plus faible pour TF1, Bouygues étant l'opérateur pour 10 ans] ; *4°) des comparaisons françaises :* le rapport cours/bénéfice de Hachette ou de Havas était de 20 [ce qui aurait donné pour TF1 une valeur de 3,8 milliards (180 F par action)].

Organisation

■ **Siège social.** 1, quai du Point-du-Jour, 92656 Boulogne Cedex. **Locaux.** 45 000 m² de bureaux et studios. **Effectifs** (au 31-12-2000). 2 597 (dont journalistes 397, cadres 1 413, agents de maîtrise 697, ouvriers et employés 90). **Direction.** *P-DG :* Patrick Le Lay (né 7-6-1942). *Vice-Pt, Dir. gén. de l'antenne :* Étienne Mougeotte (né 1-3-1940). *Dir. de l'antenne et dir. des sports et des opérations spéciales :* Xavier Couture (né 29-8-1951) depuis 18-10-1994. *Dir. de l'information :* Robert Namias (né 29-4-1944). *Dir. adjoints à l'information :* Patrick Poivre d'Arvor (né 20-9-1947), Claire Chazal (née 1-12-1956), Jean-Claude Narcy (né 16-1-1938) et Jean-Pierre Pernaut (né 8-4-1950). *Dir. de la programmation et de la diffusion :* Laurent Fonnet (né 6-8-1959). *Dir. de la fiction française :* Takis Candilis (né le 27-10-1954). *Dir. de la communication :* Ronald Blunden (né 1-12-1949). *Dir. gén. adjoint administratif et financier :* Jean-Pierre Morel (né 12-6-1950). *Dir. des magazines :* Xavier Bodin-Hullin (né 6-11-1962). [**Avant le rachat :** *Pt :* Hervé Bourges (né 2-5-1933).]

■ **Statut.** SA. **Capital** (en %, au 29-12-2000) : actionnaires agissant de concert 41,2 (dont Bouygues 39,8, Sté générale 1,4), autres France (est.) 30,9 (dont salariés 2,5), autocontrôle et autodétention 0,6, Europe (hors France) 17,1, autres 10,2.

■ **Chiffre d'affaires consolidé** (en milliards de F). *1990 :* 5,82 ; *91 :* 6,48 ; *92 :* 7,43 ; *93 :* 7,76 ; *94 :* 8,42 ; *95 :* 9,1 ; *96 :* 9,68 ; *97 :* 10,31 ; *98 :* 10,9 ; *99 :* 12,1 ; *2000 :* 14,9. **Bénéfice net consolidé :** *1990 :* 0,303 ; *91 :* 0,341 ; *92 :* 0,451 (dont 125 de plus-value avec la cession de l'immeuble de Cognacq-Jay ; TF1 SA 0,465) ; *93 :* 0,459 ; *94 :* 0,542 ; *95 :* 0,602 ; *96 :* 0,575 ; *97 :* 0,482 ; *98 :* 0,716 ; *99 :* 1,052 ; *2000 :* 1,641.

☞ En juillet 1996, le CSA a autorisé TF1 à faire des coupures publicitaires de 6 minutes (au lieu de 4). *Recettes supplémentaires* (est.) : 722,8 millions de F/an.

■ **Diffusion.** Assurée par TDF grâce à 112 émetteurs et 3 161 réémetteurs. Était faite en 819 lignes noir et blanc sur le réseau VHF, puis en 625 lignes couleur sur le nouveau réseau UHF inauguré le 1-1-1976 et dont la couverture nationale est assurée depuis juillet 1981, en 625 lignes couleur sur le réseau FR3 depuis le 1-9-1975, à midi et l'après-midi, jusqu'au démarrage de ses propres émissions : 18 h ou 18 h 35.

■ **Obligations réglementaires et conventionnelles 1999. 1°) Diffusion :** *service quotidien moyen :* 14 h, *information :* 800 h d'information (journaux télévisés + magazines). *Œuvres audiovisuelles francophones ou européennes inédites :* 120 h par an en 1re partie de soirée. *Spectacles et concerts :* 12 spectacles dramatiques, lyriques ou chorégraphiques et 10 h de concerts par des orchestres français. *Œuvres cinématographiques :* 192 films au maximum par an dont 104 entre 20 h 30 et 22 h 30. Pas de diffusion en soirée avant 20 h 30, ni mercredi, vendredi soir (sauf Ciné Club), samedi toute la journée ou dimanche avant 20 h 30. *% d'œuvres TV :* de l'UE 60 %, d'expression originale française 40, extra-européennes 39,4. **2°) Production :** *conditions :* moyens propres de production : émissions d'information et 50 % du volume annuel des émissions autres que fictions (moyens de production extérieurs). Producteurs indépendants : 10 % du chiffre d'affaires net (œuvres audiovisuelles francophones). *Commandes d'œuvres francophones :* audiovisuelles : 15 % du chiffre d'affaires net ; cinématographiques : 3 %. **3°) Publicité :** *durée max. des écrans :* 6 min par h d'antenne en moyenne quotidienne, 12 min pour 1 h donnée. *Coupures publicitaires :* œuvres cinématographiques et audiovisuelles : coupure unique ; autres émissions : toutes les 20 min au minimum. Journaux TV : aucune. **4°) Parrainage :** décret du 27-3-1992. **5°) Télé Achat** (décision du CSA, 20-10-1992) : *durée maximale par émission :* 10 min ; *par semaine :* 120 min, *par jour :* 1 h. *Programmation :* 0 h-11 h et 14 h-16 h (sauf dimanche, mercredi et samedi après-midi).

☞ **Condamnations : 1990**-*25-1* cour d'appel de Lyon : a manqué à sa mission « de servir l'intérêt général, en assurant l'honnêteté, l'indépendance et le pluralisme de l'information ». **1992**-*3-7* TGI (tribunal de grande instance) de Quimper : infraction à la loi relative à la lutte contre l'alcoolisme et le tabagisme (astreinte de 10 000 F par plan-séquence à payer au Comité national contre le tabagisme). **1993**-*11-3* cour d'appel de Versailles : concurrence déloyale à l'égard d'Antenne 2, inventeur de *La Nuit des héros* (55 millions de F de dommages et intérêts). **1994**-*8-6* TGI de Paris : manquement d'objectivité dans la présentation d'une information sur la commune de Suze-la-Rousse. **1995**-*18-1* TGI de Nanterre : émission *Les Marches de la gloire :* « TF1 ne peut s'abriter derrière les nécessités de la légitime information du public pour justifier la diffusion sans accord de l'intéressé. » **1996**-*12-3* TGI de Paris : Patrick Le Lay, Pt de TF1, et Patrick Sébastien condamnés à verser une amende de 30 000 F pour incitation à la haine raciale.

■ **Principales filiales** (févr. 2001). **Antenne :** *Studios 107 :* 100, *GIE Aphélie :* 95, *TF1 Publicité* (détient TF1 Publicité Production à 100 %). **Production :** *Protécréa :* 100, *TF1 Films Production :* 100, *Studios 107 :* 100, *groupe Glem SA* 73, *Film par film* 50, *Téléma* 49 (par TF1 International). **Édition, distribution :** *TF1 Entreprises* [qui possède à 100 % la Cie internationale de communication (CIC), à 100 % TF1 Vidéo, à 100 % Une Musique et à 50 % les Nouvelles Éditions TF1] : 100, *Télé-shopping* qui détient Eurosphopping à 100 % : 100, *Les Nouvelles Éditions TF1 :* 1. **Chaînes thématiques :** *TF1 Europe* [qui détient 34 % d'Eurosport Sales Organisation (ESO, détient 99 % d'Eurosales)] : 100, *TF1 Digital* [détient : Sté d'exploitation de documentaires-Odyssée : 100, La Chaîne Info (LCI) : 100, TF6 : 50, Extension TV-Série club : 50], *Sté d'administration et de gestion de l'audiovisuel sportif (Sagas)* [qui détient 50 % de la Sté européenne de télétransmissions sportives (SETS)] : 34, *TV sport :* 100. **Droits audiovisuels :** *TMC Droits audiovisuels :* 34, *TF1 International* [qui détient 100 % de Ciby DA, 100 % de *Les films Ariane* (détient 99 % de *Les Films du jour*), 1 % de *Les Films du jour*] : 100. **TV numérique :** *TF1 Développement* [qui détient 25 % de Télévision par satellite (TPS)] : 100, *Visiowave :* 23,69. **Internet :** *e-TF1 :* 100, *World On Line France :* 13.

Contribution aux produits d'exploitation et, entre parenthèses, **au résultat net consolidé** (2000, en millions d'euros) : 2 270,3 (250,3) dont TF1 SA 1 619 (271,4) [dont publicité 1 587,5 (266,9)], édition/distribution 282,9 (15), chaînes thématiques 54,1 (– 0,6), TV numérique 0 (– 20), production 65,6 (2), droits audiovisuels 68,7 (– 2,2), Eurosport 175,9 (3,4), Internet 4,1 (– 18,6).

Canal+

■ **Chaîne payante cryptée.** *Créée* 1982 ; *mise en service* 4-11-1984. **Statut.** Sté anonyme ayant une concession de service public pour 12 ans (du 6-12-1983 au 6-12-1995). Seules obligations de service public à respecter : ordre public, bonnes mœurs, objectivité, équilibre des familles de pensée, droit de réponse. **P-DG.** *1984* André Rousselet (démissionnera 16-2-1994). *1994-16-2* Pierre Lescure. **Capital** (en %, au 31-12-2000). Vivendi 48,8, flottant 51,5. *1996-sept.* Canal + absorbe NetHold, filiale à 50 % du groupe Richemont. **Cours de l'action** (au 31-12, en F et, entre parenthèses, rendement en %) : *1990 :* 823 (3,6) ; *91 :* 1 023 (3,4) ; *93 :* 1 116 (3,4), 1 399 (le 8-3) ; *94 :* 855 (2,6) ; *95 :* 918 (3,3) ; *96 :* 1 146 (2,6) ; *97 :* 1 119 (2,7) ; *98 :* 1 525 (2,1) ; *99* (action divisée par 4 en juillet) : 948 (0,8). **Budget consolidé** (en milliards de F). **Chiffre d'affaires :** *1990 :* 6,1 ; *91 :* 7 ; *92 :* 7,9 ; *93 :* 8,7 ; *94 :* 9,6 ; *95 :* 10,16 ; *96 :* 11,63 ; *97 :*13,59 ; *98 :* 16,23 ; *99 :* 21,6 ; *2000 :* 1 590 millions d'euros. **Résultat net :** *1990 :* 0,97 ; *91 :* 1,08 ; *92 :* 1,1 ; *93 :* 1,2 ; *94 :* 0,63 ; *95 : 0,67 ; 96 :* 0,74 ; *97 :* 1,53 ; *98 :* – 0,185 ; *99 :* – 2,2. **Ressources venant des abonnements :** *1991 :* 5,84 ; *92 :* 6,41 ; *93 :* 7,06 ; *94 :* 7,45 ; *95 :* 8,18 ; *96 :* 8,9 ; *97 :* 9,95 ; *98 :* 12,6 ; *99 :* 17,1. **Recettes publicitaires et parrainage :** *1991 :* 0,31 ; *92 :* 0,43 ; *93 :* 0,44 ; *94 :* 0,43 ; *95 :* 0,46 ; *96 :* 0,44 ; *97 :* 0,48 ; *98 :* 0,54 ; *99 :* 0,7. **Fonds propres :** *1990 :* 2,14 ; *91 :* 3,2 ; *92 :* 5,32 ; *93 :* 6,41 ; *94 :* 7,03 ; *95 :* 7,66 ; *96 :* 9,47 ; *97 :* 10,88 ; *98 :* 10,13 ; *99 :* 7,4. **Trésorerie et,** entre parenthèses, **dettes financières :** *1991 :* 2,14 (1,53) ; *93 :* 2,19 (1,61) ; *95 :* 3,27 (1,13) ; *96 :* 1,56 (1,18) ; *97 :* 3,65 (4,38) ; *98 :* 3,96 (3,95). **Effectifs moyens permanents.** *1992 :* 1 697 ; *95 :* 2 219 ; *99 :* 4 635.

■ **Caractéristiques techniques. Réseau :** VHF 819 lignes noir et blanc de la 1re chaîne, reconverti au 625 lignes. **Abonnement :** 179 F/par mois + 500 F de garantie pour le décodeur. **Émissions :** *programmes* autorisés en 1re diffusion entre 12 h et 1 h du matin : 365 films par an, et en rediffusions : nombre illimité. 7 films différents par semaine, rediffusés 6 fois chacun ; 10 flashes d'information par j ; feuilletons, téléfilms, séries, spectacles, sports. Émissions visibles « en clair » (sans décodeur) 4 h par j. **Abonnement en France et,** entre parenthèses, **à l'étranger** (en millions, au 31-12) : *1990 :* 3,03 ; *95 :* 4,07 (2,61) ; *96 :* 4,11 ; *97* (au 30-6) : 4,98 (5,02) ; *2000 :* 4,62 (n.c.). **Taux de résiliation en France** (en %) : *1995 :* 6,6 ; *96 :* 7,5 ; *97 :* 9,3 ; *99 :* 8,8 ; *2000 :* 12. **Nombre de recrutements et,** entre parenthèses, **de résiliations** (en milliers) : *1995 :* 458 (258) ; *98 :* 500 (367) ; *99 :* 524 (389).

Programmes (en %, 1999) : cinéma 41,8, sports 13,8, téléfilms 11,8, talk-shows 8,8, programmes enfants 5, documentaires 4,8, information 3,4, autres 1,6.

Modes de diffusion. *Signal terrestre :* décodeur Discret puis Syster. *Réception directe Télécom 2 :* Tuner + décodeur Syster + parabole de 68 cm ; *TDF 1 et 2 :* sélecteur Éventuel + décodeur Decsat + parabole 49 cm. *Câblage en Secam :* décodeur Discret puis Syster ; *en D2 Mac :* décodeur Visiopass. **Nombre de décodeurs achetés et,** entre parenthèses, **non affectés en fin de période en France :** *1991 :* 613 920 (561 891) ; *93 :* 869 934 (401 948) ; *94 :* 1 013 688 (316 081) ; *95 :* 1 143 306 (218 873) ; *96 :* 246 354 (524 496) ; *97 :* 566 744 ; *98 :* 492 131 ; *99 :* 349 140.

■ **Participations internationales** (au 31-12-1999). **Belgique : Canal+ TVCF** (créée août 1988, lancée 27-9-1989) 42,5 %, 202 564 abonnés ; **Canal+ Flandre :** 191 724 ab. **Italie (Telepiù)** 99 % [dont 45 % en juillet 1997 en échange de ses 37,5 % dans la ch. Première (All.) avec le groupe Kirch], 2 144 459 ab. **Espagne : Canal+ Espagne** (créée avec groupe Prisa août 1989, lancée 14-9-1990) 19,7 %, 579 721 ab. **Pays-Bas (Canal+ Nederland) :** 293 538 ab. **Pologne : Canal+ Polska** (créée févr. 1995) 33 %, 627 331 ab. **Afrique (Canal Horizons)** [lancée Sénégal 21-12-1991, Tunisie 7-11-1992, Côte d'Ivoire 24-1-1994, Gabon 1-11-1994, Togo 1995, Maroc 1997 ; réception directe par satellite Intelsat 15-12-1992, Eutelsat (Hot Bird) 1-8-1995] 80,7 % via Financière de Vidéocom (détenue à 88,7 %), 120 355 ab. au 31-12-1997. **Pays nordiques (Canal+ nordique) :** 782 970 ab.

☞ La diffusion de la chaîne cryptée française a été étendue à la Suisse romande en 1996.

Diffusion outre-mer : assurée et commercialisée dans les Dom-Tom par Havas Dom [filiale à 100 % d'Havas] par satellite depuis 1991, en numérique « compressé » depuis 1994. **Nombre d'abonnés** (en milliers, fin avril 2000) : Canal Antilles 84,2 ; La Réunion 57,1 ; Calédonie 14,8 ; Polynésie 10,8, Guyane (couvre tous les Dom-Tom, à l'exception de la Réunion), Ile Maurice 15,7.

Chaînes thématiques françaises. Capital détenu (en %, au 31-12-2000) **et,** entre parenthèses, **nombre d'abonnés** (en milliers, au 31-12-1999) : Canal J 44,8 (2 600), MCM 49 (3 116), Planète 26,9 (2 713), Canal Jimmy 26,8 (2 290), Ciné Cinémas 26,9 (729), Seasons 27,4 (10,6), Demain 99,8 (1 374), Comédie 18,7 [1 684, i télévision 100 (1 538)], SEGP+ 100 (n.c.), C 80 (n.c.), Kiosque 80 (n.c.), Ciné Cinéfil 26,9 (n.c.), MOO 23,7 (n.c.).

CanalSatellite. Capital (en %) : Canal+ 66, Lagardère 34. **Chiffre d'affaires** (en millions de F) : *1995 :* 463 ; *97 :* 1 234 ; *98 :* 2 299 ; *99 :* 3 201. **Abonnés numériques** (en milliers, au 31-12) : *1992 :* 8 ; *93 :* 103 ; *94 :* 215,7 ; *95 :* 305,9 ; *96 :* 446,1 ; *97 :* 776,5 ; *98 :* 1 108 ; *99 :* 1 374 ; *2000* (31-3) : 1 414,4. « Bouquet » diffusé sur Astra depuis le 27-7-1996, son de qualité laser. En 1999, disposait de plus de 10 transpondeurs (canaux) sur Astra 1F et 1G, offrant + de 200 chaînes et services. **Programmes** (au 30-4-2000) : CSAT (la chaîne des abonnés), Canalsat Jeux, Game One, Ciné Cinémas I, II et III (films), Disney Channel (enfants), Ciné Classics (classiques du cinéma), Muzzik (musique classique, jazz, opéra), MultiMusic, MCM Africa (musique africaine), Seasons (pêche, chasse et nature), C. Direct (téléchargement jeux vidéo et logiciels), Planète 2 (documentaires), Paris Première (spectacles, films, mode), L'Équipe TV, RFO Sat, Forum Boutique, Eurosport France (sport), La Chaîne Météo, Équidia (hippiques), Canal Jimmy (séries cultes), Voyage (loisirs, évasion), MCM (musiques d'aujourd'hui), Bloomberg Information TV (information ; réalisée avec l'AFP), Canal J (enfants), CNN International; BBC World, LCI (information en continu), MTV (musique avant-garde), Monte-Carlo TMC (familiale), Cartoon Network (enfants), Euronews, RTPi (portugaise), CTV (petites annonces),

LA CINQ

■ **Histoire.** **1986**-*20-2* l'État accorde une concession pour 18 ans à un groupe constitué par Fininvest 40 %, SEPC 60 (dont, en %, Chargeurs SA 52, Heljer 11, Europe 1 10, Française de communication 7,5, MSC 10, RMC 5, Quercynoise de participation 4, L'Événement du Jeudi 0,5). C'est la 1re chaîne généraliste commerciale fr. **1987**-*2-2* l'État annule, par décret, le traité de concession. *-10-2* constitution de la Sté d'exploitation de La Cinq (capital de 250 000 F, porté à 1 milliard). *-23-2* attribuée par la CNCL au groupe Hersant-Berlusconi-Jérôme Seydoux. La Cinq était aussi convoitée par un groupe animé par Jimmy Goldsmith [Générale occidentale (J. Goldsmith) 25 %, David de Rothschild et associés 25, Cie du Midi (Bernard Pagezy) 25, Packer (groupe australien) 20, Worms et Cie 5]. **1988**-*23-2* La Cinq demande à l'État 3,7 milliards de F de réparation pour préjudice subi. *-24-5* Hachette acquiert 22 % du capital en se substituant partiellement au groupe Hersant et à Jean-Marc Vernes. **1990**-*28-5* Hachette et groupe Vernes autorisés par CSA à détenir 22 % chacun du capital. Départ du groupe Chargeurs, des Échos, de Télémétropole et des Mutuelles agricoles Groupama. *-23-10* le CSA autorise Hachette à prendre 25 % et à devenir opérateur. **1991**-*8-3* réduction du capital à 23,93 millions de F pour régulariser un amortissement partiel du déficit cumulé de 2,9 milliards de F. *-17-12* Hachette annonce un plan social « de survie » prévoyant 576 suppressions d'emplois. *-31-12* dépôt de bilan. **1992**-*2-1* déclarée en cessation de paiements. *-3-2* plan de reprise par le groupe Berlusconi. *-24-3* Berlusconi renonce. *-3-4* liquidation judiciaire. *-12-4* **fin des émissions.** **1993**-*15-11* le tribunal administratif condamne l'État à verser 150 millions de F aux actionnaires de l'ancienne Cinq.

■ **Chiffre d'affaires** (en milliards de F, 1991). 1 100. **Déficit** : *1987* : 0,85 ; *88* : 0,84 ; *89* : 0,5 (non compris 0,116 amendes) ; *90* : 0,55 ; *91* : 1,121. **Passif** (dettes ou créances) : 3,6 sans compter 0,8 de créances abandonnées par Hachette et Fininvest (0,4 chacun). Celles dues aux banques (CCF, Sté générale, Crédit lyonnais, groupe Vernes) atteignent plus de 1 milliard de F. 44 Stés de production estiment leurs créances à 270 millions de F (productions livrées mais non payées, en tournage ou à l'étude), mais, plusieurs de ces productions ayant nécessité des tours de table internationaux, la perte serait de 550 millions de F. **Effectifs** : 910 salariés (576 permanents dont 122 journalistes).

■ **Nombre d'émetteurs.** *Févr. 1987* (à sa création) : 54 ; *févr. 89* : 168. **Population desservie** : *juin 1987* : 45 % ; *90* : 60,6 % dans de bonnes conditions. **Audience** : *1987* : 7 % de l'audience nat. ; *88* : 10,9 ; *89* : 14 ; *91* : 11.

RFM TV, Fashion TV (mode), NBC-CNBC Europe, OM TV, Demain ! (emploi, formation et initiatives), 13e Rue (science-fiction), Fox Kids (enfants), Comédie ! (humour), Forum (débats), Pathé Sport, AB 1, Encyclopedia, Escales, la Chaîne Histoire, Animaux, XXL, TCM, Moteurs, i télévision, TV5, LCP-AN, KTO, Loushline, Liberty.TV.com, Club Téléachat, Public Sénat, Santé-Vie, Kiosque. *Chaînes en clair* : Arte, la Cinquième, TV5, Rai Uno, TVC Internacional, RTL Television, ARD, ZDF, Pro 7, Kabel 1, DSF, SAT 1, Travel, TNT, Deutsche Welle, Phoenix, MDR Fernsehen, DSF, RTM, ESC 1, Andalucia TV, 3 Sat, ORB Fernschen, BVN, TW 1, Bayeriches Fernsehen, Kinder Kanal, Sudwest 3, Hessen Fernschen, TV 7. *Radios françaises* : France Inter, France Info, France Musique, Fip, Hector, Elisa, Radio Bleue, Europe 1, Europe 2, RFM, Skyrock, Radio Nova, Radio Classique, RFI Musique, Radio Nostalgie, Radio Latina, RMC, MFM, Radio Notre-Dame, Radio Alfa, NRJ, Chérie FM, Contact FM, Le Mouv', Radio FG, Rires et Chansons, Vibration, Paris Jazz, France Culture, RFI Internationale, RTL, RTL 2, Fun Radio, Sud Radio, Ado FM, RCJ, Radio Shalom, Alouette, Sport O'FM, Voltage, OUI FM, Media Tropical, Beur FM, Thozlon Radio, Couleur 3. *Radios internationales* : CNN radio, Kink FM, VeFM, RtL Oldiese, B5 Aktuel, Fritz, HR2, MDR Info, SFB4 Multikulti, WDR 2, DLR Berlin, DLF Küln, RNW 1, RNW 2, Sputnik, Cadena SER, 40 Principales, Cadena Dial, M 80 radio, Radilolé, Sinfo radio, Andalucia radio, Catalunya radio, Catalunya informae, Catalunya musica, RAC 105, Deutschland Radio Berlin, S2 Kultur, N Joy, Oldie, Hit Radio Veronica, Africa no 1. **Équipement** : parabole Astra (50 cm de diamètre) et décodeur numérique interactif (loué 45 F/mois) utilisant les technologies de contrôle d'accès (Mediaguard) et d'interactivité (Mediahighway) développées par Canal+. **Prix de l'abonnement mensuel** (2000, en F) : basique 118, grand spectacle 170.

■ M6

■ **Siège.** 89-91, avenue Charles-de-Gaulle, 92575 Neuilly/Seine Cedex.

■ **Histoire.** **1986**-*22-2* l'État accorde une concession pour 18 ans à un groupe constitué par Sté générale de gestion, de distribution et de marketing de Gilbert Gross. Environ 200 millions de F [répartis entre Publicis (25 %), Gaumont (25), NRJ (18), Gross (12) ; 20 entre équipe de direction de la chaîne, personnes privées et Stés d'édition musicale]. *-Août* concession annulée mais la chaîne continuera à émettre jusqu'en février. **1987**-*23-2* attribuée par la CNCL à la *Sté Métropole de Télévision*, constituée par la CLT et la Lyonnaise des Eaux. 4 autres candidats étaient en présence : *Maurice Lévy* [Publicis 25 %, Gaumont 25, GGDM (Gilbert Gross) 12, NRJ 18, personnel de la chaîne 10], *Jean Drucker* [CLT 25, Lyonnaise des Eaux 25, groupe Amaury 10, Marin Karmitz 2,5, Suez, Paribas, UAP, Parfrance (groupe Bruxelles-Lambert) 37,5], *UGC* [UGC 25, éditeurs musicaux (CBS, PolyGram, Virgin) 20, éditeurs indépendants 5, artistes 5, personnel 7,5, établissements bancaires 12,5], *Canal+* [Canal+ 15, Bayard Presse 15, Larousse-Nathan 15, IDDH (Sté de dessins animés) 15, autres partenaires (éditeurs de jeux et banques) 40]. *-1-3* lancement (autorisation : 10 ans). *Émission* : 96 h par semaine. **1988**-*janv.* 133 h par semaine. *-Juillet* 24 h/24. **1993**-*8-3* création de la chaîne *Série Club* sur le câble (filiale 100 % de M6). **1994**-*28-9* M6 introduit en Bourse à 260 F (2d marché Paris). **1996**-*14-2* le CSA renouvelle à M6 l'autorisation d'émettre sans appel à candidatures. Création de la chaîne *Téva*. *-22-2 Fun TV* lancée sur TPS. *-5-3 M6 Music* lancée sur TPS. **2000**-*13-4* Albert Frère entre au conseil d'administration. *-26-5* le groupe M6 se dote d'un directoire et d'un conseil de surveillance. *-5-6* lancement du FAI et portail loisir M6net.fr. **2001**-*27-2* le CSA autorise la reconduction de l'autorisation d'émettre à compter du 28-2-2002 pour 5 ans sous réserve de la signature d'une nouvelle convention.

■ **Direction.** **Pt du conseil de surveillance** : Jean Drucker (né 12-8-1941) ; **du directoire** : Nicolas de Tavernost (né 22-8-1950). **Vice-Pt du directoire, dir. des programmes** : Mike Le Bas. **Capital** (répartition en %, au 7-5-2001). RTL Group 43,79, Suez-Lyonnaise des Eaux 36,73 ; public et institutionnels 19,48. **Budget** (en millions de F). **Chiffre d'affaires brut négocié et**, entre parenthèses, **résultats nets** : *1987* : 70 (– 371,3) ; *88* : 280 (– 405,8) ; *89* : 450 (– 354,9) ; *90* : 700 (– 159) ; *91* : 880 (– 120) ; *92* : 1 261 (152) ; *93* : 1 557 (115,4) ; *94* : 1 809 (230,7) ; *95* : 2 042 (344,4) ; *96* : 2 375 (237,5) ; *97* : 3 000 (311,3) ; *98* (consolidé) : 3 500 (403,5) ; *99* : 4 100 (507,1) ; **2000** (prév.) : 4 870,5 (103,5). **Part du marché publicitaire** (en %) : *1990* : 7,6 ; *91* : 9 ; *92* : 14 ; *93* : 14,9 ; *94* : 15 ; *95* : 16,1 ; *96* : 16,7 ; *97* : 17. **Effectifs. Nombre de permanents** : *1999* : 708 ; *à mi-2000* : 885.

■ **Filiales.** **M6 Publicité** (créée mars 1987) 100 % : publicité de M6, Série Club, Téva, Paris Première, Fun TV, M6 Music, Publications M6 Interactions, ATV Une Guadeloupe, ACG. **M6 Films** (créée déc. 1990) 100 % : production d'œuvres cinématographiques. **Métropole Télévision** (créée juillet 1991) 99,9 % et **C. Productions** 100 % : production d'œuvres audiovisuelles. **Extension TV** (créée déc. 1992) 99,9 % : édition de programmes (Série Club), Sedi TV (Téva) 50 %, Edi TV M6 Music 100 %, Fun TV 50 %. **M6 Interactions** (créée oct. 1992) 100 % : diffusion de vidéocassettes, éditions phonographiques, presse, ventes de produits dérivés. **HSS** (Home Shopping Service : créé 2-3-1996, détenu à 100 % depuis oct. 1998) : téléachat. **M6 Droits audiovisuels** (créée nov. 94) 100 % : achat et commercialisation de catalogues de programmes, cession de droits. **TPS** 25 %.

■ **Programmes. Délais de programmation cinéma** : règles service public (3 ans ou 2 ans si le film est coproduit par la chaîne). **Quotas** : règles service public (60 % de films UE, dont 50 % de films d'expression française). **Grille** : règles service public. **Nombre de films** : 104. **Contributions financières** : 1,5 % des ressources affecté au compte de soutien cinéma. **Production propre** (en 1995) : 1 000 h ; *vidéo-clips* : 105. *Contributions financières* : 3 % des ressources pour le compte de soutien, 20 % du chiffre d'affaires affectés au financement d'œuvres de création. **Informations** : 6 rendez-vous d'information nat./j ; 12 sites de décrochages d'information locale (1er site : Bordeaux, en 1989). **Nombre d'heures d'émissions par jour** : 24 dont (en %) fiction TV 36,4, divertissement/musique 29,8, magazines/documentaires 9,6, information 4,8, fiction cinéma 3,4, sports 0,7, autres émissions (pub, TV Achat) 12,3, autres 3.

■ **Audience. Nombre d'émetteurs et population desservie** (en %) : *1987 (1-3)* : 25 émetteurs et 39 % de la pop. fr. ; *89 (31-12)* : 139 et 71 % ; *90 (juin)* : 160 et 75 ; *92 (déc.)* : 238 et 80 ; *94* : 680 et 85 ; *95* : 836 et 90 ; *97* : 963 et 92 ; *99* : n.c. et 92,5 ; *2000* : n.c. et 93. **Audience sur 24 h** (en % des foyers) : *1987* : 1,8 ; *88* : 4,9 ; *90* : 7,6 ; *95* : 12,1 ; *98* : 13,4 ; *99* : 14,1 ; *2000* : 13,2.

■ TÉLÉVISIONS LOCALES

☞ *Légende* : date de 1re diffusion, nombre de fréquences (fréq.), durée du programme propre (moyenne du volume quotidien), audience (f. : foyers ; t. : téléspectateurs) ou équipement ou abonnés (ab.) en 2000. *Source* : « Télévision 01 » (éd. Dixit, avril 2001).

Métropole. Alpes-Maritimes : Canal 40 Nice Télévision (1984) : 3 % (de 40 000 f.). **Cannes TV** (1990) : 70 % (de 15 000 f. câblés). **Bas-Rhin : Canal Gambsheim** (1995) : 60 % (pop. 4 000 hab.). **Bouches-du-Rhône : Canal Maritima** (nov. 1994) : 11 000 f. (en 1996). **Calvados : Cityzen TV** (1996) : 78 %. **Dordogne : Aqui TV Périgord** : *1990-14-12* autorisée, *1993-8-10* mise en liquidation judiciaire, *-26-10* nouvelle autorisation, *1997-23-10* renouvelée. 11 fréq. 1 h 40. 80 000 f. **Essonne : LCL (Le Canal Local)** (1-6-1996) : 10 000 f. **Finistère : Brestel** (1994) : 18 000 f. **Gard : Mistral TV** (1998) : 2 000 f. câblés. **Télé bleue** : *1986-mars* 1re diffusion, *1992-12-5* autorisée. 150 000 f. **Gironde : TV7 Bordeaux** (24-7-2000). **Hte-Garonne : TLT (Télé Toulouse)** (7-4-1988) : capital : 29 947 750 F dont Sté Câble toulousain 49,99 %, Télévisions locales développement (TLVD) 48,29, La Dépêche du Midi 0,86, autres 0,86. 14 h 30. **Hte-Marne : Canal Local de Chaumont** (fin 1997). **Ht-Rhin : TLVA (Télévision locale du Val d'argent)** (déc. 1990) : 74,7 % (des 3 000 ab. au câble). **TV7 de Colmar** (1998) : 13 000 ab. **Télévision locale de Biesheim** (16-6-1989) : 43 %. **Hte-Saône : Canal 70 Production** (14-6-1996). **Hte-Savoie : Canal C** (1991) : environ 12 000/j (3 500 prises raccordées). **TV8 Mont-Blanc** : *1988-93* exploitée par Canal Europe Mont-Blanc, dépôt de bilan. *1994* reprise par la Sté Télévision des Deux Savoies (T2S). *1997-1-8* cesse d'émettre ; suspension prorogée par le CSA jusqu'au 31-4-1998. *2000-14-1* réautorisée. *-1-10* réémet. *Capital* : 2 000 000 de F dont association La 8 : 36 %, Crédit agricole 22. **Hts-de-Seine : T21 (Télévision interactive d'Issy)** (23-1-1997) : 5 000 f. câblés. **Hérault : Canal 34. Ille-et-Vilaine : TV Rennes** (21-3-1987) : plus de 40 000 f. câblés. **Isère : VB9-Espace Aragon** (1993) : 500 f. câblés. **Jura : Regards sur – etc… vidéo** (1-6-1996) : 5 400 ab. (environ 15 000 t.). **Landes : Canal HA** (sept. 1994) : 1 200 f. **Loire : AB7 Télévision** (27-9-1994) : 82 %. **Loire-Atlantique : Chateaubriant CLA9** (nov. 1996) : 1 800 f. **Lot : Canal FI** (oct. 1994) : 1 200 f. **Maine-et-Loire : Canal Cholet** (1995) : 12 000 f. potentiels. **Marne : Télé-Menou** (1994) : 1 000 ab. **Meurthe-et-Moselle : Actelong** (1992) : 70 % (de la pop.). **Télévision locale de Baccarat (TLB)** (oct. 1993) : 60 % (de la pop.). **Meuse : Télé Dieue** (déc. 1995) : 70 %. **Moselle : Canal Infographique de Sarreguemines** (déc. 1995) : 8 000 prises câbles. **Canal Stim** (5-2-1993). **CVS** (1988). **HVS** (1993). **Rombas Télévision** (15-1-1990) : 10 000 f. **STV** (1999). **TV Cristal** (déc. 1997) : 7 500 f. **TVM (Télévision Maizières)** (juillet 1991) : 1 679 f. raccordés (au 1-1-2001). **TV Rosselle** (21-12-1992) : 44 % des plus de 1 000 f. raccordés. **Nord : ASTV (Association synthoise pour la télévision locale)** (13-12-1982). **Beffroi Vision** (21-12-1986). **C9 Télévision** (avril 1987) : 80 000 f. **Crespin Télévision** (sept. 1997) : 700 f. **Paris : Télébocal** (1-6-1994). **Pas-de-Calais : Télé Gohelle** (1990). **Puy-de-Dôme : Clermont Première** (juin 2000). **Rhône : Cap Canal** (1991) : 12 000 ab. au câble. **Cités Télévision** (sept. 1989) : 33 000 f. raccordés. **TLM (Télé Lyon Métropole)** : *1989-20-2* lancée, *1993-30-6* redressement judiciaire, *-2-12* plan de continuation retenu. 14 h 30. 600 000 t./semaine. **Sarthe : Canal 8 – Le Mans Télévision** (avril 1992) : 23 000 f. **Savoie : TV 8 Mont-Blanc** (voir Hte-Savoie). **Seine-et-Marne : Canal Coquelicot** (18-9-1998) : 40 %. **Seine-St-Denis : Mi7 (Montreuil Info 7)** (avril 1997) : 16 000 ab. **Vendée : Canal 15** (La Roche-sur-Yon, sept. 1992) : 14 000 f. **Télé 102 – Canal 48** (Les Sables d'Olonne, juillet 1999) : 60 000 à 300 000 f. potentiels. **Télévision Sud Vendée** (Luçon, 1-1-1999) : 41 % de la pop. **Vosges : Canal Huit. Images Plus** (mai 1990) : 60 % (des 17 500 f. câblés). **Plombières Télévision** (févr. 1993) : 240 prises (hôtels, centres thermaux, lieux publics). **Yvelines : TV Fil 78** (1992) : 55 000 f. **Yvelines Première** : câblée 250 000.

☞ **TV à l'hôpital** : *Côté Soleil Télévision* : lancée 1-6-1998 dans 150 hôpitaux, diffusée par satellite, gratuite.

OUTRE-MER

■ **La Réunion. Antenne Réunion TV** (18-3-1991) : 33, chemin de Vavangues-Ste-Clotilde, 97490 St-Denis de la Réunion. *Statut* : SA. *Capital* : 22 millions de F dont (en %) groupe des Stés de Bourbon 38,6, Apavou 10,2, Éts Caille 5,7, ICV 4,5. **Canal + Réunion** (25-3-1991) : 35, rue des Vavangues, BP 228, 97493 Ste-Clotilde Cedex. *Statut* : SA. *Capital* : 10 millions de F dont Havas Overseas 49,99 %, BNPI 10, Banque de la Réunion 10, Sodere 10. Cryptée (Canal Satellite Réunion : 47 000 ab.). **TV Sud** (nov. 1993) : 14, lotissement Marc-Maurier, 97410 St-Pierre. *Statut* : SA. *Capital* : 886 000 F dont SARL Hyper King 16,43 %, Castor SARL 9,85, Transport Moolant 9,85, Éts Caille 8,21, chaîne Hive SA 8,21.

■ **Antilles. Antilles Télévision (ATV)** (21-2-1993) : 28, av. des Arawaks, 97200 Fort-de-France. *Statut* : SA. *Capital* : 12,57 millions de F. **Archipel 4** (15-2-1992) : Immeuble La Coupole-Grand Camp, 97142 Abymes Cedex. *Statut* : SA. *Capital* : 8 millions de F dont Galaxie Télévision 49,52 %, Garage Vivies AS 11,25, Crédit agricole de la Guadeloupe 10, Transports Brudey Frères SARL 5 26,4. **Canal + Antilles** (12-7-1993) : Les jardins de Hauëlbourg, bd de Hauëlbourg, 97122 Baie-Mahault. *Statut* : SA. *Capital* : 20 millions de F dont Havas Overseas 42 %, BNP 10, Crédit agricole Martinique 10, groupe Axa Midi 8, Crédit martiniquais 7,5. Cryptée, Guadeloupe et Martinique. 20 000 ab. **Canal 10** (1999). **Éclair TV** (15-1-1999) : Pintade, 97100 Basse-Terre. 0,3 %.

☞ **Télévision Caraïbe internationale. TCI l'A1 Guadeloupe** (autorisée 17-1-1998) : bd Marquisat de Hauëlbourg, ZI de Jarry, 97122 Baie-Mahault. *Statut* : SA. *Capital* : 250 000 F dont socioprofessionnels 54,45 %, institutionnels 22,75. 2 fréq. ; cumulée 42,8 %. **Antenne créole Guyane (ACG)** (15-3-1994) : 31, av. Pasteur, 97300 Cayenne. *Statut* : SA. *Capital* : 2,144 millions de F dont Frédéric Lancri 22,8 %, Michaël Lancri 17,8, Raymonde Abchée 11,7, Stéphane Prévol 11,7. Cayenne et Kourou. 3 h ; 22 %. **Canal + Guyane** (22-3-1993) : 2, pl. du Marché, 97300 Cayenne. *Statut* : SA. *Capital* : 2,2 millions de F dont Havas Overseas 51 %, Parf'Com 10, Sté guyannaise de spectacle 9, La Guyannaise 7. Cryptée, Cayenne et Kourou. 16 000 ab. **Canal + Calédonie** (31-12-1994) : BP 1797, 98845 Nouméa Cedex. *Statut* : SA. *Capital* : 2 748 459,83 F dont Image et Communication 50 %, Media Overseas 45, Régie Pacifique 5. Cryptée (CanalSatellite, 15-11-1999). Depuis 23-2-2001, LBF (le bouquet français) en Australie. **Canal + Polynésie** (22-12-1994) : BP 20051, 98713 Papeete. *Statut* : SA. *Capital* : 6 600 000 F dont Media Overseas 52,5 %, Office des Postes et Télécommunications (OPT) 35, banque Socredo 4,17, groupe Wan 3,33, groupe Moux 3,33, Banque de Polynésie 1,67. Cryptée.

☞ **TCI-Martinique** (mai 1993-mai 1996) : 3, av. Condorcet, 97200 Fort-de-France. *Statut* : SA. *Capital* : 2,5 millions de F dont socioprofessionnels 60,4 %, institutionnels 17,6. *1995* (7-2) redressement judiciaire. *1996* (mai) liquidation judiciaire.

■ **Tahiti. Tahiti Nui TV** (29-6-2000) : 4 fréq. ; 2 h.

■ **Chaînes frontalières francophones** (peuvent être distribuées sur certains réseaux câblés). **Zones de diffusion hertzienne** : *Monte-Carlo TMC* : de Monaco à Montpellier. *RTL 9* (ex-RTL TV) : Lorraine (Meurthe-et-Moselle, Meuse, Moselle). *SSR (Sté suisse de radiodiffusion et de télévision)* : Ain,

Bas-Rhin, Doubs, Haut-Rhin, Haute-Saône, Haute-Savoie, Jura, Savoie, Territoire de Belfort. *RTBF (Radio télévision belge francophone) :* Aisne, Ardennes, Nord-Pas-de-Calais.

■ **Chaînes françaises à diffusion internationale. Canal + Horizon. TV5. AITV (Agence internationale d'images de télévision de RFO) :** voir **RFO** et **CFI** p. 1366 b.

AUDIENCE TÉLÉVISION

■ **Parts d'audience (en %). Chaînes françaises.** Voir l'enquête Médiamétrie p. 1374 c. **Chaînes publiques de 5 pays d'Europe** (en 1997). **Espagne :** 51,8 dont *TVE 1 :* 25,8, *LA 2 :* 8,6, *TV « autonomicas » :* 17,4. **Italie :** 48,9 dont *RAI 1 :* 23, *RAI 2 :* 16,2, *RAI 3 :* 9,7. **France :** 45,4 dont *France 2 :* 24,7, *France 3 :* 17,3, *La Cinquième/Arte* 3,4. **G.-B. :** 42,8 dont *BBC 1 :* 31,3, *BBC 2 :* 11,5. *Source :* Carat Expert.

■ **Comparaisons internationales.** En % de téléspectateurs regardant la TV : **moins de 1 h par jour :** *France 13,* All. 12, G.-B. 3 ; **de 1 à 3 h :** *Fr. 57,* All. 62, G.-B. 38 ; **de 3 à 5 h :** *Fr. 25,* All. 21, G.-B. 35 ; **de 5 à 6 h :** *Fr. 3,* All. 3, G.-B. 12 ; **plus de 6 h :** *Fr. 2,* All. 2, G.-B. 12.

Nota. – Une pièce de théâtre diffusée un samedi soir est vue par 15 millions de téléspectateurs en France ; il faudrait 30 ans de succès ininterrompu dans une grande salle parisienne pour toucher pareil auditoire ; un film du dimanche soir devrait être diffusé 10 ans.

■ **Durée d'écoute moyenne. Dans le monde** (par jour, en 2000). USA 4 h 26, Mexique 4 h 23, Italie 3 h 36 [1], G.-B. 3 h 35 [1], Espagne 3 h 34 [1], Japon 3 h 25 [1], Canada 3 h 12 [1], Argentine 3 h 11 [1], Australie 3 h 09 [1], Allemagne 3 h 03 [1], *France 3 h 13.* **Aux USA** (par semaine). *1971 :* 42 h 04 ; *80 :* 46 h 06 ; *90 :* 48 h 29 ; *94 :* 50 h 50 ; *97 :* 50 h 24. **Audience moyenne en prime-time des chaînes des USA** (1997-98, en %) : NBC 10,2, CBS 9,6, ABC 8,4, Fox 7,1, WB 3,1, UPN 2,8.

Nota. – (1) En 1996.

■ **Audience d'événements internationaux.** *Obsèques de sir Winston Churchill* à Londres (janv. 1965) : 350 millions. *Lancement d'Apollo 11* vers la Lune (16-7-1969) : 528. *Récupération d'Apollo 13* (17-4-1970) : 600. *Jeux Olympiques* de 1972 et 1976, *Jean-Paul II en Irlande* (26-9-1979) : 1 milliard. *JO 1984* de Los Angeles : 2,5 milliards. *JO d'hiver 1992* d'Albertville : plus de 2 milliards.

■ **Records d'audience** (en millions). **Sport :** finale du Super Bowl XXX sur NBC le 28-1-1996 : 138,5, de l'Euro 2000 sur TF1 le 2-7-2000 : 21,44. **Séries TV :** *Alerte à Malibu :* 1 100/semaine dans 142 pays. *Dallas* (diffusée à partir de 1978, vendue à plus de 90 pays) : 83 aux USA (part d'audience : 76 %). *Urgences :* 32 (en 1998).

■ ENQUÊTE MÉDIAMÉTRIE (2000)

■ **Bases de l'enquête. Population équipée de téléviseurs** du 3-1 au 31-12-2000 (en milliers) : *ménages :* 22 580 ; *individus de 4 ans et plus :* 52 810 (dont *enfants de 4 à 10 ans :* 4 820 ; *de 11 à 14 ans :* 2 980 ; *garçons de 4 à 14 ans :* 3 990) ; *de 15 ans et plus :* 45 010 (dont *15-24 ans :* 7 030 ; *15-34 ans :* 14 390 ; *15-49 ans :* 26 340). *Parmi les 15-49 ans :* hommes 12 960, ménagères 10 190.

■ **Consommation annuelle par genres de programmes.** Un individu (4 ans et plus) a regardé en moyenne 1 036 h 56 min de programmes diffusés par TF1, France 2, France 3, Arte, La Cinquième et M6 dont fictions TV 261 h, magazines documentaires, débats 188, journaux TV 147, publicité 94,2, films 76, jeux 74, sport 67, variétés, divertissements 52, émissions jeunesse 33, autres programmes 42.

■ **Part d'audience annuelle des chaînes** (en %). **TF1 :** 33,4 ; **France 2 :** 22,1 ; **France 3 :** 16,8 ; **M6 :** 12,7 ; **Canal+ :** 4,1 ; **La Cinquième/Arte :** 3,4 ; **autres :** 7,5.

■ **Durée d'écoute quotidienne moyenne** (en minutes) par individu (du lundi au dimanche, 3 h - 27 h). **Par foyer :** *1982 :* 233 ; *90 :* 304 ; *91 :* 315 ; *92 :* 308 ; *93 :* 302 ; *94 :* 305 ; *95 :* 310 ; *96 :* 304 ; *97 :* 300 ; *98 :* 311 ; *99 :* 314 ; *2000 :* 324. **Par individu de 15 ans et plus :** *1968 :* 90 ; *70 :* 126 ; *80 :* 124 ; *81 :* 132 (TF1 : 54, A2 : 49, FR3 : 26) ; *86 :* 207,5 (A2 : 116,9, TF1 : 112,8, Canal+ : 85,4, FR3 : 72,5) ; *89 :* 195 (TF1 : 88, A2 : 39, La 5 : 24, FR3 : 20, M6 : 13, Canal+ : 8, autres : 4) ; *90 :* 192 ; *93 :* 187 ; *94 :* 189 ; *95 :* 193 ; *96 :* 192 ; *97 :* 192 ; *98 :* 197 ; *99 :* 199 ; *2000 : 204.* **EN 2000 : selon le sexe :** hommes 190, femmes 217. **Selon l'âge :** *4-10 ans :* 125 ; *11-14 :* 141 ; *15-24 :* 125 ; *15-34 :* 157 ; *15-49 :* 173 ; *35-59 :* 197. **Selon l'activité :** *actifs :* 171. *Ménagères – de 50 ans :* 196. **Selon les mois :** *janv. :* 206 ; *févr. :* 203 ; *mars :* 200 ; *avril :* 196 ; *mai :* 183 ; *juin :* 186 ; *juillet :* 177 ; *août :* 160 ; *sept. :* 192 ; *oct. :* 200 ; *nov. :* 215 ; *déc. :* 210. *Moyenne :* 193.

Légende : audience moyenne (1 % = 528 100 individus de 4 ans et plus) et, entre parenthèses, part d'audience (en %).

■ **Meilleurs scores. Par chaînes. TF 1 :** Foot/France-Italie [1a] 40,6 (77,5). Remise de la coupe [1a] 38,4 (79,5). Foot/Espagne-France [1a] 30,9 (64,6). Champions d'Europe [1a] 26,1 (69). Foot-coupe de France [1] : FC Nantes-Calais 25,5 (60,3). TF1 20 heures/Patrick Poivre D'Arvor [2] 24,3 (59,3) [+ 16 scores > 18,8]. Foot/France-Pays-Bas [1a] 24 (57,7). Taxi [3] 22,8 (47,3). Julie Lescaut/L'école du crime [4] 22,5 (52,1) [+7 scores > 18,8]. Independance Day [3] 20,9 (48,8). Les bronzés font du ski [3] 20,8 (47,9). Une femme d'honneur/Samedi soir [4] 20,6 (51,4) [+ 2 scores > 18,8]. Élection de Miss France/Miss 2001 [6] 20,5 (51,2). Les Cordier juge et flic/Lames de fond [4] 20,5 (43,3). Les Misérables/2e partie [5] 19,9 (45,6) [+ 2 scores > 18,8]. Foot/Italie-Pays-Bas [1a] 19,5 (62,1). Le Pic de Dante [3] 19,5 (42,4). Le pari [3] 19,5 (41,1). Une journée en enfer [3] 18,8 (43,6). Le professeur Foldingue [3] 18,8 (43,5).

France 2 : Foot/France-Portugal [1a] 34,7 (70,5). La bicyclette bleue/1re partie [5] 20,3 (42,6) [+ 2 scores > 13,8]. Foot/République tchèque-France [1a] 17 (62). Meurtre à la Maison Blanche [3] 16,8 (35,2). Le bonheur est dans le pré [3] 16,6 (36,2). L'instit/Ting-Ting [4] 16,4 (37) [+ 2 scores > 13,8]. La canne de mon père [5] 16,2 (37,2). La trilogie marseillaise/3e partie César [5] 16,2 (35,4) [+ 2 scores > 13,8]. La vérité si je mens [3] 16 (34,3). Enfoirés en 2000 [6] 15,1 (40,3). Anna en Corse [5] 15,1 (37,5). Le plus grand cabaret du monde,[6] 14,8 (39,6) [+ 2 scores > 13,8]. Sans famille/2e partie [5] 14,8 (31,7). La vérité vraie [5] 14,7 (35,3). Manon des sources [3] 14,7 (34,9). Foot/Angleterre-Roumanie/Allemagne-Portugal (en duplex) [1a] 14,5 (35,9). Patinage/Championnat du monde libre danse [1] 14,5 (35,5). La rançon [3] 14,5 (30,9). France 2 Le journal/Béatrice Schönberg [2] 14,1 (31,5). Complots [3] 13,8 (31,6).

France 3 : Foot/France-Danemark [1a] 16,6 (57,2). Les couloirs du temps – Les visiteurs 2 [3] 15,2 (34,9). Le journal du Dakar [1] 14,5 (31,9) [+ 5 scores > 11,1]. 19-20 édition régionale [2] 13,9 (37,7) [+ 54 scores > 11,1]. Actualités régionales [2] 13,5 (40,5) [+ 44 scores > 11,1]. 19-20 édition nationale/Laurence Bobillier [2] 13,5 (35,2) [+ 50 scores > 11,1]. Question pour un champion/Spécial langue française [7] 13,1 (32,1) [+ 4 scores > 11,1]. 19-20 rendez-vous de l'information/Élise Lucet [2] 12,5 (35,9) [+ 16 scores > 11,1]. Foot/Portugal-Angleterre [1a] 12,4 (30,2). Foot Coupe de la Ligue : FC Gueugnon-Paris SG [1] 11,8 (31,5). C'est mon choix/Spécial donnez-moi un nouveau look [8] 11,8 (25,7) [+ 1 score > 11,1]. Docteur Sylvestre/Pour l'exemple [4] 11,8 (25,2). Tennis international à Roland Garros : finale dames [1] 11,7 (54,7). L'enfant de la honte/2e partie [5] 11,5 (23,8) [+ 1 score > 11,1]. C'est mon choix/Je fais du surnaturel un spectacle [8] 11,4 (23,8). 19-20 édition locale [2] 11,3 (37,2) [+ 16 scores > 11,1]. Il était deux fois les grands duos [9] 11,3 (28). Foot/Belgique-Turquie/Italie-Suède (en duplex) [1a] 11,2 (27,9). Le mur de l'Atlantique [3] 11,1 (28,7). Mars attacks [3] 11,1 (24,8).

Canal+ : Nulle part ailleurs : les pros de l'info [10] 6,5 (14,8) [+ 119 scores > 3,9]. La semaine des guignols [10] 5,4 (17,4) [+ 11 scores > 3,9]. Clôture du 53e festival de Cannes [11] 5,3 (15,5). La nuit des Césars/25e cérémonie [11] 5 (13,4). Foot-coupe de l'UEFA [1] : Lens-Arsenal 4,9 (12,3). Foot-coupe de France : Calais-Bordeaux [1] 4,7 (10,9). Le vrai journal [12] 4,2 (14,7). Soir d'Europe : coupe de l'UEFA/Lens-Celta Vigo [1] 4,2 (9,2). On est les champions [1] 3,9 (10,4). Ça cartoon [13] 3,9 (8,5).

La Cinquième : Poisson d'avril [3] 2,5 (19,5). Les ouragans [9] 2,5 (8,8). Tendre poulet [3] 2,4 (13,8). Les tornades [9] 2,4 (9,2). Le tonnerre de Dieu [3] 2,3 (16,2). L'empreinte des champions/Marcel Cerdan [9] 2,2 (9,4). Ripostes/violences urbaines, une affaire de mineurs [8] 2,2 (7,2) [+ 2 scores > 1,8]. Sur les chemins du monde [8] : Va savoir/Ile Maurice 2,1 (10,6) [+ 1 score > 1,8]. Le sens de l'histoire : Juan Carlos Ier un roi démocrate [8] 2,1 (10,2) [+ 2 scores > 1,8]. Coup de foudre [3] 2 (12,4). La vérité en face [5] 2 (10,4). 100 pour 100 question [7] 2 (9,9) [+ 1 score > 1,8]. Le Monde des animaux/Téléfaune les oiseaux [9] 2 (7,7) [+ 6 scores > 1,8]. Les lumières du music-hall/Carlos [9] 2 (6,4) [+ 2 scores > 1,8]. Les portes de la nuit [3] 1,9 (13,3). Ravissante [3] 1,9 (11,4). Le capitaine Fracasse [3] 1,9 (10,4). Un hiver de chiens [9] 1,9 (9,7). Visages des Pangalanes [9] 1,9 (8,6). Le journal de la santé [8] 1,8 (7,4).

Arte : Marius et Jeannette [3] 7,3 (17,7). Out of Africa [3] 5,2 (12,8). Le maître des îles [3] 5 (12,6). Chérie, je me sens rajeunir [3] 4,6 (10,3). French Cancan [3] 4,5 (9,3). Désirs de femme [9] 4,2 (9,2). Julien l'apprenti/1re partie [5] 4 (9,4) [+ 1 score > 3,4]. Sexe : les hommes et les femmes sont-ils encore faits pour vivre ensemble ? [12] 4 (8,8). A nos amours [3] 4 (8,5). Les Dalton en cavale [13] 3,8 (9,9). Laurel et Hardy électriciens [12] 3,8 (8,3). Secret défense [3] 3,7 (9,6). Plein soleil [3] 3,7 (8,5). Les sagards [5] 3,6 (8,2). Les joyeux compères [12] 3,5 (7,7). Des gens comme les autres [3] 3,5 (7,6). Warriors, l'impossible mission/2e partie [5] 3,4 (12,7). Quand les hommes parlent sexe [9] 3,4 (9,1). Arsenic et vieilles dentelles [3] 3,4 (7,6). Liberté [12] 3,4 (7,5).

M6 : Zone interdite/Prostitution les nouvelles filières [8] 11 (24,9) [+ 5 scores > 8]. Le maître de guerre [3] 10,9 (26,8). Risque maximum [3] 10,4 (23,4). Capital/10 ans de Capital [8] 10,2 (26,6) [+ 7 scores > 8]. Passion mortelle [5] 9,6 (22,8). Jour J [8] 9,6 (21,6) [+ 3scores > 8]. Breakdown [3] 9,4 (20,9). E = M6/Spécial-Les secrets de la minceur [8] 9,3 (22,4) [+ 6 scores > 8]. Les évadés [3] 9,1 (23,7). Blown away [3] 9 (21,3). Les moments de vérité [8] 8,9 (21,5). Passé simple/L'Europe contre l'extrême-droite [8] 8,9 (20,4) [+ 1 score > 8]. Édition spéciale M6/Les leçons de la tempête [2] 8,9 (19,5). La vie est un long fleuve tranquille [3] 8,9 (19,3). 6 minutes [2] 8,5 (20,5) [+ 6 scores > 8]. The Relic [3] 8,3 (19,6). Cinésix [8] 8,3 (17,9). Sport 6 [1] 8,2 (17,4). Une nounou d'enfer/Tout est bien qui fini bien 1re partie [4] 8,1 (17,1). Highlander [3] 8 (19,6).

Nota. – (1) Sport. (1a) Euro 2000. (2) Information. (3) Film. (4) Série. (5) Téléfilm. (6) Variété. (7) Jeu. (8) Magazine. (9) Documentaire. (10) Humour. (11) Cérémonie. (12) Autre. (13) Jeunesse.

■ **Par genres. Films [1] :** Taxi 22,8 (47,3). Independance day 20,9 (48,8). Les bronzés font du ski 20,8 (47,9). Le pic de Dante 19,5 (42,4). Le pari 19,5 (41,1). Une journée en enfer 18,8 (43,6). Le professeur Foldingue 18,8 (43,5). Les trois frères 18,8 (42,8). L'arme fatale 18,6 (41,3). Le flic de San Francisco 18,4 (40,4).

Téléfilms : La bicyclette bleue/1re partie [2] 20,3 (42,6) [+ 2 scores > 14,5]. Les misérables/2e partie [1] 19,9 (45,6) [+ 3 scores > 14,5]. Une famille formidable/Le grand départ [1] 18,7 (44,2) [+ 2 scores > 14,5]. Un homme en colère/La peur de l'autre [1] 16,5 (37,2). La canne de mon père [2] 16,2 (37,2). La trilogie marseillaise/3e partie César [2] 16,2 (35,4) [+ 2 scores > 14,5]. Anna en Corse [2] 15,1 (37,5). Sans famille/2e partie [2] 14,8 (31,7). La vérité vraie [2] 14,7 (35,3). L'institutrice [1] 14,5 (35,5).

ENQUÊTES D'AUDIENCE

■ **Mesure d'audience. Origine :** *1954* RTF entame des enquêtes. *1958* création du CESP (Centre d'études des supports de publicité). *1964* Service d'études d'opinions (SEO) créé, au sein de l'ORTF. *1975* le SEO devient le Centre d'études d'opinions (CEO). *1982* mesure électronique introduite. *1985* CEO devient *Médiamétrie.*

■ **Définitions. Audience :** nombre ou % de personnes regardant une chaîne à un instant donné ; *moyenne :* sur une durée déterminée ; *cumulée :* ayant regardé au moins une fois une émission donnée au cours d'une journée, d'une semaine ou de toute autre période. **Audimètre :** enregistre automatiquement, à la seconde près, les utilisations faites par chaque membre du foyer (ou d'éventuels invités) du ou des téléviseurs et magnétoscopes (y compris les jeux vidéo). Chaque jour, entre 3 h et 5 h, le centre informatique appelle chaque audimètre et recueille les données stockées. **Médiamat :** étude permanente d'audience de la télévision, réalisée auprès d'un *panel* (échantillon) national de 2 800 foyers (représentant au 1/10 000e les foyers possesseurs d'un poste de TV), soit 6 710 personnes âgées de quatre ans et plus, à l'aide d'un audimètre. **Part de marché :** % d'audience d'une chaîne par rapport à l'audience de la télévision. **Point d'audience :** voir légende en encadré col. a.

☞ **Vacanciers :** comptabilisés avec une audience nulle (règle adoptée par les autres pays européens) par *Médiamétrie* depuis l'été 1996. **Marge d'erreur :** de 1 à 2 %.

Fictions : Julie Lescaut/L'école du crime [1] 22,5 (52,1) [+ 10 scores > 16,3]. Une femme d'honneur/Samedi soir [1] 20,6 (51,4) [+ 6 scores > 16,3]. Les Cordier juge et flic/Lames de fond [1] 20,5 (43,3) [+ 4 scores > 16,3]. Navarro/Vengeance aveugle [1] 18,7 (41,3) [+ 4 scores > 16,3]. Sandra et les siens/Premières armes [1] 18 (43,5). Femmes de loi/Justice d'une mère [1] 17,6 (44). Commissaire Moulin/Une protection très rapprochée [1] 17,4 (40,8) [+ 1 score > 16,3]. Le grand patron/L'esprit de famille [1] 16,9 (38). L'instit/Ting-Ting [2] 16,4 (37). Mathieu Corot/L'amour interdit [1] 16,3 (39,2).

Documentaires : Il était deux fois les grands duos [3] 11,3 (28). Hors série/Sur la terre des dinosaures [3] 11,1 (23,9) [+ 2 scores > 5,8]. Ils ont filmé la guerre en couleur [2] 10,4 (23,5). Ce qui fait débat : François Mitterrand, le roman du pouvoir [3] 8,6 (24,9) [+ 1 score > 5,8]. Actualités régionales : les cartes postales ont toujours raison [3] 8,1 (33,3). Daniel Balavoine que tu vives ici ou là-bas [3] 7,7 (18,8). Les documents du dimanche : des enfants abusés [2] 7,1 (17,5) [+ 1 score > 5,8]. Bernadette Chirac première dame de France [3] 6,6 (31,3). Parlez-moi d'amour/La déclaration de l'éveil amoureux [2] 6,6 (17,4) [+ 1 score > 5,8]. Femmes de Gainsbourg [3] 5,8 (14,2).

Spectacles : Les princesses du cirque/Numéro 3 [3] 8,2 (18,6) [+ 2 scores > 1,2]. Festival international du cirque de Massy/8e édition [3] 7,4 (17,5) [+ 3 scores > 1,2]. Festival du cirque de Monte-Carlo/24e édition [3] 7,3 (15,4) [+ 2 scores > 1,2]. Le cirque Arlette Gruss/Arlette dépasse les bornes [3] 6,1 (14,2) [+ 1 score > 1,2]. Les grands cirques du monde/Rome le cirque Massimo [3] 1re partie 6 (14,4). Le cirque Scott/16e édition [3] 5,6 (16,5). Le surbook [2] 5,2 (31,9). Concert du nouvel an/2e partie [2] 5,1 (22,6) [+ 1 score > 1,2]. Une mesure d'avance [2] 3,7 (23,3). Vacances de rêve [2] 3,4 (21,1). Cirque de demain/Gala du jubilé [3] 3,1 (14,8). Le concert de Paris 2000 [2] 2,8 (17,4). Le plus grand chapiteau du monde [1] 2,7 (14,3). Les grands moments du cirque du Bolchoï/2e partie [3] 2,6 (12,5) [+ 1 score > 1,2]. La Traviata à Paris/Acte 3 la dernière demeure du viol [3] 2,6 (9,9) [+ 3 scores > 1,2]. Shenyang, le nouveau cirque chinois [4] 2,2 (5,1). Festival mondial du cirque de demain/20e édition [3] 2,1 (11,7). Noël chez les gens du voyage [2] 1,7 (10,1). Le mari, la femme et l'amant [2] 1,2 (16,9). Abbado et Pavarotti à Ferrara Musica [4] 1,2 (3,3).

Jeux : Qui veut gagner des millions ? – Prime time [1] 16,4 (44,6) [+ 10 scores > 6,9]. Qui veut gagner des millions ? – Access prime time [1] 13,6 (45,8) [+ 27 scores > 6,9]. Les Z'amours/Spéciale Saint-Valentin [2] 13,6 (33,6) [+ 1 score > 6,9]. Questions pour un champion/Spécial langue française [3] 13,1 (32,1) [+ 9 scores > 6,9]. Le Bigdil [1] 12,2 (34,6) [+ 212 scores > 6,9]. Fort Boyard [2] 10,8 (31,4) [+ 9 scores > 6,9]. Questions pour un champion [3] 10,4 (39,7) [+ 178 > 6,9]. Le juste prix [1] 10,3 (46,8) [+ 249 > 6,9]. La carte aux trésors/L'Aveyron pays templier et hospitalier [3] 9,2 (24,1) [+ 8 scores > 6,9]. Qui est qui ? [2] 6,9 (19,5).

Humour : 120 minutes de bonheur [1] 17 (39,9) [+ 2 scores > 10,3]. Le Bestophe [1] 14,4 (41). Vidéo Gags/Spécial : Bilan – vos amours de vacances [1] 14,3 (41,7) [+ 2 scores > 10,3]. Nos meilleurs moments [1] 12,1 (38,9) [+ 3 scores > 10,3]. Vidéo Gags [1] 11,9 (38,1) [+ 6 scores > 10,3]. Fallait y penser [2] 11,9 (34,5) [+ 1 score > 10,3]. 100 pour 100 imprévu [2] 11,2 (31,4). Les p'tites canailles/Spécial Noël [1] 11,2 (29,8) [+ 2 scores > 10,3]. Drôle de zapping [1] 10,6 (38) [+ 1 score > 10,3]. Nos plus belles histoire d'humour [3] 10,3 (22,9).

Variétés : Élection de Miss France 2001 [1] 20,5 (51,2). Le plus grand cabaret du monde [2] 14,8 (39,6) [+ 7 scores > 10,3]. Toute la magie du monde/Les mandrakes d'or 2000 [1] 13,8 (35,4). Les années tubes [1] 11,9 (33,5) [+ 4 scores > 10,3]. Les petits princes [1] 11,7 (33,4). Toutes les chansons ont une histoire [1] 11,5 (35,1) [+ 2 scores > 10,3]. Tapis rouge/Laurent Gerra [2] 11,3 (30,8) [+ 1 score > 10,3]. NRJ Music Awards [1] 10,7 (29,1). La soirée spéciale/Daniel Balavoine [1] 10,6 (34,3). Qu'est-ce qui fait rêver Sylvie ? [1] 10,3 (27,2).

Événements exceptionnels : La remise de la coupe d'Europe [1] 38,4 (79,5). TF1 20 h/Intervention du 1er Ministre [1] 22,9 (48,3) [+ 1 score > 9,2]. TF1 20 h./Déclaration du Pt de la République [1] 22,1 (47,5) [+ 1 score > 9,2]. 19-20 rendez-vous de l'information/Déclaration du Pt de la République,[3] 11,9 (34,9). Édition spéciale référendum/Déclaration du Pt de la République [1] 11,9 (28,9). France 2 Le journal/Déclaration du Pt de la République [2] 10,6 (23,6). Édition spéciale TF1/Jean-Claude Narcy [1] 10,4 (46,8). TF1 20 h/Vœux du Pt de la République [1] 10,4 (34,8). Noël ensemble [2] 9,8 (20,9). TF1 13 h/Déclaration du Pt de la République [1] 9,2 (36,7).

Magazines : Combien ça coûte ?/Où passe l'argent de la République ? [1] 17,6 (43,7) [+ 12 scores > 10,2]. Sans aucun doute/Spécial les 7 péchés capitaux [1] 16,6 (42,5) [+ 3 scores > 10,2]. Reportages/Le chèque de la haine [1] 16,3 (58,4) [+ 43 scores > 10,2]. Les enfants de la télé [1] 16 (41,5) [+ 9 scores > 10,2]. Plein les yeux [1] 15,6 (38) [+ 5 scores > 10,2]. Ushuaïa nature/Les évadés du temps – Irian Jaya [1] 15,4 (36,8) [+ 3 scores > 10,2]. L'émission des records [1] 14,9 (35,5) [+ 3 scores > 10,2]. Y'a pas photo/Drôles de petits champions [1] 14,7 (36,4) [+ 1 score > 10,2]. Succès [1] 14,4 (41,1) [+ 4 scores > 10,2]. Défense d'entrer [1] 14,3 (37,2) [+ 4 scores > 10,2]. Sagas/Vivre avec lui [1] 13,9 (37,6) [+ 5 scores > 10,2]. Jour après jour/Mariages mixtes couples homo... [2] 13,3 (30) [+ 5 scores > 10,2]. Sept à huit [1] 11,8 (31,2) [+ 3 scores > 10,2]. C'est mon choix/Spécial – Donnez-moi un nouveau look [3] 11,8 (25,7). C'est mon choix/Je fais du surnaturel un spectacle [3] 11,4 (23,8) [+ 6 scores > 10,2]. Zone interdite/Prostitution les nouvelles filières [5] 11 (24,9). La marche du siècle/Régime santé plaisir [3] 10,8 (25,5). Vie privée vie publique/Fric secret et transparence [3] 10,8 (24,4). SOS enfants disparus, fugues ou enlèvements [3] 10,7 (26). Le droit de savoir/Paris police enquête sur les motards... [1] 10,2 (29,3).

Euro 2000 : France-Italie [1] 40,6 (77,5). France-Portugal [2] 34,7 (70,5). Espagne-France [1] 30,9 (64,6). France-Pays-Bas [1] 24 (57,7). Italie-Pays-Bas [1] 19,5 (62,1). République tchèque-France [2] 17 (62). France-Danemark [3] 16,6 (57,2). Italie-Belgique [1] 14,9 (36,5). Angleterre-Roumanie/Allemagne-Portugal (en duplex) [2] 14,5 (35,9). Portugal-Angleterre [3] 12,4 (30,2).

J.O. 2000 [2] : Judo 9,7 (40,2). Tennis de table 8,3 (36,7). Athlétisme 8,2 (39,6). Athlétisme 7,7 (36,7). Cérémonie de clôture 7,6 (36,2). Athlétisme 7,4 (44,8). Judo 7,4 (33,2). Natation 7,3 (31,6). Boxe 7,2 (37,5). Athlétisme 7,1 (30,9).

Matches de football (hors Euro 2000) [1] : Coupe de France : FC Nantes-Calais 25,5 (60,3). Match de gala : France-Fifa Worldstars 17,1 (54,3). Match amical/France-Pologne 17,1 (41,3). Match amical/France-Slovénie 17 (40,3). Match amical/France-Angleterre 16,9 (45,2). Ligue des champions/Réal de Madrid-FC Valence 15,8 (40,1). Match amical/Turquie-France 15,7 (34,7). Match amical/France-Cameroun 15,6 (39). Match amical/Croatie-France 15,5 (36). Match amical/Écosse-France 14,9 (35,6).

Retransmissions sportives (hors matchs de football et J.O. 2000) : Patinage : championnat du monde libre/danse [2] 14,5 (35,5). Formule 1 : grand prix du Brésil [1] 12,8 (33,5). Cyclisme : le tour de France/Briançon-Courchevel [2] 12 (54,3). Rugby : Tournoi des six nations/France-Angleterre [2] 11,8 (54,4). Tennis : International à Roland-Garros/Finale dames [3] 11,7 (54,7). Cyclisme : le tour de France/Draguignan-Briançon [2] 10,9 (56,8). Rugby : match amical/France-Nouvelle-Zélande [2] 10,6 (25,2). Rugby : match amical/France-Nouvelle-Zélande [2] 10,4 (24,5). Formule 1 : grand prix d'Europe [1] 10,1 (44,7). Cyclisme : le tour de France/Dax-Lourdes-Hautacam [2] 10 (53,8).

Magazines sportifs : Champions d'Europe [1] 26,1 (69). Le journal du Dakar [3] 14,5 (31,9) [+ 14 scores > 8,1]. F1 à la Une [1] 12,3 (28,2) [+ 4 scores > 8,1]. La nuit des champions [1] 11,4 (56,2). Tout le sport [3] 9,6 (23,2) [+ 26 scores > 8,1]. Le magazine de l'Eurofoot [3] 8,8 (44,4). Côté court [3] 8,7 (20,2). Stade 2 [2] 8,5 (25,8). Sport 6 [5] 8,2 (17,4). Samedi sport [2] 8,1 (38,4).

Émissions après 21 h 30 : Remise de la coupe d'Europe [1] 38,4 (79,5). Champions d'Europe [1] 26,1 (69). Foot-Tournoi Hassan 2 : Maroc-France [1] 14,6 (42,3). Urgences/De grandes espérances [2] 12,8 (29) [+ 17 scores > 8,8]. L'émission des records 11,7 (41,2) [+ 1 score > 8,8]. La nuit des champions [1] 11,4 (56,2). 120 minutes de bonheur [1] 11,4 (37,9). Foot-Ligue des champions : Manchester United-Bordeaux [1] 11,1 (32,5). Drôle de zapping [1] 10,6 (38) [+ 1 score > 8,8]. Édition spéciale TF1/Jean-Claude Narcy [1] 10,4 (46,8). Au dessus de tout soupçon/2e partie [1] 10,4 (39,4). Avocats et associés/Remise en cause [2] 9,9 (26,7). Brigad/Le stratagème chinois [2] 9,8 (26,1) [+ 3 scores > 8,8]. La fureur/Au Canada [1] 9,5 (34,3). P.J Cambriolage [2] 9,4 (26,3) [+ 1 score > 8,8]. Sauvetage/Prisonniers sous la terre [2] 9,1 (27,2). La colère du tueur [1] 9 (44,6). LPS-LYON police spéciale/L'affaire Paoli [2] 8,9 (24,9). Atomic train/2e partie [1] 8,8 (44,4). Le magazine de l'Eurofoot [3] 8,8 (44,4).

Nota. – (1) TF1. (2) France 2. (3) France 3. (4) Arte. (5) M6.

■ **Par âges. De 4 à 10 ans (pour la chaîne, voir le nota ci-dessus).** *Audience moyenne :* 1 % = 48 200 enfants. **Dessins animés :** TF1 jeunesse : Pokémon [1] 26,1 (81,6) [+ 47 scores > 17,6]. TF1 jeunesse : Rocket Power [1] 19,7 (73,8) [+ 3 scores > 17,6]. TF1 jeunesse : Argaï la prophétie [1] 19,4 (72,9). Disney : La cour de récré [1] 19,2 (72,7). Les minikeums : Titi et Gros minet [3] 18,5 (77,4) [+ 3 scores > 17,6]. TF1 jeunesse : Docteur Globule [1] 18,3 (68,5). TF1 jeunesse : Knothead et Splinter [1] 18,3 (67). TF1 jeunesse : He Arnold [1] 17,9 (61,5) [+ 1 score > 17,6]. Pokémon regardez-les tous/Repas si facile [1] 17,8 (52,7). MNK : Junior le terrible [3] 17,6 (69,8). **Programmes hors dessins animés et émissions jeunesse [1] :** Beethoven [2] 25,1 (69,3). Foot-Euro 2000 : France-Italie 23,8 (82,1). Les 101 dalmatiens 20,9 (69,7). Le professeur Foldingue 20,5 (77,7). Taxi 20 (69,7). The Mask 19,7 (71,9). Menteur menteur 17,7 (68,6). Les trois frères 17,5 (70,6). Le bigdil 17,5 (57,8). La course au jouet 17,5 (52,7).

De 11 à 14 ans : *audience moyenne :* 1 % = 29 800 enfants. Foot-Euro 2000 : France-Italie [1] 39,9 (84,9). La remise de la coupe d'Europe [1] 35,8 (84,8). Foot-Euro 2000 : France-Portugal [2] 29,4 (76,4). Taxi [1] 28,6 (75,5). Le professeur Foldingue [1] 28,2 (77,3). Beethoven 2 [1] 27,2 (61,5). Mrs Doubtfire [1] 26 (61,3). Le pari [1] 24,7 (64,3). La course au jouet [1] 24 (54,8). Les bronzés font du ski [1] 23,7 (76,5). Foot-Euro 2000 : Espagne-France [1] 23,6 (77,1). Les trois frères [1] 23,2 (72). Daylight [1] 22,2 (64,2). Menteur menteur [1] 21,9 (64,8). Les p'tites canailles/Font du ski [1] 21,8 (56,3). Élection de Miss France/Miss 2001 [1] 21,5 (62,9). Jack [1] 21,3 (64,4). Foot-Coupe de France : FC Nantes-Calais [1] 20,3 (67). 120 minutes de bonheur [1] 20,3 (56,5). Plein les yeux [1] 20,1 (49,6).

■ **Meilleurs taux d'enregistrement magnétoscope. Taux moyen** (2000, en %, 1 % = 178 380 foyers équipés de magnétoscope). Taxi [1] 8,5. Mission impossible [1] 8,1. Le cinquième élément [1] 7,6. Independance day [1] 7,4. Enfoirés en 2000 [2] 7,3. Hors série/Sur la terre des dinausores [3] 7,3. Les 101 dalmatiens [1] 7,3. Johnny à la Tour Eiffel/Le concert des 40 ans de carrière [1] 7,2. La bicyclette bleue/1re partie [2] 7. Les Misérables/1re partie [1] 6,9.

■ **Associations de téléspectateurs. AETEA (Association européenne des téléspectateurs et auditeurs),** 10, rue Goujon, 75008 Paris. Succède à **Antéa (Association nationale des téléspectateurs et auditeurs)** et **Si tous les enfants du monde.** *Pt :* François Vinçotte. Dissoute en 2000 (*JO* du 30-12). **MTT (Média, télévision et téléspectateurs),** 5, rue Laferrière, 75009 Paris. *Créée* par l'Unaf et la Ligue de l'enseignement. *Pt :* Éric Favey. **Enjeu Télé (Enfants, jenes et télévision),** 24, rue Marc-Séguin, 75883 Paris Cedex 18. *Créée* par les CEMEA et les Francas. *Pt :* Christian Gautellier. **Les Pieds dans le PAF** (Association des jeunes téléspectateurs), 42, rue du Roi de Sicile, 75004 Paris. **TV Carton Jaune,** 83, av. d'Italie, 75013 Paris. Association animée par des juristes, avocats et magistrats.

■ **Associations téléphobes. USA :** TV Free America ; *Canada :* Media Foundation ; **France :** RAT (Réseau pour l'abolition de la TV) : fondé par Jean-Claude Berteleau, lutte contre « le matraquage télévisuel et la désinformation » et publie *Brisons nos chaînes !*

Audience radiodiffusion

Quelques chiffres

■ **Auditeurs** (nombre en millions). *1990 :* 33 ; *91 :* 34 ; *92 :* 35 ; *93 :* 36. **Comparaisons :** *nombre d'émetteurs et,* entre parenthèses, *auditeurs potentiels* (en millions) : NRJ (117) 32,6, Nostalgie (187) 43, Europe 2 (98) 21,5, Skyrock (53) 18, Fun (121) 21, RFM (50) 20,5, Kiss (59) 17, Pacific (50) 18.

☞ Il existe encore en France environ 3 250 zones d'ombre (par exemple : les vallées encaissées) dans lesquelles les faisceaux hertziens ne parviennent pas. Il faudrait pour y remédier 2 050 installations locales supplémentaires.

■ **Enquête 75 000 + Radio de Médiamétrie.** Réalisée 10 mois sur 12 (septembre à juin), sondage quotidien par interviews téléphoniques assistées par ordinateur, auprès de 75 250 individus représentatifs de 15 ans et plus (représentativité sociodémographique et géographique, équipondération entre jours d'enquête). Résultats présentés sur 4 périodes. *Audience cumulée :* nombre ou % de personnes différentes ayant eu au moins 1 contact avec 1 station, quelle qu'en ait été la durée, au cours d'une période donnée. En 2001, 1 % d'audience cumulée représentait 476 700 auditeurs. *Durée d'écoute par auditeur :* moyenne du temps passé à l'écoute par les auditeurs d'une station. *Part d'audience :* % d'audience d'une station calculée par rapport à l'audience radio. **Les résultats** cumulés des 2 périodes présentent en moyenne semestrielle : un jour moyen de semaine (lundi-vendredi), la tranche horaire 5 h-24 h, les 15 ans et plus.

■ **Audience cumulée** [en % **selon la région Insee, sept. 1999-juin 2000 :** *ensemble 83,6.* Champagne-Ardenne 83, Franche-Comté 83,8, Ile-de-France 87,7, Lorraine 82,3, Pays de la Loire 87, Bourgogne 81,7, Basse-Normandie 81,6, Centre 82,5, Bretagne 82,9, Auvergne 75,5, Nord-Pas-de-Calais 85,5, Rhône-Alpes 84,2, Alsace 85,4, Haute-Normandie 85,2, Picardie 82,9, Poitou-Charentes 82,6, PACA 79,3, Aquitaine 83,6, Midi-Pyrénées 80,6, Limousin 82, Languedoc-Roussillon 79 ; **le sexe :** hommes 87,7, femmes 79,7 ; **l'âge :** *15 à 34 ans :* 89,4 ; *35 à 49 ans :* 86,1 ; **la tranche horaire :** *5 h-6 h :* 6,6 ; *6 h-8 h 30 :* 52,7 ; *8 h 30-12 h :* 46 ; *12h-14h :* 29,1 ; *14h-18h :* 37,4 ; *18h-20h :* 27,5 ; *20h-24h :* 17,3 ; *24 h-5 h :* 4,3 ; **la CSP :** artisans 88,7, commerçants 85, cadres de la fonction publique 93,5, professeurs, scientifiques 88,5, cadres adm. et comm. 95, ingénieurs et cadres techn. 95,1, professions intermédiaires, adm., commerciales 92,3.

Avril-juin 2001 (lundi-vendredi)	Audience cumulée (en %)	Durée d'écoute/auditeur (en minutes)	Part d'audience (en %)
Total radio	**83,5**	**194**	**100**
RTL	13,5	159	13,3
NRJ	12,3	98	7,4
France Inter	10,7	135	9
Europe 1	10,6	133	8,7
France Info	10,5	67	4,3
Nostalgie	9,1	122	6,9
Fun Radio	8,1	105	5,3
Skyrock	6,8	106	4,5
Chérie FM	5,4	114	3,8
Europe 2	5,1	101	3,2
RTL2	4,5	102	2,8
RFM	4,2	113	2,9
Rire et Chansons	3,6	76	1,7
RMC	1,9	101	1,2

■ **Nombre d'auditeurs par station** (en milliers). **Audience cumulée** (lundi-vendredi 5 h-24 h ; janv.-juin 2001) : **femmes :** total radio 19 678 dont RTL 3 124, NRJ 3 214, France Inter 2 385, Europe 1 : 2 253, France Info 1 737, Nostalgie 2 058, Chérie FM 1 558, Fun Radio 762, Skyrock 1 454, Europe 2 : 1 021, RFM 989, RTL2 : 988, RMC Info 424, Rire et Chansons 557 ; **15-49 ans :** total radio 24 966 dont NRJ 5 433, RTL 2 757, France Info 2 949, Skyrock 3 120, Fun Radio 3 544, Europe 2 : 2 151, Nostalgie 2 598, France Inter 2 143, Chérie FM 2 128, Europe 1 : 2 067, RTL2 : 1 950, RFM 1 503, Rire et Chansons 1 413, RMC Info 328.

■ **Équipement radio** (janvier-juin 2000). **Foyers :** *équipés d'au moins* un type d'appareil 98,8 %, transistor ou radio-cassette 85,2, radio-réveil 80,3, autoradio 80,7, tuner sur chaîne hi-fi 78,4, baladeur recevant la radio 26,5, autoradio équipé RDS 20,9 (en avril-juin 1999). *Nombre moyen d'appareils en état de marche présents dans le foyer :* 6,3.

Budget

■ **Budget du secteur public audiovisuel** (projet de loi de finances 2001, en millions de F). **20 604,1 dont Ina :** 651,7 ; **France 2** et **France 3 :** 13 533,8 ; **La Sept/Arte :** 1 176,6 ; **La Cinquième :** 828,9 (en 2000) ; **RFO :** 1 401,4 ; **Radio France :** 3 069,8 ; **RFI :** 770,8.

■ **Exportations de programmes français** (en millions de F). *1987 :* 58 ; *90 :* 221 ; *92 :* 390 ; *96 :* 494 ; *97 :* 583 ; *98 :* 716 ; *99 :* 748 dont animation 209,5, fiction 194,5, documentaires 157, jeux/talk shows/variétés 105, sports/information 60, musique/spectacle vivant 22.

■ **Fiction. Nombre d'heures produites aidées par le Cosip :** *1997 :* 631 ; *98 :* 679 ; *99 :* 684 ; *2000 :* 708. **Coût d'une heure produite en France** (en 2000) : 5 400 000 F. **Américaine** (droits versés) : environ 50 000 F ; représente 45 % du volume total diffusé par les chaînes.

■ **Droits de diffusion. Film** (moyenne en millions de F) : *1974 :* 0,075 ; *75 :* 0,15 ; *80 :* 1re diffusion 0,5 à 2, 2e 0,2 à 0,6 ; *88 :* 1re diffusion 1 à 10 *(Rambo)*, 2e 0,3 à 0,6 ; *91 :* TF1 : 2,8, F2 : 1,8. *Film noir et blanc :* environ 0,3. S'il était colorisé (coût : environ 1 500 000 F) 3 à 4.

☞ **Records (aux USA) :** 500 millions de F pour *Jurassic Park* (juin 1997, avant diffusion internationale) ; 78 millions de F/épisode d'1 heure pour *Urgences* (depuis 1998 ; avant : 10).

Structure de financement des œuvres de fiction, entre parenthèses **des documentaires et,** en italique, **des œuvres d'animation** (2000, en %) : diffuseurs 60,4 (45) *19,6*, producteurs français 13 (19,4) *16,4*, Cosip 12,9 (18,9) *13,3*, apports étrangers 11,5 (6,8) *44,1*, autres et Sofica 2,2 (10) *6,6*.

■ **Investissement des chaînes** (2000, en %). **En fictions :** *TF1* 42,8, *France 2* 26,3, *France 3* 12,4, *M6* 8,4, *Canal+* 5,8, *Arte* 3,3, *La Cinquième* 0. **En documentaires :** *France 3* 17,8, *La Cinquième* 15,3, *Arte* 17, *Canal+* 5,8, *France 2* 10,1, *chaînes locales* 5,4, *thématiques* 10,7, *TF1* 13,3, *M6* 2,7, *autres* 1,9.

■ **Droits de retransmission des jeux Olympiques. Total des droits TV dont,** entre parenthèses, **pour les USA et,** en italique, **pour l'Europe** (JO d'été/d'hiver, en millions de $ courants) : **1960 :** 1,2 (0,5) *0,67* / 0,05 (0,05) *0.* **1964 :** 1,5 (1) *0,38* / 0,9 (0,6) *0,3.* **1968 :** 9,75 (4,5) *1* / 2,5 (2) *0,5.* **1972 :** 11,8 (7,5) *1,7* / 7,6 (6,4) *1,2.* **1976 :** 34,8 (25) *4,5* / 11,6 (8,7) *0,76.* **1980 :** 101 (85) *5,95* / 20,7 (17,8) *2,64.* **1984 :** 287 (225) *19,8* / 102,4 (90) *4,1.* **1988 :** 407 (300) *28* / 325 (309) *5,8.* **1992 :** 636 (401) *75* / 296 (243) *18.* **1996 :** 900 (550) *240* / 365 (300) *15.*

■ **Parts des recettes de publicité et de parrainage dans les ressources de l'audiovisuel public** (en %). **1994 :** 20,8 ; **95 :** 19,8 ; **96 :** 21,1 ; **97 :** 25,7 ; **98 :** 26,1 ; **99 :** 25,9.

■ **Budget des chaînes publiques. LFI 2000** (en millions de F) : **information :** *France 3 :* 1 385 ; *France 2 :* 1 192,6 ; *RFO :* 430,5 ; *La Cinquième* et *La Sept-Arte :* 0 ; **production de programmes TV :** *France 3 :* 2 258,4 ; *France 2 :* 2 246 ; *La Cinquième :* 363,2 ; *La Sept-Arte :* 307,6 ; *RFO :* 191,9 ; **cinéma :** *France 2 :* 504,2 ; *France 3 :* 472,2 ; *La Sept-Arte :* 80 ; *La Cinquième :* 8 ; *RFO :* 0 ; **autres programmes :** *France 2 :* 587,9 ; *France 3 :* 241,4 ; *RFO :* 115,3 ; *La Cinquième :* 70,7 ; *La Sept-Arte :* 69,8 ; **sociétés d'auteurs :** *France 3 :* 237,5 ; *France 2 :* 236,2 ; *RFO :* 61,7 ; *La Cinquième :* 43,5 ; *La Sept-Arte :* 14,8 ; **diffusion :** *France 3 :* 487,7 ; *France 2 :* 460,7 ; *RFO :* 165,4 ; *La Cinquième :* 140,4 ; *La Sept-Arte :* 136,9 ; **autres charges :** *France 3 :* 1 120,4 ; *France 2 :* 491,8 ; *La Sept-Arte :* 469,1 ; *RFO :* 331,3 ; *La Cinquième :* 203,1.

Coût de quelques émissions

Émissions	Min [1] (en F)	Total [2] (en MF)	(3)	(4)
Maigret [5]	112 000	10	1,44	6,9
Navarro [6]	88 888	8	0,86	9,34
Football [7]	41 666	5	3,33	1,5
Formule 1 [6]	33 333	4	0,57	6,9
Stars 90 [6]	38 888	3,5	0,46	7,6
Sacrée Soirée [6]	33 333	3	0,41	7,2
Les Marches de la gloire [6]	27 777	2,5	0,3	8,15
Ushuaia [6]	18 333	1,1	0,31	3,4
Thalassa [8]	13 333	0,85	0,2	3,8
Envoyé spécial [5]	9 444	0,85	0,17	4,7
Bas les masques ! [5]	13 333	0,8	0,31	2,53
24 Heures [7]	10 500	0,63	7,66	0,822
Ex-libris [6]	5 000	0,45	0,34	1,29
7 sur 7 [6]	6 666	0,4	0,07	5,4
Bouillon de culture [5]	3 888	0,35	0,35	0,994
L'Heure de vérité [5]	4 000	0,24	0,13	1,7
Les Guignols de l'info [7]	32 000	0,16	0,1	1,59
Le Juste Prix [6]	4 666	0,14	0,02	5,96
Le Bébête Show [6]	20 000	0,1 [9]	0,01	6,61
Questions pour un champion [8]	3 333	0,1	0,2	0,497

Nota. – (1) Coût de production d'1 minute projetée (en F). (2) Coût total d'1 émission (en millions de F). (3) Coût par téléspectateur (en F). (4) Nombre de téléspectateurs (en millions). (5) France 2. (6) TF1. (7) Canal+. (8) France 3. (9) Chaque marionnette en mousse coûte 15 000 F.

■ **Redevance. Assujettis :** la redevance est due par tout détenteur (achat, prêt, cadeau) d'un appareil récepteur de télévision. Perçue par foyer quel que soit le nombre de téléviseurs. En cas de non-paiement dans les 30 j, majoration de 30 %. Si l'on se sépare de son appareil sans le remplacer, formuler auprès du centre régional une demande de résiliation de compte. **Exonération :** lorsque 1°) *65 ans révolus* au 1er janvier de l'année d'exigibilité, titulaire de l'allocation supplémentaire du Fonds de solidarité vieillesse (ex-FNS) ; 2°) *70 ans révolus* au 1er janvier de l'année d'exigibilité, non imposé à l'impôt sur le revenu si possible de l'ISF ; 3°) *invalide* à 80 % au minimum ; 4°) vivant seul, ou avec son conjoint et le cas échéant avec des personnes à charge ou non passibles de l'impôt sur le revenu (sauf la personne chargée d'assister de façon permanente le bénéficiaire infirme ou invalide).

Effectifs du service de la redevance. *1975 :* 1 587 ; *83 :* 1 987 ; *95 :* 1 529 ; *98 :* 1 471 ; *99 :* 1 441 ; *2000 :* 1 433. **Coût de gestion** (en millions de F) : *1975 :* 148 ; *80 :* 220 ; *86 :* 410 ; *90 :* 395 ; *95 :* 480 ; *99 :* 488 ; *2000 :* 482,4 ; *2001 :* 482,4.

Comptes télévision ouverts (en milliers, depuis 1950)

50	0,3	66	6 489	82	17 413,7
51	3,8	67	7 472	83	17 962,6
52	10,5	68	9 278	84	18 349,1
53	24,2	69	10 153	88	18 640
54	60	70	11 008	89	19 071,9
55	125,1	71	11 655	91	19 688,2
56	260,5	72	12 279	92	19 834,6
57	442,4	73	13 017	93	19 903,4
58	683,2	74	13 632	94	20 092,5
59	988,6	75	14 161,8	95	20 290,2
60	1 368,1	76	14 693,1	96	20 487
61	1 901,9	77	14 973,4	97	20 719,2
62	2 554,8	78	15 523,6	98	21 158,3
63	3 426,8	79	15 863	99	21 638,6
64	4 400,3	80	16 192,3	00	22 051,2 [1]
65	5 414,3	81	16 959,2		

Nota. – (1) Dont noir et blanc 314,5 (dont 166,3 payants), couleur 21 736,7 (dont 18 437,6 payants).

Comptes exonérés et, entre parenthèses, **% du total des comptes.** *1982 (31-12) :* 1 054 244 (6,6) ; *91 (30-6) :* 4 348 361 (26) ; *95 :* 3 953 204 ; *99 :* 3 541 868 ; *2000 :* 3 395 786 (dont personnes âgées 79,8 %, invalides 18,4, établissements hospitaliers 0,7, bénéficiaires de l'allocation spéciale 1,1). **Coût** (en 1998) : 2,08 milliards de F. **Remboursement des exonérations par l'État** (loi de finances initiale, en millions de F HT) : *1990 :* 70 ; *91 :* 117 ; *93 :* 362,8 ; *97 :* 683,7 ; *98 :* 286,1 ; *99 :* 114,5 ; *2000 :* 2 658,4.

☞ Depuis le 1-1-2001, le paiement fractionné de la redevance est autorisé.

■ **Montant de la redevance** (en F, au 1-1). **Téléviseurs noir et blanc et,** entre parenthèses, **couleur :** *1980 :* 221 (331) ; *81 :* 238 (358) ; *82 :* 280 (424) ; *83 :* 311 (471) ; *84 :* 331 (502) ; *85 :* 346 (526) ; *86 :* 356 (541) ; *87 :* 333 (506) ; *88 :* 333 (506) ; *89 :* 343 (533) ; *90 :* 355 (552) ; *91 :* 364 (566) ; *92 :* 373 (580) ; *93 :* 390 (606) ; *94 :* 405 (631) ; *95 :* 430 (670) ; *96* et *97 :* 449 (700) ; *98 :* 471 (735) ; *99 :* 475 (744) ; *2000 :* 479 (751). *01 :* 479 (751).

■ **La redevance en Europe. Taux en 2000, en F :** Danemark 1 673, Autriche 1 443, Belgique 1 246, Suède 1 207, Allemagne 1 135, G.-B. 1 010, Finlande 1 082, *France 751,* Irlande 584, Italie 597, Espagne, Portugal, P.-Bas, Luxembourg 0. **Montant global collecté** (1996, en milliards de F) : Allemagne 30,2, G.-B. 19,5, *France 10,7.* **Ressources de l'audiovisuel public dont,** entre parenthèses, **TV** (1996, milliards de F) : Allemagne 39,8 (ARD 1, ZDF, ARD 3 : 24,7), G.-B. 25 (BBC 1, BBC 2 : 16,9), *France 17,8 (France 2, France 3, La Cinquième/Arte : 12,6).*

Nota. – En Grèce : en proportion de la facture d'électricité.

☞ **Taux d'évasion de la redevance** (en %) : Italie 15,2, Allemagne 9,3, G.-B. 8,6, *France 7,6.*

Répartition de la redevance. Annuellement par le ministre délégué et soumise à l'approbation du Parlement (loi de finances) en fonction de certains critères [exemple : *pour les chaînes en fonction du volume d'écoute* mesuré par le nombre d'auditeurs ou de spectateurs par heure pour l'ensemble des programmes de chaque Sté (on tient compte de la variation du volume d'écoute d'une année à l'autre dans la limite de 10 % en plus ou en moins) *et de la qualité des programmes :* une notation est établie par une Commission de la qualité (membres choisis par le Premier ministre) ; des sondages sur la qualité sont réalisés périodiquement par le Centre d'études d'opinion. Le service d'observation des programmes vérifie le respect par les Stés de leurs obligations, notamment en ce qui concerne la publicité clandestine].

Recettes prévues pour 2001 (en millions de F) : 13 432,9 ; contribution du budget de l'État : 2 714,2 dont organismes bénéficiaires 15 342,5, TVA (2,1 %) 322,2, budget du service de la redevance 482,4. **Répartition par organismes bénéficiaires** (2001, hors TVA) : 15 342,5 dont France Télévision : 9 356, Radio France 2 839, RFO 1 255, Arte France 1 166, Ina 415,5, RFI 311.

☞ Les agents de la redevance ne peuvent pénétrer chez les personnes contrôlées qu'avec l'accord de celles-ci et n'ont pas accès aux fichiers des opérateurs de télévision payante.

Effectifs

■ **Effectifs permanents dans l'audiovisuel** (*source :* CNC). *Total : 1990 :* 25 106 ; *95 :* 31 266 ; *98 :* 38 421 dont : **production cinématographique :** *1990 :* 1 430 ; *95 :* 1 386 ; *98 :* 1 162 ; **télévisuelle :** *1990 :* 1 749 ; *95 :* 2 700 ; *98 :* 2 627 ; **commune :** *1990 : 1 716 ; 95 :* 2 387 ; *96 :* 2 689 ; **de commande (films publicitaires et institutionnels) :** *1998 :* 2 643. **Prestations techniques :** *1990 :* 3 401 ; *95 :* 5 201 ; *98 :* 6 087. **Distribution :** *1990 :* 999 ; *95 :* 1 134 ; *98 :* 1 555. **Exploitation de salles :** *1990 :* 5 216 ; *95 :* 5 185 ; *98 :* 8 013. **Édition vidéo :** *1990 :* 92 ; *95 :* 862 ; *98 :* 1 231. **Télévisions, câblo-opérateurs :** *1990 :* 10 503 ; *95 :* 12 411 ; *98 :* 15 103 dont TV hertzienne 10 687, thématique et locale 1 842, câble et satellite 2 574.

■ **Effectifs des chaînes : permanents et,** entre parenthèses, **intermittents** (1994). Canal+ (filiales comprises) : 1 200 (1 000). France 2 : 1 259 (n.c.). France 3 : 3 329 [774 à Paris] (n.c.). Ina : 928 (n.c.). La Sept/Arte : 177 (50). M6 : 325 (380). RFO : 991 (642). SFP : 1 100 (n.c.). TDF : 3 954 (117). TF1 : 1 684 (165). TV5 : 60 (40).

■ **Nombre d'entreprises,** entre parenthèses, **chiffre d'affaires et,** en italique, **valeur ajoutée** (en milliards de F, 1995). Producteurs de commande 1 269 (3,9) *1,7,* industries techniques 1 263 (6,5) *3,4,* producteurs cinéma 788 (5,2) *2,9,* exploitants 674 (5,2) *1,6,* producteurs de télévision 673 (11) *6,* distributeurs 340 (6,2) *2,2,* éditeurs vidéo 411 (4,9) *2,3,* diffuseurs de télévision 152 (36,2) *11,3.*

Signalétique jeunesse

■ **Historique. En Europe :** *1989-5-5* à Strasbourg, Convention européenne sur la télévision transfrontière (signée par la France le 12-2-1991, approuvée le 28-6-1994). *-3-10* directive 89/552 CEE du Conseil, art. 22 « Télévision sans frontières » : les États membres prennent toutes les mesures appropriées pour que les émissions diffusées « ne comportent aucun programme susceptible de nuire gravement à l'épanouissement physique, mental ou moral des mineurs, notamment (...) des scènes de pornographie ou de violence gratuite. *1997-20-6* directive 97/36 CE du Parlement et du Conseil européens modifiant la directive de 1989.

En France : *art. L 227-24 du Code pénal* punit de 3 ans d'emprisonnement et 500 000 F d'amende « le fait soit de fabriquer, de transporter, de diffuser par quelque moyen que ce soit et quel qu'en soit le support un message à caractère violent ou pornographique, lorsque ce message est susceptible d'être vu ou perçu par un mineur ». *1986-30-9* loi 86-1067, art. 15 : « Le CSA veille à la protection de l'enfance et de l'adolescence dans la programmation des émissions diffusées par un service de communication audiovisuelle ». *1989-5-5* recommandation du CSA : les chaînes doivent s'abstenir « de diffuser des émissions, notamment des œuvres cinématographiques ou audiovisuelles, à caractère érotique ou d'incitation à la violence, entre 6 h et 22 h 30 » et « veiller tout particulièrement à ce que les bandes-annonces de ces émissions ne soient pas diffusées avant 20 h 30 et qu'elles ne comportent pas de scènes de nature à heurter la sensibilité des enfants et des adolescents ». *-29-6* lettre du CSA aux diffuseurs précisant les termes de la recommandation. *1990-23-2* décret relatif à la classification des œuvres cinématographiques : impose aux chaînes de TV d'avertir préalablement le public des interdictions en salle aux mineurs « tant lors du passage à l'antenne que dans les annonces des programmes diffusés par la presse, la radiodiffusion et la télévision ». *1991-25-3* lettre du CSA aux diffuseurs sur les films interdits aux moins de 12 ans : il appartient aux dirigeants des chaînes de juger si, du fait de l'ancienneté de son visa, un film ne risque plus de choquer la sensibilité du public, compte tenu de l'évolution des mœurs ; il leur est recommandé d'adapter la programmation à un public familial pour la soirée du mardi et en période de congés scolaires. *1992-27-3* décret 90-280 : « la publicité doit être exempte (...) de toute scène de violence » (art. 4) et « ne doit pas porter préjudice aux mineurs » (art. 7). *1996-nov.* à l'initiative du CSA, **1ers pictogrammes colorés** au bas des écrans des chaînes nationales hertziennes en clair. *1998-17-6* la loi 98-468 prévoyant l'interdiction « de mise à disposition de certains documents aux mineurs » permet de sanctionner la location, la vente ou la publicité de vidéocassettes ou de jeux vidéos présentant un grave danger pour la jeunesse. *-31-8* harmonisation des pictogrammes des chaînes en clair avec ceux utilisés par Canal + depuis sa création. *1999-7-9* décret 99-771 créant la Commission chargée d'examiner les mesures d'interdiction. *2000 (début)* mise en œuvre de la signalétique sur la plupart des chaînes du câble (les chaînes d'information, sportives, pour enfants et familiales en sont dispensées).

■ **Catégories. I (losange blanc inscrit dans un cercle vert) : œuvres pour tous publics.** *Programmation en clair :* les chaînes ne sont pas tenues d'utiliser ce pictogramme. *En crypté :* Canal + signalise ces œuvres. **II (rond blanc dans un cercle bleu** au minimun 60 secondes en début de programme ou pendant la diffusion du générique et au minimum 10 s après l'éventuelle interruption de programme) : **œuvres comportant certaines scènes susceptibles de heurter le jeune public.** Horaires de diffusion laissés à l'appréciation de la société mais, bande-annonce comprise, ni dans ni à proximité des émissions pour enfants. **III (triangle blanc dans un rond orange** pendant toute la durée de la diffusion) : **œuvres cinématographiques interdites aux mineurs de 12 ans, ainsi que les œuvres pouvant troubler le jeune public, notamment lorsque le scénario recourt de façon systématique et répétée à la violence physique ou psychologique.** *En clair :* avant 22 h : à titre exceptionnel uniquement, sauf mardi, vendredi, samedi et veille de jour férié ; bande-annonce : exempte de scènes susceptibles de heurter la sensibilité du jeune public, ne peut être diffusée à proximité des émissions pour enfants. *En crypté :* horaire libre mais les émissions destinées au jeune public et les bandes-annonces les jouxtant ne doivent pas comporter de scène de nature à heurter la sensibilité des jeunes téléspectateurs. **IV (carré blanc dans rond rouge** pendant toute la diffusion ; mention « public adulte » ou d'interdiction aux mineurs de 16 ans pendant au moins 10 secondes en début de programme ou pendant le générique) : **œuvres cinématographiques interdites aux mineurs de 16 ans, ainsi que les œuvres à caractère érotique ou de grande violence, susceptibles de nuire à l'épanouissement physique, mental ou moral des mineurs de 16 ans.** *En clair :* réservées à un public averti, diffusables après 22 h 30 ; bandes-annonces : exemptes de scènes susceptibles de heurter la sensibilité du jeune public, diffusables après 20 h 30. *En crypté :* hors mercredi avant 20 h 30, samedi matin et dimanche matin ; bandes-annonces contenant des scènes de violence ou des scènes susceptibles de heurter la sensibilité du jeune public : idem + hors partie en clair du programme. **V (croix blanche dans un rond violet) : œuvres cinématographiques interdites aux moins de 18 ans ainsi que celles réservées à un public averti.** *En clair :* diffusion totalement interdite. *En crypté :* entre 24 h et 5 h.

☞ Pour les chaînes outre-mer, les horaires de programmation tiennent compte du mode de vie et des heures de grande écoute différentes de celles de la métropole.

■ **Comités de visionnage.** La responsabilité de leur mise en place incombe à chaque chaîne qui informe le CSA de leur composition, mais est seule responsable de ses décisions de classification. **TF1 :** sont membres du comité les responsables de différentes unités (fiction, jeunesse, planification de l'antenne, acquisition, marketing) placés sous l'autorité du directeur de l'antenne ; des correspondants de classification nommés par les différentes structures d'approvisionnement sont chargés de sa mise en œuvre quotidienne. **M6 :** comité de mères de famille de 25 à 40 ans ; rattaché à la direction des programmes. **France 2 :** réunit le secrétaire général chargé de l'antenne et des programmes ainsi que des représentants de la direction des programmes, des unités de programmes concernées, de la direction de la communication et du service juridique.

■ **Critères préconisés par le CSA.** Nombre et nature des scènes violentes ; leur gratuité, leur caractère indispensable par rapport au scénario. Utilisation scénaristique de la violence pour résoudre les conflits. Traitement en images de ces scènes, mise en scène, type de plan utilisé, réalisme de la représentation, traitement de la bande sonore (génératrice d'angoisse). Évocation de thèmes difficiles : drogue, suicide, inceste, violence envers les enfants. Représentation des actes sexuels. Image dégradante de la femme. Psychologie des personnages et repères qu'elle offre à un public d'enfants ou d'adolescents. Caractère du héros, ses mobiles, son caractère éventuellement malsain, son recours à la violence. Présence d'enfants lors des scènes difficiles.

SPORTS ET JEUX

☞ Pour découvrir la sélection **Quid** des meilleurs sites Internet sur les sports et jeux, rendez-vous sur **www.quid.fr**

☞ 36 millions de Français (83 % des 15-75 ans) déclarent se dépenser physiquement au moins une fois par an. Par semaine : *moins d'une fois :* 10 millions, *au moins une fois :* 26 millions (dont 24 % au moins 3 fois) ; [enquête ministère de la Jeunesse et des Sports/Insep juillet 2000].

Abréviations : Ch. : championnat(s). Féd. : fédération. Ind. : individuel(s). Internat. : international. Par éq. : par équipes. Pt(s) : point(s). T. : tour.

AÉRONAUTIQUE

■ **Généralités.** **1905**-*14-10* Fédération aéronautique internationale créée (85 pays membres en 2000). **1929** Fédération nationale aéronautique créée. **1933** reconnue d'utilité publique. **1955** 570 aéro-clubs basés sur 400 aérodromes répartis sur 14 unions régionales dont les DOM-TOM. **2000 :** 589 aéro-clubs actifs. **Licenciés :** 46 501 dont (en %) *– 25 ans :* 14,85, *de 25 à 50 ans :* 53,8, *+ 50 ans :* 31,35. **Heures de vol effectuées :** 693 681. **Instructeurs :** 2 467. **Brevets délivrés :** 3 728 dont 1 897 TT et 1 831 BB. **Parc d'avions :** 2 188.

■ **Brevet de base.** Aptitude physique, âge minimal 15 ans ; instruction théorique, formation en vol (au minimum 6 h d'instruction en double commande, 20 atterrissages et 4 h de vol effectif seul à bord, épreuve théorique et pratique ; permet de piloter seul à bord, sur un avion de type identique à celui ayant servi à l'examen, dans un rayon de 30 km autour de l'aérodrome de départ. **Brevet de pilote privé.** Aptitude physique, âge minimal 17 ans ; instruction théorique, formation d'au moins 30 h d'instruction en double commande et 15 h comme pilote seul à bord dont 5 h en voyage ; examen théorique et pratique ; permet d'exercer les fonctions de commandant de bord sur avion monomoteur, sans but lucratif.

■ **Qualifications. Montagne :** atterrissages et décollages sur altisurfaces, enneigées ou non. **Vol de nuit :** en vol à vue. **Vol aux instruments :** permet le vol sans visibilité ; pilotes ayant effectué au moins 150 h de vol ; âge minimal 19 ans. **Instructeur :** âge minimal 18 ans, avoir effectué 300 h de vol dont 150 comme commandant de bord. **Voltige :** voir col. b.

QUELQUES ÉPREUVES

Légende. – (1) France. (2) G.-B. (3) Italie. (4) Pologne. (5) RFA. (6) Russie. (7) Suède. (8) Rép. tchèque. (9) URSS. (10) USA.

■ **Pilotage de précision. Championnats de France open.** *Créés* 1989. 30 finalistes sélectionnés au cours d'épreuves régionales qualificatives ; aide à la sélection de l'équipe de France. **1989** A. Gries (Coulommiers). **90** J. Tremblet (Cherbourg). **91** A. Dubreucque (Brocard). **92** C. Creux (Ailes tourangelles). **93** J. Tremblet (Cherbourg). **94.** P. Bats (Bordeaux). **95** N. Strube (Muret). **96** D. Aniel (Châtellerault). Depuis 1997, attribution d'un titre féminin. **Messieurs. 1997** J. Bertanier (Bourges). **98** *annulé.* **99** P. Bats (Bordeaux). **2000** C. Laratte. **Dames. 1997** N. Strube (Muret) **98** *annulé.* **99, 2000** N. Strube (Muret).

Championnats d'Europe. Par équipes. 1993 Pologne. **97, 99** Rép. tchèque. **Individuels. 1993, 95, 97** J. Darocha [4]. **99** F. Cihlar [3].

Championnats du monde. *Créés* 1975. Tous les 2 ans. **Par équipes. 1975 à 1981** Suède. **83 à 96** Pologne. **98** *non disputé.* **2000** Pologne. **Individuels. 1975** Friskman [5]. **77** Krave [5]. **79** Nylen [5]. **81** Krave [5]. **83** Lenartowitz [2]. **85, 87** Nicz [2]. **89** Darocha [2]. **90** Skalik [2]. **92** Nicz [2]. **94, 96** Darocha [2]. **98** *non disputé.* **2000** Jakes [8].

■ **Rallye aérien.** *Par équipages :* un pilote et un navigateur. **Championnats de France.** *Créés* 1994. **1994** Tremblet-Burel. **95** Diaz-Siccard. **96, 97** Tremblet-Léopold Léger. **98, 99** Tremblet-Bertanier. **2000** Strube-Sicard.

Championnats du monde. Individuels. *Créés* 1976. **1995** Skalik, Michalski [2]. **97** W. Wieczorek, K. Wieczorek [2]. **Par équipes.** *Créés* 1980. **1986, 88, 91, 93, 95, 97, 99** Pologne.

■ **Tour de France des jeunes pilotes.** *Créé* 1953. *Tous les ans.* Titulaires, âgés de 18 à 21 ans, d'un brevet de pilote privé. *Distance :* 3 000 km en 9 étapes sur 12 jours.

■ **Trophée Clément-Ader.** *Créé* 1990. Voyage aérien sur 2 jours, sous forme de compétition ouverte à tous les pilotes européens ; épreuves de navigation et atterrissages de précision. *Supprimé en 1999.*

VOLTIGE

■ **Évolution.** Dans un cadre virtuel de 1 km de côté ; plancher d'évolution en fonction du niveau des pilotes : 300 m 1er cycle, 200 m 2e cycle ; cadre délimité par des marques au sol.

■ **Types d'épreuves.** *Imposé connu :* série diffusée en hiver. *Imposé inconnu :* les figures étant connues, leur enchaînement n'est découvert que la veille. *Libre :* série conçue par le pilote avec des règles de construction imposées. *Libre intégral :* réservé aux meilleurs pilotes internationaux.

■ **Quelques figures.** *Boucle :* looping ; *vol inversé :* sur le dos et donc sous facteurs de charge négatifs ; *tonneau complet :* autour de son axe de roulis (passe par le centre de l'hélice et traverse le fuselage) ; *déclenché :* comparable à une vrille effectuée avec de la vitesse, il peut être positif ou négatif ; *demi-tonneau :* 1/4 ou 3/4 de tonneau ; *torque roll :* l'avion, positionné verticalement en montée, redescend à reculons et en tournant vers le sol ; *ruade :* l'avion semble effectuer un enchaînement de saltos avant sur des trajectoires allant du palier à la verticale descendante ; *vrille :* culbutes vers l'avant sur une trajectoire descendante pouvant être parfaitement verticale.

■ **Championnats de France. Messieurs. 1990 à 93** P. Paris. **94** X. de Lapparent. **95, 96** P. Paris. **97, 98, 99, 2000** E. Dussau. **Dames. 1990** S. Breton. **91 à 94** C. Génin. **95, 96** P. Alajouanine. **97, 98, 99** C. Maunoury. **2000** P. Alajouanine.

■ **Championnats d'Europe.** *Tous les 2 ans.* **Messieurs. Individuels. 1993, 95, 97** P. Paris [1]. **Par équipes. 1993, 95, 97** France. **Dames. Individuels. 1991, 93** C. Génin [1]. **95** P. Alajouanine [1]. **Par équipes. 1993, 95** *non attribué.* **97** Russie. **99** *non attribué.*

■ **Championnats du monde.** *Créés* 1960. *Tous les 2 ans.* **1992** *non disputé.* **Messieurs. Par équipes. 1990, 94** France. **96** Russie. **98, 2000** France. **Individuels. 1990** Bessière [1]. **94** de Lapparent [1]. **96** Tchmal [4]. **98** P. Paris [1]. **2000** Vazeille [1]. **Dames. Par équipes. 1990** URSS. **94** France. **96, 98, 2000** Russie. **Individuels. 1990** Sergeeva [6]. **94** Génin [1]. **96, 98** Kapanina [4]. **2000** Maunoury [1].

VOL A VOILE

GÉNÉRALITÉS

■ **Origine. 1490** (avant la découverte des Amériques) Gian Battista Dante traverse un bras du lac Trasimène (Italie), en volant à l'aide d'un « planeur » (2 km). **1506**-*avril* manuscrits de Léonard de Vinci sur le *vol montant sans battements d'ailes.* **1856**-*déc.* 1er vol en planeur en bois et toile, envergure de 15 m, de Jean-Marie Le Bris (Fr., 1817-72) : mousse, matelot, puis maître de cabotage, copie un albatros. Des poulies permettent de modifier la voilure, et le déplacement du corps de contrôler l'appareil. Se lance de la plage de Ste-Anne-la-Palud, utilisant un ber monté sur un tombereau et tiré par un cheval. **1857**-*mars* dépose un brevet. **1891-96** Otto Lilienthal (All.) réalise plus de 2 000 vols. **1922** 1er vol d'une heure, Martens (All.). Alexis Maneyrol (Fr.) vole 3 h et demie. **1923** 1er vol de 50 km, Schulz (All.). **1925** 1er vol de 10 h, Masseaux (Fr.). **1934** 1er vol de 300 km, Ludwig Hofmann (All.). **1937**-*5/29-8 :* 1er concours en France. **1952** record de durée en monoplace : 56 h 15 s, Charles Atger (Fr.). **1974** le général Vuillemot relie Vinon (Var) à Solenzara (Corse). **1992** Gérard et Jean-Noël Herbaud : 1re liaison France-Afrique [de Vinon à Fès (Maroc)] sans escale sur 1 383 km.

■ **Principes.** Utilise les courants *ascendants* de l'atmosphère [*thermiques* (dus à l'échauffement du sol par le soleil, altitude accessible de 2 000 à 3 500 m, de 8 000 à 10 000 m en cas d'orage) ; *dynamiques* (dus à la déflexion du vent vers le haut par la présence d'un relief, altitude accessible de 100 à 200 m au-dessus du sommet du relief)] qui peuvent se combiner ; *ondulatoires* (dans certaines conditions, une ondulation entretenue se forme sous le vent des reliefs ; altitude accessible de 10 000 à 15 000 m).

■ **Planeurs.** Plastique, métal, fibre de carbone ou de verre, bois. *Poids :* de 200 à 850 kg. *Envergure :* de 12 à 26,50 m. *Places :* 1 ou 2. *Vitesse :* de 70 à 280 km/h.

■ **Records de France** (au 6-6-2001). Classe libre. **Messieurs. Distance ligne droite :** Herbaut 1 383 km (17-4-92) ; **aller retour libre :** Flament 899,06 648,9 km (30-5-2000) ; **sur triangle :** Flament 1 079,95 km (28-5-2000). **Vitesse aller retour sur 500 km :** Soubrier 200,28 km/h (8-8-96) ; **sur triangle 500 km :** Castel 164,11 km/h (10-12-86) ; **sur triangle 1 000 km :** Castel 132,79 km/h (9-12-84). **Altitude absolue (toutes classes) :** Cazilhac 11 312 m. (14-12-61). **Gain d'altitude (toutes classes) :** Cazilhac 9 912 m (14-12-61). **Dames. Distance ligne droite :** Abadie 566 km (6-5-57) ; **sur triangle :** Nowicki 758 km (21-12-88). **Vitesse aller retour sur 500 km :** Lauzeral 93,13 km/h (3-2-85) ; **sur triangle 500 km :** Nowicki 115,40 km/h (3-1-88) ; **sur triangle 750 km :** Nowicki 96 km/h (21-12-88). **Altitude absolue (toutes classes) :** Trouillard/Suchet 8 571 m (11-12-61). **Gain d'altitude (toutes classes) :** Gaudry 7 747 m (20-1-51).

■ **Statistiques. Pilotes** : 105 741 dans le monde en 1995 (13 000 en France en 2000). **Planeurs** (dans le monde) : 26 000 (All. 8 000, France 1 830).

RÉSULTATS

Légende. – (1) France. (2) Danemark. (3) Italie. (4) Finlande. (5) G.-B. (6) Australie. (7) Suède. (8) P.-Bas. (9) USA. (10) All. depuis 1991. (11) Pologne. (12) Rép. tchèque. (13) Nlle-Zélande. (14) Russie. (15) Bulgarie. (16) Irlande. (17) Autriche. (18) Hongrie.

■ **Championnats du monde.** *Créés* 1937. *Tous les 2 ans.* **Messieurs. Standard. 1991** Selen [8]. **93** Davis [5]. **95** Kuittinen [4]. **97, 99** Caillard [1]. **Libre. 1985, 87** Renner [6]. **89** Lopitaux [1]. **91, 93** Centka [11]. **95** Lynskay [13]. **97** Lherm [1]. **99** Karow [10]. **15 mètres (course). 1985** Jacobs [9]. **87** Spreckley [5]. **89** Gantenbrink [10]. **91** Edwards [6]. **93** Gerbaud [1] et Napoléon [1]. **95** Napoléon [1]. **97** Meuser [10]. **99** Galetto [3].

■ **Championnats d'Europe. Messieurs. Standard. 1984** Lopitaux [1]. **86** Gantenbrink [10]. **88, 90** Trziak [11]. **92** Kepka [11]. **94** Fischer, Schramme et Ziegler [10]. **96** Ziegler [10]. **98** Carbb [16]. **2000** Caillard [1]. **Libre. 1984** Lherm [1]. **86, 88** Holigans [10]. **90** Eberhard [8]. **92** Lherm [1]. **94** Gantenbrink [10]. **96** Centka [11]. **98** Schwenk [10]. **2000** Gantenbrink [10]. **15 mètres (course). 1984** Delylle [1]. **86** Pare [8]. **88** Lherm [1]. **90** Chenevoy. **92** Gerbaud [1]. **94** Ghiorzo [3]. **96** Grund [10]. **98** Obermayer [10]. **2000** Jones [5]. **Club. 1990** Dedera [12]. **92** Gerbaud [1]. **94** Fisher [10]. **96** *non validé.*

Dames. *Créés* 1981. **1981** Pinon [1]. **83, 85** Moroko [1]. **87** Shunen [15]. **95** Thomas [10]. **97, 99** Luyat [1].

■ **Championnats de France.** *Créés* 1966. **Standard. 1990** J. Aboulin. **91** Henry. **92** Schroeder. **93** Hirtz. **94** L. Aboulin. **95** Henry. **96** L. Aboulin. **97, 98** E. Soubrier. **99, 2000** J. Henry. **15 mètres (course). 1990** Gerbaud. **91, 92** Janzam. **93** Prat. **94** Hoyeau. **95** Navas. **96** Leclerc. **98** G. Navas. **99** M. Hoelhe. **2000** F.-L. Henry. **Club. 1990** J. Aboulin. **91, 92** Lopitaux. **93** Hoyeau. **94** Barandarian. **95** Bouzid. **96** Montigny. **97** Bernard. **98** P. Berland. **99** R. Montigny. **2000** Darroze. **Libre. 1993** *non disputé.* **94** Lherm. **95** Rantet. **96** *non disputé.* **97** Lherm. **98** D. Vincent-Genod. **99** R. Looisen. **2000** Dubreuil.

■ **Voltige. Championnats du monde.** *Créés* 1993. *Tous les 2 ans.* **Individuels. 1995** Namistov [14]. **97** Kopff [17]. **Par équipes. 1993** Pologne. **95** Russie. **Championnats d'Europe.** *Créés* 1994. **1994** Makula [11]. **96** Namistov [14]. **2000** Toth [18]. **Par équipes. 2000** Pologne.

GIRAVIATION

■ **Généralités.** Voir **Transports** à l'Index.

■ **Championnats du monde.** *Créés* 1971. **1989** USA. **1992** CEI. **94 à 98** Russie. **99 à 2001** *non disputés.*

■ **Championnat de France.** *Créé* 1989. **1994 à 2000** Juliette et Alain Bouchez.

ARTS MARTIAUX

■ **Généralités.** Les méthodes et les moyens de combat en usage au Japon avant l'arrivée du commodore américain Perry en 1853 disparurent pratiquement devant l'efficacité des armes occidentales. Quelques années plus tard, arcs, sabres, etc., ou techniques à mains nues réapparaissaient après avoir changé de sens. Les *jitsu* (applications pratiques) devenaient des *do* (voies morales). En 1882, Jigoro Kano inventa le judo en faisant d'une méthode de combat une manière de vivre et, d'une manière de tuer, « la défense du faible contre le fort ».

Les arts martiaux pratiqués aujourd'hui visent à aider le pratiquant à devenir plus généreux, plus ouvert aux autres et à acquérir plus de maîtrise de soi. En dehors des armes « nobles » (arc, sabre, lance, poignard), ils utilisent des accessoires susceptibles d'être efficaces (faux, fléaux et autres instruments agricoles).

PRINCIPAUX ARTS MARTIAUX

■ **Aïkido.** Art martial sans compétition. Du japonais *ai* « fusion de l'énergie des contraires » ; *ki,* énergie primordiale ; *do, dao* ou *tao,* en chinois « voie ». **Principe :** recherche de l'unité en soi puis avec l'autre et enfin avec le *ki*. **Créateur :** Morihei Ueshiba (1883-1969). **Entraînement :** à main nue, défense contre toutes les armes (sauf flèches), exemples : le couteau *(tanto)*, sabre *(ken)*, bâton *(jo)*, sabre de bois *(bokken)*. **Grades :** le *kyu* (du 6e au 1e), puis le *dan* (du 1er au 10e) ; grade le plus élevé attribué en France : 7e dan, au Japon : 10e dan ; plus haut gradé résidant en France : Nobuyoshi Tamura, 8e dan aïkikaï. **Tenue :** *keikogi* (veste et pantalon en coton) et *hakama* pour les ceintures noires (large pantalon lissé à 5 plis), costume traditionnel des Japonais. **Lieu de pratique :** *dojo* avec *tatami*. **Technique :** étude de la chute considérée comme une technique de sauvegarde, recherche de l'énergie autre que la force musculaire, coordination du souffle et de l'exécution de la technique *(kokyu)*. **Pratiquants** (en 2001) : France 75 000 ; monde environ 220 000. **Fédération française d'aïkido et de budo** Les Allées, 83149 Bras. **Fédération française d'aïkido, aïkibudo et affinitaires** 11, rue Jules-Vallès, 75011 Paris.

■ **Armes d'Okinawa.** Au XVIIe s., les Japonais, en annexant l'île d'Okinawa, interdirent les armes connues. Les paysans découvrirent alors dans leurs outils de tous les jours des armes redoutables dont : *nunchaku :* fléau de 2 morceaux de bois, de caoutchouc, cuir ou tissu de 30 à 60 cm reliés par une corde ou une chaîne de 10 cm ; *tonfa :* destiné à décortiquer le riz, manche carré en bois de chêne ou de teck (long. 40 à 60 cm, poids 0,8 à 1,2 kg) ; *sai :* trident en métal ; *kama :* faucille ; *bo* ou *kon :* bâton de 1,80 m ; *nunti :* gaffe ; *sansetsukon :* fléau à 3 branches ; *eku :* rame ; *kue :* houe.

■ **Bo-do et jo-do. Définition :** *bo* (bâton long) 1,80 m ; *jo* (bâton court) 1,28 m, d'où escrime au bâton. Pratiqué généralement en costume par les *kendoka* et les *aïkidoka*.

■ **Budo.** Voie des arts martiaux et art d'arrêter les lances. Ensemble des arts martiaux se déclarant comme des *do* (voies vers un enrichissement de l'individu). **Écoles « modernes »** (Europe) : *Yoseikan budo* créée par Hiroo Mochizuki et *École française de budo* créée par Jean-Paul Bindel. **Pratiquants** (France) : 4 000.

■ **Iaïdo.** Art de dégainer le sabre. Appelé jadis *iaï-jutsu.* **Pratiquants** (France) : quelques centaines.

■ **Judo** et **karaté.** Voir p. 1422 b et 1423 b.

■ **Ju-jitsu.** A l'origine des arts martiaux japonais. Issu des techniques ancestrales de combat à mains nues inventées par les samouraïs. **Principe :** opposer souplesse, intelligence et technique à la force brutale de l'agresseur. Projections, clés de bras et étranglement du judo sont complétés par des *atemi* (attaque des centres vitaux par des coups avec les bras et les jambes) et des clés de contrôle douloureuses, sur toutes les articulations. **Grades** (en France) : progression enfant (6 à 15 ans) : ceinture blanche, blanche-jaune, jaune, jaune-orange, orange, orange-verte, bleue, marron. Pour la ceinture noire, examen comprenant 4 épreuves : technique, katas, compétition et arbitrage, ou passage de 7 unités de valeurs en expression technique. Pour le 6e dan, il faut avoir 25 ans au minimum de ceinture noire, 10 ans de 5e dan, et passer un examen technique : 4 premiers dan compétition, 5e et 6e dan en expression technique, 7e, 8e et 9e dan sur dossier. En France, il y a quatre 9e dan : Shozo Awazu, Haku Michigami, Henri Courtine et Bernard Pariset. **Compétition :** pratiquée en couple (système duo) ou en confrontation directe, commence à distance, se termine à terre (système combat).

Championnats du monde. *Tous les 2 ans.* **2000** **Messieurs.** *– 62 kg :* Mollinari (Fr.) ; *– 69 kg :* Ableidinger (Autr.) ; *– 77 kg :* Henningsen (Dan.) ; *– 85 kg :* Haans (P.-Bas) ; *– 94 kg :* E. de Figueiredo (Br.) ; *+ 94 kg :* M. de Figueiredo (Br.). **Dames.** *– 55 kg :* Reydy (Fr.) ; *– 62 kg :* Berger (All.) ; *– 70 kg :* De Weerd (P.-Bas) ; *+ 70 kg :* Felser (All.).

■ **Kendo** ou **« voie du sabre ». Origine :** *XVIe s.,* le maître Ito fonde l'école de sabre unique (Ito Ryu). **Arme :** *shinai,* sabre (environ 1,20 m, poids 520 g) en lamelles de bambou gainées de lanières de cuir [le kendoka frappe de « taille et d'estoc » (*uchi* et *tsuki*)]. Au moment de frapper, le kendoka pousse le *kiaï* (expiration profonde venant du ventre) en criant le nom de la partie du corps visée. **Aire :** 11 m sur 11. **Assaut :** 5 min. *Prolongation :* 3 min si aucun résultat n'a été obtenu. **Vainqueur :** celui qui a marqué les 2 premiers points, ou 2/1 ou 1/0 à l'issue du temps réglementaire ; en cas de *prolongation,* un seul point suffit pour être vainqueur. **Équipement :** *keikogi* (veste et pantalon en coton), *hakama* (large pantalon) pour dissimuler la position des pieds, *men* (éléments rembourrés pour protéger visage, cou et épaules), *kote* (moufles épaisses couvrant mains et avant-bras), *tare* (hanches et bas-ventre), *do* (bambou recouvert de cuir laqué : tronc). **Pratiquants** (en 2000) : Japon 7 000 000. **Licenciés** (en 2000) : France 5 000.

Épreuves. Championnats du monde. *Créés* 1970. *Tous les 3 ans.* **Individuels. 1994** Muto (Japon). **97** Miyazaki (Japon). **2000** Eiga (Japon). **Par équipes. 1970 à 2000** Japon.

Championnats d'Europe. *Créés* 1972. *Tous les ans* (sauf années de championnats du monde). **Messieurs. 1996** F. Tran (Fr.). **98** Herbold (P.-Bas). **99** Castro (Esp.). **2001** Erdelyi (Hongrie). **Par équipes. 1990 à 2001** France. **Dames. 1996** Livolsi (It.). **98** Herbold (P.-Bas). **99** Livolsi (It.). **2001** Kiraly (Hongrie).

Championnats de France. *Créés* 1971. **Messieurs. 1990, 91** Pruvost. **92** Isckia. **93, 94** Labru. **95** Perrin. **96** Tran. **97** Perrin. **98** Labaye. **99** de Bonneville. **2000** Labru. **Dames. 1988, 90** David. **91** Fournier. **92** Perrin. **93** Sazakura. **94** Charpentier. **95** Bietrix. **96** Durand. **97** David. **98** Durand. **99** David. **2000** Destobeleer. **Équipes excellence. 1990** Maisons-Alfort. **91** Cepesja. **92** Maisons-Alfort. **93** Cepesja. **94** St-Étienne. **96** Lille. **97** Maisons-Alfort. **98** Montfort-l'Amaury. **99** St-Étienne. **2000** Montfort-l'Amaury.

■ **Ko budo.** Littéralement « vieux budo ». Techniques anciennes, généralement étudiées sous forme de *kata*, suite de mouvements codifiée, et excluant toute forme de compétition. **Formes principales : 1°)** *« agraire »,* voir Armes d'Okinawa col. a. **2°)** *« Guerrier » à mains nues* qui regroupe les écoles de *jiu-jitsu* (takenouchi-ryu, yoshin-ryu, kito-ryu, tenjin shinyo-ryu, sosuishitsu-ryu, sekiguchi-ryu, shibukawa-ryu, kushin-ryu, etc.) et d'*aïki-jitsu* (daito-ryu, takeda-ryu, roppo-kai, koto-kai, hakko-ryu, yamate-ryu, shido, etc.). Les techniques de ces écoles sont restées figées depuis des siècles et ont été transformées par certains maîtres. Ainsi, l'évolution des techniques du jiu-jitsu a amené la création du judo, de l'aïki-jitsu celle de l'aïkido. **3°)** *« Guerrier » avec armes* qui regroupe des écoles comme la *Tenshin shoden katori shinto-ryu* (classée bien culturel national) où le maniement de diverses armes est enseigné simultanément : *ken-jitsu* (sabre), *iaï-jutsu* (art de dégainer le sabre), *bo-jitsu* (bâton long), *tanto-jitsu* (sabre court), *naginata-jitsu* (hallebarde), *so-jitsu* [lance droite (*yari*), hallebarde (*naginata*) et pique (*hoko*)]. Certaines écoles sont spécialisées dans 1 ou 2 armes. L'évolution de ces techniques a entraîné la création du *kendo* et *naginata do* où la compétition est pratiquée.

■ **Kung-fu. Origine :** Chine. Art regroupant les coups de poing, de pied et autres, les saisies, blocages, projections, étranglements, le travail des armes traditionnelles ainsi que des *tao* (enchaînements figurant un combat contre un ou plusieurs individus). **Fédérations en France :** FFKAMA, FFKW.

■ **Kyudo** ou **« voie de l'arc ».** Discipline traditionnelle, accompagnée, dans certains cas, de cérémonies religieuses et de fêtes, destinée à provoquer l'enrichissement intérieur de celui qui la pratique en lui procurant calme, sérénité et harmonie ; pratiqué aussi à cheval sous le nom de *yabusame*. **Arc :** asymétrique, haut. 2,20 m environ (la poignée étant à la limite du tiers moyen et du tiers inférieur afin de pouvoir utiliser l'arc à cheval), en bambou et bois, corde en chanvre (en tension, va de 12 à 40 kg), carquois en écorce de cerisier ; épreuves jusqu'à 60 m, mais on tire généralement des flèches d'environ 1 m (selon la taille du tireur), sur une cible en paille (environ 60 cm de diam.), à environ 2 m (selon la taille de l'arc), flèche sans plume, ou à 28 m sur une cible en papier tendu sur un cadre en bois et placée devant une butte de sable, flèche avec plumes. **Grades :** 10 *dan.* **Titres honorifiques :** *Kyushi-Hanshi.* **Pratiquants** (Japon) : 500 000.

■ **Nin-jitsu.** Art du déplacement furtif. Les écoles étaient réservées aux *ninja,* qualifiés d'agents secrets ou de tueurs à gages. Ils étudiaient les techniques de combat à mains nues et avec armes, la pharmacopée, l'art du camouflage et l'hypnose.

■ **Penchak-Silat. Origine :** Indonésie.

■ **Qwan ki do. Origine :** Viêt Nam, vers 1950. Forme plus spectaculaire du karaté.

■ **Subyukchigi** ou **Subakchiki.** Du Coréen *subak,* « pastèque ». Ressemble au taekwondo. Utilise les mains plutôt que les pieds.

■ **Sumo.** A l'origine spectacle de cour. Codifié vers la fin du XIVe s. Promu au rang de *kokugi* (grand art national) au milieu du XIXe s. Il existait jusqu'au XIXe s. un sumo féminin : *onnazumo*, apparu au XVIIe s. dans les maisons de prostitution d'Osaka ; banni 1873, interdit 1890 (dernier tournoi féminin à Tokyo en 1926). Réapparu 28-4-1996 : 1re association de sumo féminin à Osaka. Les *sumotori* (lutteurs), suralimentés (nourriture très riche en protéines, nommée *chankonabé*), dépassent souvent 150 kg. **Grades :** *ozeki* (grand champion), *yokozuna* (champion suprême) [Tanikaze, le plus célèbre, mort 1795 : 66 victoires consécutives en tournoi ; Futabayama Sadaij Akiyama (1912-69) a remporté 69 victoires consécutives] ; Akebono (Chad Rowan, né 1970, Hawaii) 1er *yokozuna* étranger le 24-1-1993 ; retiré le 22-1-2001 après avoir gagné 11 tournois en 11 ans. **Idoles du Japon :** Kitanoumi, Wajima, Chiyonofuji (s'est retiré en 1991), Konishiki [Hawaii, 275 kg, 1er *ozeki* (champion) étranger, puis titre perdu]. Jesse Kuhaulua (né 16-6-44, Hawaïen) a combattu sous le nom de Takamiyama, Akebono ou Takahanada. **Aire de combat :** *dohyo,* aire circulaire surélevée de 4,55 m de diam. 4 houppes de couleur pendent au-dessous : blanche symbolise printemps, rouge été, bleue automne, noire hiver. Les sumotori portent une sorte de tablier. Ils frappent dans leurs mains, lèvent ensuite les bras montrant qu'ils s'engagent à combattre avec sincérité et loyauté. Puis les 2 sumotori qui se présentent exécutent un grand écart, le *shiko,* pour chasser les esprits malfaisants, jettent une poignée de sel au centre du cercle, s'accroupissent, face à face, pour le *sonkyo* (salut à l'adversaire). Les bras écartés, ils promettent aux dieux de combattre honnêtement *(chiri).* 48 techniques avec variantes. Depuis le XIIe s., ils n'ont été autorisés que 8 fois à se produire à l'extérieur du Japon, la dernière à Paris en oct. 1995. **Pratiquants** (Japon) : environ 700 professionnels ; 50 000 enfants dont 3 000 filles.

☞ Développement du sumo amateur depuis 1992 avec la reconnaissance de l'IFS par le CIO en 1998 : mêmes règles, sauf que les amateurs commencent à l'appel de l'arbitre, ce qui écourte le rituel de départ. **En Europe :** European Sumo Union.

Championnats du monde. 2000 – 85 kg : Schmidt (All.) ; *– 115 kg :* Mongouch (Russie) ; *+ 115 kg :* Osanai (Jap.). **Open.** Kakizce (Jap.). **Par équipes.** All. **Femmes.** *– 65 kg :* Aanes (Nor.) ; *– 80 kg :* Bobkina (Rus.) ; *+ 80 kg :* Kovalenko (Rus.). **Open.** Tsuihi (Jap.). **Par équipes.** Russie.

■ **Taekwondo** (art martial coréen). Du coréen *tae* « pied », *kwon* « poing » et *do* « la voie ». *Créé* vers 1955 en Corée. Se pratique dans une salle d'entraînement *(dojang)* avec une tenue spécifique *(dobok).* Sport de contact respectant l'intégrité physique des combattants (casque, plastron, protections tibiales, cubitales et génitales) ; en compétition, points marqués lorsque les pieds touchent le plastron (12 à 16 ans) ou la tête (16 à 18 ans), sans touche en dessous de 12 ans. *1988, 92 :* sport de démonstration aux JO ; discipline olympique en 2000 à Sydney. **Pratiquants :** 30 000 000 dans plus de 157 pays. **Fédération française de taekwondo et disciplines associées** *créée* 1995. Licenciés (en 1999-2000) : 36 200 dont 8 186 femmes. Clubs : 670.

Championnats du monde. *Tous les 2 ans.* **Messieurs. 1999** *– 54 kg :* Min Byeong-Seok [3] ; *– 62 kg :* Ko Dae-hyu [3] ; *– 67 kg :* No Hyun-Goo [3] ; *– 72 kg :* Saeibonekhohal [8] ; *– 84 kg :* Aflakikham [8] ; *+ 84 kg :* Moon Dae-sung [3]. **Dames. 1999** *– 47 kg :* Belen [6] ; *– 51 kg :* Wang Su [2] ; *– 59 kg :* Kang Hae-Eun [3] ; *– 63 kg :* Cho Hyang-Mi [3] ; *– 72 kg :* Kim Yoon-kyung [3] ; *+ 72 kg :* Kao Ching Yi [10].

Championnats d'Europe. Messieurs. 2000 *– 54 kg :* Ramos [13] ; *– 58 kg :* Michalis [14] ; *– 62 kg :* Denk [15] ; *– 67 kg :* Ionas [14] ; *– 72 kg :* Acharki [15] ; *– 78 kg :* Aydin [11] ; *– 84 kg :* Ebnoutalib [15] ; *+ 84 kg :* Tanriculus [11]. **Dames. 2000** *– 47 kg :* Asensio [13] ; *– 51 kg :* Svetlana [9] ; *– 55 kg :* Tosun [11] ; *– 59 kg :* Lourens [16] ; *– 63 kg :* Tsakakan [11] ; *– 67 kg :* Nazarova [9] ; *– 72 kg :* Elli [14] ; *+ 72 kg :* Konyahina [9].

Nota. – (1) Belgique. (2) Chine. (3) Corée du Sud. (4) Croatie. (5) Danemark. (6) Espagne. (7) France. (8) Iran. (9) Russie. (10) Taïwan. (11) Turquie. (12) Ex-Yougoslavie. (13) Espagne. (14) Grèce. (15) All. (16) P.-Bas.

Championnats de France. *Créés* 1996. *Tous les ans.* **Messieurs. 2001** *– 54 kg :* Civiletti ; *– 58 kg :* Vo ; *– 62 kg :* Mokdad ; *– 67 kg :* Raymond ; *– 72 kg :* Negrel ; *– 78 kg :* Doucara ; *– 84 kg :* Borot ; *+ 84 kg :* Gentil. **Dames. 2001** *– 47 kg :* Pouzoulet ; *– 51 kg :* Grosset ; *– 55 kg :* Epangue ; *– 59 kg :* Zelmanovitch ; *– 63 kg :* M. Benzait ; *– 67 kg :* Hénin ; *– 72 kg :* Maurice ; *+ 72 kg :* Baverel.

■ **Tai-chi chuan.** Voir p. 1414 c.

■ **Viêt-vo-dao. Origine :** Viêt Nam. *Créé* 1955 par Nguyên Duc Môc. Combat à mains nues dans lequel on imite des animaux comme le tigre (balayages, sauts, projections, clés). **But :** recherche de l'harmonie. Sport de défense. Intègre des éléments du bouddhisme, du confucianisme et du taoïsme. **En France : Fédération française de karaté, taekwondo et arts martiaux affinitaires.**

■ **Vo-Viêt Nam. Origine :** Viêt Nam. Introduit vers 1950 en France par maître Nguyên Duc Môc. **Disciplines :** 18 techniques de combat, à mains nues et avec armes traditionnelles (bâtons, longs ou courts, épées, guisarmes, lances, etc.).

AUTRES SPORTS DE COMBAT

■ **Défense personnelle.** *Créée* dans les années 1925 pour le KGB et les services de sécurité soviétiques ; englobe arts martiaux et méthodes de combat ; **Compétitions :** championnats du monde *créés* 1996 ; de France et continentaux *créés* 1996.

■ **18 ki. Origine :** Corée. 18 techniques de boxe et d'escrime. **24 ki.** Idem, plus 6 techniques d'équitation.

■ **Sambo.** Du russe *samozashchita,* « auto-défense » et des initiales de *bez oruzhiya* (sans armes). **Origine :** URSS, synthèse des meilleures techniques traditionnelles de lutte pour créer une méthode d'entraînement de l'armée. *1966* reconnu comme 3e style de lutte par la Fila. **Tenue :** short moulant (en russe, *trusi*), veste (*kurka*) en toile à épaulettes saillantes fermée par une ceinture de couleur marquant le grade, l'ensemble étant rouge ou bleu ; chaussures montantes (*borsorski*). **Combat :** 6 min pour tous. On peut saisir tout le corps y compris la veste, employer les prises de lutte gréco-romaine et libre, de judo, ainsi que les techniques de soumission aux bras et jambes, et les immobilisations. *Vainqueur :* celui qui renverse son adversaire sur le dos tout en restant debout, en le faisant abandonner sur prise douloureuse ou aux points. **Compétitions :** championnats du monde *créés* 1985, d'Europe et de France. **Pratiquants :** 28 000 en 1997. **Fédération française amateur de sambo,** 245, allée Canto Grilhet, 04100 Manosque.

ATHLÉTISME

GÉNÉRALITÉS

■ **Définition.** Sport comprenant un certain nombre d'épreuves (individuelles ou par équipes) de course à pied, marche, saut, lancer d'engins et épreuves combinées, l'ensemble étant codifié.

■ **Origine.** Du grec *athlos,* « combat ». *L'Iliade* décrit les courses et les concours de saut organisés lors des funérailles de Patrocle. **VIIIe s. av. J.-C.** les jeux Olympiques comprenaient 3 courses et le *pentathle* (5 disciplines) : courses, lancers de disque et javelot, saut en longueur et lutte. Le 1er record enregistré fut un saut en longueur d'environ 7,05 m, effectué aux JO de 656 av. J.-C. par un athlète de Sparte nommé Chionis. **1861** 1er club en Angleterre : Mincing Lane AC. **1866** création de l'Amateur Athletic Club, en Angleterre. **1867** les Anglais organisent quelques compétitions à Boulogne. **1875** fondation à Paris du Club des coureurs (Blondel et Gerling). **1883** création du Racing-Club (devenu en 1885 Racing-Club de France). **1884** fondation du Stade français par des lycéens. **1885** 1re participation internationale d'athlètes français à Bruxelles. **1887** création de l'Union des Stés françaises de course à pied, devenue plus tard Union des Stés françaises de sports athlétiques, puis, en 1920, Fédération française d'athlétisme. **1888** 1ers Ch. de France à la Croix-Catelan (100 m, 400 m, 1 500 m, 110 m haies). **1896** 8 athlètes du Racing-Club de France participent aux 1ers JO modernes à Athènes. **1903** 1er cross international. **1912**-*16-7* création de la Féd. internat. d'athlétisme amateur (FIAA). **1923** 1ers Jeux universitaires internat. à Paris. **1934** 1ers Ch. d'Europe à Turin. **1965** 1re Coupe d'Europe des nations à Stuttgart. **1973** 1re Coupe d'Europe des épreuves combinées (décathlon, pentathlon). **1977** 1re Coupe du monde par équipes à Düsseldorf. **1981** 1re Coupe d'Europe de marathon à Agen. **1983** 1ers Ch. du monde à Helsinki (jusque-là, les JO constituaient les championnats du monde).

■ **Comparaisons des résultats dans le temps.** Certaines *sont faussées* par divers éléments. Pour *les courses et les sauts :* matériaux synthétiques pour pistes et aires d'élan (depuis 1967) remplaçant les anciennes, cendrées. *Saut en hauteur :* remplacement de la fosse de sable par des matelas de mousse rehaussés permettant l'exécution du saut à réception dorsale dit « Fosbury » (inventé par l'Américain vainqueur des JO de 1968). *Saut à la perche :* mêmes matelas de réception et perche en fibre de verre ont permis un gain moyen d'environ 1 m depuis 1961. *Javelot :* les engins nouveaux (Held depuis 1953), meilleurs planeurs, ont permis de gagner 5 à 10 m ; depuis 1986 pour les hommes et 1999 pour les femmes, nouvelles normes.

■ **Records de vitesse** (en km/h). **Messieurs.** 43,56, Donovan Bailey (sur 100 m, Atlanta 1996). **Dames.** 39,56, Florence Griffith-Joyner (finale du 100 m, Séoul 1988).

■ Extraits des règlements

■ **Courses plates.** **Courses de vitesse (sprint) :** disputées en couloirs (tracés par des lignes blanches parallèles distantes de 1,22 m). *60 m* (en salle) et *100 m* sont disputés en ligne droite. Le *200 m* comporte un virage complet. Les lignes de départ sont décalées de façon à égaliser les distances d'un couloir à l'autre. **Vitesse prolongée :** *400 m,* couru sur un tour de piste et en couloirs. Les cales de départ *(starting-blocks)* ont été adoptées en 1928 pour les courses de vitesse jusqu'au 400 m. **Demi-fond et demi-fond prolongé :** pour le *800 m,* le 1er virage seulement est disputé en couloirs avec décalage. Courses classiques : *1 500, 5 000* et *10 000 m.* Autres courses reconnues : *1 000, 2 000, 3 000, heure* et *20 000 m.* **Marathon :** *42,195 km* (distance séparant Windsor du stade White City à Londres, parcours des JO de 1908). Inspiré par la course légendaire de Philippidès (Marathon-Athènes : 40 km), mort après 4 h de course pour avoir voulu annoncer aux Grecs leur victoire sur les Perses (490 av. J.-C.). **Relais :** les coureurs d'une même équipe se transmettent un bâton cylindrique (témoin) de 28-30 cm de long, 50 g au minimum, 120-130 mm de circonférence dans une zone de 20 m limitée par 2 lignes tracées sur le sol. La 1re est située 10 m avant le point de la distance à parcourir, la 2e 10 m après ; au 4 × 100 m et au 4 × 200 m les relayeurs peuvent prendre jusqu'à 10 m d'élan avant de recevoir le témoin dans la zone de transmission. *Relais hommes :* 4 × 100 m, 4 × 200 m, 4 × 400 m, 4 × 800 m, 4 × 1 500 m ; *dames :* 4 × 100 m, 4 × 200 m, 4 × 400 m, 4 × 800 m. Le 4 × 100 m se court intégralement en couloirs. Le 4 × 200 m partiellement, les 2 premiers parcours sont disputés en couloirs et le 1er virage du 3e ; au 4 × 400 m, le 1er parcours et le 1er virage du 2e.

■ **Courses d'obstacles.** **3 000 m steeple :** demi-fond. Les coureurs ont à enjamber 28 fois une barrière de 0,914 m et 7 fois la rivière, de 3,66 m de large et 0,76 m de profondeur, située au pied de la barrière qui la précède ; depuis 1999 apparition du 3 000 m steeple féminin (barrières 0,76 m et rivière réduite). **Haies.** **110 m :** 10 haies de 1,06 m (espacées de 9,14 m, la 1re à 13,72 m du départ, la dernière à 14,02 m de l'arrivée) ; **100 m dames :** 10 de 0,84 m (espacées de 8,50 m, la 1re à 13 m du départ, la dernière à 10,50 m de l'arrivée). **400 m messieurs :** 10 de 0,91 m (10 de 0,762 m pour les dames) [espacées de 35 m, la 1re à 45 m du départ, la dernière à 40 m de l'arrivée].

■ **Concours. Sauts.** **Hauteur :** l'athlète doit franchir la plus grande hauteur possible avec une impulsion sur une seule jambe. **Perche :** même principe mais en s'aidant d'une perche (actuellement en fibre de verre) qu'il plante dans un bac d'appel situé au pied de l'aire de réception. Pour ces 2 sauts verticaux, l'athlète est éliminé après avoir échoué par 3 fois consécutivement, quelle que soit la hauteur tentée. Il a le droit à 3 essais à chaque hauteur. **Longueur :** l'athlète doit franchir la plus grande distance possible en prenant appel sur une planche de 20 cm située à 1 m au moins d'une fosse ensablée où il se reçoit. **Triple saut :** même principe mais la planche d'appel se situe à 13 m du sable (11 m pour les femmes) et le saut consiste en un cloche-pied suivi de 2 foulées bondissantes. Pour ces 2 sauts longitudinaux, 6 essais au maximum (dont les 3 premiers de « qualification », les 3 suivants n'étant accordés qu'aux 8 athlètes en tête).

■ **Lancers.** **Poids :** sphère métallique de 7,260 kg au minimum, 4 kg (dames), lancée de l'épaule à une main, à partir d'un cercle cimenté de 2,135 m de diamètre. **Disque :** en bois ou fibre de verre, circulaire avec jante en métal pesant au minimum 2 kg (messieurs), 1 kg (dames), lancé d'une seule main d'un cercle de 2,50 m de diamètre. **Marteau :** sphère métallique reliée à une poignée par un câble, l'ensemble pesant au minimum 7,260 kg (messieurs), 4 kg (dames) et mesurant au maximum 1,22 m, lancée d'un cercle cimenté de 2,135 m de diamètre. Pour ces 3 lancers depuis un cercle, l'athlète doit sortir du cercle par l'arrière, après que l'engin a touché le sol. L'angle des secteurs de chute est de 40°. **Javelot :** métallique ou en fibre de carbone, au minimum 800 g (messieurs), 600 g (dames), lancé d'un couloir de 30 à 36,50 m de long sur 4 m de large terminé par un arc de cercle qu'on ne peut dépasser. Angle du secteur de chute : 29°. A la chute, le javelot doit en premier toucher le sol par la pointe (tête). Depuis le 1-4-1986, pour les hommes, javelot de 800 g, avec centre de gravité déplacé de 4 cm vers l'avant pour diminuer la portance (distance diminuée de 10 %). Depuis le 1-4-1999, pour les dames, centre de gravité déplacé, ne peut plus se trouver au-delà de 92 cm de la pointe (performances réduites de 2 à 4 m selon avis ; records remis à zéro).

■ **Épreuves combinées.** **Décathlon :** *messieurs :* 10 épreuves disputées dans un ordre particulier en 2 jours successifs. **1er :** 100 m, saut en longueur, poids, saut en hauteur et 400 m. **2e :** 110 m haies, disque, perche, javelot et 1 500 m. Chaque performance est cotée à une table internationale, le vainqueur étant celui qui totalise le plus de points à l'issue des 10 épreuves. **Heptathlon :** *dames* (depuis 1981) : 7 épreuves disputées dans un certain ordre en 2 jours successifs. **1er :** 100 m haies, hauteur, poids, 200 m. **2e :** longueur, javelot, 800 m. Même principe de cotation que pour le décathlon. **Enneathlon :** *cadets :* comme le décathlon, le 400 m en moins. **Tétrathlon :** *cadettes.*

■ Records de France féminins absolus au 9-7-2001

■ **Juniors.** **100 m.** 11″25, O. Sidibé (ANSL Fréjus) 27-7-89. **200 m.** 22″76, M.Hurtis (RCF) 5-7-98. **400 m.** 52″52, F. Ficher (CASG) 20-7-85. **800 m.** 2′01″79, F. Giolitti (Nice UC) 29-6-85. **1 000 m.** 2′37″20, V. Renties (AS Anzin) 19-8-79. **1 500 m.** 4′10″38, F. Giolitti (Nice UC) 19-6-85. **3 000 m.** 9′13″15, M.-P. Duros (US Quessoy) 15-7-86. **5 000 m.** 16′07″72, C. Audier (Cognac AC) 2-8-98. **10 000 m.** 34′22″ F. Deconihout (Douai) 9-10-91. **100 m haies.** 13″07, Monique Éwanje-Épée (Montpellier UC) 22-7-86. **400 m haies.** 57″26, F. Delaune (AS Muret) 7-6-97. **2000 m steeple.** 7′4″18, Sylvaine Bon (ASC St Barthélémy) 14-7-2000. **Hauteur.** 1,95 m, Maryse Éwanje-Épée (Montpellier UC) 4-9-83. **Perche.** 4,33 m, Vanessa Boslak (ASPTT Lille) 25-2-01. **Longueur.** 6,60 m, L. Ferga (Stade français) 29-6-95. **Triple saut.** 13,51 m, Y. Soualhia (E. Ozoir-Lagny A.) 10-7-99. **Poids.** 16,13 m, C. Villeneuve (CC Fort-de-France) 26-7-2000. **Disque.** 59,27 m, M. Robert-Michon (CS Bourgoin Jallieu) 11-7-98. **Javelot.** 52,41 m, M. Bonaudo (AC Cannes) 22-7-99. **Marteau.** 62,79 m, M. Monterbrun (S. Laval) 11-7-98. **4 × 100 m.** 44″07, Équipe nationale (C. Thélamon, M. Hurtis, N. Imalouan, A.-C. Rapp) 2-8-98. **4 × 400 m.** 3′32″79, Équipe nationale [S. Thiébaud (CA Montreuil), C. Éga (ES Nanterre), P.-M. Marival (ASA Petit-Bourg), S. Félix (GA Noisy-le-Grand)] 30-7-95. **4 × 100 m (club).** 45″91 (AS Air France, C. Canneval, M. Terro, S. Sylvestre, C. Arron) 1-5-92. **Heptathlon.** 6 113 pts, N. Teppe (MJC Salon) 30-6/1-7-90. **Marche : 5 000 m.** 22′39″25, N. Marchand (ACD Neuville) 31-7-88. **10 000 m.** 47′57″88, M. Rodriguez (Bruges St-Médard Athlétisme) 20-10-2000.

■ **Cadettes.** **100 m.** 11″38, M.-F. Loval (AA Pointe-à-Pitre) 20-8-81. **200 m** 23″61, F. Dia (Sud-Oise Ath.) 10-7-94. **300 m.** 37″90, S. Félix (CS Noisy) 4-6-94. **800 m.** 2′05″, S. Foulon (AL Auxi) 28-7-90. **1 000 m.** 2′47″12, F. Giolitti (Nice UC) 16-10-82. **1 500 m.** 4′19″2, V. Renties (AS Anzin) 19-8-77. **3 000 m.** 9′13″77, C. Audier (Cognac AC) 20-10-96. **30 min.** 9 017 m, C. Audier (Cognac AC) 23-4-95. **100 m haies.** 13″08, A. Lamalle (CC Fort-de-France) 18-7-99. **320 m haies.** 44″84, C. Mendy (ES Viry Nord Sud Essonne) 6-6-99. **Hauteur.** 1,87 m, M. Éwanjé-Épée (MUC) 22-8-81. **Perche.** 4,11 m, V. Boslak (ASPTT Lille) 9-5-99. **Longueur.** 6,37 m, C. Harmenil (ASPTT Lyon) 5-6-98. **Triple saut.** 13,35 m, S. Luzieux (ASCOIA Fort-de-France) 22-7-99. **Poids.** 17,84 m, C. Villeneuve (CC Fort-de-France) 27-2-2000. **Disque (0,8 kg).** 55,94 m, A. Perrin (VSC) 12-7-97. **Javelot.** 52,41 m, M. Bonaudo (AC Cannes) 22-7-99. **Marteau.** 61,28 m, S. Vaillant (CA Montreuil) 19-10-94. **4 × 100 m.** 45″49 Équipe nationale [Bily (Bressuire), Procope, Bulteau (La Roche-sur-Yon), Ponchot (Meudon)] 20-7-80. **4 × 100 m (club).** 46″45, ASL Sport guyanais : (L. Blanchard, L. Ladouceur, V. Castor, M. Robin), 10-7-94. **4 × 400 m.** 3′49″72, Équipe nationale [M. Ferdy (RS Pointe-à-Pitre), L. Jésu (CO Champagne), D. Carlach (RL Pontivy), M. Dile (Entente des Mauges)] 22-7-84. **4 × 1 000 m (club).** 12′00″38, (Unitas Brumath, V. Zimber, C. Bury, M. Rusch, E. Fey) 8-7-79. **Heptathlon.** 5 811 pts, N. Teppe (VA Bressans) 13/14-5-89. **Marche : 5 000 m.** 23′51″76, M. Rodriguez (Bruges-St-Médard A.) 5-8-99. **30 min.** 6 066 m, M. Rodriguez (Bruges-St-Médard A.) 5-8-99.

■ **Minimes.** **80 m.** 9″60, N. Goletto (CO Brignoles) 31-5-71. **150 m.** 18″00, S. Chassignol (EMS Bron) 18-6-78. **500 m.** 1′14″82, I. Dherbecourt (Béthune) 25-6-88. **1 000 m.** 2′51″50, F. Giolitti (Nice UC) 17-6-81. **2 000 m.** 6′18″10, C. Audier (Cognac AC) 8-6-94. **30 min.** 8 560 m, C. Audier (Cognac AC) 26-3-94. **80 m haies.** 11″44, S. Marot (AC Auch) 27-6-90 et R.-F. Okori (PS Besançon) 26-6-95. **250 m haies.** 34″98, D. Jemaa (Entente Sud Lyonnais) 21-10-00. **Hauteur.** 1,80 m, G. Niaré (RCF) 14-5-97. **Perche.** 3,90 m, V. Boslak (ASPTT Lille) 29-6-97. **Longueur.** 6,05 m, R.-F. Okori (Besançon Ath.) 3-6-95. **Triple saut.** 12,53 m, A. Barlet (SE St-Étienne) 11-7-92. **Poids.** 15,24 m, M.A. N'Docko (ASPTT Strasbourg) 11-10-87. **Disque (0,8 kg).** 48,36 m, G. Niaré (RCF) 14-5-97. **Marteau.** 54,72 m, L. Schatz (Entente Sud Lyonnais) 21-10-2000). **Javelot (0,500).** 57,78 m, B. Ramesh (EF Mont-Dore) 19-11-94. **4 × 80 m.** 38″65, AS Air France 11-6-88. **Hexathlon.** 4 106 pts, S.Marot (AC Auch) 12/13-5-90. **Marche : 3 000 m.** 14′36″73, N. Colin (ASPTT Charleville) 14-7-85.

■ Records de France masculins absolus au 9-7-2001

■ **Juniors.** **100 m.** 10″29, B. Marie-Rose (CA-Ouest) 30-6-84. **200 m.** 20″62, B. Cherrier (AAJ Blois) 03-9-72. **400 m.** 46″31, G. Bertould (Stade Rennes) 16-10-68. **800 m.** 1′47″41, F. Lacasse (EP Manosque) 7-10-2000. **1 000 m.** 2′19″64, F. Lacasse (EP Manosque) 19-6-2000. **1 500 m.** 3′40″80, J. Boxberger (FC Sochaux) 4-7-68. **3 000 m.** 7′48″98, B. Tahri (S. Metz EC) 18-6-97. **5 000 m.** 13′42″3, B. Zwierzchlewski (Halluin) 7-6-95. **10 000 m.** 28′30″80, B. Zwierzchlewski 26-6-95. **110 m haies.** 13″58, L. Doucouré (Viry NS Evry) 30-6-2001. **400 m haies.** 50″39, P. Maran (CC Fort-de-France) 18-7-86. **3 000 m steeple.** 8′42″80, M. André (CO Champagne AA) 9-6-2000. **Hauteur.** 2,24 m, D. Detchenique (Dynamic Aulnay Club) 8-7-90. **Perche.** 5,62 m, G. Baudoin (Jura Sud) 7-7-91. **Longueur.** 7,98 m, Y. Domenech (Bourg-St-Andéol) 13-7-97. **Triple saut.** 16,71 m, R. Servius (Fensch Moselle) 30-7-95. **Poids. (6 kg)** 19,47 m, Y. Niaré (RCF) 23-10-96. **(7,260 kg)** 17,67 m, R.-J. Coquin (AA Pointe-à-Pitre) 21-9-75. **Disque (2 kg).** 56,26 m, P. Journoud (Toulouse UC) 23-7-83. **Javelot (0,800).** 78,97 m, J. Kiteau (AS Magenta-Nouméa) 1-7-2001. **Marteau (6,250 kg).** 80,34 m, D. Chaussinand (Stade Clermont-Ferrand) 24-10-92. **4 × 100 m.** 39″33, Équipe nationale [R. Pognon (C. Franciscain), F. Calligny (ASCO Inter Atlas), L. Doucouré (ES Viry NSE), L. Dijhone (Entente VGA St-Maur AC)] 22-10-2000. **4 × 400 m.** 3′07″72, Équipe nationale (P. Bouché, R. Zami, J.-J. Letzelter-Ébé, R. Loubli) 30-7-95. **4 × 100 m (club).** 40″05, (Neubourg AC, J. Chedeville, S. Adam, Patrick et Pascal Barré) 22-7-78. **Décathlon.** 7 789 pts (10″82, 7,29 m, 12,90 m, 1,86 m, 48″98, 14″61, 42,98 m, 4,60 m, 54,04 m, 4′30″41), P.-A. Vial (Coq. St-Étienne) 30-4/1-5-94. **Marche : 10 000 m.** 42′32″0, A. Gillet (ASPTT Rennes) 28-5-95. **Heure.** 13,711 km, D. Langlois (CSC Noisy) 4-10-87.

■ **Cadets.** **100 m.** 10″43, S. Jamain (CO Champagne) 6-6-93. **200 m.** 21″28, L. Doucouré (ES Viry Nord Sud Essonne) 24-8-2000. **300 m.** 33″98, Y. Nègre (Stade Lamentin) 15-7-2000. **800 m.** 1′49″56, F. Lacasse (EP Manosque) 15-10-98. **1 000 m.** 2′22″22, F. Lacasse (EP Manosque) 8-8-98. **1 500 m.** 3′45″56, F. Lacasse (EP Manosque) 5-6-98. **3 000 m.** 8′10″90, B. Zwierzchlewski (A. Halluin) 8-8-93. **45 min.** 14,094 km, M. Khelil (EA Bourg-en-Bresse) 19-5-91. **110 m haies.** 13″26, L. Doucouré (ES Viry Nord Sud Essonne) 16-7-99. **320 m haies.** 39″35, J.-F. Harris-Robert (ASPTT Saint-Denis) 14-7-96. **1 500 m steeple.** 4′05″91, B. Tahri (Metz EC) 7-9-95. **Hauteur.** 2,20 m, M. Hanany (Athlé 95'S) 26-7-2000. **Perche.** 5,40 m, G. Baudouin (Jura S.) 15-10-89. **Longueur.** 7, 83 m, L. Djhone (Entente St-Maur) 20-6-98. **Triple saut.** 15,99 m, D. Manga (AS du Plessi Savigny-le-T.) 19-10-2000. **Poids (5 kg).** 19,22 m, G. Bucki (Artois Athlétisme) 5-10-97. **Disque (1,5 kg).** 59,29, N. Deldycke (ASPTT Lille) 13-10-99. **Javelot (0,700).** 79,65 m, J. Kiteau (AS Magenta Nouméa) 17-7-99. **Marteau.** 81,84 m, D. Chaussinand (St-Clermont-Ferrand) 18-5-90. **4 × 100 m.** 41″28, Équipe nationale [R. Cardon (Les Mureaux Val de Seine), X. Guillaume (AC Ste-Anne), L. Doucouré (Es Viry NSE), C. Audel (Nice C-A Athlé)] 30-7-2000. **4 × 1 000 m (club).** 10′06″62, APJS Paris (Lacroix, Daverio, Pintard, Fernandez) 13-10-85. **Ennéathlon.** 7 062 pts (11″24, 7,12 m, 17,15 m, 2,15 m, 14″54, 45,22 m, 3,80 m, 64,60 m, 5′10″64), W. Motti (AC Cannes) 27/28-6-81. **Marche : 5 000 m.** 21′40″95, M. Rousseau (AS Aix-les-Bains) 1-6-96. **45 min.** 10 023 m, F. Delrée (CA Arnay Beaune) 12-3-95.

■ **Minimes.** **80 m.** 8″92, F. Krantz (ECTC Périgueux) 17-7-93 et C. Bonnet (Entente Torcy Chelles Athlé) 17-6-2000. **150 m.** 16″56, D. Felten (ASC Strasbourg) 26-6-77. **500 m.** 64″92, T. Dejean (Stade Aurillac) 28-6-87. **1 000 m.** 2′33″02, F. Lacasse (EP Manosque) 22-6-96. **2 000 m.** 5′40″00, L. Brosseau (CO Cerisay) 3-7-77. **3 000 m.** 8′49″30, A. Crépieux (AS Sin-le-Noble) 23-9-89. **30 min.** 8 965 m, M. Khelil (EA Bourg-en-Bresse) 30-4-89. **100 m haies.** 12″85, L. Doucouré (ES Viry Nord Sud Essonne) 18-10-98. **250 m haies.** 30″69, E. Djekery (JS Angoulême), 22-6-97. **Hauteur.** 2,04 m, M. Hanany (Athlé 95'S) 7-6-98. **Perche.** 4,82 m, S. Leydier (SO Arles) 29-10-94. **Longueur.** 7,12 m, O. Mertz (AC Amneville) 4-6-2000. **Triple saut.** 14,90 m, S. Pincemail (Les Aigles des Abymes) 22-5-94. **Poids (4 kg).** 18,74 m, B. Duberger (US Marmande) 30-6-96. **Disque (1,250 kg).** 55,20 m, N. Deldycke (ASPTT Lille) 26-10-97. **Javelot (0,600).** 55,80 m, G. Vulcain (RCF) 17-10-99. **Marteau (4 kg).** 72,40 m, S. Georges (CA Sedan) 28-9-91. **4 × 80 m.** 35″05, ASCOIA Fort-de-France (Caligny, Marsillon, Boimond, Moreau) 8-6-96. **Hexathlon.** 3 978 pts, P. Champigny (Athlétic 3 Tours) 31-10/1-11-90. **Marche : 30 min.** 6 461 m, J.-B. Poulain (MJ Trouville) 6-10-91. **5 000 m.** 23′10″50, J.-B. Poulain (MJ Trouville) 6-10-91.

Records du monde, d'Europe et de France. Hommes et Dames seniors absolus au 24-7-2001

Épreuves	Monde		Europe		France	
Hommes						
100 m	9″79	Maurice Greene (USA 16-6-99).	9″87	Linford Christie (G.-B. 15-8-93).	10″02	Daniel Sangouma (CO Ulis 29-6-90).
200 m	19″32	Michael Johnson (USA 1-8-96).	19″72	Pietro Mennea (Italie 12-9-79).	20″16	Gilles Quénéhervé (RCF 3-9-87).
400 m	43″18	Michael Johnson (USA 26-8-99).	44″33	Thomas Schoenlebe (All. dém. 3-9-87).	44″95	Marc Raquil (23-6-01).
800 m	1′41″11	Wilson Kipketer (Dan. 24-8-97).	1′41″11	Wilson Kipketer (Dan. 24-8-97).	1′43″90	José Marajo (Stade fr. 12-9-79).
1 000 m	2′11″96	Noah Ngeny (Kenya 5-9-99).	2′12″18	Sebastian Coe (G.-B. 11-7-81).	2′15″26	Driss Maazouzi (Athlé St-Étienne 17-7-99).
1 500 m	3′26″	Hicham El Guerrouj (Maroc 14-7-98).	3′28″95	Fermin Cacho (Esp. 13-8-97).	3′31″51	Driss Maazouzi (Athlé St-Étienne 21-7-99).
Mile	3′43″13	Hicham El Guerrouj (Maroc 7-7-99).	3′46″32	Steve Cram (G.-B. 27-7-85).	3′50″33	Éric Dubus (Bordeaux UC 16-8-95).
2 000 m	4′44″79	Hicham El Guerrouj (Maroc 7-9-99).	4′51″39	Steve Cram (G.-B. 27-7-85).	4′55″60	Nadir Bosch (29-6-97).
3 000 m	7′20″67	Daniel Komen (Kenya 1-9-96).	7′26″62	Mohammed Mourhit (Belgique 18-8-2000).	7′30″78	Mustapha Essaïd (ASPTT Grenoble 8-8-98).
5 000 m	12′39″36	Hailé Gébrésélassié (Éthiopie 13-6-98).	12′49″71	Mohammed Mourhit (Belgique 25-8-2000).	12′58″83	Smaïl Sghyr (Stade Bordelais 28-7-2000).
10 000 m	26′22″75	Hailé Gébrésélassié (Éthiopie 1-6-98).	26′52″30	Mohammed Mourhit (Belgique 3-9-99).	27′22″78	Tony Martins (CMSA 4-7-92).
20 000 m	56′55″60	Arturo Barrios (Mexique 30-3-91).	57′18″40	Dionisio Castro (Portugal 31-3-90).	58′18″40	Bertrand Itsweire (CMSA 31-3-90).
Heure	21,101 km	Arturo Barrios (Mexique 30-3-91).	20,944 km	Josephus Hermens (Pays-Bas 1-5-76).	20,601 km	Bertrand Itsweire (CMSA 31-3-90).
25 000 m	1 h 13′55″80	Toshihiko Seko (Japon 81).	1 h 13′57″60	Stephane Franke (All. 30-3-99).	1 h 15′56″70	Dominique Chauvelier (ESSA 13-6-92).
30 000 m	1 h 29′18″80	Toshihiko Seko (Japon 81).	1 h 31′30″40	Jim Alder (G.-B. 5-9-70).	1 h 31′53″20	Dominique Chauvelier (ESSA 13-6-92).
semi-marathon	59′17″	Paul Tergat (Kenya 4-4-1998) [2].				
Marathon	2 h 05′42″	Khalid Khannouchi (Maroc 24-10-99) [2].	2 h 06′36″	Antonio Pinto (Portugal 16-4-2000) [2].	2 h 07′55″	Mohamed Ouaadi (OM 5-12-99) [2].
110 m haies	12″91	Colin Jackson (G.-B. 20-8-93).	12″91	Colin Jackson (G.-B. 20-8-93).	13″20	Stéphane Caristan (US Créteil 30-8-86).
400 m haies	46″78	Kevin Young (USA 6-8-92).	47″37	Stéphane Diagana (Fr. 5-7-95).	47″37	Stéphane Diagana (SA Franconville 5-7-95).
3 000 m steeple	7′55″72	Bernard Barmasai (Kenya 24-8-97).	8′07″62	Joseph Mahmoud (Fr. 24-8-84).	8′07″62	Joseph Mahmoud (CMS Marignane 24-8-84).
Hauteur	2,45 m	Javier Sotomayor (Cuba 27-7-93).	2,42 m	Patrik Sjoeberg (Suède 30-6-87).	2,33 m	J.-Ch. Gicquel (ACR Locminé 10-7-94).
Perche	6,14 m	Sergueï Bubka (Ukraine 31-7-94).	6,14 m	Sergueï Bubka (Ukraine 31-7-94).	5,98 m	Jean Galfione (Stade fr. 23-7-99).
Longueur	8,95 m	Mike Powell (USA 30-8-91).	8,86 m	Robert Emmian (URSS 22-5-87).	8,30 m	Kader Klouchi (Stade clermontois 5-7-98).
Triple saut	18,29 m	Jonathan Edwards (G.-B. 7-8-95).	18,29 m	Jonathan Edwards (GB 7-8-95).	17,55 m	Serge Hélan (CA Montreuil 13-8-94).
Poids	23,12 m	Randy Barnes (USA 20-5-90).	23,06 m	Ulf Timmermann (All. dém. 22-5-88).	20,20 m	Yves Brouzet (Stade fr. 22-7-73).
Disque	74,08 m	Jürgen Schult (All. dém. 6-6-86).	74,08 m	Jürgen Schult (All. dém. 6-6-86).	64,74 m	Jean Pons (US Fronton ASU 28-5-97).
Marteau	86,74 m	Yuri Sedykh (URSS 30-8-86).	86,74 m	Yuri Sedykh (URSS 30-8-86).	82,38 m	Gilles Dupray (TGA 21-6-2000).
Javelot	98,48 m	Jan Zelezny (Rép. tchèque 25-5-96).	98,48 m	Jan Zelezny (Rép. tchèque 25-5-96).	82,56 m	Pascal Lefèvre (ASPTT Gre 28-8-89).
Décathlon	9 026 pts	Roman Sebrl (Rép. tchèque 26 et 27-5-01).	9 026 pts	Roman Sebrl (Rép. tchèque 26 et 27-5-01).	8 574 pts	Christian Plaziat (PL Pierre-Bénite 28/29-8-90).
4 × 100 m	37″40	Éq. nat. des USA (8-8-92) Marsh, Burrell, Mitchell, Lewis.	37″73	Éq. nat. de G.-B. (29-8-99) Gardener, Campbell, Devonish, Chambers.	37″79	Éq. nat. (1-9-90) Marie-Rose, Sangouma, Trouabal, Morinière.
4 × 200 m	1′18″68	Santa Monica Track Club (17-4-94) Marsh, Burrell, Heard, Lewis.	1′21″10	Éq. nat. d'Italie (29-9-83) Tilli, Simionato, Bongiorni, Mennea.	1′21″30	Sél. fr. (27-9-87) Sangouma, Boussemart, Barré, Canti.
4 × 400 m	2′54″20	Éq. nat. des USA (22-7-98) Young, Pettigrew, Washington, Johnson.	2′56″60	Éq. nat. de G.-B. (3-8-96) Thomas Baulch, Richardson, Black.	3′00″09	Éq. nat. (22-8-93) Rapnouil, Hilaire, Farraudière, Diagana.
4 × 800 m	7′03″89	Éq. nat. de G.-B. (30-8-82) Elliot, Cook, Cram, Coe.	7′03″89	Éq. nat. de G.-B. (30-8-82) Elliot, Cook, Cram, Coe.	7′13″60	Éq. nat. (23-6-79) Sanchez, Riquelme, Dupont, Milhau.
4 × 1 500 m	14′38″80	Éq. nat. d'All. féd. (17-8-77) Wessinghage, Hudak, Lederer, Fleschen.	14′38″80	Éq. nat. d'All. féd. (17-8-77) Wessinghage, Hudak, Lederer, Fleschen.	14′48″20	Éq. nat. (23-6-79) Begouin, Lequement, Philippe, Dien.
2 heures marche	29 572 m	Maurizio Damilano (Italie 3-10-92).	29 572 m	Maurizio Damilano (It. 3-10-92).	29 090 m	Thierry Toutain (GAHS 24-3-91).
10 000 m marche [1]	38′48″08	Josef Pribilinec (Tchéc. 86).				
20 000 m marche	1 h 17′25″60	Bernardo Segura (Mexique 7-5-94).	1 h 18′35″20	Stefan Johannson (Suède 15-5-92).	1 h 21′14″90	Thierry Toutain (GAHS 22-3-92).
30 000 m marche	2 h 01′44″10	Maurizio Damilano (Italie 3-10-92).	2 h 01′44″10	Maurizio Damilano (Italie 3-10-92).	2 h 03′56″50	Thierry Toutain (GAHS 24-3-91).
50 000 m marche	3 h 40′57″90	Thierry Toutain (France 29-9-96).	3 h 40′57″90	Thierry Toutain (France 29-9-96).	3 h 40′57″90	Thierry Toutain (GAHS 29-9-96).
Dames						
100 m	10″49	Florence Griffith-Joyner (USA 16-7-88).	10″73	Christine Arron (France 19-8-98).	10″73	Christine Arron (RCF 19-8-98).
200 m	21″34	Florence Griffith-Joyner (USA 29-9-88).	21″71	Marita Koch (All. dém. 10-6-79) et Heike Drechsler (All. dém. 29-6-86).	21″99	Marie-José Pérec (Stade fr. 2-7-93).
400 m	47″60	Marita Koch (All. dém. 6-10-85).	47″60	Marita Koch (All. dém. 6-10-85).	48″25	Marie-José Pérec (Stade fr. 29-7-96).
800 m	1′53″28	Jarmila Kratochvilova (Tchéc. 26-7-83).	1′53″28	J. Kratochvilova (Tchéc. 26-7-83).	1′56″53	Patricia Djaté (SA Pamiers sept. 95).
1 000 m	2′28″98	Svetlana Masterkova (Russie 23-8-96).	2′28″98	Svetlana Masterkova (Russie 23-8-96).	2′31″93	Patricia Djaté (SA Pamiers août 95).
1 500 m	3′50″46	Qu Yunxia (Chine 11-9-93).	3′52″47	Tatiana Kazankina (URSS 13-8-80).	4′2″26	Patricia Djaté-Taillard (Toulouse 23-8-96).
Mile	4′12″56	Svetlana Masterkova (Russie 14-8-96).	4′12″56	Svetlana Masterkova (Russie 14-8-96).	4′27″43	Frédérique Quentin (ASPTT Lille 14-8-96).
2 000 m	5′25″36	Sonia O'Sullivan (Irlande 8-7-94).	5′25″36	Sonia O'Sullivan (Irlande 8-7-94).	5′39″	Annette Sergent (ASU Lyon 11-7-86).
3 000 m	8′06″11	Wang Juntia (Chine 13-9-93).	8′21″64	Sonia O'Sullivan (Irlande 15-7-94).	8′38″13	Yamna Belkacem (CS Meaux 30-6-99).
5 000 m	14′28″09	Jiang Bo (Chine 23-10-97).	14′31″48	Gabriela Szabo (Roumanie 1-9-98).	14′ 47″ 79	Yamna Belkacem (CS Meaux 1-8-2000).
10 000 m	29′31″78	Wang Juntia (Chine 8-9-93).	30′13″74	Ingrid Kristiansen (Norvège 5-7-86).	31′42″83	Rosario Murcia (ASU Bron 25-4-92).
Heure	18 340 m	Tegla Loroupe (Kenya 7-8-98).	18 084 m	Silvana Cruciata (Italie, 4-5-81).	17 332 m	Valérie Duvialard (ASPTT Rouen 23-3-96).
20 000 m	1 h 5′26″60	Tegla Loroupe (Kenya 3-9-2000).	1 h 6′55″5	Rosa Mota (Portugal 14-5-82).		
25 000 m	1 h 29′29″20	Carolina Szabo (Hongrie 22-4-88).	1 h 29′29″2	Carolina Szabo (Hongrie 22-4-88).		
30 000 m	1 h 47′5″60	Carolina Szabo (Hongrie 22-4-88).	1 h 47′5″6	Carolina Szabo (Hongrie 22-4-88).		
3 000 m steeple	9′25″31	Justyna Bak (Pologne 9-7-01).	9′25″31	Justyna Bak (Pologne 9-7-01).	9′55″69	Laurence Duquenoy (Étoile Oignies 8-8-99).
semi-marathon	1 h 6′43″	Masako Chiba (Japon 19-1-97) [2].				
Marathon	2 h 20′43″	Tegla Loroupe (Kenya 26-9-99) [2].	2 h 21′06″	Ingrid Kristiansen (Norvège 21-4-85) [2].	2 h 29′4″	Rebelo (21-4-91) [2].
100 m haies	12″21	Yordanka Donkova (Bulgarie 20-8-88).	12″21	Yordanka Donkova (Bulgarie 20-8-88).	12″56	Monique Éwanjé-Épée (US Créteil 29-6-90).
400 m haies	52″61	Kim Batten (USA 11-8-95).	52″74	Sally Gunnell (G.-B. 19-8-93).	53″21	Marie-José Pérec (Stade fr. 16-8-95).
4 × 100 m	41″37	Éq. nat. d'All. dém. (6-10-85) Gladisch, Auerswald, Reiger, Göhr.	41″37	Éq. nat. d'All. dém. (6-10-85) Gladisch, Auerswald, Reiger, Göhr.	42″06	Éq. nat. (29-8-99) Girard, Hurtis, Benth, Arron.
4 × 200 m	1′27″46	Éq. nat. USA (29-4-2000) Jenkins, Colander-Richardson, Perry, Jones.	1′28″15	Éq. nat. d'All. dém. (9-8-80) Göhr, Müller, Wöckel, Koch.	1′32″17	Sél. nat. (9-7-82) Bily, Gaschet, Réga, Naigre.
4 × 400 m	3′15″17	Éq. nat. d'URSS (1-10-88) Ledovskaïa, Nazarova, Piniguina, Bryzguina.	3′15″17	Éq. nat. d' URSS (1-10-88) Ledovskaïa, Nazarova, Piniguina, Bryzguina.	3′22″34	Éq. nat. (14-8-94) Landre, Dorsile, Elien, Pérec.
4 × 800 m	7′50″17	Éq. nat. d'URSS (5-8-84) Olizarenko, Gurina, Borisova, Podyalovskaya.	7′50″17	Éq. nat. d'URSS (5-8-84) Olizarenko, Gurina, Borisova, Podyalovskaya.	8′22″	Sélect. nat. (31-5-75) Jouvhomme, Rooms, Thomas, Dubois.
5 000 m marche	20′13″26	Kerry Saxby-Junna (Australie 25-2-96).	20′21″69	Annarita Sidoti (Italie 1-7-95).	22′8″50	Fatiha Ouali (Roubaix Ath. 5-6-98).
10 000 m marche	41′56″23	Nadezhda Ryashkina (URSS 24-7-90).	41″56′23	Nadezhda Ryashkina (URSS 24-7-90).	44′58″60	Fatiha Ouali (22-4-01).
20 000 m marche	1 h 29′36″4	Susana Feitor (Portugal 21-7-01).	1 h 29′36″4	Susana Feitor (Portugal 21-7-01).	1 h 39′34″9	Valérie Nadaud-Levêque (JS Angoulême 29-9-96).
Hauteur	2,09 m	Stefka Kostadinova (Bulgarie 30-8-87).	2,09 m	Stefka Kostadinova (Bulgarie 30-8-87).	1,96 m	Maryse Éwanjé-Épée-Maury (MUC 21-7-85).
Perche	4,81 m	Stacey Dragila (USA 9-6-01).	4,70 m	Svetlana Feofanova (Russie 14-7-01).	4,35 m	Marie Poissonnier (Stade Clermontois 7-5-2000).
Longueur	7,52 m	Galina Christiakova (URSS 11-6-88).	7,52 m	Galina Christiakova (URSS 11-6-88).	7,01 m	Eunice Barber (EFS Reims A 21-7-99).
Triple saut	15,50 m	Inessa Kravets (Ukraine 10-8-95).	15,50 m	Inessa Kravets (Ukraine 10-8-95).	14,50 m	Betty Lise (AC Paris Joinville 2-8-97).
Poids	22,63 m	Natalia Lissovskaia (URSS 7-6-87).	22,63 m	Natalia Lissovskaia (URSS 7-6-87).	18,69 m	Laurence Manfredi (US Gap 19-2-2000).
Disque	76,80 m	Gabriela Reinsch (All. dém. 9-7-88).	76,80 m	Gabriela Reinsch (All. dém. 9-7-88).	63,19 m	Mélina Robert-Michon (CS Bourgoin-Jallieu 28-6-2000).
Marteau	76,07 m	Michaela Melinte (Roumanie 29-8-99)	76,07 m	Michaela Melinte (Roumanie 29-8-99).	71,18 m	Manuela Montebrun (Laval 2-9-2000).
Javelot	71,54 m	Osleidys Menendez (Cuba) 1-7-01) [3].	69,48 m	Trine Hattestadt (Norvège 28-7-2000) [3].	62,16 m	Nadine Auzeil (Grenoble UC 27-6-2000) [3].
Heptathlon	7 291 pts	Jackie Joyner-Kersee (USA 88).	7 007 pts	Larissa Nikitina (URSS 10/11-6-89).	6 861 pts	Eunice Barber (EFS Reims 21/22-8-99).
Décathlon	7 731 pts	Marie Collonvillé (France 10-9-2000) [2].	7 731 pts	Marie Collonvillé (France 10-9-2000) [2].	7 731 pts	Marie Collonvillé (France 10-9-2000) [2].

Nota. – (1) Épreuve supprimée. (2) Meilleure performance. (3) Nouvelle norme.

PRINCIPALES ÉPREUVES D'ATHLÉTISME

Légende. – (a) Amérique. (b) Europe. (c) Afrique. (d) Océanie. (e) Asie. (1) USA. (2) ex-URSS. (2 a) CEI. (3) France. (4) G.-B. (5) P.-Bas. (6) All. féd. (7) All. dém. (8) Pologne. (9) Suède. (10) Suisse. (11) Italie. (12) Hongrie. (13) ex-Yougoslavie. (14) Finlande. (15) Tchécoslovaquie. (16) Belgique. (17) Bulgarie. (18) Danemark. (19) Espagne. (20) Roumanie. (21) Autriche. (22) Grèce. (23) Portugal. (24) Jamaïque. (25) Brésil. (26) Maroc. (27) Irlande. (28) Australie. (29) Éthiopie. (30) Chine. (31) Nigéria. (32) Cuba. (33) Mexique. (34) Canada. (35) Norvège. (36) Kenya. (37) Somalie. (38) Djibouti. (39) Namibie. (40) Algérie. (41) Allemagne réunifiée. (42) Zambie. (43) Mozambique. (44) Ukraine. (45) Russie. (46) Biélorussie. (47) Slovénie. (48) Trinité. (49) Tadjikistan. (50) Kazakhstan. (51) Estonie. (52) Équateur. (53) Nlle Zélande. (54) Bahamas. (55) Syrie. (56) Sri-Lanka. (57) Israël. (58) Tunisie. (59) Luxembourg. (60) Japon. (61) Tanzanie. (62) Afr. du Sud. (63) Rép. tchèque. (64) Slovaquie.

Outre les épreuves citées ci-dessous, il faut énumérer les Jeux Olympiques modernes (créés 1896, voir p. 1467), les Jeux de la Francophonie (créés 1989, voir p. 936 c), les Goodwill Games (créés 1980), les Jeux de l'Empire britannique et du Commonwealth (1930), les Jeux panaméricains (1951), les Jeux asiatiques (1951), les Jeux africains (1965, irréguliers), les Jeux de l'Amér. centrale et des Caraïbes (1926), les Jeux des îles de l'océan Indien (1979), les Jeux méditerranéens (1951, voir p. 1480 c), Macchabiades (Israël), les Jeux universitaires (1923), les Ch. d'Amér. du Sud (1919, irréguliers), les Ch. nordiques et Jeux balkaniques, les Ch. militaires internationaux annuels, Spartakiades (1955). La plupart ont lieu tous les 4 ans.

■ CHAMPIONNATS DU MONDE EN PLEIN AIR

■ **Lieux. Depuis 1991**, *tous les 2 ans.* **1er** *1983* Helsinki. **2e** *1987* Rome. **3e** *1991* Tokyo. **4e** *1993* Stuttgart. **5e** *1995* Göteborg. **6e** *1997* Athènes. **7e** *1999* Séville.

■ **Messieurs. 100 m. 1983** C. Lewis [1] 10″07. **87** Lewis [1] 9″93. **91** Lewis [1] 9″86. **93** Christie [4] 9″87. **95** Bailey [34] 9″97. **97** Greene [1] 9″86. **99** *1* Greene [1] 9″80. *2* Surin [34] 9″84. *3* Chambers [4] 9″97. **200 m. 1983** C. Smith [1] 20″14. **87** Smith [1] 20″16. **91** Johnson [1] 20″01. **93** Fredericks [39] 19″85. **95** Johnson [1] 19″79. **97** Boldon [48] 20″04. **99** *1* Greene [1] 19″90. *2* C. Da Silva [25] 20″. *3* Obikwelu [31] 20″11. **400 m. 1983** B. Cameron [24] 45″05. **87** Schoenlebe [7] 44″33. **91** Pettigrew [1] 44″57. **93** Johnson [1] 43″65. **95** Johnson [1] 43″39. **97** Johnson [1] 44″12. **99** *1* Johnson [1] 43″18. *2* Parrela [25] 44″29. *3* Cardenas [33] 44″31. **800 m. 1983** Wulbeck [6] 1′43″65. **87** Konchellah [36] 1′43″06. **91** Konchellah [35] 1′43″99. **93** Ruto [36] 1′44″71. **95** Kipketer [18] 1′45″08. **97** Kipketer [18] 1′43″38. **99** *1* Kipketer [18] 1′43″30. *2* Sepeng [62] 1′43″32. *3* Saïd-Guerni [40] 1′44″18. **1 500 m. 1983** S. Cram [4] 3′41″59. **87** Bile [37] 3′36″80. **91** Morceli [41] 3′32″84. **93** Morceli [41] 3′34″24. **95** Morceli [40] 3′33″73. **97** El Guerrouj [26] 3′35″83. **99** *1* El Guerrouj [26] 3′27″65. *2* Ngeny [36] 3′28″73. *3* Estevez [19] 3′30″57. **5 000 m. 1983** E. Coghlan [27] 13′28″53. **87** Aouita [26] 13′26″44. **91** Ondieki [36] 13′14″45. **93** Kirui [36] 13′02″75. **95** Kirui [36] 13′16″77. **97** Komen [36] 13′7″38. **99** *1* Hissou [26] 12′58″13. *2* B. Limo [36] 12′58″72. *3* Mouhrit [16] 12′58″80. **10 000 m. 1983** A. Cova [11] 28′01″04. **87** Kipkoech [36] 27′38″63. **91** Tanui [36] 27′38″74. **93** Gébrésélassié [29] 27′46″02. **95** Gébrésélassié [29] 27′12″95. **97** Gébrésélassié [29] 27′24″58. **99** *1* Gébrésélassié [29] 27′57″27. *2* Tergat [36] 27′58″56. *3* Mezgebu [29] 27′59″15.

3 000 m steeple. 1983 P. Ilg [6] 8′15″06. **87** Panetta [11] 8′8″57. **91** Kiptanui [36] 8′12″59. **93** Kiptanui [36] 8′06″36. **95** Kiptanui [36] 8′04″16. **97** Kipketer [36] 8′5″84. **99** *1* Koskei [36] 8′11″76. *2* Boit Kepketer [36] 8′12″09. *3* Ezzine [26] 8′12″73. **110 m haies. 1983** G. Foster [1] 13″42. **87** Foster [1] 13″21. **91** Foster [1] 13″06. **93** Jackson [4] 12″91. **95** A. Johnson [1] 13″. **97** Johnson [1] 12″93. **99** *1* Jackson [4] 13″04. *2* Garcia [32] 13″07. *3* Ross [1] 13″12. **400 m haies. 1983** E. Moses [1] 47″50. **87** Moses [1] 47″ 46. **91** Matete [42] 47″64. **93** Yougn [1] 47″18. **95** Adkins [1] 47″98. **97** Diagana [3] 47″70. **99** *1* Mori [11] 47″72. *2* Diagana [3] 48″12. *3* Schelbert [10] 48″13.

Hauteur (en m). 1983 G. Avdeienko [2] 2,32. **87** Sjoeberg [9] 2,38 m. **91** Austin [1] 2,38. **93** Sotomayor [32] 2,40. **95** Kemp [54] 2,37. **97** Sotomayor [32] 2,37. **99** *1* Voronine [45] 2,37. *2* Boswell [34] 2,35. *3* Buss [41] 2,32. **Longueur (en m). 1983** C. Lewis [1] 8,55. **87** Lewis [1] 8,67. **91** Powell [1] 8,95. **93** Powell [1] 8,59. **95** Pedroso [32] 8,70. **97** Pedroso [32] 8,42. **99** *1* Pedrosso [32] 8,56. *2* Lamela [19] 8,40. *3* Cankar [47] 8,36. **Perche (en m). 1983** Bubka [2] 5,70. **87** Bubka [2] 5,85. **91** Bubka [2] 5,95. **93** Bubka [2] 6. **95** Bubka [44] 5,92. **97** Bubka [44] 6,01. **99** *1* Tarasov [45] 6,02. *2* Markov [28] 5,90. *3* Averbukh [53] 5,80. **Triple saut (en m). 1983** Z. Hoffman [8] 17,42. **87** Markov [17] 17,92. **91** Harrison [1] 17,78. **93** Conley [1] 17,86. **95** Edwards [4] 18,29. **97** Quesada [32] 17,85. **99** *1* Friedek [41] 17,59. *2* Dimitrov [17] 17,49. *3* Edwards [4] 17,48. **Poids (en m). 1983** E. Sarul [8] 21,39. **87** Günthor [10] 22,23. **91** Günthor [10] 21,67. **93** Günthor [10] 21,97. **95** Godina [1] 21,47. **97** Godina [1] 21,44. **99** *1* Hunter [1] 21,79. *2* Buder [41] 21,42. *3* Bagach [44] 21,26. **Disque (en m). 1983** I. Bugar [15] 67,72. **87** Schult [7] 68,74. **91** Riedel [41] 66,20. **93** Riedel [41] 67,72. **95** Riedel [41] 68,76. **97** Riedel [41] 68,54. **99** *1* Washington [1] 69,08. *2* Schult [41] 68,18. *3* Riedel [41] 68,09. **Marteau (en m). 1983** S. Litvinov [2] 82,68. **87** Litvinov [2] 83,06. **91** Sedykh [2] 81,70. **93** Abduvaliev [2] 81,64. **95** Abduvaliev [49] 81,56. **97** Weis [41] 81,78. **99** *1* Kobs [41] 80,24. *2* Nemeth [12] 79,05. *3* Piskunov [44] 79,03 .**Javelot (en m). 1983** D. Michel [7] 89,48. **87** Raty [14] 83,54. **91** Kinnunen [14] 90,82. **93** Zelezny [15] 85,98. **95** Zelezny [63] 89,58. **97** Corbett [62] 88,40. **99** *1* Parviainen [14] 89,52. *2* Gatsioudis [22] 89,18. *3* Zelezny [63] 87,67. **Décathlon (en pts). 1983** D. Thompson [4] 8 666. **87** Voss [7] 8 680. **91** O'Brien [1] 8 812. **93** O'Brien [1] 8 817. **95** O'Brien [1] 8 695. **97** Dvorak [63] 8 837. **99** *1* Dvorak [63] 8 744. *2* Macey [4] 8 556. *3* Huffins [1] 8 547.

4 × 100 m. 1983 USA (E. King, W. Gault, C. Smith, C. Lewis) 37″86. **87** USA (McRae, McNeil, Glance, Lewis) 37″90. **91** USA (Cason, Burrell, Mitchell, Lewis) 37″50. **93** USA (Drummond, Cason, Mitchell, Burell) 37″48. **95** Canada (Esmie, Gilbert, Surin, Bailey) 38″31. **97** Canada (Esmie, Gilbert, Surin, Bailey) 37″86. **99** *1* USA (Drummond, Montgomery, B. Lewis, Greene) 37″59. *2* G.-B. (Gardener, Campbell, Devonish, Chambers) 37″73. *3* Nigéria (Asonze, Obikwelu, Effiong, Aliu) 37″91. **4 × 400 m. 1983** URSS (S. Lovatchev, A. Trochilo, N. Chernetsky, V. Markin) 3′00″79. **87** USA (Everett, Haley, Reynolds, McKay) 2′57″29. **91** G.-B. (Black, Reddmond, Regis, Akabusi) 2′57″53. **93** USA (Valmon, Watts, Reynolds, Johnson) 2′54″29. **95** USA (Ramsey, Mills, Reynolds, Johnson) 2′57″32. **97** USA (J. Young, Pettigrew, Jones, Washington) 2′56″47. **99** *1* USA (J. Davis, Pettigrew, Taylor, M. Johnson) 2′56″45. *2* Pologne (Czubak, Mackowiak, Bocian, Haczek) 2′58″91. *3* Jamaïque (McDonald, Haughton, McFarlane, Clarke) 2′59″34.

20 km marche. 1983 E. Canto [33] 1 h 20′49″. **87** Damilano [11] 1 h 20′45″. **91** Damilano [11] 1 h 19′37″. **93** Massana [19] 1 h 23′18″. **95** Didoni [11] 1 h 19′59″. **97** Garcia [33] 1 h 21′43″. **99** *1* Markov [45] 1 h 23′34″. *2* Perez [69] 1 h 24′19″. *3* D. Garcia [33] 1 h 24′31″. **50 km marche. 1983** R. Weigel [7] 3 h 43′08″. **87** Gauder [7] 3 h 40′53″. **91** Potashov [2] 3 h 53′09″. **93** Garcia [19] 3 h 41′41″. **95** Kononen [14] 3 h 43′42″. **97** Korzeniovsky [8] 3 h 44′46″. **99** *1* Skurygine [45] 3 h 44′23″. *2* Brugnetti [11] 3 h 47′54″. *3* Matyukhine [45] 3 h 48′18″.

■ **Dames. 100 m. 1983** M. Goehr [7] 10″97. **87** Gladisch [7] 10″90. **91** Krabbe [41] 10″99. **92** Ottey [24] 10″80. **93** Devers [1] 10″81. **95** Torrence [1] 10″85. **97** Jones [1] 10″83. **99** *1* Jones [1] 10″70. *2* Miller [1] 10″79. *3* Thanou [22] 10″84. **200 m. 1983** M. Koch [7] 22″13. **87** Gladisch [7] 21″74. **91** Krabbe [41] 22″09. **93** Ottey [24] 21″98. **95** Ottey [24] 22″12. **97** Pintusevitch [44] 22″32. **99** *1* Miller [1] 21″77. *2* McDonald [24] 22″22. *3* Frazer [24] et Philipp [41] 22″26. **400 m. 1983** J. Kratochvilova [15] 47″99. **87** Bryzgina [2] 49″38. **91** Pérec [3] 49″13. **93** Miles [1] 49″82. **95** Pérec [3] 49″28. **97** Freeman [28] 49″77. **99** *1* C. Freeman [28] 49″67. *2* Rücker [41] 49″74. *3* Graham [24] 49″92. **800 m. 1983** J. Kratochvilova [15] 1′54″68. **87** Wodars [7] 1′55″26. **91** Nurutdinova [2] 1′57″50. **93** Mutola [43] 1′55″43. **95** Quirot [32] 1′56″11. **97** Quirot [32] 1′57″14. **99** *1* Formanova [63] 1′56″68. *2* Mutola [43] 1′56″72. *3* Masterkova [45] 1′56″93. **1 500 m. 1983** M. Decker [1] 4′00″90. **87** Samolenko 3′58″56. **91** Boulmerka [40] 4′02″21. **93** Lin [30] 4′0″50. **95** Boulmerka [40] 4′02″42. **97** Sacramento [23] 4′4″24. **99** *1* Masterkova [45] 3′59″53. *2* Jacobs [1] 4′0″35. *3* Dulecha [29] 4′0″96. **3 000 m** (remplacé par le 5 000 m en 1995). **1983** M. Decker [1] 8′34″62. **87** Samolenko [2] 8′38″73. **91** Dorovskikh [2] 8′35″82. **93** Yuntia [30] 8′28″71. **5 000 m. 1995** O'Sullivan [27] 14′46″47. **97** Szabo [20] 14′57″68. **99** *1* Szabo [20]. *2* Ouaziz [26] 14′43″15. *3* Worku [29] 14′44″22. **10 000 m. 1987** Kristiansen [35] 31′5″85. **91** McColgan [4] 31′14″31. **93** Juntia [30] 30′49″30. **95** Ribeiro [23] 31′04″99. **97** Barsosio [36] 31′32″92. **99** *1* Wami [24] 30′24″56. *2* Radcliffe [4] 30′27″13. *3* Lorupe [36] 30′32″03.

100 m haies. 1983 B. Jahn [7] 12″35. **87** Zagorcheva [17] 12″34. **91** Narochilenko [2] 12″59. **93** Devers [1] 12″46. **95** Devers [1] 12″68. **97** Engquist [9] 2″50. **99** *1* Devers [1] 12″37. *2* Alozie [31] 12″44. *3* Engquist [9] 12″47. **400 m haies. 1983** E. Fessenko [2] 54″14. **87** Busch [7] 53″62. **91** Ledovskaya [2] 53″11. **93** Gunnell [4] 52″74. **95** Batten [1] 52″61. **97** Bidouane [26] 52″97. **99** *1* Pernia [32] 52″89. *2* Bidouane [26]. *3* Hemmings [24] 53″16.

Hauteur (en m). 1983 T. Bykova [2] 2,01. **87** Kostadinova [17] 2,09. **91** Henkel [41] 2,05. **93** Quintero [32] 1,99. **95** Kostadinova [17] 2,01. **97** Haugland [35] 1,96. **99** *1* Babakova [44] 1,99. *2* Yelesina [45] 1,99. *3* Lapina [45] 1,99. **Perche (en m). 1999** *1* Dragila [1] 4,6. *2* Balakhonova [44] 4,55. *3* Grigorieva [28] 4,45. **Longueur (en m). 1983** H. Daute [7] 7,27. **87** Joyner-Kersee [1] 7,36. **91** Joyner-Kersee [1] 7,32. **93** Dreschler [41] 7,11. **95** May [11] 6,98. **97** Galkina [45] 7,05. **99** *1* Montalvo [19] 7,06. *2* May [11] 6,94. *3* Jones [1] 6,83. **Triple saut (en m). 1995** Kravets [44] 15,50. **97** Kasparkova [63] 15,20. **99** *1* Tsiamita [22] 14,88. *2* Aldama [32] 14,61. *3* Vasdeki [22] 14,61. **Poids (en m). 1983** H. Fibingerova [15] 21,05. **87** Lissovskaia [2] 21,24. **91** Huang [30] 20,83. **93** Zhihung [30] 20,57. **95** Kumbernuss [41] 21,22. **97** Kumbernuss [41] 20,71. **99** *1* Kumbernuss [41] 19,85. *2* Kleinert [41] 19,61. *3* Krivelyova [41] 19,43. **Disque (en m). 1983** M. Opitz [7] 68,94. **87** Hellmann [7] 71,62. **91** Khristova [17] 71,02. **93** Burova [2] 67,40. **95** Zvereva [46] 68,44. **97** Faumuina [57] 66,82. **99** *1* Dietzsch [41] 68,14. *2* Kelesidov [22] 66,05. *3* Grasu [20] 65,35. **Javelot (en m). 1983** T. Lillak [14] 70,82. **87** Whitbread [4] 76,64. **91** Xu [30] 68,78. **93** Hattestad [35] 69,18. **95** Shikolenko [46] 67,56. **97** Hattestad [35] 68,78. **99** *1* Manjani-Tzelili [22] 67,09. *2* T. Shikolenko [45] 66,37. *3* Solberg-Hattestad [35] 66,06. **Marteau (en m). 1999** *1* Melinte [20] 75,20. *2* Kuzenkova [45] 72,56. *3* Misipeka 66,06. **Heptathlon (en pts). 1983** R. Neubert [7] 6 714. **87** Joyner [1] 7 128. **91** Braun [41] 6 672. **93** Joyner-Kersee [1] 6 837. **95** Shouaa [55] 6 651. **97** Braun [41] 6 739. **99** *1* Barber [3] 6 861. *2* Lewis [4] 6 724. *3* Shouaa [55] 6 500.

4 × 100 m. 1983 All. dém. (S. Gladisch, M. Koch, I. Auesswald, M. Göhr) 41″76. **87** USA (Brown, Williams, Griffith, Marshall) 41″58. **91** Jamaïque (Duhaney, Cuthbert, McDonald, Ottey) 41″94. **93** Russie (Bogoslovskaïa, Malchugina, Voronova, Privalova) 41″49. **95** USA (Mondie-Milnes, Guidry, Gaines, Torrence) 42″12. **97** USA (Gaines, Jones, Miller, Devers) 41″47. **99** *1* Bahamas (Fynes, Sturrup, Davis-Thompson, Ferguson) 41″92. *2* France (Girard, Hurtis, Benth, Arron) 42″06. *3* Jamaïque (Bailey, Frazer, McDonald, Dowdie) 42″15. **4 × 400 m. 1983** All. dém. (Walther, Busch, Koch, Rubsam) 3′19″*73.* **87** All. dém. (Neubauer, Emmelmann, Mueller, Busch) 3′18″63. **91** URSS (Ledovskaya, Dzhigalova, Nazarova, Bryzguina) 3′18″43. **93** USA (Torrence, Malone, Kaiser-Brown, Miler) 3′16″71. **95** USA (Graham, Stevens, Jones, Miles) 3′22″39. **97** All. (Feller, Rohlander, Rucker, Breuer) 3′20″92. **99** *1* Russie (Chebykina, Goncharenko, Kotlyarova, Nazarova) 3′21″98. *2* USA (Reid, Malone-Wallace, Collins, Miles-Clark) 3′22″09. *3* All. (Feller, Rohländer, Rücker, Breuer) 3′22″43.

10 km marche. 1987 Strakhova [2] 44′12″04. **91** Ivanova [2] 42″57. **93** Essayah [14] 42″59. **95** Stankina [45] 42′13″. **97** Sidoti [11] 42′55″49. **20 km marche. 1999** *1* Liu Hongyu [30] 1 h 30′50″. *2* Wang Yan [30] 1 h 30′52″. *3* Saxby-Junna [28] 1 h 31′18″.

■ COUPE DU MONDE

Créée 1977, *tous les 2 ans jusqu'en 1981 ; tous les 4 ans ensuite.* **Équipes :** USA, 2 premiers pays de la Coupe d'Europe des Nations, Amériques, Afrique, Asie, Océanie et « reste de l'Europe ».

■ **Messieurs. 1977** All. dém. 127 pts. **79** USA 119. **81** Europe 147. **85** USA 123. **89** USA 133. **92** Afrique 115. **94** Afrique 116. **98** Afrique 110. **Dames. 1977** Europe 109. **79** All. dém. 105. **81** All. dém. 120,5. **85** All. dém. 121. **89** All. dém. 124. **92** CEI 102. **94** Europe 111. **98** USA 96.

BARÈME DE COTATION DES ÉPREUVES SPORTIVES DES CONCOURS D'ENTRÉE AUX GRANDES ÉCOLES MILITAIRES POUR LES GARÇONS ET, EN ITALIQUE, POUR LES FILLES [1]

NOTE	*80 m*	100 m	*600 m*	1 000 m	Saut en hauteur (en m)		Lancer de poids (en m)		Grimper		Natation [2]	
									6 m	*5 m*		
20	*10″7*	11″6	*1′47″*	2′45″9	1,73	*1,40*	14,56	*9,96*	5″4	*5″4*	31″3	*40″4*
19	*10″9*	11″8	*1′49″2*	2′49″3	1,69	*1,36*	13,73	*9,39*	5″8	*5″8*	32″3	*41″7*
18	*11″1*	12″	*1′51″5*	2′52″9	1,64	*1,33*	12,95	*8,86*	6″2	*6″2*	33″4	*43″1*
17	*11″2*	12″2	*1′53″7*	2′56″6	1,60	*1,30*	12,21	*8,35*	6″6	*6″7*	34″4	*44″5*
16	*11″4*	12″4	*1′56″*	3′00″2	1,56	*1,26*	11,51	*7,88*	7″1	*7″2*	35″6	*45″9*
15	*11″6*	12″6	*1′58″3*	3′04″	1,52	*1,23*	10,86	*7,43*	7″7	*7″7*	36″7	*47″4*
14	*11″8*	12″8	*2′00″8*	3′07″9	1,48	*1,20*	10,24	*7,00*	8″2	*8″3*	37″9	*49″*
13	*12″*	13″	*2′03″3*	3′11″9	1,44	*1,17*	9,65	*6,60*	8″8	*8″9*	39″1	*50″5*
12	*12″2*	13″3	*2′05″8*	3′16″	1,40	*1,13*	9,10	*6,23*	9″5	*9″6*	40″4	*52″2*
11	*12″4*	13″5	*2′08″4*	3′20″1	1,36	*1,11*	8,58	*5,87*	10″2	*10″3*	41″7	*53″8*
10	*12″6*	13″7	*2′11″*	3′24″4	1,33	*1,08*	8,09	*5,54*	11″	*11″1*	43″1	*55″6*
9	*12″8*	13″9	*2′13″8*	3′28″8	1,30	*1,05*	7,63	*5,22*	11″8	*12″*	44″5	*57″4*
8	*13″*	14″2	*2′16″4*	3′33″2	1,26	*1,02*	7,20	*4,92*	12″7	*12″9*	45″9	*59″2*
7	*13″3*	14″4	*2′19″2*	3′37″8	1,23	*0,99*	6,79	*4,64*	13″6	*13″9*	47″4	*1′01″1*
6	*13″5*	14″7	*2′22″1*	3′42″6	1,20	*0,97*	6,40	*4,38*	14″6	*14″9*	49″	*1′03″1*
5	*13″7*	14″9	*2′25″1*	3′47″3	1,17	*0,94*	6,03	*4,13*	15″7	*16″1*	50″5	*1′05″1*
4	*13″9*	15″2	*2′28″1*	3′52″1	1,13	*0,92*	5,69	*3,89*	16″8	*17″3*	52″2	*1′07″2*
3	*14″2*	15″4	*2′31″2*	3′57″1	1,11	*0,90*	5,37	*3,69*	6 m	*18″6*	53″8	*1′09″4*
2	*14″4*	15″7	*2′34″3*	4′02″3	1,08	*0,88*	5,06	*3,46*	5,5 m	*5 m*	55″6	*1′11″6*
1	*14″7*	16″	*2′37″5*	4′07″5	1,05	*0,86*	4,77	*3,26*	5 m	*4,5 m*	57″4	*1′13″9*

Nota. – (1) En cas de performance intermédiaire, arrondir systématiquement au nombre entier correspondant à la performance immédiatement inférieure et cotée sur la table des barèmes. (2) 50 m nage libre.

Coupe d'Europe des nations

Créée 1965, *annuelle depuis 1993.*

■ **Messieurs.** 1965, 67 URSS. 70 All. dém. 73 URSS. 75, 77, 79, 81, 83 All. dém. 85, 87 URSS. 89 G.-B. 91 URSS. 93 Russie. 94, 95, 96 All. 97, 98 G.-B. 99 All. 2000 G.-B. 01 Pologne.

■ **Dames.** 1965, 67 URSS. 70, 73, 75, 77, 79, 81, 83 All. dém. 85 URSS. 87, 89 All. dém. 91 All. 93 Russie. 94 All. 95 Russie. 96 All. 97, 98, 99, 2000, 01 Russie.

Championnats d'Europe en plein air

Créés 1932. *Tous les 4 ans depuis 1982.* 1res épreuves en 1934. Alternent avec les JO. Placés les années impaires, lors de la création de la Coupe d'Europe.

■ **Messieurs. 100 m.** 1982 Emmelmann [7] 10″21. 86 Christie [4] 10″15. 90 Christie [4] 10″. 94 Christie [4] 10″14. 98 Campbell[4] 10″04. **200 m.** 1982 Prenzler [7] 20″46. 86 Krylov [2] 20″52. 90 Regis [4] 20″11. 94 Moen [35] 20″30. 98 Walker[4] 20″53. **400 m.** 1982 Weber [6] 44″72. 86 Black [4] 44″59. 90 Black [4] 45″08. 94 Ladejo [4] 45″09. 98 Thomas [4] 44″52. **800 m.** 1982 Ferner [6] 1′46″33. 86 Coe [4] 1′44″50. 90 McKean [4] 1′44″76. 94 Benvenuti [11] 1′46″12. 98 Schumann[41] 1′44″89. **1 500 m.** 1982 Cram [4] 3′36″49. 86 Cram [4] 3′41″09. 90 Herold [7] 3′28″25. 94 Cacho [19] 3′35″27. 98 Estevez[19] 3′41″31. **5 000 m.** 1982 Wessinghage [6] 13′28″90. 86 Buckner [4] 13′10″15. 90 Antibo [11] 13′22″. 94 Baumann [41] 13′36″93. 99 Viciosa [19] 13′37″46. **10 000 m.** 1982 Cova [11] 27′41″03. 86 Mei [11] 27′56″79. 90 Antibo [11] 27′41″27. 94 Anton [19] 28′6″03. 98 Pinto [23] 27′48″62.

110 m haies. 1982 Munkelt [7] 13″41. 86 Caristan [3] 13″20. 90 Jackson [4] 13″18. 94 Jackson [4] 13″08. 98 Jackson[4] 13″02. **400 m haies.** 1982 Schmidt [6] 47″48. 86 Schmid [6] 48″65. 90 Akabusi [4] 47″92. 94 Tverdokhleb [44] 48″06. 98 Januszewsk [8] 48″17. **3 000 m steeple.** 1982 Ilg [6] 8′18″52. 86 Meltzer [7] 8′16″65. 90 Panetta [11] 8′12″66. 94 Lambruschini [11] 8′22″40. 98 Kallabis [41] 8′13″10. **4 × 100 m.** 1982 URSS 38″60. 86 U.R.S.S. 38″29. 90 France 37″79. 94 France 38″57. 98 G.-B. 38″52. **4 × 400 m.** 1982 All. féd. 3′00″51. 86 G.-B. 2′59″84. 90 G.-B. 2′58″22. 94 G.-B. 2′59″13. 98 G.-B. 2′58″68.

Hauteur (en m). 1982 Mögenburg [6] 2,30. 86 Paklin [2] 2,34. 90 Topic [13] 2,34. 94 Hoen [35] 2,35. 98 Partyka [8] 2,34. **Perche (en m).** 1982 Krupsky [2] 5,60. 86 Bubka [2] 5,85. 90 Gatauline [2] 5,85. 94 Gatauline [45] 6. 98 Tarasov [45] 5,81. **Longueur (en m).** 1982 Dombrowski [7] 8,41. 86 Emmian [2] 8,41. 90 Haaf [6] 8,25. 94 Mladenov [17] 8,09. 98 Sosunov [45] 8,28. **Triple saut (en m).** 1982 Connor [4] 17,29. 86 Markov [17] 17,66. 90 Voloshine [2] 17,74. 94 Kapustine [45] 17,62. 98 Edwards [4] 17,99. **Poids (en m).** 1982 Beyer [7] 21,50. 86 Guenthoer [10] 22,82. 90 Timmermann [7] 21,32. 94 Klimenko [44] 20,78. 98 Bagach [44] 21,17. **Disque (en m).** 1982 Bugar [15] 66,64. 86 Ubartas [2] 67,08. 90 Schult [7] 64,58. 94 Dubrovshchik [46] 64,78. 98 Riedel [41] 67,07. **Javelot (en m).** 1982 Hohn [7] 91,34. 86 Tafelmeier [6] 84,76. 90 Backley [4] 87,30. 94 Backley [4] 85,20. 98 Backley [4] 89,72. **Marteau (en m).** 1982 Sedykh [2] 81,66. 86 Sedykh [2] 86,74. 90 Astapkovich [2] 84,14. 94 Sidorenko [46] 81,10. 98 Geksek [12] 82,87.

20 km marche. 1982 Marin [19] 1 h 23′43″. 86 Pribilinec [15] 1 h 21′15″. 90 Blazek [15] 1 h 22′05″. 94 Schennikov [45] 1 h 18′45″. 98 Markov [45] 1 h 21′10″. **50 km marche.** 1982 Salonen [14] 3 h 55′29″. 86 Gauder [7] 3 h 40′55″. 90 Perlov [2] 3 h 54′36″. 94 Spitsyne [45] 3 h 41′07″. 98 Korzeniowski [8] 3 h 43′51″.

Décathlon (en pts). 1982 Thompson [4] 8 743. 86 Thompson [4] 8 811. 90 Plaziat [3] 8 574. 94 Blondel [3] 8 453. 98 Nool [70] 8 667.

■ **Dames.** *Créés* 1938. *Tous les 4 ans depuis 1974.* **100 m.** 1982 Göhr [7] 11″1. 86 Goehr [7] 10″91. 90 Krabbe [7] 10″89. 94 Privalova [45] 11″02. 98 Arron [3] 10″73. **200 m.** 1982 Woeckel [7] 22″04. 86 Dreschler [7] 21″71. 90 Krabbe [7] 21″45. 94 Privalova [45] 22″32. 98 Privalova [45] 22″62. **400 m.** 1982 Koch [7] 48″15. 86 Koch [7] 48″22. 90 Breuer [7] 49″50. 94 Pérec [3] 50″33. 98 Breuer [41] 49″93. **800 m.** 1982 Mineieva [2] 1′55″41. 86 Olizarenko [2] 1′57″15. 90 Wodars [7] 1′55″87. 94 Gurina [45] 1′58″55. 98 Afanasyeva [45] 1′58″50. **1 500 m.** 1982 Dvirna [2] 3′57″8. 86 Agletdinova [2] 4′01″19. 90 Pajkic [13] 4′08″12. 94 Rogachova [45] 4′18″93. 98 Masterkova [45] 4′11″91. **3 000 m.** 1982 Ulmasova [2] 8′30″28. 86 Bondarenko [2] 8′33″99. 90 Murray [4] 8′43″06. 94 O'Sullivan [27] 8′31″84. **5 000 m.** 1998 O'Sullivan [27] 15′6″50. **10 000 m.** 1986 Kristiansen [35] 30′23″25. 90 Romanova [2] 31′46″83. 94 Ribeiro [23] 31′08″75. 98 O'Sullivan [27] 31′29″33.

100 m haies. 1982 Kalek [8] 12″45. 86 Donkova [17] 12″38. 90 Éwanjé-Épée [3] 12″79. 94 Dimitrova [17] 12″72. 98 Dimitrova [17] 12″56. **400 m haies.** 1982 Skoglund [9] 54″58. 86 Stepanova [2] 53″32. 90 Ledovskaya [2] 53″62. 94 Gunnell [4] 53″33. 98 Tirlea [20] 53″37.

Hauteur (en m). 1982 Meyfarth [6] 1,97. 86 Kostadinova [17] 2. 90 Henkel [2] 1,99. 94 Bilac [47] 2. 98 Dinescu [20] 1,97. **Perche (en m).** 1998 Balakhonova [44] 4,31. **Longueur (en m).** 1982 Ionescu [20] 6,79. 86 Drechsler [7] 7,27. 90 Drechsler [7] 7,30. 94 Drechsler [41] 7,14. 98 Drechsler [41] 7,16. **Triple saut (en m).** 1994 Biryukova [2] 14,89. 98 Vasdeki [22] 14,55. **Poids (en m).** 1982 Slupianek [7] 21,59. 86 Krieger [7] 21,10. 90 Kumbernuss [7] 20,38. 94 Pavlysh [44] 19,61. 98 Pavlysh [44] 21,69. **Disque (en m).** 1982 Khristova [17] 68,34. 86 Sachse [7] 71,36. 90 Wyludda [7] 68,46. 94 Wyludda [41] 68,72. 98 Dietzsch [41] 67,49. **Javelot (en m).** 1982 Verouli [22] 70,02. 86 Whitbread [4] 76,32. 90 Alfrantti[14] 67,68. 94 Hattestad [35] 68. 98 Damaske [41] 69,10. **Marteau (en m).** 1998 Melinte [20] 71,17. **Heptathlon (en pts).** 1982 Neubert [7] 6 622. 86 Behmer [7] 6 617. 90 Braun [6] 6 688. 94 Braun [41] 6 419. 98 Lewis [4] 6 559. **4 × 100 m.** 1982 All. dém. 42″19. 86 All. dém. 41″84. 90 All. dém. 41″68. 94 All. 42″90. 98 France 42″59. **4 × 400 m.** 1982 All. dém. 3′19″04. 86 All. dém. 3′16″87. 90 All. dém. 3′21″02′. 94 France 3′22″34. 98 All. 3′23″03. **10 km marche.** 1986 Diaz [19] 46′9″. 90 Sidoti [11] 44′. 94 Essayah [15] 42′37″. 98 Sidoti [11] 42″49.

Championnats de France (plein air)

☞ En France, les 1res compétitions furent organisées (gare St-Lazare, salle des Pas-Perdus) vers 1880 par les élèves des lycées Condorcet et Rollin. Les Ch. de France masculins furent créés le 29-4-1888 (les Ch. de France féminins en 1918). Les noms cités sont ceux des *champions de France* (ils ne sont pas forcément les vainqueurs des épreuves, ceux-ci pouvant être des étrangers).

■ **Messieurs. 100 m.** 1990, 91 Sangouma. 92 à 94 Trouabal. 95 O. Théophile. 96 P. Théophile. 97, 98 Cali. 99 Nthepe. 2000 Patros. 01 Krantz. **200 m.** 1990 à 95 Trouabal. 96, 97, 98 Cheval. 99 Lubin. 2000 Cheval. 01 Krantz. **400 m.** 1990, 91 Noirot. 92 à 95 Diagana. 96 Rapnouil. 97 Diagana. 98, 99 Foucan. 2000 Wade. 01 Diagana. **800 m.** 1990 Sillé. 91 Vialette. 92 Cornette. 93 Vialette. 94 Diarra. 95 Konczylo. 96 Jean-Joseph. 97 Divad. 98 Jean-Joseph. 99 Douceret. 2000 Divad. 01 Baala. **1 500 m.** 1988 à 90 Phélippeau. 91 Nunige. 92 Thiébaut. 93 Dubus. 94, 95 Benfares. 96 Damian. 97, 98, 99, 2000, 01 Maazouzi. **5 000 m.** 1990 Prianon. 91 Essaïd. 92 Martins. 93 Naaji. 94 Ezzher. 95 Naaji. 96 Ezzher. 97 Behar. 98 El-Himer. 99 Chekhemani. 2000 El-Himer. 01 R. Chekhemani. **10 000 m.** 1990 Arpin. 91 Istweire. 92 Pantel. 93 Essaïd. 94 Ezzher. 95 Zwierzchlewski. 96 Essaïd. 97 Ezzher. 98 Zeroual. 99 Serbouti. 2000 El Himer. **10 000 m sur route** (*créés* 1996). 1996 Zwierzchlewski. 97 Essaïd. 98 Zwierzchlewski. 99 Martins. 2000 El Himer. 01 Behar.

110 m haies. 1988 à 90 Tourret. 91 à 95 Philibert. 96 Clarico. 97 Thibault. 98 Clarico. 99 Grava. 2000 Denis. 01 Clarico. **400 m haies.** 1990 Diagana. 91 Moreau. 92 Caristan. 93 Niaré. 94 Mbaye. 95, 96 Coco. 97 Maran. 98 Coco. 99 Heusse. 2000 Kafka. 01 Heusse. **3 000 m steeple.** 1990, 91 Le Stum. 92 Mahmoud. 93 Brusseau. 94 Belghazi. 95, 96 Bosch. 97 Kiche. 98 Tahri. 99 Belkacem. 2000 Belabbes. 01 Denis.

Hauteur. 1990 Gicquel. 91, 92 Vincent. 93 Robilliard. 94, 95 Gicquel. 96, 97, 98 Detchenique. 99 Raifak. 2000 Opota. 01 Gabella. **Perche.** 1990 Salbert. 91, 92 Collet. 93 à 98 Galfione. 99 Andji. 2000, 01 Mesnil. **Longueur.** 1990 Rapnouil. 91 Lestage. 92 Poussin. 93 Klouchi. 94 Emmian. 95 Klouchi. 96 Bangué. 97, 98 Klouchi. 99 Bangué. 2000 Touré. 01 Klouchi. **Triple saut.** 1990 Camara. 91 Hélan. 92, 93 Camara. 94 Hélan. 95 Sainte-Rose. 96 Hélan. 97 Sainte-Rose. 98 Gabriel. 99 Romain. 2000 Gabriel. 01 Taillepierre. **Poids.** 1984 à 93 Viudès. 94 à 97 Lebon. 98, 99 Vial. 2000, 01 Niaré. **Disque.** 1988 à 90 Journoud. 91 Selle. 92, 93 Retel. 94 Selle. 95 Conjungo. 96, 97 Pons. 98, 99, 2000, 01 Retel. **Javelot.** 1987 à 95 Lefèvre. 96 Storaci. 97 Brisseault. 98 Siakinov-Schmidt. 99 Tipotio. 2000, 01 Dorique. **Marteau.** 1990 à 93 Piolanti. 94 Dupray. 95 Epalle. 96, 97 Piolanti. 98 Epalle. 99 Piolanti. 2000 Chaussinand. 01 Figère. **Décathlon.** 1987 à 90. Plaziat. 91 Motti. 92 Blondel. 93 *non attribué.* 94 Levicq. 95 Coche. 96 Boulineau. 97 Marceny. 98 Blouin. 99 Lopez. 2000, 01 Hernu. **Pentathlon.** Voir p. 1436 a.

■ **Dames. 100 m.** 1986 à 90 Bily. 91 Pérec. 92 Bily. 93 Jean-Charles. 94 Sidibe. 95 Singa. 96 Sidibe. 97, 98 Bangué. 99 Benth. 2000 Arron. 01 Bangué **200 m.** 1990 Ficher. 91 Jean-Charles. 92 Pérec. 93 Nestoret. 94 Singa. 95 Pérec. 96 Combe. 97 Arron. 98 Félix. 99 Feraez. 2000 Hurtis. 01 Dia. **400 m.** 1990 Elien. 91 Dorsile. 92 Devassoigne. 93, 94 Landre. 95 Elien. 96 Devassoigne. 97 Bevis. 98 Ficher. 99 Landre. 2000 Bevis. 01 Landre. **800 m.** 1990 Jaunin. 91 Giolitti. 92 Dorsile. 93 Bitzner. 94 Djaté. 95 Foulon. 96 Dorsile. 97 Goetze. 98 Dorsile. 99 Djaté. 2000 Valdonado. 01 Fouquet. **1 500 m.** 1990 Fates. 91 Pongérard. 92 Quentin. 93 Le Guillou. 94 Bitzner-Ducret. 95 à 98 Quentin. 99, 2000 Belkacem. 01 Savri-Baala. **3 000 m** (devient 5 000 m en 1995). 1990 Sergent. 91, 92 Duros. 93 Sergent-Palluy. 94 Fates. **5 000 m.** 1995 Murcia. 96 Fates. 97 Dahmani. 98 Bitzner-Ducret. 99, 2000, 01 Maama-Yvelain. **10 000 m.** 1990 Murcia. 91 Clouvel. 92, 93 Murcia. 94 Lévêque. 95 Prassad. 96 Dallenbach. 97 Dahmani. 98 Linsolas. 99 Dahmani. 2000 Quetier. **10 000 m sur route** (*créés* 1996). 1996 Dallenbach. 97 Dahmani. 98, 99 Yvelain. 2000 Dahmani. 01 Dallenbach.

100 m haies. 1989 à 91 M. Éwanjé-Épée. 92 Piquereau. 93 Girard. 94 Piquereau. 95 Girard. 96 Cinelu. 97 Girard. 98 Ramalalanirina. 99 Girard. 2000 Ramalalanirina. 01 Girard. **400 m haies.** 1990, 91 Cazier. 92 à 94 Nelson. 95 à 97 Renaud. 98 Delaune. 99 Birba. 2000 Abderrhamanne. 01 Morandais. **3 000 m steeple.** 2000 Rajot. 01 Duquenoy.

Hauteur. 1990 Lesage. 91, 92 Fricot. 93 Éwanjé-Épée. 94 Fricot. 95 Éwanjé-Épée. 96 Maury-Éwanjé-Épée. 97 Collonvillé. 98 Graw. 99 Finez. 2000 Niaré. 01 Finez. **Perche.** 1995 Ammel. 96 Homo. 97 Pignot. 98, 99 Homo. 2000 Ammel. 01 Boslak. **Longueur.** 1990 Aubert. 91 Leroy. 92 Missoudan. 93 Herigault. 94, 95 Caster. 96 Barber. 97 Ferga. 98 Gautreau. 99 Barber. 2000, 01 Félix. **Triple saut.** 1990 Borda. 91 Domain. 92 Borda. 93 Honoré. 94 Lise. 95 Guiyoule. 96 Honoré. 97, 98 Lise. 99 Borda. 2000 Domain. 01 Zongo. **Poids.** 1990 Maurice. 91, 92 Lefèbvre. 93 Locuty. 94 Lefèbvre. 95 à 2000 Manfredi. 01 Lissovskaïa. **Disque.** 1990 Teppe. 91, 92 Devaluez. 94 Teppe. 95 à 99 Devaluez. 2000, 01 Robert-Michon. **Javelot.** 1990, 91 Auzeil. 92, 93 Bègue. 94 à 96 Auzeil. 97 Walter. 98 Ramesh. 99 Auzeil-Schoellkopf. 2000 Ramesch. 01 Auzeil. **Marteau.** 1994 Lignot. 95 Fournier. 96 Sinoquet. 97 Lignot. 98 Montebrun. 99 Lignot. 2000 Montebrun. **Heptathlon.** 1989 à 91 Lesage. 92 Teppe. 93 *non attribué.* 94 Belpérin. 95 Collonvillé. 96 Teppe. 97 Graw. 98 Marrot. 99 C. Collonvillé. 2000 Teppe. 01 Marrot.

■ **Ekiden. Origine :** Japon. Perpétue le souvenir des messagers qui allaient de ville en ville au XVIe s. **1917** 1re course de Kyōto à Tōkyō pour fêter le transfert de la capitale. **Compétition :** peu populaire en dehors du Japon et de la Corée. **Championnat du monde :** *tous les 2 ans* de 1992 à 1998. **Championnat de France.**

Cross-country

■ **Origine.** Couru pour la 1re fois en 1877 à Roehampton (G.-B.). 1er cross-country international : France-Angleterre le 20-3-1898 à Ville-d'Avray. 1er ch. international : en Écosse le 28-3-1903. **Parcours.** 3 à 12 km en terrain varié. Pratiqué surtout l'hiver. Depuis **1998**, championnat (monde et France), 2 épreuves : 1re sur 4 km hommes et femmes, 2e sur 12 km hommes et 6 km femmes.

■ **Championnats du monde.** *Créés* 1973, faisant suite à l'« International » qui avait remplacé le « Cross des Nations » créé en 1903. **Messieurs.** 1973 Paivarinta [14]. 74 De Beck [16]. 75 Stewart [4]. 76 Lopes [23]. 77 Schots [16]. 78, 79 Treacy [27]. 80, 81 Virgin [1]. 82 Kedir [29]. 83 Debele [29]. 84, 85 Lopes [23]. 86 à 89 Ngugi [36]. 90, 91 Skah [26]. 92 Ngugi [36]. 93, 94 Sigei [36]. 95, 96, 97, 98, 99 Tergat [36]. 2000, 01 Mourhit [16]. **Par éq.** 1978 Fr. 79, 80 G.-B. 81 à 85 Éthiopie. 86 à 2001 Kenya. **Dames.** 1973, 74 Pigni [11]. 75 Brown [1]. 76, 77 Valero [19]. 78 à 81 Waitz [35]. 82 Puica [20]. 83 Waitz [35]. 84 Puica [20]. 85, 86 Budd [4]. 87 Sergent [3]. 88 Kristiansen [35]. 89 Sergent [3]. 90 à 92 Jennings [1]. 93 Dias [23]. 94 Chepngeno [36]. 95 Tulu [29]. 96 Wami [29]. 97 Tulu [29]. 98 O'Sullivan [27]. 99 Wami [29]. 2000 Tulu [29]. 01 Radcliffe [4]. **Par éq.** 1967 G.-B. 68 *pas couru.* 69 USA. 70 P.-Bas. 71 à 74 G.-B. 75 USA. 76, 77 URSS. 78 Roumanie. 79 USA. 80 à 82 URSS. 83 à 85 USA. 86 G.-B. 87 USA. 88 à 90 URSS. 91 à 93 Kenya. 94 Portugal. 95, 96 Kenya. 97 Éthiopie. 98 Kenya. 99 Éthiopie. 2000, 01 Kenya.

■ **Championnats d'Europe.** *Créés* 1994. **Messieurs.** 1994, 95 Guerra [23]. 96 Brown [4]. 97 Jorgensen [18]. 98 Lebid [44]. 99, 2000 Guerra [23]. **Par éq.** 1994 Portugal. 95 Espagne. 96, 97 Portugal. 98 Italie. 99 G.-B. 2000 France. **Dames.** 1994 McKiernan [27]. 95 Sandell [14]. 96 Wedlund [9]. 97 Llado [3]. 98 Radcliffe [4]. 99 Weyermann [10]. 2000 Szentgyorgyi [13]. **Par éq.** 1994 Roumanie. 95 Russie. 96, 97 France. 98 Portugal. 99 France. 2000 Portugal.

■ **Champions de France. Messieurs.** 1973 Tijou. 74 Rault. 75 Tijou. 76 Boxberger. 77 Tijou. 78 Coux. 79 Levisse. 80 Coux. 81 A. Gonzalez. 82 Watrice. 83 Boxberger. 84 à 86 Levisse. 87 à 89 Arpin. 90 Pantel. 91 Le Stum. 92 Rapisarda. 93 Behar. 94 Essaid. 95 Fréchard. 96 Essaid. 97 Behar. 98, 99 El-Himer. 2000 Behar. 01 El-Himer. **Dames.** 1975 à 79 De Brouwer. 80 Bouchonneau. 81 De Brouwer. 82 Lefeuvre. 83, 84 De Brouwer. 85 à 89 Sergent. 90 Fates. 91 Duros. 92 Sergent. 93 Ohier. 94 Rebelo. 95 Sergent-Palluy. 96, 97 Fates. 98, 99 Bitzner-Ducret. 2000, 01 Quétier-Maraoui.

■ **Cent kilomètres de Millau.** *Créés* 1972. **Messieurs.** 1986 à 90 Bellocq. 91 Vuilleminot 7 h 0′26″. 92 Lennartz 6 h 57′08″. 93 Laroche 6 h 58′41″. 94 Costa. 95 Roig 7 h 32′13″. 96, 97 Laroche 7 h 27′50″ ; 7 h 44′19″. 99 Deboissat 7 h 37′8″. **Dames.** 1990 Granier. 91 Jouault 8 h 38′8″. 92 Salgues 10 h 17′17″. 93 Floris 9 h 34′18″. 94 Bechon. 95, 96 Ferfoglia 10 h 24′55″ ; 9 h 54′. 97 Favre 8 h 48′32″.

■ **Cross du Figaro.** *Créé* 1961 par *Le Figaro.* Ouvert à tous les athlètes masculins et féminins, licenciés ou non. Chaque année en décembre au bois de Boulogne, à Paris. **En 2000 :** 14 871 participants.

Cross des « As ». Messieurs. 1961 à 64 Michel Jazy. 65 Guy Texereau. 66 Jean Wadoux. 67 Noël Tijou. 68 Jean Wadoux. 69 Noël Tijou. 70, 71 Jean Wadoux. 72, 73 Noël Tijou. 74 à 77 Jacky Boxberger. 78 Radhouane Bouster. 79 à 81 J. Boxberger. 82 Saïd Aouita. 83 Thierry Watrice. 84 Francis Gonzalez. 85, 86 Paul Arpin. 87 Pat Porter. 88 Mohamed Ezzher. 89, 90 Thierry Pantel. 91 Leszek Beblo [8]. 92 Simon Chemoiwyo [36]. 93 Wilson Omwoyo [36]. 94 Shem Kororia [36]. 95 Daniel Komen [36]. 96 Tom Nyariki [36]. 97 Paul Kosgei [36]. 98 Julius Kiptoo [36]. 99 Baha [61]. 2000 Rutto [36]. **Dames.** 1982, 83 Lefeuvre [3]. 84 Sergent [3]. 85 Matthys [3]. 86, 87 Duros [3]. 88 Lefeuvre-Étiemble [3]. 89 Fates [3]. 90, 91 Duros [3]. 92 Fates [3]. 93 Bitzner [3]. 94 Bondarenko [45]. 95 Lydia Cheromei [36]. 96 Elena Fidatof [20]. 97 L. Cheromei [36]. 98 Getenesh Urge [29]. 99 Cheromei [36]. 2000 Limika [36].

■ **Vingt kilomètres de Paris.** *Créés* 1979. **Messieurs.** 1990 25 000 participants, Moughit [26] 59′15″. 91 Pinto [23] 59′28″. 92 Arpin [3] et Moughit [26] 57′20″. 93 Ermili [26] 58′40″. 94 Hissou [26]. 58′20″. 95 Cheruiyot [36] 58′45″. 96 Khattabi [26]. 58′22″. 97 Gwako [36] 57′35″. 98 Ramala [62] 57′46″. 99 Castro [23] 57′54″. 2000 Komu [36] 59′35″.

Dames. **1990** Rembert [3] 1 h 10′48″. **91** Artemova [2] 1 h 9′37″. **92** Ilina [2a] 1 h 9′34″. **93** Kimayo [36] 1 h 6′37″. **94** Negura [20]. **95** Kimayo [36] 1 h 7′26″. **96** Chepchumba [36] 1 h 7′33″. **97** Pomacu [20] 1 h 7′15″. **98** Kimaiyo [36] 1 h 6′21″. **99** Berhane [29] 1 h 6′36″. **2000** Kimutai [36] 1 h 5′28″.

■ **Paris-Versailles** (16,3 km). *Créé* 1976. **Messieurs.** **1990** Béhar [26]. **91** Depret [3]. **92** Ribeiro [23] 49′23″. **93** Stevko [64] 48′34″. **94** Rousseau [16] 49′2″. **95** El Ahmadi [26] 48′33″. **96** Salah [38] 48′11″. **97** Mrikik [26] 48′8″. **98** Ramala [62] 47′43″ (record). **99** Emire [29] 48′41″. **2000** Komu [36] 48′45″. **Dames.** **1990, 91** Faÿs [3]. **92** Sabatini [11] 57′56″. **93** Ferreira [23] 54′18″. **94** Bondarenko [45] 55′46″. **95** Nagy [12] 56′38″. **96** Kazakova [3] 56′5″. **97** Subano [36] 54′38″. **98** Tecuta-Gherasim [20] 55′4″. **99** Dallenbach [3] 55′58″. **2000** Ochichi [36] 54′35″.

Marathon

■ **Origine.** Couru sur 40 km en 1896 (1ers JO, Athènes) et jusqu'aux JO de 1908 à Londres où, l'épouse d'Edouard VII souhaitant voir le départ des coureurs, celui-ci fut donné sous les fenêtres du château de Windsor ; de là jusqu'à la ligne d'arrivée dans le stade de Shepherd's Bush (rebaptisé White City), il y avait 26 miles et 385 yards soit 42,195 km, distance adoptée depuis.

■ **Marathon (42,195 km). Championnats du monde.** *Créés* 1983. **Messieurs.** **1983** De Castella [28]. **87** Wakiihuri [36]. **91** Taniguchi [60]. **93** Plaatjes [1]. **95** Fiz [19]. **97, 99** Anton [19]. **Dames.** **1983** Waitz [35]. **87** Mota [23]. **91** Panfil [8]. **93** Asari [60]. **95** Machado [23]. **97** Suzuki [60]. **99** Jong Song-Ok [71].

Coupe du monde. *Créée* 1985. *Depuis 1997* couplée avec les championnats du monde. *Tous les 2 ans.* **Messieurs. Ind.** **1985, 87** Salah [38]. **89** Metafaria [29]. **91** Tolstikov [2]. **93** Nerurkar [4]. **95** Wakiihuri [36]. **97** Anton [19]. **Par éq.** **1985** Djibouti. **87** Italie. **89** Éthiopie. **91** G.-B. **93** Éthiopie. **95** Italie. **97** Espagne. **99** Italie. **Dames. Ind.** **1985** Dorre [7]. **87** Ivanova [2]. **89** Marchiano [1]. **91** Mota [23]. **93** Wang [30]. **95** Catuna [20]. **97** Suzuki [60]. **Par éq.** **1985** Italie. **87 à 91** URSS. **93** Chine. **95** Roumanie. **97, 99** Japon.

Championnats d'Europe. *Créés* 1934. **Messieurs.** **1990** Bordin [11] 2 h 14′02″. **94** Fiz [19] 2 h 10′31″. **98** Baldini [11] 2 h 12′1″. **Dames.** **1990** Mota [23] 2 h 31′27″. **94** Machado [23] 2 h 29′54″. **98** Machado [23] 2 h 27′10″.

Coupe d'Europe. *Disputée* 1981, 83, 85, 88.

Championnats de France. *Créés* 1921. **Messieurs.** **1990, 91** Chauvelier. **92** Soares. **93** Chauvelier. **94** Remond. **95** Djama. **96** Fétizon. **97** Blanchard. **98** Istweire. **99** Bagy. **2000** Zwierzchlewski. **01** Rémond. **Dames.** **1990** Rebelo-Lelut. **91** Ohier. **92** Bornet. **93** Prasad. **94** Rebelo. **95** Dallenbach. **96** Prasad-Bernard. **97** Guillot. **98** Clouvel. **99** Quétier-Maraoui. **2000, 01** Dallenbach.

Marathon de New York. *Créé* 1976. **Messieurs.** **1992** Mtolo [62]. **93** Espinosa [33] 2 h 10′04″. **94** Silva [33] 2 h 11′21″. **95** Silva [33] 2 h 11′. **96** Leone [11] 2 h 9′54″. **97** Kagwe [36] 2 h 8′12″. **98** Kagwe [36] 2 h 8′45″. **99** Chebet [36] 2 h 9′14″. **2000** El-Mouaziz [26] 2 h 10′9″. **Dames.** **1992** Ondieki [28] 2 h 24′40″ (record). **93** Pipig [41] 2 h 26′24″. **94** Loroupe [36]. **95** Loroupe [36] 2 h 28′06″. **96** Catuna [20] 2 h 28′18″. **97** Rochat-Moser [10] 2 h 28′43″. **98** Fiacconi [11] 2 h 25′17″. **99** Fernandez [33] 2 h 25′6″. **2000** Petrova [45] 2 h 25′45″.

Marathon de Paris. *Créé* 1976. **Messieurs.** **1992** Soares [3] 2 h 10′3″. **93** Beblo [8] 2 h 10′46″. **94** Ermili [26] 2 h 10′56″. **95** Do Castro [23] 2 h 10′6″. **96** Chrisostomo [23] 2 h 12′16″. **97** J. Kemboi [36] 2 h 10′14″. **98** Kabiga [36] 2 h 9′37″. **99** Ruto [36] 2 h 8′10″ (record). **2000** Ouaadi [3] 2 h 8′49″. **01** Biwott [36] 2 h 9′40″. **Dames.** **1992** Titova [2a]. **93** Yoshida [60] 2 h 29′16″. **94** Tanigawa [60] 2 h 27′55″. **95** Nagy [12] 2 h 31′43″. **96** Tecuta [20] 2 h 29′32″. **97** Razdroguina [45] 2 h 29′10″. **98** Caroll [28] 2 h 27′6″. **99** Costea [20] 2 h 26′10″. **2000** Renders [16] 2 h 23′44″. **01** Barsosio [36] 2 h 27′53″.

■ **Semi-marathon (21,0975 km). Championnats du monde.** *Créés* 1992. **Messieurs. Ind.** **1992** Masya [36] 1 h 0′24″. **93** Rousseau [16] 1 h 1′6″. **94** Skah [26] 1 h 0′27″. **95** Tanui [36] 1 h 1′45″. **96** Baldini [11] 1 h 1′17″. **97** Kororia [36] 59′56″. **98** Koech [36] 1 h 0′1″. **99, 2000** Tergat [36] 1 h 1′50″ ; 1 h 3′47″. **Par éq.** **1992 à 95** Kenya. **96** Italie. **97** Kenya. **98, 99** Afr. du Sud. **2000** Kenya. **Dames. Ind.** **1992** McColgan [4] 1 h 8′53″. **93** Ferreira [23] 1 h 10′7″. **94** Meyer [62] 1 h 8′36″. **95** Yegorova [45] 1 h 9′58″. **96** Ren Xiujian [30]. **97** Loroupe [36] 1 h 8′14″. **98, 99** Loroupe [36] 1 h 8′29″ ; 1 h 8′48″. **2000** Radcliffe [4] 1 h 9′7″. **Par éq.** **1992** Japon. **93 à 97** Roumanie. **98, 99** Kenya. **2000** Roumanie.

Championnats de France. *Créés* 1992. **Messieurs.** **1992** Rapisarda 1 h 2′47″. **93** Léger 1 h 2′27″. **94** Fréchard 1 h 04′25″. **95** Léger 1 h 2′31″. **96** Djama 1 h 4′28″. **97** Djama 1 h 3′13″. **98** Ouaadi 1 h 3′26″. **99** Behar 1 h 2′47″. **2000** Serbouti 1 h 3′21″. **Dames.** **1992** Rebelo 1 h 12′12″. **93** Clouvel 1 h 12′3″. **94** Lévêque 1 h 12′55″. **95** Malo 1 h 12′5″. **96** Linsolas 1 h 15′23″. **97** Linsolas 1 h 15′12″. **98** Dallenbach 1 h 13′03″. **99** Yvelain 1 h 14′39″. **2000** Dallenbach 1 h 13′8″.

Semi-marathon de Paris. *Créé* 1993. **Messieurs.** **1993** Stefko [15]. **94** Er Mili [26]. **95** Kiprotich [36]. **96** Masai [36]. **98** Kipsang [36]. **99** Baha [61]. **2000** Bayo [61]. **01** Nyebuti [36]. **Dames.** **1993** Lelut [3]. **94** Loroupe [36]. **95** Barbu [20]. **96** Prasad [3]. **97** Tecuta [20]. **98** Loroupe [36]. **99** McKiernan [27]. **2000** Njeri [36]. **01** Barsosio [36].

Quelques records

Plus grande distance en 24 h. **Piste :** *homme :* 303,506 km, Yannis Kouros (Australie, 4/5-10-97) ; *femme :* 240,169 km, Eleonor Adams (G.-B., 19/20-8-89) ; *piste en sable* 248,901 km, Yelena Siderenkova (Russie, 10/11-2-96). **Route :** *homme :* 290,221 km, Yannis Kouros (Australie, 2/3-5-98) ; *femme :* 243,657 km, Sigrid Lomsky (All., 1/2-5-93). **48 h pédestres.** Piste en cendrée 301,59 m à Surgères (Ch.-Mar.) : *homme :* 473,495 km, Yannis Kouros (Australie, 3/5-5-96) ; *femme :* 377,892 km, Sue-Ellen Trapp (USA 2/4-5-97).

Traversée des USA. *Los Angeles-New York* (4 628 km), du 2-4 au 3-6 1972, 53 j 12 h 15 min par John Lees. *Transamerica* (disputée de 1992 à 1995) Ray Bell (USA) 4 750 km entre Utington Beach (Los Angeles) et New York en 486 h 41′8″ du 19-6 au 21-8-1993 ; un seul Français est arrivé au bout : Serge Debladis en 704 h 9′13″ du 20-6 au 22-8-1992. *New York-Los Angeles* (5 149 miles) Don Shephard (Afr. du Sud) 73 j 8 h 20 min soit 43 miles par jour (en 1864). Pesant 83 kg au départ, il n'en pesait plus que 66 à l'arrivée. *San Francisco-New York,* 4 989 km, Franck Gianino en 46 j 8 h 36 min du 1-9 au 17-10-1980.

Marche sans interruption. 667,46 km, Tom Benson (G.-B.) en 6 j 12 h 45′ du 29-4 au 5-5-1986.

Record des sélections (en équipe de France au 31-12-2000). *Hommes :* Mimoun 85, Beer 72, Bernard 67, Husson 65, Alard 62, Colnard 61, Battista, Delecour, Jazy 59, Lelièvre 58, Macquet et Tijou 56. *Femmes :* Bertimon 69, Créantor 65, Telliez 49, Laborie-Guénard et Picaut 47, De Brouwer 45, Éwanjé-Épée-Maury 43, Griesbach 42, Réga 41.

Marche

☞ **Jeux Olympiques** (voir p. 1473 a).

■ **Règles.** Sur parcours plat, piste (5 000 à 50 000 m), route (20 à 50 km). Il existe un 100 km et une épreuve spéciale (Paris-Colmar). *Distances :* 10, 20, 30, 50, 100 km, 1 h et 2 h. Contact permanent avec le sol ; attaque du sol jambe tendue, 3e avertissement disqualificatif.

■ **Coupe du monde.** *Créée* 1961. *Tous les 2 ans,* années impaires jusqu'en 1999 puis paires à partir de 2002. Toujours sur route. **Messieurs. 20 km.** **1991** Schennikov [2]. **93** García [33]. **95** Zewen [30]. **97** Perez [52]. **99** Segura [33]. **50 km.** **1991, 93** Mercenario [33]. **95** Yongsheng [30]. **97** Garcia [19]. **99** Korepanov [50]. **Par éq.** **1991** It. **93, 95** Mexique, **97** Russie. **99** Chine. **Dames (5 km en 1981, puis 10 km, puis 20 km en 1999).** **1991** Strakhova [2]. **93** Yan-wang [30]. **95** Hongmiao [30]. **97** Stankina [45]. **99** Liu Hongyu [30]. **Par éq.** **1987 à 91** URSS. **93** It. **95** Chine. **97** Russie. **99** Chine.

■ **Championnat de France. Messieurs. 20 km (sur piste en 1995 et 1997).** **1989 à 91** Toutain. **92** Corre. **93** Langlois. **94 à 96** Toutain. **97** Servanty. **98, 99, 2000, 01** Langlois. **50 km (toujours sur route).** **1990** Fesselier. **91** Corre. **92** Piller. **93** Toutain. **94, 95** Piller. **96, 97** Toutain. **98, 99** Langlois. **2000** Caudron. **100 km (toujours sur route).** **1989, 90** Toussaint. **91** Piller. **92, 93** Kieffer. **94** Terraz. **95, 96** Kieffer. **97** Lombart. **98** Kieffer. **99** Piller. **2000** Régy. **Par éq. (50 km, puis 40 km depuis 1995. Sur piste depuis 1996).** **1994** GA Haut-Saônois. **95** RCF. **96** GA Haut-Saônois. **97** Dijon UC. **98** GA Haut-Saônois. **Dames. 10 km (sur piste en 1995 et 1997).** **1989 à 91** Marchand. **92** Fortain. **93** Lévêque. **94** Leksir. **95** Berthonnaud. **96** Nadaud-Lévêque. **97** Berthonnaud. **98, 99** Leksir. **2000, 01** Ouali. **20 km.** **1998, 99, 2000** Leksir. **Par éq. (33 km puis 28 km depuis 1995. Sur piste depuis 1996).** **1993 à 98.** GA Haut-Saônois.

■ **Strasbourg-Paris (520 km).** *Créé* 1926, devenu **Paris-Colmar** en 1980. **1971 à 75** Josy Simon [59]. **77** Schouchens [16]. **78** Josy Simon [59]. **79** Roger Quemener [3]. **80, 81** Roger Pietquin [3]. **82** Adrien Pheulpin [3] 66 h 03′49″. **83** R. Quemener [3] 64 h 12′. **84** J.-C. Gouvenaux [3] 62 h 31′. **85** R. Quemener [3] 64 h 57′. **86** R. Quemener [3] 62 h 27′. **87** R. Quemener [3] 64 h 59′ (moy. 7,97 km/h). **88** R. Quemener [3] 66 h 17′ (moy. 7,83 km/h). **89** R. Quemener [3] 64 h 35′ (moy. 8,113 km/h). **90** Zbigniew Klapa [8] 64 h 36′ (moy. 8,088 km/h). **91** Z. Klapa [8] 64 h 51′57″ (moy. 8,05 km/h). **92** Z. Klapa [8] 62 h 38′. **93** N. Dufay [3] 62 h 18″. **94** N. Urbanowski [8] 61 h 48′ (moy. 8,422 km/h). **95** Z. Klapa [8] 60 h 13′ (moy. 8,652 km/h). **96, 97, 98** Urbanowski [8] 60 h 29′ ; 64 h 2′ ; 62 h 26′. **99** Klapa [8] 58 h 53′ (moy. 8,848 km/h, record). **2000** Rodionov [45] 69 h 18′. **01** Urbanowski [8] 65 h 38′.

Quelques athlètes

Légende. – (1) USA. (2) All. dém. (3) Fr. (4) G.-B. (5) Italie. (6) P.-Bas. (7) Ex-URSS. (8) Cuba. (9) Taïwan. (10) Australie. (11) All. féd. (12) Japon. (13) Ouganda. (14) Canada. (15) Tchéc. (16) Jamaïque. (17) Pologne. (18) Irlande. (19) Suède. (20) Maroc. (21) Tanzanie. (22) Éthiopie. (23) Kenya. (24) Brésil. (25) Algérie. (26) Tunisie. (27) Finlande. (28) Hongrie. (29) Grèce. (30) Nlle-Zélande (31) Youg. (32) Roumanie. (33) Belgique. (34) Norvège. (35) Bulgarie. (36) Chine. (37) Haïti. (38) Mexique. (39) Suisse. (40) Nigéria. (41) Portugal. (42) Djibouti. (43) Espagne. (44) All. depuis 1991. (45) Namibie. (46) Zambie. (47) Afrique du Sud.

■ Courses

☞ Date de naissance et spécialité.

ABRAHAMS Harold [4] 1899-1978 : 100 m. ; KII-BUA John [13] 1949-97 : 400 m haies. ANDRÉ Georges (dit Géo André) [3] 1889-1943 : 110 m haies, 400 m haies ; Jacqueline [3] 29-8-46 : 100 m haies. ARRON Christine [3] 13-9-73 : 100 m. ASHFORD Evelyn [1] 15-4-57 : 100 m, 200 m. ATTLESAY Dick [1] 10-5-29 : 110 m haies.

BABERS Alonzo [1] 31-10-61 : 400 m. BALLY Étienne [3] 17-4-23 : 100 m, 200 m. BALZER Karin [2] 5-6-38 : 80 et 100 m haies. BAMBUCK Roger [3] 22-11-45 : 100 m, 200 m. BEARD Percy [1] 26-1-08 : 110 m haies. BERRUTI Livio [5] 19-5-39 : 200 m. BESSON Colette [3] 7-4-46 : 400 m. BILY Laurence [3] 5-5-63 ; 60 m, sprint. BLANKERS-KOEN Fanny [6] 26-4-18 : 100 m, 200 m, 80 m haies. BORZOV Valeri [7] 20-10-49 : 100 m, 200 m. BRISCO-HOOKS Valerie [1] 6-7-60 : 200 m, 400 m. BURREL Leroy [1] 21-2-67 : 100 m. 4 × 100 m. BUSCH Sabine [2] 21-11-62 : 400 m haies.

CALHOUN Lee [1] 23-2-33 : 110 m haies. CAPDEVIELLE Catherine [3] 2-9-38 : 100 m. CARISTAN Stéphane [3] 31-5-64 : 110 m haies. CARLOS John [1] 5-6-45 : 100 m, 200 m. CARR Henry [1] 27-11-42 : 200 m ; WILLIAM Arthur [1] 19-09-66 : 400 m. CASANAS Alejandro [8] 29-1-54 : 110 m haies. CASON André [1] 13-1-69 : 4 × 100 m. CAWLEY Warren J. [1] 6-7-40 : 400 m haies. CAZIER M.-Christine [3] 23-8-63 : 200 m. CHARDEL Michel [3] 15-11-32 : 110 m haies. CHARDONNET Michèle [3] 27-10-56. CHI-CHENG [9] 15-3-44 : 200 m, 100 m haies. CHRISTIE Linford [4] 2-4-60 : 100 m, 200 m. COCHRAN Leroy B. [1] 1919-81 : 400 m haies. COOMAN Nelli [6] 6-6-64 : 60 m. CUTHBERT Betty [10] 20-4-38 : 100 m, 200 m, 80 m haies.

DAVENPORT Willie [1] 8-6-43 : 110 m haies. DAVIS Glenn [1] 12-9-34 : 400 m haies ; Harold [1] 5-1-21 : 100 m, 200 m ; Jack [1] 11-9-30 : 110 m haies ; Otis [1] 12-7-32 : 400 m. DELECOUR Jocelyn [3] 2-1-35 : 100 m. DE LOACH Joe [1] 5-6-67 : 200 m. DEMARTHON Francis [3] 8-8-50 : 400 m. DEVERS Gail [1] 19-11-66 : 100 m. DIAGANA Stéphane [3] 23-7-69 : 400 m haies. DILLARD William Harrisson [1] 8-7-23 : 110 m haies, 100 m. DONKOVA Yordanka [35] 28-9-61 : 100 m. DORSILE Viviane [3] 1-6-67 : 400 m. DRECHSLER Heike [2] 16-12-64 : 100 m, 200 m. DRUT Guy [3] 6-12-50 : 110 m haies. DUCLOS Nicole [3] 15-8-47 : 400 m. DURIEZ Marcel [3] 20-6-40 : 110 m haies.

EASTMAN Benjamin [1] 9-7-11 : 400 m. ECKERT Barbel (ép. Wöckel) [2] 21-3-55 : 100 m, 200 m. EGBUNIKE Innocent [40] 30-11-61 : 400 m. EHRHARDT Annelie [2] 18-6-50 : 100 m haies. EL GUERROUJ Hicham [20] 14-9-74 : 1 500 m. ELIEN Evelyne [3] 24-3-64 : 400 m. ELLOY Laurence [3] 3-12-59 : 100 m haies. EL MOUTAWAKI Nawal [41] 1962 : 400 m haies. EVANS Lee [1] 25-2-47 : 400 m. EVERETT Dany [1] 1-11-66 : 400 m. ÉWANJÉ-ÉPÉE-MAURY Monique [3] 11-7-67 : 100 m haies.

FIASCONARO Marcello [5] 19-7-49 : 400 m. FIGUEROLA Enrique [8] 15-7-38 : 100 m. FLOYD Stanley [1] 23-6-61 : 100 m. FOSTER Greg [1] 4-8-58 : haies. FREDERICKS Frankie [45] 2-10-67 : 100 et 200 m.

GIRARD Patricia [3] 8-4-66 : 100 m haies. GLADISCH Silke [2] 1964 : 100 et 200 m. GÖHR Marlies (né OELSNER) [2] 21-3-58 : 100 m. GREENE Charles [1] 21-3-45 : 100 m. GRIFFITH-JOYNER Florence [1] 1959-98 : 100 m, 200 m, 4 × 100 m. GUÉNARD Denise (née Laborie) [3] 13-1-34 : 80 m haies.

HARDIN Glenn F. [1] 1910-75 : 400 m haies. HARY Armin [11] 22-3-37 : 100 m. HAYES Robert (dit Bob) [1] 20-12-42 : 100 m. HEMERY David [4] 18-7-44 : 400 m haies. HILL Thomas [1] 17-11-49 : 110 m haies. HINES James R. [1] 10-9-46 : 100 m. HITOMI Kinuye [1] 1-1-08 : 100 m. HUNTY Shirley [10] 18-7-25 : 100 m, 80 m haies.

JACKSON Colin [4] 18-2-67 : 100 m haies. JENKINS David [4] 25-5-52 : 400 m. JENNINGS Lynn [1] 1-7-60 : 10 000 m. JERÔME Harry [14] 1940-83 : 100 m. JOHNSON Ben [14] 30-12-61 : 100 m ; Michael [1] 13-9-67 : 200 et 400 m. JONES Louis (Lou) [1] 15-1-32 : 400 m ; Marion [1] 12-10-75 : 100 m. JOYE Prudent [3] 1915-81 : 400 m haies. JUANTORENA Alberto [8] 3-12-51 : 400 m, 800 m.

KAUFMANN Carl [11] 25-3-36 : 400 m. KINGDOM Roger [1] 1962-97 : 100 m haies. KOCH Marita [2] 18-2-57 : 100 m, 200 m, 400 m. KRABBE Katrin [2] 22-11-69 : 100 m, 200 m. KRAENZLEIN Alvin [1] 1876-1928 : 110 m haies. KRATOCHVILOVA Jarmila [15] 26-1-51 : 200 m, 400 m, 800 m.

LARRABEE Michael [1] 2-12-33 : 400 m. LAUER Martin [11] 2-1-37 : 110 m haies. LEONARD Silvio [8] 20-9-55 : 100 m, 200 m. LEWIS Carl [1] 1-7-61 : 100 m, 200 m (9 titres olympiques, 8 titres de champion du monde) ; Steve [1] 16-5-69 : 400 m. LITUYEV Yuryi [7] 11-4-25 : 400 m haies. LONG Maxwell [1] 1878-1959 : 400 m. LUNIS Jacques [3] 27-5-23 : 400 m.

MCKAY Antonio [1] : 400 m. MACKENLEY Herbert (dit Hurricane Herbert) [16] 10-7-22 : 400 m. MACRAE Lee [1] 23-1-66 : 100 m. MARIE André-Jacques [3] 14-10-25 : 110 m haies. MARIE-ROSE Bruno [3] 20-5-65 : 200 m. MARSH Mike [1] 4-8-67 : 200 m, 4 × 100 m. MATETE Samuel [46] 7-7-68 : 400 m haies. MENNEA Pietro [5] 28-6-52 : 100 m, 200 m. METCALFE Ralph [1] 1910-78 : 100 m, 200 m. MILBURN Rodney [1] 1950-97 : 110 m haies. MITCHELL Dennis [1] 20-2-66 : 100 m, 4 × 100 m. MOORE Charles [1] 12-8-29 : 400 m haies. MORALE Salvatore [5] 4-11-38 : 400 m haies. MORCELI Noureddine [25] 28-2-70 : 1 500 m. MORINIÈRE Max [3] 16-2-64 : 100 m. MORROW Robert (Bobby) [1] 15-10-35 : 100 m, 200 m. MOSES Edwin [1] 31-8-55 : 400 m haies. MOURLON André [3] 1903-70 : 100 m. MUNKELT Thomas [2] 3-8-52 : 110 m haies. MYERS Lou [1] 1858-99 : 100 m.

NALLET Jean-Claude [3] 15-3-47 : 400 m, 400 m haies. NEHEMIAH Reynaldo [3] 24-3-59 : 110 m haies. NOIROT Monique [3] 10-10-41 : 400 m ; Olivier [3] 26-8-69 : 400 m.

OTTEY Merlene [16] 10-5-60 : 100 m, 200 m. OWENS James Cleveland (Jesse) [1] 1913-82 : 100 m, 200 m.

Paddock Charles [1] 1900-43 : 100 m. Pani Nicole (née Montandon) [3] 30-10-48 ; 200 m. Panzo Hermann [3] 1958-99 : 100 m. Pascoe Alain[4] 11-10-47 : 400 m haies. Patoulidou Paraskevi [22] : 100 m haies. Patton Melvin [1] 16-11-24 : 100 m, 200 m. Pérec M.-José [3] 9-5-68 : 100 m, 200 m. Piquemal Claude [3] 13-3-39 : 100 m, 200 m. Piquereau Anne [3] 15-6-64 : 100 m haies. Poirier Robert [3] 16-6-42 : 400 m haies.

Quarrie Donald [16] 25-2-51 : 200 m. Quénéhervé Gilles [3] 17-5-66 : 200 m.

Rabsztyn Grazyna [17] 20-9-52 : 100 m haies. Radideau Marguerite [3] 2-3-07 : 100 m. Redmond Derek [4] 3-9-45 : 400 m. Réga Chantal [3] 7-8-55 : 100 m, 200 m, 100 m haies, 400 m haies. Regis John [4] 13-10-66 : 200 m. Reynolds Harry Butch [1] 8-7-64 : 400 m. Rhoden Georges [16] 13-12-26 : 400 m. Richard Antoine [3] 8-9-60 : 100 m. Richter Annegret [11] 13-10-50 : 100 m. Rossley Karin [2] 5-4-57 : 400 m haies. Rudolph Wilma [1] (dite la Gazelle noire) 23-6-40/12-11-94 : 100 m, 200 m.

Sanford James [1] 27-12-57 : 100 m. Sangouma Daniel [3] 7-2-65 : 100 m. Schmid Harald [11] 29-2-57 : 400 m haies. Schoebel Pierre [3] 24-12-42 : 110 m haies. Schoenbele Thomas [2] 8-6-65 : 400 m. Sempé Gabriel [3] 1-4-01 : 110 m haies. Sèye Abdoulaye (dit Abdou) [3] 30-7-34 : 100 m, 200 m. Siebeck Franck [2] 17-8-49 : 110 m haies. Sime David [1] 25-7-36 : 100 m, 200 m. Smith Calvin [1] 8-1-61 : 100 m, 200 m ; John [1] 5-8-50 : 400 m,; Tommie [1] 5-6-44 : 100 m, 200 m, 400 m. Stanfield Andrew [1] 29-12-27 : 100 m, 200 m. Stecher Renate [2] 12-5-50 : 100 m, 200 m. Stewart Roy [16] 18-3-65 : 100 m. Szewinska Irena (née Kirszenstein) [17] 24-5-46 : 100 m, 200 m, 400 m.

Taylor Frederick M. [1] 1903-75 : 400 m haies. Telliez Sylvianne [3] 30-10-42 : 100 m, 200 m. Théophile Pascal [3] 22-2-70 : 400 m. Thomson Earl [14] 1895-1971 : 110 m haies. Tisdall Robert [18] 16-5-05 : 400 m haies. Tolan Edward [1] 1908-67 : 100 m, 200 m. Tourret Philippe [3] 8-7-67 : 110 m haies. Towns Forrest [1] 6-2-14 : 110 m haies. Trouabal J.-Charles [3] 20-5-65 : 200 m. Tyus Wyoma [1] 29-8-45 : 100 m.

Valmy René [3] 24-12-21 : 100 m.

Walasiewicz Stella (Stanislava) [17] 1911-80 (tuée au cours d'un hold-up, l'autopsie révèle que c'était un homme) : 100 m, 200 m. Watts Quincy [1] 16-6-70 : 400 m. Wefers Bernie [1] 1877 : 100 m, 200 m. Whitfield Malvin [1] 11-10-24 : 400 m. Williams Archibald [1] 01-05-15 : 400 m ; Steve [1] 13-11-53 : 100 m, 200 m. Wint Arthur [16] 29-5-20 : 400 m. Witherspoon Mark [1] 3-9-63 : 100 m. Wöckel Bärbel [2] 21-3-55 : 200 m. Wykoff Franck [1] 29-10-09 : 100 m.

Young Kevin [1] 16-9-66 : 400 m haies.

Zagortcheva Ginka [35] 12-4-58 : 100 m haies.

Demi-fond/fond

☞ *Abréviations* : cr. : cross, st. : steeple, ma. : marathon.

Ameur Hamoud [3] 6-1-32 : st.-cr. Andersson Arne [19] 27-10-17 : 1 500 m. Aouita Saïd [20] 2-11-60 : 1 500 m, 5 000 m. Arpin Paul [3] 20-2-60 : cr. Arzanov Evgueni [7] 22-4-48 : 800 m.

Bannister Roger [4] 23-3-29 : 1 500 m, mile. Barrios Arturo [38] 12-12-63 : 10 000 m. Baumann Dieter [44] 9-2-65 : 5 000 m. Bayi Filbert [21] 22-6-53 : st., 1 500 m. Beccali Luigi [5] 19-11-07 : 1 500 m. Bedford Dave [4] 30-12-49 : 10 000 m. Benoit Joan [1] 16-5-57. Bernard Michel [3] 31-12-31 : 1 500 m, 5 000 m. Beyer Olaf [2] 4-8-57 : 800 m. Bikila Abebe [22] 1932-73 : ma. Boit Mike [23] 1-6-49 : 800 m. Bolotnikov Piotr [7] 8-3-30 : 5 000 m, 10 000 m. Bordin Gelindo [5] 2-4-59 : ma. Bouin Jean [3] 1888-1914 : 5 000 m, 10 000 m, heure, cr. Boulmerka Hassiba [25] 10-7-68 : 1 500 m. Bouster Radhouane [3] 2-12-54 : 5 000 m, 10 000 m. Boutayeb Moulay Brahim [20] 15-8-67 : 10 000 m. Boxberger Jacky [3] 6-4-49 : 1 500 m. Bragina Lyudmila [7] 24-7-43 : 1 500 m, 3 000 m. Bryzgina Olga [2] : 400 m. Budd Zola [4] 26-5-66 : 1 500 m, 3 000 m, 5 000 m.

Chataway Christopher [4] 31-1-31 : 3 miles, 5 000 m. Chauvelier Dominique [3] 3-8-56 : ma. Chelimo Richard [23] 1-2-72 : 10 000 m. Cierpinski Waldemar [2] 3-8-50 : ma. Clarke Ronald-William (dit Ron Clarke) [10] 21-2-37 : 5 000 m, 10 000 m. Coe Sebastian [4] 29-9-56 : 800 m, 1 500 m, mile. Cova Alberto [5] 1-12-58 : 5 000 m, 10 000 m. Cram Steve [4] 14-10-60 : 1 000 m, 1 500 m, mile. Cruz Joaquim [24] 12-3-63 : 800 m. Cunha Aurora [41] 31-6-59 : cross, ma. Cunningham Glenn [1] 4-8-09 : 800 m, 1 500 m.

Debele Bekele [22] 12-3-63 : cr. De Brouwer Joëlle [3] 18-10-50 : 3 000 m, cr. Decker Mary [1] 4-8-58 : 1 500 m, 3 000 m. Dinsamo Belayneh [22] 28-6-57 : ma. Djaté-Taillard Patricia[3] 3-1-71 : 800 m. Doubell Ralph [10] 1-2-45 : 800 m. Dubois Marie-Fr. [3] 25-3-48 : 800 m. Dubus Éric [3] 28-2-66 : mile, 1 500 m, 3 000 m. Dupureur Maryvonne [3] 24-5-37 : 800 m. Duros M.-Pierre [3] 7-6-67 : 3 000 m, cr.

El Guerrouj Hicham [20] 14-9-74 : 1 500 m. Elliot Herbert [10] 25-2-38 : 1 500 m. El Mabrouk Patrick [3] (Fr., Algérie) 1928-94 : 1 500 m. El Ouafi Boughera [3] 1898-1959 : ma. Ereng Paul [23] 22-8-67 : 800 m.

Foster Brendan [4] 12-1-48 : 5 000 m, 10 000 m.

Gammoudi Mohamed [26] 11-2-38 : 5 000 m, 10 000 m. Gärderud Anders [19] 28-8-46 : 3 000 m st. Gébrésélassié Hailé [22] 18-4-72 : 5 000 m, 10 000 m. George Walter [4] 1858-1943 : mile à heure. Giolitti Florence [3] 31-8-66 : 800 m, 1 500 m. Gonzalez Alexandre [3] 16-3-51 : 1 500 m, 5 000 m ; Francis [3] 6-2-52 : 1 500 m. Griesbach Suzanne [3] 22-4-45 : marche. Guillemot Joseph [3] 1899-1975 : 5 000 m, 10 000 m.

Haase Jurgen [2] 19-1-45 : 10 000 m. Haegg Gunder [19] 31-12-18 : 1 500 m, 5 000 m. Hampson Tom [4] 1907-68 : 800 m. Hansenne Marcel [3] 24-1-17 : 800 m. Harbig Rudolf [11] 1913-44 : 800 m. Heino Viljo [27] 1-3-14 : 5 000 m, 10 000 m, fond. Hermens Jos [6] 8-1-1950 : heure, 20 km. Hill Albert [4] 1889-1969 : 800 m, 1 500 m ; Ronald (dit Ron) [4] 25-9-1938 : ma.

Iharos Sandor [28] 1930-96 : 1 500 m, 3 000 m, 5 000 m, 10 000 m. Iso-Hollo Volmari [27] 1907-69 : 10 000 m, st. Ivan Paula [32] 20-7-63 : 1 500 m, 3 000 m.

Jazy Michel [3] 13-6-36 : 1 500 m, mile, 2 000 m, 3 000 m, 5 000 m. Jipcho Benjamin [23] 1-3-43 : 3 000 m, st. Juantorena Alberto [8] 3-12-51 : 400 m, 800 m.

Kazankina Tatiana [7] 17-12-51 : 800 m, 1 500 m, 3 000 m. Kedir Mohammed [22] 18-9-54 : cr. Keino Kipchoge [23] 17-1-40 : 1 500 m, 3 000 m, 5 000 m, st. Kiptanui Moses [23] 1-10-71 : 3 000 m st. Koech Peter [23] 18-2-58 : 3 000 m st. Kolehmainen Hannes [27] 1889-1967 : ma., 5 000 m, 10 000 m. Komenn Daniel [23] 17-5-76 : 3 000 m, 5 000 m. Konchellah Billy [23] 20-10-61 : 800 m. Kristiansen Ingrid [34] 21-3-56 : 3 000 m, 5 000 m, 10 000 m, ma. Krzyszkowiak Zdzislaw [17] 3-8-29 : 3 000 m, 5 000 m, 10 000 m, 3 000 m st. Kusocinski Janusz [17] 1907-40 : 5 000 m, 10 000 m. Kuts Vladimir [7] 1927-75 : 5 000 m, 10 000 m.

Ladoumègue Jules [3] 1906-73 : 1 500 m. Lazare Alain [3] 23-3-52 : ma. Lehtinen Lauri [27] 1908-74 : 5 000 m. Lelut Maria [3] 29-1-56 : ma. Lévisse Pierre [3] 21-2-52 : ma. López Carlos [41] 18-2-47 : ma. Louys Spiridon [29] 1872-1940 : ma. Lovelock Jack [30] 1910-49 : 1 500 m.

MacKean Tom [4] 27-10-63 : 800 m. Maeki Taisto [27] 2-12-10 : 5 000 m, 10 000 m. Mahmoud Joseph [3] 13-12-55 : 3 000 m st. Malinowski Bronislaw [17] 1951-81 : st. Marajo José [3] 10-8-54 : 800 m. Martin Séraphin [3] 2-7-06 : 800 m, 1 000 m. Matuschewski Manfred [2] 2-9-39 : 800 m. Mekonnen Abebe [22] 5-1-63 : ma. Melinte Doina [32] 27-12-56 : 800 m, 1 500 m. Meredith James [1] 1891-1947 : 800 m. Mimoun Alain [3] 1-1-21 : 5 000 m, 10 000 m, ma., cr. Moorcroft David [4] 10-4-53 : 5 000 m. Morceli Nourredine [41] 20-2-70 : 1 500 m. Mota Rosa [41] 29-6-58 : ma. Mourhit Mohammed [33] 10-10-70 : 3 000 m, 5 000 m, 10 000 m. Murcia Rosario [3] 23-9-64 : 10 000 m.

Ngugi John [23] 10-5-62 : cr., 5 000 m. Nikolic Vera [31] 23-9-48 : 800 m. Norpoth Harald [11] 22-8-42 : 1 500 m, 5 000 m. Nurmi Paavo [27] 1897-1973 : 1 500 m à 10 000 m.

Olizarenko Nadeja [7] 28-11-53 : 800 m. Ondieki Yobes [23] 21-2-61 : 5 000 m, 10 000 m. O'Sullivan Marcus [18] 22-12-61 : 1 500 m. Ovett Steve [4] 9-10-55 : 800 m, 1 500 m, mile.

Panetta Francesco [5] 10-1-63 : 3 000 et 10 000 m. Peltzer Otto [11] 1900-68 : 800 m, 1 000 m, 1 500 m. Pirie Gordon [4] 10-2-31 : 3 000 m, 5 000 m. Pizzolato Orlando [5] 30-7-68 : ma. Puica Maricicia [32] 29-7-50 : 1 500 m, 3 000 m. Pujazon Raphaël [3] 12-2-18 : 3 000 m st., 5 000 m, cr. Puttemans Émile [33] 8-10-47 : 3 000 m, 5 000 m.

Quentin Frédérique [3] 22-12-69 : 1 500. Quirot Ana-Fidelia [32] 23-3-63 : 400 m, 800 m.

Ragueneau Gaston [3] 1881-1978 : cr. Reiff Gaston [33] 24-2-21 : 5 000 m. Ritola Ville [27] 1896-1982 : 5 000 m, 10 000 m, st. Rochard Roger [3] 20-4-13 : 5 000 m. Roelants Gaston [33] 5-2-37 : 3 000 m st.-cr. Rono Henry [23] 12-2-52 : 3 000 m, 5 000 m, 10 000 m, st ; Peter [23] 31-7-67 : 1 500 m. Ryun James (dit Jim) [1] 29-4-47 : 800 m, 1 500 m.

Salah Ahmed [42] : ma. Salazar Alberto [1] 7-8-58 : ma. Salminen Ilmari [27] 21-9-02 : 10 000 m. Samolenko M. [7] 23-1-63 : 1 500, 3 000 m. Saxby Kerry [10] 2-6-61 : 3,5 et 10 km. Seko Toshihiko [12] 15-7-56 : ma. Sergent Annette [3] 17-11-62 : cr., 1 500 m, 3 000 m. Sheppard Melvin [1] 1883-1942 : 800 m, 1 500 m. Shorter Frank [1] 31-10-47 : 10 000 m, ma. Shrubb Alfred [4] 1878-1954 : 5 000 m, 10 000 m, heure. Skah Khalid [20] 29-1-67 : cr. Snell Peter [30] 17-12-38 : 800 m, 1 500 m. Soares Louis [3] 24-3-64 : ma. Stewart Ian [4] 15-1-49 : 5 000 m. Strand Lennart [19] 13-6-21 : 1 500 m. Szabo Gabriela [32] 14-11-75 : 3 000 m, 5 000 m.

Tanui William [23] 22-2-64 : 8000 m. Tergat Paul [23] 17-6-69 : 10 000 m. Texereau Guy [3] 1935-2001 : 3 000 m, st. Theato Michel [3] 1877 : ma. Thoumas Nathalie [3] 30-4-62 : 800 m. Tijou Noël [3] 12-12-41 : 10 000 m, cr. Treacy John [18] 4-6-57 : cr., ma. Tulu Derartu [29] 1972 : 10 000 m.

Vaatainen Juha [27] 12-7-41 : 5 000 m, 10 000 m. Van Damme Ivo [33] 1954-76 : 800 m, 1 500 m. Villain J.-Paul [3] 1-11-46 : 3 000 m, st. Villeton Jocelyne [3] 17-9-54 : 10 000 m. Viren Lasse [27] 22-7-49 : 5 000 m, 10 000 m. Virgin Craig [1] 2-8-55 : 10 000 m, cr.

Wachtel Christine [2] 6-1-65 : 800 m. Wadoux Jean [3] 29-1-42 : 1 500 m, 5 000 m. Waitz Grete [34] 1-10-53 : 3 000 m, ma. Wakiihuri Douglas [23] 26-9-63 : ma. Walker John [30] 12-1-52 : 1 500 m. Wang Juntia [36] 1973 : 10 000 m. Wide Edwin[19] (1896-1996). Wolde Mamo [22] 12-6-43 : 10 000 m, ma. Wolhuter Richard [1] 23-12-48 : 800 m, 1 500 m. Wooderson Sydney [4] 30-8-14 : 800 m, 1 500 m, 5 000 m. Woodruff John [1] 5-7-15 : 800 m. Wootle David [1] 7-8-50 : 800 m.

Yang Wang [36] 9-4-71 : 3 000 m. Yifter Miruts [22] 28-6-47 : 5 000 m, 10 000 m.

Zatopek Emil [15] 1922-2000 : 5 000 m, 10 000 m, fond, ma.

■ Sauts

■ **Hauteur.** Ackermann (née Witschas) Rose-Marie [2] 4-4-52. Albritton David [1] 13-4-13. Andonova Ludmila [35] 6-5-60. André Géo [3] 1889-1943. Balas Yolanda [32] 12-12-36. Barnay Ghislaine (ép. Bambuck) [3] 8-10-45. Beilschmidt Rolf [2] 8-8-53. Bonnet Franck [3] 3-10-54. Brumel Valeri [7] 14-4-42. Bykova Tamara [7] 21-12-58. Colchen Anne-Marie [3] 8-12-25. Damitio Georges [3] 20-5-24. Davis Walter [1] 5-1-31. Debourse Marie-Christine [3] 24-9-51. Dumas Charles [1] 12-2-37. Éwanjé-Épée Maryse [3] 4-9-64. Fosbury Richard D. [1] 6-3-47. Henkel Heike [11] 5-5-64. Horine George [1] 1890-1948. Johnson Cornelius [1] 1913-46. Kostadinova Stefka [32] 25-3-65. Lewden Pierre [3] 1901-89. Madubost Jacques [3] 6-6-44. Matzdorf Pat [1] 26-12-49. Ménard Claude [3] 1906-80. Meyfarth Ulrike [11] 4-5-56. Mögenburg Dietmar [11] 15-8-61. Ni Chih-Chin [36] 14-4-42. Osborn Harold [1] 1899-1975. Pakline Igor [7] 15-7-63. Poaniewa Paul [3] 8-11-53. Povarnitsin Victor [7] 15-7-62. Ritter Louise [1] 18-2-58. Sainte-Rose Robert [3] 5-7-43. Simeoni Sarah [5] 19-4-53. Sjöberg Patrick [19] 5-5-65. Sotomayor Javier [8] 13-10-67. Steers Lester [1] 16-6-17. Stones Dwight [1] 6-12-53. Thomas John [1] 3-3-41. Verzy Franck [3] 13-5-61. Wessig Gerd [2] 16-7-59. Wszola Jacek [17] 30-12-56. Yatchenko Vladimir [7] 1959-99. Zhu Jianhua [36] 29-5-63.

■ **Perche.** Abada Patrick [3] 20-3-54. Bell Earl [1] 25-8-55. Bellot Jean-Michel [3] 16-12-53. Bragg Donald (dit Don) [1] 15-5-35. Britts Okkert [47] 22-8-73. Bubka Sergueï [7] 4-12-63. Collet Philippe [3] 13-12-63. D'Encausse Hervé [3] 27-9-43. Galfione Jean [3] 9-6-71. Gatauline Rodion [7] 23-12-65. Gonder Fernand [3] 1883-1969. Gutowski Robert A. [1] 1935-60. Hansen Frederick M. [1] 29-12-40. Hoff Charles [34] 1902. Houvion Philippe [3] 5-10-57. Isaksson Kjell [19] 28-2-48. Kozakiewicz Wladislav [17] 8-12-53. Lobinger [44] 3-9-72. Meadows Earle [1] 29-6-13. Nordwig Wolfgang [2] 28-8-43. Olson Billy [1] 19-7-58. Pennel John [1] 25-6-40. Polyakov Vladimir [7] 17-4-60. Quinon Pierre [3] 20-2-62. Ramadier Pierre [3] 1902-83. Richards Robert [1] 20-2-26. Roberts David [1] 23-7-51. Salbert Ferenc [3] 5-8-60. Seagren Robert [1] 17-10-46. Sillon Victor [3] 23-12-27. Slusarski [17] Tadeusz 1950-98. Tracanelli François [3] 4-2-51. Tully Mike [1] 21-10-56. Vigneron Thierry [3] 9-3-60. Volkov Konstantin [7] 28-2-60. Warmerdam Cornelius [1] 22-6-15.

■ **Longueur.** Bardauskiene Vilma [7] 15-6-53. Beamon Robert [1] 29-8-46. Berezhnaia Larissa [2] 28-2-61. Boston Ralph [1] 9-5-39. Brige Norbert [3] 9-1-64. Cator Sylvio [37] 1900-59. Chistiakova Galina [7] 26-7-62. Curtet Jacky [3] 9-5-55. Cusmir Anisoara [32] 29-6-62. Davies Lynn [4] 20-5-42. De Hart Hubbard W. [1] 1903-75. Dombrowski Lutz [2] 25-6-59. Drechsler Heike [2] 16-12-64. Ducas Odette [3] 4-11-40. Emmian Robert [7] 16-2-65. Ewry Raymond Clarence [1] 1873-1937. Hamm Edward [1] 1906-82. Joyner-Kersee Jackie [1] 3-3-62. Lewis Carl [1] 1-7-61. Long Lutz [11] 1913-43. Myrricks Larry [1] 10-3-56. O'Connor Peter [18] 18-10-72. Owens (voir Course). Pani Jacques [3] 21-5-46. Paul Robert [3] 1910-98. Peacock Eulace [1] 27-8-14. Powell Mike [1] 10-11-63. Prinstein Myer [1] 1878-1928. Robinson Clarence [1] 7-4-48. Rousseau Jacques [3] 10-3-51. Siegl-Thon Sigrun [2] 19-10-54. Steele William [1] 14-7-23. Ter-Ovanessian Igor [7] 19-5-38. Toomey (née Bignal) Mary-Denise [4] 10-2-40. Voigt Angela [2] 18-5-51.

■ **Triple saut.** Ahearne Timothy [18] 1886-1968. Banks Willie [1] 11-3-56. Battista Éric [3] 14-5-33. Borda Sylvie [3] 4-9-66. Camara Pierre [3] 10-9-65. Conley Mike [1] 5-10-62. Da Silva Ferreira [24] 29-9-27. De Oliveira João Carlos [24] 1954-99. Drehmel Joerg [2] 3-5-45. Edwards Jonathan [4] 10-5-66. Ewry Ray [1] 1874-1937. Helan Serge [3] 24-2-64. Hoffman Zdzislaw [17] 27-8-59. Lamitié Bernard [3] 27-6-46. Markov Khristo [35] 27-1-65. Nambu Chuhei [12] 27-5-04. Oda Mikio [12] 30-3-05. Pedroso Ivan [8] 17-12-72. Prudencio Nelson [24] 4-4-44. Sainte-Rose Georges [3] 3-9-69. Saneiev Viktor [7] 3-10-45. Schmidt Josef [17] 28-3-35. Tajima Naoto [12] 15-8-12. Tcherbakov Leonid [7] 7-4-27. Uudmae Jaak [7] 3-9-54.

■ Lancers

■ **Poids.** Albritton Terry [1] 14-1-55. Barnes Randy [1] 16-6-66. Barychnikov Alexandre [7] 11-11-48. Beer Arnjolt [3] 19-6-46. Bertimon Léone [3] 16-8-50. Beyer Udo [2] 9-8-55. Briesenick Hartmut [2] 17-3-49. Brouzet Yves [3] 5-9-48. Chizhova Nadejda [7] 29-9-45. Colnard Pierre [3] 18-2-29. Fibingerova Helena [15] 13-7-49. Fonville Charles [1] 27-4-27. Fuchs James E. [1] 6-12-27. Gummel Margitta [2] 29-6-41. Günthor Werner [39] 1-6-61. Komar Wladyslaw [17] 1940-98. Long Dallas C. [1] 13-6-40. Lossovskaia Natalya [7] 16-7-62. Matson James R. [1] 5-3-45. Nieder William (Bill) [1] 10-8-33. O'Brien Parry [1] 28-1-32. Oldfield Brian [1] 1-6-45. Ostermeyer Micheline [3] 23-12-22. Press Tamara [7] 10-5-37. Rose Ralph W. [1] 1885-1913. Slupianek Ilona [2] 24-9-56. Tchizhova Nadejda [7] 29-9-45. Timmermann Ulf [2] 1-11-62. Torrance Jack [1] 1912-69. Velu Lucienne [3] 1902. Viudès Luc [3] 31-1-56. Woods George [1] 11-2-43. Zhu Jianhua [36] 29-5-63. Zybina Galina [7] 22-1-31.

■ **Disque.** Alard Pierre [3] 17-9-37. Bugar Imrich [15] 14-4-55. Consolini Adolfo [5] 1917-69. Danek Ludvik [15] 1937-98 Dumbadze Nina [7] 23-1-19. Gordien Fortune [1] 9-9-22. Günthör Werner [39] 1-6-61. Houser Clarence [1] 25-9-01. Iness Simeon [1] 9-7-30. Jahl Évelyne (née Schlaak) [2] 28-3-56. Manoliu Lia [32] 1932-98. Mauermayer Gisela [11] 24-11-13. Melnik Faina [7] 9-6-45. Milde Lothar [2] 8-1-34. Noël Jules [3] 1903-40. Oerter Alfred [1] 19-9-36. Press Tamara [7] 10-5-37. Piette Frédéric [3] 22-9-46. Riedel Lars [2,44] 28-6-67. Schmidt Wolfgang [2] 16-1-54. Schult Jurgen [2] 11-3-60. Sheridan Martin [1] 1881-1918. Silvester Jay [1] 27-8-37. Teppe Agnès [3] 4-5-68. Velu Lucienne (voir Poids). Wilkins Mac [1] 15-11-50. Winter Paul [3] 1906-92.

■ **Marteau.** Acambray Jacques [3] 23-5-50. Beyer Uwe [11] 14-5-45. Bondartchuk Anatoly [7] 30-5-40. Ciofani Walter [3] 17-2-62. Connolly Harold [1] 1-8-31. Csermak Jozsef [28] 1932-2001. Dupray Gilles [3] 2-1-70. Flanagan John [1] 1873-1938. Hein Karl [11] 11-6-08. Husson Guy [3] 2-3-31. Klim Romuald [7] 25-5-33. Krivonosov Mikhaïl [7] 1-5-29. Litvinov Sergei [7] 23-1-58. McGrath Matthew [1] 1878-1941. O'Callaghan Patrick [18] 1905-91. Piolanti Raphaël [3] 14-11-67. Riehm Karl-Heinz [11] 31-5-51. Ryan Patrick (Pat) [1] 1887-1964. Sedykh Yuri [7] 11-5-55. Zsivotzky Gyula [28] 25-2-37.

■ **Javelot.** Backley Steven [4] 12-2-69. Danielsen Egil [34] 9-11-33. Demys Michèle [3] 17-9-43. Felke Petra [2] 30-7-59. Fuchs Ruth [2] 14-12-46. Hanisch Wolfgang [11] 6-3-51.

HELD Frank [1] 25-10-27. JARVINEN Matti [27] 1909-85. KINNUNEN Jorma [27] 15-12-41. KULA Danius [7] 28-4-59. KULCSAR Gergely [28] 10-3-34. LEMMING Erik [19] 1880-1930. LILLAK Tina [27] 15-4-61. LUSIS Janis [7] 19-5-39. MACQUET Michel [3] 3-4-32. MICHEL Detlef [2] 13-10-55. MYYRAE Jonni [27] 1892-1964. NEMETH Miklos [28] 23-10-46. NEVALA Pauli Lauri [27] 30-11-40. NIKKANEN Yrjo [27] 31-12-14. OZOLINA Elvina [7] 10-8-39. PARAGI Ferenc [28] 21-8-53. PEDERSEN Terje [34] 9-2-43. PETRANOFF Tom [1] 8-4-58. RATY Seppo [27] 27-4-62. SCHMIDT Kathryn [1] 29-12-53. SEDYKH Yuri [7] 11-6-55. SIDLO Janusz [17] 19-6-33. SIITONEN Hannu [27] 18-3-49. WOLFERMANN Klaus [11] 31-3-46. ZATOPKOVA Dana (épouse d'Emil Zatopek) [15] 19-9-22. ZELEZNY Jan [15] 16-6-66.

■ ÉPREUVES COMBINÉES

Décathlon. Pentathlon. Heptathlon. AVILOV Nikolay [7] 6-8-48. BARBER Eunice [3] 17-11-74. BEAUGEANT Chantal [3] 16-2-61. BENDLIN Kurt [11] 22-5-43. BRAUN Sabine [44] 31-12-65. CAMPBELL Milton [1] 9-12-33. DEBOURSE Marie-Christine [3] 24-9-51. GUENARD Denise [3] 13-1-34. HAMALAINEN Édouard [7] 21-1-69. HEINRICH Ignace [3] 31-7-25. HINGSEN Jürgen [11] 25-1-58. JENNER Bruce [1] 28-10-49. JOHNSON Dave [1] 7-4-63 ; Rafer [1] 18-8-35. JONES Marion [1] 12-10-75. JOYNER-KERSEE Jackie [1] 3-3-62. KIRST Joachim [2] 29-5-47. KRATSCHMER Guido [11] 10-1-53. KUZNETSOV Vassili [7] 7-2-32. LE ROY Yves [3] 23-2-51. LESAGE Odile [3] 28-6-69. MATHIAS Robert [1] 17-11-30. MORRIS Glenn [1] 1912-74. NEUBERT Ramona [2] 26-7-58. O'BRIEN Dan [1] 18-7-66. OSBORN Harold (voir Saut en hauteur). PEÑALVER Antonio [43] 1-12-68. PICAUT Florence [3] 25-10-52. PLAZIAT Christian [3] 28-10-63. POLLAK Burglinde [2] 10-6-51. QUIROT Ana [8] 23-3-63. SMITH Michael [14] 16-9-67. TEPPE Nathalie [3] 22-5-72. THOMPSON Daley [4] 30-7-58. THORPE James Francis [1] 1888-1953. TKATCHENKO Nadezhad [7] 19-9-48. TOOMEY William (dit Bill) [1] 10-1-39. ZMELIK Robert [15] 18-4-69.

ATHLÈTES PRATIQUANT PLUSIEURS DISCIPLINES

■ **Vitesse et demi-fond.** EASTMAN [1] 400 m, 800 m. FIASCONARO [5] 400 m, 800 m. HARBIG [11] 400 m, 800 m. JUANTORENA [8] 400 m, 800 m. MYERS [1] 100 m à 800 m. WHITFIELD [1] 400 m, 800 m. WINT [16] 400 m, 800 m.

■ **Course et concours.** ANDRÉ [3] 110 m et 400 m haies, hauteur. HITOMI [12] 100 m, longueur. KRAENZLEIN [1] 110 m haies, longueur. LEWIS [1] 100 m, 200 m, longueur. OWENS [1] 100 m, 200 m, longueur. SZEWINSKA [17] 100 m, 200 m, 400 m, longueur.

■ MARCHE

BAUTISTA Daniel [38] 4-8-52. CANTO Ernesto [38] 18-10-59. DAMILANO Maurizio [5] 6-4-57. DELERUE Henri [3] 14-11-39. FESSELIER Martial [3] 9-10-61. GOLUBNICHY Vladimir [7] 2-6-36. GRIESBACH Suzanne [3] 22-4-45. HÖHNE Christoph [2] 12-2-41. KANNENBERG Bernd [11] 20-8-42. LANGLOIS Denis [3] 10-10-68. LELIÈVRE Gérard [3] 13-11-49. MARCHAND FORTAIN Nathalie [3] 12-7-69. PAMICH Abdon [5] 3-10-33. QUEMENER Roger [3] 17-6-41. SAXBY Kerry [10]. SCHENNIKOV Mikhael [2]. SMAGA Nikolay [7] 22-8-38. TOUTAIN Thierry [3] 14-6-62. WANG Yang [30] 9-4-71.

AUTOMOBILE (SPORT)

PREMIÈRES COURSES

1887-*20-4* 1re course organisée par Fossier (rédacteur du magazine *le Vélocipède*) ; 1 seul concurrent : Georges Bouton sur un quadricycle 4 places à vapeur. **1888** *Neuilly-Versailles* (1re course avec plusieurs participants) : vainqueur Bouton (sur tricycle de Dion) devant 1 Serpollet à vapeur. **1894**-*22-7* **1er concours** *(sans classement),* en France : *Paris-Rouen* 126 km, 13 véhicules à pétrole, 2 à vapeur [1 à vapeur (de Dion) réalise le temps le plus court avec environ 17,78 km/h de moy.] ; pas de chronométrage officiel pour la pause-déjeuner obligatoire à Mantes ; le 1er prix fut néanmoins partagé entre Panhard et Peugeot. **1895**-*du 11 au 13-6* **1re course officiellement contrôlée :** *Paris-Bordeaux-Paris :* 1 178 km, 16 véhicules à pétrole, 5 à vapeur, 1 électrique ; Émile Levassor 1er [sur une 2 places, 3 vitesses, moteur Daimler-Phenix, 1 206 cm^3 en 48 h 47 min 30 s avec une panne de 22 min (moy. 24,2 km/h)] mais le 1er prix étant réservé à une 4 places, le phaéton Peugeot conduit par Koechlin est déclaré vainqueur. *Chicago-Waukegan-Chicago* 1re course américaine, 148 km. **1896** *Paris-Marseille-Paris,* 1 711 km en 10 étapes. **1897** *Marseille-Nice et la Turbie, Paris-Dieppe.* **1898** *Paris-Amsterdam-Paris.* **1899** *Tour de France, Paris-Bordeaux.* **1900** *Paris-Toulouse-Paris.* **1901** *Paris-Berlin.* **1902** *Paris-Vienne :* 1er Marcel Renault sur R 4 cylindres 26 ch. **1903** *Paris-Madrid :* moy. 105 km/h [arrêtée à Bordeaux par ordre gouvernemental en raison des accidents causés : 15 corporels, 7 † (2 pilotes dont Marcel Renault, 3 mécaniciens, 2 spectateurs)]. **Coupe Gordon-Bennett** disputée en France (1900, Paris-Lyon par Orléans, 560 km, 1901-02-05), Irlande (1903), Allemagne (1904). Gagnée 4 fois par Fr., 1 fois par G.-B., 1 fois par All. Circuit des Ardennes (Belgique, 1902-12). **En France :** Grand Prix ACF [1er Le Mans (26/27-6-1906) jusqu'en 1967] devenu GP de France ; coupe des Voiturettes (journal de l'Auto, 1905-1927) ; courses de côte de Gaillon (1899-1908), de Château-Thierry (1902-08), du mont Ventoux (1902-08). **Italie :** circuit Brescia (1904, 1905 et 1907) ; Targa-Florio (1906-77) ; Targa-Bologne (1908). **G.-B. :** Tourist Trophy (1905-94). **Amérique :** Grand Prix d'Amér. (1908-16) ; meeting de Floride (1905-08) ; coupe Vanderbilt (1904-37). Ensuite apparurent d'autres grands prix nationaux. **1925** Louise Delongette : **1re femme à traverser le Sahara.**

■ **Raids automobiles en Afrique. 1916** tentative de jonction **Ouargla-In Salah** (Gal Laperrine), insuccès. **1919 Saouara-Tidikelt** (Cdt Battembourg), automitrailleuses. **1920 Ouargla-le Hoggar :** 30 camionnettes au départ, 3 à l'arrivée, victoire de Fiat, 28 j. **1922/23 1re mission Citroën :** traversée du Sahara (16-12-22 Touggourt/7-1-23 Tombouctou et retour le 7-3-23 par le Hoggar et le Tanezrouft après 7 000 km de désert), Georges-Marie Haardt (1884-1932) et Louis Audouin-Dubreuil (1887-1960) [autochenilles Citroën 10 CV à propulseur Kégresse-Hinstein]. **1923 Touggourt-Tozeur** (mission Schwol) sur Renault 6 roues. **1924/25 2e mission Citroën (Croisière noire) :** Colomb-Béchar 28-10-24/Le Cap/ Madagascar, Haardt et Audouin-Dubreuil (autochenilles Citroën-Kégresse). Le 17-4 à Kampala, se sépare en 4 groupes de 2 autochenilles. Groupe I atteint Mombasa 18-5, II Dar-es-Salam 15-5, III Beira 19-6, IV Le Cap 1-8. Les I et III arrivent à Madagascar le 18-6, le IV en août. **1924 Alger-Niger** (Lts Estienne et Gradis) sur Renault 6 roues. **Conakry-Djibouti** (mission Tranin-Duverne) sur 10 CV Rolland-Pilain. **1925 Tunis-le Tchad** (Cel Courtot). **1925/26 Oran-Le Cap** (Cdt et Mme Delingette) sur Renault. **1926 1re liaison Alger-Tombouctou** par 3 camions Berliet. **Paris-le Tchad** en 18 j (Lt Estienne) sur 6 CV Renault. **1929 Alger-l'A.-O.F** et retour (Lt Loiseau) sur Bugatti. **1930 1er rallye automobile saharien** (Alger-Gao-Tamanrasset-Alger). **Après 1930** les « Cies sahariennes » et la « Sté algérienne de transports tropicaux » traversent régulièrement le Sahara. De nombreuses voitures particulières effectuent chaque année la traversée du Sahara (route Gradis ou route du Hoggar). **1978** Thierry Sabine (1949-86) reprend l'idée d'un raid africain et organise le **1er Paris-Alger-Dakar,** international, ouvert aux autos, motos, camions.

■ **Autres continents. 1907 Pékin-Paris :** organisé par *le Matin,* départ 10-6 ; sur 5 voitures, 3 arrivent et 2 renoncent [Charles Godard, Spyker (Holl.) et Auguste Pons (Tricar Contal)] ; 1er Pce Scipion Borghèse (1872-1927) arrive 10-8 après 16 000 km en 44 j (Itala, 4 cylindres, 7 433 cm^3, 45 ch, vitesse maximale 100 km/h, 33 l aux 100 km, boîte de vitesses à 4 rapports, roues avec rayons en bois type artillerie et pneus Pirelli 935 × 135) ; 2e Georges Cornier (De Dion-Bouton) et 3e Victor Collignon (De Dion-Bouton). **1908 New York-Paris** (San Francisco-Vladivostok-Moscou-Berlin-Paris) : 6 voitures au départ (le 12-2 devant 25 000 personnes) ; 2 à l'arrivée après 38 820 km. **1920 expédition Wanderwell :** 43 pays, 4 continents visités en 7 ans, arrivée à Paris d'Aloha Wanderwell le 5-8-1929. **1927 Rio de Janeiro-La Paz-Lima** (M. et Mme Courteville) sur Renault 6 roues. **Raid en Rolland-Pilain :** Paris-Saïgon par G. Duverne. **1931/32 3e mission Citroën (Croisière jaune) :** groupe « Pamir » (Haardt-Audouin-Dubreuil) : départ 4-4-1931 de Bir Hassen à 5 km de Beyrouth vers le Tibet ; groupe « Chine » [Lt de Vais, Victor Point (1902-32)] : départ de Tien-tsin le 6-4-31 vers le Tibet. Les 2 groupes se retrouvent le 8-10-31 à Aksou et d'Ouroumtsi regagnent ensemble Pékin le 12-2-1932 après 12 115 km. Décès de G.M. Haardt le 16-3-32 à Hong Kong. Traversée de l'Indochine et embarquement sur bateau de la mission pour retour en Fr. le 4-4-1932 (autochenilles C4 et C6 Citroën-Kégresse). **1934 Croisière blanche :** traversée du Canada, 2 000 km. **1936 Buenos Aires-Caracas** (par l'Équateur et la Bolivie) : H. Carton de Wiart sur Ford V 8. **1987** *du 4-2 au 1-4* Pierre d'Arenberg et Alexis Corneille rallient les points extrêmes du continent américain (Prudhoe Bay, Alaska/La Pataia, Ushuaia, Argentine) en Land-Rover (29 500 km en 56 j 12 h et 27 min). **1988** *du 12-7 au 12-9* **Paris-Pékin :** 18 200 km, 25 voitures, organisé par A. Lafeuillade et P. Jouhandeaux. **1991** *du 1 au 27-9* **Paris-Moscou-Pékin** via Berlin, Moscou, Beyneu, Tachkent, Kashi, Dun Hang : 16 135 km ; *annulé en août* pour raisons politiques (putsch en ex-URSS) ; repris **1992** *du 1 au 27-9 :* 16 054 km dont 7 355 km chronométrés. Au départ, 93 autos, 15 motos, 20 camions, 23 camions d'assistance. *Auto-camion :* Pierre Lartigue-Michel Périn (Fr.) Citroën ZX avec 34 h 49′14″ de pénalités. *Moto :* Stéphane Peterhansel (Fr.) Yamaha en 101 h 40′53″. **1995** *du 6 au 24-8* organisé par René Metge. 55 équipages (autos, camions, motos). 9 pays traversés, plus de 12 354 km dont 5 157 km de spéciales. *Moto :* Heinz Kinigadner (Autriche, KTM) 58 h 0′33″. *Auto-camion :* Jean-Pierre Fontenay et Bruno Musmarra (Fr., Mitsubishi) 56 h 20′18″. **1996** *du 7 au 26-9* sur 9 441 km en 17 étapes. Départ effectif après transport par avion le 10-9 d'Oulianovsk (Russie) ; étapes en Chine prévues supprimées pour causes d'insécurité ; arrivée à Oulan-Bator (Mongolie). *Moto :* Jordi Arcarons (Esp., KTM) 71 h 12′27″. *Auto :* Ari Vatanen (Fin.) – Gilles Picard (Fr., Citroën ZX) 57 h 17′38″. **Paris-Samarkand-Moscou : 1997** *du 22-8 au 6-9,* plus de 10 000 km à travers 6 pays dont Ouzbekistan et Kazakhstan ; arrivée sur la place Rouge le jour du 850e anniversaire de la capitale ; *autos :* Vatanen-Gallagher 51 h 41′47″, *motos :* Magnaldi : 58 h 31′7″.

☞ **Le plus long rallye :** *Londres-Sydney,* organisé par les Singapore Airlines (en tout 17 pays), parti de Covent Garden le 14-8-1977, arrivé à Sydney le 28-9 après 13 107 km. Remporté par Andrew Cowan, Colin Malkin et Michael Broad (G.-B.) sur une Mercedes 280 E.

1res VICTIMES DU SPORT AUTOMOBILE

Officiellement. Émile Levassor en 1896 : projeté hors de sa voiture à la suite d'une collision avec un chien, il ne termina pas un Paris-Marseille-Paris et mourut 1 an plus tard des suites de ses blessures.

1er accident en pleine course. Mis de Montaignac le 2-5-1898, au cours de Périgueux-Mussidan : ayant voulu se découvrir pour saluer un concurrent qu'il allait dépasser, il l'accrocha et perdit le contrôle de son véhicule.

QUELQUES GRANDS RECORDS

☞ Voir aussi p. 1354 b.

■ **Vitesse record.** 1 149,303 km/h, le 25-9-1997, par Andy Green (G.-B.) sur Thrust SSC (2 réacteurs Rolls Royce d'une poussée de 22 600 kg, poids 6,8 t, fuselage 16,5 m de long, atteint 1 000 km/h en 16 secondes, consomme 18,18 l/s) ; 1 227,985 km/h (mur du son franchi) le 15-10-1997). **Sur anneau de vitesse :** 403,878 km/h [Hans Liebold (né 12-10-1926, All. féd.) à Nardo (Italie) le 5-5-1979 sur un tour de 12,64 km (1′52″67) avec un coupé expérimental Mercedes-Benz (C111-1V)]. **Sur circuit routier :** 262,461 km/h [Henri Pescarolo (Fr.) à Spa-Francorchamps (Belg.) le 6-5-1973, tour de 14,10 km sur Matra Simca 670]. *En course :* 249,670 km/h [Pedro Rodríguez et Jackie Olivier à Spa-Francorchamps (Belg.) le 9-5-1971, 1 001,10 km en 4 h 01′7″ sur Porsche 917-K].

■ **Plus grande accélération.** John Force (USA) de 0 à 521,507 km/h sur 402 m, Ford Mustang 99, le 21-3-99.

■ **Distance parcourue. 1933**-*mars-juillet* en 133 j 17 h 37′38″34, à Montlhéry : 298 298 km à 93,452 km/h par une Citroën Rosalie avec 7 pilotes. **1963** à Miramas : 300 000 km (du 10 juillet au 4 nov.) à 106,49 km/h avec 7 pilotes se relayant sur une Ford Taunus 12M (7 ch, 4 cylindres, traction avant, 4 vitesses).

TYPES D'ÉPREUVES

■ **Épreuves disputées sur circuit.** Épreuves de vitesse et/ou d'endurance disputées sur circuits homologués fermés avec distance ou durée imposées.

Circuits : Afrique du Sud : Kyalami. **Allemagne :** Hockenheim, Nürburgring, Oschersleben, Lauzitsring. **Argentine :** Buenos Aires. **Australie :** Melbourne [1], Adelaïde [1]. **Autriche :** A 1-Ring. **Belgique :** Spa-Francorchamps, Zolder. **Brésil :** Interlagos (São Paulo), Jacarapegua (Rio). **Canada :** Mosport, Montréal[1]. **Chine :** Zhuhai. **Espagne :** Barcelone, Jarama, Jerez, Valence. **États-Unis :** Daytona, Detroit [1], Indianapolis, Long Beach [1], Sebring, Watkins-Glen, Talladega, Brooklyn, Fontana, Las Vegas, Dallas. **France :** Albi, Bugatti (Le Mans), Clermont-Ferrand (Charade), Dijon-Prénois, Magny-Cours, Le Mans (circuit des 24 h) [1], Linas-Montlhéry, Nîmes-Ledenon, Nogaro, Pau [1], Paul-Ricard (Le Castellet), Val-de-Vienne (Le Vigeant). **G.-B. :** Brands-Hatch, Donington Park, Mallory Park, Oulton Park, Silverstone, Snetterton, Thruxton. **Hongrie :** Hungaroring. **Italie :** Enna-Pergusa, Imola, Misano, Monza, Mugello, Vallelunga. **Japon :** Fuji, Suzuka. **Malaisie :** Sepang. **Monaco :** Monte-Carlo Condamine. **P.-Bas :** Zandvoort. **Portugal :** Estoril. **Suède :** Anderstorp, Kinekulle-Ring, Knutstorp, Mantorp-Park. **Rép. tchèque :** Brno.

Nota. – (1) Circuits non permanents.

■ **Attribution des points aux pilotes de F 1. 1950-59 :** les premiers marquent 8, 6, 4, 3 et 2 pts, l'auteur du meilleur tour en course 1 pt. **1960 :** le 6e a 1 pt ; suppression du pt au meilleur tour. **1961-90 :** 9 pts au 1er. **1991 :** 10 pts au 1er, puis 6, 4, 3, 2, 1.

■ **Mesures de protection. 1952** port du casque. **1959** combinaison ignifugée. **1969** coupe-circuit, arceau, extincteur. **1970** réservoirs souples. **1972** harnais. **1975** air médical. **1982** cellule de survie. **1983** interdiction des jupes et imposition du fond plat. **1985** crash-test frontal. **1988** tests statiques latéraux ; recul du pédalier en arrière de l'axe des roues avant. **1989** interdiction des moteurs turbo. **1990** sac anti-pénétration pour le réservoir d'essence, augmentation des dimensions et test statique pour l'arceau de sécurité, crash-test statique latéral pour la protection avant. **1991** limitation des dimensions des ailerons avant, emplacement imposé du réservoir d'essence entre l'habitacle et le moteur (plus de réservoirs latéraux), nouveaux tests statiques de résistance aux chocs latéraux, amélioration des protections pour toutes les canalisations. **1996** augmentation de l'ouverture de l'habitacle, apparition de protections latérales de part et d'autre du casque. **1997** installation de boîtiers d'enregistrement (« boîtes noires ») dans la cellule de survie de la monoplace. **1998** taille du rétroviseur portée de 5 × 10 à 5 × 12 cm ; pneu rainuré, 3 à l'avant et 4 à l'arrière.

■ **Courses de côtes.** Épreuves de vitesse disputées sur des portions de routes fermées et réservées aux voitures des groupes A à N, sport et formule libre (col Saint-Pierre, Mont-Dore, Montseny...). Ces compétitions sont inscrites au calendrier international (FIA) ou national.

Toutes ces épreuves sont réalisées, en France, sous la responsabilité de la Fédération française du sport automobile et des associations affiliées.

■ **Rallyes.** Épreuves de régularité et d'endurance, avec épreuves de classement dans la plupart des cas, se déroulant totalement ou partiellement sur des routes ouvertes à la circulation normale (étroites, sinueuses, glissantes en hiver et rendues difficiles par le brouillard, la pluie ou la neige). Le parcours comprend des étapes spéciales, disputées contre la montre, sur des portions de routes où toute circulation est interdite. Entre 2 étapes spéciales, les pilotes suivent les itinéraires (secteurs de liaison) dans des conditions de circulation normale au milieu des usagers habituels. Ils doivent respecter le Code de la route et la moyenne imposée. Classement final établi en fonction des temps réalisés dans les secteurs chronométrés et des pénalisations encourues sur route. Le vainqueur est celui dont le total est le plus faible [Monte-Carlo, Safari, Acropole, 1 000 Lacs, San Remo, RAC]. Le Safari ne possède pas d'épreuves de classement, mais se déroule selon un parcours à moyenne imposée pratiquement irréalisable (le classement s'effectue en fonction des pénalisations).

Catégories : rallyes régionaux, nationaux et internationaux.

Catégories de voitures

■ **Catégorie I.** Voitures fabriquées en série et destinées à la vente. **Groupe N :** voitures de production (par exemple : Renault Clio 16 S). Tourisme de grande série. Produites à 2 500 exemplaires minimum en 12 mois consécutifs. Homologuées par la FIA en voiture de tourisme (Groupe A). 4 places minimum. Changements autorisés répondant à des homologations précises (transmission, suspension, système électrique, freins, carrosserie, moteur et dispositifs de sécurité). **Groupe A** (en 1982) : par exemple, Peugeot 306 Maxi. Tourisme de grande production. Produites à 2 500 exemplaires en 12 mois consécutifs. 4 places minimum, 300 CV, 670 kg et 1 000 cm³ à 1 560 kg et 5 000 cm³. Modifications selon homologations FIA (moteur, poids, transmission, suspension, roues, pneus, freins, direction, châssis, système électrique, dispositifs de sécurité). **Groupe B** (en 1982) : voitures de grand tourisme (par exemple : Peugeot 205 turbo 16). Produites à 200 exemplaires minimum en 12 mois consécutifs. 2 places au minimum, 550 CV. Modifications comme pour groupe A ainsi que poids, roues et pneus. Le constructeur a aussi droit à une *évolution sportive* (20 exemplaires plus performants par an). Le 3-5-1986, à la suite de nombreux accidents mortels en rallye, le Pt de la FIA a décidé, pour le championnat 1987, de supprimer le groupe B des rallyes et d'annuler la création du **groupe S** (prévu pour remplacer en 1988 le groupe B) : 10 exemplaires voitures d'usines pour les pilotes vedettes, 300 CV au maximum.

■ **Catégorie II.** Voitures fabriquées à l'unité, uniquement destinées à la compétition. **Groupe D :** voitures de course de formule internationale. Monoplaces. **Formule 1 :** courses de vitesse en circuit fermé. Monoplaces à 4 roues, non recouvertes. *Réglementation 1998 : carrosserie-châssis*, fond plat, largeur hors tout 180 cm, sol-aileron 95 cm (larg. 1,80 m), repose-tête obligatoire ; *moteur* atmosphérique (3 500 cm³-10 cylindres) ; *poids min.* 505 kg ; *réservoir* sans limitation ; *pneumatiques* rainurés ou pluie, largeur maximale 15 pouces, diamètre maximal 26 pouces. **Formule 2 :** n'existe plus. **Formule 3 :** course de vitesse en circuit fermé. 455 kg, 2 000 cm³, 4 cylindres. Suralimentation interdite. **Formule 3000 :** monotype créée 1984 (1er championnat 1985) pour remplacer la Formule II, course de vitesse en circuit fermé, 3 000 cm³, 8 cylindres, 9 000 tours/minute (limiteur électronique sur chaque voiture). 450 CV ; 550 kg. **Groupe E :** voitures de course de formule libre (autres que celles des groupes N, A, B, C, D) ; règlement fixé par les organisateurs. Les *formules nationales* (par exemple, Formule Renault Turbo) appartiennent aux formules libres et ont une réglementation spéciale (comme l'obligation d'utiliser un moteur ou des pièces d'une marque donnée).

Compétitions en circuits

Championnat du monde Formule 1

Créé 1950 ; attribution des points pour les 6 premiers pilotes classés : 10, 6, 4, 3, 2, 1 points. On tient compte de toutes les épreuves.

Des conducteurs

■ **1950** Giuseppe Farina (It.) [1]. **51** Juan Manuel Fangio (Arg.) [1]. **52, 53** Alberto Ascari (It.) [2]. **54 à 57** J. M. Fangio (Arg.) [3,4,2,3]. **58** Mike Hawthorn (G.-B.) [2]. **59, 60** Jack Brabham (Australie) [5]. **61** Phil Hill (USA) [2]. **62** Graham Hill (G.-B.) [6]. **63** Jim Clark (G.-B.) [7]. **64** John Surtees (G.-B.) [2]. **65** J. Clark (G.-B.) [7]. **66** J. Brabham (Austr.) [8]. **67** Dennis Hulme (Nlle-Z.) [8]. **68** G. Hill (G.-B.) [9]. **69** Jacky Stewart (G.-B.) [10]. **70** Jochen Rindt (Autr.) [9], à titre posthume. **71** J. Stewart (G.-B.) [11]. **72** Emerson Fittipaldi (Brésil) [9]. **73** J. Stewart (G.-B.) [11]. **74** E. Fittipaldi (Br.) [12]. **75** Niki Lauda (Autr.) [2]. **76** James Hunt (G.-B.) [12]. **77** N. Lauda (Autr.) [2]. **78** Mario Andretti (USA) [9]. **79** Jody Scheckter (Afr. du Sud) [2]. **80** Alan Jones (Austr.) [13]. **81** Nelson Piquet (Brésil) [14]. **82** Keke Rosberg (Finl.) [13]. **83** N. Piquet (Br.) [15]. **84** N. Lauda (Autr.) [16]. **85, 86** Alain Prost (Fr.) [16]. **87** N. Piquet (Br.) [17]. **88** Ayrton Senna (Brésil) [18]. **89** A. Prost (Fr.) [18]. **90, 91** A. Senna (Br.) [18]. **92** Nigel Mansell (G.-B.) [19]. **93** A. Prost (Fr.) [19]. **94, 95** Michael Schumacher (All.) [20]. **96** Damon Hill (G.-B.) [19]. **97** Jacques Villeneuve (Can.) [19]. **98** Mika Hakkinen (Fin.) [22]. **99 M. Hakkinen (Fin.)** [22]. **2000** *1* M. Schumacher (All.) [2], *2* M. Hakkinen (Fin.) [22], *3* D. Coulthard (G.-B.) [22].

Nota. – (1) Alfa Romeo, (2) Ferrari, (3) Maserati, (4) Mercedes, (5) Cooper-Climax, (6) BRM, (7) Lotus Climax, (8) Brabham-Repco, (9) Lotus-Ford, (10) Matra-Ford, (11) Tyrrel-Ford, (12) McLaren-Ford, (13) Williams-Ford, (14) Brabham-Ford, (15) Brabham-BMW, (16) McLaren-TAG, (17) Williams-Honda, (18) McLaren-Honda, (19) Williams-Renault, (20) Benetton-Ford, (21) Benetton-Renault, (22) McLaren-Mercedes, (23) Jordan-Mugen Honda.

Abréviations : A : Alfa Romeo. AF : Arrows-Ford. AH : Arrows-Hart. Ar : Arrows. Ar-BMW : Arrows-BMW. ATS.B : ATS-BMW. AY : Arrows-Yamaha. B : BRM. BDA : BMS-Dalara-Ford. BF : Benetton-Ford. BH : BAR-Honda. BJ : Brabham-Judd. BP : Benetton-Playlife. BR : Benetton-Renault. BS : Benetton-Supertec. Br : Brabham. BrA : Brabham-Alfa-Romeo. BrB : Brabham-BMW. BrF : Brabham-Ford. C : Cooper. CC : Copersucar-Cosworth. Co : Colt. DJ : Dallara-Judd. F : Ferrari. Fo : Ford. JC : Jaguar-Cosworth. JMH : Jordan-Mugen Honda JP : Jordan-Peugeot. L : Lotus. LA : Larrousse-Lamborghini. LF : Ligier-Ford. LH : Lotus-Honda. LM : Ligier-Matra. LMH : Ligier-Mugen-Honda. LoC : Lola-Cosworth. LoF : Lotus-Ford. LoR : Lotus-Renault. LR : Ligier-Renault. M : Mercedes-Benz. Ma : Maserati. MaC : March-Cosworth. MaJ : March-Judd. Mar : March. Mat : Matra. ML : McLaren. MLH : McLaren-Honda. MLM : McLaren-Mercedes. MLP : McLaren-Porsche. MLPe : McLaren-Peugeot. O : Osella. OF : Onyx-Ford. P : Porsche. PMH : Prost-Mugen-Honda. PP : Prost-Peugeot. R : Renault. RH : RAM-Hart. S : Shadow. SF : Sauber-Ford. SP : Sauber-Petronas. Sp : Spirit-Art. STF : Stewart-Ford. Su : Surtees. T : Talbot. TAG : Techniques d'avant-garde. TF : Tyrell-Ford. Van : Vanwall. TL : Talbot-Ligier. To : Toleman. Ty : Tyrell. W : Williams. WB : Williams-BMW. WF : Williams-Ford. WH : Williams-Honda. WM : Williams-Mécachrome. Wo : Wolf. WR : Williams-Renault. WS : Williams-Supertec.

■ **Records. Nombre de titres : 5 :** Juan Manuel Fangio (dont 4 consécutifs) ; **4 :** Alain Prost ; **3 :** Jack Brabham, Niki Lauda, Nelson Piquet, Ayrton Senna, Jacky Stewart, Michael Schumacher.

Nombre de victoires en Grand Prix (de 1950 au 30-7-2001) : Prost 51, M. Schumacher 50, Senna 41, Mansell 31, Stewart 27, Clark et Lauda 25, Fangio 24, Piquet 23, D. Hill 22, Hakkinen 19, Moss 16, Brabham, Fittipaldi et G. Hill 14, Ascari 13, Andretti, Reutemann et Jones 12, J. Villeneuve et D. Coulthard 11, Berger, Hunt, Petterson et Scheckter 10. **Pilotes français :** Prost 51, Arnoux 7, Laffite 6, Pironi 3, Depailler, Jabouille, Tambay et Trintignant 2, Beltoise, Cevert, Alesi et Panis 1.

Champions du monde : le plus jeune : Emerson Fittipaldi le 10-9-1972 (25 ans 273 j) ; **le plus vieux :** Juan Manuel Fangio (1911-95) le 18-8-1957 (46 ans 55 j).

Vainqueurs d'un Grand Prix : le plus jeune : Bruce Leslie McLaren (1937-70, Nlle-Zél.), GP des USA, le 12-12-1959 à 22 ans 104 j ; **le plus vieux :** Tazio Giorgio Nuvolari (1892-1953, It.), GP de France le 14-6-1946 à 53 ans 240 j ; *en championnat :* Luigi Fagioli (1898-1952, It.), GP de France le 1-7-51 à 53 ans. **Par marques** (au 30-7-2001) : Ferrari 141, McLaren 133, Williams 106, Lotus 79, Brabham 35, Benetton 27, Tyrrell 23, BRM 17, Cooper 16, Renault 15 (sur 123 GP disputés, de 1977 à 1985), Alfa Romeo 10, Mercedes, Maserati, Vanwall, Matra, Ligier 9, Wolf, Jordan et March 3, Honda 2, Porsche, Eagle, Hesketh, Penske, Shadow 1. **Nombre de participations** (au 30-7-2001) : Patrese 256, Berger 210, Piquet 204, Prost 199, Cesaris 201, Alboreto 197, Alesi 196, Mansell 187, G. Hill et Laffite 176, Lauda 171, Boutsen 163, Senna 161, Brundle 158, Häkkinen 157, M. Schumacher 156, Watson 152, Herbert 151.

Circuits : le plus rapide : Spa-Francorchamps (Belg.) ; record du tour (ancien tracé) : 262,461 km/h le 6-5-1973, Henri Pescarolo ; **le plus difficile :** Monaco, dans les rues, devant le casino et sur le port, 15 virages dont 1 chicane et des côtes sévères ; exige en moyenne 1 600 changements de vitesse.

Morts en Grand Prix : *de 1950 au 30-7-2001 :* 24 dont *1954* Marimon, *58* Collins, Musso et Lewis-Evans, *60* Bristow et Stacey, *61* Von Trips, *64* De Beaufort, *66* Taylor, *67* Bandini, *68* Schlesser, *70* Courage Rindt (essais), *73* Cevert (essais), Williamson, *74* Koinigg, *75* Donohue, *77* Pryce, *78* Peterson, *80* Depailler, *82* Paletti et Villeneuve, *86* De Angelis (essais privés), *94* Ratzenberger et Senna.

■ **Publicité.** Jusqu'en 1968, seules les publicités ayant un lien direct avec les sports automobiles (pneumatiques, carburants, accessoires) étaient autorisées sur les voitures. Les 1res publicités extra-sportives sont apparues en 1968 sur la Lotus avec Gold Leaf. La publicité pour les alcools et les cigarettes est interdite sur les circuits français depuis 1996 (loi Évin).

Des constructeurs

Créé 1958 ; attribution des points pour les 6 premiers classés : 10, 6 ,4 ,3 ,2 ,1 points. Les points sont cumulables si un constructeur a 2 voitures classées parmi les 6 premières. **1958** Vanwall. **59, 60** Cooper-Climax. **61** Ferrari. **62** BRM. **63** Lotus-Climax. **64** Ferrari. **65** Lotus-Climax. **66, 67** Brabham-Repco. **68** Lotus-Ford. **69** Matra-Ford. **70** Lotus-Ford. **71** Tyrrell-Ford. **72, 73** Lotus-Ford. **74** McLaren-Ford. **75 à 77** Ferrari. **78** Lotus-Ford. **79** Ferrari. **80, 81** Williams-Ford. **82, 83** Ferrari. **84** McLaren-Porsche. **85** McLaren-TAG-Porsche. **86, 87** Williams-Honda. **88 à 91** McLaren-Honda. **92 à 94** Williams-Renault. **95** Benetton-Renault **96, 97** Williams-Renault. **98** Mc Laren-Mercedes. **99, 2000** Ferrari.

☞ **Record de titres** (à la fin de la saison 2000) : Ferrari 10, Williams 9 ; MacLaren 8, Lotus 7.

■ **Championnat du monde des voitures de sport. Origine : 1953-61** Ch. du monde des voitures de sport, titre aux constructeurs. **1962-67** Ch. international des constructeurs. **1968-71** Ch. international des marques, réservé aux voitures de compétition et prototypes. **1972-81** Ch. du monde des marques. **1981** introduction d'un Ch. des conducteurs. **1982-85** Ch. du monde d'endurance. **1986-88** Ch. du monde des sport-prototypes. **1989** Ch. du monde des voitures de sport. **1992**-*7-10 suspendu.* Voir Quid 2000 p. 1334 b.

Rétrospective des Grands Prix

☞ Les **Grands Prix (GP)** sont disputés sur environ 305 km (sauf Monaco), la durée de l'épreuve ne pouvant excéder 2 h. Les pilotes ont une superlicence (environ 50 dans le monde). Depuis *1995 :* réduction de la puissance des moteurs [cylindrée ramenée de 3,5 à 3 litres, d'où perte de puissance de 100 ch (650 ch max.)], modifications aérodynamiques pour ralentir les vitesses de passage en courbe. Saison *1999 :* 22 voitures inscrites (représentant 11 écuries) ; 16 courses. Depuis *1996,* pour prétendre se qualifier, obligation de réaliser un temps qui ne soit pas supérieur à 107 % de celui de la pôle position ; une seule séance de qualification la veille de la course de 13 h à 14 h, chaque pilote n'ayant droit qu'à 12 tours ; possibilité d'utiliser une voiture de réserve uniquement pour les essais qualificatifs et la course. Depuis *1998,* les essais libres ne sont plus limités à 30 tours ; les pneus d'une largeur de 30,5 cm à l'avant et 36,5 cm à l'arrière doivent comporter des rainures (3 à l'avant et 4 à l'arrière, 4 mm de profondeur) ; largeur hors tout des voitures ramenée de 200 à 180 cm.

☞ **Date du 1er GP en championnat du monde, vainqueurs et,** entre parenthèses, **voitures** (voir encadré col. b pour les abréviations utilisées pour les voitures).

■ **Afrique du Sud.** *Créé* 29-12-1962. *Circuit :* Kyalami (4,261 km, 72 tours soit 306,792 km). *Record du tour :* 197,731 km/h Mansell (1992). *Non disputé de 1986 à 91.* **1992** N. Mansell (WR). **93** *1* A. Prost (WR), *2* A. Senna (MLF), *3* M. Blundell (LR).

■ **Allemagne.** *Créé* 29-7-1951. *Circuit :* depuis 1977 sauf en 1985 Hockenheim (6,823 km, 45 tours soit 307,03 km). *Record du tour :* 241,498 km/h Patrese (1992). **1990** A. Senna (MLH). **91** N. Mansell (WR). **92** N. Mansell (WR). **93** A. Prost (WR). **94** G. Berger (F). **95** M. Schumacher (BR). **96** D. Hill (WR). **97** G. Berger (BR). **98** M. Hakkinen (MLM). **99** E. Irvine (F). **2000** *1* R. Barrichello (F). **01** *1* R. Schumacher (WB), *2* R. Barrichello (F), *3* J. Villeneuve (BH).

■ **Argentine.** *Disputé* de 1953 à 81. *Circuit :* Buenos Aires (5,968 km). *Non disputé de 1982 à 94.* **1995** *Circuit :* Oscar Galvez de Buenos Aires (modifié 4,259 km, 72 tours soit 306,648 km). *Record du tour :* 189,378 km/h Schumacher (1996). D. Hill (WR). **96** D. Hill (WR). **97** J. Villeneuve (WR). **98** *1* M. Schumacher (F), *2* M. Hakkinen (MLM), *3* E. Irvine (F).

■ **Australie.** *Créé* 3-11-1985. *Circuit :* Adélaïde (3,780 km, 81 tours soit 306,180 km). *Record du tour :* 180,523 km/h Irvine (1993). **1985** K. Rosberg (WH). **86** A. Prost (MLP). **87** G. Berger (F). **88** A. Prost (MLH). **89** T. Boutsen (WR). **90** N. Piquet (BF). **91** A. Senna (MLH). **92** G. Berger (MLH). **93** A. Senna (MLF). **94** N. Mansell (WR). **95** D. Hill (WR). **96** *circuit :* Albert Park de Melbourne (5,303 km, 58 tours soit 307,574 km). *Record du tour :* 210,710 km/h Frentzen (1997) ; D. Hill (WR). **97** D. Coulthard (MLM). **98** M. Hakkinen (MLM). **99** E. Irvine (F). **2000** M. Schumacher (F). **01** *1* M. Schumacher (F), *2* D. Coulthard (MLM), *3* R. Barrichello (F).

■ **Autriche.** *Disputé* de 1964 à 87, *circuit :* Österreichring (5,942 km), *record du tour :* 242,207 km/h Mansell (1987) ; **et depuis 1997,** *circuit :* A1 Ring Zeltweg (4,326 km, 71 tours soit 307,146 km). **1997** J. Villeneuve (WR). **98** M. Hakkinen (MLM). **99** E. Irvine (F). **2000** M. Hakkinen (MLM). **01** *1* D. Coulthard (MLM), *2* M. Schumacher (F), *3* R. Barrichello (F).

■ **Belgique.** *Créé* 18-6-1950. *Circuit :* depuis 1985 Spa-Francorchamps (6,968 km, 44 tours soit 306,592 km). *Record du tour :* 222,596 km/h Villeneuve (1997). **1995** M. Schumacher (BR). **96** M. Schumacher (F). **97** M. Schumacher (F). **98** D. Hill (JMH). **99** D. Coulthard (MLM). **2000** *1* M. Hakkinen (MLM), *2* M. Schumacher (F), *3* R. Schumacher (WB).

■ **Brésil.** *Créé* 11-2-1973. *Circuit :* depuis 1990 Interlagos (São Paulo, 4,311 km, 71 tours soit 306,081 km), autres années : Jacarapegua (Rio, 5,031 km). *Record du tour :* 198,458 km/h Schumacher (1994). **1990** A. Prost (F). **91** A. Senna (MLH). **92** N. Mansell (WR). **93** A. Senna

(MLF). **94** M. Schumacher (BF). **95** M. Schumacher (BR). **96** D. Hill (WR). **97** J. Villeneuve (WR). **98** M. Hakkinen (MLM). **99** M. Hakkinen (MLM). **2000** M. Schumacher (F). **01** *1* D. Coulthard (MLM), *2* M. Schumacher (F), *3* N. Heidfeld (SP).

■ **Canada.** *Créé* 27-8-1967. *Circuit :* île Notre-Dame, renommé Gilles-Villeneuve en 1982 (Montréal, 4,421 km, 69 tours soit 305,049 km). *Record du tour :* 201,338 km/h M. Hakkinen (2000). **1990** A. Senna (MLH). **91** N. Piquet (BF). **92** G. Berger (MLH). **93** A. Prost (WR). **94** M. Schumacher (BF). **95** J. Alesi (F). **96** D. Hill (WR). **97** M. Schumacher (F). **98** M. Schumacher (F). **99** M. Hakkinen (MLM). **2000** M. Schumacher (F). **01** *1* R. Schumacher (WB), *2* M. Schumacher (F), *3* M. Häkkinen (MLM).

■ **Espagne.** *Créé* 28-10-1951. *Circuit :* depuis 1991 Catalunya à Barcelone (4,730 km, 65 tours, 307,323 km). *Record du tour :* 222,421 km/h Villeneuve (1997). **1991, 92** N. Mansell (WR). **93** A. Prost (WR). **94** D. Hill (WR). **95** M. Schumacher (BR). **96** M. Schumacher (F). **97** J. Villeneuve (WR). **98** M. Hakkinen (MLM). **99** M. Hakkinen. **2000** M. Hakkinen (MLM). **01** *1* M. Schumacher (F), *2* J.-P. Montoya (WB), *3* J. Villeneuve (BH).

■ **États-Unis.** *Créé* 1959. **Sebring** (8,330 km) 1959. **Riverside** (5,279 km) 1960. **Watkins Glen** (de 3,7 à 5,435 km) de 1961 à 1975. **Las Vegas** (3,650 km) 1981 et 1982. **Dallas** (3,901 km en ville) 1984. **Detroit** (4,023 km en ville) de 1985 à 1988. **Phoenix** 3,700 km en ville) de 1989 à 1991. *Non disputé de 1992 à 1999.* **Indianapolis** (4,195 km, 73 tours soit 306,235 km). **2000** *1* M. Schumacher (F), *2* R. Barrichello (F), *3* H.-H. Frentzen (JMH).

États-Unis Est. Watkins Glen de 1976 à 1980. **Detroit** de 1982 à 1984. **États-Unis Ouest. Long Beach** (3,220 km en ville) de 1976 à 1983.

■ **Europe.** *Créé* 25-9-1983. **1983** (Brands Hatch, G.-B.) N. Piquet (BrB). **84** (Nürburgring, All.) A. Prost (MLP). **85** (Brands Hatch) N. Mansell (WH). **1986-92** *non disputé.* **93** (Donington, G.-B., 4,023 km, 76 tours, 305,748 km) A. Senna (MLF). **94** (Jerez, Espagne, 4,428 km, 69 tours) M. Schumacher (BF). **95** (Nürburgring, All. 4,556 km, 68 tours ramenés à 67 soit 305,252 km) M. Schumacher (BR). **96** (Nürburgring, 68 tours) J. Villeneuve (WR). **97** (Jerez, Espagne, 69 tours soit 305,532 km) M. Hakkinen (MLM). **98** *non disputé.* **99** (Nüburgring, 67 tours) *1* J. Herbert (STF), *2* J. Trulli (PP), *3* R. Barrichello (STF). **2000** (Nürburgring, 67 tours) M. Schumacher (F). **01** (Nürburgring, 67 tours) *1* M. Schumacher (F), *2* J. P. Montoya (WB), *3* D. Coulthard (MLM).

■ **France.** *Créé* 2-7-1950. *Circuit :* 1986-90 Paul-Ricard [Le Castellet, 3,813 km, 80 tours soit 305,040 km ; depuis 1991 Magny-Cours (Nièvre), 4,250 km, 72 tours soit 306 km ; *record du tour :* 198,521 km/h Mansell (1992)]. **1990** A. Prost (F). **91, 92** N. Mansell (WR). **93** A. Prost (WR). **94** M. Schumacher (BF). **95** M. Schumacher (BR). **96** D. Hill (WR). **97, 98** M. Schumacher (F). **99** H.-H. Frentzen (JMH). **2000** D. Coulthard (MLM). **01** *1* M. Schumacher (F), *2* R. Schumacher (WB) *3* R. Barrichello (F).

☞ **Records de victoires :** Louis Chiron, Juan Manuel Fangio (4) et Alain Prost (6).

■ **Grande-Bretagne.** *Créé* 13-5-1950. *Circuit :* depuis 1987 Silverstone (5,140 km, 60 tours soit 308,406 km). *Record du tour :* 228,002 km/h Hill (1993). **1990** A. Prost (F). **91** N. Mansell (WR). **92** N. Mansell (WR). **93** A. Prost (WR). **94** D. Hill (WR). **95** J. Herbert (BR). **96** J. Villeneuve (WR). **97** J. Villeneuve (WR). **98** M.Schumacher (F). **99** D. Coulthard (MLM). **2000** D. Coulthard (MLM). **01** *1* M. Häkkinen (MLM), *2* M. Schumacher (F), *3* R. Barrichello (F).

■ **Hongrie.** *Créé* 10-8-1986. *Circuit :* Hungaroring (Budapest, 3,973 km, 77 tours soit 305,921 km). *Record du tour :* 182,418 km/h Mansell (1992). 1er grand prix disputé dans un pays de l'Est. **1990** T. Boutsen (WR). **91, 92** A. Senna (MLH). **93** D. Hill (WR). **94** M. Schumacher (BF). **95** D. Hill (WR). **96** J. Villeneuve (WR). **97** J. Villeneuve (WR). **98** M. Schumacher (F). **99** M. Hakkinen (MLM). **2000** *1* M. Hakkinen (MLM), *2* M. Schumacher (F), *3* D. Coulthard (MLM).

■ **Italie.** *Créé* 3-9-1950. *Circuit :* depuis 1950 sauf en 1980 Monza (Milan, 5,793 km, 53 tours soit 307,029 km). *Record du tour :* 241,226 km/h Schumacher (1996). **1990** A. Senna (MLH). **91** N. Mansell (WR). **92** A. Senna (MLH). **93** D. Hill (WR). **94** D. Hill (WR). **95** J. Herbert (BR). **96** M. Schumacher (F). **97** D. Coulthard (MLM). **98** M. Schumacher (F). **99** H.-H. Frentzen (JMH). **2000** *1* M. Schumacher (F), *2* M. Hakkinen (MLM), *3* R. Schumacher (BW).

■ **Japon.** *Créé* 24-10-1976. *Circuit :* Suzuka (Nagoya, 5,864 km, 53 tours soit 310,792 km). *Record du tour :* 209,749 km/h Mansell (1992). **1990** N. Piquet (BF). **91** G. Berger (MLH). **92** R. Patrese (WR). **93** A. Senna (MLF). **94** D. Hill (WR). **95** M. Schumacher (BR). **96** D. Hill (WR). **97** M. Schumacher (F). **98** M. Hakkinen (MLM). **99** M. Hakkinen (MLM). **2000** *1* M. Schumacher (F), *2* M. Hakkinen (MLM), *3* D. Coulthard (MLM).

■ **Luxembourg.** *Créé* 1997. *Circuit :* Nürburgring (All. 4,556 km, 67 tours soit 305, 252 km). **1997** J. Villeneuve (WR). **98** *1* M. Hakkinen (MLM), *2* M. Schumacher (F), *3* D. Coulthard (MLM). **99** *non disputé.*

■ **Malaisie.** *Créé* 1999. *Circuit :* Sepang (5,542 km, 56 tours). **1999** E. Irvine (F). **2000** *1* M. Schumacher (F), *2* D. Coulthard (MLM), *3* R. Barrichello (F). **01** *1* M. Schumacher (F.), *2* R. Barrichello (F), *3* D. Coulthard (MLM).

■ **Mexique.** *Créé* 27-10-1963. *Circuit :* Rodriguez (Mexico, 4,421 km, 69 tours soit 305,049 km). *Record du tour :* 204,805 km/h Berger (1992). *Disputé jusqu'en 1970. Repris de 1986 à 1992.*

■ **Monaco.** *Créé* 21-5-1950. *Circuit :* Monte-Carlo-Condamine (3,367 km, 78 tours soit 262,626 km). *Record du tour :* 147,772 km/h Schumacher (1994). **1984, 85, 86** A. Prost (MLP). **87** A. Senna (LH). **88** A. Prost (MLH). **89 à 92** A. Senna (MLH). **93** A. Senna (MLF). **94** M. Schumacher (BF). **95** M. Schumacher (BR). **96** O. Panis (LMH). **97** M. Schumacher (F). **98** M. Hakkinen (MLM). **99** M. Schumacher (F). **2000** D. Coulthard (MLM). **01** *1* M. Schumacher (F), *2* R. Barrichello (F), *3* E. Irvine (JC).

■ **Pacifique.** *Créé* 17-4-1994. *Circuit :* Tanaka à Aïda (Japon) (3,702 km, 83 tours soit 307,265 km). **1994** M. Schumacher (BF). **95** *1* M. Schumacher (BR), *2* D. Coulthard (WR), *3* D. Hill (WR).

■ **Pays-Bas.** *Disputé* de 1949 à 85. *Circuit :* Zandvoort (4,252 km). *Record du tour :* 199,995 km/h Prost (1985).

■ **Portugal.** *Créé* 14-8-1958 ; *non couru de 1961 à 1983. Circuit :* Estoril (4,360 km, 70 tours soit 305,200 km). *Record du tour :* 190,379 km/h Coulthard (1995). **1990** N. Mansell (F). **91** R. Patrese (WR). **92** N. Mansell (WR). **93** M. Schumacher (BF). **94** D. Hill (WR). **95** D. Coulthard (WR). **96** J. Villeneuve (Wr). **97** *annulé.*

■ **Saint-Marin.** *Créé* 3-5-1981. *Circuit :* Enzo e Dino Ferrari à Imola (4,943 km, 62 tours soit 306,229 km). *Record du tour :* 198,032 km/h Hill (1996). **1990** R. Patrese (WR). **91** A. Senna (MLH). **92** N. Mansell (WR). **93** A. Prost (WR). **94** M. Schumacher (BF). **95** D. Hill (WR). **96** D. Hill (WR). **97** H.-H. Frentzen (WR). **98** D. Coulthard (MLM). **99, 2000** M. Schumacher (F). **01** *1* R. Schumacher (WB), *2* D. Coulthard (MLM), *3* R. Barrichello (F).

■ **Suède.** *N'est plus couru* (voir Quid 1981, p. 1598).

■ **Suisse.** *Disputé de 1950 à 1982.*

■ Championnat de Formule 3000

■ **Origine.** *Formule 2* créée en 1947 pour former les jeunes pilotes de Formule 1. Le championnat d'Europe, couru de 1967 à 1984, était réservé aux pilotes ne faisant pas partie de la liste de notoriété Grand Prix. Les épreuves étaient disputées en 2 ou plusieurs manches et une finale en 2 manches comptant pour le résultat final, ou bien en une seule course. Les pilotes de notoriété pouvaient participer sans marquer de points. *Formule 3000* depuis 1985.

■ **Championnat international de Formule 3000.** Depuis *1996 :* châssis unique Lola, moteur unique Zytek, aileron figé, fond plat comme en F1 ; 10 épreuves en 1999. **1985** Ch. Danner (All. féd., March). **86** I. Capelli (Italie, March). **87** S. Modena (Italie, March). **88** R. Moreno (Brésil, Reynard). **89** J. Alesi (Fr., Reynard). **90** E. Comas (Fr., Dams). **91** Ch. Fittipaldi (Brésil, Reynard). **92** Luca Badoer (Italie, Reynard). **93** Olivier Panis (Fr., Dams). **94** Jean-Christophe Boullion (Fr., Dams). **95** Vincenzo Sospiri (Italie, Supernova). **96** Jorg Muller (All., RSM Marko). **97** Ricardo Zonta (Brésil, Super Nova). **98** Juan-Pablo Montoya (Col., Super Nova). **99** Nick Heidfeld (All., West Competition). **2000** Bruno Junqueira (Br., Petrobras junior Team).

■ **Grand Prix de Monaco.** *Créé* 1998. **1998** N. Heidfeld (All.). **2000** B. Junqueira (Br.).

■ Championnat de Formule 3

■ **Origine.** La Formule 3 a été créée en 1950 pour former les jeunes pilotes de Formule 1. **Championnat d'Europe** *créé* 1975 ; *n'est plus disputé depuis 1984.*

■ **Grand Prix de Monaco.** *Créé* 1959. Dénommé GP Monaco Juniors jusqu'en 1963. **1959** May [18]. **60** Taylor [3]. **61, 62** P. Arundell [1]. **63** R. Attwood [2]. **64** J. Stewart [3]. **65** P. Revson [1]. **66** J.-P. Beltoise [4]. **67** H. Pescarolo [4]. **68** J.-P. Jaussaud [5]. **69** R. Peterson [5]. **70** T. Trimmer [6]. **71** D. Walker [1]. **72** P. Depailler [7]. **73** J. Laffite [8]. **74** T. Pryce [9]. **75** R. Zorzi [10]. **76** B. Giacomelli [9]. **77** D. Pironi [8]. **78** E. De Angelis [11]. **79** A. Prost [8]. **80** M. Baldi [13]. **81, 82** A. Ferté [13]. **83** M. Ferté [13]. **84** I. Capelli [13]. **85** P.-H. Raphanel [8]. **86** Y. Dalmas [14]. **87** Artzet [15]. **88** Bertaggia [16]. **89** Tamburini [17]. **90** Aiello [16]. **91** Muller [17]. **92** Werner [15]. **93** Pacchioni [16]. **94** Fisichella [16]. **95** Pacchioni [16]. **96** Tiemann [16]. **97** Heidfeld [16]. **98** *remplacé par le GP de Monaco F 3000.*

Nota. – (1) Lotus, (2) Lola, (3) Cooper, (4) Matra, (5) Tecno, (6) Brabham, (7) Alpine, (8) Martini, (9) March, (10) GRD, (11) Chevron, (12) March-Alfa Romeo, (13) Martini-Alfa Romeo, (14) Martini VW, (15) Ralt. (16) Dallara. (17) Reynard. (18) Stanguellini.

■ Championnats de France

■ **Formule 1. 1985** A. Prost. **86** *1* A. Prost, *2* Laffite et Arnoux. **87** *1* A. Prost, *2* P. Streiff. **88** A. Prost. **89** A. Prost et R. Arnoux. **90** A. Prost et J. Alesi. **91** A. Prost et J. Alesi. **92** E. Comas. **93** A. Prost. **94 à 97** J. Alesi. *N'existe plus depuis 1997.*

■ **Formule 2.** *N'existe plus depuis 1984.*

■ **Formule 3. 1985** P.-H. Raphanel. **86** Y. Dalmas. **87** J. Alesi. **88** E. Comas et E. Cheli. **89** J. M. Gounon et L. Daumet. **90** E. Helary et L. Faure. **91** C. Bouchut et O. Panis. **92** F. Lagorce. **93** Cottaz (Dallara-Fiat). **94** J.-P. Belloc. **95** L. Redon. **96** S. Ayari. **97** P. Gay. **98** D. Saelens. **99** S. Bourdais. **2000** J. Cochet.

■ **Voitures de production. 1985** Bousquet. **86** *1* Lapeyre, *2* Beltoise. *N'existe plus depuis 1987, relayé par championnat supertourisme.*

■ **Supertourisme** ou **Grand Tourisme. 1994** L. Aïello (pilote) ; Peugeot (coupe des marques). **95** Y. Muller ; Opel. **96 à 98** E. Cayrolle ; BMW. **99, 2000** W. David ; Peugeot.

■ **Formule Renault. 1985** Bernard. **86, 87** E. Comas. **88** L. Faure. **89** Panis. **90** E. Collard. **91** O. Couvreur. **92** J.-P. Belloc. **93** D. Dussau. **94** S. Sarrazin. **95** C. Sauvage. **96** S. Enjolras. **97** J. Cochet. **98** M. Davies. **99** L. Lassere. **2000** R. Derlot.

■ **Glace. Trophée Andros.** *Créé* 1990. **1990** E. Arpin. **91** M. Chomat. **92, 93** D. Snobeck. **94** F. Chauche. **95** F. Chatriot. **96 à 2000** Y. Muller. **01** J.-P. Dayrault.

■ **Autres compétitions nationales. Ch. de France** *des rallyes* (voir p. 1354 c), de la montagne, de rallycross, des circuits, des coéquipiers de rallyes, d'autocross. **Formules :** France, Ford. **Coupes :** Renault Campus, Renault Mégane, Saxo Cup. **Trophées :** Saxo Kit-Car, Volant 206 WRC. **Challenges :** Saxo Rallye, Rallycross et Glace.

Les 24 Heures du Mans

■ **Origine.** Épreuve d'endurance *créée* le 26-5-1923. En 1956, 75, 89, 90 ne figura pas au programme du Ch. du monde des voitures sport-prototypes (supprimé ensuite). Depuis 1993, se présente au calendrier sportif comme *épreuve internationale libre.*

■ **Classements. 1°) Général à la distance :** est classée 1re la voiture qui a couvert la plus grande distance jusqu'à la présentation du drapeau à damier (la position des voitures sur la grille de départ n'est pas prise en compte). Pour être classée, une voiture doit franchir la ligne d'arrivée sur la piste de course à la présentation du drapeau à damier et avoir parcouru, après 18 h de course, au moins 50 % de la distance couverte par la voiture en tête de la course et à l'arrivée 70 % de la distance couverte, au moins, par la voiture gagnante de la course. Les voitures sont classées en fonction de la distance réelle couverte pendant 24 h sans tenir compte de l'heure de la présentation du drapeau à damier. Si la course est disputée en plusieurs parties, les distances couvertes dans chacune d'elles sont additionnées, la voiture gagnante étant celle qui a couvert la plus grande distance. **2°) A l'indice de rendement énergétique :** calculé en fonction de la vitesse moyenne réalisée sur la distance parcourue en 24 h, du poids réel de la voiture réservoirs pleins, de la consommation réelle aux 100 km en carburant. Supprimé en 1992 (voir Quid 1993, p. 1698 a). **3°) A l'indice de performance :** *supprimé en 1972* (voir Quid 1981). **4°) Par catégories** (5 en 2000).

■ **Records. Partants :** *minimum* 18 (1930), *maximum* 60 (1950-51-53-55). Maintenant fixé à 48 voitures. **Abandons :** 40 sur 53 (en 1959), sur 55 (en 1966), sur 57 (1952-1954). **Victoires :** 6 par le Belge Jacky Ickx ; Porsche 14, Ferrari 9. **Distance :** 5 335,313 km (Helmut Marko et Gijs Van Lennep en 1971, circuit n° 5). **Vitesse :** *records des 24 Heures* sur le tracé utilisé de 1990 à 1996) : *moyenne générale :* 213,358 km/h (Bouchut-Helary-Brabham 1993) ; *du tour :* 235,986 km/h (3'27"470, E. Irvine 1993) ; *aux essais :* 243,329 km/h (3'21"200, P. Alliot 1992) ; *pure :* 405 km/h (Roger Dorchy en 1988) ; sur le tracé utilisé depuis 1997 (13,605 km, écrêtement de la bosse des Hunaudières en hiver 2000-2001) : *moyenne générale :* 208,666 km/h (Biela-Kristensen-Pirro 2000) ; *du tour :* 227,771 km/h (3'35"032, U. Katayama 1999) ; *aux essais :* 233,306 km/h (3'29"930, M. Brundle 1999).

■ Classement général

☞ **Année, constructeur** en italique, **distance, pilotes, moyenne et,** entre parenthèses : **nombre de partants (p.) et d'abandons (a.).**

1923 *Chenard et Walker* 2 209,536 km Lagache-Léonard 92,064 km/h (33 p., 3 a.). **24** *Bentley* 2 077,340 km J. Duff-Clément 86,555 km/h (40 p., 23 a.). **25** *La Lorraine* 2 233,982 km de Courcelles-Rossignol 93,082 km/h (49 p., 33 a.). **26** *La Lorraine* 2 552,414 km Bloch-Rossignol 106,350 km/h (41 p., 28 a.). [1res tribunes ; le pilote doit effectuer seul les réparations.] **27** *Bentley* 2 369,807 km Benjafield-S.C.H. Davis 98,740 km/h (22 p., 15 a.). [Apparition de la 1re traction avant (Tracta de J.A. Grégoire) ; toutes pièces de rechange doivent être emportées à bord.] **28** *Bentley* 2 669,272 km Barnato-Rubin 111,219 km/h (33 p., 16 a.). [1re participation de constructeurs américains (Chrysler et Stutz).] **29** *Bentley* 2 843,830 km Barnato-Hrs Birkin 118,492 km/h (25 p., 15 a.). [Circuit réduit à 16,340 km.]

1930 *Bentley* 2 930,663 km Barnato-Kidston 122,11 km/h (18 p., 9 a.). [1re année où des femmes pilotent (Bugatti 1 496 cm^3, Mareuse et Siko).] **31** *Alfa Romeo* 3 017,654 km Lord Howe-Mrs Birkin 125,735 km/h (26 p., 17 a.). [Déchappage des pneus de toutes les Bugatti.] **32** *Alfa Romeo* 2 954,038 km Sommer-Chinetti 123,084 km/h (25 p., 16 a.). [Circuit de 13,492 km avec la route privée de l'ACO.] **33** *Alfa Romeo* 3 144,038 km Nuvolari-Sommer 131,001 km/h (29 p., 14 a.). [Nuvolari bat Chinetti de 400 m.] **34** *Alfa Romeo* 2 886,938 km Chinetti-Etancelin 120,298 km/h (44 p., 21 a.). **35** *Lagonda* 3 006,797 km Hindmarsh-Fontes 125,283 km/h (58 p., 30 a.). **36** *annulation* (grèves en France). **37** *Bugatti* 3 287,938 km Wimille-Benoist 136,997 km/h (48 p., 31 a.). **38** *Delahaye* 3 180,940 km Chaboud-Tremoulet 132,539 km/h gagnèrent avec une boîte de vitesses défaillante : il ne restait que la prise directe (41 p., 27 a.). **39** *Bugatti* 3 354,760 km Wimille-Veyron 139,781 km/h (42 p., 22 a.). [Prime de 1 000 F à la voiture de tête à la fin de chaque heure de course.]

1949 le Pt Auriol assiste à la course. *Ferrari* 3 178,299 km lord Selsdon-Chinetti 132,420 km/h (49 p., 30 a.). **50** *Talbot* 3 465,120 km Louis Rosier, J.-L. Rosier 144,380 km/h, gagne en conduisant 3 458 km, son fils assurant 27 km, 2 tours (60 p., 32 a.). **51** *Jaguar* 3 611,193 km Walker-Whitehead 150,466 km/h (60 p., 30 a.). **52** *Mercedes-Benz* 3 733,800 km Lang-Riess 155,575 km/h (57 p., 40 a.). [Levegh, conduisant seul sa Talbot depuis le départ, casse son vilebrequin à un peu plus de 2 h de la fin (il avait 4 tours d'avance).] **53** *Jaguar* 4 088,064 km Rolt-Hamilton 170,336 km/h (60 p., 34 a.) [1ers freins à disques sur les Jaguar qui, grâce à eux, gagnent la course.] **54** *Ferrari* 4 061,150 km Gonzalès-Trintignant 169,215 km/h, battent Hamilton de 90″ (57 p., 40 a.). **55** *Jaguar* 4 135,380 km Hawthorn-Bueb 172,308 km/h (60 p., 39 a.). [3 Mercedes avec freins aérodynamiques. Hawthorn (Jaguar) double Macklin (Austin Healey), qui, gêné, freine et se déporte, Levegh (Mercedes) le percute, s'envole et se retourne sur le talus. L'avant-train explose, la voiture prend feu. Levegh est tué ainsi que 82 spectateurs, plus de 100 blessés. La course continue (pour éviter toute panique). Les Mercedes se retirent à la fin de la 9e h en signe de deuil.] **56** *Jaguar* 4 034,929 km Flockhart-Sanderson 168,122 km/h (52 p., 39 a.). **57** *Jaguar* 4 397,108 km Flockhart-Bueb 183,217 km/h (54 p., 34 a.). **58** *Ferrari* 4 101,926 km P. Hill-Gendebien 170,914 km/h (55 p., 35 a.). **59** *Aston Martin* 4 347,900 km Salvadori-Shelby 181,163 km/h (53 p., 40 a.).

1960 *Ferrari* 4 217,527 km Frère-Gendebien 175,730 km/h (55 p., 35 a.). **61** *Ferrari* 4 476,580 km Gendebien-P. Hill 186,527 km/h (55 p., 33 a.). **62** *Ferrari* 4 451,225 km Gendebien-P. Hill 185,469 km/h (55 p., 37 a.). [Dernière victoire d'une voiture à moteur avant. Admission de voitures « prototypes ».] **63** *Ferrari* 4 561,170 km Scarfiotti-Bandini 190,071 km/h (49 p., 36 a.). [1re participation d'une voiture à turbine (Rover) (moy. : 173 km/h).] **64** *Ferrari* 4 695,310 km Guichet-Vaccarella 195,638 km/h (55 p., 30 a.). **65** *Ferrari* 4 677,11 km Gregory-Rindt 194,880 km/h (51 p., 37 a.). [Défaite de toutes les voitures d'usine.] **66** *Ford* 4 843,090 km Amon-McLaren 201,196 km/h (55 p., 40 a.). **67** *Ford* 5 232,900 km D. Gurney-A.J. Foyt 218,038 km/h (54 p., 38 a.). **68** *Ford* 4 452,880 km P. Rodriguez-L. Bianchi 185,536 km/h (54 p., 36 a.). [Disputée en sept., aménagement du virage Ford qui modifie un peu la distance, 13,469 km au tour.] **69** *Ford* 4 998,000 km J. Ickx-J. Oliver 208,250 km/h (45 p., 31 a.). [Après 3 h de lutte roue dans roue, la Ford d'Ickx-Oliver bat la Porsche de Hermann-Larrousse d'un souffle.]

1970 tournage du film *Le Mans* avec Steve McQueen. *Porsche* 4 607,810 km Attwood-Hermann 191,992 km/h (51 p., 35 a.) [départ : pilotes à bord des véhicules, moteurs arrêtés ; presque tout le parcours fermé par des glissières de sécurité.] **71** *Porsche* 5 335,313 km (record) H. Marko-G. Van Lennep 222,304 km/h (55 p., 35 a.) [record du tour à 243,905 km/h (départ lancé style Indianapolis).] **72** *Matra-Simca* 4 691,343 km H. Pescarolo-G. Hill 195,472 km/h (55 p., 18 a.) [nouveau tracé de Maison-Blanche. Tour : 13,640 km.] **73** *Matra-Simca* 4 853,945 km Pescarolo-Larrousse 202,247 km/h (55 p., 21 a.) [record du tour de 13,640 km en 3′39″6‴ à 223,607 km/h par François Cevert (Matra Simca 670 B).] **74** *Matra-Simca* 4 606,571 km Pescarolo-Larrousse 191,940 km/h (49 p., 20 a.). **75** *Gulf-Mirage Ford* 4 595,577 km Ickx-Bell 191,482 km/h (55 p., 30 a.) [admission des « Grand Tourisme » (GT) de série et des GT type Le Mans. Les voitures doivent effectuer 20 tours sans se ravitailler.] **76** *Porsche 936 turbo* 4 769,923 km Ickx-Van Lennep 198,746 km/h (55 p., 28 a.) [arrivée en force des Américains (Imsa-Nascar) ; 1re confrontation Porsche-Renault ; 1re victoire d'un moteur turbo compressé.] **77** *Porsche 936 turbo* 4 671,630 km Barth-Haywood-Ickx 194,651 km/h. (55 p., 20 a.) [nouveau record du tour par Ickx à 226,494 km/h.] **78** *Renault Alpine A 442 B* 5 044,530 km Jaussaud-Pironi 210,188 km/h (55 p., 16 a.) [nouveau record du tour par Jabouille à 229,244 km/h]. **79** *Porsche 935* 4 173,930 km Ludwig-Whittington D. et B. 173,913 km/h (55 p., 22 a.).

1980 *Rondeau Cosworth* 4 608,020 km J.-P. Jaussaud-Jean Rondeau, 192 km/h [1er pilote constructeur à gagner depuis 1923] (55 p., 30 a.). **81** *Porsche 936 turbo* 4 825,348 km J. Ickx.-D. Bell 201,056 km/h (55 p., 18 a.) [mort d'un commissaire de piste de l'ACO et du pilote Jean-Louis Lafosse.] **82** *Porsche 956* 4 899,686 km J. Ickx-D. Bell 204,128 km/h, nouveau record (55 p., 36 a.). **83** *Porsche 956* 5 047, 934 km Holbert-Haywood-Vern-Schuppan, 210,330 km/h (51 p., 26 a.). **84** *Porsche 956* 4 900, 276 km Pescarolo-Ludwig, 204,178 km/h (53 p., 22 a.). **85** *Porsche 956* 5 088,507 km Ludwig-Barilla-Winter, 212,021 km/h (53 p., 24 a.). **86** *Porsche 962* 4 972,731 km Bell-Stuck-Holbert, 207,197 km/h (50 p., 19 a.). **87** *Porsche 962 C* 4 791,777 km Bell-Stuck-Al Holbert, 199,657 km/h (48 p., 33 a.). **88** *Jaguar XJR 12* 5 332,790 km Lammers-Wallace-Dumfries, 221,665 km/h (49 p., 22 a.). **89** *Sauber-Mercedes* 5 262,115 km Mass-Reuter-Dickens, 219, 990 km/h (55 p., 36 a.).

1990 *Jaguar XJR 12* 4 882,4 km Nielsen-Cobb-Brundle, 204,036 km/h (49 p., 21 a.). **91** *Mazda 787 B* 4 923,2 km Weidler-Herbert-Gachot 205,333 km/h (38 p., 26 a.). **92** *Peugeot 905* 4 787,2 km Warwick-Dalmas-Blundell 199,340 km/h (28 p., 14 a.). **93** *Peugeot 905* record de distance sur le tracé de 1990 5 100 km, Brabham-Bouchut-Hélary 213,358 km/h. **94** *Porsche 962* 344 tours (4 685,701 km) Dalmas-Haywood-Baldi 195,265 km/h. **95** *McLaren-BMW F1 GTR* (1re participation) 4 055,800 km parcourus, 168,992 km/h (Dalmas-Lehto-Sekiya, course la plus lente depuis les années 50 à cause de la pluie, 48 p., 25 a.), *2* Wollek-Andretti-Helary (Courage-Porsche C 34), *3* Wallace-J. Bell-D. Bell (McLaren-BMW F1 GTR). **96** *TWR Porsche-Joest* (14e victoire Porsche) 200,600 km/h (Reuter-Jones-Wurz), *2* Stuck-Boutsen-Wollek (Porsche GT 1), *3* Dalmas-Goodyear-Wendingler (Porsche GT 1) ; (48 p., 23 a.). **97** *TWR Porsche-Joest* 361 tours soit 4 909,6 km à la moyenne de 204,186 km/h, Alboreto-Johansson-Kristensen, *2* Gounon-Raphanel-Olofsson (BMW F1 GTR), *3* Kox-Ravaglia-Hélary (BMW F1 GTR) ; (48 p., 30 a). **98** *Porsche 911 GT 1* 351 tours à la moyenne de 199,324 km/h, McNish-Aiello-Ortelli, *2* Muller-Alzen-Wollek (Porsche 911 GT 1), *3* Hoshino-Suzuki-Kageyama (Nissan R 390 GT 1) ; (47 p. 23 a.). **99** *BMW V 12 LMR* 365 tours à la moyenne de 207 km/h, Winkelhock-Martini-Dalmas, *2* Katayama-Tsuchiya-Suzuki (Toyota GTOne), *3* Pirro-Biela-Theys (Audi R8R) ; (46 p. 21 a.). [1re victoire BMW. 1re participation de voitures prototypes à moteur avant : Panoz.]

2000 *Audi R 8* 368 tours à la moyenne de 208,666 km/h, Biela-Kristensen-Pirro, *2* Aiello-McNish-Ortelli (Audi R 8), *3* Alboreto-Abt-Capello (Audi R 8). [Jacky Ickx élu pilote du siècle]. **01** *Audi-Joest* 321 tours à la moyenne de 180,949 km/h, Biela-Kristensen-Pirro, *2* Aiello-Capello-Pescator (Audi-Joest), *3* Wallace-Leitzinger-Van De Poele (Bentley).

■ **Record de victoires.** Ickx 6, Bell 5, Gendebien, Pescarolo et Dalmas 4.

ÉPREUVES AMÉRICAINES

■ **500 Miles d'Indianapolis.** Indiana (USA). *Créée* 30-5-1911. De 1950 à 1960, comptait pour le championnat du monde de F 1. **Longueur :** 804 km soit 200 tours. **Voitures :** 33. **Moteurs :** V 8 3,5 l, 650 chevaux à 10 700 tours/min. Carburant : méthanol. Sur 52 courses (jusqu'en 1968), il y eut 58 coureurs tués. **Records** (en km/h) : *piste* (sur 4 tours enchaînés de qualification) : 381,390 km/h de moyenne (Arie Luyendik en 1996) ; *de la course :* 299,3 (Arie Luyendyk, 2 h 41′ le 27-5-90) ; *tour en course :* 363,018 (E. Fittipaldi, le 13-5-1990) ; *qualification :* 385,050 km/h (A. Luyendick, 1996). Le total des primes a atteint, en 1989, 5,7 millions de $.

Palmarès. 1990 A. Luyendyck (Lola Chevrolet). **91** R. Mears (Penske-Chevrolet). **92** Al Unser Jr (Galmer-Chevrolet). **93** E. Fittipaldi (Penske-Chevrolet). **94** Al Unser Jr (Penske-Mercedes). **95** J. Villeneuve (Reynard-Ford). **96** B. Lazier (Lola-Ford). **97** A. Luyendyk (G-Force Aurora). **98** E. Cheever (Dallara-Aurora). **99** K. Brack (Dallara-Aurora). **2000** J.-P. Montoya (G-Force Oldsmobile). **01** H. Castroneves (Dallara-Aurora).

■ **Cart (Indycar jusqu'en 1996).** *Créé* 1909. **1990** Al Unser Jr. **91** M. Andretti. **92** B. Rahal. **93** N. Mansell. **94** Al Unser Jr. **95** J. Villeneuve. **96** J. Vasser. **97, 98** A. Zanardi. **99** J.-P. Montoya. **2000** De Ferran.

■ **Canam (Challenge Canada-Amérique).** *Couru de 1966 à 1986 sauf en 1975-76, et repris en 1997-98.*

■ **24 Heures de Daytona.** *Créé* 1959. **1995** Bouchut-Lassig-Lavaggi (Spider Porsche Kremer). **96** Taylor-Pace-Sharp (R et S MK 3-Oldsmobile, 697 tours en 24 h 1′9″431). **97** Dyson-Wallace-Robinson-John Paul Jr-Leitzinger-Weaver (Riley Scott-Ford). **98** Moretti-Theys-Baldi-Luyendick (Ferrari 333 SP, 711 tours). **99** Wallace-Leitzinger-Forbes-Robinson (Riley Scott-Ford, 708 tours). **2000** Beretta-Wendlinger-Dupuy (Chrysler Viper Oreca, 723 tours). **01** Fréon-Fellows-Kneif el-O'Connell (Chevrolet Corvette C 5 R).

☞ **La Targa-Florio** (Sicile 1906-1973), les **Mille Miglia** (Brescia-Rome-Brescia 1927-57) *ne sont plus courues.*

RALLYES

Légende. – (1) Mercedes, (2) Panhard, (3) BMC-Cooper, (4) Citroën, (5) Porsche 911, (6) Alpine-Renault, (7) Lancia Fulvia, (8) Lancia Stratos, (9) Porsche Carrera, (10) Fiat 124 Abarth, (11) Renault 5 Turbo, (12) Opel Ascona, (13) Lancia Abarth Rally, (14) Audi Quattro, (15) Peugeot 205, (16) Lancia-Delta, (17) Ford Escort, (18) Datsun, (19) Fiat 131 Abarth, (20) Fiat 147 Alcool, (21) Talbot Sunbeam, (22) Peugeot 504, (23) Mitsubishi Lancer, (24) Mercedes 5.0 SLC, (25) Toyota, (26) Saab 96 V4, (27) Citroën DS 21, (28) BMW 2002, (29) Renault 11, (30) Golf GTI, (31) Saab 99, (32) Mazda, (33) Peugeot 404, (34) Ford Cortina GT, (35) Volvo PV 544, (36) Ford 20 M, (37) Datsun 1600, (38) Mitsubishi Colt, (39) Datsun 160 J, (40) Ford RS 1800, (41) Talbot Lotus, (42) Ferrari, (43) Osca, (44) Gordini, (45) Matra-Simca 650, (46) Ligier, (47) Ferrari 308 GTB, (48) Opel Manta 400, (49) Porsche, (50) Saab, (51) Ford Sierra Cosworth, (52) Nissan 200 SX, (53) Subaru RX, (54) Opel Kadett, (55) Lancia Delta Integrale, (56) Toyota-Celica, (57) BMW M3, (58) Mitsubishi Starion. (59) Mitsubishi Galant. (60) Mazda. (61) Renault GT Turbo. (62) Toyota Corolla. (63) BMW M3. (64) Renault 5 Turbo. (65) Subaru Legacy. (66) Nissan Sunny. (67) Ford Escort Cosworth. (68) Subaru Impreza. (69) Peugeot 306 Maxi. (70) Renault Mégane Maxi. (71) Mitsubishi. (72) Audi coupé. (73) Mitsubishi Carisma. (74) Ford Escort WRC. (75) Ford Focus. (76) Citroën Xsara Kit-Car. (77) Seat Cordoba WRC. (78) Peugeot 206 WRC. (79) Skoda Octavia WRC.

(*) Ne compte pas pour le championnat du monde des rallyes.

■ **Championnat du monde des rallyes.** *Ouvert* aux voitures des groupes A, B (jusqu'en 1990), N. *Épreuves* (en 2001) : Monte-Carlo, Suède, Portugal, Catalogne, Argentine, Chypre, Acropole (Grèce), Safari Kenya, Finlande, Nlle-Zélande, San Remo, Tour de Corse, Australie, G.-B. *Durée* maximale 120 h ou 144 h si parcours de concentration. Obligation d'engager pour tout le championnat au moins 2 voitures (3 possible). *Titres :* 2 sont attribués en fin de saison. *Pilotes* (attribution des points : 20, 15, 12, 10, 8, 6, 4, 3, 2, et 1 points respectivement aux 10 premiers pilotes classés ; les 8 meilleurs résultats comptent). *Constructeurs* [attribution des points : 25, 20, 17, 14, 12, 10, 9, 8, 7, 6, 5, 4, 3, 2 et 1 pts au classement général et 10, 9, 8, 7, 6, 5, 4, 3, 2, 1 (au cas où une même marque aurait 3 voitures classées dans les 10 premières, les 2 mieux placées marquant des points)]. **1997** décisions FIA : fin du système de rotation avec le championnat 2 litres ; 14 rallyes ; participation obligatoire à chacune des épreuves avec 2 voitures minimum (3 maximum) ; tous résultats comptabilisés ; pour un constructeur, seules les 2 voitures les mieux classées marquent des points ; barème pilotes et constructeurs : 10, 6, 4, 3, 2 et 1 points.

Constructeurs. *Créé* 1968. **1968** Ford G.-B. **69** Ford Europe. **70** Porsche. **71** Alpine-Renault. **72** Lancia. **73** Alpine. **74 à 76** Lancia. **77, 78** Fiat. **79** Ford. **80** Fiat. **81** Talbot. **82** Audi. **83** Lancia. **84** Audi. **85, 86** Peugeot. **87 à 92** Lancia. **93, 94** Toyota. **95 à 97** Subaru. **98** Mitsubishi. **99** Toyota. **2000** *1* Peugeot, *2* Ford.

■ **Coupe FIA des conducteurs de rallyes.** *Remplacée en 1979 par le* **Ch. du monde des conducteurs de rallyes. Pilotes. 1979** Waldegaard (Suède). **80** Röhrl (All. féd.). **81** Vatanen (Finl.). **82** Röhrl (All. féd.). **83** Mikkola (Finl.). **84** Blomqvist (Suède). **85** Salonen (Finl.). **86, 87** Kankkunen (Finl.). **88, 89** Biasion (It.). **90** Sainz (Esp.). **91** Kankkunen. **92** Sainz. **93** Kankkunen. **94** Auriol (Fr.). **95** McRae (G.-B.). **96 à 99** Makinen (Finl.). **2000** Grönholm (Finl.), *2* Burns (G.-B.), *3* Sainz.

Record des victoires pilotes en championnat du monde (de 1979 au 23-7-2001) : Makinen, McRae, Kankkunen et Sainz 23. Auriol 20. Biasion 17. Mikkola 14. Alen 13. Röhrl 11. Salonen et Vatanen 10. Waldegaard 9. Burns 8. Blomqvist et Eriksson 7. Grönholm, Delecour, Mehta et Mouton 4. Darniche, Ragnotti et Toivonen 3. Bugalski et Panizzi 2.

Titres des marques (1968-99) : Lancia 11, Fiat, Ford, Subaru, Toyota, Peugeot 3, Alpine, Audi 2, Mitsubishi, Porsche, Talbot 1.

■ **Rallye de Monte-Carlo.** *Créé* 1911, plus vieux rallye du monde. Comprend 3 parties : parcours de concentration (réservé aux amateurs depuis 1997), de classement (1re sélection réelle), commun, puis, pour les 60 équipages les mieux classés, le final. Nuit du Turini supprimée en 1998. **Records :** *de victoires :* Sandro Munari, Walter Röhrl 4, Jean Trévaux, Carlos Sainz 3 ; *de victoires consécutives :* S. Munari et W. Röhrl 3. **1990** Auriol-Occelli [55]. **91** Sainz-Moya [56]. **92** Auriol-Occelli [55]. **93** Auriol-Occelli [56]. **94** Delecour-Grataloup [67]. **95** Sainz-Moya [68]. **96*** Bernardini-Occelli [67]. **97** Liatti-Pons [68]. **98** Sainz-Moya [62]. **99, 2000** Makinen-Mannisenmaki [23]. **01** *1* Makinen-Mannisenmaki [23], *2* Sainz-Moya [75], *3* Delecour-Grateloup [75].

■ **Rallye Acropole (Grèce).** *Créé* 1953. **1990** Sainz-Moya [56]. **91** Kankkunen-Piironen [55]. **92** Auriol-Occelli [55]. **93** Biasion-Siviero [67]. **94** Sainz-Moya [23]. **95*** Vovos-Stefanis [55]. **96** McRae-Ringer [68]. **97** Sainz-Moya [67]. **98** McRae-Grist [68]. **99** Burns-Reid [68]. **2000** McRae-Grist [75]. **01** *1* McRae-Grist [75], *2* Solberg-Mills [68], *3* Rövanpera-Pietilainen [78].

■ **Rallye d'Australie.** *Créé* 1989. **1989 à 91** Kankkunen-Piironen [56 et 55]. **92** Auriol-Occelli [55]. **93** Kankkunen-Grist [56]. **94*** McRae-Ringer [68]. **95** Eriksson-Parmander [23]. **96** Makinen-Harjanne [23]. **97** McRae-Grist [68]. **98** Makinen-Mannisenmaki [23]. **99*** Burns-Reid [68]. **2000** *1* Grönholm-Rautiainen [78], *2* Burns-Reid [68], *3* Delecour-Grateloup [78].

■ **Rallye du Brésil.** *Non disputé depuis 1983.*

■ **Rallye d'Argentine. 1990** Biasion-Siviero [55]. **91** Sainz-Moya [56]. **92** Auriol-Occelli [55]. **93** Kankkunen-Grist [56]. **94** Auriol-Occelli [56]. **95*, 96, 97** Makinen-Harjanne [23]. **98** Makinen-Mannisenmaki [23]. **99** Kankkunen-Repo [68]. **2000** Burns-Reid [68]. **01** *1* McRae-Grist [75], *2* Burns-Reid [68], *3* Sainz-Moya [75].

■ **Rallye de Côte d'Ivoire (Bandama). 1990** Tauziac-Papin [59]. **91, 92** Shinozuka-Meadows [59]. **93** *non disputé*. **94*, 95*, 96*** *1* Ambrosino [23], *2* Tauziac [59], *3* Servant [72].

■ **Rallye de Chine. 1999** *1* Auriol-Giraudet [62], *2* Burns-Reid [68], *3* Sainz-Moya [62].

■ **Rallye de Chypre. 1999*** Richelmi-Prévot [68]. **2000** *1* Sainz-Moya [75], *2* McRae-Grist [75], *3* Delecour-Grataloup [78]. **01** *1* McRae-Grist [75], *2* Burns-Reid [68], *3* Sainz-Moya [75].

■ **Rallye d'Espagne-Catalogne.** *Créé* 1991. **1991** Schwarz-Hertz [56]. **92** Sainz-Moya [56]. **93** Delecour-Grataloup [67]. **94** *non disputé.* **95** Sainz-Moya [68]. **96** Mc Rae-Ringer [68]. **97** Makinen-Harjanne [23]. **98** Auriol-Giraudet [62]. **99** Bugalski-Chiaroni [76]. **2000** McRae-Grist [75]. **01** *1* Auriol-Giraudet [78], *2* Panizzi-Panizzi [78], *3* Mäkinen-Mannisenmäki [23].

■ **Rallye de Finlande (ex-1 000 Lacs).** *Créé* 1951. **1990** Sainz-Moya [56]. **91** Kankkunen-Piironen [55]. **92** Auriol-Occelli [55]. **93** Kankkunen-Giraudet [56]. **94** Makinen-Harjanne [67]. **95*, 96, 97** *idem* [23]. **98** Makinen-Mannisenmaki [23]. **99** Kankkunen-Repo [68]. **2000** *1* Grönholm-Rautiainen [78], *2* McRae-Grist [75], *3* Rovanperä-Pietiläinen [62].

■ **Indonésie.** *Couru* en 1996 et 1997. **1996** Sainz-Moya [17]. **97** *1* Sainz-Moya [17], *2* Kankkunen-Repo [17], *3* Eriksson-Parmander [68].

■ **Rallye de Nouvelle-Zélande.** **1990 à 92** Sainz-Moya [56]. **93, 94** McRae-Ringer [65]. **95** McRae-Ringer [68]. **96*** Burns-Reid [71]. **97** Eriksson-Parmander [68]. **98** Sainz-Moya [62]. **99** Makinen-Mannisenmaki [23]. **2000** *1* Grönholm-Rautiainen [78], *2* McRae-Grist [75], *3* Sainz-Moya [75].

■ **Rallye Olympus.** *N'est plus disputé depuis 1989.*

■ **Rallye du Portugal.** **1990** Biasion-Siviero [55]. **91** Sainz-Moya [56]. **92** Kankkunen-Piironen [55]. **93** Delecour-Grataloup [67]. **94** Kankkunen-Grist [56]. **95** Sainz-Moya [68]. **96*** Madeira-Silva [56]. **97** Makinen-Harjanne [23]. **98** McRae-Grist [68]. **99** McRae-Grist [75]. **2000** Burns-Reid [68]. **01** *1* Makinen-Mannisenmaki [23], *2* Sainz-Moya [75], *3* Grönholm-Rautiainen [78].

■ **Rallye d'Italie-San Remo.** **1990, 91** Auriol-Occelli [55]. **92** Aghini-Farnocchia [55]. **93** Cunico-Evangelisti [67]. **94** Auriol-Occelli [56]. **95*** Liatti-Alessandrini [68]. **96** McRae-Ringer [68]. **97** McRae-Grist [68]. **98** Makinen-Mannisenmaki [23]. **99** Makinen-Mannisenmaki [23]. **2000** *1* Panizzi-Panizzi [78], *2* Delecour-Grataloup [78], *3* Makinen-Mannisenmaki [23].

■ **Rallye de Suède.** **1995** Eriksson-Parmander [23]. **96** Makinen-Harjanne [23]. **97** Eriksson-Parmander [68]. **98** Makinen-Mannisenmaki [23]. **99** Makinen-Mannisenmaki [23]. **2000** Grönholm-Rautiainen [78]. **01** *1* Rovanpera-Pietilainen [78], *2* Radström-Thörner [73], *3* Sainz-Moya [75].

■ **Safari Rallye (Kenya).** *Créé* 1953. **1995*, 96** Makinen-Harjanne [23]. **97** McRae-Grist [68]. **98** Burns-Reid [73]. **99** McRae-Grist [75]. **2000** Burns-Reid [68]. **01** Makinen-Mannisenmaki [23], *2* Rovanpera-Pietilainen [78], *3* Schwarz-Hiemer [79].

■ **Grande-Bretagne (ex-RAC).** *Créé* 1927, *reconnu depuis 1951.* **1994, 95** McRae-Ringer [68]. **96*** Schwarz-Giraudet [56]. **97** McRae-Grist [68]. **98** Burns-Reid [73]. **99** Burns-Reid [68]. **2000** *1* Burns-Reid [68], *2* Grönholm-Rautiainen [78], *3* Makinen-Mannisenmaki [23].

■ **Tour de Corse-Rallye de France.** **1989, 90** Auriol-Occelli [55]. **91** Sainz-Moya [56]. **92** Auriol-Occelli [55]. **93** Delecour-Grataloup [67]. **94** Auriol-Occelli [56]. **95** Auriol-Giraudet [56]. **96*** Bugalski-Chiaroni [70]. **97** McRae-Grist [68]. **98** McRae-Grist [68]. **99** Bugalski-Chiaroni [76]. **2000** *1* Panizzi-Panizzi [78], *2* Delecour-Grataloup [78], *3* Sainz-Moya [75].

■ **Championnat d'Europe des rallyes pour conducteurs.** **1985** Cerrato. **86** Tabaton. **87** Cerrato. **88** Tabaton. **89** Loubet. **90** Droogmans. **91** Liatti. **92** Weber. **93** Baroni. **94** Snyers. **95** Bertone. **96** Schwarz. **97** Holowczyc. **98** Navarra.

■ **Championnat de France des Rallyes.** **1986 à 88** Didier Auriol-Bernard Occelli. **89, 90** François Chatriot. **91 à 93** Bernard Béguin. **94, 95** Patrick Bernardini. **96, 97** Gilles Panizzi. **98, 99, 2000** Bugalski.

■ **Tour de France.** *Créé* 1889 ; *n'est plus organisé depuis 1985,* derniers gagnants : **1984, 85** Ragnotti-Thimonier [11].

Courses de côtes

■ **Championnat d'Europe de la montagne.** *Créé* 1957. Réservé aux voitures des groupes 1 à 6. Parcours d'au moins 5 km, dénivellation minimale entre le départ et l'arrivée de 350 m.

Raids

■ **Raid Alger-Le Cap.** En 1970, la Renault 12 de Bernard et Claude Marreau et d'Yves Garin, partie du Cap le 5-12 à 14 h, arrivait à Alger le 15-12 à 21 h 14′, après 15 745 km de route à 63,170 km/h de moyenne (battant le record de 62,800 km/h détenu depuis 1958 par le colonel Henri Debrus, le C[dt] Robert Monnier et le Lt Robert Clausse).

■ **Paris-Dakar.** *Créé* 1978. **1979** (26-12-1978/14-1-1979) 10 000 km, 170 engagés, 160 partants (58 motos, 90 autos, 12 camions). *Auto* Genestier-Lemordant (Range-Rover). *Moto* Neveu (Yamaha XT 500). **1980** (1-1/23-1) 10 000 km, 216 engagés (90 motos, 116 autos, 10 camions), 95 arrivés. *Auto* Kottulinsky-Luffelman (VW). *Camion* Ataquat-Boukrif-Kaoula (Sonacome). *Moto* Neveu (Yamaha XT 500). **1981** (1-1/20-1) 10 000 km, 291 engagés (106 motos, 170 autos, 15 camions), 91 arrivés. *Auto* Metge-Giroux (Range-Rover). *Camion* Villette-Gabrielle-Voillereau (ALM Acmat). *Moto* Auriol (BMW GS 80). **1982** (1-1/20-1) 10 000 km, 382 engagés (129 motos, 233 autos, 20 camions), 127 arrivés. *Auto* Marreau-Marreau (Renault 20). *Camion* Groine-de Saulieu-Malferiol (Mercedes). *Moto* Neveu (Honda XR 500). **1983** (1-1/20-1) 12 000 km, 385 engagés (132 motos, 253 autos et camions), 123 arrivés. *Auto* Ickx-Brasseur (Mercedes 280 GE). *Camion* Groine-de Saulieu-Malferiol (Mercedes). *Moto* Auriol (BMW 980). **1984** (1-1/20-1) 12 000 km, 427 engagés (114 motos, 313 autos et camions), 148 arrivés. *Auto* Metge-Lemoyne (Porsche 911). *Camion* Laleu-Durce (Mercedes). *Moto* Rahier (BMW 980). **1985** (1-1/22-1) 14 000 km, 552 engagés (135 motos, 337 autos, 55 camions, 25 véhicules d'assistance), 146 arrivés. *Auto* Zaniroli-Da Silva (Mitsubishi Pajero). *Camion* Capito-Capito (Mercedes). *Moto* Rahier (BMW 980). **1986** (1-1/22-1) 15 000 km, 486 engagés (131 motos, 282 autos, 73 camions), 100 arrivés. *Auto* Metge-Lemoyne (Porsche 959). *Camion* Vismara-Minelli-Fogar (Mercedes). *Moto* Neveu (Honda 750). **1987** (1-1/22-1) 13 000 km, 539 engagés (154 motos, 312 autos, 73 camions), 124 arrivés. *Auto* Vatanen-Giroux (Peugeot 205). *Camion* Loprais-Stachura-Ing Muck (Tatra). *Moto* Neveu (Honda NXR). **1988** (1-1/22-1) 12 984 km, 603 engagés (311 autos, 183 motos, 109 camions), 151 arrivés. *Auto* Kankkunen-Pironen (Peugeot 205). *Camion* Loprais-Stachura-Ing Muck (Tatra). *Moto* Orioli (Honda NXR) ; à l'arrivée : 87 autos, 34 motos, 30 camions ; le 18-1, la 405 de Vatanen est volée (éliminé). **1989** (25-12-88/13-1-89) 10 831 km (passe par Tunisie et Libye), 473 engagés (241 autos, 155 motos, 77 camions), 209 arrivés. *Auto* Vatanen-Berglund (Peugeot 405). *Moto* Lalay (Honda NXR 750). **1990** (25-12-89/16-1-90) 11 420 km (dont parcours sélectifs 7 863 ; passe par Libye, Tchad, Niger, Mauritanie, Mali et Sénégal), 465 engagés (dont 236 autos, 136 motos, 93 camions), 133 arrivés dont 87 autos et camions, 46 motos. *Auto* Vatanen-Berglund (Peugeot 405). *Camion* Villa-Delfino-Vinante (Perlini). *Moto* Orioli (Cagiva). **1991** (29-12-1990/17-1-1991) 9 186 km (passe par Libye, Niger, Mali, Mauritanie, Sénégal), 406 engagés (113 motos, 184 autos, 109 camions), 170 arrivés. *Auto* Vatanen-Berglund (Citroën ZX). *Camion* Houssat-de Saulieu-Bottaro (Perlini). *Moto* Peterhansel (Yamaha YZE 750). **1992** (23-12-91/16-1-92), **devient Paris-Le Cap** (départ du château de Vincennes) 12 427 km (passe par Libye, Tchad, Niger, Rép. centrafricaine, Cameroun, Gabon, Congo, Angola, Namibie, Afr. du Sud), 332 engagés (98 motos, 133 autos, 101 camions), 169 arrivés. *Auto* Auriol-Monnet (Mitsubishi Pajero). *Camion* Perlini-Albiero-Vinante (Perlini). *Moto* Peterhansel (Yamaha 850). **1993** (1-1/16-1) 8 877 km dont 5 387 de spéciales (départ Paris, passe par Sète, Tanger, Fès, Beni Ounif, El Goléa, Bordj Omar Idriss, Tamanghasset, Adrar, Chenachen, Bir Amrane, Atar, Nouakchott, Dakar ; **redevient le Paris-Dakar**), 154 engagés, 67 arrivés. *Auto* Saby-Seriyes (Mitsubishi Pajero). *Camion* Perlini-Albiero-Vinante (Perlini). *Moto* Peterhansel (Yamaha 850). **1994** (28-12-93/16-1-94) 13 379 km (secteurs sélectifs 5 536,5 km, liaisons 7 842,5 km), 17 étapes, 21 épreuves spéciales, 220 engagés (96 motos, 96 autos, 28 camions), 114 arrivés. *Auto* Lartigue-Périn (Citroën ZX). *Camion* Loprais-Stachura-Kalina (Tatra). *Moto* Orioli (Cagiva). **1995 Grenade-Dakar** organisé par Hubert Auriol. Compte pour la 1re fois pour la Coupe du monde des rallyes-raids (1-1/15-1-95), 10 109 km en 14 étapes ; 6 138 km de spéciales, 3 971 km de liaisons ; 247 engagés (dont 95 motos, 86 autos, 66 camions), 103 arrivés. *Auto* Lartigue-Périn (Citroën ZX). *Camion* Loprais-Stachura-Tomecek (Tatra). *Moto* Peterhansel (Yamaha 850). **1996** 30-12-95/14-1-96. 7 579 km (le plus court) en 15 étapes ; 6 280 km de spéciales. 295 engagés (119 motos, 106 voitures, 70 camions), 121 arrivés. *Auto* Lartigue-Périn (Citroën ZX) en 65 h 44′38″. *Camion* Moskouskich-Kouzmine-Bagavetdinov (Kamaz). *Moto* Orioli (Yamaha 850) en 72 h 31′3″. **1997 Dakar-Dakar** (4-1/19-1) 8 518 km en 15 étapes. 282 engagés (127 motos, 100 voitures, 55 camions). *Auto :* Shinozuka-Magne (Mitsubishi). *Camion :* Reif-Deinhofer (Hino). *Moto :* Peterhansel (Yamaha). **1998** (1-1/18-1) 10 245 km en 17 étapes ; 6 388 km de spéciales. 371 engagés (181 motos, 126 autos, 64 camions), 348 partants (172 motos, 115 autos, 61 camions). *Auto* Fontenay-Picard (Mitsubishi). *Camion* Loprais-Stachura-Cermak (Tatra RTC). *Moto* Peterhansel (Yamaha). **1998-99 Grenade-Dakar** (31-12-1998/17-1-1999) 9 022 km en 16 étapes ; 5 802 km de spéciales. 304 engagés (164 motos, 89 autos, 51 camions), 299 partants (161 motos, 88 autos, 29 camions, 21 véhicules d'assistance). *Auto* Schlesser-Monnet (Buggy Schlesser-Renault). *Camion* Loprais-Stachura-Kalina (Tatra). *Moto* Sainct (BMW). **2000 Dakar-Le Caire** (6-1/23-1-2000) 10 863 km en 17 étapes ; 7 616 km de spéciales. 401 engagés (200 motos, 135 autos, 66 camions). *Auto* Schlesser-Magne (Buggy Schlesser Renault). *Camion* Tchaguine-Yakoubov-Savostine (Kamaz). *Moto* Sainct (BMW). **2001 Paris-Dakar** (du 1-1/21-1) 10 739 km en 20 étapes. 6 180 km de spéciales. 358 partants (133 motos, 113 autos, 30 camions, 33 autos et 49 camions d'assistance). *Auto* Kleinschmidt-Schulz (Mitsubishi). *Camion* Loprais-Kalina-Hamerla (Tatra). *Moto* Meoni (KTM).

☞ **Morts de 1979 à 2000 :** *1979 :* 1 motard. *81 :* 3 journalistes italiens. *82 :* Ursula Zentsch (journaliste), Bert Oosterhuis (motard), 1 enfant malien. *83 :* Jean-Noël Pineau (motard). *84 :* 1 spectatrice (au Burkina). *85 :* une enfant (Nigéria). *86 :* Yasuo Kaneko (motard), Thierry Sabine, Daniel Balavoine, Nathaly Odent (journaliste), François-Xavier Bagnoud (pilote d'hélicoptère), Jean-Paul Le Fur (technicien radio). *87 :* Henri Mouren (voiture suiveuse). *88 :* Jean-Claude Huger (motard), 2 enfants et 1 femme, Kees Van Loevezijn (camion) et Patrick Canado (auto). *90 :* Kaj Salminen (journaliste). *90-91 :* Charles Cabane (pilote de camion). *91-92 :* Jean-Marie Sounillac et Laurent Le Bourgeois (assistance). *92 :* Gilles Lalay (motard). *94 :* Michel Sansen (motard), 1 enfant sénégalais. *95-96 :* Laurent Gueguen (camion), 1 enfant guinéen. *97 :* Jean-Pierre Leduc (motard). *98 :* 5 Mauritaniens.

■ **Rallye des Pharaons.** *Créé* 1982. **1990** *auto :* Auriol-Monnet (Lada), *moto :* De Petri (Yamaha). **91** *auto :* Vatanen-Berglund (Citroën ZX), *moto :* La Porte (Cagiva). **92** *auto :* Schlesser (Buggy Schlesser), *moto :* Picco (Gilera). **93** *auto :* Salonen-Gallagher (Citroën ZX), *moto :* Orioli (Cagiva). **94** *auto :* Schlesser (Schlesser original), *moto :* Kinigadner (KTM). **95** *rebaptisé* **Desert Canonball** *puis annulé.* **96** *auto :* Gross-Malfertheiner (Toyota), *moto :* Meoni (KTM).

Écoles de pilotage françaises

Winfield, Circuit Paul Ricard, avenue de Rome, ZE de Signes, 83030 Toulon cedex 9. **Le Mans,** Circuit Bugatti, ACO, 19 X, 72040 Le Mans Cedex. **Linas-Montlhéry,** ZAC Les Ancizes, 03300 Creuzier-le-Neuf. **Nogaro,** Circuit Paul Armagnac, BP 24, 32110 Nogaro. **La Châtre,** Montgivray, 36400 La Châtre. **Centre de perfectionnement et de Sécurité routière de l'Aisne,** rue des Hautes-Avesnes, BP 16, 02670 Folembray.

Quelques noms

Légende. – (1) France. (2) Italie. (3) USA. (4) Nlle-Zél. (5) G.-B. (6) All. féd. (7) Autriche. (8) Belg. (9) Suède. (10) Australie. (11) Espagne. (12) Monaco. (13) Écosse. (14) Argentine. (15) Brésil. (16) Suisse. (17) Colombie. (18) P.-Bas. (19) Japon. (20) Hawaii. (21) Mexique. (22) Finlande. (23) Afr. du Sud. (24) Canada. (25) Kenya. (26) Portugal. (27) Thaïlande. (28) Irlande. (29) Japon.

■ **Pilotes de circuit.** Alboreto Michele [2] 1956-2001. Alesi Jean [1] 11-6-64. Alliot Philippe [1] 27-7-54. Amati Giovana [2] 20-7-62. Amon Chris [4] 20-7-43. Andretti Mario [3] 28-2-40. Andretti Michael [3] 5-10-62. De Angelis Elio [2] 1958-86, † aux essais. Arnoux René [1] 4-7-48. Ascari Alberto [2] 1918-55, † aux essais ; Antonio [2] 1888-1925, † à Montlhéry. Attwood Richard [5] 4-4-40. Ayari Soheil [1] 5-4-70.

Baghetti Giancarlo [2] 25-12-34. Baldi Mauro [2] 31-1-54. Barbazza Fabrizzio [2] 2-4-63. Barilla Paolo [2] 20-4-61. Barrichello Rubens [15] 23-5-72. Bartels Michael [6] 8-3-63. Beaumont Marie-Claude (Charmasson) [1] 17-9-41. Behra Jean [1] 1921-59, † sur le circuit de Berlin. Bell Derek [5] 31-10-1941. Bellof Stefan [6] 1957-85, † à Spa. Belmondo Paul [1] 23-4-63. Beltoise Jean-Pierre [1] 26-4-37. Benoist Robert [1] 1895-1944. Beretta Olivier [1] 23-11-69. Berger Gerhard [7] 27-8-59. Bernard Éric [1] 24-8-64. Bianchi Lucien [8] 1934-69, † aux essais des 24 H du Mans. Bira (P[ce] Birabongse Bhanuban) [27] 1914. Blundell Mark [5] 8-4-66. Boesel Raul [15] 4-12-57. Boillot Georges [1] 1885-1916. Bonnier Joakim [9] 1930-72, † au Mans. Boullion Jean-Christophe [1] 27-12-69. Bourdais Sébastien [1] 28-2-79. Boutsen Thierry [8] 13-7-57. Brabham David [10] 5-9-65 ; Geoff [10] 20-5-52 ; Jack [10] 2-4-26. Brambilla Vittorio [2] 11-11-37. Brooks Tony [5] 25-2-32. Brundle Martin [5] 1-6-59. Button Jenson [5] 19-1-80.

Campari Guiseppe [2] 1892-1933, † à Monza. Capelli Ivan [2] 24-5-63. Caracciola Rudolf [6] 1901-59. Cayrolle Éric [1] 27-8-62. Ceccotto Johnny [2] 25-1-56. Chaves Pedro [26] 27-2-65. De Cesaris Andrea [2] 31-5-59. Cevert François [1] 1944-73, † aux essais de Watkins Glen. Cheever Eddie [3] 10-1-58. Chinetti Luigi [2] 1901-94. Chiron Louis [12] 1899-1979. Clark Jim [13] 1936-68, † à Hockenheim. Collins Peter [5] 1931-58, † au Grand Prix d'Allemagne. Comas Erik [1] 28-9-63. Coulthard David [13] 27-3-71. Courage Piers [5] 1942-70, † à Zandvoord. Dalmas Yannick [1] 28-7-61. Daly Derek [5] 11-3-53. Danner Christian [6] 4-4-58. De Ferran Gil [15] 11-11-67. Depailler Patrick [1] 1944-80, † à Hockenheim. Donnelly Martin [5] 26-3-64. Donohue Mark [3] 1937-75, † à Zeltweg. Dreyfus René [1] 1905-93. Dumez Sébastien [1] 27-6-74. Elford Vic [5] 10-6-1935. Etancelin Philippe [1] 1896-1981. Fabi Corrado [2] 12-4-61 ; Teo [2] 9-3-55. Fabre Pascal [1] 8-1-60. Fangio Juan Manuel [14] 24-6-11/17-7-95. Farina Giuseppe (dit Nino) [2] 1906-66. Ferté Alain [1] 8-10-55 ; Michel [1]. Fittipaldi Christian [15] 18-1-71 ; Emerson [15] 12-12-1946 ; Wilson [15] 24-12-1943. Foyt Anth. Joseph [3] 13-1-35. Frentzen Heinz-Harald [6] 18-5-67. Frère Paul [8] 30-1-17.

Gabbiani Beppe [2] 2-1-57. Gabelitch Gary [3] 29-8-40. Gache Philippe [1] 31-5-62. Gachot Bertrand [6] 22-12-62. Gendebien Olivier [8] 1924-98. Gethin Peter [5] 21-2-40. Ghinzani Pier-Carlo [2] 16-1-52. Giacomelli Bruno [2] 10-9-52. Giunti Ignacio [2] 1941-71, † à Buenos-Aires. Gomez Arnaud [1] 22-11-78. Gordini Amédée [1] 1899-1979. Graffenried Emmanuel (de) [16] 1919. Grouillard Olivier [1] 2-9-58. Guerrero Roberto [17] 16-11-58. Gugelmin Mauricio [15] 21-4-63. Gurney Dan [3] 13-4-31. Hailwood Mike [5] 1940-81, † accident de la route. Hakkinen Mika [22] 28-9-68. Hawthorn Mike [5] 1929-59, † accident de la route. Heidfeld Nick [6] 10-5-77. Henton Brian [5] 19-9-46. Herbert Johnny [5] 27-6-64. Hill Damon [5] 17-9-60 ; Graham [5] 1929-75, † accident d'avion. Détenait le record des Grands Prix disputés (176) [entre le 18-5-58 et le 26-1-75, seul champion du monde vainqueur aux 24 H et aux 500 Miles d'Indianapolis] ; Phil [3] 20-4-27. Hobbs David [5] 9-6-39. Hulme Denis [4] 1936-92. Hunt James [5] 1947-93.

Ickx Jacky [8] 1-1-45. Irvine Eddy [28] 10-11-65. Jabouille Jean-Pierre [1] 1-10-42. Jarier Jean-Pierre [1] 10-7-46. Jaussaud Jean-Pierre [1] 3-6-37. Jenatzy Camille [8] 1868-1913. Johansson Stefan [9] 8-9-56. Johncock Gordon [3] 5-8-36. Jones Alan [10] 2-11-46. Jöst Renhold [6] 24-4-37.

Katayama Ukyo [29] 29-5-63. Laffite Jacques [1] 21-11-43. Lammers Jan [18] 2-6-56. Lamy Pedro [26] 20-3-72. Lang Hermann [6] 1909-87. Larini Nicola [2] 19-3-64. Larrauri Oscar [14] 19-8-54. Larrousse Gérard [1] 23-5-40. Lauda Niki [7] 22-2-49. Lees Geoffrey [5] 1-5-51. Letho Jyrki Jarviletho dit [22] 31-1-66. Ligier Guy [1] 12-7-30. Luyendijk Arie [18] 21-9-53.

McLaren Bruce [4] 1937-70, † accident à Goodwood. Mairesse Willy 1928-69. Mansell Nigel [5] 8-8-53. Martini Pier-Luigi [2] 23-4-61. Mass Jochen [6] 30-9-46. Mears Rick [3] 3-12-51. Merzario Arturo [2] 11-3-1943. Migault François [1] 4-12-44. Modena Stefano [2] 12-5-63. Montagny Franck [1] 5-1-78. Montoya Juan Pablo [17] 20-9-75. Morbidelli Gianni [2] 13-1-68. Moreno Roberto [15] 11-2-59. Moss Stirling [5] 17-9-29. Musso Luigi [2] 1924-58, † au GP de France. Nakajima Satoru [19] 23-2-53. Nannini Alessandro [2] 7-7-59. Nazzaro Felice [2] 1881-1940. Neve Patrick [8] 13-11-49. Nilsson Gunnar [9] 1948-78. Nuvolari Tazio [2] 1892-1953. Oliver Jackie [5] 14-8-1942. Ongais Danny [20] 21-5-42.

Pace Carlos [15] 1944-77, † accident d'avion. Paletti Ricardo [2] 1958-82, † à Montréal. Palmer Jonathan [5] 7-11-56. Panis Olivier [1] 2-9-66. Patrese Ricardo [2] 17-4-54. Pescarolo Henri [1] 25-9-42. Peterson Ronnie [9] 1944-78, † suite à un accident à Monza. Petty Richard [3] 1937-2000. Pilette Teddy [8] 26-7-42. Piquet Nelson [15] 17-8-52. Pironi

Didier [1] 1952-87, † accident de motonautisme. PIRRO Emanuele [2] 12-1-62. PROST Alain [1] 24-2-55. [Premier Grand Prix disputé à Buenos Aires en 1980 ; 1er remporté le 5-7-1981 sur le circuit de Dijon-Prenois. Au 8-11-1993, sur 199 Grands Prix disputés, 51 victoires dont Brésil 6 (82, 84, 85, 87, 88, 90), Monaco 4 (84, 85, 86, 88), France 6 (81, 83, 88, 89, 90, 93), Autriche 3 (83, 85, 86), Saint-Marin 3 (84, 86, 93), G.-B. 5 (83, 85, 89, 90, 93), Portugal 3 (84, 87, 88), Italie 3 (81, 85, 89), Hollande 2 (81, 84), Belgique 2 (83, 87), Australie 2 (86, 88), Afr. du Sud 2 (82, 93), All. 2 (84, 93), Europe 1 (84), Mexique 2 (88, 90), Espagne 3 (88, 90, 93), USA 1 (89), Canada 1 (93).] PRYCE Tom [5] 1949-77, † à Kyalami.

RATZENBERGER Roland [7] 1962-94, † aux essais de Saint-Marin. RAVIER Jean-Christophe [1] 10-4-79. REDMAN Brian [5] 9-3-1937. REGAZZONI Clay Gianclaudio [16] 5-9-1940. REUTEMANN Carlos [14] 12-4-1942. REVSON Peter [3] 1939-74, † à Kyalami. RINDT Jochen [7] 1942-70, † aux essais de Monza. RODRIGUEZ Pedro [21] 1940-71, † à Nuremberg. RONDEAU Jean [1] 1946-85. ROSBERG Keke [22] 6-12-48. ROSIER Louis [1] 1905-56. SCARFIOTTI Ludovico [2] 1933-68, † à Rossfeld. SCHECKTER Jody [23] 29-1-50. SCHNEIDER Bernd [6] 20-7-64. SCHENKEN Tim [10] 26-9-43. SCHLESSER J.-Louis [1] 12-9-52. SCHUMACHER Michael [6] 3-1-69 ; Ralf [6] 30-6-75. SENNA DA SILVA Ayrton [15] 21-3-60, † 1-5-94 au Grand Prix de Saint-Marin (circuit d'Imola ; 3 jours de deuil national au Brésil). [41 victoires dont Monaco 6 (87, 89, 90, 91, 92, 93), Belgique 5 (85, 88, 89, 90, 91), USA 5 (86, 87, 88, 90, 91), Saint-Marin 3 (88, 89, 91), All. 3 (88, 89, 90), Hongrie 3 (88, 91, 92), Espagne 2 (86, 89), Canada 2 (88, 90), Japon 2 (88, 93), It. 2 (90, 92), Brésil 2 (91, 93), Australie 2 (91, 93), Portugal 1 (85), G.-B. 1 (88), Mexique 1 (89), Europe 1 (93).] SERVOZ-GAVIN Johnny [1] 18-2-42. SIFFERT Joseph [16] 1936-71, † à Brands-Hatch. SOMMER Raymond [1] 1906-50, † à Cadours. STEWART Jackie [13] 11-6-1939, abandonne la compétition en oct. 73. STOMMELEN Rolf [6] 1943-83, † à Riverside. STREIFF Philippe [1] 25-6-55. STUCK Hans Joachim [6] 1-1-1951. SURER Marc [16] 1951. SURTEES John [5] 11-2-34. SUZUKI Aguri [19] 8-9-64.

TAMBAY Patrick [1] 25-6-49. TARQUINI Gabriele [2] 2-3-62. TERRIEN David [1] 27-10-76. THACKWELL Mike [4] 30-3-61. THIRION Gilberte [8] 1928. THOMAS René [1] 1886-1975. TRAUTMANN Claudine [1] 28-11-31. TRINTIGNANT Maurice [1] 30-10-17. UNSER Al [3] 29-5-39 ; Bobby [3] 20-2-34. VAN DE POELLE Eric [8] 30-9-61. VARZI Achille [2] 1904-48, † à Berne. VILLENEUVE Gilles [24] 1950-82, † à Zolder ; Jacques [24] 9-4-71. WARWICK Derek [5] 27-8-54. WATSON John [5] 4-5-46. WENDLINGER Karl [7] 20-12-68. WILLIAMSON Roger [5] 1948-73, † à Zandvoort. WIMILLE Jean-Pierre [1] 1908-49, † à Buenos Aires. WINKELHOCK Manfred [6] 1952-85. WOLLEK Bob [1] 1943-2001. ZANARDI Alessandro [2] 23-10-66. ZONTA Ricardo [15] 23-3-76.

■ **Pilotes de rallye.** AALTONEN Rauno [22]. AIRIKKALA Penti [22]. ALEN Markku [22] 15-2-51. ANDERSSON Ove [9] 3-1-38. ANDRUET Jean-Claude [1] 13-8-42. AURIOL Didier [1] 10-8-58 ; Hubert [1] 7-6-52. BÉGUIN Bernard [1] 24-9-47. BERNARDINI Patrick [1] 1962. BETTEGA Attilio [2] 1953-85. BIASION Massimo [2] 7-1-58. BLOMQVIST Stig [9] 26-1-46. BROOKES Russel [5]. BUGALSKI Philippe [1] 12-6-63. CARLSSON Erik [9]. CLARK Roger [5]. DARNICHE Bernard [1] 28-3-42. DELECOUR François [1] 30-8-62. EKLUND Per [9] 26-6-46. FALL Tony [9]. FENOUIL (Jean-Claude Morellet dit) [1] 8-6-46. FIORIO Alessandro [2] 1965. FONTENAY Jean-Pierre 24-6-57. FRÉQUELIN Guy [1] 2-4-45. GRATALOUP Daniel [1] 19-5-60. GRÖNHOLM Marcus [22] 5-2-68. HKIRK Paddy [5]. JEAN-JOSEPH Simon [1] 9-6-69. KALLSTROM Harry [9]. KANKKUNEN Juha [22] 2-4-59. KLEINT Jochi [6]. KULLANG Anders [9] 23-9-43. LAMPINEN Simo [22]. MAGAUD Patrick [1] 1-1-59. MAKINEN Timo [22] 18-3-38 ; Tommi 26-6-64. MCRAE Colin [5] 5-8-68. MEHTA Shekhar [25] 20-6-45. METGE René [1] 23-10-49. MIKKOLA Hannu [22] 24-5-42. MOSS-CARLSSON Pat [5]. MOUTON Michèle [1] 23-6-51. MUNARI Sandro [2] 27-3-40. NICOLAS Jean-Pierre [1] 22-1-45. OCCELLI Bernard [1] 20-5-61. PIOT Jean-François [1] 1945-80. POND Tony [5] 23-11-45. RAGNOTTI Jean [1] 29-8-45. RECALDÉ Jorge Raul [14] 1951-2001. RÖHRL Walter [6] 7-3-47. SABY Bruno [1] 23-2-49. SAINZ Carlos [11] 12-4-62. SALONEN Timo [22] 8-10-51. SCHLESSER Jean-Louis [1] 12-9-48. SINGH Joginder [25] 9-2-32. THERIER Jean-Claude [1] 7-10-43. TOIVONEN Henri [22] 1956-86 ; Pauli [22]. VATANEN Ari [22] 27-4-52. VERINI Maurizio [2] 1942. VINCENT Francis [1] n.c. WALDEGAARD Bjørn [9] 12-11-43. WITTMANN Franz [7] n.c.

AVIRON

■ **Origine. Antiquité** *L'Énéide* de Virgile donne la plus ancienne description d'une course d'aviron. **1715**-*août* 1re course à Londres entre London Bridge et Chelsea pour le 1er anniversaire de *l'avènement au trône de George Ier*. **1818** 1er club d'amateurs en G.-B. **1834** 1res régates en France sur le bassin de la Villette. **1890**-*30-3* fondation de la Féd. française des Stés d'aviron. **1896** sport olympique, mais les vagues empêchent le déroulement des épreuves.

TYPES DE BATEAUX

■ **Bateaux de course** en eaux calmes (discipline olympique). Avant en bois, maintenant en polyester, fibres de verre ou carbone. Avirons fixés sur des portants extérieurs en aluminium ou carbone. Sièges à coulisse. **En pointe** (le rameur a 1 aviron). *Deux sans barreur* (10 m), 27 kg min ; *deux avec barreur* (11 m), 32 kg min. *Quatre sans barreur* (13 m), 50 kg min ; *quatre avec barreur* (13 m) 51 kg min. *Huit avec barreur* (18 m), 96 kg min.. **En couple** (le rameur a 2 avirons, pas de barreur). *Skiff* (8 m) 14 kg min. *Deux de couple* (10 m) 27 kg min. *Quatre de couple* (13 m) 52 kg min. *Huit de couple* n'est pas une catégorie olympique : pas de restriction de poids ; (18 m) avec barreur.

■ **Yoles ou yolettes.** Pour une pratique en mer, de randonnée ou pour rameurs non confirmés. Traditionnellement en bois, certaines à *clins* (lames de bois se chevauchant), aujourd'hui surtout en plastique. Avirons supportés par des dames fixées sur le bordage du bateau. Catégories officielles en mer (championnats de France) : **En pointe :** *Quatre avec barreur* (longueur max. 10,70 m, largeur min. 1,30 m, poids min. 150 kg). **En couple :** *solo* (longueur max. 6 m, largeur min. 0,75 m, poids min. 35 kg). *Double* (longueur max. 7,5 m, largeur min. 1 m, poids min. 60 kg).

RECORDS AU 23-3-2001

☞ Les diverses qualités d'un plan d'eau (profondeur, courant, température de l'eau, vent) rendent impossible l'établissement de performances absolues ou records officiels. La cadence des coups d'aviron par minute ou la force des rameurs ne sont pas significatives de la qualité d'un équipage. **Records non homologués : vitesse** 22,76 km/h par le huit des P.-Bas (2 000 m en 5'22"80 à St Catharines, Canada en août 1999) ; *cadence* 56 coups d'aviron à la min par le huit japonais à Lucerne (1936) ; **course la plus longue :** tour du lac Léman (160 km) par équipes de 4 avec barreur ; le record de l'épreuve : équipe hollandaise Laga Delf en 12 h 52' le 3-10-1982.

Meilleurs temps sur 2 000 m (hommes et, en italique, dames). **Un rameur en couple** 6'36"68 Rob Waddel Nlle-Zélande (1999), *7'11"8 Ekatarina Karsten Biélorussie (1999).* **Deux rameurs en couple** 6'04"37 Slovénie (1999), *6'41"98 All. (1999).* **Deux rameurs en couple poids légers** 6'14"57 Pologne (1997), *6'50"63 Danemark (1995).* **Quatre rameurs en couple** 5'37"68 Italie (1994), *6'10"80 All. (1996).* **Deux rameurs en pointe sans barreur** 6'18"34 G.-B. (1994), *6'56"27 Canada (1999).* **Quatre rameurs en pointe sans barreur** 5'46"12 Norvège (1999). **Quatre rameurs en pointe sans barreur poids légers** 5'45"60 Danemark (1999). **Huit** 5'22"80 P.-Bas (1999), *5'57"02 Roumanie (1999).*

PRINCIPALES ÉPREUVES

Légende. – *a* : skiff ; *b* : 2 de couple ; *c* : 2 sans barreur ; *d* : 2 barré ; *e* : 4 sans barreur ; *f* : 4 barré ; *g* : huit ; *h* : 4 de couple. * : disciplines non olympiques seulement. **Jeux Olympiques** (voir p. 1474 a).

■ **Championnats du monde. Messieurs.** *Créés* 1962. *Tous les 4 ans jusqu'en 1974. Annuels depuis,* sauf année olympique. **1995** : *a* : Slovénie ; *b* : Danemark ; *c* : G.-B. ; *d,e,h* : Italie ; *f* : USA ; *g* : All. **96*** : *d* : France ; *f* : Roumanie. **97** : *a, d, g* : USA ; *b* : All. ; *c, f* : France ; *e* : G.-B. ; *h* : Italie. **98** : *a* : Nlle-Zélande ; *b, c* : All. ; *d, f* : Australie ; *e* : G.-B. ; *g* : USA ; *h* : Italie. **99** : *a* : Nlle-Zélande ; *b* : Slovénie ; *c* : Australie ; *d, f, g* : USA ; *e* : G.-B. ; *h* : All. **2000*** : *d* : USA ; *f* : G-B. **Dames.** *Créés* 1974. **1995** : *a* : Suède ; *b* : Canada ; *c* : Australie ; *e, g* : USA ; *h* : All. **96*** : *e* : USA. **97** : *a* : Biélorussie ; *b, h* : All. ; *c* : Canada ; *g* : Roumanie ; *e* : G.-B. **98** : *a* : Russie ; *b* : G.-B. ; *c* : Canada ; *e* : Ukraine ; *g* : Roumanie ; *h* : All. **99** : *a* : Biélorussie ; *b* : All. ; *c* : Canada ; *e* : Biélorussie ; *g* : Roumanie ; *h* : All. **2000*** : *e* : Biélorussie.

Poids légers. Messieurs. *Créés* 1973. **1995** : *a* : G.-B. ; *b* : Suisse ; *c, e* : Italie ; *g* : Danemark ; *h* : Autriche. **96*** : *c* : Danemark ; *h* : Italie. **97** : *a, e* : Danemark ; *b* : Pologne ; *c* : Suisse ; *g* : Australie ; *h* : Italie. **98** : *a,b* : Italie ; *b* : Pologne ; *c* : France ; *e* : Danemark ; *g* : All. **99** : *a, e* : Danemark ; *b, c, h* : Italie ; *g* : USA. **2000*** : *a* : Rép. tchèque ; *c* : Canada ; *g* : USA ; *h* : Japon. **Dames.** *Créés* 1984. **1995** : *a* : Australie ; *b* : Canada ; *c, e* : USA. **96*** : *a* : Roumanie. **97** : *a* : USA ; *b, h* : All. ; *c* : Australie. **98** : *a* : Suisse ; *b* : USA ; *c* : G.-B. ; *h* : All. **99** : *a* : Suisse ; *b* : Roumanie ; *c, h* : USA. **2000*** : *a* : Finlande ; *c* : G.-B. ; *h* : All.

■ **Championnats d'Europe.** *Créés* 1893 (messieurs), 1954 (dames), devenus **championnats du monde** en 1974 (voir Quid 1981, résultats p. 1601).

■ **Championnats de France. Messieurs.** *Créés* 1892. *a* : **1995** Kowal, **96, 97** Barathay, **98 à 2001** Kowal. *b* : **94 à 97** Vera-Barathay. **98, 99** Vieilledent-Sobczak. **2000** Perrier-Jeannet, **01** Hardy-Chouraqui. *c* : **92 à 97** Rolland-Andrieux, **98** Maliszewski-Roche, **99, 2000** Rolland-Andrieux, **01** Meurillon-Perrot. *d* : **95** Moncelet-Parmentier/Goin, **96** L. et A. Beghin/Ledoux, **97** Brunel-Fauché/Lattaignant, **98 à 2000** L. et A. Beghin/A. Beghin, **01** Ripoll-Perrot. *e* : **95** Rolland-Guérinot-S. Pinon-F. Pinon, **96, 97** Mihalski-Moretto-Fonne-Gauthier, **98** Fayon-Schulte-Lereboulet-Crahay, **99** Sibeud-Flores-Chatain-Dorfman. **2000** Bette-Vecten-V. Durupt-Vezier, **01** Millot-Gazan-Barré-Larchevêque. *f* : **95** Carreau-Perrot-Vergnes-Roux, **96** Chenouff-Valla-Peudevin-Porchier, **97** Lereboulet-Leclerc-Fayon-Schulte, **98** Jean, Noel, Fayon, Schulte/Bunoz, **99** Porchier-Bernard-Valla-Gallet/Belle. **2000** Rondeau-Lereboulet-Cergnes-Schulte, **01** Gale-Vecten-Decock-Tingry. *g* : **95** Lereboulet-Leclerc-Paquin-Leclerc-Martins Campina-Schulte-Fayon-Jean, **96** Rolland-Guérinot-Montico-Bredel-Dumontois-Lévy-S. Pinon, **97, 98** F. et S. Pinon-Bredel-Sordet-Ughetto-Guérinot-Dumontois-Rolland, **99** Planque-Andrieux-Clert-Durante-Frerot-Lefort-Salere-Desgroces/Mau. **2000** Moncelet-Vervueren-Peron-Fanien-Moncelet-Messager-Dogniaux-Descourteaux/Bougras, **01** Bel-Fayon-Chardin-Rondeau-Lereboulet-Vergnes-Schulte-Jean. *h* : **93 à 99** Colloud-Aujouanet-Vera-Barathay. **2000** Revellin-Bourgeois-Coeffic-Chapelle, **01** X. Blanquast-Durupt-Donnette-Courbois. **Dames.** *Créés* 1925. *a* : **1995, 96** Garcia. **97** Muller, **98, 99** Garcia. **2000, 01** Balmary. *b* : **92 à 96** V. et A. Tollard, **97** Nief-Luzuy, **98** Lamolle-Fernandez, **99** Balmary-Geraudie. **2000** Bernard-Luzuy, **01** Balmary-Geraudie. *c* : **94 à 96** Cortin-Gossé. **97** Jullien-Gaudaré. **98, 99** Jacquard-Jullien. **2000** Jullien-Delplanque, **01** Da Dalt-Thiery. *e* : **95** Agogué-Brulebois-Carreel-Laplace, **96** Luzuy-Barsanti-Lalucques-Agogue, **97** Da Dalt-Canon-Bernard-Chevalier, **98** Jacquand-Soumoy-Quinten-Jullien, **99** Alcok-Bernard-Luzuy-Chevalier. **2000** Schmitt-Rossit-Foulon-Vieille, **01** Canon-Bernard-Thiery-Da Dalt. *h* : **95** Brulebois-Herenstein-Laplace-Sellier, **96** Celhaiguibel-Dordezon-Laffite-Brousmiche, **97** Bernard-Nief-Chevalier-Luzuy, **98** Cascarino-Jullien-Martin-Jacquand, **99** Chevalier-Hamon-Bernard-Luzuy, **2000** Geraudie-Balmary-Nilly-Gigleux, **01** Picquendar-Karsten-Buniet-Gourdin.

■ **Régates de Henley** (G.-B.). Sur 2 111 m. *Créées* 1839. Chaque année le 1er week-end de juillet.

■ **Régates de Lucerne** (Suisse). *Créées* 1891. Les plus importantes. **Messieurs.** *a* : **1997** Cop (Slovénie), **98** Mueller (Sui.), **99, 2000** Waddell (Nlle-Zél.) ; *b* : **97** All., **98** Italie, **99** Norvège, **2000** Slovénie ; *c* : **97** Lituanie, **98 à 2000** Australie ; *d* : **97** Roumanie ; *e* : **97 à 99** G.-B., **2000** Italie ; *f* : **97** Rép. tchèque, **98** Croatie ; *g* : **97, 98** All., **99** Russie, **2000** G.-B ; *h* : **96, 97** All., **98** Italie, **99** Autriche, **2000** Italie. **Dames.** *a* : **1997** Khodotovitch (Biélorussie), **98** Fedotova (Russie), **99, 2000** Karsten-Khodotovitch (Biélorussie) ; *b* : **97** All., **98** P.-Bas, **99, 2000** All. ; *c* : **97** Roumanie, **98, 99** Canada, **2000** Roumanie ; *e* : **97** G.-B., **98** Australie ; *g* : **97 à 2000** Roumanie ; *h* : **95 à 2000** All.

■ **Course Oxford-Cambridge.** Disputée par 2 huit de pointe. *Créée* le 10-6-1829 à Henley, la course a lieu maintenant à Londres (entre Putney et Mortlake sur la Tamise) sur 6 838 m (4 miles 1/4). Sur 147 courses courues, Cambridge en a gagné 77, Oxford 69, 1 match nul (1877). En 1912, les 2 bateaux ayant coulé, ils ont recommencé la course. **1986** Cambridge. **87 à 92** Oxford. **93 à 99** Cambridge. **2000** Oxford. **01** Cambridge.

■ **Course Harvard-Yale** (USA). *Créée* 1852. Disputée entre 2 huit sur 4 miles.

BADMINTON

GÉNÉRALITÉS

■ **Origine. Antiquité** jeux de volant en Chine, au Japon et chez les Incas ; le jeu indien du « poona » semble être l'ancêtre le plus proche du badminton. **XVIIe s.** pratiqué en Europe et en France. **1873** 1re partie chez le duc de Beaufort à Badminton House (Gloucestershire, G.-B.). **1877** 1res règles (colonel Selby). **1893** création de la Féd. anglaise. **1899** All England Championships (compétition mondiale majeure jusqu'en 1977). **1902** introduction en France (Le Havre). **1934** création de la Féd. intern. **1978** création de la Féd. française (créée 1934, dissoute sous Vichy). **1988** sport de démonstration aux JO. **1992** sport olympique. **1996** admission du double mixte aux JO d'Atlanta.

■ **Généralités. Terrain :** 13,40 × 6,10 m pour le double (13,40 × 5,18 simple) ; exclusivement joué en salle (haut. : 8 m min.). **Filet :** de 0,76 à 1,524 m du sol au centre, 1,55 m aux poteaux. **Volant :** 4,74 à 5,50 g, portant 16 plumes naturelles de longueur égale (64 à 70 mm), les pointes formant un cercle (diam. 58 à 68 mm), base en liège recouverte de cuir (diam. 25 à 28 mm), bout arrondi. *Volant synthétique :* mêmes spécifications, mais tolérance de 10 %. **Raquette :** bois, métal ou synthétique, cordage boyaux ou synthétique, dimensions maximales 68 × 23 cm pour l'ensemble, 29 cm pour la tête, 28 × 22 cm pour la partie cordée, poids (non réglementé) 85 à 120 g. **Règles :** se joue en simple, double ou mixte. *Partie* (environ 1/2 h) en 2 ou 3 manches gagnantes de 15 points (dames 11). *But du jeu :* envoyer le volant dans le camp de l'adversaire. Seul le serveur peut marquer 1 point. En cas de faute, il perd le service. Le volant de *service* doit passer du 1er coup. Pour servir, le joueur doit frapper le volant de bas en haut, en dessous du niveau de la ceinture, d'un geste continu.

■ **Pays pratiquant le plus.** Indonésie, Chine, Danemark, Malaisie, Grande-Bretagne, Suède, Corée du Sud, Japon. *En France 1997-98 :* 1 092 clubs, 59 836 licenciés.

PRINCIPALES ÉPREUVES

Légende. – (1) Allemagne réunie depuis 1991. (2) Chine. (3) Corée. (4) Danemark. (5) G.-B. (6) Inde. (7) Indonésie. (8) Pays-Bas. (9) Singapour. (10) Suède. (11) Taïwan. (12) Ex-URSS. (13) USA. (14) Japon. (15) Malaisie. (16) France. (17) Bulgarie.

■ **Championnats du monde.** *Créés* 1977. *Tous les 2 ans depuis 1983.* **Simple. Messieurs. 1995** Arbi [7]. **97** P. Rasmussen [4]. **99** Sun Jun [2]. **2001** Hendrawan [7]. **Dames. 1991** Jiuhong Tang [2], **93** S. Susanti [7], **95, 97** Ye Zhaoying [2], **99** Martin [4]. **2001** Gong Ruina [2]. **Double. Messieurs. 1995**

Mainaky-Subagja [7], **97** Sigit-Wijaya [7], **99** Ha Tae Kwon-Kim Dong Moon [3]. **2001** Haryanto-Gunawan [7]. **Dames. 1995** Gil Young Ah-Jang Hye Ock [3], **97, 99** Ge Fei-Gu Jun. **2001** Huang Sui-Gao Ling [2]. **Mixte. 1995** Lund-Thomsen [4], **97** Liu Yong-Ge Fei [2], **99** Kim Dong Moon-Ra Kyung Min [3]. **2001** Zhang Jun-Gao Ling [2].

■ **Coupe Thomas** (*créée* 1948). **1994 à 2000** Indonésie.

■ **Coupe Uber** (*créée* 1956). **1994, 96** Indonésie. **98, 2000** Chine.

■ **Coupe Sudirman** (*créée* 1989). **1995, 97, 99, 2001** Chine.

■ **Finale du Grand Prix. Simple. Messieurs. 1995** Suprianto [7], **96** Permadi [11], **97, 98** Sun Jun [2], **99** Christensen [4]. **Dames. 1995** Ye Zhaoying [2], **96** Susanti [7], **97** Ye Zhaoying [2], **98** Zhang Ning [2], **99** Ye Zhaoying [2]. **Double. Messieurs. 1995** Cheah Soon Kit-Yap Kim Hock [15], **96** Subagjia-Mainaky [7], **97** Wijaya-Sigit [7], **98** Kantono-Antonius [7], **99** Gunawan-Wijaya [7]. **Dames. 1995, 96, 97, 98, 99** Ge Fei-Gu Jun [2]. **Mixte. 1995** Heryanto-Timur [7], **96** Sogaard-Olsen [4], **97** Liu Yong-Ge Fei [2], **98, 99** Kim Dong Moon-Ra Kyung Min [3].

■ **Championnats d'Europe.** *Créés* 1968. *Tous les 2 ans.* **Simple. Messieurs. 1996** Hoyer Larsen [4], **98, 2000** Gade Christensen [4]. **Dames. 1996, 98, 2000** Martin [4]. **Double. Messieurs. 1996** Holst Christensen-Lund [4], **98** Hunt-Archer [5], **2000** Erikssen-Larsen [4]. **Dames. 1996** Stuer Lauridsen-Thomsen [4], **98** Olsen-Thomsen [4], **2000** Kellog-Goode [5]. **Mixte. 1996, 98, 2000** Sogaard-Olsen [4]. **Par éq. Mixtes.** *Créés* 1972. **1996, 98, 2000** Danemark.

■ **Championnats de la Plume d'or.** *Créés* 1972. 11 pays membres en 1995 : Autriche, Belgique, Chypre, Gibraltar, Espagne, France, Israël, Luxembourg, Portugal, Suisse, Rép. tchèque. **Vainqueurs. 1990, 91** France. **92** Portugal. **93** Suisse. **94** France. **95** *supprimés.*

■ **National ou championnat de France.** *Créé* 1958. **Simple. Messieurs. 1995** Massias, **96, 97** Gallet, **98** Lasmari, **99** Gallet, **2000** Lasmari, **01** Gallet. **Dames. 1990, 91** Mol, **92 à 98** Dimbour, **99** Eymard, **2000, 01** Vattier. **Double. Messieurs. 1995 à 99** Dubrulle-Laigle, **2000, 01** Gallet-Lefort. **Dames. 1995** Mol-Vattier, **96** Delvingt-Lefèvre, **97** Szynal-Dimbour, **98** Dimbour-Lefèvre, **99** Vattier-Dimbour, **2000, 01** Eymard-Decelle. **Mixte. 1993 à 96** Dubrulle-Delvingt, **97** Lefèvre-Dubrulle, **98** Lengagne-Vallet, **99** Dubrulle-Vattier, **2000** Lengagne-Vallet Szynal, **01** Vattier-Dubrulle. **Interclubs. 1995 à 97** Issy-les-Moulineaux, **98, 99** Racing CF, **2000** Aix-en-Provence, **01** RCF.

■ **Open de France.** *Créé* 1908. *Tous les ans.* **Simple. Messieurs. 1995** Rimarohdi [7], **96** Jonassen [4], **97** Bruil [8], **98** Kaldau [4], **99** Chen Gang [2], **2000** Jain [6], **01** Gupta [7]. **Dames. 1995** Rybkina [12], **96** Andrievskaya [10], **97** Morgan [5], **98** Popat [6], **99** Zhou Mi [2], **2000** Ida [14], **01** Beenhakker [8]. **Double. Messieurs. 1995** Sigit-Urwotsugiono [7], **96** Keck [1]-Gunawi [7], **97** Gunawan-Wibowo [7], **98** Jogensen-Svejstrup [4], **99** Clark-Sullivan [5], **2000** Otsuka-Masuda [14], **01** Laigle [16]-Stojanov [17]. **Dames. 1995** Borg-Bengtsson [10], **96** Conijn-Van Hooren [8], **97** Cynthia-Tantri [7], **98** Tsai Hui Min-Chen Li Chin [11], **99** Qin Yiyuan-Gao Ling [2], **2000** Xu-Qian [2], **01** Van den Heuvel-Van Hooren [8]. **Mixte. 1995** Stavngaard-Sondergaard [4], **96** Larsen-Vange [1], **97** Hardaker-Jeffrey [5], **98** Jonathans-Van Barneveld [8], **99** Chen Gang-Qin Yiyuan [2], **2000** Chan-Qian [15], **01** Bruil-Jonathans.

■ **Champions français. Messieurs.** Bertrand, Jean-Claude (5-8-54). Cocagne, David (7-12-70). Dubrulle, Manuel (11-1-72). Gallet, Bertrand (24-4-74). Guéguen, Joël (1941). Jeanjean, Christophe (2-7-63). Laigle, Vincent (23-1-73). Lasmari, Nabil (8-2-78). Lefort, Jean-Michel (7-5-80). Lengagne, Sydney (24-12-74). Massias, Jean-Frédéric (5-8-68). Panel, Franck (15-4-68). Pitte, Benoît (28-3-59). Renault, Stéphane (1-3-68). Thobois, Étienne (20-9-67). Truong, Kiet. **Dames.** Debienne, Sylvie (13-12-62). Delvingt, Virginie (8-7-71). Dimbour, Sandra (13-6-70). Eymard, Élodie (10-5-80). Lechalupé, Catherine (1950). Lefèvre, Sandrine (4-10-72). Mansuy, Élodie (9-7-68). Méniane, Anne (11-6-59). Mol, Christelle (3-1-72). Rios, Rosita (13-9-68). Sonnet, Corinne (18-6-65). Vattier, Tatiana (20-1-77).

Étrangers. Messieurs. Ardy, Wiranata [7] (10-2-70). Baddeley, Steve [5] (1961). Budikusuma, Allan [7] (29-3-68). Darren, Hall [5] (25-10-65). Freeman, David [13] (1920). Frost, Morten [4] (4-4-58). Guobao, Xiong [2] (17-11-62). Hall Daren, Wall [5] (25-10-65). Hartono Kurniawan, Rudy [7] (18-8-48). Hoyer-Larsen, Poul-Erik [4] (2-9-65). Karlsson, Stefan [4] (5-11-55). Kim Moon, Soon [3] (29-12-63). Kops, Erland [4] (1937). Li, Yongbo [2] (18-9-62). Mainaky, Rexy [7] (9-4-68). Park, Joo-Bong [3] (5-12-64). Rasmussen Peter [4] (2-8-74). Stuer-Lauridsen, Thomas (29-4-71). Subagja, Ricky [7] (27-1-71). Sugiarto, Icuk [7] (1962). Thomas, George Allan [5] (1881-1972). Tian, Bingyi [2] (30-7-63). Wong Peng, Soo [9] (1918). Yang, Yang [2] (2-2-63). Zhao, Jianhua [2] (21-4-65). **Dames.** Bang, Soo Hyun [3] (13-9-72). Gil, Young Ah [3] (11-4-70). Han, Aiping [2] (22-4-62). Hasham, Judith [13] (22-10-35). Kim Yun, Ja [3] (15-5-63). Larsen, Kirsten [4] (14-3-62). Li, Lingwei [2] (4-1-64). Lim, Xiaoqing [10] (25-8-67). Martin, Camilla [4] (23-3-74). Myung, Hee Chung [3] (27-1-64). Nedergaard, Pernille [4] (5-12-67). Roger, Iris [13] (1931). Susanti, Susi [7] (11-2-71). Tang, Juihong [2] (14-2-69). Troke, Helen [5] (7-1-64). Weizhen, Guan [2]. Ye, Zhaoyin [2] (7-5-74). Ying, Lin [2] (10-10-63).

Ballon au poing

■ **Origine. Antiquité** *phaeninda,* mêmes règles que le jeu actuel. **2500 ans avant J.-C.** *les Incas* jouent au ballon (en caoutchouc ou en gomme). **Moyen Age** souvent joué en France. **1900** Ligue du Pas-de-Calais. **1911** Féd. des ballonnistes de la Somme. **1935** Féd. française des ballonnistes. **1972 Féd. française de ballon au poing** 22, rue Victor-Hugo, 80000 Amiens.

■ **Ballon.** Origine, en peau de mouton renfermant de la bourre, du foin, du son ; on l'appelait *esteuf, soule, choule.* **XIXe s.** on introduisit dans la peau une vessie de porc ; puis une vessie de caoutchouc. **Vers 1880** on ramène de 8 à 6 le nombre de bandes de cuir ou de segments (chacun formé de 3 peaux de mouton assemblées). **1902** ballon de cuir de vache. **1932** ballon sans bouterolle. *Seniors* 425 à 500 g (circonférence 60 à 65 cm), *juniors* 350 à 400 g (55 à 60 cm), *cadets* 300 à 340 g, *minimes* 180 à 220 g.

■ **Terrain.** Largeur 12 m, long. 65 m entre les lignes de rapport. Au-delà, le ballon ne peut être repris que de volée. 18 mètres séparent la ligne de tir de la corde pour les équipes « Excellence », sinon 15 m.

■ **Équipe.** 6 joueurs : 1 foncier (F) frappant la plupart des coups du 1er bond, 2 basses-volées (BV), 1 milieu de corde (MC), 2 cordiers (C). Selon leur valeur : excellence, 1re A ou B, 2e ; leur âge : juniors (pas plus de 17 ans). Cadets (pas plus de 14 ans). Minimes (pas plus de 11 ans).

■ **Partie.** Le foncier joue le plus grand nombre de coups. Le ballon est frappé avec le poignet (on peut le protéger d'une bande d'étoffe ou de cuir). Lorsqu'un jeu commence, le foncier livre, au-delà de la corde, dans le camp adverse, qui renvoie le ballon ; l'équipe qui commet une faute au cours des échanges donne 15 à l'adversaire. **Fautes :** tout contact du ballon avec l'arrière du corps, toute réception passive (genre « amorti »). 5, 6 ou 7 jeux (chaque jeu se décomposant ainsi : 15, 30, 40, jeu). Lorsque les 2 équipes sont à égalité à 40 (« 40 à deux »), l'équipe qui marque le point suivant prend le jeu. **Chasses :** quand le ballon n'est repris ni de volée, ni au 1er bond, à hauteur de l'endroit où le ballon a été arrêté (à l'intérieur des limites, avec l'une quelconque des parties « avant » du corps), on place un repère ; la chasse est une ligne imaginaire, parallèle à la corde et passant par le point d'arrêt de la balle ; elle remplace provisoirement la corde. Pour disputer une chasse, il faut changer de camp : si le ballon s'arrête au-delà de la chasse, il y a 15 pour le camp qui a livré ; sinon il y a 15 pour l'autre camp. Depuis 1993, formule simplifiée en salle (dimensions d'un terrain de basket : 28 × 14 m).

■ **Épreuves. Championnats de France.** Finale disputée chaque 15 août à Amiens (Ballodrome de la Hotoie). **Excellence A :** *créée* 1908. **Équipe et foncier : 1990** Warloy Baillon, P. Attelyn. **91** Dermancourt, É. Bertoux. **92** Beauquesne, P. Lelong. **93** Lucheux, F. Clerge. **94** Beauval, J.-M. Bayard. **95** Franvillers, S. Debart. **96, 97** Franvillers, É. Bertoux. **98** Franvillers, L. Debroy. **99** Warloy-Baillon, E. Belison. **2000** Franvillers, É. Bertoux. Participent 4 équipes d'excellence et, dans chacune des catégories inférieures, les équipes vainqueurs de leur secteur.

Coupes de France et Poing d'or. Finale disputée le 1er dimanche de sept. à Amiens. Trophée récompensant la meilleure livrée. **1990** François Debroy 61,50. **91** É. Bertoux 67,70. **92** É. Bertoux 60,10. **93** F. Debroy 62,52. **94** É. Bertoux 65,85. **95** Ludovic Debroy 60,65 m. **96** Sébastien Gourdel 62,07 m. **97** David Bellotto 63,50 m. **98** D. Bellotto 58,85 m. **99** D. Bellotto 60,55 m. **2000** J. Briault 52,32 m.

■ **Statistiques** (en 2001). **Nombre de sociétés :** 40 (Somme 39, Pas-de-Calais 1) ; **de licenciés :** 1 606.

Base-ball

Généralités

■ **Origine.** Connu au XVIIIe s. **1846**-*18-6* à Hoboken (New Jersey, USA), 1er match selon les règles du 23-9-1845 d'Alexander J. Cartwright (1820-92). **1988** sport de démonstration aux JO. **1992** sport olympique. Pratiqué officiellement dans 109 pays. **1996** participation de joueurs professionnels autorisée par la Fédération internationale de base-ball (IBAF).

En France (en 1999). 12 000 licenciés dans 21 ligues et 49 comités départementaux. Championnat dans chaque catégorie ; d'avril à juin, puis en sept. La saison s'achève vers la fin oct. et reprend en mars. *Fédération française de base-ball, softball et cricket :* 41, rue de Fécamp, 75012 Paris.

■ **Règles du jeu.** 2 équipes de 9 joueurs sous la direction d'un gérant ou manager. **Catégories :** *minimes :* 8-12 ans ; *cadets :* 13-15 ans ; *juniors :* 16-18 ans ; *seniors :* 19 ans et plus. Partie jouée en 9 manches et prolongation jusqu'à la victoire d'une équipe, une manche correspondant au passage des 2 équipes à l'attaque et à la défense. Pas de match nul. Une partie dure 3 h environ. L'équipe dont c'est le tour envoie un à un sur le terrain ses 9 joueurs ou « batteurs ». Le 1er se place sur un des coins du « diamant » appelé *home-plate,* qui est la base de départ et d'arrivée des batteurs. Il attend la balle que va lui envoyer du centre du « diamant » le lanceur de l'équipe adverse. Le lanceur se tient sur un monticule de 38 cm de hauteur placé sur la diagonale qui va de la 2e base au marbre, à 18,4 m de celui-ci. 7 des coéquipiers du lanceur sont dispersés autour du carré sur toute la surface du jeu ; le 8e se place derrière le batteur, c'est le « receveur », chargé d'attraper et de renvoyer à l'un de ses coéquipiers la balle lorsqu'elle est manquée par le batteur. Le batteur laisse passer la balle s'il pense qu'elle ne traversera pas la zone de « prises » délimitée par l'espace situé au-dessus du « marbre » et entre la ligne des genoux et des aisselles du frappeur, ou essaie de la renvoyer hors de portée de ses adversaires. S'il y parvient ou si le lanceur lui a envoyé 4 balles mauvaises, il tente de faire le tour complet du « diamant » pour marquer un point, mais il peut le faire en une seule fois ou en s'arrêtant successivement sur chaque base. Un coureur peut voler une base (sur inattention du lanceur, sur une balle passée par le receveur) lorsque la balle est en jeu. Dès qu'il a atteint la 1re base, il devient coureur, et l'un de ses coéquipiers lui succède comme batteur. Le batteur est éliminé s'il manque successivement 3 balles, si la balle qu'il a frappée est attrapée au vol par un de ses adversaires, si un joueur de l'équipe adverse le touche avec la balle dans la main avant qu'il n'ait atteint la première base, ou si la balle est déjà sur la base avant qu'il n'y soit parvenu. L'élimination de 3 joueurs de l'équipe battante inverse les rôles.

■ **Terrain.** Quart de cercle de 100 à 120 m de côté comportant le *champ extérieur (outfield)* occupé par 3 joueurs et le *champ intérieur,* un carré de 27,43 m *(infield),* par 6 joueurs, où sont placés 3 bases et le « marbre ». Les côtés de ce carré forment les « sentiers » sur lesquels vont courir les joueurs de l'équipe offensive à l'issue de leur tour à la batte.

■ **Équipement. Balle** (liège et corde, recouverte de peau, 141 à 148 g, circonférence 23 cm, diam. 7,5 cm). Les défenseurs portent un **gant de cuir,** le batteur une **batte** (en bois ou en aluminium, long. max. 1,06 m, larg. max. 6,98 cm, diam. 7 cm). L'arbitre et le « receveur » ont les visage, buste et jambes protégés.

■ **Lancer le plus rapide.** 162,3 km/h (Lynn Nolan Ryan, USA, le 20-8-74).

Principales épreuves

☞ **Jeux Olympiques** (voir p. 1474 b).

■ **Championnats du monde.** *Créés* 1938. *Tous les 4 ans depuis 1990.* **1965** Colombie. **69 à 73** Cuba. **74** USA. **76, 78, 80** Cuba. **82** Corée. **84, 86, 88, 90, 94, 98** Cuba.

■ **Championnats d'Europe A.** *Créés* 1954. *Tous les 2 ans alternativement avec B.* **1954** Italie. **55** Espagne. **56 à 65** P.-Bas. **67** Belgique. **69 à 73** P.-Bas. **75 à 80** Italie. **81** P.-Bas. **83** Italie. **85, 87** P.-Bas. **89, 91** Italie. **93, 95** P.-Bas. **97** Italie. **99** P.-Bas. *Non disputé en 1959, 61, 63, 66, 68, 70, 72, 74, 76, 78.* **D'Europe B.** *Créés* 1984. **1984** Saint-Marin. **86** All. féd. **88** Grande-Bretagne. **90** URSS. **92** Allemagne. **94** Ukraine. **96** Grande-Bretagne. **98** Croatie. **2000** Ukraine.

■ **Coupe intercontinentale.** *Créée* 1973. **1973** Japon. **75** USA. **77** Corée du Sud. **79** Cuba. **81** USA. **83, 85, 87, 89, 91, 93, 95** Cuba. **97** Japon. **99** Australie.

■ **Coupe d'Europe des clubs.** *Créée* 1963. **1990** Haarlem Nicols (P.-Bas). **91** Nettuno (It.). **92** Parme (It.). **93** Ado Den Hague (P.-Bas). **94** Neptunus (P.-Bas). **95** Nettuno (It.). **96** Neptunus (P.-Bas). **97** Nettuno (It.). **98, 99** Parme (It). **2000** Neptunus (P.-Bas).

■ **Championnats de France. Division I.** *Créés* 1975. **1975 à 77** PUC. **78, 79** Nice UC. **80** PUC. **81** Nice UC. **82 à 92** PUC. **93 à 95** Montpellier. **96, 97** Saint-Lô. **98, 99** Savigny-sur-Orge. **2000** PUC.

☞ Coupes supprimées. **Méditerranéenne :** disputée de 1970 à 76. **Latine** (moins de 23 ans) : *1972* Espagne, *74* Italie. **Du Nord :** disputée de 1976 à 82.

Basket-ball

Histoire

1891 *créé* au collège YMCA de Springfield (Massachusetts, USA) par James Naismith (professeur d'éducation physique d'origine canadienne, 1861-1939) pour remplacer les séances de gymnastique peu attrayantes l'hiver. S'inspire peut-être du jeu canadien le *canard sur le rocher.* Répandu rapidement dans le monde grâce aux YMCA. **1932**-*18-6* Féd. internationale de basket-ball amateur créée. **1936** introduit aux JO messieurs et **1976** dames. **Licenciés** *en France en 2001 :* 426 893.

Règles

■ **Terrain.** 28 m × 15 m. **Panneau :** largeur 180 cm, haut. 105 ou 120 cm, bord inférieur à 2,75 m du sol. **Panier :** diamètre 45 cm, fixé à 3,05 m du sol. **Ballon :** poids 600 à 650 g, circonférence 75 à 78 cm.

■ **Équipes.** 2 de 5 joueurs sur le terrain. Chacune a 10 joueurs (12 pour les compétitions de plus de 3 jours) qui peuvent se remplacer à volonté. 2 arbitres dirigent le jeu, leur coup de sifflet rend le ballon mort et arrête le jeu. Ils font comprendre leurs décisions par geste. Ils sont assistés d'un chronométreur, d'un marqueur et d'un opérateur des 24 secondes. Celui-ci fait fonctionner son signal chaque fois que l'équipe attaquante n'a pas tiré au panier 24 s après être entrée en possession du ballon.

■ **Partie.** 4 quart-temps de 10 min avec une interruption de 15 min entre le 2e et le 3e quart-temps. Chaque arrêt de jeu (ballon hors des limites du terrain, changement de

Mini basket. Règles du basket aménagées pour les moins de 11 ans. *Terrain :* 26 × 14 m ou moins si les proportions sont respectées. *Panneau :* 1,20 × 0,90 m. *Hauteur de l'anneau :* 2,60 m. *Balle :* 73 cm de circonférence, 500 g. *Temps de jeu :* 4 périodes de 10 min ; les arrêts de jeu ne sont pas décomptés par le chronométreur ; changements de joueurs autorisés au moment des pauses, seulement au cours des 3 premières périodes ; pas de temps mort, sauf pendant la dernière période (possibilité d'un arrêt d'1 min à chacune des 2 équipes qui peuvent changer de joueurs). *Équipes :* 10 joueurs dont chacun doit jouer au moins 10 min.

joueur, temps mort, lancer franc, etc.) est décompté. Le manager peut demander 5 temps morts (1 pendant chacun des 3 premiers quart-temps, 2 pendant le 4e quart-temps) d'1 min chacun pendant les ballons morts. En moyenne, une *mi-temps* dure de 40 à 45 minutes. Un ballon mis dans le panier compte 2 points, sauf si le tir est tenté derrière la ligne semi-circulaire des 6,25 m (3 pts) et si c'est un lancer franc (1 pt). En cas de match nul, on joue des prolongations de 5 minutes autant de fois qu'il est nécessaire pour obtenir un résultat positif. En NBA (*National Basketball Association*) les quart-temps sont de 12 min.

■ **Règles. Progression :** le ballon peut être passé, lancé, frappé, roulé ou dribblé en le faisant rebondir au sol avec une seule main. Après avoir terminé un dribble, le joueur ne doit pas en effectuer un second. L'équipe attaquante a 8 secondes pour franchir la ligne médiane et il lui est interdit de revenir dans sa zone arrière (retour en zone) une fois qu'elle a franchi la ligne médiane. **Il est interdit** de faire plus de 2 pas avec le ballon ; de frapper le ballon avec le poing ; de donner un coup de pied dans le ballon ; de rester plus de 3 s dans la zone réservée (la règle ne s'applique plus lorsque le ballon est en l'air lors d'un tir au panier ou que les joueurs se disputent le ballon au rebond) ; de mettre plus de 5 s pour remettre le ballon en jeu (touche et lancers francs) ; à une même équipe de garder le ballon plus de 24 s sans tenter un tir. **Un joueur attaquant** qui se trouve dans la zone réservée ne doit pas toucher le ballon lorsque celui-ci est sur sa trajectoire descendante au-dessus du niveau de l'anneau. Il ne doit pas toucher le panier adverse ou le panneau alors que le ballon touche l'anneau lors d'un tir au panier. *Pénalité :* aucun point n'est accordé et le ballon est remis en jeu par les adversaires de l'extérieur du terrain. **Un joueur défenseur** ne doit pas toucher le ballon lorsque celui-ci, lors d'un tir d'un adversaire, est sur sa trajectoire descendante et qu'il est au-dessus du niveau de l'anneau, lors d'un tir et jusqu'au moment où le ballon touche l'anneau ou qu'il est visible qu'il ne le touchera pas. Ne doit pas toucher son propre panier ou le panneau, lorsque le ballon touche l'anneau lors d'un tir au panier. *Pénalité :* le ballon est mort à l'instant de la violation. Le tireur a droit à 1 point dans le cas d'un lancer franc et à 2 ou 3 points dans le cas d'un tir en cours de jeu. Le ballon est remis en jeu de l'extérieur du terrain, derrière la ligne de fond, comme si le lancer avait été réussi. **Fautes. Fautes antisportives** (contact avec un adversaire) : *obstruction,* action qui empêche la progression d'un joueur. Un joueur en possession du ballon, qui essaie de dribbler entre 2 adversaires ou entre un opposant et une ligne de touche alors qu'il n'a pas « une chance raisonnable » de passer, commet une faute (passage en force). *Faute sur joueur tirant au panier ;* si le panier est réussi, l'arbitre accorde le panier et le tireur a 1 lancer franc à tenter en plus ; s'il est manqué, 2 ou 3 lancers francs sont accordés au joueur lésé. Si un joueur attaquant marque un panier et retombe sur un défenseur après son tir, le panier est accordé et une faute inscrite sur le compte de l'attaquant. *Faute multiple,* commise par 2 ou plusieurs joueurs au même moment sur le même adversaire. Une faute est inscrite sur le compte de chaque joueur fautif mais ne donne droit qu'à 2 lancers francs pour le joueur lésé. *Double faute,* cas où 2 joueurs adverses commettent l'un sur l'autre une faute au même moment. Il n'y a pas de lancer franc mais une remise en jeu par entre-deux « dans le cercle restrictif » plus proche ; une faute est inscrite sur le compte des 2 joueurs. *Faute antisportive* (entre la faute normale et la faute disqualifiante). Dès qu'une équipe a commis 4 fautes par quart-temps, toutes les fautes personnelles suivantes sont sanctionnées par 2 lancers francs. Tout joueur qui commet une faute doit immédiatement lever le bras en se tournant vers la table de marque. **Fautes techniques :** s'adresser à un officiel en termes incorrects ; employer un langage offensant ; agacer un adversaire ou gêner sa vision du jeu en agitant les mains devant ses yeux ; retarder le déroulement de la partie en empêchant la remise immédiate du ballon en jeu ; ne pas lever la main convenablement quand une faute est sifflée contre soi ; changer de numéro sans en avertir le marqueur et l'arbitre ; entrer sur le terrain en tant que remplaçant sans se présenter au marqueur et à l'arbitre. Pour l'entraîneur ou des remplaçants : entrer sur le terrain sans permission. Une faute technique commise par un joueur sur le terrain donne droit à 1 lancer franc puis à la possession du ballon au niveau de la ligne médiane. Une faute technique commise par l'entraîneur ou un joueur du banc donne droit à 2 lancers francs. La partie reprend après le 2e lancer franc. Pour une faute antisportive, le lanceur doit être celui sur lequel la faute a été commise ; pour une faute technique, les lancers sont tentés par un des membres de l'équipe bénéficiaire. Les lancers sont tentés depuis la ligne des lancers francs ; personne ne doit se trouver dans le cercle restrictif et dans la zone réservée au moment du lancer ; le tireur a 5 s pour tenter son shoot.

Panier réussi. *De la plus longue distance :* 28,17 m (Bruce Morris, USA, 8-2-1985). *Le plus de fois de suite :* 2 036 lancers francs (Ted Saint-Martin, USA, 25-6-1977). **Record de points marqués par un joueur.** *Dans une partie :* Mats Wermelin (Suède) a marqué les 272 points (à 0) de son équipe (5-2-1974, Stockholm). *En championnat de France :* Hervé Dubuisson 12 852 de 1974 à 97. *Dans sa carrière :* de 1969 à 1989, Kareem Abdul-Jabbar 38 387 points dans le championnat (saison régulière) de la NBA (USA). **Passes décisives.** 14 503 au 1-1-2001 John Stockton (USA). **Taille des joueurs.** *Le plus grand :* Suleiman Ali Nashnush (né 1943) 2,45 m (Libye) ; *la plus grande :* Ouliana Semenova (née 8-2-1952) 2,18 m, 127 kg (URSS).

■ **Ballon mort.** Chaque fois qu'un officiel interrompt le jeu, le ballon redevient vivant lorsqu'il est frappé lors d'un entre-deux, quand il est placé à la disposition du tireur de lancer franc ou lorsqu'il touche un joueur sur le terrain après une remise en jeu. **Ballon tenu.** Lorsque 2 ou plusieurs adversaires le tiennent fermement de 1 ou des 2 mains. **Ballon hors jeu.** Quand il touche un joueur hors des limites, une personne, le sol ou un objet hors des limites du terrain ou les supports ou le dos des panneaux ; le ballon est alors remis par l'arbitre à l'équipe adverse.

Principales épreuves

Légende : (1) All. Féd. (2) Espagne. (3) France. (4) Grèce. (5) Hongrie. (6) Israël. (7) Italie. (8) Lituanie (9) Pologne. (10) Russie. (11) Slovaquie. (12) Turquie (13) Yougoslavie. **Jeux Olympiques** (voir p. 1438 b).

Championnats masculins

■ **Championnats du monde.** *Créés* 1950. *Tous les 4 ans.* **1950** Argentine, USA. **54** USA, Brésil. **58** Brésil, USA. **62** *annulés.* **63** Brésil, Yougoslavie. **67** URSS, Youg. **70** Youg., Brésil. **74** URSS, Youg. **78** Youg., URSS. **82** URSS, USA. **86** USA, URSS. **90** Youg., URSS. **94** USA, Russie. **98** ex-Youg., Russie.

■ **Championnats d'Europe.** *Créés* 1935. *Tous les 2 ans.* **1935** Lettonie-Esp. **37** Lituanie-Italie. **39** Lituanie-Lettonie. **46** Tchéc.-It. **47** URSS-Tchéc. **49** Égypte-France. **51** URSS-Tchéc. **53** URSS-Hongrie. **55** Hongrie-Tchéc. **57** URSS-Bulgarie. **59** URSS-Tchéc. **61** URSS-Youg. **63** URSS-Pol. **65** URSS-Youg. **67** URSS-Tchéc. **69, 71** URSS-Youg. **73** Youg.-Espagne. **75, 77** Youg.-URSS. **79** URSS-Israël. **81** URSS-Youg. **83** Italie-Espagne. **85** URSS-Tchéc. **87** Grèce-URSS. **89** Youg.-Grèce. **91** Youg.-Italie. **93** All.-Russie. **95** ex-Youg.-Lituanie. **97** ex-Youg.-Italie. **99** Italie-Espagne.

■ **Suproligue (Coupe d'Europe des clubs champions de 1858 à 1991, championnats d'Europe des clubs de 1992 à 1996, Euroligue jusqu'en 2000). 1995** R. Madrid [2], Le Pirée [4]. **96** Panathinaïkos [4], Barcelone [2]. **97** Olympiakos [4], Barcelone [2]. **98** Bologne [7], Athènes [4]. **99** Kaunas [8], Bologne [7]. **2000** Panathinaïkos [4], Maccabi Tel-Aviv [6]. **01** Maccabi Tel Aviv [6], Panathinaïkos [4].

■ **Coupe des coupes, devenue en 1992 Coupe d'Europe, puis en 1996 Eurocoupe et en 1999 Coupe Saporta.** *Créée* 1966. **1995** Trévise [7], Vitoria [2]. **96** Vitoria [2], Salonique [4]. **97** R. Madrid [2], Vérone [7]. **98** Kaunas [8], Milan [7]. **99** Trevise [7], Valence [2]. **2000** Athènes [4], Bologne [7]. **01** Maroussi Athènes [4], Chalon-sur-Saône [3].

■ **Coupe d'Europe Radivoj Korac.** *Créée* 1971. **1995** Berlin [1], Milan [7]. **96** Istanbul [12], Milan [7]. **97** Salonique [4], Bursa [2]. **98** Vérone [7], Belgrade [13]. **99** Barcelone [2], Madrid [2]. **2000** Limoges [3], Malaga [2]. **01** Malaga [2], Vrsac [13].

■ **Championnat de France. Division nationale I.** *Créée* 1950. **1995** Antibes. **96** Pau-Orthez. **97** PSG-Racing. **98, 99** Pau-Orthez. **2000** Limoges. **01** Pau-Orthez.

■ **Coupe de France** *Créée* 1952-53, **devenue en 1996 et 1997 Coupe de France « Trophée Robert-Busnel ». 1953** Villeurbanne. **54, 55** Paris Université Club. **56** CSM Auboué. **57** Villeurbanne. **58** Étoile de Mézières. **59** Étoile de Charleville. **60** AS Denain-Voltaire. **61** Lyon. **62, 63** Paris Université Club. **64** Le Mans. **65** Villeurbanne. **66** Nantes. **67** Villeurbanne. **68** *non disputée.* **69, 70** Vichy. **71 à 95** *non disputée.* **96, 97** Villeurbanne. **98, 99** Cholet. **2000** Limoges. **01** Villeurbanne.

■ **Tournoi des As.** Puis **Coupe Robert-Busnel** en 1994 ; *supprimée* depuis 1996.

Championnats féminins

■ **Championnats du monde.** *Créés* 1953. *Tous les 4 ans.* **1953** USA-Chili. **57** USA-URSS. **59** URSS-Bulgarie. **64** URSS-Tchéc. **67** URSS-Corée du Sud. **71** URSS-Tchéc. **75** URSS-Japon. **79** USA-Corée du Sud. **83** URSS-USA. **86** USA-URSS. **90** USA-Youg. **94** Brésil-Chine. **98** USA-Russie.

■ **Championnats d'Europe.** *Créés* 1938. *Tous les 2 ans.* **1991** URSS-Youg. **93** Esp.-Fr. **95** Ukraine-It. **97** Lituanie-Slovaquie. **99** Pologne-Fr.

■ **Coupe d'Europe des clubs champions, devenue en 1992 championnats d'Europe des clubs, puis en 1996 Euroligue féminine.** *Créée* 1958. **1995** Côme [7], Valence [2]. **96** Wuppertal [1], Côme [7]. **97** Bourges [3], Wuppertal [1]. **98** Bourges [3], Madrid [2]. **99** Ruzemberok [11], Côme [7]. **2000** Ruzemberok [11], Bourges [3]. **01** Bourges [3], Valencienne [3].

■ **Coupe Ronchetti.** *Créée* 1971, **1995** Bourges [3], Parme [7]. **96** Tarbes [3], Alcamo [7]. **97** Moscou [10], Parme [7]. **98** Sopron [5], Aix-en-Provence [3]. **99** Las Palmas [2], Ramat Hashason [6]. **2000** Parme [7], Las Palmas [2]. **01** Schio [7], Adana [12].

■ **Championnat de France. Division nationale I.** *Créée* 1951. **1988 à 90** BAC Mirande. **91 à 93** Challes-les-Eaux. **94** US Valenciennes-Orchies. **95 à 2000** CJM Bourges. **01** US Valenciennes-Olympic.

■ **Coupe de France. 1957, 58** AS Montferrand. **60** FC Lyon. **96 à 98** Tarbes. **99** Mondeville. **2000** Aix-en-Provence. **2001** Valenciennes. De 1961 à 1995, pas de *vraie* coupe de France (restrictions de participations) mais sous le nom de **Coupe de printemps** (National I et meilleures équipes de National II). **1982, 83** Stade français, **84** RCF Paris, **85** Stade français, sous le nom de **Coupe Danielle Peter** (sans les 4 1ers de NI et avec les 1ers de NII), **1986** Cavigal Nice, **87** AS Montferrand, **88** (entre les NI mais sans les mieux classés) Challes, **89** Stade Clermontois. **Coupe de France** (sauf NIA). **1989** Sélestat, **90, 91** CJM Bourges, **92** PTT Toulouse, **93** Jallais-Anjou-Basket, **94** Toulouse Launaguet, **95** USO Mondeville.

■ **Tournoi de la Fédération. 1995** Tarbes GB. **96** Bourges. **97, 98** Valenciennes. **99, 2000, 01** Bourges.

Quelques noms

Légende : (1) USA. (2) Ex-URSS. (3) Israël. (4) Espagne. (5) Ex-Youg. (6) Italie. (7) Rép. tchèque. (8) France. (9) Soudan. (10) Nigeria. (11) Brésil. (12) Grèce. (13) Slovaquie. (14) Russie.

Abdul-Jabbar Kareem [1], 16-4-47. Abdul-Wahad Tariq [8], 3-11-74. Antoine Roger [8], 28-6-29. Baltzer Christian [8], 5-7-36. Barkley Charles Wade [1], 20-2-63. Barrais André [8], 22-2-20. Barry Rick [1], 28-3-44. Baylor Elgin [1], 16-9-34. Belostenny Alexandre [2], 1959. Belov Alexandre [2], 1951-78 ; Serguei [2], 23-1-44. Berkowitz Micky [3], 1954. Bertorelle Louis [8], 5-8-32. Beugnot Éric [8], 22-3-55 ; Jean-Paul [8], 1931-2001. Bilba Jim [8], 17-4-68. Bird Larry [1], 7-12-56. Biriukov José [4], 3-3-63. Boel Pierre [8], 4-7-11. Bogues Tyrone [1], 9-1-65. Bol Manute [9], 16-10-62. Bonato Jean-Claude [8], 23-3-46 ; Yann [8] 4-3-72. Brabender Wayne [4], 16-10-45. Bradley William (Bill) [1], 28-7-43. Brody Tal [3], 30-8-43. Buffière André [8], 12-11-22. Buscato Francisco [4], 21-4-40. Busnel Robert [8], 1914-91.

Cachemire Jacques [8], 27-2-47. Campi, Martine [8]. Chamberlain Wilton [1], 1936-99. Chazalon Jackie [8], 24-3-45. Chocat René [8], 28-11-20. Cohu Robert [8], 28-8-11. Corbalán Juan-Antonio [4], 3-8-54. Cosic Kresimir [5], 1948-96. Cousy Robert [1], 9-8-28. Cummings Kristen [1], 29-8-63. Curry Denise [1], 22-8-59.

Dacoury Richard [8], 6-7-59. Dalipagic Drazen [5], 27-11-51. Daneu Ivo [5], 1937. Danilovic Pedrag [5], 22-2-70. Degros Jean [8], 18-11-39. Dessemme Jacques [8], 19-9-25. Divac Vlade [5], 3-2-68. Dorigo Maxime [8], 27-9-36. Doumergue Christelle [3], 28-11-63. Drexler Clyde [1], 22-6-62. Dubuisson Hervé [8], 8-8-57.

Erving Julius [1], 22-2-50. Ewing Patrick [1], 5-8-62. Fabrikant Wladimir [8], 10-4-17. Fijalkowski [2] Isabelle [8] 23-5-72. Flouret Jacques [8], 8-9-07. Freimuller Jacques [8], 31-8-29. Frezot Émile [8], 11-11-16. Fulks Joseph [1], 26-10-21. Galis Nick [13], 23-5-57. Gilles Alain [8], 5-5-45. Gola Tom [1], 13-1-33. Grange Henri [8], 14-9-34. Guidotti Irène [8], 11-3-50.

Haudegand Roger [8], 20-2-32. Havlicek John [1], 8-4-40. Hayes Elvin [1], 17-11-45. Hell Henri [8], 26-4-11. Ivanovic Dusko [5], 1-9-57. Jamchy Doron [3], 1961. Jaunay Joë [8], 1919-93. Johnson « Magic » Earvin [1], 14-8-59, s'arrête en novembre 1991 car séropositif, rejoue de janvier à mai 96 puis s'arrête ; Lee [1], 16-6-57. Jordan Michael [1], 17-2-63 s'arrête en 1993 puis rejoue jusqu'en fin 1997.

Khomitchous Valdemaras [2], 1959. Kicanovic Dragan [5], 17-8-54. Korac Radivoj [5], 1938-69. Koudachova Elena [14]. Kukoc Toni [5], 18-9-68. Kurland Bob [1], 1925. Laettner Christian [1], 17-8-69. Le Ray Michel [8], 9-2-43. Lesmayoux Henri [8], 19-12-13. Lucas Jerry [1], 30-3-40.

McAdoo Robert [1], 25-9-51. McHale Kevin [1], 19-12-57. Malfois Catherine [8], 5-8-55. Malone Karl [1], 24-7-63 ; Moses [1], 23-3-55. Maravich Pete [1], 1948-87. Marcellot Maurice [8], 1-4-29. Marchulionis Charunas [2], 13-6-64. Marzorati Pierluigi [6], 12-9-52. Mayeur Bernard [8], 23-2-38. Meneghin Dino [6], 18-1-50. Mikan George [1], 18-6-24. Miller Cheryl [1]. Monclar Jacques [8], 2-4-57 ; Robert [8], 13-8-30. Morse Bob [1], 4-1-51. Murphy Edward [1], 14-1-56.

Olajuwon Hakeen [1], 21-1-62. O'Neal Shaquille [1], 6-3-72. Ostrowski Stéphane [8], 7-3-62. Paspalj Zarko [5], 1966. Passemard Colette [8], 6-1-46. Perniceni Jean [8], 5-4-30. Perrier Jacques [8], 12-10-24. Petrovic Drazen [5], 1964-93. Quiblier Françoise [8], 27-8-53.

Rat Michel [8], 16-3-37. Riffiod Élisabeth [8], 20-7-47. Rigaudeau Antoine [8] 17-12-71. Riva Antonello [6], 28-2-62. Robertson Oscar [1], 24-11-38. Robinson David [1], 6-8-65. Rodman Dennis [1], 13-5-61. Roland Étienne [8], 31-8-12. Russel William (Bill) [1], 12-2-34.

Sabonis Arvidas [2], 19-12-64. Sallois Maryse [8], 19-1-50. San Epifano Antonio [4], 1959. Santaniello Odile [8], 21-12-66. Schmidt Oscar [10], 16-2-58. Semenova Ouliana [2], 9-3-52. Sénégal Jean-Michel [8], 5-6-53. Sibilio Antonio [4], 1958. Souvré Yannick [8] 19-9-69. Specker Justy [8], 18-8-19. Staelens Jean-Pierre [8], 1945-99. Sukharnova Olga [2], 14-2-55.

Tarakanov Serguei [2], 1958. Theron Henri [8], 18-1-31. Thiolon Pierre [8], 17-1-27. Thomas Isiah [1], 30-4-61. Tondeur André [8], 9-12-1899. Vacheresse André [8], 1927-2000. Volkov Alexandre [2], 29-3-64. Walton William (Bill) [1], 5-11-52. West Jerry [1], 28-5-38. Wilkins Dominique [1], 12-1-60. Worthy James [1], 27-2-61. Zidek Jiri [7], 8-2-44.

☞ **Dream Team** (équipe américaine aux JO de Barcelone) : Magic Johnson (14-8-59), Larry Bird (7-12-56), Charles Barkley (20-2-63), Clyde Drexler (22-6-62), Patrick Ewing (5-8-62), Michael Jordan (17-2-63), Karl Malone (24-7-63), Chris Mullin (30-7-63), Scottie Pippen (25-9-65), David Robinson (6-8-65), John Stockton (26-3-62), Christian Laettner (17-8-69).

BOULES

GÉNÉRALITÉS

■ **Origine.** Connues dans l'Antiquité. **XVIIe s.** en G.-B., se pratiquent sur du gazon tondu, les « boulingrins » (de l'anglais *bowling-greens*). **Fin XIXe s.** et **début XXe s.** se répandent en Provence avec le « jeu provençal ».

■ **Principes.** Se jouent avec 2 équipes en individuel (1 contre 1), doublettes (2 contre 2), triplettes (3 contre 3) ou quadrettes (4 contre 4). Consiste à placer ses boules le plus près possible du but. L'adversaire essaie de placer les siennes plus près de ce but ou d'enlever en tirant celles qui le gênent. L'équipe qui a gagné le but le lance et joue la 1re boule. Puis l'équipe qui ne tient pas le point doit jouer jusqu'à ce qu'elle le reprenne ou le détruise. Si, en tirant, une équipe n'a plus de boules, son adversaire joue et essaie de placer d'autres points en pointant ou en tirant les boules qui le gênent. Il peut aussi tirer le but. Toutes les boules étant jouées, une équipe compte autant de points qu'elle a de boules mieux placées que la meilleure de l'adversaire. Le jeu reprend dans l'autre sens et le but est lancé par l'équipe qui a marqué 1 ou plusieurs points.

■ **But.** Diamètre de 35 à 37 mm, en bois non ferré, non coloré et non gravé ; sur entente des joueurs, un but coloré peut être utilisé.

SPORT-BOULES (JEU LYONNAIS)

■ **Généralités.** Se joue au cadre [partie du terrain (5 m) dans lequel le « but » doit obligatoirement s'arrêter]. **Terrain** (appelé *cadre* ou *jeu*) : 2,50 m à 4 m × 27,50 m. On le trace avec une tige de métal de 50 cm. **Boules :** diamètre minimal 90 mm, maximal 110 mm ; poids minimal 700 g, maximal 1 300 g. Pour les minimes, diamètre minimal 88 mm, en métal cémenté (boules en bois, boules cloutées ou plombées interdites) ; les boules employées sont métalliques (bronze ou acier avec possibilité de remplissage). Les boules en matière synthétique peuvent être utilisées pour l'initiation (84 à 88 mm). La main doit être souple, décontractée. Le lancement doit se faire paume de la main tournée vers le sol, les doigts accolés (les autres méthodes manquent de précision), le bras doit effectuer un mouvement de balancier assez ample, sans être plié. **But** (diamètre 35 à 37 mm) : lancé de la limite des 12,50 m sur la raie dite pied de jeu, doit s'arrêter à l'intérieur du cadre de 5 m. Les boules lancées de la même limite peuvent déborder sur la zone de 2,50 m juste avant la ligne de fond. Elles ne sont annulées que si elles dépassent cette ligne, située à 50 cm de l'extrémité du terrain. On joue alternativement d'un côté puis de l'autre.

Le pointeur lance sa boule vers le but en la faisant rouler sur le sol. Le tireur prend son élan (course de 4 ou 6 appuis) avant de lancer sa boule en l'air en direction de la boule (ou du but) à chasser. Avant qu'il tire, on trace un arc de cercle de 50 cm de rayon devant la boule (ou le but) à chasser. Le coup est bon si la boule de tir tombe à l'intérieur de l'arc de cercle ou directement sur la boule à frapper.

■ **Sortes d'épreuves. Traditionnelle :** placer le maximum de boules près du but, puis défendre ses points en chassant, par le tir, les boules de l'adversaire venues près des siennes. But lancé entre 12,50 et 17,50 m à l'intérieur des raies latérales. Le tireur a 7,50 m d'élan et doit lancer sa boule à 50 cm au maximum de l'objet visé. Quand toutes les boules sont jouées, la *mène* est jouée. On compte les points. L'équipe gagnante lance le but dans l'autre sens du cadre pour une nouvelle mène. Équipes de 1, 2, 3 ou 4 joueurs. Parties de 11 à 13 points. **Moderne :** il faut réaliser plus de coups gagnants (tirs ou points) que l'adversaire. Durée, distance, encombrement et alternance variables. 5 sortes : tir de précision (adresse et concentration), tir à cadence rapide (valeur athlétique), tir progressif (adaptation à la distance), combiné (tirs et points alternés, maîtrise des gestes de base), tir en relais (par équipes de 2 joueurs, sur 2 positions de cibles). En simple ou double (relais). *Durée du jeu :* 5 min à 1 h. *Équipement :* boules de couleurs en plastique (cible claire, obstacles sombres). Tapis à une ou plusieurs alvéoles avec zone ouverte dans un rayon de 50 cm devant la cible (pour permettre le raclage). Compas pour tracer le cercle-cible. Porte-boules (80 cm de haut). Panneaux lumineux. Barème de cotation pour chaque épreuve.

■ **Fédération française du sport-boules.** 11, cours Lafayette, 69006 Lyon, *créée* 1980 (origine : Union nationale des féd. boulistes 1922, Féd. nationale de boules 1933, Féd. fr. de boules 1942). *1999 :* 96 008 licenciés (Lyon, Dauphiné, Savoie, Auvergne, Pyrénées, Ile-de-France). **Fédération internationale de boules.** 43 pays affiliés.

■ **Épreuves.** *Internationales :* Championnats du monde (*créés* 1947, tous les 2 ans), Ch. d'Europe, rencontres Fr.-Italie, Coupe d'Europe des clubs. *Nationales :* Ch. de France (quadrettes, doublettes), Ch. des clubs, Ch. de tir.

■ **Records du monde seniors par spécialité** (tous homologués FIB, au 3-8-2000). *Tir progressif :* en 5 min, 47 touches sur 48 tirs, Sébastien Grail (Fr.), le 3-8-2000 à Lyon ; en 8 min, 67 touches sur 73 tirs, Philippe Gerland (Fr.), le 8-12-1990 à Montélimar ; *tir de précision :* 23 pts sur 37 possibles, Amerio Perio (It.) et Bojan Novak (Slov.), le 3-8-2000 à Villefranche.

PÉTANQUE ET JEU PROVENÇAL

Fédération française de pétanque et jeu provençal. *Créée* 1945. 13, rue Trigance, 13002 Marseille. En 2000, 22 ligues et 105 comités départementaux dont 4 Dom (Guadeloupe, Guyane, Martinique, Réunion) et 5 Tom (Polynésie, Nlle-Calédonie, Mayotte, St-Pierre-et-Miquelon, Wallis-et-Futuna), groupant 422 548 licenciés (dont 50 429 seniors féminines, 7 940 jeunes filles, 13 754 juniors, 16 137 cadets et 12 547 minimes) répartis en 7 098 clubs. *Comités départementaux principaux :* B.-du-Rh. 21 954, Hte-Garonne 20 929, Hérault 16 291, Alpes-Maritimes 12 619, Gard 12 276, Var 10 253.

Fédération nationale de pétanque amateur et loisir (FNPAL). *Créée* 1969. Palais Rihour, 59000 Lille. Non habilitée. 6 500 adhérents dans N.-P.-de-C., Oise, Aisne, Seine-et-Marne, Gers et Somme.

Fédération internationale de pétanque (FIPJP). *Créée* 1958. Membre de la Confédération mondiale des sports de boules (CMSB) reconnue par le Comité international olympique (CIO) le 15-10-1986.

PÉTANQUE

■ **Généralités.** Jouée pour la 1re fois à La Ciotat en 1907. **Nom :** du provençal « pès tanqués » (pieds joints). **Terrains :** se joue sur tous terrains, à une distance comprise entre 6 et 10 m. **Boules métalliques** (de 7,05 à 8 cm de diamètre, poids 650 g à 800 g). Vitesse : 20 à 30 km/h. **But** ou **cochonnet :** en bois (25 à 35 mm de diamètre), lancé d'un cercle de 35 à 50 cm de diamètre tracé sur le sol.

☞ **Record :** Christian Fazzino en 1995, 992 boules frappées sur 1 000 livrées.

Licenciés : 625 000 dans 49 pays : Algérie, Allemagne, Andorre, Australie, Autriche, Belgique, Bulgarie, Burkina Faso, Cambodge, Canada, Comores, Côte d'Ivoire, Danemark, Djibouti, Espagne, Estonie, États-Unis, Finlande, *France*, G.-B., Guinée, Hongrie, Irlande, Israël, Italie, Japon, Laos, Luxembourg, Madagascar, Mali, Maroc, île Maurice, Mauritanie, Monaco, Norvège, Nlle-Zélande, P.-Bas, Portugal, St-Marin, Sénégal, Seychelles, Singapour, Slovénie, Suède, Suisse, République tchèque, Thaïlande, Tunisie, Vanuatu.

■ **Championnats de France. Triplettes. Seniors.** *Créés* 1946. **1995** Rasle-Pouzier-Sirot (Essonne). **96** Choupay-Loy-Milcos (S.-et-M.). **97** Foyot-Schatz-Farre (Hérault). **98** Fazzino-Suchaud-Velut. **99** Hernandez J. et P.-Rypen (Allier). **2000** Foyot-Schatz-Farré (Hérault). **Juniors.** *Créés* 1956. **1995** Guet-Finelle-Richard (Sarthe). **96** Tondu-Leclanche-Bouttet (Loiret). **97** Innocenti-Riffi-Soto (B.-du-Rh.). **98** Alembert-Guido-Kubler (Hts-de-Seine). **99** Capella-Coupe-Lamour (I.-et-V.). **2000** Barber-Camin-Thiboud (Aude). **Cadets.** *Créés* 1962. **1995** Turmel-Busnel-Lebouteiller (Calvados). **96** Quennehen-Lefoll-Belhache (S.-M.). **97** Grevillet-Quintaneiro-Seba (S.-et-M.). **98** Chanwaiky-Dugal-Parain (Essonne). **99** Boyer-Parain-Pina (Essonne). **2000** Cano-Guistinani-Pulri (B.-du-Rh.). **Minimes.** *Créés* 1984. **1995** Skoracki-André-Sala (Moselle). **96** Lafleur-F. et T. Noel (Hte-G.). **97** Esposito-Hartung-Leclerc (M.-et-M.). **98** Flamant-Levêque-Sanchez (Aisne). **99** Azzinari-Perret-Savin (Vaucluse). **2000** Mallinger-Mathe-Wagenfuhr (Moselle). **Doublettes. 1995** Suchaud-Voisin (Allier). **96** Fouilme-Lelong (S.-et-M.). **97** Hervo-Thorel (L.-A.). **98** D. et Ch. Hureau. **99** Quintais-Robert (E.-et-L.). **2000** Petit-Trembleau (Loiret).

Tête-à-tête ou **Individuel.** *Créés* 1966. **1995** Morillon (Vienne). **96** Briand (Gard). **97** Rocher (Sarthe). **98** Pizzolato (T.-et-G.). **99** Esther (La Réunion). **2000** Chapeland (Rhône).

Corporatifs. *Créés* 1978. **1995** Detouche-Dehays-Turgis (S.-M.). **96** Boin-Panier-Galland (Htes-Alpes). **97** Berthelot-Fourrier-Marchand (S.-et-L.). **98** Pelloux-Tavitian-Vilfroy (Var). **Championnat de France des entreprises. 1999** Olmos-Lauriot-Lesteissier (Sarthe). **2000** Giraudo-Poilbarbe-Saverino (Alpes-M.).

Féminins. *Créés* 1977. **Doublettes. 1995** Clément-Petit (L.-et-C.). **96** Dole-Kouadri (Rhône). **97** Colombet-Schopp (P.-de-D.). **98** Dole-Kouadri (Rhône). **99** Filbien-Mascagni (A.-M.). **2000** Colombey-Schopp (Puy-de-D.).

Trophée national des vétérans. *Créé* 1992. **Trophée mixte.** *Créé* 1993. *Deviennent* **championnats de France** en *1995.* **Vétérans. 1995** Gortchakoff-Manoukian-Biancotto (B.-du-Rh.). **96** Fazzino-Berthet-Koenig (A.-M.). **97** Durand-Tresanini-Mudjeredian (Paris). **98** Kechteil-Nell-Royvela (Hte-G.). **99** Gortchakoff-Ielo-Manoukian (B.-du-Rh.). **2000** Allier-Monnier-Sabatier (Gard). **Mixte. 1995** Mlle Laver et M. Bermond (A.-Hte-Pr.). **96, 97, 98** Mme Sarda et M. Schatz (Hérault). **99** Mme Gelin et M. Radnic (Saône-et-Loire). **2000** Mme Jaunet et M. Suchaud (Allier).

■ **Championnats du monde. Seniors. Triplette messieurs.** *Créés* 1959. **1959, 61, 63** France. **64** Algérie. **65, 66** Suisse. **71** Espagne. **72** France. **73** Suisse. **74** France. **75** Italie. **76, 77** France. **78, 79** Italie. **80** Suisse (Camelique-Franzin-Savio). **81** Belgique (Hémon-A. Hémon-C. Bergh). **82** Monaco (Bandoli-Cornutello-Clapier). **83** Tunisie (Ferjani-Jabeur-H'Mida). **84** Maroc (Alaoui-Kouider-Safri). **85** France (Choupay-Bideau-Lopeze). **86** Tunisie (Jendoubi R. et T. Larki). **87** Maroc (Alaoui-Hammouchen-Essafri). **88, 89** France (Choupay-Fazzino-Voisin). **90** Maroc (Alaoui-Laouija-Moufid). **91** France (Schatz-Quintais-Simoes). **92** France (Monard-Fazzino-Foyot). **93** France (Schatz-Quintais-Simoes). **94** France (Bideau-Choupay-Loy). **95, 96** France (Suchaud-Quintais-Ledantec). **97** Tunisie (Lakal A. et T. Lakili). **98** France (Bredin-Choupay-Fazzino-Quintais). **99** Madagascar (Andriatseheno-Oukabay-Randrianarisana). **2000** Belgique (Weibel-Losano-Hémon-Van Campenhout). **Triplette jeunes.** *Créés* 1987. **1987** France (Kelle-Remiatte-Bonin-Marchand). **89** France (Dumanois-Ferrazzola-Barthélemy-Roig-Pons). **91, 93** Belgique. **95, 97** Espagne. **99** France (Labrue-Ruffo-Scultore). **Triplette dames.** *Créés* 1988. **1988, 90** Thaïlande (Somjitprasert-Meesup-Thamakord). **92** France (Dole-Kouadri-Virebeyre). **94** France (Gelin-Moulin-Innocenti). **96, 98** Espagne. **2000** Belgique (Berdoyes-Barzin-Goblet-Odena).

Jeux mondiaux. *Tous les 4 ans.* **Messieurs. 1985** France (Lagarde-Dejean-Ferrand). **89** France (Choupay-Fazzino-Voisin). **93** France (Monard-Fazzino-Foyot). **97** Espagne. **Dames. 1989** Belgique. **93** France (Dole-Kouadri). **97** Belgique.

☞ Le 9-5-1992, en 3 h, René Levantaci (né 3-3-41) a tiré 3 148 boules dont 2 857 ont touché (non homologué).

JEU PROVENÇAL

■ **Généralités. Boules :** les mêmes que pour la pétanque. **Terrain** de 24 m au maximum. **But** (cochonnet ou bouchon) : lancé d'un cercle tracé sur le sol à une distance minimale de 15 m, maximale 20 m. S'il pointe, le joueur fait un pas dans la direction qu'il désire, à partir d'un cercle tracé sur le sol, puis il relève le pied sur lequel il a pris appui et joue en se tenant sur une jambe. S'il tire, il sort de son cercle, fait 3 pas et lance sa boule en plein élan lorsqu'il pose le pied à terre à la fin du 3e bond. **Pratique :** en particulier dans B.-du-Rh., Gard, Vaucluse, A.-Hte-Pr., Htes-Alpes, Alpes-Maritimes, Var, Hérault, Aude, Région parisienne, Centre, Nord, Midi-Pyrénées, Franche-Comté.

■ **Championnats de France.** *Créés* 1946. **Triplette. 1995** Bouchet-Savy-Ruiz (Gard). **96** Lorenzelli G. et R. Buttelli (A.-M.). **97** Raffy-Boulle-Quatrefoges (Gard). **98** Abello-Ursida-Vladiscovith (A.-M.). **99** Herrero-Marty-Pesce (Var). **2000** Besacier-Cazemajou-Chapeland (Rhône). **Doublette. 1995** Pironti-Griseri (B.-du-Rh.). **96** Fouilhe-Sthor (S.-et-M.). **97** Angelvin-Capelle (A.-Hte-Pr.). **98** Liénard-Rink (Drôme). **99, 2000** Stievenard F. et Ph. (Gard).

☞ La *boule parisienne* se pratique dans une longue cuvette dont les bords conduisent la boule vers le but. La *boule de fort* (allongée à chaque extrémité) s'est développée en Anjou au XIXe s. et reste traditionnelle en Saumurois (140 sociétés).

BOWLING

GÉNÉRALITÉS

■ **Nom.** De l'anglais *to bowl*, rouler, lancer.

■ **Histoire. 5200 av. J.-C.** découverte en 1895, à Nagada, en Égypte, par sir Flinders Petrie, dans la tombe d'un enfant, d'un jeu se composant de 9 petits vases en albâtre ou en brèche, de 3 cubes en marbre blanc et de 4 billes en porphyre. Ce serait le 1er jeu de quilles connu. *Grèce :* pratique d'un jeu consistant à ficher des bâtons en terre. *Rome :* on joue aux *boccie* (boules). **IVe s.** en Allemagne, on joue avec des *Kegeln* (bâtons servant de quilles) représentant des païens ; avec des pierres, on renverse les *Kegeln* et on assure ainsi le salut de son âme. Au **Moyen Age**, pénètre en France. **1623** des émigrants hollandais et allemands introduisent le jeu à 9 quilles *(ninepin)* à New York. Devient rapidement très populaire. **1841** interdit car assimilé à un jeu de hasard. Pour tourner la loi, invention du *tenpin* en ajoutant une 10e quille. **1895-*9-9*** fondation de l'*American Bowling Congress.* **1945** introduit par les soldats américains en Europe. **1952-*27-1*** création de la Fédération internationale des quilleurs. **1957-*21-1*** fondation de la Fédération française des sports de quilles, qui a une section bowling. **1998-*5-1*** reconnue discipline de haut niveau par le ministère de la Jeunesse et des Sports.

■ **Statistiques mondiales** (en 2000). **Nombre de pratiquants :** 100 000 000 dont USA 80 000 000 (4 000 000 de licenciés), *France 300 000* (15 000 licenciés) ; **de pistes :** 210 000 dont USA 130 700 (6 560 centres), Japon 30 000, Corée 5 200, G.-B. 4 100, Benelux 2 700, *France 2 500* (225 centres), All. 2 300. 115 pays font partie de la Fédération internationale des quilleurs.

BOWLING A 10 QUILLES

RÈGLES

■ **But.** Renverser le maximum de quilles avec une boule. **Piste.** Plate, de 18,92 m en bois ou matière synthétique, surface d'élan 4,57 m, long. 18,92 m, larg. 1,043 m à 1,066 m, de chaque côté rigole pour récupérer les boules mal dirigées, positions des quilles marquées sur le sol (en triangle). **Quilles.** 1,530 à 1,643 kg, hauteur 38,1 cm, numérotées de 1 à 10. Actuellement, des appareils permettent de replacer automatiquement les quilles et de renvoyer les boules. **Boules.** Circonférence 68,5 cm, poids maximal 7,250 kg, diamètre 21,6 cm, surface lisse, 3 trous (pour le pouce, le majeur et l'annulaire) pour saisir la boule. **Tenue.** Souliers à semelle spéciale facilitant le glissement et l'arrêt. **Partie.** En 10 jeux (ou frame). Chaque joueur lance 2 boules aux 9 premiers jeux sauf s'il réussit un *strike.* Au 10ᵉ jeu, celui qui réussit un *strike* lance 2 boules supplémentaires, et un *spare* 1 boule. Chaque quille abattue compte pour 1 point. Si les 10 quilles tombent à la 1ʳᵉ boule, c'est un *strike,* le joueur marque 10 points plus la valeur des 2 prochaines boules (dans le meilleur des cas, si un joueur fait 12 strikes de suite, il obtient 300 points, score maximal). S'il faut 2 coups pour faire tomber les 10 quilles, c'est un *spare,* le joueur marque 10 points plus la valeur de la prochaine boule. On appelle *split* l'ensemble des quilles séparées restées debout après le lancement de la 1ʳᵉ boule. **Bon score.** 130 pour débutant, 180 pour joueur de club.

■ **Records mondiaux. Messieurs.** 900 pts en 3 parties (score parfait) soit 36 strikes, par Jeremy Sonnenfeld (USA, né 1977) le 2-2-1997 ; égalé : le 10-11-1998 par Tony Roventini (USA, né 1970, gaucher), le 29-9-1999 par Vince Wood (USA), le 28-12-2000 par Robby Portalin (USA, gaucher). **Dames.** 877 pts par Jackie Mitskavich (USA) le 10-9-97.

■ Résultats

Légende : (1) Philippines. (2) Colombie. (3) France. (4) G.-B. (5) USA. (6) Belg. (7) Suède. (8) Italie. (9) Norv. (10) Finl. (11) P.-Bas. (12) All. (13) Canada. (14) Formose. (15) Mexique. (16) Qatar. (17) Australie.

■ **Championnats du monde. Messieurs.** *Créés* 1954, *tous les 4 ans.* **Simples. 1995** Dol [13], **99** Verbruggen [6]. **Masters. 1995** Yang [14], **99** Shaheen [16]. **Doubles. 1995, 99** Suède. **Par éq. de 5. 1995** P.-Bas, **99** Suède. **Par éq. de 3. 1995** P.-Bas, **99** Finlande.

Dames. *Créés* 1963. **Simples. 1995** Ship [13], **99** Kullick [5]. **Masters. 1995** Flores [15], **99** Putney [17]. **Doubles. 1995** Thaïlande, **99** Australie. **Par éq. de 5. 1995** Finlande, **99** Corée. **Par éq. de 3. 1995** Australie, **99** Corée.

■ **Championnats d'Europe.** *Créés* 1962, *tous les 4 ans.* **Messieurs. Simples. 1993** Boman [7]. **97** Johansson [7]. **Masters. 1993** Grabowski [12]. **97** Torgersen [9]. **Doubles. 1993** Finlande. **97** Suède. **Par éq. de 5. 1993** Finlande. **97** Suède. **Par éq. de 3. 1993** Suède. **97** Allemagne.

Dames. Simples. 1993 Peltola [10]. **97** Erlandersson [7]. **Masters. 1993** Larsson [7]. **97** Boogaart [11]. **Doubles. 1993** G.-B. **97** P.-Bas. **Par éq. de 5. 1993** G.-B. **97** P.-Bas. **Par éq. de 3. 1993** Suède. **97** P.-Bas.

■ **Championnats de France.** *Créés* 1959. **Messieurs. Simples. 1995** Berrier, **96** Wattiez, **97** Frouvelle, **98** Courault, **99** Cador, **2000** F. Sacco. **Par éq. de 5. 1995** BC Perpignan, **96** CBA Reims, **97** Sharks Paris, **98** Sharks AMF Paris, **99** BC Perpignan. **2000** Sharks AMF Paris.

Dames. Simples. 1995 à 2000 Saldjian. **Par éq. de 4. 1990** Rollers Team, **91** AFB Paris, **92** BC Tricastin, **93** BC Étoile Foch. **Par éq. de 3. 1994** Sharks Toulon, **95 à 97** COC Courbevoie, **98** Andromeda Sèvres, **99** COC Courbevoie. **2000** Synergie Paris.

■ **Coupe de France.** *Annuelle.* **Messieurs.** *Créée* 1964. **Par éq. de 5. 1995, 96** BC Perpignan. **97** Sharks Toulon. **98, 99** Sharks AMF Paris, **2000** Jackpot Paris.

Dames. *Créée* 1979. **Par équipes de 4. 1994** Sharks Toulon. **Par éq. de 3. 1995** Athena Colombes, **96, 97** COC Courbevoie, **98** Andromeda Sèvres, **99, 2000** Andromeda Ile-de-Fr.

Bowling canadien à 5 quilles

■ **Règles.** Les mêmes que le bowling à 10 quilles, avec quelques variantes. **Piste.** 18,30 m × 1,06 m. **Boule.** Caoutchouc durci, sans emplacements pour les doigts, 12,7 cm de diamètre, tenue entre le pouce et les doigts écartés, avec un espace entre la paume et la boule. **Quilles.** En bois avec au plus grand diamètre un anneau de caoutchouc amortissant le choc de la boule. Elles sont placées en V, celle de tête vaut 5 points, les 2 médianes 3 pts, les 2 arrière 2 pts. *Strike* et *spare* valent 15 pts.

Boxe

Boxe anglaise

■ Généralités

■ **Age limite. France :** *amateurs :* à partir de 15 ans et autorisation des parents, boxe éducative de 6 à 15 ans, boxe féminine éducative de 6 à 25 ans ; *professionnels :* 20 ans révolus. **Étranger :** USA, Amér. du Sud, G.-B., Extrême-Orient ; *professionnels :* 14 ou 18 ans. **Catégories de poids.** Aucun combat ne peut être autorisé entre 2 boxeurs si la différence de poids entre eux excède la différence de poids entre les limites maximales et minimales de la catégorie du boxeur le plus léger. **Boxe professionnelle :** paille 47,128 kg [1] ; mi-mouche 48,988 [1] ; mouche 50,802 ; coq 53,524 ; super-coq 55,338 ; plume 57,152 ; super-plume 58,967 ; léger 61,235 ; super-léger 63,503 ; mi-moyen (welter) 66,678 ; super-mi-moyen (super-welter) 69,853 ; moyen 72,574 ; super-moyen 76,204 ; mi-lourd 79,378 ; lourd-léger 86,183 ; lourd + de 86,183. **Amateurs :** mi-mouche 48 kg ; mouche 51 ; coq 54 ; plume 57 ; léger 60 ; super-léger 63,5 ; mi-moyen 67 ; super-mi-moyen 71 ; moyen 75 ; mi-lourd 81 ; lourd 91 ; super-lourd plus de 91 kg.

Nota. – (1) Catégorie non reconnue par les Fédérations française et européenne.

Origine. De l'anglais *to box* (combattre avec les poings). **1715-19** James Figg [(1675-1734), 1,83 m, 84 kg] se proclame champion du monde. **1743** Jack Broughton [(1704-1789), 1,80 m, 90 kg] élabore la 1ʳᵉ réglementation du combat à poings nus. **1751**-8-4 Jack Slack bat Monsieur Petit (1ᵉʳ boxeur français connu). **1790**-29-9 match du siècle : Daniel Mendoza [(1764-1836), 1,70 m, 72 kg]-Richard Humphries. **1849** Mik Madden bat Bill Hoves (en 6 h 31, match le plus long sans gants). -7-2 Tom Hyer (1819-64) bat Yankee Sullivan. **1860**-17-4 : 1ᵉʳ championnat du monde : Tom Sayers (Angl.)-John C. Heenan (USA) à Farnborough. **1867** John Graham Chambers qualifie la boxe sous le patronage du Mⁱˢ de Queensberry. **1892**-7-9 : 1ᵉʳ championnat selon les nouvelles règles. James Corbett bat John Sullivan à la 21ᵉ reprise. **1908**-6-12 Jack Johnson 1ᵉʳ champion lourd noir.

■ **Coups autorisés.** Ceux portés avec le poing fermé sur le devant et les côtés de la face et du corps au-dessus de la ceinture. **Direct :** de son point de départ au point d'impact (visage, cœur, estomac, etc). **Crochet** (en américain *cross* ou *jab*) : coup semi-circulaire frappant mâchoire, carotide, flancs ou creux de l'estomac. **Uppercut :** donné de bas en haut ; crochet vertical. **Swing :** décoché de côté par un mouvement en forme de demi-cercle avec un grand balancement du corps. **Jab :** considéré comme un gauche ; jadis, coup asséné de haut en bas, sur le haut de la poitrine, la base du cou, le nez ou en travers de la bouche. **Hook :** coup demi-circulaire horizontal. **Chop** ou **chopping-blow :** coup frappé à la façon d'un « coup de sabre au ventre ». **Contre :** coup qui, parti après l'attaque adverse, arrive avant celle-ci. A l'origine de la plupart des K.-O. **Esquive :** rotation du torse ou du corps qui permet d'éviter les coups adverses. **Remise :** coup de riposte immédiat à une attaque adverse. **Une-deux :** combinaison de 2 coups (gauche doublé du droit pour un droitier). **Clinch :** corps-à-corps. **Infighting :** combat de près.

■ **Décisions. Avant la limite :** knock-out lorsque l'un des adversaires reste au sol 10 secondes ; arrêt de l'arbitre ; disqualification ; abandon ; *no contest.* **Dans les limites :** décision aux points ; match nul.

■ **Délais de repos** (en France). **Professionnel :** 10 jours pleins entre 2 combats. **Amateur :** 5 sauf pour les championnats nationaux et les JO où il peut faire jusqu'à 2 matches en 24 h. Une *défaite avant la limite* entraîne un repos obligatoire de 1 mois ; 2 défaites 3 mois ; 3 défaites 1 an et un examen médical avant de pouvoir reboxer.

■ **Durée** (en France). Un combat de boxe est divisé en reprises (rounds de 2 ou 3 min, séparés par un intervalle de 1 minute). **Amateurs :** *cadets non surclassés :* 3 reprises de 2 min ; *2ᵉ série :* 3 de 2 min ou 3 de 3 min ; *1ʳᵉ série :* 3 de 2 min ou 3 de 3 min ou 6 de 2 min ; *série nationale* et *série internationale :* 3 de 3 min ou 4 de 3 min ou 6 de 2 min. **Indépendants :** 4 de 3 min ou 6 de 2 min ou 6 de 3 min. **Professionnels :** reprises par combat ainsi limitées : *3ᵉ série :* 6 reprises de 3 min ou 8 de 3 min si le boxeur a au moins 5 combats à son palmarès ; toutefois, pour rencontrer une 2ᵉ série internationale en 8 reprises, il devra avoir au moins 8 combats à son palmarès ; *2ᵉ série* et *2ᵉ série intern.* : 10 de 3 min ; *1ʳᵉ série :* 12 de 3 min. Lors d'un match comptant pour l'attribution d'un titre, le nombre des reprises est fixé par la réglementation propre à cette compétition.

■ **Équipement. Gants :** *amateurs 42 à 67 kg :* 8 onces (227 g) ; *autres catégories :* 10 onces (284 g). *Professionnels :* jusqu'aux moyens : 8 onces ; autres catégories : 10 onces. Les championnats sans gants de boxe se sont arrêtés en 1892. **Bandages :** souples pour se protéger des fêlures ou fractures ; non obligatoires. **Coquille, protège-dents et casque :** obligatoires pour les amateurs.

■ **Irrégularités.** Frapper au-dessous de la ceinture ; frapper ou fouetter avec : gant ouvert, paume de la main, poignet, avant-bras, coude, tranchant ou côté extérieur de la main ; frapper en pivotant en arrière ; frapper un adversaire à terre ou qui est en train de se relever ; tenir l'adversaire ; passer les bras sous ceux de l'adversaire ; donner des coups de pied, des coups de tête ou d'épaule ; utiliser les genoux, lutter ou bousculer l'adversaire ; frapper volontairement sur les reins dans les corps-à-corps ; le dessus ou le derrière de la tête ou dans le dos de l'adversaire ; un adversaire engagé dans les cordes du ring ; se cacher dans ses gants en refusant le combat ; tenir d'une main la corde du ring pour frapper ou esquiver ; esquiver en abaissant la tête au-dessous du niveau de la ceinture de l'adversaire ; frapper en sautant ; parler en boxant.

■ **Jugement.** Rendu par un arbitre juge unique ou par 3 juges dont l'un fait fonction d'arbitre. Décisions sans appel sauf erreur dans le décompte des points. Aux JO, 5 juges donnent la décision ; l'arbitre dirige le combat.

■ **Ring.** Dimensions 4,90 m à 6,10 m au carré limité par 3 ou 4 hauteurs de cordes.

■ Quelques records

■ **Champions du monde. Boxeurs devenus rapidement champions :** *James J. Jeffries* devint champion du monde des poids lourds après 12 combats. *Jeff Fenech* devint champion du monde des coqs à son 7ᵉ combat professionnel, *Saensar Muangsurin* au 3ᵉ combat. **Poids lourds. Le plus jeune :** *Mike Tyson* en 1986 à 20 ans 4 mois et 22 jours ; **le plus longtemps :** *Joe Louis* (Noir américain, 1914-81, champion lourds 11 ans 8 mois et 7 j du 22-6-1937 au 1-3-1949), *Cassius Clay* alias Mohammed Ali (Noir américain, né 17-1-1942, 1,90 m, 98,5 kg) domina de 1964 à 1978. Déchu de son titre pour refus de servir au Viêt Nam, le 28-4-1967, il le reprit le 30-10-1974 et fut battu le 15-2-1978 par l'Américain Leon Spinks (né 11-7-1953) plus léger de 12 kg ; **invaincu :** *Rocky Marciano* (né 1-9-1923) le seul invaincu pendant sa carrière professionnelle (1947-56) : sur 49 combats gagnés, en gagna 43 par knock-out ; *Primo Carnera* (26-10-1906/1967, 1,96 m, 122 kg) sur 100 combats, en gagna 86, en perdit 13, 1 match nul. Dans un championnat poids lourds, *Max Baer* (1909-59) l'envoya au tapis 11 fois, en 1934. **Moyens.** *Carlos Monzón* (Argentin né 7-8-1942, 1,83 m) domina les poids moyens de 1970 à 1977 ; il disputa 102 combats pour 61 victoires par K.-O., 28 aux points, 8 nuls, 1 sans décision, 3 défaites (la dernière le 9-10-1964) ; il s'est retiré invaincu ayant battu son successeur le Colombien Rodrigo Valdés 2 fois les 26-6-1976 et 30-7-1977. **Le moins longtemps :** *Dave Sullivan,* 46 j, du 26-9 au 11-11-1898. **Le plus petit :** *Tommy Burns* en 1908, 1,70 m. **Le plus léger :** *Robert Prometheus Fitzsimmons* (1862-1817), 75 kg.

■ **Champions du monde morts de blessures** reçues sur le ring. *Benny Paret* le 3-4-1962 après combat le 24-3 ; *Davey Moore* (né 1933) 25-3-1963 après combat le 21-3. 263 boxeurs (amateurs ou professionnels) sont morts dans le monde des suites d'un combat, de 1945 au 25-5-1969.

■ **La plus grande différence de poids** entre 2 adversaires pour le championnat mondial. 39 kg : *Carnera* (122 kg), *Loughran* (né 29-11-1902, 83 kg).

■ **Le plus long combat** avec gants. 110 rounds (7 h 19 min) du 6 au 7-4-1893 à La Nlle-Orléans (USA), *Andy Bowen/Jack Burke :* pas de vainqueur. **Le plus court :** le 4-11-1947, Minneapolis : *Pat Browson* mis K.-O. à la 4ᵉ s par Mike Collins.

■ **Trucages.** *Carpentier* avoua dans ses « Mémoires » que son match contre Battling Siki, le 24-9-1922, était minutieusement réglé : Siki, que Carpentier aurait pu mettre K.-O. en 1 ou 2 rounds, devait « se coucher » au 5ᵉ round ; mais Carpentier se brisa la main droite et Siki en profita pour le mettre knock-out. *Marcel Cerdan,* lors d'un combat à New York en 1947 contre Harold Green, se blessa à la main droite ; le médecin de service (qui avait misé sur Green, on le sut plus tard) lui fit une fausse piqûre de novocaïne, donc sans effet ; Cerdan gagna quand même.

☞ *Bob Fitzsimmons* (Anglais) a remporté *3 titres de champion du monde :* moyens (sur Jack Dempsey 1895-1983), lourds (J.J. Corbett 17-3-1897), lourds-légers (George Gardner 25-11-1903) ; *Henry Armstrong* (1912-88), plumes, légers et welters. *Ray Sugar Robinson* (1920-89) regagna *4 fois* le titre de *champion du monde. Archie Moore* (1913-98) réalisa le plus de knock-outs : 145. *Sonny Liston* (1932-71) avait des poings larges de 38 cm. *Mario D'Agata* était sourd-muet ; *Henri Greb* (1894-1926) était borgne ; *Eugène Criqui* (1893-1977), blessé à la guerre, avait une mâchoire en argent.

Principales épreuves

■ Championnats professionnels

Légende : (1) Sauf indication, les champions sont Américains. (2) France. (3) Irlande. (4) G.-B. (5) Canada. (6) Guyana. (7) Philippines. (8) Cuba. (9) Corée du Sud. (10) Danemark. (11) Mexique. (12) Panamá. (13) Kazakhstan. (14) Afr. du Sud. (15) Australie. (16) Italie. (17) Brésil. (18) Japon. (19) Namibie. (20) Thaïlande. (21) Corée du Sud. (22) Colombie. (23) Ukraine. (24) Porto Rico. (25) Trinité et Tobago. (26) Nicaragua. (27) Venezuela. (28) Ouzbékistan. (29) Espagne. (30) Croatie. (31) Russie. (32) Bulgarie. (33) Allemagne. (34) P.-Bas. (35) Suède. (36) Tunisie. (37) Norvège. (38) Hongrie. (39) Mongolie. (40) Argentine.
(a) New York State Athletic Commission. (b) World Boxing Association. (c) World Boxing Council. (d) National Boxing Association. (e) International Boxing Federation. (f) World Boxing Organization. (g) unifié. (*) par intérim.

Monde au 30-7-2001

Il n'y a pas d'organisation mondiale professionnelle reconnue par tous. Au niveau européen, l'*European Boxing* regroupe les féd. d'Europe occidentale. Au niveau mondial, il y a la *World Boxing Association* (WBA fondée 1962, ancienne National Boxing Association fondée 1920 ; contrôle la plus grande partie de la boxe d'Amér. du Nord, du Sud et de l'Extrême-Orient), *World Boxing Council* [WBC, fondée févr. 1963, comprend Féd. européenne, British Boxing Board of Control (BBBC), Union d'Amér. latine et Oriental Fed.], *New York State Athletic Commission* (NYAC), *World Boxing Organization* (WBO fondée 1988) et *International Boxing Federation* (IBF fondée 1983). WBA et WBC ont reconnu entre elles 2 titres de champion du monde communs : poids moyen et welter.

Poids lourds [1] (toutes catégories). *Disputés* depuis 1882. **2000** Vitali Klitchko [23,f], Chrys Byrd [f], L. Lewis [4,c,e], E. Holyfiekd [b], Chrys Byrd [f], Vladimir Klitchko [23,f]. **01** John Ruiz [b], Hasim Rahman [c,e].

Lourds-légers [1]. *Disputés* depuis 1979. **2000** V. Jirov [13,e], J.C. Gomez [8,c], F. Tiozzo [2,b], J. Nelson [4,f], Virgil Hill [b]. **01** J. Nelson [4,f], V. Jirov [13e].

Mi-lourds [1]. *Disputés* depuis 1903. **2000** R. Jones [b,c,e], D. Michalczewski [43,f]. **01** R. Jones [b,c,e], D. Michalczewski [43,f].

Super-moyens [1]. *Disputés* depuis 1989. **2000** J. Calzaghe [4,f], M. Berger [33,c], S. Ottke [33,e], Bruno Girard [2,b], Glen Catley [4,c], Dingan Thobela [14,c], Davey Hilton [5,c]. **01** B. Mitchell [b], J. Calzaghe [4,f], S. Ottke [33,e], E. Lucas [5,c].

Moyens [1]. *Disputés* depuis 1884. **2000** A. Krajnc [35,f], K. Holmes [c], B. Hopkins [e], W. Jopy [b]. **01** B. Hopkins [c,e], F. Trinidad [24,b], Harry Simon [19,f].

Super-welters [1]. *Disputés* depuis 1962. **2000** H. Simon [19,f], Felix Trinidad [24,b], J. Castillo [29,c], F. Vargas [e], Felix Trinidad [24,b,e]. **01** H. Simon [19,f], O. De La Hoya [c].

Welters [1]. *Disputés* depuis 1888. **2000** A. Katejev [31,f], Daniel Santos [f], Shane Mosley [c]. **01** Andrew Lewis [6,b], S. Mosley [c], Vernon Forrest [e].

Super-légers [1]. *Disputés* depuis 1922. **2000** Zab Judah [e], K. Tszyu [15,c], R. Bailey [40,f], Ener Julio [22,f], S. Mitchell [b]. **01** Z. Judah [e], K. Tszyu [15,b,c], Corley De Marcus [f].

Légers [1]. *Disputés* depuis 1886. **2000** A. Grigorjan [28,f], P. Spadafora [e], G. Serrano [27,b], S. Johnston [c], Takanori Hatakeyama [18,b], Jose Luis Castillo [11,c]. **01** T. Hatakeyama [18,b], J.-L. Castillo [11,c], A. Grigorjan [28,f], P. Spadafora [e], Julien Lorcy [2,b].

Super-plumes [1]. *Disputés* depuis 1921. **2000** A. Freitas [17,f], P. Jong-Kwon [21,b], F. Nayweather [c], D. Corrales [e], Joel Casamayor [8,b], Steve Forbes [e]. **01** J. Casamayor [8,b], F. Nayweather [c], A. Freitas [17,f].

Plumes [1]. *Disputés* depuis 1889. **2000** F. Norwood [b], N. Hamed [4,f], Guty Espadas [11,c], Erik Morales [11,c,*], Derrick Gainer [b], M. Botile [14,e]. **01** Istvan Kovacs [38,f], E. Morales [11,c], D. Gainer [b], Frankie Toledo [e], Juan Pablo Chacon [40,f].

Super-coqs [1]. *Disputés* depuis 1976. **2000** Clarence Adams [b], M.A. Barrera [11,f], E. Morales [11,c], Willie Jorin [c], L. Ledwaba [14,e]. **01** W. Jorin [c], L. Ledwaba [14,e].

Coqs [1]. *Disputés* depuis 1856. **2000** P. Ayala [b], Veeraphol Sahaprom [20,c], Johnny Tapia [f], Tim Austin [e], Mauricio Martinez [12]. **01** T. Austin [e], P. Ayala [b].

Mouches [1]. *Disputés* depuis 1916. **2000** I. Pacheco [22,e], Medgoen Lukchaoposmasak [20,c], Malcom Tunacao [7,c], Sornpichai Kratchingdaeng [20,b], Eric Morel [b], Isidro Garcia [11,f]. **01** Pongsaklek Wonjongkam [20,c], Eric Morel [b], Singwangcha [20,c].

Mi-mouches [1]. *Disputés* depuis 1975. **2000** Hawk Makepula [14,f], Choi Yo-Sam [21,c], Will Grisley [f], R. Lopez [11,e]. **01** Choi Yo-Sam [21,c], Rosendo Alvarez [26,b], Nelson Diappa [24,f].

Super-mouches [1]. *Disputés* depuis 1980. **2000** Cho in-joo [21,c], A. Rivas [26,f], H. Todaka [18,b], F. Machado [27,e], Masamori Tokuyama [9,c], Leo Gamez. **01** Celes Kobayashi [18,b], M. Tokuyama [9,c], Pedro Alcazar [12,f].

Pailles [1]. *Disputés* depuis 1987. **2000** Noel Arambulet [27,b], Jose Antonio Aguirre [11,c], Joma Gamboa [7,b], Keitaro Hoshino [18,b]. **01** Kermin Guardia [11,f], Porpaoin Chana [20,b], Roberto Leyva [11,e].

EUROPE AU 30-7-2001

Poids lourds. **1995** Henry Akinwande [4], Zeljko Mavrovic [30]. **96, 97** Z. Mavrovic [30]. **98, 99** Vitaly Klitchko [31]. **99** *vacant*, Wladimir Klitchko [23]. **2000** W. Klitchko [23], Vitali Klitchko [23]. **Lourds-légers.** **1995** Alexander Gourov [23], Patrice Aouissi [2]. **96** A. Tafer [2]. **97** Johnny Nelson [4] puis *destitué*. **99** Alexeï Illine [31], Tortsten May [33]. **2000** Carl Thompson [4]. **Mi-lourds.** **1995** F. Tiozzo [2], E. Smulders [34]. **96** E. Smulders [34]. **97** Crawford Ashley [4], Ole Klemetsen [37] puis *vacant*. **98** C. Ashley [4]. **99** Clinton Woods [4]. **2000** C. Woods [4] puis *abandonne le titre*. **01** Yawe Davis [16]. **Super-moyens.** **1995** F. Seillier [2], Henry Wharton [4]. **96** H. Wharton [4], F. Seillier [2]. **97** Dean Francis [4] puis *vacant*. **99** Bruno Girard [2] puis *vacant*. **2000** Andreï Shkalikov [31]. **Moyens.** **1995** Richie Woodhall [4]. **96** Alexander Zaitsev [21], Hassine Cherifi [2]. **97** H. Cherifi [2] puis *abandonne le titre*. **99, 2000** Erland Bétaré [2] puis *abandonne le titre*. **01** Howard Eastman [4]. **Super-welters.** **1995** J. Castillejos [29], L. Boudouani [2]. **96** L. Boudouani [2], Faouzi Hattab [2], Davide Ciarlante [16]. **97** D. Ciarlante [16]. **98 à 2001** Mamadou Thiam [2]. **Welters.** **1995** J.L. Navarro [29], Valéry Kayumba [2], Patrick Charpentier [2]. **96** P. Charpentier [2]. **97** Andreï Pestriaev [31], Michele Piccirillo [16]. **98, 99** Maxim Nesterenko [31]. **99** Alessandro Duran [16], A. Pestriaev [31]. **2000** A. Duran [16], Thomas Damgaard [10] puis **2001** *destitué*. **Super-légers.** **1995** K. Rahilou [2]. **96** K. Rahilou [2], Soren Sondergaard [10]. **97, 98** S. Sondergaard [10]. **99** Thomas Damgaard [10]. **2000** Oktay Urkal [33]. **01** Gianluca Branco [16]. **Légers.** **1995** J.-B. Mendy [2], Angel Mona [2]. **96** A. Mona [2]. **97** Manuel Fernandes [2], Garcia Cano [29], Billy Schwer [4]. **98, 99** B. Schwer [4]. **99** Oscar Cano [29]. **2000** Julien Lorcy [2]. **01** Stefano Zoff [16]. **Super-plumes.** **1995** J. Yoma [2], Anatoly Alexandrov [31]. **96** A. Alexandrov [31], Julien Lorcy [2]. **97** Djamel Lifa [2]. **98** A. Alexandrov [31]. **99** Dennis Holbaek [10]. **2000** Boris Sinitsine [31], D. Holbaek [10] puis *abandonne le titre*. **Plumes.** **1995** M. Labdouni [2], Billy Hardy [4]. **96, 97** B. Hardy [4]. **98** B. Hardy [4], Paul Ingle [4]. **99** Steve Robinson [39]. **2000** Istvan Kovacs [38]. **Super-coqs** *créé* **1995** Vincenzo Belcastro [16]. **96** V. Belcastro [16], Salim Medjkoune [2], Martin Krastev [32]. **97** Spencer Oliver [4]. **98** S. Oliver [4], Serguei Devakov [23]. **99, 2000** M. Brodie [4] puis *abandonne le titre*. **01** Vladislav Antonov [31], Salim Medjkoune [2]. **Coqs.** **1995** N. Hamed [4], Johnny Armour [4]. **97, 98** Johnny Breedhal [10], Paul Lloyd [4]. **99** *vacant*, J. Breedhal [10] puis *vacant*, Luigi Castiglione [16]. **01** Fabien Guillerme [2]. **Mouches.** **1995** R. Regan [4], L. Camputaro [16]. **96** Jesper Jensen [10]. **97** J. Jensen [10], David Guérault [2]. **98, 99** D. Guérault [2]. **2000** Alexander Mahmoutov [31], Damaen Kelly [3] puis *vacant*, A. Mahmoutov [31]. **01** A. Mahmoutov [31].

FRANCE AU 30-7-2001

Poids lourds. **1995** *vacant*. **96** Joël Heinrich. **97** Ismaël Youla, **98** I. Youla, *vacant*. **99** Franck Guilmot, *vacant*, Yacine Kingbo. **2000** *vacant*, Antoine Palatis. **01** Christophe Mendy, *vacant*, Alain Martin. **Lourds-légers.** *Créés* 1989. **1995** *vacant*. **96** Antoine Palatis. **97** Christophe Girard puis S. Florimond. **98, 99** S. Florimond. **2000** Alain Simon. **01** *vacant*, René Janvier. **Mi-lourds.** **1995** P. Michel. **96** Pascal Warusfel. **97** Philippe Michel. **98** Guanguina Larmé, Alain Simon, Jean-Marc Mormeck. **99** *vacant*. **2000, 01** Kamel Amrane. **Super-moyens.** *Créés* 1990. **1995** Jean-Claude MBiye. **96, 97** Bruno Girard. **98** B. Girard, *vacant*, Patrice Cord'Homme. **99** Alloua Anki, Olivier Béard, Frédéric Serrat, *vacant*, Bellati Hakkar. **2000** B. Hakkar, Olivier Béard puis *abandonne le titre*. **01** M. Shancoune. **Moyens.** **1995, 96** Hocine Cherifi. **97** Morrade Hakkar. **98** Ph. Cazeaux, Erland Bétaré. **99** *vacant*, M. Hakkar. **2000** M. Hakkar. **01** *vacant*, Rachid Kanfouah. **Super-welters.** **1995** *non décerné*. **96** Saïd Bennajem. **97, 98** Mamadou Thiam. **99** Olivier Meunier. **2000** Mohamed Hissani, Olivier Meunier, Christophe Canclaux puis *abandonne le titre*. **01** Aziz Daari. **Welters.** **1995, 96** Larbi Mohammedi († 8-9-96). **97** S. Cazeaux. **98** S. Cazeaux, Stéphane Jacob. **99** S. Jacob, *vacant*, Frédéric Klose. **2000** F. Klose. **01** F. Klose, *vacant*, S. Jacob. **Super-légers.** **1995** C. Merle. **96** C. Baou. **97** Monji Abdou. **98** M. Abdou, N. Mouchi, Frédéric Tripp. **99** Gabriel Mapouka. **2000** *vacant*, Nordine Mouchi, Frédéric Noto († 18-2-01). **01** *vacant*, Souleymane Mbaye. **Légers.** **1995** M. Fernandes. **96** Samir Cherrad. **97** Jean Gomis. **98** S. Cherrad, Yannick Paget, Damien Lifa. **99** D. Lifa, *vacant*, Y. Paget. **2000** Sedat Puskullu, D. Lifa. **01** D. Lifa, *vacant*, S. Puskullu. **Super-plumes.** **1995** *vacant*. **96** Affif Djelti puis Jacobin Yoma, suite à remise en jeu volontaire. **97, 98** A. Djelti. **99** A. Djelti, *vacant*, Didier Schaeffer, A. Djelti. **2000** *vacant*, Medhi Labdouni, S. Haccoun. **01** *vacant*, Nasser Lakrib. **Plumes.** **1995** Arlindo de Abreu. **96** F. Perez. **97** Jean Di Bateza. **98** J. Di Bateza, Claude Chinon. **99** C. Chinon, *vacant*, Franckie Leroy. **2000** *vacant*, Cyril Thomas. **01** C. Thomas. **Super-coqs.** *Créés* 1994. **1995, 96** Salim Medjkoune. **97** Frédéric Bonifai. **98** F. Bonifai, *vacant*. **99** Mustapha Hame. **2000** Salim Medjkoune. **01** *vacant*. **Coqs.** **1992 à 96** Redha Abbas (*vacant* en 1994). **97** Luigi Mancini. **98** L. Mancini, Kamel Guerfi. **99** K. Guerfi. **2000** R. Abbas, Fabien Guillerme. **Mouches.** **1995, 96** Philippe Desavoye. **97** David Guérault. **98, 99, 2000** *vacant*, Mimoun Chent. **01** *vacant*. Chassan. **96** Benoni. **97, 98** Blain. **99** Azri. **2000** Jebahi. **01** Mussard. **Plumes.** **95** Mallard. **96** Thomas. **97 à 99** Hamdoud. **2000** Oubaali. **01** Siouane. **Coqs.** **95** Aouabed. **96** Leroy. **97 à 2000** Bouaita. **01** Hallab. **Mouches.** **95** Guérault. **96** Gorjux. **97 à 99** Inom. **2000, 01** Thomas. **Mi-mouches.** **95** Chent. **96** Elkhallouky. **97** Chent. **98, 99** Thomas. **2000** B. Asloum. **01** El Khalouki.

■ CHAMPIONNATS AMATEURS

> *Légende :* (1) USA. (2) Cuba. (3) Géorgie. (4) Ouzbékistan. (5) Bulgarie. (6) Italie. (7) Roumanie. (8) Hongrie. (9) All. (10) Russie. (11) Danemark. (12) France. (13) Turquie. (14) Ukraine. (15) Kazakhstan. **Jeux Olympiques** (voir p. 1474 b).

■ **Monde.** *Créés* 1974. *Tous les 4 ans, puis tous les 2 ans.* **Super-lourds.** **1995** Lezim [10]. **97** Kandelaki [3]. **99** Samil [13]. **2001** Chagaev [4]. **Lourds.** **95** Savon [2]. **97** Savon [2]. **99** Bennett [1]. **2001** Solis [2]. **Mi-lourds.** **95** Tarver [1]. **97** Lebziak [10]. **99** Simms [1]. **2001** Makarenko [10]. **Moyens.** **95** A. Hernández [2]. **97** Erdei [8]. **99** Haydarov [4]. **2001** Gogolev [10]. **Super-welters.** **95** Vastag [7]. **97** Duvergel [2]. **99** Simion [7]. **2001** Austin [2]. **Welters.** **95** J. Hernandez [2]. **97** Saitov [10]. **99** Hernandez [2]. **2001** Aragon [2]. **Super-légers.** **95** Vinent [2]. **97** Simion [7]. **99** Abdullaev [4]. **2001** Luna [2]. **Légers.** **95** Doroftei [7]. **97** Maletine [10]. **99, 2001** Kindelan [2]. **Plumes.** **95** Todorov [5]. **97** Kovacs [8]. **99** Juarez. **2001** Palgani [13]. **Coqs.** **95, 97** Malachbekov [10]. **99** Djamaloudinov [10]. **2001** Rigondeau [2]. **Mouches.** **95** Lunka [9]. **97** Rodriguez [2]. **99** Jumadilov [15]. **2001** Thomas [12]. **Mi-mouches.** **95** Petrov [5]. **97** Romero [2]. **99** Viloria [1]. **2001** Barteleny [2].

■ **Europe.** *Tous les 2 ans.* **Super-lourds.** **1996, 98, 2000** Lezine [10]. **Lourds.** **96** Krasniqi [9]. **98** Fragomeni [6]. **2000** Chanet [12]. **Mi-lourds.** **96** Aurino [6]. **98, 2000** Lebzyak [10]. **Moyens.** **96** Ottke [9]. **98, 2000** Erdei [8]. **Super-mi-moyens.** **96** Vastag [7]. **98** Esther [12]. **2000** Gatic [9]. **Mi-moyens.** **96** Al [11]. **98** Saitov [10]. **2000** Ulusoy [13]. **Super-légers.** **96** Urkal [9]. **98** Dorel [7]. **2000** Leonev [10]. **Légers.** **96** Doroftei [7]. **98** Huste [9]. **2000** Maletine [10]. **Plumes.** **96** Paliani [10]. **98, 2000** Paliani [13]. **Coqs.** **96** Kovacs [8]. **98** Danilchenko [10]. **2000** Agaguloglu [13]. **Mouches.** **96** Pakeev [10]. **98, 2000** Vladimir Sidorenko [14]. **Mi-mouches.** **96** Petrov [5]. **98** Kazakov [10]. **2000** Valeri Sidorenko [14].

■ **France.** **Super-lourds.** **1995** Ramon. **96** Ghesquier. **97** Arcangeli. **98** NGassam. **99** Serror. **2000** Abidi. **01** Aouiche. **Lourds.** **95** Ihopu, **96** Niangou (destitué, titre non attribué). **97** Tahiata. **98, 99, 2000** Chanet. **01** Bellouati. **Lourds-légers.** **94** Aouissi. **Mi-lourds.** **95, 96** Forgues. **97** Serrat. **98** Tahiata. **99 à 2001** Dovi. **Moyens.** **95** Zaim. **96** Kanfouah. **97, 98** J.-P. Mendy. **99** Diambang. **2000** Mendy. **01** Karl. **Super-welters.** **95** Esther. **96** Merrah. **97** Tierpied. **98** Damarre. **99, 2000** Esther. **01** Bendouina. **Welters.** **95** Etinof. **96** Cherchari. **97** Bayram. **98** Tierpied. **99, 2000** Bayram. **01** Noel. **Super-légers.** **95** Belaidi. **96, 97** Canclaux. **98** Jebahi. **99 à 2001** Blain. **Légers.** **95** Chassan. [see above]

■ CHAMPIONS DU MONDE FRANÇAIS AU 30-7-2001

Mouches. Valentin Angelmann IBU 1936. Émile Pladner (1906-80), champion NBA du 2-3 au 18-4-1929 (47 j). Young Perez (Victor) [1911-45] NBA du 26-1-1931 au 31-10-1932. **Coqs.** Charles Ledoux 1912-13. Robert Cohen (né 1930) CNY du 19-9-1954 au 29-6-1956. Alphonse Halimi (né 1932) unifié du 1-4-1957 au 8-7-1959 et IBU 1960-61. **Super-plumes WBO.** Daniel Londas (né 17-5-1954) du 21-3 au 4-9-1992. **Plumes.** Eugène Criqui (1893-1977) unifié du 2-6 au 26-7-1923. Maurice Holtzer IBU 1937-38. André Routis (1900-69) unifié du 28-9-1928 au 23-9-1929. **Légers.** Jean-Baptiste Mendy (né 16-3-1963) WBC du 20-4-96 au 1-3-1997 et WBA du 16-5-1998 au 10-4-1999. Julien Lorcy WBA du 10-4 au 8-8-1999 et depuis le 1-7-2001. **Super-légers WBA.** Khalid Rahilou du 11-1-1997 au 10-10-1998. **Moyens.** Marcel Thil (1904-68) NBA du 11-6-1932 au 23-9-1937. Édouard Tenet (né 1907) IBU 1936. Marcel Cerdan (22-7-1916/28-10-49) unifié du 21-9-1948 [il bat Anthony Florian Zaleski dit Tony Zale (1913-97)] au 16-6-1949 ; sur 108 combats professionnels entre 1936 et 49, il ne fut battu que 4 fois. Hacine Cherifi WBC du 2-5-1998 au 24-4-1999. **Super-moyens.** Christophe Tiozzo (né 1-6-1963) WBA du 30-3-1990 au 5-4-1991. Bruno Girard du 8-4-2000 au 3-3-2001. **Mi-lourds.** Georges Carpentier (1894-1975) unifié du 12-10-1920 au 24-9-1922. Battling Siki (Louis Phal) [1897-1950] unifié du 24-9-1922 au 17-3-1923. Fabrice Tiozzo (né 8-5-1969) WBC du 16-6-1995 à 1996. **Super-welters.** René Jacquot (né 28-7-1961), WBC du 11-2 au 8-7-1989. Gilbert Delé (né 1-1-1961) du 23-2 au 4-5-1991 (WBA). Laurent Boudouani (né 29-12-1966), du 21-8-1996 au 6-3-1999 (WBA). **Super-coqs.** Fabrice Bénichou (né 5-4-1965) IBF du 10-3-1989 au 10-3-1990. Thierry Jacob (né 8-3-1965) WBC du 20-3 au 5-12-1992. **Lourds-légers.** Taoufik Belbouli (né 10-4-1959) WBA du 25-3 à août 1989. Anaclet Wamba (né 6-1-1960) WBC depuis le 20-7-1991. F. Tiozzo WBA du 8-11-1997 au 9-12-2000.

BOXE FRANÇAISE

■ GÉNÉRALITÉS

■ **Histoire.** **1820** née dans le faubourg parisien de la Courtille, elle s'appelait alors la « savate », ou le « chausson » lorsqu'il s'agissait d'enseignement militaire. **Vers 1830** après avoir étudié la boxe anglaise à Londres, Charles Lecour ajoute la technique des poings à celle des pieds et crée la boxe française. **1877** Joseph Charlemont (1839-1914) publie le 1er livre technique de boxe française. **1899** combat historique de Charlemont (qui l'emporta) contre l'Anglais Jerry Driscoll, champion de boxe anglaise. **Vers 1900** enseignée dans armée, écoles et sociétés sportives, devient sport national. **Vers 1940** décline car concurrencée par la boxe anglaise professionnelle. **1965** renouveau. **1973**-*9-12 Fédération nationale de boxe française* créée, deviendra en 1976 la *Fédération française de boxe française-savate et disciplines associées* (49, rue du Faubourg-Poissonnière, 75009 Paris). **1985**-*23-3 Fédération internationale de boxe française-savate* créée. **2000** devient *Fédération internationale de savate*. **Pays pratiquants.** Algérie, Allemagne, Angleterre, Argentine, Australie, Belgique, Brésil, Bulgarie, Cameroun, Canada, CEI, Chine, Croatie, Espagne, *France*, Hongrie, île Maurice, Italie, Liban, Madagascar, Maroc, Pays-Bas, Pologne, Portugal, Roumanie, Sénégal, Suède, Suisse, Turquie, Russie, USA. **Licenciés et**, entre parenthèses, **clubs.** *1975 :* 3 000 (120) ; *85 :* 21 000 (590) ; *97 :* 25 500 (650) ; *99 :* 19 065 ; *2001 :* 27 750 (646).

☞ **Pratiquants célèbres :** Alexandre Dumas, Eugène Sue, Théophile Gautier, Honoré Daumier, Georges Courteline, Georges Carpentier, Ernest Hemingway.

☞ **Lutte parisienne :** méthode de combat non codifiée, d'attaque et de défense, en usage à Paris dès le début du XIXe s., était encore pratiquée en France jusque dans les années 1950 sous forme de démonstration par les tireurs de boxe française et de savate ; introduite à la Préfecture de Paris par François Vidocq lorsqu'il prit ses fonctions comme inspecteur de la Sûreté (actuelle Sécurité publique) sous la direction d'Henry, adjoint du préfet Dubois ; dans sa *Méthode de boxe française*, Me Charlemont consacre quelques pages à cette discipline (ramassements et passements de jambes, enfourchements, etc.) ; combinaisons de coups en percussion de toutes les parties des 4 segments et de la tête avec des saisies et des projections très efficaces ; peut se définir comme une fusion de *pancrace* et de *pugilat ;* proche de l'affrontement en situation réelle, a inspiré les créateurs du sambo et de la capoeira ; actuellement, à travers la méthode dénommée *savate-défense*, la Fédération française de boxe française-savate réintroduit ces gestes anciens dans son patrimoine.

■ **Règles.** Sport de combat utilisant les pieds et le devant des poings pour donner des coups. Pesée obligatoire avant chaque rencontre. **Enceinte** (ring). Carré de 4,90 m au min. à 6 m au max. de côté. Plancher recouvert de feutre et entouré de trois rangs de cordes placés à 40, 80 et 130 cm du sol. **Équipement.** **Gants :** en cuir, de 6 (171 g) à 12 (342 g) onces selon les catégories, à manchettes protégeant poignets et avant-bras sur environ 10 cm. **Bandage des mains :** autorisé. **Chaussures :** en cuir, tige et empeigne souple montant jusqu'à la cheville, sans œillets, lacées de façon que le nœud soit derrière le pied. **Tenue intégrale :** fuseau d'une pièce, sans manches, couvrant le buste et les jambes. **Protections :** protège-dents, coquille, jambières, casque, protège-poitrine (pour les femmes). **Technique. Coups de pieds :** *3 principes :* fouetté, jeté direct et balancé ; *6 catégories :* fouetté, revers fouetté, chassé, revers balancé, revers groupé, coup de pied bas. **Coups de poings :** *2 principes :* jeté direct et balancé ; *4 catégories :* direct, crochet, uppercut, swing. **Interdictions :** coups donnés à la nuque, à l'arrière et au-dessus de la tête, au triangle génital, au dos, et pour les femmes à la poitrine. Au début du combat, on se place en *garde.* **Rencontres.** 3 sortes selon le niveau technique. **Assaut :** jugé sur technique et précision des coups. **Combat 2e série :** ajoute à l'assaut une énergie suffisante pour que les coups soient portés avec efficacité (port du casque et des jambières obligatoire). Hors combat possible, noté de 0 à 6 pour la technique et le style, et de 0 à 4 pour la combativité et l'efficacité. **Combat 1re série :** port du casque et des jambières interdit, même critère d'appréciation, mais à partir d'un jugement de valeur étalonné de 1 à 3 par reprise. **Duo :** évolution à 2 (messieurs, dames, mixte), fondé sur la coopération technique. Les rencontres se déroulent en 2, 3, 4 ou 5 reprises de 1 minute 30 ou 2 min séparées par un *arrêt* de 1 min. Exemples : *seniors messieurs :* 5 reprises de 2 min en championnat de France seniors et rencontres intern. ; *dames :* 4 reprises de 2 min en championnat de France. **Décisions :** victoire par hors combat ou « aux points », match nul ou non-combat, arrêt de l'arbitre, abandon, disqualification.

■ **Pratiquants.** Appelés *tireur* et *tireuse.* Répartis en **catégories** selon l'âge et le poids. **Ages :** poussins 10-11 ans, benjamin(es) 12-13, minimes 14-15, cadet(tes) 16-17, juniors 18-20, seniors 21-35, vétérans plus de 35. **Poids** (en kg) : *seniors messieurs et dames* mouche 48-51 inclus ; coq 52-54 ; plume 55-57 ; super-plume 58-60 ; léger 61-63 ; super-léger 64-66 ; mi-moyen 67-70 ; super-mi-moyen 71-74 ; moyen 75-79 ; mi-lourd 80-85 ; lourd plus de 85. Répartis aussi en **grades** selon les progrès techniques et la valeur en compétition. **Degrés techniques :** *1er degré :* gant bleu ; *2e :* vert ; *3e :* rouge ; *4e :* blanc ; *5e :* jaune ; *6e :* gant argent technique (GAT) 1er degré ; *7e :* GAT 2e degré ; *8e :* GAT 3e degré. **Valeur combative :** *1er degré :* gant de bronze ; *2e :* gant argent compétition 1er degré ; *3e :* GAC 2e degré ; *4e :* GAC 3e ; *5e :* GAC 4e ; *6e :* GAC 5e. *Grades honorifiques :* gant vermeil et gant d'or. Indiqués par un bracelet de couleur de 2 cm de large, cousu autour du gant droit.

Classement. En série, selon résultat en compétition. **Messieurs et dames :** 3e série (assaut), 2e série (combat 2e série), 1re série (combat).

RÉSULTATS

> *Légende :* (1) France. (2) Italie. (3) Espagne. (4) P.-Bas. (5) Hongrie. (6) USA. (7) Madagascar. (8) Croatie. (9) Russie. (10) Pologne.

■ **Coupe du monde. Messieurs.** *Créée* 1989. **Coqs. 1989** Balog [5]. **Super-plumes. 89** Farina [1]. **Super-légers. 89** Fourrier [1]. **Mi-moyens. 89** Euzkiza [3]. **Moyens. 89** Hoost [4]. **Mi-lourds. 89** Simmons [6]. **91** *supprimée.*

■ **Championnats du monde. Messieurs.** *Créés* 1991 en remplacement de la Coupe du monde. **Mouches. 1995** Perita [1]. **97** Volcey [1]. **99** Perita [1]. **Coqs. 95** Cieslinski [10]. **97, 99** Racine [1]. **Plumes. 95** Boukhari [1]. **97, 99** Rakotonindriana [7]. **Super-plumes. 95** Deliron [1]. **97, 99** *non disputés.* **Légers. 95** Chouaref [1]. **97** Catherine [1]. **99** Zoran [8]. **Super-légers. 95, 97** A. Zankifo [1]. **99** Karimel [1]. **Mi-moyens. 95** Salvador [1]. **97** Mezaache [1]. **Super-mi-moyens. 95** Zighem [1]. **97** Cukusic [8]. **Moyens. 95** Thomas [1]. **97** Bellonie [1]. **Mi-lourds. 95** I. Zankifo [1]. **97, 99** Raguig [1]. **Lourds. 95** Fulconis [1]. **97** *non disputés.*

Dames. *Créés* 1995. **Mouches. 1995** Ducros [1]. **97, 99** Brucelle [1]. **Coqs. 95** Perez-Digon [1]. **97** Joseph [1]. **Plumes. 95** Suire [1]. **97** *non disputés.* **Super-plumes. 95** Lavoine [1]. **97** Larionova [9]. **99** Lamare [1]. **Super-légères. 95** Lagounkova [9]. **97** Geiger [1]. **99** Girard [1]. **Mini-légères. 1995** Matile [1]. **97** *non disputés.* **99** Rafarason [7].

■ **Championnats d'Europe.** *Tous les 2 ans.* **Messieurs.** *Créés* 1970. **Mouches. 1996, 98** Perita [1]. **2000** Volcey [1]. **Coqs. 96** Gregorio [1]. **98** Racine [1]. **2000** Boumoula [1]. **Plumes. 96** Imashev [9]. **98** Elisabeth [1]. **Super-plumes. 96** Vennetilli [1]. **98** de Busillet [1]. **2000** Simonec [8]. **Super-légers. 96** A. Zankifo [1]. **98** El Idrissi [1]. **2000** Sarr [1]. **Légers. 96** Chouaref [1]. **98, 2000** Catherine [1]. **Moyens. 96** Greco [2]. **98** Bellonie [1]. **Mi-moyens. 96** Mezaache [1]. **98** Tahiri Hafid [1]. **2000** Gautherie [1]. **Super-mi-moyens. 96** Agueninhaï [1]. **98** Mezaache [1]. **Mi-lourds. 96** MBayabu [1]. **98** Raguig [1]. **2000** Tebiz [1]. **Lourds. 96** Deriabkine [9]. **2000** Youssoupov [9]. **Dames. Mini-légères. 1996.** Matile [1]. **98** Woo [1]. **Mouches. 96** Brucelle [1]. **Coqs. 96** Asensi [1]. **2000** Geiger [1]. **Plumes. 96** Suire [1]. **98** Buffi [1]. **Super-plumes. 96** Larionova [9]. **2000** Bellandi [1]. **Légères. 96** Girard [1]. **Super-légères. 1995** Geiger [1].

■ **Championnats de France. Messieurs.** *Créés* 1965. **Mouches. 1994 à 96** Perita. **97** Volcey. **98, 99** Perita. **2000** El Haddadi. **01** Grondin. **Coqs. 95, 96** Gregorio. **97 à 99** Racine. **2000** Boumoula. **01** Racine. **Plumes. 93 à 97** Boukhari. **98** Elizabeth. **99** Ducoutumany. **2000** Elizabeth. **01** Abdelacci. **Super-plumes. 93 à 95** Deliron. **96** Vennetilli. **97, 98** de Busillet. **99, 2000** Chérubin. **01** Mezaache. **Légers. 92 à 96** Chouaref. **97, 98** Catherine. **99** Kanfouah. **2000** Catherine. **01** Fornes. **Super-légers. 95** A. Zankifo. **96** Magassouba. **97** A. Zankifo. **98, 99** El Idrissi. **2000** Saar. **01** El Idrissi. **Mi-moyens. 92 à 95** Salvador. **96, 97** Mezaache. **98** Templier. **99, 2000** Gautherie. **01** Fall Telemaque. **Super-mi-moyens. 93 à 95** Zighem. **96** Tuquet. **97** Balmer. **98, 99** Mezaache. **2000** Staifa. **01** Tuquet. **Moyens. 94, 95** Thomas. **96** François. **97 à 99** Bellonie. **2000** Abdelaoui. **01** Bellonie. **Mi-lourds. 95** I. Zankifo. **96** M'Bayabu. **97** Raguig. **98** I. Zankifo. **99** Raguig. **2000** Tebiz. **01** François. **Lourds. 95** Fulconis. **96** Rimani. **97, 98** Bangui. **99, 2000** Roche. **01** Morellon.

Dames. *Créés* 1982. **Mini-légères. 1993 à 98** Matile. **99** Sandrine. **2000** Ryo. **Mouches. 91 à 96** Ducros. **97 à 2000** Brucelle. **Coqs. 95** Perez-Digon. **96** Asensi. **97, 98** Joseph. **Plumes. 95 à 97** Suire. **98** *non disputés.* **99** Buffi. **2000** Joseph. **Super-plumes. 95** Lavoine. **96** *non disputés.* **97, 98** Lavoine. **99** Lamare. **Légères. 92 à 95, 97** *non disputés.* **96, 98** Barberi Girard. **99** Sissoko. **2000** Lamare. **Super-légères. 95, 96** Geiger. **97, 98** *non disputés.* **Super-mi-moyennes. 94, 95** Gherdoussi. **96 à 98** *non disputés.*

CANNE ET BÂTON

■ **Canne de combat.** *Origine :* France. Sport pratiqué avec une tige de châtaignier de 95 cm de long, poids 100 à 120 g, fondé sur le principe de la parade ou esquive-riposte et sur celui de l'efficacité ; rencontres sous forme d'assauts de plusieurs reprises de 2 min (2, 3 ou 4 pour les finales hommes) ; 1 arbitre et 3 juges ; le gagnant est celui qui a réussi le plus grand nombre de touches valables sans violence. *Coups principaux :* brisé, croisé tête, croisé bas, latéral croisé, latéral extérieur, enlevé. *Zones de frappe :* tête, flancs (hommes), jambes. *Protections obligatoires :* casque avec bourrelets spéciaux, gants avec manchette renforcée, tunique et pantalon matelassés, coquille. **Licenciés en France** (en 1999) : 1 672. **Clubs** (en 1999) : 100.

Championnats de France. Messieurs. *Créés* 1981. **1981, 82** Boréanaz. **83** Rosier. **84** Marra. **85** Filipowski. **86** Debille. **87** Dubreuil. **88** Debille. **89** Dubreuil. **90** Aguesse. **91** Dubreuil. **92, 93** Haouzi. **94, 95** Dubreuil. **96** Mechouar. **97 à 99** Dubreuil. **2000** Bareilles. **Dames.** *Créés* 1981. **1981, 82** Guerrier. **83, 84** Borrel. **85 à 87** Lebrun. **88** Delclos. **89** Busquets. **90 à 92** Delclos. **93** Perdereau. **94** Delclos. **95** Cointe. **96 à 98** Bourgeois. **99** Clain. **2000** Bourgeois.

■ **Bâton français.** Même technique. Pratiqué à 2 mains, avec un bâton en châtaignier de 1,40 m de long tenu à une extrémité. Poids : 350 à 400 g. Pas de compétitions, uniquement entraînement et démonstration.

■ **Comité national de canne et bâton (Fédération française de boxe française-savate et disciplines associées).** 49, rue du Faubourg-Poissonnière, 75009 Paris.

CANOË-KAYAK

HISTOIRE

■ **Origine.** Canoë : les pagayeurs indiens du Canada l'utilisaient comme moyen de transport ; creusé dans un tronc, puis fait en écorce de bouleau et en résine ; mû par 1 ou 2 équipiers à genoux armés d'une pagaie simple. **Kayak :** les Esquimaux du Groenland, d'Alaska et du Labrador l'utilisaient pour la chasse et la pêche ; armature en os de renne et en bois recouverte de peau de phoque ; ponté, muni d'une jupe imperméable serrée à la taille, ce qui permet de chavirer et de se rétablir *(esquimautage)* ; mû par 1 équipier assis armé d'une pagaie double. En eaux vives, depuis qu'ils sont construits en résine, les canoës « esquimautent » aussi.

■ **1865** introduits en Europe par l'Écossais John MacGregor († 1891). **1924**-*19/20-1 Internationale Repräsentantschaft für Kanusport.* **1946**-*9-6* devient la *Féd. intern. de canoë.* **1931**-*8-12 Féd. française.*

DISCIPLINES

> *Abréviations :* C : canoë. K : kayak.
> Le chiffre indique le nombre d'équipiers. Dames en K seulement.

■ **Course en ligne.** Parcours d'une certaine distance le plus rapidement possible, en opposition directe avec les autres concurrents. **En eau calme.** *Pour le sprint* (200, 500 ou 1 000 m), 9 couloirs délimités par des bouées. *Pour le fond* (du 5 000 m au marathon), boucle de 2 000 m environ.

Bateaux (longueur maximale en cm, en italique largeur minimale en cm et, entre parenthèses, poids minimal en kg). **K1** 520 *51* (12), **K2** 650 *55* (18), **K4** 1 100 *60* (30), **C1** 520 *75* (16), **C2** 650 *75* (20), **C4** 900 *85* (30).

Épreuves. Jeux Olympiques (voir p. 1474 c). *Résultats :* en temps. **Meilleures performances.** JO *1980,* lors du 1 000 m, K 4 soviétique, 250 premiers m à 21,15 km/h. *1988,* K 4 allemand, 1 000 m en 2′54″018 soit 20,687 km/h. Sur 200 m (créée 1994) : *1994,* K 4 russe en 32″180 soit 22,374 km/h.

■ **Slalom.** Parcours avec le minimum de pénalités et dans le temps le plus court, contre la montre, en eaux plus ou moins agitées suivant le niveau de la compétition. Distance de 400 m au maximum sur rivière de classe III à IV comportant 25 portes au maximum, dont 6 au minimum à franchir à contre-courant. Durée environ 2 min ; classement par addition des 2 manches. **Bateaux** (longueur minimale en cm, en italique largeur minimale en cm et, entre parenthèses, poids minimal en kg). **K1** 400 *60* (9), **C1** 400 *70* (10), **C2** 458 *80* (15). Casque et gilet de sauvetage obligatoires. Bateaux rendus insubmersibles et munis de poignées à la poupe et à la proue pour la sécurité. **Épreuves. Jeux Olympiques** (voir p. 1474 c). **Championnats du monde** (voir ci-dessous). *Résultats :* en points = temps de parcours en secondes + pénalisations (2 ou 50 points par faute commise).

■ **Descente.** Appelée *course en rivière sportive.* Parcours, contre la montre, d'une portion de rivière mouvementée (eau vive) en descendant le courant. Une manche, de 3 à 8 km, durée de quelques min. à 25 min. **Bateaux** (longueur maximale en cm, en italique largeur minimale en cm et, entre parenthèses, poids minimal en kg). **K1** 450 *60* (11), **C1** 430 *70* (12), **C2** 500 *80* (18). Casque et gilet de sauvetage obligatoires. Bateaux insubmersibles, poignées à la proue et à la poupe pour la sécurité. **Épreuves. Championnats du monde.** *Résultats :* en temps.

■ **Kayak-polo. Équipes :** 5 joueurs doivent marquer des buts en poussant la balle avec leur pagaie ou leurs mains. **Plan d'eau** (en extérieur ou piscine) de 35 m par 20 m. **Buts :** 1,50 m par 1 m. **Kayak :** 3 m de long au minimum, 50 à 60 cm de large, min. 7 kg, extrémités arrondies et protégées par de la mousse. **Ballon** de water polo. **Durée :** 2 mi-temps de 10 min avec un repos de 2 à 3 min et éventuellement prolongations (2 × 3 min) et tirs au but en matches de coupes. **Casque et gilet** de sauvetage obligatoires.

■ **Disciplines diverses. Canotage. Marathon :** canoë ou kayak sur rivières de classe I et II, 20 à 40 km, parfois 400 km. **Randonnée nautique :** canoë ou kayak. Sur rivières de classes I à III, fleuves, canaux et lacs. **Activités d'eau vive :** sur rivières de classes III et IV tourisme sportif, et V et VI haute rivière et saut de chutes. **Kayak free style :** bateau court pour faire des figures dans les rouleaux de rivière. **Kayak de mer :** randonnée le long des côtes ou traversée. Bateau de 5 m à étrave relevée, équipé de caissons étanches, lignes de vie. **Wave ski :** bateau de 2 à 2,50 m, muni d'ailerons. Mêmes figures que celles des surfeurs. **Expéditions.**

☞ **Classification des rivières :** *I* facile, cours régulier, petits remous ; *II* moyennement difficile, cours irrégulier, faibles rapides, remous moyens ; *III* difficile, vagues hautes et irrégulières, gros remous, tourbillons, petites chutes ; *IV* très difficile, reconnaissance nécessaire, grosses vagues continuelles, rouleaux puissants, chutes élevées avec rappels ; *V* extrêmement difficile, reconnaissance indispensable, rapides à l'extrême, chutes très élevées ; *VI* limite de la navigabilité, généralement impossible, grands risques.

VOCABULAIRE

Appel : manœuvre provoquant le déplacement latéral du bateau vers le point où la pagaie appuie dans l'eau. **Appui :** appui d'une face de la pagaie sur la surface de l'eau. **Arrêt contre-courant :** arrêt dans une zone de contre-courant afin de faire demi-tour vers l'amont. **Bac :** fait de partir d'un point situé sur une rive en vue d'en atteindre un autre sur l'autre rive, situé à la même hauteur. **Contre-courant :** courant en sens inverse du fil principal de l'eau et situé derrière un obstacle. **Dénager :** aller en arrière. **Écart :** manœuvre provoquant le déplacement latéral du bateau qui se trouve chassé par le travail de la pagaie contre son franc-bord (ou tout près de celui-ci). **Esquimautage :** après chavirage, fait de ne pas quitter son bateau et de le rétablir en position de navigation par mouvements synchronisés du corps et de la pagaie. **Gîter :** incliner son bateau dans le sens latéral. **Jupe ou jupette :** toile plastifiée fixée autour de la taille et sur le bateau pour assurer l'étanchéité. **Porte (en slalom) :** plan figuré par 2 perches suspendues au-dessus de l'eau par une potence attachée à une girafe ou à un câble allant d'une rive à l'autre. Si les 2 perches sont annelées en vert et blanc, la porte doit être passée en descendant le courant ; en rouge et blanc, porte passée en remontant le courant. Chaque porte montre un numéro dans le sens du passage qui indique l'ordre dans lequel les portes doivent être passées. La position du bateau pénétrant dans la porte est au gré du concurrent (par la poupe ou la proue). **Propulser :** aller de l'avant. **Reprise de courant :** quitter une zone de contre-courant pour regagner le courant principal en faisant un demi-tour vers l'aval.

RÉSULTATS

> *Légende :* (1) All. féd. (2) All. dém. (3) All. depuis 1991. (4) Australie. (5) Autriche. (6) Biélorussie. (7) Bulgarie. (8) Canada. (9) Italie. (10) France. (11) G.-B. (12) Hongrie. (13) Israël. (14) Lettonie. (15) Norvège. (16) Nlle-Zélande. (17) Pologne. (18) Rép. tchèque. (19) Roumanie. (20) Russie. (21) Slovaquie. (22) Tchécoslovaquie. (23) URSS. (24) USA. (25) Espagne.
> **Jeux Olympiques** (voir p. 1474 c).

CHAMPIONNATS DU MONDE

En ligne depuis 1938 (tous les ans, sauf lors des JO). *Slalom* depuis 1949 (tous les 2 ans) et *descente de rivière* depuis 1959 (tous les 2 ans, années impaires puis années paires depuis 1996). Seniors des 2 sexes sans âge minimal.

■ **Course en ligne. Messieurs. Sur 200 m** (*créée* 1994). **K 1. 1994** Kalesnik[6]. **95** Markiewicz[17]. **97** Fehervari[12]. **98, 99** Kolganov[13]. **K 2. 94** Frelmut-Wysocki[17]. **95** Jorgensen-Mooney[24]. **97 à 99** Fehervari-Hegedus[12]. **K 4. 94** Russie. **95** Hongrie. **97** Russie. **98, 99** Hongrie. **C 1. 94, 95** Bukhalov[7]. **97** Belicza[12]. **98** Doktor[18]. **99** Opalev[20]. **C 2. 94** Masojkov-Dovgalionok[6]. **95** Horvath-Kolonics[1]. **97, 98** Zereske-Gille[3]. **99** Formitchev-Artemida[20]. **C 4. 94** Russie. **95** Hongrie. **97** Biélorussie. **98** Rép. tchèque. **99** Russie.

Sur 500 m. K 1. 1994 Borhi[12]. **95** Markiewicz[17]. **97** Storcz[12]. **98, 99** Vereickei[12]. **K 2. 93, 94** Bluhm-Gutsche[3]. **95** Bonomi-Scarpa[14]. **97** Trim-Collins[4]. **98** Riszdorfer-Baca[21]. **99** Twardowski-Wysocki[17]. **K 4. 93 à 95** Russie. **97** Hongrie. **98, 99** All. **C 1. 93 à 95** Boukhalov[7]. **97** Doktor[18]. **98, 99** Opalev[20]. **C 2. 93, 95** Kolonics-Horvath[12]. **94** Andriev-Obreja[19]. **97, 98** Kolonics-Horvath[12]. **99** Jedraszko-Baraszkiewicz[17]. **C 4. 93 à 98** Hongrie. **99** Russie.

Sur 1 000 m. K 1. 1994 Robinson[4]. **95** Holmann[15]. **97** Storcz[12]. **98, 99** Liwowski[3]. **K 2. 94** Staal-Nielsen[9]. **95** Rossi-Scarpa[14]. **97, 98** Rossi-Negri[14]. **99** Riszdorfer-Baca[21]. **K 4. 93** All. **94** Russie. **95, 97, 98** All. **99** Hongrie. **C 1. 94** Klementiev[17]. **95** Pulai[12]. **97** Dittmer[3]. **98** Gilles[8]. **99** Opalev[20]. **C 2. 94** Dittmer-Kirchbach[3]. **95** Horvath-Kolonics[12]. **97** Kirchbach-Roder[3]. **98, 99** Kovalev-Kostoglod[20]. **C 4. 93, 94** Hongrie. **95, 97** Roumanie. **98** Hongrie. **99** Russie.

Sur 10 000 m. *Supprimée en 1994.*

Dames. *Créée* 1938. **Sur 200 m** (*créée* 1994). **K 1. 1994, 95** Koban[12]. **97 à 99** Brunet[8]. **K 2. 94** Koban-Laky[12]. **95** Kennedy-Gibeau[8]. **97** Fischer-Schuk[3]. **98** Gibeau-Quimet[8]. **99** Aramburu-Manchon[25]. **K 4. 94** Hongrie. **95** Can. **97** All. **98, 99** Hongrie.

Sur 500 m. K 1. 1993, 94 Schmidt[3]. **95** Koban[19]. **97, 98, 99** Brunet[8]. **K 2. 94** Urbanczyk-Hajcel[17]. **95** Portwich-Schuck[3]. **97** Fischer-Schuck[3]. **98** Borchert-Wood[4]. **99** Sokolowska-Pastuszka[17]. **K 4. 91 à 95, 97, 98** All. **99** Hongrie.

Sur 1 000 m. *Créée* 1997. **K 1. 97** Brunet[8]. **98** Idem[14]. **99** Brunet[8]. **K 2. 97** Fischer-Bednar[3]. **98, 99** Wood-Borchert[4].

■ **Slalom. Messieurs. K 1. 1995** Fix[3]. **97** Becker[3]. **99** Ford[8]. **K 1 par éq. 95** All. **97** G.-B. **C 1. 95** Hearn[24]. **97** Martikan[21]. **99** Brugvin[10]. **C 1 par éq. 95** All., Slovaquie. **C 2. 95** Kolomanski-Staniszewski[17]. **97** Adisson-Forgues[10]. **99** Jiras-Mader[18]. **C 2 par éq. 93, 95** Rép. tchèque. **97** Fr.

Dames. K 1. 1995 Simpson[11]. **97** Guibal[10]. **99** Hilgertova[18]. **K 1 par éq. 91, 93, 95** France. **97** All.

■ **Descente de rivière. Messieurs. K 1. 1991, 93, 95, 96** Gickler[3]. **98, 2000** Koelmann[3]. **K par éq. 95** Nlle-Zélande. **96** All. **98** France. **2000** Rép. tchèque. **C 1. 93, 95, 96, 98, 2000** Panato[9]. **C 1 par éq. 95** All. **96** Italie. **98** Fr. **2000** Croatie. **C 2. 95, 96** Vala-Slucik[21]. **98** Simon-Mueller[3]. **2000** Vala-Slucik[21]. **C 2 par éq. 95** Fr. **96** All. **98** Slovénie. **2000** Slovaquie.

Dames. K 1. 1993, 95, 96 Profanter[5]. **98** Brokof[3]. **2000** Strnadova[18]. **K par éq. 91, 93, 95, 96, 98, 2000** France.

Championnats de France

En ligne depuis 1934, *slalom* depuis 1946, *rivière sportive* depuis 1955.

■ **Course en ligne. Messieurs. Sur 500 m. K 1. 1995** Mayer. **96** Van Gysel. **97** Amir-Tahmasseb. **98** Huguet. **99** Amir-Tahmasseb. **2000** Lubac. **01** Amir-Tahamasseb. **K 2. 95** Beauquey-Boccon. **96** Tahmasseb-Huguet. **99** Aubertin-Clef. **C 1. 95** Sylvoz. **96** Ribeiro. **97** Sylvoz. **98 à 2001** Le Leuch. **C 2. 95** Bernard-Bettin. **96** S. Hoyer-Tanghe. **99** Bernard-Leleuch.

Sur 1 000 m. K 1. 1995 Lancereau. **96** Lubac. **97, 98, 99** Amir-Tahmasseb. **2000** Lubac. **01** Amir-Tahmasseb. **K 2. 95** Boccon-Calliet. **K 4. 95** Cuzon-Gentil-Laubignet-Rouffet. **C 1. 94, 95** Sylvoz. **96** Le Leuch. **97** Sylvoz. **98 à 2000** Le Leuch. **01** Couton. **C 2. 95** Aubert-Le Leuch. **C 4. 92 à 95** Bettin-Aubert-Grare-Le Leuch.

Sur 10 000 m. K 1. *Supprimée après 1994.*

Dames. Sur 500 m. K 1. 1995 Kleinhenz. **96** Bonnefoy. **97** Kleinhenz. **98** Michaut. **99** Cuza. **2000** Delattre. **01** Boulogne. **K 2. 94, 95** Boulogne-Loyau. **96** Bonnefoy-Michaut. **99** Abrassart-Thirion. **K 4. 94, 95** Boulogne-Clet-Landry-Loyau. **96** Boulogne-Giraud-Koenders-Thibault. **99** Glorieux-Henry-Koenders-Lequet.

Sur 1 000 m. K 1. 1997 Kleinhenz. **98, 99** Boulogne. **2000** Chanvillard. **01** Boulogne. **Sur 5 000 m. K 2. 1995** Bayle-Rabouille.

■ **Slalom. Messieurs. K 1. 1995** Bouleistex. **96, 97** Pallud. **98 à 2000** Bouleistex. **C 1. 95** Delamarre. **96** P. Estanguet. **97** T. Estanguet. **98** P. Estanguet. **99, 2000** T. Estanguet. **C 2. 94, 95** Biau-Daille. **96, 97** Adisson-Forgues. **98** Daille-Biau. **99** Luquet-Luquet. **2000** Adisson-Forgues. **Dames. K 1. 95 à 97** Guibal. **98** Loubie. **99** Guibal. **2000** Bardet. **Mixte. C 2. 95** Perrot-Doc. **96** *supprimé.*

■ **Descente de rivière. Messieurs. K 1. 1994, 95** Lefèvre. **96** Calliet. **97** Processe. **98** Fargier. **99** Orain. **2000** Saunier. **C 1. 91 à 95** Rouvel. **96** Flouvat. **97** Derrovineau. **98** Koskas. **99** Santamaria. **2000** Koskas. **C 2. 94, 95** Gautier-Laurent. **96** Halko-Jacquemet. **97** Baylacq-Baechler. **98** Pigeron-Aymard. **99, 2000** Gautier-Laurent. **Dames. K 1. 95** Bringard. **96** Castet. **97** Crochet. **98** Lhomme. **99** Bénézit. **2000** Leclerc. **Mixte. C 2. 91 à 99** Charbonnier-Saliou *puis supprimé.*

Quelques noms

Messieurs. Adisson Frank[10] (24-7-69). Archambault Éric[10]. Barton Greg[24] (1960). Benezit Claude[10] (2-9-55). Bettin Joël[10] (14-12-66). Bluhm Karl[3]. Boccara Philippe[10] (6-7-59). Boivin Olivier[10] (6-6-65). Boucherit Pascal[10] (7-8-59). Boudehen Jean[10] (1939-82). Boukhalov Nikolay[7]. Bregeon Bernard[10] (6-7-62). Broutigny Robert[10]. Brugvin Emmanuel[10] (14-12-70). Calori Jacques[10] (1-4-59) ; Pierre[10] (1-4-59). Carlin Thierry[10]. Curinier Sylvain[10] (15-3-69). D'Alençon Pierre[10]. Dransart Georges[10] (12-5-24). Durand Jean-François[10] (23-7-59). Eberhardt Henri[24] (1910-75). Estanguet Patrice[10] (19-4-73) ; Tony[10] (6-5-78). Fayssé Damien[10] (1971). Ferguson Ian[16] (20-7-52). Forgues Wilfried[10] (22-12-69). Fox Richard[11] (21-11-19). Gantois Louis[10]. Gardette Dominique[10]. Goetschy Antoine[10] (27-1-63). Gutsche Torsten[3]. Helm Rüdiger[2] (6-10-56). Heukrodt Olaf[3]. Holman Knut[15]. Hoyer Didier[10] (3-2-61). Juravschi Nikolai[19] (1964). Klementiev[23], puis[14] en 92, puis[17] en 94, et à nouveau[14] en 95. Lasak Olivier[10] (28-3-67). Lebas Alain[10] (10-11-53). Lefoulon Patrick[10]. Legras Daniel[10] (28-12-57). Lobanov Youri[23] (29-9-52). Lubac Pierre[10] (17-2-68). Masson Yves[10] (1962). Papke Ulrich[3]. Parfenovich Vladimir[23] (2-12-58). Patzaichin Ivan[19] (26-11-49). Peschier Claude[10]. Petitbout Christophe[10] (21-12-67). Ponchon Jean-Luc[10] (2-7-57). Previde-Massara Marco[14]. Renaud Philippe[10] (23-11-62). Ross Pierre[10] (1970). Shaparenko[23]. Sledziewski[14]. Sylvoz Pascal[10] (31-7-65). Turlier Georges[10]. Vavasseur Didier[10] (7-2-61). Verger Luc[10] (28-5-52). Zok Gilles[10] (25-5-54).

Dames. Arnaud Sylvie[10] (14-5-62). Bardet Anne-Lise[10] (18-11-74). Basson Béatrice[10] (29-6-58). Boixel Anne[10] (1965). Bregeon Bernadette[10]. Bringard Aurore[10]. Cuvilly Sylvie[10] (10-1-65). Fischer Birgit[2] (25-2-62). Gardette Dominique[10] (10-6-54). Grange Marie-Françoise[10] (9-6-61). Guibal Brigitte[10] (15-2-71). Jerusalmi-Fox Myriam[10] (24-10-61). Kleinhenz (Goetschy) Sabine[10] (8-6-62). Lansmanne Nicole[10]. Le Cann Marie-Pierre[10] (13-3-62). Pinaieva Ludmilla[23] (14-1-36). Portwich Ramona[3]. Schmidt Birgit[2] (25-2-62). Vandamme Virginie[10] (19-10-66). Von Seck Anke[23]. Wahl Karin[1].

Pratique

■ **Licenciés.** *1978* : 12 659 ; *81* : 23 500 ; *84* : 34 300 ; *86* : 44 000 ; *92* : 24 177 ; *97* : 27 342 ; *99* : 27 742 ; *2000* : 28 650.

■ **Principaux sites. Course en ligne :** Marne, bassin de dérivation de Vaires/Marne (V.-de-M.), Seine, bassin de dérivation de Mantes (autour de Paris et en aval), Loire (retenue de Roanne), Allier (retenue de Vichy), Mulhouse, Nevers, Bretagne (retenue de Mur-de-Bretagne), Choisy-le-Roi (bassin national), Tours, Boulogne-sur-Mer (retenue du bassin à flots). **Slaloms et descente en course ou tourisme :** *débit naturel :* Rouvre (Normandie), Scorff et Éllé (Bretagne), Cousin et Serein (Morvan), haute-Seine et Armançon (Champagne), Petit et Grand Morin, boucles de la Marne (près de Paris), Ardèche, Tarn, Var, les Gaves, les Nives, Allier moyen et bas, Loire, Garonne. En été, rivières alpines (Durance, Severaisse, Guil, Ubaye-Dranse, Guisanne, Bonne, Arve, Giffre, Buech), cévenoles (Hérault, Vis, Luech, Gardons, Cèze) et provençales (Aigues, Ouvèze, Roanne, Loup). Torrents corses (au printemps), Isère, Aude. *Débits assurés par lâchures EDF* ou *par délestage accidentel :* Cure et Chalaux (Morvan), haut Allier, Vézère, Rhue, haute Dordogne (Massif central), Neste d'Aure (Pyrénées), Roya, Bréda, Isère, Verdon (Alpes), Orne (Normandie). *Stades d'eau vive :* Lannion (Bretagne), L'Argentière (Alpes), Épinal (Vosges), St-Laurent-Blangy (P.-de-C.), Bourg-Saint-Maurice (Savoie).

Tourisme de randonnée et de découverte : Loire, courants landais, Loue, Doubs, Dordogne, Lot, Célé, Baïse, Gartempe, Aveyron, Allier, Tarn, Ardèche, Rhône (avant Lyon), Garonne (depuis Carbonne).

Char à voile

Généralités

■ **Sur glace.** Pratiqué aux Pays-Bas, puis aux USA au XIXe s. Peu pratiqué en France. **Bateau sur patins :** 1er dessin connu 1768. Carcasse, avec mât orientable, glissant sur patins, voilure 7 m², 140 kg, vitesse 140 km/h. *Le plus grand :* en 1870, l'*Icicle* (21 m de long, voilure 99 m²). *Record :* 230 km/h, John Buckstaff en 1938 aux USA (vitesse possible avec vent de 115 km/h).

■ **Sur sable. Histoire : Antiquité** Égypte, le pharaon Amenenhat III de la XIIe dynastie (2000 av. J.-C.) utilise un char à vent. Chine, des brouettes à voiles sont utilisées pour construire la Muraille (247 av. J.-C.) ; l'empereur Liang Yuan Ti (Ve s. après J.-C.) écrit avoir construit un char à vent capable de transporter 30 hommes sur plusieurs centaines de km en 1 journée. **1543** Johann Friedrich construit à Torgau une *voiture à voile.* **1595** connu sur les plages de la mer du Nord. **1599** *chars à vent* hollandais construits par Simon Stevin (1548-1620) pour le Pce de Nassau. **1606** Nicolas Peiresc (1580-1637) essaie le *chariot à voile* de Maurice de Nassau. **1620** *voitures à voile :* de l'Anglais Thomas Wildgoose, **1629** de Branca (Italie), **1648** de l'évêque Wilkins (Londres), **1714** de Duquet (Paris), **1802** de Boscassa (Esp.). **1826-27** Georges Peacock (G.-B.) invente une calèche tractée par des cerfs-volants. **1834**-*28-9 éolienne de Hacquet :* diligence avec mâture de 13 m, va de l'École militaire à la place de la Concorde à Paris. **1898** *1ers chars à voile sportifs* construits à La Panne, en Belgique, par les frères Dumont, **1905** en France par Cazin et Blériot. **1909** *1res compétitions.* **1912**-*8-9* concours d'*Aéroplages* à Berck-Plage. **1913** compétition internationale à Berck, puis Hardelot, 43 pilotes dont Louis Blériot et son *Aéroplage.* **1937** des sportifs américains parrainés par le *Detroit Evening News* dessinent les plans et réalisent un char à voile en bois appelé le « DN » ; il sera fabriqué pendant plus de 50 ans à des milliers d'exemplaires, équipé de roues pour aller sur le sable ou de patins pour la glace. **1967** *1er raid international* (Colomb-Béchar/Nouakchott, 2 500 km, 24 pilotes). **1969** *1re croisière des oasis :* Laghouat-El Goléa via Ghardaïa (500 km) ; 12 chars, 24 pilotes ; vainqueurs : Collinet et Flament (France). **1972** Zouerate-Dakar (1 500 km) en solitaire : Christian Nau (né 27-9-1944), à bord du *Saint-Louis.* **1976** volcan de la Fournaise (Réunion) par C. Nau. **1977** raid aux îles Kerguelen (C. Nau). **1983** open international Tunisie *speed sail* (21-28 oct.) : Y. Boussenart (Belg.) ; raid au Groenland (C. Nau). **1985** traversée de la vallée de la Mort (USA), 170 km en 4 jours, tout terrain, à la voile (60 %), en pédalant (20 %), à pied (10 %) et en escaladant (10 %) par C. Nau (*dénivelé :* de – 86 m à + de 1 000 m ; *température :* 47 °C à l'ombre). **1999** Transat des sables dans le Sahara mauritanien, triangle de 1 600 km entre Nouakchott, Choum et Boulanouar ; *speed sail :* P. Malcoste, *char à cerf-volant :* Mauson, *char à voile :* Jannic.

Chars. Catégories. Classe I (voilure : 15,80 m², n'existe plus) ; **II** (entre 8 et 11,30 m²) ; **III** (7,35 m², 100 kg, 120 km/h environ avec bonnes conditions de vent) ; **III R** (idem classe III, 110 km/h, jauge à restriction) ; **mini IV** (4,25 m², 50 kg, 9 000 F) ; **mini IV** *débutants* (4,65 m², moins de 10 000 F) ; **V** (5,50 m², 100 km/h, empattement max. 2,50 m, largeur 2 m) ; **V promo** (largeur 2 m, mât 5,35 m, voilure 5,50 m², 50 kg) ; **mono V** (longueur 2,50 m, largeur 2 m, voilure 5,50 m²) ; **VII** (*speed sail* 70 à 80 km/h, *landboard* ou planche à roulettes, planche à voile sur pneus, gréement de planche à voile, environ 2 500 F) ; **standart** (long. 4,15 m, larg. 2,55, 70 kg, voilure 5,80 m²) ; **VIII** (char à cerf-volant, taille, poids et surface de voile variables, + de 70 km/h) reconnue par le FFCV 1996.

Records. Vitesse : *France :* Christian Nau (107 km/h, Le Touquet, 22-3-1981). *Monde :* Tadeg Normand (151,9 km/h, 16-6-2000). **Distance :** Octor-Robin-Morel (1 281 km en 24 h, 1983). *Classe VII :* Jacques Sotty (77,888 km/h sur 50 m, 1988), Jean-Christophe Villedieu (85,55 km/h sur 50 m, 1989). *Mini IV :* Lucie François, Marc François et Xavier Faucon (871,6 km en 24 h les 1 et 2-3-1993).

Courses. *Sur circuit :* 6 manches de 20 à 30 min (environ 15, 30, 40, 50 km selon la vitesse du vent). Pour championnats de France et d'Europe, possibilité d'éliminer la plus mauvaise course.

■ **Fédérations. Internationale de sand et landyachting :** fondée 1962 ; **française de char à voile :** fondée 1964 (100 clubs et écoles, 14 200 licenciés en 2000).

☞ **1987**-*mars* Christian Nau (né 27-9-1944) et Jean-Luc Wibaux (né 17-6-1958) traversent le Sahara mauritanien (652 km) avec 3 wagonnets à voile sur la voie ferrée des trains minéraliers. **1988**-*nov.* traversée des Andes boliviennes (274 km) avec wagonnet à 2 voiles. **1989** Nau traverse la sierra Nevada espagnole en double wagonnet à 4 voiles avec des cinéastes. **1992**-*22-2* Nau bat le record de vitesse : 71,41 km/h sur ligne du futur TGV-Nord à Baron (Oise). -*Août* Nau lance le vélo à voile. **1993**-*mars* Nau et Damien Chatard (né 14-5-1966) traversent le Botswana (435 km en 6 j) en wagonnet (2 voiles de 5 m² et 1 pédalier). **1996**-*avril* Nau traverse le Takla-Makan (désert chinois) en vélo à voile. **1998**-*nov./déc.* Nau traverse les îles Falkland d'ouest en est en vélo à voile par 51° 43' de latitude sud.

Résultats sur sable

Légende : (1) Belgique. (2) France. (3) G.-B. (4) Allemagne. (5) USA.

■ **Championnats du monde.** *Tous les 4 ans, puis tous les 5 ans depuis 1993 et tous les 2 ans depuis 2000.* **Messieurs. Classe II. 1998** Grimonpont[2]. **Classe III. 1993, 98** Lambert[2]. **V. 1993** Normand[1]. **98** Petit[2]. **Classe VIII. 2000** Knickmeier[4]. **Standart. 1998** Ganier[2]. **Dames. Classe III. 1990, 91** Isambourg[2]. **V 1993** Saint-Venant[2]. **98** Lefebvre[2]. **Standart. 1998** Ribaud.

■ **Championnats d'Europe.** *Créés* 1963, *tous les ans en octobre.* **Messieurs. Classe II. 1995, 96** Allemersch[1]. **97, 98** Grimonpont[2]. **99** Demuysère[1]. **III. 1994** Krischer[5]. **95** Ameele[1]. **96** Eickstadt[4]. **97** Rowland[3]. **98, 99** Lambert[2]. **III R. 1995** Lambert[2]. **V. 1995** Jacq[2]. **96** Normand[2]. **97** Krischer[5]. **98, 99** Petit[2]. **Classe VIII. 1998** Knickmeier[4]. **99** Schulz[4]. **Standart. 1996.** Krischer[5]. **97** Leclerc[2]. **98** Ganier[2]. **99** Telle[2]. **Dames. Classe V. 1994** Lefèvre[2]. **95** Leah[3]. **96** *non disputé.* **98** Lefèbvre[2].

■ **Championnats de France.** *Créés* 1959. **Messieurs. Classe II. 1995 à 97** Lambert. **98** Senlis. **99** Lambert. **2000** Touron. **III R. 1996, 97** Lambert. **99** Renard. **Mini IV** (cadets). **1995** Lezier. **96, 97** Morandière. **99** Huclier. **V. 1995** *non attribué.* **96, 97** Jacq. **98** Petit. **99** Duhamel.

2000 Jacq. **V promo. 1997** Petit. **98** Martin. **99** Simoneau. **2000** Faucon. **VIII. 1997** Ness. **98** Runavot. **99** Blavier. **2000** Georges. **Standart. 1998** Ravault. **99, 2000** Hingant. **Dames. Mini IV. 1994, 95** Vandamme. **96** Petit. **97** Morhain. **99** Cazier.

■ **Courses internationales.** *6 h de Berck* (cl. III), *5 h de Berck* (cl. V), *raid Hardelot* (cl. VII).

Classe VII ou speed sail

Planche à voile, de 1,80 m à 2,30 m de long, montée sur 4 roues gonflables ; système de direction apparenté à celui d'un skateboard ; propulsion assurée par un gréement de 3 à 6 m² en fonction de la force du vent. Mis au point en 1977 par Arnaud de Rosnay pour remplacer la planche à voile en hiver sur les 2 plages du Nord. **Vitesse :** 20 à 75 km/h. **Fonctionnement :** ressemble à celui d'une planche à voile, mais avec les pieds positionnés près du pied de mât.

■ **Épreuves réservées. Coupe du monde. Messieurs. 1990, 91** Isambourg [2]. **92** *non disputée.* **93** Coppens [1]. **94 à 99** *non disputée.* **2000** Dedisse [2]. **Dames. 1990** Isambourg [2]. **91, 93** Lefèvre [2]. **94 à 2000** *non disputée.*

Coupe d'Europe. Messieurs. 1992 à 97 (sauf **95** *non disputée) Coppens* [1]. **98** *supprimée.* **Dames. 1992** Lefèvre [2]. **93 à 97** *non disputée.* **98** *supprimée.*

Championnats d'Europe. *Créés* 1998. **Messieurs. 1998** Dedisse [2]. **99, 2000** *non disputés.* **Dames. 1998, 99, 2000** *non disputés.*

Championnats de France. Messieurs. 1990 Isambourg. **91** Jeannesson. **92, 93, 94** Isambourg. **95** Houzé. **96** Méheust. **97** *non disputés.* **98** Malcoste. **99** Dedisse et Hermel. **2000** Dedisse. **Dames. 1989, 90** Isambourg. **91** Lefèvre. **92** Isambourg. **93** Lefèvre. **94 à 2000** *non disputés.* **Juniors.** *Créés* 2000. **Messieurs. 2000** Villemagne.

■ **Raids. 1979** *du 31-3 au 12-4* traversée du désert mauritanien et de la côte sénégalaise par Arnaud de Rosnay. **1990** *du 3 au 16-10* traversée du Sahara algérien par Pierre-Luc Poujol, Christophe et Franck Valdenaire. **1991** *du 1 au 17-5* traversée du désert de Gobi par Éric Millet. **1994** *du 21-10 au 3-11* traversée du désert mauritanien et de la côte sénégalaise par Marc Gambetti, Catherine Lefèvre et Gildas Migaud.

Chasse

Modes de chasse

Chasse à tir

■ **Modes.** Devant soi (billebaude), en battue, à l'approche, à l'affût, au gabion (utilisation de formes autorisées), à courre, à la passée, aux chiens courants, au furet [1], en punt, à la hutte, à la tonne, au hutteau, au grand duc [2], au miroir [2], au vol (faucons, éperviers, autours), sous terre (déterrage), au filet, à la glue.

Nota. – (1) Sur autorisation préfectorale. (2) Interdit par la loi.

■ **Armes de chasse. Types :** *fusil à canons(s) lisse(s),* conçu pour tirer des gerbes de plomb (petit gibier) mais qui peut tirer aussi des balles (1 ou 2 canons juxtaposés ou superposés). Calibres courants 12, 16, 20. *Carabine de chasse* au canon rayé intérieurement (stries destinées à stabiliser la trajectoire de la balle). S'emploie uniquement pour le tir à balles du grand gibier. *Armes mixtes* comprennent 1 ou 2 canons lisses et un ou plusieurs canons rayés. **Fusils. Calibre :** théoriquement, le calibre 1 serait celui d'une arme tirant une balle de 489,5 g (ancienne livre de plomb anglaise). Le 12 est le calibre d'une arme tirant des balles d'un diamètre calculé pour permettre de faire 12 projectiles semblables dans 1 livre de plomb. **Longueur :** *canon :* 70 cm en général (au-delà de 75 cm, la portée n'augmente plus avec la longueur) ; *chambre :* 65 à 76 mm. **Portée** *maximale normale* (distance à laquelle les plombs retombent au sol ; si les plombs s'agglutinent, la portée maximale augmente accidentellement) : *plomb n° 1 :* 350 m ; *2 :* 330 ; *4 :* 280 ; *6 :* 240 ; *7 :* 220 ; *8 :* 200 ; *balle* 1 200 à 1 500. **Carabine.** Portée : *balle de carabine à canon rayé* 2 000 à 4 000 m. **Effets :** une balle de carabine (7 × 64 ; 9,3 × 74 R) peut être mortelle jusqu'à plus de 5 000 m. On tire (avec succès) jusqu'à 200 m. Au-delà de 300 m, la réglementation l'interdit pour des raisons d'éthique et de sécurité ; une cartouche de fusil à canon(s) lisse(s) peut tuer un gibier à 20-35 m. **Réglementation :** voir **Formalités** p. 1402 b.

Nota. – Les oiseaux d'eau peuvent être victimes de *saturnisme* (intoxication chronique par le plomb) : canards et oies ingèrent du plomb lors de leur recherche de nourriture ou de grit (sable, gravier destiné au broyage des aliments). Symptômes : perte d'équilibre, atrophie musculaire, amaigrissement, nécrose du cœur, etc., et mort possible dans les 3 semaines. *Usage du plomb interdit pour chasse au gibier d'eau :* Australie, Canada, Danemark, Norvège, P.-Bas, USA (remplacé par des cartouches remplies de billes d'acier, de bismuth ou d'étain, nécessitant des armes conçues pour ce type de cartouches).

Vitesse du projectile (plomb ou balle de fusil à canon(s) lisse(s)). À la sortie du canon, 370 m/s (vitesse moyenne). Il faut 1/10 de s pour atteindre un gibier à 40 m (le perdreau a pu se déplacer de 2 m, le lièvre de 1 m). Compte tenu du temps de réaction du chasseur, il faut tirer de 2 à 4 m devant (parfois 7 m et plus sur un perdreau par grand vent).

Beaucoup de munitions de chasse (à plombs) actuelles donnent, à 2,50 m de la bouche du canon, une vitesse de 400 m/s, souvent néfaste pour un bon groupement, sinon une force de pénétration accrue. Phénomène dû à la qualité des poudres et des amorçages, la bourre à jupe. Beaucoup de chasseurs reviennent à des bourres grasses (feutre graissé) ou mixtes (liège paraffiné et feutre) [moindre recul, gerbes plus larges avec une bonne répartition des plombs]. **Sur gros gibier :** on utilise de plus en plus des carabines à canon rayé ou des doubles express à monoprojectile (balle), vitesse moyenne 800 m/s (à la bouche) pour des calibres compris le plus souvent entre 7 mm et 9,3 mm.

☞ **Nombre de cartouches tirées en France pour la chasse** (en 1993) : 200 millions.

Quelques dates. 1818 *fusil à piston* (le chien frappe sur une capsule fulminante pour assurer la mise à feu). **1845** *fusil à percussion centrale* (utilisant la cartouche à amorçage central de Pottet). **1848** *fusil à percussion centrale sans chien extérieur.* **1870** *Greener* (G.-B.) commercialise le *choke* (rétrécissement de la bouche du canon améliorant la portée et régularisant la dispersion des plombs). **1871** *Murcott* (G.-B.) dépose le brevet du *hammerless* (système perfectionné de percussion sans chien extérieur). *Éjecteurs automatiques* (inventés en G.-B.). **1880** *fusil automatique* (inventé par les frères Clair de St-Étienne, système abandonné depuis). **1897** *Darne* (France) : à canon fixe, la culasse coulisse automatiquement. **1910** *Browning* (USA) : automatique moderne.

Marques renommées. Allemagne : *Haltmann et Weiss.* **Autriche :** production artisanale de Ferlach. **Belgique :** *Browning* (8 000 à 100 000 F). *Lebeau-Couraly et Francotte.* **Espagne :** *Aya :* fusils à platines ; 15 000 F. **France :** *Gastinne-Renette* (fondée 1812) : fusils sur mesure de 150 000 à 250 000 F. *Granger* (St-Étienne) de 150 000 à 180 000 F. **G.-B. :** *Holland-Holland* (fondée en 1825), *Purdey* (1814) et *Boss* (1812) fabriquent à eux trois plus de 250 fusils à platines par an ; 1ers prix : fusil 350 000 F, paire plus de 700 000 F. **Italie :** *Piotti, Fabbri, Rizzini, Perazzi, Beretta, Cosmi* (seul automatique à canon basculant existant), *Dezensani, Abbiatico, Salvinelli* fabriquent à l'unité comme en G.-B.

■ **Arc.** Réglementation par arrêté du 15-2-1995. Permis de chasser obligatoire avec participation à une journée de formation organisée par les fédérations départementales des chasseurs. La Fédération des chasseurs à l'arc recommande de remplir une fiche par grand animal tué pour établir des statistiques sur l'efficacité des lames de chasse, les distances de fuite des animaux, les puissances d'arc. Environ 1 000 fiches au 15-2-2000. *Arcs autorisés :* Longbow, recurve, compound ; longueur totale de la corde supérieure à 95 cm. Systèmes de décoche automatique interdits. *Lame* (coupe) : largeur minimale 25 mm ; longeur minimale 40 mm.

☞ **Fédération des chasseurs à l'arc :** *créée* 1986. 5, route d'Orchaise, 41190 Molineuf ; *publication :* « Le Chasseur à l'arc » (trimestriel) ; a créé une École de chasse à l'arc.

En France : 75 associations, 8 000 pratiquants au 15-2-2001.

Chasse sous terre ou déterrage

Pratiquée autour d'un terrier avec des pioches, bêches, fourches, pelles, sondes, barres à mine, et chiens spécialisés.

■ **Animaux chassés.** Renard, blaireau, ragondin, etc. On introduit un seul chien (un 2e empêcherait le 1er de reculer dans le cas d'une charge) qui fixera l'animal à l'accul à l'extrémité d'une galerie. Puis, en se guidant sur les aboiements, on creuse de manière à déboucher sur la croupe du chien. *Durée :* de 1 h 30 à 3 h et plus. **Nombre d'équipages en France.** 80, avec des meutes de 2 à 6 chiens (en général fox-terriers, parfois teckels). **Association des déterreurs** 19, rue Legendre, 75017 Paris.

Fauconnerie et autourserie

Art de capturer un gibier sauvage dans son milieu naturel à l'aide d'un rapace affaité (dressé) à cet effet. On distingue *haute volerie* (oiseaux de haut vol : gerfaut, faucon sacre, faucon pèlerin) et *basse volerie* (autour, épervier).

■ **Oiseaux.** En France, tous les rapaces sont protégés depuis 1972 (certains l'étaient avant), et un arrêté du 17-4-1981 fixe la liste des oiseaux protégés, dont les destruction, capture, naturalisation, transport, vente, achat, etc. sont interdits, en application de la loi du 10-7-1976 sur la protection de la nature. Un arrêté du 30-1-1985 a fixé les conditions d'autorisation du désairage d'épervier et d'autour des palombes. Un arrêté du 30-7-1981 (modifié par arrêté du 14-3-1986) réglemente l'utilisation des rapaces pour la chasse au vol. Un arrêté du 22-12-1999 fixe les conditions de demande et d'instruction des autorisations exceptionnelles (d'opérations) portant sur des spécimens d'espèces protégées. Un arrêté réglementant la détention par des particuliers des espèces non domestiques devrait être signé courant 2001.

■ **Associations. Anfa : Association nationale des fauconniers et autoursiers français** *créée* 1945, 20, bd Clos-Monplaisir, 84140 Montfavet. **Groupement des fauconniers et autoursiers du Sud-Ouest,** 4, rue de la Cale, 53000 Laval.

■ **Pratiquants en France.** 280 à 320 (en 1999).

Vénerie

■ **Animaux chassés. Cerf, sanglier, chevreuil, renard, lièvre et lapin :** durée de la chasse : plusieurs heures ; quand l'animal rattrapé par les chiens leur fait face pour tenir « les abois », il est servi à l'arme blanche ou à l'arme à feu ; tout animal pris est ensuite donné aux chiens : c'est la « curée ». En compagnie du piqueur, le maître d'équipage remet à une personne qu'il veut honorer le pied antérieur droit de l'animal (ou la queue pour le renard) : ce sont les « honneurs ». La grande vénerie (cerf, sanglier, chevreuil et renard) se pratique à cheval, la petite (lièvre et lapin) à pied.

■ **Bouton de vénerie.** Louis XIV adopta le premier une tenue de vénerie (bleue à parements cramoisis) gardant le bouton de livrée de sa maison (bois recouvert d'étoffe rouge, brodé d'une fleur de lys d'or). Au XVIIIe s., la Vénerie royale porta un bouton d'or « à cul de panier » ou « mille points » ; sous Louis XVI : bouton « au cerf », en or estampé monté sur bois. Peu à peu, les équipages eurent leurs boutons personnels. Le plus ancien serait celui du Cte de Poter chassant à Chantilly (fin XVIIIe s.).

■ **Chiens. Nombre par meute et,** entre parenthèses, **minimum réglementaire par chasse :** *cerf :* 60 à 100 (30). *Sanglier :* 50 à 80 (30). *Chevreuil :* environ 40 (20). *Renard :* 20 à 40 (10). *Lièvre/lapin :* 15 à 25 (6). **Races principales : grande vénerie :** français (tricolore, blanc et noir ou blanc et orange), anglo-français (tricolore, blanc et noir ou blanc et orange), poitevin, billy, fox-hound. *Taille :* 60 à 72 cm. **Petite vénerie :** anglo-français de petite vénerie, beagle, beagle-harrier, harrier, petit griffon, fauve de Bretagne, bleu de Gascogne, bruno du Jura. *Taille :* 45 à 56 cm. **Nourriture :** un repas par jour avec 500 g de viande cuite avec riz ou céréales.

■ **Participants.** Environ 12 000 dont 7 000 boutons (membres des équipages dont ils portent la tenue particulière). 1 500 salariés. 100 000 suiveurs qui participent régulièrement aux chasses à titre gracieux en auto, moto, vélo ou à pied ; 15 000 chiens ; 8 000 chevaux. Un million de personnes ont l'occasion de voir évoluer des équipages.

■ **Équipages français** (en 1996). Cerf 37, sanglier 35, chevreuil 76, renard 96 (animal de vénerie depuis 1979), lièvre/lapin 147. *Grande vénerie* (se pratiquant à cheval) : cerf, chevreuil, sanglier (équipage appelé *vautrait*), renard, loup. *Petite vénerie* (se pratiquant en général à pied, au pas de gymnastique, sur 15 à 20 km) : lièvre, lapin. *Meute la plus ancienne :* équipage Champchevrier (1815). **Prises :** *1996 (est.) :* 800 cerfs, 400 sangliers, 500 chevreuils, 300 renards, 700 lièvres/lapins ; *moyenne par équipage :* cerf 5 fois sur 10, sanglier 4 fois sur 10, chevreuil 3 fois sur 10, renard et lièvre 2 fois sur 10.

Budget annuel d'un équipage : de 50 000 à 800 000 F selon l'importance de l'équipage et l'animal chassé (location du territoire, salaire du piqueur, homme d'écurie, garde, entretien de la meute et des matériels). **Cheval :** 5 000 à 20 000 F à l'achat, entretien 600 F par mois à domicile (2 000 F en pension). **Tenue :** bottes sur mesure 3 500 F (en caoutchouc sur mesure 500 F), culotte sur mesure 600 F (300 F en confection), redingote 3 500 F. Un *bouton* (membre d'un équipage) dépense de 1 000 à 20 000 F par an selon les frais de l'équipage et ses adhérents. **Trompe/corne de chasse :** 500 à 5 000 F.

■ **Lieux de chasses. En France :** environ 1 250 000 ha de forêts et plaines dont massifs domaniaux (adjugés par l'ONF) 470 000, forêts privées 200 000, plaines et boqueteaux 100 000 (renards, lièvres). **Régions :** *cerf :* Ile-de-France, Normandie, Val de Loire ; *chevreuil :* Val de Loire, Centre, Sud-Ouest ; *sanglier :* Centre, Ouest ; *lièvre :* quasi partout ; *renard :* Bretagne. Environ 300 chasses par semaine de début octobre à fin mars.

■ **Société de vénerie.** Regroupe 7 000 adhérents. **Association française des équipages de vénerie** (381 maîtres d'équipage), 10, rue de Lisbonne, 75008 Paris.

Trompes

☞ On parle de *cor* à l'armée et de *trompe* à la chasse.

■ **Origine. Vers 1680** la « trompe de chasse » remplaça cors, cornets, huchets, etc. Un chaudronnier parisien aurait, dit-on, trouvé le moyen d'enrouler sur lui-même un long tube de cuivre mince et conique (en y coulant du plomb fondu). Sous Louis XIV, trompe de 2,27 m enroulée à 1 tour 1/2, sonnant en ut mineur. **Vers 1705** la *Dampierre,* 4,545 m à 1 tour 1/2. **1729** la *Dauphine,* 4,545 m à 2 tours 1/2, sonnant en ré. **Vers 1818** la *d'Orléans,* 4,545 m à 3 tours 1/2 en ré (diam. 35 cm, la plus courante aujourd'hui). **Depuis le XIXe s.** autres trompes, dont *Maricourt,* enroulée à 6 ou 8 tours, en ré. Autres enroulements, serrés : *Lorraine, Étron.*

■ **Airs de chasse.** Les premiers (dus à Philidor l'aîné) remontent à 1705, les fanfares à 1723 (1res dues au Mis de Dampierre). **Fanfares :** environ 2 500 répondent aux normes du ton de vénerie.

■ **Féd. internationale des Trompes de France.** 43, rue de la Bretonnerie, 45000 Orléans. *Créée* 15-1-1928 par Gaston de Marolles. *Pt :* Didier de Martimprey. Regroupe 3 000 sonneurs (185 sociétés françaises et étrangères).

Gibier

On appelle **gibier** l'ensemble des espèces non domestiques qui, par nature ou par tradition, sont chassables ou ont été chassées par le passé. Ainsi, chiens, chats, pigeons voyageurs et certains animaux non domestiques comme taupes, souris, grenouilles, etc., ne sont pas des gibiers, mais parmi les gibiers certaines espèces sont protégées.

ROC (Ligue pour la préservation de la faune sauvage et la défense des non-chasseurs) : *Siège :* 26, rue Pascal, 75005 Paris ; *relations publiques :* B.P. 261, 02106 St-Quentin Cedex. *Créé* 1976. *Pt :* Hubert Reeves, astrophysicien, Directeur de recherches au CNRS. Propose la création de refuges où la chasse soit interdite (le réseau approche 10 000 ha en 1998), et le remplacement de la chasse à courre par le *drag* (parcours d'obstacles avec chevaux et chiens recherchant un leurre). Souhaite l'interdiction de chasser dans un rayon de 350 m autour des lieux de vie (maisons, campings, stades,...), l'interdiction des lâchers d'animaux *de tir*. A obtenu, avec la LFDA et les syndicats de la garderie de l'ONC, l'indépendance des gardes nationaux vis-à-vis des fédérations de chasseurs (*JO* du 30-12-1998). A soutenu des adhérents qui ont obtenu gain de cause devant la Cour européenne des Droits de l'homme le 29-4-1999.

Ligue pour la protection des oiseaux (LPO) : Corderie royale, B.P. 263, 17305 Rochefort Cedex. *Pt:* Allain Bougrain-Dubourg (né 17-8-1948), représentant français de *Birdlife International (Alliance mondiale pour la conservation des oiseaux et de la nature).* Protège tous les oiseaux sauvages, notamment les espèces rares et menacées et leurs écosystèmes, comme râle des genêts, tourterelle des bois, outarde canepetière. Gère plusieurs milliers d'ha d'espaces protégés (réserves naturelles et propriétés) et accueille le public sur 150 sites. *Revues : L'Oiseau-magazine* et *Ornithos.*

Association pour la protection des animaux sauvages et du patrimoine naturel : B.P. 34, 26270 Loriol. *Créée* 1980. *Fondateur :* Alain Clément. *Pt :* Gérard Charollois (né 22-5-1951). *Membres* (en 1996) 46 000. A obtenu la condamnation de la loi Verdeille par la Cour européenne des droits de l'homme, le 29-4-1999 ; a exercé plus de 800 recours en faveur de l'application de la directive CEE 79 409 ; promeut un réseau de refuge ; milite contre l'extrême chasse.

Ligue française des droits de l'animal (LFDA) : 39, rue Claude-Bernard, 75005 Paris. Actions juridiques contre certaines décisions administratives, lutte contre la chasse-loisir.

Association nationale pour une chasse écologiquement responsable (Ancer) : 13 *bis*, rue St-Jean-d'Étampes, 33640 Ayguemorte-lès-Graves.

Animaux chassables

Arrêtés ministériels du 26-6-1987 (*JO* du 20-9-1987) et du 15-2-95 (*JO* du 3-3-1995). L'article R 224-7 du Code rural permet aux préfets d'interdire la chasse de certaines espèces pour reconstituer le peuplement.

■ **Mammifères.** 23 espèces. Belette. Blaireau. Chamois ou isard. Cerf élaphe. Cerf sika. Chevreuil. Chien viverrin. Daim. Fouine. Hermine [1]. Lapin de garenne. Lièvre brun. Lièvre variable. Marmotte. Martre. Mouflon. Putois [1]. Ragondin. Rat musqué. Raton laveur. Renard. Sanglier. Vison d'Amérique.

Nota. – (1) Peuvent être tués, mais non transportés ou naturalisés. La naturalisation de la fouine, de la belette et de la martre est réglementée.

■ **Oiseaux.** 65 espèces (transport interdit pendant le temps où la chasse n'est pas permise dans le département). Alouette des champs. Barge à queue noire. Barge rousse. Bécasse des bois. Bécasseau maubèche. Bécassine des marais. Bécassine sourde. Caille des blés. Canards chipeau ; colvert ; pilet ; siffleur ; souchet. Chevaliers aboyeur ; arlequin ; combattant ; gambette. Colin de Californie. Colin de Virginie. Courlis cendré. Courlis corlieu. Eider à duvet. Faisans de chasse (commun, argenté, doré, etc.). Foulque macroule. Fuligule milouin. Fuligule milouinan. Fuligule morillon. Garrot à œil d'or. Gélinotte des bois. Grives : draine ; litorne ; mauvis ; musicienne. Harelde de Miquelon. Huîtrier-pie. Lagopède alpin. Macreuse brune. Macreuse noire. Merle noir. Nette rousse. Oie cendrée. Oie des moissons. Oie rieuse. Perdrix : bartavelle ; grise ; rouge. Pigeons : biset ; colombin ; ramier. Pluvier argenté. Pluvier doré. Poule d'eau. Râle d'eau. Sarcelle d'été. Sarcelle d'hiver. Tétras-lyre (coq maillé). Grand tétras (grand coq maillé). Tourterelles : des bois ; turque. Vanneau huppé (corbeau freux, corneille noire, étourneau sansonnet, geai des chênes, pie bavarde depuis l'arrêté ministériel du 15-2-1995).

Nota. – Le commerce de tous ces oiseaux est interdit, sauf pour 6 espèces (colvert, étourneau, faisan, perdrix grise et rouge, pigeon ramier). En Belgique, 18 espèces.

Animaux protégés en France

Arrêtés des 2 et 24-4-1979, 17-4-1981, 28-2, 11-4 et 4-7-1991, 2-11-1992, 22-7-1993 (art. L. 211-1 et suivants du Code rural), modifiés.

■ **Mammifères. Sont interdits** sur le territoire national et en tout temps : destruction, mutilation, capture, perturbation intentionnelle ou enlèvement, naturalisation des mammifères de ces espèces non domestiques (vivants ou morts), transport, colportage, utilisation, détention, mise en vente, vente ou achat. *Chiroptères :* chauve-souris. *Insectivores :* desman des Pyrénées, hérisson d'Europe, hérisson d'Algérie, musaraigne aquatique et musaraigne de Miller. *Rongeurs :* écureuil, castor. *Carnivores :* genette, loutre, vison d'Europe, chat sauvage. *Ongulés :* bouquetin. *Pinnipèdes :* veau marin, phoque gris, phoque moine (arrêté du 28-2-1991).

Sont interdits [sur tout le territoire national et en tout temps (art. R. 211-1 et suivants du Code rural)] : mutilation, naturalisation des mammifères de ces espèces non domestiques (vivants ou morts), transport, colportage, utilisation, mise en vente, vente ou achat des spécimens détruits, capturés ou enlevés sur tout le territoire national. *Carnivores :* belette, martre, fouine (mais celui qui les capture peut les transporter et les naturaliser pour son usage personnel), hermine, putois. Le ministre chargé de la protection de la nature, après avis du Conseil national de la protection de la nature, peut autoriser capture ou destruction de : hamster commun, loup, lynx d'Europe et ours pour prévenir des dommages importants aux cultures ou au bétail, ou dans l'intérêt de la sécurité publique, ou pour assurer la conservation de l'espèce elle-même. **Sont interdits** colportage, mise en vente, vente ou achat de spécimens morts de chamois-isard, lièvre variable et marmotte.

Nota. – Un arrêté du 15-5-1986 modifié fixe la liste en Guyane, et les arrêtés du 17-2-1989 en Guadeloupe, Martinique et à la Réunion.

■ **Oiseaux. Sont interdits** sur tout le territoire métropolitain et en tout temps : destruction ou enlèvement des œufs et des nids, destruction, mutilation, capture ou enlèvement, naturalisation des oiseaux des espèces non domestiques suivantes ou, qu'ils soient vivants ou morts, leur transport, leur colportage, leur utilisation, leur mise en vente, leur vente ou leur achat : *Gaviiformes :* plongeon et grèbe. *Procellariiformes :* puffin, fulmar, pétrel. *Pélécaniformes :* fou de Bassan, cormoran. *Ciconiiformes :* héron, butor, aigrette, blongio ; cigogne blanche, cigogne noire, ibis falcinelle, spatule blanche, flamant rose. *Ansériformes :* cygne, oie des neiges, bernache, tadorne, fuligule nyroca, harle, érismature à tête blanche. *Falconiformes :* accipitridés, falconidés, pandionidés, vulturidés. *Gruiformes :* grue cendrée, marouette, râle des genêts, outarde. *Charadriiformes :* chevalier guignette, bécasseaux (sauf bécasseau maubèche), échasse blanche, avocette, œdicnème criard, glaréole, courvite. *Lariformes :* labbe, goélands (sauf l'argenté), mouettes (sauf la rieuse), sterne, guifette. *Alciformes :* petit pingouin, guillemot, mergule nain, macareux moine. *Columbiformes :* ganga cata. *Cuculiformes :* coucou. *Strigiformes :* rapaces nocturnes. *Caprimulgiformes :* engoulevent. *Apodiformes :* martinet. *Coraciiformes :* martin pêcheur, guêpier d'Europe, rollier d'Europe, huppe fasciée. *Piciformes :* pic, torcol fourmilier. *Passériformes :* alouette calandrelle, calandre, cochevis huppé, alouette lulu, hausse-col, hirondelle, pipit, bergeronnette, pie grièche, jaseur boréal, cincle plongeur, troglodyte mignon, accenteur, traquet, merle de roche, merle bleu, rouge-queue, rouge-gorge, rossignol philomèle, gorge-bleue, merle à plastron, fauvette, pouillot, hypolaïs, rousserolle et phragmite, locustelle, cisticole des joncs, roitelet, gobe-mouches, mésange à moustaches, mésange, sittelle, tichodrome, grimpereau, becs-croisés, gros-bec, verdier, pinson, tarin, chardonneret, sizerin et linotte, serin cini, venturon montagnard, bouvreuil, bruant proyer, bruant jaune, bruant fou, bruant zizi, moineau friquet, moineau soulcie, niverolle, loriot jaune, cassenoix, crave à bec rouge, chocard à bec jaune, grand corbeau.

Tétras : l'arrêté du 11-4-1991 interdit en Alsace, Franche-Comté, Lorraine et Rhône-Alpes la destruction ou l'enlèvement de leurs œufs et de leurs nids, leur destruction, leur mutilation, leur capture, leur enlèvement ou leur naturalisation, ainsi que leur vente ou leur achat, qu'ils soient vivants ou morts.

Bruant ortolan : passereau protégé par la directive CEE de 1979, figurant depuis 1999 sur la liste des espèces protégées en France ; continue d'être capturé dans les Landes pour être engraissé puis noyé dans de l'armagnac ; on le mange en l'ingurgitant entier, la tête cachée sous une serviette. *Non chassable.*

Sont interdits (arrêté du 20-12-1983) : exportation (à l'exception du transit de frontière à frontière sans rupture de charge et du régime de perfectionnement actif), colportage, mise en vente, vente, achat des spécimens vivants ou morts détruits, capturés ou enlevés sur tout le territoire national, de toutes espèces d'oiseaux non domestiques considérées comme gibier dont la chasse est autorisée (sauf canard colvert, étourneau sansonnet, faisan de chasse, perdrix grise, perdrix rouge et pigeon ramier).

Nota. – Un arrêté du 15-5-1986 fixe la liste des oiseaux protégés en Guyane et les arrêtés du 17-2-1989 en Guadeloupe, Martinique et à la Réunion ; arrêté ministériel du 27-3-1995 sur le commerce des espèces non domestiques en Guyane.

Animaux nuisibles

■ **Animaux susceptibles d'être classés nuisibles** (arrêté du 30-9-1988, *JO* du 2-10-1988). **Mammifères :** belette, chien viverrin, fouine, lapin de garenne, martre, putois, ragondin, rat musqué, raton laveur, renard, sanglier et vison d'Amérique. **Oiseaux :** corbeau freux, corneille noire, étourneau sansonnet, geai des chênes, pie bavarde, pigeon ramier.

■ **Destruction.** Prévue par les art. R 227-5 et suivants du Code rural. Le ministre chargé de la chasse, après avis du CNCFS, établit une liste d'animaux susceptibles d'être classés nuisibles dans les départements. Chaque année, les préfets déterminent les espèces nuisibles localement (après constatation des dégâts ou pour les prévenir), les périodes, formalités et lieux de destruction à tir. **Méthodes autorisées :** déterrage, tir, piégeage et oiseaux de chasse en vol. Les préfets peuvent aussi ordonner des battues administratives organisées par un lieutenant de louveterie.

Principaux animaux

■ **Alouette des champs.** *Poids :* 30 g. *Couvée :* 6 à 8 œufs (mai à fin juin, 15 j). *Habitat :* étendues plates et herbues, dunes, pâturages (exemple : terrains d'aviation).

■ **Avocette élégante.** *Long. :* 42 cm, ailes repliées 23, *envergure :* 80. Charadriiforme blanc et noir, au fin bec retroussé. 16 000 environ nichent en Europe (lagunes littorales) dont 1 550 en France (Picardie, Normandie, Ch.-M., Camargue, etc.). *Protégée.*

■ **Bécasse des bois.** *Poids :* 300 à 400 g. *Long. :* 35 cm. *Plumage :* couleur feuille-morte, *pattes* rosées, *bec :* environ 7 cm de long. *Accouplement :* févr.-mars. *Couvée :* 3 à 5 œufs (20 à 23 j). *Petit :* bécasseau. *Nourriture :* vers de terre, larves, petits mollusques. *Fientes* (miroirs) en forme d'œufs au plat au centre vert. *Vient* du nord de l'Europe début oct., reste environ 6 semaines, repart vers le sud ou l'ouest (Bretagne) fin nov. Revient en mars. A la chute du jour, les mâles volent dans les bois en poussant des cris doux, ils *croulent*. En mars, à la croule, mâles et femelles se cherchent, et depuis le 28-2-1980 la chasse à la croule et le tir à la passée sont interdits.

■ **Bécassine des marais.** *Long. :* 25 à 27 cm, *bec :* 6 à 7 cm, *envergure :* 44 à 47 cm. Brune avec dos et tête rayés clair, ventre blanc. *Vit* au bord des marais, niche en France, migre en Afrique. *Nourriture :* vers, mollusques.

■ **Belette.** *Poids :* 35 à 90 g. *Long. :* 16 à 23 cm avec une queue de 4 à 7 cm. Plus petit carnivore d'Europe. *Gîte* dans pierrier, mur de pierres sèches, terrier de taupe ou de campagnol. *Nourriture :* insectes, mollusques, lézards, petits oiseaux et rongeurs. *Accouplement :* avril ou mai, *gestation :* 6 semaines ; *portées :* 2 par an.

■ **Bernache cravant.** *Poids :* 1,5 kg. *Taille :* 58 cm, ailes repliées 34 cm, *envergure :* 115 cm. Petite oie sombre des régions arctiques. *Se nourrit* de zostères. 100 000 hivernent entre Picardie et bassin d'Arcachon. *Protégée.*

■ **Blaireau.** *Poids :* 20 kg. *Long. :* 90 cm (dont queue 15 cm). *Rut :* janv. à mars. *Implantation de l'œuf* différée de 10 mois. *Gestation* proprement dite : 2 mois, *Mise bas :* févr., *portée :* 2 à 7. *Nourriture :* omnivore (racines, fruits, mulots, vers, larves). *Terrier :* en terrain boisé, 3 chambres (maire, fosse, accul).

■ **Bouquetin.** *Poids :* 75 à 110 kg. *Long. :* 1,40 à 1,50 m. *Taille :* au garrot 65 à 85 cm. *Rut :* déc.-janv. *Mise bas :* 1 à 2 (mai-juin). *Vit* dans les Alpes. Réintroduction à l'étude dans les Pyrénées. *Protégé.*

■ **Caille des blés.** *Poids :* 120 à 150 g. *Long. :* 17 cm. *Vol :* court (100 m) à 1 ou 2 m du sol. La nuit en migration, plus de 500 km. *Migration :* fin août, au Sahel ; revient en France fin avril pour nicher dans les blés verts. *Couvée :* 6 à 12 œufs (16 à 21 j). Les petits se dispersent dès 5 semaines.

■ **Canards de surface.** Plongent peu ou pas. *Plumage :* plus vif chez le mâle. Bande de couleur *(miroir)* nettement tranchée sur l'aile. S'envolent en bondissant hors de l'eau, sans courir à la surface (sauf le canard siffleur). Nagent la queue hors de l'eau. *Nourriture :* surtout végétale. **Principales espèces : siffleur** (aussi appelé *vigeon* ou *penru*), plus petit que le colvert, bec bleu, *mâle :* avec une mèche dorée sur la tête, *femelle :* avec jabot à dessins noirs ; le mâle siffle, la femelle lance un appel discret. **Nichant en France : colvert :** *poids* 800 à 1 400 g, *envergure :* 80 à 95 cm, *mâle :* bec jaune à onglet noir, tête verte, collier blanc sur le cou, poitrine chocolat, miroir bleu sur l'aile, pattes orange, *femelle :* plumage brun, seule la femelle fait « coin-coin » (le mâle émet un chuintement), *vol* en V, *ponte :* de févr. à avril (précoce), 10 à 15 œufs (28 j), 2e ponte en mai-juin si la 1re nichée est détruite ; petit de 8 semaines sachant voler : *halbran ;* mâle : *malard ;* femelle : *bourre ;* arrive oct. à déc., repart févr.-mars ; *nourriture :* surtout la nuit, graines, plantes aquatiques ou terrestres : céréales, glands, graines, insectes, mollusques, vermisseaux ; attiré par plans d'eau peu profonds (30 cm) ; **sarcelle d'hiver :** *poids :* 310 g, *envergure :* 59 à 63 cm, *vol :* en zigzag, *mâle :* à tête acajou, tache verte autour de l'œil, *femelle :* beige. *Niche* en Europe, migre en Afrique, nage sous l'eau ; **sarcelle d'été** (plus grosse, sourcil blanc, bandes blanches sur l'aile, plastron brun annelé de noir, ventre clair. *Niche* en France, migre, *couvée* d'environ 12 œufs) ; **pilet :** *mâle :* à tête acajou, cou blanc, flancs gris, longue queue, *femelle :* beige, queue pointue, bec gris ; **souchet** (ou **louchard,** bec en forme de cuiller, *mâle :* à tête vert foncé, œil jaune, flancs acajou, *femelle :* brune) ; **chipeau** (*mâle :* tête beige et corps gris, *femelle :* côtés du bec orange, taches blanches sur les ailes pour les 2) ; **tadorne de Belon :** *long. :* 60 cm, ailes repliées 31 cm, *envergure :* 120 cm, *poids :* 1,2 kg. Gros canard maritime. *Niche* dans terriers de lapins, dunes : Manche, Camargue, etc. *Protégé.*

■ **Canards plongeurs** ou **fuligules** (de *fuligula :* suie). Plongent et nagent sous l'eau pour chercher leur nourriture, surtout animale (larves, crustacés, mollusques) sauf pour le milouin. S'envolent en courant à la surface de l'eau. Corps trapu. Pattes très en arrière du corps. Tête enfoncée dans les épaules. Palmures très larges. **Principales espèces : milouin** (tête acajou, ventre blanc, bec gris-bleu, pattes grises, yeux rouges) ; **morillon** (tête et dos noirs, ventre blanc, femelle plus foncée, la huppe du mâle tombe sur la nuque) ; **milouinan** (bec plus large, mâle à dos et flancs blancs, femelle brune avec tour du bec blanc) ; **garrot à œil d'or** (noir et blanc, tache claire sur la joue du mâle) ; **harles** (3 espèces : *bièvre,* huppé avec bec long et pointu et tête sombre et *piette* blanc et noir à bec court) ; **macreuses** [3 espèces : brune, à lunettes et noire ; *noire* (mâle) : dessus du bec orange, caroncule, envol au ras de l'eau sur 30 m ; *brune* (mâle) : bec supérieur orangé, virgule blanche sur l'œil, régions côtières] ; **nyroca** (tête et cou rouge, peu abondant) ; **eider à duvet** (tête noire avec raie blanche, arrive en oct. dans les baies).

■ **Cerf élaphe** (ou cerf d'Europe). *Poids* : cerf 130 à 180 kg (biche 80 à 110 kg). *Long.* : 1,90 à 2,30 m (1,70 à 2,10 m). *Hauteur* : au garrot 1,20 à 1,40 (1 à 1,20). *Rut* : 20 j fin sept.-mi-oct. *Gestation* : 8 mois. *Portée* : 1, rarement 2. La femelle met bas à partir de 2 ou 3 ans jusqu'à 12 ou 13 ans. MÂLE : *faon* jusqu'à 6 mois, *hère* jusqu'à 1 an, *daguet* (2 ans, 2 dagues), *cerf* (2 ans et plus), *2e tête* (3 ans, 4 cors et plus), *3e tête* (4 ans, 6 cors et plus), *4e tête* (5 ans, 8 cors et plus), *10 cors jeunement* (6 ans, 10 cors et plus), *10 cors* (7 ans, 12 cors), *vieux 10 cors, vieux cerf, grand vieux cerf*. Les *bois* tombent de fin févr. à avril et repoussent en 4 ou 5 mois (de 3 à 8 kg en Europe). Le trophée peut valoir jusqu'à 25 000 et même 50 000 F. FEMELLE : *faon* jusqu'à 1 an, *bichette* de 1 à 2 ans, *biche* 2 ans et plus. Une biche avec son faon est dite *suitée*, quand elle ne peut plus en avoir elle est *bréhaigne*. *Nourriture* en forêt (7 à 12 kg par j d'herbe, bourgeons, feuilles, tiges d'arbustes et d'arbrisseaux, glands, faines, châtaignes), prairies et champs (céréales, crucifères). Le *mâle* brame lors du rut ; ceux de plus de 2 ans vivent seuls ou par petits groupes (sauf à la période du rut). Les *biches* vivent en groupes *(hardes)* avec les jeunes.

■ **Chamois** dans les Alpes (**isard** dans les Pyrénées). *Poids* : chamois 25 à 40 kg (Carpates 60), isard 30 à 35. *Long.* : 1,25 à 1,40 m. *Taille* : au garrot 70 à 85 cm. *Cornes* : étui noir poussant sur des chevilles osseuses, ne tombent pas, plus grêles et moins recourbées chez la femelle, poussent fortement jusqu'à 4 ans. *Polygame. Rut* : nov-déc. *Gestation* : 25 semaines environ. *Portée* : 1 chevreau, rarement 2 (mai-juin). *Mâle* : bouc. *Femelle* : chèvre. *Jeune* : faon ou chevreau. *Vit* entre 800 et 2 500 m d'alt. en hardes (parfois 50 têtes en nov.) conduites par des femelles.

■ **Chat sauvage** (chat forestier). *Poids* : jusqu'à 8 kg. *Accouplement* : mi-janv.-fin fév. *Mise bas* : avril-mai (1 à 6 petits). *Nourriture* : surtout petits rongeurs. *Rare* en dehors du quart nord-est de la France. *Protégé*.

■ **Chevaliers.** Oiseaux migrateurs limicoles (recherchant vase et terrain marécageux), bec droit, un peu plus long que la tête, pattes rouges [*chevalier gambette* (mer et marais), *arlequin* (eau douce)], vertes [*chevalier aboyeur* (mer et marais), *cul-blanc* (eau douce), *guignette* (eau douce), *sylvain* (eau douce)], jaunes [*gambette jeune* (mer et marais), *chevalier combattant* (mer)].

■ **Chevreuil.** *Poids* : 15 à 30 kg. *Pelage* : roux l'été, gris-brun l'hiver. *Bois* (développement lié au cycle sexuel) : tombent fin oct.-début nov., sont repoussés fin janv. et restent en velours (couverts de peaux) jusqu'à mi-avril. *Rut* : juillet-août. Brocard *polygame*. Développement de l'embryon bloqué jusqu'en déc. *Gestation* : 9 mois et demi. *Mise bas* : mai-juin. *Portée* : 1re 1 petit, les suivantes 2, rarement 1 ou 3. *Petit* : faon, puis à 6 mois : chevrillard. MÂLE : brocard à 1 an. FEMELLE : chevrette. Elle peut avoir son 1er petit à 2 ans. *Nourriture* : herbe, céréales, bourgeons, feuilles d'arbrisseaux, fruits forestiers, ronces, lierre. *Miroir* (ou rose) : tache postérieure en forme de rein ou de haricot (mâle) ou de cœur (femelle). Rusé, se défend au change, voie très légère. Se multiplie en France grâce au plan de chasse.

■ **Coq de bruyère** (voir **Tétras** p. 1401 a).

■ **Corbeau freux.** 46 cm, ailes repliées 28/34. *Poids* : 360 à 670 g. *Omnivore*. *Livrée* : noire avec reflets métalliques. Zone grisâtre dénudée autour du bec chez l'adulte. Les couples s'unissent pour toute leur vie, nichent en colonie (10 à quelques centaines) dans la moitié nord de la France. Grands dortoirs en fin d'automne. L'hiver, peut se rencontrer dans toute la Fr. *Ponte* : 3 à 7 œufs, *incubation* : 16 à 18 j.

■ **Courlis cendré.** *Hauteur* : 55 cm. Limicole au long bec courbé. Niche dans les zones humides.

■ **Daim.** *Poids* : 65 kg. *Hauteur* : au garrot 1 m. *Rut* : oct.-nov. *Mise bas* : 1 ou 2 (fin juillet). *Bois* du mâle : jusqu'à 7 kg. *Femelle* : daine. *Jeune* : faon, brocard à 1 an. *En France* : presque uniquement en élevage.

■ **Élan.** *Poids* : 400 kg. *Taille* : 2,50 m au garrot. *Rut* : sept. *Bois* : chute déc. à févr., refaits en juillet. *Vit* en forêt marécageuse (Russie, Pologne, pays du Nord).

■ **Faisan commun.** *Nom* : oiseau de Phase, fleuve se jetant dans la mer Noire d'où il est originaire. *Coq* : 75 à 85 cm, 1,4 à 1,5 kg, tête verte, masque rouge, poitrine éclatante, bec blanc. *Poule* : 53 à 62 cm, 1,1 à 1,2 kg, beige uniforme avec dessins noirs. *Reproduction* : parade avril à juin. *Couvée* : 10 à 16 œufs (23 à 25 j) ; si le 1er nid est détruit, la poule peut recoqueter (5 à 8 œufs). *Incubation* : 24 j. Identification au plumage vers 7 semaines. *Vit* 3 à 6 ans. Le jeune *faisandeau* prend le plumage adulte à 5 mois, on dit qu'il est *maillé*, vit en compagnie jusqu'à l'automne. *Nourriture* : jeune : insectes, larves, œufs de fourmis, vermisseaux, etc. ; adulte : surtout graines, fruits, châtaignes, glands, herbes. Se *branche* (se perche) le soir.

■ **Faisan vénéré.** *Origine* : Chine du Nord. *1831* rapporté en G.-B. par John Reeves. *Poids* : 1 à 2 kg. *Plumage* : dos brun-jaune, ventre brun-rouge, tête blanche avec masque noir, queue d'environ 1,50 m. *Vit* dans les bois. *Couvée* : 8 à 12 œufs par an, pas de 2e ponte.

■ **Fouine.** *Long.* : 40 à 50 cm pour le corps et la tête, avec une queue de 23 à 27 cm. *Poids* : 1,3 à 2,3 kg. *Fourrure* : brun grisâtre avec une tache blanche appelée *bavette*, de la gorge à la face interne des pattes antérieures. *Nourriture* : baies, fruits, insectes, oiseaux, poules, œufs, petits mammifères.

■ **Geai des chênes.** *Long.* : 33 cm, ailes repliées 18 cm, envergure 53 cm. *Plumage* : brun, avec plaques blanches et bleues sur les ailes. Croupion blanc. *Cri* : rauque. Amateur de glands.

■ **Gélinotte.** *Poids* : 350 à 450 g. *Long.* : 35 cm. *Formation des couples* : oct.-nov. *Couvée* : 7 à 12 œufs (3 semaines).

■ **Grives.** *Pontes* : 2 ou 3 par an. *Couvée* : 4 à 6 œufs (14 à 16 j). *Espèces en France* : *musicienne* (taille d'un petit merle, dos brun, poitrine blanche mouchetée de noir, quelques plumes orangées sous les ailes, aime le raisin) ; *mauvis* (plus petite, sourcil blanc, plumes rousses sous les ailes) ; *litorne* (manteau gris-bleu, poitrine mouchetée de noir, cri ressemblant à un gloussement) ; *draine* (la plus grosse, dos brun, poitrine blanche tachetée de noir, aime le gui). *Nourriture* : baies, fruits (raisin), genièvre, cornouiller, etc. *Migrateur*.

■ **Grouse** (lagopède d'Écosse). *Poids* : jusqu'à 200 à 250 g max. *Taille* : 60 à 70 cm. *Vit* dans les tourbières *(moors)* à bruyère et airelles (l'été), en plaine (l'automne). *Pas acclimatée en France*.

■ **Grue cendrée** (Europe du Nord). *Long.* : 114 cm, aile repliée 54/61, *envergure* : 250. *Poids* : 4/5 kg. Échassier migrateur, au printemps, se dirige vers les toundras du Nord. *Ponte* : 1 à 3 œufs, *incubation* : 4 semaines. *Cri* : en coup de trompette. *Se nourrit* de fruits sauvages, graines et plantes aquatiques, insectes, amphibiens, reptiles. Quelques milliers hivernent au lac du Der et en Aquitaine (Captieux). *Protégée*.

■ **Hermine.** *Poids* : entre 125 et 350 g. *Long.* : 22 à 31 cm avec une queue de 8 à 12 cm. *Pelage* : l'été brun ou beige sur le dessus, blanc sur le ventre et à l'intérieur des pattes, pinceau noir terminant la queue ; en automne, devient blanche sauf l'extrémité de la queue qui reste noire. *Accouplement* : mars à juillet selon le climat. *Nourriture* : insectes, escargots, grenouilles, lézards, petits oiseaux, fruits, petits mammifères. *Protégée*.

■ **Lagopède des Alpes.** *Poids* : 400 à 500 g. *Long.* : 35 cm. *Plumage* : blanc l'hiver, gris l'été. *Monogame*. *Appariement* : printemps. *Ponte* : fin mai, 5 à 9 œufs (22 à 24 j). *Vit* à plus de 2 000 m (Alpes, Pyrénées). *Densité* : très faible.

■ **Lapin de garenne** (*Aryctoloagus cuniculus*). *Polygame*. *Long.* : 42 cm. *Poids* : 1 à 2 kg. *Gestation* : 30 j. *Portées* : 4 à 8 par an, de 4 à 10 lapereaux (35 à 45 g, aveugles, sans poils) ; la lapine met bas généralement dans une *rabouillère* (terrier à une seule issue). Les jeunes, nés en début d'année, peuvent se reproduire à leur tour à partir de 6 mois. *Vit* 2 à 3 ans, en familles de 2 à 7, à environ 300 m de son refuge, cantonné sur environ 350 ha. *Nourriture* : végétale variée. L'espèce a été décimée à partir de 1952, presque partout, par la *myxomatose* (virus de Sanarelli transmis par des piqûres de puces et de moustiques ; sévit surtout l'été). Le professeur Armand-Delille (1874-1963), membre de l'Académie de médecine, avait inoculé le virus à quelques lapins de sa propriété de Maillebois (E.-et-L.). En 1954, il sera condamné à verser 500 F de dommages-intérêts à un éleveur habitant à 70 km (sur 1 million demandé) ; les autres plaignants regroupés en association seront déboutés. *VHD (Virus Hemoragic Disease)* : maladie virale grave apparue récemment.

■ **Lièvre commun** ou **brun.** *Poids* : 2 à 5 kg. *Long.* : 55 cm. *Rut (bouquinage)* : dès janv. *Polygame*. La femelle peut être fécondée à nouveau avant d'avoir mis bas. *Gestation* : 41 j. *Portées* : 2 à 5 par an de 2 à 5 petits. *Naissance* : févr. à sept. *Mâle* : bouquin. *Femelle* : hase. *Vit* : 7 à 8 ans. *Allaitement* : environ 1 mois, 1 fois par j, 1 h après le coucher du Soleil. *Nourriture* : végétale variée. Réingère certaines de ses cæcotrophes (crottes prélevées directement à l'anus) riches en protéines, bactéries et vitamines. *Petit* : levraut. Naît couvert de poils, les yeux ouverts, peut se déplacer presque immédiatement. *Voie* : légère. Ruse : souvent à l'eau et sur les routes. *Vitesse de pointe* : 60 km/h. *Vit* partout jusqu'à 2 000 m d'alt.

■ **Lièvre variable** ou **blanchon** (noms populaires : oreillard, bossu, bouquin, capucin). *Poids* : 2,5 kg. *Bouquinage* : dès fin février (le lièvre est polygame). *Portées* : 2, de 2 à 4 petits. *Naissance* : mai-sept. *Pelage* : gris cendré (été), blanc (hiver), extrémité des oreilles noire. *Vit* à plus de 1 500 m d'alt. (dans les Alpes).

■ **Loup.** *Poids* : 18 à 38 kg (loup italien présent en France) ; parfois 80 (loups arctiques). *Long.* : 1,50 m (queue 40 cm). *Taille* : au garrot 60 à 70 cm. Yeux obliques ; *machoire* : pression 150 kg/cm². Couleur variable. Chasse les ongulés à la course. Charognard. *Gestation* : 9 semaines (4 à 6 *louveteaux*, naissent en avril ou mai ; *louvarts* de 1 à 12 ans). *Espace vital* : 250 km² pour 6 à 8 loups. En 2000, environ 150 000 loups dans 30 pays. A disparu progressivement d'Europe occidentale sauf quelques dizaines de têtes en All., Espagne et Italie (Abruzzes, Apennin) ; de retour aux USA depuis 1994 [Alaska, Wyoming (réintroduits dans le parc de Yellowstone où ils avaient été exterminés dans les années 30)]. *Loups tués en France* : *de 1818 à 1929* : 18 709 [dont *1823* : 2 131 ; *1883* : 1 306 ; *1890* : 61 ; *1897* : 189 (surtout Hte-Vienne et Charente) ; *1908* : 15 à 18 par an ; *1915* : 19 ; *1916* : 49 ; *1917* : 58 ; *1918* : 88] ; *1923* : disparition dans l'Est ; *1939* : disparition dans le Centre-Ouest (1923-39 : 23 observations connues) ; *1951* : 1 à Favières près de Toul ; *1968* : 1 louve et ses petits dans les Landes ; *1981* : 1 dans l'Ariège ; *1987* : 1 loup tué à Fontan (A.-M.). *Dernier tué* : novembre 2000 en Isère, tiré. Quelques loups sauvages venant d'Italie ont été signalés dans le parc du Mercantour depuis novembre 1992 (4 meutes en 2000) où ils sont l'objet de polémiques. En mars 2000, 30 loups vivaient dans les Alpes : quelques meutes dans les Alpes du Sud, plus quelques solitaires dans les Alpes du Nord. *Ils sont protégés* par un arrêté ministériel d'octobre 1996 et par la législation européenne.

Louvetiers : remontent aux capitulaires de 800 et 813 de Charlemagne. Réorganisés sous François Ier. *De 1787* (9-8) *à 1804* (25-8) supprimés. *1814* (20-8) devenus lieutenants de louveterie, *1882* instituent une prime de 40 à 200 F par animal tué. Le terme a été gardé : il y a un lieutenant de louveterie par secteur, soit 8 à 30 par département, nommés par le préfet pour 6 ans (3 ans avant le 1-1-1995). Organisent des battues aux animaux qui causent des dommages (sangliers, renards, lapins, etc.).

Pertes de moutons imputées au loup dans les Alpes : 1 600 par an (200 000 moutons adultes sont tués par des chiens, la foudre et des dérochements...).

☞ **Mission Loup, France Nature Environnement** : 18, rue du 22-Novembre, 67000 Strasbourg.

■ **Loutre.** *Poids* : 7 à 11 kg. *Long.* : 60 à 95 cm (queue 25 à 50 cm). Pattes palmées. Vie amphibie. *Gestation* : 12 semaines. *Mise bas* : mars (3 ou 4 petits). *Terrier (catiche)* au bord de l'eau. *Nourriture* : poisson, grenouilles, rats, oiseaux d'eau. *Habitat* : côte atlantique, confins Limousin et Auvergne. *Rare*. *Protégée* en France. Réintroduite en Suisse et Allemagne.

■ **Lynx.** *Taille* : au garrot 60 cm (nord de l'Europe) et 50 cm (Espagne, Portugal). *Rut* : fin février à début avril. *Gestation* : 9 à 10 semaines (2 à 5 petits). *Territoire de chasse* : de 7 000 à 50 000 ha (ex-Tchéc.). Présent dans Jura, Alpes du Nord, Pyrénées (rare). *Réintroduction* : en cours dans les Vosges (12 de 1983 à 1987 et 4 en 1990). *Protégé* en France.

■ **Marmotte.** *Poids* : 4 à 8 kg (vieux mâles). *Pelage* : gris-roux, queue fournie, incisives supérieures souvent découvertes. *Accouplement* : en Europe, mai. *Gestation* : 33/34 j. *Portée* : 4 ou 5. *Vit* en famille autour de profonds terriers, passe la mauvaise saison (octobre à avril) en léthargie entrecoupée de courts réveils (1 j par mois pour uriner). *Nourriture* : herbe. Se dresse constamment sur ses pattes pour surveiller ; dès qu'elle entend un bruit suspect, elle lance un sifflement aigu pour avertir ses congénères (quand elle reconnaît un aigle, son sifflement est différent et toute la communauté se réfugie sous terre). Vue très fine. *Territoire* : quelques centaines de m² autour de son refuge. Commune entre 1 500 et 2 500 m d'altitude dans les Alpes (acclimatation réussie dans les Pyrénées et le Cantal).

■ **Martre.** *Poids* : 500 à 1 600 g. *Accouplement* : de juin à août. Implantation de l'œuf différée de 8 mois. *Gestation* proprement dite : 2 mois. *Mise bas* : mars à mai (2 à 7 petits). *Nourriture* : petits rongeurs (écureuils), oiseaux forestiers et leurs œufs, fruits, insectes. *Territoire* : est de la Fr. (rare à l'ouest).

■ **Merle noir.** *Poids* : 100 g. *Long.* : 25 cm, aile repliée 12 cm, *envergure* : 38 cm. *Mâle* : noir, bec jaune orangé ; *femelle et immature* : plus bruns. Bon chanteur. *Ponte* : 2 ou 3 par an en avril-mai et juin. *Couvée* : 3 à 6 œufs (12 à 14 j). Le **merle à plastron,** qui vit en altitude, est *protégé*.

■ **Mouflon de Corse.** *Poids* : 25 à 30 kg. *Hauteur* : au garrot 70 cm. *Cornes* : jusqu'à 85 cm, ne tombent pas. *Polygame*. *Rut* : nov.-déc. *Naissance* : 1 jeune, rarement 2, le plus souvent de mars à mai. *Vit* en harde [Sardaigne, Hérault (massif de l'Espinouse), Corse et zones de moy. altitude dans Alpes, Puy-de-Dôme, sud Massif central et Pyr.-Or.].

■ **Oie rieuse.** Tache blanche au front, pattes orange, barres noires irrégulières sur le ventre ; **oie des moissons** : bec noir et jaune orange, plumes plus sombres ; **oie cendrée** : *envergure* : 1,70 m, *poids* : 3,5 kg, bec orange, pattes roses, plumes claires, bord de l'aile gris pâle ; **oie à bec court** : *non chassable* ; **oie naine** : *non chassable*.

■ **Outarde barbue** (grande outarde). *Poids* : 4 à 10 kg. *Envergure* : 1,70 à 2,20 m. *Vivait* jusqu'au XIXe s. dans les plaines de Champagne et du Poitou ; *disparue*.

■ **Outarde canepetière.** En voie de disparition en France (1 200 couples). *Migratrice* : mars à octobre dans les grandes plaines cultivées (Poitou-Charentes, Centre, Rhône-Alpes, Pays de la Loire, Languedoc-Roussillon) ; *sédentaire* : dans les steppes : Crau. *Protégée*.

■ **Perdrix bartavelle.** Ressemble à la perdrix rouge. *Vit* entre 1 000 et 3 000 m d'alt. Alpes uniquement. *En régression*.

■ **Perdrix grise.** *Poids* : 350 g. *Appariement* : févr.-mars. *Ponte* : avril-mai. *Couvée* : 15 à 22 œufs (23 j). *Mâle* : coq ou bourdon (s'il est en surnombre). *Femelle* : poule ou chanterelle [les petites plumes de l'épaule ont des stries claires transversales en forme de croix de Lorraine (mâle : 1 strie longitudinale)]. *Jeune* : perdreau ou pouillard. *Vit* 8 à 10 ans dans les plaines céréalières, en compagnies jusqu'à la reproduction, puis en couples. *Nourriture* : jusqu'à 3 semaines : insectes, petites proies animales, ensuite s'ajoutent graines et verdure. **En France** : *aires* : historique 355 000 km², actuelle 347 000 dont (en %) : densité « normale » 40,6 %. *Couples* : 923 500 en 1980. **Perdrix d'élevage** : 4 à 6 millions lâchées par an.

■ **Perdrix rouge.** *Poids* : 400 à 500 g. *Bec et pattes* : rouges, gorge blanche, poitrine bleue. *Femelle* : très difficile à distinguer. *Appariement* : janv.-mars. *Couvée* : 8 à 15 œufs jaunâtres piquetés de brun roux. *Incubation* : 22 j. Le mâle est plus grand, avec ergot à chaque patte. *Vit* dans le sud de la France et en Espagne.

■ **Pigeon biset.** *Long.* : 32 cm, ailes repliées 22 cm, *envergure* : 62 cm. Ancêtre des pigeons domestiques. *Vit* à l'état naturel sur les côtes rocheuses et, dans le Sud, dans les régions montagneuses. **Colombin** même taille, plumage gris-bleu, *niche* dans les trous d'arbres ou entre les pierres.

■ **Pigeon ramier** (appelé **palombe** au sud de la Garonne). *Poids :* 450 à 600 g. *Taille :* 40 cm, ailes repliées 25, *envergure :* 75. *Robe :* gris-bleu, poitrine rosée, pattes rouges, cravate blanche sur le cou, queue barrée de noir. Commun dans les parcs. Nid de brindilles dans les arbres. *Couvées :* 2 ou 3/an, mars à août, de 2 œufs couvés par les 2 sexes (15 à 17 j). *Nourriture :* graines, fruits (glands), feuilles. *Migrateur. Passage des palombes* à certains cols des Pyrénées ou du Massif central (oct.-nov. et lors du retour en févr.-mars) ; *chasse :* oct.-nov. et févr.-mars si elle est classée « nuisible » par arrêté préfectoral (*1995 :* jusqu'au 31 mars).

Palombière : abri à terre ou perché sur un arbre (jusqu'à 5 chasseurs). En partent des fils avec lesquels les chasseurs provoquent des battements d'ailes de palombes vivantes (attachées dans les arbres alentour). Ces battements incitent les vols de palombes sauvages qui passent à venir se poser. Dans certains cols pyrénéens, on rabat le vol en les faisant se prendre dans un filet. *En 1993 :* 5 % à 12 % ont été capturés par les chasseurs.

■ **Poule d'eau.** *Poids :* 250 à 300 g. Brun-noir, bec rouge à extrémité jaune, queue blanche qui se dresse en éventail. *Accouplement :* avril-mai. *Couvée :* 5 à 10 œufs (22 j). *Vit* dans les marais et le long des cours d'eau.

■ **Putois.** *Poids :* jusqu'à 1,3 kg. *Long. :* 45 cm. *Fourrure :* brun sombre avec duvet jaunâtre. *Nourriture :* lapins, petits rongeurs, oiseaux, lézards, serpents, volaille. *Couvée :* 3 à 7 petits.

■ **Râle des genêts.** *Couvée :* 6 à 10 œufs (21 j). *Vient* d'Afrique début mai, reste jusqu'à fin sept.-oct. Rarissime en France. *Protégé.*

■ **Renard.** *Poids :* 5 à 9 kg. *Long. :* 85 à 120 cm (dont 30 à 40 cm de queue). *Hauteur :* du garrot 30 cm. *Accouplement :* janv. à mars. *Gestation :* 8 sem. *Portée :* 2 à 8. *Mise bas :* fin mars à mai. *Petit :* renardeau. *Vit* 12 à 15 ans. Occupe souvent les terriers de blaireaux ou de lapins. *Nourriture :* omnivore (fruits, racines, levrauts, batraciens, campagnols, volailles). *Voie :* très forte mais légère (disparaît vite : s'il prend 15 min d'avance sur les chiens, ceux-ci ne peuvent plus rien sentir et se perdent). *Commun* dans toute la France (vecteur de la rage). *Pose de pièges réglementée.* **2001** France déclarée indemne de rage.

■ **Renne** (appelé **caribou** en Amérique). *Poids :* jusqu'à 110 kg. *Taille :* au garrot 1,20 m. *Bois* (dans les 2 sexes) : envergure jusqu'à 1,50 m ; 1 andouiller aplati vers le bas (1 au-dessus palmé jusqu'à 30 pointes). *Rut :* juillet à oct. *Gestation :* 192 à 246 j. *Portée :* 1 ou 2. Ruminant. *Vit* en troupeau dans les régions polaires (ex-URSS 2 200 000, Scandinavie 500 000, Canada 300 000).

■ **Sanglier.** *Long. :* 1,50 m. *Hauteur :* garrot 80 cm. *Poids : à 1 an :* 25 à 40 kg ; *2 ans :* 50-70 ; *3 ans :* 80-100 ; *4 ans :* 100-120. Sous la peau, couche de graisse appelée *sain. Polygame. Accouplement :* oct.-janv. *Gestation :* 4 mois. *Portée :* 1 ou 2 par an de 3 à 10. *Femelle :* laie commence à produire vers 18 mois. *Jeunes : marcassins* en livrée (blond-roux rayé de noir) ; à 6 mois : *bête rousse* sans rayures ; 1 an : *bête de compagnie* (noir ou gris) ; jeune accompagnant un solitaire : *page ;* 2 ans et demi : *ragot ;* 3-4 ans : *tiers-an ;* 2-3-4 : *quartanier ;* 4 à 5 : *vieux-sanglier, grand sanglier, grand vieux-sanglier* ou *solitaire.* Vers 1 an, les *défenses* (canines inférieures) commencent à poindre, elles s'aiguisent en se frottant contre les canines supérieures (*grès*). Défenses et grès sont appelés *crocs* chez la femelle. *Vit :* 10 à 15 ans. Laies et mâles (jusqu'à 2 ans) en compagnies (jusqu'à 20). *Régime :* omnivore [racines et tubercules (p. de t.), herbe, céréales, fruits (glands, châtaignes), lapereaux, souris, vers, charognes]. Peut causer d'importants dégâts aux cultures.

■ **Sarcelles** (voir **Canards** p. 1399 c).

■ **Tétras (grand)** ou **coq de bruyère.** *Mâle :* 70-90 cm, ailes repliées 40, *envergure :* 120. *Poids :* 3 à 7 kg. *Plumage :* sombre. *Femelle :* brune, plus petite. *Polygame. Parades nuptiales :* fin avril-début juin (4 semaines) ; à l'aurore, le mâle, d'abord perché sur une branche, puis à terre, émet des cris en devenant sourd et aveugle quelques secondes. En Europe centrale, on le chasse en profitant de ces instants pour s'approcher de lui (pratique interdite en France). *Couvée :* 6 à 9 œufs (25-29 j). *Petit :* grianneau. *Vit* entre 500 et 1 800 m d'alt. dans les forêts (Vosges, Jura, Pyrénées). *Nourriture :* baies, jeunes herbes, graines, bourgeons et aiguilles de résineux l'hiver. *Chasse interdite* en Alsace, Franche-Comté, Lorraine, Rhône-Alpes.

■ **Tétras-lyre (petit coq de bruyère).** *Poids :* 1 000 à 2 500 g. *Long. :* 60 à 65 cm. *Envergure :* 80. *Queue* en forme de lyre chez le mâle. *Plumage :* noir (femelle brune). *Polygame. Parades nuptiales :* à terre, mi-avril à mi-mai (surtout). *Couvée :* 6 à 9 œufs (24-28 j). *Vit* entre 1 400 et 2 500 m d'alt., zones de lisière ou clairière (Alpes du Nord et du Sud). *Nourriture :* baies, jeunes herbes, pousses et bruyère, graines, insectes, vermisseaux, aiguilles de pins.

■ **Tourterelle des bois.** *Migrateur* proche du pigeon (hiver en Afrique, printemps et été en Europe). Max. 27 cm. Fauve à gorge rosée. *Couvées :* 2 de 2 œufs (mai et juillet). On en rencontre actuellement, en France, moins qu'autrefois à cause du déchaumage des terres à blé et de la disparition des haies. **Chasse :** *jusqu'en 1920* capture au filet, puis chasse au fusil, *et depuis 1945* au pylône [mirador en bois, 3 400 recensés (loués 4 500 à 12 000 F pour la saison)]. **1969 arrêté ministériel interdisant la chasse. 1970-72 art. 336 du Code rural** permettait de contourner la loi (chasse autorisée en enclos attenant à une habitation en tout temps). *1973* chasse autorisée en mai par le préfet de Gironde (arrêté annulé en *1974*). *1974* tourterelle classée nuisible par le min. de l'Environnement. *1976-10-7* loi sur la protection de la nature interdisant le tir des migrateurs à partir d'enclos. *1979-avril* directive européenne sur la protection des oiseaux sauvages pendant leur migration de printemps et leur nidification (entre en application en *1981*). *1982-24-4, 1983, 1984* arrêtés du min. de l'Environnement autorisant la chasse en mai en Gironde (annulés par le Conseil d'État 7-12-1984 et mars 1985). *1987* Féd. des chasseurs de Gironde condamnée à Bordeaux pour incitation à délit (jugement confirmé par la cour d'appel en mars *1990*). *-8-4* Cour de Luxembourg accuse la France de ne pas appliquer la directive européenne sur les oiseaux. Par arrêt du *29-4-1993,* l'Assoc. des sauvaginiers du Sud-Ouest, l'Union girondine de défense des chasses traditionnelles et le Comité de défense de la chasse à la tourterelle en mai en Gironde sont condamnés à verser 12 000 F à la LPO (Ligue pour la protection des oiseaux) et à la Sepanso. *1995-18-12* nouvelle condamnation sans appel au profit de la LPO, de la SNPN, de la Sepanso et du ROC (Rassemblement des opposants à la chasse) : la Fédération des chasseurs de Gironde et le Comité de défense de la chasse à la tourterelle versent 7 000 F à chacune des associations. *1996-28-11* dissolution du Comité de défense de la chasse à la tourterelle prononcée par le tribunal de grande instance de Bordeaux.

Accroissement moyen annuel par femelle. Assez stable chez le grand gibier : cerf de 0,5 à 0,6, chevreuil 0,6 à 0,8, chamois 0,2 à 0,4. Varie selon les conditions météorologiques chez d'autres espèces : sanglier 1 à 4, faisan 2 à 5, lapin 3 à 10, lièvre 2 à 5, perdrix grise 1 à 8, perdrix rouge 1 à 6, canard colvert 2 à 6, etc., de mauvaises conditions aggravant la mortalité des jeunes ou diminuant les ressources alimentaires.

Densité de gibier. Grand gibier : les densités supportables sont plus fortes dans les forêts feuillues, régulièrement exploitées (nombreuses coupes pour la régénération de la forêt), entrecoupées de clairières ou à contour irrégulier, que dans les forêts résineuses, et particulièrement celles traitées en futaie régulière, ou dans les autres grands massifs insuffisamment exploités. Varient en fonction du sol, de l'essence, du traitement de la forêt, de l'âge des peuplements. Pour 100 ha, cerf : 0,5 à 5, chevreuil : 3 à 30, chamois : 4 à 15, mouflon : 1 à 10. **Petit gibier :** dépend du milieu (type d'agriculture, sol, climat, etc.). En France pour 100 ha : perdrix grise jusqu'à 30 couples et plus, perdrix rouge 20 couples, faisan 50 poules, lièvre 50.

Proportion de mâles et de femelles. Généralement proche de 1 sur 1 à la naissance. Chez certaines espèces, un des deux sexes peut être plus sensible aux facteurs de mortalité naturelle.

Vitesse moyenne (en m/s). Bécasse 10-12, caille 10-17, lapin 12, lièvre 12, perdreau 13-15, faisan 14, colvert 20-25, sarcelle 30.

Organisation

■ **Au niveau national.** Dépend du *ministère de l'Environnement* assisté par le *Conseil national de la chasse et de la faune sauvage* (CNCFS) créé par décret du 27-4-1972 (art. R. 221-1 à 221-7 du Code rural), dont l'avis est consultatif.

■ **Au niveau départemental.** Fait partie des attributions des *préfets,* assistés pour les décisions techniques des directions départementales de l'agr. et de la forêt. Chacun est assisté d'un *conseil départemental de la chasse et de la faune sauvage* créé par décret du 7-3-1986, art. R. 221-27 à 221-37 du Code rural (à Paris, le conseil assiste le préfet de police). Les conseils dressent la liste des nuisibles pour le département et formulent des avis sur les projets d'arrêtés fixant les périodes d'ouverture de la chasse, dont la compétence relève des préfets depuis le décret du 14-3-1986 (art. 224-3 du Code rural).

■ **Autres organismes. Office national de la chasse et de la faune sauvage (ONCFS) :** 85 *bis,* av. de Wagram, 75017 Paris. *Créé* par décret du 27-4-1972 (art. L. 221-1, R. 221-8 à 221-23 du Code rural). Établissement public administratif sous tutelle du ministre chargé de l'Environnement. *Missions :* maintenir et améliorer le capital cynégétique, effectuer des recherches et réalisations en faveur de la faune sauvage, participer à la police de la chasse, indemniser les dégâts du grand gibier, organiser l'examen du permis de chasser, coordonner l'activité des féd. départementales de chasseurs. *Budget* (en 1998) : 673,9 millions de F, financé par les redevances perçues lors de la validation annuelle du permis de chasser et des licences de chasse des étrangers. *Effectifs* (au 30-3-2001) : 1 704 dont 1 386 gardes nationaux de la chasse et de la faune sauvage.

Fédérations départementales des chasseurs (FDC) [art. L. 221-2 à 221-7 du Code rural] : *créées* 1923. Soumises au contrôle de l'Administration. Établissements privés collaborant à une mission de service public. Regroupent tous les chasseurs du département ayant acquitté la cotisation obligatoire et tous les détenteurs d'un droit de chasse ayant adhéré volontairement. Représentent officiellement la chasse dans le département. Participent à la répression du braconnage, à des actions techniques d'intérêt général. Assistent l'ONC pour l'examen du permis de chasser, l'indemnisation administrative des dégâts de grands gibiers. Les présidents sont nommés pour 3 ans par le préfet, sur proposition du conseil d'administration. **Union nationale des fédérations départementales des chasseurs (UNFDC) :** 48, rue d'Alésia, 75014 Paris : a créé la **Groupement national pour la promotion du tir cynégétique et sportif :** association nationale composée des représentants élus des chasseurs, des tireurs, des négociants et fabricants en armes et munitions. **Saint-Hubert-club de France :** 10, rue de Lisbonne, 75008 Paris. *Créé 1901.* Regroupe des chasseurs.

Fondation nationale pour la protection des habitats de la faune sauvage : achète et gère des territoires afin de les mettre en réserve.

Associations communales de chasse agréées (Acca) : *créées* par la loi Verdeille du 10-7-1964, qui ne s'applique pas aux Bas-Rhin, Haut-Rhin et Moselle. Englobent les droits de chasse sur les territoires de la commune situés à plus de 150 m des maisons, inférieurs à une certaine superficie (20 ha au minimum pour plaine et bois ; 100 ha en montagne ; 3 ha pour les marais non asséchés) et non clos. Ces minimums sont, dans certains des départements où une Acca doit exister dans chaque commune, doublés ou triplés. Les droits de chasse leur sont dévolus (gratuitement si le propriétaire ne tirait aucun revenu de la chasse, sinon contre indemnité). Il ne peut y avoir qu'une Acca par commune. Elle doit mettre en réserve au moins 1/10 de son territoire. Sont membres de droit de l'Acca à leur demande, lorsqu'ils ont un permis de chasser validé : les apporteurs de droits de chasse (si, ne chassant pas, ils ne sont pas titulaires d'un permis, ils ne paient aucune cotisation), qu'ils aient fait leur apport volontairement ou non, leurs conjoint, ascendants et descendants directs, quel que soit leur nombre, les fermiers ou métayers cultivant une parcelle donnant lieu à leur apport à l'Acca, les personnes domiciliées dans la commune ou y ayant une résidence pour laquelle elles sont inscrites depuis au moins 4 ans au rôle des contributions directes.

A l'exception des apporteurs de droits de chasse non chasseurs considérés comme « membres de droit », les adhérents de l'Acca paient une cotisation selon la catégorie à laquelle ils appartiennent. L'Acca doit, en outre, accueillir 10 % au minimum de chasseurs étrangers à la commune (ils paient une cotisation plus élevée). Les Acca bénéficient par rapport aux autres associations de chasse de nombreux avantages (exemple : aide financière de l'Office national de la chasse) en contrepartie de la tutelle du préfet. Depuis la loi du 26-7-2000, tout opposant à la chasse peut, en se soumettant à la réglementation, retirer son terrain du territoire de l'ACCA quelle que soit sa superficie.

Sociétés communales de chasse : associations loi de 1901. Les chasseurs d'une commune qui y adhèrent peuvent chasser sur son territoire.

Groupements d'intérêts cynégétiques (GIC) : associations loi de 1901 regroupant des détenteurs de droits de chasse (Stés communales, Acca, privés) et destinées à mieux gérer de vastes territoires (1 000 à 10 000 ha ou plus). Gestion commune, mais chacun continue à ne chasser que chez lui. 20 % des chasseurs et 20 % du territoire chassable français (en 1993). En progression.

Législation

Droit de chasse

■ **Appartenance. Au propriétaire de la terre :** celui-ci peut céder son droit à un autre (même sans bail) ; le droit de chasse est un élément du droit de propriété lié à son usage. **Fermier et métayer** peuvent chasser sur le fonds loué. Ce droit ne peut être cédé. S'ils ne le désirent pas, ils doivent le dire au bailleur par lettre recommandée avec accusé de réception avant le 1er janvier précédant chaque campagne de chasse (la renonciation doit être renouvelée chaque année). Il leur est interdit de chasser le « gibier d'élevage » nourri, gardé, protégé, et dont la reproduction est favorisée. Le propriétaire (ou son locataire) peut réglementer, dans une certaine mesure, l'exercice de ce droit de chasser du fermier (nombre des jours de chasse, espèce, sexe ou nombre des pièces de gibier en vue de sa protection et de l'amélioration de la chasse) dans la mesure où il s'impose les mêmes restrictions ; le fermier doit respecter ces restrictions sauf décision contraire du tribunal paritaire (si elles étaient jugées excessives). Même s'il exerce son droit de chasser, le fermier peut demander au bailleur ou au détenteur du droit de chasse (si la responsabilité de ce dernier se trouve engagée) réparation des dommages causés par le gibier.

Cas particuliers : *Moselle, Bas-Rhin et Haut-Rhin :* le droit de chasser, régi par la loi du 7-2-1881, est administré par la commune pour le compte des propriétaires. Le droit de chasser du fermier ou du métayer n'est pas prévu dans la loi. Pour chaque territoire communal, la chasse est, par voie d'adjudication publique, louée pour 9 ans. Le propriétaire de 25 ha au moins d'un seul tenant (5 ha pour les lacs et les étangs) peut conserver son droit de chasser, mais dans de nombreux cas, il doit alors en payer la valeur à la commune. Les parcelles inférieures à 25 ha sont réunies en lots de 200 ha au moins, mis en location par la commune. Depuis 1820, une taxe de luxe est perçue par le Trésor. L'Association des chasseurs en forêt perçoit une cotisation de 10 % du montant des loyers pour indemniser les dégâts des sangliers (% pouvant être révisé en cas de sinistres importants dans le département). Le gros gibier n'est chassé qu'à balle.

☞ **Il est interdit de chasser : 1°)** là où l'on ne possède pas le droit de chasser (dans les communes où existe une Acca, le chasseur doit se renseigner pour savoir où il peut aller) ; **2°)** dans les localités, sur les routes et chemins publics et voies ferrées ; 3°) dans les réserves de chasse. **Il est interdit de tirer : 1°)** en direction des habitations à portée de fusil ; **2°)** sur les terres portant des récoltes, sauf consentement de leur propriétaire.

Appartenance du gibier : un chasseur devient le propriétaire du gibier qu'il a tué. *Si le gibier tiré va mourir sur le terrain d'autrui*, il peut aller le ramasser mais devra abandonner son fusil et son chien. *Le gibier trouvé mort* appartient à celui qui l'a trouvé si le chasseur ne le recherche plus. *Le gibier mortellement blessé* appartient au chasseur qui l'a blessé, même si un autre chasseur achève l'animal (à condition que le chasseur ayant blessé l'animal le poursuive) ; *légèrement blessé* (gibier pouvant s'échapper), il appartient à celui qui l'attrape et l'achève.

Un gibier pris par un chien devient la propriété du maître du chien.

■ **Plan de chasse. 1963** créé pour limiter les prélèvements de grands animaux en voie de disparition. Facultatif. **1979** obligatoire pour cerf, chevreuil, daim et mouflon. **1985** loi Montagne permet d'en instaurer un pour le chamois. **1988**-30-12 loi permettant d'en créer pour d'autres espèces (faisans, lièvres, perdrix, sangliers, etc.). **1989**-31-7 arrêté ministériel : plan obligatoire pour chamois et isard. **1992**-10-1 décret permettant aux préfets d'instaurer des plans de chasse pour d'autres espèces sur tout ou partie du territoire. Le nombre d'animaux des espèces concernées pouvant être prélevés sur un territoire de chasse est fixé chaque année avant l'ouverture par le préfet, sur avis d'une commission comprenant des chasseurs, des forestiers et des agriculteurs. Les détenteurs de droits de chasse reçoivent autant de dispositifs de marquage ou de bracelets que d'animaux auxquels ils ont droit. Un bracelet doit être fixé sur l'animal pris, avant tout déplacement. A la fermeture, chaque détenteur doit rendre compte de l'exécution de son plan de chasse. La surface pour les attributions de grand gibier varie selon la densité des animaux dans le massif considéré, les possibilités nourricières de ce massif, les risques de dégâts aux cultures environnantes ou aux plantations, l'objectif poursuivi (favoriser une espèce ou la contenir). En 1997-98, pour le grand gibier, les titulaires d'un plan de chasse paient (taxe encaissée par l'ONC et destinée à indemniser les agriculteurs ayant subi des dégâts causés par le grand gibier ou les sangliers) : cerf 492 F, daim 240 F, mouflon 162 F, chevreuil et cerf sika 89 F (arrêté du 20-3-1997).

Époques de chasse

■ **Chasse à courre, à cor et à cri.** Chaque année du 15-9 au 31-3 (la **vénerie sous terre** ferme le 15-1) ; une période complémentaire peut être aménagée par le préfet à compter du 15-5 pour la chasse sous terre du blaireau.

■ **Chasse à tir et au vol.** A tir interdite du mercredi 6 h au jeudi 6 h (loi du 28 juin 2000), sauf pour postes fixes pour la chasse aux colombidés du 1-10 au 15-11. **Ouverture :** au plus tôt entre le 1er et le 4e dimanche de septembre selon les régions (art. 224-4 du Code rural). Souvent la chasse au faisan, à la perdrix et au lièvre est retardée ; celle au chevreuil et au cerf, autrement qu'à l'approche, n'ouvre fréquemment qu'un mois plus tard. En Alsace-Lorraine, tir au mirador ou au *pirch* (ouverture du sanglier le 15 avril, du brocard le 15 mai). La chasse au brocard est autorisée dans de nombreux départements du 1er juin à l'ouverture générale. **Pour le gibier d'eau :** ouverture anticipée fixée par un décret d'application de la loi du 26-7-2000. L'UE souhaite qu'elle ouvre lorsque tous les oiseaux sont volants. Quand la chasse au gibier d'eau est seule ouverte, on ne peut chasser que sur fleuves, rivières, canaux, réservoirs, étangs, lacs et marais non asséchés, et sur le domaine public maritime dans les départements côtiers. Il est interdit de tirer sur les terrains momentanément inondés ou sur un simple ruisseau, et de tirer du gibier d'eau posé en plaine ou volant au-dessus d'elle. Jusqu'à l'ouverture générale, le chasseur doit tirer au-dessus de la nappe d'eau.

Fermeture générale : de mi-janvier à fin février selon les départements. Après la période d'ouverture générale, quand elle se termine avant la fin févr., on peut encore dans de nombreux départements chasser le gibier d'eau (colvert jusqu'au 31 janv., d'autres espèces jusqu'à fin février, sur la zone de chasse maritime, les fleuves, canaux, réservoirs, étangs, lacs et marais non asséchés), la bécasse et autres gibiers de passage (grive, palombe) dans certaines conditions, des espèces classées nuisibles selon les départements (exemples : sanglier, lapin). La Cour européenne de justice de Luxembourg s'est prononcée le 19-1-1994 pour la fermeture de la chasse des oiseaux migrateurs dès le tout début de leur migration ; pour le grand gibier, les dates de fermeture sont fixées par arrêté préfectoral annuel (la clôture intervient le plus souvent au dernier jour de février) ; le piégeage des mustélidés (fouine, belette, putois, martre) s'exerce toute l'année. Le Parlement européen a voté en février 1996 en faveur de l'arrêt de la chasse le 31 janvier au plus tard ; le Premier ministre, Alain Juppé, s'y était déclaré vivement opposé.

■ **Heures de chasse.** La *chasse de nuit* est interdite quand l'œil humain ne peut plus discerner les objets (en Bas-Rhin, Haut-Rhin et Moselle, la nuit s'achève et commence 1 h avant et 1 h après l'heure légale du lever et du coucher du soleil).

■ **Temps de neige.** Il est interdit de chasser sauf gibier d'eau, application du plan de chasse légal, vénerie, sanglier, lapin, renard et pigeon ramier.

Infractions de chasse

■ **Permis. Défaut du port :** amende de 30 à 250 F. **Permis non valable pour le temps et le lieu où l'on chasse :** 3 000 à 6 000 F.

■ **Chasse sur le terrain d'autrui.** Jusqu'à 10 000 F d'amende. S'il touche une maison habitée ou servant à l'habitation et s'il est entouré d'une clôture continue faisant obstacle à toute communication, amende de 25 000 F et emprisonnement de 3 mois. *Délit commis la nuit :* 25 000 F, emprisonnement de 2 ans, sans préjudice de plus fortes peines prévues par le Code pénal. Poursuite d'office exercée par le ministère public sur plainte de la partie intéressée quand l'infraction est commise dans un terrain clos attenant à une habitation ou sur des terres non encore dépouillées de leurs fruits.

■ **Chasse en temps prohibé ou dans les réserves de chasse.** Amende de 10 000 F pour ceux qui seront détenteurs, ou trouvés munis, hors de leur domicile, de *filets, engins ou autres instruments de chasse prohibés* par le Code rural et les textes réglementaires ; qui, en un temps de chasse prohibée, auront mis en vente, vendu, acheté ou colporté du gibier ; qui auront, en toute saison, mis en vente, vendu, acheté, transporté ou colporté, ou même acheté sciemment, du gibier tué à l'aide d'engins ou instruments prohibés ; auront employé des drogues ou appâts de nature à enivrer le gibier ou à le détruire ; auront chassé avec appeaux, appelants (dérogation pour la chasse aux oiseaux d'eau) ou chanterelles.

☞ Ces peines pourront être doublées en cas de chasse pendant la nuit sur les terrains d'autrui avec des instruments et moyens prohibés, ou si les chasseurs étaient munis d'une arme apparente ou cachée (50 000 F et 4 mois de prison). Les amendes prononcées pour un acte de chasse effectué dans un lieu, un temps ou au moyen d'engins prohibés seront majorées de 50 % au profit du Fonds de garantie. Les peines *seront toujours portées au maximum* si les délits ont été commis par des gardes champêtres, techniciens et agents de l'État chargés des forêts et de l'Office nat. des forêts, et des gardes-chasse maritimes.

■ **Peines complémentaires.** Confiscation des filets, engins et autres instruments de chasse, des avions, automobiles ou autres véhicules utilisés pour le délit. Destruction des instruments de chasse prohibés, confiscation des armes *(sauf dans le cas où l'infraction aurait été commise par un individu muni d'un permis de chasser dans le temps où la chasse est autorisée).* Si les armes, filets (sauf dérogation comme pour la chasse au pigeon ramier dans les Pyrénées), engins, instruments de chasse ou moyens de transport n'ont pas été saisis, le délinquant peut être condamné à les représenter ou à en payer la valeur. Le permis de chasser peut être suspendu par l'autorité judiciaire en cas d'homicide involontaire ou de coups et blessures involontaires survenus à l'occasion d'une action de chasse ou de destruction d'animaux nuisibles. Les tribunaux peuvent priver l'auteur de l'infraction du droit de conserver ou d'obtenir un permis de chasser pour au max. 5 ans en cas de condamnation pour une infraction de chasse, ou pour homicide involontaire, ou pour coups et blessures involontaires survenus à l'occasion d'une action de chasse ou de destruction d'animaux nuisibles (obligation de repasser l'examen de chasse). Si l'infraction condamnée a été commise avec un véhicule à moteur, les tribunaux peuvent suspendre (pour au max. 3 ans) le permis de conduire des auteurs de l'infraction, qu'ils soient ou non conducteurs du véhicule.

Permis de chasser

■ **Formalités. Examen du permis** (créé par la loi du 14-5-1975, existe depuis 1976 ; les chasseurs en possession du permis avant 1976 n'ont pas été soumis à l'examen). *Age minimal :* 15 ans au 31-3 de l'année de l'examen, mais on ne peut faire valider son permis qu'à partir de 16 ans (on ne peut donc chasser avant cet âge). *Inscription :* remplir l'imprimé et y apposer les timbres fiscaux acquittant le montant (100 F) du droit d'examen (mairies ; pour Paris, préfecture de police), l'adresser au préfet de son domicile 2 mois avant la date de l'examen, en joignant : fiche individuelle d'état civil, 2 enveloppes timbrées, demande de participation à un stage de formation pratique (art. R. 223-3 du Code rural). Si la demande concerne un mineur, elle sera formulée par le père, la mère ou le tuteur. *Examen :* depuis 1994, 3 sessions (mai, juin et sept.). Formation pratique préalable obligatoire. Examen informatisé, 21 questions (3 réponses possibles). Il faut avoir 16 bonnes réponses. Correction immédiate par ordinateur. Certificat de réussite infalsifiable édité immédiatement par l'imprimante.

Permis : délivré individuellement et à titre permanent à la préfecture du domicile (à Paris, préfecture de police). Fournir certificat de réussite à l'examen, pièce d'identité, justification de domicile et 2 photos d'identité, déclaration des causes d'incapacité ou d'interdiction pouvant faire obstacle à la délivrance du permis de chasser ; régler un droit de timbre de 200 F.

Visa : le chasseur doit faire viser et valider annuellement son permis (1er juillet-30 juin) à la mairie de la commune où il est domicilié, réside, est propriétaire foncier ou possède un droit de chasser (à Paris, préfecture de police). *Présenter :* permis de chasser, attestation d'assurance chasse (pour les mineurs de 16 à 18 ans, autorisation des parents ou tuteur), récépissé de la Fédération départementale des chasseurs du département de validation constatant le versement de la cotisation statutaire pour la campagne de chasse considérée, déclaration des causes d'incapacité ou d'interdiction pouvant faire obstacle au visa du permis de chasser.

Validation (campagne 1997-98) : à la perception (à Paris, à la régie de recettes de la préfecture de police). Redevance cynégétique départementale 195,50 F, nationale 1 002 F, « gibier d'eau » en complément, permettant la chasse au gibier d'eau pendant la période précédant l'ouverture générale, de la chasse maritime en tout temps d'ouverture 84 F, « grand gibier » 250 F, redevance complémentaire permettant le passage de la redevance départementale en redevance nationale 806,50 F. Pour une 2e ou une 3e validation départementale demandée simultanément avec la 1re, le timbre au profit de l'État et la taxe communale (60 F + 22 F) seront acquittés 1 seule fois. Les redevances cynégétiques sont reversées au Trésor public et à l'Office national de la chasse pour financer les dépenses de fonctionnement, d'investissement et de personnels de cet établissement, et l'indemnisation d'une partie des dégâts causés aux récoltes par le grand gibier.

■ **Incapacités et interdictions.** *Visa non accordé :* moins de 16 ans ; mineurs non émancipés de plus de 16 ans (demande par leur père, mère ou tuteur) ; majeurs en tutelle, non autorisés à chasser par le juge des tutelles (au tribunal d'instance) ; personnes privées du droit de port d'armes ou qui n'ont pas exécuté les condamnations prononcées contre elles pour infractions de chasse ; condamnés interdits de séjour, atteints d'une affection médicale ou d'une infirmité rendant dangereuse la pratique de la chasse ; alcooliques ; personnes venant de subir certaines condamnations (art. 223-20 du Code rural). Les condamnés pour infraction de chasse, homicide involontaire ou coups et blessures involontaires survenus à l'occasion d'une action de chasse ou de destruction d'animaux nuisibles peuvent être privés, par les tribunaux, du droit de conserver ou d'obtenir un permis de chasser durant 5 ans au maximum et sont obligés de repasser l'examen.

Statistiques

En Europe

■ **Nombre de chasseurs** (en milliers, 1999). *France 1 422,9*, Espagne (1995) 1 000, Italie 901, G.-B. 625, Allemagne 339, Suède 298, Finlande 290,3, Grèce 270, Portugal 234, Irlande 200, Danemark 171,3, Rép. tchèque 112, Autriche 110, Pologne 100, Croatie 55, Hongrie, Slovaquie 46, P.-Bas, Suisse 30, Belgique 26, Luxembourg 2,1. *Source :* Fédération des Associations de chasseurs en Europe.

En France

■ **Accidents** [année, nombre d'accidents (a.), victimes (v.), tués (t.), blessés (bl.)]. *1965 :* 190 a. (35 t./157 bl.) ; *70 :* 274 a. (52 t./250 bl.) ; *75 :* 281 a. (65 t./236 bl.) ; *76* (permis obligatoire) : 236 a. (63 t./183 bl.) ; *77 :* 183 a. (45 t./139 bl.) ; *80 :* 125 a.(29 t./ 96 bl.) ; *85 :* 95 a. (26 t./67 bl.) ; *87 :* 64 a. (17 t./47 bl.) ; *95 :* 43 a. (11 t./32 bl.); *96 :* 57 a. (18 t./35 bl.). *97-98 :* 224 v. (45 t./179 bl.) ; *98-99 :* 259 v. (40 t.). *99-2000 (au 20-3) :* 233 v. (42 t.).

Collisions véhicules et grands animaux : *heures des collisions :* 54 % entre 5 et 8 h, et 17 et 21 h (h solaire). **Grands animaux tués :** *1985 :* 3 578 dont chevreuils 2 857 (79,8 %), sangliers 389 (10,9), cerfs 308 (8,6), chamois 2, cerfs sika 2, mouflons 2. *1986 :* 4 500.

Chasse payante [prix par jour et par fusil (exemples)] : *en battue* (12 à 15 fusils) : tableau jusqu'à 150 pièces : 1 500 à 5 000 F ; *devant soi :* 1 000 à 2 000 F. *Au sanglier* (en parc, 15 à 16 fusils ; 5 à 6 traques jour) : 1 500 F.

■ **Armes** (vendues en 1992). Fusils 128 000, carabines 42 000. **Munitions :** *consommation moyenne par chasseur :* 170 cartouches et 7,5 balles (chasseur cumulant une validation nationale et un timbre « gibier d'eau » : 354 et 29,1).

■ **Chasseurs. Nombre de permis validés** (en milliers) : *1830 :* 44 ; *1930 :* 1 610 ; *60 :* 1 726 ; *75 :* 2 210 ; *80 :* 2 064 ; *85 :* 1 865 ; *91 :* 1 700 ; *95-96 :* 1 542 ; *96-97 :* 1 518 ; *98-99 :* 1 479 ; *99-2000 :* 1 458. **Chasseurs actifs et,** entre parenthèses, **retraités** (en %) : ouvriers 26,9 (20,5) ; agriculteurs 14,5 (30) ; employés 19 (5,6) ; professions intermédiaires 14,5 (27,5) ; cadres sup., professions libérales 12,9 (4,5) ; commerçants, artisans 11,3 (11,7).

■ **Chiens de chasse. Nombre :** environ 2 700 000 dont *chiens d'arrêt* 35,5 % (pointers, épagneuls 16, setters 11,5, braques 8). *Courants* 32 (griffons 14, beagles 13,5, bassets 4,4, teckels). *Terriers* 8,5 (fox-terriers 7, ratiers 1,5). *Retrievers* (cockers anglais 11 %, labradors 4). **Proportion de chasseurs ayant un ou plusieurs chiens** (en %, 1992) : *0 chien :* 14,9 % ; *1 :* 44,8 ; *2 :* 23,4 ; *3 :* 9,2 ; *4 :* 3,3 ; *5 :* 1,5 ; *6 :* 2 ; *10 :* 0,09. **Achats de chiens :** environ 260 000 par an (prix moyen 1 587 F) ; durée de vie d'un chien 7/9 ans.

■ **Dégâts du gibier. Nombre de dossiers financés par les chasseurs et,** entre parenthèses, **remboursements en millions de F :** *1980 :* 17 596 (36,6) ; *85 :* 21 223 (63,7) ; *91 :* 40 362 (142,3) ; *96 :* 46 000 (156) ; *98 :* 44 539 (143,7).

Safaris et shikars : organisés avec des guides en Afrique *(safaris)* ou en Inde *(shikars)*. Le tireur paye une taxe d'abattage selon la cotation du trophée (exemples, en F : éléphant 17 000 en Rép. centrafricaine, 20 000 au Cameroun ; élan de Derby 100 000 ; panthère 100 000 ; buffle 1 200 en Rép. centrafricaine) ; il n'a droit qu'à un nombre limité d'animaux (souvent une seule pièce pour le gros gibier). En Bulgarie, taxe proportionnelle au nombre d'oiseaux tirés ; ours 25 000 à 200 000 F. Au Tchad (en francs CFA) : panthère 250 000, éléphant et lion 200 000.

Grands fusils

Lord Grey (1812-98) tua, en 59 ans, près d'un million de pièces, jusqu'à 880 faisans ou 420 grouses en une journée. **Le marquis de Ripon** (Angl., 1852-1923) 556 000 oiseaux ; 245 000 pièces en 55 ans. **Le maharadjah Dhuleep Singh,** 780 perdreaux dans la journée. **Le Cte Clary** (France, 1876-1923), 316 160 pièces dont *oiseaux :* faisans 112 543, perdreaux 60 216, oiseaux des marais et de mer 16 876, corbeaux 14 904, grouses 5 881, canards et sarcelles 4 701, alouettes 3 399, rapaces 2 255, pies 2 025, geais 1 913, cailles 1 615, grives 1 574, tourterelles 1 546, bécassines 673, bécasses 618, râles 195, oies sauvages 7, pintades 6, dindons sauvages 4, paons 2, cygne 1, aigle 1 ; *autres :* lapins 48 555, lièvres 16 402, chevreuils 438, cerfs, biches 242, sangliers 156, chats sauvages 122, renards 39, daims 2, loups 2, renne 1, divers 16 987.

☞ **En Autriche,** chez le Cte Trautmannsdorf, 7 fusils tuèrent en 1 jour (sept. 1887) 1 cerf, 205 lapins, 209 faisans, 1 018 lièvres, 1 612 perdreaux, soit au total 3 045 pièces. **En Nouvelle-Zélande** (où 100 000 cerfs sont tués par an), 2 fusils peuvent tuer 100 cerfs par jour lorsqu'il les traquent en hélicoptère. **En Espagne,** dans la province de Cordoba (Cordoue), il est fréquent qu'un tableau de 200 cerfs soit réalisé lors d'une journée de *monteria* (sorte de chasse à cheval).

■ **Dépenses de chasse en France** (en 1992). **Total** (en millions de F) : 12 792 dont réglementaires 1 201 ; droit de chasse 1 844 ; armurerie 1 425 dont armes 762 et munitions 663 ; équipement 531 dont de base 400 et spécialisés 131 ; cynocynégétique 4 364 dont alimentation 3 422 et soins 942 ; déplacements 3 071 dont km 2 178 et autres 893, divers 356 dont tourisme 151, presse 95, livres 47, souvenirs 31 et associations sportives 32.

Par chasseur (dépense moyenne en F) : 7 870 dont chiens 2 686 (alimentation 2 106, soins divers 580), déplacements 1 886, droits de chasse 1 135, armes et munitions 879, équipement 325, divers 218, dépenses réglementaires 739 (dont examen 4,60, assurances 141,90, timbre fédéral 232, redevance cynégétique 299,10, quote-part grand gibier 52,30, timbre gibier d'eau 8,80).

Emplois générés par la chasse (en 1992) : 23 348 dont secteur réglementaire 3 098 (gardes nationaux 1 422, administration ONC 102, administration fédérations 373, techniciens ONC 101, techniciens FDC 340, recherche 14, ouvriers et divers 86), droits de chasse 8 250, armes et munitions 5 200, équipements 1 050, chiens 4 550, dépenses diverses 800, vénerie 400, gardes particuliers environ 10 000.

Équipement acheté par an (nombre de pièces) : bottes 395 000, vêtements 298 000, chaussures 180 000, cartouchières 145 000, gibecières 84 000, couteaux 73 500, jumelles 54 500, appelants 41 000, lunettes 23 800.

■ **Gibier. Prélèvement possible par les chasseurs** (pour 100 animaux vivant à l'ouverture sur un territoire, s'ils désirent en retrouver autant l'année suivante) : cerfs 20, chamois et isards 12, chevreuils 20 à 25, faisans communs 50 (laisser un coq pour 3 ou 4 poules), lièvres 50, perdrix grises 40, perdrix rouges 50, sangliers 50.

Tableau de chasse annuel français : *gros gibier* (1998-99, *source :* ONC-FDC réseau cervidés/sangliers, en milliers) : cerfs élaphes 32,4, chevreuils 395,7, daims 0,49 (en 1994), mouflons (est. 1996) 1,42, sangliers 343,6, chamois/isards (est. 1996) 7,52 ; *petit gibier* (en 1989) : lapins 6 300, pigeons, palombes et tourterelles environ 6 000, lièvres 1 600, faisans environ 6 000, perdrix 3 300, canards 2 000, grives 13 000, bécasses 1 300, cailles 64.

Gibier vivant : importations françaises (nombre de pièces, 2000-01) : *lièvres* 9 500 (de Hongrie 7 000, Slovaquie 500, Pologne 500). *Faisans* (1997-98) 21 100 (de Pologne 20 000, Slovaquie 600, Hongrie 500).

■ **Prix du gibier vivant** (en F, 2000-01). **Gibier de repeuplement : lièvres :** D'EUROPE CENTRALE (repris sauvages) ; couple : *déc.* 1 600, *janv.* 1 810 ; trio : *déc.* 2 950, *janv.* 3 450. **Faisans :** DE FRANCE *(élevage)* ; pièce : *déc.* 75, *janv.* 80, *févr.* 85. D'EUROPE CENTRALE (repris sauvages) ; pièce : *déc.* 95, *janv.* 103, *févr.* 109, *mars* 119. **Perdrix** rouges ou grises DE FRANCE *(élevage)* ; couple : *déc.* 150, *janv.* 160, *févr.* 170. **Lapins** (de reprise) ; couple de garennes purs vaccinés : *déc.* 360 ; le trio 560.

Nota. – Aucun gros animal ne peut entrer en France sans avoir subi une quarantaine.

☞ *Source :* Office français de gibier de repeuplement.

Cyclisme

Bicyclette

■ **Origine. 1813** invention de la 1re machine ayant 2 roues en ligne par le baron Drais von Sauerbronn (All., 1785-1851) : *la draisienne,* propulsée par les jambes s'appuyant alternativement sur le sol. **1861** *pédale* adaptée à la roue avant d'une draisienne par Pierre Michaux (1813-83), invention revendiquée par le Français Galloux (né 1837). **1866** *1er brevet* de vélocipède à pédale déposé à Washington par le Français Pierre Lallement. **1868** *1er club cycliste :* Véloces-Club de Rouen, Paris, Toulouse. *-31-5* **1re course** de vélocipède (2 km) : du parc de St-Cloud à Paris ; *vainqueur :* James Moore (Anglais, 1847-1935). **1869**-*7-11* 1er Paris-Rouen. **1880** l'Anglais Starley lance une bicyclette à roue arrière motrice grâce à une *chaîne.* **1881**-*6-2 Union vélocipédique de France (UVF)* créée. *-25-9 : 1er championnat de France.* **1887** l'Écossais John Boyd Dunlop (1840-1912), vétérinaire à Belfast, invente *pneumatique* et valve. **1890** Robertson, en G.-B., et Michelin, en France, le rendent démontable. **1900**-*14-4 Union cycliste internationale créée.* **1905** *dérailleur* de Paul de Vivie [vulgarisé par l'industriel Lucien Juy – Simplex – (1899-1976)]. **1940**-*20-12* l'UVF devient la *Fédération française de cyclisme.* **1979** vélo au profil aérodynamique, permet à 45/50 km/h une réduction de 50 % (soit 100 watts) de la résistance offerte par la machine seule. Utilisé en 1980 dans des épreuves officielles (contre la montre). **1983** pédale de sécurité dans laquelle s'encastre la chaussure. **1990** port du casque obligatoire ; opposition des coureurs (grève du peloton en mars 1991). **1991**-*avril* port du casque obligatoire pour toutes catégories (sauf professionnels pour courses sur routes), dans toutes les compétitions.

☞ **Morts en course** (au cours du Tour de France : *) : *1935 :* Cepeda* (Esp.). *1937 :* André Raynaud. *1950 :* Camille Danguillaume. *1951 :* Serse Coppi (Italie). *1964 :* un camion de ravitaillement heurte un pont* : 20 †. *1967 :* Tom Simpson* (G.-B.). *1969 :* José Samyn. *1970 :* J.-Pierre Monsere (Belg.). *1972 :* Manuel Galera (Esp.). *1976 :* Juan Manuel Santisteban (Esp.). *1984 :* Joaquim Agostinho (Port.). *1986 :* Emilio Ravasio (Italie). *1987 :* Vicente Mata (Esp.), Michel Goffin (Belg.). *1988 :* Connie Meijer (Pays-Bas) ; un enfant heurté par un véhicule*. *1995 :* Fabio Casartelli* (Italie). *1996 :* Jose Antonio Espinosa (Esp.). *1997 :* Fabrice Protin. *1999 :* Manuel Sanroma (Esp.). *2000 :* Saul Morales (Esp.) ; un enfant de 12 ans est heurté par un véhicule suiveur* ; Magali Pache (Suisse).

■ **Vélo de course.** En général 36 rayons (Anquetil s'est servi de roues à 24 rayons). *Boyaux* 100 à 300 g, gonflés à l'hélium lors de tentatives contre les records. *Braquet* 39 à 53 dents (pédalier), 12 à 23 (roue arrière). *Développement* de 47 × 18 (5,37 m) à 51 × 14 (7,78 m), parfois 56 × 14 (8,74 m) dans le Bordeaux-Paris. Depuis 1984, roues lenticulaires, braquets jusqu'à 40 × 23 (Tour de France) et 54 × 12 (courses contre la montre). *Diamètre roue* 68 cm.

■ **Développement** (D). Distance parcourue lorsque la pédale a fait un tour complet : D = R × P/*p*. R : circonférence de la roue, P : nombre de dents au pédalier, *p* : au pignon arrière. Exemple : un 51 × 15 (51 dents au plateau, 15 au pignon arrière) a un développement de 7,26 m avec une roue de 700 mm de diamètre : P 51/*p* 15 soit 3,4 × R 2,136 = 7,26 m.

■ **Cadence** idéale du grimpeur escaladant une rampe : 48 à 55 tours de pédale/minute.

■ **Vitesse. Records en km/h :** 79,47, Ralph Therrio (USA) 1977. *Sur tricycle aérodynamique :* 87,6, Jan Russel et Butch Stanton (USA). *Vélo caréné :* 105,386 Californie, Fred Markham le 11-5-1986. *Derrière une voiture de course :* 245,077, John Howard le 20-7-1985 à Bonneville (USA). **Record de France :** 204,778 à Fribourg (All.), le 12-7-1962, José Meiffret (Fr., 1913-83).

Épreuves sur piste

Vélodrome

■ **Piste.** 250, 333,33 ou 400 m de long. Largeur 7 m au minimum. En plein air ou couverte. En béton, asphalte ou bois. Composée de 2 lignes droites parallèles reliées par des virages plus ou moins relevés. **Vélodromes** *à ciel ouvert* (environ 110 en France) : pistes en ciment ou bois ; de 250 à 500 m ; *couverts,* les « vel d'hiv » : 3 (*Grenoble* 210 m, piste en bois ; *palais Omnisports de Paris-Bercy* qui remplace depuis 1984 le palais des Sports de Paris démoli en 1959, 250 m ; *Bordeaux* 250 m, piste en bois).

Types d'épreuves

■ **Course de vitesse.** Sur 3 tours pour les pistes de 333,33 m et moins, et 2 tours pour les plus de 333,33 m. Se court souvent à 2, en 2 manches et une « belle » éventuelle, à partir des 1/4 de finale exclusivement. *Sprint* sur 1 000 m (en réalité sur les 200 derniers mètres, seuls officiellement chronométrés). Les sprinters cherchent à s'abriter derrière l'adversaire le plus longtemps possible pour surgir dans les derniers mètres. Ils se livrent à des séances de *sur place* pour contraindre l'adversaire à démarrer le 1er.

Champions professionnels les plus titrés : Koiji Nakano (sprinter japonais), Jeff Scherens (Belge), 7 fois champion du monde de 1932 à 1947, Antonio Maspes (Italien), 7 fois de 1955 à 1964, Thorwald Ellegaard (Danois) 6 fois de 1901 à 1911, Piet Moeskops (Hollandais), 5 fois de 1921 à 1926, Lucien Michard (Français), 4 fois de 1927 à 1930. **Champion amateur :** Daniel Morelon (Français), 7 fois champion du monde amateur de 1966 à 1975 et champion olympique en 1968 et 1972.

■ **Tandem.** Se déroule techniquement selon le règlement de la vitesse. Sur 1 500 m, ou distance la plus proche.

■ **Kilomètre.** Disputée individuellement ou à 2 (départs de 2 endroits opposés), sur 1 000 m contre la montre, avec départ arrêté.

■ **Poursuite individuelle.** 2 coureurs sont placés respectivement à la corde, au milieu des lignes droites. L'enjeu consiste pour chacun à rejoindre l'autre, ou tout au moins à réduire l'intervalle qui l'en sépare. Les vainqueurs de chaque série sont qualifiés pour le tour suivant, jusqu'aux 1/4 de finale, 1/2 finale, et finale. Distance à parcourir 2 km : cadets et juniors (dames) ; 3 : juniors et seniors (dames) ; 4 : hommes.

■ **Poursuite olympique.** 2 équipes de 4 coureurs sont placées au milieu des lignes droites et parcourent 4 km. À l'issue des 4 000 m, le temps de l'équipe est pris sur le 3e homme. Les équipes victorieuses de chaque série sont qualifiées pour le tour suivant.

■ **Élimination.** Épreuve individuelle. Selon la longueur de la piste, tous les 1, 2 ou 3 tours, le coureur passant le dernier la ligne d'arrivée est éliminé et doit s'arrêter. La victoire se joue entre les 2 derniers coureurs restant en piste, le vainqueur étant celui qui passe la ligne le 1er.

■ **Course aux points.** Épreuve individuelle sur 20 km (juniors-femmes), 24 km (juniors et dames), 40 km (messieurs). Le vainqueur est celui qui a parcouru la plus grande distance (en tours complets). Les coureurs terminant dans le même tour sont départagés au nombre de points obtenus lors des sprints intermédiaires (disputés approximativement tous les 2 000 m), soit 5 points au 1er, 3 au 2e, 2 au 3e, 1 au 4e. On considère qu'un tour est pris lorsque le ou les coureurs rejoignent la queue du peloton principal.

■ **Keirin.** En fonction du nombre d'engagés, épreuve organisée selon la formule « séries qualificatives, repêchages » pour finir par une finale à 6 ou 9 coureurs au maximum. Pour les pistes de 250 m et moins, il n'est admis que 6 coureurs. L'ensemble des manches éliminatoires et la finale se disputent sur 5 tours (pistes de 333,33 m au maximum) et 4 tours (piste de plus de 333,33 m). Lors des 1ers tours, l'allure est réglée par un entraîneur motocycliste *(entraîneur-derny)* sur la base de 35 km/h. L'entraîneur porte progressivement la vitesse à 45 km/h, puis quitte la piste sur ordre du commissaire de course *(juge de keirin).* Le 1er coureur qui franchit la ligne d'arrivée est déclaré vainqueur.

■ **Handicap.** Départs à des distances différentes de la ligne de départ selon la valeur des coureurs pour égaliser les chances. Le plus fort part de la ligne de départ et essaie de rattraper ses adversaires.

■ **Omnium.** 6 à 10 coureurs en 4 manches (élimination – poursuite individuelle – course aux points – km contre la montre avec départ lancé). Classement par addition des points attribués, par les places obtenues dans chacune des manches.

Bol d'or

Disparu. Épreuve courue sur 24 h. Régulièrement remportée jusqu'en 1914 par Léon Georget (qui parcourait jusqu'à 914 km en 24 h). On désigne actuellement par « Bol d'or » toute épreuve d'endurance (quel que soit le sport).

■ **Demi-fond.** Disputée derrière un entraîneur à moto dans un temps donné (1 h) ou sur une distance fixée (30 à 50 km). Motos équipées d'un rouleau à distance réglable pour permettre de faire varier la vitesse limite susceptible d'être atteinte par les coureurs (appelés *stayers*) ; cela par sécurité (compte tenu de l'inclinaison des virages), et pour rendre également la course plus sélective. Classement à la distance. La roue avant de la bicyclette est plus petite, sa fourche est retournée vers l'avant.

Stayers français connus : Georges Sérès (1884-1951), Robert Grassin (1898-1980), Georges Paillard (né 12-7-1904), Charles Lacquehay (1897-1975), Jean-Jacques Lambolay (né 19-9-1922), Raoul Lesueur (1912-81), André Raynaud (1904-37), tous champions du monde. Après 1945, l'Espagnol Timoner (né 1-1-1928) fut 6 fois champion du monde.

■ **Course à l'américaine.** Par équipes de 2 se relayant à volonté. Relais à la poussée ou « la main dans la main ». Classement sur le même principe que pour la course aux points. Distance 25 à 100 km.

■ **Six Jours** (en anglais : *Madison Race*). **Les plus anciens :** *Londres* 1875 (individuel), *Chicago* 1879 (individuel), *New York* 1899 (au *Madison Square*), *Boston* 1901, *Philadelphie* 1902, *Pittsburgh* 1908. **Allemagne** : *Berlin* depuis 1909, *Brême* 1910, *Cologne* 1928, *Dortmund* 1926, *Francfort* 1911, *Munich* 1933, *Munster* 1950. **Belgique :** *Anvers* 1934, *Bruxelles* 1912, *Gand* 1922. **Danemark :** *Aarhus* de 1954 à 1961. **France :** *Paris* de 1913 à 1958, et de 1984 à 1989 (record 4 467,580 km Goulet (Australie)/Fogler (USA) sur les Français Dupré/Lapize en 1913, jamais amélioré même avec les équipes de 3 hommes), *Grenoble* depuis le 25-1-1971 (actuellement, chaque jour est limité à 3 ou 4 h de course), *Lille* 1960, *Marseille* 1928, 30, 32, 33, *Nice* 1928, *Toulouse* 1906. **Pays-Bas :** *Groningue* 1970, *Rotterdam* 1936. **Italie :** *Milan* 1927. **Suisse :** *Zurich* 1954.

Disputée par équipes de 2 sur 6 soirées consécutives. Plusieurs disciplines de la piste dont l'américaine, qui en est la course essentielle. Classement final établi sur la base du classement de la course à l'américaine, auquel s'ajoutent les bonifications (tours et points) obtenues dans les épreuves intermédiaires (vitesse, élimination, poursuite, etc.). *Vainqueur :* l'équipe qui a effectué le plus grand nombre de tours complets durant les 6 jours. Les points départagent les équipes ayant le même nombre de tours.

☞ Cette épreuve, plus keirin, plus vitesse olympique compléteront le programme olympique de Sydney en l'an 2000.

PRINCIPALES ÉPREUVES

Légende : (1) Fr. (2) Belgique. (3) P.-Bas. (4) Suisse. (5) G.-B. (6) Italie. (7) Allemagne fédérale. (8) Espagne. (9) Luxembourg. (10) Danemark. (11) Portugal. (12) Suède. (13) Australie. (14) Canada. (15) Ex-URSS. (16) Allemagne démocratique. (17) USA. (18) République tchèque. (19) Irlande. (20) Colombie. (21) Pologne. (22) Écosse. (23) Norvège. (24) Autriche. (25) Liechtenstein. (26) Canada. (27) Nlle-Zélande. (28) Allemagne depuis 1991. (29) Mexique. (30) Slovaquie. (31) Russie. (32) Ouzbékistan. (33) Ukraine. (34) Kazakhstan. (35) Cuba. (36) Lituanie. (37) Lettonie. (38) Biélorussie.

☞ Voir également **jeux Olympiques** p. 1475.

ÉLITE (professionnels jusqu'en 1995)

■ **Championnats du monde. Open** *depuis 1993.* **Vitesse.** *Créé* 1895. **1995** Hill [13]. **96 à 98** Rousseau [1]. **99** Gané [1]. **2000** Van Eijden [28]. **Par équipes 1995** All. **96** Australie. **97 à 2000** France. **Poursuite sur 5 km puis 4 km depuis 1993.** *Créée* 1939. **1995** Obree [22]. **96** Boardman [5]. **97, 98** Ermenault [1]. **99** Bartko [28]. **2000** Lehmann [28]. **Poursuite par éq. 1995** Australie. **96, 97** Italie. **98** Ukraine. **99, 2000** All. **Keirin.** *Créé* 1980. **1995** Magné [1]. **96** Nothstein [17]. **97** Magné [1]. **98, 99** Fiedler [28]. **2000** Magné [1]. **Tandem. 1995** *supprimé.* **Américaine.** *Créée* 1996. **1996** Martinello-Villa [6]. **97** Llaneras-Alzamora [8]. **98** De Wilde-Gilmore [2]. **99** Galvez-Llaneras [8]. **2000** Steinweg-Weispfenning [28]. **Course aux points.** *Créée* 1980. **1995** Martinello [6]. **96** Llaneras [8]. **97** Martinello [6]. **98** Llaneras [8]. **99** Risi [4]. **2000** Llaneras [8]. **Demi-fond.** *Créée* 1895. **1990** Brugna [6]. **91** Clark [13]. **92** Steiger [4]. **93** Veggerby [10]. **94** Podlesch [7]. **95** *supprimé.* **Kilomètre. 1993, 94** Rousseau [1]. **95 à 97** Kelly [13]. **98 à 2000** Tournant [1]. **100 km par éq. (route). 1993, 94** (dernière édition) Italie.

■ **Championnats de France. Open** *depuis 1992.* **Poursuite 5 km puis 4 km. 1991 à 97** Ermenault. **98** Moreau. **99** Ermenault. **2000** Gaumont. **01** Neuville. **Poursuite par équipes. 2001** Normandie. **Vitesse. 1991** Magné. **93** Colas. **94** Magné. **95 à 98** Rousseau. **99** Gané. **2000** Rousseau. **01** Gané. **Vitesse par équipes. 1998, 99** Côte d'Azur. **2000, 01** *non disputé.* **Course aux points. 1991** Souchon. **94, 95** Barbara. **96, 97** Ermenault. **98** Barbara. **99** Genty. **2001** Sassone. **Kilomètre. 1991** Magné. **93 à 96** Rousseau. **97 à 2001** Tournant. **Keirin. 1993, 94** Magné. **95** Lancien. **96** Magné. **97** Giletto. **98** Rousseau. **99** Giletto. **2000** Magné. **01** *non disputé.* **Tandem. 1991** Rolleau-Devillers. **93** Lancien-Morelon. **94** Devillers-Rolleau. **95** *supprimé.* **Américaine. 1998** Da Cruz-Monin. **99** Neuville-Flickinger. **2000** Pommereau-Sassone. **01** *non disputé.*

■ **Six Jours de Grenoble. 1990** Fignon [1]-Biondi [1]. **91** Colotti [1]-Tarentini [1]. **92, 93** Duclos-Lassalle [1]-Bincoletto [6]. **94** Colotti [1]-Wood [13]. **95** Martinello-Villa [6]. **96** Baffi-Lombardi [6]. **97** Pill-Braikia [10]. **98, 99** Colinelli-Baffi [6]. **2000** Llaneras-Galvez [8].

■ **Six Jours de Paris.** *Supprimés depuis 1990.*

DAMES (et amateurs jusqu'en 1993)

■ **Championnats du monde. Vitesse. Amateurs.** *Créé* 1893. **1989, 90** Huck [16]. **91** Fiedler [28]. **93** *. **Dames.** *Créé* 1958. **1995 à 99** Ballanger [1]. **2000** Markovnichenko [38].

Poursuite. Amateurs. *Créé* 1946. **4 km. 1990** Berzine [15]. **91** Lehmann [28]. **93** *. **Dames.** *Créé* 1958. **3 km. 1990** Van Moorsel [3]. **91** Rossner [28]. **93** Twigg [17]. **94** Clignet [1]. **95** Twigg [17]. **96** Clignet [1]. **97** Arndt [28]. **98** Tyler-Sharman [13]. **99** Clignet [1]. **2000** McGregor [5]. **Olympique. Amateurs par éq.** *Créé* 1962. *Supprimée depuis 1996.*

Demi-fond. *Créé* 1893. **Amateurs. 1989 à 91** Koenigshofer [24]. **92** Podlesch [28]. **93** *.

Kilomètre. *Créé* 1966. **Amateurs. 1990** Kiritchenko [15]. **91** Moreno [8]. **93** *.

Tandem. *Créé* 1966. **Amateurs. 1990** Capitano-Paris [6]. **91** Pokorny-Raasch [28]. **92** Capitano-Paris [6]. **93** *.

Course aux points. Individuel. Amateurs. *Créé* 1976. **50 km. 1990** Mc Glede [13]. **91** Risi [4]. **93** *. **Dames.** *Créé* 1988. **30 km. 1990** Holliday [27]. **91 à 94** Haringa [3]. **95, 96** Samokhvalova [31]. **97** Karimova [31]. **98** Ruano [8]. **99, 2000** Clignet [1].

Contre la montre (500 m). 1995 à 99 Ballanger [1]. **2000** Markovnichenko [38].

Par équipes (contre la montre). Amateurs 100 km (route). *Créé* 1962. **1990** URSS. **91** It. **93** *. **Dames 50 km route.** *Créé* 1987. **1990** P.-Bas. **91** France. **92** USA. **93, 94** *(dernière édition)* Russie.

Nota. – (*) **Open** depuis *1993,* voir championnats du monde élite. **1980, 1984, 1988 :** certaines épreuves n'ont pas eu lieu en raison des JO.

RECORDS DU MONDE SUR PISTE

Depuis le 1-1-1994, l'UIC a décidé de réduire de 94 à 20 (toutes disciplines et catégories confondues) le nombre de records ; de ne plus faire de distinction entre les records établis sur pistes couvertes ou en plein air, ni entre les performances réalisées en altitude ou au niveau de la mer, de n'avoir, dorénavant, qu'une seule liste « hommes » de records amateurs ou professionnels, et ce dans la formule « ouverte » qui régit désormais les championnats du monde de la piste. Depuis le 1-1-1996, il y a des catégories : élite, moins de 23 ans et juniors. Les records « juniors » sont toujours répertoriés séparément, et les records des dames conservent les subdivisions « seniors » et « juniors ». Pour les records de France, la FFC s'aligne sur ces nouvelles dispositions, en maintenant, en plus des catégories de records prévus par l'UCI, les records de France spécifiques à des catégories d'âges non reconnues au niveau international (cadets et cadettes).

■ **Records du monde** (au 3-3-2000). **Hommes. Départ arrêté. 1 km** 1′0″148 Tournant (France, 16-6-2000). **4 km** 4′11″114 Boardman (G.-B., 29-8-1996). **4 km par éq.** 4′00″958 Italie (31-8-1996). **Heure (meilleure performance)** 56,375 km Boardman (G.-B., 6-9-96). **Heure UCI** 49,441 km Chris Boardman (G.-B., 27-10-2000). **Départ lancé. 200 m** 9″865 Harnett (Canada, 28-9-95). **500 m** 26″649 Kiritchenko (URSS, 29-10-88). **Juniors. Départ arrêté. 1 km** 1′04″195 Kersten (Austr., 4-7-99). **3 km** 3′19″878 McGee (Australie, 7-3-94). **4 km par éq.** 4′10″103 (Australie, 30-12-95). **Départ lancé. 200 m** 10″236 Dolguinov (URSS, 1-8-89). **500 m** 26″969 Khromykhe (URSS, 9-8-90).

Dames/seniors. Départ arrêté. 500 m 34″010 Ballanger (Fr., 29-8-98). **3 km** 3′30″816 Van Morsel (P.-Bas, 17-9-2000). **Heure (meilleure performance)** 48,159 km Longo (Fr., 26-10-96). **Heure UCI** 45,094 km Longo (Fr., 7-12-2000). **Départ lancé. 200 m** 10″831 Slioussareva (Russie, 25-4-93). **500 m** 29″655 Saloumiaee (URSS, 6-8-87). **Juniors. Départ arrêté. 500 m** 35″660 Kasslin (Finlande, 29-9-95). **2 km** 2′25″279 Kupfernagel (All., 14-9-92). **Départ lancé. 200 m** 11″291 Heinemann (All., 26-7-94). **500 m** 30″230 Potemkina (URSS, 29-10-91).

Nota. – Les records peuvent être enregistrés sur les distances de 1 km contre la montre et des poursuites individuelles et par équipes, quand 2 coureurs, ou 2 équipes, sont opposés au départ des deux côtés de la piste, et cela aux JO, championnats du monde, coupe du monde, championnats nationaux ou régionaux. Sur toutes les autres distances, ainsi que pendant les tentatives de records en dehors des championnats officiels, le coureur, ou l'équipe, doit être seul sur la piste.

ÉPREUVES SUR ROUTE

☞ *Légende* (voir col. a) et **jeux Olympiques** (voir p. 1475 b).

TYPES D'ÉPREUVES

■ **Classique.** Course de ville à ville, disputée en ligne (tous les coureurs partent ensemble). Exemple : Paris-Roubaix.

■ **Course par étapes.** 2 à 21 ou 22 étapes (2 à 22 j). Classement : par addition des temps journaliers (parfois classements annexes : meilleur grimpeur, par points des sprinters). Disputée par équipes nationales ou de marques. Exemple : Tour de France.

■ **Contre la montre.** Chaque coureur part séparément. Se dispute aussi par équipes (exemples : 2 coureurs dans le Trophée Barrachi, 4 aux championnats de France, du monde et aux JO). Classement au temps pris selon les cas sur le 2e, 3e ou 4e coureur franchissant la ligne.

■ **Course en circuit.** Sur une journée, parcourir un certain nombre de fois un circuit. Exemples : ch. de France et du monde.

■ **Critérium.** Organisé après le Tour de France pour faire connaître les vedettes. Environ 80 km sur des circuits de 800 m à 4 km maximum.

PRINCIPALES ÉPREUVES

ÉLITE (professionnels jusqu'en 1995)

■ **Coupe du monde individuelle.** *Créée* 1989. **Épreuves.** 10 en 2001 : Milan-San Remo, Tour des Flandres, Paris-Roubaix, Liège-Bastogne-Liège, Amstel Gold Race (P.-Bas), Classica San Sebastian (Esp.), Hew Cyclassics Hambourg, Championnat de Zurich, Paris-Tours, Tour de Lombardie. Les 12 premiers de chaque épreuve marquent de 50 à 5 points. **Résultats. 1995, 96** *Ind.* Museeuw [2]. *Par éq.* Mapei-GB. **97** *Ind.* Bartoli [6]. *Par éq.* Française des Jeux. **98** *Ind.* Bartoli [6]. *Par éq.* Mapei-Bricobi. **99** *Ind.* Tchmil [2]. *Par éq.* Rabobank. **2000** *ind.* Zabel [28]. *Par éq.* Mapei.

■ **Classement mondial de l'Union cycliste internationale. 1993** Indurain [8]. **94** Rominger [4]. **95 à 97** Jalabert [1]. **98** Bartoli [6]. **99** Jalabert [1]. **2000** Casagrande [6], *2* Zabel [28], *3* Vainsteins [37].

■ **Coupe de France.** *Créée* 1992. **Épreuves.** 15 en 2001 : Tour du Ht-Var, Classic Haribo, Cholet-Pays de Loire, Route Adélie, GP de Rennes, Paris-Camembert, GP de Denain, Tour de Vendée, Trophée des Grimpeurs, A travers le Morbihan, GP de Villers-Cotterêts, Classique des Alpes, Circuit de l'Aulne, GP d'Isbergues, Paris-Bourges. Les Français, et les étrangers licenciés dans des groupes français (depuis 1999), classés dans les 12 premiers de chaque épreuve marquent : 50, 35, 25, 20, 18, 16, 14, 12, 10, 8, 6 ou 5 pts selon leur place réelle et 3 pts de la 13e à la 20e place incluses. **1993** Claveyrolat. **94** Pensec. **95** De Las Cuevas. **96** Heulot. **97** Jalabert. **98** Lino. **99** Kirsipuu. **2000** Halgand.

TOUR DE FRANCE

■ **Généralités.** *Créé* 1903 par Henri Desgrange (1865-1940), directeur du journal *L'Auto,* sur une idée de Geo Lefèvre : 6 étapes (2 428 km), 60 participants, 21 arrivants. Les uns concourent pour le classement général, les autres participent aux étapes de leur choix. **1904** 6 étapes (2 248 km), 88 participants, 27 arrivants ; les 4 premiers, dont Garin, ainsi que 8 autres concurrents, sont disqualifiés ; l'épreuve a donné lieu à des incidents et à un attentat. **1911** Duboc est victime d'un empoisonnement (attentat non élucidé). **1975** 1er transbordement en avion (Clermont-Ferrand/Nice). **1982** (7-7), lors de l'étape Orchies-Fontaine-au-Pire, la course est arrêtée à Denain par des manifestants d'Usinor. **1988** suppression du prologue (créé 1967). **Départ de l'étranger. 1954** Amsterdam, **58** Bruxelles, **65** Cologne, **73** La Haye, **75** Charleroi, **78** Leyde (P.-Bas), **87** Berlin, **89** Luxembourg, **92** Saint-Sébastien (Espagne). **96** Bois-le-Duc (P.-Bas). **98** Dublin (Irlande). **2002** Luxembourg. **Équipes. 1903-29** de marques, **1930-61** nationales, **1962-66** de marques, **1967-68** nationales, **depuis 1969** de marques. **Longueur du Tour.** *Le plus long :* 5 745 km (1926) ; *les plus courts :* 2 428 km (1903), 2 388 km (1904). **Étapes.** *Nombre :* de 6 (1903) à 25 (1987) ; *la plus longue :* 488 km (Les Sables-d'Olonne/Bayonne, 1919) ; *la plus courte* (à cause de la neige) : 46 km courus sur 189,5 prévus (Val-d'Isère/Sestrières, 1996). **Participants.** *Le plus :* 210 (1986), *le moins :* 60 (1903, 1905 et 1934). **Arrivants.** *Le plus :* 158 (1991), *le moins :* 11 (1919). **Abandons.** *Le plus :* 93 (sur 189, en 1998).

■ **Vainqueurs depuis l'origine. 1903** Garin [1] en 94 h 33 mn. **04** Cornet [1]. **05** Trousselier [1]. **06** Pottier [1]. **07, 08** Petit-Breton [1]. **09** Faber [9]. **10** Lapize [1]. **11** Garrigou [1]. **12** Defraye [2]. **13, 14** Thys [2]. **19** Lambot [2]. **20** Thys [2]. **21** Scieur [2]. **22** Lambot [2]. **23** H. Pélissier [1]. **24, 25** Bottecchia [6]. **26** Buysse [2]. **27, 28** Franz [9]. **29** Dewaele [2]. **30** Leducq [1]. **31** Magne [1]. **32** Leducq [1]. **33** Speicher [1]. **34** Magne [1]. **35** R. Maës [2]. **36** S. Maës [2]. **37** Lapébie [1]. **38** Bartali [6]. **39** S. Maës [2]. **47** Robic [1]. **48** Bartali [6]. **49** Coppi [6]. **50** Kubler [4]. **51** Koblet [4]. **52** Coppi [6]. **53 à 55** Bobet [1]. **56** Walkowiak [1]. **57** Anquetil [1]. **58** Gaul [9]. **59** Bahamontès [8]. **60** Nencini [6]. **61 à 64** Anquetil [1]. **65** Gimondi [6]. **66** Aimar [1]. **67** Pingeon [1]. **68** Jan Janssen [3]. **69** Merckx [2] (24 ans). **70, 71, 72** Merckx [2]. **73** Ocaña [8]. **74** Merckx [2]. **75** Thévenet [1]. **76** Van Impe [2]. **77** Thévenet [1]. **78, 79** Hinault [1]. **80** Zoetemelk [3]. **81** Hinault [1] en 96 h 19′38″. **82** Hinault en 92 h 8′46″. **83** Fignon [1] en 105 h 7′52″, *2e* Arroyo à 4′04″. **84** Fignon en 112 h 3′40″, *2e* Hinault à 10′32″. **85** Hinault [1] en 113 h 24′23″, *2e* LeMond à 1′42″. **86** LeMond [12] en 110 h 35′19″, *2e* Hinault à 3′10″. **87** Roche [19] en 115 h 27′42″, *2e* Delgado [8] à 40″. **88** Delgado [8] en 84 h 27′53″, *2e* Rooks [3] à 7′13″. **89** LeMond [12] en 87 h 38′35″, *2e* Fignon [1] à 8″. **90** LeMond [12] en 90 h 43′20″, *2e* Chiapucci [3] à 2′16″. **91** [3 918,9 km, 22 étapes, 2 transports (avion : St-Herblain-Pau 17-7 ; TGV : Mâcon-Melun 28-7), 22 équipes, 198 coureurs] Indurain [8] en 101 h 1′20″ (moyenne 38,792 km/h), *2e* Bugno [6] à 3′36″. **92** [3 983 km dont 900 à l'étranger (Esp., Belg., Lux., All., Suisse, It.), 21 étapes plus prologue] Indurain [8] en 100 h 49′30″ (moyenne 39,504 km/h), *2e* Chiapucci [6] à 4′35″. **93** (3 800 km, prologue et 20 étapes et 2 j 1/2 de repos, passe en Espagne et Andorre) Indurain [8] en 95 h 57′9″, *2e* Rominger [5] à 4′59″. **94** (3 972 km, prologue et 21 étapes) Indurain [8] en 103 h 38′38″, *2e* Ugrumov [15] à 5′39″. **95** (3 635 km, prologue et 20 étapes, 5 provinces belges traversées) Indurain [8] en 92 h 44′59″, *2e* Zülle [4] à 4′35″. **96** (3 764,900 km, prologue et 20 étapes ; départ des Pays-Bas, passe en Italie et en Espagne) Bjarne Riis [10] en 95 h 57′16″, *2e* Ullrich [28] à 1′41″. **97** (3 942 km, prologue et 15 étapes) Jan Ullrich [28] en 100 h 30′35″, *2e* Virenque [1] à 9′9″. **98** (3 877,1 km, prologue et 21 étapes) Marco Pantani [6] en 92 h 49′46″, *2e* Ullrich [28] à 3′21″. **99** (3 690 km, prologue et 20 étapes) ; Lance Armstrong [12] en 91 h 32′16″, *2e* Zülle [4] à 7′37″. **2000** (3 660 km, 21 étapes) ; Lance Armstrong [12] en 92 h 33′8″, *2e* Ullrich [28] à 6′2″. **2001** (3 454 km, prologue et 20 étapes) ; L. Armstrong [12] en 86 h 17′28″, *2e* Ullrich [28] à 6′44″.

Age. Les plus âgés : Firmin Lambot (36 ans et 4 mois en 1922). Henri Pélissier (34 ans et 5 mois en 1923). Gino Bartali (34 ans en 1948), seul coureur qui ait gagné le Tour à 10 ans d'intervalle, **Le plus jeune :** Henri Cornet (19 ans et 354 j en 1904). Sur 71 vainqueurs en 1995, 22 avaient 30 ans ou plus ; 35 de 25 à 29 ; 13 de 20 à 24 ; 1 moins de 20 (H. Cornet).

Ayant gagné. Le Tour de France, 5 fois : Anquetil (1957, 61, 62, 63, 64), Merckx (1969, 70, 71, 72, 74), Hinault (1978, 79, 81, 82, 85). Indurain (1991, 92, 93, 94, 95). **3 fois :** Thys (1913, 14, 20), Bobet (1953, 54, 55), LeMond (1986, 89, 90), Armstrong (99, 2000, 2001). **Les Tours d'Italie et de France la même année :** Coppi (en 1949 et de nouveau en 1952), Anquetil, Merckx, Hinault, Roche, Indurain, Pantani. **Les Tours d'Italie et de France et le Grand Prix des Nations** (contre la montre) **la même année :** Hinault.

Maillot jaune. *Créé* le 19-7-1919 (de la couleur du journal *L'Auto,* organisateur du Tour de France jusqu'en 1939). **1er à le porter :** Eugène Christophe (1885-1970). **Vainqueurs du Tour de France ne l'ayant jamais porté :** Robic (1947) et Janssen (1968). **L'ayant porté tout le Tour :** Bottecchia (1924), Franz (1928), Maës (1935), Anquetil (1961). [Avant sa création : **1re place de bout en bout :** Garin (1903), Trousselier (1905), Garrigou (1911), Thys (1914).]

■ **Jacques Anquetil** (Mont-St-Aignan 8-1-1934/18-11-87). De 1951 à 1969, il a gagné *9 fois* le Grand Prix des Nations (53 à 58, 61, 65, 66), *5* Tour de France (57, 61 à 64) et Paris-Nice (57, 61, 63, 65, 66), *4* Critérium national (61, 63, 65, 67) et Critérium des As (59, 60, 63, 65), *3* championnats de poursuite professionnelle (55 à 57), *2* 4 j de Dunkerque (58, 59), Tour d'Italie (60, 64) et Dauphiné libéré (63, 65), *1* championnat de France amateur sur route (52), Tour de Catalogne (57), Tour d'Espagne (63), Liège-Bastogne-Liège (66), Bordeaux-Paris (65), Gand-Wevelgem (64), Tour de Sardaigne (66), Tour des Pays basques (69) et record du monde de l'heure (56).

■ **Eddy Merckx** (né 17-6-1945 à Meensel-Kiezegem, Belgique). Gagne 525 courses (sur 1 800 disputées de 1961 à 78) et toutes les classiques, sauf Paris-Tours (devenu Tours-Versailles) et Bordeaux-Paris. Il a gagné *7 fois* Milan-San Remo (66, 67, 69, 71, 72, 75, 76) et le Super Prestige (69 à 75), *5* Tour de France (69 à 72, 74 ; record de victoires d'étape 34 et de port de maillot jaune 96 j), T. d'Italie (68, 70, 72 à 74) et Liège-Bastogne-Liège (69, 71 à 73, 75), *4* championnats du monde sur route (amateur 64 et profes. 67, 71, 74) et Tour de Sardaigne (68, 71, 73, 75), *3 fois* Paris-Nice (69 à 71), Paris-Roubaix (68, 70, 73) et la Flèche wallonne (67, 70, 72), *2* Tour de Belgique (70, 71), Tour de Lombardie (71, 72), Het Volk (71, 73), Tour des Flandres (69, 75), *1* Tour d'Espagne (73), Tour de Suisse (74) et Paris-Bruxelles (73), et record de l'heure (72).

■ **Bernard Hinault** (né 14-11-1954 à Yffiniac). Professionnel en 1975. *Principaux succès :* **1975** Tour de la Sarthe, championnat de France de poursuite. **76** Tour d'Indre-et-Loire, Tour de l'Aude, Paris-Camembert, Tour du Limousin, championnat de France de poursuite. **77** Gand-Welvegem, Liège-Bastogne-Liège, Grand Prix des Nations, Critérium du Dauphiné, Tour du Limousin. **78** championnat de France, Tour d'Espagne, Tour de France, Critérium Nat., Grand Prix des Nations. **79** Flèche wallonne, Critérium du Dauphiné, Tour de France, Grand Prix des Nations, Tour de Lombardie, lauréat du Trophée Super Prestige, Tour de l'Oise, Circuit de l'Indre. **80** championnat du monde, Tour d'Italie, Tour de Romandie, Liège-Bastogne-Liège, lauréat du Trophée Super Prestige. **81** Amstel Gold Race, Paris-Roubaix, Critérium du Dauphiné, Tour de France, lauréat du Trophée Super Prestige, Critérium intern. de la route. **82** Tour de Corse, Tour d'Armor, Tour d'Italie, Tour du Luxembourg, Tour de France, Grand Prix des Nations, Critérium des As. **83** Flèche wallonne, Tour d'Espagne. **84** Grand Prix des Nations, Tour de Lombardie, 4 Jours de Dunkerque. **85** Tour d'Italie, Tour de France. **86** Tour du Colorado (Coors Classic).

■ **Miguel Indurain** (né 16-7-1964 à Villava, Espagne). 1er coureur à gagner 5 fois le Tour de France de façon consécutive (1991 à 95). *Principales victoires :* Tour d'Italie (92, 93), championnat d'Espagne (92), Classique de San Sebastián (90), Paris-Nice (89, 90), Tour de Catalogne (88, 91, 92), Dauphiné (95), Midi-Libre (95), etc. *81 victoires* au 24-7-1995 ; *meilleure performance dans l'heure* en sept. 1994 (53,040 km).

Seconds. **6 fois :** Zoetemelk [3] (1970, 71, 76, 78, 79, 82). **3 fois :** Garrigou [1] (1907, 09, 13) ; Poulidor [1] (1964, 65, 74). **Écarts entre le 1er et le 2e :** *le plus grand :* 2 h 49′45″ en 1903 ; *les plus petits :* 8″ en 1989 (LeMond-Fignon), 38″ en 1968 (Janssen-Van Springel), 40″ en 1987 (Roche-Delgado), 48″ en 1977 (Thévenet-Kuiper), 55″ en 1964 (Anquetil-Poulidor).

Moyenne horaire. **La plus faible :** 23,958 km/h (Bottecchia 1924) ; **la plus forte :** 40,273 km/h (Armstrong 1999).

Nationalité. Sur 88 épreuves (de 1903 à 2001) : 36 victoires françaises, 18 belges, 9 italiennes, 4 luxembourgeoises, 8 espagnoles, 6 américaines, 2 suisses, 2 néerlandaises, 1 irlandaise, 1 danoise, 1 allemande.

Grand Prix de la montagne. *Créé* 1933. **Meilleurs grimpeurs : 1933** V. Trueba [8]. **34** R. Vietto [1]. **35** F. Vervaecke [2]. **36** J. Berrendero [8]. **37** Vervaecke [2]. **38** G. Bartali [6]. **39** S. Maes [2]. **47** P. Brambilla [6]. **48** G. Bartali [6]. **49** F. Coppi [6]. **50** L. Bobet [1]. **51** R. Geminiani [1]. **52** F. Coppi [6]. **53** J. Lorono [8]. **54** F. Bahamontes [8]. **55, 56** C. Gaul [9]. **57** G. Nencini [6]. **58, 59** F. Bahamontes [8]. **60, 61** I. Massignan [6]. **62 à 64** F. Bahamontes [8]. **65 à 67** J. Jiménez [8]. **68** A. Gonzáles [8]. **69, 70** E. Merckx [2]. **71, 72** L. Van Impe [2]. **73** P. Torres [8]. **74** D. Perurena [8]. **75** L. Van Impe [2]. **76** G. Bellini [6]. **77** L. Van Impe [2]. **78** M. Martinez [1]. **79** G. Battaglin [6]. **80** R. Martin [1]. **81** L. Van Impe [2]. **82** B. Vallet [1]. **83** L. Van Impe [2]. **84** R. Millar [5]. **85** L. Herrera [20]. **86** B. Hinault [1]. **87** L. Herrera [20]. **88** S. Rooks [3]. **89** G.-J. Theunisse [3]. **90** T. Claveyrolat [1]. **91, 92** C. Chiapucci [6]. **93** Rominger [4]. **94 à 97** Virenque [1]. **98** Rinero [1]. **99** Virenque [1]. **2000** Botero [20]. **01** Jalabert. *De 1933 à 2001,* Federico Bahamontes et Lucien Van Impe 6 fois. **Roi de la montagne.** Maillot blanc à pois rouges : Julio Jimenez 3 fois. *De 1933 à 2001,* pour l'Espagne 16 victoires, France 15, Italie 13, Belgique 11, Colombie 3, Lux. 2, P.-Bas 2, G.-B. 1.

Maillot vert. *Créé* 1948. **Classement par points : 1948** G. Bartali [6]. **49** S. Ockers [2]. **50 à 52** *non attribué.* **53** F. Schaer [4]. **54** F. Kubler [4]. **55** S. Ockers [2]. **56** S. Ockers [2]. **57** J. Forestier [1]. **58** J. Graczyk [1]. **59** A. Darrigade [1]. **60** Graczyk [1]. **61** A. Darrigade [1]. **62** R. Altig [7]. **63** R. Van Looy [2]. **64, 65** J. Janssen [3]. **66** W. Planckaert [2]. **67** J. Janssen [3]. **68** F. Bitossi [6]. **69** E. Merckx [2]. **70** W. Godefroot [2]. **71, 72** E. Merckx [2]. **73** H. Van Springel [2]. **74** P. Sercu [2]. **75** R. Van Linden [2]. **76** F. Maertens [2]. **77** J. Esclassan [1]. **78** F. Maertens [2]. **79** B. Hinault [1]. **80** R. Pévenage [2]. **81** F. Maertens [2]. **82, 83** S. Kelly [19]. **84** F. Hoste [2]. **85** S. Kelly [19]. **86** E. Vanderaerden [2]. **87** J.-P. Van Poppel [3]. **88** E. Planckaert [2]. **89** S. Kelly [19]. **90** O. Ludwig [16]. **91** D. Abdoujaparov [32]. **92** L. Jalabert [1]. **93, 94** D. Abdoujaparov [32]. **95** L. Jalabert [1]. **96 à 2001** E. Zabel [28]. **L'ayant remporté 6 fois :** Erik Zabel ; **4 fois :** Sean Kelly ; **3 fois :** Stan Ockers, Jan Janssen, Eddy Merckx, Freddy Maertens, Djamolidine Abdoujaparov. **Nombre de victoires de 1948 à 2001 :** Belgique 19, France 9, Allemagne 7, P.-Bas et Irlande 4 chacun, Ouzbékistan 3, Suisse et Italie 2 chacun.

« Tour de France, dames »

Créé 1984. **1984** Marianne Martin [17]. **85** Maria Canins [6], *2e* Longo [1], *3e* Odin [1]. **86** Canins [6], *2e* Longo [1], Thompson. **87** Longo [1] en 27 h 33′36″, *2e* Canins [6] à 2′52″, *3e* Enznauer [7] à 12′14″. **88** Longo [1] en 22 h 41′38″, *2e* Canins [6] à 1′20″, *3e* Hepple [13] à 13′4″. **89** Longo [1] en 21 h 59′38″, *2e* Canins [6] à 8′44″. *3e* Thompson [12] à 12′24″. **90** remplacé par le **Tour de la CEE.** Marsal [1]. **91** Schop [3]. **92** (redevient le Tour féminin) Van Moorsel [3]. **93** Van de Vijuer [2]. **94** Polhanova [31]. **95 à 97** Luperini [6]. **98** (devient **Grande Boucle féminine internationale,** la société organisatrice ayant été condamnée pour contrefaçon et parasitisme envers la Société du Tour de France) ; Pucinskaïte [36]. **99** Ziliute [36]. **2000** Somarriba [8].

Championnats du monde sur route

Créés 1927. **1980** (Sallanches) Hinault [1]. **81** (Prague) Maertens [2]. **82** (Goodwood) Saronni [6]. **83** (Alterheim) LeMond [17]. **84** (Barcelone) Criquelion [2]. **85** (Montello) Zoetemelk [3]. **86** (Colorado Springs) Argentin [6]. **87** (Villach) Roche [19]. **88** (Renaix) Fondriest [6]. **89** (Chambéry) LeMond [12]. **90** (Utsunomiya) Dahenens [2]. **91** (Stuttgart). **92** (Benidorm) Bugno [6]. **93** (Oslo) Armstrong [17]. **94** (Agrigente) Leblanc [1]. **95** (Duitama) Olano [8]. **96** (Lugano) Museeuw [2]. **97** (Saint-Sébastien) Brochard [1]. **98** (Duitama) Camenzind [4]. **99** (Vérone) Freire [8]. **2000** (Plouay) Vainsteins [37].

Tour de l'Avenir

Créé 1961 par Jacques Goddet et Félix Lévitan, d'après une idée et une proposition de Jacques Marchand ; réservé aux amateurs, couru par équipes nationales. 1961-80 open, depuis 1981 amateurs. Devenu en 1986 le **Tour de l'Avenir de la CEE**, de 1987 à 90 **Tour de la Communauté européenne** et redevient en 1992 le **Tour de l'Avenir**. Durée : 15 j. Parcours plus court que celui du Tour de France. **Vainqueurs. 1961** De Rosso [6]. **62** Gómez del Moral [8]. **63** Zimmermann [1]. **64** Gimondi [6]. **65** Díaz [8]. **66** Denti [6]. **67** Robini [1]. **68** Boulard [1]. **69** Zoetemelk [3]. **70** *non disputé.* **71** Ovion [1]. **72** Den Hertog [4]. **73** Baronchelli [6]. **74** Martinez [8]. **75** *non disputé.* **76** Nilsson [12]. **77** Schepers [2]. **78, 79** Soukoroutchenkov [15]. **80** Florez [20]. **81** Simon [1]. **82** LeMond [17]. **83** Ludwig [16]. **84** Mottet [1]. **85** Ramirez [20]. **86** Indurain [8]. **87** Madiot [1]. **88** Fignon [1]. **89** Lino [1]. **90** Bruyneel [2]. **91** *non disputé.* **92** Garel [1]. **93** Davy [1]. **94** Casero [8]. **95** Magnien [1]. **96** Etxbarria [8]. **97** Roux [1]. **98** Rinero [1]. **99** Osa [8]. **2000** Flores [8].

■ Autres grandes épreuves

Épreuves par étapes

■ **Tour d'Italie (Giro).** *Créé* 1909. **1990** Bugno [6]. **91** Chioccioli [6]. **92, 93** Indurain [8]. **94** Berzine [31]. **95** Rominger [4]. **96** Tonkov [31]. **97** Gotti [6]. **98** Pantani [6]. **99** Gotti [6]. **2000** Garzelli [6]. **01** Simoni [6]. **Record** 37,488 km/h (Nencini 1957).

■ **Tour d'Espagne (Vuelta).** *Créé* 1935. **1990** Giovanetti [6]. **91** Mauri [8]. **92 à 94** Rominger [4]. **95** Jalabert [1]. **96, 97** Zülle [4]. **98** Olano [8]. **99** Ullrich [28]. **2000** Heras [8]. **Record** 2 921 km à 39,843 km/h (Pingeon 1969).

■ **Tour de Belgique.** *Créé* 1908. **1990** Maassen [3]. *Non disputé après 1990.*

■ **Tour de Suisse.** *Créé* 1933. **1990** Kelly [19]. **91** Roosen [2]. **92** Furlan [6]. **93** Saligari [6]. **94** Richard [4]. **95** Tonkov [31]. **96** Luttenberger [24]. **97** Agnolutto [1]. **98** Garzelli [6]. **99** Casagrande [6]. **2000** Camenzind [4]. **01** Armstrong [12].

■ **Paris-Nice.** *Créé* 1933. **1989, 90** Indurain [8]. **91** Rominger [4]. **92** Bernard [1]. **93** Zülle [4]. **94** Rominger [4]. **95, 96, 97** Jalabert [1]. **98** Vandenbroucke [2]. **99** Boogerd [3]. **2000** Klöden [28]. **01** Frigo [6].

■ **Critérium du Dauphiné libéré.** *Créé* 1947. **1990** Millar [5]. **91** Herrera [20]. **92** Mottet [1]. **93, 94** Dufaux [4]. **95, 96** Indurain [8]. **97** Bolts [28]. **98** De Las Cuevas [1]. **99** Vinokourov [34]. **2000** Hamilton [17]. **01** Moreau [1].

■ **Midi Libre.** *Créé* 1949. **1990** Rué [1]. **91** Duclos-Lassale [1]. **92** Leblanc [1]. **93** Fondriest [6]. **94** Svorada [30]. **95** Indurain [8]. **96** Jalabert [1]. **97** Elli [6]. **98** Dufaux [4]. **99** Salmon [1]. **2000** Rous [1]. **01** Mayo [8].

■ **Autres courses. Quatre Jours de Dunkerque.** *Créés* 1955. **1990** Roche [19]. **91** Mottet [1]. **92** Ludwig [28]. **93** Desbiens [1]. **94** Seigneur [1]. **95** Museeuw [2]. **96** Gaumont [1]. **97** Museeuw [2]. **98** Vinokourov [34]. **99** Sandstod [10]. **2000** Rittsel [12]. **01** Rous [1]. **Tour de Grande-Bretagne.** **1991** Anderson [13]. **92** Sciandri [6]. **93** Anderson [13]. **94** Fondriest [6]. **95** *non disputé.* **96** *annulé.* **Tour du Luxembourg.** *Créé* 1935. **1990** Lavainne [1]. **91** Theunisse [3]. **92** Dojwa [1]. **93** Sciandri [6]. **94** Maassen [3]. **95** Jaermann [4]. **96** Elli [6]. **97** Vandenbroucke [2]. **98** Armstrong [17]. **99** Wauters [2]. **2000** Elli [6]. **Tour des Pays-Bas.** **1993** Breukink [3]. **94** Skibby [10]. **95** Nijdam [3]. **96** Sörensen [10]. **97** Dekker [3]. **98** Sorensen [10]. **99** Honchar [33]. **2000** Dekker [3]. **Tour de Romandie (Suisse).** *Créé* 1947. **1990** Mottet [1]. **91** Rominger [4]. **92** Hampsten [17]. **93, 94** Richard [4]. **95** Rominger [4]. **96** Olano [8]. **97** Tonkov [31]. **98** Dufaux [4]. **99** Jalabert [1]. **2000** Savoldelli [6]. **01** Frigo [6]. **Tour de Catalogne.** *Créé* 1911. **1990** Cubino [8]. **91, 92** Indurain [8]. **93** Mejia [20]. **94** Chiappucci [6]. **95** Jalabert [1]. **96** Zülle [4]. **97** Escartin [8]. **98** Buenahora [20]. **99** Beltran [8]. **2000** Jimenez [8]. **01** Beloki [8]. **Tour de Chine.** Couru en 1995. **Parcours :** 507 km en 11 jours et 6 étapes. **1995** Ekimov [31]. **Tour de la Martinique.** *Créé* 1935. **1990** Hammerschmid [24]. **91** Delalande [1]. **92** Consuegra [35]. **93** Hierso [1]. **94** Delalande [1]. **95** Valdes [35]. **96** Vadecki. **97** Valdes [35]. **98** Le Lamer [1]. **99** Amsler [4]. **2000** Hugues [13].

Épreuves en lignes

■ **Amstel Gold Race.** *Créé* 1966. **1990** Van der Poel [3]. **91** Maassen [3]. **92** Ludwig [28]. **93** Jaermann [4]. **94** Museeuw [2]. **95** Gianetti [4]. **96** Zanini [6]. **97** Riis [10]. **98** Jaermann [4]. **99** Boogerd [3]. **2000** Zabel [28]. **01** Dekker [3].

■ **Paris-Brest-Paris.** *Créé* 1891. **1891** Terront (1 200 km à 16,814 km/h). **1901** Garin (22,995 km/h). **11** Georget (23,893). **21** Mottiat [2] (21,771). **31** Opperman [13] (24,121). **48** Hendrickx [2] (28,405). **51** Diot (1 182 km à 30,362 km/h). *Non disputé après 1951.*

■ **Paris-Roubaix.** *Créé* 1896. **1970** Merckx [2]. **71** Rosiers [2]. **72** De Vlaeminck [2]. **73** Merckx [2]. **74, 75** De Vlaeminck [2]. **76** Demeyer [2]. **77** De Vlaeminck [2]. **78 à 80** Moser [6]. **81** Hinault [1]. **82** Raas [3]. **83** Kuiper [3]. **84** Kelly [19]. **85** Madiot [1]. **86** Kelly [19]. **87** Vanderaerden [2]. **88** De Mol [2]. **89** Wampers [2]. **90** Planckaert [2]. **91** Madiot [1]. **92, 93** Duclos-Lassalle [1]. **94** Tchmil [31]. **95** Ballerini [6]. **96** Museeuw [2]. **97** Guesdon [1]. **98** Ballerini [6]. **99** Tafi [6]. **2000** Museeuw [2]. **01** Knaven [3]. **Record :** 45,129 km/h (Post 1964).

■ **Paris-Tours.** *Créé* 1896, devient **Tours-Versailles** en 1974 et 1975 puis **Grand Prix d'Automne** en 1976, puis **Blois-Montlhéry** en 1978, **Blois-Chaville** de 1979 à 84, **Créteil-Chaville** de 1985 à 87 et enfin de nouveau **Paris-Tours** en 1988. **Parcours** 234 à 347 km. **1980** Willems [2]. **81** Raas [3]. **82** Vandenbroucke [2]. **83** Peeters [2]. **84** Kelly [19]. **85** Peeters [2]. **86** Anderson [13]. **87** Van der Poel [3]. **88** Pieters [3]. **89** Nijdam [3]. **90** Sörensen [10]. **91** Capiot [2]. **92** Redant [2]. **93** Museeuw [2]. **94** Zabel [28]. **95, 96** Minali [6]. **97** Tchmil [33] (a couru sous les couleurs de l'URSS, la Russie, la Moldavie, l'Ukraine puis la Belgique). **98** Durand [1]. **99** Wauters [2]. **2000** Tafi [6]. **Record :** 47,539 km/h (Tchmil 1997).

■ **Paris-Bruxelles.** *Créé* 1893. **1980** Gavazzi [6]. **81** De Vlaeminck [2]. **82** Hanegraaf [3]. **83** Prim [12]. **84** Vanderaerden [2]. **85** Van der Poel [3]. **86** Bontempi [6]. **87** Arras [2]. **88** Golz [7]. **89** Nijdam [3]. **90** Ballerini [6]. **91** Holm [10]. **92** Sörensen [10]. **93** Moreau [1]. **94** Sörensen [10]. **95** Vandenbroucke [2]. **96** Tafi [6]. **97** Bertolini [6]. **98** Zanini [6]. **99** Vainsteins [37]. **2000** Van Heeswijk [3].

■ **Tour des Flandres.** *Créé* 1913. **1970** Leman [2]. **71** Dolman [3] (*record :* 268 km à 43,225 km/h). **72, 73** Leman [2]. **74** Bal [3]. **75** Merckx [2]. **76** Planckaert [2]. **77** De Vlaeminck [2]. **78** Godefroot [2]. **79** Raas [3]. **80** Pollentier [2]. **81** Kuiper [3]. **82** Maertens [2]. **83** Raas [3]. **84** Lammerts [3]. **85** Vanderaerden [2]. **86** Van der Poel [3]. **87** Criquielion [2]. **88** Plankaert [2]. **89** Van Hooydonck [2]. **90** Argentin [6]. **91** Van Hooydonck [2]. **92** Durand [1]. **93** Museeuw [2]. **94** Bugno [6]. **95** Museeuw [2]. **96** Bartoli [6]. **97** Sörensen [10]. **98** Museeuw [2]. **99** Van Petegem [2]. **2000** Tchmil [2]. **01** Bortolami [6].

■ **Flèche wallonne.** *Créée* 1936. **1970** Merckx [2]. **71** De Vlaeminck [2]. **72** Merckx [2]. **73** Dierickx [2]. **74** Verbeeck [2]. **75** Dierickx [2]. **76** Zoetemelk [3]. **77** Moser [6]. **78** Laurent [1]. **79** Hinault [1]. **80** Saronni [6]. **81** Willems [2]. **82** Beccia [6]. **83** Hinault [1]. **84** Andersen [10]. **85** Criquielion [2]. **86** Fignon [1]. **87** Leclercq [1]. **88** Golz [7]. **89** Criquielion [2]. **90, 91** Argentin [6]. **92** Furlan [6]. **93** Fondriest [6]. **94** Argentin [6]. **95** Jalabert [1]. **96** Armstrong [17] (*record :* 42,960 km/h). **97** Jalabert [1]. **98** Hamburger [10]. **99** Bartoli [6]. **2000** Casagrande [6]. **01** Verbbrugghe [2].

■ **Grand prix de Francfort.** *Créé* 1962. **1990** Wegmuller [4]. **91** Bruyneel [2]. **92** Van den Abeele [2]. **93** Sörensen [10]. **94** Ludwig [28]. **95** Frattini [6]. **96** Zberg [4]. **97** Bartoli [6]. **98** Baldato [6]. **99** Zabel [28]. **2000** Hundertmark [28].

■ **Milan-San Remo.** *Créé* 1907. **1990** Bugno [6]. **91** Chiappucci [6]. **92** Kelly [19]. **93** Fondriest [6]. **94** Furlan [6]. **95** Jalabert [1]. **96** Colombo [6]. **97, 98** Zabel [28]. **99** Tchmil [2]. **2000, 01** Zabel [28]. **Record :** 288 km à 44,805 km/h (Merckx 1967).

■ **Liège-Bastogne-Liège.** *Créé* 1892. **1980** Hinault [1]. **81** Fuchs [4]. **82** Contini [6]. **83** Roche [19]. **84** Kelly [19]. **85 à 87** Argentin [6]. **88** Van der Poel [3]. **89** Kelly [19]. **90** Van Lancker [2]. **91** Argentin [6]. **92** De Wolf [2]. **93** Sörensen [10]. **94** Berzine [31]. **95** Gianetti [4]. **96** Richard [4]. **97, 98** Bartoli [6]. **99** Vandenbroucke [2]. **2000** Bettini [6]. **01** Camenzind [4].

■ **Tour de Lombardie.** *Créé* 1905. **1990** Delion [1]. **91** Kelly [19]. **92** Rominger [4]. **93** Richard [4]. **94** Bobrike [31]. **95** Faresin [6]. **96** Tafi [6]. **97** Jalabert [1]. **98** Camenzind [4]. **99** Celestino [6]. **2000** Rumsas [36].

■ **Boucles de la Seine.** *Créées* 1945. *Non disputées depuis 1974.* **Record :** 41,211 km/h (Anastasi 1964).

■ **Championnats de France sur route.** **Messieurs***. *Créé* 1907. **1961** Poulidor. **62 à 64** Stablinski. **65** Anglade. **66** Theillière. **67** Letort (déclassé). **68** Aimar. **69** Delisle. **70** Gutty (déclassé). **71** Hézard (déclassé). **72** Berland. **73** Thévenet. **74** Talbourdet. **75** Ovion. **76** Sibille. **77** Tinazzi. **78** Hinault. **79** Berland. **80** Villemiane. **81** Beucherie. **82** Clère. **83** Gomez. **84** Fignon. **85** Leclercq. **86** Y. Madiot. **87** M. Madiot. **88, 89** Caritoux. **90** Louviot. **91** De Las Cuevas. **92** Leblanc. **93, 94** Durand. **95** Seigneur. **96** Heulot. **97** Barthe. **98** Jalabert. **99** Simon. **2000** Capelle. **01** Rous.

Nota. – (*) Tous Français.

■ **Critérium international.** *Créé* 1932, **Critérium national** jusqu'en 1980. **1980** Laurent [1]. **81** Hinault [1]. **82** Fignon [1]. **83, 84** Kelly [19]. **85** Roche [19]. **86** Zimmerman [4]. **87** Kelly [19]. **88** Breukink [3]. **89** Indurain [8]. **90** Fignon [1]. **91** Roche [19]. **92** Bernard [1]. **93** Breukink [3]. **94** Furlan [6]. **95** Jalabert [1]. **96** Boardman [5]. **97** Garcia [8]. **98** Moreau [1]. **99** Voigt [28]. **2000** Olano [8]. **01** Verbrugghe [2].

■ **Championnat de Zurich.** *Créé* 1914. **1982** Van der Poel [3]. **83** Van Der Velde [2]. **84** Anderson [13]. **85** Peters [2]. **86** Da Silva [11]. **87** Gölz [7]. **88** Rooks [3]. **89** Bauer [26]. **90** Mottet [1]. **91** Museeuw [2]. **92** Ekimov [31]. **93** Fondriest [6]. **94** Bortolami [6]. **95** Museeuw [2]. **96** Ferrigato [6]. **97** Rebellin [6]. **98** Bartoli [6]. **99** Gwiazdowski [21]. **2000** Dufaux [4].

■ **Classique de San Sebastián.** *Créé* 1981. **1981, 82** Lejarreta [8]. **83** Criquielion [2]. **84** Ruttimann [4]. **85** Van der Poel [3]. **86** Gaston [8]. **87** Lejarreta [8]. **88** Theunisse [3]. **89** Zadrobilek [24]. **90** Indurain [8]. **91** Bugno [6]. **92** Alcala [29]. **93** Chiappucci [6]. **94** De Las Cuevas [1]. **95** Armstrong [17]. **96** Bölts [28]. **97** Rebellin [6]. **98, 99** Casagrande [6]. **2000** Dekker [3].

■ **Grand Prix des Amériques (Montréal, Canada).** *Créé* 1988. *Non disputé après 1992.*

■ **Wincanton Classic.** *Créé* 1989 en G.-B., devient **Leeds International Classic** en 1993 puis **International Rochester Classic** en 1997. **1989** Maassen [3]. **90** Bugno [6]. **91** Van Lancker [2]. **92** Ghirotto [6]. **93** Volpi [6]. **94** Bortolami [6]. **95** Sciandri [6,5]. **96** Ferrigato [6]. **97** Tafi [6].

■ **Classique des Alpes.** *Créée* 1991. **1991** Mottet [1]. **92** Delion [4]. **93** Bouwmans [3]. **94** Rincon [20]. **95** Gonzales-Arrieta [8]. **96** Jalabert [1]. **97** Roux [2]. **98** Jalabert [1]. **99** Unaï Osa [8]. **2000** Jimenez [8]. **01** Mayo [8].

Épreuves contre la montre

■ **Championnats du monde individuels.** *Créés* 1994. **Open. Messieurs. 1994** Boardman [5]. **95** Indurain [8]. **96** Zülle [4]. **97** Jalabert [1]. **98** Olano [8]. **99** Ullrich [28]. **2000** Honchar [33]. **Dames. 1994** Kurreck [17]. **95 à 97** Longo [1]. **98, 99** Van Moorsel [3]. **2000** Holden [17].

■ **Championnats de France individuels.** *Non disputés de 1931 à 1994.* **1995** Marie. **96** Seigneur. **97** Teyssier. **98, 99** Maignan. **2000** Teyssier. **01** Brard.

■ **Grand Prix des Nations.** *Créé* 1932, couru sur 140 km jusqu'en 1955. **1967, 68** Gimondi [6] (*record* : 47,518 km/h). **69, 70** Van Springel [2]. **71** Ocaña [8]. **72** Swerts [2]. **73** Merckx [2]. **74, 75** Schuiten [3]. **76** Maertens [2]. **77 à 79,** Hinault [1]. **80** Vandenbroucke [2]. **81** Gisiger [4]. **82** Hinault [1]. **83** Gisiger [4]. **84** Hinault [1]. **85** Mottet [1]. **86** Kelly [19]. **87, 88** Mottet [1]. **89** Fignon [1]. **90** Wegmuller [4]. **91** *Peschel [28]. **92** *Teyssier [1]. **93** *Locatelli [1]. **94** Rominger [4]. **95** *non disputé.* **96** Boardman [5]. **97** Peschel [28]. **98** Teyssier [1]. **99** Honchar [33]. **2000** Armstrong [17].

Nota. – (*) Amateurs.

☞ **Anquetil** l'a gagné 9 fois (de 1953 à 1958, et en 1961, 1965 et 1966).

■ **Trophée Baracchi** (amateur de 1941 à 1946). *Créé* 1941 ; à partir de 1948, équipes de 2 coureurs. **1990** Golz [7]-Cordes [3]. *Annulé depuis 1991.*

Épreuves derrière entraîneurs

■ **Bordeaux-Paris.** *Créé* 1891. **Parcours** 551 à 620 km. **1980, 81** Van Springel [2]. **82** Tinazzi [1]. **83** Duclos-Lassalle [1]. **84** Linard [1]. **85** Martens [2]. **86** Glaus [4]. **87** Vallet [1]. **88** Rault [1]. *Non disputé après 1988.*

Principales épreuves espoirs et dames (amateurs jusqu'en 1995)

■ **Championnats du monde sur route.** *Annuels.* **Espoirs.** *Créés* 1921. **1990** Gualdi [6]. **91** Rajzinski [15]. **93** Ulrich [28]. **94** Pedersen [10]. **95** Nelissen [3]. **96** Figueras [6]. **97** Arvesen [23]. **98** Basso [6]. **99** Giordani [6]. **2000** Petrov [31]. **Dames.** *Créés* 1958. **1990** Marsal [1]. **91, 93** Van Morseel [3]. **94** Valvik [23]. **95** Longo [1]. **96** Heeb [4]. **97** Cappellotto [6]. **98** Ziliute [36]. **99** Pucinskaite [36]. **2000** Stahurskaia [38].

■ **Championnats de France sur route. Espoirs.** *Créés* 1945. **1990** Morelle. **91** Davy. **92** Hervé. **93** Delbove. **94** Médan. **95** Liévin (destitué pour dopage). **96, 97** *non disputé.* **98** Cougé. **99** Ravalev. **2000** Boulenger. **Dames.** *Créés* 1951. **1990** Marsal. **91** Clignet. **92** Longo. **93** Clignet. **94** Gorostegui. **95** Longo. **96** Marsal. **97** Riedle. **98 à 2001** Longo.

Contre la montre par équipes. Open depuis 1995. **Espoirs. 85 km. 1995** (86,5 km) Gan (Deramé, Pretot, Aubier, Vasseur). **96** Vendée U (Arnaud, Barbier, Blanchard, Plouhinec). **97** *non disputé.* **Dames. 50 km. 1995** Ile-de-Fr. (Longo, Leroux, Gendron, Bernard). **96** Lorraine (Styr, Huguet, Triquet, Hugon). **97** *non disputé.*

■ **Course de la Paix.** Organisée par les pays de l'Est. *Créée* 1948. **1981** Zagretdinov [15]. **82** Ludwig [16]. **83** Boden [16]. **84** Soukoroutchenkov [15]. **85** Piasecki [21]. **86** Ludwig [16]. **87 à 89** Ampler [16]. **90** Svorada [18]. **91** Rajzinski [31]. **92** Wesemann [28]. **93** Bilek [18]. **94** Voigt [28]. **95** Padrnos [18]. **96, 97** Weisemann [28]. **98** Ampler [28]. **99** Wesemann [28]. **2000** Wadecki [21]. **01** Piil [10].

Cyclo-cross

■ **Généralités.** Abréviation de *cross-country cyclo-pédestre.* Course d'environ 2 500 m (dont les 3/4 doivent être cyclables) à bicyclette et à pied à travers la campagne sur un parcours constitué de routes, bois, prairies, déclivités, descentes rapides non dangereuses. *Courses au temps :* hommes 50 min (épreuves régionales ou interrégionales), ou 60 min (épreuves nationales ou internationales) ; juniors 40 min. *Période des courses :* oct. à mars. **1902**-*16-5* 1er championnat de France. **1924** 1er critérium international qui devient en **1950** championnat du monde.

Épreuves

☞ *Légende* (voir p. 1404 a).

■ **Championnats du monde. Open** (1950-66 et 1994-95). **Individuels. 1950** Robic [1]. **51 à 53** Rondeaux [1]. **54 à 58** Dufraisse [1]. **59** Longo [6]. **60, 61** Wolfshohl [7]. **62** Longo [6]. **63** Wolfshohl [7]. **64, 65** Longo [6]. **66** Eric De Vlaeminck [2]. **94** Herijgers [2]. **95** Runkel [4]. **Par éq. 1994** Belgique. **95** Suisse.

Espoirs (amateurs avant 1996). Individuels. *Créés* 1967. **1990** Busser [4]. **91** Frischknecht [4]. **92** Pontoni [6]. **93** Djernis [10]. **94***. **96** Martinez [1]. **97, 98** Nijs [2]. **99, 2000** Wellens [2]. **Par éq.** *Créés* 1979. **1979** Pologne. **80** Suisse. **81** Italie. **82 à 84** Tchécoslovaquie. **85** Suisse. **86** Belgique. **87** Tchéc. **88** Suisse. **89** Tchéc. **90** France. **91, 92** Suisse. **93** France. **94** *. **96** Tchéc. **97 à 2000** Belgique.

Élite (professionnels avant 1996). Individuels. *Créés* 1967. **1990** Baars [3]. **91** Simunek [18]. **92** Kluge [28]. **93** Arnould [1]. **94** *. **96** Van Der Poel [3]. **97** Pontoni [6]. **98, 99** De Clercq [2]. **2000** Groenendaal [3]. **01** Vervecken [2]. **Par éq. 1996, 97** Italie. **98, 99** Belgique. **2000** Pays-B.

Nota. – (*) Open en 1994 et 1995.

■ **Championnats d'Europe. Open. 1995** Runkel [4].

■ **Championnats de France.** *Créé* 1902. **Élite (professionnels jusqu'en 1990). 1990** C. Lavainne. **96** Magnien. **97, 98** Mengin. **99, 2000** Morel. **01** Pagnier. **Espoirs (amateurs jusqu'en 1990). 1990** A. Daniel. **96** Martinez. **97** Morel. **98** Martinez. **99** Benoist. **2000** Derepas. **01** Mourey. **Open (de 1991 à 1995). 1991** B. Lebras, **92** D. Pagnier, **93, 94** D. Arnould. **95** J. Chiotti.

BMX-bicross

■ **Origine.** BMX : *bicycle motocross.* **Vers 1970** sur tôte ouest des USA par des pilotes de motocross. **1978** introduit en France. **Organisation.** *Association française de bicrossing* (59, fg. Saint-Nicolas, 21200 Beaune), *créée* 8-3-1981 (12 000 licenciés et 400 clubs), gérée depuis 1989 par la Fédération fr. de cyclisme. **Règles. Catégories :** 1 pour 2 années d'âge : poussins, pupilles, benjamins, minimes, cadets, juniors, élites, 20 et 24 pouces. **Motocross à vélo :** *bicross :* roues de 20 pouces. Moto de cross sans moteur. *Cruiser :* bicross avec roues de 24 pouces. **Équipement :** casque, tenue de cross, gants, baskets. **Piste :** 250 à 400 m. Départ et arrivée distincts. 5 à 8 obstacles. Largeur 10 m au départ, se rétrécissant jusqu'à 6 m. Départ d'une butte, à 8 coureurs (lâcher d'une grille). Sprint de moins de 1 min. 3 manches, puis 1/4, 1/2 et finales selon le nombre d'engagés par catégorie.

Épreuves

☞ *Légende* (voir p. 1404 a).

■ **Championnats du monde.** *Créés* 1982. **1990** Loncarevitch [17]. **91** Lévêque [1]. **92** Groenendaal [3]. **93** Ellis [17]. **94** Nelson [17]. **95** Lévêque [1]. **96** Holmes [5]. **97** Purse [17]. **98** Allier [1]. **99** De Wilde [3]. **2000** Allier [1].

■ **Championnats de France.** *National* pour juniors et élites (18 épreuves en 2001) ; *régional* pour garçons, filles et cruisers (6 épreuves régionales, 2 demi-finales, une finale nationale) ; *départemental* ou au niveau de la ligue pour juniors (6 épreuves, 2 demi-finales, une finale nationale). *Épreuves :* environ 400 par an avec les courses promotionnelles.

Vélo tout terrain (VTT)

■ **Origine. Vers 1970** en Californie, utilisation de vieux vélos adaptés. **1976** 1res courses de descente au nord de San Francisco, les *repack races* (où on doit recharger, *to repack,* les tambours en graisse) ; s'arrêtent en 1984. **1979** apparition des appellations *mountain bike* et *all terrain bike.* **1983**-*mai* introduit en France par Stéphane Hauvette. -*6-8* démonstration à La Plagne. -*Sept.* Association fr. de mountain bike créée. **1984**-*mai* 1er Paris-Deauville en 3 j. -*Oct.* 1er Roc d'Azur entre Ramatuelle et St-Tropez, victoire de Larbi Midoun. **1996** sport olympique en cross-country. **Vélo :** cintre plat avec poignées. Commandes sur le cintre. Roue de 26 pouces. Pneus en général crantés, parfois lisses (pour rouler en ville). **Versions :** *tout terrain :* franchissement d'obstacles et parcours accidentés ; *ville* ou *tout chemin :* polyvalent chemins, voies carrossables ; *spécifiques adaptées à la discipline : cross-country :* possibilité de fourche à suspension, 3 plateaux à l'avant et de 8 à 9 vitesses à l'arrière ; *descente :* suspensions avant et arrière, plateau avec tendeur de chaîne ; *trial :* cadre plus court, pédales plus larges. **Disciplines. Descente, cross-country, rallye, trial. Adresse :** *Féd. française de cyclisme :* 5, rue de Rome, 93561 Rosny-sous-Bois Cedex. **Randonnée.** Plus de 1 500 par an sont organisées. *Féd. française de cyclotourisme :* 8, rue Jean-Marie-Jego, 75013 Paris.

Épreuves

☞ *Légende* (voir p. 1404 a) et **jeux Olympiques** (voir p. 1475 c).

■ **Championnats du monde. Descente. Messieurs. 1990** Herbold [17]. **91** Iten [4]. **92** Cullinam [17]. **93** King [17]. **94** Gachet [1]. **95 à 99** Vouilloz [1]. **2000** Rockwell [17]. **Dames. 1990** Devine [17]. **91** Bonazzi [6]. **92** Furtado [17]. **93** Bonazzi [6]. **94** Giove [17]. **95** Donovan [17]. **96 à 2000** Chausson [1]. **Cross-country. Messieurs. 1990** Overend [17]. **91** Tomac [17]. **92 à 94** Djernies [10]. **95** Brentjens [3]. **96** Frischknecht [4] (Chiotti [1] déclassé pour dopage). **97** Pallhuber [1]. **98** Dupouey [1]. **99** Rasmussen [10]. **2000** Martinez [1]. **Dames. 1990** Furtado [17]. **91** Mathes [17]. **92** Furst [4]. **93** Pezzo [6]. **94 à 96** Sydor [14]. **97** Pezzo [6]. **98** Leboucher [1]. **99, 2000** Fullana [8].

■ **Championnats d'Europe.** *Créés* 1991. **Descente. Messieurs. 1992, 93** Sprich [28]. **94** Vouilloz [1]. **95** Gachet [1]. **96** Misser [8]. **97, 98** Vouilloz [1]. **99** Zanchi [6]. **2000** Peat [5]. **Dames. 1992** Buchwieser [28]. **94 à 98** Chausson [1]. **99** Moeser [24]. **2000** Moseley [5]. **Cross-country. Messieurs. 1992** Uebelhardt [4]. **93** Frischknecht [4]. **94** Iten [4]. **95** Savignoni [1]. **96** Dupouey [1]. **97** Kristensen [10]. **98** Dupouey [1]. **99** Martinez [1]. **2000** Meirhaeghe [2]. **Dames. 1992** Furst [4]. **93** Daucourt [4]. **94** Pezzo [6]. **95** Alexander [5]. **96** Pezzo [6]. **97** Daucourt [4]. **98** Leboucher [1]. **99** Pezzo [6]. **2000** Leboucher [1].

■ **Championnats de France.** *Créés* 1987. **Descente. Messieurs. 1990** Thévenard. **91** Taillefer. **92 à 94** Vouilloz. **95** Gracia. **96, 97** Vouilloz. **98** Gracia. **99** Vouilloz. **2000** Keller. **01** Vouilloz. **Dames. 1990** Églin. **91, 92** Fiat. **93** Le Caer. **94 à 99** Chausson. **2000** Jonnier. **01** Gros. **Cross-country. Messieurs. 1991** Noël. **92** Lebras. **93** Krasniak. **94** Dubau. **95** Savignoni. **96** Martinez. **97** Bonnand. **98** Dupouey. **99** Chiotti. **2000** Dietsch. **01** Chiotti. **Dames. 1988 à 92** Églin. **93** Segura. **94** Longo. **95** Fiat. **96** Leboucher. **97** Temporelli. **98 à 2000** Leboucher. **01** Souchon.

■ **Tour VTT.** *Créé* 1995. **Messieurs. 1995, 96** Bart Brentjens [3]. **Dames. 1995** Zu Putlitz [28]. **96** Dahle [23]. **97** Kristensen [10]. **98** Martinez [1]. **99** *supprimé.*

Cyclotourisme

■ **Généralités.** Pratique de la randonnée à vélo, sur route ou à VTT, réalisée sans esprit de compétition.

■ **Quelques dates. 1888** Paul de Vivie (*alias* Velocio) crée le mot *cyclotourisme.* **1890** Touring club de France créé. **1891** Alcide Bouzigues effectue Paris-Lannemezan (975 km) en 8 jours. **1896** 1er raid officiel de 200 km, Rome-Naples, par 9 Italiens. **1898**-*16-1* Vito Pardo crée à Rome l'*Audax italiano,* organisateur des 1ers brevets Audax (audacieux) de 200 km (cyclistes capables d'effectuer 200 km entre lever et coucher du Soleil). **1904** Henri Desgrange (1865-1940), directeur de *L'Auto* et promoteur du Tour de France, fonde les Audax français. **1923** Féd. française des Stés de cyclotourisme créée. **1945** Féd. française de cyclotourisme créée. **Du 14-11-1948 au 6-8-1949** Lionel Brans fait seul à bicyclette Paris-Saïgon (13 000 km en 98 j). **1991** 3 000 randonneurs de 26 nations participent au Paris-Brest-Paris du centenaire.

■ **Randonnée cyclotouriste.** Activité sportive de plein air sans esprit de compétition. Parmi les *activités les plus caractéristiques :* Provence (Pâques), Concentration nationale de Pentecôte, Semaine fédérale de cyclotourisme (août, 10 000 participants), Paris-Brest-Paris (3 700 participants en 1999), Diagonales de France et randonnées Mer-Montagne, Cyclo-montagnardes et Vertes-Tout-Terrain, Brevet des Provinces françaises, Brevet de cyclotourisme national, séjours à l'étranger, Tour cyclotouriste FFCT. **Adeptes en France.** 120 000 membres, 3 100 clubs.

■ **Conseils pratiques vélo de route. Selle :** réglée afin que la jambe tendue mais sans raideur puisse poser son talon déchaussé sur la pédale. **Guidon :** randonneur, hauteur sensiblement identique à celle de la selle. Distance entre selle et guidon égale à celle de l'avant-bras du cycliste, la main ouverte, le coude appuyé sur le bec de selle, le bout des doigts arrivant à l'axe du guidon. **Manivelles :** 16,5 cm pour un entrejambe de moins de 80 cm et 17 cm au-dessus. Ainsi le cycliste aura la poitrine bien dégagée (respiration), le buste incliné à environ 45°. **Pédalage :** cadence moyenne 70 tours/minute. **Développement :** 2 ou 3 plateaux à l'avant (pédalier) et 8 ou 9 pignons à l'arrière (roue libre) ; développement moyen de 5 m environ soit : 42 × 17 ; on pourra ainsi avoir : 50, 42, 30 dents à l'avant et 14 × 15 × 16 × 17 × 19 × 21 × 23 × 26 dents à l'arrière.

Autres disciplines

■ **Cycle-balle.** Hommes uniquement. Se joue en salle (équipes de 2) ou en plein air (équipes de 6). Ballon en étoffe (diamètre 17 cm, 500 g). Périodes de 2 à 7 min. **Balle** doit être dirigée vers le but par les roues. Seul le gardien de but peut la toucher avec les mains. Populaire en Allemagne, Autriche, Suisse, République tchèque.

■ **Cyclisme artistique.** En salle. Individuel, duo, duo mixte ou quadrilles en équipes (4 ou 6 personnes). Programme de 6 minutes.

■ **Free style. Vers 1970** créé aux USA sur les pistes de *skate-board.* **Vers 1980** introduit en France. **Vélo :** 20 pouces, appuie-pieds avant et arrière, rotor pour rotation à 360° du guidon, forme spécifique du cadre et du guidon. Figures exécutées au sol, sur une rampe ou dans les airs. Programme libre de 1 min 30 à 3 min selon les catégories.

■ **Polo-vélo.** Inventé par le capitaine Wood (G.-B.). **1925** introduit en France. 2 équipes de 5 joueurs (gardien, arrière et 3 avants) et 2 remplaçants. **Terrain :** herbe, 80 à 110 m × 40 à 60 m (surface de réparation 15 × 7 m, point de penalty à 10 m dans l'axe des buts, ligne médiane avec un cercle central de 10 m de rayon). **Buts :** 5 m de large, 2,75 m de haut, parfois munis de filets. **Vélo spécial :** fourches avant et arrière raccourcies, roues de 600 mm de diam., rayons renforcés, pignon fixe à l'arrière, développement 3,50 m au max. **Maillet :** non commercialisé, fabriqué par le joueur. **Ballon :** cuir ou plastique, diam. 13 à 15 mm. **Partie :** 2 mi-temps d'1/2 h et 5 min de pause, prolongations possibles de 2 fois 10 min, puis tir de penalty. On peut frapper la balle avec le maillet, les roues, la tête.

■ **Vélo-trial.** Pratiqué par les jeunes ne pouvant se servir de motos. Consiste à franchir les obstacles et reliefs naturels en ville ou à la campagne.

Quelques noms

Légende : tous français, sauf indication (1) All. féd. avant 1991. (2) Espagne. (3) Italie. (4) Belgique. (5) Suisse. (6) Luxembourg. (7) P.-Bas. (8) Suède. (9) G.-B. (10) Portugal. (11) Ex-URSS. (12) USA. (13) Danemark. (14) Australie. (15) Japon. (16) Colombie. (17) Irlande. (18) Canada. (19) Ex-All. dém. (20) Mexique. (21) Norvège. (22) All. depuis 1991. (23) Russie. (24) Ouzbékistan. (25) Estonie. (26) Moldavie. (27) Ukraine.

Abdoujaparov Djamolidine [24] 28-2-64. Adorni Vittorio [3] 14-11-37. Aerts Jean [4] 1907-92. Agostinho Joaquim [10] 1943-84. Aimar Louis 5-1-11 ; Lucien 28-4-41. Alban Robert 9-2-52. Alcala-callegos Raul [20] 3-3-64. Altig Rudi [1] 18-3-37. Ampler Uwe [19,22] 11-10-64. Andersen Kim [13] 10-2-58. Anderson Philip [14] 20-3-58. Anglade Henri 9-7-33. Anquetil Jacques 1934-87. Archambaud Maurice 1908-55. Argentin Moreno [3] 17-12-60. Armstrong Lance [12] 18-9-71. Arnaud Dominique 19-9-55. Arnould Dominique 19-11-66. Aucouturier Hippolyte 1876-1944. Bagot Jean-Claude 5-3-58. Bahamontes Federico [2] 9-7-28. Baldini Ercole [3] 26-1-33. Ballanger Félicia 12-6-71. Balmamion Franco [3] 11-1-40. Baronchelli Giambattista [3] 6-9-53. Bartali Gino [3] 1914-2000. Barteau Vincent 18-3-62. Bartoli Michele [3] 25-7-70. Basso Marino [3] 1-6-45. Bauer Steve [18] 12-6-59. Beghetto Giuseppe [3] 8-10-39. Bellenger Jacques 25-12-27. Bernard Jean-François 2-5-62. Bernaudeau Jean-René 8-7-56. Berzine Evgueni [23] 3-6-70. Bevilacqua Antonio [3] 1918-72. Binda Alfredo [3] 1902-86. Biondi Laurent 19-6-59. Bitossi Franco [3] 19-9-40. Blanchonnet Armand 1903-68. Boardman Christopher [9] 26-8-68. Bobet Jean 22-2-30 ; Louison 1925-83. Bondue Alain 8-4-59. Bontempi Guido [3] 12-1-60. Bottechia Ottavio [3] 1894-1927. Bouvatier Philippe 12-6-64. Boyer Éric 2-12-63. Bracke Ferdinand [4] 25-2-39. Braun Gregor [1] 31-12-55. Breu Beat [5] 23-10-57. Breukink Erik [7] 1-4-64. Brochard Laurent 26-3-68. Bruyneel Johan [4] 23-8-64. Bugno Gianni [3] 14-2-64. Burton Beryl [9] 12-5-37. Buysse Lucien [4] 1892-1980.

Camargo Alberto [16] 3-2-65. Camusso Francesco [6] 8-3-08. Canins Maria [3] 4-6-49. Capelle Christophe 15-8-67. Capiot Johan [4] 12-1-64. Caput Louis 1921-85. Caritoux Éric 16-8-60. Carlesi Guido [3] 6-11-36. Carrara Émile 1925-92. Casagrande Francesco [3] 14-9-70. Casartelli Fabio [3] 1970-95. Cassani Davide [3] 1-1-61. Castaing Francis 22-4-59. Cerami Joseph (Pino) [3] 28-4-22. Chaillot Louis 1914-98. Chapatte Robert 1922-97. Chiappucci Claudio [3] 28-2-63. Chioccioli Franco [3] 25-8-59. Christophe Eugène 1885-1970. Cippolini Mario [3] 22-3-67. Civry (de) Frédéric 1861-93. Clark Danny [14] 30-8-51. Claveyrolat Thierry 1959-99. Clere Régis 18-8-56. Clignet Marion 1964. Cloarec Yvon 13-5-60. Colas Fabrice 21-7-64. Colotti J.-Claude 1-7-61. Coppi Fausto [3] 1919-60. Cornillet Bruno 8-2-63. Criquielion Claude [4] 11-1-53. Cubino Laudelino [2] 31-5-63. Daems Émile [4] 4-4-38. Dancelli Michele [3] 8-5-45. Danguillaume Jean-Pierre 14-12-49. Dannels Gustave [4] 1913-76. Darrigade André 24-4-29. Debaets Gérard [4] 1899-1959. De Bie Danny [4] 23-1-60. Debruyne Alfred [4] 1930-94. Dekker Erik [7] 21-8-70. De Las Cuevas Armand 26-6-68. Delgado Pedro [2] 15-4-60. Delion Gilles 5-8-66. Delisle Raymond 11-3-43. De Mol Dirk [4] 4-11-59. Dernies Michel [4] 6-1-61. De Roo Johan [4] 5-8-37. Derycke Germain [4] 1929-78. Desgrange Henri 1865-1940. De Vlaeminck Éric [4] 23-8-45 ; Roger [4] 24-8-47. De Wilde Étienne [4] 23-3-58. De Wolf Alfons [4] 22-6-56 ; Dirk [4] 16-1-61. Dhaenens Rudy [4] 1961-98. Dill-Bundi Robert [5] 18-11-58. Doyle Tony [9] 19-5-58. Duclos-Lassalle Gilbert 25-8-54. Durand Jacky 10-2-67.

Echave Federico [2] 20-7-60. Egg Oscar [5] 1890-1961. Ekimov Vlatcheslav [23] 4-2-66. Ermenault Philippe 29-4-69. Esclassan Jacques 3-9-48. Faber François [6] 1887-1915. Faggin Leandro [3] 1933-70. Faucheux Lucien 1899-1980. Fiedler Jens [22] 5-2-70. Fignon Laurent 12-8-60. Florez Alfonso [16] 1952-92. Fondriest Maurizio [3] 15-1-65. Fore Noël [4] 1932-94. Forestier Jean 7-10-30. Fornara Pasquale [3] 1925-90. Frank Gert [13] 15-3-56. Frantz Nicolas [6] 1899-1985. Freire Oscar [2] 15-2-76. Freuler Urs [5] 6-11-56. Frey Jensen Morgens [13] 2-7-41. Friol Émile 1881-1916. Furlan Giorgio [3] 9-3-66. Gambillon Geneviève 30-6-51. Garin Maurice 1871-1957. Garrigou Gustave 1883-1963. Gaul Charly [6] 13-12-32. Gautheron Isabelle 3-12-63. Gauthier Bernard 22-9-24. Gayant Martial 16-11-62. Geminiani Raphaël 12-6-25. Gerardin Louis 1912-82. Gimondi Felice [3] 29-9-42. Giovanetti Marco [3] 4-4-62. Girardengo Costante [3] 1893-1978. Godefroot Walter [4] 2-7-43. Golinelli Claudio [3] 1-5-62. Golz Rolf [1] 30-9-62. Graczyk Jean 26-5-33. Grosskost Charly 5-3-44. Guerra Learco [3] 1902-63. Guesdon Frédéric 14-10-71. Guimard Cyrille 20-1-47. Hampsten Andrew [12] 7-4-62. Harris Reginald [9] 1920-92. Hassenforder Roger 23-7-30. Hermans Mathieu [7] 9-1-63. Herrera Luis [16] 4-5-61. Hesslich Lutz [19] 17-1-59. Hinault Bernard 14-11-54. Hoste Franck [4] 29-8-55. Hubner Michael [1] 8-4-59. Idée Émile 19-7-20. Impanis Raymond [4] 19-10-25. Indurain Miguel [2] 16-7-64. Jalabert Laurent 30-11-68. Janssen Jan [7] 19-5-40. Jimenez Julio [2] 28-10-34. Kaers Karel [4] 1914-72. Kappes Andreas [22] 23-12-65. Kelly Sean [17] 2-5-56. Kint Marcel [4] 27-9-14. Kiritchenco Alexandre [11] 13-8-67. Kirsipuu Jaan [25] 17-7-69. Knetemann Gerrie [7] 6-3-51. Koblet Hugo [5] 1925-64. Konyshev Dimitri [23] 18-2-66. Kubler Ferdinand [5] 24-7-19. Kuiper Hennie [7] 3-2-49.

Lambot Firmin [4] 1886-1964. Lapébie Guy 28-11-16 ; Roger 1911-96. Lapize Octave 1889-1917. Laurent Michel 10-8-53. Lauritzen Dag-Otto [21] 12-9-59. Lavainne Christophe 22-12-63. Lazarides Apotre 1925-99. Leblanc Luc 4-8-66. Leclercq J.-Claude 27-7-62. Leducq André 1904-80. Lehmann Jens [22] 23-8-64. Lejaretta Marino [2] 14-5-57. Leman Eric [4] 17-7-46. Lemond Greg [12] 26-6-61. Liboton Roland [4] 6-3-57. Le Nizerhy Roger 1916-99. Linart Victor [4] 1889-1977. Lino Pascal 13-8-66. Longo-Ciprelli Jeannie 31-10-58. Louviot Philippe 14-3-64. Ludwig Olaf [19] 13-4-60. Maassen Frans [7] 27-1-65. Madiot Marc 16-4-59 ; Yvon 21-6-62. Maechler Erich [5] 24-9-60. Maertens Freddy [4] 13-2-52. Maes Romain [4] 1903-83 ; Sylvère [4] 1909-66. Magne Antonin 1904-83. Magné Frédéric 5-2-69. Magni Fiorenzo [3] 7-12-20. Mahé François 2-9-30. Maréchal Jean 1910-93. Marie Thierry 25-6-63. Marsal Catherine 20-1-71. Martin Raymond 22-5-49. Martinez Miguel 17-1-76. Maspes Antonio [3] 1932-2000. Mauri Melchor [2] 8-4-66. Maye Paul 1913-87. Merckx Axel [4] 8-8-72 ; Eddy [4] 17-6-45. Michard Lucien 1903-85. Millar Robert [9] 13-9-58. Moore James [9] 1849-1940. Moreau Christophe 12-4-71 ; Francis 21-7-65. Moreels Sammie [4] 27-11-65. Morelle Frank 13-8-64. Morelon Daniel 28-7-44. Moser Francesco [6] 19-6-51. Motta Gianni [3] 12-3-43. Mottet Charly 16-12-62. Museeuw Johan [4] 13-10-65. Nakano Koichi [15] 14-11-55. Nelissen Wilfried [4] 5-5-70. Nencini Gastone [3] 1930-80. Nicoloso Isabelle 13-2-61. Nijdam Jell [7] 16-8-63. Obree Graeme [9] 11-9-65. Ocaña Luis [2] 1945-94. Ockers Constant (dit Stan) [4] 1920-56. Odin Cécile 4-10-65. Oersted Hans-Erik [13] 13-12-54. Olano Abraham [2] 22-1-70. Oosterbosch Bert [7] 1957-89. Ovion Régis 3-3-49. Pantani Marco [3] 13-1-70. Parra Fabio [16] 1959-93. Peeters Ludo [2] 9-8-53. Pélissier Charles 1903-59 ; Francis 1894-1959 ; Henri 1889-1935. Pensec Ronan 10-7-63. Petit-Breton, Mazan Lucien dit, 1883-1917. Pieters Peter [7] 2-2-62. Pingeon Roger 28-8-40. Pino Alvaro [2] 17-8-56. Planckaert Eddy [4] 22-9-58. Plattner Oscar [5] 17-5-22. Poblet Miguel [2] 18-3-28. Poisson Pascal 29-5-58. Post Peter [7] 20-11-33. Poulain Gabriel 1884-1953. Poulidor Raymond 15-4-36.

Raab Uwe [19] 26-7-62. Raas Jan [7] 8-11-52. Rajzinski Viktor [11] 15-10-67. Rault Jean-François 8-6-58. Rebry Gaston [4] 1905-53. Redant Hendrik [4] 1-11-62. Richard Pascal [5] 16-3-64. Riis Bjarne [10] 3-4-64. Ritter Ole [13] 29-8-41. Rivière Roger 1936-77. Robic Jean 1921-80. Roche Stephen [17] 28-11-59. Rolland Antonin 3-9-24. Rominger Toni [5] 27-3-61. Ronsse Georges [4] 1906-69. Rooks Steven [7] 7-8-60. Rossner Petra [22] 14-11-66. Rousseau Florient 3-2-74 ; Michel 5-2-36. Rué Gérard 7-7-65. Salumiae Erika [11] 11-6-62. Saronni Giuseppe [3] 22-9-57. Scheerens Joseph 1909-86. Schotte Albéric (dit Brik) [4] 7-9-19. Schuiten Roy [7] 16-12-50. Schulte Guerrit [7] 1916-92. Sercu Patrick [4] 27-6-44. Simon Pascal 27-9-56. Simpson Tom [9] 1937-67. Sörensen Rolf [13] 20-4-65. Soukoroutchenkov Sergei [11] 10-8-56. Speicher Georges 1907-78. Stablinski Jean 21-5-32. Steels Tom [4] 2-9-71. Sterckx Ernest [4] 1922-75. Suter Henri [5] 1899-1978. Tchmil Andreï [11,26,23,27 puis 4] 22-1-63. Teisseire Lucien 11-12-19. Terront Charles 1857-1932. Theunisse Gert-Jan [7] 14-1-63. Thévenet Bernard 10-1-48. Thoms Lothar [19] 18-5-56. Thurau Dietrich [1] 9-11-54. Thys Philippe [4] 1890-1970. Tournant Arnaud 5-4-78. Trentin Pierre 15-5-44. Trousselier Louis 1881-1939. Ullrich Jan [22] 2-12-73. Umaras Gintautas [11] 1963. Vallet Bernard 18-1-54. Vanderaerden Eric [4] 11-2-62. Van Der Poel Adrie [7] 17-6-59. Van Est Whilhem [7] 25-3-23. Van Hooydonck Edwig [4] 4-8-66. Van Impe Lucien [4] 20-10-46. Van Lancker Eric [4] 30-4-61. Van Looy Rik [4] 20-2-32. Van Morseel Leontien [7] 22-3-70. Van Poppel Jean-Paul [7] 30-9-62. Van Springel Herman [4] 14-8-43. Van Steenbergen Rik [4] 9-9-24. Van Vliet Arie [7] 18-3-16. Verschueren Adolf [4] 10-7-22. Vietto René 1914-88. Virenque Richard 19-11-69. Visentini Roberto [6] 12-6-57. Walkowiak Roger 8-3-27. Wampers J.-Marie [4] 7-4-59. Watt Kathryn [14] 1964. Wegmuller Thomas [5] 28-9-60. Winnen Peter [4] 5-9-57. Wolfshohl Rolf [1] 27-12-38. Yates Sean [9] 18-5-60. Zaaf Abdelkader 1919-86. Zabel Erik [22] 7-7-70. Zimmermann Urs [5] 29-11-59. Zoetemelk Joop [7] 3-12-46. Zülle Alex [5] 5-7-68.

Escrime

Généralités

■ **Histoire.** **Origine :** Antiquité (Chine, Assyrie, Égypte, Inde, Israël, Grèce, Perse, Rome, Japon), et durant tout le Moyen Age. **Jusqu'au XIe s.** le but est de tuer (guerre, tournoi, duel). **xve s.** apparition de l'escrime moderne en Espagne. **XVIe s.** parution de nombreux traités en Italie et en France. **Vers 1780** La Boessière invente le masque. **1896** sport inscrit aux JO. **1906**-*20-12* fondation de la Féd. des salles d'armes et sociétés d'escrime de France, qui deviendra la FFE. **1913**-*29-11* fondation de la Féd. intern. d'escrime (97 féd. affiliées en 1997). **1931** expérimentation du 1er appareil de contrôle électrique. **1991** fondation de l'UE d'escrime.

■ **Langue.** Officielle : le *français,* quels que soient le pays de l'épreuve et la nationalité des arbitres.

■ **Terrain.** *Largeur :* 1,50 à 2 m. *Longueur :* 14 m plus dégagement de sécurité.

■ **Armes.** Peuvent être d'*estoc* (touche portée avec la pointe de la lame), de *taille* (avec le tranchant) ou de *contre-taille* (avec le dos).

Fleuret : arme d'estoc, longeur maximale 1,10 m dont 90 cm pour la lame, poids maximal 500 g. *Surface valable :* uniquement le tronc. *Touche :* doit être portée avec la pointe. Depuis 1955, *arbitrage* à l'appareil électrique : le coup porté sur une surface non valable allume une lampe blanche, sur une surface valable une lampe rouge ou verte. Les attaques simultanées ne comptent pas.

Épée : arme d'estoc, longueur maximale 1,10 m dont 90 cm pour la lame, poids maximal 770 g. *Surface valable :* tout le corps y compris masque et chaussures. *Touche :* doit être portée avec la pointe de l'arme. *Arbitrage* à l'appareil électrique allumant une lampe verte ou rouge si la touche est valable. Les coups doubles comptent.

Sabre : arme d'estoc, de taille et de contre-taille, longueur maximale 1,05 m dont 88 cm pour la lame, poids maximal 500 g. *Surface valable :* le haut du corps au-dessus de la ceinture, masque et bras compris, devant et derrière. *Touche* : portée avec pointe, tranchant et dos de la lame (faux tranchant). *Arbitrage* à l'appareil électrique allumant une lampe verte ou rouge pour signaler la touche. Veste métallique. Masque relié aussi à l'appareil. Les coups doubles ne comptent pas. Flèche interdite.

■ **Arbitrage.** Appareil électrique obligatoire.

■ **Équipement.** Doit protéger l'escrimeur. Tenues de couleur autorisées. Veste avec col, pantalon s'arrêtant au genou, mi-bas, chaussures, cuirasse de protection sous la veste (pour les femmes, protège-poitrine), un gant dont la manchette doit recouvrir la moitié de l'avant-bras. En raison de l'arbitrage à l'appareil électrique, une cuirasse métallique recouvre la veste sauf à l'épée. Sur le visage, masque formé d'un treillis dont les mailles ont au maximum 2,1 mm et les fils 1 mm de diamètre avant étamage.

■ **Durée des assauts.** **Aux 3 armes : a)** en poule 5 touches 4 minutes ; **b)** en élimination directe 15 touches 3 périodes de 3 minutes plus 1 minute supplémentaire en cas d'égalité, pas de match nul.

Principales épreuves

Légende : (1) Ex-URSS. (2) Hongrie. (3) Suède. (4) Italie. (5) France. (6) Roumanie. (7) All. féd. avant 1991. (8) Suisse. (9) Pologne. (10) Chine. (11) Bulgarie. (12) Espagne. (13) Cuba. (14) All. depuis 1991. (15) Russie. (16) Ukraine. (17) G.-B. (18) Pays-Bas. (19) Azerbaïdjan.

☞ **Jeux Olympiques** (voir p. 1476 a).

Championnats du monde

Créés 1937. *Annuels,* sauf années olympiques.

■ **Fleuret. Messieurs. Ind. : 1990** Omnès [5] ; **91** Weissenborn [14] ; **93** Koch [14] ; **94** Tucker [13] ; **95** Chevchenko [15] ; **97, 98, 99** Golubitski [16]. **Par éq. : 1990** It. ; **91** Cuba ; **93** All. ; **94** It. ; **95** Cuba ; **97** *France ;* **98** Pologne ; **99** *France.* **Dames. Ind. : 1990** Fichtel [7] ; **91** Trillini [4] ; **93** Bortólozzi [4] ; **94** Szabo [6] ; **95** Badea [6] ; **97** Trillini [4] ; **98** Bau [14] ; **99** Vezzali [4]. **Par éq. : 1990, 91** It. ; **93** All. ; **94** Roumanie ; **95, 97, 98** It. ; **99** All.

■ **Épée. Messieurs. Ind. : 1990** Gerull [7] ; **91** Chouvalov [1] ; **93, 94** Kolobkov [1] ; **95, 97** Srecki [5] ; **98** Obry [5] ; **99** Schmitt [14]. **Par éq. : 1990** It. ; **91** URSS ; **93** It. ; **94** *France ;* **95** All. ; **97** Cuba ; **98** Hongrie ; **99** *France.* **Dames. Ind. : 1990** Chappe [14] ; **91, 92** Horvath [2] ; **93** Ermakova [1] ; **94** Chiesa [4] ; **95** Jakimiuk [9] ; **97** Garcia [13] ; **98, 99** Flessel [5]. **Par éq. : 1990** All. féd. ; **91 à 93** Hongrie ; **94** Espagne ; **95, 97** Hongrie ; **98** *France* ; **99** Hongrie.

■ **Sabre. Messieurs. Ind. : 1990** Nebald [2] ; **91, 93** Kirienko [1] ; **94** Becker [14] ; **95** Kirienko [15] ; **97** Pozdniakov [15] ; **98** Tarantino [4] ; **99** Touya [5]. **Par éq. : 1990** URSS ; **91, 93** Hongrie ; **94** Russie ; **95** It. ; **97** *France ;* **98** Hongrie ; **99** *France.* **Dames. Ind. : 1999, 2000** Iemaëva [19]. **Par éq. : 1999** It. ; **2000** USA.

Nota. – **Coupe des nations :** classement à l'issue d'un championnat du monde sur les finalistes aux 5 armes. **Coupe du monde par équipes :** *créée* en 1995.

Autres épreuves

■ **Championnats d'Europe** *créés* 1921, jusqu'en 1935, servait de Ch. du monde. Reprise en 1981, *annuels.* **Coupe du monde** *créée* 1972, prend en compte 5 à 7 tournois selon les armes, sert à désigner le meilleur tireur de l'année. **Masters** *créés* 1986, réunit les 8 premiers de la Coupe du monde. **Coupe d'Europe des clubs champions** *créée* 1965. **Ch. du monde des moins de 20 ans** *créés* 1950. **Coupe du monde des moins de 20 ans. Ch. du monde des moins de 17 ans** *créés* 1987.

■ **Grands tournois** (challenges catégorie a). **Fleuret :** *Messieurs :* Challenge international de Paris ex-Fabergé, ancien Martini, Coupe Giovannini (Bologne, puis Venise), AXA, Souvenir Rommel (Paris), Côme, Budapest, Rome. *Dames :* Challenge Martini (Turin), Tournois de Goeppingen, Minsk, Challenge Souvenir Jeanty (Paris), Tournois de Côme, de Budapest, de Leipzig. **Épée :** *Messieurs :* Coupe Spreafico, puis Carrocio depuis 1977 (Legano),

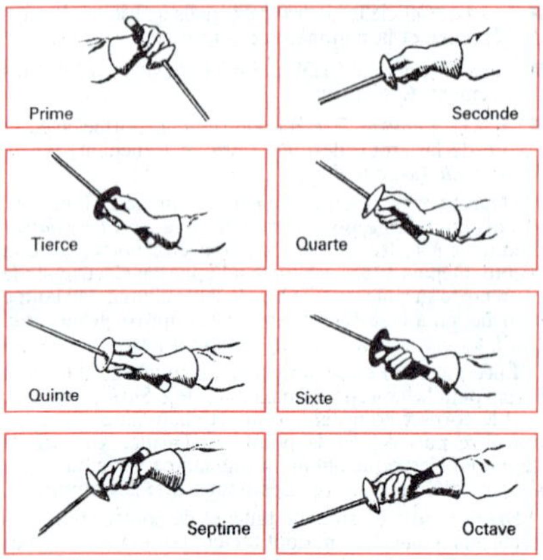

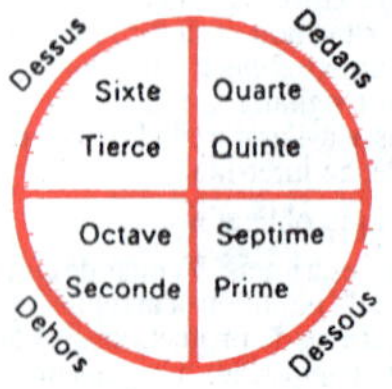

Dans chacune des *4 lignes* (dedans, dessus, dessous, dehors), il peut y avoir *2 positions* suivant que la main qui porte l'arme se trouve en pronation (paume en dessous) ou bien en supination (paume en dessus).

Challenge Novartis, Souvenir Monal (Paris), Coupe de Heidenheim, tournoi de Berne, Ch. Martel (Poitiers) ; Montréal, Londres, Arnheim. *Dames :* St-Maur, Kattowice, Ipswich, Tauberbishosein, Budapest, Legano. **Sabre :** Trophée Luxardo, Ch. Finski, Coupe Hungaria, tournois de Hanovre, Nancy, Moscou, Sofia.

Championnats de France

■ **Fleuret. Hommes. Ind.** *Créés* 1896. **1990** Lhotellier. **91 à 93** Omnès. **94** Plumenail. **95** Lambert. **96** Bel. **97** Butet. **98** Ferrari. **99** Plumenail. **2000** Ferrari. **Par éq. 1990** La Tour d'Auvergne. **91** RCF. **92 à 94** CE Melun. **95 à 99** RCF. **2000** Lyon.

Dames. Ind. *Créés* 1921. **1990** Spennato. **91** Meygret. **92** Wurtz. **93** Gross. **94, 95** Magnan. **96** Wuilleme. **97, 98** Magnan. **99** Wuilleme. **2000** Magnan. **Par éq. 1990, 92** RCF. **93** La Tour d'Auvergne. **94** RCF. **95** A.S. PTT Aix-en-Provence. **96** Tourcoing. **97 à 2000** RCF.

■ **Épée. Messieurs. Ind.** *Créés* 1896. **1990** Srecki. **91** Boisse. **92** Srecki. **93** Muratorio. **94** Srecki. **95** Muratorio. **96** Di Martino. **97** Pillac. **98** Le Roy. **99** Di Martino. **2000** Delhomme. **Par éq. 1990** Levallois. **91** St-Gratien. **92 à 94** Levallois. **95** St-Gratien. **96** Levallois. **97** RCF. **98** St-Gratien. **99** Levallois. **2000** St-Gratien. **01** Chalons-en-Champagne.

Dames. Ind. *Créés* 1986. **1990** Moressée. **91** Hauteville. **92** Bénon. **93, 94** Barlois. **95** Bénon. **96** Tripathi. **97** Barlois. **98** Flessel. **99** Tripathi. **2000** Flessel. **Par éq. 1989 à 91** Levallois. **92 à 94** St-Gratien. **95 à 2001** RCF.

■ **Sabre. Messieurs. Ind.** *Créés* 1900. **1990** Ducheix. **91, 92** Lamour. **93** Guichot. **94** Daurelle. **95** Seguin. **96** Daurelle. **97** Seguin. **98, 99** Daurelle. **2000** G. Touya. **Par éq. 1989 à 95** RCF. **96** Gisors. **97** RCF. **98** Gisors. **99 à 2001** Tarbes. **Dames. Ind.** *Créés* 1999. **1999** Argiolas. **2000** A.-L. Touya. **Par éq. 2000, 01** Ramonville.

Quelques noms

☞ Voir *légende* p. 1407 c.

Arabo Claude 3-10-37. Bau Sabine [14] 19-7-69. Bégard Isabelle 7-7-60. Behr Mathias [7] 1-4-55. Belova-Novikova Elena [1] 28-7-47. Benon Brigitte 1963. Bergard Isabelle 7-7-60. Berolatti Gilles. Boidin Franck 28-8-72. Boisse Philippe 18-3-55. Bonnin Philippe 30-1-55. Borella Andrea [4] 23-6-61. Bormann Elmar [7] 18-1-57. Bortolozzi Francesca [4] 1968. Brodin Jacques 22-12-46. Brouquier Véronique 28-5-57. Buhan Jean 1912-99. Bujdoso Imre [2] 1959. Cerioni Stefano [4] 1964. Cervi Federico [4] 9-7-61. Chevchenko Dimitri [1] 13-11-67. Cipressa Andrea [4] 16-12-63. Conscience Philippe 27-1-61. Couderc Laurent 5-6-69. Dal Zotto Fabio [4] 17-7-57. Daurelle J.-Philippe 28-12-63. Delpla Frédéric 9-11-64. Delrieu Philippe 10-8-59. Drimba Joseph [11]. Ducheix Franck 11-4-62. Ducret Roger 1888-1962. Dumont Brigitte 25-4-44. Elek Ilona [2] 1907-88. Etropolski Vassili [11] 18-3-59. Fekete Christine 7-3-58. Ferrari Jean-Noël 7-9-74. Fichtel Anja [7] 7-8-68. Flament Didier 4-1-51. Flessel Laura 6-11-71. Fonst Ramon [13] 1883-1959. Fuchs Jenö [2] 1882-1954. Funkenhauser Zita [7] 1-7-66. Gardas Hubert 17-4-57. Gaudin Brigitte 15-4-58 ; Lucien 1886-1934. Gerevitch Aladar [2] 16-3-10. Gey Mathias [7] 7-7-60. Gilyazova Nailya [1] 2-1-53. Gorokhova Galina [2] 31-8-38. Groc Patrick 6-9-60. Guichot Pierre 12-2-63. Guyart Brice 15-3-81. Hanisch Cornelia [7] 12-5-52. Harmenberg Johann [3] 8-9-54. Hein Harald [7] 19-4-50. Henry Jean-Michel 14-12-63. Herbster Claudette 28-3-46. Hocine Youssef 7-8-65. Horvath Marian [2] 1969. Hosking Bill [17]. Jolyot Pascal 26-6-58. Karpati Rudolf [2] 17-7-20. Kirienko Grigori [1] 1956. Koch Alexander [18] 1969. Kolobkov Pavel [1] 1970. Krovopouskov Vicor [1] 29-9-48. Kulcsar Györö [2] 18-10-40. Lambert Olivier 3-5-71. Lamour Jean-François 2-2-56. Leclerc Franck 1963. Leclercq Claude 27-7-39. Lenglet Olivier 20-2-60. Leroux Robert 22-8-67. Lhotellier Patrice 8-6-66. Magnan Jean-Claude 4-6-41. Mangiarotti Edoardo [4] 7-4-19. Mayer Helena [7] 1910-53. Mindirgassov Sergueï [1] 1960. Modaine Laurence 28-12-64. Montano Aldo [4] 23-11-10. Moressée Sophie 3-4-62. Muzio Christine 10-5-51. Nadi Nedo [4] 1894-1952. Nazlimov Vladimir [1] 1-11-45. Nebald György [2] 1957. Noël Christian 13-5-45. Numa Mauro [4] 18-11-61. Omnès Philippe 6-8-60. Oriola (d') Christian 3-10-28. Paramarov Serge [1] 16-9-45. Pawlowski Gerzy [9] 25-10-32. Pécheux Michel 1911-85. Pesza Tibor [2] 15-11-35. Picot Patrick 22-9-51. Plumenail Lionel 22-1-67. Puccini Alessandro [4] 8-8-68. Pusch Alexander [7] 15-5-55. Quivrin Patrick 1952. Rejtö-Ujlaki Ildiko [2] 11-5-37. Revenu Daniel 5-12-42. Riboud Philippe 9-4-57. Roch René (n.c.). Romankov Alexandre [1] 7-11-53. Salesse Michel 3-1-55. Schacherer-Elek Ilona [2] 1907-88. Schmitt Arnd [14] 13-7-65. Schreck Uli [14] 11-3-61. Schwarzenberger Ildiko [2] 9-9-51. Sidorova Valentina [1] 4-5-54. Smirnov Valeri [1] 1954-82. Srecki Eric 2-7-64. Stankovitch [1] Vassili 25-4-46. Straub Anja [8] 1968. Szabo Bence [2] 1959. Touya Daniel 23-4-75. Trillini Giovanna [4] 1970. Trinquet Pascale 11-8-58 ; Véronique 15-6-56. Vaccaroni Dorina [4] 24-9-63. Varkonyi Marina [2] 1970. Weidner Thorsten [14] 29-12-67. Wurtz Marie-Hortense 12-5-70.

Football

Quelques dates

Origine. Antiquité jeux de balle au pied : *aporrhaxis* et *phéninde* (Athènes), *épiscyre* (Sparte), *uranie* (Phéacie). **Moyen Age** *choule* et *soule*. **Renaissance** *giuco del calcio*. **XIXe s.** apparition sous sa forme actuelle dans les *public schools* anglaises (Cheltenham, Rugby, Eton, Harrow, etc.). **1848** 1re codification par les étudiants de Cambridge. **1863**-*26-10 Football Association* fondée par des étudiants réunis à la taverne Freemason de Liverpool. **1872** 1re coupe d'Angleterre. 1er club français : Le Havre Athlétique Club. **1889** 1er Ch. national en Angleterre. **1904**-*1-5* Bruxelles, 1re rencontre intern. : France-Belgique (3-3). -*21-5* Féd. intern. de football (Fifa) créée. **1919**-*7-4* Féd. fr. de football créée. **1932** Ch. professionnel en France.

Principales règles

■ **Terrain :** longueur 100 à 120 m ; largeur 45 à 90 m ; **but :** hauteur 2,44 m, largeur 7,32 m. **Ballon :** circonférence 68 à 71 cm, 396 à 453 g, pression 1 kg/cm. **Joueurs :** 2 équipes de 11 dont 1 gardien de but et 3 remplaçants. L'arbitre est secondé par deux arbitres-assistants veillant au respect des règles en général et plus particulièrement au maintien du ballon dans les limites du terrain (rôle des anciens juges de touche).

■ **Partie.** 2 mi-temps de 45 min séparées par un repos de 15 min. **Prolongation :** 2 mi-temps supplémentaires de 15 min en cas d'égalité si le match nécessite un vainqueur (uniquement seniors en coupe) ; en certaines compétitions (dont Coupe du monde 1998), l'équipe qui marque en premier durant la prolongation gagne *(but d'or)*. **Tirs au but :** une série de 5 tirs par équipe est tirée en cas d'égalité après la prolongation. **Coup d'envoi.** Choix du côté tiré au sort par l'arbitre, en présence des 2 capitaines, avec une pièce de monnaie. Au moment du coup d'envoi donné par 2 joueurs de la même équipe, les autres joueurs n'engageant pas devront se trouver à 9,15 m du ballon. Le jeu reprend ainsi après chaque but. Après la mi-temps, les joueurs changent de côté et le coup d'envoi est donné par l'autre équipe. **Corner.** Coup de pied de coin. Remise en jeu au pied accordée à l'équipe attaquante, dont une tentative a été dégagée par un joueur de l'équipe défendante hors des limites du terrain, côté but. **Touche.** Remise en jeu d'un ballon sorti du terrain par les côtés latéraux. Effectuée à la main, à l'endroit où le ballon est sorti, par un joueur de l'équipe opposée à celle du joueur ayant touché le ballon en dernier lieu.

■ **Principales règles. Hors-jeu :** un joueur est hors jeu lorsqu'il se trouve entre le gardien et le dernier défenseur (si l'attaquant est sur la même ligne que le dernier défenseur, il n'est pas hors jeu) au moment où la passe est effectuée, *sauf :* si le joueur se trouve dans sa propre moitié de terrain ; s'il a au moins 1 adversaire plus rapproché que lui de leur propre ligne de but ; si le ballon a été joué en dernier lieu par un adversaire ; s'il reçoit directement le ballon sur une remise en jeu : « 6 mètres », corner, touche ou entre-deux ; ou si l'arbitre estime que la position n'influe pas sur le jeu. *Sanction :* pour toute infraction, un coup franc indirect est accordé à l'équipe qui défend, tiré à l'endroit où le joueur a été signalé hors jeu.

Fautes et incorrections : il est interdit de toucher la balle de la main sauf pour les 2 gardiens de but dans leur surface de réparation respective ; le gardien ne peut réceptionner à la main une passe en retrait de l'un de ses partenaires, il doit dégager au pied sous peine d'un coup franc. Un gardien qui a le ballon dans les mains : doit le dégager dans les 6 secondes sous peine d'un coup franc à l'intérieur de la surface. Sont sanctionnés d'un coup franc les actes intentionnels visant à frapper ou essayer de frapper un

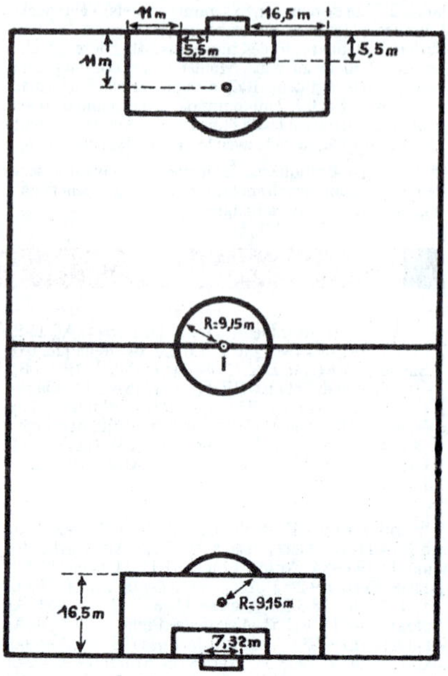

adversaire, le faire tomber ou essayer de le faire tomber, charger brutalement ou dangereusement, tacler par derrière, tenir par le maillot ou le bras. *Sanctions :* toute faute produite dans sa propre surface de réparation entraîne un penalty pour l'équipe adverse. En dehors de cette surface, les fautes graves (portant atteinte à l'intégrité d'un joueur ou à l'esprit du jeu) sont sanctionnées d'un coup franc direct (permettant le tir au but direct) ; les autres le sont par un coup franc indirect (nécessitant une passe avant le tir au but) ; l'arbitre doit sanctionner d'un carton rouge un joueur coupable d'une faute intentionnelle, en particulier s'il s'agit du dernier défenseur ou en cas de tacle par derrière.

■ **Tactiques. Quinconce** [2 arrières (arr.), 3 demis, 5 avants (av.)] : « méthode classique ». Créée début XXe s. **WM** (3 arr., 2 demis, 2 inters, 3 av.), créée vers 1930 par Johnny Hunter, en réaction à l'application de la règle du hors-jeu moderne (1925), et appliqué par Herbert Chapman à Arsenal. **4-2-4** (4 arr., 2 demis, 4 av.), créée en 1952 par Gustav Sebes, entraîneur de Hongrie, développée par les Brésiliens (de 1958 à 70). **Verrou** [1 arr. en couverture *(libéro)*, 3 arr., 2 demis, 4 av.] : marquage de zone, créée pour la Coupe du monde 1938 par l'entraîneur suisse Karl Rappan. Devenue **béton** ou **catenaccio** (1 libéro, 3 arr., 3 demis, 3 av.). Marquage individuel, créée par Helennio Herrera à l'Inter Milan vers 1960. **4-3-3,** créée par le Brésil en 1962, pour la Coupe du monde. Relancée par l'Ajax d'Amsterdam en 1970. Notions d'attaque et de défense abandonnées au profit de celles de possession et perte du ballon. **4-4-2,** tactique des années 1980, largement appliquée encore aujourd'hui.

Principales épreuves internationales

Abréviations : Af. : Afrique. Alg. : Algérie. All. : Allemagne. Am. : Amérique. Am. C. : Amérique centrale. Angl. : Angleterre. Arg. : Argentine. Austr. : Australie. Aut. : Autriche. Belg. : Belgique. Br. : Brésil. Bul. : Bulgarie. Col. : Colombie. Dk : Danemark. Ei. : Eire. Esp. : Espagne. Fr. : France. Gr. : Grèce. Hong. : Hongrie. Isl. : Islande. It. : Italie. Nor. : Norvège. Pol. : Pologne. Por. : Portugal. Rou. : Roumanie. Su. : Suède. Tché. : Tchécoslovaquie. Ur. : Uruguay. Youg. : Yougoslavie. **Jeux Olympiques** (voir p. 1476 b).

■ **Coupe du monde.** *Créée* par la FIFA (*Pt :* Jules Rimet) 1928-*25-5*, disputée pour la 1re fois en 1930. Tous les 4 ans. Vainqueurs et vaincus. Depuis 1974, finale et match pour la 3e place. **Finale** (en italique) **et demi-finales** (petite finale à partir de 1974) : résultats et lieu du match. **1930** *Uruguay-Argentine (4-2).* Arg.-USA (6-1). Ur.-Yougoslavie (6-1) [tous les 3 à Montevideo]. **34** *Italie-Tchécoslovaquie (2-1 Rome).* Tché.-All. (3-1 Rome). Italie-Autriche (1-0 Milan). **38** *It.-Hong. (4-2 Paris).* Hong.-Suède (5-1 Paris). It.-Br. (2-1 Marseille). **50** *Ur.-Brésil (2-1 Rio).* Br.-Su. (7-1 Rio). Ur.-Esp. (2-2 São Paulo). Br.-Esp. (6-1 Rio). Ur.-Su. (3-2 São Paulo). Su.-Esp. (3-1 São Paulo). **54** *All.-Hong. (3-2 Berne).* All. féd.-Aut. (6-1 Bâle). Hong.-Ur. (4-2 Lausanne). **58** *Br.-Su. (5-2 Stockholm).* Br.-Fr. (5-2 Stockholm). Su.-All. féd. (3-1 Göteborg). (Fr. 3e en battant l'Allemagne 6-3.) **62** *Br.-Tché. (3-1 Santiago).* Br.-Chili (4-2 Santiago). Tché.-Youg. (3-1 Vina del Mar). **66** *G.-B.-All. féd. (4-2 Wembley).* G.-B.-Por. (2-1 Wembley). All. féd.-URSS (2-1 Liverpool). **70** *Br.-It. (4-1 Mexico).* Br.-Ur. (3-1 Guadalajara). It.-All. féd. (4-3 après prolongation, Mexico). **74** *All. féd.-P.-Bas (2-1 Munich).* Pologne-Br. (1-0 Munich). **78** *Arg.-P.-Bas (3-1 Buenos Aires).* Br.-It. (2-1 Buenos Aires). **82** *It.-All. féd. (3-1 Madrid).* Pol.-Fr. (3-2 Alicante). **86**

Meilleurs buteurs de chaque Coupe du monde. J. Fontaine (Fr.) *13 buts* (1958). Kocsis (Hong.) *11* (1954). Muller (All. féd.) *10* (1970) et *4* (1974). Eusebio (Por.) *9* (1966). Stabile (Arg., 1930), Leonidas (Brésil, 1938), Adémir (Br., 1950) *8.* Lato (Pol.) *7* (1974). Kempes (Arg., 1978), Rossi (It., 1982), Lineker (G.-B., 1986), Schillaci (It., 1990), Salenko (Russie, 1994), Stoïchkov (Bul., 1994), Suker (1998) *6.* Jerkovic (Youg., 1962), Klinsmann (All., 1994), Romario (Br., 1994), Baggio (It., 1994), Andersson (Suède, 1994), Batistuta (1998), Vieri (1998) *5.* Schiavo (It., 1934), Nejedly (Tché., 1934), Conen (All., 1934), Batistuta (Arg., 1994), Raducioiu (Rou., 1994), Dahlin (Suède, 1994), Ronaldo (1998), Salas (1998), Hernandez (1998) *4.*

Arg.-All. féd. (3-2 Mexico). Fr.-Belg. (4-2 Puebla). **90** *All. féd.-Arg. (1-0 Rome).* It.-Angl. (2-1 Bari). **94** *Br.-It.* [0-0, puis tirs au but : 3 à 2 (1re fois dans la coupe), Los Angeles]. Su.-Bulg. (4-0 Los Angeles). **98** en France, 32 participants ; coup d'envoi au Stade de France le 10-6-98. *Fr.-Br. (3-0 Saint-Denis).* Croatie-P.-Bas (2-1 Paris). **2002** sera conjointement organisée par Japon et Corée du Sud. **2006** Allemagne.

■ **Championnats d'Europe des nations.** *Créés* en 1958. Les 2 premières épreuves (1960 et 1964) se sont appelées **Coupe d'Europe des nations.** **1960** URSS bat Youg. 2-1. **64** Esp. bat URSS 2-1. **68** Italie bat Youg. 2-0. **72** All. féd. bat URSS 3-0. **76** Tché. bat All. féd. 2-2 (5-3 aux penalties). **80** All. féd. bat Belg. 2-1. **84** Fr. bat Esp. 2-0. **88** P.-Bas bat URSS 2-0. **92** Danemark bat All. 2-0. **96** All. bat Rép. tchèque 2-1 (après prolongation). **2000** Fr. bat It. 2-1.

■ **Ligue des champions, ex-Coupe d'Europe des clubs champions (C1).** *Créée* 1955. **1991** Étoile de Belgrade bat Olympique de Marseille 0-0 (5-3 aux penalties). **92** FC Barcelone bat Sampdoria de Gênes 1-0 (après prolongations). **93** Olympique de Marseille bat Milan AC 1-0. **94** Milan AC bat FC Barcelone 4-0. **95** Ajax d'Amsterdam bat Milan AC 1-0. **96** Juventus de Turin bat Ajax 1-1 puis 4 tirs au but à 2. **97** Borussia Dortmund bat Juventus de Turin 3-1. **98** Real Madrid bat Juventus de Turin 1-0. **99** Manchester United bat Bayern Munich 2-1. **2000** Real Madrid bat FC Valence 3-0. **01** Bayern Munich bat Valence 1-1 puis 5 tirs au but à 4.

■ **Coupe d'Europe des clubs vainqueurs de coupe (C2).** *Créée* 1960. Réservée aux clubs ayant remporté la coupe (ou au 2e de la coupe si le champion l'a remportée aussi) de leurs pays respectifs. **1991** Manchester bat Barcelone 2-1. **92** Werder Brême bat Monaco 2-0. **93** Parme bat Anvers 3-1. **94** Arsenal bat Parme 1-0. **95** Saragosse bat Arsenal 2-1 (après prolongations). **96** PSG bat Rapid Vienne 1-0. **97** Barcelone bat PSG 1-0. **98** Chelsea bat Stuttgart 1-0. **99** Lazio Rome bat Majorque 2-1 *puis supprimée.*

■ **Coupe de l'UEFA (C3 fusion avec ex-C2 après 1999).** Issue de la Coupe des villes de foires. *Créée* 1955. **1995** Parme bat Juventus de Turin 1-0 puis 1-1. **96** Bayern Munich bat Bordeaux 2-0 puis 3-1. **97** Schalke 04 bat Inter Milan 1-0 puis 0-1 et tirs aux buts 4-1. **98** Inter Milan bat Lazio 3-0. **99** Parme bat Marseille 3-0. **2000** Galatasaray bat Arsenal 0-0 et tirs aux buts 4-1. **01** Liverpool bat Alaves 5-4.

■ **Coupe UEFA Intertoto.** *Créée* 1995-96. *Enjeu :* qualification pour les préliminaires de C3. **1995** Bordeaux bat Heerenven (P.-Bas) 2-0 ; Strasbourg bat Metz 2-0. **96** Guingamp, Karlsruhe (All.), Silkeborg (Dk). **97** Auxerre, Bastia, Lyon. **98** Brême, Bologne, Valence. **99** Juventus Turin, West Ham, Montpellier. **2000** Celta Vigo, VfB Stuttgart, Udinese.

■ **Matchs internationaux français.** **1998** Fr. bat Espagne 1-0 [4]. Fr.-Norvège 3-3 [4]. Russie bat Fr. 1-0 [4]. Fr.-Suède 0-0 [4]. Fr. bat Belgique 1-0 [8]. Maroc bat Fr. 2-2 puis 6 tirs au but à 5 [8]. Fr. bat Finlande 1-0 [4]. Fr. bat Afr. du Sud 3-0 [9]. Fr. bat Arabie saoudite 4-0 [9]. Fr. bat Danemark 2-1 [9]. Fr. bat Paraguay 1-0 [9]. Fr. bat Italie 0-0 puis 4 tirs au but à 3 [9]. Fr. bat Croatie 2-1 [9]. Fr. bat Brésil 3-0 [9]. Aut. Fr. 2-2 [4]. Fr.-Islande 1-1 [3]. Fr. bat Russie 3-2 [3]. Fr. bat Andorre 2-0 [3]. **99** Fr. bat Maroc 1-0 [4]. Fr. bat Angleterre 2-0 [4]. Fr.-Ukraine 0-0 [3]. Fr. bat Arménie 2-0 [3]. Russie bat Fr. 3-2 [3]. Fr. bat Andorre 1-0 [3]. Fr. bat Irlande du N. 1-4 [4]. Fr.-Ukraine 0-0 [3]. Fr. bat Arménie 3-2 [3]. Fr. bat Islande 3-2 [3]. Fr. bat Croatie 3-0 [4]. **2000** Fr. bat Pologne 1-0 [4]. Fr. bat Écosse 2-0 [4]. Fr. bat Slovénie 3-2 [4]. Fr. bat Croatie 2-0 [4]. Fr. bat Japon 2-2 puis 4 tirs aux buts à 2 [8]. Fr. bat Maroc 5-1 [8]. Fr. bat Danemark 3-0 [6]. Fr. bat Rép. tchèque 2-1 [6]. P.-Bas battent Fr. 3-2 [6]. Fr. bat Espagne 2-1 [6]. Fr. bat Portugal 2-1 [6]. Fr. bat Italie 2-1 [6]. Fr. bat sélection mondiale Fifa 5-1 [4]. Fr.-Angleterre 1-1 [4]. Fr.-Cameroun 1-1 [4]. Fr.-Afr. du S. 0-0 [4]. Fr. bat Turquie 4-0 [4]. **2001** Fr. bat All. 1-0 [4]. Fr. bat Japon 5-0 [4]. Esp. bat Fr. 2-1 [4]. Fr. bat Portugal 4-0 [4]. Fr. bat Corée du S. 5-0 [7]. Australie bat Fr. 1-0 [7]. Fr. bat Mexique 4-0 [7]. Fr. bat Brésil 2-1 [7]. Fr. bat Japon 1-0 [7].

Nota. – (1) Coupe du monde (éliminatoires). (2) Coupe d'Europe des nations. (3) Ch. d'Europe des nations (éliminatoires). (4) Amical. (5) Coupe Kirin. (6) Ch. d'Europe. (7) Coupe des Confédérations. (8) Tournoi Hassan II. (9) Coupe du monde.

■ **Coupe intercontinentale** (Toyota Cup). *Créée* 1960. Oppose le vainqueur de la *Coupe d'Europe des clubs champions* (C1) au vainqueur de la *Copa Libertadores* (coupe des champions d'Amér. du Sud). **1960** Real Madrid [1], **61** Penarol [2], **62, 63** Santos [3], **64, 65** Inter Milan [4], **66** Penarol [2], **67** Racing [5], **68** Estudiantes [5], **69** Milan AC [4], **70** Feyenoord [6], **71** Nacional Montevideo [2], **72** Ajax [6], **73** Independiente [5], **74** Atletico Madrid [1], **75** *non disputée,* **76** Bayern Munich [7], **77** Boca Juniors [5], **78** *non disputée,* **79** Olimpia [8], **80** Nacional Montevideo [2], **81** Flamengo [3], **82** Penarol [2], **83** Gremio [3], **84** Independiente [5], **85** Juventus de Turin [4], **86** River Plate [5], **87** FC Porto [9], **88** Nacional Montevideo [2], **89, 90** Milan AC [4], **91** Étoile rouge Belgrade [10], **92, 93** São Paulo [3], **94** Velez Sarsfield [5], **95** Ajax [6], **96** Juventus [4], **97** Borussia Dortmund [7], **98** Real Madrid [1], **99** Manchester United [11]. **2000** Boca Juniors [5].

Nota. – (1) Espagne. (2) Uruguay. (3) Brésil. (4) Italie. (5) Argentine. (6) P.-Bas. (7) Allemagne. (8) Paraguay. (9) Portugal. (10) Yougoslavie. (11) G.-B.

■ **Coupe d'Asie des nations.** *Créée* 1956. *Tous les 4 ans.* **1956, 60** Corée du S. **64** Israël. **68, 72, 76** Iran. **80** Koweït. **84, 88** Arabie Saoudite. **92** Japon. **96** Arabie Saoudite. **2000** Japon.

■ **Championnats étrangers.** **Allemagne : 1995, 96** Borussia Dortmund. **97** Bayern Munich. **98** FC Kaiserslautern. **99, 2000, 01** Bayern Munich. **Angleterre : 1995** Blackburn Rovers. **96, 97** Manchester United. **98** Arsenal. **99, 2000, 01** Manchester United. **Belgique : 1993 à 95** RSC Anderlecht. **96** FC Bruges. **97** FC Lierse. **98** FC Bruges. **99** Racing Genk. **2000, 01** Anderlecht. **Espagne : 1995** Real Madrid. **96** Atletico Madrid. **97** Real Madrid. **98, 99** FC Barcelone. **2000** La Corogne. **01** Real Madrid. **Italie : 1995** Juventus Turin. **96** Milan AC. **97, 98** Juventus Turin. **99** Milan AC. **2000** Lazio Rome. **01** AS Rome. **Pays-Bas : 1994 à 96** Ajax Amsterdam. **97** PSV Eindhoven. **98** Ajax Amsterdam. **99** Feyenoord. **2000, 01** PSV Eindhoven. **Portugal : 1995 à 99** FC Porto. **2000** Sporting. **01** Boavista. **Suisse : 1995, 96** Grasshoppers Zurich. **97** Sion. **98** Grasshoppers Zurich. **2000** Saint-Gall. **01** Grasshoppers.

■ **Coupe des confédérations.** **1992** Argentine. **95** Danemark. **97** Brésil. **99** Mexique. **2001** France.

■ **Football américain.** **Origine : 1875** né à Harvard ; match universités de Yale/Harvard et Yale/McGill (Québec) ; les principes du rugby sont repris. **1879** apparition du bloc (obstruction sur adversaire n'étant pas porteur du ballon). **1880** sous l'impulsion de Walter Camp (le « père » du football amér.) l'activité se codifie : apparition du quart arrière *(quarterback)* ; les rencontres se déroulent à 11 joueurs contre 11. **1882** système de tentative *(downs)* et yards à gagner. **1883** système de marquages de points et codification. **1902** finales de championnat universitaire créées [Rose Bowl (Pasadena, Californie)]. **1905** création de la NCAA (National Collegial Athletic Association) pour surveiller et gérer le football amér. **1912** terrain réduit de 130 à 120 yards. 4e tentative *(down)* ajoutée pour effectuer 10 yards. **1920** National Football League (NFL) : 1re structure professionnelle (grâce à George S. Halas). **1941** règle de substitution illimitée. **1967** grande finale professionnelle américaine créée (Super Bowl). 2 équipes (attaque et défense) de 11 joueurs sur le terrain, casqués et protégés par un équipement spécial (10 kg). **Terrain :** longueur 120 yards (109,20 m), zones d'en-but de 10 yards (9,14 m) comprises, largeur 53,3 yards (48,78 m). Ligne blanche continue tracée tous les 5 yards (4,55 m). Poteaux d'en-but sur la ligne de fond (largeur 7,14 m, hauteur 3 m). **Balle :** ovale (long. 27,3 à 28,6 cm, circonférence 52,5 à 54,3 cm), se joue au pied lors du coup de pied d'engagement *(kick off)*, du coup de pied au but *(field goal)* et du coup de pied de transformation. Dans les autres phases de jeu, elle est le plus souvent portée à la main (passes, courses). N'importe quel joueur peut bloquer un adversaire (faire écran avec une percussion), même si celui-ci n'a pas le ballon. **Partie :** 4 périodes de 15 min. L'équipe d'attaque (offensive) doit couvrir 9,14 m (10 yards) en 4 tentatives *(downs).* L'offensive doit faire avancer le ballon jusque dans la zone d'en-but adverse, par des courses ou des passes avant (1 seule autorisée par tentative) et ainsi de suite jusqu'au toucher *(touch down,* 6 points), qu'elle transformera au pied (1 point) ou à la main (2 points). Si à la 3e tentative elle n'a pas franchi le 9,14 m, elle peut (à la 4e tentative) dégager la balle au pied *(punt),* ou, si elle est assez près des poteaux adverses (ils se situent derrière la zone d'en-but), tenter un coup de pied au but *(field goal,* 3 points). Les contacts entre joueurs offensifs et défensifs non porteurs du ballon ne peuvent être que des percussions ou des blocages effectués à l'aide des épaules, des avant-bras, des mains sur le buste ou les jambes. Le porteur du ballon peut être plaqué par les défenseurs présents sur le terrain. 5 à 7 arbitres sur le terrain (vestes rayées noir et blanc) signalent les fautes par des drapeaux jaunes (pénalisées par le recul sur le terrain de l'équipe coupable). Chaque équipe peut inscrire jusqu'à 45 joueurs sur la feuille de match. **Au Canada,** terrain 160 × 70 yards ; 12 joueurs sur le terrain pour chaque équipe ; 3 tentatives *(downs)* pour effectuer 9,14 m (10 yards).

Arena football. Variante du football américain. Joué à l'intérieur ou extérieur d'une enceinte fermée. Terrain 60 × 25 yards. 2 équipes de 8 joueurs sur le terrain.

Flag football. Suit les règles du football américain. Pas de placage. Le jeu s'arrête lorsqu'on a enlevé le drapeau *(flag)* de la ceinture du porteur de ballon. Terrain 100 × 40 yards. Généralement 7 joueurs par équipe sur le terrain, mais parfois 8, 9, 10 ou 11.

World Bowl. *Créé* 1991. **1991** London Monarchs. **92, 93, 94** *non disputé.* **95** Admiral Amsterdam. **96** Scottish Claymores. **97** Barcelone Dragons. **98** Rhein Fire de Düsseldorf. **99** Devient Ligue professionnelle européenne : Francfort Galaxy. **2000** Rhein fire de Düsserldorf.

Ligue professionnelle américaine (Super Bowl). *Créés* 1967. **1995** San Francisco 49ers bat San Diego Chargers 49-26. **96** Dallas Cowboys bat Pittsburgh Steelers 27-17. **97** Green Bay Packers bat New England Patriots 35-21. **98** Denver Broncos bat Green Bay Packers 31-24. **99** Denver Broncos bat Atlanta Falcons 34-19. **2000** St Louis Rams bat Tenessee Titans 23-16. **01** Baltimore Ravens bat NY Giants 34-7.

En Europe. *1985 :* European Federation of American football créée. **Coupe d'Europe des clubs champions** (Eurobowl), *annuelle :* **1991, 92** Crusaders d'Amsterdam. **93, 94** Olympians de Londres. **95** Panthers Düsseldorf. **96 à 98** Blue Devils Hambourg. **99** Lions Braunschweig. **2000** Lions Bergame. **Coupe d'Europe des clubs** (Federation Cup) : **1997** Flash La Courneuve. **98** *supprimée.* **Ch. d'Europe des nations :** équipes nationales, *tous les 2 ans* [**Seniors : 1989, 91** G.-B., **93, 95, 97, 99** Finlande. **Juniors** (– 20 ans) : **1992, 94, 96** Finlande, **98, 2000** All.]. **Ch. d'Europe de Flag Football : 1995 à 98** Finlande.

En France. **Origine : 1918** des soldats américains, basés en Picardie, pratiquent sans équipement. **1981** Association pour le développement du football amér. créée. *-Juin* 1er match officiel. **1983** Fédération française de football amér. (FFFA) créée. **2000 :** 8 000 pratiquants, environ 80 clubs. **Ch. de France** en 3 divisions : **Casque de diamant** *créé* 1994-95 : **1995** Argonautes d'Aix. **96** Mousquetaires du Plessis-Robinson. **97** Flash de La Courneuve. **98, 99** Argonautes d'Aix. **2000** Flash de La Courneuve. **01** Argonautes d'Aix. **Casque d'or** *créé* 1982 : **1982, 83** Spartacus Paris, **84** Anges bleus de Joinville, **85** Jets de Paris, **86** Anges bleus de Joinville, **87 à 89** Castors Paris, **90 à 92** Argonautes d'Aix, **93, 94** Castors de Paris, **95** Iron Mask de Nice, **96** Météores de Fontenay-sous-Bois, **97** Spartiates d'Amiens. **98** Servals de Cournon. **99** Cougars de Saint-Ouen-l'Aumône. **2000** Orcs de Châteauroux. **Ch. de France junior** (16-19 ans) : **1990-91** Flash de La Courneuve. **93 à 95** Argonautes d'Aix. **96, 97** Gaulois de Sannois. **98** Flash de La Courneuve. **99** Spartiates d'Amiens. **2000** Flash de La Courneuve. **01** Orcs de Châteauroux. **Ch. de France de Flag Football** (pour les – de 16 ans) : 24 équipes.

■ **Football australien.** **Codifié** 1868. **Terrain :** ovale. **Ballon :** analogue à celui du rugby (long. : 28 à 30 cm. Périmètre : 76 à 79 et 58 à 62 cm). **Équipes :** 18 joueurs, plus 2 remplaçants. 15 occupent des positions définies et marquent directement un adversaire. Les 3 autres (1 *roover* et 2 *followers*) représentent les éléments mobiles. **Partie :** lorsque le ballon passe dans le goal post, il y a *behind* (1 point). Si l'attaquant réussit à faire passer la balle entre les 2 poteaux verticaux (sans barre transversale), il y a *goal* (6 points).

■ **Football gaélique.** **Réglementé** 1884. **Terrain :** 170 × 90 m. **Équipes :** 15 joueurs. **Partie :** 2 mi-temps de 30 min. Tous les coups sont permis. On marque des points en faisant pénétrer le ballon dans un but de 6,40 m de large sur 2,40 m de haut, ou en le faisant passer au-dessus. **Coupe de France :** *créée* 1996.

PRINCIPALES ÉPREUVES NATIONALES

■ CHAMPIONNAT DE FRANCE

■ **Clubs de D1.** **Saison 2001-02.** Auxerre, Bastia, Bordeaux, Guingamp, Lens, Lille, Lorient, Lyon, Marseille, Metz, Monaco, Montpellier, Nantes, Paris-St-Germain, Rennes, Sedan, Sochaux, Troyes.

■ **Vainqueurs du championnat de France professionnel (1re div.).** *Créé* 1932. **1933** Olympique de Lille. **34** Sète. **35** Sochaux. **36** RC Paris. **37** Marseille. **38** Sochaux. **39** Sète. **40** Rouen (Nord), Nice (Sud-Est), Bordeaux (Sud-Ouest). **41** Red Star (N), Marseille (S). **42** Reims (N), Sète (S). **43** Lens (N), Toulouse (S). **44** Artois-Lens. **45** Rouen (N), Lyon (S). **46** Lille OSC. **47** Roubaix-Tourcoing. **48** Marseille. **49** Reims. **50** Bordeaux. **51, 52** Nice. **53** Reims. **54** Lille OSC. **55** Reims. **56** Nice. **57** St-Étienne. **58** Reims. **59** Nice. **60** Reims. **61** Monaco. **62** Reims. **63** Monaco. **64** St-Étienne. **65, 66** Nantes. **67 à 70** St-Étienne. **71, 72** Marseille. **73** Nantes. **74 à 76** St-Étienne. **77** Nantes. **78** Monaco. **79** Strasbourg. **80** Nantes. **81** St-Étienne. **82** Monaco. **83** Nantes. **84, 85** Bordeaux. **86** Paris-St-Germain. **87** Bordeaux. **88** Monaco. **89 à 92** Marseille. **93** *non attribué :* Marseille suspendu le 22-9 à titre conservatoire par le Conseil fédéral de la FFF. **94** Paris-St-Germain. **95** Nantes. **96** Auxerre. **97** Monaco. **98** Lens. **99** Bordeaux. **2000** Monaco. **01** Nantes.

■ **Meilleurs buteurs du championnat de France** *(nombre de buts marqués).* **1985** Halilhodzic (Nantes) 28. **86** Bocande (Metz) 23. **87** Zenier (Metz) 18. **88** Papin (Marseille) 19. **89** id. 22. **90** id. 30. **91** id. 23. **92** id. 27. **93** Boksic (Marseille) 23. **94** Ouédec (Nantes), Djorkaeff (Monaco) et Boli (Lens) 20. **95** Loko (Nantes) 22. **96** Anderson (Monaco) 21. **97** Guivarc'h (Rennes) 22. **98** Guivarc'h (Auxerre) 21.

■ **Catastrophes. 1964-23-5** *Lima (Pérou)* : 320 †, plus de 1 000 blessés. Rencontre de qualification Pérou-Argentine pour les JO ; un but refusé au Pérou qui lui aurait permis d'égaliser déclenche une émeute. Un incendie se déclare à même le stade. **1967-17-9** *Kayseri (Turquie)* : 40 † (dont 27 à coups de couteau), 600 bl. Échauffourées entre supporters Kayseri/Sivas (but contesté). **1968-23-6** *Buenos Aires (Argentine)* : 71 †, 150 bl. Match River Plate-Boca Juniors, les supporters du 1er club allument des feux de joie, le public croit à un incendie, panique aux portes, dont l'une est bloquée par les tourniquets d'entrée. **1969-25-6** *Kirikkale (Turquie)* : 10 †, 102 bl. Bagarres et coups de feu ; **25-12** *Bukavu (Zaïre)* : 27 †, 52 bl. Les portes du stade s'ouvrent après l'arrivée du Pt Mobutu. La foule s'engouffre.

1971-2-1 *Glasgow (G.-B.)* : 66 †, 108 bl. Match du derby de Glasgow, Celtic contre Rangers, un but de dernière minute amène une partie du public qui quittait le stade à remonter dans les tribunes, se heurtant aux partants. Bousculade. **1974-17-2** *Le Caire (Égypte)* : 48 †, 47 bl. 80 000 personnes veulent assister au match de l'équipe cairote contre Dukla Prague dans le stade Zamalek (capacité 40 000). Une grille s'effondre.

1982-20-10 *Moscou (URSS)*, stade Loujniki : 340 †. Bousculade, demi-finale coupe UEFA. **1985-11-5** *Bradford (G.-B.)* : 53 †, 18 disparus, 200 bl. Incendie dans les tribunes, match championnat d'Angl. de division 3, Bradford/Lincoln ; **29-5** *Bruxelles (Belgique)*, stade du Heysel : 39 † (31 Italiens, 4 Belges, 2 Français et 1 Anglais, 1 non identifié), 600 bl. Finale de la coupe d'Europe Juventus de Turin-Liverpool. Des supporters anglais écrasent des Italiens contre le mur des tribunes, nombreux tués par étouffement. Le **20-6** l'Union européenne des associations de football suspend la participation des clubs anglais aux compétitions européennes pour une durée indéterminée. **1988-12-3** *Katmandou (Népal)* : 72 †, 27 bl. Orage de grêle, panique ; **21-5** *Wembley (G.-B.)* : 1 †, 90 bl. Match Angl.-Écosse. **1989-15-4** *Sheffield (G.-B.)* : 96 †, + de 200 bl. Bousculade demi-finale coupe Liverpool-Nottingham Forest ; **29-9** *Amsterdam (P.-Bas)* : 19 bl., 2 bombes.

1992-16-3 *Yémen* : 2 †, 20 bl. Autorités suspendent « sine die » le championnat national de foot après violences de 2 j à Sanaa et Aden. Vandalisme de milliers de supporters ; **5-5** *Bastia (Haute-Corse)*, stade Furiani : 17 †, + de 2 000 bl., effondrement d'une tribune provisoire demi-finale coupe de France (Marseille-Bastia). **1996-16-6** *Lusaka (Zambie)* : 9 †, 52 bl., bousculade à l'issue de Zambie-Soudan (éliminatoire Coupe du monde 1998) ; **16-10** *Guatemala City* : 84 †, environ 200 bl., des supporters munis de tickets dans le stade déjà plein, 45 minutes avant le coup d'envoi de Guatemala-Costa Rica (éliminatoires Coupe du monde 1998), match reporté.

2000-9-7 *Harare (Zimbabwe)* : 13 †, plusieurs dizaines de bl. dans un mouvement de foule. **2001-11-4** *Johannesburgh (Afr. du Sud)* : 43 †, 160 bl. dans une bousculade au stade Ellis Park ; **29-4** *Lubumbashi (Rép. dém. du Congo)* : 10 †, 51 bl. ; **10-5** *Accra (Ghana)* : 123 †, 93 bl., mouvement de foule causé par des tirs de fumigènes de la police.

☞ *Le 30-9-1990* : un footballeur est tué par la foudre lors d'une rencontre, à Villiers-sur-Orge, avec Montgeron. *En 1976* : un joueur de rugby est tué par la foudre sur le stade de Montferrand, P.-de-D.

99 Wiltord (Bordeaux) 22 ; D2 : Diallo (Laval) 20. **2000** Anderson (Lyon) 23. **01** Anderson (Lyon) 22.

☞ **Record de spectateurs** depuis la création : **1998-99** : 6 049 000 en 1re division.

■ Coupe de France

■ **Généralités. Finale jouée** la 1re fois le 5-5-1918 sur le terrain (aujourd'hui disparu) de la *Légion St-Michel*, rue Olivier-de-Serres, 75015 Paris, devant 2 000 spectateurs. Depuis, finale à Colombes, puis au Parc des Princes. **Affluence maximale** (depuis le début) : 61 722 spectateurs (1950, Colombes. Le vainqueur joue la coupe de l'UEFA).

■ **Vainqueurs et vaincus de la coupe de France** depuis sa création. **1918** Olympique (Ol) de Pantin bat FC Lyon 3-0. **19** CASG bat Ol. de Paris 3-2 (après prolongations). **20** CA Paris bat Le Havre 2-1. **21** Red Star bat Ol. de Paris 2-1. **22** Red Star bat Rennes 2-0. **23** bat Sète 4-2. **24** Marseille bat Sète 3-2 (après prolongations). **25** CASG bat Rouen 1-1, puis rejoué 3-2. **26** Marseille bat Valentigney 4-1. **27** Marseille bat Quevilly 3-0. **28** Red Star bat CA Paris 2-0. **29** Montpellier bat Sète 2-0. **30** Sète bat Racing-Club de France 3-1. **31** Club français bat Montpellier 3-0. **32** Cannes bat RC Roubaix 1-0. **33** Excelsior bat RC Roubaix 3-1. **34** Sète bat Marseille 2-1. **35** Marseille bat Rennes 3-0. **36** Racing-Club de Paris bat Charleville 1-0. **37** Sochaux bat Strasbourg 2-1. **38** Marseille bat Metz 2-1 (après prolongations). **39** Racing-CP bat Lille 3-1. **40** Racing-CP bat Marseille 2-1. **41** Bordeaux bat Fives 2-0. **42** Red Star bat Sète 2-0. **43** Marseille bat Bordeaux 2-2, puis rejoué 4-0. **44** Nancy-Lorraine bat Reims Champagne 4-0. **45** Racing-CP bat Lille 3-0. **46** Lille bat Red Star 4-2. **47** Lille bat Strasbourg 2-0. **48** Lille bat Lens 3-2. **49** Racing-CP bat Lille 5-2. **50** Reims bat Racing-CP 2-0. **51** Strasbourg bat Valenciennes 3-0. **52** Nice bat Bordeaux 5-3. **53** Lille bat Nancy 2-1. **54** Nice bat Marseille 2-1. **55** Lille bat Bordeaux 5-2. **56** Sedan bat Troyes 3-1. **57** Toulouse bat Angers 6-3. **58** Reims bat Nîmes 3-1. **59** Le Havre bat Sochaux 2-2, puis rejoué 3-0. **60** Monaco bat St-Étienne 4-2 (après prolongations). **61** Sedan bat Nîmes 3-1. **62** St-Étienne bat Nancy 1-0. **63** Monaco-Lyon 0-0, puis rejoué 2-0. **64** Lyon bat Bordeaux 2-0. **65** Rennes bat Sedan 2-2, puis rejoué 3-1. **66** Strasbourg bat Nantes 1-0. **67** Lyon bat Sochaux 3-1. **68** St-Étienne bat Bordeaux 2-1. **69** Marseille bat Bordeaux 2-0. **70** St-Étienne bat Nantes 5-0. **71** Rennes bat Lyon 1-0. **72** Marseille bat Bastia 2-1. **73** Lyon bat Nantes 2-1. **74** St-Étienne bat Monaco 2-1. **75** St-Étienne bat Lens 2-0. **76** Marseille bat Lyon 2-0. **77** St-Étienne bat Reims 2-1. **78** Nancy bat Nice 1-0. **79** Nantes bat Auxerre 4-1 (après prolongations). **80** Monaco bat Orléans 3-1. **81** Bastia bat St-Étienne 2-1. **82** PSG bat St-Étienne 2-2 (6 tirs au but à 5). **83** PSG bat Nantes 3-2. **84** FC Metz bat Monaco 2-0 (après prolongations). **85** Monaco bat PSG 1-0. **86** Bordeaux bat Marseille 2-1 (après prolongations). **87** Bordeaux bat Marseille 2-0. **88** Metz bat Sochaux 1-1 (5 tirs au but à 4). **89** Marseille bat Monaco 4-3. **90** Montpellier bat Racing Paris I 2-1 (après prolongations). **91** Monaco bat Marseille 1-0. **92** *finale annulée* (voir *Catastrophes*, encadré col. a), coupe non attribuée ; Monaco, vainqueur de la seule demi-finale, participe à la coupe des vainqueurs de coupes. **93** PSG bat Nantes 3-0. **94** Auxerre bat Montpellier 3-0. **95** PSG bat Strasbourg 1-0. **96** Auxerre bat Nîmes 2-1. **97** Nice bat Guingamp 1-1 puis 4 tirs au but à 3. **98** PSG bat Lens 2-1. **99** Nantes bat Sedan 1-0. **2000** Nantes bat Calais 2-1. **01** Strasbourg bat Amiens 0-0 puis 5 tirs au but à 4.

Vainqueurs. 5 fois : Marceau Sommerlinck (1946-47-48-53-55), Bathenay (74-75-77-82-83), Alain Roche (86-87-93-95-98) ; **4 fois** : Baratte (46-47-48-53), Bereta (68-70-74-76), Boyer (19-24-26-27), Dupuis (36-39-40-45), Nicolas (21-22-23-28), Hervé Revelli (68-70-75-77).

Villes souvent victorieuses. Paris *20 fois* : *Red Star 5* (1921, 22, 23, 28, 42) ; *Racing 5* (1936, 39, 40, 45, 49) ; *Paris-St-Germain 5* (1982, 83, 93, 95, 98) ; *CASG 2* ; *Olympique 1* ; *CAP 1* ; *Club français 1*. **Marseille** *10* (1924, 26, 27, 35, 38, 43, 69, 72, 76, 89). **St-Étienne** *6* (1962, 68, 70, 74, 75, 77). **Lille** *5* (1946, 47, 48, 53, 55). **Monaco** *5* (1960, 63, 80, 85, 91). **Lyon** *3* (1964, 67, 73). **Nice** *3* (1952, 54, 97). **Bordeaux** *3* (1941, 86, 87). **Nantes** *3* (1979, 99, 2000). **Strasbourg** *3* (1951, 66, 2001). **Clubs souvent victorieux. 10 fois** : Ol. de Marseille. **6** : St-Étienne. **5** : Lille OSC, RC Paris, Red Star, PSG. **3** : Bordeaux, Ol. lyonnais, OGC Nice, FC Nantes, RC Strasbourg. **2** : CASG, Metz, Nancy, Reims, Rennes, Sedan, Sète.

■ **Clubs de 2e division ou de catégories inférieures ayant atteint les quarts de finale. 1980-81** Montpellier, Martigues. **81-82** Toulon. **82-83** Guingamp, Racing Paris I. **83-84** Mulhouse, Cannes. **84-85** St-Étienne. **86-87** Alès, Reims. **87-88** Sochaux, Quimper, Reims, Châtellerault. **88-89** Orléans, Rennes, Mulhouse, Beauvais. **89-90** Avignon. **94-95** Châteauroux, Marseille. **95-96** Nîmes (N1), Marseille (D2), Caen (D2), Valence (D2). **96-97** Clermont (N2), Créteil (N1), Laval (D2), Troyes (D2). **97-98** Mulhouse (D2), Bourg-Péronnas (CFA). **98-99** Guingamp D2), Laval (D2), Le Mans (D2), Nîmes (D2), Sedan (D2), Angoulême (N), Rouen (CFA2). **99-2000** Calais (CFA), Nîmes (D2). **2000-01** Reims (N), Grenoble (N), Amiens (N).

■ Autres compétitions

■ **Coupe de la ligue.** *Créée* 1994-95. Le vainqueur joue en coupe de l'UEFA la saison suivante. **1995** PSG bat SC Bastia 2-0. **96** Metz-Lyon 0-0 puis 5 tirs au but à 4. **97** Strasbourg-Bordeaux 0-0 puis 6 tirs au but à 5. **98** PSG-Bordeaux 2-2 puis 4 tirs au but à 2. **99** Lens bat Metz 1-0. **2000** Gueugnon bat PSG 2-0. **01** Lyon bat Monaco 2-1.

■ **Trophée des champions Gabriel-Hanot.** *Créé* 1996. Match entre les derniers champion de France et vainqueur de la coupe de France. **1996** PSG-Nantes 2-2 puis 6 tirs au but à 5. **97** *non disputé* pour la saison 95-96 puis Monaco bat Nice 5-2. **98** PSG bat Lens 1-0. **99** Nantes bat Bordeaux 1-0. **2000** Monaco bat Nantes 0-0, puis 6 tirs au but à 5. **01** Nantes bat Strasbourg 4-1.

■ **Football féminin. Dans le monde** : environ 22 millions de joueuses. **Reconnu** en France depuis 29-3-1970 (58 072 licenciées en France, en 1998). **Coupe du monde** *créée* 1991 : **1991** USA bat Norvège 2-1, **95** Norvège bat All. 2-0, **99** USA battent Chine 0-0 puis 5-4 aux tirs aux buts. **Championnat d'Europe** (Tournoi européen UEFA de 1984 à 1989). **1984** Suède. **87** Norvège. **89** RFA. **91** All. **93** Norvège. **95, 97** All. **99** *non disputé*. **2001** All.
Ch. de France *créé* 1974 : **1990** VGA St-Maur bat Poissy 3-0. **91** FC Lyon-VGA St-Maur 1-1 puis 4 tirs aux buts à 2. **92** Juvisy bat CS St-Brieuc 3-2. **93** FC Lyon. **94, 95, 96, 97** FCF Juvisy. **98** FC Lyon. **99, 2000** Toulouse AOC.

Légende : (1) Béziers. (2) St-Étienne. (3) Nîmes. (4) Olympique de Marseille. (5) Lille. (6) Nice. (7) Avignon. (8) St-Tropez. (9) Union sportive phocéenne. (10) Besançon. (11) Nantes. (12) Monaco. (13) Atletico de Bilbao. (14) Real de Madrid. (15) Racing-Club de France. (16) Rennes. (17) Paris-St-Germain. (18) Racing-Club de Paris. (19) Stade français. (20) Angers. (21) Tours. (22) Olympique de Lyon. (23) Reims. (24) Metz. (25) Bordeaux. (26) Ajaccio. (27) Servette de Genève. (28) Club athlétique Sté générale (CASG). (29) Club athlétique de Paris (CAP). (30) Levallois. (31) Sète. (32) Auxerre. (33) Nancy. (34) Montpellier. (35) Atletico de Madrid. (36) Orléans. (37) Strasbourg. (38) Toulouse. (39) Sedan. (40) Red Star. (41) Lens. (42) Le Havre Athlétique Club. (43) Naples. (44) Rouen. (45) Torino. (46) Inter Milan. (47) Quevilly. (48) Valenciennes. (49) Fives. (50) Bastia. (51) Club français. (52) Martigues. (53) Leeds United. (54) Aix-en-Provence (55) Cannes. (56) Toulon. (57) Juventus de Turin. (58) Varèse. (59) Milan AC. (60) Olympique de Paris. (61) Lorient. (62) Charleville. (63) RC de Roubaix. (64) Mulhouse. (65) Amiens. (66) Grenoble. (67) Annecy. (68) Paris FC. (69) Étoile des 2 Lacs. (70) AS Française. (71) VGA de St-Maur. (72) Paris Université Club. (73) Amicale. (74) Fontenay. (75) ASF du Perreux. (76) Troyes. (77) Brest. (78) Colmar. (79) St-Quentin. (80) Douai. (81) Limoges. (82) Arles. (83) Valence. (84) Chambéry. (85) Le Mans. (86) Clichy. (87) Angoulême. (88) Union sportive de Tourcoing. (89) Karlsruhe. (90) Clermont-Ferrand. (91) Montceau. (92) CA de Vitry. (93) Manchester United. (94) Montréal. (95) Neuchâtel. (96) Brive. (97) Bischwiller. (98) Excelsior Roubaix. (99) FC Barcelone. (100) Gallia FC. (101) La Garenne-Colombes. (102) US parisienne. (103) Cherbourg. (104) Stuttgart. (105) Aston Villa. (106) Galatasaray. (107) Laval. (108) Guingamp. (109) La Chaux-de-Fonds. (110) Anderlecht. (111) Sochaux. (112) Quimper. (113) Caen. (114) Bruges. (115) Atalante Bergame. (116) Parme. (117) Newcastle United. (118) Glasgow Rangers. (119) Nagoya Grampus Eight. (120) Matra Racing. (121) RP1. (122) Urawa Red Diamonds. (123) Le Havre. (124) La Corogne. (125) Sion. (126) Sampdoria Gênes. (127) Heart of Middlothian. (128) Arsenal. (129) Espanyol de Barcelone. (130) Bayern de Munich. (131) Shangai. (132) Compostelle. (133) Leon. (134) Ajaccio. (135) Tottenham. (136) West Ham. (137) Hyères. (138) VGA Médoc. (139) SC Choisy-le-Roi. (140) Raincy Sports. (141) FC Lyon. (142) Chelsea. (143) Bayonne. (144) Arques. (145) Digne. (146) Istres. (147) US Lormont. (148) Meaux. (149) AS Roma. (150) Montjoly. (151) Abbeville. (152) Blois. (153) ASPTT Marseille. (154) Hibernian. (155) FC Séville. (156) Kaiserslautern. (157) Pérouse. (158) Liverpool. (159) Middlesbrough. (160) Olympiakos Le Pirée.

■ Quelques noms

Joueurs français au 30-7-2001

ABBES Claude, 24-5-27 [1,2]. ADAMS J.-Pierre, 10-3-48 [3,6]. ALCAZAR Joseph, 1910 [4,5,6,7,8,9]. ALPSTEG René, 3-12-20 [2,10]. AMISSE Loïc, 9-8-54 [11]. AMOROS Manuel, 1-2-62 [12,4,22,4]. ANATOL Manuel, 8-5-03 [13,14,15]. ANELKA Nicolas, 14-3-79 [17,128,14,17]. ANGLOMA Jocelyn, 7-8-65 [16,5,17,4,45,46,83]. ARTELESA Marcel, 2-7-38 [12,4]. ASTON Fred, 16-5-12 [18,19,20,21]. AUBOUR Marcel, 17-6-40 [22,6,16,23]. AYACHE William, 10-1-61 [11,17,4,11,25,34,3,55]. AZNAR Emmanuel, 1915-70 [4].

BA Ibrahim, 12-11-73 [42,25,59,157,4]. BAILLOT Henri, 13-12-24 [24,25,37]. BARATELLI Dominique, 26-10-47 [26,6,17]. BARATTE Jean, 1923-86 [5]. BARD Henri, 1892-1951 [27,18,28,29]. BARONCHELLI Bruno, 13-1-57 [11]. BARREAU Gaston, 1883-1958 [30]. BARTHEZ Fabien, 28-6-71 [38,4,12,93]. BATHENAY Dominique, 13-2-54 [2,17,31]. BATON Zacharie, 1886 [5]. BATS Joël, 4-1-57 [111,32,17]. BATTEUX Albert, 2-6-19 [23,2,33,4]. BATTISTON Patrick, 12-3-57 [24,2,25,12]. BAUMANN Édouard, 1895 [15,28]. BAYROU Georges, 1883-1954 [100]. BEAUDIER Maurice, 1897-1932 [29]. BECK Yvan, 1909-63 [31,2]. BELLONE Bruno, 14-3-62 [12,55,34]. BEN BAREK Larbi, 1914-92 [4,19,35,4]. BERDOLL Marc, 6-4-53 [20,4,36]. BERETA Georges, 15-5-46 [2,4]. BERGEROO Philippe, 13-1-54 [37,5,38]. BERNARD Pierre, 27-6-32 [25,39,3,2,40]. BERTRAND-DEMANES Jean-Paul, 23-5-52 [11]. BIANCHERI Henri, 1932 [20,111,12]. BIBARD Michel, 30-11-58 [11,17]. BIEGANSKI Guillaume, 1932 [5,41]. BIGOT Jules, 22-10-15 [5,2]. BIGUÉ Maurice, 1886 [29]. BIHEL René, 1916-97 [42,5,4,37]. BIJOTAT Dominique, 3-1-61 [12,25,12]. BILOT Charles, 1880-1912 [68,29]. BLANC Laurent, 19-11-65 [34,43,3,2,32,99,4,46]. BLANCHET Bernard, 1-12-43 [11]. BLIARD René, 18-10-32 [23,44,40]. BOGHOSSIAN Alain, 27-10-70 [145,4,146,4,43,126,116]. BOLI Basile, 2-1-67 [32,4,118,12,122] ; Roger, 26-9-65 [32,5,41,123]. BONGIORNI Émile, 1921-49 [29,18,45]. BONIFACI Antoine, 4-9-31 [6,46,19]. BONNARDEL Philippe, 1899-1953 [100,40,47]. BONNEL Joseph, 4-1-39 [34,48,4]. BORELLI Luc, 1965-99 [153,56,17,113,22]. BOSQUIER Bernard, 19-6-42 [111,2,4]. BOSSIS Maxime, 26-6-55 [11,18,11]. BOURBOTTE François, 1913-72 [49,5]. BOYER Jean, 1901-81 [28,138,28,139,4]. BRACCI François, 3-11-51 [4,37,25,44,1]. BRAVO Daniel, 9-2-63 [31,6,12,6,17,116,22,4,6]. BROISSART José, 20-2-47 [18,39,2,50,3]. BROUZES Just, 1894 [28,40]. BRUEY Stéphane, 11-12-1932 [18,12,20]. BUDZINSKI Robert, 21-5-40 [41,11]. BURON Jean-Louis, 1934 [44,4].

CANDELLA Vincent 24-10-73 [38,108,149]. CANNELLE Fernand, 1882-1951 [51]. CANTHELOU Jacques, 1904 [44]. CANTONA Éric, 24-5-66 [32,52,32,4,25,4,3,53,93]. *Palmarès* : Ch. de France 89, 91. Vainqueur coupe de France 90. Ch. d'Angleterre 92, 93, 94, 96, 97. Vainqueur coupe d'Angleterre 94, 96. Annonce sa retraite le 18-5-97. CAPELLE Marcel, 1904-93 [15]. CARDIET Louis, 20-6-43 [16]. CARNUS Georges, 13-8-42 [54,2,4]. CASONI Bernard, 4-9-61 [55,18,56,4]. CASTANEDA Jean, 20-3-57 [2,4]. CAZENAVE Hector, 1914 [111]. CHANTREL Augustin, 1909-56 [28,40,65]. CHARBONNIER Lionel 25-10-66 [32,118]. CHARDAR André, 1906 [29,31,3,18]. CHAYRIGUES Pierre, 1892-1965 [40]. CHEUVA André, 1908 [49,5]. CHIESA Serge, 25-12-50 [22]. CHORDA André, 1938-98 [6,25]. CHRISTOPHE Didier, 10-12-56 [12,5,38,16]. CISOWSKI Thadée, 16-2-27 [24,18]. COCARD Christophe, 23-11-67 [32,22]. COLONNA Dominique, 4-9-28 [34,19,6,23]. COMBIN Nestor, 29-12-40 [22,57,58,45,59,24,40,137]. COSSOU Lucien, 29-1-36 [22,12]. COSTE Christian, 23-2-49 [5,23]. COTTENET Maurice, 1895-1972 [140,60,55]. COURIOL Alain, 24-10-58 [12,17]. COURTOIS Roger, 1912-72 [111]. CRUT Édouard, 1901-74 [4,6]. CUISSARD Antoine, 1924-97 [2,61,2,55,6,16]. CYPRES Gaston, † 1925 [29]. DALGER Christian, 18-12-49 [12,56]. DARQUES Louis, 1893 [60]. DARUI Julien, 1916-87 [62,5,40,63]. DAUPHIN

Robert, 1905 [19]. Dedieu René, 1899-1985 [31,3,34]. Défossé Robert, 19-6-09 [5]. Deladerière Léon, 26-6-27 [33,38]. Delfour Edmond, 1907-90 [19,18]. Delmer Célestin, 1907-96 [64,65,98,63,40]. Dereuddre René, 22-6-30 [63,38,41,11,66]. Desailly Marcel, 7-9-68 [11,4,59,142]. Deschamps Didier, 15-10-68 [143,11,4,25,4,57,142]. Devic Émilien, 1888-1944 [29,18]. Dewaquez Jules, 1899-1971 [60,4,6]. Diagne Raoul, 10-11-10 [18,67,38]. Di Lorto Laurent, 1909-89 [4,111]. Di Meco Éric, 7-9-63 [4,33,52,4,12]. Di Nallo Fleury, 20-4-43 [22,40,34]. Diomède Bernard 23-1-74 [32,158]. Djorkaeff Jean, 27-10-39 [22,4,17,68] ; Youri, 9-3-68 [66,37,12,17,46,156]. Dobrase Frédéric, 17-5-55 [41,10,87,50,77,21,1,81,111]. Domenech Raymond, 20-1-52 [22,37,17,25]. Domergue Jean-François, 23-6-57 [25,5,22,38,4] ; Marcel, 16-11-01 [28,31,3,40]. Douis Yvon, 16-5-35 [5,42,12,55]. Doye André, 1924-81 [41,38,25]. Dropsy Dominique, 9-12-51 [48,37,25]. Dubly Raymond, 1893-1988 [63]. Ducret Jean, 2-11-1887 [69,5,19,70]. Dugarry Christophe, 17-3-72 [147,25,59,99,4,25]. Duhart Pierre, 1910-56 [111]. Dupuis Maurice, 1914-77 [18]. Durand Jean-Philippe, 11-11-60 [38,25,4].

Émon Albert, 24-6-53 [4,23,12,56,55]. Ettori J.-Luc, 29-7-55 [12]. Fargeon Philippe, 24-6-64 [25,56,25]. Fernandez Luis, 2-10-59 [17,18,55]. Ferreri J.-Marc, 26-12-62 [32,25,32,4]. Ferrier René, 1936-98 [2,50,152]. Finot Louis, 1909-96 [71,72,51,29,111,16,23,6,18,65,40,19,73,74,75]. Firoud Kader, 11-10-20 [38,2,3]. Flamion Pierre, 13-12-24 [23,4,22,76]. Floch Louis, 28-12-47 [16,12,68,17,77]. Foix Jacques, 26-11-30 [18,2,6,38,2]. Fontaine Just, 18-8-33 [6,23]. Fournier Laurent, 14-9-64 [22,2,4,17,25]. Frey André, 1919 [24,38].

Gabrillargues Louis, 1914-94 [31,111,93,3,63]. Gallay Maurice, 1902 [4]. Gamblin Lucien, 1890-1972 [40]. Garande Patrice, 27-11-60 [36,32,11,2]. Garde Remi, 3-4-66 [22,37,128]. Gemmrich Albert, 13-2-55 [37,25,5,6]. Genghini Bernard, 18-1-58 [34,2,12,27,4,25]. Gérard René, 1914 [34]. Germain Bruno, 28-4-60 [36,33,18,56,4,17,20]. Gianessi Lazare, 9-11-25 [79,63,12]. Ginola David, 25-1-67 [77,17,117,135,105]. Girard René, 4-4-54 [3,25]. Giresse Alain, 2-9-52 [25,4]. Glovacki Léon, 19-2-28 [80,76,23,12,2]. Gondet Philippe, 17-5-42 [19,11]. Goujon Yvon, 21-1-37 [61,2,34,16,81,44]. Gravier Ernest, 26-8-1892 [29,31,40,28,3,82]. Grégoire Jean, 20-7-22 [83,84,66,19]. Grillet Pierre, 21-3-32 [18,38,11]. Grillon André, 1-11-21 [85,25,86,30,19,18]. Grumellon Jean, 1923-91 [16,6,12,42]. Guillas Roland, 23-9-36 [25,2,87,66,44,20,61]. Guillou Jean-Marc, 20-12-45 [20,6,64]. Guivarc'h Stéphane, 6-9-70 [77,108,32,16,32,117,118,32,108]. Guy André, 3-3-41 [111,2,22,5,16,56]. Hanot Gabriel, 1889-1968 [88,70]. Hausser Gérard, 18-3-39 [37,89,24]. Heisserer Oscar, 18-7-14 [37,18]. Henry Thierry, 17-8-77 [12,57,128]. Herbet Yves, 17-8-45 [39,110,40,23,33,7]. Herbin Robert, 30-3-39 [6,2]. Heutte François, 21-2-38 [44,5,18,2]. Hidalgo Michel, 22-3-33 [12]. Hon Louis, 11-9-24 [71,19,15,19]. Huck Jean-Noël, 20-12-48 [37,6,17,64,37]. Hugues François, 1896-1965 [40,16,40,141]. Huguet Guy, 1923-91 [90,2,6]. Ibrir Abder, 1919-90 [25,38,4]. Jacquet Aimé 27-11-41 [2,22]. Janvion Gérard, 21-8-53 [2,17,1]. Jodar Jean-François, 2-12-49 [23,22,37,91]. Jonquet Robert, 3-5-25 [23,37]. Jordan Gusti, 1909-90 [18]. Jourda Albert, 1893 [51,31]. Jourde Étienne, 1890-1921 [92]. Jouve Roger, 11-3-49 [6,37].

Kaelbel Raymond, 31-1-32 [93,37,12,42,23,37]. Karembeu Christian, 3-12-70 [11,126,14,159,160]. Kargu Édouard (Kargulewiecz, dit), 16-12-25 [25]. Kastendeuch Sylvain, 31-8-63 [24,40,24,2]. Kaucsar Joseph, 20-9-04 [34]. Keller Frédéric, 1913 [37]. Kéruzoré Raymond, 17-6-48 [108]. Kopa Raymond (Kopaszewski, dit) [13-10-31 à Nœux-les-Mines (Pas-de-Calais). *Clubs :* Angers (1949-51), Reims (51-56 puis 59-68), Real de Madrid (56-59). *Palmarès :* 3e Coupe du monde 1958. Coupe d'Europe des clubs champions 1957, 1958, 1959. Ch. de France 1953, 1955, 1960, 1962. Ch. d'Espagne 1957, 1958. *Distinctions :* Ballon d'or du meilleur joueur européen 1958]. Koranyi Désiré, 1914-81 [31]. Korb Pierre, 20-04-08 [64,34]. Lacombe Bernard, 15-8-52 [22,2,25]. Laigle Pierre, 2-9-70 [41,126,22]. Lama Bernard, 7-4-63 [150,151,10,5,24,77,41,17,136,17,16]. Lamia Georges, 14-3-33 [6,16]. Langiller Marcel, 1908-80 [29,63,98,40,2]. Larios J.-François, 27-8-56 [2,50,35,94,95,22,37,6]. Larqué J.-Michel, 8-9-47 [2,17]. Laurent Jean, 10-12-06 [29,111,51,16,38] ; Lucien, 10-12-07 [29,111,51,64,16,37,35,10]. Lebœuf Franck, 22-1-68 [137,148,107,37,142,4]. Lech Georges, 2-6-45 [41,111,23]. Lemerre Roger, 18-6-41 [39,11,33,41]. Lemoult Jean-Claude, 28-8-60 [17,34]. Lerond André, 6-12-30 [55,22,19]. Leroux Yvon, 19-4-60 [77,12,11,17]. Lesur Henri [88]. Liberati Ernest, 1908-83 [65,49,111,48,4,96]. Lieb Guillaume, 1904-78 [97,141,64]. Lietaer Noël, 1908-41 [88,98]. Lizarazu Bixente, 9-12-69 [25,13,130]. Llense René, 14-7-13 [31,2]. Loko Patrice, 6-2-70 [11,17,34]. Lopez Christian, 15-3-53 [55,2,38,34]. Loubet Charly, 26-1-46 [55,19,6,4]. Louis Xerxès, 1926-78 [22,41]. Maes Eugène, 1890-1945 [40]. Mahjoub Abderrhaman, 25-4-29 [18,6,18,34]. Mahut Philippe, 4-3-56 [76,24,2,18,112,45]. Maïresse Jacques, 1904-40 [31,40,37]. Marcel J.-Jacques, 13-6-31 [111,4,18,56]. Marche Roger, 1924-97 [23,18]. Martini Bruno, 25-1-62 [32,33,32,34]. Martins Corentin, 11-7-69 [77,32,124,37,25]. Maryan (Synakowski Maryan, dit), 14-3-36 [39,19,? (Belg.), 23,39]. Mattler Étienne, 1905-86 [111]. Mekloufi Rachid, 12-8-36 [2]. Mercier Robert, 1909-58 [51,18]. Mesnier Louis, 1884-1921 [68,29]. Mezy Michel, 15-8-48 [3,5,34]. Michel Henri, 28-10-47 [11]. Moigneu Henri, 1887-1937 [88]. Moizan Alain, 18-11-53 [87,12,22,2,50,55]. Molitor Marco, 1949 [37,6]. Muller Lucien, 3-9-34 [37,38,23,15,99]. Nicolas Jean, 1913-78 [44] ; Paul, 1899-1959 [100,40,65]. Novi Jacky, 18-7-46 [3,4,17,37]. Olivier Maurice, 1887 [69]. Olmeta Pascal, 7-4-61 [50,56,18,120,121,4,22,129,134]. Papi Claude, 1949-83 [50]. Papin J.-Pierre [5-11-63. *Clubs :* Vichy, Valenciennes, Bruges, Marseille, Milan AC, Bayern de Munich, Girondins de Bordeaux, Guingamp. *Palmarès :* 3e de la Coupe du monde 1986. Coupe de Belgique 1986. Ch. de France 1989, 90, 91, 92, Ch. d'Italie 1993 et 1994. Coupe de France 1989. Meilleur buteur ch. de France 1988, 89, 90, 91, 92. Ligue des champions 1994. Coupe de l'UEFA 1996. 54 sélections et 30 buts en équipe de France. *Distinctions :* Ballon d'or du meilleur joueur européen en 1991] ; annonce la fin de sa carrière le 17-11-98. Pardo Bernard, 19-12-60 [5,77,2,56,25,4,17]. Passi Gérald, 21-1-64 [34,38,12,2,119]. Pavillard Henri, 1905-78 [19]. Péan Éric, 10-9-63 [5,25,20]. Pécout Éric, 17-2-56 [11,12,24,37,113]. Penverne Armand, 26-11-26 [23]. Perez Christian, 13-5-63 [3,34,17,12,5,131]. Petit Emmanuel, 22-9-70 [144,12,128,99,142] ; Jean, 25-9-49 [38,12]. Piantoni Roger, 26-12-31 [33,23,6]. Pinel Marcel, 1908-69 [40]. Pires Robert 29-1-73 [24,4,128]. Platini Michel [21-6-55 à Jœuf (M.-et-M.). *Clubs :* AS Jovicienne (1966-72), AS Nancy-Lorraine (72-79), AS Saint-Étienne (79-82), Juventus de Turin (82-87). *Palmarès :* 648 matches professionnels, 348 buts. 72 sélections en équipe de Fr. (27-3-76 au 29-4-87), 41 buts (record). 3e de la Coupe du monde 1986. Ch. d'Europe des nations 1984, coupe d'Europe des clubs champions 1985, coupe d'Europe des clubs vainqueurs de coupe 1984, coupe intercontinentale des nations 1985, des clubs 1985, supercoupe d'Europe 1984. Ch. de Fr. 1981, coupe de Fr. 1978. Ch. d'Italie 1984, 1986, coupe d'It. 1983. *Distinctions :* Ballon d'or du meilleur joueur européen en 1983, 84, 85. Meilleur buteur ch. d'Europe des nations 1984. Ch. d'It. 1983, 84, 85]. Poullain Fabrice, 27-8-62 [11,17,12]. Prouff Jean, 12-9-19 [16,49,23,44,54]. Quittet Claude, 12-3-41 [111,6].

Remetter François, 8-8-28 [24,111,25,81,37,66]. Repellini Pierre, 27-10-50 [2]. Revelli Hervé, 5-5-46 [2,6] ; Patrick, 22-6-51 [2,111,55]. Rey André, 22-1-48 [37,24,6]. Rigal Jean, 1890-1979 [101]. Rio Patrice, 15-8-48 [44,11,16] ; Roger, 13-2-13 [44]. Rocheteau Dominique, 14-1-55 [2,17,38]. Rodzik Bruno, 29-5-35 [23,6]. Rostagni Jean-Paul, 14-1-48 [55,12,68,25,6]. Rousset Gilles, 22-8-63 [111,22,4,127]. Rouyer Olivier, 1-12-55 [33,37,22]. Royet Marius, † 1915 [102]. Ruminski César, 13-6-24 [42,5]. Rust Albert, 10-10-53 [111]. Sahnoun Omar, 1955-80 [11,25]. Salva Marcel, 1-10-22 [18]. Sauvage Paul, 17-3-39 [81,23,48,81]. Sauzée Franck, 28-10-65 [111,4,12,4,115,37,34,154]. Scharwath René, 1904-80 [37,98,18]. Senac Didier, 2-10-58 [41,25]. Silvestre Franck, 5-4-67 [111,32]. Simba Amara, 23-12-61 [17,55,17,12,113,5,133]. Simon Jacques, 20-3-41 [103,11,25,40]. Sinibaldi Pierre, 29-2-24 [23,22,11]. Six Didier, 21-8-54 [48,41,4,114,37,104,64,105,24,37,48,106]. Soler Gérard, 29-3-54 [111,12,25,38,50,5,16]. Sollier Henri, 1890 [92]. Sommerlynck Marceau, 4-1-22 [49,5]. Sonor Luc, 15-9-62 [24,12]. Specht Léonard, 16-4-54 [37,25]. Stopyra Yannick, 9-1-61 [111,16,38,25]. Strappe André, 23-2-28 [5,42,11,50]. Swiatek Jean, 11-12-21 [25]. Synaeghel Christian, 28-1-51 [2,24].

Tassin Robert, 1902 [15]. Tempet Jean-Pierre, 31-8-54 [41,107,64,48]. Thépot Alex, 1906-89 [77,30,40]. Thuram Lilian, 1-1-72 [12,116,57]. Tibeuf Philippe, 17-6-62 [108,2]. Tigana Jean, 23-6-55 [56,22,25,4]. Touré José, 24-4-61 [11,25,12]. Trésor Marius, 15-1-50 [26,4,25]. Trezeguet David, 15-10-77 [12,57]. Triboulet Marcel, 1890-1939 [30]. Tusseau Thierry, 19-1-58 [11,25,18]. Ujlaki Joseph, 10-8-29 [3,19,6,18]. Vaast Ernest, 28-10-22 [30,18,27,18,16,40]. Vahirua Pascal, 9-3-66 [32]. Vanco Marcel, 1885 [29,63]. Vandooren Jules, 1908-85 [5,40,23]. Vascout Henri, 1885 [92]. Veinante Émile, 12-6-07 [24,18]. Vercruysse Philippe, 28-1-62 [41,25,4,3,25,24,125,41]. Verlet Joseph, 1884-1922 [68,29]. Verriest Georges, 1909-85 [63]. Viallemonteil Henri, 1884 [92]. Vieira Patrick, 23-6-76 [55,59,128]. Vignal René, 12-8-26 [1,38,18]. Villaplane Alexandre, 1905-44 [31,3,15]. Vincent Jean, 29-11-30 [5,23]. Wallet Urbain, 1901 [65]. Wendling Jean, 29-4-34 [37,38,23]. Wild Jacques, 1905-90 [19]. Wiltord Sylvain, 10-5-74 [16,124,25,128]. Wisnieski Maryan, 1-2-37 [41,111,2,109]. Xuereb Daniel, 22-5-59 [22,41,17,34,4]. Zénier Bernard, 21-8-57 [33,24,25,4,24]. Zidane Zinedine, 23-6-72 [55,25,57,14]. Zimako Jacques, 28-12-51 [50,2,111,50].

Joueurs étrangers

Légende : (1) Suisse. (2) Brésil. (3) Portugal. (4) Hongrie. (5) Uruguay. (6) Italie. (7) Belgique. (8) Argentine. (9) G.-B. (10) Ex-Youg. (11) All. féd. (12) Suède. (13) Irlande du Nord. (14) Tchéc. (15) Ex-URSS. (16) Bulgarie. (17) Hongrie. (18) Mexique. (19) Pays de Galles. (20) Pays-Bas. (21) Pologne. (22) Espagne. (23) Autriche. (24) Écosse. (25) Angleterre. (26) Mali. (27) Danemark. (28) Pérou. (29) Chine. (30) Ghana. (31) Colombie. (32) Sénégal. (33) Cameroun. (34) Libéria. (35) Bolivie. (36) Ukraine. (37) Paraguay. (38) Croatie.

Abegglen André [1], 1909-44 ; Max [1], 11-4-02. Ademir [2], 8-11-22. Aguas José (José Pinto Carvalho dos Santos, dit) [3], 9-11-31. Albert Florian [4], 15-9-41. Alberto Carlos (Carlos Alberto Torres, dit) [2], 17-7-47. Allofs Klaus [11], 8-10-57. Altafini José [2], 27-8-38. Altobelli Alessandro [6], 28-11-55. Amalfi Yeso [2], 6-12-25. Amancio Amara Varelos [22], 17-10-39. Amarildo (Tavares de Silveira, dit) [2], 29-6-39. Anastasi Pietro [6], 7-4-48. Andrade José Leandro [5], 1898-1954. Andreolo Michele [6], 1912. Anoul Léopold [7], 19-8-22. Antenen Charles [1], 13-11-29. Antognoni Giancarlo [6], 1-4-54. Ardiles Osvaldo [8], 3-8-52. Armfield Jimmy [9], 21-9-35. Asprilla Faustino [31], 10-11-69. Augusto José (Pinto de Almeida Augusto, dit) [3], 13-4-37. Baggio Roberto [6], 18-2-67. Ball Alan [9], 12-5-45. Banks Gordon [9], 30-12-37. Baresi Franco [6], 8-5-60. Barnes John [9], 7-11-65. Batistuta Gabriel Omar [8] 1-2-69. Beara Vladimir [10], 2-11-28. Beckenbauer Franz (surnom : "Kaiser Franz") [11], 11-9-45. Belanov Igor [15], 20-4-60. Bell Joseph-Antoine [33], 8-10-54. Bergkamp Dennis [20], 10-5-69. Bergmark Orvar [12], 16-11-30. Bergomi Giuseppe [6], 22-12-63. Best George [13], 22-5-46. Bettega Roberto [6], 27-12-50. Bianchi Carlos [8], 26-4-49. Bican Josef [14], 1913. Bickel Fred [1], 2-5-18. Biyik François-Omam [33], 21-5-66. Blanchflower Danny [13], 1926-93. Blankenburg Horst [11], 10-7-47. Blokhine Oleg [15], 5-11-52. Bocande Jules [32], 25-11-58. Bojkov Stephan [16], 1924. Boksic Alen [38], 21-1-70. Boniek Zbigniew [21], 3-3-56. Boniperti Giampiero [6], 4-7-28. Bozsik Jozsef [17], 1925-78. Braine Raymond [7], 1907-61. Brehme Andreas [11], 9-11-60. Breitner Paul [11], 5-9-51. Bremner Billy [24], 1943-97. Briegel Hans-Peter [11], 11-10-55. Brito Hercules Ruas [2], 9-8-39. Buchwald Guido [11], 24-1-61. Burruchaga Jorge [8], 9-10-62. Butragueno Emilio [22], 22-7-63. Cabrini Antonio [6], 8-10-57. Capelle Jean [7], 26-10-13. Carbajal Antonio [18], 7-6-29. Carter Raich Horatio [9], 1913-94. Causio Franco [6], 1-2-49. Cerezo Antonio [2], 21-4-55. Ceulemans Jan [7], 28-2-57. Chapuisat Stéphane [1], 28-6-69. Charles John [19], 27-12-31. Charlton Bobby [9], 11-10-37 ; Jacky [9], 8-5-35. Chesternev Albert [15], 13-8-41. Chevtchenko Andreï [36], 20-9-76. Chilavert Jose Luis [37] 27-7-65. Chislenko Igor [15], 8-9-39. Chumpitaz Hector [28], 12-4-43. Coppens Henri [7], 29-4-30. Corso Mario [6], 25-8-41. Cruijff Johan [20], 25-4-47. Cubilla Luis [5], 28-3-40. Curkovic Ivan [10], 15-3-44. Czibor Zoltan [17], 1929.

Dahleb Mustapha [31], 13-1-52. Dahlin Martin [12], 16-4-68. Dalglish Kenny [24], 4-3-51. Dassaev Rinat [15], 13-6-57. Dean Bill « Dixie » [9], 1907. Deyna Kazimierz [21], 1947-89. Didi (Waldyr Pereira, dit) [2], 8-10-28. Dirceu José [2], 15-6-52. Di Stefano Alfredo [8], 4-7-26. Donadoni Roberto [6], 9-9-63. Dunai Antal [17], 21-3-43. Durkovic Vladimir [10], 6-11-38. Edstroem Ralph [12], 7-10-52. Eusebio (Ferreira da Silva, dit) [3], 25-1-43. Facchetti Giacinto [6], 18-7-42. Fazekas Laszló [17], 15-10-47. Fillol Ubaldo [8], 21-7-50. Finney Tom [9], 5-4-22. Förster Karl-Heinz [11], 25-7-58. Francescoli Enzo [5], 12-11-61. Francis Trevor [9], 19-4-54. Friendrichsen Arthur [2] (1 326 buts, record mondial), 1892-1969. Gadocha Robert [21], 10-1-46. Garrincha (Manoel Francisco dos Santos, dit) [2], 1936-83. Gentile Claudio [6], 27-9-53. Gento Francisco [22], 21-10-33. Gerson (de Oliveira Nunes, dit) [2], 11-1-41. Gilmar (dos Santos Neves, dit) [2], 22-8-30. Gomes Fernando [3], 22-11-56. Graziani Francesco [6], 16-12-52. Gren Gunnar [12], 1920-91. Guardiola Josep [22], 18-1-71. Gullit Ruud [20], 1-9-62. Gustavsson Bengt [12], 13-1-28. Halilhodzic Vahid [10], 15-10-52. Hamrin Kurt [12], 19-11-34. Hanappi Gerhard [23], 16-2-29. Hapgood Eddie [9], 1909-73. Happel Ernst [23], 1925-92. Hassler Thomas [11], 30-5-66. Hidegkuti Nandor [17], 3-3-22. Hoddle Glenn [9], 27-10-57. Hrubesch Horst [11], 17-4-51. Hugues Mask [19], 1-11-63. Hurst Geoff [9], 8-12-41. Jaïrzinho (Ventura Filho Jaïr, dit) [2], 25-12-44. Jekov Petar [16], 10-10-44. Jennings Pat [13], 12-6-45. Jorginho [2], 17-8-64.

Kaltz Manfred [11], 6-1-53. Keegan Kevin [25], 14-2-51. Keita Salif [26], 6-12-46. Keizer Piet [20], 14-6-43. Kempès Mario [8], 15-7-54. Khidiatuline Vaguiz [15], 3-2-59. Klinsmann Jurgen [11], 30-7-64. Kluivert Patrick [20], 1-7-76. Kocsis Sandor [17], 1929-79. Koeman Ronald [20], 21-3-63. Krankl Johann [23], 14-2-53. Krol Rudi [20], 23-3-49. Kubala Lazlo [14,17,22], 1-6-27. Larsen Henrik [27], 17-5-66. Lato Grzegorz [21], 8-4-50. Laudrup Brian [27], 22-2-69 ; Michael [27], 15-6-64. Law Denis [24], 24-2-40. Lawton Tommy [25], 6-10-19. Leão Emerson [2], 11-7-49. Léonidas da Silva [2], 11-11-10. Liddell William [24], 10-1-22. Liedholm Nils [12], 8-10-22. Lineker Gary [25], 30-11-60. Littbarski Pierre [11], 16-4-60. Lofthouse Nat [9], 27-8-25. Lubanski Wlodzimierz [21], 28-2-47. Luque Leopoldo [8], 3-5-49. Magnusson Roger [12], 20-3-45. Maier Sepp (Maier Joseph, dit) [11], 28-2-44. Maldini Paolo [6], 26-6-68. Maradona Diego [8], 30-10-60 [1991-29-3 la Féd. italienne de football annonce qu'on a trouvé des traces de cocaïne dans ses urines (suspendu par la Fifa le 6-4) ; arrêté le 26-4 à Buenos Aires pour détention de cocaïne ; remis en liberté 28-4 (caution de 20 000 $) ; exclu de la coupe du monde pour dopage en 1994 ; annonce sa retraite le 30-10-97]. Martín-Vásquez Rafael [22], 25-9-65. Masopust Josef [14], 9-2-31. Matthaus Lothar [11], 21-3-61. Matthews Stanley [9], 1915-2000. Mazurkiewicz Ladisla [5], 14-2-45. Mazzola

■ **Quelques chiffres. Arbitres** (au 21-5-2000). 21 307 en France (dont 10 internationaux). **Clubs affiliés à la Fédération française de football** (en 1999). 21 000. **Licenciés** (en millions, 2001). USA 17,9, Indonésie 10, Mexique 7,4, Chine 7,2, Brésil 7, All. 6,3, Italie 4, France 3. *Monde :* 242,4.

Budget FFF (1999-2000, en millions de F) : 500. **Budget D1** (1999-2000, en millions de F) : Marseille 517, Bordeaux 434, Lens 369, PSG 366, Lyon 308, Monaco 260, Nantes 237, St-Étienne 222. **Transferts** (en millions de F) : 1996, *Alan Shearer* (G.-B.) 120 des Blackburn Rovers à Newcastle. 1997, Luiz Nazario de Lima dit *Ronaldo* (Brésil) 171 du Barça à l'Inter de Milan. 1999, *Christian Vieri* 280 de la Lazio Roma à l'Inter de Milan. **2000** *Hernan Crespo* 372 de Parme à la Lazio. *Luis Figo* 405 du FC Barcelone au Real de Madrid. **2001** Zinédine Zidane 500 de la Juventus de Turin au Real de Madrid.

Recettes de la Coupe du monde de football (en millions de F). **1974 :** 116, **78 :** 173, **82 :** 383, **86 :** 564, **90 :** 880 (dont droits TV 372, billets 293, publicité 215), **94** (en millions de F suisses) 292,8 dont droits TV 112,8, billets 105, publicité 75. **98** droits TV (en millions de F suisses) 135. Bénéfice du CFO (en millions de F) 505 avant l'impôt sur les sociétés (42 %). **2002** droits TV (en milliards de F) 5,2. **2006** droits TV (en milliards de F) 6.

Recettes publicitaires de l'équipe de France de football (en millions de F). **1978** (Coupe du monde en Argentine) 2,4, **1982** (en Espagne) 11,5, **1984** (Ch. d'Europe des nations en France) 13, **1986** (Coupe du monde au Mexique) 17, **1992** (Ch. d'Europe des nations en Suède) 15. **1999-2000** 82.

Sandro [6], 8-11-42 ; Valentino [6], 1919-49. Mboma Patrick [33], 15-11-70. Meazza Giuseppe [6], 23-8-10. Mees Victor [7], 26-1-27. Meredith William [19], 1876-1958. Michel José [22], 23-3-63. Mikhailitchenko Alexei [15], 30-3-63. Milla Roger [33], 25-5-52. Moore Robert (dit Bobby) [9], 1941-93. Mozer Carlos [2], 19-8-60. Müller Gerd [11], 3-11-45. Neeskens Johan [20], 15-9-51. Nejedli Ildrich [14], 1909. Netto Igor [15], 1930. Netzer Gunther [11], 14-9-44. Nordahl Gunnar [12], 1921-95. Nordqvist Björn [12], 6-10-42. Novak Ladislav [14], 5-2-31. Nyers Étienne [17], 23-3-24. Ocwirk Ernst [23], 7-3-26. Olsen Morten [27], 14-8-49. Overath Wolfgang [11], 29-9-43.

Pancev Darko [10], 17-9-65. Passarella Daniel [8], 25-5-53. Pelé (Edson Arantés do Nascimento, dit) [2] [né 23-10-40 à Tres Coraçoes (Minas Gerais). *Clubs :* Santos (1956-74), Cosmos New York (74-77). *Palmarès :* 1 281 buts (sur le 1er millier : 1 fois 8 buts, 7 × 5 buts, 28 × 4 buts, 76 × 3 buts, 146 × 2 buts, 320 × 1 but). 85 sélections en équipe du Brésil (7-7-57 au 18-8-71). Ch. du monde 1958, 62, 70. Ch du monde des clubs 62, 63. Coupe d'Amér. du Sud des clubs 61, 62, 69. Ch. du Brésil 59, 63, 64, 68. Ch. de São Paulo 58, 60, 61, 62, 64. Ch. des USA 77. Coupe du Brésil 68. Tournoi Rio-São Paulo 59, 61, 63, 64, 66. Meilleur buteur Ch. de São Paulo 57 à 66 et 74. Désigné meilleur joueur de tous les temps en 1971 ; ministre des Sports du Brésil de 1995 à avril 1998]. Pelé Abedi Ayew [30], 5-11-62. Pereira Valdir [2] alias *Didi* alias *le prince éthiopien* 1929-2001. Pfaff Jean-Marie [7], 4-12-52. Piola Silvio [6], 29-9-13. Pirri José [22], 11-3-45. Planicka Frantisek [14], 27-4-04. Puskas Ferenc [17], 2-4-27. Rahn Helmut [11], 16-8-29. Raï (Raimundo Vieira de Souza Oliveira, dit ; frère de Socrates) [2], 15-5-65. Rats Vassili [15], 25-3-61. Rep Johnny [20], 25-11-51. Resenbrinck Robby [20], 3-7-47. Ricardo Remondo (Raimundo Ricardo Gomes, dit) [2], 13-12-64. Rijkaard Frank [20], 30-9-62. Riva Luigi [6], 7-11-44. Rivaldo Vitor Borba Ferreira [2], 10-4-72. Rivelino Roberto [2], 1-1-46. Rivera Gianni [6], 18-8-43. Robson Brian [9], 11-1-57. Rocha Pedro Virgilio [5], 3-12-42. Romario (Romario de Souza Faria, dit) [2], 29-1-66. Ronaldinho, Ronaldo de Assis Moreira, dit [2], 21-3-80. Ronaldo, Luiz Nazario de Lima dit [2], 22-9-76. Rossi Paolo [6], 23-9-56. Rui Barros Gil [3], 24-11-65. Rummenigge Karl-Heinz [11], 25-9-55. Rush Ian [19], 20-10-61. Salnikov Sergueï [15], 1925. Sanchez Erwin [35], 19-10-69. Sanchez Hugo [18], 11-7-58. Santos Djalma [2], 27-2-29 ; Nilton [2], 16-5-27. Sarosi Georges [17], 15-8-13. Schiaffino Juan Alberto [5], 28-7-25. Schnellinger Karl Heinz [11], 31-3-39. Schumacher Harald [11], 6-4-54. Schuster Bernd [11], 22-12-59. Scifo Enzo [7], 19-2-66. Scirea Gaetano [6], 1953-89. Seeler Uwe [11], 5-11-36. Shearer Alan [25], 13-8-70. Shilton Peter [9], 18-9-49. Silva Mauro [2], 12-1-68. Simone Marco [6], 7-1-69. Simonsen Allan [27], 15-12-52. Sindelar Mathias [23], 1903. Sivori Omar [8], 2-10-35. Skoblar Josip [10], 11-3-41. Socrates (Vieira de Souza Oliveira, dit) [2], 19-2-54. Stabile Guillermo [8], 17-1-06. Stoichkov Hristo [16], 8-2-66. Suarez Luis [22], 2-5-35. Susic Safet [10], 14-4-55. Svensson Karl [12], 11-11-25. Swift Frank [9], 14-12-14.

Tardelli Marco [6], 24-9-54. Tostao (Eduardo Gonçalvès Andrade, dit) [2], 25-1-47. Valderrama Carlos [31], 2-9-61. Valdo (Candido Filho, dit) [2], 12-1-64. Van Basten Marco [20], 31-10-64. Van Himst Paul [7], 2-10-43. Vava (Edvaldo Isidio Neto, dit) [2], 20-11-34. Vercauteren Frank [7], 28-10-56. Vialli Gian Luca [6], 9-7-64. Vogts Berti [11], 30-12-46. Völler Rudi [11], 13-4-60. Vujovic Zlatko [10], 26-8-58. Vukas Bernard [10], 1-5-27. Waddle Chris [9], 14-12-60. Walter Fritz [11], 31-10-20. Weah George [34], 1-10-66. Wright Billy [9], 1924-94. Yachine Lev [15], 1929-90. Yuxin Xie [29], 1-12-68. Zagalo Mario [2], 1932. Zamora Ricardo [22], 21-1-01. Zavarov Alexander [15], 26-4-61. Zico (Arthur Antunes Coïmbra, dit) [2], 3-3-53. Zito (José Ely Miranda, dit) [2], 8-8-32. Zoff Dino [6], 28-2-42. Zubizaretta Andoni [22], 23-10-61.

Golf

Généralités

■ **Origine.** **XIIIe s.** né en Écosse. **1297**-*26-12 :* 1er « match » cité dans les archives. **1744** 1er club de golfeurs : Honourable Company of Edinburgh Golfers (capitaine : l'écrivain sir Walter Scott). **1850** se répand en Europe et USA. **1856** à Pau, plus ancien club européen fondé hors d'Écosse. **1900 et 1904** sport olympique. **1912** création de l'Union des golfs de France (1932 : Fédération française de golf).

■ **Balle.** Blanche ou de couleur. Poids maximal 45,93 g (1,620 once). Diamètre minimal 42,67 mm (1,680 inch). 384 alvéoles rendent la rotation uniforme. Peut atteindre 250 km/h au départ d'un drive. Balles anglaises et américaines sont utilisées en France. La balle américaine est obligatoire en compétition.

■ **Classement.** Chaque joueur amateur est *classé* de – 3 à 35. Le bon joueur est celui qui réalise le *par* et a 0 de handicap. Celui qui a un handicap de – 3 joue mieux que le *par*. En *medal-play,* on retranche du score final le handicap de chaque joueur pour effectuer le classement. En *match play,* on répartit les 3/4 de la différence entre les handicaps des 2 joueurs en présence sur les trous les plus difficiles (exemple : si un joueur classé 2 rencontre un joueur classé 10, ce dernier bénéficiera de 1 point d'avance à chaque départ des 6 trous les plus difficiles du parcours). Les professionnels jouent sans handicap *(scratch).*

■ **Swin.** **Origine :** la *chôle,* jouée avec des crosses, et le *mail,* avec des boules et des maillets. Inventé par M. de Vilmorin, avant 1939. Repris et amélioré par son fils Laurent. **Règles :** plus simples qu'au golf. **Terrain :** plus restreint, ne nécessitant pas de tonte parfaite. *Canne :* tête triangulaire permettant 3 types de frappe (soulever la balle, lui faire prendre une faible hauteur, la faire rouler). Même mouvement *(swing).* **Balle :** souple, en mousse, pesant 42 g ; peut être envoyée à 120 m. **Trous :** indiqués par des drapeaux, diam. 30 cm, profondeur 20 cm. **Pratiqué** en France dans plus de 100 établissements en 1998 et USA, Suisse, Belgique. **Swin :** BP 35, 28160 Brou.

■ **Clubs.** Cannes servant à lancer la balle. Quel que soit le matériau utilisé, ils se divisent en **bois** [numérotés de 1 (le *driver*, qui sert aux départs, a une face d'attaque verticale et porte à 190-210 m) à 7] et en **fers** [numérotés de 1 à 10 plus le *sand wedge* (pour les bunkers)]. Les clubs portant un petit numéro sont les plus fermés ; ils s'ouvrent de manière régulière à mesure que leur numéro augmente. On ne peut utiliser plus de 14 clubs en compétition.

■ **Définitions.** **Divot :** motte de terre enlevée par la tête de la canne au moment de l'impact. **Drive :** coup effectué à partir d'un tee au départ. **Par :** nombre de coups considéré comme la référence sur un trou. Pour un trou long de 228 m au maximum, le par est de 3. Il est de 4 jusqu'à 434 m et, au-dessus, de 5. Trou réussi en 3 coups de moins que le par : *albatros ;* en 2 : *eagle ;* en 1 : *birdie.* **Terrain :** 18 trous (5,8 à 6,3 km), espacés de 100 à 500 m répartis sur 30 à 60 ha. *Green :* partie du parcours de 150 à 500 m^2 où se trouve le trou et constituée de gazon tondu ras. *Fairway :* partie du terrain entretenue qui sépare le tee du green et où le joueur est censé envoyer sa balle. *Rough :* partie non entretenue du terrain. *Bunker :* obstacle de sable. *Practice :* zone d'entraînement et d'échauffement. **Putting :** action de faire rouler la balle sur le green vers le trou (10,8 cm de diam. et 10 cm au minimum de profondeur) avec la canne appelée « putter ». **Tee :** support en bois ou en plastique qui permet de surélever la balle sur la zone de départ (également appelée tee).

■ **Frais.** **Équipement :** chaussures environ 500 F, gants environ 100 F, série de 14 clubs 3 000 à 15 000 F, d'occasion à partir de 50 F l'unité, sac 350 à 1 000 F, chariot 380 à 800 F. **Droits d'inscription** à un club. **Golfs** *privés :* voir p. 597 a. *Publics :* abonnements annuels tendant à diminuer, à partir de 3 000 F. **Green fee** (entrée journalière) : *18 trous :* plusieurs dizaines de parcours à 100 F et moins en semaine, 113 parcours à 200 F et moins le week-end ; *9 trous :* 71 parcours à 100 F et moins en semaine, 101 parcours à 150 F et moins le week-end.

■ **Règles.** Code établi à l'origine par le *Royal and Ancient Club of St Andrews* (club écossais fondé en 1754). Il s'agit, à partir d'une base de départ, de mettre la balle dans les trous (en général 18), avec le moins de coups possible. Le parcours dure environ 3 h pour 5,8 à 6,3 km. Une balle doit être jouée où elle se trouve. On ne peut pas déplacer les obstacles adhérant au sol (pierres, racine, etc.). Une balle qui sort du jeu doit être remise à l'endroit où elle était ; elle entraîne alors une pénalité. Le joueur qui ne trouve pas sa balle après 5 min de recherches doit rejouer une nouvelle balle, tout en tenant compte des coups joués avec la balle perdue. On joue toujours en premier la balle la plus éloignée du trou. **Formes de jeu.** **Stroke play :** la compétition est gagnée par le camp qui joue le ou les tours conventionnels dans le plus petit nombre de coups. Toutes les grandes épreuves se disputent suivant cette formule. En compétition handicap, le gagnant est le camp dont le score brut diminué de son handicap est le plus faible. **Match play :** le jeu se joue par trou. Un trou est gagné par le camp qui entre sa balle dans le trou dans le plus petit nombre de coups. En compétition handicap, le score net le plus bas gagne le trou. La partie est gagnée par le camp qui mène par un nombre de trous supérieur au nombre de trous restant à jouer. **Formes officielles de camps.** **Foursome** : les 2 joueurs du « camp » jouent une seule balle, alternativement des départs et alternativement pendant le jeu de chaque trou. **Threesome** : identique au foursome mais un des camps n'est composé que d'un seul joueur. **Quatre balles** : les 2 joueurs du camp jouent chacun une balle et le meilleur score réalisé sur chaque trou est pris en compte. **A la meilleure balle** : identique au 4 balles, mais un des camps n'est composé que d'un seul joueur, l'autre pouvant être composé de 2 ou 3 joueurs. **Quelques formules non officielles.** **Greensome :** les 2 joueurs du camp jouent chacun une balle de départ, choisissent celle qui leur convient le mieux et terminent le trou en jouant alternativement cette balle. **Chapman :** les 2 joueurs du camp jouent chacun une balle du départ, alternent pour le 2e coup et choisissent ensuite celle qui leur convient le mieux pour terminer le trou en jouant alternativement. **Patsome :** les 6 premiers trous sont joués en 4 balles, les 6 suivants en greensome, les 6 derniers en foursome. Le décompte des coups reçus se fait comme en foursome. **Course à la ficelle :** chaque concurrent reçoit une ficelle dont la longueur est fonction de son handicap (en règle généralement 50 cm par point de handicap, mais le comité d'épreuve peut fixer lui-même cette longueur). Cela permet au concurrent de prolonger la course de sa balle jusque dans le trou ou de la sortir d'une position périlleuse. Il coupe alors le bout de la ficelle ainsi utilisée et continue avec la longueur de ficelle restante.

■ **Records.** **Ace** ou **trou réussi en 1 coup** *de la plus longue distance :* 446 m par Shaun Linch (G.-B.) en 1995 à Exeter, sur un par 4. *Le plus grand nombre d'aces pour un joueur :* 68 de 1967 à 1985 par Harry Lee Bonner (USA). 19 cas de 2 trous en 1 consécutifs. **Drive** *le plus long :* 471 m par Michael Hoke Austin le 25-9-1974.

■ **Statistiques.** **Nombre de golfeurs et**, entre parenthèses, **nombre de parcours** (au 1-1-2001) : All. 345 206 (583), Australie (au 1-1-2001) 498 516 (1 514), Autriche 60 418 (110), Belgique 40 074 (76), Canada 5 172 000 (2 000), Danemark 91 350 (132), Espagne 174 854 (247), USA (au 1-1-99) 26 474 000 (16 743), *France 291 754 (511),* G.-B. 1 424 106 (3 021), Italie 58 946 (224), Japon * 30 000 000 (2 422), P.-Bas 170 000 (122), Portugal 9 400 (59), Suède 475 445 (403), Suisse 36 778 (72). **Joueurs par parcours** (au 1-1-2001) : Portugal 159, Italie 263, Autriche 329, G.-B. 471, Suisse 511, Belgique 527, Autriche 550, *France 571,* Allemagne 592, Danemark 692, Espagne 708, Suède 1 180, P.-Bas 1 393, USA (au 1-1-99) 1 654, Canada 2 856, Japon 12 386. **Joueurs pour 1 000 habitants :** Japon 238,3, Canada 172,6, USA (au 1-1-99) 99,7, Suède 53,4, Australie 27,2, G.-B. 24,2, Danemark 17,4. P.-Bas 10,9, Autriche 7,5, *France 5,* Suisse 5, Espagne 4,4, Allemagne 4,2, Belgique 3,9, Italie 1, Portugal 0,9.

France. **Nombre de parcours :** *1982 :* 134 ; *89 :* 305 ; *95 :* 491 ; *98 :* 514 ; *2000 :* 511 (dont privés 160). **Prix d'un golf 18 trous** (en millions de F) : *4 étoiles* (St-Nom-la-Bretèche, la Boulie, Fontenailles, etc.) : 20 à 28,5 (dont matériel d'entretien 1,5 à 2,5, 18 trous + practice 12 à 15, club house 5 à 8, VRD 1,5 à 5) + terrain de 1,8 à 3,6. *3 étoiles :* 14 à 22. *2 étoiles :* 10 à 14,5 ; **9 trous :** 4 à 6. **Entretien d'un golf de 18 trous** (en millions de F) : *4 étoiles :* 5 à 7, *3 étoiles :* 3,5 à 5, *2 étoiles :* 2,5 à 3,5.

Nota. – 5-10-1990 inauguration du golf national de Guyancourt-en-Yvelines [45 trous dont un parcours de championnat de 18 trous (*l'Albatros*), un 18 trous (*l'Aigle*) et un 9 trous d'initiation (*l'Oiselet*)].

Licenciés : *1981 :* 43 613 ; *91 :* 194 714 ; *95 :* 236 864 ; *2000 :* 291 754 dont hommes 203 496 (69,75 %), femmes 88 258 (30,25 %), h. juniors (moins de 22 ans) 24 917, f. juniors 7 427 ; **par département de résidence :** *le moins :* Creuse 110, Lozère 151, Hte-Marne 265, Hte-Loire 304, Territoire de Belfort 366, Meuse 381, Hte-Saône 401, Indre 449, Tarn-et-Garonne 458, Alpes-Hte-Pr. 470 ; *le plus :* Paris 29 357, Hts-de-Seine 21 167, Yvelines 16 853, Rhône 8 383, Bouches-du-Rhône 8 196, Nord 7 919, Alpes-M. 7 864, Gironde 7 655, Hte-Garonne 7 389, Essonne 6 460.

Ventes. *Records pour une balle :* 55 £ le 20-7-1990 ; 44 £ le 19-7-1991.

Principales épreuves

Légende : (1) Australie. (2) Afr. du Sud. (3) Argentine. (4) Canada. (5) Angleterre. (6) Japon. (7) Nlle-Zélande. (8) USA. (9) Italie. (10) France. (11) Brésil. (12) Espagne. (13) Suède. (14) Zimbabwe. (15) Irlande. (16) Écosse. (17) Suisse. (18) Corée du Sud. (19) Belgique. (20) Chine. (21) Taïwan. (22) Colombie. (23) Mexique. (24) Fidji. (25) Danemark. (26) Égypte. (27) All. depuis 1991. (28) Pays de Galles. (29) Norvège.

Tournois amateurs

■ **Championnats du monde** *(tous les 2 ans).* **Messieurs. Eisenhower Trophy** (*créé* 1958). **1990** Suède. **92** Nlle-Zélande. **94** USA. **96** Australie. **98** G.-B. **2000** USA. **Dames. Espirito Santo Trophy** (*créé* 1964). **1990** USA. **92** Espagne. **94** USA. **96** Corée du Sud. **98** USA. **2000** France.

■ **Championnats d'Europe. Messieurs** (*créé* 1959). *Tous les 2 ans.* **1991** Angl. **93** P. de Galles. **95** Écosse. **97** Espagne. **99** Italie. **Individuels** (*créé* 1986). **1991** Payne [5]. **92** Scarpa [9]. **93** Backhausen [25]. **94** Gallacher [16]. **95** Garcia [12]. **96** Olsson [13]. **97** De Voogt [19]. **98** Gribben [15]. **99** G. Havret [10]. **Dames** (*créé* 1959). **1991, 93** Angl. **95** Espagne. **97** Suède. **99** *France.* **Individuels.** **1991** *Bourson [10].* **92** Morley [5]. **93** Stensrud [13]. **94** Fischer [18]. **95** Hjorth [13]. **96, 97** S. Cavalleri [9]. **98** G. Sergas [9]. **99** S. Sandolo [9].

■ **France. International** (*créé* 1904.) **Messieurs. Match play** *(tous les 2 ans de 1985 à 1995 puis annuel).* **1991** P. Johns [1]. **93** A. Salto [12]. **95** C. Ravetto [10]. **96** L. Alexandre [10]. **97** S. Garcia [12]. **98** M. Tannhauser [27]. **99** S. Branger [10]. **Stroke play.** **1990** K. Errikson [13]. **91** *non disputé.* **92** A. Valenzuela [23]. **93** J.-M. De Polo [10]. **94** G. Chalmers [1]. **95** *non disputé.* **96** B. Nicolay [10]. **97** C. Ravetto [10]. **98** T. Schuster [8]. **2000** Delamontagne. **Dames** (*créé* 1909). **Match play.** **1991** D. Bourson [10]. **92** E. Knuth [12]. **93** B. Chrétien [10]. **94** *non disputé.* **95** A. Vincent [10]. **96** L. Rozner [10]. **97, 98** K. Icher [10]. **99** M. Monnet [10]. **Stroke play.** *Tous les 2 ans après 1994.* **1991** C. Mourgue d'Algue [10]. **92** E. Knuth [12]. **93** M. Campomanes [12]. **94** A. Vincent [10]. **96** A. Berg [13]. **98** Arricau. **2000** C. Alonso [12]. **Jeunes gens.** **1991** P.-O. Rousseau. **92** N. Beaufils [10]. **93** T. Biermann [27]. **94** A. Balicki [10]. **95** C. Ravetto [10]. **96** R. Eyraud [10]. **97** S. Garcia [12]. **Jeunes filles International Coupe Esmond.** **1991** S. Mendiburu [10]. **92** E. Knuth [12]. **93** M. Hjorth [13]. **94** J.-M. Pons [12]. **95** K. Andersson [13]. **96** J.-M. Pons [12]. **97** R. Hudson [5]. **98** M. Monnet [10]. **2000** K. Icher.

National. Messieurs (*créé* 1923). **1991** F. Cupillard. **92** N. Joakimides. **93** M. Dieu. **94** L. Pargade. **95** R. Eyraud. **96** F. Stolear. **97, 98, 99** G. Havret. **2000** J. Van Hauwe. **2001** F. Delamontagne. **Dames** *(créé 1923).* **1991** V. Michaud. **92** P. Meunier. **93** S. Louapre-Pfeiffer. **94** Krystel Mourgue d'Algue. **95** L. Kreutz. **96** Cécilia Mourgue d'Algue. **97** M. Monnet. **98** A. Thévenin-Lemoine. **99** V. Auffret. **2000** A. Riguelle. **2001** M. Alsuguren.

Tournois professionnels

1°) Les Majors (4 grands tournois). **US Masters** (*créés* 1934, se déroulent à Augusta, Georgie, USA ; 72 trous medal-play). **Messieurs. 1990** N. Faldo [5]. **91** I. Woosnam [28]. **92** F. Couples [8]. **93** B. Langer [27]. **94** J.M. Olazabal [12]. **95** B. Crenshaw [8]. **96** N. Faldo [5]. **97** T. Woods [8]. **98** M. O'Meara [8]. **99** J.-M. Olazabal [12]. **2000** V. Singh [24]. **01** T. Woods [8].

US Open. Messieurs (*créé* 1895 ; 72 trous, medal-play ou 18 trous, play-off). **1990** H. Irwin [8]. **91** P. Stewart [8]. **92** T. Kite [8]. **93** L. Janzen [8]. **94** E. Els [2]. **95** C. Pavin [8]. **96** S. Jones [8]. **97** E. Els [2]. **98** L. Janzen [8]. **99** P. Stewart [8]. **2000** T. Woods [8]. **01** R. Goosen [2]. **Dames** (*créé* 1946). **1990** B. King [8]. **91** M. Mallon. **92** P. Sheehan [8]. **93** L. Merten [8]. **94** P. Sheehan [8]. **95, 96** A. Sorenstam [13]. **97** A. Nicholas [5]. **98** Se Ri Pak [18]. **99** J. Inkster [8]. **2000, 01** K. Webb [1].

Open britannique. Messieurs (*créé* 1860 ; *depuis 1972 :* 72 trous, medal-play). **1990** N. Faldo [5]. **91** I. Baker-Finch [1]. **92** N. Faldo [5]. **93** G. Norman [1]. **94** N. Price [14]. **95** J. Daly [8]. **96** T. Lehman [27]. **97** J. Leonard [8]. **98** M. O'Meara [8]. **99** P. Lawrie [16]. **2000** T. Woods [8]. D. Duval [8]. **Dames (Weetabix Open** *créé* 1976). **1990** H. Alfredsson [13]. **91** P. Grice Whitaker. **92** P. Sheehan [8]. **93** K. Lunn [1]. **94** L. Neumann [13]. **95** K. Webb [1]. **96** E. Klein [8]. **97** K. Webb [1]. **98, 99** S. Steinhauer [8]. **2000** S. Gustafson [13].

Championnat de l'Association des professionnels américains (US-PGA Tour). **Messieurs** (*créé* 1916 ; 72 trous, medal-play *depuis 1958*). **1990** W. Grady [1]. **91** J. Daly [8]. **92** N. Price [14]. **93** P. Azinger [8]. **94** N. Price [14]. **95** S. Elkington [1]. **96** M. Brooks [8]. **97** D. Love [8]. **98** V. Singh [24]. **99, 2000** T. Woods [8]. **Dames** (US-LPGA ; *créé* 1955). **1990** B. Daniel. **91** M. Mallon. **92** B. King [8]. **93** P. Sheehan [8]. **94** L. Davies [5]. **95** A. Sorenstam [13]. **96** K. Webb [1]. **97** C. Johnson [8]. **99** Se Ri Pak [18]. **01** K. Webb [1].

2°) Les épreuves par équipes. World Cup (Coupe du monde) ; *créée* 1953 ; de 1953 à 66 s'appelait **Canada Cup** (72 trous, medal-play. Se dispute par équipes nationales de 2 joueurs). **1990** All. **91** Suède. **92 à 95** USA. **96** Afr. du Sud. **97** Irlande. **98** Angleterre. **99** USA.

Ryder Cup. Messieurs (*créée* 1927). *Tous les 2 ans,* jouée alternativement aux USA et en Grande-Bretagne entre professionnels américains et britanniques ; depuis 1979, USA contre Europe ; 1997 jouée pour la 1re fois en Europe continentale (Espagne). **1991, 93** USA. **95, 97** Europe. **99** USA. **Dames. Solheim Cup** (*créée* 1990). *Tous les 2 ans.* **1990** USA. **92** Europe. **94, 96, 98** USA. **2000** Europe.

3°) Les championnats du monde. Match play (*créé* 1964). **1990** I. Woosnam [28]. **91** S. Ballesteros [12]. **92** N. Faldo [5]. **93** C. Pavin [8]. **94 à 96** E. Els [2]. **97** V. Singh [24]. **98** M. O'Meara [8]. **99** C. Montgomerie [16]. **2000** L. Westwood [5].

4°) Le Tour européen. Trophée Lancôme (*créé* 1970 ; golf de St-Nom-la-Bretèche, France ; 72 trous, medal-play). **1990** J.-M. Olazabal [12]. **91** F. Nobilo [3]. **92** M. Roe [5]. **93** I. Woosnam [28]. **94** V. Singh [24]. **95** C. Montgomerie [16]. **96** J. Parnevik [13]. **97** M. O'Meara [8]. **98** M.-A. Jimenez [12]. **99** P. Fulke [13]. **2000** R. Goosen [2].

Open d'Allemagne (*créé* 1911 ; 72 trous, medal-play). **1990, 91** M. Mc Nulty [14]. **92** V. Singh [24]. **93** B. Langer [27]. **94, 95** C. Montgomerie [16]. **96** I. Woosnam [28]. **97** I. Garrido [12]. **98** S. Allan [1]. **99** J. Sandelin [13].

Open d'Espagne (*créé* 1945 ; 72 trous, medal-play). **1990** R. Davis [1]. **91** E. Romero [3]. **92** A. Sherborne [5]. **93** J. Haeggman [13]. **94** C. Montgomerie [16]. **95** S. Ballesteros [12]. **96** P. Harrington [15]. **97** M. James [5]. **98** T. Bjorn [25]. **99** J. Sandelin [13]. **2000** Davis [5]. **01** R. Karlsson [13].

Open de France. Messieurs (*créé* 1906 ; 72 trous, medal-play). **1990** P. Walton [15]. **91** E. Romero [3]. **92** M. Angel-Martin [12]. **93** C. Rocca [9]. **94** M. Roe [5]. **95** P. Broadhurst [5]. **96** R. Allenby [1]. **97** R. Goosen [2]. **98** S. Torrance [16]. **99** R. Goosen [2]. **2000** C. Montgomerie [16]. **01** J.-M. Olazabal [12]. **Dames** (*créé* 1987). **1990 à 92** *non disputé.* **93** M.-L. de Lorenzi-Taya [10]. **94** J. Forbes [16]. **95** M.-L. de Lorenzi-Taya [10]. **96** T. Johnson [5]. **97** K. Lunn [1]. **98** *non disputé.* **99** T. Johnson [5]. **2000** P. Meunier Lebouc. **01** S. Pettersen [29].

Open des Pays-Bas (*créé* 1912 ; 72 trous, medal-play). **1990** S. Mc Allister [16]. **91** P. Stewart [8]. **92** B. Langer [27]. **93** C. Montgomerie [16]. **94** M.-A. Jimenez [12]. **95** S. Hoch [8]. **96** M. McNulty [14]. **97** S. Strüver [27]. **98** S. Leaney [1]. **99** L. Westwood [5]. **2001** B. Langer [27].

Open d'Italie (*créé* 1925 ; 72 trous, medal-play). **1990** R. Boxall [5]. **91** G. Parry. **92** S. Lyle [5]. **93** G. Turner [7]. **94** E. Romero [3]. **95** S. Torrance [16]. **96** J. Payne [5]. **97** B. Langer [27]. **98** Sjöland [13]. **99** D. Robertson [5]. **2000** I. Poulter [5].

Open du Portugal (*créé* 1953). **1990** M. McLean [5]. **91** Richardson [5]. **92** Rafferty [15]. **93** D. Gilford [5]. **94** Ph. Price [28]. **95** A. Hunter [16]. **96** W. Riley [1]. **97** M. Jonzon [13]. **98** Mitchell [5]. **99** V. Phillips [5]. **2000** G. Orr [16]. **01** P. Price [28].

Open de Scandinavie (*créé* 1973). **1990** C. Stadler [8]. **91** C. Montgomerie [16]. **92** N. Faldo [5]. **93** P. Baker [5]. **94** V. Singh [24]. **95** J. Parnevik [13]. **96** L. Westwood [5]. **97** J. Haeggman [13]. **98** J. Parnevik [13]. **99** C. Montgomerie [16]. **2000** L. Westwood [5].

Open de Suisse (*créé* 1923 ; 72 trous, medal-play). **1990** R. Rafferty [15]. **91** J. Hawkes [2]. **92** J. Spence [5]. **93** B. Lane [5]. **94** E. Romero [3]. **95** M. Grönberg [13]. **96** C. Montgomerie [16]. **97** C. Rocca [9]. **98** S. Struver [27]. **99** L. Westwood [5].

Open de Madrid (72 trous, medal-play). **1990** B. Langer [27]. **91** A. Sherbone [5]. **92** D. Feherty [15]. **93** D. Smith [15]. **94** *supprimé.*

Open de la République tchèque (*créé* 1994). **1994** P.-U. Johansson [13]. **95** P. Teravainen [8]. **96** J. Lomas [5]. **97** B. Langer [27].

Hennessy Ladies Cup (*créée* 1985 pour les femmes). **1990** T. Johnson [5]. **91, 92** H. Alfredsson [13]. **93, 94** L. Neumann [13]. **95** A. Sorenstam [13]. **96** H. Alfredson [13]. **97** L. Davies [5].

France

Championnats de France professionnels (*créés* 1968 : challenge P.E. Guyot). **1991** T. Planchin. **92** T. Levet. **93** C. Cevaer. **94** J.-C. Cambon. **95** E. Giraud. **96** N. Kalouguine. **97** R. Jacquelin. **98, 99** J. Van De Velde. **2000** R. Sabarros. **01** F. Tarnaud.

Grand Prix PGA France (*créé* 1946). **1991** T. Levet. **92** A. Lebouc. **93** M. Pendariès. **94** E. Dussart. **95, 96** J. Van De Velde. **97** P. Edmond. **98** B. Teilleria. **99** J.-F. Remesy. **2001** B. Cornut.

National omnium. Messieurs (*créé* 1913). **1991** E. Giraud. **92** R. Sabarros. **93** E. Giraud. **94** H. de Maillard. **95** N. Joakimides. **96** N. Kalouguine. **97** S. Delagrange. **98** G. Havret. **99** J.-F. Lucquin. **Dames** (*créé* 1992). **1992** V. Michaud. **93** C. Soulès. **94** S. Dallongeville. **95** V. Requier. **96** K. Mourgue d'Algue. **97** S. Dallongeville. **98** K. Icher. **99** V. Roques. **2000, 01** K. Icher.

Quelques noms

☞ Voir *légende* p. 1412 c.

AARON Tommy [8] 1937. ARCHER George [8] 1939. AZINGER Paul [8] 1960. BAIOCCHI Hugh [2] 1946. BAKER-FINCH Ian [1] 24-10-60. BALLESTEROS Severiano [12] 9-4-57. BARBER Jerry [8] 1916. BARNES Brian [5]. BEAN [8]. BEMBRIDGE Maurice [8] 1945. BEVIONE Franco [9] 1926. BOLT Tommy 1918. BONALLACK Michaël 1935. BOROS Julius [8] 1920-94. BOURSON Delphine [10]. BRADLEY Pat [8] 24-3-51. BREWER Gay [8] 1932. BURKE Jack 1923. BURKEMO Walter [8] 1919. BURNS Gorge [8] 1949. CANIZARES José Maria [12] 18-2-47. CARLIAN Michel [10]. CARR Joseph [15] 1922. CASPER William Earl [8] 24-6-31. CHARLES Robert [7] 1936. CHUNG CHEN TZE [21]. CLAES Joncke. COLE Boby [3] 1948. COLLENOT Chantal [10] 1951. COODY Charles [8] 1937. COTTON Henry [5] 1907-87 ; Patrick [10] 1953. COUPLES Fred [8] 1960. CRENSHAW Ben [8] 1952. CROS Claudine [10] 24-10-40 ; Patrick [10] 12-10-43. DASSU Baldovino [10] 1953. DAVIES Laura [5] 5-10-63. DEMARET James Newton [8] 1910. DUSSART Emmanuel [10] 17-2-64. EDMOND Olivier [10]. ELS Ernie [2] 1970. FALDO Nick [5] 18-6-57. FARRY Marc-Antoine [10] 3-7-59. FAUKNER Max [5] 1916. FINSTERWALD Dow [8] 1929. FLECK Jack [8] 1922. FLOYD Raymond [8] 2-9-42. FORD Doug [8] 1922. FURGOL Ed [8] 1917. GAHAM Lou [8] 1938. GANCEDO José [12] 31-3-38. GARAÏALDE Jean [10] 2-10-34. GEIBERGER Al [8] 1937. GILLES Viny [8] 1943. GOALBY Bob [8] 1931. GODILLOT Alexis [10] 1943. GONZALES Jaime [14]. GRADY Wayne [1] 26-7-57. GRAHAM David [1]. GREEN Hubert [8] 1946. GUÉPY Jean-Louis [10] 25-5-67. GULDAHL Ralph [8] 1912. HAGEN Walter [8] 1892-1969. HAMON Claude [10] 1921. HARBERT Melvin R. [8] 1915. HARPER Chandler [8] 1914. HAYES Dale [3] 1952 ; Mark S. [8] 21-7-49. HEARD Johnny [8] 1947. HEATHCOAT-AMORY Lady [5] 1901. HEBERT Jay [8] 1923 ; Lionel [8] 1920. HOGAN Ben [8] 1912-97. HUGGET Brian [5] 1936.

IRWIN Hale [8] 1945. JACKLIN Antony [5] 7-7-44. JANUARY Don [8] 1929. JONES Robert [8] 1902-71. KEISER Herman [8] 1915. KING Betsy [8]. KITE Tom [8] 9-12-49. LACOSTE Catherine [10] 27-6-45. LAGARDE Roger [10] 1934. LAMAZE (de) Henri [10] 1918-99. LANGER Bernhard [27] 27-8-57. LEADBETTER Kelly [8] 1958. LEMA Anthony David [5] 1934-66. LITTLER Gene [8] 1930. LOCKE Arthur d'Arcy [5] 1917-87. LOPEZ Nancy [8] 6-1-57. LORENZI-TAYA (de) Marie-Laure [10] 21-1-61. LYLE Alexander dit Sandy [5] 9-2-58. MANGRUM Lloy [8] 1914. MASSY Arnaud [1] 1877-1950. MAURA Ivan [12]. MENDIBURU Sandrine [10] 15-10-72. MICHAUD Valérie [10]. MIDDLECOFF Cary [8] 6-1-21. MILLER Johnny [8] 29-4-47. MIZE Larry [8] 1958. MOERMAN Jacques 31-3-27. MOODY Orville 1934. MORRIS Tom junior [5] 1851-75 ; Tom senior [5] 1821-1908. MOURGUE D'ALGUE Cécilia [10] 4-8-46 ; Gaétan [10] 1-6-39 ; Krystel [10] 1974. NAGLE Kelvin [1] 1920. NELSON Byron [8] 4-2-12 ; Larry [8] 1948. NICHOLS Bobby [8] 1936. NICKLAUS Jack [8] 21-1-40. NORMAN Gregory John dit Greg [1] 10-2-55. NORTH Andy 9-3-50. OLAZABAL José Maria [12] 5-2-66. O'MEARA Mark [8] 13-1-57. OOSTERHUIS Peter [5] 3-5-48. OUIMET Francis de Sales [8] 1893-1967. OWEN Simon [7] 1950.

PALLI Anne-Marie [10] 18-4-55. PALMER Arnold [8] 10-9-29. PASCASSIO Bernard [10] 23-5-47. PENDARIÈS Marc [10] 26-6-66. PICARD Henry [8] 1906. PLANCHIN Tim [10] 23-5-59. PLAYER Gary [2] 1-11-35. PLOUJOUX Philippe [10] 20-2-55. POLLAND Eddie [5] 1947. PRICE Nick [14] 28-1-57. RAFFERTY Ronan [15]. RANKIN Judy [8] 18-2-45. REGARD Frédéric [10] 12-8-60. REID Dale [16] 20-3-57. RIVERO José [12] 20-9-55. ROMERO Eduardo [3] 1954. ROSBURG Bob [8] 1926. SAINT-SAUVEUR SEGARD Lally [10] 4-4-21. SARAZEN Gene [8] 1902-99. SIMPSON Scott [8] 17-9-55. SMITH Horton [8]. SNEAD Sam [8] 27-5-12. SOTA Ramon [12] 1939. STEPHENSON Jane [1]. STEWART Payne [8] 1957-99. STOCKTON David [8] 1942. STRANGE Curtis [8] 20-1-55. SWAELENS Donald [8] 1935-75. TAPIA Michel [10] 7-3-53. TAYLOR Reginald [2] 1928. THOMSON Peter [5] 23-8-39. TREVINO Lee [8] 1-12-39. UNDERWOOD Hall [8] 1945. VAGLIANO André 1896-1971. VAN DE VELDE Jean [10] 29-5-66. VARANGOT Brigitte [10] 1-5-40. VENTURI Ken [8] 1931. VICENZO Roberto de [3] 14-4-23. WADKINS Jerry Lonston [8] 1961. WALL Art [8] 1923. WATINE Gery [10] 8-8-53. WATSON Thomas [8] 4-9-49. WEISKOPF Tom [8] 9-11-42. WHITWORTH Kathy [8] 27-9-39. WOOD Craig [8] 1901-68. WOODS Eldrick, dit Tiger [8] 30-12-75. WOOSNAM Ian [28] 2-3-58. YOUNG Tom [5] 1851-75. ZOELLER Fuzzy 11-11-51.

Classement national professionnel (au 16-7-2001). **Messieurs. 1** Levet, **2** Jacquelin, **3** Remesy, **4** Van De Velde, **5** Havret, **6** Farry, **7** Edmond, **8** Pottier, **9** Delagrange, **10** Cevaer. **Dames. 1** Monnet, **2** Meunier-Lebouc, **3** Icher, **4** Busuttil, **5** Kreutz, **6** Schmitt, **7** Auffret, **8** Michaud, **9** De Lorenzi, **10** Arricau.

Gymnastique

Gymnastique artistique

Généralités

Nom. Du grec *gumnos,* nu, car les athlètes s'exerçaient nus. Ne pas confondre la gymnastique (discipline de compétition) et l'éducation physique.

Histoire. Pratiquée dans l'**Antiquité** (Chine, Inde, Égypte, Grèce, Rome) pour la santé et comme entraînement militaire. **Moyen Age** abandonnée sous la pression de l'Église, sauf par la noblesse et les saltimbanques. **XVIe-XVIIIe s.** de nombreux auteurs (Mercurialis, Rabelais, Luther, Montaigne, Rousseau, Mme de Genlis, Tuccaro) insistent sur son importance. **XIXe s.** renouveau avec les écoles *allemande* [Friedrich Ludwig Jahn (1778-1852) et Johann Guts-Muths (1759-1839)], *suisse* [Jean-Henri Pestalozzi (1746-1827) et Phokion-Heinrich Clias (1782-1854)], *suédoise* [Per-Henrik Ling (1776-1839)], *anglaise* [Thomas Arnold (1795-1842)], *tchèque* [Miroslav Tyrš (1832-84) et Hindrich Fügner (1822-65)], et *française* [Francisco Amoros (1770-1848, qui ouvre en 1819 le gymnase normal civil et militaire de Grenelle), Georges Demenÿ (1850-1917) et Georges Hébert (1875-1957, créateur de la méthode naturelle d'éducation physique, différente de la gymnastique)]. **1873**-*28-9* Féd. française créée. **1881**-*23-7* Féd. intern. créée. **1896** inscrite au JO pour les hommes. **1928** pour les femmes. **1982**-*27-3* Union européenne de gymnastique créée.

Règles. Agrès : *masculins :* cheval d'arçons (long. 1,60 m, haut. 1,05 m), barres parallèles (haut. 1,75 m, long. 3,50 m), barre fixe (haut. 2,55 m, long. 2,40 m, diam. 28 mm), anneaux (accrochés à un portique de 5,50 m de haut. et 2,80 à 2,90 m de larg., anneaux de 18 cm de diam. accrochés par des sangles et des câbles). *Féminins :* barres asymétriques (haut. 2,25 à 2,28 m et 1,48 à 1,51 m, long. 2,40 m, écartement 100 à 160 cm, porte-main à section ronde), poutre (long. 5 m, larg. 10 à 13 cm, haut. 1,40 m). *Mixtes :* saut de cheval (haut. 1,35 m en long pour les hommes et 1,25 m en large pour les femmes, long. 1,60 m, larg. 35 cm, utilisé en long pour h. et en large pour femmes, tremplin et piste d'élan) remplacé à partir d'octobre 2001 par une *table de saut* (longueur 1,20 m, largeur 0,95 m, hauteur 1,25 m pour les femmes, 1,35 pour les hommes), exercices au sol (sur un praticable de 12 m sur 12 m, accompagnement musical pour femmes ; hommes : 50 à 70 s, dames : 1 min 10 à 1 min 30). **Concours** (JO et Ch. du monde) : *1°) titre par équipe* ; exercices libres (imposés supprimés en 1997) ; classements par équipe, individuel qui désigne les participants au concours 2, et individuel par engin qui désigne les participants au concours 3. *2°) Titre individuel* ; finale des 36 meilleurs gymnastes ; exercices libres. *3°) Titres par appareil* (6 pour les hommes et 4 pour les femmes) ; finale aux engins ; exercices libres. Depuis 1992, Ch. du monde par spécialité : chaque nation peut présenter 5 hommes et 5 femmes, mais en engage seulement 3 par appareil ; les 16 1ers (2 par nation) participent aux demi-finales, les 8 1ers à chaque engin à la finale ; seule la note de la finale sert au classement. **Code de pointage :** publié tous les 4 ans par la FIG. Notes de 0 à 10 points.

Quelques chiffres. Monde. *2000 :* 122 fédérations affiliées à la FIG (environ 25 millions de licenciés). **France. Clubs :** *1875 :* 10. *1923 :* 1 300. *53 :* 981. *87 :* 1 325. *91 :* 1 400. *94 :* 1 421. *97 :* 1 487. *98 :* 1 534. *99 :* 1622. *2000 :* 1 630. **Licences :** *1900 :* 66 600 ; *30 :* 50 000 ; *50 :* 47 000 ; *60 :* 50 000 ; *70 :* 85 000 ; *80 :* 103 000 ; *90 :* 146 480 ; *92 :* 158 500 ; *93 :* 158 378 ; *94 :* 156 405 ; *95 :* 162 225 ; *96 :* 173 713 ; *97 :* 182 247 ; *98 :* 187 814. *2000 :* 214 001.

Principales épreuves

Légende : (1) Japon. (2) Ex-URSS. (3) USA. (4) Hongrie. (5) All. dém., (6) All. féd. avant 1991. (7) Roumanie. (8) Chine. (9) Tchécoslovaquie. (10) Bulgarie. (11) Italie. (12) Suisse. (13) All. depuis 1991. (14) Autriche. (15) Corée du Nord. (16) Canada. (17) Biélorussie. (18) Ukraine. (19) Russie. (20) Espagne. (21) Kazakhstan. (22) Finlande. (23) France. (24) Pologne. (25) Yougoslavie. (26) Corée du Sud. (27) Grèce. (28) Slovénie. **Jeux Olympiques** (voir p. 1476 b).

Championnats du monde. *Créés* 1903. Mêmes règles que pour les JO. Depuis 1992, par appareil. **Messieurs. Par éq. 1994 à 99** Chine. **C.G. individuels. 1994** Ivankov [17]. **95** Xiaoshuang [8]. **97** Ivankov [17]. **99** Krukov [19]. **Sol. 1994 à 96** Scherbo [17]. **97, 99** Nemov [19]. **Arçons. 1994** Urzica [7]. **95** Donghua [12]. **96** Pae [15]. **97** Belenki [13]. **99** Nemov [19]. **Anneaux. 1993 à 97** Chechi [11]. **99** Dong Zhen [8]. **Saut. 1993, 94** Scherbo [17]. **95** Misutine [18] et Nemov [19]. **96**

Nemov[19]. **97** Fedorchenko[21]. **99** Li Xiaopeng[8]. **Barres parallèles. 1994** Huang Liping[8]. **95** Scherbo[17]. **96** Charipov[18]. **97** Zhang Jinjing[8]. **99** Lee Joo Hyung[26]. **Barre fixe. 1995** Wecker[13]. **96** Carballo[20]. **97** Tanskanen[22]. **99** Carballo[20].

Dames. *Créés* 1934. **Par éq. 1994 à 99** Roumanie. **C. G. individuels. 1993, 94** Miller[3]. **95** Podkopayeva[18]. **97** Chorkina[19]. **99** Olaru[7]. **Saut. 1994** Gogean[7]. **95** Podkopayeva[18] et Amanar[7]. **96** Gogean[7]. **97** Amanar[7]. **99** Zamolodchikova[19]. **Barres asymétriques. 1994** Luo Li[8]. **95** Chorkina[19]. **96** Chorkina[19] et Piskoune[17]. **97, 99** Chorkina[19]. **Poutre. 1994** Miller[3]. **95** Mo Huilan[8]. **96** Kochetkova[19]. **97** Gogean[7]. **99** Ling Jie[8]. **Sol. 1994** Kochetkova[19]. **95** Gogean[7]. **96** Gogean[7] et Kui Yuanyuan[8]. **97** Gogean[7]. **99** Raducan[7].

■ **Coupe du monde.** *Créée* 1975. Épreuve individuelle sur invitation, 3 concurrents par pays. *Supprimée* après 1990 puis réintroduite en 1998.

■ **Championnats d'Europe.** *Tous les 2 ans.* 3 concurrents par pays. Exercices libres seulement. **Messieurs.** *Créés* 1955. **Par éq. 1994** Biélorussie. **96** Russie. **98** France. **2000** Russie. **C. G. individuels. 1990** Moguilny[2]. **92** Korobchinsky[2]. **94, 96** Ivankov[17]. **98** Bondarenko[19]. **2000** Beresch[18]. **Sol. 1990, 92** Scherbo[2]. **94** Ivanov[10]. **96** Scherbo[17]. **98** Nemov[19]. **2000** Dragulescu[7]. **Arçons. 1990** Moguilny[2]. **92** Korobchinsky[2]. **94** Urzica[7]. **96** Donghua[12]. **98** Poujade[23]. **2000** Urzica[7]. **Anneaux. 1990 à 96** Chechi[11]. **98** Csollany[4]. **2000** Tambakos[27]. **Saut. 1990, 92** Scherbo[2]. **94, 96** Scherbo[17]. **98** Melissanidis[24]. **2000** Suciu[7]. **Barres parallèles. 1990** Giubellini[12] et Moguilny[2]. **92** Supola[4]. **94** Nemov[19] et Charipov[18]. **96** Scherbo[17] et Charipov[18]. **98** Bondarenko[19]. **2000** Petkovsek[28]. **Barre fixe. 1990** Scherbo[2]. **92** Charipov[2] et Weckes[13]. **94** Pegan[16]. **96** Dounev[10] et Voropaev[19]. **98** Carballo[20]. **2000** Beresch[18].

Dames. *Créés* 1957. **Par éq. 1994 à 98** Roumanie. **2000** Russie. **C. G. individuels. 1990** Boginskaïa[2]. **92** Gutsu[2]. **94** Gogean[7]. **96** Podkopayeva[18]. **98** Chorkina[19]. **Saut. 1990** Boginskaïa[2]. **92** Gutsu[2]. **94** Milosovici[7]. **96** Amanar[7]. **98** Varga[4]. **2000** Amanar[7]. **Barres asymétriques. 1990** Boginskaïa[2] et Pasca[7]. **92** Gutsu[2]. **94** Chorkina[19]. **96** Chorkina[19], Amanar[7] et Podkopayeva[18]. **98, 2000** Chorkina[19]. **Poutre. 1990, 92** Boginskaïa[2]. **94** Gogean[7]. **96** Galieva[19]. **98** Kuznetsova[19]. **2000** Chorkina[19]. **Sol. 1990** Boginskaïa[2]. **92** Gogean[7]. **94** Podkopayeva[18]. **96** Podkopayeva[18] et Milosovici[7]. **98** Chorkina[19]. **2000** Furnon[23].

■ **Championnats de France. Messieurs.** *Créés* 1890. **C. G. individuels. 1995** P. Casimir. **96** E. Casimir. **97** Karbanenko. **98, 99, 2000** Cucherat. **01** Marée. **Cheval d'arçons. 1995 à 97** Poujade. **98, 99** E. Casimir. **2000** Poujade. **Anneaux. 1995** P. Casimir. **96** Dumont. **97** Cucherat. **98** Tayac. **99** Stablo. **2000** Cucherat. **Sol. 1995** Aymes. **96, 97, 98** Karbanenko. **99** Marée. **2000** Aymes. **Saut de cheval. 1995** Coponat. **96** Vitcoq. **97** Dumont. **98** Marée. **99** Karbanenko. **2000** Stablo. **Barres parallèles. 1995** P. Casimir. **96** Darrigade. **97** Karbanenko. **98** Varonian. **99** Marée. **2000** Renne. **Barre fixe. 1995** Tayac. **96** Karbanenko. **97** Darrigade. **98** Varonian et E. Casimir. **99** Renne. **2000** Marée.

Dames. *Créés* 1942. **C. G. individuels. 1995** Séverino. **96, 97** Teza. **98, 99** Furnon. **2000** Teza. **01** Coutzac. **Saut de cheval. 1995** Bégué. **96, 97** Séverino. **98** Furnon. **99** Ferrier. **2000** Ramassamy. **Barres asymétriques. 1995** Bégué et Teza. **96** Séverino. **97** Teza. **98** Volle. **99** Teza. **2000** Regease. **Poutre. 1995** Furnon. **96** Teza. **97, 98, 99** Furnon. **2000** Endeler. **Sol. 1995** Teza. **96, 97** Furnon. **98** Soler. **99** Mourier. **2000** Péron.

Quelques noms

☞ Voir *légende* p. 1413 c.

■ **Étrangers.** AMANAR Simona[7] 7-10-79. ANDRIANOV Nikolai[2] 14-10-52. ARTEMOV Vladimir[2] 7-12-64. AZARIAN Albert[2] 11-11-29. Édouard[2] 1-12-59. BRAGLIA Alberto[11] 1893-1954. BEHRENDT Holger[5] 29-1-64. BILOZERCHEV Dimitri[2] 22-12-66. BITCHEROVA Olga[2] 26-10-66. BLUME Joachim[20] 1933-59. BOGINSKAÏA Svetlana[2] 9-2-73. BONDARENKO Alexeï[19] 23-8-78. BONTAS Cristina[7] 5-12-73. BOUCHARD Franck[5] 1962. BRAGILIA Alberto[11] 1893-1954. BRUCKNER Roland[5] 14-12-55. CASLAVSKA Vera[9] 3-5-42. CERAR Miroslav[25] 28-10-39. CERNA Vera 17-5-63. CHACKLINE Boris[2] 27-1-32. CHAGUINIAN Grant[2] 1923. CHUNYANG Li[8] 2-2-68. COMANECI Nadia[7] 12-11-61 (1976 : 15 ans, 1,53 m, 41 kg, plus jeune championne olympique). CONNER Bart[3] 28-3-58. DAGGET Tim[3] 22-5-62. DAVIDOVA Yelena[2] 7-8-61. DELASSALLE Philippe[16] 18-7-58. DIAMIDOV Sergei[2] 9-7-43. DITIATINE Alexandre[2] 7-8-57. DOBRE Aurélia[7] 23-10-71. DUDNIK Olessia[7] 16-11-72. DUNAVSKA Adriana[10] 21-4-70. EBERLE Emilia[7] 4-3-64. ENDO Yukio[1] 18-1-37. EYSER George[3] 1871. FEI Tong[8] 25-3-61. FILATOVA Maria[2] 19-7-61. FREDERICK Marcia[3] 4-1-63. FREY Konrad[6] 1909-74. GAYLORD Mitch[3] 5-3-63. GEIGER Jurgen[6] 19-5-59. GHERMAN Marius[7] 14-7-67. GIENGER Eberhard[6] 25-7-51. GNAUCK Maxi[5] 10-10-64. GOODWIN Michelle[3] 3-4-66. GOTO Kiyoshi[1] 20-10-55. GRABOLLE Régina[5] 18-5-65. GRECU Danut[7] 26-9-50. GRIGORAS Christina[7] 1966. GROZDOVA Stevtlana[2] 24-1-59. GUCZOGHY Gyorgy[4] 3-3-62. GUSHIKEN Koji[1] 12-11-56. GUTSU Tatiana[2]. HARTUNG Jim[3] 6-7-60. HEIDA Anton[3] 1878. HEMMAN Ralf Peter[5] 8-12-58. HOFFMANN Lutz[5] 30-1-59 ; Ulf[5] 8-9-61. HOMNA Fumio[1] 30-1-48. HRISTOZOV Kalofer[10] 19-3-69. HUANG Yubin[8] 1958. HUDEC Alois[9] 1908-97. HUHTANEN Veikko[22] 1919-76. ILIENKO Nathalia[2] 26-3-67. JANZ Karin[5] 17-2-52. JING Li[8] 23-2-70. JOHNSON Kathy[3] 3-9-59. KAJITANI Nobuyoki[1] 3-5-55. KAJIYAMA Hiroshi[1] 3-6-53. KALININA Natalia[2] 16-12-73. KATO Sawao[1] 11-10-46. KASAMATSU Shigeru[1] 16-7-47. KELETI Agnès[4] 9-6-21. KENMOTSU Eiso[1] 13-2-48. KIM Nelly[2] 29-7-57 ; Tatiana[2] 28-7-68. KORBUT Olga[2] 16-5-55. KOROBCHINSKY Igor[2] 16-8-69. KOROLEV Yuri[2] 28-8-62. KRAKER Steffi[5] 21-4-60. KROLL Sylvio[5] 29-4-65.

LABAKOVA Jana[9] 26-1-66. LATYNINA Larissa[2] 27-12-34 (la plus titrée : 18 médailles dont 9 d'or aux JO). LENHARDT Julius[14] 1875-1962. LI JING[5] 23-2-70. LI Ning[5] 8-9-63 ; Yeyuiu[8] 19-11-57. LIUKINE Valeri[2] 17-12-66. LI XIAOPING[8] 19-9-62. MACK Eugène[12] 1907-78. MAGYAR Zoltan[4] 13-12-53. MAKUTS Bogdan[2] 4-4-60. MCNAMARA Julianne[3] 10-11-65. MENICHELLI Franco[11] 3-8-41. MIEZ Georges[12] 21-9-07. MILLER Shanon[3] 1977. MILLS Phoebe[3] 2-11-72. MISNIK Alla[2] 1966. MISUTINE Grigori[18] 29-10-70. MOGUILNY Valentin[2] 18-12-65. MOUKHINA Elena[2] 1-6-60. MURATOV Valentin[2] 30-8-28. NAIMUSCHIKA Elena[2] 19-11-64 (1,53 m, 42 kg). NAKAYAMA Akinori[1] 1-3-43. NEMOV Alexeï[19] 28-5-76. NIKOLAY Jurgen[5] 13-12-56 ; Michael[5] 13-12-56 (jumeau de Jurgen). NING Li[8] 8-9-63. ONO Takashi[1] 26-7-31. ONODI Henrietta[4] 22-5-74. PALASSOU Roy[3] 5-6-63. PANOVA Bianka[10] 27-5-70. RETTON Mary-Lou[3] 24-1-58. REUSCH Michel[12] 1913-89. RIGBY Cathy[3] 12-12-52. RUHN Mélita[7] 19-4-65. SCHERBO Vitaly[17] 13-1-72. SCHOUCHOUNOVA Elena[2] 23-5-69. SCHUMANN Carl[6] 1869-1946. SCHWARZMANN Alfred[6] 1912-2000. SENFF Birgit[5] 3-12-65. SHAPOSHNIKOVA Natalia[2] 24-6-61. SHIMIZU Junichi[1] 29-7-53. SHUGUROVA Galina[2] 1955. SILIVAS Daniela[7] 9-5-70. SKALDINA Oksana[2] 24-5-72. STADLER Joseph[12] 1919-91. STUKELY Léon[25] 1898-1999. SZABO Ecaterina[7] 22-1-66. SZAJNA Andrezej[24] 30-9-49. TABAK Jiri[9] 8-8-65. TALAVERA Tracy[3] 1-9-66. THOMAS Kurt[3] 29-3-56. THUMMLER Dorte[5] 29-10-71. TITOV Yuri[1] 27-11-35. TKATCHEV Alexandre[2] 4-11-57. TONEVA Krassimira[10] 23-6-65. TONG Fei[8] 25-3-61. TOPALOVA Silvia[10] 7-3-64. TOURICHEVA Ludmilla[2] 7-10-52. TCHUKARIN Viktor[2] 1921-84. TSUKAHARA Mitsuo[1] 22-12-47. TURNER Dumitruta[7] 12-2-64. UNGUREANU Theodora[7] 13-11-60. VORONINE Mikhail[2] 26-3-45. WIDMAR Peter[3] 6-3-61. WU Jiani[8] 23-4-66. YANHONG Ma[8] 21-3-64. YONGYANG Chen[8] 23-4-66. YUN Lou[8] 23-6-64. YURCHENKO Natalia[2] 26-1-65. ZAKHAROVA Stella[2] 12-7-63. ZEMANOVA Radka[9] 5-12-63. ZHIQUIANG Xu[8] 4-3-63. ZHU Zeng[8] 1962. ZMESKAL Kim[3] 6-2-76. ZUCHOLD Erika[5] 19-3-47.

■ **Français.** BARBIERI Laurent 30-10-60. BERNARD Sophie 27-7-68. BOERIO Henri 13-6-52. BOQUEL Yves 10-3-55. BOUCHER Karine 28-7-72. BOUTARD Michel 21-4-56. BOUTET Patrick 14-12-51. CADOT Marie Laurence 7-7-68. CAIRON Jean-Luc 14-2-62. CASIMIR Éric 20-2-77 ; Patrice 4-7-72. CAUTERMAN Stéphane 26-12-68. CHEVALIER Christian 18-12-66. COLSON Marie-A. 21-5-76. COTTEL Stéphanie 17-2-72. COULON-SICOT Danièle 24-3-35. DARRIGADE Sébastien 20-3-72. DECOUX Bernard 9-9-56. DEUZA Christian 9-1-44. DOT Raymond 20-12-26. FARJAT Bernard 7-9-45. FIANDRINO Valérie 26-10-62. GIROUX Carole 27-1-68. GUELZEC Fabrice 21-3-68. GUIFFROY Christian 21-1-47. GUILLEMOT Véronique 13-2-67. HERMANT Pascal 11-5-57. JAMET Gilles 31-3-59. KOLOKO Éric 1-11-50. LALU Marcel 1882-1951. LEGROS J.-Claude. 15-12-66. LEMOINE Alexandra. LETOURNEUR Évelyne 13-9-47. LUSSAC Élodie 7-5-79. MACHADO Virginie 1-6-76. MAGAKIAN Arthur 11-11-25. MAIGRE Chloé 24-12-74. MARCUS Olivier 15-7-67. MARTINEZ Joseph 1878-1945 ; Raymond 18-8-57. MATTIONI Patrick 18-2-66. MAYER Marc 9-4-66. MERMET Karine 12-7-74. MICHELI Valérie 19-3-68. MOY Willi 13-6-56. PAYSSE Pierre 1873-1938. PELLERIN Cécile 8-12-67. RAGAZZACCI Corinne 27-1-69. RAMAMONJISOA Colombe 3-1-67. ROLLAND Jenny 7-1-75. SAHUC Chrystelle 9-2-75. SANDRAS Gustave 1872-1951. SANGUINETTI Véronique 16-4-64. SEGUIN Albert 1891-1948. SEGGIARO Chantal 4-4-56. SOLLANS Barbara 23-2-72. STUTZ Ingrid 9-5-74. SUTY Joël 4-7-60. TORRES Marco 1888. VATUONE Philippe 13-4-62. WEINGAND André.

Gymnastique rythmique

■ Généralités

■ **Histoire. Tendances : 1°)** *esthétique et expression du mouvement,* François Delsarte (Fr., 1811-71), théories diffusées principalement aux USA par Geneviève Stebbins et Hedwig Kallemeyer (Allemandes) ; **2°)** *gymnastique scientifique hygiénique et esthétique* de Besse Mesendiek (All.), adepte du Suédois Per-Henrik Ling (1776-1839) et du Danois Muller ; **3°)** *gymnastique rythmique* du Suisse Émile Jacques-Dalcroze (1865-1950) et de Rudolf Bode (1881-1970) et Heinrich Medau (All., 1890-1952) ; **4°)** *écoles de danse* d'Isadora Duncan (1878-1927), Rudolf von Laban (1879-1958) et Marie Wigmann (1866-1950). *En France,* Irène Popard (1894-1950), adepte de l'école Duncan, l'associera aux méthodes Jacques-Dalcroze et Georges Demenÿ (1850-1917) pour fonder une « gymnastique harmonique ». **Vers 1950** se développe en Europe de l'Est. **1984** inscrite aux JO en concours ind. (2 gymnastes par nation). **1996** discipline olympique à Atlanta, individuelles et ensembles à 5 gymnastes.

■ **Principes.** Gymnastique féminine, se pratique à mains libres ou avec de petits engins sur praticable de 13 × 13 m, l'acrobatie y est interdite, s'accompagne de musique. **Ballon** caoutchouc ou plastique souple. Diam. 18 à 20 cm. Poids 400 g min. **Cerceau** bois ou plastique, diam. intérieur 80 à 90 cm, 300 g min. **Corde** chanvre ou synthétique, longueur proportionnée à la taille de la gymnaste. **Massues** bois ou matière synthétique, 150 g min. pour chaque massue. **Ruban** baguette en bois, bambou, plastique, fibre de verre. Diam. 1 cm max., longueur 50 à 60 cm y compris l'anneau de fixation du ruban (35 g minimun, 6 m minimun). **Concours** *individuel :* 1 à 1 minute 30. *Ensemble :* 2 à 2 minutes 30, 5 gymnastes.

■ Principales épreuves

☞ Voir *légende* p. 1413 c. **Jeux Olympiques** (voir GR p. 1476 c).

■ **Championnats du monde.** *Créés* 1963. **Par éq. 1995** Bulgarie. **97, 99** Russie. **C.G. individuels. 1995** Petrova[10] et Serebrianskaya[18]. **97** Vitrichenko[18]. **99** Kabaeva[19]. **Cerceau. 1995** *non disputé.* **97** Lipkovskaia[19]. **99** Vitrichenko[18]. **Corde. 1995, 96** Lukyanenko[12]. **97** Batirchina[19] et Vitrichenko[18]. **99** Vitrichenko[18]. **Ballon. 1995** Zaripova[19]. **96** Serebrianskaya[18] et Petrova[10]. **97** *non disputé.* **99** Kabaeva[19]. **Ruban. 1995 à 97** Vitrichenko[18]. **99** Kabaeva[19]. **Massues. 1995** Petrova[10] et Zaripova[19]. **96** Zaripova[19]. **97** Vitrichenko[18]. **99** *non disputé.*

■ **Championnats d'Europe.** *Créés* 1978. **Par éq. 1990, 92** Bulgarie. **93** Russie. **94** Ukraine. **97** Russie. **98** Biélorussie. **99** Grèce. **2000, 01** Russie. **C.G. individuel. 1990** Timochenko[2] et Baitcheva[2]. **92** Petrova[10]. **93** Gontar[17]. **94** Petrova[10]. **96** Serebrianskaya[18]. **97** Vitrichenko[18]. **98, 99, 2000** Kabaeva[19]. **Cerceau. 1990** *non disputé.* **92** Timochenko[18], Lukianenko[17], Kostina[19] et Skaldina[18]. **94** Lukyanenko[17], Serebrianskaya[18] et Petrova[10]. **97** Vitrichenko[18]. **98** Serebrianskaya[18]. **99** Kabaeva[19]. **2000** Kabaeva[19] et Serrano[23]. **01** Kabaeva[19]. **Corde. 1990** *non disputé.* **92** Skaldina[18]. **94** *non disputé.* **96, 97** Serebrianskaya[18]. **98** Batyrchina[19]. **99, 2000** Barsoukova[19]. **01** Tchachtchina[19]. **Ballon. 1990** *non disputé.* **92** Kostina[2] et Timochenko[2]. **94** Serebrianskaya[18] et Vitrichenko[18]. **96** Serebrianskaya[18]. **98** *non disputé.* **99** Vitrichenko[18]. **2000** Raskina[17] et Kabaeva[19]. **01** Kabaeva[19]. **Ruban. 1990, 92** *non disputé.* **94, 96** Serebrianskaya[18], **97** Batyrtchina[19]. **98** Pavlina[12]. **99** Vitrichenko[18]. **2000** Kabaeva[19]. **01** *non disputé.* **Massues. 1986-90** *non disputé.* **92** Kostina[2], Skaldina[18] et Timochenko[2]. **94** Serebrianskaya[18]. **96** Zaripova[19]. **97** Lipkovskaïa[19]. **98** Vitrichenko[18]. **99, 2000** *non disputé.* **01** Kabaeva[19].

■ **Championnats de France.** *Créés* 1971. **Individuels. 1990** Cottel. **91, 92** Sahuc. **93 à 98** Serrano. **99** Villeneuve. **2000, 01** Lacour. **Corde. 1990** Cottel. **91** Staels. **92** Degrange. **95 à 98** Serrano. **99, 2000** Lacour. **Ruban. 1990** Cottel. **91** Moreno. **93, 95, 96** Serrano. **97** Delayat. **98** Serrano. **99, 2000** Lacour. **Massues. 1990** Croix. **91** Staels. **92** Degrange. **93, 95, 96** Serrano. **97** Delayat. **98, 99, 2000** *non disputé.* **Ballon. 1990** Cottel. **91, 92** Sahuc. **93** Guérin. **95, 96** Serrano. **97** *non disputé.* **98** Serrano. **99** Villeneuve. **2000** Lacour. **Cerceau. 1990** Barazon. **91** Sahuc. **92** Degrange. **93** Serrano. **94 à 96** *non disputé.* **97** Delayat. **98** Serrano. **99, 2000** Lacour.

Autres gymnastiques

■ **Aérobic sportive. Histoire :** méthode développée par le Dr Kenneth H. Cooper dans *l'Aérobic* (1968), *le Nouvel Aérobic* (1970) et *Aérobic pour les femmes* (1972). S'adresse aux aviateurs, puis à tout le monde. **1978** J. Sorensen crée l'aérobic-danse. **1981** Jane Fonda (née 21-12-1937) crée le work-out. Introduit en France. **1994**-*mai* reconnue par la fédération internationale de gymnastique. **Définition :** gymnastique rapide aux mouvements enchaînés sur musique disco activant respiration et oxygénation des tissus, sur praticable de contreplaqué de 8,82 × 8,82 m. Exercices physiques classiques et exercices destinés à fortifier cœur et poumons. **Championnats du monde** (*créés* 1995). **Messieurs. 1995** M.-L. Americo (Brésil). **96, 97** Park Kwang-Soo (Corée du Sud). **98** Canada (Esp.). **99** Park (Corée du Sud). **Dames. 1995** C. Valderas Munoz (Espagne). **96** I. Secati (Brésil). **97** J. Little (Austr.). **98, 99** Ito (Jap.). **Championnats de France** (*créés* 1996). **Messieurs. 1996** Florid. **97** Julien. **98, 99** Florid. **2000** Alcan. **Dames 1996, 97, 98** Maigre. **99, 2000** Soulié.

■ **Tai-chi chuan.** Prononcer *tat'chi.* **Définition :** le *chi* est l'énergie vitale. Art martial, souvent devenu gymnastique, qui se développe en Chine, Europe et USA. Série de séquences (ou suites) de mouvements circulaires (pour économiser l'énergie), très doux, très lents (parfois rapides), coordonnés et continus, synchronisés avec la respiration et avec la pensée consciente. Le but est de contrôler l'énergie du corps. Une des écoles propose 8 séquences codifiées groupant 175 mouvements. **Fédération française de tai-chi chuan** 59, avenue de Saxe, 75007 Paris. **Fédération française de karaté** 122, rue de la Tombe-Issoire, 75014 Paris.

Haltérophilie

■ Généralités

■ **Origine. Grèce antique,** les athlètes s'exterminent en tenant dans chaque main une massue de plomb appelée *halteria* (balancier). **Jusqu'au XIXe s.** reste du domaine des hercules de foire. **1891** 1er classement mondial amateur à Londres. **1896** création de l'Haltérophilie Club de France. **1905** de la Féd. internationale. **1914** de la Fédération française des poids et haltères. **1973** suppression du *développé* (dangereux, arbitrage difficile). **1998**-*15-4* la Féd. française d'haltérophilie, musculation et culturisme, perd l'agrément du ministère de la Jeunesse et des Sports.

2000 épreuves féminines aux JO. *-17-12* **Fédération française d'haltérophilie, musculation, force athlétique et culturisme** *créée*, en attente de la délégation du ministère de la Jeunesse et des Sports.

■ **Mouvements. Arraché :** la barre est élevée à bout de bras, d'un seul temps, au-dessus de la tête. **Épaulé-jeté :** la barre est élevée à hauteur de l'épaule, puis projetée à bout de bras au-dessus de la tête. Pour que l'arbitre donne le signal « à terre », le concurrent doit avoir les pieds sur la même ligne et conserver une immobilité complète. Chaque concurrent a 3 essais par mouvement pour arriver à son maximum. La progression entre chaque exercice ne doit pas être inférieure à 2,5 kg entre chacun des 3 essais (même lors des tentatives de record) par mouvement. L'addition des meilleures performances dans chaque mouvement constitue le total olympique. Records du monde et nationaux ne sont homologués que lorsqu'ils sont battus de 500 g au minimum. Signal sonore donné à 30 s. (temps restant à l'athlète pour soulever sa barre) valable pour des levés consécutifs (2 min pour le même athlète) et pour les levés de chaque concurrent (1 min pour chacun). 3 arbitres jugent la compétition qui se déroule sur un plateau en matériau solide de 4 × 4 m (si l'athlète en sort, ses performances sont considérées comme nulles). Les athlètes s'enduisent les mains de **magnésie** pour améliorer la « serre » de la barre et éviter la transpiration. **Ceinture en cuir :** réglementaire (max. 12 cm de largeur) consolide la région lombaire. **Poignets de force :** tolérés. **Barre :** 1,31 m entre les collets intérieurs, longueur totale 2,20 m, diamètre 28 mm, poids 20 kg (15 pour les femmes). **Collets :** largeur 30 mm, collets de serrage extérieurs 2,5 kg chacun.

■ **Catégories de poids.** *1886 :* 1 ; *1902 :* 3 ; *09 :* 4 ; *68 :* 7 ; *69 :* 10. *A partir du 1-1-1993* pour lutter contre le dopage, les catégories ont changé (entre parenthèses, anciennes catégories, en kg). **Messieurs.** 54 (52), 59 (56), 64 (60), 70 (67,5), 76 (75), 83 (82,5), 91 (90), 99 (100), 108 (110), + de 108 (+ de 110). **Dames.** 46 (44), 50 (48), 54 (52), 59 (56), 64 (60), 70 (67,5), 76 (75), 83 (82,5), + de 83 (+ de 82,5). *A compter du 1-1-1998* les catégories ont été modifiées (en kg) : **Messieurs.** 56, 62, 69, 77, 85, 94, 105 + de 105. **Dames.** 48, 53, 58, 63, 69, 75, + de 75.

■ **Quelques exploits. Sur le dos** (le poids étant sur des tréteaux), record de « porter » sur les épaules : *homme :* 2 844 kg en 1957 (Paul Anderson, Amér., né 1932, 165 kg) ; *femme :* 1 616 kg en 1895 (Joséphine Blatt, Amér., 1869-1923). **Puissance :** Paul Anderson, le 15-6-1955 : *développé couché* 284 kg, *flexion des jambes barre à la nuque* 544,32 kg, *soulevé de terre à 2 mains* 371,95 kg, *total* 1 200,27 kg. Hermann Goerner (All., 1891-1956), à Leipzig : le 20-7-1920, *soulevé de terre à une main* 333 kg, le 29-10-1920, *à deux mains* 360 kg. *Levée d'un poids mort à 2 mains :* homme 371 kg (Paul Anderson) ; femme 178,9 (Jan Suffolk Todd, Amér., en 1975 ; avant, Jeanne de Vesley, Fr., 177 kg le 14-10-1926) ; *à une main* 335 kg (H. Gorner).

Principaux résultats

Légende : (1) All. avant 1991. (2) All. depuis 1991. (3) Arménie. (4) Belgique. (5) Biélorussie. (6) Bulgarie. (7) Chine. (8) Cuba. (9) Égypte. (10) Finlande. (11) France. (12) G.-B. (13) Grèce. (14) Hongrie. (15) Iran. (16) Italie. (17) Japon. (18) Pologne. (19) Rép. tchèque. (20) Roumanie. (21) Russie. (22) Tchécoslovaquie. (23) Turquie. (24) Ukraine. (25) USA. (26) Ex. URSS. (27) Thaïlande. (28) Taïwan. (29) Qatar. (30) Croatie. (31) Géorgie. (32) Espagne. (33) Azerbaïdjan. (34) Lettonie. **Jeux Olympiques** (voir p. 1476 c).

■ **Coupe du monde. Messieurs.** *Créée* 1980, *supprimée* après 1994. **1980** Szalai[14]. **81** Russev[6]. **82, 83** Blagoev[6]. **84 à 86** Suleimanov[6]. **87** Petrov[6]. **88** Botev[6]. **89** Liu Shoubin[7]. **90** Ivanov[6]. **91** Yotov[6]. **92** Kakiashvilis[26]. **93** *non disputée.* **94** Kurlovitch[5]. **Dames. 1992** Trendafilova[6]. **93** *non disputée.* **94** Xing Shuwen[17].

■ **Championnats du monde. Dames.** *Créés* 1987. **Nouvelles catégories (depuis le 1-1-1998) : 48 kg : 98** Y. Li[7]. **99** Mincheva[6]. **53 kg : 98** X. Wang[7]. **99** Li Seng-ying[27]. **58 kg : 98** P.-C. Kuo[31]. **99** Chen Yanqing[7]. **63 kg : 98, 99** J.-L. Chen[28]. **69 kg : 98** W. Tang[6]. **99** Sun Tianni[7]. **75 kg : 98** K. Lundahl[10]. **99** Xu Jiao[7]. **Plus de 75 kg : 98** G. Tang[6]. **99** M. Ding[7]. **Par éq. : 98, 99** Chine.

■ **Championnats d'Europe. Dames. Nouvelles catégories (depuis le 1-1-1998) : 48 kg : 98, 99, 2000** Mincheva[6]. **01** Peris[32]. **53 kg : 98, 99** Dragneva[6]. **2000** Rifatova[6]. **01** Bilgin[23]. **58 kg : 98, 99** Simova[6]. **2000** Jankova[6]. **01** Klejnowski[18]. **63 kg : 98** Kirilova[6]. **99 à 2001** Popova[21]. **69 kg : 98** Markus[14]. **99, 2000** Trendafilova[6]. **01** Maslovska[24]. **75 kg : 98** Takacs[14]. **99** Sevcikova[3]. **2000** Habirova[21]. **01** Likerecz[14]. **Plus de 75 kg : 98** Riesterer[2]. **99** Wrobel[18]. **2000** Rudenok[24]. **01** Khomich[21].

■ **Championnats de France** (non disputés en 1998). **Dames. Nouvelles catégories : 48 kg : 99, 2000, 01** Richard. **53 kg : 99** Ernault. **2000, 01** Rigaud. **58 kg : 99** Dinar. **2000** Méral, Dinard. **63 kg : 99** Oudin. **2000** Fevre. **01** Coudin. **69 kg : 99, 2000, 01** Laure Mary. **75 kg : 99, 2000** Line Mary. **Plus de 75 kg : 99** Mary-Élise. **2000, 01** Iskin.

■ **Championnats du monde. Messieurs.** *Créés* 1891. *Annuels* sauf années olympiques. **Nouvelles catégories (depuis le 1-1-1998) : 56 kg : 98, 99** H. Mutlu[23]. **62 kg : 98** L. Sabanis[13]. **99** Le Maosheng[7]. **69 kg : 98** P. Jeliazkov[6]. **99** Boevski[6]. **77 kg : 98** Z. Vanev[6]. **99** Badr[29]. **85 kg : 98** P. Dimas[13]. **99** Nasirinia[15]. **94 kg : 98, 99** A. Kakiashvilis[13]. **105 kg : 98** I. Razorenov[24]. **99** Gottfried[24]. **Plus de 105 kg : 98, 99** A. Chemerkine[21]. **Par éq. : 98, 99** Grèce.

Records d'haltérophilie. Messieurs

Catégories (en kg) et épreuves[1]		Monde (au 19-6-2001)		France (au 8-2-2001)	
56	a.	138	H. Mutlu[9] (16-9-2000)	120	É. Bonnel (10-6-2000)
	é.-j.	168	H. Mutlu[9] (24-4-2001)	150	É. Bonnel (10-6-2000)
	T.	305	H. Mutlu[9] (16-9-2000)	270	É. Bonnel (10-6-2000)
62	a.	152,5	Z. Shi[4] (3-5-2000)	127,5	S. Matam Ndicka (26-4-2000)
	é.-j.	180,5	M. Le[4] (23-11-99)	165	S. Matam Ndicka (26-4-2000)
	T.	325	à établir	292,5	S. Matam Ndicka (26-4-2000)
69	a.	165	G. Markov[2] (20-9-2000)	135	R. Ernault (12-9-98)
	é.-j.	196,5	G. Boevski[2] (20-9-2000)	165	S. Matam Ndicka (4-9-99)
	T.	357,5	G. Boevski[2] (24-11-99)	295	S. Matam Ndicka (18-11-2000)
77	a.	170,5	K. Kyapanaktsyan[10] (25-11-99)	140,5	R. Ernault (20-1-2001)
	é.-j.	210	O. Perepetchenov[12] (27-4-2001)	171,5	N. Garrido (11-12-99)
	T.	375	O. Perepetchenov[12] (27-4-2001)	305	P. Leruyet (12-9-98)
85	a.	181	G. Asanidze[8] (29-4-2000)	155	R. Scheer (12-9-98)
	é.-j.	218	Y. Zhang[4] (25-4-98)	182,5	R. Scheer (20-3-99)
	T.	395	à établir	337,5	R. Scheer (20-3-99)
94	a.	188	A. Kakhiasvilis[5] (27-11-99)	160	A. Matam (27-11-99)
	é.-j.	232,5	S. Kolecki[11] (29-4-2000)	195	A. Matam (27-11-99)
	T.	417,5	à établir	355	A. Matam (27-11-99)
105	a.	197,5	à établir	160,5	A. Tokotuu (29-11-98)
	é.-j.	242,5	à établir	195	D. Chabroud (4-3-2000)
	T.	440	à établir	350	A. Tokotuu (29-11-98)
+ 105	a.	212,5	H. Rezadeh[6] (26-9-2000)	171,5	A. Tokotuu (9-12-2000)
	é.-j.	262,5	à établir	206	A. Tokotuu (9-12-2000)
	T.	472,5	H. Rezadeh[6] (26-9-2000)	375	A. Tokotuu (9-12-2000)

Records d'haltérophilie. Dames

Catégories (en kg) et épreuves[1]		Monde (au 19-6-2001)		France (au 8-2-2001)	
48	a.	87,5	Liu Xiuhua[4] (9-6-2000)	73	S. Richard (10-6-2000)
	é.-j.	113,5	D. Mincheva[2] (21-11-99)	92,5	S. Richard (18-3-2000)
	T.	197,5	Liu Xiuha[4] (9-6-2000)	165	S. Richard (18-3-2000)
53	a.	100	X. Yang[4] (18-9-2000)	72,5	D. Rigaud (25-11-2000)
	é.-j.	125	X. Yang[4] (18-9-2000)	90	D. Rigaud (16-12-2000)
	T.	225	X. Yang[4] (18-9-2000)	160	D. Rigaud (25-11-2000)
58	a.	105	Y. Chen[4] (22-11-99)	85	I. Fevre (15-4-99)
	é.-j.	131,5	S.-H. Ri[7] (3-5-2000)	105	I. Fevre (15-4-99)
	T.	235	Y. Chen[4] (22-11-99)	190	I. Fevre (15-4-99)
63	a.	112,5	X. Chen[4] (19-9-2000)	87,5	I. Fevre (2-10-99)
	é.-j.	132,5	M. Xiong[4] (23-11-99)	107,5	I. Fevre (2-10-99)
	T.	242,5	X. Chen[4] (19-9-2000)	195	I. Fevre (2-10-99)
69	a.	112,5	E. Markus[3] (19-9-2000)	90,5	La. Mary (10-6-2000)
	é.-j.	143	T. Sun[4] (24-11-99)	110,5	La. Mary (10-6-2000)
	T.	252,5	W. Lin[4] (3-9-99)	200	La. Mary (27-4-2000)
75	a.	116	W. Tang[4] (4-9-99)	97,5	Li. Mary (26-11-99)
	é.-j.	142,5	T. Sun[4] (6-5-2000)	120	Li. Mary (14-11-98)
	T.	257,5	T. Sun[4] (6-5-2000)	217,5	Li. Mary (26-11-99)
+ 75	a.	135	M. Ding[4] (22-9-2000)	107,5	S. Iskin (29-4-2000)
	é.-j.	165	M. Ding[4] (22-9-2000)	125,5	S. Iskin (10-6-2000)
	T.	300	M. Ding[4] (22-9-2000)	232,5	S. Iskin (29-4-2000)

Nota. – (1) Épreuves : a. : arraché, é.-j. : épaulé-jeté, T. : Total. (2) Bulgarie. (3) Hongrie. (4) Chine. (5) Grèce. (6) Iran. (7) Corée du Nord. (8) Géorgie. (9) Turquie. (10) Arménie. (11) Pologne. (12) Russie.

■ **Championnats d'Europe. Messieurs** *Créés* 1896. **Nouvelles catégories (depuis le 1-1-1998) : 56 kg : 98** Ivanov[6]. **99 à 2001** Mutlu[23]. **62 kg : 98** Georgiev[6]. **99** Mintchev[6]. **2000, 01** Pechalov[30]. **69 kg : 98** Jeliazkov[6]. **99** Boevski[6]. **2000** Laurenov[5]. **01** Djlelil[23]. **77 kg : 98 à 2000** Vanev[6]. **01** Perepetchenov[21]. **85 kg : 98, 99** Huster[2]. **2000, 01** Asanidze[31]. **94 kg : 98** Caruso[2]. **99, 2000** Kolecki[18]. **01** Paschaev[33]. **105 kg : 98** Ivanovski[21]. **99** Gottfried[24]. **2000** Kadir[6]. **01** Tchigouchev[21]. **Plus de 105 kg : 98** Weller[2]. **99, 2000** Danielian[3]. **01** Scerbatihs[34].

■ **Championnats de France** *(non disputés en 1998).* **Messieurs. Individuel.** *Créés* 1901. **Nouvelles catégories : 56 kg : 99, 2000, 01** Bonnel. **62 kg : 99** Votréa. **2000** Balp. **01** Pedreno. **69 kg : 99** Ndicka. **2000** Ernault. **01** Ndicka. **77 kg : 99** Billot. **2000, 01** Czaban. **85 kg : 99, 2000, 01** Scheer. **94 kg : 2000** Matam. **01** Mugner. **105 kg : 2000** Chabroud. **01** Wadja. **Plus de 105 kg : 2000, 01** Tokotuu.

Quelques noms

Alexeiev Vassili[26] 7-1-42 (ancien bûcheron ; 1,87 m, 145 kg, tour de poitrine 150 cm, de cuisse 80 cm, de biceps 55 cm), 1970-77 bat 80 records du monde. Anderson Paul[25] 17-10-32. Balp David[11] 3-3-70. Baszanowski Waldemar[18] 15-8-35. Bednarski Robert[25] 1944. Blagoev Blagoi[6] 19-12-56. Bonnel Éric[11] 18-8-74. Cadine Ernest[11] 1893-1978. Cassiau Daniel[11] 21-2-61. Comblez Bénédicte[11] 18-1-73. Dame Jean[11] 1897-1970. Davis John[25] 1921-81. Debuf Jean[11] 31-5-24. Decottignies Edmond[11] 1893-1963. Dube Joseph[25] 15-2-44. Duverger René[11] 1911-83. Elliot Launceston[12] 1874-1930. El-Touny Khadr[9] 1915-56. Ferrari Henri[11] 1912-75. Fevre Ingrid[11] 29-5-75. Földi Imre[14] 8-5-38. Fombertasse Laurent[11] 26-1-68. Fouletier Jean-Paul[11] 1-7-39. François Roger[11] 1900-49. Fulla Pierre[11] 19-5-38. Gance Henri[11] 17-3-1888. Gerber Roger[11] 28-12-33. Gondran Lionel[11] 5-11-66. Gourrier Pierre[11] 2-3-47. Guidikov Borislav[6]. Herbaux Raymond[11] 1919-89. Heuser Juergen[1] 13-3-53. He Zhuoquiang[7] 1965. Hostin Louis[11] 1908-98. Iskin Sylvie[11] 23-9-66. Ivanov Ivan[6] 1971. Jabotinski Leonid[26] 28-1-38. Kangasniemi Kaarlo[10] 4-2-41 ; Kauko[10] 18-11-42. Khrapati Anatoli[26] 1963. Khristov Valentin[6] 15-3-56. Kono Thomas[25] 27-6-30. Krastev Anton[6]. Kretz Jean-Marie[11] 20-1-58. Kunz Joachim[1]. Kurlovitch Alexander[26] 1962. Kuznetsov Alexander[26]. Lahdenranta Kaveli[10] 20-3-42. Larget Charles[11] 20-1-58. Levecq Roger[11] 24-8-35. Liu Shoubin[7] 1968. Maier Bruno[11] 14-7-61 ; Rolf[11] 16-12-36. Mang Rudolf[1] 17-6-50. Marinov Sevladin[6]. Mary Isabelle[11] 27-1-71 ; Line[11] 6-2-72 ; Laure. Militossian Israel[26] 1969. Miyake Yoshinobu[17] 24-11-39. Namdjou Mahamoud[15] 22-9-18. Oberburger Norbert[16] 1-12-60. Paterni Marcel[11] 22-9-36. Petrov Mikhail[6] 1966-93. Pissarenko Anatoli[26] 22-9-36. Plançon Cédric[11] 1969. Reding Serge[27] 1941-75. Rigert David[26] 12-3-47. Rigoulot Charles[11] 1903-62 [fut l'un des premiers haltérophiles très connus. 1,73 m, 103 kg, cou 47 cm, poitrine 1,32 m, ceinture 97 cm, bras 47 cm, av.-bras 39 cm, cuisse 70 cm, mollet 47 cm. Bat 56 records du monde (sur 11 mouvements) en amateur de 1920 à 25, et en professionnel de 1925 à 32. Meilleures performances : amateur : arraché du bras droit 101 kg (22-2-1925), à 2 bras 126,5 kg (28-6-1925), épaulé et jeté à 2 bras 161,5 kg (28-6-1925) ; professionnel : arraché du bras droit 116 kg (14-4-1930), du bras gauche 100,5 kg (1-2-1929), à 2 bras 143 kg (4-5-1931), épaulé et jeté à 2 bras 182,5 kg (1-2-1929). Champion olympique à 21 ans, on l'appela à l'époque « l'homme le plus fort du monde ». Il se blessa et fut ensuite une grande vedette de catch]. Rusev Yanko[6] 1-12-58. Schemanski Norbert[25] 30-5-24. Senet Daniel[11] 26-6-53. Suleymanoglu (auparavant Suleimanov[26]) Hafiz[23] 1967. Suleymanoglu (auparavant Chalamanov[6]) Naim[23] 23-11-67. Steinbach Josef[5] 1879-1937. Suvigny Raymond[11] 1903-45. Talts Jan[26] 1-8-43. Taranenko Leonid[26] 13-6-56. Terme Aimé[11] 25-9-45. Tournefier Francis[11] 28-2-64. Urrutia Roberto[8] 7-12-56. Varbanov Alexander[6] 1964. Vardanian Youri[26] 13-6-56. Vincent François[11] 10-4-36. Vlad Nicu[20] 1-11-63. Vlassov Yuri[26] 5-12-35. Vorobjiev Arkadij[26] 3-10-24. Weaver Paul. Wu Shude[7] 18-9-59. Zakharevitch Youri[26] 18-8-63. Zlatev Asen[6] 23-5-60. Zdrazila Hans[22] 3-10-41.

Handball

Généralités

■ **Nom.** De l'allemand *Hand,* main, et *Ball.* Se prononce donc *handbal* (consonance germanique) et non pas *handbôl* (consonance anglaise).

■ **Histoire. Origine** *hazena* tchèque, *handbold* danois et *balle au but* allemande. **1919** l'Allemand Karl Schellenz adapte la balle au but (à laquelle jouent les femmes) pour les hommes et crée le handball à 11. **Vers 1919** pour des raisons climatiques, dans les pays scandinaves apparaît le handball à 7 en salle. **1925** apparaît en France (Alsace et Franche-Comté) dans les clubs ouvriers. **1928**-*4-8* Fédération intern. de handball amateur créée. **1936** aux JO (messieurs, à 11). **1941**-*juillet* Féd. française de handball (FFHB) créée. **1959** disparition du handball à 11.

■ **Règles** (handball à 7). **Terrain :** 40 m sur 20 m. *Buts :* haut. 2 m, larg. 3 m. **Ballon :** *messieurs :* circonférence 58 à 60 cm, 425 à 475 g ; *dames :* 54 à 56 cm, 325 à 475 g. **Équipes :** 2 de 7 joueurs dont 1 gardien et 5 remplaçants. 2 *mi-temps* de 30 min avec une pause de 10 min (seniors). Consiste à marquer le plus de buts possible en envoyant à la main le ballon dans le but adverse. Pour jouer, il ne faut pas faire plus de 3 pas avec le ballon, le toucher avec la jambe ou le pied, sinon jet franc. Un *attaquant* qui pénètre dans la *surface de but* commet une faute sanctionnée par un jet franc : s'il marque, le but est annulé. Mais il peut sauter au-dessus de la surface de but à condition de relâcher la balle avant de reprendre contact avec le sol. Le *gardien* peut arrêter la balle avec les pieds. Il peut jouer dans le champ, hors de sa surface de but, mais devient alors un joueur comme les autres. Il y a 2 *arbitres* pour un match.

Principales épreuves

Légende : (1) Tchéc. (2) Suède. (3) Roumanie. (4) All. dém. (5) All. féd. avant 1991. (6) Hongrie. (7) Yougoslavie. (8) URSS. (9) Danemark. (10) Pologne. (11) Islande. (12) Suisse. (13) Espagne. (14) Autriche. (15) Allemagne depuis 1991. (16) France. (17) Croatie. (18) Russie. (19) Slovénie. (20) Tunisie. (21) Norvège. (22) Autriche. (23) Ukraine. **Jeux Olympiques** (voir p. 1477 a).

■ **Championnats du monde** (1er, 2e et 3e). **Messieurs.** 1er championnat 1938 Berlin puis *création officielle* en 1954. **1995** France, Croatie, Suède. **97** Russie, Suède, France. **99** Suède, Russie, Yougoslavie. **2001** France, Suède, Yougoslavie. **Dames** (*créés* 1957). **1995** Corée, Hongrie, Dan. **97** Dan., Norvège, All. **99** Norvège, France, Autriche.

■ **Ligue des champions ex-Coupe d'Europe des champions. Messieurs** (*créée* 1957). **1995** Irun[13]. **96 à 2000** FC Barcelone[13]. **01** Pampelune[13]. **Dames** (*créée* 1961). **1995** Hypo Nider[14]. **96** Podravka Koprivnica[17]. **97** Mar Valencia[13]. **98** Nieder Österreich[14]. **99** Dunaferr[6]. **2000** Nierderösterreich[22]. **01** Ljubljana[19].

■ **Coupe d'Europe des vainqueurs de coupes. Messieurs** (*créée* 1975). **1994, 95** Barcelone[13]. **96** Lemgo[15]. **97**

Irun [13]. **98** Santander [13]. **99** Leon [13]. **2000** Pampelune [13]. **01** Flensburg [15]. **Dames** (*créée* 1976). **1995** Dunaferr [6]. **96** Giessen [15]. **97** Rostov [18]. **98, 99** Oslo [21]. **2000** Eliana Valence [13]. **01** Zaporodje [23].

■ **Coupe de la Fédération européenne** (*créée* 1982). **Messieurs. 1995, 96** Granollers [13]. **97** Flensburg [15]. **98** Kiel [15]. **99** Magdebourg [15]. **2000** Metkovic [17]. **01** Magdebourg [15]. **Dames. 1995, 96** Debrecen [6]. **97** Ljubljana [19]. **98** Dunaferr [6]. **99** Viborg [9]. **2000** Mislata [13]. **01** Lublin [10].

■ **Coupes des villes** (*créée* 1993-94). **Messieurs 1997, 98** Nettelstedt [15]. **99** Flensburg Handewitt [15]. **2000** Grosswallstadt [15]. **Dames. 1997** Francfort-sur-Oder [15]. **98** Ikast [9]. **99** *non attribuée*. **2000** Bucarest [3].

■ **Championnats d'Europe** (*créés* 1994). *Tous les 2 ans.* **Messieurs. 1994** Suède. **98, 2000** Suède. **Dames. 1994, 96** Danemark. **98** Norvège. **2000** Hongrie.

■ **Championnat de France. Messieurs.** *Créé* 1953. **1995** Montpellier. **96** OM Vitrolles. **97** Ivry. **98, 99, 2000** Montpellier. **01** Chambéry. **Dames.** *Créé* 1952. **1993 à 97** Metz. **98** Besançon. **99, 2000** Metz. **01** Besançon.

■ **Coupe de France** (*créée* 1957 ; appelée **challenge de France** en 1977 et de 1979 à 84). **1995** OM Vitrolles. **96** Ivry. **97** Créteil. **98** Toulouse. **99, 2000, 01** Montpellier. **Dames.** *Créée* 1985. **1998, 99** Metz. **2000** *non disputée*.

Quelques noms

☞ Tous Français sauf indication contraire (voir *légende* p. 1415 c).

Alba Pierre 3-2-48. Amiel André 24-12-33. Anpilogov Alexandre [5] 18-1-54. Anquetil Gregory 14-12-70. Birtalan [1] 28-4-44. Boulle Patrick 20-4-57. Boutinaud Véronique 17-5-64. Brunet Jean-Jacques 1943. Buccheit Raoul 26-4-50. Cailleaux Éric 4-5-58. Cazal Patrick 6-4-71. Channen Guy 15-12-52. Chastanier Maurice 1931-82. Costantini Daniel 31-10-43. Debureau Philippe 25-4-60. Delattre Yohan 24-1-63. Derot Gilles 10-5-63. Deschamps Dominique 18-4-58. Etcheverry Jean-Pierre 1939. Ferignac Jean 27-9-36. Fleury Joël 19-5-19. Gaffet Bernard 5-4-59. Gallant Claude 1945. Gardent Philippe 15-3-64. Gatu [8] 20-4-44. Gaudion Marcel 12-1-24. Geoffroy Jean-Michel 29-9-55. Germain Jean-Michel 1945. Goupy Jean 24-1-34. Gruia Georghe [3] 1940. Hager Daniel 27-8-63. Isakovic Mile [7] 17-1-58. Kervadec Guéric 9-1-72. Lacoux Jean-Pierre 11-11-32. Lagarrigue Sylvie 13-4-60. Lathoud Denis 13-1-66. Legrand Jean-Louis 10-2-49. Lelarge Christian 1947. Lepointe Jean-Pierre 24-4-47. Mahé Pascal 15-12-63. Mares Vojteck [1] 1936. Martin Carole 18-1-55. Martini Bruno 3-7-70. Médard Philippe 10-6-59. Meyer Gilles 22-3-53. Monthurel Gaël 22-1-66. Mouchel Alain 20-4-44. Munier Laurent 30-9-66. Nouet Sylvain 24-5-56. Perez Frédéric 19-7-61. Perreux Thierry 4-3-63. Pluen Jacques 1929. Portes Alain ; Maurice 1938. Quintin Éric 22-1-67. Richard Michel 5-10-45 ; René 6-11-42. Richardson Jackson 14-6-69. Rignac Bernard 4-6-50. Rochepierre Michel 1921-2001. Sagna Claude 21-3-31. Schaaf Philippe 1-4-68. Sellenet André 25-5-40 ; Bernard 29-3-49. Serinet Jean-Michel 23-3-56. Silvestro Jean-Louis 24-9-39. Taillefer Jacques 13-6-46. Thiébaut J.-Luc 29-12-60. Tristant Denis 23-1-64. Turtschina Sinaida [8] 17-5-46. Volle Frédéric 4-2-62. Wiltberger Marc 8-5-69.

Handisport

■ **Histoire. Vers 1945,** à l'hôpital de Stoke Mandeville (G.-B.), le Pr Ludwig Guttmann utilise le sport comme thérapeutique des blessés de la colonne vertébrale. **1951** 1ers Jeux de Stoke Mandeville pour handicapés en fauteuil roulant. **1954** Philipe Berthe crée l'Amicale sportive des mutilés de France (ASMF). **1960** 1ers JO pour handicapés à Rome. Conseil intern. de sport pour handicapés créé. **1967** Féd. intern. de sport pour handicapés créée. **1970** 1ers Jeux mondiaux pour handicapés à St-Étienne.

■ **Sports pratiqués** (suivant les capacités et le handicap) : athlétisme, aviron, badminton, basket, biathlon, boules, canoë-kayak, char à voile, course d'orientation, cyclisme solo et tandem, cyclotourisme, équitation, escalade, escrime, football, goal-ball, haltérophilie, handball, hockey, judo, karting, natation, plongée, randonnée, skis alpin et nordique, ski nautique, sports aériens, sports de glace, tennis, tennis de table, tir à l'arc, tir à la cible, tor-ball, voile, volley-ball, yoga.

■ **Publics concernés :** personnes en fauteuil roulant, handicapés visuels, infirmes moteurs cérébraux, amputés. Certains autres handicaps moteurs sont aussi concernés.

■ **Fédération française handisport,** 42, rue Louis-Lumière, 75020 Paris. A regroupé le 13-12-1976 la FFSHP (Féd. fr. de sport pour handicapés physiques, fondée 1963) et la FFOHP (Fédération fr. omnisport des handicapés physiques, fondée 1972). En *2001* : 13 000 licenciés.

Hippisme et sports équestres

Chevaux

Terminologie

Foal (*laiton* en vieux français) : jeune cheval jusqu'au 1er janvier de l'année qui suit celle de sa naissance. **Yearling** (*antenais* en vieux français) : jeune cheval du 1er janv. au 31 déc. de l'année qui suit celle de sa naissance. **Poulain, pouliche :** jeune cheval ou jument jusqu'au 31 déc. de sa 3e année. **Poulinière :** jument en carrière de reproductrice au haras. **Poulinière suitée :** jument suivie de son foal. **Hongre :** cheval castré. **Inbred** (*consanguin* en français) ou **inbreeding :** cheval dont le père et la mère possèdent un ancêtre commun. Exemple : un cheval est « inbred 2 × 3 sur » tel étalon quand celui-ci figure dans son ascendance, à la 2e génération par son père et à la 3e par sa mère.

Races d'équidés (reconnues en France)

Races de chevaux de sang

■ **Pur-sang** (anciennement pur-sang anglais). **PS** (race internationale de course au galop, 1 seul croisement possible, PS × PS). Cheval issu d'un père et d'une mère eux-mêmes de pur sang. Race obtenue à l'origine par le croisement d'étalons orientaux avec des juments anglaises d'origines diverses. Les pur-sang descendent de 3 étalons orientaux, *Byerley Turk* (né 1689), *Darley Arabian* (né 1705), *Godolphin Arabian* (né 1724), qui sont à l'origine des 3 grands chefs de race : *Herod* (né 1758), *Matchem* (né 1748), *Éclipse* [né 1764, le jour d'une éclipse de soleil (remporta 27 courses sur 27) ; sa descendance, qui comporte 36 gagnants de l'Arc de triomphe (*Hérod* 7, *Matchem* 2), est aujourd'hui la plus nombreuse]. Les produits ainsi obtenus montrèrent des qualités si remarquables pour la course que les Anglais enregistrèrent leurs naissances sur un livre spécial : le *General Stud-Book* (1er volume publié en 1808) ; puis le stud-book fut fermé : n'y furent plus inscrits que les produits issus de parents eux-mêmes inscrits. Les autres pays où des pur-sang anglais avaient été importés ouvrirent eux-mêmes des stud-books [1er stud-book français (créé 1833) publié en 1838 par le ministère de l'Agriculture].

■ **Arabe. AR** (race amélioratrice de la plupart des races chevalines du monde, 1 seul croisement possible, AR × AR). Plus ancienne race de chevaux de selle. Issue de la péninsule Arabique. Se répand dans les pays conquis par les musulmans. À l'origine, cheval de guerre, sobre et résistant, vivant avec la tribu. Pendant des siècles, il améliora les chevaux élevés en Europe en vue de la guerre ou de la selle. Au XVIIIe s., à l'origine du pur-sang anglais. Au XXe s., cheval de course, cheval de sport et, plus récemment, cheval de raid équestre d'endurance et cheval de « show ». Très développé en Amérique où il est utilisé dans toutes ces spécialités.

■ **Trotteur français. TF** (race de course au trot, 1 seul croisement possible, TF × TF). Inscrit au stud-book depuis 1836. Nom donné autrefois en France aux chevaux participant aux courses au trot. Longtemps appelé *demi-sang trotteur,* apparut en Normandie milieu XIXe s. à partir de chevaux anglo-normands croisés à l'origine avec des pur-sang anglais (procurant la vitesse et l'influx nerveux) et des norfolks anglais (améliorant le mécanisme du trot) puis, plus tard, avec des trotteurs américains. De 1907 (1re publication par Louis Cauchois, directeur de *La France chevaline*) à 1937 (fermeture), les chevaux furent inscrits au stud-book lorsqu'ils avaient réalisé une performance.

☞ De 1978 à 1991, environ 10 juments françaises par an ont été sélectionnées et saillies aux USA par des étalons américains. Réglementation très stricte (quota restreint) qui a donné naissance à quelques chevaux reproducteurs considérés comme produits français.

■ **Anglo-arabe. AA** (produit des croisements entre le pur-sang, l'arabe et l'anglo-arabe). Les chevaux possédant moins de 25 % de sang arabe figurent en annexe au stud-book AA et sont appelés Anglo de complément. Ils sont facteurs d'AA. Race de sport, d'extérieur et de course (Sud-Ouest). *Origine :* croisements de juments de pur sang anglais avec des étalons de race arabe, pratiqués à partir de 1740 par le grand-duc Christian IV des Deux-Ponts, pour produire des chevaux de chasse à courre. En France, le vétérinaire E. Gayot (directeur du haras de Pompadour, puis directeur général des haras) est considéré comme le « père » de l'anglo-arabe. Les chevaux turc *Aslan* (ramené d'Égypte par Bonaparte) et arabe *Massoud* (importé par M. de Portes sous Louis XVIII) servirent 3 juments de pur sang anglais : *Selim Mare, Comus Mare* et *Daer.* Avec *Prisme* (1890-1917), on estima que les caractéristiques de la race étaient fixées.

Les 1ers sujets obtenus par croisement direct entre les races arabe et pur-sang furent inscrits dans le registre (stud-book) des anglo-arabes institué en 1882. Des inter-croisements s'étant effectués entre pur-sang, arabes et anglo-arabes, la teneur en sang arabe des produits varia de 1 à 57,8 % et, en 1914, l'administration des haras décida de qualifier « anglo-arabe » le cheval possédant au moins 25 % de sang arabe et n'ayant, dans 6 de ses ascendants directs, que des pur-sang, des arabes ou des « demi-sang anglo-arabes. ». Depuis 1992, stud-book ouvert aux chevaux possédant à la 4e génération 15 ascendants anglo-arabes, arabes ou pur-sang sur 16, le 16e devant être d'une race de sang reconnue en France.

■ **Selle français (SF).** Produit de tout étalon de sang avec une jument PS, AR, AA, AA de complément, SF ou facteur de selle français, dès lors qu'il n'est pas inscriptible aux stud-books PS, AR et AA. Au surplus, les chevaux de selle (CS) peuvent, depuis 1983, devenir SF au titre de leurs performances et de celles de leur famille. Race du saut d'obstacles et de l'équitation, le SF fortement amélioré par le PS brille également dans les courses au galop, notamment à obstacles. *Origine :* anciennes races de service françaises (la plus importante était fixée en Normandie), améliorées par des croisements avec des races plus affinées (pur-sang, trotteur français, arabe et anglo-arabe) pour aboutir à un cheval de selle appelé autrefois *demi-sang vendéen, charolais, normand, angevin, charentais,* etc.

La Normandie était réputée pour ses chevaux. En 1663, Colbert importa des étalons *barbes* afin d'améliorer la race locale et de fournir des chevaux de selle pour l'armée. Puis il importa des étalons danois en vue de la production du *carrossier.* L'administration des haras systématisa l'amélioration par des reproducteurs anglais de demi-sang et de pur-sang. Les premiers géniteurs employés furent des *norfolks* qui, au fur et à mesure des progrès de la race, furent remplacés par des anglo-normands. En 1898, fut créée la *Sté du cheval de guerre,* qui fusionna ensuite avec la *Sté hippique française.* L'emploi du pur-sang dans la production du cheval de selle fut consacré et défini par la formule « du sang sous la masse ». L'appellation actuelle « selle français » regroupe tous les anciens demi-sang d'origines connues inscrits au livre généalogique de cette race.

☞ **AQPS (autres que pur sang) :** chevaux de selle français ou anglo-arabes de complément (– de 25 % de sang arabe) particulièrement sélectionnés pour les courses (plates et obstacles). Obtenus par des croisements répétés de juments de selle françaises ou AA de complément avec des pur-sang. Sigle utilisé dans le milieu des courses pour distinguer les Selle Français des Pur-Sang par opposition aux courses ouvertes à tous les chevaux ou réservées aux pur-sang.

■ **Facteur de selle français.** Juments CS - OI (origine inconnue) ou « selle étrangère », admises comme « facteurs de SF » soit (CS uniquement) au titre de leur ascendance (jusqu'en 1983), soit sur avis de la commission du stud-book au titre de leurs performances ou de celles de leurs produits.

■ **Cheval de selle (CS).** Produit d'un étalon PS, AR, TF, AA ou SF et d'une jument CS ou d'origine soit étrangère, soit inconnue. Produit d'un étalon PS, TF, AA ou SF et d'une ponette mais également (depuis 1993) de tout croisement entre un ou une TF et un ou une PS, AR, AA, TF ou d'une jument F/SF avec un étalon de sang à l'exception du SF. *Races étrangères de chevaux de selle :* 7 reconnues en France : Shagya, barbe, lipizzan, lusitanien, trakehner, appaloosa, quarter horse.

■ **Poneys.** Étalons poneys avec des ponettes et des juments de sang donnent, en général, des poneys, ainsi que le croisement d'un étalon arabe avec une ponette. S'ils répondent aux critères déterminés pour chaque race, les produits sont inscriptibles aux livres généalogiques correspondants ; sinon, ils sont qualifiés « poneys » sans autre précision, et ne figurent dans aucun stud-book. *12 races reconnues :* Connemara, Dartmoor, Fjord, Français de Selle, Haflinger, Highland, Islandais, Landais, New-Forest, Pottok, Shetland, Welsh. Le cheval de Merens était considéré comme une race de poney jusqu'au 1-1-1998.

■ **Camargue** (1 seul croisement). Produit d'un étalon Camargue avec une jument Camargue ou de type Camargue.

■ **Lusitanien.** Croisement unique lusitanien × lusitanien. Origine Portugal.

■ **Cheval de Castillon.**

Races de chevaux lourds (ou de trait)

■ **Ardennais :** élevé dans Nord-Est, Massif central et Sud-Est. **Trait du Nord :** issu du trait belge et de l'Ardennais, élevé dans Hainaut français. **Auxois :** issu du sud-ouest de la Côte-d'Or, s'étend dans Yonne et Saône-et-Loire. **Boulonnais :** issu des Bas et Ht Boulonnais, du Calaisis et de la région dunkerquoise. **Breton :** issu du nord de la Bretagne : « sommier » et du bidet de la Montagne « roussin ». **Comtois :** variété d'une grande race germanique, a longuement débordé la Franche-Comté. **Percheron :** regroupe, en sus du percheron d'origine, les traits : berrichon-nivernais-du Maine-augeron-bourbonnais-de la Loire et de la Saône-et-Loire. **Cob Normand :** race de Normandie, plus léger, ancêtres communs avec le Selle français et le Trotteur français. **Poitevin** (race mulassière) : issu du croisement de chevaux flamands et de juments autochtones des marais poitevin et vendéen. **Divers :** appellation *Trait :* croisements entre chevaux de trait de races différentes, ainsi qu'entre étalons de trait et juments de sang ou pomettes.

Baudets et mulassiers

■ **Espèces asines. Baudet du Poitou, âne grand noir du Berry, de Provence, du Cotentin, normand, des Pyrénées.**

ÉLEVAGE EN FRANCE

■ **Pur-sang** (en 1999). **Élevage :** sur 3 074 élevages, 17 regroupent au moins *21* poulinières, 169 de *6 à 20* et 2 888 *5 ou moins*. Régions : Normandie, Anjou, S.-O. (Gélos). **Trotteur français :** sur 7 489 éleveurs, 38 regroupent au moins *21* poulinières, 186 de *9 à 20*, 3 012 de *2 à 8* et 4 253 *1 seule* jument. Régions : surtout Normandie et Ouest.

■ **Étalons** (effectifs en 1999). Pur-sang 394 (dont 65 nationaux). TF 628 (45). Arabes 543 (85). AA 186 (121). SF 620 (221). Poneys 932 (90). Trait 2 207 (687).

■ **Poulinières saillies** (en 1999). 87 974 dont (en %) génératrices de chevaux de course 27,56, de selle 23,16, de poneys 10,13, de trait et ânes 37,33. **Races de sang :** *pur-sang* 6 906 (dont 7,85 % génératrices de pur-sang). *Trotteurs français* 17 340 (dont 19,71 % génératrices de TF). *Arabes* 1 982 (dont 2,25 % génératrices d'AR). *Anglo-arabes* 2 532 (dont 2,88 % génératrices d'AA). *Selles français* 12 107 (dont 13,76 % génératrices de SF). *Chevaux de selle* 3 754 (dont 4,27 % génératrices de CS). *Camargue* 692 (dont 0,79 % génératrices de Camargue). *Étrangers* 914. *Poneys* 8 910. **De trait :** 34 178 dont 2 387 ardennais, 442 trait du Nord, 245 auxois, 710 boulonnais, 10 786 bretons, 12 742 comtois, 3 104 percherons, 238 trait, 1 398 cobs, 1 604 ânes, 219 poitevins.

■ **Produits nés en France** (en 2000) : pur-sang 4 371, trotteurs français 11 426, arabes 1 359, anglo-arabes 1 567, selle français 8 325, Camargue 470, chevaux de selle 3 068, 673 chevaux de selle étrangers, poneys 5 745, trait et ânes 20 050.

■ **Naissances dans le monde** (en 1999). Pur-sang : 112 963 dont (en %) USA 29,45, Austr. 15,93, Japon 7,35, Irl. 7,19, Arg. 5,76, G.-B. 4,75, Nlle-Zél. 4,31, *France 3,75*, Brésil 3,05, Afr. du Sud 2,24, Canada 2,21, It. 1,7, Chili 1,56, Inde 1,32, All. 1,21, Ven. 1,11, Uruguay 0,93. **Arabes :** 15 006 dont (en %) USA 67,97, *France 8,73*, G.-B. 5,05, Argentine 3,23, Pologne 1,81, Belgique 1,69.

Source : Union nationale interprofessionnelle du cheval et Les Haras nationaux.

■ **Sire (Système d'identification répertoriant les équidés).** *Créé* 26-7-1976 ; répertorie les races de chevaux, poneys et ânes reconnues en France.

■ **Les Haras nationaux.** **1665**-*17-10* charte de Colbert organisant la mise en dépôt chez des particuliers des étalons achetés par l'État pour « servir à l'amélioration de la production chevaline ». Haras royal fondé à St-Léger-en-Yvelines et transféré en 1728 au domaine du Pin. **1714-28** création du h. du Pin (Orne) remplaçant le « h. de Normandie » ; avec celui de Pompadour (Corrèze) fondé en 1761, constituent le « h. du roi » ; création ensuite du h. de Rosières (Lorraine) incorporé à l'administration des h. en 1764. **1790** suppression de l'administration des h. **1806**-*4-7* rétablie. **Sous Louis XVIII,** Le Pin devient école des h. et dépôt d'étalons. **Sous Napoléon III,** disparaissent ; l'armée manquera de chevaux pendant la guerre de 1870. **1874** loi Bocher rétablissant les h. pour « faciliter la reproduction du cheval en coordonnant les efforts des éleveurs, en permettant les saillies de leurs juments, et en les aidant par l'attribution de secours en argent ». **1961** *Conseil sup. de l'élevage.* Remplace le Conseil sup. des haras (1874). **1991** *Conseil sup. du cheval* créé. **Organisation :** établissement public à caractère administratif (EPA). 23 dépôts répartis sur le territoire national dirigés par des ingénieurs du génie rural et des Eaux et Forêts (depuis 1982) ou des ingénieurs en agronomie ou des travaux agricoles. Lors de la reproduction (mars-juillet), les étalons nationaux (de l'État) sont répartis dans les 246 *stations de monte*.

PRIX

■ **Achats. Conditions :** un cheval de course peut être acheté directement chez l'éleveur ou le propriétaire ou par l'intermédiaire d'un marchand ou d'un courtier : **1°)** *à l'amiable ;* **2°)** *à l'issue d'une course à réclamer :* les chevaux y ayant participé peuvent être acquis par soumission écrite. Tous les concurrents sont à vendre aux enchères pour un montant minimal dit « taux de réclamation ». Les enchères sont déposées après la course, et les chevaux déclarés acquis aux plus offrants. Le supplément éventuel de l'offre par rapport au taux de réclamation va à la Sté organisatrice (fonds de courses). Il y a environ une course à réclamer en lever de rideau de chaque réunion de courses dans la région parisienne. Les chevaux coûtent en général de 40 000 à 300 000 F ; **3°)** *aux enchères publiques : pur-sang yearlings :* Deauville août 2000 (486 présentés, 388 vendus, prix moyen 572 240 F), octobre (506 présentés, 336 vendus, 89 860 F). *Trotteurs yearlings :* Deauville septembre 2000 (313 présentés, 193 vendus, 76 528 F). *Chevaux à l'entraînement :* sur l'année 2000 (330 présentés, 245 vendus, 59 767 F). **Prix moyens des yearlings vendus aux enchères à Deauville** (ventes de « sélection » et, entre parenthèses, prix records, en milliers de F) : *1975 :* 51 (prix record 610). *80 :* 133 (1 800). *85 :* 287 (9 000). *90 :* 285,83 [1] (6 500). *92 :* 231,6 [1] (2 800). *95 :* 240,7 (4 500). *96 :* 172,5 (3 500 [1]). *97 :* 203,4 (3 100 [1]). *98 :* 254,3 (10 000 [1]). *99 :* 268,6 (6 000). *2000 :* 320,1 (9 000).

Nota. – (1) août.

■ **Quelques records. Mondial :** 13,1 millions de $ le 23-7-1985 au Kentucky : *Seattle Dancer* (yearling) ; 19,2 millions de $ en 1984 : *Nihilator*. **Européen :** 4 000 000 de £ (Londres, 1983) ; *Sea Bird,* après avoir gagné plus de 3 millions de F en 1968, fut loué comme étalon 7,5 millions de F pour les 5 premières années de monte (mort en 1973, il rapporta plus de 10 millions de F à son propriétaire) ; *Lyphard* et *Caro* ont été vendus 24 645 000 F et 18 000 000 de F en 1977. **Français :** 9 millions de F : *Sakura Gold* en 1985 ; 10 millions de F : pouliche de 1 an achetée en 1998 par M. al Maktoum (Dubaï). **Meilleurs étalons** (en 1998 ; selon les gains en course de leurs produits ; en milliers de F) : *Linamix* 11 133, *Sadler's Wells* 9 904, *Bering* 8 957, *Highest Honor* 7 665, *Kaldoun* 6 229. **Chevaux syndiqués** (mis en copropriété) comme étalons. **1970** *Nijinsky,* gagnant de la triple couronne anglaise (2 000 guinées, Derby, St Leger) pour 30 millions de F. **72-73** *Secrétariat* (meilleur cheval américain) 30 millions de F. **75** *What a Pleasure* 36 millions de F. **77** *Seattle Slew* 60 millions de F. **79** *Spectacular Bird* 120 millions de F. **81** *Storm Bird* 180 millions de F. **82-83** *Conquistador Cielo* 36 millions de $. **83** *Shareef Dancer* 336 millions de F. *Shergar,* syndiqué en 1981 pour 336 millions de F, a été kidnappé en févr. 1983 ; les ravisseurs réclamèrent 24 millions de F de rançon (ils en obtinrent 14,5 en avril), il ne fut jamais retrouvé.

■ **Frais d'entretien et d'entraînement.** Pur-sang à Chantilly et Maisons-Laffitte : environ 15 000 F par mois (province 8 000 F) ; moins pour un trotteur. Un poulain courant au plus tôt vers 24 mois et 6 à 8 mois d'entraînement préalable étant nécessaires revient à environ 100 000 F (frais avant de pénétrer sur une piste).

■ **Saillie. Prix minimun** (en F) : *cheval de trait* 300 ; *étalon* de selle français ou anglo-arabe 500 à 20 000, très bon étalon plus de 10 000, pur-sang 1 000 à 250 000. **Record :** *Linamix* 250 000 F (en 2001). *Northern Dancer* (né en 1961) a eu 634 foals dont 295 vendus comme yearlings pour 183 758 632 $; ses saillies valaient 15 000 $ (en 1965) et 1 million de $ (en 1985). **Nombre :** un étalon saillit en moyenne 30 juments par saison de monte (les plus sollicités jusqu'à 200 environ).

RECORDS

■ **Saut. Hauteur : 1906** 2,35 m *Conspirateur* (Cap. Grousse). **12** (17-8) 2,35 m *Biskra* (F. de Juge Montespieu) et *Montjoie III* (René Ricard). **33** (10-4) 2,38 m *Vol-au-vent* (Lt Christian de Castries, futur Gal). **38** (27-10) 2,44 m *Ossopo* (Cap. Antonio Guttierez, It.). **49** (5-2) 2,47 m *Huaso ex-Faithfull* (15 ans) [Cap. José Larraguidel Morales, Chilien]. **73** (21-10) 2,41 m *Tancarville* (Michel Parrot). **Longueur : 1975** (25-4) 8,40 m *Something* (André Ferreira).

■ **Vitesse. Moyenne** (en km/h) pas 6 à 8, trot 10 à 48, galop 15 à 62. **Records : départ lancé** (sur piste en liège abritée du vent) 1 000 m : *galop* 53″6, *trot* 1′14″ (Watt). **Randonnée** 100 km : 4 h 21′ (1902, le Norvégien Smith Krelland). **Courses** *d'obstacles :* 52/53 km/h. *En plat :* 65 km/h sur 1 000 m, 57 km/h sur 3 000 m. *Trot attelé :* 1′10″ au km dans une course de 1 mile (1 609 m). *Longchamp :* 54″30 Habibti le 2-10-83 dans le Prix de l'Abbaye de Longchamp (1 000 m, ligne droite). *Deauville :* 1′22″90 Helen Street le 26-8-84 dans le prix du Calvados. *Chantilly :* 2′5″90 Lypharita le 16-6-85 dans le prix de Diane-Hermès.

■ **Endurance.** Voiture légère attelée 302,81 km en 24 h (en 1901).

QUELQUES CHIFFRES EN FRANCE

■ **Centres équestres enseignant l'équitation** (en 1999). 1 672 associations loi 1901 et 1 404 établissements professionnels (écoles élémentaires d'équitation et maîtres de manège). 620 000 cavaliers dont cartes nationales de cavaliers : DNSE 214 203 (dont femmes 151 700), DNEP 153 376, DNTE 44 078.

■ **Courses** (en 1999). *Concurrents :* galop 12 216, trot 13 415. *Épreuves :* plat 4 239, obstacles 2 122, trot 9 980. *Sommes distribuées* (prix et allocations, en millions de F) : courses plates 421,5, à obstacles 269,7, au trot 864,8. *Prime aux éleveurs* (total courses : plat + obstacles + trot) : 219,7. *Primes propriétaires :* 145,7.

■ **Financement du « secteur cheval » en France. Pari mutuel** (urbain + hippodromes) : prélèvement légal sur les sommes engagées par les parieurs (30,66 % en 1999), autofinancement de l'institution des courses et profit à l'État et aux collectivités locales ainsi qu'au secteur cheval dans son ensemble via l'administration des haras nationaux. Sur une mise de 100 F (en 1999) 69,34 F reviennent aux parieurs gagnants, 16,79 F à l'État [dont administration des haras et Fonds de l'élevage 2,07 F (dont retour aux courses 1,40 F, aux haras et à l'équitation pour l'encouragement du secteur cheval 0,67 F)] et 13,55 F sont directement versés aux sociétés de course. *Montant des enjeux* (en milliards de F) dont, entre parenthèses, prélèvement au profit de l'état (en %) : *1990 :* 37,7 (17,6). *92 :* 38,2 (17,4). *95 :* 36 (16,5). *96 :* 37,2 (16,2). *97 :* 36,4 (17,1). *98 :* 36,7 (17,2). *99 :* 37,2 (16,8).

■ **Emplois relevant du secteur cheval** (en 1999). 52 544 emplois ou équivalents temps plein dont professions au contact du cheval 27 390 (dont éleveurs environ 1 000, entraîneurs 1 769, autres employeurs environ 2 100, personnel à l'élevage et à l'entraînement 18 000, cavaliers 1 513, autres personnels des centres équestres 1 000, vétérinaires 440, maréchaux-ferrants 1 264, commerce des chevaux 304), activités non spécifiques 5 211 (dont industrie hippophagique 2 086, selliers 1 201, journalistes 375, formation 840, recherche 54, transports 175, assurances 30, alimentation 300, équipement 150), organismes responsables ou attachés 19 943 (dont administration 1 068, organisation des courses 1 065, organisation des paris 17 648, organismes liés aux activités hippiques 162). *Source :* UNIC.

SPORTS ÉQUESTRES

■ **Origine. VIe s. avant J.-C.** en Asie centrale, on emploie selle, mors et étriers. **Moyen Age** en Europe, joutes et tournois. **XVIe s.** 1res académies d'art équestre en Italie. **XVIIe s.** création de l'École française d'équitation par Salomon de La Broue (1530-1610) et Antoine de Pluvinel (1555-1620), écuyer de Louis XIII ; François de La Guérinière (1688-1751), « père de l'équitation française », publie l'*École de cavalerie* en 1733 à Paris. **XIXe s.** apparition du jumping. **1900** concours de dressage aux JO.

■ **Disciplines. 1°) Saut d'obstacles** (ou **jumping**). *Parcours où l'aptitude à l'obstacle est le facteur déterminant :* jugés au barème A avec ou sans chrono ; 2 barrages au max. *Parcours où la puissance du cheval est le facteur déterminant :* au barème A sans chrono, barrages successifs. *Parcours où la vitesse et la maniabilité sont les facteurs déterminants :* au barème A (4 points par obstacle renversé) ou C (fautes décomptées en secondes). *Épreuves à caractère particulier :* règles ou barèmes spéciaux (puissance, parcours de chasse, épreuve à l'américaine, relais...).

2°) Concours complet. 3 disciplines en 1 seule sur 2 ou 3 j selon l'importance de l'épreuve. *Dressage :* sur carrière de 60 × 20 m. But : prouver le calme, la mise en main, la soumission du cheval, l'aptitude du cavalier à le manier. *Parcours de fond :* routier, steeple et cross, de tracé sinueux sur terrain accidenté. Environ 30 obstacles naturels. Chutes et refus pénalisés. Vitesse imposée. *Saut d'obstacles :* concours hippique normal.

3°) Dressage. Terrain plat de 60 × 20 m. Destiné à développer les aptitudes du cheval, la franchise du pas, le soutenu du trot, la légèreté, la régularité des allures, le soutien de l'avant-main, l'engagement de l'arrière-main. En France, les concours nationaux comprennent les reprises (enchaînement de figures imposées) les plus difficiles.

4°) Disciplines non olympiques. Voltige. Académique, chorégraphie de plus en plus élaborée, se mêle à la voltige sportive, inspirée de la Dkiguitowka ou des genres similaires du folklore. **Épreuves :** *concours par équipes* (programme de 6 figures imposées, programme libre de 5 min). Individuelles. Des pas de deux (programme imposé et libre), disputées à 2. **Attelage.** *Commission fédérale d'attelage* (9, boulevard Macdonald, 75019 Paris). **Épreuves :** *concours* d'attelage à 1, 2 et 4 chevaux, poneys ou chevaux de trait : épreuve de maniabilité, de dressage et un marathon (parcours d'extérieur), championnat du monde, épreuves nationales ; *rallyes* de tourisme attelé ; *examens d'attelage ; attelage de loisir et de tradition :* présentation, routier, maniabilité, voitures anciennes ou copies d'anciennes. **Raids d'endurance.** En vogue au début du XXe s. dans les régiments de cavalerie ; se développent en Europe. **Épreuve :** parcourir 20 à 160 km/j. **Horse-ball** (voir p. 1465 a). **Polo** (voir p. 1480 c). **Équirando :** rallye intern., obligations : parcourir au moins 100 km (environ 3 j de randonnée) et être à l'heure au rendez-vous. **Trec** (techniques de randonnée équestre de compétition) : *créé* 1985. Parcours d'orientation : 60 km d'itinéraire inconnu, tronçon avec vitesses à respecter (6 à 12 km/h), maîtrise des allures de voyage (pas rapide, galop, lent), parcours d'obstacles naturels. Équitation ou western et équitation Camargue.

☞ **En 2000 :** compétitions internationales en France et à l'étranger. Nombre de concours et entre parenthèses nombre de classés individuels dans les trois 1res places : **saut d'obstacles :** 220 (117), **dressage :** 33 (13), **complet :** 40 (31), **attelage :** 40 (34), **voltige :** 2 (5), **endurance :** 19 (38).

Monte en amazone : femme qui monte « dans les fourches », les 2 jambes du même côté de sa monture.

Ride and run : *créé* vers 1970 aux USA. **1987**-*11-10* à Maisons-Laffitte, 1re course en France (50 km). Consiste pour 2 concurrents et 1 cheval à chevaucher et à courir alternativement pour parcourir le plus rapidement possible 50 à 80 km en se relayant au minimum 6 fois.

PRINCIPALES ÉPREUVES

Légende : (1) All. féd. avant 1991. (2) All. depuis 1991. (3) Argentine. (4) Australie. (5) Autriche. (6) Belgique. (7) Brésil. (8) Canada. (9) Danemark. (10) Espagne. (11) Finlande. (12) France. (13) G.-B. (14) Hongrie. (15) Irlande. (16) Italie. (17) Nlle-Zélande. (18) P.-Bas. (19) Pologne. (20) Portugal. (21) Suède. (22) Suisse. (23) URSS. (24) USA. **Jeux Olympiques** (voir p. 1421 b).

■ **Coupe du monde. Saut d'obstacles** en salle (*créée* 1979). **1990, 91** Whitaker [13]. **92** Fuhrmann [2]. **93** Beerbaum [2]. **94** Lansink [18]. **95** Skelton [13]. **96, 97** Simon [5]. **98, 99, 2000** Pessoa [7].

Dressage (*créée* 1985). **1990** Rothenberger [1]. **91** Kyrklund [11]. **92** Bartels [18]. **93, 94** Theodorescu [2]. **95, 96, 97** Van Grunsven [18]. **98** Werth [2]. **2000** Van Grunsven [18].

■ **Coupe des nations.** (30 étapes en 1998-99). *Créée* 1947. **1990, 92, 95** France. **97** USA. **98, 99** France. **2000** All.

■ **Championnats du monde (jeux équestres mondiaux).** *Tous les 4 ans.* **Saut d'obstacles. Individuel mixtes** (*créés* 1978). **1978** Wiltfang [1]. **82** Koof [1]. **86** Greenhough [8]. **90**

Navet [12]. **94** Sloothaak [1]. **98** Pessoa [20]. **Par équipes. 1978** G.-B. **82** France. **86** USA. **90** France. **94, 98** All.

Concours complet (*créé* 1966). **Individuel. 1990** Tait [17]. **94** Jefferis [17]. **98** Tait [14]. **Par équipes. 1990** Nlle-Zél. **94** G.-B. **98** Nlle-Zél.

Dressage (*créé* 1966). **Individuel. 1990** Uphoff [1]. **94** Werth [2] (fig. imposées) et Van Grunsven [18] (figures libres). **98** Werth [17]. **Par équipes. 1990** All. féd. **94, 98** All.

Voltige (*créé* 1986). *Tous les 2 ans.* **Messieurs. 1990** Lehner [1]. **92** Lensing [2]. **94** Fisbaek [9]. **96** Lensing [2]. **98** Maitozo [8]. **2000** Lang [12]. **Dames. 1990** Bernhard [1]. **92** Strobel [1]. **94, 96** Benedetto [2]. **98, 2000** Zülow [17]. **Par équipes. 1990** Suisse. **92** All. **94** Suisse. **96, 98, 2000** All.

Attelage à 4 chevaux (*créé* 1972). *Tous les 2 ans.* **Individuel. 1990** Aarts [12]. **92** Chardon [18]. **94** Freund [1]. **96** Brasseur [6]. **98** Ulrich [10]. **2000** Eriksson [21]. **Par équipes. 1990** P.-Bas. **94** All. **96** Belgique. **98** P.-Bas. **2000** Suède.

Attelage à 2 chevaux (*créé* 1983). **Individuel. 1991** Ulrich [22]. **93** Moser [5]. **95** Van Tergouw [18]. **97, 99** Lazar [14]. **Par équipes. 1991** USA. **93** Autriche. **95** France. **97** G.-B. **99** Hongrie.

Endurance. Individuel. *Tous les 2 ans.* **1990, 92** Hart [24]. **94, 96, 98** Kanavy [24]. **2000** Perringérard [12]. **Par équipes. 1990** G.-B. **92, 94** France. **96** USA. **98** Nlle-Zélande. **2000** Australie.

■ **Championnats d'Europe.** *Tous les 2 ans.* **Saut d'obstacles.** *Depuis 1974,* mixte, *suppression de l'épreuve féminine.* **Individuel** (*créé* 1957). **1991** Navet [12]. **93** Melliger [22]. **95** Charles [15]. **97** Beerbaum [2]. **99** Lederman [12]. **2001** Beerbaum [2]. **Par équipes.** (*créé* 1975). **1991** P.-Bas. **93, 95** Suisse. **97, 99** All. **2001** Irlande.

Concours complet (*créé* 1953). **Individuel. 1991** Stark [13]. **93** Bigot [12]. **95** Thompson [15]. **97** Overesch-Boker [2]. **99** Funnell [13]. **Par équipes. 1991** G.-B. **93** Suède. **95, 97, 99** G.-B.

Dressage (*créé* 1963). **Individuel. 1991 à 97** Werth [2]. **99** Van Grunsven [18]. **Par équipes. 1991 à 99** All.

Voltige. Individuel. Messieurs. 1991 Focking [2]. **93, 95** Lensing [2]. **97** Lehner [2]. **99** Mayer [2]. **Dames. 1991** Berger [2]. **93** Strobel [2]. **95, 97** Benedetto [2]. **99** Zulow [2]. **Par équipes. 1991, 93** Suisse. **95, 97** All. **99** Suisse.

Endurance. Individuel. 1991 Edgar [13]. **93** Thomas [13]. **95** Atger [12]. **97** David [12]. **99** Villa [10]. **Par équipes. 1991 à 95** G.-B. **97** France. **99** Portugal.

■ **Championnats de France. Dressage. Seniors** (*créé* 1954). **1990** Marina Van den Berghe. **91** M. Van den Berghe (grand prix), d'Esmé (Kür). **92** D. d'Esmé. **93, 94** D. d'Esmé (Kür), D. Brieussel (grand prix). **95, 96** D. Brieussel. **97** M.-H. Syre. **98, 99** F. Lenzini. **2000** M. Assouline. **Juniors** (*créé* 1972). **1991** Stéphanie Collier. **92** Claire Mathieu. **93** Nathanaël Bienvenu. **94** Armelle Robin. **95** Albert Lezy. **96** Sabine Filatieff. **97, 98** Caroline Meriaux. **99** Marie-Amélie Bretonou. **2000** Virginie Fouques.

Concours complet. Seniors (*créé* 1949). **1990** J. Teulère. **91** J.-Y. Touzaint. **92** Michel Bouquet. **93** Didier Séguret. **94** Jean-Lou Bigot. **95** Didier Willefert. **96** M.-C. Duroy. **97** J.-P. Blanco. **98, 99** M.-C. Duroy. **2000** D. Mesplès. **Jeunes cavaliers** (classement sur l'année). **1983** Christophe Pic. **84** Nicolas Dugué. **85** J.-L. Bigot. **89** Francine Boes. **90** Xavier Labaisse. **91** *supprimés.* **Juniors** (*créé* 1967). **1990** Rodolphe Sarrazin. **91** F. Bourny. **92** F. Schmutz. **93** A. Agrafeil. **94** V. Perrier. **95** F. Chirumberro. **96** O. Chapuis. **97** N. Schorer. **98** V. Vilhet. **99** C. Hebrard. **2000** Aurélie Delepine.

Saut d'obstacles (*créé* 1950). **Seniors Cavaliers. 1990** Édouard Couperie. **91** M. Robert. **92** Éric Navet. **93** Xavier Leredde. **94** M. Robert. **95, 96** H. Godignon. **97** R.-Y. Bost. **98, 99** É. Navet. **2000** Bertran de Balanda. **01** N. Delmotte. **Cavalières. 1990** Catherine Pinon. **91** Eugénie Legrand. **92** Chrystel Ribe. **93** Bénédicte Kolnik. **94, 95** Véra Benchimol. **96** Audrey Revel. **97** Anne-Laure Gautier. **98** Catherine Bourren. **99** Leslie Pelat. **2000** Mathilde Menu. **Juniors. 1990** Jauffray Favier. **91** Stéphane Dufour. **92** Christophe Grangier. **93** Reynald Angot. **94, 95** Benchimol. **97** Danjou. **98** Benjamin Étienne. **99** Simon Delestre. **2000** Cécile Hickel. **2e catégorie. 1990** Denis Troussier. **91** Michel Cizeron. **92** Stéphane Rage. **93** D. Troussier. **94** Julien Hué. **95** Christophe Escande. **96** Richard Jeandel. **97** D. Troussier. **98** L. Goffinet. **99** Nicolas Delmotte. **2000** Bruno Broucqsault.

Attelage à 4 chevaux. 1990 à 93 Gérard Sainte-Beuve. **94, 95, 96** Patrick Rebulard. **97** G. Sainte-Beuve. **98** Louis Basty. **99, 2000** Stéphane Doumenc.

Attelage à 2 chevaux. 1991 Sanudo. **92** Deroide. **93, 94, 95** Patrick Greffier. **96** Bernard Pouvreau. **97** Gérard Dupont. **98** Jean-Claude Grognet. **99** François Dutilloy. **2000** Pierre Jung.

Voltige. Messieurs. 1990 Arnaud Thuilier. **91** Alban Flipo. **92** Sébastien Thibot. **93** J.-Benoît Guilmet. **94 à 2000** Matthias Lang. **Dames. 1990** Sophie Larmoyer. **91, 92** Clémence Picot. **93** Nelly Dessagne. **94** C. Picot. **95** Lise Tekeyan. **96** S. Thibot. **97** M.-Caroline Walter. **98** P. Balland. **99, 2000** M. Boussignac.

Raids d'endurance. 1990 Jack Begaud. **91** Bénédicte Atger. **92** Michel Denayer. **93** J.-François Legros. **94** Lise Chambost. **95** M. Denayer. **96** S. Fleury. **97** J.-Ph. Frances. **98** V. Dupont. **99** Cécile Milleto. **2000** F. Lance.

■ **Masters de Paris** (*créés* 1991). **1991** M. Robert. **92** R.-Y. Bost. **93** P. Lejeune. **94, 95** *non disputés.* **Masters CCF de Paris. 1996** A. Ledermann. **97** L. Philipaerts [19]. **98** W. Melliger [10]. **99** É. Navet.

☞ **Jappeloup** (12-4-1975/5-11-91) né d'un père trotteur (Tyrol) et d'une mère pur-sang (Vénérable). Taille 1,58 m. Acheté 30 000 F à 6 ans par Pierre Durand, fut champion de Fr. (1982-86), d'Europe (87), olympique (88, médaille d'or ind., médaille de bronze par équipes), champion du monde (90, médaille d'or par équipes).

■ **Épreuves supprimées. En 1989 :** *Audi Masters* (*créés* 1981). **91 :** *Losanges d'or Renault* (*créés* 1989).

Quelques noms

☞ Voir *légende* p. 1417 c.

Allhusen Derek Swithin [13] 1914. Anderson John Brinker [13] 1930. Angioni Stefano [16] 1939. Anne, princesse d'Angleterre [13] 1950. Asmussen Cash [24]. Asratyan Rudolph [23] 1941. Aveyro Luis Jaime, duc d' [10] 1942. Backhouse Ann Sophia [13] 1940. Baillie John David Storrie [13] 1948. Balanda Gilles de [12] 29-5-50. Beerbaum Ludger [1] 1963. Bentejac Dominique [12] 6-8-44. Best Greg [24] 1964. Bigot Jean-Lou [12] 1966. Blickenstorfer Arthur [22] 1935. Boeuf Dominique [12]. Bohorques y Pérez de Guzmán José de [10] 1935. Bost Roger-Yves [12] 20-10-65. Bourdy Hubert [5] 5-3-57. Brennan Thomas [15] 1940. Broome David 5-1-40. Callado Henrique [20] 1920. Campion Edward [15] 1937. Caprilli Frederico [16] 1868-1907. Caron Patrick [12] 12-6-50. Castellini Gualtiero [16] 1940. Chabrol Jérôme [12] 3-7-31. Chapot Frank Davis [24] 1932 ; Mary Wendy [24] 1944. Chevalier Bernard [12] 4-10-12. Coakes Marion (Mould) [13] 1947. Cobcroft Brien William [4] 1934. Cochenet Michel [12] 1927. Cottier Frédéric [12] 5-2-54. Davidson Bruce [24] 31-12-49. Dawes Alison Selena [13] 1944. Day Jim [8] 2-7-46. Deev Pavel [23] 1942. Delia Carlos [3] 1923. D'Esmé Dominique [12] 26-12-45. D'Inzeo Piero [16] 4-3-23 ; Raimondo [16] 8-2-25. Durand Pierre [12] 15-12-31 ; Pierre [12] 16-2-55. Duroy Marie-Christine [12] 27-3-57. Durston-Smith Tom [13] 1944. Fait M. [17] 1961. Fargis Joe [24]. Flament Dominique [12] 1946. Fletcher Graham [13] 1951. Freeman Kevin [24] 21-10-41. Geneste Bernard [12] 1934. Godignon Hervé [12] 22-4-52. Gordon-Watson Mary Diana [13] 1948. Greenough Gail [8] 1960. Guignard Guy [12]. Guyon Jean-Jacques [12] 21-12-32. Head Freddy [12] 19-6-47. Hill Albert Edwin [13] 1927. Hoffman Carol Isabelle [24] 1942. Homfeld Conrad [24] 25-12-51. Houssin Marc [12] 28-6-40. Jonquères d'Oriola Pierre [12] 1-2-20. Jousseaume André [12] 1894-1961. Klimke Reiner [1] 1936-99. Koechlin-Smythe Patricia Rosemary [13] 1928. Kowalczyk Jan [19] 1941. Kusner Kathryn Hallowell [24] 21-3-40. Ledermann Alexandra [12] 14-5-69. Lefebvre J. voir Tissot-Lefebvre [12]. Lefrant Guy [12] 1923. Le Go Jack [12] 1931. Legrand Eugénie [12] 27-6-70. Le Rolland [12] 15-5-43. Le Roy Jehan [12] 1923. Lesage Xavier [12] 25-10-1885. Linsenhof Liselotte [1] 27-8-27. Lithgow William [13] 1920. Llewellyn Henry Morton [13]. Mancinelli Graziano [16] 1937-92. Meade Richard [13] 4-12-38. Millar Ian [13] 1945. Moore Ann Elisabeth [13] 1950. Moratorio Carlos [3] 1932. Morgan Lawrence Robert [4] 1915. Navet Éric [12] 9-5-59. Oliver Alan [13] 1932. Otto-Crépin Margit [12] 9-2-45. Page Michael Owen [24] 23-9-38. Parker Bridgett [13] 1939. Parot Hubert [12] 23-5-36. Pessoa Nelson [7] 16-12-35. Philipps Mark Anthony [13] 1948. Robert Michel [12] 24-12-48. Robeson Peter David [13] 1929. Rozier Marcel [12] 22-3-1936 ; Philippe [12] 5-2-63. Saint-Martin Yves [12] 1941, se retire en 1987 après 15 cravaches d'or et 3 300 victoires. Schockemöhle Alvin [1] 29-5-37 ; Paul [1] 22-3-45. Shapirot Neal [24] 1945. Smith Mélanie [24] ; Robert Harvey [13] 1939. Stark Ian [12] 1954. Steenken Hartwig [1] 23-7-41. Steinkraus William Clarke [24] 12-10-25. Stevens Stewart [13] 1950. Stuckelberger Christine [22] 22-5-47. Teulère Jean [12] 24-2-54. Tissot-Lefebvre Janou [12] 14-5-1945. Todd Mark [17]. Uphoff Nicole [1] 25-1-67. Weldon Frank [13] 1913. Werth Isabelle [1] 12-7-69. Whitacker John [13] 5-8-55 ; Michael [13] 17-3-60. Willcox Sheila [13] 1936. Wiltfang Gerd [1] 1947-97. Winkler Hans Gunter [1] 24-7-26. Woffard James Cunningham Jr [24] 3-11-44. Wucherphennig Elisabeth Ann [13] 1937.

Cadre noir

Histoire : *23-12-1814* ordonnance de Louis XVIII créant une École de cavalerie à Saumur. *1-5-1815* ouverture de l'École d'instruction des troupes à cheval commandée par le Gal Levesque de La Ferrière ; 2 écuyers s'occupent de l'équitation, le Mis Ducroc de Chabannes (grosse cavalerie) et Jean-Baptiste Cordier (cavalerie légère). *24-2-1822* conspiration du Gal Berton, fermeture de l'école. *5-11-1823* rétablie à Versailles dans les écuries d'Artois. *10-3-1825* ordonnance de Charles X : transfert à Saumur sous la direction du Gal Nicolas-Charles Oudinot. *1-8-1945* devient un service de l'École d'application de l'arme blindée et de la cavalerie. *16-5-1972* décret de démilitarisation, devient l'École nat. d'équitation, installée à Terrefort près de Saumur, dépend du min. de la Jeunesse et des Sports qui nomme le directeur (qui n'est pas l'écuyer en chef). *1984* Florence Labram 1re femme en tenue noire. *1991* écuyer en chef nommé par le min. *1-10-1994* réforme : écuyers recrutés sur concours et non plus cooptés, effectif de 40 écuyers du Cadre noir dont 3 maîtres-écuyer, 1 maître de manège et l'écuyer en chef. Le Cadre noir regroupe l'ensemble du personnel enseignant de l'ÉNÉ.

Uniforme : en 1825, à la création du manège, Cordier institue la tenue, habit à basques bleu foncé qui vira au noir en 1898, rehaussé d'aiguillettes et de broderies d'or, et le « lampion », bicorne porté en bataille.

Doctrine de l'école française : « Le cheval calme, en avant, droit » fixée par le Gal L'Hotte.

École nationale d'équitation (ÉNÉ) : Saumur, sur les plateaux de Terrefort et de Verrie. *Moyens :* environ 450 chevaux en boxes individuels, 10 carrières olympiques, environ 50 km de pistes aménagées, plusieurs centaines d'obstacles, 5 manèges olympiques dont le plus grand d'Europe.

Écuyers en chef du Cadre noir (appelés familièrement par les élèves « le Grand Dieu »). 35 depuis l'origine. Pour lui seulement le manège des écuyers ouvrait sa porte à 2 battants. *16-8-1945* Cdt de Minvielle. *1946-58* Lt-Cel Margot (record de durée) († 1998). *1958* intérim du Cdt Thiollaz. *1958* Lt-Cel Patrice Lair (est attendu 6 mois car il commande en Algérie). *1964* Cel Jean de Saint-André († 1996). *18-11-1972* Lt-Cel de Boisfleury (directeur de l'ÉNE : Cel O'Delant). *Août-1974* Lt-Cel Alain Bouchet († dans un accident 15-7-75). *22-7-1975* Cel Pierre Durand devient oct. 1984 directeur de l'ÉNÉ. *1-10-1984* Cel François de Beauregard. *21-6-1991* Cel Christian Carde. *2-2-1999* Cel Loïc de la Porte du Theil.

Courses de chevaux

Quelques dates

Angleterre

Vers 1200 1er haras royal (Jean-Sans-Terre). **1603** 1res courses. Jacques Ier (1566-1625) édifie les 1ers hippodromes gazonnés, dont Newmarket. *Prix :* sonnettes d'or et d'argent ; le vainqueur est nommé *gagneur de cloche.* **1660** Charles II (1630-1685) réglemente le calendrier, conditions d'âge et poids de monte. **1671** 1er meeting régulier à Newmarket. **1709** J. Weatherby commence à publier les résultats dans les *Racing Calendars.* **1711** courses *plates d'York :* le prix de la course consiste en une pièce d'orfèvrerie, *piece of plate.* **1751** Jockey-Club fondé. **1801** le colonel St Leger crée à Doncaster la course portant son nom, le plus vieux « classique » du monde (2 miles = 3 200 m pour chevaux de 3 ans). Lord Derby aménage un hippodrome sur les landes d'Epsom, où il fonde les Oaks (1,5 mile pour pouliches) et le Derby (1,5 mile pour chevaux de 3 ans), couru pour la 1re fois en 1830. Gold Cup (2,5 miles pour chevaux de 4 ans et au-dessus) fondée sur terrain d'Ascot qui appartient à la famille royale. **1809** 1res Mille et Deux mille guinées à Newmarket.

France

■ **Historique. Vers 1370** courses données à l'occasion des foires ou fêtes locales à Semur-en-Auxois. **Sous Louis XIV,** courses avec paris importants ; on courait sur toutes distances, parfois jusqu'à 60 km. **1776**-*nov.* courses dans la plaine des Sablons. **1788** *1re course officielle :* prix du Plateau du roi (3 000 ou 4 000 m), réservée aux juments fr. et étrangères. **Sous la Révolution,** au Champ-de-Mars, courses antiques (à pied, à cheval, en char). **1805** courses départementales (Orne, Corrèze, Seine, Morbihan, Côtes-du-Nord, Htes-Pyr.) pour chevaux entiers et juments nés en Fr. (4 000 m), couronnées par un Grand Prix disputé à Paris (Limoges fut un des 1ers centres de courses de chevaux, plus tard les Côtes-du-Nord). **1819** *Prix Royal* créé. **1823** *Prix du Dauphin* et *de l'Hippodrome du Pin* créés. **1830**-*4-3 1er steeple-chase* à Jouy. **1832** Houel organise une *course au trot* monté (gagnée en 2 min 32 s au km). **1833**-*11-11* fondation, sous le patronage des ducs d'Orléans et de Nemours, de la *Sté d'encouragement pour l'amélioration des races de chevaux en France,* et du *Jockey-Club.* Le duc d'Aumale loue à long terme les pelouses de Chantilly. **1835** *1res courses de haies.* Un peu plus tard, on aménage des hippodromes spécialement à la Croix-de-Berny, Craon, Dieppe, Pau, etc. **1836** *Prix du Jockey-Club* créé. Normandie : épreuves de sélection au trot pour animaux de service. **1837** *Prix du Cadran* créé. **1840** *Poule d'Essai.* **1841** *Poule des produits.* **1843** *Prix de Diane.* **1857** 1re Sté de trot importante créée à Caen. -*17-4 Longchamp* inauguré pour courses plates. **1863** *Grand Prix de Paris* créé. *Sté des steeple-chases* créée (1er Pt : le Pce Murat entouré du Cte de Juigné et de MM. de Montgomery et de La Haye-Jousselin). Hippodrome à *Vincennes,* sur le plateau de Gravelle. **1864** *Sté pour l'amélioration du cheval fr. de 1/2 sang* fondée par le Mis de Croix. Hippodrome de *Deauville.* **1866** *Sté sportive d'encouragement* fondée par Eugène Adam et Maurice Papin. -*16-5* arrêté (dit maréchal Vaillant, min. de l'Agriculture) délègue aux 3 Stés mères (plat, obstacle, trot) le pouvoir d'édicter la réglementation technique des courses sur tout le territoire. **1873** hippodrome d'*Auteuil* ouvert. **1882** *Sté de sport de France* créée par Cte Greffulhe. **1891**-*2-6* loi interdisant aux Stés de courses de faire des bénéfices et les soumettant au contrôle de l'État, en contrepartie leur accorde le monopole de l'organisation des courses publiques et des paris sur les hippodromes. Seules les épreuves ayant pour but exclusif l'amélioration de la race chevaline sont autorisées ; création du *pari mutuel* sur l'hippodrome. **1920** *Prix de l'Arc de triomphe* créé. **1921** les courses de Deauville, fondées en 1864 par le duc de Morny, passent sous l'obédience de la Sté d'encouragement. **1930**-*16-4* loi étendant les dispositions de la loi du 2-6-1891 au pari mutuel urbain. **1935** *1ers sweepstakes en Fr.* (Grand Prix de Paris et Prix de l'Arc de triomphe). **1945** internationalisation des principales épreuves françaises de sélection de la race

Courses de groupe : classées par un accord international en fonction de leur importance dans le circuit de sélection, sans tenir compte des allocations. En 2000, G.-B. 110, France 107, All. 43, Irlande 36, Italie 25, Suède 2, Danemark 1. Il en existe aussi aux USA, à Hong Kong, au Japon, au Canada, à Dubaï et en Australie.

Prix de courses, ou **« encouragements »** : *prix de courses :* attribués aux propriétaires des 5, 6 ou 7 premiers de chaque épreuve. Allocation au vainqueur de 20 000 F pour une petite course de province et de 6 000 000 de F pour l'Arc de triomphe.

Primes : *aux propriétaires :* supplément de 40 à 70 % selon l'âge, accordé en courses plates et ouvertes aux chevaux étrangers, aux propriétaires de chevaux nés et élevés en France en cas de victoire ou place. Cette mesure supprimée en obstacles n'a pas lieu d'exister pour le trot où la grande majorité des courses en France est réservée aux « nés et élevés » ; *aux éleveurs :* versée dans certaines épreuves, par le Fonds commun, aux éleveurs des chevaux nés et élevés en France qui obtiennent une victoire ou une place. *Montant selon épreuves :* 16 à 25 % de l'allocation perçue par le propriétaire. S'applique au galop, quelle que soit la nationalité de l'éleveur. Joue également pour certaines grandes épreuves à l'étranger (10 %).

Indemnités diverses versées aux propriétaires : pour transport des chevaux vers hippodromes, pour chevaux non classés (1 500 F à Auteuil), d'abattage en courses (20 000 F à Auteuil), etc.

pure. **1984** Darie Boutboul 1re femme à gagner le tiercé. **1995** Helen Johansson (Suède) 1re femme à remporter le prix d'Amérique (trot attelé).

■ **Sociétés mères.** *Sté d'encouragement pour l'amélioration des races de chevaux en France* (fondée 1833), a fusionné avec *Sté des steeple-chases de France* (fondée 1863). **Galop :** *France Galop* créée 13-2-1992, 46, place Abel-Gance, 92655 Boulogne Cedex. **Trot :** *Sté d'encouragement à l'élevage du cheval français,* 7, rue d'Astorg, 75008 Paris.

Sortes de courses

■ **Plat (galop).** La distance à couvrir dans une course est la même pour tous les concurrents, la notion essentielle étant le poids. En raison des différences de développement physique dues à l'âge, les plus âgés portent des surcharges appelées le *poids pour âge.* Exemple : un 4 ans portera, selon l'époque de l'année et selon les distances, 8, 10 ou 15 livres de plus qu'un 3 ans. **Courses classiques :** les chevaux de même âge portent le même poids (les femelles portant 3 livres de moins que les mâles). **Courses à conditions :** les chevaux sont ou non qualifiés selon qu'ils ont ou non remporté tel ou tel prix, ou telle ou telle somme d'argent (gains de l'année et/ou de l'année précédente). En outre, le poids augmente en fonction des victoires ou des sommes gagnées antérieurement selon les conditions de la course (par exemple : un cheval ayant gagné 100 000 F dans sa carrière portera 3 kg de plus que les autres ; s'il a gagné 300 000 F, 5 kg, etc.) ; ceux qui n'ont pas remporté de prix ou gagné la somme fixée par les conditions de la course peuvent bénéficier de décharges. *Handicaps :* le handicapeur attribue des poids dans le but d'égaliser les chances de gagner de chaque concurrent.

■ **Obstacles. Haies :** la barre étant à 0,50 m et la haie proprement dite dépassant de 0,50 m, on « brosse » au-dessus de la barre au travers de la haie. **Rivière :** à Auteuil, 6 m de largeur (haie 1,50 m, eau 4,50 m et 1 m de hauteur). **Longueur :** *steeple-chase :* 3 000 m minimum (jusqu'à 5 800 m) : 8 obstacles, dont 4 différents, choisis parmi : banquette, barrière fixe, barrière fixe avec brook, bull finch, double barrière, douve, mur en pierre, mur en terre, open ditch, oxer ou rivière. **Courses de haies :** 2 500 m minimum pour les chevaux de 3 ans : 7 haies au moins, à l'exclusion de tout autre obstacle. Au-delà, un obstacle en plus par allongement de 300 m. **Cross-country :** les chevaux quittent un moment la piste permanente pour une piste provisoire à travers champs comportant aussi des obstacles.

■ **Trot. Courses classiques :** réservées aux meilleurs chevaux entiers ou juments, tous les concurrents partent à distance égale ; *parcours les plus utilisés :* 2 200 m, 2 700 m, 2 800 m, 3 000 m. Les poulains de 3 ans ont une avance de 50 m sur les chevaux de 4 et 5 ans dans le Prix de l'Étoile (épreuve classique au trot attelé) et dans le Prix de Élites (classique au trot monté) ; ceux de 4 ans une avance de 50 m sur les 5 et 6 ans dans le Prix de Sélection (épreuve classique au trot attelé) et dans le Prix des Centaures (classique trot monté). Cette spécificité n'est plus utilisée dans les prix de série et dans les épreuves ayant 2 échelons de départ ; on prévoit un handicap de 25 m en fonction des sommes gagnées par les chevaux.

En général, on court sur les *obstacles* en janvier, en février (à Pau), de mars à juillet, un ou deux dimanches en été, puis de septembre à la mi-décembre, et en *plat* de février à mi-décembre.

Un galopeur peut participer à des courses de plat et d'obstacles dans une même saison. Les *chevaux de trot* courent de 2 à 9 ou 10 ans, ils atteignent leur plénitude vers la 5e année ; *les chevaux de plat* courent en général de 2 à 4 ans. *Les chevaux d'obstacles* courent de 3 à 8 ou 9 ans, parfois 10 (Al Capone : 12 ans en 2000).

Quelques définitions

■ **Canter :** galop d'allure réduite d'un cheval à l'entraînement, ou se rendant au départ sur la piste. **Champ :** lot de chevaux disputant une course. **Dead-heat :** chevaux classés ex aequo lorsque le juge à l'arrivée n'a pu les départager. **Départ :** *trot :* donné aux élastiques tendus en travers de la piste, au signal « partez » on lâche les élastiques ; à la cellule photoélectrique dont on coupe le faisceau au commandement « partez » ; parfois, donné à l'*autostart :* les chevaux sont rangés derrière les ailes déployées d'une automobile qui, au poteau de départ, accélère fortement pour libérer les chevaux (départ lancé) et replie ses ailes. *Plat :* les chevaux sont rangés dans des stalles de départ qui s'ouvrent toutes ensemble, ou derrière des élastiques qui sont lâchés sur l'ordre du starter. *Obstacles :* départ aux élastiques. **Distances à l'arrivée :** intervalles séparant les chevaux. Mesures utilisées : nez, courte tête, tête, courte encolure, encolure, demi-long., 3/4 de long., 1 long. (de cheval, soit environ 3 m), 1 long. et demie, 2, 2 et demie, 3, 4, 5, 6, 8, 10, 15 et loin (pour tout intervalle supérieur). **Flyer :** de *to fly :* voler. Cheval affectionnant les distances de 1 200 à 1 400 m ; **sprinter :** 1 000 à 1 200 m ; **miler :** 1 600 m ; **stayer :** + de 2 400 m.

■ **Jockey :** *plat,* poids de 50 à 59 kg pour 1,55 m ; *d'obstacles,* minimum 60 kg pour 1,60 à 1,70 m. Pesé avec selle, tapis de selle et collier de chasse (serviette numérotée, œillères, cravache, bride dont font partie muserolle, alliance et martingale, ne sont pas pesées). Pour parfaire le poids qu'il doit porter, le jockey ajoute dans les poches d'un tapis, placé sous la selle, des feuilles de plomb en quantité suffisante ou utilise une selle plus ou moins lourde. N'a le droit ni de parier ni d'accepter de l'argent, comme présent, d'une personne autre que celle qui l'emploie.

■ **Jockey-Club :** cercle fondé en France en 1834. Pour y être admis, il fallait être membre de la Sté d'encouragement. En 1840, cette règle fut inversée. Encore maintenant, quelques membres du comité de France Galop sont membres du cercle. En Angl., le Jockey-Club assure l'organisation des courses plates (comme France-Galop en France), mais il a confié son secrétariat à une société (Weatherby and Sons).

■ **Juge au départ** ou **starter :** donne le départ. S'il décide que le départ est non valable, il lève son drapeau ; le porte-drapeau placé sur la piste à 200 m environ après le départ répète ce geste ; il le maintient levé. Les jockeys doivent alors arrêter leurs chevaux et revenir directement se placer sous les ordres du juge. Celui-ci peut décider qu'un cheval refusant d'entrer dans sa stalle ne prend pas part à la course.

■ **Lads :** chargés de l'entretien et de l'entraînement des chevaux.

■ **Poule de produits :** épreuve, disputée par des chevaux de 3 ans, pour laquelle les engagements se font plusieurs mois à l'avance ; avant 1966, ils se faisaient avant la naissance du cheval. *9 courses :* Prix Greffulhe, Hocquart, Noailles ; Poule d'essai des poulains, des pouliches ; Prix de Lupin, du Jockey-Club, de Diane et Prix St-Alary.

■ **Walk-over :** quand un seul cheval prend part à l'épreuve par suite du retrait de ses adversaires. Pour être considéré comme vainqueur, il doit effectuer le parcours et remplir les conditions de la course et celles exigées par le code des courses.

☞ *1906,* à Longchamp le favori reste au poteau ; le départ n'a pas été repris car il n'existait pas de clause de « faux départ ». Les turfistes incendièrent les baraques du pari mutuel et la course fut annulée. *1912,* création d'un laboratoire pour analyser la salive prélevée sur des chevaux soupçonnés de dopage. *1922,* chronométrage automatique.

Courses plates en France

Généralités

■ **Réunions** *2000 :* 1 082 dont 916 par 163 sociétés de province ; 4 240 courses dont 1 218 organisées sur les hippodromes des Stés de courses parisiennes : Évry [1] néant (fermé le 3-12-96), St-Cloud [1] 241, Maisons-Laffite [1] 251, Longchamp [1] 242, Deauville [1] 177, Chantilly [1] 182, Vichy 42, Cagnes 83 et 3 022 courses par les fédérations de province (y compris Corse et Fontainebleau).

Nota : Spécialités : (1) galop, (2) trot, (3) obstacles.

■ **Chevaux pur-sang. Ayant gagné le plus** (en millions de F). *Triptych* 16,92. *All Along* 16,86. *Allez France* 6,25. **Dans une même année depuis 1970. 4 ans et plus :** *In the Wings* 8,63 (en 1990). *Tony Bin* 5 (1988). *Sagace* 2,84 (1984). *Gold River* 2,68 (1981). *Rheingold* 2,56 (1973). **3 ans (femelles) :** *Magic Night* 4 (1991). *Miesque* 3,37 (1987). *Three Troikas* 2,92 (1979). *Pistol Packer* 2,64 (1971). **3 ans (mâles) :** *Montjeu* 13,55 (1999). *Tikkanen* 8,84 (1994). *Suave Dancer* 8,11 (1991). *Saumarez* 7,32 (1990). *Sinndar* 6,4 (2000). *Trempolino* 5,72 (1987). *Bering* 3,98 (1986). *Dancing Brave* 4 (1986). *Sassafras* 3,28 (1970). **2 ans :** *Arazi* 3,41 (1991). *Hector Protector* 3,15 (1990). *Filago* 2,19 (1989). *Kendor* 1,44 (1988). *Okawango* 1,31 (2000). *Green Forest* 1,29 (1981). *Blushing Groom* 1,24 (1976). *My Swallow* 1,13 (1970). **Ayant gagné le plus en 2000. 2 ans :** *Okawango* 1,31. *Amonita* 0,94. **3 ans :** *Sinndar* 6,4. *Egyptband* 4,05. *Volvoreta* 2,78. **4 ans et au-dessus :** *Montjeu* 2,2. *Indian Lodge* 1,4. *Muhtatir* 1,2.

■ **Éleveurs (meilleurs de plat). Primes** (en milliers de F) : **1980** A. Head 700. **81** J. et P. Wertheimer 1 291. **82** Aga Khan 1 144. **83** Dayton Ltd 873. **84** id. 873. **85** A. Head et Sté Aland 636. **86** id. 1 063. **87** Aga Khan 1 099. **88** J.-L. Lagardère 754. **89** S. Niarchos 845. **90** J.-L. Lagardère 1 212. **91** Wertheimer J. et frères 1 288. **92** P. de Moussac 1 775. **93** S. Niarchos 2 389. **94** id. 1740. **95** J.-L. Lagardère 2 215. **96** id. 2 157. **97** id. 2 339, **98** id. 2 824. **99** id. 2 788. **2000** Aga Khan 2 074, J.-L. Lagardère 2 062, Haras de Manneville 1 616.

■ **Entraîneurs de plat. Meilleurs gains** (en millions de F) : **1980** F. Boutin 10,1. **81** id. 11,1. **82** F. Mathet 13,3. **83** F. Boutin 13,8. **84** id. 16,6. **85** P.L. Biancone 18,4. **86** Mme C. Head 17,8. **87** A. Fabre 19,9. **88** id. 22,8. **89** id. 30,6. **90** id. 23,9. **91** id. 29,7. **92** id. 37. **93** id. 36,2. **94** id. 33,5. **95** id. 33,3. **96** id. 23,3. **97** id. 34,6. **98** id. 28. **99** id. 29. **2000** id. 22,3, Mme C. Head 19,1.

Meilleurs entraîneurs (nombre de victoires). **1992** J.-C. Rouget 222. **93** id. 230. **94** id. 242. **95** id. 183. **96** id. 205. **97** id. 189. **98** id. 194. **99** id. 183. **2000** id. 164, H.-A. Pantall 130.

■ **Jockeys de plat. Classement d'après le nombre de victoires : 1980** F. Head 122. **81** Y. Saint-Martin 125. **82** F. Head 137. **83** Y. Saint-Martin 125. **84** F. Head 134. **85** C. Asmussen 148. **86** id. 119. **87** G.-W. Moore 102. **88** C. Asmussen 200. **89** id. 147. **90** id. 140. **91** D. Bœuf 143. **92** T. Jarnet 124. **93** id. 157. **94** id. 158. **95** id. 154. **96** O. Peslier 158. **97** id. 154. **98** D. Bœuf 175. **99** O. Peslier 146. **2000** id. 162, T. Jarnet 110.

■ **Propriétaires. Classement d'après les gains** (en millions de F et, entre parenthèses, nombre de victoires) : **1982** Aga Khan 8,6 (77). **83** S. Niarchos 9,6. **84** id. 11,6. **85** D. Wildenstein 12,9. **86** Aga Khan 8,7 (65). **87** id. 9,4 (52). **88** M[lse] de Moratalla 7,1 (67). **89** Cheik al Maktoum 15,8 (61). **90** id. 15,6. **91** D. Wildenstein 14,72. **92** Cheik al Maktoum 16,9. **93** id. 18,9. **94** id. 19. **95** id. 16,3 (80). **96** Aga Khan 10,9 (56). **97** D. Wildenstein 13,1 (33). **98** J.-L. Lagardère 10,8 (40). **99** Wertheimer frères 9,7 (54). **2000** Wertheimer frères 1,53 (57), K. Abdullah 11 (46), Aga Khan 11 (22).

D'après le nombre de victoires : 1982 Aga Khan 77. **83** S. Niarchos 76. **84** Aga Khan 83. **85** S. Niarchos 74. **86** id. 73. **87** Aga Khan 52. **88** M[lse] de Moratalla 67. **89** Cheik al Maktoum 61. **90** id. 56. **91** id. 70. **92** id. 98. **93** id. 93. **94** id. 92. **95** id. 80. **96** id. 77. **97** id. 57. **98** Wertheimer frères 51. **99** J.-C Seroul 57. **2000** M[lse] de Moratalla 66, Wertheimer frères 57, K. Abdullah 46.

Principales épreuves

Légende : C : Chantilly ; D : Deauville ; F : courses réservées aux femelles ; Gd : Grand ; L : Longchamp ; M : Marseille ; ML : Maisons-Laffitte ; P. : Prix ; SC : St-Cloud ; V : Vincennes ; Vic. : Vichy. Distance en m et allocation au 1er en 2000 (en milliers de F).

■ **Galop. Courses pour 2 ans :** Gd Critérium (L 1 600) 1 000. P. Morny (D 1 200) 800. P. de la Salamandre (L 1 400) 400. P. Marcel Boussac (L 1 600, F) 800. Critérium de St-Cloud (SC 2 000) 400. P. Robert Papin (ML 1100) 350. Critérium de Maisons-Laffitte (ML 1400) 350. **2 ans et au-dessus :** P. de l'Abbaye de Longchamp (L 1 000) 500. **3 ans :** P. du Jockey-Club. *Créé* 1836 (C 2 400) 2 500. P. de Diane (C 2 100, F) 1 400. P. Vermeille (L 2 400, F) 800. P. Lupin (L 2 100) 500. Gd P. de Paris (L 2 000) 1 200. P. Saint-Alary (L 2 000, F) 500. Poule d'essai des Poulains (L 1 600) 1 000. Id. des Pouliches (L 1 600, F) 1 000. P. Greffulhe (L 2 100) 300. P. Hocquart (C 2 200) 350. P. Hubert de Chaudenay (L 3000) 300. P. Niel (L 2400) 400. P. Jean Prat (C 1800) 400. P. Noailles (L 2 200) 300. P. Eugène Adam (D 2 000) 300. P. de Malleret (L 2 400, F) 300. P. Guillaume d'Ornano (D 2 000) 300. **3 ans et au-dessus :** P. de l'Arc de triomphe (L 2 400) 6 000. Gd P. de Saint-Cloud (SC 2 400) 1 200. P. Maurice de Gheest (D 1 300) 500. P. du Conseil de Paris (L 2 400) 300. P. Royal Oak (L 3 100) 400. Gd P. de Deauville (D 2 500) 500. P. de la Forêt (L 1400) 500. P. Jacques Le Marois (D 1 600) 1 200. P. du Moulin de Longchamp (L 1 600) 900. P. d'Astarté (D 1600, F) 300. P. Maurice de Nieul (ML 2 500) 300. P. Kergorlay (D 3 000) 300. P. de l'Opéra (L 2000, F) 700. P. du Rond-Point (L 1600) 400. P. de Royallieu (L 2 500, F) 300. P. Dollar (L 1 950) 300. P. de Pomone (D 2 700, F) 300. P. du Gros Chêne (C 1000) 300. **4 ans et au-dessus :** P. Ganay (L 2 100) 500. P. du Cadran (L 4 000) 500. P. d'Harcourt (L 2 000) 300. P. d'Ispahan (L 1 850) 500. P. Foy (L 2 400) 400. P. Jean de Chaudenay (SC 2 400) 300. P. du Muguet (SC 1600) 300. P. Vicomtesse Vigier (L 3100) 300. Gd P. de Chantilly (C 2400) 350.

■ **Courses au trot. Pour 4 à 10 ans :** P. d'Amérique (voir p. 1386 a) [V 2 700 attelé] 2 500. P. de Cornulier (V 2 700 monté) 1 500. P. de Paris (V 4 125 attelé) 900. P. de France (V 2 100 attelé) 1 000. **4 à 6 ans :** P. des Centaures (V 2 200 monté) 600. P. de Sélection (V 2 200 attelé) 600. **5 ans :** Critérium des 5 ans (V 3 000 attelé) 600. P. de Normandie (V 3 000 monté) 600. **4 ans :** Critérium des 4 ans (V 2 800 attelé) 600. P. du Pt de la Rép. (V 2 800 monté) 600. **3 à 5 ans :** P. de l'Étoile (V 2 200 attelé) 600. P. des Élites (V 2 200 monté) 600. **3 ans :** Critérium des 3 ans (V 2 700 attelé) 750. P. de Vincennes (V 2 700 monté) 750.

Rétrospectives

Légende : année. Cheval vainqueur. Propriétaire. Cote (rapport entre les probabilités de perdre et celles de gagner qu'offre un cheval).

Grand Prix de Paris

■ **Palmarès global.** 136 épreuves disputées de l'origine (31-5-1863, le poulain anglais The Ranger, vainqueur, gagna 100 000 F) à 2000 et remportées par des produits français 94, britanniques 32, américains 8, italien 1, hongrois 1 ; dont 124 par des poulains et 12 par pouliches. 1re grande épreuve internationale fondée en 1863 par la Sté d'encouragement. **Jour :** dernier dimanche de juin à Longchamp. Pour poulains entiers et pouliches de 3 ans. Poids 58 kg. **Distance :** sur 2 000 m depuis 1987. **Prix :** 1 200 000 F en 1999.

■ **Gagnants.** **Cheval et**, entre parenthèses, **propriétaire : 1985** Sumayr (Aga Khan). **86** Swink (N.B. Hunt). **87** Risk Me (L.H. Norris) 94/10. **88** Fijar Tango (M. Fustok) 68/10. **89** Dancehall (T. Wada) 9/10. **90** Saumarez (B. McNall) 5/1. **91** Subotica (O.Lecerf) 27/10. **92** Homme de Loi (P. de Moussac) 37/10. **93** Fortwood (cheik Mohammed al Maktoum) 55/10. **94** Millkom (J.-C. Gour.) 34/10. **95** Valanour (Aga Khan) 63/10. **96** Grape Tree Road (M. Tabor) 10/1. **97** Peintre Célèbre (D. Wildenstein) 4/10. **98** Limpid (cheik M. al Maktoum) 4/1. **99** Slickly (Lagardère) 18/10. **2000** Beat Hollow (K. Abdullah) 14/10.

■ **Records.** **Spectateurs :** 166 654 en 1926 dont pesage 34 445, pavillon 12 552, pelouse 119 657. **Concurrents :** *le plus grand nombre :* 26 (1949), *le moins grand nombre :* 5 (1864). **Engagements :** 914 (1969). **Temps le plus rapide** *sur 2 000m :* Fort Wood (1993) 2′01″ 60/100 ; *sur 3 000 m :* Phil Drake, 1955 (3′8″ 2/5 soit à 54,4 km/h) ; *3 100 m :* Tennysson, 1973 (3′17″ 70/100). **Cote :** 125/1 (Reine Lumière, 1925). **Victoires :** *écuries :* Blanc 7, Édouard ou Guy de Rothschild 6, Bon A. de Schickler, Dupré 4, Delamarre, Volterra-St-Alary 3. *Entraîneurs :* Fabre 8, Mathet 7, Bonaventure 4, Carver 3, Watson 3, Pollet 2. *Jockeys* (depuis 1918) : F. Palmer 4 (1950-52-54-55), St-Martin 4 (1965-66-76-85), T. Jarnet 4 (1991-92-96-99), Poincelet 3 (1957-58-63), Garcia 2 (1956-61), Flavien 2 (1959-61), Head 2 (1968-69), O. Peslier 2 (97-98). *Propriétaires ayant gagné 2 années consécutives :* duc de Castries (1884, 85), Edmond Blanc (1891, 92 ; 1895, 96 ; 1903, 04), Bon A. de Schickler (1893, 94), Mme Léon Volterra (1955, 56), F. Dupré (1965, 66). **Gladiateur** († 1876) a sa statue à Longchamp ; il gagna en 1865, en Angleterre, le Derby d'Epsom, les Deux Mille Guinées et le St Leger et, en France, le Gd Prix de Paris.

Prix de l'Arc de triomphe

■ **Origine.** Couru pour la 1re fois en 1920 ; 79 courses disputées au 2-10-2000. **Jour :** 1er dimanche d'oct. à Longchamp. **Distance :** 2 400 m. Pour chevaux entiers et juments de 3 ans et au-dessus (les 3 ans portent 3,5 kg de moins que les plus âgés, les femelles 1,5 kg). **Prix** (en 2000, en F) : 6 000 000 + 1 coupe en vermeille, 2 400 000, 1 200 000, 600 000, 300 000. *Primes aux éleveurs* (en F) : 750 000, 300 000, 150 000, 75 000, 37 500. **Poids :** 3 ans : 56 kg ; 4 ans et plus : 59,5 kg. En 2000, 154 engagements. *Courses rivales :* USA Breeder's Cup Turf (1 million de $ au gagnant) ; Japan Cup.

■ **Gagnants.** **Cheval et**, entre parenthèses, **propriétaire : 1985** Rainbow Quest (K. Abdullah). **86** Dancing Brave (K. Abdullah). **87** Trempolino (P. de Moussac). **88** Tony Bin (Gaucci del Bono). **89** Carroll House (A. Balzarini). **90** Saumarez (McNall). **91** Suave Dancer (H. Chalhoub). **92** Subotica (O. Lecerf). **93** Urban Sea (D. Tsui). **94** Carnegie (M. al-Maktoum). **95** Lammtara (M. al-Maktoum). **96** Helissio (E. Sarasola). **97** Peintre Célèbre (D. Wildenstein). **98** Sagamix (J.-L Lagardère). **99** Montjeu (M. Tabor) 6/4. **2000** Sinndar (Aga Khan) 6/4.

■ **Records.** **Engagements :** 213 (1986). **Partants :** 30 (1967). **Temps :** 2′24″60 Peintre Célèbre (1997). **Rapport :** 111/1 (Star Appeal en 1975). **Victoires des chevaux. 6 concurrents l'ont emporté 2 fois :** Ksar (1921, 22), Motrico (1930, 32), Corrida (1936, 37), Tantième (1950, 51), Ribot (1955, 56), Alleged (1977, 78). **15 pouliches ont gagné :** Pearl Cap (1931), Samos (1935), Corrida (1936, 37), Nikellora (1945), Coronation (1949), La Sorellina (1953), San San (1972), Allez France (1974), Ivanjica (1976), Three Troikas (1979), Detroit (1980), Gold River (1981), Akiyda (1982), All Along (1983), Urban Sea (1993). **27 concurrents étrangers** ont battu les Français : *G.-B. 1920* Comrade. *75* Star Appeal. *90* Saumarez. *Irl. 23* Parth. *48* Migoli. *58* Ballymoss. *69* Levmoss. *73* Rheingold. *88* Tony Bin. *89* Carroll House. *94* Carnegie. *2000* Sinndar. *Italie. 29* Orthello. *33* Crapon. *55-56* Ribot. *61* Molvedo. *USA 71* Mill Reef. *77-78* Alleged. *85* Rainbow Quest. *86* Dancing Brave. *87* Trempolino. *91* Suave Dancer. *93* Urban Sea. *95* Lammtara. *97* Peintre Célèbre. **Propriétaire** *ayant gagné 6 fois :* M. Boussac (en 1936, 37, 42, 44, 46 et 49). **Entraîneurs :** *1 a gagné 5 fois :* A. Fabre. *3 ont gagné 4 fois :* Semblat, Mathet, A. Head. **Jockeys :** *4 ont gagné 4 fois :* Doyasbère, F. Head, Saint-Martin, Eddery. *6 ont gagné 3 fois :* Semblat, Elliot, Camici, Poincelet, Piggott, Peslier.

Prix de Diane

■ **Origine.** Couru depuis 1843 ; 156 courses au 30-6-2001. **Jour :** dimanche après le Jockey-Club, en juin, à Chantilly. **Distance :** 2 100 m. **Prix :** 1 700 000 F.

■ **Gagnants.** **Cheval et**, entre parenthèses, **propriétaire : 1985** Lypharita (L.T. al-Swaidi) 11/1. **86** Lacovia (G.A. Oldham) 4/10. **87** Indian Skimmer (al Maktoum) 9/10. **88** Restless Kara (J.-L. Lagardère) 29/1. **89** Lady in Silver (A. Karim) 14/1. **90** Rafha (Pce A. Faiçal) 9/1. **91** Caerlina (K. Nitta) 13/1. **92** Jolypha (K. Abdullah) 36/10. **93** Shemaka (Aga Khan) 66/10. **94** East of the Moon (S. Niarchos) 8/10. **95** Carling (écurie Delbart) 7/2. **96** Sil Sila (L.-A. Cervera) 30/1. **97** Vereva (Aga Khan) 27/10. **98** Zainta (Aga Khan) 4/10. **99** Daryaba (Aga Khan) 58/10. **2000** Egyptband (Weitheimer frères) 14/1. **01** Aquarelliste (D. Wildenstein).

Prix du Jockey-Club

■ **Origine.** Couru depuis 1836, dit aussi Derby français. **Jour :** en juin à Chantilly. **Distance :** 2 400 m. Poulains et pouliches de 3 ans. **Prix :** 4 000 000 F.

■ **Gagnants.** **Cheval et**, entre parenthèses, **propriétaire : 1985** Mouktar (Aga Khan) 2/10. **86** Bering (Mme A. Head) 5/10. **87** Natroun (Aga Khan) 41/10. **88** Hours After (Mise de Moratalla) 16/1. **89** Old Vic (cheik al Maktoum) 47/10. **90** Sanglamore (K. Abdullah) 19/2. **91** Suave Dancer (H. Chalhoub) 6/10. **92** Polytain (Mme B. Houillon) 37/1. **93** Hernando (S. Niarchos) 2/1. **94** Celtic Arms (J.-L. Bouchard) 53/10. **95** Celtic Swing (P. Savill) égalité. **96** Ragmar (J.-L. Bouchard) 93/10. **97** Peintre Célèbre (D. Wildenstein) 31/10. **98** Dream Well (succession S. Niarchos) 78/10. **99** Montjeu (M. Tabor) 15/10. **2000** Holding Court (J.R. Good) 61/10. **01** Anabaa Blue (C.-E. Mimouni).

■ **Records.** **Propriétaires** *ayant gagné plusieurs fois :* M. Boussac 11 ; Cte F. de Lagrange 8 ; A. Lupin 6 ; E. Blanc, Bon A. de Schickler 5 ; lord Seymour, H. Delamare, A. Aumont, Aga Khan 4 ; E. Martinez de Hoz 3. *Ayant gagné plusieurs fois consécutives :* lord Seymour (1836-37-38), Bon A. de Schickler (1892-93), H. Delamare (1866-67), A. Lupin (1850-51), Cte F. de Lagrange (1858-59 ; 1878-79 ; 1881-82), duc de Castries (1883-84), W.K. Vanderbilt (1908-09), M. Boussac (1938-39 ; 1944-45), Aga Khan (1984-85). **Entraîneurs** *ayant compté le plus grand nombre de succès depuis 1900 :* W. Duke 6, F. Mathet, F. Carter 5. **Jockeys** *ayant compté le plus grand nombre de succès depuis 1900 :* G. Stern 7, Y. St-Martin 6, C. Elliot, Ch. Semblat, F. Head, C. Asmussen 4. **Chevaux :** *nombre de partants le plus élevé :* 28 en 1942.

Prix d'Amérique (trot attelé)

■ **Origine.** *Créé* le 1-2-1920. **De 1920 à 1928** tous les concurrents partaient de 2 500 m. **1929** 1er rendement de distance de 50 m, appliqué à *Uranie.* **1930** distance de 2 600 m, désormais classique. **1960 et années suivantes** recul de 25 m pour tout gagnant du Prix d'Amérique à Vincennes ; de 50 m pour tout cheval ayant gagné plusieurs fois l'épreuve. **1965** suppression des rendements de distance. **1985** distance de 2 650 m, **1994** 2 700 m. **Jour :** dernier dimanche de janvier, à Vincennes. **Chevaux :** 4 à 10 ans. **Prix** (en 2001) : 5 000 000 de F (2 500 000 au 1er).

■ **Gagnants depuis 1985.** **Cheval et**, entre parenthèses, **propriétaire : 1985** Lutin d'Isigny (M.-G. Cornière). **86, 87, 88** Ourasi (R. Ostheimer). **89** Queila Gédé (R. Baudron). **90** Ourasi (R. Ostheimer). **91** Ténor de Baune (J.-B. Bossuet). **92** Verdict Gédé (G. Dreux). **93** Queen L (écurie Ringen). **94** Sea Cove (écurie Cicero). **95** Ina Scot (écurie INA-Q AB). **96** Coktail Jet (D. Wildenstein). **97** Abo Volo (A. Viel). **98** Dryade des Bois (écurie Ténor). **99** Moni Maker (écurie Moni Maker). **2000** Général du Pommeau (J. Grisanti) 14/10. **01** Varenne (Écurie Dany).

■ **Records.** **Propriétaires ayant gagné plusieurs fois :** H. Levesque 5 ; Cte Orsi Mangelli, M. Macheret, R. Ostheimer 4 ; F. Vanackère, H. Céran-Maillard 3 ; Mme Vanlandeghem, S. Karle, L. Olry-Roederer, J. Cabrol, A.-V. Bulot, D. Palazzoli, R. Massue, R. Lemarié, P.-J. Morin 2. **Jockeys ayant gagné 8 fois :** J.-R. Gougeon (1966, 68, 75, 76, 77, 86, 87, 88). **6 fois :** A. Finn (24, 35, 37, 38, 39, 51). **3 fois :** V. Capovilla (26, 27, 28), R. Céran-Maillard (45, 46, 55), Ch. Mills (34, 56, 57), J. Fromming (64, 65, 74), M.-M. Gougeon (70, 84, 90), J. Verbeeck (94, 97, 98). **2 fois :** Th. Monsieur (20, 21), Th. Vanlandeghem (30, 33), O. Dieffenbacher (31, 32), Riaud (58, 59), J. Mary (71, 72), J.-P. Dubois (79, 82), E. Lefèvre (81, 83). **Chevaux ayant gagné 4 fois :** Ourasi (1986, 87, 88, 90). **3 fois :** Uranie (26, 27, 28), Roquépine (66, 67, 68), Bellino II (75, 76, 77). **2 fois :** 14 (dont Idéal du Gazeau en 81 et 83, mort à 24 ans le 27-2-1998 pendant une saillie). **Ayant gagné la même année :** *le Prix de Cornulier (monté) et le Prix d'Amérique (attelé) :* Venutar (1949), Masina (1961), Tidalium Pelo (1972), Bellino II (1975-76) ; *les 3 Grands Internationaux (créés en 1956, au trot attelé) :* Gélinotte (1956, 57), Jamin (1959), Bellino II (1976). **Vitesse (au km) :** Général du Pommeau 1′12″ 6/10 (2000).

Courses d'obstacles en France

Légende : A : Auteuil. C : Cagnes. E : Enghien. Gd(e) : Grand(e). H. : Haies. P : Pau. P. : Prix. Distance (en m) et allocations au 1er en 2000 (en milliers de F).

☞ **Courses organisées** (en 2000) : 2 131 en 814 réunions dont Stés de province 1 610 courses en 739 réunions.

Principales épreuves

■ **Steeple-chases.** **Courses pour 5 ans et plus :** Gd P. de la Ville de Nice (C 4 600) 220. P. G. Courtois (P 4 100) 130. Gd P. de Pau (5 100) 300. P. de Clermont-Tonnerre (A 4 300) 300. P. Troytown (A 4 400) 400. P. Lutteur III (A 4 300) 350. P. du Pt de la Rép. (A 4 700) 650. P. Ingré (A 4 400) 400. P. Murat (A 4 400) 500. Gd Steeple-chase de Paris (A 5 800) 1 400. P. Saint-Sauveur (A 4 300) 300. P. G. de Bataille (P 6 100) 180. P. des Drags (A 4 400) 500. Gd Steeple-chase d'Enghien (5 000) 500. P. Montgomery (A 4 700) 500. P. Heros XII (A 4 400) 400. P. Richard et Robert Hennessy (A 4 300) 250. P. de Clermont-Tonnerre (A 4 300) 300. P. Violon II (A 4 300) 280. P. La Haye-Jousselin (A 5 500) 800. P. Général Donnio (A 4 300) 280. P. Georges Courtois (A 4 400) 500. **4 ans et plus :** P. Ch. de l'Hermitte (C 3 800) 130. P. Hopper (E 3 800) 200. P. Fleuret (A 4 100) 300. P. Triquerville (A 4 100) 200. P. Duc d'Anjou (A 3 500) 300. P. Jean Stern (A 4 100) 400. P. Ferdinand Dufaure (A 4 100) 500. P. Romati (E 4 500) 250. P. La Périchole (A 4 100) 300. P. Edmond Barrachin (A 4 100) 300. P. Orcada (A 4 100) 300. P. Maurice Gillois (A 4 400) 600. P. Morgex (A 4 100) 300. **3 ans :** P. R. de Minvielle (E 3 400) 200. P. Congress (A 3 500) 350.

■ **Courses de haies.** **Courses pour 5 ans et plus :** Gde C. de H. de Pau (4 000) 200. Gde C. de H. de Cagnes (4 300) 200. P. Juigné (A 3 600) 300. Gde C. de H. de Printemps (A 4 100) 450. P. Hypothèse (A 3 900) 300. Gde C. de H. d'Auteuil (5 100) 800. P. La Barka (A 4 300) 400. P. Léon Rambaud (A 4 100) 400. P. de Beaune (E 3 800) 270. P. Hardatit (A 3 600) 270. P. de Compiègne (A 3 900) 300. P. Camarthen (A 4 100) 300. P. Prince d'Écouen (A 3 900) 270. P. Count Schomberg (A 3 600) 270. P. Léon Olry-Roederer (A 4 100) 500. Gd P. d'Automne (A 4 800) 700. **4 ans et plus :** P. Camille Duboscq (P 3 600) 140. P. G. de Rochefort (A 3 900) 200. P. André Masséna (C 3 600) 130. P. Jacques d'Indy (A 3 600) 300. Challenge de H. des 4 ans (E 3 500) 220. P. de Rohan (A 3 500) 140. P. Amadou (A 3 900) 400. P. de Pépinvast (A 3 600) 300. P. de Longchamp (A 3 900) 300. P. A. du Breil (A 3 900) 500. P. Alain et Gilles de Goulaine (A 3 600) 150. P. Maisons-Laffitte (A 3 600) 300. P. Renaud du Vivier (A 4 100) 600. P. Guillaume de Pracomtal (A 3 600) 200. P. Pierre de Lassus (A 3 900) 300. **3 ans :** P. Iéna ** (A 3 500) 200. P. Stanley * (A 3 500) 200. P. Sagan ** (A 3 500) 300. P. Aguado * (A 3 500) 300. P. Wild Monarch *.** (A 3 000) 120. P. Finot *.** (A 3 600) 140. P. G. de Talhouët Roy (A 3 600) 350. P. Chambly ** (A 3 600) 200. P. Robert Lejeune * (A 3 600) 200. P. Cambacérès (A 3 600) 600. P. Fifrelet (A 3 600) 350.

Nota. – * Poulains. ** Pouliches.

Grand Steeple-chase de Paris

■ **Origine.** *Fondé* 1874. **Jour :** mai à Auteuil. **Chevaux :** de 5 ans et plus. **Distance :** 6 500 m jusqu'en 1980, 5 800 m depuis 81. **Montant** (2000) : 1 400 000 F.

■ **Gagnants depuis 1985.** **Cheval et**, entre parenthèses, **propriétaire : 1985** Sir Gain (Mme L. Belotti) 8/10. **86** Otage du Perche (M. Lamotte d'Argy) 82/10. **87** Oteuil SF (Mme R. Saulais) 6/4. **88, 89, 90** Katko (P. de Montesson). **91** The Fellow (Mise de Moratalla). **92** El Triunfo (Mme M. Montauban). **93, 94** Ucello II (Mise de Moratalla). **95** Ubu III (Mise de Moratalla) meurt peu après avoir franchi la ligne. **96** Arenice (Mme Montauban). **97** Al Capone II (R. Fougedoire). **98** First Gold (Mise de Moratalla). **99** Mandarino (D. Ricard) 49/10. **2000** Vieux Beaufai (Écurie Siklos) 5/2.

Statistiques

■ **Propriétaires.** **Classement selon les gains** (en millions de F) : **1990** Mise de Moratalla 4,72. **91** id. 6,15. **92** id. 5,30. **93** id. 8,81. **94** id. 8,83. **95** id. 5,75. **96** C. Cohen 6,64. **97** R. Fougedoire 6,91. **98** J.-P. Sénéchal 5,27. **99** D. Wildenstein 8,51. **2000** id. 8,5, J.-P. Sénéchal 7,24, Écurie Zingaro 5,55.

■ **Éleveurs (meilleurs).** **Primes** (en millions de F) : **1990** B. Cyprès 0,44. **91** Vve de Soultrait 0,39. **92** N. Pelat 0,34. **93** B. Cyprès 0,63. **94** id. 0,53. **95** Y. d'Armaillé 0,53. **96** G. Gallot 0,49. **97** J. Cyprès 0,53. **98** N. Pelat 0,89. **99** id. 0,68. **2000** H. Carion 0,66, R. Chaignon 0,45, N. Pelat 0,44.

■ **Jockeys.** **1990** Ch. Pieux 66 victoires. **91** Ph. Chevalier 98. **92** Ch. Pieux 66. **93** id. 74. **94** id. 75. **95** id. 69. **96** id. 84. **97** id. 76. **98** id. 80. **99** P. Sourzac 70. **2000** C. Pieux 99, B. Gicquel 69, J. Ricou 40.

■ **Entraîneurs (meilleurs).** **Gains** (en millions de F) : **1990** J.-P. Gallorini 17,58. **91** id. 24,94. **92** id. 23,42. **93** id. 14,47. **94** id. 15,99. **95** id. 15,97. **96** J. Ortet 15,01. **97** J. Bertran de Balanda 14,82. **98** J. Ortet 16,39. **99** J.-P. Gallorini 17,66. **2000** id. 17,56, J. Ortet 17,15, G. Macaire 14,04.

■ **Chevaux (ayant gagné le plus dans l'année)** [en millions de F]. **1990** Ucello II 2. **91** Ubu III 1,84, The Fellow 1,79, Rose or No 1,52. **92** Kadalko 1,85. **93** Ubu III 2,42. **94** Ucello II 2,17. **95** Ubu III 1,75. **96** Or Jack 2,96. **97** Al Capone II 3,64. **98** Valdance 2,11. **99** Al Capone II 2,32. **2000** Le Sauvignon 2,38.

Quelques hippodromes de province

■ **Principales spécialités.** Plat (P.), obstacles (O.), trot (T.), centre d'entraînement (E.).

■ **Nombre de réunions** (en gras), **de courses** (en italique) **et de partants** entre parenthèses, **en 2000.** (sociétés ayant donné au moins 6 réunions) : **41 :** Lyon Courses (Rhône) 2 *186*, (1 989) ; **38 :** Marseille AHSE (B.-du-Rh.) 2 *143*, (1 316) ; **34 :** Marseille Sportive (B.-du-Rh.) 2 *153*, (1 525) ; **31 :** Toulouse (Hte-G.) 2 *161*, (1 609) ; **25 :** Bordeaux (Gironde) 2 *105*, (1 110) ; **22 :** Nantes (L.-A.) 3 *119*, (1 275) ; Pau (Pyr.-A.) *120*, (1 293) ; **21 :** Lyon Villeurbanne (Rhône) 2 *94*, (977) ; **20 :** Hyères (Var) 2 *42*, (410) ; **17 :** Angers (M.-et-L.) *69*, (775) ; **16 :** Compiègne (Oise) 3 **117**, (1 488) ; Fontainebleau (S.-et-M.) *114*, (1 465) ; La Teste *109*, (976) ; **15 :** Clairefontaine-Deauville (Calvados) 3 *105*, (1 433) ; Pornichet-La Baule (L.-A.) 2 *38*, (382) ; Saint-Malo (I.-et-V.) 3 *53*, (538) ; Strasbourg (B.-Rh.) 2 *68*, (851) ; **13 :** Royan-La Palmyre (Ch.-M.) 2 *53*, (426) ; **12 :** Agen (Lot-et-G.) *40*, (422) ; Dax (Landes) 2 *86*, (823) ; Mont-de-Marsan (Landes) 2 *85*, (856) ; Nancy (M.-et-M.) 2 *60*, (687) ; Vichy (Allier) 3 *79*, (769) ; **11 :** Le Lion-d'Angers (M.-et-L.) 3 *53*, (491) ; Pompadour (Corrèze) 10 *77*, (761) ; **10 :** Cagnes (Alpes-M.) *46*, (564) ; Durtal (M.-et-L.) 3 *8*, (471) ; Salon-de-Provence (B.-du-Rh.) *31*, (340) ;

Vittel (Vosges) *40,* (402) ; **9 :** Avignon (Vaucluse) [3] *35,* (307) ; Meslay-du-Maine *22,* (201) ; **8 :** Argentan (Orne) *40,* (474) ; Cavaillon (Vaucluse) [6] *24,* (238) ; Chateaubriand (L.-A.) *31,* (336) ; Cholet (M.-et-L.) *28,* (298) ; Craon (Mayenne) [3] *38,* (449) ; Le Croisé-Laroche (Nord) [2] *54,* (629) ; Maure-de-Bretagne (I.-et-V.) *25,* (344) ; Moulins (Allier) *43,* (474) ; Nort-sur-Erdre (L.-A.) [2] *30,* (316) ; Saint-Galmier (Loire) *17,* (168) ; **7 :** Angoulême (Charente) *33,* (377) ; Cluny (S.-et-L.) *34,* (319) ; Côte-Lumière *23,* (254) ; Le Touquet (P.-de-C.) *20,* (155) ; Nîmes (Gard) *32,* (295) ; Paray-le-Monial (S.-et-L.) *23,* (239) ; St-Brieuc (C.-d'A.) *40,* (513) ; Vire (Calvados) *20,* (237) ; **6 :** Ajaccio (Corse-du-Sud) *30,* (247) ; Carpentras (Vaucluse) [1] *16,* (173) ; Castera-Verduzan *23,* (197) ; Dieppe (Seine-M.) *48,* (517) ; Granville (Manche) *25,* (248) ; La Roche-Posay *24,* (193) ; Machecoul (L.-A.) *24,* (266) ; Ponchâteau *16,* (191) ; Questembert (Morbihan) *29,* (322) ; Sennones-Pouancé (Mayenne) *33,* (358) ; Tarbes (Htes-P.) *44,* (399).

Nota. – (1) P.T. (2) P.O.T.E. (3) P.O.T. (4) P.O. (5) T. (6) P.T.E. (7) T. (8) P. (9) O. (10) P.O.E. (11) O.E. (12) T.E.

☞ *En 1994 :* 148 pur-sang et 9 trotteurs sont morts sur les champs de course, de mort subite (crise cardiaque, rupture d'anévrisme, excès d'acide lactique ou d'ammoniaque) ou euthanasiés.

COURSES DE CHEVAUX À L'ÉTRANGER

Légende : (1) Principales courses plates. (2) Juments. F : course réservée aux juments.

■ **Allemagne** [1]. **Baden-Baden** *Grosser Preis von Baden,* 3 ans et +, 2 400 m, 1 700 000 DM. **Cologne** *Europa Preis,* 3 ans et +, 2 400 m, 510 000 DM ; *Mehl Mülhens-Rennen,* 3 ans, 1 600 m, 325 000 DM. **Dortmund** *St Leger,* 3 ans, 2 800 m, 204 000 DM. **Düsseldorf** *WGZ Bank-Deutschland Preis,* 3 ans et +, 2 400 m, 375 000 DM ; *Henkel-Rennen,* F 3 ans, 1 600 m, 204 000 DM. **Gelsenkirchen** *Grosser Erdgas-Preis,* 3 ans et +, 2 400 m, 300 000 DM. **Hambourg** *Deutsches Derby* (1869), 3 ans, 2 400 m, 500 000 DM. **Hoppegarten** *Europa Championat,* 3 ans, 2 400 m, 400 000 DM. **Mulheim** *Preis der Diana,* F 3 ans, 2 200 m, 300 000 DM. **Munich** *Grosser Dallmayr Preis,* 3 ans et +, 2 000 m, 300 000 DM.

■ **Australie** [1] (prix en $ australiens). Sydney *AJC Derby* (1861) 3 ans, 2 400 m, 2 millions ; *AJC Doncaster Handicap* (1866) 3 ans et +, 1 600 m, *AJC Sydney Cup* (1866) 3 ans et +, 3 200 m, 800 000 ; *STC Golden Slipper* (1957) 2 ans, 1 200 m, 2,5 millions ; *STC Mercedes Classic* (1963) 3 ans et +, 2 400 m, 1 million. **Melbourne** *Caulfield Cup* (1879) 3 ans et +, 2 400 m, 2 millions ; *Melbourne Cup* (1861) 3 ans et +, 3 200 m, 3 millions ; *Victoria Derby* (1855) 3 ans, 2 500 m, 1 million ; *Australian Cup* (1863) 3 ans et +, 2 000 m, 1 250 000 ; *W.S. Cox Plate* (1922) 3 ans et +, 2 040 m, 2 millions. **Brisbane Stradbroke Handicap** (1890) 3 ans et +, 1 400 m, 1 million.

■ **États-Unis** [1]. **Aqueduct** *Wood Memorial,* 3 ans, 1 800 m, 750 000 $. **Belmont** *Belmont Stakes* (1867), 3 ans, 2 400 m, 1 000 000 de $. *Coaching Club American Oaks,* F 3 ans, 2 400 m, 350 000 $. *Woodward,* 3 ans et +, 1 800 m, 500 000 $. *Man O'War* (turf), 3 ans et +, 2 200 m, 500 000 $. *Jockey-Club Gold Cup,* 3 ans et +, 2 400 m, 1 000 000 de $. **Churchill Downs** *Kentucky Derby* (1875), 3 ans, 2 000 m, 1 000 000 de $. **Gulfstream Park** *Florida Derby,* 3 ans, 1 800 m, 750 000 $. **Pimlico** *Preakness Stakes* (1873), 3 ans, 1 900 m, 1 000 000 de $. **Santa Anita** *SA Derby,* 3 ans, 1 800 m, 1 000 000 de $. **Woodbine** *Canadian International* (turf), 3 ans et +, 2 400 m, 1 500 000 $ canadiens.

☞ 11 chevaux ont remporté aux USA la Triple Couronne en gagnant le Kentucky Derby, le Preakness Stakes et le Belmont Stakes. En trot attelé, Lutin d'Isigny (Fr.) fut champion du monde en 1984 et remporta en 1985 la Challenger Cup.

■ **Grande-Bretagne** [1]. **Ascot Heath** *King George VI and Queen Elizabeth Diamond Stakes* (1951), 3 ans et +, 2 400 m, 750 000 £. **Doncaster** *St Leger Stakes* (1776), 3 ans, 2 900 m, 350 000 £. **Epsom** *Oaks* (1779), F 3 ans, 2 400 m, 300 000 £. **Goodwood** *Sussex Stakes,* 3 ans et +, 1 600 m, 250 000 £. **Newmarket** *2 000 Guineas Stakes* (1809), 3 ans, 1 600 m, 300 000 £. *1 000 Guineas Stakes* (1814), F 3 ans, 1 600 m, 250 000 £. **Royal Ascot** *Gold Cup* (1807), 4 ans et +, environ 4 000 m, 210 000 £. **York** *Juddmonte International* (1972), 3 ans et +, 2 000 m, 450 000 £.

PRINCIPALE COURSE D'OBSTACLES : Liverpool *Grand National* (steeple-chase 7 220 m). 290 000 £. Couru depuis 1836, et depuis 1839 à Aintree. Début avril, réservé aux 6 ans et plus, 30 obstacles [dont le Becher's Brook (vitesse record 8'47"8 en 1990, hauteur côté appel 1,60 m, côté réception 2,40 m, largeur 4 m fossé compris)]. Seul cheval français gagnant : Lutteur III (à James Hennessy, 1909). Il y eut 66 partants en 1929. En 1911, un seul concurrent sur 26 termina la course ; en 1951, 3 sur 36 firent la course sans chute. **Résultats depuis 1950 :** Freebooter. **51** Nickel Coin. **52** Teal. **53** Early Mist. **54** Royal Tan. **55** Quare Times. **56** ESB. **57** Sundew. **58** Mr What. **59** Oxo. **60** Merryman II. **61** Nicolaus Silver. **62** Kilmore. **63** Ayala. **64** Team Spirit. **65** Jay Trump. **66** Anglo. **67** Foinavon. **68** Red Alligator. **69** Highland Wedding. **70** Gay Trip. **71** Specify. **72** Well to Do. **73, 74** Red Rum. **75** L'Escargot. **76** Rag Trade. **77** Red Rum. **78** Lucius. **79** Rubstic. **80** Ben Nevis. **81** Aldaniti. **82** Grittar. **83** Corbiere. **84** Hallo Dandy. **85** Last Suspect. **86** West Tip. **87** Maori Venture. **88** Rhyme « N » Reason. **89** Little Polveir. **90** Mr. Frisk. **91** Seagram. **92** Party Politics. **93** Esha Ness, puis annulé.

Derby d'Epsom. *Créé* 1780 par le 12e Cte de Derby. *Chevaux :* 3 ans. *Distance :* 2 400 m. *Prix :* 1 000 000 de £. *Jour :* 1er samedi de juin. *Gagnant :* 1re année (1780) : Diomed (à sir Charles Bunbury). 1er cheval français : Gladiateur (1865), 2e : Pearl Diver (au Bon de Waldner) [1948]. Le 7-6-1913, miss Emily Davidson, suffragette, se jeta sous un cheval et mourut de ses blessures. **Records :** 56,42 km/h (2 413 m en 2"33'8) par Mahmoud (à l'Aga Khan) qui gagna à 100 contre 8 en 1936. 2"32'30 Lammtarra en 1995. **Résultats depuis 1985** Slip Anchor [1]. **86** Shahrastani [3]. **87** Reference Point [1]. **88** Kahyasi [2]. **89** Nashwan [3]. **90** Quest for Fame [1]. **91** Generous [2]. **92** Dr Devious [2]. **93** Commander in Chief [1]. **94** Erhaab [3]. **95** Lammtarra [3]. **96** Shaamit [3]. **97** Benny the Dip [3]. **98** High-Rise [3]. **99** Oath [3]. **2000** Sinndar [2]. **01** Galileo [2].

Nota. – Pays de naissance du cheval : (1) G.-B. (2) Irl. (3) USA.

94 Miinnehoma. **95** Royal Athlete. **96** Rough Quest. **97** Lord Gyllene. **98** Earth Summit. **99** Bobbyjo. **2000** Papillon. **01** Red Marauder.

AUTRES COURSES : Cheltenham *Smurfit Champion Hurdle Challenge Trophy,* course de haies, 250 000 £. *The Queen Mother Champion,* steeple-chase, 185 000 £. *The Royal and Sun Alliance,* steeple-chase, 115 000 £. *The Tote Cheltenham Gold Cup,* steeple-chase, 280 000 £. **Kempton** *Pertemps King George VI,* steeple-chase, 110 000 £.

■ **Irlande** [1]. **Curragh** *The Irish 1 000 Guineas* (1922), F 3 ans, 1 600 m, 200 000 £ irlandaises. *The Irish 2 000 Guineas* (1921), 3 ans, 1 600 m, 200 000 £ irlandaises. *The Irish Derby* (1866), 3 ans, 2 400 m, 850 000 £ irlandaises. *The Irish Oaks* (1895), F 3 ans, 2 400 m, 200 000 £ irlandaises. *The Irish St Leger* (1916), 3 ans, 2 800 m, 175 000 £ irlandaises.

■ **Italie** [1]. *Derby Italiano* (1884) 3 ans, 2 400 m, 1 980 millions de lires. *Gran Premio d'Italia* (1921), 3 ans, 2 000 m, 275 millions de lires. *Gran Premio del Jockey-Club* (1921), 3 ans et +, 2 400 m, 660 millions de lires. *Gran Premio di Milano* (1889), 3 ans et +, 2 400 m, 660 millions de lires. *Oaks d'Italia* (1910), F 3 ans, 2 200 m, 660 millions de lires. *Premio del Presidente della Repubblica* (1879), 4 ans et +, 2 000 m, 1 100 millions de lires. *Premio Roma* (1911), 3 ans et +, 2 000 m, 440 millions de lires. *Premio Parioli* (1907), M 3 ans, 1 600 m, 385 millions de lires. *Regina Elena* (1907), F 3 ans, 1 600 m, 385 millions de lires.

HOCKEY

GÉNÉRALITÉS

■ **Nom.** Mot anglais signifiant *crosse.* Viendrait de l'ancien français *hocquet,* bâton crochu, houlette de berger. **Histoire. Antiquité** jeux de crosse connus. *Perse : tchangon* à pied ou à cheval. **Moyen Age** joué en G.-B. et France. **Vers 1880** codification en G.-B. **1908** inscrit aux JO (messieurs). **1920**-*13-11* Féd. française de hockey créée. **1924**-*7-1* Féd. internationale créée.

■ **Hockey sur gazon. ÉQUIPES :** 2 équipes permanentes de 11 joueurs (et 5 remplaçants). **ÉQUIPEMENT. Balle :** en plastique, de différentes couleurs, 156 à 163 g, 22,4 à 23,5 cm de circonférence. **Crosse ou stick :** avec une surface plate sur le côté gauche, 340 à 790 g, dimension lui permettant de passer dans un anneau de 5,10 cm de diam. **Tenue :** chemise, short, bas, chaussures à crampons. Jupe obligatoire pour les femmes. Les gardiens peuvent porter plastron, guêtres, sabots, gants, casque, masque, protège-coudes. **TERRAIN** (voir croquis ci-dessous). Engazonné et stabilisé ou synthétique. **Ligne de côté** 91,40 m × 55 m **(ligne de but).** Partagé en 2 par la **ligne du centre.** Les **lignes des 22, 90 m** sont situées à 22,90 m des lignes de but. **2 buts** de 3,66 m de large, 2,14 m de haut, 1,20 m de profondeur à la base et 91 cm au sommet. Munis de filets et d'une planche de but en partie basse de 46 cm de haut pour arrêter la balle. Devant chaque but, demi-cercle de 14,63 m de rayon appelé **cercle d'envoi. JEU.** 2 périodes de 35 minutes séparées par un repos de 10 min. Mise en jeu au centre du terrain par une passe à un partenaire. Un but est marqué lorsque la balle franchit les poteaux verticaux et horizontaux du but, et si elle a été frappée ou touchée par un joueur attaquant avec sa crosse à l'intérieur du cercle d'envoi. Chaque joueur doit avoir sa crosse en main. La balle ne peut être stoppée intentionnellement par une partie quelconque du corps. Il est défendu de tenir la crosse d'un adversaire, de l'attaquer par la gauche, à moins de jouer la balle. Le gardien de but est autorisé à jouer la balle avec son corps uniquement dans sa zone. *2 corners :* le grand ou *coup de coin* (déviation involontaire du défenseur dans la totalité du terrain) et le petit ou *coup de coin de pénalité* (faute volontaire dans ses 22 m ou involontaire dans la zone du demi-cercle défensif). Les actions brutales sont sanctionnées. Toute faute volontaire d'un défenseur dans le cercle et toute faute involontaire sur tir au but est sanctionnée par un *penalty-stroke* ou *coup de pénalité* tiré à 6,40 m du centre du but. Toute faute non sanctionnée par un penalty, petit corner ou grand corner, est sanctionnée par un coup franc. Il n'y a pas de hors-jeu. Une longue balle aérienne est autorisée si elle n'est pas jouée dangereusement vis-à-vis de l'adversaire (distance mini de 5 m entre le point d'envoi en hauteur et la position de l'adversaire). Une balle envoyée en hauteur ne peut retomber au milieu de plusieurs joueurs ou dans le cercle d'envoi.

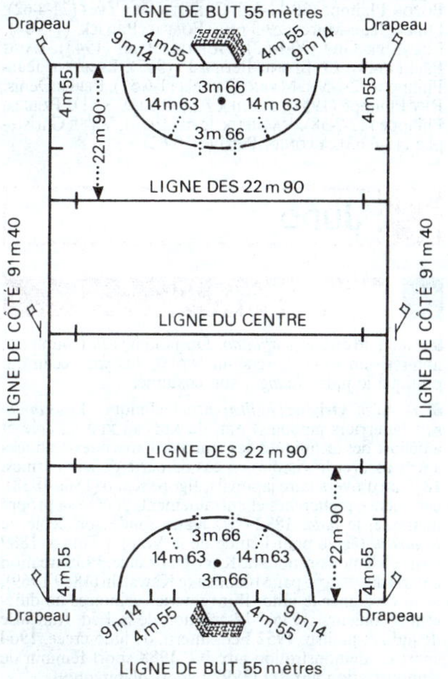

■ **Hockey en salle. Origine :** apparu vers 1950 pour pouvoir jouer en hiver. Règles fixées le 3-2-1952 par Allemands, Danois et Autrichiens. **Équipement :** balle et crosse, voir hockey en plein air. Tenue *idem,* mais pas de chaussures à crampons. **Terrain :** 36 à 44 m × 18 à 22 m. Sur les longueurs, bande de 10 cm sur 10 cm légèrement inclinée vers l'intérieur du terrain pour renvoyer la balle. Séparé en 2 par la ligne médiane. *Buts :* 3 m de large, 2 m de haut avec filets. En face de chacun, cercle d'envoi de 9 m de rayon. **Jeu :** 2 périodes de 20 min séparées par un repos de 5 à 10 min. *Règles* à peu près semblables à celles du hockey en plein air ; shoot interdit ; balles levées autorisées uniquement pour un envoi au but.

■ **Hockey sur roulettes : Rink hockey. Origine : vers 1880** créé en G.-B. **1913** 1res règles. **1992** sport de démonstration aux JO. **Terrain :** 18 à 22 m × 36 à 44 m, entouré d'une balustrade de 1 m de haut. 2 *cages de buts* de 1,70 m de large et 1,05 m de hauteur placées à 3 m du fond de la piste. Piste séparée en deux par une ligne médiane, engagement au centre du terrain (cercle de 3 m de rayon). Devant les cages de buts : surface de réparation (zone de penalty) délimitée par un rectangle de 9 × 5,4 m. **Balle :** 155 g, circonférence 23 cm. **Équipement :** patins à roulettes (4 roues *quad* ou *en ligne*) et une crosse (90 à 115 cm de long). **Protections :** Joueurs de champs : gants, genouillères et protège-tibias (ni casque ni plastron) ; Gardiens : gants, coudières, jambières, genouillères, plastron, casque avec visière ou grille. **Jeu :** 2 périodes de 25 min effectives séparées par un repos de 10 min. **Règles :** sur la piste, 2 équipes de 5 patineurs (4 joueurs et un gardien) et 5 remplaçants dont un gardien. Chaque joueur doit tenir sa crosse en main. La balle ne peut être jouée qu'avec la crosse, elle ne peut être stoppée ou dirigée intentionnellement par une partie quelconque du corps ou par les patins, sauf pour le gardien dans sa zone de but. Les contats sont interdits, les actions brutales sont sanctionnées par un coup franc et selon la gravité par une expulsion temporaire (2 à 5 min) ou définitive. En cas d'expulsion, le joueur est remplacé immédiatement. Une balle aérienne est autorisée jusqu'à 1,5 m de haut. Il n'y a pas de hors jeu. Zone d'attaque : profondeur de 22 m à partir du fond du demi terrain adverse ; lorsque la balle y est entrée, l'équipe ne peut plus revenir avec la balle dans sa zone de défense. Une équipe ne peut pas garder la balle dans sa zone de défense pendant plus de 10 s. **Roller In Line Hockey. Origine :** vers 1980 aux États-Unis afin de faciliter l'entraînement d'été des joueurs de hockey sur glace. 1995 : 1res règles et 1er championnat du Monde à Chicago. **Terrain :** 20 à 30 × 40 à 60 m, entouré d'une balustrade de 1 m de haut. 2 buts de 1,7 m de large et de 1,05 m de haut. Piste séparée en deux par une ligne médiane, engagement au centre du terrain. Devant les cages de buts : surface de réparation délimitée par un rectangle de 2,3 × 1,2 m. **Équipement :** roller (patins à roulettes avec 4 roues obligatoirement *en ligne*), une crosse (similaire à celle du hockey sur glace) et un palet. **Protections :** idem hockey sur glace. **Jeu :** 2 périodes de 20 min effectives séparées par un repos de 5 min. **Règles :** sur la piste, 2 équipes de 5 patineurs (4 joueurs et un gardien) et 9 remplaçants dont un gardien. Règles idem hockey sur glace sauf : il n'y a pas de hors jeu ; contacts et charges violentes (*mise en échec*) sont interdits.

RÉSULTATS

Légende : (1) Espagne, (2) All. féd., (3) G.-B., (4) P.-Bas, (5) Ex-URSS, (6) Pologne, (7) Allemagne depuis 1991.

☞ **Jeux Olympiques** (voir p. 1477 a).

■ **Hockey sur gazon. Coupe du monde.** *Actuellement tous les 4 ans.* **Messieurs** (*créée* 1971). **1971** Pakistan. **73** P.-Bas. **75** Inde. **78, 82** Pakistan. **86** Australie. **90** P.-Bas. **94** Pakistan. **98** P.-Bas. **Dames** *(créée 1974)* [1]. **1974** P.-Bas. **76** All. féd. **78** P.-Bas. **81** All. féd. **83 à 90** P.-Bas. **94, 98** Australie.

Nota. – (1) 1972 (coupe Josselin de Jong) P.-Bas.

Coupe d'Europe des nations (championnat d'Europe jusqu'en 1987). *Actuellement tous les 4 ans.* **Messieurs** (*créée* 1970). **1970** All. féd. **74** Espagne. **76, 78** All. féd. **83, 87** P.-Bas. **91, 95, 99** All. **Dames** (*créée* 1975). **1975, 77, 81** All. féd. **84, 87** P.-Bas. **91** Angleterre. **95, 99** P.-Bas.

Coupe d'Europe des clubs champions. Messieurs (*créée* 1969). **1969, 70** Club Egara Tarrasa [1]. **71 à 75** Francfort [2]. **76 à 78** Southgate [3]. **79,** HC Klein Switzerland [4]. **80** Slough HC [3]. **81** Klein Switzerland [4]. **82, 83** Alma Ata [5]. **84** Frankental [2]. **85** Atletico Tarrasa [1]. **86** Kampong Utrecht [4]. **87** Bloemendaal [4]. **88 à 96** Uhlenhorst Mülheim [2]. **97** HGC Wassenaar [4]. **98** Terrasa [1]. **99** s'Hertogenbosch [4]. **2000** Club an der Alster [7]. **Dames** (*créée* 1974). **1974** Harvestchuder Hambourg [2]. **75 à 82** AHBC Amsterdam [4]. **83 à 87** HGC Wassenaar [4]. **88 à 90** Amsterdam [4]. **91** HGC Wassenaar [4]. **92** Amsterdam [4]. **93** Russelheim [2]. **94** HGC Wassenaar [4]. **95, 96** Kampong Utrecht [4]. **97** Berlin [7]. **98** Russelheim [7]. **99** KTHC Stadion [7]. **2000** s'Hertogenbosch [4].

Coupe des vainqueurs de coupes. Messieurs. 1990 Hounslow [3]. **92** HGC La Haye [4]. **94** Pocztowiec [6]. **95** Harvestehuder [2]. **96** Durkheimer [2]. **97** Gladbacher [2]. **98** Hartogenbosh [4]. **99** Amsterdam [4]. **2000** Terrassa [1]. **Dames. 1992** Sutton [3]. **94, 95** Bayer Lever Kusen [2]. **96** Higtown [3]. **97** SV Kampong [4]. **98, 99** Amsterdam [4]. **2000** Cologne [7].

Qualificatif à la coupe du monde (ex-coupe intercontinentale. Messieurs (trophée Air Marshall Nur Khan) [*créé* 1977]. **1977** Pologne. **81** URSS. **85** Espagne. **89** P.-Bas. **93** Corée du Sud. **97** Espagne. **Dames** (*créé* 1983). **1983** Irlande. **85** URSS. **89** Corée du Sud. **93** Allemagne. **97** Afr. du S.

Championnats de France. Messieurs (*créés* 1899). **90 à 96** RCF. **97** Lille HC. **98** CA Montrouge. **99, 2000, 01** Lille. **Dames** (*créés* 1923). **1980 à 82** Stade français. **83** Amiens SC. **84 à 92** Stade fr. **93** Amiens SC. **94** Stade fr. **95** Amiens SC. **96 à 98** Stade fr. **2000** Cambrai HC.

Coupe de France. Messieurs (1933 à 1994, reprise en 2000). **2000** St-Germain HC.

Joueurs français internationaux ayant le plus de sélections au 21-4-2001. Messieurs. Bruno Delavenne 152, Stéphane Mordac 150, Franck Chirez 125, Patrick Burtschell 124, Guillaume Clément 124, Christian Barrière 111, Dominique Louison 110, Martin Catonnet 106, Jean-Luc Ponthieu 102. **Dames.** Sophie Llobet 151, Blandine Delavenne 145, Sophie Lejossec 116, Anne-B. Busschaert 113, Lætitia Doutriaux 105, Carole Teffri 102.

■ **Hockey en salle. Coupe d'Europe des nations. Messieurs** (*créée* 1974). **1974, 76, 80, 84, 88** All. féd. **91, 94, 97, 99** All. **Dames** (*créée* 1974). **1974, 77, 81, 84, 87, 90** All. féd. **93** All. **96** Angleterre. **98, 2000** All.

Coupe d'Europe des clubs champions. Messieurs (*créée* 1990) ; **1990, 91** Cologne [7]. **92** Limbourg [7]. **93 à 96** Cologne [7]. **97, 98** Hambourg [7]. **99** Terrassa [1]. **2000** Durkheim [7]. **Dames** (*créée* 1990). **1990** Brandebourg [7]. **91, 92** Rüsselsheim [7]. **93** Berliner [7]. **94 à 2000** Rüsselsheim [7].

Championnats de France. Messieurs (*créés* 1968). **1990** CA Montrouge. **91** Amiens SC. **92** Lille HC. **93** CA Montrouge. **94** Lille HC. **95** CA Montrouge. **96 à 98** Lille HC. **99** CA Montrouge. **2000** Lille HC. **Dames** (*créés* 1972). **1990 à 93** Amiens SC. **94, 95** Stade fr. **96** Amiens SC. **97** Stade fr. **98 à 2000** Cambrai HC.

■ **Hockey sur roulettes. Championnats du monde. Rink hockey. Groupe A. Messieurs** (*créés* 1936). *Tous les 2 ans depuis 1989.* **1989** Espagne. **91, 93** Portugal. **95** Argentine. **97** Italie. **99** Argentine. **Roller in-line** (*créés* 1997). *Tous les ans.* **1997, 98** USA. **99** Suisse. **2000, 01** USA.

Championnats d'Europe. Rink Hockey. Messieurs (*créés* 1926). **1990** Italie. **92 à 98** Portugal. **2000** Espagne. **Dames** (*créés* 1989). **1989** P.-Bas. **90, 91** Italie. **92** Portugal. **93** Italie. **94** Portugal. **95** Espagne. **96 à 99** Portugal.

Championnats de France. Rink Hockey. 1991 à 94 St-Omer. **95** Nantes. **96** La Roche-sur-Yon. **97 à 2000** Quevert. **01** St-Omer.

HOCKEY SUR GLACE

GÉNÉRALITÉS

■ **Origines.** *Pour certains Européens,* dérivé du jeu de « la crosse » (XIIIe s.) d'origine française, transformé par les Hollandais en *Ken Jaegen ; pour les Nord-Américains,* dérivé du *bandy,* inventé par les Indiens Hurons sur le lac Ontario ; *pour les Anglo-Saxons,* dérivés du *shinney* (anglais), du *shinty* (écossais) ou du *hurley* (irlandais). **1855** 1re ligue de hockey sur glace à Kingston (Ontario). **1901** 1er club fr. : Hockey-Club de Paris. **1908** Ligue internationale créée à l'initiative du Français Louis Magnus. **1942** Fédération française créée.

■ **Pratiquants.** USA 2 300 000, Canada 2 000 000 dont 90 000 licenciés au Québec, ex-URSS 650 000, *France 18 000 licenciés.*

■ **Patinoire.** 26 à 30 m sur 56 à 61 m. *Buts :* hauteur 1,22 m, largeur 1,83 m. **Équipement :** *crosse :* 135 cm (maximum du talon au bout du manche et 32 cm du talon au bout de la lame). *Palet* (ou *puck* ou *rondelle*) : caoutchouc vulcanisé, 170 g, disque de 2,54 cm d'épaisseur et de 7,62 cm de diamètre ; peut atteindre 190 km/h. *Masque :* sur le gardien de but, *casque* obligatoire pour tous les joueurs. *Protection faciale* obligatoire en France jusqu'aux juniors. *Coût :* équipement hockeyeur 700 à 2 500 F, gardien de but 6 000 à 7 500 F. **Équipe :** 23 joueurs au max., mais chaque équipe n'en a que 6 à la fois sur la glace : 1 gardien de but, 2 arrières et 3 avants qui peuvent se faire remplacer à n'importe quel moment. Changement à peu près toutes les 1 ou 2 min, de préférence à l'occasion d'un arrêt de jeu. **Le joueur le plus rapide** (l'Américain Bobby Hull, né 1939) a atteint 44,7 km/h.

■ **Match.** 3 périodes de 20 min, déduction faite des arrêts de jeu. Jugé par 1 arbitre, 2 juges de lignes et 1 chronométreur. **Règles :** de sa *zone de défense,* chaque équipe peut pratiquer la passe en avant jusqu'à la ligne bleue adverse sans encourir de faute. Dans la *zone neutre,* passes autorisées sans tenir compte de la ligne rouge. Dans la *zone d'attaque,* le palet doit pénétrer le premier. Si un joueur se trouve dans cette zone avant de recevoir le palet, il est hors jeu. Dégagement interdit. Si le palet est envoyé avant la ligne rouge centrale vers le but adverse et qu'il passe la ligne de but, l'arbitre signalera et sifflera un dégagement interdit, sauf si le palet passe dans la zone de but. **Pénalités :** *mineure :* le fautif va en prison pour 2 min et son équipe joue à 5 contre 6. Si elle encaisse un but, la pénalité s'arrête aussitôt. *Majeure :* le joueur est exclu pour 5 min. *De méconduite :* dure 10 min et souvent s'ajoute à la pénalité majeure. Pendant 5 min, l'équipe du fautif joue à 5 et, pendant les 10 min suivantes, à 6 sans que le joueur puni puisse entrer sur la glace. Quand l'arbitre siffle une pénalité, il en fait connaître les raisons.

ÉPREUVES

☞ **Jeux Olympiques** (voir p. 1469 b).

■ **Championnats du monde A** (*créés* 1920). **1920, 24, 28, 30 à 32** Canada. **33** USA. **34, 35** Can. **36** G.-B. **37 à 39** Can. **47** Tchéc. **48** Can. **49** Tchéc. **50 à 52** Can. **53** Suède. **54** URSS. **55** Can. **56** URSS. **57** Suède. **58, 59** Can. **60** USA. **61** Can. **62** Suède. **63 à 71** URSS. **72** Tchéc. **73 à 75** URSS. **76, 77** Tchéc. **78, 79** URSS. **80** USA. **81 à 84** URSS. **85** Tchéc. **86** URSS. **87** Suède. **88 à 90** URSS. **91, 92** Suède. **93** Russie. **94** Can. **95** Finlande. **96** Rép. tchèque. **97** Can. **98** Suède. **99, 2000, 01** Rép. tchèque.

■ **Championnats d'Europe. Messieurs** (*créés* 1910). *Tous les ans,* sauf années olympiques (depuis 1980). **1990** Suède. **91** URSS. **92** *supprimés.* **Coupe d'Europe.** *Créée* 1966. **1991, 92** Djurgärden [2]. **93** Malmö [2]. **94** TPS Turku [1]. **95, 96** Jokerit Helsinki [1]. **97** TPS Turku [1]. **98** Feldkirch [4]. **99, 2000** Metallurg Magnitogorsk [3].

Nota. – (1) Finlande, (2) Suède, (3) Russie, (4) Autriche.

■ **Coupe Stanley.** *Créée* 1893 (équipes américaines et canadiennes). **1995** Devils du New Jersey. **96** Colorado Avalanche. **97, 98** Detroit Red Wings. **99** Dallas Stars. **2000** Devils du New Jersey. **01** Colorado Avalanche.

■ **Championnats de France.** *Créés* 1904. **Organisation :** *division Élite :* 10 équipes, *division 1 :* 12 équipes. **Rés. Messieurs : 1990** Rouen. **91** Grenoble. **92 à 95** Rouen. **96, 97** Brest. **98** Grenoble. **99** Amiens. **2000, 01** Reims. **Dames : 1991 à 94** Cergy-Pontoise. **95** Lyon. **96 à 98** Cergy. **99** Lyon HC. **2000** Cergy-Pontoise.

MEILLEURS JOUEURS

Professionnels canadiens. BELIVEAU Jean (31-8-31), ESPOSITO Phil (2-2-42), GRETZKY Wayne (26-1-61), HODGE Ken, HOWE Gordon (31-3-28), HULL Bobby (1939), LAFLEUR Guy (1950), LAPOINTE Guy (18-3-48), LEMIEUX Mario, ORR Bobby, PERREAULT Gil, RICHARD Maurice (1921-2000). ROY Patrick. **Français.** ALMASY Peter (11-2-61), BARIN Stéphane (8-1-71), BOTTERI Stéphane (27-7-62), BOZON Philippe (30-11-66), CRETTENAND Yves (21-4-62), DJIAN Jean-Marc (29-3-66), FOLIOT Patrick (1-3-64), FOURNIER Guy (30-1-62), GURICKA Ivan (1943), LANG Paul (1944), LE BLOND Bernard (1957), LEMOINE Jean-Philippe (12-7-58), MARIC Daniel (11-6-57), PEREZ Denis, REY Philippe (1954), RICHER Antoine (29-8-61), TREILLE Philippe (12-7-58), VASSIEUX Jean (1950), VILLE Christophe (15-6-63), YLONEN Petri (2-10-62).

JUDO

GÉNÉRALITÉS

■ **Nom.** Prononcer *djioudo.* Du japonais *ju* (souplesse, non-résistance) et *do* (chemin, voie). *Judoka :* celui qui pratique le judo. *Judogi :* son costume.

■ **Histoire. Origine :** *ju-jitsu* (*jitsu* technique). Les *samouraïs* (guerriers japonais) ont, du XIIIe au XIXe s., créé et amélioré des techniques de combat à mains nues destinées à leur assurer la victoire en cas de perte de leurs armes. **1877** un universitaire japonais, Jigoro Kano (1860-1938), commence recherches et entraînement, et crée sa propre méthode, le *judo.* **1882**-*févr.* Kano fonde son école, le *Kodokan* (école pour l'étude de la Voie) à Tokyo. **1889** visite et démonstrations de Kano en France. **1935** création à Paris du 1er dojo par Mikinosuke Kawaishi (1889-1969), venu enseigner le judo. Il invente les ceintures de différentes couleurs. **1946**-*5-12* création de la Féd. française de judo et ju-jitsu. **1952** Féd. intern. de judo créée. **1964** sport de démonstration aux JO. **1988** sport féminin de démonstration aux JO (**1992 :** sport olympique).

■ **Pratiquants.** Japon : 3 000 000 (actifs). *France 800 000* (actifs) [552 000 licenciés (dont 35 000 ceintures noires) dont 21 % femmes (plus 3 300 licenciés de kendo)]. All. 168 000. Italie 40 000. G.-B. 38 000. Belg. 35 000. URSS 25 000. Espagne 25 000. Tchéc. 15 000. Suède 14 000. Suisse 10 000. Autriche 8 000. Youg. 7 000. Danemark 4 000. Hongrie 4 000. Pologne 3 000. Norvège 3 000. Bulgarie 2 000. Israël 2 000. Irlande 2 000.

■ **Principe.** S'allier à la force contraire pour la dominer. Si une personne de force 10 pousse un adversaire de force 7, ce dernier sera renversé. Mais si l'homme de force 7 cède à la poussée en gardant son équilibre, il fera perdre sa stabilité au plus fort. Les forces, au lieu de se soustraire, s'ajoutent.

■ **Dojo** (salle d'entraînement). Se compose de vestiaires, de douches et de *tatamis* (tapis sur lequel se déroule le combat ; bâche tendue et recouvrant une couche de feutre, kapok ou paille de riz, il doit être ferme sous les pieds et souple en profondeur pour amortir les chutes). **Surface de compétition :** 14 × 14 m min., 16 × 16 m max. Recouverte de tatamis en général verts. Le centre forme la *surface de combat* (9 × 9 m min., 10 × 10 m max.), autour se trouve la *zone de danger* (bande de 1 m de couleur rouge) et à l'extérieur la *surface de sécurité* (2,50 à 3 m).

■ **Judogi.** En coton blanc ou écru. **Veste :** en tissu lourd, avec revers capitonnés, elle recouvre la moitié des cuisses, les manches recouvrent la moitié des avant-bras. **Pantalon :** en tissu léger, recouvre la moitié des mollets. **Ceinture :** en tissu de 2,50 m de long, 4 à 5 cm de large, doit faire 2 fois le tour de la taille et être nouée par un nœud plat ; sa couleur indique le grade. Les femmes portent en plus sous la veste un maillot blanc. On combat pieds nus.

■ **Entraînement.** Apprentissage **position de départ** (verticale, pieds écartés) ; **saisies** (par le col de la veste) ; **déséquilibres** (7 directions : avant, avant-droit, latéral droit, arrière-droit, arrière-gauche, latéral gauche, avant-gauche) ; **chutes** (*ukemi :* avant, latérale, arrière) ; **techniques de progression** adaptées à chaque niveau (projection, contrôle, étranglement, luxation) : **projections** (30 techniques), **immobilisations** (11 variantes), **étranglements** (7 variantes), **luxations** (6 variantes). **Kata** (formes) : exercices stylisés illustrant les techniques du judo. Les prises se déroulent toujours dans le même ordre. Il faut les savoir par cœur et atteindre la perfection des mouvements. L'entraînement se termine par les **randori** ou combats libres sans vainqueur et sans limite de temps.

■ **Grades.** Valident la progression de l'enseignement. Marqués par la couleur de la ceinture (différente en Europe et au Japon). Il existe 6 **kyu** (élèves) et 12 **dan** (degrés). **Ceinture attribuée par les professeurs de clubs :** *blanche :* 6e kyu, débutant, durée environ 2 mois. *Jaune :* 5e kyu, 3 mois. *Orange :* 4e kyu, 5 mois. *Verte :* 3e kyu, 6 mois. *Bleue :* 2e kyu, 8 mois. *Marron :* 1er kyu. **Par le comité national des grades qui préside aux examens :** *noire :* 1er, 2e, 3e, 4e et 5e dan. *Noire* ou *rouge et blanche :* 5e, 6e et 7e. *Noire* ou *rouge :* 8e, 9e, 10e et 11e. *Blanche large :* 12e (seul J. Kano obtint le 12e dan et à titre posthume). En France, il y a 4 9e dan (dont les Japonais Awasu et Michigami) et 8 8e dan (dont Pariset, Courtine, Midan, Pelletier et Gruel). *Pour présenter la ceinture noire 1er dan :* il faut avoir 15 ans révolus et 1 an de ceinture marron ; *2e dan :* 17 ans et 6 mois de 1er dan ; *3e dan :* 19 ans et 1 an de 2e dan ; *4e dan :* 22 ans, 18 mois de 3e dan ; *5e dan :* 26 ans et 2 ans de 4e dan. L'examen comprend 3 épreuves : technique, kata et compétition. Pour *le 6e dan,* il faut avoir 35 ans révolus, être 5e dan depuis 10 ans min. et avoir obtenu le 4e dan en compétition ; la commission examine le dossier, puis fait passer un examen technique. Les degrés supérieurs ne sont pas portés en France.

On peut obtenir des grades sans compétition. Conditions : 25 ans révolus, 2 ans de ceinture marron pour le 1er dan, 3 dans le 1er pour le 2e, 4 dans le 2e pour le 3e, 5 dans le 3e pour le 4e, 7 dans le 4e pour le 5e. On passe un examen de progression, de kata et de randori.

■ **Combat de compétition.** Il dure de 2 à 5 min selon les catégories, et commence par le salut debout (à 4 m l'un de l'autre). Le combat a lieu *debout* avec projections *(nage-waza)* et déséquilibres *(ikuzushi, tsukuri, kake)* et *au sol (ne-waza)* avec contrôles *(katame-waza),* immobilisations *(osae komi),* clés et étranglements *(shime).*

Lorsqu'un combattant porte une projection techniquement réussie et que l'adversaire est tombé sur le dos avec force et vitesse, ou si l'un des 2 combattants tient 30 s l'autre au sol en immobilisation ou porte une strangulation ou une clé, l'arbitre annonce *ippon* (point) et met fin au combat. Si un combattant porte un mouvement presque parfait, mais qui n'a pas complètement mis l'adversaire sur le dos, l'arbitre annoncera *waza-ari* (avantage). 2 *waza-ari* valent *ippon.* S'il n'y a pas eu d'*ippon* à la fin du temps réglementaire, le vainqueur est celui qui a marqué le plus d'avantages techniques (*yuko :* avantage, ou *koka :* petit avantage). Si aucun n'a marqué d'avantages, les juges désignent le vainqueur en levant un drapeau. Il n'y a possibilité de match nul *(hiki-waké)* qu'au cours d'une compétition par équipes. Si un judoka veut abandonner *(kiken)* quand il subit une immobilisation, une clé ou un étranglement, il doit frapper avec sa main ou son pied plusieurs fois son corps, celui de son adversaire ou le tapis.

■ **Termes de l'arbitre. Pour diriger le combat :** *hajime* commencez. *Matte* arrêtez. *Sono-mama* ne bougez plus. *Yoshi* continuez. *Toketa* plus d'immobilisation. *Hanteï* décision. *Sore madé* terminé. *Yosei-gashi* vainqueur par décision. *Hiki-waké* match nul. **Pour annoncer la valeur technique :** *koka. Yuko. Waza-ari* avantage. *Awazaté-ippon. Sogo-gashi. Osae komi* immobilisation. **Pour annoncer les pénalités :** *Shido* (en valeur *koka*). *Chui (yuko). Keïkoku (waza-ari). Hansoku-maké (ippon).*

PRINCIPALES ÉPREUVES

Légende : (1) Japon. (2) P.-Bas. (3) France. (4) Ex-URSS. (5) All. féd. avant 1991. (6) All. dém. (7) G.-B. (8) Espagne. (9) Portugal. (10) Pologne. (11) Hongrie. (12) Autriche. (13) Italie. (14) Estonie. (15) Belgique. (16) Géorgie. (17) Russie. (18) Bulgarie. (19) Corée du Sud. (20) Turquie. (21) Israël. (22) Chine. (23) All. depuis 1991. (24) Cuba. (25) USA. (26) Roumanie. (27) Azerbaïdjan. (28) Suisse. (29) Ukraine. (30) Iran. (31) Tunisie. **Jeux Olympiques** (voir p. 1477 a).

■ **Masters.** *Créés* 1988 pour remplacer l'épreuve toutes catégories supprimée aux JO. **1988** Von der Grossen. **89** Vachon [3]. **Depuis 89** *non disputés.*

■ **Championnats du monde. Messieurs** (*créés* 1956). *Tous les 2 ans. 1956-61 :* disputés toutes catégories, *1965 :* 4 cat., *1967-75 :* 6 cat., *depuis 1979 :* 8 cat. *1963* et *1977 : non disputés.* **Toutes catégories : 1987, 89, 91** Ogawa [1]. **93** Kubacki [10]. **95** Douillet [3]. **97** Kubacki [10]. **99** Shinohara [1]. **2001** Mikhaïline [17]. **– 60 kg : 1991** Koshino [1]. **93** Sonoda [1]. **95** Ojeguine [17]. **97** Nomura [1]. **99** Poulot [24]. **2001** Lounifi [31]. **– 66 kg : 1991** Quellmalz [23]. **93** Nakamura [1]. **95** Quellmalz [23]. **97** Kim Hyuk [19]. **99** Benboudaoud [3]. **2001** Miresmaeili [30]. **– 73 kg : 1989, 91** Koga [1]. **93** Chung Hoon [19]. **95** Hideshima [1]. **97** K. Nakamura [1]. **99** Pedro [25]. **2001** Makasov [17]. **– 81 kg : 1991** Lascau [23]. **93** Chung Ki-Young [19]. **95** Koga [1]. **97** Cho In Chul [19]. **99** Randall [7]. **2001** Cho In-Chul [19]. **– 90 kg : 1991** Okada [1]. **93** Nakamura [1]. **95, 97** Jeon Ki-Young [19]. **99** Yoshida [1]. **2001** Demontfaucon [3]. **– 100 kg : 1991** Traineau [3]. **93** Kovacs [11]. **95, 97** Nastula [10]. **99, 2001** Inoue [1]. **+ 100 kg : 1991** Kossorotov [4]. **93 à 97** Douillet [3]. **99** Shinohara [1]. **2001** Mikhaïline [17].

Dames (*créés* 1980). 8 catégories. **Toutes catégories : 1991** Zhuang [22]. **93** Maksymova [10]. **95** Van der Lee [2]. **97, 99** Beltran [24]. **2001** Lebrun [3]. **– 48 kg : 1991** Nowak [3]. **93 à 2001** Tamura [1]. **– 52 kg : 1991** Giungi [13]. **93** Rodríguez [24]. **95, 97** Restoux [3]. **99** Narasaki [1]. **2001** Kye Sun-hui [22]. **– 57 kg : 1991** Blasco [8]. **93** Fairbrother [7]. **95** Gonzalez [24]. **97** Fernandez [8]. **99** Gonzalez [24]. **2001** Lupetey [24]. **– 63 kg : 1991** Eickhoff [23]. **93** Van de Caveye [15]. **95** Jung [19]. **97** Vandenhende [3]. **99** Maeda [1]. **2001** Vandecaveye [15]. **– 70 kg : 1989, 91** Pierantozzi [13]. **93, 95** Cho Min-Sun [19]. **97** Howey [7]. **99** Veranes [24]. **2001** Ue no [1]. **– 78 kg : 1991** Kim Mi-Jung [19]. **93** Leng Chunhui [22]. **95** Luna [24]. **97, 99, 2001** Anno [1]. **+ 78 kg : 1991** Moon Ji Yoon [19]. **93** Hagn [23]. **95** Seriese [2]. **97** Cicot [3]. **99** Maksymow [10]. **2001** Yuan Hua [22].

■ **Coupe du monde.** *Tous les 4 ans.* **Messieurs** (*créée* 1994). **Par éq. 1994** France. **98** Japon. **Dames** (*créée* 1996). **Par éq. 1996, 98** Cuba.

■ **Championnats d'Europe. Messieurs** (*créés* 1951). *1951-55 :* classement par dan, *1957-61 :* par dan et poids, *depuis 1962 :* par poids. **Toutes catégories : 1995** Csosz [11]. **96** Pertelson [14]. **97** Van Barneveld [15]. **98, 99** Tataroglu [20]. **2000** Ruano [8]. **01** Mikhailine [17]. **– 60 kg : 1995** Donohue [7]. **96** Vazagachvili [16]. **97** Mamedov [18]. **98** Khergiani [16]. **99** Penas [8]. **2000, 01** Ismaylov [27]. **– 66 kg : 1995** Schlatter [23]. **96** Revazichvili [16]. **97** Ozkan [20]. **98, 99** Benboudaoud [3]. **2000** Van Kalken [2]. **01** Mirzaliyev [29]. **–73 kg : 1995** Schmidt [23]. **96** Kingston [7]. **97** Vazagachvili [16]. **98, 99** Maddaloni [13]. **2000** Almeida [9]. **01** Bilodid [29]. **– 81 kg : 1995** Reiter [12]. **96** Bouras [3]. **97** Laats [15]. **98** Hajtos [11]. **99** Delgado [9]. **2000** Aschwanden [28]. **01** A. Boudoline [14]. **– 90 kg : 1995** Arens [2]. **96 à 98** Huizinga [2]. **99** De Cooman [15]. **2000** Croitoru [26]. **01** Huizinga [2]. **– 100 kg : 1994 à 96** Nastula [10]. **97** Sonnemans [2]. **98** Gürschner [23]. **99** Traineau [3]. **2000** Stepkine [17]. **01** Zeevi [21]. **+ 100 kg : 1995** Kossorotov [17]. **96** Khakhaleichvili [16]. **97** Tataroglu [20]. **98, 99** Tmenov [17]. **2000** Van Der Geest [2]. **01** Tmenov [17]. **Par éq.** (**ch. d'Europe des nations,** *créés* 1951). **1994, 95** All. **96** France. **97, 98** P.-Bas. **99** Russie. **2000** France.

Dames (*créés* 1975). **Toutes catégories : 1995** Seriese [2]. **96** Van der Lee [2]. **97** Maksymov [10]. **98** Harteveld [2]. **99, 2000** Gerber [23]. **01** Köppen [23]. **– 48 kg : 1994 à 96** Soler [8]. **97** Meloux [3]. **98, 99** Nichilo-Rosso [3]. **2000** Moise [26]. **01** Jossinet [3]. **–52 kg : 1995** Giungi [13]. **96** Rendle [7]. **97** Clément [15]. **98** Imbriani [23]. **99** Allan [7]. **2000** Tignola [3]. **01** Clément [15]. **– 57 kg : 1995** Fairbother [7]. **96** Gal [2]. **97** Lomba [15]. **98, 99** Fernandez [8]. **2000** Harel [3]. **01** I. Fernandez [8]. **– 63 kg : 1995** Gal [2]. **96 à 2001** Van de Caveye [15]. **– 70 kg : 1995** Dubois [3]. **96** Zwierz [2]. **97** Wansart [23]. **98, 99** Werbrouck [15]. **2000** U. Martin [8]. **01** Werbrouck [15]. **–78 kg : 1994 à 97** Werbrouck [15]. **98** San Miguel [8]. **99, 2000, 01** Lebrun [3]. **+ 78 kg : 1995** Goundarenko [17]. **96** Seriese [2]. **97** Hagn [23]. **98** Bryant [7]. **99** Rodina [17]. **2000** Bryant [7]. **01** Gerber [23]. **Par éq.** (**ch. d'Europe des nations,** *créés* 1985). **1995** G.-B. **96 à 98** France. **99** Belgique. **2000** France.

■ **Coupe d'Europe des clubs champions. Messieurs** (*créée* 1974). **1995** PSG. **96, 97** TSV Abensberg [21]. **98** Kenamju Haarlem [2]. **99** Oradea [26]. **2000** Abensberg [21]. **Dames** (*créée* 1997). **1997** Perm Moscou. **98, 99** Kenamju Haarlem [2]. **2000** Orléans [3].

■ **Championnats de France. Messieurs** (*créés* 1943). **– 60 kg : 1990** Carabetta. **91** Bikindou. **92** Harismendy. **93, 94** Douma. **95** Nechar. **96** Bimont. **97** Leroy. **98** Chambily. **99, 2001** Soyer. **– 66 kg : 1990** Carabetta. **91** Nechar. **92** Brunet. **93** Calleja. **94** Djimili. **95** Delacotte. **96** Brunet. **97** Armitano. **98** Leroux. **99** Cormao. **2001** Darbelet. **– 73 kg : 1990** Taurines. **91** Abdoune. **92** Rosso. **93** Gagliano. **94** Henric. **95** Fernandes. **96** Lefebvre. **97** Euclide. **98** Gagliano. **99, 2001** Massina. **– 81 kg : 1990** Libert. **91** Musquin. **92** Yandzi. **93** Damaisin. **94** Passeyro. **95** Yandzi. **96** Inquel. **97** Damaisin. **98** Khaldoune. **99** Semonin. **2001** Yandzi. **– 90 kg : 1990** Geymond. **91** Tayot. **92** Borderieux. **93, 94** Carabetta. **95** Sakachvili. **96** Carabetta. **97** Hugonnier. **98, 99, 2001** Demontfaucon. **– 100 kg : 1990** Fournier. **91** Traineau. **92** Agostini. **93** Julve. **94** Traineau. **95** Fauroux. **96** Lemaire. **97** Traineau. **98** Lagarde. **99, 2001** Lemaire. **+ 100 kg : 1990, 91** Douillet. **92** Rognon. **93** Mathonnet. **94** Bessé. **95, 96** Crost. **97** Rognon. **98, 99, 2001** Dreyfus. **Par éq. 1990** RCF. **91, 92** USO. **93** RCF. **94, 95** US Orléans. **96** Boulogne-Billancourt. **97** PSG. **98, 99** US Orléans. **2001** Levallois SC.

Dames (*créés* 1974). **– 48 kg : 1990** Nowak. **91** Meloux. **92** Dupond. **93** Meloux. **94** Jossinet. **95** Nichilo. **96** Morisson. **97** Jossinet. **98** Nichilo-Rosso. **99** Meloux. **2001** Jossinet. **– 52 kg : 1990** Boffin. **91** Dupond. **92** Nowak. **93** Restoux. **94** Tignola. **95** Boceiri. **96, 97** Tignola. **98** Kieffer. **99** Harnichard. **2001** Marie. **– 57 kg : 1990** Lost. **91 à 95** Magnien. **96, 97** Bouland. **98** Poret. **99** Harel. **2001** Baton. **– 63 kg : 90, 91** Philippe. **92** Petit. **93** Philippe. **94, 95** Vandehende. **96** Cazenove. **97** Lecœuche. **98, 99, 2001** Faure. **– 70 kg : 1989, 90** Beauruelle. **91 à 96** Dubois. **97** Samedi. **98, 99** Rambault. **2001** Abdellatif. **– 78 kg : 1988 à 90** Meignan. **91, 92** Sionneau. **93** Rey. **94** Essombe. **95** Sionneau. **96, 97** Varlez. **98** Taillandier. **99** Telle. **2001** Mondière. **+ 78 kg : 1989 à 95** Cicot. **96** Potel. **97, 98** Marguerite. **99** Maurin. **2001** Potel. **Par éq. 1990** Orléans. **91, 92** ACBB. **93 à 98** LSC Levallois. **99** ACS Mulhouse. **2001** US Orléans.

■ **Tournois internationaux** sur l'initiative de chaque pays organisateur, sans titre officiel en jeu [exemples : Paris en février et Tbilissi (en Géorgie), en octobre].

QUELQUES NOMS

Messieurs. Neil ADAMS [7] (27-9-58). Marc ALEXANDRE [3] (31-10-59). Bertrand AMOUSSOU [3] (29-5-66). Guy AUFFRAY [3] (8-2-45). Jean-Michel (27-2-60) ; Remi BERTHET [3] (31-10-47). Jean-Pierre BESSE [3] (11-8-64). Djamel BOURRAS [3] (11-7-71). André BOURREAU [3] (3-12-34). Jean-Claude BRONDANI [3] (2-2-44). Benoît CAMPARGUE [3] (9-3-65). Fabien CANU [3] (23-4-60). Bruno CARABETTA [3] (27-7-66). Vladimir CHESTAKOV [4] (30-1-61). CHOCHOSVILI [4]. Jean-Paul COCHE [3] (25-7-47). Henri COURTINE [3] (11-5-30). Laurent DEL COLOMBO [3] (27-4-59). Bertrand DEMAISIN [3] (27-10-68). David DOUILLET [3] (17-2-69). Serge DYOT [3] (21-1-60). François FOURNIER [3] (10-2-61). Shozo FUJII [1] (12-5-50). Anton GEESINK [2] (6-4-34). Jean-Louis GEYMOND [3] (1966-91). Lionel GROSSAIN [3] (12-2-38). Jean-Pierre HANSEN [3] (3-12-57). Thierry HARISMENDY [3] (1971-93). Jean de HERDT [3] (1923). Takao KAWAGUCHI [1] (13-7-50). Masahito KIMURA [1] (1917). Ahn KEUN-BYOUNG [19] (22-2-62). Witali KUZNETZOV [4] (16-2-41). Jacques LEBERRE [3] (21-9-37). Waldemar LEGIEN [10] (23-8-63). J.-Marie LE SONN [3] (3-2-65). Georges MATHONNET [3] (4-2-67). Marc MEILING [5] (22-3-62). Richard MELILLO [3] (24-6-59). MIFUNE [1] (1885-1965). Hiroshi MINATOYA [1] (17-10-43). Jean-Jacques MOUNIER [3] (12-6-49). Shokichi NATSUI [1] (1926). Gunther NEUREUTHER [5] (6-8-55). Michel NOWAK [6] (30-6-62). Naoga OGAWA [1] (1968). Bernard PARISET [3] (12-2-29). Angelo PARISI [3] (3-1-53). Arnaud PERRIER [3] (2-1-62). Anton PESNIAK [4]. Philippe PRADAYROL [3] (1966-93). Thierry REY [3] (1-6-59). Jean-Luc ROUGÉ [3] (30-5-49). Patrick ROUX [3] (29-4-62). Wilhem RUSKA [2] (29-8-40). Hitoshi SAITO [1] (2-1-61). Juha SALONEN [24] (16-10-61). Fumio SASAHARA [1] (28-3-45). Noboyuki SATO [1] (12-1-44). Peter SEISENBACHER [12] (26-3-60). Yoshinori SHIGEMATSU [1] (8-2-51). Masatoshi SHINOMAKI [1] (20-9-43). Youri SOKOLOV [4] (23-2-61). Koji SONE [1] (1929). Pascal TAYOT [3] (15-3-65). Bernard TCHOULLOUYAN [3] (12-4-53). Khazret TLETSERI [4]. Stéphane TRAINEAU [3] (16-9-66). Hizashi TSUZAWA [1] (8-6-49). Christian (29-12-58) ; Pierre (29-6-60) ; Roger VACHON [3] (29-8-57). Alexandre VAN DER GROEBEN [5] (5-10-55). Robert VAN DE WALLE [15] (20-5-54). Bachir VARAEV [4] (23-2-64). Grigory VERITCHEV [4] (4-4-57). Patrick VIAL [3] (24-12-46). Laurent VILLIERS [3] (20-1-49). Franck WIENECKE [5] (31-2-62). YAMASHIKI [1] (1924). Yasuhiro YAMASHITA [1] (1-6-57). Darcel YANDZI [3] (11-6-73).

Dames. Cathy ARNAUD [3] (5-2-63). Aline BATAILLER [3] (26-10-65). Isabelle BEAURUELLE [3] (28-1-68). Diane BELL [7] (11-10-63). Ingrid BERGHMANS [15] (24-8-61). Dominique BERNA [3] (15-7-68). Miriam BLASCO [8] (12-12-64). Fabienne BOFFIN [3] (29-11-63). Karen BRIGGS [7] (11-4-63). Dominique BRUN [3] (7-5-64). Christine CICOT [3] (10-9-64). Irène DE KOK [2]. Brigitte DEYDIER [3] (12-11-58). Martine DUPONT [3] (19-4-67). Catherine FLEURY [3] (18-6-66). Sengliang GAO [23]. Céline GÉRAUD [3] (13-2-68). Édith HROVAT [12]. Claire LECAT [3] (6-7-65). Natalina LUPINO [3] (13-6-63). Laetitia MEIGNAN [3] (25-6-60). Cécile NOWAK [3] (22-4-67). Isabelle PAQUE [3] (8-5-64). Marie-Claire RESTOUX [3] (9-4-68). Béatrice RODRIGUEZ [3] (19-10-59). Martine ROTTIER [3] (12-6-55). Angelica SERIESE [2]. Jocelyne TRIADOU [3] (31-5-54).

KARATÉ

GÉNÉRALITÉS

■ **Histoire. VIe s.** créé en Chine par Bodhidharma, qui vient d'Inde et y introduit le bouddhisme dhyana. Méthode d'entraînement physique qui parfait les exercices bouddhiques. Enseignée aux initiés. **Vers Xe s.** introduit à Okinawa et se développe sous le nom de *karaté* [école de la main *(té)* vide *(kara)*]. **Vers 1600** l'Okinawa-Te, méthode où les membres sont employés comme de véritables armes, apparaît dans l'île d'Okinawa, sous occupation japonaise. **Vers 1920** Gichin Funakoshi l'introduit au Japon et fonde sa méthode, le *Shotokan ;* d'autres styles de base existent depuis : le *Goju-Ryu* et le *Shito-Ryu* (association japonaise créée 1948), *Wado-Ryu, Kyokushinkai.* **1957** *1re école fr. créée* à Paris.

■ **Caractère.** Utilisation rationnelle et scientifique des armes naturelles du corps (poings, coudes, tranchant de la main, etc.). **But.** Mise hors de combat de l'adversaire dans le minimum de temps. Coups donnés en attaques circulaires ou directes, tenant compte des principes d'équilibre et de dynamique du corps ; puissance d'impact obtenue par l'utilisation simultanée de différentes parties du corps suivie d'une tension de ces parties au moment du choc. L'efficacité n'est atteinte que par un long entraînement (sur sac ou cibles). Le **kiaï,** cri impressionnant pour le néophyte, correspond à l'expiration profonde au moment de l'attaque ou du blocage. **Techniques. Les plus utilisées :** *mawashi geri :* coup de pied circulaire au visage ; *Kisami tsuki :* coup de poing au corps ; *yoko geri :* coup de pied latéral au corps ; *mae geri :* coup de pied direct au corps.

■ **Règles.** Attaques contrôlées en fonction de la violence des mouvements. **Durée des combats :** en moyenne 3 min pleines ; les adversaires portent une ceinture de couleur en dehors de leur grade normal (arbitrage : rouge et blanc).

■ **Pratiquants.** *Monde :* 25 000 000 environ dont 9 049 814 licenciés. 169 fédérations. *France* (1998) : 208 012 licenciés dont 56 130 femmes.

PRINCIPALES ÉPREUVES

Légende : (1) Espagne. (2) Finlande. (3) Grèce. (4) Japon. (5) Suède. (6) G.-B. (7) Belgique. (8) P.-Bas. (9) USA. (10) France. (11) Italie. (12) Brésil. (13) Belgique. (14) Norvège. (15) Youg. (16) Iran. (17) Russie. (18) Turquie. (19) All. depuis 1991. (20) Australie. (21) Autriche. (22) Croatie. (23) Slovaquie. (24) Afr. du Sud. (25) Sénégal.

■ **Championnats du monde.** *Tous les 2 ans.* **Hommes** (*créés* 1970). **Par catégories : Super-légers : 1990** Ronning [14]. **92** Bugur [18]. **94** Dovy [10]. **96, 98** Luque [1]. **2000** Boulesnane [10]. **Légers : 1990** Azumi [4]. **92** Rubio [1]. **94** Ito [4]. **96** Amozadeh [16]. **98** Biamonti [10]. **2000** Boskovic [19]. **Mi-moyens : 1990** Alagas [18]. **92** Thomas [6]. **94** Shiina [4]. **96** Goubachiev [17]. **98** Alagas [18]. **2000** Lefevre [22]. **Moyens : 1990** Tamaru [4]. **92** Otto [6]. **94** Devigli [21]. **96** Otto [6]. **98** Félix [10]. **2000** Leal [1]. **Mi-lourds : 1990, 92** Egea [1]. **94** Benetello [11]. **96, 98** Cherdieu [10]. **2000** Sabanovic [8]. **Lourds : 1990** Pyrée [10]. **92** Peakall [20]. **94** Le Hetet [10]. **96** Shimizu [4]. **98** Haubold [19]. **2000** Ndiaye [25]. **Toutes catégories : 1990** Tramontini [10] et Pyrée [10]. **92** Hayashi [4]. **94** Takanouchi [4]. **96** Alderson [6]. **98** Papadopulos [3]. **2000** Pinna [10]. **Par équipes : 1982, 84, 86, 88, 90** G.-B. **92** Espagne. **94, 96, 98, 2000** France.

Dames (*créés* 1980). **Légères : 1990** Hasama [4]. **92** Machin [20]. **94** Laine [2]. **96** Larsen [5]. **98, 2000** Hasama [4]. **Moyennes : 1990** Amghar [10]. **92** Samuel [6]. **94** Baba [4]. **96, 98** Toney [6]. **2000** Witteborn [19]. **Lourdes : 1990, 92** Belhriti [10]. **94** Louw [24]. **96** Duggin [6]. **98** Fischer [10]. **2000** Yamaguchi [4]. **Toutes catégories : 1998** Maja [12]. **2000** Aras [18]. **Par équipes. 1994** Espagne. **98** Turquie. **2000** France.

■ **Championnats du monde Kata. Hommes** (*créés* 1980). **1990** Aihara [4]. **92** Sanz [1]. **94, 96** Milon [10]. **98** Abe [4]. **2000** Milon [10]. **Par équipes : 1986, 88** Japon. **90** Italie. **92, 94, 96, 98, 2000** Japon.

Dames (*créés* 1980). **1990, 92** Mimura [4]. **94, 96** Yokoyama [4]. **98, 2000** Wakai [4]. **Par équipes : 1988, 90, 92, 94, 96, 98** Japon. **2000** France.

■ **Championnats d'Europe. Hommes. Par catégories : Super-légers : 1995, 96** Dovy [10]. **97** Luque [1]. **98** Yagli [18]. **99** Luque [1]. **2000** Boulesnane [10]. **01** Luque [1]. **Légers : 1995 à 2001** Biamonti [10]. **Mi-moyens : 1995** Oggianu [11]. **96** Boelbaai [18]. **97** Alagas [18]. **98** Lefèvre [13]. **99** Lefèvre [22]. **2000** Alagas [18]. **01** Vasquez [1]. **Moyens : 1994 à 96** Otto [6]. **97** Loria [11]. **98, 99** Talarico [11]. **2000** Leal [1]. **01** Talarico [11]. **Mi-lourds : 1995** Benetello [11]. **96 à 98** Cherdieu [10]. **99** Celik [18]. **2000** Baillon [10]. **01** Herrero [1]. **Lourds : 1995** Idrizi [22]. **96** Sorken [14]. **97** Olivares [1]. **98** Rajic [15]. **99** Otto [6]. **2000** Benetello [11]. **01** Baldé [10]. **Toutes catégories : 1995 à 97** Pinna [10]. **98** Loria [11]. **99** Lefèvre [22]. **2000** Stojadihov [15]. **01** Félix [10]. **Par équipes : 1995 à 97** France. **98** Angleterre. **99, 2000, 01** France.

Dames. Légères : 1995 Nanni [11]. **96** Laine [2]. **97** Toney [6]. **98, 99, 2000** Mecheri [10]. **01** Garcia [1]. **Moyennes : 1995** Pallin [10]. **96** Amghar [10]. **97** Garcia [1]. **98** Lazarevic [15]. **99** Bux [11]. **2000** Cherreau [10]. **01** Leroy [10]. **Lourdes : 1995** Tuulijarvi [2]. **96** Francis [6]. **97** Firat [18]. **98** Mitic [15]. **99** Fischer [10]. **2000** Lowe [6]. **01** Fischer [10]. **Toutes catégories : 1995** Laine [2]. **96** Garcia [1]. **97, 98** Minet [11]. **99** Ziemer [19]. **2000** Aras [18]. **01** Ziemer [19]. **Par équipes : 1995** Finlande. **96** Italie. **97, 98** Espagne. **99** Turquie. **2000** France. **01** Turquie.

■ **Championnats d'Europe Kata.** *Créés* 1980. **Hommes. 1994 à 97** Milon [10]. **98, 99** Hernandez [1]. **2000, 01** Valdesi [11]. **Par équipes : 1991 à 97** France. **98, 99, 2000, 01** Espagne.

Dames. 1995, 96 Remiasova [23]. **97 à 2000** Sodero [11]. **01** Szkudlarek [10]. **Par équipes : 1990 à 95** Esp. **96** France. **97** Italie. **98** France. **99** Espagne. **2000** France. **01** Espagne.

■ **Coupe d'Europe des clubs. 1986** Arguelles (Esp.). Puis devient **championnat d'Europe des clubs : 1987** SIK (France). **88** Mabuni (Esp.). **92** SIK (France). **93, 94** Centra Park (Fr.). **95** Tempo (Croatie). **96** Istanbul (Turquie). **97** Bug. Belediyesi (Turquie). **98, 99** SIK Paris (France).

■ **Championnats de France. Hommes. Super-légers : 1990** Khatiri. **91 à 96** Dovy. **97, 98** Barst. **99** Anatole. **2000, 01** Boulesnane. **Légers : 1989, 90** Lupo. **91, 92** Gallo. **93** Biamonti. **94** Braun. **95 à 98** Biamonti. **99** Sankhon. **2000, 01** Biamonti. **Mi-moyens : 1990** Goffin. **91** Benjamin. **92 à 94** Anselmo. **95** Fiori. **96 à 98** Anselmo. **99** Gomis. **2000, 01** Bel Lahcen. **Moyens : 1990** Giacinti. **91** Chantron. **92** Giacinti. **93** Chantron. **94** Varo. **95** Felix. **96, 97** Braun. **98 à 2000** Félix. **01** Beaudry. **Mi-lourds : 1990** Pinna. **91** Cherdieu. **92** Gomis. **93** Pinna. **94 à 98** Cherdieu. **99, 2000** Baillon. **01** Gomis. **Lourds : 1990** Pyrée. **91, 92** Le Hetet. **93** Tomao. **94** Le Hetet. **95, 96** Tomao. **97** Ihlé. **98 à 2001** Balde. **Toutes catégories : 1990** Serfati. **91** Ihlé. **92** Tomao. **93** Le Hetet. **94** Gomis. **95** Pinna. **96** Varo. **97** S. Mecheri. **98** Lacoste. **99** Baillon. **2000** Gomis. **01** Félix. **Par équipes : 1990** SIK 1 Paris. **91** IKE Lyon. **92 à 96** Timing Enghien. **97 à 99** SIK Paris. **2000** Timing Enghien. **01** Orléans.

Dames (*créés* 1981). **Légères : 1990** Carraz. **91** Terrine. **92** Trottin. **93** Lacroix. **94** Jean-Baptiste. **95, 96** Mazurier. **97** Mecheri. **98** Terrine. **99, 2000, 01** Mecheri. **Moyennes : 1989 à 93** Amghar. **94** Benoit. **95, 96** Pallin. **97** Benoît. **98, 99** Leroy. **2000, 01** Cherreau. **Lourdes : 1990** Belhriti. **91** Legros. **92** Gonzalès. **93 à 95** Jean-Pierre. **96 à 2001** Fischer. **Toutes catégories : 1996** Pallin. **97** Terrine. **98** Leroy. **99** Fischer. **2000, 01** Leroy. **Par équipes : 1990** MKC Cambrai. **91** Zanchin Bordeaux. **92** SIK 1 Ile-de-France. **93** Sarrebourg. **94** SIK Paris. **95** UJ Marseille. **96** Villeurbanne. **97** SK Mont-de-Marsan. **98** Lorraine. **99, 2000** SIK Paris. **01** Lyon.

■ **Championnats de France Kata.** *Créés* 1975. **Hommes. 1990** Mazaka. **91, 92** Riccio. **93** Mazaka. **94 à 98** Milon. **99, 2000** Mari. **01** Carpin. **Par équipes : 1990** Réunion. **91 à 93** CKF. **94** Humbu dojo Paris. **95** OKA Réunion. **96** Quincy Senard. **97** Ste-Suzanne. **98** Dojo Essonne. **2000** SKB Épinay-sous-Sénart.

Dames. 1990, 91 Chan Liat. **92, 93, 94** Bernard. **95** Abdelhafid. **96** Forstin. **97** Dumont. **98** Abdelhafid. **99, 2000** Szkudlarek. **01** Taquet. **Par équipes : 1990, 91** Réunion. **92, 93, 95** SIK Paris. **96** Massilia Marseille. **97, 98** SIK Paris. **2000** KC Montpellier.

■ **Championnats de France. Karaté « contact ».** Protection de la face et des extrémités (gants de boxe et chaussures spéciales). *Créés* 1980, *supprimés* en 1988.

Quelques noms

■ **Fondateur du karaté.** Gichin Funakoshi (1869-1957). **Grands maîtres japonais.** Oyama, Oshima, Kase, Murakami, Nanbu, Suzuki, Mochizuki, Amada, Goyen, Yamagushi (1907). **Grands champions.** Fitfins et Higgins[6], Lemmens[7] Reeberg et Kotzebue[8] Ozaka et Hayakawa[4], Stevens, Blanks et Evans[9]. **Étrangers :** José-Manuel Egea[1] (1964). H. Kanazawa[4] (1936). Luis Tazaki Watanabe[12] (1946). Gogen Yamagushi[4] (1907, 10e dan). Gus Van Mourik[8]. **Français :** Monique Amghar (19-5-63). Yves Bardeau (2-2-71). Catherine (10-8-62), Patrice Belrhiti (25-5-62). Sophie Berger (18-9-60). Alex Biamonti (30-11-73). Michaël Braun (26-10-74). Gilles Cherdieu (7-7-69). Serge Chouraqui (19-9-49). Marc De Luca. Francis Didier (1949). Damien Dovy (31-3-66). Paul Giacinti (2-12-63). Catherine Girardet (16-3-64). Joseph Goffin (11-9-53). Gilbert Gruss (1942). Mohamed Khatiri (25-12-61). Alain Le Hetet (19-12-64). Didier Lupo (7-1-65). Jean-Luc Mami (1941). Thierry Masci (22-7-59). Maryse Mazurier (25-2-64). Mikael Milon (3-5-72). Jean-Luc Montama. Didier Moreau (24-1-62). Roger Paschy (1944). Bruno Pellicer (8-8-60). François Petitdemange (1941). Claude Pettinella (22-3-60). Pierre Pinar (7-5-62). Emmanuel Pinda (7-6-61). Christophe Pinna (18-3-68). Marc Pyrée (2-2-60). Patrice Ruggiero (22-11-55). Laurent Saidane. Nicole Sarkis (10-9-55). Guy Sauvin (1942). Serge Serfati (26-12-55). Alain Setrouk (1941). Jacques Tapol (19-5-55). Serge Tomao (11-5-70). Giovanni Tramontini (1-12-56). Dominique Valéra (10-2-43). Rudolph Valle (4-8-60).

Lutte

Luttes gréco-romaine et libre

Généralités

■ **Nom.** Du latin *luctari.* L'appellation *gréco-romaine* est impropre, car elle est d'origine française. On devrait plutôt parler de lutte à main plate. Appelée *lutte classique* ou *lutte française* à l'étranger. **Origine.** De tout temps, les hommes ont lutté pour assurer leur survie. **708 av. J.-C.** lutte introduite aux 18e JO. Victoire d'Euribate de Sparte. **Vers 1845** renaissance en France grâce à Exbrayat, un ancien grognard de l'Empire qui tient une baraque foraine. Il institue la règle de ne pas porter de prises au-dessous de la ceinture et interdit prises et torsions douloureuses. **1912** fondation de la Féd. intern. de lutte amateur. **1913-*25-4*** Féd. fr. créée. **1978** règlements fr. pour lutte féminine.

■ **Règles. Définition :** combat au corps à corps de 2 lutteurs. **But :** déséquilibrer l'adversaire et lui faire toucher le sol des 2 épaules. **2 styles :** *gréco-romain* (seules les prises entre la tête et la ceinture sont permises, prises et torsions douloureuses sont interdites) ; *libre* (les prises de jambes sont permises). **Style féminin :** identique au style libre mais durée du combat 4 min. **Tapis :** circulaire de 9 m de diam. **Tenue :** maillot rouge ou bleu à bretelles, chaussures montant sur la cheville. **Durée du combat :** 2 périodes de 3 min séparées par 30 s de repos. **Catégories :** *poids maximal garçons* 54 kg, 58, 63, 69, 76, 85, 97 et 130 (125 jusqu'en juin 1997) ; *filles* 46 kg, 51, 56, 62, 68 et 75. **Victoire** acquise par *tombé* (omoplates au sol), *supériorité technique* (10 points de différence), ces deux types de victoires arrêtant le match ; *aux points* (meilleur total des points attribués), *par disqualification* (après 3 avertissements à l'adversaire). Les points sont attribués au cours du combat par un juge, qui note de 1 à 5 les actions et les prises accomplies par chaque lutteur. Si à la fin de la durée de l'assaut aucun lutteur n'est tombé, la décision est donnée aux points au lutteur en ayant obtenu le plus grand nombre ; il n'existe plus de match nul. En cas d'égalité, une prolongation immédiate est ordonnée jusqu'au 1er point ou jusqu'à la disqualification. Des points de classement sont attribués après chaque décision ; ils servent à départager 2 ou plusieurs concurrents. Système de compétition en 2 phases : *1re :* lutteurs répartis en poules de 3 ou 4 où chacun se rencontre ; *2e :* chaque vainqueur de poule est qualifié et combat en élimination directe.

Principales épreuves

Légende : (1) Bulg. (2) All. dém. (3) Roumanie. (4) Hongrie. (5) Ex-URSS. (6) Macédoine. (7) Finl. (8) Biélorussie. (9) Japon. (10) USA. (11) Géorgie. (12) Suède. (13) Pol. (14) Turquie. (15) Grèce. (16) Cuba. (17) Norvège. (18) France. (19) Italie. (20) Corée du Sud. (21) Iran. (22) Chine. (23) All. depuis 1991. (24) Russie. (25) Autriche. (26) Arménie. (27) Ukraine. (28) Canada. (29) Kazakhstan. (30) Moldavie. (31) Rép. tchèque. **Jeux Olympiques** (voir p. 1477 b).

Championnats du monde

■ **Lutte gréco-romaine. Messieurs** (*créés* 1950). **54 kg : 1997** E. Yildiz[14]. **98** Sim[20]. **99** Rivas[16]. **58 kg : 1997** Melnichenko[29]. **98, 99** In Sub[20]. **63 kg : 1997** Eroglu[14]. **98, 99** Manukian[29]. **69 kg : 1997** Sang-Pil[20]. **98** Tretiakow[24]. **99** Sang-Pil[20]. **76 kg : 1997** Yli-Hannuksela[7]. **98** Baisetov[29]. **99** Avluca[14]. **85 kg : 1997** Tsvir[24]. **98** Menchikov[24]. **99** Mendez[16]. **97 kg : 1997 à 99** Koguachvili[24]. **130 kg : 1997 à 99** Kareline[24].

■ **Lutte libre. Messieurs** (*créés* 1949). **54 kg : 1997** Garcia[16]. **98** Henson[10]. **99** Kim[20]. **58 kg : 1997** Talali[21]. **98** Dabir[21]. **99** Harun[14]. **63 kg : 1997** Kenari[21]. **98** Barzakov[1]. **99** Tedeev[27]. **69 kg : 1997, 98** Gevorkyan[26]. **99** Igali[28]. **76 kg : 1997 à 99** Saitiev[24]. **85 kg : 1997** Gutches[10]. **98** Heidari[21]. **99** Romero[16]. **97 kg : 1997** Kuramagedov[24]. **98** Jadidi[21]. **99** Murtazaliev[24]. **130 kg : 1997** Guglu[14]. **98** Rodriguez[16]. **99** Neal[10].

■ **Lutte féminine** (*créés* 1987). **46 kg : 1997** Zhong Xiue[22]. **98, 99** Saunders[10]. **2000** Melnik[27]. **51 kg : 1997** Piasecka[13]. **98** Shinomura[9]. **99** Yamamoto[9]. **2000** Sakamoto[9]. **56 kg : 1997** Gomis[18]. **98** Hoie[17]. **99** Gomis[18]. **2000** Yamamoto[9]. **62 kg : 1997** Golliot[18]. **98** Hartmann[25]. **99** Shoda[9]. **2000** Hartmann[25]. **68 kg : 1997, 98** Nordhagen[28]. **99** Bacher[10]. **2000** Marano[10]. **75 kg : 1997 à 99** Hamaguchi[9]. **2000** Nordhagen[28].

Championnats d'Europe

■ **Lutte gréco-romaine.** *Créés* 1925. **Messieurs. Par nations** (nombre de pts) : **1997** Russie 54. Turquie 42, Géorgie 36. **98** Russie 74, Biélorussie 46, Turquie 40. **99** Bulgarie 51, Russie 48, Pologne 35. **2000** Russie 68, Biélorussie 50, Hongrie 37. **01** Turquie 64, Russie 54, Géorgie 35. **Individuels. 54 kg : 1997** Jablonski[13], **98** Ambarumov[24]. **99** Danielan[24]. **2000** Sandu[3]. **01** Radkevich[8]. **58 kg : 1997** Mnatsakanian[26]. **98, 99** Nazarian[1]. **2000** Majoros[4]. **01** Svemla[31]. **63 kg : 1997** Monov[24]. **98** Eroglu[14]. **99** Zawadski[13]. **2000** Samourgachev[24]. **01** Eroglu[14]. **69 kg : 1997, 98** Tretiakov[24]. **99, 2000** Glouchkov[24]. **01** Dokhturishvili[11]. **76 kg : 1997** Kornbakk[12]. **98** Kardanov[24]. **99** Dobrev[1]. **2000** Makarenko[8]. **01** Michine[24]. **85 kg : 1997 à 99** Yerlikaya[14]. **2000** Lidberg[12]. **01** Yerlikaya[14]. **97 kg : 1997** Basar[14]. **98** Lichtvan[8]. **99** Ljungberg[12]. **2000** Lichtvan[8]. **01** Besroutchkine[24]. **125 puis 130 kg : 1997** Mureiko[1]. **98 à 2000** Kareline[24]. **01** Bardos[4].

■ **Lutte libre. Messieurs** (*créés* 1929). **Par nation** (nombre de pts) : **1997** Russie 68, Ukraine 49, Turquie 48. **99** Ukraine 64, Russie 63, Bulgarie et Géorgie 43. **2000** Russie 68, Bulgarie 41, Turquie 40. **01** Russie 59, Bulgarie 45, Géorgie 45. **Individuels. 54 kg : 1997 à 2000** Zaharuk[27]. **01** Tulbea[30]. **58 kg : 1997, 98** Pogosian[11]. **99** Dogan[14]. **2000** Ramazanov[24]. **01** Bankuti[4]. **63 kg : 1997** Azizov[30], **98** Barzakov[1]. **99** Tedeev[27]. **2000** Umachanov[24]. **01** Barzakov[1]. **69 kg : 1997** Geborkian[26]. **98** Sanli[14]. **99** Zazirov[27]. **2000** Bedineishvili[11]. **01** Gülhan[14]. **76 kg : 1997** Saitiev[24]. **98** Leipold[23]. **99** A. Saitiev[24]. **2000, 01** B. Saitiev[24]. **85 kg : 1997** Mogomedov[30]. **98** Saitiev[24]. **99** Ibragimov[6]. **2000** A. Saitiev[24]. **01** Sajidov[24]. **97 kg : 1997, 98** Kurtanidze[11]. **99** Kouramagomedov[30]. **2000** Murtazaliev[24]. **01** Kurtanidze[11]. **125 puis 130 kg : 1997** Mousoulbes[24], **98** Polatci[13]. **99** Choumiline[24]. **2000** Garmulewicz[13]. **01** Mousoulbes[24].

■ **Lutte féminine** (*créés* 1988). **46 kg : 1998 à 2000** Karamchakova[30]. **01** Karamtchakova[24]. **51 kg : 1998** Egshina[24]. **99** Wojtanowska[13]. **2000** Smirnova[24]. **01** Poumpouridou[15]. **56 kg : 1997 à 99** Gomis[18]. **2000** Eriksson[12]. **01** Lazareva[27]. **62 kg : 1997 à 2000** Hartman[25]. **01** Bassa[13]. **68 kg : 1997** Udycz[13] (Blind[18] déclassée). **98** Pruszko[13]. **99, 2000** Golliot[18]. **01** Gavriliva[24]. **75 kg : 1997** Kowalska[13]. **98** Englisch[23]. **99, 2000** Komarnytska[27]. **01** Witkowska[13].

Championnats de France

■ **Lutte gréco-romaine. Messieurs** (*créés* 1919). **54 kg : 1997** Belghidoun. **98, 99** Oubrick. **2000** Narbonet. **01** Oubrick. **58 kg : 1997** Ainaoui. **98** Ghilmanou. **99** Da Silva. **2000** Muller. **01** Belguidoum. **63 kg : 1997** Bastien. **98, 99** Bendjoudi. **2000** Beyer. **01** Hidalgo. **69 kg : 1997 à 2000** Eyer. **01** Guenot. **76 kg : 1997, 98** El Hadad. **99** Yalouz. **2000** Esslini. **01** Riemer. **85 kg : 1997, 98** Nagy. **99** Millien. **2000** El-Hadad. **01** Millien. **97 kg : 1997** Hammiche. **98 à 2001** Théval. **125 puis 130 kg : 1997 à 99** Jung. **2000** Welzer. **01** Fezjic.

■ **Lutte libre. Messieurs** (*créés* 1919). **54 kg : 1997** Bahuet, **98** D. Legrand. **99** Vigouroux. **2000** Brillon. **01** Fournier. **58 kg : 1997 à 99** Leprince. **2000** Da Silva. **01** Legrand. **63 kg : 1997 à 2001** Makhlouf. **69 kg : 1997 à 99** Masiero. **2000** Selloum. **01** Vazeilles. **76 kg : 1997** Tudezca, **98** Oliveira. **99** Guenot. **2000** Zengin. **01** Schuller. **85 kg : 1997** Colbert, **98** A. Legrand. **99** Tantini. **2000, 01** Diouf. **97 kg : 1997** Rombouts, **98** Mourot. **99** Gobert. **2000** Tantini. **01** Rombouts. **130 kg : 1997** Kereztes, **98, 99** Jung. **2000, 01** Darcis.

■ **Lutte féminine. 46 kg : 1997, 98** Touchi. **99, 2000, 01** Hidalgo. **51 kg : 1997, 98** Hidalgo. **99, 2000** Deluntsch. **01** Touchi. **56 kg : 1997 à 2000** Gomis. **01** Seve. **62 kg : 1997, 98** Golliot. **99** Delrue. **2000** Seve. **01** Djebaili. **68 kg : 1998** Bellot. **99, 2000** Golliot. **01** Legrand. **75 kg : 1997** Henry, **98** Lhomme. **99** Deliot. **2000** Gai. **01** Dos Santos.

Quelques noms

■ **Étrangers.** Abilov Ismaël[1] 9-6-51. Absaidov Saipulla[5] 14-7-55. Abushev Magomedgasan[5] 10-11-59. Andersson Frank[12] 9-2-56 ; Lief[12] 13-10-49. Andiev Soslan[5] 21-4-52. Balboshine Nikolaï[5] 8-6-49. Baumgartner Bruce[10]. Beloglazov Sergeï[5] 16-9-56. Berceanu Gheorghe[3] 28-12-49. Davidiane Nelson[5] 6-4-50. Dietrich Wilfried[11] 14-10-33. Fadzaev Arsen[5]. Hackenschmidt Georges-Karl[5] 1877-1968. Johansson Ivar[12] 1903-79. Kareline Alexandre[5,30] 16-9-67. Khabelov Lerl[5]. Khadartsev Aslan[5] 1972-90. Khadersev Makharbek[5]. Kocsis Ferenc[4] 8-7-53. Kolev Ivan[1] 17-4-51. Koltchinsky Alexandr[5] 20-2-55. Korban Guennady[5] 1-2-49. Kozma Istvan[4] 1939-70. Madjidov Kamandar[5]. Maenza Vincenzo[19]. Mamiachvili Mikhaïl[5] 1963. Medved Alexandr[5] 16-9-37. Oganesjan Sanasar[5] 5-2-60. Peterson John Allan[10] 22-10-48. Resantsev Valeri[5] 8-10-46. Ronningen Jon[17]. Rusu Stefan[3] 2-2-56. Smith John[10] 1965. Tarnenko Leonid[5] 13-6-56. Tediashvili Levan[5] 15-3-48. Tomov Alexander[1] 3-4-49. Ushkempirov Zaksylik[5] 6-5-51. Watanabe Osamu[9] 21-10-40. Wehling Heinz-Helmut[2] 8-9-50. Westergren Carl[12] 1895-1958. Zlatev Asen[1] 1960.

■ **Français.** Abrial Franck 18-3-64. Ainaoui Djamel 17-5-75. Andanson Christophe 12-7-57. Aurine René 1916-80. Ballery Georges 18-7-37 ; Michel 5-4-52. Belguidoum Salah 4-5-68. Berger Alain 11-11-65. Bielle Roger 26-8-28. Blind Emmanuelle 23-5-70. Bouazzat Béchir 1908-44. Bouchoule André 23-5-48. Bourdin Thierry 30-10-62. Brulon Eric 2-9-60. Carbasse Georges 29-9-44. Chambellan Jean-Pierre 7-10-58. Court Jean-François 1-9-57. Deglane Henri 1902-75. Deloor Daniel 11-9-40 ; Julien 22-7-20 ; Michel 17-12-42. Dourthe Isabelle 24-1-63. Émelin Daniel 25-2-55. Gomis Anna 6-10-73. Gourdin Jean-Marc 27-3-60. Grangier Michel 2-4-48. Herlin Brigitte 9-8-66. Jalabert Gilles 27-9-58. Jung Serge 16-3-67. Kouyos Charles 10-2-28. Lacaze Lionel 24-3-55. Legrand Alcide 17-2-62. Lobrutto Diego 26-8-53. Meiss Henri 12-11-63. Mercader Jean-Pierre 18-3-55 ; Michel 18-9-57. Mischler Martial 6-7-64. Mokkedem Faouzi (5-10-63). Mourier Patrice 11-4-62. Pacôme Charles 1902-78. Poilvé Émile 1903-63. Poupon Martine 20-1-65. Riemer Yvon 5-10-70. Robert Serge 2-5-63. Robin Daniel 31-5-43. Rossignol Patricia 25-10-56. Sagon Jocelyne 7-6-60. Santoro Gérard 16-10-61. Schiermeyer René 27-9-38. Siffert Brigitte. Stanciu Martin 17-8-57. Taberna Pierre 21-8-44. Toulotte Théodule 21-12-50. Van Gucht Sylvie 30-11-62. Yalouz Ghani 1968. Zoete André 30-8-31.

Autres luttes

■ **Catch.** De *catch as catch can* (attrape comme tu peux). *Origine :* USA. En France, considéré davantage comme un spectacle que comme un sport. Forme de lutte libre. Toutes les prises, même douloureuses, sont permises, sauf quelques exceptions.

■ **Gouren (lutte bretonne).** Apparentée à la lutte cornique (des Cornouailles). Depuis 1980, implantée en Angleterre, Écosse, Irlande, P.-Bas, Espagne, Italie. *Tenue :* pieds nus, culotte courte ou pantalon de toile lacé au-dessus du genou *(bragoù)*, chemise en toile à manches courtes *(roched)* portant une ceinture. *Combat :* lutte debout avec forte utilisation de crocs-en-jambe *(kliked)*. *Victoire (lamm) :* acquise par le lutteur qui projette son adversaire sur le dos. *Contacts :* Fédération de Gouren : St-Ernel, 29800 Landerneau. Ti Ar Gouren, 29690 Berrien. *Clubs :* 40.

■ **Sumo** (voir **Arts martiaux** p. 1378 b).

■ **Turquie.** 2 formes de luttes : l'une sèche *(karakuçak)*, l'autre à l'huile *(yagli guresh)*. *Tenue :* culotte en cuir souple allant jusqu'en dessous du genou. Dans le yagli, le corps et la culotte sont enduits d'huile. *Combat :* attaques permises sur tout le corps, combat à terre ou debout. Lutteurs répartis en 2 groupes. Dès qu'un lutteur est éliminé, le vainqueur s'oppose au vainqueur d'un autre combat jusqu'à la finale. *Victoire* à celui qui met le « ventre » de son adversaire face au soleil ou fait 3 pas en le portant.

Montagne

☞ **Les sports de montagne** recouvrent : l'**alpinisme**, qui consiste à gravir des parois rocheuses et à progresser dans des terrains escarpés, glaciaires ou enneigés ; la **randonnée en montagne** sur ou hors sentiers à l'exception des terrains de l'alpinisme ; le **ski alpin**, pratiqué sur les pistes ouvertes des stations, le **ski hors piste** pratiqué au départ du sommet des remontées mécaniques des stations de ski, en dehors des pistes ouvertes, sur des pentes généralement non sécurisées, le **ski de randonnée** (ou de montagne) pratiqué sans l'utilisation des remontées mécaniques, en zone non sécurisée (montagnes vierges) avec du matériel spécifique (surtout pour la montée : fixations à débattement libérant le talon pour la montée, peaux de phoques anti-recul), le **ski de raid**, variante du ski de randonnée où la sortie dure plusieurs jours (itinérant ou en étoile), le **ski-alpinisme**, qui combine alpinisme et ski de randonnée ; l'**escalade sportive** en sites naturels aménagés ou non ou sur des structures artificielles d'escalade (SAE ; environ 1 000 en France) ou de glace (SAG ; très rare en France) ; les **expéditions lointaines**, qui demandent des capacités d'accoutumance à l'altitude et de résistance ; la **raquette à neige** sur des terrains montagnards de type nordique en dehors de ceux de l'alpinisme ; la **descente de canyon** avec ou sans corde utilisant les talwegs et le lit des torrents et alternant passages escarpés et passages aquatiques.

■ **Acclimatement.** Durée nécessaire pour un adulte : moins de 3 000 m : quelques jours ; 4 000 à 5 000 m : 2 semaines ; plus de 5 000 m : plusieurs semaines. En situation extrême, un alpiniste très bien acclimaté et psychologiquement très résistant peut séjourner quelques jours à plus de 8 000 m et quelques heures au sommet de l'Everest (8 848 m, pression réduite au tiers de la normale), alors qu'un homme placé brutalement dans des conditions semblables (caisson, dépressurisation d'un avion) perd connaissance et meurt rapidement. La montée ou le séjour en altitude peuvent entraîner un œdème pulmonaire ou cérébral pouvant être mortel.

■ **Modifications physiologiques.** La diminution de la pression d'oxygène dans l'air inspiré en altitude est compensée, à *court terme,* par l'augmentation des rythmes cardiaque et respiratoire et la rétention des fluides dans le corps, à *long terme,* par une redistribution sanguine, augmentation considérable du nombre de globules rouges permettant le transport d'oxygène par le sang, des modifications intracellulaires mal connues permettant aux cellules de s'adapter, etc. *Au-delà de 5 500 m environ,* la compensation ne permet plus la survie permanente : on observe progressivement une perte de poids avec fonte musculaire, disparition de l'appétit, insomnies, maux de tête, nausées, œdème pulmonaire ou cérébral, perte de conscience. Le sang des hommes et des animaux vivant en haute altitude (Bolivie, Pérou, Tibet : plus de 5 000 m dans certaines régions) est plus riche en globules rouges que celui des hommes de la plaine. On observe un accroissement apparent du nombre des globules rouges dès le début d'une ascension en haute montagne, par hémoconcentration. L'augmentation réelle demande plusieurs semaines.

■ **Épreuves des JO.** L'alpinisme ne figure pas au programme. Cependant, en 1992, une épreuve d'escalade sportive a été organisée à Chambéry, en prélude aux JO d'Albertville. L'UIAA (Union internationale des Associations d'Alpinistes) a été reconnue par le CIO en 1995 comme Fédération sportive internationale représentant les sports de montagne et escalade.

■ **Escalade. Championnats du monde de difficulté.** 1er championnat officiel organisé en oct. 1991 à Francfort (All.) sur un mur haut de 15 m et large de 26 m. *Tous les 2 ans.* **Messieurs. 1991, 93, 95** François Legrand (Fr.). **97** François Petit (Fr.). **99** Bernardino Lagni (It.). **Dames. 1991, 93** Suzi Good (Suisse). **95** Robyn Erbesfield (USA). **97, 99** Liv Sansoz (Fr.). **Coupe du monde de difficulté. 1990 à 93, 94** François Lombard (Fr.). **95** François Petit (Fr.). **96** Arnaud Petit (Fr.). **97** F. Legrand (Fr.). **98** Ugi Hirayama (Jap.). **99** F. Petit (Fr.). **2000** U. Hirayama (Jap.). **Dames. 1992 à 95** Robyn Erbesfield (USA). **96** Liv Sansoz (Fr.). **97** Muriel Sarkany (Belg.). **98** L. Sansoz (Fr.). **99** M. Sarkany (Belg.). **2000** L. Sansoz (Fr.). **Championnats d'Europe de difficulté.** *Tous les 2 ans.* **Messieurs. 1996** Arnaud Petit (Fr.). **98** Ian Vickers (G.-B.). **2000** Alex Chabot (Fr.). **Dames 1996** L. Sansoz (Fr.). **98** Muriel Sarkany (Belg.). **2000** Katrin Seldmayer (All.).

■ **Voies d'escalade les plus difficiles réalisées. 1991.** *Action directe* (Frankenjura, All.) 1re voie en 9 a par Wolfgang Güllich. **1993.** *Hugh* (Eaux-Claires, Fr.) 8 c+ par Fred Rouhling. **1994.** *Superplafond* (Volx, Fr.), 8 c+ par J.-B. Tribout ; *Bronx* (Orgon, Fr.), 8 c+ par François Petit. **1995.** *Akira* (Eaux-Claires, Fr.), 9 a par Fred Rouhling ; *Les Massey* (calanques de Marseille, Fr.), 8 b+ par Élie Chevieux (meilleure performance à vue).

☞ Échelle française de difficulté : de *1* (marche) à *9*, chaque cotation étant divisée en 3 sous-cotations *a*, *b*, *c*, pouvant être déclinées par un + ou un – ; l'escalade sportive débute au 6e degré ; le 9e degré combine escalade extrêmement surplombante, prises petites et éloignées les unes des autres, longueur de l'effort. Échelle de bloc : de 2 à 8 c ; pas comparable à celle de la difficulté car l'effort est différent ; le bloc combine un effort très bref et la plus extrême difficulté de mouvement, sur des rochers de 4 ou 5 m de haut (corde inutile).

■ **Pratiquants en France.** Alpinisme 150 000. Escalade entre 1,5 et 2 millions. Randonnée 2 000 000.

☞ **Ski extrême** (descente) : *1-6-1990 :* Pierre Tardivel (Fr., 26-11-63) à skis, face nord du Pain de sucre dans les Aiguilles de Chamonix. *1995 :* Éric Bellin (Fr.) couloir en Y face sud de l'aiguille Verte, 4 122 m en surf. *-6-5 :* Pierre Tardivel à skis, face est de l'aiguille du Triolet 3 870 m.

Guides et clubs

■ **Brevet d'État d'alpinisme.** Comprend : accompagnateur en moyenne montagne (formation régionale), aspirant-guide, guide de haute montagne. *Diplômés :* environ 4 000 en France. **Formation :** Ensa (Chamonix, pour aspirant-guides et guides). **Brevet d'État d'escalade.** *Créé* 1989, activité limitée à 1 500 m d'alt.

■ **Quelques dates. 1823** 1re Cie de guides à Chamonix. **1857** Club alpin italien et Club alpin suisse. **1865** Sté Ramond (club de montagne) au pied du cirque de Gavarnie (Pyrénées). **1866** Club jurassien. **1869** Clubs alpins allemand et autrichien. **1872** Club des Vosges. **1873** Club des Carpates (Hongrie). **1874** Club alpin français et Sté alpine de Cracovie. **1919** Groupe de Hte montagne créé par l'élite des grimpeurs français. **1932** Union intern. des associations d'alpinisme. **1947** Syndicat national des guides de montagne. **1965** Union intern. des associations de guides de montagne créée.

Accidents

■ **Catégories.** *Les plus nombreux* (touchant les néophytes) résultent d'imprudences, de la non-observation des règles de sécurité (erreur d'orientation, manque d'équipement, méconnaissance des techniques de protection, mépris des prévisions météo, conditions physiques ou psychologiques inadaptées) ; *quelques-uns* concernent des alpinistes confirmés, engagés dans des ascensions difficiles.

■ **Statistiques en France.** Système d'information et d'observation de la sécurité en montagne mis en place en 1997. **Morts immédiats :** *1998 :* 99 ; *99 :* 96. **Répartition (alpinisme) :** plus de 80 % par beau temps ; 82 % en juillet-août-sept. (dont juillet-août 71 %), 55 % en neige et glace, 32 % en rochers, 13 % terrain mixte. Environ 56 % des accidents et des morts sont dus aux chutes, glissades (dévissages). A peu près autant d'accidents en montée qu'en descente (souvent plus facile).

Avalanches

■ **Prévision.** Bulletin journalier de risque, par département, du 15 déc. au 30 avril. Drapeau jaune : risque 1 et 2, à damier jaune et noir : 3 et 4, noir : risque 5. Échelle de risque européenne à 5 niveaux (de 1 : faible à 5 : très fort ; le risque 0 n'existe pas).

■ **Types.** *De neige récente :* se produisent pendant la chute de neige ou peu après, dès que la pente ne peut contenir la neige accumulée. Neige de faible cohésion, peut être à caractère de plaque friable, de neige poudreuse avec aérosol, ou de coulée si la superficie et l'épaisseur restent modestes. *Plaques :* dues à une couche de neige présentant une certaine cohésion et mal solidarisée avec la couche sous-jacente (exemple : la plaque à vent). L'épaisseur et la dureté d'une plaque de neige sont très variables ; les avalanches de plaques sont la principale cause d'accidents. *De fonte (neige très humide ou mouillée) :* lors d'un redoux avec ou sans pluie, et au printemps, la neige gorgée d'eau perd sa cohésion au point de se décrocher.

■ **Protection. Permanente** *défense passive :* par déviation (tunnel ou galerie, toit-tremplin, étraves, tournes et digues de déviation), freinage ou dissipation d'énergie (coins, tas freineurs, murs d'arrêt en fin de course). *Active :* par retenue (râteliers, claies, croisillons, filets, pieux, palissades, terrasses ou banquettes), par modification des lieux de dépôt de la neige (barrières à vent, vire-vent, toits-buses) ou de la surface du sol (reboisement). **Temporaire** *déclenchements préventifs :* au pied par skieurs expérimentés (technique abandonnée) ; à l'explosif lancé à la main (de 2,5 kg) ou largué par hélicoptère, transporté par câbles (Catex), tiré par lanceur (avalancheur, avec projectile flèche, explosif liquide autostérilisable), par explosion d'un mélange d'oxygène et de propane (Gazex) ou explosion d'hydrogène (Avalhex).

■ **Morts par avalanche en France :** *1820 (août) :* mont Blanc, 9 alpinistes retrouvés 8 km plus bas en 1861 (dans « tout l'éclat de leur jeunesse » dira un témoin) ; *1970 (10-2) :* Val-d'Isère 39 (chalet de l'UCPA) ; *75 :* 11 ; *76 :* 41 ; *77 :* 29 ; *78 :* 32 ; *79 :* 22 ; *80 :* 32 ; *81 :* 57 ; *82 :* 28 ; *83 :* 36 ; *84 :* 28 ; *85 :* 45 ; *86 :* 40 ; *87 :* 24 ; *88 :* 24 ; *89 :* 17 ; *90 :* 22 ; *91 :* 47 ; *92 :* 28 ; *93 :* 23 ; *94 :* 23 ; *95 :* 24 ; *96 :* 44 ; *97 :* 23 ; *97-98 :* 35. *98-99 :* 44. *99-2000 :* 28. **Chances de survie :** de 15 min : 93 % et plus, 15 min : 93 %, 45 min : 26 %, 120 min : 6 %. **Recherches :** *sonde métallique :* de 4 ou 6 m par éléments de 1 m. 20 hommes entraînés sondent grossièrement 1 ha en 4 h et minutieusement en 20 h. *Chien :* met environ 20 min pour chercher sur 1 ha. *Appareils de recherche de victimes en avalanche (Arva) :* émetteur-récepteur (fréquence 457 kHz) actuellement le plus efficace pour localiser la victime et la retrouver vivante (dimensions 12 × 8 × 2 cm, poids 300 g), portée de 10 à 20 m.

■ **Personnel spécialisé diplômé.** *Spécialistes en déclenchement d'avalanches* 2 300 formés (1 300 opérationnels) ; *observateurs nivo-météorologues* 1 015 ; *servants de l'engin avalancheur* 200 ; *responsables chargés de la sécurité* 260 ; *équipes cynophiles* (maîtres-chiens et chiens) 140.

Formations par l'*Association nat. pour l'étude neige et avalanches,* 15, rue Ernest-Calvat, 38000 Grenoble : spécialiste en déclenchement des avalanches, servant avalancheurs, maître chien d'avalanche.

Ascensions célèbres

Europe

Vers 1280 *Canigou* (2 785 m) par le roi d'Aragon Pierre III. **1336** *mt Ventoux* (1 909 m) : Pétrarque (Italie). **1492**-*26-6 mt Aiguille* (*Mons inaccessibilis,* 2 097 m) : un gentilhomme lorrain, Antoine de Ville, seigneur de Domjulien, chef des « écheleurs » de l'armée de Charles VIII, avec l'écheleur Renaud Jubié, 4 prêtres et plusieurs chasseurs de chamois. Léonard de Vinci aurait gravi le *Monboso* (Italie) ; un professeur de l'université de Zurich, Conrad Gesner, le *mt Pilate* (2 122 m). **1760** *Brévent* (2 525 m) : Horace Bénédict de Saussure (professeur de philosophie, physicien et minéralogiste, 1740-1799) qui promet ensuite une prime pour l'ascension du mt Blanc à partir duquel il espère découvrir le secret de la formation géologique des Alpes. **1786**-*8-8 mt Blanc* (4 808 m).

1802-*12-8 mont Perdu* (3 355 m, Pyrénées) : Ramond de Carbonnières. **1811** *Jungfrau* (4 158 m) : 4 Suisses. **1820**-*20-8* accident de la caravane conduite par le Dr Hamel. **1828** *mont Pelvoux,* pointe Durand (3 932 m) : A. A. Durand (officier géographe), Jacques-Étienne Mathéoud et Alexis Liotard (ils escaladent probablement aussi la pointe Puiseux, 3 946 m). **1829** *Finsteraarhorn* (4 273 m) point culminant de l'Oberland : 4 Suisses. **1839** *Aiguille centrale d'Arves* (3 509 m) : frères Magnin [chasseurs de chamois de Valloire (Savoie)]. **1842** *pic d'Aneto* (3 404 m) point culminant des Pyrénées : 6 personnes. **1855** *mont Rose* (pointe Dufour, 4 634 m) : 9 Anglais et guides. **1858** *Dom des « Mischabel »* (4 545 m) : 4 personnes (G.-B.) et guides suisses. *Eiger* (3 970 m) : 3 personnes. **1859** *Alestschorn* (4 182 m) : Tuckett (G.-B.) et 3 guides. **1860** *Grand Paradis* (4 061 m) : 2 Angl., 2 guides français. **1861** *Weisshorn* (4 505 m) : Tyndall et 2 guides suisses. **1862** *Dent Blanche* (4 357 m) : 4 Anglais et guides. **1864** *Barre des Écrins* (4 102 m) : Edward Whymper (G.-B.) et 4 personnes. **1865** *Grandes Jorasses,* pointe Whymper (4 184 m) : Whymper et 3 guides suisses. *Aiguille Verte* (4 122 m) : Whymper et 2 guides suisses. *Cervin* (4 477 m) -*15-7* caravane Whymper, 7 personnes dont 4 avec le guide Michel Croz meurent à la descente. **1868** *Grandes Jorasses,* pointe Walker (4 208 m) : Walker et 3 personnes. *Elbrouz* (5 633 m) : D.W. Freshfields (G.-B.). *Kasbek* (5 047 m) : D.W. Freshfields. **1877** *la Meije* (Grand Pic, 3 982 m) : 3 Français (le guide Pierre Gaspard (1834-1915) et son fils conduisant Boileau de Castelnau). **1878** *Grand Dru* (3 754 m) : 2 Anglais et 2 guides suisses. *Petit Dru* (3 733 m) : 3 guides chamoniards. **1881** *Grépon* (3 482 m) -*3-8* Mummery, Burgener (guide suisse) et Venetz (porteur) ; naissance de l'alpinisme sportif qui se passe des objectifs scientifiques ou d'exploration. *Chimborazo* (6 267 m) : Whymper. **1882** *dent du Géant* (4 014 m) : Ital. et Angl. ; emplois de broches de fer scellées. **1889** *les Grands Charmoz* (3 456 m) : 6 personnes. **Fin du XIXe s.** presque tous les grands sommets alpins sont gravis.

1911 *Grépon,* versant mer de Glace : G.W. Young et le guide Joseph Knubel. **1912** et **1913** *la Meije,* face sud ; *les Écrins,* paroi nord-ouest ; arête de *Coste Rouge* à l'Aile froide : cordée Mayer-Dibona. **1927** *aiguille du Plan,* face nord : Armand Charlet. **1931 à 1939** ascension de parois difficiles, en particulier les faces nord. **1931** *Cervin :* frères Schmid de Munich. **1933** *Cima Grande di Lavaredo,* face nord (2 999 m) en 3 j : 3 Italiens. **1934** *la Meije,* face sud du Grand Pic : Pierre Allain et Raymond Leininger (2 Parisiens fondateurs de l'école de Fontainebleau). **1935** *Grandes Jorasses,* face nord dans la tempête : Meier et Peters (All.). **1935** *Drus,* face nord : P. Allain et R. Leininger. **1936** *l'Aile froide,* face nord : cordée Gervasutti-Devies. **1937** *Piz Badile,* face nord-est : 5 Italiens, conduits par Cassin, dont 2 sont morts

Mont Blanc (4 808 m)

■ **Quelques dates. 1786**-*8-8* après plusieurs recherches d'itinéraires, Jacques Balmat (1762-1834, cultivateur et cristallier), 1er guide de haute montagne, et le Dr Michel Paccard. **1787**-*3-8* Horace Bénédict de Saussure (1740-99) avec 19 personnes (payant chacune 5 louis). **Après 1800** ascension tentée régulièrement. **1960**-*23-6* Henri Giraud († 1999) se pose au sommet à bord d'un avion Choucas. **1972** Morand escalade le dôme final sur une moto (il s'était fait déposer au refuge du Goûter par hélicoptère). **1975** Christel Bochatay (Fr.) escalade à 8 ans. **1986**-*août* altitude orthométrique mesurée par satellite : 4 808,4 m. **1987**-*août* **record de vitesse :** Laurent Smagghe en 6 h 47 min. **1988**-*10-7* Pierre Tardivel, descente à skis du versant italien. **1989**-*21-7 Chamonix-mont Blanc-Chamonix* Laurent Smagghe en 5 h 29 min 30 s. -*9/10-2 mont Blanc,* versant italien en 19 h, Christophe Profit. **1990**-*21-7 Chamonix-mont Blanc-Chamonix,* Pierre-André Gobet, record en 5 h 10 min 14 s. **1991**-*6-8 mont Blanc* Valérie Schwartz (Suisse) escalade à 7 ans. **1992**-*15/16-8* Brigitte Chambron bat le record du tour du mont Blanc, 170 km en 22 h 59 min 22 s.

■ **Actuellement** escaladé chaque été par 2 000 à 3 000 alpinistes (la plupart sans guide) (le 15-8-1979, 300 personnes ont atteint la cime). Par beau temps, la montée ne présente pas de difficultés techniques. Le grimpeur doit être entraîné à la marche et habitué à l'usage des crampons. Le mauvais temps arrive parfois rapidement (vent de 150 km/h, température de – 40 °C, brouillard et neige effaçant les traces).

☞ **Quelques records. Montagne la plus haute encore inviolée :** le Namche Barwa (7 782 m), qui reçoit 8 000 mm/an de pluie, était jusqu'en 1992 (1re ascension par Tsuneo Shigehiro + équipe sino-japonaise) la plus haute montagne encore inviolée. Zemu Gap Peak (7 780 m) dans l'Himalaya, 31e sommet du monde. **Paroi la plus abrupte :** face nord-ouest du Half Dome, Yosemite (Californie, USA), 975 m de large sur 670 m de haut, ne s'écarte jamais de plus de 14° de la verticale. Escaladée, en juillet 1957, pour la 1re fois et en 5 j, par Royal Robbins, Jerry Galwas et Mike Sherrik. **Plus de 8 000 m atteints :** 14 : Reinhold Messner (It.), Andreï Kukuczka (Pol.), Carlos Carsolio (Mexique), Christophe Wielicki (Pol.), Erhard Loretan (Sui.). 13 : Benoît Chamoux (Fr.). **Vitesse :** Marc Batard parcourut en une nuit 3 grands itinéraires dans l'envers du Mt Blanc : la Major, la Sentinelle rouge et la Brenva. **Endurance :** Jacques Sangnier (46 ans) a franchi en courant 24 cols de l'Arc alpin entre 2 000 et 3 200 m en 20 étapes. Il a parcouru 580 km sur une dénivellation totale dépassant 24 000 m. Jean-Christophe Lafaille enchaîne 10 faces nord des Alpes entre le 4 et le 19-4-95 : Eiger, Monch, Aletschorn, Nestorn, mont Rose, Cervin, Breithorn, mt Blanc du Cheillon, col de la Verte, Linceul aux Grandes Jorasses. Patrick Berhault et Francis Bibollet enchaînent en 5 j durant l'hiver 1997 : face nord des Droites, Goulottes Colton Mac Intyre à la face nord des Grandes Jorasses, face nord du Pilier d'angle, Hyperconlais au mont Blanc.

d'épuisement à la descente. **1938** *Rateau,* face nord : cordée Madier-Fourastier. *-4-8 Grandes Jorasses* (4 208 m), face nord, éperon Walker : Cassin, Esposito, Tizzoni (Italie). *Eiger,* face nord : Heckmair et Vorg (All.), Harrer et Kasparek (Autr.). **1951** *Grand Capucin du Tacul* (700 m verticaux ou surplombants) : Walter Bonatti. **1952** *Drus,* face ouest : 4 Français. **1955**-*août Drus,* pilier sud-ouest : Walter Bonatti (en solitaire). **1959**-*22-7 Cervin,* face nord : Dieter Marchart (en solitaire). **1961** *Eiger,* face nord en hiver : équipe austro-all. **1962** *Cervin,* face nord en hiver : Hilti von Allmen, Paul Etter et 5 autres. **1985**-*26-7* en 24 h et **1987**-*12/13-3* en 40 h 54 min Christophe Profit enchaîne *Grandes Jorasses, Eiger* et *Cervin.* **1986**-*17-3* Jean-Marc Boivin enchaîne en 17 h, aidé d'une aile delta, 4 faces nord : *aiguille Verte, Droites, Courtes et Grandes Jorasses.* **1989** *Chamonix-Zermatt* à skis en 19 h 11 s : Denis Pivot. **1992**-*9-3 Eiger,* face nord en hiver : Catherine Destivelle (Fr.). **1994**-*11-3 Cervin* voie Bonatti : C. Destivelle, ce qui termine la trilogie des 3 faces nord (Jorasses, Eiger, Cervin).

Nota. – L'alpinisme se pratiquait autrefois surtout en été. Les difficultés de l'alpinisme hivernal sont le froid (– 20 °C à – 30 °C en Europe), la brièveté des jours et l'enneigement des parois.

Autres continents

☞ **Hauteur des sommets** (en mètres) **et 1re ascension** (date en italique).

■ **Afrique. 5 895 Kibo (Kilimandjaro)** *1889* H. Meyer avec L. Purtscheller (All.). **5 199 Kenya** *1899* sir Harold Mac-Kinder (Angl.) avec C. Ollier et J. Brocherel (Italie). **5 109 Ruwenzori** *1906* duc des Abruzzes (Italie) avec J. Petigax.

■ **Amérique. 6 768 Huascaran** *1932* H. Bernard, P. Borchers, E. Hein, H. Hoerlin, E. Schneider, etc. **6 959 Aconcagua** *1897* Zurbriggen (Suisse). *1954* face sud, Berardini et équipiers français. **6 550 Tupungato** *1897* S. Vines, M. Zurbriggen (Suisse). **6 194 McKinley** *1913* H. Stuck (Amér.). **5 452 Popocatepetl** *1519* D. de Ordas (Esp.). **3 445 Fitz Roy** *1952* G. Magnone, L. Terray (Fr.).

■ **Antarctique. 4 897 Vinson** *1966* J. Evans plus 3 personnes. *1992* Christine Janin.

■ **Asie. 1res : 7 000** *1er : 1907 Trisul* (7 120 m) Tom Longstaff avec 2 guides de Courmayeur et un porteur. **7 500** *1909* atteint par le duc des Abruzzes sur le Bride Peak (7 654 m). **7 572** *1924* (4-6) Norton (sans oxygène). **7 816** *Nanda Devi* Odell et Tilman. **8 000** *1er : 1950 Annapurna* (8 172 m) ; *2e : 1953* (29-5) *Everest ; 3e : 1953* (3-7) *Nanga Parbat* (8 125 m) ; **féminin** *1re : 1971 Manaslu* (8 156 m) par 3 Japonaises.

☞ **Everest :** 8 846,10 m (mesure faite en 1993, estimée avant à 8 848).

Karakorum ou **Karakoram** (massif) *1909,* exploration par le duc des Abruzzes. **8 611 m Pic K2** (ou Mt Godwin Austen ou Chogo Ri) le plus haut sommet du Karakorum, *31-7-1954* A. Compagnoni et Lino Lacedelli (Italie), après 4 tentatives, assaut 70 j ; *1991* Chantal Mauduit, 1re femme sans oxygène. **8 586 (ou 8 597) Kangchenjunga** *25-5-1955* J. Brown et G. Band (G.-B.), après 6 tentatives, assaut 47 j. **8 516 (ou 8 511 m) Lhotse** *18-5-1956* F. Luchsinger et E. Reiss (Suisse), assaut 45 j ; *1990* façade sud, Tomo Cesen (Slovène) en 62 h aller et retour ; *10-5-1996* Chantal Mauduit, 1re femme sans oxygène. **8 463 Makalu 1** *15-5-1955* Jean Couzy et L. Terray ; *-16-5* Jean Franco, Guido Magnone, Gyaldren Norbu ; *-17-5* Jean Bouvier, Serge Coupé, Pierre Leroux, André Vialatte, assaut 47 j. **8 201 Cho Oyu** *-19-10-1954* Herbert Tichy et Sepp Jöchler (Autr.) et Pasang Dawa Lama (Népal), assaut 31 j. *1994* Chantal Mauduit, 1re femme sans oxygène. **8 172 Dhaulagiri** (*1934 :* 9, *1937 :* 16), *13-5-1960* [P. Diener, E. Forrer, A. Schelbert (Suisse), Kurt Diemberger (Autr.) et 2 sherpas], sans oxygène. **8 163 (ou 8 156) Manaslu,** *9-5-1955* [Maniski (Japon) et Gyalzen Norbu (Amér.)], après 4 tentatives, assaut 50 j. *24-5-1996* Chantal Mauduit, 1re femme sans oxygène. **8 125 Nanga Parbat** *3-7-1953* Hermann Bühl (Autr.) en solitaire, sans oxygène et sans équipement spécial, après 10 tentatives. Environ 30 personnes moururent dans différentes tentatives. *14-7-1980* Hans Engl (All.) versant ouest, fait les derniers mètres en solitaire. **8 091 Annapurna I** *3-6-1950* les Français : Maurice Herzog (né 15-1-19), Louis Lachenal (1921-55), premier 8 000 m conquis, assaut 18 j. *1979* Yves Morin descendant à ski du sommet de l'Annapurna mourut suspendu à une corde fixe dans un passage délicat. **8 068 Gasherbrum I ou Hidden Peak** *7-7-1956* Fritz Moravec (Autr.), assaut 46 j (*en 1936,* la 1re expédition française dirigée par Henri de Segogne avait atteint 6 900 m et abandonné à cause d'une mousson précoce), sans oxygène. *4-7-1958* A. J. Kauffman, P. K. Schocking (Amér.). **8 047 Broad Peak** *9-6-1957* H. Bühl, K. Diemberger, M. Shmuck, F. Wintersteller (Autr.), assaut 28 j. **8 013 (ou 8 046) Xixa Pangma** ou **Gosainthan** *2-5-1964* (Chine), assaut 47 j. *1994* Chantal Mauduit, 1re femme sans oxygène. **7 816 Nanda Devi** *1936* N. E. Odell et H. W. Tilman (Angl.). **8 035 Gasherbrum II. 7 710 Jannu** ou **Khumbakarnu** *27 et 28-4-1962* R. Paragot, René Desmaison, Paul Keller, Gyudrun Mikching, Lionel Terray et équipiers français.

Quelques noms

Légende : (1) France. (2) Italie. (3) Autriche. (4) All. (5) USA. (6) Nlle-Zél. (7) Japon. (8) G.-B. (9) Suisse. (10) Pologne. (11) Ex-Youg. (12) Slovénie. (13) Mexique.

■ **Alpinistes actifs.** Jean Afanassieff [1] (1953). Marc Batard [1]. Patrick Berhault [1]. Chris Bonington [8] (1934). Carlos Carsolio [13]. Tomo Česen [11] (1959). Jean Coudray [1]. François Damilano [1] (30-12-59). Catherine Destivelle [1] (24-7-60). Kurt Diemberger [3] (1932). Michel Fauquet [1]. Patrick Gabarrou [1]. Alain Ghersen [1]. Peter Habeler [3] (1942). Christine Janin [1] (1re Française ayant conquis l'Everest, réalise 7 sommets). Jean-Christophe Lafaille [1]. Laurence de La Ferrière [1] (1957), 1re femme à avoir atteint sans oxygène 8 505 m (Yalungkang en 1984). Erhard Loretan [9] (1959) a gravi les 14 sommets de plus de 8 000 m. François Marsigny [1]. Christophe Moulin [1]. Michel Piola [9]. Christophe Profit [1]. Claude et Yves Remy [9]. Douglas Scott [8] (1941). Andreï Strefmelj [12]. Junko Tabei [7].

■ **Les grands noms de l'alpinisme.** Abruzzes [2] (le duc des) (1873-1933). Pierre Allain [1] (7-1-1904). Pierre Béghin [1] (1951-92). Lucien Berardini [1] (1930). Jean-Marc Boivin [1] (1951-90). Walter Bonatti [2] (22-6-1930). Charles Bozon [1] (1932-63 dans une avalanche lors de l'ascension de l'aiguille Verte). Hermann Bühl [3] (1924-57). Riccardo Cassin [2] (1909). Benoît Chamoux [1] (1961-95 lors de l'ascension du Kangchenjunga), avait gravi 13 sommets de l'Himalaya de plus de 8 000 m. Armand Charlet [1] (1900-75). Emilio Comici (1901-40) [2]. William A.B. Coolidge [5] (1850-1926). Patrick Cordier [1] († 5-6-96). Jean Couzy [1] (1923-58). René Desmaison [1] (1932). Angelo Dibona [2] (1879-1956). Kurt Diemberger [3] (1932). Hans Dülfer [4] (1892-1915). Éric Escoffier [1] [1960-disparu 29-7-1998 au Broad Peak (Pakistan)] Jean Franco [1] (1917-72). Giusto Gervasutti [2] (1909-46). Paul Grohmann [3] (1836-1908). John Harlin [5] (1936-66). Heinrich Harrer [3] (6-7-1911). Dougal Haston [8] (1940-77). Anderl Heckmair [4] (1906). Maurice Herzog [1] ex-secrétaire d'État à la Jeunesse et aux Sports (15-1-1919). Toni Hiebeler [4] (1930-84). Nicolas Jaeger [1] (1946-80). Yasuo Kato [7] (1949-82). Jerzy Kukuczka [10] (1948-89) a été le 2e à gravir les 14 sommets de l'Himalaya de plus de 8 000. Louis Lachenal [1] (1921-55). Franz Lochmatter [9] (1887-1933). Alexis Long [1] (1959-92). George Leigh Mallory [8] (1886-1924). Chantal Mauduit [1] (retrouvée morte le 16-5-1998 à 34 ans sur les pentes du Dhaulagiri). Pierre Mazeaud [1]. Reinhold Messner [2] (17-9-1944) ; en 1986, le 1er à avoir gravi les 14 sommets de l'Himalaya de plus de 8 000 m. Albert Frederick Mummery [8] (1855-95). Robert Paragot [1]. Georges Payot [1]. Giovanni Battista Piaz [2] (1879-1948). Y. Pollet-Villard [1] (1929-81). Paul Preuss [3] (1886-1913). Gaston Rebuffat [1] (1921-85). Alan Rouse [8] († 1986). Wanda Rutkiewicz [10] (1943-92). Valentine J.E. Ryan [8] (1883-1947). Yannick Seigneur [1]. Fausto de Stefani (1945), 6e alpiniste à avoir réussi les 14 sommets de plus de 8 000 m. Lionel Terray [1] (1921-65). Willi Welzenbach [6] (1900-34). Fred Vimal [1] (1968-93). Edward Whymper [8] (1840-1911). Matthias Zurbriggen [9] (1856-1917).

Conquête de l'Everest (8 846,10 m)

■ **Historique. Avant 1950.** Tentatives par le versant tibétain, le Népal étant fermé aux étrangers. 1ers : **1873** Gal brit. C.G. Bruce. **1921** C.K. Howard-Bury atteignit le col nord (6 985 m), 1 †. **1922** usage de bouteilles d'oxygène (expédition brit. dirigée par C.G. Bruce : T.H. Somervell atteint 8 170 m et G.I. Finch 8 325 m, mais 7 Sherpas † par avalanche). **1924** expédition dirigée par C.G. Bruce : *-4-6* E.F. Norton atteint 8 572 m ; *-8-6* G.L. Mallory et A. Irvine atteignent peut-être le sommet mais disparaissent (en 1999, à 8 327 m, Éric Simonson retrouve un corps qui pourrait être celui de Mallory). **1933** expédition Ruttledge (Brit.) : W. Harris et F. Smythe arrêtés à 8 573 m. **1934** 1re tentative en solitaire : W. Wilson disparaît. **1936** Ruttledge (abandonne au col nord). **1938** expédition W. Tilman (Brit.) : échec. **1947** 2e tentative en solitaire : E. Deman (Canada, disparaît). **Entre 1950 et 53.** 1res tentatives du côté népalais : 4 échecs : **1950** Ch. Houston et W. Tilman. **1951** en solitaire K. Beker-Larsen (Danois), part du Népal, contourne le massif en franchissant le col de Nang-pa, atteint le col nord et gagne Darjeeling. **1952** *printemps* expédition suisse de E. Wyss-Dunant, avec Norgay Tenzing (chef Sherpa) : atteint 8 500 m (record du côté népalais) mais doit rebrousser chemin ; *automne* expédition suisse avec G. Chevalley.

■ **Versant népalais. 1re réussite : 1953** expédition brit. dirigée par le colonel John Hunt [1910-98, anobli, puis lord (1966)], par la cascade de glace du Khumbu jusqu'au col sud (8 000 m), puis escalade de l'arête sud-est (appelée depuis « voie normale ») ; sommet atteint le 29-5 par Edmund Percival Hillary (né 20-7-1919) et le sherpa Norkay Tensing (1914-86 ; né au Népal, il vécut à Darjeeling en Inde), cette victoire coïncidait avec le couronnement d'Élisabeth II. **2e réussite : 1956** expédition suisse : par le col sud ; 2 cordées arrivent au sommet : *-23-5* J. Marmet et E. Schmied ; *-24-5* Adolf Reist et H. von Gunten. **3e réussite : 1963**-*printemps,* expédition amér. *(plus forte expédition entreprise)* : 19 montagnards, 47 sherpas, 900 porteurs. **Versant tibétain. 1re réussite : 1960**-*printemps* 2 Chinois arrivent au sommet : Wang Fou Chou, Chou Ying Hua avec le sherpa tibétain Konbu (Gompa). **1re réussite par l'arête ouest : 1963**-*22-5* T. Hornbein, W. Unsoeld et 2 cordées **via col sud :** *-1-5* J. Whittaker et Ngawang Gombu *et -22-5* B. Bishop et L. Jerstad. **1re victoire féminine : 1975**-*16-5* Mme Junko Tabeï (Japon) avec le sherpa Ang Tsering. **1re traversée de l'arête ouest au versant sud-est** (appelée voie « normale via col sud ») : **1975**-*24-9* Doug Scott et Dougal Haston (G.-B.). **1975**-*26-9* Peter Boardman, Burke, Pertemba. **1re victoire sans oxygène** (par le col sud, versant népalais) : **1978**-*8-5* Reinhold Messner (né 17-9-44) et Peter Habeler (né 22-7-42). **1re réussite hivernale par le col sud : 1980**-*17-2* Leszek Cichy (né 1951) et Krzyszof Wielicki (né 1950) : avec une température de – 30 à – 60 °C, et un vent de 150 km/h. **1re réussite par la face nord : 1980**-*3-5* Yasuo Kato (né 1950). **1re réussite en solitaire : 1980**-*20-8* Reinhold Messner. **1re réussite par la face sud-ouest du Hidden Peak : 1982**-*2-5* Valeri Khomitov, Vladimir Pytchkov et Youri Golodov. **1re réussite en solitaire et en moins de 24 h : 1990**-*octobre* Marc Batard en 22 h 29 min. **1re descente à skis** (du sommet sud : 8 750 m) : **1993**-*27-9* Pierre Tardivel. **1re ascension féminine népalaise : 1993**-*27-4* la sherpani Pasang Lhamu († d'épuisement à la descente). **1995**-*13-5* Alison Hargreaves (G.-B., † 13-8-1995 sur le K2) 1re femme à vaincre l'Everest sans oxygène en style alpin. **1996**-*25-5* **1re descente à skis** Hans Kammerlander (Italie). **1998**-*16/17-10* **record de l'ascension :** le sherpa Kaji en 20 h 24 min.

■ **Bilan. Conquêtes :** *juillet 1996 :* 638 dont *France* Pierre Mazeaud, Jean Afanassieff et Nicolas Jaeger, le 15-10-1978 ; Jean-Pierre Frachon, Gérard Vionnet, Jean-Marc Boivin (redescendra en parapente) et Michel Metzger (sans oxygène), le 26-9-1988 ; Marc Batard le même jour, mais indépendamment, en « solo » et sans oxygène Serge Koenig le 13-10-1988 et Christine Janin le 5-10-1990. Luc Jourjon 1er Français par le versant tibétain le 14-5-95. **Ont réussi 9 fois :** Ang Rita (sherpa népalais, né 1947) de 1983 à 1995, sans oxygène ; **5 fois :** Sungdare (sherpa népalais, † accidentellement mais pas en cours d'expédition, en oct. 1989) ; Ang Babu (sans oxygène). **Les 9 premières femmes ayant réussi :** *1975*-16-5 Junko Tabei (Japonaise, née 22-9-39), -26-5 Phuntong (Tibétaine), *1978*-16-10 Wanda Rutkiewicz (Pol.), *1979*-2-10 Hannelore Schmatz (All. féd.) † à 8 400 m, bivouaquant à la descente, *1984*-23-5 Bachendra Pal (Indienne), *1986*-10-5 Sharen Wood (Canada), *1988*-2-10 Stancy Allison et Peggy-Joan Luce (USA), 14-10 Lydia Bradley (Nlle-Zélande), *1990*-5-10 Christine Janin (1re Française). Toutes par le versant népalais sauf Phuntong. **Alpiniste le plus jeune :** Temba Tsheri (Népal) 16 ans (2001) ; **le plus âgé :** Richard Bass (USA) 55 ans et 130 j (1985).

☞ *En 1994,* la South Col Mission 8000 devait nettoyer l'Everest des 17 t de déchets laissées par les 147 expéditions lancées depuis 1953. *En 2001 :* + de 4 t de déchets dont 211 bouteilles d'oxygène ont été redescendus de l'Everest par 150 sherpas.

Motocyclisme

☞ Voir **Motocyclette** à l'Index.

Généralités

■ **Fédération française de motocyclisme.** 74, avenue Parmentier, 75011 Paris. *Licenciés* (2000) : 37 000.

■ **Marques célèbres.** *Entre les 2 guerres,* marques britanniques : Sunbeam, Matchless AJS (7 R. de 350 cm³), Vélocette, Norton (500 cm³ « Manx »). *Après la guerre,* italiennes : Guzzi (250 cm³, 350 cm³), Gilera (500 cm³), Meccanica Verghera. *Depuis 1961 :* japonaises : Honda, Yamaha, Suzuki, Kawasaki ; italiennes : Aprilia, Ducati.

■ **Records. Vitesse. Dragster. A l'heure :** 518,372 km/h de moyenne départ lancé, par D. Campos sur Harley-Davidson 3 000 cm³ le 19-7-90.

1 km lancé : 306,491 km/h Ch. Le Liard (France), sur Elf-Honda 1000 le 14-9-86. **Mile lancé :** 302,705 km/h J. White (G.-B.) sur Britten 1000 le 4-12-93. **1 km départ**

arrêté : 16″68 (215,83 km/h) Henk Vink (Pays-Bas, né 24-7-39), le 24-7-77 sur Kawasaki 4 cylindres 984 cm^3 à compresseur. **10 km lancé :** 283,851 km/h L. Capirossi sur Honda 750 NR. **100 km départ arrêté :** 25′25″ (235,942 km/h) K. Aizawa sur Honda 750 le 27-4-86. **1 000 km départ arrêté :** 232,258 km/h par Ienatsch, Laplante, Aizawa, Mitchell, Baur, Gingerelli-Boehm sur Honda 750 le 27-4-86. **Parcours :** 50 000 km en 19 j à 109,4 km/h par des officiers français sur une Yacco Gnome-et-Rhône à Montlhéry, du 19-6 au 8-7-39. **Course :** G. Meier (ex-All. féd.) BMW 215,6 km/h en 1934. **Saut :** record : 84,30 m par Alain Prieur (Fr.) le 9-10-88 à Grenoble.

Plus longue distance sur circuit : 4 444,8 km (moy. 185,2 km/h) par les Français Jean-Claude Chemarin et Christian Léon les 14 et 15-8-75 sur une Honda 4 cylindres 941 cm^3. **Endurance sur terrain de cross :** 61 h 54′ 47″ par Alain Fieuw (Belg.) du 20 au 22-6-86 sur Yamaha TT 250 ; **tout-terrain en double** (relais toutes les heures) : 100 h 58′12″, les Français Joël Conductier (né 29-3-59) et Philippe Hutin (né 1955), 2 600 km sur Kawasaki 600 KLR (circuit de Beauvoisin, Gard) du 13 au 16-6-86. **1er tour du monde à moto :** 1926, Robert Sexé et Henry Andrieux. 25 000 km.

ÉPREUVES

■ **Origine. 1897** 1re course Paris-Dieppe. **1907**-*28-5* séries des Auto-Cycle Union Tourist Trophy (île de Man, G.-B.). **1920** 1er Grand Prix en France.

■ **Types. Courses : de côte** sur route. Départ isolé toutes les minutes. Championnat de la montagne 50 à 125 cm^3, 126 à 250 cm^3, 251 à 500 cm^3, 501 à 1 300 cm^3, side-cars jusqu'à 500 cm^3 ; **sur glace** avec pneus équipés de longs clous, carburant alcool ou méthanol ; **de vitesse** sur circuit fermé à revêtement dur et continu. **Enduro :** épreuve d'endurance et de régularité en terrain varié sur des sentiers forestiers ou des chemins de terre non carrossables. Comme le rallye : moyenne exigée et épreuves de vitesse. **Grass-track :** sur piste ovale, gazonnée. 4 ou 6 concurrents disputent plusieurs manches au nombre de tours limité. **Moto-ball :** dérivé du football, pratiqué sur des motos d'une cylindrée inférieure à 250 cm^3. En 4 périodes de 25-20-20-25 min. Équipe de 5 joueurs : 3 avants, 1 arrière, 1 gardien de but (1 ou 2 remplaçants). **Moto-cross :** piste fermée avec de fortes dénivellations et variations de pentes. **Rallye** (ou circuit de régularité) : sur route libre et non gardée, au kilométrage bien déterminé et aux horaires rigoureusement minutés. Comporte souvent une course de côte ou de vitesse pure pour départager les ex aequo. **Speedway :** sur piste ovale assez courte. Sol en cendrée, sable, terre, etc., pratiquement plat. 4 ou 6 pilotes ensemble tournent en grand dérapage contrôlé. *Motos :* 500 cm^3 monocylindriques sans boîte de vitesses. **Trial :** 80 à 120 km (souvent une boucle, à parcourir 2 ou 3 fois) parsemés d'obstacles naturels. Moyenne 20 km/h imposée. En arrivant à une *zone contrôlée* (ou *non-stop*), le pilote va reconnaître le terrain à pied. *Pénalisations* (points) : réussite : 0 ; un pied à terre ou un arrêt : 1 jusqu'à concurrence de 3 pts ; plus de 3 pieds ou 3 arrêts : 3 ; échec : 5 ; est considéré comme tout arrêt dans la progression de la moto. En cas d'ex aequo, on tient compte du plus grand nombre de *non-stop* réussis sans faute et, au besoin, des *non-stop* exécutés avec un pied au sol ou plusieurs touchés des pieds au sol.

☞ **Acrobatie extrême :** Alain Bour, détenteur de 4 records mondiaux.

■ QUELQUES RÉSULTATS

Légende : (1) Espagne. (2) P.-Bas. (3) All. féd. (4) Suède. (5) G.-B. (6) Rhodésie. (7) Italie. (8) Lettonie. (9) Canada. (10) Nlle-Zélande. (11) Australie. (12) USA. (13) Belgique. (14) Japon. (15) France. (16) Slovénie. (17) Suisse. (18) Venezuela. (19) Finlande. (20) Brésil.

A : Amstrong. Ap : Aprillia. B : Bultaco. Be : Beta. BF : Byblos Fior. C : Cobas. Ca : Cagiva. Ch : Chevalier. D : Derbi. F : Fantic. G : Garelli. H : Honda. I : Italjet. K : Kawasaki. Kr : Kreidler. Krau : Krauser. M : Minarelli. Mo : Motobécane. Mon : Montessa. Mor : Morbidelli. O : Ossa. P : Pernod. Po : Portal. S : Suzuki. St : Stock exp. Y : Yamaha. Z : Zundapp.

■ **Bol d'Or.** *Créé* 1922, *abandonné de 1961 à 68,* repris en 1969. Course d'endurance toutes catégories, qui dure 24 h. **Lieux : 1922** *Vaujours* (près de Livry-Gargan), **1923 à 26** *St-Germain* (C. des Loges), **1927** *Fontainebleau,* **1928 à 39** *St-Germain* (C. de la ville), **1947 à 51** *St-Germain,* **1952 à 60, 1969-70** *Montlhéry,* **depuis 1971** *Le Mans,* puis *Le Castellet.* **Palmarès : 1999** Rymer [5]-d'Orgeix [15]-Lavieille [15] (S) 688 tours à la moy. de 166,26 km/h. **2000** Deletang [15]-Forêt [15]-Willis [11] (Y) 801 tours, *2* Sebileau [15]-Jerman [16]-Holon [15] (K), *3* Costes [15]-Charpentier [15]-Muggeridge [11] (H).

■ **24 H du Mans.** *Créées* 1978. Classement à la distance. **1999** Sebileau [15]-Hislop [5]-Walker [5] (K) 787 tours à la moyenne de 141,049 km/h. **2000** Costes-Charpentier-Gimbert (H) 719 tours à la moyenne de 128,781 km/h. **01** Guyot-Scarnato-Dussauge [15] (S) 759 tours à la moyenne de 136,023 km/h.

■ **Paris-Dakar** (voir encadré p. 1385).

■ **Tour de France.** *Couru de 1973 à 1981.*

■ **Championnats du monde.** *Créés* 1949. **Grands Prix :** épreuves disputées à l'échelon mondial, regroupant les catégories 50 (de 1962 à 83), 80 (de 1984 à 89), 350 (de 1949 à 82), 125, 250, 500 + side-car 500. Attribution des points aux 15 premiers de chaque course en championnat du monde de vitesse : 25, 20, 16, 13, 11, 10, 9, 8, 7, 6, 5, 4, 3, 2, 1. Total portant sur les points obtenus dans un certain nombre de grands prix (en général, la moitié des épreuves plus une). Parallèlement, **championnats du monde des constructeurs** (même formule) sans tenir compte des pilotes. *Modifications : 1949* interdictions de tout système d'alimentation forcée de type compresseur, d'utiliser un autre carburant que celui vendu dans le commerce. *1958* des carénages intégraux. *1970* pour les 125 et 250 cm^3, d'utiliser des moteurs de plus de 2 cylindres et des boîtes de vitesses de plus de 6 rapports.

Grands prix 500 cm^3. Afrique du Sud. *Couru depuis 1999.* Circuit de Welkom 4,242 km 28 tours. **1999** Biaggi [7] (Y). **2000** McCoy [11] (Y). **01** Rossi [7] (H) 45′03″414, *2* Capirossi [7] (H) à 0″660.

Allemagne. Nürburgring. **1998** Doohan [11] (H). **99** Roberts Jr [12] (S). **2000** Barros [20] (H). **01** Sachsenring (3,704 km) Biaggi 43′36″983, *2* Checa [1] (Y) à 3″249.

Argentine. *Non organisé de 1988 à 1993 ni en 1996 et 1997.* Buenos Aires 4,350 km 27 tours (117,450 km). **1998** Doohan [11] (H). **99** Roberts [12] (S) 47′23″710, *2* Biaggi [7] (Y) à 2″033. **2000** *non disputé.*

Australie. Phillip Island 4,448 km. **1999** Doohan [11] (H). **99** Okada [14] (H) 42′9″271. **2000** Biaggi [7] (Y) 42′29″792, *2* Capirossi [7] (H) à 0″182.

Autriche. Circuit de Zeltweg 4,318 km. **1997** Doohan [11] (H) 41′48″665, *2* Okada [14] (H) à 22″077. **98 à 2000** *non disputé.*

Brésil. Circuit Nelson Piquet (Rio 4,933 km) 24 tours (118,392 km). **98** *non disputé.* **99** Abe [14] (Y) 45′24″308. **2000** Rossi [7] (H) 45′22″624, *2* Barros [20] (H) à 0″970.

Catalogne. Montmelo (4,727 km). **1997 à 99** Doohan [11] (H). **2000** 25 tours Roberts [12] (S). **01** Rossi [7] (H) 44′57″142, *2* Biaggi [7] à 2″579.

Espagne. Jerez 4,423 km, 26 tours. **1998** Criville [1] (H). **99** Criville [1] (H). **2000** Roberts [12] (S). **01** Rossi [7] (H) 47′15″126, *2* Abe [14] (Y) à 2″307.

France. Le Castellet, Paul Ricard 3,813 km, 31 tours (117,8 km). **1998** Criville [1] (H). **99** Criville [1] (H). **2000** circuit Bugatti 4,305 km 28 tours, Criville [1] (H). **01** Biaggi [7] (Y) 48′59″346, *2* Checa [1] (Y) à 3″266.

Grande-Bretagne. Donnington Park 4,02 km 30 tours (120,69 km). **1998** Crafar [10] (Y). **99** Criville [1] (H). **2000** Rossi [7] (H). **01** Rossi [7] (H) 48′53″348, *2* Biaggi [7] (Y) à 1″794.

Indonésie. Sentul 3,965 km. **1997** 30 tours (118,95 km) Okada [14] (H) 43′22″010, *2* Doohan [11] (H) à 0″069.

Italie. Mugello 5,245 km. **1998** Doohan [11] (H). **99** Criville [1] (H). **2000** 23 tours Capirossi [7] (H). **01** Barros [20] (H) 49′26″006, *2* Capirossi [7] (H) à 8″359.

Japon. Circuit Suzuka 5,864 km. **1998** Biaggi [7] (H). **99** circuit de Motegi 4,801 km 25 tours (120,025 km) Roberts Jr [12] (S). **2000** circuit Suzuka 21 tours Abe [14] (Y). **01** Rossi [7] (H) 44′51″501, *2* McCoy [11] (Y) à 0″724.

Madrid. Jarama 3,850 km. **1998** 30 tours (115,5 km) Checa [1] (H) 47′21″513, *2* Abe [14] (Y) à 0″220.

Malaisie. 1998 circuit de Johor 3,860 km Doohan [11] (H). **99** circuit de Sepang 5,548 km 21 tours (116,508 km) Roberts Jr [12] (S). **2000** Roberts [12] (S) 31′58″102, *2* Checa [1] (Y) à 1″870.

Pacifique. 2000 Motegi (Japon) Roberts [12] (S) 46′23″327, *2* Rossi [7] (H) à 6″175.

Pays-Bas. Assen 6,049 km 20 tours (120,98 km). **1995 à 98** Doohan [11] (H). **99** Okada [14]. **2000** Barros [20] (H). **01** (15 tours pour cause de pluie) Biaggi [7] (Y) 30′56″346, *2* Rossi [7] (H) à 0″126.

Portugal. Estoril 4,182 km, 28 tours. **2000** McCoy [11] (Y) 48′7″663, *2* Roberts [12] (S) à 4″941.

Saint-Marin. Imola 4,892 km 25 tours (123,25 km). **1996 à 98** Doohan [11] (H). **99** Criville [1] (H) 46′05″244, *2* Barros [20] (H) à 0″265. **99, 2000** *non disputé.*

République tchèque. Brno 5,403 km, 22 tours. **1998** Biaggi [7] (H). **99** Okada [14] (H). **2000** Biaggi [7] (Y) 45′31″918, *2* Rossi [7] (H) à 6″641.

Valence (Espagne). *Couru* 1999. Circuit Ricardo-Tormo 4,005 km, 30 tours. **1999** Laconi [15] (Y) 53′23″825. **2000** McCoy [11] (Y) 48′27″799, *2* Roberts [12] (S) à 5″005.

Champions du monde. Vitesse. 125 cm^3 (*créés* 1949). **1998** Sakata [14] (Ap). **99** Alzamora [7] (H). **2000** Locatelli [7] (Ap). **250 cm^3** (*créés* 1949). **1994 à 96** Biaggi [7] (Ap). **97** Biaggi [7] (H). **98** Capirossi [7] (Ap). **99** Rossi [7] (Ap.). **2000** Jacque [15] (Y). **500 cm^3** (*créés* 1949). **1994 à 98** Doohan [11] (H). **99** Criville [1] (H). **2000** Roberts [12] (S). **Side-cars** (*créés* 1949). **1992, 93, 94** Biland-Waltisperg [17] (LCR). **98, 99** Webster-James [5] (LCR). **2000** Webster-Woodhead [5]. **750 cm^3 (prix FIM,** *créés* 1977). *Pas de championnats depuis 1980.*

Endurance (*créés* 1980 ; barème d'attribution des points : 50, 40, 32, 26, 22, 18, 16, 14, 12, 10, jusqu'au 19e : 1 pt). **1998** Lavieille [15] et Polen [12]. **99** Rymer [5] et d'Orgeix [15]. **2000** Linden [4] et Nowland [11].

Moto-cross. Attribution des points en GP : 20, 17, 15, 13, 11, 10, 9, 8, 7, 6, 5, 4, 3, 2, 1. **500 cm^3** (*créés* 1957). **1997, 98** Smets [13] (Husaberg). **99** Bartolini [7] (Y). **250 cm^3** (*créés* 1962). **1998** Tortelli [15]. **99, 2000** Bolley [15] (H). **125 cm^3** (*créés* 1975). **1997** Chiodi [7] (Y). **98, 99** Chiodi [7] (HVA). **Side-cars** (*créés* 1980). **1997, 98** Sergis-Rasmanis [8] (EML). **99** Willemsen-Willemsen.

Trial (*créés* 1975). **1997 à 99** Lampkin [5] (Beta). **2000** Lampkin [5] (Montesa).

■ **Championnats de France** (*créés* 1960). **Vitesse. Open : 250 cm^3. 1995** C. Cogan (H). **96** Gimbert. **98, 99** V. Philippe (H). **2000** S. Guintoli. **125 cm^3. 1995** F. Petit (H). **96** B. Stey (H). **98** de Puniet (H). **99, 2000** J. Petit. **Side-cars. 1995** Ferrand-Gouger. **96** Degraeve-Jeanbrun. **99, 2000** Hansen-Soares. **Superbike** (*créés* 1991). **1991, 92** Mounier. **93** *non attribué.* **94** Morillas. **95** J.-M. Deletang (Y). **96** Chambon (Ducati). **97** Deletang. **98** Guyot (K). **99** d'Orgeix. **2000** F. Protat. **Production. 1991** *devient* Superbike. **Nationaux : 600 cm^3. 1995** A. Van Den Bossche. **96** W. Rubio. **97** B. Sebileau. **500 cm^3. 250 cm^3. 1995** L. Holon (Y). **96** G. Macrez. **97** T. Falcone. **99** Mora. **2000** B. Vecchioni. **125 cm^3. 1995** G. Macrez (Y). **96** N. Bonduelle. **97** R. de Puniet. **99** Petit. **2000** G. Lefort. **Side-cars. 1995** Joguet-Le Cren. **2000** Le Bail-Gougaud. **Superbike. 1995** D. Marzloff. **99** Holon. **2000** S. Neff.

Moto-cross. Élite. 2000 : L. Seguy. **250 :** Y. Demaria. **Supercross 125 :** Éric Sorby. **Supercross 250 :** T. Béthys. **National 125 :** D. Clochet. **Open national :** W. Poll. **Quad :** P. Rochereau. **Super motard prestige :** T. van Denbosch. **Super motard 400 :** T. Blot.

Trial. 1998 *Expert 1* B. Camozzi, *Expert 2* P. Berlatier, *Senior 1* L. Guitton, *Senior 2* M. Dupuis. **99** *Expert 1* B. Camozzi, *Expert 2* F. Hamann, *Senior 1* J. Delair, *Senior 2* J. Piquet. **2000** *Expert 1 :* B. Camozzi, *Expert 2 :* F. Hamann, *Senior 1 :* J. Bethune, *Senior 2 :* S. Puzin.

Enduro plus de 125 cm^3. Internationaux : 1990 Lalay (S). **91** Morales. **92** Esquirol (HVA). **93, 94, 96** S. Peterhansel (Y). **2000** D. Fretigné. **Nationaux : 2000** E. Albepart.

■ **Enduro du Touquet** (*créé* 1975). **1998** A. Demeester [15] (Y). **99** J.-C Moussé [15] (Y). **2000, 01** T. Béthys [15] (H).

■ **ISDE. 2000.** *Or* D. Fretigné. **Trophée mondial. 1995** France 2e. **96** Fr. 5e. **97** Fr. 3e. **98** Fr. 5e. **99** Fr. 18e. **2000** Fr. 5e. **Junior : 1995** Fr. 7e, **96** Fr. 4e, **97** Fr. 2e. **98** Fr. 4e. **99** Fr. 5e. **2000** Fr. 7e.

QUELQUES NOMS

AGOSTINI, Giacomo [7] 11-6-42. ALZAMORA, Emilio [7] 22-5-73. BALDÉ, Jean-François [15] 20-11-50. BAYLE, J.-Michel [15] 1-4-69. BERTIN, Guy [15] 1954. BIAGGI, Massimiliano [7] 26-6-71. BOLLEY, Frédéric [15] 17-2-74. BURGAT, Gilles [15] 1961. CADALORA, Luca [7] 17-5-63. CAPIROSSI, Loris [7] 4-4-73. CHEMARIN, Jean-Claude [15] 6-5-52. CRIVILLE, Alex [1] 4-3-70. DEMARIA, Yves [15] 22-1-72. DOOHAN, Michael [11] 4-6-65. FONTAN, Marc [15] 26-10-56. GARDNER, Wayne [12] 11-10-59. GOBERS, Eric [13] 5-8-62. GRESINI, Fausto [7] 23-1-61. HAILWOOD, Mike [5] 1940-81. IGOA, Patrick [15] 1959. JACQUE, Olivier [15] 29-8-73. JOBE, Georges [13] 6-1-61. KOCINSKI, John [12] 20-3-68. LALAY, Gilles [15] 1962-92. LAVADO, Carlos [18] 25-5-56. LAVIEILLE, Christian [15] 16-12-65. LAWSON, Eddie [12] 3-11-58. MALHERBE, André [13] 1957. MAMOLA, Randy [12] 10-11-59. MANG, Anton [3] 29-9-49. MARTÍNEZ, Jorge [1] 29-8-62. MATTIOLI, J.-Michel [15] 20-12-59. MICHAUD, Thierry [15] 11-9-63. MILLER, Samuel Hamilton [5] 11-11-35. MOINEAU, Hervé [15] 4-4-55. MORALES, Marc [15] 12-3-58. NEVEU, Cyril [15] 20-9-56. NICOOL, Kurt [5] 15-11-64. NIETO, Angel Roldan [1] 25-1-47. ORIOLI, Eddy [15] 5-12-62. PARNELL, Keith [5] 1936. PETERHANSEL, Stéphane [15] 6-8-65. PONS, Patrick [15] 1952-80 ; Sito [1] 9-11-60. RAINEY, Wayne [12] 23-10-60, paralysé depuis 1993. READ, Phil [5] 1-3-39. REDMAN, James A. [22] 8-11-31. ROBERT, Joël [13] 23-10-43. ROBERTS, Kenny [12] 31-12-51. ROCHE, Raymond [15] 21-2-57. ROSSI, Valentino [7] 16-2-79. ROTH, Reinhold [3] 4-3-53. ROUGERIE, Michel [15] 1950-81. RUGGIA, J.-Philippe [15] 1-10-65. SARRON, Christian [15] 27-3-55 ; Dominique [15] 27-8-59. SCHWANTZ, Kevin [12] 19-6-64. SHEENE, Barry [5] 11-9-50. SMITH, Jeffrey Vincent [5] 14-10-34. SPENCER, Freddie [12] 20-12-61. STRIJBOS, Dave [2] 8-11-67. TARRES, Jordi [1]. THORPE, David [5] 29-10-62. TORTELLI, Sébastien [15] 19-8-78. VAN DER VEN, Kees [2]. VIEIRA, Alex [15] 14-12-56. VESCO, Don [12] 8-4-39. VIMOND, Jacky [15] 18-7-61. VUILLEMIN, David [15] 18-10-77.

MOTONAUTISME

GÉNÉRALITÉS

Source : Union internationale motonautique.

■ **Origine. 1885** Fernand Forest met au point sur le *Volapuck* un moteur vertical à 2 pistons opposés. **1887** Gottlieb Daimler, 1re démonstration de bateau à moteur à essence. *Lenoir* cantonne à un moteur 4 temps à compression préalable. **1888** Forest, moteur de 4 groupes de 8 cylindres, soit 32 cylindres en étoile. **Vers 1889** création de l'Hélice-Club de France. **1896** le Cte Faramond de La Fajole fait construire le *Fleur de France,* un moteur 40 ch. **1900** Exposition internationale, 1res grandes manifestations (Argenteuil, Le Havre et Meulan). **1902**-*17-8* 1re traversée de l'Atlantique [capitaine Newmann et son fils (16 ans)] en 36 j sur l'*Abriel Abbot Low* de 11,60 m avec un seul moteur à pétrole. **1903** 1re course en pleine mer (Calais-Douvres) et 1er championnat international. Coupe challenge Marius

Dubonnet : course de 100 km dans le bassin de Poissy. **1904** International Sporting Club de Monaco crée 1er meeting des 1ers racers de 8 m, moteurs 300 ch. **1905** *Panhard Levassor* (15 m, 16 cylindres en 4 moteurs, 5 t) atteint 58 km/h. **1908** Association internationale de yachting automobile créée. **1922** Fédération française de motonautisme créée.

■ **Bateaux.** 2 catégories : **en-bord** (moteur fixé à l'intérieur de la coque) et **hors-bord** (sur le tableau arrière, partie mécanique et hélice étant immergées).

Séries internationales. En-bord course (ex-racers). **R 1000** (cylindrée du moteur jusqu'à 1 000 cm^3 inclus), **R 1500** (1 000 à 1 500), **R 2000** (1 500 à 2 000), **R 2500** (2 000 à 2 500), **R 5000** (2 500 à 5 000), **R 7000** (5 000 à 7 000), **R illimité** (+ de 7 000). Coque et carène libres. Long. 4,20 m à 7,60 m. Poids 300 kg à 1 100 kg. Cockpit obligatoire. **Sport.** **E 1000** (– de 1 000), **E 1500** (1 000 à 1 500), **E 2000** (1 500 à 2 000), **E 2500** (2 000 à 2 500), **E 5000** (2 500 à 5 000), **E 7000** (5 000 à 7 000), **E ∞** (+ de 7 000).

Hors-bord course. **O 175** (– de 175), **O 250** (175 à 250), **O 350** (250 à 350), **O 500** (350 à 500), **O 700** (500 à 700), **O 850** (700 à 850), **O 1000** (850 à 1 000), **O 1500** (1 000 à 1 500), **O 2000** (1 500 à 2 000), **O 3000** (2 001 à 3 000), **O ∞** (+ de 3 000). Coque et carène libres. Long. 3,90 m à 5,30 m. Poids 250 kg à 520 kg. Cockpit obligatoire. **Sport.** **S 175** (– de 175), **S 250** (175 à 250), **S 350** (250 à 350), **S 550** (350 à 550), **S 750** (550 à 750), **S 850** (750 à 850), **S 1000** (850 à 1 000), **S 1500** (1 000 à 1 500), **S 2000** (1 500 à 2 000), **S 3000** (2 000 à 3 000), **S ∞** (+ de 3 000). Coque libre. **Formule 3** (850) 10 grands prix à travers le monde. **Formule 1** (2000) 12 grands prix dans le monde, 390 kg ; 4,90 m, 400 ch., vitesse 250 km/h.

Classes (coque en V). **T 850** (750 à 850), **T 750** (550 à 750), **T 550** (400 à 550), **T 400** (251 à 400), **T 250** (– de 250). Monocoque uniquement. Long. 4,25 à 3,50 m. Larg. 1,40 à 1,30 m. Poids 200 kg à 110 kg. Creux 0,40 m à 0,35 m.

Pneumatiques. **P 550** (– de 500), **P 750** (550 à 750). Long. 3,70 m à 4,20 m. Larg. 1,60 m à 1,70 m. Poids 65 kg à 75 kg. **A coque rigide.** **P 550 RH** (– de 550), **P 750 RH** (551 à 750), **P 850 RH** (751 à 850).

Jets. Catégories. **A bras** (debout, de 700 à 750 cm^3) ou **à selle** (assis 2, 3 ou 4 places, de 700 à 1 200 cm^3) : **standard :** sans modification technique ; **F1 :** avec préparation technique. **Courses.** **Vitesse :** circuit de 1,5 km délimité par 20 bouées, 20 à 25 tours selon la catégorie. **Endurance :** circuit de 5 km délimité par 5 bouées, 2 manches d'1 h 30. **Offshore :** + de 50 km délimités par des sites naturels.

Aéroglisseurs. **Formule 3** (– de 250), **F 2** (– de 500), **F 1** (+ de 500), **F S** (illimitée), **F Junior** (cylindrée limitée pour ne pas dépasser 50 km/h).

Modélisme naval. **Classe FSR V 3,5** (– de 3,5 cm^3, propulsion marine). **FSR V 6,5** (3,51 à 6,5 cm^3, propulsion marine). **FSR V 15** (6,51 à 15 cm^3, propulsion marine). **FSR V 35** (moteur à essence, allumage par étincelles, 15 à 35 cm^3, propulsion marine). **Classe promosport** (mêmes caractéristiques de FSR V 15, mais réservée aux licenciés depuis moins de 3 ans).

■ **Morts.** **1992 :** 12. **94 :** 23.

Courses

Légende : (1) Afr. du Sud. (2) All. (3) Australie. (4) Autriche. (5)Émirats arabes unis. (6) Finlande. (7) France. (8) G.-B. (9) Hongrie. (10) Italie. (11) Mexique. (12) Norvège. (13) Pologne. (14) Portugal. (15) Slovaquie. (16) Suède. (17) USA. (18) Monaco.

■ **Courses principales.** **Offshore :** *championnats du monde :* Trophée Sam Griffith (créé 1967, devient championnat du monde en 1976). *Championnats d'Europe* (classes 1 et 2, créés 1964, classe 3). *Grands Prix Allemagne, Viareggio-Bastia-Viareggio* (créé 1964, Italie, juillet), *Cowes-Torquay* (créé 1962, G.-B., août), *Naples-Messine* (créé 1975, Italie, juillet). *Key West.* **En circuit :** *Coupe d'Europe. Coupe du monde. Championnat continental d'endurance. Championnats du monde. Trophée Buysse* (créé 1961). *Trophée Boucquey* (créé 1977). *Harmsworth Cup* (créé 1903). *Coupe d'Europe. Grand Prix des Nations. Canon Trophy. Record de vitesse en pleine mer, 24 H de Rouen* (créées 1962, 1er mai).

■ **Course la plus longue.** Marathon offshore de Londres à Monte-Carlo qui se courut sur 2 947 milles (4 742 km) en 14 étapes du 10 au 25-6-1972. *Vainqueurs :* Mike Bellamy, Eddie Charter et Jim Brooks en 71 h 35′ 56″ (moyenne 66,240 km/h) sur un canot anglais HTS.

■ **Championnats du monde 2000. Offshore :** **cl. I** K. Harib [5] et A. Nasser [5] ; **cl. II** *non disputé* ; **cl. III (1,3 litre)** T. Tiihonen [6] et J. Eerola [6], **(2 l)** P. Little [8] et D. Arthur [8], **(4 l)** A. Baroni [10] et M. Pallini [10], **(6 l)** *non disputé*.

Circuits. **OSY 400** S. Cook [8] ; **SST 45** S. Torrente [17] ; **SST 60** *non disputé* ; **SST 120** *non disputé* ; **O 700** A. Havas [9] ; **O 500** T. Trobetta [10] ; **O 350** G. Rossi [10] ; **O 250** L. Colombi [10] ; **S 850** A. Forsstrom [6].

Formules. **F 1** S. Gillman [17] ; **F 3** I. Andrews [8].

■ **Championnats d'Europe 2000. Offshore :** **cl. II** S. Roth [16] et J. Hillestad [12], **cl. III (1,3 l)** S. Hodges [8] et J. Taylor [8], **(2 l)** B. Irwin [8] et S. Jelks [8], **(4 l)** M. Walker [8] et M. Spong [8], **(6 l)** M. Invernizzi [10] et G. Carpitella [10].

Circuits. **HR 1000** B. Majewski [4] ; **O 250** L. Colombi [10] ; **O 350** S. Gialdini [10] ; **OSY 400** C. Speller [8] ; **S 550** R. Lechoszaw [13] ; **T 400** J. Osterberg [16] ; **T 550** L. Galovics [9].

Formules. **F 2** B. Corsin [7] ; **F 500** A. Havas [9] ; **F 4** D. Jarnigon [7].

■ **Courses pour bateaux de plaisance.** **Trophée Mario Agusta** (*créé* 1973) : attribué au motonaute qui a parcouru, dans l'année, avec le même bateau, le plus grand nombre de milles marins en un ou plusieurs déplacements, en mer ou sur rivière. *N'est plus disputé.* **Trophée croisière Sanz Pinal** (*créé* 1973) : attribué au motonaute ayant parcouru la plus longue distance lors d'une croisière individuelle de 30 jours max. *Vainqueurs :* **1991** D. Broz, **92** V. Sedivy. **93** P. Sochorovski. **Autres trophées :** Alfred-Buysse, John-Ward, Boucquey, D.-Konig. *Ne sont plus disputés.*

Records du monde de vitesse au 15-2-01

Pilote, canot, vitesse en km/h et année.

■ **III offshore 1,3 l** M. Osterholm [16] Fabritius **133,83** *(1998)* ; **2 l** P. Hafstrom [16] Fabritius **158,84** *(1998)* ; **4 l** A. Baroni [10] RSB **158,033** *(1996)* ; **6 l** B. et T. Warelius [6] Douglas **187,26** *(1998)*. **OCR X** G. Gittins [8] Argo **134,79** *(1997)*. **OCR Y** M. Kirk [8] Argo **97,3** *(1999)*. **O 250** J. Pirhonen [6] Popoli **147,38** *(1998)*. **O 350** S. McKean [17] Roper **182,25** *(1995)*. **O 500** B. Rucker [17] Lawrence **191,87** *(1992)*. **O 700** J. Sean McKean [17] Johnson **196,3** *(1997)*. **O 850** F. Sundsdal [12] Burgess **164,28** *(1997)*. **O 1000** S. Jansson [16] Molgaard **136,4** *(1997)*. **O 2000** G. Capellini [10] Dac **222,43** *(1992)*. **O 3000** J.-V Deguisne [7] Lynx **215,05** *(1994)*. **OSY 400** B. Wartinger [17] Sorensen **116,9** *(1997)*. **S 175** J. Osterberg [16] Terjesen **35,36** *(1991)*. **S 250** J. Osterberg [16] Terjesen **75,48** *(1990)*. **S 350** R. Einhaug [12] Winrace **97,51** *(1981)*. **S 550** B. Bernsten [12] Molgaard **118,3** *(1998)*. **S 850** R. Magne Sunde [12] Gardin **164,02** *(1992)*. **S 2000** S. Jansson [16] **198,64** *(2000)*. **S 3000** M. S. Staunton [3] Burgess **216,01** *(1999)*. **R 2000** F. Leidi [10] Dac **190,52** *(1996)*. **R 5000** G. Cappellini [10] Dac **216,702** *(1996)*. **R 7000** J. Noone [8] Barracuda **176,79** *(1995)*. **R. illimité** J. Noone [8] Barracuda **234,19** *(1997)*. **HR 1000** P. Flury [8] Wobold **116,73** *(1996)*. **E illimité** E. Molinari [10] Molinari **175,27** *(1995)*. **T 250** T. Skaali [12] Seaflyer **74,02** *(1998)*. **T 400** J.-O. Skaali [12] Seaflyer **103,4** *(1998)*. **T 550** J. Hartikka [6] Stian Brath **103,3** *(1998)*. **Formule 1** A. Marshall [8] Seebold **220,06** *(1999)*. **F 2** T. Walsh [8] Dac **197,8** *(19-10-99)*. **F 3** P. Sandor [9] Hungasv **170,27** *(1995)*. **F 500** A. Chesman [8] Fort-Boat **163,34** *(1996)*. **F 3000** A. Panatta [10] Dac **175,61** *(1992)*. **SST 45** U. Algesson **111,46** *(2000)*. **Prototype à gaz** C. Burnett [8] P. Hledlin **155,04** *(1997)*. **Illimité à hélice immergée** R. Duby [17] Staudach **322,54** *(1962)*. **Diesel** F. Buzzi [10] Buzzi **252,27** *(1992)*. **Monde illimité** K. Warby [3] Hydroplane **511,11** *(1978)*. **Batterie électrique** F. Arran [8] Barlon **81,80** *(1989)*. **P 750 cc** G. Santo [8] Metzeler **55,12** *(1983)*. **P 550 RH** M. Grazia Baroni [10] Focchi **82,75** *(1992)*. **P 750 RH** G. Giunchi [10] Focchi **85,10** *(1992)*. **P 850 RH** M. Grazia Baroni [10] Focchi **102,28** *(1991)*. **P 550 FH** T. Williams [8] Zodiac **63,07** *(1990)*. **P 850 FH** G. Canali [10] Prestige **105,73** *(1992)*.

☞ En 1992, le *Destriero* (67 m) avec un équipage de 14 personnes, propulsé par des turbines, a traversé l'Atlantique (d'est en ouest) en 58 h 34 min 4 s (3 000 milles en consommant 700 t de fuel).

Le 4 janvier 1967, *D. Campbell,* avant de se tuer, avait atteint 515 km/h.

Natation

■ **Origine.** Pratiquée de tout temps. **1603** Japon, obligatoire dans les écoles. **Fin XVIIIe s.** à la mode en G.-B. **1837** 1res courses en G.-B. **1858**-*9-2* compétitions internationales à Melbourne (Australie). **1896** admise aux 1ers JO. **1899** 1er ch. de France. **1908** création de la Féd. intern. de nat. amateur, **1920**-*20-11* de la Féd. fr. de nat. et de sauvetage.

Principales épreuves

Légende : (1) USA. (2) Austr. (3) France. (4) Suède. (5) Italie. (6) P.-Bas. (7) All. féd. (8) All. dém. (9) Afr. du Sud (10) Hongrie. (11) Ex-URSS. (12) Écosse. (13) Japon. (14) G.-B. (15) Canada. (16) Finlande. (17) Tchéc. (18) Danemark. (19) Allemagne (depuis 1990). (20) Belgique. (21) Youg. (22) Brésil. (23) Bulgarie. (24) Roumanie. (25) Pologne. (26) Espagne. (27) Chine. (28) Suriname. (29) Norvège. (30) Russie. (31) Zimbabwe. (32) Irlande. (33) Biélorussie. (34) Irlande. (35) Ukraine. (36) Costa Rica. (37) Suisse. (38) Slovaquie. (39) Croatie. **Jeux Olympiques** (voir p. 1478 a).

Championnats du monde

(*Créés* 1973, tous les 4 ans jusqu'en 1998,
puis tous les 2 ans à compter de 2001)

■ **Messieurs. Nage libre. 50 m :** **1986** Jager [1] 22″49. **91** Jager [1] 22″16. **94** Popov [30] 22″17. **98** Pilczuk [1] 22″29. **2001** Ervin [1] 22″09. **100 m :** **1975** Coan [1] 51″25. **78** Mc Cagg [1] 50″24. **82** Woithe [8] 50″18. **86** Biondi [1] 48″94. **91** Biondi [1] 49″18. **94, 98** Popov [30] 49″12, 48″93. **2001** Ervin [1] 48″33. **200 m :** **1975** Shaw [1] 1′51″04. **78** Forrester [1] 1′51″02. **82, 86** Gross [7] 1′49″84, 1′47″92. **91** Lamberti [5] 1′47″27. **94** Kasvio [16] 1′47″32. **98** Klim [2] 1′47″41. **2001** Thorpe [2] 1′44″06. **400 m :** **1975** Shaw [1] 3′54″88. **78, 82** Salnikov [11] 3′51″94, 3′51″30. **86** Henkel [7] 3′50″5. **91** Hoffmann [19] 3′48″04. **94** Perkins [2] 3′43″80. **98, 2001** Thorpe [2] 3′46″29 ; 3′40″17. **800 m :** **2001** Thorpe [2] 7′39″16. **1 500 m :** **1975** Shaw [1] 15′28″92. **78, 82** Salnikov [11] 15′3″99, 15′1″77. **86** Henkel [7] 15′5″31. **91** Hoffmann [19] 14′50″36. **94** Perkins [2] 14′50″52. **98, 2001** Hackett [2] 14′51″70 ; 14′34″56. **5 km :** **1998** Akatiev [30] 55′18″6. **2000** Bezroutchenko [30] 59′18″. **01** Baldini [5] 55′37″. **10 km.** **2001** Bezroutchenko [30] 2 h 1′4″. **25 km :** **1991** Hundeby [1] 5 h 1′45″78. **94** Streppel [15] 5 h 35′26″. **98** Akatiev [30] 5 h 5′42″1. **2000, 01** Koudinov [30] 4 h 55′51″12 ; 5 h 25′32″.

Dos. 50 m : **2001** Bal [1]. **100 m :** **1991** Rousse [1] 55″23. **94** Lopez-Zubero [26] 55″17. **98** Krayzelburg [1] 55″. **2001** Welsh [2] 54′31″. **200 m :** **1991** Lopez-Zubero [26] 1′59″52. **94** Selkov [30] 1′57″42. **98** Krayzelburg [1] 1′58″84. **2001** Peirsol [1] 1′57″13.

Brasse. 50 m : **2001** Lisogor [35] 27″52. **100 m :** **1975** Wilkie [14] 1′4″26. **78** Kusch [7] 1′3″56. **82** Lundquist [1] 1′2″75. **86** Davis [15] 1′2″71. **91, 94** Rozsa [10] 1′1″45, 1′1″24. **98** Deburghgraeve [20] 1′1″34. **2001** Sloudnov [30] 1′0″16. **200 m :** **1975** Wilkie [14] 2′19″28, 2′18″23. **78** Nevid [1] 2′18″37. **82** Davis [15] 2′14″77. **86** Szabo [10] 2′14″27. **91** Barrowman [1] 2′11″23. **94** Rozsa [10] 2′12″81. **98** Grote [1] 2′13″40. **2001** Hansen [1] 2′10″69.

Papillon. 50 m : **2001** Huegill [2] 23″50. **100 m :** **1991** Nesty [28] 53″29. **94** Szukala [25] 53″51. **98** Klim [2] 52″25. **2001** Frolander [4] 52″10. **200 m :** **1991** Stewart [1] 1′55″69. **94** Pankratov [30] 1′56″54. **98** Silantiev [35] 1′56″61. **2001** Phelps [1] 1′54″58.

4 nages. 200 m : **1991** Darnyi [10] 1′59″36. **94** Sievinen [16] 1′58″16. **98** Wouda [6] 2′1″18. **2001** Rosolino [5] 1′59″71. **400 m :** **1991** Darnyi [10] 4′12″36. **94, 98** Dolan [1] 4′12″30, 4′14″95. **2001** Boggiatto [5] 4′13″15.

Relais. Nage libre. 4 × 100 m : **1973, 75, 78, 82, 86, 91, 94, 98** USA 3′27″18, 3′24″85, 3′19″74, 3′19″26, 3′19″89, 3′17″15, 3′16″90, 3′16″69. **2001** Australie 3′14″10. **4 × 200 m :** **1975** All. féd. 7′39″44. **78, 82** USA 7′20″82, 7′21″09. **86** All. dém. 7′15″91. **91** All. 7′13″50. **94** Suède 7′17″74. **98, 2001** Australie 7′12″48 ; 7′4″66. **4 nages. 4 × 100 m :** **1975, 78, 82, 86, 91, 94** USA 3′49″49, 3′49″, 3′44″63, 3′40″84, 3′41″25, 3′39″66, 3′37″74. **98, 2001** Australie 3′37″98 ; 3′35″35.

■ **Dames. Nage libre. 50 m :** **1986** Costache [24] 25″28. **91** Zhuang [26] 25″47. **94** Jingyi Le [27] 24″51. **98** Van Dyken [1] 25′15″. **2001** De Bruijn [6] 24′47. **100 m :** **1975** Ender [8] 57″542, 56″50. **78** Krause [8] 55″68. **82** Meineke [8] 55″79. **86** Otto [8] 55″5. **91** Haislett [1] 55″17. **94** Jingyi Le [27] 54″01. **98** Thompson [1] 54′95″. **2001** De Bruijn [6] 54″18. **200 m :** **1975** Babashoff [1] 2′2″50. **78** Woodhead [1] 1′58″53. **82**. Verstappen [6] 1′59″53. **86** Fredrich [8] 1′58″26. **91** Lewis [2] 2′0″48. **94** Van Almisck [19] 1′56″78. **98** Poll [36] 1′58″90. **2001** Rooney [2] 1′58″57. **400 m :** **1975** Babashoff [1] 4′16″87. **78** Wickham [2] 4′6″28. **82** Schmidt [8] 4′8″98. **86** Friedrich [8] 4′7″45. **91** Evans [1] 4′8″63. **94** Yang Aihua [27] 4′9″64. **98** Chen Yan [27] 4′6″72. **2001** Klochkova [35] 4′7″30. **800 m :** **1975** Turrall [2] 8′44″75. **78** Wickham [2] 8′24″94. **82** Linehan [1] 8′29″48. **86** Strauss [8] 8′28″24. **91, 94** Evans [1] 8′24″05, 8′29″85. **98** Bennet [1] 8′28″71. **2001** Stockbauer [19] 8′24″66. **1 500 m :** **2001** Stockbauer [19] 16′1″02. **5 km :** **1998** Rose [1] 59′23″50. **2000** Busche [19] 1 h 2′36″. **01** Valli [5] 1 h 0′23″. **10 km.** **2001** Buchse [19] 2 h 17′32″. **25 km :** **1991** Taylor-Smith [2] 5 h 21′ 5″ 53. **94** Cunningham [2] 5 h 48′ 25″. **98** Smith [1] 5 h 31′20″10. **2000** Van Dyk [6] 5 h 30′4″07. **01** Valli [5] 5 h 56′51″.

Dos. 50 m. **2001** Cope [1] 28′51″. **100 m :** **1991** Egerszegi [10] 1′1″78. **94** Cihong He [27] 1′0″16. **98** Maurer-Loveless [1] 1′1″16. **2001** Coughlin [1] 1′0″37. **200 m :** **1991** Egerszegi [10] 2′9″15. **94** Cihong He [27] 2′07″40. **98** Maracineanu [3] 2′11″26. **2001** Mocanu [24] 2′9″94.

Brasse. 50 m : **2001** Luo Xuejuan [27] 30″84. **100 m :** **1975** Anke [8] 1′12″73. **78** Bogdanova [11] 1′10″31. **82**. Geweniger [8] 1′9″14. **86** Gerasch [8] 1′8″11. **91** Frame [2] 1′8″81. **94** Riley [2] 1′7″69. **98** Kowal [1] 1′8″42. **2001** Luo Xuejuan [27] 1′7″18. **200 m :** **1975** Anke [8] 2′37″25. **78** Kachushite [11] 2′31″42. **82** Varganova [11] 2′28″82. **86** Hoerner [8] 2′27″40. **91** Volkova [11] 2′29″53. **94** Riley [2] 2′26″87. **98, 2001** Kovacs [10] 2′25″45 ; 2′24″90.

Papillon. 50 m : **2001** De Bruijn [6] 25″90. **100 m :** **1991** Hong [27] 59″68. **94** Liu Limin [27] 58″98. **98** Thompson [1] 58″46. **2001** Thomas [2] 58″27. **200 m :** **1991** Sanders [1] 2′9″24. **94** Liu Limin [27] 2′7″25. **98** O'Neill [2] 2′7″93. **2001** Thomas [2] 2′6″73.

4 nages. 200 m : **1991** Lin Li [27] 2′13″40. **94** Lu Bin [27] 2′12″34. **98** Wu Yanyan [27] 2′10″88. **2001** Bowen [1] 2′11″93. **400 m :** **1991** Lin Li [27] 4′41″45. **94** Guohong Dai [27] 4′39″14. **98** Chen Yan [27] 4′36″66. **2001** Klochkova [35] 4′36″98.

Relais. Nage libre. 4 × 100 m : **1975** All. dém. 3′52″35, 3′49″37. **78** USA 3′43″43. **82, 86** All. dém. 3′43″97 ; 3′40″57. **91** USA 3′43″26. **94** Chine 3′37″91. **98** USA 3′42″11. **2001** All. 3′39″58. **4 × 200 m :** **1986** All. dém. 7′59″33. **91** All. 8′2″56. **94** Suède 7′17″74. **98** All. 8′1″46. **2001** G.-B. 7′58″69. **4 nages. 4 × 100 m :** **1975** All. dém. 4′16″84, 4′14″74. **78** USA 4′8″21. **82, 86** All. dém. 4′5″88, 4′4″82. **91** USA 4′6″51. **94** Chine 4′1″67. **98** USA 4′1″93. **2001** Australie 4′1″50.

RECORDS DE NATATION AU 31-7-2001 (bassin 50 m)

	RECORDS DU MONDE		RECORDS D'EUROPE		RECORDS DE FRANCE	
HOMMES						
Nage libre						
50 m	21″64	Alexandre Popov (16-6-2000) [16]	21″64	Alexandre Popov (16-6-2000) [16]	22″39	Christophe Kalfayan (7-8-1993)
100 m	47″84	Pieter Van Den Hoogenband (19-9-2000) [19]	47″84	Pieter Van Den Hoogenband (19-9-2000) [19]	49″18	Stephan Caron (6-8-1991)
200 m	1′44″06	Ian Thorpe (25-7-2001) [13]	1′45″35	Pieter Van den Hoogenband (18-9-2000) [19]	1′49″19	Stephan Caron (4-8-1988)
400 m	3′40″17	Ian Thorpe (22-7-2001) [13]	3′43″40	Massimiliano Rosolino (16-9-2000) [5]	3′51″80	Nicolas Rostoucher (16-9-2000)
800 m	7′39″16	Ian Thorpe (24-7-2001) [13]	7′50″64	Vladimir Salnikov (4-7-1986) [9]	8′2″92	Nicolas Rostoucher (23-7-2001)
1 500 m	14′34″56	Grant Hackett (29-7-2001) [13]	14′50″36	Jorg Hoffmann (13-1-1991) [6]	15′13″26	Nicolas Rostoucher (22-9-2000)
Brasse						
100 m	59″94	Roman Sloudnov (23-7-2001) [16]	59″94	Roman Sloudnov (23-7-2001) [16]	1′1″72	Jean-Christophe Sarnin (août 1999)
200 m	2′10″16	Mike Barrowman (29-7-1992) [1]	2′10″87	Domenico Fioravanti (20-9-00) [5]	2′12″46	Stephan Perrot (juillet 1999)
Dos						
100 m	53″60	Lenny Krayzelburg (24-8-1999) [1]	54″43	Stev Theloke (29-7-1998) [15]	55″18	Franck Schott (4-4-1992)
200 m	1′55″87	Lenny Krayzelburg (27-8-1999) [1]	1′56″57	Martin Lopez-Zubero (23-11-1991) [12]	′59″79	Dufour (mars 2000)
Papillon						
100 m	51″81	Michael Klim (12-12-1999) [13]	52″00	Lars Frolander (22-9-2000) [20]	52″52	Franck Esposito (25-3-2000)
200 m	1′54″58	Michael Phelps (24-7-2001) [1]	1′55″03	Franck Esposito (23-7-2001) [2]	1′55″03	Franck Esposito (23-7-2001)
4 nages						
200 m	1′58″16	Jani Sievinen (11-9-1994) [14]	1′58″16	Jani Sievinen (11-9-1994) [14]	2′1″08	Xavier Marchand (24-8-1997)
400 m	4′11″76	Tom Dolan (17-9-2000) [1]	4′12″36	Tamas Darnyi (8-1-1991) [7]	4′19″72	Nicolas Rostoucher (1-5-2001)
Relais n. libre						
4 × 100 m	3′13″67	Klim, Fydler, Callus, Thorpe (16-9-2000) [13]	3′14″56	Veens, Kenkhuis, Zwering, Van den Hoogenband (22-7-2001) [19]	3′19″16	Éq. nat. : Caron, Kalfayan, Lefèvre, Schott (29-7-1992)
4 × 200 m	7′4″66	Hackett, Klim, Kirby, Thorpe (27-7-2001) [13]	7′10″86	Brembilla, Pelliciari, Beccari, Rosolino (27-7-2001) [5]	7′19″86	Éq. nat. : Marchand, De Fabrique, Poirot, Bordeau (4-8-1993)
Relais 4 nages						
4 × 100 m	3′33″73	Krayzelburg, Moses, Crocker, Hall (23-9-2000) [1]	3′35″88	Theloke, Kruppa, Rupprath, Spanneberg (23-9-2000) [15]	3′40″02	Éq. nat. : Dufour, Duboscq, Esposito, Bousquet (23-9-2000)
DAMES						
Nage libre						
50 m	24″13	Inge De Bruijn (22-9-2000) [19]	24″13	Inge De Bruijn (22-9-2000) [19]	25″36	Catherine Plewinski (31-7-1992)
100 m	53″77	Inge De Bruijn (20-9-2000) [19]	53″77	Inge De Bruijn (20-9-2000) [19]	55″11	Catherine Plewinski (17-8-1989)
200 m	1′56″78	Franziska Van Almsick (6-9-1994) [15]	1′56″78	Franziska Van Almsick (6-9-1994) [15]	1′59″67	Solenne Figuès (20-9-2000)
400 m	4′3″85	Janet Evans (22-9-1988) [1]	4′5″84	Anke Moehring (17-8-1989) [3]	4′12″06	Alicia Bozon (1-5-2001)
800 m	8′16″22	Janet Evans (20-8-1989) [1]	8′19″53	Anke Moehring (22-8-1987) [3]	8′39″20	Cécile Prunier (7-8-1988)
1 500 m	15′52″10	Janet Evans (26-3-1988) [1]	16′1″02	Hannah Stockbauer (28-7-2001) [15]	16′36″28	Karyn Faure (5-6-1989)
Brasse						
100 m	1′6″52	Penelope Heyns (23-8-1999) [17]	1′7″79	Agnes Kovacs (17-9-2000) [7]	1′10″14	Pascaline Louvrier (21-8-1987)
200 m	2′22″29	Hui Qi (13-4-2001) [8]	2′24″03	Agnès Kovacs (20-9-2000)	2′27″13	Karine Brémond (20-9-2000)
Dos						
100 m	1′0″16	Cihong He (10-9-1994) [8]	1′0″21	Diana Mocanu (18-9-2000) [10]	1′1″10	Roxana Maracineanu (18-9-2000)
200 m	2′6″62	Krisztin Egerszegi (25-8-1991) [7]	2′6″62	Krisztin Egerszegi (25-8-1991) [7]	2′10″25	Roxana Maracineanu (22-9-2000)
Papillon						
100 m	56″61	Inge De Bruijn (17-9-2000) [19]	56″61	Inge De Bruijn (17-9-2000) [19]	59″01	Catherine Plewinski (29-7-1992)
200 m	2′5″81	Susan O'Neill (17-5-2000) [13]	2′6″97	Annika Mehlorn (23-7-2001) [15]	2′10″78	Cécile Jeanson (19-9-2000)
4 nages						
200 m	2′9″72	Wu Yanyan (17-10-1997) [8]	2′10″68	Yana Klochkova (19-9-2000) [18]	2′17″14	Nadège Cliton (16-5-1997)
400 m	4′33″59	Yana Klochkova (16-9-2000) [18]	4′33″59	Yana Klochkova (16-9-2000) [18]	4′48″81	Nadège Cliton (6-6-1998)
Relais n. libre						
4 × 100 m	3′36″61	van Dyken, Torres, Shealey, Thompson (16-9-2000) [1]	3′39″58	Dallman, Buschschulte, Meissner, Völker (23-7-2001) [15]	3′47″04	Éq. nat. : Plewinski, Jardin, Giraudon, Delord (17-8-1989)
4 × 200 m	7′55″47	Stellmach, Strauss, Moehring, Friedrich (18-8-1987) [3]	7′55″47	Stellmach, Strauss, Moehring, Friedrich (18-8-1987) [3]	8′5″99	Éq. nat. : Figuès, Choux, Quelennec, Bozon (20-9-2000)
Relais 4 nages						
4 × 100 m	3′58″30	Bedford, Quann, Thompson, Torres (23-9-2000) [1]	4′3″06	Buchschulte, Weiler, Mehlhorn, Meissner (29-7-2001) [15]	4′10″40	Éq. nat. : Ricardo, Le Paranthoen, Jeanson, Figuès (9-7-2000)

Nota. – (1) USA. (2) France. (3) All. dém. (4) G.-B. (5) Italie. (6) All. féd. (7) Hongrie. (8) Chine. (9) URSS. (10) Roumanie. (12) Espagne. (13) Australie. (14) Finlande. (15) All. depuis 1991. (16) Russie. (17) Afrique du Sud. (18) Ukraine. (19) Pays-Bas. (20) Suède. (21) Pologne.

☞ Depuis 1957, la Féd. intern. ne reconnaît que les records obtenus dans une piscine de 50 m et de 55 yards ; depuis 1969, que dans une piscine de 50 mètres ; depuis le 3-3-1991, la FJNA reconnaît les records du monde en petit bassin (25 m).

CHAMPIONNATS D'EUROPE

Créés 1889, *interrompus* de 1904 à 1925, *repris* en 1926, *tous les 2 ans*.

■ **Messieurs. Nage libre. 50 m : 1999** Van den Hoogenband [6] 22″06. **2000** Popov [30] 21″95. **100 m : 1999** Van den Hoogenband [6] 48″47. **2000** Popov [30] 48″61. **200 m : 1999** Van den Hoogenband 1′47″09. **2000** Rosolino [5] 1′47″31. **400 m : 1999** Palmer [14] 3′48″12. **2000** Brembilla [5] 3′48″56. **1 500 m : 1999** Snitko [35] 15′7″19. **2000** Chervinski [35] 15′5″31. **25 km : 2000** Lecat [3] 5 h 5′22″50.

Dos. 50 m : 1999, 2000 Theloke [7] 25″66, 25″60. **100 m : 1999** Theloke [7] 55″16. **2000** Ortega [26] 55″50. **200 m : 1999** Braun [7] 1′59″74. **2000** Kozulj [39] 1′58″62.

Brasse. 50 m : 1999, 2000 Warnecke [7] 27″95, 27″75. **100 m : 1999, 2000** Fioravanti [5] 1′1″34, 1′2″02. **200 m : 1999** Perrot [3] 2′12″46. **2000** Komornikov [30] 2′13″09.

Papillon. 50 m : 1999 Van den Hoogenband [6] 23″89. **2000** Hard [16] 23″88. **100 m : 1999, 2000** Frolander [4] 52″85, 52″61, 52″23. **200 m : 1999** Esposito [3] 1′57″24, 1′57″20. **2000** Poliakov [30] 1′56″73.

4 nages. 200 m : 1999 Wouda [6] 2′0″77, 2′1″43. **2000** Rosolino [5] 2′0″62. **400 m : 1999** Hviid [26] 4′17″16. **2000** Bathazi [10] 4′18″51.

Relais. Nage libre. 4 × 100 m : 1999 P.-Bas 3′16″27. **2000** Russie 3′18″75. **4 × 200 m : 1999** All. 7′19″63. **2000** Italie 7′16″52. **4 nages. 4 × 100 m : 1999** P.-Bas 3′39″52. **2000** Russie 3′39″29.

■ **Dames. Nage libre. 50 m : 1999** De Bruijn [6] 24″99. **2000** Alshamar [4] 24″44. **100 m : 1999** Rolph [14] 55″03. **2000** Alshamar [4] 54″41. **200 m : 1999** Potec [24] 1′58″79. **2000** Baranovskaia [33] 1′59″51. **400 m : 1999** Potec [24] 4′8″08. **2000** Klochkova [35] 4′9″41. **800 m : 1999** Stockbauer [8] 8′33″79. **2000** Bigamonti [37] 8′29″16.

Dos. 50 m : 1999 Völker [7] 28″71. **2000** Jivanevskaya [26] 28″76. **100 m : 1999** Völker [7] 1′1″39. **2000** Jivanevskaya [26] 1′1″02. **200 m : 1999** Maracineanu [3] 2′11″94. **2000** Jivanevskaya [26] 2′9″53.

Brasse. 50 m : 1999, 2000 Kovacs [10] 31″44, 31″68. **100 m : 1999, 2000** Kovacs [10] 1′8″08, 1′8″75, 1′8″38. **200 m : 1999** Kovacs [10] 2′24″90, 2′27″12. **2000** Caslaru [24] 2′26″76.

Papillon. 50 m : 1999, 2000 Kammerling [4] 26″29, 26″40. **100 m : 1999** De Bruijn [6] 58″49. **2000** Moravcova [38] 58″72. **200 m : 1999** Jacobsen [18] 2′10″40. **2000** Jedrzejczak [25] 2′8″63.

4 nages. 200 m : 1999 Klochkova [35] 2′14″02. **2000** Caslaru [24] et Klochkova [30] 2′12″57. **400 m : 1999, 2000** Klochkova [35] 4′38″14, 4′39″78.

Relais. Nage libre. 4 × 100 m : 1999 All. 3′41″49, 3′40″87. **2000** Suède 3′42″38. **4 × 200 m : 1999** All. 8′3″59, 8′1″68. **2000** Roumanie 8′3″17. **4 nages. 4 × 100 m : 1999, 2000** Suède 4′7″52, 4′6″.

☞ **Coupe d'Europe :** *créée* 1969 ; *n'est plus disputée depuis 1990.*

CHAMPIONNATS DE FRANCE

(*Créés* 1899)

■ **Messieurs. Nage libre. 50 m : 1996** Kalfayan 22″73. **97, 98** Sicot 23″08 ; 23″19. **99** Ilès 23″. **2000** Barnier 22″65. **01** Sicot 23″02. **100 m : 1996** Depickère 50″71. **97** Chavatte 51″25. **98** Sicot 51″28. **99, 2000, 01** Barnier 50″66, 49″21, 50″03. **200 m : 1996** Bordeau 1′51″06. **97** Poirot 1′50″93. **98, 99** De Fabrique 1′49″60, 1′51″27. **2000** Barnier 1′49″39. **01** Kintz 1′51″34. **400 m : 1996** De Fabrique 3′55″68. **97** Marchand 3′58″50. **98** De Fabrique 3′54″58. **99, 2000, 01** Cros 3′56″80, 3′53″93, 3′53″62. **1 500 m : 1996** De Fabrique 15′39″16. **97** Durindel 15′39″81. **98, 99** Cros 15′41″44, 15′28″01. **2000, 01** Rostoucher 15′20″75, 15′14″65.

Dos. 100 m : 1996 Schott 55″96. **97** Calibet 57″68. **98** Schott et Barnier 57″28. **99, 2000** Dufour 56″80 ; 56″23. **01** Roger 56″10. **200 m : 1996** Holderbach 2′3″94. **97 à 2001** Dufour 2′3″62 ; 2′3″04 ; 2′1″54 ; 1′59″80 ; 2′0″53.

Brasse. 100 m : 1996 Latocha 1′2″30. **97 à 99** Perrot 1′3″01, 1′2″73, 1′2″93. **2000, 01** Duboscq 1′2″80, 1′2″90. **200 m : 1996** Perrot 2′14″97. **97** Sarnin 2′14″86. **98, 99** Perrot 2′13″77, 2′13″62. **2000, 01** Bernard 2′12″48, 2′15″04.

Papillon. 100 m : 1995 à 97 Esposito 55″, 54″93, 53″96. **98** Lequeux 55″01. **99, 2000, 01** Esposito 53″08, 53″05, 52″59. **200 m : 1995 à 97** Esposito 2′0″74, 1′58″07, 1′59″42. **98** De Fabrique 2′0″77. **99, 2000, 01** Esposito 1′56″17, 1′56″60, 1′56″07.

4 nages. 200 m : 1996 à 2001 Marchand 2′2″91, 2′1″80, 2′2″33, 2′2″66, 2′2″37, 2′3″64. **400 m : 1994 à 96** Joncourt 4′24″13, 4′30″42, 4′26″87. **97** Marchand 4′24″94. **98 à 2000** Le Bihan 4′25″50, 4′23″78, 4′22″79. **01** Rostoucher 4′19″72.

Relais. Nage libre : 4 × 100 m : 1996 *non disputé* *. **97** RCF 3′27″52. **98** Boulogne-Billancourt 3′25″51. **99** RCF 3′23″76. **2000** CS Clichy 3′24″98. **01** CN Antibes 3′24″02. **4 × 200 m : 1996** Boulogne 7′32″62. **97** Antibes 7′38″47. **98** Boulogne-Billancourt 7′32″68. **99, 2000, 01** Toulouse OEC 7′26″38, 7′30″58, 7′34″61. **4 nages : 4 × 100 m : 1997 à 2001** CN Antibes 3′47″76, 3′45″95, 3′47″39, 3′43″96, 3′44″65.

Longue distance : 5 km. 2001 Gomez 52′47″67. **25 km. 1995 à 2000** Lecat 5 h 2′ 46 ″, 5 h 35′ 22″, 4 h 29′ 47″ (réduit à 21 km à cause du mauvais temps), 5 h 37′14″, 5 h 7″ 28, 5 h 21′1″16.

Interclubs. 1991 à 96 Racing CF. **97** Toulouse OEC. **98** CN Antibes. **99** Toulouse OEC. **2000, 01** CN Antibes.

■ **Dames. Nage libre. 50 m : 1996** Legler 26″32. **97** Blaise 26″84. **98** Glatre 27″08. **99** Figuès 26″66. **2000** Glatre 26″55. **01** Metella 26″39. **100 m : 1995 à 2001** Figuès 57″54, 57″09, 56″89, 57′45″, 56″72, 56″64, 56″27. **200 m : 1995 à 97** Figuès 2′4″60, 2′2″89, 2′0″75. **98** Bourre 2′3″78. **99, 2000** Figuès 2′2″43, 2′0″47. **01** Bozon 2′0″70. **400 m : 1996, 97** Choux 4′22″83, 4′18″27. **98, 99** Bourre 4′16″23, 4′17″55. **2000** Choux 4′15″20. **01** Bozon 4′12″06. **800 m : 1996, 97** Choux 8′59″68, 8′55″68. **98 à 2000** Bourre 8′42″61, 8′46″92, 8′46″72. **01** Perrotin 8′46″80.

Dos. 100 m : 1996 Ricardo 1′3″61. **97, 98** Maracineanu 1′3″04, 1′3″14. **99** Glatre 1′3″82. **2000, 01** Maracineanu 1′2″59, 1′2″51. **200 m : 1996** Ricardo 2′14″57. **97 à 2001** Maracineanu 2′13″47, 2′15″93, 2′15″02, 2′14″70, 2′14″41.

Brasse. 100 m : 1996 Brémond 1′10″78. **97** Distel 1′13″38. **98** Leblond 1′11″18. **99** Brémond 1′11″74. **2000** Leprest 1′10″85. **01** Leprest 1′10″88. **200 m : 1996 à 2000** Brémond 2′35″56, 2′35″26, 2′33″37, 2′32″17, 2′30″68. **01** Distel 2′34″33.

Papillon. 100 m : 1994 à 2000 Jeanson 1′2″20, 1′2″91, 1′1″21, 1′1″47, 1′2″22, 1′1″63, 1′1″34. **01** Metella 1′1″79. **200 m : 1994 à 2000** Jeanson 2′13″58, 2′15″92, 2′13″75, 2′14″70, 2′17″56, 2′15″58, 2′15″28. **01** Perrotin 2′15″84.

4 nages. 200 m : 1996 à 98 N. Cliton 2′18″55, 2′17″14, 2′17″18. **99** Amardeilh 2′19″54. **2000** Maracineanu 2′18″09. **01** De Ronchi 2′17″23. **400 m : 1996 à 98** N. Cliton 4′55″38, 4′50″31, 4′57″15. **99, 2000, 01** Distel 4′56″04, 4′52″47, 4′50″98.

Relais. Nage libre : 4 × 100 m : 1996 *non disputé* *. **97** Toulouse Dauphins 3′54″96. **98 à 2001** Toulouse OEC 3′58″10, 3′51″39, 3′51″66, 3′50″86. **4 × 200 m : 1995 à 97** Toulouse 8′33″07, 8′34″75, 8′29″13. **98** Melun Dammarie 8′31″60. **99, 2000, 01** Toulouse OEC 8′27″48, 8′21″80, 8′15″05. **4 nages : 4 × 100 m : 1994 à 96** Toulouse 4′21″84, 4′21″28, 4′24″09. **97** CS Clichy 4′25″13. **98** Toulouse 4′24″84. **99** Clichy 4′23″49. **2000, 01** CN Melun Dammarie 4′18″67, 4′18″18.

Longue distance : 5 km 2000 Boitte 1 h 9′58″87. **01** Blomme 55′43″31. **25 km. 1996** Bouisset 5 h 57′27″. **97** Leroy 4 h 50′46″ (réduit à 21 km à cause du mauvais temps). **98** Lecoustey 6 h 20′55″. **99** Boitte 5 h 26′44″. **2000** Turpin 6 h 18′58″60.

Interclubs. 1996 à 98 Toulouse OEC. **99, 2000** Melun Dammarie. **01** Toulouse OEC.

Nota. – (*) En 1996, championnats de France de printemps ; une édition d'été a eu lieu.

QUELQUES NOMS

ANDRACA Pierre [3] 25-9-58. ANKE Hannelore [8] 8-12-57. ARVIDSSON Par [4] 27-2-60. BABASHOFF Shirley [1] 31-1-57. BALDUS Brita [19] 4-6-65. BARON Bengt [4] 6-3-62. BARROWMAN Mike [1]. BAUMANN Alex [15] 21-4-64. BENSIMON Laurence [3] 24-1-63. BERGER Guylaine [3] 12-4-56. BERJEAU Jean-Paul [3] 21-6-53. BERLIOUX Monique [3] 12-11-23. BIONDI Matt [1] 6-10-65. BOITEUX Jean [3] 20-6-33. BONNET Céline [3] 3-2-76. BORDEAU Christophe [3] 3-8-68. BORG Arne [4] 1901-87. BORIOS Olivier [3] 23-6-59. BOTTOM Joseph [1] 18-4-55. BOUCHER Renaud [3] 7-8-64. BOUTTEVILLE Yvan [3] 27-4-62. BOZON Gilbert [3] 19-3-35. BREMOND Karine [3] 17-6-75. BRIGHITA Emith [6] 15-4-55. BRUNER Michael L. [1] 23-7-56. BURTON Michael J. [1] 3-6-47. BUTTET Serge [3] 14-12-54. CALLIGARIS Novella [5] 27-12-54. CAPRON Anne [3] 18-2-69. CAREY Rick [1] 13-3-63. CARON Christine [3] 10-7-48 ; Stéphane [3] 17-1-66. CAULKINS Tracy [1] 11-1-63. CHRISTOPHE Robert [3] 22-2-38. CLUG Patricia [3] 17-10-60. COMBET Bernard [3] 21-9-53. COSTACHE Tamara [24]. CRAPP Lorraine [2] 17-10-38.

DARNYI Tamas [10] 3-6-67. DE BRUIJN Inge [6] 24-8-73. DEDIEU Virginie [3] 25-2-79. DELCOURT Frédéric [3] 14-2-64. DEN OUDEN Willie [6] 27-9-14. DEPICKERE Ludovic [3] 29-7-69. DE VARONA Donna [1] 26-4-47. DEVITT John [2] 4-2-37.

Dibiasi Klaus [5] 6-10-47. Diers Ines [8] 2-11-63. Duprez Bénédicte [3] 8-8-51. Écuyer René [3] 4-9-56. Ederle Gertrude [1] 23-10-06. Egerszegi Kristina [10] 16-8-74. Ender Kornelia [8] 25-10-58. Esposito Franck [3] 13-4-71. Evans Janet [1] 28-8-71.

Falandry Sophie [3] 14-9-61. Fassnacht Hans [7] 28-11-50. Faure Karyn [3] 5-5-69. Ferguson Cathy [1] 17-7-48. Forrester William [1] 18-12-57. Fraser Dawn [2] 4-9-37, réalise le 100 m en 1 min 2 s (1956), record du monde. Frost Héda [3] 15-9-36. Furniss Bruce [1] 27-5-57 ; Steven [1] 21-12-52. Gaines Ambrose [1] 17-2-59. Gao Min [27]. Geissler Ines [8] 16-2-63. Gerasch Sylvia [8] 16-3-69. Geweniger Ute [8] 24-2-64. Goodell Brian [1] 2-4-59. Goodhew Junean [14] 27-5-57. Gottvallès Alain [3] 22-3-42. Gould Shane [2] 23-11-56. Gross Michael [7] 17-6-64. Guérit Audrey [3] 1-3-76. Gutzeit Bruno [3] 2-3-66. Gyamarti Andrea [10] 15-5-54. Hall Gary [1] 7-8-51. Hargitay Andras [10] 17-3-56. Hase Dagmar [19] 1970. Hencken John [1] 29-5-54. Hermine Muriel [3] 3-9-63. Heyns Penelope [9] 8-11-74. Hoffmann Jorg [17] 29-1-70. Holderbach David [3] 19-2-71. Hunger Daniela [19] 20-3-72. Hveger Raghnild [18] 10-12-20. Iacono Franck [3] 14-6-66. Jagger Tom [1]. Jany Alex [3] 1929-2001. Jardin Véronique [3] 15-9-66. Jeanson Cécile [3] 17-8-72. Jezek Linda [1] 10-3-60. Jongejans Edwin [6]. Journet Laurent [3] 5-2-70.

Kachushite Lina [11] 1-1-63. Kahanamoku Duke [1] 1890-1968. Kalfayan Christophe [3] 26-5-65. Kalinina Irina [11] 8-2-59. Kamoun Sophie [3] 8-6-67. Karashuchite Lina [11] 1-1-63. Kempf Aurélia [3] 1973. Knacke Christine [8] 1962. Konrads John [2] 21-5-42. Kopliakov Serge [11] 23-1-59. Kother-Gabriel Rosemarie [8] 27-2-56. Krause Barbara [8] 7-7-59. Lacombe Laurence [3] 1-8-69. Lacour Sandra [3] 5-6-67. Lamberti Giorgio [5] 28-1-69. Lazzaro Marc [3] 10-1-55. Leamy Robin [1] 1961. Le Bihan Johann [3] 10-3-79. Lecat Stéphane [3] 6-8-71. Lefevre Frédéric [3] 23-4-70. Le Noach Sylvie [3] 2-7-55. Lignot Myriam [3] 9-7-75. Lineham Kim [1] 1962. Lodziewski Sven [8] 1966. Lopez-Zubero Martin [26] 23-4-69. Louganis Greg [1] 29-1-60. Louvrier Pascaline [3] 28-9-71. Lundquist Steve [1] 20-2-61. Luyce Francis [3] 13-2-47.

Madison Helen [1] 1913-70. Magnier Christine [3] 31-10-68. Mandonnaud Claude [3] 2-4-50. Maracineanu Roxana [3] 7-5-75. Matthes Roland [8] 17-11-50. Meagher Mary T [1] 27-10-64. Menu Roger Philippe [3] 30-6-48. Metschuck Caren [8] 27-9-63. Meyer Deborah [1] 14-8-52. Mingxia Fu [27] 1979. Mitchell Betsy [1] 15-1-66. Montgomery James P. [1] 24-1-55. Moorhouse Adrian [14] 24-5-64. Morales Pablo [1] 1965. Morken Gabriel [7] 1959. Mosconi Alain [3] 9-9-49. Muir Karen [9] 16-9-52. Naber John [1] 20-1-56. Nakache Alfred [3] 1915. Nalliod Jérôme [3] 29-7-66. Nelson Sandra [1] 20-3-56. Nesty Anthony [28] 1967. Noël Fabien [3] 5-1-59. Otto Kristin [8] 7-2-65. Pankratov Denis [30] 4-7-74. Pata Thierry [3] 12-2-65. Paulus William [1] 1961. Pénicaud Cédric [3]. Perkins Kieren [2] 14-8-73. Pierre Frédéric [3] 3-7-69. Plewinski Catherine [3] 12-7-68. Poirot Catherine [3] 9-4-63. Polianski Igor [11]. Pollack Andréa [8] 8-5-61. Popov Alexandre [30] 16-11-71. Prozumenchikova Galina [11] 26-11-48. Prunier Cécile [3] 28-8-69.

Reinisch Rica [3] 6-4-65. Richter Ulrike [8] 17-6-52. Rose Murray [2] 6-1-39. Rouse Jeff [1] 6-2-70. Rousseau Michel [3] 8-6-49. Sadovy Evgueni [11]. Salnikov Vladimir [11] 21-5-60. Savin Xavier [3] 15-6-60. Schneider Petra [8] 11-1-63. Schollander Donald [1] 30-4-46. Schott Franck [3] 16-5-70. Schuler Karine [3] 29-11-69. Shaw Tim [1] 8-11-57. Sidorenko Alexander [11] 27-5-60, asthmatique. Skinner Jonty [9] 1954. Spitz Mark [1] 10-2-50, 7 médailles d'or aux JO 1972, battant 7 records du monde. Stephan Véronique [3] 28-9-63. Sterkel Gill [1] 27-5-61. Stewart Melvin [1] 16-11-68. Susini Annick de [3] 17-5-60. Tanaka Satoko [13] 1942. Taris Jean [3] 1909-77. Tauber Ulrike [8] 16-6-58. Testuz Sylvie [3] 4-6-59. Thorpe Ian [2] 13-10-82. Thumer Petra [8] 29-1-61. Treiber Birgit [8] 26-2-60.

Vallerey Georges [3] 1927-54. Van Almsick Franziska [19] 5-4-78. Van den Hoogenband Pieter [6] 14-3-78. Vassallo Jesse [1] 9-8-61. Vasseur Paul [3] 10-10-1884. Verraszto Zoltan [10] 15-3-56. Vial Anne [3] 5-9-63. Weissmuller John [1] 2-6-04/21-1-84 (Tarzan), réalise le 1er 100 m en moins d'1 min (58,6 s le 9-7-1922). Wickham Tracey [2] 24-11-62. Wilkie David [12] 8-3-54. Williams Peter [9] 20-6-68. Wirth M.-Pierre [3] 6-8-69. Woithe Joerg [8] 11-4-63. Wojdat Artur [25] 20-5-68. Woodhead Cynthia [1] 7-2-64. Xu Yanemi [27] 1971. Yamanaka Tsuyoshi [13] 18-1-39. Zhuang Yong [27] 1972. Zins Lucien [3] 14-9-22.

Marathon

■ **Organisation.** La Fédération mondiale professionnelle de natation « Marathon » (*créée en* 1963) [Dennis Matuch c/o Swimming World, PO Box 45 457, Los Angeles Californie 90 045, USA] attribue chaque année, depuis 1964, les titres de champions du monde de marathons professionnels (messieurs et dames) par un classement aux points sur une série d'épreuves. **Formes :** *circuit* (ovale ou triangulaire) ; *traversée d'un bras de mer, d'un estuaire ou d'un lac ; descente de rivière ; bordure de côte.* **Distances :** de 16 à 60 km.

Avant 1964, certains marathons étaient considérés comme des championnats mondiaux : le *Canadian National* (dont la distance et le montant des prix ont souvent varié), le tour de l'île d'*Atlantic City* et *Capri-Naples*.

■ **Principaux marathons et,** entre crochets, **meilleurs résultats. Lac St-Jean** (Québec) 33 km [John Kinsella, USA, 7 h 13′ 35″ en 1978] ; **lac Michigan** 26 km en circuit ; **Capri à Naples** 30 km [Ahmed Youssef, Égypte, 7 h 14′ 42″ en 1975] ; **Mar del Plata** (Argentine) 37 km en mer ; **Le Caire** 32 km (Nil) ; **Santa Fé** (Argentine) 62 km dans le Parana ; **Atlantic City** (USA) 37 km en mer autour de l'île [James Barry, USA, 7 h 18′ 38″ en 1979]. **Marathons amateurs. Lac Windermere** (Angleterre) 16 km. **Longs parcours individuels (« raids ») en traversée de détroit ou de lac. Gibraltar** 14 km [José Da Freitas, Portugal, 3 h 4′ 15″] ; **détroit de San Pedro** (de Los Angeles à l'île Catalina) 30 km [Penny Dean, USA, 7 h 15′ 55″]. **Raids réussis par un seul nageur. Canal de Panamá** 80 km [Mihir Sin, Inde, 34 h 15′ en 1966] ; **Bahamas-Floride** 142 km [Diana Nyad, USA, 27 h 28′ en 1980].

■ **Records sur 24 h en bassin de 50 m. Messieurs.** Evan Bazzy (Austr.) 96,7 km en 1987 ; Bertrand Malègue (Fr.) 82,835 km en 1980. **Dames.** Irène Van der Laan (P.-Bas) 80,825 km en 1982.

☞ *En 1984,* Bernard Bougroin et Patrick Benoit (Fr.) ont descendu le Mississippi (1 700 km) en 23 j.

Nota. – Les courants (en rivière et en mer) peuvent allonger ou raccourcir les parcours ; une température trop basse ou trop haute gêne les nageurs.

■ **Coupe du monde. Messieurs. 1994** Hundeby (USA). **95** Molnas (Hongrie). **Dames. 1994** Taylor-Smith (Australie). **95** Burton (USA).

■ **Coupe du monde Fina. 2000** Lecat (France).

■ **Champions du monde. Messieurs. 1964, 65** Abd El Latif Abou Heif (Égypte). **66** Guilio Travaglio (Italie). **67** Horatio Iglesias (Arg.). **68** Abou Heif (Ég.). **69** Horatio Iglesias (Arg.). **70** John Schans (Holl.). **71 à 73** H. Iglesias (Arg.). **74** John Kinsella (USA). **75** Claudio Plitt (Arg.). **76 à 79** John Kinsella (USA). **80, 81** Paul Asmuth (USA). **Dames. 1963** Marty Sinn (USA). **64 à 68** Judith de Nijs-Van Berkel (All.). **69** Patti Thompson (Can.). **70** Judith de Nijs-Van Berkel (All.). **71, 72** Shadia El Rageb (Égypte). **73** Corrie Dixon (Holl.). **74** Diana Nyad (USA). **75** Angela Marchetti (Arg.). **76** Cynthia Nicholas (Can.). **77, 78** Lorren Passfield (Can.). **79** Penny Dean (USA). **80, 81** Christine Cossette (Can.).

☞ **Traversée de l'Atlantique :** Guy Delage (ancien vainqueur de la route du Rhum, 1re traversée de l'Atlantique en ULM en 1991) en 55 jours (7 h quotidiennes à l'eau, le reste dans un radeau de survie). *1994-16-12* départ de São Vicente (Cap-Vert) ; *17-12* mal de mer, ne peut ni nager ni manger ; *25-12* bilan médical ; *1995-5-1* ordinateur oxydé, la radio BLU permet encore des relations avec la terre ; *12-1,* 1re attaque de requin ; *15-1* piqûre de méduse (physalie : gêne respiratoire, paralysie momentanée d'un bras) ; *21-1* une palme cassée ; la « ligne de vie » qui le relie au radeau se rompt, 2 h ½ pour le rattraper ; *28-1* déferlantes, contusions ; *9-2* arrivée en vue de la Barbade après 3 735 km. *Équipement :* masque à vision non déformée dans l'eau sur un angle de 180° ; combinaison thermique ; palmes (rendement supérieur de 30 % à celui des modèles classiques) ; radeau (catamaran de 4,50 m) avec système GPS, radio BLU, ordinateur de bord ; 2 éoliennes produisant 80 % de l'électricité et 1 panneau solaire 20 % ; bouée de soutien avec dessalinateur d'eau de mer et fusil antirequin à l'intérieur. *Coût de l'opération :* 2 millions de F.

Traversée de la Manche

■ **Nombre de tentatives de 1875 au 31-12-1995.** 6 381 par 4 387 personnes ; traversées réussies : 761 par 485 personnes (324 hommes, 161 femmes) de 42 pays, dont 708 « aller simples », 22 « aller-retour » et 3 « aller-retour-aller ». La traversée (32 km) s'effectue généralement entre le cap Gris-Nez (France) et Douvres (G.-B.). Le sens France-G.-B. est le plus facile, mais le sens G.-B.-France est le plus « fréquenté ». C'est le « raid » de natation le plus prisé en raison des difficultés rencontrées (eau froide, mer agitée d'une manière imprévisible, brouillards impromptus, passages fréquents de navires, nappes d'huile, goémon). Les conditions varient et aucune tentative ne peut être comparée à une autre. Les nageurs se couvrent de lanoline (les nageurs rapides se servent de vaseline ou d'huile d'olive).

■ **1res traversées connues. Masculines. Angleterre-France :** *1815* Jean-Marie Salatti (Italien, soldat de Napoléon, prisonnier des Anglais) se serait évadé d'Angleterre à la nage. *1875* (24/25-8) capitaine Mathew Webb (Anglais, 1848-83) en 21 h 45′ de Douvres à Calais : plusieurs fois déporté par les vagues, il parcourut environ 61 km. (Webb mourut en tentant de traverser le Niagara ; il est enterré à plus de 11 km des chutes, à l'endroit où son corps fut retrouvé.) *1911* (6-9) Thomas Burgess (né en G.-B., habitait en France depuis 1889) en 22 h 35′ après 20 tentatives ; entre-temps, 70 tentatives avaient échoué. *1923* Henry Sullivan (USA) en 26 h 50′ (la plus longue). **France-Angl. :** *1923* (12-8) Enrico Tiraboshi (Italien, habitant l'Argentine) en 16 h 33′. *1926* (9-9) *1er Français :* Georges Michel en 11 h 5′. **Féminines. France-Angl. :** *1926* (6-8) Gertrude Ederlé (née 23-10-1906, USA) en 14 h 39′. **Angl.-France :** *1951* (11-9) Florence Chadwick (née 1918, USA) en 16 h 19′. *1994* (1-8) Marion Hans (née 1-11-1976), *1re Française* entre Douvres et Sangatte en 9 h 42 min. **1re traversée en papillon :** *1989* Vicki Keith (Can.) en 23 h 33′. **1ers allers et retours non-stop.** *1961* (20/22-9) Antonio Abertondo (né 1919, Argentine) en 43 h 10′ (il avait, au début de sa carrière, descendu le Mississippi sur 419 km). *1965* (sept.) Ted Erikson (USA) en 30 h 3′. *1970* Kevin Murphy (G.-B.) en 35 h 10′. *1975* Jon Erikson (USA, fils de Ted) en 30 h. *1re femme : 1977* (sept.) Cynthia Nicholas (Can., 19 ans) en 19 h 55′. **Triple traversée.** *Masculine : 1987* Philip Rush (Nlle-Zél.) en 28 h 21′ (Angl.-Fr. 7 h 55′, Fr.-Angl. 8 h 15′, Angl.-Fr. 12 h 11′) ; *féminine : 1990* Alison Streeter (G.-B.) en 34 h 40′ (Angl.-Fr. 10 h 36′, Fr.-Angl. 10 h 35′, Angl.-Fr. 13 h 29′).

■ **Records. Vitesse. France-Angl. :** *homme :* Richard Davey (G.-B.) 8 h 5′ (1988). *Femme :* Alison Streeter (G.-B.) 8 h 48′ (1988). **Angl.-France :** *femme :* Penny Lee Dean (USA) 7 h 40′ (1978). *Homme :* Philip Rush (Nlle-Zél.) 7 h 55′ (1987). **Aller et retour :** *femme :* Susie Maroney (Austr.) 17 h 14′ (1991). *Homme :* Philip Rush (Nlle-Zél.) 16 h 10′ (1987). **Le plus grand nombre de traversées.** *Homme :* 31 (Michael Read, G.-B.). *Femme :* 20 (Alison Streeter, G.-B.). **Les plus jeunes.** *Garçon :* Thomas Gregory (G.-B., 11 ans et 11 mois) 11 h 54′ (Fr.-Angl., 1988). *Fille :* Samantha Druce (12 ans 119 j) 15 h 27′ (1983, Angl.-Fr.). *Aller et retour :* Jon Erikson (15 ans, USA) 30 h (1975). **Les plus âgés.** *Homme :* Clifford Batt (67 ans et 240 j, Austr.) 18 h 37′ (1987, Fr.-Angl.). *Femme :* Stella Taylor (45 ans 350 j, USA) 18 h 15′ (1975, Angl.-Fr.).

■ **Traversées diverses. Sous-marine :** Fred Baldasare (né 1924, USA) 67 km en 18 h 1′ *(1962).* Alimenté par une bouteille d'air comprimé chargée tous les 3/4 d'h. **Voiture amphibie :** Jacob Baulig et Wilhelm Pickel (All.) 7 h 30′ *(29-5-1935).* **Hydrosphère** (ballon avec enveloppe en caoutchouc et des hélices) : Charles Flourens (cap Gris-Nez à Douvres) 13 h 47′ *(28-10-1934).* **Gilet de sauvetage :** capitaine Paul Boyton (cap Gris-Nez à Sud Foreland) 23 h 30′ *(29-5-1875).* **Ski nautique :** Alain Crompton (aller et retour Douvres-Calais) 3 h *(15-8-1955).* **Matelas pneumatique :** Clarence N. Mason, 6 h *(1-9-1936).* **Aviron :** 6 officiers [Douvres à Boulogne 6 h *(1845)*] ; Rev. S. Swann [Douvres à France 3 h 50′ *(12-9-1911)*] ; Georges Adam, 70 ans [Boulogne à Folkestone 6 h *(1950)* ; en 1905, il l'avait réalisée en 7 h 45′].

Piscines

■ **Bassin de compétition.** 50 × 21 m au minimum. **Profondeur :** 2 m au minimum (pour JO et championnats du monde). **Couloirs :** 8 de 2,50 m chacun (plus 50 cm de chaque côté), délimités par des cordes soutenues par des flotteurs d'une couleur distincte, pour les 5 premiers et 5 derniers mètres, de celle des autres flotteurs. 1 flotteur de couleur différente doit être placé à 15 m de chaque extrémité. Au fond de la piscine, et à chaque couloir, une ligne guide les concurrents. A 5 m de chaque virage, une corde est tendue au-dessus de la piscine pour orienter les nageurs de dos. A 15 m de la ligne de départ est suspendue une corde qui doit tomber – en cas de faux départ – pour arrêter les nageurs. **Plots de départ :** antidérapants (50 × 50 cm, avec un angle d'inclinaison vers le bassin ne dépassant pas 10°), placés de 50 cm au minimum à 75 cm au maximum au-dessus de l'eau. Pour les départs de dos, les nageurs prennent appui sur des poignées placées entre 30 et 60 cm au-dessus du niveau de l'eau.

■ **Quelques chiffres** (en France). **Nombre :** *1999 :* environ 500 000 piscines familiales enterrées. *Au 1-1-1983 : piscines publiques* 3 496, dont couvertes 749, tous temps 559, mixtes 199, de plein air 1 989. *Fin 1979 : bassins* 4 775 dont couverts ou tous temps 1 793, de plein air 2 982. **Prix** (en 1997). *Prêtes à poser :* hors sol (6 × 4 m au max.) : 40 000 F ; monocoque (8 × 4) : 70 000 F, + installation 20 %. *Sur mesures :* maçonnerie mixte béton et parpaings : 80 000 F ; béton armé coulé : à partir de 150 000 F ; armé projeté : de 200 000 à 1 000 000 de F. *Couverture : isothermique :* 50 F m²/environ (+ enrouleur 2 500 F) ; *d'hivernage :* à partir de 60 F/m² ; *volet roulant :* de 60 000 F à 75 000 F pour 10 × 5 m. **Fonctionnement :** mise en eau 500 F, appoint d'eau 150 F, électricité 200 F ; traitement chimique 2 000 F par saison, ou par électrolyse 5 000 à 12 000 F à l'achat plus l'électricité chaque année, aspirateur automatique (achat) 5 000 à 15 000 F, chauffage de l'eau (au nord) 6 000 à 120 000 F/an ; eau, électricité, produits : 4 500 à 8 000 F/an.

☞ *La piscine Deligny,* créée 1785 (12 barges amarrées quai Anatole-France à Paris), a coulé le 8-7-1993 à 5 h 20.

■ **Noyades.** Tous points d'eau confondus : *1997 :* 566 † adultes et enfants. **En piscines privées :** *été 1999 :* 37 † ; *2000 : 55 † dont 32 enfants de moins de 5 ans (7 entre 6 et 20 ans) ; environ 30 enfants de 1 à 4 ans † par an.*

Plongeon

■ **Records officieux** (volontaires). 94,50 m (environ) le 10-7-1921 Terry (cascadeur) saute *d'un avion* dans l'Ohio River (Louisville, Kentuky) ; 75 m *(du pont George Washington,* New York) le 11-2-1968 par Jeffrey Kramer (24 ans) ; 53,90 m *(Villers-le-Lac,* Doubs) le 30-3-1987 par Olivier Favre ; *Acapulco* (Mexique), des professionnels plongent de 36 m de haut dans une eau profonde de 3,66 m.

■ **Sortes.** Il existe plus de 100 plongeons différents. Départ d'un tremplin (1 à 3 m) ou d'une plate-forme de haut vol (5 à 10 m). Répartis en 6 groupes : plongeons avant, arrière, renversé, retourné, tire-bouchon, en équilibre. Chacun peut être exécuté groupé, carpé ou droit.

■ **Épreuves. Jeux Olympiques :** voir p. 1479.

Championnats du monde. *Créés* 1973. **Messieurs. 1 m : 1991** Jongegans [6]. **94** Stewart [31]. **98** Yu Zhuocheng [27]. **2001** Wang Feng [27]. **3 m : 1991** Ferguson [1]. **94** Zhuocheng [27]. **98, 2001** Saoutine [30]. **Haut vol : 1991** Shuwei [27]. **94, 98** Saoutine [30]. **2001** Tian Lang [27]. **Synchronisé** (*créé* 1998). **3 m : 1998** Xu Hao-Yu Zhuocheng [27]. **10 m : 1998** Sun Shuwei-Tiang-Liang [27]. **2001** Tiang Lang-Hu Jia [27].

Dames. 1 m : 1991 Gao Min [27]. **94** Chen Lixia [27]. **98** Lashko [30]. **3 m : 1991** Gao Min [27]. **94** Shuping Tan [27]. **98** Pakhalina [30]. **2001** Jingjing [27]. **Haut vol : 1991, 94** Fu Mingxia [27]. **98** Zhupina [35]. **2001** Xu Mian [27]. **Synchronisé** (*créé* 1998). **3 m : 1998** Lashko-Pakhalina [30]. **10 m : 1998** Zhupina-Serbina [35].

Championnats d'Europe. *Créés* 1927. **Messieurs. Tremplin 1 m : 1991** Semeniyk [11]. **93** Boehler [19]. **95** Jongejans [6]. **97** Wels [19]. **99** Gil [26]. **2000** Mesch [19]. **3 m : 1991** Killat [19]. **93** Hempel [19]. **95, 97** Sautine [30]. **99** Ali [14]. **2000** Sautine [30]. **Haut vol : 1991** Timoshinine [11]. **93** Sautine [30]. **95** Timoshinine [11]. **97** Hempel [19]. **99, 2000** Sautine [30]. **01** Volodkok [35]. **Synchronisé** (*créé* 1997). **1997** Hempel-Kuhne [19]. **99** Hempel-Meyer [19]. **2000** Schellenberg-Wels [19].

Dames. Tremplin 1 m : 1991 Baldus [19]. **93** Koch [19]. **95, 97, 99, 2000** Ilyina [30]. **3 m : 1991** Lashko [11]. **93** Baldus [19]. **95** Ilyina [30]. **97** Pakhalina [30]. **99** Ilyina [30]. **2000** Pakhalina [30]. **01** Lindberg [4]. **Haut vol : 1991** Miroshina [11]. **93** Khokhlova [30]. **95** Wetzig [19]. **97** Kristoforova [30]. **99** Zhupina [35]. **2000** Timoshinina [30]. **Synchronisé** (*créé* 1997). **1997** Wetzig-Piper [19]. **99** Timoshinina-Olshevskaïa [30]. **2000** Wetzig-Piper [19]. **01** Choupina-Sorokina [35].

Championnats de France. *Créés* 1907. **Messieurs. Tremplin 3 m : 1991** Nalliod. **92 à 94** Duvernay. **95** Pierre. **96** Balland. **97 à 99** Lemasson. **2000** Balland. **Haut vol : 91** Bouriat. **92 à 94** Pierre. **95** Podestat. **96 à 99** Emptoz-Lacote. **2000** Borgo.

Dames. Tremplin 3 m : 1991 Danaux. **92** Laemlé-Petit-jean. **93** Danaux. **94, 95** Ponthus. **96** Arboles-Souchon. **97** Danaux. **98** Febvay. **99** Arboles-Souchon. **2000** Ponthus. **Haut vol : 1991** Jaillardon. **92 à 98** Danaux. **99, 2000** Arboles-Souchon.

Natation synchronisée

■ **Origine.** Australie vers 1912, se développe aux USA après 1920, en France en 1947. **Sport essentiellement féminin :** exécution de figures séparées (ayant chacune un coefficient de difficulté) et enchaînées. Compétitions à une nageuse (solo), à 2 (duo), en équipe (ballet) [de 4 à 8 nageuses].

■ **Épreuves. Jeux Olympiques :** voir p. 1479 b.

Championnats du monde. *Créés* 1973. **Solo : 1991** Fréchette [15]. **94** Lancer [1]. **98** Sedakova [30]. **2001** Brousnikina [30]. **Duo : 1991, 94** USA. **98** Russie. **2001** Japon. **Ballet : 1991, 94** USA. **98, 2001** Russie.

Championnats d'Europe. *Créés* 1974. **Solo : 1995, 97** Sedakova [30]. **99, 2000** Brousnikina [30]. **Duo : 1995** Azarova-Kiseliova. **97, 99, 2000** Brousnikina-Kisseleva [30]. **Ballet : 1995, 97, 99, 2000** Russie.

Championnats de France. *Créés* 1952. **Solo : 1995** Aeschbacher. **96** Daniel. **97 à 99** Dedieu. **2000** Parent. **01** Dedieu. **Duo : 1995** Lévêque-Le Bozec. **96** Bouhier-Pontoizeau. **97, 98** Maréchal-Dedieu. **99** Daniel-Dedieu. **2000** Pontoizeau-Morineau. **Ballet : 1995** Chambon-Feugerolles. **96, 97** RCF. **98** Paris Racing I. **99, 2000, 01** Angers.

Parachutisme sportif

Généralités

■ **Origine. Avant J.-C.** des parasols auraient été utilisés en Chine par des acrobates. **Apr. J.-C. 1502** projet de parachute de L. de Vinci. **1783**-*26-12* expérience de Louis-Sébastien Lenormand à Montpellier (avec 2 parasols). **1797**-*22-10* (1er brumaire an VI) à 5 h 28 du soir André-Jacques Garnerin (1769-1823) saute d'un ballon (à 680 m) avec un engin de son invention (brevet du 11-10-1802) au-dessus de la plaine Monceau à Paris. **1799**-*12-10* Jeanne-Geneviève Labrosse (1775-1847) devient la 1re femme parachutiste. **1815**-*27-9* Élisa Garnerin (née 1791), nièce d'André-Jacques, saute d'un ballon (environ 3 500 m) devant le roi de Prusse. Elle prend le titre d'*aéroporiste* et fait plus de 40 descentes de 1815 à 1836. **1912**-*1/10-3*, *1ers sauts d'un avion* par le capitaine Albert Berry, à St Louis (USA). **1913**-*19-8* le Français Pégoud est le 1er pilote seul à bord à abandonner son appareil. **1919**-*28-4*, *1re descente « à ouverture retardée »* : Leslie Irving ; -*juin* certaines escadrilles de l'aviation allemande ont des parachutes de sauvetage. **1930** développement du *parachutisme militaire* en URSS (1er saut de groupe le 18-8-1933). **1938** 1re descente en chute libre de plus de 10 000 m Jean Niland [ou James Williams (Fr.)]. **1946** le *parachutisme civil* se développe en URSS et France. **1955** *1re éjection à vitesse supersonique* (Smith, USA). **1956** 1er vol relatif : passage d'un bâton J.-L. Potrou/J. Chalon.

■ **Techniques. Parachute de sport :** 8 à 10 kg, 2 voilures (plus suspentes) et sac-harnais. *Voilures :* de type « aile » permettant de « planer » et se comportant comme des ailes d'avion ou de planeur. *Équipements :* « tout dans le dos ». **Vitesse :** un corps humain en position horizontale atteint, après une chute d'environ 500 m, 190 km/h (stabilisation de la vitesse), en position verticale (plus de 300 km/h). Après 8 s de chute libre, la vitesse se stabilise, pesanteur et résistance de l'air s'équilibrant. Les parachutes modernes peuvent avoir une vitesse de descente verticale d'environ 1 m/s et une vitesse horizontale de 10 à 15 m/s. **Altitude maximale de saut :** environ 4 500 m sans inhalateur d'oxygène (12 000 m avec). Au-delà, un équipement pressurisé est indispensable. **En chute libre :** les parachutistes peuvent évoluer en utilisant des appuis sur l'air, pour se rejoindre par exemple. La figure record du monde a réuni 200 parachutistes.

■ **Parachutisme ascensionnel.** Décollage sous parachute tracté par automobile, bateau ou treuil ; la descente s'effectue dès la fin de la traction. Sport d'initiation au parachutisme « conventionnel » pour les moins de 12 ans et discipline de compétition en précision d'atterrissage.

■ **Parapente.** Né en 1978 au sein du parachutisme sportif. Voilures rectangulaires de type « aile » permettant des décollages à partir de pentes moyennes ou fortes. Utilisé pour des vols en montagne et pour s'entraîner à la précision d'atterrissage sur des cibles aménagées. Ne nécessite ni avion, ni pliage, ni formation préalable à la chute libre. (Voir **Vol libre** p. 1461 c.)

■ **En France. Conditions :** *saut d'avion :* avoir 15 ans révolus (examen médical spécifique pour les 15-16 ans, présenter au médecin habilité un test de Risser, un cliché de la charnière lombo-sacrée et un cliché main-poignet), avoir l'autorisation parentale pour les mineurs, un certificat médical de non-contre-indication à la pratique du parachutisme sportif délivré par un médecin habilité par la FFP, être titulaire d'une licence fédérale et d'une assurance délivrée par les associations agréées par la FFP. *Parachutisme ascensionnel et parapente :* âge minimal 12 ans, mêmes conditions sauf examen médical spécifique. **Lieux :** 54 centres-écoles en métropole et outre-mer sous l'égide de la Féd. fr. de parachutisme (*créée* le 10-12-1949, nommée Fédération nationale des parachutistes français (FNPF) jusqu'en 1968 ; 62, rue de Fécamp, 75012 Paris). **Pratiquants** (en 2000) : 33 276 licenciés. 548 000 sauts effectués.

Compétitions

Disciplines officielles

■ **Précision d'atterrissage.** Saut exécuté à partir de 1 000 m ; il faut venir toucher un plot de 3 cm de diamètre au centre d'une cible électronique placée sur un réceptacle en mousse. Le « carreau », soit 0,00 cm, est la performance optimale. Les distances sont mesurées jusqu'à 16 cm. **Épreuves :** 4 concurrents sautent au même passage. Afin d'éviter des arrivées simultanées sur la cible, les équipiers conviennent d'ouvrir leur parachute à des altitudes différentes et évoluent en cours de descente pour se présenter à l'atterrissage avec un décalage de 10 à 20 secondes. La performance de l'équipe est le total des distances des équipiers.

■ **Voltige individuelle.** Série de rotations horizontales et verticales à effectuer dans le minimum de temps, tout en respectant une assiette du corps et des axes de référence (sinon pénalités données en secondes et fractions de seconde). Le chuteur doit exécuter un tour horizontal dans un sens et en sens inverse, puis un saut périlleux arrière (ensemble à enchaîner 2 fois de suite). Les grands champions effectuent les 6 figures (à environ 240 km/h) en moins de 6 secondes.

■ **Vol relatif.** Discipline d'équipe consistant à réaliser en chute libre, à 4 ou 8 parachutistes, une *séquence* de figures imposées tirées au sort avant chaque compétition. L'équipe doit exécuter toutes les figures dans l'ordre prescrit en recommençant la séquence le maximum de fois jusqu'au temps limite de 35 secondes en équipe de 4 ou 50 secondes en équipe de 8. *Hauteurs de sauts :* 3 500 m à 4 et 3 800 m à 8. Au-delà du temps limite, les équipiers se séparent pour ouvrir leur parachute en toute sécurité.

■ **Voile contact.** Consiste à réaliser, à partir d'un largage à 2 000 m, des figures de groupe, voile ouverte, en s'accrochant par les mains ou les pieds à la voilure d'un partenaire. Seules les « ailes volantes » sont utilisables. **Épreuves :** SÉQUENCE À 4 (enchaînement imposé de 4 ou 5 figures tirées au sort ; cycle à exécuter le maximum de fois dans la limite de 2 min 30 s) ; ROTATIONS À 4 (saut à 2 000 m, réalisation d'un empilage à 4, puis l'équipier du dessus se détache pour rejoindre la base de la formation ; chaque figure à 4 marque 1 point jusqu'à la limite de 1 min 30 s). VITESSE FORMATION À 8 (réaliser à 8 équipiers le plus vite possible une figure tirée au sort ; le chrono se déclenche au 1er qui sort de l'avion et il s'arrête au dernier accroché).

■ **Para-ski.** Combiné de 2 manches de slalom géant et de 6 sauts de précision d'atterrissage.

■ **Free style.** Venu des USA : enchaînement de figures artistiques dont certaines imposées, comme le salto tendu. Les images, filmées par un cameraman en chute libre, serviront pour le jugement prenant en compte esthétique et qualité des images.

■ **Sky surf.** Jugé aussi sur images filmées.

■ **Free fly.** Chute « tête en bas » ou « tête en haut ». Compétitions officielles depuis 2000. 2 parachutistes évoluent dans les 3 dimensions en « jouant » avec l'espace, sous l'œil d'un videoman.

Résultats

Légende : (1) All. dém. (2) All. depuis 1991. (3) Chine. (4) France. (5) Italie. (6) Russie. (7) Slovénie. (8) Suisse. (9) Tchécoslovaquie. (10) Thaïlande. (11) URSS. (12) USA. (13) Yougoslavie. (14) Pologne.

■ **Championnats du monde.** Organisés par la FAI tous les 2 ans. *Années impaires :* vol relatif, free style, sky surf et para-ski ; *années paires :* précision d'atterrissage/voltige individuelle et voile contact.

Précision d'atterrissage. Messieurs (*créés* 1951). **1990** Mirt [13]. **92** Vedmoch [9]. **94** Ruggeri [5]. **96, 98** Filippini [5]. **2000** Erjavec [7]. **Dames** (*créés* 1956). **1990** Vinogradova [11]. **92** Nantarom [10]. **94** Sheng [3]. **96** Bar [1]. **98** Ossipova [6]. **2000** Filipowska [14].

Voltige. Messieurs. 1990 Bernachot [4]. **92** Lauer [4]. **94** Lepezine [6]. **96** Baal [4]. **98** Bernachot [7]. **2000** Pflugger [2]. **Dames. 1990** Lepezina [11]. **92** Baer [2]. **94** Jarmolchuk [6]. **96, 98** Ossipova [6]. **2000** Ekchikeeva [6].

Combiné. Messieurs. 1990 Razomazov [11]. **92** Pavlata [9]. **94** Wartula [9]. **96** Laver [4]. **98** Valois [7]. **2000** Pflugger [2]. **01** Valois [4]. **Dames. 1990** Bar [1]. **92** Kotova [6]. **94** Stearns [12]. **96, 98** Ossipova [6]. **2000** Avbelj [7].

Para-ski. Messieurs. 1993 Sauer [8]. **95** Pogacar [7]. **Par éq. 1993** France. **95** Slovénie. **Dames. 1993, 95** Avbelj [7]. **Par éq. 1993** Autriche. **95** *non disputé.*

Vol relatif. A 4. 1991, 93 France. **95, 97** USA. **99** France. **2001** USA. **A 8. 1991, 93, 95, 97, 99** USA. **2001** Russie.

Voile contact. Séquence à 4. 1990 à 2000 France. **01** USA. **Rotation à 4. 1990** USA. **92 à 96** France. **98, 2000, 01** Russie. **Vitesse formation à 8. 1990** Autriche. **92, 94** USA. **96, 98, 2000, 01** France.

■ **Championnats de France.** *Créés* 1953. *Tous les 2 ans* jusqu'en 1961, *annuels* depuis.

Précision d'atterrissage. Messieurs. 1995 Larregain. **96** Fayolle. **97** Henaff. **98** Gourgeot. **99** Baer. **2000** Valois. **Dames. 1995** Michel. **96** Vanhove. **97, 98** Sterbik. **99** Michel. **2000** Vanhove.

Voltige. Messieurs. 1995 Dufour. **96, 97** Bernachot. **98** Valois. **99** Coudray. **2000** Baal. **Dames. 1995, 96** Glanard. **97, 98** Sterbik. **99** Hocquaux. **2000** Sterbik.

Combiné. Messieurs. 1995 Dufour. **96** Bernachot. **97** Henaff et Bernachot. **98** Valois. **99** Coudray. **2000** Valois et Baal. **Dames. 1995** Michel. **96** Vanhove. **97, 98** Sterbik. **99** Michel et Hocquaux. **2000** Sterbik.

Vol relatif. A 4. 1995 Essonne. **96** Armée de l'air. **97** Maubeuge Nord-Pas-de-Calais. **98, 99, 2000** Maubeuge. **A 8. 1991 à 95** Htes-Alpes. **96** *non disputé.* **97** Tallard Hautes-Alpes. **98, 99** Essonne. **2000** Veloce Maubeuge.

Voile contact. Séquence à 4. 1995 Champagne-Ardenne-Lyon. **96, 97** Armée de l'air. **98, 99, 2000** Espoirs. **Rotation à 4.** *N'est plus disputé depuis 1989.* **Vitesse formation à 8. 1994, 95** Armée de l'air. **96** *non disputé.*

Records

■ **Records du monde officiels au 9-1-2001. Voile-contact :** *grande formation :* 53 parachutistes dont 15 Français ; *grande formation voile contact dames :* 25 parachutistes (USA octobre 1997) ; *séquence à 4* (nouveaux règlements 1997) : 12 points en 2 min réalisés sur un saut par Poulet, Mathé, Corréas, Menoux, Norenberg, (Finlande, 5-7-2000) ; *rotation à 4 :* Russie 21 points ; *vitesse à 8 :* 24″65 Russie (Finlande). **Vol relatif :** *à 4 :* USA 39 points ; *à 8 :* USA 31 points (le 1-9-1997, à Éphèse, Turquie ; *grande formation :* 282 parachutistes en chute libre (Thaïlande 7-12-99) ; *grande formation dames :* 118 parachutistes (Perris Valley, Californie, septembre 1999). **Voltige :** *individuelle :* Franck Bernachot 5″40 (Grenade, Espagne), Tatiana Ossipova 6″10 (Hongrie, 1996). **Précision d'atterrissage :** 14 « carreaux » consécutifs par Vertiprakov (Russie, 27-8-97).

■ **Records d'altitude. Officieux :** 31 151 m Joseph W. Kittinger (capitaine amér. ; 32 ans) ; le 16-8-1960, il sauta d'un ballon et atterrit 13′8″ plus tard après une chute libre de 25 617 m (4′38″). **Officiels :** 25 808 m, 7-6-1960, Pyotr Dolgev (Russe). *Sans oxygène :* de Gayardon 12 700 m (1995).

■ **Record de chute libre. Masculin :** 24 540 m E. Andreyev (Russe), 1-11-1962 ; **féminins :** 14 800 m E. Fomitcheva (Russe), 26-10-1977 ; 12 080 m Colette Duval (Française), 23-5-1956. **Vitesse :** 539 km/h Bruno Gouvy (Français), 1989.

■ **Plus grandes chutes sans parachute. 1942** *(janvier)* Chissov (Lt russe) tombe de 6 705 m sur le bord neigeux d'un ravin et n'est que blessé. **1944** *(23-3)* Nicolas Stephen Alkemade († 22-6-1987), aviateur de la RAF, tombe de 5 490 m, chute amortie par un sapin et une couche de neige. **1972** *(26-1)* Vesna Vulovic (hôtesse de l'air yougoslave) est projetée d'un DC-9 à 10 160 m au-dessus de Srbská Kamenice (Rép. tchèque).

■ **Plus grand nombre de sauts.** Bill Dause, + de 30 000 au 9-1-01.

☞ *Le 29-7-1997,* Patrick de Gayardon († 13-4-1998) s'élance d'un *Pilatus* (avion), le suit en chute libre et remonte dedans sans avoir à ouvrir son parachute.

Base-jump : vient de **base** (**b** : *building,* **a** : *antenna,* antenne, cheminée, **s** : *span,* pont, téléphérique, **e** : *earth,* falaises, barrage) et **jump,** saut.

Saut en chute libre avec parachute plié que l'on ouvre le plus tard possible. *Vers 1980* pratiqué aux USA, non reconnu par la Fédération française de parachutisme. Se pratique à partir de ponts, falaises ou montagnes.

PATINAGE A ROULETTES

■ **Histoire. Vers 1760** inventé à Londres par John Joseph Merlin (né 1735 à Huy près de Liège, † 1803 à Londres) ; patins à roulettes métalliques. **1789** France, « patins à terre » [Maximillian Lodewijik Van Lede (1759-1834) d'origine holl.]. **1819**-*12-11* Petibled (Fr.) dépose le 1er brevet de patins à 3 roues en ligne, en métal, bois ou ivoire et munis à l'arrière d'une vis servant d'arrêtoir. **1823** Robert John Tyers (Angl.) : patins *volito* (« je voltige » en latin) : 5 roues en laiton ou fonte, butée avant, courroies pour les fixer à la chaussure. Pour pouvoir tourner, seules 1 ou 2 roues peuvent toucher le sol simultanément. **1825** August Löhner : patins à semelle en bois, 3 roues en laiton, la roue avant ne peut tourner que dans un sens à cause d'un système antirecul. **1828**-*26-7* Jean Garcin (Fr) : brevet du *cingar* (anagramme de Garcin) ou patin à éclisses : 3 roulettes en ligne, cuivre ou corne, éclisses fixées au mollet pour éviter de se tordre les chevilles. Fabriqués jusqu'en 1839. « École du cingar » près du bassin de la Villette (sol en dalles). James Leonard Plimpton (Amér.) : patins à glace à 4 lames parallèles (2 avant, 2 sous le talon) orientables par inclination du pied ; *rocking skate* (patin à bascule) : semelle en bois, 4 roues en bois, 2 essieux mobiles grâce à des articulations [pour éviter l'usure, il place une bague de bronze dans l'essieu ; une vis sans fin permet de lubrifier ; réservés aux patinoires *(skating ring)* qui les louent aux patineurs. *1867* présentés en France à l'Exposition universelle] : **1848** Louis Legrand (Fr.) : modèle à roues doubles pour femmes et débutants. **1852** John Gidman (Angl.) : patins sur roulement à billes, 4 roues (1 avant, 1 arrière, 2 latérales). Son invention passe inaperçue. **1884** Levant Marvin Richardson (Amér.) : reprend l'idée des roulements à billes [essieux fixes, système de Plimpton perfectionné (coussinets cylindriques en caoutchouc qui ramènent les essieux en position d'équilibre)]. **Fin XIXe s.** cycles-patins ou patins-bicyclettes. **1906** Constantin (Fr) : patins à moteur. **1910** *Féd. des patineurs à roulettes de Fr.* (FPRF) créée, *1er ch. de France sur piste* (1933 sur route). **1924** *Féd. intern. de patinage à roulettes* créée ; **1925** FPRF dissoute. **1926** *Féd. fr. de rink hockey* créée. **1937** *1ers ch. du monde*. **Après 1945** Féd. fr. de patinage à roulettes devient *Féd. fr. des sports de patinage à roulettes*, puis en 1990 *Féd. fr. de roller-skating* (BP 33, 6, bd Franklin-Roosevelt, 33034 Bordeaux Cedex). **1979** nouvelle vogue due aux roues en polyuréthane. **1992** sport de démonstration aux JO.

■ **Spécialités officielles.** Artistique, danse, patinage synchronisé, course, roller, acrobatique, randonnée, skateboard, rink hockey et roller in-line hockey (voir p. 1387 b et c) ; autres variantes : disco, slalom, street, roller derby (1935 inventé à Chicago, appelé en France roller-catch).

Légende : (1) Argentine. (2) Australie. (3) Belgique. (4) Colombie. (5) Espagne. (6) France. (7) Italie. (8) USA. (9) All. depuis 1991.

■ **Patinage artistique. Championnats du monde.** *Créés* 1947. **Messieurs :** *figures :* **1992** S. Guerra [7], **93 à 95** S. Findlay [1], **97** F. Cerisola [7], **98** S. Muller [9], **99** Stolzenberg [9], **2000** Pancani [7] ; *combiné :* **1993** S. Kokorevec [7], **94** L. Taylor [7], **95** J. Sutcliffe [3], **97** M. Mazzoni [7], **98** D. Tofani [7], **2000** Stolzenberg [9]. **Dames :** *figures :* **1993** L. Tinghi [7], **94** *non disputé,* **95, 97** L. Tinghi [7], **98** M.-E. Giannatassio [1], **99, 2000** Dayney [8] ; *combiné :* **1993** L. Tinghi [7], **94** *non disputé,* **95** L. Tinghi [7], **97** S. Tomassini [7], **98** E. Dederichs [9], **2000** Facciotti [7]. **Couples. 1992, 93** Venerucci-Ferri [7], **94, 95, 97 à 2000** Venerucci-Palazzi [7]. *Danse :* **1992, 93** Monahan-Wait [8], **94** Patten-Friday [8], **95** Knight-Harada [8], **97** Haber-Gebauer [9], **98** Powderly-Brenn [8], **99** Powderly-Brenn [8], **2000** Quinn-White [8].

■ **Course.** Sur piste de 200 à 400 m ou circuits routiers, sol lisse mais non glissant, distances de 0,3 à 20 km. **Records au 8-2-2000. Messieurs. Sur route :** *300 m :* I. Sanfratello [7] 24"418, *500 m :* A. Gaggioli [7] 40"337, *1 000 m :* P. Sarto [7] 1'22"124, *1 500 m :* C. Hedrick [8] 2'4"760, *2 000 m :* G. De Persio [7] 2'51"333, *3 000 m :* P. Sarto [7] 4'28"588, *5 000 m :* J. Brayden [2] 7'29"390, *10 000 m :* C. Hedrick [8] 14'25"510, *15 000 m :* T. Rossi [7] 23'45"556, *20 000 m :* C. Hedrick [8] 30'18"040, *30 000 m :* D. Grotti [7] 48'42"179, *42 000 m :* G. Cortese [7] 1 h 8'41"036, *50 000 m :* M. Lollobrigida [7] 1 h 21'29"102. **Sur piste :** *300 m :* P. Briand [6] 24"980, *500 m :* G. De Persio [7] 41"233, *1 000 m :* G. De Persio [7] 1'25"444, *1 500 m :* G. De Persio [7] 2'7"770, *2 000 m :* M. Bagnolini [7] 2'57"192, *3 000 m :* G. De Persio [7] 4'21"764, *5 000 m :* M. Giupponi [7] 7'34"838, *10 000 m :* O. Galiazzo [7] 15'14"876, *15 000 m :* O. Galiazzo [7] 23'7"868, *20 000 m :* P. Bomben [7] 30'52"792, *30 000 m :* T. Rossi [7] 47'42"820, *50 000 m :* T. Rossi [7] 1 h 20'17"736. **Dames. Sur route :** *300 m :* M. Canafoglia [7] 26"794, *500 m :* S. De Cesaris [7] 45"026, *1 000 m :* M. Canafoglia [7] 1'28"014, *1 500 m :* M. Canafoglia [7] 2'14"122, *2 000 m :* M.-R. Falagiani [7] 3'11"400, *3 000 m :* F. Monteverde [7] 4'55"506, *5 000 m :* F. Monteverde [7] 8'17", *10 000 m :* A. Mauri [7] 16'50"780, *15 000 m :* P. Biagini [7] 26'2"624, *20 000 m :* M. Canafoglia [7] 34'51"602, *21 000 m :* M. Canafoglia [7] 36'38"296, *30 000 m :* M. Canafoglia [7] 52'38"640, *50 000 m :* M. Canafoglia [7] 1 h 28'16"852. **Sur piste :** *300 m :* De Cesaris [7] 26"986, *500 m :* De Cesaris [7] 44"404, *1 000 m :* M. Canafoglia [7] 1'29"518, *1 500 m :* M. Canafoglia [7] 2'14"644, *2 000 m :* M.-R. Falagiani [7] 3'8"950, *3 000 m :* M. Canafoglia [7] 4'38"464, *5 000 m :* M. Canafoglia [7] 7'48"508, *10 000 m :* M. Canafoglia [7] 15'58"022, *15 000 m :* F. Monteverde [7] 26'18"290, *20 000 m :* A. Lambrechts [3] 32'53"970, *30 000 m :* A. Lambrechts [3] 49'15"906, *50 000 m :* A. Lambrechts [3] 1 h 21'26"942.

Championnats du monde sur route. Messieurs (*créés* 1937). *300 m :* **1997** Turner [8], **98, 99** Duggento [7]. *500 m :* **1997, 98** Turner [8]. **99** Sanfratello [7]. *1 000 m :* **1999** Hedrick [8]. *1 500 m :* **1996 à 98** Hedrick [8]. *5 000 m :* **1997** Downing [8]. **99** Hedrick [8]. *10 000 m :* **1996, 97** Hedrick [8]. **98** Gicquel [6]. *20 000 m :* **1996, 97** Hedrick [8]. **98** Botero [4]. **99** Hedrick [8]. *Marathon :* **1997** Downing [8]. **98** Escorbar [1]. **Dames** (*créés* 1953). *300 m :* **1997** Belloni [7]. **98** Gonzalez [1]. **99** Belloni [7]. *500 m :* **1997** Belloni [7]. **98** Tidwell [8]. **99** Belloni [7]. *1 000 m :* **1999** Smith [8]. *1 500 m :* **1997** Brandt [8]. **98** Gonzalez [1]. *3 000 m :* **1997** Cliff [8]. *5 000 m :* **1997** Ezzel [8]. **98, 99** Herrero [5]. *10 000 m :* **1997, 98** Cliff [8]. **99** Herrero [5]. *Semi-marathon :* **1997** Brandt [8]. **98** Marra [7].

Championnats du monde sur piste. Messieurs (*créés* 1938). *300 m :* **1997** Sanfratello [7]. **98, 99** Turner [8]. *500 m :* **1997** Sanfratello [7]. **98** Turner [8]. **99** Briand [6]. *1 000 m :* **1999** Hedrick [8]. *1 500 m :* **1997, 98** Hedrick [8]. *5 000 m :* **1997** Downing [8]. *10 000 m :* **1997 à 99** Hedrick [8]. *20 000 m :* **1997 à 99** Hedrick [8]. *10 000 m relais :* **1997, 98** USA. **Dames** (*créés* 1954). *300 m :* **1997** Marra [7]. **98** Gonzalez [1]. **99** Belloni [7]. *500 m :* **1998** Gallessi [7]. **99** Smith [8]. *1 000 m :* **1999** Smith [8]. *1 500 m :* **1996, 97** Brandt [8]. **98** Galessi [7]. *3 000 m :* **1997** Ezzel [8]. *5 000 m :* **1997** Sastre [8]. **98** Cliff [8]. **99** Vesprini [7]. *10 000 m :* **1997, 98** Cliff [8]. **99** Smith [8]. *5 000 m relais :* **1997, 98** USA.

☞ Le roller in-line, inventé en 1980 par les frères Olson (Minnesota, USA) devait à l'origine servir à l'entraînement de l'équipe de hockey sur glace durant l'été.

PATINAGE SUR GLACE

GÉNÉRALITÉS

■ **Origine.** Très ancienne. **XIIe s.** on patinait sur des os en Scandinavie. **Vers 1600** patins en métal. **XVIIIe s.** 1res courses de patinage de vitesse en Hollande. **1742** Skating Club d'Edimbourg (le plus ancien club créé). **1772** traité de Robert Jones. **1813** *Le Vrai Patineur, ou les Principes sur l'art de patiner avec grâce* de J. Garcin. **1842** première piste artificielle construite par l'Anglais Henry Kirk. **1850** patins métalliques d'E.W. Bushnell (USA), sans bois ni lanière. **A partir de 1870** palais de glace dans de nombreuses capitales. **1876** *1re patinoire artificielle : Glaciarium* de Chelsea (Londres). **1882** invention à Vienne de *l'axel* par Axel Paulsen. **1892** *Union internationale de patinage* (ISU) créée. Paris, *le Pôle Nord,* patinoire artificielle. **1893** Paris, *palais de glace.* **1903** *Féd. française des sports d'hiver et des sports athlétiques* créée. **1909** invention du *salchow* par Ulrich Salchow. L'architecte viennois Engelmann crée la première piste artificielle en plein air. **1910** invention de la *boucle* par Werner Rittberger. **1913** du *lutz* par Alois Lutz. **1925** *double boucle* par Karl Schafer. **1928** *double salchow* par Gillis Grafstroem et Montgomery Wilson. **1942** *Féd. française des sports de glace* créée sous sa forme actuelle. **1944** *double lutz* par Richard Button. **1945** *double axel* par Richard Button. **1952** *triple saut* (boucle) en compétition par Richard Button. **1962** *triple lutz* par Donald Jackson à Prague. **1978** *triple axel* par Vern Taylor. **1986** *quadruple saut* (boucle piquée) par Jozef Sabovcik. **1994** *candel* par Ph. Candeloro. **1997** Elvis Stojko 1er à réussir en compétition une combinaison quadruple boucle piquée – triple boucle piquée.

■ **Patinage artistique. Disciplines :** individuel (messieurs et dames), couple. **Épreuves :** *programme libre,* (durée dames : 4 min, messieurs et couples : 4 min 30) et un *libre-imposé* appelé programme court.

Figures. Axel : rotation aérienne d'un tour et demi ; le patineur se tourne en avant pour sauter, exécute l'axel et retombe en arrière. *Autres sauts :* en sautant en arrière. Pour les différencier, regarder pied de départ et pied d'arrivée, position de la carre du patin. **Salchow :** départ dedans arrière, retombée dehors arrière sur le pied contraire à celui du départ. **Boucle** (ou **rittberger**) : départ dehors arrière, arrivée dehors arrière sur le pied de départ. **Lutz :** départ dehors arrière avec piqué de la pointe du pied libre tourné en contre-rotation de la courbe d'impulsion, arrivée dehors arrière sur le pied qui a piqué. **Flip :** départ dedans arrière piqué, retombée dehors arrière sur le pied qui pique. **Toe loop** (ou **boucle piquée**) : départ dehors arrière, aidé d'un piqué, dans le sens de rotation de l'impulsion initiale, retombée dehors arrière sur le pied d'élan. *Total des sauts possibles* (avec doubles et triples sauts) : 22. Quadruple saut autorisé.

■ **Danse sur glace.** *En couple ;* se différencie du couple artistique par ses restrictions de mouvements acrobatiques et sa recherche de chorégraphie, de glisse et d'unisson ; les juges évaluent la qualité et la difficulté des enchaînements de carres et de pas en relation avec la chorégraphie tandis que des portés trop haut, des séparations trop longues ou trop fréquentes des partenaires, des sauts répétés, des pirouettes ou spirales de plus de 2 révolutions sont sanctionnés. **Épreuves :** *danses imposées* tirées au sort (valse, tango, paso doble, samba, rock, rumba, quickstep, etc.) ; chaque concurrent exécute les mêmes séries de pas sur des musiques choisies par l'UIP (Union internationale de patinage) ; *danse originale* de 2 1/2 min dont le rythme, prescrit par l'UIP, change chaque année mais dont la composition des pas est libre sauf quelques restrictions ; *danse libre* de 4 min (3 min pour les juniors).

Quelques chiffres en France. Licenciés (1996) : artistique 15 500 ; danse 5 500 ; synchronisé 1 300 ; vitesse 800 ; **clubs** (1995) : 273. **Patinoires :** plus de 120 en France (de dimensions maximales 61 × 31 m). Une vingtaine en région parisienne (Franconville 58 × 28, Boulogne 60 × 30, Viry-Châtillon 58 × 28, Le Vésinet 58 × 28).

■ **Patinage synchronisé. Origine :** développé dans les années 1950 par le Dr Richard Porter (USA). 1res compétitions avec le Canada dans les années 1970. **1992** l'ISU accepte l'idée du patinage en groupe ; apparition en France. **1994** 1er Comité technique créé. **1998** pratiqué par 32 pays sur 55 membres de l'ISU. **2000** championnats du monde créés. **Règles.** *Seniors :* des équipes de 16 à 20 patineurs exécutent simultanément des manœuvres et formations plus ou moins complexes sur une musique de leur choix. Unisson, précision, synchronisation, vitesse d'exécution et difficultés techniques sont les principaux critères d'appréciation.

■ **Patinage de vitesse. Généralités : 1986** 1ers anneaux de vitesse couverts : *Sportforum* (Berlin, All.), *Thialf* (Heerenven, P.-Bas). **1997** introduction du patin *Klapskate.* Épreuves disputées contre la montre sur un anneau de 400 m de long. **Principales épreuves.** *Messieurs :* 500 m, 1 000 m, 1 500 m, 3 000 m, 5 000 m, 10 000 m, combiné long (500 m, 5 000 m, 1 500 m et 10 000 m). *Dames :* 500 m, 1 000 m, 1 500 m, 3 000 m, 5 000, combiné long (500 m, 3000 m, 1 500 m et 5 000 m). Combiné sprint pour les hommes et les dames sur 500-1 000 m (2 fois). **Sur courte piste** (short track) disputé en peloton sur piste de 111,12 m de long tracée sur une patinoire. 1er Mondial ISU en 1976. Sport de démonstration aux JO en 1988 ; sport officiel aux JO 1992. **Principales épreuves :** 500 m, 1 000 m, 1 500 m, 3 000 m, combiné individuel pour les hommes et les dames, relais 3 000 m dames et 5 000 m hommes.

PRINCIPALES ÉPREUVES

Légende : (1) USA. (2) Autriche. (3) Tchéc. (4) Suède. (5) URSS. (6) All. dém. (7) Canada. (8) P.-Bas. (9) G.-B. (10) Norvège. (11) France. (12) Hongrie. (13) Suisse. (14) All. féd. (15) Japon. (16) Corée du Sud (17) All. depuis 1991. (18) Italie. (19) Chine. (20) Russie. (21) Finlande. (22) Ukraine. (23) Bulgarie. (24) Belgique. **Jeux Olympiques** (voir p. 1469 c).

■ **Patinage artistique, synchronisé et danse. Championnats du monde. Messieurs** (*créés* 1896). **1989 à 91** Browning [7]. **92** Petrenko [7]. **93** Browning [7]. **94, 95** Stojko [7]. **96** Eldredge [1]. **97** Stojko [7]. **98 à 2000** Yagoudine [20]. **2001** Ploushenko [20]. **Dames** (*créés* 1906). **1990** Trenary [1]. **91, 92** Yamaguchi [1]. **93** Baiul [2]. **94** Sato [12]. **95** Lu Chen [19]. **96** Kwan [1]. **97** Lipinski [1]. **98** Kwan [1]. **99** Butyrskaïa [20]. **2000, 01** Kwan [1]. **Couples** (*créés* 1908). **1989, 90** Gordeieva-Grinkov [5]. **91, 92** Mishkutieniok-Dmitriev [2]. **93** Brasseur-Eisler [7]. **94** Shishkova-Naumov [5]. **95** Kovarikova-Novotny [3]. **96** Eltsova-Bushkov [20]. **97** Wötzel-Steuer [17]. **98, 99** Berezhnaïa-Sikharulidze [20]. **2000** Petrova-Tikhonov [20]. **01** Sale-Pelletier [7].

Championnats d'Europe. *Annuels.* **Messieurs** (*créés* 1891). **1990, 91** Petrenko [5]. **92** Barna [3]. **93** Dmitrenko [5]. **94** Petrenko [5]. **95** Kulik [20]. **96** Zagorodniuk [22]. **97** Urmanov [20]. **98, 99** Yagoudine [20]. **2000, 01** Ploushenko [20]. **Dames** (*créés* 1930). **1990** Grossmann [6]. **91 à 95** Bonaly [11]. **96, 97** Slutskaia [20]. **98, 99** Butyrskaïa [20]. **2000, 01** Slutskaïa [20]. **Couples** (*créés* 1930). **1990** Gordeieva-Grinkov [5]. **91, 92,** Mitchkovtienko-Dimitriev [5]. **93** Eltsova-Bushkov [5]. **94** Gordeieva-Grinkov [5]. **95** Woetzel-Steuer [17]. **96** Kazakova-Dmitriev [20]. **97** Eltsova-Bushkov [20]. **98** Berezhnaïa-Sikharulidze [20]. **99** Petrova-Tikhonov [20]. **2000, 01** Berezhnaïa-Sikharulidze [20].

Championnats de France. Messieurs (*créés* 1908). **1989 à 92** E. Millot. **93 à 96*** Ph. Candeloro. **97** T. Cerez. **98** Tobel. **99, 2000** Jeannette. **Dames** (*créés* 1909). **1988 à 96*** S. Bonaly. **97, 98** L. Hubert. **99, 2000** Gusmeroli. **Couples. 1990** *non disputés.* **91** Haddad-Prive. **92** Leray-Lipka. **93 à 2000*** Abitbol-Bernardis.

Nota. – **(*)** pas de championnat en 1995, mais 2 en 1996 : l'un en janvier, l'autre en décembre.

Patinage synchronisé. Championnats du monde. 2000, 01 Suède. **Coupe du monde. 1996** Team Surprise [7]. **97** Black Ice [7]. **98, 99** Team Surprise [7]. **Championnats de France. Seniors : 1994 à 98** Zoulous de Lyon. **99, 2000** Alouettes de Pessac. **01** Zoulous de Lyon.

Danse. Championnats du monde. *Créés* 1952. **1989, 90** Klimova-Ponomarenko [5]. **91** Isabelle et Paul Duchesnay [11]. **92** Klimova-Ponomarenko [5]. **93** Usova-Zhulin [5]. **94 à 97** Gritschuk-Platov [20]. **98, 99** Krylova-Ovsiannikov [20]. **2000** Anissina-Peizerat [11]. **01** Fusar Poli-Margaglio [18]. **Championnats d'Europe.** *Créés* 1954. **1989 à 92** Klimova-Ponomarenko [5]. **93** Usova-Zhulin [5]. **94** Thorvill-Dean [9]. **95** Rahkamo-Kokko [21]. **96 à 98** Gritschuk-Platov [20]. **99** Krylova-Ovsiannikov [20]. **2000** Anissina-Peizerat [11]. **2001** Fusar Poli-Margaglio [18]. **Championnats de France.** *Créés* 1948. **1986** Paliard-Courtois. **87** I. et P. Duchesnay. **88** Yvon-Paluel. **89, 90** I. et P. Duchesnay. **91** Yvon-Paluel. **92 à 94** Moniotte-Lavanchy. **95 à 2000** Anissina-Peizerat.

■ **Patinage de vitesse. Championnats du monde.** *Annuels.* **All round (combiné). Messieurs** (*créés* 1889). **1995, 96** Ritsma [8]. **97, 98** Postma [8]. **99** Ritsma [8]. **2000** Romme [8].

Records de patinage de vitesse

Épreuves	Records du monde au 18-4-2001		Records de France au 2-5-2001	
Messieurs				
500	34″32	Hiroyazu Shimizu (Jap. 10-3-2001)	36″28	Sodogas (18-11-2000)
1 000	1′08″28	Wotherspoon (Canada 11-3-2001)	1′10″75	Kuentz (21-2-1999)
1 500	1′45″20	Lee Kyu-Hyuk (Corée du S. 15-3-2001)	1′47″82	Kuentz (29-1-2000)
3 000	3′42″75	Romme (P.-Bas 13-8-2000)	3′54″05	Michaud (14-8-1999)
5 000	6′18″72	Romme (P.-Bas 30-1-2000)	6′37″26	Michaud (30-1-2000)
10 000	13′03″40	Romme (P.-Bas 26-11-2000)	13′58″84	Michaud (26-11-2000)
Combiné sprint	138,310 pts [1]	Wotherspoon (Canada 20/21-2-1999)	144,065 pts [1]	Kuentz (20/21-2-1999)
Combiné long	152,651 pts [2]	Ritsma (P.-Bas 6/7-2-1999)	158,911 pts [2]	Kuentz (12/14-1-2001)
Dames				
500	37″29	Le May-Doan (Canada 9-3-2001)	42″49	Van Helden (22-2-1988)
1 000	1′14″13	Garbrecht-Enfeldt (All. 10-3-2001)	1′26″84	Dumont (12-2-1989)
1 500	1′54″38	Freisinger (All. 4-3-2001)	2′11″01	Dumont (4-12-1987)
3 000	3′59″26	Pechstein (All. 2-3-2001)	4′32″34	Van Helden (23-2-1988)
5 000	6′52″44	Niemann-Stirnemann (All. 10-3-2001)	8′00″40	Dumont (28-2-1988)
Combiné sprint	150,085 pts [1]	Le May Doan (Can. 6/7-1-2001)	174,500 pts [1]	Van Helden (février 1986)
Combiné long	161,479 pts [3]	Niemann-Stirnemann (All. 6/7-2-1999)	186,577 pts [3]	Van Helden (janvier 1986)
Short track				
Messieurs				
500	41″742	Scholten (Canada 4-3-2000)	42″68	Loscos (10-12-1999)
1 000	1′26″970	Scholten (Canada 5-3-2000)	1′28″342	Loscos (22-10-2000)
1 500	2′15″495	Quinn (Canada 4-3-2000)	2′16″723	Loscos (20-10-2000)
3 000	4′46″727	Kim Dong-Sung (Corée du Sud 8-11-1998)	4′56″05	Loscos (14-1-1996)
5 000 relais	6′49″618	Corée du Sud (5-12-1999)	7′06″810	(23-1-2000)
Dames				
500	43″873	Radanova (Bulgarrie 18-2-2000)	45″89	Bouvier (21-11-1999)
1 000	1′31″991	Yang Yang (Chine 21-2-1998)	1′33″27	Bouvier (21-11-1999)
1 500	2′21″844	Kim Moon-Jung (Corée du Sud 17-1-1999)	2′26″84	Bouvier (3-11-2000)
3 000	5′1″976	Choi Eun Kyung (Corée du Sud 22-10-2000)	5′19″01	Daudet
3 000 relais	4′16″260	Corée du Sud (17-2-1998)	4′33″79	Dijon (Bouvier, Collas, Leman, Bourgeois, 19-3-2000)

Nota. – (1) 500, 1 000, 500 et 1 000 m. (2) 500, 5 000, 1 500 et 10 000 m. (3) 500, 3 000, 1 500 et 5 000 m.

☞ *La* **Course des onze villes :** 200 km sur canaux reliant les 11 cités médiévales de Frise (P.-Bas), n'a eu lieu que 13 fois de 1909 à 1963 puis en 1986 et 1997, car il faut une glace assez épaisse et pas de neige. Nombre de patineurs en 1912 : 60 ; 63 : 10 000 ; 97 : 16 675 inscrits (la course est ouverte à tous). *Record en 1986 :* Eefert von Bentem 6 h 46 min 47 s. Il existe des courses similaires en Suède et en Norvège.

01 Ritsma [8]. **Dames** (*créés* 1911). **1995 à 97** Niemann-Kleemann [17]. **98, 99** Niemann-Stirnemann [17]. **2000** Pechstein [17]. **01** Friesinger [17].

Sprint. *Créés* 1970. **Messieurs. 1995** Kim Yoon-man [16]. **96, 97** Klevtchnia [20]. **98** Bos [8]. **99, 2000** Wotherspoon [7]. **01** Ireland [7]. **Dames. 1995** Blair [1]. **96** Witty [1]. **97** Schenk [17]. **98** Le May-Doan [7]. **99, 2000, 01** Garbrecht-Enfeldt [17].

Short track (piste courte). *Créés* 1976, *reconnus* officiellement en 1981. **Messieurs. 1995** Ji-Hoon Chae [16]. **96** Gagnon [7]. **97** Kim Dong-Sung [16]. **98** Gagnon [7]. **99** Li Jiajun [19]. **2000** Min Ryoung [16]. **01** Li Jiajun [19]. **Relais 1995** Canada. **96** Italie. **97** Corée du Sud. **98** Canada. **99, 2000** Chine. **01** USA. **Dames. 1995 à 97** Lee-Kyung Chun [16]. **98 à 2001** A. Yang Yang [19]. **Relais 1995** Chine. **96** Italie. **97** Canada. **98 à 2001** Chine.

Championnats d'Europe. *Annuels.* **All round. Messieurs** (*créés* 1891). **1994 à 96** Ritsma [8]. **97** Postma [8]. **98 à 2000** Ritsma [8]. **01** Shepel [20]. **Dames. 1994 à 96** Niemann [17]. **97** De Jong [8]. **98** Peichstein [17]. **99** De Jong [8]. **2000** Friesinger [17]. **01** Niemann-Stirnemann [17].

Short track. Messieurs. 1996 Antonidi et Gooch [9]. **97 à 2000** Carta [18]. **01** Loscos [11]. **Relais. 1997, 98** G.-B. **99, 2000, 01** Italie. **Dames. 1996 à 99** Canclini [18]. **2000, 01** Radanova [23]. **Relais. 1997 à 99** Italie. **2000, 01** Bulgarie.

Championnats de France. *Annuels.* **All round. Messieurs. 1996** Kuentz. Depuis **97** *non disputés.*

Sprint. *Supprimé* après 1993.

Short track. Messieurs. 1995 à 98 Loscos. **99** Chevalier. **2000, 01** Loscos. **Dames. 1993 à 97** Daudet. **98** Bouvier. **99** *non disputé.* **2000** Bouvier. **01** Yacoub [22].

Quelques noms

■ **Patinage artistique.** Anissina Marina [11] (30-8-75). Baiul Oksana [22] (20-2-77). Belousova Ludmila [5] 22-11-35. Bestemianova Natalia [5] 6-1-60. Biellmann Denise [13] 11-12-62. Boitano Brian [1] 22-10-63. Bonaly Surya [11] 15-12-73. Bowman Christophe [1] 30-3-67. Browning Kurt [7] 18-6-66. Brunet Pierre [11] 1902-91. Burkin Andrei [5] 10-6-57. Button Dick [1] 18-7-29. Butyrskaya Maria [20] 28-6-72. Calmat Alain [11] 31-8-40. Candeloro Philippe [11] 17-2-72. Cousins Robin [9] 17-8-57. Curry John [9] 1949-94. Dean Christopher [9] 27-7-58. Du Bief Jacqueline [11] 4-12-30. Duchesnay Isabelle [11] 18-12-63 ; Paul [11] 31-7-61. Eldredge Todd [1] 1971. Fadeev Alexandre [5] 4-1-64. Fleming Peggy [1] 27-7-48. Giletti Alain [11] 11-9-39. Gordeiva Ekaterina [5] 22-5-71. Gorshkov Alexandre [5] 8-10-46. Gosselin Agnès [11] 21-11-67. Grafström Gillis [4] 1893-1938. Grinkov Sergueï [5] 1967-95. Gusmeroli Vanessa [11] 19-9-78. Hamill Dorothy [1] 26-7-56. Hamilton Scott [1] 28-8-58. Harding Tonya [1]. Hassler Nicole [11] 1941-96. Heiss Carol [1] 20-1-40. Henie Sonja [10] 1912-69. Hoffmann Ian [6] 26-10-55. Hubert Laetitia [11] 23-6-74. Ito Midori [15] 13-8-69. Jenkins David [1] 29-6-36. Joly Andrée [11] 1902-93. Julin Alexandre [5] 20-7-63. Kerrigan Nancy [1] 13-10-69. Klimova Marina [5] 22-7-66. Kovalev Vladimir [5] 2-2-53. Kulik Ilya [20] 23-5-77. Kwan Michelle [1] 7-7-80. Leistner Claudia [14] 15-4-65. Lynn Janet [1] 6-3-56. Mc Kellen [1] 26-9-53. Mederic Axel [11] 29-5-70. Nepela Ondrej [3] 1951-89. Orser Brian [7] 1961. Oulanov Alexei [5] 4-11-47. Pachomova Ludmila [5] 1946-86. Peizerat Gwendal [11] 21-4-72. Péra Patrick [11] 17-1-49. Petrenko Viktor [5] 27-6-69. Poetzsch Anette [6] 3-9-60. Ponomarenko Serguei [5] 6-10-66. Protopopov Oleg [5] 16-7-32. Rigoulot Dany [11] 1944. Rodnina Irina [5] 12-9-49. Salchow Ulrich [4] 1877-1949. Seyfert Gabrielle [6] 23-12-48. Simond J.-Christophe [11] 29-4-60. Slutskayta Irina [20] 9-2-79. Stojko Elvis [7] 22-3-71. Thomas Debie [1] 1967. Torvill Jayne [9] 7-10-57. Trenary Jill [1] 1-8-68. Ussova Maia [5] 22-5-64. Valova Elena [5]. Vassiliev Oleg [5]. Witt Katarina [6] 3-12-65. Yamaguchi Kristi [1] 12-7-71. Zagorodniuk Viacheslav [5] 11-8-72. Zaitsev Alexandre [5] 16-6-52.

■ **Patinage de vitesse.** Barizza Valérie [11] 14-8-67. Bella Marc [11] 7-10-61. Blair Bonnie [1] 1964. Boucher Gaétan [7] 10-5-58. Bouvier Stéphanie [11] 15-11-81. Burka Sylvia [7]. Chun Lee-Kyung [16]. Daigle Sylvia [7] 1-12-62. Daudet Sandrine [11] 21-6-72. Drouet Arnaud [11] 6-6-73 ; Laure 5-5-70. Dumont Stéphanie [11] 5-2-68. Enke-Kania Karin [6] 20-6-61. Fagot Thierry [11] 26-10-67. Gagnon Marc [7] (24-5-75). Granath Johan [4]. Gustafson Thomas [4] 28-12-59. Heiden Beith [2] 1959 ; Eric [1] 14-6-58, devint cycliste. Ivangine Martine [11] 1947. Kania Karin [6] 20-6-61. Karlstad Geit [10]. Kim Ki-Hoon [16]. Koss Johan-Olaf [10] 29-10-68. Kouprianoff André [11] 1938. Kuentz Cédric [11] 15-11-73. Kulikov Evgueni [5] 25-5-50. Lambert Nathalie [7]. Lamberton Thierry [11] 18-10-66. Leyssieux Murielle [11] 21-7-66. Loscos Bruno [11] 28-4-75. Lucas Françoise [11] 15-3-39. Maier Fred Anton [10] 1943. Niemann-Kleemann (puis Niemann-Stirnemann) Gunda [17]. Ritsma Rintje [8] 3-4-70. Ronning Frode [10]. Rothenburger Christa [6] 1960. Rubini Karine [11] 11-10-70. Sadchikova Liubov [5] 1951. Schöne Ehrig Petra [6]. Skoblikowa Lydia [5] 8-3-39. Thunberg Clas 1893-1973. Tourne Richard [11] 1951. Van Gennip Yvonne [8] 1965. Van Helden Hans [11] 27-4-48. Veldkamp Bart [8 puis 24] 22-11-67. Verkerk Cornelius [8] 1941. Vivès-Van Helden Marie-France [11] 30-9-59. Voronina Inge [5] 1936-66. Yang Yang A [19] 24-8-76. Young Sheila [1] 14-10-50. Zhelezovski Igor [5].

Paume

■ **Origine.** Remonte à l'Antiquité ; au début, on renvoyait la balle avec le creux de la main. **Moyen Age** le jeu se développe. *France :* devient jeu national, après avoir été surtout pratiqué sur les chantiers des cathédrales et dans les monastères. **1292** à Paris, il existe 13 *paumiers* ou fabricants de pelote. **XVIe s.** 250 salles de courte paume. François Ier en fut un brillant champion. **1592** une ordonnance royale en 24 articles établit les 1res règles. **Sous Henri IV** 500 jeux. Très populaire : il devient le lieu d'enjeux et de débauche. **Sous Louis XIV,** mal vu par l'Église, puis interdit par le roi, le jeu est réservé à la noblesse et donne naissance au billard. **XVIIe s.** la vogue décline ; en Europe (notamment en Angleterre et en Écosse) il prend le nom de *tennis.* **Fin du XIXe s.** en Angleterre, on l'adapte au gazon en plein air et on l'appelle *lawn-tennis* (les lignes extérieures représentant à peu près les murs du jeu de courte paume qui se joue dans une salle spécialement agencée et sous un toit d'environ 10 m de haut).

■ **Longue paume.** Aujourd'hui pratiquée essentiellement en Picardie (nombreuses Stés dans la Somme et Oise) et à Paris (jardin du Luxembourg depuis 1860 ; Pt de la Société : P. Buffard). **Pratiquants :** 44 sociétés, 2 000 joueurs. Ancêtre du *rebot* basque et de la *balle au tambourin* à Montpellier et de la balle-pelote dans le Nord et en Belgique. **Terrain :** en plein air, long de 60 m à 80 m et large de 12 à 14 m, pas de filet mais une tresse ou une ligne sur le sol (2 tresses formant une zone neutre pour le 1/1 et le 2/2). **Balle :** de 15 à 20 g en liège recouvert de molleton. **Raquette :** à petit tamis et avec un long manche. **Partie :** se joue en *enlevée* [en simple, double ou en équipes de 4 ; la tresse centrale *(corde),* ou la zone neutre, tient lieu de filet. En 5 jeux, constitués de « quinzes », formule reprise par le tennis] ou en *terrée* [à 6 contre 6 et en 7 jeux, la corde n'intervient que pour le service (le *tir*), la balle pouvant être ensuite renvoyée à terre]. Le tir est placé contre le vent pour un meilleur équilibre entre les 2 camps. Quand la balle n'est pas renvoyée à la volée ou au 1er bond, on marque une *chasse* à la hauteur où la balle est arrêtée après le 2e bond : le point est acquis lorsque les joueurs ayant changé de côté disputent à nouveau ce coup en envoyant la balle au-delà du niveau de la chasse, ou, dans la défensive, en l'empêchant de l'atteindre.

Championnats de France. *Créés* 1892. **Messieurs. 2000** 1/1 Willot, 2/2 Rosières, 4/4 Plainville. 6/6 St-Christ. **Dames. 2000** 1/1 Marié, 2/2 Bray-sur-Somme, 6/6 Montdidier-St-Christ-Mery. **Coupe de Paris. Double Messieurs. 2000** Ricque-Kupezac.

■ **Courte paume.** En anglais, *real tennis.* Ancêtre du *tennis.* **Terrain :** en salle, rectangle d'environ 30 m de long sur 10 m de large. *Carreau* (sol) en dalles de pierre, entouré de 4 murs dont 3 sont bordés de galeries couvertes réservées aux spectateurs ; murs et toit font partie de la surface de jeu ; au milieu *filet* (qui mesure 0,92 m de hauteur au centre et 1,50 m aux extrémités). **Raquettes :** en bois, cordage en synthétique, tamis un peu plus petit que celui des raquettes de tennis. **Balles :** environ 70 g, pleines, constituées d'un noyau en chiffon et recouvertes de drap cousu à la main par le maître paumier. **Règles :** établies en 1592 par l'*ordonnance du royal et honorable jeu de paume* et inchangées depuis. **Points et sets :** comptés comme au tennis, mais une balle de paume non touchée avant son 2e rebond sur le carreau met le point en suspens. C'est une *chasse* mise en jeu ultérieurement selon des modalités particulières ; elle entraîne le changement de service bien que le jeu ne soit pas terminé ; l'absence de chasse permet de garder le service plusieurs jeux d'affilée. Les rebonds sur les murs sont libres et jouent un rôle important, surtout entre le 1er et le 2e rebond sur le carreau. Des *ouverts* formant *galerie* sous les toits sont tendus de filets pour arrêter la course de la balle qui, en y pénétrant, ou bien fait chasse ou bien fait point gagnant (galerie du « dedans », « derrière » galerie côté « devers », grille). 6 jeux gagnés font remporter le set ; les parties se jouent en 3 ou 5 sets, en simple ou double. **Courts en France :** *jeu de Paume de Paris* 74 *ter*, rue Lauriston, 75116 Paris (Pt : Gérard Welker) ; construit en 1908 à la suite de la transformation du Jeu de Paume des Tuileries en galerie d'art ; *de Bordeaux-Mérignac* (construit en 1978) : 369, avenue de Verdun, 33700 Bordeaux-Mérignac (Pt : Henri Blanchot) ; *de Fontainebleau* (construit en 1732) : Palais National 7730 Fontainebleau (Pt : Jean-Christophe Laprée). G.-B. 25, USA 10 et Australie 6. **Pratiquants :** 5 000 dont 200 en France.

Championnat du monde : 1990 à 93 W. Davies. **94 à 2000** R. Fahey. **Coupe Bathurst.** *Créée* 1899. 4 matches de simple et 1 de double. Amateurs. *Tous les 4 ans.* **Depuis 1899** réunit France, G.-B., Australie et USA ; détenue en 2000 par G.-B.

Championnats de France. Amateur (raquette d'or) : *créés* 1901. **1995** J.-G. Prats. **96** D. Grozdanovitch. **97** G. Ruault. **98** J.-G. Prats. **99** G. Ruault. **2000** O. Michel. **Amateur 2e série** (raquette d'argent) : *créés* 1901. **1995** X. Massip. **96** G. Ruault. **97** R. Dahmi. **98, 99** X. Massip. **2000** C. Blanchot. **01** N. Victoir. **Raquette de bronze : 1997** J.-M. Deleau. **98** *non attribuée.* **Coupe Gould Eddy** (championnat de France, double open) *créé* 1904. **1999** Ruault-Dahmi. **Handicap international masculin : 2000** R. Fahey ; **féminin : 2000** P. Lumley.

■ **Jeu de paume.** Surtout pratiqué en Belgique (15 000 licenciés) et aux Pays-Bas, dans le Douaisis, le Valenciennois et l'Avesnois (Nord). **Gant** de cuir 200 g au maximum. **Balle** en plastique (auparavant elle était en peau d'animal) de 4,5 cm de diamètre et 42 g. **Équipes :** 5 joueurs. **Terrain** *(ballodrome) :* trapèze isocèle prolongé par un rectangle. **Partie :** la balle est frappée avec la main protégée par le gant. Le livreur de l'équipe côté grand jeu engage : il doit envoyer la balle au-delà de la ligne des *courtes* (milieu). Les 2 équipes réparties sur le terrain se renvoient directement la balle de volée ou du premier bond (passes interdites). Comme dans un jeu de gagne-terrain, elles essaient de faire mourir la balle, le plus loin possible dans le camp de l'adversaire ou mieux de la faire passer entre les perches hors de portée de l'adversaire ; balle outre : l'équipe qui l'a réalisée marque un « quinze ». Si la balle n'a pu être renvoyée avant le deuxième bond, on repérera l'endroit où elle aura été arrêtée ou le point où elle est sortie du terrain par le placement d'un repère mobile appelé *chasse*. Cette chasse sera posée le long des lignes longitudinales du terrain. La chasse indique une ligne imaginaire qui sépare le terrain en deux parties. Quand la ou les deux chasses sont posées, les 2 équipes changent de camp. Il s'agit maintenant pour une équipe d'envoyer la balle dans le camp ainsi délimité de l'adversaire, de sorte que ce dernier ne puisse la reprendre et marquer ainsi un « quinze ». Pour marquer un jeu, il faut quatre « quinze » comptés 15, 30, 40 et jeu. L'équipe la première à atteindre 15 jeux gagne. **Licenciés** (en 1998) : 2 672.

Championnats du monde. 1998, 2000 Espagne.

Coupe de France. 1996 à 2000 Maubeuge. **Championnats de France. 1996 à 99** Maubeuge. **2000** Wargnies-le-Grand.

PÊCHE

RÉGLEMENTATION

Fixée en application du Code rural ; réglementations particulières (Bidassoa, Léman, section du Doubs formant frontière avec la Suisse ; parcs nationaux, réserves naturelles, grands lacs intérieurs, lacs de montagne ; poissons migrateurs). Veiller à connaître la réglementation applicable localement (arrêtés préfectoraux).

Nombre de pêcheurs en France. 1 pêcheur pour 12 ou 13 habitants (USA 1 pour 7, Belgique 60, Italie 200, Allemagne 700). *Titulaires en 1999 d'une carte* de pêche 2 009 956, vacances 90 230 et jeunes 167 335.

Lieux de pêche. Cours d'eau et canaux domaniaux 16 800 km ; lacs et retenues de barrages 31 630 ha ; cours d'eau non domaniaux 250 000 km ; plans d'eau non domaniaux plus de 23 000 ha.

Chiffre d'affaires de la pêche à la ligne. Environ 11 milliards de F par an.

Budget du pêcheur (CSP). Environ 1 500 F par an dont matériel 467, timbres, permis, cartes 350, transport 277, leurres, amorces 249, hébergement, restauration 107, tenue, divers 89.

PÊCHE A LA LIGNE EN EAU DOUCE

☞ Le titre III du livre II (nouveau) du Code rural relatif à la pêche en eau douce et à la gestion des ressources piscicoles satisfait en priorité à la préoccupation de la pérennité des espèces piscicoles (poissons, crustacés, grenouilles, frai) et répond aux besoins de protéger les écosystèmes aquatiques.

■ **Direction de l'eau du ministère de l'Aménagement du territoire et de l'Environnement. Missions :** connaissance, planification et gestion du milieu aquatique et des écosystèmes fluviaux, planification et gestion de la ressource en eau, prévention des inondations, lutte contre la pollution des eaux, police de l'eau et de la pêche en eau douce, coordination des interventions de l'État.

Pêche au vif (lochage du poisson)

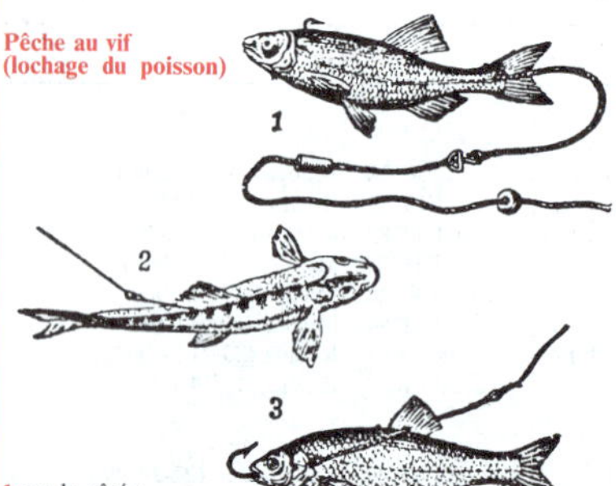

1 sur le côté ;
2 sur le dos ;
3 par la nageoire dorsale et l'ouïe.

■ **Conseil supérieur de la pêche (CSP).** Établissement public national à caractère administratif. Sous la tutelle des ministres chargés de l'Environnement et du Budget. Conseil d'administration présidé par un de ses membres nommé par décret. **Budget** (en 2000) : 309 millions de F. **Personnel :** 789 dont 680 gardes-pêche et techniciens (formés à l'école du CSP au Paraclet dans la Somme).

■ **Union nationale des fédérations départementales des AAPPMA** (Associations agréées pour la pêche et la protection du milieu aquatique). Regroupement national des 92 fédérations départementales issues des 4 200 AAPPMA.

■ **Coordination nationale des pêcheurs professionnels en eau douce.** Regroupe la majorité des 12 associations agréées de France.

■ **Fédération nationale des associations départementales agréées de pêcheurs amateurs aux engins et filets du domaine public fluvial.** Regroupe la majorité des 46 associations de France.

■ **Carte de pêche et taxes.** Il faut adhérer à une AAPPMA pour l'obtenir (cotisation moyenne environ 150 F par an). **Taxe piscicole annuelle :** MONTANT EN 2001 : *pêcheurs professionnels à temps plein ou partiel* 880 F, *amateurs* aux engins et aux filets sur eaux du domaine public et compagnons de pêcheurs professionnels 170 F, aux lignes et à la vermée ou en 2e catégorie 90 F, *pêcheurs au lancer*, à la mouche artificielle, au vif, au poisson mort ou artificiel, aux lignes de fond, à la balance à écrevisses ou à crevettes, au carrelet, à la bouteille ou carafe à vairons, autres engins, filets, pêcheurs de grenouilles, ou en 1re catégorie 170 F ; *pêcheurs appartenant à plusieurs catégories* assujettis pour le seul montant de la taxe au taux le plus élevé. Taxes supplémentaires pour pêcheurs de salmonidés migrateurs (truite de mer et saumon) *amateurs* 150 F, *professionnels* 200 F ; de civelle *amateurs* 250 F, *professionnels* 1 300 F. *Bagues* gratuite pour la pêche du saumon (fermée sur l'axe Loire-Allier depuis 1994).

■ **Principaux poissons d'eau douce.** On rencontre en France environ 70 espèces de poissons d'eau douce (taille habituelle, entre parenthèses prises record, et période de reproduction). **Ablette :** 12 à 16 cm (160 g), mai-juin. **Alose** *grande :* 50 cm (3 kg), avril-mai ; *finte* [1] *:* 35 cm (1 kg), mai-juin ; *du Rhône* [2] *:* 40 cm (2 kg), mai-juin. **Anguille** [3] : 1,5 m (4,7 kg), févr.-juillet. **Athérine** [5] : 8-9 cm, printemps. **Barbeau** *commun :* 70 cm (7,2 kg), mai-juillet ; *méridional :* 30 cm. **Black-bass :** 50 cm (3,6 kg), mai-juillet. **Blageon** ou **suiffe :** 15 à 18 cm/50 g, printemps. **Bouvière :** 8 cm, avril-mai. **Brème :** 50 cm (5,6 kg), avril-mai ; *bordelière :* 22 cm. **Brochet** [4] : 1 m (1,19 m, 11,8 kg), févr.-mars. **Cagnette** ou **blennie :** 10 à 14 cm, été. **Carassin :** 25 à 30 cm (2,2 kg), juin. **Carpe** [6] : 1 m (+ de 30 kg), mai-juin. **Chabot :** 11 cm, mars-avril (pêche interdite). **Chevesne :** 60 cm (3,5 kg), mai-juin. **Corégone :** 30 à 50 cm (1 à 3 kg). **Écrevisse** *américaine* [7] *:* 14 cm ; *à pieds rouges* [2] *:* 16 à 18 cm ; *à pieds blancs :* 12 à 13 cm, ponte oct.-déc., éclosion mai-juin. **Épinoche :** 6 à 8 cm, mars-mai. **Esturgeon** [9] : 2 m (100 kg). **Flet** [10] : 45 cm, printemps. **Gambusie :** 4 à 6 cm, toute l'année. **Gardon :** 25 cm (2,4 kg), mai-juin. **Goujon :** 15 à 18 cm (220 g), avril-juillet. **Gravenche :** 15 à 35 cm, déc.-janv. **Grémille :** 15 à 18 cm, avril. **Hotu :** 15 à 45 cm et + (2,3 kg), mars-mai. **Huchon :** 0,8 à 1,5 m (10 kg), mars-avril. **Ide :** 50 cm (4 kg), avril-mai. **Lamproie de Planer :** 25 cm ; *fluviale* [12] *:* 25 à 60 cm, mai-juin ; *marine* [11] *:* 1 m (2 kg), mai-juin. **Loche** *de rivière :* 8 à 10 cm, avril-mai ; *d'étang :* 30 cm, avril-juin ; *franche :* 10 à 20 cm, avril-mai. **Lotte :** 30 cm (930 g), janv. **Mulet** ou **muge** [13] : 60 cm (3,3 kg), automne-hiver. **Omble chevalier :** 50 cm (2 kg), déc. **Ombre :** 40 cm (1,7 kg), printemps. **Perche :** 15 à 40 cm (2,6 kg), mars-juin ; *soleil :* 15 cm (290 g), mai-juin. **Poisson-chat :** 40 cm (1 kg), mai-juin. **Rotengle :** 30 cm (1,4 kg), mai-juin. **Sandre :** 1 m (14 kg), avril. **Saumon :** 1,50 m (16,5 kg), nov.-déc. ; *de fontaine :* 40 cm (2 kg), nov. **Silure glane :** 2 m (100 kg), mai-juin. **Soffie :** 25 cm (150 g), avril-mai. **Spirlin :** 15 cm, mai-juin. **Tanche :** 60 cm (3,7 kg), mai-juillet. **Truite arc-en-ciel :** 60 cm (7,4 kg) ; **fario :** *lac :* (14,3 kg) ; *rivière :* (11,8 kg), oct.-janv. **Vairon :** 9 cm (10 g), mai-juin. **Vandoise :** 20 (1,1 kg), mars-mai.

Nota. – (1) Vit en mer, se reproduit en eau douce (France : Loire, Garonne, Adour). (2) Vit en Méditerranée, se reproduit en eau douce. (3) Pond en mer près des Bermudes ; les larves dérivent vers les embouchures des fleuves et, transformées en civelles puis en anguilles, remontent les rivières. (4) Prise de 1,80 m signalée. (5) Pond en eau douce. (6) Vit environ 30 ans. (7) Rare. (8) Très rare (Alpes, Morvan, Vosges). (9) Vit en mer, se reproduit en eau douce (France : Gironde et Garonne, parfois Bas-Rhin, Rhône et Adour) ; ses œufs donnent le caviar. (10) Monte en eau douce en juillet, regagne la mer en octobre ; se nourrit normalement et se reproduit en eau salée. (11) Vit en mer, se reproduit en eau douce (France : Loire, Adour, Garonne, Rhône). (12) Reste plus longtemps en eau douce. (13) Pond en mer, vit en eau douce.

■ **Techniques de pêche.** Selon le poisson recherché. **Pour le blanc :** *au coup :* au flotteur avec cannes télescopiques ou à emmanchements de 3 à 14,50 m ; *à l'anglaise :* au moulinet et flotteur avec cannes de 3 à 4,50 m ; *à la bolognaise :* au moulinet et flotteur avec cannes télescopiques de 6 à 8 m ; *au swing/quivertip :* au moulinet en plombée avec cannes de 3 m ; le scion sert d'indicateur de touches. **Carpe :** *en plombée :* consiste à maintenir un appât, la « bouillette », près de l'hameçon à l'aide d'un montage en dérivation, dit « en cheveu ». **Truite :** *à roder :* pêche itinérante au moulinet et flotteur avec cannes de 3 à 6 m ; *à la mouche :* consiste à lancer une mouche artificielle en la laissant dériver ; les leurres varient [pêche de surface (mouche sèche), de milieu d'eau (mouche noyée), de profondeurs variable (Streemer, Popper)] ; efficace aussi pour saumon, ombre et carnassiers (brochet, perche, chevesne, vandoise). **Carnassier :** *au lancer/mort manié :* consiste à lancer et à ramener, en animant un leurre artificiel ou un poisson mort pour imiter la nage d'un poisson avec cannes de 3 m ; *au poser :* au flotteur ou en plombée avec cannes de 3 à 4 m.

Carte de pêche vacances : permet de pêcher 15 j consécutifs compris entre le 1er juin et le 30 septembre en 1re et 2e catégorie piscicole, à tous les modes et procédés de pêche autorisés par la réglementation. *Montant :* 60 F de taxe piscicole.

Carte « jeunes » : pour les moins de 16 ans (au 1-1 de l'année de pêche) : droit de pêcher à tout mode réglementaire, notamment au lancer, en 1re et 2e catégorie piscicole ; exonération pour les – de 16 ans de la taxe pour 1 seule ligne équipée de 2 hameçons au plus. *Montant :* 60 F.

Carte « plans d'eau » : obligatoire pour plans d'eau de 10 000 m² et plus aménagés en pisciculture et exploités à des fins touristiques. *Montant :* 60 F.

Carte à la journée : limitée aux eaux de 2e catégorie et aux plans d'eau (1re et 2e catégorie) ; exonération maintenue pour les – de 16 ans s'ils pêchent à 1 seule ligne équipée de 2 hameçons simples au plus, pêche au lancer exceptée. *Montant :* 15 F.

☞ **Cartes, timbres et bagues** sont délivrés par les AAPPMA et leurs dépositaires, souvent des négociants en articles de pêche. *Dispenses :* titulaires de la carte d'économiquement faible, grands invalides de guerre ou du travail titulaires d'une pension de 85 % et au-dessus, conjoints de membres ayant acquitté la taxe, mineurs jusqu'à 16 ans et appelés pendant leur service national sont dispensés de la taxe piscicole (s'ils ne pêchent qu'avec une seule ligne équipée de 2 hameçons simples au plus, pêche au lancer exceptée). Ils peuvent pêcher dans les eaux du domaine public où le droit de pêche appartient à l'État et dans les eaux du domaine des particuliers (avec leur permission). *Accord de réciprocité :* passé entre associations ou fédérations permettant à leurs adhérents d'accéder aux lots de pêche qu'elles gèrent. Le pêcheur qui veut bénéficier de la réciprocité acquitte une vignette réciprocitaire, en plus du prix de sa carte de pêche ; la réciprocité est facultative.

■ **Droit de pêche.** *Appartient à l'État* dans cours d'eau, canaux et lacs domaniaux (navigables ou non, canalisés ou non), les lacs de retenues des barrages hydroélectriques construits et exploités par EDF, les lacs du domaine privé de l'État ; *à des particuliers* dans cours d'eau et plans d'eau non domaniaux. Les propriétaires riverains sont en même temps propriétaires du lit et des berges, mais pas de l'eau ni du poisson qui s'y trouve. Ces eaux sont classées en 2 catégories piscicoles par arrêté : *1re catégorie :* eaux principalement peuplées de salmonidés (truites, saumons, ombles, ombres, etc.) exigeant une protection spéciale ; *2e catégorie :* autres eaux peuplées de blancs ou cyprinidés (gardons, rotengles, brèmes, chevesnes, tanches, etc.), carpes et carnassiers (brochets, perches, etc.).

■ **Possibilités.** Tout pêcheur membre d'une AAPPMA et remplissant les conditions ci-dessus peut pêcher dans tous les lots détenus par son AAPPMA (loués à l'État ou à des particuliers), [pratique de la pêche avec lignes (au max. 4 en 2e catégorie et 1 ou 2 en 1re catégorie), et balances (6 au max.)]. Il peut pêcher gratuitement dans toutes les eaux où le droit de pêche appartient à l'État avec une ligne (pêche banale), quel que soit le siège de l'AAPPMA où il a réglé la taxe piscicole et indépendamment des droits individuels ou collectifs qu'il peut détenir. *Conditions : a)* de la rive ou en marchant dans l'eau dans les cours d'eau du domaine public classés en 1re catégorie piscicole ; *b)* de la rive, en marchant dans l'eau ou en bateau, dans les cours d'eau domaniaux classés en 2e catégorie piscicole, ainsi que dans les plans d'eau, quelle que soit leur catégorie ; *c)* de la rive seulement, pour la pêche du saumon (mais sur certains parcours, les pêcheurs sont autorisés à marcher dans l'eau).

Le pêcheur peut pêcher dans les cours d'eau et plans d'eau non domaniaux, partout où, à titre personnel, il possède un droit de pêche en qualité de riverain, et partout où le propriétaire riverain lui accorde à titre personnel le droit de pratiquer la pêche chez lui.

■ **Procédés prohibés.** Sont interdits : les pêches à la main ; sous la glace ; en troublant l'eau (à l'exception de la pêche au goujon) ; la détention d'un échosondeur en action de pêche ou en même temps que des moyens de pêche ; l'accrochage du poisson autrement que par la bouche ; l'emploi d'hameçons triples dont la distance entre les pointes est supérieure à 20 mm ; l'utilisation comme vif, appât ou amorce de certaines espèces, protégées ou nuisibles, et d'œufs de poissons ; l'usage de l'asticot en 1re catégorie (sauf exception) et la pêche à la traîne, à l'explosif, à l'électricité (sauf permis de pêche scientifique) ou avec des substances chimiques.

■ **Dates d'ouverture.** Fixées en fonction des périodes de reproduction des espèces. **Eaux de 1re catégorie :** ouverture du 2e samedi de mars au 3e dimanche de septembre sauf dans Aisne, Eure, Marne, Nord, Oise, P.-de-C., Paris, S.-M., S.-et-M., Yvelines, Somme, Essonne, Hts-de-S., Seine-St-D., Val-de-M. et Val-d'O. du 4e samedi de mars au 1er dimanche d'octobre. **Eaux de 2e catégorie :** pêche autorisée toute l'année, à l'exception du brochet (du 1er au dernier dimanche de janvier et du 3e samedi d'avril au 31-12) ; périodes de pêche spécifiques pour ombre commun, saumon, truites, alose, lamproie, civelle, écrevisse et grenouille ; se renseigner localement car des dérogations préfectorales existent. **Heures.** Pêche autorisée depuis 1/2 h avant le lever du soleil jusqu'à 1/2 h après son coucher. Pêche de nuit autorisée par le préfet, en certains lieux et époques, pour la carpe et l'anguille notamment.

■ **Tailles minimales du poisson.** Pour certains poissons, taille limite réglementaire (en dessous de laquelle ils doivent être remis à l'eau) fixée par décret en tenant compte pour chaque espèce de la taille moyenne correspondant à l'âge de la 1re reproduction. Le poisson est mesuré du bout du museau à l'extrémité de la queue ; l'écrevisse, de la pointe de la tête (pinces et antennes non comprises) à l'extrémité de la queue déployée. **Tailles minimales** (en mètres, au 1-1-1996) : esturgeon *(Acipenser sturio)* 1,80 [3], huchon 0,70, saumon 0,50, brochet 0,50 [2], sandre 0,40 [2], lamproie marine 0,40, truite de mer et cristivomer 0,35, alose, ombre commun, corégone 0,30, truite [1], omble ou saumon de fontaine, omble chevalier 0,23, black-bass 0,23 [2], mulet, lamproie fluviatile 0,20, écrevisse 0,09. **Pas de taille minimale** pour les autres espèces.

Nota. – (1) Truites autres que truite de mer : modulation préfectorale éventuelle (0,18, 0,20 ou 0,25 m). (2) Seulement dans les eaux de 2e catégorie. (3) Pêche interdite car espèce protégée (arrêté du 25-1-82).

■ **Nombre de captures autorisées.** Salmonidés (autres que saumon et truite de mer) : 10 captures journalières au max. Restrictions préfectorales possibles ; saumon et autres poissons migrateurs : quota fixé par Cogepomi (comité de gestion des poissons migrateurs) ; nombre limite de captures fixé annuellement (pratique des bagues, tenue d'un carnet de pêche pour le saumon).

■ **Lieux de pêche interdits.** Pertuis, vannages, échelles à poissons, 50 m en aval des ouvrages établis sur les eaux (sauf exception), 50 m en amont et en aval des ouvrages établis sur les cours d'eau classés à saumon ou à truite de mer. Réserves temporaires instituées par arrêté préfectoral ou par un plan de gestion piscicole.

■ **Commercialisation du poisson.** Interdite aux pêcheurs amateurs. Amende de 25 000 F.

■ **Renseignements.** *Conseil supérieur de la pêche,* 134, av. Malakoff, 75116 Paris. *Union nationale des fédérations,* 17, rue Bergère, 75009 Paris. **Clubs réciprocitaires :** *Club halieutique interdépartemental,* résidence le Belvédère, rue des Calanques, 66000 Perpignan ; *Entente halieutique du Grand-Ouest,* 1, rue Eugène-Varlin, 44100 Nantes ; *Union des pêcheurs de l'Ile-de-France,* 83, rue Léon-Frot, 75011 Paris ; *Entente des 3B,* 61, rue de l'Héritan, 71000 Mâcon. **Fédérations :** *pêche au coup,* 3, impasse Lorailler, 27600 Gaillon, *créée* 1967 (auparavant, comité sportif national de pêche) ; *pêcheurs sportifs mouche,* 24, avenue Gaston-Doumergue, 31130 Balma ; *handi-pêche,* 114, rue Eugénie-Leguillermie, 94290 Villeneuve-le-Roi.

■ **Pêche sportive.** *Au coup,* 10 000 pêcheurs de compétition sur 3 000 000 de pratiquants. **Championnats du monde de pêche au coup en eau douce. Messieurs** (*créés* 1954). **Individuels. 1995** Jean [1]. **96 à 98** Scotthorne [2]. **99** Nudd [2]. **2000** Falsini. **Par nation. 1995** France. **96, 97** Italie. **98** Angleterre. **99** Espagne. **2000** Italie. **Dames** (*créés* 1994). **Individuels. 1995** Hervé [1]. **96** Polastri [6]. **97** Locker [2]. **98** Polastri [6]. **99** Foy [2]. **2000** Tagliaferri. **Par nation. 1995** France. **96** Italie. **97** Angleterre. **98** Italie. **99** Angleterre. **2000** Italie. **Championnats du monde des clubs** (*créés* 1981). **1995** Portugal. **96** Pays-Bas. **97** Portugal. **98** Italie. **99** France. **2000** Italie. **Championnat d'Europe** (*créé* 1995). **Par nation. 1995, 96** Belgique. **97** All. **98** Angleterre. **99** Belgique. **2000** Angleterre. **Quelques champions français.** R. Fontanet, J.-P. Fougeat (né 9-7-51), H. Guiheneuf, G. Heulard (né 14-4-39), Ph. Jean (né 6-8-53), R. Legouge, M. Mailly, R. Tesse. *A la mouche,* 100 000 pratiquants en 1997 ; Fédération française de pêche à la mouche créée 1947.

Nota. – (1) France. (2) Angleterre. (3) Australie. (4) Portugal. (5) Allemagne. (6) Italie.

■ Pêche sportive et de loisir en mer

■ **Conditions.** Possible toute l'année, de jour et de nuit, le long des côtes. Se conformer aux instructions concernant les zones militaires, portuaires ou insalubres, aux réglementations visant la conservation des fonds, aux arrêtés municipaux (exemple : taille minimale du poisson pêché). Interdiction de vendre les prises.

■ **Tailles minimales autorisées des poissons, crustacés et coquillages** (en cm, arrêté du 21-12-99). Alose 30, Bar, loup 36 ; barbue 30 ; cabillaud 35 ; carrelet 25 ; chinchard 12 ; congre 58 ; dorade grise 23 ; dorade royale 19 ; Espadon 120 ; Flet 25 ; lieu jaune 30 ; lieu noir 35 ; limande 23 ; marbré 23 ; merlan 27 ; merlu 30 ; mulet 20 ; plie 25 ; plie grise 28 ; rouget 15 ; sar 23 ; saumon 50 ; sole 24 ; thon rouge 70 (ou 6,4 kg) ; truite de mer 25 ; turbot 30 ; araignée 12 ; clam 4,5 ; palourde 3,5 ; coque 3 ; coquille St-Jacques 10 ; crevette grise et rose 3 ; huître creuse 30 g ; huître plate 5 ; langouste 23 ; moule 4 ; praire 3 ; tourteau 13.

■ **Pêche à pied.** Sans formalités, on peut pêcher à la ligne tenue à la main, ramasser à la main des crustacés et des coquillages, pêcher avec des lignes de fond (interdiction possible si la sécurité l'exige). Pour la pêche avec filets et autres engins réglementaires, sauf épuisette, panier, casier, haveneau de plage dont l'emploi n'est subordonné à aucune formalité, une autorisation préalable de l'autorité maritime locale est nécessaire en mer du Nord, Manche et Atlantique. En Méditerranée, une déclaration suffit.

■ **Pêche en bateau. Engins autorisés :** lignes gréées pour l'ensemble d'un max. de 12 hameçons, 2 palangres munies chacune de 30 hameçons au max., 2 casiers à crustacés, 1 foëne, 1 épuisette ou salabre. Toutefois sont autorisés : en mer du Nord, Manche et Atlantique : un trémail de 50 m de long. maximale, sauf dans les estuaires, les eaux salées des fleuves et les rivières affluant à la mer ; en Méditerranée : une grappette à dents destinée à la capture de coquillages.

■ **Thonides et tout-gros** (+ de 100 kg). Pêche réglementée en Méditerranée (pas en Atlantique) sauf lors des compétitions organisées par la FFPM.

☞ **Renseignements :** *Fédération française des pêcheurs en mer (FFPM),* résidence Alliance, centre Jorlis, 64600 Anglet. 220 clubs (France et Dom-Tom).

■ **Pêche sous-marine. Age minimal :** 16 ans. **Déclaration :** obligatoire (sous peine de contravention de 150 F) et gratuite [l'envoyer au quartier des affaires maritimes d'une ville côtière et conserver le récépissé de déclaration (les membres d'une fédération d'associations de pêcheurs sous-marins reconnue par le min. chargé de la Marine marchande en sont dispensés)]. Permet de pêcher 1 an sur tout le littoral de la France continentale ou de la Corse. **Assurance :** responsabilité civile obligatoire. **Prescriptions :** ne pas utiliser d'appareil permettant de respirer en plongée (amende 6 000 F), de fusil à gaz comprimé autrement que par la force de l'utilisateur, de foyers lumineux ; ne pas détenir en même temps, sur le navire, scaphandre autonome et engins de pêche sous-marine (sauf dérogation, amende 6 000 F) ; ne pas pêcher entre coucher et lever du soleil, à moins de 150 m des navires ou des embarcations de pêche ainsi que des filets signalés par des balisages ; ne pas prendre le poisson capturé dans d'autres engins de pêche ; ne pas vendre les prises, ne pas utiliser foëne ou fusil pour capturer les crustacés ; ne pas tenir un fusil chargé hors de l'eau.

■ **Poissons chassés en Méditerranée.** Dans l'ordre des profondeurs (petits à grands fonds). *Blade :* près des sars, dans les failles sombres. *Girelle :* toujours isolée. *Serran :* brun rouge. *Rouquier :* sous les roches. *Rouget :* fonds sablonneux. *Rascasse :* dans la pierraille ; appelée *chapon* lorsqu'elle est grosse et rouge. *Saupe :* par groupes. *Poulpe :* près des côtes ou dans les récifs et épaves. *Congre :* caché pendant le jour. *Sar :* dans les entassements rocheux ; appelé *mouraguette* en Provence. *Daurade :* isolée, au ras des algues, clairières ensoleillées. *Corb :* en petites colonies, dans les failles ou sous les roches profondes. *Mulet :* dans les trous (ragues). *Loup :* solitaire ou en bandes à la saison du frai, capture facile. *Mérou :* tête très volumineuse. *Denti :* rarement rencontré. *Liche :* peut atteindre 40 kg.

Pelote basque

Généralités

■ **Origine.** Descend de l'ancien jeu de paume français. Jeu de pelote mentionné dans des textes ecclésiastiques du XIIe s. La pelote basque s'est développée au XVIIIe s. et surtout XIXe s. avec l'invention du *chistera* d'osier et châtaignier (en 1857 par Gaintchiki Harotcha). Pratiquée en Argentine, Belgique, Bolivie, Brésil, Canada, Chili, Colombie, Cuba, Équateur, Espagne, États-Unis, France, Guatemala, Italie, Mexique, Paraguay, Pérou, Philippines, Porto-Rico, Uruguay, Venezuela.

■ **Aires de jeu. Fronton place libre :** très répandu au Pays basque, en plein air, mur de 10,50 m de haut, aire de jeu en enrobé, en ciment et terre battue de 35 à 100 m de longueur et 16 m de largeur. **Fronton mur à gauche :** en général couvert, comprend 3 murs (devant, à gauche et au fond), environ 10 m de haut., aire de jeu de 10 m de larg. et 36 m de long. pour les frontons courts et 54 m pour le fronton long ou *jaï alaï* (jeu allègre). **Trinquet :** couvert, aire de jeu de 9,30 m sur 28,50 m, 10 m de haut. ; on joue sur les 4 murs, nombreuses chicanes (chilo, pan coupé, tambour, filet) rendant le jeu spectaculaire.

■ **Balle** *(pelote).* Noyau en filaments de caoutchouc spécial (para) tendus et serrés fortement, entouré de fils de laine et recouvert d'une enveloppe de cuir simple ou double (peau de chèvre) découpée en forme de 8. **Vitesse record :** 302 km/h, José Ramon Areitio (né à Barinaga, Esp.) le 3-8-1979 à Newport (USA).

■ **Spécialités. Cesta punta :** se joue sur un *jaï alaï* avec un grand *chistera* et des *pelotes* spéciales (64 mm, 125 g, parchemin). *Équipes :* 1 ou 2 joueurs (pour le pari). **Grand chistera :** en France. *Fronton* place libre de 80 m de long, on renvoie la balle avec le *chistera* (gant cuir terminé par panier en osier, 63 à 68 cm de long., 500 à 600 g dont la courbure forme une poche facilitant la réception et le blocage de la pelote (66 mm, 128 g, cuir). *Équipes :* 3 joueurs. **Chistera joko garbi** (« jeu pur ») : surtout pratiqué en France. *Fronton* place libre d'au moins 50 m de long. *Gant* plus petit que le grand chistera (58 cm de long, osier, 350 à 400 g), sa courbure moins appuyée permet de renvoyer la *balle* (65 mm, 120 g, cuir) dès réception et rend le jeu très rapide. *Équipes* de 3 joueurs (2 si l'on joue mur à gauche).

Frontenis : très répandu au Mexique. *Fronton* mur à gauche court. *Raquette* ressemblant à une raquette de tennis (poids 400 à 500 g, 22 cm de larg., 70 cm de long.). *Pelote* (25 mm, 45 g, caoutchouc, creuse). *Équipes* de 2 joueurs ; pratiquants hommes et femmes.

Laxoa : plus ancien des jeux de pelote ; *jeu* direct (face à face), se joue en *place libre,* normalement 4 contre 4 avec un *gant* similaire à celui de la pasaka.

Main nue : Pelote française : fronton place libre ou *trinquet,* 1 ou 2 joueurs par *équipe, pelote* (62 mm de diamètre, 90 g) ; **espagnole :** *fronton* mur à gauche. *Équipes* de 1 ou 2 joueurs, *pelote* (65 mm, 105 g). Le *pelotari* se sert uniquement de sa main pour frapper la pelote.

Pala : uniquement en France en *place libre.* On frappe la pelote avec la *pala,* sorte de battoir en bois de 10 × 50 cm. *Pelote* (60 mm, 100 g, cuir). *Équipes* de 2 joueurs. Jouée aussi en Espagne (Bilbao) en *fronton jaï alaï* (54 m), en professionnels.

Pala corta : *fronton* mur à gauche. *Pala* plus courte et plus légère. *Pelote* (60 mm, 90 g, cuir). *Équipes* de 2 joueurs.

Paleta : pelote de cuir : origine espagnole. *Trinquet* ou fronton mur à gauche. *Paleta* 50 × 12 cm. *Pelote* (40 mm, 52 g, cuir). *Équipes* de 2 joueurs. **Pelote gomme :** en *trinquet* et en fronton mur à gauche : pratiquants hommes et femmes ; *paleta* 70 cm de large et 50 de long. *Pelotes :* internationale (*balin* ou *argentine,* 30 mm, 35 g, caoutchouc, creuse), espagnole (35 mm, 45 g, caoutchouc, pleine). *Équipes* de 2 joueurs.

Pasaka : très ancien, probablement issu de la courte paume. En *trinquet* avec un filet médian (1,20 m de haut.). *Pelote* (90 mm, 245 g, cuir). *Équipes* de 2 joueurs. *Jeu* direct, le gant permet de renvoyer la pelote par un coup glissé instantané. Même compte des points qu'au rebot.

Rebot : plus ancien des jeux de pelote après le laxoa. *Place libre* de 90 à 100 m divisée en 2 rectangles inégaux. Même *gant* que pour le joko garbi. *Pelote* (72 mm, 130 g, cuir). 2 *équipes* de 5 joueurs. *Jeu* direct comme le tennis. *Partie* en 13 jeux comptés 15, 30, 40 et jeu.

Remonte : jouée uniquement en Espagne ; le *chistera* employé est complètement courbe, sans le panier de la cesta punta ; on frappe la balle au lieu de la retenir.

Xare : *trinquet. Raquette* 16 × 55 cm, munie d'un filet de corde non tendu (le *xare*). *Pelote* (55 mm, 80 g, cuir). *Équipes* de 2 joueurs.

Résultats

☞ **Jeux Olympiques :** sport de démonstration en 1924 (Paris), 1968 (Mexico) et 1992 (Barcelone). Voir p. 1480 b.

■ **Championnats du monde.** *Tous les 4 ans* depuis 1952, en Europe ou en Amérique : 1952 San Sebastian (Esp.), 1955 Montevideo (Uruguay), 1958 Biarritz (Fr.), 1962 Pamplona (Esp.), 1966 Montevideo, 1970 San Sebastian, 1974 Montevideo, 1978 Biarritz, 1982 Mexico, 1986 Vitoria-Gast (Esp.), 1990 La Havane (Cuba), 1994 St-Jean-de-Luz. *Participants 1998* (Mexico) : Argentine, Belgique, Bolivie, Brésil, Canada, Chili, Cuba, Équateur, Espagne, France, Guatemala, Mexique, Paraguay, Philippines, Uruguay, USA, Italie, Venezuela. **Trinquet :** *main nue ind.* France ; *main nue par éq.* Mexique, *xare* (raquette argentine) Espagne, *paleta pelote de gomme (dames)* Espagne, *(messieurs)* Argentine, *paleta pelote de cuir* Argentine ; **fronton mur à gauche (36 m) :** *paleta pelote de cuir* Espagne, *pala corta* Cuba, *main nue par éq. et ind.* Espagne ; **fronton mur à gauche** (30 m) : *frontenis* Mexique, *paleta pelote de gomme* Argentine ; **fronton jaï alaï :** *cesta punta* France.

■ **Championnats de France. Place libre. 2000. Seniors National.** *Rebot A* Kapito Harri-Ustaritz ; *B* Goizeko I.-St-Jean-Pied-de-Port. *Chistera joko garbi A* Kapito Harri-Ustaritz ; *B* Goizeko I.-St-Jean-Pied-de-Port. *Grand chistera A* Kostakoak-Bidart ; *B* Olharroa-Guetharry. *Main nue* Askaindarrak Bat-Ascain. *Grosse pala A* ASC Lafitole ; *B* Pilotari Gujannais. *Paleta pelote gomme pleine A* Toulouse Chemin Marengo sport ; *B* SEMEAC Olympique Omnisports. *Paleta pelote de cuir* Orok Bat-Anglet.

Trinquet. 2000. *Main nue par équipes seniors* Atzarri Souraide. *Main nue individuel seniors* Biarritztarrak-Biarritz. *Paleta pelote gomme pleine A* Club Olympique Bayonnais ; *B* Pilotarak-St-A. Seignanx ; *dames A* St-Pée Union Club ; *B* ASC Lokarri-Briscous ; *creuse A* Luzean-St-Jean-de-Luz ; *B* Club Olympique Bayonnais ; *dames A* Kamborarrak-Cambo-les-Bains ; *cuir B* Pelote Basque Portesienne. *Xare A* Noïzbaït-Hasparren ; *B* US-St-Laurent-de-Gosse. *Pasaka* Zaharrer Segi-St-E. Baigorry.

Fronton mur à gauche (36 m). 2000. *Paleta pelote de cuir A* Case chaudron-Ile la Réunion ; *B* ASC Lafitole. *Pala corta A* Aiglons d'Anglet ; *B* AS-Hossegor. *Chistera joko garbi A* Kapito Harri-Ustaritz ; *B* Peyrehorade Sports. *Frontenis A* Biarritz Frontenis Club ; *B* US-St-Laurent-de-Gosse. *Dames A* Biarritz Frontenis Club. *Gomme creuse* Luzean-St-Jean-de-Luz.

Fronton jaï alaï. 2000. *Cesta punta seniors nationale A* et *cesta punta seniors nationale B :* AS Hossegor.

Quelques noms

Abrego Jesús dit *le Roi* (1901) [1]. Aguer J.-B (1922) [2]. Aguire. Apesteguy Joseph dit *Chiquito de Cambo* (1881-1955). Arbillaga. Arce Amédée (1900) [2]. Bareits Pierre (1931) [1]. Becerra José [3]. Beheska. Beloki Rubén (1974) [1]. Beltran José [3] ; Sergio di *Ché* [3]. Bernal César dit *el Perro* (1936) [4]. Bichendaritz. Bizzozero Ricardo [5]. Chatelain. Clairacq Jean (1921) [2]. Compañon Juan Antonio dit *Konpa* (1972) [1]. Dongaitz Léon (1886). Durruty Étienne (1907-70) [2]. Etchart. Fagoaga. Gallarta Chiquito de (1897) [1]. Gallastegui Miguel (1918) [1]. Guillermo (1911) [1]. Hamuy José [3]. Harambillet Jean-Baptiste (1917). Haran Ximun (1928). Illoro José A. dit *Txikito de Bolivar* (1952) [1]. Iraizoz *Andruco* Andrés [4]. Iroldi Nestor (1948) [4]. Iturri Manolo [1]. Juaristi *Atano III* Mariano (1904) [1]. Labat Juan (1912) [5]. Laduche Joseph [2] ; Pampi (1955) [2]. Lemoine Jean (1913) [2]. Maiztegui Estanislao dit *Pistón* (1912) [1]. Musi Pepe [3]. Palacios Jose-M. dit *Ogueta* (1935). Retegui II (1954). Saint-Martin Prosper (1909) [2]. Santamaria Pedro (1963) [3]. Sehter Aaron [5]. Unhassobiscay. Uriarte (José R.) dit

Katxin (1956) [1]. URRUTY Jean (1912) [2]. UTGE Jorge [5] ; Juan [5]. ZEA Alfredo dit *Bionico* [3]. ZUGASTI.

Nota. – (1) Espagne. (2) France. (3) Mexique. (4) Uruguay. (5) Argentine.

PENTATHLON MODERNE

■ **Origine.** Du grec *penta* cinq et *athlon* combat. **708 av. J.-C.** *pentathle* inscrit aux JO (saut en longueur, lancer du disque et du javelot, course, lutte). **1912** sur proposition de Pierre de Coubertin, inscrit aux JO modernes. **1948** Union intern. du pentathlon moderne créée. **1955** Union intern. du pentathlon moderne et du biathlon. **2000** épreuves féminines aux JO. **Règles.** Individuel (seniors et juniors messieurs, seniors et juniors dames), par équipes (3 messieurs-3 dames, classement par addition des 3 résultats individuels), relais (3 hommes ou 3 femmes par équipe), 5 épreuves dans un ordre donné sur 1 jour. Classement d'après les points obtenus dans chaque discipline. Pour chacune, norme de 1 000 points (sauf équitation : 1 100). **Équitation :** concours hippique de 350 à 400 m avec 12 obstacles (dont un double et un triple) à parcourir en un temps déterminé en fonction de la distance (1 min/350 m), cheval tiré au sort. **Escrime :** poule unique à l'épée en une touche. **Tir au pistolet :** air comprimé, 10 m, calibre 4,5, cible fixe, 20 coups en 20 min, 20 cibles. **Natation :** 200 m nage libre à parcourir en 2′30″ pour les hommes et en 2′40″ pour les femmes depuis 1997. **Cross-country :** terrain varié, départ selon un handicap (le 1er en 1er, les autres selon les écarts de pts), 3 000 m, temps minimal messieurs 10′, dames 11′20″ depuis 1997.

■ **Épreuves. Championnats du monde. Seniors** (*créés* 1949). *Tous les ans.* **Ind. 1995** Svatkovsky [14]. **97, 98** Deleigne [9]. **99** Balogh [4]. **2000** Zadneprovskis [18]. **01** Balogh [4]. **Par éq. 1995, 97** Hongrie. **98** Mexique. **99** Hongrie. **2000** USA. **01** Hongrie. **Relais** (*créé* 1989, tous les ans car non olympique). **1995, 96** Pologne. **97** Russie. **98** All. **99** Hongrie. **2000** USA. **01** Hongrie. **Juniors** (*créés* 1965). **Ind. 1995** De la Vega [16]. **96, 97** Balogh [4]. **98** Kravchenko [17]. **99** Turkin [14]. **2000** Moiseev [14]. **Par éq. 1995** Mexique. **96, 97** Hongrie. **98** Ukraine. **99** Italie. **2000** Russie. **Dames** (*créés* 1981). **Ind. 1995** Danielsson [5]. **96** Dolgacheva-Choubenok [15]. **97** Suvorova [14]. **98** Sulima [1]. **99** Voros [4]. **2000** Svarre [11]. **01** Cook [6]. **Par éq. 1995** Pologne. **96** Russie. **97** Italie. **98** Pologne. **99** Russie. **2000** Pologne. **01** G.-B. **Relais. 1994 à 96** Pologne. **97** Italie. **98** Pologne. **99** G.-B. **2000** Hongrie. **01** G.-B.

Championnats d'Europe (*créés* 1987). **Seniors. Ind. 1995** Deleigne [9]. **97** Svatkovski [14]. **98** Deleigne [9]. **99** Sarfalvi [4]. **2000** Tiidemann [19]. **01** Zadneprovskis [18]. **Par éq. 1995** Hongrie. **97** Russie. **98** France. **99** Hongrie. **2000** Russie. **01** Hongrie. **Relais. 1997** Hongrie. **98** France. **99, 2000, 01** Hongrie. **Dames** (*créés* 1989). **Ind. 1995** Kowalewska [1]. **97** Allenby [6]. **98** Bœnitz [1]. **99** Choubenok [15]. **2000** Voros [4]. **01** Cook [6]. **Par éq. 1995, 97** Pologne. **98** Biélorussie. **99** Pologne. **2000** Hongrie. **01** G.-B. **Relais. 2001** Hongrie.

Championnats de France. Seniors (*créés* 1920). **1995** Deleigne. **96** Guyomarch. **97, 98** Clercq. **99** Lefrançois. **2000** Ruer. **01** Deleigne. **Juniors. 1995** Astier. **96** Chardonneaux. **97** Viala. **98** Sappa. **99** Viala. **2000** Dechavanne. **01** d'Enfert. **Dames** (*créés* 1981). **1995** Moalic. **96, 97** Delemer. **98** Guiguet. **99, 2000, 01** Delemer. **Juniors. 1995 à 97** Guiguet. **98** Saint-Jours. **99** Lacheze. **2000** Saint-Jours. **01** Lacheze.

■ **Quelques noms.** BALCZO Andras [4] 16-8-38. BOUBE Didier [9] 13-2-57. BOUZOU Joël [9] 30-10-55. COLLADANT Dominique [9] 1-4-53. CORTES Alain [9] 7-7-52. DELEIGNE Sébastien [9] 4-7-67. DELEMER Caroline [9] 11-3-65. FABIAN Laszlo [4]. FJELLERUP Eva [11]. FOUR Paul [9] 13-2-56. GENARD Bruno [9] 22-2-61. GIUDICELLI Jean-Pierre [9] 20-2-43. GUEGEN Raoul [9] 20-6-47. GUIGUET Lucien [9] 26-9-42. GUILLY Franck [9] 24-1-67. HALL Lars [5] 30-4-27. HUGENSCHMITT Nathalie [9] 9-7-66. IDZI Dorota [1]. KOWALEWSKA Iwona [1]. LEDNEV Pavel [3] 25-3-43. MASALA P. [2] 22-4-62. MISZER Attila [4]. MORESSÉE Sophie [9] 3-4-62. NORWOOD Lori [10]. NOVIKOV Igor [3] 19-10-29. ONISCHENKO Boris [3] 19-9-37. PECIAK-PYCIAK Janusz [1] 9-2-49. RUER Christophe [9] 3-7-65. SKRYPASZEK Arkad [14]. STAROSTIN Anatoli [3] 18-1-60. THOFELT Sven [5] 19-5-04. ZENOVKA Edward [14].

Nota. – (1) Pologne. (2) Italie. (3) Ex-URSS. (4) Hongrie. (5) Suède. (6) G.-B. (7) Canada. (8) Bulgarie. (9) France. (10) USA. (11) Danemark. (12) All. (13) Lettonie. (14) Russie. (15) Biélorussie. (16) Mexique. (17) Ukraine. (18) Lituanie. (19) Estonie.

PLAISANCE

BATEAUX

STATISTIQUES

■ **Grandes flottes de plaisance** (1989). USA 15 203 000, Canada 1 148 000, Suède 1 234 500, *France 880 135 (au 31-8-97* hors DOM-TOM), Norvège 800 000, G.-B. 567 200, All. féd. 858 363, Finlande 626 500, Italie 574 350 (en 88), P.-Bas 410 352, Japon 212 115 (en 87), Suisse 109 589.

■ **Flotte française** (métropole + DOM-TOM) [situation au 31-8-2000]. 788 633 navires immatriculés dont 586 248 à moteur, 168 946 voiliers, 33 444 autres dont embarcations locales outre-mer 2 994, 659 870 navires à voile ou à moteur hors TOM d'au plus 8 m et 65 456 de plus de 8 m. *Répartition* (au 31-8-2000) : Provence-Alpes-Côte-d'Azur 196 883, Bretagne 163 682, Languedoc-Roussillon 80 722, Pays de la Loire 65 839, Aquitaine 57 143, Basse Normandie 42 682, Poitou-Charentes 42 800, Hte Normandie-Picardie 38 861, Corse 32 421, Nord-Pas-de-Calais 22 714, Nouvelle Calédonie 17 166, Guadeloupe 10 037, Martinique 9 257, Réunion 2 856, Polynésie française 2 872, Guyane 1 983, St-Pierre-et-Miquelon 720. **Immatriculations annuelles :** *1980 :* 34 302. *85 :* 21 337. *90 :* 21 700. *Du 1-9-99 au 31-8-2000 :* 21 992 [Provence-Alpes-Côte-d'Azur 5 836, Bretagne 4 164, Languedoc Roussillon 2 256, Pays de la Loire 1 580, Aquitaine 1 568, Poitou-Charentes 1 339, Corse 1 045, Basse Normandie 1 097, Haute Normandie-Picardie 879, Nord-Pas-de-Calais 665, DOM 657 (dont Guadeloupe 266, Martinique 194, Réunion 126, Guyane 39, St-Pierre-et-Miquelon 32), TOM 906 (dont Nouvelle-Calédonie 673, Polynésie française 233)].

■ **Industrie nautique française. Chiffre d'affaires de la production** (en 2000, sauf entretien et réparation) : 4,4 milliards de F. Répartition (en %, en 1999) voiliers habitables 55,2, bateaux à moteur 16,3, aménagement-entretien 13, bateaux de plaisance divers 10,3, voilerie 3,3, voiliers non habitables 2.

■ **Sports nautiques** (en 1994). 1 000 clubs affiliés à 12 fédérations.

■ **Exportations (en % du CA). Vers l'UE :** G.-B. 24,8 ; All. 22,7 ; It. 15,3 ; Espagne 13,9 ; P.-Bas 7,4 ; Grèce 5,2 ; Belgique-Lux. 4,1 ; Autriche 1,5 ; Suède 1,4 ; Portugal 1,3 ; Irlande 1,2 ; Danemark 0,9 ; Finlande 0,2. **Hors UE :** USA 34 ; Moyen-Orient 10,7 ; Australie 6,5 ; Amérique centrale 6 ; Norvège 5 ; Suisse 5 ; Afrique 4,5 ; Amérique latine 3,7 ; Asie 3,7 ; Japon 3,7 ; Canada 2,3 ; autres 14,9.

TYPES

■ **Navigation.** Selon dimensions, construction et armement, près des côtes ou petites traversées. Titre de navigation délimitant les zones autorisées et la catégorie attribuée aux embarcations lors de leur approbation par la Commission nat. de sécurité de la navigation de plaisance. Le matériel de sécurité doit correspondre alors à la catégorie indiquée sur le titre de navigation.

■ **Bateaux à moteur non habitables. Dinghy** (canot pour moteur hors-bord, jusqu'à 6,50 m environ) : 20 000 à 80 000 F (sans moteur). **Runabout** (canot à moteur Z drive ou en ligne, jusqu'à 9 m environ, 230 à 3 000 kg) : 220 000 F (avec moteur).

■ **Bateaux à moteur habitables. Day cruiser** (5 à 11 m environ, 300 à 5 000 kg) : 40 000 à 250 000 F avec moteur. **Cabin cruiser** (moteur à transmission en Z – Z drive – ou en ligne droite – moteur *in board* à essence ou diesel, 5 à 9 m, 500 à 2 400 kg) : 60 000 à 400 000 F. Habitabilité réelle à partir de 7 à 8 m. **Vedettes et yachts** (à partir de 10 m et de 4 000 kg) : de 400 000 à 6 000 000 de F et plus.

☞ **Yachts les plus chers du monde :** nom, propriétaire (longueur en m), prix (en millions de F). *Abdul Aziz* : Fahd d'Arabie (159 m) 350/450. *Atlantis* : Stavros Niarchos (113 m) 120/150. *Nabila* : Donald Trump (87 m) 100/200. *Britannia* : Amirauté britannique (famille royale) lancé 1953, désarmé fin 1994 (125,6 m, 5 769 t, équipage 31 officiers et 256 hommes) 70/120. *My Gaël III* : Gérald Ronson (67 m) 70. *New Horizon L* : prince Léon de Lignac (59 m) 70.

■ **Bateaux à voile.** Voir **Voile** p. 1458 b.

FISCALITÉ

Tout propriétaire de bateau doit acquitter chaque année, avant le 1-4, un droit de francisation et de navigation calculé sur le tonnage du bateau et la puissance administrative du moteur. Depuis le 1-1-1999, ce droit n'est pas perçu lorsqu'il est, par navire, inférieur à 500 F (76 €).

■ **Droit sur la coque** (calculé sur la jauge brute du navire, en €). Jusqu'à 3 tonneaux inclus : exonération ; au-delà : 33,84 € par navire + [par tonneau (ou fraction)] : *de + de 3 à 5 tonneaux inclus* 23,02 ; *de + de 5 à 8* 16,16 ; *de + de 8 à 10 :* de + de 10 ans 16,16, de – de 10 ans 31,56 ; *de + de 10 à 20 :* de + de 10 ans 14,94, de – de 10 ans 31,56 ; *de + de 20 :* de + de 10 ans 14,18, de – de 10 ans 31,56.

■ **Droit sur le moteur. Calcul de la puissance administrative** (N : nombre de cylindres. D : alésage en cm. L : course piston en cm) : *à essence :* $P = 0{,}0045 \times N \times D^2 \times L$; *Diesel :* même opération par 0,7. **Droit** (en F) : *jusqu'à 5 CV inclus :* exonération ; par CV au-dessus du 5e : *6 à 8 CV :* 8,23 ; *9 à 10 :* 10,37 ; *11 à 20 :* 20,73 ; *21 à 25 :* 23,02 ; *26 à 50 :* 26,22 ; *51 à 99 :* 28,97 ; *100 et + (taxe spéciale) :* 45,28 par CV sans exonération pour vétusté ni pour les 5 premiers CV.

■ **Abattement pour vétusté.** Droits sur coque et moteur jusqu'à 99 CV. *Bateaux de 10 à 20 ans inclus :* – 25 %, *+ de 20 à 25 ans inclus :* – 50 %, *+ de 25 ans :* – 75 %.

■ **Droits de timbre** (en 1998). Délivrance et duplicata 400 F, permis de conduire et droits d'examen 250 F.

PERMIS DE CONDUIRE

■ **Nombre de permis délivrés.** *De 1962 au 31-8-2000 :* 1 708 439 (dont *du 1-1 au 31-8-2000 :* carte mer 1 117, permis de mer côtier 50 753, permis de mer hauturier 4 832).

■ **Permis en mer. Obligatoire** depuis le 1-1-1993 pour tous les bateaux à moteur et véhicules nautiques à moteur (jets, scooters de mer, etc.) dont la puissance réelle maximale totale est supérieure à 4,5 kW (6 CV). Donne uniquement le droit de piloter à titre d'agrément. Pour commander un bateau de plaisance à titre lucratif, il faut être titulaire du certificat de capacité (jauge brute égale ou inférieure à 100 tonneaux, pas + de 20 milles de la terre la + proche) ou du brevet de patron à la plaisance (voile). **Types :** *carte mer :* conduite de jour d'un navire à moteur d'une puissance comprise entre 4,5 kW (6 CV) et 36,9 kW (50 CV), à moins de 5 milles d'un abri. *Permis mer côtier :* navigation jusqu'à 5 milles d'un abri, de jour et de nuit et/ou avec un bateau équipé d'un moteur de + de 50 CV. *Hauturier :* toute navigation. **Conditions requises. Age :** au minimum 16 ans, les personnes de 14 à 16 ans peuvent conduire un navire à moteur sous réserve d'être accompagnées d'un titulaire de permis, membre d'une fédération sportive. **Aptitude physique** (déclaration sur l'honneur sur modèle réglementaire) : *carte mer :* acuité visuelle minimale 6/10 d'un œil et 4/10 de l'autre ou 5/10 de chaque œil (verres correcteurs ou lentilles cornéennes admis), sens chromatique satisfaisant. Acuité auditive satisfaisante, prothèse tolérée. Membres supérieurs, fonction de préhension satisfaisante. Membres inférieurs, intégrité des 2 membres ou d'un seul avec appareillage mécanique de l'autre. État neuropsychiatrique et vasculaire satisfaisant, pas de perte de connaissance ni de crise d'épilepsie. *Permis mer :* acuité visuelle minimale 6/10 d'un œil et 4/10 de l'autre ou 5/10 de chaque œil (verres correcteurs admis sous réserve de verre organique, d'un système d'attache des lunettes et d'une paire de lunettes de rechange à bord ; lentilles précornéennes admises sous réserve du port de verres protecteurs neutres sur les lentilles et d'une paire de verres correcteurs de rechange à bord). Le permis ne peut être délivré aux borgnes que 1 an après la perte de l'œil sous réserve que l'œil sain ait un minimum de 8/10 avec ou sans correction. Sens chromatique satisfaisant (reconnaissance des couleurs). Acuité auditive : voix chuchotée perçue à 0,50 m de chaque oreille, voix haute à 5 m (prothèse auditive tolérée). Membres supérieurs : fonctions de préhension nécessaires au pilotage satisfaisantes. En cas de prothèse, elle doit être reconnue satisfaisante et les systèmes de commande du moteur et de la barre doivent avoir été modifiés en fonction. Intégrité des 2 membres inférieurs ou de l'un des membres et appareillage mécanique satisfaisant de l'autre, sinon se présenter à un examen et, en cas de succès, être accompagné d'une personne sans infirmité (ne possédant pas forcément le permis). **Examen.** Épreuves pratiques et théoriques (écrites ou orales). **S'adresser** au Bureau de la navigation de plaisance, secrétariat d'État à la Mer, 3, place de Fontenoy, 75007 Paris ; au quartier des affaires maritimes ; dans un centre de préparation à l'examen du permis de conduire en mer.

RÉGLEMENTATION

Tout navire de plaisance naviguant en mer doit être immatriculé dans un service des affaires maritimes. Les plus de 3 tjb doivent de plus être francisés par la douane.

■ **Immatriculation.** Obligatoire pour les navires et engins de plaisance de puissance motrice maximale supérieure à 3 kW sauf pour « engins de plage ». Selon sa nature (voilier ou navire à moteur), son tonnage et sa puissance, un navire de plaisance doit porter des marques extérieures d'identité sur sa coque.

■ **Catégories de navigation** (valables jusqu'au 16 juin 1998). *1re cat.* toutes navigations, *2e cat.* à moins de 200 milles d'un abri, *3e* 60 milles, *4e* 20 milles, *5e* 5 milles, *6e* 2 milles. Le certificat de construction indique la catégorie maximale autorisée pour l'embarcation. Ces 6 catégories ont laissé place à 4 catégories : *cat. A :* « en haute mer », le bateau doit pouvoir résister en toute sécurité à une mer de plus de 4 m et à un vent supérieur à force 8 ; *cat. B :* « au large », mer atteignant 4 m et vent jusqu'à force 8 ; *cat. C :* « à proximité des côtes », mer atteignant 2 m et vent jusqu'à force 6 ; *cat. D :* « en eaux protégées », mer atteignant 0,50 m et vent jusqu'à force 4.

■ **Armement. A moins de 5 milles d'un abri :** avoir à bord ancre ou grappin, 2 avirons, chaumard avant pour amarrage, feux de signalisation (en cas de sortie nocturne), lampe torche étanche (même de jour), écope, gilets ou brassières de sauvetage. **Au grand large :** bouée, brassières de sauvetage, harnais de sécurité, extincteur, pompe à bras, seau de 10 l, ancre, gaffe, avirons, 20 m de filin, écope, ancre flottante, jeu de voiles complet, baromètre, thermomètre, sonde à main, signaux fumigènes, pavillons national, N et C (liste non exhaustive).

PORTS DE PLAISANCE EN FRANCE

SITUATION JURIDIQUE

Depuis le 1-1-1984, et en vertu des lois de décentralisation des 7-1 et 22-7-1983, les communes ont une compétence de droit commun pour créer, aménager et exploiter les ports maritimes affectés exclusivement à la plaisance. Les ports de plaisance existant à cette date ont été ainsi « mis à disposition » gratuitement. Les départements ont compétence sur les installations de plaisance existantes dans les ports de commerce et de pêche dont ils ont la charge depuis le 1-1-1984. L'État conserve sa compétence sur les équipements de plaisance des ports autonomes et des ports d'intérêt national. Communes, départements et

État peuvent concéder établissement et exploitation des ouvrages et installations à des personnes publiques ou privées. Mais, pour garantir l'affectation au service public portuaire, il ne peut être établi sur les dépendances mises à disposition que des ouvrages, bâtiments ou équipements ayant un rapport avec l'exploitation des ports ou de nature à contribuer à l'animation et au développement de ceux-ci. En l'absence de schémas de mise en valeur de la mer, les créations et extensions de ports sont décidées sur demande de la collectivité, par le préfet, après avis du conseil régional.

En matière de police des ports de plaisance, les autorités décentralisées ont compétence pour prendre des règlements particuliers, qui doivent être compatibles avec le règlement général de police qui relève de l'État, et pour veiller à leur exécution.

La disposition de longue durée de places à quai peut être donnée contre un versement destiné à financer le 1er établissement du port. Un certain nombre de places doivent être réservées aux plaisanciers de passage, et, dans certains cas, aux usagers (pêcheurs professionnels, associations sportives, etc.). Les piétons ont librement accès à tous les ports de plaisance.

Statistiques

■ **Ports de plaisance en 2000.** **Nombre de places :** 163 795 dont Var 24 412, ALpes-M. 17 431, B.-du-R. 15 048, Finistère 12 473, Hérault 10 034, Côtes-d'Armor 8 779, Morbihan 8 733, Charente-M. 8 220, Loire-Atlantique 6 628, Pyrénées-Orientales 6 360, Manche 5 067.

■ **Grands ports de plaisance** (nombre de places en 2000). 5 ports ont de 2 400 à 4 350 places, 22 de 1 000 à 2 000, 62 de 500 à 1 000 ; la majorité a moins de 500 places. **Côte atlantique et Manche :** La Rochelle Minimes 3 200 ; Arcachon 2 400 ; Brest Moulin Blanc 1 325 ; Cherbourg Chantereyne 1 000 : La Trinité 1 225 ; Saint-Malo 1 200 ; Pornichet 1 150 ; Les Sables-d'Olonne 1 021 ; Le Crouesty 1 000 ; Royan 960 ; Saint-Quay-Portrieux 820. **Méditerranée :** Port-Camargue 4 347 ; Saint-Cyprien 2 600 ; Cap-d'Agde 2 500 ; Antibes Vauban 1 800 ; La Grande Motte 1 370 ; Bandol 1 350 ; Hyères 1 350 ; Marseille Pointe Rouge 1 200 ; Toulon 1 193 ; Marseille vieux port 1 167 ; Le Lavandou 1 100 ; Leucate 1 100 ; Saint-Laurent-du-Var 1 087 ; Barcarès 1 000 ; Le Canet 997 ; Port la Napoule 960 ; Les Embiez 700 ; Cogolin 150.

■ **Prix** (pour un 10 m, 1993). **Location annuelle d'un emplacement :** 2 500 à 30 000 F (5 000 à 35 000 F en 1998). **Amodiation** (droit d'occupation privatif, en 2000) : 90 000 à 300 000 F + 2 500 à 15 000 F de charges annuelles.

☞ **Tourisme fluvial en France** (voir à l'Index).

Quelques précisions

■ **Avis de partance.** Recommandés (à remplir dans tous les ports) ; transmis par les capitaineries au Cross (Centre régional opérationnel de surveillance et de sauvetage) de la région. Avertir une personne de ses projets (horaires, description du navire, escales, etc.) et la prévenir de son arrivée.

■ **Balisage. Marques. Latérales :** *à bâbord :* rouges cylindriques, voyant cylindrique rouge, feu rouge rythmé (laissées à bâbord) ; *à tribord :* vertes coniques, voyant conique vert, feu vert rythmé (laissées à tribord). **Cardinales :** *on passe au nord :* noire en haut et jaune en bas, voyant formé de 2 cônes noirs superposés, pointes en haut, feu blanc scintillant continu. *A l'est :* noires en haut et en bas, bande jaune au milieu, voyant formé de 2 cônes noirs superposés par la base, feu blanc à 3 scintillements. *Au sud :* jaune en haut et noire en bas, voyant formé de 2 cônes noirs superposés, pointes en bas, feu blanc à 6 scintillements suivis d'un éclat long. *A l'ouest :* jaunes en haut et en bas, bande noire au milieu, voyant formé de 2 cônes noirs opposés par les sommets, feu blanc à 9 scintillements. **Danger isolé :** ne pas naviguer autour des marques rouge et noire, voyant formé de deux sphères noires superposées, feu blanc deux éclats. **Eaux saines :** on peut naviguer tout autour des marques à bandes verticales rouge et blanche, voyant formé d'une sphère rouge, feu blanc isophase à occultation ou à éclats longs, qui indiquent le milieu d'un chenal ou l'approche d'une embouchure. **Spéciales :** jaune, feu jaune, voyant jaune en forme de X, signification variable indiquée sur les cartes marines, les arrêtés préfectoraux affichés sur les plages ou tout autre règlement (exemples : balisage de plages, pêche interdite, câbles téléphoniques, canalisations, etc.).

■ **Brassières de sauvetage.** Doivent être portées constamment, surtout sur un dériveur.

■ **Chavirage.** Ne pas tenter de regagner la rive à la nage. Les embarcations de moins de 5 m sont munies de réserves de flottabilité qui maintiennent le navire à flot et permettent de s'accrocher en attendant les secours. Rester groupés, pour être plus facilement repérés par les sauveteurs.

■ **Démarrage.** Toujours ouvrir le compartiment moteur avant le démarrage. Si vous possédez un ventilateur de cale, actionnez-le au moins pendant 5 min avant le démarrage. Si de l'essence est répandue à bord, nettoyez-la soigneusement ; un peu d'essence dans les fonds suffit à créer une atmosphère explosive.

■ **Harnais de sécurité.** A porter sur les voiliers de croisière. Un équipier tombé à la mer par mauvais temps n'est que rarement récupéré.

■ **Ligne de mouillage.** Obligatoire pour toutes les embarcations. Permet d'éviter d'être jeté à la côte ou de dériver vers le large en cas de panne de moteur, manque de vent, etc.

■ **Météo (prévisions).** Bulletin diffusé 1 fois par j par France Inter ; transistors possédant la « bande marine » : bulletins des stations côtières PTT ; consulter aussi les bulletins affichés dans les capitaineries des ports, les clubs, etc. ; téléphoner aux services locaux de la Météo nat. (en particulier les aérodromes).

■ **Naufrage.** Pour des sujets en excellente santé, d'un âge moyen, vêtus normalement et plongés dans une eau très calme, il y a 50 % de probabilité de perte de connaissance, et donc vraisemblablement de noyade, au bout de : 15 à 30 min dans de l'eau à 5 °C ; 1 h à 1 h 30 à 10 °C ; 2 h 30 à 3 h à 17 °C ; + de 24 h à 23 °C (mais présence de squales dans les eaux tropicales). Ces délais peuvent être réduits, car tout effort physique effectué dans l'eau froide provoque un épuisement rapide. Aussi doit-on rester accroché à son bateau, et le port d'un gilet de sauvetage maintenant la tête hors de l'eau est indispensable. Une combinaison de survie réduit la déperdition calorique : elle permet de multiplier par 3 ou 4 la durée du séjour dans l'eau avant la perte de connaissance.

■ **Pêche en mer.** Autorisée pour les plaisanciers ayant un titre de navigation avec un nombre limité d'engins (expressément autorisés par les Affaires maritimes) pour des poissons de taille réglementaire [12 hameçons, 2 palangres, 2 casiers, 1 foëne, 1 épuisette ou salabre, un trémail de 50 m au max. (en mer du Nord, Manche, Atlantique), une grapette à dents (en Méditerranée)]. Il est interdit de pêcher dans les ports et de vendre le produit de sa pêche.

■ **Personnes à bord (nombre).** Ne doit pas être supérieur à celui indiqué sur la plaque apposée par le constructeur.

■ **Plongeurs sous-marins.** Ils signalent leur présence au moyen de la lettre « A » du code international des signaux (pavillon blanc et bleu) ou par un pavillon rouge avec une diagonale blanche ou une croix de St-André blanche. Passer avec précaution à 100 m au moins du signal.

■ **Priorité.** Les bateaux à moteur doivent laisser la priorité aux voiliers sauf dans les chenaux des ports. Les planches à voile, considérées comme engins de plage, ne bénéficient d'aucune priorité.

■ **Sécurité des baigneurs.** Zones de protection, souvent balisées par des bouées, sur une bande littorale de 300 m de large. Des chenaux traversiers (d'environ 25 m de large) interdits aux baigneurs peuvent permettre à des activités nautiques la traversée de la zone des 300 m (motonautisme, ski nautique, planche à voile, etc.).

■ **Signaux de détresse** (fusées, feux à main). Leur emploi injustifié constitue une infraction. Tout navire percevant un signal de détresse doit porter assistance immédiate.

■ **Ski nautique et engins tractés.** Il faut 2 personnes obligatoirement à bord, l'une se consacrant à la conduite, l'autre à la surveillance du skieur ou de l'engin. Interdit dans les zones de baignade. Chenaux de départ réservés aux skieurs.

■ **Vitesse maximale.** 5 nœuds à moins de 300 m du bord effectif des eaux et 10 nœuds dans certaines rades (St-Tropez, Cannes). Limitations prévues par arrêté des Affaires maritimes dans des zones particulières.

Planche a voile

Généralités

■ **Origine.** **1950** régates de planches en Californie. **1958** réinventée par l'Anglais Peter Chilvers. **1965** l'Américain Newman Darby monte une voile sur un surf. **1968**-*27-3* les Américains James Robert Drake et Henry Hoyle Schweitzer déposent la marque de *Windsurfer* (planche de surf avec dérive et *wishbone*, pied de mât articulé). **1970** introduite en France. **1974** Association fr. des windsurfers créée. **1974** 1ers championnats du monde. **1984** aux JO (régate monotype Winglider). **1988** aux JO en division II sur monotype Lechner fourni. **1991** Association française de funboard créée.

■ **Caractéristiques.** On distingue le *longboard* (flotteur avec dérive) et le *funboard* (sans dérive). Chavirable mais insubmersible. Se dirige en maintenant et en orientant la voile par un arceau, bôme en arc de cercle appelé *wishbone*. **Quelques exemples types en 1997.** [Source : Guide 1997 de la planche à voile.] Haut niveau technique : *flotteur :* 2,52 à 3,02 m × 52 à 59 cm ; 5,9 à 8 kg ; 7 290 à 8 990 F. *Voile :* 3 à 8,30 m². Débutants : *flotteur :* 3,35 à 3,40 m × 66 à 78 cm ; 11,8 à 19,8 kg ; 3 590 à 5 790 F. Enfants : *flotteur :* 2,10 à 3,20 m × 58 à 65 cm ; 7,5 à 15,5 kg ; 1 890 à 3 990 F, *voile* 1,70 à 6 m². **Vitesse :** peut atteindre 25 nœuds dans des vents de force 5. **Coût :** 4 000 à 9 000 F. *Funboard :* planche de 2,50 à 3 m, spécialisation vitesse, saut, Formula windsurfing, Freeride.

■ **Ventes en France** (en milliers, en 1999). Flotteurs 22,8 ; voiles 45,1 ; mâts 26,8 ; wishbones 23,7. **Pratiquants en France** (en 2000). 400 000 pratiquants dont 150 000 réguliers (environ 130 000 *funboarders*).

■ **Réglementation.** Pas de permis. Obligation de respecter les couloirs réservés, sinon dans la bande des 300 m réservés aux baigneurs, vitesse de 5 nœuds au max. (9 km/h). Ne pas s'éloigner à plus d'un mille (1 852 m) sous peine de poursuite (sauf dérogation pour compétition, par exemple, et à condition de ne pas être seul). La planche à tribord a priorité sur celle à babord. Celle au vent doit laisser passer celle sous le vent. En cas de dérive, le sauvetage en mer coûte 500 F.

■ **Accidents.** **1985 :** 82 morts ou disparus. **86 :** 92. **94 :** aucun mort. **96 :** 1 †. **97 :** 4 †.

Arnaud de Rosnay (1946-84) : **1979**-*août* traverse le détroit de Behring (96 km). **1980**-*31-8* en 12 jours, des îles Marquises à l'atoll d'Ahé près de Tahiti. **1982**-*juillet* record de la traversée de la Manche en 1 h 4 min. **1983**-*janv.* des Caraïbes à Puerto Rico ; *-12-11* détroit de Gibraltar aller et retour. **1984**-*janv.* de Floride à Cuba par mer très forte (160 km, 7 h) ; *-31-7* du Japon au cap Sakhaline (43 km, 3 h) ; *-21-11* disparaît en voulant traverser le détroit de Formose (entre Chine et Taïwan, environ 160 km). Il n'avait ni balise Argos, ni rations de survie.

Principales épreuves

Légende : (1) Allemagne. (2) Australie. (3) Canada. (4) Espagne. (5) France. (6) G.-B. (7) Grèce. (8) Hong Kong. (9) Israël. (10) Italie. (11) Nlle-Zélande. (12) Norvège. (13) Pays-Bas. (14) Pologne. (15) Portugal. (16) Suisse. (17) USA. **Jeux Olympiques** (voir Yachting p. 1480 a).

■ **Compétitions.** **Régates :** *monotype* (matériel identique pour tous) ou *open* (toutes marques, avec jauge précise). **Funboard :** slaloms, course racing, vagues (sauts et surf) ou longue distance.

■ **Records.** **Distance sans escale :** *Yann Roussel* (Fr.), 518,56 km de la Martinique aux Grenadines. *Arnaud de Rosnay* (Fr.), de Nuku-Hiva (Marquises) le 31-8 à Ahé le 11-9-1980, 600 miles à 2,33 nœuds, durant 257 h (controversé). *Christian Marty* (Fr., † 25-7-2000, Cdt du Concorde écrasé à Gonesse), de Dakar (12-12-1981) à Kourou, Guyane (18-1-1982), 4 950 km en 37 j 16 h 25 min. *Sergio Ferrero* (It.), des Caraïbes (6-6-1982) à la Barbade (30-6-1982). **Vitesse :** *45,34 nœuds (84,02 km/h),* Thierry Bielak (Fr.) le 24-4-1993 Stes-Maries-de-la-Mer. *74,17 km/h,* Élisabeth Coquelle (Fr.) 22-7-1993 Tarifa (Esp.). *Officieux : 54,3 km/h,* Olivier Augé (Fr.) 1983, *59,92 km/h.* Michael Pucher (Autr.) le 17-4-1985 à Port-St-Louis-du-Rhône (vent force 9).

■ **Traversée.** **1985** *(16-6/23-7) :* 1er (New York-cap Lizard-Brest) : Frédéric Beauchêne et Thierry Caroni sur une planche de 8,20 m sur 1,90 m, 800 kg, 2 voiles. **86** *(23-1/17-2) :* Dakar-Guadeloupe (4 720 km) en 24 j 15 h 20 min : Stéphane Peyron et Alain Pichavant, sur une planche tandem (long. 9,20 m, larg. 11,20 m, 400 kg, 2 voiles). **87** *(10-6/26-7) :* New York-La Rochelle (6 500 km) en 46 j 2 h : Stéphane Peyron, en solitaire, sur une planche de 7 m. *(12/13-5) :* Frédéric Beauchêne, Douvres-Calais 1 h 35 min, Nice-Calvi 13 h 30 min, et Tanger-Tarifa (Espagne) 1 h 40 min. **88** *(29-7/23-8) :* Stéphane Peyron atteint le pôle Nord magnétique après 650 km.

■ **Planche à voile olympique-Mistral. Championnats du monde. Messieurs.** **1995** Rodrigues [15]. **96** Kaklamanakis [7]. **97, 98** McIntosh [11]. **99** Kleppich [2]. **2000** Kaklamanis [7]. **Dames.** **1990** Way [6]. **91 à 96** M. Herbert [6]. **97** Lee [8]. **98, 99** Kendall [11]. **2000** Sensini [10].

Championnats d'Europe. Messieurs. **1995** Bornhauser [1]. **96, 97** Rodrigues [15]. **98** Inbar [9]. **99, 2000** Guyader [5]. **Dames.** **1995** Gardahaut [5]. **96** Pokorowska [14]. **97** Sensini [10]. **98** M. Herbert [5]. **99** Vidal [5]. **2000** Sensini [10].

Championnats de France. *Annuels.* **Messieurs.** **1995** Albeau. **96** Muzellec. **97** Huguet. **98** Duthil. **99** Guyader. **2000** Huguet. **Dames.** **1995** Salles et Ghibaudo. **96** Raffin. **97** Vidal. **98** Merret. **99** Gardahaut. **2000** Merret.

■ **Funboard. Coupe du monde** (*créée* 1983). Une vingtaine d'épreuves sur toutes les mers du globe. **Messieurs.** **1983 à 87** Naish [17]. **88 à 99** B. Dunkerbeck [4]. **2000** Pritchard [17]. **Dames.** **1983 à 86** Lelièvre [5]. **87** Graveline [3]. **88, 89** Lelièvre [5]. **90** Dunkerbeck [4]. **91** *non disputée.* **92** Dunkerbeck [4]. **93, 94** Crisp [2]. **95 à 97** Lelièvre [5]. **98, 99** Jagi [16]. **2000** Moreno [4].

Championnats de France (*créés* 1985). Titres attribués à l'issue d'un circuit de 6 étapes depuis 1994. **Messieurs.** **1990** Piegelin. **91** Albeau. **92** *non disputé.* **93** Carlé. **94** Thiémé. **95 à 97** Albeau. **98** Thiémé. **99** Albeau. **2000** Moussilmani. **Dames.** **1990** A. Herbert. **91** M. Herbert. **92** *non disputé.* **93** Ghibaudo. **94** Salles. **95** Salles et Ghibaudo. **96 à 99** Ghibaudo. **2000** Honoré.

☞ *Aux Stes-Maries-de-la-Mer,* un canal creusé en 1988 (1,3 km × 25 m) sert à établir des records. *A Bercy* (Paris), mise en place en 1990 d'un bassin pour funboard de 80 × 30 m, environ 1 m de prof., 26 ventilateurs produisant du vent ; en 1997 le bassin est porté à 90 × 35 m et 37 ventilateurs géants produisent un vent de force 6 à 7.

Plongée, exploration sous-marine

Généralités

■ **Origine. De l'Antiquité à nos jours** plongée en apnée (pêcheurs de perles ou d'éponges). **XVIe s.** cloches à plongée. **XIXe s.** scaphandre à casque (air fourni par une pompe en surface), développement du travail en caisson et découverte des problèmes de la vie en atmosphère comprimée (décompression). **Vers 1860** 1er appareil de plongée réalisé par les Français Rouquayrol et Denayrouze. **1930** scaphandres autonomes (bouteilles sur le dos). **1935** le Cdt Yves Le Prieur et Jean Painlevé créent le 1er club de plongée sous-marine (d'abord Club des scaphandres et de la vie sous l'eau, puis Club des sous-l'eau). **1948** 8 clubs, 718 plongeurs. **1955**-*17-6* Fédération française d'études et de sports sous-marins (FFESSM) regroupe la féd. créée en 1948 par le Pt Borelli et la Féd. fr. des activités sous-marines créée par le Dr Clerc. **1960-62** plongée à saturation [capitaine Bond (Amér.) et Cdt Cousteau] ; depuis, développement des « maisons sous la mer », puis « sur la mer » (le plongeur vit en pression dans un grand caisson sur un bateau ; la tourelle de plongée ou sous-marin porte-plongeurs, toujours en pression, peut être immergée à la prof. de travail, puis être ramenée à bord et joue le rôle d'un ascenseur). **1990** Conférence mondiale des activités subaquatiques (fondée 1959 par Cdt J.-Y. Cousteau) : 90 pays, 4 500 000 plongeurs.

■ **Organisations. Fédération française d'études et sports sous-marins (FFESSM) :** plus de 2 200 clubs, 160 000 licenciés et 9 000 moniteurs en 1998 ; 24, quai Rive-Neuve, 13007 Marseille. **Syndicat nat. des moniteurs de plongée-CIPP** *créé* 1963, c/o Tech-Océan, 45, avenue du Commandant-Passicot, 64500 Cibourne. **Fédération sportive et gymnique du travail (FSGT)** 5, av. de la République, 94300 Vincennes. **Association nationale des moniteurs de plongée (ANMP,** « guides de la mer ») *fondée* 1972 ; syndicat professionnel regroupant + de 800 moniteurs ; Euro 92, bâtiment F, Z.I. les Trois-Moulins, route des Cistes, 06600 Antibes. **Comité européen des instructeurs de plongée professionnels (CEDIP)** 62, av. des Pins-du-Cap, 06160 Antibes-Juan-les-Pins.

■ **Législation (moniteurs professionnels de plongée subaquatique).** Brevet d'État créé par décret du 15-6-72, et loi du 16-7-1984 modifiée en 92.

■ **Principaux parcs nationaux sous-marins.** *États-Unis, Espagne* (îles Médas), *Italie* (Punta Tresino-Calabre, îles d'Ustica et de Montecristo), *France* [réserves Cerbère-Banyuls (Pyr.-Or.) ; Scandola (Corse-du-Sud) ; Port-Cros ; lac de St-Cassien (Montauroux, Var) ; parc nat. de Carry-le-Rouet (B.-du-Rh.)].

■ **Aspects techniques. Héliox :** mélange d'hélium (qui remplace l'azote de l'air comme complément de l'oxygène) et d'oxygène. Gaz neutre, 7 fois plus léger que l'azote et non narcotique. L'oxygène est maintenu à une pression partielle de 0,2 à 2,2 bars (0,02 à 0,22 MPa) afin d'éviter l'hypoxie et l'hyperoxie. **Hydréliox :** mélange de 3 gaz : hydrogène, hélium, oxygène (plus léger). La pression d'hydrogène peut varier entre 1 et 25 bars (0,1 à 2,5 MPa). Au-delà, risque de narcose à l'hydrogène. **Hydrox :** mélange d'hydrogène et d'oxygène. L'hydrogène est 2 fois plus léger que l'hélium, mais il est narcotique (5 fois moins que l'azote). **Remontée :** en cas de remontée trop brutale ou accidentelle, le processus d'élimination du gaz diluant dissous (azote, hélium, hydrogène) est perturbé ; les bulles de gaz inertes telles que l'azote, libérées dans l'organisme, provoquent des troubles graves ; aussi doit-on remonter par paliers (indiqués par les tables de plongée) en fonction de la profondeur atteinte et du temps passé sous l'eau. Les paliers (de 3 m en 3 m) peuvent atteindre de longues durées. La vitesse de remontée ne doit pas dépasser 15 à 17 min d'après les tables MN 90 en plongée autonome. Des travailleurs sous-marins, en plongée à saturation, ont besoin de 21 j de décompression pour une plongée à 450 m avec respiration de mélange oxygène-hélium ou oxygène-hydrogène-hélium. *Pour la plongée de loisirs* on peut utiliser des calculateurs d'aide à la décompression (ordinateurs de plongée poignet-console), la vitesse peut être inférieure à 15 m par min et les paliers se faire à des profondeurs libérées du rythme des 10 pieds (3 m). **Rov (Remotely-Operated Vehicle) :** engin télécommandé, équipé d'instruments d'observation, de mesure et d'échantillonnage et manœuvré d'un navire de surface. **Troubles :** *ivresse des profondeurs (narcose) :* apparaît sous une trop forte pression d'azote [supérieure à 5 bars (0,5 MPa)] ou d'hydrogène [supérieure à 25 bars (2,5 MPa)]. Peut apparaître dès 30 m et varie selon les individus. Manifestations : euphorie, altération des facultés de raisonnement et de coordination. Souvent confondue avec le *coup d'oxygène* (descente rapide). *Syndrome nerveux des hautes pressions (SNHP) :* troubles fonctionnels du système nerveux, tels que tremblements, dysmétries, myoclonies (secousses musculaires), troubles psychomoteurs avec baisses des performances, perturbations du sommeil et de l'appétit, modifications électro-encéphalographiques, dus à la respiration prolongée sous forte pression de certains mélanges gazeux. Le ralentissement de la vitesse de compression et l'adjonction d'un gaz narcotique, comme l'azote ou l'hydrogène, l'atténuent.

■ **Chasse au « trésor ».** Si l'on découvre des *biens culturels maritimes* (gisements, épaves ou vestiges présentant un intérêt préhistorique, archéologique ou historique) situés dans le domaine public maritime ou au fond de la mer dans la zone contiguë (entre 12 et 24 milles), on doit les laisser en place et prévenir dans les 48 h la direction des Affaires maritimes. Si le propriétaire n'est pas retrouvé dans les 3 ans, le bien appartient à l'État (l'inventeur pourra recevoir une indemnisation). Pour faire des fouilles, il faut une autorisation administrative. Amendes prévues pour les contrevenants.

■ **Photo sous-marine.** Sous l'eau, il est difficile de photographier au-delà de 6 m de profondeur (au maximum 10 m) sans lumière artificielle. Jaune, orange et rouge sont absorbés par l'eau à partir de 10 m. Au-delà de 20 m, seuls subsistent le bleu et le vert. On retrouve les couleurs du spectre en employant la lumière artificielle (projecteur, etc.). Chaque année, *Festival mondial de l'image sous-marine* à Antibes, *Festival intern. du film maritime et d'exploration* de Toulon (depuis 1955), *Okeanos* à Montpellier (depuis 1989). **Championnats du monde et de France** (trophée Jacques-Dumas, depuis 1987) : **1990** France (Di Meglio et Debatty).

■ **Statistiques. Conséquences d'accidents :** signes bénins (vertiges) : disparus en une semaine ; paralysies majeures (paraplégies et tétraplégies) : régressent lentement (plusieurs années, avec hospitalisation supérieure à un an). *1996* : 28 † ; *97* : 27 †.

■ **Quelques profondeurs limites** (en m). *Corail* noble (Méditerranée) : 35 et plus. *Algues* : Océan 50, Méditerranée 100. *Plateau continental* : 200. *Température* voisine de 13 °C (Méditerranée) : 300. *Pénétration solaire* (noir absolu) : 495. *Pêche* (commerciale) : 500. *Radiations vertes* (au luxmètre) : 500, *bleues* : 1 000. *Cellules végétales* (Adriatique) : 1 200. *Poisson* (Careproctur amblystomopsis) : 7 200. *Animaux divers* : 10 190. *Bathyscaphes* : Trieste, 23-1-1960 (fosse Challenger) : 10 916 ± 50 [Piccard (Suisse) et Walsh (USA)] ; *Archimède* (fosse Kouriles, Japon) : 9 552 (Marine France-CNRS).

Code de communication

Signaux internationaux. *1* Tout va bien. *2* Remonte ! ou : je remonte. *3* Descends ! ou : je descends. *4* Je n'ai plus d'air. *5* Je n'arrive pas à ouvrir ma réserve, ouvre-moi ma réserve ! (Tend à disparaître à cause de l'évolution du matériel). *6* Ça ne va pas normalement ! *7* Détresse : j'ai besoin d'aide ! (signal de surface). *8* J'ai ouvert ma réserve. *Nuit. 9a* Loin de l'interlocuteur : tout va bien. *9b* Près de l'interlocuteur : tout va bien. *10* Quelque chose ne va pas. *11* Je suis essoufflé ! *12* Rapprochez-vous de moi, regroupez-vous ! Chaque signal donné doit être suivi d'une réponse (le signal 1 indique une parfaite compréhension ; 4, 5, 6 et 7 commandent l'aide *immédiate* du plongeur qui les aperçoit).

Records de plongée

Records au 27-7-2001

La Confédération mondiale des activités subaquatiques homologue certains records. L'Association internationale pour le développement de l'apnée contrôle les records.

■ **Apnée statique** (sans oxygénation préalable). **Messieurs** Martin Stepanek (Rép. tchèque) 8′06″ (3-7-2001). **Dames** Karoline M. Meyer Dal Toé (Brésil) 6′13″ (1-7-2001).

■ **Apnée dynamique. En piscine** (bassin 25 ou 50 m). **Avec palmes. Distance. Messieurs.** Stéphane Mifsud (Fr.) 172 m (26-5-2001). **Dames.** Nathalie Desreac (Fr.) 150 m (14-11-98). **Sans palmes. Distance. Messieurs.** Herbert Nitsch (Aut.) 131 m (27-1-2001). **Dames.** Nathalie Desreac (Fr.) 95 m (7-2-99).

En mer. A poids constant. Descente et remontée à l'aide des palmes, traction des bras le long du câble-guide interdite. **Messieurs.** *Record du monde :* Brett Le Master (USA) 81 m (22-11-99) ; *de France :* Michel Oliva 72 m (11-10-96). **Dames.** *Record du monde :* Tanya Streeter (USA) 70 m (11-5-2001). **Immersion libre sans palmes à l'aide des bras en traction. Messieurs.** *Record du monde :* Pierre Frolla (Monaco) 73 m (3-8-2000) ; *record de France :* Andy Le Sauce 60 m (6-5-97). **Dames.** Tanya Streeter (USA) 70 m (6-5-2001). **A poids variable. Descente à l'aide d'une gueuse, remontée à l'aide de palmes et/ou de tractions des bras. Messieurs.** *Record du monde :* Umberto Pelizzari (It.) 115 m (20-9-97). **Dames.** *Record du monde :* Deborah Andollo (Cuba) 95 m (12-7-2000). **Descente à l'aide d'une gueuse, remontée à l'aide d'un ballon (no limits). Messieurs.** *Record du monde :* Loïc Leferme (Fr.) 152 m (22-6-2000) ; *de France :* Loïc Leferme (F.) 152 m (22-6-2000). **Dames.** Audrey Mestre-Ferreras (Fr.) 130 m (19-5-01).

En lac. A poids constant. Messieurs. Herbert Nitsch (Autriche) 72 m (16-6-01). **Dames.** Tanya Streeter (USA) 57 m (29-11-98). **Immersion libre. Messieurs.** Trevor Hutton (Af. du Sud) 66 m (13-5-01). **Dames.** Tanya Streeter (USA) 55 m (4-12-99). **A poids variable. Messieurs.** Heimo Hanke (All.) 101 m (8-4-2000). **No limits. Messieurs.** Benjamin Franz (All.) 120 m (1-7-2001).

■ **Durée. Avec appareil respiratoire :** Pierre Passot, Fr., 236 h en piscine, au Salon nautique de Paris, 1983. **Avec tourelle de plongée :** en saturation, 6 plongeurs Comex et Marine nationale (dont Jacques Verpeaux et Gérard Vial) ont séjourné 20 min à – 501 m (record du monde), le 20-10-1977 (opération « Janus IV ») avec mélange oxygène-hélium (Héliox).

■ **Expérience de plongée fictive en caisson. 1980** 3 Américains sont restés 24 h sous une pression de 66 atmosphères (prof. fictive 650 m). L'expérience a commencé le 6-3, la décompression le 15-3, et s'est achevée vers le 30-3. **1981** 2 Américains sont descendus à – 686 m (plongée simulée). **1983** du 30-5 au 9-7, record simulation avec plongée en eau. Expérimentation *Entex IX :* Ohrel et Raude ont vécu 42 j en caisson, dont 20 j au-delà de 450 m et 2 j à 610 m, avec plongée en eau de 2 h à 450 m (6 j), 520 m (1 j), 570 m (1 j), 613 m (2 j) ; décompression de 23 j. **1986** du 22-11 au 18-12, *Hydra VI* au centre Hyperbare de la Comex à Marseille, 8 plongeurs travaillent en eau jusqu'à 560 m, en saturation, mélange oxygène-hélium-hydrogène. **1988** *Hydra VIII*, 6 plongeurs, 28-2-1988, travaux à – 520 m pendant 5 j, avec intervention à 431 m. **1989** du 9-10 au 21-12, *Hydra IX,* le plongeur vit 48 j (dont 2 à 300 m, 23 à 225 m, 23 à 200 m) en saturation dans le centre Hyperbare Comex (mélange oxygène-hélium-hydrogène). **1990**-6-5 3 plongeurs vivant depuis le 30-4 dans une habitation pressurisée sont sortis 4 h 11 min après avoir quitté le compartiment humide du sous-marin d'assistance à grande autonomie (Saga). **1992**-20-11 *Hydra X*, Théo Mavrostomos, plongeur de la Comex, – 701 m (pression 70 bars) en caissons hyperbares.

■ **Immersion en grotte sous-marine.** En juillet 1993, Marc Douchet, avec les plongeurs provençaux de la FFESSM, atteint – 147 m de profondeur après un parcours de 1 730 m dans la galerie noyée de la grotte sous-marine de Port-Miou (B.-du-Rh.).

Plongée professionnelle

■ **Travailleurs hyperbares. Catégories :** scaphandriers A et B, hyperbaristes C et D. **Classes 1 :** jusqu'à 40 m ; **2 :** 60 m en autonome et narguilé à l'air ; **3 :** plus de 60 m avec narguilé, bulle de plongée, tourelle et sous-marin.

Durée : en 8 h, un homme peut travailler 5 à 6 h entre 40 et 150 m, 2 à 4 h entre 150 et 300 m, le reste des 8 h étant consacré à la décompression.

Saturation : plongée avec séjour sous pression supérieur à 24 h. *Durée de séjour dans l'eau :* au max. 6 h par 24 h. *Durée totale autorisée :* 3 à 4 semaines décompression comprise (séjour en saturation).

☞ Il est plus avantageux de maintenir les plongeurs sous pression, puisqu'ils n'auront à se soumettre qu'à une seule séance de décompression finale. Des plongeurs remontent sur le navire de surface après chaque séance de travail au fond, mais passent directement d'une tourelle ou d'un sous-marin porte-plongeurs pressurisés dans un caisson-vie où ils séjournent à une pression équivalente à la profondeur de travail.

■ **Organisations. Institut nat. de la plongée professionnelle** et **Bureau de normalisation des activités aquatiques et hyperbares (BNAAH)** Port de la Pointe Rouge, 13008 Marseille. **Syndicat nat. des entrepreneurs de travaux immergés (SNETI)** c/o FNTP, 3, rue de Berri, 75008 Paris. **Syndicat autonome des scaphandriers et du personnel offshore (SASPOS)** 46, rue Louis-Verlaque 83500 La Seyne. **Syndicat national des entreprises de scaphandriers (SNES)** 23 Sainte Candie 83250 Roquebrune-sur-Argens.

■ **Travailleurs sous-marins** (1988). G.-B. 1 900, *France 6 000* (1991), Danemark 600, Norvège 500, Espagne 500, P.-Bas 500, Italie 350, All. féd. 260, Suède 200, Belgique 100, Finlande 50.

Nage avec palmes

■ **Histoire. 1933** Louis de Corlieu met au point des « propulseurs de sauvetage » et en **1936** des palmes de plongée. **Vers 1960** 1res compétitions en URSS, France et Italie. **1962** discipline de la FFESSM. **1970** apparition de la monopalme. **1986** reconnue par le Comité international olympique.

■ **Palme.** En forme de queue de dauphin. Hauteur : 58 à 62 cm, longueur : 70 à 76 cm.

■ **Compétitions. Eau libre :** mer, lacs, rivières : messieurs, dames 20 km, 6 km et relais 4 × 2 000 (uniquement en compétitions internationales pour cette épreuve). **Piscine :**

en apnée (50 m), nage libre (50, 100, 200, 400, 800, 1 500 m, relais 4 × 100 et 4 × 200, mille marin ; restriction technique, pas plus de 15 m en apnée par longueur de bassin ; dimension du tuba, 48 cm maximum de longueur et 23 mm de diamètre circulaire), en immersion scaphandre (100, 200, 400 et 800 m ; le nageur pousse devant lui une bouteille d'air comprimé d'un volume minimum de 0,4 l.).

■ **Records du monde** (au 20-2-2001, messieurs et dames). **Apnée. 50 m :** Q. R. Liu[1] 14″83, Li[1] 16″28. **Nage libre. 100 m :** S. Akhapov[2] 36″44, X. Y. Fu[1] 40″96. **200 m :** V. Koudriaev[4] 1′23″86, X.H. Wu[1] 1′32″32. **400 m :** V. Koudriaev[2] 3′4″58, Q. R. Liu[1] 3′20″37. **800 m :** N. Savanya[3] 6′32″17, X.L. Zao[1] 6′59″58. **1 500 m :** N. Savanya[3] 12′42″62, Zao[1] 13′26″18. **1 850 m (mille marin) :** M. Chernov[4] 16′0″31, S. Uspenskaïa[4] 17′32″49. **Immersion scaphandre. 100 m :** E. Skorjenko[2] 33″02, Fu[1] 36″26. **400 m :** M. Zaximov[2] 2′50″66. F. Jin[1] 3′1″84. **800 m :** Hu Hailong[1] 6′7″20. C. Cheng[1] 6′30″14. **Relais. 4 × 100 m :** URSS 2′30″19, Chine 2′46″38. **4 × 200 m :** Russie 5′ 47″ 45, Chine 6′18″74.

Nota. – (1) Chine. (2) Russie. (3) Hongrie. (4) URSS.

PÊCHE SOUS-MARINE

☞ Voir **Pêche** p. 1435 b.

Confédération mondiale des activités subaquatiques, Viale Tiziano, 74, 00196 Rome, Italie.

Pêcheurs de perles : *aux Touamotou,* le plongeur effectue environ 40 plongées par j (dont parfois 12 de suite), jusqu'à 30 à 40 m de prof., ramène environ 150 à 200 coquillages. *Au Japon,* environ 30 000 pêcheuses de perles (de 11 à 60 ans, les *ama*) plongent entre 6 et 30 m (depuis peu, utilisent lunettes ou masque facial). Récoltent surtout coquillages, algues comestibles. Les femmes sont plus performantes car elles sont protégées par une couche plus épaisse de graisse souscutanée. Les hommes manœuvrent les embarcations.

POLO

GÉNÉRALITÉS

■ **Origine. Xe s. av. J.-C.** dans l'épopée persane de Firdusi appelée *Shah-name,* porte le nom de *shaugan.* Joué pour le plaisir du sultan Mahmud de Ghazni. Importé en Inde par Subuktigin (père de Mahmud de Ghazni). Découvert par les Anglais dans le nord-ouest de l'Inde. **1869** 1er match en G.-B., joué par le 10e hussards stationné à Hounslow près de Londres. **1880** joué en France à Dieppe. **1892** création du polo de Bagatelle. **Vers 1900** introduit en Argentine et aux USA. **1921**-*15-12* Féd. fr. des polos de France créée. Très populaire en Angl., Amér. du Sud, Argentine et aux Indes.

■ **Règles. Pelouse** 275 × 145 m. **Équipes :** 2, généralement de 4 cavaliers (ayant un handicap de – 2 à + 10), portant chacun un maillet en bambou à manche flexible (long. 1,30 m) tenu de la main droite. **Contrôle :** 1 ou 2 arbitres à cheval ; un juge-arbitre de chaise hors du terrain, sa décision est déterminante en cas de désaccord entre les 2 arbitres ; 2 juges de but derrière chaque but. **Partie :** l'arbitre lance une balle de bois ou de plastique (8,5 cm de diam., 120 à 130 g) entre les 2 équipes alignées côte à côte. Celle qui place la balle dans le but adverse (2 poteaux de 3 m d'un écartement de 7,50 m) marque 1 pt. Après chaque but, on change de côté. *Durée* maximale 60 min en 4, 5, 6 ou 8 périodes (*chukkas* ou *chukkers*) de 7 min + 30 s si la balle est encore en jeu, intervalles de 3 min. **Niveau :** tournois *low goal :* – de 10 goals de handicap ; *medium goal :* de 10 à 15 ; *high goal :* + de 15. **Paddock polo :** 2 éq. de 3 joueurs sur terrain de 150 × 75 m. **Polo-poney :** jeunes de 7 à 12 ans, répartis en 6 catégories. Éq. de 3 joueurs. Terrain 60 × 20 m ; balle de cuir 11,5 cm de diam., 180 g, gonflée à 2 kg ; 2 périodes de 6 à 10 min. **Qualités requises :** bon cavalier, mains souples, courage, self-control, esprit d'équipe, réflexes rapides. Pas de contre-indications d'âge. Peu de femmes y jouent.

■ **Renseignements.** *Union des polos de France,* route des Moulins, bois de Boulogne, 75016 Paris. **Statistiques :** France en 2001 : 26 clubs et 400 joueurs.

☞ On peut aussi jouer à bicyclette, à pied ou à dos d'éléphants au Royal Chitwan National Park (Meghauli, Népal).

ÉPREUVES

■ **Championnats du monde.** *Créés* 1987. **1987** Argentine. **89** USA. **92** Argentine. **95** Brésil. **98** Argentine. **2001** Brésil.

■ **Championnat du polo de Paris. Open cup** offerte au polo de Paris en juin 1884 par le Hurlingham Club. **1998** *Brattas* (O. Annunziata, G. Charloux, G. Collardin, R. Guinazu, R. de la Pradelle). **99** *Grasfield* (J.-P. Ngoumou-Jikam, T. Guillemenin, P. Jauretche, F. Lanusse). **2000** *Royal Club Évian* (B. Ciavaldini, C. Anier, T. Guillemin, D. Braun).

■ **Championnat mondial de polo de Deauville.** *Créé* 1895 par le duc de Gramont. **Coupe d'or** (*créée* 1950 par François André). **1998** *Laird* (R. Britten-Long, L. Tomlinsson, W. Lucas, S. Keyte). **99** *Laird* (R. Britten-Long, A. Faneshawe, W. Lucas, J. Dixon). **2000** *Royal Barrière* (A. Fabre, T. Goti, M. Heguy, A. Barlow).

■ **Championnats de France. 1998** *Mundogas* (M.-L. Coste, M. Peslier, M. Sirvent, J. Anier). **99** *La Palmeraie* (P. Guerrand-Hermes, B. Rigaux, D. Braun, V. Potel). **2000** *Les 3 Forêts* (J.-Y. Garaud, H. d'Aillières, M. Pascal, A. de Coulanges).

■ **Championnats de France interclubs. 1998** *Polo club Saint-Gatien* (M. Lalloux, Ph. Thomas, M. Billot, J.-M. Billot). **99** *Lucky Vikings* (T. Hagen, A. Serval, X. Doumen, L. Fleurquin). **2000** *La Ferme d'Apremont* (A. Serval, A. Languillon, B. Rigaux, V. Baron).

■ **Meilleurs joueurs. Mondiaux (handicap 10).** Aguirre Mariano[1]. Azzaro Michael Vincent[2]. Cambiaso Adolfo Jr[1]. Gracida Carlos[1] et Guillermo[1]. Heguy[1] Alberto-Pedro, Bautista, Eduardo, Gonzalo-A., Horacio S., Ignacio, Marcos. Merlos Juan-Ignacio[1]. Pieres Gonzalo[1]. **Européens** (handicap entre parenthèses) : Hipwood Howard[3] (7), Forsyth Cody[3] (7). Lucas William[3] (7). Beresford Charles[3] (6). Hine Andrew[3] (6). Wade Adrian[3] (6). **Français.** Anier Caroline (4, meilleur handicap féminin au monde). Charloux Gaëtan (4). Girard Olivier (4). Macaire Lionel (5), Stéphane (5).

Nota. – (1) Argentine. (2) USA. (3) G.-B.

RUGBY A XIII

GÉNÉRALITÉS

■ **Nom.** En France, jusqu'en 1941 et depuis 1988 : *rugby à XIII* ; de 1947 à 88 : *jeu à XIII.*

■ **Histoire. 1883-90** voir **Rugby à XV. Vers 1890** dissensions en G.-B. entre clubs du Nord, qui souhaitent rembourser à leurs joueurs le manque à gagner dû aux entraînements et aux matches (unif.), et ceux du Sud, qui défendent l'amateurisme pur. **1895**-*29-8* : 20 clubs se retirent de la *Rugby Union* et forment la *Northern Rugby Union,* qui refuse le professionnalisme, mais accepte le remboursement des frais. **1897** adoption de la mêlée pour la remise en jeu. **1906** pour rendre le jeu plus rapide, suppression de 2 avants. **1907** 1re tournée des Néo-Zélandais en Angleterre. **1908** introduction en Nlle-Zélande et Australie. Suppression de la mêlée ouverte, remplacée par le tenu. **1922** la *Northern Rugby Union* devient la *Rugby Football League.* **1933** contacts des Anglais avec des journalistes français et Jean Galia, ancien joueur à XV disqualifié par la Féd. fr. de rugby pour professionnalisme. *-31-12* match exhibition au stade Pershing à Paris devant 20 000 spectateurs. **1934**-*5-3* début de la tournée en G.-B. des *Pionniers* (16 joueurs recrutés par Jean Galia et exclus de la FFR). *-6-4 Ligue fr. de rugby à XIII* fondée. **1941**-*19-12* dissolution par le secrétariat d'État à l'Éducation nationale et à la Jeunesse pour professionnalisme. **1943**-*2-10* le gouvernement d'Alger rétablit le *rugby à XIII.* **1947**-*22-2* la Ligue devient la *Féd. fr. de jeu à XIII,* puis *Féd. fr. de rugby à XIII,* puis (après jugement du tribunal de grande instance de Paris du 29-9-1987) *Féd. de rugby à XIII* (30, rue de l'Échiquier, 75010 Paris). **1995**-*25-5* création à Villeneuve-sur-Lot de la *Ligue française de rugby à XIII. -18-12,* 10 nations quittent l'International Board pour créer le *World Super League International Board* à l'initiative du magnat américain d'origine australienne Ruppert Murdoch. *-23-12* création du *Paris St-Germain Rugby League* qui doit disputer la division européenne de la Super League avec 11 équipes anglaises. **1996**-*1-3* coup d'envoi de la Super League bloqué par la justice australienne. *-11-3* interdiction de la Super League en Australie et Nlle-Zélande jusqu'en 2000. *-29-3* coup d'envoi de la *Super League européenne.* **1997** Super League autorisée en Australie. **1998** création d'un championnat unifié en Australie (accord Australian Rugby League/Super League). **2000** 14 équipes disputent la compétition australienne de la NRL et 12 équipes la compétition anglaise de la SL.

■ **Terrain.** 100 × 68 m. *En-but* 6 à 11 m. **Ballon :** ovale, gonflé à l'air, en cuir ou autre matière approuvée, 410 g, longueur 28 cm, petit périmètre 59 cm, grand 74 cm. **Tenue :** maillots numérotés de 1 à 17 (13 joueurs et 4 remplaçants) pour une identification plus aisée. Bas. Chaussures à crampons. Certaines protections sont autorisées.

■ **Règles. Jeu :** 2 mi-temps de 40 min plus les arrêts de jeu, coupées par une pause de 5 min. **Principe :** 2 équipes de 13 joueurs essaient de marquer essais et pénalités sur l'équipe adverse. **Tenu :** quand le joueur porteur de la balle est plaqué. Le plaqué talonne la balle pour le coéquipier qui fait office de relanceur derrière lui. Adversaire et partenaire doivent se trouver à 10 m du tenu. Au 6e tenu joué par une même équipe, il y a un tenu dit de transition. **Touche :** après une touche, le jeu reprend par une mêlée face à l'endroit où le ballon est sorti. La mêlée a lieu à 20 m de la ligne de touche et jamais à moins de 10 m de la ligne de but. **Mêlée :** formation 3, 2, 1 obligatoire. La ligne du hors-jeu se situe à 5 m derrière les pieds du dernier joueur de la mêlée. **Pénalité :** peut se jouer pour soi, en but, ou en coup de pied de volée. Dans ce cas, si la balle sort directement en touche, le jeu reprend par un coup-franc (2e phase de la pénalité). Posé au sol à 10 m face au point de sortie, le ballon est jouable dans n'importe quelle direction. **Hors-jeu :** tout joueur placé devant un partenaire qui joue le ballon est hors jeu, l'est également s'il ne respecte pas certaines distances de reprise du jeu. **En-avant :** ballon joué avec les mains prenant la direction de la ligne de ballon mort adverse (passe ou maladresse). **Envoi et renvoi :** le ballon doit passer 10 m et toucher le terrain de jeu. **Décompte des points :** *essai :* 4 pts ; *but :* 2 (transformation ou pénalité) ; *drop-goal :* 1.

■ **Licenciés** (en 2000). Australie 700 000, Grande-Bretagne 120 000, Nlle-Zélande 50 000, *France 26 500,* Papouasie-Nlle-Guinée 15 000, Afr. du Sud, USA 5 000.

PRINCIPALES ÉPREUVES

■ **Coupe du monde.** *Créée* 1953 entre France, G.-B., Australie, Nlle-Zélande. **1954** (en Fr.) : *1* G.-B., *2* Fr., *3* Austr., *4* Nlle-Zél. **57** (Austr.) : Austr., G.-B., Nlle-Zél., Fr. **60** (G.-B.) : G.-B., Austr., Nlle-Zél., Fr. **68** (Austr. et Nlle-Zél.) : Austr., Fr., G.-B., Nlle-Zél. **70** (G.-B.) : Austr., G.-B., Fr., Nlle-Zél. **72** (Fr.) : G.-B., Austr., Fr., Nlle-Zél. **75** *remplacée par le* **championnat du monde.** Joué en matches aller et retour entre 5 nations (Australie, Angl., Fr., Nlle-Zél., Galles). **1975** Austr., Angl., Galles, Nlle-Zél., Fr. **77** Austr., G.-B., Nlle-Zél., Fr. **78 à 84** remplacé par des tournées. **85 à 88** à nouveau disputé sur 4 ans en Nlle-Zél. ; Austr.-Nlle-Zél. 25-12. **89 à 92** Austr.-G.-B. 10-6. **95** nouvelle formule, 10 nations (Australie, Angleterre, Afrique du Sud, Fidji, Nlle-Zélande, Papouasie-Nlle-Guinée, Tonga, Galles, France, Samoa) en 3 groupes ; Austr.-Angl. 16-8. **2000** (16 nations) Austr.-Nlle-Zélande 40-12.

■ **Compétitions internationales France A. 1997** Fr.-Irlande 30-30. Fr. bat Écosse 22-20. Fr. bat Afr. du Sud 30-17. **98** Fr. bat Irlande 24-22. Fr. bat Écosse 26-22. **99** Angl. bat Fr. 28-20. Angl. bat Fr. 50-20. **2000** Fr. bat Russie 82-0. XIII du Président bat Russie 50-16. Fr. bat Australiens de Fr. 32-10. Fr. bat G.-B. Barla 14-4. Papouasie-Nlle-Guinée bat Fr. 23-20. Fr. bat Tonga 28-8. Fr. bat Afr. du Sud 56-6. Nlle-Zélande bat Fr. 54-6. **01** Fr. bat South Island 24-18. Écosse bat Fr. 42-20.

■ **Championnat européen.** *Créé* 1934, devient en 1950 **Challenge Jean-Galia.** *Supprimé en 1996.*

■ **Super League européenne. 1997** Bradford (G.-B.). **98** Wigan (G.-B.). **99, 2000** St-Helens (G.-B.).

■ **Coupe d'Europe des clubs. 1999** Villeneuve-sur-Lot bat Selection 1re division 24-14. **2000** *non disputée.*

■ **Coupe de France (coupe Lord-Derby).** *Créée* 1935. **1995** St-Estève bat Pia 28-8. **96** Limoux bat Carcassonne 39-12. **97** XIII Catalan bat Limoux 25-24. **98** St-Estève bat Grand Avignon 38-0. **99** Villeneuve-sur-Lot bat Lézignan 20-5. **2000** Villeneuve-sur-Lot bat XIII Catalan 34-14. Union treiziste catalane bat Limoux 38-17.

■ **Championnat de France (trophée Max-Rousié).** *Créé* 1935. **1990** St-Estève bat Carcassonne 24-23. **91** St-Gaudens bat Villeneuve-sur-Lot 10-8. **92** Carcassonne bat St-Estève 11-10. **93** St-Estève bat XIII Catalan 9-8. **94** XIII catalan bat Pia 6-4. **95** Pia bat St-Estève 12-10. **96** Villeneuve-sur-Lot bat St-Estève 27-26. **97** St-Estève bat Villeneuve-sur-Lot 28-24. **98** St-Estève bat Villeneuve-sur-Lot 15-8. **99** Villeneuve-sur-Lot bat St-Gaudens 33-20. **2000** Toulouse Spacers bat St-Estève 20-18. **01** Villeneuve bat Toulouse 32-20.

QUELQUES NOMS

Aillères Georges[1], 3-12-34. Banquet Frédéric[1]. Barthe Jean[1], 22-7-32. Beetson Arthur[2], 21-1-45. Belcher Gary[2]. Bell Dean[4]. Benausse Gilbert[1], 21-1-32. Bernabé Thierry[1]. Bescos Marcel[1], 28-6-37. Bevan Brian[2], 24-4-24. Bradshaw Tommy[3], 11-12-21. Brousse Élie[1], 28-8-21. Butignol Thierry[1], 7-12-60. Cabestany Didier[1], 13-5-69. Cassin Emmanuel[1] 29-2-80. Chamorin Pierre[1], 24-5-68. Chantal Max[1]. Churchill Clive[2]. Clar Jean-Pierre[1], 27-2-42. Connolly Gary[3], 22-6-71. Cootes John[2], 1941. Couttet Nicolas[1]. Cros Jean-Pierre[1], 10-6-41. Daley Laurie[2]. Davies Jonathan[3]. Delaunay Guy[1], 24-9-60. De Nadai Francis[1], 19-4-47. Despin David[1]. Devecchi Fabien[1], 22-4-71. Divet Daniel[1], 11-12-66. Drumond Dess[3]. Duhau Jean[1], 1905-73. Dumas Gilles[1], 14-12-62. Edwards Shaun[3]. Entat Patrick[1], 18-9-64. Fages Pascal[1]. Farrell Andy[3], 30-5-75. Fox Neil[3], 4-5-39. Fraisse David[1], 20-12-68. Frayssinous Laurent[1], 7-5-77. Fulton Robert[2], 1-9-47. Galia Jean[1], 1905-49. Garcia Jean-Marc[1], 9-3-75. Garry Jack[2]. Garnier Reginald[2], 3-5-41. Gee Kenn[3]. Goodway Andy[3]. Goulding Bobbie[3], 4-2-72. Graham Mark[4], 29-9-55. Gregory Andy[3]. Greseque Ivan[1], 20-7-53. Guisset Jérome[1]. Hanley Ellery[3]. Harris Iestyn[3]. Haru Stanley[5]. Hermet Didier[1], 19-12-49. Hunte Alan[3]. Imbert Jean-Marie[1]. Iro Kevin[4]. Jampy Pascal[1]. Jimenez Antoine[1], 9-5-29. Kearney Stephen[4]. Kila Tony[5]. Laforgue Guy[1], 13-4-58. Langer Allan[2]. Lazarus Glenn[2]. Leuluai James[4]. Macalli Christian[1], 21-8-58. Maïque Michel[1], 13-7-48. Mantoulan Claude[1], 1936-83. Marsolan Serge[1]. Meninga Mal[2]. Menzies Steeve[2]. Merquey Jacques[1], 26-9-29. Millward Roger[3], 16-9-47. Moliner Jacques[1], 29-1-67. Molinier Michel[1], 28-5-47. Murphy Alex[3], 22-4-39. Newlove Paul[3], 10-10-71. Nikau Tawera[4]. Numapo Bal[5]. Offiah Martin[3], 29-12-66. Paul Henry[4] 10-2-74 ; Robbic[4], 3-2-76. Pierce Wayne[2]. Platt Andy[3]. Pons Cyrille[1], 28-11-63. Ponsinet Édouard[1], 18-11-23. Price Ray[2]. Puig Aubert[1] (il a réussi un coup de pied de 62 m et a le record français des points marqués), 1925-94. Rabot Jean-Luc[1], 3-10-60. Raper John[2], 12-4-39. Ratier Hugues[1], 4-1-60. Ridge Matthew[4]. Robinson

Jason [3]. ROOSEBROUK Joël [1], 1-5-54. ROUSIÉ Max [1], 1912-59. RYSMAN Gus. [3], 21-3-11. SAILOR Wendell [2]. SAVONNE André [1]. SCHOFIELD Garry [3]. SORENSEN Kurt [4]. STERLING Peter [2]. SULLIVAN Jim [3], 1903-77. TALLIS Gorden [2]. TENA Stéphane [1]. TEIXIDO Frédéric [1]. TODD Brent [4]. TOREILLES Patrick [1]. VALENTINE Dave [3]. VALERO Thierry [1]. VERDES Daniel [1], 10-5-62. WALLY Lewis [2]. WALTERS Kevin [2]. WARD Kevin [3]. WEST Graeme [4]. ZALDUENDO Charles [1], 17-8-52.

Nota. – (1) Français. (2) Australien. (3) Britannique. (4) Néo-Zélandais. (5) Papou.

RUGBY A XV

GÉNÉRALITÉS

■ **Histoire. Origine :** jeux pratiqués dans l'Antiquité (*épiscyre, phénindre, aporrhaxis, urania* en Grèce, *harpastum* à Rome), au Moyen Age (*calcio* en Italie, *soule* en France et en G.-B.) et dans les temps modernes (*football* en G.-B.). **1823**-*nov.* William Webb Ellis (1807-72), élève à la *public school* de Rugby (Warwickshire), commet une infraction aux règles du football (il s'empare de la balle à la main), créant un nouveau jeu. **1841** officialisation de cette nouvelle règle. **1843** 1er club en G.-B. (Guy's Hospital). **1846**-*7-9* adoption des 1res règles écrites par les élèves de Rugby. **1863**-*26-10*, 7 clubs fondent la *Football Association*. *-8-12* les partisans des règles de Rugby la quittent. **1871** la *Rugby Football Union* (fondée le 26-1) adopte le 24-6 les 59 lois du jeu. *-7-3* 1er match intern. Écosse-Angl. à Édimbourg (1-0). **1872** au Havre, de jeunes Anglais le pratiquent. **1879** terrain fixé à 100 × 68,57 m. **1875** on passe de 20 à 15 joueurs. **1887** l'Union des Stés françaises des sports athlétiques (USFSA), fondée le 27-1, réunit surtout rugby et athlétisme. **1890** 1er championnat scolaire en France. *-29-11* commission de football fondée au sein de l'USFSA. **1892** 1er championnat de Fr., limité aux équipes parisiennes. *-18-4*, 1er match international : Rosslyn Park (Angl.) bat Stade français (21-0). **1893** 1re tournée fr. en Angl. **1895** scission entre les tenants de l'amateurisme pur et les clubs du nord de l'Angl., qui forment le 29-8 la *Northern Football Union,* future Fédération de rugby à XIII, s'autorisant ainsi à payer les joueurs. **1906** rencontres annuelles conclues avec Angl., **1908** pays de Galles, **1909** Irlande, **1910** Écosse. **1920**-*11-10* le rugby se sépare de l'USFSA et fonde la *FFR (Féd. française de rugby).* **1931**-*24-1,* 14 clubs démissionnent de la FFR et fondent l'*Union fr. de rugby amateur (UFRA).* **1931**-*13-2* les 4 Unions brit. décident de rompre avec la FFR à cause d'abus constatés. **1933** lancement du rugby à XIII en France. **1939**-*24-6* supression du ch. de France, rétabli 1942. **1968** 1er grand chelem de la France dans le tournoi des Cinq Nations. **1983** échec d'un 1er projet de circuit professionnel **1995**-*27-8 l'International Board* lève toutes les restrictions sur les rémunérations. **2000**-*13-12* Association européenne des clubs de rugby professionnels créée à Lyon.

■ **Joueurs** (en milliers) **et,** entre parenthèses, **nombre de clubs.** Angleterre 636,6 (2 051), Afrique du Sud 308, *France 277 015 licenciés (1 747),* Nlle-Zél. 150 (519), Japon 146 (5 000), Australie 112 (456), Fidji 80 (+ 600), Irlande 65 (226), Canada 45 (173), Écosse 43 (275), Argentine 40 (198), Italie 36 (505), USA 36 (1 600), Zimbabwe 22 (56), Galles 17,5 (231), Tonga 2,3 (70), Roumanie 6 (60).

■ **Organisation du rugby. International Rugby Football Board** (appelé habituellement *l'International Board*), *fondé* 5-12-1887, groupait à l'origine les Home Unions (Angl., Écosse, pays de Galles, Irlande), l'Angl. assurant la représentation des Unions du Commonwealth (Afr. du Sud, Australie, Nlle-Zélande). Depuis leur autonomie, celles-ci ont leur représentation propre. En 1978, la France a été admise. Chacun des 8 pays est représenté par 2 membres. **Conférence des 5 Nations** (4 Home Unions et la Fédération fr. de rugby), *créée* 1971, traite des questions concernant le tournoi des 5 Nations. **Féd. internationale de rugby amateur (Fira),** *fondée* 2-1-1934, direction française, a la charge d'une partie du rugby international. **Féd. française de rugby**, *fondée* 11-10-1920.

RÈGLES

■ **Principe.** 2 équipes de 15 joueurs doivent marquer le plus de points possible en portant, passant ou bottant le ballon. **Terrain :** au max. 100 × 69 m, au min. 96 × 66 m. *Barre horizontale du but* à 3 m du sol ; *montants* distants de 5,60 m. **Ballon :** ovale, formé de 4 panneaux de cuir ou autres matériaux, long. 28 à 30 cm, grand périmètre 76 à 79 cm, petit 58 à 62 cm, poids 400 à 440 g.

■ **Joueurs.** Shorts, bas et chaussures à crampons, maillots numérotés de 1 à 15. *Arrière :* 15 ; *trois-quarts* (de gauche à droite) : 11, 12, 13, 14 ; *demi d'ouverture :* 10 ; *demi de mêlée :* 9 ; *avants* (formation 3, 2, 3) : 3e ligne (de gauche à droite) 6, 8, 7, 2e ligne 4 et 5, 1re ligne 1, 2 et 3 ; *avants* (formation 3, 4, 1) : 3e ligne 8, 2e ligne (de gauche à droite) 6, 4, 5, 7, 1re ligne 1, 2 et 3.

■ **Jeu.** 2 mi-temps de 40 min plus les arrêts de jeu, pause de 5 min. Marquer des *essais* en portant le ballon au-delà de la ligne de but adverse et marquer des *buts* par-dessus la barre transversale. *Transformation de l'essai en but :* après l'essai, coup de pied placé ou tombé, accordé sur une ligne parallèle à la ligne de but, en face du point où l'essai a été marqué. *Drop-goal marqué* lorsque, en cours

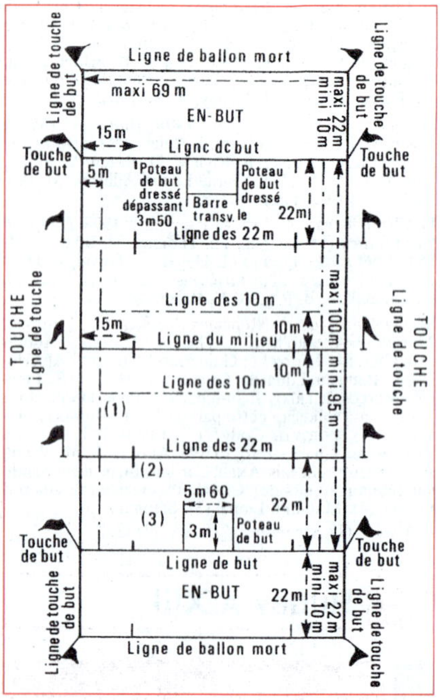

de jeu, un joueur bien placé « botte » le ballon qu'il tenait en main après l'avoir laissé rebondir, et le fait passer entre les poteaux, au-dessus de la barre transversale. *Arrêt de volée :* lorsqu'un joueur, placé derrière la ligne des 22 mètres, bloque le ballon, botté par un joueur adverse ; depuis 1996 il n'est plus obligé d'avoir au moins un pied au sol. Le joueur doit valider son geste en criant « marque ! ». Il a alors l'initiative d'un nouveau départ du jeu.

■ **Points.** *1 essai :* 5 points depuis 1992, avant 4 ; *1 transformation :* 2 ; *1 but* (sur pénalité ou en drop-goal) : 3. **Record des points** marqués en 1 saison par un joueur : Robin Williams en 1974-75 (Galles) : 597 points ; Sam Doble en 1971-72 (G.-B.) : 581 points.

■ **Mêlée. Ordonnée :** dans chaque équipe, le talonneur et les 2 piliers se prennent par les épaules, puis entrent en contact, épaule contre épaule, avec les 3 joueurs adverses. Ils doivent être fermement liés entre eux, le talonneur encerclant avec ses bras le corps de ses piliers au-dessous des aisselles et chaque pilier encerclant de la même manière avec son bras le corps du talonneur. Tous les autres joueurs de la mêlée (les 2 deuxièmes-lignes et les 3 troisièmes-lignes) doivent être liés au moins avec un bras et une main au corps du partenaire. En position de poussée, les joueurs de 1re ligne ont les 2 pieds au sol, les positions des têtes doivent être alternées entre les joueurs de chaque camp, le pilier gauche de chaque équipe ayant la tête en dehors de la mêlée. La mêlée doit être stable et axée par rapport au terrain, alors le demi de mêlée de l'équipe non fautive lance le ballon sous la « coupole » ainsi formée, le ballon peut être ainsi ratissé par le talonneur ou gagné à la poussée par un des 2 camps. Depuis 1996, aucun joueur ne peut quitter la mêlée avant que le ballon en soit sorti (fixation des 3es lignes). **Maul** (ballon porté), **mêlée spontanée** (ballon au sol) ou **ouverte** (ballon au sol) : mêmes règles qu'en mêlée ordonnée, mais aucun joueur n'a le droit de suivre le ballon dans le camp adverse.

■ **Touche.** Reconnue quand le ballon ou le porteur a franchi ou touché les limites latérales du terrain. Les joueurs se placent sur 2 rangs, perpendiculairement aux côtés du terrain, au point de sortie du ballon si celui-ci a été botté des 22 m ou si il a rebondi dans le champ de jeu avant de sortir ; dans le cas contraire, la touche est jouée au point de départ du ballon. Les joueurs qui participent à la touche n'ont pas le droit de franchir la ligne de remise de jeu qui sépare les 2 alignements tant que la touche n'est pas terminée. La touche est terminée quand le ballon est passé, tapé vers l'arrière, botté ou lancé au-delà des 15 m, ou quand le porteur du ballon s'est dégagé de l'alignement ; si un maul ou une mêlée ouverte s'est formé et les pieds des joueurs de ce regroupement ont franchi la ligne de remise en jeu, le ballon devient injouable.

La touche est limitée en profondeur par les 2 lignes parallèles situées à 5 et 15 m. L'équipe qui fait la remise en jeu détermine le nombre des joueurs qui vont y participer. La touche n'est pas terminée tant que le ballon n'a pas touché un joueur ou le sol. Les joueurs qui ne participent pas à la touche doivent se tenir au moins à 10 m en arrière de la ligne de jeu qui sépare les 2 alignements. Ils doivent rester à 10 m tant que la touche n'est pas terminée, sauf pour une remise en jeu au-delà des 15 m. En ce cas, ils peuvent s'élancer dès que le ballon quitte les mains du lanceur. Le sauteur doit amorcer son saut individuellement mais, depuis 1996, il peut ensuite être soutenu par ses équipiers (« ascenseur »).

■ **Fautes et sanctions. En-avant :** quand un joueur propulse le ballon avec la main ou le bras en direction de la ligne de ballon mort. Toutefois, il n'y a pas d'en-avant quand un joueur contrôle mal un ballon et le rattrape avant qu'il ait touché le sol ou un autre joueur. *Sanctions :* *1°) en-avant involontaire :* mêlée au point de faute avec introduction par l'équipe adverse ; *2°) volontaire :* coup de pied de pénalité. Depuis 1996, si l'arbitre juge qu'un joueur a intentionnellement envoyé le ballon dans la zone de ballon mort, il peut ordonner une mêlée au point de départ du coup de pied.

Tenu : quand le porteur du ballon immobilisé au sol par un ou plusieurs adversaires ne lâche pas ou ne passe pas immédiatement le ballon. Depuis 1996, le plaqueur doit lâcher le plaqué dès que celui-ci touche le sol et il doit se relever avant de pouvoir jouer le ballon ; le plaqué doit s'éloigner du ballon pour le laisser libre. *Sanction :* coup de pied de pénalité au point de faute.

Hors-jeu : un joueur placé en avant du ballon joué par un partenaire ne doit pas faire acte de jeu. Le hors-jeu peut se produire *dans le jeu courant, lors d'une mêlée spontanée ou d'un maul* et *lors d'une touche.* Un joueur hors jeu peut être remis en jeu. *Par sa propre action :* il doit dans le jeu courant se replier derrière le joueur de son équipe qui a botté ou passé le ballon le dernier ; lors d'une mêlée spontanée ou d'un maul, tout joueur hors jeu ne peut être remis en jeu. L'arbitre doit laisser l'avantage à l'équipe qui possède le ballon. S'il n'y a pas gain de terrain ou avantage, coup de pied de pénalité. Être hors jeu quand un partenaire a le ballon ne sert à rien. *Par l'action d'un adversaire porteur du ballon* (à condition de n'être pas à moins de 10 m de celui-ci) : dès qu'il a parcouru 5 m ou lorsqu'il botte, passe ou lâche le ballon. Lorsque le joueur hors jeu est à moins de 10 m de l'adversaire, il doit se retirer à plus de 10 m. *Sanctions :* coup de pied de pénalité à la faute ou mêlée au point de départ si hors-jeu à la suite d'un coup de pied.

Obstruction : il est interdit d'empêcher un adversaire d'aller vers le ballon. Un joueur porteur du ballon ne peut pas charger au travers de ses partenaires faisant écran. *Sanction :* coup de pied de pénalité.

Jeu déloyal, incorrection : il est défendu de frapper un adversaire, de plaquer prématurément, à retardement ou de manière dangereuse. *Sanctions :* coup de pied de pénalité (si la faute a lieu sur un joueur qui a botté le ballon, l'équipe non fautive peut choisir entre une pénalité au point de chute du ballon ou une mêlée au point de départ de la faute) ; essai de pénalisation ; exclusion du fautif en cas de récidive.

Faute technique ou vénielle : *en touche :* implique un coup de pied de pénalité situé sur la ligne des 15 m ; si une touche n'est pas droite, l'équipe adverse peut soit demander à la refaire, soit demander une mêlée ; dans ce cas le ballon change de main. *En mêlée :* mauvaise introduction, pied levé du n° 2 : sanctionné par un coup de pied franc. Tout le reste (exemples : retarder la formation de la mêlée, jeu dangereux, etc.) est sanctionné par un coup de pied de pénalité.

Coup de pied de pénalité : tapé directement vers le but adverse. Il peut être exécuté placé (ballon posé au sol), tombé (drop-goal) ou de volée. Tous les joueurs de l'équipe du botteur doivent se trouver derrière le ballon. Dès que la faute est sifflée par l'arbitre, les joueurs de l'équipe sanctionnée doivent courir sans délai pour se replier à 10 m du point de faute. Depuis 1996, aucun joueur de l'équipe pénalisée n'a le droit d'intervenir tant que l'équipe adverse n'a pas parcouru 10 m. Si l'équipe fautive commet une infraction pendant que la pénalité est jouée, une nouvelle pénalité sera accordée 10 m en avant (jusqu'à la limite de 5 m de la ligne de but). Si l'infraction est commise par l'équipe du botteur, une mêlée avec introduction adverse sera ordonnée au point où la pénalité avait été accordée. **Coup de pied franc ou pénalité différentielle** (depuis 1977) : ne peut être tapé directement en direction du but adverse. Le joueur qui joue le coup franc peut donner un long coup de pied à suivre ou en touche (s'il est dans les 22 m), ou un petit coup et reprendre le ballon lui-même pour le passer à un partenaire qui pourra tenter un drop-goal.

Carton blanc (voir p. 1441 b).

COUPE DU MONDE

Messieurs. *Créée* 1987. Idée du journaliste australien David Lord. *Tous les 4 ans.* **1987**-*22-5/20-6* en Australie et Nlle-Zél. 16 nations invitées (Angl., Argentine, Australie, Canada, Écosse, France, Fidji, Galles, Irlande, Italie, Japon, Nlle-Zél., Roumanie, Tonga, USA, Zimbabwe). Phase éliminatoire de 4 poules de 4 nations pour qualifier les deux 1ers de chaque groupe, quarts de finale et finale. Nlle-Zél. bat Fr. 29-9. **1991**-*oct./nov.,* en France et G.-B. 37 nations dont 16 jouent la phase finale. 32 matches en G.-B., 8 en France. Australie bat Angl. 12-6. **1995**-*mai/juin* en Afr. du Sud. 16 équipes en 4 poules. Afr. du Sud bat Nlle-Zél. 15-12 après prolongations (9-6, 9-9). **1999** Australie bat Fr. 35-12.

Emblèmes des équipes les plus célèbres. *France :* coq. *Galles :* 3 plumes d'autruche (et non le poireau qui est l'emblème du pays de Galles). *Écosse :* chardon. *Angleterre :* rose. *Irlande :* trèfle. *Nlle-Zélande* (All Blacks) : fougère argentée. *Afr. du Sud* (Springboks) : sorte d'antilope. *Australie* (Wallabies) : kangourou. *Argentine :* puma.

Terrains les plus célèbres. *Arms Park :* Cardiff, pays de Galles. *Eden Park :* Auckland, Nlle-Zélande. *Ellis Park :* Johannesburg, Afr. du Sud. *Lansdowne Road :* Dublin, Irl. *Murrayfield :* Édimbourg, Écosse. *Parc des Princes* et *Colombes :* Paris. *Twickenham :* Londres.

Tournoi des Six Nations

De 1883 à 1910 ne concernait que les 4 Unions britanniques. **Depuis 1910** sont admis France (F ou Fr), Angleterre (A ou An), pays de Galles (G), Écosse (E) et Rép. d'Irlande (Ir). *Pas de tournoi de 1915 à 1919 et de 1932 à 1946.* **En 2000,** l'Italie a rejoint le tournoi. **Classement :** d'après les points obtenus à l'issue des 4 matches. 1 victoire = 2 pts ; 1 nul = 1 pt ; 1 défaite = 0 pt. Une équipe qui remporte les 4 matches réalise le grand chelem. Celle des 4 nations britanniques qui est victorieuse des 3 autres remporte la triple couronne.

Résultats généraux

1910 A 7, G 6, E 4, Ir 3, F 0.
11 G 8, Ir 6, A 4, F 2, E 0.
12 A 6, Ir 6, E 4, G 4, F 0.
13 A 8, G 6, E 4, Ir 2, F 0.
14 A 8, G 6, Ir 4, E 0, F 0 [1].
20 A 6, E 6, G 6, F 2, Ir 0.
21 A 8, F 4, G 4, E 2, Ir 2.
22 G 7, A 5, E 4, Ir 2, F 2.
23 A 8, E 6, Ir 2, G 2, F 2.
24 A 8, E 4, Ir 4, G 2, F 2.
25 E 8, A 5, Ir 5, G 2, F 0.
26 Ir 6, E 6, G 5, A 3, F 0.
27 E 6, Ir 6, A 4, G 2, F 2.
28 A 8, Ir 6, E 2, G 2, F 2.
29 E 6, Ir 5, G 5, A 4, F 0.
30 A 5, Ir 4, G 4, F 4, E 3.
31 G 7, E 4, Ir 4, F 4, A 1.
47 G 6, A 6, Ir 4, F 4, E 0.
48 Ir 8, F 4, E 4, G 3, A 1.
49 Ir 6, A 4, F 4, E 4, G 2.
50 G 8, E 4, Ir 3, F 3, A 2.
51 Ir 7, F 6, G 3, E 2, A 2.
52 G 8, A 6, Ir 4, F 2, E 0.
53 A 7, G 6, Ir 5, F 2, E 0.
54 A 6, F 6, G 6, Ir 2, E 0.
55 F 6, G 6, E 4, A 3, Ir 1.
56 G 6, A 4, F 4, Ir 4, E 2.
57 A 8, Ir 4, E 4, G 4, F 0.
58 A 6, G 5, F 4, E 3, Ir 2.
59 F 5, Ir 4, A 4, G 4, E 3.
60 F 7, A 7, G 4, E 2 Ir 0.
61 F 7, G 4, E 4, A 3, Ir 2.
62 F 6, E 5, A 4, G 4, Ir 1.
63 A 7, F 4, E 4, Ir 3, G 2.
64 E 6, G 6, F 3, A 3, Ir 2.
65 G 6, F 5, Ir 5, A 3, E 1.
66 G 6, F 5, E 5, Ir 3, A 1.
67 F 6, A 4, E 4, Ir 4, G 2.
68 F 8, Ir 5, A 4, G 3, E 0.
69 G 7, Ir 6, A 4, E 2, F 1.
70 F 6, G 6, Ir 4, E 2, A 2.
71 G 8, F 4, Ir 3, A 3, E 2.
72 *Tournoi inachevé.*
73 G, F, E, Ir, A 4 [2].
74 Ir 5, E 4, F 4, G 4, A 3.
75 G 6, E 4, F 4, Ir 4, A 2.
76 G 8, F 6, E 4, Ir 2, A 0.
77 F 8 [3], G 6, A 4, E 2, Ir 0.
78 G 8, F 6, A 4, Ir 2, E 0.
79 G 6, F 5, Ir 4, A 3, E 2.
80 A 8, G 4, Ir 4, E 2, F 2.
81 F 8, A 4, G 4, E 4, Ir 0.
82 Ir 6, A 5, E 5, G 2, F 2.
83 F 6, Ir 6, G 5, E 2, A 1.
84 E 8, F 6, G 4, A 2, Ir 0.
85 Ir 7, F 6, G 4, A 3, E 0.
86 F 6, E 6, G 4, A 4, Ir 0.
87 F 8, Ir 4, E 4, G 2, A 2.
88 F 6, G 6, A 4, Ir 2, E 2.
89 F 6, E 5, A 5, Ir 2, G 2.
90 E 8, A 6, F 4, Ir 2, G 0.
91 A 8, F 6, E 4, Ir 1, G 1.
92 A 8, E 4, F 4, G 4, Ir 0.
93 F 6, E 4, A 4, Ir 4, G 2.
94 G 6, A 6, F 4, Ir 3, G 1.
95 A 8, E 6, F 4, Ir 2, G 0.
96 A 6, E 6, F 4, G 2, Ir 2.
97 F 8, A 6, G 2, E 2, Ir 2.
98 F 8, A 6, G 4, E 2, Ir 0.
99 E 6, A 6, G 4, Ir 2, F 2.
2000 A 8, F 6, Ir 6, G 6, E 2, It 2.
01 *Fin du tournoi reportée.*

Nota. – (1) France-Écosse *non disputé.* (2) 1re fois que toutes les équipes ont terminé à égalité. (3) La France a gagné sans encaisser un seul essai et en gardant la même équipe.

■ **Grands chelems** (4 victoires sur 4 matches joués). **1908** [1] G. **09** [1] G. **11** G. **13, 14, 21, 23, 24** An. **25** E. **28** An. **48** Ir. **50, 52** G. **57** An. **68** Fr. **71, 76** G. **77** Fr. **78** G. **80** An. **81** Fr. **84** E. **87** Fr. **90** E. **91, 92, 95** An. **97, 98** Fr.

Nota. – (1) Avant l'ouverture officielle du tournoi des Cinq Nations.

Résultats particuliers

■ **France-Angleterre.** **1970** Fr. 35-13. **71** nul 14-14. **72** Fr. 37-12. **73** An. 14-6. **74** nul 12-12. **75** Fr. 27-20. **76** Fr. 30-9. **77** Fr. 4-3. **78** Fr. 15-6. **79** An. 7-6. **80** An. 17-13. **81** Fr. 16-12. **82** An. 27-15. **83** Fr. 19-15. **84** Fr. 32-18. **85** nul 9-9. **86** Fr. 29-10. **87** Fr. 19-15. **88** Fr. 10-9. **89** An. 11-0. **90** An. 26-7. **91** An. 21-19. **92** An. 31-13. **93** An. 16-15. **94** An. 18-14. **95** An. 31-10. **96** Fr. 15-12. **97** Fr. 23-20. **98** Fr. 24-17. **99** An. 21-10. **2000** An. 15-9. **01** An. 48-19.

■ **France-Écosse.** **1970** Fr. 11-9. **71** Fr. 13-8. **72** E. 20-9. **73** Fr. 16-13. **74** E. 19-6. **75** Fr. 10-9. **76** Fr. 13-6. **77** Fr. 23-3. **78** Fr. 19-16. **79** Fr. 21-17. **80** E. 22-14. **81** Fr. 16-9. **82** E. 16-7. **83** Fr. 19-15. **84** E. 21-12. **85** Fr. 11-3. **86** E. 18-17. **87** Fr. 28-22. **88** E. 23-12. **89** Fr. 19-3. **90** E. 21-0. **91** Fr. 15-9. **92** E. 10-6. **93** Fr. 11-3. **94** Fr. 20-12. **95** E. 23-21. **96** E. 19-14. **97** Fr. 47-20. **98** Fr. 51-16. **99** E. 36-22. **2000** Fr. 28-16. **01** Fr. 16-6.

■ **France-pays de Galles.** **1970** G. 11-6. **71** G. 9-5. **72** G. 20-6. **73** Fr. 12-3. **74** nul 16-16. **75** G. 25-10. **76** G. 19-13. **77** Fr. 16-9. **78** G. 16-7. **79** Fr. 14-13. **80** G. 18-9. **81** Fr. 19-15. **82** G. 22-12. **83** Fr. 16-9. **84** Fr. 21-16. **85** Fr. 14-3. **86** Fr. 23-15. **87** Fr. 16-9. **88** Fr. 10-9. **89** Fr. 31-12. **90** Fr. 29-19. **91** Fr. 36-3. **92** Fr. 12-9. **93** Fr. 26-10. **94** G. 24-15. **95** Fr. 21-9. **96** G. 16-15. **97** Fr. 27-22. **98** Fr. 51-0. **99** G. 34-33. **2000** Fr. 36-3. **01** G. 43-35.

■ **France-Irlande.** **1970** Fr. 8-0. **71** nul 9-9. **72** Ir. 24-14. **73** Ir. 6-4. **74** Fr. 9-6. **75** Ir. 25-6. **76** Fr. 26-3. **77** Fr. 15-6. **78** Fr. 10-9. **79** nul 9-9. **80** Fr. 19-18. **81** Fr. 19-13. **82** Fr. 22-9. **83** Ir. 22-16. **84** Fr. 25-12. **85** nul 15-15. **86** Fr. 29-9. **87** Fr. 19-13. **88** Fr. 25-6. **89** Fr. 26-21. **90** Fr. 31-12. **91** Fr. 21-13. **92** Fr. 44-12. **93** Fr. 21-6. **94** Fr. 35-15. **95** Fr. 25-7. **96** Fr. 45-10. **97** Fr. 32-15. **98** Fr. 18-16. **99** Fr. 10-9. **2000** Ir. 27-25. **01** Ir. 22-15.

■ **France-Italie.** **2000** Fr. 42-31. **01** Fr. 30-19.

■ **Par nation.** **France-Angleterre** (depuis 1906) : 76 matches joués (dont 7 nuls). Angl. 42 vict. Fr. 27. **France-Écosse** (depuis 1910) : 71 matches joués (dont 2 nuls). Fr. 36 vict. E. 33. **France-pays de Galles** (depuis 1908) : 76 matches joués (dont 3 nuls). G. 42 vict. Fr. 31. **France-Irlande** (depuis 1909) : 75 matches joués (dont 5 nuls). Fr. 43 vict. Ir. 27. **France-Italie** (depuis 2000) : 2 matches joués. Fr. 2 vict.

Autres matches internationaux de la France

■ **Test-matches.** Rencontres entre une équipe en tournée et celle du pays où a lieu la tournée.

Avec les All Blacks (Nlle-Zélande). **1906** N.-Z. 38-8. **25** N.-Z. 30-6. **46** N.-Z. 14-9. **54** Fr. 3-0. **61** N.-Z. 13-6 ; 5-3 ; 32-3. **64** N.-Z. 12-3. **67** N.-Z. 21-15. **68** N.-Z. 12-9 ; 9-3 ; 19-12. **73** Fr. 13-6. **77** Fr. 18-13 ; N.-Z. 15-3. **79** N.-Z. 23-9 ; Fr. 24-19. **81** N.-Z. 13-9 ; 18-6. **84** N.-Z. 10-9 ; 31-18. **86** N.-Z. 18-9 ; 19-7 ; Fr. 16-3. **87** N.-Z. 29-9 [1]. **89** N.-Z. 25-17 ; 34-20. **90** N.-Z. 24-3 ; 30-12. **94** Fr. 22-8 ; 23-20. **95** Fr. 22-15 ; N.-Z. 37-12. **99** N.-Z. 54-7. **2001** N.-Z. 37-12.

Avec les Wallabies (Australie). **1928** Austr. 11-8. **48** Fr. 13-6. **58** Fr. 19-0. **61** Fr. 15-8. **67** Fr. 20-14. **68** Austr. 11-10. **71** Austr. 13-11 ; Fr. 18-9. **72** match nul 14-14 ; Fr. 16-15. **76** Fr. 18-15 ; 34-6. **81** Austr. 17-15 ; 24-14. **83** Fr. 15-6 ; 15-15. **86** Austr. 27-14. **87** Fr. 30-24 [1]. **89** Austr. 32-15 ; Fr. 25-19. **90** Austr. 21-9 ; 48-31 ; Fr. 28-19. **93** Fr. 16-13 ; Austr. 24-3. **97** Austr. 29-15 ; 26-19. **98** Austr. 32-21.

Avec les Springboks (Afr. du Sud). **1913** Afr. du S. 38-5. **52** Afr. du S. 25-3. **58** match nul 3-3 ; Fr. 9-5. **61** match nul 0-0. **64** Fr. 8-6. **67** Afr. du S. 26-3 ; 16-3 ; Fr. 19-14 ; match nul 6-6. **68** Afr. du S. 12-9 ; 16-11. **71** Afr. du S. 22-9 ; match nul 8-8. **74** Afr. du S. 13-4 ; 10-8. **75** Afr. du S. 38-25 ; 33-18. **80** Afr. du S. 37-15. **92** Afr. du S. 20-15 ; Fr. 29-16. **93** match nul 20-20 ; Fr. 18-17. **96** Afr. du S. **22-12 ; 13-12.** **97** Afr. du S. 36-32 ; 52-10. **2001** Fr. 32-23 ; Afr. du S. 20-15.

Avec les Pumas (Argentine). **1949** Fr. 5-0 ; 12-3. **54** Fr. 22-8 ; 30-3. **60** Fr. 37-3 ; 12-3 ; 29-6. **74** Fr. 20-15 ; 31-27. **77** Fr. 26-3 ; match nul 18-18. **85** Arg. 24-16 ; Fr. 23-15. **86** Arg. 15-13 ; Fr. 22-9. **88** Fr. 18-15 ; Arg. 18-6. **92** Fr. 29-12 ; 33-9. **96** Fr. 34-27 ; 34-15. **98** Fr. 35-18 ; Fr. 37-12.

■ **Autres matches. Avec Afr. du Sud.** **1995** Afr. S. 19-15 [1]. **Allemagne.** **1927** Fr. 30-5 ; All. 17-16. **28** Fr. 14-3. **29** Fr. 24-0. **30** Fr. 31-0. **31** Fr. 34-0. **32** Fr. 20-4. **33** Fr. 38-17. **34** Fr. 13-9. **35** Fr. 18-3. **36** Fr. 19-14 ; 6-3. **37** Fr. 27-6. **38** All. 3-0 ; Fr. 8-5. **82** Fr. 53-15. **Angleterre.** De 1946 au 19-6-2000 : 56 matches * (6 nuls, Fr. 25 vict., Angl. 25). **1947** An. 6-3. **48** Fr. 15-0. **49** An. 8-3. **91** An. 19-10 [1]. **95** Fr. 19-9 [1]. **Argentine.** **1995** Fr. 47-12. **97** Fr. 32-27. **98** Fr. 34-14. **99** Fr. 47-26 [1]. **Australie.** **1987.** France 30-24 [1]. **99** Aus. 35-12 [1]. **2000** Aus. 18-13. **Canada.** **1994** C. 18-16 ; Fr. 28-9. **99** Fr. 33-20 [1]. **Côte d'Ivoire.** **1995** Fr. 54-18 [1]. **Écosse.** **1947** Fr. 8-3. **48** E. 9-8. **49** E. 8-0. **87** match nul 20-20 [1]. **95** Fr. 22-19 [1]. **Fidji.** **1964** Fr. 21-3. **87** Fr. 31-16 [1]. **98** Fr. 34-9. **99** Fr. 28-19 [1]. **Galles (pays de).** **1945** G. 8-0. **46** Fr. 12-0. **47** G. 3-0. **48** Fr. 11-3. **49** Fr. 5-3. **91** Fr. 22-9. **96** Fr. 40-33. **99** G. 34-23. **G.-B.** **1940** G.-B. 36-3. **45** Fr. bat Army Rugby Union 21-9 ; Empire brit. 27-6 ; Galles 8-0. **46** Fr. bat British Empire Services 10-0. **Irlande.** **1946** Fr. 4-3. **47** Fr. 12-8. **48** Ir. 13-6. **49** Fr. 16-9. **95** Fr. 36-12 [1]. **Italie.** **1937** Fr. 43-5. **52** Fr. 17-8. **53** Fr. 22-8. **54** Fr. 39-12. **55** Fr. 24-0. **56** Fr. 16-3. **57** Fr. 38-6. **58** Fr. 11-3. **59** Fr. 22-0. **60** Fr. 26-0. **61** Fr. 17-0. **62** Fr. 6-3. **63** Fr. 14-12. **64** Fr. 12-3. **65** Fr. 21-0. **66** Fr. 21-0. **67** Fr. 60-13. **97** It. 40-32 ; Fr. 30-19. **Japon.** **1973** Fr. 30-18. **Maoris.** **1926** M. 12-3. **Nlle-Zélande.** **1999** Fr. 43-31 [1]. **2000** Nlle-Zélande 39-26. Fr. 42-33. **Namibie.** **1999** Fr. 47-13 [1]. **Roumanie.** **1924** Fr. 61-3. **38** Fr. 11-8. **57** Fr. 18-15 ; 39-0. **60** R. 11-5. **61** match nul 5-5. **62** R. 3-0. **63** match nul 6-6. **64** Fr. 9-6. **65** Fr. 8-3. **66** Fr. 9-3. **67** Fr. 11-3. **68** R. 15-14. **69** Fr. 14-9. **70** Fr. 14-3. **71** Fr. 31-12. **72** Fr. 15-6. **73** Fr. 7-6. **74** R. 15-10. **75** Fr. 36-12. **76** R. 15-12. **77** Fr. 9-6. **78** Fr. 9-6. **79** Fr. 30-12. **80** R. 15-0. **81** Fr. 17-9. **82** R. 13-9. **83** Fr. 26-15. **84** Fr. 18-3. **86** Fr. 25-13 ; 20-3. **87** Fr. 55-12 [1] ; 49-3. **88** Fr. 16-12. **91** Fr. 33-21. **93** Fr. 51-0. **95** Fr. 24-15 ; 52-8. **96** Fr. 64-12. **99** Fr. 62-8. **2000** Fr. 67-20. **Samoa** **1999** Fr. 39-22. **Tchécoslovaquie.** **1956** Fr. 28-3. **68** Fr. 19-6. **Tonga.** **1995** Fr. 38-10 [1]. **99** T. 20-16. **USA.** **1920** Fr. 14-5. **24** U. 17-3. **76** Fr. 33-14. **91** Fr. 41-9 ; 10-3. **Zimbabwe.** **1987** Fr. 70-12 [1].

Nota. – (1) Coupe du monde. (*) Dont 5 Nations puis 6 Nations.

Championnat de France

☞ *Abréviations :* St. : Stade. SF : Stade français.

■ **Organisation.** *Créé* en 1892. Depuis la saison 1998-99, la 1re phase se joue entre 24 clubs répartis en 3 poules. La 2e phase se joue entre les 5 premiers de chaque poule et le meilleur 6e répartis en 4 nouvelles poules. Les 2 premiers de chaque poule sont qualifiés pour les quarts de finale. Les quarts de finale, demi-finale et la finale se jouent sur un seul match.

Le vainqueur du championnat de France reçoit le *bouclier de Brennus,* dû selon la légende à Brennus Ambiorix Crosnier dit Charles Brennus (1859-1943), maître graveur et Pt d'honneur de la Fédération française de rugby en 1921 ; en 1892, il ne faisait pas encore partie de l'Union des sociétés françaises des sports athlétiques (USFSA) mais, en tant que fournisseur, il aurait ciselé et exécuté le bouclier dessiné par le baron Pierre de Coubertin (1863-1937), alors secrétaire de l'Union.

☞ Depuis 1996, au-delà de 3 fautes commises par la même équipe dans les phases de jeu au sol, chaque nouveau joueur sanctionné est expulsé 10 minutes (**carton blanc,** seulement en championnat de France).

■ **Résultats.** **1970** La Voulte-Montferrand 3-0. **71** Béziers-Toulon 15-9. **72** Béziers-Brive 9-0. **73** Tarbes-Dax 18-12. **74** Béziers-Narbonne 16-14. **75** Béziers-Brive 13-12. **76** Agen-Béziers 13-10. **77** Béziers-Perpignan 12-4. **78** Béziers-Montferrand 31-9. **79** Narbonne-Bagnères 10-0. **80** Béziers-St.toulousain 10-6. **81** Béziers-Bagnères 22-13. **82** Agen-Bayonne 18-9. **83** Béziers-Nice 14-6. **84** Béziers-Agen 21-21 (3-1 aux tirs aux buts). **85** Toulouse-Toulon 36-22 (après prolongations). **86** Toulouse-Agen 16-6. **87** Toulon-Racing 15-12. **88** Agen-Tarbes 9-3. **89** Toulouse-Toulon 18-12. **90** Racing-Agen 22-12. **91** Bègles-Toulouse 19-10. **92** Toulon-Biarritz 19-14. **93** Castres-Grenoble 14-11. **94** Toulouse-Montferrand 22-16. **95** Toulouse-Castres 31-16. **96** Toulouse-Brive 20-13. **97** Toulouse-Bourgoin 12-6. **98** Stade Français CASG-Perpignan 34-7. **99** Toulouse-Montferrand 15-11. **2000** Stade Français-Colomiers 28-23. **01** Toulouse-Montferrand 34-22.

Autres épreuves

■ **Coupe latine.** *Créée* 1995. Entre Argentine, France, Italie et Roumanie. **1995, 97** France.

■ **Coupe d'Europe des clubs.** *Créée* 1996. **1996** Toulouse bat Cardiff 21-18. **97** Brive bat Leicester 28-9. **98** Bath bat Brive 19-18. **99** Ulster bat Colomiers 21-6. **2000** Northampton bat Munster 9-8. **01** Leicester bat Stade Français 34-30.

■ **Coupe de France.** *Créée* 1906, *supprimée* en 1951. *A été rejouée* **1984** (Toulouse-Lourdes 6-0). **86** (Béziers-Aurillac 18-6).

■ **Challenge du Manoir.** *Créé* 1931. **1932** Agen. **33** Lyon OU. **34** Toulon et St. toulousain ex æquo. **35** USA Perpignan. **36** Aviron bayonnais. **37** Biarritz. **38** Montferrand. **39** Pau. **53** Lourdes. **54** Lourdes. **55** USA Perpignan. **56** Lourdes. **57** Dax. **58** Mazamet. **59** Dax. **60 à 62** Mont-de-Marsan. **63** Agen. **64** Béziers. **65** Cognac. **66, 67** Lourdes. **68** Narbonne. **69** Dax. **70** Toulon. **71** Dax. **72** Béziers. **73, 74** Narbonne. **75** Béziers. **76** Montferrand. **77** Béziers. **78, 79** Narbonne. **80** Bayonne. **81** Lourdes. **82** Dax. **83** Agen. **84** Narbonne. **85** Nice. **86** Montferrand. **87** Grenoble. **88** Toulouse. **89 à 91** Narbonne. **92** Agen. **93** Toulouse. **94** Perpignan. **95** Toulouse. **96** Brive. **97** Pau. **98** Toulouse. **99** Stade Français. **2000** Biarritz.

Nota. – 6 équipes ont réalisé le doublé championnat et challenge du Manoir la même année : Béziers (72, 75, 77), Lourdes (53, 56), Perpignan (55), Lyon (33), Narbonne (79) et Toulouse (95).

■ **Autres épreuves.** **Championnats : de l'Espérance** (SC Tulle), **Béguère** (FC Lourdais), **Cadenat** (AS Béziers). **Coupe de l'Avenir** créée 1942, devenue *coupe Taddeï,* juniors, **Coupes : Frantz-Reichel** (créée 1931), **René-Crabos** (créée 1950).

Grands joueurs

Français

Aguirre Jean-Michel 2-11-51. Albaladejo Pierre 13-2-33. Andrieu Marc 19-9-59. Armary Louis 24-7-63. Astre Richard 28-8-48. Averous Jean-Luc 22-10-54. Azarete Jean-Louis 8-5-45. Barrau Max 26-11-50. Barthe Jean 22-7-32. Basquet Guy 13-7-21. Bastiat Jean-Pierre 11-4-49. Belascain Christian 1-11-53. Benazzi Abdelatif 20-8-68. Benesis René 29-8-44. Benetton Philippe 17-5-68. Berbizier Pierre 17-6-58. Bergougnan Yves 8-5-24. Bérot Philippe 29-1-65. Bertranne Roland 6-12-49. Bianchi Jérôme 4-4-55. Biemouret Paul 11-4-43. Biénès René 2-8-23. Bilbao Louis 14-9-56. Blanco Serge 31-8-58. Boniface André 14-8-34 ; Guy 1937-68. Bonneval Éric 19-11-63. Bouquet Jacques 3-6-33. Bourgarel Roger 21-4-47. Bustaffa Daniel 11-1-56.

Cabanier Jean-Michel 13-5-36. Cabannes Laurent 6-2-64. Cabrol Henri 11-2-47. Camberabero Didier 9-1-61 ; Guy 17-5-36 ; Lilian 15-7-37. Cantoni Jacques 11-5-48. Carminatti Alain 17-8-66. Carrère Christian 27-7-43 ; Jean 5-4-30. Cécillon Marc 30-1-59. Celaya Michel 4-7-30. Cester Élie 27-7-42. Champ Éric 8-6-62. Charvet Denis 12-5-62. Cholley Gérard 6-6-45. Codorniou Didier 13-2-58. Condom Jean 15-8-60. Crabos René 1899-1964. Crauste Michel 6-7-34. Cremaschi Michel 26-4-56.

Danos Pierre 4-6-29. Darrouy Christian 13-1-37. Dauga Benoît 8-5-42. Dauger Jean 1919-99. Dedieu Paul 8-5-35. De Gregorio Jean 9-12-35. Desclaux Joseph 1-2-12. Dintrans Philippe 29-1-57. Domenech Amédée 3-5-33. Dospital Pierre 15-5-50. Dourthe Claude 20-11-48. Dubroca Daniel 25-4-54. Dufau Gérard 27-8-24. Du Manoir Yves 1904-28. Dupuy Jean 25-5-34.

Erbani Dominique 16-8-56. Estève Alain 15-9-46 ; Patrick 14-2-59. Fabre Michel 11-9-56. Fouroux Jacques 24-7-47. Gachassin Jean 23-12-41. Gallion Jérôme 4-4-55. Garuet Jean-Pierre 15-6-53. Gourdon Jean-François 8-9-54. Gruarin Arnaldo dit Aldo 5-2-38. Haget Francis 1-10-49. Herrero André 28-1-38 ; Bernard 19-9-57. Hueber Aubin 5-4-67. Imbernon Jean-François 17-10-51. Iracabal Jean 6-7-41. Jaureguy Adolphe 1898-1977. Joinel Jean-Luc 21-8-53.

Labazuy Antoine 9-2-29. Lacaze Claude 5-3-40. Lacroix Pierre 23-1-35 ; Thierry 2-3-67. Lafond Jean-Baptiste 29-12-61. Lagisquet Patrice 4-9-62. Laporte Guy 15-12-52. Lasserre Jean-Claude 12-5-38 ; Michel 21-1-40 ; René 1895-1965. Le Droff Jean 22-6-39. Lescarboura J.-Patrick 19-1-61. Lira Maurice 1941-86. Lorieux Alain 26-3-56. Lux Jean-Pierre 9-1-46. Martine Roger 3-1-30. Maso Joseph 27-12-44. Melville Éric 27-6-61. Mesnel Franck 30-6-61. Mias Lucien 28-9-30. Moga Alban 1923-83. Moncla François 1-4-32. Noves Guy 5-2-54. Ntamack Émile 25-6-70. Ondarts Pascal 1-4-56. Orso Jean-Charles 6-1-58. Paco Alain 1-5-52. Palmié Michel 1-12-51. Paparemborde Robert 1948-2001. Pique Jean 17-9-35. Prat Jean 1-8-23 ; Maurice 17-9-28.

Rancoule Henri 6-2-33. Rives Jean-Pierre 31-12-52. Rodriguez Laurent 25-6-60. Romeu Jean-Pierre 15-4-48. Roques Alfred 17-2-25. Roumat Olivier 16-6-66. Rousié Max 1912-59. Saint-André Philippe 19-4-67. Sangalli François 8-9-52. Sella Philippe 14-2-62. Serrière Patrick 7-7-60. Skrela Jean-Claude 1-10-49. Spanghero Claude 16-6-48 ; Walter 21-12-43.

Thiers Pierre 16-4-14. Tordo J.-François 1-8-64. Trillo Jean 27-10-44. Vannier Michel 1931-91. Vaquerin Armand 1951-93. Viars Sébastien 24-6-71. Vigier Robert 1926-86. Villepreux Pierre 5-7-43. Viviès Bernard 3-9-53. Yachvili Michel 25-7-46.

Étrangers

Légende : (1) Angleterre. (2) Écosse. (3) Pays de Galles. (4) Irlande. (5) Australie. (6) Nlle-Zél. (7) Afrique du Sud. (8) Italie. (9) Argentine.

Andrew Rob [1] 18-2-63. Batty Grant [6] 1951. Beaumont Bill [1] 9-3-52. Bennett Phil [3] 24-10-48. Botha Naas [7] 27-2-58. Brand Gerald [7] 8-10-1906. Bruce Doug [6] 1947. Burnell A. [2] 29-9-65. Butterfield Jeff [1] 9-8-29.

Calder Finlay [2] 20-8-57. Campbell-Lamerton M.J. [2] 1-8-33. Campese David [5] 21-10-62. Carling Will [1] 12-12-65. Carmichael Alexander [2] 2-2-44. Catchpole Kenneth William [5] 21-6-39. Caulton Ralph Walter [6] 1937. Chalmers Creg [2] 15-10-68. Chisholm D.H. [2] 23-1-37. Claassen Johan [7] 23-9-29. Clarke Donald Barry [6] 10-11-33 ; Jan James [6] 1932. Cobner T.J. [3] 10-1-46. Cook Albert E. [6] 1901-77. Craven Daniel [7] 1909-93. Cronin D. [2] 17-4-63. Crossan K. [4] 29-12-59.

Dalton Andy [6] 1951. Davies Jonathan [3] 24-10-62 ; Mervyn [3] 9-12-46 ; P.T. [3] 19-10-63 ; T.G.R. [3] 7-2-45. Dawes John [3] 29-9-40. Dawson A. Ronnie [4] 5-6-32. Deans Colin [2] 3-5-55. De Villiers David Jacobas [7] 10-7-40 ; Henry Oswald [7] 10-3-45. Dick Malcolm John [6] 1941. Donaldson Mark [6] 1955. Dooley Wade [1] 2-10-57. Duckham David [1] 28-6-46. Du Preez Frederick Christoffel [7] 28-11-35. Edwards Gareth [3] 12-7-47. Ellis Hendrick Jakobis [7] 1941. Engelbrecht Jan Pieter 10-11-38. Evans Eric [1] 1921-91.

Farr-Jones Nicholas [5] 18-4-62. Faulkner Charly [3] 1943. Fenwick Steve [3] 21-7-51. Fox Grant [6] 8-6-62. Frame John [2] 8-10-46. Gallagher John [6] 29-1-64. Gibbs I. [3] 23-1-71. Gibson Mike [4] 3-12-42. Going Sidney [6] 19-8-43. Gould Arthur [3] 1864-1919. Graham David John [6] 1936. Gravell Raymond [3] 12-9-51. Gray Kenneth Francis [6] 1938. Greyling Pieter Johannes [7] 16-5-42. Guscott Jeremy [1] 7-7-65. Haeden Andy [6] 29-9-50. Halliday S. [1] 13-7-60. Hare William [1] 29-11-52. Hastings Gavin [2] 3-1-62. Hawthorne Philip [5] 24-10-43. Henderson Noël J. [4] 1933. Herewini Farlane Alexander [6] 1938. Hiller Robert [1] 14-10-42. Hodgkinson Simon [1] 15-12-62. Hopwood Douglas [7] 1935. Horan Tim [5] 18-5-70. Horton Nigel [1] 14-4-48.

Ifwersen Karl D. [6] 1893-1967. Irvine Andy [2] 16-9-51. Jarden Ronald A. [6] 1929-77. Jeffrey J. [2] 25-3-59. John Barry [3] 6-1-45. Jones Cliff [3] 1913 ; Kenneth [3] 30-12-21 ; Michael [6] 8-4-65 ; Peter [6] 1932-94 ; R. [3] 10-11-65. Kavanagh J. Ronnie [4] 21-1-31. Keane Maurice I. [4] 27-7-48. Kearns Phil [5] 27-7-67. Kennedy Kenneth [4] 10-5-42. Kiernan Michael [4] 17-1-61 ; Tom [4] 7-1-49. Kirk David [6] 5-10-60. Kirkpatrick Ian [6] 24-5-46. Kirwan John [6] 12-2-64. Knight Lawrie [6] 1949. Kyle John Wilson dit [4] 10-1-26. Laidlaw Christopher Robert [6] 1944 ; Frank [2] 20-10-40 ; Roy [2] 5-10-53. Larter Peter [1] 7-9-44. Lenihan D. [4] 12-9-59. Llewellyn G. [3] 27-2-69. Loane Mark [5]. Lochore Brian [6] 3-9-40. Lomu Jonah [6] 12-5-75. Lynagh Michael [5] 25-10-63.

McBride William [4] 6-9-40. McGann Barry John [4] 25-5-48. McHarg Alistair [2] 1944. McLauchlan Ian [2] 14-4-42. McLean Paul 1953. McLoughlin Ray 24-8-39. McNeill Hugo [4] 16-9-58. Marais Johannes [7] 21-9-41. Marques David [1] 9-12-32. Martin Allan 1948. Meads Colin Earl [6] 3-6-36. Mexted Murray [6] 1953. Millar Sydney [4] 23-5-34. Milne I. [2] 17-6-58. Molloy Mick [4] 27-9-44. Moore Brian [1] 11-1-62. Morkel Gerhard [7] 1888-1959. Mourie Graham [6] 8-9-52. Mulcahy William [4] 7-1-35. Mullen Karl [5] 1926. Muller Hennie 1922-77. Murphy Noel A. [4] 22-2-37. Myburgh Johannes Lodewikus [7] 24-8-36.

Nathan Waka [6] 1940. Neary Anthony [1] 25-1-48. Nel Philip [7] 17-6-02. Nepia George [6] 1905-86. Nicholls Gwynn [3] 1875 ; Mark [6] 1901-72. Norster Robert [3] 23-6-57. O'Driscoll John [4] 26-11-53. O'Reilly Anthony [4] 7-5-36. Pask Alun [3] 10-9-37. Pedlow A. Cecil [4] 1934. Poidevin Simon [5] 31-10-58. Porta Hugo [9] 11-9-51. Poulton-Palmer Ronald [1] 1889-1915. Price Brian [3] 22-5-49 ; Graham [3] 24-11-51.

Quinnell Derek [3] 22-5-49. Richards Dean [1] 11-7-63. Robertson Bruce [6] 1952. Rutherford John [2] 4-10-55. Scotland Kenneth [2] 29-8-36. Seeling Charles [6] 14-5-1883. Shelford Wayne [6] 13-12-57. Slattery Fergus [4] 12-2-49. Small James [7] 10-2-69. Smith Ian [2] 1903 ; Johnny [6] 1922-74. Sole David [2] 8-5-62. Squire Jeff [3] 23-9-51. Stagg Peter [3] 1941. Stephen Rees [3] 16-4-22. Stewart Allan James 1942. Stoop Adrian Dura [1] 27-3-1883.

Tanner Haydn [3] 9-1-17. Telfer Jim [2] 17-3-40. Thorburn Paul [3] 24-11-62. Thornett John [5] 30-3-35. Tremain Kelwin [6] 1938.

Underwood Rory [1] 19-6-63. Van Wyk Christian [7] 5-11-23. Visagie Petrts [7] 16-4-43. Wakefield William [1] 1898-1983. Wallace William [6] 2-8-1878. Watkins Stuart [3] 5-6-41. Weston Mike [1] 21-8-38. Wheel Geoff [3] 30-6-51. Whetton Gary [6] 15-12-59. Whineray Wilson James [6] 1935. Williams Bryan [6] 3-10-50 ; John P.R. [3] 2-3-49. Williams-Jones H. [3] 10-1-63. Windsor Bobby [3] 31-1-46. Winterbottom Peter [1] 31-5-60. Wooller Wilfred [3] 1912. Young Dennis 1930. Zani Francisco [8] 24-10-38.

Rugby féminin

■ **Histoire. 1908** 1re rencontre en France. **1965** 1res équipes fondées en France. **1970** Association française de rugby féminin (AFRF). **1972** championnat de France créé. **1984**-*23-5* l'AFRF devient Féd. fr. de rugby féminin qui intègre la FFR en juillet 1989. **2000**-*24-1* reconnaissance par le ministère de la Jeunesse et des Sports comme sport de haut niveau. **Licenciées en France** (au 19-6-2000) : 4 043. *Nombre d'équipes connues en 2000 :* 102.

■ **Épreuves. Coupe du monde.** *Créée* 1991. *Tous les 4 ans.* **1991** USA-Angleterre 19-6. **94** Angleterre-USA 38-23. **98** Nlle-Zélande-USA 44-12. **Coupe d'Europe.** *Créée* 1988. **1988** 4 équipes. Fr.-P.-Bas 13-3, Fr.-It. 16-3, Fr.-G.-B. 8-6. *Non disputée après* 1988. **Championnats d'Europe.** *Créés* 1995. *Tous les ans sauf années de Coupe du monde.* **1995** Espagne. **96** France. **97** Angleterre. **99, 2000** France. **01** Écosse. **Tournoi des 6 Nations** (5 jusqu'en 2000). *Créé* 1999. **1999, 2000** Angleterre.

Championnats de France. *Créé* 1972. **1972** Asvel-Adour 10-8. **73** Auch-Tarbes 10-8. **74** Bourg-en-Bresse-Auch 25-10. **75** Toulouse-Valence 18-3. **76, 77** Toulouse-Bourg-en-B. 8-3 ; 12-7. **78** Toulouse-Auch 7-0. **79** Toulouse-Tournus 19-0. **80** Toulouse-Bourg-en-B. 7-0. **81** Bourg-en-B.-Tournus 10-3. **82** Toulouse-Bourg-en-B. 7-0. **83** La Teste-Bourg-en-B. 10-0. **84** Toulouse-Tournus 10-0. **85** Toulouse-Bourg-en-B. 6-0. **86** La Teste-Toulouse 8-0. **87** La Teste-Tournus 16-4. **88** La Teste-Bourg-en-B. 8-0. **89** Bourg-en-B.-Romagnat. **90** Saint-Orens-Bourg-en-B. 7-6. **91** Chilly-Mazarin-St-Orens 3-0. **92** Herm-St-Orens 10-3. **93** St-Orens-Bourg-en-B. 13-3. **94** Romagnat-St-Orens 21-12. **95** Romagnat-Herm 10-6. **96** Chilly-Mazarin-Romagnat 3-0. **97** Herm-St-Orens 30-17. **98** Herm-Romagnat 20-11. **99** Caen-Herm 25-12. **2000** Caen-Herm 12-5.

■ **Matches de l'équipe de France. 1998** Angleterre bat Fr. 13-5 [1] ; Écosse bat Fr. 19-3 [1] ; Fr. bat Kazakhstan 23-6 [2] ; Fr. bat Australie 10-8 [2] ; Canada bat Fr. 9-7 [2] ; Écosse bat Fr. 27-7 [2] ; Espagne bat Fr. 22-9 [2]. **99** Fr. bat Irlande 24-0 [3] ; Fr. bat Galles 34-5 [3] ; Angleterre bat Fr. 13-8 [3] ; Fr. bat Écosse 48-18 [3] ; Fr. bat Kazakhstan 28-8 ; Fr. bat Angleterre 19-0 ; Fr. bat Espagne 13-5. **2000** Fr. bat Galles 27-10 [3] ; Angleterre bat Fr. 24-18 [3] ; Fr. bat Écosse 10-7 [3] ; Fr. bat Espagne 38-5 [3] ; Fr. bat Irlande 41-14 [4] ; Fr. bat Angleterre 19-12 [4] ; Fr. bat Espagne 31-0 [4]. **01** Fr. bat Écosse 13-0 [5] ; Fr. bat Irlande 53-0 [5] ; Espagne bat Fr. 6-0 [5] ; Angleterre bat Fr. 50-6 [5].

☞ Nota : (1) amical. (2) Coupe du monde. (3) Tournoi des 5 nations. (4) Championnat d'Europe. (5) Tournoi des 6 nations.

Ski

Généralités

Origine

On a trouvé dans un marais, en Suède, un ski datant d'environ 3000 av. J.-C. (ski de Hoting, conservé à Stockholm). **1853** diffusion du ski en Autriche et Allemagne. **1855** en Nlle-Zél. ; le Lt Windham introduit en France des skis de Norvège ; il est suivi par Henri Duhamel, le docteur Pilet à Colmar, le docteur Étienne Payot à Chamonix (1897). **1867** *1er grand concours de ski* à Christiania (Norvège). **1880** apparition du *ski en forme de taille de guêpe* qui permet virages et conduite (inventé par le Norvégien Sondre Nordheim ; aussi à l'origine du *telemark,* virage inventé avec son frère). **1888** Fidtjof Nanssen (1861-1930) traverse à skis le Groenland. **1889** *1er brevet pour des fixations de ski.* **1895** essais du Cdt Widhmann au Lautaret. **1896** *1er club de ski français* (Ski Club des Alpes). **1897**-*12-2 1re expérience de ski alpin en France,* Lt Widhmann (28e bataillon de chasseurs alpins) : ascension (en 7 h) et descente (en 1 h 30) du mont Guillaume (Htes-Alpes). **1900** introduction du ski dans l'infanterie alpine (159e RIA) à Briançon. **1902** *1res courses,* descentes libres à Davos. **1903** à Adelboden. **1904** la garde suisse du St-Gothard adopte les skis. Création de l'École normale de ski par le min. de la Guerre. **1907** *1er concours international de ski en France,* organisé par le Club alpin fr., à Montgenèvre, participation exclusive de militaires. **1911**-*7-1* Arnold Lunn organise le « Challenge Roberts of Kandahar » à Montana. **1922** *1re école de ski* à St-Anton (méthode de l'Arlberg). *1er slalom moderne* à Mürren. **1924** *1ers JO d'hiver* à Chamonix (ski nordique uniquement) ; Féd. intern. (FIS) et Féd. française de ski créées. **1927** école de ski de St-Moritz. **1931** *1ers ch. du monde* à Mürren (Suisse) organisés par Lunn qui fait reconnaître les disciplines alpines par la FIS. **1936** JO à Garmisch-Partenkirchen, introduction des disciplines alpines. **1997** avènement du *ski parabolique (carving),* plus court, plus large avec une « taille de guêpe » marquée imposant des virages coupés.

Ski alpin

■ **Origine. 1896** 1res règles quand Mathias Zdarsky (Autr., 1856-1940) codifie la technique. Hannes Schneider (Autr., 1890-1955) fixe les données de l'école de l'*Arlberg* [*christiania, stem-christiania* (du verbe *stemmen :* appuyer)]. **1938** Paul Gignoux et Émile Allais fixent la méthode de l'*école française,* fondée sur le *virage parallèle* (né vers 1930), grâce à l'Autr. Toni Seelos. **1957** Jean Vuarnet et Georges Joubert parlent de *vissage-angulation* (mécanisme de pivotement) et utilisent les principes de pénétration dans l'air en proposant une position de recherche de vitesse dite *de l'œuf*. Viennent ensuite *christiania léger, virage christiania-slalom* (1960). Puis, *virages évasion* et *GT* (1976) ; *virages performances* et *GTE* faisant appel aux effets directionnels : dérapé, glissé ou coupé (1988). Actuellement, *virage évolution 2000* et *godille* du même nom (1997).

■ **Épreuves. Descente :** *créée* 7-1-1911 par sir Arnold Lunn à Montana. Le skieur doit franchir des portes [chaque montant est constitué par 2 piquets reliés par une banderole rouge de 0,75 m de largeur sur 1 m de hauteur]. *Piste :* larg. minimale 30 m, dénivellation 800 à 1 100 m (messieurs), 500 à 800 m (dames), pour championnats du monde, coupe du monde-FIS, coupe d'Europe, homologation tous les 5 ans.

Slalom : *1er* à Mürren (Suisse), janvier 1922. *Départ :* à discrétion du comité de course (pour la coupe du monde, 1 coureur en course). *Piste :* dénivellation 140 à 220 m (dames 140 à 200 m), 1/4 de la piste doit présenter une dénivellation supérieure à 30 %. *Portes :* pour les messieurs 52 à 78, dames 42 à 68 [largeur : 4 à 6 m, piquets à « rotule » basculants (obligatoires) hauts de 1,80 m au-dessus de la neige avec 20 à 32 mm de diamètre]. Le skieur doit franchir toutes les portes sous peine de disqualification. *Courses :* en 2 manches, sur 2 parcours différents. Le skieur peut reconnaître le parcours avant la course en montant ou en descendant, mais sans emprunter le tracé. *Classement :* par addition des temps des 2 manches.

Slalom géant : 1950-*13-3* apparaît aux championnats du monde à Aspen (USA). **1976** 2 manches comme le spécial. Dénivelée : *messieurs* 250 à 450 m, *dames* 250 à 400 m. *Portes :* 2 piquets reliés par un rectangle de couleur de 75 × 50 cm. Nombre : 12 à 15 % de la dénivelée, largeur : 4 à 8 m. Pistes homologuées tous les 5 ans. **Slalom parallèle :** 2 skieurs luttent simultanément sur 2 parcours similaires et changent de parcours pour la 2e manche, une « belle » peut être disputée. 1er Aspen 6-12-1968. **Super-G** (G1, *créé* 1982, 1re course 1987) : en 1 manche, casque obligatoire. *Piste :* terrain vallonné, dénivelée : *messieurs* 500 à 650 m, *dames* 400 à 600 m, largeur minimale 30 m, largeur des portes de 6 à 8 m pour les portes horizontales et 8 à 12 m pour les verticales ; pistes homologuées tous les 5 ans.

Combiné alpin : combinaison d'une descente et d'un slalom ; l'ordre de départ du slalom est fonction du résultat de la descente : le 5e de la descente part 1er au slalom, le 4e de la descente part 2e au slalom et ainsi de suite ; les autres concurrents partent dans leur ordre d'arrivée à la descente. On procède ainsi pour tous les combinés aux JO, aux championnats du monde (épreuves particulières distinctes des épreuves de descente et de slalom) et au Kandahar.

Grande classique : en dehors des JO, des championnats du monde et de la coupe du monde, chaque nation peut organiser une coupe chaque année, reconnue par la FIS et comptant pour la coupe du monde. **Organisateurs :** *Autriche* Sölden, Schladming, Flachau, St-Anton, Semmering, Badgastein, Schruns ou Kitzbühel, *Canada* Mt-Ste-Anne, Whistler ou Vancouver, *Espagne* Sierra Nevada, *États-Unis* Aspen, Mammoth Mtm, Park-City, Vail ou Waterville, *France* Tignes, Val-d'Isère, Megève, St-Gervais, Chamonix, Morzine, Courchevel, *Italie* Alta Badia, Bormio, Sestrières, Cortina, Madonna di Campiglio ou Val Gardena, *Norvège* Kvitfjell, *Suède* Aare, *Suisse* Laax, St-Moritz, Wengen ou Grindelwald, *Rép. tchèque* Vysoké Tatry, *Slovénie,* Kranjska-Gora, Maribor.

☞ **Kandahar** (descente puis slalom dont l'ordre de départ est déterminé par le résultat de la descente) : un ancien officier de l'armée des Indes, lord Roberts of Kandahar (1832-1914), dota la 1re course de descente, l'Arlberg-

■ **Tests des écoles du ski français. Progression enfants. Flocon :** évolution serpentée en virage, chasse-neige. **1re étoile :** *1.* Trace directe en traversée simple. *2.* Pas tournants à la sortie d'une trace directe sur pente faible. *3.* Enchaînement de 7 ou 8 virages élémentaires sur un tracé coulé. **2e étoile :** *1.* Dérapage en biais contrôlé sur pente moyenne. *2.* Pas tournants vers l'amont. *3.* Descente technique sur pente moyenne en virages parallèles de base imposés par 4 ou 5 piquets. Enchaînement terminé en ski libre. Note inférieure à 9, éliminatoire pour la descente. **3e étoile :** *1.* Slalom non chronométré à effectuer en virage parallèle à vitesse soutenue. Dénivelée 40 à 50 m, longueur 100 m. Trace simple. *2.* Trace directe 3e degré terminée par un dérapage frein. *3.* Feston de base. Succession de déclenchements de virages skis parallèles suivis de dérapages arrondis vers l'amont ; l'enchaînement s'effectue en traversée le long de la pente.

■ **Tests internationaux. Bronze :** sur piste verte en virages élémentaires, pas tournants glissés vers l'amont, dérapage arrondi élémentaire, enchaînement en feston stemé. **Argent :** sur piste bleue, virage de base sous sa forme rudimentaire sur pente moyenne, trace directe 2e degré, enchaînement de feston simple. **Or :** sur piste rouge, virages de type GT sur pente moyenne, trace directe 3e degré, pas tournants vers l'aval sur pente faible.

Épreuves de performance. Chamois de France (créé par Charles Diebold, 1897-1987) : *slalom.* Tracé 300 à 350 m. Dénivelée 150 à 200 m. Portes (30 à 40) en fonction du terrain. Classement [par rapport au handicap de référence (0 pt)] : or 0 à 17 pts, vermeil 17,01 à 28, argent 28,01 à 40, bronze 40,01 à 68, cabri 68,01 à 90. **Flèche :** *slalom géant :* tracé 700 à 800 m ; dénivelé 200 à 250 m ; portes 25 à 35. Classement : or 0 à 17 pts, vermeil 17,01 à 28, argent 28,01 à 40, bronze 40,01 à 68, fléchette 68,01 à 90. **Fusée :** *descente :* tracé 800 à 1 000 m ; dénivelée 200 à 300 m ; portes 15 à 20. Temps de base 40 à 60″. % autorisé : or 5, vermeil 10, argent 15, bronze 30. **Vitesse de pointe (record) :** tracé 300 à 500 m ; dénivelée 150 à 250 m ; petites pentes au max. 40 %. Suivant le mode de chronométrage, vitesse appréciée instantanément sur 10 ou 100 m.

Kandahar (aujourd'hui Kandahar), organisée le 6-1-1911 à Montana (aujourd'hui Crans-Montana). Kandahar de diamant attribué aux skieurs classés 5 fois dans les 3 premiers de la descente, du slalom ou du combiné (ou 4 fois si le palmarès comporte une victoire au combiné). James Couttet, François Bonlieu, Marysette Agnel et Karl Schranz ont remporté 2 fois le Kandahar de diamant.

Vitesse moyenne en course : Egon Schopf (Autr.) 1948 sur la Marmolada (Italie) 96,264 km/h. Léo Lacroix (Fr.) 1966 à Courchevel 98,820 km/h. J.-C. Killy (Fr.) 1966 à Portillo 101,448 km/h. **1996** Ortlieb (Autr.) 117,730 km/h à Sierra Nevada (Esp.).

☞ **Aux jeux Olympiques de 1968,** J.-C. Killy (Fr.) atteignit 86,79 km/h et Olga Pall (Autr.) 77,08 km/h.

■ Ski nordique

■ **Tests des écoles du ski français. Progression enfants. Ourson :** 1res glissades. **Flocon fond :** *1.* Marche et poussée simultanées, petits changements de direction en terrain plat (passage d'une piste à l'autre). *2.* Trace directe sur pente faible. *3.* Chasse-neige glissé. **1re étoile fond :** *1.* Marche glissée sur terrain plat. *2.* Enchaînement de petits pas tournants sur pente faible et sans l'aide de bâtons (6 à 8 piquets). *3.* Trace directe 2e degré suivie de 4 virages chasse-neige. **2e étoile fond :** *1.* Petit circuit avec enchaînement pas glissé, poussée simultanée, pas de un et changements de direction. *2.* Virages élémentaires (4 portes) avec enchaînement de pas de patineur. *3.* Descente en trace directe en traversée terminée par un enchaînement de pas tournants vers l'aval. **3e étoile fond :** *1.* Sur petite piste technique, enchaînements de gestes en technique classique (pas alternatif, pas de un), changement de direction. *2.* Sur petits parcours enchaînements de gestes en technique de patinage 1 et 2 temps. *3.* Virages stémés, sur pente moyenne (4 à 6 portes). **Blanchot** (parcours en technique libre) **:** *1.* Allure rapide. *2.* Gestes adaptés au terrain. *3.* Recherche d'une bonne exécution d'ensemble.

Progression adultes. Trace de France : bronze : marche glissée. Trace directe 1er degré. Poussée simultanée. Changement de direction. Chasse-neige glissé. Montée en escalier. **Argent :** pas glissé. Poussée simultanée. Trace directe 2e degré. Descente en traversée. Changement de direction. Montée en ciseaux. Pas de patineur. **Or :** pas alternatif en terrain plat, en montée. Pas de un, pas de deux. Passages creux et bosses. Descente 3e degré. Pas tournants. Dérapage. Virage élémentaire. Pas de patineur.

Épreuves de performance. Lièvre de France : ski de fond chronométré, 2,5 km/min, départ en ligne ou individuel. Classement [par rapport au handicap de référence (0 pt)] : or 0 à 26 pts, vermeil 26,01 à 43, argent 43,01 à 61, bronze 61,01 à 95, levraut 95,01 à 130.

■ **Épreuves. Biathlon :** comprend une course de fond (cross-country à ski) entrecoupée de 2 ou 4 séances de 5 tirs à la carabine (*diamètre des cibles :* tir debout 110 mm, couché 40 mm ; *calibre* 5,6 mm, *vitesse initiale du projectile :* 420 m/s au max.). On ajoute au temps de la course 1 minute de pénalisation ou 1 tour de pénalisation (circuit de 150 m par tir manqué). **Types d'épreuves. Messieurs :** 20 km individuel (4 tirs), 10 km sprint (2 tirs), relais 4 × 7,5 km, poursuite 12,5 km (4 tirs), Mass Start 15 km (4 tirs). **Dames :** 15 km ind. (4 tirs), 7,5 km ind. sprint (2 tirs), relais 4 × 7,5 km, poursuite 10 km (4 tirs), Mass Start 12,5 km (4 tirs).

Combiné nordique : comprend une épreuve de saut (90 ou 120 m) et une de fond (15 km). Les points acquis dans l'épreuve de saut donnent l'ordre et le handicap de départ pour l'épreuve de fond. Comprend aussi une épreuve de relais (saut 90 m, fond 4 × 5 km), une épreuve de sprint individuel (1 saut, 7,5 km) et une épreuve de sprint (saut 70 m, fond 15 km, par équipes de 2).

Courses de fond : l'altitude ne peut dépasser 1 800 m et les dénivellations ne peuvent être excessives. Les concurrents partent toutes les 30 s et suivent un parcours délimité en luttant contre la montre. Pour les relais, tous les concurrents du 1er relais partent ensemble. Le classement s'effectue *aux temps.* Skis légers, étroits, sans carres, de conception moderne (fibre de verre et de carbone ; structure nid d'abeille). Le pied, moulé dans une chaussure souple et peu montante, est fixé uniquement par l'avant. Depuis 1985, 2 techniques : *classique :* pas alternatif, skis traditionnels fartés pour la retenue ; *libre :* pas de patineur, skis plus courts fartés pour la glisse et chaussures montantes.

Course de Vasa (90 km, Suède) : commémore la piste suivie en 1520 par les Dalécarliens pour rejoindre le roi Gustav Vasa afin de lui demander de combattre les Danois et de rétablir l'indépendance de la Suède. *Créée* 1922. Réunit 12 000 concurrents. *Record :* 3 h 48′ 55″ (Bengt Hassis 2-3-1986). En 1978, gagnée pour la 1re fois par un Fr. : J.-P. Pierrat. **Birkebeiner** (86 km, Norvège) : commémore l'exploit réalisé par 2 soldats de la garde du roi Haakon qui ont sauvé les enfants de celui-ci des troupes suédoises en fuyant à ski. **Marcia longa** (70 km, Italie) : 7 500 concurrents. **Foulée blanche** *Créée* 1979 (20 km en 79, 30 en 1980, 42 de 1983 à 1998, 50 depuis 1999, à Autrans, Isère). **Messieurs. 1979** Bourgeois. **80** Imbaud. **81, 82** *non disputée.* **83** Peccoz. **84** Loubet. **85** Gadiolet. **86** G. Balland. **87** Locatelli. **88, 89, 90** *non disputée.* **91** Candau. **92, 94** G. Balland. **93** *non disputée.* **95, 97** H. Balland. **96, 98** *non disputée.* **99** Passeron. **2000** Gaillard. **01** Passeron. **Dames. 1983** Coppet. **84** Subot. **85** Frasse-Sombet. **86** Subot. **87** Giry. **88, 89, 90** *non disputée.* **91** Detouillon. **92** Doussière. **93** *non disputée.* **94** Geymond. **95** Guilbaud. **96, 98** *non disputée.* **97** Geymond. **99** Villeneuve. **2000** Pierrel. **01** Villeneuve. **Transjurassienne** *Créée* 1979. **Messieurs** (76 km, Lamoura – Mouthe) : **1980** Limby (Suède). **81** Lundbaelk (Suède). **82** Andreassen (Norvège). **83** Hallenbarter (Suisse). **84** Hassis (Suède). **85** Personn (Suède). **86** Hallenbarter (Suisse). **87** Ottoson (Suède). **88, 89** Blomqvist (Suède). **90** *non disputée.* **91** H. Balland (Fr.). **92** Grandclément (Fr.) 3 h 24′9″. **93** *non disputée.* **94** Barco (It.) 3 h 49′21″. **95** Muehlegg (All.). **96** H. Balland (Fr.) 3 h 16′42″. **97** Botwinov (Autriche). **98** Passeron (Fr.) 3 h 22′19″2. **99, 2000** Muehlegg (All.) 3 h 26′40″3 ; nc. **01** *non disputée.* **Dames** (46 km, Les Rousses – Mouthe) : **1980** Broyard (Fr.). **81** Subot (Fr.). **82** Durand (Fr.). **83** Strand (Norvège). **84** Subot (Fr.). **85, 86** Frasse-Sombet (Fr.). **87, 88** Galland (Fr.). **89, 91** Guibaud. **90** *non disputée.* **92** Claret (Fr.). **93** *non disputée.* **94, 95** Guibaud. **96, 97** Kosmatcheva (CEI). **98** Bianchetti (It.) 4 h 3′53″1. **99** Tardy (Fr.) 4 h 3′45″1. **2000** Belmondo (It.). **01** *non disputée.* **Transpyrénéenne** (42 km, Bolquere Pyrénées). *1995, 96 :* S. Passeron.

Marathon : 602,64 km en 45 h 45′ : Chip Bennet (USA) 18/19-4-1984. **Marathon des neiges :** environ 300 km. *1990 :* Toussuire en 8 h 32′ 38″.

Raids : l'un des plus connus (ski de randonnée) est celui de la « *haute route* » qui relie en plusieurs journées Chamonix à Zermatt (Suisse).

■ **Piste de fond.** Préparée avec des engins spécifiques, elle doit être aménagée de façon la plus naturelle possible, avec des parties vallonnées, des montées et des descentes variées. **Longueur des pistes :** *hommes :* 10, 15, 30 et 50 km ; relais 4 × 10 km. *Dames :* 5, 10, 15 et 30 km ; relais 4 × 5 km. **Total des pistes de fond en France** (1995) : 10 253 km.

Nota. – Depuis le 9-1-1985, pour faire du ski de fond en France, il faut acquitter une redevance destinée à financer l'aménagement des pistes.

■ Ski de saut

■ **Piste de saut.** Aménagée artificiellement. Comprend piste d'élan, tremplin, piste de réception et de dégagement (doit être homologuée par la FIS).

Types de tremplins : *petits tremplins d'entraînement et d'exhibition :* permettant des sauts de 40, 50, 60 m. *Tremplins de 90 et 120 m :* officiels pour coupe du monde, JO et championnats du monde. *Géants de vol à skis :* tremplins ne devant pas dépasser 185 m permettant des sauts de 180 m et plus [tremplins de Planica (Slovénie) ; Kulm (Autr.) ; Obersdorf (All.)]. Record du monde 225 m par Andreas Goldberger (Aut.) 18-3-2000 à Planica (Slovénie), record de France Nicolas Dessum 203 m le 17-3-2000 à Planica (Slovénie). La FIS a limité les sauts à 10 % au-delà du point critique et n'homologue aucun record.

■ **Épreuves.** Se disputent aux tremplins de 90 et 120 m. Un jury de 5 juges note les sauts sur 20 en fonction du style ; on retient les 3 notes intermédiaires ; la longueur obtenue en m est transformée en points, et les points longueur sont ajoutés aux points style. Chaque compétition comprend 1 saut d'essai et 2 sauts de classement. On retient les 2 meilleurs sauts de chaque concurrent. Circuit féminin mis en place depuis la saison 2000-2001.

■ **Tests des écoles du ski français. Aiglon :** saut à skis sur un tremplin permettant de réaliser des sauts de base de 20 m environ. Réussir au moins 2 sauts sans chute sur les 3 autorisés. **% en moins du saut de base :** or 10, vermeil 20, argent 40, bronze 60. On doit être équilibré à la réception et jusqu'à l'entrée de l'aire de dégagement (plat d'arrêt). Poser ou toucher la neige avec 1 main ou 2 mains est considéré comme une chute et ne permet pas l'homologation de la distance (1 chute au virage d'arrêt n'entre pas en ligne de compte). L'usage des bâtons est proscrit.

■ Skiathlon

■ **Triathlon des neiges.** *Créé* 1985 par Jean-Loup Courtier. Ski alpin (10 000 m de descente), ski de fond (10 km) et course à pied (8 km).

■ Résultats

Légende : (1) All. (2) All. féd. (3) All. dém. (4) Autr. (5) Bulgarie. (6) Can. (7) Esp. (8) Finl. (9) Fr. (10) It. (11) Liechtenstein. (12) Norv. (13) Pol. (14) Austr. (15) St-Marin. (16) Suède. (17) Suisse. (18) Tchéc. (19) URSS. (20) USA. (21) Youg. (22) Lux. (23) Ukraine. (24) Russie. (25) Japon. (26) Biélorussie. (27) Kazakhstan. (28) Slovénie. (29) Ouzbékistan. (30) Croatie. (31) Estonie. **Jeux Olympiques** (voir p. 1470 b).

■ Championnats du monde

Créés 1931. **1950** *tous les 4 ans* (2 ans après les JO). **1985** *tous les 2 ans* (années impaires).

Ski alpin

■ **Messieurs. Descente. 1950, 52** Colo [10]. **54** Pravda [4]. **56, 58** Sailer [4]. **60** Vuarnet [9]. **62** Schranz [4]. **64** Zimmermann [4]. **66, 68** Killy [9]. **70, 72** Russi [17]. **74** Zwilling [4]. **76** Klammer [4]. **78** Walcher [4]. **82** Weirather [4]. **85** Zurbriggen [17]. **87** Mueller [17]. **89** Tauscher [2]. **91** Heinzer [17]. **93** Lehmann [17]. **95** *. **96** Ortlieb [4]. **97** Kernen [17]. **99** Maier [4]. **2001** Trinkl [4], *2* Maier [4], *3* Eckert [1].

Slalom spécial. 1950 Schneider G. [17]. **52** Schneider O. [4]. **54** Eriksen [12]. **56** Sailer [4]. **58** Rieder [4]. **60** Hinterseer [4]. **62** Bozon [9]. **64** Stiegler [4]. **66** Senoner [10]. **68** Killy [9]. **70** Augert [9]. **72** Fernandez-Ochoa [7]. **74** Thoeni [10]. **76** Gros [10]. **78, 82** Stenmark [16]. **85** Nilsson [16]. **87** Woerndl [2]. **89** Nierlich [4]. **91** Girardelli [22]. **93** Aamodt [12]. **95** *. **96** Tomba [10]. **97** Stiansen [12]. **99** Palander [8]. **2001** Matt [4], *2* Raich [4], *3* Kunc [28].

Slalom géant. 1952, 54 Eriksen [12]. **56, 58** Sailer [4]. **60** Staub [17]. **62** Zimmermann [4]. **64** Bonlieu [9]. **66** Périllat [9]. **68** Killy [9]. **70** Schranz [4]. **72, 74** Thoeni [10]. **76** Hemmi [17]. **78** Stenmark [16]. **82** Mahre [20]. **85** Wasmeier [2]. **87** Zurbriggen [17]. **89, 91** Nierlich [4]. **93** Aamodt [12]. **95** *. **96** Tomba [10]. **97** Von Grunigen [17]. **99** Kjus [12]. **2001** Von Grunigen [17], *2* Aamodt [12], *3* Covili [9].

Combiné alpin. 1954 Eriksen [12]. **56, 58** Sailer [4]. **60** Périllat [9]. **62** Schranz [4]. **64** Leither [1]. **66, 68** Killy [9]. **70** Kidd [20]. **72** Thoeni [10]. **74** Klammer [4]. **76** Thoeni [10]. **78** Wenzel [11]. **82** Vion [9]. **85** Zurbriggen [17]. **87, 89** Girardelli [22]. **91** Eberharter [4]. **93** Kjus [12]. **95** *. **96** Girardelli [22]. **97, 99** Aamodt [12]. **2001** Aamodt [12], *2* Matt [4], *3* Accola [17].

Supergéant (*créé* 1987). **1987** Zurbriggen [17]. **89** Hangel [17]. **91** Eberharter [4]. **93** *non disputé.* **95** *. **96** Skaardal [12]. **97** Skaardal [12]. **99** Kjus [12] et Maier [4]. **01** Rahlves [20], *2* Eberharter [4], *3* Maier [4].

■ **Dames. Descente. 1950, 52** Jochum [4]. **54** Schöpfer [17]. **56** Berthod [17]. **58** Wheeler [6]. **60** Biebl [1]. **62, 64** Haas [4]. **66** Schinegger [4] : a rendu sa médaille à la FIS qui l'a remise officiellement à M. Goitschel [9] le 14-12-96. **68** Pall [4]. **70** Zryd [17]. **72** Nadig [17]. **74** Proell [4]. **76** Mittermaier [2]. **78** Moser-Proell [4]. **82** Sorensen [6]. **85** Figini [17]. **87, 89** Walliser [17]. **91** Kronberger [4]. **93** Pace [6]. **95** *. **96** Street [20]. **97** Lindh [20]. **99** Goetschel [4]. **2001** Dorfmeister [4], *2* Goetschel [4], *3* Heregger [4].

Slalom spécial. 1950 Rom [4]. **52** Lawrence-Mead [20]. **54** Klecker [4]. **56** Colliard [17]. **58** Björnbakken [12]. **60** Heggtveit [6]. **62** Jahn [4]. **64** Goitschel [9]. **66** Famose [9]. **68** Goitschel [9]. **70** Lafforgue [9]. **72** Cochran [20]. **74** Wenzel [11]. **76** Mittermaier [2]. **78** Soelkner [4]. **82** Hess [17]. **85** Pelen [9]. **87** Hess [17]. **89** Svet [21]. **91** Schneider [17]. **93** Buder [4]. **95** *. **96** Wiberg [16]. **97** Compagnoni [10]. **99** Steggall [14]. **2001** Paerson [16], *2* Saïoni [9], *3* Berntsen [12].

Slalom géant. 1950 Rom [4]. **52** Lawrence-Mead [20]. **54** Schmith-Couttet [9]. **56** Reichert [1]. **58** Wheeler [6]. **60** Ruegg [17]. **62** Jahn [4]. **64, 66** Goitschel [9]. **68** Greene [6]. **70** Clifford [6]. **72** Nadig [17]. **74** Serrat [9]. **76** Kreiner [6]. **78** Epple [2]. **82** Hess [17]. **85** Roffe [20]. **87, 89** Schneider [17]. **91** Wiberg [11]. **93** Merle [9]. **95** *. **96** Compagnoni [10]. **97** Compagnoni [10]. **99** Meissnitzer [4]. **2001** Nef [17], *2* Putzer [10], *3* Paerson [16].

Combiné alpin. 1954 Schöpfer [17]. **56** Berthod [17]. **58** Dänzer [17]. **60** Heggtveit [6]. **62, 64, 66** Goitschel [9]. **68** Greene [6]. **70** Jacot [9]. **72** Proell [4]. **74** Serrat [9]. **76** Mittermaier [2]. **78** Moser-Proell [4]. **82, 85, 87** Hess [17]. **89** McKinney [20]. **91** Bournissen [17]. **93** Vogt [1]. **95** *. **96** Wiberg[1] [6]. **97** Goetschel [4]. **99** Wiberg [16]. **2001** Ertl [1], *2* Sponring [4], *3* Putzer [10].

Supergéant. 1987 Walliser [17]. **89, 91** Maier [4]. **93** Seizinger [1]. **95** *. **96, 97** Kostner [10]. **99** Meissnitzer [4]. **2001** Cavagnoud [9], *2* Kostner [10], *3* Gerg [1].

Nota. – (*) reportés pour cause de manque de neige.

Ski nordique

■ **Messieurs. 10 km libre. 1993** Daehlie [12]. **95, 97, 99** *non disputé.* **2001** Hasler [11]. **Classique. 1993** Siversten [12]. **95** Smirnov [27]. **97** Daehlie [12]. **99** Myllylä [8]. **2001** Elofsson [16]. **15 km libre. 1929** Saarinen [8]. **30** Rustadstuen [12]. **31** Gröttumsbraaten [12]. **33** Englund [16]. **34** Nurmela [8]. **35** Karppinen [8]. **37** Bergendahl [12]. **38** Pitkänen [8]. **39** Kurikkala [8]. **50** Astrom [16]. **54, 58** Hakulinen [8]. **62** Roennlund [16]. **66** Eggen [12]. **70** Aslund [12]. **74** Myrmo [12]. **78** Luszczek [13]. **82** Braa [12]. **85** Haerkonen [8]. **87** Albarello [10]. **89** Svan [16]. **91, 93** Daehlie [12]. **95** Smirnov [27]. **97** Daehlie [12]. **99** Alsgaard [12]. **2001** Elofsson [16]. **Classique. 1989** Kirvesniemi [8]. **91** Langli [12]. **93** *supprimé.* **30 km libre. 1997** Prokurovov [24]. **99** Myllylä [8]. **2001** Elofsson [16]. **2001** *non disputé.* **Classique. 1978** Saveliev [19]. **82** Ericksson [16]. **85** Svan [16]. **87** Wassberg [16]. **89** Smirnov [19]. **91** Svan [16]. **93** Daehlie [12]. **95** Smirnov [27]. **97, 99** *non disputé.* **2001** Veerpalu [31]. **50 km libre. 1950** Eriksson [16]. **54** Kuzin [19]. **58, 62** Jernberg [16]. **66** Eggen [12]. **70** Oikarainen [8]. **74** Crimmer [3]. **78** Lundbaeck [16]. **82** Wassberg [16]. **85** Svan [16]. **87** De Zolt [10]. **89** Svan [16]. **91, 93** Mogren [16]. **95** Fauner [10]. **97, 99** *non disputé.* **2001** Muehlegg [7]. **Classique. 1997, 99** Myllylä [8]. **2001** Hetland [12]. **Sprint libre. 2001** Hetland [12].

Relais 4 × 10 km. 1978 Suède. **82** URSS. **85** Norvège. **87, 89** Suède. **91, 93, 95, 97** Norvège. **99** Autriche. **2001** Norvège.

Saut. Tremplin 70 m. 1950 Bjornstad [12]. **54** Pietikainen [8]. **58** Karkinen [8]. **62** Engen [12]. **66** Wirkola [12]. **70** Napalkov [19]. **74** Aschenbach [3]. **78** Buse [3]. **82** Kogler [4]. **85** Weissflog [4]. **87** Parma [18]. **89** Weissflog [3]. *Non disputé* depuis 1989. **Petit tremplin 90 m. 1962** Recknagel [2]. **66** Wirkola [12]. **70** Napalkov [19]. **74** Aschenbach [3]. **78** Raisanen [8]. **82** Nykaenen [8]. **85** Bergerud [12]. **87** Felder [4]. **89** Puikkonen [8]. **91** Kuttin [4]. **93** Harada [25]. **95** Okabe [25]. **97** Ahonen [8]. **99** Funaki [25]. **2001** *non disputé.* **Grand tremplin 120 m. 1991** Petek [21]. **93** Bredesen [12]. **95** Ingebrigtsen [12]. **97** Harada [25]. **99, 2001** Schmitt [1]. **Par éq. 1982** Norvège. **85, 87, 89** Finlande. **91** Autriche. **93** Norvège. **95, 97** Finlande. **99, 2001** All. **Vol à ski. 1996** Goldberger [4]. **98** Funaki [25]. **2000** Hannawald [1].

Biathlon. 10 km (*créé* 1974). **1974** Suutarinen [8]. **75** Kruglov [19]. **77** Tikhonov [19]. **78, 79, 81** Ulrich [3]. **82, 83** Kvalfoss [12]. **85** Roetsch [3]. **86** Medvetzev [19]. **87** Roetsch [3]. **89** Luck [3]. **90, 91, 93** Kirchner [1]. **95** Bailly-Salins [9]. **96** Dratchev [24]. **97** Pallhuber [10]. **99** Luck [1]. **2000** Andresen [12]. **01** Rostovtsev [24]. **20 km** (*créé* 1958). **1958** Wiklund [16]. **59** Melanin [19]. **61** Huuskonen [8]. **62, 63** Melanin [19]. **65** Jordet [12]. **66** Istad [12]. **67** Muratov [19]. **69, 70** Tikhonov [19]. **71** Speer [3]. **73** Tikhonov [19]. **74** Suutarinen [8]. **75, 77** Ikola [8]. **78** Lirhus [12]. **79** Siebert [3]. **81** Ikola [8]. **82, 83** Ulrich [3]. **85** Kaschkarov [19]. **86** Medvetsev [19]. **87** Roetsch [3]. **89** Kvalfoss [12]. **90** Medvestev [19]. **91** Kirchner [1]. **93** Zingerle [10]. **95** Sikora [13]. **96** Tarasov [24]. **97** Gross [1]. **99** Fischer [1]. **2000** Rottmann [4]. **01** Puurunen [8]. **Par éq.** **1989** URSS. **90** All. dém. **91** It. **93** All. **95** Norvège. **96, 97** Biélorussie. **98** Russie. **Relais 3 × 10 km.** **1991** Autr. **4 × 7,5 km.** **1966, 67** Norv. **69, 70, 71, 73, 74** URSS. **75** Finl. **77** URSS. **78, 79, 81, 82** All. dém. **83, 85, 86** URSS. **87, 89** All. dém. **90** Italie. **91** All. **93** Italie. **95** All. **96** Russie. **97** All. **99** Biélorussie. **2000** Russie. **01** France. **12,5 km poursuite** (*créé* 1997). **1997** Maigurov [24]. **98** Dratchev [24]. **99** Gross [1]. **2000** Luck [1]. **01** Rostovtsev [24]. **15 km en ligne** (créé 2000). **2000, 01** Poirée [9].

Combiné. **1950** Hasu [8]. **54** Sternersen [12]. **58** Korhonen [8]. **62** Larsen [12]. **66** Kaelin [13]. **70** Rygl [18]. **74** Legiersky [13]. **78** Winkler [3]. **82** Sandberg [12]. **85** Weinbuch [2]. **87** Loekken [12]. **89** Elden [12]. **91** Lundberg [12]. **93** Ogiwara [25]. **95** Lundberg [12]. **97** Ogiwara [25]. **99, 2001** Vik [12]. **Par éq.** **1982** All. dém. **85, 87** All. féd. **89** Norvège. **91** Autr. **93, 95** Japon. **97** Norvège. **99** Finlande. **2001** Norvège.

■ **Dames. 5 km libre.** **1962** Koltchina [19]. **66** Boyarskikh [19]. **70, 74** Kulakova [19]. **78** Takalo [8]. **82** Aunli [12]. **85** Boe [12]. **87** Matikainen [8]. **Depuis 1989** *non disputé.* **5 km classique.** **1993, 95** Lazutina [24]. **97** Vialbe [24]. **99** Martinsen [12]. **2001** Kuitunen [8]. **10 km classique.** **1989** Kirvesniemi [8]. **91** Dybendah [12]. **93, 95, 97, 99** *non disputé.* **2001** Skari [12]. **10 km libre.** **1962, 66** Koltchina [19]. **70** Oljunina [19]. **74** Kulakova [19]. **78** Amasova [19]. **82** Aunli [12]. **85** Boe [12]. **87** Jahren [12]. **89, 91** Vialbe [19]. **93** Belmondo [10]. **95** Lazutina [24]. **97** Vialbe [24]. **99** Belmondo [10]. **2001** *non disputé.* **15 km classique** (*créé* 1989). **1989** Matikainen [8]. **91, 93** Vialbe [19]. **95** Lazutina [24]. **97, 99** *non disputé.* **2001** Skari [12]. **15 km libre.** **1993, 95** *non disputé.* **97** Vialbe [24]. **99** Belmondo [10]. **2001** *non disputé.* **20 km** (puis **30 km** depuis 1989). **1978** Amasova [19]. **82** Smetanina [19]. **85** Nykkelmo [12]. **87** Westin [16]. **30 km.** **1989** Vialbe [19]. **91** (libre) Egorova [19]. **93** (classique) Belmondo [10]. **95** (libre), **97** (classique) Vialbe [24]. **99** (classique) Lazutina [24]. **2001** *non disputé.* **Sprint libre.** **2001** Manninen [8].

Relais 3 × 5 km. **1954, 58, 62, 66** URSS. **4 × 5 km.** **1970, 74** URSS. **78** Finlande. **82** Norvège. **85, 87** URSS. **89** Finlande. **91** URSS. **93 à 2001** Russie. **4 × 7,5 km.** **1993, 95** Tchéc. **97, 99, 2001** *non disputé.*

Biathlon. 5 km (*créé* 1984, puis **7,5 km** depuis 1989). **1984** Chernyshova [19]. **85** Grönlid [12]. **86** Parve [19]. **87** Golovina [19]. **88** Schaar [2]. **7,5 km.** **1989, 90** Evelbakk [12]. **91** Nykkelmo [12]. **93** Bedard [6]. **95** Briand [9]. **97** Romasko [24]. **99** Zellner [1]. **2000** Skjelbreid [12]. **01** Wilhelm [1]. **10 km poursuite.** **1997** Forsberg-Wallin [16]. **98** Forsberg [16]. **99** Zubrilova [23]. **2000** Forsberg [16]. **01** Skjelbreid-Poirée [12]. **Individuel 10 km** (*créé* 1984, puis **15 km** depuis 1989). **1984** Chernyshova [19]. **85** Parve [19]. **86** Korpela [16]. **87** Grölind [12]. **88** Elvebakk [12]. **15 km.** **1989** Schaaf [2]. **90** Davydova [19]. **91, 93** Schaaf [1]. **95** Niogret [9]. **97** Forsberg-Wallin [16]. **99** Zubrilova [23]. **2000** Niogret [9]. **01** Forsberg [16]. **12,5 km en ligne** (*créé* 2000). **2000** Skjelbreid [12]. **01** Forsberg [16]. **Par éq. 15 km.** **1989 à 91** URSS. **93** France. **95** (7,5 km) Norvège. **97** Norvège. **98** (10 km) Norvège. **Relais. 3 × 5 km** (puis **3 × 7,5 km** depuis 1990). **1984 à 89** URSS. **3 × 7,5 km.** **1990, 91** URSS. **93** Tchéc. **4 × 7,5 km.** **1995 à 99** Allemagne. **2000, 01** Russie.

☞ Un championnat majeur sur deux (Mondial et JO), les styles (libre ou classique) sont inversés pour les 30 km et 50 km messieurs, 15 km et 30 km dames.

■ Coupe du monde

Créée 11-8-1966 (1re 1967). Classement aux points.

Ski alpin

■ **Classement général. Messieurs.** **1967, 68** Killy [9]. **69, 70** Schranz [4]. **71 à 73** Thoeni [10]. **74** Gros [10]. **75** Thoeni [10]. **76 à 78** Stenmark [16]. **79** Luescher [17]. **80** Wenzel [11]. **81 à 83** Mahre [20]. **84** Zurbriggen [17]. **85, 86** Girardelli [22]. **87, 88** Zurbriggen [17]. **89** Girardelli [22]. **90** Zurbriggen [17]. **91** Girardelli [22]. **92** Accola [10]. **93** Girardelli [22]. **94** Aamodt [12]. **95** Tomba [10]. **96** Kjus [12]. **97** Alphand [9]. **98** Maier [4]. **99** Kjus [12]. **2000** Maier [4]. **01** Maier [4], *2* Eberharter [4], *3* Kjus [12]. **Dames.** **1967, 68** Greene [6]. **69** Gabl [4]. **70** Jacot [9]. **71 à 75** Moser-Proell [4]. **76** Mittermaier [2]. **77** Morerod [17]. **78** Wenzel [11]. **79** Moser-Proell [4]. **80** Wenzel [11]. **81** Nadig [17]. **82** Hess [17]. **83** Mac Kinney [20]. **84** Hess [17]. **85** Figini [17]. **86, 87** Walliser [17]. **88** Figini [17]. **89** Schneider [17]. **90 à 92** Kronberger [4]. **93** Wachter [4]. **94, 95** Schneider [17]. **96** Seizinger [1]. **97** Wiberg [16]. **98** Seizinger [1]. **99** Messnitzern [4]. **2000** Goetschl [4]. **01** Kostelic [30], *2* Goetschl [4], *3* Cavagnoud [9].

■ **Par disciplines. Messieurs. Descente.** **1967** Killy [9]. **68** Nenning [4]. **69, 70** Schranz [4]. **71, 72** Russi [17]. **73, 74** Collombin [17]. **75 à 78** Klammer [4]. **79, 80** Mueller [17]. **81** Weirather [4]. **82** Podborski [6]. **83** Klammer [4]. **84** Raeber [17]. **85** Hoeflehner [4]. **86** Wirnsberger [4]. **87, 88** Zurbriggen [17]. **89** Girardelli [22]. **90** Hœflehner [4]. **91 à 93** Heinzer [17]. **94** Girardelli [22]. **95, 96, 97** Alphand [9]. **98** Schifferer [4]. **99** Kjus [12]. **2000, 01** Maier [4].

Slalom spécial. **1967** Killy [9]. **68** Giovanoli [17]. **69** Augert [9]. **70** Russel [9]. **71, 72** Augert [9]. **73, 74** Thoeni [10]. **75 à 81** Stenmark [16]. **82** Mahre [20]. **83** Stenmark [16]. **84, 85** Girardelli [22]. **86** Petrovic [21]. **87** Krizaj [21]. **88** Tomba [10]. **89, 90** Bittner [2]. **91** Girardelli [22]. **92** Tomba [10]. **93** Fogdoe [16]. **94, 95** Tomba [10]. **96** Amiez [9]. **97, 98** Sykora [4]. **99** Stangassinger [4]. **2000** Aamodt [12]. **01** Raich [4].

Slalom géant. **1967, 68** Killy [9]. **69** Schranz [4]. **70** Thoeni [10]. **71** Russel [9]. **72** Thoeni [10]. **73** Hinterseer [4]. **74** Gros [10]. **75, 76** Stenmark [16]. **77** Hemmi [17]. **78 à 81** Stenmark [16]. **82, 83** Mahre [20]. **84** Stenmark [16]. **85** Girardelli [22]. **86** Gaspoz [17]. **87** Zurbriggen [17]. **88** Tomba [10]. **89, 90** Furuseth [12]. **91, 92** Tomba [10]. **93** Aamodt [12]. **94** Mayer [4]. **95** Tomba [10]. **96, 97** Von Grunigen [17]. **98** Maier [4]. **99** Von Grunigen [17]. **2000, 01** Maier [4].

Combiné alpin. **1979, 80** Wenzel [11]. **81 à 83** Mahre [20]. **84, 85** Wenzel [11]. **86** Wassmeier [2]. **87** Zurbriggen [17]. **88** Strolz [4]. **89** Girardelli [22]. **90** Zurbriggen [17]. **91** Girardelli [22]. **92** Accola [10]. **93** Girardelli [22]. **94** Aamodt [12]. **95** Tomba [10]. **96** Kjus [12]. **97** Alphand [9]. **98** Maier [4]. **99** Kjus [12]. **2000** Maier [4]. **01** *non attribuée.*

Supergéant (*créé* 1986). **1986** Wassmeier [2]. **87 à 90** Zurbriggen [17]. **91** Heinzer [17]. **92** Accola [10]. **93** Aamodt [12]. **94** Thorsen [12]. **95** Rungaldier [10]. **96** Skaardal [12]. **97** Alphand [9]. **98 à 2001** Maier [4].

Dames. Descente. **1967** Goitschel [9]. **68** Mir [9] et Pall [4]. **69** Drexel [4]. **70** Mir [9]. **71 à 75** Moser-Proell [4]. **76, 77** Totschnig [4]. **78, 79** Moser-Proell [4]. **80, 81** Nadig [17]. **82** Gros-Gaudenier [9]. **83** de Agostini [17]. **84** Walliser [17]. **85** Figini [17]. **86** Walliser [17]. **87 à 89** Figini [17]. **90** Gutensohn-Knopf [2]. **91** Bournissen [17]. **92** Kronberger [4]. **93, 94** Seizinger [1]. **95, 96** Street [20]. **97** Goetschl [4]. **98** Seizinger [1]. **99** Goetschl [4]. **2000** Haeusl [1]. **01** Kostner [10].

Slalom spécial. **1967, 68** Goitschel [9]. **69** Gabl [4]. **70 à 72** Lafforgue [9]. **73** Émonet [9]. **74** Zechmeister [2]. **75** Morerod [17]. **76** Mittermaier [2]. **77** Morerod [17]. **78** Wenzel [11]. **79** Sackl [4]. **80** Pelen [9]. **81 à 83** Hess [17]. **84** Mc Kinney [20]. **85** Hess [17]. **86** Steiner [4]. **87** Schmidhauser [17]. **88** Steiner [4]. **89, 90** Schneider [17]. **91** Kronberger [4]. **92 à 95** Schneider [17]. **96** Eder [4]. **97** Wiberg [16]. **98** Nowen [16]. **99** Egger [4]. **2000** Pretnar [28]. **01** Kostelic [30].

Slalom géant. **1967, 68** Green [6]. **69** Cochran [20]. **70** Jacot [9] et Macchi [9]. **71, 72** Moser-Proell [4]. **73** Kaserer [4]. **74** Wenzel [11]. **75** Moser-Proell [4]. **76 à 78** Morerod [17]. **79** Kinshofer [2]. **80** Wenzel [11]. **81** Nordig. **82** Epple [2]. **83** Mac Kinney [20]. **84** Hess [17]. **85** Kiehl [2]. **86, 87** Schneider [17]. **88** Svet [21]. **89** Schneider [17]. **90** Wachter [4]. **91** Schneider [17]. **92, 93** Merle [9]. **94** Wachter [4]. **95** Schneider [17]. **96** Ertl [1]. **97** Compagnoni [10]. **98** Ertl [1]. **99** Meissnitzer [4]. **2000** Dorfmeister [4]. **01** Nef [17].

Combiné alpin. **1975** Moser-Proell [4]. **76** Mittermaier [2]. **77** Wenzel [11]. **79** Moser-Proell [4]. **80** Wenzel [11]. **81** Nadig [17]. **82** Epple [2]. **83** Wenzel [11]. **84** Hess [17]. **85** Oertli [17]. **86** Walliser [17]. **87 à 89** Vertl. **90** Wachter [4]. **91, 92** Ginther [17]. **93** Wachter [4]. **94, 95** Schneider [17]. **96** Seizinger [1]. **97** Wiberg [16]. **98** Seizinger [1]. **99** Meissnitzer [4]. **2000** Goetschl [4]. **01** *non attribué.*

Supergéant. **1986** Kiehl [2]. **87** Walliser [17]. **88** Figini [17]. **89 à 92** Merle [9]. **93 à 96** Seizinger [1]. **97** Gerg [1]. **98** Seizinger [1]. **99** Meissnitzer [4]. **2000** Goetschl [4]. **01** Cavagnoud [9].

Ski nordique

■ **Ski de fond** (*créé* 1982). **Messieurs.** **1982** Koch [20]. **83** Zavialov [19]. **84 à 86** Svan [16]. **87** Mogren [16]. **88, 89** Svan [16]. **90** Ulvang [12]. **91** Smirnov [19]. **92, 93** Daehlie [12]. **94** Smirnov [27]. **95, 96, 97** Daehlie [12]. **98** Alsgaard [12]. **99** Daehlie [12]. **2000** Mhulegg [7]. **01** Elofsson [16]. **Dames.** **1982** Aunli [12]. **83** Hamalainen [8]. **86 à 88** Matikainen [8]. **89** Vialbe [19]. **90** Lazutina [19]. **91, 92** Vialbe [19]. **93** Egorova [24]. **94** Di Centa [10]. **95** Vialbe [24]. **96** Di Centa [10]. **97** Vialbe [24]. **98** Lazutina [24]. **99, 2000** Martinsen [12]. **01** Tchepalova [24].

■ **Saut à skis. Messieurs.** **1980** Neuper [14]. **81, 82** Kogler [14]. **83, 86** Nykaenen [8]. **87** Opaas [12]. **88** Nykaenen [8]. **89** Bokloev [16]. **90** Nikkola [8]. **91** Felder [4]. **92** Nieminen [8]. **93** Goldberger [4]. **94** Bredesen [12]. **95, 96** Goldberger [4]. **97** Peterka [28]. **98** Soininen [8]. **99, 2000** Schmitt [1]. **01** Malysz [13].

■ **Combiné. Messieurs.** **1986** Weinbuch [2]. **87** Loekken [12]. **88** Sulzenbacher [4]. **89** Bredesen [12]. **90** Sulzenbacher [4]. **91** Lundberg [12]. **92** Guy [9]. **93 à 95** Ogiwara [25]. **96** Apeland [12]. **97** Lajunen [8]. **98, 99** Vik [12]. **2000** Lajunen [8]. **01** Gottwald [4].

■ **Biathlon. Messieurs.** **1977** Tikhonov [19]. **78** Ulrich [3]. **79** Siebert [3]. **80 à 82** Ulrich [3]. **83** Angerer [2]. **84, 85** Roetsch [3]. **86** Schmisch [4]. **87** Roetsch [3]. **88** Fischer [3]. **89** Kvalfoss [12]. **90, 91** Tchepikov [19]. **92** Tyldum [12]. **93** Löfgren [16]. **94** Bailly-Salins [9]. **95** Tyldum [12]. **96** Dratchev [24]. **97** Fischer [1]. **98** O.-E. Björndalen [12]. **99** Fischer [1]. **2000, 01** Poirée [9]. **Dames.** **1988** Elvebakk [12]. **89** Golovina [19]. **90** Adamichkova [19]. **91** Davidova [19]. **92, 93** Restzova [24]. **94** Paramygina [26]. **95** Briand [9]. **96** Claret [9]. **97** Forsberg-Wallin [16]. **98 à 2001** Forsberg [16].

■ Coupe d'Europe

Ski alpin

■ *Créée* 1972. **Messieurs.** **1972** Pegorari [10]. **73** Radici [10]. **74** Witt-Dorring [4]. **75** Amplatz [10]. **76** Conforfola [10]. **77** Popangelov [5]. **78** David [4]. **79** Halsnes [12]. **80** Kerschbaumer [10]. **81** Riedelsperger [4]. **82** Strolz [4]. **83** Johnson [20]. **84** Koelbichler [4]. **85** Genolet [17]. **86** Nierlich [4]. **87** Salzgeber [12]. **88** Walk [4]. **89** Eberharter [4]. **90** Polig [10]. **91** Eberle [4] et Barnerssoi [1]. **93** Sulliger [17]. **94** Staub [17]. **95** Schifferer [4]. **96** Maier [4]. **97** Eberharter [4]. **98** Raich [4]. **99** Walchhofer [4]. **2000** Gruber [4]. **Dames.** **1972** Serrat [9]. **73** Couttet [9]. **74** Matous [15]. **75** Kuzmanoga [18]. **76** Hauser [4]. **77** Konzett [11]. **78** Loike [4]. **79** Dahlum [12]. **80** Gfrerer [4]. **81** Haight [6]. **82** Stolz [2]. **83** Gruenigen [17]. **84** Wachter [4]. **85** Buder [4]. **86** Bournissen [17]. **87** Kinshofer [4]. **88** Bernet [17]. **89** Giger [17]. **90** Hjort [16]. **91** Meissnitzer [4]. **93** Andersson [16]. **94** Turgeon [6]. **95** Kœllerer [4]. **96** Berthod [17] et Gladishiva [24]. **97, 98** Salchinger [4]. **99** Berger [4]. **2000** Heregger [4].

■ Championnats de France

Créés 1933.

Ski alpin

■ **Messieurs. Slalom spécial.** **1995** Dimier. **96** Amiez. **97** Rolland. **98** Gravier. **99** Amiez. **2000** Simond. **01** Vidal, *02* Amiez, *3* Lizeroux.

Slalom géant. **1995** I. Piccard. **96** Saioni. **97** I. Piccard. **98** Chenal. **99** Burtin. **2000** Burtin. **01** Vidal, *2* De Tessières, *3* Covili.

Descente. **1995** Cattaneo. **96, 97** Alphand. **98** Burtin. **99** Saïoni. **2000** Dalcin, *2* Bottolier, *3* Rech. **2001** *non disputée.*

Supergéant. **1995** Plé. **96** Cuche. **97** Melquiond. **98** Fournier. **99** Saïoni. **2000** Melquiond. **01** Crétier.

Combiné. **1995** Dimier. **96** Page. **97** Llorach. **98** Simond. **99** Llorach. **2000** Lizeroux. **01** *non disputé.*

■ **Dames. Slalom spécial.** **1995** Masnada. **96** Chauvet. **97** Pascal. **98** Péquegnot. **99** Clément-Guy. **2000** Saïoni. **01** Saïoni, *2* Vidal, *3* Cornu.

Slalom géant. **1995** Lefranc. **96** Cavagnoud. **97** Lefranc-Duvillard. **98** L. Piccard. **99** L. Piccard. **2000** Saïoni. **01** Cavagnoud, *2* Saïoni, *3* Duvillard.

Descente. **1995** Cavagnoud. **96, 97** Montillet. **98** Masnada. **99** Montillet. **2000** Jacquemod, *2* Montillet, *3* Suchet. **2001** *non disputée.*

Supergéant. **1995** Masnada. **96** Cavagnoud. **97, 98** Montillet. **99** Montillet. **2000** Jacquemod, *2* Suchet, *3* Montillet. **2001** *non disputé.*

Combiné. **1995** Masnada. **96** Pequegnot. **97** Vidal. **98, 99** Masnada. **2000** Stub. **01** *non disputé.*

Ski nordique

■ **Messieurs. 10 km.** **1991 à 95** Rémy. **97** Vittoz. **98** *non disputé.* **15 km.** **1995** Rémy. **96** Azambre. **97, 98** Vittoz. **99, 2000, 01** Vittoz (classique). **30 km.** **1995** Rassat. **96** Balland. **97** Mignerey. **98** Vittoz. **99** Rémy (classique). **2000** Vittoz. **01** *non disputé.* **50 km.** **1995** (42 km) Balland. **96** Mignerey. **97** Balland. **98** Vittoz. **99** Passeron. **2000** Perillat. **01** Gorry. **Relais 4 × 10 km.** **1995** Mont-Blanc I (Meynant, Auchecorne, Deloche, Grosset). **96** Dauphiné. **97** Massif jurassien (Marquet, Grossiord, Grandclément, Balland). **98** Mont-Blanc (Vallet, Vachoux, Maréchal, Vittoz). **99** Massif jurassien (Vandel, Grandjean, Rousselet, Jonnier). **2000, 01** Mont-Blanc (Vallet, Vallet, Perillat, Vittoz).

Saut spécial. Individuel. **1995** Gay. **96** Jean-Prost. **97** Dessum. **98** Gay. **99, 2000, 01** Dessum. **Par éq.** **1995 à 97** Jura. **98** Dauphiné. **99** Massif jurassien. **2000** Mont-Blanc. **01** Dauphiné.

Combiné. **1995** Guy. **96** Guillaume. **97, 98** Guy. **99** Guillaume. **2000** Roux. **01** Guillaume.

■ **Dames. 5 km.** **1995, 97** Pierrel. **98** Villeneuve. **99, 2000, 01** *non disputé.* **10 km.** **1995, 96, 97** Pierrel. **98** Villeneuve. **99** Villeneuve (classique). **15 km.** **1997** Villeneuve (classique). **98** Pierrel (libre). **99** Pierrel (classique). **2000** Philippot. **01** *non disputé.* **20 km.** **1995** Termier. **96, 98** Villeneuve. **30 km.** **1995 à 99** Villeneuve. **2000** Pierrel. **01** Villeneuve. **Relais. 4 × 5 km.** **1995, 96** Vosges (Pierrel, M. Didierlaurent, Phillipot, K. Didierlaurent). **97** Mont-Blanc (Storti-Chavanne-Robert-Condevaux). **98** Mont-Blanc (Storti, Robert, Hudry, Condevaux). **99** Dauphiné (Quesnel, Rochas, André, Villeneuve). **2000, 01** Mont-Blanc.

■ **Biathlon. Messieurs. 10 km.** **1995** Bouthiaux. **96, 97** Poirée. **98** Bailly-Salins. **2000** Defrasne. **01** Vaufrey. **20 km.** **1995** Perrot. **96, 97** Flandin. **98 à 2000** Poirée. **Poursuite.** **1997, 98** Poirée. **2000** Robert. **01** Poirée. **Relais 4 × 10 km.** **1993 à 95** Savoie. **96, 97** Dauphiné. **4 × 7,5 km.** **98, 99** Dauphiné. **2001** Jura.

Dames. 7,5 km. **1995, 97** Niogret. **98, 2000** D. Heymann. **01** Niogret. **Poursuite.** **1997, 98** Niogret. **99, 2000, 01** *non disputé.* **10 km.** **1996** Briand. **15 km.** **1995** Heymann. **96** Briand. **97** Niogret. **98** Gros. **99, 2000** Niogret. **01** *supprimé.* **Relais 3 × 7,5 km.** **1995** Lyonnais. **96** Alpes-Provence. **97** Lyonnais. **98** Massif jurassien. **99** Monts jurassiens. **2000, 01** Massif jurassien (Heymann, Drezet, Baverel).

■ Stations de sports d'hiver

■ En Europe

■ **Nom de la station** (en italique), **altitude** (en m entre parenthèses) **et pistes balisées** (en km). **Allemagne :** *Berchtesgaden* (530-1 800) 28,5. *Garmisch-Partenkirchen* (708-2 964) 60. **Autriche :** *Badgastein* (1 083-2 246) 70. *Igls* (900-2 247) 14. *Innsbruck* (579-2 343). *Kitzbühel* (800-2 000) 90. *St-Anton* (1 304-2 811) 70. *Zell am See* (757-2 000) 60. **Italie :** *Cervinia-Breuil* (2 050-3 500). *Cortina* (1 224-3 243) 100. *Courmayeur* (1 224-3 456). *Ortisei* (1 236-2 450). **Suisse :** *Anzère* (1 500-2 420) 30. *Arosa*

(1 750-2 639) 65. *Crans-sur-Sierre* (1 500-3 000) 150. *Davos* (1 560-2 844) 303. *Gstaad* (1 100-3 000). *Montana-Vermala* (1 500-3 000) 50. *St-Cergue* (1 050-1 680) 12. *Saint-Moritz* (1 856-3 303) 380. *Verbier* (1 500-3 023) 100. *Villars* (1 300-2 200) 50. *Zermatt* (1 620-3 500) 120.

■ En France

(*Source :* Guide Curien de la neige 2001.)

■ **Comparaisons. Stations :** *la plus basse :* Olhain (Pas-de-Calais) 186 m, créée 1981 ; il n'y a que quelques jours de neige par an ; *record :* ouverture pendant 21 jours en 1983. *Les plus hautes :* Val-Thorens 2 300 m, Tignes 2 100 m. **La plus longue descente sur piste balisée :** L'Alpe-d'Huez : piste du glacier de Sarenne (16 km).

■ **Nombre de lits** (meublés, en milliers, 2000-01). L'Alpe-d'Huez 32 ; les Arcs 29,6 ; Courchevel 26,4 ; St-Lary-Soulans 20,8 ; les Menuires 26 ; le Grand-Bornand 11,7 ; Chatel 15 ; Risoul 10,2 ; Chamrousse 14 ; Vars 14 ; Méribel 12 ; la Mongie 12 ; les Rousses 12 ; Cauterets 11,8 ; Val-Thorens 11,6.

■ **Équipement 2000-01. Altitude en m** (plus basse et plus haute), **nombre de pistes de ski alpin** (p.), **de pistes de fond** (en km), **nombre de remontées mécaniques** (ts.). *Les Aillons* (S.) 900-2 000 m, 42 p., 40 km, 24 ts. *Allos-le-Seignus* (A.-H.-P.) voir val d'Allos. *L'Alpe-d'Huez* (I.) 1 250-3 330 m, 108 p., 54 km, 85 ts. *Alpe du Grand-Serre* (I.) 1 400-2 200 m, 34 p., 20 km, 20 ts. *Les Arcs* (S.) 800-3 226 m, 121 p., 15 km, 76 ts. *Arèches-Beaufort* (S.) 750-2 300 m, 30 p., 38 km, 15 ts. *Auris-en-Oisans* (I.) 1 600-2 200 m, 20 p., 7,5 km, 15 ts. *Auron* (A.-M.) 1 140-2 452 m, 36 p., 5 km, 26 ts. *Aussois* (S.) 1 500-2 750 m, 21 p., 10 km, 11 ts. *Autrans* (I.) 1 050-1 710 m, 14 p., 160 km, 16 ts. *Avoriaz* (H.-S.) 1 100-2 277 m, 46 p., 47 km, 40 ts. *Ax-les-Thermes* (A.) 1 400-2 400 m, 26 p., 17 ts. *Bessans* (S.) 1 710-2 200 m, 4 p., 80 km, 4 ts. *Beuil-les-Launes* (A.-M.) 1 470-2 109 m, 58 p., 25 km, 26 ts. *Le Bonhomme Station du Lac Blanc* (V.) 950-1 240 m, 14 p., 40 km, 11 ts. *Bonneval-sur-Arc* (S.) 1 800-3 000 m, 19 p., 10 ts. *La Bresse-Hohneck* (V.) 650-1 350 m, 38 p., 50 km, 33 ts. *Briançon* (H.-A.) 1 200-2 800 m, 109 p., 35 km, 76 ts. *Les Carroz* (H.-S.) 1 140-2 500 m, 28 p., 35 km, 14 ts. *Cauterets-Lys* (H.-P.) 1 450-1 629 m, 25 p., 36,5 km, 21 ts. *Chamonix* (H.-S.) 1 035-3 842 m, 74 p., 42 km, 49 ts. *Chamrousse* (I.) 1 350-2 250 m, 35 p., 55 km, 26 ts. *Châtel* (H.-S.) 1 100-1 500 m, 67 p., 27 km, 54 ts. *La Clusaz* (H.-S.) 1 100-2 600 m, 83 p., 70 km, 55 ts. *Le Collet-d'Allevard* (I.) 1 450-2 100 m, 18 p., 13 ts. *Combloux* (H.-S.) 1 000-1 853 m, 35 p., 15 km, 25 ts. *Les Contamines* (H.-S.) 1 200-1 500 m, 44 p., 26 km, 26 ts. *Le Corbier* (S.) 1 550-2 600 m, 36 p., 25 km, 24 ts. *Courchevel* (S.) 1 100-2 738 m, 102 p., 66 km, 67 ts. *Crest-Voland-Cohennoz* (S.) 1 230-1 650 m, 26 p., 8 km, 17 ts. *Les Deux-Alpes* (I.) 1 650 m, 70 p., 25 km, 58 ts. *Flaine* (H.-S.) 1 600-2 500 m, 50 p., 10 km, 26 ts. *Flumet* (S.) 1 000-1 600 m, 20 p., 25 km, 11 ts. *Font-Romeu* (P.-O.) 1 900-2 250 m, 40 p., 80 km, 33 ts. *La Foux-d'Allos* (A.-H.-P.) voir val d'Allos. *Gérardmer* (V.) 660-1 150 m, 20 p., 40 km, 20 ts. *Les Gets* (H.-S.) 1 172-2 002 m, 65 p., 18 km, 53 ts. *Gourette* (P.-A.) 1 400-1 600 m, 30 p., 20 km, 23 ts. *Le Grand-Bornand* (H.-S.) 1 000-1 450 m, 47 p., 58 km, 39 ts. *Gresse-en-Vercors* (I.) 1 250-1 680 m, 20 p., 45 km, 16 ts. *Les Houches* (H.-S.) 1 008-1 860 m, 24 p., 15 km, 16 ts. *Isola 2 000* (A.-M.) 1 800-2 100 m, 46 p., 3 km, 23 ts. *Les Karellis* (S.) 1 600-2550 m, 28 p., 30 km, 17 ts. *Lans-en-Vercors* (I.) 1 020-1 983 m, 19 p., 68 km, 16 ts. *Lioran* (C.) 1160-1850 m, 40 p., 25 km, 24 ts. *Luz-Ardiden* (H.-P.) 1 800-2 450 m, 32 p., 5 km, 18 ts. *Méaudre* (I.) 1 012-1 600 m, 13 p., 100 km, 10 ts. *Megève* (H.-S.) 1 113-2 350 m, 135 p., 70 km, 79 ts. *Les Menuires* (S.) 1 800-3 200 m, 62 p., 28 km, 42 ts. *Méribel* (S.) 1 100-2 950 m, 74 p., 33 km, 60 ts. *Métabief* (D.) 880-1 450 m, 24 p., 120 km, 20 ts. *Mijoux-Lelex-La Faucille* (Ain) 900-1 680 m, 37 p., 140 km, 28 ts. *La Mongie* (H.-P.) 1 800-2 550 m, 64 p., 2,5 km, 53 ts. *Montgenèvre* (H.-A.) 1 860-2 700 m, 59 p., 25 km, 38 ts. *Le Mont-Dore* (P.-de-D.) 1 050-1 850 m, 30 p., 30 km, 20 ts. *Morillon* (H.-S.) 700-2 500 m, 15 p., 62 km, 7 ts. *Morzine-Avoriaz* (H.-S.) 1 000-2 100 m, 80 p., 90 km, 67 ts. *La Norma* (S.) 1 350-2 000 m, 27 p., 6 km, 17 ts. *N.-D.-de-Bellecombes* (S.) 1 150-1 800 m, 31 p., 8 km, 19 ts. *Orcières-Merlette* (H.-A.) 1 300-2 350 m, 44 p., 5 km, 29 ts. *Les Orres* (H.-A.) 1 550-1 650 m, 29 p., 40 km, 24 ts. *Peisey-Vallandry* (S.) 800-3 226 m, 25 p., 43 km, 14 ts. *Peyragudes* (H.-G., H.-P.) 1 450-2 450 m, 38 p., 15 km, 17 ts. *Piau-Engaly* (H.-P.) 1 420-2 500 m, 37 p., 21 ts. *La Plagne* (S.) 1 250-3 250 m, 125 p., 73 km, 111 ts. *Pralognan-la-Vanoise* (S.) 1 410-2 355 m, 22 p., 32 km, 14 ts. *Pra-Loup* (A.-H.-P.) 1 500-2 600 m, 43 p., 4 km, 32 ts. *Praz-de-Lys/Sommand* (H.-S.) 1 200-2 000 m, 40 p., 60 km, 23 ts. *Praz-sur-Arly* (H.-S.) 1 036-2 070 m, 24 p., 20 km, 12 ts. *Puy-St-Vincent* (H.-A.) 1 400-2 750 m, 32 p., 60 km, 16 ts. *Risoul* (H.-A.) 1 850-2 000 m, 43 p., 30 km, 23 ts. *La Rosière* (S.) 1 176-2 641 m, 32 p., 12 km, 19 ts. *Les Rousses* (J.) 1 050-1 680 m, 43 p., 220 km, 40 ts. *Ste-Foy-en-Tarentaise* (S.) 1 550-2 620 m, 14 p., 10 km, 5 ts. *St-François Longchamp* (S.) 1 450-2 550 m, 28 p., 40 km, 17 ts. *St-Gervais* (H.-S.) 1 400-1 960 m, 47 p., 30 km, 27 ts. *St-Lary-Soulan* (H.-P.) 830-2 450 m, 47 p., 10 km, 32 ts. *St-Martin-de-Belleville* (S.) 1 450-2 850 m, 62 p., 28 km, 46 ts. *St-Pierre-de-Chartreuse* (I.) 900-1 789 m, 19 p., 67 km, 15 ts. *Les Saisies* (S.) 1 600-1 865 m, 30 p., 80 km, 24 ts. *Samoëns* (H.-S.) 720 m, 125 p., 90 km, 78 ts. *Le Sauze* (A.-H.-P.) 1 400-2 000 m, 36 p., 10 km, 23 ts. *Les Sept-Laux* (I.) 1 350-2 400 m, 42 p., 24 km, 25 ts. *Serre-Chevalier* (H.-A.) 1 200-2 830 m, 110 p., 45 km, 76 ts. *Superbagnères-Luchon* (H.-G.) 1 440-2 260 m, 24 p., 4 km, 15 ts. *Superbesse* (P.-de-D.) 1 350-1 850 m, 21 p., 120 km, 22 ts. *Superdévoluy* (H.-A.) 1 500-2 500 m, 60 p., 79 km, 32 ts. *La Tania* (S.) 1 300-3 200 m, 102 p., 66 km, 67 ts. *Thollon-lès-Memises* (H.-S.) 1 000-2 000 m, 14 p., 5,5 km, 19 ts. *Tignes* (S.) 1 550-3 450 m, 129 p., 20 km, 97 ts. *La Toussuire* (S.) 1 800-2 400 m, 27 p., 12 km, 19 ts. *Val d'Allos* (A.-H.-P.) 1 400-2 000 m, 56 p., 25 km, 31 ts. *Valberg* (A.-M.) 1 700-2 066 m, 58 p., 26 km, 26 ts. *Val-Cenis* (S.) 1 400-2 800 m, 43 p., 6 km, 22 ts. *Val-Fréjus* (S.) 1 550-2 737 m, 20 p., 2 km, 12 ts. *Val-d'Isère* (S.) 1 850-2 560 m, 70 p., 44 km, 51 ts. *Valloire* (S.) 1 430-2 600 m, 78 p., 25 km, 36 ts. *Valmeinier* (S.) 1 450-2 600 m, 78 p., 36 ts. *Valmorel* (S.) 1 250-2 550 m, 84 p., 20 km, 39 ts. *Val-Thorens* (S.) 1 800-3 200 m, 56 p., 5 km, 30 ts. *Vars* (H.-A.) 1 630-2 273 m, 107 p., 26 km, 56 ts. *Ventron* (V.) 850-1 110 m, 10 p., 16 km, 7 ts. *Villard-de-Lans* (I.) 1 160-2 170 m, 32 p., 160 km, 29 ts.

Nota. – A. : Ariège. A.-H.-P. : Alpes-de-Haute-Provence. A.-M. : Alpes-Maritimes. C. : Cantal. D. : Doubs. H.-A. : Htes-Alpes. H.-G. : Hte-Garonne. H.-P. : Htes-Pyr. H.-R. : Haut-Rhin. H.-S. : Hte-Savoie. I. : Isère. J. : Jura. P.-A. : Pyrénées-Atlantiques. P.-de-D. : Puy-de-Dôme. P.-O. : Pyrénées-Orientales. S. : Savoie. V. : Vosges.

Divers

■ **Accidents. Ski** (en France, en 1999-2000, en %) ski alpin 70,2, snowboard 21, miniski 2,7, ski carving 1,5, fond 1,3, glace 1, autres 2,4. 11,1 % sont des collisions (dont 3,3 contre un obstacle naturel et 7,8 contre un autre usager). *Types de lésions* (en %) : entorse 39,8 ; fracture 21,2 ; contusions 16,1 ; plaies 8 ; luxation 3,4 ; traumatisme crânien 2,3 ; lésion musculotendineuse 6, autres 1,6. *Saison 2000 :* 23 décès traumatiques en France dont 7 sur pistes balisées et 16 en hors piste (6 par avalanche) ; *Source :* réseau épidémiologique *Médecins de Montagne*. **Remontées mécaniques** (dans le monde) : **1961**-*29-8* un avion à réaction coupe le câble de la télécabine de la vallée Blanche : 6 †, 25 personnes bloquées des heures au-dessus du vide. **1962**-*18-3* rupture du bras reliant la benne au câble à La Clusaz le jour de la mise en marche : 35 blessés. **1965**-*25-12* une benne s'ouvre au Puy-de-Sancy : 6 †, 12 bl. **1972**-*13-7* Betten-Bettmeralp (Suisse) : 13 †. -*25-10* 2 bennes se heurtent en cours d'essai aux Deux-Alpes : 9 †. **1976**-*11-3* Cavalese (It.), rupture d'un câble porteur : 42 †. **1986**-*27-12* Les Orres (Htes-Alpes) chute de 2 cabines : 36 bl., rupture tête de pylône. **1987**-*1-3* Luz-Ardiden (Htes-Pyr.), rupture massif d'ancrage en béton d'un pylône d'arrivée : 6 †, 87 bl. **1989**-*13-1* Vaujany (Isère), chute cabine en cours d'essais : 8 †. **1990**-*1-6* Tiflis (Géorgie), rupture câble : 15 †, 45 bl. **1992**-*22-1* Nassfeld (Autriche), déraillement d'un télésiège : 4 †, 9 bl. **1994**-*25-6* Eischoll (Valais, Suisse), glissement de pinces de sièges : 2 †, 3 bl. **1995**-*23-12* Whistler Moutain (Canada), glissement de sièges : 2 †, 9 bl. **1996**-*12-10* Québec (Canada), rupture de câble du funiculaire urbain : 1 †, 15 bl. **1996**-*14-12* Riedelralp (Valais, Suisse), rupture d'un axe de poulie : 1 †, 18 bl. **1998**-*3-2* Cavalese (It.), un avion de chasse américain coupe les câbles du téléphérique : 20 †. -*10-5* Chieng Mai (Thaïlande) rupture d'un câble et chute de cabine : 3 †, 35 bl. **1999**-*1-7* St-Étienne-en-Dévoluy (Htes-A.) chute de la cabine : 20 †. -*26-12* Crans-Montana (Suisse) chute d'un arbre sur une cabine : 2 †, 3 bl.

■ **Canon à neige.** Groupe de motopompes et de ventilateurs ou de compresseurs d'air. La neige est obtenue par la pulvérisation de l'eau qui se cristallise au contact de l'air à – 3 °C. Rendement en fonction de la température, de l'hygrométrie et du système utilisé : en une heure, couche de 10 cm d'épaisseur sur 100 m² pour – 2 °C ; 300 m² pour – 10 °C. En 1998 : 155 stations équipées, 2 254 hectares enneigés soit 492 km de pistes, 122 337 kW de puissance installée ; investissement 140 millions de F.

■ **Pistes. Surface France :** 18 200 ha. Les plus longues : *16 km :* Sarenne à l'Alpe-d'Huez. *20,9 km* (hors piste) : de l'aiguille du Midi à Chamonix, vallée Blanche. **Descente la plus raide :** Jérôme Ruby (surf) et Samuel Beaugey en 1995, Linceul en face nord des Grandes Jorasses.

■ **Professions du ski en France.** 250 bureaux écoles du ski français, 50 centres de collectivités, 11 000 moniteurs dont 850 monitrices d'enfants, 500 moniteurs guides et 150 entraîneurs, 15 400 employés aux pistes et aux remontées mécaniques.

■ **Randonnée.** En 63 j (9-3/11-5-1986), le docteur Jean-Louis Étienne (né 1947) est allé seul, mais avec assistance radio et avion, de l'île de Ward Hunt au pôle Nord (750 km) à skis en tirant un traîneau de 50 kg.

■ **Remontées en France. Nombre existant : 1945 :** 50 ; **60 :** 400 ; **70 :** 1 809 ; **80 :** 3 270 ; **85 :** 3 672 ; **90 :** 4 036 ; **95 :** 4 138 ; **en service : 1997 :** 4 038 ; **98 :** 4 035. **Caractéristiques du parc français** (en 1998-99). *Composition :* 2 953 téléskis, 840 télésièges, 139 télécabines, 63 téléphériques (dont 8 doubles monocâbles découpables), 20 funiculaires, 4 chemins de fer à crémaillère, 10 ascenseurs et 6 engins divers. *Utilisation :* 2 988 km de remontées (762 km de dénivelée cumulée), débit total maximum 3 441 000 personnes/h ; 7,6 millions de skieurs (dont 1,6 million d'étrangers) ont fait 57 millions de journées de ski et effectué 670 millions de passages. *Emploi :* 3 546 permanents et 14 293 saisonniers. *Chiffre d'affaires : 1990 :* 2,15 milliards de F ; *95 :* 4,35 ; *96 :* 4,5 ; *97 :* 4,45 ; *98 :* 4,85. *Coût de construction* (en millions de F, 1999) : téléski 2, télésiège 10, télécabine 25, funiculaire + 100 ; engin de damage + 1. *Investissements* (travaux, modernisation, en millions de F) : *1997 :* 556 ; *98 :* 518 ; *99 :* 488.

■ **Ski joering.** Origine scandinave. Le skieur se fait traîner par un cheval avec 2 rênes reliées par une pièce de toile résistante pour ne pas être aveuglé par la neige soulevée par les sabots (en Laponie : *tolking*). *Record derrière un avion :* 175,788 km/h (Reto Pitsch à St-Moritz), 1956.

■ **Skieurs (en millions). Allemagne :** 12,4 (0,3 vont en France, 1,9 en Autriche et 0,3 en Suisse). **Belgique :** 0,78 (en France, 0,3). **France :** *1983-84 :* 6 ; *96-97 :* 8,5 ; *adhérents de la Féd. fr. (en milliers) : 1924 :* 5,2 ; *1938-39 :* 48,9 ; *1950-51 :* 57,3 ; *60-61 :* 188,4 ; *1971-72 :* 639 ; *80-81 :* 590,8 ; *86 :* 890 (dont 310 femmes) ; *87 :* 1 040 ; *88 :* 760 ; *1999-2000 :* 184. **G.-B. :** 0,8 (0,3 en Autriche, 0,3 en France). **Japon :** 12. **Monde :** 64 (ski alpin 78 %, ski de fond 22 %). **Skieurs étrangers en Fr.** (en milliers, 1996-97) : G.-B. 320, Belgique 308, All. 300, Italie 205, Espagne 180, Pays-Bas 160.

% de départ aux sports d'hiver par rapport à la population du pays : Suisse 46 ; Autriche 40 ; *France 10,2 ;* All. 8 ; USA 5,6 ; Japon 5,2 ; Canada 5,2 ; Italie 5,1.

■ **Marché mondial** (en millions de paires ou unités, 1999-2000). **Skis :** *alpins :* 4,08 ; *snowboards :* 1,52 ; **chaussures :** 3,75 ; **fixations alpines :** 4,1 ; **bâtons :** 3,98. **Ventes mondiales** (en milliards de F, 1999-2000). **Skis** *alpins* 3 ; *de fond* 0,39, **chaussures** 2,28, **fixations alpines** 1,38, **bâtons** 0,32, **snowboards** 1,39. [*Source :* Fifas.]

Ski de vitesse

■ **Site.** Stade rectiligne avec piste d'élan (inclinaison 40 à 100 % selon le site), zone de chronométrage de 100 m, aire de décélération. En fonction du damage et de la sécurité, un point de départ est déterminé. **Matériel.** Skis de 2,40 m assez lourds, combinaison plastifiée, casque et ailerons aérodynamiques.

■ **Records au 18-5-2001** (en km/h). **Monde :** *248,105 :* Harry Egger (Aut.) 2-5-99 Arcs-Bourg-St-Maurice (Fr.). *234,528 :* Karine Dubouchet (Fr.) 2-5-99 Arcs-Bourg-St-Maurice (Fr.) **France :** *246,407 :* Philippe Goitschel (Fr.) 2-5-99 Les Arcs (Fr.). *234,528 :* Karine Dubouchet (Fr.) 2-5-99 Les Arcs. **Monoski. Monde :** *198,020* Xavier Cousseau (Fr.) 22-4-99 Les Arcs. **Handisports (unijambiste).** *185,567 :* Patrick Knaff (Fr.) 16-4-88 Les Arcs.

■ **Championnats du monde professionnels. Messieurs. 1990** Goitschel [2]. **91 à 94** *non attribué.* **95** Hamilton [7]. **96** Tammela [1] et Billy [2]. **97 à 99** Hamilton [6]. **2000** Goitschel [2]. **01** Sistack [2]. **Dames. 1990** Culver [6]. **91 à 94** *non attribué.* **95 à 2001** Dubouchet [2].

■ **Championnat du monde FIS. Messieurs. 1989** Goitschel [2]. **90, 91** Prufer [4]. **92, 93** Goitschel [2]. **94** Nakula [1]. **95** Goitschel [2] et Jonsson [6]. **96** Vallivaara [1]. **97** Hautala [1]. **98** Rasanen [1]. **99** Souminen [1]. **2000** Goitschel [2]. **01** Viitasaari [1]. **Dames. 1989, 90** Ruuskanen [1]. **91** Mulari [1]. **92** Hackman [1]. **93, 94** Saarikettu [1]. **95** *non attribuée.* **96** Keranen [1]. **97, 98** Malugani [3]. **99** Orjasater [5]. **2000, 01** Dubouchet [5].

■ **Championnats de France. Messieurs. 1987** Prufer. **88, 89** Goitschel. **90** *non attribué.* **91** Bollon. **92** Billy. **93, 94** *non attribué.* **95** Billy. **96** Orain. **97** Perroud. **98** Billy. **99** Goitschel. **2000** Perroud. **01** Goitschel. **Dames. 1987** Blanc. **88** Béguin. **89** Isnard. **90** *non attribué.* **91** Bonfanti. **92** Béguin. **93. 94** *non attribué.* **95 à 2001** Dubouchet.

Nota. – (1) Finlande. (2) France. (3) Italie. (4) Monaco. (5) Norvège. (6) Suède. (7) USA.

Ski artistique

☞ *Légende* (voir p. 1443 b).

■ **Origine. Vers 1920** l'All. Fritz Rauel adapte au ski les figures du patinage. **1929** il publie « Nouvelles possibilités du ski ». **Vers 1960** lancé par les Suisses Roger Staub et Art Furrer, l'Allemand Hermann Gollner et le Norvégien Stein Eriksen. **1970** 1re compétition. **1976** 1re coupe du monde. **1979** reconnu par la Féd. internationale. **1988** sport de démonstration aux JO. **1992** sport olympique discipline *Bosses.* **1994** sport olympique discipline *Saut.*

■ **Disciplines. Saut :** tremplin, pente de 67°, propulse à environ 12 m de haut, puis sauts périlleux et vrilles ; rotation sur exécution de 2 sauts acrobatiques différents mettant en évidence : impulsion d'envol, hauteur, longueur, pureté du style, exécution et précision technique du mouvement, réception du saut. **Bosses :** piste de 250 m très pentue et bosselée ; trajectoire empruntant les goulottes situées entre les bosses ; 2 tremplins obligent un décollage du skieur qui réalise une figure notée (virages-saut-vitesse). **Ballet** ou **acroski :** figures sautées, glissées et gymniques sur thème musical, de pente 11 à 16°.

■ **Résultats. Coupe du monde.** *Créée* 1980. **Messieurs. Saut. 1990** Bacquin [9]. **91, 92** Laroche [6]. **93** Langlois [16]. **94** Laroche [6]. **95** Worthington [20]. **96** Foucras [9]. **97 à 2000** Fontaine [6]. **01** Bergoust [20]. **Bosses. 1990 à 92** Grospiron [9]. **93** Brassard [6]. **94** Grospiron [9]. **95** Choupletsov [24]. **96, 97** Brassard [6]. **98** Moseley [20]. **99, 2000** Lahtela [8]. **01** Ronkainnen [8]. **Acroski** (ballet jusqu'en 1994). **1990** Franco [10]. **91 à 93** Kristiansen [12]. **94** Becker [9]. **95** Kristiansen [12]. **96** Baumgartner [17]. **97, 98** Becker [9]. **99** *supprimé.* **Combiné** (bosses en parallèle après 1997). **1990, 91** Laboureix [9]. **92, 93** Worthington [20]. **94** Belhumeur [6]. **95** Worthington [20]. **96** Moseley [20]. **97** Sutherland [6]. **98** Rönnback [16]. **99** Hemery [9]. **2000** Lahtela [8]. **01** *supprimé.* **Final. 1990, 91** Laboureix [9]. **92, 93** Worthington [20]. **94** Choupletsov [24]. **95, 96** Moseley [20]. **97** Downs [6]. **98** Becker [9]. **99** Fontaine [6]. **2000** Lahtela [8]. **01** Ronkainen [8].

Dames. Saut. 1990 Reichart [1]. **91** Simchen [1]. **92** Marshall [14]. **93, 94** Tcherjazova [29]. **95** Stone [20]. **96** Brand [17]. **97** Brenner [6]. **98** Stone [20]. **99, 2000, 01** Cooper [14]. **Bosses. 1990 à 92** Weinbrecht [20]. **93** Hattestad [12]. **94** Weinbrecht [20]. **95** Monod [9]. **96** Weinbrecht [20]. **97** Mittermayer [1]. **98** Elfman [16]. **99, 2000** Battelle [20]. **01** Traa [12]. **Acroski** (ballet jusqu'en 1994). **1990 à 92** Kissling [17]. **93 à 95** Breen [20]. **96 à 98** Batalova [24]. **99** *supprimé*. **Combiné** (bosses en parallèle après 1995). **1990 à 92** Kissling [17]. **93** Kubenk [6]. **94, 95** Schmid [17]. **96, 97** Gilg [9]. **98** Traa [12]. **99** Roask [20]. **2000** Traa [12]. **01** *supprimé*. **Final. 1990 à 92** Kissling [17]. **93** Kubenk [6]. **94, 95** Porter [20]. **96** Kubenk [6]. **97** Blumer [10]. **98** Stone [20]. **99, 2000, 01** Cooper [14].

Championnats du monde (*créés* 1986). **Messieurs. Saut. 1991, 93** Laroche [6]. **95** Worthington [20]. **97** Fontaine [6]. **99** Bergoust [20]. **2001** Grichine [26]. **Bosses. 1991** Grospiron [9]. **93** Brassard [6]. **95** Grospiron [9]. **97** Brassard [6]. **99** Lahtela [8]. **01** Ronkainen [8]. **Acroski. 1991** Spina [20]. **93** Becker [9]. **95** Kristiansen [12]. **97** Becker [9]. **99** Edmondson [20]. **Combiné. 1991** Choupletsov [19]. **93** Choupletsov [24]. **95** Worthington [20]. **97** Downs [6]. **99** *supprimé*. **Bosses en parallèle. 99** Grégoire [9]. **2001** Yonnet [9].

Dames. Saut. 1991 Sementchuk [19]. **93** Tscherjazova [29]. **95** Stone [20]. **97** Marshall [14]. **99** Cooper [14]. **2001** Bauer [6]. **Bosses. 1991** Weinbrecht [20]. **93** Hattestad [12]. **95, 97** Gilg [9]. **99** Battelle [20]. **2001** Traa [12]. **Acroski. 1991, 93** Breen [20]. **95** Batalova [24]. **97** Kushenko [24]. **99** Razumovskaya [24]. **2000** *supprimé*. **Combiné. 1991** Schmid [17]. **93** Kubenk [6]. **95** Porter [20]. **97** *supprimé*. **Bosses en parallèle 99** Schmitt [1]. **2001** Traa [12].

Championnats de France. Messieurs. Saut. 1989 à 92 Bacquin. **93** *non disputé*. **94** Blanc. **96** Foucras. **97** Mermet. **98** Climonet. **99** Mermet. **2000** Lohner. **Bosses. 1990** Gilg. **91** Berthon. **92** Grospiron. **93** Ougier. **94** Gilg. **95** Ougier. **96** Y. Gilg. **97** Ougier. **98** Gay. **99** Grégoire. **2000** Regnier-Laffargue. **01** Gay. **Acroski. 1990 à 93** Becker. **94** *supprimé*. **Bosses en parallèle. 1997** Grégoire. **98** Gay. **99, 2000** Grégoire. **01** *non disputé*.

Dames. Saut. 1990 Gilg. **91** Lombard. **92** Cattelin. **93** *non disputé*. **94** Chauvel. **96** Cochet. **97** Delhumeau. **98** Peillex. **99, 2000** Delhumeau. **Bosses. 1990** Collomb-Clerc. **91** Gaspar. **92** Monod. **93** Cattelin. **94** Monod. **95 à 97** Gilg. **98** Allais. **99** Bacchi. **2000, 01** Allais. **Acroski. 1989 à 92** Fechoz. **93** Tartinville. **94** *supprimé*. **Bosses en parallèle. 1997** Gilg. **98** Allais. **99** Jouval. **2000** Allais.

Quelques noms

☞ *Légende* (voir p. 1443 b).

■ **Ski alpin.** Aamod Kjetil-André (1972) [12]. Accola Martina (8-3-63) [17] ; Paul (20-2-67) [17]. Allais Émile (25-2-12) [9]. Allamand Olivier (31-7-69) [9]. Alphand Luc (6-8-65) [9]. Amiez Sébastien (6-5-72) [9]. Anzi Stefano (22-5-49) [10]. Arpin Michel (29-12-35) [9]. Attia Caroline (4-7-60) [9]. Augert Jean-Noël (17-8-49) [9].

Bachleda Andrej (21-1-47) [13]. Bacquin J.-Marc (20-2-64) [9]. Barnier Anouk (4-3-71) [9]. Bianchi Patrice (10-4-69) [9]. Biebl Heidi (17-2-41) [2]. Bittner Armin (28-11-64) [2]. Bonlieu François (1937-73) [9]. Bonnet Honoré (1919) [9]. Bourgeat Pierrick (1976) [9]. Bournissen Chantal (6-4-67) [17]. Bouvier Nathalie (31-9-69) [9]. Bozon Charles (1932-64) [9]. Bozon Michel (1950-70) [9].

Cavagnoud Régine (27-6-70) [9]. Chauvet Patricia (11-5-67) [2]. Chedal Cathy (14-6-68) [9]. Cochran Barbara Ann (4-1-51) [20]. Collombin Roland (1951) [17]. Colo Zeno (1920-93) [10]. Compagnoni Deborah (4-10-70) [10]. Couttet James (1921-97) [9]. Couttet Lucienne (27-11-26) [9]. Cranz Christl (1-7-14) [1]. Crétier Jean-Luc (28-4-66) [9].

De Agostini Doris (28-4-58) [17]. Debernard Danielle (21-7-54) [9]. De Chiesa Paolo (14-3-56) [11]. Dorfmeister Michaela (25-3-73) [4]. Duvillard Adrien (7-11-34) [9] ; Adrien (8-2-69) [9]. Duvillard Henri (23-12-47) [9].

Eberharter Stefan (24-3-69) [4]. Émonet Patricia (22-7-56) [9]. Ericksen Stein (11-12-28) [12]. Famose Annie (16-6-44) [9]. Fernández-Ochoa Blanca (22-4-63) [7]. Fernández-Ochoa Francisco (25-2-50) [7]. Ferstl Sepp (6-4-54) [2]. Feutrier Alain (12-2-68) [9]. Figini Michela (7-4-66) [17]. Filliol Béatrice (12-5-70) [9]. Foucras Sébastien (4-1-71) [9]. Frommelt Willi (18-11-52) [11]. Furuseth Ole-Christian (7-1-67) [12]. Gabl Gertrud (1946) [4]. Gaspoz Joël (25-9-62) [17]. Ghedina Christian (20-11-69) [9]. Gilg Candice [9]. Giordani Claudia (27-10-55) [10]. Girardelli Marc (18-7-63) [22]. Goitschel Christine (9-6-44) [9] ; Marielle (28-9-45) [9] ; Philippe [9]. Good Ernst (14-1-50) [17]. Greene Nancy (11-5-43) [6]. Gregoire Johann (14-10-72) [9]. Gros Piero (30-10-54) [10]. Grosfilley Bernard (3-8-49) [9]. Gros-Gaudenier Marie-Cécile (18-6-60) [9]. Grospiron Edgar (17-3-69) [9]. Guignard Christelle (27-9-62) [9]. Haas Christl (1943-2001) [4]. Heidegger Klaus (19-8-57) [4]. Heinzer Franz (11-4-62) [17]. Hemmi Heini (17-1-49) [17]. Hess Erica (6-3-62) [17]. Hoeflehner Helmut (24-11-59) [4].

Jacot Michèle (5-1-52) [9]. Jauffret Louis (21-2-43) [9]. Johnson Bill (30-9-60) [20]. Julen Max (15-3-61) [17]. Kaserer Monica (11-5-52) [4]. Kernen Bruno (25-3-61) [17] ; Bruno II (1-7-72) [17]. Kidd William W. (13-4-43) [20]. Kiehl Marina (12-1-65) [2]. Killy Jean-Claude (30-8-43) [9]. Kinshofer Christa (24-1-61) [2]. Kjus Lasse 14-1-71 [12]. Klammer Franz (3-12-53) [4]. Kreiner Kathy (4-5-57) [6]. Kronberger Petra (21-2-69) [4]. Kjus Lasse (14-1-71) [12]. Lacroix Léo (26-11-37) [9]. Lafforgue Britt (5-11-48) [9]. Lafforgue Ingrid (5-11-48) [9]. Leduc Thérèse (4-1-34) [9]. Leegartner Kerrin (21-9-66) [6]. Lefranc Sophie (5-2-71) [9]. Leskinen (24-7-71) [8].

Macchi Françoise (12-7-51) [9]. McCoy Penny (1945) [20]. McKinney Steve (1953) [20], Tamara (16-10-62) [20]. Mader Gunther (24-6-64) [4]. Mahre Phil et Steve (10-5-57) [20]. Maier Hermann (7-12-72) [4] ; Ulrike (1967-94) [4]. Masnada Florence (16-12-68) [9]. Mauduit Georges (3-12-40) [9]. Mayer Christian (10-1-72) [4]. Merle Carole (24-1-64) [9]. Milne Malcolm (1949) [14]. Mir Isabelle (2-3-49) [9]. Mittermaier Rosi (5-8-50) [2]. Moe Tommy (1970) [20]. Montillet Carole (7-4-73) [3]. Morerod Lise-Marie (16-4-56) [17]. Moser-Proell Annemarie (27-3-53) [4]. Muller Peter (6-10-57) [17]. Nadig Marie-Thérèse (8-3-54) [17]. Nagel Judy (1951) [20]. Nef Sonja (19-4-72) [17]. Nelson Cinthia (19-8-55) [20]. Nierlich Rudolph (1966-91) [4]. Nones Franco (1-2-41) [10]. Noviant Jérome (24-1-65) [9].

Oertli Brigitte (10-6-62) [17]. Orcel Bernard (2-4-45) [9]. Oreiller Henri (1925-62) [9]. Ortlieb Patrick (20-5-67) [4]. Pascal Christelle (6-10-73) [9]. Patterson [20]. Pelen Perrine (3-7-60) [9]. Pequegnot Laure (30-9-75) [9]. Percy Karen (10-10-66) [6]. Périllat Guy (24-2-40) [9]. Périllat Jocelyne (3-5-55) [9]. Piccard Franck (19-9-64) [9] ; Ian [9] ; Leila (11-1-71) [9]. Plank Herbert (3-9-54) [10]. Plé Christophe (29-4-66) [9]. Quittet Catherine (22-1-64) [9].

Rey Denis (9-2-66) [9]. Rey Jean-François [9]. Rossat-Mignot Roger (24-9-46) [9]. Rouvier Jacqueline (26-10-49) [9]. Russel Patrick (22-12-46) [9]. Russi Bernard (20-8-48) [17]. Sailer Anton (19-11-35) [4]. Saioni Christophe (1-2-69) [9]. Schiele Armand (7-6-67) [9]. Schneider Vreni (26-11-64) [17]. Schranz Karl (18-11-38) [4]. Seelos Toni (4-11-11) [4]. Seizinger Katia (10-5-71) [1]. Serrat Fabienne (5-7-56) [9]. Simond François (27-9-69) [9]. Skaardal Atle (17-2-66) [12]. Stangassinger Thomas (15-9-65) [4]. Steiner Rosita (14-6-63) [4]. Stenmark Ingemar (18-3-56) [16]. Steurer Florence (1-11-49) [9]. Stock Léonard (14-3-58) [4]. Strobl Josef [4] ; Fritz [4]. Strolz Hubert (26-6-62) [4]. Suchet Mélanie (1-9-76) [9]. Svet Mateja (16-8-68) [21]. Sykora Thomas (18-5-68) [4]. Tauscher Hansjorg (15-9-67) [2]. Thoeni Gustavo (28-2-51) [10]. Tomba Alberto [10] (19-12-66). Totschnig Brigitte (30-8-54) [4]. Tresch Walter (4-5-48) [17]. Trinkl Hannes (1-2-68) [4]. Tyldum Paul (28-2-42) [12].

Vedenine Viatcheslav (1941) [19]. Veich Michaël (1956) [2]. Vion Michel (22-10-59) [9]. Von Grunigen Mickael (11-4-69) [17]. Vuarnet Jean (18-1-33) [9]. Wachter Anita (12-2-67) [4]. Wasmeier Markus (9-9-63) [2]. Walcher Josef Seep (8-12-54) [11]. Walliser Maria (27-5-65) [17]. Wenzel Andreas (18-3-58) [11]. Wenzel Hanny (14-12-54) [11]. Werner Wallace Bud (1935) [20]. Wiberg Pernilla (15-10-70) [16]. Wolf Sigrid (14-2-64) [4]. Zhirov Aleksander (1958-86) [19]. Zimmermann Egon (8-2-39) [4]. Zurbriggen Heidi (16-3-67) [17] ; Pirmin (4-2-63) [17].

■ **Ski nordique.** Arbez Victor (17-5-34) [9]. Aunli-Kvello Berit (9-6-56) [12]. Bailly-Salins Patrice (21-6-64) [9]. Balland Hervé (7-1-64) [9]. Belmondo Stefania [10]. Beloussov Vladimir (4-7-46) [19]. Birger Ruud (23-8-11) [12]. Briand Anne (2-6-68) [9]. Cararra Benoît (1926-93) [9]. Claudel Véronique (22-12-66) [9]. Daehlie Bjorn (19-6-67) [12]. Di-centa Manuela [10]. Eggen Gjermund (5-6-41) [12]. Egorova Ljubov [24]. Engan Thorleif [12]. Flandin Hervé (1966) [9]. Funaki Kazuyoshi (27-4-75) [25]. Girard Xavier (14-2-70) [9]. Grandclément Philippe (11-9-61) [9]. Grimmer Gerhardt [3] (6-4-52). Guillaume Sylvain (6-7-68) [9]. Gustafson Tomas (28-12-59) [16]. Gustafson Toini (17-1-38) [8]. Guy Fabrice (30-12-68) [9]. Hamalainen Maria-Lisa (10-8-55) [8]. Haug Thorleif (1907) [8]. Jernberg Sixten (6-2-39) [16]. Kakulinen Veikko (4-1-25) [8]. Karlson Niels (25-6-17) [16]. Kirchner Mark [1]. Koch William (7-6-55) [20]. Kogler Armin (4-9-59) [4]. Kulakova Galina (29-4-42) [19]. Kvalfoss Erik (1961) [12]. Lazutina Larissa [24]. Lukkarinen Marjut [8]. Lundstroem Martin (30-5-18) [16]. Maentyranta Eero (20-11-37) [8]. Mancini Isabelle (26-7-67) [9]. Mathieux Dominique (3-5-53) [9]. Matikainen Marjo (1965) [8]. Medvedev Valeri [19]. Misersky Antje [1]. Mollard Didier (4-12-69) [9]. Mougel Francis (7-5-60) [9]. Mougel Yvon (25-5-55) [9]. Nieminen Toni (1976) [8]. Niogret Corinne (20-11-72) [9]. Nones Franco (1-2-41) [10]. Nykanen Marti (17-7-63) [8]. Pierrat Jean-Paul (3-7-52) [9]. Poirot Gilbert (21-9-44) [9]. Prokourorov Alexeï (25-3-64) [19]. Raska Jiri (4-2-41) [18]. Rémy Patrick (27-4-65) [9]. Repellin Francis (4-3-69) [9]. Restzova Anfissa (1965) [24]. Roetsch Franz Peter (1964) [3]. Romand Paul (25-9-30) [9]. Ruud Asbjörn (6-10-19) [12]. Ruud Sigmund (1907-94) [12]. Schaaf Petra [1]. Smetanina Raisa (29-2-52) [19]. Sulzenbacher Klaus (1965) [4]. Svan Gunde (12-1-62) [16]. Tikhonov Alexandre (2-1-47) [19]. Tikhonova (13-6-64) [19]. Tormanen Juoko (10-4-54) [8]. Ullrich Frank (24-1-58) [3]. Ulvang Vegard (1963) [12]. Vedenine Viatcheslav (1-10-41) [19]. Ventsene Vida [19] (28-5-61). Vialbe Elena (1968) [19]. Vittoz Vincent (1976) [9]. Wassberg Thomas (23-3-56) [16]. Wehling Ulrich (8-7-52) [3]. Weissflog Jens [4]. Zimiatov Nikolaï (28-6-55) [19].

Ski nautique

Généralités

Sources : Fédération française de ski nautique, 16, rue Clément-Marot, 75008 Paris. *Féd. intern. de ski nautique*, Andres Botero, PO Box 2038, Medellin, Colombie.

■ **Quelques dates. 1921** *1ers essais* individuels puis collectifs sur le lac d'Annecy par une section de chasseurs alpins. Se développe sur la Côte d'Azur (Juan-les-Pins). **1946**-*27-7 Union mondiale de ski nautique* créée. **1947** *Féd. française de ski nautique* créée.

■ **Pratiquants.** Des dizaines de millions dans le monde. *(France en 2000) : 250 000 environ* (13 659 licenciés, 222 clubs).

■ **Matériel. Ski :** *tourisme*, 180 cm, 3,5 kg ; *saut*, 200 cm mais plus larges ; *figures*, 90 à 115 cm ; *slalom*, dit *mono*, 150 à 180 cm. **Traction :** *bateau* (5 à 6,10 m ; largeur 1,80 à 2,50 m, *hors-bord* (de 50 à 200 CV) ou *in-bord* (de 100 à 310 CV), doit être muni d'un mât central sur lequel se fixe la *corde*, de longueur variable suivant les disciplines. *Le palonnier* recouvert de caoutchouc antidérapant est relié à la corde de traction.

■ **Réglementation.** 2 personnes à bord (conducteur et personne surveillant le skieur).

■ **Courses. Vitesse maximale. Messieurs :** 239,59 km/h, Grant Torranus (Austr.) en 1984. **Dames :** 178,81 km/h, Donna Patterson Brice (USA, 21-8-77). **Distance.** 2 126 km Steve Fontaine (USA, 24/26-10-88).

Disciplines

■ **Figures.** Effectuées sur 1 ou 2 skis sans dérives. Cotées suivant difficulté. Le concurrent doit en passer un maximum au cours de 2 passages de 20 s. **Records du monde au 22-10-2000. Messieurs.** Nicolas Le Forestier (Fr.) 11 920 points le 22-5-2000. **Dames.** Tawn Larsen Hahn (USA) 8 630 le 11-7-99. (*France :* Frédérique Savin 7 850 en 1995).

■ **Saut.** *Tremplin :* largeur 3,70 à 4,30 m, longueur hors de l'eau 6,40 à 6,70 m, sous l'eau 1 m. **Records du monde au 22-10-2000. Messieurs.** J. Siemers 70,9 m le 22-10-2000 (*France :* Christophe Duverger 64 m en mars 1999). **Dames.** T. Neville 52,7 m le 25-6-2000 (*France :* Laurence Venet 47,10 m en 2000).

■ **Slalom.** *Jalonné* par 6 bouées disposées en quinconce, de part et d'autre d'un chenal de 2,30 m de largeur. **Largeur totale du parcours :** 23 m. **Longueur :** 259 m. **Distance entre le milieu du chenal et les bouées skieurs : 11,50 m. Vitesse** (*messieurs :* 37 à 58 km/h, *dames :* 34 à 55 km/h) augmente de 3 km/h à chaque parcours réussi, jusqu'à la vitesse maximale, la *corde* (18,25 à 9,75 m) est ensuite réduite progressivement jusqu'à ce que le skieur tombe ou ne contourne pas de façon réglementaire la bouée en question. *Est vainqueur* celui qui a contourné correctement le plus grand nombre de bouées. **Records du monde au 22-10-2000. Messieurs.** Andy Mapple (G.-B.) 1 bouée à 9,75 m le 4-10-98 (*Fr. :* Patrice Martin 2 à 10,25 m). **Dames.** Kristy Overton (USA) 1 bouée à 10,25 m le 14-9-1996 (*Fr. :* Géraldine Jamin 2 bouées à 10,75 m en 2000).

■ **Ski pieds nus** (*barefoot*). Départ dans l'eau en marche avant ou arrière, avec un ski ou sauté du ponton. **Vitesse du bateau :** 45 à 70 km/h selon le poids du skieur (puissance 100 CV en hors-bord à 300 CV en in-bord). **Disciplines :** slalom de part et d'autre du sillage, figures main à main et corde au pied, saut sur un petit tremplin.

Principales épreuves

Légende : (1) Italie. (2) USA. (3) Venezuela. (4) G.-B. (5) All. féd. (6) France. (7) Russie. (8) Suède. (9) Canada (10) Autriche. (11) Australie. (12) Grèce. (14) Biélorussie. (15) Suisse. (16) Pays-Bas. (17) Rép. tchèque.

■ **Championnats du monde.** *Créés* 1949. *Tous les 2 ans.* **Messieurs. Slalom. 1995, 97, 99** Mapple [4]. **Saut. 1995** Neville [11]. **97, 99** J. Llewellyn [9]. **Figures. 1991** Martin [6]. **93** Baggiano [2]. **95** Benet [6]. **97** Peterson [2]. **99** Llewellyn [9]. **Combiné. 1981 à 87** Duvall [2]. **89 à 99** Martin [6].

Dames. Slalom. 1991 à 97 Kjellander [8]. **99** Overton-Johnson [2]. **Saut. 1995** Nichols [2]. **97** Milakova [7]. **99** Sheers [2]. **Figures. 1991 à 95** T. Larsen [2]. **97** B. Larsen [2]. **99** Hahn [2]. **Combiné. 1995** Messer [9]. **97, 99** Milakova [7].

Par équipes. *Créés* 1957. **1995, 97** France. **99** Canada.

■ **Championnats du monde pieds nus.** *Créés* 1978. *Tous les 2 ans.* **Messieurs. Slalom. 1990** Sands [11]. **92** Scarpa [2]. **94** Fuchs [2]. **96** Sands [11]. **Saut. 1990** Seipel [2]. **92** Bowers [2]. **94** Fritsch [11]. **96** Moser [5]. **Figures. 1990** Powell [2]. **92** Scarpa [2]. **94** Pennay [11]. **96** Scarpa [2]. **Combiné. 1978, 80, 82** Wing [11]. **85, 86** Seipel [2]. **96, 98** Scarpa [2].

Dames. Slalom. 1990 à 96 Calleri [2]. **Saut. 1990** Lawler [2]. **92** Leboff [9]. **94, 96** Stekelenburg [11]. **Figures. 1990 à 96** Calleri [2]. **Combiné. 1990 à 96** Calleri [2].

Classement par nation. 1990, 92, 94, 96 USA.

■ **Championnats d'Europe.** *Créés* 1947. *Tous les ans.* **Messieurs. Slalom. 1995** Ciapponi [1]. **96, 97** Martin [6]. **98** Gamzukoff [6]. **99** Martin [6]. **2000** Campbell [4]. **01** Fischer [4]. **Saut. 1995 à 97** Wild [5]. **98** Alessi [1]. **99** Seels [4]. **2000** Duverger [6]. **01** Seels [4]. **Figures. 1995** Leforestier [6]. **96** Martin [6]. **97** Leforestier [6]. **98** Deviatovski [14]. **99** Martin [6]. **2000** Leforestier [6]. **01** Martin [6]. **Combiné. 1995** Alessi [1]. **96, 97** Martin [6]. **98** Deviatovski [14]. **99** Martin [6]. **2000** Deviatovski [14]. **01** Martin [6].

Dames. Slalom. 1995 à 98 Reinstaller [1]. **99** Mugiasca [15]. **2000** Jamin [6]. **01** Reinstaller [1]. **Saut. 1995** Britta [10]. **96** Llewellyn Britta [10]. **97** Milakova [7]. **98, 99, 2000** Grebe-Llewellyn [10]. **01** Milakova [7]. **Figures. 1994 à 97** Roumjantzeva [12]. **98** Basinskaja [16]. **99** Andrioupoulou [12]. **2000** Savin [6]. **01** Milakova [7]. **Combiné. 1995, 96** Andriopoulou [12]. **97** Pavlova [14]. **98, 99** Andriopoulou [12]. **2000** Amade [6]. **01** Milakova [7].

Classement par nation. 1990 France, **91** URSS, **92** Biélorussie, **93** Russie. **94, 96 à 98** France.

■ **Championnats d'Europe pieds nus.** *Créés* 1976. *Tous les ans.* **Messieurs. Slalom. 1995** Wehner [5]. **96** Sileghem [13]. **Saut. 1995, 96** Moser [5]. **Figures. 1995, 96** Baillien [13]. **Combiné. 1995** Wehner [5]. **96** Sileghem [13].

Dames. Slalom. 1995 Scopes [4]. **96** Pfeifer [15]. **Saut. 1989, 90** Hermann [5]. **91** Aureli [1]. **92** Harding [4]. **93** Hermann [5]. **94 à 96** Harding [4]. **Figures. 1993 à 96** Scopes [4]. **Combiné. 1995, 96** Scopes [4].

Classement par nation. **1995** G.-B. **96** Italie.

■ **Championnats de France. Open. Messieurs. Slalom.** **1995** Gamzukoff. **96** Cans. **97** Gamzukoff. **98** Cans. **99, 2000** Martin. **Saut.** **1990 à 93** Perez. **94 à 98** Duverger. **99, 2000** Martin. **Figures.** **1995, 96** Leforestier. **97** Ackerer. **98** Leforestier. **99** Martin. **2000** Leforestier. **Combiné.** **1995** Duverger. **96** Perez. **97** Duverger. **98** Cans. **99, 2000** Martin.

Dames. Slalom. **1992 à 97** Jamin. **98, 99, 2000** A. Amade. **Saut.** **1990** Chapiron. **91** Venet. **92, 93** Chapiron. **94 à 96** Jamin. **97 à 2000** Venet. **Figures.** **1995** Gusmeroli. **96** Savin. **97** Lucine. **98, 99, 2000** Savin. **Combiné.** **1995** A. Amade. **96** Savin. **97** A. Amade. **98** Lucine. **99, 2000** A. Amade.

Quelques noms

■ **France.** Amade Anaïs. Benet Aymeric (1972). Cambray Gilles. Carmin Pierre (8-2-61). Duflot Dany. Duverger Christophe (27-6-71). Escot Chantal (épouse Amade). Gamzukoff Dimitri (10-4-74). Gautier Pascale. Henry Hervé. Jamin Géraldine (10-5-75) ; Jean-Michel. Julien Essnard Patrick (23-6-82). Leforestier Nicolas (1973). Lucine Clémentine (2-8-82). Martin Patrice (24-5-64). Maurial Sylvie. Muller Jean-Marie. Parpette Jean-Yves. Perez Claude. Savin Frédérique (21-2-71). Seigneur Marie-Pierre (27-12-64). Sommer Christian. Tillment Jacques. Vazeille Maxime. Venet Laurence (11-4-75).

■ **Monde.** Alessi Andrea. Brush Deena [2]. Carrasco Maria Victoria [3]. Duvall Sammy [2]. Grimditch Wayne [2]. Hazelwood Mike [4] (14-4-58). Kempton Allan [2]. Lapoint Bob. Lapoint Kris [2]. Lowe Lucky. Mapple Andy. Mendoza Alfredo [3]. Pickos Corry [2]. Shakeford [2]. Shetter-Allan Liz [2] (12-7-47). Stearns Chuk [2]. Suarez Carlos [3]. Suyderhoud Mike [2]. Steeward Wood Janette [4]. Worthgton Willa [2]. Zucchi Roby [1].

Spéléologie

■ **Origine.** **1888** 1re traversée intégrale connue d'une grotte à Bramabiau (Gard) par Édouard-Alfred Martel qui pénétra par le ruisseau la perte du Bonheur et en ressortit à l'abîme de Bramabiau.

Lieux explorés

Légende : (1) France. (2) Autriche. (3) Espagne. (4) Italie. (5) Mexique. (6) Suisse. (7) Australie. (8) Chine. (9) Iran. (10) Russie. (11) Géorgie. (12) Ouzbékistan. (13) USA. (14) G.-B. (15) Croatie. (16) Papouasie-Nlle-Guinée. (17) Slovénie. (18) Rép. tchèque. (19) Grèce. (20) Venezuela. (21) Turkistan. (22) Pérou. (23) Malaisie. (24) Algérie. (25) Ukraine. (26) Moldavie. (27) Turquie. (28) Brésil.

■ **Gouffres de plus de 1 000 m de profondeur** (au 19-3-2001). Gouffre Voronja [11] 1 710, Lamprechtsofen-Verlorenen Weg Schacht [2] 1 632, Gouffre Mirolda (Samoëns [1]) 1 616, réseau Jean-Bernard [1] 1 602, torca del Cerro [4] 1 589, Vjačeslava Pantjukhina [11] 1 508, Cehi 2 « la Vendetta » [17] 1 480, sistema Huautla [5] 1 475, sistema del Trave [3] 1 441, Boj Bulok [12] 1 415, BU 56 [3] 1 408, Lukina Jama [15] 1 392, sistema Cheve (Cuicateco [5]) 1 386, Evren Gunay düdeni [27] 1 377, Snežnaja Mezennogo [11] 1 370, réseau de la Pierre-Saint-Martin [1,3] 1 342, Sieben Hengste [6] 1 340, Slovacka jama [15] 1 301, Cosa Nostra Loch [2] 1 291, gouffre Berger [1] 1 271, gouffre Muruk-Bérénice [16] 1 258, Pozo del Madejuno [3] 1 255, torca de los Rebecos [3] 1 255, abisso Paolo-Roversi [4] 1 249, système Vladimir Iljukhina [11] 1 240, Sotano Akemati [5] 1 226, Schwersystem-Batman Höhle [2] 1 219, abisso Olivefer [4] 1 215, Kijahe Xontjoa [5] 1209, gouffre Gorgothakas [19] 1 208, Dachstein-Mammuthöhle [2] 1 199, abisso Veliko Sbrego (Crnelsko Brezno) [17] 1 198, Abisso Fighiera-Antro del Corchia [4] 1 190, Çukurpinar düdeni [27] 1 190, Vandima [17] 1 182, sistema Arañonera [3] 1 179, Jubilaümschacht [2] 1173, réseau de Soudet [1] 1 170, anou Ifflis [24] 1 170, abisso W le Donne [4] 1 170, sima 56 [3] 1 169, torca Idoubeda [3] 1 167, B15-Fuente de Escuain [3] 1 150, Tanne des Pra d'Zeures TO75 [1] 1 143, complesso del Foran del Muss [4] 1 140, sistema del Jitu [3] 1 135, system Molicka pec [17] 1 130, abisso Saragato [4] 1 120, Arabikskaja [11] 1 110, Kazumura Cave (Hawaii) [13] 1 102, Schneeloch [2] 1 101, sima GESM [3] 1 098, gouffre des Partages [1] 1 091, Jägerbrunntrogsystem [2] 1 078, Dzou [11] 1 077, Muttseehöhle [6] 1 070, Sotano de Ocotempa [5] 1 064, Abisso Mani Pulite [4] 1 060, pozzo della Neve [4] 1 050, Döf-Sonnenleiter Höhlensystem [2] 1 042, Hirlatzhöhle [2] 1 041, Meanderhöhle [2] 1 028, torca Urriello [3] 1 022, Cueva Charco [5] 1 019, torca Castil [3] 1 019, Sotano de Olbastl (Akema bis) [5] 1 015, Sonconga [5] 1 014, P35-Hedwighöhle [2] 1 011, Renetovo Brezno [17] 1010, Coumo d'Hyouernedo [1] 1 004.

■ **Cavités dont le développement dépasse 50 km** (au 1-3-2001). Mammoth Cave System [13] 571,3, Optimističeskaja [25] 212, Jewel Cave [13] 195,6, Holloch [6] 182,5, Lechuguilla Cave [13] 148, Siebenhengste-Hohgant [6] 140, Fisher Ridge Cave System [13] 132,2, Wind Cave [13] 129,4, Ozernaja [36] 111, Gua Air Jernih [23] 109, réseau de la Coumo d'Hyouernedo [1] 101, Ojo Guareña [3] 97,4, sistema Purificación [5] 90,5, Zoluška [26] 90,2, Hirlatzhöhle [2] 85,4, Toca de Boa Vista [28] 78, Ox Bel Ha [5] 70,6, Ease Gill Cave System [14] 70,5, Friar's Hole Cave [13] 70, Raucherkarhöhle [2] 71,8, Bullita Cave System [7] 67, Nohoch Nah Chich [5] 64, Organ Cave [13] 63,6, Kazumura Cave (Hawaii) [13] 61,4, réseau de l'Alpe [1] 60,2, Red del Silencio [3] 60, Bol'shaya Oreshnaya [10] 58, sistema Dos Ojos [5] 57, Ogof Draenen [14] 57, sistema Huautla [5] 56,7, Kap-Kutan-Promezhutochnaya [21] 55, Mamo Kananda [16] 54,8, Bärenschacht [6] 54,4, réseau de la Pierre Saint-Martin [1,3] 53,9, Dachstein-Mammunthöhle [2] 52,9, complesso Fighiera-Corchia [4] 52,3, Blue Spring Cave [13] 51,4, réseau du Granier [1] 51,2, réseau de la Denta de Crolles [1] 50,1, Ogof Ffynnon Ddu [14] 50.

■ **Grandes cavités non calcaires.** **Granite, gneiss :** Greenhorn Cave (Californie [13]) – 152 m, TSOD Cave (New York [13]) 3 977 m. **Quartzite :** sima Aonda (Bolívar [20]) – 362 m, Magnet Cave (Afr. du Sud) 2 030 m. **Gypse :** rhar Dahredj (Guelma [22]) 212 m, Optimističeskaja [25] 183 000 m. **Lave, basalte :** Kazumura (Hawaii [13]) – 1 098 et 59 220 m. **Sel :** mearat Malham (Israël) – 135 et 5 685 m. **Glace :** Paradise Ice Cave (Washington [13]) 16 093 m et Moulin de Kapisigdlit (Groenland) – 130 m ; autre cavité du Groenland descendue jusqu'à – 192 m en 1997. **Schiste-micaschiste :** voragine del Cervo Volante (Piémont [4]) – 148 m et gruta dos Ecos (Goiás [28]) 1 380 m.

■ **Puits naturels d'au moins 300 m** (au 31-1-2000). Vrtiglavica Vertigo [17] 643, Patkovgušt [17] 553, Brezno pod Velbom [17] 501, Stary Swiskak [2] 480, Höllenhöhle [2] 450, abisso Monte Novegno [4] 430, Minye [16] 417, Abatz [11] 410, Provatina [19] 389, Gebihe [8] 370, sótano del Barro [5] 364, Zlatorog [17] 358, Stierwascherschacht [2] 351, sima Aonda [20] 350, Mavro Skiadi [19] 341, sótano de las Golondrinas [5] 333, sótano de Tomasa Kiahua [5] 330, Aphanizekolezia [1] 328, puits Lépineux [1] 320, Fengdong [8] 320, Nare [16] 310, pozo Mandini [4] 310, nita Xonga [5] 310, pozo Vicente Alegre [3] 309, Altes Murmeltier [2] 307, pozo La Jayada [3] 306, Bucakalan [22] 305, Pot II [1] 302, gouffre Touya de Liet [1] 302, pozo Juhué [3] 302.

■ **Cavités les plus élevées** (altitude en m). Grotte de Rakhiot Pic (Nanga Parbat, Cachemire) 6 645. Cueva de Saco [22] 4 800, de Sanson Machay [22] 4 500, de Pachacayo [22] 4 500, de Laurichoca [22] 4 400. Rangkulškaja [10] (– 350) 4 400. Cueva de Taypunta [22] 4 000. Sima de Milpu [22] (– 407) 3 992. Cueva de Chirimachay [22] 3 720. Ghar Parau [9] (– 751) 3 100. Aven de la Cascade du Marboré [1] 3 050, de la Mortice [1] 2 950 à 3 010. Grotte du Mont-Cenis (Alpes [1]) 2 680. Rotloch 6 2 560. Abisso Gaché (Alpes [4]) 2 525. Drachenloch [6] 2 427. Aven du Triglav [17] 2 426. Gouffre SC 3 (entrée supérieure de la Pierre-St-Martin) 2 093.

■ **Grands vides souterrains.** **Selon la surface projetée** (en milliers de m^2) : Sarawak Chamber (lubang Nasib Bagus [23]) 162,7, Gebihe Chamber [30] (700 × 200 × 70), torca del Carlista [3] 76,6, Majlis al Jinn [25] (700 × 300 m et 70 m de haut), gua Payem [23] 70, 58, Belize Chamber (actun Tun Kul [26]) 50, salle de la Verna (Pierre-St-Martin [1]) 45,3. **Selon le volume** (en milliers de m^3) : doline de Luse [16] 60, uvala d'Ora [16] 29, puits-doline de Minye [16] 26, sima mayor de Sarisariñama [20] 18, sótano del Barro [5] 15, Sarawak Chamber [23] 15.

■ **Résurgence** *la plus importante :* Dumanli [27], débit moyen 50 m^3/s (au min. 25 m^3/s) ; actuellement, noyée sous 120 m d'eau (lac de barrage). **Fontaine intermittente** *la plus célèbre :* Fontestorbes (Ariège), période environ 1 h. **Stalactites** *les plus grandes :* Nerja, près de Malaga [3], 59 m de haut.

■ **Systèmes hydrologiques.** **Les plus longs** (en km) : Homat Bürnü düdenleri, Yedi Miyarlar [27] 75, gouffre de la Belette, fontaine de Vaucluse [1] 46, Skocjanske jame [34], Il Timavo [4] 40. **Les plus grandes percées** (en m) : Chave-rio Agua Fria de Santa-Anna 2 525, Napra-Mchista [11] 2 345, V.V. Iljukhina-Reproa [31] 2 308, gouffre du Grand Cor, grotte de Poteu [6] 2 200, Snežnaja-Khipsta [11] 2 070, Huautla-Peña Colorada, Ural'skaja, Mačaj [10] 1 800, Oaxaca [5] 1 770 m, Beta [1], Russenbach [6] 1 754, gouffre du Pourtet, Bentia (Pierre-St-Martin) [1] 1 662.

■ **Plongées souterraines** (en m). **Les plus profonds siphons :** nacimiento del Rio Mante [5] – 282, Zacatón – 279, Bushmangert (Afr. du Sud) – 264, fontaine de Vaucluse (Vaucluse [1]) – 205 (sondée à 315 m), goul de la Tannerie (Ardèche [1]) – 165, Font Estramar (Pyr. Or. [1]) – 164, Hranická propast (Moravie [18]) – 155 (sondée à – 205), Foux du Mas de Banal (Hérault [1]) – 150, le Bouillant-Dormant (Charente [1]) – 148, Port-Miou (B.-du-Rhône [1]) – 145, Font de Lussac (Charente [1]) – 142, fontaine supérieure de Tourne (Ardèche [1]) – 140. **Les plus longs siphons :** doux de Coly (Dordogne [1]) 4 100, Chips Hole (Floride [13]) 3 333, émergence du Bestouan (B.-du-Rh. [1]) 3 000, siphon n° 2 de Cocklebiddy Cave (Nullarbor Plain [7]) 2 550. **Les plus longues cavités noyées :** Nohoc Nah Chieh (Quintana Roo [5]) 40 000, sistema Naranjal (Quintana Roo [5]) 18 000, cenote dos Ojos (Quintana Roo [5]) 14 000, Chips Hole (Floride [13]) 13 333, Sullivan Cheryl Sinte (Floride [13]) 12 500, Cathedral Falmouth Cave System (Floride [13]) 10 229, cenote Ponderosa (Quintana Roo [5]) 10 000, Lucayan Caverns (Bahamas) 9 184, cenote Zapote (Quintano Roo) [5] 9 000, Peacock Springs Cave System (Floride [13]) 6 507.

☞ **En France :** *cavernes :* 30 000 dans le calcaire (400 à 500 dans granit, grès et autres).

Spéléologues

■ **Les plus connus.** **Allemagne :** D. Gebauer, J. Hasenmayer, M. Laumanns. **Argentine :** C. Benedetto. **Australie :** M. Pierce, R. Elliss. **Autriche :** Hanke (1840-91), Lindner (XIXe s.), Marinitsch, Müller, Schmidl (XIXe s.), G. Stummer, H. Trimmel. **Belgique :** J.-M. Mattlet, C. Ek, L. Funcken, Y. Quinif, P. d'Ursel. **Brésil :** Auler, Collet, Haim, J.-A. Labegalini, M. Le Bret, Martin (1932-86), B. Pilo, Rubbioli. **Canada :** D. Ford, S. Worthington. **Espagne :** A. Eraso, C. Puch. **France :** D. André, Ph. Audra, Y. Aucant, Louis Balsan (1903-88), J.-Y. Bigot, André Bourgin (1904-68), Norbert Casteret (1897-1987), C. Chabert, Pierre Chevalier (1905), J. Choppy, P. Courbon, J.-C. Dobrilla, M. Douat, M. Douchet, Ph. Drouin, P. Dubois, M. Duchêne, L.-H. Fage, J.-L. Fantoli, Eugène Fournier (1871-1941), J.-C. Frachon, Bernard Gèze (1913-96), Henri Guérin (1901-81), René Jeannel (1879-1965), J. Jolfre, Robert de Joly (1887-1968), R. Laurent, Guy de Lavaur (1903-86), F. Le Guen, B. Lismonde, R. Maire, J.-P. Mairetet (1941-88), G. Marbach, Édouard-Alfred Martel (1859-1938), Ph. Morverand, C. Mouret, Jean Noir (1917-58), J.-F. Pernette, F. Poggia, S. Puisais, J. Rodet, J. Sautereau de Chaffe, J.-P. Sounier, Jean Susse (1905-82), Félix Trombe (1906-85), Albert Vandel (1894-1980). **G.-B. :** A. Eavis, J. Middleton, D. St-Pierre, A. C. Waltham. **Hongrie :** A. Kosa, D. Balàzs. **Italie :** G. Badino, T. Bernabei, L. Ramella, G. Calandri, L. V. Bertarelli (1859-1926), E. Boegan (1875-1939), P. Forti. **Japon :** N. Kamiya. **Liban :** Anavy, S. Karkabi, M. Majdalani. **Mexique :** Lazcano. **Pays-Bas :** Jan-Paul Van der Pas. **Pérou :** Garcia Rosell. **Pologne :** Mikuszevski, Pulina. **Roumanie :** I. Giurgiu, C. Goran, E. Racovitza (1868-1947). **Suède :** R. Sjöberg, L. Tell. **Suisse :** V. Aellen, M. Audetat, O. Isler, A. Bögli, J.-C. Lalou, P. Strinati. **Turquie :** M. Aktar, T. Aygen, O. Ülkümen. **Ex-URSS :** Dubljanskij, V. Klimchouk, V. Kisseljov. **USA :** Brucker, W. Halliday, H. C. Hovey (1833-1914), Palmer, Raines, Sprouse, R. Watson, B. Stone, P. Bosted, P. Watson. **Venezuela :** C. Galan, F. Urbani.

■ **Séjours de longue durée.** **Le plus long sous terre :** *Milutin Veljkovic* (Youg., né 1935) : 463 j (24-6-1969 au 30-9-1970) grotte des monts Svrljig (Youg.). *Michel Siffre* (Fr., né 1939) 62 j (16-7 au 17-9-1962) gouffre de Scarasson entre Tende et Limone (Italie) ; 205 j (14-2 au 5-9-1972) dans Midnight Cave (Texas). *Maurizio Montalbini* (It.) 210 j (1987) grotte du Vent Frasassi, près d'Ancône. *Véronique Le Guen* (Fr, † 1990) 111 j (10-8 au 29-11-1988) aven du Valat-Nègre (Aveyron) à 82 m sous terre. *Pascal Barrier* (Fr.) 100 j (1992) grotte de la Cocalière (Gard).

■ **Renseignements.** **Union internationale de spéléologie (UIS)** rassemble 62 pays. **Féd. française de spéléologie** 130, rue St-Maur, 75011 Paris. 570 clubs, 8 000 adhérents. **Féd. de spéléologie de la Communauté européenne (FSCE)** *fondée* 8-9-1990. *Pt :* Bernhard Krauthausen (All.). Rassemble 12 pays.

Squash

■ **Nom.** Mot anglais signifiant s'écraser. **Origine.** **1815** Harrow (G.-B.) : les élèves lançaient des balles contre les murs du vestiaire en attendant leur tour ou pour s'échauffer ; **1830** deux gentlemen en prison pour dettes réinventent le jeu de *rackets.* **1981**-*17-1 Féd. française de squash raquettes.* **1989** devenue *Féd. française de squash.*

■ **Règles.** **Court :** pièce close de 9,75 m sur 6,40 m et hauteur illimitée. *Limite de jeu supérieure :* mur frontal à 4,57 m du sol ; arrière à 2,13 m. Murs latéraux : ligne rejoignant limites frontale et arrière. Mur frontal : ligne de service à 1,78 m, inférieure de jeu à 0,48 m. **Raquette :** 68,5 cm, 160 g environ, tamis 19,5 cm de large. **Balle :** 40,5 mm de diam., 24 g. **Match :** à 2 joueurs en 3 jeux gagnants. Il faut avoir le service pour marquer un point. Le 1er arrivé à 9 gagne le jeu. Si le score est de 8-8, celui qui n'a pas le service décide si le jeu se termine en 9 ou 10. Le score peut donc être 9-8, 10-8, 10-9. Sur le circuit professionnel masculin, 3 jeux gagnants. Chaque échange gagné apporte un point. Le 1er arrivé à 15 gagne le jeu. Si le score est de 14-14, celui qui reçoit le service décide si le jeu se termine en 15 ou en 17. Le score peut donc être 15-14, 17-14, 17-15 ou 17-16. *Partie :* 3/4 d'h (correspond à la dépense énergétique faite en 2 h de tennis, 4 h de golf ou 8 km de course à pied) ; au niveau mondial, 1 h ou plus.

■ **Courts** (en 2000). G.-B. 8 666, All. 6 815, Australie 4 600, Égypte 3 600, USA 3 000, Canada 2 090, P.-Bas 1 666, Afrique du Sud 1 460, France 871, Nlle-Zélande 750. **En France :** 250 000 pratiquants, 22 000 licenciés, 192 clubs.

Légende : (1) Australie. (2) Canada. (3) Égypte. (4) France. (5) G.-B. (6) Nlle-Zélande. (7) Pakistan.

■ **Épreuves. Championnats du monde. Messieurs. Open** (*créés* 1975). **1975, 77, 79, 80** Hunt [6], **81 à 85** Jahangir Khan [7], **86** Ross Norman [6], **87** Jansher Khan [7], **88** Jahangir Khan [7], **89, 90** Jansher Khan [7], **91** Rodney Martin [1], **92 à 96** Jansher Khan [7], **97** Rodney Eyles [1]. **98** Jonathan Power [2]. **99** Nicol [5]. **2000** *non attribué.* **Par équipes** (*créés* 1967). **1967 à 73** Australie, **76** Angleterre, **77** Pakistan, **79** Angleterre, **81 à 87** Pak. **89, 91** Austr., **93** Pak. **95, 97** Angleterre. **99** Égypte. **Dames** (*créés* 1976). **1976,79** McKay [5], **81** Thorne [1], **83** Cardwell [1], **85, 87** Devoy [6], **89** M. Le Moignan [5], **90, 91** Devoy [6], **93 à 95** Martin [6], **96 à 98** Fitz-Gerald [1]. **99** Campion [2]. **2000** Owens [1]. **Par équipes.** **1979** Angleterre, **81, 83** Austr., **85, 87, 89, 90** Angleterre, **92, 94, 96, 98** Austr. **2000** Angleterre.

Championnats d'Europe par équipes. Messieurs. **1973 à 91** Angl. (sauf **80** et **83** Suède), **92** Écosse, **93 à 2001** Angl. **Dames.** **1978 à 2001** Angl.

Championnats de France. Messieurs (*créés* 1975). **Individuels. 1988 à 92** Elstob, **93** Bonétat, **94** Elstob, **95** S. Khan, **96** Arcucci, **97 à 2001** Lincou. **Par équipes. 1990 à 2000** St-Cloud. **Dames** (*créés* 1978). **Individuels. 1988 à 96** Castets, **97, 98** Stoehr, **99** Castets. **2000, 01** Stoehr. **Par équipes. 1990** Lorient, **91** St. Français, **92** Lagny, **93** St-Cloud, **94** St. Français, **95, 96** St-Cloud, **97** L'Haÿ-les-Roses, **99, 2000** St-Cloud.

■ **Joueurs célèbres.** Awad Gamal [3] 8-9-55. Barrington Jonah [5] 1940. Bonétat Julien [4]. Castets Corinne [4]. Davenport Stuart [6] 21-9-62. Devoy Susan [4] 1964. Dittmar Chris [1] 16-1-64. Elstob John [4] 1961. Hunt Geoffrey [1] 11-4-47. Khan (famille) [7] depuis 1950 : Jahangisit, dit Jahangir Khan (10-12-63) ; Roshan (son père) ch. du monde en 1955 ; Hashim (1915) et Azam (ses cousins) ch. du monde en 1951 et 1956. Khan Jansher [7] 15-6-69 (sans lien de parenté). Lincou Thierry [4] 2-4-76. McKay Heather [1] 31-7-41. Martin Rodney [1] 17-10-65. Norman Ross [6] 7-1-59. Stoehr Isabelle [4] 9-6-79.

Surf

■ **Origine.** Polynésie française, Tahiti, îles Hawaii, Pacifique : selon la légende, épreuve réservée aux postulants au trône. **1778** signalé sous le nom de *hé 'enalu* par Cook aux îles Sandwich. **1808** plus ancienne planche connue (5 m et 100 kg). **Début XIXe s.** colonisation de Hawaii par les Américains ; sous la pression des missionnaires calvinistes, le surf, pratiqué presque nu, disparaît. **1900** réapparaît à Hawaii (Duke Kahanamoku en fait, voir **Natation**), se répand en Californie (1915), Australie et dans le monde (après 1945, avec le développement des matières plastiques). **1936** en France, des Biarrots (Georges Hennebute, Henri Hiriart et les frères Villalonga) essaient une planche à Miramar. **1945** nouvel essai de Paul Priéto, Jacques Rott et Birac. **1956** le cinéaste Peter Viertel et son assistant R. Zanuck Jr utilisent à Biarritz des planches venues de Californie ; imités par ceux que l'on nomme les *« tontons surfeurs » :* J. de Rosnay, A. Plumcocq, M. Barland, J. Moraitz, B. Reheinardt. **1959** 1er club français (*Waikiki surf club*). **1964** *Féd. française de surf riding* créée. **1977** devient *Féd. fr. de surf et skate.* **1994** scission entre *Féd. de surf* et *Féd. de skate.*

■ **Règles. Planche :** en général mousse polyuréthane, tissu de verre et résine polyester [3 kg, long. 1,75 à 2,10 m (6 kg pour 2,50 à 3 m), larg. 0,50 m]. Un *leash* (attache élastique) d'environ 2 m relie la cheville du surfeur à la planche pour qu'il ne la perde pas en cas de chute. **Pratique :** partout où des vagues déferlent en rouleaux réguliers [exemple : côte basque (vagues de 0,50 à 4 m de haut)]. Le surfeur, après avoir gagné le large allongé sur sa planche en se propulsant avec les bras, utilise la pente de la vague déferlante et, debout, regagne le rivage en évoluant le plus longtemps possible. Évoluer au point de déferlement permet une plus grande vitesse d'exécution des virages et des figures. **Lieux :** Tahiti, Hawaii, Californie, Australie, Nouvelle-Zélande, Afrique du Sud, Pérou, Japon, Brésil, G.-B., Espagne, Maroc, *France* (environ 100 000 pratiquants dont 11 800 licenciés en 2000).

Légende : (1) Afr. du Sud. (2) Australie. (3) Brésil. (4) Espagne. (5) France. (6) G.-B. (7) Hawaii. (8) Portugal. (9) USA.

■ **Championnats du monde open.** *Créés* 1964. **Messieurs. 1990** Tahutini [5], **92** Frost [1], **94** Stocker [1], **96** Knox [2]. **98** Campbell [1]. **2000** F. Silva [3]. **Dames. 1990** Newman [1], **92** McKenzie [1], **94** Vieira [3], **96** Falconer [1]. **98** A. Silva [3]. **2000** Tavares [3]. **Par équipes. 1992, 94** Australie. **96** USA. **98** Australie. **2000** Brésil.

Professionnels. *Créés* 1976. **Messieurs. 1990** Curren [2], **91** Hardman [2], **92** Slater [9], **93** Ho [7], **94 à 98** Slater [9]. **99** Occhilupo [2]. **2000** Garcia [7]. **Dames. 1990** Burridge [2], **91, 92** Botha [1], **93** Menczer [2]. **94 à 97** Andersen [9]. **98, 99, 2000** Beachley [2].

■ **Championnats d'Europe open.** *Créés* 1970. **Messieurs. 1991, 93** Piter [5], **95** Le Texier [5]. **97** Owen [6]. **99** Piter [5]. **Par équipes. 1985, 87, 90, 93, 95** France. **97** Portugal. **99** France. **Dames. 1991, 93** Joly [5]. **95** Hoarau [5]. **97** Estremo. **99** Joly [5].

■ **Championnats de France.** *Créés* 1965. **Messieurs. 1990** Piter, **91, 92** Martin, **93, 94** Piter, **95, 96** Pastuziak. **97** Ledée. **98** Le Texier. **99** Picon. **2000** Piter. **Dames. 1992, 93** Hoarau, **94 à 96** Joly. **97** Bourroux. **98** Joly. **99** Abgrall. **2000** Sarran.

■ **Body board.** *Inventé* par le Californien Tom Morey. Planche de 1,30 m sur laquelle on s'allonge. Utilisation de palmes. **Championnats du monde. Messieurs. 1992** Capdeville [5]. **94** Anuté [3]. **96** Tamega [3]. **98** Faria [8]. **2000** Tamega [3]. **Dames. 1998** Gomez [8]. **2000** Costa [3]. **D'Europe. Messieurs. 1993** Ulgade. **95** Faria [8]. **97** Perez [4]. **99** Ochoa [8]. **Dames. 1993** Cutts (Galles). **95** Gomez [8]. **97** E. Bourroux [5]. **99** Gomez [8]. **De France. Messieurs. 1992** Germain (Aquitaine). **93, 94** Capdeville (Aquitaine). **95** Grèze (Centre-Ouest). **96, 97** Capdeville (Aquitaine). **98** Dufaure (Aquitaine). **99** Legleye. **Dames. 1992** Bissière (Réunion). **93** Bourroux (Guadeloupe). **94, 95** Haorau (Réunion). **96** Bourroux (Antilles). **97** Bourroux (Guadeloupe). **98** Flamand (Aquitaine). **99** Bourroux.

■ **Body surfing.** Consiste à se faire ramener par la vague déferlante sans aucun accessoire. Pratiqué dans le golfe de Gascogne. **Knee board.** A genoux sur une planche d'environ 1,50 m, utilisation de palmes. **Skimboard.** Consiste à glisser le plus loin possible sur la dernière vague près du rivage. **Skurf.** Tiré par un bateau à moteur sur une planche (1,50 × 0,50 m, 4,7 kg), pieds calés dans 2 sangles. **Wave-ski.** Planche de 5 à 12 kg, 2 m, insubmersible. Assis sur un siège, ceinturé, pieds bloqués dans des fixations, on avance avec une pagaie.

Tauromachie

Corrida

■ **Origine. Début du Moyen Age** 2 sortes de combat en Espagne : la chasse aux taureaux, sans règle ni rituel ; le combat à cheval, pratiqué par les nobles organisant entre eux des joutes équestres pendant lesquelles ils attaquaient le taureau à la lance. **Fin du XIIIe s.** les 2 types fusionnent quand la noblesse organise les fêtes publiques de taureaux à l'occasion de solennités importantes. **XVIIe s.** apogée du combat équestre ; les cavaliers emploient le *rejon* (sorte de javelot en bois flexible) et vont, au galop, au-devant du taureau au lieu de l'attendre. **XVIIIe s.** la noblesse se désintéresse de l'arène pour plaire à Philippe V, formé à Versailles : les *toreros* à pied commencent à jouer un rôle important (surtout en Aragon, Navarre). En Andalousie, les hommes du peuple se servent d'abord du *rejon* abandonné par les nobles ; puis d'anciens bouviers introduisent la *garrocha* (ancêtre de la pique actuelle). Ils se font aider par des toreros à pied qui exécutent les manœuvres. **1853**-*août* 1re corrida en France, à Bayonne, devant Napoléon III. **1904**-*24-7* dernier combat de fauves (dans une cage, tigre contre taureau) aux arènes de Saint-Sébastien. **1951**-*24-4* loi indiquant que la corrida est légale en France dans les villes de « tradition ininterrompue » pendant plus de 10 ans (29 communes).

■ **Pays pratiquants. Sous sa forme habituelle :** surtout en Espagne, Amérique latine et France. **Rejoneo :** divertissement aristocratique des premiers temps équestres où le combat du taureau est assuré par un cavalier *(rejoneador).* Pratiqué au Portugal et en Espagne (surtout depuis 1969).

■ **Saison. Espagne** (mars à oct. inclus) : *Feria de Séville* (après Pâques). *Grande Semaine de Madrid* ou *Feria de la San Isidro* (mai, en 1991, 26 corridas). *Pampelune, Feria del Toro* (début juillet). *Valence* (fin juillet). *Málaga* (début août). *Vitoria* (début août). *Bilbao* (sem. suivant le 15 août). *Linares* (fin août). *Albacete, Salamanque, Valladolid, Barcelone* (sept.). *Saragosse* (oct.). **Nombre** (en 1999) : 701 corridas et 392 novilladas.

France (mars à début oct.) : *en 2000 :* 78 corridas de toros (dont 2 corridas mixtes), 40 novilladas avec picadors, 15 corridas à cheval.

■ **Arènes. En bois et démontables :** *1707* Séville, arènes de l'Arsenal. **Permanentes en maçonnerie :** *1749* vieille plaza de Madrid, démolie en 1874, *1761* arènes de Séville, *1764* Saragosse, *1785* Ronda, *1796* Aranjuez.

Principales arènes. Mexique : Mexico (la Monumentale, plaza Deportes) 48 000 places ; El Toreo 26 000. **Espagne :** plus de 400 arènes, dont 40 de plus de 10 000 places. Madrid 23 000. Barcelone 20 000. Pampelune 19 000. Murcie 18 000. Valence 17 000. Alicante 15 000. Grenade 14 000. Saragosse 13 000. Séville 13 000. **France :** Nîmes, amphithéâtre (Gard) 20 000. Béziers (Hérault) 14 000. Arles (B.-du-Rh.) 12 000. Fréjus 12 000. Bayonne (Pyr.-Atl.) 11 000. Dax (Landes) 8 000. Mont-de-Marsan (Landes) 8 000. Vic-Fezensac (Gers) 6 000. St-Sébastien 10 000.

■ **Déroulement des corridas** (course de taureaux). 3 parties précédées du *paseo* (défilé). **1°) Les picadores :** entrée du taureau. Passes de cape (en percale et soie rose et jaune) pour juger le taureau. Les picadores réduisent la puissance du taureau. **2°) Les banderilles :** bâtonnets ronds (long. 70 cm), ornés de papier de couleur découpé et munis d'un crochet de 4 cm en forme de harpon, qui se clouent par paires sur le haut du garrot du taureau. Posées par les peones (éventuellement le matador). *Banderilles courtes* (long. 25 à 30 cm) : réservées à la pose en *al quiebro. Banderilles de feu :* une amorce de fulminate met le feu à des pièces d'artillerie disposées le long des hampes, provoquant la déflagration (ne sont plus posées). *« Veuves » :* de couleur noire, aux harpons plus longs que la normale, sont un signe de honte pour le taureau qui a refusé les piques. **3°) La faena de muleta et mise à mort :** passes de muleta (morceau de flanelle rouge monté sur un bâton de 50 cm) du matador avant la mise à mort. *Mise à mort :* en général, la course en comprend 6. Interdite en France, sauf dans les villes qui peuvent se réclamer d'une tradition tauromachique vieille d'au moins 50 ans (loi de 1952) : pratiquement toutes les villes au sud d'une ligne allant de Bordeaux à Fréjus, plus Vichy. Au Portugal, depuis un décret de 1928, les taureaux sont achevés au mousqueton dans le toril, hors de la vue du public.

■ **Personnes présentes. Torero :** tout homme présent dans l'arène (*toreador,* employé en France, est utilisé par les profanes). **Alguazil :** vêtu de noir à la mode du règne de Philippe II, précède les combattants dans le défilé *(paseo) ;* chargé de la police de la piste il donne au préposé du toril la clé qu'il reçoit à la volée du Pt de la course dont il transmet les ordres aux toreros pendant le combat. **Matador :** principal acteur ; il tue les taureaux. Son costume pèse jusqu'à 10 kg et coûte jusqu'à 27 000 F. Il porte la *montera* (coiffe). Un matador fait parfois plus de 110 courses par an (El Cordobès : 121, en 1970). Les plus célèbres gagnent de 100 000 à 600 000 F par course (et plus si retransmission télévisée), mais doivent payer leur *cuadrilla* (équipe de 2 picadors et 3 banderilleros). **Picador :** monté sur un cheval protégé, pique les taureaux. **Banderillero :** pose les banderilles. **Novillero :** torero débutant, combat les *novillos* (jeunes taureaux de 3 ans). **Rejoneador :** torée et tue à cheval (son cheval n'est pas protégé).

■ **Alternative.** Consécration officielle donnée sur la plaza de Madrid (ou confirmée si la cérémonie a déjà eu lieu en province). Le *novillero* devient alors *matador de toros.*

■ **Présidence.** Revient, en Espagne, au gouverneur civil qui délègue son autorité ; en France, à une notabilité que l'on veut honorer ou à un aficionado notoire. Quand il accorde l'*oreille du taureau* à un matador, il élève un *mouchoir blanc.* Le *mouchoir vert* ordonne le remplacement d'un animal défectueux (boiterie, défaut de vue, cornes abîmées) ; le *rouge* ordonne de poser les banderilles noires ; le *bleu* accorde un tour d'honneur à la dépouille d'un animal particulièrement brave. Un timbalier et 2 clairons, face à la présidence, surveillent les gestes de celle-ci et sonnent les changements de phases du combat.

☞ *En 2000,* il y avait en comptant les étrangers ayant toréé en Europe : 226 matadors d'alternative, 291 novilleros, 115 rejoneadores (*source :* escalafon).

■ **Quelques termes. Brega :** travail des subalternes *(peones).* **Brindis :** offrande de la mort du taureau par le matador à une personne de l'assistance ou à toute l'arène. **Citar :** citer, appeler le taureau pour provoquer sa charge. **Faena :** travail du matador. **Lidia :** combat. **Parar :** attendre de sang-froid la charge. **Pelea :** combat du taureau et plus particulièrement à la pique. **Quite :** action de détourner le taureau du cheval et de secourir un camarade en danger. **Recoger :** recueillir, retenir l'animal en fin de passe pour enchaîner la passe suivante. **Suerte :** chance, mais aussi les multiples épisodes du combat : banderilles, piques, mises à mort. **Templar :** accorder le mouvement du leurre en parfait synchronisme avec la vitesse de charge de son adversaire.

■ **Taureaux.** Élevés dans la *ganaderia.* Caste d'éleveurs dominante (Espagne et Portugal) créée par le comte de Vistahermosa en Andalousie à la fin du XVIIIe s.

Principales ganaderias et, entre parenthèses, **année de 1re présentation de taureaux à Madrid :** Domecq (2-8-1790). Miura (30-4-1849). Romero (8-4-1888). Martin (29-5-1919). Gonzales (26-5-1935). De Domecq (18-5-1966). Yonnet, seul Français (2-8-1991).

Prix : *le lot de 6 taureaux :* de 140 000 à 220 000 F et plus ; *les plus réputés :* les Miura (élevage créé en 1842) et les Victorino Martin (600 000 à 950 000 F).

Age : à 3 ans, *novillo ;* 325 kg au min., peut combattre dans les petites courses *(novilladas)* avec toreros débutants. A 4 ans, *toro de lidia ;* sait se servir de ses cornes. Un taureau combattu dans les arènes de 1re catégorie doit peser au moins 460 kg et avoir 4 ans (on dit « 5 herbes »). Les *toros de bandera,* à la bravoure exceptionnelle, sont surnommés *toros à oreilles* car leurs oreilles sont souvent données en récompense à ceux qui s'en montrent dignes. Lorsque le taureau est gracié, elles sont données à titre symbolique ; il retourne à son élevage et devient *semental* (reproducteur).

Taureaux d'aujourd'hui : la fièvre aphteuse, la consanguinité excessive, la raréfaction de l'étendue du territoire qui leur était réservé et l'excès d'aliments composés mis à leur disposition, qui les dispense de rechercher leur nourriture, ont diminué leur résistance physique. Plus jeunes, manquant de puissance pour renverser la masse constituée par le picador et sa monture protégée par un lourd caparaçon, ils ne supportent guère plus de 2 ou 3 piques, desquelles ils sortent souvent ébranlés. A la fin du XIXe s., où l'on combattait des bêtes de 5 et 6 ans, où les chevaux n'étaient pas protégés, il en allait autrement.

Nombre de taureaux tués par an (en Espagne) : 7 800 à 8 200 taureaux ; dans les courses sans picadores réservées aux aspirants-matadors : 4 300 novillos environ.

Taureaux célèbres : *Almendrito,* 22-8-1876, prit 43 piques. *Libertado,* 23-12-1864, prit 36 piques et tua 6 chevaux. *Gordito,* 26-7-1869, prit 30 piques et tua 21 chevaux. *Caramelo* 8 ans, 17-6-1867, prit 27 piques et blessa grièvement le picador Gallardo et le matador José Ponce. *Azuleio,* 24-6-1857, prit 23 piques, tua 9 chevaux, fut gracié et survécut. *Civilon* lécha la main de son éleveur et fut gracié (1936). *Bravio* provoqua la panique du matador Saleri. *Jaqueton* fut gracié mais dut être achevé en piste car il avait un poumon perforé et des lésions à la nuque. *Pamado* franchit 14 fois la barrière et provoqua la déroute du matador Lagartijo. *Granizo* la sauta 22 fois à Madrid et tenta de la resauter à 6 reprises. *Cucharrero* que Lagartijo mit 1/2 heure à tuer.

Taureaux meurtriers : *Perdigon* tua El Espartero (27-5-1894). *Bailador* José Gómez « Gallito » (16-5-1920). *Pocapena* Granero (7-5-1922). *Islero* Manolete (28-8-1947). *Cuchareto* José Falcon (1-8-1974). *Avispado* Francisco Rivera Paquirri (25-9-1984). *Burleo* El Yiyo (30-8-1985). *Cuvatisto* Manolo Montoliu, banderillero (1-5-1992).

■ **Matadors célèbres. En activité** en 2001 [année de naissance (né) et alt. : alternative] : *Raphaël de Paula* (né 11-12-40) alt. 9-9-60. *Palomo Linares* (né 27-4-47) alt. 19-5-66. *Curro Vasquez* (né 1-5-51) alt. 12-10-69 s'arrête en 1994 et reprend l'épée. *Manolo Cortès* (né 11-6-49) alt. 14-3-68. *José María Manzanares* (né 14-4-53) alt. 24-6-71 se retire fin temporada 1996 et reprend l'épée. *José Luis Galloso* (né 27-8-53) alt. 18-7-71. *José Antonio Campuzano* (né 30-1-54) alt. 29-4-73. *José Ortéga Cano* (né 23-12-53) alt. 12-10-74 s'est retiré fin temporada 1996 et annonce son retour 2001. *Luis Francisco Espla* (né 19-6-58) alt.

23-5-76. *Manuel Ruiz Regalo « Manili »* (né 25-2-52) alt. 24-4-76. *Tomas Campuzano* (né 21-2-57) alt. 24-4-79. *Pepe Luis Vargas* (né 14-2-60) alt. 15-4-79. *Morenito de Maracay* (né 23-8-55) alt. 27-9-78. *Juan Antonio Ruiz « Espartaco »* (né 3-10-62) alt. 1-8-79. *Emilio Muñoz* (né 23-5-62) alt. 11-3-79. *Richard Milian* (né 31-3-60) alt. 5-7-81. *Pepún Jimenez* (né 9-9-60) alt. 5-9-81. *Juan Mora* (né 10-4-63) alt. 3-4-83. *José Miguel Arroyo « Joselito »* (né 1-5-69) alt. 20-4-86. *Rafi Camino* (né 13-4-69) alt. 26-9-89 fils de Paco Camino. *Miguel Baez Spinola Litri* (né 8-6-68) alt. 26-9-89 fils de Miguel Baez Espuny Litri. *José Pedro Padros « Em Fundi »* (né 23-12-66) alt. 22-9-87. *Fernando Cepeda* (né 29-5-64) alt. 25-5-87. *Patrick Varin* (né 21-4-56) alt. 2-9-79. *Stéphane Fernadez Meca* (né 17-1-68) alt. 25-6-89. *Enrique Ponce* (né 8-12-71) alt. 16-3-90. *Julio Aparicio* (né 4-1-69) alt. 15-4-90 fils de Julio Aparicio Martinez. *David Luguillano* (né 6-6-69) alt. 13-5-90. *Denis Loré* (né 31-7-68) alt. 2-6-90. *Jesús Janeiro « Jesulín de Ubrique »* (né 9-1-74) alt. 21-9-90. *Miguel Rodriguez* (né 16-8-69) alt. 30-3-91. *Finito de Córdoba* (né 6-10-71) alt. 23-5-91. *Manuel Caballero* (né 29-1-71) alt. 20-9-91. *Manolo Sánchez* (né 10-9-71) alt. 22-9-92. *Domingo Valderrama* (né 18-2-71) alt. 4-10-92. *Raoul Garcia « El Tato »* (né 3-12-72) alt. 7-10-92. *Oscar Higares* (né 26-7-71) alt. 12-10-92. *Manuel Diaz Gonzalez « El Cordobes »* (né 30-6-68) alt. 11-4-93. *Pepín Liria* (né 10-5-71) alt. 11-9-93. *José Tomas* (né 20-8-75) alt. 1994 à Mexico. *Juan José Padilla* (né 23-5-73) alt. 18-6-94. *Victor Puerto* (né 29-8-73) alt. 9-4-95. *Francisco Rivera Ordoñez* (né 3-1-74) alt. 23-4-95 fils de « Paquiri », petit-fils d'Antonio Ordonez. *Javier Conde* (né 19-12-75) alt. 16-4-95. *José Pacheco « El Califa »* (né 18-4-74) alt. 1-5-96. *José Luis Moreno* (né 28-11-74) alt. 30-5-96. *J. A. Canales Rivera* (né 28-3-74) alt. 20-7-96 neveu de « Paquirri ». *José Ignacio Uceda Léal* (né 21-1-77) alt. 3-10-96. *Antonio Ferrera* (né 1978) alt. 2-3-97. *Eduardo Dávila Miura* alt. 10-4-97. *Morante de la Puebla* alt. 29-6-97. *Eugenio de Mora* alt. 17-8-97. *Miguel Abellán* (né 1978) alt. 24-6-98. *Julian Lopez Escobar « El Juli »* (né 3-10-82) alt. 18-9-98. *Juan Bautista* alt. 11-9-99.

Morts ou retirés : Paco Ojeda (né 1955) 1988, reprend en 91, retiré en 94. *Joselito* (José Gómez Ortega dit, 8-5-1895, tué le 16-5-1920 par le taureau *Bailador*) alternative 1912, 680 corridas. *Juan Belmonte García* (14-4-1892, suicide par amour 8-4-1962) alt. 1913, 60 novilladas, 675 corridas. *Domingo Ortega* (López Ortega dit, 25-2-1906/8-5-1988). *Manolete* (Manuel Rodríguez Sanchez dit, 4-7-1917, blessé 28-8-1947 par *Islero,* meurt le 29) alt. 2-7-39. *Carlos Arruza,* (Carlos Ruiz Camino dit ; Mexicain, 17-2-1920/accident voiture 20-5-1966) alt. 1-12-40. *Luis Miguel Dominguin* (né 9-12-1926, † 8-5-96) alt. 2-8-44. *Julio Aparicio Martinez* (né 13-2-1932) alt. 12-10-50. *Litri* (Miguel Baez Espuny dit, né 5-10-1930) alt. 12-10-50. *Antonio Ordoñez* (Antonio Ordoñez Araujo dit, 6-2-1932/18-12-99) alt. 28-6-51. *Manolo Vasquez* (Manuel Vazquez Garces dit, né 21-8-1930) alt. 6-10-51. *Cesar Giron* (Venezuela, 13-6-1933-tué accident voiture 19-10-1971) alt. 28-9-52. *Pedrés* (Pedro Martinez dit, né 11-2-1932) alt. 12-10-52. *Chamaco I* (Antonio Borrero Morano dit, né 13-9-1935) alt. 14-10-56. *Paco Camino* (Francisco Camino dit, né 15-12-1940) alt. 17-3-60. *El Viti* (Santiago Martin Sanchez dit, né 1948) alt. 13-5-61. *El Cordobés* (Manuel Benítez Pérez dit, né 4-5-1936) alt. 25-5-63, 121 corridas, s'arrête en 1994, revenu en 95, puis arrêté de nouveau. *Paquirri* (Francisco Rivera Pérez dit, 24-3-1948, tué oct. 1984 par un taureau) alt. 11-8-66. *Antonete* (Antonio Chenel Albaladejo dit, né 1934) alt. 8-3-53. *Rafael Ortéga* (né 4-7-21, † 1997) alt. 2-10-49. *Antonio Mejías Bienvenida VII* (né 25-7-22, † 1-10-75) alt. 5-4-42 retiré 10-66. *Jaime Ostos* (né 8-4-33) alt. 13-10-56 retiré une première fois en 1974 revient en 1977 et 1980. *Francisco Romero Lopez « Curro Roméro »* (né 1-12-33) alt. 18-3-59 retiré 10-2000. *Pepe Mata* (né en 1940, tué par un taureau 25-7-71). *José Falcon* (né 1944, tué par le taureau *Cuchareto* 1-8-74). *Diego Puerta* (né 1941) alt. 29-9-58 retiré 1974. *Damaso Gonzalez* (né 11-9-48) alt. 24-6-69 retiré en 1990 revient en 1993 s'arrête 8-94. *Francisco Ruiz Miguel* (né 1950) alt. 27-4-69 retiré 1989. *Angel Teruel* (né 1950) alt. 1967 retiré 1984. *José Luis Parada* (né 19-2-50) alt. 31-8-69. *Julio Robles* (né 1952, † 14-1-2001) très grièvement blessé par un taureau 13-8-90 resté tétraplégique. *Pedro Moya Gutierrez « Nino de la Capea »* (né 17-9-53) alt. 19-6-72 retiré 1988. *José Luis Palomar* (né 22-11-52) alt. 4-3-78. *Roberto Dominguez* alt. 1972. *Gabriel de la Casa* (né 2-8-48) alt. 9-8-67. *Christian Montcouquiol « Nimeno II »* (né 10-3-54 suicidé 25-11-91) alt. 28-5-77 grièvement blessé 10-9-89. *Paco Ojeda* (né 6-10-55) alt. 22-7-79 retiré 1988 reprend 1991 retiré 1994. *Victor Mendès* (né 14-2-59) alt. 13-9-81 retiré fin temporada 1997. *Vicente Ruiz « El Soro »* (né 1962) plusieurs fois blessé retiré 1996. *José Cubero « El Yiyo »* (né 16-4-64 tué par le taureau *Burleo* 30-8-85) alt. 30-6-81. *César Rincón* (né 5-9-65) alt. 8-12-82 à Bogota (Colombie). *Emilio Oliva* (né 3-12-85) retiré 1994. *Antonio Borrero « Chamaco »* (né 28-7-72) alt. 6-6-92 retiré 1998 fils d'Antonio Borrero Morano « Chamaco ».

Records : *Lagartijo* (1841-1900) a tué 4 867 taureaux. *Bienvenida* a toréé 32 ans (1942-74). *Belmonte* pendant 26 saisons (1909-37), a fait 3 000 mises à mort et a été encorné 50 fois. *Dominguin* aurait tué 2 900 taureaux. *Guerrita* (en 1895) en tua 18 en 1 journée dans 3 villes différentes. *Luis Freg* (Mexique, 1888-1934) a été blessé 80 fois, a reçu 4 extrêmes-onctions, est mort noyé.

Femmes matadoras : *Patricia Mc Cormick* (Amér., années 1950). *Beta Trujillo* (Colombie, années 1960). *Raquel Martinez* (Mexique, 1981). *Cristina Sanchez* (Fr., née 20-2-71) alt. 25-5-96 retirée 1996. *Mari Paz Vega* alt. 29-9-97.

■ **Rejoneadores célèbres.** **En activité :** *Javier Buendía* (né 17-8-51) n'a jamais pris l'alternative. *Joao Moura* (né 24-3-60, Portugal) alt. 11-6-78. *Marie-Pierre Callet* (née 21-7-57, Fr.) alt. 12-8-2000. *Leonardo Hernández* (né 25-5-61) n'a jamais pris l'alternative. *Pablo Hermoso de Mendoza* (né 11-4-66) alt. 18-8-89. *Luis Domecq* (né 25-5-68) alt. 11-9-88. *Fermín Bohorquez* (né 21-1-70) alt. 4-5-89. *Antonio Domecq* (né 15-2-71) alt. 21-5-92. *Martín Gonzalez Porras* (né 9-7-71) alt. 26-7-98. *Andy Cartagena* (né 31-1-81) alt. 8-3-97 neveu de Ginés Çartagena. *Patricia Pellen* (née 18-5-76, Fr.) alt. 13-7-98. *Álvaro Montes* (né 16-4-82) alt. 11-10-99. *Diego Ventura* (né 4-11-82, Portugal) alt. 13-9-99. *Raphaël Durand* (né 1-11-82, Fr.). **Retirés :** *Angel* 1926 et *Rafael Peralta, Antonio Cañero ; Alvaro Domecq Diaz* 1940 ; *Conchita Cintron* (Péruvienne, née Chili 9-8-1922) retirée 1-10-1950. *Ginès Cartagena* (tuée par une automobile 22-11-1995) 1989. *Eduardo Funtanet* (1965-97) tué à Mexico par un taureau de Cerro Viejo. *Marie Sara* (née 27-6-64) alt. 21-9-91 retirée 1999.

■ **Classement des matadors.** **Nombre de corridas et,** entre parenthèses **nombre d'oreilles, de queues** (en 2000) : *El Juli* 104 (200, 13), *Enrique Ponce* 101 (117, 3), *Victor Puerto* 92 (113), *Finito de Cordoba* 85 (92, 1), *Miguel Abellan* 75 (77), *Manuel Caballero* 72 (99, 2), *El Tao* 70 (60), *Morante de la Puebla* 70 (37, 1), *Eduardo Davila Miura* 66 (58), *Joselito* 66 (52), *Eugenio de Mora* 57 (76, 2), *Juan José Padilla* 57 (70, 1), *José Thomas* 55 (97, 1), *Francisco Rivera Ordonez* 54 (36), *José Ignacio Uceda Léal* 52 (52), *Juan Bautista* 46 (54, 1).

☞ *Principaux auteurs :* B. Benassar, P. Casanova, R. Dumont, P. Dupuy, A. Lafront, J.-M. Magnan, J.-P. Darracq, J. Durand, F. Zumbiehl, F. Delay.

Course landaise

■ **Origine.** Très ancienne, 1er témoignage 1547. **Régions.** Béarn, Gers, Landes.

■ **Principe.** Pratiquée avec du bétail (vaches ou taureaux) d'origine landaise, race aujourd'hui éteinte ; dès le XIXe siècle, vaches issues d'élevages espagnols, portugais et camarguais ; au début du XXe s., embouts protecteurs aux cornes. **Arène :** en forme de fer à cheval. Chaque cuadrilla (appartenant au ganadero) est composée de 7 toreros : 1 *sauteur* (élément très attractif), 1 ou 2 *entraîneurs* (l'un entraînant la vache dans le terrain adéquat et l'y maintenant jusqu'à ce que l'écarteur soit en mesure de provoquer et d'écarter l'animal ; le second attirant l'attention de la bête avec un mouchoir, afin d'éviter son retour inopiné), 1 *teneur de corde* (ou *cordier* qui doit prévoir la charge de la vache et ce que va réaliser l'écarteur ; en fonction d'un écart fait « en dedans » ou « à l'extérieur », il doit doser l'appel de la corde pour le bon déroulement de la figure ; il doit être prêt à intervenir si l'écarteur est en difficulté) ; plusieurs *écarteurs* (en pantalon blanc, avec une large et longue ceinture, portée autrefois par les gens du peuple avec les habits du dimanche). Un jury note les écarts. **Principales figures.** **Écart à l'extérieur :** l'écarteur, les bras levés, au centre de la piste, provoque la charge de la vache par des sifflets et des cris. Lorsque l'animal n'est plus qu'à quelques mètres, il saute, prend appui sur un pied, pivote dans un minimum de terrain et exécute son écart, pieds réunis sur la pointe, en infléchissant le corps afin d'éviter d'être bousculé par l'animal. **La feinte :** l'écarteur amorce un mouvement du buste du côté opposé où il va tourner. Quand la vache parvient à sa hauteur, il rectifie son mouvement et pivote en esquivant uniquement par la cambrure des reins. **La feinte tourniquet :** tour complet du torero sur lui-même au moment où s'élance la bête, se termine de la même façon que la feinte simple. **Sauts à pieds joints, périlleux, saut de l'ange.**

■ **Vedettes de la course landaise.** Henri Meunier, Joseph Koran, Jean-Claude Ley, Darracq II, Bergez, Henri Duplat (sauteur, tué lors d'une course), Michel Agruna, Michel Dubos, Lafitte, Marc-Henri, Alain Nogues, Guillaume Vis, Christian Vis dit *Ramuncho,* Philippe Ducamp. **Champions de France des écarteurs :** Christophe Dussau (1991, 94, 97, 98, 2000), Thierry Bergamo (1992, 93, 95), Jean-Marc Lalanne (1996), Didier Goeytes (1989, 90, 99).

☞ *En 1982,* au Vieux-Boucau (Landes), Duvaquier (19 ans) a été paralysé à vie. *Le 27-7-1987,* Bernard Huguet a été tué à Montfort-en-Chalosse.

■ **Principaux éleveurs de vaches landaises.** Agruna, Darritchon, Deyris, Labat, Latapy, Dargelos.

Course camarguaise

■ **Origine.** **1402**-*27-3* Le roi Louis II d'Anjou fait combattre en Arles un lion contre un taureau dans la cour de l'archevêché. **Vers 1445** jeux de foire dans lesquels on doit terrasser le taureau. **Vers 1500** les valets de ferme organisent des courses de taureaux dans des arènes fermées par des charrettes et autres matériels. **Vers 1900** apparition de règles. Appelée successivement *course libre, course à la cocarde* puis *course camarguaise*. **1910** *Féd. des sociétés taurines de France et d'Algérie* créée. **1921** 1re réglementation de la course libre. **1975**-*2-9 Féd. française de la course camarguaise* : 485, rue Aimé-Orand, 30000 Nîmes.

■ **Règles.** **Taureau :** 3 à 15 ans. Effectue plusieurs courses par an. Il n'y a pas de mise à mort. En général, dans une course, 6 taureaux courent chacun 15 min au maximum pour défendre leurs *attributs* (cocarde, ruban rouge de 5 cm de long. et 1 cm de larg. placé au centre du front, 2 glands de laine blanche fixés à la base des cornes par un élastique) fixés à leurs cornes par une *ficelle* dite *de fouet*. **Raseteur :** doit « raser » le taureau au plus près et lui ravir les attributs dans l'ordre cité ci-dessus en faisant un *raset* (arc de cercle qui le mène devant l'animal) et avec un *crochet* (muni de 4 barres d'acier de 10 cm environ reliées entre elles et se terminant par 4 dents de 1 cm). Il obtient ainsi des points : coupe cocarde 1 point, cocarde 2 points, glands 2, frontal (ficelle qui passe derrière les cornes) 1, ficelles 4. Ensuite, il se met à l'abri. Tenue blanche (chemisette, pantalon et tennis). **Tourneur :** assiste le raseteur. Doit essayer de placer le taureau dans la meilleure position possible pour que le raset réussisse. **Présidence :** annonceur et assistant qui dirigent la course.

■ **Éleveurs** *(manadiers)*. **Manades anciennes :** Combet-Granon, Pouly, Raynaud, Baroncelli, Papinaud, Saurel, Lescot, Viret ; **actuelles :** 111 en 1998 dont Lafont Nicollin, Laurent, Blatière, Fabre-Mailhan, Guillierme, Saumade, Espelly, Chauvet, Ribaud, Raynaud, Languedoc, Cuille, Janin, Lebret, Pantaï, Chapelle, Lapeyre, Aubanel Pierre, Aubanel Henry, Bon, Bilhau, Joncas, Martini, Thibaud, Rebuffat, Salierenne, St-Gabriel, Rouquette, Guillerme.

■ **Raseteurs célèbres.** **Morts ou retirés :** O. Arnaud († 1993), S. Galigani († 1993), Robert, Heraud dit le Pissarel, Laplanche, Rey (†), Fidani, Soler († 1998), Pascal, San Juan († 1966), Falomir, César, Marchand († 1995), Canto, Barbeyrac, Volle (†), Castro, Dumas, Rado, Meneghini, Pellegrin, Siméon, Jouanet, Chomel, Fougère, Ferrand, Mezy Luc, Rouveyrolles, Baldet, Abellan, Alteirac, Roumajon, Jeanjean, Thierry Félix, Bourmel Morade, Durreau, Lopez, Passemard, Ruas. *Mortellement blessés :* Bossis (1883), Melette (1924), Berbédés (1928), Bastide (1932), Grebaud (1932), Villela (1948), Tosi (1954), Ramos (1958), Canto (1965), Jauffrès (1986).

■ **Régions.** Gard, Bouches-du-Rhône, Hérault, Vaucluse.

■ **Arènes.** 99 pistes dont Nîmes, Arles, Lunel, Beaucaire, Châteaurenard, Mouries, Le Grau-du-Roi, Marsillargues.

■ **Compétitions.** **Trophée taurin** du *Midi-Libre-La Provence* (3 catégories : AS, AS Honneur, avenir) se déroule sur toute la saison et sur toutes les courses. **Trophées Pescalune, des Maraîchers, Palme d'or, San Juan, Trident d'or, des Olives vertes,** se déroulent sur quelques courses pendant la saison. **Cocarde d'or** (sur un jour) : en fin de saison, la commission du Trophée taurin décerne le **Biou d'or** au meilleur taureau de la saison. **Cocardière d'or** à la meilleure vache. **Biou de l'avenir** au meilleur jeune taureau de l'année. **Crochet d'argent.**

Tennis

Généralités

■ **Origine.** Dérivé du jeu de paume. Nom : du vieux français *tenetz,* utilisé par les joueurs de paume lors du service. En anglais, paume se dit *tennis* et tennis *lawn-tennis.* **1874**-*23-2* le major anglais Walter Clopton Wingfield dépose un brevet pour le *sphairistike* qui se joue sur herbe, sur terrain en forme de sablier (rétréci à la hauteur du filet) avec des raquettes et des balles en caoutchouc ; pour la marque on compte de 15 en 15 comme à la paume. **1877** change de nom pour *lawn-tennis. -9/16-7, 1er tournoi* disputé à Wimbledon. *1er club français* créé à Paris, le Decimal Club. **1878** Lawn Tennis Club de Dinard créé. **1913**-*1-3* Féd. intern. de lawn-tennis (FILT) créée. **1920**-*1-11* Féd. fr. de law-tennis créée (devient en 1976 Féd. fr. de tennis en raison de la loi du 31-12-1975 sur l'emploi du français). **1967**-*5-10* la Féd. internationale abolit la distinction amateurs et professionnels : tournoi *open*. **1968**-*30-1* la FILT vote en faveur des open. *-24-4, 1er tournoi open* à Bournemouth (G.-B.) ; *-Mai* Roland-Garros devient open. **1972** 50 joueurs fondent l'*Association des professionnels du tennis.*

Règles

■ **Terrain.** Appelé *court* [en anglais « enclos », de l'ancien français *court* (ancienne forme de *cour*)]. 35 à 42 m sur 17,50 à 21 m. **Surface de jeu :** en simple, 23,77 × 8,23 m double, 23,77 × 10,97 m (avec les 2 couloirs de 1,37 m). **Lignes :** médiane, de service, de fond, de côté, tracées sur le sol pour délimiter les zones de jeu. **Surfaces :** gazon naturel ou synthétique, terre battue, ciment, asphalte enrobé, bois, béton, matières synthétiques. **Filet :** longueur en simple 10,60 m, double 12,80 m ; hauteur 1,07 m sur les côtés et 0,91 m au centre ; suspendu entre 2 poteaux par câble recouvert d'une bande de plastique ou de tissu blanc ; retenu au centre par une sangle blanche.

■ **Raquette.** **Longueur :** senior 66 à 73,66 cm, junior 62 à 65,9 cm, cadet 58 à 61,9 cm, mini moins de 57,9 cm. **Largeur :** 31,75 cm. **Poids :** de 260 g (très léger, femmes) à 14,53 onces (412 g, très lourd, hommes ; en 1992 Zaq Wilson de Jim Courier 368, de Stefan Edberg 378, Mizuno d'Ivan Lendl). **Matériaux :** bois (frêne à 90 %, hêtre pour raidir, noyer pour habillage, érable pour nervosité sous forme de lattes encollées), alliages métalliques (duralumin) vers 1950, fibre de verre (entièrement ou avec un cadre en bois), carbone, raramide, boron, kevlar. **Cordage :** boyaux naturels [mouton ou bœuf, (idée de Babolat, lyonnais, fabricant de cordes à musique) il faut 2 intestins pour une garniture] ou synthétiques (nylon) ; grosseur appelée jauge : *7,5* (115 à 120-100 mm), *8* (120 à 125-100 mm), *8,5* (125 à 130-100 mm), *9* (130 à 140-100 mm) ; tension : boyau naturel 22 à 26 kg, nylon 18 à 22 kg [champions 30 à 40 (Sampras 35)].

■ **Balle.** Noyau de caoutchouc dans lequel est injecté de l'air comprimé (0,98 kg/cm²) ou un produit chimique, revêtement en feutre (en 1924 a remplacé la flanelle cousue). **Diamètre :** 6,35 à 6,67 cm. **Poids :** 56,7 à 58,5 g. **Rebond :** 1,346 à 1,473 m, quand la balle tombe d'une hauteur de 2,54 m sur du béton. **Couleur :** jaune.

■ **Tenue.** A dominante blanche, chaussures en caoutchouc sans talon, chaussettes, chemise, short ou jupette.

■ **Jeu. But :** 2 joueurs en simple, 4 en double se tenant de chaque côté du filet essaient de passer la balle de l'autre côté, dans les limites du court, de façon que l'adversaire ne puisse la renvoyer. **Épreuves :** simple messieurs, simple dames, double messieurs, double dames, double mixte. **Durée :** pas de limite. Un match se joue en 5 ou 3 manches (ou *set*) pour les seniors-messieurs et 3 pour les seniors-dames et les autres catégories d'âge. La partie se termine quand l'un des joueurs a remporté 3 manches sur 5 (ou 2 sur les 3). Le jeu est continu du 1er service à la fin du match ; avec arrêt de 20 s entre chaque échange, 1 min 30 s à chaque changement de côté, 2 min à la fin de chaque set. **Officiels de l'arbitrage :** 1 juge-arbitre, des arbitres de chaise assistés de juges de lignes, de fautes de pied et de filet.

Service : le 1er qui lance la balle est le *serveur,* son adversaire le *relanceur.* Le serveur placé derrière la ligne de fond et entre la marque centrale et la ligne de côté entame le jeu en envoyant la balle par-dessus le filet dans le carré de service opposé. Il sert alternativement derrière la moitié droite et la moitié gauche du court, en commençant à droite dans chaque jeu. Pour le service, la balle doit être jetée en l'air et frappée de la raquette avant qu'elle n'ait touché le sol. La balle de service doit passer au-dessus du filet et toucher le sol en diagonale dans le carré de service opposé, y compris les lignes déterminant le court. Si la balle est mauvaise ou si le serveur enfreint une règle, une 2e balle de service lui est accordée. S'il y a faute à nouveau, le serveur perd le point. Lorsque la balle servie touche le filet et tombe cependant dans le carré de service, elle est *let* et elle est à remettre. Elle est *let* si elle a été servie avant que le relanceur soit prêt. Le relanceur doit attendre le rebond de la balle pour la relancer. Au jeu suivant le service passe au relanceur.

Décompte des points : les points sont comptés en jeux (*game* en anglais) et manches. *Le 1er* point marque 15, *le 2e* 30, *le 3e* 40. *Le 4e* donne le jeu, sauf si les 2 joueurs ont 3 chacun et sont à égalité. Dans ce cas, le point suivant marqué par un joueur lui donne l'avantage. S'il marque à nouveau un point, il s'adjuge le jeu. Sinon l'avantage est détruit (égalité) et la partie continue jusqu'à ce qu'un joueur réussisse 2 points successifs. Le 1er joueur (ou la 1re équipe) gagnant 6 jeux remporte le set. Si les adversaires sont à égalité à 6-6, la manche s'achève par un *tie-break* ou jeu décisif.

Tie-break (en anglais « brise l'égalité » ; en français « jeu décisif ») : système conventionnel de fin de set utilisé dans les tournois quand le score atteint 6 partout dans un set, à l'exception du set décisif. On remporte le tie-break avec 7 points à condition d'avoir 2 points d'avance.

Perte du point : un point est perdu : lorsque le joueur ne renvoie pas la balle par-dessus le filet avant qu'elle ait touché 2 fois le sol ; s'il la renvoie de telle façon qu'elle retombe en dehors des limites du court ou si elle touche un objet en dehors du terrain ; s'il envoie la balle dans le filet ; s'il frappe la balle 2 fois ; s'il touche le filet avec son corps ou sa raquette avant que la balle n'ait rebondi une 2e fois de l'autre côté du filet ; s'il gêne volontairement les mouvements de son adversaire. Un retour est bon lorsque la balle rebondit dans le court adverse après avoir touché le filet.

Changement de côté : à la fin du 1er et du 3e jeux et ainsi alternativement jusqu'à la fin du set. Un changement de côté à l'issue d'un set n'a lieu que si le nombre total des jeux de cette manche est impair. Sinon le changement s'effectue après le 1er jeu.

Double : *l'équipe devant servir* au 1er jeu (a, b) décide quel joueur servira (a). La paire adverse (x, y) décide de même pour le 2e jeu (x). Le joueur de la 1re équipe, qui n'a pas servi au 1er jeu (b), le fera au 3e et ainsi de suite. Le même ordre sera gardé durant chaque manche. *La paire recevant* dans le 1er jeu (x, y) décide qui, de x ou de y, recevra le 1er (x). Ce joueur reçoit tous les 1ers services des jeux impairs. De même la paire devant recevoir dans le 2e jeu (a, b) décide quel joueur (b) recevra le 1er service des jeux pairs. Dans chaque jeu les partenaires reçoivent alternativement. *Lors d'un tie-break,* chaque paire sert alternativement.

■ **Quelques termes. Ace :** balle de service que le relanceur ne peut toucher. Réussir un *ace* permet de gagner un point avec une balle de service. **Amorti :** revers, volée ou coup droit dont le geste est amorti au moment de l'impact avec la balle, destiné à « déposer » la balle à proximité immédiate du filet. **Avantage :** lorsqu'au cours du jeu les 2 adversaires sont à égalité de points, à 40 partout, le point suivant donne l'avantage à l'un des joueurs. **Balle coupée** ou **chopée :** frappée de haut en bas, ce qui lui imprime un mouvement de rotation d'avant en arrière. **Balle let :** au service, on la remet au 1er ou 2e service, du moment que la balle était tombée bonne (après avoir touché le filet), dans le carré de service ; en toute circonstance, si la balle est bonne, rejouer ; on dit : « let » pour interrompre le jeu si l'on n'est pas prêt. Balle let à remettre si le joueur gêné dans l'exécution de son coup par quelque chose ne dépendant pas de son contrôle. **Balle liftée :** frappée de bas en haut, ce qui lui imprime un mouvement de rotation d'arrière en avant. Le lift accélère le mouvement de la balle vers le sol après le rebond. **Break :** prendre le service de l'adversaire sans perdre le sien, d'où un avantage de 2 jeux. **Coup droit :** exécuté du fond du court après que la balle a bondi une fois par terre et sur le côté droit du joueur (pour un gaucher, effectué sur le côté gauche). **Demi-volée :** jouer dès que la balle touche le sol. **Jeu blanc :** gagné sans que l'adversaire ait marqué un point. **Jouer petit bras :** jouer sur le point de gagner brusquement saisi par le trac. **Lob :** coup droit, revers, volée ou demi-volée, destiné à faire passer la balle au-dessus de l'adversaire monté au filet. **Out** (« dehors » en anglais) : balle sortie des limites. **Passing-shot :** coup droit, revers, volée ou demi-volée, destiné à passer le joueur monté au filet ou, pour le moins, le gêner au maximum dans l'exécution de sa volée. **Revers :** coup exécuté du fond du court après le rebond de la balle et sur la gauche du joueur (pour un gaucher, le revers est effectué à droite). **Scratch :** sanction à l'égard d'un joueur qui ne s'est pas présenté en temps voulu, il est déclaré battu et son adversaire vainqueur par *walk-over* (forfait). **Slice :** effet de balle coupée au service.

Tennis en France

■ **Clubs. Nombre :** *1950 :* 1 410 ; *60 :* 1 056 ; *70 :* 1 607 ; *80 :*4 822 ; *90 :* 10 206 ; *99 :*9 260 ; *2000 :*9 130. **Principaux clubs et nombre de licenciés** *(2000) : RCF (Paris) :* 5 067 ; *Bois de Boulogne ASC* 2 058 ; *Monte Carlo Country Club* 2 129 ; *Stade Français (Paris)* 1 882.

■ **Courts. Nombre :** *1962 :* 3 050 ; *70 :* 5 492 ; *80 :* 15 000 ; *90 :* 33 547 ; *99 :* 32 726 ; *2000 :* 33 118.

■ **Joueurs. Licenciés :** *1950 :* 53 347 ; *60 :* 71 019 ; *65 :* 105 882 ; *70 :* 167 110 ; *75 :* 311 382 ; *80 :* 801 054 ; *85 :* 1 324 137 ; *90 :* 1 363 962 ; *95 :* 1 090 769 ; *99 :* 1 010 602 ; *2000 :* 1 048 328. **Classement 1re série :** *1999 :* 78. **Total des classés toutes séries :** *1993 :* 257 500 ; *95 :* 292 610 ; *2000 :* 277 164 ; *01 :* 278 714.

Quelques records

■ **Champions les plus jeunes. Professionnelles :** Martina Hingis (Suisse, née 30-9-80) no 1 mondiale le 31-03-97 à 16 ans, 6 mois et 1 jour. Kathy Rinaldi (née 24-3-67) en 1981 à 14 ans et 4 mois. Andrea Jaeger (née 1965) en 1980 à 14 ans et 8 mois. **Wimbledon :** Charlotte Dod (1871-1960) en 1887 à 15 ans et 285 jours. Boris Becker en 1985 à 17 ans et 227 jours. Martina Hingis en 1996 remporta à 15 ans et 282 jours le double dames avec Helena Sukova (Tchèque, née 1965). Richard Dennis Ralston (USA, né 1942) remporta le double messieurs avec Rafael Osuna (Mexicain, 1938-69) en 1960 à 17 ans et 341 jours. **Roland-Garros :** Ken Rosewall en 1953 à 18 ans et 7 mois. C. Truman en 1959 à 18 ans et 5 mois. Björn Borg en 1977 à 18 ans. Mats Willander en 1982 à 17 ans et 288 jours. Michael Chang en 1989 à 17 ans et 109 jours. Steffi Graf en 1987 à 17 ans 11 mois et 23 jours. Arantxa Sanchez en 1989 à 17 ans et 6 mois. Monica Seles en 1990 à 16 ans et 169 jours.

■ **Matches les plus longs. Simple. Messieurs. Match :** *126 jeux :* R. Taylor (G.-B.) bat W. Gasiorek (Pol.) 27-29, 31-29, 6-4, à Varsovie en 1966. **Set :** *70 jeux :* John Brown (Australie) bat Bill Brown (USA) 36-34, 6-1, à Kansas-City en 1960. *116 h 24 min* du 22 au 27-5-83 entre Mark Humes et Chris Long (USA). **Dames. Match :** *62 jeux :* Kathy Blake (USA) bat Elena Subirats (Mexique) 12-10, 6-8, 14-12, à Locust Valley en 1966. **Set :** *36 jeux :* Billie Jean Moffitt-King (USA) bat Christine Truman (G.-B.) 6-4, 19-17, Wigthman cup, à Cleveland, en 1963.

Double. Messieurs. Match : *147 jeux :* Dick Leach et Donald Dell (USA) b. Len Schloss et Tom Mozur 3-6, 49-47, 22-20, à Newport en 1967. **Set :** *96 jeux :* D. Leach-D. Dell (USA) b. L. Schloss-T. Mozur (USA) 3-6, 49-47, 22-20 (Newport 1960). **Dames. Match :** *81 jeux :* Nancy Richey et Carole Graebner (USA) b. Justina Bricka et Carol Hanks (USA) 31-33, 6-1, 6-4, à Orange en 1964. **Set :** *64 jeux :* N. Richey-C. Graebner (USA) b. J. Bricka-C. Hancks (USA) 31-33, 6-1, 6-4 (South Orange 1964).

Mixte. Match : *71 jeux :* Bill Talbert et Margaret du Pont (USA) b. Bob Falkenburg et Gertrude Moran (USA) 27-25, 5-7, 6-1. **Set :** *52 jeux :* M. du Pont-B. Talbert (USA) b.-G. Moran-R. Falkenburg (USA) 27-25, 5-7, 6-1 (Forest Hills 1948).

Une partie en simple a duré 30 h 30 min les 10 et 11 mai 1975 à Beltsville (Maryland, USA).

■ **Tie-breaks les plus longs.** 26 points à 24 : à Wimbledon le 1-7-1985 en double ; 21 à 19 : double des championnats d'Égypte en mars 83 ; 20 à 18 *(3e set)* : B. Borg (Suède) B. Lall (Inde) 6-3, 6-4,9-8 (Wimbledon 1973) ; 19 à 17 (2e *set)* : Mark Cox (G.-B.) R. Emerson (Australie) 4-6, 7-6, 7-6 (Dallas 1971).

■ **Points les plus longs.** Cari Hagey et Colette Kavanagh (11 ans), 51 min 30 s (1977). La rencontre dura 3 h 35 min. Entre Mlles Ricard et Marot (3e point des tie-breaks, balle renvoyée 989 fois au-dessus du filet) 1 h 19 min le 28-3-1981 à Roland-Garros.

■ **Victoires** (séries les plus longues). Margaret Court a remporté 24 tournois du Grand Chelem de 1960 à 73. Sur terre battue, Chris Evert : 118 victoires consécutives et 23 tournois depuis le 12-8-1973.

■ **Service le plus rapide** (en km/h). **Vitesses de balles enregistrées par radar** (depuis 1989) **dans le circuit ATP :** Greg Rusedski 239,7 à Indian Wells en 1998.

■ **Jeu le plus long dans un tournoi officiel.** 52 min. entre Sandra Begijn et Noëlle Van Lottum au cours d'une demi-finale des Championnats des Pays-Bas à Ede le 12-2-84.

Principales épreuves

Légende. Individuel : (1) Australie. (2) France. (3) G.-B. (4) Espagne. (5) USA. (6) Tchéc. (7) Youg. (8) Roumanie. (9) Afr. du Sud. (10) Égypte. (11) Brésil. (12) Hongrie. (13) Suède. (14) Italie. (15) Ex-URSS. (16) Nlle-Zél. (17) Chili. (18) Mexique. (19) Pays-Bas. (20) All. (21) Paraguay. (22) Argentine. (23) Japon. (24) Rhodésie. (25) Inde. (26) Uruguay. (27) Autriche. (28) Suisse. (29) Danemark. (30) Équateur. (31) Belgique. (32) Pologne. (33) Colombie. (34) Irlande. (35) Bulgarie. (36) Pérou. (37) Israël. (38) Canada. (39) Haïti. (40) Venezuela. (41) Porto Rico. (42) Iran. (43) Zimbabwe. (44) Japon. (45) Lettonie. (46) Biélorussie. (47) Bahamas. (48) Croatie. (49) Rép. tchèque. (50) Russie. (51) Slovaquie. (52) Ukraine. (53) Estonie. (54) Slovénie.

Par équipes : All : All. féd. AS : Afr. du Sud. Arg. : Argentine. At : Autriche. Au : Australie. Be : Belgique. Ch : Chili. E : Espagne. F : France. G : Grande-Bretagne. In : Inde. It : Italie. Ja : Japon. Me : Mexique. P : Pays-Bas. Rou : Roumanie. Ru : Russie. S : Suède. Su : Suisse. Tch : Tchécoslovaquie. U : USA. Ur : URSS.

☞ **Jeux Olympiques : 1896 à 1924** inscrit au programme. **1984** sport de démonstration. **1988** réinscrit. **Résultats** (voir p. 1479 b).

Circuit professionnel

■ **Grand prix** (*créé* 1970 par John Kramer). **Messieurs. 1970** Richey. **71** Smith. **72, 73** Nastase. **74, 75** Vilas. **76** Ramirez. **77** Vilas. **78** Connors. **79, 80** McEnroe. **81** Lendl. **82** Connors. **83** Wilander. **84** McEnroe. **85 à 87** Lendl. **88** Wilander. **89** Lendl. **Dames. 1977 à 79** Evert. **80** Mandlikova. **81 à 86** Navratilova. **87 à 89** Graf.

☞ **Messieurs.** Depuis 1990, le Grand Prix est remplacé par l'ATP (Association du tennis professionnel qui organise les tournois masculins). Cependant, la FIT continue de contrôler les 4 tournois du Grand Chelem, la coupe Davis, la Fed Cup et la Tennis Masters Cup. **Dames.** L'association des joueuses (Women's Tennis Association) n'a pas fait sécession. Le circuit est régi par le Conseil professionnel (représentants du WTA Tour, de la FIT et des organisateurs). Les tournois du Grand Chelem font partie du circuit.

■ **Coupe du Grand Chelem** (*créée* 1990 par la FIT pour équilibrer l'influence de l'ATP sur le tennis). Qualification sur les résultats obtenus dans les 4 tournois majeurs de l'année. 16 meilleurs joueurs. **1990** Sampras bat Gilbert. **91** Wheaton bat Chang. **92** Stich bat Chang. **93** Korda bat Stich. **94** Larsson bat Sampras. **95** Ivanisevic bat Martin. **96** Becker bat Ivanisevic. **97** Sampras bat Rafter. **98** Rios bat Agassi. **99** Rusedski bat Haas. **2000** fusionne avec l'ATP World Championships et devient la Tennis Masters Cup.

■ **Champion du monde de la FIT.** Titre décerné depuis 1978. **Messieurs. 1978 à 80** Borg [13]. **81** McEnroe [5]. **82** Connors [5]. **83, 84** McEnroe [5]. **85 à 87** Lendl [6]. **88** Wilander [13]. **89** Becker [20]. **90** Lendl [6]. **91** Edberg [13]. **92** Courier [5]. **93 à 98** Sampras [5]. **99** Agassi [5]. **2000** Kuerten [11]. **Dames. 1978** Evert [5]. **79** Navratilova [6]. **80, 81** Evert-Lloyd [5]. **82 à 86** Navratilova [6]. **87 à 90** Graf [20]. **91, 92** Seles [7]. **93** Graf [20]. **94** Sanchez [4]. **95, 96** Graf [20]. **97** Hingis [28]. **98** Davenport [5]. **99, 2000** Hingis [28]. **Juniors.** *Garçons :* **1978** Lendl [6]. **79** Viver [38]. **80** Tulasne [2]. **81** Cash [1]. **82** Forget [2]. **83** Edberg [13]. **84** Kratzmann [1]. **85** Pistolesi [14]. **86** Sanchez [4]. **87** Stoltenberg [1]. **88** Pereira [40]. **89** Kulti [13]. **90** Gaudenzi [14]. **91** Enqvist [13]. **92** Dunn [5]. **93** Rios [17]. **94** Browne [22]. **95** Zabaleta [22]. **96** Grosjean [2]. **97** Di Pasquale [2]. **98** Federer [28]. **99** Pless [29]. **2000** Roddick [5]. *Filles :* **1978** Mandlikova [6]. **79** Piateck [5]. **80** Mascarin [5]. **81** Garrison [5]. **82** Rush [5]. **83** Paradis [2]. **84** Sabatini [22]. **85** Garrone [14]. **86** Tarabini [22]. **87** Zvereva [15]. **88** Tessi [22]. **89** Labat [22]. **90** Habsudova [6]. **91** Malkova [6]. **92** De Los Rios [21]. **93** Louarsabichvilli [15]. **94** Hingis [28]. **95** Kournikova [50]. **96** Mauresmo [2]. **97** Black [43]. **98** Dokic [1]. **99** Krasnoroutskaia [50]. **2000** Salerni [22].

Nota. – Le titre de champion du monde avait été décerné en juin 1914 à Tony Wilding (Nlle-Zél.) après sa victoire sur André Gobert.

Coupe Davis

■ **Fondée** par l'Américain Dwight Filley Davis (1879-1945) et jouée pour la 1re fois en 1900. Équipes masculines. Annuelle. Jusqu'en 1971, le tenant de la coupe ne jouait qu'un match ultime (le Challenge Round), où il mettait son trophée en jeu sur son terrain contre le gagnant des éliminatoires. Depuis 1972, il participe à la compétition depuis ses débuts au même titre que les autres. La finale se compose de 4 simples croisés et 1 double.

■ **Résultats. 1900** U-G 5-0. **01** *non disputée.* **02** U-G 3-2. **03** G-U 4-1. **04** G-Be 5-0. **05, 06** G-U 5-0. **07** Au-G 3-2. **08** Au-U 3-2. **09** Au-U 5-0. **10** *non disputée.* **11** Au-U 5-0. **12** G-Au 3-2. **13** U-G 3-2. **15-18** *non disputée.* **19** Au-G 4-1. **20** U-Au 5-0. **21** U-Ja 5-0. **22** U-Au 4-1. **23** U-Au 4-1. **24** U-Au 5-0. **25** U-F 5-0. **26** U-F 4-1. **27** F-U 3-2. **28** F-U 4-1. **29** F-U 3-2. **30** F-U 4-1. **31** F-G 3-2. **32** F-U 3-2. **33** G-F 3-2. **34** G-U 4-1. **35** G-U 5-0. **36** G-Au 3-2. **37** U-G 4-1. **38** U-Au 3-2. **39** Au-U 3-2. **40-45** *non disputée.* **46** U-Au 5-0. **47** U-Au 4-1. **48** U-Au 5-0. **49** U-Au 4-1. **50** Au-U 4-1. **51** Au-U 3-2. **52** Au-U 4-1. **53** Au-U 3-2. **54** U-Au 3-2. **55, 56** Au-U 5-0. **57** Au-U 3-2. **58** U-Au 3-2. **59** Au-U 3-2. **60** Au-It 4-1. **61** Au-It 5-0. **62** Au-Me

5-0. **63** U-Au 3-2. **64** Au-U 3-2. **65** Au-E 4-1. **66** Au-In 4-1. **67** Au-Esp. 4-1. **68** U-Au 4-1. **69** U-Rou 5-0. **70** U-All 5-0. **71** U-Rou 3-2. **72** U-Rou 3-2. **73** Au-U 5-0. **74** AS-In, forfait **75** S-Tch 4-1. **76** It-Ch 4-1. **77** Au-It 3-1. **78** U-G 4-1. **79** U-It 5-0. **80** Tch-It 4-1. **81** U-Arg 3-1. **82** U-F 4-1. **83** Au-S 3-2. **84** S-U 4-1. **85** S-All 3-2. **86** Au-S 3-2. **87** S-In 5-0. **88** All-S 4-1. **89** All-S 3-2. **90** U-Au 3-2. **91** F-U 3-1 (*dernier match non disputé ; dernière victoire en 1932*). **92** U-Su 3-1. **93** All-Au 4-1. **94** S-Ur 4-1. **95** U-Russie 3-2. **96** F-S 3-2. **97** S-U 5-0. **98** S-It 4-1. **99** Au-F 3-2. **2000** E-Au 3-1.

■ **Records.** **Simple le plus long :** *86 jeux :* A. Ashe C. Kuhnke 6-8, 10-12, 9-7, 13-11, 6-4 (Cleveland 1970). **Double le plus long :** *122 jeux:* A. Smith-Erik Van Dilen-Patricio Cornejo-Jaime Fillol 7-9, 37-39, 8-6, 6-1, 6-3 (Little Rock 1973).

■ Fed Cup

■ **Ex-Coupe de la Fédération.** *Fondée* par la Féd. intern. de lawn-tennis à l'occasion de son 50e anniversaire et jouée pour la 1re fois en 1963. Équipes féminines. Annuelle. 4 simples et 1 double en qualifications, 2 simples et 1 double en phase finale.

■ **Résultats.** **1963** U-Au 2-1. **64** Au-U 2-1. **65** Au-U 2-1. **66** U-All 3-0. **67** U-G 2-1. **68** Au-P 3-0. **69** U-Au 2-1. **70** Au-All 3-0. **71** Au-G 3-0. **72** AS-G 2-1. **73** Au-AS 3-0. **74** Au-U 2-1. **75** Tch-Au 3-0. **76** U-Au 2-1. **77** U-Au 2-1. **78** U-Au 2-1. **79** U-Au 3-0. **80** U-Au 3-0. **81** U-G 3-0. **82** U-All 3-0. **83** Tch-All 2-1. **84** Tch-At 2-1. **85** Tch-U 2-1. **86** U-Tch 3-0. **87** All-U 2-1. **88** Tch-Ur 3-2. **89** U-E 3-0. **90** U-Ur 2-1. **91** E-U 2-1. **92** All-E 2-1. **93** E-Au 3-0. **94** E-U 3-0. **95** E-U 3-2. **96** U-E 3-0. **97** F-P 4-1. **98** E-Su 3-2. **99** U-Ru 4-1. **2000** U-E 5-0.

■ Tournois du Grand Chelem

■ **Grand Chelem.** Formule empruntée au bridge : victoire dans la même saison aux 4 grands tournois internationaux (Fr., G.-B., USA, Australie). Utilisée la 1re fois en 1933 par John Kieran dans le *New York Times* à propos de Jack Crawford qui échoua à Forest Hills.

■ **Joueurs l'ayant réalisé. Simples messieurs.** 1938 Budge, 1962 (amateur) et 1969 (professionnel) Laver. **Dames.** 1953 Connolly, 1970 Court, 1988 Graf. **Doubles messieurs.** 1951 Frank Sedgman et Ken McGregor (Australie). **Dames.** 1984 Shriver et Navratilova (USA).

■ Internationaux de Grande-Bretagne (Wimbledon)

■ **Simple messieurs** (*créé* 1877). **1946** Petra [2]/Brown [5]. **47** Kramer [5]/Brown [5]. **48** Falkenburg [5]/Bromwich [1]. **49** Schroeder [5]/Drobny [10]. **50** Patty [5]/Sedgman [1]. **51** Savitt [5]/McGregor [1]. **52** Sedgman [1]/Drobny [10]. **53** Seixas [5]/Nielsen [29]. **54** Drobny [10]/Rosewall [1]. **55** Trabert [5]/Nielsen [29]. **56** Hoad [1]/Rosewall [1]. **57** Hoad [1]/A. J. Cooper [1]. **58** A.J. Cooper [1]/Fraser [1]. **59** Olmedo [5]/Laver [1]. **60** Fraser [1]/Laver [1]. **61** Laver [1]/McKinley [5]. **62** Laver [1]/Mulligan [1]. **63** McKinley [5]/Stolle [1]. **64, 65** Emerson [1]/Stolle [1]. **66** Santana [4]/Ralston [5]. **67** Newcombe [1]/Bungert [20]. **68** Laver [1]/Roche [1]. **69** Laver [1]/Newcombe [1]. **70** Newcombe [1]/Rosewall [1]. **71** Newcombe [1]/Smith [5]. **72** Smith [5]/Nastase [8]. **73** Kodes [6]/Metreveli [5]. **74** Connors [5]/Rosewall [1]. **75** Ashe [5]/Connors [5]. **76** Borg [13]/Nastase [8]. **77, 78** Borg [13]/Connors [5]. **79** Borg [13]/Tanner [5]. **80** Borg [12]/McEnroe [5]. **81** McEnroe [5]/Borg [13]. **82** Connors [5]/McEnroe [5]. **83** McEnroe [5]/Lewis [16]. **84** McEnroe [5]/Connors [5]. **85** Becker [20]/Curren [5]. **86** Becker [20]/Lendl [6]. **87** Cash [1]/Lendl [6]. **88** Edberg [13]/Becker [20]. **89** Becker [20]/Edberg [13]. **90** Edberg [13]/Becker [20]. **91** Stich [20]/Becker [20]. **92** Agassi [5]/Ivanisevic [48]. **93** Sampras [5]/Courier [5]. **94** Sampras [5]/Ivanisevic [48]. **95** Sampras [5]/Becker [20]. **96** Krajicek [19]/Washington [5]. **97** Sampras [5]/Pioline [2]. **98** Sampras [5]/Ivanisevic [48]. **99** Sampras [5]/ Agassi [5]. **2000** Sampras [5]/Rafter [1]. **01** Ivanisevic [48]/Rafter [1].

Dames (*créé* 1884). **1946** Betz [5]/Brough [5]. **47** Osborne [5]/Hart [5]. **48** Brough [5]/Hart [5]. **49, 50** Brough [5]/du Pont. **51** Hart [5]/Fry [5]. **52** Connolly [5]/Brough [5]. **53** Connolly [5]/Hart [5]. **54** Connolly [5]/Brough [5]. **55** Brough [5]/Fleitz. **56** Fry [5]/Buxton [3]. **57** Gibson [5]/Hard. **58** Gibson [5]/Mortimer [3]. **59** Bueno [11]/Hard [5]. **60** Bueno [11]/Reynolds [9]. **61** Mortimer [3]/Truman [3]. **62** Susman [5]/Sukova [6]. **63** Smith-Court [1]/Moffitt [5]. **64** Bueno [11]/Smith-Court [1]. **65** Smith-Court [1]/Bueno [11]. **66** King [5]/Bueno [11]. **67** King [5]/Jones [3]. **68** King [5]/Tegart [1]. **69** Jones [3]/King [5]. **70** Smith-Court [1]/King [5]. **71** Goolagong [1]/Smith-Court [1]. **72** King [5]/Goolagong [1]. **73** King [5]/Evert [5]. **74** Evert [5]/Morozova [15]. **75** King [5]/Cawley [1]. **76** Evert [5]/Cawley [1]. **77** Wader [3]/Stove [19]. **78, 79** Navratilova [8]/Evert [5]. **80** Goolagong [1]/Evert [5]. **81** Evert [5]/ Mandlikova [6]. **82** Navratilova [5]/Evert-Lloyd [5]. **83** Navratilova [5]/Jaeger [5]. **84, 85** Navratilova [5]/Evert-Lloyd [5]. **86** Navratilova [5]/Mandlikova [6]. **87** Navratilova [5]/Graf [20]. **88, 89** Graf [20]/Navratilova [5]. **90** Navratilova [5]/Garrison [5]. **91** Graf [20]/Sabatini [22]. **92** Graf [20]/Seles [7]. **93** Graf [20]/Novotna [6]. **94** Martinez [4]/Navratilova [5]. **95, 96** Graf [20]/Sanchez-Vicario [4]. **97** Hingis [28]/Novotna [49]. **98** Novotna [49]/Tauziat [2]. **99** Davenport [5]/Graf [20]. **2000** V. Williams [5]/Davenport [5]. **01** V. Williams [5]/Hénin [31].

■ **Double messieurs** (*créé* 1879). **1946** Brown [5]-Kramer [5]. **47** Falkenburg [5]-Kramer [5]. **48** Bromwich [1]-Sedgman [1]. **49** Gonzales [5]-Parker [5]. **50** Bromwich [1]-Quist [1]. **51, 52** McGregor [1]-Sedgman [1] **53** Hoad [1]-Rosewall [1]. **54** Hartwing [1]-Rose [1]. **55** Hartwig [1]-Hoad [1]. **56** Hoad [1]-Rosewall [1]. **57** Mulloy [5]-Patty [5]. **58** Davidson [15]-Schmidt [5]. **59** Emerson [1]-Fraser [1]. **60** Osuna [1]-Ralston [5]. **61** Emerson [1]-Fraser [1]. **62** Hewitt [1]-Stolle [1]. **63** Osuna [18]-Palafox [18]. **64** Hewitt [1]-Stolle [1]. **65** Newcombe [1]-Roche [1]. **66** Fletcher [3]-Newcombe [1]. **67** Hewitt [1]-McMillan [1]. **68, 69** Roche [1]-Newcombe [1]. **70** Newcombe [1]-Roche [1]/Rosewall [1]-Stolle [5]. **71** Laver [1]-Emerson [1]/Ashe [5]-Ralston [5]. **72** Hewitt [9]-McMillan [9]/Smith [5]-Van Dillen [2]. **73** Connors [5]-Nastase [8]/Cooper [1]-Fraser [2]. **74** Newcombe [1]-Roche [1]/Lutz [5]-Smith [5]. **75** Gerulaitis [5]-Mayer [5]/Dowdeswell [24]-Stone [1]. **76** Gottefried [5]-Ramirez [18]/Case [1]-Masters [1]. **77** Case [1]-Masters [1]/ Alexander [1]-Dent [1]. **78** McMillan [9]-Hewitt [9]/McEnroe [5]-Fleming [5]. **79** McEnroe [5]-Fleming [5]/Gottfried [5]-Ramirez [18]. **80** McNamee [1]-McNamara [1]/Lutz [5]-Smith [5]. **81** Fleming [5]-McEnroe [5]/Lutz [5]-Smith [5]. **82** McNamara [1]-McNamee [1]/Fleming [5]-McEnroe [5]. **83** Fleming [5]-McEnroe [5]/Tim et Tom Gullikson [5]. **84** Fleming [5]-McEnroe [5]/Cash [1]-McNamee [1]. **85** Gunthardt [13]-Taroczy [12]/Cash [1]-Fitzgerald [1]. **86** Nyström [13]-Wilander [13]/Donnelly [5]-Fleming [5]. **87** Flach [5]-Seguso [5]/Casal [4]-Sanchez [4]. **88** Flach [5]-Seguso [5]/Fitzgerald [1]-Jarryd [13]. **89** Jarryd [13]-Fitzgerald [1]/Leach [5]-Pugh [5]. **90** Leach [5]-Pugh [5]/Aldrich [9]-Visser [9]. **91** Fitzgerald [1]-Jarryd [13]/Fraser [22]-Lavalle [18]. **92** McEnroe [5]-Stich [20]/Grabb [5]-Reneberg [5]. **93, 94** Woodbridge [1]-Woodforde [1]/Connell [38]-Galbraith [5]. **95** Woodbridge [1]-Woodforde [1]/Leach [5]-Melville [5]. **96** Woodforde [1]-Woodbridge [1]/Black [43]-Connell [38]. **97** Woodforde [1]-Woodbrige [1]/Haarhuis [19]-Eltingh [19]. **98** Eltingh-Haarhuis [19]/Woodforde-Woodbridge [1]. **99** Bhupati-Paes [25]/Haarhuis [19]-Palmer [5]. **2000** Woodbridge-Woodforde [1]/Haarhuis [19]-Stolle [1]. **01** Johnson-Palmer [5]/Novak-Rikl [49].

Dames (*créé* 1899). *Challenge round* de 1899 à 1912. **1946** Brough [5]-Osborne [5]. **47** Hart [5]-Tood [5]. **48 à 50** du Pont [5]-Brough [5]. **51 à 53** Fry [5]-Hart [5]. **54** Brough [5]-du Pont [5]. **55** Shilcock-Mortimer [3]. **56** Buxton [5]-Gibson [5]. **57** Gibson [5]-Hard [5]. **58** Gibson [5]-Bueno [11]. **59** Arth-Hard [5]. **60** Bueno [11]-Hard [5]. **61** Hantze [5]-Moffitt [5]. **62** Susman [5]-Moffitt [5]. **63** Bueno [11]-Hard [5]. **64** Smith-Court [1]-Turner [1]. **65** Bueno [11]-Moffitt [5]. **66** Bueno [11]-Richey [5]. **67, 68** Casals [5]-King [5]. **69** Smith-Court [1]-Tegart [1]. **70, 71** Casals [5]-King [5]. **72** King [5]-Stove [19]/Dalton [1]-Durr [2]. **73** King [5]-Casals [5]/Durr [2]-Stove [19]. **74** Goolagong [1]-Michel [5]/Gourlay [1]-Krantzcke [1]. **75** Kyomura [5]-Sawamatsu [23]/Durr [2]-Stove [1]. **76** Evert [5]-Navratilova [6]/King [5]-Stove [19]. **77** Cawley [1]-Russel [5]/Stove [9]-Navratilova [6]. **78** Reid [1]-Turnbull [1]/Jausovec [7]-Ruzici [8]. **79** King [5]-Navratilova [6]/Stove [19]-Turnbull [1]. **80** Jordan [5]-Smith [5]/Casals [5]-Turnbull [1]. **81** Navratilova [6]-Shriver [5]/Jordan [5]-Smith [5]. **82** Navratilova [5]-Shriver [5]/Joran [5]-Smith [5]. **83** Navratilova [5]-Shriver [5]/Casals [5]-Turnbull [1]. **84** Navratilova-Shriver [5]/Jordan [5]-Smith [5]. **85** Jordan [5]-Smylie [1]/Navratilova [5]/Shriver [5]. **86** Navratilova [5]-Schriver [5]/Mandlikova [6]-Turnbull [5]. **87** Kohde-Kilsh [20]-Sukova [6]/Negelsen [29]-Smylie [1]. **88** Graf [20]-Sabatini [22]/Zvereva [15]-Savchenko [15]. **89** Novotna [6]-Sukova [6]/Savchenko [15]-Zvereva [15]. **90** Novotna [6]-Sukova [6]/Smylie [1]-Jordan [5]. **91** Savchenko [15]-Zvereva [15]/Fernandez [5]-Novotna [6]. **92** Fernandez [5]-Zvereva [15]/Novotna [6]-Savchenko [15]. **93** Fernandez [5]-Zvereva [15]/Neiland [15]-Novotna [6]. **94** Fernandez [5]-Zvereva [15]/Novotna [49]-Sanchez [4]. **95** Sanchez [4]-Novotna [49]/Fernandez [5]-Zvereva [46]. **96** Hingis [28]-Sukova [49]/McGrath [5]-Neiland [45]. **97** G. Fernandez [5]-Zvereva [46]/Arendt [5]-Bollegraf [19]. **98** Hingis [28]-Novotna [49]/Davenport [5]-Zvereva [46]. **99** Davenport [5]-Morariu [5]/De Swardt [9]-Tatarkova [52]. **2000** V. et S. Williams [5]/Halard [2]-Sugiyama [23]. **01** Raymond-Stubbs [5]/Clijsters [31]-Sugiyama [23].

Mixte (*créé* 1900). *Challenge Round* de 1900 à 1912. **1946** Brown [5]-Brough [5]. **47, 48** Bromwich [5]-Brough [5]. **49** Sturgess [2]-Summers [5]. **50** Sturgess [2]-Brough [5]. **51, 52** Sedgman [1]-Hart [5]. **53 à 55** Seixas [5]-Hart [5]. **56** Seixas [5]-Fry [5]. **57** Hard [5]-Rose [1]. **58** Howe [1]-Coghlan. **59, 60** Laver [1]-Hard [1]. **61** Stolle [1]-Turner [1]. **62** Fraser [1]-du Pont [5]. **63** Fletcher [1]-Smith-Court [1]. **64** Stolle [1]-Turner [1]. **65, 66** Fletcher [3]-Smith-Court [1]. **67** Davidson [13]-King [1]. **68** Fletcher [3]-Smith-Court [1]. **69** Stolle [1]-Jones [2]. **70** Nastase [8]-Casals [1]. **71** Davidson [1]-King [5]. **72** Nastase [8]-Casals [1]. **73, 74** Davidson [1]-King [5]. **75** Riessen [5]-Court [1]. **76** Roche [1]-Durr [2]/Stockton [5]-Casals [2]. **77** Hewitt [9]-Stevens [9]/McMillan [9]-Stove [9]. **78** Stove [9]-McMillan [9]/King [5]-Ruffels [1]. **79** Stevens [9]-Hewit [5]/Stove [9]-McMillan [9]. **80** Austin [5]-Austin [5]/Edmonsson [1]-Fromholtz [1]. **81** McMillan [9]-Stove [9]/Austin [5]-Austin [5]. **82** Smith [5]-Curren [9]/Turnbull [1]-Lloyd [3]. **83** Lloyd [3]-Turnbull [1]/Denton [5]-King [5]. **84** Lloyd [3]-Turnbull [1]/Jordan [5]-Denton [5]. **85** McNamee [1]-Navratilova [5]/Fitzgerald [1]-Smylie [1]. **86** Jordan [5]-Flash [5]/Navratilova [5]-Gunthardt [28]. **87** Durie [3]-Bates [3]/Provis [1]-McNamee [1]. **88** Stewart [5]-Garrison [5]/Cahill [1]-Provis [1]. **89** Pugh [5]-Novotna [6]/Kratzmann [1]-Byrne [1]. **90** Leach [5]-Garrison [5]/ Pugh [5]-Novotna [6]. **91** Fitzgerald [1]-Smylie [1]/Pugh [5]-Novotna [6]. **92** Savchenko [15]-Suk [6]/Ozemans [19]-Eltingh [19]. **93** Woodforde [1]-Navratilova [5]/Nijssen [19]-Bollegraf [15]. **94** Woodbridge [1]-Sukova [6]/Middleton [5]-McNeil [5]. **95** Navratilova [5]-Stark [5]/Fernandez [5]-Suk [49]. **96** Suk [49]-Sukova [49]/Woodforde [1]-Neiland [45]. **97** Suk-Sukova [49]/Olhovskiy [50]-Neiland [45]. **98** Mirnyi [46]-S. Williams [5]/Bhupathi [25]-Lucic [48]. **99** Paes [25]-Raymond [5]/Björkman [13]-Kournikova [50]. **2000** Johnson-Po [5]/Hewitt [1]-Clijsters [31]. **01** Friedl [49]-Hantouchova [51]/Bryan [5]-Huber [9].

■ Internationaux de France (Roland-Garros)

■ **Origine.** *Créés* **1891** et réservés aux joueurs résidant en France ; se déroulent au Stade français. **1925** s'ouvrent à tous les amateurs et prennent le nom d'Internationaux. **1928** inauguration du stade Roland-Garros (aviateur, 1888-1918, membre du Stade français).

■ **Simple juniors jeunes gens** (*créé* 1947). **1990** Gaudenzi [14]/Enqvist [13]. **91** Enqvist [13]/Martinelle [13]. **92** Pavel [8]/Navarra [14]. **93** Carretero [4]/Costa [4]. **94** Diaz [4]/Galimberti [14]. **95** Zabaleta [22]/Puerta [22]. **96** Martin [4]/Rehnquist [13]. **97** Elsner [20]/Horna [36]. **98** Gonzalez [17]/Ferrero [4]. **99** Coria [22]/Nalbandian [22]. **2000** Matthieu [2]/Robredo [4]. **01** Cuadrado [4]/Dabul [22].

Juniors jeunes filles (*créé* 1953). **1990** M. Maleeva [35]/Ignatieva [15]. **91** Smashonova [15]/Gorrochategui [22]. **92** De Los Rios [21]/Suarez [22]. **93** Hingis [28]/Courtois [31]. **94** Hingis [28]/Jeyaseelan [38]. **95** Cocheteux [2]/Weingartner [20]. **96** Mauresmo [2]/Shaughnessy [5]. **97** Hénin [31]/Black [43]. **98** Petrova [50]/Dokic [1]. **99** Dominguez Lino [4]/Foretz [2]. **2000** Razzano [2]/Salemi [22]. **01** Kanepi [53]/Kouznetsova [50].

Messieurs (*créé* 1891). **1946** Bernard [2]/Drobny [10]. **47** Asboth [12]/Sturgess [9]. **48** Parker [5]/Drobny [10]. **49** Parker [5]/Patty [5]. **50** Patty [5]/Drobny [10]. **51** Drobny [10]/Sturgess [9]. **52** Drobny [10]/Sedgman [1]. **53** Rosewall [1]/Seixas [5]. **54** Trabert [5]/Larsen [5]. **55** Trabert [5]/Davidson [13]. **56** Hoad [1]/Davidson [13]. **57** Davidson [13]/Flam [5]. **58** Rose [1]/Ayala [17]. **59** Pietrangeli [14]/Vermaak [9]. **60** Pietrangeli [14]/Ayala [17]. **61** Santana [4]/Pietrangeli [14]. **62** Laver [1]/Emerson [1]. **63** Emerson [1]/Darmon [2]. **64** Santana [4]/Pietrangeli [14]. **65** Stolle [1]/Roche [1]. **66** Roche [1]/Gulyas [12]. **67** Emerson [1]/Roche [1]. **68** Rosewall [1]/Laver [1]. **69** Laver [1]/Rosewall [1]. **70** Kodes [6]/Franulovic [7]. **71** Kodes [6]/Nastase [8]. **72** Gimeno [4]/Proisy [2]. **73** Nastase [8]/Pilic [7]. **74** Borg [13]/Orantes [4]. **75** Borg [13]/Vilas [22]. **76** Panatta [14]/Solomon [5]. **77** Vilas [2]/Gottfried [5]. **78** Borg [13]/Vilas [22]. **79** Borg [13]/Pecci [21]. **80** Borg [13]/Gerulaitis [5]. **81** Borg [13]/Lendl [6]. **82** Wilander [13]/Vilas [22]. **83** Noah [2]/Wilander [13]. **84** Lendl [6]/McEnroe [5]. **85** Wilander [13]/Lendl [6]. **86** Lendl [6]/Pernfors [13]. **87** Lendl [6]/Wilander [13]. **88** Wilander [13]/Leconte [2]. **89** Chang [5]/Edberg [13]. **90** Gomez [30]/Agassi [5]. **91** Courier [5]/Agassi [5]. **92** Courier [5]/Korda [6]. **93** Bruguera [4]/Courier [5]. **94** Bruguera [4]/Berasategui [4]. **95** Muster [27]/Chang [5]. **96** Kafelnikov [50]/Stich [20]. **97** Kuerten [11]/Bruguera [4]. **98** Moya [4]/Corretja [4]. **99** Agassi [5]/Medvedev [52]. **2000** Kuerten [11]/Norman [13]. **01** Kuerten [11]/Corretja [4].

Dames (*créé* 1897). **1946** Osborne [5]/Betz [5]. **47** Todd [5]/Hart [5]. **48** Landry [2]/Fry [5]. **49** Osborne-Du-Pont [5]/Adamson [2]. **50** Hart [5]/Todd [5]. **51** Fry [5]/Hart [5]. **52** Hart [5]/Fry [5]. **53** Conolly [5]/Hart [5]. **54** Conolly [5]/Bucaille [2]. **55** Mortimer [3]/Knode [5]. **56** Gibson [5]/Mortimer [3]. **57** Bloomer [3]/Knode [5]. **58** Kormoczi [12]/Bloomer [3]. **59** Truman [3]/Kormoczi [12]. **60** Hard [5]/Ramirez [18]. **61** Haydon [3]/Ramirez [18]. **62** Smith-Court [1]/Turner [1]. **63** Turner [1]/Haydon-Jones [3]. **64** Smith-Court [1]/Bueno [11]. **65** Turner [1]/Smith-Court [1]. **66** Jones [3]/Richey [5]. **67** Durr [2]/Turner [1]. **68** Richey [5]/Jones [3]. **69** Smith-Court [1]/Haydon-Jones [3]. **70** Smith-Court [1]/Nielsen [5]. **71** Goolagong [1]/Gourlay [1]. **72** King [5]/Goolagong [1]. **73** Smith-Court [1]/Evert-Lloyd [5]. **74** Evert-Lloyd [5]/Morozova [15]. **75** Evert-Lloyd [5]/Navratilova [6]. **76** Barker [3]/Tomanova [6]. **77** Jausovec [7]/Mihai [8]. **78** Ruzici [8]/Jausovec [7]. **79** Evert-Lloyd [5]/Turnbull [1]. **80** Evert-Lloyd [5]/Ruzici [8]. **81** Mandlikova [6]/Hanika [20]. **82** Navratilova [5]/Jaeger [5]. **83** Evert-Lloyd [5]/Jausovec [7]. **84** Navratilova [5]/Evert-Lloyd [5]. **85, 86** Evert-Lloyd [5]/Navratilova [5]. **87** Graf [20]/Navratilova [5]. **88** Graf [20]/Zvereva [15] **89** Sanchez [4]/Graf [20]. **90** Seles [7]/Graf [20]. **91** Seles [7]/Sanchez [4]. **92** Seles [7]/Graf [20]. **93** Graf [20]/Fernandez [5]. **94** Sanchez [4]/Pierce [2]. **95** Graf [20]/Sanchez [4]. **96** Graf [20]/Sanchez [4]. **97** Majoli [48]/Hingis [28]. **98** Sanchez [4]/Seles [5]. **99** Graf [20]/Hingis [28]. **2000** Pierce [2]/Martinez [4]. **01** Capriati [5]/Clijsters [31].

■ **Double messieurs** (*créé* 1891). **1946** Bernard [2]-Pétra [2]. **47** Fannin-Sturgess [9]. **48** Bergelin [14]-Drobny [10]. **49** Gonzalès [5]-F.A. Parker [5]. **50** Talbert [5]-Trabert [5]. **51, 52** McGregor [1]-Sedgman [1]. **53** Hoad [1]-Rosewall [1]. **54, 55** Seixas [5]-Trabert [5]. **56** Candy [1]-Perry [1]. **57** Anderson [1]-Cooper [1]. **58** Cooper [1]-Fraser [1]. **59** Pietrangeli [14]-Sirola [14]. **60** Emerson [1]-Fraser [1]. **61** Emerson [1]-Laver [1]. **62** Emerson [1]-Fraser [1]. **63** Emerson [1]-Santana [4]. **64** Emerson [1]-Fletcher [1]. **65** Emerson [1]-Stolle [1]. **66** Graebner [5]-Ralston [5]. **67** Newcombe [1]-Roche [1]. **68** Rosewall [1]-Stolle [1]/Laver [1]-Emerson [1]. **69** Newcombe [1]-Roche [1]/Emerson [1]-Laver [1]. **70** Nastase [8]-Tiriac [8]/Ashe [5]-Parasell [5]. **71** Ashe [5]-Riessen [5]/Fairley [5]-MacMillan [9]. **72** Hewitt [9]-McMillan [9]/Cornejo [17]-Fillol [17]. **73** Newcombe [1]-Okker [19]/Connors [5]-Nastase [8]. **74** Crealy [1]-Parun [16]/Smith [5]-Lutz [5]. **75** Gottfried [5]-Ramirez [18]/Alexander [1]-Dent [1]. **76** McNair [5]-Stewart [5]/Ramirez [18]-Gottfried [5]. **77** Gottfried [5]-Ramirez [8]/Fibak [32]-Kodes [6]. **78** Pfister [5]-Mayer [5]/Higueras [4]-Orantes [4]. **79** G. et S. Mayer [5]/Case [1]-Dent [1]. **80** Amaya [5]-Pfister [5]/Gottfried [5]-Ramirez [18]. **81** Gunthardt [28]-Taroczy [12]/Moor [5]-Teltscher [5]. **82** Stewart [5]-Taygan [5]/Gildermeister [17]-Prajoux [17]. **83** Jarryd [13]-Simonsson [13]/Stewart [5]-Edmondson [1]. **84** Leconte [2]-Noah [2]/Slozil [6]-Smid [6]. **85** Edmondson [1]-Warwick [1]/Glickstein [37]-Simonsson [13]. **86** Smid [6]-Fitzgerald [1]/Edberg [13]-Jarryd [13]. **87** Seguso [5]-Jarryd [13]/Forget [2]-Noah [2]. **88** Gomez [30]-E. Sanchez [4]/Fitzgerald [1]-Jarryd [13]. **89** Grabb [5]-McEnroe [5]/Bahrami [43]-Winogradsky [2]. **90** Sanchez [4]-Casal [4]/Ivanisevic [7]-Korda [6]. **91** Jarryd [13]-Fitzgerald [1]/Leach [5]-Pugh [5]. **92** Hlasek [28]-Rosset [28]/Adams [1]-Olhouskiy [15]. **93** Jensen L. [5]-Jensen M. [5]/Goellner [20]-Prinosil [20]. **94** Stark [5]-Black [43]/Appell [13]-Bjorkman [13]. **95** Eltingh [19]-Haarhuis [19]/Kulti [13]-Larsson [13]. **96** Kafelnikov [50]-Vacek [49]/Forget [2]-Hlasek [28]. **97** Kafelnikov [50]-Vacek [49]/Woodbridge [1]-Woodforde [1]. **98** Eltingh-Haarhuis [19]/Knowles [47]-Nestor [38]. **99** Bhupathi-Paes [25]/Ivanisevic [48]-Tarango [5]. **2000** Woodbridge-Woodforde [1]/Haarhuis [19]-Stolle [1]. **01** Bhupathi-Paes [25]/Pala-Vizner [49].

Dames (*créé* 1907). **1946, 47** Brought [5]-Osborne [5]. **48** Hart [5]-Todd. **49** DuPont [5]-Brought [5]. **50 à 53** Hart [5]-Fry [5]. **54** Connolly [5]-Hopman [1]. **55** Fleitz [9]-Hard [5]. **56** Gibson [5]-Buxton [3]. **57** Bloomer [3]-Hard [5]. **58** Ramirez [18]-Reyes [18]. **59** Reynolds [9]-Schuurman [9]. **60** Bueno [1]-Hard [5]. **61** Reynolds [9]-Schuurman [9]. **62** Price-Reynolds [9]-Schuurman [9]. **63** Jones [3]-Schuurman [9]. **64, 65** Smith-Court [1]-Turner [1]. **66** Smith-Court [1]-Tegart [1]. **67** Durr [2]-Sherriff. **68** Durr [1]-Jones [3]. **69** Durr [2]-Jones [3]/Smith-Court [1]-Richey [5]. **70** Durr [2]-Chanfreau [2]/King [5]-Casals [5]. **71** Chanfreau [2]-Durr [2]/Gourlay [1]-Harris [1]. **72** King [5]-Stove [19]/Shaw [3]-Truman [3]. **73** Smith-Court [1]-Wade [3]/Durr [2]-Stove [19]. **74** Evert [5]-Morozova [15]/Chanfreau [2]-Ebbinghaus [20]. **75** Evert [5]-Navratilova [6]/Anthony [6]-Morozova [15]. **76** Lovera [2]-Bonicelli [26]/Harter [5]-Masthoff [20]. **77** Teeguarden [5]-Marsikova [6]/Fox [1]-Gourlay [5]. **78** Jausovec [7]-Ruzici [8]/Bowrey [5]-Lovera [2]. **79** Stove [19]-Turnbull [1]/Durr [2]-Wade [3]. **80** Jordan [5]-Smith [5]/Madruga [22]-Villagran [22]. **81** Harford [9]-Fairbank [9]/Reynolds [5]-Smith [5]. **82** Navratilova [5]-Smith [5]/Casals [4]-Turnbull [1]. **83** Fairbank [9]-Reynolds [5]/Jordan [5]-Smith [5]. **84** Navratilova [5]-Shriver [5]/Kohde [20]-Mandlikova [6]. **85** Navratilova [5]-Shriver [5]/Kohde-Kilsch [20]-Sukova [6]. **86** Navratilova [5]-Temesvari [12]/Graf [20]-Sabatini [22]. **87** Shriver [5]-Navratilova [5]/Graf [20]-Sabatini [22]. **88** Navratilova [5]-Shriver [5]/Kohde-Kilsch [20]-Sukova [6]. **89** Savchenko [15]-Zvereva [15]/Sabatini [22]-Graf [20]. **90** Novotna [6]-Sukova [6]/Savchenko [15]-Zvereva [15]. **91** Fernandez [5]-Novotna [6]/Paz [22]-Sabatini [22]. **92** Zvereva [15]-Fernandez [5]/Martinez [4]-Sanchez [4]. **93** Fernandez [5]-Zvereva [15]/Neiland [15]-Novotna [6]. **94** Fernandez [5]-Zvereva [15]/Davenport [5]-Raymond [5]. **95** Fernandez [5]-Zvereva [6]/Novotna [6]-Sanchez [4]. **96** Davenport [5]-M. Fernandez [5]/G. Fernandez [5]-Zvereva [46]. **97** G. Fernandez [5]-Zvereva [6]/M. Fernandez [5]-Raymond [5]. **98** Hingis [28]-Novotna [49]/Davenport [5]-Zvereva [46]. **99** S. et V. Williams [5]/Hingis [28]-Kournikova [50]. **2000** Hingis [28]-Pierce [2]/Ruano Pascal [4]-Suarez [22]. **01** Ruano Pascual [4]-Suarez [22]/Dokic [7]-Martinez [4].

Mixte (*créé* 1902). **1946** Betz [5]-Patty [5]. **47** Summers [9]-Sturgess [9]. **48** Todd [5]-Drobny [7]. **49** Summers [9]-Sturgess [9]. **50** Scofield-Morea. **51, 52** Hart [5]-Sedgman [1]. **53** Hart [5]-Seixas [5]. **54** Conolly [5]-Hoad. **55** Hard [5]-Forbes. **56** Long [17]-Ayala [17]. **57** Puzejova-Javorsky. **58** Bloomer [3]-Pietrangeli [14]. **59** Ramirez [18]-Knight [3]. **60** Bueno [5]-Howe [1]. **61** Hard [5]-Laver [1]. **62** Schuurman [9]-Howe [1] **63 à 65** Smith-Court [1]-Fletcher [3]. **66** Van Zyl [5]-MacMillan [9]. **67** King [5]-Davidson [13]. **68** Durr [2]-Barclay [2]. **69** Smith-Court [1]-Riessen [5]/Durr [2]-Barclay [2]. **70** King [5]-Hewitt [9]/Durr [2]-Barclay [2]. **71** Durr [2]-Barclay [2]/Shaw [3]-M. Lejus [15]. **72** Goolagong [1]-Warwick [27]/Durr [2]-Barclay [2]. **73** Durr [2]-Barclay [2]/Stove [19]-Dominguez [2]. **74** Navratilova [6]-Molina [22]/Darmon [2]-Lara [18]. **75** Bonicelli [24]-Koch [11]/Teagarden [5]-Fillol [17]. **76** Kloss-Warwick [27]/Boshoff [9]-Dowdeswell [24]. **77** Carillo-McEnroe [5]/Mihai [8]-Molina [22]. **78** Tomanova [6]-Slozil [6]/Ruzici [8]-Dominguez [2]. **79** Turnbull [1]-Hewitt [9]/Tiriac [8]-Ruzici [8]. **80** Smith [5]-Martin [5]/Tomanova [6]-Birner [6]. **81** Jaeger [5]-Arias [5]/Stove [18]-McNair [5]. **82** Turnbull [1]-Lloyd [3]/Monteiro [11]-Motta [11]. **83** Jordan [5]-Teltscher [5]/Allen-Strode [5]. **84** Smith [5]-Stockton [5]/Minter [1]-Warder [1]. **85** Navratilova [5]-Gunthardt [28]/Smith [5]-Gonzalez [21]. **86** Jordan [5]-Flach [5]/Fairbanks [9]-Edmonson [1]. **87** Shriver [5]-Sanchez [4]/MacNeil [5]-Stewart [5]. **88** MacNeil [5]-Lozano [18]/Schultz-Schapers [19]. **89** Bollegraf [19]-Nijssen [19]/Sanchez [4]-De La Pena [22]. **90** Sanchez [4]-Lozano [18]/Provis [1]-Visser [9]. **91** Sukova [6]-Suk [6]/Vis [19]-Haarhuis [19]. **92** Sanchez [4]-Woodbridge [1]/McNeil [5]-Shelton [5]. **93** Manikova [15]-Olhovskiy [15]/Reinach [9]-Visser [9]. **94** Boogert [19]-Oosting [19]/Neiland [15]-Olhovskiy [15]. **95** Neiland [45]-Woodforde [1]/Hetherington [38]-De Jager [9]. **96** Tarabini [22]-Frana [22]/Arendt [5]-Jensen [5]. **97** Hiraki [44]-Bhupathi [25]/Raymond [5]-Galbraith [5]. **98** V. Williams-Gimelstob [5]/S. Williams [5]-Lobo [22]. **99** Srebotnik [54]-Norval [9]/Neiland [45]-Leach [5]. **2000** De Swardt-Adams [9]/Stubbs-Woodbridge [1]. **01** Ruano Pascual [4]-Carbonnel [4]/Suarez [22]-Oncins [11].

US OPEN (FLUSHING MEADOW)

Origine. Messieurs. **1881** Newport, **1915** Forest Hills, **1978** Flushing Meadow. **Dames.** **1887** Philadelphie, **1921** Forest Hills, **1978** Flushing Meadow.

Simple messieurs (*créé* 1881). **1990** Sampras [5]/Agassi [5]. **91** Edberg [13]/Courier [5]. **92** Edberg [13]/Sampras [5]. **93** Sampras [5]/Pioline [2]. **94** Agassi [5]/Stich [20]. **95** Sampras [5]/Agassi [5]. **96** Sampras [5]/Chang [5]. **97** Rafter [1]/Rusedski [3]. **98** Rafter [1]/Philippoussis [1]. **99** Agassi [5]/Martin [5]. **2000** Safine [50]/Sampras [5].

Dames (*créé* 1887). **1990** Sabatini [22]/Graf [20]. **91** Seles [7]/Navratilova [5]. **92** Seles [7]/Sanchez [7]. **93** Graf [20]/Sukova [6]. **94** Sanchez [4]/Graf [20]. **95, 96** Graf [20]/Seles [5]. **97** Hingis [28]/V. Williams [5]. **98** Davenport [5]/Hingis [28]. **99** S. Williams [5]/Hingis [28]. **2000** V. Williams [5]/Davenport [5].

Double messieurs (*créé* 1881). **1990** Aldrich [9]-Visser [9]/Annacone [5]-Wheaton [5]. **91** Fitzgerald [5]-Jarryd [13]/Davis [5]-Pate [5]. **92** Grab [5]-Reneberg [5]/Jones [5]-Leach [5]. **93** Flach [5]-Leach [5]/Dam [6]-Novacek [6]. **94** Eltingh [19]-Haarhuis [19]/Woodbridge [1]-Woodforde [1]. **95** Woodbridge [1]-Woodforde [1]/O'Brien [5]-Stolle [1]. **96** Woodbridge [1]-Woodforde [1]/Eltingh [19]-Haarhuis [19]. **97** Kafelnikov [50]-Vacek [49]/Bjorkman [13]-Kulti [13]. **98** Stolle [1]-Suk [49]/Knowles-Nestor. **99** O'Brien [5]-Lareau [38]/Bhupathi-Paes [25]. **2000** Hewitt [1]-Mirnyi [46]/E. Ferreira [9]-Leach [5].

Dames (*créé* 1890). **1990** Fernandez [5]-Navratilova [5]/Novotna [6]-Sukova [6]. **91** Shriver [5]-Zvereva [15]/Novotna [6]-Savchenko [15]. **92** Fernandez [5]-Zvereva [13]/Novotna [6]-Savchenko [15]. **93** Sanchez [4]-Sukova [6]/Coetzer [9]-Gorochategui [22]. **94** Sanchez [4]-Novotna [6]/White [5]-Maleeva [6]. **95** G. Fernandez [5]-Zvereva [46]/Schultz [19]-Stubs [1]. **96** Fernandez [5]-Zvereva [46]/Novotna [6]-Sanchez [4]. **97** Davenport [5]-Novotna [49]/G. Fernandez [5]-Zvereva [46]. **98** Hingis [28]-Novotna [49]/Davenport [5]-Zvereva [46]. **99** S. et V. Williams [5]/Rubin [5]-Testud [2]. **2000** Halard [2]-Sugiyama [23]/Black [43]-Likhovstseva [50].

Mixte (*créé* 1892). **1990** Smylie [1]-Woodbridge [1]/Zvereva [15]-Pugh [5]. **91** Nijssen [19]-Bollegraf [19]/A. et E. Sanchez [4]. **92** Provis [1]-Woodforde [1]/Sukova [6]-Nijssen [19]. **93** Sukova [6]-Woodbridge [1]/Navratilova [5]-Woodforde [1]. **94** Reinach [9]-Galbraith [5]/Novotna [6]-Woodbridge [1]. **95** McGrath [5]-Lucena [5]/G. Fernandez [5]-Suk [49]. **96** Galbraith [5]-Raymond [5]/Leach [5]-Bollegraf [19]. **97** Bollegraf [19]-Leach [5]/Paz [22]-Albano [22]. **98** Mirnyi-S. Williams [5]/Galbraith [5]-Raymond [5]. **99** Sugiyama [23]-Bhupati [25]/Po-Johnson [5].

OPEN D'AUSTRALIE (MELBOURNE PARK)

Lieu. **1905** Kooyong. **1988** Flinders Park. **2000** Melbourne Park.

Simple messieurs (*créé* 1905). **1990** Lendl [6]/Edberg [13]. **91** Becker [20]/Lendl [6]. **92, 93** Courier [5]/Edberg [13]. **94** Sampras [5]/Martin [5]. **95** Agassi [5]/Sampras [5]. **96** Becker [20]/Chang [5]. **97** Sampras [5]/Moya [4]. **98** Korda [49]/Rios [17]. **99** Kafelnikov [50]/Enqvist [13]. **2000** Agassi [5]/Kafelnikov [50]. **01** Agassi [5]/Clément [2].

Dames (*créé* 1923). **1990** Graf [20]/Fernandez [5]. **91** Seles [7]/Novotna [6]. **92** Seles [7]/Fernandez [5]. **93** Seles [7]/Graf [20]. **94** Graf [20]/Sanchez [4]. **95** Pierce [2]/Sanchez [4]. **96** Seles [5]/Huber [20]. **97** Hingis [28]/Pierce [2]. **98** Hingis [28]/Martinez [4]. **99** Hingis [28]/Mauresmo [2]. **2000** Davenport [5]/Hingis [28]. **01** Capriati [5]/Hingis [28].

Double messieurs (*créé* 1905). **1990** Aldrich [9]-Visser [9]/Connel-Michibata [38]. **91** Davis [5]-Pate [5]/Mc Enroe [5]-Wheaton [5]. **92** Woodforde [1]-Woodbridge [1]/Leach [5]-Jones [5]. **93** Visser [9]-Warder [1]/Fitzgerald [1]-Jarryd [13]. **94** Eltingh [19]-Haarhuis [19]/Black [43]-Stark [5]. **95** Palmer [5]-Reneberg [5]/Knowles [47]-Nestor [38]. **96** Edberg [13]-Korda [49]/Lareau [38]-O'Brien [5]. **97** Woodforde [1]-Woodbridge [1]/Lareau [38]-O'Brien [1]. **98** Bjorkman [13]-Eltingh [19]/Woodforde [1]-Woodbrige [1]. **99** Bjorkman [13]-Rafter [1]/Bhupati-Paes [25]. **2000** E. Ferreira [9]-Leach [5]/W. Black [43]-Kratzmann [1]. **01** Woodbridge [1]-Bjorkman [13]/Black [43]-Prinosil [20].

Dames (*créé* 1922). **1990** Novotna [6]-Sukova [6]/Fendick [5]-Fernandez [5]. **91** Fendick [5]-Fernandez [5]/Novotna [6]-Fernandez [41]. **92** Sukova [6]-Sanchez [4]/Fernandez [5]-Garrison [5]. **93** Fernandez [5]-Zvereva [15]/Shriver [5]-Smilie [1]. **94** Fernandez [5]-Zvereva [15]/Fendick [5]-McGrath [5]. **95** Novotna [6]-Sanchez [4]/Fernandez [5]-Zvereva [46]. **96** Rubin [5]-Sanchez [4]/Davenport [5]-M. Fernandez [5]. **97** Hingis [28]-Zvereva [46]/Davenport [5]-Raymond [5]. **98** Hingis [28]-Lucic [48]/Davenport [5]-Zvereva [46]. **99** Hingis [28]-Kournikova [50]/Davenport [5]-Zvereva [46]. **2000** Raymond [5]-Stubbs [1]/Hingis [28]-Pierce [2]. **01** S. et V. Williams [5]/Davenport [5]-Morariu [5].

Mixte (*créé* 1922). **1990** Pugh [5]-Zvereva [15]/Leach [5]-Garrison [5]. **91** Bates [3]-Duric [3]/Davis [5]-White [5]. **92** Woodforde [1]-Provis [1]/Woodbridge [1]-Sanchez [4]. **94** Neiland [15]-Olhovskiy [15]/Sukova [49]-Woodbridge [1]. **95** Leach [5]-Zvereva [46]/Suk [49]-Fernandez [5]. **96** Woodforde [1]-Neiland [45]/L. Jensen [5]-Arendt [5]. **97** M. Bollegraf [19]-Leach [5]/L. Neiland [50]-De Jager [9]. **98** V. Williams [5]-Gimelstob [5]/Sukova [49]-Suk [49]. **99** Adams-De Swardt [9]/Mirnyi [46]-S. Williams [5]. **2000** Palmer [5]-Stubbs [1]/Woodbridge [1]-Sanchez [4]. **01** E. Ferreira [9]-Morariu [5]/Eagle [1]-Schett [27].

TENNIS MASTERS CUP

Origine. Masters *créés* 1970. Ouvert aux 8 joueurs en tête du classement des grands prix de l'année. **1990** devient le **Championnat du monde ATP Tour.** **2000** fusionne avec la Coupe du Grand Chelem et devient la Tennis Masters Cup.

Simple messieurs. **1970** Smith. **71 à 73** Nastase. **74** Vilas. **75** Nastase. **76** Orantes. **77** [1], **78** Connors. **79** McEnroe. **80, 81** Borg. **82, 83** Lendl. **84, 85** McEnroe. **86, 87** [2] Lendl. **88** Becker. **89** Edberg. **90** Agassi/Edberg. **91** Sampras/Courier. **92** Becker/Courier. **93** Stich/Sampras. **94** Sampras/Becker. **95** Becker/Chang. **96** Sampras/Becker. **97** Sampras/Kafelnikov. **98** Corretja/Moya. **99** Sampras/Agassi. **2000** Kuerten/Agassi.

Double messieurs. **1985, 86** Edberg-Jarryd. **87** Mecir-Smid. **88** Leach-Pugh. **89** Grabb-McEnroe. **90** Forget-Hlasek. **91** Fitzgerald-Jarryd. **92** Woodbridge-Woodforde. **93** Eltingh-Haarhuis. **94** Apell-Bjorkman. **95, 96** Woodbridge-Woodford. **97** Leach-Stark. **98** Eltingh-Haarhuis. **99** Lareau-O'Brien. **2000** Johnson-Nowal.

Simple dames. **1977** Evert. **78, 79** Navratilova. **80** T. Austin. **81** Navratilova. **82** Hanika. **83 à 86** [3] Navratilova. **87** Graf. **88** Sabatini. **89** Graf. **90 à 92** Seles. **93** Graf. **94** Sabatini. **95, 96** Graf. **97** Novotna. **98** Hingis. **99** Davenport. **2000** Hingis.

Double dames. **1992** Sanchez-Sukova. **93, 94** Fernandez-Zvereva. **95** Novotna-Sanchez. **96** Davenport-Fernandez. **97** Davenport-Novotna. **98** Davenport-Zvereva. **99, 2000** Hingis-Kournikova.

Nota. – (1) Non disputé en décembre 1977 car déplacé à janvier 1978. (2) Disputé et gagné par Lendl 2 fois en 1986 (janvier et décembre). (3) Disputé et gagné par Navratilova 2 fois en 1986.

TENNIS MASTERS SÉRIES DE PARIS

Origine. Open de Paris *créé* 1986. **2000** devient Tennis Masters Series de Paris.

Simple messieurs. **1986** Becker/Casal. **87** Mayotte/Gilbert. **88** Mansdorf/Gilbert. **89** Becker/Edberg. **90** Edberg/Becker. **91** Forget/Sampras. **92** Becker/Forget. **93** Ivanisevic/Medvedev. **94** Agassi/Rosset. **95** Sampras/Becker. **96** Enqvist/Kafelnikov. **97** Sampras/Bjorkman. **98** Rusedski/Sampras. **99** Agassi/Safine. **2000** Safine/Philipoussis.

Double messieurs. **1986** Fleming-McEnroe. **87** Hlasek-Mezzadri. **88** Annacone-Fitzgerald/Grabb-Rennsburg. **90** Davis-Pate/Cahill-Kratzmann. **91** Fitzgerald-Jarryd/Leach-Jones. **92** J. et P. McEnroe/Galbreith-Visser. **93** Black-Stark/Myssen-Suk. **94** Eltingh-Haarhuis/Black-Stark. **95** Connell-Galbraith/Martin-Graab. **96** Eltingh-Haarhuis/Kafelnikov-Wacek. **97** Eltingh-Haarhuis/Leach-Stark. **98** Bhupathi-Paes/Eltingh-Haarhuis. **99** Lareau-O'Brien/Haarhuis-Palmer.

CHAMPIONNATS DE FRANCE NATIONAUX

Juniors garçons (*créé* 1945). **1979, 80** Potier. **81** Courteau. **82** Hamonet. **83** Février. **84** Champion. **85** Delaitre. **86** Gilbert. **87** Pedros. **88** Raoux. **89** Guardiola. **90** Gauthier. **91** Roux. **92** Hanquez. **93** Escudé. **94** Bachelot. **95** Grosjean. **96** V. Lavergne. **97** Lisnard. **98** Haehnel. **99** Mahut. **2000** Mathieu.

Juniors filles (*créé* 1946). **1980** Amiach. **81** Gardette. **82** Bonnet. **83** Phan-Than. **84** Damas. **85** Calmette. **86** Niox-Château. **87** Laval. **88** Villani. **89** Testud. **90** Fusai. **91** Dhenin. **92** Pitkowski. **93** Beigbeder. **94** Toyre. **95** Curutchet. **96** Loït. **97** Jagieniak. **98** Foretz. **99** Razzano. **2000** Cohen-Aloro.

Nota. – Les championnats de France seniors simple messieurs et dames, double messieurs, dames et mixtes ont été supprimés après 1990. Voir Quid 1996, p. 1 718 b.

JOUEURS

CLASSEMENT DES MEILLEURS JOUEURS

La plupart des fédérations établissent un classement national. Sur le plan international, certains journalistes spécialisés établissent des classements officieux.

Classement ATP (messieurs). *Créé* 1973. **Fin 2000 :** *1* Kuerten [11], *2* Safine [50], *3* Sampras [5], *4* Norman [13], *5* Kafelnikov [50], *6* Agassi [5], *7* Hewitt [1], *8* Corretja [4], *9* Enqvist [13], *10* Henman [3]. **Au 6-8-2001 :** *1* Agassi [5], *2* Kuerten [11], *3* Ferrero [4], *4* Rafter [1], *5* Hewitt [1], *6* Grosjean [2], *7* Federer [28], *8* Henman [3], *9* Corretja [4], *10* Kafelnikov [50].

WTA Tour (dames). *Créé* 1975. **Fin 2000 :** *1* Hingis [28], *2* Davenport [5], *3* V. Williams [5], *4* Seles [5], *5* Martinez [4], *6* S. Williams [5], *7* Pierce [2], *8* Kournikova [53], *9* Sanchez [10], *10* Tauziat [2]. **Au 6-8-2001 :** *1* Hingis [28], *2* Capriati [5], *3* Davenport [5], *4* V. Williams [5], *5* Clijsters [31], *6* Hénin [31], *7* Mauresmo [2], *8* S. Williams [5], *9* Tauziat [2], *10* Seles [5].

Classement français 2000. Messieurs. *1* Pioline, *2* Grosjean, *3* Clément, *4* Santoro, *5* Escudé, *6* Golmard, *7* Di Pasquale, *8* Boutter, *9* Huet, *10* Saulnier. **Au 19-6-2001 :** *1* Grosjean, *2* Clément, *3* Santoro, *4* Escudé, *5* Boutter, *6* Pioline, *7* Golmard, *8* Dupuis, *9* Di Pasquale. **Dames.** *1* Pierce, *2* Tauziat, *3* Testud, *4* Mauresmo, *5* Halard-Decugis, *6* Dechy, *7* Sidot, *8* Pitkowski, *9* Loit, *10* Cocheteux. **Au 19-6-2001 :** *1* Mauresmo, *2* Tauziat, *3* Testud, *4* Dechy, *5* Sidot, *6* Pierce, *7* Bazzano, *8* Pitkowsky.

QUELQUES NOMS

ABDESSELAM Robert [2] (27-1-20). AGASSI Andre [5] (29-4-70, 1,80 m). AGENOR Ronald [40] (13-11-64). AGUILERA Juan [4] (22-3-62). ALDRICH Peter [9] (7-9-65). ALEXANDER John [1] (4-7-51). AMAYA Victor [5] (2-7-54). AMIACH Sophie [2] (10-11-63). AMRITRAJ Vijay [25] (14-12-53). ANNACONE Paul [5] (20-3-63). ARIAS Jimmy [5] (16-8-64). ASBOTH Jozsef [12] (18-9-27). ASHE Arthur [5] (1943-93) a révélé le 8-4-92 être atteint du sida (sans doute contaminé en 1983 par transfusion). AUSTIN Henry Wilfried « Bunny » [3] (1906-2000) ; Tracy [5] (12-12-62). BARAZZUTTI Corrado [14] (19-2-53). BARCLAY Jean-Claude [2] (30-12-42). BARKER Sue [3] (19-4-56). BARTHÈS Pierre [2] (13-9-41). BASSETT Carling [39] (9-10-67). BATES Jeremy [3] (19-6-62). BECKER Boris [20] (22-11-67, 1,94 m). BEDEL Dominique [2] (20-2-57). BENHABILÈS Tarik [2] (5-2-65). BERASATEGUI Alberto [4] (28-6-73). BERGER Jay [5] (26-10-66). BERGSTROM Christian [13] (19-7-67). BERNARD Marcel [2] (1914-94). BETZ Pauline [5] (6-8-19). BEUST Patrice [2] (3-9-1944). BOETSCH Arnaud [2] (1-4-69). BORG Björn [13] (6-6-56). BOROTRA Jean [2] (1898-1994), dit « le Basque bondissant ». BOUSSUS Christian [2] (5-3-08). BROOKES Norman [1] (1877-1968). BROUGH Althea [5] (11-3-23). BRUGNON Jacques [2] (1895-1978). BRUGUERA Sergi [4] (16-1-71). BUDGE Donald [5] (1915-2000). BUENO Maria Esther [5] (11-10-39). CAHILL Darren [1] (2-10-65). CALLEJA Marie-Christine [2] (14-1-64). CAPRIATI Jennifer [5] (29-3-76). CARLSEN Kenneth [29] (17-4-73). CARLSSON Kent [13] (3-1-68). CASAL Sergio [4] (8-9-62). CASALS Rosemary [5] (16-9-48). CASH Pat [1] (27-5-65). CAUJOLLE Jean-François [2] (31-3-53). CHAMPION Thierry [2] (31-8-66). CHANG Michael [5] (22-2-72, 1,73 m). CHANFREAU Jean-Baptiste [2] (17-1-47). CHERKASOV Andrei [15] (4-7-70). CHESNOKOV Andreï [15] (2-2-66). CLERC José Luis [22] (16-8-58). COCHET Henri [2] (1901-87). COETZER Amanda [9] (22-10-71). CONNOLLY Maureen [5] (1934-69). CONNORS Jimmy (James) [5] (2-9-52, 1,78 m, gaucher, a gagné 109 tournois). CONTET Daniel [2] (3-11-43). COOPER Ashley [1] (15-9-36). COSTA Carlos [4] (22-4-68). COURIER Jim [5] (17-8-70). COURT Margaret [1] (16-7-42). COURTEAU Loïc [2] (6-1-64). CRAMM Gottfried von [20] (1909-76). CRAWFORD John [1] (1908-91). CURREN Kevin [5] (2-3-58). DARMON Pierre [2] (14-1-34). DARMON Rosa Maria [18] (23-3-39 née REYES). DARSONVAL Henri [2] (20-6-91). DATE Kimiko [23] (1971). DAVENPORT Lindsay [5] (8-6-76). DEBLIC-

KER Éric [2] (17-4-52, 1,72 m). Dechaume Alexia [2] (3-5-70). Decugis Max [2] (1882-1978). Delaitre Olivier [2] (1-6-67). Demongeot Isabelle [2] (18-9-66). Dent Phil [1] (14-2-50). Destremau Bernard [2] (11-2-17). Dibbs Eddie [5] (23-2-51). Dod Charlotte [3] (1871-1960). Doherty Reginald [3] (1872-1910) et Lawrence [3] (1875-1919). Dominguez Patrice [2] (12-1-50). Drobny Jaroslav [6,10,3] (12-10-21). Drysdale Cliff [9] (26-5-41). Durr Françoise [2] (25-12-42). Edberg Stefan [13] (19-1-66). Edmondson Mark [1] (28-6-54). Emerson Roy [1] (3-11-36). Enqvist Thomas [13] (13-3-74). Evert-Mill Christine [5] (21-12-54). Fairbank Rosalyn [9] (2-11-60). Fendick Patty [5] (31-3-65). Fernandez Gigi [5] (22-2-64). Fernandez Mary-Joe [5] (19-8-71). Ferreira Wayne [9] (15-9-71). Fibak Wojtek [32] (30-8-52). Fillol Jaime [17] (3-6-46). Fitzgerald John [1] (28-12-60). Flach Ken [5] (24-5-63). Fleming Peter [5] (21-1-55). Fleurian J.-Philippe [2] (11-9-65). Fontang Frédéric [2] (16-3-70). Forget Guy [2] (4-1-65). Franulovic Zeljko [7] (13-6-47). Frazer Neale [1] (3-10-33). Fritz Bernard [2] (5-10-53). Fromberg Richard [1] (28-4-70). Fromholt Dianne [1] (10-8-56). Fry Shirley [5] (30-6-27). Garrison Zina [5] (16-11-63). Gentien Antoine [2] (1906-69). Gerulaitis Vitas [5] (1954-94). Gibson Althea [5] (25-8-27). Gilbert Brad [5] (9-8-61). Gilbert Rodolphe [2] (11-12-68). Gildemeister Hans [17] (9-2-56). Giméno Andres [4] (3-8-37). Gobert André [2] (1890-1951). Goellner Marc [20] (22-9-70). Gomez Andres [30] (27-2-60). Gonzalès Richard dit Pancho [5] (1928-95). Goolagong-Cawley Evonne [1] (31-7-51). Gore Arthur [3] (1868-1928). Gottfried Brian [5] (27-1-52). Goven Georges [2] (26-4-48). Grabb Jim [5] (14-4-64). Graf Stephanie dite Steffi [20] (14-6-69). Grinda Jean-Noël [2] (5-10-36). Gustafsson Magnus [13] (3-1-67). Haillet Robert [2] (26-9-31). Halard-Decugis Julie [2] (10-9-70). Hanika Sylvia [20] (30-11-59). Hard Darlene [5] (6-1-36). Hart Doris [5] (20-6-25). Heldman Julie [5] (8-12-45). Herreman Nathalie [2] (28-3-66). Hewitt Robert [1] (12-1-40). Higueras Jose [4] (1-3-53). Hingis Martina [28] (30-9-80). Hlasek Jakob [28] (12-11-64). Hoad Lewis [1] (1934-94). Holm Henrik [13] (22-8-68). Hopman Harry [1] (1906-85). Huber Anke [20] (4-12-74). Hunt Lesley [1] (29-5-50). Ivanisevic Goran [48] (13-9-71). Jacobs Helen [5] (1908-97). Jaeger Andrea [5] (4-6-65). Jaite Martin [22] (9-10-64). Jarryd Anders [13] (13-7-61). Jauffret François [2] (9-2-42). Jausovec Mïma [7] (20-7-56). Johnston William [5] (1894-1946). Jones Ann [3] (17-10-38). Kafelnikov Yevgueny [50] (18-2-74). Karbacher Bernd [20] (3-4-68). King Billie Jean [5] (22-11-43). Kodès Jan [6] (1-3-46, 1,78 m). Kohde-Kilsch Claudia [20] (11-12-63). Korda Petr [6] (23-1-68, 1,90 m, gaucher, 70 kg). Kournikova Anna [50] (7-6-81). Krajicek Richard [19] (6-12-71). Kramer Jack [5] (1-8-21). Krickstein Aaron [5] (2-8-67). Kriek Johan [5] (5-4-58). Krishnan Ramesh [25] (5-6-61). Kuerten Gustavo [11] (10-9-76). Kulti Nicklas [13] (22-4-71).

Lacoste René [2] (1904-96). Lambert-Chambers Dorothea [3] (1878-1960). Larsson Magnus [13] (25-3-70). Laver Rodney dit Rod [1] (9-8-38, 1,70 m). Leconte Henri [2] (4-7-63). Lendl Yvan [6], puis naturalisé [5] (7-3-60). Lenglen Suzanne [2] (1899-1938). Lovera Gail [1] (3-4-45). Lutz Bob [5] (29-8-47). Majoli Iva [48] (12-8-77). McEnroe John [5] (16-2-59) ; Patrick [5] (1-7-66). McLoughlin Maurice [5] (1890-1957). McNamee Paul [1] (12-11-54). McNeil Lori [5] (18-12-63). Maleeva Katerina [35] (7-5-69) ; Magdalena [35] (1-4-75) ; Manuela [35] puis [28] par mariage (14-2-67). Mancini Alberto [22] (20-5-69). Mandlikova Hana [1] (19-2-62). Mansdorf Amos [37] (20-10-65). Marble Alice [5] (1913-90). Markus Gabriel [22] (31-3-70). Martin Todd [5] (8-7-70). Martinez Conchita [4] (16-4-72). Masur Wally [1] (13-5-63). Mathieu Simone [2] (1908-80). Maurer Andreas [20] (8-3-58). Mauresmo Amélie [2] 5-7-79. Mayotte Tim [5] (3-8-60). Mecir Miloslav [6] (19-5-64). Medvedev Andreï [15] (31-8-74). Molinari Jean-Claude [2] (28-4-31). Morozova Olga [15] (22-2-49). Moya Carlos [4] (27-8-76). Muster Thomas [27] (2-10-67). Nastase Ilie [8] (19-8-46). Navratilova Martina [6] puis [5] (18-10-56). Newcombe John [1] (23-5-44). Neiland Larissa [45] (21-7-66). Noah Yannick [2] (18-5-60). Novacek Karel [6] (30-3-65). Novotna Jana [6] (2-10-68). Nyström Joakim [13] (10-2-63). Okker Tom [19] (22-2-44). Orantès Manuel [4] (6-2-49). Osborne Margaret [5] [épouse Du Pont] (4-4-18).

Panatta Adriano [14] (9-7-50). Paradis Pascale [2] (24-4-66). Parker Frank [5] (31-1-16). Patty J.-Edward dit Budge [5] (11-2-24). Pecci Victor [21] (15-10-55). Pelizza Henri [2] (21-3-20) ; Pierre [2] (1917-74). Perez-Roldan Guillermo [22] (20-10-69). Pernfors Mikael [13] (16-7-63). Perry Frederick John [3] (18-5-09). Petchney Mark [3] (1-8-70). Pétra Yvon [2] (1916-84). Pham Thierry [2] (28-6-62). Pierce Mary [2] (15-1-75, 1,75 m). Pietrangeli Nicola [14] (11-9-33). Pilet Gérard [2] (15-9-33). Pilic Nicola [7] (27-8-39). Pioline Cedric [2] (15-6-69). Portes Pascal [2] (8-5-59). Proic Goran [7] (4-5-64). Proisy Patrick [2] (10-9-49). Provis Nicole [1] (22-9-69). Prpic Goran [7] (4-5-64). Quentrec Karine [2] (21-10-69). Rafter Pat [1] (28-12-72). Ralston Dennis [5] (27-7-42). Ramirez Raul [18] (10-6-53). Raoux Guillaume [2] (14-2-70). Rémy Paul [12] (17-2-23). Reneberg Richey [5] (5-10-65). Renshaw Ernest [3] (1861-99) et William [3] (1861-1904). Richards Renée [5] (19-8-34). Richey Cliff [5] (31-12-46), Nancy [5] (23-8-42). Riggs Robert [5] (1918-95). Rinaldi Kathy [5] (24-3-67). Rios Marcelo [17] (26-12-75). Roche Antony [1] (17-6-45). Roger-Vasselin Christophe [2] (8-7-57). Rose Mervyn [1] (23-1-30). Rosewall Kenneth [1] (2-11-34). Rosset Marc [28] (7-11-70, 1,96 m). Rostagno Derrick [5] (25-10-65). Ruzici Virginia [8] (31-1-55). Ryan Elizabeth [5] (1892-1979). Sabatini Gabriella [22] (16-5-70). Sampras Pete [5] (12-8-71). Sanchez Arantxa [4] (18-12-71, 1,69 m, 56 kg), Emilio [4] (29-5-65) ; Javier [4] (1-2-68). Santana Manuel [4] (10-5-38). Santoro Fabrice [2] (7-12-72). Savchenko Larissa [15] (21-7-66). Sedgman Frank [1] (29-10-27). Ségura Francisco dit Pancho [30] (20-6-21). Seguso Robert [5] (1-5-63). Seixax Victor [5] (30-8-23). Seles Monica [7], puis [5] (2-12-73, 1,77 m, gauchère). Shriver Pamela [5] (4-7-62). Siemerink Jan [19] (14-4-70). Simon Brigitte [2] (1-11-56). Skoff Horst [27] (22-8-68). Smid Tomas [6] (20-5-56). Smith Stanley [5] (14-12-46, 1,92 m). Smylie Elizabeth [1] (11-4-63). Solomon Harold [5] (17-9-52). Steeb Carl-Uwe [20] (1-9-67). Stich Michael [20] (18-10-68). Stolle Frederick [1] (8-10-38). Stoltenberg Jason [1] (4-4-70). Stöve Betty [19] (24-6-45). Sukova Helena [49] (23-2-65). Sundstrom Henrik [13] (29-2-64). Svensson Jonas [13] (21-10-66). Tanner Roscoe [5] (15-10-51). Tanvier Catherine [2] (28-5-65). Taroczy Balazs [12] (9-5-54). Tauziat Nathalie [2] (17-10-67). Teltscher Eliot [13] (15-3-59). Testud Sandrine [2] (3-4-72). Tilden William [5] (1893-1953). Tiriac Ion [8] (9-5-39). Trabert Marion Anthony [5] (16-8-30). Tulasne Thierry [2] (12-7-63). Turnbull Wendy [1] (26-11-52). Ulrich Torben [29] (4-10-28). Vanjer Corinne [2] (20-9-63), Jérôme [2] (2-11-57). Van Lottum Noëlle [2] (12-7-70). Van Ryn John [5] (30-6-05). Vilas Guillermo [22] (17-8-52). Vines Ellsworth [5] (1911-94). Visser Danie [9] (26-7-61). Volkov Alexander [15] (3-3-67). Wade Virginia [3] (10-7-45). Washington Malivai [5] (20-6-69). Westphal Michael [20] (1965-91). Wheaton David [5] (2-6-69). Wilander Mats [13] (22-8-64). Wilkinson Tim [5]. Williams Venus [5] (17-6-80). Wills Helen [5] (1905-98). Winogradsky Eric [2] (22-4-66). Woodbridge Todd [1] (2-4-71). Woodforde Mark [1] (23-9-65). Zvereva Natalia [15] (16-4-71).

Nota. – On appela Borotra, Brugnon, Cochet, Lacoste « les Mousquetaires ».

TENNIS DE TABLE

GÉNÉRALITÉS

■ **Origine.** **Vers 1880** apparaît en Angleterre (raquette de volant, balle en liège ou en caoutchouc). **1897** 1ers championnats nationaux en Hongrie. **1899** connu sous le nom de *gossima.* **1900** nom *ping-pong* (bruit produit sur la raquette, genre tambourin) déposé vers 1891 par John Jacques de Croydon, utilisé par la maison anglaise Hamley et breveté par la maison américaine Parker frères (raquette recouverte d'une couche de caoutchouc grené, balle en celluloïd). Après une certaine vogue, le jeu disparut. **1921** 1er championnat d'Angleterre. Tennis de table (nom donné pour en finir avec les récriminations des propriétaires du mot ping-pong). **1924** raquette en caoutchouc à picots due à l'Anglais Goode. **1926** Féd. intern. créée. **1927**-*30-3* Féd. française créée. **1988** inscrit aux JO.

■ **Licenciés.** Chine 10 000 000, URSS 3 000 000, All. 685 000, Indonésie 385 000, Japon 300 000, G.-B. 220 000 (Angleterre 200 000, Galles 10 000, Irlande 5 000, Écosse 3 000, Jersey-Guernesey 700), ex-Tchécoslovaquie 110 000, *France (2000-2001) 175 099* (dont 28 292 femmes ; environ 3 000 000 de pratiquants).

RÈGLES

■ **Terrain.** **Salle :** de 12 × 6 m à 14 × 7 m pour les championnats internationaux. *Sol :* selon norme Afnor NFP 90-203. **Table :** 274 × 152,5 cm à 76 cm du sol. N'importe quelle matière. Parfaitement plane. Une balle lâchée de 30 cm doit rebondir à 23 cm. Couleur foncée (souvent vert ou bleu) et mate. Au bord, ligne blanche de 2 cm de large. Au centre, ligne centrale de 3 mm de large. **Filet :** vert ou bleu, bande blanche en haut. Partie supérieure à 15,25 cm (autrefois 17,5 cm) au-dessus de la surface de jeu avec bordure blanche de 15 mm max. et extrémités attachées à un support vertical extérieur à 15,25 cm du bord de la table. **Balle :** blanche ou orange, sphérique, en celluloïd ou plastique. *Poids* 2,50 g. *Diamètre* 40 mm ; *la plus rapide* 170 km/h selon M. Sklorz, 96 km/h pour le Chinois Chuang Tsé-toung. **Raquette :** forme, poids et dimension variables. Palette en bois recouverte de caoutchouc à picots ou « sandwich » (couche uniforme de caoutchouc cellulaire recouvert de caoutchouc ordinaire à picots : picots vers l'intérieur : *back side,* vers l'extérieur : *soft*). Une face rouge, l'autre noire.

■ **Partie.** A 2 ou 4 joueurs. **Manche :** gagnée par le joueur ou la paire atteignant le 1er 21 points, à moins que les 2 camps n'arrivent chacun à 20 pts. Le vainqueur est celui qui marque le 1er 2 points de plus que l'adversaire. **Partie :** au meilleur des 5, 7 ou 9 manches. Le jeu doit se poursuivre sans interruption (sauf arrêt autorisé à chaque changement de service), mais le joueur (ou la paire) peut demander entre chaque manche un repos de 2 min.

■ **Points.** Marqués par un joueur quand son adversaire : ne réussit pas un service correct ; ne réussit pas un retour correct ; frappe la balle en dehors de son tour, en doubles ; touche la surface de jeu de sa main libre pendant un échange ; quand un vêtement ou un objet porté par son adversaire vient en contact avec la balle avant que celle-ci ait dépassé la ligne de fond ou les lignes latérales sans avoir touché la surface de jeu (« obstruction ») ; son adversaire (ou ce qu'il porte) touche le filet ou ses supports, ou déplace la surface de jeu pendant que la balle est en jeu.

■ **Règle d'accélération.** La durée d'une manche étant fixée à 15 min, à l'expiration de ce délai (sauf si les joueurs ou les paires ont chacun marqué au moins 19 pts), ou à tout autre moment auparavant, à la demande unanime des joueurs concernés, l'arbitre arrête le jeu qui doit se poursuivre selon la règle d'accélération. Le *serveur* est alors contraint de marquer le point en 13 coups, service compris ; s'il n'y parvient pas, son adversaire gagne le point. Le service change après chaque point et la manche se poursuit jusqu'à 21 pts (avec écart normal de 2 pts).

Quand l'expiration du délai de 15 min se produit en cours d'échange, le service est au dernier serveur. Si elle se produit lorsque la balle n'est plus en jeu, le service est au dernier relanceur. Les retours sont comptés à haute voix au moment de la frappe du relanceur, par un officiel autre que l'arbitre. Après 13 retours corrects, le point va au camp du relanceur.

■ **Changement de service.** En simple et double, chaque fois qu'un total de 5 points a été marqué. *Service en double :* le joueur servant le 1er d'une paire (1a) sert en direction du joueur qui servira le 1er de l'autre équipe (2a) ; 2a sert ensuite à 1b, le partenaire de 1a ; 1b sert en direction du 4e joueur, 2b, et 2b sert vers 1a.

A partir de 20 partout, ou suivant la règle d'accélération, l'ordre de service est inchangé mais chaque joueur ne sert qu'une seule fois à son tour jusqu'à la fin de la manche. Le joueur ou la paire servant en 1er dans une manche reçoit en 1er dans la suivante. Dans chaque manche de double, l'ordre initial de réception est opposé à celui de l'ordre précédent, mais la paire au service choisit toujours son serveur. Dans la dernière manche d'un double, la paire à la réception change l'ordre de réception dès qu'une paire atteint 10 points. Toute erreur au service ou à la réception doit être corrigée lorsqu'elle est remarquée. Tous les points marqués restent acquis.

■ **Balle à remettre.** Échange à l'occasion duquel aucun point n'est marqué. Cela se produit quand : sur le service la balle touche le filet ou ses supports ; un service se fait alors que le receveur ou son partenaire n'est pas prêt ; un joueur ne réussit pas un retour correct à la suite d'un incident échappant à sa responsabilité (exemple : faute d'un spectateur ou bruit soudain) ; la balle se brise en cours d'échange ; un échange est interrompu pour redresser une erreur dans l'ordre de jeu ou de camp lors du passage à la règle d'accélération ; une balle ou une personne étrangère au jeu pénètre dans l'aire de jeu.

ÉPREUVES

Légende : (1) Croatie. (2) Chine. (3) G.-B. (4) Hongrie. (5) Japon. (6) Ex-Tchéc. (7) Suède. (8) Luxembourg. (9) Roumanie. (10) Ex-URSS. (11) Corée du Nord. (12) France. (13) Yougoslavie. (14) P.-Bas (15) All. (16) Corée du Sud. (17) Bulgarie. (18) Pologne. (19) Grèce. (20) Belgique. (21) Biélorussie. **Jeux Olympiques** (voir p. 1479 b).

■ CHAMPIONNATS DU MONDE

■ **Équipes.** Années impaires de 1957 à 1997, puis organisés en 2000 et 2001 et les années paires à partir de 2004. **Messieurs** (**coupe Swaythling,** *créée* 1926 en mémoire de lady Swaythling, mère du Pt fondateur de la Féd. intern.). **1981 à 87** Chine ; **89 à 93** Suède ; **95, 97** Chine ; **2000** Suède ; **01** Chine. **Dames** (**coupe Marcel Corbillon,** *créée* 1934, en mémoire du donateur, Pt de la Féd. fr. 1933-35). **1975 à 89** Chine ; **91** Corée ; **93, 95, 97, 2000, 01** Chine.

■ **Simple.** *Créés* 1926. Années impaires depuis 1957. **Messieurs.** **1981, 83** Guo Yuehua [2]. **85, 87** Jiang Jialiang [2]. **89** Waldner [7]. **91** Persson [7]. **93** Gatien [12]. **95** Kong Linghui [2]. **97** Waldner [7]. **99** Liu Guoliang [2]. **2001** Wang Ligin [2]. **Dames.** **1981** Tong Ling [2]. **83, 85** Cao Yanhua [2]. **87** He Zhili [2]. **89** Qiao Hong [2]. **91** Deng Yaping [2]. **93** Hyun Jung [16]. **95, 97** Deng Yaping [2]. **99, 2001** Wang Nan [2].

■ **Double. Messieurs.** *Créé* 1926. Années impaires depuis 1957. **1981** Li Chen Shih-Cai Zhenhua [2]. **83** Surbek-Kalinic [13]. **85** Appelgren-Carlsson [7]. **87** Chen Longcan-Wei Qingguang [2]. **89** Rosskopf-Fetzner [15]. **91** Karlsson-Von Scheele [7]. **93, 95** Wang Tao-Lu Lin [2]. **97, 99** Kong Linghui-Liu Guoliang [2]. **2001** Wang Ligin-Yan Sen [2]. **Dames.** *Créés* 1928. Années impaires depuis 1957. **1981** Zhang Deying-Cao Yanhua [2]. **83** Jian Ping-Dai Lili [2]. **85** Dai Lili [2]-Geng Lijuan [2]. **87** Jung Hwa-Young Ja [11]. **89** Qiao Hong-Deng Yaping [2]. **91** Chen Zihe-Gao Jun [2]. **93** Liu Wei-Qiao Yunping [2]. **95** Deng Yaping-Qiao Hong [2]. **97** Deng Yaping-Yang Ying. **99, 2001** Wang Nan-Li Ju [2]. **Mixte.** *Créé* 1926. Années impaires depuis 1957. **1981** Xie Saike [9]-Huang Jungun [2]. **83** Guo Yuehua-Ni Xialian [2]. **85** Cai Zhenhua [2]-Cao Yanhua [2]. **87** Hui Jun-Geng Lijuan [2]. **89** Yoo Nam-Kyu-Hyun Jung-Hwa [16]. **91 à 95** Wang Tao-Liu Wei [2]. **97** Liu Guoliang-Wu Na [2]. **99** Ma Lin-Yingying [2]. **01** Qin Zhijan-Yang Ying [2].

■ COUPE DU MONDE

■ **Simple. Messieurs** (*créée* 1980). **1980** Guo Yuehua [2]. **81** Klampar [4]. **82** Guo Yuehua [2]. **83** Appelgren [7]. **84** Jiang Jialiang [2]. **85** Chen Xinhua [2]. **86** Chen Longcan [2]. **87** Teng Yi [2]. **88** Grubba [18]. **89** Ma Wenge [2]. **90** Waldner [7]. **91** Persson [7]. **92** Mawenge [2]. **93** Primorac [13]. **94** Gatien [12]. **95** Kong Linghui [2]. **96** Liu Guoliang [2]. **97** Primorac [1]. **98** Rosskopf [15]. **99** Samsonov [21].

■ **Double. Messieurs** (*jouée* en 1990 et 1992). **1990, 92** Yoo Nam Kyu-Kim Ki Taek [16]. **Dames.** **1990** Jung Hwa Hyun-Hong Cha Ok [16]. **92** Deng Yaping-Qiao Hong [2].

■ **Équipes** (*créée* 1990). **Messieurs.** **1990** Suède. **91** Chine. **92, 93** *non disputée.* **94** Chine. **95** Corée du Sud. **96, 97** *non disputée.* **Dames.** **1990, 91** Chine. **92, 93** *non disputée.* **94** Russie. **95** Chine. **96** *supprimée.*

COUPE D'EUROPE DES NATIONS

Créée 1991. *Annuelle,* réservée aux 8 meilleures formations européennes. **1991, 92** All. **93 à 95** Suède. **96** France. **97** Suède. **98** All. **99** *Supprimée.*

CHAMPIONNATS D'EUROPE

Créés 1958 *(années paires)*

■ **Équipes. Messieurs. 1990, 92** Suède. **94** France. **96** Suède. **98** France. **2000** Suède. **Dames. 1990** Hongrie. **92** Roumanie. **94** Russie. **96, 98** All. **2000** Hongrie.

■ **Simple. Messieurs. 1990** Appelgren [7]. **92** Rosskopf [15]. **94** Saive [20]. **96** Waldner [7]. **98** Samsonov [21]. **2000** Karlsson. **Dames. 1990** Guergueltcheva [17]. **92** Vriesekoop [14]. **94** Svensson [7]. **96** Struse [15]. **98** Xialian [8]. **2000** Götsch.

■ **Double. Messieurs. 1990** Lupulescu-Primorac [13]. **92** Persson-Lindh [7]. **94** Creanga [19]-Kalinic [13]. **96** Waldner-Persson [7]. **98** Samsonov [21]-Rosskopf [15]. **2000** Gatien-Chila [12]. **Dames. 1990** Batorfi-Wirth [4]. **92** Fazlic-Perkucin [4]. **94** Batorfi-Toth [4]. **96, 98** Struse-Schall [15]. **2000** Bartofi-Toth [4]. **Mixte. 1990** Gatien-Wang [12]. **92** Creanga [19]-Badescu [9]. **94** Primorac [13]-Batorfi [4]. **96** Samsonov [21]-Toth [4]. **98** Lupulescu [13]-Badescu [9]. **2000** Karakasevic-Gargavskaite.

COUPE D'EUROPE DES CLUBS CHAMPIONS

■ **Messieurs** *(créée* 1961). **1990** Levallois UTT [12]. **91 à 93** Borussia Düsseldorf [15]. **94** Royal Villette Charleroi [20]. **95** Levallois UTT [12]. **96** Royal Villette Charleroi [20]. **97, 98** Borussia Düsseldorf [15]. **99** Hornstein. **2000** Grenzau. **01** Zagreb. **Dames** *(créée* 1964). **1990, 91** Statiztika Budapest [4]. **92, 93** SpVg Steinhagen [15]. **94 à 96** Statiztika-Metalloglobus Budapest [4]. **97** F.C. Langweid [15]. **98 à 2001** SPSC Budapest [4].

LIGUE DES CHAMPIONS

Créée **1999. 1999** Caen TTC [12]. **2000** Düsseldorf [15]. **01** Charleroi [20].

CHAMPIONNATS DE FRANCE

Créés 1928

■ **Simple. Messieurs. 1990** Mommessin. **91 à 97** Gatien. **98** Chila. **99, 2000, 01** Gatien. **Dames. 1989 à 91** Wang Xiaoming. **92, 93** Coubat. **94** Wang Dréchou. **95** Plaisant. **96** Coubat. **97** Plaisant. **98 à 2001** Boileau.

■ **Double. Messieurs. 1990, 91** Marmurek-Chila. **92** Gatien-Mommessin. **93** Chatelain-Chila. **94, 95** Gatien-Mommessin. **96** Legoût-Chila. **97** Chatelain-Lebrun. **98** Chila-Legoût. **99** Gatien-Chila. **2000** Éloi-Legoût. **01** Chila-Gatien. **Dames. 1990** Coubat-Yquel. **91** Wang-Thiriet. **92** Creuzé-Derrien. **93 à 98** Coubat-Plaisant. **99** Boileau-Gourin. **2000, 01** Plaisant-Palut. **Mixte. 1990** Eloi-Derrien. **91** Marmurek-Coubat. **92** Hucliez-Aubry. **93 à 95** Marmurek-Coubat. **96 à 98** Boileau-Legoût. **99, 2000** Martinez-Fernandes. **01** Guillerm-Johnston.

■ **Équipes. Messieurs. 1988 à 2001** Levallois. **Dames. 1989 à 92** ACBB. **93 à 2001** Montpellier.

QUELQUES NOMS

ABGRALL Béatrice [12] (10-5-61). AMOURETTI Guy [12] (27-2-25). APPELGREN Mikael [7] (15-10-61). BARNA Victor [3] (1911-72). BAROUH Marcel [12] (16-1-34). BENGTSSON Stellan [7] (26-7-52). BÉOLET Huguette [12] (13-12-19). BERGERET Claude [12] (19-10-54). BERGMANN Richard [3]. BIROCHEAU Patrick [12] (23-9-55). BOILEAU Anne [12] (10-7-75). BULATOVA Fliura [10] (7-9-63). CAO YANHUA [2]. CHATELAIN Nicolas [12] (13-1-70). CHILA Patrick [12] (27-11-69). CHUANG TSÉ-TOUNG [2]. CONSTANT Jean-Denis [12] (1956). COUBAT Emmanuelle [12] (1-4-70). DAI LILI [2]. DAVIAUD Nadine [12] (31-7-60). DENG YA PING [2] (1973). DOUGLAS Desmond [3] (20-7-55). ÉLOI Damien [12] (4-7-69). FETZNER Steffen [15] (17-8-69). GATIEN J.-Philippe [12] (16-10-68). GERMAIN Patricia [12]. GUO YUE-HUA [2]. HAGUENAUER Michel [12] (1916-2000). HAMMERSLEY Jill [3]. KALINIC Zoran [13] (20-7-58). KONG Linghui [2] (8-10-75). LEACH Johnny [3]. LECLER Yvelyne [12] (15-6-51). LEGOUT Christophe [12] (6-8-73). LINDH Erik [7] (24-5-64). LIU GUO LIANG [2] (10-1-76). LO-CHUENG TSUN [4] (8-10-63). MARMUREK Olivier [12] (12-12-69). MARTIN Christian [12] (1959). MATHIEU Christiane [12] (14-4-34) [Watel]. MOMMESSIN Didier [12] (26-8-67). NEMES Olga [15] (1968). OGIMURA Ochiro [5] (1932-94). ORLOWSKI Milan [6]. PERSSON Jorgen [7] (22-4-66). PLAISANT Sylvie [12] (29-6-72). POPOVA Valentina [10]. PREAM Carl [3] (1967). PRIMORAC Zoran [1] (10-5-69). PURKART Vincent [12] (25-6-36). RENVERSÉ Patrick [12] (1-11-59). RIOUAL Martine (Le Bras) [12] (28-2-45). ROOSKOPF Jorg [15] (22-5-69). SAIVE J.-Michel [20] (17-11-69). SAMSONOV Vladimir [21] (17-4-76). SECRÉTIN Jacques [12] (18-3-49). STRUSE Nicole [15] (31-5-71). SURBEK Dragutin [13] (8-8-46). THIRIET Brigitte [12] (11-8-56). TONG Ling [2]. VRIESEKOOP Bettina [14] (13-8-61). WALDNER Jan-Ove [7] (3-10-65). WANG Xiao-Ming [12] (14-6-63). WEBER Jean-Paul [12] (12-7-48). XIALIAN [2]. YUEHUA [2].

TIR A LA CIBLE

Légende : (1) Pologne. (2) Chine. (3) France. (4) Hongrie. (5) Danemark. (6) Bulgarie. (7) All. (8) Italie. (9) Youg. (10) Tchéc. (11) Norvège. (12) Autriche. (13) Suisse. (14) Biélorussie. (15) Slovénie. (16) Israël. (17) Russie. (18) Mongolie. (19) Colombie. (20) Slovaquie. (21) Ukraine. (22) P.-Bas.

GÉNÉRALITÉS

■ **Origine. 1466** 1re Sté de tir à Lucerne (Suisse). **XVIe s.** apparition en France des Stés de tir. **Vers 1860** 1res Stés de tir en Suisse. **1886** la France crée l'Union des Stés de tir. **1896** admis aux 1ers JO. **1897** 1ers championnats du monde (à Lyon). **1907** Union internationale de tir créée.

■ **Licenciés en France.** *1968 :* 25 000 ; *75 :* 55 000 ; *80 :* 95 000 ; *86 :* 135 000 ; *89 :* 127 578 ; *95 :* 141 532 ; *96 :* 143 191.

PISTOLET

☞ *Abréviations :* P. : pistolet. LR : long-rifle.

■ **Armes. Pistolet automatique :** arme de poing munie d'un système de répétition comprenant un magasin, un ensemble à glissière (culasse), un mécanisme (leviers et ressorts) mis en action par la main et par une partie de l'énergie libérée par la cartouche. Certains ont un canon fixe, d'autres un canon à court recul (utilisé pour la plupart des armes dont le canon mesure plus de 10 cm). *Percussion : 1°)* soit le percuteur est propulsé par un ressort ; un ergot commandé par la détente libère le percuteur ; *2°)* soit le percuteur est inerte ; un marteau (chien) frappe le percuteur en l'envoyant brutalement en avant. Le percuteur vient toujours frapper une amorce enflammant la poudre contenue dans la cartouche. *Détente :* à double action quand elle permet de percuter plusieurs fois de suite sans réarmer ; à simple action quand le mécanisme de percussion doit être armé manuellement. *Canon :* longueur de 4 à 20 cm. *Chargeur :* contient 7 à 15 cartouches (7 pour le PA. Colt 45, 15 pour le MAB P 15). *Calibre :* nombreux, du 22 LR au 44 Magnum.

Revolver (de *to revolve :* tourner) : arme de poing dont l'approvisionnement se fait par un barillet (magasin rotatif). Les revolvers sont à simple ou à double action. *Calibres :* du 22 LR au 45 Long Colt.

■ **Épreuves. Pistolet. P 10 M :** P. à air comprimé. *Cible* à 10 m. *Tir* 60 plombs en 1 h 45. **P. vitesse olympique : P. 22 short :** *cible* 5 pivotantes à 25 m. *Tir* 60 coups en 2 séries chacune de 30 (chacune décomposée en 2 séries de 5 coups tirés en 8″, 2 séries de 5 coups tirés en 6″, 2 séries de 5 coups tirés en 4″). **P. standard. P. 22 LR :** *cible* 25 m. *Tir* 60 coups : 20 coups, 4 fois 5 balles en 150″ ; 20 c., 4 fois 5 b. en 20″ ; 20 c., 4 fois 5 b. en 10″. **P. sport.** P., revolver de gros calibre (22 LR pour dames et juniors). *Cible* fixe et pivotante à 25 m. *Tir* 30 coups « visé » en 6 séries de 5 balles en 6″. 30 « duels » en 6 séries de 5 (3″ pour chaque balle, la cible pivotante s'effaçant durant 7″ entre chaque coup). **P. libre. P. à 1 coup 22 LR :** *cible* 50 m dont le diamètre central est de 50 mm. *Tir* 15 coups d'essai et 60 balles en 2 h 30, en 6 séries de 10 coups.

■ **Résultats. Pistolet à 10 m.**

Championnats du monde. *Tous les 4 ans depuis 1994.* **Messieurs. Ind. 1990** Tobar [19]. **91** Potteck [7]. **94** Dumoulin [3]. **98** Wang Xifu [2]. **Par éq. 1989 à 91** URSS. **94** Chine. **Dames. Ind. 1990** Sekaric [9]. **91** Logvinienko [17]. **94** Sekaric [9]. **98** Munkhbayar [18]. **Par éq. 1990, 91** URSS. **94** Chine.

Championnats d'Europe. Messieurs. Ind. 1995 Potteck [7]. **96** Neumaier [7]. **97** Nestrouev [17]. **98** Kiriakov [6]. **99** Di Donna [8]. **2000** Danilov [16]. **01** Di Donna [8]. **Par éq. 1995 à 97** Russie. **98** Italie. **99, 2000** Russie. **Dames. Ind. 1995** Grovdeva [6]. **96** Sekaric [9]. **97** Kouznetsova [17]. **98** Sagun [1]. **99** Meyerhoff [5]. **2000** Smirnova [17]. **01** Akhmertidnova [17]. **Par éq. 1995 à 97** Russie. **98** Biélorussie. **99** Danemark. **2000** Pologne.

Championnats de France. Messieurs. 1995 Alexandre-Augrand. **96** Catala. **97 à 99** Dumoulin. **2000** Campille. **Dames. 1995, 96** Serra-Tosio. **97 à 2000** Roy.

CARABINE

☞ *Abréviations :* C. : carabine, c. : coups.

■ **Épreuves. C. 60 balles « couché » ou match anglais :** carabine libre de petit calibre (22 LR). *Cible* à 50 m (∅ 10 = 12 mm). Durée 1 h 30. **C. libre (3 positions) 3 × 40 :** C. libre de petit calibre (22 LR). *Cible* 50 m (∅ 10 = 12 mm). *Tir* 5 h 15, 120 coups (40 « couché » 1 h 30 ; 40 « debout » 2 h ; 40 « genou » 1 h 45). **C. libre (3 positions) 3 × 20** (réservée aux dames et juniors) : *arme et cible* comme ci-dessus. *Tir* 2 h 30, 60 c. (20 « couché », 20 « debout », 20 « genou »). **C. 300 M (libre et standard) :** C. libre gros calibre. *Cible* 300 m. *Tir* 120 coups en 5 h 15 : 40 c. « couché » 1 h 30, 40 c. « debout » 2 h, 40 c. « genou » 1 h 15. **C. standard gros calibre :** *cible* 300 m. *Tir* 60 coups en 2 h 30 : 20 c. « couché », 20 c. « debout », 20 c. « genou ». **C. 10 M (debout) :** C. à air comprimé. *Cible* 10 m. *Tir* 60 plombs en 1 h 45 au maximum.

■ **Résultats. Championnats du monde.** *Tous les 4 ans.* **1998. Messieurs. 3 × 40, ind. :** Gonci [20] ; **par éq. :** Ukraine ; **couché, ind. :** Tamas [18] ; **par équipes :** USA. **Dames. 3 × 20, ind. :** Pfeilschifter [7].

Championnats d'Europe. 1999 Carabine couché. Messieurs. Knögler [12]. **Dames.** Kalnysh [21]. **Carabine 3 × 40. Messieurs.** Gonci [20]. **Carabine 3 × 20. Dames.** Galkina [17].

■ **Résultats. Carabine à 10 m. Championnats du monde.** *Tous les 4 ans depuis 1994.* **Messieurs. Ind. 1990** Riederer [7]. **91** Stenvaag [11]. **92** Maksimovic [9]. **94** Polak [16]. **98** Khadzibekov [17]. **Par éq. 1990** All. **91** Norvège. **92** Autriche. **94** Biélorussie. **Dames. Ind. 1990** Joo [4]. **91** Florian [4]. **92** Valcova [6]. **94, 98** Pfeilschifter [7]. **Par éq. 1990** USA. **91, 92** URSS. **94** All.

Championnats d'Europe. Messieurs. Ind. 1995 Krebs [7]. **96** Waibel [12]. **97** Khadzibekov [17]. **98** Debevec [15]. **99** Gonci [20]. **2000** Amat [3]. **01** Boschman [22]. **Par éq. 1995, 96** Norvège. **97** Autriche. **98** Biélorussie. **99** Ukraine. **2000** Russie. **Dames. Ind. 1995** Matova [6]. **96** Chilova [14]. **97** Bühlmann [13]. **98** Pogrebnyak [14]. **99** Pfeilschifter [7]. **2000** Bellenoue [3]. **01** Pfeilschifter [7]. **Par éq. 1995** Russie. **96** Biélorussie. **97** Russie. **98** Biélorussie. **99, 2000** All.

Championnats de France. Messieurs. 1994 à 97 Amat. **98 à 2000** Badiou. **Dames. 1995** Chuard. **96 à 2000** Bellenoue.

CIBLE MOBILE

Nota. – Depuis 1989, cible mobile (avant, dite *sanglier courant*).

■ **Épreuves.** La cible parcourt un trajet rectiligne, face au tireur, de droite à gauche et de gauche à droite alternativement, en 2 vitesses : lente (VL) 5″ ; rapide (VR) 2,5″. Elle doit être tirée à chaque passage. On ne peut épauler avant son apparition. **Discipline. Olympique 10 m :** *distance* 10 m. *Trajet cible* 2 m. *Carabine* à air comprimé 4,5 mm et lunette de visée obligatoire. *Tir* 1re série : 30 coups en VL ; 2e série : 30 en VR. **50 m :** *trajet cible* 10 m. *Carabine* 22 LR, alimentation coup par coup et lunette de visée obligatoire. *Tir* 1re série : 30 coups en VL, 2e série : 30 en VR. **« Vitesse mixte » :** *distance* 50 m. *Trajet cible* 10 m. *Carabine* 22 LR, alimentation coup par coup et lunette de visée obligatoire. *Tir :* le tireur ne connaît pas la vitesse de passage (lente ou rapide) : 1re série : 20 coups ; 2e série : 20 (10 coups VL et 10 coups VR. Ordre de succession non connu. Pas plus de 5 coups successifs dans la même vitesse). **De chasse, armes d'épaule et de poing : 1°) ARME A CANON LISSE :** fusil de chasse calibre 12 ou 16, pas de lunette de visée. *Distance* 50 m. *Trajet cible* 10 m. *Tir* 10 coups en VL + 10 en VR (même ordre que vitesse mixte). **2°) ARME A CANON RAYÉ :** carabine chasse calibre minimal 6 mm. *Distance* 50 m. *Tir* 20 coups vitesse mixte. **3°) ARME DE POING :** pistolet ou revolver de gros calibre. *Distance* 35 m. *Tir* 20 coups vitesse « mixte ».

■ **Championnats d'Europe. Cible mobile olympique. Messieurs. Ind. 1998, 99** Lykine [17]. **2000** Sike [4]. **01** Kurger [7]. **Par éq. 1998** All. **99** Ukraine. **2000** Hongrie. **Dames. Ind. 98** Johannes [7]. **99, 2000** Izmalkova [17]. **Par éq. 2000** Biélorussie. **Cible mobile mixte. Messieurs. Ind. 1999** Sike [4]. **2000** Ivanov [17]. **Par éq. 1999** Ukraine. **2000** Russie. **Dames. Ind. 1999** Patsora [20]. **2000, 01** Soquet [3]. **Par éq. 1999** Ukraine. **2000** Biélorussie.

■ **Championnats de France. Cible mobile olympique. Messieurs. 1996** Delphin. **97** Laissu. **98** Dez. **99** Tricoire. **2000** Dez. **Dames. 2000** Soquet. **Cible mobile mixte. 1996** Delphin et Conceicao. **97** Abihssira. **99** Delphin. **2000** Soquet et Conceicao.

AUTRES TIRS A LA CIBLE

■ **Bench rest shooting. Tir de précision sur appui :** tireur assis à une table ou à un banc de tir. Arme qui repose sur des sacs de sable ou sur un support spécial. On doit grouper les impacts sur le plus petit espace possible de la cible (quelques mm). Armes d'épaule, de haute précision, lunette télescopique de fort grossissement. Cibles à 100, 200 et exceptionnellement 300 m.

■ **Poudre noire.** Armes anciennes d'époque ou répliques se chargeant à la poudre noire.

Arme de poing : CIBLE FIXE : 13 coups en 1/2 heure à distance de 25 m. Cible UIT pistolet. Seuls les 10 meilleurs impacts sont retenus. *Armes :* pistolet à silex ou à percussion (épreuves Cominazzo et Kuchenreuter) et revolvers à percussion (épreuves Colt et Mariette). **D'épaule : CIBLE FIXE :** 13 coups dont seuls les 10 meilleurs sont retenus. Fusil ou carabine à canon lisse ou rayé se chargeant par la bouche peuvent être réglementaires, civils, à percussion, à silex ou à mèche suivant les épreuves. **Épreuves.** *Miquelet :* fusil réglementaire à silex, canon lisse, position « debout », 50 m. *Maximilien :* fusil ou carabine à silex, canon rayé, position « couché », 100 m. *Minie :* fusil réglementaire à percussion, canon rayé, 100 m. *Whitworth :* fusil ou carabine à percussion, 100 m. *Walkyrie :* fusil ou carabine à percussion, 100 m, épreuve féminine. *Tanegashima :* mousquet à mèche lisse, 50 m. *Vetterli :* arme libre (mèche, silex ou percussion) 50 m. **CIBLE MOBILE :** fosse simplifiée, en 20 plateaux, fusil à silex (épreuve Manton), à percussion (épreuve Lorenzoni).

■ **Silhouettes métalliques.** Position libre mais les tireurs sont le plus souvent couchés ou assis. *Arme :* pistolet ou revolver de gros calibre à canon long. *Tir :* 40 coups [10 à 50 m sur 10 cibles de « poulet » *(chicken).* 10 à 100 m sur 10 « sangliers » *(javelinas)*. 10 à 150 m sur 10 « dindons » *(turkeys)*. 10 à 200 m sur 10 « mouflons » *(rams)*]. Le projectile doit renverser la cible.

■ **Arbalète.** *A. 10 m :* poids maximal 6 kg. *Trait* ⌀ 4,5 mm. *Tir* 40 coups. *Cible* ⌀ du 10 : 1 mm. *B. 30 m :* poids maximal 10 kg. *Trait* ⌀ 6 mm. *Tir* 60 coups (30 « debout », 30 « genou »). **Championnat du monde. Field. 1996** Baumann [7]. **97** *non disputé.* **De France. Match. Messieurs. 1999** Quehen et Inaven. **2000** Excoffier. **Dames. 99** Chuard. **2000** Tarissan. **Field. Messieurs. 1999** Bertrand. **2000** Goujon. **Dames. 1999** Richard. **2000** Romeo.

TIR AUX ARMES DE CHASSE

Légende : (1) France. (2) Corée du Nord. (3) Italie. (4) Suède. (5) Allemagne. (6) USA. (7) Russie. (8) G.-B. (9) Belgique. (10) Finlande. (11) Koweït. (12) Azerbaïdjan. (13) Hongrie. (14) Grèce. (15) Australie. (16) Rép. tchèque. (17) Portugal. (18) Suisse. (19) Espagne.

FOSSE

■ **Description.** Équipée d'appareils de lancement pouvant distribuer des plateaux sous des angles différents. Le tireur ignore quel est l'appareil qui va envoyer le plateau. Selon la fosse, les vitesses de retombée sont variables. *Tireurs placés* à 15 m de la fosse. **Plateaux :** 11 cm de diamètre, 25 à 28,5 mm de hauteur, 100 à 110 g. **Arme :** fusil de chasse, calibre 12 max., cartouches 70 mm (2,3/4 pouces), charge 24 (fosse olympique) et 28 g (fosse universelle), diamètre maximal des plombs 2,5 mm.

■ **Types d'épreuves. Fosse olympique :** *15 appareils de lancement* (5 groupes de 3). Chaque groupe peut lancer des plateaux sous 3 angles différents. *Longueur de lancement* plan horizontal : 75 m (plus ou moins 5 m). *Hauteur* à 10 m de l'appareil : 1,50 m à 3,50 m, la trajectoire ne devant pas dévier de plus de 45°. *Plateaux :* 125, la compétition se déroulant par groupes de 6 tireurs en séries de 25 plateaux. Le tireur peut tirer 1 ou 2 cartouches sur chaque plateau.

■ **Championnats du monde. Messieurs. 1995, 97, 98** Pellielo [3]. **99, 2001** Diamond [15]. **Par éq. 1995, 97** Italie. **99** Australie. **Dames. 1995** Strodtman [6]. **97** Rabaïa [7]. **98** Pusila [24]. **99** Gentry [6]. **2001** Laritcheva [7]. **Par éq. 1995** USA. **97** Italie. **99** Chine.

■ **Championnats d'Europe. Messieurs. Ind. 1996** Peel [8]. **97** Pellielo [3]. **98** Tchebanov [7]. **2000** Rebelo [17]. **01** Alipov,[7]. **Dames. Ind. 1996** Bocca [3]. **97** Focan [9]. **98** Pusila [10]. **99** Laritcheva [7]. **2000** Focan [9].

■ **Championnats de France. Messieurs. Ind. 1996** Lucas. **97** Vuez. **99** Lucas. **2000** Chavassieux. **Dames. Ind. 1996** Allaoua. **97, 2000** Rassinet.

Fosse universelle : *5 appareils de lancement. Longueur de lancement* sous tous les angles de direction et de hauteur : 70 m (plus ou moins 5 m). *Hauteur* à 10 m de l'appareil : 1,50 à 3,50 m. Les appareils peuvent modifier puissance de projection, orientation et hauteur de la trajectoire des plateaux (qui ne doit pas s'écarter de plus de 20°). *Plateaux:* 200 en séries de 25. **Fosse américaine :** *1 appareil de lancement. Plateaux :* 200 (séries de 25). *Charge :* 32 g de plomb.

■ **Nombre record en une heure.** Joseph Wheater avec 5 fusils et 7 chargeurs 1 308 le 21-9-1957. En 42 min 22 s 5, il en avait touché 1 000. *Proportion :* 299 sur 300 A. V. Lumniczar (Hongrois, en 1933). 100 sur 100 (record de France, G. S. Blanc, 1955).

Record du monde de tir à la fosse olympique sur 24 h. Le 14/15-6-1986, Armand Châteauneuf (né 1936) casse 8 091 plateaux sur 9 012 avec 10 842 cartouches (2 044 plateaux de plus que l'ancien record). *Moyenne de réussite :* 89,72 %.

■ **Championnats du monde. Messieurs Ind. 1995, 96** Silva [17]. **97** Bouvier [18]. **98, 99** Ferreira [17]. **2000** Polvillo Bayer [19]. **Par éq. 1995** G.-B. **96** It. **97** G.-B. **98 à 2000** It. **Dames Ind. 1995 à 97** Pelosi [3]. **98** Baldisseri [3]. **99** Colavito [1]. **2000** Neau [1]. **Par éq. 1995** It. **1996 à 2000** France.

■ **Championnats d'Europe. Messieurs Ind. 1994 à 96** Ronchi [3]. **97** Cole [8]. **98** Meyson [1]. **99** Angelantoni [3]. **2000** Fuentes [19]. **Par éq. 1995** G.-B. **96** It. **97** G.-B. **98, 99** Portugal. **2000** It. **Dames Ind. 1995** Focan [9]. **96** Pelosi [3]. **97** Colavito [1]. **98** Renaud [1]. **99** Neau [1]. **2000** Rowley [8]. **Par éq. 1995** France. **96** It. **97 à 2000** France.

■ **Quelques noms.** Baud Jean-Jacques [1] 1947. Candelo Pierre [1] 9-4-1934. Carrega Michel [1] 1933. Colas Paul [1] 1880. Coquelin de Lisle Pierre [1] 1900. Delavie Michèle [1] 8-9-1944. Jun-Li Ho [2] 1946. Mazoyer Jacques [1] 1910. Prévost Michel [1] 7-8-1925. Scalzone Angeloao [3] 1931. Skanaker Ragnar [4] 1934. Voilquin Hubert [1] 1923. Wirnhier Konrad [5] 1927. Writer John [6] 1944.

PARCOURS DE CHASSE

■ **Description.** Stand équipé d'un nombre d'appareils projecteurs de plateaux suffisant pour que les tireurs puissent tirer dans les mêmes conditions qu'à la chasse au gibier naturel : devant soi, rasants et montants, en battue, traversards et demi-traversards, en plaine ou au bois, gênés ou non par les arbres ou des massifs d'arbustes. *Fusil* de chasse (calibre 12 maximal), charge plomb 36 g maximal, diamètre maximal 2,5 cm. *Position debout, fusil désépaulé* jusqu'à l'apparition du ou des plateaux. *Pas de tir* délimités par des carrés de 0,91 m de côté ou des cercles de 1 m de diamètre. Tir par groupe de 6 tireurs en séries de 25 plateaux, simples, doublés simultanés et doublés dits « au coup de fusil » dans lesquels le 2e plateau n'est envoyé qu'au coup de fusil tiré sur le 1er plateau. Discipline gérée par la *Féd. fr. du ball-trap,* 20, rue Thiers, 92100 Boulogne-Billancourt.

SKEET

■ **Skeet olympique.** Parcours comprenant 2 baraques de lancement, l'une haute *(pull)*, l'autre basse *(mark)*, distantes de 40 m environ. Des baraques partent des plateaux aux trajectoires bien définies et constantes. Les tireurs se déplacent sur 7 postes de tir équidistants placés sur un demi-cercle. Les fosses de lancement se trouvent à chaque extrémité du diamètre. Un 8e poste se trouve au centre du diamètre du demi-cercle. On tire des plateaux pull ou mark ou des doubles simultanés pull/mark ou mark/pull. Le tireur ne peut épauler qu'à l'apparition du plateau. **Armes et munitions :** fusil de chasse, calibre 12 maximum, cartouche 70 mm, charge 24 g, diamètre maximal des plombs 2 mm. Une seule cartouche par plateau lancé à partir de 2 fosses (une haute, une basse) situées à droite et à gauche d'un terrain en arc de cercle (rayon 19,20 m, base 36,80 m se trouvant à 5,49 m du centre), chaque concurrent occupant successivement 8 positions fixes. Tir par groupes de 6 tireurs en séries de 25 plateaux par tireur (13 lancers simples et 6 doubles).

■ **Championnats du monde. Messieurs. 1995** Al Rashidi [11]. **97** Abdullah [11]. **98** Al Rashidi [11]. **99** Genga [3]. **2001** Dulohery [6]. **Dames. 1995** Meftakhetdinova [12]. **97** Parrini [3]. **98** Igaly [13]. **99** Avetisyan [7]. **2001** Meftakhetdinova [12].

■ **Championnats d'Europe. Messieurs. Ind. 1996** Raabe [5]. **97** Andreou [14]. **98, 99** Bechynsky [16]. **2000** Genca [3]. **Dames. Ind. 1996** Pitkenen [10]. **97** Meftakhedtinova [12]. **98** Lepomaki [10]. **99** Gobbo [3]. **2000** Lepomaki [10].

■ **Skeet de chasse.** 20 plateaux qui se limitent aux postes 2, 3, 4, 5 et 6. Chaque planche de 20 plateaux se tire d'abord en 10 simples (position de départ épaulée ou non, au choix du tireur). Puis, aux mêmes postes, en 5 tirs doubles. Au coup de fusil, le 2e plateau part lorsque le 1er coup a été tiré. Trajectoire moins tendue que pour le skeet olympique. Discipline abandonnée par la FFT.

TIR A L'ARC

GÉNÉRALITÉS

■ **Quelques dates. 825** l'évêque de Soissons crée les Cies de tir à l'arc françaises. Perdent leur importance militaire avec l'apparition de l'arquebuse. Dissoutes à la Révolution, elles réapparurent sous l'Empire. **1898** Féd. fr. créée. **1928** Féd. fr. de tir à l'arc créée. **1931** Féd. intern. de tir à l'arc créée à Lwow (Pologne). **1972** retour au programme olympique.

■ **Statistiques. En France :** *pays d'arc :* Oise, Aisne, Somme, Marne, Nord, est de Paris. *Tireurs :* 100 000. *Licenciés 1998 :* 51 122. *Clubs :* 1 738 (237 dans la région parisienne, dans 28 ligues). *Compétitions :* 1 500 par an.

MATÉRIEL

■ **Tir. 2 types :** classique ou *recurve* ; à poulies ou *compound :* accessoires d'aide à la visée (loupes) ou au lâcher (décocheur) autorisés. *Diamètre de flèche :* choisi en fonction de l'allonge du tireur et de la puissance tirée. Vitesse de propulsion de la flèche : environ 200 km/h.

■ **Arcs utilisés en France. Initiation ou certains arcs de chasse :** poignée et branches en bois et fibres de verre ; **compétition :** poignées en aluminium moulé ou usiné, branches fibres (bois) ou carbone ou carbone et magnésium carbone-ceramic. **Puissance moyenne :** *débutants :* 12 à 25 livres ; *enfants :* 12 à 20 livres, précision jusqu'à 30 m ; *femmes :* 28 à 40 livres ; 70 m ; *hommes :* 35 à 50 livres, 90 m. **Arc à poulies :** puissance 40 à 70 livres. **Taille :** 1 à 1,75 m. **Prix :** *arc :* 600 à 10 000 F ; *carquois :* 70 à 500 F ; *corde :* Fast-Flight environ 60 F ; *flèche coupée sur mesure :* 20 à 60 F, *carbone :* 40 à 100 F ; *stabilisateur :* 60 à 1 800 F ; *viseur :* 55 à 1 000 F.

■ **Stabilisateurs** (tiges et poids en aluminium ou en carbone de différentes longueurs posés par l'archer suivant la sensation recherchée). Absorbent et retardent les vibrations parasites transmises au lâcher de la corde.

DISCIPLINES

DISCIPLINES INTERNATIONALES

■ **Tir olympique dit Fita ou tir sur cible en plein air (outdoor target archery).** Terrain plat, sur blasons dits *anglais :* 10 zones de points déclinées en 5 couleurs (centre jaune, rouge, bleu, noir, blanc), points dégressifs à partir du centre, de 10 à 1 ; diamètre 1,22 m sur longues distances (90, 70 et 60 m) et 0,80 m sur 50 et 30 m (à 30 m introduction de blasons trispots) ; blasons identiques pour arc à poulies ; 4 distances de tir : *hommes :* 90, 70, 50 et 30 m, *femmes :* 70, 60, 50 et 30 m. 36 flèches par distance : 6 × 6 flèches aux longues distances, 12 × 3 aux courtes distances, total 144 flèches, 1 440 points au maximum. **Compétitions :** qualifications : un Fita ou 2 × 36 flèches à 70 m, 64 premiers retenus pour éliminatoires sous forme de duels à 70 m pour hommes et femmes ; 32e, 16e et 8e de finale : 3 volées de 6 flèches, 4 min., tir simultané ; à partir des quarts de finale : 4 volées de 3 flèches, tir alterné, 40 s/flèche.

Tir Fita par équipes de 3. Tableau établi avec les scores cumulés des 3 archers sur le Fita à partir des 8e de finale ; tir alterné à partir des 1/2 finales ; *finale :* duels sur 27 flèches au total ; pour chaque volée de 9 flèches les 3 archers doivent tirer chacun 3 flèches en 3 min en se succédant sur le pas de tir.

■ **Tir sur cibles en salle (indoor target archery).** Depuis 1972 en France. **Qualifications :** 2 × 30 flèches à 18 m, volées de 3 flèches ; les 64 premiers retenus pour éliminatoires sous forme de duels à 18 m pour hommes et femmes. 32e, 16e et 8e de finale : 6 volées de 3 flèches, tir simultané en 2 min. A partir des quarts de finale : 4 volées de 3 flèches, tir alterné, 40 s/flèche. **Blasons :** 3 trispots verticaux [petites cibles dont les zones 1 à 5 sont supprimées (destinées à recevoir chacune 1 flèche)].

■ **Tir en campagne (field archery).** Non olympique. Parcours complet (24 implantations de cibles) établi sur un terrain accidenté. Emprunté par des pelotons comprenant en moy. 4 archers (hommes et femmes). La moitié du parcours (12 cibles) est dit *parcours aux distances connues* (distances affichées à chaque poste de tir), l'autre *parcours aux distances inconnues* (distance à évaluer par les archers). Selon la taille du blason, la distance à apprécier se situe entre 5 et 60 m. Blasons, comportant 5 cercles concentriques, centre jaune et autres zones gris anthracite, ayant 80, 60, 40 et 20 cm selon les distances. Chaque archer tire 3 flèches par cible du parcours (total : 72). Une compétition internationale se déroule sur 4 jours : 1er parcours complet avec distances inconnues ; 2e avec distances connues. 3 catégories donnant lieu à classements : *tir libre* ou *tir avec viseur* (équipement similaire à celui du tir Fita), *tir sans viseur* ou *bare-bow* (arc nu sans dispositif de visée) et *arcs à poulies* ou *compound.* A partir des 8e de finale, tir sur 12 cibles, avec les 16, puis les 8 meilleurs archers en quart de finale ; duels à partir des demi-finales 1 contre 4 et 2 contre 3 sur 4 cibles. Compteurs remis à zéro.

■ **Ski-arc « biathlon ». Hommes :** course de 12 km sur circuit de 4 km, tir de 3 volées de 4 flèches. **Femmes et juniors hommes :** course de 8 km sur circuit de 4 km, tir de 2 volées de 4 flèches. *Relais :* 3 × 4 km de course par équipe, tir d'1 volée de 4 flèches par relayeur. *Patrouille :* 3 × 4 km de course, 1 volée de 4 flèches par 1 patrouilleur différent à chaque tour. *Distance à tirer :* 18 m ; *cibles :* 10 cm de diamètre pour arcs à poulies, 16 cm pour arcs classiques, 1 seule zone de tir, principe du *touché ou manqué,* chaque manque entraîne un tour de pénalité de 300 m ; *tir :* 1re et 3e volée debout, 2e à genou. **Championnat du monde** *créé* 1998.

DISCIPLINES NATIONALES

■ **Beursault.** Se pratique seulement en France (surtout dans les régions du « pays d'arc » : Picardie et région parisienne), sur 2 buttes de tir, face à face, à 50 m, placées entre 2 rangées d'arbres. Tir effectué alternativement d'une butte à l'autre. *Cible :* 45 cm de diam. *Partie :* en 40 flèches par tireur, chaque flèche fichée à l'intérieur de la cible compte pour un *honneur ;* au centre de ce diamètre, un cercle noir de 20 mm permet de mesurer les coups les plus près, du centre de la flèche au centre du cercle noir, à l'aide du « palmer d'archer », au 1/20 de mm. *Classement :* sur le nombre de flèches en cibles (honneurs), les points servant à départager les *ex aequo.*

■ **Fédéral.** Tir sur des cibles de couleur (blason de 122 cm à 50 m et de 80 cm à 30 m), distances 50 et 30 m. 72 flèches. Score maximal : 720 points.

■ **Parcours nature** (ancien tir de chasse). Sur des blasons animaliers placés à des distances de 5 à 40 m. La partie centrale de l'animal est appelée « *zone tuée* » et la partie extérieure « *zone blessée* ». 30 s pour tirer 2 flèches de 2 pas de tir différents.

■ **Tir 3 D.** Tir sur des formes animalières en 3 dimensions ; même principe que le tir nature.

DISCIPLINES DE LOISIR

■ **Tir clout** ou **tir au drapeau.** Allie tir à très longue distance et tir de précision. Série de 30 flèches, tirées à 165 m pour les hommes et 115 m pour les femmes. 2 volées de 3 flèches, non prises en compte, sont accordées pour estimation avant le début du tir. Le *blason clout* (drapeau de couleur vive) est circulaire (diamètre : 15 m), divisé en 5 zones de 1,50 m de largeur. Le centre (marqué par un clout) a au maximum 80 cm de long et 30 cm de large, et doit être fixé à une hampe de bois blanc, plantée verticalement dans le sol. La valeur des flèches qui ne se piquent pas

RECORDS DE TIR (voir *légende* col. a)

Olympique arc classique	Monde (au 4-7-2001)		France au 13-6-2000	
	M	D	M	D
Grand total (max. 1 440 pts)	Ho [9] 1 379	Chung [9] 1 384	L. Torres 1 346	S. Pissis 1 328
90 m (max. 360)	Ho [9] 332	Choi [9] 345	L. Torres 322	S. Bonal 329
70/60 m (max. 360)	Fear [18] 345	Kim Jo-Sunn [9] 350	L. Torres 342	N. Hibon 334
50 m (max. 360)	Kim Kyung-Ho [9] 351	Kim Moon-Sun [9] 345	S. Flute 342	S. Pissis 332
30 m (max. 360)	Ho [9] 360/11	Ha [9] 360	L. Cotry 357	A. Trayan 354
Par équipes (max. 4 320)	Kim, Lee, Oh [9] 4 053	Cho, Kim, Lee [9] 4 094	Duborper, Flute, Torres 3 965	Bezault, Fouace, Pissis 3 918

dans la terre sera déterminée par la position de la pointe. Celles qui se piquent dans le clout sont comptées 5.

■ **Archerie-golf.** Archers et golfeurs s'associent sur un parcours de golf. Ils doivent approcher du *green* en un min. de coups : l'un avec son arc et sa flèche, l'autre avec son club et sa balle. Sur le *green*, l'archer et le golfeur envoient la balle dans le trou.

RECORDS ET RÉSULTATS

Légende : (1) Slovaquie. (2) France. (3) Ukraine. (4) Ex-URSS. (5) USA. (6) Italie. (7) Suède. (8) All. (9) Corée du Sud. (10) Turquie. (11) Autriche. (12) G.-B. (13) Suisse. (14) Moldavie. (15) Russie. (16) Chine. (17) P.-Bas. (18) Australie. (19) Espagne. (20) Danemark.

■ **Records de distance** **(au 19-2-1998) Arc à la main :** 1 126,19 m par Alan Webster [12] le 2-10-1982. **Au pied :** 1 854,40 m par Harry Drake [5] le 24-10-1971. [889,43 m par le sultan Selim III [10] (1761-1808) en 1798.]

■ TIR OLYMPIQUE (TIR FITA)

☞ **Jeux Olympiques** (voir p. 1479 b).

■ **Championnats du monde. Arc classique** (*créés* 1931). *Tous les 2 ans.* **Ind. Messieurs. 1995** Kyung-Chul-Lee [9]. **97** Kim Kyung-Ho [9]. **99** Sung Chil Hong [9]. **Par éq. 1995, 97** Corée du Sud. **99** Italie. **Dames. 1995** Valeeva [14]. **97** Kim Du-Ri [9]. **99** Eun Kyung Lee [9]. **Par éq. 1991, 93, 95, 97** Corée du Sud. **99** Italie.

Arc à poulies (*créés* 1995). **Messieurs. Ind. 1995** Broadhead [5]. **97** Wilde [5]. **99** Cousins [5]. **Par éq. 1995** France. **97** Hongrie. **99** USA. **Dames. Ind. 1995** Moscarelli [5]. **97** Palazzini [6]. **99** Pellen [2]. **Par éq. 1995** USA. **97** Italie. **99** Taïwan.

■ **Championnats d'Europe** (*créés* 1968). **Messieurs. Ind. 1996, 98, 2000** Zirenpilov [15]. **Par éq. (classique). 1996** Russie. **98** Italie. **2000** Turquie. **Dames. Ind. 1996** Nasaridze [10]. **98** Pavchuk [3]. **2000** Nasaridze [10]. **Par éq. (classique). 1996** Italie. **98** All. **2000** Turquie.

Championnats de France. Arc classique (*créés* 1957). **Messieurs. 1995** Unbekand. **96** Torres. **97** Letulle. **98** Yasinski. **99** Catayée. **2000** Larpenteur. **Par éq.** (*créés* 1980). **1995** Argenteuil. **96** Compiègne. **97** Clermont-Ferrand. **98** Compiègne. **Dames. 1995** Gabillard. **96** Moncel. **97** Bablée. **98** Mignon. **99** Hybois. **2000** Barczynski. **Par éq. 1995** Villiers-le-Bel. **96** St-Étienne. **97, 98** Montfermeil.

■ TIR EN SALLE

☞ *Abréviations :* Cl. : classique ; a. à p. : arc à poulies.

■ **Championnats du monde.** *Créés* 1991, *tous les 2 ans.* **Arc classique. Messieurs. 1995** Petersson [7]. **97** Chung Jae-hun [9]. **99** Petersson [7]. **2001** Frangilli [6]. **Dames. 1995** Valeeva [14]. **97** Muntyan [3]. **99, 2001** Valeeva [6]. **Arc à poulies. Messieurs. 1995** Hendrikse [5]. **97** Wilde [5]. **99** Butts [5]. **2001** Lundin [7]. **Dames. 1995** Penaz [5]. **97** Fabre [2]. **99** Kamuf [5]. **2001** Zorn [5].

■ **Championnats d'Europe.** *Créés* 1983 ; *supprimés* après 1989 et *rétablis* en 1996, *tous les 2 ans.* **Arc classique. Messieurs. Ind. 1996** Rivolta [6]. **98** Torres [2]. **2000** Orbay [10]. **Par éq. 1996** Suède. **98, 2000** Italie. **Dames. Ind. 1996** Valeeva [14]. **98** Gunay [10]. **2000** Nasaridze [10]. **Par éq. 1996** Allemagne. **98** Ukraine. **2000** Pologne. **Arc à poulies. Messieurs. Ind. 1996** Ruele [6]. **98** Giroud [13]. **2000** Beaud [2]. **Par éq. 1996** Italie. **98** Suisse. **2000** G.-B. **Dames. Ind. 1996** Ericsson [7]. **98** Fabre [2]. **2000** Pellen [2]. **Par éq. 1996** Suède. **98, 2000** France.

■ **Championnats de France.** *Créés* 1973. **Messieurs. 1995** Debœuf (cl.), Dardenne (a. à p.). **96** Weiss (cl.), Verrier (a. à p.). **97** Flute (cl.), Dardennes (a. à p.). **98** Hyrien (cl.), Verrier (a. à p.). **99** Mary (cl.), Chichou (a. à p.). **2000** Larpenteur (cl.), Delacencellerie (a. à p.). **01** De Grandis (cl.), Chichou (a. à p.). **Dames. 1995** Hibois (cl.), Pellen (a. à p.). **96** Braem (cl.), Fabre (a. à p.). **97** Bonal (cl.), Cordier (a. à p.). **98** Braem (cl.), Pelen (a. à p.). **99** Depourcq (cl.), Vandionant (a. à p.). **2000** Pineau (cl.), Tesci (a. à p.). **01** Fouace (cl.), Bloch (a. à p.).

■ TIR EN CAMPAGNE

■ **Championnats du monde.** *Créés* 1969. *Tous les 2 ans.* **Tir libre (classique). Messieurs. 1996** Parenti [6]. **98** Shales [12]. **2000** Frangilli [6]. **Dames. 1996** Ferriou [2]. **98** Mayrhofer [11]. **2000** Van Berkel [17]. **Arc nu. Messieurs. 1996** Van Wees [17]. **98** Jonsson [7]. **2000** Larson [7]. **Dames. 1996** Boussière [2]. **98, 2000** Lovell [12]. **Arc à poulies. Messieurs. 1996** Button [5]. **98** Andersson [7]. **2000** Lundin [7]. **Dames. 1996** Ericsson [7]. **98** Pellen [2]. **2000** Davis [5].

■ **Championnats d'Europe.** *Créés* 1971. **Arc à poulies. Messieurs. 1997** Rasmusson [7]. **99** Henriksen [20]. **Dames. 1997** Emersic [1]. **99** Palazzini [6]. **Arc olympique. Messieurs. 1997** Vermeiren [1]. **99** Frangili [6]. **Dames. 1997** Mittermaier [8]. **99** Ionatti [6].

■ **Championnats de France.** *Créés* 1969. *Tous les ans.* **Tir libre (classique, avec viseur). Messieurs. 1995** Modock, **96** Boistard, **97, 98** Blondeau. **99** Lefèbvre. **Dames. 1995** Ferriou, **96** Jacob, **97** Nayrole, **98** Dodemont. **99** Barczynski. **Arc nu (sans viseur). Messieurs. 1995** Maranzana, **96** Clément, **97** Pichot, **98** Hervé. **99** Clément. **Dames. 1995, 96** Adnet, **97, 98, 99** Boussière. **Arc à poulies. Messieurs. 1995, 96** Laury, **97** Bataille, **98** Dardenne. **99** Dardant. **Dames. 1995** Pellen, **96** Bourgoin, **97** Oxaran, **98** Pellen. **99** Oxaran.

TRAMPOLINE

Légende : (1) USA. (2) G.-B. (3) France. (4) Ex-URSS. (5) All. (6) Géorgie. (7) Pologne. (8) Ukraine. (9) Portugal. (10) P.-Bas. (11) Danemark. (12) Biélorussie. (13) Russie.

GÉNÉRALITÉS

■ **Origine.** 2 trapézistes (les « Due Trampoliner ») auraient eu l'idée d'utiliser l'élasticité du filet de protection pour terminer leur exhibition par des sauts acrobatiques. **1934** Georges Nissen et Larry Griswold reprennent le principe. Sera utilisé par l'armée pour entraîner pilotes d'avion et parachutistes. **1948** USA, 1ers championnats nationaux (officiels 1955) **1955** importation en Europe du matériel *made in USA*. **1964** Féd. intern. créée. **1965** Féd. fr. des sports au trampoline. **1985** Féd. fr. de trampoline et de sports acrobatiques. **1999**-*1-3* discipline à part entière de la Féd. fr. de gymnastique. **2000** aux JO de Sydney (en individuel).

■ **Normes des trampolines de compétition** (janv. 1991). **Toiles :** bandes tissées cousues : 428 × 214 cm ; largeur des bandes en tension 0,6 cm. **Cadre :** 505 × 291 cm. **Suspension :** à 1,15 m du sol ; 120 ressorts ; ressorts et cadre doivent être recouverts par des protections absorbant les chocs. A chaque extrémité, banquettes de sécurité recouvertes de tapis de réception, minimum 300 × 200 × 20 cm. **Hauteur libre des salles de compétitions :** 8 m à partir du sol. Les adultes s'élèvent à 7,80 m au cours des chandelles d'élan. **Sécurité :** sauter au moins avec 4 pareurs autour du trampoline. Aucun obstacle à moins de 5 m des extrémités et 2 m sur les côtés.

■ **Mouvements principaux.** Sauts verticaux (groupés, carpés...) ; positions de base : assis-à genoux-ventre-dos, vrilles élémentaires et combinaisons des positions de base ; saltos simples, doubles, triples, quadruples, etc. ; saltos avec vrilles : combinaisons de saltos et de vrilles. **Quelques termes. Adolph** ou **ady :** salto avant avec 3 vrilles 1/2. **Back :** salto arrière. **Ball-out :** salto avant depuis le dos. **Barani :** salto avant avec demi-vrille. **Chandelle :** saut corps vertical, membres supérieurs au-dessus de la tête, membres inférieurs tendus et réunis. **Cody :** salto arrière depuis le ventre. **Front :** salto avant. **Full :** salto avec vrille (vrille-rotation 360° autour de l'axe longitudinal). **Double full :** salto avec 2 vrilles. **Fliffis :** double salto avec vrille. **Half :** demi-vrille. **In :** demi-vrille (indique la figure réalisée dans le 1er salto). **Out :** indique que la figure désignée est réalisée dans le dernier salto. **Pull-over :** salto arrière parti du dos. **Randolf** ou **randy :** salto avant avec 2 vrilles et demie. **Rudolf** ou **rudy :** salto avant avec 1 vrille et demie. **« Tison »** ou **« full full full » :** *créé* par Richard Tison. Réalisé par Lionel Pioline, saut le plus difficile : 1,80 pt. Triple salto arrière avec 1 vrille dans chaque salto. **Triffis :** salto avant avec demi-vrille ; triple salto avec vrille.

ÉPREUVES

■ **Programme.** Comprend des compétitions individuelles, synchronisées (2 hommes, 2 femmes) et par équipes (4 compétiteurs). Chacun réalise un exercice imposé et un libre (composés de 10 sauts différents) pour les épreuves qualificatives. Les 10 meilleurs sont qualifiés en finale où ils effectuent un 2e exercice libre. Exercices notés en exécution (coefficient 3) et en difficulté, appréciée selon la quantité de saltos et de vrilles réalisée. Les meilleurs sauteurs mondiaux obtiennent 13 pts en difficulté. Record : Igor Gelimbatovski 14,20 pts (1986).

■ **Championnats du monde.** *Créés* 1964. **Messieurs. Ind. 1990 à 94** Moskalenko [13]. **96** Polyarush [12]. **98** Khnitchev [13]. **99** Moskalenko [13]. **Par éq. 1990** URSS. **92** Russie. **96** France. **98, 99** Russie. **Synchronisés. 1990** Polyarush-Nestrelyai [4]. **92, 94** Moskalenko-Daniljchenko [4]. **96** Voronine-Kossov [14]. **98** Durand-Martin [3]. **99** Moskalenko-Khnitchev [13].

Dames. Ind. 1990, 92 Merkulova [4]. **94** Karavaeva [13]. **96** Kovaleva [13]. **98, 99** Karavaeva [13]. **Par éq. 1986, 88, 90** URSS. **92** G.-B. **96, 98, 99** Russie. **Synchronisées. 1990** Lushina-Merkulova [4]. **92** Lyon-Holmès [2]. **94** Roewe-Ludwig [5]. **96** Movchan-Tsygouleva [8]. **98** Dogonadze-Ludwig [5]. **99** Movchan-Tsygouleva [8].

■ **Coupe du monde des champions.** *Créée* 1981. *Tous les 2 ans.* **Messieurs. 1993** Schwertz [3]. **95** Polyarush [12]. **97** Durand [3]. **2000** Khnitchev [13]. **Synchronisés. 1993** Morozov-Kasak [12]. **95** Villafuerte-Villafuerte [10]. **97** Durand-Martin [3]. **2000** Serth-Reithofer [5].

Dames. 1993, 95 Holmès [2]. **2000** Karavaeva [13]. **Synchronisées. 1993** Dogonadze-Khoperia [6]. **95** Lushina-Slonova [13]. **2000** Ludwig-Dogonatze [5].

■ **Championnats d'Europe** *Créés* 1969. **1988** et **92** *non disputés* **Messieurs. Ind. 1991** Moskalenko [4], **93** Schwertz [3], **95** Polyarush [12], **97** Martin [3]. **2000** Khnitchev [13]. **Synchronisés. 1991** Nestrelai-Polyarush [4], **93** Ledstrup-Dalsten [11], **95** Shishov-Kashpero [14], **97** Martin-Durand [3]. **2000** Russie. **Par éq. 1991** URSS, **93, 95** Biélorussie. **97** Russie. **2000** France.

Dames. Ind. 1991 Holmès [2], **93** Challis [2], **95** Karavaeva [13], **97** Lebedeva [13]. **2000** Karavaeva [13]. **Synchronisées. 1991** Merkulova-Luchina [4], **93** Tsiguleva-Movchan [4], **95** Karavaeva-Tchernova [13], **97** Dogonadze-Khoperia [6]. **2000** Biélorussie. **Par éq. 1991** URSS, **93** All., **95, 97** Russie.

■ **Championnats de France.** *Créés* 1966. **Messieurs. Ind. 1990** Barthod. **91** Guérard. **92 à 94** Schwertz. **95** Durand. **96, 97** Martin. **98 à 2000** Durand. **01** Laïfa. **Synchronisés. 1990** Guérard-Martin. **91** Guérard-Schwertz. **92 à 94** Schwertz-Hennique. **95** Cornu-Martin. **96** Jarry-Hennique. **97** Martin-Durand. **2000** Laïfa-Jala. **01** Brochard-Bourgeon. **Dames. Ind. 1990 à 93** Treil. **94** Besseige. **95 à 97** Trouche. **98** Pallanche. **99, 2000** Trouche. **01** Pasquier. **Synchronisées. 1990** Moreno-Besseige. **91** Moreno-Trouche. **92 à 94** Treil-Trouche. **95** Mondou-Guidicelli. **96** Pallanche-Pallanche. **97** Trouche-Monin. **2000** Trouche-Pallanches. **01** Perreten-Monin.

QUELQUES NOMS EN FRANCE

BATAILLON Jean-Michel (1-4-55). BATAILLON (née Richer) Véronique (22-12-55). BARTHOD Hubert (12-2-65). COLA Daniel (27-2-62). CONTE Nadine (24-7-63). DURAND Emmanuel (11-6-77). LEBRIS Gilles (14-5-55). LEROY Nathalie (28-9-67). MANFRAY Laurent (18-9-63). PÉAN Daniel (14-6-63). PIOLINE Lionel (10-8-65). SCHWERTZ Fabrice (25-4-70). SOGNY Gilles (25-4-64). TISON Richard (17-8-56). TREIL Nathalie (7-6-65).

AUTRES DISCIPLINES

■ **Acrosport.** Main à main acrobatique. Réalisé en musique sur un praticable de 12 m sur 12 m. Les compétiteurs effectuent des portés, des figures acrobatiques, seuls ou avec partenaire(s), des passages chorégraphiques. *Équipes :* couple féminin, masculin, mixte ; trio féminin, quatuor masculin. *Pays pratiquants :* All., Belgique, Bulgarie, Chine, Corée, G.-B., Géorgie, Japon, Kazakhstan, Pologne, Portugal, Russie, Ukraine, USA.

Championnats du monde. *Créés* 1974. **Par équipes. 1974 à 96** Chine. **97** Russie. **99** Chine. **2000** Russie. **D'Europe. 1990 à 94** Bulgarie. **95, 96** Russie. **97** Ukraine.

Championnats de France. *Créés* 1986. **Messieurs.** *Duo :* **1990** Hommais-Voyeux, **91** *non disputés,* **92** Chal de Beauvais-Lebaut, **93** Novel-Boulon, **94** *non disputés,* **95** Chal de Beauvais-Lebaut, **96** Billard-Berthet, **97** Chal de Beauvais-Lebaut. **01** Odru-Bissière. *Quatuor :* **1990, 91** *non disputés,* **92 à 94** Chal de Beauvais-Maussier-Berthet-Montaudouin, **95 à 97** *non disputés.* **Dames.** *Duo :* **1990, 91** Guérin-Avisse **92** Jeanvoine-Joret, **93** P. et C. Bataillon, **94, 95** M. et L. Rousier, **96, 97** Lestringuez-Martinez. *Trio :* **1990** Boulon-Debernardy-Cordier, **91** Messina-Balvet-Richard, **92** Laslaz-Richard-Schwertz, **93** Blavet-Boulon-Debernardy, **94** Maerten-Rouquette-Neyen, **95** *non disputés,* **96, 97** Maerten-Riberpray-Rouquette. **01** Chaussenot-Pézet-Bardy. **Mixte.** *Duo :* **1990** *non disputés,* **91, 92** Weingand-David, **93** Antoine-Maître, **94 à 97** Bonnavaud-Soldevila. **01** Cochet-Fourmond.

■ **Tumbling.** Acrobatie au sol sur piste élastique : longueur 2 500 à 2 700 cm, largeur 150 cm. De l'anglais *to tumble* (faire des culbutes). Enchaînement rapide d'éléments acrobatiques en rotation avant, arrière ou latérale, avec ou sans appui des mains au sol. Exercices de souplesse, d'équilibre ou roulades, sont interdits. *Exercice le plus difficile :* double salto arrière avec 3 vrilles (Steve Elliot, USA, champion du monde en 1982). *Pays pratiquants :* USA, ex-URSS, Chine, *France,* Pologne, Bulgarie, ex-Tchéc.

Championnats du monde (FIT, existe aussi un championnat du monde IFSA tenu tous les ans.) *Créés* 1976. **Messieurs. Ind. 1990** Éouzan [3]. **92** Kryzhakovsky [4]. **94**

Sienkewicz [7]. **96** Harris [1]. **98, 99** Petrossian [13]. **Par éq. 1990** France. **92, 94, 96** USA. **98, 99** Russie. **Dames. Ind. 1990, 92, 94, 96** Chrystel Robert [3]. **98, 99** Bloujina [13]. **Par éq. 1990, 92, 94, 96** France. **98, 99** Russie.

Championnats d'Europe. *Créés* 1977. **Messieurs. Ind. 1991** Wilusz [7]. **93** Kies [7]. **95** Krougliakov [13]. **97** Akinichine [13]. **2000** Petrossian [13]. **Par éq. 1991, 93** Pologne. **95, 97, 2000** Russie. **Dames. Ind. 1991** Corinne Robert [3]. **93, 95** Chrystel Robert [3]. **2000** Bloujina. **Par éq. 1991, 93, 95** France, **97** *non disputés.* **2000** France.

Championnats de France. *Créés* 1985. **Messieurs. 1985** Semmola, **86, 87** Éouzan, **88** Semmola, **89, 90** Éouzan, **91** Salcines, **92, 93** Éouzan, **94** Fréroux, **95** Francillon, **96** Fréroux. **97** Dechanet. **98** Dechanet et Imbert. **99** Dechanet. **2000, 01** Fournials. **Dames. 1985 à 87** Jagueux, **88** Legentil, **89 à 96** Chrystel Robert, **97** Boucher. **98 à 2000** Chrystel Robert. **01** N'Dour.

■ **Double mini-trampoline.** *Créé* 1974. Longueur 285 cm, largeur 72 cm, hauteur 43 à 60 cm. Réalisation de sauts acrobatiques avec 2 ou 3 contacts maximum avec la toile, le dernier saut se terminant au sol sur un tapis de réception. **Championnats d'Europe. Messieurs. 1995** Gerhke [5]. **Par éq. 1995** Portugal. **Dames. 1995** Oliveira [9]. **Par éq. 1995** Portugal.

TRIATHLON

Légende : (1) USA. (2) Canada. (3) Nlle-Zél. (4) P.-Bas. (5) France. (6) Belg. (7) G.-B. (8) All. féd. avant 1991. (9) Zimbabwe. (10) Australie. (11) Finlande. (12) Autriche. (13) All. depuis 1991. (14) Danemark. (15) Suisse. (16) Brésil. (17) Kazakhstan. (18) Rép. tchèque. (19) Lettonie.

■ **Origine.** *Pentathlon* Grèce ancienne (5 combats, en grec *athlon*, disque, javelot, saut en longueur, course et lutte). **1902** Joinville-le-Pont (Val-de-M.), épreuve nommée *les 3 sports* (course à pied, à bicyclette, canoë). **1920** nouvelle formule : course (4 km), vélo (12 km), natation (traversée de la Marne). **1945** Poissy, *course des Débrouillards*, puis *course des Touche-à-tout*. **1974**-*avril* près du lac Tahoe (Californie), le Board Bikes and Board Triathlon propose ski de fond (8 km), cyclisme (8 km), kayak (8 km). **1975**-*mai* triathlon de Fiesta Island (Californie : natation 800 m, cyclisme 8 km, course 8 km). **1982** en France (Nice). **1989**-*1-4* Union intern. créée. **2000** discipline olympique à Sydney (Australie).

■ **Modalités. Règles :** ordre des épreuves immuable, pas de décompte de temps entre les épreuves. **1994** inscrit au programme des JO. **Distances :** *sprint* natation 750 m, cyclisme 20 km, course à pied 5 km ; *olympique (courte distance* à partir du 1-3-1996) 1,5 km, 40 km, 10 km ; *moyenne* 2,5 km, 80 km, 20 km ; *longue* 3,5 km, 120 km, 30 km ; *Ironman* 3,8 km, 180 km, 42,195 km.

■ **Fédération française de triathlon** (*créée* 1989) remplace le **Conadet** (Comité nat. pour le développement du triathlon, *créé* 1984), 2 rue de la Justice, 93210 Saint-Denis-la Plaine. *Licenciés* (2000) : 17 544.

■ **Épreuves. Hawaii** ou **Ironman** (*créé* 1977 par John Collins). *De 1978 à 80 :* île d'Oahu, *depuis 81 :* île de Kona. **Messieurs. 1995** Allen [1]. **96** Van Lierde [6] (*record :* 8 h 4′ 8″). **97** Hellriegel [13]. **98** Reid [2]. **99** Van Lierde [6]. **2000** Reid [2]. **Dames. 1995** Smyers [1]. **96** Newby-Fraser [1]. **97** Fuhr [1]. **98** Badmann [15]. **99** Bowden. **2000** Badmann [15].

Nice (*créé* 1982). *Natation 3,2 km puis 4 km* depuis, 88, *cyclisme 120 km, course 32 km.* **Messieurs. 1995** Lessing [7]. **96, 97** Van Lierde [6]. **98** Barel. **99** Maush. **2000** Sand vang [14]. **Dames. 1995** Rose [3]. **96, 97** Estedt [13]. **98** Delemer [5]. **99** King. **2000** I. Mouthon [5].

International de Paris. *Créé* 1986, *supprimé* 1997. **Courte distance. Messieurs. 1995** Blasco [5]. **96** Marceau [5]. **Dames. 1996** Carney [10].

Défi 2000 (ex-Défi mondial de l'endurance) (*créé* 1988). *Natation 11,4 km, cyclisme 545 km, course 126,6 km.* **1995, 96** Seedhouse [7]. **97** Martino [5]. **98** Levsha [19]. **2000** Jolly [5]. **01** Conraux [5]. **Dames. 1993 à 2001** Benhor [13].

■ **Coupe du monde.** *Créée* 1991. **Messieurs. 1995** Beven [10]. **96** Stewart [10]. **97** McCormack [10]. **98** Carter [3]. **99** Johns [7]. **2000** Gaag [17]. **Dames. 1995 à 97** Carney [10]. **98** Jones [10]. **99** Harrop [10]. **2000** Jones [10].

■ **Championnats du monde.** *Créés* 1989. **Courte distance. Messieurs. Ind. 1995, 96** Lessing [7]. **97** McCormack [10]. **98** Lessing [7]. **99** Gaag [17]. **2000** Marceau [5]. **01** Robertson [10]. **Par éq. 1994, 96** Australie. **97 à 2000** *non attribué.* **Dames. 1995** Smyers [1]. **96** Gallagher [10]. **97** Carney [10]. **98** King [10]. **99** Harrop [10]. **2000** Hackett [10]. **01** Lindley [1]. **Par éq. 1996** Australie. **97 à 2000** *non attribué.* **Longue distance. Messieurs. Ind. 1995** Lessing [7]. **96** Welch [10]. **97, 98** Van Lierde [6]. **99, 2000, 01** Sandvang [14]. **Par éq. 1996** Australie. **97, 98** France. **99** Danemark. **2000** France. **01** Danemark. **Dames. Ind. 1995** Rose [3]. **96** Smyers [1]. **97** Estedt [13]. **98** Hill [10]. **99** Nielsen [14]. **2000** I. Mouthon. **01** Kristensen [14]. **Par éq. 1994, 95** France. **96** USA. **97** France. **98** *non disputé.* **99** USA. **2000** France. **01** Danemark.

■ **Championnats d'Europe.** *Créés* 1985. **Courte distance. Messieurs. Ind. 1995** Mueller [13]. **96** Van Lierde [6]. **97** Smith [7]. **98** Johns [7]. **99** Hug [15]. **2000** Johns [7]. **01** Ospaly [18]. **Par éq. 1995** France. **96** P.-Bas. **97 à 99** Suisse. **Dames. Ind. 1995** I. Mouthon [5]. **96** Nielsen [14]. **97** Badmann [15]. **98** Hoogzaad [4]. **99** Dittmer [13]. **2000** Smet [6]. **01** Dillon [7]. **Par éq. 1995** France. **96** All. **97** Suisse. **98** Danemark. **99** All.

Championnats de France. Courte distance. Messieurs. 1995 Marceau. **96** Fattori. **97, 98** Poulat. **99** Berlier. **2000** *non disputé.* **Dames. 1995** Reuze. **96** Delemer. **97 à 2000** I. Mouthon.

Longue distance. Messieurs. 1995 Lafarge. **96** Methion. **97** Lie. **98** Vernay. **99** Reboul. **2000** Vernay. **Dames. 1995** I. Mouthon. **96** Lefebvre. **97** Chastel. **98** Delemer. **99** Patou. **2000** Soulet.

VOILE

Légende : (1) Italie. (2) Irlande. (3) France. (4) G.-B. (5) Danemark. (6) Norvège. (7) Nlle-Zél. (8) Australie. (9) All. (10) P.-Bas. (11) Grèce. (12) Afr. du Sud. (13) USA. (14) Norvège. (15) Mexique. (16) Canada. (17) Pologne. (18) Belgique. (19) Bermudes. (20) Argentine. (21) Suisse. (22) Finlande. (23) Espagne. (24) Suède. *Abréviation :* n. : nœud.

GÉNÉRALITÉS

■ **Nom.** *Yacht* du néerlandais *jaghen,* pourchasser, poursuivre.

■ **Histoire. XVIe s.** *yacht* désigne, aux P.-Bas, un bateau de guerre léger et rapide. **Début XVIIe s.** P.-Bas, 1ers yachts sur eaux intérieures. **1660** Charles II, roi d'Angleterre, reçoit le yacht *Mary* en cadeau des P.-Bas. **1661** 1re régate en Angleterre entre bateaux de Charles II et du duc d'York (Greenwich-Gravesend et retour), victoire d'*Anne.* **1720** Water Club de Cork (Irlande) créé. **1749** le Pce de Galles (père du futur George III) crée un trophée pour 12 bateaux de plaisance sur le parcours Greenwich bateau-phare de Nore (estuaire de la Tamise) et retour. **1838** Sté des régates du Havre créée. **1867**-*15-6* l'amiral Rigault de Genouilly crée la Sté d'encouragement pour la navigation de plaisance qui deviendra le Yacht-Club de Fr. **1900** sport olympique. **1907** International Yacht Racing Union (IYRU) créée. **1925** Ocean Racing-Club (ORC) créé en G.-B., devient ensuite le RORC. **1946** fondation de la Fédération fr. de yachting qui devient ensuite Féd. fr. de voile (FFV). **1947** Philippe Viannay crée Centre nautique des Glénans.

■ **Organisation.** Sport amateur. Pas de statut professionnel. Environ 80 fédérations nationales adhèrent à l'International Sailing Federation (ISAF).

En France. Fédération française de voile (FFV) : 55, avenue Kléber, 75784 Paris Cedex 16. *Clubs :* 1 236. *Écoles de voile :* 400. *Licenciés* (en 1998) : 229 398. *Pratiquants :* environ 1 000 000.

RECORDS

■ **Vitesse. 1er record officiel :** 16,5 nœuds (30,6 km/h), schooner *Rainbow* (en 1898) 36,04. **Actuellement : record absolu :** *Yellow Pages Endeavour* (trifoiler à aile rigide) skippé par Simon Mc Keon (Australie) en octobre 1993 : 46,52 nœuds sur 500 m en 19 s.

■ **Records. Catégories : A (10 à 13,94 m²). Messieurs.** Russel Long (USA) 43,55 nœuds (en 1992). **Dames.** Caroline Ducato (USA) 17,81 nœuds (en 1992). **B (13,94 à 21,84 m²) :** Simon McKeon (Australie) 44,65 nœuds (en 1993). **C (21,84 à 27,88 m²) :** Simon McKeon 39,24 nœuds (en 1993). **D :** hydroptère Ensta 42,12 nœuds, soit 78 km/h de moyenne sur 500 m le 24-6-1997.

■ **Plus grande distance abattue sur 24 h : 1999**-*3 Playstation* (Fossett [13]) 580 milles. **2000**-*12-6 Club-Med* (Grant Dalton [7]) 625,7 milles, soit 1 158 km à la moyenne de 26,07 nœuds. **2001**-*8-2 Club Med* (G. Dalton [7]) 655,2 milles, soit 1 213 km à la moyenne de 27,18 nœuds.

■ **Traversée la plus rapide de l'Atlantique Nord.** Chronométrée du phare d'Ambrose (New York) au cap Lizard (G.-B.). Les records sur une traversée ne sont pas très significatifs pour les spécialistes, car ils dépendent des conditions atmosphériques.

Record commercial (13/26-2-1903) : 12 j 6 h (moyenne de 10,54 n., soit 19,52 km/h) ; de Philadelphie (USA) à Cherbourg : *La-Rochejaquelein* (trois-mâts nantais transportant du charbon, longueur 85 m, 2 200 tonneaux, 29 hommes d'équipage, capitaine Ernest Durand).

Records de l'Atlantique multicoques [USA (phare d'Ambrose, New York)-G.-B. (cap Lizard), 3 087 milles]. **En équipage : 1866** 1re officielle goélette *Henrietta* 13 jours 21 h. **1905** Charly Barr et 50 h. d'équipage (USA), goélette *Atlantic* (57 m) : 12 jours 4 h 19′ (moy. 10,4 nœuds). **1980** Éric Tabarly (Fr.), trimaran *Paul-Ricard :* 10 jours 5 h 14′ 20″ (moy. 12,29 n.). **1981** Marc Pajot (Fr.), catamaran *Elf-Aquitaine :* 9 jours 10 h 6′ 34″ (moy. 13,05 n). **1984** Patrick Morvan (France), catamaran *Jet-Services-III :* 8 jours 16 h 36′. **1986** Loïc Caradec et Philippe Facque (Fr.), catamaran *Royale :* 7 jours 21 h 5′. **1987** (12 au 21-6) Philippe Poupon (France), trimaran *Fleury-Michon :* 7 jours 12 h 50′ (moy. 15,8 n.). **1988** (24 au 31-5) Serge Madec (Fr.) et 6 équipiers, catamaran *Jet-Services-V :* 7 jours 6 h 30′ (moy. 16,9 n.). **1990** (3-6) Serge Madec et 4 équipiers, *Jet-Services-V :* 6 jours 13 h 3′ 32″ (moy. 18,62 n.).

D'est en ouest : 1988 *Jet-Services V* (Serge Madec [3]) 12 j 12 h 25′ 26″. **2000** *Club-Med* (Bruno Peyron [3] et Grant Dalton [7]) 10 j 14 h 54′ 43″.

En solitaire : 1987 Bruno Peyron, catamaran *Ericsson :* 11 jours 11 h 46′ 36″. **1990** (2-7 au 2-8) Florence Arthaud, trimaran *Pierre-Ier :* 9 jours 21 h 42′. **1992** (28-7) Bruno Peyron, catamaran *Pays-de-Loire-Commodore :* 9 jours 19 h 22′. **1994** (5-7) Laurent Bourgnon, trimaran *Primagaz :* 7 jours 2 h 34′ 42″.

■ **Record du Pacifique.** Yokohama-San Francisco. **1995** Steve Fossett sur *Lakota* 16 j 17 h 21′ **1998**-*août* Bruno Peyron sur *Explorer* 14 j 17 h 22′ 50″.

■ **Record de la Méditerranée. 1991**-*août* Florence Arthaud (Marseille-Carthage) sur *Pierre-Ier* en 22 h 9′ 56″ à la vitesse moyenne de 20,66 nœuds.

■ **New York-San Francisco par le cap Horn. 1854** Josiah Creesy (USA) sur clipper *Flying Cloud :* 89 jours 8 h. **1989** 2 records Warren Luhrs (USA), sloop *Thursday's Child :* 13 836 milles en 80 jours 19 h. George Kolesnikovs (USA), trimaran *Great American 2 :* 76 jours 23 h 20′. **1994** Isabelle Autissier (France) et 3 équipiers, *Écureuil-Poitou-Charentes :* 62 jours 5 h 55′ 40″. **1998**-*15-3* Yves Parlier et 3 équipiers, *Aquitaine-Innovations* gagnent la 1re course organisée sur ce parcours (3 partants) en 57 j 3 h 21′ 45″.

■ **Record de la Manche. 1997**-*oct. Royal Sun Alliance* (Tracy Edwards) : 6 h 49′ 19″ à 22,8 nœuds de moyenne entre Cowes (île de Wight) et Dinard (152 milles).

■ **San Francisco-Boston par le cap Horn. 1853** 76 jours 6 h. **1993** Rich Wilson et Bill Biewenga (USA), trimaran de 16 m : 69 j 19 h 45′.

■ **Tour du monde à la voile. En équipage :** 79 j 6 h 15′ 56″ (1993, Trophée Jules-Verne) *Explorer* (B. Peyron). 74 j 22 h 17′ 22″ (1994, Trophée Jules-Verne) *Enza-New-Zealand* (P. Blake). 71 j 14 h 22′ 8″ (1997, Trophée Jules-Verne) *Sport-Élec* (O. de Kersauzon). 62 j 6 h 56′ 33″ (2001, The Race) *Club-Med* (G. Dalton). **En solitaire :** 169 jours (1975-76), *Manureva* (Alain Colas). 129 jours 19 h 17′ 8″ (1986-87), *Kriter-Brut-de-Brut* (Philippe Monnet). 125 jours 19 h 32′ 33″ (1988-89), *Un-autre-regard* (Olivier de Kersauson). 109 jours 8 h 48′ (1989-90), *Écureuil-d'Aquitaine* (Titouan Lamazou). 105 jours 20 h 31′ 23″ (novembre 1996-mars 1997), *Géodis* (Christophe Auguin). 93 jours 3 h 57′ 32″ (novembre 2000-février 2001), PRB (Michel Desjoyeaux). **A l'envers (contre vents et courants dominants) :** Chay Blyth [4] (1971) 292 j ; Mike Golding (1993-94) 161 j 16 h 32′ 24″ ; Philippe Monnet (du 9-1 au 9-6-2000) 151 j 19 h 54′ 36″.

■ **Traversée Afrique-Amérique (4 000 milles). La plus rapide en solitaire** (1971) : 22 jours 8 h, *Gipsy Moth V* (sir Francis Chichester). Cap Town – Rio **en équipage :** *Morning Glory* (Hasso Plattnet [9]) en 14 j 14 h 52′ (janvier 1996).

■ **Vitesses maximales des voiliers courants.** *Dériveurs de compétition* (FD ou 505) : environ 18 n. (33,33 km/h) ; *planches à voile :* voir p. 1402 c ; *voiliers habitables :* environ 12 n. (22 km/h) ; *multicoques :* 20 n. et plus (37 km/h) ; dériveur olympique *49er* 20 n.

Depuis 1970, 2 bases de vitesse : Weymouth (G.-B.) et Hawaii (USA) pour les tentatives officielles de record de vitesse pure et 1 base : Stes-Maries-de-la-Mer (France).

Trophée Jules-Verne (record du tour du monde à la voile). *Créé* 1993. Ligne : cap Lizard-Ouessant. **1993**-*20-4* catamaran *Commodore-Explorer* (Bruno Peyron et 4 équipiers) 79 jours 6 h 15′ 56″ [50 692,9 km (27 372 milles), moy. 14,39 nœuds (26,6 km/h)]. **1994**-*1-4 :* 1er *Enza New Zealand* (Peter Blake, Robin Knox-Johnston et 6 équipiers) 74 jours 22 h 17′ 22″ (26 395 milles, moy. 14,68 n.) ; 2e *Lyonnaise-des-Eaux-Dumez* (Olivier de Kersauson et 4 équipiers) 77 jours 5 h 3′ 7″ (26 491 milles, moy. 14,3 n.). **1997**-*19-5 Sport-Elec* (Olivier de Kersauson et six équipiers) 71 j 14 h 22′ 8″ (24 853 milles, moy. 14,49 n.).

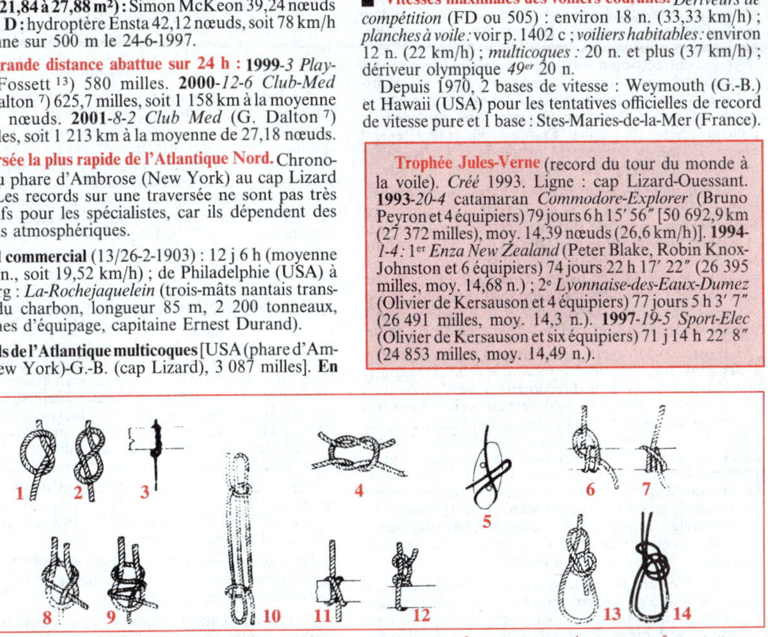

Différentes sortes de nœuds : 1 demi-nœud, 2 nœud d'arrêt (ou nœud en 8), 3 nœud de bois, 4 nœud plat, 5 nœud d'ancre, 6 nœud de bonnette, 7 cabestan avec 1 tour mort supplémentaire, 8 nœud d'écoute, 9 nœud d'écoute double, 10 nœud de jambe de chien, 11 demi-clef à capeler ou cabestan, 12 deux demi-clefs, 13 nœud de chaise, 14 nœud de chaise double.

☞ **Records de survie.** **En radeau :** *Poom Lim* [12], 1942. Naufragé, dérive sur l'Atlantique central, 130 jours. **En canot pneumatique :** *Alain Bombard* (né 27-10-1924), 1952. 27 ans, sur l'*Hérétique,* 4,60 m sur 1,90 m avec une petite voile de canoë. Sans eau ni vivres ; Monaco-Tanger avec un compagnon (Jack Palmer, G.-B.). Las Palmas-la Barbade seul en 64 jours, 12 h. **En radeau de sauvetage :** après le naufrage du sloop *Auralyn,* Maurice et Maralyn Bailey, 117 jours. **Dans un canot de survie :** Steve Callahan (USA), participe à la mini-transat de 1981, fait naufrage et dérive 76 jours jusqu'aux Antilles.

Quelques définitions

Abattée changement de cap d'un bateau en s'écartant du vent. **Adonner** le vent adonne lorsqu'il tourne favorablement à la marche du navire. **Affaler** amener une voile. **Allure** orientation du bateau par rapport au vent. 5 allures : *le plus près,* en remontant contre le vent ; *vent de travers* (vent dans la voile à 45°) ; *largue,* avec vent portant (3/4 arrière par exemple) ; *grand largue ; vent arrière,* venant de l'arrière. **Amener** descendre ou abaisser une voile ou une vergue. **Amer** se dit de tout objet fixe et visible permettant aux navigateurs de reconnaître la côte. **Amure** cordage servant à fixer le point d'une voile du côté du vent. Un voilier est tribord amures ou bâbord amures selon qu'il reçoit le vent par tribord ou par bâbord. **Ardent** voilier ayant tendance à lofer plutôt qu'à garder son cap. **Apparaux de mouillage** matériel utilisé lors du mouillage. **Artimon** mât arrière. **Bâbord** côté gauche du navire quand on regarde de l'arrière vers l'avant (tribord, côté droit du navire). **Barres de flèches** entretoises latérales placées sur le mât et écartant les haubans. **Bau** pièce de l'armature transversale de la coque (*maître bau :* la plus large). **Bôme** pièce en métal ou en bois maintenant la base de la grand-voile. **Border une voile** tendre la partie inférieure de celle-ci. **Brasse** mesure de profondeur de l'eau : 1,83 m.

Cabestan système de poulies servant à démultiplier. **Capeler** fixer la boucle d'une amarre ou d'un cordage. **Mettre à la cape** par gros temps, réduire la voilure, diminuer la vitesse. **Cambuse** lieu de stockage des vivres. **Caréner** nettoyer, réparer, peindre les œuvres vives d'un navire. **Choquer** laisser mollir un cordage. **Clins** coque en bois sur laquelle les différents bordés se recouvrent. **Cockpit** creux dans le pont où se tient l'équipage, protégé par ses hiloires. Dit « étanche et autovideur » s'il renvoie à la mer l'eau qui y pénètre. Souvent poste de barre extérieur. **Contre-bordier** navire faisant une route parallèle à un autre, mais dans le sens opposé. **Coque** corps flottant du bateau. **Cordages** (ou **bouts**, prononcer boutte) toutes amarres, filins, etc. *Ajut :* 2 cordages mis bout à bout pour en former un plus long. *Aussière :* fort cordage pour amarre ou remorque. *Balancine :* cordage soutenant l'extrémité d'un tangon. *Draille :* cordage le long duquel peut glisser une voile. *Drisse :* cordage servant à hisser pavillon, voile, vergue ou corne. *Écoute :* cordage permettant de tendre ou de fixer la partie inférieure d'une voile sous le vent. *Filin :* cordage ou câble d'acier. *Ralingue :* cordage fixé tout autour d'une voile afin de la rendre plus résistante à l'action du vent de face et à la traction des manœuvres. **Dérive** aileron vertical escamotable qui supplée l'absence de quille. Déviation de la route suivie par le navire. **Dériveur** petit voilier sans quille avec dérive rentrante. **Drosse** câble qui transmet les mouvements de la barre à l'axe du gouvernail. **Duc-d'albe** poteau indicateur en bois pour la navigation.

Écoutille ouverture carrée située au milieu du pont et fermée par des panneaux de bois ou de métal. **Écubier** ouverture par laquelle passe la chaîne de l'ancre. **Embraquer** tendre l'écoute. **Empanner** faire passer la bôme d'un bord à l'autre au vent arrière. **Empenneler** mouiller ensemble 2 ancres d'inégale grosseur. **Épisser** assembler 2 cordages en entrecroisant leurs torons. **Espars** longue pièce de bois employée comme mât, beaupré, vergue, etc. **Étambot** prolongement arrière de la quille, pouvant porter le gouvernail, ou l'aileron de gouvernail, et soutenant le tableau arrière, s'il y a lieu. **Étarque** voile complètement hissée. **Étrave** prolongement avant de la quille, où se rejoignent les bordés des flancs, et formant la proue.

Faseyer voile recevant mal le vent, pas assez tendue, battant légèrement. **Foc** voile d'évolution triangulaire. **Franc-bord** sur la coque, distance entre le niveau de l'eau et le pont. **Génois** grand foc. **Gîte** inclinaison sur bâbord ou tribord sous l'action du vent, de la houle, ou par un manque de stabilité du navire. **Gréement** ensemble des cordages et des poulies indispensables aux mâts et aux vergues d'un voilier. **Hauban** câble assurant la tenue transversale du mât. **Jusant** courant de marée descendante.

Largue vent de travers. **Grand largue** vent de 3/4 arrière. **Lofer** gouverner un voilier de façon que celui-ci se rapproche « au plus près » de la direction d'où vient le vent (lof : côté du vent). *Virer lof pour lof :* virer vent arrière. **Louvoyer** courir successivement des bordées tribord amures et bâbord amures en virant de bord vent devant. **Marnage** différence de niveau entre la haute et la basse mer. **Œuvres vives** parties de la coque au-dessous de la ligne de flottaison. **Œuvres mortes** parties non immergées de la coque. **Priorité** au bateau le plus lent ; sous la même amure, priorité au bateau naviguant sous le vent ; sous une amure différente, priorité à celui qui est tribord amures (les voiliers sont prioritaires sur les bateaux à moteur).

Refuser le vent refuse lorsqu'il se rapproche de l'axe du bateau par l'avant. **Ridoir** appareil permettant de tendre un cordage, une chaîne, etc. **Ris** partie d'une voile dans le sens de sa largeur. **Roof** partie habitable qui dépasse du pont. **Roulis** oscillation d'un bateau dans le sens de sa largeur. **Safran** partie immergée du gouvernail. **Sancir** se dit d'un bateau qui chavire par l'avant lorsque, par grosse mer, son étrave plonge et provoque le chavirage. **Skipper** chef de bord. **Spinnaker** voile triangulaire. Sert au vent arrière. **Tangage** oscillation d'un navire dans le sens de sa longueur. **Tangon** tube servant à écarter le coin au vent du spinnaker. **Tirant d'eau** distance entre la ligne de flottaison du navire et le dessous de sa quille. **Tonture** courbure longitudinale de la ligne de pont d'un bateau. Généralement concave – dans ce cas, les extrémités sont relevées par rapport au milieu du pont –, elle peut être convexe : on parle alors de tonture inversée. **Tourmentin** petit foc de mauvais temps, très robuste. **Trapèze** comprend un câble d'acier, un crochet et une ceinture. Destiné à permettre à l'équipier d'un dériveur de se mettre en rappel très à l'extérieur du bord.

Varangue pièce triangulaire de la charpente de coque. **Vent debout** un voilier est vent debout quand son avant se trouve dans la direction d'où souffle le vent. Il vire de bord vent debout quand son étrave passe de l'allure du plus près tribord amures au plus près bâbord amures ou inversement. **Virer** haler une chaîne ou un cordage au moyen d'un cabestan. **Winch** tambour à engrenages permettant de démultiplier l'effort.

Bateaux

Types de voiliers

■ **Selon l'habitabilité.** **Voiliers non habitables :** navigation de jour et sur plan d'eau abrité [1]. Poids 50 à 1 000 kg. *Dériveurs légers :* 2 à 8 m (5 000 à 120 000 F). *Quillards :* 3,65 à 9,50 m (30 000 à 300 000 F). *Multicoques de compétition :* 4 à 8 m (10 000 à 60 000 F). *Catamarans sans dérive :* 15 000 à 80 000 F ; avec dérive : 4,96 à 6,10 m (40 000 à 135 000 F). *Planches à voile :* 2 700 à 15 000 F.

Nota. – (1) Navigation interdite aux moins de 2 tonneaux à plus de 5 milles des côtes pour les plus de 300 kg, à plus de 2 milles pour les moins de 300 kg.

Voiliers habitables : voiliers ayant une cabine pouvant abriter 2 personnes au min. *Dériveurs :* voiliers sans quille dotés d'une dérive relevable, 5,5 (Arvor 550) à 15 m (400 à 6 500 kg ; 50 000 à 400 000 F) ; navigation (5 zones définies par l'Administration et dépendant de leurs taille et armement de sécurité) : de la sortie de jour et de la petite croisière côtière à la semi-hauturière. *Quillards :* 5 à 30 m (400 à 25 000 kg ; 50 000 à 1 500 000 F) ; toute navigation.

■ **Selon la coque.** **Monocoques** (1 seule coque). **Multicoques :** 6,80 (Raid 22) à 38 m (Playstation), 150 000 à 40 millions de F ; 2 coques pontées *(catamaran)* ; 3 coques *(trimaran)* de 8 à 34 m (à partir de 500 000 F) ; trimaran à 1 seul flotteur situé sous le vent de la coque principale *(prao).*

■ **Selon le gréement.** **Cat boat :** 1 mât, 1 voile. **Sloop :** 1 mât, grand-voile, foc. **Cotre :** 1 mât, grand-voile, foc, ou foc, clinfoc et trinquette. **Ketch :** grand mât, artimon derrière la barre, grand-voile, foc trinquette, artimon, 1 voile d'étai. **Schooner** ou **goélette :** 2 mâts, le plus grand étai en arrière. **Yawl :** grand mât, tape-cul derrière la barre, grand-voile, foc trinquette, tape-cul, 1 voile d'étai.

■ **Selon la jauge (rating) sportive.** **1°) Jauge monotype :** voiliers construits à partir d'un plan de base dessiné par un architecte, donnant des caractéristiques invariables : longueur, largeur, poids, plan de voilure, plan de formes, etc. Tous les bateaux d'un même type sont dits des monotypes et appartiennent à une classe, par exemple : classe des 420, 470, 505, Vaurien, FD, etc. Il y a plusieurs classes avec une appellation donnée par l'ISAF : COURSES OLYMPIQUES : Finn + Laser, 470, 49er, Soling, Tornado, planche à voile (depuis 1984), Europe (dériveur solitaire, depuis 1992). COURSES INTERNATIONALES : *quillards. Dériveurs. Multicoques. Habitables. Voiles radiocommandées.*

2°) Jauge : en *course-croisière,* pour permettre à des bateaux aux caractéristiques différentes de pouvoir concourir entre eux, on a défini une formule mathématique qui tient compte des principaux facteurs de vitesse ou de ralentissement du voilier : longueur à la flottaison, largeur, franc-bord, tirant d'eau, surface de voilure, déplacement, etc. Cette formule donne une longueur, exprimée en pieds : la *jauge* ou *rating.* Pour comparer 2 bateaux on détermine, à partir du rating (R), le temps nécessaire au bateau pour parcourir un mille marin ; c'est le *basic speed figure* (BSF).

On l'obtient par la formule $BSF = \frac{5\,143}{\sqrt{R} + 3{,}5}$ secondes par mille. Pour calculer le **temps compensé,** on détermine la longueur de la course en traçant une route moyenne, puis grâce au BSF, le temps nécessaire pour parcourir cette distance théorique. Seul système actuel de jauge universel : l'IOR *(International Offshore Rule)* est établi par l'ORC *(Offshore Rating Council)* rattaché à l'ISAF. Il remplace les anciennes jauges (jours RORC, CCA, CGL, JOG, etc.). Cependant, on utilise encore la formule de jauge intern. JI, en particulier pour les voiliers 12 m JI utilisés avant 1992 pour la coupe de l'America.

Classes de la jauge IOR : I : bateaux de 33 à 70 pieds de rating. II : 29 à – de 33. III : 25,5 à – de 29. IV : 23 à – de 25,5. V : 21 à – de 23. VI : 19,5 à – de 21. VII : 17,5 à – de 19,5. VIII : 16,5 à – de 17,5.

En France les bateaux sont jaugés par la FFV et courent régulièrement en Manche, Atlantique et Méditerranée dans des épreuves nat. et intern.

3°) Cas particuliers : *croiseurs à handicap :* voiliers qui se placent entre les voiliers de régate pure et ceux de haute mer ; il existe des séries trop nombreuses et pas assez étoffées pour que les courses se disputent entre bateaux d'une même série. La FFV et, depuis 1972, certaines autres fédérations européennes ont mis en place des tableaux de temps rendus de croiseurs côtiers qui utilisent un handicap pour permettre à des bateaux disparates de courir entre eux.

Le plus grand yacht privé fut le *Savarona III :* 4 600 t, 138 m de long, 170 hommes d'équipage. Terminé en mars 1931 à Hambourg pour Mrs Emily Roebling Cadwalader. Il coûta 4 millions de dollars. Il fut revendu en 1938 au gouvernement turc. Les frais d'équipage s'élevaient chaque année à 500 000 $. **Le yacht royal** *Abdul-Aziz* appartenant au roi d'Arabie saoudite mesure 147 m.

Le plus grand yacht à voile est le *Sea-Cloud* (ex-*Hussar*) : 106 m, 4 mâts, voilure de 30 voiles de 3 160 m². Construit en 1930 à Kiel pour l'épouse du milliardaire américain Edward Hutton, il a été réaménagé en yacht de croisière en 1978-79 à Hambourg : 40 cabines pour 80 passagers. (A 1 mât, ce fut le *Reliance :* 43,84 m de long, voilure 1 501 m².)

La plus grande voile : voile parachute spinnaker du *Ranger* de Vanderbilt (1937) : 1 672 m².

Principales courses

☞ Voir *légende* p. 1457 b.

Championnat du monde Fico-Lacoste

■ **Organisation.** Fédération internationale de la course océanique (Fico) *créée* 1986, devenue Forum international de la course océanique. Le championnat classe les marins sur 1, 2 ou 3 coques, en solitaire ou en équipage, sur toutes les mers du globe. Titre attribué tous les ans ; classement sur les points obtenus dans les courses du championnat sur les 2 dernières années (4 années avant 2000).

■ **Palmarès. Coureurs. 1980 à 84** Marc Pajot. **84 à 87** Philippe Poupon. **87 à 90** Titouan Lamazou. **91, 92** Mike Birch. **93 à 97** Laurent Bourgnon. **98, 99** Loïck Peyron. **2000** Franck Cammas. **Marques. 1990** Caisse d'épargne Écureuil d'Aquitaine. **91 à 93** Fujifilm France. **94** Bagages Superior. **95 à 97** Primagaz. **98, 99** Fujifilm. **2000** Groupama.

Jeux Olympiques

■ **Compétitions.** Sous forme de régates autour de 3 bouées. Appelées *triangle olympique.* Départ et arrivée au près. *1er bord :* louvoyage vers une bouée au vent, *2e :* au largue, tribord amures, *3e :* au largue, bâbord amures, *4e :* comme le 1er, *5e :* descente vent arrière vers la bouée sous le vent, *6e :* louvoyage vers la bouée au vent.

Régates (courses en circuit)

De l'italien *regata :* défi. Circuit fermé, généralement triangulaire, sur parcours abrité d'environ 10 à 12 milles marins. *Régates de classes :* réservées à des bateaux de même classe, *interclasses :* bateaux de différentes classes groupés à l'intérieur de tables des temps rendus par famille en D1, D2, D3, D4, D5.

■ **Spi Ouest-France.** *Créé* 1979, *annuel,* le week-end de Pâques, à La Trinité-sur-Mer. Bateaux habitables IOR, CHS, handicap national, monotypes. Série de régates côtières et de triangles olympiques. **Semaine de La Rochelle :** *annuelle,* en mai. Pour dériveurs. **De Cowes** (G.-B.) *créée* 1826, *annuelle,* en août. **De Kiel** (All.) : *créée* 1882. Surtout dériveurs et quillards. **De Block Island** (USA) : *créée* 1971, *années impaires.* Pour habitables IOR, IMS, PHRF.

■ **Championnats du monde et championnats d'Europe.** Classes internationales de l'ISAF.

■ **Championnats de France. 2 catégories : A) Ch. de France par spécialités** (*solitaire* ou *double*) et **par catégories d'âge et sexe** *(minime, junior, senior, cadet, féminin).* La FFV se réserve le droit de désigner les classes de bateaux pour ces catégories. **Ch. de France des solitaires. 1991** Yves Parlier. **92** Dominique Vittet. **93 à 95** Jean Le Cam. **96** Michel Desjoyeaux. **97** Franck Cammas. **98** Michel Desjoyeaux. **99** Éric Drouglazet. **2000** Gildas Morvan. **B) Ch. nationaux** que peut organiser chaque classe nationale retenue par la FFV.

Match racing

■ **Principes.** 16 équipages s'affrontent sur des monotypes tirés au sort. Lors de chaque éliminatoire les compétiteurs s'affrontent un à un sur un parcours banane entre 2 bouées. Les marques au vent et sous le vent sont distantes d'environ 1 300 m. *Programme :* 1 louvoyage, 1 vent arrière, 1 louvoyage, 1 vent arrière, arrivée jugée sous le vent. Un parcours dure au maximum 25 min. Les régates sont envoyées les unes après les autres toutes les 5 min sur le même parcours. Chaque paire de bateaux est suivie par 1 vedette avec 2 juges internationaux qui arbitrent en direct ; interviennent à la demande des concurrents et tranchent à 2, à l'unanimité.

■ **Système de course.** Round Robin en 2 poules séparées ; quatre 1ers de chaque poule au tableau final qui se court en 2 matches gagnants ; 4 vainqueurs en demi-finale, perdants disputent 1 Round Robin à 4 pour les places 5 à 8 ; demi-finale en 3 matches gagnants ; vainqueurs en finale (3 matches gagnants) et perdants se rencontrent (3 matches gagnants) pour les places 2 et 3.

■ **Pénalités.** 360°, appliquée dans la plupart des cas, ou drapeau noir (disqualification) de façon exceptionnelle.

■ **Championnats du monde.** **1995** Ed Baird [13]. **96** R. Coutts [7]. **97, 98** Peter Gilmour [8]. **99** Jesper Bank [5]. **2000** Bertrand Pacé [3].

■ **Championnats de France.** **1995, 96** B. Pacé. **97, 98** L. Pillot. **99** Ph. Presti. **2000** S. Col.

■ America's Cup (coupe de l'America)

■ **Histoire.** **1851**-*22-8* à l'occasion de l'Exposition universelle, le 1er club de voile américain, le New York Yacht-Club (NYYC), envoie le schooner *America* (voile en coton moins déformable que le lin anglais) en Angleterre participer à la *coupe de la Reine* autour de l'île de Wight pour une coupe (en argent, 3 827 g) offerte par le Royal Yacht Squadron. Il bat largement les 14 yachts anglais, dont le cutter *Aurora,* de 8 minutes, remportant le trophée qui porte son nom (plus vieux trophée sportif du monde). **1929** adoption de la classe J de la jauge universelle (23,16 m de long. maximale). **1956** pour diminuer les coûts de construction, nouvelle jauge dite 12 m JI (environ 20 m de long), mais la règle de 1887 n'est pas abrogée. **1983** coupe Louis-Vuitton créée. **1987** Michael Fay (banquier néo-zélandais) défie les Américains avec un monocoque de 90 pieds (37 m), 27,43 m à la flottaison, 7,92 m de large, 6,40 m de tirant d'eau et un mât. S'appuyant sur l'*acte de donation de la coupe (Deed of Gift)* du 24-10-1887 par Georges G. Schuyler, dernier survivant du syndicat de la goélette *America,* qui stipule que les bateaux doivent mesurer 45 à 90 pieds à la flottaison, la cour suprême de New York déclare, le 25-11-1987, que le San Diego Yacht-Club doit relever le défi. **1992** la *Class America* remplace les 12 m JI. Longueur 23 m, larg. 5,5 m, déplacement minimal 1,6 t, hauteur du mât 32,5 m, grand-voile 300 m², spi 450 m², tirant d'eau 4 m, vitesse (10 nœuds de vent) 9,5 n., 15 équipiers.

■ **Conditions.** A l'origine, un seul challenger dont le défi est accepté par le défenseur (détenteur de la coupe). Actuellement, on organise des éliminatoires. **1986-87** **1re phase :** *coupe Louis Vuitton* 13 *challengers* [USA 6, G.-B. 1, France 2 *(French-Kiss, Challenge-France),* Canada 1, Italie 2, Nlle-Zélande 1]. Chacun rencontre tous les autres 3 fois au cours du *Round Robin,* permettant de sélectionner les 4 meilleurs qui disputent les demi-finales, le 1er étant opposé au 4e et le 2e au 3e sur 7 régates (victoire au 1er ayant remporté 4 manches). Les 2 finalistes se rencontrent sur 7 régates (victoire au 1er ayant remporté 4 manches). **2e phase :** *Coupe de l'America.* Les 6 défenseurs ont le droit de relever le défi au meilleur de 9 régates. Organisée par le Yacht-Club de Perth, en Australie, à Freemantle. Chaque régate est disputée sur un parcours de 24,5 milles (44,6 km) entre 3 bouées, couvert normalement en 3 et 4 h. Les concurrents effectuent une remontée contre le vent, un retour vent arrière, un triangle complet (une remontée et 2 bords de largue), une remontée, un vent arrière et une remontée.

1988 (sept.) *course au large de San Diego* (Californie). 1re régate : remontée de 20 milles contre le vent, puis retour vent arrière. 2e : triangle olympique de 13 milles de côté. En cas d'égalité, on se départagerait sur le parcours de la 1re régate. Le 25-3-1989, le juge de New York disqualifie le vainqueur *(Stars and Stripes)* pour « viol de l'esprit du règlement » (bateau trop moderne). Le 19-9, la cour d'appel de New York lui rend la coupe, jugement confirmé le 26-4-1990.

1992 *course au large de San Diego* (Californie). **1re phase :** *coupe Louis-Vuitton.* A partir du 25-1-1992, les 9 challengers (3 Australie, 1 Espagne, 1 France, 1 Italie, 1 Japon, 1 Nlle-Zél., 1 Suède) disputent les éliminatoires sous forme de duels (matches racing). *5 étapes : 1er Round Robin :* coefficient 1 pt, *2e :* 4, *3e :* 8. Les 4 totalisant le max. de points sont qualifiés pour les *demi-finales.* Chacun rencontre 3 fois les autres, soit 9 régates. Les 2 ayant le plus de victoires disputent la *finale Il Moro di Venezia* élimine *New Zealand.* **2e phase :** *coupe de l'America :* le *defender* américain *America 3* (désigné après une série de régates contre *Stars and Stripes* tenant du titre) est opposé au challenger en 7 régates. Victoire au 1er qui en remporte 4.

1995 **1re phase :** *coupe Louis-Vuitton* 7 challengers *(France 1,* Espagne 1, Australie 2, Nlle-Zél. 2, Japon 1). *5 étapes* (au cours desquelles chacun rencontre les 6 autres) : *1er Round Robin :* 1 pt, *2e :* 2, *3e :* 4, *4e :* 5. En finale *Team-New-Zealand* bat *Australia-One* 5 à 1. **2e phase :** *coupe de l'America : defender Young America,* désigné par le San Diego Yacht-Club devant *Stars and Stripes* qui a pourtant remporté la *Citizen Cup* (chacun rencontre 3 fois ses 2 adversaires) en battant *Mighty May* et *America 3* (qui repart avec un équipage exclusivement féminin), battu après une série de régates par *Team-New-Zealand.*

2000 **1re phase :** *coupe Louis Vuitton :* 11 challengers (USA 5, Australie 1, Espagne 1, *France 1,* Italie 1, Japon 1, Suisse 1). *1er Round Robin :* 1 pt par victoire, *2e :* 4 ; *3e :*9 ; en finale *Luna Rossa* (It.) bat *America One* et affronte le *defender Team-New-Zealand.*

■ **Résultats.** Vainqueur, et vaincu. **1870** Magic [13], Cambria [4]. **71** Columbia et Sapho [13], Livonia [4]. **76** La Madeleine [13], Countess of Dufferin [4]. **81** Mischief [13], Atlanta [4]. **85** Puritain [13], Genesta [4]. **86** Mayflower [13], Galatea [4]. **87** Volunteer [13], Thistle [4]. **93** Vigilant [13], Valkyrie II [4]. **95** Defender [13], Valkyrie III [4]. **99** Columbia [13], Shamrock [4]. **1901** Columbia [13], Shamrock II [4]. **03** Reliance [13], Shamrock III [4]. **20** Resolute [13], Shamrock IV [4]. **Classe J. 1930** Enterprise [13], Shamrock V [4]. **34** Rainbow [13], Endeavour [4]. **37** Ranger [13], Endeavour II [4]. **12 mètres JI. 1958** Columbia [13], Sceptre [4] 4-0. **62** Weatherly [13], Gretel [3] 4-1. **64** Constellation [13], Sovereign [4] 4-0. **67** Intrepid [13], Dame Pattie [3] 4-0. **70** Intrepid [13], Gretel II [4] 4-1. (Le France et Gretel II disputèrent une épreuve éliminatoire pour 1970.) **74** Courageous [13], Southern Cross [3] 4-0 ; le France avait été battu aux essais. **77** Courageous [13], Australia [3] 4-0 ; le France et Sverige (Suède) avaient été battus aux essais. **80** Freedom [13], Australia [3] 4-1 qui avait battu France-III, qui avait battu Lion Heart (G.-B.). **83** Liberty [13], Australia II [3] 3-4. **87** Kookaburra III [3], Stars and Stripes [13] 0-4. **88** Stars and Stripes [13], New Zealand [7] 2-0. **92** America [3,13], Il Moro di Venezia [5] 4-1. **95** Team-New-Zealand [7], Young America [13] 5-0. **2000** Team-New-Zealand [7], Luna-Rossa [1] 5-0.

☞ **Au 3-3-2000 :** participations à la finale et, entre parenthèses, victoires de 1851 à 2000 : USA 29 (27), G.-B. 16, Australie 8 (1), Canada 2, Nlle-Zélande 3 (2), Italie 2.

Prochaine coupe : Auckland (Nlle-Zélande) en 2002-2003.

■ Courses au large

Pendant les épreuves, les concurrents ne sont pas en vue du comité de course. Instructions remises avant le départ. Pas de contrôle en mer. En général, plus de 150 milles. Souvent courues sous les règles de l'*Offshore Racing Council* (ORC).

■ **Championnat de France.** **1996** Luc Pillot. **97** *non attribué.* **98** Bruno Jourdren. **99, 2000** Alain Fedenssieu.

One Ton Cup

■ **Histoire.** **1898** *créée* par le Cercle de la voile de Paris. **1899** 1re sur la Seine à Meulan entre un bateau français et un bateau britannique. **Jusqu'en 1903** à Cowes (G.-B.) entre un fr. et un brit. **1906** disputée sur 6 m JI. **1963-64** *non disputée.* **1965** disputée au Havre, en baie de Seine, 22 pieds de rating RORC mas., 3 bateaux par nation, classement individuel. **1967** Two-Ton Cup *créée (supprimée* 1981). **1968** Half-Ton Cup *créée* par la Sté des régates de La Rochelle pour les 18 pieds de rating RORC (8,80 à 9,80 m). **1970** Quarter-Ton Cup *créée* à la Rochelle. **1974** Three-Quarter-Ton Cup *créée.* **1975** norme IOR remplace RORC. **1978** Mini-Ton Cup *créée,* épreuves côtières, uniquement de jour. **1999** One Ton Cup désigne le champion du monde IC-45 (monotype de régate de 14 m de long) ; vainqueur *Faster K-Yote II.* **2000** *Cavale-Bleu* (T. Péponnet).

■ **Championnat de France de course au large.** **1992** Jimmy Pahun. **94** Benoît Charon. **95** J. Pahun.

■ Courses autour du monde

■ **En solitaire.** **Golden-Globe Race** devenu en 1982 **BOC challenge** puis en 1998 **Around alone.** **1968-69** *créée* par le *Sunday Times.* Départ d'un port britannique au choix entre juin et oct. Tour du monde sans escales par les caps de Bonne-Espérance et Horn. Retour au port de départ. Le vainqueur reçoit le Golden-Globe Trophy et 5 000 £. 9 au départ. *1er Swahili* (Robin Knox-Johnston [4]), 30 123 milles en 313 j, seul à arriver. Bernard Moitessier [3] a abandonné et poursuivi un tour du monde et demi. Donald Crowhurst est mort en mer. **1982-83** 4 étapes : Newport-Le Cap (7 100 milles)-Sydney (6 900 milles)-Rio-Newport (5 300 milles). Sponsor : British Oxygen Company. 17 au départ, 10 à l'arrivée. Monocoques de 17 m au max. *1er Crédit-Agricole II* (Ph. Jeantot [3]) en 159 j 2 h 26 min. **1986-87** même parcours qu'en 1982. 25 au départ, 15 à l'arrivée. *Classe I :* long. 18,28 m, monocoque, *cl. II :* long. 15,24 m. *1er Crédit-Agricole III* (Ph. Jeantot [3]) en 134 j 5 h 23 min. **1990-91** départ de Newport, 3 étapes : Le Cap-Sydney-Punta del Este (27 000 milles). 24 au départ. *1er Groupe-Sceta* (Christophe Auguin [3]) en 120 j 22 h 36 min. **1994-95** départ de Charleston, 3 étapes : Le Cap (6 865 milles)-Sydney (6 998)-Punta del Este (6 914)-Charleston (5 751). 19 partants. *1er Sceta-Calberson* (Ch. Auguin [2]) en 121 j 17 h 11 min. **1998-99** départ de Charleston, 4 étapes : Le Cap (6 865 milles)-Auckland (6 884 milles)-Punta del Este (5 960)-Charleston (5 751). *1er Fila* (G. Soldini [1]) en 116 j 20 h 7′ 59″.

Vendée Globe (*créé* 1989). **1989-90** départ des Sables-d'Olonne, Canaries, cap de Bonne-Espérance, sud de la Nlle-Zélande, cap Horn, Recife, Sables-d'Olonne (tour de l'Antarctique), 23 605 milles et 138 j prévus. Pas d'escales, pas d'assistance. Monocoques de 15,24 à 18,28 m (50 à 60 pieds). 13 au départ. *1er Écureuil-d'Aquitaine* (Titouan Lamazou [3]) en 109 j 8 h 48 min 50 s (24 911 milles, moy. 9,49 nœuds). *2e Lada-Poch* (Loïck Peyron [3]) en 110 j 1 h 18 min. *3e 3615 Met* (Jean-Luc Van den Heede [3]) en 112 j 1 h 14 min. **1992-93** départ le 22-11 des Sables-d'Olonne, 25 000 milles, passages obligatoires : Canaries, île Heard (à tribord), point fictif 59° 30′ S-119° O (à tribord), entre île Diego Ramirez et cap Horn. 14 au départ ; Nigel Burgess (G.-B.) se noie au large de l'Espagne. *1er Bagages-Superior* (Alain Gautier [3]) en 110 j 2 h 22 min 35 s. *2e Sofap-Helvim* (J.-Luc Van den Heede [3]). *3e Fleury-Michon-X* (Philippe Poupon [3]). **1996-97** départ le 3-11 des Sables-d'Olonne, 15 participants, 25 000 milles, passages obligatoires : Canaries, île Heard (à tribord), point fictif 58° S-150° O (à bâbord), point fictif 57° S-67° O (à bâbord) près du cap Horn. *1er Geodis* (Christophe Auguin [3]) en 105 j 20 h 31 min 23 s. *2e Crédit-Immobilier-de-France* (Marc Thiercelin [3]). *3e Groupe-LG1* (Hervé Laurent [3]). **2000-01** départ le 5-11, 24 participants, 24 880 milles. *1er PRB* (Michel Desjoyeaux [3]) en 93 j 3 h 57′ 32″ (record). *2e King Fisher* (Ellen MacArthur [4]) en 94 j 4 h 25′ 40″. *3e* Sill-Matines-La Potagère (Roland Jourdain [3]) en 96 j 1 h 2′ 33″.

■ **Volvo Ocean Race. Ex-Volvo en équipage. Ex-whitbread** (*créée* 1973 par les Anglais ; *cofondateur :* colonel Whitbread, mort en nov. 1994 à 93 ans). Tous les 4 ans. Portsmouth-cap de Bonne-Espérance-cap Horn-Portsmouth. Escales : Le Cap, Sydney et Rio. Multicoques interdits. Bateaux de 30 à 70 pieds IOR. au min. 5 équipiers. **1973-74** 17 au départ. 27 120 milles. 3 concurrents disparaissent en mer. *1er Sayula II* (Ramon Carlin [15]) en 144 j 10 h. **1975-76** *course des clippers* en souvenir des transports de marchandises vers l'Australie. 4 au départ. *1er Great-Britain II* (équipage de militaires angl.) en 67 j 5 h à l'aller et 66 j 22 h au retour. **1977-78** Portsmouth-Le Cap-Auckland-Rio-Portsmouth. Bateaux de 33 pieds IOR au min. 15 au départ. *1er Flyer* (Cornelis Van Rietschoten [10]) en 134 j 12 h. **1981-82** Portsmouth-Le Cap-Auckland-Mar del Plata-Portsmouth. 29 au départ. Éric Tabarly a participé aux 2 dernières étapes de la course, mais n'a pas été classé, le lest de sa quille étant en uranium appauvri. *1er Flyer II* (Cornelis Van Rietschoten [10]) en 120 j 6 h. **1985-86** Portsmouth-Le Cap-Auckland-Punta del Este-Portsmouth. 26 180 milles. 15 au départ. *1er L'Esprit-d'Équipe* (Lionel Péan [3]) en 117 j 14 h. **1989-90** Southampton-Punta del Este-Freemantle-Auckland-Punta del Este-Fort Lauderdale-Angleterre. 32 932 milles (60 990 km). Bateaux de 24 à 25 m de long. 15 au départ. *1er Steinlager* (Peter Blake [7]) en 128 j 9 h 40 min. **1993-94** mêmes étapes qu'en 1989. 14 au départ dont 5 maxi-IOR (long. 21 à 25 m) et 9 Whitbread offshore rule de 60 pieds (nouvelle catégorie créée pour l'occasion, environ 20 m). Maxi : *1er New Zealand Endeavour* (Grant Dalton [7]) en 120 j 5 h 9 min ; W 60 : *1er Yamaha* (Ross Field [7]) en 120 j 14 h 55 min. **1997-98** 10 bateaux de 1 seule classe [Whitbread 60 (WOR 60) monocoques de 19,50 m] au départ pour 9 étapes : Southampton – Le Cap – Fremantle – Sydney – Auckland – Sao Sebastiao – Fort Lauderdale – Baltimore Annapolis – La Rochelle – Southampton. Classement aux points. *1er EF-Language* (Paul Cayard [3,13]) 836 pts. **2001-2002** épreuve prévue.

■ **The Race.** Imaginée par Bruno Peyron en 1993. **2000** Départ le 31-12 de Barcelone. 6 catamarans géants (le + grand *Playstation* 37,9 m de long, 18,30 m de large) et 70 marins dont 1 femme. Parcours Barcelone-Marseille via détroit de Gibraltar, cap de Bonne-Espérance, cap Leeuwin, détroit de Cook et cap Horn soit 27 000 milles. *1er Club-Med* (Dalton [7]-Proffit [3]) en 62 j 6 h 56′ 33″. *2e* Innovation-Explorer (L. Peyron [3]) en 64 j 22 h 32′ 38″.

■ Courses transatlantiques

■ **Origine.** **1866** *1re course transatlantique* à la suite d'un pari lors d'un dîner à New York. 3 bateaux : *Vesta* (Pierre Lorillard), *Fleetwing* (George et Franklin Osgood) et *Henrietta* (James Gordon). Départ des USA le 11-12. *1er Henrietta* qui arrive le 25 décembre.

■ **Transat en équipage.** Départ d'un port américain ou des Bermudes vers Europe. *1re :* 1886, New York-île de Wight. *Dernière :* 1975.

■ **Transat des Alizés** (*créée* 1981 par Guy Plantier). En équipage. Amateurs sur monocoques de série. **1981** classes : 11-12, 12-14 et 14-17 m. Possibilité d'utiliser un moteur. Parcours de concentration Pornichet-Casablanca ou Hyères-Casablanca, puis Casablanca-Pointe-à-Pitre. 130 au départ. *1er Grimlo* (Van de Woestyne [3]). **1984** 2e édition. **1987** 180 au départ. *1er Juno* [1]. **1991** parcours de concentration Lorient-Puerto Sherry (près de Cadix) et La Ciotat-Puerto Sherry, puis traversée vers Pointe-à-Pitre. *1er Lévrier-des-Mers* (Aerius). José Goncalves (paraplégique) et Yann Natier arrivent 14es sur 54. **1992** parcours de concentration Sète-Casablanca-Pointe-à-Pitre. *1er Admajux* (Patrick Guérin [3]). **1995** parcours de concentration Brest-San Remo-Casablanca-Pointe-à-Pitre. *1er M'sabu* (Massimo Bluzzi [1]). **1997** parcours de concentration Toulon-St-Quay-Portrieux en direction de Lagos au Portugal. Départ de Lagos le 16-11 pour Pointe-à-Pitre. *1er RFO Colas Guadeloupe.*

■ **ARC.** Transat en équipage.

■ **Transat Le Point-Europe 1.** Courue **1979, 83, 87, 89.**

■ **Twostar** (*disputée* de 1981 à 1994). En double Plymouth-Newport (Rhode Island). Bateaux de 25,90 m au max. **1981** 76 au départ. *1er Brittany Ferries* (Chay Blyth et Robert James[4]) en 14 j 13 h 54 min. **1986** 64 au départ. *1er Royale-II* (Loïc Caradec et Olivier Despaigne [3]) en 13 j 6 h 12 min. **1990** *1er Elf-Aquitaine* (Jean Maurel et Michel Desjoyeaux [3]) en 10 j 23 h 15 min. **1994** 9 trimarans, 2 catamarans et 7 multicoques au départ. Multicoques : *1er Primagaz* (Laurent Bourgnon et Cam Lewis) en 9 j 8 h 58 min 20 s. Monocoques : *1er Cherbourg-Technologies* (Halvard Mabire et Christine Guillou) en 15 j 31 min.

■ **La Baule-Dakar** ou **course des Amaldies** (*créée* 1981, *supprimée* 1992).

■ **Québec-Saint-Malo** (*créée* 1984 par Michel Étevenon). *Tous les 4 ans.* 2 896 milles. **1984** en double. 49 au départ. *1er Royale* (Loïc Caradec-Olivier Despaigne [3]). **1988** en double. Maxi-catamarans : *1er Jet-Services-V* (Serge Madec [3]) en 7 j 21 h 35 min (record). Multicoques : *1er Elf-Aquitaine* (Jean Maurel [3]) en 11 j 44 min. **1992** en équipage. 8 monocoques (dont 3 maxi-monocoques) : *1er Merit-Cup* (Pierre Fehlmann [21]) en 10 j 15 h 44 min (record). 7 multicoques : *1er Primagaz* (Laurent Bourgnon [3]) en 8 j 5 h 49 min. **1996** *1er* multicoque *Fujicolor II*

DISTANCES PLYMOUTH-NEW YORK
(selon la route prise)

Orthodromie : *2 810 milles (5 224 km).* Arc de grand cercle : le plus court chemin pour aller d'un point à un autre sur la sphère terrestre. 20 à 25 % de vents debout d'une force moyenne de 4 Beaufort. Passage au nord du courant du Gulf Stream (défavorable) à l'arrivée sur Terre-Neuve, courant du Labrador. Traversée à l'arrivée de zones d'icebergs et des brumes de Terre-Neuve, fait passer entre la côte et l'île de Sable. Route la plus courte, la plus rapide et la plus dure, il faut sans cesse recalculer le cap à suivre.

Loxodromie : *2 920 milles (5 407 km).* Route suivie par un bateau qui se déplace sur la sphère terrestre en conservant un angle de route constant avec les méridiens. Vents contraires, gros temps. Navigation dans le courant contraire du Gulf Stream à l'arrivée. Un peu moins de vents debout que sur l'orthodromie, moins de risques d'icebergs à l'atterrissage. Chemin plus long que sur l'orthodromie.

Route d'Hasler : *3 130 milles (5 796 km). Avantage :* vents favorables sur une bonne partie du parcours. *Inconvénients :* route plus longue que l'orthodromie. Atterrissage avec des vents forts contraires. Traversée d'une zone d'icebergs, brumes, froid.

Route des Açores : *3 520 milles (6 537 km).* Peu de gros temps, peu de vents contraires, navigation confortable (très peu de bords à tirer). Longueur plus importante, risque de calme.

Route des Alizés : *4 200 milles (7 778 km).* Petit temps, pas de vent debout ou très peu, pas de gros temps, du soleil et des brises portantes. Pratiquement aucune chance de victoire.

(L. Peyron) en 7 j 20 h 24 min 43 s (record). **2000** *1er* multicoque *Groupama* (F. Cammas) en 9 j 23 h 16′ 6″ ; *1er* monocoque *Geb-Fauba* (X. Lecœur) en 13 j 13 h 49′ 51″.

■ **Ostar, puis C-Star et transat anglaise Europe 1-New Man Star.** En solitaire. *Origine* 1891 [*Sea Serpent* (Si Lawlor) bat *Mermaid* (William Andrews, 4,60 m) en 45 j de Boston (USA) à Covernol (G.-B.)]. De Plymouth (G.-B.) à Newport (Rhode Island), 2 810 milles (5 000 km). *Créée* 1957 par le Cel H. G. Hasler. Sponsor : l'*Observer*, d'où le nom *Ostar* (star : Single-hand TransAtlantic Race : course transatlantique en solitaire). *Tous les 4 ans.* Bateaux de 18,30 m au max. **Prix :** PEN-DUICK TROPHY : attribué au skipper du 1er bateau ayant une flottaison supérieure à 14,02 m (commémore le *Pen-Duick-IV* d'Alain Colas [3] devenu *Manureva*). GIPSY MOTH TROPHY : au skipper du 1er bateau arrivé ayant une flottaison entre 8,50 et 14,02 m (en souvenir du *Gipsy Moth III* de Chichester [4]). JESTER TROPHY (du nom du seul bateau ayant couru toutes les transats) : au skipper du 1er bateau arrivé à Newport ayant une flottaison de moins de 8,50 m. **Résultats : 1960** 5 au départ. *1er Gipsy Moth III* (sir Francis Chichester [4]) en 40 j 12 h 30 min, *2e Jester* (Blondie Hasler [4]) 48 j 12 h 2 min, *3e Cardinal Vertue* (David Lewis [16]) 55 j 50 min. **1964** *1er Pen-Duick-II* (Éric Tabarly [3]) 27 j 3 h 56 min, *2e Gipsy Moth III* (sir Chichester [4]) 29 j 23 h 57 min, *3e Akka* (Valentine Howells [4]) 32 j 18 h 8 min. **1968** 35 au départ. *1er Sir Thomas Lipton* (Geoffroy Williams [4]) 25 j 20 h 33 min, *2e Voortrekker* (Bruce Dalling [12]) 26 j 13 h 42 min, *3e Cheers* (Tom Follet [13]) 27 j 13 min. **1972** *1er Pen-Duick-IV* (Alain Colas [3]) 20 j 13 h 10 min, *2e Vendredi-13* (J.-Yves Terlain [3]) 21 j 5 h 14 min, *3e Cap 33* (J.-Marie Vidal [3]) 25 j 5 h 14 min. **1976** 125 participants. *1er Pen-Duick-VI* (É. Tabarly [3]) 23 j 20 h 12 min, *2e The Third Turtle* (Michael Birch [16]) 24 j 20 h 39 min (vainqueur du *Jester Trophy* et du classement en temps corrigé), *3e Spaniel* (Kazimierz Jaworski [17]) 25 j 40 min, *4e Club-Méditerranée* (A. Colas [3]) 24 j 3 h 36 min (+ 58 h de pénalisation pour aide à St John de Terre-Neuve). **1980** 110 au départ (maximum prévu par le règlement). Bateaux de 17 m au max. *1er Moxie* (Philipp Weld [13]) 17 j 23 h 12 min, *2e Three Legs of Mann III* (Nick Keig [4]) 18 j 6 h 4 min, *3e Jean's Foster* (Philipp Stegall [13]) 18 j 6 h 45 min (1er du Gipsy Moth Trophy). **1984** *1er Umupro Jardin V* (Yvon Fauconnier [3]) 16 j 6 h, *2e Fleury-Michon-VI* (Philippe Poupon [3]) 16 j 12 h 25 min, *3e Elf-Aquitaine-II* (Marc Pajot [3]) 16 j 12 h 48 min, *4e Paul-Ricard* (É. Tabarly [3]) 16 j 14 h 21 min. **1988 C-Star** (le commanditaire devient Carlsberg). 97 au départ. *1er Fleury-Michon-IX* (P. Poupon [3]) 10 j 9 h 15 min 9 s, *2e Laiterie-Mont-St-Michel* (Olivier Moussy [3]) 11 j 4 h 17 min, *3e Lada-Poch-II* (Loïck Peyron [3]) 11 j 9 h 2 min. **1992 Europe 1-Star** (le commanditaire devient Europe 1). 67 au départ. *1er Fujicolor-II* (L. Peyron [3]) 11 j 1 h 35 min, *2e Hte-Normandie* (Paul Vatine [3]) 12 j 7 h 49 min, *3e Banque-Populaire* (Francis Joyon [3]) 12 j 9 h 14 min. **1996** 59 au départ. *1er Fujicolor II* (L. Peyron [3]) 10 j 10 h 5 min, *2e Région Haute-Normandie* (P. Vatine [3]) 10 j 13 h 5 min, *3e La Trinitaine* (M. Birch [16]) 14 j 2 h 55 min. **2000** 83 au départ. *1er Eure-et-Loir* (F. Joyon [3]) 9 j 23 h 21 min (record), *2e Biscuits-La Trinitaine* (M. Guillemot [3]) à 2 h 38 min, *3e Groupama* (F. Cammas [3]) à 3 h 19 min.

■ **Route du Rhum** [*créée* 10-2-1977 par Michel Étevenon († 2001) et *L'Équipe*]. *Tous les 4 ans,* en novembre. En solitaire open (ouverte à tous les voiliers de 35 à 85 pieds, 10,668 à 25,908 m et, depuis 1987, aux navires de 10,67 à 18,28 m). Pas de limitation de jauge. Saint-Malo-Pointe-à-Pitre (3 592 milles ou 7 200 km). **Résultats : 1978** *1er Olympus Photo* (Michael Birch [16]) en 23 j 6 h 59 min 35 s. **1982** *1er Elf-Aquitaine* (Marc Pajot [3]) en 18 j 1 h 38 min. **1986** *1er Fleury-Michon* (Philippe Poupon [3]) en 14 j 15 h 57 min 15 s. **1990** *1er Pierre-Ier* (Florence Arthaud [3]) en 14 j 10 h 8 min 28 s. **1994** *1er Primagaz* (Laurent Bourgnon [3]) en 14 j 6 h 28 min 29 s. **1998** *1er Primagaz* (Laurent Bourgnon [3]) en 12 j 8 h 41 min.

■ **Mini-transat** (*créée* 1977 par l'Anglais Bob Salmon). En solitaire. **Résultats : 1997** Brest-Tenerife-Fort-de-France. 1re étape (1 370 milles) : 52 partants. 2e étape (2 700 milles). *1er Karen-Liquide* (Sébastien Magne [3]) en 31 j 14 h 9 min 49 s. **1999** Concarneau-Lanzarote-Basse Terre. *1er Janneau-Voile-Magazine* (Sébastien Magne [3]) en 24 j 15 h 11 min 16 s.

■ **Transat de la caisse de retraite AG2R** (*créée* 1992). En double. Lorient-St-Barthélemy. **1998** Lorient-Madère-Saint-Barthélemy en 2 étapes. 24 engagés. *1er Nintendo 64* (Bruno Jourdren, Marc Guessard [3]) en 22 j 14 h 24 min 11 s. **2000** 42 partants. *1er Sergio Tacchini-Itinéris* (Karine Fauconnier, Lionel Lemonchois [3]) en 27 j 9 h 50 min.

■ **Transat Jacques Vabre** (*créée* 1993). En solitaire puis en double depuis 1995. **Parcours** *jusqu'en 1999 :* Le Havre-Carthagène (Colombie) en passant par le passage de la Mona entre St-Domingue et Porto Rico. Monocoques : 4 405 milles, route directe ; multicoques : 5 135 milles (virent l'île de Tenerife aux Canaries, puis route directe). *Depuis 2001 :* le Havre-Salvador de Bahia (Brésil). Monocoques : 4 300 milles, route directe ; multicoques : 5 300 milles, détour par l'île de l'Ascension. **1997** multicoques : *1er Primagaz* (Laurent et Yvan Bourgnon [3]) 4 854 milles en 14 j 7 h 37 min 48 s. Monocoques : *Aquitaine Innovations* (Yves Parlier, Éric Tabarly [3]) 4 404 milles en 19 j 23 h 19 min. 10 s. Multicoques 50 pieds : *Climat de France* (Hervé Cléris). **1999** multicoques : *1er Fujicolor II* (L. Peyron et F. Proffit) 5 365 milles en 15 j 2 h 8 min 44 s. Monocoques : *Sodebo* (Thomas Coville et Hervé Jan) 4 419 milles en 19 j 17 h 31 min 36 s. **2001** départ prévu les 3 et 4-11.

■ AUTRES COURSES DANS L'ATLANTIQUE

■ **Admiral's Cup** (*créée* 1957 par sir Myles Wyatt, amiral du RORC). **1957** 3 bateaux anglais contre 3 américains. **1959** ouverture aux P.-Bas et à la France, pas d'Américains. Actuellement, années impaires, en août. Considérée comme **le championnat du monde de course au large.** Chaque nation engage 3 bateaux (en 1991, 3 ratings imposés : 50, 45 et 40 pieds). Associe une série de régates côtières et de courses au large. *6 courses :* Channel Race (200 milles dans la Manche avec retour à Cowes), 2 triangles olympiques dans la baie de Christchurch, 1 course côtière dans le Solent, 1 course de 40 milles dans l'est du Solent, le Fastnet. **Résultats : 1975, 77** G.-B. **79** Australie. **81** G.-B. **83, 85** All. féd. **87** Nlle-Zélande. **91** *France.* **93** All. **95** It. **97** USA. **99** P.-Bas.

■ **Fastnet** [*créée* 1925 par Weston Martyr (7 partants, *1er Jolie-Brise*)]. *Déroulement :* en août, *tous les 2 ans* (depuis 1933), *années impaires,* alterne avec la course des Bermudes. Épreuve regroupant plus de 15 catégories. *Bateaux :* au min. 9,10 m (21 pieds IOR), max. 25 m (70 pieds IOR). 605 milles. Départ de Cowes (île de Wight), descente du Solent, tour du rocher du Fastnet au sud-ouest de l'Irlande, retour par le sud de Bishop's Rock, le cap Lizard et arrivée à Plymouth. **Résultats : 1977** *1er IMP* (Dave Allen [13]). **79** 303 au départ (dont 57 concurrents et 246 voiliers spectateurs). Tempête de force 12 (vents de + 120 km/h, vagues de 10 à 15 m), 23 voiliers coulés, 136 personnes sauvées par les hélicoptères de la Royal Navy, 19 noyés. *1er Tenacious* (Ted Turner [13]). **81** *1er Mordicus* (C. Caillère [18]). **83** *1er Condor* (Bob Bell [19]). **85** *1er Panda* (Peter Whip [4]). **87** *1er Juno* (Mike Peacock [4]). **89** *1er Great News* [13]. **91** *1er Corum-Saphir* [3]. **93** IOR : *1er Indulgence* (G. Walker [4]). IMS : *1er Encore* (J. Dolan). **95** *Nicorette* (L. Ingvall [24]). **97** Primagaz (L. Bourgnon [3]). **99** *Fujicolor* (L. Peyron [3]) record en 1 j 16 h 22 min.

■ **Course des Bermudes** [*créée* 1906 par Thomas Flemming Day (660 milles de Brooklyn aux Bermudes)]. **1906-10** *tous les ans.* **1923** *rétablie,* départ de New London (Connecticut). **1936** départ de Newport (Rhode Island). *Déroulement :* en juin, *années paires,* 635 milles, Newport à St David's Head (Bermudes).

■ AUTRES COURSES FRANÇAISES

■ **Course des Açores.** *Tous les 4 ans.* Falmouth (sud-ouest de la G.-B.) à Punta Delgada (Açores), escale de 10 j, retour. Environ 2 600 milles. En double ou en solitaire. Bateaux de 12 à 24 m. **1997** Franck Cammas sur *Athéna Assurances.*

■ **Course en solitaire Le Figaro-Relais et Châteaux** (*créée* 1970 par Eugène Dautriche sous le nom de **course de l'Aurore**). **1980** devient **course en solitaire du Figaro.** *Tous les ans,* en août. 4 étapes, environ 1 500 milles, France-Angl.-Irlande-Esp. et retour. Bateaux : half-tonners puis Figaro-Solo (Bénéteau, 9,15 m), monocoques. **Résultats : 1995** Philippe Poupon. **96** Jean Le Cam. **97** Franck Lammas. **98** Michel Desjoyeaux sur *TBS.* **99** Jean Le Cam sur *Fleury-Michon.* **2000** Pascal Bidégorry sur *Europ-Assistance.*

■ **Tour Voile (ex-Tour de France à la voile)** (*créé* 1978 par Bernard Decré). *Tous les ans,* entre juillet et août. **Résultats : 95** Baume-et-Mercier-Force-EDC (Bernard Mallaret). **96** E. Leclerc-Scaso (V. Fertin-S. Destremau). **97** CSC-Sun-Microsystems (B. Pacé-Ph. Guigné). **98** Nantes-et-Saint-Nazaire-Bouygues-Telecom (Luc Pillot). **99** sur Mumm 30 (9,43 m), Kateie (Luc Dewulf, Belge), 1re victoire d'un étranger. **2000** Barlow-Plastics (Adrian Steads, G.-B.). **01** Virbac-St-Raphaël-Generali (Jean-Pierre Dick, Fr.).

■ **Course de l'Europe** (*créée* 1985 par Gérard Petipas). *Tous les 2 ans.* **Résultats : 1997** Cherbourg-Rotterdam-Arendal (Norv.)-Kiel-Helsinki-Stockholm. Multicoques (*Fujicolor II,* Loïck Peyron), monocoques (*Bil,* Ross Field), monocoques 60 pieds (*Brunel-Sunergy,* Arendt Van Bergeijk). **99** Gênes-Benalmadena (Esp.)-Lorient. Multicoques (*Fujicolor,* L. Peyron), monocoques (*Aquitaine-Innovations,* Yves Parlier).

■ COURSES EN MÉDITERRANÉE

■ **Sardinia Cup** (*créée* 1978). *Années paires,* en sept. A Porto Cervo (Sardaigne). Par équipes. 4 manches : course de 300 milles (Porto Cervo, Porquerolles et retour par les Bouches de Bonifacio), course au large de 145 milles vers l'île d'Asinara (nord-ouest de la Sardaigne), parcours côtier de 28 milles, 2 triangles olympiques. **Résultats : 1978** Italie. **80** USA. **82** It. **84** All. féd. **86** G.-B. **88** All. féd. **90, 92** It. **94** All. **96, 98** It.

■ **Giraglia** (*créée* 1953). *Annuelle.* 242 milles. **2000 :** départ de St-Tropez, arrivée à Gênes. *1er Malandrino* (en temps compensé).

■ **Middle-Sea Race** [*créée* 1969 par Jimmy White et Alan Green (Anglais résidant à Malte)]. *Annuelle,* début oct. 640 milles. Départ de La Valette, contourner les îles de Lampedusa et de Pantelleria, tour de la Sicile, retour à La Valette. **1998** *Riviera di Rimini* (Andrea Scarabelli [1]) 3 j 0 h 50 min 42 s (record). *N'est plus disputée.*

■ **Nioulargue** [*créée* 1981 par Patrice de Colmont (Fr.)]. *Annuelle,* en oct. pendant 2 semaines (pas disputée en 1997 et 99). Devenue **Les Voiles de Saint-Tropez** depuis 1999. A St-Tropez. Course entre yachts anciens.

■ COURSES DANS LE PACIFIQUE

■ **Sydney-Hobart** [*créée* 1945 par le capitaine John Illingworth (G.-B.)]. *Annuelle,* en déc. 630 milles d'Australie en Tasmanie (Sydney, côte de Nlle-Galles du Sud, détroit de Bass, côte de Tasmanie, fleuve Derwent jusqu'à Hobart). **Résultats : 1995** *Sayonara* (Larry Ellison [13]). **96** *Morning Glory* (Russel Coutts [3]) en 2 j 14 h 7′ 10″. **97** *Brindabella* (George Snow [8]) en 2 j 23 h 37′ 12″. **98** *Sayonara* (Larry Ellison [13]) en 2 j 19 h 3′ 32″. **99** *Volvo-60-Nokia* (Michael Spies [8]-Stefan Myralf [5]) en 1 j 19 h 48′ (record). **2000** *Nicorette* (Ludde Ingvall) en 2 j 14 h 2′ 9″.

■ **Transpac** (*créée* 1906). A travers le Pacifique.

TRAVERSÉES CÉLÈBRES

■ ATLANTIQUE

■ **D'ouest en est. 1er avec un équipier :** *Webb* [13] ; 1856 ; sur une baleinière. 2es *Hudson* [13] et *Fitch* [13] avec une chienne ; sur canot ponté de 7,90 m, 3 mâts, 8 voiles en trapèze et 3 focs ; de New York à Deal en 35 j. **1er en solitaire :** *Alfred Johnson* [16], pêcheur de Shake Harbor (Nlle-Écosse) ; 1876 ; de Shake Harbor à Abercastel (Pays de Galles) en 46 j ; sur le *Centennial,* doris sans quille de 6,10 × 1,80 m, ponté, lesté de gueuses, 1 mât, 4 voiles. **1ers à la rame :** *George Harbo* et *Frank Samuelson* [13] partis 7-6-1896 de New York, arrivent aux îles Sorlingues 55 j après et remontent la Seine jusqu'à Paris (moyenne de 56 milles/j). **1er seul en bateau à rames :** *John Fairfax* [4] ; 20-1 au 19-7-1969 ; 5 600 km des Canaries à la Floride. **1er en kayak :** *Romer* [9] ; 1928 ; du cap St-Vincent (Portugal) aux Canaries puis à St-Thomas (Antilles), perdu ensuite sur la route de New York ; *Deutsches Sport,* kayak en toile de 6 × 0,95 m avec petite voilure de ketch 5 m². **Par une femme seule :** *Ann Davidson* [4] ; 1952-53 ; écrivain, 38 ans ;

EXPÉDITIONS DE THOR HEYERDAHL
(Norvégien, né le 6-10-1914)

Expédition du Kon-Tiki. *1947 :* liaison Pérou-Polynésie, avec 6 équipiers. *But :* prouver que les Indiens péruviens auraient pu aller peupler les îles polynésiennes du Pacifique Sud (les prédécesseurs des Incas et les ancêtres de certains Polynésiens actuels ayant adoré le même dieu solaire, *Kon-Tiki*). *Durée :* 101 j. *Distance :* 8 000 km.

Traversée de l'Atlantique avec un équipage à bord d'un radeau. *But :* prouver que les anciens Égyptiens auraient pu découvrir l'Amérique 2 500 ans avant Christophe Colomb, 2 000 ans avant les Vikings. *1re tentative* (1969) : le *Râ I* (en tiges de papyrus liées par des cordes sans un seul clou, sans armature, réalisé par des artisans du lac Tchad sur le modèle des bateaux égyptiens figurant sur les bas-reliefs des sépultures) remorqué de la région des Pyramides à Safi (Maroc), après plus de 5 000 km, se retrouve en situation critique à 900 km à l'est de la Barbade (Antilles) et 250 km du sud-est de la Martinique, la poupe saturée d'eau car sans corde pour la maintenir au-dessus de l'eau. *2e tentative* (1970) : le *Râ II* construit au Maroc par des Indiens du lac Titicaca, mesure 3 m de moins, équipage 8 hommes, poupe à corde, parcourt Safi-la Barbade en 57 j après 6 270 km, en se laissant entraîner par le courant et les alizés.

Expédition du Tigris. *1977-78 :* navigation sur l'océan Indien à partir de l'Iraq pour voir jusqu'où ont pu aller les Sumériens (2000 à 300 av. J.-C.). Bateau en panneaux de roseaux cueillis en Iraq d'après un procédé ancestral (long. 18 m, larg. 6 m, haut. 3 m, mât 10 m). Équipage international (11 membres).

Traversées à la rame de Gérard d'Aboville. 1°) *Atlantique* du cap Cod (USA) à Brest (Fr.) en 1980 (10-7 au 21-9) en 71 j 23 h sur le *Capitaine-Cook* (canot en bois de 5,60 m de long), 5 chavirages. **2°)** *Pacifique* de Soshi (Japon) [11-7-1991] à Ilwaco (État de Washington, USA, 21-11-1991 à 21 h 03) soit 6 290 milles (environ 10 000 km et 1 000 000 de coups de rame) sur *Sector*, architecte Jean Berret, 8 m de long, 1,80 m de larg. maximale, 150 kg à vide et 160 kg de nourriture lyophilisée, 3 paires d'avirons de 3 à 3,20 m, 3 dérives assurant la stabilité, 3 ancres flottantes pour éviter de reculer, 3 ballasts permettant de redresser en cas de chavirage (environ 30 chavirages), dessalinisateur actionné par le siège coulissant.

de Plymouth (G.-B.) à New York par Casablanca, Las Palmas, Dominique, Miami, New York ; sur *Felicity Ann*, sloop marconi de 7 × 2,15 m, tirant d'eau 1,40 m. **En pirogue** : *Liberia*, primitive en bois de 7,50 m. *Hannes Lindemann* [9] ; 1955-56 ; de Las Palmas à Ste-Croix (Antilles).

■ **D'est en ouest. 1er seul par le sud :** *Alain Gerbault* [3] (1893/16-12-1941 à Timor, ingénieur et tennisman) ; 1923 départ de Cannes ; de Gibraltar (15-5) à New York (15-9) en 101 j ; sur *Fire Crest*, cotre français, construit en 1892, 11 × 2,60 m, 3 500 kg de plomb sous quille et 300 kg de lest intérieur. **1er seul par le nord :** *R.D. Graham* [4], capitaine ; 1934 ; de Bantry à St-Jean-de-Terre-Neuve en 24,5 j, puis navigation solitaire dans les eaux du Labrador, Bermudes et retour ; sur *Emmanuel*, cotre de 9,15 × 2,58 m. **Seul au moteur :** *Marin-Marie* [3] ; du 23-7 au 10-8-1936 ; de New York aux îles Chausey en 18 j 16 h ; sur *Arielle*, 13 × 3,45 m, quille en fonte de 2 500 kg, 5 000 l de gasoil, moteur Diesel 50 CV, vitesse 8 nœuds, gouvernail automatique. Type de traversée très rare car les voiliers pourvus d'un moteur auxiliaire ne peuvent charger, en sus des vivres et de l'eau nécessaires, que peu de combustible. La précédente traversée avait été effectuée par *Newman* et son fils de 16 ans. **Record de la traversée à la rame en équipage :** *La Mondiale* : long. 15,60 m, 4 t, 8 postes de rameurs, 6 couchettes, équipage 11 Français ; 1992 : départ 25-3 de Santa Cruz de la Palma (Canaries), arrivée 29-4 à Trois-Îlets (Martinique) : 35 j 8 h (ancien record 73 j 6 h) soit 2 567 milles (4 754 km). Vitesse moy. 3 nœuds (5,5 km/h).

Pacifique

■ **D'est en ouest. 1er en solitaire :** *Bernard Gilboy* [13] ; 1882-83 ; de San Francisco aux parages de l'Australie, sans escale (6 500 milles, 164 j) ; recueilli à court de vivres ; sur *Pacific*, goélette de 6 m.

■ **D'ouest en est. 1ers en solitaire :** *Fred Rebell*, Letton ; 1931-33 ; charpentier ; 45 ans au départ ; de Sydney (Australie) à Los Angeles (USA) en 372 j ; sur *Elain*, dériveur à clin, 6 × 2,15 m, non ponté, sans moteur. *Alain Gerbault* [3] ; 1932 ; sur *Alain-Gerbault*, sloop marconi norvégien de 10,45 × 3,20 m, tirant d'eau 1,90 m, quille de 4 t en plomb, pas de moteur.

Tours du monde

■ **En solitaire. Sans moteur. Joshua Slocum** [13] (Canadien naturalisé Américain) ; 1895-98 ; 51 ans au départ ; de Yarmouth à Newport par le cap Horn et le cap de Bonne-Espérance ; sur *Spray*, sloop puis yawl de 11,20 × 4,32 m, tirant d'eau 1,27 m. **Harry Pidgeon** [13] ; 2 tours 1921-25 et 1932-37 ; *Islander*, seabird de 10,50 × 3,20 m, tirant d'eau 1,50 m. **Alain Gerbault** [3] de Cannes (25-4-1923) au Havre (31-7-1929) [par New York (15-9-1923), avec escale à Gibraltar du 15-5 au 6-6, revient passer 8 mois à Paris, revient à New York, fait réparer son bateau 2 mois et demi, repart de New York le 1-11-1924, passera par Panamá, Tahiti, Nlles-Hébrides, Le Cap] ; *Firecrest*, cotre fr. de 11 × 2,60 m, tirant d'eau 1,80 m. **Vito Dumas** [20] ; 1942-43 ; *Legh II*, ketch de 9,55 × 3,30 m, tirant d'eau 1,70 m. **Al Petersen** [13] ; 1948-52 ; ouvrier métallurgiste ; par Panamá et la mer Rouge ; cotre de 10,05 m. **John Guzzwell** [4] ; 1956-58 ; 25 ans au départ (le plus jeune circumnavigateur) ; *Trekka*, yawl de 6,25 m (le plus petit bateau ayant fait le tour du monde). **Peter Iangwald** [13] (Norvégien naturalisé Américain) ; 1959-64 ; *Dorothea*, cotre de 9,45 m. **Sir Francis Chichester** [4] ; du 27-8-1966 au 28-5-1967 ; *Gypsy Moth IV*, ketch en bois moulé, poids 10,5 t, long. 16,20 m, larg. 3,15 m, voilure 102,90 m². **Chay Blyth** [4] ; 1970-71 ; *British Steel*, ketch de 17,70 × 3,60 m ; sans escale d'est en ouest, 292 j. **Alain Colas** [3] ; 1973-74 (169 j) ; *Manureva*, ex-*Pen-Duick-IV*, trimaran, long. hors-tout 21,24 m, long. 20,12 m, tirant d'eau 0,80 m. **David Scott Cowper** [4] ; 1979 ; 225 j. **Henryk Jaskula** [17] ; voilier en bois de 14 m. **Yves Pestel** [3], 1979-80 ; *Spica*, voilier le plus petit engagé (9 × 3,12 m) ; part le 5-7-1979, chavire en juin 1980 après avoir doublé le cap Horn le long des côtes argentines. **Philippe Jeantot** [3] ; 1982-83 ; *Crédit-Agricole* ; 159 j. **Dodge Morgan** [13] ; 1986 ; *American Promise* ; 145 j 22 h 22 min. **Philippe Monnet** [3] ; 10-12-1986/19-4-1987 ; *Kriter-Brut-de-Brut* ; 129 j 19 h 19 min 10 s. **Olivier de Kersauson** [3] ; 1988-89 ; *Un-autre-regard* ; 125 j 19 h 32 min 33 s.

Avec moteur. Edward Miles [13] ; 1928-32 ; d'ouest en est par la mer Rouge et Panamá, très rare ; *Sturdy et Sturdy II*, 11,20 × 3,30 m, tirant d'eau 1,45 m, moteur Diesel 20 CV. **Louis Bernicot** [3] ; 1936-38 ; 52 ans au départ ; par Magellan et Le Cap ; *Anahita* 12,50 × 3,50 m, tirant d'eau 1,70 m, petit moteur. **Alfred Petersen** [13] ; 1948-52 ; *Stornoway*, cotre Colin Archer, long. 10,05 m, petit moteur. **A. Hayter** [4] ; 1950-55, colonel ; par la mer Rouge, contre la mousson, Panamá ; yawl à corne de 9,75 m. **Marcel Bardiaux** [3] ; 1950-58 ; *Quatre-Vents*, sloop marconi de 9,38 × 2,70 m, tirant d'eau 1,45 m, moteur 5-7 CV. **Jean Gau** [13] (Français naturalisé Américain) ; 1953-57, 51 ans au départ ; ketch de 11 × 3 m, tirant d'eau 1,40 m, moteur 20 CV. **Ed Allcard** [1] ; 1961-63 ; par cap Horn.

■ **Avec compagnon momentané. Sans moteur : Jacques-Yves Le Toumelin** [3] ; 1949-52, 28 ans au départ ; un équipier jusqu'à Papeete, ensuite seul ; *Kurun*, cotre norvégien de 10 × 3,55 m, tirant d'eau 1,60 m. **Tom Steele** [13] ; *Adios*, ketch. **Avec moteur : Tom Murnan** [13] ; 1947-52, 51 ans au départ ; sa femme avec lui par moments ; *Seven Seals II*, yawl en acier 9,15 m, 2 moteurs de 25 CV.

■ **Couples. Sans moteur. Joseph Merlot** [3] ; 1950-56, ingénieur ; avec sa femme et un enfant né en route ; sur un bateau de régate de 6 m de jauge ; par Panamá et Le Cap.

Autres grandes premières

■ **1re solitaire certaine : J.M. Crenston** [13] ; 1849 ; de New Bedford à San Francisco par le cap Horn ; 13 000 milles en 226 j sur *Toccra*, cotre de 12,30 m.

■ **1er raid seul avec un enfant : Blanco** [15] et sa fille de 8 ans ; 1931 ; de Barcelone à Tahiti par Panamá ; sur *Evalu*, goélette de 11,25 × 3,35 m, avec moteur.

■ **1re liaison en solitaire de l'Atlantique au Pacifique par le nord : Willy de Roos** ; 1977 ; sur *Williwaw*, ketch en acier de 13 m.

Quelques noms

Nota. – Tous Français sauf indication.

Aboville Gérard d' (5-9-45). Arthaud Florence (28-10-57). Auguin Christophe (10-12-59). Autissier Isabelle (18-10-56). Bardiaux Marcel (1910-2000). Bernicot Louis (1883-1952). Bertrand John (1959) USA. Bidégorry Pascal (15-1-68). Birch Michael (1-11-31) Can. Blyth Chay (1941) Écosse. Bombard Alain (27-10-24). Bouet Marc (1952). Bourgnon Laurent (16-4-66) ; Yvan (1971) Suisse. Buffet Marcel (14-5-22). Cadot Albert (1901-72). Cammas Franck (22-12-72). Caradec Loïc (1948, disparu en mer 1986). Cayard Paul (19-5-52) France-USA. Chéret Bertrand (23-5-37). Chichester Francis (1901-72) G.-B. Colas Alain (1943, disparu en mer 16-11-1978). Conner Denis (16-9-42) USA. David Franck (21-3-70). Delfour Pierre (1934). Desjoyeaux Michel (16-7-1965). Dumas Vito (1900-66) Arg. Elvstrom Paul (25-2-28) Dan. Fauroux Jacques (1945) ; Marie-Claude (1931). Fogh (1939) Dan. Follenfant Pierre. Gabbay Alain (1959). Gahinet Gilles (1949-84). Gautier Alain (18-5-62). Gerbault Alain (1893-1941). Gilard Daniel (1949-87). Gilboy Bernard (1852-1906) USA. Gliksman Alain (19-9-32). Haegeli Patrick (1945). Hénard Nicolas (1964). Hériot Virginie (1890-1932). Heyerdahl Thor (1914) Norv. Jeantot Philippe (8-5-52). Johnson Alfred (1850-1933) USA. Kersauson Olivier de (20-7-44). Kuwheide Willy (1938) All. Lacombe Jean (1919). Lamazou Antoine, dit Titouan (1955). Lebrun Jacques (20-9-10, †). Le Cam Jean (27-4-59). Le Toumelin Yves (2-7-20). Loday Yves (27-9-56). Loizeau Éric (3-10-49). MacArthur Ellen (8-7-76) G.-B. Madec Serge (1956). Malinowski Michel (10-3-42). Mallaret Bernard (1-5-55). Mankin Valentin (1941) URSS. Marin-Marie (1901-87). Maury Serge (24-7-46). Melges Harry (26-1-30) USA. Moitessier Bernard (1925-94). Morvan Patrick. Musto K. (1928) G.-B. Noverraz Louis (1902) Suisse. Pace Bertrand (16-8-61). Pahun Jimmy (18-5-62). Pajot Marc (21-9-53) ; Yves (20-4-52). Parisis Jean-Claude (1948). Parlier Yves (14-11-60). Pattison Rodney (5-8-43) G.-B. Péan Lionel (1957). Peponnet Thierry (7-9-59). Pestel Yves (1955). Peyron Loïck (1-12-59). Philippon Xavier (26-8-59). Pidgeon Harry (1874-1955) USA. Pillot Luc (10-7-59). Plant Mike († 1992) USA. Poupon Philippe (23-10-54). Riguidel Eugène (24-11-40). Slocum Joshua (1844-1909) USA. Tabarly Éric (24-7-31/tombé à la mer le 12-6-98 à 22 h 30). Terlain Jean-Yves (1944). Turner Ted (1935) USA. Vatine Paul (20-7-57/disparu en mer 21-10-99). Viant André (1920-99). Vidal Jean-Marie (1945). Weld Phil (1914-84) USA. Williams Geoffrey (1944) G.-B.

Vol libre

Légende : (1) Afr. du Sud. (2) All. (3) Danemark. (4) Australie. (5) Autriche. (6) Brésil. (7) France. (8) G.-B. (9) Italie. (10) Nlle-Zélande. (11) Rép. tchèque. (12) Suisse. (13) USA.
Abréviation : cat. : catégorie.

Deltaplane

■ **Origine. 1948** l'Américain Francis Melvin Rogallo, travaillant pour la Nasa, fabrique des prototypes d'ailes en forme de delta. **1964** Bill Moyes et **1969** Bill Bennett les mettent au point. **Matériel.** Structure en aluminium haubannée, voile en Dacron (surface environ 15 m², longueur 3 m, envergure 10 m). Le pilote est suspendu sous l'appareil à l'aide d'un harnais. Décollage : tracté derrière voiture ou ULM, en montagne en courant pour prendre son envol. **Pratiquants (libéristes) dans le monde.** 150 000 (*France* en 1997 : 26 977 licenciés, 632 clubs, 146 écoles). **Coût.** 8 000 à 15 000 F.

■ **Championnats du monde.** *Créés* 1976. **Messieurs. Ind. 1991 à 95** Suchanek [11]. **98** Gehrman [2]. **99** Ruhmer [5]. **Par éq. 1991** G.-B. **93** U.S.A. **95, 98** Autriche. **99** Brésil. **Dames. Ind. 1991** Leden [8]. **93** Dieuzeide [7]. **94** Müller [12]. **96** Castle [13]. **98** Schwiegerhausen [2]. **2000** Castle [13]. **Par éq. 1991** France. **93, 94** Suisse. **96, 98, 2000** Allemagne.

■ **Championnats d'Europe.** *Créés* 1978. **Ind. Messieurs. 1978, 80** Thévenot [7]. **82, 84** Hughes [8]. **86 à 92** Pendry [8]. **94, 96** Suchanek [11]. **98, 2000** Ruhmer [5]. **Par éq. 1982** G.-B. **84** Allemagne. **86 à 90** G.-B. **94, 96, 98, 2000** Autriche. **Dames. 1996, 98** Mocellin [10]. **2000** Rigg [8].

■ **Championnats de France. Messieurs. 1990** A. Palmarini. **91, 92** A. Chauvet. **93** R. Walbec. **94** E. Poulet. **95, 96** R. Walbec. **97** E. Poulet († 25-4-98). **Dames. 1993 à 95** Mocellin. **97** M.-J. Rufat.

■ **Records (au 1-6-2001). Aile delta contrôlée exclusivement par déplacement du poids du pilote. Distance en ligne droite :** *catégorie générale* : 495 km, Larry Tudor [13] (1-7-94), *dames* : 370,87 km, Tove Heaney [4] (2-12-98), *biplace* : 368,8 km, Tomas Suchanek [11] (7-12-94). **Distance ligne droite à but fixé :** *cat. générale* : 488,2 km, L. Tudor [13] (3-7-90), *dames* : 306,72 km, Tiki Mashy [13] (19-6-98). **Distance but fixé et retour :** *cat. générale* : 330,6 km, R. Holtkamp [4] (12-2-98), *dames* : 143,8 km, T. McLellan [10] (3-1-99), *biplace* : 132 km, Kevin Klinefelter [13] (6-7-89). **Distance en triangle :** *cat. générale* : 357,12 km, T. Suchanek [11] (16-12-2000), *dames* : 167,2 km, Nichola Hamilton [8] (2-1-97). **Gain d'altitude :** *cat. générale* : 4 343 m, L. Tudor [13] (4-8-85), *dames* : 3 970 m, J. Leden [8] (1-12-92), *biplace* : 3 500 m, T. Suchanek [11] (7-12-94).

Parapente

■ **Origine. 1978-27-6 :** 1er vol à Mieussy, sur la pente du Perthuiset (Hte-Savoie), par Jean-Claude Betemps, Gérard Bosson et André Bohn. **1986** se développe. **Matériel.** Issu du parachute rectangulaire, type aile. Actuellement, voiles elliptiques très effilées. Équipement : environ 10 kg, tient dans un sac à dos. **Principe.** Évoluer en parachute, voilure ouverte, après un décollage voile déployée à partir d'un site de montagne, ou en plaine avec des vols tractés.

■ **Records (au 1-6-2001). Distance en ligne droite,** *cat. générale* : 335 km Godfrey Wenness [4] (16-11-98), *dames* : 285 km Kat Thurston [8] (25-12-95), *biplace* : 220,4 km Richard Westgate [8] (30-11-2000). **Ligne droite à but fixé,** *catégorie générale* : 250,2 km Alex-F. Louw [1] (18-12-94), *dames* : 166 km Kat Thurston [8] (20-7-95), *biplace* : 215 km Richard Westgate [8] (30-11-2000). **A but fixé et retour,** *cat. générale* : 169,9 km Pierre Bouilloux [7] (3-8-95), *biplace* : 129,6 km Jürgen Stock [5] (15-5-2000). **Sur parcours triangulaire,** *cat. générale* : 203,6 km Klaus Heimhofer [5] (19-6-2000), *dames* : 92,8 km Karin Wimmer [5] (11-5-98), *biplace* : 101,9 km Jürgen Stock [5] (20-6-2000). **Gain d'altitude,** *cat. générale* : 4 526 m R. Whittall [8] (6-1-93), *dames* : 4 325 m K. Thurston [8] (1-1-96), *biplace* : 4 380 m Richard Westgate [8] (1-1-96).

■ **Championnats du monde.** *Créés* 1989. *Non disputés* en 1999. **Messieurs. Ind. 1989** Dalla Rosa [9]. **91** Whittall [8]. **93** Bollinger [12]. **95** Stiegler [2]. **97** Pendry [8]. **Par éq. 1989** France. **91, 93, 95, 97** Suisse. **Dames. 1991** Amman [2]. **93** Perner [3]. **95** Leden [8]. **97** Cochepain [7].

■ **Championnats d'Europe.** *Créés* 1988. **Messieurs. 1992** Strohl [2]. **94** Pacher [9]. **96** *non disputés.* **98** Pacher [9]. **2000** Eisenhut [12]. **Par éq. 1992** Allemagne. **94** France. **96** *non disputés.* **98, 2000** Suisse. **Dames. 1988** Claret-Tournier [7]. **92** Lacrouts [2]. **94** Bernier [7]. **96** *non disputés.* **98** Cochepain [7]. **2000** Crandal [3].

■ **Championnats de France** (*créés* 1987). **Messieurs. 1987** Gali. **88** Barboux. **89** Claret-Tournier. **90** Remond. **91 à 94** Berod. **95** Bourquin. **96** Grillet-Aubert. **97** Exiga. **Dames. 1987** Berger. **88, 89** Claret-Tournier. **90** Knaff. **91, 92** Berger. **93** Périllat. **94** Berger. **95** Cochepain. **96** *annulé.* **97** Bernier.

☞ **Féd. française de vol libre :** 4, rue de la Suisse, 06000 Nice ; *créée* 1974. Féd. aéronautique internationale, 93, boulevard du Montparnasse, 75006 Paris ; *créée* 1905.

■ **Accidents mortels. En France :** *de 1975 à janv. 1979* : 20 (sur 511 accidents). *80* : 10. *81* : 6. *82* : 8. *83* : 7. *84* : 7. *85* : 5. *86* : 4. *87* : 4. *88* : 10. *91* : 6 (sur 543). *92* : 7 (sur 549). *93* : 20 (sur 576). *94* : 15 (sur 541). *95* : 12 (sur 475). *96* : 12 (sur 428). *97* : 13 (sur 510). *98* : 4.

Volley-ball

■ **Origine. 1895** imaginé et baptisé le 2-12 *mintonette* par William G. Morgan (USA), exporté grâce à l'YMCA. **1900** Canada 1er pays étranger à adopter le jeu. **1913** figure aux 1ers jeux orientaux de Manille. **1917** rebaptisé *volley-ball* par le professeur Halstead ; introduit en France par les troupes américaines. **1929** 1er tournoi intern. à Cuba. **1936** création de la Féd. fr. de volley-ball **1947** création de la Féd. intern. de volley-ball à Paris. **1964** jeux Olympiques.

■ **Règles. Terrain :** 18 × 9 m. *Poteaux* distants de 10 à 11 m. *Filet* : 9,50 × 1 m de large ; partie supérieure à 2,43 m (messieurs seniors et juniors), 2,24 m (dames seniors et juniors). **Ballon :** sphérique de couleur vive (bleu, jaune, blanc) pour les compétitions internationales et professionnelles ; 270 g (+ ou − 10 g) ; circonférence 66 cm (+ ou −1 cm). **Équipes :** 12 joueurs dont 6 sur le terrain. **Match :** joué en 3 sets gagnants de 25 points en marque continue et en cas d'égalité à 2 sets partout, un 5e set appelé *Tie-break* se déroule en 15 points. Les 2 équipes doivent avoir un écart minimum de 2 points à la fin de chaque set. Pendant le match, *l'entraîneur* peut donner des instructions à son équipe, debout ou en se déplaçant dans la zone libre limitée par la ligne des 3 mètres et la ligne de côté du terrain proche de son banc, sans gêner ou retarder le déroulement du jeu. Chaque équipe peut inscrire au sein de son équipe un *libero*, joueur défensif ne pouvant jouer qu'aux postes 1, 5 et 6 qui doit avoir un maillot différent des autres joueurs de son équipe, sur la feuille de match ; dans la composition de l'équipe, son nom doit être suivi de la lettre L, sur la fiche de position du 1er set, son numéro doit être ajouté, ses remplacements ne sont pas comptabilisés et sont illimités. Le libero entre et sort du terrain en franchissant la ligne de côté, devant le banc de son équipe, entre les lignes d'attaque et de fond, lorsque le ballon est hors jeu et avant le coup de sifflet du service (même avant le set). **Principe :** faire tomber le ballon dans le camp adverse et l'empêcher de toucher le sol de son propre camp en l'envoyant réglementairement par-dessus le filet avec n'importe quelle partie du corps. Chaque équipe dispose de 3 touches pour retourner le ballon en plus du contact du contre. Le ballon doit être frappé et non tenu ni lancé. Il est mis en jeu par un service effectué par le joueur arrière gauche (poste 1) derrière la ligne du fond de terrain. L'échange se termine lorsque : le ballon touche le sol ; est envoyé dehors ; une équipe commet une faute ; ne peut pas renvoyer correctement le ballon. L'équipe qui remporte l'échange marque un point et obtient le droit de servir.

■ **Licenciés. Dans le monde :** 217 fédérations affiliées, 340 millions de pratiquants, 260 millions de licenciés. **En France :** 97 479 licenciés et 1 796 clubs au 9-2-2001.

Principales épreuves

Légende : (1) Ex-URSS. (2) Turquie. (3) Russie. (4) Grèce. (5) All. depuis 1991. (6) Youg. (7) USA. (8) Italie. (9) All. féd. avant 1991. (10) France. (11) Croatie. (12) Pays-Bas. (13) Norvège. (14) Suisse. (15) Tchéc. (16) Brésil. (17) Portugal. (18) Belgique. (19) Argentine. **Jeux Olympiques** (voir p. 1443 b).

■ **Championnats du monde.** (*créés* 1949). **Messieurs 1949, 52** URSS. **56** Tchéc. **60, 62** URSS. **66** Tchéc. **70** All. dém. **74** Pologne. **78, 82** URSS. **86** USA. **90, 94, 98** It. **Dames 1949, 52, 56, 60** URSS. **62, 67** Japon. **70** URSS. **74** Japon. **78** Cuba. **82, 86** Chine. **90** URSS. **94, 98** Cuba.

■ **Championnats d'Europe.** *Tous les 2 ans.* **Messieurs** (*créés* 1948). **1993, 95** Italie. **97** P.-Bas. **99** Italie. **Dames** (*créés* 1949). **1993** Russie. **95** P.-Bas. **97, 99** Russie.

■ **Coupe du monde. Messieurs** (*créée* 1965). **1965** URSS. **69** All. dém. **77, 81** URSS. **85** USA. **89** Cuba. **91** URSS. **95** Italie. **99** Russie. **Dames** (*créée* 1973). **1973** URSS. **77** Japon. **81, 85** Chine. **89** Cuba. **91** URSS. **95, 99** Cuba.

■ **Supercoupe d'Europe.** *Créée* 1987. **Messieurs. 1995** Modène [8]. **96, 97** Cuneo [8]. **98** *non disputée.* **99** Trévise [8]. **2000** Paris Volley.

■ **Ligue des champions (Coupe d'Europe des clubs champions). Messieurs** (*créée* 1960). **1995** Sisley Trévise [8]. **96 à 98** Modène [8]. **99, 2000** Trévise [8]. **01** Paris Volley. **Dames** (*créée* 1961). **1994, 95** Ekaterinbourg [1]. **96** Parmalat Matera [8]. **97** Bergame [8]. **98** Dubrovnik [11]. **99, 2000** Bergame [8]. **01** Modène [8].

■ **Coupe d'Europe des vainqueurs de coupe** (*créée* 1973). **Messieurs. 1995** Daytona Modène [8]. **96** Olympiakos Le Pirée [4]. **97, 98** Cuneo [8]. **99** Cannes [10]. **2000** Paris Volley. **01** SC Espinho [17]. **Dames. 1995 à 97** Volley Modène [8]. **98** Moscou [3]. **99** Istanbul [2]. **2000** Pérouse [8]. **01** Asterix Kieldrecht [18].

■ **Coupe confédérale** (*créée* 1981). **Messieurs. 1995** Pallavolo Parme [8]. **96** Cuneo [8]. **97** Ravenne [8]. **98** Sisley Trevise [8]. **99** Palerme [8]. **2000** Rome [8]. **01** Macera [8]. **Dames. 1995** Ecoclear Sumirago [8]. **96** USC Muenster [14]. **97** Rome [8]. **98** C. Reggio Emilia [8]. **99** Naples [8]. **2000** Reggio Calabria [8]. **01** Vicence [8].

■ **Championnats de France de nationale I. Messieurs** (*créé* 1938). **1995** Cannes. **96 à 98** Paris-UC. **99** Poitiers. **2000, 01** Paris Volley. **Dames** (*créé* 1941). **1995, 96** Cannes. **97** Riom. **98 à 2001** Cannes.

■ **Coupe des as (coupe de France). Messieurs** (*créée* 1984). **1995** Cannes. **96** Poitiers. **97** Paris-UC. **98** Cannes. **99, 2000, 01** Paris-Volley. **Dames** (*créée* 1986). **1995** Riom. **96 à 2001** Cannes.

■ **Ligue mondiale masculine** (*créée* 1990). **1990 à 92** Italie. **93** Brésil. **94, 95** Italie. **96** P.-Bas. **97** Italie. **98** Cuba. **99, 2000** Italie. **01** Brésil.

■ **Grand prix féminin** (*créé* 1993). **1993** Cuba. **94** Brésil. **95** USA. **96** Brésil. **97** Russie. **98** Brésil. **99** Russie.

Quelques noms

Nota. – Tous Français sauf indication.

Arroyo Fred 1937. Baronnet Didier 1947. Blain Philippe 20-5-60. Boilot Évelyne 1959. Boulay Brigitte 1952. Bouvier Éric 5-1-61. Bouzin-Morana Marie-Christine 1961. Chambertin Laurent 29-9-66. Claidat Catherine 1966. Comte Michel 1943. Cousyn Nicole 1942. Daniel Éric 30-4-57. Devos Lionel 1960. Di Giantommaso Guy 1953. Duflos Patrick 29-12-65. Dujardin François 1-2-23. Fabiani Alain 14-9-58. Faure Stéphane 11-1-57. Folcheris Janine de. Genson Michel 1947. Granvorka Séverin 1947 ; Franck 10-3-76. Jurkovitz Jean-Marc 20-4-63. Kiraly Karch [7] 1960. Kondra Vladimir [1] 16-11-50. Lebleu M.-Christine 1959. Lesage Brigitte 1964. Marquet Luc 15-4-70. Mazzon Hervé 12-6-59. Meneau Christophe 31-1-68. Menias Janine de 1932. Miguet Jean-Loup 1956. N'Gapeth Éric 17-7-59. Penigaud Christian 27-2-64. Powers Pat [7] 1958. Prawerman Anabelle 13-1-64. Quistorff Agnès 1963. Raguin-Bouvier Dominique 1952. Rigaud Cécile 20-4-69. Rossard Olivier 31-8-65. Rousselin Marc 1951. Savin Alexandre [1] 1957. Spinosi Françoise 1929. Smith Christopher St John 7-5-57. Tillie Laurent 1-2-63. Yoko Jacques 1972. Zaitsev Vlatcheslav [1] 1952.

Beach-volley

☞ *Légende :* voir col. a.

■ **Origine.** Difficile à établir. Selon certains, serait apparu sur les plages de Californie durant la 2de Guerre mondiale, et les 1ers tournois se déroulèrent au début des années 1950 ; selon d'autres, le 1er véritable tournoi fut organisé au Brésil en 1941 sous le nom de *Campeonato de Aeria* ; cependant, en **1924** 1res traces de tournois organisés en France (Palavas-les-Flots). **1938** coupe Capiani. **1993** reconnaissance par le CIO du beach-volley (2 contre 2) comme sport olympique. **1996** épreuve olympique à Atlanta (USA).

■ **Match.** Joué en 2 sets gagnants de 21 points (3e set en 15 points) avec 2 points d'écart. On peut marquer un point sur chaque ballon. Système de comptage des points RPS (Ralley Point System) *idem* volley en salle. **Terrain :** 8 × 8 m. **Ballon :** sphérique de couleur vive, d'un matériau résistant à l'humidité. **Équipes :** se joue à 2 contre 2. **Principes :** *idem* que volley-ball, sauf pour passer le ballon dans le camp adverse : il faut le frapper ou l'envoyer à 2 mains dans le prolongement de la ligne perpendiculaire aux épaules ; le contre compte comme une touche de balle.

■ **Championnats de France. Messieurs** (*créés* 1994). **1994** Burlas-Bouvier. **95** Deloffeu-Meucci. **96** Conte-Uguet. **97** Penigaud-Glowacz. **98** Canet-Hamel. **99, 2000** Daguerre-Znatchkovsky. **Dames. 1994** Prawerman-Feumi Jantou. **95** Cordier-Gilli. **96** Cordinier-Filisetti. **97, 98** Tari-Salinas. **99** Arjona-Riera. **2000** Syren-Luge.

■ **Championnats d'Europe. Messieurs** (*créés* 1993). **1993** Penigaud-Jodard [10]. **94** Kvalheim-Maaseide [13]. **95** Klok-Van der Kuip [12]. **96** M. et P. Laciga [14]. **97** Kjemperud-Hoidalen [13]. **98, 99, 2000** M. et P. Laciga [14]. **Dames** (*créés* 1994). **1994** Mush-Buhler [5]. **95** Borger-Paetow [5]. **96** Hudkova-Tobiasova [15]. **97** Bruschini-Solazzi [8]. **98** Dosoudilova-Celbova [15]. **99, 2000** Bruschini-Solazzi [8].

■ **Championnats du monde. Messieurs. 1997** Para-Guilherme [16]. **99** Emanuel-Loiola [16]. **2001** Baracetti-Conde [19]. **Dames. 1997** Silva-Pires [16]. **99, 2001** Behar-Shelda [16].

Water-polo

Généralités

■ **Origine. 1869** né en G.-B. **Vers 1870** 1re codification. **1895** pratiqué en France. **1900** inscrit aux JO.

■ **Règles.** 2 *équipes* de 13 joueurs, dont 7 dans l'eau et 6 remplaçants. **But :** 3 m de large, haut. 90 cm au-dessus de l'eau si 1,50 m de prof. ou plus et 2,40 m au-dessus du fond du bassin si prof. de moins de 1,50 m. **Ballon :** 400 à 450 g. **Bassin :** 10 à 20 m de large, 20 à 30 m de long, 1,80 m de profondeur. Pour les dames, au max. 25 m de long sur 17 m de large. *Matches* en 4 périodes de 7 min de jeu effectif séparées par un intervalle de 2 min.

■ **Résultats. Championnats du monde. Messieurs** (*créés* 1973). **1973** Hongrie. **75** URSS. **78** Italie. **82** URSS. **86, 91** Yougoslavie. **94** Italie. **98, 2001** Espagne. **Dames** (*créés* 1986). **1986** Australie. **91** P.-Bas. **94** Hongrie. **98, 2001** Italie.

Coupe du monde ou **coupe Fina** (*créée* 1979). **Messieurs. 1979** Hongrie. **81** URSS. **82, 83** All. féd. **86, 87** Youg. **91** USA. **93** It. **95** Hongrie. **97** USA. **99** Hongrie. **Dames. 1979** USA. **80** P.-Bas. **81** Canada. **82-87** *non disputée.* **88, 89, 91** P.-Bas. **93** USA. **95** Australie. **97, 99** Pays-Bas.

Championnats d'Europe. Messieurs (*créés* 1926). **1991** Youg. **93, 95** Italie. **97, 99** Hongrie. **2001** Yougoslavie. **Dames. 1991** Hongrie. **93** Pays-Bas. **95** Hongrie. **97, 99** Italie. **2001** Hongrie.

Coupe d'Europe des clubs champions (*créée* 1963). **Messieurs. 1989, 90** Zagreb. **91, 92** Split. **93** UJ Pest (Hongrie). **94, 95** Catalunya. **96** Dukatmladost Zagreb. **97, 98** Themis Posilippo Naples. **99** Split. **2000** Bercej. **Dames. 1991** Budapest. **92, 93** Donk Gouda. **94** Budapest. **95, 96** Nereus (P.-Bas). **97** Skif Moscou. **98** Catane. **99** Moscou.

Championnats de France. Messieurs. 1973 à 91 CN Marseille. **92 à 95** Cacel Nice. **96** CN Marseille. **97 à 2001** Nice. **Dames** (*créés* 1984). **1984, 85** RCF. **86 à 93** Dauphins de Créteil. **94 à 99** ASPTT Nancy.

Nombre de licences et de clubs (en France, en 1999)

Fédérations olympiques. Athlétisme 161 402 (clubs 2 025). Aviron 51 373 (334). Badminton 63 465 (1 121). Base-ball *(en 1998)* 9 702 (209). Basket-ball 417 292 (4 580). Boxe 18 591 (586). Canoë-kayak 27 742 (740). Cyclisme 102 973 (2 667). Équitation 412 940 (6 539). Escrime 119 810 (727). Football 1 840 482 (19 863). Gymnastique 200 268 (1 599). Haltérophilie 15 962 (463). Handball 218 831 (2 374). Hockey 7 042 (107). Judo 543 440 (5 810). Lutte 9 938 (239). Natation 191 678 (1 273). Pentathlon 614 (17). Ski 206 183 (1 710). Sports de glace 40 078 (277). Taekwondo 31 050 (582). Tennis 1 010 602 (9 260). Tennis de table 170 900 (4 373). Tir 139 926 (2 083). Tir à l'arc 51 661 (1 606). Triathlon 17 172 (524). Voile 77 020 (1 190). Volley 110 654 (1 807). **Non olympiques.** Aïkido/Budo 27 361 (746). Automobile *(en 1998)* 25 953 (207). Balle au tambourin 3 239 (43). Ballon au poing 810 (40). Ball-trap 37 240 (545). Boxe française 26 541 (637). Char à voile 2 155 (87). Course d'orientation 5 152 (248). Football américain 3 524 (80). Golf 277 459 (1 285). Javelot tir sur cible 2 138 (103). Joutes 3 749 (81). Karaté 189 681 (3 432). Longue paume 1 333 (44). Motocyclisme 30 019 (1 086). Motonautisme *(en 1998)* 2 125 (86). Parachutisme 16 500 (322). Pelote basque 16 484 (318). Roller-Skating 29 153 (622). Rugby 265 970 (1 698) ; à XIII 13 563 (107). Ski nautique 11 170 (223) ; Pulka 973 (38). Squash 16 895 (460). Surf 4 803 (102). Twirling bâton 8 288 (342).

Parasportives et loisirs. Aéromodélisme 19 793 (654). Aéronautique 47 486 (600). Aérostation 607 (96). Billard 30 376 (705). Boules 420 755 (7 208). Course camarguaise 1 831 (217) ; landaise 2 808 (264). Cyclotourisme 116 728 (3 104). Danse sportive *(en 1998)* 40 061 (543). Étude sport sous-marin 156 222 (2 038). Giraviation 225 (16). Montagne 46 291 (1 041). Pêche au coup 9 283 (805) ; en mer 12 652 (230) ; sportive 1 828 (85). Planeur-ULM *(en 1998)* 4 521 (400). Quilles 23 809 (778). Randonnée 130 804 (2 123). Sauvetage en mer (secourisme) 23 198 (254). Spéléologie 7 833 (552). Tai-chi chuan 11 731 (290). Vol à voile 10 661 (167). Vol libre 26 268 (649).

Multisports. FFEPM 164 177 (2 569). FFEP GV 460 014 (7 269). FSCF *(en 1998)* 217 132 (1 832). FSGT 239 326 (3 956). FFST *(en 1998)* 14 906 (394). Police française 28 050 (375). Sport rural 104 433 (1 408). Ufolep 425 561 (10 541). USFEN *(en 1998)* 20 654 (65).

Handicapés. Handisport 13 751 (485) voir p. 1468 c. Sport adapté 20 911 (602). Sourds de France 3 110 (83).

Scolaires et universitaires. FNSU 90 113 (517). UGSEL 660 627 (3 165). UNSS 828 774 (9 415). Usep 873 892 (12 648). Union nat. des clubs universitaires 87 153.

Source : ministère de la Jeunesse et des Sports.

Sports divers

■ **Aérobic** (voir **Gymnastique,** p. 1414 c).

■ **Aéroglisseur léger.** Véhicule amphibie sur coussin d'air. Propulsion aérienne (hélices carénées). Hauteur de franchissement d'obstacles abrupts, sans ralentissement, 20 cm. Montée de rampes de 60 %. 1 à 4 personnes. Flottabilité minimale requise hors coussin d'air : 150 % de la masse totale en charge. *Masse :* 100 à 400 kg. *Vitesse :* 60 à 140 km/h. *Prix :* manufacturé 50 000 à 140 000 F ; construction amateur 20 000 à 30 000 F. *Classement :* par formules, suivant cylindrée totale moteur(s) installé(s), avec 2 moteurs : sustentation et propulsion séparées ou 1 moteur : ventilateur commun pour sustention et propulsion. *F 3 :* - de 250 cm³. *F 2 :* 350 à 499 cm³. *F 1 :* 500 cm³ à illimitée. *Utilisations :* tourisme, raids et compétition. Cours d'eau non navigables, marais, terrains mouvants. Clubs affiliés à la Fédération française motonautique (FFM), 49, rue de Boulainvilliers, 75016 Paris.

☞ **Épreuves : Championnats du monde :** 1 rencontre de 4 courses par formule tous les 2 ans dans un pays adhérant à World Hovercraft Federation. **2000.** *F 1 :* Scanavino (It.), *F 2 :* Turnbull (G.-B.), *F 3 :* Scotney (G.-B.). **Championnats d'Europe :** 1 rencontre de 4 courses par formule dans chaque pays adhérent de European Hovercraft Federation. **2000.** *F 1 :* Scanavino (It.), *F 2 :* A.-C. Dupont (Fr.), *F 3 :* Godicheau (Fr.). **Championnats de France :** 5 rencontres de 4 courses par formule. Sur circuit mixte : 50 % eau, 50 % terre ou marécage, de 2,5 à 5 km en 7 tours. **2000.** *F 1 :* F. Dupont, *F 2 :* A.-C. Dupont, *F 3 :* Godicheau. **Raid :** Rhône et Saône, 1re quinzaine d'août.

■ **Bandy.** Origine écossaise *(shinty)*, joué en Angl. fin XIXe s., et Irlande *(ice hurling)*. Sur glace avec crosse, il a donné naissance au hockey sur glace. Populaire en Scandinavie et Pologne. *Terrain :* 90 à 110 × 45 à 65 m en plein air ; 45 à 61 × 26 à 30 m sur patinoire. *Buts :* long. 3,50 m, haut. 2,10 m. *Balle :* 6 cm, 58 à 62 g.

■ **Billard américain.** 2,72 × 1,50 m. 15 billes numérotées et 1 bille blanche. Plusieurs règles du jeu (jeu de la 8, de la 9, 14/1 continu). **8 pool :** *créé* par Barie Denton. 2,13 × 1,21 m. 16 billes (1 blanche, 1 noire, 7 rouges, 7 jaunes). La blanche est remise en jeu en cours de partie.

■ **Billard français. Origine :** variété de croquet pratiquée sur le sol avec des arceaux. En G.-B., Italie, *France* et Esp., règles semblables (boules en bois de 10 cm de diam., manipulées par un bâton en bois recourbé appelé *ball-yard* en G.-B., *virlota* en Esp., *biglia* en Italie et *bilhard* en France). Puis on joue sur une table en conservant les mêmes règles. **1469** 1re table de billard construite en France pour Louis XI (8 pieds de long, 4 de large, poids 618 livres, dalle en pierre recouverte de 4 aunes de drap d'Elbeuf). **1550-1630** développement en Fr. **1588** 1er traité imprimé à Paris. **1634**-*16-5 :* 1re utilisation du mot *académie* pour salle de billard. **1636** Richelieu crée pour la noblesse l'Académie royale, rue du Temple, où on enseigne le billard. **XVIIe s.** les médecins de Louis XIV lui conseillent le billard pour faciliter la digestion. **Jusqu'au XVIIIe s.** les femmes jouent autant que les hommes. **1790** parties jouées en 30 points (et non plus 16) ; 800 salles à Paris. **1823** Mingaud invente le *procédé* (rondelle de cuir au bout de la queue, qui permet de nouveaux coups). **1835** adoption en G.-B. des bandes de caoutchouc et de l'ardoise. **1850** jeu à 3 billes en France. **1873** 1er championnat du monde professionnel, victoire du Français Garnier. **1903**-*mars* Féd. française créée. **1928** Union mondiale créée. **Table :** en chêne ou pierre calcaire, puis marbre. Depuis milieu XIXe s. en ardoise (1836 en France). *Dimensions standard* (en m) : 2,40 ; 2,60 ; 2,80 (la plus utilisée), 3,10. *Poids :* 2,40 m : 550 kg ; 3,10 m : 1 100. *Ardoise* épaisseur : 20 à 60 mm. *Dimensions hors-tout :* pour 2,80 m : 1,53 × 2,80 ; 3,10 m : 1,70 × 3,10. *Délimitation de surface de jeu :* par opposition de bandes de caoutchouc hautes de 36 à 37 mm. *Hauteur entre sol et surface supérieure du cadre :* 0,75 à 0,80 m. Tapis en drap de laine. *Prix :* pour 2,40 m : 20 000 F ; 3,10 m : 35 000 à 60 000 F. **Salle :** *dimension minimale* (en m) : pour 2,40 : billard de 5,10 × 4 ; 3,10 : 6 × 4,50. *Plusieurs billards : distance minimale d'un mur :* 1,40 m avec distance entre billards de 1,25 m. **Billes :** 61 à 61,5 mm de diamètre. 2 blanches dont une marquée d'un point et 1 rouge. A l'origine en ivoire, actuellement en matière synthétique (sel de baryum, formol et phénol) plus souple. *Prix moyen d'un jeu de billes :* 400 F. **Queue :** érable, 1,30 à 1,40 m ; 460 à 600 g. *Canon* ou *fût :* le diamètre, plus important que celui de la flèche, donne du poids à la queue ; il est en 2 parties pour pouvoir insérer entre les 2 des bagues d'acier qui en modifient le poids. *Flèche :* partie haute, se visse sur le fût, diamètre 10 à 13 mm, au bout virole en plastique blanc recouverte du procédé. John Carr (G.-B.) eut l'idée d'enduire le procédé de craie en poudre pour augmenter l'adhérence. *Prix d'une queue :* non « démontable » 200 F, avec variation de poids et d'équilibre plus de 2 500 F. Le *chevalet* (position de la main gauche sur le tapis) permet de soutenir et de guider la queue avant de frapper la bille. **Modes de jeu :** *partie libre :* caramboler les 2 autres billes pour que le point compte et faire la série la plus longue. *Bande :* toucher une bande avant de faire le point. *Trois bandes :* en toucher 3. *Jeux de cadre :* billard divisé par des tracés faits sur le tapis soit à 47 cm des bandes, soit à 71 cm. *Disciplines : 47/1* (à un coup) où il n'est pas possible de faire plus de 1 point dans 1 carré sans sortir 1 des 2 autres billes de ce cadre. *47/2* (sortir 1 bille du carré après 2 points réussis dans le cadre). *71/2 idem. Billard artistique :* réussir des coups imposés formant des figures spectaculaires. **Fautes :** faire sauter une ou plusieurs billes hors du billard ; toucher une bille avec un objet quelconque ; jouer avant que les billes ne soient immobiles ; jouer sans toucher le sol au moins avec un pied ; faire sur la bande des points de repère ; queuter (il y a *queutage* lorsque le *procédé* est encore en contact avec la bille du joueur, quand celle-ci rencontre soit la 2e bille, soit une bande).

Nombre de licenciés : Japon 1 500 000 ; *France (en 2000)* 31 000. **Nombre de billards en France :** *1812 :* 550 ; *1840 :* 1 100 ; *1930 :* 4 000 ; *1991 :* 2 314.

☞ **Épreuves :** CHAMPIONNATS DU MONDE : depuis 1918 (cadre 47/2), 1929 (cadre 71/2) ; D'EUROPE : depuis 1926 (47/2) ; DE FRANCE : 1925 (libre), 1924 (47/2 et 71/2).

■ **Billard snooker. Origine : 1875** *créé* par des officiers anglais de l'armée des Indes. **1927** championnats du monde. 3,84 × 2,60 m. Comprend 6 blouses (ou poches), 1 à chaque coin et 1 au milieu de chacune des 2 grandes bandes. Selon les coups réussis, le joueur marque 1 à 7 points selon la couleur de la boule. *But :* blouser avec une queue et une boule blanche 21 autres boules (15 rouges, 1 noire, 1 bleue, 1 jaune, 1 verte, 1 rose, 1 brune) dans les 6 poches. **Licenciés :** USA 200 000. G.-B. 50 000. *France 1 000* (dont 100 femmes) surtout dans le Sud-Est.

☞ **Champions du monde : 1987 à 89** Steve Davis, **90** Stephen Hendry. **91** John Parrott. **92 à 96** S. Hendry. **97** Ken Doherty. **98** John Higgins. **99** S. Hendry. **2000** Mark J. Williams. **01** Ronnie O' Sullivan.

Meilleurs joueurs : Luc Alain (né 1964), Carl Badoual (né 1974), Paul Coldrick (né 1972), David Gilet (né 1974), Stephen Hendry (Écosse, né 13-1-1969), Éric Lepaul (né 1970).

■ **Billes.** Fabriquées, en terre, jusqu'en 1984 par l'usine de Mirabel et Blacons près de Crest (Drôme ; une partie transformée en musée en 1985). Fabrication de billes en terre reprise depuis octobre 1999 sous la direction de Charles Desbois. **Fédération :** Usine à billes, quartier les Foulons, 26400 Mirabel-et-Blacons.

Jeu du triangle (jeu français) : sur un terrain rectangulaire de 5 m × 2 m, plat et sans obstacles, sont disposées avec un gabarit 15 billes en terre (exclusivement) de diamètre 17 mm (max.) dans un triangle équilatéral de côté 45 cm et placé à environ 80 cm des bords du terrain à l'une de ses extrémités. On tient la bille entre le pouce et l'index (à la lyonnaise), le dos de la main touchant le sol. Le but du jeu est de sortir plus de billes que son adversaire, en les ayant annoncées. Se joue en simple ou en doublette.

Ring (jeu anglais) : plateau de bois circulaire de 1,90 m de diamètre placé à 10 cm du sol, recouvert de 2 à 3 mm de sable fin et sec. On place au centre du ring 49 billes en terre, de 17 mm de diamètre, serrées en forme de cercle. Équipes de 2, 3 ou 4 joueurs. **But :** sortir plus de billes que son adversaire ; on est éliminé si sa bille reste sur le ring sans avoir sorti de bille et si un adversaire l'a chassée ; la bille de tir a un diamètre max. de 19 mm, est en pierre, verre, porcelaine ou marbre.

☞ **Principales épreuves :** *triangle* et *ring :* concours locaux et interclubs ; championnats supprimés depuis 1996.

Meilleurs joueurs : J.-P. Benoît, M. Guichard, J. Reygnier, P. Pilot, R. Benoît.

■ **Bird sail** (voile d'oiseau). Brevet déposé en 1980. Voile convexe, formée de morceaux de tissu en forme de trapèze cousus ensemble, munie de 2 fenêtres transparentes, tendue sur une armature en tube. 3 tubes en forme de triangle et reliés à l'armature permettent de se diriger. Grâce à cette voile, on peut se déplacer sur l'eau avec une planche munie d'une dérive, sur terre avec des patins à roulettes, sur neige avec des skis ou sur glace avec des patins. La voile étant libre, le corps sert de mât.

■ **Bobsleigh. Origine :** *créé* vers 1888-89 en Suisse, selon la tradition, par l'Anglais Wilson Smith ; en fait, probablement par le major Bulpett (USA) et le forgeron Mathis (de St-Moritz). A l'origine véhicule forestier. De l'anglais *to bob* (secouer) et *sleigh* (traîneau). **Pistes :** Cervinia, Cortina, Igls, Koenigsee (1re piste à réfrigération artificielle construite au monde), Lake Placid Winterberg, La Plagne (1991), St-Moritz, Sinaia, Oberhof, Lillehammer, Nagano. **Fédération internationale :** *créée* 1923. **Langue officielle :** français. **Compétition :** sur 4 patins de 70 cm, largeur 8 mm bob à 2, 12 bob à 4 (pour le diriger) et des freins en râteau pour limiter la vitesse : frein arrière à main (interdit dans les virages) ; il est interdit de freiner en cours de compétition sous peine d'élimination ; *longueur* 3,80 m à 4 places et 2,70 à 2, *largeur* 0,67 m entre les patins. *Poids maximal* avec équipiers : 385 kg à 2 et 630 kg à 4. Les *bobbeurs* ont des casques et ne doivent pas porter de lest sur eux. *Épreuves* en 2 et 4 manches : concurrents répartis par tirage au sort. Départ donné lancé.

Disciplines. Bob sur route (piste naturelle) : neige damée ou gelée, bob presque toujours surélevé, patins de 12 à 16 mm. *Routes à bob en France :* Macôt-la Plagne (Savoie), Thones (Hte-Savoie), Briançon (Htes-Alpes). **Sur piste artificielle** (réfrigérée) : en glace vive, sol, parois et murs, virages relevés jusqu'à 90°, long. 1 200 à 1 500 m, rayon des virages tel qu'il est impossible d'excéder plus de 3 s une force centrifuge de 4 g, dénivellation de 110 m, 6 virages au min., 4 courbes et 1 labyrinthe. Il faut au moins 14 virages pour une homologation olympique (14 pistes dans le monde).

☞ **Principales épreuves :** JEUX OLYMPIQUES (voir p. 1469 b). CHAMPIONNATS DU MONDE : *boblet* ou *bob à 2* (*créé* 1931) : **1990** Suisse. **91, 93, 95, 96** All. **97** Suisse. **99** Italie. **2000, 01** All. *Bob à 4* (*créé* 1924) : **1990** Suisse. **91** All. **93** Suisse. **95 à 97** All. **99** France. **2000, 01** All. COUPE DU MONDE DES PILOTES BOB A 2 (*créée* 1984) : **1990** Poikans [5]. **91, 92** Appelt [4]. **94, 95** Lueders [6]. **96** Langen [1]. **97** Lueders [6]. **99** Langen [1]. **2000** Reich [2]. **01** Annen [2]. COUPE DU MONDE DES PILOTES BOB A 4 : **1996, 97, 99** All. **2000** Suisse. **01** All.

Nota. – (1) All. féd., (2) Suisse, (3) USA, (4) Autriche, (5) URSS, (6) Canada.

CHAMPIONNATS D'EUROPE SUR PISTE ARTIFICIELLE : *bob à 2 :* **1990, 93** Suisse. **94** All. (Langen-Joechel). **95** All. (Langen-Kohlert). **96** All. (Langen-Hampel). **97** Italie (Huber-Tartaglia). **99** Suisse (Goetschi-Acklin). **2000** All. (Lang-Hoppe). **01** All. (Langen-Zimmermann). *Bob à 4 :* **1990** Autriche **91** Suisse. **92** All. **94** Italie. **95, 96** All. **97** Suisse. **99** All. **2000** France. **01** All. SUR PISTE NATURELLE (*créé* 1981 à Thones-Manigod, Hte-Savoie, par le François Jacques Christaud) : *bob à 2 :* **1989** France. **90** Suisse. **92** France. **93** *annulés.* **94 à 96** Italie. **97** Suisse. *Bob à 4 :* **1989** Italie. **90** Autriche **91** Suisse. **92** Italie. **93** *annulés.* **94, 95** Italie. **96** All. **97** Autriche.

CHAMPIONNATS DE FRANCE SUR ROUTE : *bob à 2 :* **2000** C. et R. Josserand. *Bob à 4 :* **2000** Ougier-Lauvergniat-Ougier-Berard. PISTE OLYMPIQUE : *bob à 2 :* **1990** ASC Macôt-La Plagne. **91** Macôt. **92** ASC Macôt-La Plagne. **93** La Plagne. **94** Fourmigué-Tanchon. **95, 96** Mingeon-Hostache. **97** Alard-Lechanony. **98, 99** Mingeon-Hostache. **2000** Thomas-Fouquet. **01** Mingeon-Paviot. *Bob à 4 :* **1991** La Plagne. **92** *non disputé.* **93, 94** La Plagne. **95** Albertville. **96, 97** La Plagne. **98** Thomas-Vanhoute-Michel-Morisseau. **99** *annulée.* **2000** Mingeon-Hostache-Robert-Vanhoutte. **01** Mingeon-André-Fouquet-Paviot.

☞ **Quelques noms :** AULAN Jean d' (Fr.). BARRACHIN Jean-Yves (Fr., né 1961). CHRISTAUD Gérard (Fr., né 1947). CHRISTAUD Jacques (Fr., né 1948). EAGAN Edward (USA, 1897-1967). GERMESHAUSEN Bernhardt (All., né 21-8-1951). HOPPE Wolfang (All., né 14-11-1957). MINGEON Bruno (Fr., né 7-9-1967). MONTI Eugenio (It., né 23-1-1928). NEHMER Meinhardt (All., né 13-7-1941). SCHAERER Erich (Suisse).

■ **Boomerang. Origine :** Australie (100 à 300 g), Égypte, Europe. **1969** Association de boomerang d'Australie créée. **1971** 1ers championnats d'Australie. A l'origine (plus ancien connu : à Wyrie Swamp), objet bipale de chasse aux oiseaux ; aujourd'hui, certains objets de sport bipales, tripales ou de formes diverses sont assimilés au boomerang par des amateurs ; fabriqués en bois massif, contreplaqué ou contrecollé, plastiques, certains agglomérés, bristol ou métal. **Épreuves** (portée 20 m minimum) : distance, endurance, durée de vol, plus grande distance atteinte avant retour au lanceur, précision de retour, séries de rattrapages à la main, combinés. *Tournois* chaque année en Australie, USA, Japon, Europe (P.-Bas, It., *France*, All., G.-B., Suisse). **Pratiquants :** quelques centaines de milliers au moins occasionnels dans le monde (en *France* plusieurs dizaines de milliers dont 500 entraînés). **France-boomerang association,** BP 62, 91002 Évry Cedex ; *1995 :* 400 licenciés, 30 clubs. **La Pérouse-boomerang-club de France,** *fondée* en 1980 : 6, rue des États-Généraux, 78000 Versailles. **Musée historique du boomerang et des bois de jet** (en cours de transfert).

Records du monde (au 1-6-2001). *Distance avant retour :* Manuel Schütz (Suisse) 238 m (1999). *Durée de vol avec retour à moins de 100 m du point de lancer :* Eric Darnell (USA) 1'44"87 (1997). *Durée de vol sans restriction :* Dennis Joyce (USA) 2'59"94 (1987). *Vitesse :* Adam Ruhf (USA) 14"60 pour 5 lancers-rattrapés (1996). *Combiné « Aussie Round » :* John « Moleman » Anthony (USA) 95 points sur 100. *Rattrapages consécutifs :* Yannick Charles (Fr.) 1 251 (1995). *Précision :* Fridolin Frost (All.) 50 sur 50 (1999). *Endurance :* Yves Cazé (Fr.) 80 rattrapages en 5 minutes (1998).

■ **Broomball on ice** (ou balai-ballon sur glace). Joué sur glace avec les mêmes règles que le hockey sur glace ; sans patins et avec un balai à la place de la crosse et une balle à la place du palet.

■ **Caber.** Consiste à lancer le plus loin possible un tronc d'arbre ou une poutre de plus de 4 m de long (caber). On le porte comme un drapeau, puis on le lance, le bout le plus fin servant de pivot lors de la chute et marquant la distance franchie. 3 essais. Surtout pratiqué en Écosse.

■ **Canyoning :** introduit en France vers 1980. Descente de canyons en combinaison de néoprène (nage, marche, descente sur corde). Commencée au XIXe s., l'exploration des canyons français s'est achevée dans les années 1980.

■ **Cerf-volant. Origine** (environ 2000 av. J.-C.) : Chine. Permet d'entrer en contact avec les dieux. Passe au Japon, Corée, Indonésie, Inde, Arabie, Europe. **1749** l'Écossais Alexander Wilson mesure avec lui la température de l'atmosphère. **1752** Benjamin Franklin étudie la foudre et crée le paratonnerre. **1888** Arthur Batut prend les 1res photos aériennes. **1901** Samuel Cody (G.-B.) brevète un cerf-volant de guerre soutenant un observateur. **1907** Union des cerfs-volantistes de France créée. **1990** 1er ch. de France de cerf-volant pilotable (figures imposées, libres et ballet). **Matériaux :** autrefois bambou et papier. Actuellement, aluminium, carbone, Kevlar, Mylar, fibre de verre, graphite, toile de spinnaker (Tyvek). **Catégories :** plat (monofil) ou à dièdre (losange, carré, rond) ; cellulaire composé de plusieurs éléments ou cellules (box, poly, tétraèdre) ; sans armature de type parapente (parafoil, stratoscope) ; pilotable à 2, 3 ou 4 lignes ; pouvant atteindre plus de 120 km/h ; trains de cerfs-volants (spécialité d'Extrême-Orient). **Pakistan :** plus grand festival du monde (plusieurs centaines de milliers) à Lahore pour le retour du printemps. **En France. Pratique** (en 1999) : plus de 150 000 ; + de 80 associations ; 1 600 licenciés. **Ventes :** plus de 300 000 dont un tiers pilotables. **Fédération internationale de cerf-volant** (*créée* avril 1989). **Cerf-volant-club de France** (*créé* 1977) : BP 186, 75623 Paris Cedex 13 (650 membres en 1998). **Fédération française de vol libre,** 4, rue de Suisse, 06000 Nice.

Records. *Altitude* (non homologué) : 11 554 m par Steven Flack, USA. *Durée :* 180 h 17' du 21 au 29 août 1982, USA. *Longueur :* 1 034 m. *Puissance :* + de 8 t de traction, France. *Surface :* 553 m², P.-Bas. *Surface de voiture :* 1 900 m², Nlle-Zélande. *Vitesse :* 184 km/h. *Train en fil :* 2 233 cerfs-volants, *pilotable :* 253 cerfs-volants.

■ **Courses de lévriers** (*greyhound racing*) à ne pas confondre avec le *coursing,* sorte de chasse à courre avec lièvre et lévriers. **Origine :** États-Unis. **1927** en Angleterre. Courantes en Irlande, Australie, autres pays de culture anglaise. **Courses :** disputées par des lévriers greyhounds (6 à 8 par course) sur des distances usuelles de 350 à 600 m. **Pistes :** à l'origine en herbe, maintenant presque toutes en sable. **En France. 1879**-*28-11 : 1re course* organisée par Eugène Chapus à Bagatelle le 28-11-1879. **1890** fondation du Coursing Club. **1933**-*25-2* décret réglementant l'autorisation des courses de lévriers et le fonctionnement du pari mutuel. **1936** cynodrome fixe à Courbevoie (utilisé jusqu'au 13-4-1951 ; une course s'y est déroulée le 24-3-1996). **Cynodromes :** 15 fixes (Blagnac, Maulevrier, Soissons, Carnoux, Chatillon-La Palud, Libourne) + 19 itinérants. *Courses organisées* (en 1999) : 153 réunions avec pari mutuel (gagnant, placé, jumelé, trio) par 16 sociétés. *Chiens engagés :* 976 [1 006 en 1998 dont 672 Whippets, 243 Greyhounds et 91 lévriers d'autres races (afghans, salukis, petits lévriers italiens, barzoïs)]. **Propriétaires** (en 1998) : 368. **Fédération française des Stés de courses de lévriers,** 130 *bis,* avenue Georges-Pompidou, 33500 Libourne.

■ **Courses de traîneaux à chiens. Origine :** *début XXe s.,* devient un sport en Amér. du Nord. *1994* exhibition aux JO de Lillehammer. **Pays pratiquants :** Afr. du Sud, All. Amér. du Sud, Andorre, Australie, Autriche, Belgique, Canada, Croatie, Danemark, Espagne, Finlande, *France,* G.-B., Hongrie, Italie, Japon, Luxembourg, Nlle-Zélande, Norvège, P.-Bas, Pologne, Portugal, Rép. tchèque, Russie, Slovaquie, Slovénie, Suède, Suisse, USA. **Chiens**

(en %, estimation mondiale) : alaskan huskies 60, siberian huskies 35, alaskan-malamute 1, groënlandais 1, samoyède 0,5, autres 2,5. **Vitesse :** 15 à 30 km/h selon les épreuves. **Épreuves :** *traîneau :* portant un homme (appelé *musher*) tiré par 3 à 25 chiens. *Pulka scandinave :* ski de fond derrière 1 à 4 chiens attelés à une *pulka* (petite luge). Distances sprint 2 ou 3 manches de 8 à 25 km, moyenne distance 50 à 100 km par jour, longue distance plus de 100 km.

☞ **Principales courses :** IDITAROD ou ROUTE DU SÉRUM (Alaska, d'Anchorage à Nome) : *créée* 1973 par Joe Redington, 1 800 km, annuelle, rappelle l'épidémie de diphtérie de 1925 pendant laquelle des traîneaux se relayèrent pour apporter des vaccins. ALPIROD : *créée* 1988, supprimée 1996 ; **1995 :** 1 000 km en 15 étapes à travers Autriche, Suisse, France, Italie. VAINQUEUR : Leegaard (Norv.) ; *supprimée* 1996. YUKON QUEST : entre Whitehorse (Canada) et Fairbanks (Alaska) 1 800 km, annuelle, réputée la plus difficile. EUROTROPHÉE PERFORMANCE, plus grande course hors neige en Europe, depuis 1983 à Nantes, Caen et Le Mans, environ 150 attelages, 50 000 spectateurs. **Championnat du monde. IFSS :** 2001, Fairbanks (Alaska). **Moyenne distance :** 2001 en All. **Championnat du monde sprint FISTC/FFPTC :** 1999, Donovaly. **Championnat d'Europe ESDRA sprint et WSA** (pures races) : 2001 à Cuvery (Fr.).

Nota. – Au printemps 1988, Jean-Louis Étienne (Fr.), Goeff Sommers (G.-B.), Will Steger (USA), Keizo Funatsu (Japon), Victor Boyarski (URSS) et Bernard Prud'homme (Fr.), avec 32 chiens de traîneau, ont traversé le Groenland du sud (Narssarssuaq, départ le 18-4) au nord (79° N-60° O, arrivée le 16-6), soit 6 300 km.

En France. Fédération française de pulka et traîneau à chiens : *siège :* 5, rue du Pavé, 78490 Le Tremblay-sur-Mauldre ; *communication :* La Savaudière, 44470 Carquefou. Environ 40 clubs, 1 200 licenciés (*1er en France :* Cl. Performance du traîneau à chiens). *Pt :* Dominique Anée (fondateur, médaillé Jeunesse et Sports 1996). Réservée aux chiens nordiques de race pure. **Des sports de traîneau, de ski-pulka et cross canins** (seule délégataire) : rue des Moraines Veraz, 01170 Gex. Environ 70 clubs, ouverte à tous les chiens aptes, avec ou sans pedigree ; délivre un brevet fédéral pour les professionnels (valeur de brevet d'État au tableau A).

■ **Courses d'orientation. Origine : 1850** Suède. **Règles :** course individuelle en terrain varié, sur un parcours matérialisé par des postes que le concurrent doit découvrir dans un ordre imposé, par des cheminements de son choix, en se servant d'une carte. Peut se pratiquer à pied, à vélo tout terrain en été, et à ski de fond en hiver. **Compétition :** 500 manifestations annuelles. **Fédération française de course d'orientation** (300 000 pratiquants), BP 220, 75967 Paris Cedex 20. **Pratique :** 53 pays.

■ **Cricket. Nom :** étymologie incertaine, viendrait de l'ancien français *stiquet,* petit pieu servant de but à certains jeux, ou de l'anglais *cric,* houlette de berger. **Histoire : 1550** se développe en Angleterre. **1709**-*29-6 :* 1er match inter comtés entre Kent et Surrey à Dartford, Kent. **1744** le London Club rédige les 1res règles. **1787** Marylebone Cricket Club (MCC) créé. *1788, 1835, 1884, 1947, 1980, 1990* et *1992* (révisions des règles). **1900** inscrit aux JO de Paris. **Pratique :** Afr. du Sud. Angleterre (sport national). Antilles anglaises. Australie. *France :* environ 20 clubs dont Standard Athletic Club à Meudon-la-Forêt et Cricket-Club de Thoiry. Inde. Nlle-Calédonie. Nlle-Zélande. Pakistan. **Terrain :** pelouse ovale d'environ 75 m de rayon au centre de laquelle se trouve la zone de jeu (20 × 3,66 m), à chaque extrémité 2 guichets (3 piquets de 81,5 cm de haut répartis sur 22,8 cm de large et surmontés de 2 pièces de bois de 11 cm qui tombent sous les chocs). **Joueurs :** 2 équipes de 11. Chemise blanche ou crème, pantalon de flanelle, casquette à visière (si besoin), gants pour le batteur et le gardien, protège-jambes, ceinture protectrice, souliers à crampons. **Balle :** très dure, en cuir rouge, avec coutures, circonférence 23 cm, poids 172 g. **Batte :** en bois de saule, poignée de caoutchouc, long. 96,5 cm, larg. de la pelle 10,8 cm, poids 1,028 kg. **Durée du match :** selon le niveau de 1 à 5 j, à raison de 6 h par j, coupées par des pauses pour les repas (dans les matchs de plus de 2 j tous les joueurs doivent en général passer 2 fois à la frappe). **Jeu :** victoire à l'équipe ayant marqué le plus de courses (*runs* aller-retour) de batteur d'un guichet (but) à l'autre tandis que la balle est en jeu. Le batteur est éliminé quand le guichet est abattu ou quand la balle est reprise en l'air par un joueur adverse.

☞ **Épreuves principales. Messieurs :** *G.-B. :* ch. d'Angleterre (County Championship), Sunday League, Natwest Trophy, *Afr. du Sud :* Currie Cup, *Australie :* Sheffield Shield, *Antilles :* Red Stripe Cup, *Nlle-Zélande :* Plunket Shield/Shell Trophy, *Inde :* Ranji Trophy. **Coupe du monde :** test-matches : rencontres internationales entre Afr. du Sud, Angleterre, Austr., Antilles, Banglasdesh, Inde, Pakistan, Nlle-Zélande, Sri Lanka, Zimbabwe. **Dames : coupe du monde.**

■ **Croquet. Origine : XIe s.** jeu de mail en France (se joue avec une crosse ou un maillet). **XIIIe s.** les Anglais s'en inspirent et créent le *croquet* en Irlande et le *golf* en Écosse. **1857** règles fixées en G.-B. **Depuis** régi par la *World Croquet Federation.* **Règles :** le jeu consiste à faire passer les boules de bois sous des arceaux avec des maillets. *Joueurs (maximum) : 4. Roquer :* se dit du joueur qui en frappant sa boule en touche une autre. Il joue alors une 2e fois (*roquer*) : il place sa boule contre la boule roquée et frappe à suivre sur sa boule le coup de croquet.

☞ **Épreuves :** CHAMPIONNATS DE FRANCE (*créé* 1989) : **1989, 90** Grochain, **91** Dourthe, **92** Grochain, **93, 94** Y. Ravez, **95** O. Ravez, **96** Y. Ravez. COUPE DES DAMES (*jouée en* 1993), **1993** Gabette. MONDIAL (*créé* 1991) : **1991, 92, 94** Fulford (G.-B.). **95** Clarke (G.-B.). **97** Fulford (G.-B.).

■ **Curling. Origine : 1510** *1er club* formé à Kilsyth (Écosse). **Vers 1700** 1res pierres rondes avec poignée. **1838**-25-7 création du Grand Caledonian Curling Club à l'hôtel Waterloo d'Édimbourg. Devient en 1843 le Royal Caledonian Curling Club. La charte de fondation comporte l'essentiel des règles actuelles. **1912** apparaît en France (Chamonix). **1924** JO de Chamonix, sport de démonstration ; *Féd. française de curling* créée. **1966** Féd. internat. de curling créée. **1988 et 92** sport de démonstration aux JO. **1992**-*juillet* déclaré discipline olympique. **Règles :** se joue sur glace avec des pierres (appelées *stones*) rondes et concaves sur le haut et le bas (19,86 kg), munies de poignées démontables, venant en grande partie de la carrière de granit et de porphyre de l'île d'Ailsa Craig (Écosse). Pour polir la glace, on utilise des *brosses* en crin ou en tissu synthétique en Europe, des *balais* (en paille de riz) au Canada et aux USA. *Piste :* longueur 44,50 m, largeur 4,75 m. *Cible ou maison :* cercle de 1,83 m de rayon à 38,43 m du lanceur, formé de 3 cercles concentriques et du centre appelé *tee.* **Équipes :** 2 de 4 joueurs lançant chacun 2 pierres alternativement par *end* ou jeu. **Partie :** en 8 ou 10 ends (2 h à 2 h 30).

☞ **Épreuves :** COUPE STRATHCONA (*créée* 1903) se jouait entre Écosse et Canada ; vainqueurs : Can. en 1903, 09, 12, 23, 38, 57, 65 ; Éc. : 1921, 48, 50. CHAMPIONNATS DU MONDE (*créés* 1959). **Messieurs. 1993 à 96** Canada. **97** Suède. **98** Canada. **99** Écosse. **2000** Canada. **01** Suède. **Juniors garçons. 1995, 96** Écosse. **97** Suisse. **98 à 2001** Canada. **Dames** (*créés* 1979). **1995** Suède. **96, 97** Canada. **98, 99** Suède. **2000, 01** Canada. **Juniors filles. 1994 à 96** Canada. **97** Écosse. **98** Canada. **99** Suisse. **2000** Suède. **01** Canada. CHAMPIONNATS D'EUROPE : **Messieurs. 1994, 95** Écosse. **97** All. **98** Suède. **99** Écosse. **2000** Finlande. **Dames. 1995** All. **97** Suède. **98** All. **99** Norvège. **2000** Suède. CHAMPIONNATS DE FRANCE (depuis 1925) : **Messieurs. 1995 à 99** Megève. **2000** *non disputé.* **01** Mégève. **Juniors garçons : 1993 à 99** Megève. **2000** *non disputé.* **Dames. 1995** St-Gervais. **96 à 98** Megève. **99** St-Gervais. **2000, 01** Megève. **Juniors filles. 1994, 95** St-Gervais. **96** Megève. **97, 98** Chamonix. **99** Megève. **2000** *non disputé.* **01** Chamonix.

☞ **Eisschiessen :** variante jouée en Allemagne, Autriche, Italie (Tyrol S.), Suisse, Tchéc., Youg. ; *disque* de bois cerclé de fer, 5 à 6 kg, hauteur totale maximale 35 cm dont poignée 15 à 20 cm, corps 6 à 13 cm, diamètre 27 à 29 cm. **Jam Can Curling :** variante canadienne. Se joue avec des pots de confiture remplis de ciment.

■ **Deck-tennis.** Souvent pratiqué sur le pont des paquebots. **Terrain :** *simples* 3 à 4,60 × 9,10 à 12,20 m, *doubles* 4,30 à 4,60 × 8,50 à 10,40 m. **Principes :** lancer un anneau de caoutchouc de 18 cm de diamètre au-dessus d'un filet tendu à 1,52 m du sol, sans le heurter. Le joueur qui attrape l'anneau doit le relancer sans changer de main ni bouger les pieds. Un joueur perd un point quand l'anneau touche le sol dans son propre camp. Une ligne tracée à 90 cm du filet délimite une *zone neutre* dans laquelle l'anneau ne peut pas tomber. On compte les points comme au tennis (d'où son nom d'*anno-tennis*).

■ **Décathlon olympique moderne. Composition :** 10 épreuves sportives choisies parmi les sports pratiqués en France et réparties sur un an. *2 disciplines obligatoires :* course à pied, natation. *8 libres :* athlétisme (course, saut, lancer), natation (vitesse, demi-fond, sauvetage), locomotion (marche, cyclisme, patinage sur roulettes, course d'orientation), force (grimper, haltérophilie, parcours), nautique (aviron, canoë, kayak), adresse (tir, bowling, sport collectif tels basket, football, rugby), neige et glace (ski alpin et de fond, randonnée nordique, patinage de vitesse), brevet ou classement (tennis, judo, karaté, escrime, équitation, alpinisme, gymnastique, voile, planche, plongée, ski nautique, patinage artistique, randonnée alpine, golf, tennis de table, tir à l'arc). **Conditions particulières :** pas plus de 3 courses d'athlétisme, pas plus de 3 brevets ou classements cotés. Performances cotées de 10 à 1 100 pts. Obtention d'un certificat (moins de 5 000 pts) ou d'un diplôme (plus de 5 000 ; médaille de bronze au min. 6 000, d'argent 7 000, or 8 000, trophée du décathlonien 9 000). *Commission nat. du décathlon olympique moderne :* Maison du sport français, 1, avenue Pierre-de-Coubertin, 75640 Paris Cedex 13.

☞ **Épreuves :** MEILLEURE PERFORMANCE FRANÇAISE. **Messieurs.** *Seniors : 1 :* **1995** N. Rhein. **96, 97** B. Jouve. **98** B. Matherion. **99** B. Jouve. **2000** A. Deroche. *Seniors 2 :* **1990 à 2000** J.-P. Divaret. *Seniors 3 :* **1991 à 98** M. Mahé. **99** J. Dehedin. **2000** M. Mahé. *Juniors 1 :* **1995** M. Mikol. **96** M. Duroyon. **97 à 99** L. Salavert. **2000** R. Avenard. *Juniors 2 :* **1996** A. Vanneste. **97** R. Jouve. **98, 99** M. Duroyon. **2000** L. Salavert. *Juniors 3 :* **1995** S. Duroyon. **96** A. Duroyon. **97, 98** A. Vanneste. **99** S. Dreno. **2000** M. Duroyon. **Dames.** *Seniors 1 :* **95** K. Delagrée. **96** M. Grandjon. **97** S. Journet. **98, 99** V. Gole. **2000** V. Alchair. *Seniors 2 :* **91 à 99** E. Duroyon. **2000** E. Mabille. *Seniors 3 :* **1990 à 2000** E. Robard. *Juniors 1 :* **1995** M. Mikol. **96, 97** A. Lemire. **98** S. Barrière. **99** L. Mercier. **2000** G. Lemire. *Juniors 2 :* **1996** M. Dehaut. **97** A. Dennetières. **98** A. Lemire. **99** E. Meallet. **2000** C. Ranson. *Juniors 3 :* **1995, 96** Ch. Duroyon. **97, 98** M. Dehaut. **99** N. Planques. **2000** M. Dalouche.

■ **Échasses.** En patois landais, appelées *tchanques* et formées de la jambe (*escasse* d'où le mot) et de l'étrier (*ampaleyre* ou *paouse pé*). **Histoire : 1891** Sylvain Dornon va de Paris à Moscou (2 945 km) en 58 j (moy. journalière 50 km). 1re course Bordeaux-Biarritz et retour, 498 km en 6 j et 8 h. **1976** Paris-Bruxelles par 2 Landais de Seignosse. **1980** Joe Bowen, de Los Angeles au Kentucky, 4 840 km, du 20-2 au 26-7. **1981** John Russel (USA) fait 31 pas sur des échasses de 12 m de haut, pesant chacune 18 kg. **1984** Vieux-Boucau/Sète, 520 km en 12 j, Serge Bélestin et Vincent Graciette. Bordeaux/Paris 560 km en 8 j, Patrick Larrieu. *Record de l'heure* seul en piste, Serge Bélestin : 13,93 km. **1985** Bordeaux/Genève 720 km en 11 j, Patrick Larrieu. **Échasses** en bois (haut. 0,60 à 1,30 m) fixées aux jambes par des lanières de cuir. **Échassiers** (France) : 480 répartis dans 27 groupes landais, dont 180 sont licenciés course. **Compétitions :** *catégories :* seniors 8 à 12 km ; juniors 6 à 10 km ; cadets 2 à 5 km ; féminines 6 à 10 km ; courses de relais (chaque équipe comprend 5 concurrents qui couvrent 1 km chacun) ; marathon (42 km). Souvent dans les Landes (finale à Dax en sept.). **Marathon de la Grande Lande** (*créé* 1971) : 42 km. **1985** Vincent Graciette (12,413 km/h).

■ **Faustball. Terrain :** 50 × 20 m, séparé par une corde tendue à 2 m du sol. **Équipes :** 2 de 5 joueurs. **Ballon :** circonférence 65 à 71 cm, 300 à 350 g, frappé du poing. **Jeu :** le ballon peut rebondir 3 fois et être touché à 3 reprises par 3 équipiers différents avant d'être renvoyé sans toucher la corde. Il ne peut tomber dans une *zone neutre,* délimitée par une ligne tracée à 3 m de la corde centrale. Un point par faute de l'adversaire. *Partie :* 2 × 15 minutes.

■ **Footbag.** Football joué avec une petite balle de cuir remplie de billes en plastique.

■ **Frisbee. Origine : 1871** William Russel Frisbie († 1903) fonde à Bridgeport (Connecticut) une usine de gâteaux, la *Frisbie Pie Company.* **1946** l'Américain Walter Morrisson ayant vu des étudiants et des militaires jouer avec des moules à tartes de la *Frisbie* met au point un disque volant en bakélite, le *Pluto platter.* **1955** la Sté californienne Wham'O lui achète les droits de son moule. **1967** elle crée l'*International Frisbee Association.* 1er championnat du monde à Pasadena. **1977 Fédération flying disc France** créée ; 1, avenue François-Mauriac, 94000 Créteil.

Disque : polyéthylène moulé. Poids, diam. et profil variant selon lancer et jeu. Le poids du bord d'attaque est plus lourd que la surface portante et le rapport diam./poids étudié pour donner un max. d'aérodynamisme. Fabriqués par la Wham'O. **Différents lancers :** *back-hand* ou revers, *side-arm* ou coup droit (les 2 lancers les plus utilisés), *overhand, thumber ;* reprise : 1, 2 mains, derrière le dos, la tête, en *nail delay.* **Compétitions :** *individuelles :* distance, précision, temps maximal en l'air, lancer-course-reprise, *disc-golf,* figures libres, discathlon. *Par équipes : guts, double-disc-court, ultimate* (joué à 7 contre 7, consiste à rattraper le disque dans la zone de but adverse). **Terrain d'ultimate :** 111 m de long × 37 m de large : 1 zone de jeu de 65 m, et 2 zones de but de 23 m. La progression sur le terrain se fait par passes, le lanceur ne devant pas marcher avec le disque, l'équipe adverse tente d'intercepter les passes ; les contacts sont interdits. Il n'y a pas d'arbitre, les joueurs annoncent les fautes. **Gain :** en 21 points avec au moins 2 points d'écart.

Statistiques : *joueurs :* plus de 8 000 000 [dont licenciés 3 000 000 (*France :* 31 clubs et 550 licenciés en 2000)].

Records (au 28-8-2000). Du monde : *distance (D.)* 211,32 m, Scott Stokely (USA, 6-4-1998), *temps maximal en l'air (TMA)* 16″ 72, Don Cain (USA), *lancer-course-reprise (LCR)* 92,64 m, Hiroshi Oshima (Japon), *précision (P.)* 25 sur 28, Myke Cloyes (USA, 1991). **D'Europe :** *D.* 166,42 m Morten Sandorff (Dan.), *TMA* 14″ 07 Magnus Nordin (Suède), *LCR* 79,82 m Nigel Thompson (G.-B.), *P.* 21/28 Langdon Mead (G.-B.). **De France :** *D.* 142,40 m Jean-Marie Hallier (1992) ; 92,47 m Anne-Sophie De Vos (en 1993). *TMA* 12″30 Michel Maisonnave (en 1993), 8″18 A.-S. De Vos (en 1993). *LCR* 75,51 m Michel Maisonnave (en 1993). *P.* 15/28 Fabrice Lemenon (en 1988).

☞ **Épreuves :** CHAMPIONNAT FÉDÉRAL 1re DIVISION D'ULTIMATE : *en salle :* **1989** Hot Frisbee Club Paris. **90, 91** Sun Frisbee Club Créteil. **92 à 97** Iznogoud FC Stains. **98 à 2000** Vibration Cergy-Pontoise. *En extérieur :* **1989** Hot FC Paris. **90** Sun FC Créteil. **91** Invalids FC Paris. **92 à 96** Iznogoud FC Stains. **97 à 2000** Vibration Cergy-Pontoise. CHAMPIONNATS D'EUROPE ET DU MONDE *tous les 2 ans en alternance.*

Disc-golf : pratiqué aux USA, au Japon, en Australie et en Europe ; introduit en France en 1996 : création en 1997 de PDGA (puis FDGA) France, association pour le développement du Disc-golf en France ; consiste à effectuer un parcours de 9 ou 18 *trous* (corbeille métallique) en un minimum de lancers avec des disques d'au moins 3 types différents (distance, approches, putt) selon la distance et les obstacles à contourner ; poids : 200 g ; diamètre : 21 cm maximum ; *en France :* 30 clubs, environ 500 licenciés. **FDGA France Disc-Golf Association :** 30a, rue des Jardiniers, 67000 Strasbourg.

■ **Fun-ball. Origine : 1970** en Australie ; en France : halfcourt. **Terrain :** 17,40 × 9 m ; tournois officiels : au minimum 18 × 9 m. *Revêtement officiel :* Fun-ball court (couleurs officielles vert et bleu). *Surface de jeu :* 13,40 × 6,10 m (bleu avec lignes jaunes ou blanches). *Filet :* à 82 cm de haut au centre et 85 cm aux poteaux. Le long du filet, 2 zones *out* rectangulaires (*incuts* de 66 × 205 cm de chaque côté du filet). *Ligne de service (knock-in) :* à 40 cm de la ligne de fond du court divisé en 2 zones. **Raquette :** à manche court, très maniable (48 à 52 cm de long, cordes unitaires, tension 10 à 12 kg, masse totale 330 à 380 g). **Balle :** orange ou jaune, 63 à 65 mm, 37 à 39 g, sans pression (conçue pour absorber l'énergie). **Règles de base :** pour chaque balle gagnée, 1 point. Le 1er à marquer 20 points gagne le *round* (set). Celui qui gagne 2 rounds gagne la partie ; à 19 points partout le round se décide à 21 points ; le perdant d'un round a le *knock-in* (service) au suivant ; le knock-in au-dessus de la tête est interdit. Le *knocker* (serveur) a droit à 2 essais, le 1er se jouant en zone 1, le 2e en zone 2. Balles de volée interdites avant que la balle ait traversé le filet 4 fois à chaque point joué. Après 5 points joués, le knock-in passe à l'adversaire. Le *returner* (receveur) attend hors de sa zone de jeu que le knocker touche la balle, et peut alors y entrer. **En tournoi :** match à 3 rounds gagnants ; au 5e round à 20 partout, la partie se décide au *winner-lap* (jeu décisif) à 9 points gagnants. **En France. Statistiques (half-court) :** *pratiquants* (en 2000) : plus de 50 000. *Terrains :* 1 500. *Clubs :* 120. **Fédération européenne (FEFB) :** rue de la Loge 35, CH-2502 Bienne, Suisse.

■ **Funsaki. Origine :** Asie du S.-E. **Balle :** allongée et en cuir. **En solitaire :** pour se détendre ou se muscler. **A 2 ou 4 :** on peut y jouer avec les règles du volley ou du tennis et un filet de badminton.

■ **Halfcourt** voir **Fun-ball** p. 1464 c.

■ **Hockey subaquatique. Origine :** *créé* en 1954 par Alan Blake, Angl. ; introduit en France en 1968 par Roger Chatelain, Montauban. Géré par la FFESSM, 24, quai de Rive-Neuve, 13007 Marseille. Se joue, en apnée, au fond d'une piscine (21 à 25 × 12 à 15 m, 300 m^2 minimum, 2 à 4 m de prof.). **Équipes :** 2 de 10 joueurs, dont 6 dans l'eau et 4 remplaçants, équipés d'un masque, de palmes, d'un tuba, d'un bonnet noir ou blanc, d'une crosse de la couleur du bonnet (250 à 340 mm de long) et d'un gant. Il faut marquer des buts en envoyant un palet en plomb (1,5 kg, diam. 8 cm, épaisseur 3 cm) dans le but adverse à l'aide de la crosse. **Match :** 2 périodes de 15 min, mi-temps de 3 min. **Pratiquants :** 200 clubs en France en 2001.

☞ **Épreuves : Championnats du monde. Messieurs : 1994, 96** Australie, **98** France. **2000** Australie. **Dames : 1994** Australie. **96, 98** Afr. du Sud. **2000** Australie. **Championnats d'Europe. Messieurs : 1995, 97** France. **99** P.-Bas. **Dames : 1993, 95, 97** France. **99** P.-Bas. **Championnats de France. Messieurs : 1993** Pontoise, **94 à 96** Le Chesnay. **97 à 2000** Pontoise. **Dames : 1994 à 2000** Pontoise.

■ **Horse ball. Origine : XVIIe s.** Argentine, les gauchos jouent avec un canard mort *(pato)* enveloppé dans un sac de cuir en guise de ballon. Tous les coups sont permis. **1796** l'Église excommunie les joueurs et refuse d'enterrer les morts au jeu. **1953** sport national (*balle* en cuir munie de 6 poignées) ; *but :* filet vertical à 2,70 m du sol. **1976** codifié en France par Jean-Claude Gast et Pascal Marry. **Terrain :** 65 × 35 m, 2 buts à 3,50 m de haut et 1 m de diam. **Équipes :** 4 cavaliers sur le terrain, 4 remplaçants dont 2 sur le banc de touche, casque, genouillères. **Partie :** 2 périodes de 10 min, mi-temps de 3 min. **Ballon :** taille identique à celle d'un ballon de football, muni de 6 anses en cuir. Après ramassage au sol, passes, touches et remises en jeu comme au rugby. Tir au but après 3 passes entre 3 joueurs. **Pratiquants :** All., Argentine, Autriche, Belgique, Espagne, *France* (environ 1 200 équipes), G.-B., Géorgie, Italie, Portugal.

☞ **Épreuves : Championnats d'Europe** (*créés* 1992). *Messieurs.* **1992 à 96** France. **97, 99** All. **Championnats de France. 1995 à 97** Aramon Gard. **98** Bordeaux. **99** Gonesse. **2001** Chambly.

■ **Hydrospeed. Origine :** *créé* 1978 par Claude Puch. **Flotteur :** en polyéthylène destinée à la nage en torrent, long. 95 cm, larg. 65 cm, haut. 30 cm. Bulbe frontal avec étrave, 2 poignées à l'intérieur pour le tenir, 2 flotteurs latéraux qui enserrent le bassin du nageur, coque de catamaran remplie de mousse expansée. Le nageur allongé sur l'hydrospeed porte palmes, combinaison, genouillères, gants, chaussons, casque et gilet de sauvetage obligatoire. **Pratiquants** (en 2000) : environ 20 000 en France.

☞ **Épreuves : Championnats de France** (*créés* 1990). **Descente. Messieurs : 1995 à 2000** G. Marpeau. **Dames : 1995** E. Chenal. **96** M. Frossard. **97** B. Snozzi. **98, 99** M. Frossard. **2000** A. Lebègue. **Slalom. Messieurs : 1996** V. Wouters. **97** C. Boulet. **98** G. Marpeau. **99** V. Wouters. **2000** F. Stortz. **Dames : 1996** M. Frossard. **97, 98** M. Frossard. **99** M.-F. Cartier. **2000** M. Frossard.

■ **Javelot tir sur cible. Origine :** la lance, arme primitive. **XIIe s.** traces en Champagne : disparition de la tige en bois, fer effilé et stabilisé dans le lancer par la fixation de plumes. **1364** se développe comme un jeu après le décret de Charles V interdisant les jeux de balle, ballons, dés et dérivés. **XVe et XVIe s.** en Flandres. **1900** jeu de javelot tir sur cible importé dans la région amiénoise et le nord de la Somme par les mineurs du Pas-de-Calais. **Matériel : cible :** composée de 2 cercles en fer, rigides et biseautés, dits *bagues* de diamètres intérieurs de 6 et 21 cm, centre à 85 cm du sol ; surface entre les 2 cercles rouges vif, intérieur petite bague blanc. **Bloc :** chevalet en peuplier surface minimale de 1 600 cm^2 recevant la cible. **Javelots :** pointe d'acier de 20 à 25 mm de diamètre et 6 à 10 cm de long ; une extrémité avec pointe effilée, l'autre avec bague munie de plume vissée. **Déroulement :** le lanceur se tient sur un plancher de 5 cm d'épaisseur, de 2 × 1 m, dont le bord doit être à 8 m de la cible. Chaque joueur lance à son tour 2 javelots ; javelot fiché entre la grande et la petite bague : 1 point, à l'intérieur de la petite bague : 2 points, si le javelot rebondit sur la petite bague : 1 point, sur la grande pas de point. **Fédération française de javelot tir sur cible :** Résidence Lionel-Menut, 80600 Doullens. *Licenciés :* 3 000.

■ **Jeu de balle au tambourin. Origine :** jeu de longue paume. **1923** Féd. française de jeu de balle créée. **1938** devient Féd. française de jeu de balle au tambourin. **1939** 1ers championnats organisés. **1955** les Français, influencés par la découverte du jeu italien, abandonnent le système du jeu des chasses pour lui substituer un règlement dit « jeu ouvert ». **1988** *Féd. intern.* créée. **Tambourin :** cercle de 28 cm tendu d'une peau en nylon et muni d'une poignée en cuir. **Battoir** pour la mise en jeu (batterie) : le battoir est un tambourin de 18 cm de diam., muni d'un manche (80 à 100 cm hors tout). Facultatif depuis 1994. **Balle** creuse en caoutchouc (78 g, 51 mm, rouge le jour, blanche la nuit). **Terrain** (80 × 20 m) : divisé en 2 camps par une ligne médiane appelée *basse* ou *corde*. **Équipes :** 2 de 5 joueurs dont 2 devant (cordiers), 1 au milieu (tiers), 2 au fond. **Règles :** envoyer la balle dans le camp de l'adversaire sans que celui-ci puisse la renvoyer. Toute balle jouée à la volée ou au premier bond tombant dans la limite du camp adverse est comptée comme bonne. Points comptés de 15 en 15 jusqu'à 45 et le jeu. Il y a avantage (à 45-45). *Partie* en 16 jeux. Le service change de camp après chaque jeu. **Jeu en salle :** terrain 34 × 16 m, zone neutre (utilisée seulement pour l'engagement) de 2 × 2 m de part et d'autre de la basse, 2 équipes de 3 joueurs, tambourin insonorisé, balles de mini-tennis.

Statistiques en France : *pratiquants licenciés, compétition et loisir :* environ 4 800. *Clubs :* 43 surtout dans l'Hérault, B.-du-Rh., Nord-Pas-de-Calais, Aude, Alpes-Maritimes, Corrèze, Gard, Oise. **Dans le monde :** All., Autriche, Belgique, Écosse, Hongrie, Italie, St-Marin, Suisse.

Féd. française du jeu de balle au tambourin (FFJBT) : Maison des sports, 200, avenue du Père-Soulas, 34094 Montpellier Cedex 5.

☞ **Épreuves : Coupe d'Europe des clubs** (*créée* 1993). **Championnats de France. Coupe de France. Matches internationaux** (dont Fr.-Italie). Équipes réparties en 9 séries. *Équipes de Nationale 1 :* Cournonsec, Cournonterral, Gignac, Notre-Dame de Londres, Vendémian, Lecausse-de-la-Selle, Cazouls d'Hérault, Montarnaud, Pignan, Poussan. **Championnat de France. Messieurs. 2000** N.-D.-de-Londres. **Dames.** N.-D.-de-Londres.

■ **Jogging.** Course à petite vitesse. Quand la gorge commence à brûler, quand le rythme respiratoire s'élève, on manque d'oxygène, il faut ralentir. **Records :** l'Irlandais Tom MacGraith parcourut New York-San Francisco, 4 901 km, en 53 j 7 min (92,5 km/j). En 1980, Jacques Martin, ingénieur français, rallia Alger à Zinder (Niger), 3 300 km dont la traversée du Sahara, en 50 j (66 km/j).

■ **Joggling** (course en jonglant). **Record :** 42,2 km en 3 h 57 min 35 s, en jonglant sans interruption avec 3 balles, par Michel Lauzière (Canada), le 30-5-1982.

■ **Jorky-ball. Origine : 1987** à Lyon, inventé par Gilles Paniez (Fr.). Forme de football 2 à 2 combinant *fun* et *fitness*. **Terrain :** parallépipède de 10 m de long, 5 m de large, 3 m de haut avec une cage de but à chaque extrémité. **Équipes :** 2 de 2 joueurs. S'affrontent balle au pied et peuvent se servir des murs, du sol et du plafond. **Partie :** en 3 sets gagnants de 7 buts chacun, si égalité le 5e set doit être gagné avec 2 buts d'écart. Tous les contacts sont sanctionnés. *2001 :* en Europe 200 courts (70 000 pratiquants), en France 60 (30 000). **Championnat de France : Messieurs 2001** Avignon. **Dames 2001** Anglet.

■ **Karting. Origine : vers 1956** selon certains, aurait été créé sur un aérodrome américain par des aviateurs ; selon la FFSA, Art Ingels, avec quelques tubes, 4 roues et un vieux moteurs 2 temps West Band de tondeuse à gazon, construisit le 1er ancêtre du karting. **1960**-*29-2* Comité national du karting, présidé par J.-M. Balestre, créé au sein de la FFSA. **1970**-*31-1* devient Groupement national de karting. **1995**-*20-9* transformé en Fédération de karting-Fédération française des sports automobiles (FdK-FFSA). **1999**-*9-10* FdK-FFSA dissoute, reprise par la FFSA. **Catégories :** *mini-kart :* à partir de 7 ans, 80 cm^3 adapté. *Minime :* 10-12 ans, 100 cm^3 adapté. *Cadet :* 13-14 ans, 100 cm^3 adapté. *Formule-FFSA :* initiation sur matériel français, à partir de 15 ans. *Promo :* à partir de 15 ans, 100 cm^3 type éco. *Régionale 100* et *125 :* 100 cm^3 à partir de 15 ans, 125 cm^3 à partir de 17 ans. *ICA/junior* 13 ans, *ICA* 15 ans et *ICC :* catégories 100 cm^3, ICC 17 ans 125 cm^3 compétitions internationales. *Formules A* et *super A :* championnats mondiaux en 100 cm^3. *C :* 125 cm^3. *ICE* et *FE :* 250 cm^3, de préférence sur circuits auto. **Quelques célébrités :** la majorité des champions de formule 1 ont pratiqué le kart : Ayrton Senna, Alain Prost, Michael Schumacher, Nelson Piquet, Keke Rosberg. **Statistiques en France :** au 31-12-2000 : 17 313 licenciés, 213 clubs, 17 ligues régionales, 20 pistes agréées, 340 compétitions.

☞ **Épreuves : Championnats du monde.** *Formule super A* (*créés* 1964) : **1995** Orsini (It.), **96** Mislijevic, **97** Rossi (It.). **98** Fore (It.). **99** Rossi (It.). **2000** Fore (It.). *Formule A* (*créés* 1988) : **1995** Fraguas (Brés.), **96** Ravier (Fr.), **97** Courtney (Austr.). **98** Carrapatoso (Br.). **99** Perera (Fr.). **2000** Brown (G.-B.). *Formule C* (*créés* vers 1980) : **1995 à 98** Beggio (It.). **99** Laudato (It.). **2000** Beggio (It.). **D'Europe.** ICA (*créés* 1963) : **1995** Leconte (It.). **96** Vève (Fr.). **97** Balzan (It.). **98** Poncelet (Fr.). **99** Fabi (It.). **2000** Renard (Fr.). **De France** (*créés* 1960). *Formule A 100 cm³ :* **1995** Vassort, **96** Convers, **97** A. Sarrazin. **98** Vassort. **99** A. Sarrazin. **2000** Spengler. *ICA 100 cm³ :* **1995** Gressier, **96** Durand, **97** Fleurance. **98** Poncelet. **99** A. Kozlinski. **2000** Renard. *ICC 125 cm³ :* **1995** Caron. **96** Baetz. **97** Mettetal. **98** Berteaux. **99, 2000** Monteiro. *FC 125 cm³* (créé 1998) : **1998** Batard. **99** Vassort. **2000** *supprimé. Juniors* (créé 2000) : **2000** Imperatori.

■ **Korfbal. Origine :** du néerlandais *korf*, panier. **1902** développé à Amsterdam par Nico Broekhuysen pour la coéducation des filles et des garçons. **1920** et **28** sport de démonstration aux JO. **1933**-*11-6* Fédération intern. créée. **1993**-*15-9* reconnu par le CIO. **Principes :** mixité, coopération, non-violence. **Terrain :** 20 × 40 m en salle, 30 × 60 m en plein air, divisé en 2 zones. **Ballon :** très proche du no 5 de football (425 à 475 g). **Match :** 2 × 30 min. **Équipes :** 2 de 8 joueurs (4 femmes et 4 hommes). **Partie :** dans chaque éq. 2 femmes et 2 hommes débutent en attaque, 2 hommes et 2 femmes en défense. Tous les 2 buts, les joueurs changent de zone et de fonction. Il est interdit de courir ou de dribbler avec la balle, ou de la toucher au pied. L'attaquant doit se libérer de son opposant (de même sexe) avant de tirer au but (panier accroché à un poteau à 3,50 m du sol). La position des paniers à l'intérieur du terrain permet le jeu et le tir tout autour du panier. Le tir en position couverte est interdit : « couvert » signifie que le défenseur est au maximum à une longueur de bras de son adversaire, plus près du panier que lui, qu'il le regarde et tente effectivement de bloquer la balle. On marque un point par panier réussi. **Pratiquants :** 37 pays. *Depuis 1980* se développe en France au sein de l'Ufolep (membre de l'IFK depuis 1982), 3, rue Récamier, 75341 Paris Cedex 07 ; en *2000 :* 865 licenciés en 41 clubs.

☞ **Épreuves : Championnats du monde : 1978, 84, 87** P.-Bas. **91** Belgique. **95, 99, 2001** P.-Bas. **Jeux mondiaux** *(tous les 4 ans) :* **1985, 89, 93, 97** P.-Bas. **Coupe d'Europe des clubs champions** *(annuelle depuis 1985) :* **1985 à 90** P.-Bas. **91, 92** Belgique. **93 à 96** P.-Bas. **97, 98** Belgique. **99, 2000, 01** P.-Bas. **Championnats de France** (8 équipes en championnat fédéral) : **1995** Bourges. **96 à 2000** Bonson. **01** Pierrelatte. **Championnats régionaux** (52 équipes). *Coupe de France* Ufolep 22 équipes (coupe Georges Stoller), *tournois internationaux* depuis 1983, *tournois régionaux.*

■ **Lacrosse. Découvert** par Jacques Cartier (pratiqué par les Indiens d'Amér. du Nord). **Règles :** 2 équipes de 7, 10 ou 12 joueurs doivent faire pénétrer une balle (circonf. 19,7 à 20,3 cm, 135 à 150 g) lancée à l'aide d'une crosse (de 0,91 à 1,83 m de long), à laquelle est fixé un filet triangulaire de 17 à 30 cm de large, dans un but carré fermé par un filet (1,83 m de côté et 2,10 m de prof.). *Partie :* hommes 4 périodes de 15 à 20 min ; femmes 2 mi-temps de 25 min. **Pratique :** Australie, Canada, G.-B., Hong Kong, Inde, Japon, Rép. tchèque, Slovaquie, USA.

■ **Luge. Origine :** Alpes suisses. **1883** 1re compétition internationale sur la route de Davos à Klosters. **1954** le CIO admet la luge au programme des JO d'hiver. **1957** Fédération intern. de luge de course fondée. **1964** 1res compétitions de luge de course aux JO d'Innsbruck. **Luge :** simple 24 kg, double 27 kg, dirigée, sur piste artificielle, par les pieds et poignées tenues par le pilote (par les pieds et une courroie tenue par le pilote sur la piste naturelle) ; le coureur est couché sur le dos. *Catégories :* sur piste artificielle (olympique) et sur piste naturelle. *Licenciés :* 75 en France en 2000. *Disciplines :* dames simple, hommes simple, double. *Pistes :* artificielles (réfrigérées ou non) : de 1 000 à 1 300 m (non réfrigérée à Villard de Lans, JO de 68 ; réfrigérée à la Plagne, JO de 92) ; naturelles : de 800 à 1 500 m (St-Gervais).

☞ **Épreuves : Jeux Olympiques** (voir p. 1469 c). **Championnats du monde piste artificielle** (*créés* 1955) : **simple hommes : 1995** Armin Zöggeler [2]. **96** Markus Prock [6]. **97** Georg Hackl [8]. **99** A. Zöggeler [2]. **2000** J. Müller [8]. **01** A. Zöggeler [2]. **Simple dames : 1995** Gabriele Kohlisch [8]. **96** Jana Bode [8]. **97** Susi Erdmann [8]. **99** Sonia Wiedermann [8]. **2000, 01** S. Otto [8]. **Double : 1995** Krausse-Behrendt [8]. **96, 97** T. et M. Schiegl [6]. **99, 2000** Leitner-Resch [8]. **2001** Florschütz-Wustlich [8]. **D'Europe piste artificielle : simple hommes** (*créés* 1914) : **1996** J. Müller [8]. **98** Markus Prock [6]. **2000** J. Müller [8]. **Simple dames** (*créés* 1928) : **1996** Jana Bode [8]. **98** Silke Kraushaar [8]. **2000** S. Otto [8]. **Double** (*créés* 1914) : **1996, 98** S. Krausse-J. Behrendt [8]. **2000** Leitner-Resch [8].

Quelques champions : Susi Erdmann [1,8], Ortrun Enderlein [5], Georg Hackl [5], Paul Hilgartner [2], Jörg Hoffmann [1], Norbert Huber [2], Thomas Köhler [1] (né 25-6-40), Stefan Krausse [1,8], Jens Müller [1] (né 1965), Doris Neuner [6], Sylke Otto [8] (née 7-7-69), Jochen Pietzsch [1], Markus Prock [6], Hans-Jörg Rafft [2]. Hans Rinn [1] (né 19-3-53), Manfred Schmidt [6] (né 6-6-44), Margit Schumann [1] (née 14-9-52), Milita Sollmann [1], Steffi Walter [1] (née 17-9-62), Gerda Weissensteiner [2], Anton Winkler. Armin Zöggeler [2] (né 4-1-74).

Nota. – (1) All. dém. (2) Italie. (3) URSS. (4) Canada. (5) All. féd. jusqu'en 1991. (6) Autriche. (7) Suède. (8) All. depuis 1991. (9) USA.

■ **Motoneige.** *Raid Haricana* (long chemin, en indien) créé 1990 au Canada. En 1992, 2 500 km, équipes de 3 motos.

■ **Padel** (anciennement Paddle). **Fédération internationale de Padel,** 749, av. de Mayo, Buenos Aires, Argentine. **Fédération française de padel,** 73, rue de la Pomme, 31000 Toulouse, *créée* 1989. **Terrain :** 10 × 20 m, murs arrières de 3 m de haut, retour des murs sur 4 m, le reste clôturé par des grillages. **Filet :** 0,8 m au centre. **Raquette :** matériaux composites, ovale, ajourée, petit manche. **Balles :** de tennis. **Jeu :** on peut reprendre la balle de volée ou après un rebond au sol et un ou plusieurs rebonds sur les murs ou le grillage. Si la balle touche le mur ou le grillage avant un rebond au sol, il y a faute. On peut jouer en frappant dans ses murs. Décompte des points : celui du tennis. Partie en double et en 2 sets gagnants. **Championnats du monde.** *Créés* 1992. **Messieurs. 1992, 94, 96** Argentine. **98** Espagne. **2000** Argentine. **Dames. 1992, 94, 96** Argentine. **98, 2000** Espagne.

■ **Paintball. Origine :** créé aux USA en 1981, importé en France en 1990. **Partie :** sport d'opposition ; 2 équipes de même catégorie d'âge, repérées par 2 couleurs différentes, jouent pendant une durée variable en fonction des disciplines. **But :** s'emparer d'un drapeau sans se faire éliminer par l'impact de bille d'un adversaire. **Terrain :** boisé, plaine avec obstacles artificiels, stade avec obstacles gonflables, entouré de filet (3 m de haut). **Matériel :** chaque joueur est équipé d'un marqueur (ou lanceur) propulsant au moyen d'un gaz comprimé des billes de gélatine biodégradable de calibre 68. **Épreuves :** CHAMPIONNATS NATIONAUX *annuels*, équipes mixtes, depuis 1994 pour les catégories marqueurs à pompe et marqueurs et semi-automatiques. COUPE DU MONDE *annuelle* aux USA. **Fédération** *créée* 1996, regroupe en France 7 000 pratiquants dans 200 clubs.

■ **Patinage aquatique.** Imaginé vers 1900.

■ **Peloc.** Entre le badminton et la chistera. 2 arcs lanceurs courbes et un volant à plumes.

■ **Platform-tennis. Origine :** *créé* 1928 aux USA par James Cogswell et Fessenden Blanchard. **Terrain :** bois sur pilotis (pour pouvoir ôter la neige) 9,14 × 18,28 m. Surface indifférente sauf gazon et terre battue. **Grillage :** 3,65 m de haut, très tendu pour renvoyer la balle. **Filet :** 86 cm de haut. **Raquette :** bois, métal ou fibre, courte et ovale, tamis plein percé de trous et cerclé de métal, parfois attachée au poignet par dragonne. **Balle :** mousse, 6,35 cm, 75 g. **Règles :** points comme au tennis, service avec une seule balle au-dessus de la tête, smash un peu différent, balle pouvant rebondir sur le grillage.

■ **Quille. Origine :** connu dans l'Antiquité (on y joue en Égypte), très populaire au Moyen Âge. **1952** Féd. intern. des quilleurs créée. **Quilles :** actuellement plus de 100 variétés de 20 cm à 1 m de haut. 3 à 12 quilles par jeu ; en général 9, notamment dans les *2 jeux intern.* (asphalte schere et saint-gall) ou 10 (bowling), et *4 jeux fédérés français* (quilles de 9, quilles de 8, quilles de 6, quilles au maillet). **Projectiles :** galet, bâton ou le plus souvent boule de bois (gaïac de St-Domingue, vera du Venezuela, quebracho d'Argentine...) ou plastique, diamètre 10 à 27 cm (poids 0,66 à 11,6 kg) ; certaines sont pleines, d'autres ont 1 ou plusieurs trous pour les doigts. **Terrain :** 4 à 30 m. **Fédérations : française de bowling et de sport de quilles,** Val Grigny 1, 6 avenue des Tuileries, BP 73, 91351 Grigny Cedex ; **internationale des quilleurs,** *créée* 1952, 1631 Mesa Avenue, Colorado Springs, CO 80906 USA.

■ **Racquet ball. Origine : 1950** créé aux USA sous le nom de paddle-racquet par Joe Sobek. **1970** nom actuel. **1979** Fédération internationale créée. **1982** championnats du monde créés ; introduit en France. **1983** la Féd. française est fondée. **Terrain** (court) : 12,20 × 6,10 m et 6,10 m de haut, fermé par 4 murs. On utilise 6 surfaces (murs, sol, plafond). **Raquette :** petit manche, grand tamis. **Balle :** 5,7 cm de diamètre, pression 2 kg, bleue. Vitesse environ 250 km/h. 2, 3 ou 4 joueurs. **Pratiquants :** *dans le monde* (en 1998) : + de 11 millions ; *USA* (en 1996) : 600 000 ; *France* (en 1994) : 455 licenciés, 15 clubs.

☞ **Épreuves :** CHAMPIONNATS DU MONDE. *Tous les 2 ans.* **Messieurs. 1990** Inove (USA). **92** Cole (USA). **94** Greenfeld (Can.). **96** O'Neil (USA). **98** Greenfeld (Can.). **Dames. 1990** Stupp (Can.). **92, 94, 96** Gould (USA). **98** Van Hees (Can.). **Équipes. 1990, 92, 94, 96** USA.

■ **Raft** ou **rafting. Nom** anglais (en français : radeau). Signifie aussi *Radeaux associatifs de fleuves et torrents.* **Origine : XIXe s.** utilisés lors de la conquête de l'Ouest (USA). **1944** Débarquement : pneumatiques utilisés. **1945** rentrés aux USA, utilisés pour descendre rivières ou torrents de montagne [exemple : le Snake River (1 450 km) dont 50 km de gorges entre l'Idaho et l'Oregon]. **Méthode :** 6 passagers dont le *rafter* qui guide et les équipiers qui pagayent. *Chocs :* amortis par les boudins. **Épreuves :** essais libres, essais chronométrés, épreuve sur 25 km.

■ **Saut à l'élastique (benji).** Dans le vide de 35 à 182 m d'un pont (pont de l'Artuby, gorges du Verdon, + haut pont d'Europe pour le saut à l'élastique ; pont de Ponsonnas, Isère), viaduc, monument, grue, hélicoptère, montgolfière, parapente, accroché par un élastique constitué de 800 à 2 000 fils de latex en section médiane solidarisés par une gaine en croisillons de fils de latex ; extrémité du câble constituée de maillons delta en acier inoxydable ; longueur des élastiques : 5 à 30 m selon les sites. **En France : 1979** *1er saut* David Kirke (G.-B.) ; **1989**-*avril* : 1 †, -*juin* : 1 †, -*20-7* interdit ; -*18-9* repris après réglementation ; **1994**-*août* : 1 †. **2001**-*3-6* : 1 †. **Pratiquants :** 80 000 à 100 000 sauts chaque année.

■ **Saut de barils.** Sur glace. **Origine :** hollandaise. **Pratiqué :** aux USA, Canada et en Europe. **Vitesse possible :** 65 km/h (au décollage) et 80 km/h (en l'air). **Record :** Yvon Jolin (Canada) a sauté 18 barils accolés, soit 8,96 m de long le 11-4-1980.

■ **Scooter des mers (jet-ski).** *Longueur :* 2 m ; de 30 à 50 CV, 60 km/h. *Conduit* debout ou assis. **Réglementation en France :** au-dessus de 6 CV : permis de conduire en mer. Déclaration de bon usage obligatoire. *Scooter :* doit être immatriculé ; carénage d'hélice ; système d'arrêt automatique du moteur ou de giration lente en cas de chute ; compartiment étanche pour 2 feux à main ; anneau et corde de remorquage. *Utilisable :* de jour ; entre 300 m et 1 mille du rivage ; dans la zone des 300 m, respecter les règles locales (chenal, etc.), vitesse maximale 5 nœuds ; pilote au minimum 15 ans, entre 15 et 18 ans sous contrôle du propriétaire, doit porter un gilet de sauvetage. **En 1997 :** 2 accidents mortels.

■ **Skate-bike.** 3 roues. Pour avancer, on tire sur 2 câbles qui l'actionnent.

MODÉLISME

■ **Modèles réduits. Pratiquants :** 2 000 000 en France.

■ **Aéromodélisme. Origine :** les 1ers avions furent des modèles réduits (Otto Lilienthal). **1930** moteurs à explosion, diesels 2 temps de 10 cm³ fonctionnant avec un mélange d'éther et d'huile. **1933** 1re revue spécialisée française *(Le Modèle réduit d'avion).* Avion de 60 cm, en rotin et lamelles de peuplier, moteurs à caoutchouc qu'on enroulait ; à piston parfois animé par une petite bouteille d'air comprimé, gonflée à la pompe à vélo. **Vers 1945** vol circulaire, appareil relié au pilote grâce à 2 câbles d'environ 16 m. **1951** radiocommande. Aujourd'hui, on peut agir simultanément sur 8 commandes ou plus : gouvernails de queue (direction et profondeur), ailerons, carburateurs, volets de courbure, aérofreins, train d'atterrissage, lumières, phares, largage de bombes ou mitrailleuses factices. Moteurs 2 temps, puissance 1 à 25 CV, 5 000 à 30 000 tours/min grâce à un mélange méthanol-huile, ou essence super pour moteur dépassant 50 cm³. **Catégories :** *voltige :* appareils d'envergure de 1,70 à 2,50 m ; *avions de vitesse :* envergure 1,20 à 1,50 m ; *gros modèles :* moteurs dépassant 50 cm³, envergure 6 m. **Prix :** Kit de 1 000 à 15 000 F, moteur 1 000 F pour 10 cm³ de 2 CV, radiocommande 1 000 à 7 000 F. **Pratiquants :** *en 2001 :* 20 465 licenciés, 666 clubs regroupés dans la Féd. française d'aéromodélisme, 108, rue St-Maur, 75011 Paris. **Records. Avion :** vitesse 523 km/h, distance (ligne droite) 455,23 km, altitude 8 208 m ; **planeur :** vitesse (base 50 m) 390,92 km/h ; **hélicoptère :** vitesse 138,515 km/h, distance 115 km, altitude 2 940 m.

■ **Automodélisme. Échelles : au 1/8 (piste ou tout-terrain, moteur thermique) :** 2,5 à 3,5 kg, long. 50 cm, 2 ou 4 roues mortices, réservoir 125 cm³, autonomie 10 min, vitesse 80 à 110 km/h, moteur 2 temps (> 30 000 t/min), cylindrée 3,5 cm³, carburant : mélange nitrométhane, méthanol, huile ; 2 500 à 6 000 F + radiocommande et accessoires moteur 1 200 à 1 600 F. **Au 1/10 (piste ou tout-terrain) :** 1,5 à 1,9 kg, long. 46 cm, 2 ou 4 roues motices, moteur thermique 2,5 cm³ ou électrique, réservoir 75 cm³, vitesse 60 à 80 km/h. **Au 1/12 (piste, moteur électrique) :** vitesse jusqu'à 70 km/h, 1 000 à 2 000 F + radiocommande. **Au 1/5 (piste ou tout-terrain, moteur thermique) :** 10 kg, moteur 2 temps, 23 cm³, carburant de station service, réservoir 700 cm³, vitesse 80/90 km/h. **Au 1/4 (piste, moteur thermique) :** 10 à 12 kg, moteur 2 temps, 23 cm³, carburant de station-service, réservoir 1 000 cm³, carrosseries sport prototype, grand tourisme, formule 1. **Pratiquants. Fédération de voitures radiocommandées (FVRC) :** Centre Hoche, 5, avenue Condorcet, 91260 Juvisy-sur-Orge. *Clubs* 335. *Licenciés* 7 500. **Épreuves. Championnats du monde, d'Europe, nationaux.**

Voitures en circulaire. Records mondiaux (en km/h, au 8-1-2001) : modèles tournant au bout de câbles d'acier sur piste circulaire de 52 m. *Classe IV* (10 cm³) : W. Röder (All.) 333,729 ; *III* (5 cm³) U. Bach (Suisse) 300,226 ; *II* (2,5 cm³) G. Picco (It.) 283,139 ; *I* (1,5 cm³) A. Karpusikov (ex-URSS) 261,669.

Collections. Échelle 1/160 à 1/12 avec dominante 1/87 et 1/43. *Production :* industrielle (Solido, Majorette) ou artisanale (environ 50 marques), jouets anciens au 1/43 (Dinky-Toys) ou en tôle (Citroën). Environ 50 clubs en France. **Association française de l'automobile miniature :** BP 40, 78230 Le Pecq. Publie : « L'Argus de la miniature ».

■ **Modélisme ferroviaire. Échelles : « 0 » (zéro) :** rapport de 1/43,5 par rapport au réel, écartement de 32 mm pour la voie normale, réservée aux collectionneurs, environ 10 000 F ; **« H0 »** *(de l'anglais « half-0 », demi-zéro) :* écartement de 16,5 mm pour la voie normale, rapport de réduction de 1/87, adopté par 80 % des amateurs, wagons à 150 F, locomotives de 700 à 1 000 F ; **« N » :** écartement de 9 mm, réduction de 1/160 ; **« Z » :** écartement de 6,5 mm, réduction de 1/220, environ 35 000 pratiquants. **Fédération française de modélisme ferroviaire :** BP 15, 91291 Arpajon Cedex.

Depuis 1929 dans les sous-sols de la gare de l'Est à Paris, l'Association française des amis du chemin de fer (AFAC) abrite 3 réseaux dont 1 au 1/43 [400 m de rails sur 600 m² (pillé par Goering pendant la guerre de 1939-45 et renouvelé en 1945)], 1 au 1/30 et 1 au 1/86.

■ **Modélisme naval.** Maquette statique ou navigante, moteur électrique, vapeur et voile (vieux gréements et bateaux de travail) ; voile loisir, compétition, off shore (semi-maquette) à moteur électrique ou thermique ; bateau de vitesse, racer, catamarans à moteur de 3,5 cm³, 7,5 cm³, 15 cm³, 35 cm³ et à moteur électrique. **Fédération de France de modélisme naval :** musée de la Marine, Palais de Chaillot, 75116 Paris, *créée* 1963. En 1998 : 10 ligues, 145 clubs, 1 500 licenciés.

■ **Skateboard** ou **roll-surf, planche à roulettes. Origine :** né en Californie en 1962 avec Mickey Munoz et Phil Edwards. Les surfeurs le pratiquaient quand l'absence de vagues leur interdisait le surf sur l'eau (équilibre identique). **Planche :** bois lamellé (7 plis), recouverte de « grip » antidérapant. Jusque vers 1980, fibre de verre et aluminium. **Roues :** uréthane ou polyuréthane, avec roulements à billes, largeur 20 à 40 mm, diamètre 47 à 65 mm. *Essieux (trucks) :* embase métallique (aluminium et magnésium). **Protections :** casque, genouillères, coudières, protège-poignets. **Disciplines reconnues** par la Féd. française de roller skating : bowl, ramp, mini-ramp, street (modules disposés sur une surface plate reconstituant les obstacles de la rue) ; **non officielles :** slalom (géant, spécial, parallèle), freestyle (figures techniques sur fond musical).

En France. Commission nationale de skate : BP 33, 6, bd Franklin-Roosevelt, 33034 Bordeaux Cedex. 1-9-1994 : scission d'avec la Féd. de surf (1992). 1-1-1997 : rattachée à la Féd. fr. de roller skating. **Skate-parcs :** équipements en bois (rampes, mini-rampes, modules de street) sur une surface bitumée. *Principaux :* Toulouse, Lyon, Paris, région parisienne, Pau, Rennes. Parc en béton à Izon (Gironde). Les parcs en béton de Paris ont été détruits au début des années 1980 (La Villette, Béton Hurlant). **Statistiques** (en 2000) : *licenciés :* 1 520. *Pratiquants :* environ 450 000. *Clubs :* 92.

Records. Vitesse : 115,53 km/h, Richard Brown (USA) le 17-6-1979. **Saut en hauteur** (discipline disparue) : 1,67 m, Trevor Baxter (G.-B.) le 14-9-1982 ; **en longueur :** 5,18 m (17 tonneaux) Tony Alva (USA) le 25-9-1977. **Endurance :** 28 h 3 min, Christian Rosset (Suisse) les 1/2-12-1984. **Ollie :** la planche et l'agent décollent simultanément sans tremplin ni accessoire ; 1,13 m Danny Wainright (G.-B.).

☞ **Wind skating. Origine :** Californie. **Skate :** ou patins à roulettes et voile montée sur un cadre en aluminium que l'on peut maintenir à la main si l'on est sur patins ou fixer avec un pivot sur le skate.

■ **Skeleton** (voir **tobogganing** ci-dessous).

■ **Ski-bob.** Vélo muni de 2 skis de 10 à 12 cm de large dont l'un mobile à l'avant. Petits skis (50 cm) aux pieds. **Origine : 1951** (28-1) 1re épreuve, à Kefersfelden (Bavière, All.). **1954** (30-1) 1er championnat d'All. féd. **1961** (14-1) Fédération internationale de ski-bob (FISB) créée. **1963** populaire en Autriche et Allemagne. **Record :** 166,40 km/h [Erich Brenter (Autr.) à Cervinia (It.) en 1964].

☞ **Épreuves :** COUPE DU MONDE *(créée* 1978). CHAMPIONNATS DU MONDE *(créés* 1967). D'EUROPE *(créés* 1963).

■ **Skidoo.** « Moto » des neiges ; atteint 30 km/h.

■ **Snowboard.** Surf sur neige. **Origine :** années 1960, Sherwin Poppers du Colorado (USA). Introduit en France fin des années 1970. **1986** 1ers clubs et associations de *snowboarding.* **1987** Association française de surf des neiges fondée. **1989**-*mars* International Snowboard Association fondée. **1991** International Snowboard Federation fondée. **1994**-*mai* l'AFS devient Fédération de snowboard. **1998** discipline olympique à Nagano (Japon). **Principe :** s'inspire du skate-board ; la planche se guide en appuyant sur ses orteils ou talons, pieds étant fixés par des attaches. **Disciplines :** *alpin :* slalom, parallèle, géant. *Freestyle :* halfpipe, module contest. *Boarder cross :* gymkhana. *High jump.* **Pratiquants** (en 1994-95, en milliers et, entre parenthèses, 1991-92) : USA 880 (500). Japon 320 (200). *France 90 (70).* Suisse 85 (60). Autriche 65 (40). Italie 45 (30).

■ **Softball. Origine : 1887** inventé par George Hancock (USA), appelé *kitten-ball* ou *mush-ball.* **1926** nommé *softball* par Walter Hakanson. **1996** discipline olympique (voir p. 1442 c). **Règles :** version du base-ball se jouant sur un terrain plus réduit. **Équipes :** 2 de 9. **Balle :** 177 à 198 g, diam. 9,5 cm, doit être lancée à hauteur de hanche.

☞ **Épreuves :** CHAMPIONNATS DU MONDE. **Messieurs** *(créés* 1966). **1966, 68** USA. **72** Canada. **76** égalité USA, Canada et Nlle-Zél. **80** USA. **84** Nlle-Zél. **88** égalité Canada, USA. **92** Canada. **94** USA. **2000** Nlle-Zélande. **Dames** *(créés* 1965). **1965** Australie. **70** Japon. **74, 78** USA. **82** Nlle-Zél. **86, 90, 94** USA. CHAMPIONNATS FÉMININS. D'EUROPE *(créés* 1979). **1990** P.-Bas. **92, 95, 97, 99** It. D'EUROPE DES CLUBS *(créés* 1978). **1990** Savigny/Orge. **91 à 94** Nice-Cavigal.

■ **Tchouk-ball. Nom :** *tchôck :* bruit du ballon glissant sur le filet. **Origine :** mis au point en 1970 par le Dr Hermann Brandt (né 1897, Suisse). **Terrain :** 40 × 20 m. **Ballon** (54 à 60 cm, 325 à 475 g) : lancé sur un cadre de renvoi métallique (1 × 1 m) incliné et posé au sol, au centre duquel est tendu un filet élastique. Rebondit symétriquement, sans toucher le cadre, en miroir. **Équipes :** 2 de 12 joueurs dont 9 sur le terrain, jouent alternativement, la balle étant récupérée, après rebond sur le cadre avant qu'elle ne touche le sol, par l'éq. adverse de celle qui a tiré. **But du jeu :** faire rebondir la balle dans un secteur inoccupé par l'adversaire, de telle façon qu'elle ne soit pas récupérée (+ 1 pt). **Partie :** 3 tiers-temps de 12' (dames) ou 15' (messieurs). **Pratiquants** (en milliers) : Taïwan 20, G.-B. 8, *France 8,* Suisse 5, Japon 4, All. 2, Corée du Sud 2, Argentine 2, Tunisie-Maroc 2, Autriche 1, Pologne 1, Belgique 1. Algérie, USA, Philippines, Australie. **Fédération française** *(créée* 27-2-1971) : 25, rue de l'Yser, 67000 Strasbourg.

☞ **Épreuve :** CHAMPIONNATS DU MONDE *(créés* 1984).

■ **Tobogganing.** Les Romains utilisaient leurs boucliers (transport ou divertissement). Dans les Alpes, on pratiquait la *ramasse* (sur des peaux de bœuf ou des traîneaux grossiers). **Nom :** de l'algonquin *tobaakum,* traîneau à l'avant recourbé des Indiens micmacs (Canada). *Formé* de plusieurs planches de bois recourbées à un bout. Sans patins, il glisse à même le sol. Long. 2 m ; larg. 0,50 m ; sur les côtés, 2 rampes pour se tenir. S'il transporte une personne, celle-ci est couchée sur le côté et dirige à l'arrière avec le pied et en soulevant l'avant ou en déplaçant son

■ **Grands stades.** Nombre de places (en milliers) : Prague (Rép. tchèque) Strahov 240, Rio de Janeiro (Brésil) Maracana 155, Pyongyang (Corée du N.) Rungnado 150, Glasgow (G.-B.) 150, Belo Horizonte (Brésil) Magalhaes Pinto 125, São Paulo (Brésil) Morumbi 120, Lisbonne (Portugal) Da Liz 120, Jakarta (Indonésie) Senayan 120, Madrid (Espagne) 120, Londres (G.-B.) Wembley 120 (inauguré 28-4-1923, rasé en novembre 2000, nouveau stade prévu mai 2003), Ann Arbor (Michigan, USA) 120, Fortaleza (Brésil) Castelão 119, Recife (Brésil) Arruado 115, Mexico (Mexique) Azteca 115, Barcelone (Espagne) Nou Camp 115, Bucarest (Roumanie) 110, Pasadena (Californie, USA) 107, Philadelphie (Pennsylvanie, USA) 105, Los Angeles (Californie, USA) 105, Berlin (Allemagne) Stade olympique 105, Moscou (Russie) Lénine 102, Le Caire (Égypte) Nasser 100, Calcutta (Inde) Eden Garden 100, Calicut (Inde) Corporation 100, Téhéran (Iran) Azadi 100, Belgrade (Serbie) Red Star 100, Kiev (Ukraine) Central 100, Leipzig (Allemagne) 100, Melbourne (Australie) olympique 100, Varsovie (Pologne) 100, Rome (Italie) olympique 100, Yokohama (Japon), La Nlle-Orléans (Louisiane, USA), stade couvert le plus grand : 5 260 000 m², haut. 83 m, diamètre 207 m, places assises meeting 97 365, matches de foot 76 791.

☞ **A Paris, parc des Princes** (porte d'Auteuil), ouvert, 49 329 places, 55 200 m² dont 8 250 pour le terrain de football ; réalisé à partir de structures géantes constituées par les plus grands porte-à-faux précontraints au monde ; inauguré le 4-6-1972 lors de la finale de la 55e Coupe de France. **Stade de France** (Saint-Denis) : plus grand stade olympique modulable du monde. *Places* : version football-rugby 80 000, athlétisme 75 000, spectacles 105 000 ; 148 loges privatives (12 à 28 places) ; 1 100 réservées aux handicapés ; 6 000 sièges affaires avec salons de réception groupés. *Ascenseurs* : 36. *Escaliers* : 18 soit 1 260 marches. *Bars-buvettes* : 50. *Cabines WC* : 670. *Écrans géants* : 2 × 120 m². *Parkings* : 4 soit 6 000 places. *Poids total estimé* : 500 000 t. *Portillons d'accès* : 120. *Restaurants* : 3 dont 1 panoramique. *Superficie* : 17 ha. *Toit* : forme en anneaux de Saturne allongés monobloc, à 42 m au-dessus de la pelouse et 31 m au-dessus du parvis, 13 000 t, 6 ha dont verrière 1 ha, suspendu par des haubans fixés à 18 aiguilles métalliques de 60 m de haut, prévu pour résister à des vents de + de 145 km/h. *Coût* : 2,672 milliards de F financés par État 47 % soit environ 20 F par Français, et 53 % par consortium Bouygues-GTM-Entrepose-SGE (constitué 3-8-1990, contrat de concession 30 ans à partir de la signature le 29-4-1995).

corps. S'il en transporte plusieurs, toutes sont assises sauf une couchée pour diriger. **Spécialité** (voir aussi *bobsleigh, luge*). **Skeleton. Origine** : **1884-85** construction à St-Moritz, en Suisse, du *Cresta Run* (de St-Moritz à Celerina en passant par le hameau de Cresta, 1 212 m, 157 m de dénivelée). **1887** St-Moritz Tobogganing Club créé. **1928** et **48** participe aux JO. **Luge** : le coureur est à plat ventre sur une plaque d'acier munie de 2 patins et de 2 poignées. Il peut freiner et se diriger avec des souliers griffus ou en bougeant. Environ 140 km/h.

☞ **Épreuves : CHAMPIONNAT DE FRANCE : 1996** Cavoret. CRESTA RUN : 2 parties : *Grand National* depuis 1885, 1 212,25 m depuis le haut de la piste, dénivellation 157 m, record au 8-1-2001 James Sunley (G.-B.) 50″ 09 ; COUPE CURZON depuis 1910 : 890,20 m depuis lieu nommé Junction, dénivellation 101,20 m, record au 8-1-2001 Johannes Badrutt (Suisse) 41″02.

■ **Twirling bâton. Nom** : de l'anglais *to twirl*, faire tourner rapidement, et par extension faire tourner un bâton. Discipline sportive, *créée* en 1978, comprenant de la danse et de la gymnastique, mettant en scène un bâton sur une musique moderne ou classique, en championnat équipe, duo, soliste, femme et homme. **Fédération française**, BP nº 31, 54190 Villerupt.

■ **Vol musculaire** (voir le chapitre **Transports aériens**).

Shiatsu et Do-in

■ **Origine.** *Shiatsu* : massage. *Do-in* : automassage (pression du doigt).

■ **But.** Détendre, défatiguer ou guérir diverses affections (digestives, rhumatologiques, nerveuses, etc.), rééquilibrer l'individu dans son ensemble. **Principes** : ouvrir le corps à la libre circulation de l'énergie interne (le Ki des Japonais, le Chi des Chinois, le Prana des yogis, le Pneuma des Grecs anciens). En détendant, étirant, assouplissant le corps, surtout en pressant les *tsubos* ou points situés sur les méridiens d'acupuncture et correspondant à des fonctions et à des organes. Par des pressions exercées dans un ordre donné, avec une intensité variable, en rythme avec la respiration du « receveur » et selon ses réactions, on débloque cette énergie et, suivant le mode d'action, on tonifie ou on disperse.

Yoga

■ **Définition.** Mot sanskrit sens courant *union* ; de la racine *yuj*, « réunir 2 animaux sous le même joug », pour les diriger vers le but fixé. Ce joug symbolise la manière d'« ajuster », par étapes corps et fonction psycho-mentale pour atteindre la libération définitive de toute forme de souffrance (*moksha*). Né en Inde avant l'ère chrétienne, est un des 6 systèmes philosophiques classiques de l'Inde brahmanique, appelés *darshana* (« vue » de l'univers et de la personne humaine, chacun sous un angle bien défini) : *Sānkhya* énumération des étapes de l'évolution des composants de la personne et du monde, *Yoga* contrôle du psychisme, *Nyāya* logique, *Vaisheshika* classification en catégories, *Mīmāmsā* exégèse des textes rituels, *Vedānta* exégèse théologique des Veda. Chacune de ces vues est prolongée en un système philosophique comportant une voie de salut. **Principales approches. Bhakti-yoga** : voie de la dévotion, union de la personne avec sa divinité d'élection, s'adresse aux personnes ayant une foi intense. **Karma-yoga** : voie de l'action, perfection dans les actes par détachement du fruit de l'acte, s'adresse aux personnes d'action. **Jnana-yoga** : voie de la connaissance, s'adresse aux personnes attirées vers le raisonnement intellectuel et la spéculation rationnelle. **Raja-yoga** : yoga royal enseignant les moyens pour supprimer la dispersion mentale, la discipline en 8 étapes pour arriver à la stabilité de l'esprit, les pouvoirs obtenus par l'application constante, le détachement suprême ou libération.

■ **Pratique en Occident. Yoga-sūtra de Patanjali** : englobe raja-yoga. La définition de l'état de yoga comme l'arrêt des perturbations du mental, des causes de la dispersion du mental, les moyens pour supprimer son agitation incessante, la discipline (comprenant 8 étapes) à observer lorsque l'on ne peut garder la stabilité de l'esprit, les effets surnaturels (*siddhi* ou accomplissements) obtenus par l'application constante – effets qu'il faut se garder de rechercher pour eux-mêmes, sous peine de perdre de vue le but final – et enfin *Kaivalya* (le détachement suprême ou la libération) sont exposés en 4 chapitres. **Hatha-yoga Pradipika** : reprend un enseignement ancien préconisant la discipline du corps et de l'esprit. Il vise, grâce à une pratique progressive de différents moyens de purification du corps physique et de la fonction mentale, à donner une plus grande maîtrise des fonctions de l'esprit et à stabiliser la vie psychique. Moyens utilisés : *āsana* ou posture (pour obtenir la stabilité et la légèreté physique), *prānāyāma* ou contrôle du souffle [pour diriger le Prāna (souffle vital) dans le corps, par le contrôle conscient de la respiration] et *mudra* ou unification des ressources psychologiques et spirituelles (diriger le mental dans une direction donnée). Le *yogin* (pratiquant de yoga) devra aussi avoir une hygiène de vie et une alimentation équilibrées.

Hatha-yoga et yoga de Patanjali mènent aussi au *Samādhi* ou « entase » (état de méditation qui n'est pas une extase ; les sens de perception et le mental ont simplement inversé leur tendance ordinaire vers la dispersion). Le yogin n'est plus perturbé par le plaisir ou la douleur. Ayant maîtrisé ses sens, son esprit, son souffle, il atteint la perfection en yoga. Une pratique incomplète, non adaptée et mal comprise peut causer des déséquilibres physiques et psychiques.

Fédérations : française de hatha-yoga : 50, rue Vaneau, 75007 Paris. **Nationale des enseignants du yoga :** 3, rue Aubriot, 75004 Paris. **Inter-enseignements de hatha-yoga :** 322, rue St-Honoré, 75001 Paris. **Viniyoga France :** 2, rue de Valois, 75001 Paris.

Records d'endurance

Course de grand raid. A Newton (Afr. du Sud) en 1934, 248 km en 14 h 6′.

Cyclisme. *Sur piste :* 125 h (Assandrao Halyalkar, 22 ans, Bombay, en 1953). *Sur bicyclette montée sur rouleaux :* Belgique, 223 h. *Hors piste :* 187 h 28′ (Vivekananda Selva Kumar Anandan, Sri Lanka, du 2 au 10-5-1979), sans interruption autour du parc de Vihara Maha Devia à Colombo. *Vitesse :* derrière un véhicule faisant office de protection aérodynamique et d'« aspirateur » : 268,831 km/h (Fred Rompelberg, Utah, USA, 3-10-95).

Danse. 5 148 h 28′ 30″ du 29-8-1930 au 1-4-1931, Mike Ritof et Edith Boudreaux, USA ; les danseurs devaient faire des pas de 25 cm et ne pouvaient fermer les yeux plus de 15 s.

Équilibrisme. Jorge Ojeda-Guzman (Orlando, USA) sur un câble à 10,70 m du sol 205 j du 1-1 au 25-7-1993.

Marche sur les mains. 1 400 km, Johann Hurlingen en 1900 (Autriche).

Rétablissements à 2 mains. 78 à la barre fixe (l'Anglais A. Lewis en 1913). **A 1 main.** 27 par l'Américaine Lillian Leitzel (dans les années 1930).

Soif et déshydratation. La soif se manifeste à partir d'une perte de 1 à 1,5 litre d'eau ; le liquide extra-cellulaire diminue de volume en même temps que sa concentration, notamment en sodium, augmente. Par pression osmotique, l'espace extra-cellulaire « pompe » l'eau des cellules.

La déshydratation s'accompagne de troubles psychiques bénins (pour 3 à 4 litres de perte hydrique) ou graves (à partir de 5 l, on peut délirer et avoir des hallucinations). Les muqueuses se dessèchent. On ne peut plus saliver. La tension baisse, la température augmente. Le coma précède la mort qui survient à partir de 6 à 10 litres de déshydratation.

Stylite. Saint Siméon Stylite le Jeune (521-597) a vécu les 45 dernières années de sa vie sur une colonne de 20 m de haut, large de 1,50 m, près d'Antioche (Syrie). Frank Perkins occupa 399 j du 1-6-1975 au 4-7-1976 une cahute carrée de 2,43 m de côté au sommet d'un poteau télégraphique (USA).

Survie en mer. *Radeau :* 133 j sur un radeau du 23-11-1942 au 5-4-1943 : le steward britannique Poon Lim après que son bateau eut été coulé dans l'Atlantique. *Canot :* Alain Bombard (né 27-10-1924) sur l'*Hérétique* (4,60 m avec une petite voile de canoë), sans eau ni vivres ; Monaco-Tanger avec un compagnon, puis Las Palmas-la Barbade, seul, en 64,5 j en 1952.

Tractions. 6 006 en 4 h (Charles Lunster, 16 ans, USA, le 7-10-1965).

Jeux Olympiques

Généralités

■ **Origine. Avant J.-C. 884** date probable de la création de l'*Ekecheiria* (trêve) par Iphitos, roi d'Élide, Lycurgue de Sparte et Cléosthène de Pisa. On trouve des jeux analogues décrits dans *L'Iliade* : le chant XXIII dit comment Achille les a organisés devant le bûcher sur lequel devait brûler le corps de Patrocle, afin d'apaiser et de réjouir l'âme du mort. *L'Iliade* décrit les 4 types d'épreuves qui, sous des modes divers, sont toujours disputées : course athlétique, pugilat, lancers et course hippique. Héraclès aurait institué les Jeux d'Olympie et, après avoir vaincu à la course, aurait consacré à Zeus, son père, un site consacré primitivement à Cronos. **776** 1re Olympiade historique. **724** à l'épreuve du *stade* s'ajoute celle du double stade ou *diaulique* (384,54 m). **720** course longue ou *dolique*. **708** pentathlon et lutte. **688** pugilat. **680** course de chars à 4 chevaux (quadrige). **576** les colonies grecques participent aux Jeux. A partir de **572**, la Grèce entière se rassemble régulièrement à Olympie, chaque fois que 99 mois lunaires sont révolus depuis la dernière Olympiade. Le calcul se basait aussi sur un calendrier de 8 ans, calculé sur la concordance des mois solaires et lunaires. La date était fixée plusieurs mois à l'avance par les *hellanodikès*, magistrats suprêmes des Jeux. 3 *spondophores* choisis parmi les notables de la cité allaient en porter la nouvelle. N'importe qui, sauf les femmes mariées, pouvait y assister, mais, pour y participer, il fallait être grec. Les cités suspendaient toute action guerrière pendant la trêve olympique. **520** course en armes. **468** durée portée à 5 j. **72** 1re victoire d'un Romain, Gaios (Caius), en course. **68** les courses de chevaux montés disparaissent. **Après J.-C. 369** Barasdates, roi d'Arménie de 374 à 378, dernier vainqueur au pugilat dont le nom nous soit parvenu. **393** l'empereur Théodose Ier, sous l'influence de saint Ambroise, évêque de Milan, interdit tous les jeux, les jugeant impies. **522** et **551** des tremblements de terre détruisent ce qui reste d'Olympie. **1829** l'expédition de Morée, dont fait partie le Français Abel Blouet, découvre, sous 3 à 6 m de sable, l'emplacement du temple de Zeus et les 3 fragments de métopes qui sont au Louvre (1875, fouilles systématiques de l'Allemand Ernst Curtius). **1859** tentative de rénovation des Jeux sous l'égide d'un riche Grec d'origine roumaine, Zappas. **1870** 2e tentative, plusieurs attractions non sportives. **1875** et **89** tentatives. **1892**-*25-11* en Sorbonne : Pierre Frédy, baron de Coubertin (1863-1937), annonce que, sur une base conforme aux conditions de la vie moderne, il pense au rétablissement des Jeux Olympiques. **1894**-*23-6* un congrès international, réuni à Paris, vote à l'unanimité le rétablissement des Jeux et la constitution d'un Comité international olympique (CIO). **1896** jeux de la 1re Olympiade à Athènes. **1924** 1ers Jeux d'hiver à Chamonix. **1948** les Jeux d'hiver s'ouvrent largement au ski alpin. **1986**-*14-10* le CIO décide de décaler, à partir de 1994, les Jeux d'hiver qui auront lieu tous les 4 ans en alternance avec les jeux de l'Olympiade. **1991**-*1-1* réunification des comités olympiques allemands. **1992** l'Afr. du Sud (exclue depuis 1970 à cause de sa politique d'apartheid) réintègre le mouvement olympique.

■ **Spectateurs. Jeux de l'Olympiade et,** entre parenthèses, **Jeux d'hiver. 1896** Athènes n.c. **1900** Paris n.c. **04** St Louis n.c. **08** Londres environ 300 000 s. **12** Stockholm 327 288 s. **20** Anvers 349 689 s. **24** Paris 592 958 s. (*Chamonix* 32 862 s., 10 044 b.v.). **28** Amsterdam 357 425 s. (*St-Moritz* 29 832 b.v.). **32** Los Angeles 1 247 580 v. (*Lake Placid* 80 000 v., 78 310 b.v.). **36** Berlin 3 769 892 v. (*Garmisch-Partenkirchen* 234 529 v., 543 155 b.v.). **48** Londres n.c. (*St-Moritz* 59 037 b.v.). **52** Helsinki 1 376 512 s. (*Oslo* 541 407 s.p., 533 413 b.v.). **56** Melbourne 1 341 483 b.v. (*Cortina* 157 731 b.v.). **60** Rome 1 463 091 b.v. (*Squaw Valley* 249 653 b.v.). **64** Tokyo 1 975 723 v. (*Innsbruck* 1 073 000 v., 479 684 b.v.). **68** Mexico n.c. (*Grenoble* 337 731 b.v.). **72** Munich 3 116 092 b.v., 505 827 b.v. (*Sapporo* 621 232 b.v.). **76** Montréal 2 488 448 b.v. et b.d. (*Innsbruck* environ 1 400 000 s., 732 726 b.v.). **80** Moscou 5 466 321 b.v. et b.d. (*Lake Placid* 433 320 b.v.). **84** Los Angeles 5 797 923 s., 5 775 000 b.v. et b.d. (*Sarajevo* 646 000 s., 433 784 b.v.). **88** Séoul n.c. (*Calgary* 1 338 199 s., 1 812 780 b.v.). **92** Barcelone n.c. (*Albertville + 900 000 b.v.*). **94** (*Lillehammer* 1 892 000 s., 1 211 573 b.v.). **96** Atlanta 11 millions de b.v. dont 7 aux USA, prix moyen 40 $ (210 F). **98** (*Nagano* 1 275 529 s.). **2000** (*Sydney* 1 500 000 b.i.).

Nota. – n.c. : non connu. s. : spectateurs. v. : visiteurs. b.v. : billets vendus. s.p. : spectateurs payants. b.i. : billets imprimés. b.d. : billets distribués.

■ **Principe.** Le mouvement olympique doit promouvoir le développement des qualités physiques et morales qui sont les bases du sport ; éduquer par le sport la jeunesse,

Palmarès été + hiver (1896-2000)

Nations	Total des médailles	Or	Argent	Bronze
USA	2 248	921	712	615
Allemagne	1 442	469	477	496
All. (1896 à 1936)	224	73	77	74
All. (depuis 1991)	282	97	82	103
All. dém. (1956-88)	571	203	192	176
All. féd. (1952-88)	365	96	126	143
URSS (1952 à 92 [1])	1 328	526	420	382
G.-B.	660	188	234	238
France	*610*	*189*	*196*	*225*
Suède	559	175	181	203
Italie	541	199	165	177
Hongrie	438	148	132	158
Finlande	430	137	132	161
Norvège	362	129	126	107
Australie	354	106	109	139
Japon	325	105	106	114
Canada	296	75	95	126
Roumanie	266	74	83	109
Pays-Bas	263	88	83	102
Suisse	262	72	100	90
Pologne	245	57	73	115
Chine	237	80	89	68
Autriche	220	56	79	85
Russie	198	79	67	52
Bulgarie	196	49	82	65
Corée du Sud	170	54	55	61
Tchécoslovaquie (1920-92)	167	51	57	59
Danemark	159	38	62	59
Cuba	144	57	47	40
Belgique	142	39	52	51
Yougoslavie [2]	98	28	36	34
Grèce	90	24	36	30
Espagne	78	27	29	22
Nouvelle-Zélande	73	30	13	30
Brésil	66	12	19	35
Turquie	64	33	16	15
Afrique du Sud	63	19	20	24
Argentine	54	13	23	18
Kenya	53	16	20	17
Ukraine	49	13	13	23
Mexique	48	10	15	23
Iran	40	8	13	19
Jamaïque	37	5	20	12
Biélorussie	36	5	11	20
Corée du Nord	32	8	8	16
Estonie	26	8	6	12
Éthiopie	24	12	2	10
Kazakhstan	23	7	10	6
Rép. tchèque	22	7	7	8
Irlande	21	9	6	6
Égypte	18	6	5	7
Portugal	17	3	4	10
Nigéria	17	2	8	7
Inde	16	8	3	5
Maroc	16	4	3	9
Indonésie	16	4	7	5
Mongolie	14	–	5	9
Algérie	12	4	1	7
Trinité et Tobago	11	1	3	7
Pakistan	10	3	3	4
Uruguay	10	2	2	6
Lettonie	10	1	6	3
Taïwan	10	–	4	6
Liechtenstein	9	2	2	5
Philippines	9	–	2	7
Chili	9	–	6	3
Slovénie	9	2	2	5
Thaïlande	9	2	1	6
Venezuela	8	1	2	5
Slovaquie	8	1	5	2
Lituanie	8	3	–	5
Géorgie	8	–	–	8
Colombie	7	1	2	4
Croatie	7	2	2	3
Ouzbékistan	7	2	2	3
Ouganda	6	1	3	2
Tunisie	6	1	2	3
Porto Rico	6	–	1	5
Bahamas	6	2	2	2
Luxembourg	5	2	3	–
Ghana	4	–	1	3
Pérou	4	1	3	–
Namibie	4	–	4	–
Liban	4	–	2	2
Israël	4	–	1	3
Arménie	4	1	1	2
Costa Rica	4	1	1	2
Moldavie	4	–	2	2
Azerbaïdjan	4	2	1	1
Bohême	3	–	1	2
Malaisie	3	–	1	2
Cameroun	3	1	1	1
Islande	3	–	1	2
Syrie	2	1	1	–
Zambie	2	–	1	1
Suriname	2	1	–	1
Grandes Antilles	2	–	–	2
Haïti	2	–	1	1
Rép. arabe unie [3]	2	–	1	1
Panamá	2	–	–	2
Tanzanie	2	–	2	–
Qatar	2	–	–	2
Sri Lanka	2	–	1	1
Mozambique	2	1	–	1
Arabie saoudite	2	–	1	1
Antilles néerl.	1	–	1	–
Bermudes	1	–	–	1
Côte d'Ivoire	1	–	1	–
Djibouti	1	–	–	1
Rép. dominicaine	1	–	–	1
Guyana	1	–	–	1
Iles Vierges	1	–	1	–
Iraq	1	–	–	1
Niger	1	–	–	1
Sénégal	1	–	1	–
Singapour	1	–	1	–
Zimbabwe	1	1	–	–
Burundi	1	–	–	1
Équateur	1	–	–	1
Hong Kong	1	–	–	1
Tonga	1	–	1	–
Barbade	1	–	–	1
Kirghizistan	1	–	–	1
Koweït	1	–	–	1
Macédoine	1	–	–	1
Viêt Nam	1	–	1	–

Nota. – (1) En 1992, CEI. (2) De 1992 à 1998, Serbie, Monténégro et Macédoine. (3) En 1960, Égypte et Syrie.

Médailles gagnées par la France

JO d'hiver		Or	Argent	Bronze
1924	Chamonix	–	–	3
1928	St-Moritz	1	–	–
1932	Lake Placid	1	–	–
1936	Garmisch	–	–	1
1948	St-Moritz	2	1	2
1952	Oslo	–	–	1
1956	Cortina d'Ampezzo	–	–	–
1960	Squaw Valley	1	–	2
1964	Innsbruck	3	4	–
1968	Grenoble	4	3	2
1972	Sapporo	–	1	2
1976	Innsbruck	–	–	1
1980	Lake Placid	–	–	1
1984	Sarajevo	–	1	2
1988	Calgary	1	–	1
1992	Albertville	3	5	1
1994	Lillehammer [1]	–	1	4
1998	Nagano	2	1	5

Jeux de l'Olympiade		Or	Argent	Bronze
1896	Athènes	5	4	2
1900	Paris	25	32	29
1904	Saint Louis	–	–	–
1908	Londres	5	5	8
1912	Stockholm	7	4	3
1920	Anvers	9	20	13
1924	Paris	13	14	11
1928	Amsterdam	6	10	5
1932	Los Angeles	10	5	4
1936	Berlin	7	6	6
1948	Londres	9	7	13
1952	Helsinki	6	6	5
1956	Melbourne	4	4	6
1960	Rome	–	2	3
1964	Tokyo	1	8	6
1968	Mexico	7	3	5
1972	Munich	2	4	8
1976	Montréal	2	3	4
1980	Moscou	6	5	3
1984	Los Angeles	5	7	15
1988	Séoul	6	4	6
1992	Barcelone	8	5	16
1996	Atlanta	15	7	15
2000	Sydney	13	14	11

Nota. – (1) Le Pt de la Fédération française de ski, Bernard Chevallier, avait prédit 9 médailles : ski artistique 3, alpin 3, biathlon 3.

dans un esprit de meilleure compréhension mutuelle et d'amitié contribuant ainsi à construire un monde meilleur et plus pacifique ; faire connaître universellement les principes olympiques suscitant ainsi la bonne volonté internationale ; convier les athlètes du monde aux JO qui comprennent les jeux de l'Olympiade et les JO d'hiver. Les JO ont lieu tous les 4 ans. Le terme « Olympiade » désigne la période de 4 ans qui débute avec les jeux de l'Olympiade et se termine avec l'ouverture des jeux de l'Olympiade suivante. Olympiades et JO se comptent à partir de 1896 même si, à la date d'une Olympiade, les Jeux n'ont pu avoir lieu.

■ **Devise.** En latin, proposée par Pierre de Coubertin : *Citius, altius, fortius* (Plus vite, plus haut, plus fort). Inventée entre 1890 et 1900 par un dominicain français, le père Henri Didon (1840-1900). **Emblème.** Anneaux olympiques entrelacés : emblème et drapeau olympiques furent présentés dans la *Revue Olympique* d'août 1913 et inaugurés à l'occasion du XXe anniversaire du CIO en 1914 à Paris. **Symbole :** « les 5 continents unis par l'Olympisme et les couleurs de toutes les nations ». **Flamme.** Allumée pour la 1re fois sur place lors de la IXe Olympiade à Amsterdam en 1928. 1er parcours par relais organisé pour l'été en 1936 aux Jeux de Berlin et pour l'hiver en 1952 aux Jeux d'Oslo. 1er parcours depuis Olympie en 1964 aux Jeux d'hiver d'Innsbruck. **Serment olympique.** Prononcé par un concurrent du pays hôte : « Au nom de tous les concurrents, je promets que nous prendrons part à ces JO en respectant et suivant les règles qui les régissent, en nous engageant pour un sport sans dopage et sans drogues, dans un esprit de sportivité, pour la gloire du sport et l'honneur de nos équipes. » (Charte olympique 2000.)

■ **Organismes. Comité international olympique (CIO) :** dirige le mouvement olympique. Aucune discrimination n'est admise à l'égard d'un pays ou d'une personne pour des raisons de sexe, raciales, religieuses, politiques ou autres. *CNO reconnus au 14-3-2001 :* 199. *Présidents : 1894-96* Demetrius Vikelas (Grèce, 1835-1908), *1896-1925* Pierre de Coubertin (Fr., 1863-1937), *1925-42* Henri de Baillet-Latour (Belg., 1876-1942), *1946* J.-Sigfrid Edström (Suède, 1870-1964), *1952* Avery Brundage (USA, 1887-1975), *1972* lord Michael Morris Killanin (Irl., 1914-99), *1980* Juan Antonio Samaranch (Esp., né 17-7-1920), *2001* Jacques Rogge (Belg., né 2-5-1942).

Comité national olympique et sportif français (CNOSF) : *créé* le 23-2-1972 par la fusion du Comité national des sports (CNS, *créé* 1908, rassemblant les fédérations sportives françaises), et du Comité olympique français (COF, *créé* 1894, structuré et stabilisé en 1911, au sein du CNS), représente la France au CIO. **Comités régionaux** (Cros, 32) et **départementaux** (CDOS, 96).

Fédérations 88 : 28 olympiques, 41 nationales, 14 affinitaires et 5 scolaires et universitaires. *Pt :* Henri Sérandour (né 1937) depuis 1993. 1, av. Pierre-de-Coubertin, 75640 Paris Cedex 13.

■ **Contrôles de féminité.** Test à partir d'un frottis de la muqueuse buccale, introduit en 1968 aux JO de Grenoble. Depuis 1992, on utilise la génétique moléculaire pour amplifié et rechercher les gènes sur le chromosome Y. Permet de vérifier la présence ou l'absence d'un gène de masculinité.

■ **Dopage.** Une liste de substances interdites est établie par le CIO ainsi qu'une procédure pour la sélection des athlètes à contrôler, la prise des échantillons et leur analyse. Lors des JO, des contrôles sont effectués en principe sur les 3 premiers athlètes, plus un certain nombre par tirage au sort. Les échantillons d'urine sont analysés par un laboratoire accrédité par le CIO. *Principale méthode :* chromatographie en phase gazeuse/spectrométrie de masse, couplée avec un ordinateur qui permet d'analyser les 2 000 à 2 500 échantillons prélevés pendant les JO. En cas de contrôle positif, une 2e analyse est effectuée en présence des intéressés sur un 2e échantillon gardé en réserve. Si la 2e analyse confirme la 1re, la commission médicale du CIO propose une sanction à la Commission exécutive du CIO, qui prend la décision finale.

■ **Tricheries** (exemples). **1972** l'Américain Rick Demont est privé de sa médaille d'or pour le 400 m nage libre (il avait absorbé de l'éphédrine). Les cyclistes hollandais de l'épreuve du 100 km contre la montre sont déclassés de la 3e place (Van Den Hoek avait absorbé de la coramine). **1976** un Soviétique du pentathlon moderne exclu des Jeux pour avoir truqué le système électrique de son épée. 2 haltérophiles bulgares et 1 polonais disqualifiés. **1984** 12 cas de contrôle positif, dont 2 concernant des médaillés. **1988** 10 cas. **1992** 5 cas. **1996** 2 cas. **2000** 9 cas.

Statistiques

■ **Budget** (en millions de $, sauf précision). **Los Angeles (1984) :** *effectif :* 412,59 (dont droits TV 286,76), billets revenu brut 155,86 (revenu net 139,83). **Séoul (1988) :** *bilan :* recettes 850,7 ; dépenses 729 ; bénéfices 121,7. **Albertville (1992)** [en millions de F] : *bilan :* recettes 4 201 ; dépenses 4 201. **Barcelone (1992)** [en milliards de pesetas] : *bilan :* recettes 195,594 ; dépenses 195,236. **Lillehammer (1994)** [en millions de couronnes] : *budget :* 7 379,514. **Atlanta (1996) :** *prévu :* 1 700, *réel :* 1 721 ; *bilan :* recettes 1 700 (dont droits de retransmission 560, partenariats et sponsoring 540, vente de billets 420, produits dérivés 180) ; dépenses construction 515 (dont 10 stades 468, village olympique 47), dépenses opérationnelles 964 (dont ordinateurs 224, régie de production 115), administration 196 (dont personnel 44), frais divers 25. **Nagano (1998)** [en milliards de yens] : 103 ; bénéfice 4,5. **Sydney (2000)** [en millions de $ australiens] : 2 331,5. Coût total estimé par le gouvernement australien : 6 000 ; (en milliards de F) : 23,52 dont gouvernement 8,5, gouvernement fédéral 0,72, entreprises privées 4,8, Comité organisateur 9,5.

■ **Jeux Paralympiques pour handicapés physiques et visuels. Origine :** *créés* 1960 sur proposition de sir Ludwig Guttmann (Jeux d'été). Jeux d'hiver : 1976. **Organisation :** réservés aux handicapés physiques ou visuels (amputés, aveugles, infirmes moteurs, cérébraux ou en fauteuil roulant, ou tout autre handicap). Ont lieu tous les 4 ans dans le pays organisateur des JO pour sportifs valides, sauf en 1968 (en raison d'impératifs médicaux dus à l'altitude de Mexico) et 1980 (Moscou n'ayant pas pu les organiser). Depuis 1992, tous les 2 ans comme les JO.

Sports paralympiques (en 1996). **Été :** athlétisme. Basket-ball Boccia. Cyclisme tandem ; solo. Équitation. Escrime. Football. Goal-ball. Haltérophilie. Judo. Lawn bowls. Natation. Rugby. Tennis. Tennis de table. Tir à l'arc. Tir à la cible. Volley-ball. Voile. **Hiver :** biathlon. Ski alpin et nordique.

Rétrospective. Jeux d'été : 1960 Rome (ville organisatrice) 300 participants (10 pays). **64** Tokyo 400 (22). **68** Tel-Aviv 750 (29). **72** Heidelberg (ex-All. féd.) 1 000 (43). **76** Toronto 1 500 (45). **80** Arnhem (P.-Bas) 1 800 (48). **84** New York 2 000 (52), et Stoke Mandeville (G.-B.) 1 700 (52). **88** Séoul (Corée) 4 000 (67). **92** Barcelone 4 000 (85) ; 812 médaillés dont médailles pour la France 106. **96** Atlanta 4 800 (121) ; 95 médailles pour la France (6e). **2000** Sydney 3 823 (121) 18 sports ; 86 médailles pour la France. **Jeux d'hiver : 1976** Ornskoldsvik (Suède) 250 participants (14 pays). **80** Geilo (Norvège) 350 (18). **84** Innsbruck 500 (22). **88** Innsbruck 700 (22). **92** Tignes-Albertville 759 (24). **94 Lillehammer :** 957 participants (31 pays) ; 387 médailles dont Norvège 64, All. 64, USA 43, *France 31* (or 14, argent 6, bronze 11). **98 Nagano :** 1 200 participants (32 pays) ; All. 44 médailles, Japon 41, Norvège 40, USA et Autriche 34, Russie 31, Suisse 23, *France 22 (or 5, argent 9, bronze 8).*

En 1992, en marge des Paralympiques ont eu lieu des *Jeux pour handicapés mentaux.* **Atlanta 1996 :** sportifs handicapés mentaux intégrés aux Jeux Paralympiques en athlétisme et natation ; **Nagano 1998 :** intégrés en ski nordique ; **Sydney 2000 :** participent en basketball, athlétisme, natation, tennis de table.

☞ **Droits de télévision** [en millions de $ (USA = CBS, NBC et ABC)]. *Source :* CIO. **Jeux de l'Olympiade.** **1980 :** 87,9 dont USA 72, Europe 5,6. **84 :** 286 dont USA (ABC) 225, Europe 19,5. **88 :** 402 dont USA (NBC) 300, Japon (NHK) 52, Europe (Eurovision) 28, Australie (Network) 6,8, Amérique latine (OTI) 3, 15 pays d'Asie (Asia Broadcasting Union) 1,5, Hong Kong (Asia TV) 0,9. **92 :** 636 dont USA (NBC) 401, Europe 90, Japon 62,5, Australie 33,75, Canada 16,5, Corée 7,5, Asie 2,2, Afrique du Sud 6, autres 16,55. **96** (est.) : 898 dont USA (NBC) 456, Europe 250, Japon 99,5, Australie 30, Canada 20,75, Corée 9,75, Asie 8, Afr. du Sud 6,75, autres 17,25. **Jeux d'hiver. 1960 :** 0,05 dont USA 0,05. **64 :** 0,9 dont USA 0,6, Europe 0,3. **68 :** 2,6 dont USA 2, Europe 0,5. **72 :** 8,4 dont USA 6,4, Europe 1,2. **76 :** 11,6 dont USA 10, Europe 0,8. **80 :** 20,7 dont USA 15,5, Europe 2,6. **84 :** 102,6 dont USA 91,5, Europe 4,1. **88 :** 324 dont USA (ABC) 309, Europe (Eurovision) 5,7. **92 :** 292 dont USA (CBS) 243, Europe 18. **94 :** 352 dont USA (CBS) 295, Europe 24. **98 :** USA (CBS) 375, Europe 72, Japon 37,5 ; Canada 16, Australie 9,25. **2000 :** USA (NBC) : 715, Europe (UER) 350, Japon 135, Australie (Channel 7) 45, Amérique centrale et du Sud (OTI) 11, Total 1 285.

Jeux Olympiques d'hiver

■ **Nombre d'épreuves aux JO d'hiver.** Total et, entre parenthèses, masculines, féminines et couples : **1924** 16 (14, 1, 1). **28** 14 (12, 1, 1). **32** 14 (12, 1, 1). **36** 17 (14, 2, 1). **48** 22 (17, 4, 1). **52** 22 (16, 5, 1). **56** 24 (17, 6, 1). **60** 27 (16, 10, 1). **64** 34 (21, 12, 1). **68** 35 (22, 12, 1). **72** 35 (22, 12, 1). **76** 37 (23, 12, 2). **80** 38 (24, 12, 2). **84** 39 (24, 13, 2). **88** 46 (28, 16, 2). **92** 57 (32, 23, 2). **94** 61 (34, 25, 2). **98** 68 (37, 29, 2). **2002** 78 (41, 34, 3).

■ **Sports de démonstration** supprimés en 1994. **Sports d'exhibition en 1988.** *Ski pour handicapés :* slalom géant pour amputés au-dessus du genou, ski de fond pour aveugles 5 km. **1992** ski de vitesse pour handicapés. **Sports disparus.** Courses de traîneaux à chiens, patrouilles militaires, skeleton (réadmis au programme de 2002), skijoring, pentathlon d'hiver bandy.

■ **Rétrospective.** Année, ville organisatrice, nombre de participants et de nations représentées : **1924** Chamonix (Fr.) 258 (16). **28** St-Moritz (Suisse) 464 (25). **32** Lake Placid (USA) 252 (17). **36** Garmisch-Partenkirchen (All.) 668 (28). **48** St-Moritz (Suisse) 669 (28). **52** Oslo (Norv.) 694 (30). **56** Cortina d'Ampezzo (It.) 820 (32). **60** Squaw Valley (USA) 665 (30). **64** Innsbruck (Autr.) 1 091 (36). **68** Grenoble (Fr.) 1 158 (37). **72** Sapporo (Japon) 1 006 (35). **76** Innsbruck (Autr. ; défection de Denver, USA) 1 123 (37). **80** Lake Placid (USA) 1 072 (37). **84** Sarajevo (Youg.) 1 274 (49). **88** Calgary (Canada) 1 423 (57). **92** Albertville (Fr.) 1 801 (64). *Budget du Cojo :* 4 201 millions de F *(déficit :* 279). *Sites :* Albertville (ouverture, clôture, patinage, anneau de vitesse), Val-d'Isère (ski alpin messieurs sauf slalom spécial), Les Menuires (slalom spécial messieurs), Méribel (ski alpin dames, hockey), Les Saisies (ski nordique, biathlon), Courchevel (saut, entraînement hockey, combiné nordique), La Plagne (bobsleigh, luge), Tignes (ski artistique), Les Arcs (ski de vitesse), Pralognan (curling), Brides-les-Bains (village olympique), Moutiers (radio-TV), La Léchère (presse). **94**-*17/27-2* Lillehammer (Norv. à 170 km au nord d'Oslo) 1 739 (67). **98**-*7/22-2* Nagano (Japon) 2 177 (72). **2002** Salt Lake City (USA). **2006** Turin (It.).

■ Résultats

Légende : (1) Afr. du Sud. (2) All. dém. (2a) All. depuis 1991. (3) All. féd. (4) Argentine. (5) Australie. (6) Autriche. (7) Belgique. (8) Brésil. (9) Bulgarie. (10) Canada. (11) Corée du Nord. (12) Corée du Sud. (13) Cuba. (14) Danemark. (15) Égypte. (16) Eire (Irlande). (17) Espagne. (18) Estonie. (19) Éthiopie. (20) Finlande. (21) *France.* (22) G.-B. (23) Grèce. (24) Hongrie. (25) Inde. (26) Iran. (27) Irlande. (28) Italie. (29) Jamaïque. (30) Japon. (31) Kenya. (32) Liechtenstein. (33) Luxembourg. (34) Mexique. (35) Mongolie. (36) Norvège. (37) Nouvelle-Zélande. (38) Ouganda. (39) Pakistan. (40) Pays-Bas. (41) Pérou. (42) Pologne. (43) Portugal. (44) Roumanie. (45) Suède. (46) Suisse. (47) Tanzanie. (48) Tchécoslovaquie. (49) Thaïlande. (50) Trinité et Tobago. (51) Tunisie. (52) Turquie. (53) Ukraine. (54) URSS. (55) USA. (56) Venezuela. (57) Yougoslavie. (57 a) Participant olympique indépendant (ex-Yougoslavie). (58) Guyana. (59) Bermudes. (60) Liban. (61) Chine. (62) Taïwan. (63) Colombie. (64) Côte d'Ivoire. (65) Maroc. (66) Islande. (67) Zambie. (68) Nigéria. (69) Porto Rico. (70) Cameroun. (71) Algérie. (72) Syrie. (73) Sénégal. (74) Djibouti. (75) Philippines. (76) Suriname. (77) Costa Rica. (78) Chili. (79) Iles Vierges. (80) Antilles néerlandaises. (81) Brunéi. (82) Jordanie. (83) Malaisie. (84) Namibie. (85) Qatar. (86) Bahamas. (87) Lituanie. (88) Slovénie. (89) Israël. (90) Croatie. (91) Indonésie. (92) Lettonie. (93) Koweït. (94) Arménie. (95) Russie. (96) Kazakhstan. (97) Biélorussie. (98) Ouzbékistan. (99) CEI. (100) Burundi. (101) Rép. tchèque. (102) Équateur. (103) Mozambique. (104) Tonga. (105) Slovaquie. (106) Moldavie. (107) Azerbaïdjan. (108) Géorgie. (109) Hong Kong. (110) Barbade. (111) Arabie saoudite. (112) Sri Lanka. (113) Uruguay. (114) Kirghizistan. (115) Macédoine. (116) Viêt Nam.

■ **Bobsleigh. Messieurs. Bob à deux. 1932** USA 8'14"74. **36** USA 5'29"29. **48** Suisse 5'29"2. **52** All. féd. 5'24"54. **56** It. 5'30"14. **60** *non disputé.* **64** G.-B. 4'21"90. **68** It. 4'41"54. **72** All. féd. 4'57"7. **76** All. dém. II 3'44"42, All. féd. I 3'44"99, Suisse I 3'45"70. **80** Suisse II 4'9"36, All. dém. II 4'10"93, All. dém. I 4'11"8. **84** All. dém. II 3'25"56, All. dém. I 3'26"4, URSS II 3'26"16. **88** URSS 3'53"48, All. dém. I 3'54"19, All. dém. II 3'54"64. **92** Suisse 4'3"26, All. 4'3"55, All. 4'3"63. **94** Suisse 3'30"81, Suisse 3'30"86, It. 3'31"1. **98** Can. et It. 3' 37" 24, All. 3' 37" 91.

Bob à quatre. 1924 Suisse 5'45"54. **28** USA 3'20"50. **32** USA 7'53"68. **36** Suisse 5'19"85. **48** USA 5'20"10. **52** All. féd. 5'7"84. **56** Suisse 5'10"44. **60** *non disputé.* **64** Canada 4'14"46. **68** It. 2'17"39. **72** Suisse 4'43"70. **76** All. dém. 3'40"43, Suisse 3'40"89, All. féd. 3'41"37. **80** All. dém. I 3'59"92, Suisse I 4'0"87, All. dém. II 4'0"97. **84** All. dém. I 3'20"22, All. dém. II 3'20"78, Suisse I 3'21"39. **88** Suisse 3'47"51, All. dém. 3'47"58, URSS 3'48"26. **92** Autr. 3'53"90, All. 3'53"92, Suisse 3'54"13. **94** All. II 3'27"78, Suisse 3'27"84, All. I 3'28"1. **98** All. 2' 39" 41, Suisse 2' 40" 1, G.-B. et *France* 2' 40" 6.

■ **Curling. Messieurs. 1998** Suisse, Canada, Norvège.

Dames. 1998 Canada, Danemark, Suède.

■ **Hockey. Messieurs. 1920, 24, 28, 32** Canada. **36** G.B. **48, 52** Canada. **56** URSS. **60** USA. **64, 68, 72, 76** URSS. **80** USA, URSS, Suède. **84** URSS, Tchéc., Suède. **88** URSS, Finl., Suède. **92** CEI, Canada, Tchéc. **94** Suède, Canada, Finl. **98** Rép. tchèque, Russie, Finlande.

Dames. 1998 USA, Canada, Finlande.

■ **Luge. Messieurs. Monoplace. 1964** Koehler [2] 3'26"77. **68** Schmid [6] 2'52"48. **72** Scheidel [2] 3'27"58. **76** Guenther [2] 3'27"688, Fendt [3] 3'28"196, Rinn [2] 3'28"574. **80** Glass [2] 2'54"796, Hildgartner [28] 2'55"372, Winkler [3] 2'56"545. **84** Hildgartner [28] 3'4"258, Daniline [54] 3'4"962, Doudine [54] 3'5"012. **88** Muller [2] 3'5"548, Hackl [3] 3'5"916, Kartchenko [54] 3'6"274. **92** Hackl [2a] 3'2"363, Prock [6] 3'2"669, Schmidt [6] 3'2"942. **94** Hackl [2a] 3'21"571, Prock [6] 3'21"584, Zœggler [28] 3'21"833. **98** Hackl [2a] 3' 18" 436, Zœggeler [28] 3' 18" 939, Müller [2a] 3' 18" 993.

Biplace. 1964 Autr. 1'41"62. **68** All. dém. 1'35"85. **72** All. dém. et It. 1'28"35, All. dém. 1'29"16. **76** Rinn-Hahn [2] 1'25"604, Brandner-Schwarm [3] 1'25"889, Schmidt-Schachner [6] 1'25"919. **80** Rinn-Hahn [2] 1'19"331, Gschnitzer-Brunner [28] 1'19"606, Fluckinger-Schrott [6] 1'19"795. **84** Stangassinger-Wembacher [3] 1'23"620, Belooussov-Belyakov [54] 1'23"660, Hoffmann-Pietzsch [2] 1'23"887. **88** Hoffmann-Pietzsch [2] 1'31"940, Krausse-Behrendt [2] 1'32"039, Schwab-Staudinger [3] 1'32"274. **92** Krausse-Behrendt [2a] 1'32"053, Mankel-Rudolph [2a] 1'32"239, Raffl-Huber [28] 1'32"298. **94** Brugger-Huber [28] 1'36"720, Raffl-Huber [28] 1'36"769, Krausse-Behrendt [2a] 1'36"945. **98** Krausse-Behrendt [2a] 1' 41" 105, Thorpe-Sheer [55] 1' 41" 127, Grimette-Martin [55] 1' 41" 217.

Dames. Monoplace. 1964 Enderlein [2] 3'24"67. **68** Lechner [28] 2'28"66. **72** Muller [2] 2'59"18. **76** Schumann [2] 2'50"621, Ruehrold [2] 2'50"846, Demleitner [3] 2'51"056. **80** Zozulia [54] 2'36"537, Sollmann [2] 2'37"657, Amantova [54] 2'37"817. **84** Martin [2] 2'46"570, Schmidt [2] 2'46"873, Weiss [2] 2'47"248. **88** Walter [2] 3'3"973, Oberhoffner [2] 3'4"105, Schmidt [2] 3'4"181. **92** D. Neuner [6] 3'6"696, A. Neuner [6] 3'6"769, Erdmann [2a] 3'7"115. **94** Weissensteiner [28] 3'15"517, Erdmann [2a] 3'16"276, Tagwerker [6] 3'16"652. **98** Kraushaar [2a] 3' 23" 779, Niederhuber [2a] 3' 23" 781, Neuner [6] 3' 24" 253.

■ **Patinage artistique. Messieurs. 1908** Salchow [45]. **20, 24, 28** Grafstroem [45]. **32, 36** Schaefer [6]. **48, 52** Button [55]. **56** H. Jenkins [55]. **60** D. Jenkins [55]. **64** Schnelldorfer [3]. **68** Schwarz [6]. **72** Nepela [48]. **76** Curry [32], Kovalev [54], Cranston [10]. **80** Cousins [32], Hoffman [2], Tickner [55]. **84** Hamilton [55], Orser [10], Sabovtchik [48]. **88** Boitano [55], Orser [10], Petrenko [54]. **92** Petrenko [99], Wylie [55], Barna [48]. **94** Urmanov [95], Stojko [10], *Candeloro* [21]. **98** Kulik [95], Stojko [10], *Candeloro* [21].

Dames. 1908 Syers [22]. **20** Julin-Mauroy [45]. **24** Planck-Szabo [6]. **28, 32, 36** Henie [36]. **48** Scott [10]. **52** Altwegg [22]. **56** Albright [55]. **60** Heiss [55]. **64** Dijkstra [40]. **68** Fleming [55]. **72** Schuba [6]. **76** Hamill [55], Leeuw [40], Errath [2]. **80** Poetzsch [2], Fratianne [55], Lurz [3]. **84** Witt [2], Sumners [55], Ivanova [54]. **88** Witt [2], Manley [10] Thomas [55]. **92** Yamaguchi [55], Ito [30], Kerrigan [55]. **94** Baiul [53], Kerrigan [55], Lu Chen [61]. **98** Lipinski [55], Kwan [55], Chen Lu [61].

Couples. 1908 Hubler-Burger [2a]. **20** L. et W. Jakobsson [20]. **24** Engelman-Berger [6]. **28** *Joly-Brunet* [21]. **32** *A. et P. Brunet* [21]. **36** Heber-Baier [2a]. **48** Lannoy-Baugniet [7]. **52** R. et P. Falk [3]. **56** Schwarz-Oppelt [6]. **60** Wagner-Paul [10]. **64, 68** Beloussova-Protopopov [54]. **72** Rodnina-Ulanov [54]. **76** Rodnina-Zaitsev [54], Kermer-Oesterreich [2], Gross-Kagelmann [2]. **80** Rodnina-Zaitsev [54], Cherkasova-Shakrai [54], Mager-Bewersdorff [2]. **84** Valova-Vassiliev [54], K. et P. Carruthers [55], Selezneva-Makorov [54]. **88** Gordeeva-Grinkov [54], Velova-Vassiliev [54], Watson-Oppegard [55]. **92** Mitchkouteniok-Dimitriev [99], Betchke-Petrov [99], Brasseur-Eisler [10]. **94** Gordeiva-Grinkov [95], Mishkutienok-Dmitriev [95], Brasseur-Eisler [10]. **98** Kazakova-Dmitriev [95], Berezhnaïa-Sikharulidze [95], Wötzel-Steuer [2a].

Danse. 1976 Pakhomova-Gorskhov [54], Moiseeva-Minenkov [54], O'Connor-Millns [55]. **80** Linichuk-Karponosov [53], Regoczy-Sallay [24], Moiseeva-Minenkov [54]. **84** Torvill-Dean [22], Bestemianova-Boukine [54], Klimova-Ponomarenko [54]. **88** Bestemianova-Boukine [54], Klimova-Ponomarenko [54], Wilson-McCall [10]. **92** Klimova-Ponomarenko [99], *I. et P. Duchesnay* [21], Ussova-Zhuline [99]. **94** Gritschuk-Platov [95], Ussova-Zhuline [95], Torvill-Dean [22]. **98** Gristchuk-Platov [95], Krilova-Ovsiannikov [95], *Anissina-Peizerat* [21].

☞ **Épreuve supprimée : figures spéciales : 1908** Panin [54].

■ **Patinage de vitesse. Messieurs. 500 m. 1924** Jewtraw [55] 44". **28** Thunberg [20] et Evensen [36] 43"4. **32** Shea [55] 43"4. **36** Ballangrud [36] 43"4. **48** Helgesen [36] 43"1. **52** Henry [55] 43"2. **56** Grichine [54] 40"2. **60** Grichine [54] 40"2. **64** McDermott [55] 40"1. **68** Keller [3] 40"3. **72** Keller [3] 39"44. **76** Kulikov [54] 39"17, Muratov [54] 39"25, Immerfall [55] 39"54. **80** Heiden [55] 38"03, Kulikov [54] 38"37, De Ber [40] 38"48. **84** Fokitchev [54] 38"19, Kitazawa [30] 38"30, Boucher [10] 38"39. **88** Mey [2] 36"45, Ykema [40] 36"76, Kuroiwa [30] 36"77. **92** Mey [2a] 37"14, Kuroiwa [30] 37"18, Inoue [30] 37"26. **94** Golubev [95] 36"33, Klevchenya [95] 36"39, Horii [30] 36"53. **98** Shimizu [30] 1' 11" 35, Wotherspoon [10] 1' 11" 84, Overland [10] 1' 11" 86.

1 000 m. 1976 Mueller [55] 1'19"32, Didriksen [36] 1'20"45, Muratov [54] 1'20"57. **80** Heiden [55] 1'15"18, Boucher [10] 1'16"68, Lobanov [54] et Roenning [36] 1'16"91. **84** Boucher [10] 1'15"80, Khlebnikov [54] 1'16"63, Engelstad [36] 1'16"75. **88** Gouliaev [54] 1'13"3, Mey [2] 1'13"11, Gelezovsky [54] 1'13"19. **92** Zinke [2a] 1'14"85, Kim [12] 1'14"86, Miyabe [30] 1'14"92. **94** Jansen [55] 1'12"43, Shelezovsky [97] 1'12"72, Klevchenya [95] 1'12"85. **98** Postma [40] 1' 10" 64, Bos [40] 1' 10" 71, Shimizu [30] 1' 11".

1 500 m. 1924 Thunberg [20] 2'20"8. **28** Thunberg [20] 2'21"1. **32** Shea [55] 2'57"5. **36** Mathisen [36] 2'19"2. **48** Farstad [36] 2'17"6. **52** Andersen [36] 2'20"4. **56** Grichine [54] et Mikhailov [54] 2'8"6. **60** Aas [36] et Grichine [54] 2'10"4. **64**

Palmarès des JO d'hiver

Nations	1980 O	A	B	T	1984 O	A	B	T	1988 O	A	B	T	1992 O	A	B	T	1994 O	A	B	T	1998 O	A	B	T
All. dém. } All.	9	7	7	*23*	9	9	6	*24*	9	10	6	*25*	10	10	6	*26*	9	7	8	*24*	12	9	8	*29*
All. féd.	0	2	3	*5*	2	1	1	*4*	2	4	2	*8*												
Australie																	0	0	1	*1*	0	0	1	*1*
Autriche	3	2	2	*7*	0	0	1	*1*	3	5	2	*10*	6	7	8	*21*	2	3	4	*9*	3	5	9	*17*
Belgique																					0	0	1	*1*
Biélorussie																	0	2	0	*2*	0	0	2	*2*
Bulgarie	0	0	1	*1*																	1	0	0	*1*
Canada	0	1	1	*2*	2	1	1	*4*	0	2	3	*5*	2	3	2	*7*	3	6	4	*13*	6	5	4	*15*
Chine													0	3	0	*3*	0	1	2	*3*	0	6	2	*8*
Corée du Nord													0	0	1	*1*								
Corée du Sud													2	1	1	*4*	4	1	1	*6*	3	1	2	*6*
Danemark																					0	1	0	*1*
Espagne													0	0	1	*1*								
Finlande	1	5	3	*9*	4	3	6	*13*	4	1	2	*7*	3	1	3	*7*	0	1	5	*6*	2	4	6	*12*
France	*0*	*0*	*1*	*1*	*0*	*1*	*2*	*3*	*1*	*0*	*1*	*2*	*3*	*5*	*1*	*9*	*0*	*1*	*4*	*5*	*2*	*1*	*5*	*8*
G.-B.	1	0	0	*1*	1	0	0	*1*									0	0	2	*2*	0	0	1	*1*
Hongrie	0	1	0	*1*																				
Italie	0	2	0	*2*	2	0	0	*2*	2	1	2	*5*	4	6	4	*14*	7	5	8	*20*	2	6	2	*10*
Japon	0	1	0	*1*	0	1	0	*1*	0	0	1	*1*	1	2	4	*7*	1	2	2	*5*	5	1	4	*10*
Kazakhstan																	1	2	0	*3*	0	0	2	*2*
Liechtenstein	2	2	0	*4*	0	0	2	*2*	0	0	1	*1*												
Luxembourg													0	2	0	*2*								
Norvège	1	3	6	*10*	3	2	4	*9*	0	3	2	*5*	9	6	5	*20*	10	11	5	*26*	10	10	5	*25*
Nlle-Zélande													0	1	0	*1*								
Ouzbékistan																	1	0	0	*1*				
Pays-Bas	1	2	1	*4*					3	2	2	*7*	1	1	2	*4*	0	1	3	*4*	5	4	2	*11*
Russie																	11	8	4	*23*	9	6	3	*18*
Slovénie																	0	0	3	*3*				
Suède	3	0	1	*4*	4	2	2	*8*	4	0	2	*6*	1	0	3	*4*	2	1	0	*3*	0	2	1	*3*
Suisse	1	1	3	*5*	2	2	1	*5*	5	5	5	*15*	1	0	2	*3*	3	4	2	*9*	2	2	3	*7*
Tchécoslovaquie [2]	0	0	1	*1*	0	2	4	*6*	0	1	2	*3*	0	0	3	*3*					1	1	1	*3*
Ukraine																	1	0	1	*2*	0	1	0	*1*
URSS [1]	10	6	6	*22*	6	10	9	*25*	11	9	9	*29*	9	6	8	*23*								
USA	6	4	2	*12*	4	4	0	*8*	2	1	3	*6*	5	4	2	*11*	6	5	2	*13*	6	3	4	*13*
Yougoslavie					0	1	0	*1*	0	2	1	*3*												

Nota. – Le CIO ne reconnaît pas les tableaux de médailles. (1) CEI en 1992. (2) République tchèque en 1998.

Antson [54] 2'10"3. **68** Verkerk [40] 2'3"4. **72** Schenk [40] 2'2"96. **76** Storholt [36] 1'59"38, Kondakov [54] 1'59"97, Van Helden [40] 2'0"87. **80** Heiden [55] 1'55"44, Stenshjemmet [36] 1'56"81, Andersen [36] 1'56"92. **84** Boucher [10] 1'58"36, Khlebnikov [54] 1'58"83, Bogiev [54] 1'58"89. **88** Hoffmann [2] 1'52"6, Flaim [55] 1'52"12, Hadschieff [6] 1'52"31. **92** Koss [36] 1'54"81, Söndral [36] 1'54"85, Visser [40] 1'54"90. **94** Koss [36] 1'51"29, Ritsma [40] 1'51"99, Zandstra [40] 1'52"38. **98** Söndral [36] 1' 47" 87, Postma [40] 1' 48" 13, Ritsma [40] 1' 48" 52.

5 000 m. **1924** Thunberg [20] 8'39". **28** Ballangrud [36] 8'50"5. **32** Jaffee [55] 9'40"8. **36** Ballangrud [36] 8'19"6. **48** Liaklew [36] 8'29"4. **52** Andersen [36] 8'10"6. **56** Chilkov [54] 7'48"7. **60** Kositchkine [54] 7'51"3. **64** Johannesen [36] 7'38"4. **68** Maier [36] 7'22"4. **72** Schenk [40] 7'23"61. **76** Stensen [36] 7'24"48, Kleine [40] 7'26"47, Van Helden [40] 7'26"54. **80** Heiden [55] 7'2"29, Stenshjemmet [36] 7'3"28, Oxholm [36] 7'5"59. **84** Gustafson [45] 7'12"28, Malkov [54] 7'12"30, Schoefisch [2] 7'17"49. **88** Gustafson [45] 6'44"63, Visser [40] 6'44"98, Kemkers [40] 6'45"92. **92** Karlstad [36] 6'59"97, Zandstra [40] 7'2"28, Visser [40] 7'4"96. **94** Koss [36] 6'34"96, Storelid [36] 6'42"68, Ritsma [40] 6'43"94. **98** Romme [40] 6' 22" 20, Ritsma [40] 6' 28" 24, Veldkamp [7] 6' 28" 31.

10 000 m. **1924** Skutnabb [20] 18'4"8. **28** *interrompue et annulée.* **32** Jaffee [55] 19'13"6. **36** Ballangrud [36] 17'24"3. **48** Seyffarth [45] 17'26"3. **52** Andersen [36] 16'45"8. **56** Ericsson [45] 16'35"9. **60** Johannesen [36] 15'46"6. **64** Nilsson [45] 15'50"1. **68** Hoeglin [45] 15'23"6. **72** Schenk [40] 15'1"35. **76** Kleine [40] 14'50"59, Stensen [36] 14'53"30, Van Helden [40] 15'2"20. **80** Heiden [55] 14'28"13, Kleine [40] 14'36"3, Oxholm [36] 14'36"60. **84** Malkov [54] 14'39"90, Gustafson [45] 14'39"95, Schoefisch [2] 14'46"91. **88** Gustafson [45] 13'48"20, Hadschieff [6] 13'56"11, Visser [40] 14'0"55. **92** Veldkamp [40] 14'12"12, Koss [36] 14'14"58, Karlstad [36] 14'18"13. **94** Koss [36] 13'30"55, Storelid [36] 13'49"25, Veldkamp [40] 13'56"73. **98** Romme [40] 13' 15" 33, De Jong [40] 13' 25" 76, Ritsma [40] 13' 28" 19.

☞ **Épreuve supprimée : combiné 4 courses : 1924** Thunberg [20].

Patinage de vitesse. Dames. 500 m. **1960** Haase [2] 45"9. **64** Skoblikova [54] 45". **68** Titova [54] 46"1. **72** Henning [55] 43"33. **76** Young [55] 42"76, Priestner [10] 43"12, Averina [54] 43"17. **80** Enke [2] 41"78, Poulos-Mueller [55] 42"26, Petrusheva [54] 42"42. **84** Rothenburger [2] 41"2, Enke [2] 41"28, Chive [54] 41"50. **88** Blair [55] 39"10, Rothenburger [2] 39"12, Kania-Enke [2] 39"24. **92** Blair [55] 40"33, Ye [61] 40"51, Luding [2a] 40"57. **94** Blair [55] 39"25, Auch [10] 39"61, Schenk [2a] 39"70. **98** Lemay-Doan [10] 1' 16" 60, Auch [10] 1' 16" 93, Okazaki [30] 1' 17" 10.

1 000 m. **1960** Guseva [54] 1'34"1. **64** Skoblikova [54] 1'33"2. **68** Geijssen [40] 1'32"6. **72** Pflug [3] 1'31"40. **76** Averina [54] 1'28"43, Poulos [55] 1'28"57, Young [55] 1'29"14. **80** Petrusheva [54] 1'24"10, Poulos-Mueller [55] 1'25"41, Albrecht [2] 1'26"46. **84** Enke [2] 1'21"61, Schoene [2] 1'22"83, Petrousseva [54] 1'23"21. **88** Rothenburger [2] 1'17"65, Kania-Enke [2] 1'17"70, Blair [55] 1'18"31. **92** Blair [55] 1'21"90, Ye [61] 1'21"92, Garbrecht [2a] 1'22"10. **94** Blair [55] 1'18"74, Baier [2a] 1'20"12, Ye [61] 1'20"22. **98** Timmer [40] 1' 16" 51, Witty [55] 1' 16" 79, Lemay-Doan [10] 1' 17" 37.

1 500 m. **1960** Skoblikova [54] 2'25"2. **64** Skoblikova [54] 2'22"6. **68** Mustonen [20] 2'22"4. **72** Holum [55] 2'20"85. **76** Stepanskaya [54] 2'16"58, Young [55] 2'17"60, Averina [54] 2'17"96. **80** Borckink [40] 2'10"95, Visser [40] 2'12"35, Becker [2] 2'12"38. **84** Enke [2] 2'3"42, Schoene [2] 2'5"29, Petrousseva [54] 2'5"78. **88** Van Gennip [40] 2'0"68, Kania-Enke [2] 2'0"82, Ehrig [2] 2'1"49. **92** Boerner [2a] 2'5"87, Niemann [2a] 2'5"92, Hashimoto [30] 2'6"88. **94** Hunyady [6] 2'2"19, Fedotkina [95] 2'2"69, Niemann [2a] 2'3"41. **98** Timmer [40] 1' 57" 58, Niemann-Stirnemann [2a] 1' 58" 66, Witty [55] 1' 58" 97.

3 000 m. **1960** Skoblikova [54] 5'14"3. **64** Skoblikova [54] 5'14"9. **68** Schut [40] 4'56"2. **72** Baas-Kaiser [40] 4'52"14. **76** Averina [54] 4'45"19, Mitscherlich [2] 4'45"23, Korsmo [36] 4'45"24. **80** Jensen [36] 4'32"13, Becker [2] 4'32"79, Heiden [55] 4'33"77. **84** Schoene [2] 4'24"79, Enke [2] 4'26"33, Schoenbrunn [2] 4'33"13. **88** Van Gennip [40] 4'11"94, Ehrig [2] 4'12"9, Zange [2] 4'16"92. **92** Niemann [2a] 4'19"90, Warnicke [2a] 4'22"88, Hunyady [6] 4'24"64. **94** Bazhanova [95] 4'17"43, Hunyady [6] 4'18"14, Pechstein [2a] 4'18"34. **98** Niemann-Stirnemann [2a] 4' 7" 29, Pechstein [2a] 4' 8" 47, Freisinger [2a] 4' 9" 44.

5 000 m. **1988** Van Gennip [40] 7'14"13, Ehrig [2] 7'17"12, Zange [2] 7'21"61. **92** Niemann [2a] 7'31"57, Warnicke [2a] 7'37"59, Pechstein [2a] 7'39"80. **94** Pechstein [2a] 7'14"37, Niemann [2a] 7'14"88, Yamamoto [30] 7'19"68. **98** Pechstein [2a] 6' 59" 61, Niemann-Stirnemann [2a] 6' 59" 65, Prokacheva [96] 7' 11" 14.

■ **Patinage sur piste courte. Messieurs. 500 m.** **1994** Chae [12] 43"45, Vuillermin [28] 43"47, Gooch [22] 43"68. **98** Nishitani [30] 42" 862, An Yulong [61] 43" 022, Vematsu [30] 43" 713. **1 000 m.** **1992** Kim [12] 1'30"76, Blackburn [10] 1'31"11, Lee [12] 1'31"16. **94** Kim [12] 1'34"57, Chae [12] 1'34"92, Gagnon [10] 1'33"3. **98** Kim Dong-Sung [12] 1' 32" 375, Li Jianjun [61] 1' 32" 428, Bédard [10] 1' 32" 661. **Relais. 5 km.** **1992** Corée 7'14"2, Canada 7'14"6, Japon 7'18"18. **94** Italie 7'11"74, USA 7'13"37, Australie 7'13"68. **98** Canada 7' 6" 075, Corée du S. 7' 6" 776, Chine 7' 11" 559.

Dames. 500 m. **1992** Turner [55] 47"4, Li [61] 47"8, Hwang [11] 47"23. **94** Turner [55] 45" 98, Zhang [61] 46" 44, Peterson [55] 46" 76. **98** Perreault [10] 46" 568, S. Yang Yang [61] 46" 627, Chun Lee-Kyung [12] 46" 335 (vainqueur finale B). **1 000 m.** **1994** Chun Lee-Kyung [12] 1'36"87, Lambert [10] 1'36"97, So-Hee Kim [12] 1'37"9. **98** Chun Lee-Kyung [12] 1' 42" 776, S. Yang Yang [61] 1' 43" 343, Won Hye-Kyung [12] 1' 43" 361. **Relais. 3 km.** **1992** Canada 4'36"62, USA 4'37"85, CEI 4'42"69. **94** Corée du S., Canada, USA. **98** Corée du S. 4' 16" 260, Chine 4' 16" 383, Canada 4' 30" 612.

■ **Skeleton. Messieurs.** **1928** Heaton [55] 3'1"8. **48** Bibbia [28] 5'23"2.

■ **Ski alpin. Messieurs. Descente.** **1948** *Oreiller* [21] *2'55"*. **52** Colo [28] 2'30"8. **56** Sailer [6] 2'52"2. **60** *Vuarnet* [21] *2'6"*. **64** Zimmermann E. [6] 2'18"6. **68** *Killy* [21] *1'59"85.* **72** Russi [46] 1'51"43. **76** Klammer [6] 1'45"73, Russi [46] 1'46"6, Plank [28] 1'46"59. **80** Stock [6] 1'45"50, Wirnsberger [6] 1'46"12, Podborski [10] 1'46"62. **84** Johnson [55] 1'45"59, Mueller [46] 1'45"86, Steiner [6] 1'45"95. **88** Zurbriggen [46] 1'59"63, Mueller [46] 2'0"14, *Piccard* [21] *2'1"24.* **92** Ortlieb [6] 1'50"37, *Piccard* [21] *1'50"42,* Mader [6] 1'50"47. **94** Moe [55] 1'45"75, Aamodt [36] 1'45"79, Podivinski [10] 1'45"87. **98** *Crétier* [21] *1' 50" 11*, Kjus [36] 1' 50" 51, Trinkl [6] 1' 50" 63.

Slalom spécial. **1948** Reinalter [46] 2'10"3. **52** Schneider [6] 2'. **56** Sailer [6] 3'14"7. **60** Hinterseer [6] 2'8"9. **64** Stiegeer [6] 2'11"13. **68** *Killy* [21] *1'39"73.* **72** Fernández-Ochoa [17] 1'49"27. **76** Gros [28] 2'3"29, G. Thoeni [28] 2'3"73, Frommelt [32] 2'4"28. **80** Stenmark [45] 1'44"26, Mahre [55] 1'44"76, Luthy [46] 1'45"6. Appelé **slalom** depuis 1984.

Slalom. **1984** P. Mahre [55] 1'39"41, S. Mahre [55] 1'39"62, *Bouvet* [21] *1'40"20.* **88** Tomba [28] 1'39"47, Woerndl [3] 1'39"53, Frommelt [32] 1'39"84. **92** Jagg [36] 1'44"39, Tomba [28] 1'44"67, Tritscher [6] 1'44"85. **94** Strangassinger [6] 2'2"2, Tomba [28] 2'2"17, Kosic [88] 2'2"53. **98** Buraas [36] 1' 49" 31, Furuseth [36] 1' 50" 64, Sykora [6] 1' 50" 68.

Slalom géant. **1952** Eriksen [36] 2'25". **56** Sailer [6] 3'0"1. **60** Staub [46] 1'48"3. **64** *Bonlieu* [21] *1'46"71.* **68** *Killy* [21] *3'29"28.* **72** G. Thoeni [28] 3'9"62. **76** Hemmi [46] 3'26"97, Good [46] 3'27"17, Stenmark [45] 3'27"41. **80** Stenmark [45] 2'40"74, Wenzel [32] 2'41"49, Enn [6] 2'42"51. **84** Julen [46] 2'41"18, Franko [57] 2'41"41, Wenzel [32] 2'41"75. **88** Tomba [28] 2'6"37, Strolz [6] 2'7"41, Zurbriggen [46] 2'8"39. **92** Tomba [28] 2'6"98, Girardelli [33] 2'7"30, Aamodt [36] 2'7"82. **94** Wasmeier [2a] 2'52"46, Kaelin [46] 2'52"48, Ch. Mayer [6] 2'52"58. **98** Herman Maier [6] 2' 38" 51, Eberharter [6] 2' 39" 36, Von Grunigen [46] 2' 39" 69.

Super-géant. **1988** *Piccard* [21] *1'39"66,* Helmut Mayer [6] 1'40"96, Eriksson [45] 1'41"08. **92** Aamodt [36] 1'13"4, Girardelli [33] 1'13"77, Thorsen [36] 1'13"83. **94** Wasmeier [2a] 1'32"53, Moe [55] 1'32"61, Aamodt [36] 1'32"93. **98** Herman Maier [6] 1' 34" 82, Cuche [46] et Knauss [6] 1' 35" 43.

Combiné. **1988** Strolz [6] 36,55 pts, Gstrein [6] 43,45, Accola [46] 48,24. **92** Polig [28] 14,58, Martin [28] 14,90, Locher [46] 18,16. **94** Kjus [36] 3'17"53, Aamodt [36] 3'18"55, Nilsen [36] 3'19"14. **98** Reiter [6] 3' 8" 6, Kjus [36] 3' 8" 65, Mayer [6] 3' 10" 11.

☞ **Épreuve supprimée : combiné descente-slalom : 1936** Pfnur [2a] 4'51"8 + 2'26"6. **48** *Oreiller* [21] *2'55" + 2'22"3.*

Ski alpin. Dames. Descente. **1948** Schlunegger [46] 2'28"3. **52** Jochum-Beiser [6] 1'47"1. **56** Berthod [46] 1'40"7. **60** Biebl [3] 1'37"6. **64** Haas [6] 1'55"39. **68** Pall [6] 1'40"87. **72** Nadig [46] 1'36"68. **76** Mittermaier [3] 1'46"16, Totschnig [6] 1'46"48, Nelson [55] 1'47"50. **80** Moser-Proell [6] 1'37"52, Wenzel [32] 1'38"22, Nadig [46] 1'38"36. **84** Figini [46] 1'13"36, Walliser [46] 1'13"41, Charvatova [48] 1'13"53. **88** Kiehl [3] 1'25"86, Oertli [46] 1'26"61, Percy [10] 1'26"62. **92** Lee Gartner [10] 1'52"55, Lindh [55] 1'52"61, Wallinger 1'52"64. **94** Seizinger [2a] 1'35"93, Street [55] 1'36"59, Kostner [28] 1'36"85. **98** Seizinger [2a] 1' 28" 89, Wiberg [45] 1' 29" 18, *Masnada* [21] *1' 29" 37.*

Slalom spécial. **1948** Fraser [55] 1'57"2. **52** Lawrence-Mead [55] 2'10"6. **56** Colliard [46] 1'52"3. **60** Heggveit [10] 1'49"6. **64** *C. Goitschel* [21] *1'29"86.* **68** *M. Goitschel* [21] *1'25"86.* **72** Cochran [55] 1'31"24. **76** Mittermaier [3] 1'30"54, Giordani [28] 1'30"87, Wenzel [32] 1'32"20. **80** Wenzel [32] 1'25"9, Kinshofer [3] 1'26"50, Hess [46] 1'27"89. Appelé **slalom** depuis 1984.

Slalom. **1984** Magoni [28] 1'36"47, *Pelen* [21] *1'37"38,* Konzett [32] 1'37"50. **88** Schneider [46] 1'36"69, Svet [57] 1'38"37, Kinshofer-Guetlein [3] 1'38"40. **92** Kronberger [6] 1'32"68, Coberger [37] 1'33"10, Fernandez-Ochoa [17] 1'33"35. **94** Schneider [46] 1'56"1, Eder [6] 1'56"35, Koren [88] 1'56"61. **98** H. Gerg [2a] 1' 32" 40, Compagnoni [28] 1' 32" 46, Steggall [5] 1' 32" 67.

Slalom géant. **1952** Lawrence-Mead [55] 2'6"8. **56** Reichert [3] 1'56"5. **60** Ruegg [46] 1'39"9. **64** *M. Goitschel* [21] *1'52"24.* **68** Greene [10] 1'51"97. **72** Nadig [46] 1'29"90. **76** Kreiner [10] 1'29"13, Mittermaier [3] 1'29"25, *Debernard* [21] *1'29"95.* **80** Wenzel [32] 2'41"66, Epple [3] 2'42"12, *Pelen* [21] *2'42"41.* **84** Armstrong [55] 2'20"98, Cooper [55] 2'21"38, *Pelen* [21] *2'21"40.* **88** Schneider [46] 2'6"49, Kinshofer-Guetlein [3] 2'7"42, Walliser [46] 2'7"72. **92** Wiberg [45] 2'12"74, Roffe [55] 2'13"71, Wachter [6] 2'13"71. **94** Compagnoni [28] 2'30"97, Ertl [2a] 2'32"19, Schneider [46] 2'32"97. **98** Compagnoni [28] 2' 50" 59, Meissnitzer [6] 2' 52" 39, Seizinger [2a] 2' 52" 82.

Super-géant. **1988** Wolf [6] 1'19"3, Figini [46] 1'20"3, Percy [10] 1'20"29. **92** Compagnoni [28] 1'21"22, *Merle* [21] *1'22"63,* Seizinger [2a] 1'23"19. **94** Roffe [55] 1'22"15, Gladishva [95] 1'22"44, Kostner [28] 1'22"45. **98** Street [55] 1' 18" 2, Dorfmeister [6] 1' 18" 3, Meissnitzer [6] 1' 18" 9.

Combiné. **1988** Wachter [6] 29,25 pts, Oertli [46] 29,48, Walliser [46] 51,28. **92** Kronberger [6] 2,55, Wachter [6] 19,39, *Masnada* [21] *21,38.* **94** Wiberg [45] 3'5"16, Schneider [46] 3'5"29, Dovzan [88] 3'6"64. ***98*** Seizinger [2a] 2' 40" 74, M. Ertl [2a] 2' 40" 92, H. Gerg [2a] 2' 41" 50.

☞ **Épreuve supprimée : combiné descente-slalom : 1936** Cranz [2a] 5'32"4 + 94"12. **48** Beiser [6] 2'29"1 + 130"5.

■ **Ski artistique. Messieurs. Bosses.** **1992** *Grospiron* [21], *Allamand* [21], Carmichael [55]. **94** Brassard [10], Shupletsov [95], *Grospiron* [21]. **98** Moseley [55], Lahtela [20], Mustonen 20. **Saut.** **1994** Schoenbachler [46], Laroche [10], Langlois [10]. **98** Bergoust [55], *Foucras* [21], Dachchinsky [97].

Dames. Bosses. **1992** Weinbrecht [55], Kojevnikova [99], Hattestad [36]. **94** Hattestad [36], McIntyre [55], Kojevnikova [95]. **98** Satoya [30], Mittermayer [2a], Traa [36]. **Saut.** **1994** Tcheriazova [98], Lindgren [45], Lid [36]. **98** Stone [55], Xu Nannan [61], Brand [46].

■ **Ski nordique. Messieurs. 18 km.** **1924** Haug [36] 1 h 14'31". **28** Groettumsbraaten [36] 1 h 37'1". **32** Utterstroem [45] 1 h 23'7". **36** Larsson [45] 1 h 14'38". **48** Lundstroem [45] 1 h 13'50". **15 km.** **1952** Brenden [36] 1 h 1'34". **56** Brenden [36] 49'39". **60** Brusveen [36] 51'55"5. **64** Maentyranta [20] 50'54"1. **68** Groenningen [36] 47'54"2. **72** Lundback [45] 45'28"24. **76** Bajukov [54] 43'58"47, Belaiev [54] 44'1"10, Koivisto [20] 44'19"25. **80** Wassberg [45] 41'57"63, Mieto [20] 41'57"64, Aunli [36] 42'28"62. **84** Swan [45] 41'25"6, Karvonen [20] 41'34"9, Kirvesniemi [20] 41'45"6. **88** Deviatiarov [54] 41'18"9, Mikkelsplass [36] 41'33"4, Smirnov [54] 41'48"5. **10 km.** **1992** Ulvang [36] 27'36", Albarello [28] 27'55"2, Majback [45] 27'56"4. **94** (classique) Daehlie [36] 24'20"1, Smirnov [96] 24'38"3, Albarello [28] 24'42"3. **98** Daehlie [36] 27' 24" 5, Gandler [6] 27' 24" 13, Myllylä [20] 27' 39" 11.

Poursuite. 15 km. **1992** Daehlie [36] 1 h 5'37"9, Ulvang [36] 1 h 6'31"3, Vanzetta [28] 1 h 6'32"2. **94** Daehlie [36] 1 h 8" 8, Smirnov [96] 1 h 38", Fauner [28] 1 h 1'48"6. **98** Alsgaard [36] 1 h 7' 1" 7, Daehlie [36] 1 h 7' 2" 8, Smirnov [96] 1 h 7' 30" 15.

30 km. **1956** Hakulinen [20] 1 h 44'6". **60** Jernberg [45] 1 h 51'3"9. **64** Maentyranta [20] 1 h 30'50"7. **68** Nones [28] 1 h 35'39"2. **72** Vedenine [54] 1 h 36'31"15. **76** Saveliev [54] 1 h 30'29"38, Koch [55] 1 h 30'57"84, Garanine [54] 1 h 31'9"29. **80** Zimiatov [54] 1 h 27'2"80, Rochev [54] 1 h 27'34"22, Lebanov [9] 1 h 28'3"87. **84** Zimiatov [54] 1 h 28'56"3, Zavialov [54] 1 h 29'23"3, Swan [45] 1 h 29'35"7. **88** Prokourorov [54] 1 h 24'26"3, Smirnov [54] 1 h 24'35"1, Ulvang [36] 1 h 25'11"6. **92** Ulvang [36] 1 h 22'27"8, Daehlie [36] 1 h 23'14", Langli [36] 1 h 23'42"5. **94** Alsgaard [36] 1 h 12'26"4, Daelhie [36] 1 h 13'13"6, Myllylä [20] 1 h 14'14"5. **98** Myllylä [20] 1 h 33' 55" 8, Jeune [36] 1 h 35' 26" 11, Fauner [28] 1 h 36' 7" 15.

50 km. **1924** Haug [36] 3 h 44'32". **28** Hedlünd [45] 4 h 52'3". **32** Saarinen [20] 4 h 28'. **36** Viklund [45] 3 h 30'11". **48** Karlsson [45] 3 h 47'48". **52** Hakulinen [20] 3 h 33'33". **56** Jernberg [45] 2 h 50'27". **60** Haemaelaeinen [20] 2 h 59'6"3. **64** Jernberg [45] 2 h 43'52"6. **68** Ellefsaeter [36] 2 h 28'45"8. **72** Tyldum [36] 2 h 43'14"75. **76** Formo [36] 2 h 37'30"5, Klause [2] 2 h 38'13"21, Soedergren [45] 2 h 39'39"21. **80** Zimiatov [54] 2 h 27'24"60, Mieto [20] 2 h 30'20"52, Zavjalov [54] 2 h 30'51"52. **84** Wassberg [45] 2 h 15'55"8, Swan [45] 2 h 16'0"7, Karvonen [20] 2 h 17'4"7. **88** Svan [45] 2 h 4'30"9, De Zolt [28] 2 h 5'36"4, Gruenenfelder [46] 2 h 6'1"9. **92** Daehlie [36] 2 h 3'41"5, De Zolt [28] 2 h 4'39"1, Vanzetta [28] 2 h 6'42"1. **94** Smirnov [96] 2 h 7'20"3, Myllylä [20] 2 h 8'41"9, Sivertsen [36] 2 h 8'49". **98** Daelhie [36] 2 h 5' 8" 2, Jonsson [45] 2 h 5' 16" 3, Hoffmann [6] 2 h 6' 1" 8.

4 × 10 km. **1936** Finl. 2 h 41'33". **48** Suède 2 h 32'8". **52** Finl. 2 h 20'16". **56** URSS 2 h 15'30". **60** Finl. 2 h 18'45"6. **64** Suède 2 h 18'34"6. **68** Norv. 2 h 8'33"5. **72** URSS 2 h 4'47"94. **76** Finl. 2 h 7'59"72, Norv. 2 h 9'58"36, URSS 2 h 10'51"46. **80** URSS 1 h 57'3"46, Norv. 1 h 58'45"77, Finl. 2 h 0"18. **84** Suède 1 h 55'6"3, URSS 1 h 55'16"5, Finl. 1 h 56'31"4. **88** Suède 1 h 43'58"6, URSS 1 h 44'11"3, Tchéc. 1 h 45'22"7. **92** Norv. 1 h 39'26", It. 1 h 40'52"7, Finl. 1 h 41'22"9. **94** It. 1 h 41'15", Norv. 1 h 41'15"4, Finl. 1 h 42'15"6. **98** Norv. 1 h 40' 55" 7, It. 1 h 40' 55" 9, Finl. 1 h 42' 14" 15.

Saut. 70 m. **1964** Kankkonen [20]. **68** Raska [48]. **72** Kasaya [30]. **76** Aschenbach [2], Danneberg [2], Schnabl [6]. **80** Innauer [6], Deckert [2], Yagi [30]. **84** Weissflog [2], Nykanen [20], Puikkonen [20]. **88** Nykanen [20], Ploc [48], Malec [48]. **92** *non disputé.*

Saut. 90 m. **1924** Thams [36]. **28** Andersen [36]. **32, 36** Ruud [36]. **48** Hugsted [36]. **52** Bergmann [36]. **56** Hyvarinen [20]. **60 (80 m)** Recknagel [2]. **64 (80 m)** Engan [36]. **68** Beloussov [54]. **72** Fortuna [42]. **76** Schnabel [6], Innauer [6], Glass [2]. **80** Tormanen [20], Neuper [6], Puikkonen [20]. **84** Nykanen [20], Weissflog [2], Ploc [48]. **88** Nykanen [20], Johnsen [36], Debelak [57]. **92** Vettori [6], Hollwarth [6], Nieminen [20]. **94** Bredesen [36], Ottesen [36], Thoma [2a]. **98** Soininen [20], Funaki [30], Widhölz [6]. **Par éq. :** **1988** Finlande, Youg., Norvège. **92** *non disputé.*

Saut. 120 m. **1992** Nieminen [20], Hollwarth [6], Kuttin [6]. **94** Weissflog [2a], Bredesen [36], Goldberger [6]. **98** Funaki [30], Soininen [20], Harada [30]. **Par éq. :** **1992** Finlande, Autriche, Tchéc. **94** Allemagne, Japon, Autriche. **98** Japon, All., Autriche.

Combiné nordique. Saut et fond. **1924** Haug [36]. **28, 32** Groettumsbraaten [36]. **36** Hagen [36]. **48** Hasu [20]. **52** Slattvik [36]. **56** Sternesen [36]. **60** Thoma [3]. **64** Knutsen [36]. **68** Keller [3]. **72** Wehling [2]. **76** Wehling [2], Hettich [3], Winkler [2]. **80** Wehling [2], Karjalainen [20], Winkler [2]. **84** Sandberg [36], Karjalainen [20], Ylipulli [20]. **88** Kempf [46], Sulzenbacher [6], Levandi [54]. **92** *Guy* [21], *Guillaume* [21], Sulzenbacher [6]. **94** Lundberg [36], Kono [30], Vik [36]. **98** Vik [36], Lajunen [20], Stoljarov [96]. **Par éq. :** **1988** All. féd., Suisse, Autr. **92** Japon, Norvège, Autriche. **94** Japon, Norvège, Suisse. **98** Norvège, Finl., *France.*

Ski nordique. Dames. 5 km. **1964** Boyarskich [54] 17'50"5. **68** Gustafsson [45] 16'45"2. **72** Kulakova [54] 17'0"5. **76**

Takalo [20] 15'48"69, Smetanina [54] 15'49"73, Baldicheva [54] 16'14"82. **80** Smetanina [54] 15'6"92, Riihivuori [20] 15'11"96, Jeriova [48] 15'23"44. **84** Haemaelainen [20] 17'4", Aunli [36] 17'14"1, Jeriova [48] 17'18"3. **88** Matikainen [20] 15'4", Tikhonova [54] 15'5"3, Ventsene [54] 15'11"1. **92** Lukkarinen [20] 14'13"8, Egorova [99] 14'14"7, Valbe [99] 14'22"7. **94** (classique) Egorova [95] 14'8"8, Di Centa [28] 14'28"3, Kirvesniemi [20] 14'36". **98** Lazutina [95] 17' 37" 9, Neumannova [101] 17' 41" 17, Martinsen [36] 17' 48" 14.

10 km. **1952** Wideman [20] 41'40". **56** Kosyryeva [54] 38'11". **60** Gusakova [54] 39'46"6. **64** Boyarskich [54] 40'24"3. **68** Gustaffsson [45] 36'46"5. **72** Kulakova [54] 34'17"82. **76** Smetanina [54] 30'13"41, Takalo [20] 30'14"28, Kulakova [54] 30'38"61. **80** Petzold [2] 30'31"54, Riihivuori [20] 30'35"5, Takalo [20] 30'45"25. **84** Haemaelainen [20] 31'44"2, Smetanina [54] 32'2"9, Pettersen [36] 32'12"7. **88** Ventsene [54] 30'8"3, Smetanina [54] 30'17", Matikainen [20] 30'20"5. **15 km.** **1992** Egorova [99] 42'20"8, Lukkarinen [20] 43'29"9, Valbe [99] 43'42"3. **94** Di Centa [28] 39'44"5, Egorova [95] 41'3", Gavriluk [95] 41'10"4. **98** Danilova [95] 46' 55" 4, Lazutina [95] 47' 0" 10, Mœn-Guidon [36] 47' 52" 6.

Poursuite. 10 km. **1992** Egorova [99] 40'07"7, Belmondo [28] 40'31"8, Valbe [99] 40'51"7. **94** Egorova [95] 41'38"1, Di Centa [28] 41'46"4, Belmondo [28] 42' 21" 1. **98** Lazutina [95] 46' 6" 9, Danilova [95] 46' 12" 14, Neumannova [101] 46' 13" 12.

20 km. **1984** Haemaelainen [20] 1 h 1'45", Smetanina [54] 1 h 2'26"7, Jahren [36] 1 h 3'13"6. **88** Tikhonova [54] 55'53"6, Reztsova [54] 56'12"8, Smetanina [54] 57'22"1. **30 km.** **1992** Belmondo [28] 1 h 22'30"1, Egorova [99] 1 h 22'52", Valbe [99] 1 h 24'13"9. **94** Di Centa [28] 1 h 25'41"6, Wold [36] 1 h 25'57"8, Kirvesniemi [20] 1 h 26'13"6. **98** Tchepalova [95] 1 h 22' 1" 5, Belmondo [28] 1 h 22' 11" 7, Lazutina [95] 1 h 23' 15" 7.

3 × 5 km. **1956** Finl. 1 h 9'1". **60** Suède 1 h 4'21"4. **64** URSS 59'20"2. **68** Norv. 57'30". **4 × 5 km.** **1972** URSS 48'46"15. **76** URSS 1 h 7'49"75, Finl. 1 h 8'36"57, All. dém. 1 h 9'57"95. **80** All. dém. 1 h 2'11"10, URSS 1 h 3'18"30, Norv. 1 h 4'13"50. **84** Norv. 1 h 6'49"7, Tchéc. 1 h 7'34"7, Finl. 1 h 7'36"7. **88** URSS 59'51"1, Norv. 1 h 1'33", Finl. 1 h 1'53"8. **92** CEI 59'34"8, Norv. 59'56"4, It. 1 h 0'25"9. **94** Russie 57'12"5, Norv. 57'42"6, It. 58'42"6. **98** Russie 55' 13" 5, Norv. 55' 37" 10, It. 56' 52" 13.

■ **Biathlon. Messieurs. 10 km.** **1980** Ulrich [2] 32'10"69, Alikine [54] 32'53"10, Aljabiev [54] 33'9"16. **84** Kvalfoss [36] 30'53"8, Angerer [3] 31'2"4, Jacob [2] 31'10"5. **88** Roetsch [2] 25'8"1, Medvedtsev [54] 25'23"7, Tchepikov [54] 25'29"4. **92** Kirchner [2a] 26'2"3, Gross [2a] 26'18", Eloranta [20] 26'26"6. **94** Tchepikov [95] 28'7", Gross [2a] 28'13", Tarasov [95] 28'27"4. **98** O.E. Björndalen [36] 27' 16" 2, Andresen [36] 28' 17" 8, Raikkonen [20] 28' 21" 7.

20 km. **1960** Lestander [45] 1 h 33'21"6. **64** Melanjine [54] 1 h 20'26"8. **68** Solberg [36] 1 h 13'45"9. **72** Solberg [36] 1 h 13'55"5. **76** Kruglov [54] 1 h 14'12"16, Ikola [20] 1 h 15'54"10, Elijarov [54] 1 h 16'5"57. **80** Aljabiev [54] 1 h 8'16"31, Ullrich [2] 1 h 8'27"79, E. Roesch [2] 1 h 11'11"73. **84** Angerer [3] 1 h 11'52"7, F.-P. Roetsch [2] 1 h 13'21"4, Kvalfoss [36] 1 h 14'2"4. **88** F. Roetsch [2] 56'33"3, Medvedtsev [54] 56'54"6, Passler [28] 57'10"1. **92** Redkine [99] 57'34"4, Kirchner [2a] 57'40"8, Lofgren [45] 57'59"4. **94** Tarasov [95] 57'25"3, Luck [2a] 57'28"7, Fischer [2a] 57'41"9. **98** Hanevold [36] 56' 16" 4, Carrara [28] 56' 21" 9, Aidarov [97] 56' 46" 5.

Relais 4 × 7,5 km. **1968** URSS 2 h 13'2"4. **72** URSS 1 h 51'44"9. **76** URSS 1 h 57'55"64, Finl. 2 h 1'45"58, All. dém. 2 h 4'8"61. **80** URSS 1 h 34'3"27, All. dém. 1 h 34'56"99, All. féd. 1 h 37'30"26. **84** URSS 1 h 38'51"7, Norv. 1 h 39'03"9, All. féd. 1 h 39'05"1. **88** URSS 1 h 22'30", All. féd. 1 h 23'37"4, It. 1 h 23'51"5. **92** All. 1 h 24'43"5, CEI 1 h 25'06"3, Suède 1 h 25'38"2. **94** All. 1 h 30'22"1, Russie 1 h 31'23"6, *France 1 h 32'31"3*. **98** All. 1 h 21' 36" 2, Norv. 1 h 22' 19" 3, Russie 1 h 23' 13" 10.

Dames. 7,5 km. **1992** Restzova [99] 24'29"2, Misersky [2a] 24'45"1, Belova [99] 24'50"8. **94** Bédard [10] 26'8"8, Paramigina [97] 26'9"9, Tserbe [53] 26'10". **98** Koukleva [95] 23' 8", Disl [2a] 23' 8" 7, Apel [2a] 23' 32" 4.

15 km. **1992** Misersky [2a] 51'47"2, Pecherskaia [99] 51'58"5, Bédard [10] 52'15". **94** Bédard [10] 52'6"6, *Briand [21] 52'53"3*, Disl [2a] 53'15"3. **98** Dafovska [9] 54' 52", Petrova [53] 55' 9" 8, Disl [2a] 55' 17" 9.

Relais 3 × 7,5 km. **1992** *France 1 h 15'55"6*, All. 1 h 16'18"4, CEI 1 h 16'54"6. **4 × 7,5 km.** **1994** Russie 1 h 47'19"5, All. 1 h 51'16"5, *France 1 h 52'28"3*. **98** All. 1 h 40' 13" 6, Russie 1 h 40' 24" 12, Norv. 1 h 40' 36" 13.

■ **Snowboard. Messieurs.** **Géant. 1998** Rebagliati [10], Prugger [28], Kestenholz [46]. **Half-pipe. 1998** Simmen [46], Franck [36], Powers [55].

Dames. Géant. 1998 *Ruby [21]*, Renoth [2a], Kœck [6]. **Half-pipe 1998** Thost [2a], Kjelldaas [36], Dunn [55].

■ **Sports de démonstration 1992.** Supprimés en 1994. **Ski acrobatique. 1992. Messieurs. Sauts.** Laroche [10], Fontaine [10], *Meda [21]*. **Ballet.** *Becker [21]*, Kristiansen [36], Spina [55]. **Dames. Sauts.** Brand [46], Lindgren [45], Simchen [2a]. **Ballet.** Kissling [46], *Fechoz [21]*, Petsold [55].

Ski de vitesse. 1992. Messieurs. *Prufer [21] 229,299 km/h, Goitschel [21] 228,717*, Hamilton [55] 226,700. **Dames.** Mulari [20] 219,245, Pettersen [36] 212,892, Kolarova [46] 210,526.

Curling. 1992. Messieurs. Suisse, Norv., USA. **Dames.** All., Norv., Canada.

■ JEUX DE L'OLYMPIADE (ÉTÉ)

■ **En 1992 :** 25 sports et 257 épreuves dont Messieurs 159, Dames 86, mixtes 12. **En 1996 :** 26 sports et 271 épreuves dont Messieurs 163, Dames 97, mixtes 11 (nouvelles disciplines : VTT, volley de plage, foot féminin, softball) ; 842 médailles distribuées dont or 271, argent 273, bronze 298. **En 2000 :** 28 sports et 300 épreuves dont Messieurs 168, Dames 120, mixtes 12 (nouvelles disciplines : taekwondo et triathlon) ; 928 médailles distribuées dont or 303, argent 299, bronze 326.

■ **Sports de démonstration en 1992.** Pelote basque, rink hockey, taekwondo (devenu sport olympique en 2000).

■ **Sports disparus.** Boxe française, canot à moteur, cricket, croquet, football américain, golf, gymnastique suédoise, lacrosse, paume, polo à cheval, racket, real tennis, tir à la corde, roque, rugby, vol à voile. **Concours d'art :** architecture (1912-48), littérature et musique (1912-48), peinture (1912-48), reliefs et médailles (1928-48), sculpture (1912-48).

■ **Rétrospective.** Année, ville organisatrice, nombre de participants et de CNO représentés : **1896** Athènes 245 (14) [1]. **1900** Paris 1 078 (19) [1]. **04** St Louis 689 (13) [1]. **08** Londres 2 035 (22) [1]. **12** Stockholm 2 437 (28) [1]. **16** Berlin : annulés. **20** Anvers 2 607 (29) [1]. **24** Paris 2 972 (44) [1]. **28** Amsterdam 2 884 (46) [1]. **32** Los Angeles 1 333 (37) [1]. **36** Berlin 3 936 (49) [2]. **40** Helsinki : annulés. **44** Londres : annulés. **48** Londres 4 092 (59) [1]. **52** Helsinki 5 429 (69) [1]. **56** Melbourne 3 178 (67) [2] ; Stockholm 159 (29). **60** Rome 5 313 (83) [3]. **64** Tokyo 5 133 (93) [3]. **68** Mexico 5 498 (112) [1]. **72** Munich 7 121 (121) [3]. **76** Montréal 6 043 (92). **80** Moscou 5 283 (80) [3]. **84** Los Angeles 6 802 (140). **88** Séoul 8 473 (159). **92** Barcelone 9 368 (169). **96** Atlanta 10 310 dont 3 523 femmes (197). **2000** Sydney 11 116 dont 4 254 femmes (199, record). **2004** Athènes. **2008** Pékin (Chine) désignée le 13-7-2001 parmi Toronto (Can.), Paris, Istanboul (Turquie), Ōsaka (Japon).

Nota. – Vainqueurs officieux : (1) USA. (2) Allemagne. (3) URSS.

■ **Exclusion** ou **boycott.** **1920** All., Autriche, Bulgarie, Hongrie, Turquie exclues. **1924** All. exclue. **1948** All. et Japon exclus. **1956** Espagne, Suisse et Pays-Bas boycottent pour protester contre l'intervention soviétique à Budapest, l'Égypte à cause de l'expédition de Suez et la Chine à cause de Taïwan. La Suisse est revenue sur sa décision, mais, pour des raisons techniques, n'a pas pu participer. Liban et Iraq n'ont pas participé, à cause de l'attitude de l'Australie envers le Moyen-Orient. **1968** All. féd. et All. dém. concourent séparément. **1976** la plupart des pays africains membres de l'ACNOA boycottent pour dénoncer la participation de la Nouvelle-Zélande (accusée de collaborer avec l'Afrique du Sud exclue du CIO depuis 1970). Guyana et Iraq se retirent par solidarité, et Taïwan pour des raisons politiques (ne veut pas être reconnue comme république de Chine). 5 pays sont partis après que leurs athlètes ont participé à quelques compétitions et 21 sans avoir laissé leurs athlètes concourir. **1980** 63 États boycottent (dont USA) pour protester contre l'invasion soviétique en Afghanistan. **1984** 18 États boycottent (Afghanistan, Albanie, RDA, Angola, Bolivie, Bulgarie, Corée du Nord, Cuba, Éthiopie, Hongrie, Iran, Laos, Mongolie, Pologne, Tchéc., URSS, Viêt Nam, Yémen du Sud) car la sécurité des athlètes n'est pas assurée. **1988** invitations faites par le CIO (et non plus comme auparavant par le comité d'organisation). Cuba, Éthiopie, Nicaragua et Corée du Nord déclinent l'invitation. Albanie et Seychelles ne répondent pas. Madagascar ne participe pas car souhaitait que les Jeux soient organisés par les 2 Corées. L'Afr. du Sud ne fut pas invitée car, depuis 1970, elle n'avait pas de Comité national olympique reconnu.

■ **Participation française.** **1976** 182 athlètes, **80** 143, **84** 252, **88** 286. **92** 337. **96** 309. **2000** 341.

■ RÉSULTATS

☞ Voir *légende* p. 1469 b.

■ **Athlétisme. Messieurs. 100 m.** **1896** Burke [55] 12". **1900** Jarvis [55] 11". **04** Hahn [55] 11". **08** Walker [1] 10"8. **12** Craig [55] 10"8. **20** Paddock [55] 10"8. **24** Abrahams [22] 10"6. **28** Williams [10] 10"8. **32** Tolan [55] 10"3. **36** Owens [55] 10"3. **48** Dillard [55] 10"3. **52** Remigino [55] 10"4. **56** Morrow [55] 10"5. **60** Hary [2a] 10"2. **64** Hayes [55] 10". **68** Hines [55] 9"95. **72** Borzov [54] 10"14. **76** Crawford [50] 10"6, Quarrie [29] 10"8, Borzov [54] 10"14. **80** Wells [22] 10"25, Leonard [13] 10"25, Petrov [9] 10"39. **84** Lewis [55] 9"99, Graddy [55] 10"19, Johnson [10] 10"22. **88** Lewis [55] 9"92, Christie [22] 9"97, Smith [55] 9"99. **92** Christie [22] 9"96, Fredericks [84] 10"2, Mitchell [55] 10"4. **96** Bailey [10] 9"84, Fredericks [84] 9"89, Boldon [50] 9"90. **2000** Greene [55] 9"87, Boldon [50] 9"99, Thompson [110] 10"04.

200 m. **1900** Tewkesbury [55] 22"2. **04** Hahn [55] 21"6. **08** Kerr [10] 22"6. **12** Graig [55] 21"7. **20** Woodring [55] 22". **24** Scholz [55] 21"6. **28** Williams [10] 21"8. **32** Tolan [55] 21"2. **36** Owens [55] 20"7. **48** Patton [55] 21"1. **52** Stanfield [55] 20"7. **56** Morrow [55] 20"6. **60** Berruti [28] 20"5. **64** Carr [55] 20"3. **68** Smith [55] 19"8. **72** Borzov [54] 20". **76** Quarrie [29] 20"23, Hampton [55] 20"29, Evans [55] 20"43. **80** Mennea [28] 20"19, Wells [22] 20"21, Quarrie [29] 20"29. **84** Lewis [55] 19"80, Baptiste [55] 19"96, Jefferson [55] 20"26. **88** Deloach [55] 19"75, Lewis [55] 19"79, Silva [8] 20"4. **92** Marsh [55] 20"1, Fredericks [84] 20"13, Bates [55] 20"38. **96** Johnson [55] 19"32, Fredericks [84] 19"68, Boldon [50] 19"80. **2000** Kenteris [23] 20"09, Campbell [22] 20"14, Boldon [50] 20"20.

400 m. **1896** Burke [55] 54"2. **1900** Long [55] 49"4. **04** Hillman [55] 49"2. **08** Halswell [22] 50". **12** Reidpath [55] 48"2. **20** Rudd [1] 49"6. **24** Liddell [22] 47"6. **28** Barbutti [55] 47"8. **32** Carr [55] 46"2. **36** Williams [55] 46"5. **48** Wint [29] 46"2. **52** Rhoden [29] 45"9. **56** Jenkins [55] 46"7. **60** Davis [55] 44"9. **64** Larrabee [55] 45"1. **68** Evans [55] 43"8. **72** Matthews [55] 44"66. **76** Juantorena [13] 44"26, Newhouse [55] 44"40, Frazier [55] 44"95. **80** Markin [54] 44"60, Mitchell [5] 44"84, Schaffer [2] 44"87. **84** Babers [55] 44"27, Tiacoh [64] 44"54, McKay [55] 44"71. **88** Lewis [55] 43"87, Reynolds [55] 43"93, Everett [55] 44"9. **92** Watts [55] 43"50, Lewis [55] 44"21, Kitur [31] 44"24. **96** Johnson [55] 43"49, Black [22] 44"41, Kamoga [38] 44"53. **2000** Johnson [55] 43"84, Harrison [55] 44"40, Haughton [29] 44"70.

800 m. **1896** Flack [5] 2'11". **1900** Tysoe [22] 2'1"2. **04** Lightbody [55] 1'56". **08** Sheppard [55] 1'52"8. **12** Meredith [55] 1'51"9. **20** Hill [22] 1'53"4. **24** Lowe [22] 1'52"4. **28** Lowe [22] 1'51"8. **32** Hampson [22] 1'49"7. **36** Woodruff [55] 1'52"9. **48** Whitfield [55] 1'49"2. **52** Whitfield [55] 1'49"2. **56** Courtney [55] 1'47"7. **60** Snell [37] 1'46"3. **64** Snell [37] 1'45"1. **68** Doubell [5] 1'44"3. **72** Wottle [55] 1'45"9. **76** Juantorena [13] 1'43"50, Van Damm [7] 1'43"86, Wohlhuter [55] 1'44"12. **80** Ovett [22] 1'45"4, Coe [22] 1'45"9, Kirov [54] 1'46". **84** Cruz [8] 1'43", Coe [22] 1'43"64, Jones [55] 1'43"83. **88** Ereng [31] 1'43"45, Cruz [8] 1'43"90, Aouita [65] 1'44"6. **92** Tanui [31] 1'43"66, Kiprotich [31] 1'43"70, Gray [55] 1'43"97. **96** Rodal [36] 1'42"58, Sepeng [1] 1'42"74, Onyancha [31] 1'42"79. **2000** Schumann [2a] 1'45"08, W. Kipketer [14] 1'45"14, Said-Guernin [71] 1'45"16.

1 500 m. **1896** Flack [5] 4'33"2. **1900** Bennett [22] 4'6"2. **04** Lightbody [55] 4'5"4. **08** Sheppard [55] 4'3"4. **12** Jackson [22] 3'56"8. **20** Hill [22] 4'1"8. **24** Nurmi [20] 3'53"6. **28** Larva [20] 3'53"2. **32** Beccali [28] 3'51"2. **36** Lovelock [37] 3'47"8. **48** Eriksson [45] 3'49"8. **52** Barthel [33] 3'45"1. **56** Delany [27] 3'41"2. **60** Elliot [5] 3'35"6. **64** Snell [37] 3'38"1. **68** Keino [31] 3'34"9. **72** Vasala [20] 3'36"3. **76** Walker [37] 3'39"17, Van Damme [7] 3'39"27, Wellmann [3] 3'39"33. **80** Coe [22] 3'38"4, Straub [2] 3'38"8, Ovett [22] 3'39". **84** Coe [22] 3'32"53, Cram [22] 3'33"40, Abascal [17] 3'34"30. **88** Rono [31] 3'35"96, Elliot [22] 3'36"15, Herold [2] 3'36"21. **92** Cacho Ruiz [17] 3'40"12, El Basir [65] 3'40"62, Sulaiman [85] 3'40"69. **96** Morceli [71] 3'35"78, Cacho [17] 3'36"40, Kipkorir [31] 3'36"72. **2000** Ngeny [31] 3'32"07, El Guerrouj [65] 3'32"32, Lagat [31] 3'32"44.

5 000 m. **1912** Kolehmainen [20] 14'36"6. **20** *Guillemot [21] 14'55"6*. **24** Nurmi [20] 14'31"2. **28** Ritola [20] 14'38". **32** Lehtinen [20] 14'30". **36** Hockert [20] 14'22"2. **48** Reiff [7] 14'17"6. **52** Zatopek [48] 14'6"6. **56** Kuts [54] 13'39"6. **60** Halberg [37] 13'43"4. **64** Schul [55] 13'48"8. **68** Gammoudi [51] 14'5". **72** Viren [20] 13'26"4. **76** Viren [20] 13'24"76, Quax [37] 13'25"16, Hildenbrand [3] 13'25"38. **80** Yifter [19] 13'21", Nyambui [47] 13'21"6, Maaninka [20] 13'22". **84** Aouita [65] 13'5"59, Ryffel [46] 13'7"54, Leitao [43] 13'9"20. **88** Ngugi [31] 13'11"70, Baumann [3] 13'15"52, Kunze [2] 13'15"73. **92** Baumann [2a] 13'12"52, Bitok [31] 13'12"71, Bayisa [19] 13'13"3. **96** Niyongabo [100] 13'7"96, Bitok [31] 13'8"16, Boulami [65] 13'8"37. **2000** Wolde [19] 13'35"49, Saidi-Sief [71] 13'36"20, Lahlafi [65] 13'36"47.

10 000 m. **1912** Kolehmainen [20] 31'20"8. **20** Nurmi [20] 31'45"8. **24** Ritola [20] 30'23"2. **28** Nurmi [20] 30'18"8. **32** Kusocinski [42] 30'11"4. **36** Salminen [20] 30'15"4. **48** Zatopek [48] 29'59"6. **52** Zatopek [48] 29'17". **56** Kuts [54] 28'45"6. **60** Bolotnikov [54] 28'32"2. **64** Mills [55] 28'24"4. **68** Temu [31] 29'27"4. **72** Viren [20] 27'38"4. **76** Viren [20] 27'40"38, Lopes [43] 27'45"17, Foster [22] 27'54"92. **80** Yifter [19] 27'42"7, Maaninka [20] 27'44"3, Kedir [19] 27'44"7. **84** Cova [28] 27'47"54, McLeod [22] 28'6"22, Musyoki [31] 28'6"46. **88** Boutaib [65] 27'21"46, Antibo [28] 27'23"55, Kimeli [31] 27'25"16. **92** Skah [65] 27'46"70, Chelimo [31] 27'47"72, Abebe [19] 28'0"7. **96** Gébrésélassié [19] 27'7"34, Tergat [31] 27'8"17, Hissou [65] 27'24"67. **2000** Gébrésélassié [19] 27'18"20, Tergat [31] 27'18"29, Mezgebu [19] 27'19"75.

110 m haies. **1896** Curtis [55] 17"6. **1900** Kraenzlein [55] 15"4. **04** Schule [55] 16". **08** Smithson [55] 15". **12** Kelly [55] 15"1. **20** Thompson [10] 14"8. **24** Kinsey [55] 15". **28** Atkinson [1] 14"8. **32** Saling [55] 14"6. **36** Towns [55] 14"2. **48** Porter [55] 13"9. **52** Dillard [55] 13"7. **56** Calhoun [55] 13"5. **60** Calhoun [55] 13"8. **64** Jones [55] 13"6. **68** Davenport [55] 13"3. **72** Milburn [55] 13"24. **76** *Drut [21] 13"30*, Casanas [13] 13"33, Davenport [55] 13"38. **80** Munkelt [2] 13"39, Casanas [13] 13"40, Puchkov [54] 13"44. **84** Kingdom [55] 13"20, Foster [55] 13"23, Bryggare [20] 13"40. **88** Kingdom [55] 12"98, Jackson [22] 13"28, Cambell [55] 13"38. **92** McKoy [10] 13"12, Dees [55] 13"24, Pierce [55] 13"26. **96** Johnson [55] 12"95, Crear [55] 13"9, Schwarthoff [2a] 13"17. **2000** Garcia [13] 13", Trammell [55] 13"16, Crear [55] 13"22.

400 m haies. **1900** Tewkesbury [55] 57"6. **04** Hillman [55] 53". **08** Bacon [55] 55". **12** *non disputé*. **20** Loomis [55] 54". **24** Morgan-Taylor [55] 52"6. **28** Burghley [27] 53"4. **32** Tisdall [27] 51"7. **36** Hardin [55] 52"4. **48** Cochran [55] 51"1. **52** Moore [55] 50"8. **56** Davis G. [55] 50"1. **60** Davis G. [55] 49"3. **64** Cawley [55] 49"6. **68** Hemery [22] 48"12. **72** Akii-Bua [38] 47"82. **76** Moses [55] 47"64, Shine [55] 48"69, Gavrilenko [54] 49"45. **80** Beck [2] 48"70, Arkhipenko [54] 48"86, Oakes [27] 49"11. **84** Moses [55] 47"75, Harris [55] 48"13, Schmid [3] 48"19. **88** Philipps [55] 47"19, Dia Ba [73] 47"23, Moses [55] 47"56. **92** Young [55] 46"78, Graham [29] 47"66, Akabusi [22] 47"82. **96** Adkins [55] 47"54, Matete [67] 47"78, Davis [55] 47"96. **2000** Taylor [55] 47"50, Somayli [111] 47"53, Herbert [1] 47"81.

3 000 m steeple. **1900** [a] Orton [55] 7'34"4. **04** [a] Lightbody [55] 7'39"6. **08** [b] Russel [22] 10'47"8. **12** *non disputé.* **20** Hodge [22] 10'0"4. **24** Ritola [20] 9'33"6. **28** Loukola [20] 9'21"8. **32** Iso-Hollo [20] 10'33"4 (les concurrents couvrirent par erreur 1 tour de plus). **36** Iso-Hollo [20] 9'3"8. **48** Sjostrand [45] 9'4"6. **52** Ashenfelter [55] 8'45"4. **56** Brasher [22] 8'41"2. **60** Kryszkowiak [42] 8'34"2. **64** Roe-

PALMARÈS DES JEUX DE L'OLYMPIADE (ÉTÉ)

Nations	1980				1984				1988				1992				1996				2000			
	O	A	B	T	O	A	B	T	O	A	B	T	O	A	B	T	O	A	B	T	O	A	B	T
Afrique du Sud	exclue				exclue				exclue				0	2	0	2	3	1	1	5	0	2	3	5
Algérie					0	0	2	2					1	0	1	2	2	0	1	3	1	1	3	5
All. dém.	47	37	41	125	boycott				37	35	30	102												
All. féd.					17	19	23	59	11	14	15	40												
All.													33	21	28	82	20	18	27	65	13	17	26	56
Antilles néerl.									0	1	0	1												
Arabie saoudite																					0	1	1	2
Argentine									0	1	1	2	0	0	1	1	0	2	1	3	0	2	2	4
Arménie																	1	1	0	2	0	0	2	2
Australie	2	2	5	9	4	8	12	24	3	6	5	14	7	9	11	27	9	9	23	41	17	24	17	58
Autriche	1	2	1	4	1	1	1	3	1	0	0	1	0	2	0	2	0	1	2	3	2	1	0	3
Azerbaïdjan																	0	1	0	1	2	0	1	3
Bahamas													0	0	1	1	0	1	0	1	1	1	0	2
Barbade																					0	0	1	1
Belgique	1	0	0	1	1	1	2	4	0	0	2	2	0	1	2	3	2	2	2	6	0	2	3	5
Biélorussie																	1	6	8	15	4	3	10	17
Brésil	2	0	2	4	1	5	2	8	1	2	3	6	2	1	0	3	3	3	9	15	0	6	6	12
Bulgarie	8	16	16	40	boycott				10	12	13	35	3	7	6	16	3	7	5	15	5	6	2	13
Burundi																	1	0	0	1				
Cameroun					0	0	1	1													1	0	0	1
Canada					10	18	16	44	3	2	5	10	6	5	7	18	3	11	8	22	3	3	8	14
Chili									0	1	0	1									0	0	1	1
Chine					15	8	9	32	5	11	12	28	16	22	16	54	16	22	12	50	28	16	15	59
Colombie					0	1	0	1	0	0	1	1	0	0	1	1					1	0	0	1
Corée du Nord	0	3	2	5	boycott				absente				4	0	5	9	2	1	2	5	0	1	3	4
Corée du Sud					6	6	7	19	12	10	11	33	12	5	12	29	7	15	5	27	8	10	10	28
Costa Rica									0	1	0	1					1	0	0	1	0	0	2	2
Côte d'Ivoire					0	1	0	1																
Croatie													0	1	2	3	1	1	0	2	1	0	1	2
Cuba	8	7	5	20	boycott				absent				14	6	11	31	9	8	8	25	11	11	6	28
Danemark	2	1	2	5	0	3	3	6	2	1	1	4	1	1	4	6	4	1	1	6	2	3	1	6
Djibouti									0	0	1	1												
Domin. (Rép.)					0	0	1	1																
Égypte					0	1	0	1																
Équateur																	1	0	0	1				
Espagne	1	3	2	6	1	2	2	5	1	1	2	4	13	7	2	22	5	6	6	17	4	3	4	11
Estonie													1	0	1	2					1	0	2	3
Éthiopie	2	0	2	4	boycott				absente				1	0	2	3	2	0	1	3	4	1	3	8
Finlande	3	1	4	8	4	3	6	13	1	1	2	4	1	2	2	5	1	2	1	4	2	1	1	4
France	*6*	*5*	*3*	*14*	*5*	*7*	*15*	*27*	*6*	*4*	*6*	*16*	*8*	*5*	*16*	*29*	*15*	*7*	*15*	*37*	*13*	*14*	*11*	*38*
Géorgie																	0	0	2	2	0	0	6	6
G.-B.	5	7	9	21	5	10	22	37	5	10	9	24	5	3	12	20	1	8	6	15	11	10	7	28
Ghana													0	0	1	1								
Grèce	1	0	2	3	0	1	1	2	0	0	1	1	2	0	0	2	4	4	0	8	4	6	3	13
Guyana	0	0	1	1																				
Hong Kong																	1	0	0	1				
Hongrie	7	10	15	32	boycott				11	6	6	23	11	12	7	30	7	4	10	21	8	6	3	17
Iles Vierges									0	1	0	1												
Inde	1	0	0	1													0	0	1	1	0	0	1	1
Indonésie									0	1	0	1	2	2	1	5	1	1	2	4	1	3	2	6
Iran					boycott				0	1	0	1	0	1	2	3	1	1	1	3	3	0	1	4
Irlande	0	1	1	2	0	1	0	1					1	1	0	23	3	0	1	4	0	1	0	1
Islande					0	0	1	1	0	0	1	1									0	0	1	1
Israël													0	1	1	2	0	0	1	1	0	0	1	1
Italie	8	3	4	15	14	6	12	32	6	4	4	14	6	5	8	19	13	10	12	35	13	8	13	34
Jamaïque	0	0	3	3	0	1	2	3	0	2	0	2	0	3	1	4	1	3	2	6	0	4	3	7
Japon					10	8	14	32	4	3	7	14	3	8	11	22	3	6	5	14	5	8	5	18
Kazakhstan																	3	4	4	11	3	4	0	7
Kenya					1	0	1	2	5	2	2	9	2	4	2	8	1	4	3	8	2	3	2	7
Kirghizistan																					0	0	1	1
Koweït																					0	0	1	1
Lettonie													0	2	1	3	0	1	0	1	1	1	1	3
Liban	0	0	1	1																				
Lituanie													1	0	1	2	0	0	1	1	2	0	3	5
Macédoine																					0	0	1	1
Malaisie													0	0	1	1	0	1	1	2				
Maroc					2	0	0	2	1	0	2	3	1	1	1	3	0	0	2	2	0	1	4	5
Mexique	0	1	3	4	2	3	1	6	0	0	2	2	0	1	0	1	0	0	1	1	1	2	4	7
Moldavie																	0	1	1	2	0	1	1	2
Mongolie	0	2	2	4	boycott				0	0	1	1	0	0	2	2	0	0	1	1				
Mozambique																	0	0	1	1	1	0	0	1
Namibie													0	2	0	2	0	2	0	2				
Nigéria					0	1	1	2					0	3	1	4	2	1	3	6	0	3	0	3
Norvège					0	1	2	3	2	3	0	5	2	4	1	7	2	2	3	7	4	3	3	10
Nlle-Zélande					8	1	2	11	3	2	8	13	1	4	5	10	3	2	1	6	1	0	3	4
Ouganda	0	1	0	1													0	0	1	1				
Ouzbékistan																	0	1	1	2	1	1	2	4
Pakistan					1	0	0	1	0	0	1	1	0	0	1	1								
Pays-Bas	0	1	2	3	5	2	6	13	2	2	5	9	2	6	7	15	4	5	10	19	12	9	4	25
Pérou					0	1	0	1	0	1	0	1	0	1	0	1								
Philippines									0	0	1	1	0	0	1	1	0	1	0	1				
Pologne	3	14	15	32	boycott				2	5	9	16	3	6	10	19	7	5	5	17	6	5	3	14
Porto Rico					0	1	1	2					0	0	1	1	0	0	1	1				
Portugal					1	0	2	3	1	0	0	1					1	0	1	2	0	0	2	2
Qatar													0	0	1	1	0	0	1	1	0	0	1	1
Roumanie	6	6	13	25	20	16	17	53	7	11	6	24	4	6	8	18	4	7	9	20	11	6	9	26
Sénégal									0	1	0	1												
Slovaquie																	1	1	1	3	0	4	1	5
Slovénie													0	0	2	2	0	2	0	2	2	0	0	2
Sri Lanka																					0	0	1	1
Suède	3	3	6	12	2	11	6	19	0	4	7	11	1	7	4	12	2	4	2	8	4	5	3	12
Suisse	2	0	0	2	0	4	4	8	0	2	2	4	1	0	0	1	4	3	0	7	1	6	2	9
Suriname									1	0	0	1	0	0	1	1								
Syrie					0	1	0	1									1	0	0	1				
Taïwan					0	0	1	1					0	1	0	1	0	1	0	1	0	1	4	5
Tanzanie	0	2	0	2																				
Tchécoslovaquie [3]	2	3	9	14	boycott				3	3	2	8	4	2	1	7	4	3	4	11	2	3	3	8
Thaïlande					0	1	0	1	0	0	1	1	0	0	1	1	1	0	1	2	1	0	2	3
Tonga																	0	1	0	1				
Trinité et T.																	0	0	2	2	0	1	1	2
Tunisie																	0	0	1	1				
Turquie					0	0	3	3	1	1	0	2	2	2	2	6	4	1	1	6	3	0	2	5
Ukraine																	9	2	12	23	3	10	10	23
URSS [1]	80	69	46	195	boycott				55	31	46	132	45	38	29	112	26	21	16	63	32	28	27	87
Uruguay																					0	1	0	1
USA	boycott				83	61	30	174	36	31	27	94	37	34	37	108	44	32	25	101	40	24	33	97
Venezuela	0	1	0	1	0	0	3	3																
Viet Nam																					0	1	0	1
Yougoslavie [2]	2	3	4	9	7	4	7	18	3	4	5	12	0	1	2	3	1	1	2	4	1	1	1	3
Zambie					0	0	1	1									0	1	0	1				
Zimbabwe	1	0	0	1																				

Nota. – (1) En 1992 : CEI ; depuis 1996 : Russie. (2) En 1992 et 1996 : Serbie, Monténégro et Macédoine. (3) Depuis 1996 : Rép. tchèque.

lants [7] 8′30″8. **68** Biwott [31] 8′51″. **72** Keino [31] 8′23″6. **76** Gaerderud [45] 8′8″3, Malinovski [42] 8′9″11, Baumgartl [2] 8′10″36. **80** Malinovski [42] 8′9″7, Bayi [47] 8′12″5, Tura [19] 8′13″6. **84** Korir [31] 8′11″80, *Mahmoud* [21] *8′13″31*, Diemer [55] 8′14″06. **88** Kariuki [31] 8′5″51, Koech [31] 8′6″79, Rowland [22] 8′7″96. **92** Birir [31] 8′8″84, Sang [31] 8′9″55, Mutwol [31] 8′10″74. **96** Keter [31] 8′7″12, Kiptanui [31] 8′8″33, Lambruschini [28] 8′11″28. **2000** Kosgei [31] 8′21″43, W.B. Kipketer [31] 8′21″77, Ezzine [65] 8′22″15.

Nota. – (a) Sur 2 500 m. (b) Sur 3 200 m.

Saut en hauteur. **1896** Clark [55] 1 m 81. **1900** Baxter [55] 1 m 90. **04** Jones [55] 1 m 80. **08** Porter [55] 1 m 905. **12** Richard [55] 1 m 93. **20** Landon [55] 1 m 935. **24** Osborn [55] 1 m 98. **28** King [55] 1 m 94. **32** McNaughton [10] 1 m 97. **36** Johnson [55] 2 m 03. **48** Winter [5] 1 m 98. **52** Davis [55] 2 m 04. **56** Dumas [55] 2 m 12. **60** Chavlakadze [54] 2 m 16. **64** Brumel [54] 2 m 18. **68** Fosbury [55] 2 m 24. **72** Tarmak [54] 2 m 23. **76** Wszola [42] 2 m 25, Joy [10] 2 m 23, Stones [55] 2 m 21. **80** Wessig [2] 2 m 36, Wzsola [42] 2 m 31, Freitmuth [2] 2 m 31. **84** Mœgenburg [3] 2 m 35, Sjœberg [45] 2 m 33, Jlanhua [61] 2 m 31. **88** Avdeenko [54] 2 m 38, Conway [55] 2 m 36, Povarnitsyne [54] 2 m 36. **92** Sotomayor [13] 2 m 34, Sjœberg [45] 2 m 34, Partyka [42], Forsythe [5] et Conway [55] 2 m 34. **96** Austin [55] 2 m 39, Partyka [42] 2 m 37, Smith [22] 2 m 35. **2000** Kliougine [95] 2 m 35, Sotomayor [13] 2 m 32, Hamma [71] 2 m 32.

Saut en longueur. **1896** Clark [55] 6 m 35. **1900** Kraenzlein [55] 7 m 18. **04** Prinstein [55] 7 m 34. **08** Irons [55] 7 m 48. **12** Gutterson [55] 7 m 60. **20** Petterson [45] 7 m 15. **24** Hubbard [55] 7 m 44. **28** Hamm [55] 7 m 73. **32** Gordon [55] 7 m 64. **36** Owens [55] 8 m 06. **48** Steele [55] 7 m 82. **52** Biffle [55] 7 m 57. **56** Bell [55] 7 m 83. **60** Boston [55] 8 m 12. **64** Davies [22] 8 m 07. **68** Beamon [55] 8 m 90. **72** Williams [55] 8 m 24. **76** Robinson [55] 8 m 35, Williams [55] 8 m 11, Wartenberg [2] 8 m 02. **80** Dombrowski [2] 8 m 54, Paschek [2] 8 m 21, Podluzny [54] 8 m 18. **84** Lewis [55] 8 m 54, Honey [5] 8 m 24, Evangelisti [28] 8 m 24. **88** Lewis [55] 8 m 72, Powell [55] 8 m 49, Myricks [55] 8 m 27. **92** Lewis [55] 8 m 67, Powell [55] 8 m 64, Greene [55] 8 m 34. **96** Lewis [55] 8 m 50, Beckford [29] 8 m 29, Greene [55] 8 m 24. **2000** Pedroso [13] 8 m 55, Taurima [5] 8 m 49, Schourenko [53] 8 m 31.

Saut à la perche. **1896** Hoyt [55] 3 m 30. **1900** Baxter [55] 3 m 30. **04** Dvorak [55] 3 m 50. **08** Cooke [55] et Gilbert [55] 3 m 71. **12** Babcock [55] 3 m 95. **20** Foss [55] 4 m 09. **24** Barnes [55] 3 m 95. **28** Carr [55] 4 m 20. **32** Miller [55] 4 m 31. **36** Meadows [55] 4 m 35. **48** Smith [55] 4 m 30. **52** Richards [55] 4 m 55. **56** Richards [55] 4 m 56. **60** Bragg [55] 4 m 70. **64** Hansen [55] 5 m 10. **68** Seagren [55] 5 m 40. **72** Nordwig [2] 5 m 50. **76** Slusarski [42], Kalliomaeki [20] et Roberts [55] 5 m 50. **80** Koziakiewicz [42] 5 m 78, Volkov [54] 5 m 65. **84** *Quinon* [21] *5 m 75,* Tully [55] 5 m 65, *Vigneron* [21] *5 m 60.* **88** Bubka [54] 5 m 90, Gataoulline [54] 5 m 85, Egorov [54] 5 m 80. **92** Tarassov [95] 5 m 80, Trandenkov [95] 5 m 80, García Chico [17] 5 m 75. **96** *Galfione* [21], Trandenkov [95] et Tivontchik [2a] 5 m 92. **2000** Hysong [55] 5 m 90, Johnson [55] 5 m 90, Tarassov [95] 5 m 90.

Triple saut. **1896** Connolly [55] 13 m 71. **1900** Prinstein [55] 14 m 47. **04** Prinstein [55] 14 m 35. **08** Ahearne [22] 14 m 92. **12** Lindblom [45] 14 m 76. **20** Tuulos [20] 14 m 50. **24** Winter [5] 15 m 525. **28** Oda [30] 15 m 21. **32** Nambu [30] 15 m 72. **36** Tajima [30] 16 m. **48** Ahman [45] 15 m 40. **52** Da Silva [8] 16 m 22. **56** Da Silva [8] 16 m 35. **60** Schmidt [42] 16 m 81. **64** Schmidt [42] 16 m 85. **68** Saneiev [54] 17 m 39. **72** Saneiev [54] 17 m 35. **76** Saneiev [54] 17 m 29, Butts [55] 17 m 18, De Oliveria [8] 16 m 90. **80** Uudmae [54] 17 m 35, Saneiev [54] 17 m 24, De Oliveira [8] 17 m 22. **84** Joyner [55] 17 m 26, Conley [55] 17 m 18, Connor [22] 16 m 87. **88** Markov [9] 17 m 61, Lapchine [54] 17 m 52, Kovalenko 17 m 42. **92** Conley [55] 18 m 17, Simpkins [55] 17 m 60, Rutherford [86] 17 m 36. **96** Harrison [55] 18 m 09, Edwards [22] 17 m 88, Quesada [13] 17 m 44. **2000** Edwards [22] 17 m 71, Garcia [13] 17 m 47, Kapoustine [95] 17 m 46.

Poids. **1896** Garrett [55] 11 m 22. **1900** Sheldon [55] 14 m 10. **04** Rose [55] 14 m 81. **08** Rose [55] 14 m 21. **12** McDonald [55] 15 m 34. **20** Pothola [20] 14 m 81. **24** Houser [55] 14 m 99. **28** Huck [55] 15 m 87. **32** Sexton [55] 16 m. **36** Woellke [2a] 16 m 20. **48** Thompson [55] 17 m 12. **52** O'Brien [55] 17 m 41. **56** O'Brien [55] 18 m 57. **60** Nieder [55] 19 m 68. **64** Long [55] 20 m 33. **68** Matson [55] 20 m 54. **72** Komar [42] 21 m 18. **76** Beyer [2] 21 m 05, Mironov [54] 21 m 03, Barychnykov [54] 21 m. **80** Kiseliev [54] 21 m 35, Barychnykov [54] 21 m 08, Beyer [2] 21 m 06. **84** Andrei [28] 21 m 26, Carter [55] 21 m 09, Laut [55] 20 m 97. **88** Timmermann [2] 22 m 47, Barnes [55] 22 m 39, Günthör [46] 21 m 99. **92** Stulce [55] 21 m 70, Doehring [55] 20 m 96, Lykho [95] 20 m 94. **96** Barnes [55] 21 m 62, Godina [55] 20 m 79, Bagach [53] 20 m 75. **2000** Harju [20] 21 m 29, Nelson [55] 21 m 21, Godina [55] 21 m 20.

Disque. **1896** Garret [55] 29 m 15. **1900** Bauer [24] 36 m 04. **04** Sheridan [55] 39 m 28. **08** Sheridan [55] 40 m 89. **12** Taipale [20] 45 m 21. **20** Niklander [20] 44 m 685. **24** Houser [55] 46 m 15. **28** Houser [55] 47 m 32. **32** Anderson [55] 49 m 49. **36** Carpentier [55] 50 m 48. **48** Consolini [28] 52 m 78. **52** Iness [55] 55 m 03. **56** Oerter [55] 56 m 36. **60** Oerter [55] 59 m 18. **64** Oerter [55] 61 m. **68** Oerter [55] 64 m 78. **72** Danek [48] 64 m 40. **76** McWilkins [55] 67 m 50, Schmid [2] 66 m 22, Powell [55] 65 m 70. **80** Rachupkin [54] 66 m 64, Bugar [48] 66 m 38, Delis [13] 66 m 32. **84** Danneberg [3] 66 m 60, Wilkins [55] 66 m 30, Powell [55] 65 m 46. **88** Schult [2] 68 m 82, Oubartas [54] 67 m 48, Danneberg [3] 67 m 38. **92** Oubartas [87] 65 m 12, Schult [2a] 64 m 94, Moya Sandoval [13] 64 m 12. **96** Riedel [2a] 69 m 40, Dubrovshchik [97] 66 m 60, Kaptyukh [97] 65 m 80. **2000** Alekna [87] 69 m 30, Riedel [2a] 68 m 50, Kruger [1] 68 m 19.

Javelot. **1908** Lemming [45] 54 m 835. **12** Lemming [45] 60 m 64. **20** Myyra [20] 65 m 78. **24** Myyra [20] 62 m 96. **28**

Lundqvis [45] 66 m 60. **32** Jarvinen [20] 72 m 71. **36** Stoeck [2a] 71 m 84. **48** Rautayaara [20] 69 m 77. **52** Young [55] 73 m 78. **56** Danielsen [36] 85 m 71. **60** Tzybulenko [54] 84 m 64. **64** Nevala [20] 82 m 66. **68** Lusis [54] 90 m 10. **72** Wolfermann [3] 90 m 48. **76** Nemeth [24] 94 m 58, Siitonen [20] 87 m 92, Megelea [44] 87 m 16. **80** Kula [54] 91 m 20, Makarov [54] 89 m 64, Hanisch [2] 86 m 72. **84** Haerkœnen [20] 86 m 76, Ottley [22] 85 m 74, Eldebrink [45] 83 m 72. **88** Korjus [20] 84 m 28, Zelezny [48] 84 m 12, Räty [20] 83 m 26. **92** Zelezny [48] 89 m 66, Räty [20] 86 m 60, Backley [22] 83 m 38. **96** Zelezny [101] 88 m 16, Backley [22] 87 m 44, Räty [20] 86 m 98. **2000** Zelezny [101] 90 m 17, Backley [22] 89 m 85, Makarov [95] 88 m 67.

Marteau. **1900** Flanagan [55] 49 m 73. **04** Flanagan [55] 51 m 23. **06** *non disputé.* **08** Flanagan [55] 51 m 92. **12** McGrath [55] 54 m 74. **20** Ryan [55] 52 m 875. **24** Tootell [55] 53 m 295. **28** O'Callaghan [16] 51 m 39. **32** O'Callaghan [16] 53 m 92. **36** Hein [2a] 56 m 49. **48** Nemeth [24] 56 m 07. **52** Csemarrk [24] 60 m 34. **56** Connolly [55] 63 m 19. **60** Rudenkov [54] 67 m 10. **64** Klim [54] 69 m 74. **68** Zsivotsky [24] 73 m 36. **72** Bondartchuk [54] 75 m 50. **76** Sedynh [54] 77 m 52, Spiridonov [54] 76 m 08, Bondartchuk [54] 75 m 48. **80** Sedykh [54] 81 m 80, Litvinov [54] 80 m 64, Tamm [54] 78 m 96. **84** Tiainen [20] 78 m 08, Riehm [3] 77 m 98, Ploghaus [3] 76 m 68. **88** Litvinov [54] 84 m 80, Sedykh [54] 83 m 76, Tamm [54] 81 m 16. **92** Abduvaliev [95] 82 m 54, Astapkovitch [97] 81 m 96, Nikouline [95] 81 m 38. **96** Kiss [24] 81 m 24, Deal [55] 81 m 12, Krykoune [53] 80 m 02. **2000** Ziolkowski [42] 80 m 02, Vizzoni [28] 79 m 64, Astapkovitch [97] 79 m 17.

Décathlon. **1904** Kiely [55]. **12** Thorpe [55]. **20** Loevland [36]. **24** Osborn [55]. **28** Yrjola [20]. **32** Baush [55]. **36** Morris [55]. **48, 52** Mathias [55]. **56** Campbell [55]. **60** Johnson [55]. **64** Holdord [2a]. **68** Toomey [55]. **72** Avilov [54]. **76** Jenner [55], Kratschmer [3], Avilov [54]. **80** Thompson [22], Kutsenko [54], Zhelanov [54]. **84** Thompson [22], Hingsen [3], Wentz [3]. **88** Schenk [2], Voss [2], Steen [10]. **92** Zmelik [48], Peñalver [17], Johnson [55]. **96** O'Brien [55], Busemann [2a], Dvorak [101]. **2000** Nool [18], Sebrle [101], Huffins [55].

Marathon. **1896** Louys [23] 2 h 58′50″. **1900** *Theato* [21] *2 h 59′45″*. **04** Hicks [55] 3 h 28′53″. **08** Hayes [55] 2 h 55′18″4. **12** McArthur [1] 2 h 36′54″8. **20** Kolehmainen [20] 2 h 32′35″8. **24** Stenroos [20] 2 h 41′22″6. **28** *El Ouafi* [21] *2 h 32′57″*. **32** Zabala [4] 2 h 31′36″. **36** Son [30] 2 h 29′19″2. **48** Cabrera [4] 2 h 34′51″6. **52** Zatopek [48] 2 h 23′3″2. **56** *Mimoun* [21] *2 h 25′*. **60** Abebe [19] 2 h 15′16″2. **64** Abebe [19] 2 h 12′11″2. **68** Wolde [19] 2 h 20′26″4. **72** Shorter [55] 2 h 12′19″8. **76** Cierpinski [2] 2 h 9′55″, Shorter [55] 2 h 10′45″8, Lismont [7] 2 h 11′12″6. **80** Cierpinski [2] 2 h 11′3″, Nijboer [40] 2 h 11′20″, Dzhumanazarova [54] 2 h 11′35″. **84** Lopes [43] 2 h 9′21″, Treacy [27] 2 h 9′56″, Spedding [22] 2 h 9′58″. **88** Bordin [28] 2 h 10′32″, Wakiichuri [31] 2 h 10′47″, Salah [74] 2 h 10′59″. **92** Hwang [12] 2 h 13′23″, Morishita [30] 2 h 13′45″, Freigang [2a] 2 h 14′. **96** Thugwane [1] 2 h 12′36″, Bong-Ju Lee [12] 2 h 12′39″, Wainaina [31] 2 h 12′44″. **2000** Abera [19] 2 h 10′11″, Wainaina [31] 2 h 10′31″, Tola [19] 2 h 11′10″.

4 × 100 m. **1912** G.-B. 42″4. **20** USA 42″2. **24** USA 41″. **28** USA 41″. **32** USA 40″. **36** USA 39″8. **48** USA 40″6. **52** USA 40″1. **56** USA 39″5. **60** All. féd. 39″5. **64** USA 39″. **68** USA 38″2. **72** USA 38″19. **76** USA 38″33, All. dém. 38″66, URSS 38″78. **80** URSS 38″26, Pol. 38″33, *Fr. 38″53*. **84** USA 37″83, Jamaïque 38″62, Can. 38″70. **88** URSS 38″19, G.-B. 38″28, *France 38″40.* **92** USA 37″40, Nigéria 37″98, Cuba 38″. **96** Can. 37″69, USA 38″5, Brésil 38″41. **2000** USA 37′61″, Brésil 37′90″, Cuba 38′04″.

4 × 400 m. **1908** USA 3′29″4. **12** USA 3′16″6. **20** G.-B. 3′22″2. **24** USA 3′16″. **28** USA 3′14″2. **32** USA 3′8″2. **36** G.-B. 3′9″. **48** USA 3′10″4. **52** Jamaïque 3′3″9. **56** USA 3′4″8. **60** USA 3′2″2. **64** USA 3′0″7. **68** USA 2′56″1. **72** Kenya 2′59″8. **76** USA 2′58″65, Pol. 3′1″43, All. féd. 3′1″98. **80** URSS 3′1″1, All. dém. 3′1″3, It. 3′4″3. **84** USA 2′57″91, G.-B. 2′59″13, Nigéria 2′59″32. **88** USA 2′56″16, Jamaïque 3′0″3, All. féd. 3′0″56. **92** USA 2′55″74, Cuba 2′59″51, G.-B. 2′59″73. **96** USA 2′55″99, G.-B. 2′56″60, Jamaïque 2′59″42. **2000** USA 2′56″35, Nigéria 2′58″68, Jamaïque 2′58″78.

20 km marche. **1956** Spirin [54] 1 h 31′27″4. **60** Golubnichniy [54] 1 h 34′7″2. **64** Matthews [22] 1 h 29′34″. **68** Golubnichniy [54] 1 h 33′58″4. **72** Frenkel [2] 1 h 26′42″4. **76** Bautista [34] 1 h 24′40″6, Reimann [2] 1 h 25′13″8, Frenkel [2] 1 h 25′29″3. **80** Damilano [28] 1 h 23′35″5, Pochinchuk [54] 1 h 24′45″4, Wieser [2] 1 h 25′58″2. **84** Canto [34] 1 h 23′13″, González [34] 1 h 23′20″, Damilano [28] 1 h 23′26″. **88** Pribilinec [48] 1 h 19′57″, Weigel [2] 1 h 20′0″, Damilano [28] 1 h 20′14″. **92** Plaza Montero [17] 1 h 21′45″, Leblanc [10] 1 h 22′25″, De Benedictis [28] 1 h 23′11″. **96** Perez [102] 1 h 20′7″, Markov [95] 1 h 20′16″, Segura [34] 1 h 20′23″. **2000** Korzeniowski [42] 1 h 18′59″, Hernandez [34] 1 h 19′03″, Andreyev [95] 1 h 19′27″.

50 km marche. **1932** Green [22] 4 h 50′10″. **36** Whitlock [22] 4 h 30′41″4. **48** Ljunggren [45] 4 h 41′52″. **52** Dordoni [28] 4 h 28′7″8. **56** Read [37] 4 h 30′42″8. **60** Thompson [22] 4 h 25′30″. **64** Pamich [28] 4 h 11′12″4. **68** Hoehne [2] 4 h 20′13″6. **72** Kannenberg [3] 3 h 56′11″6. **76** *non disputé.* **80** Gauder [2] 3 h 49′24″, Llopart [17] 3 h 51′25″, Ulvchenko [54] 3 h 56′32″. **84** González [34] 3 h 47′26″, Gustafsson [45] 3 h 53′19″, Belluci [28] 3 h 53′45″. **88** Ivanenko [54] 3 h 38′29″, Weigel [2] 3 h 38′56″, Gauder [2] 3 h 39′45″. **92** Perlov [95] 3 h 50′13″, Carbajal [34] 3 h 52′9″, Weigel [2a] 3 h 53′45″. **96** Korzeniowski [42] 3 h 43′30″, Shchennikov [95] 3 h 43′46″, Massana [17] 3 h 44′19″. **2000** Korzeniowski [42] 3 h 42′22″, Fadejevs [92] 3 h 43′40″, Sanchez [34] 3 h 44′36″.

☞ **Épreuves supprimées : 60 m.** **1900** Kraenzlein [55] 7″. **04** Hahn [55] 7″. **5 miles.** **1908** Voigt [22] 25′11″2. **Cross country** *(individuel).* **1912** (8 000 m) Kolehmainen [20] 45′11″6. **20** (8 000 m) Nurmi [20] 27′15″. **24** (10 000 m) Nurmi [20] 32′54″8. **3 000 m** *(par équipes).* **1912** USA. **20** USA. **24** Finl. **3 miles** *(par équipes).* **1908** G.-B. **5 000 m** *(par équipes).* **1900** G.-B./Australie. **Cross-country** *(par équipes).* **1904** New York AC. **08** *non disputé.* **12** (8 000 m) Suède. **20** (10 000 m) Finl. **24** (10 000 m) Finl. **200 m haies.** **1900** Kraenzlein [55] 25″4. **04** Hillman [55] 24″6. **4 000 m steeple.** **1900** Rimmer [22] 12′58″4. **3 000 m marche.** **1920** Frigerio [28] 13′14″2. **3 500 m marche.** **1908** Larner [22] 14′55″. **1 000 m marche.** **1912** Goulding [10] 46′28″4. **20** Frigerio [28] 48′6″2. **24** Frigerio [28] 47′49″. **28, 32, 36** *non disputé.* **48** Mikaelsson [45] 45′13″2. **52** Mikaelsson [45] 45′2″8. **10 miles marche.** **1908** Larner [22] 1 h 15′57″4.

Hauteur sans élan. **1900** Ewry [55] 1 m 65. **04** Ewry [55] 1 m 60. **08** Ewry [55] 1 m 575. **12** Adams [55] 1 m 63. **Longueur sans élan.** **1900** Ewry [55] 3 m 21. **04** Ewry [55] 3 m 476. **08** Ewry [55] 3 m 335. **12** Tsiklitiras [23] 3 m 37. **Triple saut sans élan.** **1900** Ewry [55] 10 m 58. **04** Ewry [55] 10 m 54. **Poids des 2 mains.** **1912** Rose [55] 27 m 70. **Poids de 56 livres.** **1904** Desmarteau [10] 10 m 46. **12** *non disputé.* **20** Mc Donald [55] 11 m 265. **Disque à l'antique.** **1908** Sheridan [55] 38 m. **Disque des 2 mains.** **1912** Taipale [20] 82 m 86. **Javelot style libre.** **1908** Lemming [45] 54 m 45. **Javelot des 2 mains.** **1912** Saaristo [20] 109 m 42. **Triathlon.** **1904** Emmerich [55]. **Pentathlon.** **1912** Thorpe [55]. **20** Lehtonen [20]. **24** Lehtonen [20].

Athlétisme. Dames. 100 m. **1928** Robinson [55] 12″2. **32** Walasiewicz [42] 11″9. **36** Stephens [55] 11″5. **48** Blankers-Koen [40] 11″9. **52** Jackson [5] 11″5. **56** Cuthbert [5] 11″5. **60** Rudolph [55] 11″. **64** Tyus [55] 11″4. **68** Tyus [55] 11″. **72** Stecher [2] 11″7. **76** Richter [3] 11″8, Stecher [2] 11″13, Helten [3] 11″17. **80** Kondratieva [54] 11″6, Goehr [2] 11″7, Auerswald [2] 11″14. **84** Ashford [55] 10″97, Brown [55] 11″13, Ottey-Page [29] 11″16. **88** Griffith-Joyner [55] 10″54, Ashford [55] 10″83, Drechsler [2] 10″85. **92** Devers [55] 10″82, Cuthbert [29] 10″83, Privalova [95] 10″84. **96** Devers [55] 10″94, Ottey [29] 10″94, Torrence [55] 10″96. **2000** Jones [55] 10″75, Thanou [23] 11″12, Lawrence [29] 11″18.

200 m. **1948** Blankers-Koen [40] 24″4. **52** Jackson [5] 23″7. **56** Cuthbert [5] 23″4. **60** Rudolph [55] 24″. **64** McGuire [55] 23″. **68** Swezinska-Kirszenstein [42] 22″5. **72** Stecher [2] 22″4. **76** Eckert [2] 22″37, Richter [3] 22″39, Stecher [2] 22″47. **80** Wockel [2] 22″3, Bochina [54] 22″19, Ottey [29] 22″20. **84** Brisco-Hooks [55] 21″81, Griffith [55] 22″4, Ottey-Page [29] 22″9. **88** Griffith-Joyner [55] 21″34, Jackson [29] 21″72, Drechsler [2] 21″95. **92** Torrence [55] 21″81, Cuthbert [29] 22″2, Ottey [29] 22″9. **96** *Pérec* [21] *22″12*, Ottey [29] 22″24, Onyali [68] 22″38. **2000** Jones [55] 21″84, Davis-Thompson [86] 22″27, Jayasinghe [112] 22″28.

400 m. **1964** Cuthbert [5] 52″. **68** *Besson* [21] *52″*. **72** Zehrt [2] 51″8. **76** Szewinska [42] 49″29, Brehmer [2] 50″51, Streidt [2] 50″55. **80** Koch [2] 48″88, Kratochvukiva [48] 49″46, Lathan [2] 49″66. **84** Brisco-Hooks [55] 48″83, Cheeseborough [55] 49″5, Cook [22] 49″2. **88** Bryzguina [54] 48″65, Müller [2] 49″45, Nazarova [54] 49″90. **92** *Pérec* [21] *48″83,* Bryzgina [53] 49″5, Restrepo Gaviria [63] 49″64. **96** *Pérec* [21] *48″25*, Freeman [5] 48″63, Ogunkoya [68] 49″10. **2000** Freeman [5] 49″11, Graham [29] 49″58, Merry [22] 49″72.

800 m. **1928** Radke [2a] 2′16″8. **32, 56** *non disputé.* **60** Chevcova [54] 2′4″3. **64** Packer [22] 2′1″1. **68** Manning [55] 2′0″9. **72** Falck [3] 1′58″55. **76** Kazankina [54] 1′54″94, Chtereva [9] 1′55″42, Zinn [2] 1′55″60. **80** Olizarenko [54] 1′53″42, Minieva [54] 1′54″9, Providokhina [54] 1′55″5. **84** Melinte [44] 1′57″60, Gallagher [55] 1′58″63, Lovin [44] 1′58″83. **88** Wodars [2] 1′56″10, Wachtel [2] 1′56″64, Gallagher [55] 1′56″91. **92** Van Langen [40] 1′55″54, Nurutdinova [95] 1′55″99, Quirot Moret [13] 1′56″80. **96** Masterkova [95] 1′57″73, Quirot [13] 1′58″11, Mutola [103] 1′58″71. **2000** Mutola [103] 1′56″15, Graf [6] 1′56″64, Holmes [22] 1′56″80.

1 500 m. **1972** Bragina [54] 4′1″4. **76** Kazankina [54] 4′5″48, Hofmeister [2] 4′6″2, Klapezinski [2] 4′6″9. **80** Kazankina [54] 3′56″6, Wartenberg [2] 3′57″8, Olizarenko [54] 3′59″6. **84** Dorio [28] 4′3″76, Melinte [44] 4′3″76, Puica [44] 4′4″15. **88** Ivan [44] 3′53″96, Baikauskaite [54] 4′0″24, Samolenko [54] 4′0″3. **92** Boulmerka [71] 3′55″30, Rogacheva [95] 3′56″91, Qu [61] 3′57″8. **96** Masterkova [95] 4′0″83, Szabo [44] 4′1″54, Kiesl [6] 4′3″2. **2000** Merah-Benida [71] 4″05″10, Beclea-Szekely [44] 4′05″15, Szabo [44] 4′05″27.

5 000 m. **1996** Junxia Wang [61] 14′59″88, Konga [31] 15′3″49, Brunet [28] 15′7″52. **2000** Szabo [44] 14′40″79, O'Sullivan [16] 14′41″02, Wami [19] 14′42″23.

10 000 m. **1988** Bondarenko [54] 31′5″21, Mc Colgan [22] 31′8″44, Joupieva [54] 31′19″82. **92** Tulu [19] 31′6″2, Meyer [1] 31′11″75, Jennings [55] 31′19″89. **96** Ribeiro [43] 31′1″63, Junxia Wang [61] 31′2″58, Wami [19] 31′6″65. **2000** Tulu [19] 30′17″49, Wami [19] 30′22″48, Ribeiro [43] 30′22″88.

100 m haies. **1972** Ehrhardt [2] 12″59. **76** Schaller [2] 12″77, Anisimova [54] 12″78, Lebedeva [54] 12″80. **80** Komisova [54] 12″56, Klie [2] 12″63, Langer [42] 12″65. **84** Fitzgerald-Brown [55] 12″84, Strong [22] 12″88, Turner [55] 13″6. **88** Donkova [9] 12″38, Siebert [2] 12″ 61, Zakiewicz [3] 12″75. **92** Patoulidou [23] 12″64, Martin [55] 12″69, Donkova [9] 12″70. **96** Engquist [45] 12″58, Bukovec [88] 12″59, *Girard-Léno* [21] *12″65*. **2000** Shishigina [96] 12″65, Alozie [68] 12″68, Morrison [55] 12″76.

400 m haies. **1984** El Moutawakil [65] 54″61, Brown [55] 55″20, Cojocaru [44] 55″41. **88** Flintoff-King [5] 53″17, Ledovskaia [54] 53″18, Fiedler [2] 53″63. **92** Gunnell [22] 53″23, Farmer-Patrick [55] 53″69, Vickers [55] 54″31. **96** Hemmings [29] 52″82, Batten [55] 53″8, Buford-Bailey [55] 53″22. **2000** Privalova [95] 53″02, Hemmings [29] 53″45, Bidouane [65] 53″57.

Saut en hauteur. **1928** Catherwood [10] 1 m 59. **32** Shiley [55] 1 m 657. **36** Csak [24] 1 m 60. **48** Coachman [55] 1 m 68. **52** Brand [1] 1 m 67. **56** McDaniel [55] 1 m 76. **60** Balas [44] 1 m 85. **64** Balas [44] 1 m 90. **68** Rezkova [48] 1 m 82. **72** Meyfarth [3] 1 m 92. **76** Ackermann [2] 1 m 93, Simeoni [28] et Blagoeva [9] 1 m 91. **80** Simeoni [28] 1 m 97, Kielan [42] et Kirst [2] 1 m 94. **84** Meyfarth [3] 2 m 02, Simeoni [28] 2 m, Huntley [55] 1 m 97. **88** Ritter [55] 2 m 03, Kostadinova [9] 2 m 01, Bykova [54] 1 m 99. **92** Henkel [2a] 2 m 02, Astafei [44] 2 m, Quintero [13] 1 m 97. **96** Kostadinova [9] 2 m 05, Bakogianni [23] 2 m 03, Babakova [53] 2 m 01. **2000** Yelesina [95] 2 m 01, Cloethe [1] 2 m 01, Bergqvist [45] 1 m 99 et Pantelimon [44] 1 m 99.

Saut en longueur. **1948** Gyarmati [24] 5 m 69. **52** Williams [37] 6 m 24. **56** Kresinska [42] 6 m 35. **60** Krepkina [54] 6 m 37. **64** Rand [22] 6 m 76. **68** Viscopoleanu [44] 6 m 82. **72** Rosendahl [3] 6 m 78. **76** Voigt [2] 6m 72, McMillan [55] 6 m 66, Alfeiva [54] 6 m 60. **80** Kolpakova [54] 7 m 06, Wujak [2] 7 m 04, Skachko [54] 7 m 01. **84** Cusmir-Stanciu [44] 6 m 96, Ionescu [44] 6 m 81, Hearnshaw [22] 6 m 80. **88** Joyner-Kersee [55] 7 m 40, Drechsler [2] 7 m 22, Tchistiakova [54] 7 m 11. **92** Drechsler [2a] 7 m 14, Kravets [53] 7 m 12, Joyner-Kersee [55] 7 m 07. **96** Ajunwa [68] 7 m 12, May [28] 7 m 02, Joyner-Kersee [55] 7 m. **2000** Drechsler [2a] 6 m 99, May [28] 6 m 92, Jones [55] 6 m 92.

Triple saut. **1996** Kravets [53] 15 m 33, Lasovskaya [95] et Kasparkova [101] 14 m 98. **2000** Marinova [9] 15 m 20, Lebedeva [95] 15 m, Hovorova [53] 14 m 96.

Poids. **1948** *Ostermeyer* [21] *13 m 75.* **52** Zybina [54] 15 m 28. **56** Tychekevitsch [54] 16 m 59. **60** T. Press [54] 17 m 32. **64** T. Press [54] 18 m 14. **68** Gummel [2] 19 m 61. **72** Chizhova [54] 21 m 03. **76** Christova [9] 21 m 16, Chizhova [54] 20 m 96, Fibingerova [54] 20 m 67. **80** Slupianek [2] 22 m 41, Krachvskaya [54] 21 m 42, Pufe [2] 21 m 20. **84** Losch [3] 20 m 48, Loghin [44] 20 m 47, Martin [5] 19 m 19. **88** Lisovskaia [54] 22 m 24, Neimke [2] 21 m 07, Li [61] 21 m 06. **92** Kriveleva [95] 21 m 06, Huang [61] 20 m 47, Neimke [2a] 19 m 78. **96** Kumbernuss [2a] 20 m 56, Xinmei Sui [61] 19 m 88, Khudorozhkina [95] 19 m 35. **2000** Korolchik [97] 20 m 56, Pelenshenko [95] 19 m 92, Kumbernuss [2a] 19 m 62.

Disque. **1928** Konopacka [42] 39 m 62. **32** Copeland [55] 40 m 58. **36** Mauermayer [2a] 47 m 63. **48** *Ostermeyer* [21] *41 m 92.* **52** Romashkova [54] 51 m 42. **56** Fikotova [48] 53 m 69. **60** Ponomaryeva [54] 55 m 10. **64** T. Press [54] 57 m 27. **68** Manoliu [44] 58 m 28. **72** Melnik [54] 66 m 52. **76** Schlaak [2] 69 m, Vergova [9] 67 m 30, Hinzmann [2] 66 m 84. **80** Jahl [2] 69 m 96, Petkova [9] 67 m 90, Lesovaya [54] 67 m 40. **84** Stalman [40] 65 m 36, Deniz [55] 64 m 86, Craciunescu [44] 63 m 64. **88** Hellmann [2] 72 m 30, Gansky [2] 71 m 88, Hristova [9] 69 m 74. **92** Marten [13] 70 m 06, Khristova [9] 67 m 78, Costian [5] 66 m 24. **96** Wyludda [2a] 69 m 66, Sadova [95] 66 m 48, Zvereva [97] 65 m 64. **2000** Zvereva [97] 68 m 40, Kelesidou [23] 65 m 71, Yatchenko [97] 65 m 20.

Javelot. **1932** Didrikson [55] 43 m 68. **36** Fleischer [2a] 45 m 18. **48** Bauma [6] 45 m 57. **52** Zatopkova (épouse d'Emil Zatopek) [48] 50 m 47. **56** Yaunzeme [54] 53 m 86. **60** Ozolina [54] 55 m 98. **64** Penes [44] 60 m 54. **68** Nemeth [24] 60 m 36. **72** Fuchs [2] 63 m 88. **76** Fuchs [2] 65 m 94, Becker [3] 64 m 70, Schmidt [55] 63 m 96. **80** Colon [13] 68 m 40, Gunba [54] 67 m 76, Hommola [2] 66 m 56. **84** Sanderson [22] 69 m 56, Lillak [20] 69 m, Whitbread [22] 67 m 14. **88** Felke [2] 74 m 68, Whitbread [22] 70 m 32, Koch [2] 67 m 30. **92** Renk [2a] 68 m 34, Shikalenko [99] 68 m 26, Forkel [2a] 66 m 86. **96** Rantanen [20] 67 m 94, McPaul [5] 65 m 54, Hattestad [36] 64 m 98. **2000** Hattestad [36] 68 m 91, Maniani-Tzelili [23] 67 m 51, Menendez [13] 66 m 18.

4 × 100 m. **1928** Canada 48″4. **32** USA 46″9. **36** USA 46″9. **48** P.-Bas 47″5. **52** USA 45″9. **56** Australie 44″5. **60** USA 44″5. **64** Pol. 43″6. **68** USA 42″8. **72** All. féd. 42″81. **76** All. dém. 42″55, All. féd. 42″59, URSS 43″09. **80** All. dém. 41″60, URSS 42″10, G.-B. 42″43. **84** USA 41″65, Can. 42″77, G.-B. 43″11. **88** USA 41″98, All. dém. 42″09, URSS 42″75. **92** USA 42″11, CEI 42″16, Nigéria 42″81. **96** USA 41″95, Bahamas 42″14, Jamaïque 42″24. **2000** Bahamas 41″95, Jamaïque 42″13, USA 42″20.

4 × 400 m. **1972** All. dém. 3′23″. **76** All. dém. 3′19″23, USA 3′22″81, URSS 3′24″24. **80** URSS 3′20″02, All. dém. 3′20″04, G.-B. 3′27″05. **84** USA 3′18″29, Can. 3′21″21, All. féd. 3′22″98. **88** URSS 3′15″18, USA 3′15″51, All. dém. 3′18″29. **92** CEI 3′20″20, USA 3′20″92, G.-B. 3′24″23. **96** USA 3′20″91, Nigéria 3′21″04, All. 3′21″14. **2000** USA 3′22″62, Jamaïque 3′23″25, Russie 3′23″46.

Heptathlon. **1984** Nunn [5], Joyner [55], Everts [3]. **92** Joyner-Kersee [55], Belova [95], Braun [2a]. **96** Shouaa [72], Sazanovich [97], Lewis [22]. **2000** Lewis [22], Prokhorova [95], Sazanovitch [97].

Marathon. **1984** Benoit [55] 2 h 24′52″, Waitz [36] 2 h 26′18″, Mota [43] 2 h 26′57″. **88** Mota [43] 2 h 25′40″, Martin [5] 2 h 25′53″, Dörre [2] 2 h 26′21″. **92** Yegorova [95] 2 h 32′41″, Arimori [30] 2 h 32′49″, Moller [37] 2 h 33′59″. **96** Roba [19] 2 h 26′5″, Yegorova [95] 2 h 28′5″, Arimori [30] 2 h 28′39″. **2000** Takahashi [30] 2 h 23′14″, Simon [44] 2 h 23′22″, Chepchumba [31] 2 h 24′45″.

20 km marche. **2000** Wang [61] 1 h 29′05″, Plaetzer [36] 1 h 29′33″, Vasco [17] 1 h 30′23″.

☞ **Épreuves supprimées : 80 m haies.** **1932** Didriksen [55] 11″7. **36** Valla [28] 11″7. **48** Blankers-Koen [40] 11″2. **52** Strickland [5] 10″9. **56** Strickland [5] 10″7. **60** Press [54] 10″8, Balzer [2] 10″5. **68** Caird [5] 10″3. **Pentathlon.** **1964** I. Press [54]. **68** Becker [3]. **72** Peters [22]. **76** Siegl-Thon [2], Laser [2], Pollack [2]. **80** Tkachenko [54], Rukavishnikova [54], Kuragina [54]. **3 000 m.** **1984** Puica [44] 8′35″96, Sly [22] 8′39″47, Williams [10] 8′42″14. **88** Sumolenko [54] 8′26″53, Ivan [44] 8′27″15, Murray [82] 8′29″2. **92** Romanova [95] 8′46″4, Dorovskikh [53] 8′46″85, Chalmers [10] 8′47″22. **10 km marche.** **1992** Chen [61] 44′32″, Nikolayeva [95] 44′33″, Li [61] 44′41″. **96** Nikolayeva [95] 41′49″, Perrone [28] 42′12″, Yan Wang [61] 42′19″.

■ **Aviron. Messieurs. Skiff.** **1900** *Barrelet* [21] *7′35″6*. **04** Greer [55] 10′8″4. **08** Blackstaffe [22] 9′26″. **12** Kinnear [22] 7′47″6. **20** Kelly [55] 7′35″. **24** Beresford [22] 7′49″2. **28** Pearce [5] 7′11″. **32** Pearce [5] 7′44″4. **36** Schafer [2a] 8′21″5. **48** Wood [5] 7′24″4. **52** Tyukalov [54] 8′12″8. **56** Ivanov [54] 8′2″5. **60** Ivanov [54] 7′13″96. **64** Ivanov [54] 8′22″51. **68** Wienese [40] 7′47″80. **72** Malishev [54] 7′10″12. **76** Karppinen [20] 7′29″3, Kolbe [3] 7′31″67, Dreifke [2] 7′38″3. **80** Karppinen [20] 7′9″61, Yakusha [54] 7′11″66, Kersten [2] 7′14″88. **84** Karppinen [20] 7′0″24, Kolbe [3] 7′2″10, Mills [10] 7′10″38. **88** Lange [2] 6′49″86, Kolbe [3] 6′54″77, Verdonk [37] 6′58″66. **92** Lange [2a] 6′51″40, Chalupa [48] 6′52″93, Broniewski [42] 6′56″82. **96** Mueller [46] 6′44″85, Porter [10] 6′47″45, Lange [2a] 6′47″72. **2000** Waddell [37] 6′48″90, Mueller [46] 6′50″55, Hacker [2a] 6′50″83.

Deux de couple (double-scull). **1904** USA 10′3″2. **20** USA 7′9″. **24** USA 6′34″. **28** USA 6′41″04. **32** USA 7′17″40. **36** G.-B. 7′20″80. **48** G.-B. 6′51″30. **52** Arg. 7′32″20. **56** URSS 7′24″. **60** Tchéc. 6′47″50. **64** URSS 7′10″66. **68** URSS 6′51″82. **72** URSS 7′1″77. **76** F. Hansen-A. Hansen [36] 7′13″20, Baillieu-Hart [22] 7′15″26, Schmied-Bertow [2] 7′17″45. **80** Dreifke-Kroeppelien [2] 6′24″33, Stanulov-Pancic [57] 6′26″34, Vochoska-Pecka [48] 6′29″7. **84** Enquist-Lewis [55] 6′36″87, Crois-Deloof [7] 6′38″19, Stanulov-Pancic [57] 6′39″59. **88** Florijn-Rienks [40] 6′21″13, Schwerzmann-Bodenmann [46] 6′22″59, Martchenko-Iakoucha [54] 6′22″87. **92** Hawkins-Antonie [5] 6′17″32, Jonke-Zerbst [6] 6′18″42, Zwolle-Rienks [40] 6′22″82. **96** Tizzano-Abbagnale [28] 6′16″98, Undset-Stœrseth [36] 6′18″42, *Kowal-Barathay* [21] *6′19″85*. **2000** Cop-Spik [88] 6′16″63, Bekken-Tufte [36] 6′17″98, Calabrese-Sartori [28] 6′20″49.

Deux sans barreur. **1904** USA 10′57″. **08** G.-B. 9′41″. **24** Holl. 8′19″4. **28** All. 7′6″4. **32** G.-B. 8′. **36** All. 8′16″1. **48** G.-B. 7′21″1. **52** USA 8′20″7. **56** USA 7′55″4. **60** URSS 7′2″1. **64** Can. 7′32″94. **68** All. dém. 7′26″56. **72** All. dém. 6′53″16. **76** J. et B. Landvoigt [2] 7′23″31, Coffey-Staines [55] 7′26″73, Van Roye-Strauss [3] 7′30″3. **80** J. et B. Landvoigt [2] 6′48″1, Pimenov frères [54] 6′50″50, Carmichael-Wiggin [22] 6′51″47. **84** Toma-Iosub [44] 6′45″39, Lasurtegui-Climent [17] 6′48″47, Woestmann-Moellenkamp [36] 6′51″81. **88** Holmes-Redgrave [22] 6′36″84, Neagu-Dobre [44] 6′38″6, Presern-Mujkic [57] 6′41″1. **92** Redgrave-Pinsent [22] 6′27″72, Hoeltzenbein-von Ettingshausen [2a] 6′32″68, Cop-Zbegelj [88] 6′33″43. **96** Redgrave-Pinsent [22] 6′20″9, Weightman-Scott [5] 6′21″2, *Andrieux-Rolland* [21] *6′22″15*. **2000** *Andrieux-Rolland* [21] *6′32″97*, Bea-Murphy [55] 6′33″80, Long-Tomkins [5] 6′34″26.

Quatre de couple. **1976** All. dém. 6′18″65, URSS 6′19″89, Tchéc. 6′21″77. **80** All. dém. 5′49″81, URSS 5′51″47, Bulgarie 5′52″38. **84** All. féd. 5′57″55, Australie 5′57″98, Can. 5′59″7. **88** It. 5′53″37, Norv. 5′55″8, All. dém. 5′56″13. **92** All. 5′45″17, Norv. 5′47″9, It. 5′47″33. **96** All. 5′56″93, USA 5′59″10, Australie 6′1″65. **2000** It. 5′45″56, P.-Bas 5′47″91, All. 5′48″64.

Quatre sans barreur. **1904** USA 9′5″8. **08** G.-B. 8′34″. **24** G.-B. 7′8″6. **28** G.-B. 6′36″. **32** G.-B. 6′58″2. **36** All. 7′1″8. **48** It. 6′39″. **52** Youg. 7′16″. **56** Can. 7′8″8. **60** USA 6′26″26. **64** Dan. 6′59″30. **68** All. dém. 6′39″18. **72** All. dém. 6′24″27. **76** All. dém. 6′37″42, Norv. 6′41″22, URSS 6′42″52. **80** All. dém. 6′8″17, URSS 6′11″81, G.-B. 6′16″58. **84** Nlle-Zél. 6′3″48, USA 6′6″10, Dan. 6′7″72. **88** All. dém. 6′3″11, USA 6′5″53, All. féd. 6′6″22. **92** Australie 5′55″4, USA 5′56″68, Slovénie 5′58″24. **96** Australie 6′6″37, *France 6′7″3*, G.-B. 6′7″28. **2000** G.-B. 5′56″24, It. 5′56″62, Australie 5′57″61.

Huit. **1900** USA 6′9″8. **04** USA 7′50″. **08** G.-B. 7′52″. **12** G.-B. 6′15″. **20** USA 6′2″6. **24** USA 6′33″4. **28** USA 6′3″2. **32** USA 6′37″6. **36** USA 6′25″4. **48** USA 5′56″7. **52** USA 6′25″9. **56** USA 6′35″2. **60** All. 5′57″18. **64** USA 6′18″23. **68** All. féd. 6′7″. **72** Nlle-Zél. 6′8″94. **76** All. dém. 5′58″29, G.-B. 6′0″82, Nlle-Zél. 6′3″51. **80** All. dém. 5′49″5, G.-B. 5′51″92, URSS 5′52″66. **84** Can. 5′41″32, USA 5′41″74, Australie 5′43″40. **88** All. féd. 5′46″5, URSS 5′48″1, USA 5′48″26. **92** Can. 5′29″53, Roumanie 5′29″67, All. 5′31″. **96** P.-Bas 5′42″74, All. 5′44″58, Russie 5′45″77. **2000** G.-B. 5′33″08, Australie 5′33″88, Croatie 5′34″85.

Poids légers. Deux de couple. **1996** M. et M. Gier [46] 6′23″47, Vander Linden-Aardewijn [40] 6′26″48, Edwards-Hick [5] 6′26″69. **2000** Kucharski-Sycz [42] 6′21″75, Luini-Pettinari [28] 6′23″47, *Chapelle-Touron* [21] 6′24″85.

Poids légers. Quatre sans barreur. **1996** Dan. 6′9″58, Can. 6′10″13, USA 6′12″29. **2000** *France 6′01″68*, Australie 6′02″09, Dan. 6′03″51.

☞ **Épreuves supprimées : quatre de pointe barré.** **1912** Dan. 7′47″. **Deux avec barreur.** **1900** P.-Bas 7′34″2. **20** It. 7′56″. **24** Suisse 8′39″. **28** Suisse 7′42″6. **32** USA 8′25″8. **36** All. 8′36″9. **48** Dan. 8′0″5. **52** *France 8′28″6*. **56** USA 8′26″1. **60** All. 7′29″14. **64** USA 8′21″23. **68** It. 8′4″81. **72** All. dém. 7′17″25. **76** Jaehrling-Ulrich [2] 7′58″99, Bekhterev-Shurkalov [54] 8′1″82, O. et P. Svojanosky [48] 8′3″28. **80** Jaehrling-Ulrich [2] 7′2″54, Pereverzev-Kryuchkin [54] 7′3″35, Celent-Mrduljas [57] 7′4″92. **84** C. et G. Abbagnale [28] 7′5″99, Tomoiaga-Popescu [44] 7′11″21, Espeseth-Still [55] 7′12″81. **88** C. et G. Abbagnale-Di Capua [28] 6′58″79, Streit-Kirchhoff-Rensch [2] 7′0″63, Holmes-Redgrave-Sweeney [22] 7′1″95. **92** J. Searle-G. Searle-Herbert [22] 6′49″83, C. et G. Abbagnale-Di Capua [28] 6′50″98, Popescu-Taga-Raducanu [44] 6′51″58. **Quatre avec barreur.** **1900** All. 5′59″. **12** All. 6′59″4. **20** Suisse 6′54″. **24** Suisse 7′18″4. **28** It. 6′47″8. **32** All. 7′19″. **36** All. 7′16″2. **48** USA 6′50″3. **52** Tchéc. 7′33″4. **56** It. 7′19″4. **60** All. 6′39″12. **64** All. 7′0″44. **68** Nlle-Zél. 6′45″62. **72** All. féd. 6′31″85. **76** URSS 6′40″22, All. dém. 6′42″70, All. féd. 6′46″96. **80** All. dém. 6′14″51, URSS 6′19″5, Pol. 6′22″52. **84** G.-B. 6′18″64, USA 6′20″28, Nlle-Zél. 6′23″68. **88** All. dém. 6′10″74, Roumanie 6′13″58, Nlle-Zél. 6′15″78. **92** Roumanie 5′59″37, All. 6′0″34, Pologne 6′3″27.

Aviron. Dames. Skiff. **1976** Scheiblich [2] 4′5″56, Lind [55] 4′6″21, Antonova [54] 4′10″24. **80** Toma [44] 3′40″69, Makhina [54] 3′41″65, Schroeter [2] 3′43″54. **84** Racila [44] 3′40″68, Geer [55] 3′43″89, Haesebrouck [7] 3′45″72. **88** Behrendt [2] 7′47″19, Marden [55] 7′50″28, Gueorguieva [9] 7′53″65. **92** Lipa [44] 7′25″54, Bredael [7] 7′26″64, Laumann [10] 7′28″85. **96** Khodotovitch [97] 7′32″21, Laumann [10] 7′35″15, Hansen [14] 7′37″20. **2000** Karsten [97] 7′28″14, Neykova [9] 7′28″15, Rutschow-Stomporowski [2a] 7′28″99.

Deux de couple (double-scull). **1976** Otsetova-Yordanova [9] 3′44″36, Jahn-Boesler [2] 3′47″86, Kaminskaite-Ramoshkene [54] 3′49″93. **80** Popova-Khloptseva [54] 3′16″27, Westphal-Linse [2] 3′17″63, Homeghi-Rosca Racila [44] 3′18″91. **84** Oleniuc-Popescu [44] 3′26″75, N. et G. Hellemans [40] 3′29″13, S. et D. Laumann [10] 3′29″82. **88** Peter-Schroeter [2] 7′0″48, Lipa-Cogeanu [44] 7′4″36, Ninova-Madina [9] 7′6″3. **92** Koeppen-Boron [2a] 6′49″, Cochelea-Lipa [44] 6′51″47, Gu-Lu [61] 6′55″16. **96** McBean-Heddle [10] 6′56″84, Cao-Zhang [61] 6′58″35, Eijs-Van Nes [40] 6′58″72. **2000** Boron-Thieme [2a] 6′55″44, van Dishoeck-van Nes [40] 7′0″36, Poplavskaja-Sakickiene [87] 7′01″71.

Deux sans barreuse. **1976** Kelbecheva-Grouicheva [9] 4′1″22, Noack-Dahne [2] 4′1″64, Eckbauer-Einoder 4′2″35. **80** Klier-Steindorf [2] 3′30″49, Koscianska-Dluzewska [42] 3′30″95, Kubatova-Barbulova [9] 3′32″39. **84** Arba-Horvat [44] 3′32″60, Craig-Smith [10] 3′36″6, Becker-Volkner [3] 3′40″50. **88** Arba-Homeghi [44] 7′28″13, Stoyanov-Berberova [9] 7′31″95, Payne-Hannen [37] 7′35″68. **92** McBean-Heddle [10] 7′6″22, Werremeier-Schwerzmann [2a] 7′7″96, Seaton-Pierson [55] 7′8″11. **96** Still-Slatter [5] 7′1″39, Schwen-Kraft [55] 7′1″78, *Gossé-Cortin* [21] *7′3″82*. **2000** Damian-Ignat [44] 7′11″, Slatter-Taylor [5] 7′12″56, Kraft-Ryan [55] 7′13″.

Quatre de couple. **1976** All. dém. 3′29″99, URSS 3′32″49, Roumanie 3′32″76. **80** All. dém. 3′15″32, URSS 3′15″73, Bulgarie 3′16″10. **84** Roumanie 3′14″11, USA 3′15″57, Dan. 3′16″2. **88** All. dém. 6′21″6, URSS 6′23″47, Roumanie 6′23″81. **92** All. 6′20″18, Roumanie 6′24″34, CEI 6′25″7. **96** All. 6′27″44, Ukraine 6′30″36, Can. 6′30″38. **2000** All. 6′19″58, G.-B. 6′21″64, Russie 6′21″65.

Huit. **1976** All. dém. 3′33″32, URSS 3′36″17, USA 3′38″68. **80** All. dém. 3′3″32, URSS 3′4″29, Roumanie 3′5″63. **84** USA 2′59″80, Roumanie 3′0″87, P.-Bas 3′2″92. **88** All. dém. 6′15″17, Roumanie 6′17″44, Chine 6′21″83. **92** Can. 6′2″62, Roumanie 6′6″26, All. 6′7″80. **96** Roumanie 6′19″73, Can. 6′24″5, Biélorussie 6′24″44. **2000** Roumanie 6′06″44, P.-Bas 6′09″39, Canada 6′11″58.

Poids légers. Deux de couple. **1996** Burcica-Macoviciuc [44] 7′12″78, Bell-Burns [55] 7′14″65, Joyce-Lee [5] 7′16″56. **2000** Roumanie 7′02″64, All. 7′02″95, USA 7′06″37.

☞ **Épreuves supprimées : quatre barré.** **1976** All. dém. 3′45″8, Bulgarie 3′48″24, URSS 3′49″38. **80** All. dém. 3′19″27, Bulgarie 3′20″75, URSS 3′20″92. **84** Roumanie 3′19″30, Can. 3′21″55, Australie 3′23″29. **88** All. dém. 6′56″0, Chine 6′58″78, Roumanie 7′1″13. **Non barré.** **1992** Can. 6′30″85, USA 6′31″86, All. 6′32″34.

■ **Badminton. Messieurs. Simple.** **1992** Budi-Kusuma [91], Wiranata [91], Stuer-Lauridsen [14] et Susanto [91]. **96** Hoyer-Larsen [14], Jiong Dong [61], Sidek [83]. **2000** Ji [64], Hendrawan [91], Xia [61]. **Double.** **1992** Kim-Park [12], Hartono-Gunawan [91], R. et J. Sidek [83] et Li-Tian [61]. **96** Mainaky-Subagja [91], Cheah-Yap [83], Antonius-Kantono [91]. **2000** Gunawan-Wijaya [91], Lee-Yoo [12], Ha-Kim [12].

Dames. Simple. **1992** Susanti [91], Bang [12], Huang [61] et Tang [61]. **96** Bang [12], Audina [91], Susanti [91]. **2000** Gong [61], Martin [14], Ye [61]. **Double.** **1992** Hwang-Chung [12], Guan-Nong [61], Gil-Shim [12] et Lin-Yao [61]. **96** Ge-Gu [61], Gil-Jang [12], Qin-Tang [61]. **2000** Ge-Gu [61], Huang-Yang [61], Gao-Qin [61].

Double mixte. **1996** Kim-Gil [12], Park-Ra [12], Liu-Sun [61]. **2000** Gao-Zhang [61], Kushargyanto-Timur [91], Archer-Goode [22].

■ **Base-ball.** **1992** Cuba, Taïpeh, Japon. **96** Cuba, Japon, USA. **2000** USA, Cuba, Corée du S.

■ **Basket-ball. Messieurs.** **1936-68** USA. **72** URSS. **76** USA, Youg., URSS. **80** Youg., It., URSS. **84** USA, Esp., Youg. **88** URSS, Youg., USA. **92** USA, Croatie, Lituanie. **96** USA, Youg., Lituanie. **2000** USA, *France*, Lituanie.

Dames. **1976** URSS, USA, Bulgarie. **80** URSS, Bulgarie, Youg. **84** USA, Corée du S., Chine. **88** USA, Youg., URSS. **92** CEI, Chine, USA. **96** USA, Brésil, Australie. **2000** USA, Australie, Brésil.

■ **Boxe. Messieurs uniquement. Mi-mouche (moins de 48 kg).** **1968** Rodríguez [56]. **72** Gedo [24]. **76** Hernández [13], Uk Li [11], Pooltarat [49] et Maldonado [69]. **80** Sabirov [54], Ramos [13], Hjuseinov [9] et Byong Uk [11]. **84** Gonzáles [55], Todisco [28], Mwila [67]. **88** Hristov [9], Carbajal [55], Serantes [75]. **92** García [13], Bojilov [9], Velasco [75] et Quast [2a]. **96** Bojilov [9], Velasco [75], Kiryukhine [53] et Lozano [17]. **2000** *Asloum* [21], Lozano Munos [17], Romero Esquirol [34] et Kim [11].

Mouche. **1904** Finnegan [55]. **20** Genara [55]. **24** La Barba [55]. **28** Kocsis [24]. **32** Enekes [24]. **36** Kaiser [2a]. **48** Pérez [4]. **52** Brooks [55]. **56** Spinks [22]. **60** Torok [24]. **64** Atzori [28]. **68** Delgado [34]. **72** Kostadinov [9]. **76** Randolph [55], Duvalon [13], Torosyan [54] et Blazynski [42]. **80** Lessov [9], Mirochnichenko [54], Varadi [24] et Russel [27]. **84** McCrory [55], Redzepovski [57], Can [52]. **88** Kim [12], Tews [2], González [34]. **92** Chol Su Choi [11], Sánchez [13], Kovacs [24] et Austin [55]. **96** Romeiro [13], Dzumadilov [96], Pakeev [95] et Lunka [2a]. **2000** Ponlid [49], Jumadilov [96], *Thomas* [21] et Sidorenko [53].

Coq. **1904** Kirk [55]. **08** Thomas [22]. **20** Walker [1]. **24** Smith [1]. **28** Tamagnini [28]. **32** Gwynne [10]. **36** Sergo [22]. **48** Csik [24]. **52** Hamalainen [20]. **56** Behrendt [2]. **60** Grigoryev [54]. **64** Sakurai [30]. **68** Sokolov [54]. **72** Martinez [13]. **76** Jo Gu [11] et Mooney [55], Cowdel [22] et Rybakov [54]. **80** Hernández [13], Pinango [56], Antony [58] et Cipere [44]. **84** Stecca [28], López [34], Walters [10]. **88** McKinney [55], Hristov [9], Julio Rocha [63]. **92** Johnson [13], McCullough [16], Achik [65] et Sik Li [11]. **96** Kovacs [24], Mesa [13], Malakbekov [95] et Khadpo [49]. **2000** Rigondeaux Ortiz [13], Malakbekov [95], Daniltchenko [53] et Vinson [55].

Plume. **1904** Kirk [55]. **08** Gunn [22]. **20** *Fritsch* [21]. **24** Fields [55]. **28** Van Klaveren [40]. **32** Robledo [4]. **56** Casanovas [4]. **48** Formenti [28]. **52** Zachara [48]. **56** Safronov [54]. **60** Musso [28]. **64** Stepaschkin [54]. **68** Roldan [34]. **72** Kousnetsov [54]. **76** Herrera [13], Nowakowski [2], Kosedowski [42] et Paredes [34]. **80** Fink [2], Horta [13], Ribakov [54] et Kosedovski [42]. **84** Taylor [55], Konyegwachie [68], Peraza [56]. **88** Parisi [28], Dumitrescu [44], Lee [12]. **92** Tews [2a], Reyes López [17], Soltani [71] et Paliani [108]. **96** Kamsing [49], Todorov [9], Chacon [4] et Mayweather [55]. **2000** Sattarkhanov [96] († 1-1-2001), Juarez [55], Tamsamani [65] et Dzamalutdinov [95].

Légers. **1904** Spanger [55]. **08** Grace [22]. **20** Mosberg [55]. **24** Nielsen [14]. **28** Orlandi [28]. **32** Stevens [1]. **36** Harangi [24]. **48** Dreyer [1]. **52** Bolognesi [28]. **56** McTaggart [22]. **60** Pazdzior [42]. **64** Grudzien [42]. **68** Harris [55]. **72** Szczepanski [42]. **76** H. Davis [55], S. Cutov [44], Solomin [54] et Rusevski [57]. **80** Herrera [13], Demanienko [54], Nowakowski [2] et Adach [42]. **84** Whitaker [55], Ortiz [69], Ebanga [70]. **88** Zuelow [2], Cramne [45], Enkhbat [35]. **92** De La Hoya [55], Rudolph [2a], Sung Sik Hong [12] et Bayarsaikhan [35]. **96** Soltani [71], Tontchev [9], Cauthen [55] et Doroftei [44]. **2000** Kindelan [13], Kotelnyk [53], Bejarano Benitez [34] et Maletine [95].

Super-légers. **1952** Adkins [55]. **56** Engibarian [54]. **60** Nemecek [48]. **64, 68** Kulej [42]. **72** Seales [55]. **76** Léonard [55], Aldama [13], Kolev [9] et Szczerba [42]. **80** Oliva [28], Konakbaev [54], Aguilar [13] et Willis [22]. **84** Page [55], Umponmaha [49], Puzovic [57]. **88** Janovski [54], Cheney [5], Gies [3]. **92** Vinent [13], Leduc [10], Goeran Kjall [20], Doroftei [44]. **96** Vinent [13], Urkal [2a], Niyazymbetov [96] et Missaoui [51]. **2000** Abdullaev [98], Williams [55], Allalou [71] et Luna Martinez [13].

Welters (mi-moyens). **1904** Young [55]. **20** Schneider [10]. **24** Delarge [7]. **28** Morgan [37]. **32** Flynn [55]. **36** Suvio [20]. **48** Torma [48]. **52** Chychia [42]. **56** Linca [44]. **60** Benvenuti [28]. **64** Kasprzyk [42]. **68** Wolke [2]. **72** Correa [13]. **76** Bachfeld [2], Gammaro [56], Stricek [3] et Zilbermann [44]. **80** Aldama [13], Mugabi [38], Kruger [2] et Szczerda [42]. **84** Breland [55], An [12], Nyman [20]. **88** Wangila [31], *Boudouani* [21], Gould [55]. **92** Carruth [16], Hernández-Sierra [13], Santiago [69] et Chenglai [49]. **96** Saitov [95], Hernández [13], Simion [44] et Santos [69]. **2000** Saitov [95], Dotsenko [53], Grusac [106] et D. Simion [44].

Super-welters (super mi-moyens). **1952, 56** Papp [24]. **60** McLure [55]. **64, 68** Lagutin [54]. **72** Kottysch [3]. **76** Rybicki [42], Kacar [57], Garbey [13] et Savchenko [54]. **80** Martínez [13], Kochkin [2], Kastner [48] et Franek [48]. **84** Tate [55], O'Sullivan [10], Zielonka [3]. **88** Park [12], Jones [55], Woodhall [22]. **92** Lemus García [13], Delibas [40], Reid [22] et Mizsei [24]. **96** Reid [55], Duvergel [13], Tulaganov [98] et Ibzaimov [96]. **2000** Ibraimov [96], M. Simion [44], Thongburan [49] et Taylor [55].

Moyens. **1904** Mayer [55]. **08** Douglas [22]. **20, 24** Mallin [22]. **28** Toscani [28]. **32** Barth [55]. **36** *Despeaux* [21]. **48** Papp [24]. **52** Patterson [55]. **56** Chatkov [54]. **60** Crook [55]. **64** Popenchenko [54]. **68** Finnegan [22]. **72** Lemechev [54]. **76** M. Spinks [55], Riskiev [54], Nastac [44] et Martinez [13]. **80** Gómez [13], Savchenko [54], Silaghi [44] et Rybicki [28]. **84** Shin [12], Hill [55], Zaoui [71]. **88** Maske [2], Marcus [10], Sande [31]. **92** Hernández-Ascuy [13], Byrd [55], Johnson [10] et Lee [12]. **96** Hernández-Ascuy [13], Beyleroglu [52], Bahari [71] et Wells [55]. **2000** Gutierrez [13], Gaidarbekov [95], Alekperov [107] et Erdei [24].

Mi-lourds. **1920** Eagan [55]. **24** Mitchell [22]. **28** Avendano [4]. **32** Carstens [1]. **36** *Michelot* [21]. **48** Hunter [1]. **52** Lee [55]. **56** Boyd [55]. **60** Clay [55]. **64** Pinto [28]. **68** Pozniak [54]. **72** Parlov [57]. **76** Spinks [55], Soria [13], Gortat [42] et Dafinoiu [44]. **80** Kacar [57], Skrzecz [42], Bauch [2] et Rojas [13]. **84** Josipovic [57], Barry [37], Moussa [71]. **88** Maynard [55], Chanavazov [54], Skaro [57]. **92** May [2a], Zaoulitchnyi [53], Beres [24] et Bartnik [42]. **96** Jirov [96], Lee [12], Tarver [55] et Ulrich [2a]. **2000** Lebziak [95], Kraj [101], Fedtchouk [53] et Mikhailov [98].

Lourds. **1984** Biggs [55], Damiani [28], Wells [22]. **88** Mercer [55], Baik [12], Van Der Lijde [40]. **92** Savon-Fabre [13], Izonritei [68], Van Der Lijde [40] et Tua [37]. **96** Savon [13], Defiagbon [10], Jones [55] et Krasniqi [2a]. **2000** Savon [13], Ibzagimov [95], Tchantouria [108] et Kober [2a].

Super-lourds. **1904** Berger [55]. **08** Oldman [22]. **20** Rawson [22]. **24** Von Porat [36]. **28** Jurado [4]. **32** Lovell [4]. **36** Runge [2a]. **48** Iglesias [4]. **52** Sanders [55]. **56** Rademacher [55]. **60** De Piccoli [28]. **64** Frazier [55]. **68** Foreman [55]. **72** Stevenson [13]. **76** Stevenson [13], Simon [44], Tate [55] et Hill [59]. **80** Stevenson [13], Zaev [54], Leval [24] et Fanghanel [2]. **84** Tillman [55], Dewit [10], Van Derlijde [40]. **88** Lewis [10], Bowe [55], Mirochnitchenko [54]. **92** Mendez [13], Igbineghu [68], Roussinov [9] et Nielsen [14]. **96** Klichko [53], Wolfgram [104], Lezine [95] et Dokiwari [68]. **2000** Harrison [22], Dildabekov [96], Vidoz [28] et Saidov [98].

■ **Canoë-kayak. Messieurs. Course en ligne. Canoë monoplace. 500 m.** **1976** Rogov [54] 1′59″23, Wood [10] 1′59″58, Ljubek [57] 1′59″60. **80** Postrekhine [54] 1′53″37, Lubenov [9] 1′53″49, Heukrodt [2] 1′54″38. **84** Cain [10] 1′57″1, Jakobsen [14] 1′58″45, Olaru [44] 1′59″86. **88** Henkrodt [2] 1′56″42, Slivinskii [99] 1′57″26, Marinov [9] 1′57″27. **92** Boukhalov [9] 1′51″15, Slivinski [53] 1′51″40, Heukrodt [2a] 1′53″. **96** Doktor [101] 1′49″934, Knazovicky [105] 1′50″510, Pulai [24] 1′50″758. **2000** Kolonics [24] 2′24″813, Opalev [95] 2′25″809, Dittmer [2a] 2′27″591.

Canoë biplace. 500 m. 1976 Petrenko-Vinogradov [54] 1'45"81, Gronowicz-Opara [42] 1'47"77, Buday-Frey [24] 1'48"35. 80 Foltan-Vaskutti [24] 1'43"39, Patzaichin-Capusta [44] 1'44"12, Ananiev-Likov [9] 1'44"83. 84 Ljubek-Nisovic [57] 1'43"67, Potzaichin-Simionov [44] 1'45"68, Miguez-Suarez [17] 1'47"71. 88 Reneskiy-Jouravschi [54] 1'41"77, Dopierala-Lbik [42] 1'43"61, *Renaud-Bettin* [21] *1'43"81.* 92 Masseikov-Dovgalenok [99] 1'41"54, Papke-Spelly [2a] 1'41"68, Marinov-Stoyanov [9] 1'41"84. 96 Horvath-Kolonics [24] 1'40"420, Juravschi-Reneyskiy [106] 1'40"456, Andriev-Obreja [44] 1'41"336. 2000 Novak-Pulai [24] 1'51"284, Barazskiewicz-Jedraszko [42] 1'51"536, Popescu-Pricop [44] 1'54"260.

Canoë monoplace. 1 000 m. 1936 Amyot [10] 5'32"1. 48 Holecek [48] 5'42". 52 Holecek [48] 4'56"3. 56 Rottman [44] 5'5"3. 60 Parti [24] 4'33"93. 64 Eschert [2] 4'35"14. 68 Tatai [24] 4'36"14. 72 Patzaichin [44] 4'8"94. 76 Ljubek [57] 4'9"51, Urchenko [54] 4'12"57, Wichmann [24] 4'14"11. 80 Lubenov [9] 4'12"38, Postrekhin [54] 4'13"53, Leue [2] 4'15"2. 84 Eicke [3] 4'6"32, Cain [10] 4'8"67, Jakobsen [14] 4'9"51. 88 Klementiev [54] 4'12"78, Schmidt [2] 4'15"83, Boukhalkov [9] 4'18"94. 92 Boukhalov [9] 4'5"92, Klementiev [92] 4'6"60, Zala [24] 4'7"35. 96 Doktor [101] 3'54"418, Klementiev [92] 3'54"954, Zala [24] 3'56"366. 2000 Dittmer [2a] 3'54"379, Balceiro [13] 3'56"071, Giles [10] 3'56"437.

Canoë biplace. 1 000 m. 1936 Tchéc. 4'50"1. 48 Tchéc. 5'7"1. 52 Dan. 4'38"3. 56 Roumanie 4'47"4. 60 URSS 4'17"94. 64 URSS 4'4"64. 68 Patzaichine-Covaliov [44] 4'7"18. 72 Chessuynas-Lobanov [54] 3'52"60. 76 Petrenko-Vinogradov [54] 3'52"76, Danielov-Simionov [44] 3'54"28, Budai-Frey [24] 3'55"66. 80 Patzaichine-Simionov [44] 3'47"65, Heukrodt-Madeja [2] 3'49"93, Yurchenko-Lobanov [54] 3'51"28. 84 Patzaichine-Simionov [44] 3'40"60, Ljubek-Nisovic [57] 3'41"56, *Hoyer-Renaud* [21] *3'48"1.* 88 Reneskiy-Juravschi [54] 3'48"36, Heukrodt-Spelly [2] 3'51"44, Dopierala-Lbik [42] 3'54"33. 92 Papke-Spelly [2a] 3'37"42, Nielsson-Frederiksen [14] 3'39"26, *Hoyer-Boivin* [21] *3'39"51.* 96 Dittmer-Kirchbach [2a] 3'31"870, Glavan-Borsan [44] 3'32"294, Horvath-Kolonics [24] 3'32"514. 2000 Popescu-Pricop [44] 3'37"355, Pereira-Rojas [13] 3'38"753, Kober-Utess [2a] 3'41"129.

Kayak monoplace. 500 m. 1976 Diba [44] 1'46"41, Sztanity [24] 1'46"95, Helm [2] 1'48"30. 80 Parfenovich [55] 1'43"43, Sumegi [5] 1'44"12, Diba [44] 1'44"90. 84 Ferguson [37] 1'47"34, Moberg [45] 1'48"13, *Bregeon* [21] *1'48"41.* 88 Gyulay [24] 1'44"82, Stähle [2] 1'46"38, MacDonald [37] 1'46"46. 92 Kolehmainen [20] 1'40"34, Gyulay [24] 1'40"64, Holmann [36] 1'40"71. 96 Rossi [28] 1'37"423, Holmann [36] 1'38"339, Markiewicz [42] 1'38"615. 2000 Holmann [36] 1'57"847, Merkov [9] 1'58"393, Kolganov [89] 1'59"563.

Kayak biplace. 500 m. 1976 Mattern-Olbricht [2] 1'35"87, Nagorny-Romanovsky [54] 1'36"81, Serghei-Malihin [44] 1'37"43. 80 Parfenovich-Chukhrai [54] 1'32"38, Menéndez-del Riego [17] 1'33"65, Helm-Olbricht [2] 1'34". 84 Ferguson-MacDonald [37] 1'34"21, Bengtsson-Moberg [45] 1'35"26, Fisher-Morris [10] 1'35"41. 88 Ferguson-MacDonald [37] 1'33"98, Nagaev-Denissov [54] 1'34"15, Abraham-Csipes [24] 1'34"32. 92 Bluhm-Gutsche [2a] 1'28"27, Freimut-Kurpiewski [42] 1'29"84, Rossi-Dreossi [28] 1'30". 96 Bluhm-Gutsche [2a] 1'28"697, Bonomi-Scarpa [28] 1'28"729, Collins-Trim [5] 1'29"409. 2000 Kammerer-Storcz [24] 1'47"055, Collins-Trim [5] 1'47"895, Rauhe-Wieskoetter [2a] 1'48"771.

Kayak monoplace. 1 000 m. 1936 Hradetzky [6] 4'22"9. 48 Fredriksson [45] 4'33"2. 52 Fredriksson [45] 4'7"9. 56 Fredriksson [45] 4'12"8. 60 Hansen [14] 3'53". 64 Pettersson [45] 3'57"13. 68 Hesz [24] 4'2"63. 72 Shaparenko [54] 3'48"6. 76 Helm [2] 3'48"20, Csapo [24] 3'48"84, Diba [44] 3'49"65. 80 Helm [2] 3'48"77, *Lebas* [21] *3'50"20,* Birladeanu [44] 3'50"49. 84 Thompson [37] 3'45"73, Janic [57] 3'46"88, Barton [55] 3'47"38. 88 Barton [55] 3'55"27, Davies [5] 3'55"28, Wohllebe [2] 3'5"55. 92 Robinson [5] 3'37"26, Holmann [36] 3'37"50, Barton [55] 3'37"93. 96 Holmann [36] 3'25"785, Bonomi [28] 3'27"073. Robinson [5] 3'29"713. 2000 Holmann [36] 3'33"269, Merkov [9] 3'34"649, Brabants [22] 3'35"057.

Kayak biplace. 1 000 m. 1936 Autr. 4'3"8. 48 Suède 4'7"3. 52 Finl. 3'51"1. 56 All. féd. 3'49"6. 60 Suède 3'34"73. 64 Suède 3'38"54. 68 URSS 3'37"54. 72 URSS 3'31"23. 76 Nagorny-Romanovski [54] 3'29"1, Mattern-Olbricht [2] 3'29"33, Bako-Szabo [24] 3'30"36. 80 Parfenovich-Chukhrai [54] 3'26"72, Szabo-Joos [24] 3'28"49, Misione-Menéndez [17] 3'28"66. 84 Fisher-Morris [10] 3'24"22, *Bregeon-Lefoulon* [21] *3'25"97,* Kelly-Kenny [5] 3'26"80. 88 Barton-Bellingham [55] 3'32"42, Ferguson-MacDonald [37] 3'32"73, Foster-Graham [5] 3'33"76. 92 Bluhm-Gutsche [2a] 3'16"10, Olsson-Sundquist [45] 3'17"70, Kotowicz-Bialkowski [42] 3'18"86. 96 Rossi-Scarpa [28] 3'9"190, Bluhm-Gutsche [2a] 3'10"518, Dushev-Kazanov [9] 3'11"206. 2000 Bonomi-Rossi [28] 3'14"461, Nilson-Oscarsson [45] 3'16"075, Bartfai-Vereb [24] 3'16"357.

Kayak à quatre. 1 000 m. 1964 URSS 3'14"67. 68 Norv. 3'14"38. 72 URSS 3'14"2. 76 URSS 3'8"69, Esp. 3'8"95, All. dém. 3'10"76. 80 All. dém. 3'13"76, Roumanie 3'15"35, Bulgarie 3'15"46. 84 Nlle-Zél. 3'2"28, Suède 3'2"81, *France 3'3"94.* 88 Hongrie 3'0"20, URSS 3'1"4, All. dém. 3'2"37. 92 All. 2'54"18, Hongrie 2'54"82, Australie 2'56"97. 96 All. 2'51"528, Hongrie 2'53"184, Russie 2'53"996. 2000 Hongrie 2'55"188, All. 2'55"704, Pologne 2'57"192.

Slalom. Canoë monoplace. 1992 Pollert [48] 113,69 pts, Marriott [22] 116,48, *Avril* [21] *117,18.* 96 Martikan [105] 151,03, Pollert [101] 151,17, *Estanguet* [21] *152,84.* 2000 *Estanguet* [21] *231,87,* Martikan [105] 233,76, Mincik [105] 234,22. **Canoë biplace.** 1992 Strausbauch-Jacobi [55] 122,41, Simek-Rohan [48] 124,25, *Adisson-Forgues* [21] *124,38.* 96 *Adisson-Forgues* [21] *158,82,* Simek-Rohan [101] 160,16, Ehrenberg-Senft [2a] 163,72. 2000 Hochschorner Pavol-Hochschorner Peter [105] 237,74, Kolomanski-Staniszewski [42] 243,81, Jiras-Mader [101] 249,45. **Kayak monoplace.** 1992 Ferrazzi [28] 106,89, *Curinier* [21] *107,06,* Lettmann [2a] 108,52. 96 Fix [2a] 141,22, Vehovar [88] 141,65, Becker [2a] 142,79. 2000 Schmidt [2a] 217,25, Ratcliffe [22] 223,71, Ferrazzi [28] 225,03.

☞ **Épreuves supprimées : canoë monoplace. 10 000 m :** 1948 Capek [48] 1 h 2'5"2. 52 Havens [55] 57'41"1. 56 Rottman [44] 56'41" ; **biplace. 10 000 m :** 1936 Tchéc. 50'33"5. 48 USA 55'55"4. 52 *France 54'8"3.* 56 URSS 54'2"4. **Kayak monoplace. 10 000 m :** 1936 Krebs [2a] 46'1"6. 48 Fredriksson [45] 50'47"7. 52 Strömberg [20] 47'22"8. 56 Fredriksson [45] 47'43"4 ; **biplace. 10 000 m :** 1936 All. 41'45". 48 Suède 46'9"4. 52 Finl. 44'21"3. 56 Hongrie 43'37". **Kayak monoplace. Relais 4 × 500 m :** 1960 All. 7'39"4. **Slalom. Canoë monoplace :** 1972 Eiben [2] 315,84 pts ; **biplace :** 1972 Hofmann-Amend [2] 310,68 ; **kayak monoplace :** 1972 Horn [2] 268,56 ; **kayak pliant : monoplace 10 000 m :** 1936 Hradetzky [6] 50'1"2 ; **biplace 10 000 m :** 1936 Johansson-Bladström [45] 45'48"9.

Canoë-kayak. DAMES. Kayak monoplace. 500 m. 1948 Hoff [14] 2'31"9. 52 Saimo [20] 2'18"4. 56 Dementjeva [54] 2'18"9. 60 Seredina [54] 2'8"8. 64 Khvedosink [54] 2'12"87. 68 Pinaeva [54] 2'11"9. 72 Ryabchinskaya [54] 2'3"17. 76 Zirzow [2] 2'1"5, Korshunova [54] 2'3"7, Rajnai [24] 2'5"1. 80 Fischer [2] 1'57"96, Guecheva [9] 1'59"48, Melnikova [54] 1'59"66. 84 Andersson [45] 1'58"72, Schuttpelz [3] 1'59"93, Derckx [40] 2'0"11. 88 Guecheva [9] 1'55"19, Schmidt [2] 1'55"31, Dylewska [42] 1'57"38. 92 Schmidt [2a] 1'51"60, Koban [24] 1'51"96, Dylewska [42] 1'52"36. 96 Koban [24] 1'47"655, Brunet [10] 1'47"891, Idem [28] 1'48"731. 2000 Idem Guerrini [28] 2'13"848, Brunet [10] 2'14"646, Borchert [5] 2'15"138.

Kayak biplace. 500 m. 1960 URSS 1'54"76. 64 All. féd. 1'56"95. 68 All. féd. 1'56"44. 72 URSS 1'53"50. 76 Gopova-Kreft [54] 1'51"15, Pfeffer-Rajnai [24] 1'51"69, Koster-Zirzow [2] 1'51"81. 80 Genauss-Bischof [2] 1'43"88, Alexeyeva-Trofimova [54] 1'46"91, Rakusz-Zakarias [2] 1'47"95. 84 Andersson-Olsson [45] 1'45"25, Barre-Holloway [10] 1'47"13, Idem-Schuttpelz [3] 1'47"32. 88 Schmidt-Nothnagel [2] 1'43"46, Guecheva-Paliiska [9] 1'44"6, Derckx-Cox [40] 1'46"0. 92 Portwich-von Seck [2a] 1'40"29, Gunnarsson-Andersson [45] 1'40"41, Koban-Donusz [24] 1'40"81. 96 Andersson-Gunnarsson [45] 1'39"329, Portwich-Fischer [2a] 1'39"689, Borchert-Wood [5] 1'40"641. 2000 Fischer-Wagner [2a] 1'56"996, Kovacs-Szabo [24] 1'58"580, Pastuszka-Sokolowska [42] 1'58"784.

Kayak à quatre. 500 m. 1984 Roumanie 1'38"34, Suède 1'38"87, Can. 1'39"40. 88 All. dém. 1'40"78, Hongrie 1'41"88, Bulgarie 1'42"63. 92 Hongrie 1'38"32, All. 1'38"47, Suède 1'39"79. 96 All. 1'37"077, Suisse 1'32"701, Suède 1'32"917. 2000 All. 1'34"532, Hongrie 1'34"946, Roumanie 1'37"010.

Slalom. Kayak monoplace. 1992 Micheler [2a] 126,41 pts, Woodward [5] 128,27, Chladek [55] 131,75. 96 Hilgertova [101] 169,49, Chladek [55] 169,49, *Fox* [21] *171.* 2000 Hilgertova [101] 247,04, *Guibal* [21] *251,88, Bardet* [21] *254,77.*

☞ **Épreuve supprimée (puis reprise en 1992) : slalom. Kayak monoplace.** 1972 Bahmann [3] 364,50 pts.

■ **Cyclisme. MESSIEURS. Vitesse (3 tours).** 1896 *Masson* [21]. 1900 *Taillandier* [21]. 08 *épreuve annulée.* 20 Peeters [40]. 24 *Michard* [21]. 28 *Beaufrand* [21]. 32 Van Egmond [40]. 36 Merkens [2a]. 48 Ghella [28]. 52 Sacchi [28]. 56 *Rousseau* [21]. 60 Gaiardoni [28]. 64 Pettenella [28]. 68, 72 *Morelon* [21]. 76 Tkac [48], *Morelon* [21], Geschke [2]. 80 Hesslich [2], *Cahard* [21], Kopylov [54]. 84 Gorski [55], Vails [55], Sakamoto [30]. 88 Hesslich [2], Kovche [54], Neiwand [5]. 92 Fiedler [2a], Neiwand [5], Harnett [10]. 96 Fiedler [2a], Nothstein [55], Harnett [10]. 2000 Nothstein [55], *Rousseau* [21], Fiedler [2a].

Vitesse par équipes. 2000 *France 44"233,* G.-B. 44"680, Australie 45"161.

Kilomètre contre-la-montre. Sur piste départ arrêté. 1896 *Masson* [21] *24".* 1928 Hansen [14] 1'14"2. 32 Gray [5] *1'13".* 36 Van Vliet [40] 1'12". 48 *Dupont* [21] *1'13"5.* 52 Mockridge [5] 1'11"1. 56 Faggin [28] 1'9"8. 60 Gaiardoni [28] 1'7"27. 64 Sercu [7] 1'9"59. 68 *Trentin* [21] *1'3"91.* 72 Fredborg [14] 1'6"44. 76 Grunke [2] 1'5"92. 80 Thoms [2] 1'2"955. 84 Schmidtke [3] 1'6"104. 88 Kiritchenko [54] 1'4"499, Vinnicombe [5] 1'4"784, Lechner [3] 1'5"114. 92 Moreno Periñan [17] 1'3"342, Kelly [5] 1'4"288, Hartwell [55] 1'4"753. 96 *Rousseau* [21] *1'2"712,* Hartwell [55] 1'2"940, Jumonji [30] 1'3"261. 2000 Quelly [22] 1'1"609, Nimke [2a] 1'2"487, Kelly [5] 1'2"818. (La vitesse contre la montre a été disputée en 1896 sur 333,33 m ; depuis 1928 sur 1 000 m.)

Poursuite par équipes (4 000 m). 1908 G.-B. 2'18"6. 20 It. 5'20". 24 It. 5'15". 28 It. 5'11"8. 32 It. 4'53". 36 *France 4'45".* 48 *France 4'57"8.* 52 It. 4'46"1. 56 It. 4'37"4. 60 It. 4'30"90. 64 All. 4'35"67. 68 Dan. 4'22"44. 72 All. féd. 4'22"14. 76 All. féd. 4'21"06, URSS 4'27"15, G.-B. 4'22"41. 80 URSS 4'15"70, All. dém. 4'19"67, Tchéc. (It. disqualifiée). 84 Australie 4'25"99, USA 4'29"85, All. féd. 4'25"60. 88 URSS 4'13"31, All. dém. 4'14"09, Australie 4'16"2. 92 All. 4'8"791, Australie 4'10"218, Dan. 4'15"860. 96 *France 4'5"930,* Russie 4'7"930, Australie. 2000 All. 3'59"710, Ukraine 4'4"520, G.-B. 4'1"979. (La poursuite a été disputée en 1900 sur 1 500 m et en 1908 sur 1 810,47 m ; depuis 1920 sur 4 km.)

Poursuite individuelle (4 000 m). 1964 Daler [48] 5'4"75. 68 *Rebillard* [21] *4'41"71.* 72 Knudsen [36] 4'45"74. 76 Braun [3] 4'47"61, Ponsteen [40] 4'49"72, Huschke [2] 4'52"71. 80 Dill-Bundi [46] 4'35"66, *Bondue* [21] *4'42"96,* Orsted [14] 4'36"54. 84 Hegg [55] 4'39"35, Golz [3] 4'43"83, Nitz [55] 4'44"03. 88 Umaras [54] 4'32"0, Woods [5] 4'35"0, Dittert [2] 4'34"17. 92 Boardman [22], Lehmann [2a], Anderson [37]. 96 Collinelli [28], *Ermenault* [21], McGee [5]. 2000 Bartko [2a] 4'18"515, Lehmann [2a] 4'23"824, McGee [5] 4'19"250.

Course aux points. 1984 Ilegems [7], Messerschmidt [3], Youshimatz [34]. 88 Frost [14], Peelen [40], Ganeev [54]. 92 Lombardi [28], Van Bon [40], Mathy [7]. 96 Martinello [28], Walton [10], O'Grady [5]. 2000 Llaneras [17], Wynants [113], Markov [95].

Américaine. 2000 Australie, Belgique, It.

Keirin. 2000 *Rousseau* [21], Neiwand [5], Fiedler [2a].

Course sur route (individuelle). 1896 Konstantinidis [23] 3 h 23'31" (87 km). 1912 Lewis [1] 10 h 42'39" (320 km). 20 Stenquist [45] 4 h 40'1"8 (175 km). 24 *Blanchonnet* [21] *6 h 20'48" (188 km).* 28 Hansen [14] 4 h 47'18" (168 km). 32 Pavesi [28] 2 h 28'5"6 (100 km). 36 *Charpentier* [21] *2 h 33'5" (100 km).* 48 *Beyaert* [21] *5 h 18'12"6 (194,6 km).* 52 Noyelle [7] 5 h 6'3"4 (190,4 km). 56 Baldini [28] 5 h 21'17" (187,7 km). 60 Kapitonov [54] 4 h 20'37" (175,3 km). 64 Zanin [28] 4 h 39'51"63 (194,8 km). 68 Vianelli [28] 4 h 41'25"24 (196,2 km). 72 Kuiper [40] 4 h 14'37" (182,4 km). 76 Johansson [45] 4 h 46'52", Martinelli [28] 4 h 47'23", Nowicki [42] 4 h 47'23" (175 km). 80 Soukoroutchenkov [54] 4 h 48'28", Lang [42] 4 h 51'26", Barinov [54] 4 h 51'26" (189 km). 84 Grewal [55] 4 h 59'57", Bauer [10] 4 h 59'57", Lauritzen [36] 5 h 18". 88 Ludwig [2], Gröne [3], Henn [3]. 92 Casartelli [28] 4 h 35'21", Dekker [40] 4 h 35'22", Ozols [92] 4 h 35'24". 96 Richard [46] 4 h 53'56", Sörensen [14] 4 h 53'56", Sciandri [22] 4 h 53'58". 2000 Ullrich [2a] 5 h 29'08", Vinokourov [96] 5 h 29'17", Kloeden [2a] 5 h 29'20".

Contre-la-montre. 1996 Indurain [17] 1 h 4'5", Olano [17] à 12", Boardman [22] à 31". 2000 Ekimov [95] 57'40", Ullrich [2a] 57'48", Armstrong [55] 58'14".

VTT. Cross-country. 1996 Brentjens [40] 2h17'38", Frischknecht [46] 2 h 20'14", *Martinez* [21] *2 h 20'36".* 2000 *Martinez* [21] *2 h 09'02"50,* Meirhaeghe [7] 2 h 10'05"51, Sauser [46] 2 h 11'21".

☞ **Épreuves supprimées : 1 tour (603,40 m).** 1908 Johnson [22] 51'2". **5 000 m.** 1908 Jones [22] 8'36"2. **10 000 m.** 1896 *Masson* [21] *17'54"2.* 1904 Schlee [55] 13'08"2. **20 000 m.** 1908 Kingsbury [22] 34'13"6. **50 000 m.** 1920 George [7] 1 h 16'43"2. 24 Wilems [40] 1 h 18'24". **100 km.** 1896 *Flameng* [21] *3 h 8'19"2.* 1908 Bartlett [22] 2 h 41'48"6. **12 heures.** 1896 Schmal [6] 314 997 m. **Tandem 2 000 m.** 1908 *France.* 20 G.-B. 24 *France.* 28 P.-Bas. 32 *France.* 36 All. 48 It. 52 Australie. 56 Australie. 60 It. 64 It. 68 *France.* 72 URSS. **100 km sur route (par équipes) contre-la-montre.** 1912 Suède (320 km) 44 h 35'33"6. 20 *France (175 km) 19 h 16'43"2.* 24 *France (188 km) 19 h 30'14".* 28 Dan. (168 km) 15 h 9'14". 32 It. (100 km) 7 h 27'15"2. 36 *France (100 km) 7 h 39'16"2.* 48 Belg. (194,6 km) 15 h 58'17"4. 52 Belg. (190,4 km) 15 h 20'46"6. 56 *France (187,7 km) 16 h 10'36".* 60 It. (100 km) 2 h 14'33"53. 64 P.-Bas (109,89 km) 2 h 26'31"19. 68 P.-Bas (104 km) 2 h 7'49"6. 72 (100 km) URSS 2 h 11'17"8, Pol. 2 h 11'47"5, P.-Bas 2 h 12'27"1. 76 (100 km) URSS 2 h 8'53", Pol. 2 h 9'13", Dan. 2 h 12'20". 80 (101 km) URSS 2 h 1'21"74, All. dém. 2 h 2'53"2, Tchéc. 2 h 2'53"9. 84 It. 1 h 58'28", Suisse 2 h 2'38", USA 2 h 2'46". 88 All. dém. 1 h 57'47, Pol. 1 h 57'54, Suède 1 h 59'47. 92 All. 2 h 1'39", It. 2 h 2'39", *France 2 h 5'25".*

Cyclisme. DAMES. Vitesse (3 tours). 1988 Saloumiae [54], Rothenburger [2], Paraskevin-Young [55]. 92 Saloumiae [18], Neumann [2a], Haringa [40]. 96 *Ballanger* [21], Ferris [5], Haringa [40]. 2000 *Ballanger* [21], Grichina [95], Yanovitch [53].

Poursuite individuelle (3 000 m). 1992 Rossner [2a] 3'41"753, Watt [5] 3'43"438, Twigg [55] 3'52"429. 96 Bellutti [28] 3'33"595, *Clignet* [21] *3'38"571,* Arndt [2a] 3'38"744. 2000 Zijlaard-van Moorsel [40] 3'33"360, *Clignet* [21] *3'38"751,* McGregor [22] 3'38"850.

Course aux points. 1996 *Even-Lancien* [21] *24,* Haringa [40] 23, Tyler Sharman [5] 17. 2000 Bellutti [28] 19, Zijlaard-van Moorsel [40] 16, Slioussareva [95] 15.

Course sur route. 1984 Carpenter-Phinney [55] 2 h 11'14", Twigg [55] 2 h 11'14", Schumacher [3] 2 h 11'14". 88 Knol [40], Nichaus [3], Zilporitee [54]. 92 Watt [5] 2 h 4'42", *Longo-Ciprelli* [21] *2 h 5'2",* Knol [40] 2 h 5'3". 96 *Longo-Ciprelli* [21] *2 h 36'13",* Chiappa [28] à 25", Hugues [10] à 31". 2000 Zijlaard-van Moorsel [40] 3 h 06'31", Kupfernagel [2a] 3 h 06'31", Ziliute [87] 3 h 6'31".

Contre-la-montre. Sur route. 1996 Zabirova [95] 36'40", *Longo-Ciprelli* [21] *à 20",* Hugues [10] à 33". 2000 Zijlaard-van Moorsel [40] 42', Holden [55] 42'37", *Longo-Ciprelli* [21] *42'52".* **Sur piste.** 2000 *Ballanger* [21] *34"140,* Ferris [5] 34"696, Jiang Cui-ha [61] 34"768.

VTT. Cross-country. 1996 Pezzo [28] 1 h 50'51", Sydor [10] 1 h 51'58", De Mattei [55] 1 h 52'36". 2000 Pezzo [28] 1 h 49'24"38, Blatter [46] 1 h 49'51"42, Fullana [17] 1 h 49'57"39.

■ **Équitation. Dressage. Individuel.** 1912 Bonde [45]. 20 Lundblad [45]. 24 Von Linder [45]. 28 Von Langen [2a]. 32 *Lesage* [21]. 36 Pollay [2a]. 48 Moser [46]. 52, 56 St Cyr [45]. 60 Filatov [54]. 64 Chammartin [46]. 68 Kizimov [54]. 72 Lisenhoff [3]. 76 Stueckelberger [46], Boldt [3], Klimke [3]. 80 Theurer [6], Kovchov [54], Ugriumov [54]. 84 Klimke [3], Jensen [14], Hofer [46]. 88 Uphoff [3], *Otto-Crepin* [21], Stückelberger [46]. 92 Uphoff [2a], Werth [2a], Balkenhol [2a]. 96 Werth [2a], Van Grunsven [40], Rothenberger [40]. 2000 Van Grunsven [40], Werth [2a], Salzberger [2a].

Par équipes. 1928 All. 32 *France.* 36 All. 48 *France.* 52, 56 Suède. 64, 68 All. féd. 72 URSS. 76 All. féd., Suisse, USA. 80 URSS, Bulgarie, Roumanie. 84 All. féd., Suisse, Suède. 88 All. féd., Suisse, Can. 92 All., P.-Bas, USA. 96 All., P.-Bas, USA. 2000 All., P.-Bas, USA.

Concours complet. Individuel. 1912 Nordlander [45]. 20 Morner [45]. 24 Van Zyip [40]. 28, 32 Pahud de Mortanges [40]. 36 Stubbendorf [2a]. 48 *Chevalier* [21]. 52 Von Blixen-Finecke [45]. 56 Kastenman [45]. 60 Morgan [5]. 64 Checcoli [28]. 68 *Guyon* [21]. 72 Meade [22]. 76 Coffin [55], Plumb [55], Schultz [3]. 80 Roman [28], Blinov [54], Salnikov [54]. 84 Todd [37], Stives [55], Holgate [22]. 88 Todd [37], Stark [22], Leng [22]. 92 Ryan [5], Blocker [2a], Tait [37]. 96 Tait [37], Clark [37], Millikin [55]. 2000 O'Connor [55], Hoy [5], Todd [37].

Par équipes. 1912, 20 Suède. 24, 28 P.-Bas. 32 USA. 36 All. 48 USA. 52 Suède. 56 G.-B. 60 Australie. 64 It. 68, 72 G.-B. 76 USA, All. féd., Australie. 80 URSS, It., Mexique. 84 USA, G.-B., All. féd. 88 All. féd., G.-B., Nlle-Zél. 92 Australie, Nlle-Zél., All. 96 Australie, USA, Nlle-Zél. 2000 Australie, G.-B., USA.

Sauts d'obstacles. Individuel. 1900 Haegeman [7]. 12 *Cariou* [21]. 20 Lequio [28]. 24 Gemuseus [46]. 28 Ventura [48]. 32 Nishi [30]. 36 Hasse [45]. 48 Mariles Cortes [34]. 52 *Jonquères d'Oriola* [21]. 56 Winkler [3]. 60 d'Inzeo [28]. 64 *Jonquères d'Oriola* [21]. 68 Steinkraus [55]. 72 Mancinelli [28]. 76 Schockemöhle [3], Vaillancourt [10], Mathy [7]. 80 Kowalczyk [42], Korolkov [54], Perez Heras [34]. 84 Fargis [55], Homfled [55], Robbiani [46]. 88 *Durand* [21], Best [55], Huck [3]. 92 Beerbaum [2a], Raymakers [40], Dello Joio [55]. 96 Kirchhoff [2a], Melliger [46], *Ledermann* [21]. 2000 Dubbeldam [40], Voorn [40], Al Eid [111].

Par équipes. 1912, 20, 24 Suède. 28 Esp. 32 *non disputé.* 36 All. 48 Mexique. 52 G.-B. 56, 60, 64 All. féd. 68 Can. 72 All. féd. 76 *France,* All. féd., Belg. 80 URSS, Pol., Mexique. 84 USA, G.-B., All. féd. 88 All. féd., USA, *France.* 92 P.-Bas, Autriche, *France.* 96 All., USA, Brésil. 2000 All., Suisse, Brésil.

☞ **Épreuves supprimées : manège.** *Individuel :* 1920 Bonckaet [7]. *Par équipes :* 1920 Belg. **Sauts en longueur.** 1900 Van Langendonck [7] 6,10 m ; **en hauteur.** 1900 *Gardère* [21] *1,85 m.*

■ **Escrime. MESSIEURS. Fleuret individuel.** 1896 *Gravelotte* [21]. 1900 *Coste* [21]. 04 Fonst [13]. 12, 20 Nadi N. [28]. 24 *Ducret* [21]. 28 *Gaudin* [21]. 32 Marzi [28]. 36 Gaudini [28]. 48 *Buhan* [21]. 52, 56 *D'Oriola* [21]. 60 Zdanovitch [54]. 64 Franke [42]. 68 Drimba [44]. 72 Woyda [42]. 76 Dal Zotto [28], Romankov [54], *Talvard* [21]. 80 Smirnov [54], *Jolyot* [21], Romankov [54]. 84 Numa [28], Behr [3], Cerioni [28]. 88 Cerioni [28], Wagner [2], Romankov [54]. 92 *Omnès* [21], Goloubitski [53], Gil [13]. 96 Puccini [28], *Plumenail* [21], *Boidin* [21]. 2000 Kim [12], Bissdorf [2a], Chevtchenko [95].

Par équipes. 1904 Cuba. 20 It. 24 *France.* 28 It. 32 *France.* 36 It. 48, 52 *France.* 56 It. 60, 64 URSS. 68 *France.* 72 Pol. 76 All. féd., It., *France.* 80 *France,* URSS, Pol. 84 It., All. féd., *France.* 88 URSS, All. féd., Hongrie. 92 All., Cuba, Pol. 96 Russie, Pol., Cuba. 2000 *France*, Chine, It.

Épée. Individuel. 1900, 04 Fonst [13]. 08 *Alibert* [21]. 12 Anspach [7]. 20 *Massard* [21]. 24 Delporte [7]. 28 *Gaudin* [21]. 32 Cornaggia-Medici [28]. 36 Riccardi [28]. 48 Cantone [28]. 52 Mangiarotti [28]. 56 Pavesi [28]. 60 Delfino [28]. 64 Kriss [54]. 68 Kulcsar [24]. 72 Fenyvesi [24]. 76 Pusch [3], Hehn [3], Kulcsar [24]. 80 Harmenberg [45], Kolczonay [24], *Riboud* [21]. 84 *Boisse* [21], Vaggo [45], *Riboud* [21]. 88 Schmitt [3], *Riboud* [21], Chouvalov [54]. 92 *Srecki* [21], Kolobkov [95], *Henry* [21]. 96 Beketov [95], Trevejo Perez [13], Imre [24]. 2000 Kolobkov [95], *Obry* [21], Lee [12].

Par équipes. 1908 *France.* 12 Belg. 20 It. 24 *France.* 28 It. 32 *France.* 36 It. 48 *France.* 52, 56, 60 It. 64, 68, 72 Hongrie. 76 Suède, All. féd., Suisse. 80 *France,* Pol., URSS. 84 *France,* All. féd., It. 88 *France,* All. féd., URSS. 92 All., Hongrie, CEI. 96 It., Russie, *France.* 2000 It., *France*, Cuba.

Sabre. Individuel. 1896 Georgiadis [23]. 1900 *De la Falaise* [21]. 04 Diaz [13]. 08, 12 Fuchs [24]. 20 Nadi [28]. 24 Posta [24]. 28 Tersztyansky [24]. 32 Piller [24]. 36 Kabos [24]. 48 Gerevitch [24]. 52 Kovacs [24]. 56, 60 Karpati [24]. 64 Pezsa [24]. 68 Pawlowski [42]. 72 Sidiak [54]. 76 Krovopuskov [54], Nazlymov [54], Sidiak [54]. 80 Krovopuskov [54], Burtsev [54], Gedovari [54]. 84 *Lamour* [21], Marin [28], Westbrook [55]. 88 *Lamour* [21], Olech [42], Scalzo [28]. 92 Szabo [24], Marin [28], *Lamour* [21]. 96 Pozdniakov [95], Charikov [95], *Touya* [21]. 2000 Covaliu [44], *Gourdain* [21], Kothny [2a].

Par équipes. 1908, 12 Hongrie. 20, 24 It. 28, 32, 36, 48, 52, 56, 60 Hongrie. 64, 68 URSS. 72 It. 76 URSS, It., Roumanie. 80 URSS, It., Hongrie. 84 It., *France*, Roumanie. 88 Hongrie, URSS, It. 92 CEI, Hongrie, *France.* 96 Russie, Hongrie, It. 2000 Russie, *France*, All.

☞ **Épreuves supprimées : masters fleuret.** 1896 Pyrgos [23], 1900 *Mérignac* [21] ; **épée** 1900. *Ayat* [21]. **Amateurs et masters épée.** 1900 *Ayat* [21]. **Masters sabre.** 1900 Conte [28]. **Stick individuel.** 1904 Van Zo Post [55].

Escrime. DAMES. Fleuret. Individuel. 1924 Osiier [14]. 28 Mayer [2a]. 32 Preiss [6]. 36, 48 Elek [24]. 52 Camber [28]. 56 Sheen [22]. 60 Schmid [2]. 64 Rejto [24]. 68 Novikova [54]. 72 Ragno-Lonzi [28]. 76 Schwarczenberger [24], Collino [28], Belova [54]. 80 *Trinquet* [21], Maros [24], Wyezosanska [24]. 84 Jujie [61], Hanisch [3], Vaccaroni [28]. 88 Fichtel [3], Bau [3], Funkenhauser [3]. 92 Trillini [28], Hui Feng Wang [61], Sadovskaïa [95]. 96 Badea [44], Vezzali [28], Trillini [28]. 2000 Vezzali [28], Koenig [2a], Trillini [28].

Par équipes. 1960 URSS. 64 Hongrie. 68, 72 URSS. 76 URSS, *France,* Hongrie. 80 *France,* URSS, Hongrie. 84 All. féd., Roumanie, *France.* 88 All. féd., It., Hongrie. 92 It., All., Roumanie. 96 It., Roumanie, All. 2000 It., Pologne, All.

Épée. Individuel. 1996 *Flessel* [21], *Barlois* [21], Szalay [24]. 2000 Nagy [24], Habluetzel-Buerki [46], *Flessel-Colovic* [21].

Par équipes. 1996 *France,* It., Russie. 2000 Russie, Suisse, Chine.

■ **Football. MESSIEURS.** 1900 G.-B. 04 Can. 08, 12 G.-B. 20 Belg. 24, 28 Uruguay. 36 It. 48 Suède. 52 Hongrie. 56 URSS. 60 Youg. 64, 68 Hongrie. 72 Pol. 76 All. dém., Pol., URSS. 80 Tchéc., All. dém. URSS. 84 *France,* Brésil, Youg. 88 URSS, Brésil, All. féd. 92 Espagne, Pologne, Ghana. 96 Nigéria, Arg., Brésil. 2000 Cameroun, Espagne, Chine.

DAMES. 1996 USA, Chine, Norvège. 2000 Norvège, USA, All.

■ **Gymnastique. MESSIEURS. Concours général individuel.** 1900 *Sandras* [21]. 04 Lenhart [6]. 08, 12 Braglia [28]. 20 Zampori [28]. 24 Stukelj [57]. 28 Miez [46]. 32 Neri [28]. 36 Schwarzmann [2a]. 48 Huhtanen [20]. 52, 56 Tchoukarine [54]. 60 Chakline [54]. 64 Endo [30]. 68, 72 Kato [30]. 76 Andrianov [54], Kato [30], Tsukahara [30]. 80 Ditiatin [54], Andrianov [54], Deltchev [9]. 84 Gushiken [30], Vidmar [55], Li Ning [61]. 88 Artemov [54], Lioukine [54], Bilozertchev [54]. 92 Scherbo [97], Misioutine [53], Belenki [107]. 96 Xiaoshuang Li [61], Nemov [95], Scherbo [97]. 2000 Nemov [95], Yang [61], Beresh [53].

Par équipes. 1904 USA. 08 Suède. 12, 20, 24 It. 28 Suisse. 32 It. 36 All. 48 Finl. 52, 56 URSS. 60, 64, 68, 72 Japon. 76 Japon, URSS, All. dém. 80 URSS, All. dém., Hongrie. 84 USA, Chine, Japon. 88 URSS, All. dém., Japon. 92 CEI, Chine, Japon. 96 Russie, Chine, Ukraine. 2000 Chine, Ukraine, Russie.

Anneaux. 1896 Mitropoulos [23]. 1904 Glass [55]. 24 Martino [28]. 28 Stukelj [57]. 32 Gulak [55]. 36 Hudec [48]. 48 Frey [46]. 52 Shaguinian [54]. 56, 60 Azarian [54]. 64 Hayata [30]. 68, 72 Nakayama [30]. 76 Andrianov [54], Ditiatine [54], Grecu [44]. 80 Ditiatine [54], Tkatchev [54], Tabak [48]. 84 Koji Gushiken [30], Li Ning [61], Gaylord [55]. 88 Behrendt [2] et Bilozertchev [54], Tippelt [2]. 92 Scherbo [97], Jing Li [61], Xiaoshuang Li [61] et Wecker [2a]. 96 Chechi [28], Burinca [44] et Csollany [24]. 2000 Csollany [24], Tambakos [23], Jovtchev [9].

Barre fixe. 1896 Weigartner [2a]. 1904 Heida [55] et Henning [55]. 24 Stukelj [57]. 28 Miez [46]. 32 Bixler [55]. 36 Saarvala [20]. 48 Stalder [46]. 52 Gunthard [46]. 56, 60 Ono [30]. 64 Chakline [54]. 68 Nakayama [30] et Voronine [54]. 72 Tsukahara [30]. 76 Tsukahara [30], Kenmotsu [30] et *Boerio* [21], Gienger [3]. 80 Deltchev [9], Ditiatine [54], Andrianov [54]. 84 Shinji Morisue [30], Tong Fei [61], Koji Gushiken [30]. 88 Artemov [54] et Lioukine [54], Behrendt [2]. 92 Dimas [55], Misioutine [53] et Wecker [2a]. 96 Wecker [2a], Dounev [9], Scherbo [97] et Fan [61] et Nemov [95]. 2000 Nemov [95], *Varonian* [21], Lee [12].

Barres parallèles. 1896 Flatow [2a]. 1904 Eyser [55]. 24 Guttinger [46]. 28 Vacha [48]. 32 Neri [28]. 36 Frey [2a]. 48 Reusch [46]. 52 Eugster [46]. 56 Tchoukarine [54]. 60 Chakline [54]. 64 Endo [30]. 68 Nakayama [30]. 72 Kato [30]. 76 Kato [30], Andrianov [54], Tsukahara [30]. 80 Tkatchev [54], Ditiatine [54], Buckner [2]. 84 Conner [55], Kajtani [30], Gaylor [55]. 88 Artemov [54], Lioukine [54], Tippelt [2]. 92 Scherbo [97], Jing Li [61], Korobtchinski [53] et Linyao Guo [61] et Matsunaga [30]. 96 Charipov [53], Lynch [55], Scherbo [97]. 2000 Li [61], Lee [12], Nemov [95].

Cheval d'arçon. 1896 Zutter [46]. 1904 Heida [55]. 24 Wilhelm [46]. 28 Hanggi [46]. 32 Pelle [24]. 36 Frey [2a]. 48 Aaltonen [20], Huhtanen et Savolainen [20]. 52 Tchoukarine [54]. 56 Chakline [54]. 60 Chakline [54] et Ekman [20]. 64, 68 Cerar [57]. 72 Klimenko [54]. 76 Magyar [24], Kenmotsu [30], Andrianov [54] et Nikolay [2]. 80 Magyar [24], Ditiatine [54], Nicolaï [2]. 84 Li Ning [61], Vidmar [55], Daggett [55]. 88 Gueraskov [9], Borkai [24] et Bilozertchev [54]. 92 Scherbo [97] et Pae [11], Wecker [2a]. 96 Li [46], Urzica [44], Nemov [95]. 2000 Urzica [44], *É. Poujade* [21], Nemov [95].

Exercices au sol. 1932 Pelle [24]. 36 Miez [46]. 48 Pataki [24]. 52 Thoresson [45]. 56 Mouratov [54]. 60 Aihara [30]. 64 Menichelli [28]. 68 Kato [30]. 72 Andrianov [54]. 76 Andrianov [54], Martchenko [54], Kormann [55]. 80 Bruckner [2], Andrianov [54], Ditiatine [54]. 84 Li Ning [61], Tou Yun [61], Koji Sotomura [30]. 88 Kharikov [54], Artemov [54], Lou [61]. 92 Xiaoshuang Li [61], Misioutine [53] et Iketani [30]. 96 Melissanidis [23], Xiaoshuang Li [61], Nemov [95]. 2000 Vihros [92], Nemov [95], Jovtchev [9].

Saut de cheval, en longueur. 1896 Schuman [2a]. 1904 Heida [55] et Eyser [55]. 24 Kriz [55]. 28 Mack [46]. 32 Guglielmetti [28]. 36 Scharzmann [2a]. 48 Aaltonen [20]. 52 Tchoukarine [54]. 56 Mouratov [54] et Bantz [3]. 60 Chakline [54] et Ono [30]. 64 Yamashita [30]. 68 Voronine [54]. 72 Koeste [2]. 76 Andrianov [54], Tsukahara [30], Kajiyama [30]. 80 Andrianov [54], Ditiatine [54], Bruckner [2]. 84 Lou Yun [61], Li Ning [61], Koji Gushiken [30]. 88 Lou [61], Kroll [2], Park [12]. 92 Scherbo [97], Misioutine [53], Ok Ryul Yoo [12]. 96 Nemov [95], Yeo [12], Scherbo [97]. 2000 Deferr [17], Bondarenko [95], Blanik [42].

Trampoline. 2000 Moskalenko [95], Wallace [5], Turgeon [10].

☞ **Épreuves supprimées : saut de cheval en largeur.** 1924 *Seguin* [21]. **Massues.** 1904 Hennig [55]. 32 Roth [55]. **Combiné 4 épreuves.** 1904 Heida [55]. **9 épreuves.** 1904 Spinnler [46]. **Montée à la corde.** 1896 Andriakopoulos [23]. 1904 Eyser [55]. 24 Supcik [48]. 32 Bass [55]. **Culbute.** 1932 Wolfe [55]. **Barres parallèles** *(par équipes).* 1896 All. **Barre fixe** *(par équipes).* 1896 All. **Exercices libres et appareils** *(par équipes).* 1912 Norv. **Système suédois** *(par équipes).* 1912 Suède.

Gymnastique. DAMES. Concours individuel. 1952 Gorokhovsjaia [54]. 56, 60 Latynina [54]. 64, 68 Caslavska [48]. 72 Touritcheva [54]. 76 Comaneci [44], Kim [54], Touritcheva [54]. 80 Davidova [54], Gnauck [2] et Comaneci [44]. 84 Retton [55], Szabo [44], Pauca [44]. 88 Chouchounova [54], Silivas [44], Boguinskaia [54]. 92 Goutsou [53], Miller [55], Milosovici [44]. 96 Podkopayeva [53], Gogean [44], Amanar [44] et Milosovici [44]. 2000 Amanar [44], Olaru [44], Liu [61].

Par équipes. 1928 P.-Bas. 36 All. 48 Tchéc. 52, 56, 60, 64, 68, 72 URSS. 76 URSS, Roumanie, All. dém. 80 URSS, Roumanie, All. dém. 84 Roumanie, USA, Chine. 88 URSS, Roumanie, All. dém. 92 CEI, Roumanie, USA. 96 USA, Russie, Roumanie. 2000 Roumanie, Russie, Chine.

Poutre. 1952 Bochtcharova [54]. 56 Keleti [24]. 60 Bosakova [48]. 64 Caslavska [48]. 68 Kuchinskaya [54]. 72 Korbut [54]. 76 Comaneci [44], Korbut [54], Ungureanu [44]. 80 Comaneci [44], Davidova [54], Chapochnikova [54]. 84 Szabo [44], Pauca [44], Johnson [55]. 88 Silivas [44], Chouchounova [46], Potorac [44]. 92 Lyssenko [53], Lu [61], Miller [55]. 96 Miller [55], Podkopayeva [53], Gogean [44]. 2000 Liu [61], Lobazniouk [95], Prodounova [95].

Barres asymétriques. 1952 Korondi [24]. 56 Keleti [24]. 60, 64 Astakhova [54]. 68 Caslavska [48]. 72 Janz [2]. 76 Comaneci [44], Ungureanu [44], Egervari [24]. 80 Gnauck [2], Éberle [44], Kraker [2], Filatova [54] et Ruhn [44]. 84 Ma [61], McNamara [55], Retton [55]. 88 Silivas [44], Kersten [2], Chouchounova [54]. 92 Lu [61], Goutsou [53], Miller [55]. 96 Chorkina [95], Bi [61] et Chow [55]. 2000 Chorkina [95], Ling [61], Yang [61].

Saut de cheval. 1952 Kalinchouk [54]. 56 Latynina [54]. 60 Nikolaeva [54]. 64, 68 Caslavska [48]. 72 Janz [2]. 76 Kim [54], Touritcheva [54] et Dombeck [2]. 80 Chapochnikova [54], Kraker [2], Ruhn [44]. 84 Szabo [44], Retton [55], Agache [44]. 88 Boguinskaia [54], Potorac [44], Silivas [44]. 92 Onodi [24], Milosovici [44], Lyssenko [53]. 96 Amanar [44], Mo [61], Gogean [44]. 2000 Zamolodchikova [95], Raducan [44], Lobazniouk [95].

Exercices au sol. 1952 Keleti [24]. 56 Keleti [24] et Latynina [54]. 60, 64 Latynina [54]. 68 Petrik [54] et Caslavska [48]. 72 Korbut [54]. 76 Kim [54], Touritcheva [48], Comaneci [44]. 80 Kim [54] et Comaneci [44], Chapochnikova [54] et Gnauck [2]. 84 Szabo [44], McNamara [55], Retton [55]. 88 Silivas [44], Boguinskaia [54], Doudeva [9]. 92 Milosovici [44], Onodi [24], Goutsou [53] et Bontas [24] et Miller [55]. 96 Podkopayeva [53], Amanar [44], Dawes [55]. 2000 Zamolodchikova [95], Chorkina [95], Amanar [44].

Trampoline. 2000 Karavaeva [95], Tsyhuleva [95], Cockburn [10].

GR. Individuel. 1984 Fung [10], Staiculescu [44], Weber [3]. 88 Lobatch [54], Dounavska [9], Timochenko [54]. 92 Timochenko [53], Pascual-Garcia [17], Skaldina [53]. 96 Serebryanskaya [53], Batyrchinko [95], Vitrichenko [53]. 2000 Barsoukova [95], Raskina [97], Kabaeva [95].

Ensembles. 1996 Esp., Bulgarie, Russie. 2000 Russie, Biélorussie, Grèce.

☞ **Épreuve supprimée : exercices par équipes avec appareil portable.** 1952 Suède. 56 Hongrie.

■ **Haltérophilie. MESSIEURS. Mouche.** 1972 Smalçerz [42] 337,5 kg. 76 Voronine [54] 242,5 kg, Kozsegi [24] 237,5 kg, Nassiri [26] 235 kg. 80 Osmolaliev [54] et Chon [11] et Gyong Si [11] 245 kg. 84 Guoquiang Zeng [61] et Peishun Zhou [61] 235 kg, Karushito Manabe [30] 232,5 kg. 88 Marinov [9] 270 kg, Chun [12] 260 kg, He [61] 257,5 kg. 92 Ivanov [9] 265 kg, Lin Qisheng [61] 262,5 kg, Ciharean [44] 252,5 kg. 96 Mutlu [52] 287,5 kg, Xiangsen Zhang [61] 280 kg, Minchev [9] 277,5 kg. 2000 Mutlu [52] 305 kg, Wu [61] 287,5 kg, Zhang [61] 287,5 kg.

Coq. 1948 De Pietro [55] 307,5 kg. 52 Oudodov [54] 315 kg. 56 Vinci [55] 342,5 kg. 60 Vinci [55] 345 kg. 64 Vakhonine [54] 357,5 kg. 68 Nassiri [26] 367,5 kg. 72 Foeldi [24] 377,5 kg. 76 Nourikian [9] 262,5 kg, Cziura [42] 252,5 kg, Ando [30] 250 kg. 80 Nunez [13] 275 kg, Sarkissian [54] 270 kg, Denbonczyk [42] 265 kg. 84 Shude Wu [61] 267,5 kg, Runming Lai [61] 265 kg, Masahiro Kotaka [30] 252,5 kg. 88 Mirzoian [54] 292 kg, Y. He [61] 287 kg, Liu [61] 267 kg. 92 Byung-Kwan Chun [12] 287,5 kg, Liu Shoubin [61] et Luo Jianming [61] 277,5 kg. 96 Ningsheng Tang [61] 307,5 kg, Sabanis [23] 305 kg, Peshalov [9] 302,5 kg. 2000 Peshalov [90] 325 kg, Sabanis [23] 317,5 kg, Oleshchuk [97] 317,5 kg.

Plume. 1920 De Haes [7] 220 kg. 24 Gabetti [a] [28] 402,5 kg. 28 Andrysek [6] 287,5 kg. 32 *Suvigny* [21] *287,5 kg.* 36 Terlazzo [55] 312,5 kg. 48 Fayard [15] 332,5 kg. 52 Tchimiskian [54] 337,5 kg. 56 Berger [55] 352,5 kg. 60 Minaev [54] 372,5 kg. 61 Miyake [30] 397,5 kg. 68 Miyake [30] 392,5 kg. 72 Nourikian [9] 402,5 kg. 76 Kolesnikov [54] 285 kg, Todorov [9] 280 kg, Hirai [30] 275 kg. 80 Mazine [54] 290 kg, Dimitrov [9] 287 kg, Seweryn [42] 282,5 kg. 84 Weiquiang Chen [61] 282,5 kg, Radu [44] 280 kg, Wen-Yee Tsai [62] 272,5 kg. 88 Suleymanoglu [52] 342,5 kg, Topourov [9] 312,5 kg, Ye [61] 287,5 kg. 92 N. Suleymanoglu [52] 320 kg, Peshalov [9] 305 kg, Yingqiang [61] 295 kg. 96 N. Suleymanoglu [52] 335 kg, Leonidis [23] 332,5 kg, Xiao [61] 322,5 kg. 2000 Boevski [9] 357,5 kg, Markov [9] 352,5 kg, Lavrenov [97] 340 kg.

Nota. – (a) Outre les trois mouvements classiques (arraché, développé et jeté à deux bras), il y avait l'arraché et le jeté à un bras. Les vainqueurs auraient réussi les totaux suivants aux trois mouvements classiques : Gabetti : 260 kg ; Decottignies : 277,5 kg ; Galimberti : 320 kg ; Rigoulot : 322,5 kg ; Tanani : 342,5 kg.

Légers. 1920 Neyland [18] 257,5 kg. 24 *Decottignies* [21] *440 kg.* 28 Haas [6] 322,5 kg. 32 *Duverger* [21] *325 kg.* 36 Mesbah [15] et Fein [6] 342,5 kg. 48 Shams [15] et Fein [6] 360 kg. 52 Kono [55] 362,5 kg. 56 Rybak [54] 380 kg. 60 Bushuev [54] 397,5 kg. 64 Baszanowski [42] 432,5 kg. 68 Baszanowski [42] 437,5 kg. 72 Kirzinov [54] 460 kg. 76 Kaczmarek [42] 307,5 kg, Korol [54] 305 kg, *Senet* [21] *300 kg.* 80 Roussev [9] 342,5 kg, Kunz [2] 335 kg, Pachov [9] 325 kg. 84 Jing Yuan [61] 320 kg, Socaci [44] et Gronman [20] 312,5 kg. 88 Kunz [2] 340 kg, Militossian [94] 337,5 kg, Li [61] 325 kg. 92 Militossian [99] 337,5 kg, Yotov [9] 327,5 kg, Behm [2a] 320 kg. 96 Xugang Zhan [61] 357,5 kg, Kim [11] 345 kg, Feri [24] 340 kg. 2000 Zhan [61] 367,5 kg, Mitrou [23] 367,5 kg, Melikyan [94] 365 kg.

Mi-lourds. 1920 *Cadine* [21] *290 kg.* 24 *Rigoulot* [21] *502,5 kg.* 28 Nosseir [15] 355 kg. 32 *Hostin* [21] *365 kg.* 36 *Hostin* [21] *372,5 kg.* 48 Stanczyk [55] 417,5 kg. 52 Lomakin [54]

417,5 kg. **56** Kono [55] 447,5 kg. **60** Palinski [42] 442,5 kg. **64** Plyukfeider [54] 475 kg. **68** Selistky [54] 485 kg. **72** Jenssen [36] 507,5 kg. **76** Shary [54] 365 kg, Blagoev [9] 362,5 kg, Stoichev [9] 360 kg. **80** Vardanian [54] 400 kg, Blagoev [9] 372,5 kg, Poliacik [48] 367,5 kg. **84** Becheru [44] 355 kg, Kabbas [5] 342,5 kg, Isaoka [30] 340 kg. **88** Arsamakov [54] 377,5 kg, Messzi [24] 370 kg, Lee [12] 367,5 kg. **92** Dimas [23] 370 kg, Siemion [42] 370 kg, *3ᵉ non décerné*. **96** Dimas [23] 392,5 kg, Huster [2a] 382,5 kg, Cofalik [42] 372,5 kg. **2000** Dimas [23] 390 kg, Huster [2a] 390 kg, Asanidze [108] 390 kg.

Lourds-moyens. **1980** Zaremba [48] 395 kg, Nikitine [54] 392,5 kg, Fernandez [13] 385 kg. **84** Misler [3] 385 kg, Gropa [44] 382,5 kg, Niemi [20] 367,5 kg. **88** Kouznetsov [54] 425 kg, Vlad [44] 402,5 kg, Immesberger [3] 395 kg. **92** Tregoubov [95] 410 kg, Taimazov [53] 402,5 kg, Malak [42] 400 kg. **96** Kakhiashvilis [23] 420 kg, Khrapaty [96] 410 kg, Gotfrid [53] 402,5 kg. **2000** Kakhiashvilis [23] 405 kg, Kolecki [42] 405 kg, Petrov [95] 402,5 kg.

Lourds. **1972** Talts [54] 580 kg. **76** Khristov [9] 400 kg, Zaitsev [34] et Semerdjiev [9] 385 kg. **80** Tarenko [54] 422,5 kg, Khristov [9] 405 kg, Szakai [24] 390 kg. **84** Oberburger [28] 390 kg, Tasnadi [44] 380 kg, Carlton [55] 377,5 kg. **88** Zakharevitch [54] 455 kg, Jacso [24] 427,5 kg, Weller [2] 425 kg. **92** Weller [2a] 432,5 kg, Akoev [95] 430 kg, Botev [9] 417,5 kg. **96** Taimazov [53] 430 kg, Sirtsov [95] et Vlad [44] 420 kg. **2000** Tavakoli [26] 425 kg, Tsagaev [9] 422,5 kg, Asaad [85] 420 kg.

Super-lourds. **1896 1 main** Elliot [22] 71 kg, **2 mains** Jensen [14] 111,5 kg. **1904 2 mains** Kakousis [23] 111,7 kg, **toutes catégories** Osthoff [55]. **20** Bottino [28] 270 kg. **24** Tonani [28] 517,5 kg. **28** Strassberger [20] 372,5 kg. **32** Skobla [48] 380 kg. **36** Manger [2a] 410 kg. **48** Davis [55] 452,5 kg. **52** Davis [55] 460 kg. **56** Anderson [55] et Salvetti [4] 500 kg. **60** Vlassov [54] 537,5 kg. **64, 68** Zhabotinsky [54] 572,5 kg. **72** Alexeiev [54] 640 kg. **76** Alexeiev [54] 440 kg, Bonk [2] 405 kg, Losch [2] 387,5 kg. **80** Rakhmanov [54] 440 kg, Heuser [2] 410 kg, Rutkowski [42] 407,5 kg. **84** Lukin [5] 412,5 kg, Martinez [55] 410 kg, Nerlinger [3] 397,5 kg. **88** Kourlovitch [54] 462,5 kg, Nerlinger [3] 430 kg, Zawieja [3] 415 kg. **92** Kourlovitch [97] 450 kg, Taranenko [97] 425 kg, Nerlinger [2a] 412,5 kg. **96** Chemerkine [95] 457,5 kg, Weller [2a] 455 kg, Botev [5] 450 kg. **2000** Rezazadeh [26] 472,5 kg, Weller [2a] 467,5 kg, Danielyan [94] 465 kg.

☞ **Épreuve supprimée : Moyens.** **1920** *Gance* [21] *245 kg*. **24** Galimberti [28] 492,5 kg. **28** *Roger* [21] *335 kg*. **32** Ismayr [2a] 345 kg. **36** El Touni [15] 387,5 kg. **48** Spellman [55] 390 kg. **52** George [55] 400 kg. **56** Bogdanovski [54] 420 kg. **60** Kourynov [54] 437,5 kg. **64** Zdrazila [48] 445 kg. **68** Kourentsov [54] 475 kg. **72** Bikov [9] 485 kg. **76** Mitkov [9] 335 kg, Militosyan [54] 330 kg, Wenzel [2] 327,5 kg. **80** Zlatev [9] 360 kg, Pervyi [54] 357,5 kg, Kolev [9] 345 kg. **84** Radschinsky [3] 340 kg, Demers [10] 335 kg, Cioroslan [44] 332,5. **88** Guidikov [9] 375 kg, Steinhoefel [2] 360 kg, Varbanov [9] 357,5 kg. **92** Kassapu [106] 357,5 kg, Lara Rodriguez [13] 357,5 kg, Myong Nam Kim [11] 352,5 kg. **96** Lara Rodriguez [13] 367,5 kg, Yotov [9] 360 kg, Jon-Ho [11] 357,5 kg. **Lourds-légers.** **1952** Schemansky [55] 445 kg. **56** Vorobiev [54] 462,5 kg. **60** Vorobiev [54] 472,5 kg. **64** Golovanov [54] 487,5 kg. **68** Kangasniemi [20] 517,5 kg. **72** Nikolov [9] 525 kg. **76** Rigert [54] 382,5 kg, James [55] 362,5 kg, Chopov [9] 360 kg. **80** Baczako [24] 377,5 kg, Alexandrov [9] 375 kg, Mantek [2] 370 kg. **84** Vlad [44] 392,5 kg, Petre [44] 360 kg, Mercer [22] 352,5 kg. **88** Khrapatyi [54] 412,5 kg, Moukhamediarov [54] et Zawada [42] 400 kg. **92** Kakhiachvili [95] 412,5 kg, Syrtsov [98] 412,5 kg, Wolczaniecki [42] 392,5 kg. **96** Petrov [95] 402,5 kg, Kokas [23] et Caruso [2a] 390 kg.

■ **Haltérophilie. Dames. 2000. – 48 kg** Nott [55] 185 kg, Rumbewas [91] 185 kg, Indriyani [91] 182,5 kg. **–53 kg** Yang [61] 225 kg, Li [62] 212,5 kg, Slamet [91] 202,5 kg. **–58 kg** Jimenez Mendivil [34] 222,5 kg, Ri [11] 220 kg, Suta [49] 210 kg. **–63 kg** Chen [61] 242,5 kg, Popova [95] 235 kg, Chatziioannou [23] 222,5 kg. **– 69 kg** Lin [61] 242,5 kg, Markus [24] 242,5 kg, Malleswari [91] 240 kg. **–75 kg** Urrutia [63] 245 kg, Ogbeifo [68] 245 kg, Kuo [62] 245 kg. **+ 75 kg** Ding [61] 300 kg, Wrobel [42] 295 kg, Haworth [55] 270 kg.

■ **Handball. Messieurs.** **1936** All. **72** Youg. **76** URSS, Roumanie, Pol. **80** All. dém., URSS, Roumanie. **84** Youg., All. féd., Roumanie. **88** URSS, Corée du S., Youg. **92** CEI, Suède, *France*. **96** Croatie, Suède, Esp. **2000** Russie, Suède, Esp.

Dames. **1976** URSS, All. dém., Hongrie. **80** URSS, Youg., All. dém. **84** Youg., Corée du S., Chine. **88** Corée du S., Norv., URSS. **92** Corée du S., Norv., CEI. **96** Dan., Corée du S., Hongrie. **2000** Dan., Hongrie, Norv.

■ **Hockey. Messieurs.** **1908** Angl. **20** G.-B. **28, 32, 36, 48, 52, 56** Inde. **60** Pakistan. **64** Inde. **68** Pakistan. **72** All. féd. **76** Nlle-Zél., Australie, Pakistan. **80** Inde, Esp., URSS. **84** Pakistan, All. féd., G.-B. **88** G.-B., All. féd., P.-Bas. **92** All., Australie, Pakistan. **96** P.-Bas, Esp., Australie. **2000** P.-Bas, Corée du S., Australie.

Dames. **1980** Zimbabwe, Tchéc., URSS. **84.** P.-Bas, All. féd., USA. **88** Australie, Corée du S., P.-Bas. **92** Esp., All., G.-B. **96** Australie, Corée du S., P.-Bas. **2000** Australie, Argentine, P.-Bas.

■ **Judo. Messieurs. Super-légers.** **1980** *Rey* [21], Rodriguez [13], Emizh [54] et Kincses [24]. **84** Hosokawa [30], Kim [12], Eckersley [22] et Lidie [55]. **88** Kim [12], Asano [55], Hosokawa [30] et Totikachvili [54]. **92** Gousseinov [107], Yoon [12], Koshino [30] et Trautmann [2a]. **96** Nomura [30], Giovinazzo [28], Trautmann [2a] et Narmandakh [35]. **2000** Nomura [30], Jung [12], Poulot [13] et Smagoulov [114].

Mi-légers. **1980** Solodukhin [54], Damdin [35], Nedkov [9] et Pawlowski [42]. **84** Matsuoka [30], Hwang [12], *Alexandre* [21] et Reiter [6]. **88** Lee [12], Pawlowski [42], *Carabetta* [21] et Yamamoto [30]. **92** Sampaio [8], Csak [24], Quellmalz [2a] et Planas [13]. **96** Quellmalz [2a], Nakamura [30], Hernandez [13] et Guimaraes [8]. **2000** Ozkan [52], *Benboudaoud* [21], Giovinazzo [28] et Vazagashvili [108].

Légers. **1964** Nakatani [30]. **72** Kawaguchi [30]. **76** Rodriguez [13], Chang [12], Tunczik [24] et Mariani [28]. **80** Gamba [28], Adams [22], Lehmann [2] et Davaadaiai [35]. **84** Byeong-Reun [12], Gamba [28], Onmura [8] et Brown [22]. **88** *Alexandre* [21], Loll [2], Swain [55] et Tenadze [54]. **92** Koga [30], Hajtos [24], Smadga [89] et Chung [12]. **96** Nakamura [30], Kwak Dae-Sung [12], *Cagliano* [21] et Pedro [55]. **2000** Maddaloni [28], Camilo [8], Larioukov [97] et Zelonijs [92].

Mi-moyens. **1972** Nomura [30]. **76** Nevzorov [54], Kuramoto [30], *Vial* [21] et Talaj [42]. **80** Khabareli [54], Ferrer [13], *Tchoullouyan* [21] et Heinke [2]. **84** Wieneke [3], Adams [22], *Nowak* [21] et Fratica [44]. **88** Legien [42], Wieneke [3], Brechot [2] et Varaev [54]. **92** Yoshida [30], Morris [55], Byung-Joo Kim [12] et *Damaisin* [21]. **96** *Bouras* [21], Koga [30], Liparteliani [108] et Cho [12]. **2000** Takimoto [30], Cho [12], Delgado [43] et Boudoline [18].

Moyens. **1964** Okano [30]. **72** Sekine [30]. **76** Sonoda [30], Dvoinikov [54], Obadov [57] et Park [12]. **80** Roethlisberger [46], Aszcuy [13], Ultsch [2] et Iatskevitch [54]. **84** Seisenbacher [6], Berland [55], Nose [30] et Carmona [8]. **88** Seisenbacher [6], Chestakov [54], Spijkers [40] et Osako [30]. **92** Legien [42], *Tayot* [21], Gill [10] et Okada [30]. **96** Ky-Young Jeon [12], Bagdasarov [98], Spittka [2a] et Huizinga [40]. **2000** Huizinga [40], Honorato [8], *Demontfaucon* [21] et Mashurenko [53].

Mi-lourds. **1972** Chochosvili [54]. **76** Ninomiya [30], Kharshiladze [54], Roethlisberger [46] et Starbrook [22]. **80** Van de Walle [7], Khubuluri [54], Lorenz [2] et Numan [40]. **84** Ha [12], Vieira [8], Fridriksson [66] et Neureuther [3]. **88** Miguel [6], Meiling [3], Van de Walle [7] et Stewart [22]. **92** Kovacs [24], Stevens [22], Meijer [40] et Sergeev [95]. **96** Nastula [42], Min-Soo Kim [12], *Traineau* [21] et *Fernandes* [8]. **2000** Inoue [30], Gill [10], Stepkine [95] et *Traineau* [21].

Lourds. **1964** Inokuma [30]. **72** Ruska [40]. **76** Novikov [54], Neureuther [3], Coage [55] et Endo [30]. **80** *Parisi* [21], Zaprianov [9], Kovacevic [57] et Kocman [48]. **84** Saito [30], *Parisi* [21], Cho [12] et Berger [10]. **88** Saito [30], Stoehr [2], Cho [12] et Veritchev [54]. **92** Khakhaleichvili [108], Ogawa [30], *Douillet* [21] et Csosz [24]. **96** *Douillet* [21], Perez [17], Van Barneveld [7] et Moeller [2a]. **2000** *Douillet* [21], Shinohara [30], Pertelson [18] et Tmenov [95].

☞ **Épreuves supprimées : toutes catégories.** **1964** Geesink [40]. **72** Ruska [40]. **76** Uemura [30], Remfry [22], Chochishvili [54] et Cho [12]. **80** Lorenz [2], *Parisi* [21], Ozsvar [24] et Mapp [22]. **84** Yamashita [30], Rawshan [15], Cioc [44] et Schnabel [3].

Judo. Dames. Super-légères. **1992** *Nowak* [21], Tamura [30], Savon [13] et Senyurt [52]. **96** Kye Sun-Hi [11], Tamura [30], Soler [17] et Savon [13]. **2000** Tamura [30], Brouletova [95], Gradante [2a] et Simons [7].

Mi-légères. **1992** Martinez [17], Mizoguchi [30], Rendle [22] et Li [61]. **96** *Restoux* [21], Sook-Hee Hyun [12], Verdecia [13] et Sugawara [30]. **2000** Verdecia [13], Narazaki [30], Kye [11] et Liu [61].

Légères. **1992** Blasco [17], Fairbrother [22], Tateno [30] et Morales [13]. **96** Gonzalez [13], Sun-Yong Jung [12], Lomba [7] et Fernandez [17]. **2000** Fernandez [17], Gonzalez [13], Kusakabe [30] et Pekli [5].

Mi-moyennes. **1992** *Fleury* [21], Arad [89], Zhang [61] et Petrova [95]. **96** Emoto [30], Van De Caveye [7], Gal [40] et Sung-Sook Jung [12]. **2000** *Vandenhende* [21], Li [61], Vandecaveye [7] et Jung [12].

Moyennes. **1992** Reve [13], Pierantozzi [28], Rakels [7] et Howey [22]. **96** Cho Min Son [12], Szczepanska [42], Xianbo Wang [61] et Zwiers [40]. **2000** Veranes [13], Howey [22], Cho [12] et Scapin [28].

Mi-lourdes. **1992** Mi-Jung Kim [12], Tanabe [30], *Meignan* [21] et De Kok [40]. **96** Werbrouck [7], Tanabe [30], Scapin [28] et Luna [13]. **2000** Tang [61], *Lebrun* [21], Richter [44] et Pierantozzi [28].

Lourdes. **1992** Xiaoyan Zhuang [61], Rodriguez [13], *Lupino* [21] et Sakaue [30]. **96** Fuming Sun [61], Rodriguez [13], Hagn [2a] et *Cicot* [21]. **2000** Yuan [61], Beltran [13], Kim [12] et Yamashita [30].

■ **Lutte libre. Messieurs** uniquement. **2000. – 54 kg** Abdoullayev [107], Henson [55], Karntanov [23]. **– 58 kg** Dabir [26], Bouslovytch [53], Brands [55]. **–63 kg** Oumakhanov [95], Barzakov [9], Jang [12]. **– 69 kg** Igali [10], Gitinov [95], McIlravy [55]. **– 76 kg** Slay [55], Moon [12], Bereket [52]. **– 85 kg** Saitiev [95], Romero [13], Ibragimov [115]. **– 97 kg** Mourtasaliyev [95], Bairamoukov [96], Kurtanidze [108]. **– 130 kg** Moussoulbes [95], Taymazov [98], Rodriguez [10].

☞ **Épreuves supprimées : Jusqu'à 48 kg.** **1904** Curry [55]. **72** Dmitriev [54]. **76** Issaev [9], Dmitriev [54], Kudo [30]. **80** Pollio [28], Jang [11], Kornilaev [54]. **84** Weaver [55], Irie [30], Gab-Do Son [12]. **88** Kobayashi [30], Tzonov [9], Karamtchakov [54]. **92** Kim Il [11], Jong Shin-Kim [12], Oroudjov [97]. **96** Kim Il [11], Mkrchyan [94], Vila [13].

Jusqu'à 52 kg. **1904** Menhert [55]. **48** Viitala [20]. **52** Gemici [52]. **56** Tsakalamannidze [54]. **60** Bilek [52]. **64** Yoshida [30]. **68** Nakata [30]. **72** Kato [30]. **76** Takada [30], Ivanov [54], Jeon [12]. **80** Beloglazov [54], Stecyk [42], Selimov [9]. **84** Tristena [57], Jong-Hyu Kim [12], Takada [30]. **88** Sato [30], Trstena [9], Togouzov [54]. **92** Li [11], Jones [55], Jordanov [9]. **96** Jordanov [9], Abdullayev [107], Namyrov [96].

Jusqu'à 57 kg. **1904** Niflot [55]. **08** Mehnert [55]. **24** Pihlajamaki [20]. **28** Makinen [20]. **32** Pearce [55]. **36** Zombori [24]. **48** Akar [52]. **52** Ishii [30]. **56** Dagistanli [52]. **60** McCann [55]. **64, 68** Uetake [30]. **72** Yanagida [30]. **76** Umin [54], Bruchert [2], Arai [30]. **80** Beloglazov [54], Li [12], Ouinbold [35]. **84** Tomiyama [30], Davis [55], Eui-Kon-Kim [12]. **88** Beloglazov [54], Mohammadian [26], Noh [12]. **92** Diaz [13], Smal [97], Sik Kim [11]. **96** Cross [55], Sissaouri [10], Yong-Sam Ri [11].

Jusqu'à 62 kg. **1904** Bradshaw [55]. **08** Dole [55]. **20** Ackerly [55]. **24** Reed [55]. **28** Morrisson [55]. **32, 36** Pihlajamaki. [20]. **48** Bilge [52]. **52** Sit [52]. **56** Sasahara [30]. **60** Dagistanli [52]. **64** Watabane [30]. **68** Kanedo [30]. **72** Abdulbekov [54]. **76** Yang [12], Oidov [35], Davis [55]. **80** Abuchev [54], Doukov [9], Hadjiioannidis [23]. **84** Lewis [55], Akaishi [30], Jeug-Keun Lee [12]. **88** Smith [55], Sarkissian [54], Chterev [9]. **92** Smith [55], Mohammadian [26], Martinez [13]. **96** Brands [55], Jae-Sung Jang [12], Tedeyev [53].

Jusqu'à 68 kg. **1904** Roehm [55]. **08** Relwyskow [22]. **20** Antilla [20]. **24** Vis [55]. **28** Kapp [18]. **32** *Pacome* [21]. **36** Karpati [24]. **48** Atik [52]. **52** Anderberg [45]. **56** Habibi [26]. **60** Wilson [55]. **64** Dimov [9]. **68** Ardabili [26]. **72** Gable [55]. **76** Pinigin [54], Keaser [55], Sugawara [30]. **80** Absaidov [54], Yankov [9], Sejdi [57]. **84** In-Tak-You [12], Rein [55], Rauhala [20]. **88** Fadzaev [54], Park [12], Carr [55]. **92** Fadzaev [95], Dotchev-Getzov [9], Akaishi [30]. **96** Bogiyev [95], Saunders [55], Zazirov [53].

Jusqu'à 74 kg. **1904** Erickson [55]. **24** Gehri [46]. **28** Haavisto [20]. **32** Van Bebber [55]. **36** Lewis [55]. **48** Dogu [52]. **52** Smith [55]. **56** Ikeda [30]. **60** Blubaugh [55]. **64** Ogan [52]. **68** Atalay [52]. **72** Wells [55]. **76** Date [30], Barzegar [26], Dziedzic [55]. **80** Angelov [9], Davaajav [35], Karabin [48]. **84** Schultz [55], Knosp [3], Sejdi [57]. **88** Monday [55], Varaev [54], Sofiadi [9]. **92** Jang Soon Park [12], Monday [55], Amir Azghadi [26]. **96** Saytyev [95], Park Jang Soon [12], Ota [30].

Jusqu'à 82 kg. **1908** Bacon [22]. **20** Leino [20]. **24** Hagmann [46]. **28** Kyburz [46]. **32** Johansson [45]. **36** *Poilvé* [21]. **48** Brand [55]. **52** Tsimakouridze [54]. **56** Stanchev [9]. **60** Gungor [52]. **64** Gardjev [9]. **68** Gurevitch [54]. **72** Tediashvili [54]. **76** J. Peterson [55], Novojoilov [54], Seger [3]. **80** Abilov [9], Aratsilov [54], Kovacs [24]. **84** Schultz [55], Nagashima [30], Rinke [10]. **88** Han [12], Gencalp [52], Lohyna [48]. **92** Jackson [55], Jabraijlov [95], Rasul Azghadi [26]. **96** Magomedov [95], Yang Hyun-Mo [12], Khadem [26].

Jusqu'à 90 kg. **1920** Larsson [45]. **24** Spellman [55]. **28** Sjostedt [45]. **32** Mehringer [55]. **36** Fridell [45]. **48** Wittenberg [55]. **52** Palm [45]. **56** Takhti [26]. **60** Atli [52]. **64** Medved [54]. **68** Ayik [52]. **72** B. Peterson [55]. **76** Tediashvilli [54], B. Peterson [55], Morcov [44]. **80** Oganesyan [54], Neupert [2], Cichon [42]. **84** Banach [55], Ohta [30], Loban [22]. **88** Khardartsev [54], Ota [30], Kim [12]. **92** Khardartsev [95], Simsek [52], Campbell [55]. **96** Khadem [26], Khadartsev [95], Kurtanidze [108].

Jusqu'à 100 kg. **1972** Yarigin [54]. **76** Yarigin [54], Hellickson [55], Kostov [9]. **80** Mate [54], Tchervenkov [9], Strnisko [8]. **84** Banach [55], Atiyeh [72], Puscasu [44]. **88** Puscasu [44], Khabelov [54], Scherr [55]. **92** Khabelov [108], Balz [2a], Kayali [52]. **96** Angle [55], Jadidi [26], Sabejew [2a].

Plus de 100 kg. **1904** Hansen [55]. **08** O'Kelly [22]. **20** Roth [46]. **24** Steele [55]. **28, 32** Richthoff [45]. **36** Palusalu [18]. **48** Bobis [24]. **52** Mekokichvill [54]. **56** Kaplan [52]. **60** Dietrich [3]. **64** Ivanitsky [54]. **68, 72** Medved [54]. **76** Andiev [54], Balla [24], Simon [44]. **80** Andiev [54], Balla [24], Sandurski [42]. **84** Baumgartner [55], Molle [10], Taskin [52]. **88** Gobedjichvili [54], Baumgartner [55], Schroeder [2]. **92** Baumgartner [55], Thue [10], Gobedjichvili [108]. **96** Demir [52], Medvedev [97], Baumgartner [55].

■ **Lutte gréco-romaine. Messieurs** uniquement. **2000. – 54 kg** Sim [12], Rivas [13], Kang [11]. **– 58 kg** Nazarian [9], Kim [12], Sheng [61]. **– 63 kg** Samourgachev [95], Maren [13], Chachua [108]. **– 69 kg** Azcuy [13], Nagata [30], Glouchkov [95]. **– 76 kg** Kardanov [95], Lindland [55], Yli-Hannuksela [20]. **–85 kg** Yerlikaya [52], Bardosi [24], Vakhtangadze [108]. **–97 kg** Ljunberg [45], Saldaze [53], Lowney [55]. **– 130 kg** Garnder [55], Kareline [95], Debelka [97].

☞ **Épreuves supprimées : jusqu'à 48 kg.** **1972** Berceanu [44]. **76** Shumakov [54], Berceanu [44], Anghelov [9]. **80** Uchkenplirov [54], Alexandru [44], Seres [24]. **84** Maenza [28], Sherer [3], Saito [30]. **88** Maenza [28], Glab [42], Tzenov [9]. **92** Koutcherenko [53], Maenza [28], Amita [13]. **96** Sim Kwon-Ho [12], Pavlov [97], Gouliev [95].

Jusqu'à 52 kg. **1948** Lombardi [28]. **52** Gourevitch [54]. **56** Soloviev [54]. **60** Pirvulescu [44]. **64** Hanahara [30]. **68, 72** Kirov [9]. **76** Konstantinov [54], Ginga [44], Hirayama [30]. **80** Blagidze [54], Racz [24], Miadenov [9]. **84** Miyahara [30], Aceves [34], Dae-Du Bang [12]. **88** Ronningen [36], Miyahara [30], Lee [12]. **92** Ronningen [36], Ter-Mkrettchian [95], Kyung Kap Min [12]. **96** Nazarian [94], Paulson [55], Kalashnikov [53].

Jusqu'à 57 kg. **1924** Putsepp [18]. **28** Leutcht [2a]. **32** Brendel [2a]. **36** Lorincz [24]. **48** Pettersen [45]. **52** Hodos [24]. **56** Vyroupaiev [54]. **60** Karavaev [54]. **64** Ighiguchi [30]. **68** Varga [24]. **72** Kazakov [54]. **76** Ukkola [20], Frgic [57], Mustafin [54]. **80** Serikov [54], Lipien [42], Ljungbeck [45]. **84** Passarelli [3], Masaki Eto [30], Holidis [23]. **88** Sike [24], Balov [9], Holidis [23]. **92** Han-Bong An [12], Yildiz [2a], Zetian Sheng [61]. **96** Melnichenko [96], Hall [55], Zetian Sheng [61].

Jusqu'à 62 kg. **1912** Koskelo [20]. **20** Friman [20]. **24** Anttila [20]. **28** Vali [18]. **32** Gozzi [28]. **36** Erkan [52]. **48** Oktav [52]. **52** Pounkine [54]. **56** Makinen [20]. **60** Sille [52]. **64** Polyak [24]. **68** Rurua [54]. **72** Markov [9]. **76** Lipien [42], Davidian [54], Reczi [24]. **80** Mijiakis [23], Toth [24], Kramorenko [54]. **84** Weon-Kee Kim [12], Johansson [45], Dietsche [46]. **88** Madjdov [54], Vanguelov [9], An [12]. **92** Pirim [52], Martinov [95], Delis [13]. **96** Zavadski [42], Maren [13], Pirim [52].

Jusqu'à 68 kg. **1908** Porro [28]. **12, 20** Vare [20]. **24** Friman [20]. **28** Keresztes [24]. **32** Malmberg [45]. **36** Koskela [20]. **48** Freij [45]. **52** Safine [54]. **56** Lehtonen [20]. **60** Koridze [54]. **64** Ayvaz [52]. **68** Munemura [30]. **72** Khishamutdinov [54]. **76** Nalbadian [54], Rusu [44], Wehling [2]. **80** Rusu [44], Suppron [42], Skiold [45]. **84** Lisjak [57], Sipila [20], Martinez [55]. **88** Djoulfalakian [54], Kim [12], Sipila [20]. **92** Repka [24], Dougoutchiev [95], Smith [55]. **96** Wolny [42], *Yolouz* [21], Tretiakov [95].

Jusqu'à 74 kg. **1932** Johansson [45]. **36** Svedberg [45]. **48** Andersson [45]. **52** Szilvasi [24]. **56, 60** Bayrak [52]. **64** Koletsov [54]. **68** Vesper [2]. **72** Macha [48]. **76** Bikov [54], Macha [48], Helbing [3]. **80** Kocsis [24], Bikov [54], Huhtala [20]. **84** Salomaki [20], Tallroth [45], Rusu [44]. **88** Kim [12], Tourlykhanov [54], Tracz [42]. **92** Iskandarian [94], Tracz [42], Kornbakk [45]. **96** Ascuy [13], Asell [20], Tracz [42].

Jusqu'à 82 kg. **1908** Martensson [45]. **12** Johansson [45]. **20** Westergren [45]. **24** Westerlund [20]. **28, 32** Kokkinen [20]. **36** Johansson [45]. **48, 52** Gronberg [45]. **56** Kartosia [54]. **60** Dobrev [9]. **64** Simic [58]. **68** Metz [2]. **72** Hegedus [24]. **76** Petkovic [57], Tchebokcharov [54], Kolev [9]. **80** Korban [54], Dolgowicz [42], Pavlov [9]. **84** Draica [44], Thanopoulos [23], Claeson [45]. **88** Mamiachvili [54], Komaromi [24], Kim [12]. **92** Farkas [24], Stepien [42], Tourlykhanov [96]. **96** Yerlikaya [52], Zander [2a], Tsilent [97].

Jusqu'à 90 kg. **1908** Weckmann [20]. **12** Ahlgren [45] et Bohling [20]. **20** Johansson [45]. **24** Westergren [45]. **28** Moustafa [15]. **32** Svensson [45]. **36** Cadier [45]. **48** Nilsson [45]. **52** Grondahl [20]. **56** Nikolaev [54]. **60** Kis [52]. **64, 68** Radev [9]. **72** Retzansev [54]. **76** Rezantsev [54], Ivanov [9], Kwiecinski [42]. **80** Novenyi [24], Kanygin [54], Dicu [44]. **84** Fraser [55], Matei [44], Anderson [45]. **88** Komchev [9], Koskela [20], Popov [54]. **92** Bullmann [2a], Basar [52], Kogouachvilli [108]. **96** Oleynik [53], Fafinski [42], Bullmann [2a].

Jusqu'à 100 kg. **1972** Martinescu [44]. **76** Balbochine [54], Goranov [9], Skrzylewski [42]. **80** Raikov [9], Bierla [42], Andrei [44]. **84** Andrei [44], Gibson [55], Tertelje [57]. **88** Wronski [42], Himmel [3], Koslowski [55]. **92** Perez [13], Koslowski [55], Demiachkievitch [97]. **96** Wronski [42], Lichtvan [97], Lunberg [45].

Plus de 100 kg. **1896** Schumann [20]. **1908** Weisz [24]. **12** Saarela [20]. **20** Lindfors [20]. **24** *Deglane* [21]. **28** Svensson [45]. **32** Westergren [45]. **36** Palusalu [18]. **48** Kirecci [52]. **52** Kotkas [54]. **56** Parfenov [54]. **60** Bogdan [54]. **64, 68** Kozma [24]. **72** Roschin [54]. **76** Kolchinski [24], Tomov [9], Codreanu [24]. **80** Kolchinski [54], Tomov [9], Bchara [60]. **84** Blatnick [55], Memisevic [57], Dolispchi [44]. **88** Kareline [54], Guerovski [9], Johansson [45]. **92** Kareline [95], Johansson [45], Grigoras [44]. **96** Kareline [95], Ghaffari [55], Moureiko [106].

■ **Natation. Messieurs. 50 m nage libre.** **1988** Biondi [55] 22"14, Jager [55] 22"36, Prigoda [54] 22"71. **92** Popov [95] 21"91, Biondi [55] 22"9, Jager [55] 22"30. **96** Popov [95] 22"13, Hall [55] 22"26, Scherer [8] 22"29. **2000** Ervin [55] 21"98, Hall [55] 21"98, van den Hoogenband [40] 22"03.

100 m nage libre. **1896** Hajos [24] 1'22"2. **1904** Halmay [24] 1'2"8. **08** Daniels [55] 1'5"6. **12** Kahanamoku [55] 1'3"4. **20** Kahanamoku [55] 1'0"4. **24** Weissmuller [55] 59". **28** Weissmuller [55] 58"6. **32** Miyazaki [30] 58"2. **36** Csik [24] 57"6. **48** Ris [55] 57"3. **52** Scholes [55] 57"4. **56** Henricks [5] 55"4. **60** Devitt [5] 55"2. **64** Schollander [55] 53"4. **68** Wenden [5] 52"2. **72** Spitz [55] 51"22. **76** Montgomery [55] 49"99, Babashoff [55] 50"81, Nocke [3] 51"31. **80** Woithe [2] 50"40, Holmertz [45] 50"91, Johansson [45] 51"29. **84** Gaines [55] 49"80, Stockwell [5] 50"24, Johansson [45] 50"31. **88** Biondi [55] 48"63, Jacobs [55] 49"8, *Caron* [21] *49"62.* **92** Popov [95] 49"2, Borges [8] 49"43, *Caron* [21] *49"50.* **96** Popov [95] 48"74, Hall [55] 48"81, Borges [8] 49"2. **2000** van den Hoogenband [40] 48"30, Popov [95] 48"69, Hall [55] 48"73.

200 m nage libre. **1900 (220 yards)** Lane [5] 2'25"2. **04 (220 yards)** Daniels [55] 2'44"2. **68** Wenden [5] 1'55"2. **72** Spitz [55] 1'52"78. **76** Furniss [55] 1'50"29, Naber [55] 1'50"50, Montgomery [55] 1'50"58. **80** Kopliakov [54] 1'49"81, Krylov [54] 1'50"76, Brewer [5] 1'51"60. **84** Gross [3] 1'47"44, Heath [55] 1'49"10, Fahrner [3] 1'49"69. **88** Armstrong [5] 1'47"25, Holmertz [45] 1'47"89, Biondi [55] 1'47"99. **92** Sadovyi [95] 1'46"70, Holmertz [45] 1'46"86, Kasvio [20] 1'47"63. **96** Loader [37] 1'47"63, Borges [8] 1'48"8, Kowalski [5] 1'48"25. **2000** van den Hoogenband [40] 1'45"35, Thorpe [5] 1'45"83, Rosolino [28] 1'46"65.

400 m nage libre. **1896 (500 m)** Neuman [6] 8'12"6. **1904 (440 yards)** Daniels [55] 6'16"2. **08** Taylor [22] 5'36"8. **12** Hodgson [10] 5'24"4. **20** Ross [55] 5'26"8. **24** Weissmuller [55] 5'4"2. **28** Zorilla [4] 5'1"6. **32** Crabbe [55] 4'48"4. **36** Medica [55] 4'44"5. **48** Smith [55] 4'41". **52** *Boiteux* [21] *4'30"7.* **56** Rose [5] 4'27"3. **60** Rose [5] 4'18"3. **64** Schollander [55] 4'12"2. **68** Burton [55] 4'9". **72** Demont (déclassé) [55] 4'0"26. **76** Goodell [55] 3'51"93, Shaw [55] 3'52"54, Raskatov [54] 3'55"76. **80** Salnikov [54] 3'51"31, Krylov [54] 3'53"24, Stukolkin [54] 3'53"95. **84** Di Carlo [55] 3'51"23, Nykkanen [55] 3'51"49, Lemberg [5] 3'51"79. **88** Dassler [2] 3'46"95, Armstrong [5] 3'47"15, Wojdat [42] 3'47"34. **92** Sadovyi [95] 3'45", Perkins [5] 3'45"16, Holmertz [45] 3'46"77. **96** Loader [37] 3'47"97, Palmer [22] 3'49"00, Kowalski [5] 3'49"39. **2000** Thorpe [5] 3'40"59, Rosolino [28] 3'43"40, Keller [55] 3'47".

1 500 m nage libre. **1896 (1 200 m)** Hajos [24] 18'22"2. **1900 (1 000 m)** Jarvis [22] 13'40"2. **04 (1 mile)** Rausch [2a] 27'18"2. **08** Taylor [22] 22'48"4. **12** Hodgson [10] 22'. **20** Ross [55] 22'23"2. **24** Charlton [5] 20'6"8. **28** Borg [45] 19'51"8. **32** Kitamura [30] 19'12"4. **36** Terada [30] 19'13"7. **48** McLane [55] 19'18"5. **52** Konno [55] 18'30"3. **56** Rose [5] 17'58"9. **60** Konrads [5] 17'19"6. **64** Windle [5] 17'1"7. **68** Burton [55] 16'38"9. **72** Burton [55] 15'52"58. **76** Goodell [55] 15'2"40, Hackett [55] 15'3"91, Holland [5] 15'4"66. **80** Salnikov [54] 14'58"27, Chaev [54] 15'14"30, Metzker [5] 15'14"49. **84** O'Brien [55] 15'5"20, Di Carlo [55] 15'10"59, Pfeiffer [3] 15'12"11. **88** Salnikov [54] 15'0"40, Pfeiffer [3] 15'2"69, Dassler [2] 15'6"15. **92** Perkins [5] 14'43"48, Housman [5] 14'55"29, Hoffmann [2a] 15'2"29. **96** Perkins [5] 14'56"40, Kowalski [5] 15'2"43, Smith [22] 15'2"48. **2000** Hackett [5] 14'48"33, Perkins [5] 14'53"59, Thompson [55] 14'56"81.

100 m dos. **1904 (100 yards)** Brack [2a] 1'16"8. **08** Bieberstein [2a] 1'24"6. **12** Hebner [55] 1'21"2. **20** Kealoha [55] 1'15"2. **24** Kealoha [55] 1'13"2. **28** Kojac [55] 1'8"2. **32** Kiyokawa [30] 1'8"6. **36** Kiefer [55] 1'5"9. **48** Stack [55] 1'6"4. **52** Oyakawa [55] 1'5"4. **56** Theile [5] 1'2"2. **60** Theile [5] 1'1"9. **68** Matthes [2] 58"7. **72** Matthes [2] 56"58. **76** Naber [55] 55"49, Rocca [55] 56"34, Matthes [2] 57"22. **80** Baron [45] 56"53, Kuznetsov [54] 56"99, Dolgov [54] 57"63. **84** Carey [55] 55"79, Wilson [55] 56"35, West [10] 56"49. **88** Suzuki [30] 55"5, Berkoff [55] 55"18, Polianski [54] 55"20. **92** Tewksbury [10] 53"98, Rouse [55] 54"04, Berkoff [55] 54"78. **96** Rouse [55] 54"10, Falcon Cabrera [13] 54"98, Bent [13] 55"2. **2000** Krayzelburg [55] 53"72, Welsh [5] 54"07, Theloke [2a] 54"82.

200 m dos. **1900** Hoppenberg [2a] 2'47". **64** Graef [55] 2'10"3. **68** Matthes [2] 2'9"6. **72** Matthes [2] 2'2"82. **76** Naber [55] 1'59"19, Rocca [55] 2'0"55, Harrigan [55] 2'1"35. **80** Wladar [24] 2'1"93, Verraszto [24] 2'2"40, Kerry [5] 2'3"14. **84** Carey [55] 2'0"23, *Delcourt* [21] *2'1"75*, Henning [10] 2'2"37. **88** Polianski [54] 1'59"37, Baltrusch [2] 1'59"60, Kingsman [37] 2'0"48. **92** Lopez-Zubero [17] 1'58"47, Selkov [95] 1'58"87, Battistelli [28] 1'59"40. **96** Bridgewater [55] 1'58"54, Schwenk [55] 1'58"99, Merisi [28] 1'59"18. **2000** Krayzelburg [55] 1'56"76, Peirsol [55] 1'57"35, Welsh [5] 1'57"59.

100 m brasse. **1968** Mac Kenzie [55] 1'7"7. **72** Taguchi [30] 1'4"94. **76** Hencken [55] 1'3"11, Wilkie [22] 1'3"43, Ivozaytis [54] 1'4"23. **80** Goodhen [22] 1'3"34, Miskarov [54] 1'3"82, Evans [5] 1'3"96. **84** Lundquist [55] 1'1"65, Davis [10] 1'1"99, Evans [5] 1'2"97. **88** Moorhouse [22] 1'2"4, Guttler [24] 1'2"5, Volkov [54] 1'2"20. **92** Diebel [55] 1'1"50, Rozsa [24] 1'1"68, Rogers [5] 1'1"76. **96** Deburghgraeve [7] 1'0"65, Linn [55] 1'0"77, Warnecke [2a] 1'1"33. **2000** Fioravanti [28] 1'0"46, Moses [55] 1'0"73, Sloudinov 1'0"91.

200 m brasse. **1908** Holman [22] 3'9"2. **12** Bathe [2a] 3'1"8. **20** Malmroth [45] 3'4"4. **24** Skelton [55] 2'56"6. **28** Tsuruta [30] 2'48"8. **32** Tsuruta [30] 2'45"4. **36** Hamuro [30] 2'41"5. **48** Verdeur [55] 2'39"3. **52** Davies [5] 2'34"4. **56** Furukawa [30] 2'34"7. **60** Mulliken [55] 2'37"4. **64** O'Brien [5] 2'27"8. **68** Munoz [34] 2'28"7. **72** Hencken [55] 2'21"55. **76** Wilkie [22] 2'15"11, Hencken [55] 2'17"26, Colella [55] 2'19"20. **80** Julpa [54] 2'15"85, Vermes [24] 2'16"93, Miskarov [54] 2'17"28. **84** Davis [10] 2'13"34, Beringer [5] 2'15"79, Dagon [46] 2'17"41. **88** Szabo [24] 2'13"52, Gillingham [22] 2'14"12, Lopez [17] 2'15"21. **92** Barrowman [55] 2'10"16, Rozsa [24] 2'11"23, Gillingham [22] 2'11"29. **96** Rozsa [24] 2'12"57, Guttler [24] 2'13"3, Korneiev [95] 2'13"17. **2000** Fioravanti [28] 2'10"87, Parkin [1] 2'12"50, Rummolo [28] 2'12"73.

100 m papillon. **1968** Russell [55] 55"9. **72** Spitz [55] 54"27. **76** Vogel [55] 54"35, Bottom [55] 54"50, Hall [55] 54"56. **80** Arvidsson [45] 54"92, Pyttel [2] 54"94, Lopez-Zubero [17] 55"13. **84** Gross [3] 53"08, Moralès [55] 53"23, Buchanan [5] 53"85. **88** Nesty [76] 53", Biondi [55] 53"1, Jameson [2] 53"30. **92** Morales [55] 53"32, Szukala [42] 53"35, Nesty [76] 53"41. **96** Pankratov [95] 52"27, Miller [5] 52"53, Kulikov [95] 53"13. **2000** Froelander [45] 52", Klim [5] 52"18, Huegill [5] 52"22.

200 m papillon. **1956** Yorzyk [55] 2'19"3. **60** Troy [55] 2'12"8. **64** Berry [5] 2'6"6. **68** Robie [55] 2'8"7. **72** Spitz [55] 2'0"7. **76** Brunner [55] 1'59"23, Gregg [55] 1'59"54, Forrester [55] 1'59"96. **80** Fesenko [54] 1'59"76, Hubble [22] 2'1"20, Pyttel [2] 2'1"39. **84** Sieben [5] 1'57"04, Gross [3] 1'57"40, Vidal Castro [56] 1'57"51. **88** Gross [3] 1'56"94, Nielsen [14] 1'58"24, Mosse [37] 1'58"28. **92** Stewart [55] 1'56"26, Loader [37] 1'57"93, *Esposito* [21] *1'58"51.* **96** Pankratov [95] 1'56"51, Malchow [55] 1'57"44, Goodman [5] 1'57"48. **2000** Malchow [55] 1'55"35, Sylant'yev [53] 1'55"76, Norris [5] 1'56"17.

200 m quatre nages. **1968** Hickcox [55] 2'12". **72** Larsson [45] 2'7"17. **84** Baumann [10] 2'1"42. **88** Darnyi [24] 2'0"17, Kühl [2] 2'1"61, Iarochtchouk [54] 2'2"40. **92** Darnyi [24] 2'0"76, Burgess [55] 2'0"97, Czene [24] 2'1". **96** Czene [24] 1'59"91, Sievinen [20] 2'0"13, Myden [10] 2'1"13. **2000** Rosolino [28] 1'58"98, Dolan [55] 1'59"77, Wilkens [55] 2'0"87.

400 m quatre nages. **1964** Roth [55] 4'45"4. **68** Hickcox [55] 4'48"4. **72** Larsson [45] 4'31"98. **76** Strachan [55] 4'23"68, McKee [55] 4'26"90, Smirnov [54] 4'26"90. **80** Sidorenko [55] 4'22"89, Fesenko [55] 4'23"43, Verraszto [24] 4'24"24. **84** Baumann [10] 4'17"41, Prado [8] 4'18"45, Woodhouse [5] 4'20"50. **88** Darnyi [24] 4'14"75. **92** Darnyi [24] 4'14"23, Namesnik [55] 4'15"57, Sacchi [28] 4'16"34. **96** Dolan [55] 4'14"90, Namesnik [55] 4'15"25, Myden [10] 4'16"28. **2000** Dolan [55] 4'11"76, Vendt [55] 4'14"23, Myden [10] 4'15"33.

4 × 100 m nage libre. **1964** USA 3'33"2. **68** USA 3'31"7. **72** USA 3'26"4. **84** USA 3'19"03. **88** USA 3'16"53, URSS 3'18"33, All. dém. 3'19"82. **92** USA 3'16"74, CEI 3'17"56, All. 3'17"90. **96** USA 3'15"41, Russie 3'17"6, All. 3'17"20. **2000** Australie 3'13"67, USA 3'13"86, Brésil 3'17"40.

4 × 200 m nage libre. **1908** G.-B. 10'55"6. **12** Australie 10'11"6. **20** USA 10'4"4. **24** USA 9'53"4. **28** USA 9'36"2. **32** Japon 8'58"4. **36** Japon 8'51"5. **48** USA 8'46". **52** USA 8'31"1. **56** Australie 8'23"6. **60** USA 8'10"2. **64** USA 7'52"1. **68** USA 7'52"3. **72** USA 7'35"78. **76** USA 7'23"22, URSS 7'27"97, G.-B. 7'32"11. **80** URSS 7'23"50, All. dém. 7'28"60, Brésil 7'29"30. **84** USA 7'15"69, All. féd. 7'15"73, G.-B. 7'24"78. **88** USA 7'12"51, All. dém. 7'13"68, All. féd. 7'14"35. **92** CEI 7'11"95, Suède 7'15"51, USA 7'16"23. **96** USA 7'14"84, Suède 7'17"56 All. 7'17"71. **2000** Australie 7'07"05, USA 7'12"64, P.-Bas 7'12"70.

4 × 100 m quatre nages. **1960** USA 4'5"4. **64** USA 3'58"4. **68** USA 3'54"9. **72** USA 3'48"16. **76** USA 3'42"22, Can. 3'45"94, All. féd. 3'47"29. **80** Australie 3'45"70, URSS 3'45"92, G.-B. 3'47"71. **84** USA 3'39"30, Can. 3'43"23, Australie 3'43"25. **88** USA 3'36"93, Can. 3'39"28, URSS 3'39"96. **92** USA 3'36"93, CEI 3'38"56, Can. 3'39"66. **96** USA 3'34"84, Russie 3'37"55, Australie 3'39"56. **2000** USA 3'33"73, Australie 3'35"27, All. 3'35"88.

Plongeon du tremplin. **1908** Zurner [2a]. **12** Gunther [2a]. **20** Kuehn [55]. **24** White [55]. **28** Desjardins [55]. **32** Galitzen [55]. **36** Degener [55]. **48** Harlan [55]. **52** Browning [55]. **56** Clothworthy [55]. **60** Tobian [55]. **64** Sitzberger [55]. **68** Wrightson [55]. **72** Vasin [54]. **76** Boggs [55], Cagnotto [28], Kosenkov [54]. **80** Portnov [54], Giron [34], Cagnotto [28]. **84** Louganis [55], Tan [61], Merriott [55]. **88** Louganis [55], Tan Liangde [61], Li Deliang [61]. **92** Lenzi [55], Tan Liangde [61], Saoutine [95]. **96** Ni Xiong [61], Zhuocheng Yu [61], Lenzi [55]. **2000** Ni Xiong [61], Platas [34], Saoutine [95].

Plongeon de haut-vol. **1904** Sheldon [55]. **08** Johansson [45]. **12** Aderz [45]. **20** Pinkston [55]. **24** White [55]. **28** Desjardins [55]. **32** Smith [55]. **36** Wayne [55]. **48, 52** Lee [55]. **56** Capilla [34]. **60, 64** Webster [55]. **68, 72** Dibiasi [28]. **76** Dibiasi [28], Louganis [55], Aleynik [54]. **80** Hoffmann [2], Aleinik [54], Ambartsumian [54]. **84** Louganis [55], Kimball [55], Li Kongjeng [61]. **88** Louganis [55], Ni Xiong [61], Mena [34]. **92** Shuwei Sun [61], Donie [55], Ni Xiong [61]. **96** Saoutine [95], Hempel [2a], Hailiang Xiao [61]. **2000** Tian Liang [61], Hu Jia [61], Saoutine [95].

Plongeon synchronisé 3 m. **2000** Chine, Russie, Australie.

Plongeon synchronisé 10 m. **2000** Russie, Chine, All.

Water-polo. **1900** G-B. **04** USA. **08, 12, 20** G.-B. **24** *France.* **28** All. **32, 36** Hongrie. **48** It. **52, 56** Hongrie. **60** It. **64** Hongrie. **68** Youg. **72** URSS. **76** Hongrie, It., P.-Bas. **80** URSS, Youg., Hongrie. **84** Youg., USA, All. féd. **88** Youg., USA, URSS. **92** It., Esp., CEI. **96** Esp., Croatie, It. **2000** Hongrie, Russie, Yougoslavie.

☞ **Épreuves supprimées :** **50 yards nage libre.** **1904** Halmay [24]. **100 m nage libre pour marins.** **1896** Matokinis [23]. **800 m nage libre.** **1904** Rausch [2a]. **4 000 m nage libre.** **1900** Jarvis [22]. **400 m brasse.** **1904** Zacharias [2a]. **12** Bathe [2a]. **20** Malmroth [45]. **200 m** *(par équipes).* **1900** All. **4 × 50 yards nage libre.** **1904** USA. **Obstacle.** **1900** Lane [5]. **Nage sous l'eau.** **1900** *Vendeville* [21]. **Plongeon pour la distance.** **1904** Dickey [55]. **Plongeon simple.** **1912** Adlerz [45]. **20** Wallman [45]. **24** Eve [5].

Natation. Dames. 50 m nage libre. **1988** Otto [2] 25"49, Yang [61] 25"64, Meissner [2] 25"71. **92** Yang [61] 24"79, Zhuang [61] 25"08, Martino [55] 25"23. **96** Van Dyken [55] 24"87, Jingyi Le [61] 24"90, Volker [2a] 25"14. **2000** De Bruijn [40] 24"32, Alshammar [45] 24"51, Torres [55] 24"63.

100 m nage libre. **1912** Durack [5] 1'22"2. **20** Bleibtrey [55] 1'13"6. **24** Lackie [55] 1'12"4. **28** Osipovitch [55] 1'11". **32** Madison [55] 1'6"8. **36** Mastenbroek [24] 1'5"9. **48** Andersen [14] 1'6"3. **52** Szoke [24] 1'6"8. **56** Fraser [5] 1'2". **60** Fraser [5] 1'1"2. **64** Fraser [5] 59"5. **68** Henne [55] 1'. **72** Neilson [55] 58"59. **76** Ender [2] 55"65, Priemer [2] 56"49, Brigitha [40] 56"65. **80** Krause [2] 54"79, Metschuck [2] 55"16, Diers [2] 55"65. **84** Steinseifer [55] et Hogshead [55] 55"92, Verstappen [40] 56"8. **88** Otto [2] 54"93, Zhuang [61] 55"47, *Plewinski* [21] 55"49. **92** Zhuang [61] 54"64, Thompson [55] 54"84, Van Almsick [2a] 54"94. **96** Jingyi Le [61] 54"50, Volker [2a] 54"88, Martino [55] 54"93. **2000** De Bruijn [40] 53"83, Alshammar [45] 54"33, Torres [55] et Thompson [55] 54"43.

200 m nage libre. **1968** Meyer [55] 2'10"5. **72** Gould [5] 2'3"56. **76** Ender [2] 1'59"26, Babashoff [55] 2'1"22, Brigitha [40] 2'1"40. **80** Krause [2] 1'58"33, Diers [2] 1'59"64, Schmidt [2] 2'1"44. **84** Wayte [55] 1'59"23, Woodhead [55] 1'59"50, Verstappen [40] 1'59"69. **88** Friedrich [2] 1'57"65, Poll [77] 1'58"67, Stellmach [2] 1'59"1. **92** Haislett [55] 1'57"90, Van Almsick [2a] 1'58", Kielgass [2a] 1'59"67. **96** Poll [77] 1'58"16, Van Almsick [2a] 1'58"57, Hase [2a] 1'59"56. **2000** O'Neill [5] 1'58"24, Moravcova [105] 1'58"32, Poll [77] 1'58"81.

400 m nage libre. **1920** Bleibtrey [55] 4'34". **24** Norelius [55] 6'2"2. **28** Norelius [55] 5'42"8. **32** Madison [55] 5'28"5. **36** Mastenbroek [40] 5'26"4. **48** Curtis [55] 5'17"8. **52** Gyenge [24] 5'12"1. **56** Crapp [5] 4'54"6. **60** Von Saltza [55] 4'50"6. **64** Duenkel [55] 4'43"3. **68** Meyer [55] 4'31"8. **72** Gould [5] 4'19"04. **76** Thumer [2] 4'9"89, Babashoff [55] 4'10"46, Smith [10] 4'14"60. **80** Diers [2] 4'8"76, Schneider [2] 4'9"16, Schmidt [2] 4'10"86. **84** Cohen [55] 4'7"10, Hardcastle [22] 4'10"27, Croft [22] 4'11"49. **88** Evans [55] 4'3"85, Friedrich [2] 4'5"94, Möhring [2] 4'6"62. **92** Hase [2a] 4'7"18, Evans [55] 4'7"37, Lewis [5] 4'11"22. **96** Smith [27] 4'7"25, Hase [2a] 4'8"30, Vlieghuis [40] 4'8"70. **2000** Bennett [55] 4'05"80, Munz [55] 4'07"07, Poll [77] 4'07"83.

800 m nage libre. **1968** Meyer [55] 9'24". **72** Rothhammer [55] 8'53"68. **76** Thumer [2] 8'37"14, Babashoff [55] 8'37"59, Weinberg [55] 8'42"60. **80** Ford [5] 8'28"90, Diers [2] 8'32"55, Dahne [2] 8'33"48. **84** Cohen [55] 8'24"95, Richardson [55] 8'30"73, Hardcastle [22] 8'32"60. **88** Evans [55] 8'20"20, Strauss [2] 8'22"9, McDonald 8'22"93. **92** Evans [55] 8'25"52, Lewis [5] 8'30"34, Henke 2[a] 8'30"99. **96** Bennett [55] 8'27"89, Hase [2a] 8'29"91, Vlieghuis [40] 8'30"84. **2000** Bennett [55] 8'19"67, Klochkova [53] 8'22"66, Sandeno [55] 8'24"29.

100 m papillon. **1956** Mann [55] 1'11". **60** Schuler [55] 1'9"5. **64** Stouder [55] 1'4"7. **68** Mac Clements [5] 1'5"5. **72** Aoki [30] 1'3"34. **76** Ender [2] 1'0"13, Pollack [2] 1'0"98, Boglioli [55] 1'1"17. **80** Metschuck [2] 1'0"42, Pollack [2] 1'0"90, Knacke [2] 1'1"44. **84** Meagher [55] 59"26, Johnson [55] 1'0"19, Seick [3] 1'1"36. **88** Otto [2] 59"0, Weigang [2] 59"45, Qian [61] 59"52. **92** Qian [61] 58"62, Ahmann [55] 58"74, *Plewinski* [21] *59"1.* **96** Van Dyken [55] 59"13, Limin Liu [61] 59"14, Martino [55] 59"23. **2000** De Bruijn [40] 56"61, Moravcova [105] 57"97, Torrres [55] 58"20.

200 m papillon. **1968** Kok [40] 2'24"7. **72** Moe [55] 2'15"57. **76** Pollak [2] 2'11"41, Tauber [2] 2'12"50, Gabriel [2] 2'12"86. **80** Geissier 2'10". **44** Schoenrock [2] 2'10"45, Ford [5] 2'11"66. **84** Meagher [55] 2'6"90, Phillips [5] 2'10"56, Beyermann [3] 2'11"91. **88** Nord [2] 2'9"51, Weigang [2] 2'9"91, Meagher [55] 2'10"80. **92** Sanders [55] 2'8"67, Wang [61] 2'9"1,

O'Neill [5] 2'9"3. **96** O'Neill [5] 2'7"76, Thomas [5] 2'9"82, Smith [27] 2'9"91. **2000** Hyman [55] 2'05"88, O'Neill [5] 2'06"58, Thomas [5] 2'07"12.

100 m dos. **1924** Bauer [55] 1'23"2. **28** Braun [40] 1'22". **32** Holm [55] 1'19"4. **36** Senff [40] 1'18"9. **48** Harup [14] 1'14"4. **52** Harrison [1] 1'14"3. **56** Grinham [22] 1'12"9. **60** Burke [55] 1'9"3. **64** Ferguson [55] 1'7"7. **68** Hall [55] 1'6"2. **72** Belote [55] 1'5"78. **76** Richter [2] 1'1"83, Treiber [2] 1'3"41, Garapick [10] 1'3"71. **80** Reinisch [2] 1'0"86, Kleber [2] 1'2"07, Riedel [2] 1'2"64. **84** Andrews [55] 1'2"55, Mitchell [55] 1'2"63, De Rover [40] 1'2"91. **88** Otto [2] 1'0"89, Egerszegi [24] 1'1"56, Sirch [2] 1'1"57. **92** Egerszegi [24] 1'0"68, Szabo [24] 1'1"14, Loveless [55] 1'1"43. **96** Botsford [55] 1'1"19, Hedgepeth [55] 1'1"47, Kriel [1] 1'2"12. **2000** Mocanu [44] 1'0"21, Nakamura [30] 1'0"55, Zhivanevskaya [17] 1'0"89.

200 m dos. **1968** Watson [55] 2'24"8. **72** Belote [55] 2'19"19. **76** Richter [2] 2'13"43, Treiber [2] 2'14"97, Garapick [10] 2'15"60. **80** Reinisch [2] 2'11"77, Polit [2] 2'13"75, Treiber [2] 2'14"14. **84** De Rover [40] 2'12"38, White [55] 2'13"4, Patrascolu [44] 2'13"29. **88** Egerszegi [24] 2'9"29, Zimmermann [2] 2'10"61, Sirch [2] 2'11"45. **92** Egerszegi [24] 2'7"6, Hase [2a] 2'9"46, Stevenson [5] 2'10"20. **96** Egerszegi [24] 2'7"83, Hedgepeth [55] 2'11"98, Rund [2a] 2'12"6. **2000** Mocanu [44] 2'08"16, *Maracineanu* [21] *2'10"25*, Nakao [30] 2'11"05.

100 m brasse. **1968** Bjedov [58] 1'15"8. **72** Carr [55] 1'13"58. **76** Anke [2] 1'11"16, Rusanova [54] 1'13"04, Koshevaia [54] 1'13"30. **80** Geweniger [2] 1'10"22, Vasilkova [54] 1'10"41, Nielson [14] 1'11"16. **84** Van Staveren [40] 1'9"88, Ottenbrite [10] 1'10"69, *Poirot* [21] *1'10"70*. **88** Dangalakova [9] 1'7"95, Frenkevan [9] 1'8"74, Hörner [2] 1'8"83. **92** Roudkovskaia [97] 1'8", Nall [55] 1'8"17, Riley [5] 1'9"25. **96** Heyns [1] 1'7"73, Beard [55] 1'8"9, Riley [5] 1'9"18. **2000** Quann [55] 1'07"05, Jones [5] 1'07"49, Heyns [1] 1'07"55.

200 m brasse. **1924** Morton [22] 3'33"2. **28** Schrader [2a] 3'12"6. **32** Dennis [5] 3'6"3. **36** Maehata [30] 3'3"3. **48** Van Vliet [40] 2'57"2. **52** Szekely [24] 2'51"7. **56** Happe [2a] 2'53"1. **60** Lonsborough [22] 2'49"5. **64** Prozumenchikova [54] 2'46"4. **68** Wichman [55] 2'44"4. **72** Whitfield [5] 2'41"71. **76** Koshevaia [54] 2'33"35, Iurchenia [54] 2'36"08, Rusanova [54] 2'36"32. **80** Kachuschite [54] 2'29"54, Varganova [54] 2'29"61, Bogdanova [54] 2'32"39. **84** Ottenbrite [10] 2'30"38, Rapp [55] 2'31"15, Lempereur [7] 2'31"40. **88** Hörner [2] 2'26"71, Huang [61] 2'27"49, Frenkevan [9] 2'28"34. **92** Iwasaki [30] 2'26"65, Lin [61] 2'26"85, Nall [55] 2'26"88. **96** Heyns [1] 2'25"41, Beard [55] 2'25"75, Kovacs [24] 2'26"57. **2000** Kovacs [24] 2'24"35, Kowal [55] 2'24"56, Beard [55] 2'25"35.

200 m quatre nages. **1968** Kolb [55] 2'24"7. **72** Gould [5] 2'23"7. **84** Caulkins [55] 2'12"64. **88** Hunger [2] 2'12"59, Dendeberova [54] 2'13"31, Lung [44] 2'14"85. **92** Lin [61] 2'11"65, Sanders [55] 2'11"91, Hunger [2a] 2'13"92. **96** Smith [27] 2'13"93, Limpert [10] 2'14"35, Li Lin [61] 2'14"74. **2000** Klochkova [53] 2'10"68, Caslaru [44] 2'12"57, Teuscher [55] 2'13"32.

400 m quatre nages. **1964** De Varona [55] 5'18"7. **68** Kolb [55] 5'8"5. **72** Neall [5] 5'2"97. **76** Tauber [2] 4'42"77, Gibson [10] 4'48"10, Smith [10] 4'50"48. **80** Schneider [22] 4'36"29, Davies [22] 4'46"83, Czopek [42] 4'48"17. **84** Caulkins [55] 4'39"24, Landells [5] 4'48"30, Zindler [3] 4'48"57. **88** Evans [55] 4'37"76, Lung [44] 4'39"46, Hunger [2] 4'39"76. **92** Egerszegi [24] 4'36"54, Lin [61] 4'36"73, Sanders [55] 4'37"58. **96** Smith [27] 4'39"18, Wagner [55] 4'42"3, Egerszegi [24] 4'42"53. **2000** Klochkova [53] 4'33"59, Tajima [30] 4'35"96, Caslaru [44] 4'37"18.

4 × 100 m nage libre. **1912** G.-B. 5'52"8. **20** USA 5'11"6. **24** USA 4'58"8. **28** USA 4'47"6. **32** USA 4'38". **36** P.-Bas 4'36". **48** USA 4'29"2. **52** Hongrie 4'24"4. **56** Australie 4'17"1. **60** USA 4'8"9. **64** USA 4'3"8. **68** USA 4'2"5. **72** USA 3'55"19. **76** USA 3'44"82, All. dém. 3'45"50, Can. 3'48"81. **80** All. dém. 3'42"71, Suède 3'48"93, P.-Bas 3'49"51. **84** USA 3'43"43, P.-Bas 3'44"40, All. féd. 3'45"56. **88** All. dém. 3'40"63, P.-Bas 3'43"39, USA 3'44"25. **92** USA 3'39"46, Chine 3'40"12, All. 3'41"60. **96** USA 3'39"29, Chine 3'40"48, All. 3'41"48. **2000** USA 3'36"61, P.-Bas 3'39"83, Suède 3'40"30.

4 × 100 m quatre nages. **1960** USA 4'41"1. **64** USA 4'33"9. **68** USA 4'28"3. **72** USA 4'20"7. **76** All. dém. 4'7"95, USA 4'14"55, Can. 4'15"22. **80** All. dém. 4'6"67, G.-B. 4'12"24, URSS 4'13"61. **84** USA 4'8"34, All. féd. 4'11"97, Can. 4'12"98. **88** All. dém. 4'3"74, USA 4'7"90, Can. 4'10"49. **92** USA 4'2"54, All. 4'5"19, CEI 4'6"44. **96** USA 4'2"88, Australie 4'5"8, Chine 4'7"34. **2000** USA 3'58"30, Australie 4'01"59, Japon 4'04"16.

4 × 200 m nage libre. **1996** USA 7'59"87, All. 8'1"55, Australie 8'5"47. **2000** USA 7'57"80, Australie 7'58"52, All. 7'58"64.

Plongeon du tremplin. **1920** Riggin [55]. **24** Becker [55]. **28** Meany [55]. **32** Coleman [55]. **36** Gestring [55]. **48** Draves [55]. **52, 56** McCormick [55]. **60, 64** Kramer [2]. **68** Gossick [55]. **72** King [55]. **76** Chandler [55], Kohler [2], Potter [55]. **80** Kalinina [54], Proeber [2], Guthke [2]. **84** Bernier [10], McCormick [55], Seufert [55]. **88** Gao [61], Li [61], McCormick [55]. **92** Gao [61], Lachko [95], Baldus [2a]. **96** Mingxia Fu [61], Lachko [95], Pelletier [10]. **2000** Mingxia Fu [61], Guo Jingjing [61], Lindner [2a].

Plongeon de haut-vol. **1912** Johansson [45]. **20** Fryland Clausen [14]. **24** Smith [55]. **28** Pinkston [55]. **32, 36** Hill-Poynton [55]. **48** Draves [55]. **52, 56** McCormick [55]. **60** Kramer [2]. **64** Busch [55]. **68** Duchkova [58]. **72** Knape [45]. **76** Vaytsekhovskaia [54], Knape [45], Wilson [55]. **80** Jaschke [2], Emirzyan [54], Tsotadze [54]. **84** Zhou [61], Mitchell [55], Wyland [55]. **88** Xu [61], Mitchell [55], Williams [55]. **92** Mingxia Fu [61], Mirochina [95], Clark [55]. **96** Mingxia Fu [61], Walter [2a], Clark [55]. **2000** Wilkinson [55], Li [61], Montminy [10].

Plongeon synchronisé 3 m. **2000** Russie, Chine, Ukraine.

Plongeon synchronisé 10 m. **2000** Chine, Can., Australie.

Natation synchronisée. Solo. **1984** Ruiz [55], Waldo [10], Motoyoshi [30]. **88** Waldo [10], Ruiz-Conforto [55], Kotani [30]. **92** Babb-Sprague [55], Frechette [10], Okuno [30]. **Duo.** **1984** Costie-Ruiz [55], Hambrook-Kryczka [10], Kimura-Motoyoshi [30]. **92** Josephson-Josephson [55], Vilagos-Vilagos [10], Okuno-Takayama [30]. **2000** Brusnikina-Kisseleva [95], Tachibana-Takeda [30], *Dedieu-Lignot* [21]. **Ballet d'équipe.** **1996** USA, Can., Japon. **2000** Russie, Japon, Can.

Water-polo. **2000** Australie, USA, Russie.

■ **Pentathlon moderne. MESSIEURS. Individuel.** **1912** Liliehook [45]. **20** Dyrssen [45]. **24** Lindman [45]. **28** Thofelt [45]. **32** Oxenstierna [45]. **36** Handrick [2a]. **48** Grut [45]. **52, 56** Hall [45]. **60** Nemeth [24]. **64** Török [24]. **68** Ferm [45]. **72** Balczo [24]. **76** Pyciak-Peciak [42], Lednev [54], Bartu [48]. **80** Starostin [54], Szombathelyi [24], Lednev [54]. **84** Masala [28], Rasmusson [45], Massulo [28]. **88** Martinek [24], Massulo [28], Iagorachvili [54]. **92** Skrzypaszek [42], Mizser [24], Zenovka [95]. **96** Parygine [96], Zenovka [95], Martinek [24]. **2000** Svatkovsky [95], Balogh [24], Dovgal [97].

☞ **Épreuve supprimée : par équipes.** **1952** Hongrie. **56** URSS. **60** Hongrie. **64** URSS. **68** Hongrie. **72** URSS. **76** G.-B., Tchéc., Hongrie. **80** URSS, Hongrie, Suède. **84** It., USA, *France*. **88** Hongrie, It., G.-B. **92** Pol., CEI, It.

■ **Softball.** **1996** USA, Chine, Australie. **2000** USA, Japon, Australie.

■ **Taekwondo** (voir p. 1480 c). **MESSIEURS.** **2000.** **– 58 kg** Mouroutsos [23], Esparza [17], Huang [62]. **– 68 kg** Lopez [55], Sin [12], Saeibonehkohal [26]. **– 80 kg** Matos Fuentas [13], Ebnoutalib [2a], Estrada Garibay [34]. **+ 80 kg** Kim [12], Trenton [5], *Gentil* [21].

DAMES. **2000.** **– 49 kg** Burns [5], Melendez Rodriguez [13], Chi [62]. **– 57 kg** Jung [12], Tran [116], Bikcin [52]. **– 67 kg** Lee [12], Gundersen [36], Okamoto [30]. **+ 67 kg** Chen [61], Ivanova [95], Bosshart [10].

■ **Tennis. MESSIEURS. Plein air. Simple.** **1896** Boland [27]. **1900** Doherty [22]. **04** Wright [55]. **08** Ritchie [22]. **12** Winslow [1]. **20** Raymond [1]. **24** Richards [55]. **84** Edberg [45], Maciel [34]. **88** Mecir [48], Mayotte [55], Edberg [45] et Gilbert [55]. **92** Rosset [46], Arrese [17], Ivanisevic [90] et Cherkasov [95]. **96** Agassi [55], Bruguera [17], Paes [25]. **2000** Kafelnikov [95], Hass [2a], *Di Pasquale* [21]. **Double.** **1896** Irlande. **1900** G.-B. **04** USA. **08** G.-B. **12** Afr. du S. **20** G.-B. **24** USA. **88** Flach-Seguso [55], Sanchez-Casal [17], Mecir-Srejber [48] et Edberg-Jarryd [45]. **92** Becker-Stich [2a], Ferreira-Norval [1], Ivanisevic-Prpic [90] et Frana-Miniussi [4]. **96** Woodbridge-Woodforde [5], Broad-Henman [22], Goellner-Prinosil [2a]. **2000** Lareau-Nestor [10], Woodbridge-Woodforde [5], Corretja-Costa [17]. **Double mixte.** **1900** G.-B. **12** All. **20** *France*. **24** USA.

Courts couverts. Simple. **1908** Gore [22]. **12** *Gobert* [21]. **Double.** **1908** G.-B. **12** *France*. **Double mixte.** **1912** G.-B.

DAMES. Plein air. Simple. **1900** Cooper [22]. **08** Chambers [22]. **12** *Broquedis* [21]. **20** *Lenglen* [21]. **24** Wills [55]. **84** Graf [3], Goles [57]. **88** Graf [3], Sabatini [4], Garrison [55] et Maleeva [9]. **92** Capriati [55], Graf [2a], Sanchez [17] et Fernandez [55]. **96** Davenport [55], Sanchez [17], Novotna [101]. **2000** V. Williams [55], Dementieva [95], Seles [55]. **Double.** **1920** G.-B. **24** USA. **88** Shriver-Garrison [55], Novotna-Sukova [48], Smylie-Turnbull [5] et Graf-Kohde-Kilsch [3]. **92** M. J. et G. Fernandez [55], Sanchez-Martinez [17], McQuillan-Provis [5] et Meskhi-Zvereva [99]. **96** G. et M. J. Fernandez [55], Novotna-Sukova [101], Sanchez-Martinez [17]. **2000** V. Williams-S. Williams [55], Boogert-Oremans [40], Callens-Van Roost [7].

Courts couverts. Simple. **1908** Eastlake [22]. **12** Hannam [22].

■ **Tennis de table. MESSIEURS. Simple.** **1988** Yoo [12], Kim [12], Lindh [45]. **92** Waldner [45], *Gatien* [21], Ma Wenge [61]. **96** Liu Guoliang [61], Wang Tao [61], Rosskopf [2a]. **2000** Kong [61], Waldner [45], Liu [61]. **Double.** **1988** Chen-Wei [61], Lupulesku-Primorac [57], Ahn-Yoo [12]. **92** Lu Lin-Wang Tao [61], Fetzner-Roskopf [2a], Kang Hee-Lee Chul [12] et Kim Taek-Yoo Nam [12]. **96** Kong-Liu [61], Lu-Wang [61], Lee-Yoo [12]. **2000** Wang-Yan [61], Kong-Liu [61], *Chila-Gatien* [21].

DAMES. Simple. **1988** Chen [61], Li [61], Jiao [61]. **92** Deng Yaping [61], Qiao Hong [61], Hyun Jung [12]. **96** Deng Yaping [61], Chen Jing [62], Qiao Hong [61]. **2000** Wang Nan [61], Li Ju [61], Chen Jing [62]. **Double.** **1988** Hyun-Yang [12], Chen-Jiao [61], Fazlic-Perkucin [57]. **92** Deng Yaping-Qiao Hong [61], Chen Zihe-Gao Jun [61], Li Bun-Yu Sun [11] et Hong Cha-Hyun Jung [12]. **96** Deng Yaping-Qiao Hong [61], Liu Wei-Qiao Yunping [61], Park-Ryu [12]. **2000** Li-Wang [61], Sun-Yang [61], Kim-Ryu [12].

■ **Tir. MESSIEURS. Carabine air comprimé 10 m.** **1984** *Heberlé* [21], Kronthaler [6], Dagger [22]. **88** Maksimovic [57], *Berthelot* [21], Riederer [3]. **92** Fedkine [95], *Badiou* [21], Riederer [2a]. **96** Khadjibekov [95], Waibel [6], *Amat* [21]. **2000** Cai [61], Khadjibekov [95], Aleinikov [95].

Carabine petit calibre (3 positions). **1952** Kongshaug [36]. **56** Bogdanov [54]. **60** Shamburkin [54]. **64** Wigger [55]. **68** Klingner [3]. **72** Writer [55]. **76** Bassham [55], Murdock [55], Seibold [3]. **80** Vlassov [54], Hartstein [2], Johansson [45]. **84** Cooper [22], Nipkow [46], Allan [22]. **88** Cooper [22], Allan [22], Ivanov [54]. **92** Petikian [94], Foth [55], Koba [30]. **96** *Amat* [21], Beliaev [96], Waibel [6]. **2000** Debevec [88], Hirvi [20], Stenvaag [36].

Carabine petit calibre (position couchée). **1908** Garnell [22]. **12** Hird [55]. **20** Nuesslein [55]. **24** *Coquelin de Lisle* [21]. **32** Ronnmark [45]. **36** Rogeberg [36]. **48** Cook [55]. **52** Sarbu [44]. **56** Ouellette [10]. **60** Kohnke [3]. **64** Hammerl [24]. **68** Kurka [48]. **72** Li [11]. **76** Smieszek [3], Lind [3], Lushchikov [54]. **80** Varga [24], Heilfort [2], Zapianov [9]. **84** Etzel [55], *Bury* [21], Sullivan [22]. **88** Varga [48], Cha [12], Zahonyi [24]. **92** Lee [12], Stenvaag [36], Pletikosic [57a]. **96** Klees [2a], Beliaev [96], Gonci [105]. **2000** Edman [45], Grimmel [14], Martynov [97].

Fosse olympique. **1900** *de Barbarin* [21]. **08** Ewing [10]. **12** Graham [55]. **20** Arie [55]. **24** Halasy [24]. **52** Genereux [10]. **56** Rossini [28]. **60** Dumitrescu [44]. **64** Mattarelli [28]. **68** Braithwaite [22]. **72** Scalzone [28]. **76** Haldeman [55], Silva-Marques [43], Baldi [28]. **80** Giovannetti [28], Iambulatov [54], Damme [2]. **84** Giovannetti [28], Boza [41], Carlisle [55]. **88** Monakov [54], Bednarik [48], Peeters [7]. **92** Hrdlicka [48], Watanabe [30], Venturini [28]. **96** Diamond [5], Lakatos [55], Bade [55]. **2000** Diamond [5], Peel [22], Pellielo [28].

Pistolet de tir rapide (vitesse olympique). **1896** Phrangudis [23]. **1900** *Larrouy* [21]. **08** Van Asbrock [7]. **12** Lane [55]. **20** Paraense [8]. **24** Bailey [55]. **32** Morigi [28]. **36** Van Oyen [2a]. **48, 52** Takacs [24]. **56** Petrescu [44]. **60** McMillan [55]. **64** Linnosvuo [20]. **68, 72** Zapedzki [42]. **76** Klaar [2], Wiefel [2], Ferraris [28]. **80** Ion [44], Wiefel [2], Pétritsch [6]. **84** Kamachi [30], Ion [44], Bies [20]. **88** Kouzmine [54], Schumann [2], Kovacs [24]. **92** Schumann [2a], Kouzmins [92], Vokhmianine [96]. **96** Schumann [2a], Milev [9], Vokhmianine [96]. **2000** Alifirenko [95], Ansermet [46], Raicea [44].

Pistolet libre (50 m). **1896** Paine [55]. **1900** Roederer [46]. **12** Lane [55]. **36** Ullman [45]. **48** Vasquez [41]. **52** Benner [55]. **56** Linnosvuo [20]. **60** Gustchin [54]. **64** Markhanen [20]. **68** Kosykh [54]. **72** Skanaker [45]. **76** Potteck [2], Vollmar [2], Dollinger [6]. **80** Melentev [54], Vollmar [2], Diakov [9]. **84** Haifeng Xu [61], Skanaker [45], Yifu Wang [61]. **88** Babii [44], Skanaker [45], Bassinski [54]. **92** Loukachik [97], Wang [61], Skanaker [45]. **96** Kokorev [95], Basinski [97], Di Donna [28]. **2000** Kiriakov [9], Basinski [97], Tenk [101].

Pistolet à air comprimé (10 m). **1988** Kiriakov [9], Buljung [55], Xu [61]. **92** Wang [61], Pyjianov [95], Babii [44]. **96** Di Donna [28], Yifu, Wang [61], Kiriakov [9]. **2000** *Dumoulin* [21], Wang [61], Basinski [97].

Skeet. **1968** Petrov [54]. **72** Wirnhier [3]. **76** Panacek [48], Swinkels [40], Gawlikowski [42]. **80** Rasmussen [14], Carlsson [45], Castrillo [13]. **84** Dryke [55], Rasmussen [14], Scribani-Rossi [28]. **88** Wegner [2], De Iruarrizaga [78], Guardiola [17]. **92** Shan Zhang [61], Yarur [41], Rossetti [28]. **96** Falco [28], Rzepkowski [42], Benelli [28]. **2000** Milchev [53], Malek [101], Graves [55].

Cible mobile. **1900** *Debray* [21]. **72** Zhelezniak [54]. **76** Gazov [54], Kedyarov [54], Grezkiewicz [42]. **80** Sokolov [54], Pfeffer [2], Gasov [54]. **84** Yuwei Li [61], Bellingrodt [63], Shiping Huang [61]. **88** Heiestad [36], Huang [61], Avramenko [54]. **92** Jakosits [2a], Asrabaev [98], Racansky [48]. **96** Yang [61], Xiao [61], Janus [101]. **2000** Yang [61], Moldovan [106], Niu [61].

Double trap. **1996** Mark [5], Pera [28], Zhang [61]. **2000** Faulds [22], Mark [5], Al Deehani [93].

☞ **Épreuves supprimées : fusil libre.** **1896** Karasevdas [23]. **1908** Millner [22] ; **par équipes : 1908** Norv. **12** Suède. **20, 24** USA ; **3 positions : 1896** Orphanidis [23]. **1908** Helgerud [36]. **12** *Colas* [21]. **20, 24** Fisher [55]. **48** Grunig [46]. **52** Bogdanov [54]. **56** Borissov [54]. **60** Hammerer [6]. **64, 68** Anderson [55]. **72** Wigger [55].

Fusil militaire. 300 m. 3 positions. **1900** Kellenberger [46]. **12** Prokopp [24] ; **debout : 1900** Madsen [14]. **20** Osburn [55] ; **à genoux : 1900** Staheli [46] ; **couché : 1900** *Paroche* [21]. **20** Olsen [36]. **600 m. Couché : 1920** Johansson [45] ; **position libre : 1920** *Colas* [21] ; **par équipes : 1900** Suisse. **08** USA. **12** USA. **20** Dan., USA.

Petit calibre. **1908** Fleming [22] et Styles [22]. **12** Carlberg [45].

Carabine miniature par équipes. **1908** G.-B. **12** Suède et G.-B. **20** USA.

Cerf courant. 1 projectile : individuel : 1908, 12 Swahn [45]. **20** Olsen [36]. **24** Boles [55] ; **par équipes : 1908, 12** Suède. **20, 24** Norv. **2 projectiles : individuel : 1908** Winans [55]. **12** Lundeberg [45]. **20, 24** Lilloe-Olsen [36] ; **par équipes : 1920** Norv. **24** G.-B. **1 et 2 projectiles.** **1952** Larsen [36]. **56** Romanenko [54].

Pigeons. Argile. Par éq. **1908** G.-B. **12, 20, 24** USA. **Vivants.** **1900** Lunden [7].

Revolver militaire. Par éq. : 1900 Suisse. **08** USA. **12** Suède et USA. **20** USA.

Tir. DAMES. Pistolet sport. **1984** Thom [10], Fox [55], Dench [5]. **88** Saloukvadze [54], Hasegawa [30], Sekaric [57]. **92** Logvinenko [95], Li [61], Munkhbayar [35]. **96** Li Duihong [61], Jorgova [9], Logvinenko [95]. **2000** Grozdeva [9], Tao [61], Evglevskaya [97].

Pistolet à air comprimé. **1988** Sekaric [57], Saloukvadze [54], Dobrantcheva [54]. **92** Logvinenko [95], Sekaric [57a], Grozdeva [9]. **96** Klochneva [95], Logvinenko [95], Grozdeva [9]. **2000** Tao [61], Sekaric [57], Forder [5].

Carabine air comprimé 10 m. **1984** Spurgin [55], Gufler [28], Wu [61]. **88** Chilova [54], Sperber [3], Maloukhina [54]. **92** Yeo [12], Letcheva [9], Binder [57a]. **96** Mauer [42], Horbneber [2a], Ivosev [57]. **2000** Johnson [55], Kang [12], Gao [61].

Carabine petit calibre. **1984** Xiaoxuan [61], Holmer [3], Jewell [55]. **88** Sperber [3], Letcheva [9], Tcherkassova [54].

Carabine petit calibre (3 positions). **1992** Meili [55], Matova [9], Ksiazkiewicz [42]. **96** Ivosev [57], Gerasimenok [95], Mauer [42]. **2000** Mauer-Rozanska [42], Goldobina [95], Feklistova [95].

Double trap. **1996** Rhode [55], Kiermayer [2a], Huddleston [5]. **2000** Hansen [45], Gelisio [28], Rhode [55].

Fosse olympique. **2000** Gudzineviciute [87], *Racinet* [21], Gao [61].

Skeet. **2000** Meftakhetdinova [107], Demina [95], Igaly [24].

■ **Tir à l'arc. Messieurs. Individuel. 1972** Williams [55]. **76** Pace [55], Michinaga [30], Ferrari [28]. **80** Poikolainen [20], Isachenko [54], Ferrari [28]. **84** Pace [55], McKiney [55], Yamamoto [30]. **88** Barrs [55], Park [12], Echeev [54]. **92** *Flute* [21], Chung [12], Terry [22]. **96** Huish [55], Petersson [45], Kyo-Moon Oh [12]. **2000** Faiweather [5], Wunderle [55], van Alten [40].

Par équipes. 1988 Corée du S., USA, G.-B. **92** Es., Finl., G.-B. **96** USA, Corée du S., It. **2000** Corée du S., It., USA.

☞ **Épreuves supprimées : cordon doré : 50 m 1900** *Herouin* [21] ; **33 m 1900** Van Innis [7]. **Au chapelet : 50 m 1900** *Mougin* [21] ; **33 m 1900** Van Innis [7]. **Sur la perche : à la herse 1900** *Foulon* [21] ; **à la pyramide 1900** *Grumiaux* [21]. **Double york round. 1904** Bryant [55]. **Double american round. 1904** Bryant [55]. **Team round. 1904** USA. **York round. 1908** Dod [22]. **Style continental : 50 m 1908** *Grisot* [21]. **Cible-oiseau fixe. 1920** Van Moer [7]. **Grand oiseau. 1920** Cloetens [7]. **Libre-oiseau mobile : 28 m 1920** Van Innis [7] ; **33 m 1920** Van Innis [7] ; **50 m 1920** *Brulé* [21] ; **par équipes 28 m** P.-Bas ; **33 m** Belg. ; **50 m** Belg.

Tir à l'arc. Dames. 1972 Wilber [55]. **76** Ryon [55], Kovpan [54], Rustamova [54]. **80** Losaberidze [54], Butuzova [54], Meriluoto [20]. **84** Seo Hyang-Soon [12], Hi Lingjuan [61], Kim Jin-Ho [12]. **88** Kim [12], Wang [12], Yun [12]. **92** Cho [12], Kim [12], Valeeva [106]. **96** Kyung-Wook Kim [12], Ying He [61], Sadovnycha [53]. **2000** Yoon [12], Kim Nam-Soon [12], Kim Soo-Nyung [12].

Par équipes. 1988 Corée du S., Indonésie, USA. **92** Corée du S., Chine, CEI. **96** Corée du S., All., Pol. **2000** Corée du S., Ukraine, All.

☞ **Épreuves supprimées : petite distance. 1904** Howell [55]. **Grande distance. 1904** Howell [55]. **50 et 60 yards. 1908** Newall [22]. **Par équipes. 1904** USA.

■ **Triathlon. Messieurs. 2000** Whitfield [10] 1 h 48'24"02, Vuckovic [2a] 1 h 48'37"58, Rehula [101] 1 h 48'46"64.

Dames. 2000 McMahon [46] 2 h 0'40"52, Jones [5], 2 h 0'42"55, Messmer [46] 2 h 01'08"83.

■ **Volley-ball. Messieurs. 1964, 68** URSS. **72** Japon. **76** Pol., URSS, Cuba. **80** URSS, Bulgarie, Roumanie. **84** USA, Brésil, It. **88** USA, URSS, Arg. **92** Brésil, P.-Bas, USA. **96** P.-Bas, It., Youg. **2000** Yougoslavie, Russie, It.

Dames. 1964 Japon. **68 72** URSS. **76** URSS, Japon, Corée du N. **80** URSS, All. dém., Bulgarie. **84** Chine, USA, Japon. **88** URSS, Pérou, Chine. **92** Cuba, CEI, USA. **96** Cuba, Chine, Brésil. **2000** Cuba, Russie, Brésil.

Beach Volley. Messieurs. 1996 Kiraly-Steffes [55], Dodd-Whitmarch [55], Child-Heese [10]. **2000** USA, Brésil, All. **Dames. 1996** Silva-Peres [8], Rodrigues-Samuel [8], Cook-Pottharst [5]. **2000** Australie, Brésil, Brésil.

■ **Yachting.** Les catégories de bateaux admis varient d'une olympiade à l'autre. **1900 :** *6 m (2 t) :* Suisse « *Lerina* » à de Pourtalès ; *8 m (3 t) : France « Ollé » à Exshaw ; 10 m :* All. « *Aschenbrodel* » à Wiesner ; *plus de 10 m : France « Esterel ».* **08 :** *6 m, 7 m, 8 m, 12 m :* G.-B. **12 :** *6 m : France ; 8 m :* Norv. ; *10 m :* Suède ; *12 m :* Norv. **20 :** *6 m :* Belg. (type ancien) ; *6 m :* Norv. (type nouveau) ; *6 m 50 :* P.-Bas (type nouveau) ; *7 m :* G.-B. (type ancien) ; *8 m :* Norv. (type ancien) ; *30 m :* Suède ; *40 m :* Suède. **24 :** *6 m :* Norv. ; *8 m :* Norv. **28 :** *6 m :* Norv. ; *8 m : France.* **32 :** *6 m :* Suède ; *8 m :* USA ; « *Star* » : USA ; « *Racer* » : *Lebrun* [21]. **36 :** *6 m :* G.-B. ; *8 m :* It. ; « *Star* » : All. **48 :** *6 m :* USA ; « *Dragon* » : USA ; « *Star* » : USA ; « *Swallow* » : G.-B. ; « *Firefey* » : Elvstrom [14]. **52 :** *5 m 50 :* USA ; *6 m :* Norv. ; « *Dragon* » : Norv. ; « *Star* » : It. ; « *Racer* » : Elvstrom [14]. **56 :** *5 m 50 :* Suède (« Rush V ») ; « *Finn* » : Elvstrom [14] ; « *Sharpie* » : Nlle-Zél. (« Jost ») ; « *Star* » : USA (« Kathleen ») ; « *Dragon* » : Suède (« Slaghoken II »). **60 :** « *Finn* » : Elvstrom [14] ; « *Flying Dutchman* » : Norv. ; « *Star* » : URSS ; « *Dragons* » : Grèce ; *5 m 50 :* USA. **64 :** « *Finn* » : Kuhweide [3] ; « *Flying Dutchman* » : Nlle-Zél. « *Star* » : Bahamas ; « *Dragon* » : Dan. ; *5 m 50 :* Australie. **68 :** « *Finn* » : Mankin [54] ; « *Flying Dutchman* » : Pattisson-Smith [22] ; « *Star* » : North [55] ; « *Dragon* » : Friedrich [55] ; « *5,50 m* » : Sundelin [45]. **72 :** « *Finn* » : *Maury* [21] ; « *Flying Dutchman* » : Pattisson [22] ; « *Star* » : Forbes [5] ; « *Tempest* » : Mankin [54] ; « *Soling* » : Melges [55] ; « *Dragon* » : Cuneo [5]. **76 :** « *Finn* » : Schumann [2], Balashov [54], Bertrand [5] ; « *Flying Dutchman* » : J. et E. Diesch [3], Pattisson-Houghton [22], Conrad-Rickert [8] ; « *Tornado* » : White-Osborn [22], McFaull-Rothwell [55], Spengler-Schmall [3] ; « *Tempest* » : Albrechtsson-Hansson [45], Mankin-Akimenko [54], Conner-Findlay [55] ; « *470* » : Huebner-Bode [3], Gorostegui-Millet [17], Brown-Ruff [5] ; « *Soling* » : Jensen-Hansen-Bandolowski [14], Kolius-Hoepfner-Glascow [55], Below-Engelhardt-Zachries [2]. **80 :** « *Finn* » : Rechardt [20], Mayrhofer [6], Balachov [54] ; « *Flying Dutchman* » : Abascal-Noguer [17], Wilkins-Wilkinson [27], S. et Z. Detre [24] ; « *Tornado* » : Welter-Bjorstroem [8], Due-Kjergrad [14], Marstrom-Ragnarsson [45] ; « *Star* » : Mankin-Muzichenko [54], Raudaschl-Ferstl [6], Georla-Praboni [28] ; « *470* » : Soares-Penido [8], Borowski-Swensson [2], Lindgren-Tallberg [20] ; « *Soling* » : Jensen-Bandolowski-Hansen [14], A. et B. Budnikov-Polyakov [54], Boudouris-Gavrilis-Rapanakis [23]. **84 :** « *Windglider* » : Van den Berg [40], Steele [55], Kendall [37] ; « *Finn* » : Coutts [37], Bertrand [55], Neilson [10] ; « *470* » : Doreste-Molina [17], Benjamin-Steinfeld [55], *Péponnet-Pillot* [21] ; « *Flying Dutchman* » : McKee-Buchan [55], McLaughlin-Bastet [10], Richards-Allam [22] ; « *Star* » : Buchan-Erickson [55], Griese-Marcour [3], Gorla-Peraboni [28] ; « *Soling* » : Haines-Trevelyan-Davis [55], Grael-Adler-Senfft [8], Foch-Kerr-Calder [10] ; « *Tornado* » : Sellers-Timms [37], Smyth-Glaser [55], Cairns-Anderson [5]. **88 :** « *Finn* » : Doreste [17], Holmberg [79], Cutler [37] ; « *470* » : *Péponnet-Pillot* [21], Tyniste-Tyniste [54], Shadden-McKee [55] ; « *Flying Dutchman* » : Bojsen Moller-Gronborg [14], Pollen-Bjorkum [36], McLaughlin-Millen [10] ; « *Star* » : Mc Intyre-Vaile [22], Reynolds-Haenel [55], Grael-Falcao [8] ; « *Soling* » : Schümann-Flach-Jaekel [2], Kostecki-Baylis-Billingham [55], Bank-Mathiasen-Secher [14] ; « *Tornado* » : Le Deroff-Hénard [21], Timms-Sellers [37], Grael-Freitas [8] ; « *Planche à voile* » : Kendall [37], Boersma [80], Gebhardt [55]. **92 : messieurs :** « *Finn* » : Garcia [17], Ledbetter [55], Monk [37] ; « *470* » : Calafat-Sanchez [17], Reeser-Burnham [55], T. et N. Toniste [18] ; « *Flying Dutchman* » : Esp., USA, Dan. ; « *Soling* » : Dan., USA, G.-B. ; « *Tornado* » : Loday-Hénard [21], Smith-Notary [55], Booth-Forbes [5] ; « *Star* » : Reynolds-Haenel [55], Davis-Cowie [37], McDonald-Jespersen [10] ; « *Planche à voile* » : *David* [21], Gebhardt [55], Kleppich [5]. **Dames :** « *470* » : Zabell-Guerra [17], Egnot-Shearer [37], Isler-Healy [55] ; « *Europe* » : Andersen [36], Via Dufresne [17], Trotman [55] ; « *Planche à voile* » : Kendall [37], Zhang [61], De Vries [40]. **96 : messieurs :** « *Laser* » : Scheidt [8], Ainslie [22], Moberg [36] ; « *470* » : Braslavets-Matvіyenko [53], Merricks-Walker [22], Rocha-Barreto [43] ; « *Tornado* » : Leon-Ballester [17], Booth-Landenberger [5], Grael-Pellicano [8] ; « *Soling* » : All., Russie, USA ; « *Star* » : Brésil, Suède, Australie ; « *Finn* » : Kusznierewicz [42], Godefroid [7], Heiner [40] ; « *Planche à voile* » : Kaklamanakis [23], Espinola [4], Fridman [89]. **Dames :** « *470* » : Zabell-Via Dufresne [17], Shige-Kinoshita [30], Pakholchik-Taran [53] ; « *Europe* » : Roug [14], Mathijsse [40], Becker-Dey [55] ; « *Planche à voile* » : Lee [109], Kendall [37], Sensini [28]. **2000 : messieurs :** « *470* » : King-Turnbull [5], Foerster-Merrick [55], Conte-De la Fuente [4] ; « *Finn* » : Percy [22], Devoti [28], Loof [45] ; « *Planche à voile* » : Sieber [6], Espinola [4], McIntosh [37]. **Dames :** « *470* » : Armstrong-Stowell [5], Isler-Glaser [55], Taran-Pakholchyk [53] ; « *Europe* » : Robertson [22], Matthysse [40], Amato [4] ; « *Planche à voile* » : Sensini [28], Lux [2a], Kendall [37]. **Mixtes :** « *Soling* » : Dan., All., Norvège ; « *49 ers* » : Johansson-Jarvi [20], Barker-Hiscocks [22], J. McKee-C. McKee [55] ; « *Laser* » : Ainslie [22], Scheidt [8], Blackburn [5] ; « *Tornado* » : Hagara-Steinacher [6], Bundock-Forbes [5], Gaebler-Schwall [2a] ; « *Star* » : Liljedahl-Reynolds [55], Covell-Walker [22], Ferreira-Grael [8].

☞ **Épreuves supprimées : classes :** 5 tonneaux, 5-1 tonneaux, 1-2 tonneaux, 2-3 tonneaux, 3-10 tonneaux, 10-20 tonneaux, open. **Mètres :** 5,50, 6, 6 (classification de 1907), 6,50, 7, 8, 8 (1907), 10, 10 (1907), 10, 10 (1907), 10 (1919), 12, 12 (1907), 12 (1919). **Mètres carrés :** 12, 30, 40. **Hirondelle. Dragon. Tempest. Flying Dutchman.**

■ **Sports de démonstration. Base-ball. Messieurs. 1988** USA, Japon, Porto Rico.

Pelote basque. Messieurs. 1992 *Main nue : individuel :* Esp., *France,* Cuba ; *double :* Esp., *France,* Mexique. *Paleta :* Esp., Mexique, Arg. *Paleta corta :* Esp., Mexique, Cuba. *Frontenis :* Mexique, Esp., Arg. *Cesta punta :* Esp., *France,* Mexique. *Main nue double trinquet :* Mexique, Esp., *France. Pelote cuir :* Arg., Esp., *France. Pelote gomme :* Arg., *France,* Esp. **Dames.** *Frontenis :* Mexique, Esp., Cuba.

Rink-hockey. Messieurs. 1992 Arg., Esp., It.

Taekwondo. Messieurs. 1988 *50 kg :* Kwon [12], Moreno [55], Torroella [34]. *54 kg :* Ha [12], Garcia [17], Darraj [81]. *58 kg :* Ji [12], Sanabria [17], Danesh [27]. *64 kg :* Chang [12], Yagiz [52], Kamal [82]. *70 kg :* Park [12], Sanchez [17], Jurado [34]. *76 kg :* Chung [12], D'Oriano [28], Wu [62]. *83 kg :* Lee [12], Hussein [15], Woznicki [3]. *+ de 83 kg :* Kim [55], Kim [12], Alvarez [17]. **92** *Mi-mouches :* Salim [14], Moreno [55], Sessmilo [17] et Aji [91]. *Mouches :* Colina [56], Talumewo [91], Seo [12] et Wang [62]. *Coqs :* Santamaria [34], Najem [10], Alise [28] et Fernandez [75]. *Plumes :* Kim [12], Boyali [52], Jung [10] et Massaccesi [28]. *Légers :* Martos [17], Askari [26], Khali [21] et Chou [62]. *Super-légers :* Ha [12], Lee [10], Somesarayi [26] et Al Qaimi [93]. *Moyens :* Perez [55], Godoy [17], Ibrahim [15] et Sbeihi [82]. *Lourds :* Kim [12], Oghenejobo [68], Hosking [5] et Hassan [15]. **Dames. 1988** *43 kg :* Chin [62], Lee [12], Marathamuthu [83]. *47 kg :* Choo [12], Naranjo [17], Pai [62]. *51 kg :* Chen [61], Holloway [55], Lopez [17]. *55 kg :* Christensen [14], Tan [52], Dolls [17]. *60 kg :* Hee [55], Schwartz [14], Van Duren [40]. *65 kg :* Limas [55], Kim [12], Bistuer [17]. *70 kg :* Kim [12], De Jongh [40], Navaz [17]. *+ de 70 kg :* Love [55], Jang [12], Franssen [10]. **92** *Mi-mouches :* Lo [62], Kurnia [91], Broadbent [22] et Amarillas [34]. *Mouches :* Cazorla [17], Muggiri [28], Tan [52] et Poindexter [55]. *Coqs :* Hwang [12], Murray [55], *Noble* [21] et Hii [83]. *Plumes :* Tung [62], Ergin [52], Weaver [34] et Lucero [75]. *Légères :* Chen [62], Susilawati [91], Jeung [12] et El Ouacef [65]. *Super-légères :* Morales [17], *Geffroy* [21], Vettese-Baert [10] et Laney [55]. *Moyennes :* Lee [12], King [10], Parmley [5] et Drosidou [23]. *Lourdes :* Ruiz [17], Graham [37], Love [55] et Carmona [56]. (Voir p. 1479 b.)

Judo. Dames. 1988 *48 kg :* Li [61], Esaki [30], Reardon [5]. *52 kg :* Rendle [22], *Brun* [21], Giungi [28]. *56 kg :* Williams [5], Liu [61], *Arnaud* [21]. *61 kg :* Bell [22], Roethke [55], Mochida [30]. *66 kg :* Saaki [30], *Deydier* [21], Hartl [6]. *72 kg :* Berghmans [7], Bae [12], Classen [3]. *+ de 72 kg :* Seriese [40], Gao [61], Sigmund [3].

■ **Sports supprimés. Cricket. 1900** G.-B. **Croquet. 1 balle. 1900** *Aumoitte* [21]. **2 balles. 1900** *Waydelick* [21]. **Doubles. 1900** *France.* **Roque. 1900** Jacobus [55]. **Golf. Messieurs. 1900** Sands [55]. **04** Lyon [10]. **Dames. 1900** Abbott [55]. **Par équipes. 1904** USA. **Lacrosse. 1904** Can. **08** Can. **Motonautisme. Open. 1908** *Thubron* [21]. **8 m. 1908** Thornycroft-Redwood [22]. **Moins de 60 pieds. 1908** Thornycroft-Redwood [22]. **Paume. 1908** Jay Gould [55]. **Polo. 1900** G.-B. **08** G.-B. **20** G.-B. **24** Arg. **36** Arg. **Rackets. Simples. 1908** G.-B. **Doubles. 1908** G.-B. **Rugby. 1900** *France.* **08** Australie. **20** USA, *France.* **24** USA, *France.* **Tir à la corde. 1900** Suède. **04** USA. **08** G.-B. **12** Suède. **20** G.-B.

■ **Handicapés (athlétisme). Messieurs. 1 500 m fauteuil roulant. 1988** *Badid* [21] *3'33"51*, Van Winkel [7] 3'33"61, Blanchette [55] 3'34"37. **92** *Issorat* [21] *3'13"92*, Nietlispach [46] 3'14"07, Noss [55] 3'14"76. **96** *Issorat* [21] *3'15"18*, Hollonbeck [55] 3'15"30, Nietlispach [46] 3'16"41. **2000** Mendoza [34] 3'06"75, Issorat [21] 3'07"65, Frei [46] 3'07"82.

Dames. 800 m en fauteuil roulant. 1988 Hedrick [55] 2'11"49, Hansen [14] 2'18"29, Cable-Brooks [55] 2'18"68. **92** Hansen [14] 1'55"62, Driscoll [55] 1'56"56, Wetterström [45] 1'56"57. **96** Sauvage [5] 1'54"90, Driscoll [55] 1'55"19, Becerra [55] 1'55"49. **2000** Sauvage [5] 1'56"07, Tsuchida [30] 1'56"49, Hernandez [34] 1'56"59.

Jeux méditerranéens (JM). Idée lancée en 1948 par Mohamed Taher Pacha (1879-1970, vice-Pt du CIO et Pt du CO égyptien), pour réunir les athlètes du bassin méditerranéen. **1951** Iers à Alexandrie, 10 nations, 734 concurrents. **1961** Comité international des JM créé. **1967** Ves jeux à Tunis, ouverts aux femmes ; **1983** Casablanca ; **1987** Lattaquié ; **1991** Athènes ; **1993** Agde-Languedoc-Roussillon, 28 pays, 3 500 athlètes ; sur 703 médailles, *France 195* (dont or 84), Italie 126 (dont or 38), Espagne 89, Grèce 66, Turquie 65. **1997** XIIIe jeux à Bari (Italie), 21 pays, 3 500 athlètes, 27 disciplines ; Italie 196 médailles (dont or 75), *France 149* (dont or 57). **2000** Tunis, 21 pays, 3 800 athlètes.

JEUX

☞ Pour découvrir la sélection **Quid** des meilleurs sites Internet sur les jeux, rendez-vous sur **www.quid.fr**

JEUX DE SOCIÉTÉ

JEUX DE CARTES

■ **Origine.** Très ancienne. Connus en Chine vers le xe s. Semblent liés au développement du papier et de la gravure sur bois. **Vers 1370** arrivent en Europe (via le Proche-Orient) et s'y répandent très vite. 3 types de « couleurs » émergent dès le xve s. : *françaises* (cœurs, piques, carreaux, trèfles), *latines* (coupes, épées, bâtons, deniers), *germaniques* (cœurs, feuilles, glands, grelots). **Vers 1430** en Italie, naissent les *tarots* : cartes ordinaires auxquelles est jointe une série dite « triomphes » ou « atouts ».

Les plus anciens jeux conservés (xve s.) sont souvent des fantaisies d'artistes richement enluminées. Toutes les techniques de la gravure ont été utilisées en Europe, alors qu'en Inde on peint encore les cartes (généralement rondes) à la main. Outre les cartes chinoises, il existe des cartes japonaises, empruntées aux Portugais au xvie s.

■ **Désignation. Cœur :** *roi* Charles (Charlemagne, emp. d'Occident), *dame* Judith (héroïne de la Bible), *valet* Lahire (officier du roi Charles VII). **Pique :** *roi* David (roi d'Israël), *dame* Pallas (Athéna, déesse protectrice des arts), *valet* Ogier (héros de chansons de geste). **Carreau :** *roi* César (emp. romain), *dame* Rachel (héroïne de la Bible), *valet* Hector (héros de la g. de Troie). **Trèfle :** *roi* Alexandre (Grèce-Perse), *dame* Argine (fille du roi d'Argos), *valet* Lancelot (héros des romans de la Table ronde).

■ **Musées.** *Musée français de la carte à jouer* (16, rue Auguste-Gervais, 92130 Issy-les-Moulineaux). *Museo del Naipe Fournier* (Vitoria, Espagne). *Deutsches Spielkarten-Museum* (Leinfelden-Echterdingen, All.). *Spielkartenmuseum* (Altenburg, All.). *Nationaal Museum van de Speelkaart* (Turnhout, Belgique). *The Playing Card Museum* (Cincinnati, Ohio, USA). *Musée mémorial des cartes à jouer de Miike* (Omuta, Japon).

■ **Statistiques** (France, en millions, 2000). **Production** France-Cartes 30, SA Héron 9,7. **Importation** 7,5.

☞ **Le plus ancien fabricant français :** Baptiste-Paul Grimaud, établi en 1848, introducteur des cartes à coins ronds à partir de 1858. Quasi-monopole de 1910 à 1945.

■ **Prix de jeux anciens.** *Flamand du XVe s.* 1 000 000 de F. *Jeux anciens (d'avant 1914)* 400 à 30 000 F. *Carte enluminée du XVe s.* 800 000 F en 1991. *Jeu Louis XIV (1690)* 52 000 F en 1991.

■ BRIDGE

☞ *Abréviations :* c. : cartes ; j. : joueur(s)

■ **Origine. XVe s.** Né avec le tarot, le principe de l'atout est adapté aux cartes ordinaires et nommé *triomphe.* Se répand en Espagne *(triunfo),* en Allemagne *(trumpf)* et en Angleterre *(french trump :* « triomphe français ») [XVIe s.]. Chaque joueur reçoit alors 5 cartes et l'atout est désigné par la retourne. **Début XVIIe s.** *English trump,* dit aussi *whisk :* 12 cartes données à chacun. **1674** codifié devient *whist (*de *whist :* « chut »). **1742** Edmund Hoyle publie un traité de whist. **Vers 1750** introduction sur le continent, avec les termes *partner* (« partenaire ») et *slam* (« chelem »). **1780** whist « bostonien » ou *boston :* enchères par levées. **Vers 1810** apparition de la hiérarchie des couleurs (boston de Fontainebleau) ; **vers 1818** du sans atout (le « quatre-couleurs » du boston de Lorient). **XIXe s.** variantes : bridge à trois avec un mort (décrit par Deschapelles en 1842), contre et surcontre, formes élémentaires d'enchères. **Vers 1885** apparition du *bridge,* en Angleterre sous la forme *Birich* (« qui n'existe pas » en russe). Adopté aux USA et en France. **Vers 1890** *bridge aux enchères (auction bridge) :* l'atout est désigné par le donneur qui peut passer pour déléguer ce choix à son partenaire (d'où l'explication par l'anglais *to bridge :* « jeter un pont ») ; *bridge-plafond :* seul le joueur qui demande la manche marque la prime correspondante. **Vers 1925** Harold Vanderbilt et Ely Culbertson mettent au point le *bridge-contrat (contract bridge) :* le camp qui remporte l'enchère ne marque que ce qu'il a annoncé. Introduction de la notion de vulnérabilité. **1932** Féd. mondiale de bridge créée. **1933** Féd. française de bridge créée. **1935** 1ers championnats du monde. **1949** Charles Goren (USA, 1901-91) invente une nouvelle méthode de comptage (*Point-count bridge).* Après l'essor des enchères « naturelles », succès, dans les années 50, des systèmes conventionnels (trèfles romain, napolitain, monaco, etc.), puis triomphe de la « majeure cinquième » (ouverture avec 5 cartes à pique ou à cœur).

■ **Points de partie.** En 2 manches : 700 ; en 3 manches : 500. *Partie interrompue :* gagnant d'une manche : 300.

■ **Jeux possibles.** 635 013 559 600 « mains ». Factorielle 52 (nombre total de cartes)/factorielle 13 (nombre de cartes d'un joueur) × factorielle 39 (nombre de c. détenues par les autres j.). **Coups différents :** plus de 50 milliards de milliards de milliards.

■ **As et honneurs.** 4 as dans la même main toutes les 379 donnes en moyenne ; 5 honneurs d'atout toutes les 2 019 donnes et 4 toutes les 93 ; 4 honneurs chez l'un et le 5e chez l'autre, toutes les 279. **Un joueur a en relevant son jeu :** 30,38 % de chances de trouver 0 as ; 43,84 : 1 as ; 21,35 : 2 as ; 4,12 : 3 as ; 0,26 : 4 as. **Chances de répartition des as** (en %) : *1111* (soit 1 dans chaque main) : 10,55 ; *2110 :* 58,43 ; *2200 :* 13,48 ; *3100 :* 16,48 ; *4000 :* 1,06.

■ **Couleurs. Chances d'avoir des couleurs longues** (en %) : 35,08 (4 cartes) ; 44,33 (5) ; 16,54 (6) ; 3,54 (7) ; 0,47 (8) ; 0,04 (9 et plus) ; **courtes :** chicane 5,10 ; une 30,55 ; deux 53,81 ; trois 10,54.

Colonne des tricks	Marque du bridge-contrat	Non contré	Contré	Surcontré
	Chaque trick (levée) demandé et fait :			
	à trèfle ou à carreau ..	20	40	80
	à cœur ou à pique ...	30	60	120
	à sans atout :			
	le 1er	40	80	160
	chacun des suivants	30	60	120
	100 points de tricks font une manche			

Colonne des honneurs		Non Vulnérable	Vulnérable
	Levées supplémentaires :		
	non contrées	Valeur du trick	
	contrées	100	200
	surcontrées	200	400
	Contrats contrés ou surcontrés et réussis :		
	bonification	50	
	Levées manquantes :		
	non contrées	50	100
	contrées :		
	la 1re	100	200
	les suivantes	200	300
	A partir de la 4e levée.	300	
	surcontrées :		
	la première	200	400
	les suivantes	400	600
	A partir de la 4e levée .	600	
	Dans une couleur d'atout :		
	4 honneurs dans une seule main		100
	5 honneurs – une –		150
	A sans atout : 4 as dans une seule main		150
	Petit chelem : non vulnérable		500
	vulnérable		750
	Grand chelem : non vulnérable		1 000
	vulnérable		1 500

■ **Scores les plus hauts possibles. Chute de l'adversaire** ayant demandé 7 levées à la couleur ou 7 sans atout qui est contré et surcontré et vulnérable. S'il ne fait aucune levée : 1re levée de chute 400, 12 levées de chute suivantes (à 600 points) 7 200, tous les honneurs 150. *Total : 7 750.*

Annonce réussie : un sans atout, contré, surcontré, vulnérable et l'on réussit toutes les levées : 1re levée (40 × 4) 160, 6 levées supplémentaires (400 × 6) 2 400, 2e robre gagnant 700, tous les honneurs 150, réalisation du surcontré 50 (plus haut score possible). *Total : 3 460.*

■ **Principales épreuves. Championnats du monde. Open (principalement messieurs). Bermuda Bowl, Coupe des Bermudes** *(créée* 1950). *Annuelle, puis actuellement tous les 2 ans.* **1950-51, 53-54** USA. **55** G.-B. **56** France. **57-59, 61-63, 65-67, 69** Italie. **70-71** USA. **73-75** Italie. **76-77, 79, 81, 83, 85, 87** USA. **89** Brésil. **91** Islande. **93** P.-Bas. **95** USA. **97** France. **99** *reporté.* **2000** USA. **Dames (Coupe de Venise). 1974, 76, 78** USA. **81, 85** G.-B. **87, 89, 91, 93** USA. **95** All. **97** USA. **99** *reporté.* **2000** P.-Bas.

Olympiades mondiales. Par éq. de 4 (*créées* 1960). *Tous les 4 ans.* **Open** (principalement messieurs). **1960** France. **64, 68, 72** Italie. **76** Brésil. **80** France. **84** Pologne. **88** USA. **92, 96** France. **2000** It. **Dames. 1960** Égypte. **64** G.-B. **68** Suède. **72** It. **76, 80, 84** USA. **88** Danemark. **92** Autriche. **96, 2000** USA.

Championnats du monde. Par paires (*créés* 1962). *Tous les 4 ans.* **Open. 1962** France. **66** P.-Bas. **70** Autriche. **74** USA. **78** Brésil. **82, 86** USA. **90** Brésil. **94, 98** Pologne. **Dames. 1962, 66** G.-B. **70** USA. **74** G.-B. **78, 82, 86, 90** USA. **94** P.-Bas. **98** USA. **Par éq. (Coupe Rosenblum).** *Tous les 4 ans.* **1978** Pologne. **82** France. **86** USA. **90** All. **94** Pologne. **98** Italie.

Championnats d'Europe (*créés* 1932). **Open. 1987, 89** Suède. **91** G.-B. **93** Pologne. **95, 97, 99** Italie. **Dames** (*créés* 1932). **1987** France. **89** P.-Bas. **91** Autriche. **93** Suède. **95** France. **97, 99** G.-B. **Mixte. Par paires** (*créés* 1990). **1990, 92** France. **94** All. **96** Autriche. **98** Suède. **2000** Italie. **Par éq. 1990, 92** France. **94** P.-Bas. **96, 98** *France.* **2000** Danemark.

Master's. (*Créés* 1992). *Tous les 2 ans.* **Open. 1992** P. Gawrys (Pol.). **94** Baldurson (Islande). **96** Helgemo (Norvège). **98** Chemla (France). **2000** Sementa (Italie). **Dames. 1992** M. Erhart (Autr.). **94** Smith (G.-B.). **96** Delor (France). **98** Zur-Albu (Israël). **2000** Cronier (France).

■ **Joueurs. Classement** publié tous les ans par la Féd. française de bridge. Fondé sur le nombre de performances et de points d'expert gagnés dans les championnats. *4 séries :* non classés, 4e, 3e, 2e et 1res séries subdivisées : trèfle, carreau, cœur, pique, promotion. **Nombre de joueurs :** *France* 2 500 000 (250 000 pour les épreuves homologuées par la Féd. française de bridge), 98 000 adhérents à la féd. *USA* et *Canada* 200 000 affiliés à la féd. **Clubs :** *France* 1 250 affiliés à la féd. mais il en existe d'autres non affiliés.

CARTES MANQUANTES D'UNE COULEUR
Répartition probable chez les adversaires

Vous avez dans votre camp	Il y a chez l'adversaire	Répartition entre les deux adversaires	
11 cartes ..	2 cartes	1-1	52 fois sur cent
		2-0	48 –
10 – ..	3 –	2-1	78 –
		3-0	22 –
9 – ..	4 –	3-1	50 –
		2-2	40 –
		4-0	10 –
8 – ..	5 –	3-2	68 –
		4-1	28 –
		5-0	4 –
7 – ..	6 –	4-2	48 –
		3-3	36 –
		5-1 ou 6-0	16 –
6 – ..	7 –	4-3	62 –
		5-2	31 –
		6-1 ou 7-0	7 –
5 – ..	8 –	5-3	47 –
		4-4	33 –
		6-2, 7-1 ou 8-0	20 –

Meilleurs joueuses et joueurs mondiaux. ARNIM (von) Daniela. BELLADONA Giorgio (1923-95). BRANCO Marcello. CHAGAS Gabriel. CULBERTSON Ely (Amér. 1891-1955). EISENBERG Billy. FORQUET Pietro. GAROZZO Benito. HAMILTON. HAMMAN Robert. MAHMOOD Zia. MARTEL Charles. MECKSTROTH Jef. MEYERS Jill. REESE Terence. RODWELL Eric. ROSS. RUBIN. SHARIF Omar. SKOLOW Tobi. SOLOWAY Paul (Amér., né 1909). STANSBY Lewis. STAYMAN Sam. VRIEND Bep. WOLF Bob.

Meilleurs joueurs français. Messieurs. ABECASSIS Michel. ADAD Pierre. ALBARRAN Pierre (1893-1960). AUJALEU Maurice. BACHERICH René (1906-96). BESSY Michel. BITRAN Albert. BOULENGER Jean-Michel (1934-86). BOMPIS Marc. BOURCHTOF Gérard. CHEMLA Paul. CORN Michel. COVO Félix. CRONIER Philippe. DELMOULY Claude. DESROUSSEAUX Christian (1965-95) ; Gérard (1927-89). FAIGENBAUM Albert. GHESTEM Pierre. JAIS Pierre (1913-88). LEBEL Michel. LEENHARDT François. LEVY Alain. MARI Christian. MEYER Jean-Paul. MOUIEL Hervé. MULTON Franck. DE NEXON Robert (1891-1967). PALADINO Fivo. PARIENTE Jacques. PERRON Michel. PILON Dominique. POUBEAU Dominique. QUANTIN J.-Christophe. REIPLINGER Robert. ROMANET Bertrand. ROUDINESCO Jean-Marc. SOULET Philippe. STETTEN Jacques. STOPPA Jean-Louis. SZWARC Henri. THERON Georges (1922-70). TINTNER Léon. TREZEL Roger (1918-86). VIAL Edmond. **Dames.** ALLOUCHE-GAVIARD Danièle. AVON Danièle. BESSIS Véronique. BLOUQUIT Claude. BORDENAVE Hélène. CHEVALLEY Ginette. COHEN Nadine. CRONIER Bénédicte. DELOR Élisabeth. GUILLAUMIN Catherine. HUGON Élisabeth. KITABGI Anne-Marie. LISE Colette. OVIDIO (d') Catherine. PIGEAUD Fabienne. RIBEROL Colette. SAUL Catherine. SERF Marianne. SUSSEL Andrée. VALENSI Odile. WILLARD Sylvie. ZUCCARELLI Hélène.

■ AUTRES JEUX DE CARTES

■ **Aluette. Origine :** Espagne. Introduit en France au XVe s. Se joue avec 48 cartes spéciales, les couleurs étant remplacées par des catégories (denier, coupe, bâton, épée). Des mimiques codifiées permettent de faire connaître son jeu à son partenaire.

■ **Barbu** (ou Bambu). **Origine :** début du XXe s. Jeu de levées à l'envers. Il faut respecter 7 contrats ayant des règles et des objectifs propres.

■ **Bataille. Origine :** vers 1820. Jeu élémentaire reposant sur le mécanisme de la levée. Se joue à 2 avec un jeu de 32 ou 52 cartes. Les 4 couleurs sont équivalentes. **Ordre :** as, roi, dame, valet, 10, 9... On prend une carte avec une carte plus forte.

■ **Belote** (ou belotte). **Origine :** Europe centrale et Hollande *(Klaverjas).* Introduit en France au début du XXe s. Se joue à 2 ou à 4 (par équipes de 2) avec un jeu de 32 cartes. Jeu de levées et de combinaisons. **But :** faire le max. de points. **Ordre :** as, 10, roi, dame, valet, 9, 8, 7. Sauf dans la couleur d'atout : valet, 9, as, 10, roi, dame, 8, 7. **Variantes :** belote bridgée : fait intervenir l'annonce de sans atout, contre et surcontre ; belote contrée : les joueurs proposent au cours des annonces de faire un certain nombre de points minimal à une couleur donnée. **Pratique** (France) : 35 000 000 dont en compétition environ 4 000 000.

■ **Bésigue. Origine :** Limousin, dérivant du *mariage* ou de la *brisque.* Apparaît vers 1840 ; se joue à 2 avec 2 jeux de 32 c. Jeu de levées et de combinaisons. Le bésigue est la réunion de la dame de pique et du valet de carreau.

■ **Canasta.** Panier en espagnol. Inventé en Uruguay vers 1940. Se joue à 4 avec 2 jeux de 52 cartes et 4 jokers. **But :** se débarrasser de ses cartes (reçues ou tirées d'un talon après défausse) en formant des séries de cartes d'une même valeur allant du brelan (3) à la canasta (7).

■ **Chasse-cœur.** Pratiqué dans le nord de la France et en Wallonie. Se joue à 4 avec 1 jeu de 52 cartes. **But :** éviter de ramasser dans les levées les dames et les cœurs. 1 dame vaut 13 points, chaque cœur 1 pt. Les levées se font en suivant la couleur demandée sans monter nécessairement. **Gain :** faire le moins de points ou toutes les levées ; les adversaires sont alors pénalisés de 64 pts.

■ **Crapette.** Entre le jeu de carte et la réussite. Se joue à 2 avec 2 jeux de 52 cartes. **But :** se débarrasser le premier de toutes ses cartes.

■ **Écarté.** Apparu en France début XIXe s. Dérive du *Triomphe* (connu au XVe s.). 2 joueurs. Jeu de levées dans lequel on peut écarter des cartes.

■ **Gin-rummy.** Variante du *rami.* 2 joueurs. Se joue avec 2 jeux de 52 cartes et sans joker. **But :** se débarrasser de ses cartes en formant des brelans (3 cartes) ou des suites.

■ **Macao.** Variation du vingt-et-un.

■ **Manille. Origine :** Espagne. Surtout répandu dans le midi de la France (très populaire au XIXe s.). Plusieurs variantes. *Manille parlée :* avec 32 cartes [ordre décroissant : 10 (dit manille) vaut 5, as (dit manillon) vaut 4, roi 3, dame 2, valet 1]. Se joue à 3, 4, 5 ou 6. Jeu de levées dans lequel il faut réaliser le maximum de points.

■ **Nain jaune. Origine :** incertaine. Connu au XVIIIe s. sous le nom de *lindor.* 3 à 8 joueurs. Se joue avec 52 cartes, des jetons et un plateau sur lequel sont représentées les *belles cartes* (au centre, le 7 de carreau tenu par un nain jaune qui est la carte maîtresse, aux angles, le 10 de carreau, le valet de trèfle, la dame de pique et le roi de cœur). **Principe :** un joueur fait *grand opéra* quand il peut se défaire de toutes ses cartes. Il prend alors toutes les mises du carton et reçoit des joueurs autant de jetons qu'ils ont de cartes en main.

■ **Piquet.** Sans doute très ancien, aurait été pratiqué par Charles VII. 2 joueurs. Se joue avec 32 cartes. Jeu de combinaisons et de levées.

■ **Poker. Origine :** Louisiane au début du XIXe s. Le mot vient de l'anglais « tisonnier » (le joueur attise son partenaire). Se joue de 2 à 7 joueurs et avec un jeu de 52 cartes. La durée de la partie se fixe avant de commencer. **Ordre des cartes** (dans chacune des couleurs) : as, roi, dame, valet, 10, 9, etc. **But :** exposer la combinaison de cartes la plus forte. **Définitions :** *flush royal (quinte royale) :* 5 cartes d'une même couleur et qui se suivent. *Carré :* 4 c. de même valeur. *Couleur :* 5 c. d'une seule couleur et qui ne se suivent pas. *Full :* 1 brelan (3 c. de même valeur) et 1 paire (2 c. de même valeur) avec avantage au brelan en cas d'égalité. *Séquence :* 5 c. qui se suivent. *Quinte (ou flush) :* 5 c. quelconques mais d'1 seule couleur.

	Nombre de mains possibles	Chances d'avoir de telles mains
Flush royal	4	649 739 à 1
Autre flush	36	72 192 à 1
Carré	624	4 164 à 1
Full	3 744	69 à 13
Couleur	5 108	508 à 1
Quinte	10 200	254 à 1
Brelan	54 912	46 à 1
Deux paires	123 552	20 à 1
Une paire	1 098 240	4 à 3
Rien	1 302 540	1 à 1
Total	*2 598 960*	

■ **Rami. Origine :** Amérique latine vers 1920. 2 à 6 joueurs. Se joue avec 52 cartes et 1 joker. Jeu de combinaisons dont le but est de se débarrasser de toutes ses cartes *(faire rami).*

■ **Réussite** ou **patience.** 1 seul joueur qui doit placer ou employer ses cartes selon un ordre ou des combinaisons déterminées.

■ **Reversi. Origine :** introduit en France au XVIe s. Se joue à 4 avec 48 cartes (on ôte les 10). **But :** il faut faire soit le moins de levées et le moins de points possible, soit toutes les levées *(faire reversi).*

■ **Tarots.** Nom utilisé pour la 1re fois en 1519. **Origine :** début du XVe s. dans les cours princières d'Italie du Nord (appelé *trionfi*). Les plus anciens datent de 1430. *Vers 1500* introduit en France et *vers 1750* en Allemagne où l'on change les images contre des couleurs françaises et des scènes conservées encore aujourd'hui. *Fin XVIIIe s.* sert à la divination. **Règles :** 3, 4 ou 5 joueurs. Jeu spécial de 78 cartes. **4 couleurs :** pique, trèfle, cœur et carreau (ou coupe, épée, bâton, denier) de 14 cartes chacune (roi, dame, cavalier, valet et 10 cartes de points). Le roi est la plus forte, l'as la plus faible. S'y ajoutent *21 atouts* (numérotés de 1 à 21) autrefois ornés de figures allégoriques et aujourd'hui de scènes profanes. La 78e carte, l'*excuse*, peut être jouée à tout moment en remplacement de n'importe quelle carte. Les *3 bouts (oudlers)* sont l'excuse, l'atout 21 et l'atout 1. **But du jeu :** faire des levées contenant le maximum de points. Un joueur s'engage à réaliser un contrat précis, ses adversaires se liguent contre lui.

■ **Cartes à jouer et à collectionner. Magic, L'Assemblée.** *Créé* août 1993 aux USA, par Richard Garfield, ancien professeur de math. **Principe :** se joue à 2. Chaque joueur est un magicien (univers médiéval fantastique nommé *Dominia*) et doit éliminer l'autre en épuisant ses 20 points de vie. On compose son jeu au préalable avec environ 60 cartes prises parmi toutes celles que l'on possède (il en existe plus de 4 000, certaines très rares) et qui représentent des créatures et des sortilèges de Dominia. Chaque année de nouvelles collections sont éditées. Existe en 9 langues dans 55 pays. 400 000 joueurs de tournoi dans le monde, 250 000 joueurs en France. **Principales épreuves : championnat du monde** (*créé* 1994). **1994** Zak Dolan (USA). **95** Alexander Blumke (Suisse). **96** Tom Chanpheng (Austr.). **97** Jakub Slemr (Rép. tchèque). **98** B. Selden (USA). **99** K. Budde (All.). **2000** J. Finkel (USA). **Championnat de France** (*créé* 1994). **1994** B. Lestrée. **95** M. Hernandez. **96** S. Bonhomme. **97** F. Fressin. **98** F. Demazeau. **99** P. Malherbeau. **2000** Y. Hamon.

■ **Pokémon.** *Créées* en 1996 au Japon, en 1998 aux USA et fin 1999 en Europe par Wizards of the Coast sous licence Nitendo. **Principe :** se joue à 2. Chaque joueur incarne un dresseur de Pokémon et doit en attraper le plus possible (151 au total, 100 nouveaux prévus en 2001), les dresser pour les faires évoluer, les soigner afin de pouvoir leur faire affronter et mettre KO ceux de son adversaire (6 Pokémon KO pour la victoire). Chaque joueur compose son propre jeu de 60 cartes réparties entre cartes Pokémon de base et évoluées, cartes énergie, cartes dresseurs. Cartes éditées en 9 langues. 390 millions d'exemplaires vendus en France en 2000.

■ **Jeux de cartes divers. Ambigu,** pratiqué au XVIIIe s. **Bassette,** venue d'Italie (XVe s.), jouée sous Louis XIV, interdite 1680. **Boston,** sorte de whist aux enchères, né au moment de l'Indépendance américaine. **Brelan,** à la mode aux XVIIe et XVIIIe s. ; il faut y obtenir 3 cartes de même valeur. **Brusquembille** (ou brisque), vers 1700, ancêtre du bésigue. **Comète,** prédécesseur du *nain jaune,* vers 1700. **Hombre,** 1er jeu à enchères, Espagne vers 1600, répandu à partir de 1660. **Huit américain,** jeu d'élimination récent. **Lansquenet,** type de cartes vers 1550, puis nom d'un jeu surtout joué au XVIIe s. **Pharaon,** issu de la bassette, jeu de hasard le plus joué au XVIIIe s. **Prime,** préfiguration du poker, très goûtée au XVIe s. **Trente et quarante,** plus ancien jeu de casino encore joué, connu au XVIIe s. **Triomphe,** 1er jeu de levées avec atout, donnera naissance à l'*écarté.* **Whist** (voir Bridge).

■ **Jeux étrangers. Cribbage,** anglais, très joué dans les pubs. Se joue à 2 avec 52 cartes. **Euchre,** né aux USA, créateur du joker. **Jass,** belote suisse avec 36 cartes. **Klaverjas,** hollandais, origine de la belote. **Mus,** poker basque. **Pinochle,** bésigue américain. **Romé,** allemand, 55 cartes (y compris 3 jokers). **Scopa,** italien, très populaire. **Sechsundsechzig** (66), bésigue allemand. **Skat,** allemand, 3 joueurs et 32 cartes. **Tressette,** jeu de levées sans atout, italien. **Tute,** le plus joué en Espagne.

Échecs

Généralités

■ **Origine.** N'a jamais été établie de façon certaine. **Nom :** du persan *shah* (roi). « Échec et mat » signifiant « le roi est mort ». *Né aux Indes* aux VIe-VIIe s. ; introduit en Europe par les Arabes (selon la tradition, Haroun-al-Rachid aurait offert un jeu à Charlemagne), il y a subi ses dernières modifications : augmentation de puissance de la dame, introduction du roque (seul coup permettant de jouer 2 pièces à la fois) et de la prise en passant. 842 *le Livre des échecs* (Al-Adli) ; 1485 *Manuscrit de Göttingen* (Lucena) ; 1561 *Libro de la invencion liberal y Arte del juego del Axedrez* (Ruy Lopez). Les Chinois jouent au *Xiang-qi* (importé par les Arabes) et les Japonais au *Shogi* (apparu au XVIe s.). **Valeurs.** On estime que la dame vaut 9 pions, la tour 5, le fou et le cavalier 3. **Jeux possibles.** Les 10 premiers coups d'une partie peuvent être joués d'environ 170 000 milliards de milliards de milliards de manières. **Cas de nullité.** *Pat* (le roi n'est pas en échec mais aucun coup n'est possible sans l'y mettre) ; *par convention entre les joueurs ; par répétition de la position* (3 fois identiques avec le même trait et les mêmes possibilités de roque) ; *par la règle des 50 coups* (50 coups de suite sans pion poussé, ni prise effectuée).

■ **Organisations. Fédération internationale des échecs (Fide) :** *Pt :* K. Ilioumjinov (Pt de la République de Kalmoukie). *Fondée* 24-7-1924 à Paris (*siège :* Lausanne). Groupe 159 fédérations dont : ex-URSS 4 000 000 de joueurs, All. 110 000, ex-Yougoslavie 100 000, USA 80 000, Hongrie 41 000, *France* 40 000, ex-Tchéc. 34 200, Suède 33 080, P.-Bas 33 000, Pologne 28 000, Philippines 27 000, Argentine 18 440, Espagne 15 000, G.-B. 12 000, etc. **Féd. française (FFE) :** *Pt :* Jean-Claude Loubatière. *Fondée* 1921. Reconnue fédération sportive 19-1-2000. BP 2022, 34024 Montpellier Cedex 1.

■ **Littérature :** *la Défense Loujine* (Vladimir Nabokov, 1930), *le Joueur d'échecs* (Stefan Zweig, 1942), *La ville est un échiquier* (John Brunner, 1965), *le Jeu de la dame* (Walter Trevis, 1983), *le Maître du jeu* (Gilles Chenaille, 1983), *le Fou des échecs* (S.S. Van Dine, 1929), *les Quatre* (Agatha Christie, 1967), *le Retour des cendres* (Hubert Monteilhet, 1961), *Une pièce pour mourir* (Ellery Queen, 1967), *Mes Funérailles à Berlin* (Len Deighton, 1964), *la Boucle* (Robert Littell, 1973), *la Grande Fenêtre* (Raymond Chandler, 1942), *le Gambit du cavalier* (William Faulkner, 1951), *le Gambit des étoiles* (Gérard Klein, 1971), *l'Échiquier fabuleux* (Lewis Padgett, 1951), *l'Échiquier de la création* (D. Donay, 1976), *Master Prim* (James W. Ellison, 1968), *The Dragoon Variation* (Anthony Glyn, 1969), *Anastasia und das Schachspiel* (Wilhelm Heinse, 1803), *Spiel mit Valdivia* (Robert J. Humm, 1964), *Der Golem* (Gustave Meyrinck), *Fous d'échecs* (Serge Rezvani, 1997), *le Maître et le scorpion* (Patrick Séry, 1991), *le Tableau du maître flamand* (Arturo Perez-Reverte, 1993), *le Dilemme de Pelikan* (Jean-Gérard Nay, 1997), la *Variante de Lüneburg* (Paolo Maurensig, 1995).

■ **Cinéma :** *la Fièvre des échecs* (Russie, 1925, muet), *le Joueur d'échecs* (Jean Dréville, 1926, muet), *l'Échiquier de la passion* (Wolfgang Petersen, 1979), *la Diagonale du fou* (Richard Dembo, 1984 : prix de l'Académie du cinéma, prix Louis-Delluc, oscar du meilleur film étranger). *Face à face* (Carl Schenkel, 1992), *A la recherche de Bobby Fischer* (Steven Zaillan, 1993).

Épreuves

Légende : (1) All., (2) USA, (3) Autriche, (4) Cuba, (5) France, (6) P.-Bas, (7) URSS, (8) G.-B., (9) Chine, (10) Russie, (11) Inde, (12) Géorgie, (13) Ukraine, (14) Hongrie, (15) Suède, (16) Biélorussie.

Cadences les plus usuelles : *en compétition,* le temps de réflexion de chaque joueur est limité par une pendule différentielle ; 40 coups-100 min, puis 20 coups-50 min, puis 10 min pour terminer la partie en récupérant 30 s après chaque coup (système Fischer) ; *internationale* (ou *normale*), dite 2 h-40 coups : chacun des adversaires doit jouer son 40e coup avant la fin de ses 2 h. Cette 1re étape, conclue par un contrôle des arbitres, est généralement suivie d'une cadence de 1 h KO, ou 1 h-20 coups et, dans ce cas, parfois suivie d'un ajournement. *1 h KO (ou semi-rapide) :* chaque joueur a 1 h de réflexion ; la partie dure 2 h au max. *Blitz (cadence rapide) :* chaque joueur a 20 min ou 10 min, parfois 5 min. *Cadence Fischer :* proposée en 1994 par Bobby Fischer ; on ajoute à chaque joueur un capital « secondes » après chacun de ses coups ; avantage : éviter les *zeitnots* trop critiques. *Hors compétition :* les joueurs peuvent convenir de cadences fantaisistes. Pour rééquilibrer une différence de niveau entre adversaires, le plus fort peut accepter de jouer avec un handicap de temps ou de matériel (très difficile). Un joueur est en *zeitnot* quand il manque de temps : trop nombreux coups à jouer avant les 2 h ou fin de 1 h KO. Celui dont le temps est écoulé perd la partie même s'il domine sur l'échiquier.

■ **Championnat du monde.** *Disputé tous les 2 ans* entre le tenant du titre et son challenger, qui se qualifiait à la suite de tournois et matchs éliminatoires, se déroule tous les ans à partir de 1998 en un tournoi auquel participent 100 joueurs. La Féd. internationale décerne les titres intern. *Au 3-2-2000 :* 841 grands maîtres internationaux (GMI) dont Russie 127, All., USA 52, Yougoslavie 47, Ukraine 44, Hongrie, Israël 35, G.-B. 34, Bulgarie 26, Géorgie 23, *France 18 ;* 2 252 maîtres internationaux dont Russie 308, All. 162, Yougoslavie 103, Hongrie, Ukraine 100, USA 95, Pologne 78, Roumanie 68, Rép. tchèque, France 54.

Messieurs. 1886-94 Wilhelm Steinitz [3] (1836-1900 ; devenant fou à la fin de sa vie, il défia Dieu en lui offrant l'avantage d'un pion). **1894-1921** Emmanuel Lasker [1] (1868-1941). **1921-27** José Capablanca [4] (1888-1942 ; surnommé « Chess Machine »). **27-35** Alexandre Alekhine [5] (naturalisé fr. 1927, 1892-1946). **35-37** Max Euwe [6] (1901-81). **37-46** A. Alekhine [5]. **48-57** Mikhail Botvinnik [7] (1911-95). **57-58** Vasiliy Smyslov [7] (né 1921). **58-60** M. Botvinnik [7]. **60-61** Mikhail Tal (1936-92) [7]. **61-63** M. Botvinnik [7]. **63-69** Tigran Petrosian [7] (1929-84). **69-72** Boris Spassky [7] (né 30-1-1937). **72-75** Robert Fischer [2] (né 9-3-1943, n'ayant pas défendu son titre, la Fide l'attribue en juin 1975 à A. Karpov). **75-85** Anatoly Karpov [7] (né 23-5-51). **85, 86, 87 et 90** Gary Kasparov [7] (né 13-4-1963) garde son titre. **93, 96, 98** (organisé par la Fide) : Karpov [10]. **99** A. Khalifman (né 18-1-1966). **2000** V. Anand [11]. **Non officiel** (organisé à l'initiative de Kasparov par la Professional Chess Association créée en févr. 1993 par Kasparov, puis par le World Chess Council, créé 1998, supprimé) : sept.-oct. à Londres, organisé par le *Times*, Kasparov [10] contre Short [8] le 19-10-1993 victoire de Kasparov. **95** Kasparov[10] bat Anand[11] 10,5-7,5. **2000** Kramnik [10] bat Kasparov [10] 8,5-6,5. **Dames. 1927-44** Vera Menchik [8] (1906-44). **50-53** Lyudmila Rudenko [7] (1904-86). **53-56** Yelizaveta Bykova [7] (1913-89). **56-58** Olga Rubtsova [7] (1909-95). **58-62** Y. Bykova [7]. **62-78** Nona Gaprindashvili [7] (née 1941). **78-91** Maya Tchibourdanidzé [7] (née 1961). **91-95** Jun Xie [9] (née 1970). **96** Zsusza Polgar [18]. **99, 2000** Xie Jun [9].

Championnat du monde (équipes de 6 joueurs). *Tous les 4 ans.* Disputé pour la 1re fois à Lucerne en déc. **1985** : 1er URSS, 2e Hongrie, 3e Angl., 4e *France.* **89** : 1er URSS, 2e Youg., 3e Angl. **93** 1er USA, 2e Ukraine, 3e Russie. **97** 1er Russie, 2e USA, 3e Arménie.

■ **Olympiades (par équipes).** *Actuellement tous les 2 ans.* **Messieurs** (*créées* 1927). **1927, 28** Hongrie. **30** Pologne. **31, 33, 35, 37** USA. **39** All. **50** Youg. **52 à 74** URSS. **76** USA. **78** Hongrie. **80, 82, 84, 86, 88, 90** URSS. **92, 94, 96, 98, 2000** Russie. **Dames** (*créées* 1957). **1957, 63, 66, 69, 72, 74** URSS. **76** Israël (sans l'URSS et les pays de l'Est car avaient lieu à Haïfa). **78, 80, 82, 84, 86** URSS. **88, 90** Hongrie. **92, 94, 96** Géorgie. **98, 2000** Chine.

■ **Coupe du monde.** Série de 6 tournois entre avril 1988 et sept. 1989 disputés par 25 grands maîtres. **1988-89** Kasparov [10].

■ **Championnat de France.** Officiel depuis 1914. **1990, 91** Santo-Roman. **92** Apicella. **93** Bricard. **94** Santo-Roman. **95** Prié. **96** Bauer. **97** Vaisser. **98** Dorfman. **99, 2000** Bacrot. **Dames. 1995** Bushijo. **96** Gervais. **97** Nicoara. **98, 99** Flear. **2000** Sebag.

■ **Championnat de France des clubs.** Officiel depuis 1981. **1995** Lyon-Oyonnax. **96, 97** Clichy. **98** Auxerre. **99, 2000** Clichy.

■ **Coupe de France. 1990** Strasbourg. **91** Lyon. **92** Clichy. **93** Strasbourg. **94, 95** Lyon. **96** Clichy. **97** Montpellier. **98** Clichy. **99** Mulhouse. **2000** Nancy.

Joueurs

■ **Quelques joueurs célèbres.** Le tsar Ivan le Terrible († 18-3-1584 en commençant sa partie avec le Pce Bielsky), Henri IV, Gustave-Adolphe et Charles XII de Suède, la marquise de Sévigné, Frédéric II, Philidor, Voltaire, J.-J. Rousseau, Robespierre, Napoléon (joueur très moyen), Alfred de Musset, Leibniz, Euler, Raymond Poincaré, Einstein, Humphrey Bogart, Stanley Kubrick, le pape Jean-Paul II, Jean-Christophe Yoccoz (médaille Fields en 1994), Jean Becker (cinéaste), Dieudonné (humoriste).

■ **Meilleurs joueurs du monde avant 1850.** Ruy Lopez (Esp., 1570-75), Leonardo (It., 1575-87), Greco (Esp., 1622-34), puis les Français de 1750 à 1850 : Philidor (1726-95), Deschapelles (1780-1847), La Bourdonnais (1797-1840) et Saint-Amant (1800-72). La suprématie mondiale fut ensuite disputée par Staunton (Angl., 1810-74), Adolph Anderssen (All., 1818-79) champion 1851-58 et 1860-66, Paul Morphy (USA, 1837-84) ch. 1858-60, Wilhelm Steinitz (Autr., 1836-1900).

■ **Grands maîtres.** Système de classement bisannuel publié par la Féd. intern. d'échecs qui attribue des points (dits points Elo du nom de l'inventeur Arpad Imre Elö, Hongrie, 1903-92) aux joueurs en fonction de leurs résultats. **Joueurs** (au 27-7-2001) : G. Kasparov [10] (né 13-4-1963) 2 838, V. Kramnik [10] (25-6-75) 2 802, V. Anand [11] (11-12-69) 2 797, Robert J. Fischer [2] 2 780, M. Adams [8] (17-11-71) 2 744, A. Morozevich [10] (18-7-77) 2 739, V. Ivantchouk [13] (18-3-69) 2 731, P. Leko [14] (8-9-79) 2 730, E. Bareev [10] (21-11-66) 2 719, G. Kamsky [2] (2-6-74) 2 717. **Joueuses** (au 27-7-2001) : Judit Polgar [14] (née 23-7-76, GMI à 15 ans) 2 686, Zsuzsa Polgar [14] (19-4-69) 2 565, Jun Xie [9] (30-10-70) 2 553, A. Galliamova [10] (18-1-72) 2 547, M. Tchibourdanidzé [12] (17-1-61) 2 513, P. Cramling [15] (23-4-63) 2 510, Lei Wang [9] (4-2-75) 2 509, E. Kovalevskaya [10] (17-4-74) 2 507, Pin Wang [9] (11-12-74) 2 504, Yuhua Xu [9] 2 502.

■ **Meilleurs français. Joueurs** (au 27-7-2001) : J. Lautier (12-4-1973) 2 675, É. Bacrot (22-1-83) 2 653, V. Tkatchiev (9-11-73) 2 642, L. Fressinet (1-11-81) 2 606, A. Sokolov (20-3-63) 2 604, J.-M. Degraeve (26-1-71) 2 602, J. Dorfman (1-5-53) 2 602, C. Bauer (11-1-77) 2 576, A. Vaisser (5-3-49) 2 556, B. Spassky (30-1-37) 2 551. **Joueuses** (au 27-7-2001) : R. Te-Lallemand (8-8-1961) 2 347, M. Sebag (15-10-86) 2 321, M. Nepeina-Leconte (12-3-70) 2 283, M. Costagliola (5-7-73) 2 261, M. Roumegous 2 239, M. Nicoara (24-10-69) 2 225, R. Salami (21-3-63) 2 206, M. Stroe (15-10-68) 2 205, F. Wohlers-Armas (5-7-62) 2 195, S. Lupu (3-1-67) 2 181.

■ **Les ordinateurs et les échecs.** **1ers automates :** dissimulent des joueurs humains. **1769** « le Turc » construit par le baron Van Kempelen (Autrichien, † 1804), racheté par le musicien bavarois Johann Maelzel († 1838), détruit 1854 par un incendie. **1868** « Ajeeb » (Charles Hopper, G.-B.). **1878** « Mephisto » (Charles Gumpel, Alsacien). **1957** 1re partie disputée par ordinateur « Los Alamos Chess » sur échiquier à 36 cases sans les fous. **1965** USA, participation des 1res machines dans les petits opens. **1974** programme « Kaïssa » champion du monde des ordinateurs à Stockholm. **1978** MI David Levy (Écossais) bat 3,5 à 1,5 « Chess 4,6 » (*en 1968 :* il avait parié 1 250 £ qu'il battrait la meilleure machine 10 ans plus tard). **1985** programme « Belle » (USA) atteint environ 2 100 Elo (voir p. 1482 c). **1986** « Cray Blitz » champion du monde des ordinateurs évalue 100 000 positions à la seconde. **1988** « Deep Thought » évaluant 750 000 positions/s (profondeur d'analyse minimum 5 coups, estimé 2 450 Elo), bat le GMI Bent Larsen. **1990** IBM finance les concepteurs de « Deep Thought » Kasparov ayant déclaré « aucun ordinateur ne me battra ». **1994** les meilleurs logiciels de jeu d'échecs (Fritz 3, Chess Genius 3...) peuvent battre 99,9 % des joueurs : Chess Genius sur un PC Pentium 90 bat Kasparov en partie rapide (tournoi PCA 1994). **1996** « Deep Blue » [2 m de haut, 700 kg, supercalculateur IBM (RISC System/6000 Scalable Power parallel Systems) dont chacun des 32 processeurs consacrés au calcul pur est connecté à une carte comprenant 8 processeurs dédiés aux échecs, soit au total 256 processeurs spécialisés fonctionnant en parallèle ; évalue 200 millions de positions par seconde, analyse exhaustive sur 7 coups] battu par Kasparov 4 à 2 (3 victoires, 2 nulles, 1 défaite) : performance 2 650 Elo. **1997** Kasparov perd un match en 6 parties 3,5 à 2,5 contre « Deeper Blue ».

Jeux de société et divers

■ **Abalone.** Jeu de stratégie *créé* 1987 par les Français Michel Lalet (né 1953) et Laurent Lévi (né 1955). 2 joueurs. Plateau hexagonal portant 14 boules en verre noires et 14 blanches. La victoire est pour celui qui a éjecté 6 boules adverses (pour cela, il faut faire un *sumito,* c'est-à-dire avoir aligné plus de boules que l'autre).

■ **Backgammon.** Variante du jacquet et du trictrac. Jeu de dés dans lequel 2 joueurs (blanc et noir) essaient de sortir leurs 15 pions avant ceux de l'adversaire. Le plateau de jeu (*tablier* ou *trictrac, board* en anglais) comprend 24 cases en forme de triangle (*flèches*) groupées en 4 compartiments (*jans*). Chaque joueur a devant lui 2 jans (intérieur et extérieur). Les pions se déplacent de flèche en flèche, dans le sens des aiguilles d'une montre pour les blancs et dans le sens inverse pour les noirs, selon le lancer des 2 dés. Si, à la fin de la partie, un joueur a sorti tous ses pions et l'autre aucun, la partie est double (*gammon*) ; s'il reste encore un pion adverse sur la barre ou dans le jan intérieur, elle est triple (*backgammon*).

■ **Bilboquet.** Mis à la mode par Henri III vers 1585.

■ **Dames (jeu de).** **A la française :** 1er traité d'Antonio Torquemada (1547) ; 1er traité français de Pierre Mallet (1668). Les historiens actuels pensent que les dames viendraient du jeu de la marelle de douze pratiqué au Moyen-Age. A l'origine, tous les pions s'appelaient dames, et le pion transformé en dame, *dame damée* (recouverte d'une autre dame), puis simplement dame à la fin du XVIIe s. *Principe :* 64 cases, 12 pions sur 3 rangées ; le pion ne peut prendre qu'en avant ; la dame prend aussi en arrière. **A la polonaise :** *créé* 1723 par un officier du Régent qui jouait dans un café de l'hôtel de Soissons avec un Polonais. *Principe :* damier de 100 cases ; chaque joueur joue avec 20 pions noirs ou blancs disposés sur 4 rangées ; le pion peut prendre en tous sens ; la dame peut prendre en diagonale à toute distance. La partie est gagnée quand l'un des joueurs ne peut plus bouger ses pièces ou n'en a plus ; elle est nulle si les pièces restantes deviennent imprenables. Règles appliquées par la Féd. internationale. **Dames anglaises :** damier à 64 cases. **Dames canadiennes :** 144 cases.

■ **Dés.** **Moyen Age** très en vogue (en bois, corne, os, ivoire), il existe une corporation des *déciers.* **1524** dés interdits (ordonnance de St Louis). **Probabilités de faire avec 2 dés en un seul coup :** *2 :* 35 à 1. *3 :* 17 à 1. *4 :* 11 à 1. *5 :* 8 à 1. *6 :* 31 à 5. *7 :* 5 à 1. *8 :* 31 à 5. *9 :* 8 à 1. *10 :* 11 à 1. *11 :* 17 à 1. *12 :* 35 à 1.

■ **Diabolo.** Importé de Chine en Europe peu avant 1789. Très en vogue en 1812 et 1813, tombe dans l'oubli jusqu'en 1905.

■ **Diplomacy.** Jeu de stratégie se déroulant sur une carte de l'Europe en 1900.

■ **Dominos.** **Origine :** Europe au XVIIIe s. Comporte 28 pièces, chacune étant divisée en 2 et portant les différentes combinaisons de points de 0 à 6. On appelle *doubles* ceux dont les 2 parties portent le même nombre. 2 à 4 joueurs prennent 7 dominos, les pièces restantes constituant éventuellement le talon. **Principe :** le 1er joueur pose un domino, puis chacun à tour de rôle doit essayer de poser un domino à l'une des extrémités du jeu. Le joueur qui réussit à poser tous ses dominos gagne la manche et marque la somme de tous les numéros marqués sur les dominos restant à ses adversaires.

■ **Go.** Ancêtre des jeux de stratégie, inventé en Chine il y a plus de 4 000 ans et connu en France en 1968. Se pratique sur un quadrillage (*Goban*) de taille libre formé de 9 × 9 à 19 × 19 lignes. Chacun des joueurs dispose d'un nombre illimité de pions (ou *pierres*) noirs ou blancs. Chacun à son tour pose des pions sur une intersection pour y borner des territoires (zone impénétrable par l'adversaire). Toute pierre cernée par 4 adverses est retirée du jeu. **Pratiquants :** Asie 40 millions ; Europe 90 000 ; *France 12 000.* Godeo, 139 faubourg St-Honoré, 75008 Paris.

■ **Jacquet.** *Créé* dans la 2e moitié du XVIIIe s., version simplifiée du trictrac. Jeu à 2 sur une table divisée en 2 compartiments (et 4 *jans*) sur lesquels sont dessinées 24 flèches alternativement claires et sombres. On joue avec 15 dames de 2 couleurs différentes.

■ **Jeu de l'oie.** **Origine :** selon la légende, inventé par Palamède pour abréger les longueurs du siège de Troie ; en réalité sans doute à Florence en 1580. Très à la mode au XVIIIe s. Se joue avec 2 dés sur un plateau représentant une spirale comportant 63 cases illustrées. Toutes les 9 cases se trouvent les figures de l'oie. **But :** il faut atteindre le premier la dernière case sans tomber dans les pièges.

☞ **Nom des amateurs du jeu :** ocaludophiles.

■ **Jeux de rôle.** Les joueurs (4 ou 5) interprètent des personnages qui vivent une aventure proposée par un autre joueur, le meneur de jeu, qui prépare la trame de l'histoire, puis anime et arbitre la partie. L'aventure comporte des énigmes et des obstacles que les personnages doivent résoudre et franchir. Il n'y a ni gagnant ni perdant, le but étant pour les joueurs de coopérer pour mener à bien l'aventure. Joué autour d'une table, c'est un jeu de dialogue : le meneur de jeu décrit une scène (décors, personnages présents autres que ceux des joueurs), chaque joueur indique ce que fait ou tente de faire son personnage, le meneur de jeu indique le résultat des actions et la suite de la scène, et ainsi de suite. Les règles de jeu fournissent un cadre : des données chiffrées (les caractéristiques) permettent au joueur de choisir les capacités de son personnage, qui servent en cours de jeu à vérifier, par un jet de dés, si chaque action hasardeuse tentée par le personnage réussit ou échoue. **Pratiquants :** États-Unis : 1 000 000. *France :* environ 400 000 amateurs, dont 100 000 passionnés (rôlistes), environ 600 associations recensées. **Premier jeu :** *Dungeons & Dragons* (Donjons et Dragons), *créé* 1974 par Gary Gygax, Sté TSR (fondée 1975), aujourd'hui publié par Wizards of the Coast (USA, 3e édition en anglais en août 2000 et en français en mars 2001). **Le plus pratiqué :** *Advanced Dungeons & Dragons* (AD & D) [1978], version sophistiquée du précédent, refondue 1991 (AD & D2) ; en France (par ordre de popularité) : *Advanced Dungeons & Dragons* (AD & D), *L'Appel de Cthulhu* (d'après Lovecraft), *Vampire* (inspiré de Ann Rice), *Star Wars* (le jeu de la *Guerre des étoiles*), *Warhammer, In Nomine Satanis/Magna Veritas, Cyberpunk, Shadowrun, Elric* (d'après Moorcock), *Le Jeu de rôle des Terres du Milieu* (d'après *le Seigneur des anneaux,* de Tolkien), *Nephilim, Deadlands, Légendes des 5 anneaux. Durée moyenne d'une partie :* 4 à 6 h. **Jeux de rôle grandeur nature :** apparaissent en France vers 1983, inspirés des jeux de rôle sur table, des *murders parties* anglaises et du théâtre d'improvisation ; durée entre 4 h et 2 jours ; les participants (10 à 300) interagissent en costume et en direct, menant des enquêtes, des négociations ou des actions en interprétant un rôle dans le cadre d'un scénario préparé par les organisateurs. Se déroule en huis clos (maison, château...) ou en extérieur, en fonction de thèmes souvent proches de ceux du cinéma. L'interactivité, l'improvisation et les vastes espaces dans lesquels se déroulent les scénarios en font une aventure vécue par les participants, que des spectateurs ne peuvent suivre. Environ 20 000 amateurs en France. **Fédération française de jeux de rôle :** c/o Laurent Barbero, 27 bis, rue Vauvenargues, 75018 Paris. **Fédération française de jeux de rôle grandeur nature :** Stéphane Gesquière, 16, les Linandes-Vertes, 95000 Cergy.

■ **Mah-jong.** Apparu en 1850 en Chine. Comprend 144 pièces ou *tuiles* réparties en 36 *bambous* (4 séries), 36 *cercles* (4 séries), 36 caractères (4 séries), 16 *points cardinaux* (4 séries), 12 *dragons* (3 séries), 4 *fleurs* et 4 *saisons.* Les jetons de marque valent 2, 10, 100 et 500 points. Jeu de combinaison ressemblant au rami. 4 joueurs. Victoire à celui qui fait *mah-jong* [réunissant dans sa main 4 groupes de 3 ou 4 tuiles (brelan de 3 tuiles semblables, carré de 4 tuiles, séquence de 3 tuiles se suivant)].

■ **Mastermind.** Inventé par l'Israélien Mordecai Meirowitz en 1970. Jeu de déduction. Se joue à 2 ; chaque joueur compose un code de 4 couleurs que l'adversaire cherche à découvrir par propositions successives.

■ **Monopoly.** **Origine :** *1904 :* Élisabeth Magie invente le *jeu du propriétaire* ; Dan Layman invente *Finance* (jeu similaire) ; *1929 :* l'Américain Charles B. Darrow (1889-1967) invente la version actuelle en reprenant des rues d'Atlantic City (New Jersey). **Principe :** il faut acheter, vendre ou louer des immeubles jusqu'à ce qu'un joueur arrive au monopole (*artère la plus chère :* rue de la Paix (version française, 1937), Mayfair (version anglaise) ; *1992 :* édition européenne en écus, transaction la plus élevée : Kurfürstendamm à Berlin : 40 000 écus (la rue de la Paix 3 200). Les aéroports remplacent les gares. **Ventes mondiales cumulées de la création à 2001 :** + de 200 millions d'unités, dans 80 pays en 26 langues. **En France :** 400 000 en 1995.

☞ **Championnats du monde** (*créés* 1973) tous les 4 ans : **1985** Jason Bunn (G.-B.). **88** Ikuo Hiyakuta (Japon). **92** Joost van Orten (P.-Bas). **96** Christopher Woo (Hong Kong). **2000** Yutaka Okada (Japon).

■ **Mots croisés.** *Créés* 1901 par Arthur Wynne (G.-B.). Apparus 21-12-1913 dans le supplément du dimanche du *New York World,* puis le 8-1-1925 en France dans le *Dimanche illustré.* Grille de cases blanches et noires. Les lettres des mots disposés horizontalement et verticalement doivent se croiser.

■ **Nim.** Célèbre grâce au film d'Alain Resnais *l'Année dernière à Marienbad.* 2 joueurs. **Principe :** chacun doit prélever tour à tour des allumettes dans l'une des 4 rangées de 1, 3, 5 ou 7 allumettes. **But :** éviter de prendre la dernière.

■ **Othello.** **Origine :** Reversi, *recréé* 1971 par Goro Hasegawa (Japon). *Lancé* 1973. 2 joueurs. Grille de 64 cases (8 × 8) appelée *othellier.* 64 pions réversibles. **But :** il faut à la fin de la partie avoir le plus de pions de sa couleur. **Joueurs :** Japon 25 000 000, Angleterre 500 000, *France 400 000* (dont 500 bons joueurs affiliés à la Fédération française Othello). Fédérations de joueurs en Russie, Italie, USA, Danemark, Suède, Norvège, Finlande, Australie, Belgique, Angleterre, Japon, Indonésie, Rép. tchèque. **Fédération française d'Othello :** BP 383, 75626 Paris Cedex 13.

☞ **Champions du monde.** **Individuels.** **1988 à 90** H. Tamenori (Japon). **91** S. Kaneda (Japon). **92** *M. Tastet (France).* **93** D. Shaman (USA). **94** M. Takizawa (Japon). **95** H. Tamenori (Japon). **96 à 98** T. Murakami (Japon). **99** D. Shaman (USA). **2000** T. Murakami (Japon). **Par équipes.** **1990** *France.* **91** USA. **92** Angleterre. **93** USA. **94** *France.* **95** USA. **96, 97** Angleterre. **98** *France.* **99** Japon. **2000** USA. **Europe.** **1990** P. Bhagat (G.-B.). **91** I. Leader (G.-B.). **92** G. Brightwell (G.-B.). **93, 94, 95** *M. Tastet (France).* **96** D. Shaman (USA). **97** *M. Tastet (France).* **98, 99** *E. Caspard (France).* **2000** S. Nicolet (France). **France.** **1990** P. Ralle. **91** M. Tastet. **92, 93** P. Juhem. **94** P. Ralle. **95** D. Penloup. **96** E. Caspard. **97** S. Nicolet. **98, 99** P. Juhem. **2000** S. Nicolet.

■ **Pictionary** (de l'anglais *picture* et *dictionary*). *Créé* 1986 par Rob Angel (Canadien vivant à Seattle, USA). **But :** deviner un mot à l'aide d'un croquis. **Ventes mondiales cumulées en 1996 :** 50 millions d'exemplaires.

■ **Pong.** Tennis sur écran. 1er jeu vidéo, *inventé* 1972 par Noland Buschnel (USA) qui créa Atari.

■ **Rubik's cube.** *Inventé* 1979 par le Hongrois Ernö Rubik. Composé de 27 cubes, dont les 6 faces ont une teinte différente. 43 252 003 274 489 856 856 000 combinaisons. **Records.** **Monde :** 22′95″ pour reconstituer le Rubik's cube. **France :** 28′6″.

■ **Scrabble.** **Origine :** inspiré du jeu *Lexicon* inventé par l'architecte Alfred Moscher Butts (USA, 1900-93). Breveté 1948 par l'Américain James Brunot. Apparu en Angleterre et en France en 1951. Jeu de mots. Existe en 35 langues dans 43 pays et en braille. **Ventes depuis la création :** plus de 100 millions d'exemplaires dans le monde et 700 000 exemplaires en France en 1995. Plus de 40 % des Français y jouent. **Fédération française de Scrabble :** 50, rue Raynouard, 75016 Paris. *Fondée* 1973. En 2000, 15 000 licenciés dans 900 clubs (dont 300 scolaires).

Règles françaises : *sont admis :* tous les mots figurant dans l'*Officiel du Scrabble* (éd. Larousse), les verbes pouvant se conjuguer. *Sont refusés :* mots qui n'y sont pas présentés isolément, préfixes et symboles chimiques, abréviations. *Pluriels :* les mots variables peuvent se mettre au pluriel sauf les lettres des alphabets étrangers (grec en particulier), les notes de musique, les 4 points cardinaux. Sont indiqués, dans l'*Officiel du Scrabble,* les *mots invariables,* les *pluriels multiples* (exemples : émails ou émaux, santals ou santaux...), les pluriels particuliers des mots d'origines étrangères (hobbys ou hobbies, etc.), les tableaux de *conjugaisons* de tous les verbes. Pour les verbes très défectifs, les formes admises sont indiquées.

K, W, X et Y, qui valent 10 en France, ne valent respectivement que 5, 4, 8 et 4 en Grande-Bretagne (où leur fréquence est plus élevée).

☞ **Championnats du monde francophone** (*créés* 1972). **Individuels.** **1995** *J.-F. Lachaud (Fr.).* **96** C. Pierre (Belg.). **97** *A. Kermarrec (Fr.).* **98** C. Pierre (Belg.). **99** E. Rivalan (Fr.). **2000** F. Lévy (Fr.). **Championnats de France.** **Individuels.** **1990** P. Vigroux. **91** F. Maniquant. **92** P. Vigroux. **93** M. Treiber. **94** A. Kermarrec. **95** A. Delaruelle. **96, 97** N. Grellet. **98** A. Michel. **99** E. Rivalan. **2000** T. Boisard.

■ **Trivial Pursuit** (chasse aux petites choses). *Créé* 1982 par des journalistes canadiens : Chris Haney et Scott Abbott. Adapté en français en janvier 1984. En 1991, Hatier a créé les *Incollables,* Trivial Pursuit pour enfants. Jeu de connaissances. Il faut parvenir à la fin d'un parcours en répondant à des questions. **Ventes mondiales cumulées depuis la création :** 70 millions d'unités dans 40 pays en 18 langues. **En France :** 125 000 exemplaires en 1995.

■ **Wargames.** Variantes (apparues aux USA vers 1959) du *Kriegspiel,* développé au XIXe s. pour étudier les batailles passées et préparer celles de l'avenir. *Nombre :* environ 300 (Austerlitz, Waterloo, Yom Kippour, Amirauté...).

■ **Zanzi.** Fin du XIXe s., se joue à 3 dés, abréviation de Zanzibar.

Nota. – *Selecta* (BP 11, 01151 Lagnieu), mensuel (1 600 exemplaires), aide à trouver les réponses aux concours.

Jeux de hasard

Dans le monde

☞ **WLA (World Lottery Association).** *Membres* (en 2000) : 148 membres réguliers dans 81 pays et 60 membres associés. *Sommes jouées dans le monde* (en 1998) : 126,8 milliards de $. *États-Unis :* 38 États organisent des loteries. Environ 1 Américain adulte sur 3 achète un billet chaque semaine. *Sommes jouées en moyenne par joueur et par an* (en $) : Australie 696,6, Dakota du Sud (USA) 542,9,

Gibraltar 333,3, Massachusetts (USA) 311, Suède 220,1, Norvège 184, New Jersey (USA) 175,7, Espagne 166,2, Islande 160, Finlande 153, Danemark 143,4, Chypre 140, Autriche 139,2, Malte 125, Allemagne 115,2, *France 102,8*, Israël 88,8, Suisse 31,85, G.-B. 27,9, Turquie 16,3, Tunisie 11,8, Angola 10,1, Yougoslavie 8,5, Roumanie 2,4.

En France

☞ **Le Code civil** refuse la notion de jeu et la dette de jeu. **Le Code pénal** interdit les jeux d'argent et de hasard (article 410). Une loi dérogatoire pourtant les autorise (loi du 15-6-1907 modifiée par l'ordonnance du 7-1-1959 et le décret du 22-12-1959). L'ouverture d'un casino peut être autorisée par le ministre de l'Intérieur. Le jeu fait vivre environ 200 000 personnes. Les gains aux jeux de hasard sont exonérés d'impôts ; mais, s'ils sont placés, ils sont normalement imposés.

Sommes jouées par les Français (en milliards de F, 2000). La Française des Jeux 42,8, PMU 37,93, casinos (99-2000) 33 dont machines à sous 27.

Répartition des mises par jeu (en %, au 31-12-2000). Loto 26,9, Rapido 12,9, Vegas 7,7 Keno 6,4, Millionnaire 5,8, Solitaire 5,6, Astro 5,2, Black Jack 4,5, Tac O Tac TV 3,7, Banco 3,5, Morpion 3, Bingo 2,4, XIII 2, Pile et Face 1,8, Saga 1,5, Loto Foot 1,4, Sydney 2000 1, St-Valentin 0,7, FDJ an 2000, 0,2 L'Ile au Trésor 0,1.

Fiscalité des gains (loi de finances rectificative du 11-7-1986). Les sommes gagnées ne sont pas imposables car l'impôt a été retenu à la source. **Prélèvement public sur les jeux** (en %, 1998) : sur les mises Astro, France 98, Loto et Super Loto 36, Keno 29, Black Jack, Top Départ 27, Monopoly, Millionnaire 26, Ile au Trésor 24, Vatoo 23, Loto Foot 18, Bingo, Solitaire, Tour du Monde 17, Banco, Goal, Morpion, Tac O Tac TV 12. Sur les sommes gagnées au Loto, prélèvement variable selon les tranches (en %) : *5* de 5 000 à 100 000 F, *10* de 100 000 à 500 000, *15* de 500 000 à 1 million, *20* de 1 à 2 millions, *25* de 2 à 5 millions, *30* au-dessus de 5 millions. Le gagnant perçoit une somme nette. La Loterie nationale était exonérée.

La Française des Jeux [avant SLNLN, Sté de la Loterie nat. et du Loto nat. Sté d'économie mixte créée par décret du 9-11-1978, devenue France Loto (créée 13-1-1989)]. **Capital** (en %) : participation de l'État 72, émetteurs 20, salariés 5, courtiers 3. Capital augmenté de 20 à 500 millions de F. **Chiffre d'affaires** (en milliards de F) : *1980 :* 6,7 ; *85 :* 16,1 ; *90 :* 18 ; *91 :* 21,2 ; *92 :* 30,2 ; *93 :* 31,1 ; *94 :* 31,2 ; *95 :* 33,1 ; *96 :* 33,7 ; *97 :* 34,2 ; *98 :* 35,7 ; *99 :* 37,8 ; *2000 :* 42,8. **Bénéfices nets** : *1990 :* 0,131 ; *91 :* 0,326 ; *92 :* 0,545 ; *94 :* 0,33 ; *95 :* 0,33 ; *96 :* 0,41 ; *97 :* 0,35 ; *98 :* 0,33 ; *99 :* 0,53 ; *2000 :* 0,51. **Rapport pour l'État :** *1995 :* 9,1 ; *96 :* 9,2 ; *97 :* 9,6 ; *98 :* 10,1 ; *99 :* 10,6 ; *2000 :* 11,4. **Pt :** *28-5-1989* Gérard Colé. Un rapport de l'Inspection générale des Finances ayant dénoncé sa gestion, un décret mit fin à ses fonctions le 8-12-1993 ; *1993* Bertrand de Gallé ; *2000* Christophe Blanchard-Dignac.

Loterie nationale

☞ *Abréviation :* lot. : loterie(s).

■ **Origine. Antiquité** à Rome, après banquet ou spectacle, Néron offre des esclaves ou des villas ; Héliogabale donne à certains gagnants un chien crevé ou des mouches mortes. **XVIe s.** Gênes choisit ses chefs au hasard sur une liste de 90 personnes. Se répand dans les Flandres, « loterie de charité » tirées à Malines (1519), Louvain (1520) et Lille (1527). **1530** 1re lot. publique à Florence. Reprise à Rome et Venise. **1539**-*21-5* édit de Châteaurenard : François Ier concède à Jean Laurent le soin d'établir une lot. appelée *blanque*, à charge pour lui de verser au Trésor royal 2 000 livres. **1660** « loterie de libéralité » tirée lors du mariage de Louis XIV au profit des pauvres et des artistes. **1661** lot. de bienfaisance au profit des hôpitaux. **1759** loteries de charité (Marseille, Lyon, Tours...). **1776**-*30-6* lot. royale créée pour arrêter l'exportation de l'argent qui va se placer à l'étranger dans les lot. plus séduisantes que les nôtres. **1793**-*15-11* supprimée. **1797**-*30-9* rétablie (lot. nat. puis impériale, puis royale). **1836**-*21-5* supprimée (sauf bienfaisance). **1930** *loi du 29-4* autorisant le gouvernement à permettre aux communes de faire des lot. pour « l'acquisition de matériel d'incendie ou pour l'organisation d'extinction d'incendie ». **1933**-*31-5* loi de finances autorisant la loterie pour 1 an ; l'art. 136 précise qu'« un décret fixera les conditions d'organisation et les modalités d'une loterie dont le produit sera, après un prélèvement de 100 millions affecté à la Caisse de solidarité contre les calamités agricoles, rattaché au chapitre 14 du budget des pensions (retraite du combattant) dont le crédit sera déduit à due concurrence ». *-23-7* décret donnant les principes qui resteront : la loterie est une loterie simple, liée à un seul tirage ; les billets sont au porteur et le montant global des lots devra être égal à 60 % au moins du montant des billets ; les lots ne seront pas soumis à l'impôt. *-7-11*, 1er tirage au Trocadéro ; le 1er gagnant du gros lot (5 millions de F de l'époque) est un coiffeur de Tarascon : Paul Bonhoure († 1961), le 2e sera, en déc., M. Ribière (d'Avignon). **1935**-*nov.* les Gueules cassées installent à leur siège un service structuré d'émission de dixièmes. **1938** décret-loi supprimant la loterie au 1-1-1940. **1939** décret renvoyant la suppression au 1-1-1942. Bénéfices affectés à un Fonds de solidarité nationale. **1941** création des vignettes pour les dixièmes. Attribution des bénéfices au Secours national. **1944** tirages interrompus 2 mois. **A partir de 1945** placée sous l'autorité du ministre des Finances (bénéfices comptabilisés dans le budget général). Les émetteurs de billets sont alors la Loterie nationale pour les billets entiers et les Associations de mutilés, anciens combattants et victimes de guerre (Gueules cassées, Fédération Maginot...) pour les dixièmes. Des mutuelles (Confédération des débitants de tabac, Mutuelle des PTT, Mutuelle du Trésor) et des établissements privés pourront plus tard faire les mêmes opérations. **A partir de 1952** concurrence du PMU. **1954** 42 émetteurs parisiens, 38 en province (*1965 :* 25 à Paris, 25 en province, 2 au Maroc ; *1974 :* 7 à Paris, 11 en province). Apparition du tiercé au PMU. **1960** création d'une union professionnelle des courtiers en billets. **1970** les résultats annuels tombent au-dessous du milliard de F ; l'activité cesse d'être rentable ; de nombreux émetteurs cesseront leur activité. **1974** création du Prélo. **1976**-*29-9* pour la 1re fois, no 00 000 sorti au tirage ; no 100 000 est pris en considération. **1984**-*25-1*, 1er tirage du Tac O Tac, billet en deux parties offrant 2 chances de gagner : la 1re partie (à gratter) permet de gagner immédiatement (gros lot 300 000 F) ; la 2e participe à un tirage télévisé (gros lot 4 millions de F). **1990**-*13-12* dernier tirage de la Loterie nat. avant suppression.

■ **Tirages.** Effectués en public, à Paris, au moyen de sphères fonctionnant automatiquement, brassant des boules en caoutchouc plein avec, en incrustation, les chiffres nécessaires pour la formation des numéros gagnants. **Billet entier** (prix) : 10, 20, 92, 184 F en 1989. **Gros lot** (montant) : *Tac O Tac :* 4 000 000 F ; *Bicentenaire :* 2 000 000 F ; *autres tranches :* 10 000 000 F. **Tranches :** *Bicentenaire :* un seul type de billet commercialisé, le dixième à 10 F. Gros lot : 2 millions de F. Sur chaque billet est repris un des 4 thèmes révolutionnaires retenus : mois du calendrier révolutionnaire, grands événements de 1789, artistes vivant au temps de la Révolution, principaux personnages. *Diverses :* Fête des Mères, Vendredi 13, etc. émises chaque année à 184 F le billet entier et 20 F le dixième. L'Arlequin a été arrêté en 1984, les tranches du Sweepstake et du Suspense en 1987.

■ **Statistiques. Joueurs :** 12 à 15 millions achetant 1 ou 2 dixièmes par an ; 7 millions de billets de Tac O Tac étaient vendus chaque semaine. **Lots payés** (en 1988) : environ 1,6 milliard de F (placement des billets : 3,7 milliards de F). **Courtiers :** ils recevaient les billets et approvisionnaient 27 000 détaillants, vendeurs ambulants, magasins spécialisés, débitants de tabac, dépositaires de presse.

Jeux on line (validés sur terminaux)

Loto

☞ Ne pas confondre avec le *loto* qui se joue avec des cartons et des pions numérotés.

■ **Origine.** *Nom :* de l'italien *lotto*, lot. **1955**-*9-10* 1er loto du N.-O. créé en Rhénanie (Nord-Westlotto, suivi d'autres dans la plupart des Länder). **1976**-*19-5*, 1er tirage en France. **1979**-*1-1* rejoint la Loterie nationale dans la Sté de la Loterie nat. et du Loto nat. (Sté d'économie mixte) qui devient en janvier **1989** France Loto. L'État possède 72 % du capital, les émetteurs de dixièmes 20 %, les salariés 5 %, les courtiers 3 %. L'État détient également la majorité à l'assemblée générale des actionnaires et au conseil d'administration. **1991**-*12-9* France Loto devient La Française des Jeux.

■ **Principe.** On coche d'une croix 6 numéros sur 2, 4, 6 ou 8 grilles. *Tirage* (49 boules en caoutchouc, 73 g, dans une sphère scellée, 110 kg) 6 numéros + 1 numéro complémentaire sont extraits de la sphère : **1976-84** 1 tirage (mercredi). **1978** abonnement possible. **1984**-*10-3*, 2 tirages (mercredi et samedi). Les joueurs peuvent participer à 1 seul tirage ou aux 2. Dans ce cas, le même bulletin participe aux 2 tirages. Bonus du samedi : permet de gagner 2 fois la valeur du gain pour 3 bons numéros + le complémentaire. **1990**-*12-9*, 4 tirages (2 le mercredi, 2 le samedi). **1992**-*16-9* lancement du système flash. **1995**-*29-3* lancement de Loto 7, jeu additionnel au Loto. **1996**-*juin* arrêt Loto 7. **1997**-*oct.* nouveau Loto : bulletin plus simple et plus clair. Ajout des rangs 4 + complémentaire et 3 + complémentaire. En cas d'absence de gagnants au rang 1, gains reportés sur 5 + complémentaire. **1999**-*18-10* lancement de Joker, jeu additionnel au Loto permettant de gagner de 10 à 1 million de F pour 5 F.

■ **Bulletins. Simple :** 8 grilles groupées par 2 ; chacune a 49 cases numérotées. On joue 2, 4, 6 ou 8 grilles par bulletin. *Mises* correspondantes pour 2 tirages, mercredi ou samedi : 8, 16, 24 ou 32 F ; mercredi et samedi : 16, 32, 48 ou 64 F. **Multiple :** une seule grille sur laquelle on peut cocher 7, 8, 9 ou 10 numéros. Les numéros ainsi choisis correspondent à 7, 28, 84 ou 210 combinaisons différentes de 6 numéros. Mises correspondantes, pour 2 tirages, mercredi ou samedi : 28, 112, 336 ou 840 F, mercredi et samedi : 56, 224, 672 ou 1 680 F. **Abonnement :** permet de faire participer le bulletin simple ou multiple aux tirages de 2 à 5 semaines consécutives (mercredi et/ou samedi). **Système Flash :** possibilité de jouer au Loto simple ou multiple sans remplir de bulletin. Le terminal génère aléatoirement des combinaisons de 6 (loto simple), 7, 8, 9 ou 10 numéros (loto multiple).

Rang	Nombre de bons numéros	Nombre de combinaisons gagnantes	1 chance sur
1er	6	1	13 983 816
2e	5 + complémentaire .	6	2 330 636
3e	5	252	55 491
4e	4 + complémentaire .	630	22 197
5e	4	12 915	1 083
6e	3 + complémentaire .	17 220	812
7e	3	229 600	61
	Total	**260 624**	**54**

■ **Gains.** Payables sur présentation du reçu informatique donné au joueur après validation. Les prises de jeux sont réalisées à partir du terminal du détaillant et retranscrites sur disque optique numérique par La Française des Jeux.

■ **Probabilités de gains.** Un joueur qui jouerait, pour un jour de tirage (2 tirages) toutes les possibilités (13 983 816) devrait écrire sans erreur près de 84 millions de croix et faire valider près de 1 750 000 bulletins simples (ou 66 589 bulletins multiples à 10 numéros, 1 à 9, 1 à 8 et 2 à 7, soit 665 921 croix). Il lui faudrait miser en contrepartie près de 56 millions et il gagnerait ainsi pour chacun des 2 tirages : 1 fois le montant alloué à chaque gagnant du 1er rang, 6 fois celui alloué à chaque gagnant du 2e rang, 252 celui du 3e rang, etc.

Lorsque les numéros tirés sont de petits chiffres, dans la 1re trentaine, on a plus de gagnants car beaucoup cochent des numéros de dates d'anniversaires.

Fréquence de sortie (du 19-5-1976 au 30-6-2001) : 7 : 510 fois ; *4 :* 506 ; *18 :* 502 ; *45 :* 502 ; *36 :* 500 ; *1 :* 499 ; *16 :* 499 ; *6 :* 496 ; *42 :* 496 ; *43 :* 495 ; *19 :* 494 ; *38 :* 493 ; *49 :* 493 ; *31 :* 491 ; *23 :* 490 ; *46 :* 490 ; *39 :* 489 ; *30 :* 487 ; *34 :* 486 ; *32 :* 483 ; *35 :* 483 ; *27 :* 479 ; *37 :* 479 ; *15 :* 478 ; *5 :* 476 ; *21 :* 476 ; *40 :* 476 ; *28 :* 474 ; *22 :* 473 ; *24 :* 473 ; *44 :* 472 ; *2 :* 471 ; *12 :* 471 ; *20 :* 470 ; *9 :* 468 ; *14 :* 468 ; *25 :* 468 ; *13 :* 467 ; *26 :* 467 ; *41 :* 466 ; *11 :* 462 ; *48 :* 462 ; *3 :* 458 ; *10 :* 455 ; *47 :* 454 ; *8 :* 453 ; *33 :* 447 ; *17 :* 443 ; *29 :* 432.

■ **Gros lot.** Pour gagner, il faut que les 6 numéros sortis au tirage correspondent à tous ceux cochés dans une même grille. Les gains sont exempts d'impôt sur le revenu et payables au porteur sans qu'il ait à justifier son identité.

■ **Statistiques** (en 2000). **Effectifs** (La Française des Jeux) : 818 collaborateurs, 188 courtiers. **Points de vente** (Loto) : 18 279.

■ **Enjeux et bulletins.** Moyenne des enjeux hebdomadaires en 2000 : 191,9 millions de F pour 5,4 millions de validations. **Répartition des enjeux du Loto** (en %, 1999) : gagnants 50,485, puissance publique et frais de fonctionnement 49,515.

■ **Mises.** 2 F par grille et par tirage. Obligation de jouer au minimum 2 grilles pour 2 tirages, soit prix d'accès : 8 F. **Mises encaissées** (en millions de F, hors Super Loto et hors Joker) : *1981 :* 7 235. *1982 :* 7 755. *1983 :* 8 376. *1984 :* 10 976,9. *1985 :* 11 804. *1986 :* 11 778. *1987 :* 11 468. *1988 :* 11 564. *1989 :* 11 808. *1990 :* 12 998. *1991 :* 14 955. *1992 :* 13 846. *1993 :* 12 856. *1994 :* 12 306. *1995 :* 11 795. *1996 :* 11 409. *1997 :* 11 319. *1998 :* 10 628. *1999 :* 10 483 ; *2000 :* 10 072.

■ **Part** (en %) **des mises attribuée aux gagnants. 1er tirage** et, entre parenthèses, **2e tirage :** rang 1 : 29,10 (45,40 + *16,30*) ; rang 2 : 3,10 (3,10) ; rang 3 : 10,30 (10,30) ; rangs 4 et 5 : 13,60 (13,60) ; rangs 6 et 7 : 27,60 (27,60) ; *fonds de Super Cagnotte 16,30* (devient un fonds de Super Cagnotte rajouté sur le rang 1 du 2e tirage).

■ **Gagnants.** En **1992 :** chaque semaine, en moyenne 13 000 000 de bulletins validés dont 3 700 000 gagnants. Au 30-4-1995 : gagnants à 6 nos : 12 260 dont 5 283 ont gagné plus de 1 million et 346 plus de 10 millions de F : 20 de 30 à 40, 3 de 40 à 50, 12 plus de 50.

Gros gagnants. Du 19 mai 1976 au 31-12-1999 : 13 214 joueurs ont trouvé les 6 bons numéros et parmi eux 7 162 ont gagné *+ de 1 million de F ; de 10 à 20 millions :* 437 ; *20 à 30 :* 110 ; *30 à 40 :* 55 ; *40 à 50 :* 12 ; *+ de 50 :* 17. Un détaillant de Villers-le-Lac (Doubs) a enregistré 8 fois le gros lot. **Records. 1977**-*9-11 :* 8 313 833,40 F ; **1980**-*26-3 :* 9 330 410 F [Mme Arlette Hentinger, 31 ans, habitant La Ciotat, avait joué depuis des mois, chaque semaine, et pour 7 F, les mêmes numéros (4, 10, 18, 35, 41, 46, et 27 comme numéro complémentaire)] ; **1981**-*févr.* M. et Mme Zambelli, retraités (Toulon) : 9 775 886,80 F avec une grille simple ; **1984**-*11-1 :* 38 employés de l'usine Moulinex de Falaise (Calvados) 12 368 658 F avec 5 bulletins multiples. 36 ont touché 312 687 F chacun et les 2 autres 625 375 F, ayant misé double. **1985**-*21-12 :* anonyme d'Orly : 17 086 035 F (multiple à 14 F). **1986**-*14-5 :* 2 joueurs de la région parisienne : 32 353 055 F (bulletin simple à 16 F). **1988** 33 456 975 F (bulletin abonnement à 280 F). **1990**-*20-10 :* 55 440 520 F, Toulouse ; *-22-12 :* 53 025 240 F, Perpignan. **1991**-*21-9 :* 54 077 205 F, Lyon. **1992**-*30-5 :* 45 306 355 F, Genas (Rhône). **1993**-*24-4 :* 54 944 910 F, Lyon ; *-24-4 :* 54 944 910 F, Languidic (Morbihan). **1994**-*1-1 :* 59 767 890 F, Aigues-Mortes (Gard) [Marie-Thérèse Barre (née 1911)] ; *-30-4 :* 55 533 720 F, La Réunion. **1995**-*4-3 :* 57 045 165 F, Chécy (Loiret) ; *-12-8 :* 48 119 980 F, Romans-sur-Isère (Drôme) ; *-2-12 :* 69 378 690 F, Hazebrouck (Nord) système Flash simple. **1996**-*2-3 :* 42 888 230 F, Aubagne (B.-du-Rh.). **1997**-*29-1 :* 56 116 708 F, St-Renan (Finistère) ; *-6-2 :* 56 116 708 F, St-Renan (Finistère) ; *-25-6 :* 70 619 180 F, Hatten (Bas-Rhin) ; *-23-7 :* 48 106 475 F, Denain (Nord) ; *-6-8 :* 40 170 840 F, Strasbourg (B.-Rhin) ; *-24-12 :* 50 094 283 F, Metz (Moselle). **1998**-*2-12 :* 45 277 015 F, Paris. **1999**-*16-1 :* 75 085 410 F, Clamart (Hts-de-S.). **2000**-*2-9 :* 49 070 120 F, Blagnac.

☞ **Gain record** (mondial) : joueur californien 675 millions de F (118 millions de $).

■ **Joker :** jeu additionnel au Loto, sur le bulletin de Loto. Pour 5 F on peut gagner de 10 à 1 million de F si les 1 à 7 derniers chiffres du no Joker joué correspondent aux 1 à 7 derniers chiffres du no Joker tiré. 2 tirages par semaine : le mercredi et le samedi après le 2e tirage du Loto.

■ **Super Loto.** 1er tirage : **1996**-*15-5* à l'occasion des 20 ans du Loto. Au 30-6-2001, 14 Super Loto organisés. Mise 10 F par grille jouée. On coche 6 numéros par grille sur un bulletin comportant 5 grilles de 49 cases. **Gros gagnants** : au 30-6-2001 5 gagnants à + de 100 millions de F. Record : **1997**-*20-3* : 150 077 770 F, Asnières (Hts-de-S.).

■ **Loto sportif. Origine : 1934**-*20-10*, 1er en Suède. Joué au *Brésil* (football, on mise sur les équipes perdantes), *Canada* (basket, hockey sur glace, base-ball), *Mexique* (base-ball, football, football américain), *Sénégal* (championnats de football français, italien, anglais, allemand et espagnol). **1985**-*avril* lancé comme multisports, *-juin* interrompu, *-27-9* consacré au football. 16 matches retenus. La part de chance est constituée par un tirage au sort de 7 matches sur 16 : ce sont « les 7 numéros de la Chance ». **1988**-*16-7 nouvelle formule* basée sur 13 matches. **1997**-*août* supprimé et remplacé par *Loto Foot*. **Principe.** Prévoir les résultats de 13 matches de chaque loto sportif en cochant la case 1 ou 2 selon l'équipe gagnante choisie, ou, pour un match nul, la case N. La part de chance est constituée par un numéro-pactole tiré au sort. Tous les gagnants dont le reçu de jeu comporte ce numéro-pactole doublent leur gain. En cas de match annulé, la rencontre est considérée comme gagnante quelle que soit la case cochée. 3 rangs de gains : 13, 12 et 11 bons pronostics. En cas d'absence de gagnants à 13, les grilles comportant 10 bons pronostics sont gagnantes et ainsi de suite. Un jeu complémentaire, *Match du Jour*, propose de prévoir le score exact de 3 rencontres ; on peut jouer à l'un, à 2 ou aux 3 *Match du Jour*. **Bulletins.** *Multiple* : permet de jouer des doubles et des triples, ainsi qu'un *Match du Jour* ; *simple* : permet de jouer de 1 à 8 grilles à 5 F chacune. **Record d'enjeux de participation.** *6-12-1985* : 91 218 395 F (7 480 491 bulletins joués). **Répartition** (en %). Gagnants 55, frais de fonctionnement 12,9, État et sport 29,79. **Répartition pour chaque catégorie de gains :** *13 bons pronostics* : 37, *12* : 27, *11* : 27, *numéro pactole* 9. **Gros lots.** *Record (3-8-1987)* : 14 464 721 F pour un joueur anonyme de Grasse avec un bulletin à 1 080 F.

■ **Loto Foot. Origine : 1997**-*2-8 remplace* le Loto sportif. *Loto Foot Matches* : pronostiquer les résultats de 13 rencontres de football ; 4 rangs de gains : 13, 12, 11 ou 10 bons pronostics ; jeu *simple* à 5 F, jeu *multiple* de 10 à 1 920 F. *Duo Foot* : trouver les scores de 2 rencontres ; *mise unique* 10 F ; 1 rang de gain. 69,26 % des enjeux redistribués. Gain record : **1998**-*novembre* plus de 17 millions de F en Gironde.

Le Tapis vert

■ **Origine. 1933**-*15-10 créé* ; a été *supprimé* le 15-9-1993 parce qu'il n'atteignait plus ses objectifs commerciaux et que La Française des Jeux ne désirait pas avoir 2 jeux de contrepartie (Keno). En outre, le Conseil d'État a estimé après sa suppression que « les résultats d'un tirage de lettres, couleurs ou symboles » s'apparentait à une concurrence déloyale pour les casinos. On cochait 4 cases (1 par couleur) sur une grille comportant 32 cases (de l'as au 7 dans les 4 couleurs pique, cœur, carreau, trèfle). *Gains : 4 cartes exactes* : 1 000 fois la mise, *3 cartes* : 30 fois, *2 cartes* : 2 fois.

Keno

■ **Origine. 1993**-*10-9 création du jeu, tirage hebdomadaire.* **1994**-*24-6* lancement du Système Flash. **1995**-*9-6 tirage hebdomadaire, mises à 10 ou 20 F.* **1996**-*19-1* tirage quotidien. **1997** *création du Numéro Jackpot, jeu additionnel et gratuit du Keno.* **1999**-*11-10* lancement en Polynésie. **2000**-*3-4* lancement de l'abonnement (de 1 à 7 jours consécutifs. Principe : 5 grilles de 70 nos ; le joueur coche de 2 à 10 numéros par grille, choisit sa mise et le nombre de tirages auxquels il souhaite participer. Chaque joueur, 20 nos sont tirés au sort ; le joueur peut gagner jusqu'à 4 millions de F pour une mise de 20 F (et 2 millions de F pour 10 F). Il a une 2e chance de gain grâce au no Jackpot qui lui est attribué automatiquement sur son reçu de jeu ; le montant du Jackpot augmente de 100 000 F chaque jour jusqu'à ce qu'il soit gagné.

■ **Rapido.** *Créé* 11-1-1999. Cocher 8 numéros parmi 20 dans la grille A et de 1 à 4 numéros parmi 4 dans la grille B. *Mises* : 5, 10, 20, 30 ou 50 F par tirage. A chaque tirage 8 numéros tirés dans la grille A et 1 dans la grille B. Tirage électronique toutes les 5 minutes de 6 h 00 à 24 h 00, sept jours sur sept, sur écran vidéo situé dans le point de vente. *Gain* possible : jusqu'à 10 000 fois la mise.

■ **Bingo.** *Créé* 29-3-1999, *supprimé* 19-12-1999. Inspiré du loto traditionnel de société, connu sous ce nom en G.-B. et aux USA et sous celui du Loto en France. *Principe* : se joue avec une grille de jeu pré-imprimée composée de 5 lignes et 6 colonnes (20 cases numérotées et 10 cases trèfles). *Mise* : 10 F. Le but consiste à compléter le maximum de lignes horizontales dans l'ordre, en comparant les numéros sortis au tirage et ceux de la grille de jeu. 36 numéros gagnants sont tirés au sort parmi 60 à chaque tirage. *Gains fixes* : de 20 F à 10 000 F ; *variables* (pour la grille complète) : dizaines de milliers de F à partager entre gagnants.

Jeux instantanés

■ **Astro.** *Créé* 12-5-1997. Gratter 5 étoiles. Si 2 symboles identiques apparaissent, on gagne la somme indiquée dans la case gain. *Prix* : 10 F. *Gain maximal* : 70 000 F. *Tickets vendus* (en 2000) : 224 millions.

■ **Banco.** *Créé* 28-5-1990. Le grattage donne immédiatement la somme gagnée (5 à 5 000 F). Ticket à 5 F. *Tickets vendus* (en 2000) : 304 millions.

■ **Bingo.** *Créé* 7-6-1993, *remanié* 19-9-1994. *Prix* : 10 F. Gratter 2 séries de 4 jetons, si l'on retrouve de 1 à 4 nos identiques dans une grille et dans la série de jetons correspondante, on gagne de 25 à 25 000 F. *Tickets vendus* (en 2000) : 105 millions.

■ **Black jack.** *Créé* 15-6-1992. 1er jeu associant un score à battre et une case gain. Le joueur doit gratter ses 3 jeux, la case « Banque » et la case « Gain ». Si un de ses jeux est supérieur à celui de la Banque, il gagne la somme inscrite sous la case gain. *Prix* : 10 F. *Gain maximal* : 100 000 F. Sur 1 440 000 tickets, 324 486 tickets gagnants dont 7 à 100 000 F et 211 200 à 10 F. *Tickets vendus* (en 2000) : 191 millions.

■ **Goal.** *Créé* 16-10-1995. Principe basé sur une série de 22 tickets différents pour un même jeu, représentant les couleurs des clubs de football. *Relancé* 24-3-1997 avec 4 tickets bicolores, évoquant autant de maillots de joueurs de football que des fanions de supporters. Au grattage, le joueur gagne si 3 sommes identiques apparaissent parmi 6 : de 5 F à 10 000 F. *Prix* : 5 F. Pour 500 000 tickets, 101 817 gagnants dont 5 à 10 000 F et 48 500 à 5 F. *Tickets vendus* (en 2000) : 315 millions.

■ **La Française des Jeux fête l'an 2000.** Offre limitée *créée* 29-11-1999, *arrêtée* 30-1-2000. Jeu à 10 F associant un grattage permettant de gagner de 10 à 200 000 F (avec 3 sommes identiques sur 6 dévoilées) et un tirage permettant de gagner 1 million de F pour les 50 tickets reprenant le no de 6 chiffres tiré au sort le 31 décembre. *Tickets vendus* (en 1999 et 2000) : 47 millions.

■ **Millionnaire.** *Créé* 30-9-1991. Associe grattage (10 à 50 000 F) et, si le ticket comporte 3 symboles TV : tirage 100 000 à 1 million de F). Les gagnants « 3 TV » sont invités à Paris pour participer au tirage, qui est enregistré. La roue se compose d'un grand et d'un petit plateau : la boule blanche détermine le gain et la boule jaune permet de gagner un bonus de 100 000 F pour les gains de 100 000 à 700 000 F. Le grand plateau de la roue (gain) est divisé en 75 segments (6 rapportent 1 000 000 F, *6* : 700 000 F, *14* : 500 000 F, *29* : 300 000 F et *20* : 100 000 F), le petit plateau (bonus) est divisé en 36 emplacements (12 font gagner un bonus de 100 000 F et 24 sont sans lot bonus). *Prix* : 10 F. *Tickets vendus* (en 2000) : 248 millions.

■ **Morpion.** *Créé* 2-5-1994. *Gratter* une grille de 9 cases. Si on découvre 3 X ou 3 O alignés horizontalement, verticalement ou en diagonale, on gagne de 5 à 5 000 F. *Prix* : 5 F. *Tickets vendus* (en 2000) : 257 millions.

■ **Pile et Face.** *Créé* 1-3-1999. *Gratter* la pièce, découvrir le mot « face » pour un ticket Face ou le mot « pile » pour un ticket Pile et gagner la somme indiquée sur la case « Gain ». *Prix* : 5 F. Sur 500 000 tickets, 138 760 tickets gagnants dont 10 à 2 000 F et 94 000 à 5 F. *Lots* : de 5 à 2 000 F. Avec 1 chance sur 3,6, offre la meilleure fréquence de gain de jeux de grattage. *Tickets vendus* (en 2000) : 155 millions.

■ **Saga.** *Créé* 20-9-1999. *Prix* : 10 F. Gratter le mot clé ; si on découvre toutes les lettres du mot clé dans la zone de jeu à gratter on gagne de 10 à 100 000 F. *Tickets vendus* (en 2000) : 63 millions.

■ **Solitaire.** *Créé* 6-11-1995. Retrouver les « numéros gagnants » parmi « vos numéros » et gagner jusqu'à 4 fois sur le même ticket. *Prix* : 10 F. *Lots* : de 10 à 50 000 F. Sur 500 000 tickets, 128 441 gagnants, dont 2 à 50 000 F et 60 000 à 10 F. Remanié le 5-7-1998 : ajout d'un 3e no gagnant (grattable) : no bonus. *Tickets vendus* (en 2000) : 241 millions.

■ **Tac O Tac TV.** *Créé* 25-1-1984, associait le grattage, possibilité de gagner de 10 à 30 000 F, au tirage (télévisé le jeudi) pour gagner de 10 à 400 000 F. *Remanié* 19-2-1993, suppression du tirage, prix de 20 F et double grattage (au 1er jeu, gain de 20 à 10 000 F et au 2e de 20 à 2 millions de F). *Remanié* le 26-6-1995, 4 jeux sur un même ticket, avec un gain de 20 à 2 millions de F. Le 16-11-1998, devenu Tac O Tac TV, associant grattage et tirage télévisé (quotidien en semaine) permettant de remporter un gain mensualisé. *Prix* : 20 F, 4 jeux à gratter. *Gains* : 200 F au 1er jeu, de 20 à 2 000 F au 2e, de 20 à 20 000 F au 3e et 20 à 20 000 F au 4e. Au 4e, si le joueur découvre la combinaison complète du coffre, il détermine son gain au cours d'une émission télévisée, en présence d'un huissier, et peut gagner de 5 000 à 10 000 F par mois pendant 2 à 10 ans. Pour 500 000 tickets, 119 880 tickets gagnants, dont 2 permettent d'accéder au gain mensualisé et 95 000 à 20 F. *Tickets vendus* (en 2000) : 79 millions.

■ **Saint Valentin.** Offre limitée *créée* en janvier 1999 puis *retirée* en mars 1999. *Relancée* 31-1-2000 jusqu'au 5-3-2000. 2 tickets différents sont proposés : rose ou bleu. Si le joueur découvre au moins 2 cœurs en grattant les 6 pétales de la marguerite, il gagne la somme correspondante : de 10 à 50 000 F. *Prix* : 10 F. *Tickets vendus* (en 2000) : 28 millions.

■ **Vegas :** *créé* 13-3-2000. *Prix* : 20 F. Propose 4 jeux distincts (Roulette, Poker, Craps et Jackpot) et dont 4 chances de gagner de 20 à 250 000 F. *Tickets vendus* (en 2000) : 165 millions.

■ **Avec l'Équipe de France Olympique à Sydney 2000.** *Prix* : 10 F. Jeu événementiel lancé le 5-6-2000 et retiré le 1-10-2000. Se décline en 7 tickets différents représentant chacun une discipline des JO. Gratter les 3 marches d'un podium et découvrir au moins une médaille sur l'une des 3 marches. *Gains* : de 10 à 50 000 F. *Tickets vendus* (en 2000) : 45 millions.

■ **XIII la BD Culte.** *Prix* : 10 F. Lancé le 16-10-2000 à l'occasion du lancement national du 14e album de la bande dessinée XIII. 10 tickets différents représentant les personnages clés de la BD sont proposés. Gratter la bulle ; si l'addition des 4 chiffres découverts est égale à 13 on gagne la somme indiquée dans la case gain. *Gains* : de 10 à 130 000 F. *Tickets vendus* (en 2000) : 86 millions.

Pari mutuel

Généralités

■ **Origine. 1891**-*2-6* le *Pari mutuel sur l'hippodrome* (PMH) est légalisé. **1930**-*16-4* son extension, *Pari mutuel urbain* (PMU), est autorisée. **1931**-*28-12* Pari mutuel autorisé sur les courses de lévriers. **1954**-*22-1*, 1er tiercé (mis au point par André Carrus). **1976**-*26-2* : 1er quarté. **1987**-*7-5* 1er quarté +. **1989**-*12-9*, 1er quinté +. **1993**-*15-6*, 1er 2 sur 4. **1995**-*19-5* lancement du « grand 7 ». **1996**-*1-1* tickets gratuits pour les parieurs ; possibilité de jouer en prise de pari simultanée sur 2 hippodromes. **1999**-*9-4* 1er classic tiercé. **2000**-*13-3*, 1er 2 sur 4 hors événement. *-14-4* première prise de paris par satellite.

■ **Organisation.** Le PMU est un « groupement d'intérêt économique sous la tutelle des ministres de l'Agriculture et du Budget et relève d'un contrôleur d'État ». Il est constitué entre les Stés de courses parisiennes : *Sté France Galop : Sté d'encouragement pour l'amélioration des races de chevaux de galop en France* (hippodromes de Longchamp, Chantilly, Deauville, Auteuil, Pau, St-Cloud, Maisons-Laffitte, Enghien, Vichy), *Sté d'encouragement à l'élevage du cheval français* (Vincennes, Caen), et les 54 Stés de province autorisées à collecter les paris à l'échelon national en dehors des hippodromes. **Employés** (au 31-12-99) : 1 448.

■ **Book** (ou **bookmaker**). Personne qui propose ou accepte des paris à cote fixe. Activité interdite en France et dans de nombreux pays (USA), autorisée dans d'autres (G.-B., Belgique, Italie, All.).

Statistiques

■ **Chiffre d'affaires du PMU** (en milliards de F). *1990* : 33,83 ; *91* : 34,74 ; *95* : 32,65 ; *96* : 34,7 ; *97* : 34,57 ; *98* : 34,98 ; *99* : 35,61 ; *2000* : 37,93. Part revenant aux Stés de courses *99* : 2,154 ; *2000* : 2,424. **Valeur moyenne de chaque enjeu** (en F) : *1991* : 30,60 ; *95* : 24,8 ; *96* : 24,2 ; *97* : 24,1 ; *98* : 24,2 ; *99* : 24,6 ; *2000* : 25,1.

■ **Répartition en jeux PMU** (en %, 2000). Pari simple 12,3 ; report 1,5 ; couplé et jumelé 22,8 ; trio 6 ; tiercé 8,6 ; quarté + 10 ; quinté + 32,7 ; 2 sur 4 5,7 ; grand 7 : 0. **Tickets PMU traités** (en 2000). 1,181 milliard.

■ **Tiercés. Nombre** : *1954* : 56 ; *70* : 77 ; *90* : 212 ; *95* : 215 ; *96* : 225 ; *97* : 226 ; *98* : 236 ; *99* : 248 ; *2000* : 256. **Enjeux** : *1er tiercé 1954* : 28 000 F ; *90* : 7 927 693 327 F ; *95* : 3 914 439 401 F ; *97* : 3 614 134 920 F ; *98* : 3 539 762 431 F ; *99* : 3 355 366 161 F ; *2000* : 3 277 972 367 F. (*Record* : Prix d'Amérique 30-1-1983 : 155 420 760 F.)

■ **Quartés +. Nombre** : *1987* : 26 ; *88* : 112 ; *90* : 160 ; *95* : 215 ; *96* : 225 ; *97* : 226 ; *98* : 236 ; *99* : 248 ; *2000* : 256. **Enjeux** : *1990* : 8 196 661 920 F ; *95* : 3 445 082 613 F ; *97* : 3 909 988 597 F ; *98* : 3 861 218 581 F ; *99* : 3 734 232 326 F ; *2000* : 3 803 844 143 F. (*Record* 29-1-1989 à Vincennes : 70 463 406 F.)

■ **Quintés +. Nombre** : *1989* : 15 ; *90* : 52 ; *93* : 215 ; *94* : 215 ; *95* : 215 ; *96* : 223 ; *97* : 225 ; *98* : 236 ; *99* : 248 ; *2000* : 256. **Enjeux** : *1990* : 2 609 106 500 F ; *95* : 10 724 755 982 F ; *97* : 11 255 236 233 F ; *98* : 11 689 426 314 F ; *99* : 11 794 560 994 F ; *2000* : 12 401 594 225 F. (*Record* 28-1-2001 à Vincennes : 107 641 258 F.)

■ **2 sur 4.** *Créé* 15-6-1993, mise 20 F, choisir 2 chevaux, on gagne s'ils sont dans les 4 premiers quel que soit l'ordre d'arrivée. **Nombre** : *1994* : 216 ; *95* : 215 ; *96* : 225 ; *97* : 226 ; *98* : 236 ; *99* : 248 ; *2000* : 344. **Enjeux** : *1997* : 1 694 574 124 F ; *98* : 1 693 982 053 F ; *99* : 1 935 045 215 F ; *2000* : 2 166 669 678 F. (*Record* 7-1-2001 à Vincennes : 12 886 811 F.)

■ **Record des sommes gagnées. Tiercé** *Handicap de l'Essone (à Évry)* 4-7-91 : combinaison 18-13-15 (Unito, Match Royal, Pas de Panique) 38 774,7 F pour 1 F. **Quarté** *(à Vincennes) 1-9-1988* : combinaison 1-4-17-2 (Rando, Rama, Rex du Chesnay, Ramadan) 760 694,80 F pour 1 F. **Quarté +** *Prix du Pt de la Rép. (à Auteuil)* 18-4-93 : combinaison 19-17-22-7 (Algan, Encore Un Peu, Utello II, Naringe) 502 621,8 F pour 1 F. **Quinté +** *Prix de Vimoutiers (A Vincennes) 12-9-1992* : combinaison 18-11-2-7-1 (Akerveurth, Abzac Brillouard, Astiland, Ascoli, Adelbo), 1 022 510,7 F pour 1 F.

Parieurs : 6 millions (dont 2 de véritables turfistes).

■ **Postes d'enregistrement PMU** (en 2000). 7 925 points PMU et 244 Points et Clubs Courses et 344 Cafés Courses. Automatisation fin mars 1988. En 2000, 602 réunions nationales PMU ont été organisées.

■ **Prélèvements légaux** (en %, 2000). *PMH* Paris, banlieue : paris simples 20,8718 ; autres paris 25,3656 ; province 25,7184. *PMU* Paris, banlieue, province : paris simples 20,9063 ; couplés, jumelés, trios, 2 sur 4 25,4001, tiercés, quartés +, quintés + 25,9452 ; s'ajoute à ces prélèvements, le prélèvement supplémentaire progressif, applicable selon le barème résultant du décret no 99-139

■ **Enjeux des courses de chevaux dans le monde** (en milliards de F, 1999, dont, entre parenthèses, bookmakers) : Japon 274,1, USA 107, Hong Kong 70,1, Australie 49,4 (6,1), G.-B. (en 1998) 47,8 (46,3), *France 37,2*, Corée du Sud 18,2, It. 15,4, Canada 7,9, Suède 7,8, Malaisie-Singapour 6,9, Turquie 4,2, Afr. du Sud 3,5, All. 2,8 (0,8), Macao 2,7, Nlle-Zélande 2,5, Argentine 2,5, Grèce 2,2, Norvège 1,9, Chili 1,3, Finlande 1,1.

■ **Enjeu moyen annuel par habitant dans les courses de chevaux** [1999, en F et, entre parenthèses, part reversée aux parieurs (PMU uniquement) en %] : Hong Kong 11 301, 77 (81,2), Macao 6 040,91 (80,1), Australie 2 697,76 (83), Japon 2 181,98 (74,4), Suède 885,91 (69,6), G.-B. (en 1998) 821,22 (76,87), Nlle-Zélande 686,67 (80,8), *France 620,78 (69,34)*, Norvège 428,86 (65,8), Corée du Sud 398,64 (71,5), USA 393,81 (79), Malaisie-Singapour 282,46 (80,2), It. 268,93, Canada 262,71 (76), Finlande 223,92, Grèce 212,19 (80), Chili 86,8 (70), Afr. du Sud 80,85 (78,5), Argentine 68,99 (70), Turquie 66,29 (52,8), All. 34,18 (74,6).

du 3 mars 1999 et de l'arrêté du 30 décembre 1995. **Prélèvements de l'État tous paris confondus PMU en 1997** (depuis l'ordonnance du 24-1-96 les enjeux sont assujettis à un prélèvement pour la contribution au remboursement de la dette sociale ; à compter du 1-1-1997 sont assujettis à un prélèvement de la contribution sociale généralisée : tiercé, quarté + et quinté +).

Depuis le 1-1-1996, le Prélèvement supplémentaire progressif (PSP) s'applique selon les paris en 3 groupes ; au-delà d'un rapport de 30 F pour 1 F pour les groupes 1 et 2 (entre 6,8 % et 25 %) : **Groupe 1** : paris « trio », « trio urbain », « quarté + rapport bonus », « quinté + rapports bonus 3 et 4 », « grand 7 rapports 6/7 et 5/7 » ; **Groupe 2** : paris « tiercé », « triplet » « quarté », « quartet », « quarté + tous ordres », « quinté + tous ordres », « grand 7 rapport 7 sur 7 » ; **Groupe 0** : paris « simple », « par reports », « 2 sur 4 », « jumelé », « jumelé place », « couplé ». Seul le rapport supérieur à 1 000 F pour 1 F est assujetti à un taux de PSP de 23,15 %.

☞ **En France en 2000** : sur 100 F joués au PMU, 69,57 vont aux gagnants et 30,43 sont prélevés pour : Stés de courses 13,61, État 16,49, État hors secteur cheval 14,45, État secteur cheval : fonds commun élevage et courses 2,04.

■ Paris

■ **Différents modes. PMH** : pari simple (gagnant ou placé), jumelé, trio, triplet et quartet ; **PMU** : pari simple (gagnant ou placé), par report (g. ou p.) : couplé (g. ou p.), trio, tiercé (*créé* 1954), quarté (*créé* 1976), quarté + (*créé* 1987), quinté + (*créé* 1989) 2 sur 4. *Minimum d'enjeux* (simple, reports, couplé, jumelé, trio, quinté +) : 10 F, tiercé 6 F ; quarté 8 F ; 2 sur 4 20 F. *Maximum d'enjeux* (tiercé, quarté + et quinté +, 2 sur 4) 20 fois le min. Couplé : 200 fois ; trio : 120 fois ; pari simple : pas de max.

Nombre de combinaisons possibles pour *n* partants :

Couplé et jumelé : $\frac{n\,(n-1)}{2}$.

Tiercé : dans l'ordre d'arrivée exact $n\ (n-1)\ (n-2)$ [6 fois moins dans le désordre]. *Exemple* : tiercé dans l'ordre pour une course de 15 partants : 15 (15 – 1) (15 – 2) = 15 × 14 × 13 = 2 730. Un parieur n'a donc théoriquement qu'1 chance sur 2 730 de désigner les 3 premiers dans l'ordre exact d'arrivée.

Quarté + : ordre exact : $n\ (n-1)\ (n-2)\ (n-3)$; 24 fois moins dans le désordre.

Quinté + : ordre exact : $n\ (n-1)\ (n-2)\ (n-3)\ (n-4)$; 120 fois moins dans le désordre.

2 sur 4 : $\frac{n\,(n-1)}{2}$.

Grand 7 : *créé* 27-4-95, *supprimé* avril 1997.

Jeux de casino

Types de jeux

☞ De l'italien *casino* « maison de campagne ».

■ **Baccara.** *Origine* : italienne. **XVe s.** joué en Provence et Languedoc. **XIXe s.** se développe en France. Oppose un banquier qui distribue les cartes aux joueurs appelés *pontes.* But : totaliser le maximum de points. *Valeur des cartes* : 1 à 9 valeur numérale, 10, valet, dame et roi (appelés *bûches*) valeur 0. Pour obtenir la valeur d'une main, on ne tient pas compte des dizaines, mais seulement des unités. L'objectif est donc de s'approcher le plus possible de 9 points. On utilise 6 jeux de 52 cartes, mélangés, et rangés dans un sabot. **Principale forme de baccara : à 2 tableaux.** Les joueurs (12 au maximum) sont répartis en 2 tableaux, séparés par le banquier. Le banquier mise une somme en banque, les pontes fixent leur enjeu (au maximum le montant de la banque) si celui-ci mise à lui seul, il l'annonce en disant « banco ».

Les jeux étant faits, le banquier distribue les cartes, 2 par tableau à chacun des joueurs placés à sa droite et à sa gauche, et 2 pour lui-même. Tant que ces joueurs gagnent, ils reçoivent les cartes et décident pour l'ensemble des joueurs de son tableau. S'ils perdent, la donne passe au joueur suivant, et ainsi de suite).

Le ou les joueurs qui totalisent 8 (le « petit ») ou 9 (le « grand ») découvrent leur jeu : sauf égalité avec le banquier, ils gagnent immédiatement et les cartes sont ramassées. Si personne ne sort un « naturel » (8 ou 9), les joueurs peuvent tirer une carte supplémentaire qui leur est donnée découverte, le banquier étant servi en dernier. Avec moins de 5 points, un joueur doit « tirer ». Avec 6 ou 7 points, il doit « rester » (ne pas demander de 3e carte). A 5 points, il a le choix. Si aucun joueur ne tire, le banquier doit, lui, rester à 6 et tirer à moins de 6. Si les joueurs ont tiré, le banquier reste à 7, tire à moins de 3 et, si ses points sont compris entre 3 et 6, il agit selon un « tableau de tirage » qui lui dicte la meilleure conduite à tenir en fonction de la carte tirée par le ponte.

La situation des pontes n'étant pas la même dans les 2 tableaux, le banquier peut avoir intérêt à tirer contre l'un alors qu'il devrait rester face à l'autre. Il se décidera en privilégiant le tableau aux plus gros enjeux. En cas d'égalité, les paris sont annulés.

■ **Black jack** (ou **vingt-et-un**). Connu au XVIIe s. Se joue avec 6 jeux de 52 cartes, avec un croupier et un nombre indéterminé de joueurs (ou *pontes*). Le but consiste à obtenir « black jack » c'est-à-dire 21 points avec 2 cartes. A défaut, le joueur doit s'efforcer d'obtenir 21 points avec plusieurs cartes ou de s'en approcher. Celui qui dépasse 21 a perdu. Les joueurs déposent leurs enjeux. Puis le croupier distribue une carte à chacun, une à lui-même puis une 2e à chaque joueur. Celui-ci peut demander d'autres cartes. Les joueurs étant servis, le croupier se sert une 2e carte. L'as vaut 1 ou 11 points (selon la volonté du détenteur), les figures valent 10 points, les cartes numérales gardent leur valeur. Le joueur faisant black jack (21) avec ses 2 premières cartes reçoit 1 fois 1/2 le montant de sa mise. Les titulaires d'une place « assise » pontent à tous les coups, le croupier plaçant les cartes devant chaque enjeu ; si le joueur est plus près de 21 que le banquier, il est payé, sinon le croupier encaisse la mise. Seul le joueur assis devant une case peut décider du jeu pour cette case. D'autres joueurs peuvent miser avec lui sur cette case si le total des mises ne dépasse pas le maximum autorisé.

■ **Boule.** Même principe que la roulette. Une bille est lancée dans une cuvette circulaire avec 9 trous numérotés de 1 à 9 : le 5 est jaune ; 1, 3, 6 et 8 sont noirs ; 2, 4, 7 et 9 sont rouges. On peut jouer un numéro plein ou une chance simple : pair ou impair, manque (numéros 1 à 4) ou passe (6 à 9), rouge ou noir. *Gain* : pour les numéros pleins 7 fois [le joueur a 1 chance sur 9 de voir sortir son numéro et il lui est payé 8 fois (la mise plus 7) ; l'espérance mathématique est de 8/9], autres possibilités 1 fois [le joueur qui ne mise que sur le noir, le rouge, le pair (2, 4, 6, 8), l'impair (1, 3, 7, 9) ne peut avoir que 4 chances sur 9 de gagner (le 5 n'étant pas compté)].

■ **Chemin de fer.** Jeu de cercle. Se joue avec 6 jeux de 52 cartes placés dans un sabot après avoir été mêlés par le croupier et coupés par un joueur. Les joueurs jouent entre eux, le détenteur du sabot est le *banquier*, les autres les *pontes*. Le 1er banquier est le joueur assis à la droite du croupier. La banque tourne ensuite dans l'ordre des numéros. Le banquier met en jeu une somme comprise dans des limites prévues. Le croupier annonce le montant du banco et les joueurs se prononcent dans l'ordre de leurs numéros. **Banco seul** : un joueur couvre seul le montant de la banque et joue contre le banquier. **Banco avec la table** : un joueur couvre la moitié du montant de la banque, l'autre moitié peut être couverte par les autres joueurs. Les cartes sont données au joueur ayant fait l'annonce. Celui-ci a priorité sur les autres joueurs pour l'éventuel banco seul suivi. **Banco la table marche** : un joueur couvre au moins la moitié du banco et complète les enjeux après tout le monde, s'il y a lieu. Il a les mêmes prérogatives que dans le cas précédent. **La main suit** : quand le banquier a perdu. **La main passe** : quand le banquier le décide. Dans ce cas, elle est rachetée au taux dans l'ordre des numéros de la table, elle est ensuite proposée aux joueurs debout ; à défaut, elle est mise aux enchères par le croupier. Le banquier peut prendre un associé dans sa main ; chaque joueur ne peut s'associer plus d'une fois avec un banquier au cours d'un tour de sabot. L'associé du banquier peut racheter la main au taux, mais ne peut participer aux enchères. Le joueur ayant racheté une main au taux est tenu, au premier coup, de donner la totalité du banco. L'as compte pour 1 et tous les dix et figures pour 0. Si le total dépasse 10, on déduit 10 ou les multiples de 10, par exemple 2 six valent 2, 3 sept valent 1. Le banquier donne 2 cartes alternativement en commençant par le ponte. Les joueurs, banquier ou pontes, sont tenus de se conformer au tableau de tirage. **Tableau de tirage du ponte** : le ponte demande une carte s'il a baccara (0), 1, 2, 3 ou 4. Il tire ou reste à son choix s'il a 5. Il reste s'il a 6 ou 7. Il abat s'il a 8 ou 9. Quand le ponte a annoncé, le banquier retourne ses cartes ; il tire ou reste en tenant compte de sa propre main et de la carte qu'il a donnée.

Casinos dans le monde

Nombre, entre parenthèses **nombre de visiteurs** (en millions) et, en italique **produit total des jeux** (en milliards de F) : USA 167 (52) *70* (uniquement Las Vegas et Atlantic City), *France* 166 (66) *13,5*, G.-B. 115 (n.c.) *3,3*, All. féd 31 (7,5) *3*, Espagne 22 (3,5) *1,4*, Autriche 11 (1,8) *0,5*, Portugal 8 (n.c.) *1,1*, P.-Bas 6 (2,1) *0,6*, Macao 5 (n.c.) *1,7*, Italie 4 (2,3) *1,4*, Monaco 2 (n.c.) *0,7*.

☞ Le 2-4-1990, ouverture à Atlantic City (New Jersey, USA) du *Taj Mahal*, casino construit par Donald Trump ; 3 000 machines à sous, 167 tables de jeu.

■ **Punto y banco.** Jeu de cartes proche de la banque ouverte. Autorisé en France depuis 1987.

■ **Roulette française.** *1760* introduite officiellement à Paris. **Matériel** : cylindre en bois (56 cm de diam.) dans lequel se trouve un plateau mobile divisé en 37 cases numérotées de 0 à 36 [le 0 est vert, les 36 autres n^os noirs ou rouges ; disposés de façon à ce qu'ils soient mélangés (grands et petits et pairs et impairs)]. *Tapis vert* : tableau reprenant les n^os du cylindre et sur lequel les joueurs posent leurs mises. **Jeu** : le croupier annonce « Faites vos jeux », fait tourner le cylindre dans un sens et lance la bille en sens inverse. On peut miser jusqu'à ce qu'il dise « Rien ne va plus » ; la bille s'arrête et désigne le n° gagnant. *Paris* : 2 sortes : *6 chances simples* : rouge et noir, pair et impair (zéro exclu), manque (numéros de 1 à 18) et passe (19 à 36). *Gain* : 1 fois la mise ; en cas de sortie du zéro, les mises portées sur les chances simples sont placées « en prison » par le croupier ; *ou 9 chances multiples* : 1 numéro plein (un seul numéro), valant au gagnant 35 fois sa mise ; à cheval (couvre 2 numéros) : 17 fois ; transversale (3 n^os) : 11 fois ; le carré (4 n^os) : 8 fois ; le sixain (6 n^os) : 5 fois ; la colonne (12 n^os) ; la mise se place dans les rectangles en bas de chaque colonne : 2 fois ; la douzaine (12 n^os) ; la mise se place dans les rectangles portant la mention P [1re douzaine], M [douzaine du milieu] ou D [dernière douzaine] : 2 fois ; à cheval sur 2 colonnes (24 n^os) : 1,5 fois ; à cheval sur 2 douzaines (24 n^os) : 1,5 fois.

Tous les paris sur des chances multiples sont perdants quand le zéro sort.

Avantage mathématique du casino simple : 1,35 %, multiples : 2,7 %.

Maximums autorisés	aux tables minimum :		
	10 F	20 F	50 F
Sur :			
1 plein	300	600	1 500
1 cheval	600	1 200	3 000
1 transversale	1 000	2 000	5 000
1 carré	1 200	2 400	6 000
1 sixain	2 000	4 000	10 000
1 col. ou douz.	5 000	10 000	25 000
1 chance simple	10 000	20 000	50 000
2 col. ou 2 double	20 000	40 000	100 000

■ **Roulette américaine.** Comporte 36 numéros et 2 zéros. Moins favorable : le joueur reçoit 35 fois la mise un numéro qui en vaut 37 (soit un prélèvement double), la maison ramasse les mises sur les égalités (rouge, noir, manque, passe, pair, impair) si le zéro ou le double zéro sortent. Rapports des enjeux : les mêmes qu'à la roulette.

■ **Roulette anglaise.** Principe de la roulette américaine. Tapis et cylindre français sans double zéro. Si le zéro sort, les mises sur les chances simples perdent de moitié.

■ **Trente-et-quarante.** Se joue avec 6 jeux de 52 cartes. Valeur des cartes : figures 10, as 1, la valeur marquée pour les autres. Le croupier étale une 1re rangée de cartes appelée la noire, jusqu'à ce que le total atteigne au moins 31. Puis il étale une 2e, la rouge. La rangée la plus près de 30 gagne. Si la 1re carte de la série noire est de la même couleur que la série gagnante, on dit que *Couleur* gagne ; si elle est de l'autre couleur, c'est *Inverse* qui gagne. *Chances* : inscrites sur un tapis (où sont déposées les mises). Simples, payées à égalité (1 fois la mise), qui sont noirs, rouges, couleurs inverses. Chaque coup entraîne l'annonce de 2 chances : noir et couleur, noir et inverse, rouge et couleur, rouge et inverse. Le casino prélève 1 % environ. Pour le joueur, 0,912175 % quand la mise est « assurée ».

■ **Vingt-trois.** Roulette dont les numéros ont des rapports différents : 1, 2, 3, 4 rapportent 23 fois la mise, 5 à 11 : 11 fois, et 12, 13, 14 : 7 fois.

Casinos en France

■ **Réglementés** par la loi du 15-6-1907. Le Syndicat *Casinos de France* compte 95 adhérents.

☞ Le casino a le droit d'exclure un joueur ou d'interdire l'entrée de la salle de jeux ; en pratique pour tenue négligée, ivresse. L'interdiction nationale est prononcée par l'État (elle concerne tous les casinos et pour toujours). Sont également interdits les mineurs, les gens en tutelle, en curatelle, privés de leurs droits civiques, les fonctionnaires ou militaires en uniforme. Un joueur peut, pour lutter contre sa faiblesse, se faire interdire volontairement l'entrée des casinos. Cette interdiction d'une durée de 5 ans est irréversible. (En *France*, près de 5 000 personnes sont interdites de jeu dont plus de la moitié le sont volontairement). Au cas où l'exclusion ou le refus d'admission d'un joueur est prononcé par la direction du casino de sa propre initiative, avis en est donné immédiatement, avec les motifs, au commissaire de police, chef du service des renseignements généraux, chef de la circonscription où se trouve le casino.

Les sommes gagnées au casino ne sont pas imposables. Cependant, depuis le 1-1-1997, les joueurs qui gagnent plus de 10 000 F aux machines à sous sont taxés à hauteur de 10 % de leur gain au titre de la CSG. **Prélèvements de l'État** et des communes du 1-11-1999 au 31-10-2000 : 7 048 millions de F (52,25 % du produit total). Les joueurs pénétrant dans les salles de jeux de table doivent s'acquitter d'un droit de timbre en faveur de l'État. *Rapport* en 1999-2000 : 73 millions de F.

■ **Produit net des jeux. Chiffre d'affaires jeux** (en millions de F, exercice du 1-11 au 31-10) : *1994-95* : 3 767 ; *95-96* :

4 292 ; *96-97* : 4 550 ; *97-98* : 5 084 ; *98-99* : 5 682 (12 008 avant prélèvement de 52,7 %). **Par casino** (en millions de F, 1999-2000) : Charbonnières 226,5 ; Divonne 188,7 ; Deauville 182 ; Nice Ruhl 178,2 ; Canne Croisette 153,2 ; Forges-les-Eaux 146,3 ; Amneville 135,9 ; Aix-en-Provence 124,5 ; Enghien 119,9 ; Cassis 103,3 ; Trouville 96,4 ; Évian 96 ; St-Amand-les-Eaux 92,7 ; Montrond 89,6 ; Antibes 88,9 ; La Grande-Motte 87,7 ; Annemasse 85,2 ; Niederbronn 82,6 ; Biarritz 74,4 ; St-Raphaël 74,3 ; Bandol 73,6 ; Menton 70,3 ; Juan-les-Pins 68,6 ; Mandelieu 68,5 ; Hyères 66 ; Besançon 65 ; Pornichet 63,1 ; Gosier 62,8 ; Uriage 62,3 ; Canet 61,2 ; La Baule 60,1 ; Cannes Carlton 59,2 ; Cap d'Agde 58,4 ; Salies-du-Salat 57,7 ; Schoelcher 57,1 ; Aix Grand Cercle 56,9 ; Santenay 55,9 ; Carry-le-Rouet 55,8 ; Royat 55 ; Dunkerque 53,9 ; La Rochelle 53,5 ; Annecy 51,9 ; Palavas 49,7 ; Luxeuil-les-Bains 48,9 ; Pornic 47,7 ; Arcachon 47,4 ; Ouistreham 46,1 ; Pau 44,3 ; Saint-Malo 43,9 ; Étretat 43,8 ; Royan 43,4 ; Valras Plage 42,5 ; St-Pierre 42,4 ; Dinard 42,3 ; Andernos 41,6 ; La Roche-Posay 41,5 ; Le Touquet Palais 41,3 ; Pougues-les-Eaux 39,1 ; Bagnoles-de-l'Orne 38,1 ; St-Gilles 35,4 ; Plouescat 35,3 ; Le Grau-du-Roi 35,2 ; Benodet 34,1 ; Dieppe 33,4 ; Les Sables-d'Olonne Pins 33,4 ; Calais 32,9 ; Le Boulou 32,3 ; St-Galmier 32,2 ; St-Quai-Portrieux 31,9 ; Ajaccio 31,7 ; Perros-Guirec 31,1 ; Cavalaire 30,5 ; Luc-sur-Mer 30,1 ; Quiberon 30 ; Vals-les-Bains 30 ; Gruissan 30 ; Beaulieu 29,6 ; Vichy Grand Café 29,2 ; St-Denis 28,9 ; Sète 27,3 ; St-Paul-lès-Dax 27,3 ; Le Tréport 26,9 ; St-Gilles-Croix-de-Vie 25,7 ; Allègre-les-Fumades 25,5 ; Challes-les-Eaux 25,4 ; Villers-sur-Mer 25,2 ; Berck 24,5 ; Vichy Elysée Palace 23,1 ; Contrexéville 23,1 ; Bagnères-de-Bigorre 22,9 ; Chatelaillon 22,9 ; Yport 22,5 ; Néris-les-Bains 22,3 ; Graville 22 ; Le Touquet 4 Saisons 21,9 ; Le Val-André 21,6 ; St-Pair 21,2 ; St-Valéry 21,1 ; St-François 21 ; Vittel 20,8 ; Megève 20,8 ; Boulogne-sur-Mer 20,5 ; Cabourg 20,3 ; La Ciotat 20,2 ; St-Jean-de-Luz 20,2 ; St-Aubin-sur-Mer 20 ; Cherbourg 19,7 ; St-Jean-de-Monts 19,2 ; Chamonix 19 ; Roscoff 18,7 ; Salins-les-Bains 18,7 ; Balaruc 18,5 ; Coutainville 18,3 ; Chatel-Guyon 17,8 ; Capbreton 17,7 ; Fécamp 17 ; Fouras 16,9 ; St-Cyprien 16,9 ; Houlgate 16,4 ; St-Brevin 15,9 ; Les Sables d'Olonne Plage 15,8 ; Les Trois-Ilets 15,8 ; Hendaye 15,8 ; Gérardmer 15,7 ; Hossegor 15,4 ; St-Honoré 15,1 ; Biscarosse 14,7 ; Alet-les-Bain 13,7 ; Bourbon l'Archambault 13,5 ; Grasse 13,4 ; Capvern 13,1 ; Argelès-sur-Mer 12,9 ; Cayeux-sur-Mer 12,5 ; Aix nouveau casino 11,8 ; Lamalou 11,8 ; Fréhel 11,6 ; Veulettes-sur-Mer 11,4 ; Allevard 11,2 ; La Faute-sur-Mer 11,1 ; Argelès Gazost 10,7 ; Mimizan 10 ; Ax-les-Thermes 9,6 ; Brides-les-Bains 9,5 ; St-Nectaire 9 ; Villard-de-Lans 8,6 ; Chaudes-Aigues 8,1 ; La Bourboule 8,1 ; Font-Romeu 8,1 ; Bagnères de Luchon 7,7 ; Soulac 7,1 ; Le Mont Dore 6,7 ; Lacaune 6,5 ; Amélie-les-Bains 6,3 ; Cauteret 4,4 ; Cagnes-sur-Mer 4,2 ; Dax 4,1 ; Vernet-les-Bains 4,1 ; Lyon 3,6 ; Bagnols-les-Bains 3,1 ; Cazaubon 2,3 ; Lacanau 1,3 ; Gréoux-les-Bains 0,8 ; Salies-de-Béarn 0,2 ; Vic-sur-Cère 0,2 ; Eaux-Bonnes 0,05.

■ **Flipper.** *Origine :* XIXe s. le billard anglais ou bagatelle. **1929** John Sloan propose à la In and Outdoor Games Inc. le « Whoopee ». **1931** Richard T. Moloney crée le « Ballyhoo ». Sté amér. Bally crée le « Rockelite ». **1938** Samuel Gensberg invente le « Beam-Light ». **1947** apparition du mot flipper avec « bermuda » et « Humpty Dumpty ».

■ **Jackpot.** **USA** : *record* : 40 millions de $ (356 millions de F) grâce au report d'une semaine sur l'autre des lots gagnants non attribués, le 1-9-1985 à Chicago (Illinois) ; Michael Wittowski (28 ans, imprimeur) recevra 2 millions de $ (17,8 millions de F) chaque année pendant 20 ans (moins 22,5 % d'impôts). Près de 23 millions de billets avaient été vendus pour le tirage. Le vendeur du billet gagnant a reçu 400 000 $ de récompense. **France** : *record :* 8,6 millions de F à Divonne-les-Bains en 1993.

■ **Juke-box.** **1889** gramophone à cylindres public, muni de 4 écouteurs. **1906** phonographe Automatic Entertainer se remontant à la main. **1926** gramophone électrique. **1928** audiophone avec choix de 8 disques. **1941** disques à la verticale. **1948** le MIOOA avec 100 disques au choix. **1950** le MIOOB, 1er pour 45 t. **En service :** *1965* : 26 456 ; *70* : 31 818 ; *80* : 45 471 ; *84* : 32 000.

■ **Machines à sous.** **Vers 1890** inventées en France. **1909**-*22-6* circulaire les taxant de 10 F par an. **1911** 120 000 appareils en France. **1938**-*31-8* interdiction totale. **1983**-*22-7* loi arrêtant l'importation, la fabrication, la détention et la mise à disposition du public de tout appareil dont le fonctionnement repose sur le hasard. Il y a alors 55 000 machines dans les bars et les débits de boissons. **1986**-*9-9* et **1987**-*13-4* loi et décret autorisant les machines à sous dans les casinos et les appareils distributeurs de confiserie dont les lots n'excèdent pas 300 F. **2001**-*1-1*, 13 742 machines à sous exploitées par les casinos en France (y compris DOM) dans 149 casinos (– de 3 000 en *1991*).

COMMENT SE NOMMENT LES HABITANTS DE ?

☞ Suite de la p. 901.

Les appellations ont souvent changé au cours des siècles.

Château-Porcien Porcéannais
Châteaurenard Châteaurenardais
Château-Renault Renaudins
Châteauroux Castelroussins, Châteauroussins
Château-Salins Castelsalinois
Château-Thierry Castrothéodoriciens, Castelthéodoriciens
Châteauvillain Castelvillanois
Chatel Chatelans
Châtelguyon Châtelguyonnais, Brayauds
Châtellerault Châtelleraudais
Chatelus Castellusiens
Châtenay-Malabry Châtenaysiens
Châtenois Castiniens
Chatou Catoviens
Châtre (La) Castrais
Chaudenay Chaudenais
Chaumont Chaumontais, Chaumontois
Chauny Chaunois
Chauvigny Chauvinois
Chelles Chellois
Chenôve Cheneveliers, -ères
Chesnay (Le) Chenaysiens
Chevilly-Larue Chevillais
Chiavari Chiavarins
Chilly-Mazarin Chiroquois
Choisy-le-Roi Choisyens
Choranche Cataranchais. **Les-Bains** Balnocataranchais
Cingal Cinglais
Ciotat (La) Ciotadens
Cîteaux Cisterciens
Civaux Civaliens ou Civausiens
Clamart Clamartois, Clamariots
Clamecy Clamecycois
Clayes-sous-Bois (Les) Claysiens
Clermont-de-l'Oise Clermontois
Clermont-Ferrand Clermontois
Clermont-l'Hérault Clermontais
Clichy Clichiens
Clichy-sous-Bois Clichois
Cluny Clunysois
Clusaz (La) Cluses
Cluses Clusiens
Cognac Cognaçais
Collet-d'Allevard (Le) Allevardins
Collioure Colliourencs
Colmar Colmariens
Colombey-les-Deux-Églises Colombéiens
Colomiers Columérins
Combles Comblais
Combourg Combournais, Combourgeois
Combloux Comblorans
Combs-la-Ville Comblavillais
Commentry Commentryens
Commercy Commerciens
Compiègne Compiégnois, Dormeurs
Concarneau Concarnois
Condé-sur-Noireau Condéens
Condom Condomois
Condrieu Condrillots
Conflans-Sainte-Honorine Conflanais
Conflent Conflentans
Confolens Confolentais
Contamines-Montjoie (Les) Contaminards
Corbeil Corbeillois, Corbeillais
Corbeil-Essonnes Corbeillessonnois
Corbier (Le) Rembertins
Cordes Cordois, Cordais
Cormeilles-en-Parisis Cormeillais
Corme-Royal Cormillons
Corté Corténais, Cortinais
Corseul Curiosolites
Cosnes Cosnois
Coudray Coudrions
Coulommiers Columériens
Coulon Coulonnais
Courbevoie Courbevoisiens
Courchevel Saint-Bonnais ou Courchevellois
Courneuve (La) Courneuviens
Courtenay Curtiniens
Courtrai Cortoriacins
Courville Courvillains
Coutances Coutançais
Crach Craquois
Craon Craonnais
Crécy-sur-Morin Crixiens, Crécois
Creil Creillois
Crémieu Crémolans
Crépy-en-Valois Crépynois
Créquy Créquois
Crest Crestois, Crétois
Crest-Voland Crest-Volantins
Créteil Cristoliens
Creusot (Le) Creusotins
Cricquebœuf Cricquebouviens
Criquetot-Lesneval Criquetotois
Crocq Croquants
Croisic (Le) Croisicais
Croissy-sur-Seine Croissillons
Croix Croisiens
Croix-Rousse (La) Croix-Roussiens
Crotoy (Le) Crotelois
Cubzac Cusaguais
Cuigny Caniaus
Cusset Cussetois
Dammarie-les-Lys Dammariens
Dangeau Dangeotins
Daoulas Daoulasiens
Darney Darnéens
Daumazan-sur-Larize Dalmazanais
Dax Dacquois
Denain Denaisiens
Déols Déolois
Deuil-la-Barre Deuillois
Deux-Alpes (Les) Lantillons, Venocains
Die Diois
Digne Dignois
Digoin Digoinais
Dinan Dinannais
Dissay Dissayens
Dol-de-Bretagne Dolois
Dole Dolois
Dorat Dorachons
Douai Douaisiens
Douarnenez Douarnenistes, Douarnesiens
Doullens Doullennais
Dourdan Dourdannais
Draguignan Draguignanais, Dracéniens, Dracénois
Drancy Drancéens
Dreux Drouais, Durocasses
Druy-Parigny Druydes
Ducey Ducéens
Dunois Dunoisons
Dun-sur-Meuse Duniens
Duras Duraquois
Eaux-Bonnes Eaux-Bonnais
Eauze Élusates
Échevis Cavisiens
Écorches Écorchois
Écouché Écubéens, Écouchois
Écully Écullois
Elbeuf Elbeuviens
Elne Illibériens
Épernay Sparnaciens
Épernon Sparnoniens, Épernoniens
Épinal Spinaliens
Épinay-sous-Sénart Spinoliens.
Épinay-sur-Seine Spinassiens
Erquy Réginéens
Espalion Espalionnais
Essai Essuins
Essarts (Les) Essartais
Étables-sur-Mer Tagarins
Étain Stainois
Étampes Étampois
Étretat Étretatais
Eu Eudois
Évreux Ébroïciens
Évry Évryens
Èze Ézasques
Feillens Feillendits
Fère (La) Laférois
Fère-Champenoise Féretons
Fère-en-Tardenois Férois
Ferté-Bernard (La) Fertois
Ferté-Langeron (La) Langeronnais
Ferté-Milon (La) Fertois
Feurs Foréziens
Firminy Appelous
Flaine Flainois
Flèche (La) Fléchois
Flers Flériens
Fleurance Fleurantins
Fleury-les-Aubrais Fleuryssois
Flumet Flumerans
Foix Fuxéens
Fontainebleau Bellifontains.
Fontaine-en-Beauce Fontainiers
Fontenay-aux-Roses Fontenaisiens
Fontenay-le-Comte Fontenaisiens
Fontevrault Fontevristes
Fontpédrouse Fontpédrousats
Font-Romeu Romeufontains
Forcalquier Forcalquiérens, Folcalquiérais
Forges-les-Eaux Forgions
Foug Faouin
Fouras Fourasins
Fourmies Fourmisiens, Fourmiesiens
Fours Fouriens, Fournipolitains
Fréjus Fréjussiens
Fronsac Fronsadais
Fumay Fumaciens
Gacilly (La) Gacelins
Gagny Gabiniens
Gap Gapençais, Gapençois
Garches Garchois
Garenne-Colombes (La) Garennois
Gavray Gavrayens, Gavrians
Gençay Gencéens
Génis Génissois
Gentilly Gentilliens
Gérardmer Géromois
Germigny-l'Évêque Germignois
Gets (Les) Gêtois
Gex Gessiens
Gien Giennois
Gisors Gisorciens (nes)
Givet Givetois, Givetains
Givors Givordins
Glandèves Glanatiniens
Gordes Gordiens
Gourette Gourettois
Grandhoux Grandhoudistes
Grand-Bornand (Le) Bornandins
Grand-Pressigny (Le) Pressignois.
Grand-Serre (Le) Serrins
Granville Granvillais
Grasse Grassois
Grau-du-Roi (Le) Graulens
Gray Graylois
Grevilly Grevillons
Grigny Grignerot, Grignois
Groix (Ile de) Groisillons
Guéret Guérétois, Guéretais
Guéthary Guéthariars
Guîtres Guitrauds
Gye Ginors
Haguenau Haguenoviens
Ham Hamois
Hambye Hambions
Harfleur Harfleurais, Harfleurtois
Hasparren Hazpandars
Havre (Le) Havrais
Havre-de-Grace (Le) Havrais
Haÿ-les-Roses (L') Layssiens
Hendaye Hendayais, Endaiars (en basque)
Herbiers (Les) Herbretais
Hôpital-sous-Rochefort (L') Pitarlas
Houches (Les) Houchards
Houdan Houdanais
Houilles Ovillois
Hyères Hyérois
Ile-de-France Franciliens
Ile-Saint-Denis Dionisiliens
Illiers Islériens
Isigny Isignarais
Isle-Adam (L') Adamois
Isle-Jourdain (L') Islois
Isle-sur-la-Sorgue (L') Islois
Isola 2000 Isoliens
Issoudun Issoldunois
Issy-les-Moulineaux Isséens
Ivry-sur-Seine Ivryens
Jarnages Jarnageaux
Jœuf Joviciens
Joigny Joviniens
Jonzac Jonzacais
Joué-lès-Tours Jocondiens
Jouy-en-Josas Jovaciens, Jouysotiers
Juilly Juliaciens
Juvigny-sur-Loisou Juvignasiens
Karellis (Les) Montrichelains
Kremlin-Bicêtre (Le) Kremlinois
Lacq Lacquois
Lagny Laniaques, Latignaciens
Lalouvesc Louvetous
Landerneau Landernéens
Landivisiau Landivisiens
Langeac Langadais
Lans-en-Vercors Lantiers
Laon Laonnois
Lapalisse Palissois
Latour-de-Carol Carolans
Laval Lavallois
Lavandou (Le) Lavandourains
Lavardens Lavardenais
Lavaur Vauréens
Lavelanet Lavelanétiens, Lavelatiens
Lectoure Lectourois
Lencloître Lencloîtrais
Lens Lensois
Leoncel Cellynois
Lescar Lescariens
Lesparre-Médoc Lesparrains
Lèves Levriers, Lévois
Liévin Liévinois
Liffol-le-Petit Liffoux, Liffoliens
Lilas (Les) Lilasiens
Limeil-Brévannes Brévannais
Limoges Limougeauds, Limogeots, Limogiens, Limousins
Limoux Limouxins
Lisieux Lexoviens
Lison Lisonais
Locminé Locminois
Lombez Lombéziens
Longjumeau Longjumellois
Longwy Longoviciens
Lons-le-Saunier Lédoniens
Loupe (La) Loupiots, Loupéens
Lourdes Lourdais
Lourmarin Lourmarinois
Louveciennes Louveciennois, Luciennois
Louviers Lovériens
Lucé Lucéens
Luchon Luchonnais
Luisant Luisantois
Lunay Lunotiers
Lure Lurons, Lurois
Lusignan Mélusins
Luxeuil-les-Bains Luxoviens
Luz-Ardiden Luzéens
Magnac-Laval Magnachons
Maillezais Malacéens
Maisons-Alfort Maisonnais
Maisons-Laffitte Mansonniens, Maisonnais
Malakoff Malakoffiots, Malakovites
Malestroit Maltrais
Mamers Mamertins
Manou Manouiots
Mans (Le) Manceaux, Mansois
Mantes-la-Jolie Mantais
Mantes-la-Ville Mantevillois
Marans Marandais
Marcq-en-Baroeul Marcquois
Marle Marlois
Marly Marlytrons
Marly-le-Roi Marlychois
Marmande Marmandais
Marmoutier Maurimonastériens
Marseille Marseillais, Massiliens
Martigues Martégal, Martigal (aux), Martegallais
Masevaux Masopolitains
Masseube Massylvains
Massy Massicois
Mauguio Malgoriens
Méaudre Méaudrais
Meaux Meldois
Megève Megévans
Melun Melunais, Mélodunois

☞ Suite voir Table des matières.

AGRICULTURE

☞ Pour découvrir la sélection **Quid** des meilleurs sites Internet sur l'agriculture, rendez-vous sur **www.quid.fr**

COMPARAISONS

■ **Espace vital.** La Terre compte environ 6 milliards d'habitants. Chacun dispose théoriquement de 4,69 hectares dont climat trop froid 0,76 ha ; trop montagneux 0,76 ; trop aride 0,76 ; espace impropre à la culture 0,38 ; potentiellement utilisable 0,80 ; effectivement cultivé 0,34. Avec les techniques actuelles, la Terre pourrait nourrir 12 milliards d'habitants.

■ **Nombre de personnes nourries par personne active dans l'agriculture.** Ex-URSS 4, *France 12* (*1700 :* 1,4 ; *1846 :* 1,6 ; *1910 :* 4,2 ; *46 :* 5,5), USA 31.

■ **Surfaces nécessaires.** Au XVIIIe s., 2 ha de terre moyenne sous un climat tempéré nourrissaient 1 personne ; ils en nourrissaient 10 à 20 en 1988. La densité maximale de population compatible avec une récolte moyenne fut atteinte pendant 3 périodes en France de l'an 1000 au XVIIIe s. (1300-1340, 1560-1630, 1680-1709), avec pour résultat un très faible niveau de vie des salariés et des paysans non propriétaires de leur terre, et des famines (en cas de mauvaises récoltes plusieurs années de suite).

En 2000 *Source :* FAO.	**Afrique**	**Amérique** centrale et Nord	**Amérique** du Sud	**Asie**	**Europe**	**Océanie**	**Monde**
Superficie (en millions d'ha, 1998)							
Terres arables et cult. permanentes	201,8	268,1	116,1	543,6	308,1	53	1 490,8
Prairies et pâturages	891,8	367,3	503,1	1 095	183,2	419,4	3 459,8
Bois (1994)	697,4	823,9	931,6	556,7	947,3	200,3	4 157,2
Total	*3 031*	*2 239*	*1 781*	*2 757*	*489,2*	*856,4*	*13 387*
Superficie (en millions d'ha, 2000)							
Avoine	0,14	2,3	0,7	0,8	8,1	0,8	12,8
Blé	8,9	33,2	8,3	97,1	54	12,1	213,6
Maïs	26,6	41,2	17,4	41,1	13,3	0,08	139,7
Millet	20,1	0,2	0,03	15	1	0,03	36
Orge	4	7	0,7	12,4	29,3	3,8	57,2
Riz	7,8	1,9	5,7	137,6	0,6	0,2	153,8
Seigle	0,06	0,2	0,1	0,7	8,6	0,03	9,7
Coton (graines)	4,7	5,4	1,6	20,3	0,5	0,5	32,9
Patates douces	2	0,2	0,1	7,1	0,005	0,1	9,5
Pommes de terre	0,9	0,8	1	6,9	9,1	0,1	18,8
Sorgho	21,6	5,7	1,5	12,5	0,2	0,6	42,1
Production (en millions de t, 2000)							
Avoine	0,1	5,7	1,1	1,4	16,2	1,5	26
Blé	14	90,6	20,8	246,2	184,8	19,9	576,3
Maïs	44,6	282	54,4	146,7	62,6	0,5	591
Millet	13,5	0,2	0,05	12	1,5	0,03	27,3
Orge	2,3	20,9	1,4	17,9	84,1	5,4	132
Riz	17,2	11,1	20,5	545,5	3,1	1,4	598,9
Seigle	0,03	0,5	0,01	1,1	18,3	0,02	20
Coton (graines)	4,3	9,6	3	33,8	1,5	1,8	54,1
Patates douces	9,1	1,1	1,2	128	0,05	0,6	140,9
Pommes de terre	10,1	30,2	15,1	113,3	140,8	1,8	311,3
Sorgho	18,6	18,8	4,9	13,4	0,7	2,2	58,5
Rendements (quintaux à l'ha, 2000)							
Avoine	8,1	24,5	16,8	18,4	20	17,7	20,3
Blé	15,7	27,3	25,2	25,3	34,2	16,4	27
Maïs	16,8	68,4	31,2	35,7	47	67,9	42,3
Millet	6,7	11,1	15,2	8,2	15	9,7	7,6
Orge	5,7	30	19,4	14,5	28,7	14	23,1
Riz	22,1	58,8	35,8	39,6	50,5	91,8	38,9
Seigle	5,6	20,2	12,8	15,1	21,3	6,3	20,6
Coton (graines)	9,1	18,1	18,7	16,7	30,1	36,7	16,4
Patates douces	45	73,4	118,6	181,4	87,6	53,9	148,4
Pommes de terre	113,2	371,4	150,7	165,3	153,9	341,2	165,9
Sorgho	8,6	33,1	31,6	10,7	44,3	33,3	13,9

DISPONIBILITÉS ALIMENTAIRES

Source : FAO.

■ **Calories. Nombre total de kilocalories par personne et par jour** (en 1999) : Afghanistan 1 759, Afrique du S. 2 805, Albanie 2 717, Algérie 2 969, Allemagne 3 411, Angola 1 873, Arabie saoudite 2 953, Argentine 3 176, Arménie 2 167, Australie 3 150, Autriche 3 639, Azerbaïdjan 2 224, Bahamas 2 500, Bangladesh 2 201, Belgique-Luxembourg 3 625, Bénin 2 489, Bermudes 2 883, Biélorussie 3 171, Bolivie 2 237, Bosnie-Herzégovine 2 960, Botswana 2 288, Brésil 3 012, Brunéi 2 793, Bulgarie 2 847, Burkina Faso 2 376, Burundi 1 629, Cambodge 2 000, Cameroun 2 260, Canada 3 161, Chili 2 858, Chine 3 045, Chypre 3 487, Colombie 2 567, Comores 1 800, Congo 2 212, Congo dém. 1 637, Corée du N. 2 100, du S. 3 073, Costa Rica 2 490, Croatie 2 617, Cuba 2 490, Côte d'Ivoire 2 582, Danemark 3 317, Djibouti 2 129, Égypte 3 323, Émirats 3 182, Équateur 2 679, Érythrée 1 646, Espagne 3 353, Estonie 3 154, Éthiopie 1 803, Fidji 2 934, Finlande 3 143, *France 3 575*, Gabon 2 487, Gambie 2 598, Géorgie 2 347, Ghana 2 590, G.-B. 3 318, Grèce 3 689, Guatemala 2 331, Guinée 2 133, Guinée-Bissau 2 245, Guyana 2 569, Géorgie 2 252, Haïti 1 977, Honduras 2 396, Hongrie 3 437, Inde 2 417, Indonésie 2 931, Iran 2 898, Iraq 2 446, Irlande 3 649, Islande 3 313, Israël 3 542, Italie 3 629, Jamaïque 2 708, Japon 2 782, Jordanie 2 834, Kazakhstan 2 180, Kenya 1 886, Kirghizistan 2 833, Kiribati 2 982, Koweït 3 167, Laos 2 152, Lesotho 2 300, Lettonie 2 904, Liban 3 256, Libéria 2 089, Libye 3 277, Lituanie 2 959, Macédoine 2 878, Madagascar 1 994, Malaisie 2 946, Malawi 2 164, Maldives 2 298, Mali 2 314, Malte 3 482, Maroc 3 010, Maurice 2 972, Mauritanie 2 702, Mexique 3 168, Moldavie 2 728, Mongolie 1 963, Mozambique 1 939, Myanmar 2 803, Namibie 2 096, Népal 2 264, Nicaragua 2 314, Niger 2 064, Nigéria 2 833, Norvège 3 425, Nlle-Calédonie 2 772, Nlle-Zélande 3 152, Ouganda 2 238, Ouzbékistan 2 870, Pakistan 2 462, Panamá 2 496, Papouasie 2 186, Paraguay 2 588, Pays-Bas 3 243, Pérou 2 621, Philippines 2 357, Pologne 3 368, Polynésie française 2 969, Portugal 3 768, Rép. Centrafricaine 1 978, Roumanie 3 254, Russie 2 879, Rwanda 2 011, Salvador 2 463, Sénégal 2 307, Seychelles 2 422, Sierra Leone 2 017, Slovaquie 3 101, Slovénie 3 089, Somalie 1 555, Soudan 2 360, Sri Lanka 2 411, Suisse 3 258, Suriname 2 604, Suède 3 141, Swaziland 2 698, Syrie 3 272, Tadjikistan 1 927, Tanzanie 1 940, Tchad 2 206, Tchéquie 3 241, Thaïlande 2 411, Togo 2 527, Tunisie 3 388, Turkménistan 2 746, Turquie 3 469, Ukraine 2 809, USA 3 754, Uruguay 2 862, Vanuatu 2 766, Venezuela 2 229, Viêt Nam 2 564, Yémen 2 002, Yougoslavie 2 805, Zambie 1 934, Zimbabwe 2 076. **Monde 2 808.**

■ **Calories par personne et par jour fournies par les produits animaliers : taux les plus élevés et les plus bas** (en 1999). **Afrique 170 :** + Somalie 621, Cap-Vert 495, Soudan 462, Maurice, Mauritanie 412 ; – Burundi 41, Ouganda 46, Rwanda 54, Mozambique 55. **Amérique du N. 837 :** + USA 1 050, Canada 927, Antilles néer. 845, Barbade 818, St-Christophe 692 ; – Haïti 117, Nicaragua 166, Guatemala 197, Salvador 310. **Amérique du S. 603 :** + Uruguay 1 109, Argentine 1 010, Brésil 1 642, Chili 611, Paraguay 610 ; – Pérou 344, Venezuela 355, Suriname 394, Bolivie 410. **Asie 364 :** + Chypre 1 081, Mongolie 877, Émirats 797, Koweït 737 ; – Bangladesh 67, Iraq 91, Myanmar 117, Yémen 129, Corée du N. 130. **Europe 910 :** + *France 1 353*, Islande 1 347, Danemark 1 229, Finlande 1 195, Autriche 1 183 ; – Moldavie 400, Bosnie 413, Macédoine 489, Croatie 495, Russie 654. **Océanie 825 :** + Nlle-Zélande 1 048, Australie 961, Polynésie fr. 844 ; – Salomon 172, Papouasie 234, Kiribati 336. **Monde 460.**

■ **Protéines : taux journaliers les plus élevés et les plus bas** (en g, 1999). **Afrique 59,7 :** + Égypte 92,3, Libye 83,1, Maroc 80,8, Algérie 80, Maurice 75,8 ; – Congo dém. 25,6, Libéria 37,2, Angola 37,7, Mozambique 38,2, Centrafrique 42,6. **Amérique du N. 100,2 :** + USA 114,9, Canada 101,9, Barbade 91,2, Bélize 89,7, Ste-Lucie 80,9 ; – Haïti 43,8, Rép. dominicaine 50, Honduras 57,6, Cuba 58, Guatemala 58,8. **Amérique du S. 76,1 :** + Argentine 104,5, Uruguay 100,4, Brésil 79,9, Chili 77,9, Paraguay 75,8 ; – Équateur 56, Bolivie 56,4, Colombie 58,7, Venezuela 59,4, Suriname 66. **Asie 70,7 :** + Israël 114,4, Chypre 111,6, Émirats 100,7, Corée du S. 98,8, Turquie 97,8 ; – Cambodge 44,4, Bangladesh 47,5, Tadjikistan 49,3, Thaïlande 53,2, Yémen 53,8. **Europe 97,1 :** + Grèce 118,8, *France 115,9*, Islande 114,7, Irlande 113,9, Italie 113,2 ; – Moldavie 61,3, Croatie 64,9, Macédoine 73,2, Lettonie 77,4, Bosnie 82. **Océanie 92,8 :** + Australie 106,2, Polynésie fr. 97,8, Nlle-Zélande 96,3 ; – Papouasie 45,5, Salomon 50,9, Vanuatu 59,5. **Monde 75,3.**

■ **Lipides : taux journaliers les plus élevés et les plus bas** (en g, 1999). **Afrique 49,7 :** + Cap-Vert 100,4, Libéria 98, Maurice 86,1, Sao Tome 78,5, Algérie 73,4 ; – Burundi 10,7, Congo dém. 24, Érythrée 23,8, Éthiopie 22, Rwanda 21,3. **Amérique du N. 122,7 :** + UZA 148,5, Canada 125,9, Bermudes 107,7, Antilles néerl. 100,7 ; – Honduras 30,1, Cuba 47, Nicaragua 51,4, Guatemala 51, Salvador 57,3. **Amérique du S. 83,2 :** + Argentine 109,4, Uruguay 106,5, Brésil 90,3, Équateur 87,4, Chili 84,4 ; – Pérou 49,6, Guyana 50,6, Venezuela 57,2, Colombie 67,2, Bolivie 67,3. **Asie 63,2 :** + Chypre 143, Israël 132,4, Liban 103,9, Émirats 101,4, Syrie 96,8 ; – Bangladesh 19,5, Laos 26,3, Mongolie 30,4, Corée du N. 31,5, Azerbaïdjan 38. **Europe 120 :** + Benelux 159,1, *France 164,6*, Autriche 152,8, Grèce 151,3, Espagne 150, Allemagne 146,9 ; – Bosnie 49,7, Moldavie 57,3, Macédoine 73,5, Russie 73,8, Ukraine 74,3. **Océanie 111,8 :** + Australie 129,7, Nlle-Zélande 118,8, Polynésie fr. 116,4 ; – Salomon 39,5, Papouasie 42,9, Vanuatu 89,3. **Monde 74,6.**

TRACTEURS ET MACHINES AGRICOLES

EN FRANCE

Source : Sygma.

■ **Production française** (en milliards de F). **Total :** *1985 :* 14,2 ; *90 :* 15,6 ; *95 :* 15,2 ; *98 :* 17,8 (dont 44,7 % exportés) ; *99 :* 18,2 (42 %) ; *2000 :* 18,1 (45,2 %). **Tracteurs complets :** *1998 :* 3,82 ; *99 :* 3,65 ; *2000 :* 3,58. **Machines agricoles :** *1998 :* 13,98 ; *99 :* 14,55 ; *2000 :* 14,52.

■ **Marchés français** (en milliards de F). *1998 :* 24,75 (tracteurs complets 7,03/machines 17,72) ; *99 :* 25,4 (6,8/18,6) ; *2000 :* 24,72 (6,5/18,22). **% fabriqué en France :** *1998 :* 39,8 ; *99 :* 41,5 ; *2000 :* 40,1.

■ **Parc** (en milliers, 2000). Tracteurs 1 279, ramasseuses-presses 111, ramasseuses hacheuses 21, moissonneuses-batteuses 269.

■ **Immatriculations de tracteurs.** *1965 :* 71 972 ; *66 :* 83 174 ; *70 :* 64 836 ; *75 :* 77 782 ; *80 :* 58 784 ; *90 :* 37 232 ; *91 :* 29 455 ; *99 :* 41 349 [dont en % : New Holland (Groupe) 17,8, Renault 16,2, John Deere 14,8, Massey Ferguson 11,6, Case IH (avec Steyr) 10,8, Deutz-Fahr 4,5, Fendt 4,4, Same 4,2, Valmet 4,1, Landini 2,4] ; *2000 :* 37 965. **Motoculteurs, motohoues et motobineuses.** *1988 :* 98 101 (dont 48 697 importés) ; *90 :* 73 191 (24 445) ; *94 (est.) :* 97 213 (21 213) ; **Moissonneuses-batteuses** (toutes importées). *1988/89 :* 3 065 ; *89/90 :* 3 010 ; *90/91 :* 2 315 ; *91/92 :* 1 654 ; *92/93 :* 1 225 ; *97 :* 2 554 ; *98 :* 2 943. **Ensileuses automotrices.** *1997 :* 508 ; *98 :* 592. **Presses à balles rondes.** *1992/93 :* 5 704 (3 241) ; *97 :* 5 026 ; *98 :* 5 347. **Grosses presses.** *1997 :* 500 ; *98 :* 477 . **Machines à vendanges.** 700.

■ **Prix** (en milliers de F, 1998). **Tracteur moyen :** *à 2 roues motrices :* 200 ; *6 roues motrices :* 250 ; *120 CV :* 350 et plus, par exemple : *Massey Ferguson 6 180 ; Fiatagri M115 RC ; Renault 133-54.*

■ **Utilisation annuelle moyenne des automoteurs** (en heures) **et,** entre parenthèses, **% du matériel utilisé moins de 100 h/an.** Tracteurs classiques 409 h (13,3) ; motoculteurs 103 (83,1) ; motofaucheuses 91 (85,5) ;

ramasseuses-hacheuses-chargeuses à maïs 142 (72,8) [dont 2 rangs 79 (91,1), 3 rangs 224 (45,5), 4 rangs et plus 88 (93,3)] ; moissonneuses-batteuses 107 (71,2) ; corn-pickers 129 (59,8) ; corn-shellers 110 (81,6) ; récolteuses de betteraves 139 (54,1) ; machines à vendanger 189 (26).

■ **Commerce** (en milliards de F). **Exportations :** *1970 :* 0,96 ; *75 :* 2,3 ; *80 :* 3,2 ; *85 :* 5,5 ; *90 :* 6,3 ; *99 :* 7,56 ; *2000 :* 8,12 [dont (en %) *vers* All. 19,5, G.-B. 9,5, Espagne 9,1, USA 8,1, P.-Bas 6,8, Belg.-Lux. 5,6]. **Importations :** *1965 :* 0,76 ; *70 :* 1,1 ; *75 :* 2,4 ; *80 :* 4,3 ; *85 :* 7,3 ; *90 :* 9,1 ; *99 :* 14,8 ; *2000 :* 15,6 [*de* (en %) All. 29,3, Italie 19,6, USA 13, G.-B. 9,7, Belg.-Lux. 5,4, P.-Bas 3,5].

■ **Équipements mécaniques du jardin et des espaces verts** (est. 1994). **Motoculteurs, motohoues et motobineuses :** production : 73 400 ; livraisons : 84 000 ; importations : 21 213 ; consommation apparente : 97 213. **Tondeuses à gazon à moteur :** livraisons : 169 000 ; importations : 864 900 ; consommation apparente : 1 015 940.

■ Dans le monde

■ **Parc** (en milliers, 1999) **de tracteurs et,** en italique, **de moissonneuses-batteuses.** Afrique du S. 75,5 *11.* Albanie 8,2. Algérie 93 *9,2.* Allemagne 1 030 *135.* Angola 10,3. Arabie 9,5 *2,4.* Argentine 280 *50.* Australie 315 *56.* Autriche 352 *24.* Bangladesh 5,4 *6.* Benelux 106 *6,3.* Botswana 6. Brésil 806 *54.* Bulgarie 25 *5,5.* Cambodge 1,1. Canada 711 *132.* CEI 1 923 *485.* Chili 54 *8,9.* Chine 704 *114.* Chypre 17. Colombie 21 *2,9.* Congo dém. 2,4. Corée du N. 75 ; du S. 160 *79.* Cuba 78 *7,4.* Côte d'Ivoire 3,8. Danemark 140 *25.* Égypte 90 *2,3.* Équateur 8,9. Espagne 842 *49.* Éthiopie 3,6. Fidji 7 *1.* Finlande 194 *38.* France 1 270 *111.* Gabon 1,5. Ghana 3,5. G.-B. 500 *47.* Grèce 241 *5,5.* Guatemala 4,3 *3.* Hongrie 92,2 *9,5.* Inde 1 600 *4,2.* Indonésie 70 *330.* Iran 228 *5,3.* Iraq 49 *4.* Irlande 10,5 *5,1.* Islande 10,5 *1,4.* Israël 24,5 *1,6.* Italie 1 475 *50.* Jamaïque 3 *2.* Japon 2 210 *1 208.* Jordanie 4,8. Kenya 14,4. Liban 5,6. Libye 34 *3,4.* Madagascar 3,5. Malaisie 43. Malawi 1,4. Mali 2,6. Maroc 43 *3,7.* Mexique 172 *19.* Mongolie 7 *1,5.* Mozambique 5,7. Myanmar 8,6 *8.* Namibie 8,6. Nicaragua 2,7. Nigéria 30. Norvège 148 *16.* Nlle-Zélande 76 *3,1.* Népal 4,6. Ouganda 4,7. Pakistan 320 *1,6.* Paraguay 16,5. Pays-Bas 149 *5,6.* Philippines 11. Pologne 1 310 *97.* Porto Rico 5,3. Portugal 155 *3,4.* Pérou 13. Roumanie 167 *31.* Somalie 1,8. Soudan 10 *1,6.* Sri Lanka 7,5. Suisse 112 *3,8.* Suriname 1,3. Suède 165 *40.* Swaziland 2,9. Syrie 94 *4,9.* Tanzanie 7,6. Thaïlande 220 *69.* Tunisie 35 *2,8.* Turquie 875 *12,4.* USA 4 800 *662.* Uruguay 33 *4,7.* Venezuela 49 *5,8.* Viêt Nam 123. Yémen 5,8. Zambie 6. Zimbabwe 24. *Monde :* 26 239 *4 122.*

■ **Immatriculations de tracteurs agricoles neufs** (en 2000). USA 152 080. *France 37 965.* Italie 32 914. All. 25 965. Espagne 20 033. G.-B. 10 422. Portugal 8 827. Autriche 6 868. P.-Bas 4 674. Finlande 5 125. Suède 4 709. Grèce 3 500. Norvège 2 897. Danemark 2 677. Belgique 3 189. Suisse 2 957. Irlande 2 817.

Principaux produits

Cacao

■ Généralités

■ **Origine.** Amér. latine. **1519-28** rapporté en Espagne par le missionnaire franciscain Olmedo, compagnon de Ferdinand Cortez, après la conquête du Mexique. **1585** cargaison venant de Veracruz débarquée en Espagne ; puis le cacao parvient en France (avec Anne d'Autriche, fille du roi d'Espagne Philippe III, devenue en 1615 épouse de Louis XIII), Italie (on en tire alors une boisson à partir des amandes – appelées fèves – torréfiées et broyées), Allemagne. **1644** la municipalité de Madrid n'autorise la vente de chocolat que sous forme de « pain » ou de « pastille » afin d'éviter le spectacle d'oisiveté que donnent les personnes buvant du chocolat dans la rue. **1680** chocolat apparaît dans le *Dictionnaire* de Richelet. **1819** fabrication en barres par *François Louis Cailler* (Suisse). **1822** 1ers cacaoyers plantés en Afrique. **1824** *Jean Antoine Brutus Menier* (1795-1853) fonde une chocolaterie à Noisiel-sur-Marne. **1828** *Conrad Van Houten* (P.-Bas) extrait la graisse des fèves de cacao écrasées, la poudre soluble obtenue servant à fabriquer des petits déjeuners. **1847** en tablette. **1850** *Foucher* chocolatier-confiseur à Paris. **1912** apparition du chocolat en poudre *Banania* créé par Pierre Lardet. 1re usine Courbevoie ; symbole : tirailleur sénégalais (dessiné par De Andréis) disant en souriant : « Y'a bon. ». **1918** 1er producteur : l'Afr. équatoriale.

■ **Aspect.** Le cacaoyer (4 à 10 m de haut) donne des cabosses (fruits de 200 à 800 g contenant de 10 à 50 fèves). Demande un sol riche et de l'ombre, 1 000 plants à l'ha, une température élevée et 1,50 à 2 m d'eau par an. Fleurit à partir de 3 ans. En plein rapport à 7 ans, baisse de production après 25 ans. **Variétés.** *Criollo :* grande qualité, mais peu cultivée. *Forastero :* originaire d'Amazonie, cacaoyers courants, 80 % de la production mondiale. *Trinitario :* hybride de ces 2 variétés adopté après la destruction des cacaoyères de l'île de la Trinité par un cyclone en 1727. **Vie.** 40 ans ; on connaît des cacaoyères de plus de 100 ans. **Rendement moyen.** 350 kg/ha (jusqu'à 2,5 t/ha avec engrais et sans ombrage pour les nouvelles sélections). Dans le Chiapas (sud du Mexique), 3 récoltes de 3 mois par an.

■ **Production de fèves** (en milliers de t, 2000). Côte d'Ivoire 1 300 (*2001 est. :* 1 116). Ghana 409. Indonésie 348. Nigéria 225. Brésil 209. Cameroun 150. Malaisie 98. Équateur 95. Colombie 51. Rép. dominicaine 47. Mexique 42. Papouasie 42. Venezuela 19. Sierra Leone 11. Togo 9. *Monde 3 159* (*2001 est. :* 2 845). **Commerce** (en milliers de t, 1999). **Exportations :** C. d'Ivoire 1 081. Indonésie 333,6. Ghana 281. Nigéria 196. Cameroun 98,1. Équateur 63,6. Papouasie-Nlle-Guinée 28,5. Malaisie 25,4. Rép. dominicaine 19,4. **Importations :** P.-Bas 539,2. USA 467,2. G.-B. 236,3. All. 212,2. *France 138,8.* Italie 72. Espagne 52,3. Estonie 48,6. Japon 46,9. Canada 46,8. UEBL 44,2. Singapour 26. **Marché mondial** (1997/98) : 2 749 000 t (soit 4 milliards de $ à 1 440 $ la t). Dominé par 5 États ; très spéculatif ; croissance faible, car des produits de substitution se développent.

■ **Consommation** (en kg par hab. et par an, 1997-98). UEBL 5,7, Danemark 4,6, Islande 4,1, Estonie, G.-B., Allemagne 3,5, Suisse 3,4, *France,* Malte 3, Norvège, Irlande 2,8, Autriche 2,7, Canada 2,6, USA 2,4, P.-Bas, Canada 2,2, Australie 2,1, Nlle-Zél. 1,8.

Prix (dollars/tonne) : *1997 :* 1 619 ; *98 :* 1 676 ; *99 :* 1 141 ; *2000 (nov.) :* 704.

■ **Chocolat. Caractéristiques.** Mélange de pâte de cacao (obtenue par broyage des fèves de cabosse) et de sucre. Certains pays autorisent une incorporation de graisse végétale (5 % au maximum). Voir aussi **Alimentation** p. 1806 b.

■ **Types de chocolat. De couverture ou de base :** mélange préparé industriellement et vendu en gros aux pâtissiers et chocolatiers. **De ménage ou à cuire :** contient 55 à 65 % de sucre et 30 % au moins de pâte de cacao (dont 18 % de beurre de cacao). **Fondant :** pâte et beurre de cacao 35 % au minimum, sucre 25 % au maximum. **Au lait :** sucre 50 % au maximum, pâte de beurre de cacao 25 % au minimum, lait sec 14 %, matières grasses 25 %. **Blanc :** beurre de cacao 20 % au moins.

■ **Confiserie, chocolaterie. En France. Production** (en milliers de t, 1998) : 785,8 dont chocolaterie 592,7 [*prod. semi-finis* 215,3, couverture 117,7, cacao en masse, beurre et poudre de cacao 81,7 ; *prod. finis* 377,4 dont (en %) confiserie de chocolat 44,6, chocolat en tablettes 29, poudre de cacao sucrée 13,5, pâtes à tartiner 12,5, produits d'imitation 0,4], confiserie (hors fruits confits) 196,6 [dont (en %) chewing-gums 23,7, pâtes de fruits 29,3, sucres cuits 16,1, caramels, toffees, pâtes à mâcher 17,1, dragées 7,4, pastilles et comprimés 1,9, autres (nougats...) 14,5], fruits confits 14,7. **Matières premières utilisées** (en milliers de t, 1998) : fèves de cacao 110, produits semi-finis de cacao 159,5, saccharose 390, lait 40, glucose 86,9, noisettes 14, fruits frais, congelés, pulpes 15,1.

■ **Europe. Consommation de confiserie de chocolat** (en kg par pers., 1996 : Allemagne 10,12, Belgique 10,06, Autriche 9,52, Irlande 8,76, G.-B. 8,59, Danemark 8,28, *France 6,69,* Suisse, Espagne 5,21, Pays-Bas 4,54, Finlande 3,60, Italie 3,29, Grèce 2,84, Portugal 1,93.

Bêtises de Cambrai. Bonbons à la menthe créés en 1850. Cession en 1992 par Daniel Chavy, arrière-petit-fils du créateur, à Chupa Chups, groupe de confiserie espagnol (4 milliards de sucettes dans 163 pays en 1997). **Chiffre d'affaires** (en millions de F) : Bêtises de Cambrai : *1997 :* 10,5.

Mars. Groupe fondé par Forrest Mars (1904-99) aux USA. **Chiffre d'affaires :** 15 milliards de $. A lancé barre de chocolat Mars, Bounty, bonbons M & M's, riz Uncle Ben's, aliments pour chiens et chats (Whiskas, Pedigree, Kitekat).

Café

■ Généralités

■ **Origine.** Kaffa (hauts plateaux d'Abyssinie) : avec les fruits entiers encore verts ou leur pulpe séchée, on faisait une farine mêlée à de la graisse animale et consommée en boulettes ou galettes. **VIIIe s.** l'Arabie utilise le café comme médicament (infusion de feuilles et fruits). **XIVe s.** importation du café au Yémen. **1450** maisons à café à Aden puis à La Mecque. **1554** le café devient boisson nationale en Turquie (règne de Soliman II). **Vers 1570** arrive à Venise. **1582** Léonard Rauwolf (médecin d'Augsbourg), revenant d'Alep, écrit un livre sur le café. **1645** à Venise, 1re maison à café d'Europe. **1646** révolte des vignerons de Marseille contre le café (importé en 1644 par Pietro della Valle). **1650** les Hollandais introduisent sa culture à Java ; 1re maison à Oxford. **1652** 1re maison à Londres. **1669** le café est présenté à la cour de Louis XIV par l'ambassadeur de Turquie. **1672** vendu à la foire de St-Germain ; 1er débit de café de Paris créé par l'Arménien Pascal *(la Maison Caova).* **1677** 1re maison à Hambourg (ouverte par un Anglais). **1683** 1re boutique place St-Marc à Venise. Café filtré inventé par le Polonais Kolschitzky à Vienne après le siège par les Ottomans. **1686** Francesco Procopio dei Coltelli (Sicilien) ouvre à Paris le 1er établissement qui prend le nom de « café » : le café *Procope.* **1710** quelques caféiers confiés au Jardin d'Amsterdam. **1712** 1 caféier confié au Jardin des Plantes par Louis XIV. **1720** café *Florian* ouvert à Venise. **1723** en allant aux Antilles, Gabriel de Clieu (officier français) sauve le seul pied de caféier restant en partageant sa ration d'eau avec lui : il donne naissance aux plantations des Antilles françaises. **1725** café *Quadri* ouvert à Venise. **1727** gagne le Brésil. **1730** Jamaïque. **1748** Cuba. **1789** la France est le 1er producteur et consommateur de café au monde. **XVIIIe s.** le roi de Prusse Frédéric le Grand limite la consommation de café pour protéger celle de la bière. **1820** découverte de la *caféine* par l'Allemand Ruge et les Français Pelletier, Carenton et Robiquet. **1822** le Français Louis-Bernard Rabaut invente le percolateur, présenté en 1855 à la foire-exposition de Paris (remplit 2 000 tasses/heure). **1851** Legal (de Lemonier et Gally). **1936** Max Rudolf Morgenthaler (Suisse) invente le café soluble. **1938**-*7-4* Nestlé vend ce « café-éclair sans cafetière ». **1939** Nestlé dépose la marque *Nescafé*.

Mazagran. Café noir, chaud ou froid, avec du sucre et de l'eau-de-vie, servi dans un récipient en forme de verre à pied. Nom apparu vers 1860, rappelant le combat soutenu 3 j par 125 soldats du poste de Mazagran (Algérie, 1840) ; assaillis par plusieurs milliers d'Arabes, ils n'avaient pu boire leur café qu'à la va-vite.

☞ **Cafés à Paris :** *1716 :* 300 ; *1788 :* 600 à 700 ; *1845 :* 3 000 ; *2000 :* 15 000 à 20 000.

☞ **Principaux torréfacteurs en France :** Kraft Jacobs Suchard (KJS), Sara Lee, Legal.

■ **Partisans et adversaires.** Mise en garde des chrétiens d'Italie jusqu'à ce que le pape Clément VIII déclare le café agréable. Interdit par le sultan de La Mecque, le bey du Caire (1511), le grand vizir Köprülü (1656), le landgrave Frédéric de Hesse (1773), Charles II d'Angleterre (rétabli 10 j plus tard), les mormons. *Amateurs célèbres :* Bach, Balzac, Beethoven, Talleyrand, Voltaire.

■ **Aspect.** Arbuste du genre *Coffea* (même famille que les gardénias, quinquinas et garances). 60 espèces existantes, 10 cultivées dont 3 principales : *Coffea arabica* (origine : Éthiopie) ; *Coffea canephora* (origine : Afrique occ. et centrale), principalement *robusta ; Coffea liberica* (origine : Libéria, Côte d'Ivoire), qualité médiocre. Le caféier (3 à 15 m de haut, 2 à 3 m dans les plantations) fructifie au bout de 3 ans jusqu'à 30 ans, vit 60 à 100 ans, demande une chaleur de 18-23 °C (arabica) ou 22-26 °C (robusta), 1,50 à 2 m d'eau par an et des engrais, donne en moy. 2,5 kg de « cerises » par an (fruit contenant 2 grains de café) qui fournissent 0,5 kg de café vert, soit 0,4 kg de café grillé [de quoi faire 40 tasses de café à 8-10 g de café moulu par tasse, soit 1 cuillerée à soupe pleine à dos d'âne (législation : 7 g au minimum)]. **Variétés. Arabica :** originaire des forêts des montagnes d'Abyssinie, longtemps cultivé au Yémen (Arabie-Heureuse) d'où il fut exporté vers l'Europe par le port de Moka (1683). Hauts plateaux d'Amérique latine, dans les vallées abritées, entre 800 et 2 000 m (Colombie, Mexique, Brésil, etc.) et dans les régions montagneuses d'Afrique et d'Inde. **Robusta** et **kouillou :** 2 fois plus de caféine que l'arabica. Originaires des forêts d'Afrique équatoriale chaude et humide. Couvrent 30 % des besoins mondiaux. Cultivés, notamment en plaine, en Afrique, à Madagascar, en Inde, Indonésie, Océanie. **Arabusta :** hybride encore au stade expérimental. **Cotes** (Bourses de matières premières). *Arabicas lavés* (venant surtout d'Amérique centrale), *non lavés* (du Brésil), *milds* (arabicas lavés, d'un goût suave, de Colombie ou Kenya), *robustas.*

■ **Caféine. Teneur** (en mg) : **par tasse :** robusta fort 200 à 250, arabica fort 80 à 100, café soluble 50 à 100, café décaféiné 2 à 10, thé 30 à 60, chocolat 10 à 40, boisson au cola 20 à 30 (pour 33 cl) ; **selon la variété :** arabica 0,8 à 1,5 %, canephora (robusta, kouillou) 1,5 à 2,7 %, arabusta 1,5 à 2 %. Un café décaféiné ne doit pas contenir + de 0,1 % de son poids de caféine (0,3 % pour les cafés solubles), **pour 100 g d'aliments aromatisés au café :** Ovomaltine café 156, bonbons Ricqlès café 70, pâtisserie éclair 11. **Effets sur la santé.** Au-dessus de 900 mg de caféine par jour (10 à 15 tasses), il y a risque d'intoxication chronique caractérisée par tremblements, palpitations, insomnies, nervosité, anxiété, irritabilité. Le café entraîne une augmentation du rythme cardiaque si les doses ingérées sont importantes, et de la pression artérielle chez les buveurs occasionnels. Le café au lait est plus difficile à digérer : les tanins du café précipitent la caséine du lait au contact acide de l'estomac, il se forme des « grumeaux » inattaquables par les sucs gastriques. Pour décaféiner, on a longtemps utilisé des solvants, puis l'eau et les charbons actifs. L'extrait décaféiné (teneur en caféine maximale : 0,1 %) est réincorporé aux grains traités préséchés. Durée de vie de la caféine : 8 h avec une pointe à 5 h. *La caféine est utilisée en pharmacie* (aide à l'effort, à la digestion, aiguise les activités intellectuelles, la mémoire, combat la migraine). *Le café peut faire maigrir :* une dose de 100 mg de caféine augmente les dépenses énergétiques de 16 % en 2 h.

■ Statistiques

Source : Organisation internationale du café.

■ **Commerce** (en millions de sacs de 60 kg). **Exportations :** (est. 2001-02) : Brésil 22, Viêt Nam 11,5, Colombie 10,1, Indonésie 5, Guatemala 4,9, Mexique 4,5, Inde 4,4, Côte d'Ivoire 3,9, Ouganda 3,1, Honduras 2,8, Pérou 2,4, Costa Rica 2,26, Éthiopie 2,2, Salvador 1,76, Cameroun 1,3, Nicaragua 1,18, Papouasie 1,1. **Importations** (en 1999) : Allemagne 14,4, *France 6,65*, Japon 6,57, Italie 5,97, Espagne 4, Canada 3,17, Benelux 2,99, G.-B. 2,88, Pays-Bas 2,55, Pologne 2,3, Suède 1,8, Suisse 1,16, Autriche 1,54, Russie 1,34, Finlande 1,21, Corée du S. 1,13, Danemark 1, Australie 0,97, Hongrie 0,83, Rép. tchèque 0,79, Grèce 0,69.

Café vert importé en France (en millions de sacs, 1999) : 5,08 dont Brésil 1,06, Viêt Nam 0,68, Colombie 0,53, Côte d'Ivoire 0,48, Ouganda 0,33, Madagascar 0,16, Guatemala 0,16, Cameroun 0,15, Éthiopie 0,14, Honduras 0,13, autres 1,25. **Distribution** (en %) : *arabica* 50 dont doux Colombien 10, autres doux 17, Brésilien et autres arabicas 22 ; *robusta* 39 ; *autres* 11.

■ **Consommation** (en millions de sacs, 1999-2000). USA 18,6, Allemagne 9,4, Japon 6,7, *France 5,3*, Italie 5,1, Espagne 3,1, G.-B. 2,3, Suède 1,2, Autriche, Finlande 0,9, Grèce, Suisse 0,8, Danemark, Portugal 0,7, Benelux, Norvège 0,6.

Consommation (en kg de café vert par pers. et par an, 1999). Finlande 11,37, Norvège 10,56, Danemark 9,56, Suède 8,70, Autriche 8,19, Allemagne 7,46, Suisse 7,26, Pays-Bas 5,71, *France 5,52*, Belgique-Luxembourg 5,33, Italie 5,16, Espagne 5,15, Portugal 4,70, USA 4,24.

☞ 90 % des Français boivent du café régulièrement, dont 85 % tous les jours (80 % le matin, 69 % après le déjeuner, 29 % l'après-midi, 14 % après le dîner et 8 % la nuit).

■ **Production de café** (en millions de sacs). *1996-97* : 103,7 ; *97-98* : 97,4 ; *98-99* : 108,4 ; *99-2000* : 113,7 ; *00-01* : 117 ; *01-02 (est.)* : 117,7 dont Brésil 33,7, Viêt Nam 12,5, Colombie 11,4, Indonésie 6,2, Mexique 5,5, Inde 5,4, Guatemala 4,9, Côte d'Ivoire 4,7, Éthiopie 3,8, Ouganda 3,2, Honduras 2,9, Costa Rica, Pérou 2,5, Salvador 1,8, Cameroun 1,5, Nicaragua 1,3, Papouasie-Nlle-Guinée 1,2, Équateur 1,1, Venezuela 1,1. En milliers de t : *1999* : Philippines 121, Kenya 75, Madagascar 60, Rép. dominicaine 43.

☞ **1975-76** production réduite (3 760 000 t). *Brésil* : gel des caféiers en 1975, pluies excessives en 1976 ; *Angola* : destruction des plantations par la guerre ; *Colombie* : sécheresse et rupture du barrage del Monte. *Prix* : de 400 à 4 262 livres/t en mars 1977 (record). *France* : au détail, le paquet de 250 g passe d'environ 3 F (début 1975) à environ 10 F (mars 1977). **1986-87** chute des cours d'environ 15 %. **1989**-*juillet* accord international en sommeil : la baisse reprend. **1992**-*mai* 670 $/t (prix le plus bas depuis 1970) ; *-nov.* 967. **1993**-*mai* arabica 1 436 $; *-juillet* 1 322 $; *-24-9*, 27 pays producteurs africains et latino-américains (80 % de l'offre mondiale), adhèrent à la nouvelle Association des pays producteurs de café (APC) ; les membres s'engagent à retirer l'équivalent de 10 à 20 % des exportations mondiales, selon les cours en vigueur, jusqu'à ce que les prix retrouvent des niveaux décents. **1994**-*janvier* 1 200 $; *-juillet Brésil* : gel des caféiers et sécheresse : production – 50 %. **1995**-*4-7*, 2 350 $.

■ **Prix** (en cents, pour 1 livre de 450 g). Brésil arabica naturel *1997* : 167 ; *98* : 122 ; *99* : 89. Colombie arabica doux : *1997* : 199 ; *98* : 143 ; *99* : 116. Robusta : *1997* : 79 ; *98* : 83 ; *99* : 68.

CÉRÉALES

Source : FAO.

GÉNÉRALITÉS

■ **Définition.** Regroupent des graminées (avoine, blé, maïs, millet, orge, riz, seigle, sorgho) et le sarrasin (polygonacée). Alimentation principale des hommes et des animaux de ferme. 700 à 750 g de céréales (soit 250 kg par an) peuvent fournir à l'homme 2 300 à 2 500 calories par jour. 1 ha de soja ou de céréales peut nourrir 120 personnes (1 ha d'élevage de bœufs : 2).

■ **Production** (en millions de t, 2000). Chine 409,4, USA 343,8, Inde 236,5, UE 217,3, Russie 70, Indonésie 60,4, Canada 51,3, Brésil 46,1, Argentine 38,4, Bangladesh 37,5, Viêt Nam 34,6, Australie 32,3, Pakistan 29,9, Turquie 29,4, Mexique 29,1, Thaïlande 28,7, Ukraine 22,9, Pologne 22,3. *Monde 2 051,8.* **Commerce** (en millions de t). **Exportations** : *1998-99* : 219,6 ; *99-2000* : 230,8 ; *00-01* : 233. **Importations** : *1998-99* : 216,4 ; *99-2000* : 235,4 ; *00-01* : 233.

En France. Production (en millions de t, 2000) : blé tendre 35,85, blé dur 1,67, seigle 0,16, orge et escurgeon 9,92, avoine 0,5, maïs 16,46, sorgho 0,4, triticale 1,21, riz 0,1. *Total : 66,54.* **Commerce** : *exportations et*, entre parenthèses, *importations* (en milliards de F, 1999) : 41,1 (12,9) [céréales 27 (2,4), minoterie 4,6 (1,3), préparations 9 (9,3)].

Nota. – Les céréales sont concurrencées par le manioc et certains sous-produits dans l'industrie pour l'alimentation des animaux.

AVOINE

■ **Origine.** Indigène en Europe méridionale. Du latin *avena* : chaume, paille. Jusqu'au XVIe s., on disait « aveine » ou « avaine ». **Culture.** Se contente d'un climat assez froid, mais humide, et de sols relativement pauvres. Vient souvent en fin d'assolement. Semée en oct. ou mars, récoltée en août. **Variétés.** Noire de Brie, grise ou noire de Bretagne, blanche de Géorgie, à 3 grains de Hongrie. Utilisée en grains pour chevaux et volailles, en bouillies *(porridge)*. Donne le gin. **Culture en France. Superficie** (en milliers d'ha) : *1900* : 4 000 ; *65* : 1 000 ; *80* : 539 ; *85* : 433 ; *90* : 258 ; *94* : 162 ; *2000* : 111. **Rendement** (en q/ha) : *1901-10* : 12 ; *65* : 23,4 ; *85* : 43,8 ; *91* : 38,8 ; *97* : 42,5 ; *98* : 47 ; *99* : 45 ; *2000* : 45.

■ **Production** (en millions de t, 2000). Russie 5,3. Canada 3,5. USA 2,2. Australie 1,4. Finlande, Suède 1,3. Allemagne, Pologne 1. Chine , Espagne 0,8. *France*, Ukraine 0,7. *Monde 26,1.* **Commerce** (en milliers de t, 1999-2000). **Exportations** : Canada 1 322. Australie 150. **Importations** : USA 1 660. Japon 70. Suisse 40. Norvège 20. *Monde 2 138.*

BLÉ

■ **Origine.** L'une des plus anciennes cultures du monde. Nommé *frumentum* chez les Latins (froment). Il occupe en France la majorité des terres, riches ou ingrates, jusqu'au XIXe s. **Morphologie.** Un épi contient 45 à 60 grains de 6 mm chacun. Un grain se compose d'une amande (cellules renfermant les grains d'amidon réunis par le gluten qui donne la farine pour 78 à 81 %), des enveloppes (son, 16 à 19 %) et du germe (2,5 à 3 %), dont la conservation est délicate. Pour moissonner, on attend que les grains soient mûrs et secs (taux d'humidité maximal : 15 % du poids du grain). De nombreux systèmes de séchage, par ventilation d'air chaud en particulier, ont été mis au point. **Blé dur.** Grain allongé, paille pleine, toujours barbu. Utilisé en pains et semoulerie (semoule servant à fabriquer le couscous) et blé concassé. **Pâtes alimentaires** : en France depuis 1934, Italie 1967 et Grèce ; les pâtes ne peuvent être fabriquées qu'avec des semoules de blé dur, en raison de leur richesse en gluten qui donne une meilleure qualité culinaire (fermeté, absence de collant), et de leur couleur jaune ambré.

■ **Principales variétés cultivées en France. Superficie** (en % des surfaces, 2000) [*Source* : Onic] : *blé tendre* : Isengrain 12,2, Soissons 12, Trémie 8,8, Charger 8,3, Aztec 5,1, Shango 4,8, Altria 4,7, Texel 3,7, Cézanne 3,4, Sponsor 3,1 ; *blé dur* : Lloyd 26,1, Nefer 13,2, Acalou 10, Néodur 9,5, Orjaune 6,8, Duriac 4, Ardente 3,9, Brindur 3,6, Grazia 3,5 ; *blé noir* : voir **Sarrasin** p. 1492 b. **Rendement moyen** (en q/ha) : *1800* : 8,5 ; *50* : 10,9 ; *1910* : 13,2 ; *85* : dur 46 (tendre 61) ; *95* : 45 (66) ; *97* : 32,2 (67,9) ; *98* : 52 (77) ; *99* : 46 (78) ; *2000* : 50 (73).

■ **Culture.** Le blé s'adapte à des climats et sols variés mais préfère un climat tempéré (il gèle à – 16/– 18 °C, risque d'être atteint à – 10 °C ; la neige le protège ; une brusque élévation à 35-39 °C risque de l'empêcher de mûrir normalement ; s'il est mûr, un soleil trop chaud provoque l'échaudage des grains), une humidité moyenne, une terre riche (limons, alluvions des vallées, terres argileuses) et bien préparée. Se cultive souvent en *assolement triennal* : 1re année betterave, pommes de terre ou maïs, 2e blé, 3e orge, car ces cultures ont des besoins différents et ne demandent donc pas à la terre les mêmes éléments de base. Il peut succéder aux plantes sarclées (betterave, pomme de terre, chicorée), aux légumineuses fourragères, aux féveroles, haricots, pois verts, au lin et au colza. **Semis** : automne (blé d'hiver), février (alternatif), mars-avril (blé de printemps). Un semoir à cuillers ou à distribution forcée fait tomber les grains régulièrement dans les sillons. Lorsque le blé sort de terre, traitement avec désherbants et pesticides. **Moisson** : autrefois à la faux, suivie du *battage*, sur l'aire avec des fléaux puis du *vanage* (le van, corbeille plate en osier, permettait de ne garder que les grains sans la balle qui les entoure et sans débris de paille) ; aujourd'hui, les moissonneuses-batteuses permettent de faire tous ces travaux le même jour, avec une seule machine. *Janvier* : Australie, Argentine, Chili, Nlle-Zélande. *Mars* : Inde orientale, Haute-Égypte. *Avril* : Basse-Égypte, Chypre, Cuba, Proche-Orient. *Mai* : Algérie, Asie centrale, Japon, USA (Sud, Texas et Floride). *Juin* : Espagne, France (Sud), Grèce, Italie, Portugal, Turquie, USA (Californie). *Juillet-août* : Europe, USA (Centre-Nord), Canada. *Septembre* : Écosse, Norvège, Suède, ex-URSS (Nord). *Novembre* : Pérou, Afr. du Sud. *Décembre* : Myanmar.

■ **Collecte de blé tendre en France** (en millions de t). *1990-91* : 27,8 ; *93-94* : 24,4 (coopératives et SICA : 67,8 % ; négociants : 27,8 % ; autres : 4,3 %) ; *95-96* : 29 ; *96-97* : 31 ; *97-98* : 29,1 ; *98-99* : 34,6 ; *99-2000* : 35,85 ; *00-01 (est.)* : 38,4. **Utilisations en France** (en millions de t, 2000-01) : 14,9 dont aliments bétail 6,7, boulangerie 3, amidonnerie/gluten 2,3, semences 0,4, freintes 0,3. *Exportations* : 18,1 dont grains 16,8, farine 1,2.

■ **Commerce** (en millions de t de blé et farine, 1998). **Exportations** : USA 27,8. Canada 17,9. Australie 15,5. Argentine 11. *Monde 121.* **Importations** : Égypte 7,5. Brésil 6,8. Japon 5,8. Algérie 5. Corée du Sud 4,7. Indonésie 3,5. Iran 2,8. Pakistan 2,5. *Monde 123.*

■ **Production** (en millions de t, 2000). Chine 101. Inde 70. USA 62. *France*, Russie 37. Canada 26. Australie 22. Allemagne, Pakistan 21. Turquie 18. G.-B. 16. Argentine 15. Ukraine 12. Kazakhstan 10. Iran 9. Pologne 8. Espagne, Italie 7. Égypte 6,6. Danemark 4,7. Roumanie 4,3. Tchéquie 4,1. *Monde 582,2.* **Production de blé dur** (en millions de t, campagne 1998-99) : CEE 7,7 (dont Italie 4,2, *France 1,5*, Grèce 1,3, Espagne 0,5). Canada 4,3. Turquie 3,5. USA 2,7. Syrie 2. *Monde (1998-99) : 31,2.*

■ **Prix du blé fermage** (en F/q). *1975-76* : 65 ; *76-77* : 70,5 ; *77-78* : 75 ; *78-79* : 82 ; *79-80* : 89 ; *80-81* : 96,5 ; *81-82* : 104 ; *82-83* : 112,5 ; *83-84* : 121 ; *84-85* : 122,7 ; *85-86* : 122,75 ; *89-90, 90-91, 92-93, 93-94, 94-95* : 124,5. **Blé pour rentes viagères.** Prix moyen calculé du quintal de blé (faisant suite à l'ancien prix taxé du blé) ; une baisse importante, début campagne 1993-94 répercute celle des prix institutionnels du blé tendre, décidée par la réforme de la politique agricole commune et compensée au niveau des exploitations par une prime à l'ha. *1998* (avril) : 74,59 F ; *99* (avril) : 66,62 F.

MEUNERIE

■ **Définition.** Industrie lourde de transformation du blé tendre en farines panifiables.

Moulins. A l'origine, une grande pierre plate servait à étaler les grains de blé et une petite pierre ronde, tenue à la main, à les écraser. Les Romains découvrirent la meule tournante, formée au début de 2 pierres plates (ensuite coniques). La pierre du haut était mobile, et des esclaves ou des chevaux la faisaient tourner. Puis les Romains imaginèrent de placer les moulins près des rivières et de faire tourner les meules en utilisant la force du courant par l'intermédiaire de grosses roues ; ce furent les 1ers *moulins à eau*. Il en reste environ 10 000. Les *moulins à vent* sont arrivés plus tard, grâce aux croisés venant d'Orient où l'eau est plus rare. Il en reste environ 3 000. Les plus répandus sont le *moulin tour* (Bretagne, Vendée, Poitou, Quercy, Aquitaine, Lauragais, Provence), *sur pivot* (Beauce, Flandre), *cavier* (Anjou).

Autrefois, le meunier écrasait seulement le blé sous la meule et livrait telle quelle la *boulange*. Le boulanger tamisait et séparait la farine du son. Puis les meuniers se mirent à séparer eux-mêmes la farine du son ; ce fut le *blutage*. En 1740, on les autorisa à « remoudre les sons », ce qui permit d'améliorer les rendements en récupérant la farine adhérant aux enveloppes. Aujourd'hui, les grains, après nettoyage, sont broyés par des séries de cylindres métalliques ; le blutage est assuré par des tamis successifs incorporés dans le *plansichter* (sorte d'armoire suspendue par des tiges en rotin et animée d'un mouvement de rotation) qui sépare les produits selon leur granulométrie et les dirige vers une nouvelle opération de broyage (cylindres cannelés), ou de claquage et de convertissage (réduction des semoules en farine sur cylindres lisses), ou encore vers les silos à farine ou à issues. A l'intérieur des moulins, les différents produits sont acheminés par un système pneumatique.

Produits. Farine : 100 kg de blé donnent en général 75 kg de farine (on dit que son taux d'extraction est de 75 %). **Apports pour 100 g de farine complète et**, entre parenthèses, **blanche** : calcium 40 mg (15) ; fibres 10,2 g (3,6) ; glucides assimilables 71,5 g (77) ; magnésium 170 mg (25) ; phosphore 350 mg (100) ; potassium 465 mg (120) ; protéines 11 g (10,3) ; vitamines *B1* 0,55 mg (0,15), *E3* mg (1). *Farine blanche* : utilisée en panification ; amidon 65 à 72 %, eau 4 à 16 %, gluten 8 à 12 %, matières grasses 1,2 à 1,4 %, sucre 1 à 2 %, matières minérales 0,5 à 0,6 %, vitamines B, PP, E. **Son** : enveloppe des grains, constituée de fibres cellulosiques, vitamines, sels minéraux, oligo-éléments ; introduit dans certains produits diététiques. **Issues** : pour 100 kg de blé, 23 kg de son et produits intermédiaires de rebut (remoulages, fleurages, recoupes et repasses utilisés comme aliment du bétail). **Gruau** : partie du grain la plus dure et la plus riche en gluten. **Valeur boulangère du blé** : le blé utilisé doit fournir une pâte qui lève bien et soit élastique ; aptitude mesurée sur la pâte avec un alvéographe Chopin. Mesure W = travail effectué par 1 g de pâte sous l'influence d'une pression donnée. W peut varier de 20 à 500 : *- de 130* blé de mauvaise qualité ou impanifiable, *130-210* blé panifiable courant, *210-300* blé panifiable supérieur, *+ de 300* blé de force.

■ **Farine de blé tendre dans le monde** (en milliers de t, 2000-01). **Exportations** : *monde 8 685* dont UE 4 200, USA 1 200, Argentine, Japon 500, Turquie 400. **Importations** : *monde 8 685* dont Libye 1 050, Indonésie 700, Yémen 650, CEI 390, Hong Kong 350, Angola 280, Bolivie 250.

En France. Moulins en activité : *1900* : 30 000 ; *1945* : 10 000 ; *1992 (31-12)* : 876 (dont environ 300 écrasaient plus de 2 000 t/an dont 20 écrasaient plus de 150 000 t/an) ; *1994* : 770 (Italie 666, All. 601, G.-B. 72) ; *1996 (mars)* : 737 ; *1998* : 673 ; *99* : 641. **Leaders de la meunerie** (en 1999) : groupe Soufflet (Grands Moulins de Pantin et de Corbeil), Grands Moulins de Paris, Euromill (filiale de Champagne Céréales), Grands Moulins de Strasbourg, groupe Caval (Coopérative du Val de Loire à Angers), groupe Colbert (Association des moulins de l'Ouest). **Statistiques** (en milliers de t, 2000). *Grains* : mis en œuvre 6 218 ; *production de farine* : 4 474 ; *farine consommée* : panification 2 361 (artisanale 1 563, industrielle 577, grandes surfaces 216) ; *industries alimentaires* (biscotterie, biscuiterie...) : 745 ; *alimentation animale* : 83 ; *amidon, gluten* : 72 ; *autres* : 330.

PRODUITS DÉRIVÉS

■ **Pain. Définition** : produit de la cuisson de la pâte obtenue par le pétrissage d'un mélange de farine de blé, destinée à la panification (froment ou seigle), eau potable, sel, agent de fermentation (levure ou levain), avec éventuellement des adjuvants autorisés tels que farine de fèves, produits maltés et acide ascorbique.

Fabrication : le boulanger mélange farine (10 volumes) et eau (6 à 7), un peu de sel et de levure, qui peut être remplacée par du levain (mélange de farine, d'eau et de sel mis à fermenter plusieurs jours et conférant une saveur légèrement acide). Pétrissage dans un pétrin mécanique. La pâte, ensuite laissée à reposer, commence à lever (1re fermentation, 2 à 3 h). Façonnage de la pâte en baguettes, boules ou autres : les « pâtons » laissés à fermenter (1/2 h à 3 h). Le boulanger leur donne quelques coups de lame pour éviter l'éclatement du pain à la chaleur lors de la mise au four. Une fois cuit entre 16 et 18 minutes.

Pains français : *baguette* : 50 % de croûte, 50 % de mie, poids 250 g ; farine, eau, levure et sel, plus adjuvants et autres additifs. 19 « améliorants » autorisés pour le pain courant dont lécithines, acide lactique, vinaigre... et farines de fèves et de soja qui donnent à la mie une couleur bien blanche ; acide ascorbique (vitamine C, qui accélère le processus de fermentation) ; *pain complet* : riche en fibres et vitamines, recommandé contre le cancer du côlon (les fibres, absorbant et retenant l'eau, facilitent le transit) ; *bis* : farine bise à taux d'extraction de 85 % ; *au son* : 15 à 30 g de son ajouté pour 100 g ; *au gluten* : 71 à 75 % de gluten ; *de gruau* : farine enrichie en gruau (partie du grain la plus dure et la plus riche en gluten) ; *viennois* : variante du pain de gruau, enrichie en matières grasses ;

de mie : cuit dans un moule, pâte enrichie en sucre et matières grasses ; *brioché :* pain de mie enrichi en œufs ; *de campagne :* farine de froment, levain ou levure, il est censé être rural et à l'ancienne ; *multicéréales et multigrains :* exemples : millet, tournesol.

Teneurs en matières grasses (en %) : pains *courant* 1 à 1,5 ; *complet* 1,8 ; *types « aux céréales »* 4 à 9 ; *de mie* 4 à 15 ; biscotte 5 à 16 ; *viennois* jusqu'à 20 ; *brioché* jusqu'à 30. *Ajouts des pains spéciaux :* pain *de mie :* matières grasses et sucre ; *viennois :* poudre de lait ; *brioché :* œufs.

☞ **Pain maison** (décret 13-9-1993) : pétri, façonné et cuit sur le lieu de vente. **Tradition française** (id.) : pain n'ayant subi aucune surgélation ; additifs tolérés : farine de malt de blé pour accélérer la fermentation, et farine de fèves et de soja pour améliorer le blanchiment. **Autres appellations en usage :** *complet :* farine fabriquée à partir de la totalité du grain de blé : amande et enveloppe (son) ; *au son :* farine complète avec ajout du son ; *de campagne :* contient parfois de la farine de seigle ; censé se distinguer par des méthodes de fabrication qui évitent le blanchiment de la pâte, prolongent la fraîcheur du pain et développent une saveur acidulée, notamment par l'utilisation du levain. **Pâte surgelée :** pétrie, façonnée et divisée en pâtons de la taille d'une baguette, surgelés à – 40 °C ; une fois livrés, sont mis dans un congélateur puis dans une chambre de fermentation et enfournés selon la demande ; en France, environ 2 000 terminaux de cuisson en boulangeries et hypermarchés.

Part de la boulangerie artisanale dans la production : Espagne, Italie 95 %, P.-Bas 75, *France 71,3* en 2000 (1993 : 76,6), All. 65, G.-B., Suède 30. **Consommation par habitant** (en kg, 1996) : Pologne 100, Rép. tchèque 93, All. 81, Dan. 78, Belg. 77, It., Esp., Port. 73, P.-Bas 60, *France 58* (dont agriculteurs 70, inactifs 50, ouvriers 45, artisans et commerçants 41, employés 37, cadres moyens 36, cadres sup., professions libérales 33 ; Paris 36), Suisse 53, G.-B. 48. **En France** (en g/jour/hab.) : *1900 :* 900 ; *20 :* 630 ; *50 :* 325 ; *58 :* 282 ; *60 :* 265 ; *70 :* 200 ; *74 :* 182 (de 142 Hts-de-S. à 260 Gers) ; *80 :* 175 ; *90 :* 160 ; *95 :* 160 ; *2000 :* 165.

En France. Fabrication de pain (en 2000) : utilise 2,76 millions de t de farine dont en boulangerie artisanale 71,3 %, industrielle 20,8, de grande surface 7,8, service public 0,2. **Nombre de boulangeries artisanales :** *1960 :* 54 000 ; *70 :* 45 460 ; *80 :* 39 000 ; *90 :* 36 500 ; *2000 :* 33 000 ; **industrielles :** *1997 :* 210. **Chiffre d'affaires** (en milliards de F, 1999) : 54 dont (en %) pain 54, pâtisserie 36, revente 10. **Nombre d'employés** (au 31-12-1999) : 93 930 dont cadres et agents de maîtrise 2 495, ouvriers 33 300, personnels de vente 42 319, apprentis 15 816.

☞ *Loi 98-405 du 25-5-1998* (publiée au *JO* du 26) : ne peuvent s'appeler « boulangers » que ceux qui « assurent eux-mêmes le pétrissage de la pâte, sa fermentation et sa mise en forme ainsi que la cuisson du pain sur le lieu de vente au consommateur final. Les produits ne peuvent à aucun stade de la production ou de la vente être surgelés ou congelés ».

■ **Pâtes alimentaires. Origine :** Grèce, Rome, France XVe s. (Catherine de Médicis). *1910 :* lancement des pâtes aux œufs frais Lustucru par Albert Cartier Millon. (L'image du Père Lustucru est du dessinateur Forain et les damiers bleus de Synare.) **Fabrication industrielle** (fin XIXe s.) : pétrissage à froid (sans fermentation) de semoule de blé dur et d'eau (et d'œufs frais pour certaines pâtes) ; laminage ; tréfilage ou estampage (mise en forme par pression au travers de moules) ; séchage (humidité passant de 30 % à 12,5 %, taux de stabilisation qui permet la conservation de longue durée du produit) ; refroidissement.

Pâtes italiennes. En ruban [parfois vendues sous forme de pelote *(matassa)* ou de nid *(nido)*] : *lasagne* (2 à 30 cm) : *lasagne ricce* (bord ondulé), *lasagnette* (petites), *vincisgrassi* (lasagne de Pasetto, restaurateur d'Ancône, en souvenir du prince autrichien Windisch Grätz), *pappardelle* (larges à bord festonné), *fettucine, picagge verdi genovesi (fettucine), paglia e fieno* (« paille et foin », jaunes et vertes aux épinards), *raganelle lucane* (tagliatelles larges) ; *tagliatelle* (au max. 1 cm) : *lagane* (dans le Sud), *taglierini, tagliolini, tajarin, mafaldine, trenette* (tagliatelles de Gênes), *bavette, linguine, fili d'angelo* (1 mm). **Tubulaires :** pleines : *vermicelloni, vermicelli, spaghetti, spaghettini, capellini.* Creuses : *zitoni, zite* ou *ziti, mezzani, mezzanelli, maccheroni, maccheroncini, maccaroncelli, perciatelli, bucatini.* **Courtes :** tubulaires et creuses : *anelli, cannaroni, chifferi, denti di elefante, ditali, fischietti, maccheroni lisci, millerighe, mostaccioli, nocciole, ottorighe, penne, pennette, rigatoni, rotelloni, sedani, tortiglioni.* **Fantaisie :** normales : *conchiglie, fusilli, gnocchi, maltagliati, farfalle, lumache, ruote, cavatappi, cavatelli, cravatte, farfalloni, gemelli, orecchiete, pipe rigate, quadrucci, radiatori, rotini, tagliardi, trofie ;* petites (à cuire dans du bouillon) : *acini pepe, alfabeto, anelli, anelloni, armelette, avemaria, corsetti, dentellate, ditalini, farfalline, lancette, lenticchie, occhialini, occhi di pernice, orzo, passatelli umbri, pater noster, peperini, piselli, pisellini, puntette, punte d'ago, puntine, quadretti, quadrucci, risetto, risone, rosmarino, seme cocoria, seme melone, seme peperoni, semenze, semi, semi di grano, sorpresine, stelle, stellette, stelline, stivaletti, stivalettini, tempesta, trebuchi, tubetti, tubettini, viandina.* **A farcir :** *agnolotti* (bœuf ou porc), *anolini* (bœuf et parmesan), *agnoli* (bœuf et porc), *ravioli* (ricotta et épinards), *tortellini* (jambon cru et parmesan), *tortelli* (ricotta), *tortelli* de Mantoue (farce sucrée à la courge), *cappelletti* (viande ou fromage, à Modène et Brescia), *casonsei* (viande, chapelure et fromage), *bombonini, pansoti* (triangles à la ricotta et herbes), *cannelloni* (viande), *malfatti* (ricotta, épinards, parmesan, œufs).

Statistiques (en milliers de t, 2000). **Production :** 262 (1997 : 300). **Consommation :** 435 [dont Panzani 32 % ; RCL (Rivoire & Caret et Lustucru) 14 ; Barilla 17 ; import. 33 ; divers 5]. **Commerce :** *import. :* 208, *export. :* 36. **Consommation** *annuelle par pers.* (en kg) : Italie 28, Venezuela 13, Suisse 10, Grèce, USA 9, *France 7,4,* Portugal, CEI, Argentine, Égypte 7.

■ **Semoule.** Mouture par éclatement des grains de céréales (surtout blé dur) humidifiée puis séchée et tamisée. Riche en gluten, la semoule est utilisée notamment pour le couscous ou le boulghour (préparé au Moyen-Orient avec du blé germé, précuit puis séché et concassé). *Semoule de maïs :* base de la polenta (Italie).

■ **Gnocchi.** Faits avec de la pomme de terre ; inventés pour lutter contre la famine par Alexandre Volta (physicien italien, 1745-1823). *Gnocchi alla Romana :* avec de la semoule ; *à la parisienne :* ressemblent à des tartelettes au fromage.

■ **Autres produits. Biscotte :** à l'origine, pain de mie invendu débité en tranches et grillé ; 1903 biscotte industrielle de Charles Heudebert (boulanger). *Chiffre d'affaires* global du marché français des biscottes et croustillants (pains grillés, braisés) : *1997 :* 1,957 milliard de F. *Production :* 117 164 t. *Consommation* (par hab. et par an) : 1,9 kg. **Bretzel :** gâteau salé accompagnant la bière ; d'origine alsacienne. **Brioche. Croissant :** d'origine viennoise (après défaite turque, 1689) attesté en France 1863. **Pain d'épices :** inventé au XVIIe s. à Dijon ; composé de farines de seigle ou de froment mélangées ou non à du miel et du glucose. **« Petit Beurre » LU :** mis au point en 1886 par Louis Lefèvre-Utile, fils de Jean-Romain Lefèvre et Isabelle Utile, boulangers à Nantes ; lait, beurre salé, farine de froment et sucre de canne. Rectangle avec 4 « oreilles » et 48 dents.

Production en France (en milliers de t, 1997). Biscuiterie, pâtisserie industrielle 521. Biscotterie 117. Aliments diététiques 184 (dont pour enfants 95,1). Petits déjeuners et céréales pour petits déjeuners 94,9. Préparations pour entremets et desserts 27.

■ Maïs

■ **Nom.** De *mahiz,* nom donné dans les Caraïbes avant l'arrivée des Européens. **Origine. 5000 av. J.-C.** hauts plateaux du Mexique, d'Amér. centrale et d'Amér. du Sud. **1492** Christophe Colomb rapporte des grains en Europe. Cultivé en France fin du XVe s. **1532** herbier de Jérôme Bock : plus vieux texte se rapportant au maïs. **1536** 1re mention irréfutable du maïs en Fr. par le botaniste Jean Ruel. **1542** 1res illustrations. Appelé *Fromentum turcicum* ou « blé sarrazin » par Fuchs. **1600-1700** au Pays basque, puis en Béarn, appelé « le pain des pauvres ». **1840** 632 000 ha cultivés (541 000 t de grains, rendement 8,5 q/ha). **1934** création de l'Association générale des producteurs de maïs. **1938** 322 000 ha (580 000 t, 18 q/ha). **1957** *Inra 200 :* 1er hybride précoce français. **1958** *Inra 258 :* hybride précoce à la base du développement du maïs en Fr. et en Europe. Les triazines permettent le désherbage chimique du maïs. **1993** 1ers essais de maïs transgénique résistant à la pyrale.

■ **Aspect.** Graminée, tribu des Maydae ; la plante la plus proche est la téosinte au Mexique. Tige généralement unique (1,80 m à 2 m, parfois 4 m) portant de 12 à 20 feuilles (4 à 10 cm de large), fleurs mâles et femelles non bisexuées, un seul épi par plante (compact) situé à l'aisselle des feuilles (mais elle peut en produire 2 à 6 à faible peuplement) portant 8 à 28 rangées de grains. Le maïs actuel ne peut survivre sans l'homme. A l'inverse de la téosinte et du tripsacum, il ne possède pas d'organe de résistance ni de mécanisme de dissémination de ses graines. **Croissance :** fin avril à mi-oct. (hémisphère Nord). *Levée :* 10 à 20 j après le semis, *développement des feuilles :* environ 1 mois, *allongement de la plante :* 6 semaines, *maturation du grain :* 2 mois. **Culture.** Besoins en chaleur, lumière et eau. Adaptable par sélection de variétés hybrides et à la production de semences certifiées. *Au semis,* levée lente à 10 °C ; moyenne (14 à 18 j) à 12 °C ; rapide (7 à 10 j) à 20-25 °C. *Croissance* nulle à 7 °C, modeste à 14 °C, très rapide à 21 °C. *Températures mensuelles favorables :* mai 15 à 18 °C, juin 19 à 20 °C, juillet 20 à 23 °C, août 19 à 21 °C. Les variétés précoces utilisées dans la moitié Nord de la France sont assez résistantes au froid [il y a 40 ans, le maïs n'était cultivé qu'en bassin aquitain, Alsace, Anjou et Bresse (printemps doux et humide, été chaud avec orages, automne sec)]. *Semis :* en France 10 avr.-10 mai. *Peuplement/ha :* pour un semis de 100 000 grains/ha, on a un peuplement-tige de 85 000 à 90 000 plantes, la récolte sera de 85 000 à 90 000 épis (95 à 110 épis pour 100 tiges) ; maïs grain 70 000 à 110 000 ; maïs fourrage 80 000 à 130 000. **Coûts de production** (en France). Équivalents à ceux du blé en zone traditionnelle de production, légèrement supérieurs dans les autres zones à cause du coût du séchage.

■ **En France. Maïs grain. Récolte :** à l'automne, en épis 5 % des surfaces, en grains 95 %. **Conservation :** *en épis :* à l'humidité initiale du grain variant selon régions et années de 30 à 35 %, séchés naturellement en cribs (Sud, Pays de la Loire, Alsace). 1 m^3 de crib permet de stocker 5 q d'épis frais ou 3 q de grains à 15 % d'humidité : 1 m linéaire de crib (4 m de haut sur 0,90 m de large) contient 3,60 m^3 d'épis, soit 10 à 11 q de grains secs. *En grains :* séchés artificiellement, immédiatement après leur récolte. **Culture** (en millions d'ha) : *1960 :* 0,8 ; *70 :* 1,5 ; *80 :* 1,7 ; *88 :* 2 ; *90 :* 1,56 ; *92 :* 1,87 ; *95 :* 1,65 ; *96 :* 1,72 ; *97 :* 1,84 ; *98 :* 1,8 ; *99 :* 1,75 ; *2000 :* 1,83. **Rendement** (en q/ha) : *1984 :* 60 ; *88 :* 73 ; *90 :* 60 ; *92 :* 80 ; *95 :* 77 ; *96 :* 84 ; *97 :* 91 ; *98 :* 84,5 ; *99 :* 87,3 ; *2000 :* 89,8. **Production** (en milliers de t) : *1984 :* 10,38 ; *88 :* 14,1 ; *90 :* 9,37 ; *92 :* 14,98 ; *93 :* 14,79 ; *94 :* 12,94 ; *95 :* 12,78 ; *96 :* 14,45 ; *97 :* 16,75 ; *98 :* 15,2 ; *99 :* 15,3 ; *2000 :* 16,5. **Maïs fourrage.** La plante entière est ensilée pour l'alimentation du bétail. Elle constitue une excellente source d'énergie (enrichie en protéines par du soja ou de l'urée). **Culture** (en millions d'ha) : *1960 :* 0,26 ; *70 :* 0,38 ; *84 :* 1,4 ; *90 :* 1,76 ; *95 :* 1,56 ; *96 :* 1,58 ; *97 :* 1,48 ; *98 :* 1,47. **Maïs doux.** Apparu en France en 1967. **Récolte :** en été et automne, il est surgelé ou appertisé (mis en conserve) dans les 6 heures qui suivent la récolte. **Culture** (en ha) : *1984 :* 6 500 ; *2000 :* 24 860. **Consommation** (en kg par hab. et par an) : USA 7 ; G.-B. 1,6 ; *France 1,3.*

■ **Variétés. Couleur des grains :** jaune (99 % en France), blanc, violet, noir. **Maïs dentés** (*indentata* ou *dent-corn,* type de maïs américain) : contiennent surtout une amande farineuse et un peu d'amande cornée ou vitreuse à la périphérie sauf à l'extrémité. A maturité, la partie farineuse se rétracte, ce qui provoque à cet endroit une dépression en dent de cheval, d'où leur nom. **Grains cornés** (*indurata* ou *flint-corn,* cultivés en Argentine et en Afr. du Sud) : contiennent surtout de l'amande vitreuse qui constitue à leur périphérie une coque épaisse et indéformable. A maturité, leur aspect ne se modifie pas, seule l'amande farineuse du centre se crevasse. **Grains cornés dentés :** croisement de ces deux types. Caractéristiques intermédiaires ; bien adaptés à l'Europe. **Maïs sucrés** ou **doux** *(saccharata) :* ont perdu la faculté de synthèse de l'amidon, leurs réserves sont constituées par des sucres ; consommés frais, surgelés ou appertisés comme légumes. **Maïs à éclater** (*pop-corn* ou *everta*) : maïs cornés à petits grains pointus éclatant à la chaleur (60 à 80 % de la consommation).

■ **Utilisation. Alimentation animale :** *ensilage de la plante entière :* ration énergétique de base pour vaches laitières et bovins à l'engraissement. *Grain humide broyé ensilé seul ou avec rafle :* aliment pour porcs. *Grain sec :* aliment énergétique pour volailles (œufs, poulets fermiers jaunes, oies et canards) et porcs (jambon de Bayonne). **Industrie :** *tiges :* pâte à papier, soie artificielle. *Rafles :* furfurol, combustibles, abrasifs, support de prod. pharmaceutiques, revêtements de sol, humus, panneaux ligneux. *Grains :* amidonnerie (le maïs est la céréale qui fournit le plus d'amidon ; 100 kg donnent 62 à 63 kg d'amidon, 20 kg de drêches, 5 kg de gluten, 3 l d'huile brute et 4 kg de tourteaux de germes). *Produits dérivés :* antibiotiques, aliments du bétail, protéines, vernis, textiles artificiels, disques ; brute pour fonderie et savonnerie, pharmacie ; huile de table, tourteaux, margarine (après raffinage) ; colles, prod. pour brasserie, confiserie, biscuiterie, pâtisserie, charcuterie, potages, sauces, entremets, aliments pour enfants, apprêts pour textiles, tannerie. *Semoulerie :* farines, semoules [*corn-flakes* obtenus à partir de semoules grossières aromatisées de malt, de sucre et autres, passées, après une 1re cuisson, dans des compresseurs cylindriques et transformées en flocons puis grillées ; *gritz :* semoules grossières pouvant entrer jusqu'à 25 % des matières 1res dans la composition de la bière (fournissent plus d'alcool que le malt, améliorent la qualité de la bière en raison de leur plus faible teneur en matières azotées et assurent une meilleure conservation)], huile de germe, son et sous-produits (aliment pour bétail). *Distillerie :* whisky, gin, bourbon. *Éthanol :* alcool obtenu par fermentation de l'amidon de maïs. 1 t de maïs donne 370 l d'éthanol. Peut être utilisé en mélange dans l'essence (USA : 8 %).

■ **Production** (en millions de t, 2000). USA 253,2. Chine 105. Brésil 38,5. Mexique 18,5. Argentine 15,4. *France 14,9.* Inde 11,5. Italie 10,2. Roumanie 9,8. Afrique du Sud 7. Canada 6,8. Hongrie [1] 6,7. Indonésie 6,2. Égypte 5,7. Youg. [1] 5,7. Nigéria [1] 5,1. Thaïlande [1] 4,8. Philippines [1] 4,2. Espagne [1] 3,8. Ukraine [1] 3. Tanzanie [1] 2,7. Kenya [1] 2,4. Éthiopie [1] 2,3. Russie [1] 1,8. *Monde : 599,7.*

Nota. – (1) En 1999.

Production de tourteaux (en millions de t, 2000) : USA 1 063, Venezuela 124, Japon 99, Afrique du Sud 93, Chine 85, Brésil 78, Benelux 66, Turquie 48, Colombie 46, Italie 44, *France 43*, Argentine 35, Canada 34. *Monde 2 145.*

Production d'huile : voir p. 1494 b.

■ **Rendement** (en q/ha, 2000). Italie 93,3. *France 89,8.* USA 86. Grèce 84,9. All. 82,3. Belgique/Luxembourg 75. Espagne 74. Canada 63,3. Chine 43,8. *Monde 41,9.*

■ **Commerce** (en millions de t, 2000). **Export. :** USA 49, Argentine 10, Chine 9,5, Hongrie 0,5, Afr. du Sud 0,2, *Monde 74,1.* **Import. :** Japon 15,9, Corée du Sud 8,2, Mexique 5,2, Égypte 4,4, Espagne 2, *Monde 74,1.*

■ **Consommation en France et,** entre parenthèses, **en Europe** (en millions de t, 2000). Consommation animale à la ferme 2 (14,7), fabrication d'aliments du bétail 2,7 (15,3), alimentation humaine, usage industriel et autres 2,77 (7,9).

■ Méteil

■ **Nom.** Du latin *metellum* ou *mistillum,* issu de *mistus* ou *mixtus :* mêlé. Mélange de seigle et de blé semés et récoltés ensemble ; le petit méteil contient davantage de seigle, le grand méteil davantage de blé. Après 1800, le pain de froment a remplacé peu à peu le pain de méteil.

■ Mil et Millet

■ **Origine.** Asiatique et africaine. Ensemble de plusieurs espèces de graminées sauvages, récoltées en cas de disette, avec des rendements dérisoires. Utilisé jadis par les Gaulois et les Germains. **Nom.** *Pennisetum typhoïdes : pearl millet* en anglais, mil à chandelle ou mil pénicillaire, *bajra* (Inde). **Autres espèces :** éleusine (Inde : *ragi*), mil commun *(proso)*, mil d'Italie ou mil à oiseaux, mil barnyard (ou du Japon).

■ **Culture.** Afr. sahélienne et subdésertique car ses besoins en eau sont faibles (400 à 700 mm pendant un cycle de 60 à 90 j), semis avril-mai. **Rendement.** 300 à 1 500 kg/ha.

■ **Production** (en milliers de t, 2000) [*Source :* FAO]. Inde 9 000, Nigéria 5 960, Niger 2 250, Chine 2 090, Russie 1 100, Mali 953, Burkina Faso 900, Ouganda 534, Sénégal 505, Soudan 495, Tchad 320, Éthiopie 319, Népal 295, *Monde 27 254.*

■ ORGE

■ **Origine.** Asie. **Nom.** Du latin *hordeum* (de *hordus,* lourd, *horridus,* hérissé, ou *horreum,* grenier à céréales). Orges de printemps à 2 rangs, d'hiver à 2 rangs ou à 6 rangs (escourgeons).

■ **Culture.** Exige beaucoup d'eau, des sols de préférence calcaires et aérés, enrichis en azote, en phosphore et, en faible quantité, en potassium. Rend bien à la chaleur. Semée en avril (l'escourgeon en automne). Récolte en juillet. *Orge commune :* 2 groupes principaux : orges hexastiques (à 6 rangs de grains), orges distiques (à 2 rangs). **Utilisations.** Alimentation animale (exemple : porcs) ; malt (orge germée), qui sert pour la bière et le whisky.

■ **Production** (en millions de t, 2000). Canada 14,6. Russie 12,6. Allemagne 12,2. Espagne 10,8. *France 9,9.* Turquie 9. USA 6,7. G.-B. 6,6. Ukraine 6,6. Australie 5,6. Danemark 4,1. Chine 3,9. Pologne 2,7. Biélorussie, Tchéquie [1] 2,3. Kazakhstan 2. Finlande, Iran, Suède [1] 1,9. *Monde 135,9.*

Nota. – (1) En 1999.

■ **Commerce** (en millions de t, 2000). **Export. :** UE 10,1, Australie 3,3, Canada 1,7, Ukraine 0,7, USA 0,6, Turquie 0,5. **Import. :** Arabie 5,5, Chine 2,3, Japon 1,5, Iran 0,9, Maroc 0,8, Algérie, Jordanie, Russie 0,7.

■ **Variétés cultivées en France** (en % des surfaces, 2000). Esterel 25,7, Scarlett 12,9, Nikel 7, Névada 5,4, Majestic 4,2, Prisma 3,8, Platine 3,7, Sunrise 3,1.

■ RIZ

■ **Origine.** Plante spontanée en Asie. Introduite en Iran, Mésopotamie (ve s. av. J.-C.), Syrie, Égypte, et en Europe comme aliment (330 av. J.-C.), puis comme culture (viie-viiie s. apr. J.-C.). **Genres.** *Orizae :* 25 espèces (23 sauvages, 2 cultivées), *Orizae sativa :* 3 sous-espèces *(japonica, indica, javanica), Orizae glaberrima :* Afr. occidentale. **Culture.** *Riz de plaine irriguée* (le plus répandu), cultivé dans 5 à 10 cm d'eau, de 15 000 à 20 000 m³ d'eau par ha et par an ; *riz de culture pluviale ou de colline,* cultivé sur sol fumé sans irrigation artificielle ; *riz flottant,* sols immergés de 1,50 à 5 m d'eau. Dans de bonnes conditions (sol riche, température moyenne de 20 °C, 3 m d'eau), le riz mûrit en 4 mois et donne plusieurs récoltes par an [exemple : Java 3 ou 4, Thaïlande 2, mais 1 seule au Cambodge, USA, France (sept.-oct.) et Italie] ; *saison des pluies* (rendements 6 t/ha), *sèche* (10 t/ha grâce à irrigation et ensoleillement). En *Camargue,* on sème (180 à 220 kg de riz par semaille et par ha) sur un terrain légèrement inondé pour lutter contre l'échinocloa, adventices. Le repiquage (qui ne se pratique plus en France) permet d'économiser semences et eau, et assure un meilleur rendement [semis en avril (900 à 1 000 kg par ha) ; plants repiqués du 15 mai au 15 juin]. **Rendement** (en t/ha, 1998). Océanie 9,8, Amér. du Nord 5,4, Europe 5,1, Asie 3,9, Amér. du Sud 3,2, Afr. 2,2. Hybrider l'*Indica* et le *Japonica* permettrait un rendement de 13 t/ha.

☞ La *« Révolution verte »* (1970-90) aura permis d'augmenter la production de riz de 3 % par an. *Depuis 2000 :* crise prévisible : il faudra cultiver avec moins de terre, moins d'eau, moins de main-d'œuvre et moins de produits chimiques et de pesticides.

■ **Appellations.** *Riz paddy :* riz non décortiqué (encore enveloppé dans sa balle) ; *riz cargo :* décortiqué (débarrassé de sa balle) ; *riz complet :* riz cargo nettoyé, propre à la consommation ; *riz rouge :* complet dont le péricarpe est rouge ; *riz blanchi :* débarrassé de sa seconde enveloppe, l'assise protéique ou péricarpe ; *riz glacé :* blanchi, enrobé d'un mélange de talc et de glucose de façon à lui donner un aspect brillant ; *riz sauvage :* grain noir allongé, espèce du genre Zizania (origine : Amér. du Nord) ; *riz étuvé* (ou prétraité) : riz paddy soumis, après trempage, à l'action de la vapeur sous pression, ensuite décortiqué et blanchi ; l'amidon est alors dextrinisé, il n'y a plus de libération d'amidon à la cuisson, le riz est « incollable ». *100 kg de paddy* donnent en moyenne : cargo 80 kg, balle + de 20, ou blanchi 60, brisures de riz 10, farine base de riz 10, balle 20. **Catégories.** Grains ronds (long. max. 5,2 mm), moyens (5,2 à 6), longs (+ de 6). **Riz renommés :** *Basmati :* riz long naturellement parfumé, du nord de l'Inde et du Pakistan, cultivé en montagne et vieilli 7 ans, considéré comme le meilleur. *Suriname :* très long, de saveur comparable à celui de *Madagascar.*

☞ Depuis juin 2000, le riz de Camargue est protégé par une Indication géographique protégée (IGP).

■ **Production** (en millions de t, 2000). Chine 191,5. Inde 129,9. Indonésie 51,2. Bangladesh 35,6. Viêt Nam 32,7. Thaïlande 24. Myanmar 20. Philippines 12,5. Japon 11,8. Brésil 11,4. USA 8,7. Corée du Sud 7,2. Pakistan 6,9. Égypte 6. Népal [1] 3,7. Cambodge [1] 3,5. Nigéria 3,4. Sri Lanka [1] 2,7. Iran [1] 2,3. Madagascar, 2.2. Corée du Nord [1] 2,1. Colombie [1] 1,8. Pérou [1], Italie [1] 1,4. *Monde 596,4.*

Nota. – (1) En 1999.

■ **Commerce** (en millions de t). *1999 :* 24,9 ; *2000 :* 22,7 ; *01 :* 22,6 dont *export. vers* Thaïlande 6,3, Viêt Nam 4, Chine 3, USA 2,6, Pakistan 2 et *import. d'*Indonésie 1,8, Iran 1,4, Iraq 1,3, Nigéria 1, Arabie 0,9, UE, Philippines 0,8.

■ **Consommation** (en kg par hab. et par an, prév. 2000). Madagascar 121, Asie 91 (moy.) [Myanmar 198, Chine 106, Inde 70], Afrique 16, UE 4,4 (1994), *France : 1965 :* 2,80 ; *80 :* 3,8 ; *95 :* 4,7. *Monde 59,6.*

☞ **En France.** Essais aux xvie, xviie, xxe s. (disparition entre les 2 guerres). **Surface ensemencée** (riz paddy, en milliers d'ha) : *1942 :* 0,2 ; *64 :* 29,8 ; *79 :* 6,9 ; *85 :* 11,2 ; *91 :* 19,2 ; *95 :* 24,5 ; *2000 :* 18,7. **Riziculteurs :** *1998 (est.) :* 268 ; en moyenne : 64 ha par exploitant. **Production totale** (en milliers de t) : **paddy :** *1964 :* 125,5 ; *80 :* 25,9 ; *85 :* 61,6 ; *89 :* 104,8 ; *91 :* 125 ; *92 :* 121,2 ; *98 :* 105,8 (blanchi 68,2) ; *2000 :* 112,6. **Rendement :** *2000 :* 5,8 t/ha. **Consommation** *(est. 2000-01)* : 235 579 t dont en % en 1998-99 étuvé 42 (dont long naturel 19,2, parfumé 29, rond 6, brun ou complet 2,1, sauvage mélanges 0,7, épicés 1). **Export.** (riz blanchi, en milliers de t, 2000-01) : 51. **Import. :** 222,5.

■ SARRASIN (BLÉ NOIR)

■ **Nom.** Allusion à la couleur noire des grains (au Moyen Age, on appelait Sarrasins les peuples non chrétiens d'Espagne, d'Afrique et d'Orient). **Origine.** Spontané en Asie, Mandchourie et Népal. Introduit au Moyen Age en Europe par la Russie, en France au xve s. **Utilisations.** Alimentation humaine (bouillies, galettes) ; animale (chevaux, volaille). **Total utilisé en France** (en 1981-82) : 18 milliers de t. **Culture.** S'adapte à tous les sols (préfère sols de bruyère, terres légères, granitiques et schisteuses), aime les climats humides et tempérés. *Assolement :* vient en 3e position après le blé, ou en culture dérobée après fourrage de printemps. **Surface cultivée en France** (en milliers d'ha) : *1938 :* 138 ; *46 :* 115 ; *65 :* 33,2 ; *78 :* 7,1 ; *81 :* 5 ; *82 :* 4,7 ; *84 :* 4,7 ; *99 :* 10,2.

■ **Production** (en milliers de t, moyenne 2000). Chine 1 600. Russie 620. Ukraine 225. USA 65. Pologne, Brésil 50. *France 24. Monde 2 718.*

■ SEIGLE

■ **Nom.** Du latin *secale* (racine celtique *sec,* implique l'idée de coupe). En France, on parlait de *segal* et *segle* dans le Sud et le Centre (d'où les *segalas :* terres à seigle du Massif central), de *seille* ou *soile* dans le Nord. **Origine.** Mauvaise herbe commune des champs de froment, cultivée depuis l'ère chrétienne seulement. **Utilisations.** *Farine* panifiable donnant du pain noir et, mélangée à du miel, du pain d'épices ; *grain* pour l'alcool (vodka, gin, whisky) et l'alimentation des porcs ; *paille* pour liens et emballages ; *fourrage* vert donné aux animaux. **Culture.** Tige de 60 à 200 cm, se contente de climats froids. Exigences limitées quant au sol. *Assolement :* vient après la plupart des plantes. Semé en sept. **Rendement** (monde, en 1999). 20,1 q/ha.

■ **Production** (en milliers de t, 2000). Russie 5 640. Allemagne 4 208. Pologne 3 944. Biélorussie 1 700. Ukraine 1 050. Danemark 400. Espagne 235. USA 230. Lituanie 223. Suède 190. Autriche 182. *France 170. Monde 20 532.*

■ **Commerce** (en milliers de t, 2000). **Export. :** UE 2 060, Canada 90. **Import. :** Russie 500, Corée du Sud 400, Japon 360, Pologne 300, USA 110, Chine 100. *Monde 2 419.*

☞ **En France. Superficie** (en milliers d'ha) : *1900 :* 1 400 ; *65 :* 225 ; *79 :* 115,9 ; *80 :* 130 ; *86 :* 90 ; *90 :* 65 ; *98 :* 46 ; *99 :* 40,4 ; *2000 :* 35,3. **Rendement** (en q/ha) : *1990 :* 37 ; *97 :* 44 ; *98 :* 47 ; *99 :* 46 ; *2000 :* 46. **Production** (en milliers de t) : *1984 :* 318 ; *86 :* 229 ; *90 :* 241 ; *95 :* 190 ; *97 :* 225 ; *98 :* 215 ; *99 :* 184 ; *2000 :* 161.

■ SORGHO

■ **Nom.** Apparu en France en 1553, de l'italien *sorgo* [sans doute du latin *surgo* (monter, se dresser)]. **Origine.** Très répandu à l'état sauvage sous les climats tropicaux et subtropicaux. Introduit en Italie au début de l'ère chrétienne. Le sorgho à balai est cultivé depuis longtemps en France, introduction récente des sorghos grain *(sorghum bicolor),* fourrager *(sudan-grass)* et hybride *(sudan-sorgho).* **Variétés.** Sorgho bicolore, surtout en Afrique et en milieu tropical *(durra)* ; sorgho à balai, milo, sorgho sucré, *kaoliang* (Chine). **Utilisations.** En Afrique, alimentation humaine (grains, gruau, bière). Dans les pays développés, alimentation du bétail ou des volailles (en l'état ou broyé), qualités blanchissantes : permet d'obtenir des volailles à chair blanche ; couscous, balais de « paille de riz ». **Culture.** Extensive, sur terre ameublie et labourée, en climat chaud et sec. Semis au printemps. Récolte en sept.-oct. Peut atteindre 6 m de haut. Moins exigeant en eau que le maïs. Particulièrement adapté aux zones tropicales semi-arides, à une saison des pluies d'environ 800 mm. En pays tempérés, les variétés hybrides sont plus courtes.

■ **Production** (en millions de t, 2000). USA 13. Inde 9,5. Nigéria 7,5. Mexique 6,4. Argentine 3,1. Soudan 3. Chine 2,7. Australie 1,6. Burkina Faso 1,2. Éthiopie 1,1. *Monde 59,5.* **Rendement** (en q/ha, 1999) : *monde 14,3* (Israël 77, *France 62,* Italie 61). **Surfaces :** 43,66 millions d'ha dont Inde 10, Nigéria 7,6, Soudan 4,4 (*France 0,05,* Italie 0,03).

■ **Commerce** (en millions de t, est. 1999-2000). **Export. :** USA 6,1. Argentine 0,5. Australie 0,3. **Import. :** Mexique 4,6. Japon 2. Israël 0,1. *Monde 8,6.*

■ TRITICALE

■ **Nom.** Issu du croisement du blé *(triticum)* et du seigle *(secale).* Peut se rencontrer à l'état accidentel dans la nature (stérile). **Culture.** Bien adapté aux zones où le blé pousse mal.

■ **Production** (en milliers de t, 2000). Allemagne 2 767. Pologne 1 871. Chine 1 400. *France 1 202.* Australie 549. *Monde 9 165.*

☞ **En France** (en 2000). **Superficie :** 234 945 ha. **Production :** 1 212 719 t. **Rendement :** 52 q/ha.

CORPS GRAS. OLÉAGINEUX

GÉNÉRALITÉS

■ **Définitions. Acides gras :** *constitués* de chaînes carbonées plus ou moins saturées en atomes d'hydrogène. Ils se distinguent par la longueur de leur chaîne, leur degré d'insaturation, leur forme isomérique (Cis ou Trans). *Stabilité* (résistance à l'oxydation) : dépend du degré d'insaturation, de l'importance relative (en %) dans le corps gras et de la position des chaînes sur le glycérol. Les acides gras saturés et mono-insaturés sont plus stables que les polyinsaturés. **Acides gras essentiels : acide linoléique :** l'organisme ne peut le synthétiser. Comme les autres acides gras, il entre dans la constitution des membranes cellulaires et dans celles d'organites intracellulaires, comme le noyau et les mitochondries. Il est métabolisé en une famille d'acides gras précurseurs de molécules ayant une activité biologique, notamment les prostaglandines, qui jouent un rôle important au niveau des vaisseaux et de la coagulation du sang (le thromboxane A_2 est proagrégant, la prostacycline PGI_2 est antiagrégante). **Acide linoléique :** il entre en forte proportion dans la constitution des cellules du système nerveux central, neurones, cellules rétiniennes. Se transforme en une série de composés analogues aux prostaglandines.

Graisses et huiles. Substances organiques insolubles dans l'eau. A 20 °C, les graisses sont solides, les huiles sont liquides. **Constituants majeurs :** glycérides. 98 à 99 % de triglycérides (molécules de glycérol, combinées chacune à 3 molécules d'acides gras semblables ou différentes) et, en petites quantités (moins de 2 %), phospholipides (type lécithine), stérols dont le cholestérol, vitamines liposolubles dont les tocophérols [alpha (vitamine E), gamma et delta (antioxygènes naturels)], pigments (exemple : carotène) et produits odorants. **Graisses visibles.** Ajoutées aux aliments les plus utilisés dans notre alimentation. **Origine animale :** beurre (émulsion d'eau dans 82 % minimum de matières grasses provenant du lait), saindoux, lard (graisse de porc), suif (graisse de bœuf ou de mouton), graisse d'oie, huiles marines (baleine) et de poissons. **Origine végétale :** huiles végétales (fluides ou concrètes ; composées à près de 100 % de matières grasses ; toutes les huiles sont aussi grasses les unes que les autres), graisses végétales (beurre de cacao). **Huiles végétales.** Extraites des graines ou des fruits des plantes oléagineuses. **Fluides :** liquides à température ambiante dans les régions tempérées ; viennent *de fruits :* olives ; *de graines :* arachide, colza, linoléagineux, soja, tournesol. **Concrètes :** à l'état pâteux ou solide dans les régions tempérées ; cocotier (provenant du coprah, l'amande de noix de coco), palmier à huile (la pulpe du fruit donnant l'huile de palme, et l'amande du noyau, l'huile de palmiste). **Autres provenances :** sésame, noix, noisette, noyaux (d'abricot en Chine, de cerise pour l'éclairage dans les Alpes en France), graines de coton, pépins de raisin (3 à 5 pépins par grain, 15 à 18 % d'huile), cameline, carthame (plante tinctoriale et condimentaire, huile en Amér. du Nord), navette, moutarde. **Margarine.** Voir p. 1519 b.

■ **Composition des huiles alimentaires en acides gras saturés,** entre parenthèses, **mono-insaturés, et,** en italique, **polyinsaturés dont linoléique** (en %). Arachide d'Afrique 20 (64) *16 ;* d'Amérique 20 (44) *36 ;* colza 8 (62) *30 dont 10 ;* olive 15 (73) *12 ;* soja 15 (25) *60 dont 7 ;* tournesol 12 (27) *61.*

Selon la réglementation française de 1973, seules les huiles dont la teneur en acide linoléique ne dépasse pas 2 % ont droit à la dénomination « pour friture et assaisonnement » ; celles dont la teneur est supérieure doivent être appelées « végétales pour assaisonnement ». Les huiles végétales fluides peuvent être chauffées et utilisées en friture, à condition de ne pas dépasser 180 °C.

■ **Production mondiale. Graines oléagineuses** (en millions de t, 1998-99) : 289 dont soja 156, colza 36,5, coton 32,6, tournesol 26,5, arachide 21,7. **Huile** (en millions de t, 1998) : abrasin 7,7, arachide 4,5, carthame 0,21, colza 12,3, coprah 2,9, coton 4, lin 0,74, maïs 1,8, moutarde 0,58, olive 2,5, palme 16,7, palmiste 2,3, ricin 0,57, sésame 0,64, soja 24, tournesol 8,6.

■ **Consommation d'huiles végétales** (en millions de t, 1998). Chine 14,7, USA 12,8, Europe 11,7, Inde 9,3, CEI 3,8, *monde 82,2* dont soja 23,7, palme 17,3, colza 12,3, tournesol 8,7, suif et saindoux 7, beurre 6, lard 5, arachide 4,5. **En France** (en %, 1999) : colza 33, tournesol 32, palme 11, coprah/palmiste 6, soja, arachide 4, autres 9. **Dans l'UE** (en milliers de t, 1998) : Allemagne 2 562, G.-B. + Irlande 1 560, *France 1 249,* P.-Bas 1 173, Italie 1 003, Espagne 966, Belgique-Lux. 595, Danemark 314, Portugal 255, Grèce 244. (En %, 1998) : colza 24, tournesol 20, soja 17, arachide 1, autres 38.

■ **Utilisation apparente d'huiles végétales brutes et raffinées** (en milliers de t). **Arachide :** *1973 :* 491 ; *91 :* 220 ; *98 :* 136 dont *France 53,* Italie 41, All. 16, Belg.-Lux. 9,

P.-Bas 7, G.-B. + Irlande 5. **Colza :** *1973 :* 400 ; *91 :* 1 417 ; *98 :* 2 512 dont All. 857, G.-B. + Irl. 625, *France 326,* Belg.-Lux. 157, Suède 126, Danemark 108, P.-Bas 81, Autriche 74, Italie 61, Finlande 52, Espagne 16. **Soja :** *1973 :* 1 018. *91 :* 1 554 ; *98 :* 1 781 dont All. 383, P.-Bas 292, Espagne 231, Italie 214, G.-B. + Irl. 192, Belg.-Lux. 171, Portugal 86, *France 63,* Grèce 51, **Tournesol :** *1973 :* 359 ; *91 :* 1 857 ; *98 :* 2 021 dont *France 494,* Espagne 461, All. 297, Italie 275, Portugal 127, G.-B. + Irlande 109, P.-Bas 101, Belg.-Lux. 58, Grèce 44, Autriche 31. **Autres (huiles de sésame, coton, coprah, palmiste, lin, ricin, maïs, pépins de raisin) :** *1973 :* 1 794 ; *91 :* 3 029 ; *98 :* 3 891 dont All. 1 009, P.-Bas 692, G.-B. + Irl. 602, Italie 412, *France 313,* Espagne 258, Belg.-Lux. 200, Danemark 141, Grèce 125, Portugal 40, Autriche 36, Finlande 19. **Toutes huiles :** *1973 :* 4 062 ; *91 :* 8 082 ; *98 :* 10 341 dont All. 2 562, G.-B. + Irl. 1 560, *France 1 249,* P.-Bas 1 173, Italie 1 003, Espagne 966, Belg.-Lux. 595, Danemark 314, Portugal 255, Grèce 224, Suède 194, Autriche 159.

■ **Tourteaux.** Obtenus après pression et extraction de l'huile ; riches en protéines, servent à la fabrication des farines destinées surtout à l'alimentation animale. **Production** (en millions de t, 1998) : arachide 6,4, carthame 0,47, colza 19,1, coprah 1,7, coton 11,4, lin 1,34, palmiste 2,65, sésame 0,74 soja 104,5, tournesol 10,3. **Commerce** (en millions de t, 1998) : *export. :* 39 dont Argentine 11,3, Brésil 10,4, USA 7,6. *Import. :* 37 dont *France 3,9,* Espagne 2, All. 2.

Nota. – La France importe graines et tourteaux de soja, huile d'arachide, de tournesol et d'olive ; exporte graines et huile de colza, qui ne compensent pas le coût des importations. En 1984-85, le tourteau de colza « double zéro », dépelliculé, rivalisait avec le tourteau de soja.

■ **Protéagineux** (en France, 2000). 448 442 ha, 2 millions de t. *Sources de protéine :* pois et féverole. *Féverole :* 18 213 ha, 69 664 t. *Pois :* 424 364 ha, 1 917 547 t. *Lupin :* 5 865 ha, 17 962 t.

■ **En France.** **Production** (en millions de t, 1999). 6,57 dont colza 4,4, tournesol 1,91, soja 0,26. **Trituration** 2 818 dont colza 1,17, tournesol 1,2, soja 0,45. **Huiles brutes :** 1 112 dont colza 497,9, tournesol 516,2, soja 84,8, arachide 12, lin 0,004, divers 0,37. **Raffinées** 593,03 dont tournesol 416,13, colza 108,3, arachide 43,03, soja 19,82, autres 5,76.

■ Arachide

■ **Aspect.** Légumineuse annuelle d'origine sud-américaine. Hauteur 20 à 70 cm. Les fruits souterrains ou *gousses* (3 à 5 cm) contiennent 1 à 4 graines ou *cacahuètes* dont on tire l'huile. **Rendement.** 1 312 kg par ha (moy. mondiale 1999). Demande sol meuble, pluies modérées. **Utilisations.** Grillées, frites en pâte (beurre d'arachide), huile, tourteau. Essai de culture dans l'Aude.

■ **Arachides non décortiquées.** **Production** (en milliers de t, 2000). Chine 15 067. Inde 6 100. Nigéria 2 783. USA 1 491. Indonésie 1 000. Soudan 980. Sénégal 828. Myanmar 640. Argentine 592. Tchad 471. Congo 382. Viêt Nam 318. Burkina Faso 214. Ghana, Zimbabwe 190. *Monde 34 522.*

■ **Huile d'arachide.** **Production** (en milliers de t, 2000). Chine 1 645, Inde 1 175, Nigéria 613, Myanmar 152, Soudan 149, USA 76, Sénégal 68, Argentine 60. *Monde 4 560.* **Commerce** (en milliers de t, 1998) : *export. :* Argentine 79,5, Soudan 58, Sénégal 49,9, *France 29,8,* Belg.-Lux. 19,3, Hong Kong 10,2, Chine 10,1, P.-Bas 5, USA 4,3. *Monde 310,8 ; import. : France 67,2,* Italie 47,9, Hong Kong 36,6, USA 30,3, Belg.-Lux. 27,7, Suisse 16,9, All. 16,7, P.-Bas 11,1, Chine 8,7, Canada 2,6. *Monde 293.*

■ Colza

■ **Nom.** Du hollandais *kolzaad,* semence de chou. **Origine.** Hybridation naturelle entre le chou et la navette, probablement dans les régions méditerranéennes. Cultivé depuis l'Antiquité en Europe de l'Est et en Asie, depuis le XVIIe siècle en Europe occidentale. **Aspect.** Famille des crucifères (comme la moutarde et le radis). Tiges ramifiées de 1,20 à 1,50 m. Inflorescence en grappe. Fleur jaune. Le fruit, une silique, contient 10 à 30 graines rondes et noires de 1 à 2 mm de diamètre, pesant 4 à 5 mg chacune. Cultivé pour son huile (41 à 42 % de la graine) et la richesse en protéines de son tourteau (produit restant après l'extraction de l'huile et contenant 36 % de protéines). Depuis 1973, sont sélectionnées des variétés sans acide érucique (suspecté d'induire des myocardites) et, depuis 1989, à basse teneur en glucosinolates, dites variétés double zéro, dont le tourteau est mieux consommé par les animaux. **Culture.** *Exigences :* azote, potasse, soufre. Colza d'hiver : semis fin sept.-début oct. Colza de printemps : semis mars-avril.

■ **Rendement moyen.** 100 kg de graines (à 42 % de matières grasses) donnent 41 kg d'huile brute, 57 kg de tourteau (1 à 2 % de matières grasses). Il y a environ 2 % de pertes dues à l'humidité. *Monde* (en q/ha, 1999) : *15,3 (France 29* en 2000). **Superficie en France** (en milliers d'ha). *1960 :* 50 ; *65 :* 142 ; *73 :* 328 ; *79 :* 223 ; *80 :* 395 ; *82 :* 476 ; *86 :* 388 ; *88 :* 830 ; *89 :* 637 ; *90 :* 689 ; *91 :* 739 ; *92 :* 686 ; *93 :* 565 dont, entre parenthèses, jachère (48) ; *94 :* 705 (19) ; *95 :* 845 (332) ; *96 :* 865 (215) ; *98 :* 1 145 ; *99 :* 1 369 (dont Centre 300, Bourgogne 178, Champagne-Ardennes 154, Lorraine 152, Poitou-Charentes 152) ; *2000 :* 1 225.

■ **Production** (en milliers de t). **Graines** (en 2000) : Chine 10 130. Canada 8 800. Inde 5 110. *France 4 400.* All. 4 210. Australie 2 430. G.-B. 1 730. Pologne 1 130. USA 620. *Monde 42 200.* **Huiles** (en 1998) : Chine 2 900. Inde 1 900. Canada, All. 1 400. Japon 800. G.-B. 600. *France 400.* Pologne 300. Belg.-Lux. 200. *Monde 12 000.* **Tourteaux** (en 2000) : Chine 5 796. Inde 3 310. Allemagne 2 398. Canada 1 770. Japon 1 150. G.-B. 931. *France 600.* Mexique 527. Pologne 448. USA 439. *Monde 19 719.*

■ **Commerce** (en millions de t, 1998). **Huile : colza + moutarde. Export. :** All. 0,8, Canada 0,7, P.-Bas 0,3. *Monde 3.* **Import. :** Hong Kong 0,5, USA 0,4, P.-Bas 0,3. *Monde 3,1.*

☞ *Depuis le 28-10-1994*, le colza est coté à Paris.

■ Coprah

■ **Nom.** De l'albumen séché de la noix de coco à 6 % d'eau. **Origine** (probable). Sud-Est asiatique, Pacifique, mais on ne connaît pas de peuplements spontanés. **Vie.** Plus de 50 ans. **Variétés.** Grands et nains. **Morphologie.** **Stipe** (tronc) : peut atteindre 20 à 25 m. Croissance variable selon variété, écotype et âge. Porte un panache d'environ 30 feuilles (palmes) de 5 à 6 m de long sur 2 m de large. Les palmes les plus âgées tombent en laissant sur le stipe une cicatrice. *Utilisation du stipe :* charpenterie ; *des palmes :* cloisons, nattes, paniers... **Sève :** jus sucré obtenu par saignée des inflorescences, utilisé pour fabriquer boisson sucrée *(toddy)*, sucre et, par fermentation, boissons alcoolisées et vinaigre. **Bourgeon terminal** (*cœur de cocotier*) : légume ; sa cueillette entraîne la mort de l'arbre. **Fruit** (*noix de coco*) : *bourre :* enveloppe qui contient des fibres (coirs) de 2 à 5 cm ; sert pour cordages, carpettes, paillassons, fibres de rembourrage, combustible et fertilisant. *Coque :* épaisse de 2 à 4 mm, utilisée en artisanat (objets utilitaires ou décoratifs), et comme combustible ; par carbonisation, donne le charbon de coque transformé en charbon actif, utilisé comme agent filtrant (épuration d'eau, installations industrielles, centrales nucléaires) ; après broyage et tamisage, fournit une farine de coque (abrasif léger utilisé en industrie). Spirales insectifuges (serpentins « antimoustiques »). **Amande :** blanche, creuse, tapisse la coque lorsque la noix est mûre. *Fraîche :* utilisée pour cuisine, confiserie, pâtisserie..., sous forme de lait de coco après pressage, crème de coco (sirop, miel) par concentration et coco râpé après broyage et séchage. *Séchée* (appelée coprah) : contient 62 à 65 % d'huile consommée directement ou entrant dans la fabrication des graisses végétales, margarines, savons, détergents, plastiques et cosmétiques. Riche en acide laurique, elle confère aux savons un bon pouvoir moussant ; *tourteau de coprah* (sous-produit de la fabrication de l'huile) : composant d'aliments du bétail. **Eau de coco :** boisson dont on fait aussi du vinaigre. **Fructification.** Hybrides produisant dès 4 ans, plein rendement à partir de 8-10 ans (variétés courantes, 12 ans). L'arbre développe chaque mois environ une inflorescence à l'aisselle de chaque feuille. 11 à 13 mois s'écoulent entre floraison et récolte ; mais, la floraison ayant eu lieu toute l'année, la cueillette est continuelle. **Cultures.** Zones intertropicales humides, environ 11 millions d'ha dont Asie et Océanie 10,3 (Indonésie, Philippines, Inde, Sri Lanka, Thaïlande, Papouasie-Nlle-Guinée...) ; Afrique 0,5 (Tanzanie, Mozambique, Côte d'Ivoire) ; Amérique latine et Caraïbes 0,2 (Mexique...). **Rendement.** *Cocotier hybride sélectionné :* 100 noix/arbre/an, soit 15 000 à 20 000 noix à l'ha, correspondant à 3-4 t de coprah ; *culture extensive :* 3 000 à 6 000 noix/ha/an.

■ **Coprah.** **Production** (ne concerne que la partie de la production réellement transformée, soit environ 55 % ; le reste est principalement utilisé pour la consommation domestique ; en milliers de t, 2000). Philippines 2 000. Indonésie 1 320. Inde 730. Mexique 200. Viêt Nam 170. Sri Lanka 70. Malaisie 20. *Monde 5 030.* **Commerce** (en milliers de t, 1999) : *export. :* Papouasie-Nlle-Guinée 63,5, Indonésie 42,6, Vanuatu 27,7, P.-Bas 20,9, Mozambique 14,1, Sri Lanka 11,2, *Monde 219,7. Import. :* All. 75,6, Benelux 64, Malaisie 45,2, Japon 33,8, Bangladesh 26, P.-Bas 20,9, *Monde 290,2.*

■ **Huile de coprah.** **Production** (en milliers de t, 2000) : Philippines 1 279. Indonésie 800. Inde 460. Viêt Nam 147. Mexique 88. Papouasie-Nlle-Guinée 69. All., Thaïlande 55. Mozambique 37. Sri Lanka 35. Bangladesh, Japon 25. Malaisie 21. *Monde 3 319.* **Commerce** (en milliers de t, 1999) : *export. :* Philippines 478,7, Indonésie 349,6, P.-Bas 104,1, Malaisie 86,5, Papouasie-Nlle-Guinée 50,3, All. 20,3, *Monde 1 209. Import. :* USA 335,7, P.-Bas 228,9, All. 197,5, G.-B. 62,4, *France 58,8,* Benelux 49,5, Italie 49,4, Corée du S. 40,7. *Monde 1 521,5.*

■ Olives

☞ *Abréviations :* h. : huile ; o. : olive(s).

■ **Olivier.** Probablement originaire d'Asie Mineure, cultivé en Égypte au XIIIe s. av. J.-C. Connu en Provence probablement vers le XIe s. av. J.-C. (invasion des Phéniciens). **Culture.** Exige un climat méditerranéen à hivers courts et étés chauds, une grande luminosité et une température supérieure à 12 °C pour entrer en végétation. Gèle au-dessous de –12 °C en hiver et de –7 °C au printemps ; il s'adapte à tous les sols (sauf humides). Peu cultivé au-dessus de 400 m d'alt. (800 dans Alpes-Mar. et Corse), peut atteindre 12 à 15 m et donner en Corse et Alpes-Mar. 100 kg d'olives 1 an sur 2 (souvent 15 à 25 kg). Actuellement, la plupart des plantations se font avec des oliviers issus de boutures herbacées qui commencent à produire au bout de 4 ans. Vit parfois plus de 1 000 ans. Période de croissance : 40 ans. Productivité, jusqu'à 200 ans. **Floraison :** mai et juin. **Récolte.** En vert, pour la confiserie, de sept. à nov., à la main ; en noir (maturité) par peignage manuel et filets au sol ou récolte mécanique (vibreur) de nov. à janvier suivant espèces et régions. Chaque rameau ne fructifie qu'une fois dans sa vie. **Variétés en France :** A.-Hte-Pr. : *Aglandau ;* Alpes-Maritimes : *Cailletier ;* Ardèche : *Rougette ;* Aude : *Lucques ;* B.-du-Rh. : *Salonenque, Aglandau, Grossanne, Verdale des B.-du-Rh. ;* Corse : *Germaine, Sabine ;* Drôme : *Tanche ;* Gard : *Picholine ;* Hérault : *Picholine, Verdale de l'Hérault, Lucques ;* Var : *Cayon, Cayet roux, Bouteillan, Belgentiéroise ;* Vaucluse : *Aglandau (dite Verdale de Carpentras).* **Dans le monde :** Grèce : *Voliotiki, Kalamata.* Espagne : *Sévillane.* Italie : *Ascolana.* Afr. du Nord : *Sigoise, Cornicabra.*

■ **Olive.** Drupe ovoïde passant du vert pâle au noir au fur et à mesure de la maturation. **Utilisations :** *o. de table* (hors-d'œuvre ou condiments) : o. vertes cueillies avant maturité, adoucies dans un bain alcalin (soude) et conservées dans une saumure ; o. noires cueillies mûres, non désamérisées, conservées en saumure ou au sel sec ; *huile d'olive vierge* obtenue à partir du fruit de l'olivier par des procédés mécaniques, sans traitement chimique, seule à pouvoir être commercialisée (voir ci-dessous) : *l'h. d'o. vierge « extra »* (jusqu'à 1° d'acidité) et *l'h. d'o. vierge* (jusqu'à 2°) [propres à la consommation en l'état, ont droit au qualificatif de « naturelles »] ; *h. d'o. raffinée* obtenue par raffinage d'h. d'o. vierge impropre à la consommation du fait de son taux d'acidité supérieur à 3° (dite « h. d'o. vierge lampante ») ; *h. d'o.* constituée par un coupage des 2 précédentes (pouvant être commercialisée) ; *h. de grignons d'o. brute* obtenue par traitement aux solvants des grignons d'olive ; *h. de grignons d'o. raffinée* obtenue par raffinage de la précédente ; *h. de ressence* (n'entrent pas dans la classification selon les normes commerciales), obtenues dans les huileries traditionnelles par lavage à l'eau chaude des grignons d'o. issus de presse (savons de Marseille) : les grignons peuvent être utilisés comme combustible (1 kg issu directement des presses = 0,5 l de fuel) ou comme alimentation animale.

Nota. – L'acide oléique (mono-insaturé) a un effet sur le cholestérol sanguin et prévient donc les maladies cardio-vasculaires.

■ **Huile d'olive vierge.** **Procédé traditionnel d'élaboration :** après la cueillette (*olivade* ou *olivaison*) des olives arrivées à maturité (coloration partielle de la pulpe), les olives fraîches sont stockées de 1 à 5 jours, puis broyées, sans dénoyautage, dans des broyeurs à meules (en pierre) ou à marteaux (en acier). La pâte ainsi obtenue est malaxée environ 1/2 heure afin de regrouper les minuscules gouttelettes d'huile et de faciliter la séparation solide/liquide, à partir de presses (la pâte est répartie sur des disques en fibre naturelle ou synthétique tressée empilés sur environ 2 mètres), d'un décanteur centrifuge (la partie solide est plus dense que la partie liquide) ou par tension superficielle (système Sinolea). La partie solide (grignons) est un ensemble granuleux plus ou moins sec ; selon le matériel, contient environ 12 % (/MS) non extractible par des procédés mécaniques. La partie liquide contient de l'huile et de l'eau de végétation (*margine*) ; l'huile, moins dense que l'eau (environ 916 g/litre), est séparée par décantation naturelle (moulins anciens) ou par centrifugation. **Rendement :** 5 kg d'olives donnent 1 kg d'huile, 1 olivier donne de 1,5 à 3,5 kg d'huile (1 l d'huile pèse entre 914 et 920 g).

■ **Statistiques en France.** Culture en projet d'expansion (+ 35 000 ha) faisant l'objet d'une politique d'AOC. **Nombre d'oliviers** (en milliers) : *1840 :* 26 500 ; *92 :* 20 000 ; *1929 :* 13 700 ; *57 :* 2 400 ; *76 :* 3 900 ; *80 :* 4 100 ; *82 :* 3 100 ; *92-93 :* 3 448 ; 96-97 : 3 020,5 dont B.-du-Rh. 679, Var 667,8, A.-M. 331,2, Gard 316,6, Vaucluse 208,1, Hérault 193,4, A.-Hte-Pr. 188, Hte-Corse 91,3, Pyr.-Or. 22,9, Corse-du-Sud 66, Ardèche 41,1. **Densité :** 41 arbres par parcelle. **Superficie des oliveraies** (en 2000). 48 500 dont Var 11 700, B.-du-Rh. 9 600, Alpes-Mar. 8 800, Gard 3 900, A.-Hte-Pr. 3 600, Vaucluse 2 700, Hérault 2 600, Drôme 1 400, Corse-du-Sud 1 100, Ardèche 700, Pyr.-Or., Aude 400. **Production d'olives à huile** (en 1997) : 11 685,5 t dont Var 2 800, B.-du-Rh. 2 379, Hte-Corse 1 345, A.-Hte-Pr. 1 000, Hérault 960, Gard 575, Vaucluse 352, Aude 30 ; **de table :** 4 117,5 t dont Drôme 1 440, Gard 1 275, Hérault 755, B.-du-Rh. 160, Vaucluse 117,5, Aude 98, A.-M. 90. **Production d'huile** (en milliers de l) : *1995-96 :* 2 519 ; *96-97 :* 2 704 ; *97-98 :* 2 941 ; *98-99 :* 3 939 ; *99-2000 :* 4 170, *00-01 (est.) :* 3 373.

■ **Dans le monde.** **Production d'olives** (en milliers de t, 2000) : Espagne 3 700, Italie 3 207, Grèce 1 937, Syrie 750, Turquie 600, Maroc 550, Algérie 350, Portugal 262, Égypte 225, Tunisie 100. *Monde 13 585 ;* **huile d'olive** (en milliers de t, 2000) : Espagne 700, Italie 614, Grèce 377, Tunisie 200, Syrie 135, Maroc 61, Turquie 54, Algérie 50, Portugal 32, Jordanie 20, Cisjordanie 12,9. *Monde 2 296.* **Consommation d'huile d'olive :** 2 250 dont UE 1 541 (1991-92 : Italie 580. Espagne 400. Grèce 190. Portugal 40. *France 33,2.* Autres 24,7). Afr. du Nord 191. USA 116. Syrie 82. Turquie 63. Australie 20 ; **d'olives de table** (en 1992-93) : 1 021,5 dont UE 360,1, USA 177, Turquie 100, Syrie 78, Égypte 47,5, Maroc 33,5, Brésil 23. **Commerce des olives** (en millions de t, 1999) : *export. :* Grèce 8, Espagne 5, Syrie 1,1. *Monde 16. Import. :* Roumanie 12,1, Slovénie 10,7, USA 5,1, Italie 2, *France 1,3. Monde 33,4 ;* **Commerce d'huile d'olive** (en milliers de t, 1998) : *export. :* Espagne 407,5, Italie 212, Grèce 142, Tunisie 127,1, Turquie 48,7, Maroc 11,5, USA 9,1, Argentine 7,4, *France 5,7. Monde 1 015,9. Import. :* Italie 436,6, USA 165, *France 78,2,* Espagne 55,3, Portugal 46,6, Jordanie 34,5, G.-B. 30, Brésil 27,6, Costa Rica 19,1, Australie 15, Madagascar 10, Syrie 8,5, Arabie saoudite 8. *Monde 1 070,4.*

■ Palmiste

■ **Origine.** Golfe de Guinée. **Aspect.** Le palmier à huile *(Elæis)* peut atteindre 20 m de hauteur et est exploité jusqu'à 12-16 m. Porte au sommet 30 à 40 feuilles (palmes) de 4 à 8 m de long. **Fruits :** drupes ovoïdes, grosses comme les olives. Le régime compact, de quelques kg à plus de 50 kg, porte de quelques centaines à 3 000 fruits. On extrait *l'huile de palme* de la pulpe du fruit et *l'huile de palmiste* de l'amande du noyau. **Culture.** Zones intertropicales humides (1,50 m de pluie/an au min.), en sols profonds. Plus de 5 millions d'ha dans le monde (hors palmeraies naturelles), dont Asie 4,2 (Malaisie, Indonésie, Thaïlande, Papouasie-Nlle-Guinée), Afrique 0,6 (Nigéria, Côte d'Ivoire, Congo dém. ex-Zaïre, Cameroun), Amérique latine 0,4 (Colombie, Équateur, Brésil). **Rendement.** A partir de 3 ans et maximal à 6-10 ans avec 4 à 6 t d'huile de palme et 500 kg d'huile de palmiste par ha et par an. Dans les meilleures conditions, potentiel de 7-10 t. **Utilisations. Huile de palme :** huile de table, friture, graisses végétales, margarines, vitamines A et E ; alimentation animale ; sous-produits : savonnerie, étamage, cosmétiques et applications pharmaceutiques. **Huile de palmiste** (concurrente de l'huile de coprah) : margarine, confiserie, savonnerie, acides gras, lipochimie.

■ **Palmistes. Production** (en milliers de t, 2000) : Malaisie 3 080. Indonésie 1 920. Nigéria 350. Thaïlande 150. Colombie 100. Côte d'Ivoire 70. Congo dém., Équateur 40. *Monde 6 200.*

■ **Huile de palmiste Production** (en milliers de t, 2000) : Malaisie 1 338. Indonésie 672. Nigéria 254. *Monde 2 695.*

■ **Huile de palme. Production** (en milliers de t, 2000) : Malaisie 10 490. Indonésie 6 500. Nigéria 760. Thaïlande 710. Colombie 500. Côte d'Ivoire 310. Équateur 240. Congo dém. 150. *Monde 21 060.* **Commerce** (en milliers de t, 1998) : *export. :* Malaisie 7 290, Indonésie 1 479, P.-Bas 349,9, Papouasie-Nlle-Guinée 219,9, Singapour 152. *Monde 10 401. Import. :* Inde 1 672, Pakistan 1 066, Chine 990,3, P.-Bas 695, All. 472, Japon 357, Égypte 300. *Monde 10 401.*

■ Ricin

■ **Origine.** Probablement Éthiopie. **Aspect.** Arbustes de 1,50 à 3 m de haut (parfois 10 à 15 m). **Variétés.** Annuelles et pérennes. **Utilisations.** Huile non alim. utilisée en pharmacie (la graine contient 2 poisons : la ricine, protéine agglutinant les globules rouges, et la ricine, alcaloïde provoquant des arrêts cardiaques), mécanique, peinture et fabrication du nylon 11 ou *rilsan* (découvert 1940).

■ **Production** (en milliers de t). **Graines** (en 2000) : Inde 841. Chine 220. Brésil 147. Paraguay 18. Éthiopie 14. *Monde 1 297.* **Huile** (en millions de t, 2000) : Inde 0,3. Chine 0,09. Brésil 0,03. *Monde 0,4.*

■ **Commerce** (huile de ricin, en milliers de t, 1999). **Export. :** Inde 207, All. 7,2, Brésil 2,6. *Monde 235.* **Import. :** USA 46,6, Chine 35,6, *France 31,7,* All. 30,4, Japon 22. *Monde 242,8.*

■ Sésame

■ **Aspect.** Herbacée de 0,60 à 1 m de haut. **Fruits :** capsules renfermant des graines claires ou foncées, contenant 40 à 50 % d'huile. **Utilisations.** Huile comestible, graines grillées. La *halva* (Proche-Orient) est un mélange de graines dépelliculées et broyées et de sucre ou de miel. **Rendement.** 391 kg/ha (en 1999).

■ **Production** (en milliers de t). **Graines** (en 2000) : Chine 725. Inde 555. Myanmar 302. Soudan 280. Éthiopie 45. *Monde 2 726.* **Huile** (en millions de t, 1998) : Inde 0,18. Chine 0,18. Myanmar 0,1. *Monde 0,72.*

■ **Commerce** (graines, en milliers de t, 1999). **Export. :** Inde 105. Chine 96. Soudan 93. Éthiopie 39. Nigéria 35. Guatemala 27. *Monde 583,9.* **Import. :** Japon 135. Corée du Sud 60,9. Égypte 45,3. USA 42,2. Chine 34,2. Israël 33. P.-Bas 27,2. Turquie 19,4. Syrie 18,5. Grèce 14,5. *Monde 588,5.*

■ Soja

■ **Nom.** *Glycine hispida,* en anglais *soja bean.* **Origine.** Chine et autres pays d'Orient (cultivé 3 000 ans av. J.-C.), introduit en Europe au XVIIIe s., aux USA en 1806 (s'y développe depuis 1917). **Plante.** Légumineuse rappelant le haricot, graine ronde, grasse, de couleur variable, parfois tachée de noir, de 0,2 à 0,4 g. Taille moy. 80 cm. Fruits : gousses de 2 ou 3 graines. **Variétés. Graines vertes,** surtout en Asie [soja de régime (*vigna, radiata,* en anglais *mungbean*)] : graine ronde, petite, pratiquement sans huile. Consommé en bouillie, purée, soupe, pousses germées, crues ou blanchies, en salades ou cuisinées (cuisine chinoise) ; son amidon sert à faire les nouilles chinoises ; pauvre en huile, en pousses. **Graines jaunes** *(Glycine maxima),* surtout en Amérique. La graine donne, après trituration, 18 % d'huile (pour les crudités), et des protéines (38 à 40 % de la matière sèche) utilisées en tourteaux pour le bétail ou pour fabriquer des viandes reconstituées (tofu en Chine) ou des produits diététiques. Contient des facteurs antinutritionnels inhibant l'action des enzymes digestives qui peuvent être détruites par la chaleur (cas des tourteaux). **Rendement** (en q/ha, 1999). Italie 35. Éthiopie 34,3. Paraguay 28,7. Guatemala 28,3. *France 26,5.* Chine 16,7. *Monde 21,9.*

■ **Production** (en millions de t, 2000). **Graines :** USA 78,9. Brésil 31. Argentine 19. Chine 14. Inde 5,4. Canada, Paraguay 2,7, Indonésie 1,3 (en 1999), Italie 1,2 (en 1999). *Monde 162,4.* **Huile :** USA 8. Brésil 3,7. Argentine 2,9. Chine 1,5. Canada 0,29. *Monde 23,2.* **Tourteaux :** USA 34,1. Brésil 15,7. Argentine 13,8. Chine 8,2. *Monde 101,6.*

■ **Commerce** (huile, en millions de t, 1999). **Export. :** Argentine 3, Brésil 1,5, USA 0,87, P.-Bas 0,51, Allemagne 0,44, Iran 0,25. *Monde 8.* **Import. :** Inde 0,94, Chine 0,87, Iran 0,83, Bangladesh 0,53, Pakistan 0,36, Russie 0,31, Maroc 0,25, Benelux 0,22. *Monde 7,9.*

☞ **En France. Culture :** semé en avril-mai, récolté en sept.-oct. Peut être irrigué. On introduit dans le sol (avec la semence) un inoculum spécifique qui apporte au soja les bactéries *(Bradyrhizobium japonicum)* fixatrices d'azote atmosphérique indispensable. **Superficie** (en milliers d'ha) : *1981 :* 10 ; *89 :* 134 ; *92 :* 41 ; *94 :* 100 ; *97 :* 97 ; *98 :* 112 ; *99 :* 102,2 ; *2000 :* 79,5. **Production** (en milliers de t) : *1981 :* 18 ; *89 :* 300 ; *92 :* 66 ; *95 :* 250 ; *98 :* 283 ; *99 :* 260 ; *2000 :* 215.

■ Tournesol ou grand soleil

■ **Nom.** De *tournesol :* tourne le dos au soleil le soir. **Origine.** Mexique et Pérou, rapporté en Europe vers 1659. **Extension :** développé d'abord en Europe de l'Est, revient maintenant aux USA. **Aspect.** Plante annuelle, tige poilue de 1,50 à 2 m de haut ; inflorescence à capitule, à fleurons mâles puis femelles. **Fruit :** composé d'une coque et d'une amande. **Graine :** contenant 50 % d'huile et 15 à 20 % de protéines. **Espèces :** 67 ; on cultive surtout l'*Helianthus annuus.* **Culture.** Semé en mars-avril, récolté en sept. avec moissonneuse-batteuse. Le décorticage de la graine permet d'obtenir un tourteau à 40 % de protéines. **Rendement** (en q/ha, 1998). *Monde 12,16* (Suisse 28,8, *France 21,9,* Chine 15,4). **Utilisations.** Huile et tourteau (résidu de l'extraction d'huile pour l'alimentation animale).

■ **Production** (en millions de t, 2000). **Graines :** Argentine 6,2. Russie 3,2. Ukraine 3. France 2. Chine 1,8. USA 1,7. Inde 1,2. *Monde 26,4.* **Huile :** Argentine 2,2. Russie 0,7. *Monde 9,5.* **Tourteaux :** Argentine 2,3. Chine 1. Russie 0,8. *France 0,7. Monde 11,1.*

■ **Commerce huile de tournesol** (en millions de t, 1999). **Export. :** Argentine 1 868. USA 378,5. *France 263.* Ukraine 174. *Monde 3 771.* **Import. :** Inde 570. Ex-URSS 297. Algérie 273. *France 152. Monde 3 783.*

☞ **En France. Superficie** (en milliers d'ha) : *1973 :* 38 ; *80 :* 98 ; *81 :* 155 ; *85 :* 591 ; *90 :* 1 145 ; *93 :* 820 ; *94 :* 1 025 ; *97 :* 895 ; *98 :* 782 ; *99 :* 799 dont Gers 69, Hte-G. 62,1, Ch.-M. 61, Vienne 58,8, I.-et-L. 43,5, Charente 42,8, Deux-Sèvres 42,5, Tarn 29, Vendée 28, Cher 26. Indre 25,6 ; *2000 :* 710 dont Poitou-Charentes 208.

■ Autres oléagineux

■ **Abrasin** *(toung).* **Production** (en milliers de t, 2000). **Noix :** Chine 480, Paraguay 42, Argentine 30. *Monde 557.* **Huiles :** *monde 89* (Chine 76).

■ **Carthame. Production** (en milliers de t, 2000). **Graines :** Inde 430. USA 128. Mexique 109. Éthiopie 35. Australie 10. *Monde 829.* **Huile :** Inde 90. USA 42. Mexique 35. Japon 15,3. *Monde 215.*

■ **Chanvre.** Voir à l'Index.

■ **Coton.** Voir à l'Index.

■ **Illipe.** Arbre d'Inde, genre Bassia, Sapotacée. Ses graines donnent une huile se liquéfiant vers 27 °C, utilisée pour le savon.

■ **Jojoba.** Pousse en milieux arides (exemples : nord-est du Mexique et sud-ouest des USA). Les 1ers mois, sa racine croît de 2,50 m/j et peut s'enfoncer jusqu'à 30 m de profondeur pour capter l'humidité. Adulte, peut résister à une sécheresse de 12 à 18 mois. Fixe les sols sablonneux et sert de coupe-vent. **Graines :** taille d'une petite noix, renferment environ 50 % de cire liquide pouvant remplacer beaucoup de produits dérivés du pétrole. Claire, non toxique, ne rancit pas et garde sa viscosité à haute température. Caractéristiques voisines du blanc de baleine (huile de spermaceti). **Culture.** En Europe : Italie (Sardaigne, Pouilles), Grèce, Espagne, limitée et expérimentale. En Israël, limitée. **Production mondiale :** 30 000 à 40 000 t par an. **Rendement.** 1 t de cire liquide par ha.

■ **Karité** ou **arbre à beurre.** Arbre africain donnant 12 kg de noix sèches par an, dont les amandes fournissent environ 3,5 kg de matières grasses.

■ **Lin.** Voir à l'Index.

■ **Maïs. Production** (en milliers de t, 2000). **Huile :** USA 1 163. Japon 100. Chine 76. Afrique du Sud 63. Belg.-Lux. 51. Brésil 45. *Monde 1 911.*

■ **Moutarde. Production** (en milliers de t, 2000). **Graines :** Canada 202. Népal 122. Russie 33. USA 16. *Monde 439.* **Huile :** Népal 40. Russie 21,5. *Monde 68,7.*

■ **Navette.** Crucifère. En déclin en France.

■ **Noix.** Voir p. 1496 b.

Fourrages

■ **Généralités. Fourrages :** productions végétales issues de surfaces consacrées à l'alimentation des herbivores et plus particulièrement des ruminants (bovins, ovins, caprins). **Prairies** (ou surfaces en herbe) : composées essentiellement d'espèces vivaces : graminées (ray-grass, dactyle, fétuque, fléole...) ou légumineuses (trèfle, lotier, luzerne, minette, sainfoin...). *Permanentes* (surfaces toujours en herbe) landes, alpages peu productifs. Fourrage généralement utilisé en pâture ou fauché (foin, ensilage). *Semées* (dont la durée n'excède pas 5 ans), *dites temporaires* si elles comprennent surtout des graminées et *artificielles* si elles ne comprennent que des légumineuses. **Fourrages annuels** (semés et récoltés tous les ans) : graminées (maïs, plante entière ensilée, sorgho, ray-grass, céréales...) ; crucifères (chou, colza, navette...) ; légumineuses (pois, trèfle incarnat...) ; espèces cultivées pour leur racine ou leur tubercule (betterave, topinambour...).

■ **Principales espèces de prairies présentes dans les pays tempérés. Afrique du Nord et Asie, introduites en Amérique et en Australie :** graminées : dactyle *(Dactilis glomerata),* fétuque des prés *(Festuca pratensis),* fléole des prés *(Phléum pratensis),* ray-grass anglais *(Lolium perenne),* ray-grass d'Italie *(Lolium multiflorum).* Légumineuses : trèfle blanc *(Trifolium repens)* et trèfle violet *(Trifolium pratense).* **Toutes zones tempérées :** graminées : fétuque élevée *(Festuca arundinacea).* Légumineuse : luzerne *(Medicago sativa).*

■ **Fourrages en France** (en 2000). Localisés en zones de montagne, Nord-Est, Centre, bocages de l'Ouest. **Production. Superficie** (en milliers d'ha) **et,** entre parenthèses, **récoltes** (en millions de t) : *surfaces toujours en herbe* (STH) : 10 340 (502,1) rendement 49 q/ha, dont prairies naturelles 7 058 (413), STH peu productives 2 420 (34,7), prairies semées de 6 à 10 ans 861 (53,9). *Prairies temporaires* (semées de 0 à 5 ans) 2 284 (188), rendement 82, dont mélanges et associations de graminées et légumineuses 1 279 (97,9), ray-grass d'Italie 561 (51,7), autres graminées pures 443 (38,4). *Prairies artificielles* (semées de 0 à 5 ans) 432,7 (42,9), rendement 99 q/ha, dont luzerne 353 (36,1), trèfle violet 44,5 (3,9), autres légumineuses et mélanges 34 (2,8). *Fourrages annuels* 1 769 (194,8), dont maïs fourrager 1 397 (174,4), ray-grass 234 (13,9), colza fourrager 39,5 (1,8), sorgho fourrager 13,1 (1,05), autres fourrages annuels 83 (3,5). *Choux, racines et tubercules fourragers* 74,8 (42,8), choux fourragers 38,6 (18,7), betteraves fourragères 33,3 (23,2), autres 1,2 (0,35). *Total* en 1998 : 12 898 (868,1).

Fruits

■ Statistiques globales

Dans le monde

■ **Production** (en millions de t). **Par pays** (en 2000) : Chine 66. Inde 38, Brésil 37. USA 32. Italie 19. Espagne 15. Mexique 12,4. *France 11,8.* Iran 11,6. Turquie 10,3. Ouganda, Philippines 10. Nigéria 8,8. Indonésie 7,7. Thaïlande 7,4. Argentine 7. Colombie 6,7. Égypte 6,5. Équateur 6. Pakistan 5. Japon 4,1. Grèce 4. Chili 3,8. Congo dém., Costa Rica 3. *Monde 455,6.* **Par produits** (en 1999) : raisins 58,12, oranges 57,9, bananes 56,4, pommes 49,7, mangues 23,8, mandarines, clémentines, satsumas, tangerines 15,9, poires 15,1, ananas 13, pêches, nectarines 11,3, citrons, limes 9,3, prunes 7,3, dattes 5,1, papayes 5, pamplemousses, pomelos 4,9, fraises 2,8, abricots 2,7, avocats 2, raisins secs 1, groseilles 0,62, framboises 0,3.

■ **Consommation** (fruits frais, en kg/hab., 1990). Italie 140. Danemark 127. Espagne 105. All. 93. *France 74.* P.-Bas 73. Belgique 70. Portugal 55. Irlande 44. G.-B. 42.

En France

■ **Exploitation. Superficies** (en milliers d'ha, 2000) : 219,9 (hors jardins familiaux) dont pommiers 59,8 (à cidre 10,3), pêchers et nectariniers 26,2, pruniers 22,7, abricotiers 17,5, noyers 18,6, oliviers 14,5, cerisiers 14,1, poiriers 12,6, châtaigniers 6,1, kiwis 4, noisetiers 2,8, amandiers, cassissiers 2,6, clémentiniers 2,5, framboisiers 1,5, autres 1,5. **Exploitations de vergers** (en %, 1997) : *- de 2 ha :* 46 ; *de 2 à 5 :* 24 ; *5 à 15 :* 22 ; *15 à 35 :* 6 ; *35 et + :* 2.

■ **Production** (en milliers de t, 2000) **et,** entre parenthèses, **superficie** (en milliers d'ha, 2000). *Fruits à noyau :* abricots 145,9 (15,6), bigarreaux 61,6 (10,8), autres cerises 7,8 (1,2), pavies 14,5 (0,5), pêches à chair blanche 108,8 (5,7), à chair jaune 163,1 (8,3), nectarines et brugnons 189,2 (23,2), pruneaux 133,3 (11,6), mirabelles 13,1 (2,1), reines-claudes 19,9 (2,7), quetsches 6,4 (0,6), autres prunes 41,2 (3,3), olives de table 4,3 (3,2), olives à huile 13,7 (10,3). *Fruits à pépins :* pommes à cidre 380 (9,3), poires Guyot 61 (2,6), poires Williams 84,6 (4), autres poires d'été 4,8 (0,2), poires d'automne 89,3 (4), poires d'hiver 21,7 (0,8), pommes Golden 941 (22,5), pommes Granny Smith 247,6 (5,2), pommes rouges américaines 170,8 (4,2), autres pommes 797,3 (21,8), châtaignes 13,2 (5,3), noix 27,7 (13,6), noisettes 5 (2,4). *Agrumes :* kiwi 77,1 (3,8), cassis 8,3 (2,3), framboises 7,1 (1,3), groseilles 1,6 (0,3), coings 2,2 (0,1), figues 3,3 (0,4), clémentines 26,2 (2,4), oranges 1 (0,07), pamplemousses 5,4 (0,4).

■ **Commerce des fruits frais** (en milliers de t, export./import., 2000). Abricot 38,4/14,4. Autres agrumes 0,3/1,6. Airelle 0,01/0,08. Airelle et myrtille 0,001/0,01. Amande en coque 0,06/1,3, sans coque 2/24,2. Ananas 78,2/148,2. Avocat 22,5/10,5. Autres baies 0,04/0,18. Banane 243/341, plantain 3,2/7,9, sèche 0,04/1,3. Brugnon et nectarine 36,8/43,7. Carambole 0,3/1,1. Cassis 0,8/0,07. Cerise acide 2,4/1,3, douce 7,7/4,8. Châtaigne et marron 2,5/10,6. Citron 7,8/111,3. Clémentine 26,5/225,7. Coing 0,5/2,1. Datte 9,6/23,4. Figue fraîche 0,4/5, sèche 0,8/7,3. Fraise 22/88,9. Framboise 0,5/2,3. Autres fruits à coque 0,1/0,6. Autres fruits 8,2/19,2. Graine de pignon doux 0,05/0,6. Groseille 0,09/0,2. Hybrides d'agrumes 5,7/46,3. Kiwi 25,5/27,3. Lime 0,5/5,2. Litchi 6,8/19,4. Mandarine et Wilking 0,4/9,1.

Mangue, goyave et mangoustan 10,8/26,3. Monreale et Satsuma 1/11,5. Mûre 0,05/6,6. Myrtille 0,3/0,6. Noisette en coque 2,3/1,1, sans coque 1,1/13,4. Noix d'arec et de kola 0,02/0,2, de cajou en coque 0,03/0,05, de cajou sans coque 0,2/4,3, de coco desséchée 0,5/6,6, de coco fraîche 0,1/3,7, de pécan 0,04/1, du Brésil sans coque 0,05/0,2, en coque 15,7/6,8, macadamia 0,03/0,09, sans coque 2,7/6. Orange 32,5/434,2. Pamplemousse 9,9/114,7. Papaye 0,2/1,1. Pêche 39,3/31. Pistache 0,4/8. Poire 32/93,8. Pomme golden 282,1/11,6, Granny Smith 116,6/11,6, autres 440/58,2. Prune 22/13,9. Prunelle 1,8/0,4. Raisin de table 15,3/146, sec 1,1/22,8, autres 0,9/0,6. Tangerine 0,01/0,6. *Total 1 586/2 341.*

■ **Boissons à base de jus de fruits. Non gazéifiées** (en millions de l, 1999) : 193,3 dont orange 99,4 ; exotique 49,4 ; ananas 2,4 ; pamplemousse 0,1 ; autres 41,8. **Jus de fruits :** 632,6 dont orange 364,2 ; pomme 72,6 ; raisin 39,5 ; pamplemousse 46,6 ; ananas 34,7 ; tomate 11,2 ; légumes 2,5 ; autres jus 8,6 ; autres agrumes 14,2 ; mélanges de jus 38,4. **Nectars de fruits :** 222 dont orange 106,6 ; exotique 31,7 ; abricot 12,7 ; poire 5,2 ; autres 65,8.

■ Produits

■ **Abricot. Nom :** du latin *praecox,* précoce. **Origine :** Chine, cultivé depuis 2000 av. J.-C., en France depuis le XVe s. Jusqu'au XVIIIe s., pas ou peu consommé car il était accusé de transmettre les fièvres. Famille des rosacées, arbre de 4 à 6 m de haut. **Vie :** 20 ans, donne des fruits à partir de 4 ans. **Rendement :** par arbre 40 à 50 kg ; environ 13 t/ha, jusqu'à 35 t dans les meilleures conditions. **Récolte :** juin à août. **Variétés et,** entre parenthèses, **% de la surface occupée** (en 1993) : *polonais* [orangé de Provence] (12,74) ; *Bergeron* (35,89) ; *rouge du Roussillon* (9,94) ; *Fournès* (4,48) ; *Colomer* (1,87) ; *Tyrinthe* (2,95) ; *Canino* (1,56) ; *autres* (28,52). **Production** (en milliers de t, 2000). Turquie 538. Iran 243,3. Italie 218. Pakistan 191. *France 141,8.* Espagne 127,2. Maroc 110. Ukraine 100. *Monde 2 792,1.*

☞ **En France. Superficie :** 17 533 ha. **Production** (en milliers de t, 2000) : Drôme 59, Gard 38, Ardèche 21,6, Pyr.-Or. 10,5, B.-du-Rh. 7,3.

■ **Agrumes. Nom** collectif des oranges ; citrons, limes ; mandarines, tangerines, tangelos (hybride mandarine-pomelo), tangors (orange-mandarine) ; novas, clemenvillas (Esp.), sunérines (Maroc), suntinas (Israël) [hybride clémentine-tangelo], clémentines, satsumas ; pamplemousses. **Production mondiale** (en millions de t) : *1975 :* 49 ; *82 :* 52,6 ; *90 :* 74,6 ; *95 :* 85 ; *2000 :* 105. **Destructions :** 1868 par les cochenilles en Californie ; *1900* en Italie ; *1918, 20, 28, 29* en France ; destructions enrayées par le développement de l'élevage des coccinelles. **Consommation** (en kg hab./an, 1975) : Italie 41,8. P.-Bas 25,7. Belg.-Lux. 21,1. *France 19,3.* All. féd. 16,5. G.-B. 9,8. Danemark 9,6. Irlande 8,4.

■ **Amande. Origine :** plateau iranien. Antiquité : existe en Espagne, Provence. **Taille :** 3 à 6 m selon variété et mode de conduite. **Vie :** 30 à 40 ans. **Variétés en France :** auto-incompatibles : *Aï, Marcona, Ferralise, Ferrastar, Ferragnes, Texas, Ferraduel* ; autocompatibles : *Lauranne, Steliette.* **Rendement :** par arbre 2 à 5 kg, par ha 200 à 2 000 kg d'amandes décortiquées. **Récolte :** fin août à fin oct., amandes vertes cueillies en juillet. **Production** (en milliers de t, 2000) : USA 485. Espagne 243,4. Italie 119,3. Iran 112. Syrie 65. Tunisie 60. Pakistan 50,1. Maroc 45. Grèce 44. Liban 35. *France 4,5. Monde 1 452,5.*

■ **Anacarde (noix de cajou). Origine :** Amérique intertropicale (connue au Brésil sous le nom de *pomme de cajou*). **Utilisation :** on tire de la coque le baume de cajou. **Production** (en milliers de t, 2000) : Brésil 1 500, Madagascar 69. *Monde 1 568.*

■ **Ananas. Origine :** découvert en 1493 en Guadeloupe par Christophe Colomb, en 1555 au Brésil par J. de Léry, cultivé sous serre en Angleterre en 1657, puis en France en 1733. **Taille :** 0,50 à 1,20 m. **Poids :** fruit jusqu'à 4 kg. **Vie :** 18 mois à 2 ans. **Variétés :** *Smooth Cayenne* (pesant jusqu'à 4 kg) [Côte d'Ivoire et Cameroun], représente 85 % des import. françaises ; *Red Spanish* (Cuba) ; *Queen* (Réunion, Maurice). **Rendement :** moy. monde 1999 : 19,3. Hawaii, 16 à 23 t/ha. **Production** (en milliers de t, 2000) : Thaïlande 2 281. Philippines 1 495,1. Brésil 1 353,5. Chine 1 318,1. Inde 1 100. Nigéria 881. Mexique 485,6. Colombie 407,8. Costa Rica 400. USA 319,3. Kenya 280. Viêt Nam 262,8. *Monde 13 455,3.*

■ **Arbre à pain. Origine :** îles du Pacifique. Cultivé aux Antilles, en Inde et en Malaisie. **Récolte :** à partir de 4 ans. **Fruit :** farineux, à chair blanchâtre, de 10 à 20 cm de diamètre (3 à 4 kg). Goût de pomme de terre une fois cuit.

■ **Avocat** (de l'aztèque « ahuacatl » : beurre venant du bois). Fruit de l'avocatier (*avocado pear* en Anglais). Famille des lauracées. **Origine :** régions chaudes de l'Amérique (Mexique). **Taille :** de 12 à 15 cm. **Principales variétés :** Fuerte, Nabal, Ettinger, Anaheim, Benik, Lula. **Rendement :** environ 300 fruits par arbre. **Production** (en milliers de t, 2000) : Mexique 939,1. USA 164,5. Indonésie 121,8. Chili 100. Brésil 80. *Monde 2 336,8.*

☞ **En France. Consommation :** 200 g par personne et par an. [Mexique 15 kg/an.] **Importation** (en milliers de t) : *1970 :* 3,2 ; *82-83 :* 27 (dont Israël 59) ; *85 :* 53 ; *90 :* 78 ; *98 :* 101,7 ; *99 :* 83,1.

■ **Banane.** Famille des Scitaminacées, du genre *Musa.* **Origine :** Sud-Est asiatique. Connue en France depuis le XIXe s. **Plante :** herbacée arborescente dont la tige est un rhizome souterrain ; celui-ci donne naissance à des feuilles dont les gaines s'imbriquent les unes dans les autres, formant un « tronc » (jusqu'à 3 m de haut) ; chacun porte un régime que l'on coupe lors de la récolte. **Fruit :** baie allongée (jusqu'à 40 cm de long), à mésocarpe charnu, sans graines. La variété *Musa fehi* pousse à l'état spontané en Océanie et Malaisie orientale (régime dressé et non retombant), et dans les régions tropicales (Amér. centrale). *Le bananier textile* ou *abaca (Musa textilis)* a des gaines foliaires contenant des fibres *(chanvre de Manille).* **Culture :** demande chaleur et eau. Régimes de 20 à 200 fruits, jusqu'à 60 kg (en moyenne 20 kg). Hauteur du bananier : 3 à 6 m ; cycle végétatif (plantation-récolte) : 11 à 15 mois. **Variétés :** *plantains* (bananes légumes) et *bananes dessert :* Petite Naine (Canaries et Côte d'Ivoire), Cavendish (Côte d'Ivoire), Grande Naine (Cameroun, Antilles), Poyo (surtout Antilles et Amér. centrale), Valéry (Amér. centrale), Gros Michel (tend à disparaître, encore cultivée en Équateur, Colombie), 903 (résistante à la cercosporiose, champignon, et aux parasites du sol, 12 cm, onctueuse). **Consommation** (en kg par hab. et par an, 1991) : All. 15 (en 1992). Portugal 13,4. Danemark 10,8. Irlande 9,6. P.-Bas 9,5. Espagne 8,6. G.-B. 8,4. Belg.-Lux. 8. Italie 7,8. *France 7,7.* Grèce 6. **Production** (en milliers de t, 2000) : Inde 11 000. Brésil 6 339,4. Équateur 5 000. Chine 4 812,5. Philippines 3 560,8. Indonésie 3 165,7. Costa Rica 2 101,4. Mexique 1 802,3. Thaïlande 1 720. Colombie 1 570. Burundi 1 514. Viêt Nam 1 242,5. Venezuela 1 000,4. Honduras 860,5. Cameroun 850. Panamá 838,3. Tanzanie 751,6. Guatemala 732,5. Papouasie-Nlle-Guinée 680. *Monde 58 687,2.* **Plantains** (en milliers de t, 2000) : Ouganda 9 533. Colombie 2 689. Rwanda 2 212,3. Ghana 2 046,2. Nigéria 1 902. Congo 1 800. Pérou 1 414,9. Côte d'Ivoire 1 405,4. Cameroun 1 403. Tanzanie 751,6. Venezuela 610. *Monde 30 583.*

Commerce (en millions de t, 1999) : *export. :* Équateur 3 966, Costa Rica 2 523, Colombie 1 855, Philippines 1 319, Benelux 985, Panamá 593, Guatemala 535. *Monde 14 672 ; import. :* USA 4 295, Allemagne 994, Japon 983, Benelux 963, G.-B. 730, Italie 601, Canada 419. *Monde 14 047.*

☞ **En France. Importations** (en milliers de t, 1994) : 441,6 dont Côte d'Ivoire 124,8, Cameroun 109,2, Martinique 94,9, Colombie 19,1.

☞ L'OCM (Organisation commune du marché) a été créée en juillet 1993 pour protéger les DOM et les Canaries des importations d'Amérique latine (plafonnées à 2,2 millions de t par an).

■ **Cassis. Origine :** cultivé au XVIe s. comme fruit de table, se répand en 1712. **Variétés :** noir de Bourgogne, Tenah 4, Tseme, Cotswold Cross, Wellington. **Rendement :** 2 kg par touffe et par an. Feuilles utilisées en herboristerie (3,7 t/ha en 1995).

☞ **En France. Production** (en milliers de t, 2000) : 8,4 (2 370 ha) dont Maine-et-Loire 1,9 ; Côte-d'Or 0,9 ; Isère 0,6 ; Indre-et-Loire, Loir-et-Cher 0,4.

■ **Cerise. Origine :** Lucullus aurait rapporté la cerise des bords de la mer Noire en Italie, après avoir vaincu le roi Mithridate en 73 av. J.-C. Le merisier (ou cerisier des bois ou des oiseaux), qui vient d'Europe, donne des cerises amères ou merises (de *Amarum cerasum*) ; le cerisier commun vient d'Asie Mineure. Plus d'une centaine d'espèces en Europe, Asie tempérée ou subtropicale et Amér. du Nord. **Variétés :** plus de 200. *Cerises douces :* bigarreaux [chair ferme : hâtive de Burlat (40 % de la prod. totale), gros cœuret, Jaboulay, Napoléon (20 %), Reverchon, cœur de pigeon, Van, Marmotte, géante d'Hedel, gingen...], guignes (chair molle : précoce de Rivers, guigne de mai, noire hâtive). *Cerises acidulées :* anglaise hâtive, belle de Choisy, belle de Châtenay, belle magnifique, Impératrice Eugénie, Reine Hortense, Montmorency, griotte du Nord. **Production** (en milliers de t, 2000). Iran 229, USA 203,6, Turquie 195, Italie 147,6, All. 133, *France 69,6* [(12 138 ha) dont Vaucluse 20,4, Ardèche 9,4, Tarn-et-Garonne 5,6, Drôme 4,9, Rhône 4,8]. *Monde 1 769,2.*

■ **Châtaigne. Origine :** on a retrouvé en Ardèche un fossile de 8,5 millions d'années. **Arbre :** châtaignier, haut. 25 à 30 m, produit à partir de 5 ans, production maximale vers 60 ans ; de 40 à 250 kg. **Fruit :** la bogue (enveloppe épineuse qui s'ouvre à maturité) contient 2 à 5 fruits séparés par des cloisons. Marron (différent du marron d'Inde) : terme apparu dans la région lyonnaise pour désigner une forme améliorée de châtaigne ne portant qu'un seul fruit à l'intérieur de la bogue. **Culture :** appelée *castanéiculture.* Certaines cultures, comme le marron de Lyon, de Laguépie et Précoce des Vans, sont adaptées à la consommation en frais ; d'autres (Montagne, Pellegrine, Bouche rouge) à l'industrie. **Production** (en milliers de t, 2000) : Chine 118. Corée du S. 95,8. Italie 78,4. Turquie 70. Bolivie 34,4. Japon 26,2. Espagne, Portugal 20. Russie 16. *France 12,6. Monde 518,5.*

☞ **En France.** Longtemps base de l'alimentation dans des régions situées entre 300 et 800 m d'altitude, où on l'appelait « l'arbre à pain ». **Surfaces plantées** (en ha) : *1989 :* 6 500 ; *95 :* 4 801 ; *2000 :* 6 098 dont en production 5 352. (*Culture pure : 1967 :* 57 720, *77 :* 32 565 ; *associée ou isolée : 1967 :* 4 654, *77 :* 7 875, *86 :* 11 353). **Rendement** (en t/ha) : vergers modernes 2-4, traditionnels 1,5-2,5 (*2000 :* 1,7). **Production** (en milliers de t, 2000) : 13,2, dont Ardèche 4,7 ; Var 1,8 ; Dordogne 1,4 ; Hte-Corse 0,7 ; Corse-du-Sud 0,6.

■ **Citron. Origine :** Inde (à l'état sauvage, au pied de l'Himalaya). Acclimaté très tôt en Médie (nord-ouest de l'Iran) et en Mésopotamie. Répandu par les Arabes en Afrique et en Europe ; au Xe s. en Égypte et en Palestine (d'où il fut introduit par les croisés en Italie et en Sicile). **Arbre :** 3 à 4 m de haut. **Vie :** 40 ans environ (souffre à – 2 °C). **Floraison** et **fructification :** 3 périodes selon les variétés : *Primofiore* (oct.-déc.), *Limoni* ou *Invernale* (déc./mi-mai, pleine saison), *Verdelli* (mi-mai/15 sept., floraison artificielle) [floraisons supplémentaires : *Bianqueto* et *Mayolino, Interdonato* (sept.-oct.)]. **Variétés :** Verna, Mesero (Espagne) ; Eureka, Lisbon (USA) ; Interdonato ou Speciali, Feminello et Monachello, Lunario (Italie) ; limes ou citrons verts (Côte d'Ivoire). **Utilisations :** boissons acidulées, limonade (originaire d'Orient et introduite en Italie vers le XIIIe s., connue en France depuis Mazarin), sorbets, etc. ; bois d'ébénisterie (garnit souvent l'intérieur des meubles en acajou d'époque Empire). **Rendement** (en 2000) : 142 t/ha. **Production** (en milliers de t, 2000) : Mexique 1 297. Argentine 1 050. Inde, Iran 1 000. Espagne 880. Italie 707,6. USA 697,6. Brésil 480. Turquie 360. Pérou 310. Chine 278,2. Égypte 270. Grèce 155. Guatemala 117. Afrique du Sud 113, Liban 110,5. Chili 110. Syrie 84. Thaïlande 79. Pakistan 75. Bolivie 64. Soudan 58. Uruguay 48. Philippines 43. *Monde 9 972,3.* **Commerce** (en milliers de t, 1999) : *export. :* Espagne 501,2. Mexique 217,7. Argentine 154,3. USA 121,7. Turquie 103,5. P.-Bas 82. Grèce 36,9. Italie 24,7. *Monde 1 456,6. Import. :* USA 183,5. All. 133. *France 116,7.* P.-Bas 102,4. Pologne 97. Russie 96,4. Japon 86,4. *Monde 1 338,1.*

■ **Clémentine. Origine :** croisement de l'oranger et du mandarinier. Découverte en 1900 par l'abbé Clément (père blanc de l'orphelinat agricole de Mizerghine, Algérie) ; il féconda des fleurs de mandarinier avec du pollen pris sur un bigaradier (orange amère). **Arbre :** 4 à 6 m de haut. **Vie :** 40 ans environ. Commence à produire la 3e année de sa plantation (1,1 t/ha) ; plein rendement la 10e année. **Rendement :** 30 à 40 t/ha. **Variétés :** *ordinaire* (peau plus rouge et plus grumeleuse, chair plus savoureuse et plus parfumée, plus acidulée que les mandarines, sans pépins en général : Espagne, Maroc, Algérie) ; *de Corse* (récolte du 15 nov. au 15 janvier) ; *d'Espagne* (« fines », de Nules, Oroval) ; *du Maroc* (Bekria, très précoce) ; *Monréal* (hybride de la clémentine ordinaire, avec pépins). *Les plus précoces :* Espagne, Algérie.

Clémentines, tangerines, mandarines. Production (en milliers de t, 2000) : Chine 7 611. Espagne 1 798. Japon 1 447. Brésil 770. Iran 760. Italie 672. Thaïlande 640. Corée du S. 600. *Monde 18 841.* **Commerce** (en milliers de t, 1999) : *export. :* Espagne 1 190, Maroc 255, Chine 163, Turquie 131, *Monde 2 375 ; import. :* All. 318, *France 286,* G.-B. 216, P.-Bas 132, Pologne 121, USA 90, *Monde 2 142.*

■ **Coing.** Fruit du cognassier (arbre buissonnant ou de tige de 6 ou 7 m). **Origine :** vient de Perse, introduit en France. Supporte les hivers froids. **Récolte :** fin oct. à maturité. Conservation difficile car pourrit facilement. **Utilisations :** *arbre :* porte-greffe du poirier ; *fruits :* gelées, pâtes (cotignac d'Orléans), sirops.

☞ **En France. Production** (en milliers de t, 2000) 2,2 (164 ha) dont Drôme 0,6, Savoie 0,5, Gard 0,2, B.-du-Rh. 0,1, Vaucluse 0,1.

■ **Datte.** Famille des Monocotylédones. **Origine :** Afr. du Nord et Proche-Orient. Une centaine de variétés. **Arbres :** tige, ou *stipe,* terminée par un bouquet de feuilles pennées ou en éventail. Hauteur 15 à 20 m. **Vie :** environ 100 ans. **Culture :** « les pieds dans l'eau, la tête dans le feu ». 120 par ha s'ils sont seuls, 100 si d'autres cultures sont pratiquées à leur ombre. 15 ha de palmiers font vivre une famille de 7 personnes. *Nombre d'arbres* (en millions) : Moyen-Orient 55 (Iraq 20, Iran 20), Afr. du Nord 30, sud du Sahara 5,5, Pakistan 4, Amérique du Nord 0,4, Espagne 0,2 (palmeraie d'Elche, unique en Europe). **Reproduction :** les arbres sont mâles ou femelles. La pollinisation des arbres femelles est faite uniquement à la main (il faut 2 à 4 palmiers-dattiers mâles pour 100 femelles). **Multiplication :** par rejets (environ 40 dans la vie d'un arbre). **Maladie :** le palmier-dattier est attaqué par le *bayoud,* maladie provoquée par un champignon du sol, le *Fusarium.* Apparue au début du siècle, elle a déjà détruit les 2/3 des palmeraies du Maroc. Il faut replanter des arbres naturellement immunisés contre la maladie (l'Inra a mis au point une technique de boutures *in vitro*). En 18 mois, sur 1 ha d'étagères, on peut produire 1 million de plants. Il faudrait 28 ans et 500 ha pour obtenir le même résultat avec la méthode des rejets. **Récolte :** vers la 12e année. Par an, 10 à 15 régimes de 2 à 20 kg (80 à 100 kg en Californie). **Production** (en milliers de t, 2000) : Iran 930. Égypte 890,3. Arabie 650. Pakistan 579,9. Iraq 540. Algérie 430. Émirats 318. Soudan 175,5. Oman 135. Libye 132. Tunisie 103. Chine 100. *Monde 5 237,9.* **Commerce** (en milliers de t, 1999). *Export. :* Émirats 195. Iran 101. Pakistan 48. Iraq 30. Arabie 24. Tunisie 23. *Monde 483. Import. :* Émirats 180. G.-B. 52. Inde 46. Pakistan 23. *France 20. Monde 496.*

■ **Feijoa** (au Brésil *Nyanduapihsa*). Cultivé en Nlle-Zélande, France 40 ha (100 t).

■ **Figue. Origine :** Orient et Afr. du Nord, autrefois cultivée aux environs de Paris (Argenteuil). **Arbre :** figuier 8 à 10 m de haut. **Vie :** 50 à 70 ans. **Variétés :** plus de 750 espèces (la plus connue : la figue ordinaire ou figue de Carie). **Rendement :** 15 à 20 t/ha. **Récolte :** toute l'année. **Utilisations :** fruit, alcool (*arrack* en Algérie ; *boukha* en Tunisie). **Production** (en milliers de t, 2000) : Turquie 260. Égypte 220. Grèce, Maroc 80. Iran 78,6. *France 3,4* [(450 ha) dont Var 2,1 ; B.-du-Rh. 0,4 ; A.-M. 0,3]. *Monde 1 143,9.*

■ **Fraise. Origine :** certaines espèces sont indigènes, d'autres, américaines (écarlates de Virginie introduites au début du XVIIIe s., fraises du Chili en 1714), ont donné par hybridation des variétés à gros fruits. Vers la fin du XVe s., l'abbé Thivolet obtint les premières fraises remontantes à gros fruits (2 récoltes par an ; la plus connue : fraises St-Joseph). **Aspect :** le fruit du fraisier est constitué par de nombreux akènes (petites graines) répartis sur un réceptacle charnu. **Culture :** apprécie les terrains où les éléments silico-argileux prédominent, et les climats tempérés. Un fraisier produit dès la 2e année (pendant 2 à 3 ans). **Production** (en milliers de t, 2000) : USA 822,8. Espagne 396,4. Italie 208,6. Pologne 169. Mexique 166,4. Japon 164,2. Corée du Sud 152,5. Russie 128. *France 73,5* [(superficie 4 999 ha, rendement 14,7 t/ha) dont L.-et-G. 16, Dordogne 13,8, Vaucluse 5,4, L.-et-Ch. 3,8, Isère 3,7, Lot 3]. *Monde 3 110,2.*

☞ **En France. Principales variétés :** *sous serre chauffée :* Surprise des halles (tend à disparaître) [Vaucluse (févr.-mars), région d'Orléans (1-4/14-5 ; un peu en déc.-janv.)]. *En plein champ* (principalement sous abri plastique) : Gorella (rendement moyen par pied 160 g), Red Gauntlet (122 g), Tioga (121 g), Sequoia, Aliso, Cambridge Favourite, Belrubi, Gariguette, Chandler, Pajaro, Elsenta.

■ **Framboise. Origine :** indigène en Europe. **Culture :** très résistant, le framboisier croît presque partout ; préfère sols frais et un peu calcaires. Craint la chaleur. **Variétés :** *non remontants* (Malling Promise, Glen Clova, Malling Exploit, Lloyd George, Capitou, rose de la Côte-d'Or, Schoenemann) ; *remontants* (Zeva Remontante, September, Héritage). **Production** (en milliers de t, 2000) : Russie 102. Yougoslavie 54. Pologne 39. USA 38,5. All. 30. Ukraine 22. Hongrie 18. Canada 14,5. *France 7. Monde 355,1.*

☞ **En France. Production** (en milliers de t, 2000) : 6,9 (1 447 ha) dont Ardèche 1,2 ; Rhône 0,9 ; Isère 0,7 ; Corrèze 0,6 ; Manche 0,2.

■ **Grenade.** Fruit du grenadier. **Origine :** indigène en Méditerranée. **Aspect :** sorte de grosse capsule à peau épaisse renfermant un grand nombre de graines enrobées d'une pulpe comestible. **Culture :** dans le midi de la France, Espagne, Afrique.

■ **Groseille.** Fruit du groseillier. **Variétés :** Jonkheer Van Tets, Wilder, Stanza, Rondon. Le groseillier à maquereau est originaire du nord de l'Europe. **Culture :** depuis le XVIe s., surtout en Hollande, Allemagne, Angleterre. **Production** (en milliers de t, 2000) : Russie 208. Pologne 145. All. 140. Tchéquie 22,8. Autriche 19,5. Ukraine 18,5. G.-B. 11, *France 8,5,* Hongrie 8. *Monde 613,2.*

☞ **En France. Superficie :** 353 ha. **Production** (en milliers de t, 2000) : 1,6 dont Cher 0,3 ; Rhône 0,2 ; Ardèche 0,1 ; Oise 0,09 ; E.-et-L. 0,06.

■ **Kiwi.** Famille des Dilléniacées. **Nom botanique :** *Actinidia chinensis.* Groseille de Chine rebaptisée kiwi 1959 (du nom de l'aptéryx, oiseau marcheur au long bec et aux rudiments d'ailes, spécifique de ce pays). **Origine :** hauts plateaux de Chine. Mentionné au XVIIIe s. par le père Le Chéron (jésuite fr.) et décrit par l'explorateur français Robert Fortune. **Plante :** liane fruitière, pérenne, plante sauvage (lisières de forêts humides), peut atteindre + de 10 m de haut. **Fruits :** baies rouges appelées *yang-tao,* traduit initialement en français par « groseille de Chine ». **Variété :** néo-zélandaise : Hayward, seule cultivée. **Qualités :** 2 à 3 fois plus riche en vitamine C que le citron ou l'orange et contient, en faibles quantités, des vitamines B1 (thiamine), B2 (riboflavine) et A (rétinol) ; riche en sels minéraux (environ 1 % : calcium, chlore, magnésium, phosphore, potassium, soufre...) et pauvre en nitrates. 57 calories pour 100 g. **Culture :** investissement de départ : + de 200 000 F/ha, frais annuels : 35 000 F/ha (pas de traitement, les parasites étant rares). Nlle-Zélande : 15 500 ha (en 1985). Chaque plante est unisexuée et produit soit des fleurs mâles, soit des fleurs femelles. 500 pieds femelles à l'hectare environ pour 85 mâles bien répartis. **Rendement :** 600 à 800 fruits par arbre, 20 à 30 t/ha. **Récolte :** les derniers jours d'octobre. **Production** (en milliers de t, 2000) : Italie 352,9. *Monde 937,5.*

☞ **En France. Production** (en milliers de t, 2000) : 77,1 (4 032 ha) dont L.-et-G. 15,2 ; Hte-Corse 14 ; Landes 13 ; Tarn-et-G. 9,2 ; Gard 4 ; Drôme 3,7 ; Pyr.-Atl. 3,5.

■ **Mandarine. Nom :** vient de l'espagnol *naranja mandarina* (orange des mandarins). **Origine :** Asie. **Variétés :** *ordinaire :* nombreux pépins, mûre en déc. et janv ; *satsuma :* précoce (oct.), mûre quand la peau est encore verte ; *wilking :* ressemble à la clémentine, mûre 2e quinzaine de janv. ; *tangerine dancy :* plus rouge que la clémentine, tardive (mars), 4 à 6 m de haut. **Nouvelles variétés** (hybrides) : *tangelo* (tangerine + pomélo) et *tangor* (tangerine + orange). La 1re partie du nom rappelle la ville de Tanger où l'on consommait de petites oranges foncées, proches de la tangerine. *Variétés les plus tardives* (avril-mai) : les tangors « Temple » et « Topaz », importées de Floride et d'Israël. Le tangelo « Minneola » importé des USA et d'Israël (4 000 t/an). **Rendement :** 30 t/ha ; 150 kg/arbre. **Production :** voir **Clémentine** p. 1495 c.

■ **Mangue.** Fruit du manguier de l'Inde (*Mangifera indica*). **Nom :** du malais *mangga.* **Origine :** Asie, Afrique et Amérique tropicale. **Arbre :** manguier, écorce épaisse, brunâtre, feuilles lancéolées, fleurs petites et rougeâtres. Multiplication par greffes. **Variétés :** Julie, Reine-Amélie, Crassous, Freycinet (Antilles françaises) ; Cambodiana (Viêt Nam) ; Alphonso (Inde). **Production** (en milliers de t, 2000) : Inde 12 000. Chine 2 936,5. Mexique 1 529,3. Thaïlande 1 350. Pakistan 937,7. Philippines 931,5. Indonésie 801,8. Nigéria 729. Brésil 605. Égypte 232. Haïti 230. Congo 206. *Monde 24 975,2.*

■ **Melon.** Cucurbitacée. **Origine :** Asie Mineure, introduits par les papes en Italie à Cantalupo *(Cantaloup)* ; en France à la fin du XVe s. (retour de Charles VIII). **Variétés :** 3 groupes : melon brodé *(sucrin de Tours)* ; melon cantaloup à peau lisse, tranches marquées *(charentais)* ; melon d'hiver ou de garde, peau lisse, chair orangée ou verdâtre, se conserve longtemps *(melon d'Antibes).* **Production** (en milliers de t, 2000) : Chine 6 406. Turquie 1 800. USA 1 320. Espagne, Iran 1 100. Roumanie 900. Maroc 655. Inde 640. Égypte, Mexique 500. Pakistan 400. Italie 381. Japon 320. *France 313* (dont Vienne 44,7 ; Tarn-et-Garonne 40 ; Vaucluse 39,4), Corée du S. 298. Iraq 195. *Monde 19 006.*

■ **Muscadier. Origine :** îles des Moluques. **Arbre :** 10 m de haut. Produit après 7 ou 8 ans. **Culture :** pour sa graine dont l'amande est la noix de muscade (utilisée en pharmacie et parfumerie). **Rendement :** 5 kg par arbre.

■ **Noisette.** Bétulacée, espèce *Corylus avellana.* **Fruit** sec à péricarpe ligneux pesant de 2 à 5 g, renfermant une amande et entouré d'un involucre foliacé et denté. **Utilisations :** consommées fraîches ou sèches en dessert, mais surtout utilisées décortiquées dans la chocolaterie, la biscuiterie, la pâtisserie et la confiserie. **Variétés :** Corabel, Segorbe, Fertile de Coutard, Ennis, Merveille de Bollwiller, Butler, Pauetet ; secondaires : Cosford, Longue d'Espagne, Gunslebert, Daviana, Bergeri, Negret. **Production** (en milliers de t, 2000) : Turquie 580, Italie 119,1, USA 22,7, Espagne 18,8, Chine 13,5, Iran 12,8, *France 5* [(2 805 ha) dont L.-et-G. 2, T.-et-G. 0,8, Hte-Corse 0,3, Gironde, Gers 0,2], Azerbaïdjan 3. *Monde 788,6.*

■ **Noix.** Famille des juglandacées, espèce *Juglans regia.* **Origine :** Asie centrale ; introduite par les Grecs puis les Romains ; existe depuis plus de 2 000 ans dans le bassin méditerranéen. Vit à l'état sauvage en Arménie, Caucase, Iran, Tadjikistan, Ouzbékistan, Kirghizistan, nord de l'Inde, sud-ouest de la Chine. **Fruit** sec, constitué de 2 valves soudées renfermant une amande (cerneaux) cérébriforme du fait de la présence de cloisons internes, et entouré d'une enveloppe verte, le brou, qui s'ouvre à maturité. **Variétés :** *Franquette* (Périgord, vallée de la Garonne et surtout Isère) : à maturité à la mi-oct. ; *Mayette* et *Parisienne* (Isère) ; *Marbot* (Lot, sud de la Corrèze) : plus précoce ; *Corne* (nord de la Dordogne, Corrèze) : rustique, petit calibre, coque dure et épaisse ; *Grandjean* (région de Sarlat, Dordogne) : pour production de cerneaux. *Lara, Fernor* et *Fernette :* à mis à fruit très rapide ; productives. *2 dénominations régionales : noix du Périgord* (10 000 t/an) ; *noix de Grenoble* (9 000 t/an), bénéficiant d'une appellation d'origine contrôlée. **Culture :** sensible aux gelées de printemps. Fructifie vers la 5e-6e année. Production importante dès la 8e-10e année. 80 à 160 arbres/ha. **Récolte :** oct. **Utilisations :** fruits en coque pour dessert (noix fraîche ou sèche) ; cerneaux pour pâtisserie et confiserie, fromagerie, huile ; brou pour liqueur et teinture à bois ; bois très recherché en ébénisterie ; feuilles (tonique). **Production** (en milliers de t, 2000) : Chine 300, USA 222,3, Iran 145,8, Turquie 120, Ukraine 50, Inde 31, *France 27,8* [(18 597 ha) dont Isère 9,7, Dordogne 6,3, Lot 3,6, Drôme 2,7, Corrèze 1,3], Roumanie 25, Grèce 20, Italie, Pakistan 18, Géorgie 17,3, Yougoslavie 16, Autriche 14,8, All. 14,5. *Monde 1 182,1.*

■ **Orange. Origine :** venue de Chine en Inde où on l'appelle *nagrung,* de nagaranga [maladie de l'éléphant (ils se gavaient d'oranges vertes jusqu'à l'indigestion)], puis en Syrie, et rapportée en Italie du Nord par des croisés. Connue dans l'Espagne islamisée du VIIe s. Le connétable de Bourbon (1490-1527) aurait apporté à Chantilly le 1er oranger vu au nord de la Loire. Devient à la mode sous Louis XIV. **Arbre :** vie 300 à 400 ans, taille 2 à 3 m (500 fruits par pied), exceptionnellement 10,50 m (10 000 fruits). **Culture :** en France : Var, Alpes-Maritimes ; exige climat chaud (température moy. été 22 °C, hiver – 3 °C), admet tous les sols sauf terres très argileuses et humides. Orangeraies 200 arbres par ha, plantations en terrasse 300. **Rendement :** 70 kg par arbre. **Fleurs :** 10 à 20 kg par arbre ; distillées, donnent de l'essence dite *néroli* ou de l'eau de fleur (connue XVIe s., utilisée 1680 comme parfum par la duchesse de Néroli). Feuilles et fruits verts donnent une essence inférieure appelée *petit grain.* **Variétés d'oranges douces** *(Citrus sinensis). Navels* (précoces, nov. à mai) : navelines (peau rugueuse) ; navels ordinaires Washington (grosses, rugueuses) ; *navel late* (rugueuses, ovales, moyennes). *Blondes* (déc. à mars, peu de pépins) : Shamouti-Jaffa (grosses, oblongues, peau épaisse) ; Salustiana (assez aplaties, peau grenue, sans pépins) ; Hamlin (moyennes, peau fine, acides). *Sanguines* (janv. à fin avril, pulpe rouge ou léchée de rouge) : sanguinelli ; sanguines ordinaires (doubles fines et Washington sanguines) ; maltaise ; Moro ; Tarocco ; Sanguinello. *Tardives* (mars à oct., chair blonde, peu de pépins) : Valencia late, Jaffa late ou Maroc late (peau lisse, peu de pépins, employées pour les jus) ; Vernia (ovales, quelques pépins).

Production (en milliers de t, 2000) : Brésil 22 744,6, USA 11 896. Chine 3 507,5, Mexique 3 390,4 Espagne 2 500, Italie 2 268,6, Inde 2 000, Iran 1 850, Égypte 1 550, Pakistan 1 310, Afrique du Sud 1 050, Grèce 950, Maroc 897, Turquie 830, Argentine 780, Indonésie 613,8, Colombie 508,9. *Monde 66 054.*

Commerce (tangerines et clémentines comprises, en milliers de t, 1999) : *export. :* Espagne 2 414. Afr. du Sud 626,8. Maroc 515,9. Grèce 292,8. USA 285,1. Turquie 253,6. Pays-Bas 227,7. *Monde 6 592,9. Import. :* All. 769,6. *France 705,3.* P.-Bas 534,2. G.-B. 509,4. Arabie 303. Belg.-Lux. 284,3. Russie 275,6. Canada 241,4. *Monde 6 507,8.*

■ **Papaye. Nom :** *Papaya* (Caraïbes). Nom botanique : *Carica papaya.* Famille des caricacées. **Origine :** Amérique centrale. **Arbre** ou arbrisseau à tige cylindrique, terminée par un bouquet de feuilles digitées ; fleurs blanches, jaunes ou verdâtres. **Fruit :** baie anguleuse ou arrondie pesant 1 kg ou plus, renfermant de nombreuses graines, à la pulpe comestible. **Production** (en milliers de t, 2000) : Brésil 1 700, Nigéria 748, Mexique 636,1, Inde 450. Indonésie 379,8, Congo dém. 213, Pérou 165, Chine 133,2. Thaïlande 119, Équateur 111,9. *Monde 5 363,2.*

■ **Pastèque. Origine :** Afrique, introduite en Europe lors des croisades. **Aspect :** cucurbitacée annuelle. Baie allongée (écorce verte, épaisse, pulpe aqueuse et sucrée, rouge, parsemée de grains ovales et aplatis), peut atteindre plusieurs kg. **Culture :** Afrique, Espagne, USA, France (Midi). **Variétés :** *pastèques à graines noires* ou longues de Cavaillon (à fruit vert foncé de 50 cm de long sur 35 cm de large et à chair rouge vif) ; *à graines rouges* (fruit vert pâle, diamètre de 30 à 40 cm). *Pastèques carrées :* cultivées pour la 1re fois en 1979 par un Japonais, Tomyuki Ono, vendues en supermarché 88 F la pièce de 18 cm de côté (fruit rond équivalent 40 F). **Rendement** (en kg/ha, 1998) : 18 751. **Production** (en milliers de t, 2000) : Chine 38 382,3, Turquie 3 925, Iran 2 300, USA 1 874,5, Égypte 1 507, Mexique 992,7, Corée du S. 936,7, Kazakhstan 901,6, Espagne 729,8, Grèce 650, Brésil, Japon 600, Ouzbékistan 580, Algérie 540. *Monde 63 185,8.*

■ **Pêche.** Famille des rosacées. **Origine :** Chine (appelée à tort *persica* par les Grecs et les Romains qui la croyaient d'origine persane). Cultivée en Chine avant l'ère chrétienne (réputée préserver le corps de la corruption), rapportée en Europe par les croisés. **Vie du pêcher :** environ 15 ans. **Rendement maximal :** entre 8 et 11 ans, 30 à 40 kg. **Culture :** terres saines et franches (terres argileuses, compactes et humides favorisent la maladie) ; sensible aux gelées. **Variétés :** *chair blanche :* Primerose [1], Springtime [1], Alexandra [1], Robin [1], Red Robin [1], Redwing [2], Mireille [2], Michelini [3] ; *chair jaune :* Maycrest [1], Springcrest [1], Springlady [1], Dixired [1], Royalglory [2], Redhaven [2], Flaunerest [2], Merril Franciscan [3], Julylady, Elegant Lady [3], O'Henry [3], Surcrest [3] ; nectarines et brugnons à peau lisse.

Nota. – (1) Précoce. (2) Pleine saison. (3) Tardive.

Production (pêches, nectarines et brugnons, en milliers de t, 2000) : Chine 3 827,2, Italie 1 726,8, USA 1 420, Espagne 1 112,1, Grèce 1 000, *France 474,4,* Turquie, Égypte 400, Chili 310. *Monde 13 456,9.*

☞ **En France. Variétés** (en % de la surface plantée) : *chair jaune* (66,1) : Dixired 19,7. Redhaven 12,6. Fairhaven 10,1. J.H. Hale 9,3. Loring 3,6. Autres variétés 10,8 ; *blanche* (33,9) : Springtime 10. Amsden 9,1. Redwing 5,1. Michelini 2,2. Autres variétés 7,5. **Production** (en milliers de t, 2000) : 475,8 (dont pavies 14,5 ; pêches à chair blanche 108,9, jaune 163,1 ; nectarines et brugnons 189,2) : Pyr.-Or. 112,8, Drôme 106,7, Gard 91,9, B.-du-Rh. 87,4, Ardèche 15,4.

■ **Pistaches. Production** (en milliers de t, 2000) : Iran 200. USA 94,2, Turquie 40, Syrie 33, Chine 32. *Monde 411,7.*

■ **Poire. Origine :** Europe tempérée. **Aspect :** drupe à 5 loges à peine cartilagineuses renfermant 1 ou 2 pépins. Le poirier vit environ 50 ans. A Toulon existait jusqu'en 1897 un poirier datant de la reine Jeanne (1343-86). **Culture :** terrains silico-argileux, terres franches, sols granitiques et schisteux lui assurent un plein développement et une grande longévité. *Craint* sécheresse, argile verte et calcaire. *Résiste* au froid (peut s'élever en montagne jusqu'à 1 200 ou 1 400 m et supporte alors – 25 °C). **Rendement :** meilleur vers 20 ans (50 kg). **Production** (en milliers de t, 2000) : Chine 8 614,6, USA 908,2, Italie 854,2, Espagne 677,3, Argentine 475,5, All. 435, Japon 415,7, Turquie 415, Chili 320, Afrique du Sud 302,3, *France 264,* Corée du S. 259,1, Ukraine 250. *Monde 16 626,5.*

☞ **En France. Variétés** (en % de la surface plantée) : *été* (50 à 55 % de la récolte surtout régions méridionales) : Dr-Jules-Guyot (26) créée 1870 par Beltet de Troyes, Williams (16,5) créée par Stair en Angl. et produite en 1770 par Turnham Green ; *automne* (25 % de la récolte) : Beurré Hardy (6,9), Alexandrine Douillard, Louise-Bonne d'Avranches (5,8), Conférence (8,2), Packham's Triumph, Épine du Mas, Doyenné du Comice (7,5) créée milieu du XIXe s. par la Sté d'horticulture du Maine ; *hiver* (20 à 25 % de la récolte) : Passe-Crassane (15,6) créée vers 1850 par Boisbunel de Rouen. *Quelques autres noms :* Cuisses-Madames, Duchesse d'Angoulême, Joséphine de Mélines. Marie-Louise, Mouille-Bouches, Muscadelles, Passe-Colmar, Toutes-Bonnes, Triomphe de Jodoigne, Virgine-Dallet. **Production** (en milliers de t, 2000) : *poire de table :* 261,6 (12 554 ha) dont B.-du-Rh. 58,9, Vaucluse 26,9, Htes-Alpes 22,6, Rhône 14,7, Drôme 12,7, Loiret 12,6, L.-et-G. 11,4 ; *par variétés :* poire d'automne 89,4, Williams 84,6, Jules Guyot 61,1, poires d'hiver 21,8. **Importations** de poires d'été (Williams et Guyot) et surtout des Passe-Crassane d'Italie (hiver) et des Packham's de l'hémisphère austral (printemps). **Consommation :** 4,5 kg/hab./an.

■ **Poivre. Origine :** Indes néerlandaises, Sumatra. Connu depuis l'Antiquité. Pierre Poivre (1719-86), gouverneur des îles Maurice et de la Réunion, l'introduisit dans les colonies françaises en 1770. **Plante :** *poivrier,* liane grimpant autour de tuteurs jusqu'à 10 m dans les pays tropicaux humides (Indes néerlandaises). **Fruits :** petites baies en épis serrés et charnus. Trois présentations : poivre noir (baies entières séchées au soleil) ; poivre blanc (baies séchées et dépulpées) moins actif, pour consommation de table ; poivre vert (baies immatures).

■ **Pomelo (pamplemousse). Nom :** *Citrus paradisi.* Forme évoluée du véritable pamplemousse *(Citrus grandis)* qui n'est plus cultivé que pour des usages pharmaceutiques et la confiturerie, car son écorce épaisse est irrégulière et sa pulpe, très acide, contient beaucoup de pépins. **Arbre** de 10 m. **Fruit** de la grappe improprement mais communément appelé pamplemousse (ou *grape-fruit*). **Variétés :** *pomelo blanc* ou *blond* (Marsh), amer, très juteux (Israël) ; *pomelo rose* (Thompson), plus sucré, à la peau soyeuse, lisse ; *pomelo jaune vif* (Floride, Texas, Californie, Afr. du Sud) ; *pomelo rouge* (Ruby Red), très coloré et sucré (USA). **Rendement :** 60 à 80 t/ha.

Production (pamplemousses et pomelos, en milliers de t, 2000) : USA 2 502. Israël 370. Chine 310,6, Cuba 300, Argentine 210, Mexique 160, Afrique du Sud 150, Inde 92, Brésil 66, Soudan, Turquie 65, Paraguay 60, Liban 58. *Monde 5 088,5.*

■ **Pomme.** Famille des rosacées. **Origine :** Caucase et Asie Mineure (fruit le plus ancien connu), introduit dans les zones tempérées à l'époque préhistorique. **2 espèces indigènes :** *Malus communis :* cime arrondie atteignant 10 m, à gros rameaux, fruit large. *Malus acerba :* cime plus dressée, chair acerbe. **Arbre :** vit 20 à 25 ans (pommier palissé), 30 à 35 ans (pommier de plein vert). **Fruit :** drupe à 5 loges cartilagineuses dont chacune renferme 1 ou 2 pépins. Il existe 6 000 variétés de pommes de table. **Culture :** *aime* sols sains, un peu frais, silico-argileux ou légèrement calcaires. L'humidité favorise le chancre. *Craint* fortes sécheresses, grands froids et gelées d'avril. **Rendement :** jusqu'à 5 ans : 5 t/ha, 5 à 10 ans : 25 t/ha, 10 à 15 ans : 30 t/ha, plus de 15 ans : 20 t/ha.

Production (en milliers de t, 2000) : Chine 22 889,8, USA 4 843, Turquie 2 500, Iran 2 200, Italie 2 155,6, *France 2 140,* All. 1 800, Ukraine 1 325, Inde 1 320,6, Pologne 1 280, Russie 1 200, Brésil 1 160,5, Japon 927,7, Argentine 828,8, Chilie 750. *Monde 59 963,1.*

Commerce (en milliers de t, 1999) : *export. : France 766,2.* P.-Bas 338,9. Belg.-Lux. 335,5. Nlle-Zélande 291,7. Iran 190. Chine 170,3. Pologne 169,3. USA 95,4. Mexique 62,6. Esp. 58,3. *Monde 3 265,7. Import. :* All. 707,8. G.-B. 460,4. Russie 358,8. Belg.-Lux. 248,4. P.-Bas 235,9. Chine 158,8. USA 142. Brésil 126,2. Canada 115,3. Arabie s. 113. *Monde 4 506,6.*

☞ **En France. Variétés :** *traditionnelles européennes* (environ 20 % du marché) : Reine des Reinettes (maturité sept.-oct.) ; Reinette du Canada (décembre) ; Reinette clochard (décembre à mars) ; Reinette du Mans (fin d'hiver). *Variétés américaines* (plus de 80 % du marché) : maturité 2e quinzaine d'août jusqu'à début nov., peuvent être conservées au froid jusqu'en mars-avril ; Golden Delicious (plus de 65 % du marché ; née d'un semis de hasard en Virginie de l'Ouest aux USA vers la fin du XIXe s.) ; Américaines rouges (Delicious rouges, Starking, Richared et Winesaf) ; Starkrimson ; Granny Smith (ou pomme australienne) depuis 1952. **Culture :** *superficie brute du verger :* 60 280 ha ; *superficie du verger commercialisé et traité* (en 1999) : 54 165 ha dont 54 % en Golden, le reste en Granny Smith, Reinettes du Canada, Américaines rouges et traditionnelles. **Consommation :** 14 kg/pers./an dont 53 % de Golden et assimilées ; la pomme est le 1er fruit consommé en France (25,7 % de la consommation fruitière). **Production** (en milliers de t, 2000) : 2 125 (59 794 ha) dont M.-et-L. 246, T.-et-G. 240,2, B.-du-Rh. 200,1, Vaucluse 185,3, Alpes de Hte-Pr. 96,9 ; *par variété :* Golden 941, Granny Smith 246, rouge américaine 169,8, autres 797,4.

■ **Prune. Origine :** 2 espèces primitives : *prunier sauvage* ou *prunaulier* (4 à 6 m de haut, répandu depuis l'Asie Mineure jusqu'en France, Angleterre...) ; *prunier domestique* ou *prunier de Damas* (4 à 8 m de haut, à fruits oblongs, croît spontanément en Europe, très cultivé en Syrie ; en 1148, les croisés n'ayant pu s'emparer de Damas, on les accusa d'y être allés « pour des prunes »). **Culture :** préfère les terres sèches et un peu calcaires. Résistant au froid et un peu aux gelées de printemps. Vit environ 35 ans. **Rendement :** meilleur vers 8 ans (25 à 40 kg). **Prunes à noms historiques :** Reine-Claude (femme de François Ier) ; prune de Monsieur (Monsieur, frère de Louis XIV) ; Galissonnière (prune importée du Canada en 1750 par le marquis de la Galissonnière). **Production** (en milliers de t, 2000) : Chine 3 611,5, USA 668, Yougoslavie 460, Roumanie 345, All. 316, Chili 198, *France 195,8,* Turquie 190, Italie 188,3, Espagne 146,7, Russie 120, Japon 119,1, Iran 118,3. *Monde 8 223.*

☞ **En France. Variétés :** *japonaises :* Allo, Methley, Golden Japan ; *européennes* (surtout consommées crues) : Reine-Claude, d'Oullins ou Massot, d'Althan, de Bavay, tardive de Chambourcy, dorée ou verte ; *prunes diverses :* Monsieur Hâtif, Royale de Montauban, Mirabelle parfumée de septembre de Mirabel (de mirer « regarder » et bel « beau »), toponyme réservé à une hauteur, fréquent (Drôme, Ardèche, T.-et-G.) ; *surtout transformées :* Mirabelles de Nancy, de Metz, Quetsche d'Alsace, Prune d'Ente ou Prune d'Agen.

■ **Cidre en France. Origine :** sous le nom de « pomade », il est venu de Biscaye au XIe s. et a gagné la Normandie depuis le pays d'Auge entre les XIIIe et XIVe s. **Description :** résulte de la fermentation naturelle du jus de pommes fraîches ou d'un mélange de jus de pommes et de poires fraîches avec ou sans addition d'eau potable (3 à 5°). *Cidre pur jus :* produit exclusif de la fermentation de jus de pommes fraîches sans aucune addition d'eau. *Cidre mousseux :* effervescence résultant exclusivement de la fermentation alcoolique (bouteille à conserver debout). *Cidre bouché :* teneur en anhydride carbonique au moins égale à 3 g/l (obtenu par fermentation naturelle) ou 4 g/l (autres cidres). *Cidre doux :* titre alcoométrique volumique acquis égal au plus à 3 %, et teneur en sucres résiduels égale ou supérieure à 35 g/l. *Cidre bouché doux :* titre alcoométrique volumique acquis égal au plus à 3 %, et teneur en sucres résiduels égale ou supérieure à 42 g/l.

Pommes à cidre. Donnent cidre, jus de pomme, calvados. *Arbres :* 11 millions (le 15-10-1987, tempête qui a abattu 20 % des arbres) [*1929 :* 48 millions, *65 :* 34]. **Production totale** (en milliers de t) : *1982-83 :* 1 410 ; *92-93 :* 401,9 ; *94 :* 495,8 ; *97 :* 651,7 ; *98 :* 415,9 ; *99 :* 679,4 (haute tige 513,8, basse 165,6) dont Basse-Normandie 209, Bretagne 138,9, Pays de la Loire 65,6. Hte-Normandie 100,2.

Industrie cidricole. Production (en millions de l, 2000) : 144,6 dont (en %) Bretagne 35,7, Basse-Normandie 39,7, Pays de la Loire 10,5, Haute-Normandie 10,1. **Variétés** (en %, 1998) : *cidre bouché :* 66 ; brut 42, doux 38,8, traditionnel 13,8, autres 5,4 ; *cidre de table :* 30 ; autres 4. **Exportations** (en 1999) : 10 millions de l. **Consommation taxée** (en 1999-2000) : 1 097 169 hl (marché intérieur).

■ **Quatre Mendiants.** Nom donné à un dessert composé de quatre fruits secs (figues, noisettes, raisins, amandes), se rapportant aux 4 Ordres mendiants : les augustins, vêtus de noir, représentent les raisins ; les franciscains, les amandes grises ; les carmes, les noisettes brunes ; les dominicains, les figues blanchâtres.

■ **Raisins** (voir p. 1507 a).

HORTICULTURE ORNEMENTALE

DONNÉES GÉNÉRALES (FRANCE)

■ **Superficie cultivée** (en ha, 1999). 22 000 dont pépinières 13 710 (ornementales 9 430, fruitières 1 680, forestières 2 600), horticulture 5 310. **Types de couverture** (en ha) : plein air 19 700, cultures couvertes 2 300 dont serres fixes 1 531, tunnels 614, ombrières 80, châssis 75. Surface totale chauffée (chauffage et antigel) : 1 838 ha.

■ **Cultures florales** (en 2000). **Surface en ha :** fleurs et feuillages coupés 2 688, plantes en pots fleuries et plantes vertes 1 733, plantes à massif en arrachis ou en mottes et plantes vivaces 1 326, bulbiculture (bulbes, oignons, tubercules, rhizomes, griffes) 802, pépinières florales 686.

■ **Production** (en 1999). **En millions de fleurs :** *fleurs et feuillages coupés :* rose 312,4, œillet 116,1, chrysanthème 66,7, muguet 64,7. *Plantes en pots fleuries, plantes vertes* (en millions de pots) : chrysanthème 25,6, géranium et pélargonium 23, azalée 9,8. **En millions de F :** fleurs et plantes 6 154, pépinières 4 176.

■ **Entreprises de production.** 11 000. **Main-d'œuvre** (en 1997) : salariée 27 000, familiale 8 800, temps partiel 13 400, apprentis stagiaires 3 800 ; total permanents 35 800.

■ **Commerce** (en millions de F, 2000). **Export. :** 1 271. **Import. :** 5 938 dont Pays-Bas 3 960, Benelux 758.

■ **Consommation. Végétaux** (en millions de F, 2000) : *intérieur :* 12 593 dont fleurs coupées 4 717, compositions florales 2 555, coupes et bacs 1 050, plantes vertes 350, fleurs séchées 99, bonzaïs 37 ; *extérieur* (en 2000) : 4 478 dont plantes vivaces et plantes à massifs 1 814, conifères et arbres d'ornement 1 351, rosiers 392, fruitiers 402, bulbes 370, graines 149. **Achats de fleurs et plantes** (en F par hab., 1998). Suisse 792, Norvège 714, Danemark 534, Allemagne 504, Autriche 501, Finlande 423, Suède 414, P.-Bas 345, *France en 1998 : 234* (dont, en %, pour offrir 53,3, cimetières 30,1, pour soi 16,6) ; *en 1999 :* 268.

☞ **Fleurs préférées** des Français (en % des actes d'achats, 1999) : roses 42, tulipes 11, œillets 13, chrysanthèmes 7,5, muguets 2,4, orchidées 3,6, mimosas 2,4, lys 2,2, narcisses et jonquilles 1,7, anémones 1,7, freesias 1,2, autres 8,3.

■ **Lieux de vente. En gros :** *fleurs coupées :* production : Nice (St-Augustin) ; distribution : Paris-Rungis ; MIN (marchés d'intérêt nationaux) régionaux : Lyon, Lille, Bordeaux. *Plantes en pots :* part moins importante, vente par tournée très courante. *Pépinières :* la plus grande partie commercialisée par les professionnels. **Détail :** 17 000 professionnels, fleuristes en boutique et de marchés, marchands grainiers, marbriers fleuristes, commerce moderne.

Transmissions florales : *Sté française de transmissions florales* (membre de *Fleurop Interflora*) : créée 1946 ; en 2000 : 5 100 adhérents (60 000 dans 130 pays), 1 805 000 ordres transmis, chiffre d'affaires : 650 000 000 F. *Téléfleurs :* créée 1971 ; 4 000 fleuristes ; 400 000 ordres ; chiffre d'affaires : 130 000 000 F. *Transelite :* créée 1987.

PRODUITS

■ **Lavande.** Pousse au-dessus de 800 m sur terrains calcaires et ensoleillés. *Floraison :* mi-juin. *Récolte :* mi-juillet. *Usage :* antimites, aromathérapie, phytothérapie et pharmacologie ; analgésique, antispasmodique et bactéricide. La lavande fine sauvage a été cueillie dans les Alpes du Sud entre 1890 et 1914, puis sa culture s'est développée en 1929 (150 t). **Départements producteurs** (en t d'essence, 2000) : Vaucluse 26, Drôme 18,4, Alpes de Hte-Pr. 13, Htes-Alpes 3,2. 2 000 producteurs, 800 exploitations (– 30 % en 4 ans). **Production** (en t) : *1929 :* 150 ; *93-94 :* 37,5 ; *97 :* 39,7 ; *2000 :* 61,8. Concurrence des pays de l'Est : 70 t importées. **Superficie :** *1999 :* 3 113 ha.

■ **Lavandin.** Hybride de lavande vraie et d'aspic (ou grande lavande). Ne peut pas être reproduit par multiplication sexuée. Cultures réalisées à partir de boutures, chaque plant hybride pouvant être l'origine d'un clone. **Variétés :** *lavandin abrial, lavandin super, lavandin grosso.* Culture récente (au-dessous de 900 m et principalement à 600 m). **Production en France :** *2000 :* 17 289 ha, 1 354, 2 t. 50 à 100 kg par ha (lavandin grosso), essence moins fine car elle contient, outre les constituants de l'essence de lavande, ceux de l'essence d'aspic (camphre, cinéol, bornéol).

■ **Lupin. Plante** herbacée, annuelle ou vivace, cultivée comme engrais vert, fourrage ou plante ornementale, famille des Papilionacées. Fleurs groupées en grappe dressée ou en épi, feuilles palmées. **Variétés :** *lupin blanc* (engrais, pâturage des moutons), *bleu, jaune* (Allemagne), *variable* (ornemental). Espèces vivaces : *lupin arborescent, hérissé, polyphylle.* **Lupin doux** (en France, 2000) : 5 865 ha (P. de la Loire, Poitou-Charentes, Bretagne, Centre). *Production :* 17 962,5 t (31 q/ha).

LÉGUMES

GÉNÉRALITÉS

DANS LE MONDE

■ **Consommation de légumes frais et transformés dans l'UE** (en kg/ménage, 2000). Espagne 127. *France 77.* Allemagne 67. G.-B. 59.

■ **Production mondiale récoltée** (en millions de t, 2000). **Par produits.** Ail 9,97 ; artichaut 1,2 ; asperge 4,1 ; aubergine 21,9 ; betterave 249,8 ; carotte 19,5 ; champignon 2,3 ; chou 52,3, -fleur 14,2 ; concombre 29,9 ; courge 15,4 ; épinard 7,7 ; fève sèche 3,1 ; haricot vert 4,5 ; h. sec 18,8 ; légumineuses sèches 55,7 ; igname 37,7 ; lentilles 3,1 ; manioc 171,5 ; oignon 47,7 ; patate douce 141 ; petits pois 7 ; pois chiche 8,8 ; p. sec 10,9 ; poivron 18,6 ; pomme de terre 308,2 ; taros 8,8 ; tomate 100,7. **Par pays.** Chine 105 080, Inde 24 000, Viêt Nam 4 300, Russie 4 101, Philippines 4 020, Nigéria 3 868, Corée du S. 3 346, Japon 3 022, Myanmar 2 800, Corée du N. 2 400, Brésil, Italie 2 200, *France 2 100,* Iran 2 000. *Monde 4 182.*

EN FRANCE

■ **Commerce extérieur de légumes frais** (en milliards de F, 2000). **Import. :** *de* Espagne 3,13. Maroc 1,2. P.-Bas 0,86. Belgique 0,65. Italie 0,46. Israël 0,23. Kenya 0,1. UE-15 5,3. Hors UE-15 1,98. **Export. :** *vers* All. 1,41. G.-B. 0,82. Espagne 0,59. Italie 0,55. Belgique 0,53. P.-Bas 0,33. Suisse 0,31. UE-15 4,69. Hors UE-15 0,64. **Balance commerciale :** *1990 :* – 1,9 (*import.* 5,33/*export.* 3,42) ; *93 :* – 1,3 (4,9/3,6) ; *96 :* – 2,1 (6,3/4,2) ; *97 :* – 2,3 (5,7/3,4) ; *98 :* – 2,2 (5,99/3,79) ; *99 :* – 2,05 (6,08/4,03) ; *2000 :* – 1,96 (7,28/5,33).

Par espèce. Exportations et, entre parenthèses, **importations** (en milliers de t, 2000). Ail 13,9 (24,6). Artichaut 10,2 (28). Asperge 5,7 (13,4). Aubergine 4,6 (32,5). Câpre 0,002 (0,03). Carde et cardon 0,2 (3,5). Carotte et navet 113 (101,6). Céleri en branche 3,6 (17,2), -rave 0,7 (13,9). Cèpe 0,2 (0,15). Champignon de couche 2,3 (10,4), autres 1,4 (9,2). Chanterelle 0,2 (1,3). Chicorée 19,4 (35,3). Chou de Bruxelles 1,4 (8,6), -fleur 191,8 (40,5), autres 10,7 (25). Concombre 10,9 (45,2). Cornichon 0,8 (4,7). Courgette 18,4 (91,1). Échalotte 17,8 (0,6). Endive 24,2 (2,2). Épinard 1,5 (1,2). Fenouil 0,8 (19,6). Haricot vert 29,8 (42,3). Laitue pommée 17 (20,6), autres 15,5 (14). Autres légumes à cosse 4,5 (4,1). Autres légumes 21,7 (35,5). Maïs doux 8 (2,5). Melon 41,7 (101). Oignon 62,9 (85,1). Pastèque 7,5 (71,9). Pomme de terre de conservation 891,8 (179,1), primeur 114,4 (87,9). Piment 1,1 (5). Poireau 16,4 (29,4). Pois à écosser 17,5 (8,3). Poivron 22,7 (94,2). Raifort 0,08 (0,07). Autres salades 29,9 (17,8). Salsifis scorsonère 5,7 (23,7). Tomate 81,1 (372,2). Truffe 0,04 (0,08). *Total 1 845 (1 726).*

■ **Production** (en milliers de t, 2000) **et,** entre parenthèses, **superficie** (en milliers d'ha, 2000). *Légumes feuillus et à tige :* artichauts 64,2 (12,2), asperges 29,3 (10,4), céleris branches 33 (0,86), choux-fleurs 385,4 (32), choux à choucroute 82,6 (1), endives racines 429,5 (15,4), endives chicons 260,6, épinards 132 (7,3), poireaux 201,1 (8,2), laitues pommées 360,5 (12,4), laitues romaines 16,7 (0,6), chicorées frisées 74,2 (2,5), chicorées scaroles 61,5 (2,4). *Herbes et assaisonnement :* persil 31,8 (1,8). *Légumes cultivés pour le fruit :* fraises 73,4 (4,9), concombres 142,1 (0,6), courgettes 166,1 (3,5), melons 313,6 (17,4), tomates 897,6 (8,5). *Racines et tubercules :* ail (en vert) 7,5 (0,7), ail (en sec) 33,3 (4,5), carottes 632,5 (15,4), céleri-rave 47,8 (1,5), navets 84,9 (3,4), oignons blancs 41,3 (1,5), oignons de couleur 319,3 (7,3), radis 43,3 (2,7), salsifis et scorsonères 22,9 (0,9). *Légumes à cosses :* petits pois 236,5 (34,3), haricots à écosser et demi-secs 54,1 (9,7), haricots verts (y compris beurre) 368,7 (25,4). *Autres légumes frais :* maïs 46,4 (25,4). *Légumes secs y compris semences :* haricots secs 9,3 (3,9), lentilles 12 (7), pois cassés 5 (1,6). *Total :* 6 531,1 (125,7).

■ **Exploitations. Nombre :** légumes de plein champ 92 500 (195 800 ha), maraîchage 35 900 (41 400 ha). **Répartition selon la superficie :** légumes de plein champ et, entre parenthèses, maraîchage (en %) : *- de 1 ha :* 51,8 (64,9) ; *1 à 2 :* 17,8 (18,4) ; *2 à 5 :* 18,9 (12) ; *5 à 10 :* 7,9 (2,5) ; *10 à 35 :* 3,4 (0,6) ; *+ de 35 :* 0,2.

■ **Périodes de récolte normale et,** entre parenthèses, **primeur.** *Carotte :* août-avril (mai-juillet) ; *navet :* oct.-mars (mars-juillet) ; *poireau :* sept.-avril (15 mai-fin juin) ; *oignon :* août-oct. (avril-mai) ; *ail :* fin juin-début août (mai) ; *échalote :* fin juin-début août (juin-juillet) ; *artichaut :* mai-nov. (avril) ; *concombre :* avril-août (févr.-mars).

Produits

☞ **Partie consommée en légume : racine ou tubercule :** carotte, navet, radis, salsifis. **Tige ou bulbe :** ail, asperge, oignon. **Feuille ou pétiole :** bette, céleri, chou, endive (ou chicorée de Bruxelles), épinard, laitue, mesclun, poireau. **Fleur ou inflorescences :** artichaut, chou-fleur. **Fruit et graines :** aubergine, concombre, courgette, potiron, tomate. **Fruit :** gousse ou cosse enfermant des graines comestibles : fèves, haricots, lentilles, pois.

■ **Ail. Aspect :** tige cylindrique de 40 à 75 cm, bulbe constitué de 8 à 10 bulbes secondaires appelés caïeux ou gousses. **Variétés :** *ail blanc* ou commun, *ail rose* hâtif à gros caïeux, *ail d'Espagne* ou *rocambole, ail d'Orient, ail rond du Limousin, ail d'Auvergne, ail de Vendée.* **Culture :** en plein champ. **Récolte :** juillet. **Rendement :** 130 à 200 litres par are (1 litre = 250 caïeux) : 75 à 100 kg (moyenne monde en 1999 : 99). **Production** (en milliers de t, 2000) : Chine 6 444,1, Inde 517,7, Corée du S. 483,8, Égypte 301,3, USA 299,4, Russie 198, Espagne 175,3, Argentine 150. *Monde 9 974,6.*

☞ **En France. Production** (en milliers de t, 2000) : *en vert :* 7,54, *en sec :* 33,39.

■ **Amarante. Origine :** Amér. centrale et du Sud. Les Espagnols interdirent la culture de l'amarante en 1519 car les Aztèques utilisaient des graines d'amarante grillées et liées avec le sang des victimes de leurs sacrifices humains. **Aspect et propriétés :** feuilles se consommant en légumes verts cuits et graines riches en protéines (surtout lysine) donnant de la farine. Convient particulièrement aux pays du tiers-monde car résistante à la sécheresse et facile à cultiver à la main. **Taille :** graines minuscules (environ 2 000 par g). **Variétés :** 400. **Rendement :** 20 t par ha. 1 livre de graines suffit pour ensemencer 1 ha (pour près de 180 kg de maïs).

■ **Artichaut. Origine :** cultivé depuis le XVe s, tige de 1 à 1,50 m de haut. Plante cultivée pour ses capitules que l'on mange avant leur épanouissement : « feuilles » (bractées) ; fond d'artichaut rempli de matières nutritives ; foin composé de jeunes fleurs en bouton. Considéré par certains comme la nourriture des ânes. **Récolte :** automne la 1re année, début de l'été ensuite. La production diminue au bout de 3 ou 4 ans. **Culture forcée :** artichauts de printemps. **Variétés :** *camus de Bretagne* (70 % de la prod. française, cultivé surtout dans le Finistère nord mais aussi en Anjou ; période de prod. mi-avril à déc.) ; *violets* (d'Hyères, du Gapeau : Var, Pyr.-Or. ; automne et printemps) ; *blanc hyérois* (Var, Pyr.-Or. ; surtout au printemps). **Rendement** moy. monde en 1999. 109,27 q/ha. France 56. **Production** (en milliers de t, 2000) : Italie 514,9, Espagne 284,6, Argentine 85, *France 64,3* (dont Finistère 34,9, Côtes-d'Armor 12, Pyr.-Or. 11,8), Égypte 60, USA 51. *Monde 1 290.*

■ **Asperge. Origine :** bassin méditerranéen oriental, herbacée vivace connue des Romains, cultivée en France depuis le XVe s. **Aspect :** rhizome souterrain d'où partent chaque année des bourgeons ou turions s'élevant à 1 ou 1,50 m. **Variétés :** *asperges vertes ou communes, asperges de Hollande ou violettes de Hollande, asperges d'Argenteuil* hâtives ou tardives. **Récolte :** au bout de 2 ou 3 ans et pendant 3 à 11 ans, 60 à 100 kg par are. Plein champ ou culture forcée sous châssis. **Production** (en milliers de t, 2000) : Chine 3 407,5, Pérou 183,5, USA 101,5, Japon 80, Mexique 62, Espagne 61,3, *France 29,3* (dont Gard 5,6, Landes 4, Loir-et-Cher 3,1). *Monde 4 168. En 1990,* le Languedoc-Roussillon (40 % de la production française) a été victime de la *fusariose* (due au *fusarium :* champignon qui empêche le développement de l'asperge et rend la terre impropre à sa culture pendant plusieurs années).

■ **Aubergine. Origine :** Inde, se répand en Europe fin XVe s. Utilisée surtout sous forme de cataplasme et consommée comme dessert en Italie. Appréciée sous le Directoire, introduite sur marchés parisiens en 1825. **Aspect :** herbacée annuelle à tige semi-ligneuse (50 à 60 cm). Grosse baie allongée violette, jaune ou blanche suivant variétés. Peut atteindre 20 à 25 cm de long. **Variétés :** violettes longues, monstrueuses de New York. **Semis :** avril. **Repiquage :** avril-mai. **Récolte :** juillet-oct. Plein champ ou culture forcée. **Production** (en milliers de t, 2000) : Chine 11 908,5, Inde 6 100, Turquie 850, Égypte 562, Japon 458,8, Italie 318,8, Philippines 180,1, Indonésie 150, Espagne 135, Syrie 128, Soudan 110, Grèce 80. *Monde 21 987.*

■ **Bette. Origine :** nom usuel de la poirée. Cultivée pour ses feuilles. Comme la betterave *(Beta vulgaris)* issue de la bette maritime *(Beta maritima),* spontanée sur les bords de l'Atlantique et de la Méditerranée. **Récolte :** août. **Rendement :** 200 à 500 kg de feuillage à l'are. **Production française** (en millions de t, 2000) : 16,2.

■ **Betterave.** Voir p. 1500 a.

Betterave sucrière. Voir p. 1500 b.

☞ **En France. Production** (en millions de t) : *betteraves fourragères* (en 2000) : 2,3 dont Bretagne 0,6, Hte-Normandie 0,44 ; N.-P.-de-C. 0,41 ; *sucrières : 1985-86 :* 24,3 ; *90-91 :* 26,4 ; *95-96 :* 27,4 ; *97-98 :* 29,2 ; *98-99 :* 27,5 ; *99-2000 :* 29,69 ; *00-01 :* 27,71 (richesse moyenne en sucre 17,7).

■ **Carotte. Origine :** Gaule ; d'un usage courant depuis le XIVe s. Bisannuelle, donne la 1re année une grosse racine qui forme la partie comestible ; la 2e, elle émet, au milieu de la rosace des feuilles, des tiges dressées, rameuses, hautes de 60 cm à 1 m. **Variétés :** pour le marché du frais : « Populations » *(Nantaise améliorée, de Carentan, Touchon, de La Halle),* « Hybrides » *(Tancar, Nandor, Revo, Tiana) ;* carottes d'industrie : pour la macédoine *(Colmar* ou *Flakkee, Chantenay) ;* pour la conserve (type *Amsterdam,* carottes *douce Amsterdam).* **Semis :** mars-juillet. **Récolte :** juin-oct. **Rendement :** 410 q/ha (en 2000). **Production** (en milliers de t, 2000) : Chine 4 964,7, USA 2 238,5, Russie 1 605, Pologne 900, Japon 676,7, G.-B. 674,5, Italie 588,1, *France 450,* Ukraine 425, All. 363,8, Mexique 359,3, Inde 340, Espagne 320, Canada 315, Maroc 300, P.-Bas 274, Australie 267, Indonésie 264,9, Venezuela 238,6, Nigéria 231, Turquie 230, Argentine, Colombie 210, Pakistan 194,9, Corée du S. 151,3, Portugal 150, Kazakhstan, Pérou 140, Égypte 136, Algérie 135, UEBL 135, Afr. du S. 100,3, Hongrie, Suède 100. *Monde 19 559.*

■ **Cardon. Aspect :** herbacée vivace. Rhizome allongé d'où sortent de grandes feuilles (1,50 m). **Culture :** semis au printemps, croissance lente jusqu'en août.

■ **Céleri. Origine :** issu de l'ache odorante. Employé comme diurétique au Moyen Age, devient une plante potagère à la Renaissance. **Aspect :** racine charnue ; bisannuelle. **Variétés :** *céleri en branche à côtes* (pétioles des feuilles très développés), *céleri-rave* (racine très volumineuse). **Culture :** en plusieurs saisons, se développe en 6 mois. **Semis :** sous châssis ou serre chaude, févr.-avril. **Repiquage :** avril-juin. **Récolte :** août-nov. **Rendement** (en kg/ha, 1999) : *branche :* 387, *rave :* 304.

☞ **En France. Production** (en milliers de t, 2000) : *branche :* 33 dont Pyr.-Or. 5,3, Morbihan 3,3, Finistère 3,1, L.-et-G. 2,3, Hte-G., Manche 1,3, Nord 1,2 ; *-rave :* 47,8, dont Ain 5,3, Nord 5,1, Manche 4,1, I.-et-V. 3,9, Ch.-M. 3, Vienne 2,7, Calvados 2,6.

■ **Champignons. Production** (en millions de t, 2000) : Chine 709,7, USA 390, P.-Bas 246. *France 150,* G.-B. 104,4, Pologne 100, Espagne 80, Canada 72,5, Japon 70,5, Irlande 62. *Monde 2 383,7.*

Commerce (en milliers de t, 1999) : *export. :* P.-Bas 63,7. Chine 50. Irlande 34,8. Benelux 23,5. *Monde 271,7 ; import. :* G.-B. 59,4. All. 43,4. Japon 35. *France 19,7. Monde 259,5.*

Champignon de couche. Variétés : *blanc neige, ivoire* (marché du frais), *crème* (frais et conserve), *blond* (petit, conserve uniquement). **Production mondiale** (en millions de t) : champignons de couche 850, shii-take 140, champignons de paille-de-riz 57, pattes-de-velours 40, pleurotes 18, namekos 15, oreilles-de-Judas 8, strophaires rugueux 2, truffes noires 0,2, divers 0,1. *Total 1 130.*

☞ **En France.** L'*agaricus bisporus* (dit champignon de Paris) est cultivé dans les carrières souterraines (Val-de-Loire). **Production** (en 2000) : 150 000 t. Les champignons, étant les fruits naturels de la terre, appartiennent au propriétaire du terrain. Toute personne en ramassant sur un terrain privé est coupable de vol.

■ **Chicorée. Origine :** existe depuis 6 000 ans, appréciée des plus grands médecins et botanistes grecs pour ses propriétés thérapeutiques (ventre, foie, reins) ; à la cour de Louis XIV, large consommation d'eau de chicorée. Traitement industriel de la plante gardé secret par les Hollandais jusqu'en 1723. *1750 :* 1res usines en France. **Variétés :** *chicorée sauvage :* 2 variétés de semences : pour feuilles consommées en légumes [chicorée frisée et scarole (production : 132 678 t), endive (production : 250 000 t)] ; pour racine et fabrication de chicorée à boisson (traitement industriel). *Chicorée à boisson :* semis début à mi-avril sur 3 500 à 4 000 ha, récolte oct.-nov. Les racines sont lavées, coupées en morceaux, déshydratées et procurent des cossettes qui sont torréfiées et vendues sous forme de grain, chicorée moulue, soluble et liquide, pour utilisation à l'état pur, dans le lait, le café, le chocolat, les entremets, la confiserie. La chicorée est désormais cultivée pour le fructose et l'inuline sur plus de 17 000 ha, surtout dans le nord de la France, en Belgique et Hollande.

☞ **En France. Production** (en milliers de t, 2000) : *chicorée frisée :* 74,3 dont B.-du-Rh. 14,1, Pyr.-Or. 10,1, Var 8,3. *Scarole :* 61,5 dont Pyr.-Or. 13,6, Manche 3,8, B.-du-Rh. 3,5, Gard 3,3. **Chicorée à boisson :** 3 218 ha, 750 planteurs, 7 sécheries, 2 usines. *Production de chicorée* en 2000 (racines) : 129 192 t dont 40 % exportés.

■ **Chou. Culture :** *chou pommé :* semis sous châssis mi-février ou en mars (région côtière) ; récolte été ou automne ; *chou quintal* (pour la choucroute) : semis vers la mi-août, récolte au printemps, rendement 300 à 700 kg/are ; *chou-rave :* semis au printemps en pépinière, récolte 3 mois après, rendement 250 à 500 kg/are ; *chou-fleur :* semis à partir d'avril, récolte de fin août à l'automne, rendement 100 à 200 kg/are ; *chou brocoli :* récolte avril-mai. **Variétés :** *chou pommé :* pointus (cabus), ronds lisses (cabus pommés lisses, rouges), ronds frisés (de Milan). *Choux de Bruxelles* (Peer Gynt, Topscore, Lancelot, Lunet, Citadel, Prince Askold). *Chou-fleur :* hollandais (Erfurt), parisien (Lecerf), méridional (Bagnols), italien (géant de Naples), d'Alger. **Rendement :** 239,8 q/ha (en 1999). **Production** (en milliers de t, 2000) : Chine 19 953,1, Russie 4 500, Inde 4 200, Corée du S. 2 755. Japon 2 550. USA 2 084,4, Pologne 1 778, Indonésie 1 401,3, Ukraine 1 070, Roumanie 1 000, Ouzbékistan 912, *France 240. Monde 52 352.*

Chou-fleur. Rendement : 18,6 t/ha (en 1999). **Production** (en milliers de t, 2000) : Inde 5 200, Chine 4 964, Italie 499,7. *France 385,4* (dont Finistère 157,4, Côtes-d'Armor 81,5, Ille-et-Vilaine 38,4), Espagne 374,4. USA 368,3, Pologne 213, Mexique 200. Pakistan 197,8, G.-B. 172,8, All. 157,1. *Monde 14 240,4.*

■ **Ciboulette** ou **civette.** Liliacée *(Allium schœnoprasum).* **Aspect :** fleurs rouge violacé. **Hauteur :** 10 à 60 cm. **Croissance :** semis printemps ou automne. **Récolte :** 4 à 6 semaines après semis. **Utilisations :** *culinaire* salade, sauces, soupe vichyssoise ; *médicinale* favorise digestion, élasticité des vaisseaux sanguins ; *domestique* éloigne pucerons et mildiou (si on la cultive pour la cuisine, couper régulièrement les fleurs).

■ **Concombre et cornichon.** Famille des cucurbitacées. **Origine :** Inde. Baie de 20 à 60 cm. **Semis :** avril-juin (culture forcée déc. ou janv.). **Variétés :** *concombres* (20 à 50 cm, blancs ou verts, lisses ou épineux), *cornichons* (fruits plus petits et plus nombreux). **Rendement :** 171,6 q/ha (en 1999). **Production concombres et cornichons** (en milliers de t, 2000) : Chine 17 178, Iran, Turquie 1 400, USA 1 096,5. Japon 765,9, Ukraine 700, Russie 650, P.-Bas 465, Espagne 420, Corée du S. 418,8, Mexique 410, Égypte 360, Pologne 350, Indonésie 315, Ouzbékistan 285, Thaïlande 210, Liban 190, Bulgarie 170, Grèce, Kazakhstan 160. *Monde 29 963,1.*

■ **Courge.** Cucurbitacées, baie à écorce solide. Nombreuses formes. **Variétés :** *potiron* (fruit en forme de sphère, 50 cm de diamètre, plus de 40 kg), *courge allongée* (3 à 5 kg), *courge baleine* (40 kg), *courgette* (200 à 300 g). **Production avec autres cucurbitacées** (en milliers de t, 2000) : Chine 3 581,5, Inde 3 350, Ukraine 1 100. *Monde 15 415,7.*

■ **Échalote.** Dite à l'origine *ail d'Ascalon* (Syrie) *[Allium escalonium]* où elle fut découverte en 1099 par les croisés. Devenu *échalote* vers 1500. **Production française** (en millions de t, 2000) : 46.

■ **Endive. Origine :** culture développée en France surtout après 1918, améliorée depuis 1976 par forçage de la racine (18 t de chicons par ha en salle contre 14 t en culture traditionnelle). **En France. Production endives chicons** (en milliers de t, 2000) : 260,7 dont P.-de-C. 83, Nord 62, Somme 53,5, Finistère 19,6, Aisne 16. **Consommation** (Nord-Picardie, Ile-de-France) : 200 000 t, soit 3,6 kg/hab. an.

■ **Épinard. Origine :** herbacée venant de Perse, Turkestan, Afghanistan, cultivée en Espagne dès le XIe s. **Culture :** semis d'août à la fin de l'automne ; permet plusieurs récoltes de feuilles (généralement 3 par pied) jusqu'au printemps suivant. Si l'on sème en mars, une seule récolte de feuilles. **Production** (en milliers de t, 2000) : Chine 6 012. *Monde 7 755.*

☞ **En France. Rendement** (en 2000) : 17,9 t/ha. **Production** (en milliers de t, 2000) : 132,1 (7 368 ha) dont Morbihan 29,7, Finistère 18,5, Côtes-d'Armor 8,5.

■ **Fève sèche. Origine** (probable) : nord de l'Inde. Apparue en Égypte vers 2000 av. J.-C. (mets royal considéré comme un don des dieux, origine probable de la fève des Rois). **Variétés :** *à grosses graines :* issues des variétés potagères (régions méditerranéennes) ; *à graines rondes* (féveroles) : plus petites, mieux adaptées à une récolte mécanique [Chine, Europe occ. *(France 200 000 t* en 1984 : Nord-Ouest, Nord, Est, Sud-Ouest, Yonne, Indre, Cher), Amér. du N.]. **Utilisation :** farine (pour la panification), légume, alimentation animale, protéines. **Production** (en milliers de t, 2000) : Chine 1 600, Égypte 353,9, Éthiopie 280, Australie 188, Maroc 100, Soudan 86, Italie 68,7, All. 60,7, *France 55,* Tunisie 47, Turquie 46, Pérou 45, Brésil 22, Algérie 20, Slovaquie 17. *Monde 3 183,4.* **Rendements moyens** (en q/ha, 2000) : Argentine 100. P.-Bas 60. Slovaquie 44,7. *France 38.* Italie 17,6. Espagne 10,8. *Monde 13,9.*

■ **Haricot. Origine :** Amérique, Inde, Chine ; introduit en Europe vers 1597. **Aspect :** herbacée annuelle. Tige 30 cm à 2,50 m. **Variétés :** *haricots à parchemin ou à écosser :* on consomme les grains frais ou secs : flageolets blancs (Vendée : *mojette ;* Nord et P.-de-C. : *lingots*), verts (*chevriers*) et princesse verts (Arpajon, E.-et-L., Val de Loire, Bretagne), rouges (Ch.-M. : *rouges de Marans*), ou jaunes selon la couleur du grain, *haricots suisses* à grain allongé et large, *haricots de Soissons* à grain blanc volumineux, haricots sobres *de Hollande* à grain large ; *variétés à rames* exigeant un support : haricots de Soissons, Liancourt, Chartres ; *variétés étrangères :* blancs genre flageolets (USA, Europe de l'Est) ; blancs genre cocos (USA : *pea beans ;* Chili : *arroz, cristales ;* Danube) ; blancs genre lingots (Argentine : *alubias*) ; rouges (Madagascar) ; marbrés (USA : *cranberries). Haricots verts* dont on consomme la gousse : filet, mange-tout (vert et beurre). *Haricots ailés :* origine Extrême-Orient (Papouasie-Nlle-Guinée) ; riches en protéines (environ 20 %, supérieurs au manioc, patate douce, igname, pomme de terre) ; transformables en farine pour bébés, alimentation maternelle ; culture expérimentale en Côte d'Ivoire, au Ghana, Zaïre, Nigéria. **Culture :** semis au printemps à la mi-août. **Récolte :** *haricots à écosser :* 4 à 5 mois après semis (rendement 15 à 20 hl/ha) ; *haricots verts :* 2,5 à 3 mois après semis (3 500 à 4 000 kg/ha) ; *haricots mange-tout :* presque à maturité (30 à 70 kg/are).

Haricot vert. Production (en milliers de t, 2000) : Chine 1 450,3, Turquie 450, Inde 410, Espagne 295,5, Italie 213,6, Indonésie 172,1, Égypte 150, *France 130. Monde 4 572.* **Rendement** (monde, en 2000) : 68 q/ha.

Haricot sec. Production (en milliers de t, 2000) : Inde 4 340, Brésil 3 037, Chine 1 380,2, Myanmar 1 228,8, USA 1 199,3, Mexique 1 157,8, Indonésie 900, Ouganda 330, Argentine 315, Corée du N. 280, Canada 261,4, Tanzanie 255, Thaïlande 245,4, Turquie 242. *Monde 18 825,7.*

☞ **En France. Production** (en milliers de t, 2000) : *à écosser et demi-secs :* 54,2 (9 792 ha) dont Côtes-d'Armor 12, Somme 7, Finistère 5,5, Morbihan 4,5, E.-et-L. 4,4. *Secs :* 9,3 (3 935 ha) dont Vendée 2,6, P.-de-C. 1,3, Nord 0,8, L.-et-C. 0,8. *Verts :* 368,8 (35 674 ha) dont Morbihan 48,3, Finistère 43,1, Nord 37,8, Somme 36,5, Landes 26.

Légumineuses sèches (ensemble). Production (en milliers de t, 2000) : Inde 14 415, Chine 4 280,2, Canada 4 237, Brésil 3 063,5, Nigéria 2 158, *France 2 059,* Australie 1 764, Myanmar 1 654,6, USA 1 535,2, Mexique 1 468,3, Turquie 1 455,1, Pakistan 923,6, Russie 912,5. *Monde 55 738,5.* **Commerce** (en milliers de t, 1999). *Export. :* Canada 2 096. *France 1 238.* Chine 811. Australie 664. USA 615. Argentine 281. Turquie 233. G.-B. 227. Mexique 165. Myanmar 140. P.-Bas 93. Belg.-Lux. 60. *Monde 7 716. Import. :* Espagne 776. Inde 655. Belg.-Lux. 591. P.-Bas 584. Italie 417. Allemagne 209. Pakistan 194. Mexique 168. Brésil 134. Chine 126. *Monde 7 457.*

■ **Igname. Nom :** *Dioscorea batatas.* **Aspect :** plante grimpante à rhizome tuberculeux pesant jusqu'à 20 kg. Frais, les tubercules sont parfois toxiques. **Variétés :** nombreuses espèces tropicales (*Dioscorea alata, Dioscorea cayennensis*) ; « igname de Chine » en Europe. **Production** (en milliers de t, 2000) : Nigéria 25 873, Ghana 3 249, Côte d'Ivoire 2 923,2, Bénin 1 773,4, Togo 665,6, Rép. centrafricaine 360, Congo dém. 255, Éthiopie 250, Tchad 240, Brésil 230, Cameroun 220, Colombie 206. *Monde 37 772,5.*

■ **Laitue. Variétés :** *laitue* proprement dite (laitue beurre), *laitue grasse, batavia, romaine.*

☞ **En France. Production** (en milliers de t, 2000) : romaine 16,7 ; laitue pommée 360,5 (12 409 ha, dont B.-du-Rh.105, Pyr.-Or. 35,6, Rhône 17,4.

■ **Lentille. Origine :** Asie du S.-O. Cultivée depuis l'Antiquité. En France, culture essentiellement auvergnate. **Aspect :** tige de 0,20 à 0,40 m. **Exigences :** climat régulier à pluviosité et températures moyennes. **Rendement** (en 2000) : Canada 914,1, Inde 870, Turquie 380, Bangladesh 165,3, USA 137,4, Népal 135, Chine 116. *Monde 3 172,5.*

☞ **En France. Production** (en milliers de t, 2000) : 12 (7 071 ha) dont Hte-Loire 8,4 ; Indre 2,3 ; Marne 0,3.

■ **Manioc. Nom :** *manihot* apparaît en français en 1558, devient *maniot* en 1578 et *manioc* en 1614. **Origine :** Amazonie. **Aspect :** tige de 2 à 5 m. Reste 8 mois à 2 ans dans le sol. On consomme directement les racines (poids : 1 à 5 kg), après élimination du composé toxique. La fécule pure est obtenue après râpage, tamisage, élimination de l'eau de végétation, purification, concentration et séchage. Dans le commerce international, le mot « tapioca » (du tupi-guarani *tipioka* ou *tipiak*) désigne les racines *(tapioca roots),* la farine – telle quelle *(tapioca meal)* ou agglomérée *(tapioca pellets)* –, l'amidon *(tapioca flour* ou *tapioca staoch)* et le gel sec de ce dernier en flocons *(tapioca flakes),* en granules *(tapioca granules)* ou en perles *(tapioca pearls) ;* la farine de manioc est utilisée dans l'alimentation humaine et animale ; le gel sec d'amidon sous ses différentes formes est utilisé pour ses propriétés particulières dans certaines préparations culinaires très élaborées. **Rendement** (en 1999) : 99 q/ha. **Production** (en millions de t, 2000) : Nigéria 32 697, Brésil 22 960,1, Thaïlande 18 508,6, Congo dém. 15 959, Indonésie 15 421,9, Ghana 7 845,4, Tanzanie 7 181,5, Inde 6 000, Mozambique 4 643, Chine 3 750,7, Ouganda, Paraguay 3 500, Angola 3 129, Madagascar 2,228, Cameroun 2 067, Bénin 2 026,1, Colombie 1 956. *Monde 171 517,3.*

■ **Navet. Origine :** Europe du Nord. **Variétés :** navets plats et ronds, demi-longs à longs. **Culture :** en pleine terre (semis de printemps à partir du 15 mars, d'été, de fin juillet à mi-sept.) ou forcée.

☞ **En France. Production** (en milliers de t, 2000) : 85 dont Manche 13,1, Nord 11,2, L.-A. 7,4, Vaucluse 4,5, Morbihan 3,4, B.-du-Rh. 3,4, I.-et-V. 2,6.

■ **Oignon. Origine :** Iran. **Aspect :** herbacée bisannuelle de la famille des liliacées. Tige souterraine en forme de bulbe (partie comestible). 2ᵉ année fruit [capsule triangulaire remplie de petites graines noires (250 dans 1 g)]. **Variétés :** *oignons frais avec feuillage* (mars à juillet) : Merveille de Pompéi, Baletta, Jolly, extra-hâtif, de Malakoff, Vaugirard, Paris. *Oignons secs* (récolte à partir de juillet) : rouges et rosés (rouge pâle de Niort, rouge de Huy, rosé de Roscoff) ; jaunes (Valencia Temprana, oignon de Mulhouse, Auxonne, Sélestat) ; prod. tardive (jaune paille des vertus, grano, doré de Parme, Rijnsburger). **Culture :** potagère pour les oignons blancs. Bretagne (Côtes-d'Armor, Finistère), Aisne, Oise, Sud-Ouest (L.-et-G.). **Semis :** fin févr. à début mars. **Récolte :** août.

Oignon sec. Rendement (en 1999) : 16,9 t/ha. **Production** (en milliers de t, 2000) : Chine 12 186,9, Inde 5 466,7, USA 3 336,7, Turquie 2 300, Iran 1 800, Pakistan 1 648, Russie 1 320, Japon 1 205, Brésil 1 078,3, Espagne, Égypte 1 000, Corée du S. 935,8, Indonésie 805,1, Argentine 800, P.-Bas 766, Pologne 633, Nigéria 596, Maroc 510, Myanmar 507,1, Ukraine 500, Italie 423,8, Roumanie 415, Afr. du S. 400, G.-B. 391,3, Algérie 380. *Monde 47 781,1.*

☞ En France. Production (en milliers de t, 2000) : *oignons blancs :* 41,3 (1 522 ha) dont Gard 5,1, Vaucluse 1,9, Hte-G. 1,8, Yvelines 1,6, Marne 1,3. *De couleur :* 319,4 (7 349) dont Côte-d'Or 63,2, Aisne 45, Loiret 33,4, Aube 29,3, Nord 14.

■ **Patate douce. Nom :** *Ipomea.* **Origine :** Amérique tropicale. Son rhizome en tubercule pèse parfois 20 kg. **Rendement** (en 1999) : 13,4 t/ha. **Production** (en millions de t, 2000) : Chine 121 023,1, Ouganda 2 498, Indonésie 1 927,7, Viêt Nam 1 745,3, Nigéria 1 662, Inde 1 200, Rwanda 1 032,9, Japon 1 008, Kenya 730, Burundi 687,4, USA 617,5, Philippines 568,1. *Monde 141 069,9.*

■ **Persil.** Du latin *petroselinum, petroselinon* en grec : *petra* roche et *selinon* ache. Ombellifère. **Utilisations :** vertus thérapeutiques, selon les Anciens.

■ **Petit pois. Production** (en milliers de t, 2000) : Inde 2 000, Chine 1 265,4, USA 1 047, G.-B. 375,3, *France 236,5* (34 359 ha) [dont P.-de-C. 50,4, Morbihan 39, Nord 31,5], Égypte 166, UEBL 165. *Monde 7 001,3.*

■ **Poireau. Production en France** (en milliers de t, 2000) : 201,1 (8 225 ha) dont Loire-Atlantique 29,2, Nord 23, Manche 21, L.-et-C. 14, Ain 9,7.

■ **Pois chiche. Production** (en milliers de t, 2000) : Inde 6 200, Turquie 600, Pakistan 564,5, Mexique 210, Iran 200, Australie 198, Canada 187,2, Éthiopie 135, Myanmar 86, Syrie 64,2. *Monde 8 801,6.*

■ **Pois sec. Production** (en milliers de t, 2000) : Canada 2 864,3, *France 1 963,* Chine 1 070, Russie 700, Inde 600, Ukraine 560, All. 403,5, Danemark 385,8, Australie 356, G.-B. 355, Biélorussie 200, USA 192,9. *Monde 10 098,3.*

☞ **En France.** *Pois ronds et cassés :* Nord, Est ; variétés étrangères : Maroc et Alaska. *Pois protéagineux* (Centre, Nord-Ouest, Midi) : composition stable en acides aminés, digestibles pour le porc (85 %), relativement solubles pour les ruminants.

■ **Poivron. Production** (en milliers de t, 2000) : Chine 8 133,1, Mexique 1 813,3, Turquie 1 390, Espagne 936,3, Nigéria 715. *Monde 18 614,6.*

■ **Pomme de terre. Nom :** *Solanum tuberosum esculentum* (donné en 1596 par Gaspard Bauhin). **Origine :** Andes (mentionnée pour la 1ʳᵉ fois en 1533), introduite en Espagne [vers 1570 ?, appelée *papa ;* en Italie, pour sa ressemblance avec la truffe, *taratuffli* (truffe de terre) ; Alpes italiennes : *tartuffoli ;* Savoie : *cartoufle* puis en All. : *kartoffel*], puis en Irlande par le navigateur Francis Drake (vers 1540-96, appelée, par analogie avec la patate américaine, *potato*) ; son emploi dans l'alimentation en France (vers 1616) rencontra de vives résistances, car la plupart des plantes voisines contiennent des poisons violents ; on l'accusait de donner la lèpre ; Louis XVI en mangeait à tous les repas ; en 1786, Antoine-Augustin Parmentier (1737-1813), agronome et apothicaire, planta un champ de pommes de terre en plaine des Sablons à Neuilly-sur-Seine ; on a dit à tort qu'il l'avait fait garder par des soldats, pour exciter la convoitise des voisins et déclencher son développement ; en fait, la plaine était un champ de manœuvres (*1793 :* 35 000 ha, *1815 :* 350 000). **Composition du tubercule :** (*pour 100 g*) : eau 76 g, glucides 19, lipides 0,1, protéines 2, magnésium 27, potassium 410, vitamine C 13 (diminue au stockage), valeur calorique 85 kcal. **Plantation :** d'avril à mai. **Récolte :** de préférence à l'automne (sept. et oct. ; plus tôt pour les variétés précoces).

Variétés : *1789 :* 13 ; *1846 :* 177 ; *1872 :* 212 ; *1983 :* plus de 1 600 (141 inscrites au catalogue officiel en 1994). **Pomme de terre de conservation :** 75 % de la production totale, récoltée à maturité, stockable, selon les variétés, jusqu'en juin suivant.

2 catégories : DE CONSOMMATION COURANTE (75 %) : les plus connues sont la *Bintje* (27 %) : bonne pour frites, purée, également en industrie ; *Turbo, Samba, Monalisa (9 %), Agata (6 %), Charlotte, Amandine* pour le marché du frais ; *Saturna* pour les chips ; *Russet Burbank* pour les frites industrielles ; DE CONSOMMATION, À CHAIR FERME (environ 25 % des pommes de terre de conservation) : très bonne qualité gustative, ne se délite pas à la cuisson : *Belle de Fontenay, BF 15, Roseval (4 %), Ratte, Charlotte (11 %), Nicola (4 %).*

Pomme de terre de primeur : 8 % de la production totale. Récoltée avant maturité, elle ne se conserve que quelques jours (à cause de la peau très fine) : *Appolo, Sirtema, Ostara.*

Pomme de terre féculière : 21 % de la production totale. Uniquement destinée à la production de fécule pour usages industriels (papeterie, cartonnerie, textile, pharmacie) ou alimentaires : *Kaptah Vandel, Daresa.* Pour ces 3 catégories, la production de plants représente environ 6 % de la production totale de pommes de terre.

Dans le monde. Superficie (en millions d'ha, 1999) : Russie 3,3. Chine 3,2. Ukraine 1,5. Pologne, Inde 1,3. Biélorussie 0,7. USA 0,6. Allemagne 0,3. Pérou 0,27. Turquie 0,2. *France 0,17.* G.-B. 0,16. *Monde 18,1.* **Consommation** (en kg/hab./an, 1994-95) : Irlande 170. G.-B. 104,7. UEBL 95,2. P.-Bas 89,3. Espagne 86,9. Allemagne 72,9. *France 72,3* (en 1999-2000 : 65). Italie 39,4. **Production** (en milliers de t, 2000) : Chine 62 039,2, Russie 32 597, USA 23 404, Pologne 22 770,1, Inde 22 500, Ukraine 13 037,4, All. 12 633, Biélorussie 8 500, P.-Bas 8 200. *Monde 308 216,6.* **Rendement** (en 2000) : 42,4 t/ha. **Commerce** (en milliers de t, 1999-2000) : pommes de terre de conservation : *exp. :* 820 *vers* Espagne 226,5, Italie 210,7, Belgique 95,2, P.-Bas 67,6, G.-B. 63,5, Portugal 45,9, Grèce 36,6, Allemagne 20,9.

☞ **En France. Rendement moyen** (p. de t. de consommation, en 2000) : 41,7 t/ha. **Commerce** (milliers de t, 2000) : **p. de t. de consommation :** *export. :* 891 *vers* Espagne 270. Italie 191. Benelux 91,2. Portugal 90,1. All. 19,9. *Import. :* 179. **P. de t. primeurs :** *export. : vers* All. 16,8. G.-B. 10,3. UEBL 8,7. P.-Bas 7,9. *Import. : de* Maroc 44. Israël 27,8. Espagne 11,6. **Plants :** *export. : vers* Espagne 15. Algérie 9. Maroc 6. *Import. : de* P.-Bas 46,6. Espagne 16.

■ **Radis. Production en France** (en milliers de t, 2000) : 43,3 (2 751 ha) dont Loire-Atlantique 5,7 ; Maine-et-Loire 5,2 ; Loiret 5 ; Gard 3,2 ; Yvelines 1,7.

■ **Rutabaga. Nom :** *Rotabagge* (suédois), chou-navet. **Origine :** cultivé en G.-B. depuis la fin du XVIIIᵉ s. **Aspect :** gros navet à chair jaune. **Culture :** bisannuelle, fourragère. Jeune, peut être consommé comme légume.

■ **Taros (colocasses). Production** (en milliers de t, 2000) : Nigéria 3 835, Ghana 1 707,4, Chine 1 467,6, Côte d'Ivoire 364,6, Japon 255. *Monde 8 821,5.*

■ **Tomate (pomme d'amour). Origine :** Andes (Pérou ; espèce sauvage) ; à petits fruits (tomates cerises). Espagnols et Portugais importèrent en Europe la variété à gros fruits au XVIᵉ s. **Aspect :** tiges longues de 40 à 60 cm. **Fruits :** diamètre de 5 à 11 cm. Maturité fin de l'été et automne. **Culture :** semis févr.-mars. **Production** (en milliers de t, 2000) : Chine 19 296,9, USA 13 254,5, Italie 6 991,2, Turquie 6 600, Égypte 6 354,4, Inde 5 450, Espagne, Iran 3 700, Brésil 3 042,6, Mexique 2 400,8, Grèce 2 050, Russie 1 985, Ukraine 1 320. *Monde 100 761,5.*

☞ **En France. Origine :** *introduite* en Provence vers 1750 sous le nom de « pomme d'amour ». Utilisée comme légume à partir du XIXᵉ s. *1ʳᵉˢ exploitations :* Barbentane, Châteaurenard, Marseille, Perpignan. **Culture :** *plantation* en 3 étapes : semis (février, mars, avril), repiquage sur couches, plantation définitive ; récolte (juin à oct.). **Variétés :** *de serre :* Montfavet, Daniela, Recento, Tellus, Tiffany, 3 126. *De plein champ :* culture traditionnelle (avec taille et palissage) : St-Pierre et dérivées ; culture à plat (type conserve, sans taille ni palissage) : Campbell 1 327, Heinz 2 274, 1 370, Ace 55 VF, Roma VF. Environ 10 000 variétés commercialisées (tomates « de bouche » ou d'industrie). **Production** (en milliers de t, 2000) : 897,6 (8 514 ha) dont B.-du-Rh. 206,3, Drôme 125,5, L.-et-G. 85,1, Finistère 76, Vaucluse 57,9, Hérault 42, Pyr.-Or. 40,6.

■ **Topinambour. Origine :** importé d'Amérique au XVIIᵉ s. par le navigateur Champlain, sous le nom de pomme du Canada, artichaut du Canada, artichaut de Jérusalem, soleil vivace ou topine. *1956 :* 164 000 ha en France. Presque disparu. Aujourd'hui, grâce aux campagnes de P. Poujade, on pense revenir à 10 000 ha. **Description :** partie aérienne simple ou ramifiée 2 à 4 m de haut ; souterraine : racines et tubercules (15 à 30 par touffe). **Culture :** planté en avril. Excès d'humidité néfaste. En juillet, les tiges doivent atteindre 1 à 2 m et la croissance reprend courant sept. **Variétés :** *violet de Rennes, violet commun* (rose), *patate Vilmorin* (jaune et blanc sale), *topinambour blanc hâtif.* **Utilisation :** tête d'assolement excellente. Traditionnellement, nourriture pour porcs et vaches laitières. Plante alcooligène pouvant produire 10 à 12 % d'alcool (60 hl à l'ha). Fanes ensilées ou distribuées en vert. Peuvent être brûlées pour chauffer la distillerie. **Rendement :** fanes 10 à 20 t/ha, tubercules 50 à 60 t/ha (*1980 :* plus de 80 à 90 t/ha).

■ **Truffe. Description :** champignon souterrain (thallophyte ascomycète hypogé) vivant en symbiose avec certains arbres (chêne, noisetier, charme, pin d'Autriche). **Situation :** entre 5 et 40 cm de profondeur. Des organes mixtes *(mycorhizes)* permettent par les racines une meilleure alimentation minérale de l'arbre qui, en contrepartie, lui apporte des matières organiques. Une truffière se signale par la disparition des herbes *(le brûlé). Blanche d'été* (*Tuber aesturum*) écorce noire et chair blanche ; *blanche du Piémont* (12 000 F le kg) ; *grise de Bourgogne* (*T. uncinatum*) ; *musquet* (*T. brumale*), *noire du Périgord* (*T. melanosporum*) : écorce noire verruqueuse et chair marbrée, très parfumée, récolte 15-12/15-3, 2 000 à 4 000 F le kg. **Recherche** ou cavage : avec un chien ou un cochon, qui s'arrêtent au pied des chênes les plus parfumés, indiquant la présence d'une truffe à maturité, et grattent le sol avec leurs pattes ou leur groin ; avec le *truffadou,* sorte de pique en fer, le trufficulteur creuse une excavation (d'où cavage) autour du champignon. **Huile de truffe :** huile végétale parfumée avec un arôme de synthèse.

☞ **En France.** Démarrage de la trufficulture en Dordogne en 1887 (le vignoble, ruiné par le phylloxéra en 1875, ayant été reconverti en plantations à vocation truffière). Depuis 1989, les arbres truffiers sont exonérés de la taxe foncière. Les tentatives pour planter des chênes mycorhizés (à racines mariées au mycélium de la truffe) ont échoué. Une méthode favorisant la croissance de la truffe a été mise au point (sols trufficoles protégés par des serres en plastique, maintien de l'humidité à 15 % et de l'acidité du sol au pH 8 etc.). **Besoins :** 400 t (fraîches 200, conserve 200). **Importations** (en t) : Espagne 30, Italie 20, Chine (*Tuber himalayense*). Truffes chinoises importées en fraude 700 à 1 300 t. **Nombre de trufficulteurs :** inorganisés 1 500, organisés 700. **Production** (en t) : *1900 :* 1 500 ; *82 :* 60 ; *83 :* 10 ; *86 :* 2 à 3 ; *87 :* environ 30 ; *92 :* 60 (Espagne 50, Italie 30) ; 97 : 40. **Prix** (en F/kg) : *1986 :* 2 800 ; *87 :* 500 à 1 500 ; *91 :* 2 500 à 2 800 ; *92 :* 1 400 ; *93 :* 2 200 à 2 500 ; *94 :* 3 000 à 3 500.

SUCRE

GÉNÉRALITÉS

■ **Glucides. Composés organiques ternaires (C, H et O)** appelés souvent *sucres* car beaucoup d'entre eux possèdent cette saveur et sont solubles dans l'eau. Longtemps appelés « hydrates de carbone » car la majorité répondait à la formule générale $C_n(H_2O)_m$: glucose $C_6H_{12}O_6$ = $C_6(H_2O)_6$, saccharose $C_{12}H_{22}O_{11}$ = $C_{12}(H_2O)_{11}$.

Cette appellation est incorrecte : *1°)* les glucides ne se comportent pas comme de véritables hydrates (pertes d'eau par simple chauffage) ; *2°)* on ne peut appliquer la formule brute $C_n(H_2O)_m$ à certains d'entre eux comme le désoxyribose $C_5H_{10}O_4$, les hétérosides.

Cependant certaines molécules, n'appartenant pas aux glucides, répondent à la formule brute $C_n(H_2O)_m$ comme l'acide acétique $CH_3-COOH = C_2(H_2O)_2$, l'acide lactique $CH_3-CHOH-COOH = C_3(H_2O)_3$.

Définition chimique : les glucides comprennent les **oses** : sucres réducteurs non hydrolysables [triose (C_3), tétrose (C_4), pentose (C_5) : xylose, arabinose, ribose, hexose (C_6) : glucose ou dextrose, fructose ou lévulose, galactose, heptose (C_7)] ; et les **osides,** divisés en HOLOSIDES [formés d'une ou plusieurs molécules d'oses : *oligosides* de 2 à 10 molécules d'oses : *diholosides* : saccharose $C_{12}H_{22}O_{11}$ (glucose + fructose), lactose (glucose + galactose), maltose (glucose + glucose) ; *triholosides :* raffinose (glucose + galactose + fructose) ; *polyosides :* amidon $(C_6H_{10}O_5)_n$, glycogène, cellulose, inuline] et en HÉTÉROSIDES résultant de l'assemblage d'un ou plusieurs oses à une molécule non glucidique (tanins, lignines).

■ **Saccharose.** Diholoside non réducteur ; à l'état naturel dans betterave sucrière, canne à sucre, certaines variétés de sorgho et de maïs, sève de l'érable du Canada. Formé d'une molécule de glucose et d'une molécule de fructose dont les fonctions réductrices sont bloquées. **Formule brute :** $C_{12}H_{22}O_{11}$; **masse moléculaire :** 342 g/mol. **Nomenclature officielle :** B-D-fructofuranosyl-α-D-glucopyranoside. Sous l'action de la température et du pH, le saccharose en solution s'hydrolyse en donnant du glucose et du fructose. Cette réaction, appelée inversion, n'est pas réversible (le fructose libéré change de configuration). Très soluble dans l'eau. A 0 °C, on peut dissoudre jusqu'à 180 g de sucre dans 100 g d'eau pure. Faiblement soluble dans des solvants apolaires du type éther ou benzène. Chauffé à sec, commence à fondre vers 160 °C. Vers 190-200 °C, se décompose en produits bruns ; en présence d'air ou d'oxygène, il y a combustion et formation de dioxyde de carbone et d'eau.

☞ **La marchandise vendue sous le nom de « sucre » est toujours du saccharose ;** les produits issus par exemple du maïs sont vendus sous d'autres noms tels que *dextrose, glucose, isoglucose, sirops de glucose.*

■ **Canne à sucre. Origine :** vient de l'Inde et de la Chine du Sud ; introduite vers 510 par les Perses sur les bords de la Méditerranée orientale, puis au VIIe s. par les Arabes en Égypte, Rhodes, Chypre, Afrique du Nord, Espagne du Sud, Syrie ; au XVe s., Espagnols et Portugais l'introduisent dans leurs possessions africaines (Canaries, Madère, Cap-Vert), puis au Brésil, à Cuba, au Mexique, aux Antilles ; Hollandais et Français dans les îles de l'océan Indien et de l'Indonésie. **Aspect :** tige de 2 à 5 m de haut. Contient 11 à 18 % de sucre sous forme de saccharose et d'un peu de glucose (bout blanc) [canne de Martinique 11 %, d'Australie 15 à 18]. Broyée, elle produit un liquide, le *vesou,* qui, après évaporation, donne le sucre cristallisé et la *mélasse.* Le résidu du broyage *(bagasse)* est utilisé comme combustible. **Culture :** sur sol riche, temp. + de 20 °C et 1,80 m d'eau par an. Une souche fournit 6 à 10 récoltes successives (une tous les 12 ou 18 mois). **Rendement :** variable selon climat, terrain, variété, irrigation, lutte contre les maladies [55 t par ha en 12 mois en moyenne et jusqu'à 350 t (à Hawaii en 30 mois)]. **Utilisation :** sucre, *rhum industriel* (vient de la mélasse de canne fermentée et distillée), *rhum agricole ou de plantation* (vient de la distillation du pur jus fermenté). **Production** (en milliers de t, 2000) : Afr. du S. 24 008,1, Argentine 19 400, Australie 36 500, Bangladesh 6 950,9, Bélize 1 181,2, Bolivie 3 681,8, Brésil 310 436,9, Colombie 37 000, Congo dém. 1 669, Costa Rica 4 000, Cuba 36 000, Côte d'Ivoire 1 155, Dominicaine (Rép.) 4 644,5, Égypte 15 500, El Salvador 5 500, Équateur 6 200, Fidji (îles) 2 098, Guatemala 17 150, Guyana 3 000, Honduras 3 887,9, Inde 315 100, Indonésie 21 400, Iran 2 200, Jamaïque 2 500, Japon 1 571, Kenya 4 750, Madagascar 2 200, Malaisie 1 600, Malawi 2 000, Maroc 1 320, Maurice 5 700, Mexique 49 274,7, Myanmar 5 146,9, Nicaragua 4 000, Népal 2 103,4, Ouganda 1 550, Pakistan 46 332,6, Panamá 2 000, Paraguay 2 850, Philippines 26 287, Pérou 7 750, Réunion 1 930, Soudan 6 085, Sri Lanka 1 021,3, Swaziland 3 916, Tanzanie 1 355, Thaïlande 51 210,4, Trinité-et-Tobago 1 500, USA 33 263,7, Venezuela 6 950, Viêt Nam 17 800, Zambie 1 600, Zimbabwe 4,227,5.

■ **Betterave. Origine :** Europe orientale, Asie centrale ; betterave potagère rouge connue dans l'Antiquité. **Famille :** Chénopodiacée (comme l'épinard, l'arroche des jardins et la bette ou poirée) à racine pivotante et tubérisée. **Aspect :** plante bisannuelle ; 1re année phase végétative (le sucre s'accumule dans la racine), 2e année phase reproductive, accidentellement la 1re année (betteraves montées en graines), notamment si le semis a été trop précoce. Pour extraire le sucre qu'elle contient, on la récolte la 1re année. **Espèces : sauvages** (genre *Beta*), 3 groupes : *Patellares, Corollinae, Vulgares* dont *Beta maritima* qui croît spontanément dans les régions littorales ; racine mince, plus ou moins fibreuse, 6 % à 21 % de sucre. **Cultivées pour leurs racines : *betterave sucrière ou industrielle (Beta vulgaris)*,** conique, 15 à 20 % de sucre, issue d'une variété isolée par Achard, la « blanche de Silésie » dont la richesse en sucre était de 7 %. Peut augmenter par sélection. Chair blanche ; enfouie. *Variétés* (selon la richesse en sucre, qui varie selon les conditions agroclimatiques) : *types riches :* ZZ 106, Z 104 ; *types équilibrés :* NZ 102, N 100 (selon les conditions, 16 à 18 % de sucre), NE 98 ; *types à haut rendement de racine :* E 96, EE 94. *Demi-sucrière :* sert surtout à l'alimentation du bétail. **Fourragère :** émerge du sol, chair rouge, jaune ou blanche ; 6 à 12 % de sucre, utilisée pour nourrir le bétail. **Potagère :** chair rouge ou jaune (cultivée pour sa racine ; bisannuelle ; récolte : mai/mi-nov. ; rendement : 20 à 30 t/ha). **Culture :** exige des sols sains, non acides, avec une bonne structure et des fumures équilibrées. Demande un climat tempéré et humide d'avril à sept., avec des périodes ensoleillées et chaudes juste avant la récolte. *Assolement :* en général triennal (betterave, blé, orge) ou quadriennal (betterave, blé, orge, pomme de terre ou maïs) ; parfois, rotation biennale (blé, betterave) avec inconvénients sur le plan phytosanitaire. **Récolte :** pour sucre et alcool au bout de 6 mois, racine de 10 à 35 cm pesant 400 à 1 200 g (radicelles latérales jusqu'à 60 cm, racines profondes jusqu'à 2 m). Semée mars-mai, récoltée sept.-déc. ; sert souvent de tête d'assolement au blé, 80 000 à 120 000 pieds à l'ha. 1 ha donne de 8 à 12 t de sucre. *Sols favorables :* limons avec 2 % de matières organiques, 15 à 20 % d'argile. **Rendement :** 30 à 90 t de racines nues par ha ; moyen (1999) : 69 t/ha à 16 % de richesse en sucre. **Utilisation :** sucre 94 %, alcool 6 % ; 1 t de betterave à richesse en sucre standard de 16 % donne (en kg) : *sucre* environ 130 ; *mélasse* à 48 % de saccharose 37,5 [pour l'alimentation animale et les industries de fermentation (alcool, levure, acides aminés)] ; *pulpe :* environ 50 de matière sèche se présentant sous forme de pulpe humide (environ 500), surpressée (environ 220), ou déshydratée (environ 55), utilisée pour l'alimentation animale ; *divers* (écumes, vinasses). **Utilisation :** *1575* Olivier de Serres remarque sa richesse en sucre. *1745* le chimiste allemand Marggraf en extrait du sucre et le cristallise. *1786* le chimiste allemand Charles-François Achard (né d'un huguenot français émigré) industrialise le procédé (sucreries en Silésie). *1806 :* 2 sucreries fonctionnent avant le blocus continental (St-Ouen et abbaye de Chelles) ; puis Napoléon fait ensemencer des terres en betterave. *1812* (5-1) Benjamin Delessert (1773-1847) clarifie le 1er le sucre de betterave. Napoléon crée des bourses et 500 licences pour la fabrication du sucre. **Production de betterave sucrière** (en milliers de t, 2000) : *France 30 113,* USA 29 502,5, All. 25 224,9, Turquie 20 000, Russie 15 300, Ukraine 13 185, Italie 12 300, Pologne 12 038,3, G.-B. 9 510, Chine 9 000, Espagne 8 760,1, UEBL 7 112, P.-Bas 5 504,5, Iran 5 500, Japon 3 787, Danemark 3 396, Chili 3 350, Maroc 2 823,7, Tchéquie 2 685,7, Suède 2 668,5, Autriche 2 600, Égypte 2 560, Grèce 2 388,8. *Monde 249 888,7.*

☞ **Production en France** (voir p. 1498 a).

■ **Sucre. Présentation :** *raffiné ou blanc :* contient au moins 99,7 % de saccharose. *Roux :* 85 à 98 % de saccharose et certaines impuretés auxquelles il doit sa couleur plus ou moins brune. *Cristallisé :* blanc recueilli dans les turbines après concentration sous vide et cristallisation des sirops. *En poudre* (ou semoule) : obtenu par tamisage ou broyage du sucre cristallisé blanc. *Glace :* poudre blanche obtenue par broyage de sucre cristallisé blanc et additionnée d'amidon (environ 3 %) pour éviter sa prise en bloc, sucre des décors. *Moulé en morceaux :* inventé 1854 par Eugène François, épicier parisien, cristaux de sucre blanc ou roux, réhumidifiés et compressés dans des moules avant séchage et agglomérés. *En cubes :* irréguliers, obtenus après moulage du sucre cristallisé en lingots puis cassage. *Candi :* cristaux blancs ou bruns obtenus par cristallisation lente à l'air d'un sirop de sucre concentré et chaud. *Pour confiture :* sucre blanc additionné de pectine naturelle de fruits (0,4 à 1 %), d'acide citrique alimentaire (0,6 à 0,9 %) et quelquefois d'acide tartrique, facilite la prise des confitures et des glaces « maison ». *Cassonade :* sucre cristallisé brut, extrait directement du jus de la canne à sucre qui lui donne sa couleur brune et sa saveur rappelant celle du rhum. *Vergeoise :* sucre à consistance moelleuse venant d'un sirop de betterave ou de canne, coloré et parfumé par les composants de sa matière première. *Blonde :* vient d'un sirop éliminé lors d'un 1er essorage du sucre. *Brune :* résulte de la recuisson du sirop de 2e essorage du sucre ; sucre des spécialités flamandes. *Liquide* (ou sirop de sucre) : pour punchs et recettes exotiques. *Pain de sucre :* sucre cristallisé moulé et refroidi dans des moules coniques. Sert de décor et pour des punchs originaux.

■ Statistiques

☞ Sur 119 pays producteurs de sucre dans le monde, 8 cultivent canne et betterave, 40 uniquement la betterave, 71 uniquement la canne.

■ **Production** (en millions de t, valeur brute, 1999-2000). Inde 19,8. Brésil 18,2. USA 8,2. Chine 7,4. Thaïlande 5,8. *France 5,2.* Australie 5,1. Mexique 5. Allemagne 4,8. Cuba 4,1. **Sucre de betterave :** *France 4,9.* Allemagne 4,8. USA 4,5. Turquie 2,2. Pologne 2. Italie 1,9. Ukraine 1,8. G.-B. Russie 1,7. Chine 0,7. **Sucre de canne :** Inde 19,8. Brésil 18,2. Chine 6,7. Thaïlande 5,8. Australie 5,1. Mexique 5. Cuba 4,1. USA 3,7. Afrique du S. 2,8. Pakistan 2,6. **Production mondiale de sucre** (en millions de t et, entre parenthèses, % betterave, % canne) : *1900-01 :* 11,3 (53,3 et 46,7) ; *20-21 :* 16,8 (29,2 et 70,8) ; *30-31 :* 27,9 (42,8 et 57,2) ; *40-41 :* 29,9 (39,1 et 60,9) ; *50-51 :* 33,6 (42 et 58) ; *60-61 :* 55,4 (43,8 et 56,2) ; *70-71 :* 72 (41,3 et 58,7) ; *80-81 :* 88 (37,5 et 62,5) ; *90-91 :* 113,9 (36,4 et 63,6) ; *99-2000 :* 134,7 (28 et 72) ; *2000-01 (est.) :* 128,3 (28 et 72). *Source :* FO Licht.

Premiers producteurs (en millions de t, 2000) : Südzucker [1] (All.) 3,6, Beghin-Say (Franco-Italien) 2,2, Illovo (Afr. du S.) 2,1, CSR (Australie) 2, British Sugar (G.-B.) 1,7, Danisco (Danemark) 1,3, Nordzucker (All.) 1,3, Finasucre (Belgique) 1,3, Cosun (P.-Bas) 1,2, Saint-Louis (Franco-Belge) 1,2.

Nota. – (1) Le 29-6-2001, a annoncé qu'il venait d'acquérir Saint-Louis pour 10,5 milliards de F.

■ **Commerce** (en millions de t de sucre brut, 1999-2000). **Export. :** Brésil 8,8. Thaïlande 3,9. Australie 3,7. Cuba 3,4. *France 3,1.* Allemagne 1,6. Afrique du S. 1,1. *Monde 41,7.* **Import. :** Russie 5,2. Indonésie 1,7. Japon, Corée du S. 1,5. USA 1,4. Canada 1,1. Égypte 1. *Monde 39,9.* **Commerce international :** en 1999-2000, environ 70 % de la production sucrière mondiale est consommée sur place. Les échanges (40 millions de t, dont blanc 45 % et brut 55 %) se font, pour une part de moins en moins importante (4 millions de t en 1994 ; 10 dans les années 1980), dans le cadre d'accords préférentiels de pays à pays (Cuba-Chine, Russie, UE-ACP, accord de livraisons sur les USA en fonction de quotas d'importations instaurés en 1982) et pour le reste sur le marché libre, en fonction de l'offre et la demande, aux cours établis par les Bourses de commerce.

■ **Bilan sucrier mondial** (sucre brut, en millions de t). **Campagne mondiale 1999-2000 :** stock initial : 56,9 ; production : 134,7 ; importations : 39,9. Consommation : 128,9. Exportations : 41,7. Stock final : 60,9. **2000-01 (prév.) :** stock initial 60,9 ; production 128,3 ; importations 39,9. Consommation 131,2. Exportations 41,2. Stock final 56,7. **Cours mondial moyen** (à Paris, de sucre blanc en F/t) : *1965 :* 313 ; *70 :* 485 ; *75 :* 2 393 ; *80 :* 2 984 ; *81 :* 2 407 ; *82 :* 1 619 ; *83 :* 1 916 ; *84 :* 1 477 ; *85 :* 1 330 ; *86 :* 1 362 ; *87 :* 1 168 ; *88 :* 1 578 ; *89 :* 2 421 ; *90 :* 2 093 ; *91 :* 1 673 ; *92 :* 1 453 ; *93 :* 1 603 ; *94 :* 1 919 ; *95 :* 1 980 ; *96 :* 1 875 ; *97 :* 1 848 ; *98 :* 1 510 ; *99 :* 1 239 (les cours ont été suspendus le 26-11) ; (à Londres, en F/t) : *1999 :* 1 230 ; *2000 :* 1 589 ; *2001 (3 mois) :* 1 680.

■ **Consommation apparente de sucre** (en kg de sucre blanc par hab., 1999). Israël 68,8. Singapour 60,7. Costa Rica 58,5. Australie 57,6. Cuba 54,6. Brésil 52,6. Benelux 51,1. Ex-Youg. 50,5. Danemark 48,1. Mexique 43,1. Suisse 43. P.-Bas 40,9. Norvège 40,2. Ukraine 40,1. Guatemala 39,5. Suède 38,5. Autriche 38,1. G.-B. 37,5. Canada 37,1. Hongrie 37. *France 36,5.* Irlande 36,4. All. 35,7. Colombie 33,5. Espagne 31,4. USA 30,9. Grèce 28,8. Italie 28,7. Égypte 28,6. Afrique du S. 28,5. Algérie 28,2. Iran 27,9. Thaïlande 27,2. Turquie 26,9. Japon 17,8. Inde 15,9. Indonésie 14,8. Côte d'Ivoire 11,8. Chine 6,8. Nigéria 6,6. Éthiopie 3,3. Corée du N. 1.

Consommation de sucre (en milliers de t valeur brut, 1999-2000). Inde 17,2. Brésil, Chine 9,4. USA 9,2. Russie 6,2. Mexique 4,6. Pakistan, Indonésie 3,3. Allemagne 3,2. Japon 2,5. *Monde 128,9.*

Concurrents du sucre

■ **Édulcorants de charges nutritifs. Produits sucrants issus de l'amidon :** généralement classés en fonction de leur pouvoir réducteur, exprimé en g de glucose pour 100 g de matière sèche sous le terme « dextrose équivalent » (DE). **Amidon :** de maïs, pommes de terre (fécules) et blé. Si la réaction d'hydrolyse est stoppée relativement tôt, on obtient des maltodextrines, composées de polyosides de haut poids moléculaire, ayant un DE inférieur à 20 et possédant un pouvoir sucrant très inférieur à celui du saccharose. Utilisées pour renforcer la viscosité d'un produit. Avec une hydrolyse plus poussée, on obtient les sirops de glucose [contenant, selon la réglementation, au moins 70 % de matière sèche et plus de 20 DE (soit un pouvoir réducteur équivalent à 20 g de glucose)]. Outre le glucose, la matière sèche est composée de maltose, d'oligosides et de polyosides, en proportions variables suivant le type d'hydrolyse appliqué. Les sirops possèdent, suivant leur composition, des propriétés particulières : pouvoir viscosant, modification de l'humidité relative d'équilibre, inhibition de la cristallisation du saccharose. Ils sont généralement utilisés en association avec le saccharose dans les produits de confiserie, crèmes glacées, confitures ou pâtisserie industrielle. **Dextrose** ou **D-glucose :** obtenu à partir d'un sirop de glucose dont l'hydrolyse est poussée jusqu'à un DE au moins égal à 90-95. Le sirop de glucose est alors filtré, purifié et concentré pour être ensuite cristallisé selon des schémas comparables à ceux de la cristallisation du sucre. Se présente sous la forme d'une poudre blanche composée de fins cristaux ; d'un pouvoir sucrant inférieur à celui du saccharose, il peut être utilisé pour apporter une texture ou une coloration particulière aux produits alimentaires, et servir de support de fermentation. **Isoglucoses** ou **sirops de glucose à haute teneur en fructose :** obtenus à l'issue d'une hydrolyse poussée de l'amidon, complétée par une transformation d'une partie du glucose contenu en fructose (isomérisation par voie enzymatique). Réglementairement, possède une teneur en matière sèche de 70 % au min. et renferme au moins 10 % de fructose et 1 % d'oligosides et polyosides (calculé sur la matière sèche). Le taux de fructose le plus courant est de 42 %, le complément étant du glucose et une faible part d'oligosides et de polyosides (un isoglucose 42 possède un pouvoir sucrant voisin de celui du saccharose). Des sirops riches en fructose peuvent être obtenus par voie enzymatique à partir de l'inuline des racines de chicorée. Cette technique permet d'obtenir des sirops de fructose renfermant 85 % de fructose. **Fructose cristallin :** très répandu à l'état naturel, dans les fruits notamment, le fructose pur est difficile à produire industriellement en raison de son instabilité à des températures élevées, et du fait de sa grande solubilité dans l'eau, qui est un obstacle à la cristallisation. POUVOIR SUCRANT : *basse température :* supérieur à celui du saccharose (1,2 à 1,3 fois) ; *haute température :* inférieur. VALEUR CALORIQUE : similaire à celle du saccharose ou du glucose (4 kcal/g). **Autres produits sucrants :** *miel :* les abeilles transforment en partie le saccharose en sucre inverti (glucose et fructose) grâce aux enzymes (invertases) contenues dans leur jabot. Composition moyenne voisine de celle d'un sucre inverti avec une teneur en matière sèche de 80 à 85 % (constituée de sucres réducteurs et d'une fraction de saccharose). *Sirop* *d'érable :* originaire d'Amér. du Nord ; la sève, chauffée et brassée, se concentre et développe une coloration et des arômes. Sirop composé de saccharose (+ de 85 % de la matière sèche), d'hexoses et de polyosides divers. Teneur en eau : 35 % du poids. *Sucres de fruits :* les jus de certains fruits (pomme, raisin, pêche, poire...) sont utilisés dans la fabrication de matières sucrantes nommées « sucres de fruits ». Décolorés, désaromatisés, les jus sont ensuite concentrés à 65-70 % de matière sèche. Le saccharose présent à l'origine est totalement inverti. Les produits obtenus sont donc des solutions de glucose et fructose très voisines d'un sucre totalement inverti. **Polyols :** appelés aussi *sucres-alcools,* produits industriellement par hydrogénation catalytique de glucides à haute température. POUVOIR SUCRANT : inférieur ou égal à celui du saccharose ; substitués au sucre, apportent une masse voisine et possèdent un effet texturant. VALEUR CALORIQUE : dépend de leur métabolisme spécifique et de la façon dont ils sont consommés (à jeun ou non). Entre 2 et 4 kcal/g (8 à 17 kJ/g) ; pour UE : 2,4 kcal/j. EFFETS SECONDAIRES : du fait de leur malabsorption partielle, risquent de provoquer des troubles gastro-intestinaux au-delà d'une certaine quantité consommée (de 20 à 50 g par jour selon les individus). *Autorisés en France*, 6 polyols comme additifs dans certains aliments (sauf boissons) en *quantum satis* (arrêté du 02-10-97) : *sorbitol* (glucose), *mannitol* (fructose), *xylitol* (xylose : xylane de bois de bouleau) [*maltitol* et sirops (maltose, sirops de glucose riches en maltose)], *isomalt* (saccharose), *lactitol* (lactose). *Non autorisés* dans les produits destinés aux nourrissons et enfants en bas âge. *Étiquette :* l'étiquetage des aliments contenant des polyols à un taux supérieur à 10 % doit porter la mention : « Ne pas donner aux enfants de moins de 3 ans ; une consommation excessive peut avoir des effets laxatifs. » **Fructo-oligosaccharides (FOS) :** constitués d'une chaîne d'unités fructose (dont le nombre varie entre 2 et 20) liée à une unité de glucose. PRODUCTION : par voie enzymatique, par synthèse à partir du saccharose ou par hydrolyse lorsque l'on part de l'inuline (polymère de fructose). POUVOIR SUCRANT : 30 à 65 % de celui du saccharose. Plus le nombre d'unités fructose est grand, plus le pouvoir sucrant diminue. Pratiquement pas absorbés au niveau de l'intestin grêle ; ne sont métabolisés qu'au niveau du côlon où ils favorisent l'augmentation de la flore Bifidus, réputée bénéfique pour l'homme. EFFETS SECONDAIRES : comme pour les polyols ; troubles gastro-intestinaux au-delà d'une certaine quantité consommée. VALEUR CALORIQUE : 2 kcal/g (8 kJ/g). *Autorisés en France* en 1992 comme ingrédient pour l'alimentation humaine, certains bénéficiant de la possibilité d'allégations nutritionnelles.

■ **Édulcorants intenses.** Produits obtenus par synthèse, dont le pouvoir sucrant est de plusieurs dizaines à plusieurs milliers de fois celui du saccharose. *Autorisés en France* depuis 1997 (arrêté du 2-10-1997), en tant qu'additifs dans certaines catégories d'aliments, 6 édulcolorants. **Aspartame :** dipeptide découvert 1965 par Schlätter : aspartyl-phénylalanine-méthyl-ester. POUVOIR SUCRANT : 100 à 200 fois celui du saccharose. *Étiquette :* doit comporter la mention : « Contient une source de phénylalanine. » **Acésulfame de potassium :** composé de la famille des oxathiazines. POUVOIR SUCRANT : 100 à 200 fois celui du sucre ; à forte concentration, développe un goût amer. **Saccharine et ses sels :** découverts par hasard en 1879 par le chimiste Fahlberg travaillant sur les dérivés de la houille. Acide ortho-sulfimide benzoïque. POUVOIR SUCRANT : 300 à 700 fois celui du sucre. Le plus souvent utilisée sous forme de sels de sodium et de calcium. Arrière-goût amer ; généralement associée à l'aspartame et à l'acésulfame. Bonne stabilité à la température. **Cyclamates** (sels de l'acide cyclamique) : dérivé de l'acide sulfamique, découvert en 1940 par Audrieth et Sveda. POUVOIR SUCRANT : 25 à 30 fois celui du saccharose. Stable à la chaleur, développe peu d'arrière-goût. **Thaumatines :** mélange de 2 protéines isolées d'un fruit tropical africain. POUVOIR SUCRANT : 1 500 à 2 500 fois celui du saccharose. Se dégrade rapidement sous l'effet d'un chauffage. **Néohespéridine dihydrochalcone (NHDC) :** semi-synthétique, obtenue par hydrogénation de composés extraits des fruits de la famille des citrus. POUVOIR SUCRANT : environ 1 600 fois celui du saccharose. Saveur sucrée : persistante, s'accompagne d'un arrière-goût mentholé ou de réglisse. Employée en association avec d'autres édulcorants intenses, masque les notes amères.

■ **Autres édulcorants** (non encore autorisés en France). **Sucralose :** dérivé chloré du sucre. POUVOIR SUCRANT : 400 à 800. **Alitame** : dipeptide. POUVOIR SUCRANT : 2 000 fois celui du sucre. Ces deux derniers sont stables à la chaleur, possèdent un bon profil de goût ; pourraient concurrencer l'aspartame.

■ **Quelques édulcorants massiques et intenses. Pouvoir sucrant relatif (base pondérale) :** lactitol 0,4, sirop de glucose (38 DE) 0,4, sorbitol 0,6, glucose 0,7, maltitol 0,8, saccharose 1, sucre inverti 1,1, fructose 1,2, cyclamates 25 à 30, aspartame 100 à 200, acésulfame 100 à 200, saccharine 300 à 400, sucralose 400 à 800, thaumatine 1 500 à 2 000.

Le *saccharose* sert de référence car il apporte un goût très pur, dépourvu d'arrière-goût indésirable. Le *pouvoir sucrant* varie selon le caractère acide ou basique du milieu considéré, de la température, des autres ingrédients présents et surtout de l'individu.

■ LE SUCRE EN EUROPE

■ **Réglementation du Marché commun sur la production et l'achat de sucre.** **1°)** Entrée en vigueur le 1-7-1968. **2°)** Règlements : 1968-69 à 1974-75, puis 1975-76 à 1980-81, 1981-82 à 1985-86, 1986-87 à 1990-91, renouvelé jusqu'en 1994-95, puis 1995-96 à 2000-01, 2001-02 à 2005-06. Chaque pays dispose d'un quota de production (quota A pour la production affectée à la consommation intérieure ; B destiné à compléter le quota A en cas de besoin ou à être exporté avec subvention) auquel est attaché un prix garanti pour le fabricant de sucre et le planteur de betteraves. Les quantités produites au-delà de ces quotas (« sucre C ») sont obligatoirement exportées au prix du marché mondial. Les quotas sont répartis, par pays, entre les entreprises sucrières qui les traduisent en droits de livraisons de betteraves attribués aux planteurs avec lesquels elles concluent des contrats ; l'ensemble de ces opérations est régi par un accord interprofessionnel. Le coût de l'exportation hors de l'UE du sucre excédentaire (production effective dans le quota moins consommation) est mis à la charge des fabricants et planteurs au travers de cotisations assises sur le volume produit. Ces cotisations, qui dépendent du niveau du cours mondial et du volume de sucre à exporter, sont de 2 % du prix garanti pour le quota A et entre 2 et 39,5 % du prix pour le quota B. Dans le cas où le montant à financer ne serait pas totalement couvert, ces taux de cotisation sont majorés à due concurrence. Depuis 1995, le règlement comporte un mécanisme d'ajustement annuel des quotas destiné à maintenir l'excédent à l'intérieur des plafonds d'exportation en volume et en valeur fixés au Gatt (mécanisme mis en œuvre pour la 1re fois en 2000-01 ; déclassement en sucre C de près de 480 000 t).

Le règlement européen du 23-5-2001 (pour 2001-02 à 2005-06) maintient les prix d'intervention, instaure une baisse des quotas sucre, isoglucose et sirop d'inuline de 115 000 t et supprime le système de péréquation des frais de stockage.

■ **Quotas communautaires de production** (sucre blanc, en milliers de t, pour 2001-06). *France 3 258,8* (A 2 506,5 et B 752,3) dont métropole 3 319 (A 2 560 + B 759), DOM 510,3 (A 463,9 + B 46,4). All. 3 416,8 (A 2 612,9 + B 803,9). Italie 1 557,4 (A 1 310,9 + B 246,5). G.-B. 1 138,6 (A 1 035,1 + B 103,5). Espagne 997 (A 957,1 + B 39,9). P.-Bas 864,5 (A 684,1 + B 180,4). Belg.-Lux. 819,8 (A 674,9 + B 144,9). Danemark 420,8 (A 325 + B 95,8). Autriche 387,3 (A 314 + B 73,3). Suède 368,3 (A 334,8 + B 33,5). Grèce 317,5 (A 288,6 + B 28,9). Irlande 199,2 (A 181,1 + B 18,1). Finlande 146,1 (A 132,8 + B 13,1). Portugal 79,6 (A 72,4 + B 7,2). *Total UE : 14 482 (A 11 894,1 + B 2 587,9).* **Production** (en millions de t). **Sucre blanc en UE :** *1990-91 :* 15,9 ; *91-92 :* 14,7 ; *92-93 :* 16 ; *93-94 :* 16,2 ; *94-95 :* 14,5 ; *95-96 :* 15,9. *96-97 :* 16,8 ; *97-98 :* 17,7 ; *98-99 :* 16,4 ; *99-00 :* 17,9 ; *2000-01 :* 17. **Sucre de betterave en UE** (en 2000-01) : *France,* All. 4,3. Italie 1,5. G.-B. 1,3. Espagne, P.-Bas 1,1. UEBL 0,9. *Total 16,7.*

■ **Commerce extérieur** (en t de sucre blanc, 1999-2000). **Exportations** vers pays tiers 7. **Importations** de pays tiers 2,4. **Consommation annuelle moyenne** (sucre blanc, en 1999) 35,1 kg/hab.

■ LE SUCRE EN FRANCE

■ **Ensemencement en betteraves destinées aux sucreries et sucreries-distilleries** (en milliers d'ha). *1950-51 :* 320 ; *60-61 :* 385 ; *70-71 :* 372 ; *80-81 :* 521 ; *90-91 :* 474 ; *95-96 :* 461 ; *96-97 :* 457 ; *97-98 :* 463 ; *98-99 :* 455 ; *99-00 :* 439 ; *2000-01 :* 405.

■ **Sucreries.** *1939-40 :* 108 ; *60-61 :* 102 ; *70-71 :* 73 ; *81-82 :* 57 ; *90-91 :* 50 ; *94-95 :* 46 ; *98-99 :* 40 ; *99-00 :* 37 ; *2000-01 :* 35. Transformant (en 1998-99) : *– de 8 000 t de betteraves/jour :* 11 ; *8 000 à 12 000 t :* 16 ; *12 000 t et + :* 13. **Métropole :** *effectifs :* 35 000 planteurs, 17 Stés, 35 usines ; 8 789 employés. *Production* (sucre blanc, en milliers de t) : *1939-40 :* 1 029 ; *50-51 :* 1 315 ; *60-61 :* 2 546 ; *65-66 :* 2 190 ; *70-71 :* 2 480 ; *75-76 :* 2 981 ; *80-81 :* 3 921 ; *81-82 :* 5 130 ; *85-86 :* 3 953 ; *90-91 :* 4 357 ; *95-96 :* 4 199 ; *96-97 :* 4 179 ; *97-98 :* 4 722 ; *98-99 :* 4 440 ; *99-00 :* 4 522 ; *2000-01 :* 4 310. **DOM** (production en milliers de t) : *1990-91 :* 245,2 ; *95-96 :* 246 ; *96-97 :* 264 ; *97-98 :* 244 ; *98-99 :* 245 ; *99-2000 :* 281 ; *00-01 :* 256. **Production de mélasse en sucrerie et raffinerie** (en milliers de t) : *1993-94 :* 906 ; *94-95 :* 877 ; *95-96 :* 906 ; *96-97 :* 873 ; *97-98 :* 871 ; *98-99 :* 787.

■ **Sociétés de production de sucre de betteraves.** **Chiffre d'affaires** (en milliards d'euros, 2000) : Eridania Béghin Say (sucre et alcool, Italie, France, Hongrie) 1,5, Saint-Louis-sucre (sucre et alcool, France, Espagne) 1,2, Union SDA (sucre, alcool, céréales, France, Rép. tchèque) 0,69, Vermandoise industries (sucre, alcool, France) 0,31, Cristal Union (sucre, alcool, France) 0,275.

■ **Consommation de sucre. Total** (en milliers de t) **et,** entre parenthèses, **consommation par habitants** (en kg) : *1965-66 :* 1 625 (32,9) ; *70-71 :* 1 834 (35,8) ; *80-81 :* 1 898 (35,2) ; *85-86 :* 1 848 (33,4) ; *90-91 :* 1 957 (33,5) ; *95-96 :* 2 023 (33,5) ; *96-97 :* 2 075 (34,5) ; *97-98 :* 2 161 (35,8) ; *98-99 :* 2 161 (35,6) ; *99-2000 :* 2 187 (35,8). **Utilisations du sucre** (en milliers de t, en métropole, 1999) : 2 151 dont *vente à la consommation directe :* 445 (dont en morceaux 222 ; en poudre 105 ; cristallisé 115 ; autres sorties 3) ; *aux principales industries utilisatrices* 1 280 ; *aux collectivités* 381 ; *à l'industrie chimique :* 45. **Utilisations indirectes pour la consommation humaine** (en milliers de t, 1999) : 1 279,7 dont boissons rafraîchissantes 260, chocolats 280, yaourts présucrés, laits gélifiés, crèmes desserts 163, biscuits, pâtisseries industrielles, biscottes, viennoiseries 124, sirops 124, confitures et conserves de fruits 82.

■ **Transport.** Au-delà de 25 kg, un titre de mouvement délivré par le service des impôts est obligatoire.

■ TABAC

■ GÉNÉRALITÉS

■ **Quelques dates.** **1492** Christophe Colomb découvre le tabac à Cuba, puis des cultures à Haïti (le *tabaco*). **1500** Cabral au Brésil (le *pétun*). **1515** Cortès au Mexique. **1520** 1res cultures « européennes » à Cuba et à St-Domingue. **XVIe s.** rapporté d'Amérique par les Espagnols. **1556** introduit en France par André Thevet (Angoulême, 1504-1592), cordelier, aumônier de l'expédition de Villegagnon au Brésil ; il sème des graines de cette herbe que les Indiens nomment *pétun* et l'appelle « herbe angoumoise ». **1559** Jean Nicot (vers 1530-1600), ambassadeur de François II à Lisbonne, soigne son cuisinier avec un emplâtre de cette herbe. On afflue à Lisbonne pour s'en procurer. Nicot envoie des graines en France et du tabac en poudre à Catherine de Médicis pour soulager ses migraines. Toute la Cour suit des traitements à base de tabac prescrits par Nicot et le grand prieur François de Lorraine le met à la mode. **1560** culture aux Antilles par les Français et les Anglais, puis au Canada et en Louisiane. **1561** appelé « nicotiana » ou « herbe à Nicot » ou encore « herbe de la reine », « médicée », « catherinaire », « herbe de M. le Prieur », « herbe sainte », « herbe à tous les maux », « panacée antarctique », « herbe à l'ambassadeur ». Restera une plante médicinale jusqu'au début du XIXe s. (lavements, purges ; diluée dans bouillons pour nettoyer le corps). **1584** culture en Virginie, puis en Caroline du Nord, Maryland et Kentucky. **Fin XVIe s.** apparition du mot *tabac* (de *tabago,* roseau ou cornet entourant les feuilles roulées) qui ne l'emportera sur le mot *pétun* qu'au milieu du XVIIIe s. *Perse :* Abbas Ier (1587-1629) fait couper le nez aux priseurs et les lèvres aux fumeurs ; Amurat IV (1623-40) condamne les priseurs à avoir le nez coupé. **1610** *Turquie :* Mourad IV (1612-40) décrète que quiconque serait surpris fumant aurait le nez percé par un tuyau de pipe, puis le fumeur serait promené sur un âne. **1612-1651** *Japon :* les fumeurs sont condamnés à l'esclavage. **1621** *France :* Richelieu augmente la taxe du tabac. **1633** *Turquie :* Mourad IV ordonne de détruire les cafés en décrétant la peine de mort contre les fumeurs. **1637** 1res plantations à Clairac (Lot-et-Garonne). **1637-1638** *Chine :* on décapite les fumeurs. **1642** le pape Urbain VIII, supplié par le doyen et le chapitre de l'Église métropolitaine de *Séville,* interdit l'usage du tabac dans les églises sous peine d'excommunication [cette bulle sera révoquée par Clément XI (1700-21) ; Pie VII, Léon XIII, Pie X priseront, Pie IX, Pie XI fumeront la pipe]. Louis XIII l'interdit. A *Moscou,* Michel Fedorovitch menace les fumeurs de 60 coups de bâton sur la plante des pieds. **1655** *Russie :* le tsar Michel (1613-45), à cause d'un incendie provoqué par l'imprudence d'un fumeur, interdit le tabac sous peine de bastonnade, puis de mort. **1674** Colbert l'afferme pour 6 ans à des particuliers (redevance de 500 000 puis 700 000 livres les 4 dernières années), puis à la seule Compagnie des Indes : la « Ferme des tabacs ». Il institue le monopole du tabac : privilège de fabrication et de vente. On le cultive dans les vallées de la Garonne et du Lot, en Lorraine, en Normandie. Le privilège de la Compagnie des Indes s'arrête avec la banqueroute de Law. Liberté de fabrication et de vente. **1682** Louis XIV prescrit qu'on ne prise qu'une fois pendant l'office et que le curé fournisse le tabac ainsi prisé. **Fin du XVIIe s.** *la cigarette,* utilisée par les Indiens (tabac *enroulé* dans des feuilles de maïs), aurait été réinventée par un soldat turc bourrant de tabac une douille en papier pour remplacer le fourneau de sa pipe arraché par une balle (on fumait déjà des *papelitas* en Espagne). **Début XVIIIe s.** interdictions de cultiver étendues. 1 200 débits de tabac à Paris (le plus chic était « A la civette », place du Palais-Royal). **1719** culture prohibée (sanctions pouvant aller jusqu'à la peine de mort, sauf en Franche-Comté, Flandre, Alsace). **1720** monopole rétabli ; *la Ferme des tabacs* est cédée à la Cie des Indes (loyer : 1 500 000 livres ; rapport : 27 millions de livres en 1771). **1724** le pape Benoît XIII révoque les excommunications. **1726** les débitants réunissent les bouts de tabac à priser à l'aide d'une ficelle en une sorte de saucisson vendu sous le nom de *carotte,* ce qui leur permet de mêler des bouts de contrebande à ceux de la Ferme. **1747** Ferme des tabacs reprise à la Cie des fonds et réunie aux fermes générales. **1791** liberté « de cultiver, de fabriquer, de débiter ». **1809** Vauquelin isole la *nicotine.* **1811** Napoléon rétablit le monopole (culture, fabrication, vente). **1816** autorisation donnée à 8 départements : Nord, Pas-de-Calais, Bas-Rhin, Ille-et-Vilaine, Lot, Lot-et-Garonne, Bouches-du-Rhône et Var. **1818** création du mot nicotine pour l'alcaloïde du tabac. **1838** papier JOB de Jean Bardon (initiales + losange des armes de Perpignan). **1842** *1res cigarettes fabriquées en France* (manufacture du Gros-Caillou). **1844** *1re machine à rouler* les cigarettes : cigarettotype du Français Le Maire. **1854** autorisation de culture : Dordogne, Meurthe, Moselle. Soldats français et britanniques (guerre de Crimée) découvrent le tabac turc. Philip Morris (1836-73) propose des cigarettes de tabac blond à Londres. **1859** autorisation en Haute-Saône. **1860** Direction générale des manufactures de l'État mise en place au min. des Finances. **1864** succès des cigarettes « façon russe ». Module préféré : 7,4 mm. **Après 1870** autorisation dans départements de l'Est et Sud-Est. **1876** des noms propres apparaissent : *Odalisques, Entractes, Petits Pages, Chasseurs* (cigarettes fermées remplies de débris), *Élégantes, Pages, Jockeys, Hongroises, Favorites, Boyards, Russes.* Chaque marque est fabriquée dans la version *Caporal* ordinaire (paquet bleu clair), *Caporal supérieur* (rose), *Maryland* (vert clair) ou *Levant* (violet), *Levant supérieur* (chamois), *Vizir* (blanc), *Vizir supérieur* (vert foncé) et *Giubeck* (rouge foncé). **1876** *Françaises* (1892-1933 : Française ; 1970 réapparaît). **1877** 79 marques existantes. **1880** machine de Couflé à rouler les cigarettes. **1887** les *Élégantes* sont les préférées. **1892** monopole prorogé *sine die* ; manufactures de l'État. **1893** nouvelles marques : *Espagnoles, Almées, Guatemala, Dames, Égyptiennes, Havanaises, Grenades.* Les *Élégantes de luxe* deviennent les *Amazones.* **1894** il y a 242 marques (combinaison de 17 noms avec 15 qualités de tabac). **1907** Richard Joshua Reynolds (1850/29-7-1929) lance le *Prince Albert*, tabac du Kentucky. **1908** création de la Fédération nationale des syndicats de planteurs de tabac (FNPT). **1910** les *Hongroises* deviennent *Gauloises* [*1925* prendront comme symbole le casque à ailettes (dessiné par Giot) ; *1936* redessiné par Marcel Jacno]. Apparition des *Gitanes-Vizir* [*1927* devenues *Gitanes* en paquet dessiné par Giot (1927-45), puis *1947* Max Ponty]. **1913**-*27-9* Old Joe, dromadaire du cirque Barnum & Bailey, pose pour une photo qui servira de modèle au paquet de Camel. **1916** *Lucky Strike* aux USA (paquet actuel depuis avril 1940). **1919** une Sté américaine de tabac fait de « Philip Morris » sa raison sociale. **Vers 1920-25** les *Gauloises* prennent la 1re place. **1924** Philip Morris lance les *Marlboro*, petite cigarette blonde dont l'extrémité est rouge, pour les femmes. **1925** grand nombre de marques aux noms russes ou orientaux. **1926** création d'une Caisse autonome d'amortissement de la dette publique à laquelle sont versées les recettes du monopole des tabacs (SEIT : Service d'exploitation industrielle des tabacs, l'appellation apparaît dans le décret du 13-8-1926 en application d'une loi du 7-8 ; sera supprimée en 1959). **1927** 1er corps de femme sur une affiche (*Gitanes-Vizir*). **1931** apparition des *Balto* et *Congo* (jusqu'en 1940). *-Mai* 1er paquet sous cellophane (*Craven A*). **1933** apparition de la *Celtique.* **1934** *Gauloises Disque bleu.* **1935** le SEIT devient Seita lorsque la gestion du monopole des allumettes lui est confiée. **1942-1944** 20 nouveaux départements autorisés. **1950** 55 départements cultivent du tabac (105 000 planteurs, 28 000 hectares). **1953** insertion du filtre. *Winston* lancée aux USA. **1956** *Royale* (nom hérité du XVIIIe s. par lequel on désigne encore la marine nationale). **1959** ordonnance du 7-1-1959 complétée par décret du 10-1-1961 : le Seita devient établissement public à caractère industriel et commercial, chargé de l'exploitation d'un monopole fiscal. Son personnel, auparavant fonctionnaire ou ouvrier d'État, est régi par un statut autonome (décret du 6-7-1962). **1970** suppression du monopole de culture (règlement CEE du 21-4). **1971** toutes les marques de tabac fabriquées dans la CEE ont accès à l'ensemble du marché. **1972** loi du 4-12 : fabrication et importation d'allumettes réservées à l'État et confiées au Seita (sauf import. CEE). **1976** loi du 24-5 : tabacs manufacturés sur importation et commercialisation en gros venant de la CEE ne sont plus réservées à l'État mais confiées au Seita. Le monopole de la vente au détail relève de l'administration des impôts qui l'exerce par l'intermédiaire de débitants. Le Seita conserve en France le monopole de fabrication des tabacs et allumettes. **1979** création de l'Union des coopératives agricoles des producteurs de tabac (UCAPT). **1980**-*2-7* le Seita devient *la* Seita (Sté d'exploitation industrielle des tabacs et allumettes). **1982** *Gauloises légères.* **1984**-*juillet* l'État devient unique actionnaire de la Seita. *Gauloises blondes.* **1989**-*avril Gitanes blondes.* **1995**-*févr.* privatisation de la Seita. **1999**-*6-10* fusion Seita et Tabacalera en Altadis.

☞ La Seita fabrique les marques américaines *Pall Mall* et *Lucky Strike*, en vertu d'un contrat de licence à long terme. Les autres marques américaines viennent de Hollande, Belgique ou Allemagne.

Nota. – Le losange rouge signalant les débits de tabac est une *carotte* stylisée qui rappelle les rouleaux de feuilles de tabac que l'on livre pressés et liés par une ficelle.

■ **Caractéristiques de la plante.** Famille des Solanacées. Plante annuelle, fleurs hermaphrodites. 60 espèces. *Nicotiana rustica* (9 espèces, solides, qualité inférieure, originaires du Pérou, implantées en Europe de l'Est, teneur élevée en nicotine) ; *Tabacum* (majorité du tabac actuel, solide, 6 espèces dont l'une compte un nombre de chromosomes double de celui des autres) ; *pétunoïde* (45 espèces, culture extensive dans l'hémisphère Sud). **Dimensions :** haut. jusqu'à 2 m, feuilles 85 à 100 cm de long. **Teneur en nicotine :** racine – de 0,4 %, feuilles de terre 2 %, feuille du sommet 4 % et + [le *Nijerck* (Lot) peut atteindre 8 %].

☞ La culture du tabac comme source de protéines (très pures, utilisables pour l'alimentation animale ou humaine) est restée à un stade expérimental, car peu rentable.

■ **Traitement.** Le tabac est placé dans des séchoirs souvent en brique et bien aérés : *jaunissement* (par déchlorophyllation et déshydratation), *dessiccation* (par ventilation), *réduction.* Cueilli en feuilles, qui sont empilées en bouquets *(manoques)* ; récolté en tiges, liées par de grosses ficelles et suspendues par la base.

☞ Selon la Food and Drug Administration américaine, les fabricants ajoutent de la nicotine pour rendre leurs consommateurs dépendants.

■ **Différents types de tabac. Clairs** (« goût américain ») : faible arôme. **D'Orient :** clairs, séchés au Soleil (*sun-cured*, exemple : Erzegovina) ; pour mélanges aromatiques (Moyen-Orient, Asie, différentes marques de goût américain). **Blonds** (« goût américain et goût anglais ») : séchés à l'air chaud (*flue-cured*, exemple : Virginie). **Noirs** (« goût français ») : cigarettes fr. du Kentucky, Cuba, Brésil, Indonésie. Séchés à l'air (*dark air-cured*, exemple : Paraguay) ou au feu (*fire-cured*, exemple : Kentucky). **Cigare** [de l'espagnol *cigarral*, petit verger (où l'on cultive son propre tabac)] : inventé par les Indiens, répandu en Europe par les P.-Bas (en France à partir de 1816). **Clairs :** séchés à l'air chaud *(flue-cured)* du type Virginie, (*light air-cured*) de types Burley, Maryland ; séchés au Soleil *(sun-cured)* du type Orient, de type autre que d'Orient. **Bruns :** séchés à l'air naturel *(dark air-cured)* du type français ; séchés au feu *(fire-cured)* du type Kentucky.

■ **Composition type de la fumée** (en mg par cigarette). Pour des produits ultralégers, les teneurs minimales sont inférieures. **Phase particulaire :** nicotine 0,3 à 1,5, phénol 0,03 à 0,09, crésol 0,01 à 0,03, benzopyrène 10^{-5} à 2.10^{-5}, chrysène 3.10^{-5} à 6.10^{-5}, autres hydrocarbures aromatiques polycycliques 3.10^{-4} à 6.10^{-4}, aldéhydes + cétones 0,5 à 2, acides 0,5 à 1,5, alcools et polyols 0,2 à 2. **Phase gazeuse :** azote 250 à 270, oxygène 50 à 60, CO_2 40 à 60, CO 8 à 18, H_2 0,1 à 0,2, H_2O 3 à 5. **Constituants biologiquement actifs :** la fumée de cigarette est un aérosol composé de particules solides ou liquides de 0,1 à 2 αm, et d'un gaz, formés sous l'effet de la combustion. Plus de 7 000 composants identifiés. *Nicotine :* alcaloïde qui agit d'une manière spécifique sur le système nerveux sympathique et parasympathique. Peut avoir un effet paradoxal en agissant soit comme sédatif, soit comme stimulant favorisant la vigilance. Impliquée dans certains effets du tabac sur l'appareil cardio-vasculaire. *Acroléine et autres aldéhydes :* composés irritants (toux du fumeur). *Oxyde de carbone :* sous-produit de la combustion incomplète du tabac. Il se fixe sur l'hémoglobine des globules rouges, la transformant en carboxyhémoglobine stable, ce qui réduit l'oxygénation du sang. *Goudrons (aromatiques polycycliques) :* condensats de fumée carcinogènes et cocancérigènes (benzopyrènes, nitroso-amines, nickel, plutonium 240, arsenic). **Taux européens par cigarette :** au 1-12-1992 inférieurs à 15 mg, et au 1-12-1997 inférieurs à 12 mg.

Teneurs en nicotine et, entre parenthèses, **en goudrons** (inscrites sur les paquets, en mg, en 1999). *Légende :* f : filtre ; m : menthol ; r : rigide ; s : souple ; l : légère. Exemples : **Ariel** m 0,95 (12). **Chesterfield** KS Full flavor f 0,9 (12). **Française** f 0,9 (12). **Gauloises** 0,9 (12) ; blondes 0,9 (12) ; Disque bleu 0,9 (12) ; **Gitanes** 0,95 (12) ; maïs 1,4 (12). **Lucky Strike** 1 (12). **Marlboro** 100'S r et s 0,9 (12) ; Lights 100'S 0,7 (9). **Pall Mall** s l (12) ; f (100 mm) 1 (12). **Players Navy Cut** 0,9 (12). **Seitanes** r 0,6 (7). **Winkfield** KS f 0,9 (12).

Les teneurs n'indiquent pas ce que contient la cigarette, mais ce qu'inhale le fumeur par cigarette selon la norme internationale Iso 3308 (éloignée des habitudes réelles et actuelles des fumeurs selon de nombreuses études récentes dont l'INC a fait état). *Bouffée de cigarette* norme Iso 35 ml [études 21 à 66 (moy. 43)]. *Temps séparant 2 bouffées* Iso 60 s. [études 18 à 64 (moy. 28)]. Le monoxyde de carbone (CO), produit par la combustion et qui accroît les risques de maladies cardio-vasculaires, est mesuré par la norme Iso, mais n'est pas mentionné sur les paquets de cigarettes en France, contrairement à ce qui se passe dans d'autres pays.

☞ **Cigarette sans fumée :** lancée par Reynolds aux USA. « Premier » (lancement puis retrait du marché en 1987). « Éclipse » ne contient pas de goudron, ne produit pas de cendre, ni de fumée mais de la nicotine. Le fumeur allume l'extrémité d'un carbone très pur, l'air chaud passe à travers le tabac mélangé à de la glycérine et les vapeurs transportent sa saveur et la nicotine.

Courant de fumée : *primaire* (inhalé puis rejeté par le fumeur) : 15 % ; *secondaire* (dégagé entre 2 aspirations par la cigarette) : 85 %.

■ Tabac dans le monde

■ **Tabac brut. Production** (en milliers de t, 2000) : Chine 2 510, Inde 701,7, Brésil 594,3, USA 498,9, Turquie 261,9, Zimbabwe 227,7, Indonésie 137,6, Italie 132,2, Grèce 129,9, Malawi 120, Argentine 113,4, Pakistan 108,8, Thaïlande 74,2, Canada 72, Philippines 71,1. *Monde 6 963,7.* **Superficie cultivée** (en milliers d'ha, 1999) : Chine 1 304, Inde 463, Brésil 318, Turquie 290, Indonésie 223, USA 196, Malawi 113. *Monde 4 182.* **Commerce** (en milliers de t, est. 2000). *Export. :* Brésil 350. Zimbabwe 185,6. USA 182. Malawi 101,2. Grèce 100,6. Inde 100. Chine 96,1. Italie 94,5. All. 90. Turquie 75,5. Argentine 66. Serbie 58,4. Benelux, G.-B. 30. *France 13. Monde 1 974,6. Import. :* Russie 275. All. 246. USA 220. G.-B. 135. Japon 104. P.-Bas 84,9. Turquie 62,5. Égypte 55. Benelux 54. Espagne 52. Chine, Ukraine 45. Pologne 41. *France 25. Monde 2 001,9.*

■ **Cigares. Cuba :** 300 millions produits par an (400 exportés dont 10 en France). *Producteur exclusif :* Cubatabaco, organisme d'État (300 millions de cigares par an). **1959** contrat avec Zino Davidoff (né à Kiev, fils d'un marchand de tabac ukrainien installé à Genève depuis 1911, † 14-1-1994). **1970** Fidel Castro l'autorise à baguer à son nom des Hoyos de Monterrey. **1974** Castro fait créer le *cohiba* (tabac en colombien) à partir de tabacs de la région de Vuelta Abajo [les feuilles du corps et de la sous-cape du cigare doivent venir d'une même récolte, seule la cape peut être d'origine différente ; le tabac connaît 3 fermentations (la 3e ôte l'ammoniaque)]. **1976-77** la Sté américaine Cuban Cigars Brands rachète les marques aux propriétaires d'origine (ayant quitté Cuba après la révolution en 1959) puis les revend à la Tabacalera Española ; celle-ci hérite du litige avec la Cubatabaco qui, à la suite d'une série de procès, s'est vu interdire la commercialisation de ces marques en Espagne (principal marché du cigare cubain). Depuis, la Cubatabaco s'est lancée dans la production et la commercialisation à l'étranger (Cohiba, Rey del Mundo, Flor de Cano, La Troya). La Tabacalera Española a tenté de commercialiser les marques contestées avec du tabac d'origines diverses. **1978** Davidoff commercialise des havanes sous son nom (gamme des « châteaux »). **1988**-*oct.* Davidoff suspend les commandes de grands « crus » (qualité en baisse). **1989**-*20-10* 1re vente en France de cohibas. **1990**-*15-3* Davidoff décide de ne plus utiliser de tabac cubain. *-20-3* Cubatabaco rappelle qu'elle est la propriétaire légale de la marque Davidoff et continue à fabriquer des cigares Davidoff, sauf les grands « crus ». **1991**-*6-3* Davidoff présente des cigares de luxe fabriqués en Rép. dominicaine. **1993**-*nov.* accord Cubatabaco/Tabacalera. **Consommation** (en millions d'unités, 1997) : USA 5 200 ; Allemagne 1 200 ; G.-B. 1 023 ; Espagne 831 ; Belgique 613 ; P.-Bas 442. **Prix** (en F, en janv. 2000) : Cohiba Esplendido 150, Romeo y Julieta Churchill Tubos 80, Davidoff no 2 60, Bolívar Lonsdales 51, Quai d'Orsay Gran Corona 46, Don Miguel (tubes) 35, Mars de Pléiade 22, Real A.L. Pedro 9.

■ **Cigarettes. Origine :** Espagne, rapportée par armée napoléonienne (usage du « petit cigare »). **1811** appelée *cigarite* par Pétrus Borel (écrivain). **1833** appelée le *cigarrete.* **1829-30** une des *Scènes populaires* d'Henry Monnier parle de *cigarette.* **XIXe s.** cigarettes en paquets manufacturés. **Production** (en milliards d'unités, 1998) : Chine 1 674. USA 680. Indonésie 222,5. Japon 180. Russie 179. All. 178. Brésil 170. G.-B. 163,5. Turquie 118. P.-Bas 116. Inde 98. Pologne 96,5. Corée du S. 96,2. Espagne 77,8. Canada 50. Égypte 47,5. Mexique 47,2. *France 43,3.* Thaïlande 40,1. Bulgarie 33,2. *Monde 5 497,2.* **Commerce** (en millions d'unités, 1998). **Export. :** USA 201. G.-B. 125. P.-Bas 104. Brésil 73. All. 65. Singapour 53. Hong Kong 35. Chine 23. Indonésie 17. **Import. :** Japon 81. *France 61.* Russie 56. Singapour 45. G.-B. 45. Hong Kong 28. All. 25. Ukraine 20.

■ **Incidence fiscale totale sur le prix de la cigarette dans l'Union européenne** (en % du prix de vente, au 1-4-2001). G.-B. 79,5, Danemark-Portugal 78,6, Irlande 78,1, *France 75,99,* Finlande 75,6, Italie 74,5, Belgique 74,36, P.-Bas 73, Autriche 72,9, Grèce 72,5, Espagne 71,2, Suède 70,2, All. 68,9, Lux. 67,3.

■ **Ventes** (en milliards d'unités, 1999). Philip Morris (USA) 876,1, BAT (G.-B., fusion avec Rothmans en 1998) 753, Japan Tobacco (fusion avec RJR en 1998) 386, Reemtsma (All.) 137, Altadis (fusion de la Seita et de Tabacalera en 1998, France/Espagne) 107, RJRT (USA) 96,4, KT & G (Corée du S.) 93, Tekel (Turquie) 80,4, Eastern Company (Égypte) 53, Fortune Tobacco Co (Philippines) 42, Imperial (G.-B.) 41,2, Gallaher (G.-B.) 40,3.

■ **Chiffre d'affaires** (en milliards d'euros, 1999). Philip Morris 91,96 ; Bristish A Tobacco 36,07 ; Japan Tobacco 30,74 ; Altadis 8,54 ; Imperial Tobacco 7,48 ; Gallaher Group 7,23 ; Fortune Brands Inc. 6,46 ; Seita 3,5 ; UST Inc. 1,77 ; Swedish Match 1,09.

■ **Bénéfice d'exploitation.** 13,9 milliards de $ dont (en %) *USA :* 59 (dont tabac 34, alimentation 24, finance 1) ; *reste du monde :* 41 (dont tabac 33, alimentation 8). **Ventes mondiales** (en milliards d'unités, 1998). **Par groupes :** CNTC 1 643,5, Philip Morris 939,1, BAT 678,3, R.J. Reynolds 313, Japan Tobacco 278,3, Rothmans 226, Reemstma 117,4, Tabakprorr. 95,7, KT & GC 87, Gudang Garair 78,3, Tabacalera 78,3, Seita 69,6, AAMS 52,2, Gallalier 34,8, Imperial 39,1. **Par marques** (en 1997) : Marlboro [1] 163,98, Virginia Slims [1] 11,53, Merit [1] 10,67, Benson & Hedges [1] 10,66, Newport [2] 31,43, Gauloises [3] 30,7, Winston [4] 25,14, Camel 23,58, Salem 16,48, Kool [5] 16,39. **Marché intérieur aux USA** (en %, en 1997). Philip Morris 48,7, R.J. Reynolds (groupe Nabisco) 24,2, Brown & Williamson (BAT) 16, Lorillard (Loews) 8,7, Liggett Group 1,3, autres 1.

Nota. – (1) Philip Morris. (2) Lorillard. (3) Seita. (4) R.J. Reynolds. (5) Brown & Williamson.

Philip Morris. Chiffre d'affaires mondial (en milliards de $, 2000) : 80,3 dont alimentation 26,5 (Amér. du N. 18,4), tabac 49 (USA 22,6), bière 4,3, services financiers 0,4. **Résultat d'exploitation :** 16,2. **Rang dans le monde :** no 1 tabac ; no 2 alimentaire (cafés Maxwell, Carte noire, Grand-Mère, chocolats Suchard, Côte d'Or, chewing-gum Hollywood, etc.) derrière Nestlé ; no 3 bière (Miller). **Part du marché mondial :** 16,6 % [876 milliards de cigarettes

■ **Cigares. Havane** (longueur et, entre parenthèses, diamètre en cm) : Especiales 24 et plus. Double corona 19 et plus (2). Churchill environ 17 (1,8) 15 g. Lonsdale 15 à 17 (1,6). Panatelas 10 à 19 (1). Torpedo 14 à 15 (2). Gran corona 15 (1,7). Corona 14 (1,5). Petit corona 12,5 (1,5). **Parties d'un Havane :** *purin (tête) :* concentration du goût, explosion des arômes ; *divin (corps) :* arôme riche, soutenu, température plus élevée ; *foin (pied) :* arôme doux, frais ; *cape* (dernière feuille) recouvrant la sous-cape et la tripe (également appelée « robe »).

Quelques autres noms [taille (en cm), diamètre (en cm), poids (en g)] : *Château-Margaux :* petit corona 13 (1,6) 8. *Davidoff no 1 :* gran panatela 19 (1,5) 10,5. *No 2 :* corona 15 (1,5) 8. *5 000 :* gran corona 14,3 (1,8) 12. *Dom Pérignon :* churchill 17,7 (1,9) 15. *Dunhill* (1968), *La Excepción de José Gener, Hoyo de Monterrey* (*créé* par José Gener, sous la marque Le Hoyo). Le Hoyo des Dieux 15,5, du Roi 14,2, du Dauphin 15,2, du Prince 13, du Député 11, du Gourmet 17, du Maire 9,5. *Partagas* (*créée* 1827 par don Jaime Partagas) : gamme de plus de 30 cigares. *Port Larragana* (1834). *Punch. Quai d'Orsay* (*créé* dans les années 1970 par la Seita). *Romeo y Julieta :* une des plus anciennes marques ; créateur du format churchill. *Upmann* (marque inscrite par la Sté Menéndez, García y Cia en 1844) : goût corsé, riche et terreux. *Montecristo* (marque déposée par Menéndez vers 1930) : très doux, suave, presque caramélisé. *San Cristobal :* « Prince » 11 (4,2) ; « Punta » 14 (5,2) ; « Fuerza » 14,1 (5) ; « Morro » 18 (4,9).

☞ Un cigare qui craque quand on appuie dessus a été conservé dans un endroit trop sec. Un cigare fumé aux 3/4 commence à développer des arômes désagréables. La teneur en goudrons augmente.

vendues dont 497 milliards de Marlboro (n° 1 mondial)]. **Dépenses pour la publicité** (en F pour 1 000 hab.) : Suisse 2 200. All. 1 200. Belg. 517. G.-B. 350. *France au 1-1-1993 :* publicité interdite, *94 :* plus de 72 millions dont plus de 60 millions de publicités illicites parues dans la presse.

☞ 1-10-2006, application en Europe de la loi interdisant la publicité pour le tabac.

Prix d'un paquet de Marlboro en Europe (en F, au 1-1-2000) : G.-B. 40,93, Irlande 31,09, Danemark 27,35, Suède 27,22, Finlande 24,80, *France 21,* Autriche 19,55, Belgique 19,48, Italie 18,96, All. 18,89, P.-Bas 18,17, Lux. 15,28, Espagne 14,37, Grèce 13,91, Portugal 12,80. **Prix d'un paquet en minutes de travail** (en 1991) : Canada 23, G.-B. 18, Australie 11, *France 8*, All. 8, Italie 7, USA 6,5, Japon 6, Esp. 3.

■ **Pipe.** **XVIe s.** *Europe :* s'impose dans les armées. **Empire** la Grande Armée invente la *bouffarde* en hommage au caporal Neppone Bouffardi qui, à Friedland, eut les 2 bras emportés par un obus (on en retrouva un sur le champ de bataille, les doigts raidis tenant encore une pipe) et devint la mascotte de la compagnie.

☞ **Quelques fumeurs célèbres :** *hommes :* Napoléon III, Lamartine, Musset, François Coppée, Huysmans, Horace Vernet, Corot, Carnot, Flaubert, Courbet, Verlaine, Rimbaud, Curnonsky, Foch, Albert Ier de Belgique, André Breton, Georges Simenon, Édouard Herriot, Pablo Casals, Georges Pompidou, Jacques Faizant, etc. ; *femmes :* Mme de Pompadour, Mme Vigée-Lebrun, Rosa Bonheur, George Sand.

■ Tabac en France

■ **Altadis** ancienne Seita. Chiffre d'affaires et, entre parenthèses, **résultat net** (en milliards de F, HT) : *1991 :* 12,8 (0,226) ; *95 :* 16,4 (0,83) ; *98 :* 19,35 (0,87) ; *99 :* 22,94 (1,17) ; *2000* (en milliards d'euros) : 2,79 (0,14). **Répartition du chiffre d'affaires** (en %, 2000) : cigarettes 56, cigares 25, distribution 19. **Recettes fiscales du tabac** (en milliards de F) : *1981 :* 17,42 ; *85 :* 23,44 ; *90 :* 31,35 ; *91 :* 31,73 ; *92 :* 35,33 ; *93 :* 41,6 ; *94 :* 47,45 ; *95 :* 51,04 ; *97 :* 56,58 ; *98 :* 59,60 ; *99 :* 62,37 ; *2000 :* 64,19. **Effectifs :** *1986 :* 7 948 ; *90 :* 5 905 ; *94 :* 5 138 ; *99 :* 4 827 ; *2000 :* 21 500.

Privatisation (en 1995) : du 7 au 14-2, 1 million d'actionnaires individuels. Leur demande a couvert 3,9 fois le montant offert (13,3 millions de titres à 129 F). Plus de 10 000 débitants de tabac ont souscrit, pour plus de 100 millions de F (58 % des titres offerts). Les investisseurs institutionnels n'ont obtenu que 11,6 millions de titres (36 % pour des Français, 56 % au reste de l'Europe, 7,6 % au reste du monde). **Fusion** (6-10-1999, voir p. 1502 a). **Capital** (en %, 2000) : institutionnels 75, individuels 20, salariés 3, État espagnol 2.

■ **Prix d'un paquet.** **Gauloises brunes** (paquet de 20 cigarettes, en F) : **1910**-*janv. :* 0,60 ; **26**-*avril :* 2,50 ; **37**-*juillet :* 3 ; **38**-*nov. :* 3,50 ; **39**-*nov. :* 4,50 ; **41**-*mai :* 6 ; **42**-*mars :* 7,50 ; **43**-*janv. :* 9 ; **44**-*juin :* 12 ; **45**-*avril :* 15 ; **46**-*janv. :* 20, *-févr. :* 25 ; **47**-*11-1 :* 23,50, *-11-3 :* 22,50, *-1-7 :* 38, *-23-12 :* 48 ; **48**-*20-9 :* 65 ; **51**-*3-11 :* 80 ; **56**-*9-7 :* 95 ; **59**-*15-1 :* 1,15 (NF) ; **61**-*30-10 :* 1,25 ; **63**-*31-5 :* 1,40, *-25-9 :* 1,35 ; **68**-*1-8 :* 1,50 ; **72**-*11-7 :* 1,70 ; **76**-*1-7 :* 2 ; **78**-*16-5 :* 2,30 ; **79**-*1-8 :* 2,50 ; **80**-*15-7 :* 2,90 ; **81**-*3-8 :* 3,40 ; **82**-*1-2 :* 3,80 ; **83**-*24-1 :* 4, *-1-7 :* 4,30 [1] ; **84**-*9-1 :* 4,55 [1], *-15-4 :* 4,65 [1], *-11-7 :* 4,25 ; **85**-*6-5 :* 4,45 ; **86**-*1-4 :* 4,55, *-2-6 :* 4,80 ; **87**-*30-3 :* 4,90, *-3-8 :* 5 ; **88**-*18-4 :* 5,40, *-1-7 :* 5,50 ; **89**-*1-1 :* 5,50 ; **90**-*1-8 :* 5,50 ; **91**-*30-9 :* 5,80 ; **92**-*27-4 :* 6,40 ; **93**-*18-1 :* 7,50, *-24-5 :* 8,50 ; **94**-*10-1 :* 9,70, *-7-11 :* 10,50 ; **95**-*1-8 :* 11,20 ; **96**-*8-1 :* 11,90, *-20-12 :* 12,90 ; **98**-*5-1 :* 13,90 ; **99**-*4-1 :* 15 ; **2000**-*3-1 :* 16 ; **01**-*8-1 :* 17. **Marlboro : 70**-*1-2 :* 3 ; **80**-*15-7 :* 5,50 ; **88**-*1-7 :* 10 ; **94**-*10-4 :* 15,50 ; **96**-*20-12 :* 19,30 ; **98**-*5-1 :* 19,40 ; **99**-*4-1 :* 20 ; **2000**-*3-1 :* 21 ; **01**-*8-1 :* 22.

Nota. – (1) Cotisation CNAM incluse.

■ **Fiscalité au 8-1-2001.** **Cigarettes et,** entre parenthèses **cigares :** *prix de vente :* 100 (100). *Remise aux débitants :* 8 (8). **Total** fiscalité 72,1898 (41,9998) dont *TVA :* 16,3856 (16,3856). *BAPSA :* 0,6142 (0,6142). *Droit de consommation* (proportionnel au prix de vente) : 55,19 (25). *Accise spécifique :* 41,7944 (les 1 000 cigarettes). *Montant total des recettes fiscales :* 64,19 milliards de F.

■ **Production.** **Variétés produites :** tabacs noirs légers (Paraguay et hybrides utilisés dans les mélanges Caporal, dit « goût français »), corsés (Nijkerk), clairs [Virginie, Burley dans les cigarettes blondes de « goût américain » (VIR + BEY) ou « anglais » (VIR uniquement)]. **Planteurs :** *1947 :* 115 563 ; *69 :* 44 249 ; *79 :* 29 870 ; *89 :* 12 590 ; *98 :* 7 488 ; *99 :* 5 793. **Surface plantée** (en ha) : *1947 :* 29 312 ; *77 :* 22 000 ; *81 :* 17 500 ; *85 :* 14 452 ; *90 :* 10 704 ; *95 :* 9 712 ; *98 :* 9 067 ; *99 :* 9 455 ; *2000 :* 9 254 (dont tabac noir 2 517, Virginie 3 755 ; Burley 2 982). **Production** (en t) : *1976 :* 61 441 ; *80 :* 46 159 ; *85 :* 24 881 ; *90 :* 28 295 ; *91 :* 29 547 ; *92 :* 23 514 ; *93 :* 25 838 ; *94 :* 27 219 ; *95 :* 27 340 ; *96 :* 27 577 ; *97 :* 23 656 ; *98 :* 26 511 ; *1999 :* 26 080 ; *2000 :* 25 534 (dont tabac noir 7 473, Virginie 9 769, Burley 8 292). **Rendement** (en kg/ha) : *1980 :* 2 504 ; *90 :* 2 643 ; *95 :* 2 815 ; *97 :* 3 042 ; *98 :* 2 900 ; *99 :* noir 3 102, Virginie 2 627, Burley 2 639 ; *2000 :* 2 800. **Valeur de la production** (en millions de F) : *1985 :* 915 (clairs 245, bruns 670) ; *91 :* 831 ; *92 :* 608 ; *93 :* 689 ; *94 :* 714 ; *95 :* 710 ; *96 :* 740 ; *97 :* 668 ; *98 :* 731 ; *99 :* 713 (dont Burley 209, Virginie 278, tabac noir 226). **Importations** (en t) : *1987 :* 33 865 ; *88 :* 31 285 ; *89 :* 26 584 ; *90 :* 30 306 ; *91 :* 26 800 ; *92 :* 31 994 ; *93 :* 33 069 ; *94 :* 38 281 ; *97 :* 29 852 ; *98 :* 28 209. **Usines :** cigarettes et scaferlatis 6, cigares 2, allumettes 1 ; centres de recherche : 2. **Exploitations :** en majorité de polyculture, tabac voisinant avec céréales, élevage ou cultures maraîchères. Le tabac n'occupant en général que 5 à 10 % de la surface agricole utile. **Marge brute/ha :** 60 000 à 80 000 F (10 fois plus que pour le maïs). **Emplois :** 6 000 à 8 000 à temps complet (base de 800 à 1 500 heures/ha). **Transformation et commercialisation :** Seita et UCAPT (Sarlat). **Débits de tabac :** *1992 :* 37 500 ; *98 :* 34 000 (dont bar-tabac 65 %, presse 51, librairie-carterie 25, loteries 75, Loto 36) ; *99 :* 34 160. *Chiffres d'affaires des débitants* (en milliards de F, 1999) : tabac 83,08 dont taxes 62,37 dont PMU 28, Loto loisirs 26, timbres fiscaux, vignettes 14,7, presse 10, télécartes 4, timbres postaux 2,8, confiseries 0,5.

■ **Ventes totales en France.** **En milliers de t :** *1985 :* 105,1 ; *86 :* 102,4 ; *87 :* 101,6 ; *88 :* 101,1 ; *89 :* 101,8 ; *90 :* 102,5 ; *91 :* 103,8 ; *92 :* 103,1 ; *93 :* 100,9 ; *94 :* 98,1 ; *95 :* 96,6 ; *96 :* 95,1 ; *97 :* 92,2 ; *98 :* 93,09 ; *99 :* 93,08 ; *2000 :* 91,75 dont cigarettes 82,51, cigares 1,71, tabac à fumer 7,17. **En milliards de F :** *1996 :* 72,17 ; *97 :* 72,24 ; *98 :* 79,13 ; *99 :* 83,08 ; *2000 :* 85,8 (cigarettes 79,5, cigares 2,6, tabac à fumer 3,5, à priser et à mâcher 0,1). **Répartition du chiffre d'affaires** (en %) : recettes fiscales de l'État 75,1, fabricants et distribution 16,9, débitants 8.

Taxes sur les tabacs : *2000 :* 64,4 milliards de F.

■ **Vente en France métropolitaine de produits fabriqués par la Seita et,** entre parenthèses, **par des étrangers.** **En millions d'unités, en 1998 :** cigares et cigarillos 601 (1 029), cigarettes 29 188 (54 647) ; **en tonnes :** tabacs à fumer [scaferlati (ou *scaperletti,* de l'italien « coupés aux ciseaux », tabac haché)] 3 226 (4 058), tabac à priser 7,4 (346,6). *En 1997 :* 604 marques étrangères et 217 marques françaises ont été vendues en France. **Ventes de la Seita à l'exportation** (en milliards de F) : *1996 :* 1,5 ; *97 :* 1,9.

■ **Cigarettes.** **Part des blondes et,** entre parenthèses, **des brunes** (en %) : *1978 :* 20,7 (79,3) ; *80 :* 30,2 (69,8) ; *85 :* 50,6 (49,4) ; *90 :* 63,8 (36,2) ; *96 :* 74,2 (25,8) ; *98 :* 78,7 (21,3) ; *99 :* 80,7 (19,3). **Marques les plus vendues** (en %, 1999) : Marlboro 26,7, Gauloises brunes 13,2, blondes 6,7, Winfield 5,8, Gitanes brunes 5,6, Camel 4,8, Philip Morris 4,1, Peter Stuyvesant 4,1, Chesterfield 4, Winston 3,8, Royale 2,8, JPS 2,8, Benson & Hedges 2,4, Rothmans 2, News 1,9. **Part de marché par fabricant de cigarettes** (en %, 1999) : Philip Morris 35,9 ; Altadis (Seita 33,1 + Tabacalera 1,1) ; Rothmans 14,6 ; JTI-Reynolds 8,8 ; Gallaher France 3,2 ; Imperial 2,9 ; BAT 0,4. **Part du marché français du blond** (en %, 1999) : Philip Morris 44,4 ; Altadis (Seita 17,4 + Tabacalera 1,1) ; Rothmans 18,1 ; JTI 10,9 ; Gallaher France 4 ; Imperial 3,6 ; BAT 0,5. **Part de marché des cigarettes légères** (en %) : *1978 :* 3 ; *90 :* 26,5 ; *97 :* 36,1 ; *98 :* 36,6 ; *99 :* 37,3.

☞ **Saisies de la douane française** (en t) : *1993 :* 59,7 ; *95 :* 117 ; *96 :* 144 ; *97 :* 182 ; *98 :* 138 ; *99 :* 194 ; *2000 :* 219 (soit 989 805 cartouches de cigarettes, 389 291 paquets de tabac à fumer et 1 t de tabac en vrac.

Consommation totale de cigarettes et autres produits (en milliers de t). *1980 :* 97,2 ; *85 :* 105,1 ; *90 :* 102,5 ; *91 :* 103,8 ; *92 :* 103,1 ; *93 :* 100,9 ; *94 :* 98,11 ; *95 :* 96,62 ; *98 :* 93,1. **Cigarettes** (en milliards d'unités) : *1867 :* 0,01 ; *1876 :* 0,4 ; *1898 :* 1,5 ; *1922 :* 8 ; *30 :* 15 ; *70 :* 67 ; *80 :* 87,7 ; *90 :* 95,8 ; *91 :* 97,1 ; *92 :* 96,3 ; *93 :* 93,6 ; *94 :* 90,1 ; *95 :* 88,3 ; *96 :* 86,2 ; *97 :* 82,9 ; *98 :* 83,8 ; *99 :* 83,6 ; *2000 :* 82,5. **Par habitant :** *1975 :* 1 610 ; *80 :* 1 630 ; *86 :* 1 710 ; *90 :* 1 695 ; *91 :* 1 706 ; *92 :* 1 683 ; *93 :* 1 619 ; *94 :* 1 553 ; *95 :* 1 514 ; *96 :* 1 473 (dont filtres 86,7 %) ; *97 :* 1 411 ; *98 :* 1 427 (dont filtres 88,8 %) ; *99 :* 1 424 ; *2000 :* 1 375 (dont filtres 91 %).

Consommation de cigarettes par habitant (en 2000) : Grèce 2 984, Espagne 2 258, Benelux 1 951, Autriche 1 728, Allemagne 1 712, Irlande 1 676, Portugal 1 665, Italie 1 616, *France 1 401,* Danemark 1 293, Pays-Bas 1 019, G.-B. 983, Finlande 899, Suède 823. **Par fumeur** (par jour, en 1998) : UE 17,6 dont Portugal 31,9, Autriche 22,5, Espagne 22,4, Grèce 22, Irlande 21,9, Allemagne 19, Benelux 18,2, Italie 17,7, Finlande 16,4, *France 16,3,* Danemark 15, Suède 13,1, G.-B. 12,7, Pays-Bas 9,9.

Consommation totale dans le monde : environ 6 000 milliards par an (y compris *bidies*). Dans les pays développés, environ 41 % des hommes et 21 % des femmes fument. Dans les pays en développement, 50 % des hommes contre 8 % des femmes (% en augmentation).

☞ Les Danois et Hollandais consomment beaucoup de cigarettes roulées (50 % du marché).

Prix des cigarettes au 8-1-2001 et, entre parenthèses, **avant le 8-1-2001.** Philip Morris 21,70 (20,70) ; Winston 20 (19,20) ; Dunhill 27 (25,50) ; Marlboro 22 (21) ; Peter Stuyvesant 22 (20,70) ; Camel 21,70 (20,70) ; Chesterfield 20 (19,20) ; Rothmans 20 (19,20) ; Winfield 19 (18,20) ; Gauloises blondes 19 (18,20) ; Gitanes brunes 19 (18) ; Gauloises brunes 17 (16). *Fin septembre 1996 :* l'État souhaitant une hausse de la contribution fiscale du tabac, soit 4,8 milliards de F supplémentaires, 2 solutions possibles : augmenter la fiscalité, ou obtenir des fabricants (les prix du tabac étant libres en France depuis 1994) une augmentation du prix des cigarettes, solution que les fabricants ont préférée. Hausse du prix moyen de la cigarette au *4-1-1999 :* 3,7 %.

Décomposition du prix de vente d'un paquet de cigarettes au 8-1-2001 (classe de prix la plus demandée). **Prix de vente au détail :** 22 F ; remise au débitant : 1,76 (en % du prix de vente : 8 %) ; **droit de consommation :** 12,9778 (55,19 % + 41,7944 F les 1 000 cigarettes) ; *TVA + BAPSA :* 3,74 (16,9998 %) ; **part fabricant :** 3,5222 (16,01 %).

■ **Cigares.** **Ventes** en millions d'unités : *1990 :* 1 470 ; *99 :* 1 672 [*petits cigares* (moins de 3 grammes) : 1 592 ; *gros :* 80 (dont Wintermans Café Crème 66,3, Blues Lights 54,7 ; Havanitos 50,4 ; Néos Midi Mild 47,5 ; Niñas Plus 42,6)] ; *2000 :* 1 711,8 dont gros 80, petits 1 631,7. **Principaux fabricants** (en %, 1999) : Seita 35,2 ; Henry Wintermans 13,9 ; Agio 13,8 ; J. Cortès 9,9 ; Swedish Tobacco 8,8 ; H. Stokjes 7,4 ; Rothmans 3,9 ; Arnold André 1,9 ; Villiger 1,7 ; autres 3,5.

■ **Scaferlatis.** **Ventes** en tonnes : *1987 :* 5 529 ; *91 :* 4 905 ; *97 :* 7 315 ; *98 :* 7 284 ; *99 :* 7 385 (dont tabacs à rouler 5 611, à pipe et autres tabacs à fumer 1 774) ; *2000 :* 7 170. **Principaux fabricants en France** (en % 1999) : Seita 42,9, BAT/Rothmans 23,3, Douwe Egberts 13,2, Gryson 6,1 ; Gallagher 2,6 ; autres 11,9.

■ **Rôles.** Longtemps appelés « tabac bâtard », fabriqués à Morlaix, se présentaient sous la forme *menu-filé* (aspect d'une ficelle) ou *ordinaire* (aspect d'une corde). **Carottes.** Tronçonnées en bouts égaux liés par torsion et comprimés en moule après sauçage ; bâton aggloméré d'environ 2 kg. **Consommation :** *début XIXe s. :* 1 000 t. *1818-85 :* 1 400 t. *1980 :* 57 t. **Poudre à priser.** **Consommation :** *avant 1870 :* 8 000 t. *1900-27 :* 5 000 t. *1927-39 :* 2 000 à 3 000 t. *1995 :* 477. **Poudres à mâcher et à priser :** *1998 :* 346,8 t.

■ **Fumeurs.** **Adultes fumeurs** (en % de la population) : *1977 :* hommes 51/femmes 29 ; *1986 :* h 45,8/f 30 ; *91 :* h 39,4/f 28,2 ; *95 :* h 34,3/f 28,3 ; *98 :* h 31,6/f 26,2 ; *99 :* h 35/f 21,9 (dont agriculteurs 23,6/7,8 ; artisans, commerçants, chefs d'entreprise 39/29,5 ; cadres 32,6/28,2 ; professions intermédiaires 36,3/27,1 ; employés 44,8/29,4 ; ouvriers 50,1/23,3 ; retraités 13/5,7 ; autres inactifs 37,1/23,4). **Quantités fumées par les hommes et,** entre parenthèses, **par les femmes** (en %) : *1 à 5 par jour :* 6,1 (6,9) ; *6 à 15 :* 16,2 (10,3) ; *16 à 20 :* 15 (8,7) ; *21 et + :* 6,9 (3,5) ; *ne savent pas :* 0,4 (0,8). **Par les adolescents** (en %) : *1977 :* 46 ; *82 :* 36 ; *94 :* 31. Les jeunes commencent à fumer plus tard. *Part des fumeurs réguliers* (au moins 1 cigarette par jour) : *1992 :* 89 % ; *94 :* 74. **Age moyen de l'initiation au tabagisme :** *1980 :* 12,5 ans (garçons 12,3/filles 13,1) ; *96 :* 14,3. **% de fumeurs de 15 ans** (garçons, entre parenthèses filles) : Belgique 11 (13), Espagne 12 (19), Finlande 28 (25), *France 13 (17),* Hongrie 25 (14), Norvège 17 (16), Suède 10 (14), Suisse 11 (19). **Part des fumeurs de 18-24 ans** (1998) : 37,2 % se déclarent fumeurs. **Part des fumeurs de 12-18 ans :** *1977 :* 46 % ; *96 :* 34 %. **Fumeurs quotidiens jeunes de 18 ans** (en 1999) : garçons 39 %, filles 41.

☞ 8 millions d'hommes et 5,5 millions de femmes fument en moyenne 19 cigarettes par jour (coût : 5 200 à 6 500 F par an).

■ Tabac et santé

■ **Bilan dans le monde.** **Fumeurs :** 1,1 milliard dont pays développés 0,3 (47 % des hommes, 12 % des femmes), en voie de développement 0,8 (48 % des hommes, 7 % des femmes). Même en tenant compte des recettes à court terme que produit l'industrie du tabac, on évalue à 200 milliards de dollars les pertes nettes subies chaque année par la communauté mondiale à cause du tabagisme. Le 10-9-1994, le docteur Hiroshi Nakajima, directeur général de l'Organisation mondiale de la santé (OMS) a déclaré : « Chaque année, dans le monde, le tabac tue 3 millions de personnes. » Si le rythme se maintient, en 2030, il en tuera 10 millions.

■ **Bilan en France.** **Rapport :** *taxes :* 60 milliards de F. **Coût** (Sécurité sociale) : 150 milliards de F. **Emplois** (planteurs, transformateurs, distributeurs) : 30 000. **Coût global :** 26,5 milliards de F, dont 2,8 pertes diverses (absentéisme, incendies) et 2,8 (soins médicaux, hospitalisations). **Apport global :** 44 milliards de F, dont économies sur retraites, prestations sociales non versées, soins non effectués (décès prématurés) : 13, perçus : 31 (*source :* Institut d'études politiques de Paris, est. 1990).

Effets du tabac

☞ Des chercheurs britanniques ont calculé que chaque cigarette fumée = 11 minutes de vie en moins. Un homme fumant 16 cigarettes par jour de 17 à 71 ans (soit 311 688) aurait une espérance de vie inférieure de 6 ans et demi à celle d'un non-fumeur.

■ **Incendies spectaculaires provoqués par des fumeurs.** **Chine** (en 1982) : plus de 1 300 000 ha de forêt incendiés, 400 † ou blessés, 5 600 sans-abri. **G.-B.** (en nov. 1987) : métro King's Cross 31 †.

■ **Accidents.** Depuis janvier 1993, les automobilistes britanniques de moins de 30 ans obtiennent une diminution de 12 % de leur prime d'assurance s'ils attestent par écrit qu'ils ne fument pas.

■ **Accidents du travail** (étude du Dr Galle). Atteignaient 37,2 % des fumeurs, 17,7 % des non-fumeurs.

■ **Atteintes buccales et digestives.** Dégénérescence des muqueuses de l'appareil aéro-digestif par la chaleur (le bout incandescent de la cigarette pouvant atteindre plus de 800° C). Sécheresse des muqueuses (sauf chez les fumeurs de pipe), bouche pâteuse, haleine fétide, pharyngite chronique, altérations dentaires diverses ; risque de leucoplasie dégénérative, de cancer à la lèvre chez le fumeur de cigarettes collées à la lèvre. *En 1975 :* 93 % des ulcéreux fumaient plus de 20 cigarettes/j. **Bronchites et pneumopathies :** fréquence augmentée de 46 % si un parent fume.

■ **Cancers.** **De l'appareil respiratoire et urinaire :** sur 481 substances cancérigènes isolées par Hart, une seule ne se trouve pas dans la fumée du tabac. **Du poumon :** responsable de 90 % des cancers (Wayne McLaren, le cow-boy de la publicité de Marlboro, qui avait fumé 30 cigarettes par jour pendant 25 ans, est mort en 1992 d'un cancer du poumon). **Du larynx et du pharynx :** s'observent particulièrement chez les fumeurs. **De l'œsophage et du larynx :** liés à l'interaction du tabac et de l'alcool ; risque nettement plus élevé chez les fumeurs. **De la vessie :** selon une étude faite aux USA, les 2/3 des morts par cancer seraient dues au tabagisme et au régime alimentaire.

■ **Cigares.** Sont aussi dangereux que les cigarettes. Les risques courus par un fumeur de cigares (par rapport à un non-fumeur) de mourir d'un cancer de la bouche ou du pharynx sont multipliés par 4, des poumons par 5, du larynx par 10 (recherches portant sur 137 243 hommes suivis 12 ans).

■ **Espérance de vie à 25 ans** (selon Hammond). **Fumeurs** (1 paquet de 20 cigarettes/j) : 42 ans ; (1,5 paquet/j) : 39 ans. **Non-fumeurs :** 48 ans. Un « petit » fumeur (environ 10 cigarettes/j) est 13 fois plus exposé que le non-fumeur aux risques de maladies liées à l'usage du tabac. Le risque est maximal avec une dose moyenne de 1 paquet/j. La vie des fumeurs d'âge moyen (35-69 ans) peut être raccourcie de 15 à 20 ans du fait de l'usage du tabac. Les parents non-fumeurs laissant leur enfant de 10 à 12 ans commencer à fumer ont de bonnes chances de vivre plus longtemps que lui. Plus le tabagisme est précoce, plus il est dangereux (en France, en 1990, 65 % des fumeurs avaient commencé à fumer avant 13 ans).

■ **Femmes.** Ont plus de cancers du poumon que les hommes. Le gRPR (gène responsable de la prolifération cellulaire, dont l'action est renforcée par la nicotine) est plus actif chez elle.

■ **Grossesse.** Le placenta ne filtre ni la nicotine ni l'oxyde de carbone et les communique à l'enfant dans l'utérus de la mère qui fume ou qui absorbe la fumée d'autres fumeurs proches. **Taux moyen d'oxyde de carbone :** femme ne fumant pas 1,2 % (fœtus 0,7 %), fumant 8,3 % (fœtus 7,3 %).

Selon une étude suédoise, le tabagisme est responsable de 11 % des morts tardives du fœtus et 5 % des morts néonatales précoces. Selon une étude de l'Institut de santé infantile de Bristol (portant sur 14 893 femmes), une femme enceinte qui ne fume pas, mais dont la mère a fumé durant sa grossesse, a 29 % de plus de risques de faire une fausse couche qu'une non-fumeuse fille de non-fumeuse. Ce taux atteint 60 % si mère et fille ont toutes deux fumé. **Taux de surmortalité périnatale chez les enfants de fumeuses :** 20 % pour moins de 20 cigarettes, 35 % au-delà.

■ **Maladies circulatoires.** Le tabac perturbe la circulation du sang (épaississement de l'épithélium des globules rouges). Réduit les échanges gazeux. Réduit le taux de déformabilité qui empêche l'accès aux vaisseaux capillaires périphériques, ce qui explique le teint grisâtre des fumeurs. Affecte particulièrement artères du cerveau, cœur et membres inférieurs, tube digestif, appareil génital, sens (fréquence de l'artérite tabagique). *Fréquence des cardiopathies ischémiques* chez les fumeurs de 20 cigarettes/j : triple de celle des non-fumeurs.

■ **Mortalité.** En France, 106 550 morts prématurées sont chaque année imputables directement ou indirectement au tabac.

Maladies liées au tabac (en % de décès constatés en 1993). **Hommes et,** entre parenthèses, **femmes** : cancers des voies respiratoires supérieures 78 (53), cancers de l'œsophage 54 (13), cancers du poumon, des bronches, de la trachée 85 (34), maladies cardio-vasculaires 18 (25), cancers du pancréas 39 (4), ulcères gastro-duodénaux 49 (5), cancers du rein et de l'appareil urinaire 10,5 (10,5), cancers de l'utérus (6).

■ **Sport.** Un non-fumeur de 19 ans parcourt 2 613 m en 12 min. Un fumeur de *1 à 10 cigarettes/j* 95 m en moins, de *10 à 20* 242 m en moins et de *+ de 20* 360 m en moins.

Tabagisme passif en France. Un million de personnes exposées à la fumée de leurs voisins plus de 75 % de leur temps de travail. *Nombre de décès :* 2 500 ou 3 000 (surtout de maladies cardio-vasculaires). *Morts prématurées* (en France) : 60 000 dont hommes 47 000.

Fumeurs *entre 12 et 13 ans :* 10 % ; *14/15 :* 33 ; *16/17 :* 50 ; *18 ans :* 60. Age moyen d'initiation à la 1re cigarette : 14 ans. **Femmes.** *1950 :* 20 % (hommes 66) ; *98 :* 34 (42).

LUTTE CONTRE LE TABAGISME

■ **En France.** Dès 1955 il n'y avait plus aucun doute sur le rôle du tabac dans l'origine des cancers du poumon. Mais il a fallu 20 ans en France pour qu'enfin les hommes d'État réagissent, avec Simone Veil (loi de 1976, voir ci-dessous) : « Il faut féliciter ceux qui, comme Claude Évin (dont la loi promulguée début 1991 interdit notamment toute forme de publicité et de sponsoring aux marques de tabac), ont eu le courage de passer des paroles aux actes. Il est dérisoire que des hommes politiques, pour la défense de groupes particuliers et afin de faire triompher des intérêts financiers sur ceux de la santé, tentent de ralentir les actions contre le tabac. » Ladislas Poniatowski, député UDF, a déposé un amendement (non voté) à la loi Évin qui exclut du champ de l'interdiction le parrainage des manifestations sportives automobiles.

■ **Interdictions de fumer. Loi Veil** nº 76-616 du 9-7-1976 et décret nº 77-1042 du 12-9-1977. **Loi Évin** du 10-1-1991 et décret rendu public le 29-4-1992. Il est interdit de fumer dans : **1º)** *les locaux affectés à un usage collectif* autres que ceux à l'usage exclusif d'habitation personnelle, n'offrant pas un débit minimal de ventilation de 7 litres par seconde et par occupant (locaux ventilés mécaniquement ou par conduits) ; un volume minimal de 7 m³ par occupant (locaux ventilés par ouvrants extérieurs) ; **2º)** *écoles et collèges* et autres établissements d'enseignement de niveau comparable (locaux fréquentés par les élèves) ; **3º)** *locaux destinés à recueillir des moins de 16 ans* pour leurs activités collectives de loisirs, lieux d'hébergement des centres de loisirs et de vacances (si des moins de 16 ans y sont admis) ; **4º)** *établissements d'hospitalisation, de soins et autres, et à vocation sanitaire* (locaux à usage collectif utilisés pour accueil, soins et hébergement des malades) ; **5º)** *véhicules de transports routiers collectifs ;* si ces véhicules ne sont pas destinés à transporter principalement des élèves ou des moins de 16 ans, une zone d'au moins 50 % des places peut être accessible aux fumeurs si un dispositif efficace empêche la propagation de la fumée ; **6º)** *ascenseurs à usage collectif ;* **7º)** *voitures de transports publics urbains, funiculaires et téléphériques ;* **8º)** *transports ferroviaires* (80 % des compartiments sont réservés aux non-fumeurs). *Taxi :* le chauffeur peut inviter ses clients, verbalement ou par affichettes, à s'abstenir de fumer. Lui-même n'a pas le droit de fumer.

■ **Désintoxication. Acupuncture :** plusieurs variantes dont : *1º) nasothérapie :* utilisation d'un point situé sur la face latérale du nez, stimulant la vésicule biliaire, décongestionnant et restituant l'odorat, et annihilant l'envie de fumer ; *2º) auriculothérapie :* 7 points (sur l'oreille droite chez le droitier, gauche, chez le gaucher) ; on introduit au point *0* (dit équilibre neurovégétatif) un fil de Nylon tressé, conservé par le patient de 3 à 4 semaines, mais ce fil n'est pas toujours bien supporté ; *3º) mésothérapie :* injection dans l'oreille d'un mélange de Divasta et de procaïne entraînant un dégoût de sa fumée et de celle des autres. **Homéopathie :** administration à des doses infimes et régressives d'un extrait de tabac, pendant plusieurs semaines. **Thérapie de désaccoutumance :** gomme à mâcher à la nicotine prescrite par un médecin. Dose déterminée selon un test de dépendance à la nicotine. **Thérapie de groupe :** réunions avec un ou plusieurs thérapeutes s'intéressant aux motivations des fumeurs, donnant des informations sur les méfaits du tabac, des conseils d'hygiène alimentaire et sportive. **Plan de 5 jours** de la Ligue Vie et Santé. **Timbre nicotine (patch) :** commercialisé en France depuis le 30-3-1992 ; délivre, à travers la peau, des doses décroissantes de nicotine. *Coût :* 1 500 F pour 3 mois (non remboursé). Fumer une cigarette simultanément décuple les effets de la nicotine, au risque de provoquer des malaises (nausées, céphalées, palpitations, etc.).

■ **Méthodes pour arrêter de fumer. Durée du traitement et,** entre parenthèses, **taux de réussite** (en %) : *patch :* 3 mois avec des timbres de plus en plus petits (30, 20, 10 cm²) [50]. *Gommes nicotiniques :* variable suivant dépendance (40). *Acupuncture :* 1 à 5 séances sur 3 semaines (25). *Thalassothérapie :* 1 à 2 semaines à temps complet (25). *Thérapies de groupe :* 5 soirées (25). *Auriculothérapie :* quelques jours à condition d'y associer d'autres thérapies (20). *Hypnose :* 1 ou 2 séances (20). *Homéopathie, phytothérapie, vitaminothérapie :* variable, au cas par cas (20).

☞ Réduire sa consommation peut être illusoire si on la compense par une inhalation plus profonde, en gardant plus longtemps la fumée dans les poumons.

■ **Prise de poids.** Le tabac agit sur le métabolisme ; à âge et sexe égaux, le poids d'un fumeur est inférieur de 2 ou 3 kg à celui d'un non-fumeur. Quand on cesse de fumer, on prend du poids si l'on ne suit pas un régime hypocalorique et si l'on ne fait pas d'exercice physique.

■ **Cigarettes dites légères.** A faible taux de nicotine, goudron et monoxyde de carbone, elles sont, du point de vue de leurs effets secondaires sur l'appareil cardio-vasculaire, aussi nocives que les cigarettes normales ; un fumeur dépendant qui passe aux cigarettes *légères* les inhale plus profondément et absorbe alors davantage de goudrons et d'oxyde de carbone. Bouffées tirées par cigarette légère 15,5 (normale 12,5), fumée avalée 868 ml (normale 546).

■ **Tabac à rouler.** Teneurs en produits toxiques (goudrons, nicotine et monoxyde de carbone) plus élevées que celles des cigarettes en paquet.

■ **Augmentation du risque (en %) à cause de l'exposition de la fumée.** *Chez l'adulte :* **accident coronarien** 25, **cancer du poumon** 26, **petit poids à la naissance** 17 **ou retard de croissance intra-utérin** 11 (si la mère non-fumeuse est exposée à la fumée). *Chez l'enfant :* **otite récidivante** 21, 38 ou 48 (selon que père, mère ou les 2 fument), **bronchites** 72 (si la mère fume) ou 29 (pour un autre membre de la famille), **crises d'asthme** 14, 38 ou 48 (selon que père, mère ou les 2 fument), **mort subite du nourrisson** 100.

☞ *1 h dans une pièce enfumée close* équivaut à 10 ou 20 cigarettes consommées à l'air libre.

■ **Diminution des risques en cessant de fumer. Maladie coronariennes, infarctus du myocarde :** risque réduit de 50 % après 2 ans, égal au non-fumeur après 5-20 ans. **Atteinte cérébro-vasculaire :** égal au non-fumeur après 1 an. **Cancer du poumon :** baisse après 5 ans, 50 à 90 % après 15 à 20 ans. **Bronchite chronique avec insuffisance respiratoire :** risque réduit de 50 % après 20 ans. **Cancer des lèvres, bouche, pharynx :** égal au non-fumeur après 10 ans. **Du pancréas :** égal après 28 ans.

■ **Organismes spécialisés. Comité national contre le tabagisme (CNCT) :** association française contre l'abus du tabac ; *fondée* 11-7-1868 par le vétérinaire-Gal Émile Decroix (devenue 1877 *Sté contre l'abus du tabac*, 1968, reconnue d'utilité publique 1977). B.P. 135, 78001 Versailles. **Ligue nationale contre le cancer, aide au sevrage tabagique, droits de non-fumeurs (DNF) :** association indépendante à but non lucratif ; *fondée* 28-9-1973 à Colmar ; reconnue d'utilité publique 9-1-1990. *Adhérents :* 3 000.

Sanctions. Contravention de 500 à 1 300 F pour les fumeurs impénitents, et de 3 000 à 6 000 F pour les chefs d'entreprise ayant réservé aux fumeurs des emplacements « non conformes ».

■ **Publicité. Loi Veil du 9-7-1976 :** la publicité protabagique est interdite à la radio, à la télévision, au cinéma, par affiches ou enseignes (sauf exception), par voie aérienne, fluviale ou maritime. Dans la presse écrite, la surface consacrée au tabac ne pourra être supérieure à celle de 1974-75. La teneur moyenne en nicotine, goudrons et autres substances doit figurer sur le paquet, ainsi que la mention « abus dangereux ». **Amendement du 14-1-1989 :** soumet aux mêmes restrictions que la publicité pour les produits du tabac celle des produits et articles associés à sa consommation portant le nom, la marque ou l'emblème publicitaire d'un tabac ou d'un produit du tabac. Vise à éviter le détournement de la loi par la publicité de briquets, allumettes, vêtements, voyages, etc. portant le nom d'un tabac. **Loi Évin du 10-1-1991 :** à partir du 1-1-1993, interdiction de toute publicité sur le tabac y compris indirecte (publicité pour une marque, parrainage sportif, culturel). En avril 1991, la Sté Chevignon (vêtements pour jeunes) a dû renoncer à son contrat du 20-7-1989 ; elle avait loué son nom à la Seita pour une marque de cigarettes mise en vente le 18-2-1991 (la Seita devait verser à Chevignon 8 % du prix des cigarettes vendues avec un minimum de 100 millions de F annuel). **Amendement dit F1 de déc. 1992 :** « Est autorisée la retransmission par les chaînes de télévision des compétitions de sport mécanique qui se déroulent dans les pays où la publicité pour le tabac est autorisée (...) jusqu'à ce qu'intervienne une réglementation européenne. »

■ **Jurisprudence. 1986**-*4-1* le tribunal de grande instance de Paris ordonne à Antenne 2 de cesser la retransmission du rallye Paris-Dakar (images de véhicules portant des marques de cigarettes). *-10-1* la cour d'appel confirme l'ordonnance mais autorise la diffusion à condition que la chaîne retransmette un message indiquant qu'elle est au courant de l'interdiction de la publicité pour le tabac mais qu'elle n'est guidée que par le souci de donner une information directe et spontanée. *-12-6* même disposition prise par le TGI de Nanterre pour la coupe du monde de football. **1992**-*18-9* le TGI de Quimper interdit à Citroën et à Mitsubishi de faire courir leurs voitures recouvertes de logos de marques de cigarettes dans le rallye Paris-Moscou-Pékin (confirmation par la cour d'appel de Rennes le 27-10). *-6-11* le TGI de Quimper condamne Renault et Williams à faire disparaître les logos Camel de leurs voitures avec astreinte de 30 millions de F par Grand Prix pour Renault et 5 pour Williams.

1993 Amende et dommages et intérêts versés au CNCT (en milliers de F) : *Condamnation (le 20-1) par la 31e chambre du tribunal correctionnel de Paris :* Canal+ 300 (250), L'Équipe-Magazine 150 (200), Seita 150 (150) (bulletins de jeux), Philip Morris France et Relais H 200 chacun (250) (sacs en plastique). **1999**-*22-6* la caisse primaire d'assurance maladie de St-Nazaire assigne Seita, Philips Morris, Rothmans et Reynolds, réclamant plus de 50 millions de F correspondant, selon elle, aux dépenses liées aux maladies du tabac, et le versement annuel de 24 millions de F tant que les produits contenant du tabac présenteront un danger pour ses assurés. *-8-12* le TGI de Montargis juge la Seita responsable envers Richard Gouslain, fumeur (depuis 1963) de Gauloises († 7-1-1999, à 49 ans d'un cancer des poumons et de la langue), pour avoir omis de l'informer avant 1976. Sa veuve réclame 3 millions de F. La Seita a fait appel. Dans ses attendus le tribunal a distingué 3 périodes : 1º) 1963-69 : R. Gouslain était mineur et la Seita responsable ; 2º) 1969-76 (année de la loi Veil) : le tribunal a estimé qu'avant 1976, où la mention « abus dangereux » a été imposée, un fumeur n'avait pas subi « un préjudice certain » puisqu'il n'est pas dit que, informé, il aurait changé d'avis, mais il avait « perdu la chance de prendre une décision de nature à éviter le risque ». Seita responsable à 60 % et R. Gouslain à 40 % ; 3º) 1976-99 : Seita non responsable. Expertise médicale ordonnée par le tribunal pour établir les préjudices subis. Caisse primaire d'assurance maladie du Loiret déboutée : elle demandait à la Seita 1 million de F. **2000**-*16-3* une habitante de l'Hérault, veuve d'un fumeur, engage une action en justice contre la Seita.

Nota. – L'OMS a organisé des journées mondiales sans tabac (1re le 31-5-1997).

■ **Pays interdisant la publicité de tabac (totalement ou quasi totalement).** Australie, Belgique, Canada, Finlande, *France,* Islande, Norvège, Nouvelle-Zélande, Portugal, Singapour, Suède, Thaïlande. *Efficacité non vérifiée :* Afghanistan, Mozambique, Soudan. *Partiellement :* Suède. *Réforme d'interdiction en cours :* Algérie, Cuba, Iraq, Italie, Jordanie, Lituanie, Mongolie, Viêt Nam.

☞ Au Canada, le 21-9-1995, la Cour suprême a déclaré anticonstitutionnelle la loi réglementant les produits du tabac (LRPT) du 28-6-1988 interdisant la publicité pour le tabac. Cette loi violait « la liberté d'expression » qui, y compris sous la forme de l'expression commerciale, est « un élément important et fondamental d'une société libre et démocratique ». Or, si le but poursuivi par la loi était légitime, à aucun moment et « malgré la production de plusieurs dizaines de milliers de pages concernant l'ensemble des aspects du problème » le gouvernement canadien n'a été en mesure d'établir qu'il existait un « lien direct, scientifiquement établi, entre l'interdiction de la publicité et la diminution de la consommation de tabac ». La Cour suprême a jugé que les fabricants de cigarettes n'avaient pas le droit d'attribuer les avertissements au ministère de la Santé ou au gouvernement. *En France,* la cour d'appel de Rennes a annulé le 6-9-1995 les ordonnances en référé des 14 et 28-6 du Pt du tribunal de Quimper, qui avait estimé que la référence à la loi portée par les fabricants sur les paquets de cigarettes dénaturait le contenu de cette mention légale.

■ **Union européenne.** **2001**-28-2 l'UE vote une directive applicable en plusieurs étapes : 30-9-2002, meilleure mise en garde des fumeurs avec 10 % sur la partie latérale du paquet, 30 % sur l'avant et 40 % sur l'arrière (4 % aujourd'hui) ; fin 2003, suppression des cigarettes légères et ultralégères ; 31-12-2003, diminution des teneurs en goudrons de 12 à 10 mg, des nicotines à 1 mg max et du monoxyde de carbone à moins de 10 mg.

■ **USA.** **1988**-*23-4* interdiction de fumer dans les avions effectuant des vols de moins de 2 h et sur les vols intérieurs de Northwest Airlines, ce qui représente 80 % du trafic (amende de 1 000 à 2 000 $). **1990**-*23-2* sur les vols intérieurs de moins de 6 h. A New York, les restaurants de plus de 50 couverts doivent réserver 70 % des places aux non-fumeurs, les entreprises de plus de 15 personnes doivent aménager des fumoirs. Il est interdit de fumer dans les taxis, magasins, lieux couverts fréquentés par plus de 15 personnes, cinémas, théâtres. **1995**-*1-3* interdiction de fumer dans les prisons du Texas. **1998**-*nov.* accord de 46 États : les principaux fabricants de cigarettes au total verseront 206 milliards de $ sur 25 ans (516 milliards avaient été demandés) et restreindront leur publicité. **2000**-*juillet* un jury de Miami condamne les 5 grands fabricants à 145 millions de $ d'amende.

THÉ

■ **Origine.** Depuis plus de 2700 av. J.-C. dans l'Assam supérieur (Inde) et le Yunnan (sud-ouest de la Chine). Connu au Japon depuis l'an 700 environ ; en Angleterre, par l'intermédiaire des Hollandais et de leur Cie des Indes orientales, vers 1650.

■ **Culture.** Le théier [dénommé *Camellia sinensis ;* 2 variétés principales, le théier de Chine (*C. sinensis,* variété *sinensis*) et le théier d'Assam (*C. sinensis,* variété *assamica*)], arbuste à feuilles persistantes maintenu à 1,20 m de haut en tables de cueillette (à l'état sauvage, peut atteindre 10 à 15 m), est cultivé dans des régions au climat chaud et humide, avec des pluies régulières réparties de préférence au cours de l'année. Croît entre 42° nord et 31° sud. Peut être cultivé jusqu'à 2 500 m dans l'Himalaya (Darjeeling). Une plantation commence à produire au bout de 3 à 4 ans. Des tailles successives permettent un bon rendement pendant 50 ans. **Cueillette** des jeunes pousses toutes les 2 semaines, toute l'année, sauf l'hiver en altitude. *Cueillette fine* [3 feuilles terminales (jeunes pousses) : constituée par le *pekoe* (du chinois *Pak-ho :* cheveu ou duvet), bourgeon terminal, et les 2 feuilles suivantes *(orange pekoe)*]. En Chine, on cueille jusqu'aux 4e et 5e feuilles, que l'on appelle *souchong.* Une bonne cueilleuse peut ramasser de 6 kg (théier de Chine) à 10 kg (théier d'Assam), soit de 20 à 30 kg de feuilles fraîches. Il faut environ 5 kg de feuilles pour 1 kg de thé manufacturé sur place dans les 36 h qui suivent la cueillette. Généralement, le thé noir vient du théier d'Assam, le thé vert du théier de Chine.

■ **Thés noirs.** Pratiquement les seuls utilisés en Europe. Ils subissent le traitement suivant en partant des feuilles fraîches : *flétrissage :* en chambres ou greniers de flétrissage (environ 20 h). *Roulage :* en plusieurs opérations avec criblage intermédiaire (environ 30 min). *Fermentation :* de 1 h à 3 h suivant les régions. *Dessiccation* ou *torréfaction :* 15 à 20 min pour arrêter la fermentation. *Triage :* suivant les grades, avant l'emballage. La préparation du thé de Chine est un peu différente mais repose sur les mêmes principes.

Grades des thés noirs (sauf thés de Chine). **Feuilles entières :** *Flowery orange pekoe (FOP) :* long, fin, bien enroulé, contenant les pointes fines des bourgeons appelées *tips* ou pointes dorées. *Orange pekoe (OP) :* long, morceaux minces de feuilles jeunes et souples avec quelques tips. *Pekoe (P) :* plus court, moins fin, ne contenant pas de tips. *Pekoe souchong (PS) :* encore plus court et plus grossier, composé de feuilles plus âgées. *Souchong (S) :* régulier, sans feuilles ouvertes ; fait de petites boules représentant des feuilles plus âgées.

Feuilles brisées (rendement supérieur, qualité similaire) : *Broken orange pekoe (BOP) :* morceaux de jeunes feuilles brisées pendant le roulage (ou volontairement brisées après la torréfaction), devant aussi contenir des tips. *Flowery broken orange pekoe :* même définition. *Broken pekoe (BP) :* morceaux plats, venant de feuilles plus âgées, sans tips. *Broken tea (BT) :* morceaux plats des feuilles les plus âgées n'ayant pu s'enrouler lors du roulage. *Fannings (F)* ou *Pekoe fannings (PF) :* morceaux plats, petits, parfois avec tips (PF) recherchés pour les sachets. *Dust :* poussière de thé formée par les brisures des feuilles, recherchée pour les sachets en papier filtre.

Thés noirs de Chine (servis sans lait et parfois parfumés de fleurs odorantes) : *Flowery pekoe* ou *Pekoe* à pointes blanches : préparé avec les feuilles terminales les plus jeunes et les plus tendres ne comprenant que les bourgeons terminaux des feuilles repliées sur elles-mêmes. *Pekoe :* feuilles les plus tendres. *Souchong :* grosses feuilles plus âgées, fermées à la préparation. *Congou :* variété de feuilles courtes (*Panyong, Moning, Keemun,* etc.).

Thés noirs semi-fermentés (intermédiaires entre thés noirs et verts) : le *Oolong* de Formose est le plus célèbre ; particulièrement recherché aux USA et en France (3e consommateur mondial).

☞ Qui aime les thés très corsés choisira les *Broken* et les *Pekoe ;* les thés délicats choisira les *Orange Pekoe.*

Mélanges : thé à la bergamote : l'*Earl Grey,* recette chinoise popularisée par Édouard Grey, min. des Aff. étrangères de G.-B. **Thé au jasmin :** à partir de thé vert ou de Wu Long avec des fleurs de jasmin. **Thés aromatisés.**

■ **Thés verts.** Tous non fermentés, contrairement aux thés noirs [après humidification, les feuilles sont chauffées (torréfiées ou ébouillantées) puis séchées] ; les plus connus en Europe et dans les pays africains musulmans sont : *Gunpowder :* feuilles roulées ayant l'aspect de grains de 3 mm. *Chun-Mee :* feuilles enroulées irrégulièrement, plus longues. *Sow-Mee :* morceaux plus petits et brisés. *Young Hyson* et *Hyson :* feuilles jeunes, du début du printemps, très rares et peu consommées en France.

■ **Conseils de consommation.** Il faut ébouillanter la théière, mettre 1 cuiller à thé par personne (2,5 g), verser l'eau frémissante et non bouillie sur le thé, laisser infuser 3 à 6 min selon l'origine, enlever les feuilles de la théière, remuer et servir. En général les thés noirs peuvent être consommés avec du lait sauf les thés de Chine.

■ **Statistiques. Production** (en milliers de t, 2000) : Inde 749,4, Chine 721,1, Sri Lanka 285, Kenya 239,4, Indonésie 152, Turquie 120,3, Japon 88,5, Viêt Nam 64,7, Iran 60,1, Géorgie 60, Argentine 55,8, Bangladesh 50,6, Malawi 50, Ouganda 26, Tanzanie 25, *Monde 2 880,1.* **Commerce** (en milliers de t, 1999) : *export. :* Sri Lanka 268. Kenya 264. Inde 225. Chine 219. Indonésie 67. Argentine 59. Viêt Nam 33. *Monde 1 441. Import. :* G.-B. 176. Russie 150. Pakistan 112. USA 97. Égypte 65. Japon 45. Iran 40. *Monde 1 277.* **Consommation mondiale :** environ 900 milliards de tasses. **En kg par an, par habitant** (moyenne en 1994-96) : Irlande 3,17, Koweït 2,66, G.-B. 2,46, Qatar 2, Turquie 1,93, Syrie 1,44, Bahreïn, Hong Kong 1,37, Sri Lanka 1,29, Maroc, Nlle-Zélande 1,23, *France 0,18.*

☞ Un Anglais de + de 10 ans prend environ 1 100 (1 252 en 1995) tasses de thé par an et 550 tasses de café, un Allemand 130, un Français 75 à 80. En 1999, 68,3 % des Anglais buvaient du thé chaque jour (51,7 % du café, 31,7 % de l'alcool).

☞ **Test de « Que choisir »** (publié mai 2001). Sur 60 thés, 16 sont exempts de pesticides et ont des taux très faibles de métaux lourds. Plus de 30 sont hors normes pour taux de DDT ou de fenvalérate (pesticide de la famille des pyréthrinoïdes). Les produits contaminés viennent surtout de Chine, Viêt Nam et Taïwan.

DIVERS

■ ARBRE A LAIT

■ **Origine.** Nord de l'Amér. du Sud. De la famille du figuier, fournissant un lait (latex) blanc (par incision de l'écorce) sucré, se buvant en petites quantités (astringent).

■ BIÈRE

■ **Origine.** Connue en Mésopotamie, Chaldée, Assyrie, et des pharaons. **VIIIe s.** France, *umelages* (houblonnières). Sainte Hildegarde (1099-1179) découvre l'usage du houblon, développe sa culture dans les monastères. **XIIIe s.** houblon incorporé dans la cervoise. **Fin XIIIe s.** diffusion de la bière hors d'All. attribuée à Gambrinus (ou Cambrinus). **1435** 1re référence à la bière. **1495**-*février* ordonnance prescrit emploi du houblon dans les boissons obtenues par fermentation de l'orge. **1856** Jean-Louis Baudelot (Fr.) invente un refroidisseur de moût qui permet de fabriquer de la bière toute l'année. **1873** Louis Pasteur préconise de détruire les germes contenus dans la bière par élévation de la température. Souhaite que son procédé porte le nom de « bière de la revanche nationale » et « bière française » à l'étranger.

■ **Composition.** Boisson obtenue par la fermentation alcoolique d'un moût composé d'eau, de malt d'orge pur ou associé à 30 % au plus de grains crus (maïs ou riz) ou (et) de succédanés (glucose, saccharose), aromatisé par le houblon (qui donne l'amertume et la digestibilité) : 170 g/hl de bière. *Eau :* sa bonne qualité est indispensable. *Levures :* donnent parfum et partie du goût. **Composition nutritionnelle. Bière « de luxe » et bière « sans alcool » :** *valeur énergétique :* kilocalories 450 (274), kilojoules 188,5 (114,4). *Glucides* (g/l) : 4 (5,6) dont dextrines 2,7 (2,4). *Protéines :* 4,5 (2). *Alcool* (g/l) : 40 (0,6). Degré volumétrique 5 à 6,5 (0,8). *Éléments minéraux* (mg/l) : potassium 380 (238), magnésium 85 (47), calcium 50 (24). *Vitamines* (en microgrammes/l) : thiamine (B1) 15 (20), riboflavine (B2) 210 (110), pyridoxine (B6) 414 (360), vitamine B12 2 (1,2) ; acide nicotinique (PP) (mg) : 10 (4,6). La bière a un effet diurétique probablement dû à ses constituants phénoliques, aux acides organiques, aux acides nucléiques et aux produits de fermentation. Elle a un pouvoir galactogène par l'intermédiaire d'un composé β glucane qui augmenterait le taux de prolactine.

■ **Fabrication. Maltage :** trempage de l'orge et germination. **Touraillage et séchage :** arrêt de la germination ; de blond, le malt devient brun, lorsqu'il a été plus longuement grillé. **Dégermage :** enlèvement des radicelles. **Brassage :** le malt, moulu en farine, est brassé à haute température avec de l'eau. **Après filtrage :** il est mis 2 heures à bouillir avec du houblon, puis il est refroidi. **Fermentation :** 2 stades : *principale,* durée 5 à 10 j, temp. 8 à 10 °C ; *secondaire* ou *garde,* durée 2 à 8 semaines, temp. environ 0 °C. Le moût est additionné de levures ; on le laisse fermenter plusieurs jours. Suivant le type de levure utilisée, on distingue la *fermentation haute* (la plus traditionnelle) : rapide et à température élevée (15 à 25 °C) où la levure monte à la surface ; et la *fermentation basse :* température moins élevée ; la levure se dépose au fond de la cuve. Ensuite, la bière est *filtrée* puis *soutirée* et mise en bouteilles pasteurisées (pour améliorer la conservation) ou en fûts. Les amateurs de bière la préfèrent sous pression plutôt qu'en boîte ou en bouteille. Pour faire 1 litre de bière, il faut environ 150 g de malt obtenus à partir de 200 g d'orge, de 1,5 à 2 g de fleurs de houblon séchées, 50 g de maïs ; elle fermente environ 9 semaines, contient de 4° à 8° d'alcool, et environ 400 calories/l.

■ **Dégustation.** Rincer le verre à l'eau claire et froide avant de servir, l'humidité permet à la mousse de tenir plus longtemps. Servir à bonne température : blanche à 4 °C, blonde type « pils » entre 4 et 6 °C, « spéciale » entre 6 et 8 °C, ambrée un peu tempérée à 8-9 °C, brune à 10 °C.

■ **Dans le monde. Production** (en millions de t, 2000). USA 23,4, Chine 22,4, All. 10,4, Brésil 6,5, G.-B., Japon 5,7, Russie 5,2, Mexique 5,1, Espagne 2,6, Canada 2,4, P.-Bas, Pologne 2,3, Australie, Tchéquie 1,7, *France 1,6. Monde 129,9.* **Consommation** (en l par hab., 2000) : All. 127. Irlande 126. Luxembourg 109. Autriche 108,9. Danemark 104. G.-B. 99. Belgique 98. P.-Bas 84,4. Espagne 68,8. Portugal 64,3. Suède 59,3. Suisse 58,8. Grèce 43. *France 38,7.* Italie 27,1.

Commerce extérieur (en millions d'hl, 1999). **Export. :** P.-Bas 12,2. All. 8,2. G.-B. 3,7. Irlande 3,5. *France 2,2.* **Import. :** *France 5,2.* G.-B. 5. Italie 3,7. All. 3,1. Espagne 1,9.

Principaux brasseurs. Ventes (en millions d'hl, 1998) **et,** en italique, **marques :** Anheuser-Busch (USA) : *Budweiser, Bud, Michelob* 130,6. Heineken (P.-Bas) : *Heineken, Amstel, Murphy's* 79,1. Miller (USA) : *Miller, Miller Lite* 55,9. Interbrew-Labatt (Belgique) : *Stella Artois, Hoegaarden* 48,3. Brahma (Brésil) : *Brahma, Antartica* 42,5. Carlsberg (Danemark) : *Carlsberg* 35,3. Foster's (Australie) : *Foster's* 29,7. Kirin (Japon) : *Kirin* 29,3. Guinness (G.-B.) : *Guinness* 27,7. Danone (France) : *Kronenbourg, Kanterbrau* 24. Bass (G.-B) : 20,7.

■ **En France. Consommation totale** (en millions d'hl) : *1995 :* 22,69 ; *97 :* 21,73 ; *98 :* 22,6 ; *99 :* 22,7. **Par habitant** (en l par an) **et,** entre parenthèses, **âgé de 20 ans et plus :** *1960 :* 35,4 (52,3) ; *70 :* 41,25 (61,4) ; *80 :* 44,31 (63,6) ; *90 :* 41,5 (56,9) ; *91 :* 40,5 (54,9) ; *92 :* 40,9 (53,3) ; *93 :* 39,2 (53,1) ; *96 :* 39,6 (50,6). **Ventes** (en hl, 1996). 20 440 786 dont Alsace 11 247 590, Nord 4 913 562, autres régions 4 279 634 ; **par types de conditionnement** (en hl, 1996) : 18 457 299 dont : *25 cl :* 10 766 903 ; *fûts :* 4 598 668 ; *boîtes :* 1 081 262 ; *100 cl :* 659 373 ; *33 cl :*

■ **Définitions. Abbaye :** bières se réclamant de la tradition d'une abbaye ; les plus connues sont les *trappistes.* Hollande : *Koningshove.* Belgique (Flandre) : *Westmalle* et *Westvleteren ;* (Wallonie) : *Orval, Chimay* (depuis 1862 : 110 000 hl/an) et *Rochefort* (depuis 1595, 15 000 hl/an). **Ale :** bière de fermentation haute fruitée ; fermentation 5 ou 6 jours. **Bière blanche :** brassée avec des malts très peu touraillés et des malts de froment ; arôme de levure, léger goût acidulé ; légères (4,4 % d'alcool) ; ex. : *Hoeggarden* et *Blanche de Bruges.* **Bière brune :** du brun acajou au noir ébène ; malts fortement touraillés. **Bière de garde :** a subi une fermentation prolongée. **Bière de mars :** créée à Arras en 1394, obtenue avec l'orge de juillet, devenu malt en octobre, et le houblon du début septembre ; quelques jours avant Noël, on brasse ces ingrédients avec de l'eau et des épices dans des cuves en bois. Légère en alcool, riche en arômes, couleur ambrée, servie à la pression. 60 000 hl/an. **Brai :** malt moulu résultant du *concassage.* **Gueuze :** bière de Bruxelles résultant d'une fermentation spontanée et composée de lambics de différents âges (1, 2, 3 ans) ; taux d'alcool de 4,1° à 6° ; ce lambic se brasse généralement du 15-10 au 15-5. **Kriek** ou **Kriek-Lambic :** gueuze aromatisée et colorée avec des cerises (80 g de griottes pour 600 l) ; s'améliore en vieillissant, mais sa teneur en alcool devient trop grande. **Lager :** bière de fermentation basse ; bière standard internationale : la blonde. **Lambic :** spécifiquement belge, fabriquée à partir d'un moût sucré, fermentant spontanément grâce à une infection naturelle de levures sauvages et de bactéries, propres à un environnement bien précis ; appellation contrôlée depuis 1965 ; doit être composée de 70 % de malt, 30 % de froment non malté et de houblon suranné (malt d'orge ou d'escourgeon) ; moût doit titrer au moins 5° (tolérance ± 5 %). On n'y ajoute pas de levures, les ferments nécessaires à sa maturation étant prélevés naturellement dans l'air ambiant dans la région de Bruxelles et de la vallée de la Senne. **Leffe :** blonde, brune ou radieuse, brassée par Interbrew à Mont-St-Guibert. **Levures :** champignons ascomycètes dont le saccharomyce ; levures *hautes* (*saccharomyces cervisiae*) sont actives de 15 à 25 °C et montent à la surface en fin de fermentation ; levures *basses* (*saccharomyces Carlsbergensis*), sont actives de 4 à 10 °C et se déposent à la surface au fond de la cuve. **Pils :** de *Pilsen* en Rép. tchèque, qui a donné la Pilsener, la Pilsner et la Pils ; arôme houblonné.

Brasserie la plus grande d'Europe : *Guinness* de Dublin (Irlande, fondée en 1759) 23,16 ha.

Degrés d'alcool : bière sans alcool – de 1,2° ; bière de table 2° à 2,2° ; bière bock 3,3° à 3,9° ; bière de luxe 4,4° et + (au min. 37 g d'alcool pur par litre) ; bières spéciales + de 5,5° (Bavaria 8,6°).

Musées de la Bière : *Rodt* (Belgique). *Stenay* (Meuse, Fr., créé 1984).

554 959 ; *75 cl* : 557 949 ; *65 cl* : 215 363 ; *citernes* : 20 787 ; *50 cl* : 2 035 ; **par types de bière** (en 1996) : 18 457 299 dont bières de luxe (4,5° à 5,5°) 13 307 982 ; spéciales (> 5,5°) 3 284 212 ; panachés 745 337 ; sans alcool 501 979 ; bock (> 3,9°) 562 691. **Exportations** (en millions d'hl) : *1995* : 1,44 ; *96* : 1,79 ; *97* : 2,15 ; *98* : 2,1. **Importations** (en milliers d'hl) : *1995* : 3 499 ; *96* : 4 347,9 ; *97* : 3,9 dont G.-B 1 070, Suisse 116, Italie 101, Belgique 75, Portugal 35 ; *98* : 4,8.

☞ **Bière sans alcool** (ventes, en milliers d'hl) : *1992* : 603,3 ; *97* : 502.

Brasseries. Nombre : *1900* : 3 000 ; *92* : 43 ; *99* : 22 (dont 5 de plus de 500 000 hl). **Effectifs :** 5 938. **Chiffre d'affaires :** 13,5 milliards de F.

Sociétés (quelques marques). *Adelshoffen* : Adelscott, Rheingold, Adelshoffen, Munstehof, Schouss anache. *Annœullin* : Angelus, Pastorale. *Brasseurs de Gayant* : Prima Saaz, Goldenberg, Abbaye de St-Landelin, Celta, Goudale. *Brasserie Castelain* : Ch'ti Blonde, Ch'ti Brune, Ch'ti Ambrée, Jade, St Patron. *La Choulette* : Choulette, bière des Sans-Culottes, bière de l'Abbaye de Vaucelles. *Fischer* : Fischer, Bitter, Kriek. *Heineken* : Heineken, Amstel, Buckler, Pelforth, George Killian's, « 33 » Export, Tuborg, Bulldog, Panach', Mützig, Porter 39, Pelican, Ancre. *Interbrew France* : Stella Artois, Jupiter, Abbaye de Leffe, Framboise de la Bécasse, Hoegaarden, Mac Ewans, Whitbread, Pale Ale. *Jeanne d'Arc* : Pilsor, Super Alsatia, Orpal, Cristalor. *Meteor* : Mortimer, Ackeland, Meteor, Kochersberg. *St-Omer* : La Facon, Blonderbrau, Semeuse. *Saverne* : Fritz Brau, Saverne, La Licorne, Mosbrau, Moselbier, Panache de l'Ami Fritz. *Schutzenberger* : Pils Luxe, Jubilator, Schutz 2 000, Patriator. *Terken* : Terken, Orland, Septante 5.

Parts des ventes sur le marché français (en %, 1997). Kronenbourg 41,2, Heineken (Groupe Sogebra) 34,3, Interbrew 8,4, divers 16.

■ **Chiffre d'affaires** (en milliards de F, est. 1999) **et,** entre parenthèses, **emplois : total filière brassicole :** 82 (163 000). **Orge :** *sélectionneurs de semences* : 70 (100) ; *producteurs de semences* : 500 (250) ; *producteurs d'orges* : 2,9 (60 000 dont 52 000 producteurs et 800 salariés), 3,5 millions de t d'orges de brasserie ; *malterie* : 3 (580, 7 entreprises), production de malt 1 250 000 t dont 80 % exportés. **Houblon :** *producteurs* : 0,415 (126), production 2 533 t dont 50 % exportés, sur 850 ha ; *brasserie* : 11 (5 800, 18 entreprises représentant 200 variétés de bières). **Fournisseurs de la malterie et de la brasserie :** 4 (7 000). **Distributeurs consommation hors domicile :** 15 (10 000). **Consommation hors domicile (cafés, hôtels, restaurants) :** 33 (72 000). **Distribution alimentaire grandes et moyennes surfaces :** 13 (5 000).

Houblon

■ **Origine.** Asie ; Allemagne du Sud à partir du VIIIe s. **Aspect.** Plante grimpante jusqu'à 8 m. Pousse d'avril à sept., cultivé pour la bière en France (Alsace, Flandres, Bourgogne), Allemagne, Belgique, G.-B., pays de l'Est, USA, etc. La plante s'enroule autour d'un fil tuteur lié à un échafaudage (2 500 à 3 000 pieds/ha, 500 g de houblon par pied). Les fleurs femelles contiennent la *lupuline* (poudre jaune) qui sécrète les résines amères et des huiles. **Utilisation.** Brasserie (la fleur femelle ajoutée au moût donne à la bière son goût et la conserve). Parfois on mange les jeunes pousses comme les asperges (Belgique, Allemagne). **Rendement.** Variétés à arôme 28 à 38 q/ha ; variétés riches en résine alpha 30 à 50 q/ha. Il faut environ 100 g/hl de bière. **Superficies cultivées** (en milliers d'ha, 1999). Allemagne 20. USA 14. Chine 8. Rép. tchèque 5. Ukraine 4. Corée du Nord 4. G.-B. 4. Russie 3. Pologne 2. Slovénie 2. *France 1. Monde 71.* **Production** (en milliers de t, 2000) : USA 30,7, All. 30, Chine 14,5, Tchéquie 4,5, G.-B. 3, Slovénie 2,7, Pologne 2,5, Australie, Corée du N. 1,5, *France 1,4, Monde 100,3.*

Vignes, vins et alcools

Généralités

■ **Alcool contenu. Fermentation :** transforme certains sucres en alcool éthylique et en gaz carbonique $C_6H_{12}O_6$ (sucres) → M 2 C_2H_5OH (alcool éthylique) + 2 CO_2 (gaz carbonique). Due à l'action d'organismes microscopiques vivants présents dans le moût, les *levures,* notamment du genre saccharomyces qui utilisent les matières azotées, sucrées et minérales du moût, décomposant ainsi les sucres. **Teneur alcoolique d'un vin :** dépend du taux de sucre dans le moût. 100 g de sucre de raisin donnent en moyenne (en g) : alcool 48,45, gaz carbonique 45,65, glycérine 3,23, acide succinique 0,62. La fermentation de 17-18 g de sucre donne 1 degré d'alcool par litre. **Méthodes pour augmenter le degré : 1re** : *concentration du moût.* **2e** : *ajout de moût concentré ou de moût concentré rectifié.* Courantes en France et en Italie. **3e** : *chaptalisation* [préconisée par le Français Jean-Antoine Chaptal (1751-1832)] : on introduit du sucre pendant la fermentation de la vendange (pour les vins rouges) ou des moûts (pour les vins rosés et blancs). En augmentant le sucre, on élève le titre du vin. Dans les zones où cela est permis, on ne doit pas dépasser 250 kg par ha pour la zone C et 300 kg par ha pour la zone B. Pour augmenter la teneur alcoolique de 1°, il faut 17 g de sucre par litre pour les vins blancs et rosés et 18 g pour les vins rouges. **4e** : *concentration* du vin lui-même (peu utilisée).

Degré moyen. Apéritifs : vermouth et apéritifs à base de vin 15 à 18°. Amers 27 à 40°. Anis (pastis) 45°. **Bière :** 4 à 8°. **Cidre :** 4 à 8°. **Eaux-de-vie :** cognac (production 70°, consommation 40°), armagnac, kirsch, quetsche, genièvre, gin, whisky, etc. 40 à 60°. **Liqueurs :** crème de cassis 16 à 20°. Anisette 26 à 30°. Cherry 30 à 35°. Cointreau, Grand Marnier 40°. Arquebuse 43°. Bénédictine 43°. Chartreuse jaune 43°. Izarra jaune 43°. Rhum 44 à 50°. Kummel 50°. Arack 50°. Izarra verte 51°. Chartreuse verte 55°. **Vin :** 8 à 15°. **Vins de liqueur :** 15 à 22°.

☞ Il existe aussi des vins non alcoolisés.

■ **Apports en calories (nombre)** [en g, sucre entre parenthèses, et alcool pour 100 g, environ 1/10 de l]. **Vin blanc** *à 10°* : 71,8 (4) *8* ; **rouge** *à 10°* : 56,2 (0,2) *8* ; **champagne brut :** 70 (0,7) *10* ; **Suze :** 105 (1) *15* ; **Ricard :** 252 (14) *36* ; **whisky :** 244 (14) *35* ; **cognac :** 243,3 (5) *35* ; **liqueur sucrée :** 270 (30) *30.* 1 g d'alcool apporte 7 calories (vin à 10° : 560 calories/l, vin à 12° : 700 calories/l).

■ **Blanc de blancs.** Fait avec des raisins blancs à jus blanc (voir **Champagne** p. 1510 b).

■ **Blanc de noirs.** Vins blancs provenant de raisins de cépage rouge ayant un jus blanc.

■ **Bourru.** Vin de Gaillac, Pays de la Loire, etc., encore doux, en fermentation, vendu au verre.

■ **Cépages. Vin blanc.** *Aligoté* : cépage bourguignon donnant des vins frais, fruités. *Bual* : vins doux de Madère. *Chardonnay* : principal cépage blanc de Bourgogne, utilisé en Champagne, considéré comme le meilleur en Californie et Australie. *Chasselas* : précoce, bouquet délicat, également cultivé comme raisin de table (*fendant* en Valais suisse, *Gutedel* en Allemagne). *Chenin blanc* : principal cépage d'Anjou et Touraine (vouvray, layon, etc.) ; sec, doux ou très doux ; toujours acide. *Clairette* : autrefois très utilisée dans le Midi. *Folle-blanche* : beaucoup d'acidité et peu d'arôme (*gros plant* en Pays nantais, *picpoul* en Armagnac). *Furmint* : appellation commerciale du tokay en Hongrie et d'un vin de table vif et vigoureux à la saveur de pomme (*sipon* en Yougoslavie). *Gewurztraminer (ou traminer). Malvoisie* : *malmsey* à Madère, *malvoisia* en Italie ; également cultivé en Grèce, Espagne et Europe de l'Est. *Muscadet ou melon de Bourgogne* : vins légers très secs. *Muscat. Palomino (listan)* : donne les meilleurs xérès mais vin de table médiocre. *Pedro ximenez* : vins très forts à Montilla et Malaga ; utilisé pour le xérès. *Pinot blanc* : très proche du *chardonnay. Pinot gris* : blanc plutôt lourd. *Pinot noir* : utilisé surtout en Champagne et en Bourgogne. *Riesling* : meilleur cépage allemand. *Riesling italien* : cultivé en Italie du Nord. *Sauvignon* : aromatique et frais (Pays de la Loire), plantureux (sauternes, où il est associé avec le *sémillon*). *Sémillon* : utilisé pour les graves, sauternes et bordeaux blancs secs (sujet à la pourriture noble). *Sercial* : vin blanc le plus sec de Madère. *Steen* : le cépage blanc d'Afrique du Sud le plus populaire ; vif et fruité. *Sylvaner. Tokay* : voir **Pinot gris** ci-dessus et p. 1511 b. *Trebbiano* : Italie (*ugni blanc* dans le Midi).

Vin rouge. *Cabernet franc* : Chinon et rosé. *Cabernet sauvignon* : meilleur cépage du Médoc. *Carignan* : le plus courant de France. *Cinsaut* : Midi ; croisé en Afr. du Sud avec *pinot noir* pour *pinotage. Gamay* : Beaujolais. *Grenache* : vin alcoolisé fruité mais pâle. *Malbec* : mineur en Bordelais, important à Cahors et Argentine. *Merlot* : Pomerol et St-Émilion ; important dans les rouges du Médoc. *Mouvèdre (ou mataro)* : utilisé pour les coupages en Provence. *Pinot noir* : Côte-d'Or. *Syrah (shiroz)* : vallée du Rhône.

Cépages par régions : *Anjou et Val-de-Loire* : blanc : chenin, sauvignon ; rouge : comparable au Bordelais. *Beaujolais* : gamay noir à jus blanc. *Bordelais* : cépages blancs 20 % ; rouge : cabernet, sauvignon, cabernet franc, merlot ; blanc : sauvignon, sémillon, muscadelle. *Bourgogne* : cépages limités, principalement pinot noir et chardonnay. *Champagne* : meunier, chardonnay et pinot noir. *Languedoc-Roussillon* : blanc : grenache, macabeu, terret ; rouge : carignan, grenache, aramon, cinsault. *Provence, vallée du Rhône* : grenache et carignan noir : majorité de l'encépagement ; syrah, mouvèdre.

■ **Climat.** En Bourgogne, synonyme de lieu-dit. Chaque village est divisé en « climats ». Les plus réputés produisent des vins ayant droit à leur propre appellation d'origine contrôlée qui est d'ailleurs le nom du climat (*Chambertin* à Gevrey, *Richebourg* à Vosne). Certains climats désignent des 1ers crus associés à l'appellation communale (exemple : Morey St-Denis 1er cru : *les Chaffots*).

■ **Clos.** En Bourgogne, certaines parcelles de vigne autrefois entourées de murs sont dénommées *clos.*

■ **Collage.** Clarification du vin : accélération du processus naturel de décantation par addition de substances colloïdales qui précipitent les matières en suspension par divers produits organiques : colles mixtes à base de bentonite avec de la gélatine ou de l'albumine.

■ **Congé.** En France. *Capsule congé* : comporte un timbre fiscal (à l'effigie de Marianne), *bleue* pour vins de table, *verte* pour VDQS et AOC, mousseux et vins doux naturels (VDN), *violette* pour cidres, *orange* pour vins de liqueur (VDL) à appellation d'origine. Atteste que les droits ont été acquittés (par le vendeur) ; une « facture congé » globale, établie par le vigneron ou le négociant, joue le même rôle. Si le vin est acheté « en vrac » ou en bouteilles sans capsule congé, le vendeur doit établir une « facture congé » tirée d'un carnet à souche, sinon faire établir le document par la recette-perception avant le transport. Si l'on veut transporter plus de 60 litres sans capsules congé ni facture (ou 6 litres de spiritueux), il faut demander à la perception un *passavant* qui autorise le transport en franchise. On utilise l'*acquit* pour les mouvements de vins entre professionnels (entre négociants ou négociants et viticulteurs).

■ **Crémant.** Connu depuis le début du XIXe s. Champagne dont la pression dans la bouteille après prise de mousse est de 3 atmosphères au lieu des 6 du champagne normal. Terme désormais réservé aux vins mousseux de qualité produits dans des régions déterminées (VMQPRD), élaborés en France et au Luxembourg. Crémants d'Alsace (décret 24-8-1976), de Bordeaux (3-4-1990), de Bourgogne (17-10-1975), de Limoux et de Loire. *Principales règles* : vinification du raisin entier, limitation du taux d'extraction du moût destiné à l'appellation, soit 100 l pour 150 kg de vendanges, teneur maximale : 150 mg/l d'anhydride sulfureux, 2e fermentation en bouteilles (durée minimale de conservation sur lie : 9 mois), dégustation d'agrément en vin de base suivie d'une 2e pour les vins terminés.

■ **Cru.** Zone à l'intérieur de laquelle l'ensemble des produits présentent des caractères originaux communs, en se démarquant de ceux des terroirs voisins. Dans le Bordelais, il désigne une exploitation (« domaine » ou « château », etc.) ; en Bourgogne, un lieu-dit ; dans le Beaujolais, il correspond à l'appellation communale. Peut également désigner le vin issu du terroir en question.

■ **Cuve close.** Méthode pour rendre le vin mousseux par une 2e fermentation en cuve, sous pression, suivie d'une mise en bouteille immédiate.

■ **Débourbage.** Consiste à séparer le moût des bourbes des vins blancs (matières en suspension) avant de le faire fermenter.

■ **Décantage.** Le vin est versé dans une carafe en tenant le goulot de la bouteille devant une source lumineuse pour laisser le dépôt au fond de la bouteille. Permet au vin de « respirer », de s'épanouir. Une bonne aération donne l'illusion de la maturité à un vin jeune.

■ **Dépôts.** *Pulvérants colorés* : matières colorantes et tanin. *Cristallins* : tartrate de calcium et bitartrate de potassium.

■ **Fraude.** *Acidification* et *désacidification* des vins par des procédés interdits. *Ajout d'alcool méthylique* (toxique) [exemple : fraude sur les vins italiens]. *Étiquetage tendancieux. Substitution* de vin de table à un vin d'appellation contrôlée par trafic de papiers (exemple pour du bordeaux : procès en 1974, maison Cruse impliquée ; en 1989, petits vins de Bergerac revendus comme grands crus bordelais). *Fausses appellations* (en 1982, on a révélé que 70 000 hl de vins du Sud-Ouest avaient été vendus comme du muscadet ou du gros-plant ; affaire Martin-Jarry). *Usurpation d'appellation d'origine* (faux champagne fabriqué à Cuba à partir de blanc importé d'Anjou, vendu aux USA), *fraudes sur qualités substantielles* (exemple : âge des eaux-de-vie). *Vins blancs colorés* en rouge à partir de cochenille, de pétales de roses trémières ou de coquelicots. *Glycérinage* [pour donner de la rondeur, du gras à un vin (en Autriche, 365 crus ont été fabriqués avec de l'éthylène-glycol qui est un poison violent)]. *Collecte* de vins d'appellations différentes dans le même contenant. *Mélange* d'un reste d'une année abondante avec l'année suivante. *Enrichissement* au-delà des limites autorisées. *Surchaptalisation* (sucrage) : au-dessus de 2°. Permission de chaptaliser accordée par décret chaque année ; celui-ci porte le degré minimal au-dessous duquel le vin ne peut revendiquer l'appellation. Une chaptalisation de 5 kg/barrique (bordelaise, c'est-à-dire contenant 225 l d'après la loi du 13-6-1866) entraîne une augmentation de 1°. Une méthode reposant sur la RMN (résonance magnétique nucléaire), mise au point en 1985 par le Pr Gérard Jean Martin de l'université de Nantes, permet de détecter infailliblement sucrage et mouillage des moûts et des vins. Brevetée par le CNRS, officialisée par les organismes communautaires et par l'OIV en 1987. *Utilisation du ferrocyanure* qui évite au vin certaines maladies. *Faux vins* en Corse, en 1974 : mélange de sucre, acide sulfurique, glycérine et colorant.

■ **Gris (ou vin d'une nuit).** Rosé léger, avec une macération courte (une nuit). Issu de la vinification en blanc (pressurage immédiat : extraction rapide du jus exempt de rafles, peaux et pépins) de raisins noirs à jus blanc. Vin des Côtes de Toul.

■ **Jaune (vin).** Vin du Jura. Au cours de l'année, le vin est mis en fût pour 6 à 10 ans, en vidange ; un voile se forme et les micro-organismes (levures) lui donnent un goût très spécial.

■ **Mouillage.** Ajout d'eau.

■ **Mutage.** Interruption de la fermentation d'un moût par adjonction d'alcool ou d'eau-de-vie, pour obtenir un « vin de liqueur » (tel le pineau des Charentes) ou un « vin doux naturel » (VDN du Roussillon).

■ **Paille (ou de, ou vin passerillé).** Vin blanc liquoreux (sucré). 14° d'alcool min. Vient de la fermentation de raisin séché sur de la paille ou suspendu à des lattes pendant 2 à 4 mois. Prix de revient élevé. Produit : Jura, Hermitage, Espagne (Andalousie).

■ **Pelure d'oignon.** Teinte fauve, presque orangée, que certains vins rouges acquièrent avec l'âge.

■ **Pinard.** Altération banalisée en 1886 de *pineau* ou *pinot* (cépage) ; de *pin* (la grappe rappelant la pomme de pin). Adolphe Pinard (1844-1934), médecin, s'intéressa au vin donné aux soldats et, constatant les dégâts de certaines maladies, prescrivit d'y ajouter du mercure.

■ **Piquette.** Connue dès le Moyen Age. Procédé recréé par le chimiste Thénard et son préparateur Petiot (« petiotisation »). En ajoutant au marc frais (ou fermenté) sucre et eau, on obtient une boisson alcoolisée au goût de raisin. Actuellement interdite.

■ **Pourriture noble** *(Botrytis cinerea).* Champignon qui s'attaque au raisin pendant la maturation, rend les baies perméables et concentre le jus par évaporation d'eau. On ne parle de pourriture noble que si le sucre dans le raisin

Classification des vins

■ **Au niveau européen. 2 catégories : vins de table, VQPRD** [vins de qualité produits dans des régions déterminées, soumis les uns et les autres à une Organisation commune de marché (OCM vins) au niveau communautaire. Règlement (CE) n° 1493/99 du conseil du 17-5-1999 portant OCM vitivinicole applicable au 1-8-2000.

■ **Au niveau français. 4 catégories : 1°) AOC :** vins d'appellation d'origine contrôlée. **2°) VDQS :** vins délimités de qualité supérieure. AOC et VDQS correspondent au niveau européen aux VQPRD. Un décret pour chaque AOC ou un décret pour le VDQS indique l'aire de production, les cépages à planter, la méthode de culture, de vinification, le rendement et le degré minimal naturel du moût. **3°) Vins de pays (VDP) :** catégorie de vins de table avec indication géographique, apparue en 1964, devenue en 1968 vins de pays, de départements ou de zone. Règles fixées en 1973 puis par décrets du 4-9-1979 et du 1-9-2000. **Conditions :** cépages recommandés, rendement maximal de 90 hl/ha (parfois 99 hl/ha si excédent non vinifié. Pour les exploitations produisant des vins de pays et/ou des vins d'appellation d'origine et/ou des vins de table, 100 hl/ha (parfois 110 hl/ha si excédent non vinifié). Superficies complantées en cépage à double fin : rendement limite des superficies produisant des vins de table *2000* 130 hl, *2001* 120, *2002* 110. *Degré alcoolique minimal :* zone viticole B (Alsace, Champagne, Jura, Savoie, Val de Loire) 9° ; C1 (Provence, Bourgogne, Gironde, Sud-Ouest, Rhône) 9,5° ; C2 (Languedoc-Roussillon) et C3 (Corse, une partie du Var) 10°. Ce titre naturel peut être modifié pour tenir compte de conditions climatiques exceptionnelles. Les vins produits dans les zones C2 et C3 doivent présenter un titre total minimal de 10,5°. *Normes analytiques. Quantité d'anhydride sulfureux total par litre* autorisé lors de l'agrément : vins rouges 125 mg, blancs et rosés 150. Pour les vins contenant plus de 5 g de sucre (glucose ou fructose) par l, rouges 150 mg, blancs et rosés 175. Vins obtenus sans enrichissement, sucre + de 50 g par l, titre alcoométrique + de 15 % vol. et – de 20 %, 300 mg par l. *Acidité volatile lors de l'agrément* max. 0,55 g/l (0,65 g/l pour les vins ayant terminé leur fermentation malolactique), vins (avec + de 50 g de sucre par l et titre alcoométrique de + de 15 % vol. et – de 20 %) : 1,20 g/l. *Agrément :* obtenu après une dégustation à l'aveugle par un Organisme professionnel agréé. Les vins de pays doivent être vinifiés et conservés à part. *Production 1999 :* 16,2 millions d'hl dont 11,9 présentés à l'agrément et 11,3 agréés. Commercialisation en vrac 7,1 (rouges et rosés 5,8, blancs 1,3). 2,6 (37 %) en vins de pays de cépages. *Cépages :* merlot, cabernet-sauvignon, syrah, gamay (rouges), chardonnay, sauvignon (blancs). *Dénominations de vins de pays :* 148 dont de départements 46, de zone (Coteaux de l'Ardèche, Côtes du Tarn, Côtes de Gascogne, Ile de Beauté, etc.), régionaux (Pays du jardin de la France, Pays d'Oc, Pays des Portes de Méditerranée et Pays des Comtés rhodaniens). **4°) Vins de table :** peuvent être présentés sous leur origine nationale (Vin de Table de France) ou comme mélange de vins de différents pays de la Communauté européenne (MVPDPCE).

atteint 70° Oechsle ou 17° Brix (assez pour donner un vin de 9° d'alcool) et s'il n'y a pas de pourriture grise ou verte.

■ **Prix record.** A la production, *Scharzhofberg*, liquoreux allemand : de 11 000 à 12 000 F la bouteille (200 à 300 produites par an).

■ **Raisins. Composition** (en %) : eau 79,1, corps azotés 0,7, acides 0,7, sucres 15, autres hydrates de carbone 1,9, fibres 7,1, déchets végétaux 0,5. **Variétés principales. Raisin de table :** *chasselas :* 57 % de la production du Sud-Ouest. 29 % des encépagements ; précoce, blanc à grains petits ronds, récolte : août à nov. *Alphonse Lavallée :* 20 %, gros grains noirs et entièrement méditerranéens, ronds et résistants, récolte : fin août à début oct. *Muscat de Hambourg :* 7 % de la prod. totale, 17,6 % des encépagements, parfumé et fin, récolte : août à début nov. *Cardinal :* le plus précoce des raisins noirs (Sud-Est). *Gros vert :* blanc tardif (Vaucluse, B.-du-Rh.), 17 % de la production française. Nouvelles variétés mises au point par l'Inra. *Lival* et *Ribol :* noirs. *Danlas* et *datal :* blancs. Les pépins servent pour le tannage des cuirs et donnent une huile comestible très légère. **Raisins apyrènes** (sans pépins) : alvina, danuta, exalta et madira. **Raisins à vin** (voir **Cépages** p. 1506 b).

■ **Rancio.** Vin ayant vieilli en bonbonne. Procédé pratiqué surtout sur les vins doux naturels.

■ **Sekt.** Vin mousseux allemand de qualité. **Schaumwein.** De bas de gamme.

■ **Soutirage.** Consiste à séparer le vin clair des lies après fermentation.

■ **Sucres.** Un raisin normalement mûr contient 170 g à 200 g de sucres par litre (atteint de pourriture noble, il va jusqu'à 350 g).

■ **Vendange. Machines :** *prix :* 160 000 à 600 000 F HT. Les grappes peuvent être récoltées jusqu'à 15 cm du sol. *Pertes :* 6 à 15 %. **Précoce :** en août 1893, 1984 dans certains crus du Bordelais.

■ **Verjus.** Suc acide extrait des raisins verts.

■ **Vigne.** Plante originaire des pays boisés d'Europe et d'Asie centrale. Très tôt, on écrasa les baies et on les fit fermenter. La vigne *(Vitis)* compte environ 20 espèces dont l'une est la vigne à vin *(Vitis vinifera)* qui comprend près de 4 000 variétés dont environ 12 ont un développement mondial. **Principaux ennemis :** mildiou, oïdium, phylloxéra, viroses, pourriture grise, eutypiose [maladie du bois : 1/3 des plants ugni-blancs (Cognac) touchés]. **Rendement :** un pied produit depuis sa 2e année jusqu'à parfois 100 ans. La production des AOC n'est prise en compte qu'à partir de la 2e ou la 3e année, mais il faut 10 à 12 ans avant que le rendement soit optimal. Les grands vins viennent de vignes de 20 à 40 ans. *Rendement moyen national* (en hl/ha, 1999) : AOC 58, VDQS 63, vins de pays, de table et aptes au cognac 77.

■ **Vin.** Jus de raisin fermenté. **Constituants de base :** *Eau :* jusqu'à 80 %. *Acides. Tanins. Éthanol* (alcool éthylique) produit au cours de la fermentation alcoolique par l'action des levures sur les sucres du raisin, de 50 à 140 g/l (il faut 1,5 kg de raisin pour obtenir 1 litre de vin de bonne qualité ; réglementairement 130 kg/hl, en fait 120 à 150) ; le titre alcoométrique (degré) indique le % d'alcool contenu dans le liquide. Exemple : 12° : 120 cm³ d'alcool par litre de vin (soit 120 × 0,79 g = 94,8 g/l). *Méthanol* (alcool méthylique) : 0,02 à 0,2 g/l dans les raisins de *Vitis vinifera ;* vient de l'hydrolyse des pectines en cours de fermentation. Donne du gras, du sucré, de la souplesse au vin : teneur 4 à 20 g/l (plus pour les vins très liquoreux).

Vin blanc. Fermentation de raisins rouges à jus blanc (à condition de ne pas laisser macérer le jus avant pressurage avec les peaux qui contiennent des pigments colorants) ou blancs versés directement dans un pressoir ou après passage dans un *érafloir* (égouttoir) qui écrase les grappes et sépare les *rafles* (grappes sans grains) : une pompe amène les raisins broyés dans un pressoir ; le *moût* (vin doux non fermenté) coule dans la *maie* (table du pressoir), une pompe le transporte dans la cuve de fermentation ; selon la durée de la fermentation, on obtient un vin sec (fermentation de tout le sucre) ou un vin doux ou mousseux (arrêt de la fermentation en cours).

Vin doux naturel (VDN) et vin de liqueur (VDL). Vins dont on arrête la fermentation en ajoutant de l'alcool [10 % pour VDN en fermentation (pièce de régie couleur verte) et 15 % pour VDL avant fermentation (orange)], d'où un fort taux de sucre.

Vin mousseux. Méthode de seconde fermentation en bouteilles (dite *champenoise* avant le 18-11-1985) : vin rendu mousseux par une 2e fermentation en bouteilles pendant 9 mois min. **Méthode allemande (Sekt) :** fermentation en bouteilles ; après la prise de mousse, les bouteilles sont transvasées dans une cuve close, sous contre-pression d'azote. Le vin stabilisé par le froid est additionné de liqueur d'expédition, filtré et tiré en bouteilles. **Vin mousseux produit en cuve close :** le vin de base, additionné de sucre et de levain dans une cuve résistant à la pression et maintenue à température basse et constante, subit une 2e fermentation. La réfrigération à – 5 °C permet de la bloquer lorsque la pression est à 5 ou 6 kg avec la quantité de sucre résiduel voulue. Après un repos à basse température, le vin est filtré puis tiré avec addition de la « liqueur d'expédition ». **Méthode de transfert :** la prise de mousse s'effectue en bouteilles, le vin est ensuite transvasé dans une cuve inoxydable où il est stabilisé par le froid puis filtré et mis en bouteille. Temps d'élaboration de 4 mois au minimum. Procédé essentiellement utilisé par 2 marques (Kriter et Café de Paris). **Méthode rurale :** le vin est mis en bouteilles définitives avant la fin de la fermentation alcoolique. Seul le sucre naturel du raisin formera le gaz carbonique (clairette de Die, Gaillac, certains mousseux). **Asti spumante :** le moût (et non le vin issu de la 1re fermentation) est mis en cuve close, la fermentation des sucres du raisin provoque le dégagement de CO_2, donc la mousse, la pression de l'atmosphère étant atteinte en 2 semaines. **Vin mousseux gazéifié :** obtenu par addition d'acide carbonique (se pratique de moins en moins).

Vin nouveau (de l'année). A boire dans les mois suivant la date légale de sortie des chais des producteurs (pas avant déc. sauf pour les vins de table et de pays). Le vin reste nouveau jusqu'aux vendanges suivantes. *Primeur :* peut être dégusté dès le 3e jeudi de nov. à 0 h et ne peut rester en vente sous ce nom au-delà du printemps suivant. **Date légale de sortie des chais :** *VDP :* à partir du 1er sept. et lorsqu'ils ont reçu l'agrément ; *VDQS :* à compter du 1-12 suivant la récolte ; *AOC :* au 15-12, sauf pour les vins autorisés à sortir plus tôt [certains AOC comme beaujolais, côtes-du-rhône, vins de loire, gaillac rouge peuvent être, pour les « primeurs », vendus avant le 1-12 (ils le sont parfois plus tard s'ils ne sont pas « terminés »)].

Vin pétillant. Qualification utilisée avec certaines AOC (anjou, saumur, montlouis, touraine, etc.) contenant de l'anhydride carbonique : la pression intérieure est inférieure à celle d'un mousseux (– de 2,5 atmosphères).

Vin rosé. Fermentation de raisins rouges écrasés, puis pompés dans une cuve de fermentation ; rapidement, le jus est versé dans une 2e cuve après avoir pris une couleur rosée (bref contact avec les pellicules). Il ne s'agit pas d'un mélange de vin rouge et de vin blanc, qui est interdit. Seuls les Champenois ont le droit de mettre un certain % de vin rouge de Champagne très coloré (souvent 4 à 5° de Bouzy) dans le vin blanc pour obtenir du champagne rosé.

Vin rouge. Fermentation de raisins rouges versés dans un fouloir ou un fouloir-égrappoir (on peut aussi mettre des grappes entières), puis pompés dans une cuve ; fermentation complète en présence des pellicules colorées ; *vin de goutte* mis en fût ; pressurage des « marcs » (rafles et pellicules) avec un pressoir hydraulique ou pneumatique donnant le *vin de presse* auquel on peut ajouter du *vin de goutte* pour le rendre consommable.

■ **Wine saver** (« sauveur de vin »). S'adapte sur le goulot. Permet d'injecter dans la bouteille entamée une couche protectrice de gaz inerte (azote pur et anhydride carbonique) qui s'évapore quand on sert le vin.

■ Statistiques

■ **Superficie du vignoble** (en milliers d'ha, 1999). 7 864 dont *Europe 5 019* (Espagne 1 180, *France 914,* Italie 909), *Asie 1 517* (Turquie 602, Irak 270, Chine 240), *Amériques 870* (USA 374, Argentine 208, Chili 149), *Afrique 323* (Afrique du S. 115, Algérie 61, Égypte 56), *Océanie 135* (Australie 123, Nlle-Zélande 12).

■ **Raisin. Production** (en milliers de t, 2000) : Italie 9 773,6, *France 7 400,* USA 6 792, Espagne 5 646,4, Turquie 3 650, Chine 3 053,4, Argentine 2 425, Iran 2 350, All. 1 648, Chili 1 575, Afr. du S. 1 550,4, Australie 1 315, Grèce 1 200, Égypte 1 008,1, Roumanie 980,8, Brésil 978,5, Portugal 900, Inde 700, Ouzbékistan 585, Hongrie 500, Mexique 481,3, Bulgarie, Moldavie 450, Corée du S. 407,1, Syrie 400, Croatie 394,1, Yougoslavie 389, Autriche 364,4, Afghanistan 330, Russie 259. *Monde 62 312,8.*

■ **Vin. Production** (en millions d'hl, 2000) : Italie 58. *France 57.* Espagne 37. USA 24. Allemagne 12, Argentine 12. Afrique du Sud 7,9. Australie 7,4. Roumanie 6,8. Chine 5,7. Chili 5,5. Portugal 4,5. Grèce 4,2. Yougoslavie 4 (1999). Hongrie 3,4. Autriche 2,8. Brésil, Bulgarie 2,2. Russie 2,1. Croatie 2. Mexique 1,4 (1999). Suisse 1,2 (en 1999). *Monde 279.*

■ **Commerce** (en millions d'hl, 1999). **Export. :** Italie 18,3. *France 15,9.* Espagne 8,3. USA 2,8. Australie 2,5. Chili 2,2. Allemagne 2,1. Portugal 1,9. Bulgarie 1,5 (1998). Afrique du S. 1,2. *Monde 64,8.* **Import. :** Allemagne 12,3 [dont en % Italie 47, France 24,2 (31,1 en 1990), Espagne 10,5]. G.-B. 8,7 [France 30,2 % (37,9 en 1990), Australie 13,8, Italie 12,7, Espagne 9,6]. *France 4,6.* USA 4,2 [Italie 35,9 %, France 26,4 (32,9 en 1990), Chili 11,2, Australie 10,3]. Russie 3,7. P.-Bas 3,3. Belgique 2,2. Canada, Portugal 2,1. Japon 1,8 [France 32,8 % (50 en 1970), Italie 14,4, USA 9,5, Allemagne 8,1]. Suisse 1,8. *Monde 61,5.*

■ **Consommation** (en millions d'hl, 1999). *France 35,5.* Italie 31,2. USA 20,8. Allemagne 18,9. Espagne 15. Argentine 12,7. G.-B. 8,7. Roumanie 5,8. Chine, Russie 5,5. Portugal 4,9. Afrique du S. 3,9. Australie 3,7. Japon 3,1. Brésil, Suisse 2,9. Chili, Grèce 2,8. Canada, Autriche, Pays-Bas 2,5. Hongrie 2,4. Belgique 2,3. *Monde 221,3.* **Consommation par hab.** (en litres, 1999). Luxembourg 65,3. *France 58* (*1900 :* 162 ; *50 :* 135 ; *90 :* 71). Italie 55,3 (*1965 :* 110,1). Portugal 50,6. Suisse 40,9. Argentine 40,6. Espagne 37,6. Brésil 31,6. Autriche 30,6. Hongrie 30,2. Danemark 29. Grèce 27,4. Allemagne 22,8. Rép. féd. de Yougoslavie 20 (en 1997). Australie 19,7. Belgique 20. Roumanie 19,3. P.-Bas 12,5. (*1965 :* 3,4). G.-B. 14,4. Suède 12,1. USA 8,3. Afrique du Sud 8,6. Canada 7,1 (en 1996). Finlande 5,5. Japon 2,5. Chine 0,3. Croatie n.c. Russie n.c.

■ **Quel vin boire à table ? Avec poissons, huîtres, coquillages ou crustacés :** vins blancs secs, mousseux blancs secs, champagne brut. **Entrées et hors-d'œuvre :** vins blancs secs ou demi-secs, vins rosés. **Viandes et volailles :** vins rouges bouquetés et pas trop corsés. **Gibier :** grands vins rouges corsés. **Fromages :** grands vins rouges, grands millésimes avec les fromages fermentés ; vins blancs de pays avec les fromages doux à pâte molle et les fromages de chèvre (exemple : du sauvignon avec le crottin de Chavignol). **Foie gras :** grands vins rouges ou grands blancs liquoreux. **Desserts sucrés :** champagne demi-sec, mousseux, vins liquoreux, vins doux naturels (prendre un alcool blanc avec un entremets au chocolat). **Fruits :** vins blancs liquoreux, champagne demi-sec.

☞ Le champagne peut accompagner tout un repas. Ne pas boire de vin avec les mets à la vinaigrette.

■ **Température de dégustation.** *Champagne :* 6 à 8 °C (éviter congélateur et seau à champagne garni de gros sel qui « cassent »). *Bourgogne rouge :* 14 à 16 °C. *Bordeaux rouge :* 15 à 16 °C. *Rhône rouge :* 15 à 16 °C. *Loire rouge :* 14 à 15 °C. *Vin rouge léger* à boire frais : 10 à 12 °C. *Rouge robuste :* charpenté, plus généreux 14 °C. Pour chambrer, éviter les fortes sources de chaleur (étuve, radiateur, bain-marie). Le bouchon ne doit pas sentir le liège ni dégager une odeur de parasite. **Ouverture des bouteilles.** *Vins jeunes :* quelques heures à l'avance. *Vins plus vieux :* ouverts trop tôt, ils se « fanent » mais doivent être décantés dans une carafe en cas de dépôt au fond (vins jeunes, pour aérer et amorcer une oxydation). Bourgognes rouges moins tanniques que les bordeaux (oxydation), décantation parfois néfaste. Certains bordeaux perdent leur bouquet après 2 à 3 heures, d'autres non ; il vaut mieux décanter à la dernière minute. Généralement, ne décanter que les très grandes années. *Vin bouchonné :* Causes : bouchon (0,1 cas sur 10 000 bouteilles), résidus de PCP [pentachlorophénol, (2,5 à 3 %), fongicide longtemps utilisé pour traiter les bois de charpentes et de palettes, interdit depuis 1994]. Avec le temps, transformé en pentachloroanisole [PCA (goût de bouchon)] qui évolue en trichloroanisole (TeCA (goût de moisi)].

■ **Qualités d'une cave à vin.** *Température :* de 9 à 12 °C ; ni sèche ni humide (hygrométrie de 70 % pour éviter au bouchon de se dessécher). *Clarté :* aussi faible que possible (une lumière trop vive réduit le vin). *Sol :* terre battue, couvert de gravier ; loin d'odeurs : elles se communiquent au vin. *Bouteilles couchées :* pour que le bouchon ne se dessèche pas (il laisserait entrer l'air avec des germes nocifs pour le vin).

■ **Vin mousseux. Production** (en millions de bouteilles, 1992) : *France 434.* Allemagne 338 (dont groupe Oerker 90, Günther Reh 70, Racke 12, Deinhard 12) ; 1er consommateur : 400 millions de bouteilles (6 par hab./an). Ex-URSS 270. Italie 210. Esp. 150. USA 148. Australie 63. *Ensemble 1 585.*

Quelques pays producteurs

☞ *Abréviation :* Mhl : millions d'hectolitres.

■ **Afrique du Sud. Superficie :** 115 000 ha (en 1999). **Production** (en Mhl) : *1998 :* 8,16 ; *99 :* 7,96.

■ **Allemagne. Législation :** 3 catégories : *Tafelwein* (vin de table, qualité passable, pas de mention de vignoble d'origine ; peut s'agir de *deutsche Tafelwein,* d'origine allemande, de *Tafelwein* souvent d'origine italienne ou de *Landwein* vin de pays) ; *Qualitätswein bestimmter Anbaugebiete* (QbA, vin de qualité d'une région déterminée) ; *Qualitätswein mit Prädikat* (QmP, catégorie supérieure). **Régions :** 11 viticoles délimitées *(bestimmter Anbaugebiete),* divisées en 32 districts *(Bereiche),* divisés en villages *(Gemeinden),* divisés en 2 600 vignobles *(Einzellagen).* **Superficie :** 106 000 ha (en 1999). **Producteurs :** *1964 :* 122 000 ; *82 :* 89 471. **Rendement** (en hl par ha) : *1900 :* 25 ; *39 :* 40 ; *70 :* 100 ; *82 :* 171 ; *94 :* 103 ; *97 :* 81. **Production** (en Mhl) : *1990 :* 8,5 ; *92 :* 13,4 ; *97 :* 8,5 ; *98 :* 10,8 ; *99 :* 12,2.

■ **Argentine. Superficie :** 208 000 ha (en 1999). **Production** (en Mhl) : *1990 :* 20,25 ; *98 :* 10,83 ; *99 :* 15,8.

■ **Chili. Superficie :** 149 000 ha (en 1999). **Production** (en Mhl) : *1990 :* 3,5 ; *96 :* 3,8 ; *97 :* 4,5 ; *98 :* 5,4 ; *99 :* 4,8.

■ **Espagne. Législation :** organisme de contrôle créé en 1972 pour la *Denominación de origen* [26 régions avec des contrôles d'appellations (soit environ 50 % du vignoble)]. **Quelques vins :** *xérès* (en anglais, *sherry*) : région de Cadix, vin blanc, acidité augmentée par du gypse ou du plâtre, fermentation dans des fûts de chêne jusqu'à 12 à 16°, coupé avec de l'alcool pour atteindre 15 à 18°, puis vieillissement ; on appelle *manzanilla* le xérès de Sanlúcar de Barrameda qui a un goût salé, car il mûrit près de la mer. Types fino (17,5/18°), manzanilla ou palma, amontillado (19°), secco (à partir de finos viejos) et albocato (moelleux à partir d'olorosos, finos et vins liquoreux), oloroso (19°), cream-sherry (20°), palo cortado (rare). *Málaga :* Andalousie, vin blanc, rouge de dessert ou d'apéritif. **Superficie :** 1 180 000 ha (en 1999). **Production** (en Mhl) : *1990 :* 40,4 ; *97 :* 33,9 ; *98 :* 30,3 ; *99 :* 35. **Parts du marché des vins étrangers** (en %, 1991) : Rioja 13,1, Tarragona + Penedes 13,6, Valdepenas 11,8, Navarra 8.

■ **États-Unis. Superficie :** 374 000 ha (en 1999) dont (en 1998) Californie 263 570, Washington 13 230, New York 13 150, Missouri 4 530, Pennsylvanie 4 450, Oregon 1 860, Arizona 1 820. *1992-95 :* 40 000 ha de vignes de la Napa et de la Sonoma Valley (au nord de San Francisco et au sud de Monterey) seront arrachés à cause du phylloxéra. **Production** (en Mhl) : *1990 :* 16,5 ; *98 :* 25 ; *99 :* 20,45. **Consommation** (en %, 1990) : vins tranquilles 65,7, wine coolers 17,7, desserts et fortifiés 8,7, champagne et mousseux 6,9, vermouth 1,1. **Commercialisation** (litre/hab.) : *1986 :* 10 ; *92 :* 7.

■ **Grèce. Superficie :** 129 000 ha (en 1999). **Production** (Mhl) : *1990 :* 4,4 ; *98 :* 3,8 ; *99 :* 3,6. **Quelques vins :** *retsina :* blanc sec additionné de résine de pin (retirée avec la lie lors du 1er soutirage) ; on croyait autrefois que cet ajout aidait à la conservation. *Neméa* (sang d'Hercule), *martinia* (blanc), *mavrodaphne* (rouge liquoreux), *muscat, patras, zitsa* (pétillant), *samos* (muscat), etc.

■ **Hongrie. Superficie :** 127 000 ha (en 1999). **Production** (Mhl) : *1990 :* 4,5 ; *99 :* 4,2. *Tokay* produit sur les rives du Bodrog à l'est de Budapest. *Tokay aszu* (le plus connu) : fabriqué à partir du sirop obtenu par pressurage des raisins *aszu (surmuris)* contenant jusqu'à 60 % de sucre ; l'arrière-goût subsiste 1/2 h.

■ **Italie. 2 catégories :** *Denominazione di Origine Controllata,* DOC (10 à 12 % de la récolte réglementée selon volume de la vendange et vins). DOC g *(garantita)* de table avec dénomination géographique 12 à 15 %, sans dénomination 55 à 65 % (mousseux, etc.) ; tous les autres vins. **Quelques vins. Piémont :** *Asti spumante, Barbaresco, Barbera d'Aba, Barolo, Dolceto :* vin blanc mousseux. **Toscane : Brunello, Chianti :** vin rouge, 2 sortes (jeune présenté dans des *fiaschi* ou bouteilles entourées de paillons ou de plastique, vieux mûri en fûts et présenté dans des bouteilles type bordeaux). **Autres.** *Est est est* [de *bonum est* (il est bon)] : vin de Montesfiascone. *Lacryma-Christi :* Campanie, coteaux du Vésuve, rouge rosé ou blanc. *Lambrusco :* Émilie-Romagne, vin rouge pétillant. *Marsala :* Sicile (pentes de l'Etna et région de Syracuse), vin d'apéritif ou de dessert, lancé en 1773 par l'Anglais John Woodhouse. *Valpolicella :* Vénétie, vin rouge. **Superficie :** 909 000 ha (en 1999). **Production** (moyenne, en Mhl) : *1981-88 :* 71,2 (de 40 en Basilicate à 150 en Émilie-Romagne) ; *98 :* 59 ; *92 :* 68 ; *96 :* 58,8 ; *97 :* 50,8 ; *98 :* 50,9 ; *99 :* 57.

■ **Pays-Bas.** Vignoble de Maastricht ; vin blanc, de cépage müller-thurgau, sec et fruité, léger goût d'amande.

■ **Portugal. Superficie :** 262 000 ha (en 1999). **Viticulteurs :** 200 000. **Production** (en Mhl) : *1990 :* 11 ; *96 :* 9,5 ; *97 :* 5,6 ; *98 :* 5,6 ; *99 :* 5,2. **Vinho verde,** « vin vert » : province du Minho, vin rouge ou blanc, cultivé en polyculture avec maïs et légumes et en hauteur (2 à 2,50 m), ce qui ralentit la maturité, 69 000 ha, 2 millions d'hl.

Porto : région de Porto, vin rouge destiné à l'Angleterre et dans lequel on ajoute depuis le XVIIIe s. de l'eau-de-vie pour le stabiliser et arrêter la fermentation. Raisins rouges foulés dans un fouloir en pierre ; fermentation du moût dans une cuve jusqu'à conversion de la moitié du sucre en alcool (on arrête la fermentation en ajoutant de l'eau-de-vie). 85 000 vignobles sur 24 800 ha, classés selon la qualité sur une échelle de 8 crans, quotas annuels (40 % de la récolte sont transformés en Porto). **Alentejo :** 10 000 ha. **Bairrada :** 20 000 ha, 486 000 hl (rouge 95 %). **Dao :** 20 000 ha, 548 000 hl (rouge 70 %, blanc 20 %, rosé 10 %), très veloutés. **Qualités :** blancs (issus de raisins blancs) ; rouges vieillissant en fûts : Ruby (passe peu de temps en fût ; rouge rubis, fruité et frais) ; Tawny (plus vieux, clair, moelleux, mi-sec ou doux), bon de 3 à plus de 40 ans, peut porter un millésime assorti de la date de mise en bouteilles : Colheitas ou Réserve issue de vins d'une même année ; Late Bottled Vintages (LBT) issu d'une seule année, passe 3 à 6 ans en fûts ; rouges vieillissant en bouteilles : Vintages (d'une seule récolte, produit dans les années exceptionnelles, longévité 50 ans ; bonnes années : *1927, 35, 45, 55, 63, 70, 77*). **Exportations** (Mhl) : *1989 :* 702 ; *90 :* 686 ; *95 :* 807 ; *99 :* 824 (vers France 293 soit 39 millions de bouteilles). **Principales Stés :** Ferreira (seule vraiment portugaise ; 150 ha). Porto Croft : créée 1678 par John Croft. Sandeman : créée 1790. Porto Cruz (17 % du marché). **Parts du marché des vins étrangers** (en %, 1991) : Vinho verde 53, Dão 20.

Madère. Ile de Madère, se développe au XVIe s. ; une loi britannique de 1665 interdisant d'exporter des vins d'Europe dans les colonies britanniques, Madère exporte vers l'Empire un vin qui s'améliore en voyageant ; à partir du XVIIIe s., on ajoute aussi de l'eau-de-vie. Passe de 4 à 5 mois en étuve portée d'abord à 50 °C. Après un lent refroidissement, il possède le caramel qui l'a rendu célèbre.

■ **Suisse. Superficie :** 15 000 ha (en 1999). **Production** (en Mhl, 1997) : 1,5 dont Suisse romande 1,03, allemande 0,16, italienne 0,04. *91 :* 1,24 ; *92 :* 1,4 ; *93 :* 1,5 ; *99 :* 1,2. **Quelques vins :** *blancs :* Vaudois (Lavaux, Yvorne, Aigle, Féchy) ; Valais (Fendant) ; Neuchâtelois (Anvernier, Boudry, Colombier) ; *Rouges :* frais et légers : Dôle, Blauburgunder, Cortaillod ; corsé : Merlot (Tessin) ; *liquoreux :* Malvoisie (Valais).

■ **Tunisie. Superficie :** 28 000 ha (en 1999). **Production** (en Mhl) : *1955 :* 1,8 ; *71-75 :* 1,08 ; *81-85 :* 0,58 ; *87 :* 0,39 ; *97 :* 0,37 ; *99 :* 0,37 ; grand cru du Monarg, coteaux de Tebourba ; *1997 :* 0,37 ; *98 :* 0,35 ; *99 :* 0,46.

Vin en France

Généralités

■ **Histoire. VIe s. av. J.-C.** culture introduite par Phéniciens et Grecs à Port-Vendres et Marseille. **Ier s. av. J.-C.** extension sous l'impulsion des Romains dans la région méditerranéenne. **92 apr. J.-C.** pour protéger le vignoble italien de cette concurrence, un édit de Domitien prescrivit l'arrachage de 50 % des vignes gauloises qui se trouvaient sur des terres labourables. **Vers 280** Probus rétablit la liberté. Plus tard, la culture en France connaît des périodes d'extension et de limitation. **1441** édit de Philippe le Bon, duc de Bourgogne, interdit la culture dans les terres riches. **1731** Louis XV interdit de nouvelles plantations, sauf dérogation pour des terroirs propres à donner des vins de qualité. **1789** la Révolution rétablit la liberté de culture. **1863** le *Phylloxera vastatrix* (du grec *phyllox :* feuille ; *xeros :* sec et du latin *vastatrix :* dévastateur) introduit accidentellement en Europe par des pépiniéristes français important des plants américains qu'ils voulaient acclimater ; apparaît à Pujaut (Gard), identifié (et nommé) par Planchon, dévastant tout jusqu'en 1885. **1873** la résistance des variétés américaines au phylloxéra étant mise en évidence, les vignes sont replantées avec herbemont, othello, isabelle, noah, clinton, mais donnent un vin très médiocre (dans les années 1950, certains, notamment le noah qui secrète un aldéhyde toxique, seront interdits en France) ; greffe de cépages français sur des plants américains.

☞ La vigne était alors cultivée sur des coteaux ensoleillés, en terrains secs, ce qui ne permettait que de faibles rendements. Aujourd'hui, elle s'étend plutôt dans les plaines grasses et les vallées humides. Elle a reculé le long de la Loire, en Charente, en Bourgogne, sur les Côtes du Rhône, en Bordelais et s'est développée dans le Gard, le Vaucluse, l'Aude, l'Hérault, le Var.

■ **Crises viticoles. 1907** devant l'effondrement du prix du vin, révolte des vignerons. *-11-3* Narbonne, viticulteurs exposent leurs doléances à la commission d'enquête instaurée par loi du 1-8-1905 : veulent annulation de la baisse des taxes sur le sucre décidée en mars 1903 (qui favorise le vin de sucre produit à partir de la betterave). *-12-5,* 15 000 vignerons manifestent à Béziers menés par Marcellin Albert (dit le Rédempteur, † 12-12-1921). *-9-6* Montpellier, 600 000 manifestants. *-19-6* Narbonne, 1 500 manifestants armés de bâtons et revolvers assaillent la sous-préfecture : 1 tué par un homme du 7e cuirassiers. Ferroul, maire socialiste, arrêté. Perpignan, préfecture incendiée. *-20-6* Narbonne, des soldats du 139e régiment de ligne ouvrent le feu (4 †). Agde, 2 bataillons du 17e régiment d'infanterie refusent d'obéir à leur colonel. *-23-6* Paris, Marcellin Albert discute avec Clemenceau qui lui paye son billet de retour ; *-26-6* désavoué, est incarcéré quelques semaines à Montpellier. *-29-6* loi contre la fraude, surtaxe du sucre décidée. *-15-7* création d'un Service central de répression des fraudes. *-3-9* décret : seule une boisson exclusivement issue de la fermentation du jus de raisin peut prétendre à être du vin. *-22-9* création de la Confédération générale des vignerons. **1911** Crise en Champagne (voir p. 1510 c). **1975** à la suite d'importations de vin d'Italie (7 millions d'hl) malgré l'application des règlements de la CEE (montants compensatoires, dévaluation de la lire verte), manif. dans le Languedoc, boycottage des vins italiens *-28-3* la France suspend pour 1 mois les importations de vins italiens *-16-4* la CEE autorise pour 50 j la distillation à guichet ouvert des excédents français et italiens. Les frontières françaises sont rouvertes et le stockage de 1,5 million d'hl de vin italien est décidé. *-11-9* la Fr. taxe de 12 % les vins importés. **1976**-*4-3* heurts entre CRS et vignerons à Montredon (1 Cdt de CRS et 1 vigneron tués). *-1-4* suppression de la taxe de 12 %. (Voir Quid 1981 p. 1488 b). **1977-81** raids sporadiques contre des camions-citernes contenant des vins italiens (ouverture de vannes, camions incendiés). **1981**-*août* retards considérables pour le dédouanement dans le port de Sète de navires « pinardiers » italiens. **1982**-*6-3* la Cour de justice européenne condamne la France à lever le blocage des vins italiens décidé le 1-2. **1983-84** manif. Coût du soutien du marché du vin : 1 milliard d'écus (7 milliards de F). La France demande une distillation exceptionnelle de 5 millions d'hl. **1984-85** réforme de l'organisation commune du vin. Intensification des aides à l'arrachage ; distillation obligatoire des excédents à bas prix. **1988** accord de Bruxelles sur les stabilisateurs budgétaires : baisse du prix de la distillation obligatoire, incitation à l'arrachage.

■ **Culture. Altitude :** en général moins de 300 m, parfois jusqu'à 600 ou 800 m (Plateau central, Alpes). **Répartition** (en %) : vignobles sur plaines ou sables littoraux 35, coteaux 45, plateaux 20. **Exposition :** sud-est ou sud-ouest (sauf dans le N., où S.-E. et S. sont meilleurs). **Température :** au-delà de la limite nord, les raisins ne mûrissent pas (Vannes, Paris, Mézières, Francfort, Dresde, Carpates, bords de la mer Noire). Ailleurs, les cépages doivent être précoces sous un climat froid, et tardifs sous un climat chaud. **Pluviométrie :** préfère un climat sec (400 à 600 mm par an) mais supporte 800 à 1 000 mm. Les chutes doivent être bien réparties. **Vents :** les vents violents cassent les sarments non palissés mais peuvent être bénéfiques dans le Midi quand, soufflant du nord (mistral, tramontane), ils assèchent l'atmosphère et stoppent les attaques de champignons parasites comme le mildiou. **Sol :** une prédominance de silice favorise les vins fins, parfois peu bouquetés ; l'argile non prédominante peut donner du corps ; le calcaire domine dans les zones des grands vins blancs (Champagne) et rouges (Bourgogne).

Statistiques globales

■ **Vignobles. Superficie** (en milliers d'ha, 1999 ; *source :* DGDDI) : *vignes en production :* 857,8 dont Languedoc-Roussillon 284 ; Rhône-Alpes 59 ; Aquitaine 144 ; Pays de la Loire 41 ; Midi-Pyrénées 40 ; Provence-Alpes-Côte d'Azur 94 ; Champagne-Ardennes 28 ; Bourgogne 29 ; Alsace 14 ; Corse 6 ; Franche-Comté 2,3 ; VDQS 8,2 ; *vins aptes à produire du cognac :* 10. **Viticulteurs :** nombre de déclarants de récolte : *1920-24 :* 1 340 000 ; *35-39 :* 1 560 000 ; *50-54 :* 1 610 000 ; *60 :* 1 375 000 ; *70 :* 1 075 000 ; *82 :* 711 810 ; *90 :* 462 700 ; *99 :* 233 000. **Exploitations** (taille moyenne) : 2,5 ha.

■ **Production de vin** (en millions d'hl). **Récoltes :** *1930 :* 45,6 ; *34 :* 78,1 ; *35 :* 76 ; *42 :* 35 ; *45 :* 28,6 ; *57 :* 32,3 ; *62 :* 73,5 ; *69 :* 49,8 ; *70 :* 74,4 ; *73 :* 82,4 ; *74 :* 75,5 ; *75 :* 66 ; *76 :* 73 ; *79 :* 83,5 ; *80 :* 69,2 ; *85 :* 69,2 ; *86 :* 73,2 ; *87 :* 69,4 ; *88 :* 57,5 ; *89 :* 61 ; *90 :* 65,5 ; *91 :* 42,7 ; *92 :* 65,4 ; *93 :* 53 ; *97 :* 55,1 ; *99 :* 62,6 ; *2000 :* 59,5 [vins blancs 21,6 (AOC 8,5 ; VDQS 0,23 ; vins de pays 9 ; autres 1,3) ; rouges ou rosés 37,8 (AOC 18,3 ; VDQS 0,27 ; de pays 18,8 ; autres 5,8)]. **Régions productrices** (en millions d'hl, 1999) : Languedoc-Roussillon 20,7 ; vallée du Rhône 7,6 ; Bordeaux 6,8 ; Val de Loire 3,9 ; Sud-Ouest 3,4 ; Provence 1,5 ; Champagne 1,2 ; Bourgogne 1,4 [1] ; Beaujolais 1,4 ; Alsace 1,2 ; Corse 0,36 ; Savoie 0,15 ; Jura 0,11 [2].

Nota. – (1) En 1998. (2) En 1997.

■ **Vin commercialisé en France. Conditionnement** (en %, 1991) : verre 65,3 (dont 6 étoiles 38, 75 cl 27,3) ; gros conditionnement 29 ; plastique 4,8 ; brique-carton 2.

Vins mousseux. Production (en millions d'hl) : 10 984 (dont champagne 755). **Ventes en France** (en millions de bouteilles, 1996) : 341,1 dont **champagne :** 157,1 ; **pétillants** (vins et raisins) : 7,9 dont *de raisin (nature et aromatisés)* 6,7 ; *à AO* 0,7 ; *autres vins* 0,5. **Cocktail à base de vins effervescents :** 12,9. **Autres vins mousseux :** 163,2 dont *vins mousseux* 74,4 ; *à AO* (hors champagne) 58,4 (dont crémant d'Alsace 13,3 ; saumur 11,2 ; clairette de Die 8,1 ; blanquette de Limoux 5,7 ; crémant de Bourgogne 4,4 ; vouvray 4,3 ; crémant de Loire 4,1 ; bordeaux 2,2 ; touraine 1 ; mousseux de Savoie 0,9 ; anjou 0,8 ; crémant de Bordeaux 0,8 ; arbois & côtes du jura 0,4 ; crémant de Limoux 0,4 ; montlouis 0,3 ; seyssel 0,1 ; bourgogne 0,1) ; *de qualité* 30,4.

Commerce des vins (en millions d'hl, et, entre parenthèses, en milliards de F, 1999). **Export. :** champagne 1 (12), vins mousseux 0,4 (0,7) ; VQPRD tranquilles 6,9 (19) dont Alsace 0,3 (0,6), Beaujolais 0,7 (1,4), Bordeaux 2,1 (8), Bourgogne 0,6 (3,4), vallée du Rhône 0,7 (1,5), Languedoc-Roussillon 1 (0,95), Val de Loire 0,6 (1) ; vins de pays et vins de table 7,4 (5,9). *Total vermouths et apéritifs à base de vin* 0,2 (0,2) ; *tous vins* 15,9 (37,6) : *vers* All. 3,4 (5,2), G.-B. 3,2 (7,5), UEBL 1,9 (3,6), USA 1,1 (6), Japon 0,6 (2,1). *Spiritueux :* cognac 0,3 (7), armagnac 0,06 (0,1), brandy 0,3 (0,8), liqueurs 0,1 (1,7). Tous spiritueux 1,3 (11,5) *vers* USA 1,8 (3,3), All. 0,2 (0,7), G.-B. 0,12 (0,9), Japon 0,05 (1,1), Hong Kong 0,02 (0,6). **Import. :** vins 5,6 (3), vermouths et apéritifs à base de vin 0,3 (0,14), spiritueux 0,7 (3) dont whisky 0,5 (2,6), brandy 0,1 (0,13), liqueurs 0,02 (0,16).

☞ **Vins étrangers en France :** 2 % du marché dont, en %, Espagne 37, Maghreb 25, Italie 11, Portugal 9, Californie 4, Afr. du Sud, Australie, Nlle-Zélande 4, reste du monde 10.

■ **Consommation de vin** (en millions d'hl). *1979-80 :* 51 ; *89-90 :* 40,3 ; *96-97 :* 35,3 dont taxée AOX/VDQS 15,6, en franchise 1,5.

■ **Prix du vin à la production** (F/degré hl). Cours moyen des vins de table rouges, recueillis sur les 5 places officielles françaises du Midi : Béziers, Montpellier, Narbonne, Nîmes, Perpignan. *1965-66 :* 5,10 ; *70-71 :* 6,93 ; *75-76 :* 10,01 ; *80-81 :* 13,45 ; *90-91 :* 24,34 ; *95-96 :* 26,90 ; *96-97 :* 25,25 ; *97-98 :* 3 935 ; *98-99 :* 4 515.

Prix moyen des expéditions de vins en bouteille (en F par litre, 1999). **Vins blancs (et vins rouges).** Champagne 113,57, VQPRD tranquilles 27,70 (30,72), alsace 22,73 (23,83), anjou saumur 11,36, beaujolais (21,56), bergerac 14,52 (15,88), bordeaux 19,68 (43,81), bourgogne 40,44 (64,07), cahors (19,68), côtes de provence (16,82), côtes du rhône 22,50 (20,17), languedoc-roussillon 16,58 (12,25), muscadet 13,82, sancerre 39,18, touraine 17,58 (16,92), vins de pays 14,13 (12,13), de table 8,62 (8,70).

■ **Hospices de Beaune.** Vente aux enchères le 3e dimanche de novembre depuis 1851 ; n'eut pas lieu en 1910 (pas de récolte), ajournée en 1916, suspendue en 1939-42, supprimée en 1956, 1968 (récolte médiocre, vente par soumissions cachetées). **Prix moyen de la pièce** (228 litres) : *1960 :* 1 777 ; *70 :* 3 805 ; *75 :* 7 203 ; *80 :* 11 524 ; *85 :* 44 856 ; *90 :* 32 998 ; *91 :* 23 240 ; *92 :* 17 878 ; *93 :* 14 331 ; *95 :* 23 274 ; *97 :* 38 119 ; *98 :* 42 806 ; *99 :* 42 584 ; *2000 :* 47 577.

■ **Prix du bordeaux. Prix moyen pondéré du bordeaux rouge à la propriété** (en F, le tonneau de 900 litres) : *1970-71 :* 1 438 ; *71-72 :* 2 119 ; *72-73 :* 3 628 ; *73-74 :* 1 757 ; *74-75 :* 1 250 ; *75-76 :* 2 069 ; *76-77 :* 2 555 ; *77-78 :* 3 913 ; *78-79 :* 4 395 ; *79-80 :* 3 832 ; *80-81 :* 3 840 ; *81-82 :* 4 017 ; *82-83 :* 4 006 ; *83-84 :* 4 276 ; *84-85 :* 6 317 ; *85-86 :* 6 128 ; *86-87 :* 5 689 ; *87-88 :* 5 186 ; *88-89 :* 5 453 ; *89-90 :* 5 828 ; *90-91 :* 5 702 ; *91-92 :* 6 713 ; *92-93 :* 5 471 ; *93-94 :* 6 318 ; *97-98 :* 7 439 ; *98-99 :* 9 289. **Prix de la bouteille de Mouton-Rothschild** (en F) : *1975 :* 50 ; *80 :* 83 ; *82 :* 170 ; *85 :* 200 ; *86 :* 180 ; *90 :* 270.

■ **Prix records. Château Cheval-Blanc 1947 :** impériale (8 bouteilles) 68 200 F (sept. 1997). **Château Lafite 1787 :** 1 bouteille aux initiales de Thomas Jefferson (futur Pt des USA), découverte, a-t-on dit, dans une cave murée du Marais à Paris, achetée 1 100 000 F chez Christie's, à Londres, le 5-12-1985 par Malcom Forbes ; une 2e bouteille estimée 3 200 000 F a été brisée par mégarde au restaurant « Les Quatre Saisons » à New York, en 1986, par un négociant, William Sokolin ; en fait, il s'agissait de faux. **1806 :** vendu à Chicago le 29-5-80 : 31 000 $ (soit 140 000 F) [*en 1979 :* 126 000 F] ; **1811 :** 20 000 £ (Christie's Londres, 23-5-1988) ; **1820 :** 78 500 F une bouteille en verre soufflé, bouchée à l'émeri, à Drouot en oct. 1987 ; **1846 :** 52 000 F (2-10-1996). **Château d'Yquem 1784 :** 36 000 £ (Christie's Londres, 4-12-1986) ; **1811 :** 136 000 F (Sens, juillet 1991). **Lafite-Rothschild 1832 :** 24 000 £ (par International Wine Auction, Londres 9-4-1988). **Latour 1888 :** 16 000 £ (Sotheby's Londres, déc. 1987). **Margaux 1784 :** 18 000 £ (½ bouteille, Vin Expo France, 26-6-1987). **Mouton-Rothschild 1924 :** impériale (8 bouteilles) 9 350 £ (110 000 F) [26-9-1984] ; **1945 :** magnum 53 000 F (juin 1998), jéroboam (= 6 bouteilles) 71 500 £ (sept. 1997). **Riesling 1735 :** 180 000 F en 1987.

■ **Exemples de prix de « grandes bouteilles »** en F TTC, Noël 2000. **Champagne** (magnum) : *Dom Pérignon 1988 :* 1 500, *rosé 85 :* 3 100, *90 :* 1 560 ; *93 :* 1 360 ; *Krug 1986 :* 2 100 ; *89 :* 2 400 ; *Veuve Clicquot 1975 :* 2 500.

■ **Prix public moyen** (en milliers de F) constaté à Vinexpo (17-6-2001) **pour une bouteille du meilleur millésime depuis 1990.** Romanée Conti [1] 24. Screaming Eagle [2] 14. Château Petrus [3] 9,1. Château Le Pin [3] 8,3. Montrachet DRC 7,5. Chambertin Leroy [1] 6,8. Harlan Estate [2] 6,3. Corton-Charlemagne Coche Dury [1] 4,75. Pingus (Ribera del Duero, Esp.) 4,75. Montrachet Comte Lafon [1] 3,5. Rayas (Châteauneuf-du-Pape) 3,3. Château Latour (Pauillac) 3,3. Château Margaux (Margaux) 3,1. Château Cheval-Blanc (St-Émilion) 3,05.

Nota. – (1) Bourgogne. (2) Napa Valley (USA). (3) Pomerol.

■ **Primeurs (1999). Prix de sortie d'une bouteille** chez un négociant (HT, au 31-7-2000). **Graves rouges :** 1er cru *Haut-Brion* 650, cru classé *La Mission Haut-Brion* 420, cru classé *La Tour Haut-Brion* 165, cru classé *Haut-Bailly* 155, cru classé *Pape Clément* 210, cru classé *Smith Haut-Lafitte* 155 ; **graves blancs :** cru classé *Laville Haut-Brion* 330, cru classé *Domaine Chevalier* 240, *Smith Haut-Lafitte* 155 ; **haut-médoc :** 3e cru *La Lagune* 100, 5e cru *Cantemerle* 95 ; **margaux :** 1er cru *Château Margaux* 650, 2e cru *Brane-Cantenac* 130 ; 3e cru *Giscours* 115, 4e cru *Prieuré-Lichine* 120, 5e cru *du Tertre* 92 ; **pauillac :** 1er cru *Lafite-Rothschild* 650, 1er cru *Mouton-Rothschild* 650, 2e cru *Pichon Baron* 185, 5e cru *Pontet-Canet* 130, 5e cru *Lynch-Bages* 200, 2e vin du ch. Latour *Les Forts de Latour* 175, 2e vin du ch. Lynch-Bages *Haut-Bages Averous* 87 ; **pomerol :** *La Conseillante* 420, *Gazin* 275, *Clos René* 88 ; **saint-émilion :** 1er grand cru A *Canon* 230, 1er grand cru B *Figeac* 210, 1er grand cru AB *La Gaffetière* 210 ; **saint-estèphe :** 2e cru *Clos d'Estournel* 230, 2e cru *Montrose* 150, cru bourgeois *Haut-Marbuzet* 139, cru bourgeois *Les Ormes du Pez* 90 ; **saint-julien** 2e cru *Gruaud Larose* 170, 2e cru *Ducru-Beaucaillou* 250, 4e cru *Talbot* 125, 4e cru *Beychevelle* 135.

Cotation (sur 20)

Années	Bord.[1] R[a]	Bord.[1] Bl[b]	Bourg.[2] R[a]	Bourg.[2] Bl[b]	B[3]	Ch.[4]	Al.[5]	C.R.[6]	L.[7]	J.[8]	L/P[9]
45	19	19	18	14	16	18	18	17	17	16	
47	18	17	17	16	17	18	17	16	19	18	
53	18	16	14	15	17	17	17	13	16	15	
55	17	17	15	16	16	17	16	15	15	15	
59	16	16	16	16	16	17	18	14	17	16	
61	19	18	18	16	18	18	17	17	16	16	
66	17	15	16	16	16	17	15	16	14	14	
69	11	13	18	17	16	16	15	13	16	16	
70	18	17	10	13	15	15	15	17	14	12	
71	16	15	17	16	16	16	18	15	16	15	
75	17	17	8	11	10	17	13	13	14	14	
76	15	18	16	15	16	16	18	17	18	17	
78	17	15	18	18	17	16	15	19	16	14	
79	16	15	15	15	14	16	16	14	14	17	
81	16	14	13	17	15	18	16	13	15	15	
82	18	15	13	17	14	17	14	14	14	12	
83	16	18	17	18	18	16	19	18	17	18	
85	18	16	18	17	18	17	17	18	17	17	
86	18	17	13	16	13	15	15	13	14	14	
88	17	18	18	16	16	17	17	18	17	17	
89	18	19	17	17	18	16	17	17	19	17	
90	18	19	18	17	17	18	18	18	18	18	18
91	14	13	16	15	18	14	14	15	13	15	
92	13	13	16	18	15	15	15	16	14	15	14
93	15	14	18	17	16	14	15	14	16	14	15
94	16	15	16	17	16	14	13	15	15	16	14
95	17	14	17	18	15	16	15	18	16	15	17
96	17	16	18	18		17	15	17	17	16	16
97	14	17	16	15		14	16	15	15	15	15
98	16	15	16	15	–	13	15	18	15	17	18
99	15	16	15	14	–	16	13	16	15	15	16

Nota. – (1) Bordeaux. (2) Bourgogne. (3) Beaujolais. (4) Champagne. (5) Alsace. (6) Côtes-du-Rhône. (7) Loire. (8) Jura. (9) Languedoc/Provence. (a) Rouge. (b) Blanc. **Cotations en rouge :** vins à laisser vieillir ; en noir : à boire maintenant ; en gras : devraient déjà être bus. *Source :* cote établie par Jean-Claude Vrinat (caves Taillevent).

☞ **Années exceptionnelles d'avant-guerre :** 1904, 1906, 1921, 1928, 1929, 1934 et 1937.

■ Bordeaux

Statistiques

■ **Superficies.** *2000 :* 161 558 ha, 118 156 en production (AOC 116 902, vins de table 1 254). **Vignobles.** 2 000 (dont 177 crus classés : 74 st-émilion, 61 médoc, 26 sauternes et barsac, 16 graves). **Déclarants de récolte.** 11 760 en 2000. **Rendements** (AOC) en hl à l'ha. *1987 :* 50,6 ; *88 :* 48 ; *89 :* 60,2 ; *90 :* 59,3 ; *92 :* 60,5 ; *96 :* 57,2 ; *97 :* 59,2 ; *98 :* 58,1 ; *99 :* 59,1. **Production** (en millions d'hl) [AOC]. **Rouges et**, entre parenthèses, **blancs :** *1960 :* 1,56 (1). *82 :* 3,51 (1,04) ; *83 :* 3,20 (0,92) ; *84 :* 1,93 (0,91) ; *85 :* 3,93 (0,98) ; *86 :* 4,51 (1,1) ; *87 :* 3,56 (1,05) ; *88 :* 3,65 (0,94) ; *89 :* 4,87 (1,04) ; *90 :* 4,91 (1,1) ; *91 :* 2,16 (0,43) ; *92 :* 5,04 (1,23) ; *95 :* 5,49 (1,04) ; *98 :* 5,69 (0,88) ; *99 :* 5,92 (0,88). **Exportations.** *1996 :* 5,43 (0,98) ; *97 :* 5,75 (0,93) ; *98 :* 1,94 (0,5) ; *99 :* 1,72 (0,4). (En millions d'hl). *1994-95 :* 1,83 ; *95-96 :* 1,87 ; *96-97 :* 2,26 ; *97-98 :* 2,4 ; *98-99 :* 2,1 ; *99-2000 :* 2,1 dont *vers* All. 0,47, G.-B. 0,346, Belg.-Lux. 0,339, P.-Bas 0,184, Japon 0,12. (En milliards de F) : *1994-95 :* 4,3 ; *95-96 :* 4,85 ; *96-97 :* 6,57 ; *97-98 :* 8,26 ; *98-99 :* 8,1 ; *99-2000 :* 8,06.

Production vins de la Gironde (en milliers d'hl, millésime 2000). 6 855 dont AOC 6 804 (dont rouges et rosés 5 988, blancs 815). **Rouges :** *groupe bordeaux :* 3 280. *Côtes :* 982 (1res côtes-de-blaye 324, côtes-de-bourg 226, 1res côtes-de-bordeaux 194, côtes-de-castillon 176, graves-de-vayres 32, côtes-de-francs 28). *Médoc et graves :* 1 064 (médoc 291, Ht-médoc 250, graves 136, margaux 73, St-estèphe 68, pauillac 64, pessac-léognan 57, St-julien 49, listrac 37, moulis 32). *St-émilion-pomerol-fronsac :* 661 [St-émilion 100 (grand cru 175), montagne-St-émilion 91, lussac-St-émilion 84, lalande-de-pomerol 57, fronsac 46, puisseguin-St-émilion 43, pomerol 36, canon-fronsac 16, St-georges-St-émilion 10]. **Blancs :** *secs :* 686 (bordeaux blanc 481, entre-deux-mers 94, graves 45, crémant de bordeaux 17, pessac-léognan 13, 1res côtes-de-blaye 12, blaye 8, graves-de-vayres 7, côtes-de-bourg 2,7, côtes-de-blaye 2, côtes-de-francs 0,5). *Doux :* 129 (sauternes 30, graves supérieur 20, 1res côtes-de-bordeaux 17,9, Ste-croix-du-mont 16, loupiac 14,5, barsac 13,5, cadillac 6,6, bordeaux supérieur 3,4, cérons 2,5, côtes-de-bordeaux-St-macaire 2,3, Ste-foy-bordeaux 1,4).

Nota. – En 1991, le gel d'avril entraîna une baisse d'environ 60 % par rapport à la récolte de 1990.

Ventes (en milliards de F). *1993-94* 13,5 (dont export. 4,1) ; *97-98* 20,6 (8,3) ; *98-99* 19,7 (7,8).

Classification

☞ *Abréviation :* MF : millions de F.

■ **Médoc (rouges).** A l'occasion de l'Exposition universelle de Paris en 1855, Napoléon III demanda, à chaque région viticole y présentant des vins, d'établir un classement. La chambre de commerce de Bordeaux (créée 1705) demanda au Syndicat des courtiers de commerce près la Bourse de Bordeaux d'établir un classement des vins rouges et blancs de la Gironde. Ce classement (établi en fonction de la notoriété des crus et du prix des transactions) fut revu le 30-6-1973 pour les crus du Médoc, à la suite d'un concours organisé par la chambre de commerce de Bordeaux. Les 60 crus classés du Médoc couvrent 3 000 ha (26 % du Médoc) ; en italique : 2e vin. **1ers crus** (cités par ordre alphabétique depuis arrêté du 30-6-1973) : Château Ht-Brion (graves) [2e vin : *Bahans Ht-Brion*]. Lafite-Rothschild [1] [*1868* James de Rothschild acquiert Lafite devenu Lafite-Rothschild, à 500 m de Mouton] (*les Carruades de Lafite*) : 90 ha. Latour [1] (*les Forts de Latour*) [*1962 :* 76 % cédés par héritiers du Mis de Ségur : Pearson 51 % et Allied Lyons 25 %, pour 13 MF. *1989 :* Allied rachète les 51 % à Pearson 605 MF. *1993 :* Pinault rachète 94,5 % à Allied 690 MF (100 % vaudraient 755 MF (soit 11,5 MF l'ha) au lieu de 1 060 MF escomptés)]. Margaux [2] (*Pavillon rouge*) [*1979* Château Margaux acheté au Ginestet 72 MF par André Mentzelopoulos († 1980), P-DG de Félix Potin (devenu Exor) ; *1992* revendu avec Exor aux Agnelli]. Mouton-Rothschild [1] (classé 1er cru par arrêté du 1-6-1973) auparavant 2e cru [ex-Château Brane-Mouton acheté 1853 par Nathaniel Rothschild, repris 1922 par Philippe son petit-fils († 1988)].

Autres crus (châteaux par ordre de mérite) 2es crus : Rauzan-Ségla [2]. Rauzan-Gassies [2]. Léoville-Las Cases [5] (*Clos du Marquis*). Léoville-Poyferré [5] (*Château Moulin Riche*). Léoville-Barton [5]. Dufort-Vivens [2] (*Domaine de Curebourse*). Gruaud-Larose [5] (*Sarget de G.L.*). Lascombes [2] (*Château La Gombaude*). Brane-Cantenac [3] (*Château Notton*). Pichon-Longueville-Bon [1] (*Les Tourelles de Longueville*) acheté 200 millions de F (5 millions de F/ha) par Axa en 1987. Pichon-Longueville-Lalande [1] (*Réserve de la Ctesse*). Ducru-Beaucaillou [5] (*La Croix*). Cos d'Estournel [4] (*Château de Marbuzet*) [vendu 600 MF en 1998]. Montrose [4] (*Dame de Montrose*). **3es crus :** Kirwan [3] (*Margot Private Réserve*). d'Issan [3] (*Château de Candale*). Lagrange [5] (*Les Fiefs de Lagrange*). Langoa Barton [5]. Giscours [7]. Malescot St-Exupéry [2]. Boyd-Cantenac [3]. Cantenac-Brown [3]. Palmer [3] (*La Réserve du Gal*). La Lagune [6] (*Château Ludon Pomier Agassan*). Desmirail [2] (*Château de Fontarney*). Calon-Ségur [4] (*Mis de Ségur*). Ferrière [2]. Marquis d'Alesme-Becker [2]. **4es crus :** St-Pierre [5] (*Bontemps*). Talbot [5] (*Connétable de Talbot*). Branaire-Ducru [5] (*Château Duluc*). Duhart-Milon-Rothschild [1] (*Château Moulin de Duhart*). Pouget [3]. La Tour-Carnet [8]. Lafon-Rochet [4]. Beychevelle [5] (*Amiral de Beychevelle*) acheté par GMF en 1984-88 (84 ha à 3 millions de F/ha). Prieuré-Lichine [3] (*Château de Clairefont*). Marquis-de-Terme [2]. **5es crus :** Pontet-Canet [1] (*Les Hauts de Pontet*). Batailley [1]. Haut-Batailley [1] (*La Tour de l'Aspic*). Grand-Puy-Lacoste [1] (*Lacoste Borie*). Grand-Puy-Ducasse [1] (*Château Artigues-Arnaud*). Lynch-Bages [1] (*Château Ht-Bages Averous*). Lynch-Moussas [1]. Dauzac [1] (*Château Labarde* ; 120 ha achetés 200 MF en 1989 par MAIF). d'Armailhac (anciennement Château Mouton-Baronne-Philippe) [1]. Du Tertre [10] (*Margaux Réserve*). Haut-Bages-Libéral [1]. Pédesclaux [1] (*Château Grand Duroc Milon*). Belgrave [8]. Camensac [8]. Cos Labory [4] (*Château Andron Blanquet*). Clerc-Milon [1]. Croizet-Bages [1] (*Enclos de Moncabon*). Cantemerle [9] (*Bon Villeneuve de Cante-merle*).

Nota. – Tous en Médoc sauf le Château Haut-Brion (graves). *Communes de :* (1) Pauillac. (2) Margaux. (3) Cantenac. (4) St-Estèphe. (5) St-Julien. (6) Ludon. (7) Labarde. (8) St-Laurent. (9) Macau. (10) Arsac.

Crus bourgeois du Médoc. Origines : classement de 1932, réalisé par 5 courtiers en vins avec l'agrément de la chambre de commerce et de la chambre d'agriculture de la Gironde, distinguant : crus bourgeois supérieurs exceptionnels, crus bourgeois supérieurs, crus bourgeois. Les palmarès du Syndicat des crus bourgeois (créé 1962), établis en 1966 et en 1978, distinguaient : crus bourgeois exceptionnels, crus grands bourgeois, crus bourgeois. L'arrêté du 18-2-1972 divise les crus bourgeois en 3 catégories : crus exceptionnels, crus grands bourgeois et crus bourgeois. La réglementation de l'UE sur l'étiquetage n'admet que la seule mention facultative de « cru bourgeois ». Ces crus bourgeois représentent 50 % de la production totale de la région Médoc et sont regroupés dans 8 appellations du Médoc. **Nombre de crus :** 419 (production 50 % de l'appellation) dont haut-médoc 140 (70), médoc 127 (53), St-estèphe 43 (54), moulis 31 (92), listrac-médoc 29 (70), margaux 25 (25), pauillac 16 (8), St-julien 8 (16).

■ **Graves.** *Blancs :* Château Bouscaut [5]. Château Carbonnieux [2]. Domaine de Chevalier [2]. Château Malartic Lagravière [2]. Château Olivier [2]. Château La Tour Martillac [4]. Château Laville Haut-Brion [1]. Château Couhins [3]. Château Couhins-Lurton [3]. *Rouges :* Château Bouscaut [5]. Château Haut-Bailly [2]. Château Carbonnieux [2]. Domaine de Chevalier [2]. Château Fieuzal [2]. Château Malartic-Lagravière [2]. Château Olivier [2]. Château La Tour Martillac [4]. Château Smith-Haut-Lafitte [4]. Château Haut-Brion [1]. Château La Mission-Haut-Brion [1]. Château La Tour-Haut-Brion [1]. Château Pape-Clément [1].

Nota. – Communes de : (1) Pessac. (2) Léognan. (3) Villenave d'Ornon. (4) Martillac. (5) Cadaujac.

■ **Saint-Émilion. Appellations :** saint-émilion grand cru. *1re classification* 16-6-1955, modifiée 1958, 2e modification 17-11-1969, 3e 11-1-1984 (a pris effet en 1986, arrêté du 23-5), 4e arrêté du 8-11-1996. **1ers grands crus classés (1996) :** *Châteaux* Ausonne, Cheval-Blanc [racheté par Albert Frère et Bernard Arnault fin 1998, 860 MF (soit 24,2 MF l'ha)], Angélus, Beau-Séjour Bécot, Beauséjour (Héritiers Duffau-Lagarrosse), Belair, Canon, Figeac, La Gaffelière, Magdelaine, Pavie, Trottevieille, Clos Fourtet. **Grands crus classés :** *Châteaux* Balestard la Tonnelle, Bellevue, Bergat, Berliquet, Cadet Bon, Cadet-Piola, Canon la Gaffelière, Cap de Mourlin, Chauvin, Clos des Jacobins, Corbin, Corbin-Michotte, Curé Bon, Dassault,

■ **Appellations régionales et communales. Vins d'AOC rouges :** *bordeaux* (B.) : Bordeaux, B. supérieur, B. rosé, B. supérieur rosé, B. clairet, B. supérieur clairet, ste-foy B. *Côtes :* côtes-de-francs, côtes-de-castillon, côtes-de-bourg, bourg, 1res côtes-de-blaye, blaye, 1res côtes-de-blaye, graves-de-vayres. *Libournais :* st-émilion, grand cru st-émilion, montagne-st-émilion, puisseguin-st-émilion, lussac-st-émilion, st-georges-st-émilion, pomerol, lalande-de-pomerol, fronsac, canon-fronsac. *Médoc et Graves :* graves, médoc, haut-médoc, listrac, margaux, moulis ou moulis-médoc, pauillac, st-estèphe, st-julien. *Décret du 9-9-1987 :* nouvelle AOC Pessac-Léognan : certains vins de Graves peuvent être désignés sous l'appellation pessac-léognan. **Vins d'AOC blancs :** *secs :* blaye, premières côtes-de-blaye, côtes-de-blaye, bordeaux, côtes-de-francs, côtes-de-bourg, bourg, entre-deux-mers, graves, pessac-léognan, graves-de-vayres ; *doux :* bordeaux supérieur, ste-foy-bordeaux, côtes-de-bordeaux-st-macaire, graves supérieurs, premières côtes-de-bordeaux, cadillac, cérons, loupiac, ste-croix-du-mont, barsac, sauternes. **Crémant de Bordeaux :** appellation créée par décret du 3-4-1990 : vin mousseux produit selon méthode traditionnelle.

Faurie de Souchard, Fonplégade, Fonroque, Franc Mayne, Grand Mayne, Grand Pontet, Guadet Saint-Julien, Haut Corbin, Haut Sarpe, L'Arrosée, La Clotte, La Clusière, La Couspaude, La Dominique, La Serre, La Tour du Pin Figeac (Giraud-Bélivier), La Tour du Pin Figeac (J.-M. Moueix), La Tour Figeac, Lamarzelle, Laniote, Larcis Ducasse, Larmande, Laroque, Laroze, Le Prieuré, Grandes Murailles, Matras, Moulin du Cadet, Pavie Decesse, Pavie Macquin, Petit Faurie de Soutard, Ripeau, Saint-Georges Côte Pavie, Soutard, Tertre Daugay, Troplong-Mondot, Villemaurine, Yon Figeac, Clos de l'Oratoire, Clos Saint-Martin, Couvent des Jacobins.

☞ Le vignoble de Saint-Émilion comprend 830 crus répartis sur 9 communes : St-Émilion, St-Christophe-des-Bardes, St-Étienne-de-Lisse, St-Hippolyte, St-Laurent-des-Combes, St-Pey-d'Armens, St-Sulpice-de-Faleyrens, Vignonet et une partie de la commune de Libourne. *Production* (en 1999) : 268 610 hl.

■ **Pomerol. Appellations :** pomerol. Pas de classement officiel : Château Petrus, La Conseillante, L'Évangile, La Fleur, Latour Pomerol, Petit-Village, Trotanoy, Vieux Château Certan, Beauregard, Gazin, Nénin. *Surface en AOC :* 780 ha.

■ **Sauternes et barsac** (par ordre de mérite). *Vins blancs liquoreux (classification* 1855 : 26). **1er grand cru :** Château d'Yquem 1. **1ers crus classés :** Château La Tour Blanche 2. Lafaurie-Peyraguey 2. Clos Haut-Peyraguey 2. Rayne-Vigneau 2. Suduiraut 3 : 51 % du domaine (200 ha dont 90 de vignobles) racheté 212 millions de F par Axa. Coutet 4. Climens 4. Guiraud 1. Rieussec 5. Rabaud-Promis 2. Sigalas-Rabaud 2. **2es crus :** de Myrat 4. Doisy-Daëne 4. Doisy-Dubroca 4. Doisy-Védrines 4. D'Arche 1. Filhot 1. Broustet 4. Nairac 4. Caillou 4. Suau 4. de Malle 3. Romer du Hayot 5. Lamothe-Despujols 1. Lamothe-Guignard 1.

Nota. – Communes de : (1) Sauternes. (2) Bommes. (3) Preignac. (4) Barsac. (5) Fargues de Langon.

Dans la région de Sauternes, brouillards matinaux et Soleil l'après-midi alternent à l'époque des vendanges, favorisant le développement du champignon : *Botrytis cinerea* les raisins prennent une teinte grise sur laquelle apparaissent les spores de la moisissure, puis tournent au violet-marron et la peau du fruit ramollie n'est plus qu'une pulpe. Le jus concentré est très doux et riche en glycérine. Si les conditions atmosphériques sont parfaites (comme en 1967 et 76), le phénomène se produit brutalement et complètement, sinon les baies pourrissent de-ci de-là, parfois même une par une, et l'on doit les récolter en plusieurs fois (parfois 10 à 11). *Sols :* argile mêlée à des cailloux roulés et à des grains, recouverte par une faible épaisseur de graves ou de sables ; drainage assuré par des drains en poterie placés il y a 100 ans. *Encépagement :* 80 % sémillon, 20 % sauvignon. *Vinification :* traditionnelle ; fermentation en barriques de chêne merrain. *Élevage :* 3 ans en barriques retenues et signées. *Production annuelle :* 80 000 à 100 000 bouteilles. Un pied donne environ 1 verre de vin. **Château d'Yquem :** cultivé sur 113 ha (en semillon 80 % ; sauvignon 20 %). Dans la famille Lur Saluces depuis 1785 (mariage de Françoise de Sauvage, héritière du domaine, avec Louis-Amédée de Lur Saluces). *Chiffre d'affaires* (en millions de F) : *1994 :* 36 ; *95 :* 60. En 1996, LVMH s'est porté acquéreur pour 550 millions de F de 55 % du capital (l'ha revenant à 7 millions de F). **Très grandes années :** 1921, 29, 34, 37, 67. **Récoltes perdues :** en 1910, 15, 30, 51, 62, 64, 72, 74. En 1985, vendange du 20-10 au 19-12. En 1992, déclassé en sauternes générique à 40 F la bouteille au lieu de 600 F.

■ BOURGOGNE

STATISTIQUES GLOBALES

☞ Bourgogne (rouge, blanc, rosé), bourgogne passe-tout-grain (rouge, rosé), bourgogne aligoté (blanc), bourgogne grand ordinaire (rouge, blanc, rosé), crémant de Bourgogne (blanc, rosé). **Production** (en hl). *1998 :* 1 404 868 (blancs 854 414, rouges 550 454) dont 770 400 exportés pour 3,64 MdF. *2000 :* 1 550 706 dont blancs 943 180, rouges 407 526. **Prix de l'ha** (en F) : Bâtard-Montrachet 10 584 677 (1989), Montrachet 20 000 000 (1991), Romanée St-Vivant 4 741 159 (1987).

☞ Superficie en ha en 1999 et récolte en hl en 2000.

CLASSIFICATION

■ **Yonne. Appellation :** 4 170,62 (256 129) dont petit chablis 535,05 ha (33 022 hl), chablis 2 797,22 ha (171 437 hl), chablis 1ers crus 738,99 ha (46 049 hl), chablis grands crus 99,36 ha (5 621 hl). **Grands crus** (tous blancs) : Blanchots, Bougros, Les Clos, Grenouilles, Les Preuses, Valmur, Vaudésir (tous rive droite du Serein, au nord de Chablis). **VDQS** (blanc) : sauvignon de St-Bris.

■ **Côte de Nuits** (Côte-d'Or). **Appellations communales** (presque tous rouges) : fixin, marsannay, gevrey-chambertin, morey-St-denis, chambolle-musigny, vougeot, vosne-romanée, nuits-St-georges, côte de nuits-villages. **Grands crus :** tous rouges, sauf un peu de blanc en Musigny, 333,13 (14 148) dont : Chambertin 11,81 ha (494 hl), Chambertin Clos-de-Bèze 13,10 (464), Chapelle-Chambertin 5,49 (205), Charmes-Chambertin 28,76 (1 294), Griotte-Chambertin 2,71 (79), Latricières-Chambertin 7,13 (309), Mazis-Chambertin 8,84 (365), Mazoyères-Chambertin 1,74 (80), Ruchotte-Chambertin 2,91 (122), Clos de la Roche (660), Clos St-Denis 6,20 (237), Clos de Tart 7,10 (220), Bonnes Mares 14,66 (561), Musigny 9,16 (372) (+ 7 blancs), Clos de Vougeot [le plus vaste (49,09 ha en un seul tenant autour du château XVIe s., avec cuverie et cellier XIIe s.), 85 propriétaires] (1 929), Échézeaux 31,30 (1 325), Grands-Échézeaux 10,32 (328), La Romanée 0,85 (32), Romanée Conti 1,82 (57) [prix d'une bouteille à la sortie du domaine 1 300 à 3 000 F ; d'une bouteille de 1990 : 24 000 F (en 2001) ; 11 255 F (1997)], Romanée-St-Vivant 9,06 (294), Richebourg 7,66 (299), La Tâche 5,52 (198), Clos des Lambrays 8,40 (332), La Grande Rue 1,65 (57).

■ **Côte de Beaune** (Côte-d'Or). **Appellations communales** (presque tous blancs et rouges) : pernand-vergelesses, ladoix, aloxe-corton, chorey-lès-beaune, savigny, beaune, côte-de-beaune, pommard, volnay, monthelie, meursault, saint-romain, auxey-duresses, puligny-montrachet, saint-aubin, santenay, blagny, côte-de-beaune-villages, maranges. **Grands crus** (tous blancs) : 168,06 (4 191) dont Corton 2,79 (140), Corton-Charlemagne 51,49 (2 459), Chassagne-Montrachet 7,78 (356), Chevalier-Montrachet 7,28 (356), Bienvenues-Bâtard-Montrachet 3,69 (204), Criots-Bâtard-Montrachet 82,54 (73), Bâtard-Montrachet 11,83 (581), Musigny 0,66 (22).

■ **Saône-et-Loire.** Mâcon et mâcon supérieur (blanc et rouge), mâcon villages (blanc), pinot-chardonnay-mâcon (blanc). **Appellations communales :** *côte chalonnaise :* blanc 650,16 (39 006) et rouge 902,9 (43 479) dont *givry* blanc 28,09 (1 689), rouge 104,16 (5 487), 1er cru blanc 7,62 (466), rouge 119,7 (4 826) ; *mercurey* blanc 60,3 (3 461), rouge 425,68 (19 954), 1er cru blanc 13,31 (796), rouge 138,17 (6 934) ; *rully* blanc 154,58 (8 929), rouge 93,24 (5 058), 1er cru blanc 59,34 (3 702), rouge 21,94 (1 220) ; *montagny* blanc 82,43 (4 819), 1er cru blanc 184,07 (11 238) ; *bouzeron* blanc 60,42 (3 906). *Mâconnais* au sud : 1 561,68 (102 622) dont pouilly-fuissé (blanc) 755,5 (44 783) ; loché (blanc) 29,43 (1 881), vinzelles (blanc) 40,91 (2 925), St-véran (blanc) 592,29 (40 042) et Vire-Clesse 143,46 (12 991).

■ **Rhône. Beaujolais. Superficie :** *1905 :* 26 400 ha ; *26 :* 19 800 ; *50 :* 13 500 ; *75 :* 17 600 ; *96 :* 21 374 ha ; *99 :* 20 979 ha d'AOC, 38 communes. **Récoltes** (en milliers d'hl) : *1990 :* 1 350 ; *98 :* 1 375 ; *99 :* 1 284. **Noms :** beaujolais ; beaujolais supérieur (rouge et blanc) ; beaujolais villages (rouge et blanc). Le beaujolais nouveau a été inventé en 1954 par Louis Orizet pour Georges Duboeuf. **Appellations** (récolte 1999) : *brouilly :* goût raisin frais, framboise, groseille, 1 293 ha (6 villages : Cercié, Charentay, Odenas, St-Étienne-la-Varenne, St-Lager, Quincié), 74 661 hl. *Morgon :* goût xérès, noyau de cerise, prune, cassis, 1 131 ha, 64 585 hl, 6 climats (Corcelette, Douby, Côtes-de-Py, Les Micouds, Le Grand-Cras, Les Charmes). *Fleurie :* goût iris, épicé, 837 ha, 47 766 hl. *Moulin-à-vent :* goût jujube, rose fanée, 300 ha, 17 159 hl, 3 principaux climats (Rochegrès, Desvins, Aux Thorins). *Juliénas :* goût pivoine, cannelle, violette, 494 ha, 28 642 hl, appellation contrôlée depuis mai 1938. *Régnié :* goût petits fruits rouges et mûre, 575 ha, 33 179 hl, appellation contrôlée depuis 1988 à Régnié-Durette. *Chiroubles :* goût violette, framboise et gelée de coing, 374 ha, 21 462 hl. *Côtes-de-brouilly :* proche du brouilly, goût amande, myrtille, 310 ha (4 villages : Odenas, St-Lager, Cercié, Quincié), 18 000 hl. *St-amour :* goût pêche, abricot, 23 ha, 1 325 hl. *Chénas :* goût rose fanée, petites nuances animales, 95 ha, 5 467 hl.

■ CHAMPAGNE

GÉNÉRALITÉS

■ **Origine. Vers 1688,** dom Pérignon (1638-1715 enterré à Hautvillers), cellérier de l'abbaye bénédictine d'Hautvillers, élabore du vin blanc à partir de raisins noirs, assemble les vins selon les crus d'origine et ouvre la voie vers la préparation d'un vin à l'effervescence provoquée et maîtrisée. **Bouteilles** d'abord coiffées de chevilles de bois garnies d'étoupe imbibée d'huile, puis cachetées à la cire, puis bouchon de liège, enfin bouchon ficelé par une tresse de fil de fer. **1844**-*5-7* et *15-11* Adolphe Jacquesson dépose un brevet pour une capsule qui recouvre le bouchon et résiste à l'entaille du lien-fil de fer. *Champenoise :* bouteille épaisse d'une contenance de 75 cl.

■ **Champagne viticole.** Délimitée par le décret du 17-12-1908 et la loi du 22-7-1927. Sol formé principalement de craie à bélemnites. Couvre environ 31 000 ha de vignes plantées. D'autres terrains (environ 3 500 ha), classés en appellation « champagne », ne sont pas encore plantés. 30 396 ha étaient effectivement cultivés en 2000 (Marne 22 461, Aube 5 862, Aisne 2 033, Hte-Marne 20, S.-et-M. 20). 24 % des vignes avaient – de 10 ans, 27 % de 10 à 20, 49 % + de 20. **1911**-*19-03* troubles à Bar-sur-Aube, le gouvernement ayant refusé l'appellation champagne aux vignobles de l'Aube ; *-9-4,* 10 000 vignerons défilent à Troyes ; *-12-4* les caves d'Ay sont attaquées, le gouvernement envoie des troupes et *-7-6* il crée une dénomination « champagne 2e zone ». **1927**-*22-7* loi sur la délimitation. **Répartition de la propriété du vignoble :** 90 % de la superficie entre 14 622 vignerons pratiquant la monoculture, 10 % entre 205 maisons de négoce qui y trouvent un appoint de leur approvisionnement. La moitié des vignerons sont membres de coopératives (145 en 1997) qui assurent pressurage, stockage et éventuellement commercialisation. Les récoltants-manipulants (environ 5 000) assurent eux-mêmes ou avec l'aide de leur coopérative la vinification de tout ou partie de leur récolte et la commercialisation du champagne à leur marque. **Prix de l'ha en appellation « champagne » :** 2 à 3 millions de F (seules des petites parcelles de quelques ares sont disponibles). **Prix du produit brut à l'ha** (en milliers de F) : *1990 :* 400 ; *93 :*165 ; *94 :* 191 ; *95 :* 244.

■ **Dénominations. Appellation « champagne » :** protégée par la réglementation française et européenne (depuis 1882 les grandes marques ont cherché en justice à la protéger). Dans le monde, un nombre croissant de pays reconnaissent et respectent cette appellation. Le prix du raisin est fonction du classement des communes dans l'échelle des crus. **Grands crus :** classés 100 % dans l'échelle (crus de la Côte des Blancs et certains crus de la Montagne de Reims). *1ers crus :* classés de 90 à 99 % (certains de la Montagne de Reims et de la vallée de la Marne). **Autres crus :** classés de 80 à 89 % (certains de la vallée de la Marne, crus de l'Aisne et de l'Aube).

☞ Le 26-6-1993, la cour d'appel de Londres a refusé à la Sté Thorncroft de vendre une boisson non alcoolisée et pétillante (500 000 bouteilles en 1992) sous le nom d'« Elderflower Champagne ».

■ **Vigne. Vie :** environ 30 ans. Disposée en lignes espacées d'1 m environ, les ceps plantés sur chacune d'elles à 1 m ou 1,20 m les uns des autres. Piquets hauts de 80 cm. 7 000 à 8 000 pieds par ha. **Cépages :** seules variétés légalement autorisées en dehors de quelques plants locaux en voie d'extinction : pinot noir et pinot meunier à raisins noirs (2/3 du vignoble) ; chardonnay à raisins blancs. **Récolte :** 3 années après la plantation. *En milliers de pièces, ou fûts de 205 litres : 1975 :* 641 ; *76 :* 779 ; *77 :* 692 ; *78 :* 290 ; *79 :* 837 ; *80 :* 415 ; *81 :* 337 ; *82 :* 1 079 ; *83 :* 1 093 ; *84 :* 724 ; *85 :* 560 ; *86 :* 957 ; *87 :* 969 ; *88 :* 820 ; *89 :* 1 023 ; *90 :* 1 068 ; *91 :* 1 016 ; *92 :* 1 048 ; *93 :* 940,7 ; *94 :* 894,9 ; *95 :* 1 049,2 ; *96 :* 987 ; *97 :* 893 ; *98 :* 1 221 ; *99 :* 1 222 ; *2000 :* 1 189. *En millions de bouteilles : 1902 :* 30 ; *10 :* 39 ; *56 :* 39 ; *81 :* 91 ; *82 :* 290 ; *83 :* 300 ; *84 :* 195 ; *85 :* 151 ; *86 :* 258 ; *87 :* 261 ; *88 :* 221 ; *89 :* 275 ; *90 :* 288 ; *91 :* 274 ; *92 :* 288 ; *93 :* 257 ; *94 :* 244 ; *95 :* 286 ; *96 :* 273 ; *97 :* 245 ; *98 :* 327 ; *99 :* 327 ; *2000 :* 318. **Rendement à l'ha :** 9 000 à 10 000 kg sur 10 ans.

ÉLABORATION

■ **Pressurage.** Le décret du 3-7-1993 a limité le rendement au pressurage à 102 l pour 160 kg de raisin. Chaque pressoir reçoit 4 000 kg de raisins d'où l'on tire 2 550 l de jus ou *moût* destinés à faire du *champagne :* une 1re pressée donnera 2 000 l de *cuvée* et 2 pressées ultérieures 550 l qui constituent la *taille.* Le jus de *rebêche* (recoupé) obtenu au-delà de cette limite est éliminé par distillation.

■ **Vinification. 1re fermentation** ou « bouillage » dans les tonneaux de chêne traditionnels ou des cuves en acier émaillé ou inoxydable. Température constante à 20 ou 22 °C. Fermentation « tumultueuse » pendant quelques jours, puis son intensité décroît. Au bout de 3 semaines, *1er soutirage :* les vins sont exposés au froid qui en précipite les dépôts et leur assure une bonne stabilité. Puis le vin clair est à nouveau soutiré.

Cuvée : élaborée par des spécialistes qui assemblent des vins d'années, cépages et crus différents. Traditionnellement, le champagne comporte des vins de raisins noirs et blancs. Le champagne élaboré exclusivement à partir de blancs est dit *blanc de blancs.* Généralement, les cuvées contiennent une quantité de vins vieux ou *vins de réserve* venant des meilleures récoltes précédentes. Les années d'une qualité particulière, on ne met pas de vins de réserve. On a alors un champagne *millésimé* provenant d'une seule année de récolte. Pour le *champagne rosé,* on incorpore du vin rouge d'appellation « champagne », sauf si l'on a réservé à cet effet un vin rosé obtenu dès le pressoir. La composition de la cuvée se termine début mars. **Tirage et 2e fermentation :** au printemps, le vin est tiré en bouteilles. On y ajoute des ferments naturels champenois et une liqueur, formée d'une dissolution de sucre dans du vin. La transformation du sucre en alcool et gaz carbonique s'effectue lentement et le vin prend mousse peu à peu. Vieillissement et remuage : doivent avoir lieu très lentement si l'on veut une mousse légère et persistante. Lorsque la mousse est complète, on laisse le vin séjourner en cave au moins 15 mois (3 ans pour les millésimés). La 2e fermentation achevée, le vin est clair et limpide, son degré d'alcool est d'environ 12. Il reste à en expulser le dépôt par le *remuage* (durée environ 6 semaines) : automatique ou par un ouvrier-remueur qui imprime chaque jour à chaque bouteille (environ 30 000 par j) un mouvement alternatif très vif de rotation en même temps qu'une légère trépidation. **Dégorgement :** évacue le dépôt rassemblé sur le bouchon, sans perdre la mousse et en laissant échapper le moins de vin possible. On utilise souvent le froid artificiel, en plongeant le goulot dans un bac à – 20 °C. Il se forme contre le bouchon un glaçon renfermant les particules de dépôt emprisonnées dans le col. La bouteille débouchée, le bouchon est expulsé avec le glaçon, entraînant le dépôt et un peu de mousse. On remplace le vin parti par du vin de même cuvée et quelques g d'une liqueur de dosage (vin vieux de champagne et sucre de canne) ; selon le type de champagne désiré : *extra-brut :* 1/2 %, *brut :* 1/2 à 1 %, *extra-dry :* 1 à 2 %, *sec :* 2 à 4 %, *demi-sec :* 4 à 6 %.

Maisons ou groupes

■ **Négoce.** **« Maisons de Champagne »** (entreprises qui complètent l'approvisionnement de leurs vignes par des achats pour élaborer en 3 années, ou plus, le champagne de leur marque) : 277 en 2000 (environ 5 500 salariés), la plupart situées à Reims, Épernay ou dans les environs immédiats. Les 10 premières assurent 44 % du chiffre d'affaires total. Elles disposent de caves (dans les anciennes carrières de craie à ciel fermé : plus de 250 km de galeries jusqu'à 40 m sous terre) où se fait l'élaboration du vin et où sont entreposés des stocks (985 millions de bouteilles au 31-7-1999 pour l'ensemble de la Champagne et non le seul négoce). **Maisons les plus anciennes :** *Ruinart Père et Fils :* 1729 [fondé par Nicolas, marchand de drap (neveu de dom Thierry Ruinart 1657-1709) et son fils Claude]. *Taittinger :* 1734 (successeur de Forest-Fourneaux). *Moët et Chandon :* 1743. *Veuve Clicquot Ponsardin :* 1772 (Nicole-Barbe Ponsardin reprit l'affaire à 27 ans, en 1805, à la mort de son mari Francis Clicquot). *P.A. Mumm et Cie :* 1-3-1827 à Reims [G. Heuser s'associe avec 4 Allemands, Jacobus, Gottlieb et Philipp Mumm et Friedrich (frères)]. 1875 un ruban de soie rouge symbolisant la légion d'honneur enserre le goulot de quelques bouteilles, les extrémités sont scellées en croix par une étiquette ovale portant les mots « Cordon rouge ». *Veuve Pommery* : Jeane-Alexandra Melin (1819/18-3-1890), ép. Alexandre Louis Pommery (1811/18-2-1858). **Délai légal de vente :** après 15 mois en cave ; le vin vieillit en moyenne 3 ans (4 ou 5 dans les grandes maisons).

Principaux groupes, chiffre d'affaires champagne global (en millions de F, 1999). **LVMH (branche spiritueux) :** Moët et Chandon, Mercier, Ruinart, Pommery, Veuve Clicquot Ponsardin, Canard Duchêne, De Fresnoy, Krug (acquis début 1999) 6 551,5 (9 841 en 2000). **Groupe Marne et Champagne :** Burtin, Marne et Champagne, Lanson, Besserat de Bellefon, Champagne Massé 1 661. **Groupe Hicks, Muse, Tate et First :** G.H. Mumm, Perrier Jouët 1 290,6. **Groupe Rémy-Cointreau :** P. et C. Heidsieck, Krug (cession début 1999), F. Bonnet Père et Fils 1 137,2. **Groupe Laurent Perrier :** Laurent Perrier, De Castaellane, A. S. 1 021,5 (1 115 au 31-3-2000). **Groupe Vranken :** Charles Lafitte, Charbaut, Champagne Vranken, Demoiselle, Heidsieck Monopole 839. **Groupe Taittinger :** Taittinger, Irroy, Saint-Evremond 573,1 (535,2 en 2000). **Groupe Boizel B.C.C. :** De Venoge, Chanoine Frères, Abel Lepître, Boizel, Philipponnat, Alexandre Bonnet 507,8. **Groupe Roederer :** Louis Roederer, Théophile Roederer, Deutz 500. **Groupe Duval-Leroy :** Duval-Leroy, Sedi Champagne 491,8. **Groupe GH Martel :** GH Martel, Mansard Bailliet 451,1. **Groupe Thiénot :** Joseph Perrier, Alain Thiénot, Marie Stuart 238,7. **Groupe de Cazanove :** de Cazanove, Baudry 202,5. **Groupe Martin :** Delbeck, Bricout, Waris, Riesener 129,5. **Groupe Ayala :** Sté générale de Champagne, Ayala 56,2.

Volume des expéditions (en millions de bouteilles, 1999). LVMH 63,4 (53,7 en 2000), Groupe Marne et Champagne 22,7, Groupe Rémy-Cointreau 15, Groupe Hicks, Muse, Tate et First 12,2, Groupe Vranken 11,3, Groupe Laurent Perrier 10,7, Groupe Duval-Leroy 7,4, Groupe GH Martel 7,3, Groupe Boizel B.C.C. 6,9, Groupe Taittinger 5,5 (4,3 en 2000), Groupe Roederer 4,2, Groupe Thiénot 3,5, Groupe de Cazenove 2,9, Groupe Martin 2, Groupe Ayala 0,8.

Source. – Banque de France, Reims.

☞ BSN a acheté **Pommery et Lanson** en 1983 pour 0,6 milliard de F et les a revendus 3,1 milliards de F à LVMH (janvier 1991) qui a revendu Lanson à Marne et Champagne 1,5 milliard de F en mars 1991, en conservant le vignoble.

Lettres figurant sur l'étiquette. **CM :** coopérative de manipulation commercialisant elle-même du champagne pour le compte de ses adhérents ; **MA :** marque d'un acheteur commercialisant le champagne élaboré à façon par un manipulant (négociant, récoltant ou coopérative) ; **NM :** négociant-manipulant ; **RC :** récoltant-coopérateur (livre ses raisins à une coopérative qui élabore le vin en commun puis le lui retourne) ; **RM :** récoltant-manipulant (élabore lui-même son vin à partir de sa récolte) ; **SR :** société de récoltants.

Prix du kg de raisin (primes exclues, en F, dans un cru à 100 %) : *1970 :* 4,88 ; *80 :* 23,5 ; *90 :* 26,77 à 32 ; *91 :* 33 ; *92 :* 27 ; *93 :* 20,5 ; *94 :* 21,25 ; *95 :* 22,25 ; *96 :* 24 ; *97 :* 24 ; *98 :* 25 ; *99 :* 25,5 ; *2000 :* 26,25.

Ventes en bouteilles (en millions). *1950 :* 33 ; *60 :* 49 ; *70 :* 102 ; *75 :* 122,2 ; *80 :* 176,5 ; *85 :* 195,4 ; *90 :* 232,4 ; *91 :* 214,4 ; *92 :* 214,2 ; *93 :* 229 ; *94 :* 246,9 ; *95 :* 249,3 ; *96 :* 255,8 ; *97 :* 269 ; *98 :* 292,4 (dont vignoble 87,5, négoce 204,9) ; *99 :* 327,1 ; *2000 :* 253 (dont vignoble 85, négoce 168). **Export. :** *1988 :* 90 ; *89 :* 94,3 ; *90 :* 84,8 ; *91 :* 75,6 ; *92 :* 73,4 ; *93 :* 76,4 ; *94 :* 84,4 ; *95 :* 86,6 ; *96 :* 95,2 ; *97 :* 103,8 ; *98 :* 113,4 (vignoble 11,6, négoce 101,8) ; *99 :* 136,6 ; *2000 :* 103,5 (vignoble 10,1, négoce 93,4) *vers* G.-B. 20,4, USA 19,3, All. 14,2, Italie 8,2, Belgique 7,3, Suisse 6,5, Japon 3,2, P.-Bas 2,1, Canada, Espagne 2, Australie 1,4.

■ **Chiffre d'affaires de l'élaboration du champagne** (en 2000). 19,5 milliards de F (dont viticulteurs, coopératives 27,1 % et négociants 71,9 %).

■ **Consommation moyenne** (en verres de 7,5 cl par an par habitant, 1995). *France 27,5.* Suisse 11,8. Belgique 8,5. G.-B., All. 3,8. Italie 1,6. USA 0,6.

Région du Val de Loire

■ **Surfaces en vignes.** 70 000 ha en 2000 dont *vins d'appellation (AOC + AOVDQS) :* 52 000 (dont Anjou-Saumur 16 250, Nantes 15 000, Touraine 13 500, Centre 4 500). **Production moyenne** (en millions d'hl) : 4 dont AOC et VDQS 2,9, vins de pays 0,6, autoconsommation 0,2, vins de table 0,3. **Répartition** (en %) : vins blancs 52, rouges 48, rosés 14, effervescents 7.

■ **Encépagement.** **Vignoble destiné à la commercialisation :** 64 000 ha dont blanc 55 %, rouge 45 %.

■ **Exploitations.** **Exploitants :** *pour l'autoconsommation :* 30 000 (sur 6 500 ha) ; *commercialisants :* 14 000 (63 500 ha). **Exploitations de plus de 10 ha :** 2 000, exploitant les 2/3 des superficies.

■ **Coopératives.** **Caves :** 24 (entre 5 000 et 100 000 hl). **Adhérents :** 4 000 (pour 8 000 ha).

■ **Anjou et Saumur.** 16 250 ha (2000). **Production moyenne** (en milliers d'hl, 2000) : 889 dont rosé d'Anjou, cabernet d'Anjou, cabernet de Saumur et rosé de Loire 351 ; anjou rouge, anjou villages 119 ; saumur rouge, saumur champigny 142 ; saumur mousseux 85 ; coteaux-du-layon 50 ; anjou blanc 54. **Commercialisation :** 66 millions de bouteilles. **Chiffre d'affaires :** 1,3 milliard de F. **Blancs :** anjou, anjou-coteaux de la Loire, coteaux de l'Aubance, coteaux du Layon, coteaux de Saumur, saumur. *Secs :* anjou blanc, saumur blanc, savennières, savennières Roche-aux-Moines, savennières coulée de Serrant ; *moelleux* (raisin atteint de pourriture noble) : anjou coteaux de la Loire, coteaux de l'Aubance, du Layon, coteaux du Layon (+ nom de commune), du Layon chaume, bonnezeaux, quarts de chaume, coteaux de Saumur. **Appellations communales ou villages coteaux du Layon :** Beaulieu-sur-Layon, Chaume, Faye-d'Anjou, Rablay-sur-Layon, Rochefort-sur-Loire, St-Aubin-de-Luigné, St-Lambert-du-Lattay, Bonnezeaux, Quarts-de-Chaume, Savennières, Savennières-Roche-aux-Moines, Savennières-Coulée de Serrant. **Rosés :** rosé d'Anjou, cabernet d'Anjou, cabernet de Saumur, rosé de Loire. **Rouges :** anjou gamay, anjou rouge, anjou-villages Brissac, anjou-villages. Saumur rouge, saumur champigny. **Effervescents méthode traditionnelle :** saumur mousseux (dont Ackerman fondé 1811 ; Veuve Amiot *fondée* 1884), anjou mousseux, crémant de Loire. **Pétillants :** rosé d'Anjou. **Cépages :** *rosés :* cabernet, grolleau, gamay ; *blancs :* chenin ou pineau de la Loire ; *rouges :* cabernet franc et/ou cabernet sauvignon.

■ **Vins du Centre.** **Production moyenne :** 270 000 hl dont Sancerre blancs et rouges 160 000, pouilly fumé, Pouilly-sur-Loire 70 000, Menetou-Salon 18 000, Reuilly 5 000.

■ **Touraine.** **Superficie :** 13 369 ha. **Production** (en 2000) : 800 390 hl dont Bourgueil 77 857 ; Cheverny 22 368 ; Chinon 118 884 ; Coteaux du Loir 3 268 ; Coteaux Vendomois 8 745 ; Cour Cheverny 2 322 ; Crémant de Loire base 5 510 ; Jasnières 2 629 ; Montlouis 16 893 ; Rosé de Loire 793 ; St-Nicolas de Bourgueil 58 462 ; Touraine 343 812 ; Touraine-Amboise 12 605 ; Azay-le-Rideau 2 656 ; Mesland 6 170 ; Noble Joue 1 034 ; Vouvray 116 388.

■ **Vins de Nantes** (en 1999). **Superficie :** 16 091,1 ha. **Production** (en milliers d'hl) : muscadet 161,7 (sur Lie 6,3), -Sèvre-et-Maine 216,9 (sur Lie 319,4), -coteaux de la Loire 8 (sur Lie 5,8), -côtes de Grandlieu 3,6 (sur Lie 15,5). *Total* AOC sur lie 347,2. *Total* AOC muscadet 737,6. AOVDQS 213,9, gros plant du pays nantais 171 (dont 95,3 sur Lie), coteaux d'Ancenis 16,8 (dont blanc 0,2, rouge 8,9, rosé 7,6), fiefs vendéens 26,1 (dont blanc 3,6, rouge 10,2, rosé 12,2). *Total* VQPRD de Nantes : 951,5.

■ **Vins de pays.** Du Jardin de la France 600 000 hl dont gamay 130 000, sauvignon 90 000, chardonnay 90 000.

Autres régions françaises

■ **Allier.** *St-Pourçain.* **Superficie :** *fin XVIIIe s. :* 8 000 ha ; *1992 :* 960 ; *98 :* 805 dont 490 en VDQS. **Production totale** (1998) : 40 000 hl (dont 27 000 hl en VDQS st-pourçain rouges, rosés, blancs).

■ **Alsace.** **Superficie :** 14 550 ha en AOC (2000) sur 119 communes ou villages (altitude : 200 à 400 m, climat : semi-continental ensoleillé, chaud et sec). **Production moyenne :** 1 200 000 hl (160 millions de bouteilles) dont 25 % exportés. **Viticulteurs :** 5 900 dont 2 000 disposant de plus de 2 ha et exploitant 87 % de la surface totale du vignoble. 1 000 opérateurs vendant en bouteilles. **Appellations :** 1962 *AOC alsace :* blancs, rouges et rosés (+ nom de cépage : provient à 100 % de ce cépage). 1975 création *alsace grand cru* (+ nom de cépage + nom de lieu-dit : 50 lieux dits classés « grand cru » par décret du 17-12-1992) : blancs uniquement (riesling et muscat : 11° au min., tokay pinot gris et gewurztraminer : 12,5° au min.). *AOC crémant d'Alsace* (décret 24-8-1976) : vin mousseux obtenu par la méthode champenoise appliquée aux vins d'Alsace avec fermentation en bouteilles. Blancs et rosés. 19,9 millions de bouteilles commercialisées en 2000 (150 000 hl). 1-3-1984 mentions concernant les vins moelleux ou liquoreux : *vendanges tardives* ou *sélection de grains nobles* (grains surmûris atteints de pourriture noble provoquée par le champignon *Botrytis cinerea ;* phénomène identique aux sauternes). **Richesse naturelle en sucre** (en g/l de moût) requises pour les mentions « vendanges tardives » et, entre parenthèses, sélection de grains nobles : gewurztraminer 243 (279), pinot gris 243 (279), riesling 220 (256), muscat 220 (256). *Autres mentions : vieille vigne* (mention non réglementée, allusion à l'âge de la vigne indépendante de la qualité), *edelzwicker* (assemblage de plusieurs cépages blancs, notamment sylvaner et pinot blanc). **Millésime :** peuvent rester en cave, en fonction des millésimes, de 10 à 20 ans, voire davantage. **Cépages** (en %, 2000) : riesling 23,2, sylvaner 13, gewurztraminer 17,9, tokay pinot gris 11,2, muscat 2,4, pinot blanc 21,4, pinot noir 8,9, autres (chasselas, klevener de Heiligenstein) 2. Les assemblages de cépages sont souvent nommés edelzwicker ou « gentil ». Blancs secs : 92 % [sauf le pinot noir (rosé, rouge) : 8 %]. **Chiffre d'affaires** (en milliards de F, 2000) : 3 (producteurs, coopératives et négociants) dont 0,7 à l'étranger.

☞ Mise en bouteilles obligatoire sur les lieux de production (loi du 5-7-1972) dans un seul type de contenant, la flûte d'Alsace (75, 100, 50 et 37,5 cl).

■ **Auvergne.** **Superficie :** 2 100 ha. **Production :** 383 ha en VDQS produisent des côtes d'Auvergne (15 000 hl en 1997). **Crus :** Boudes, Chanturgue, Châteaugay, Corent et Madargue. **Cépages :** gamay noir (95 %), pinot noir, chardonnay (blanc). **Appellation :** 1977 VDQS.

■ **Béarn.** *Jurançon* (730 ha AOC sur 25 communes), *madiran* (1 242 ha), *pacherenc du Vic-Bilh* (150 ha).

■ **Bugey.** *Ain :* vins VDQS sur 450 ha, 22 000 hl blanc, rosé, rouge, principalement à partir de chardonnay, molette (blanc), gamay, pinot (rouge). *Crus :* Cerdon (pétillant rosé doux), Manicle, Montagnieu.

■ **Corse.** *Récolte* (en milliers d'hl, 2000) : 405,7 (sur 6 408 ha) dont AOC 113,1, vins de pays 216,6, de table 76. *Cépages :* sciaccarello, nielluccio, vermentino.

■ **Jura et Savoie.** **Jura : superficie :** 1 850 ha. **Production :** 110 000 hl en 1999. *Arbois* (rouge, blanc, jaune), côtes du Jura (rouge, blanc, jaune) ; *château-chalon* (jaune) ; *l'étoile* (blanc, jaune, mousseux). *Vins de paille* à partir de grappes séchées au moins 2 mois sur clayons de paille ou claies grillagées (le raisin passerillé puis pressuré subit une longue fermentation alcoolique en fût ; titre alors entre 14 et 18°). *Vins jaunes* vinifiés en fûts sans ouillage au moins 6 ans, sous voile de levures en fleur à l'abri de l'air, vendus en clavelin (bouteille de 62 cl). *Macvin* à partir de moût muté à l'eau-de-vie de marc de Franche-Comté. *Crémant* (décret du 9-10-1995) : vin effervescent obtenu par une seconde fermentation en bouteille (méthode champenoise). **Cépages :** chardonnay, pinot noir, savagnin, poulsard, trousseau. **Savoie** (Savoie, Isère, Hte-Savoie, Ain) : vins AOC, 24 crus sur 1 990 ha. *1997 :* 129 000 hl (dont 30 % de rouge). *Seyssel* (blanc 80 ha ; 4 075 hl dont 601 mousseux), *Crépy* (blanc, 80 ha ; 2 605 hl vinifié à partir de chasselas), *Roussette de Savoie* (blanc 154 ha ; 9 290 hl), *Vin de Savoie* (rouge, rosé, blanc, mousseux 1 676 ha ; 113 327 hl). *Cépages :* environ 20 dont 3 typiquement savoyards : altesse, jacquère (blanc), mondeuse (rouge).

■ **Languedoc.** 297 993 ha ; 19,4 millions d'hl dont 3,5 de VQPRD. **Blancs :** *muscat* (Frontignan, Lunel, Mireval, St-Jean-de-Minervois), *clairette* (Languedoc, Bellegarde), *picpoul-de-pinet, blanquette-de-limoux* (mousseux, crémant). **AOC rouges, blancs et rosés :** *fitou, faugères* (rouge et rosé), *st-chinian, minervois, corbières, coteaux du Languedoc, costières de Nîmes* comprenant St-Georges-d'Orques, les coteaux de la Méjanelle, St-Drézéry, St-Christol, Vérargues, Cabrières, Montpeyroux, St-Saturnin, Pic-St-Loup. Vins de pays d'Oc, de petite zone, de département.

■ **Lot-et-Garonne.** *Côtes du Marmandais :* 18 VDQS ; *de Buzet :* AOC depuis 1973, 27 communes ; *de Bruilhois :* 36 communes ; *de Duras :* vin blanc. *Vins de Thezac et Pricard :* 50 ha. *Vin de pays de l'Agenais. Armagnac :* vendu (1460) comme eau de Jouvence et de guérison.

■ **Pays basque.** *Irouléguy* (163 ha) rosé.

■ **Périgord.** **Cépages :** *blancs :* vigoureux sémillon 75 %, sauvignon 20 %, muscadelle. *Rouges :* merlot, cabernet sauvignon, cabernet franc, cot, malbec ou auxerrois. **Vignes AOC :** *superficie :* 11 359 ha ; *production :* 653 791 hl (1992). **Appellations :** *bergerac :* côtes de Bergerac rouges, rosés et blancs. *Saussignac :* blanc. *Pécharmant :* rouge, de « Pech Armand » (ou sommet appartenant à Armand, au nord-est de Bergerac, colline de 280 ha, 15 000 hl). *Rosette :* blanc. *Montravel* (Gironde) : 1 200 ha ; blancs sec (Montravel), moelleux (Côtes-de-Montravel et Haut-Montravel). *Montbazillac :* 2 500 ha ; blancs liquoreux.

■ **Provence.** **Cépages :** carignan, grenache, cinsault, syrah, mourvèdre, tibouren, cabernet-sauvignon, clairette, ugni-blanc, rolle, sémillon, côtes-de-provence. VDQS 1951 ; AOC 1977. 18 000 ha (dont B.-du-Rh. 15 communes, Var 48, Alpes-Maritimes 1). **Bandol** (AOC 1941) : rosé à la robe vive, parfois légèrement ambrée, franc, rond, fruité et délicatement épicé. *Prod. 1998* (1 451 ha) : 46 000 hl. **Bellet** (AOC 1941) : 650 ha (dont 60 en vigne et 45 ont droit à l'appellation). *Prod. :* 1 400 hl. **Cassis** (AOC 1936). *Prod.* (172 ha) : 5 900 hl. **Coteaux d'Aix-en-Provence** (AOC 1985) : 3 000 ha, 174 000 hl (75 % rouge). **Les Baux** (AOC avril 1995) : 8 600 hl (100 % rouge). **Côtes-de-provence :** 864 000 hl (76 % rosé). **Coteaux varois :** 85 000 hl (69 % rosé. **Palette** (AOC 1948) : 23 ha (Château-Simone : 17 ha, Château-Crémade 6 ha). 1 400 hl. **Vins de pays** (1999) : du Var 225 000 hl, des Maures 125 000, autres 45 000. Des Alpes 20 000.

■ **Roussillon.** 35 838 ha. **Récolte :** 1,34 million d'hl dont 0,665 de VQPRD. **AOC :** *vins doux naturels* (90 % de la prod. fr.) : banyuls, banyuls grand cru, maury, muscat de Rivesaltes, rivesaltes, grand roussillon. *Rouge, rosé, blanc :* collioure, côtes du Roussillon, côtes du Roussillon-villages. **Vins de pays :** catalan, coteaux de Fenouillèdes, côtes catalanes, côte vermeille, vals d'Agly, d'Oc, des Pyr.-Or.

■ **Vallée du Rhône.** Entre Vienne et Nîmes. En 1999, exploitations viticoles 8 000, caves particulières 1 601, coopératives 114, maisons de négoce 45, unions de producteurs 6. **Superficie en ha et,** entre parenthèses, **production** (en milliers d'hl, 1999). **Total 76 338 (3 771,6).** *Côtes du rhône 58 732 (2 926)* dont *côtes du rhône régional*

(163 communes dans 6 départements) *40 677 (2 194,6), côtes du rhône villages* (95 communes dont 16 accolent à leurs noms l'appellation villages) *7 706 (332)* [sans nom de commune 3 334 (148,4) et avec nom de commune 4 372 (183,6)], *crus des côtes du rhône 10 349 (399,3)* [Châteauneuf du Pape 3 084 (105,1), Château-Grillet 4 (0,1), Condrieu 102 (4,1), Cornas 93 (4), Côte-Rôtie 200 (7,1), Crozes-Hermitage 1 238 (60,7), Gigondas 1 258 (44,2), Hermitage 131 (5,8), Lirac 616 (25,5), St-Joseph 904 (34,4), St-Péray 62 (2,7), Tavel 938 (42,8), Vacqueyras 1 220 (46,3), *vin doux naturel* Beaumes de Venise 456 (14,6), VDN Rasteau 43 (1,2)] et *Jeunes AOC 17 606 (845,5)* [Côtes du Luberon 3 143 (160,1), Costières de Nîmes 4 164 (194,4), Coteaux du Tricastin 2 640 (123,7), Côtes du Ventoux 6 254 (285,7), Appellations du Diois 1 405 (81,4)].

■ **Vins de liqueur et vins doux naturels.** Environ 10 millions de litres de muscat commercialisés. **Roussillon :** *banyuls, maury, banyuls de grand cru, rivesaltes, grand roussillon, muscat de Rivesaltes.* **Hérault :** muscat (*Frontignan, Lunel, Mireval, St-Jean-de-Minervois*). **Aude :** Rivesaltes, muscat de Rivesaltes. **Vaucluse :** *Rasteau*, muscat de *Beaumes-de-Venise.* **Corse :** muscat du cap Corse. **Cognac : pineau des Charentes** [16 à 22°, élaboré avec du moût de raisin et des eaux-de-vie de Cognac. Le moût doit avoir subi un début de fermentation et le cognac titrant 60 % vol. au min. doit venir de la même exploitation et avoir au moins un an de vieillissement en fût de chêne ; relève de la catégorie des vins de liqueur de qualité produits dans les régions déterminées (VDLQPRD)]. *Production* (en milliers d'hl) : *1990 :* 103 ; *91 :* 55 ; *92 :* 81 ; *93 :* 61 ; *94 :* 124 ; *95 :* 141 ; *96 :* 120. *Ventes* (en millions de bouteilles, 1996) : France 9, export. 2,3.

Alcools et spiritueux

Dans le monde

Sortes d'alcool

■ **Absinthe.** Infusion d'herbes (surtout fenouil, anis et absinthe) dans de l'alcool (40 à 75°). Dite « la fée verte », l'absinthe provoque exaltation de la sensibilité, accoutumance, voire aliénation mentale. Les Romains l'utilisaient, sous forme d'infusion et de vin, pour ses vertus médicinales (surtout digestives). *1792* à Neuchâtel, le docteur Francis Pierre Ordinaire († 1793) invente une liqueur d'absinthe à base d'anis vert et étoilé, mélisse, persil et camomille. *1793* sa gouvernante, Mme Henriot, la commercialise. *1797* le major Dubied achète la recette. *1800* son gendre Henri Louis Pernod ouvre à Pontarlier une distillerie. *1913* absinthe 239 000 hl (sur un total de 1 558 000 hl d'alcool pur consommé). **Appellations :** *française :* Absinthe (plante et apéritif). *Anglais :* wormwood (plante)/absinthe (apéritif). *Allemand :* wermut ou wermuth/absinthe. *Espagnol :* ajenjo/absenta. *Portugais :* losna/absinto. *Italie :* assenzio/absinthe. **Surnoms :** la verte (« la bleue » en Suisse), la fée verte, l'ambroisie verte, un train direct pour Charenton (asile), l'herbe sainte, un perroquet (couleur verte), le lait du Jura (une « ovomaltine » : absinthe de contrebande). **Interdictions :** *1898* Congo belge. *1906* Belgique. *1908* Hollande. *1910* Suisse. *1912* USA. *1913* Italie. *1914* Seine, région militaire de Nice. Maroc. *1915* (loi du 17-3) France entière. **Musées :** Auvers-sur-Oise. Pontarlier.

■ **Aguardiente.** Eau-de-vie espagnole.

■ **Ambassadeur.** Marque de Cusenier créée 1936. Apéritif à base de vin. Saveur d'orange.

■ **Amer.** Infusion de plantes amères. *Picon* (marque) : 21 % vol.

■ **Angostura.** Bitter à base de rhum fait à la Trinité (mis au point en 1824 par le Dr Siegert).

■ **Anisés.** A base d'alcool neutre et de macération de plantes [anis étoilé (fruit de la badiane ou anis de Chine), essence naturelle d'anis vert, fenouil]. Ont remplacé l'absinthe, réglementée en 1915. 40 % vol. **Pastis** (« mélange ») : contient de 1,5 à 2 g d'anéthol par litre obtenu à partir d'anis purifié (badiane, anis vert, fenouil, absinthe, tanaisie, carvi et anéthol de synthèse sont interdits). *1922* « liqueur d'anis sans absinthe », puis apéritif anisé à 45° sous le nom de Pernod : mélange d'anéthol, d'essences aromatiques obtenues par distillation de plantes, de teinture, d'eau, d'alcool pur et de sucre. *1924* Sté Pernod, fils en liquidation, se rapproche d'Hémard (qui fabrique depuis 1920 une anisette : l'*« amourette »*). *1928* « Pernod fils » (liqueur d'anis) mise en vente. Pernod fils fusionne avec son concurrent homonyme : Félix Pernod. *1938* fabrication d'un alcool à 45° autorisée. Ricard (fondé 1932) lance le « vrai pastis de Marseille ». *1951* Pernod lance le « Pastis 51 ». *1965* Pernod rachète la distillerie Suze. *1975* fusion Pernod/Ricard. On distingue le pastis (Ricard, Pastis 51, Berger, Casanis, Pec, Duval, etc.) du Pernod contenant moins de réglisse et plus de plantes aromatiques. **Pastis classiques :** Pernod, Ricard, Berger, Casanis, Duval ou Janot. **Autres :** Pontarlier-Anis (45°) créé 1922. Vieux Pontarlier (45°), créé 1925. La Bleue, Pastis (45°), sucrée et non sucrée. Créé 1930, Pastis Henri Bardouin (45°), créé 1990. La Muse Verte (45°), créé 1992. Le Rayon Vert (45°), créé 1992.

■ **Aquavit (akvavit).** Distillat de céréales ou alcool rectifié de pomme de terre ; parfois aromatisé.

■ **Armagnac.** Eau-de-vie gasconne née de la distillation de vins blancs récoltés dans une zone d'appellation délimitant 3 régions depuis 1909, le Bas-Armagnac (grande finesse), l'Armagnac-Ténarèze et le Haut-Armagnac (alcools plus corsés). La 1re distillation d'eau-de-vie d'armagnac est attribuée à Arnaud de Villeneuve, alchimiste qui mourut en 1311, mais la production n'en fut véritablement commercialisée qu'à partir du XVe s. Le développement commercial date du XVIIe s. Vieillissement en fûts de chêne de 2 à plus de 20 ans. Avec le temps, il prend sa couleur ambrée et perd environ 1° d'alcool tous les 3 ans. Produite dans une partie du Gers, des Landes et du Lot-et-Garonne, cette eau-de-vie provient de la distillation exclusive des 10 cépages de vin blanc retenus dans le décret d'AOC en date du 6-8-1936. **Étiquettes :** *Trois Étoiles :* composé d'eau-de-vie dont la plus jeune a au moins 2 ans ; *VSOP :* au moins 5 ans ; *Napoléon, XO :* au moins 6 ans. *Hors d'âge :* au moins 10 ans. Souvent les armagnacs utilisés sont plus âgés. Le millésime représente l'année de récolte du vin distillé, sans aucun coupage ni assemblage avec une autre année. **Distillation** (année moyenne) : 16 000 hl d'alcool pur (en 2000-01 : 20 429). **Ventes** (en 2000) : alcool pur 15 425 hl dont France 10 414 (dont bouteilles en hl : 5 980). **Export.** (en 2000) : 5 011 (dont bouteilles en hl : 4 794) *vers* G.-B. 666, Japon 541, Espagne 427, All. 404, USA 357. **Stés sur le marché français** (en % des ventes en bouteilles, 2000) : Ducastaing 14, Producteurs Réunis 8, Cointreau SA-Clé des Ducs 15, Marquis de Caussade 9, Laubade 5.

■ **Arquebuse.** Fabriquée à base de 33 plantes mises à macérer, aussitôt récoltées, dans l'alcool avec feuilles ou racines. Vieillie dans des fûts de chêne. Formule inspirée en 1857 de l'Eau d'arquebuse, avec laquelle on pansait autrefois les plaies faites par les décharges des armes du même nom. Jusqu'en 1905, région de St-Genis-Laval (Rhône), après l'expulsion des frères maristes, près de Turin.

■ **Arrack (arraki, arack, arak, raki).** Alcool local d'Orient et d'Europe orientale (Inde : sève de palmier ou de riz ; Grèce : alcool de grain ; Proche-Orient, Égypte : alcool de dattes ; Java : rhum).

■ **Baies.** Presque toutes peuvent être distillées. Les eaux-de-vie de mûre et de sureau auraient des vertus stomacales. La myrtille améliorerait la vue, le gratte-cul stimulerait le cœur. On distille aussi sorbier, prunelle sauvage, alisier, bourgeon de sapin, baie de houx. Les baies macèrent dans l'eau-de-vie de vin avant d'être distillées.

■ **Bénédictine.** Élaborée en 1510 par dom Bernardo Vincelli à Fécamp. Reprise en 1869 par Alexandre Legrand († 1898). Faite d'eau-de-vie de vin et de nombreuses herbes et plantes.

■ **Bischopp.** De l'allemand *Bischof*, « évêque », d'après la couleur. Vin (à l'origine bordeaux) aromatisé à l'orange amère (bigarade), sucré et épicé (muscade et cannelle).

■ **Bitter.** Apéritif : alcool aromatisé par des substances amères (cannelle, coriandre). 20 à 44 % vol.

■ **Blanc de kiwi.** A base de pulpe de kiwi. 8 à 12 % vol. Marque commercialisée avec Kiwibulle (pétillant), Green Kiwi (aromatisé au curaçao bleu).

■ **Borovicka.** Eau-de-vie de grain d'Europe de l'Est. S'apparente au gin et aux alcools de genièvre.

■ **Boukha.** Eau-de-vie de figues tunisienne.

■ **Brandy. Origine :** *burnt wine* (« vin brûlé »), *branwin, branntwein.* Vins des Charentes ou du Roussillon importés en Hollande, Allemagne et Angleterre pour y être brûlés (distillés). Aujourd'hui, pour les Anglo-Saxons, cognac, armagnac, calvados, marcs. **France :** eau-de-vie de vin et de marc, souvent alcool d'État. Vente tolérée sous la dénomination « brandy » des coupages d'alcools rectifiés extra-neutres et d'eaux-de-vie de vin ou piquette, sauf à la G.-B.

■ **Brinjevec.** Eau-de-vie de grain de Yougoslavie. S'apparente au genièvre ou au gin.

■ **Byrrh.** Marque d'un apéritif des Pyr.-Or. à base de vins aromatisés de quinquina issus des cépages carignan et grenache des coteaux du Roussillon, de calumba, de curaçao et vieillis en fût 3 ans. Mis au point par Simon Violet en 1870. 17 % vol.

■ **Cachaça.** Nom donné au rhum par les Brésiliens.

■ **Calvados d'AOC.** Résultat de la distillation de cidres. 40 à 50 % vol. **Régions :** Pays d'Auge, Avranchin, Calvados, Cotentin, Domfrontais, Mortanais, Pays de Bray, Pays de Merlerault, Pays de la Risle, Perche, Vallée de l'Orne. 12 000 récoltants de fruits à cidre dont 600 producteurs de calvados. **Production** (en hl d'alcool pur) : *1987-88 :* 34 000 ; *88-89 :* 60 000.

> **Trou normand.** Verre de calvados bu pour couper le repas et mieux digérer. Coutume similaire apparue à Bordeaux et dans d'autres ports [absinthe suisse, rhum de la Jamaïque, cognac, armagnac (trou gascon) qui se prennent immédiatement après le rôti].

■ **Campari.** Marque de bitter italien. A base d'alcool d'herbes et d'aromates colorés en rouge à la cochenille. Amertume due à la quinine.

■ **Cap corse.** Apéritif à base de vin de type quinquina.

■ **Carabi.** Mélange de cidre et de vin.

■ **Carpano.** Marque de vermouth italien (1786).

■ **Cassis.** Liqueur tirée du cassis. Marques célèbres : Lejay-Lagoute (1836), L'Héritier-Guyot (1852).

■ **Cédrat.** Liqueur. Écorce de cédrat macérée dans l'alcool, distillée 2 fois. *Cédratine* ou *Allimellina.*

■ **Champoreau.** Café arrosé d'une liqueur alcoolique (Français en Afrique).

■ **Chartreuse.** François Annibal d'Estrées, frère de Gabrielle d'Estrées, maîtresse d'Henri IV, en aurait donné en 1605 la recette aux chartreux de Vauvert (près de Paris). En 1735, le prieur de Vauvert l'aurait envoyée à la Grande-Chartreuse (fondée 1084). Succès commercial fin XIXe s. Ordre exilé en 1903 à Tarragone, en Espagne. Aujourd'hui, liqueur faite à Tarragone et à Voiron (France) à partir d'eau-de-vie de vin et de nombreuses herbes ; jaune (42 % vol.) ou verte (55 % vol.). *Élixir* (71 % vol.).

■ **Cherry-brandy.** Eau-de-vie de cerises contenant des noyaux de cerises écrasés lui donnant un goût d'amande amère.

■ **Choum.** A partir de riz (Chine, Viêt Nam).

■ **Cinzano.** Vermouth (Carlo Stefano Cinzano maître distillateur en 1757).

■ **Clacquesin.** Pharmacien qui créa un « goudron hygiénique », liqueur aromatisée primée à l'Exposition de 1900. Après 1919, liqueur plus légère à base de plantes aromatiques, épices et bourgeons de pins. 22 % vol.

■ **Cocuy.** Alcool de cactus du Venezuela. 55 à 60 % vol.

■ **Cocktails.** Mélanges variés, confectionnés dans un shaker, un verre à mélange ou un tumbler (verre à whisky). **Grands classiques :** *After-dinner :* mélange à base de liqueurs digestives. *Cobblers :* long drink à base de vin ou d'eau-de-vie et de sucre dissous dans de l'eau gazeuse, glace concassée puis alcool. *Collins :* long : eau-de-vie, cognac, armagnac, gin, tequila, vodka, avec sucre, jus de citron, eau gazeuse. *Coolers :* long : eau-de-vie avec sucre, sirop de grenadine ou d'orgeat et jus de fruit. On complète avec de la ginger ale ou du champagne. *Cups :* fruits de saison, sucre et liqueurs (curaçao, cognac...) et champagne, vin ou soda. *Daisies :* short drink préparé au shaker, à base de sirop de grenadine, jus de citron et eau-de-vie (gin, vodka). *Eggs nogs :* 1 œuf (parfois seulement le jaune), sucre, alcool et lait saupoudré de noix de muscade. Froid ou chaud. *Highballs :* alcool avec eau gazeuse ou plate et du tonic (Ginger Ale, Bitter Lemon...). *Juleps :* long, feuilles de menthe fraîche pilées, sucre, angustura, glace et alcool (whisky, cognac, bourbon...). *Sours :* short, au shaker : sucre, jus de citron et alcool.

■ **Cognac AOC.** Vient de la distillation des vins blancs issus de cépages sélectionnés, récoltés et distillés dans une région délimitée, couvrant à peu près Charente et Charente-Maritime. **Origine :** XVIe s. Les paysans d'Angoumois, d'Aunis et de Saintonge passaient leur vin à l'alambic pour qu'il supporte mieux le transport par mer. *Bouteille :* à l'origine, bouteille de bordeaux commune ; depuis XXe s. chaque négociant a créé ses propres bouteilles, différentes selon chaque qualité (VSOP, Fine Champagne, XO). **Crus :** *Grande Champagne* (27 communes, 13 459 ha, limités au nord par la Charente entre Cognac et Jarnac, et au sud par le Né) : eaux-de-vie très fines et supérieures. *Petite Champagne* (59 communes, 15 911 ha, autour de la Grande Champagne ; limités au nord par le Né et la Charente, à l'ouest par la Seugne, du sud à l'est par une ligne imaginaire du sud de Jonzac à l'est de Barbezieux) : sol plus épais, plus dur et moins perméable, mais proche, en qualité, de la Grande Champagne. *Borderies* (8 communes, 4 081 ha) : sol moins chargé en calcaire, plutôt argileux, eaux-de-vie très riches en arômes, vieillissement plus rapide. *Fins Bois* (263 communes, 33 778 ha, jadis couverts de forêts) : eaux-de-vie moins fines, vieillissant plus vite. *Bons Bois* (266 communes, 12 369 ha) : terrains plus pauvres en calcaire et plus sensibles aux influences maritimes, qualité moindre que Fins Bois. *Bois ordinaires* (165 communes, 1 595 ha) : sur le littoral et les îles, à l'ouest des Bons Bois, bouquet de « terroir » prononcé. *Esprit de cognac* (titrant entre 80 et 85 % vol.) : usage culinaire ou servant à la préparation de la « liqueur d'expédition » des vins mousseux et pétillants. **Cépages :** *ugni blanc* (*colombard* et *folle blanche* ne sont plus guère employés) donne un vin blanc fruité à faible teneur alcoolique (7 à 10 % vol.). Assez acide et pauvre en tanin.

Fabrication. 1°) Distillation : dans des alambics de cuivre à feu nu, de forme traditionnelle. Le vin est exposé à la chaleur dans la *cucurbite* ; les vapeurs s'élèvent dans le *chapiteau* (sorte d'entonnoir renversé), puis passent dans le *col-de-cygne* pour aboutir au *réfrigérant* (serpentin plongé dans une cuve d'eau froide) où elles redeviennent liquides. La distillation est dite *« à repasse »* car il y a 2 chauffes. 1re de 8 h environ [donnant un *brouillis* (flegme impur) titrant 27 à 30 % vol. et la *vinasse,* que l'on rejette]. 2e ou « bonne chauffe » de 12 h [donnant une eau-de-vie titrant entre 69 et 71 % vol. : les « têtes » et les « queues » sont séparées du « cœur », qui constitue seul l'eau-de-vie prête au vieillissement (incolore, titrant environ 70 à 72 % vol.)]. **2°) Vieillissement :** dans des fûts de bois de chêne du Limousin ou de Tronçais. Le bois, taillé à la main, doit sécher en plein air 3 ans au moins, pour dégorger l'excès de tanin et son amertume. Une fois séché, le fût sera « entraîné » au vieillissement ; la 1re eau-de-vie qu'il contiendra n'y séjournera que quelques mois (un séjour plus prolongé la rendrait amère par excès de tanin et lui ferait perdre son arôme) ; la 2e y séjourne un an, puis les temps de séjour augmentent progressivement, jusqu'à ce que le fût devienne « roux ». L'eau-de-vie respire à travers le bois et s'oxyde ; elle s'affine, perd son amertume, prend du moelleux, s'imprègne des parfums du bois et lui prend une partie de son tanin d'où sa teinte ambrée. Les *chais* ne doivent être ni trop secs (ils donneraient des eaux-de-vie dures à trop forte évaporation) ni trop humides (ils donneraient des eaux-de-vie molles avec une perte excessive de degré d'alcool). Pendant le vieillissement, 2 ou 3 % du cognac s'évaporent chaque année (c'est « la part des anges »). On en remet périodiquement *(ouillage)* et finalement le cognac perd environ 1 % d'alcool par an. Pour l'amener au degré de consommation (40 % vol. au minimum), on ajoute de l'eau distillée. Une fois mis en bouteilles, le cognac n'évolue plus. **3°) Coupage :** le cognac commercialisé vient de l'assemblage d'eaux-de-vie de différentes années et de divers crus. N'a droit à l'appellation de « Fine Champagne » que le cognac venant uniquement des crus des 2 Champagne et contenant au moins 50 % de Grande Champagne. **Age d'un cognac.** L'étiquette indique l'âge de la plus jeune eau-de-vie et l'assemblage. **** ou VS :* l'eau-de-vie la plus jeune a moins de 4 ans et demi. *VSOP (Very Superior Old Pale), VO (Very Old) ou Réserve :* 4 ans et demi à 6 ans et demi. *Napoléon, Vieille Réserve, XO, Extra, Hors d'âge, etc. :* plus de 6 ans et demi. En général, le négociant utilise des eaux-de-vie plus âgées que le minimum requis.

☞ **Paradis :** nom du lieu où les grandes maisons de cognac conservent leurs plus vieilles réserves.

Statistiques (en France). **Exploitations** (récolte 1999) : *nombre :* 15 943. *Superficie :* 83 128 ha dont en production 81 765 (dont vins blancs de Cognac 77 831, vins rouges 3 512, autres vins blancs 422). **Récolte de vins blancs** *pour la fabrication du cognac* (en millions d'hl) : *1990 :* 11 à 9° 84 ; *91 :* 3,8 à 9° 64 ; *92 :* 11,7 à 8° ; *93 :* 7 à 7° 77 ; *94 :* 10 à 8° 6 ; *95 :* 9,3 à 9° 74 ; *96 :* 10,9 à 9° 76 ; *97 :* 9,7 à 10° 29 ; *98 :* 6,4 à 9° 23 ; *99 :* 6,5 à 8° 55. **Bouteilles** (en millions) : *production : 1998-99 :* 120,6. *Stock global : 1999 :* 1 220 (soit 7,83 ans d'expéditions). *Total des ventes : 1992 :* 134,3 (export. : 94 %) ; *93 :* 119,6 (export. : 93,6 %) ; *94 :* 129 (export. : 94,5 %) ; *95 :* 126,1 ; *96 :* 126,5 (export. : 94,3 %) ; *97 :* 121,1 ; *98 :* 111 dont 8 en France (export. : 92,8 % dont USA 34,4 ; G.-B. 11,1 ; Japon 10,1) ; *99 :* 112,6 dont 9,2 en France (export. : 91,8 % dont USA 35,8 ; G.-B. 11,1 ; All. 7,4). **Principales firmes.** Camus (1863), Château de Cognac (1795), Courvoisier, Delamain, Hardy, Hennessy (1765, d'origine britannique), Larsen, Martell (1715), Thomas Hine (1817), Henri Mounier, Prince Hubert de Polignac, Rémy Martin (1724), Renault-Bisquit, Rouyer-Guillet, Louis Royer, Salignac. **Premières maisons de cognac** (entre parenthèses nom des propriétaires) **et chiffre d'affaires 1997** (en millions de F) : Jas Hennessy et Cie (LVMH) 4 900 ; Rémy Martin et Cie (famille Hériard-Dubreuil) 2 050 ; Martell (Seagram) 1 705 ; Courvoisier (Allied Domecq) 836 ; Camus 353 ; Louis Royer (Suntory) 309 ; Larsen 185 ; Château de Cognac – Otard (Bacardi-Martini) 167 ; Pellisson (LVMH) 114 ; Renault-Bisquit (Pernod-Ricard) 94.

■ **Cointreau.** Liqueur à base d'écorces d'oranges douces et amères. Société *créée* 1849, transférée à St-Barthélemy, près d'Angers, en 1972.

■ **Cordial.** Boisson fortifiante.

■ **Crème.** Liqueur de consistance sirupeuse.

■ **Curaçao.** Liqueur faite à partir d'écorces d'oranges, de sucre et d'eau-de-vie.

■ **Cusenier.** Maison *fondée* 1858 à Paris par Eugène Cusenier. Produits les plus connus : Ambassadeur (apéritif), Café de Paris (vin mousseux), Vabé, Bartissol (vins doux naturels), Amer Cusenier.

■ **Cynar.** Marque de bitter à base d'artichaut (en italien : *carciofo*).

■ **Daïquiri.** Coktail (rhum blanc, marasquin).

■ **Dolfi.** Maison *fondée* en 1895 à Strasbourg.

■ **Drambuie.** Du gaélique : *dram buidheach*, « la boisson qui satisfait ». Liqueur créée au XVIIIe s. à base de whisky et d'une essence à base d'herbes.

■ **Dubonnet.** Marque d'apéritif *créée* 1848 par Joseph Dubonnet. A base de vins du Roussillon et de quinquina. 16°.

■ **Duval.** Marque de pastis *fondée* en 1798 à Pontarlier par Dubied.

■ **Eau-de-vie.** Alcool produit par distillation du vin, marc, cidre, grain, etc. Il y a en France des eaux-de-vie AOC (appellations contrôlées) ou AOR (appellations réglementées). **De Dantzig.** Macération d'écorces de citron et de macis dans de l'alcool avec addition de feuilles d'or *(goldwasser)* ou de feuilles d'argent *(silberwasser)*.

■ **Esprit.** Nom des *alcoolats* (résultant de la distillation d'un mélange alcoolisé).

■ **Faugères.** Eau-de-vie de Faugères (Hérault).

■ **Fernet-Branca.** Digestif à base de plantes amères élaboré par le docteur Fernet (médecin et herboriste). *1845* commercialisé par les frères Branca. *1905* construction de l'usine St-Louis en Alsace.

■ **Fine.** Eau-de-vie de vin (exemples : fine champagne, fine languedoc) ou de cidre (fine calvados) à appellation d'origine. **Origine :** Aquitaine, Bourgogne, Bugey, Centre-Est, coteaux de la Loire, Côtes-du-Rhône, Franche-Comté, Languedoc, Marne, Provence, Savoie.

■ **Framboise.** Il faut environ 8 kg de framboises pour obtenir 1 l d'eau-de-vie pure. Vieillie en vase de grès, en bonbonnes ou en cuves verrées. A consommer jeune (2 ans après sa mise en bouteille).

■ **Fruit de la passion.** Liqueur jaune d'or à base des fruits de la passiflore (Australie).

■ **Genièvre.** Eau-de-vie de grain de genévrier parfois aromatisé avec les baies.

■ **Gentiane.** Apéritif à base d'alcool, issu de l'infusion après macération de racines de gentiane dans de l'alcool. 16° environ. Exemples : Salers *créée* 1885, *Suze* 1889.

■ **Toasts.** *Cheers* (Angleterre). *Prosit* (Allemagne, « Qu'il te profite » en latin). *Slainte* (Irlande, pour le whisky). *Tchin-tchin* (pidgin de Canton : *tsing-tsing*, « salut »).

■ **Nombre de calories au litre. Apéritifs :** Pernod 2 680, whisky 2 500, porto, cherry, martini, madère 1 600. **Digestifs :** rhum, cognac, armagnac, calvados, gin : 2 500. **Champagne :** *doux :* 1 200, *brut :* 850. **Vin :** 600. **Sodas et dérivés :** *bitter :* 40/520, soda 480, Coca-Cola 440, Schweppes 400, limonade 360. **Bière, Cidre :** 400.

■ **Gin.** De *geneva*, déformation du français *genièvre*. Alcool à goût de genièvre obtenu par distillation et rectification d'orge malté, de seigle ou d'avoine (parfois de maïs). 30 à 47°. **Marque célèbre :** Gordon's (Sté créée en 1769 par Alexander Gordon à Laindon près de Londres). **Consommation** (en millions de bouteilles, 1982) : USA 230, Espagne 110, G.-B. 57, All. féd. 8, Belg. 4, *France 3,7 (1983)*. **Import.** (en milliers de F, 1982) : 30 914 de G.-B. 29 700, P.-Bas 1 106, Danemark 44, Irlande 23, All. féd. 10, Canada 9, Italie 9, Espagne 3. **Ventes en France** (1992) : 6 millions de bouteilles dont (en %) *à 38° :* 85,8 ; *à 40° :* 3,9 ; *spiritueux à base de gin :* 10 (en 1991 : *Old Lady's* 21). **Parts de marché en France** (en %, 1993) : *Old Lady's* 26,4, *Gordon's* 19,6, *Gilbey's* 11,7, *Gibson's* 5,2.

■ **Grand Marnier.** Liqueur à base de mélange de cognacs et d'essence d'écorces d'oranges amères distillées. *Créé* en 1880 par Louis-Alexandre Marnier-Lapostolle, gendre d'Eugène Lapostolle, fils de Jean-Baptiste, fondateur de la distillerie en 1827.

■ **Grappa.** Eau-de-vie de marc italienne.

■ **Grog.** Boisson chaude faite d'eau-de-vie ou de rhum, de citron et d'eau sucrée. **Nom :** en 1785, l'amiral britannique Edward Vernon (surnommé « old grog » car vêtu en *grogram* ou gros-grain) donne aux marins (à la place de la ration de rhum pur) une ration largement coupée d'eau bouillante, sucrée : ils l'appellent grog.

■ **Guignolet.** Eau-de-vie de cerises noires, guignes ou griottes (Anjou, Touraine, Vendée). Apéritif. 16 à 18 % vol.

■ **Hydromel.** XVIe s. Fait avec les résidus d'extraction du miel dont la fermentation était accélérée par la levure de bière.

■ **Hypocras.** XVIIIe s. Vin de liqueur à base de vin, cannelle, piment, girofle, muscade, gingembre, sucre, morceaux de reine-claude et pomme.

■ **Izarra.** Liqueur du pays basque (en basque : étoile). Jaune (40 % vol. avec amandes amères) ou verte (48 % vol. avec menthe poivrée) ressemblant à la chartreuse.

■ **Kalua.** Marque de liqueur de café. **Origine :** Mexique. Grains torréfiés, macérés dans l'alcool. 26,5 % vol.

■ **Képhir.** Lait, petit-lait ou alcool de lait fermentés.

■ **Kir.** Apéritif (vin blanc/crème de cassis Lejay-Lagoute). **Nom :** du chanoine Félix Kir (22-2-1876/25-4-1968), député-maire de Dijon qui offrait ce mélange (appelé avant « rince-cochon ») à ses invités pour relancer la fabrication de la liqueur de cassis. En 1993, la Cour de cassation a interdit au concurrent, L'Héritier-Guyot, d'utiliser l'appellation « kir ».

■ **Kirsch** (de *kirschwasser*, « eau de cerise »). A partir de cerises. Les meilleures (guignes noires sucrées à petit noyau) viennent d'Alsace, de Fougerolles en Franche-Comté et de la vallée du Rhône. Les noyaux, jamais broyés, communiquent un léger goût d'amande. Il faut environ 18 kg de cerises pour obtenir 1 l d'eau-de-vie pure. Contient de 30 à 50 mg d'acide cyanhydrique par litre (Alsace). *Kirsch pur :* obtenu uniquement par distillation du fruit après macération. *Kirsch de commerce :* 70 à 10 % de kirsch pur. *Kirsch fantaisie :* alcool neutre auquel on ajoute une petite quantité de kirsch pur et de l'extrait de noyau.

■ **Korn.** Eau-de-vie de grain allemande. *Roggen* (seigle), *Weizen* (blé), *Getreide* (mélange). **Marques réputées :** *Fürst Bismark* (blé et seigle), *Doornkat.*

■ **Kummel.** Liqueur anisée à base de fruits du carvi (appelé autrefois cumin des prés, *Kümmel* en allemand). Allemagne, Hollande, Russie.

■ **Kvas** (*kwas :* en vieux slave, « acide »). A base d'orge fermentée. Russie, très faiblement alcoolisé.

■ **Lait de poule.** A l'origine : jaune d'œuf battu dans de l'eau chaude, avec du sucre en poudre. Lait, rhum ou fleur d'oranger remplacent maintenant l'eau.

■ **Liqueurs.** Inventées par les Arabes en 900 (?), mises au point par des moines. Eaux-de-vie aromatisées par infusion ou macération de fruits, fleurs, plantes, graines ou racines. 15 à 55 % vol. **Matières premières** (en 1989) : alcool pur 135 444 hl, eaux-de-vie 22 340 hl, sucre 16 530 t. **Production** (volume en hl, 1989) : fruits (autres que cassis) 308 886, cassis 128 719, plantes 71 957, graines 3 174, fruits à l'alcool et à l'eau-de-vie 3 174. *Total 524 695.* **Ventes** (volume en hl, 1989) : 393 168 dont exportations 228 572 (dont CEE 111 168).

■ **Malibu.** Liqueur à base de rhum et de coco lancée en 1981. 24°.

■ **Marasquin.** Liqueur de cerises griottes appelées marascas. **Origine :** Dalmatie. 32°.

■ **Marc.** Eau-de-vie de marc (distillation du résidu de fruits pressés et d'alcool blanc que l'on fait mûrir en fûts). **Origine :** Aquitaine, Auvergne, Bourgogne, Bugey, Centre-Est, coteaux de la Loire, Côtes-du-Rhône, Franche-Comté, Languedoc, Champagne, Provence, Savoie. Marc d'Alsace Gewurztraminer, de Lorraine.

■ **Marie Brizard.** Maison *fondée* 1755 à Bordeaux par Mlle Marie Brizard. Liqueur à l'anis (et aromates, zestes de citron, coriandre, cannelle...).

■ **Martini et Rossi.** *Créé* 1879 (Martini et Sola créé 1862, Rossi et Protto établi depuis 1852). Vermouth le plus connu.

■ **Mirabelle.** Petite prune jaune foncé, distillée principalement dans l'Est et surtout en Lorraine. Il en faut environ 18 kg pour 1 l d'eau-de-vie pure.

■ **Moscatel.** Vin de liqueur (Espagne et Portugal).

■ **Noilly-Prat.** Marque de vermouth. Recette inventée par Noilly qui s'associe en 1855 avec Claudius Prat.

■ **Okhotnichya.** Liqueur russe de couleur ambrée à base de macérations de gingembre, tormentille, angélique, clous de girofle, baies de genièvre, café, badiane, écorces d'orange et citron, poivre noir et piment rouge. Additionnée de porto blanc et légèrement sucrée. 45°.

■ **Ouzo.** Proche du pastis (Grèce).

■ **Pastis.** Voir **Anisés** (40 à 45°) p. 1512 a. **Mauresque :** pastis avec du sirop d'orgeat. **Perroquet :** pastis avec de la menthe. **Tomate :** pastis avec sirop de grenadine.

■ **Pimms' Cup.** Cordial, *créé* par James Pimm au XIXe s. à Londres (no 1 à base de gin, 2 whisky, 3 brandy, 4 rhum, 5 seigle, 6 vodka).

■ **Pippermint Get.** Crème de menthe *créée* 1796 par Jean Get à Revel (Hte-G.).

■ **Pisco.** Eau-de-vie de vin (Chili, Pérou).

■ **Poiré.** Eau-de-vie de Bretagne, Normandie, Maine.

■ **Pulque.** Jus de cactus fermenté (pulque, agave, aloès américain, mescal).

■ **Punch.** Cordial, eau-de-vie épicée qu'on flambe (Suède : à base de rhum, Norvège : d'arrack).

■ **Quetsche.** Grosse prune oblongue, violette à chair jaune, mûrit en octobre ; principalement en Alsace et sur les coteaux de Hte-Marne et Hte-Saône. Il en faut environ 25 kg pour 1 l d'eau-de-vie pure.

■ **Quinquina (ou vins aromatisés).** Vin apéritif contenant du quinquina (écorce de chinchona). 16 à 17°. **Marques connues :** Byrrh, Ambassadeur, Dubonnet, Saint-Raphaël.

■ **Raki.** Voir **Arrack** p. 1512 b.

■ **Ratafia.** A l'origine, tout breuvage bu lors de la ratification d'un traité ou d'un accord. En 1720, on appela ainsi une liqueur de cerise créée par Mathieu Teisseire. Aujourd'hui apéritif doux à base de vin.

■ **Rhum ou tafia.** De l'anglais *rum* [abréviation de *rumbullion*, mot de la Barbade (« grand tumulte »)]. A partir de canne à sucre (Antilles). **1°) Rhum agricole ou grappe blanche** (rhum de Vesou ou jus de canne) : surtout fabriqué aux Antilles. Une partie importante est livrée à la consommation locale dans l'état où le distillat sort de l'appareil, ramené à 50 ° Gay-Lussac par adjonction d'eau pure. *Rhum vieux :* vieilli 3 ans au minimum en fûts de chêne d'une contenance maximale de 650 l. Souvent mis en bouteilles chez le producteur sous sa marque. **2°) Rhum industriel** (rhum de mélasse) : fabriqué à partir des mélasses de sucrerie ; distillé et exporté entre 65 et 70 ° GL (maximum autorisé 80°), ramené au degré de consommation, environ 44°, par adjonction d'eau pure, incolore ; coloré par vieillissement ou par adjonction de caramel (1 l de caramel par 1 000 litres de rhum). *Rhum traditionnel :* à usage culinaire, substances volatiles non alcoolisées, au minimum 225 g/hl d'alcool pur. Mêmes règles de vieillissement que pour le rhum agricole. *Rhum « grand arôme » :* rhum de mélasse très aromatisé, fort % d'éléments non alcoolisés (de 600 à 1 000 g/hl d'alcool pur), obtenu par fermentation de longue durée (8 à 10 j) à partir de moûts de forte densité (1 110 à 1 115). Utilisé comme bonificateur dans les coupages (produit en Martinique). *Rhum léger :* rhum distillé à haut degré GL, de goût plus neutre, de faible arôme. En général blanc. Minimum de non-alcool 60 g/hl d'alcool pur depuis le 30-3-1971. Pas de minimum exigé dans certains pays. **3°) Mélanges-cocktails :** *punch planteur* (à base de rhum ambré ou blanc) ; *punch coco* (à base de rhum et d'extrait de noix de coco) ; *daïquiri.*

Production de rhum (en HAP : hl d'alcool pur, en 1997) : Réunion 71 155 ; Guadeloupe 57 827 ; Martinique 52 551 ; Guyane 802. **Pour la consommation en France,** contingent annuel autorisé en HAP (en franchise de la soulte de 2 000 F par HAP perçue au profit du service des alcools) : Martinique 41 850 ; Guadeloupe 31 000 ; Réunion 17 000. Sur ces quantités, 3/10 sont débloqués

Éléments secondaires du scotch, bourbon et cognac

En g, par 100 litres à 50°	Scotch	Bourbon	Cognac
Alcools supérieurs	143	195	193
Acides totaux	15	63	36
Esters	17	43	41
Aldéhydes	4,5	5,4	7,6
Furfurol	0,11	0,90	0,67
Tanins	8	48	25
Corps solides	127	159	698
Total des produits secondaires	0,160	0,309	0,239

et consommés sur le marché français. **Vente en France** (en 1997) : 75 000 HAP, soit environ 20 millions de l, dont 1/3 de rhum agricole. **Parts de marché** (en %) : *rhum blanc :* Dillon 24, Old Nick 10. *Ambré :* Négrita 44, St-James 3.

■ **Rhum Verschmitt.** Composé de 10 % de rhum et 90 % d'alcool.

■ **Riscanis.** Mélange de genièvre et d'anis (Lille).

■ **Rogomme.** De « rhum » et de « gomme ». Eau-de-vie forte. « Voix de rogomme » : rauque et enrouée après un abus d'alcool.

■ **Rossolis.** Huile de rose en italien. Eau-de-vie aromatisée (anis, fenouil, aneth, coriandre, carvi, sucre, eau de camomille) introduite en France par Catherine de Médicis. Allongée d'eau, appréciée par Louis XIV.

■ **Russkaya.** Vodka russe. 40°.

■ **Saint-Raphaël.** Vin aromatisé *créé* 1890 par Adhémar Juppet, pharmacien de Lyon qui, perdant la vue, se rappela la guérison de la cécité de Tobie par l'archange Raphaël (Sté Saint-Raphaël *fondée* 1897). Mistelles (moûts de raisin), vieillies 2 ans en fût, coupées avec du vin rouge ou blanc au degré relevé (15°). Aromatisé d'écorces de quinquina, zestes de citron, d'orange amère, racines de colombo, baies et plantes macérées dans l'alcool.

■ **Saké.** Japon : boisson fermentée à base de riz. 12 à 18°.

■ **Schnaps.** *Allemagne :* eau-de-vie sans appellation. *Alsace :* eau-de-vie des bouilleurs de cru composée d'un mélange de fruits de production locale.

■ **Scotch** (voir **Whisky** ci-dessous).

■ **Slivovitz.** Eau-de-vie de prune serbe et bosnienne (ex-Yougoslavie). Nom employé également dans plusieurs pays de l'Est.

■ **Snaps.** Aquavit suédois.

■ **Soho.** Liqueur à base de litchi (24°). Lancée en France en 1989.

■ **Soyer.** Verre de champagne glacé, que l'on hume avec une paille (XIXe s.).

■ **Stolichnaya.** Vodka russe. 40°.

■ **Stolovaya.** Vodka russe. 50°.

■ **Suze.** 1889 : Moureaux reprend la distillerie Rousseau-Laurent *fondée* en 1795 et invente une liqueur de gentiane : Suze (diminutif de sa belle-sœur Suzanne). 32° (16° depuis 1945), 80 g de sucre/litre (200 g/l aujourd'hui). Maison reprise en 1965 par Pernod.

■ **Tafia.** Eau-de-vie de canne à sucre (Antilles).

■ **Tequila.** Eau-de-vie tirée du fruit de l'agave. La 1re chauffe donne un brouillis à 20° environ (le mescal) ; la 2e donne une eau-de-vie forte, pure, claire, généralement vieillie en fûts de chêne blanc, légèrement foncée (qualité anejo). **Quelques marques :** Sauza, José Cuervo, Olméca, Eucario, González, El Toro, José Cortéz, Montezuma, Mariachi, Herradura.

■ **Tocane.** Vin nouveau de champagne, fait avec la mère goutte. Se garderait 6 mois (XIXe s.).

■ **Tuica (Tzuica).** Roumanie : eau-de-vie à base de prune.

■ **Vermouth** (de l'allemand *wermuth :* absinthe). Apéritif à base de mistelles blanches aromatisées. Seul le Vermouth de Chambéry bénéficie d'une appellation d'origine (moût de raisin auquel on a rajouté de l'alcool vinique à 95° pour empêcher la fermentation). « Apparentés » : Cinzano, Martini.

■ **Vieille cure.** Faite à Cenon (près de Bordeaux), composée de diverses eaux-de-vie et de 52 herbes.

■ **Vodka.** Eau-de-vie née en Pologne au XVIe siècle puis introduite en Russie. Vient de la distillation de blé, seigle, orge ou maïs. Parfois élaborée à partir d'alcool de betterave, de pomme de terre ou de riz (Sibérie). De 30 à 47°. **Vente en France** (en 1992) : 5 369 000 bouteilles dont 58 % titrant 38°, 31,2 % à 40° et +, 10,7 % spiritueux à base de vodka. 76,4 % : *Smirnoff* [de Piotr Smirnof (1831-98). A sa mort, Piotr son fils aîné reprit l'affaire. Vladimir, autre fils, émigra après lui avoir vendu ses parts, puis au début des années 1930, ouvrit une distillerie puis céda la marque à Rudolph Kunett (Américain) qui la revendra en 1938 à John Martin (directeur d'Heublein, Sté de spiritueux)] (origine 1881 Moscou, 1918 distillerie à Paris, 1929 à Nice, fabriquée exclusivement avec des graines, filtrée 10 fois au charbon de bois, 2 000 000 de bouteilles) et *Eristov* (1939 nom acheté par la Sté à l'un des descendants de la famille émigré aux USA), 23,6 % : vodka importées dont 15 à 17 % russes *(Moskovskaya, Stolichnaya, Tuborskaya)*, et 12 à 14 % de Pologne *(Wyborowa, Zubrowka)*, de Finlande *(Finlandia)*.

■ **Whisky.** Du gaélique : *uisge beatha*, eau-de-vie. Plus de 3 500 différents (chaque orge est différente selon la façon dont elle germe). On distingue : *whisky de malt* [orge maltée d'Écosse – 4 crus : Highlands, Lowlands (région de Glasgow), Campbeltown (région de Campbeltown) et Islay (île de Islay) – et d'Irlande], *whisky de grain* (bouillie d'orge maltée et d'autres céréales, Écosse, Irlande, Japon, USA, Canada), *bourbon* (au moins 51 % de maïs, USA, spécialité du Kentucky depuis 1790) ; 1re publicité de ce whisky à Paris (capitale du comté de Bourbon au nord-est du Kentucky), *rye* (seigle 51 % au min., USA), *whiskey* (avoine, Irlande ; whisky de grain des USA : exemple : *Jack Daniel's*) ; whisky de malt et whisky de grain sont généralement mélangés *(blended)* dans le *scotch*. *Tennessee Jack Daniel's :* distillation de maïs, d'orge ou de seigle et filtrage sur charbon de bois d'érable.

Whiskies ou whiskey ne sont pas toujours mis en bouteilles dans les régions de production. Exportés en vrac, ils sont parfois mis en bouteilles en France, pour être vendus à moins de 40° (ce qui est interdit dans la plupart des régions de production). *Scotch whisky* (fixé depuis 1909) : fabrication et mise en bouteilles uniquement en Écosse (depuis loi communautaire 1989) : céréales le plus souvent maltées et séchées au four chauffé à la tourbe ; distillation en alambic ; vieillissement dans des fûts de bois en entrepôt : blend 3 ans, malt 5 ans au minimum. Il se bonifie avec le temps, l'atmosphère et les fûts en chêne blanc d'Amérique (les meilleurs ont contenu du xérès d'Espagne). Un whisky atteint toute sa plénitude vers 15 ans. *Scotch standard :* assemblage de whisky de grain et de whisky de malt. *Pure malt :* mélange de *single malt* (venant d'une seule distillerie) élaboré uniquement à partir d'orge maltée. *Irish whiskey :* irlandais, n'a pas de goût fumé (l'orge maltée n'est pas séchée à l'aide de feux de tourbe comme en Écosse mais dans des fours fermés). Distillé 3 fois, il vieillit en fûts, ayant contenu rhum, xérès ou whisky, en général 7 ans. **Procédés :** *maltage :* transformation de l'orge en malt ; l'orge germée séchée est transformée en farine. *Patent still :* distillation en une opération où le mélange alcool et vapeur monte vers le haut de l'« alambic coffey » par condensation alors que les résidus du wash qui a été porté à ébullition sont évacués par le bas. *Pot still :* distillation en 2 temps : dans l'alambic du wash chauffé jusqu'à évaporation pour obtenir les low wines ; dans l'alambic des low wines (alambic à alcool). *Wash :* produit de la fermentation des moûts par les levures. *Wort :* moût (liquide obtenu par brassage des céréales maltées dans de l'eau chaude).

Sites célèbres : *Glenfiddich :* vallée *(glen)* de Fiddich, affluent de la Spey, patrie des distilleries de *pure malt* (a donné son nom à une marque). *Glenlivet :* vallée de la Livet, la 1re distillerie officielle d'Écosse, marque connue depuis 1823. *Iles d'Isley* (Hébrides) : 8 distilleries dont Lagavulin, Bowmore, Laphroaig. *Speyside :* rives de la Spey.

Grandes marques. Scotch : *blended :* Johnnie Walker (1820), J & B (Justerini *fondée* 1749, vendue 1830 à Samuel Brooks), Cutty Sark (1923), Ballantine's, White Horse [nom d'une auberge lancée par Peter Mackie (baron en 1920)], Haig (1824), Vat 69, Chivas (1834), Black and White, Clan Campbell, Famous Grouse, Label 5, Long John (1825), Mac Gregor's, 100 Pipers, Teacher's, White Label, William Lawson, Bell's, White Heather. *Pure malt :* Glen Eagle, Glen Turner. *Single malt :* Glenfiddich (1866), The Glenlivet, Glenmorangie (1842), The Glenturret Cardhu (UDG), Aberlour (Pernod-Ricard), Bowmore (Morrisson Bowmore). **Whisky irlandais :** John Jameson, Paddy, Old Bushmills. **Bourbon :** Four Roses (6 ans, 43°), Jack Daniel's, Jim Beam, Wild Turkey, Old Virginia. **Whisky canadien :** Canadian Club, Sunloly, Seagram's Crown Royal. **% du marché total. Blended :** Johnnie Walker 10. Ballantine's 8. J & B 8. Label 5,7. Long John 4. White Heather 1,6. **Pure malt :** Glen Turner 46,7. Glenfiddich 20,5. Food Glen Rogers 9,4. Aberlour Glenlivet 2,4.

Marché du whisky en France. Ventes : 98 millions de cols de 70 cl. **Chiffre d'affaires :** 7 milliards de F. **Classement des marques** (en %) : Label 5 12, Grant's 10, Ballantine's 7, C. Campbell 7, J & B 6, J. Walker 5.

■ **Williamine Williamson.** Eau-de-vie de poires William (28 kg de poires pour 1 l d'eau-de-vie pure).

■ **Ypocras.** Vin d'épices (cannelle, anis, gingembre, clous de girofle et safran) macérées 6 mois dans du miel avant d'ajouter du vin de Maury (vin doux du Languedoc-Roussillon) ; remis à la mode en 1912 par Anthelme Thibaud à Pérouges.

■ **Zizi.** Mélange de champagne et de crèmes de cassis et framboise. Créé à Lyon.

Statistiques mondiales

■ **Alcools « de marque » les plus bus** (vente 1997, en millions de litres). **Dans le monde** (propriétaires) : rhum Bacardi (Bacardi-Martini) 175,5 ; vodka Smirnoff (Diageo) 139,5 ; scotch Johnnie Walker Red (Diageo) 71,1 ; pastis Ricard (Pernod-Ricard) 64,8 ; scotch J & B Rare (Diageo) 55,8 ; vodka Absolut (The Absolut Co) 49,5 ; gin Gordon's (Diageo) 48,6 ; bourbon Jim Beam (Jim Beam Brands) 47,7 ; bourbon Jack Daniel's (Brown-Forman) 46,8 ; scotch Ballantine's (Allied Domecq) 45. **En France** (grandes surfaces) : pastis Ricard 26,4 ; vermouth Martini 14,9 ; Pastis 51 (Pernod-Ricard) 8,2 ; scotch William Peel (Williams Pitters) 5,9 ; gentiane Suze (Pernod-Ricard) 5,8 ; scotch Label 5 (La Martiniquaise) 5,7 ; Grant's (Bacardi-Martini) 4,9 ; pastis Duval (Pernod-Ricard) 4,8 ; scotch Ballantine's (Allied Domecq) 3,5 ; Clan Campbell (Pernod-Ricard) 3,1.

■ **Grandes marques d'alcool dans le monde** (chiffre d'affaires en milliards de F). **Diago :** britannique ; *CA :* 129 dont vins et spiritueux 43,8 % (Johnnie Walker, J & B, Smirnoff, Baileys, Gordon, Malibu) ; *autres activités :* bières, fast-food (Burger King). **Allied Domecq :** britannique ; *CA :* 44,1 dont vins et spiritueux 56,7 % (Ballantine's, Beefeater, Kahlua, Sauza...) ; *autres activités :* pubs, restaurants (Dunkin' Donuts). **Seagram :** canadienne ; *CA :* 75,4 dont vins et spiritueux 40,7 % (Chivas, Martell, Crown Royal, Captain Morgan, Absolut Vodka, Mumm) ; *autres activités :* champagne, cinéma, musique, télévision. **Bacardi-Martini :** Bermudes ; *CA :* 13,2 (dont vins et spiritueux 100 % (rhum Bacardi, Martini & Rossi, William Lawson, Dewar's, Eristoff, Southern Comfort...). **Marques françaises** (voir col. c).

■ **Groupes de vins et spiritueux. Ventes en 1996** (en millions de litres) Diageo (G.-B., Grand Met et Guinness) 574,2 ; Allied Domecq (G.-B.) 254,7 ; Seagram (Canada) 205,2 ; Bacardi (Bermudes) 184,5 ; Pernod-Ricard (France) 144 ; Brown-Forman (USA) 127,8 ; Suntory (Japon) 84,6 ; Fortune Brands (USA) 72 ; Eckes (Allemagne) 63.

Statistiques en France

■ **Production. Régions :** *alcool de betterave, mélasse :* surtout dans le Nord, Picardie, région parisienne, Champagne et Cher, dans les sucreries-distilleries. *Alcool d'origine vinicole* (distilleries industrielles et coopératives ou bouilleurs de cru ambulants) : Aude, Hérault, Gironde, Gard et Var.

■ **Grandes marques** (CA : chiffre d'affaires en milliards de F, 1999) : **Pernod-Ricard :** CA hors droit et taxes (en millions d'euros) : *1975 :* 219 ; *98 :* 3 138 ; *99 :* 3 590 ; *2000 :* 4 382 (dont en % : spiritueux et vins 40, distribution 31, fruits transformés 29) en France 58 % ; résultat courant (2000) : 0,37. **Rémy-Cointreau :** né 1991 de la fusion de E. Rémy Martin & Cie (1724) et Cointreau SA (1849). *CA :* 7,16 (résultat net 0,036, endettement 6,34). *Par activités :* cognac 2,36 ; vins et tonnellerie 1,12 ; liqueurs et spiritueux (Ricard, Pernod, Clan Campbell, Wild Turkey, Jameson, Havana Club) 1,11 ; champagne 0,91 ; marques partenaires 1,66. **LVMH :** *CA :* 48 dont vins et spiritueux 5 (Hennessy, Thomas Hine) ; *2000 :* 11,6 milliards d'euros. **La Martiniquaise :** *CA :* 2,21 dont vins et spiritueux 1,5 (Label 5, Gibons, Négrita...). **Marie Brizard :** *CA :* 1,8 dont vins et spiritueux 0,5 (Marie Brizard, Berger...).

■ **Consommation en France, en litres, par an, par habitant. Boissons alcooliques** (en 1996) : *vins (12°)* 60 ; *bière (5°)* 39,6 ; *spiritueux (litres d'alcool pur)* 2,4. **Par adulte de + de 20 ans** (en 1998) : *vin* 89,7 (*1970 :* 160) ; *bière* 47,5 (*1970 :* 62,2) ; *cidre* 8,6 (*1970 :* 20). **Boissons dites sans alcool** (< 1,2°). **Jus de fruits :** *1970 :* 2,49 ; *80 :* 2,61 ; *90 :* 8,5 ; *96 :* 15. **Boissons rafraîchissantes** (limonades, sodas aux extraits, colas, tonics, boissons aux fruits) : *1970 :* 18,7 ; *80 :* 23,3 ; *90 :* 37,6 ; *96 :* 43,3. **Eaux minérales :** *1970 :* 34,6 ; *81 :* 47,1 ; *90 :* 76 ; *96 :* 81.

■ **Distribution** (en métropole, 1999). **Débits de boissons :** 502 664 licenciés dont *débits de boissons à consommer sur place* 256 458 [dont licences de *1re catégorie* 77 841 (sans alcool) ; *2e* (boissons fermentées non distillées, vins, bières, vins doux naturels, crèmes de cassis) 15 717 ; *3e* (vins doux naturels non AOC, vins de liqueur, apéritifs à base de vin et de liqueurs ne titrant pas plus de 18°) 9 669 ; *4e* (plein exercice, permet de servir de l'alcool de 5 h à 2 h du matin, en dehors de ces heures, autorisations spéciales) 69 700]. **Restaurants** 69 700 (dont « petite licence restaurants » 25 355). **Débits de boissons à emporter** 176 506 (dont « petite licence à emporter » 104 175).

La loi réglemente la création de licences de 3e catégorie et interdit la création de licences de 4e catégorie, ce qui conduit à leur disparition progressive.

■ **Liqueurs. Principaux fabricants :** Bénédictine, Cusenier, Grand-Marnier, Cointreau, Lejay-Lagoute, Grande-Chartreuse, Rocher, Verveine du Velay (Pagès), Bardinet, Marie Brizard, Get (Pippermint) et Izarra.

Production (en milliers d'hl, 1996). **Liqueurs** 432 dont de fruits 353 (dont Guignolet 30), de graines 6. **Crèmes de cassis** 143. **Fruits à l'alcool et à l'eau-de-vie** 11.

Chiffre d'affaires (en millions de F, 1996). *Liqueurs et cassis :* 1 748. *Fruits à l'alcool et à l'eau-de-vie :* 33.

Volumes commercialisés (en hl d'alcool pur, 1996). 16 533 dont poire Williams 6 128, kirsch 3 491, quetsche, prune 2 185, mirabelle 1 782, framboise 1 235, marc 727, spiritueux « Comki/Fankish » 519, fraise, myrtille, mûre, prunelle 124, autres 343.

Réglementation

■ **La loi du 11-7-1985** a supprimé le principe de réservation de l'alcool à l'État et instauré un régime de liberté de production et de commerce dans le cadre d'un régime fiscal maintenu. La production d'alcool viticole est décidée à Bruxelles. Son écoulement est supporté par la Communauté européenne et les États. La loi prévoit un régime préférentiel pour 204 000 hl/AP de rhums blancs de canne des territoires d'outre-mer. Le décret du 19-12-1985 supprimant le Service des alcools transfère les responsabilités de l'État à l'Office nat. interprofessionnel des vins (Onivins) pour les alcools viniques qui délègue, par convention, l'exécution de ses attributions à la Sté des alcools viticoles (SAV). Les opérateurs de la filière et dépositaires-entrepositaires ont adopté le statut de négociant en gros ; ils deviennent propriétaires du stock (jusqu'alors propriété de l'État). Ils sont libres de leurs prix.

■ **Bouilleurs de cru. Statut :** leur privilège exercé librement sous l'Ancien Régime (impôt spécial) a été aboli sous la Révolution, mais rétabli à des fins politiques par Napoléon Ier en 1808, puis supprimé par l'ordonnance du 29-11-1960, « à la mort de chacun des bénéficiaires ou de leur conjoint survivant ». Il donne le droit de distiller pour son propre compte 10 l d'alcool pur par an et par bouilleur (35 l avant le 28-2-1923) et l'exempte (droit héréditaire) des droits de consommation. Important dans l'Ouest (eau-de-vie et cidre), le Nord (genièvre) et l'Est (kirsch, quetsche, mirabelle). Le nombre des cirrhoses alcooliques semble lié à la densité des bouilleurs de cru : alcool moins cher et de mauvaise qualité.

■ **Nombre d'entreprises et,** entre parenthèses, **de salariés** (en 1991). Distillation d'alcool de betteraves 26 dont distilleries pures 7 (930), sucreries distilleries 17, *chiffre d'affaires* (en milliers de F) : 586 ; distillation d'eau-de-vie naturelle 59 (4 853), *CA* : 3 408 ; production de liqueurs et apéritifs alcoolisés autres qu'à base de vin 52 (6 608), *CA* : 5 754 ; production d'apéritifs à base de vin 6 (2 663), *CA* : 1 536 ; champagnisation 92 (8 176), *CA* : 4 545.

■ **Nombre de bouilleurs inscrits.** *1959-60* : 3 159 667 (dont 1 925 132 ayant distillé) ; *69-70* : 2 495 554 (1 334 381) ; *79-80* : 1 959 832 (978 457) ; *89-90* : 1 419 333 (562 310) ; *97-98* : (291 144).

Production totale déclarée (1997-98) : 304 302 hl d'alcool pur dont 22 802 alloués en franchise.

■ **Distribution. Implantation réglementée :** aucune « grande licence » ne peut être créée. Seul son transfert sous certaines conditions permet l'ouverture d'un nouveau débit. *Transfert* : effectué librement dans la même commune, ou dans un rayon de 50 km vers une autre commune dépourvue de débit, peut être autorisé jusqu'à 100 km par une commission présidée par un magistrat s'il est motivé par un besoin touristique. Un débit ne peut être ouvert dans une commune où le total des débits dépasse 1 pour 450 habitants, 1 pour 3 000 habitants dans les grands ensembles construits après 1955 ou à construire et groupant plus de 1 000 logements, ni dans une zone protégée. Ces *zones,* fixées par arrêté préfectoral, délimitent des distances de protection autour de certains édifices : églises, cimetières, hôpitaux, hospices, écoles, stades, piscines, prisons, casernes. Les débits déjà installés à l'intérieur des zones protégées autour des établissements hospitaliers ne peuvent être maintenus après la mort de l'exploitant et du conjoint survivant. Indépendamment de la distance fixée par le préfet, la distance de protection autour des grands ensembles d'habitation est portée à 200 m. Depuis la loi du 24-2-1995, toute licence qui n'a pas été exploitée pendant 36 mois est supprimée.

Interdiction de distribution pour les boissons alcoolisées : sur stades et terrains de sport publics ou privés, dans piscines et salles de sport et tous locaux occupés par des associations de jeunesse ou d'éducation populaire au moyen de distributeurs automatiques, avec interdiction de distribuer aux mineurs prospectus ou objets quelconques nommant une boisson ou constituant une publicité pour celle-ci. Il est interdit de vendre des boissons alcoolisées à emporter entre 22 h et 6 h dans les points de vente de carburant.

Interdiction de diffusion de publicité (directe ou indirecte) en faveur de boissons contenant plus de 1,2° d'alcool : à la télévision ; à la radio le mercredi de 7 h à minuit et les autres jours de 17 h à minuit ; dans les publications destinées à la jeunesse ; sur les stades, terrains de sport publics ou privés, dans les lieux où sont installées des piscines et dans tous locaux occupés par des associations de jeunesse. Toute publicité en faveur des boissons contenant plus de 1° d'alcool doit comporter un message sanitaire précisant que l'abus d'alcool est dangereux pour la santé.

ALCOOLISME

GÉNÉRALITÉS

■ **Quantités d'alcool pur dans les boissons.** *Teneur* (pour un verre) *en alcool pur en cl et, en italique, en g* : apéritif à 18° : 1,4, *11,5* ; bière (demi) : 1,5, *12* ; liqueur à 40° : 1,3, *10,5* ; pastis 45° : 1,5, *12* ; vin 11° : 1,3, *10,5.* Un litre de vin à 10° contient 100 cm^3 (10 cl ou 80 g) d'alcool pur. 4 litres de vin à 12° contiennent 120 × 4 = 480 cm^3 (48 cl) d'alcool pur, soit autant que 1 litre d'eau-de-vie à 48°.

■ **Alcoolémie.** Teneur du sang en alcool exprimée en g/l. Une alcoolémie à 0,5 g représente 0,5 g d'alcool par l de sang ; atteint son maximum moins d'1 h après ingestion. La richesse en alcool (degré) de la boisson, le fait de boire à jeun ou au cours d'un repas, la nature des aliments, le poids de la personne, le sexe modifient la courbe d'alcoolémie.

Nota. – *a* = quantité d'alcool bu évaluée en grammes ; *p* = poids de la personne en kg ; *k* = coefficient de diffusion (homme 0,7, femme 0,6).

Exemple : un homme de 75 kg aura, après l'ingestion d'1 l de vin à 10° à jeun, une alcoolémie égale à 75 × 0,7 = 1,52 g pour 1 000. Pour la même quantité bue au cours d'un repas, le taux sera 1/3 plus faible. L'alcoolémie diminuant de 0,15 g/h, il faudrait théoriquement 10 h pour que le taux tombe à 0 et 5 h pour qu'il tombe au-dessous du taux légal de 0,5, à condition de ne pas boire de nouveau.

Taux d'alcoolémie pour quelques boissons une heure après absorption chez un homme de 75 kg (doses réglementaires dans les débits de boisson ; les doses servies chez soi sont souvent plus fortes) à jeun et, entre parenthèses, avec un repas : ½ litre de vin à 11° : 0,83 (0,55). ½ l de bière à 5° : 0,29 (0,19). 2 cl d'apéritif anisé 45° : 0,13 (0,09). 6 cl d'apéritif à 16° : 0,15 (0,1). 4 cl de whisky : 0,36 (0,24). 4 cl de cognac à 40° : 0,32 (0,21).

Taux légal d'alcoolémie fixé en Europe (en g/l) : *Suède :* 0,2 ; Allemagne, Autriche, Belgique, Danemark, Espagne, *France,* Finlande, Norvège, P.-Bas, Portugal : 0,5 ; G.-B., Irlande, Italie, Luxembourg, Suisse : 0,8 ; Monaco : pas de taux légal.

EFFETS DE L'ALCOOL SUR L'ORGANISME

☞ Quelle que soit la forme sous laquelle on l'absorbe, et contrairement aux préjugés répandus, l'alcool ne réchauffe pas durablement, ne donne pas de forces, n'est pas un aliment nécessaire à la croissance et au fonctionnement de l'organisme, n'est pas « bon pour le cœur et les vaisseaux », n'est pas indispensable à la vie, ne désaltère pas (il augmente le volume des urines et donne soif), ne donne pas d'appétit et n'aide pas à digérer. Seule l'eau est nécessaire à la vie.

■ **Intoxication. Aiguë (ou ivresse) :** après une ingestion massive d'alcool, caractérisée par un état d'excitation psychique et d'incoordination motrice. L'ivresse passe par 3 phases avant d'aboutir au coma qui peut être mortel (alcoolémie supérieure à 5 g/l). **Chronique :** peut n'avoir jamais été précédée ou accompagnée d'intoxication aiguë.

■ **Effets. Sur l'appareil digestif :** l'alcool agresse les muqueuses (œsophage, estomac, intestin), provoque une sensation de brûlure (signe d'inflammation pouvant conduire à l'ulcère et au cancer). Poison violent du foie (il provoque la dégénérescence des cellules conduisant à la cirrhose presque toujours mortelle). Il perturbe la digestion (mauvaise assimilation de certains aliments, diminution d'appétit, déséquilibre nutritionnel avec au début surcharge de poids). Nombre de calories : voir encadré p. 1513 b.

Cirrhoses : *taux de mortalité pour 100 000 hab.* (en 1992) : Portugal : hommes 51 (femmes 19,9). Italie : 49,5 (19,5). Espagne : 32,3 (13,2). *France :* 21,7 (8,8). Suisse : 21 (6,6). Belgique : 16,7 (10). G.-B. : 3,8 (3,5).

Sur le système nerveux : troubles des réflexes, de la vision, de l'équilibre, du jugement. *Alcoolisme chronique :* lésions des nerfs : fourmillements, crampes, douleurs, paralysie (polynévrite). Lésions possibles des centres nerveux : confusion mentale, diminution de la mémoire, somnolence, torpeur. Psychisme altéré : troubles du caractère, irritabilité, susceptibilité, humeur sombre ; affaiblissement de la volonté et du contrôle de soi : insouciance, mensonges, vantardise, hypocrisie ; insomnies ; état dépressif avec complexe d'infériorité, cause de suicide ; baisse des facultés intellectuelles et des capacités d'attention ; parfois délires chroniques ou phénomènes de démence, conduisant à l'hospitalisation psychiatrique.

Sur d'autres organes : système cardio-vasculaire, glandes endocrines, pancréas, etc.

☞ Les enfants nés de mères buveuses sont souvent prématurés, plus fragiles ou ont un poids plus faible à la naissance. L'alcool passe dans le lait de la femme qui allaite et le rend toxique.

Effets psychophysiologiques selon le taux d'alcoolémie (en g/l de sang) : *de 0,1 à 0,3 :* zone de tolérance physiologique. Aucun trouble n'est constaté. *De 0,3 à 0,5 :* aucun signe clinique apparent mais les gestes commencent à être perturbés. Parfois la fusion optique des images est troublée et la sensibilité de la vision diminue. Estimation des distances et vitesses faussée. *De 0,5 à 0,8 :* troubles commençant à apparaître. Temps de réaction allongés. Réactions motrices troublées. Euphorie. *De 0,8 à 1,5 :* réflexes de plus en plus troublés. Ivresse légère. Baisse de la vigilance. Conduite dangereuse. *De 1,5 à 3 :* allure titubante. Diplopie (fait de voir double). *De 3 à 5 :* ivresse nette. Conduite impossible. *Au-delà de 5 :* coma pouvant entraîner la mort.

L'accroissement du risque d'être impliqué dans un accident de la circulation étant fonction du taux d'alcoolémie, tous les conducteurs devraient s'abstenir de prendre une boisson alcoolique à jeun et plus d'un demi de bière ou d'un quart de vin au repas.

☞ Les boissons alcoolisées peuvent être une contre-indication à la prise de certains médicaments.

L'ALCOOLISME EN FRANCE

■ **Consommation de boissons alcoolisées en France** (en l/pers., 1998). Bière 37,4. Vins *courants* 37,3 ; *AOC* 27,8. Cidre 6,5. Champagne 2,3. *Doux naturels* 1,3.

■ **Alcooliques. Nombre :** 5 millions de personnes ont des difficultés médicales et psychosociales liées à leur consommation d'alcool. 8 millions de personnes vivent avec un malade alcoolique ou un buveur excessif.

Hôpitaux généraux : *nombre des malades alcooliques :* 13 % des patients hospitalisés. **Établissements psychiatriques :** *nombre d'admissions pour psychoses alcooliques :* 7 % des patients pris en charge. **Centres de cure ambulatoire en alcoologie (CCAA) :** *nombre de nouveau consultants en 1997 :* 15 125 personnes accueillies.

MORTALITÉ

	Cirrhose du foie		Alcoolisme, psychose	
	Nombre	Taux [1]	Nombre	Taux [1]
1960	13 401	29,4	5 074	11,1
1970	16 865	30	4 042	7,9
1975	17 546	33,3	4 192	7,9
1980	14 881	27,8	3 334	6,2
1985	12 084	21,9	3 212	5,8
1990	9 641	17	2 821	5
1995	8 875	19,5	2 418	4,2
1996	8 954 [2]	19,5	2 396 [3]	4,2
1997	11 167 [4]			

Nota. – (1) Taux pour 100 000 hab. (2) Dont hommes 6 243, femmes 2 711. (3) Dont femmes 470. (4) Cirrhoses + psychoses (dont 3 140 femmes).

Décès. Selon l'âge (hommes et, entre parenthèses, femmes, en %) : *35-44 ans :* 14 (9,5) ; *45-54 ans :* 19,5 (10) ; *55-64 ans :* 17 (7,5). **Attribués à l'alcoolisme (et aux psychoses alcooliques) et aux cirrhoses du foie** (taux pour 100 000 hab., 1995) : Morbihan 43,1 (dont cirrhoses 34,1) ; Finistère 42,7 (32,7) ; Nord 41,7 (34,7) ; P.-de-C. 40,5 (33,5) ; Côtes-d'Armor 38,8 (32,1) ; Nièvre 38,6 (32,1) ; Cantal 36 (29,6) ; Creuse 34,7 (25,2) ; Allier 34,1 (26,7) ; Yonne 34,1 (28,7) ; Somme 32 (26,2) ; Sarthe 32 (24,9) ; Ardennes 31,5 (24,7) ; Cher 30,8 (24,6) ; Marne 30,8 (25) ; Aisne 30,2 (25,4) ; Htes-Pyr. 13,8 (11,6) ; Aveyron 12,8 (9,8) ; T.-et-G. 12,6 (10,2) ; Gers 11,6 (10,4) ; Hte-Gar. 10,3 (8,8). **Autres décès attribuables à l'alcool :** tumeurs malignes des voies aérodigestives supérieures 80 % ; suicides 75 % ; homicides 50 %. Accidents de la circulation 30 %. **Total :** 52 000 décès par an selon la Caisse nationale d'assurance maladie (soit 6 à 7 % des décès).

■ **Autres effets.** *Absentéisme pour maladie :* 3 à 4 fois plus élevé chez les buveurs que chez les autres. *Accidents du travail :* part de l'alcoolisation 10 à 20 % au minimum. *Durée du séjour dans un service général de médecine :* double de celle d'un non-buveur.

■ **Bilan. Recettes** procurées à l'État (en milliards de F) : *1980 :* 7 ; *90 :* 11,5 ; *99 :* 16,9, dont droits de consommation sur les alcools 12,75, sur les bières [depuis le 1-5-1993 : augmentation de 400 % des droits sur les bières (taux minimal CEE)] 2,09 ; de circulation sur vins, cidres, poirés 0,86, sur les CPH et les pétillants de raisin : 0,1. Le droit de fabrication sur les boissons alcooliques, supprimé le 1-2-1987, est inclus dans les droits de consommation sur les alcools. La recette procurée par la vignette sur les alcools n'est pas fiscale. *Autre taxe :* taxe CNAM : 2,4. **Coût.** *Estimation de Michel Le Net* (en 1988) : 70 milliards de F (dont hospitalisations 55, soins et consultations 15) dont financés par Sécurité sociale 49, mutuelles 5, État 3, particuliers 13. *Estimation du HCEIA* (en 1987) : 100 à 200 milliards de F.

LUTTE CONTRE L'ALCOOLISME

■ **Information et prévention. Association nationale de prévention de l'alcoolisme** 20, rue St-Fiacre, 75002 Paris ; assoc. privée loi de 1901. **Centres de cure ambulatoire en alcoologie :** travaillent à l'échelon local avec autres intervenants médico-sociaux et mouvements d'anciens buveurs. **Sté française d'alcoologie :** *créée* 1978 par le Dr Pierre Fouquet († 1998), reconnue d'utilité publique par décret du 29-10-1998 ; *adhérents :* 1 050.

■ **Mouvements de buveurs guéris et d'abstinents volontaires. Alcooliques anonymes** 21, rue Trousseau, 75011 Paris ; *créés* USA 1935, France 1960. 4 millions de membres dans 142 pays ; en France, 11 000 m. (550 groupes). **La Croix bleue** 189, rue Belliard, 75018 Paris ; *créée* Suisse 1877, France 1 883. 300 000 m. dans le monde. En France, 110 lieux d'implantation : 2 centres de postcure pour hommes, 1 pour femmes : durée de séjour 90 j. 4 000 m. ; 40 000 pers. en contact. **Alcool Assistance-La Croix d'or** 10, rue des Messageries, 75010 Paris ; *créée* 1910. 16 000 membres en France (actifs et amis, au 1-1-2001). 70 assoc. départementales, 14 régionales. Aide et accompagnement des personnes en difficulté avec l'alcool et leurs familles. **Les Bons Templiers français (IOGT)** France. Secrétariat gén. « Le Cas rouge » 45260 Montereau. Plus de 2 millions de m. dans plus de 50 pays ; siège mondial à St Ives, Cambridgeshire (G.-B.). **Alcool Écoute/FNJS** 8, bd de l'Hôpital, 75005 Paris ; *créée* 1964. 23 000 membres, 24 assoc. départementales. **Féd. nat. Amis de la santé** 6, rue de Breuschwickersheim, 67117 Ittenheim ; *créée* 1978. 23 500 membres actifs pour 35 départements. **Mouvement national Vie libre** 8, impasse Dumur, 92110 Clichy ; *créé* 1953. 414 structures ; 20 000 adhérents. **Al-Anon/Alateen groupes familiaux, aide aux familles et amis des alcooliques** 4, rue Fléchier, 75009 Paris ; *créés* aux USA en 1951 ; en France depuis 1962. Plus de 200 groupes Al-Anon et 18 groupes Alateen en France en 2000.

■ **Action en milieu professionnel. Fédération interprofessionnelle, traitement et prévention de l'alcoolisation au travail (Fitpat),** *créée* en 1978, organisme agréé de formation, bd Pierre-Lefaucheux, 78410 Aubergenville. *Regroupe* 21 associations (20 000 membres).

ÉLEVAGE

■ **Cheptel français** (en milliers de têtes, 2000). Bovins 20 257 dont vaches 8 608, porcins 14 625 dont truies 1 396, ovins 10 004,4 dont brebis mères 6 615, caprins 1 184,5, équins 337,7.

	1970	1983	1990	2000
Exploitations [1]	1 052	612	458	259
Bovins [2]	21 400	23 518	21 647	20 239
Expl. vaches laitières [2,3] ..	815 (9)	427 (17)	227 (23)	136 (32,5)
nourrices [2,3] .	272 (9)	224 (13)	237 (16)	161 (25,3)

Nota. – (1) En milliers. (2) En milliers de têtes. (3) Moyenne par exploitation.

■ **Formes d'élevage. Extensif :** sur des pâturages naturels, les bêtes se déplacent avec leurs gardiens (*cow-boys* américains, *gauchos* argentins, *squatters* australiens). Il faut 8 ha pour nourrir une vache à l'année dans l'Ouest américain. **Élevage moderne en plein air :** dans une prairie permanente, entretenue. **Élevage en batterie :** agriculture hors sol développée dans plusieurs secteurs de l'élevage (veaux, volailles). **Embouche :** bêtes élevées dans des régions peu fertiles, engraissées dans des régions riches (Charolais, Nivernais, Normandie). **Migration estivale (transhumance) :** de nov. à juin, environ 1 million de moutons paissent dans la Crau et, de juin à oct., dans les Alpes. **Semi-nomadisme :** bêtes l'été sur hauts pâturages (+ de 2 200 m), l'hiver redescendues dans les fermes. **Stabulation libre** (hangar ouvert sur champ) : bêtes nourries avec des produits préparés par *ensilage* (moyen de conserver plantes fourragères, feuilles de betteraves, pulpes, etc.). **Vaine pâture :** bêtes menées dans chaumes et jachères.

☞ **1er embryon conçu en Europe in toto in vitro :** Unceia (France) janv. 1988 : maturation des ovules in vitro, capacitation du sperme congelé in vitro, fécondation in vitro proprement dite et culture in vitro de l'embryon pendant une semaine (blastocyste) jusqu'au stade du transfert. **1ers veaux cultivés in vitro nés en France :** 4 veaux nés janv. 1990 (Inra-Unceia). **1er veau in toto in vitro né en France** (dérivé des techniques précédentes) : *Gédéon*, 51,5 kg, né le 20-3-1990 au Centre génétique de Douai. **1ers lapereaux et agneaux clonés nés en France** (clones de 6 lapereaux) : 1990, issus de reprogrammation nucléaire de cellules embryonnaires (blastomères) précédemment congelées et transférées dans des ovules énucléés (Inra). **1ers quintuplés de veaux en France, à partir d'un seul clone** nés entre le 29 et le 3-2-1993 (Inra) [record aux USA : 11 veaux]. **1ers veaux nés en ferme après sexage au stade embryonnaire** (sept. 1990) dans les Vosges (Unceia/Rhône-Mérieux). **1er clone de mammifère adulte,** brebis Dolly née 5-7-1996 à l'Institut Roslin, Édimbourg (Écosse), jumelle de sa mère âgée de 6 ans [créée par l'introduction d'une cellule de glande mammaire dans un ovule (vidé de son noyau) d'une autre brebis, implanté dans l'utérus d'une brebis porteuse].

■ **Insémination artificielle bovine.** 4 209 348 IA premières (en 1999) dont 3 151 706 laitières, 2 159 868 prim'holsteins, 479 330 montbéliardes, 406 727 normandes et 1 057 642 allaitantes (495 737 charolaises, 270 707 limousines, 173 442 blondes d'Aquitaine). [*Source* : UNCEIA].

■ **Transplantation embryonnaire.** *Espèce bovine* (en 1999) : 9 614 donneuses, 68 530 embryons collectés, 47 244 transferts d'embryons dont 40 027 produits in vivo et 7 217 in vitro. *Autres espèces :* 208 juments donneuses, 109 embryons collectés et transférés, 40 brebis donneuses 20 embryons transférés. (*Source :* UNCEIA.)

Anes

■ **Taille moyenne.** Long. 1,40 m, haut. 1,10 m, oreilles 0,20 m. **Poids.** 150 à 700 kg. **Vie.** 15 à 18 ans. **Races.** *Equus asinus.* Commune, Afrique du Nord, Égypte (Ane de Nubie domestiqué 5 000 ans av. J.-C.), grand noir du Berry, baudet du Poitou, Pyrénées.

■ **Nombre** (en milliers, 2000) : Chine 9 348, Éthiopie 5 200, Pakistan 4 500, Mexique 3 250, Égypte 3 050, Iran 1 600, Brésil 1 350, Afghanistan 1 160, Inde, Nigéria 1 000, Maroc 980, Soudan 740, Colombie 715, Mali 652, Turquie 650, Bolivie 631, Pérou 550, Niger 530, Yémen 500, Burkina 475, Venezuela 440, Sénégal 384, Iraq 380, Tchad 285, Équateur 269, Botswana 235, Tunisie 230, *France 16, Monde 43 564,4.* (*Source :* FAO.)

Autruches

■ **Généralités.** Voir p. 203 a. *Ponte :* mars à septembre (émeu : oct. à avril). **Utilisations.** *Peau corps, pattes :* maroquinerie, ganterie, chaussure, bagagerie (3 000 F/m²). *Plumes :* parures de music-hall, chapeaux, costumes, plumeaux (3 000 F/kg). *Huile :* traitement des arthrites, déchirements musculaires, dermatites. *Viande :* commercialisation autorisée en France depuis 1993. A 12 à 13 mois une autruche de 100 kg donne 40 kg de steaks et filets. **Élevage. Cheptel :** USA 100 000, *France 15 000.* Abattage en France en 1996 (par France-Autruche : Issé, Loire-Atlantique) : 6 000 à 7 000 (300 t de viande). **Prix :** autruchon de 4 mois : 9 000 F ; adulte : environ 30 000. *Viande* (1 kg) : 150 à 200 F.

Beurre

■ **Généralités.** *Battage :* la centrifugeuse extrait du lait une crème à 35-40 % de matière grasse, aussitôt soumise à une *pasteurisation* haute, à 90-95 °C pendant 20 à 25 secondes (pour éliminer les germes pathogènes et la flore banale). Puis *cristallisation* (par abaissement de la température à 6 °C) qui permet la soudure des globules gras et l'élimination du babeurre liquide. *Additifs autorisés :* antioxydant (acide ascorbique), désacidifiant (chaux, magnésie, carbonate et bicarbonate de soude), salant (chlorure de sodium), colorant (carotène et rocou). **Fabrication :** vient du lait ou de la crème. *Préparé* par récupération physique des globules gras du lait. **Aspect :** émulsion solide et malléable dont le point de fusion est 32 °C. **Couleur :** jaune, plus ou moins marquée, due aux pigments caroténoïdes des fourrages frais. **Goût de noisette :** vient du diacétyle, constituant principal de l'arôme. **Composition :** lipides : 82 à 84,5 % ; eau : 15 à 16 % ; extrait sec non gras : 0,5 à 2 %. *Source de vitamine A et de carotène. Néfaste pour le cholestérol* (250 mg pour 100 g).

■ **Dans le monde (beurre et ghee). Production** (en milliers de t, 2000) : Inde 1 750. USA 578. Pakistan 450. *France 440.* All. 426. Nlle-Zélande 320. Russie 268. Australie 161. Pologne 160. G.-B. 141. P.-Bas 137. Ukraine 120. Turquie 119. Benelux 103. *Monde 7 002.* **Production** (en milliers de t, 1997) : *Europe 2 770 dont* All. 478, *France 470,* Russie 380, Ukraine 155, Pologne 150. *Asie 2 326* dont Inde 1 350, Pakistan 394. *Amérique du Nord 687* dont USA 539, Canada 100 ; *du Sud* 181 dont Brésil 85, Argentine 50. *Océanie 422* dont Nlle-Zél. 278, Australie 142. *Monde 6 565.* **Commerce** (en milliers de t, 1999). *Export. :* Nlle-Zélande 298, P.-Bas 167,5, Australie 145,1, Irlande 126,4, Benelux 108,1, *France 70,8,* G.-B. 56,1, All. 46. *Monde 1 313,6. Import. : France 129,8,* All. 123,4, G.-B. 122, Benelux 100,4, Russie 53,2, Italie 46,8, Égypte 43,1. *Monde 1 207,2.*

Consommation (en kg par hab. et par an, 1998). *France 8,3.* Nlle-Zélande 8,1 [1]. All. 6,8. Suisse 6,3 [1]. Finlande 5,9. Suède 5,8. UEBL 5,6. Autriche 5,2. Danemark 4,5. Norvège 4,1. P.-Bas 3,8. Estonie 3,7 [1]. Pologne 3,6. Irlande, Russie [1] 3,5. G.-B., Australie [1], Slovaquie [1] 2,6. Italie 2,5. Canada 2,4. USA 2. Portugal 1,6 [1]. Ukraine 1,4. Argentine 1,2 [1]. Hongrie 1 [1]. Espagne 0,9. Grèce 0,8. Japon 0,7. Brésil 0,5 [1].

Nota. – (1) En 1997.

Stock UE (en milliers de t, au 31-12). *1980 :* 127 ; *81 :* 10 ; *82 :* 112 ; *83 :* 692 ; *86 :* 1 283 ; *87 :* 860 ; *88 :* 102 ; *89 :* 20 ; *90 :* 251 ; *94 :* 59 ; *97 :* 11 ; *98 :* 54. *99 :* 21.

☞ **En France. Catégories :** *beurre fermier :* fabriqué à la ferme ; *laitier :* dans une usine laitière avec des crèmes non pasteurisées ; *pasteurisé :* dans des entreprises laitières (qualité contrôlée de façon permanente par le BIL : Bureau de l'inspection du lait) ; *salé :* la mention demi-sel (– de 5 %) ou salé (5 à 10 %) doit figurer sur l'emballage. Le « St-Hubert 41 » ne contient que 41 g de lipides pour 100 g. **Production** (beurre et matière grasse butyrique, en milliers de t) : production totale : laiterie (beurre, MGLA) et fabrications fermières : *1985 :* 532,6 ; *86 :* 627 ; *96 :* 404,1 ; *98 :* 432,7 ; *99 :* 430,8.

Stocks publics (en milliers de t, au 31-12). Beurre et, entre parenthèses, lait écrémé en poudre à 0 % : *1990 :* 16 (20,1) ; *91 :* 6,6 (16,7) ; *92 :* 5,1 (37) ; *93 :* 2,7 (37) ; *94* et *95 :* 0 (0) ; *96 :* 0 (19) ; *97 :* 0 (9) ; *98 :* 0 (5) ; *99 :* 0 (3).

Bisons

■ **Espèces. Américaine :** *bison bison :* 50 à 80 millions au début du XIXe s. en Amérique du Nord. Exterminés lors de la conquête de l'Ouest, il n'en restait que 800 en 1905 (dont 200 dans le parc de Yellowstone). **Européenne :** *bison bonasus :* dernier représentant sauvage tué 9-2-1921 en Pologne. Réintroduit 1923, massacré 1942 ; réintroduit à partir de 3 couples venant de zoos, environ 2 000 en liberté aujourd'hui. Poids moyen : 600 kg, peut atteindre 1,5 t. **Élevage.** Amérique du Nord (environ 160 000 têtes), *France* (en 1994) 15 élevages, 400 à 500 têtes. Le bison se contente de pâturages médiocres. **Viande.** Pauvre en cholestérol, teneur en lipides (1 à 2 %) inférieure à celle du bœuf dont elle a l'aspect et un goût voisin. Prix au kg : 150 à 200 F.

Bovins

■ **Caractéristiques.** Ruminants ayant un estomac à 4 poches (panse, bonnet, feuillet, caillette). **Élevage.** Reproduction possible à partir de 1 an, 1re saillie pratiquée en général vers 20 mois pour les 2 sexes. Les chaleurs de la vache (tous les 20 j environ, 14 h après l'ovulation) durent 1,5 jour. L'accouplement se fait soit en liberté (un taureau servant 25 à 30 vaches), soit en main (un taureau pour 100 vaches). On utilise aussi l'insémination artificielle. **Vie.** 15 à 20 ans. **Gestation.** Environ 280 jours. A la naissance, un veau pèse de 20 kg (race bretonne pie noire) à 60 kg (charolais) [250 kg à 5 mois]. Veau de St-Étienne : 45 à 60 kg (7 à 8 mois : 350 kg). Prend en général 400 g par jour le 1er mois, et 1 kg par jour vers le 3e mois. *Le veau au colostrum* (8 à 10 jours) est recherché pour l'élevage en batterie en France, Hollande et Italie. Le *veau « blanc »,* spécialité française, n'est guère apprécié à l'étranger. Les *veaux de Lyon* et *St-Étienne,* issus de race limousine, ne sont prisés que dans ces 2 villes. L'Italie préfère des animaux un peu plus lourds, les *vitelloni.* Dans les races à viande, le veau, laissé au pré avec sa mère, se sevre lui-même progressivement ; dans les races laitières, il est éloigné de sa mère et nourri au seau afin de contrôler son alimentation. Le sevrage se fait alors vers le 3e mois. **Poids atteint.** Bœuf charolais ou limousin à 12 mois, 520 ou 450 kg ; à 18 mois, 650 ou 580 ; à 30 mois, 750 ou 700. Les jeunes bovins (en France 16-18 mois, non castrés) précoces ou *baby-beef* (12-14 mois) sont très appréciés en All., G.-B. et USA, mais peu en France où les citadins préfèrent en général le *bœuf d'embouche* traditionnel, abattu vers 3 ans (viande de luxe). En fait, ce sont les *vaches de réforme* assez jeunes et bien conformées qui fournissent le gros du tonnage de viande. Les *vaches âgées* sont destinées aux pays et régions qui ont une industrie de transformation active : certaines régions de France, l'Allemagne, l'Italie et les Pays-Bas.

■ **Vache folle. Histoire : 1980** G.-B. modifie les règles de fabrication des farines de viandes et d'os (FVO). **1985**-*avril* G.-B., 1er cas de vache folle. **1988**-*juill.* G.-B., interdiction des FVO pour ruminants. **1989**-*1-3* bovins britanniques nés avant juill. 1988 interdits d'exportation en UE. -*Août* France interdit FVO britanniques pour l'alimentation des bovins. **1991**-*mars* France, 1er cas. **1994**-*27-6* UE interdit farines carnées dans l'alimentation des ruminants. -*Juill.* France interdit FVO dans l'alimentation de tous ruminants. **1994** G.-B. interdit FVO pour toutes espèces. **1996**-*20-3* G.-B. et France : annonce possibilité d'une transmission à l'homme. -*21-3* France : embargo sur viandes britanniques. -*27-3* UE : embargo sur viandes britanniques. -*Juill.* France interdit cadavres et organes à risques dans les FVO. **1997** 1res preuves de la transmission possible à l'homme. Exportation de viande d'origine européenne interdite vers USA. **1998**-*janv.* France interdit abats à risque, maintient, contre avis UE, embargo sur viande britannique. **2000**-*25-10* France interdit intestins de bovins dans alimentation humaine et graisses animales pour ruminants. -*14-11* France : interdiction totale farines animales et graisses. Cas en Espagne et Allemagne. -*4-12* UE : moratoire sur farines jusqu'au 1-1-2001 et demande aux États de mettre en place dans les 6 mois un test systématique pour les animaux de plus de 30 mois. **2001**-*2-1* France : début des tests (étendus 19-4 aux plus de 24 mois). Italie et Autriche : 1ers cas autochtones. -*6-4* France : 1er cas d'ESB d'un animal « super-naïf » (né en août 1997, donc après l'interdiction des farines entre 1990 et 96). -*7-5* 2e cas animal né en S.-Mar. 5-11-1996.

☞ Au 20-5-2001, 718 246 tests pratiqués en France ont permis de découvrir 24 animaux porteurs « supposés sains » (détruits).

Cas de vache folle. En Europe (au 1-3-2001) : Royaume-Uni 180 501 (dont G.-B. 177 417, Irlande du Nord 1 803, Guernesey 695, Man 437, Jersey 149), Irlande 587, Portugal 509, Suisse 367, *France 260,* Espagne, All. 29, Belgique 23, P.-Bas 9, Italie 3, Danemark 3, Liechtenstein 2, Luxembourg 1. **En France** (au 25-4-2001) : 307 dont *1991 :* 5 ; *92 :* 0 ; *93 :* 1 ; *94 :* 4 ; *95 :* 3 ; *96 :* 12 ; *97 :* 6 ; *98 :* 18 ; *99 :* 30 ; *2000 :* 162 ; *2001* (4 mois) : 66. **Au Royaume-Uni :** *jusqu'en 1987 :* 446 ; *88 :* 2 514 ; *89 :* 7 228 ; *90 :* 14 407 ; *91 :* 25 359 ; *92 :* 37 280 ; *93 :* 35 091 ; *94 :* 24 434 ; *95 :* 14 560 ; *96 :* 8 151 ; *97 :* 4 334 ; *98 :* 1 694.

☞ La France a abattu depuis 1991 plus de 38 000 têtes de bétail pour 334 foyers d'EBS identifiés au 14-6-2001.

Nouvelle variante de la maladie de Creutzfeld-Jacob (nvMCJ) notifiée la 1re fois en mars 1996. Affecte des patients plus jeunes (âge moyen de 29 ans, contre 65 ans), a une évolution relativement plus longue (médiane de 14 mois au lieu de 4,5 mois), s'associe fortement à une exposition à l'ESB, sans doute par l'alimentation. D'oct. 1996 à début juin 2001, nombre de cas : 101 dont G.-B. 97 (90 mortels), France 3 mortels (sept. 1996, 4-2-2000, 24-4-2001), Irlande 1. Les familles des 2 dernières victimes françaises (Duhamel et Eboli) ont déposé le 17-11-2000 une plainte pour empoisonnement, homicide involontaire et mise en danger de la vie d'autrui. Le 22-12, le parquet de Paris a autorisé l'ouverture d'une information contre X.

■ **Fièvre aphteuse. Histoire : 1546** Girolamo Fracastor (Vénitien) décrit la maladie après épizootie survenue en Italie en 1514. **1776** apparition en France, région de Moulins. **1785-86** réapparition. **1812** se répand en France, surtout dans le Nord. **1897** Löfflet et Frosch (Allemands) découvrent le virus. **1922** Vallée et Carée prouvent qu'il y a plusieurs virus et qu'une bête peut être infectée plusieurs fois ; font des essais de vaccination. **1937** Charles Mérieux améliore le vaccin. **1952** épizootie en France. **1967-68** G.-B., abattage de 210 000 bovins, 110 000 porcins et 100 000 ovins. **1974** épizootie en Bretagne, **1979** Basse-Normandie et **1981** Bretagne (dernière épizootie en France, mais le virus traverse la Manche). **1990**-*26-6* directive européenne interdisant vaccinations et recommandant abattage. **1991** la France adopte la directive (applicable le 1-1-1992, on a donc vacciné de 1963 à 92). **1993** cas en Italie, Bulgarie et Russie, **1996** en Albanie, Macédoine, Serbie, Montenegro, Bulgarie, Turquie, Grèce. **2001**-*2-4* levée de l'embargo en France sur exportations sauf S.-et-M., Seine-St-Denis et Val-d'Oise (levé le 12-4).

Maladie. *Virus* de la famille des Picornaviridés. Très contagieux, voyage jusqu'à 300 km. Mortel pour jeunes animaux non sevrés, pas pour l'homme. *Incubation* de 2 à 14 j selon animaux. Concerne mammifères artiodactyles [ayant 2 ongles aux sabots domestiques ou sauvages (ovins, caprins, porcins, buffles, sangliers, chameaux, etc.)]. Développent aphtes bucaux, lésions aux pieds, perte de poids, diminution de la production de lait.

Épizootie de 2001. G.-B. [1er foyer 19-2 dans un élevage de porcs de Brentwood (Essex)]. Au 10-5, 1 603 foyers, 2 500 000 animaux abattus. **France** (1er foyer 12-3 à La Baroche-Gondoin dans la Mayenne ; 2e 23-3 à Mitry-Mory, S.-et-M.). Au 1-4, 58 000. **P.-Bas** (1er foyer 21-3). Au 1-4, 11 fermes touchées, environ 100 000 abattages.

■ **Rendement** (rapport entre poids de viande nette et poids vif de l'animal). 50 à 60 % (moins chez les vaches) ; diminue avec l'âge. *Viande tendre :* bovin 700 kg : 120 kg en moyenne (« culard » : 300 kg) ; bovin 1 000 kg (projet an 2000) : 500 kg.

■ **Races.** Environ 30. *Principales en France* (effectifs) : holstein (45 %) 3 758 400, normande (15 %) 1 072 500, charolaise (15 %) 1 428 600, parthenaise 7 000, flamande 3 400, vosgienne 3 200, bleue du Nord 2 500, camarguaise 2 000, bazadaise 2 000, bretonne pie noire 461, ferrandaise 196, mirandaise 151, Villard-de-Lans 132, casta 86, béarnaise 74, nantaise 56, lourdaise 38, Froment-du-Léon 37, maraichine 32, armoricaine 19. *Bos taurus :* espèce souche aurochs ou ure (*urus*). *Autres :* Zébu (*bos indicus*) : Syrie, Pakistan, Asie du S.-E., Afrique. Gaur ou Gayal (*bos frontalis*) : Inde, Indochine.

■ **Élevages en France** (en millions de têtes). *Laitières :* industriel 4,1, extensif 1,4 ; *viande (charolaise, limousine, blonde d'Aquitaine) :* extensif 3,9, industriel 0,63.

■ **Nombre** (en millions, 2000). *Afrique :* Soudan 35,3. Éthiopie 35,1. Nigéria 19,8. Tanzanie 14,4. Kenya 13,8. *Amér. du N. et C. :* USA 98. Mexique 30,3. Canada 12,7. Cuba 4,7. *Amér. du S. :* Brésil 167,3. Argentine 55. Colombie 26. Venezuela 15,8. Uruguay 10,8. Paraguay 9,9. Bolivie 6,9. *Asie :* Inde 218,8. Chine 104,6. Bangladesh 23,4. Pakistan 22. Indonésie 12,2. Turquie 11,2. Myanmar 11. Iran 8,1. Népal 7. Thaïlande 6,1. Ouzbékistan 5,3. Japon 4,6. *Europe :* Russie 27,5. *France 20,2.* All. 14,6. G.-B. 11,4. Ukraine 10,6. Italie 7,2. Irlande 6,7. Espagne, Pologne 6,2. Biélorussie 4,3. P.-Bas 4,2. UEBL, Roumanie 3,2. Autriche 2,2. Danemark 1,9. Ex-Yougoslavie 1,8. Suède 1,7. Suisse, Tchéquie 1,6. Portugal 1,2. *Océanie :* Australie 25,6. Nlle-Zélande 9,5. *Monde 1 343,8.*

Buffles

■ **Espèces :** *bubalus bubalis.* **Nombre** (en millions, 2000). Inde 93,8. Pakistan 22,7. Chine 22,6. Népal 3,5. Égypte 3,2. Indonésie 3,1. Philippines, Viêt Nam 3. Myanmar 2,4. Thaïlande 2,1. Brésil 1,7. Laos 1. Bangladesh 0,8. Sri Lanka, Cambodge 0,7. Iran 0,5. *Monde 165,8.*

Camélidés

■ **Chameaux.** **Nombre** (en millions, 2000). Somalie 5,8. Soudan 3,2. Pakistan 1,2. Éthiopie, Inde 1. Kenya 0,8. Tchad 0,7. Arabie, Niger, Mongolie 0,4. Chine, Mali, Afghanistan 0,3. Tunisie, Émirats, Yémen, Iran 0,2. Algérie, Mauritanie 0,1. *Monde 17,9.*

Canards

■ **Races.** Canard commun (Anas platyrhynchos), canard de Rouen, coureur indien, khaki-campbell, Pékin, canard d'Aylesbury, canard de Barbarie (Cairina moschata) (originaire d'Amérique, appelé aussi canard musqué). Il est aussi utilisé pour la production du foie gras, notamment en croisement (mulard). **Élevage naturel :** le mâle vit avec 5 ou 6 femelles. Ponte maximale de février à juillet. Pour la prod. de canetons, les œufs sont couvés par la cane (12 œufs), une poule (8) ou une dinde (20). Croissance très rapide du caneton (souvent 2 kg à 2 mois).

■ **Nombre** (en millions, 2000). Chine 611,2. Viêt Nam 50. Indonésie 28,2. *France 23,8.* Thaïlande, Ukraine 22. Bangladesh, Malaisie 13. *Monde 887,5.* **Production de viande** (en milliers de t, 2000). Chine 1 944,7. *France 226.* Thaïlande 102. Viêt Nam 60. Malaisie 50,6. USA 49. G.-B. 43. Égypte 41,9. *Monde 2 809,2.*

■ **En France.** **Production** (en 2000) **:** 236 300 t dont (en %, d'après abattages contrôlés) Pays de la Loire 39, Bretagne 19, Aquitaine 18, Poitou-Charentes 4. Rhône-Alpes 3, canards gras : 45,4 %. **Commerce** (en t, 2000) : *export. :* 15 516 dont All. 6 579, G.-B. 1 741, Danemark 1 444. *Import. :* 1 015.

Caprins

■ **Races. Laitières européennes.** **Alpine chamoisée et saanen** (nom français : gessenay). 0,90 à 1 m (femelles 0,70 à 0,80) ; 80 à 100 kg (femelles 60 à 80), en France, Suisse, Allemagne. **Poitevine :** 0,80 à 1 m (femelles 0,75 à 0,80) ; 55 à 75 kg (femelles 40 à 60). Production : *lait* (400 à 1 500 kg par an), *viande* de chevreaux (6 à 10 kg de 4 à 8 semaines), *peau* du chevreau pour chaussure et ganterie. Reproduction : gestation de 5 mois ; 1, 2 ou 3 chevreaux ; saillies à partir de 7 mois permettant une 1re lactation à 12 mois. **Autres races européennes.** *Toggenbourg, grisons* (Suisse), *anglo-nubienne, de Murcie, Malaga,* etc. *Pour la viande :* africaine et asiatique ; *pour le poil :* angora 55 à 60 cm ; blanc de 20 à 30 cm (mohair), originaire d'Asie ; chèvre du Cachemire à poils longs (tissus dits « cachemire »).

■ **Nombre** (en millions, 2000). Chine 148,4. Inde 123. Pakistan 47,4. Soudan 37,8. Bangladesh 33,5. Iran 26. Nigéria 24,3. Éthiopie 17. Indonésie 15,2. Brésil 12,6. Somalie 11. Mongolie 10. Tanzanie 9,9. Mexique 9,6. Mali 8,5. Turquie 8,4. Burkina 7,9. Kenya 7,7. Philippines 6,8. Niger 6,6. Afr. du S. 6,5. Népal 6,2. Maroc 5,7. Grèce 5,3. Tchad 4,9. Arabie 4,7. Congo 4,3. Mauritanie 4,1. Yémen 4,2. Venezuela 4. Cameroun 3,9. *Monde 715,3.*

☞ **France.** **Nombre** (en milliers) : *1970 :* 790 ; *88 :* 1 240 ; *99 :* 1 190 (dont D.-S. 233, Ardèche 56, Drôme 47, Indre 46, Corse 46) ; *2000 :* 1 184. *En % par régions :* Poitou-Charentes 51,6, Centre 13,4, Pays de la Loire 13. **Races reconnues :** *laitières :* alpine chamoisée, saanen, poitevine ; *laine mohair :* angora. **Exploitations :** *1970 :* 162 557 ; *79 :* 123 257 ; *88 :* 62 491 ; *97 :* 29 400. **Lait :** *1999 :* 477,3 millions de l transformés en fromage (70 % en entreprises industrielles soit 52 000 t de fromage, 30 % à la ferme soit 17 000 t de fromage ; voir col. c). *Production moyenne par chèvre en 1998 :* 766 l (il faut 8 l pour fabriquer 1 kg de fromage). **Viande :** voir **Moutons** p. 1519 c.

Chevaux

☞ **Chevaux célèbres.** **Bucéphale** (tête de taureau) : 1er cheval dont l'histoire ait conservé le nom. Alexandre de Macédoine le maîtrisa à 15 ans. A l'endroit où Bucéphale fut tué, Alexandre fit bâtir une ville qu'on appela Bucéphalie. **Incitatus** (lancé d'un mouvement rapide) : était traité par Caligula comme un prince (il avait sa cour, ses officiers, ses esclaves, son écurie de marbre, son auge et son ratelier en ivoire) ; celui-ci donnait de somptueuses soirées en son honneur ; il l'aurait fait consul.

■ **Généralités.** **Cœur :** diamètre 26 cm, poids moyen 3 kg. **Mouvements respiratoires :** 50 à 70 au galop et au trot, 18 à 20 au pas, jusqu'à 10 au repos. **Dentition :** 6 incisives, 12 molaires et 4 canines chez le mâle (jument 36 dents, cheval 40). **Intestin :** longueur 22 m ; diamètre 3 à 4 cm. **Vision :** varie selon les races. Champ visuel très étendu sur les côtés et vers l'arrière. 75 % des chevaux de trait sont myopes. **Alimentation :** 20 à 30 l d'eau par jour ; fourrages (foin, paille, avoine, orge) ou seigle, blé, maïs, tourteaux, féverole, son. **Digestion :** assez rapide. Le cheval rejette près de 6 l d'urine par jour. **Procréation :** *jument :* entre 3 et 15 ans. *Étalon :* peut débuter vers 2 ans. **Allures :** *pas :* à 4 temps et diagonal ; 100 à 110 m/min (6,5 km/h). *Trot :* diagonale et sautée à 2 temps ; 14 km/h en moyenne. *Galop :* sautée à 3 temps, plus un temps de suspension ; 20 à 60 km/h. **Puissance :** un cheval de taille moyenne peut développer jusqu'à 16 CV. **Viande** de boucherie : riche en albumine et fer, pas de parasites.

☞ **En France.** **Vente de viande :** *1739, 1762, 1780 :* interdite ; *1793 :* tolérée. **Consommation** (en milliers de t) : *1966 :* 100,4 ; *78 :* 97,1 ; *80 :* 92,1 ; *85 :* 65,9 ; *90 :* 58,8 ; *97 :* 37. **Points de vente :** 3 000 dont 2 000 boucheries.

■ **Records.** **Cheval le plus lourd :** « Brooklyn Suprême » (1928-48), pur-sang belge, 1,98 m au garrot, 1 440 kg. **Le plus grand :** « Sampson », shire, 2,19 m (1850). **Le plus petit :** « Little Pumpkin », 35,5 cm au garrot, 9 kg. **Les plus vieux :** 62 ans ; poney 54 ; pur-sang 42. **Les plus forts :** charge de 131 t de bois tirée sur 400 m par 2 chevaux de trait (23-2-1893, USA).

■ **Nombre** (en milliers, 2000). Chine 8 916,1. Brésil 6 400. Mexique 6 250. USA 5 320. Argentine 3 300. Mongolie 3 059,1. Éthiopie 2 750. Colombie 2 500. Russie 1 750. Inde 990. Kazakhstan 941,6. Roumanie 842. Indonésie 739,7. Ukraine 698,1. Pérou 690. All. 670. Cuba 620. Chili 600. Pologne 570. Équateur 521. Canada 512. Sénégal 510. Haïti, Uruguay, Venezuela 500. Paraguay 400. Turquie 391. *France 349,1.* Rép. dominicaine 329. Kirghizistan 328. Pakistan 327. Bolivie 322. Afghanistan 300. Italie 280. Espagne 260. Afr. du S. 255. Nicaragua 245. Tchad 230. Biélorussie 221,3. Australie 220. Nigéria 204. *Monde 59 924,9.*

■ **Chevaux de trait** (en France). **Zones d'élevage :** Nord-Est, Bretagne, Massif central, Jura, Alpes, Pyrénées. **Races :** Ardennais : N.-E., est du Bassin parisien, contreforts du Jura et Massif central. Vers 1910 l'ardennais du N. est appelé « trait du Nord ». Auxois : sud-ouest de la Côte-d'Or, Yonne et Saône-et-Loire. Culture et viande. Boulonnais : traction et boucherie. Breton : puissant, rustique, actif. Utilisé par maraîchers ou pour récolte du goémon. Actuellement pour viande. Cob : Manche. Issu du « carrossier normand ». Cob léger absorbé par cheval de selle et gros cob « cultural », rattaché aux races de chevaux lourds. Tourisme et attelage. Comtois : Franche-Comté, Massif central, Pyrénées, Alpes. Viande et traction (débardage du bois et travaux de la vigne). Percheron : Perche, Nivernais, Bourbonnais, Morvan. 25 % des chevaux de trait. **Autre race de trait :** mulassier. *Nombre en France : 1931 :* 3 000 000 ; *56 :* 2 000 000 ; *66 :* 1 000 000 ; *79 :* 181 984 ; *85 :* 40 622 ; *97 :* 28 000.

Dindes

■ **Origine.** Introduites en France au XVIe s. Le mâle sait faire la roue. **Races.** Dindon noir de Sologne (jusqu'à 12 kg), bronzé (mâle de 8 à 9 kg), blanc de Betsville (mâle de 6 kg à 20 semaines). **Record.** Dinde sur pied 36,780 kg, vendue, en 1986, 34 000 F. **Reproduction.** Un mâle de 1 à 6 ans suffit à 12 femelles. Ponte 20 œufs au printemps (éclosent après 30 j). A 2,5 mois, le dindonneau est suralimenté pour surmonter la crise du rouge (sortie des caroncules rouges de la tête), entre 6 et 8 mois il est engraissé (maïs et orge) avant d'être tué.

■ **Production de viande** (en millions de t, 2000). USA 2 441. *France 705.* Italie 361,2. All. 285. *Monde 4 826,6.*

■ **En France.** **Effectifs** (en 1998) 23 304 000 (en 1999, 42 017 000 dindes et dindons). **Production** (en t, 2000) : 752 030 dont abattage (en %) Bretagne 48, Pays de la Loire 16, Centre 9. **Commerce** (en t, 2000) : *export. :* 295 196 *vers* Russie 44 045, All. 51 393, Belgique 33 217, Espagne 30 382. *Import. :* 5 028.

Escargots

■ **Principales espèces.** *Helicidae* genre helix, *Achatinidae* genre achatina. **Dénominations légales de vente en France :** *escargot de Bourgogne* (Helix pomatia), escargot *petit gris* (Helix aspersa Muller), *escargots* (Helix lucorum et Helix aspersa maxima ou gros gris). *Achatines* (espèce *Achatina fulica* d'Asie du Sud-Est) : n'a pas le droit à l'appellation escargot. Seule l'espèce *Helix aspersa* peut faire l'objet d'élevage rationnel.

■ **Production.** De février à octobre ; *adulte :* 4-6 mois. Coefficient de fécondité : une centaine d'œufs par ponte. Durée d'incubation 15 à 25 j dans la terre (7 à 10 j si incubation artificielle). Mortalité globale 10 à 25 %. **France** (est.) : 5 à 800 t. *Conserves d'escargots et achatines* (en 2000) : 1 815 t. *Escargots préparés :* 3 301 t (440 millions de pièces).

■ **Engraissement.** 4 à 6 mois. Il faut 1,5 à 2 kg d'aliment composé pour obtenir 1 kg d'escargots. On obtient 200 à 300 escargots commercialisables par m² de parc, d'un poids moyen de 10 g pour le petit gris et de 20 g pour le gros gris.

■ **Commerce** (en t). **Import. :** *escargots et achatines frais ou congelés : 1990 :* 5 500 ; *93 :* 3 439 (dont achatines 420) ; *94 :* 4 954 ; *95 :* 5 222 ; *96 :* 3 479, *préparés ou en conserve : 1989 :* 2 253 ; *90 :* 1 787 ; *92 :* 1 149 ; *96 :* 3 479 ; *97 :* 3 383 ; *98 :* 3 681 ; *99 :* 3 525. **Export.** (préparés ou en conserve) : *1989 :* 1 790 ; *90 :* 1 695 ; *91 :* 1 553 ; *92 :* 1 483 dont achatines 822, hélix en boîte 433, autrement présentés 229 *vers* UEBL 490, All. 314, USA 286.

☞ **En France.** **Consommation :** 25 000 t (record mondial). **Import.** (en t, 2000) : 3 142 *de* Turquie, Grèce 497.

Fromages

■ **Fabrication.** Pour coaguler la caséine du lait on utilise une enzyme, la *présure* (d'origine animale), ou des agents coagulants (d'origine végétale ou microbienne). Fromage : produit obtenu par coagulation du lait et égouttage. **Caillage :** transformation du lait sous l'effet de la présure. **Caillé :** résultat de la coagulation du lait, 1er stade du processus de la fabrication des fromages. **Caséine :** l'une des protéines du lait, la plus importante dans l'élaboration du fromage. **Chaumes :** pâturages des Vosges où s'élabore le munster.

■ **Types. Fromage de vache.** **Fromage frais :** non affiné ; *à coagulation lente :* demi-sel, suisse, petit-suisse (voir p. 1518 b) ; *rapide :* fromage blanc, à la crème, à la pie (fromage blanc maigre).

Fromage affiné. Pâte molle : fait de lait caillé par la présure, puis moulé. Dit à *croûte fleurie* [caillé non malaxé à égouttage spontané, à moisissures externes *(Penicillium cascicolum) :* camembert, brie, coulommiers, chaource, neufchâtel], ou à *croûte lavée* [caillé non malaxé, à égouttage accéléré et dont la surface est lavée au cours de l'affinage : livarot, maroilles, munster, pont-l'évêque, langres, époisses, mont-d'or (ou vacherin du Haut-Doubs)]. **Pâte pressée :** *non cuite :* pâte demi-dure, caillé présure à égouttage accéléré par découpage, brassage et pressage dans un moule : cantal (ou fourme du Cantal), laguiole, reblochon, St-nectaire, salers haute-montagne, St-paulin, tomme de Savoie ; *cuite :* pâte dure, caillé présure à égouttage accéléré par découpage, brassage, cuisson et pressage, cuit à 55 °C jusqu'à obtention de grains qui seront ensuite pressés dans des moules : beaufort, comté, emmental français. **Fromages fondus :** onctueux, obtenus à partir d'une *fusion de plusieurs espèces* de fromages (cheddar, gruyère, gouda, etc.) additionnés éventuellement de beurre. **Pâte persillée (bleus) :** égouttage accéléré par découpage et brassage ; la pâte contient des *marbrures vertes de filaments mycéliens (Penicillium glaucum) :* bleu de Bresse, d'Auvergne, des Causses, de Gex Haut-Jura, fourmes d'Ambert et de Montbrison.

Fromages de chèvre. Fabriqués exclusivement avec du lait de chèvre, à *pâte molle* et à croûte fleurie : Ste-maure, chabichou, valençay, crottin de Chavignol, pouligny-St-pierre, selles-sur-cher, pélardon, picodon de l'Ardèche ou de la Drôme, cabécou. *A pâte persillée :* bleu des Aravis.

Fromages de brebis. Exclusivement au lait de brebis, fermentés à *pâte persillée :* roquefort, ossau-iraty (ossau-iraty-brebis pyrénées ou petit ossau-iraty).

Fromages de laits mélangés (vache-chèvre-brebis).

Fromages fondus fabriqués par cuisson ou fonte d'autres fromages. Crème de gruyère, pâtes à tartiner.

■ **Teneur en matières grasses** (au minimum) : triple crème 75 %, double crème 60 %, extra-gras (ou crème) 45 %, gras 40 % à 25 %, maigre moins de 25 %.

Dans le monde

■ **Production totale par pays** (en milliers de t, 1998). USA 3 734. *France 1 653.* Allemagne 1 571. Italie 910. P.-Bas 630. Pologne 473. Égypte 427. Argentine 420. G.-B. 366. Canada 352. Russie 350. *Monde 15 317.*

■ **Commerce** (en milliers de t, 1998). **Export. :** All. 498. *France 482.* P.-Bas 437. Danemark 248. Nlle-Zélande 233. Australie 182. Italie 141. Belg.-Lux. 116. Irlande 86. Suisse 56. G.-B. 55. USA 41. Pologne 33. Autriche 31. Lituanie 30. Canada 29. Finlande 28. Norvège, Grèce 27. Espagne 26. *Monde 2 983.* **Import. :** All. 442. Italie 305. G.-B. 249. Belg.-Lux. 197. Japon 183. USA 171. *France 167.* P.-Bas 101. Grèce 95. Espagne 86. *Monde 2 791,778.*

■ **Consommation dans l'UE** (en kg par hab. et par an, 1998). Grèce 25, *France 23,9*, Italie 20,2, Allemagne 19, P.-Bas 16,6, Autriche, Suède 16,1, Benelux 16, Finlande 15,7, Danemark 14,4, G.-B. 8,9, Espagne 8,4, Portugal 8,2, Irlande 6,5.

■ **Fromages étrangers (principaux). G.-B.** : *cheddar* : comté de Somerset, pâte pressée, non cuite, non colorée, contenant environ 45 % de matière grasse, présenté sous forme de cylindres de 35 à 40 cm de diamètre et autant de hauteur pour un poids de 30 à 35 kg [*fromages apparentés : cheshire* (coloré en rouge), *chester* (fabriqué en France pour imiter le cheshire)]. *Stilton* : du Leicestershire, au lait de vache enrichi, famille des « bleus », pâte molle, moisissures internes, cylindres de 15 cm de diam., 25 cm de haut. ; préparation : macéré au porto, sherry ou madère. **Grèce** : *feta* : brebis. **Italie** : *parmesan* : de Lombardie et Romagne, fabriqué à partir de lait de vache écrémé, maturation de 3 ans, conservation 20 ans ou +. *Gorgonzola* : d'une petite ville de Lombardie, cylindres de 25 à 30 cm de diam. et de 16 à 20 cm de haut., pâte persillée. *Mozzarella* au lait de buflonne ou de vache. **Pays-Bas** : *gouda* : de la province de Zuid, au lait de vache pasteurisé, pâte pressée, 30 à 40 % de matière grasse, croûte paraffinée jaune, meules de 26 à 30 cm de diam. et 8 cm d'épaisseur, de 3 à 5 kg. *Edam* : croûte paraffinée rouge en forme de boule de 12 à 14 cm de diamètre. **Suisse** : *gruyère* : nom d'une vallée du canton de Fribourg, meule de 35 à 45 kg, croûte brun doré, pâte pressée cuite jaune cireuse, plus ou moins sèche. Fabrication dans des « fruitières ». *Emmental* : de la haute vallée de l'Emme (canton de Berne), pâte pressée cuite, meules de 50 à 100 kg.

☞ **Listériose** : *1975* Angers, 30 † suspectes. *1979* Boston (USA), fromage mexicain, 150 †. *1983-87* canton de Vaud (Suisse), 31 †, dont 25 dus au vacherin mont-d'or. *1997* Normandie. *1999* voir à l'Index.

En France

■ **Variétés** (*source* : Institut international du fromage). **Nombre** : + de 300. **Principales variétés**, entre parenthèses, **provenance** (V : vache, C : chèvre, B : brebis) **et meilleure époque : Aisy cendré** (Bourgogne) V, oct.-mai. **Banon** (Provence) C, mai-déc. **Beaufort** (Savoie) V, janv.-oct., 3 000 t/an. **Belle-des-champs** (Aisne) V, année, né 1973. **Bleu** *d'Auvergne* (Auvergne) V, janv.-déc. ; *de Bresse* ou *bresse bleu* (Bresse) V, janv.-déc., né 1950 ; *de Gex* ou *du Haut-Jura* ou *Septmoncel* (Franche-Comté) V, juin-déc. ; *de Laqueuille* (Auvergne) V, juin-déc. ; *des Causses* (Aveyron) V, juin-déc. **Bondard** (Normandie) V, déc.-mai. **Bondon** (Normandie) V, juil.-mars. De Neufchâtel, à ne pas confondre avec le neufchâtel. **Bossons** (Languedoc) V, déc.-avril. **Boulette d'Avesnes** (Thiérache) V, juil.-mars. **Boursault** (Brie, *créé* par M. Boursault au Perreux-sur-Marne vers 1945) V, année. **Boursin** (Risle, Brie) V, année. **Brebis** (Corse) B, mars-août. **Bricquebec** (Normandie) V, janv.-déc. **Brie** ou **brie laitier** (Brie) V, année, né de la diminution des éleveurs en Brie. **Brie de Meaux** (Ile-de-Fr.) V, juil.-mars, marché principal où il était vendu. **Brie de Melun** (Ile-de-Fr.) V, juil.-mars, sans doute plus ancien que le brie de Meaux. **Brie de Montereau** (Gâtinais) V, juil.-mars. **Brillat-savarin** (pays d'Auge, *créé* fin XIXe s. ; nom donné par Henri Androuet dans les années 30). V, année. **Brin d'amour** (Corse) B, mars-août. **Broccio** ou **brocciu** (Corse) B, année. **Brousse** (Provence) C, nov.-avril **Cabécou** (Quercy) C, nov.-avril. **Camembert** (Normandie) V, juin-oct., existait en 1702, commercialisation nationale depuis 1850. Mis au point par Marie Fontaine, mère de Marie Harel (8-4-1781/14-5-1855), épouse Paynel. Monument à la mémoire de Marie Harel inauguré 11-4-1928 par Pt Alexandre Millerand. Fait avec 2 l de lait. Affinage : 30 j. Poids : environ 250 g. Diamètre : 11 cm. Épaisseur : 3 cm. Appellation d'origine : décret du 31-8-1983. *Production* : + de 500 millions/an (185 000 t dont 9 300 t de camembert « véritable »). **Cancoillotte** (Franche-Comté) V, janv.-déc. **Cantal** (Auvergne) V, juil.-nov. **Caprice des dieux** (Bassigny) V, année, *créé* 1956. **Carré de l'Est** (Champagne, Lorraine) V, année. **Carré frais** créé 1872, commercialisé par Charles Gervais, fabriqué à Ferrières. **Cervelle de canut** fromage blanc battu « comme si c'était sa femme », recette inventée 1934 par Paule Lacombe (qui a une rue à Lyon). **Chabichou** (Poitou) C, mai-nov., de « petite chèvre » en arabe. **Chaource** (Champagne) V, juil.-nov. **Charolais** (Charolais) C, avril-oct. **Charolles** (Mâconnais) V C, avril-déc. **Chaumes (fromage des)** [Dordogne] V, année, créé 1972. **Chavignol** (Berry) près de Sancerre, on laissait sécher les fromages pour l'hiver ; ils brunissaient d'où leur nom de « crottin ». C, mai-oct. **Chécy** (Orléanais) V, juin-mars. **Chèvre du Poitou** (Poitou) C, avril-oct. **Chèvretons** (Auvergne) C, avril-nov. **Chevrotin** (Savoie) C, mai-nov. **Cîteaux** (Bourgogne) V, mai-nov. **Comté** ou **gruyère de Comté** (Franche-Comté) V, août-mars. Meule au talon convexe : 40 à 55 kg (diam. 40 à 70 cm) ; *production* : 38 000 t/an. **Coulommiers** (Ile-de-Fr.) V, juil.-mai. **Cremets** (Anjou) V, janv.-déc. **Crottin de Chavignol** (Berry) C, déc.-mars. 60 g environ. **Curé nantais** (Pays de la Loire) V, juin-déc. **Dauphin** (Thiérache) V, juil.-mars. **Échourgnac** (Guyenne) V, janv.-déc. **Édam français** V, janv.-déc. **Emmental français** V, janv.-déc. Meule 80 kg (diam. 85 cm, épaisseur 22 cm) ; « emmental grand cru » depuis 1-10-1981 (13 000 t/an) et « emmental au lait cru ». **Entrammes** (Mayenne) V, janv.-déc. **Époisses** (Bourgogne) V, juil.-mars. **Excelsior** (Normandie) V, juil.-nov. **Faisselle** (Centre) V, mai-oct. **Feuille de Dreux** (Ile-de-Fr.) V, oct.-mars. **Fondu raisin** (Savoie) V, janv.-déc. **Fontainebleau** (Ile-de-Fr.) V, année. **Fourme d'Ambert** (Auvergne) V, juil.-déc. **Fourme de Montbrison** (Forez) V, juil.-déc. **Frinault cendré** (Orléanais) V, juil.-déc. **Fromage de Bergues** (Nord-Pas-de-Calais) V, juin-nov. ; **de la Creuse** (Limousin) V, mai-oct. ; **de la Pie** (Ile-de-Fr.) V, mai-oct. **Fondu** (Franche-Comté) V, année. **Gaperon** (Auvergne) V, oct.-mai. **Géromé** (Lorraine) V, juil.-mars ; *anisé* (Alsace-Lorraine) V, juil.-mars. **Gouda français** (Flandres) V, janv.-déc. **Gournay** (Normandie) V, mai-déc. ; *frais* (Normandie) V, janv.-déc. Vendu autrefois, à Paris, sous le nom de Malakoff. **Gris de Lille** (Flandres) V, nov.-juil. **Gruyère** (Franche-Comté) V, année. **Hauteluce** (Savoie) C, mai-sept. **La bouille** (Normandie) nom du village ; proche de Monsieur fromage ou fromage de Monsieur. V, juil.-mars. **Laguiole** ou **laguiole-aubrac** (Aveyron) V, juil.-mars. **La mothe-St-héray** (Poitou) C, mai-nov. **Langres** (Champagne) V, mai-déc. **Les Riceys** (Champagne) V, juil.-déc. **Levroux** (Berry) C, mai-nov. **Ligueuil** (Touraine) V, mai-nov. **Livarot** (Normandie) V, mai-mars. Connu au XVIIIe s. **Mâcon** (Bourgogne) C, mai-nov. **Maroilles** (Thiérache) V, juil.-mars. **Mimolette** (Flandres) V, janv.-déc. **Monsieur fromage** (Normandie) V, mai-nov. **Mont-d'or** (Lyon) V, année. C, mai-nov. **Morbier** (Franche-Comté) V, mars-juin. **Munster** (Alsace) V, année ; *au cumin* (Alsace) V, année. **Murol** (Auvergne) V, juil.-déc. **Neufchâtel** (Normandie) V, oct.-mai. **Niolo** (Corse) B, mai-déc. **Olivet** *bleu* (Orléanais) V, juin-déc. ; *cendré* (Orléanais) V, juil.-mars. **Oloron** (Béarn) B, juin.-déc. **Ossau iraty** (Pyrénées) B, année. **Oustet** (Pyrénées) C, avril-sept. **Pélardon** (Cévennes) C, mai-nov. **Pérail** (Auvergne) B, janv.-nov. **Persillé de Savoie** (Savoie) V, mai-déc. **Petit-breton** (Bretagne) V, juin-nov. **Petit-suisse** recette mise au point par Mme Hérould (fermière à Villers-sur-Auchy, Oise) sur les conseils d'un vacher suisse et commercialisée par Charles Gervais (ancien commis mandataire des halles, à Paris) en 1850. *1935* environ 50 tournées par jour sur Paris. *Fin 1938* 13 000 détaillants livrés tous les jours. *Production* (1987) : environ 45 000 t par l'usine de Neufchâtel-en-Bray. **Picodon** (Dauphiné) C, mai-janv. ; *Dieulefit* (Drôme) C, avril-oct. **Pithiviers au foin** (Orléanais) V, juil.-nov. **Poivre d'âne** (Provence) C, mai-nov. B, mars-avril. V, année. **Pont-l'évêque** (Normandie) V, juil.-mars. **Port-Salut** (France) V, janv.-déc. Fabriqué en Normandie depuis 1814 par abbaye de Port-du-Salut. Disparaît en 1988 (contrôles sanitaires coûteux). **Pouligny-St-pierre** (Berry) C, avril-nov. Parfois rebaptisé tour Eiffel en raison de sa forme élancée. **Poustagnac** (Guyenne) C, nov.-avril. **Puant macéré** (Flandres) V, juil.-mars. **Pyrénées croûte noire** (Pyrénées) V, juin-nov. **Raclette** (Alpes) V, août-janv. **Rambol aux noix** (créé à Rambouillet) V, année. **Reblochon** [Savoie, connu depuis fin XVIIIe s. de *reblocher* (traire une 2e fois)] V, juil.-nov. **Récollet** (Vosges) V, oct.-juin. **Rigotte de « recuite »** (*recoeta* en latin) de Condrieu (Lyon) V, année. **Rocamadour** (Guyenne) C, avril-nov. **Rogeret des Cévennes** (Languedoc) C, mai-nov. **Rollot** (Picardie) V, mai-nov. **Romans** (Dauphiné) V, juil.-nov. **Roquefort** (Aveyron) B, janv.-déc. Il faut en moyenne 4,5 l de lait de brebis (sans écrémage ni pasteurisation) pour 1 kg de roquefort. Veinures de l'ensemencement par le *Penicillium roqueforti*. *1842* création de la Sté des caves et des producteurs réunis de roquefort (« Société » inscrit dans un ovale vert). Marques : Société, Rigal, Maria Grimal, Papillon... regroupent environ 3 000 producteurs de lait. *Part de marché* : 75 %. *1992-oct.* Besnier (CA : 20 milliards de F dans les produits laitiers) a racheté à Nestlé les 57 % que possédait Perrier dans les Caves de Roquefort (75 % de la production). *Cheptel* de brebis dont le lait fait du roquefort : 750 000 à 800 000 brebis. *Roquefort Sté (1993)*. *Chiffre d'affaires* (en millions de F) : 2 282 (roquefort seul : 1 300) dont 20 % à l'export [*résultat net consolidé* : + 50 (– 242 en 1990) ; *bénéfice* : 59 (– 265 en 1992)]. *Production* : 15 000 t via Roquefort Sté, Rigal et Maria Grimal (76 % de la production de la 2e AOC fromagère française). *Collecte* : 131 millions de litres de lait de brebis dont 66 millions transformés. **Saingorlon** (Franche-Comté) V, janv.-déc. **Saint-Albray** (Béarn) V, année. **St-Félicien** (Isère) V, juin-oct. **Ste-maure** (Touraine) C, avril-nov. **St-florentin** (Bourgogne) V, année. **St-marcellin** (Isère) V, autrefois au lait de chèvre, année **St-Môret** (Périgord) V, C et B dans certains cas, année, né en 1980. **St-nectaire** (Auvergne) V, juil.-déc. **St-paulin** V, janv.-déc. **Salers** (Auvergne) V, janv.-déc. **Sassenage** (Dauphiné) V, mai-déc. **Savaron** (Auvergne) V, janv.-déc. **Selles-sur-cher** (Berry) C, mai-oct. **Sorbais** (Ardennes) V, mai-déc. **Soumaintrain** (Bourgogne) V, mai-déc. **Suprême des ducs** (Yonne 1968) V, année. **Tamié** (Savoie) V, juil.-déc. **Tartare** (Périgord 1964) V, année. **Tomme** *au marc* (Savoie) V, nov.-mai ; *blanche* (Ile-de-Fr.) V, juin-oct. ; *de Belley* (Bugey) C, mai-oct ; *de Camargue* (Provence) B, janv.-mai ; *de Savoie* (Savoie) V, juil.-déc. **Vache qui rit.** Crème d'emmental *créée* 1921 par Léon Bel (Jura). En portion unique à ses débuts, puis par 3, 8, 12, 16 et 24. Dessin créé par Benjamin Rabier en 1924 (au début de couleur naturelle, puis en rouge, et enfin avec des boucles d'oreilles). **Vacherin** *d'abondance* (Savoie) V, déc.-avril ; *des Beauges* (Savoie) V, déc.-avril ou *du Haut-Doubs* ou *mont d'or* (Franche-Comté) V, déc.-avril ; **valençay** (Berry) C, année. **Vendôme** V *bleu* (Orléanais) V juil. et nov. ; *cendré* (Orléanais) V juil. et mars. **Vézelay** (Bourgogne) C, juil.-nov. **Vieux-lille** (Nord-Pas-de-Calais) V, juin-déc.

■ **Production** (en milliers de t, 1998). 1 675,2 dont *fromages au lait de vache* : 1 576,9 dont fromages frais 532,3, pâtes molles 458,3 (dont camembert, brie, coulommiers 302,1), pressées cuites 310,4 (dont emmental 242,3, comté 45,3), pâte persillée 37,4, pressées non cuites 211,8 (dont St-paulin 39,3, cantal 17,9, édam, gouda, mimolette 24,2), tomme, St-nectaire 35,9. *Au lait de chèvre* : 51,4. *Au lait de brebis* : 46,7. *Fromages fondus* : 106,1.

■ **Fromages AOC. Nombre** : 34 en 1997 dont au lait de vache 24, de chèvre 7, de brebis 2, de sérum 1. 72 % sont fabriqués à partir de lait cru. **Production** (en milliers de t, 1997 ; lait de vache et, en italique, lait de chèvre ; brebis ou sérum si spécifiés) : abondance 777. Beaufort 3 690. Bleu d'Auvergne 8 181, des Causses 1 261, de Gex-Ht-Jura 495. Brie de Meaux 7 223, de Melun 300. Brocciu (Corse) de sérum n.c. Camembert de Normandie 11 288. Cantal (ou fourme) 17 385. *Chabichou du Poitou* 338. Chaource 1 800. Comté 38 500. *Crottin de Chavignol* 1 546. Époisses 659. Fourme d'Ambert (ou de Montbrison) 6 594. Laguiole 765. Langres 305. Livarot 1 135. Maroilles 2 207. Mont d'or (ou vacherin du Haut-Doubs) 3 187. Munster (ou munster géromé) 9 150. Neufchâtel 836. Ossau-iraty-brebis Pyrénées (brebis) 2 190. *Picodon de l'Ardèche ou de la Drôme* 377. Pont l'évêque 3 421. *Pouligny St-pierre* 315. Reblochon 16 488. *Rocamadour* 480. Roquefort (brebis) 17 885. St-nectaire 12 444. *Ste-maure de Touraine* 766. Salers 1 085. *Selles-sur-Cher* 488.

■ **Commerce** (en milliers de t, 1998). **Export.** : 482,1 dont pâtes molles 141,4 (dont brie 60,6, camembert 17,5), fromages frais 125,6, fromages fondus 79, pâtes pressées 81,3, pâtes persillées 6,5 (dont roquefort 2,7) ; vers UE 383,3. **Import.** : 155.

■ **Types de fromages consommés** (en kg/hab., 1998, *source* : Cniel). Fromages frais 7,5, pâtes molles 6,8, pressées cuites 4,6, non cuites 3,7, persillées 1, fromage fondu 1,2.

■ **Fromage le plus cher.** « Bouton de culotte » ou « cabrion » ou « chevroton » de la vallée de la Loire (Mâconnais) : 8 F les 20 g (400 F le kg).

Lait

Statistiques mondiales

■ **Production mondiale de lait** (en millions de t, 2000). Vache 484,7 ; bufflonne (bufflesse) 61,8 ; chèvre 12 ; brebis 8 ; chamelle 1,3.

■ **Lait de vache. Production** (frais, entier, en millions de t, 2000) : USA 76,3. Russie 31,6. Inde 30,9. All. 28,2. *France 24,9*. Brésil 22,5. G.-B. 14,7. Ukraine 12,4. Nlle-Zélande 12. Italie 11,2. P.-Bas 10,9. Australie 9,8. Turquie 9. Mexique 8,9. Japon 8,5. Canada 8,3. Chine 7,1. Espagne 6,3. Colombie 5,6. *Monde 480,7*.

■ **Rendement moyen de l'ensemble des vaches laitières. Selon les pays** (en kg/vache/an, 1998) : 2 035 dont *UE* 5 586. *France 5 513*, Russie 2 286. *Amér. du Nord* 4 510 dont USA 7 767, Canada 6 160. *Océanie* 3 918 dont Australie 4 861, Nlle-Zél. 3 262. *Asie* 1 167 dont Japon 6 612, Inde 1 251. *Amér. du Sud* 1 125. *Afrique* 490. **Selon les races** (suivant le poids, rendement annuel en litres de lait et, entre parenthèses, nombre de litres nécessaire pour 1 kg de beurre) : *hollandaise 600 kg* : 4 000 à 5 000 (26-28) ; *flamande 550 kg* : 3 500 (25-26) ; *normande 600 kg* : 3 400 (23-25) ; *jerseyaise 350 kg* : 2 000 à 2 200 (16-18) ; *bretonne 300 kg* : 1 600 à 1 800 (19-21).

Apparitions des races. *1883* la normande. *1884* vosgienne. *1886* flamande. *1888* tarentaise. *1891* gasconne. *1894* aubrac. *1896* bazadaise. *1922* Prim'Holstein. *1924* blanc-bleue. *1930* simmental française. *1933* brune. *1962* blonde d'Aquitaine. *1996* la brave. *1999* Raço di Bioù.

☞ Une vache peut faire 13 lactations (record 18). Le plein rapport a lieu entre le 3e et le 7e veau (entre 5 et 10 ans), le rendement maximal au 6e (vers 8 ou 9 ans). **Record** : 14 368 kg de lait en 305 j (traite quotidienne moyenne 47,11 kg) pour une frisonne élevée dans l'Orne.

■ **Utilisation du lait entier** (en %, 1995, *source* : SCEES). Beurre 39,7, fromages 33,4, crème de consommation 9,5, laits liquides 6,9, en poudre 6,5, fermentés 1,7, concentrés 0,6, autres produits 1,1.

■ **Commerce** (en milliers de t, 1999). **Lait écrémé en poudre : exportations et**, entre parenthèses, **importations** : *Océanie* 376 (4) dont Australie 210 (3), Nlle-Zél. 166 (0). *Europe occ.* 631 (485) dont UE 628 (484) [*France 93 (43)*, Suisse 3 (13), Pologne 101 (6), Russie 15 (31)]. *Amér. du Nord* 108 (171) dont USA 73 (7), Canada 34 (0). *Amér. du Sud* 29 (76) dont Argentine 12 (0), Brésil 0 (37). *Asie* 26 (509) dont Inde 1 (0). Chine 3 (45). Japon 0 (57). *Afrique* 3 (237) dont Algérie (86). *Monde 1 428 (1 545)*.

■ **Consommation de laits liquides** (en kg par hab., 1998). Finlande 170,3. Irlande 166,7. Islande 153,6. Danemark 123,6. G.-B. 120,7. Norvège 119,3. Suède 115,6. Espagne 111,2. Australie 103. Nlle-Zélande 102,4. USA 98,9. Suisse 94. P.-Bas 91,2. Portugal 91,1. Canada 90,7. Autriche 87,4. Pologne 83,1. Estonie 81,6. Slovaquie 75,6. *France 75,5*. Ukraine 69,6. UEBL 66,6. Allemagne 64,4. Italie 62. Bulgarie 61. Argentine 59,7. Grèce 58,1. Japon 40,2. Afrique du Sud 25,1.

☞ En nov. 1978, mise en service d'un « tube au lait » pour le transport du lait entre l'île d'Ameland et la côte de la Frise (P.-Bas) [long. 14 580 m] ; le lait est envoyé comme une bombe pneumatique, enfermé entre 2 balles en caoutchouc ; les « paquets » de 30 000 l sont propulsés par de l'air comprimé ; l'envoi ne doit être ni trop lent (le lait fermenterait), ni trop rapide (il se décomposerait).

Lait en France

Source : Cniel.

■ **Exploitations pratiquant l'élevage laitier** (en milliers). *1969* : 928 ; *75* : 667 ; *80* : 485 ; *85* : 367 ; *92* : 192 ; *93* : *172* ; *95* : 164,4 ; *97* : 151 ; *99* : 142 ; *2000* : 136. **Nombre moyen de vaches laitières par élevage** : *1975* : 12,5 ; *92* : 25,9 ; *96* : 29,6 ; *97* : 30,2 ; *99* : 31,6 ; *2000* : 32,8.

■ **Production** (en millions de litres de lait, 1998). **Produits collectés** : 23 695 dont laits de vache 22 361 (22 450 en 1999), chèvre 325, brebis 224.

■ **Lait.** Sécrété par les glandes mammaires des femelles de plus de 2 000 espèces de mammifères (de la souris à la baleine en passant par la femme).

Laits d'animaux utilisés par l'homme : ânesse, brebis, bufflesse, chamelle, chèvre, dromadaire, jument, lama, renne, vache, yack, zèbre. **Composition** (1 litre de lait de vache à 1 032 g) : eau 902 g, matières sèches 130 g dont *lactose (ou sucre de lait)* : 49, *matière grasse* [émulsion de globules gras (1 à 8 µm de diamètre), constitués de glycérides et, en quantités plus limitées, de substances liposolubles (cholestérol, vitamines A, D, E et K)] : 39, *fraction azotée* : 32,7, protéines par litre (dont la caséine) *sels minéraux* (phosphates, citrates, chlorures de potassium, de calcium, de sodium et de magnésium) : 9, *espèces moléculaires* : le lait en contient plus de 2 000 différentes.

Laits liquides. *Cru ou fermier :* utilisé pour certains fromages (comté, beaufort, roquefort, véritable camembert). *Thermisés :* traités par la chaleur, laits pasteurisés (pasteurisation basse : 63 °C pendant 30 min, surtout en Angleterre ; haute : 75 à 85 °C quelques secondes ; moyenne : 55 à 60 °C quelques secondes, préserve une grande partie de la flore utile) et stérilisés [UHT (ultra haute température) 135 à 150 °C pendant 2,5 s]. On traite des laits entiers (taux de matière grasse de 3,5 % et +), demi-écrémés (1,5 à 1,8 %), ou écrémés (0,3 % et –).

Laits déshydratés. Concentrés : *1858 :* préparés industriellement aux USA par ébullition dans des évaporateurs (ou *vacuums*) fonctionnant sous vide partiel. *Sucré (confiture de lait) :* ne nécessite pas de stérilisation ; *non sucré :* nécessite une stérilisation (concentration moins poussée : on élimine seulement 45 % d'eau). **En poudre :** *1868* mis au point par Henri Nestlé (Allemand) ; 1er procédé industriel (Suisse). *Méthodes :* « Hatmaker » du nom de l'inventeur (le lait se dessèche au contact de cylindres chauffés en rotation) et « spray » (le lait est transformé en brouillard par une turbine ; soumis à l'action d'un courant d'air chaud, il perd son eau et se dépose sur une bande à lit fluidisé pour subir un dernier séchage).

Laits fermentés. Origine : Amérique du Nord : *yaourt, cultured butter-milk,* babeurre de culture (lait écrémé). **Asie centrale :** *koumis,* fermenté, acidifié et alcoolisé (jument, ânesse ou chamelle ; aujourd'hui vache, additionné de sucre). **Balkans :** *yaourt.* **Caucase :** *kéfir,* fermentation alcoolique. **Danemark :** *ymer.* **Finlande :** *vilia-vüli (Filia).* **Inde :** *dahi.* **Iran :** *dough.* **Islande :** *sky.* **Israël :** *zivda.* **Moyen-Orient :** *leben* (jument). **Sardaigne :** *gioddu* (brebis). **Turquie :** *tulum.*

☞ **Étiquetage du lait en France :** emballage à dominante *rouge :* lait entier ; *bleue :* demi-écrémé ; *verte :* écrémé ; *lait cru :* mention « lait cru » sur bande *jaune.*

■ **Yaourts.** Lait non égoutté, fermenté sous l'effet de 2 bactéries : le *lactobacillus bulgarius* et le *streptococcus thermophilus* (l'un donne l'acidité, l'autre le goût). Yaourt brassé, caillé, brassé puis versé dans des pots et conservé en chambre froide. **Parts de marché en France** (en %) : Danone [*créé* 1919 en Espagne par Isaac Carasso († 1936), lancé en France par son fils, Daniel, en 1929] 30, marques distributeurs 20, Yoplait 17, Chambourcy 15, autres 18.

■ **Glaces, sorbets et crèmes glacées** (en millions de l, en France, 1999). **Production industrielle :** 318 (CA : 6 millions de F). **Matières premières** (en milliers de l) : lait frais écrémé 4 119, entier 126. (En t) : sucre 27 271, poudre de cacao 17 188, crème de lait 21 292, lait concentré 12 711, fruits 6 414, glucose 11 355, beurre 4 686, lait en poudre écrémé 2 972, lactosérum déshydraté 5 889, matière grasse végétale 4 939, œufs 2 089. (Esquimau Gervais lancé 1931).

■ **Caséine.** Fraction protéique du lait. *Taux :* 27 g par litre ; *préparée* par dessiccation après égouttage et lavage de la caillebotte venant de la coagulation du lait écrémé [obtenue par l'action de la « présure », extrait enzymatique sécrété par la 4e poche (ou caillette) de l'estomac des jeunes ruminants].

■ **Crème.** Lait ayant perdu son eau, matière grasse 30 à 60 %, apparaît spontanément à la surface du lait lorsque celui-ci est abandonné à lui-même (les globules gras ayant une densité de 0,93). *Industriellement :* s'obtient dans des écrémeuses centrifuges travaillant à 60 °C. *Crèmes commercialisées :* crue, fraîche, fraîche douce, maturée (ensemencement avec des bactéries productrices d'arômes), d'Isigny (appellation d'origine), Chantilly (fouettée et sucrée).

■ **Collecte régionale de lait de vache en 2000** (en millions d'hl) **et,** entre parenthèses, **en 1977** (en millions de l). Alsace 3,2 (269). Aquitaine 7,5 (630). Auvergne 12,3 (783). Bretagne 49,6 (3 841) Bourgogne 4 (466). Centre 4,7 (584). Champagne-Ardenne 6,6 (727). Corse 0,001. Franche-Comté 11,7 (973). Ile-de-France 0,5 (43). Languedoc-Roussillon 0,9 (56). Limousin 1,3 (189). Lorraine 12,5 (1 238). Midi-Pyrénées 9,6 (1 019). Nord-Pas-de-Calais 12,9 (1 068). Basse-Normandie 26,8 (2 598). Haute-Normandie 35,3 (833). Pays de la Loire 8,3 (2 763). Picardie 9,3 (910). Poitou-Charentes 7,1 (981). Provence-Alpes-Côte d'Azur 0,4 (66). Rhône-Alpes 16 (1 407). *France 241,4 (21 445).*

■ **Prix du lait à la production** (à 3,7 % de matières grasses, rendu usine, en F/kg HT). *1980-81 :* 1,3015 ; *85-86 :* 1,9783 ; *91-92 :* 2,1109 ; *95-96 :* 2,0478 ; *98-99 :* 2,0718 ; *99-2000 :* 2,0322.

■ **Quotas laitiers :** introduits en 1984 pour éliminer les stocks excédentaires de la CEE et augmenter les prix sur les marchés mondiaux. **En France** (en millions de t, livraisons et, entre parenthèses, vente directe) : *1983 :* 26 ; *88 :* 24 ; *91-92 :* 24 (0,7) ; *92-93 :* 23,4 ; *94-95 :* 23,7 (0,54) ; *95-96 :* 23,7 (0,51) ; *96-97 :* 23,8 (0,48) ; *97-98 :* 23,8 (0,46) ; *98-99 :* 23,8 (0,44).

■ **Industrie laitière** (est. 1998). **Établissements** exerçant une activité laitière : 1 099. **Salariés :** 57 208. **Chiffre d'affaires net** (en milliards de F) : 139,9. **Commerce extérieur.** *Import./export.* (en milliards de F, 1999) : laits, crèmes, boissons lactées 3/3, lait de conserve 1,7/5, babeurre et yaourts 0,5/1,2, beurre et MG butyrique 2,4/1,2, fromages (tous laits) 4,2/12, dérivés laitiers 0,7/2,6. *Total 12,6/25.* **Produits traités ou fabriqués :** *laits conditionnés* (en millions de l, 1999) : 3 819 dont UHT (ultra haute température) 3 377, stérilisé 259, pasteurisé conditionné 130,3, aromatisé 52. *Produits frais* (en milliers de t, 1999) : yaourts et autres laits fermentés 1 286, desserts lactés frais 489, crème de consommation (pasteurisée, stérilisée, UHT) 286 dont crème fraîche 146, crème longue conservation 140. *Beurre* (pasteurisé, stérilisé, UHT) : 365,5. *MG-L.A. fabriquée à partir de crème :* 65,2. *Beurre « allégé » :* 4,6. *Butter oil* (à partir de beurre) : 24. *Fromages :* 1 685 dont laits de vache 1 580, de chèvre 55, de brebis 49. *Fromages fondus :* 109. *Laits concentrés :* 30. *Desserts lactés de conserve :* 45. *Laits en poudre conditionnés :* 176, *industriel vrac :* 560. *Poudre de babeurre :* 29,2, *de lactosérum :* 584,5. *Caséines et caséinates :* 43,5.

■ **Principales Stés** (chiffre d'affaires en milliards de F, 1999). Lactalis 31,5. Sodiaal 18. CLE 11,7. Bongrain 11,5 (en 1998). Fromageries Bel 9,9. Danone 8,7. Entremont 6,2 (site en construction).

LAPINS

■ **Races domestiques.** *Fauve de Bourgogne* (4 à 5 kg adulte), *géant des Flandres* (gris, 6 à 8 kg), *gris argenté, lapin russe* (blanc à extrémités noires, 3 kg), *géant blanc du Bouscat* (5 kg), *angora* (fourrure). Actuellement, à base de croisements de souches hybrides américaines (Californie, Nlle-Zélande).

■ **Élevage.** Le mâle vit séparé des femelles (1 pour 10 environ), 1re saillie à 1 an pour les mâles, 6 à 8 mois pour les femelles, 30 j de gestation. La femelle met bas dans un nid tapissé des poils de son ventre ; elle peut élever 6 ou 7 lapereaux (on enlève les lapereaux en surnombre) en les allaitant jusqu'à 2 mois. **Portées :** 3 par an (une race « fabriquée » par l'Inra a 7 portées par an). **Alimentation :** 3 repas par jour, soit 80 g de foin sec, 75 à 100 g de grains (son, avoine, tourteaux), 300 g de verdure (luzerne, sainfoin, trèfle, carottes, betteraves avec leurs feuilles, choux, etc.). Beaucoup d'eau.

■ **Production de viande** (en milliers de t, 2000). Chine 315. Italie 217. Espagne 135,6. *France 85,5.* Égypte 69,6. Tchéquie 38,5. All. 33,9. Ukraine 14. Hongrie 9,8. *Monde 1 000,8.*

☞ **En France :** depuis mai 1997, une épidémie d'entérocolite virale cause une forte mortalité chez les lapins. **Commerce de viande** (en milliers de t, 2000). *Import. :* 8 *de* Chine 4,5, Espagne 2,4. *Export. :* 5,8 *vers* Allemagne 1,9, Belgique 1,1.

MARGARINE

■ **Origine. 1869-***15-7* dépôt du brevet de l'*oléo-margarine* (d'un blanc de perle) par le Français Mège-Mouriès (1817-80). **1871-74** vente du brevet à des firmes anglaises, hollandaises, allemandes. **1897-***16-4* loi interdisant sa vente dans les locaux où l'on vend le beurre. **1912-***12-2* 1re margarine de la Sté Astra en Normandie.

■ **Définition** (règlement européen du 5-12-1994). Produit obtenu par mélange de matière grasse (végétale) et d'eau, de lait ou de dérivés du lait, se présentant sous la forme d'une émulsion renfermant au moins 80 g de mat. grasse par 100 g de produit fini dont au plus 3 % d'origine laitière. L'huile mélangée avec de l'eau forme une émulsion stabilisée en passant dans un tube refroidi. L'émulsion cristallise au contact froid de la paroi du tube (jusqu'à – 25 °C), en permanence râclée par des couteaux qui produisent en même temps un effet de malaxage. La margarine est ensuite conditionnée en barquettes ou en pains. La texture souple et tartinable est obtenue en mélangeant de l'huile liquide (tournesol, soja, colza...) à de l'huile concrète ou solide (palme, coprah). **Margarine allégée :** 60 à 62 % de matière grasse. **Minarine** ou demi-margarine ou margarine à faible teneur en matière grasse : 39 à 41 %.

■ **Statistiques. Production dans le monde** (en millions de t) : *1895 :* 0,3 ; *1913 :* 0,55 ; *50 :* 1 (dont *France 0,16*) ; *98 :* 9,4 (dont *France 0,14*) ; *99 :* 11,7 (dont *France 0,09*). **Consommation** (en kg par hab. et par an, 1998) : Danemark 15,1. All. 6,9. *France 3,6.* Espagne 2,3. Italie 1,8.

MIEL

■ **Abeille. Description :** ordre des *hyménoptères.* 2 yeux larges (composés) et 3 *ocelles* (petits yeux simples). 2 antennes (organes des sens). Au thorax (en 3 anneaux), 2 paires d'ailes, 3 paires de pattes. A l'abdomen, 7 anneaux, le dernier portant l'aiguillon. **Métamorphose :** la reine, fécondée 6 ou 8 jours après sa naissance, pond dans chaque alvéole un œuf (1,5 × 0,5 mm), en 24 h, jusqu'à son propre poids d'œufs ; l'œuf éclôt en 3 jours, la larve se développe, puis l'insecte apparaît (13 à 22 jours après). **Vie :** *reine :* grosse et allongée, seule femelle complètement développée, vient d'un œuf ordinaire déposé dans une grande cellule de reine, la larve étant nourrie de gelée royale. Ne pique généralement que ses rivales. En saison, pond plus de 3 000 œufs par jour [600 000 à 800 000 pour une vie de plus de 4 à 5 ans (ponte maximale à 2 ans)]. Vit plusieurs années. *Ouvrières :* plus petites, sécrètent la cire par des plaques ventrales (glandes cirières) ; leur 3e paire de pattes comporte une corbeille à pollen ; produisent la gelée royale (glandes hypopharyngiennes) ; pondent des œufs non fécondés quand la ruche est orpheline. Vivent de 40 jours (saison chaude) à quelques mois (repos hivernal). *Jeunes :* fabriquent des rayons de cire, les réparent et les modifient, maintiennent la température à 35-37 °C en ventilant s'il fait trop chaud, au besoin après avoir déposé de l'eau sur des rayons, en produisant de la chaleur par consommation de miel s'il fait trop froid, nettoient, fabriquent la nourriture (gelée royale pour les larves jusqu'à 3 j d'âge et pour la reine pendant toute sa vie, miel + pollen + eau pour les larves de plus de 3 j). *Vieilles abeilles :* gardent, récoltent nectar, pollen et eau, propolis [mastic à base de sécrétion des bourgeons de certains arbres (peupliers, saule, pin, bouleaux) pour consolider les rayons, pour réduire ou boucher les fissures ou pour isoler les corps étrangers qu'elles ne peuvent sortir de la ruche parce que trop gros]. *Mâles ou faux bourdons :* œufs non fécondés, gros et sans aiguillon ; un certain nombre s'accoupleront (dans les airs) avec des jeunes reines pour les féconder. La plupart seront chassés en fin de saison ou en période de disette. **Essaimage :** *naturel* en mai-juin, alors que des jeunes reines naissent, la vieille reine qui va être remplacée par l'une d'elles part avec environ la moitié de l'effectif ; cet essaim va s'établir dans un autre abri (l'essaimage peut être causé par le manque de place, même plus tard dans l'année) ; *artificiel :* l'apiculteur prélève un cadre ou plusieurs cadres de couvain (œufs et larves) avec quelques cadres contenant des provisions (miel + pollen). Cette nouvelle colonie élèvera elle-même une nouvelle reine (ou l'apiculteur lui fournira une reine fécondée). **Transhumance :** transport de la ruche dans les lieux où la miellée est favorable, ce qui permet une meilleure récolte. **Miellée :** production optimale de nectar par les plantes mellifères (nectaires des fleurs ou des feuilles) ou miellat sécrété par certains insectes (pucerons, cochenilles) à partir de la sève des plantes dont ils sont les hôtes (sapin, tilleul, chêne, etc.).

☞ **Quelques chiffres :** *nombre d'abeilles dans un essaim :* 40 000 à 50 000 en période de récolte. Une colonie peut féconder 28 à 35 millions de fleurs par jour. En 1 h, une abeille bat 720 000 fois des ailes et parcourt 30 km. Elle produit 5 g de miel par jour.

■ **Miel. Élaboration :** par les abeilles à partir du nectar des fleurs, du jus des fruits entamés par d'autres animaux (guêpes, oiseaux...) ou des miellats ou d'autres matières sucrées qu'elles butinent, transforment et combinent avec des matières spécifiques et emmagasinent dans les rayons de la ruche. Au printemps, une *hausse,* dans laquelle les abeilles déposent leur excédent de miel, est posée sur la ruche. **Récolte :** en une fois (miel toutes fleurs) ou après chaque floraison (miels unifloraux). A lieu avant la fin des miellées principales, souvent en août : on chasse les abeilles des hausses par de la fumée ou d'autres produits répulsifs, les cadres de la hausse désoperculés sont passés à l'extracteur, le miel qui s'en écoule est laissé quelques jours au repos avant la mise en pots. **Récolte record :** 223 kg de miel dans une seule ruche à Prats-Sournia (Pyr.-Or.). **Goût :** variable suivant les espèces de plantes butinées : *sainfoin* (miels blancs et fins : Gâtinais, Touraine, Champagne, Bourgogne, Saintonge) ; *lavandes et labiées* (ambrés riches en fer : Alpes, Pyr.-Or.) ; *romarin* (Roussillon, Pyr.-Or., Narbonnais, Provence) ; *colza* (consistants, grenus, riches en glucose) ; *bruyère* (foncés, riches en fer et phosphore : Landes) ; *sapin* (saveur parfumée, balsamique ; médicalisés : Vosges) ; *acacia* (ambrés, sirupeux, odorants : Ile-de-Fr.). **Caractéristiques :** immédiatement assimilable. 100 g = 300 calories. Laxatif doux, il a une action sur la flore intestinale et combat les fermentations.

■ **Gelée royale.** La loi n'impose pas d'indication d'origine. Utilisation thérapeutique lancée en 1952 par le biologiste de Belfefer (2 ou 3 cures de 20 g à raison de 1 g/j). **Prix :** 100 à 180 F (les 10 g) [Chine 20 à 50].

■ **Statistiques. Production** (en milliers de t, 2000) : Chine 253,7. USA 101. Argentine 91. Turquie 63,5. Mexique 56,8. Ukraine 52. Inde 51. Russie 50. *Monde 1 215,9.* **Consommation** (en kg par hab. et par an, 1998) : Grèce 1,6. Suisse 1,5. All. 1,1. *France 0,6.* Canada 0,5. G.-B., Italie 0,4. **Commerce** (en milliers de t, 1999). *Export. :* Chine 79. Argentine 68. Mexique 32. Canada 11. *France 3. Import. :* All. 93. USA 60. Japon 29. G.-B. 24. *France 14.* Italie 12. Espagne 10.

☞ **En France :** depuis 1982, épidémie de varroase (le varroa est un parasite qui se fixe sur l'abeille, suce son sang, la mutile et finit par la tuer). *Traitements* chimiques, difficiles à mettre en œuvre.

MOUTONS (OVINS)

GÉNÉRALITÉS

■ **Aspect.** Mesure au garrot 50 à 70 cm, pèse entre 30 et 90 kg (brebis), jusqu'à 130 kg (bélier). **Noms.** *Agneau* et *agnelle* les ovins de moins de 1 an ; *antenais* et *antenaise* de 1 à 2 ans ; *bélier* le mâle et *brebis* la femelle adultes ;

mouton mâle castré de plus de 1 an. **Croisements.** *Fin XVIIIe s.* : avec des mérinos pour améliorer la production lainière, avec des races anglaises depuis le milieu XIXe s. pour améliorer la prod. de viande. Le *flock-book* est le livre généalogique des ovins. Depuis une dizaine d'années, des *unités de sélection et de production de race* (Upra) l'ont remplacé. **Élevage.** Saillie ou lutte par bélier de 8-10 mois et brebis en chaleur (tous les 18 j) du même âge. *Gestation* : 5 mois. *Sevrage* : vers 3-4 mois. **Produits.** *Laine* : poids du bélier, de la brebis et de la toison suivant la race en kg : de l'Ile-de-France (100-60-4) ; berrichon du Cher (85-55-3) ; charmois (80-50-2) ; mérinos d'Arles (60-40-2,5) ; wanganella (Australie 60-45-4 à 4,5). *Lait* (plus riche que le lait de vache en matières grasses et caséine) ; les brebis nourrissent les agneaux 4 ou 5 semaines et fournissent entre 120 et 150 l de lait par lactation ; il faut 4 à 5 l de lait pour faire 1 kg de fromage (roquefort, fromage de Corse ou brebis des Pyrénées, ossau-iraty). *Viande* [agnelet (agneau de 5 semaines, 6 à 12 kg vif), agneau de lait, agneau blanc ou agneau de 100 jours (agneau de 30 à 40 kg vif, tué entre 90 et 150 jours), agneau gris ou broutard (de 6 mois à 1 an)]. Les animaux de réforme (mâles et femelles) fournissent 20 à 25 % de la prod. de viande ovine. **Tremblante du mouton** (ou scrapie). Sévit en Europe depuis XVIIIe s. *Lésions* : cerveau (tissu cérébral et neurones détruits). Les vétérinaires toulousains, Cuillé (1872-1950) et Chelle (1902-1943) ont démontré son caractère infectieux.

En France

■ **Nombre de moutons** (en millions). *1840* : 32 ; *62* : 29 ; *82* : 24 ; *92* : 21 ; *1908* : 17,5 ; *13* : 16 ; *16* : 10 ; *39* : 8,9 ; *76* : 10,9 ; *80* : 12,9 ; *87* : 10,3 ; *90* : 11,16 ; *93* : 10,38 ; *97* : 10,32 ; *98* : 10,21 ; *99* : 10,14 ; *2000* : 10.

■ **Effectifs par race** (campagne 1983-84, en milliers et, entre parenthèses, poids en kg des mâles simples à 70 j). **Mérinos** : d'Arles 400 (18,9 kg), Est à laine mérinos 80 (27,7), précoce 2,5 (22,2), Rambouillet [importé d'Espagne en 1786 (42 béliers, 332 brebis)] 0,1 (19,15). **Races régionales** : lacaune 430 (29,8), blanc du Massif central 300 (27,2), préalpes du Sud 300 (21,9), causses du Lot 270 (20,7), limousine 170 (24,6), tarasconnaise 100 (20,3), rava 30 (26,3), noire du Velay 25 (24), bizet 10 (22,41), romanov 10 (18,1), berrichon de l'Indre 5 (23,8), clunforest 2 (23,5), solognote 2 (21,6). **Races d'herbage** : rouge de l'Ouest 180 (26,4), texel 180 (27,9), vendéen 150 (24,4), bleu du Maine 130 (27,2), charolais 100 (26,2), avranchin 15 (24,6), cotentin 10 (34,7), roussin 10 (25,1). **Races précoces** : de l'Ile-de-France 350 (26,2), southdown 250 (21,4), charmoise 200 (19,1), berrichon du Cher 140 (24,8), suffolk 40 (29,1), hampshire 12 (26,2), dorset-down 2 (25,8). **Races laitières** (en milliers et, entre parenthèses, production laitière en l) : lacaune 400 (177 l en 161 j), manech (rousse + noire) 300 (86 en 125 j), corse 100 (99 en 161 j), basco-béarnaise 80 (97 en 127 j), brigasque 5.

■ **Exploitations.** *1979* : 174 303 ; *88* : 165 100 ; *97* : 97 800, avec en moyenne 68 brebis (200 en G.-B.). **Régions** : 85 % généralement dans les zones défavorisées qui comptent souvent un fort % d'exploitants âgés : 30 % des éleveurs ont plus de 60 ans. *Mouton de pré-salé* : élevé dans la baie de Somme ou du Mont-St-Michel sur des prés recouverts par l'eau de mer. **Revenu de l'éleveur** : 95 % viennent de la viande, 5 % (au max.) de la laine.

■ **Production indigène contrôlée. Viande** (en 1997) : 119 800 t (consommation 280 500 t). *Taux d'approvisionnement en %* et, entre parenthèses, *consommation annuelle par hab. (en kg)* : *1963* : 86,2 (2,3) ; *70* : 77,8 (3) ; *75* : 69,1 (3,5) ; *82* : 80 (4,2) ; *97* : 50 (5,1). **Laine** (en 1997) : 11 000 t lavées. **Lait** (en 1999) : 236,5 millions de litres (dont 160 de Midi-Pyrénées, 19,3 de Languedoc-Roussillon). (*Source* : Agreste.)

☞ **Brucellose ovine** (en 1992) : 2 548 cheptels concernés, 33 747 animaux abattus.

Dans le monde

■ **Nombre** (en millions, 2000). Chine 131. Australie 116,9. Inde 57,9. Iran 55. Nlle-Zélande 45,5. G.-B. 44,7. Soudan 42,8. Turquie 30,2. Afr. du S. 28,7. Pakistan 24,1. Espagne 23,7. Éthiopie 22,1. Nigéria 20,5. Brésil 18,3. Algérie 18,2. Maroc 16,3. Uruguay 15,2. Syrie 14,5. Pérou 14,4. Afghanistan 14,3. Argentine, Nigéria, Russie, Mongolie 14. Somalie 12. Italie 10,9. *France 10,1.* Kazakhstan 9,8. Bolivie, Grèce 9. Ouzbékistan 8,9. Arabie 8,3. Indonésie 8,2. Roumanie 8. USA 7,2. *Monde 1 064,4.*

Mulets

■ **Nombre** (en milliers, 2000). Chine 4 673. Mexique 3 270. Brésil 2 000. Éthiopie 630. Colombie 595. Maroc 524. Pérou 250. Inde 200. Argentine, Iran 175. Équateur 157. Pakistan 151. Turquie 150. Rép. dominicaine 135. Haïti 82. Bolivie, Tunisie 81. Venezuela 72. Algérie 70. Honduras 69,6. Espagne 53. *Monde 14 103,8.*

Œufs

☞ Voir aussi à l'Index.

■ **Dans le monde. Commerce** (en millions de pièces, 2000). **Export.** : 6 657 dont Amérique du N. 2 326 (USA 1 920, Canada 406), UE 2 310 (Pays-Bas 1 525, *France 340*, G.-B. 290), Asie 1 199 (Chine 850, Inde 285), Moyen-Orient 710 (Turquie 710), ex-URSS 54 (Russie 50), Europe de l'Est 30 (Pologne 20, Bulgarie 10), Amérique du S. 28 (Brésil 14, Colombie 14). **Import.** : 5 287 dont Asie 3 377 (Japon 1 740, Hong Kong européenne 415 (Allemagne 150, Pays-Bas 95, *France 90*, G.-B. 65), ex-URSS 105 (Russie 70, Ukraine 35), Amérique du S. 39 (Colombie 39), Moyen-Orient 5. **Consommation** (en millions de pièces, 2000) : 761 066 dont Asie 502 542 (Chine 386 356, Japon 43 790, Inde 36 305), Amérique du N. 111 159 (USA 71 178, Mexique 33 352), UE 67 423 (Allemagne 18 600, *France 15 520*, Italie 11 970, G.-B. 10 200), ex-URSS 37 516 (Russie 29 870, Ukraine 7 646), Amérique du S. 23 672 (Brésil 15 412, Colombie 8 260). **Par hab./an** (en 2000) : Taiwan 358. Japon 346, Mexique 327, Chine 308, *France 262*, USA 259, Allemagne 227, Hong Kong 224, Canada 212, Italie 211, Espagne 208, Colombie 206, Russie 205.

Production (en millions de t d'œufs de poule, 2000). Chine 18,9. USA 5. Japon 2,5. Russie 1,9. Inde 1,8. Mexique 1,6. Brésil 1,4. *France 1,1.* All., Turquie, Italie 0,8. P.-Bas 0,7. G.-B. 0,6. Iran, Philippines, Espagne, Thaïlande, Ukraine, Corée du S. 0,5. Nigéria, Pologne, Malaisie 0,4. *Monde 50,4.*

■ **En France. Poules pondeuses** : moyenne 291 œufs par an par poule ; production intensive : 45 000 000 dans 1 500 élevages de + de 5 000 poules ; semi-intensive : 5 000 000 ; fermière et artisanale : 10 000 000. **Couvoirs** (au 1-1-1994) : 147 (*capacité moyenne* : 630 540 œufs) dont 65 de + de 200 000 œufs assurent + de 99 % de la production. **Œufs en vrac et préemballés** : *chiffre d'affaires* (en milliards de F, 1999) : 15,9. **Production** (2000) : 15,7 milliards d'unités.

☞ Jusqu'en 1993, la réglementation communautaire n'autorisait que la mention de la date d'emballage mais l'apposition d'une date de ponte (difficilement contrôlable) est désormais autorisée, dans des conditions très strictes.

Oies

■ **Description.** 3 doigts des pattes sont palmés. *Mâle* : jars. *Femelle* : oie. *Petits* : oisons. Descendante de l'oie sauvage ou oie cendrée. **Races.** *A rôtir* : oie du Rhin blanche (40 à 50 œufs par saison donnant 30 à 35 oisons) [poids à 10 semaines 4,5 kg, 17 sem. 5,5 kg], oie du Siam blanche, bec orange, oie de Guinée grise, bec noir, moins prolifique [poids à 10 sem. 3 kg, 13 sem. 4,5 kg]. *A foie gras* : Alsace (presque disparue), grise du Sud-Ouest dont oie des Landes, de Toulouse (la Masseube, Gers) type agricole, de Toulouse type industriel [à bavette (moins fréquente, trop lourde)].

■ **Élevage.** 1 mâle pour 3 à 5 femelles ; ponte naturelle janv.-juin, artificielle été et automne. **Incubation.** En général artificielle. *Durée* : 30 à 31 j. **Plumes.** Récupérées après l'abattage pour l'industrie.

■ **En France. Effectifs** (en 1998) : 939 000. **Viande d'oie en France** (en t, 2000) : 2 969. *Abattages* contrôlés (nombre en 1999) 2 166 dont 798 à rôtir, 1 368 grasses. *Abattages en %* : Aquitaine 37,1, Pays de la Loire 19, Midi-Pyrénées 18, Poitou-Charentes 6.

Export. : 93 t (dont 70 t de carcasses fraîches) **vers** Allemagne 23, Russie 18. **Import.** : 209 t (dont 202 t de carcasses congelées) **de** Hongrie 162 t, Bulgarie 39 t. En Europe, l'All. est un marché important [*import.* 24 309 t de Hongrie (54 %), Pologne (44 %) ; *prod.* 3 800 t)]. **De foie gras** (voir à l'Index).

Pigeons

■ **Races. Comestibles** : souches américaines autosexables ou blanches, king et texan (12 pigeonneaux en moy. par couple/an) ; françaises de couleur. **D'agrément et voyageurs** : nombreuses et variées. **Élevage.** Monogames, vivent par couple 6 à 8 ans. Pondent 2 œufs couvés alternativement 17 j par mâle et femelle. Petits nourris par les adultes jusqu'à 28 à 30 j.

■ **En France. Production** (en 1998) : 2 600 t environ ; 1res régions : Pays de la Loire, Bretagne, Aquitaine, Rhône-Alpes. **Pigeon voyageur** (voir p. 215 a).

Pintades

■ **Origine.** Pintade sauvage d'Afrique. **Élevage.** En Europe seulement pintade commune (cri perçant et caractère batailleur, rebute souvent les éleveurs). Troupeau : un mâle et 5 ou 6 douzaines de femelles au printemps (la pintade, mauvaise couveuse, est souvent remplacée par poules ou dindes). *Incubation* 28 j. Actuellement, production en bâtiments spécialisés et insémination artificielle. Faible production « label » en plein air.

■ **En France. Effectifs** (en 1999) : 13 844 000. **Production** (en 2000) : 60 800 tonnes dont (en %, en abattages contrôlés) Pays de la Loire 57, Bretagne 6, Rhône-Alpes 6. **Export.** (en 2000) : 3 116 t dont Belgique 1 202, G.-B. 619. Total exportations de dindes vivantes 738 dont Italie 447. **Import.** : 44 t.

Porcs

☞ **Viande** (voir p. 1521 b).

■ **Description.** *Hauteur* maximale 1,10 m, *peau* nue recouverte de *soies* (poils raides), *groin* (nez), *monogastrique* (estomac à une seule poche), *omnivore*, 44 *dents* adulte, côtes 12 à 16 paires selon la longueur du corps (liée à la race). **Poids** (en kg) : *à la naissance* : 1,5 ; *3 sem.* : 4-5 ; *6 sem.* : 12-15 ; *2 mois* : 20-25 ; *6 mois* : 100 (poids moyen d'abattage, donnant un poids de carcasse avec tête d'environ 80) ; *adulte* : verrats : 350 à 500 ; truies : 250 à 400. **Vie** : *castration* : à 10-15 j, *sevrage* : 3 à 6 sem., *mise à l'engraissement* : à 2 mois 1/2. *Âge à la puberté* : 6 mois ; *moyen à la réforme* : truie 3 ans, verrats 2 ans (les reproducteurs peuvent vivre 10 ans et +). **Truies** : elles doivent avoir 12 tétines fonctionnelles pour reproduire. Chaleurs toutes les 3 sem., saillies vers 7 mois (il faut 1 verrat pour 15 truies présentes). *Gestation* : 114 j. 9 à 11 *porcelets* à la mise bas, 8 à 10 au sevrage. *Portées* : + de 2 dans l'année. **Alimentation** : céréales 80 % (maïs, blé, orge) ; produits riches en protéines (tourteaux de soja), minéraux et vitamines (20 %). *Truie* : environ 1 200 kg d'aliments par an, soit 1 150 unités fourragères (UF). *Porc* (de la naissance à 100 kg) : 300 à 350 kg d'un aliment dosant 1 UF au kg. *Viande nette* : un porc gras de 100 kg donne de 75 à 80 % (sans compter les viscères).

■ **Races. Types** : *ibérique* (tête longue et oreilles dressées), *celtique* (tête lourde et massive, grandes oreilles sur les yeux), *asiatique* (peau plissée et oreilles tombantes). **Races utilisées en France** : *large white*, peau blanche, oreilles dressées, très prolifique, excellente croissance, race la plus répandue en Fr. *Landrace français*, peau blanche, oreilles inclinées, prolifique, croissance satisfaisante, la plus répandue en Europe. *Landrace belge*, peau blanche, oreilles inclinées, prolificité et croissance moyennes mais très bien conformé (type culard). *Piétrain*, peau tachetée noir et blanc, oreilles droites, prolificité et croissance très moyennes mais très bien conformé (type très culard), originaire de Belgique. *Mei shan*, prolifique (16 à 18 porcelets par portée), précoce (pubère à 80 j), croissance faible et carcasse très grasse. *Races de pays* (effectifs en 2000) : Gascon 437 ; Basque 410 ; Limousin 190 ; Blanc de l'Ouest 155 ; Bayeux 99.

■ **Nombre** (en millions, 2000). *UE-15* : All. 27, Espagne 23,7, *France 14,6*, P.-Bas 13,1, Danemark 11,6, Italie 8,4, UEBL 7,3, G.-B. 7,3, Autriche 3,8, Portugal 2,3, Suède 1,9, Irlande 1,8, Finlande 1,5, Grèce 0,9 ; *total UE-15* : *125,3*. *Monde* : Chine 437,6, USA 59,3, Brésil 27,3, Viêt Nam 19,6, Russie 18,3, Pologne 18,2, Inde 16, Mexique 13,7, Canada 12,3, Philippines 10,4, Ukraine, Indonésie 10. *Total* : Asie 536,3, Europe 204,7, Am. du N. et C. 92,9, Am. du S. 51,9, Afrique 18,7, Océanie 4,9. *Total Monde 909,5.*

■ **Charcuterie. Découpe.** *Type* : *de Paris* : chaque demi-carcasse sans tête est divisée en 5 morceaux principaux (jambons, poitrine, reins, jambonneaux de devant, 2 pieds). *De Lyon* : 9 morceaux (jambons, longe, bardière, poitrine, épaules, gorge, plat de côtes, 2 pieds, queue). **Parties** : *jambon*, membre postérieur du porc ; *jambonneau*, partie du membre postérieur au-dessous du genou ou du membre antérieur au-dessous du coude (19 à 24 % du poids dans la carcasse). *Longe* : rein débarrassé du gras, 14 côtes (échines 5, carré 7, filet 2) ; porcs danois à 15 côtes. *Bardière* ou *lard gras* (couverture dorsale du porc ou *barde*) : tranche de lard mince. *Poitrine* : partie basse du tronc. Poitrine proprement dite et muscles de l'abdomen, de la pointe du sternum à la cuisse. La poitrine [avec la palette, l'échine et le plat de côtes (ou plate côte)] fait partie du « salé cru » traité par saumurage pendant 48 h ; fournit le « petit salé » ; peut être fumée après salaison. *Bacon* : lard maigre, en France, poitrine fumée ou longe traitée en salaison et souvent appelée « filet de bacon ». *Épaule* : membre antérieur, on en détache la palette [omoplate et muscles qui s'y rattachent ; vendue fraîche (rôti) ou salée et éventuellement fumée], le reste est utilisé pour saucisses et saucissons. *Gorge* : gras peu fondant à la cuisson, utilisée pour pâtés. *Pieds, queue, oreilles* : vendus salés, précuits et panés. *Abats* : sang : pour le boudin noir ; *chaudins* (gros intestin) : pour andouilles et andouillettes ; *crépine* : bande de gras qui entoure la panse (enveloppe saucisses plates) ; *menu* (ou intestin grêle) : pour saucisses ; *fressure* (ou mou) poumons, cœur, foie, langue, tête, pieds, rognons, rate, cervelle [exemple : museau de porc, formé par la tête, roulée, coupée en fines tranches (assaisonné à la vinaigrette)]. **Charcuterie industrielle.** Charcuterie dont l'utilisation des ingrédients et additifs est réglementée (Code des usages de la charcuterie, de la salaison et des conserves de viandes). **Salage** : améliore la conservation, augmente le pouvoir de rétention d'eau, le pouvoir liant des viandes, et augmente la saveur. *Salaison* : on ajoute, en plus du sel simple (chlorure de sodium), un nitrate et/ou un nitrite. *Autres additifs* (non exhaustif) : acide ascorbique [ou vitamine C (E 300)], phosphates et polyphosphates alcalins (E 450), acides organiques (E 260), lactique (E 270), *citrique* (E 330), tartrique (E 334), gélifiants et épaississants [alginates (E 401 à 404), carraghénates (E 407), caroube (E 410), guar (E 412), gomme xanthane (E 415)], colorants [environ 20 : cochenille (E 120), caramel (E 150), caroténoïdes (E 160), etc.]. *Autres ingrédients* : œufs, lait, farines, protéines de lait, protéines végétales, épices et aromates. **Étuvage** : maturation-dessiccation : 1 à 3 j. **Fumage** (ou **fumaison**) : pour conserver les produits grâce à l'action bactériostatique des composants de la fumée. *Degré* : à froid (– de 30 °C) : exemples : palette, poitrine, jambon, andouilles, boudin ; à chaud (50 à 80 °C quand il y a cuisson) : saucisses, saucissons à pâte fine (francfort, strasbourg, cervelas). **Cuisson** : 65 °C pendant 30 min au cœur du produit : bactéries détruites. Pâtés (cuits dans fours ou cellules à des températures entre 120 et 200 °C).

Saucisses. Mélanges de viande et de gras hachés, liés et assaisonnés, emballés sous boyaux naturels ou artificiels de différentes formes. *De Toulouse :* pâte pur porc à hachage gros sans farce, poussée sous boyau naturel de diamètre moyen (30 à 40 mm). *Morteau :* 35 à 50 mm, pur porc, légèrement fumée. *Cervelas de Lyon :* pur porc, additionné de truffes et/ou de pistaches. *Crépinettes ou saucisses plates :* chair à saucisse enveloppée dans des morceaux de crépine *(épiploon). Paupiettes :* chair à saucisse enveloppée d'une lame de maigre de veau, de bœuf, de lapin, de porc ou de volaille (au moins 40 % du produit). **Saucisses d'origine étrangère :** *Gendarme :* suisse et autrichienne, maigre de bœuf et gras de porc, fortement séchée et fumée, de longue conservation (rectangulaire). *De Francfort :* pur porc à pâte fine, travaillée avec addition d'eau et fumée à froid. Aujourd'hui, cuites. *Saucisse à tartiner (ou tartinette) :* allemande, 60 % de graisse, fumée. *Soubresade :* espagnole à pâte fine, aromatisée et colorée au piment doux, non fumée. *Longaniza (ou longanissa) :* italienne, mi-sèche, mi-fumée, grasse, colorée et aromatisée au piment et à l'anis. *Merguez :* Afrique du Nord, petit calibre (20 mm), assaisonnée de piment rouge et poivre. Les véritables contiennent du bœuf et parfois du mouton. *Mortadelle :* italienne, cuite à sec. Dans la pâte fine se détachent de gros dés de gras. *Chipolata :* pur porc, sous boyau naturel, frite. **Saucissons secs :** viande de porc crue et gras dur, insérés sous boyaux naturels ou artificiels. *De Lyon :* farce fine rouge foncé, en général à base de bœuf et gras de porc en dés. **Principaux saucissons secs :** *Rosette (ou fuseau) :* pâte pur porc, maturation poussée. *Jésus :* gros diamètre, hachage grossier. *Ménage :* pur porc ou porc et bœuf, hachage moyen, 5 cm de diamètre, forme irrégulière. *Chasseur :* petit saucisson, porc et bœuf mélangés, 250 g. *Salami :* italien, hachage fin et gras abondant ; *hongrois :* parfumé au paprika ; *danois :* fortement coloré et salé, légèrement fumé ; de *Strasbourg* (ou *saucisson d'Alsace*) : maigre de bœuf et de gras de porc, fumé. *Chorizo :* espagnol, assaisonnement, coloration au piment, porc avec bœuf et parfois cheval, âne ou mulet ; *au sang :* noir (adjonction de sang de porc). *Salpicao (ou salpicon) :* portugais, très maigre, pur porc, épicé et légèrement fumé.

Jambons. Crus : entiers ou désossés, en morceaux ou en tranches ; salage puis maturation-affinage. *Jambon sec :* salage par frottage au sel sec et maturation-affinage d'au moins 130 j ; de *Bayonne* [indication géographique protégée (IGP)] ; *Westphalie :* coupe ronde longue, fumé une semaine à froid avec des essences odoriférantes ; *Ardenne :* fumé plusieurs semaines à froid, puis séché. *Parme :* les éleveurs d'Émilie-Romagne, Lombardie, Vénétie et Piémont doivent faire stabuler les animaux au moins 4 mois, jambons salés et maturés à basse altitude (– de 900 m), durée de fabrication : 10 mois min. **Cuits :** parés, éventuellement désossés avant d'être traités en salaison (frottage, injection, immersion, égouttage) avec un mélange salant (saumure), puis la cuisson permet une coagulation à cœur des protéines. *De Paris :* parallélépipédique. *D'York :* salaison lente (saumure douce et égouttage prolongé), étuvé en atmosphère de fumée et cuit avec os, gras et couenne.

■ **Autres produits. Cuits ou confits dans leur graisse :** *rillettes du Mans ou de la Sarthe :* gros morceaux de viande, cuits lentement dans leur graisse, clairs. *Tours :* plus fines, cuisson rapide (ce qui les rend plus foncées). « Rillette » définit une recette et ne garantit pas l'origine. *Pâtés de viandes et d'abats : de campagne :* maigre, gras, gorge, foie, cœur, rognons de porc. *Terrine :* pâté supérieur (nom du récipient). *Galantines :* maigre et farce à base de porc (veau, lapin, volailles etc.). **Cuits à base de tête, additionnés de gelée avant cuisson puis moulés :** museau, langue (hure à la parisienne), fromage de tête. **A base d'estomac, intestins et pieds :** *andouilles :* à partir d'intestins, d'estomacs ; *de Vire :* la plus réputée. *Andouillettes :* à partir de chaudins et/ou d'estomacs de porc et/ou de fraises de veau, précuits dans un bouillon ou dans du lait ; *Troyes :* la plus réputée. *Tripes et tripoux :* morceaux d'estomacs et de pieds désossés. **A base de sang ou boudins noirs :** *boudin de Paris :* préparé avec un tiers d'oignons cuits. *Boudin antillais :* assaisonné au piment et au rhum. **Boudin blanc :** pâte fine de viande blanche maigre (volaille, veau, porc), matière grasse (crème, gras de porc) liées avec du lait et des œufs, vendu cuit ou mi-cuit. **Quenelles :** préparées à partir d'œufs, de chair de poisson ou de viande. **Saindoux :** obtenu par la fusion des tissus adipeux du porc : gras et bardière, *ratis* (masse graisseuse entourant les gros boyaux, ou chaudins). Acides gras principaux : oléique, linoléique et palmitique. Utilisé en raison de son prix peu élevé ; donne un caractère croustillant aux biscuits.

■ **En France. Prix de la viande au kg :** *en 1998 :* 13 F ; *1999 (21-1) :* 5,01 F à Plérin (Côtes-d'A.) [prix de revient 9,55 F].

POULES

■ **Races. Pour la ponte :** *bresse* (chair appréciée, pond à partir de 5 à 6 mois) ; *leghorn* blanche d'Amérique (bonne pondeuse, 200 œufs de 50 g environ, précoce, pond à partir de 5 mois) ; *wyandotte* (origine amér., nom d'une ancienne tribu indienne, bonne pondeuse d'hiver, 180 œufs) ; *hambourg* (allemandes) ; *campine* et *braekel* (belges). **Pour la chair :** *faverolles* (1,5 kg à 3 mois, 2,5 kg à 4 mois, 3 à 4 kg adulte) : *bourbourg, poule d'Estaires, coucou* de Malines et des Flandres en sont des variétés. **Races mixtes :** *rhode-island, gâtinaise* (plumage blanc, bonne pondeuse d'hiver, 150 œufs de 60 à 65 g), *sussex.*

■ **Nombre** (en millions, 2000). Chine 3 625. USA 1 720. Indonésie 1 000. Brésil 950. Mexique 476. Inde 402. Russie 340. Japon 298. Truquie 237. *France 233.* Iran 230. Viêt Nam 190. Thaïlande 172. G.-B. 154,2. Pakistan 148. Canada 145. Bangladesh 138,2. Philippines 137,7. Arabie, Équateur 130. Espagne 128. Nigéria 126. Malaisie 118. Algérie, Venezuela 110. All. 103. Colombie, Italie, Maroc P.-Bas 100. Corée du S. 97. Ukraine 93,5. Australie 92. Égypte 88. Pérou 81,3. Bolivie 73,9. Roumanie 72. Chili 70. Afr. du S. 61. Argentine 60. Éthiopie 55,6. Pologne 49,5. Rép. dominicaine 46. Myanmar, Sénégal 45. Soudan 41,5. UEBL 38. Tunisie 37. Koweït 33. Liban 32. Kenya 31. Biélorussie, Cameroun 30. Bénin 29,5. Côte d'Ivoire, Tanzanie, Zambie 29. *Monde 14 525,4.*

VIANDE

Rendement énergétique (rapport des quantités d'énergie absorbées et transformées en produit animal, en %) et entre parenthèses **protéiniques** (rapport des quantités de protéines digérées et fournies). Vache 44 (47), Chèvre 25 (44), Brebis 17,5 (43), Truie 33 (38), Poule 20 (36). Les ruminants transforment les fourrages grossiers (foin, herbe de pâturage) ; les porcs et les volailles transforment des aliments concentrés (céréales, tourteaux), donc chers.

STATISTIQUES

■ **Production globale** (en millions de t, 2000). Chine 64,5. USA 37,6. Brésil 14,4. *France 6,4.* All. 6,3. Espagne 5. Inde 4,8. Mexique 4,5. Russie 4,3. Italie 4,2. Argentine 4,1. Canada 4. Australie 3,6. G.-B. 3,5. Japon 3. P.-Bas2,9. Pologne 2,8. Danemark, Philippines 2. Indonésie, Thaïlande 1,9. Vieêt Nam 1,8. Ukraine, UEBL, Pakistan 1,7. Corée du S. 1,6. Iran, Colombie 1,5. Égypte 1,4. Nlle-Zélande, Afr. du S. 1,3. Turquie, Roumanie 1,2. Hongrie 1,1. Malaisie, Yougoslavie, Irlande, Venezuela 1. Chili, Nigéria, Pérou 0,9. Autriche, Tchéquie 0,8. Portugal 0,7. Kazakhstan 0,6. *Monde 233,2.*

Bovins et buffles (en milliers de t, 2000). USA 12 311. Brésil 6 460. Chine 5 384,4. Inde 2 863,4. Argentine 1 800. Russie 2 126. Australie 1 988. *France 1 590.* All. 1 460. Mexique 1 414,9. Canada 1 260. Italie 1 161. Pakistan 884. Ukraine 803. Colombie 754. G.-B. 720. Espagne 697,4. Nlle-Zélande 622,7. Égypte 594,5. Afr. du S. 590. Irlande 580. Japon 534. P.-Bas 505. Uruguay 453,1. Ouzbékistan 413. Indonésie 399. Venezuela 356. *Monde 60 124,8.*

☞ **Depuis 1984,** la politique des quotas laitiers a entraîné des abattages massifs de vaches. La France détient dans l'UE le plus important cheptel de vaches spécialisées dans la production de viande (charolaise, limousine, maine-anjou, blonde d'Aquitaine).

Cheval (en milliers de t, 2000). Chine 165,6. Mexique 79,4. Kazakhstan 59. Italie 50,4. Argentine 50. Mongolie 33,8. Australie 21,3. Kirghizistan 19. USA 18,8. Canada 18. Brésil 14,3. Chili 11,2. Ukraine 10,5. *France 10.* Pologne 9,1. *Monde 666,7.*

Dinde. Production (en milliers de t, 2000) : USA 2 441. *France 705.* Italie 361,2. All. 285. G.-B. 247. Canada 140. Brésil 113. *Monde 4 826,6.*

☞ **En France. Abattages contrôlés** (dont, en %, 1997) : 113,4 millions de têtes, 674,9 milliers de t. **Export. :** 300 milliers de t (dont, en %, All. 20,7, UEBL 13,8, Espagne 11,7, G.-B. 9,8, P.-Bas 4,8). **Import. :** 9,6 milliers de t.

Ovins et caprins (en milliers de t, 2000). Chine 2 654,2. Inde 696,2. Australie 651,6. Nlle-Zélande 526,9. Pakistan 468. Iran 397. Turquie 374. G.-B. 356. Soudan 267,4. Nigéria 245,7. Espagne 240,3. Syrie 182,3. Algérie 182,3. Russie 156. Afr. du S. 147,6. Éthiopie 144,8. Afghanistan 140,6. *France 137,5.* Maroc 137. Brésil 131. *Monde 11 309,5.*

Porc (en milliers de t, 2000). *UE-15 :* All. 3,9. Espagne 3. *France 2,3.* Danemark 1,7. P.-Bas 1,6. Italie 1,5. UEBL 1. G.-B. 0,9. Autriche 0,5. Portugal, Suède 0,3. Irlande, Finlande 0,2. Grèce 0,1. *Total UE-15 17,6. Monde :* Chine 43, USA 8,5. All. 3,9. Espagne 3. *France 2,3.* Pologne 1,9. Brésil 1,8. Canada, Danemark 1,7. P.-Bas 1,6. Italie 1,5. Viêt Nam, Japon, Russie 1,3. Philippines 1,1. Mexique, UEBL 1. G.-B., Corée du S. 0,9. Indonésie 0,8. *Total Monde 91.* **Porcs** (*en Europe,* en millions de t, 1999). Allemagne 4. Espagne 2,9. *France 2,4.* P.-Bas 1,9. Danemark 1,7. Italie 1,4. Royaume-Uni 1. UEBL 1,1. Autriche 0,5. Suède, Portugal 0,3. Irlande, Finlande 0,2. Grèce 0,1. *Total UE-15 : 18,1.*

Volaille (en milliers de t, 2000). USA 16 471. Chine 12 520. Brésil 6 035,2. *France 2 021,8.* Mexique 1 896,3. G.-B. 1 472. Thaïlande 1 220,3. Japon 1 200. Italie 1 154,2. Canada 1 065. Espagne 1 021. Argentine 935,7. All. 830. Malaisie 788,6. Iran 747,9. Russie 705. Indonésie 694,7. P.-Bas 711. Australie 593,4. Pologne, Pérou 580. *Monde 66 476,5.*

■ **Commerce** (viande fraîche, réfrigérée et congelée, en millions de t, 1996). **Bovins. Export. :** 4 767,5 dont Australie 809,9 ; USA 583,4 ; *France 431,7 ;* Italie 420 ; All. 338,6 ; Pays-Bas 318,2 ; Nlle-Zélande 317,8 ; Argentine 217,6 ; Canada 184,8 ; UEBL 138,6 ; Ukraine 128,5 ; Inde 125 ; G.-B. 119 ; Danemark 104,4 ; Uruguay 85,7 ; Espagne 62 ; Autriche 42,8 ; Biélorussie 40 ; Brésil 37,5 ; ex-URSS 34,4 ; Moldavie 29,6 ; Nicaragua 25,4 ; Namibie 25 ; Kazakhstan 22,6. **Import. :** 4 567 dont Japon 648,7 ; USA 554,6 ; *France 393,9* ; Russie 374,7 ; Italie 321,8 ; All. 213,2 ; Canada 178,2 ; Corée du Sud 168,4 ; Grèce 140,6 ; G.-B. 119,5 ; Égypte 113,4 ; Pays-Bas 107,8 ; Brésil 107 ; Afr. du Sud 66 ; Espagne 64,2 ; Malaisie 62 ; Iran 61,4 ; Chine 58,3 ; Portugal 58,1 ; Israël 48 ; Danemark 44,2.

■ **Commerce en France, import./export.** (en milliards de F, 1999). **Bovins** vivants 0,75/7,91, viande fraîche et réfrigérée 5,44/5,31, congelée 0,4/0,1. *Total* 6,59/14,33 ; *solde* + 7,74. **Porcins** vivants 0,18/0,16, viande fraîche et réfrigérée 2,52/1,18, congelée 0,56/1,89. *Total* 3,27/3,89 ; *solde* + 0,63.

☞ Quoique interdit, l'emploi d'anabolisants (veau aux hormones) a été plusieurs fois signalé (exemple : Aisne en 1991).

Mouton (en milliers de t, 1998). **Export. :** 880,3 dont Nlle-Zélande 352,8. Australie 257,7. G.-B. 103,2. Irlande 47,6. Uruguay 16,8. Espagne 14,5. Soudan 14,2. **Import. :** 871,8 dont *France 157,9.* G.-B. 115. Arabie 51,8. USA 51,8. All. 41,1. Nlle-Guinée 37,2. Afr. du Sud 35,5. Japon 35,2. Chine 29,4. Mexique 27,4. UEBL 26,9. Italie 23,2.

Porc (en milliers de t équivalent carcasse, 1999. **Export. :** Danemark 1 441. P.-Bas 1 351. *France 649.* All. 571. Espagne 446. G.-B. 250. **Import. :** All. 1 248. G.-B. 567. *France 520.* P.-Bas 152. Espagne 137. Danemark 55.

Volailles (en milliers de t, 1998). **Export. :** USA 2 440. *France 781.* Brésil 632. Hong Kong 583. P.-Bas 534. Chine 314. UEBL 283. **Import. :** Hong Kong 870. Russie 814. Japon 509. All. 428. G.-B. 286. Mexique 284.

■ **Consommation** (en kg/an/hab., globale, 1998). Espagne 127,9, USA 117,1 (1995), *France 110,* Danemark 107,3, Irlande 105,3, Portugal 101,2, Autriche 97,9, Benelux 97,4, Allemagne 93,4, Italie 90,5, Grèce 86,1, Pays-Bas 85,2, G.-B. 78,3, Suède 70,5, Finlande 68,8. **Bovine** (en 1996) : *France 26,* Italie 23, Belg.-Lux. 21,4, Autriche 20,1, Grèce 19,9, Pays-Bas 19,7, Danemark, Suède 18,5, Allemagne, Irlande 15,3, G.-B. 14,5, Portugal 13,2. **Porcine** (en 1998) : Espagne 64, Danemark 63, Autriche 59, Allemagne 56, UEBL 46, Pays-Bas 43, Portugal 42, Irlande 40, Suède 39, *France 38,* Italie 36, Finlande 34, Grèce 26, G.-B. 23, *UE 43.* **De volaille** (est. 1997) : Hong Kong 53,8, USA 47, Israël 45,4, Irlande 35,1, Arabie saoudite 33,2, G.-B. 26,7, Espagne 26,2, *France 24,5,* Hongrie 24,3, Belgique 23,5, Brésil 23,2, Italie 19,3, Allemagne 14,7, Japon 14,3, Thaïlande 13,2, Pologne 11,8, Chine 10,7.

LA VIANDE EN FRANCE

Les Français consommant de préférence des viandes à griller et à rôtir, la France exporte des quartiers avant de bœuf (ou des produits en dérivant) et importe des quartiers arrière, plus coûteux.

■ **Viandes de boucherie. Veau. Principaux morceaux :** *cuisseau* (autrefois « cul-de-veau ») fournit 3 *noix* (noix, sous-noix, noix pâtissière) et le *quasi* (parties arrière) : à rôtir. *Longe, carré* (région dorsale) : grillades. *Collier* (région cervicale), *jarret* (partie basse des membres), vendu entier ou découpé pour l'osso-buco, *tendron, flanchet* (de la poitrine) : viandes en sauce ou à bouillir. *Épaule* (souvent entière) : rôtie, braisée ou sautée. *Côtelettes* découvertes (1res vertèbres dorsales accompagnées d'une partie des côtes qui s'y rattachent et garnies de leurs muscles). *Escalope* (tranche mince) : poêlée à la crème ou panée et frite à la milanaise. *Grenadin* (ou *médaillon* ou *mignon*) : tranche épaisse, ronde, ceinturée de lard.

■ **Mouton.** *Gigot :* muscles qui entourent tibia, fémur et une moitié du coxal (os du bassin ou quasi). *Selle :* région ilio-sacrée ou hanche. *Filet :* région lombaire. *Carré :* région dorsale qui comprend les 8 dernières vertèbres dorsales, une partie des côtes qui s'y rattachent et les muscles qui les garnissent ; fournit les côtelettes 1res et 2es. *Côtelettes :* viennent des 13 côtes (3 côtes 1res, 5 secondes, 5 découvertes ou bouchères assez maigres). *Épaule* (ou *éclanche*) : membre antérieur, préparée rôtie. *Baron :* comprend les 2 gigots et région lombaire (culotte et selle anglaise).

■ **Bœuf. Rôtis et grillades de 1re catégorie :** *rumsteak :* cœur constitué par les 3 muscles fessiers (superficiel, moyen, profond). *Filet :* muscles grand et petit psoas, psoas iliaque. *Faux-filet* (ou *contre-filet*) : muscle de la gouttière supérieure lombaire. Ces morceaux dits « nobles » font partie de l'*aloyau* (régions dorsale postérieure, lombaire et ilio-sacrée). *Tournedos :* petite tranche épaisse de 2 cm (100 à 120 g), taillée dans le filet et ceinturée d'une bande de lard (forme ronde). *Chateaubriand :* tranche épaisse prise en plein cœur du filet (400 à 800 g). *Tranche :* partie interne du membre postérieur (cuisse) sans os ; on distingue « tende de tranche », « dessus de tranche », « tranche grasse ». *Plat :* muscle vaste externe latéral. *Gîte à la noix :* région postérieure et externe de la cuisse des bovins (muscles long, vaste et rond) dont on tire des *biftecks. Culotte :* partie charnue de la cuisse (la pointe est servie braisée). **2e catégorie :** *côte de bœuf :* partie de côte attachée à une demi-vertèbre dorsale et les muscles qui la garnissent ;

En milliers de tonnes (en 1997)	Production	Consommation	Solde
Bovins	1 732	1 566	+ 393
Ovins-caprins	151	297	– 147
Porc	2 236	2 052	+ 172
Cheval	10	37	– 26
Total	*4 129*	*3 952*	+ 384

désossée, se débite en tranches ou « entrecôtes » qui sont les muscles intercostaux (on sert souvent sous le nom d'« entrecôte » une tranche prise sur le contre-filet). *Basses-côtes :* 5 premières vertèbres dorsales avec une partie des côtes qui s'y rattachent et les muscles qui en dépendent. *Hampe :* bourrelet musculaire qui soude le diaphragme aux côtes, très tendre. *Onglet :* muscles piliers du diaphragme, viande savoureuse, poêlée ou grillée. *Aiguillette* (celle de rumsteak) ou *baronne* : muscles se rattachant au rumsteak, souvent grillée. *Bavette d'aloyau :* muscle plat de l'abdomen, très tendre, à fibres longues, il faut éliminer les aponévroses. *Filet mignon :* muscle situé à l'intérieur de la cage thoracique (peut aussi fournir du bifteck). *Macreuse :* partie de l'épaule entre le jumeau et le gîte ; fournit macreuse à pot-au-feu et à bifteck. *Araignée :* muscle obturateur externe ; *fausse araignée :* obturateur interne ; pour grillades et bourguignons. *Paleron :* partie charnue de l'épaule, en bouillon, ragoût ou braisé. **3e catégorie :** *jumeau, jarret, gîte de devant, jambes, collier, poitrine, flanchet* (morceaux découpés à partir du quartier avant).

■ **Abattages contrôlés** (en milliers de t équivalent carcasse, en données brutes, 1997). 3 706. **Abattoirs** (en 1994) : *nombre :* 378 dont 244 publics, 134 privés. *Tonnage abattoirs :* publics 1 300 489, privés 2 284 639. *Tueries :* 906. **Capacité des abattages publics et industriels** (en 1994) : *de 0 à 1 000 t/an :* 94 ; *de 1 000 à 5 000 t/an :* 133 ; *de 5 000 à 10 000 t/an :* 53 ; *+ de 10 000 t/an :* 98. **Entreprises du commerce en gros et d'industrie des viandes** (en 1980) : 3 132. **Détaillants** (en 1981) : 64 424 dont bouchers et grandes surfaces 93,1 %.

■ **Consommation industrielle et animale de protéines.** *Besoins en tourteaux :* 11 millions de t [dont fourrages 60 %, céréales 20 %, matières riches en protéines 20,5 %, tourteaux (de soja) 17,3 %].

Volailles

■ **Basse-cour. Poule.** *Poids :* il varie selon souche, âge, température, âge d'entrée en ponte et état sanitaire. **Poulet.** *Élevé en claustration* (dans des bâtiments clairs ou obscurs) : abattage à 42 j (1,8 kg). *Fermier* (en claustration jusqu'à 4-6 sem.) : abattage vers la 13-14e sem. *Poulet label* [en claustration et plein air et alimenté selon des normes agréées par la commission des Labels (absence d'antibiotiques, finition au grain)]. **Pintade.** *Élevage* en cage et en claustration (conditions naturelles peu favorables, recours fréquent à l'insémination artificielle) : abattage entre 12 et 14 sem. (1,2 à 1,3 kg). **Dindon.** *Races françaises :* souvent noir, léger, à chair fine et marqué de quelques taches blanches (noir du Gers, noir de Bresse). *Poids :* mâle 12 kg, femelle 6 à 7 kg. *Races américaines :* grand blanc (large poitrine), blanc de Beltsville (plus petit, femelle 5 kg). *Ponte :* avril à sept. *Abattage :* femelles vers 12 à 13 semaines, mâles 15-16 sem. **Canard.** *France :* canard de Rouen (peu prolifique, plumage du colvert, 3,5 à 4 kg), de Pékin (blanc jaunâtre, 3,5 à 4 kg), de Barbarie (le plus populaire, mâle environ 4,5 kg). **Oie.** *France :* blanche (petite taille, à rôtir ; de Bresse, Touraine, du Bourbonnais, d'Alsace, du Poitou...), grise (plus grande, pour foie gras ; de Toulouse, Gimont, Landes). *Poids :* élevage fermier 6 à 10 kg, industriel 8 à 12. *Ponte :* vers l'âge de 300 j (œufs pour reproduction). **Lapin.** *Reproduction :* dès 4 ou 5 mois. *Portées :* 1 à 12 petits. *Particularité :* coprophage (mangeant ses propres crottes molles), il peut digérer 2 fois certains aliments. *Races domestiques en France :* plus de 40 ; races géantes : adulte 6 à 8 kg ; moyen format : adulte 4 à 5 ; petit format : adulte 2 à 3. *Portées moyennes :* 8 à 10 petits.

Produits de l'aviculture. Viandes de volaille. Poulet : *poids :* varie de 800 à 2 500 g. *Age d'abattage :* de 42 à 50 j. **Œufs.** *En coquille :* catégorie A [ou « œufs frais » (chambre à air inférieure à 6 mm) dont œufs « extra » (4 mm)], B (9 mm), C (impropres à la vente en coquille, envoyés à la casserie). *Calibrage : P (petit) :* – 53 g ; *M (moyen) :* 53-62 g ; *G (gros) :* 63-72 g ; *TG (très gros) :* 72 g. **Lapin** (voir p. 1519 a). **Foie gras.** *Foies gras mi-cuits ou « foies frais » :* semi-conserves avec pasteurisation légère (cuisson entre 70 et 80 °C) ; doivent être conservés à 0 °C pendant 2 mois au max. *Production par an* (en t) : 2 600.

■ **Poids carcasse** variable selon espèces et sexe. *Dinde* 2,5 à 15 kg (découpé). *Canard* 2 à 4 kg (11-13 sem.). *Oie* 4 à 6 kg (7-11 sem.). *Pintade* 1 à 1,6 kg (13 sem.). *Poulet* 1,3 à 2,2 kg (7 à 9 sem.). **Maigrets** ou **magrets :** « Muscles de la masse pectorale constituant le filet prélevé sur un canard ou une oie engraissés par gavage pour la production de foie gras » (décret de 1986).

■ **France. Cheptel** (en millions, 1999) : poulets 158 ; poules pondeuses 50 ; dindes 42 ; canards 23 ; poulettes 22 ; pintades 14 ; cailles 9 ; pigeons 2 ; oies 1. **Élevages :** 27 000, 52 000 bâtiments spécialisés. **Labels** (en millions de têtes) : *1998 :* 95 dont poulets 81,8, pintade 8,5. **Filières :** 16 organismes certificateurs, 36 groupements qualités, 231 labels, 5 700 éleveurs, 53 couvoirs, 148 firmes d'alimentation du bétail, 150 abattoirs. **Production** (en milliers de t équivalents-carcasses, 2000) : poulets de chair 1 100, dindes 719,9, canards 236,8, pintades 56, divers 105,1. **Abattage** (en milliers de t, 2000) : poulets 937,3, dindes 708,9, canards 213,9, pintades 41,6, total 1 968,1. **Répartition géographique des abattages** (en %, 1999) : Bretagne 41,5, Pays de la Loire 23,4, Poitou-Charentes 4,7, Rhône-Alpes 3,7, Centre 5,9, Aquitaine 4,6, Bourgogne 3,3, divers 12,9. **Abattoirs :** 738 dont les 95 plus importants assurent 86 % de l'abattage. **Chiffre d'affaires** (en milliards de F, 1999) : élevage (15 000 élevages spécialisés) 19, organisations de producteurs (120) 5, abattage-découpe (187 entreprises de plus de 20 salariés) 37.

Foie gras

■ **Généralités.** Le mot foie vient du latin *Jecur ficatum* (foie d'oie engraissé avec des figues : procédé utilisé en Égypte). Foies d'oies ou canards gavés (soumis à une alimentation forcée) : 400 à 900 g (foie d'oie), 300 à 500 g (canard). **Gavage** (avec entonnoir, tube de 20 à 40 cm). Commence vers 4 ou 5 mois (canard 2 fois par j pendant 2 à 3 sem., oie 3 fois par j pendant 1 mois) : maïs broyé et légèrement cuit, matières grasses, sel et ferments lactiques afin de maintenir l'équilibre de la flore intestinale. Le foie gras est hypertrophié (5 à 10 fois le volume normal) et présente une stéatose hépatique réversible. **Dénominations. 1°)** *Foie gras entier* (100 % foie gras) ; obtenu à partir d'un ou plusieurs lobes moulés, ou d'un morceau de lobe. **2°)** *Foie gras* à partir de morceaux de lobes agglomérés sans barde ni enrobage. **3°)** *Bloc de foie gras* (reconstitué à partir de foies gras ; à la coupe, peut présenter des morceaux apparents). **4°)** *Parfaits* (75 % de foie gras, mélange de foies d'espèces différentes autorisé). **5°)** *Préparations* (pâté 50 % de foie gras, entouré d'une farce ; galantine 35 % min. de morceaux avec barde et farce ; purée ou mousse à 50 % d'un mélange aggloméré de foie gras et farce, sans barde). **6°)** *Foie vendu cru.* **7°)** *Foie gras frais* (cuit à 65-68 °C. Peut se conserver au max. 3 sem. à + 4 °C). **8°)** *Foie gras mi-cuit* (semi-conserve). Pasteurisé à 80 °C, peut se conserver environ 6 mois entre 0 et + 4 °C. **9°)** *Foie gras en conserve* (cuisson 105 ou 108 °C, se conserve plusieurs années à 10-15 °C. Perte de finesse et de moelleux et amertume). **Étapes d'élaboration.** *Accouvage :* 40 accouveurs vendent oisons de 1 j. *Élevage* (14 sem.) : 5 000 éleveurs. *Gavage :* 4 000 gaveurs + 1 600 éleveurs aussi gaveurs. *Abattage :* 80 % à la ferme. *Transformation* (conserveurs). **Préparations contenant un minimum de 50 % de foie gras** (poids net du produit débarrassé de sa barde) : *pâté de foie :* noyau de foie gras entouré d'une farce ; *galantine de foie :* foie gras (dont 35 % doivent être des morceaux apparents à la coupe), mêlé à une farce ; *purée de foie :* foie gras homogénéisé et farce, mêlés de façon à donner la texture caractéristique de sa dénomination.

■ **Consommation** (en France, 1995). 11 000 t (dont 2 920 importés) dont 45 % cru, 55 % en conserve.

■ **Production** (en t). *France 1982 :* 2 000 ; *84 :* 3 050 ; *90 :* 5 950 ; *93 :* 8 236 ; *95 :* 10 385 ; *96 :* 10 722 ; *97 :* 12 300 ; *98 :* 15 000 ; *99 :* 14 295 ; *2000 :* 15 270 [(dont canards 14 630, oies 640) dont (en 1999) Aquitaine 7 307, Midi-Pyrénées 3 467, pays de la Loire 1 922, Bretagne 651.

■ **Commerce** (en France, en t, 2000). **Foie gras cru : Export.** 1 072 (142 millions de F) *dont* canard 980, *vers* Espagne 321, Suisse 148. **Import.** 2 371 (242 millions de F) *dont* canard 1 323, *de* Hongrie 1 325, Bulgarie 862, Israël 85. **Préparations avec plus de 75 % de foie gras : Export.** 675 (157 millions de F) *vers* Suisse 126, Espagne 120, Belgique 114. **D'autres volailles** (en t, 1995). **Export. :** 3 286 (26,6 millions de F) *vers* Allemagne 1 690, P.-Bas 409, UEBL 273. **Import. :** 3 286 (30,4 millions de F) *des* USA 830, P.-Bas 699, UEBL 418, G.-B. 325.

■ **Principales maisons de foie gras françaises.** Labeyrie, Rougier, Comtesse du Barry, Bizac, Darquier, Champion.

☞ La SNDA (Sté nationale pour la défense des animaux), association fondée par Andrée Valadier en 1972, fait campagne pour l'abandon du foie gras (B.P. 30, 94301 Vincennes Cedex, France).

L'agriculture en France

Quelques dates

1807-*15-9* instauration du cadastre. **1813**-*20-3* caisse d'amortissement chargée de vendre les biens communaux. **1816**-*28-4* communes récupèrent biens communaux non vendus ; autorisées à les louer en bloc. **1847**-*28-1* loi facilitant l'importation des grains. **1850**-*6-12* loi conférant aux particuliers l'initiative des demandes des partages communaux. **1856** mauvaise récolte de céréales. **1860**-*23/28-1* traité de commerce avec G.-B. ; 1re loi sur restauration des terrains en montagne ; communes autorisées à vendre le tiers du communal. **1863** 1res atteintes du *phylloxéra* dans Gard. **1867** *Sté des agriculteurs de France* fondée. **1875**-*14-12* privilège des *bouilleurs de cru.* **1880** *Sté française d'encouragement à l'agriculture*, fondée à l'instigation de Gambetta. **1881**-*14-11* *ministère de l'Agriculture* créé. **1884**-*24-3* droits sur entrées de blé. **1886** *Union centrale des syndicats agricoles de France* créée. **1889**-*9-7* interdiction de *vaine pâture.* **1892**-*11-1* *tarif « Méline »* renforçant droits de douane. **1894**-*6-11* caisses locales du Crédit agricole créées. **1897**-*29-3* loi du « cadenas » permettant nouvelles hausses du droit de douane. **1899**-*31-3* *droit de parcours* aboli.

1904-*janv.* statut de la mutualité agricole. **1907**-*29-6* *mouillage des vins* interdit et réglementation du *sucrage.* **1911**-*avril* manifestation des vignerons de l'Aude, réprimée par Clemenceau. **1915**-*16-10* réquisition et contrôle de la circulation du blé. **1916**-*20-7* blé taxé. **1918**-*10-2* contrôle général des prix. **1920**-*5-8* *Office national du Crédit agricole* créé. **1924**-*3-1* chambres d'agriculture instituées. **1925**-*18-1* *Conseil paysan français* regroupant les syndicats de paysans travailleurs créé. **1928**-*déc.* Henri Dorgères (1897-1965) organise des *Comités de défense paysanne.* **1929** Jac (Jeunesse agricole catholique) fondée. **1931**-*4-7* *statut du vin* (aménagé 1933-34). **1933**-*13-2* *Conf. nat. paysanne* créée. -*10-7* prix minimum du blé. **1934**-*avril* *Front paysan* créé. -*24-12* prix du blé redevient libre ; loi sur distillation des excédents de vin et primes à l'arrachage des vignes. **1936**-*20-6* congés payés. -*5-8* extension des allocations familiales pour salariés agricoles ; *Office nat. interprofessionnel du blé* créé. **1939**-*21-4* décret-loi consacrant le droit de tout héritier travaillant sur l'exploitation d'en obtenir l'attribution sans partage. -*29-7* allocations familiales aux exploitants agricoles. **1940**-*21-11* loi sur l'habitat rural. -*2-12* loi sur l'organisation corporative de l'agriculture. **1942**-*16-12* *corporation paysanne* organisée. **1943**-*15-1* législation en faveur de l'héritier coexploitant renforcée. -*4-9* droits des fermiers améliorés. **1944**-*26-7* corporation paysanne supprimée. -*12-10* *CGA (Conféd. générale de l'agric.)* créée. **1946**-*13-3* *FNSEA (Féd. nat. des syndicats d'exploitants agricoles)* créée. -*13-4* *statut du fermage et du métayage.* -*18-5* *Inra* créé. **1948**-*10-3* durée du travail salarié limitée à 2 400 h.

1950-*11-2* renaissance des *chambres d'agriculture.* **1951**-*15-2* *Centre national des indépendants et paysans* fondé. **1952**-*10-7* assurance-vieillesse des exploitants. **1953**-*28-7* violentes manif. (viticulteurs Midi). -*15-12* *Sibev* et *Interlait* créés. **1954**-*19-1* CGA perd tout pouvoir de décision. **1955**-*1-4* assemblée constitutive de l'Union de défense des agriculteurs de France à l'initiative de Pierre Poujade. **1957**-*25-3* *traité de Rome.* Été, manif. paysannes ; indexation des prix. **1959**-*févr.* indexation des prix supprimée. -*7-4* *Modef* créé.

1960 à 1972 60 manif. agricoles dont 13 violentes en moyenne chaque année. **1960**-*févr.* violentes manif. -*5-8* loi d'« orientation agricole ». **1961**-*25-1* assurance-maladie, invalidité et maternité des exploitants. -*Juin* violentes manif. en Bretagne. -*8-8* loi complémentaire à la loi « d'orientation agricole » *(loi Pisani). Gaec (Groupement agricole d'exploitation en commun)* et *IVD (Indemnité viagère de départ)* créés. **1962**-*14-1* début de la *Pac (Politique agricole commune).* **1968**-*1-6* salaire minimum garanti des ouvriers aligné sur celui des salaires de l'industrie et du commerce. **1969**-*2-12* *Fédération française de l'agriculture* créée. **1970**-*31-12* groupements fonciers agricoles. **1976**-*6-2* dotation aux jeunes agriculteurs. -*Mars* violentes manif. **1980**-*4-7* loi d'orientation agricole. **1981**-*4-6* *Conféd. nat. des syndicats de travailleurs paysans* créée. **1982**-*23-3* manif. à Paris à l'appel de la FNSEA. -*6-10* *offices nat. interprofessionnels d'intervention* créés.

1990-*août* manif. souvent violentes (Angers, Évreux, Bourges). **1991**-*24-6* moisson à Paris sur les Champs-Élysées. Dans la *nuit du 23/24,* 400 camions apportent 10 000 palettes couvrant 1,5 ha entre le rond-point des Champs-Élysées et l'Arc de triomphe ainsi que 20 000 m² de pelouse. Budget 27 millions de F en partie couverts par des commanditaires. -*Juillet/oct.* nombreuses manif. [Solutré 31-7 ; Paris *29-9* (200 000 manif.)...], action de commandos contre stockage de vin étranger (*23-10*), camions de foie gras (hongrois), de viande importée illégalement, préfectures, domiciles d'élus ; déplacements ministériels perturbés. -*Sept.* le gouvernement débloque près de 3,3 milliards de F. Louis Mermaz, ministre de l'Agriculture, annonce le plan d'urgence, destiné surtout aux éleveurs (1,3 milliard de F). Le Pt de la Rép. fait adopter des mesures complémentaires : préretraite à 55 ans, abattements fiscaux, aides à la transmission et détaxation des carburants d'origine végétale. -*28-11* principales mesures admises (en millions de F, 1992) : *1°)* adaptation de l'agriculture : 1 000 dont préretraite pour les 55 à 59 ans 730, déduction fiscale pour l'autofinancement (applicable aux revenus 1992) 450 sur le budget 1993, aide à l'installation (à partir de juillet 1992) 120 en 1992, 200 en année pleine, aide exceptionnelle à l'investissement pour les jeunes éleveurs 65, détaxation des carburants verts 50, crédit d'impôt-recherche 40. *2°)* Développement des espaces ruraux : 1 000 dont aide à l'espace rural plus 70 en 1992, aide à l'investissement 320, valorisation touristique 50, aides à l'agriculture 108, environnement 260, aide à l'embauche 110, dotation de développement rural 300 en 1992, 600 en 1993 et 1 000 en 1994. **1992**-*6-4,* 25 000 manifestants européens (dont 8 000 français) à Strasbourg. -*23-6* la Coordination agricole bloque les accès à Paris autour de 30 km.

Agriculteurs

■ **Population active totale et,** entre parenthèses, **population active agricole** (en millions de personnes). *1850 :* 22,7 (14,3) ; *1900 :* 20,7 (8,2) ; *62 :* 19,2 (3,9) ; *68 :* 21,4 (2,7) ; *75 :* 22,2 (2,1) ; *80 :* 23,2 (1,9) ; *90 :* 24,6 (1,5) ; *95 :* 25,3 (0,9) ; *2000 :* 26,1 (0,88). **Population totale et,** entre parenthèses, **population rurale** (en millions de personnes) : *1850 :* 35,4 (26,6) ; *1900 :* 38,9 (23) ; *62 :* 46,5 (17) ; *68 :* 49,8 (14,2) ; *75 :* 52,7 (13,2) ; *82 :* 54,6 (13,9) ; *90 :* 56,6 (14,7) ; *99 :* 58,5 (14,3) (vivant dans des communes de – de 2 000 hab. agglomérées au chef-lieu de la commune). **Nombre d'actifs agricoles** (en milliers) : *1955 :* 6 136 ; *63 :* 4 892 ; *70 :* 3 847 ; *88 :* 2 026 ; *95 :* 1 507 ; *97 :* 1 403 dont actifs familiaux 1 262 [chefs d'exploitation 680 (dont 50 % à plein temps), aides familiaux 582], salariés permanents 141.

■ **Population agricole familiale** [vivant et/ou travaillant sur les exploitations agricoles (chefs d'exploitation et membres de leur famille), en milliers de pers.]. *1975 :* 4 946 (hommes 2 561, femmes 2 385) ; *80 :* 4 327,1 (h. 2 270,1, f. 2 057) ; *85 :* 3 539 (h. 1 868, f. 1 671) ; *90 :* 2 961 (h. 1 580, f. 1 381) ; *95 :* 2 372 ; *97 :* 2 198,7 [h. 1 181,7 (dont chefs d'exploitation 537,2 ; conjoints 106 ; autres membres 538,5) ; f. 1 017 (dont conjoints 397,5 ; chefs d'exploitation 142,8 ; autres membres 476,7)].

■ **Travail agricole. Nombre d'unités de travail-année (UTA)** [en milliers] : *1970 :* 2 375 ; *88 :* 1 401 ; *95 :* 1 022 ; *97 :* 965 dont *familiales* 760 (dont chefs d'exploitation 463, conjoints 150, autres aides familiaux 147), *permanents* 878, *saisonniers* 80. *En 1993 :* 1 087 400 UTA fournies, soit 1,4 UTA par exploitation dont 82 % d'origine familiale et 50 % fournie par le chef d'exploitation.

■ **Age des chefs d'exploitation** (en 1998). *+ de 65 ans :* 136 900, *60 à 64 ans :* 136 200, *55 à 59 ans :* 182 300, *50 à 54 ans :* 141 900, *45 à 49 ans :* 90 000, *40 à 44 ans :* 101 300, *35 à 39 ans :* 94 400, *30 à 34 ans :* 70 500, *moins de 30 ans :* 63 100.

■ **Taux de départ en vacances d'été.** Agriculteurs y compris salariés agricoles et, entre parenthèses, ensemble de la population française (en %) : *1982 :* 20,1 (60,3) ; *85 :* 17,7 (53,8) ; *90 :* 31,3 (55,1) ; *92 :* 25,2 (55,3) ; *93 :* 37,6 (56,7) ; *94 :* 34,9 (58,1).

Budget de l'agriculture

Données globales

■ **Dépenses de l'État bénéficiant à l'agriculture. Évolution** (en milliards de F et, entre parenthèses, % dans le budget général) : **1970** 18,2 (14,3) ; **75** 31,3 (14,5) ; **80** 60,8 (14,5) ; **85** 109,4 (13) ; **90** 135,6 ; **91** 143,5 ; **92** 148,3 ; **93** 151,4 ; **94** 154,3 ; **95** 155,6 ; **96** 158,7 ; **97** 156,01 ; **98** 171,7 ; **99** 173 ; **2000** 176,1 dont activités agricoles productives 75,3 (financements communautaires 63,9, nationaux 11,3), ind. agroalimentaires 1,2, activités hippiques 0,85, forêt productive 2,6, espace rural et forestier 2,7, recherche et enseignement 11,3, services généraux 8, protection sociale et solidarité 73,9.

Budget du ministère de l'Agriculture et de la Pêche (en milliards de F, 2001). 177,44 dont ministère de l'Agriculture et de la Pêche (budget général hors pêche) 29,43, charges communes (subventions au Bapsa et allocations aux adultes handicapés) 6,15, budget annexe des prestations sociales agricoles 67,72, comptes spéciaux du Trésor 1,79, ministère de la Recherche 3,82, de l'Intérieur 0,38, ministère de l'Emploi 0,09, subventions de l'UE (est.) 0,07.

Dépenses de fonctionnement 174,39 dont ministère de l'Agriculture 28,20 (Titre III 11,92, titre IV 16,28), charges communes (Bapsa et adultes handicapés) 6,15, budget de l'Intérieur au titre de la décentralisation du ramassage scolaire 0,06 et de l'enseignement agricole public 0,19, budget de l'emploi au titre de la décentralisation de l'apprentissage agricole 0,09, budget de la recherche : Inra 2,98 et Cemagref 0,23, Bapsa 67,72, comptes spéciaux du Trésor : Fonds de développement des adductions d'eau 0,015 et Fonds national des haras et activités hippiques 0,71, concours communautaires 0,07. **Dépenses d'équipement** 3,049, dont ministère de l'Agriculture et de la Pêche (Titres V et VI) 1,23, budget de l'Intérieur au titre de la décentralisation de l'enseignement agricole public 0,14, Cemagref 0,039, Inra 0,57, comptes spéciaux du Trésor 1,07 dont adductions d'eau 0,99 et haras et activités hippiques 0,077.

■ **Finances. Crédits communautaires. Réalisations** (en milliards de F) : *1992 :* 53,4 ; *93 :* 73,8 ; *94 :* 61,3 ; *95 :* 61,01 ; *97 :* 66 ; *99 :* 62 ; *2000 :* 63,9 ; *2001 (est.) :* 68.

■ **Aides directes de l'État versées aux agriculteurs** (en milliards de F). *1982 :* 5 ; *83 :* 5,7 ; *84 :* 7 ; *85 :* 7,2 ; *86 :* 9,5 ; *87 :* 10,5 ; *88 :* 10,8 ; *89 :* 10,3 ; *90 :* 13,5 ; *91 :* 12,9 ; *92 :* 17,9 ; *93 :* 37,5 ; *94 :* 44,1 ; *95 :* 50,1 ; *96 :* 52,4 ; *97 :* 48,3 [dont compensations céréales, oléagineux, protéagineux 30 (dont maïs, ensilage 4,5), élevage nouveau ou revalorisé 7,9, gel annuel 2,5, autres 7,9].

■ **Aides aux productions animales.** Instaurées ou revalorisées lors de la réforme de la Politique agricole commune en 1992. Financées par le Feoga, permettent de soutenir les élevages d'herbivores. Regroupent des primes assises sur l'effectif du cheptel ou sur le chargement des exploitations et l'indemnité compensatoire de handicap naturel. **Primes** (en milliards de F, 1996) : *spéciale aux bovins mâles* 2,1 ; *au maintien du troupeau de vaches allaitantes* 4,1 ; *à l'herbe* (prime de 300 F/ha pour les élevages les plus extensifs) 1,4 ; *compensatrice ovine* 1,03.

Revenu agricole

■ **Valeur 2000** (en milliards de F). **Production hors subventions (a) :** 377,7, **subvention sur les produits (b)** 42. **Production au prix de base (c) = (a) + (b)** 419,7 [*produits végétaux :* 242,1 *dont* céréales 65,1 ; fruits et légumes 35,9 ; plantes industrielles [1] 28,4, vins 59,5 ; divers [2] 53,2. *Produits animaux* 159,9 *dont* bétail [3] 77,2 ; produits avicoles [4] 26,7 ; autres 56 [5]. *Services* [6] 17,7]. **Consommations intermédiaires** (hors TVA déductible) 211,7. **Valeur ajoutée brute** 208, **nette** 156,7 *dont* subventions d'exploitation 9,6, autres impôts sur la production (impôts fonciers 5,8 ; autres 2,5). **Résultat agricole net** [7] 158, rémunération des salariés (e) 34,5, intérêts (f) 11,6, charges locatives nettes (g) 13,6. **Revenus nets d'entreprise agricole** [8] 98,3.

Nota. – (1) Betteraves industrielles, oléoprotéagineux, tabac et autres plantes. (2) Plantes fourragères, plantes et fleurs, pommes de terre. (3) Gros bovins, veaux, porcins, ovins et caprins, équidés. (4) Volailles, œufs. (5) Lait et produits laitiers, autres produits d'élevage. (6) Entreprises de travaux agricoles, des coopératives d'utilisation de matériel agricole, agritourisme... (7) Résultat agricole net = valeur ajoutée nette + subventions d'exploitation – autres impôts sur la production. (8) Revenu net d'entreprise agricole = résultat agricole net – rémunération des salariés – intérêts – charges locatives nettes.

■ **Livraisons à la valeur ajoutée. Valeur en 1998** (en milliards de F) : produits végétaux 169,9 dont vins 62 ; céréales 40,4 ; fruits et légumes 40,2 ; plantes industrielles (betteraves industrielles, oléagineux, tabac et autres plantes industrielles) 17,7 ; produits végétaux divers 9,6. Produits animaux 146,6 dont bétail (bovins, veaux, porcins, équins, ovins et caprins) 63,1 ; produits animaux (lait, œufs) 56 ; autres animaux 27,5. Produits agricoles 316,5. **Consommations intermédiaires. En 1997** (en milliards de F, hors TVA) : 146,6 dont alimentation des animaux 53,5, engrais 17, protection des cultures 15,8, produits pétroliers 9,8, entretien du matériel 9,2, dépenses vétérinaires 7,3, entretien des bâtiments 1,7, autres biens 12,9, autres services 12,8.

Compte d'exploitation en 1998 et, entre parenthèses, en 1997 (en milliards de F). **Ressources :** 214,8 (210,5) dont valeur ajoutée brute 165,3 (157,3), subventions d'exploitation 49,5 (53,2). **Emplois :** 214,8 (210,5) dont salaires 23,1 (22,7), cotisations sociales 7,4 (7,4), impôts 1,9 (1,9). EBE (Excédent brut d'exploitation) 182,4 (178,5). **Compte de revenu** (en milliards de F). **Ressources :** 206,4 (203,2), dont EBE des livraisons 182,4 (178,5), indemnités d'assurances 4,7 (4,7), prestations sociales 19,3 (19,7). **Emplois :** 206,4 (203,2) dont intérêts 10,5 (12), primes d'assurances 8 (8), impôts fonciers sur les terres exploitées en faire-valoir direct 2,8 (2,7), cotisations sociales au profit des exploitants 18,7 (18,3), charges locatives 10,5 (10,3), revenu brut agricole 155,9 (151,3).

■ **Revenu brut agricole (RBA).** Différence entre tous les biens d'origine agricole vendus ou autoconsommés par la branche agriculture (c'est-à-dire tous les agents économiques produisant des biens d'origine agricole, qu'ils soient ou non agriculteurs) et les dépenses courantes nécessaires à ces productions. **RBA global** (en milliards de F) : **1970 :** 33,9 ; **80 :** 78,5 ; **85 :** 120 ; **90 :** 146,7 ; **91 :** 143,9 ; **92 :** 131,4 ; **93 :** 127,8 ; **94 :** 140,6 ; **95 :** 152,6 ; **96 :** 151,3 ; **97 :** 155,9 ; **98 :** 156,8 [*ressources :* valeur ajoutée brute des livraisons 168,2 ; subventions d'exploitation 50,3 (dont aides Pac 40,6, autres subventions 9,7), autres ressources 24. *Emplois :* rémunération des salariés 31,5, cotisations sociales au profit des exploitants 19,1, intérêts 11,3, impôts fonciers sur terres exploitées en faire-valoir direct 2,8, impôts liés à la production 1,9, autres emplois 19,1]. **Revenu moyen** (en %) **par exploitation en valeur réelle en optique livraison et,** entre parenthèses, **en optique production : 1981** 4,7 (4,7) ; **82** 13,5 (22,1) ; **83** – 7,8 (– 11,1) ; **84** 4,5 (– 2,1) ; **85** – 2,5 (– 0,5) ; **86** – 0,1 (1,3) ; **87** 4,6 ; **88** – 2,6 (– 1,6) ; **89** 9,4 (18,7) ; **90** 9,5 (7,7) ; **91** – 1 (– 11) ; **92** – 6 (3,2) ; **93** 0,4 (– 3,5) ; **94** 11,5 (6,6) ; **95** 10,8 (7,5) ; **97** 6,9 (2,7).

■ **Résultat brut d'exploitation (RBE).** Différence entre la valeur des ventes et des dépenses courantes des exploitations agricoles. Sur ce revenu, l'agriculteur se rémunère ainsi que sa famille, paie ses cotisations sociales, ses annuités emprunt en capital et finance ses investissements.

■ **RBE moyen par exploitation à temps complet** (en milliers de F, 1995). Viticulture de qualité 444,5, viticulture courante 375,6. Agriculture générale 289. Céréales 267. Arboriculture fruitière 211. Horticulture 172. Bovins lait 200, bovins viande 101. Autres herbivores 112. *Moyenne nationale 217.*

■ **Part des subventions dans le revenu brut d'exploitation** (en %, 1995). Ensemble des exploitations 38,8. A temps partiel 58,1. Herbivores (sauf bovins) 95,2. Bovins viande 80,5. Bovins 40. Arboriculture fruitière 28,7. Polyculture 31,7. Viticulture ordinaire 9. Grandes cultures 61,7. Élevage hors sol 19,4. Maraîchage et fleurs 10. Vins de qualité 2,3.

Commerce extérieur

■ **Total import/export** (en milliards de F) : *1980* 61,7/77,7 ; *85* 112,3/146,5 ; *90* 132,9/185,1 ; *95* 157,9/206,5 ; *99* 171,9/233,7 ; *2000 :* 181,2/242,5. **Solde** *1980* 16,0 ; *85* 34,2 ; *90* 52,2 ; *95* 48,6 ; *96* 52,9 ; *97* 67,4 ; *98* 59,3 ; *99* 61,8 ; *2000 :* 61,3.

■ **Soldes par secteurs** (en milliards de F) **en 2000 et,** entre parenthèses, **en 1999. Soldes excédentaires :** vins et spiritueux 47,1 (46), céréales 25,1 (25,2), produits laitiers 12,2 (11,5), sucre 8 (7,5), animaux vivants 7,4 (7,7), produits de la minoterie 3,9 (3,3), oléagineux 3,2 (2,5). **Soldes déficitaires :** poissons, crustacés et mollusques 10,9 (10,8), tabacs 7,5 (8,7), fruits tropicaux et agrumes 6,3 (6,5), conserves 5,5 (5,4), café, thé, épices 4,7 (4,5), plantes floriculture 4,6 (4,4), cacao 2,4 (2,4), graisses, huiles 2,8 (2,7), aliments pour animaux 2,3 (0,19).

■ **Échanges. Principaux fournisseurs,** en milliards de F, **en 1999 et,** entre parenthèses, **principal produit importé :** Pays-Bas 27,1 (tabac 6,8), UEBL 21,4 (conserves, épicerie 5,2), Allemagne 18,2 (conserves, épicerie 6,6), Espagne 17,8 (fruits et légumes 7,8), G.-B. 12,8 (vins, spiritueux 2,6), Italie 12,4 (conserves, épicerie 4,2), Brésil 5,2 (aliments du bétail 3), USA 4,5 (conserves, épicerie 0,9), Irlande 4 (animaux et viandes 2,1), Côte d'Ivoire 3,8 (cacao 1,7) ; **principaux clients et principal produit exporté :** Allemagne 35,6 (conserves, épicerie 7,3), UEBL 28,9 (vins, spiritueux 4,4), Italie 27,4 (animaux et viandes 9,7), G.-B. 26,1 (vins, spiritueux 8,5), Espagne 17,4 (céréales 3,1), Pays-Bas 15,3 (céréales 3,5), USA 12,8 (vins et spiritueux 9,4), Suisse 6,2 (vins et spiritueux 2,5), Japon 5,4 (vins et spiritueux 3,3).

■ **Soldes par pays,** en milliards de F, **en 1999. Soldes excédentaires :** Allemagne 17,5, Italie 14,9, G.-B. 13,3, USA 8,4, UEBL 7,5, Japon 5,4, Suisse 4,6, Grèce 3,6, Algérie 2,8, Portugal, Russie 2,7 ; **soldes déficitaires :** P.-Bas 11,8, Brésil 4,8, Côte d'Ivoire 2,9, Irlande 2,4, Argentine 2, Norvège 1,6, Maroc 1,5, Nlle-Zélande 1,2.

Recettes régionales

■ **Recettes de l'agriculture en milliards de F et,** entre parenthèses, **élevage** (en %, 1994). Bretagne 37,5 (86,8). Pays de la Loire 28,7 (73,8). Aquitaine 23,9 (30). Rhône-Alpes 17,7 (49,8). Centre 16,3 (26,6). Midi-Pyrénées 15,7 (55,9). Champagne-Ardenne 15 (18,1). Provence-Alpes-Côte d'Azur 13,9 (6,9). Poitou-Charentes 13,4 (46,7). Picardie 13,4 (29,3). Bourgogne 12,8 (39,5). Basse-Normandie 12,6 (81,1). Languedoc-Roussillon 11,9 (11,4). Nord-Pas-de-Calais 11,4 (48,8). Auvergne 7,6 (81,4). Haute-Normandie 6,8 (53,4). Lorraine 6,5 (68,8). Ile-de-France 6 (9,2). Alsace 5,7 (26,3). Franche-Comté 4,9 (80). Limousin 3,7 (88,2). Corse 0,6 (42,9). *Total 286 (49,9).*

■ **Montant des concours publics par exploitation** (en milliers de F). *1994 :* 90,2 ; *95 :* 93,4 ; *96 :* 105 ; *97 :* 104,4 (dont Ile-de-France 288, Picardie 270, Champagne-Ardenne 178, Centre 165, Bourgogne 156, Nord 143, Aquitaine 63, Rhône-Alpes 52, Languedoc-Roussillon 50, Provence-Alpes-Côte d'Azur 44).

Exploitations

Définitions

■ **Banques de travail.** Échange gratuit et réciproque du matériel et de la main-d'œuvre. Fonctionnent souvent au sein des Coopératives d'utilisation en commun de matériel agricole (Cuma). Les participants payent à la banque les services rendus. Celle-ci établit sur un tableau le bilan des services échangés et comptabilise les travaux. Exemple : 1 h de travail d'homme égale 1 unité ; 1 h de tracteur plus remorque 2,85 unités ; 1 tronçonneuse 3 unités. Les participants sont occasionnels ou réguliers.

■ **Centres d'études techniques agricoles (Ceta).** 13, square Gabriel-Fauré, 75017 Paris. Conseils d'ingénieurs et de techniciens compétents.

■ **Entreprises en atelier** ou **nouvelles entreprises agricoles (Nea).** Divisées en plusieurs ateliers de production de même nature et en ateliers complémentaires de 3 à 5 hommes et s'occupant d'une seule production (ou de productions indissociables). Une entreprise peut réunir 5 ateliers (étables laitières, production de fourrage, commercialisation, administration, etc.) et 20 à 25 salariés.

■ **Exploitations en association.** Mise en commun sur plusieurs exploitations des moyens de production et de commercialisation des produits.

■ **Fermage.** Contrat par lequel le propriétaire abandonne à un locataire l'exploitation d'un domaine moyennant une redevance (ou *fermage)* fixée par avance périodiquement et indépendante des résultats obtenus. *Durée des baux :* à terme : 9 ans généralement (représentent de 56 à 80 % des baux pour les surfaces de 1,5 ha et plus) ; à long terme : 18 ans min. à 25 ans ; de carrière : 25 ans min. *Règlement :* en espèces. Le fermier et le propriétaire conviennent à leur gré du partage des taxes foncières. *Prix du bail :* fixé en argent à partir de prix maximal et minimal (loi du 2-1-1995) arrêtés par le préfet de chaque département, sur proposition de commissions consultatives paritaires et dans des conditions fixées par décret, en tenant compte de la durée du bail, de l'existence dans ce bail d'une clause de reprise éventuelle, de l'état et de l'importance des bâtiments, de la qualité des sols et de la structure parcellaire. Si les 2 parties n'ont pas rédigé de contrat écrit, toutes les clauses de leur bail sont imposées par un règlement type. La loi de 1946 a unifié les baux de fermage. Le fermier (locataire) est maître de l'exploitation et de l'organisation de sa ferme. Il peut, avec l'autorisation du bailleur, effectuer un grand nombre de travaux et mettre en œuvre les moyens culturaux de son choix. *Reprise* triennale au cours du 1er bail de 9 ans remplacée par une reprise sexennale au cours du 2e, afin d'assurer au fermier une garantie d'exploitation de 15 ans au moins. Le propriétaire ne peut reprendre l'exploitation si le fermier, au terme du bail, est à 5 ans de la retraite. Le bailleur reprenant un fonds doit l'exploiter lui-même 9 ans. **Vente :** selon la loi du 15-7-1975, le fermier peut faire jouer son droit de préemption pour un de ses descendants.

■ **Grandes entreprises.** En Seine-et-Marne, les exploitations céréalières ont plus de 100 ha. Mécanisées, elles emploient peu de salariés, payés en partie en nature (nourriture, logement, prix préférentiels pour certaines denrées).

■ **Groupements agricoles d'exploitation en commun (Gaec).** Société soumise à agrément, mise en commun du capital d'exploitation et d'achat des associés. Chaque associé conserve le statut qu'il possédait lorsqu'il était exploitant individuel, et participe au travail en commun dans des conditions comparables à celles des exploitations de caractère familial. *Nombre :* 46 869 (au 1-1-1997).

Autrefois, une exploitation agricole se suffisait à elle-même ; le surplus était vendu pour acquérir les biens de consommation indispensables et payer les impôts. Si cet apport était insuffisant, le paysan travaillait hors de l'exploitation en étant journalier ou artisan. Chaque société villageoise, avec ses agriculteurs (petits, moyens et gros exploitants), ses pauvres sans terres (domestiques, ouvriers agricoles), ses médiateurs (officiers ministériels, prêtres, instituteurs, médecins), quelques négociants, patrons de manufactures et artisans, constituait un tout, avec des traditions communes. L'industrialisation et les besoins en main-d'œuvre qui en ont découlé ont bouleversé ce monde.

■ **Groupements fonciers agricoles (GFA).** Stés civiles ayant pour objet la création ou la conservation d'une ou plusieurs exploitations agricoles en vue de faciliter leur gestion, notamment en les louant. Depuis 1974, les Safer peuvent faire partie à titre transitoire d'un GFA, sans détenir plus de 30 % des parts ni exercer de gérance.

■ **Groupements de production.** Exemples : *groupement cantonal* réunissant, moyennant une cotisation très faible, des adhérents qui apportent leurs porcs (un minimum de truies étant requis). *Groupement départemental* emmenant les porcs aux abattoirs avec lesquels il a passé contrat ; les porcs sont payés aux producteurs selon un barème commun, les prix étant établis selon le rendement et la qualité. *Nombre* (au 1-1-1993) : 1 254.

■ **Métayage.** Le propriétaire d'une terre en cède l'usage à un locataire ou métayer, moyennant une rétribution (en général 1/3 des produits de l'exploitation ; dans ce cas le propriétaire participe pour 1/3 aux dépenses de l'exploitation). *Contrat minimal :* 9 ans, renouvelable. La loi du 1-8-1984 rend la *conversion* du métayage en fermage toujours possible, même pour les baux à long terme ; la *conversion* est automatique quand elle est demandée par un métayer en place depuis 9 ans ou plus.

■ Statistiques

■ **Répartition du territoire selon l'utilisation fonctionnelle du sol** (en milliers d'ha, 1998). *Total* 54 908,7 dont production minière 106,7 ; agricole 30 344,3 ; agricole occasionnelle 433,8 ; ligneuse 15 260,9 ; piscicole 89,2 ; industrie 158,5 ; énergie 69,5 ; réseau routier permanent 1 037,8 ; ferroviaire 80,5 ; fluvial maritime 210,9 ; aérien 25,2 ; autres 26,9 ; commerce et artisanat 102,7 ; administration et collectivités locales 39,4 ; armée 268,2 ; enseignement et recherche 43,9 ; culture 9,6 ; lieux de culte 27,1 ; équipements sociaux et sanitaires 27,2 ; sports et loisirs de plein air 371,8 ; habitat individuel 1 718 ; collectif 120,6 ; dépôts et décharges 29,5 ; protection réelle du milieu 68,5 ; absence d'usage 4 248,4.

■ **Utilisation du territoire** (en milliers d'ha, 2000). 54 919 dont **superficie agricole utilisée** 29 834 dont terres arabes 18 345. **Répartition des terres arabes** (en milliers ha, 2000) : 18 344,9 dont céréales 9 196, oléagineux 2 031, prairies artificielles et temporaires 2 716,8, fourrages annuels 1 464,7, jachère 1 205,9, légumes secs et protéagineux 461,1, pommes de terre et légumes frais 430,8, betteraves industrielles 414,4, jardins familiaux 200,8, plantes à fibres 62,7, semences et plants divers 59, choux, racines, tubercules fourragers 47,6, plantes aromatiques, médicinales et à parfum 33,4, cultures industrielles diverses 14, fleurs et plantes 6,7. Superficie toujours en herbe 10 338, cultures permanentes 1 151 (vignes 916 dont AOC 482, vergers 214, divers 20), **peupleraies, bois et forêts** 15 204, **territoire agricole non cultivé** 2 902, **territoire non agricole** 6 979 dont routes, chemins, carrières 2 489, parcs, jardins d'agrément 1 451, fleuves, lacs, marais, glaciers 1 074, rocs, dunes 935, sols bâtis 891, divers 138.

Détail : Grandes cultures 12,179 dont céréales 9 196, oléagineux 2 031, protéagineux 461, betteraves industrielles 414, autres cult. industrielles 77. **Cultures fourragères** 14 567 dont fourrages annuels 1 465 (dont maïs-fourrage 1 398), plantes sarclées fourragères 47 (dont betteraves fourragères 33), prairies artificielles 433, prairies temporaires 2 284, superficie toujours en herbe 10 338. **Prairies** 13 058. **Sols boisés** 16 227 dont forêts 15 049 (feuillus 9 528, conifères 4 110, mixtes 1 410), surfaces boisées hors forêt 919 (bosquets 586, arbres épars 333), peupliers 259. **Haies** 605.

Répartition du territoire (en millions d'ha)

	SAU[1]	non cultivé	forestier[2]	ni agricole ni forestier
1938	34,5	5,7	10,8	4,1
1950	33,5	5,7	11,3	4,7
1960	34,5	4,2	11,6	4,8
1970	32,5	3,0	14,4	4,9
1980	31,7	2,8	14,6	5,8
1990	30,6	2,9	14,8	6,6
2000	29,8	2,9	15,2	6,9

Nota. – (1) Superficie agricole utilisée. (2) Y compris peupleraies.

■ **Exploitations** (en milliers). *1970 :* 1 588 ; *79 :* 1 263 ; *88 :* 1 017 ; *97 :* 680 dont à temps complet 424, de 100 ha et plus 76, de 60 UDE (1 unité de dimension économique = 1,5 ha équivalent-blé) et plus 102, formes sociétaires 1 P9 dont grandes cultures 136,7, horticulture-maraîchage 18,3, viticulture d'appellation 50,5, autre 30,2, fruits 24,1, bovins lait 74,7, viande 78,8, mixtes 19,4, ovins et autres herbivores 84, porcins, volailles 22,3, polyculture, polyélevage 140,9.

Exploitations agricoles (superficie)	Nombre en milliers			SAU[1]
	1955	1970	1997	
– de 10 ha	1 299	702	244	819
10 à – de 35 ha	831	639	163	3 471
35 à – de 50 ha	83	115	71	2 965
50 à – de 100 ha	75	101	126	8 865
100 ha et +	20	30	76	12 211
Total	*2 307*	*1 588*	*680*	*28 331*

Nota. – (1) *SAU :* surface agricole utilisée, en milliers d'hectares, en 1997.

■ **Statut** (en milliers d'exploitations, 1997). Exploitants à leur compte 570,6, formes sociétaires et diverses 109,3 (GAEC 43, groupement de fait 5,3, SCEA 13,9, EARL 42,3, autre personne morale 3,7, personne physique 1,1).

Mode de faire-valoir (en milliers d'ha, 1997). 28 331 dont faire-valoir direct 9 879 (35 %), fermage 18 381 (65 %), métayage 71.

■ **Superficie moyenne** (en ha). *1979 :* 23 ; *90 :* 31 ; *96 :* 41,8 ; *97 :* 41,7. Mis à part les ateliers de production hors sol, les exploitations de moins de 5 ha ne sont plus guère exploitées que par des retraités, ou constituent une activité complémentaire pour des personnes travaillant à plein temps hors de l'exploitation.

■ **Hydraulique agricole** (exploitations en milliers et, entre parenthèses, superficie en milliers d'ha). **Irrigation :** *exploitations équipées : 1970 :* 140 (767) ; *79 :* 149 (1 325) ; *88 :* 136 (1 796) ; *97 :* 117 (2 699). *Exploitations irriguées : 1970 :* 133 (639) ; *79 :* 131 (801) ; *88 :* 121 (1 147) ; *97 :* 100 (1 907 dont maïs 763, plantes fourragères 146, soja 72, tournesol 15). **Drainage :** *1970 :* 91 (603) ; *79 :* 93 (943) ; *88 :* 161 (2 084) ; *97 :* 152 (2 741).

■ **MBS (Marge brute standard).** Compte tenu de la surface ou du cheptel, de l'activité et de la région considérée. *Moyenne* (en 1993) : 26 600 écus (l'équivalent de 33 ha de blé). 29 % des exploitations ont une taille inférieure à 6 ha d'équivalent blé (en %) : *6 à 12 ha d'équivalent blé :* 10 ; *12 à 24 :* 14 ; *24 à 60 :* 27 ; *60 et + :* 20.

Jachère et friches

■ **Jachère agronomique.** Période d'un an pendant laquelle on laisse reposer une terre après une ou deux récoltes de céréales à paille (*assolement* biennal ou triennal). Seuls sont entrepris des travaux pour maîtriser les mauvaises herbes, éviter le ruissellement, enfouir la matière organique. Cette pratique avait presque disparu sauf sur certaines parcelles qui ne pouvaient être semées pour des raisons accidentelles (conditions climatiques défavorables, situation particulière de l'exploitant ou de son exploitation).

Productions principales (en milliers de q)

Culture	1981	1991	1995	1996	1997	1998	1999	2000	Meilleure année		Plus mauvaise	
									Production	An.	Production	An.
Abricots	865	1 066	1 006	1 743	1 562	776	1 809	1 088	1 809	99	136	56
Artichauts	1 016	902	632	756	751	834	733	643	1 025	80[7]	356	87[7]
Asperges	438	383	337	319	327	290	314	294	584	88[7]	290	98[7]
Avoine	17 562	7 340	6 006	6 219	5 690	6 503	5 498	5 031	46 042	56	5 498	99
Betteraves[1]	95 674	31 145	24 667	25 032	24 998	24 102	23 697	23 217	433 456	58	23 697	99
industrielles	364 288	295 283	305 710	309 434	341 545	314 366	327 764	314 544	364 288	81	77 599	59
Blé (tendre et dur)	227 768	343 972	308 881	359 489	338 908	398 400	370 093	375 288	398 400	98	56 826	56
Carottes	5 212	5 957	6 379	635	675	727	7 000	6 326	7 000	99	635	96[7]
Cerises	1 120	564	630	693	613	362	680	696	1 688	65	362	98
Chanvre papier	391	214	351	363	779	627	637	547	n.c.		n.c.	
Châtaignes	248	124	110	67	57	112	127	132	1 366	53	57	97
Chicorée à café (racines)	1 206	1 096	1 166	1 218	1 236	1 206	1 260	1 292	2 226	70	228	77
Choux-fleurs	4 963	5 633	5 331	523	478	4 685	4 536	3 854	5 757	93	523	96
Choux fourragers	71 608	23 379	20 128	17 510	19 238	18 564	18 490	18 751	71 608	81	n.c.	
Colza	10 055	22 896	27 885	29 017	34 965	37 350	44 686	35 688	44 686	99	732	56
Endives	1 754	4 563	6 138	244	253	3 772	6 670	n.c.	6 670	99	243	96
Fèves en vert[2]	72	635	364	504	508	526	573	n.c.	573	99	72	81
Fourrages annuels	684 014	185 600	184 333	175 602	208 368	19 197	197 133	194 878	762 925	83	30 358	52
Fraises	787	805	807	81	82	801	697	735	1 002	87[8]	697	99[8]
Haricots secs	177	87	99	114	113	95	101	93	1 196	56	87	91
Haricots verts	2 107	2 985	3 259	355	371	3 824	3 863	3 688	3 863	99	355	96[7]
Houblon	15	7	14	11	12	13	13	17	23	59	7	87
Lait[3]	314 754	256 870	251 615	2 435 386	2 351 445	247 010	247 651	248 577	337 989	87	150 000	52
Lentilles	118	61	79	n.c.	59	58	75	121	192	79	33	92
Lin oléagineux	58	53	272	150	95	139	363	301	1 657	76	15	72
Lin textile[4]	1 769	2 613	3 276	1 976	2 084	2 874	3 295	3 758	5 073	64	1 478	76
Maïs	91 459	127 972	127 359	145 296	168 128	151 600	156 278	164 693	173 345	93	4 043	50
Melons	2 120	3 432	3 324	315	278	3 194	3 219	3 137	3 432	91	569	45
Méteil	194	–	210	n.c.	n.c.	n.c.	n.c.	n.c.	n.c.		n.c.	
Millet	29	–	n.c.	n.c.	n.c.	n.c.	n.c.	n.c.	n.c.		n.c.	
Noix[5]	162	165	219	178	206	247	290	278	411	52	115	57
Œillette	156	3	36	n.c.	n.c.	n.c.	n.c.	n.c.	n.c.		n.c.	
Orge	101 022	106 468	76 856	94 968	101 213	105 779	95 480		117 156	80	15 718	50
Pêches	4 230	2 820	5 291	4 679	4 689	3 361	4 775	4 758	6 148	68	1 050	76
Poires de table	4 553	2 260	3 207	3 460	2 541	2 641	2 873	2 616	5 529	71	1 227	51
Poireaux	2 251	2 044	2 152	209	210	2 046	2 099	2 011	2 796	77	209	96
Petits pois[2]	4 439	1 904	2 420	2 478	2 369	2 308	2 405	2 366	4 439	81	96	67
Pommes et poires à cidre	3 869	3 877	4 271	4 388	4 432	4 159	4 937	n.c.	58 639	50	523	85
Pommes de table	15 702	12 861	20 888	19 866	19 869	17 799	21 494	21 569	23 441	92	1 788	57
Pommes de terre	63 464	54 561	58 391	62 483	66 865	61 245	64 748	66 523	168 467	56	41 926	76
Prairies	69 680	43 763	43 093	38 343	40 129	41 559	42 651	42 909	185 181	48	38 343	96
temporaires[6]	196 522	147 493	155 826	147 697	155 915	174 637	186 435	188 119	217 306	77	30 656	52
Prunes	872	1 172	586	1 124	842	768	813	688	2 226	88	258	76
Prunes à pruneaux	789	810	1 865	2 388	1 189	1 331	1 085	1 334	2 388	96	70	58
Raisins de table	2 192	886	1 282	1 260	1 005	1 093	1 213	1 204	3 409	66	886	91
Riz paddy	185	1 102	1 224	1 151	1 205	1 073	1 009	1 074	1 405	58	185	81
Salades	4 590	4 798	5 020	n.c.	n.c.	4 872	5 146	5 131	5 146	99	4 087	84
Sarrasin	68	n.c.	n.c.	n.c.	n.c.	n.c.	n.c.	n.c.	3 730	32	68	81
Seigle	3 304	2 171	1 903	2 208	2 015	2 174	1 839	1 610	6 632	65	1 610	2 000
Soja	190	1 628	2 614	2 296	2 685	2 827	2 720	2 151	2 827	98	190	83
Sorgho	3 206	3 946	2 585	3 431	4 486	3 721	3 304	4 000	4 000	2 000	n.c.	
Tabac	424	291	263	276	250	265	264	255	638	57	244	93
Tomates	8 189	8 118	8 110	7 627	7 915	8 615	9 049	8 976	9 403	85[7]	5 798	92
Tournesol	4 233	26 001	19 870	19 947	20 011	17 040	18 706	18 130	26 084	87[7]	824	78
Vin[3]	60 611	47 713	56 234	600 369	556 359	53 309	62 645	59 531	600 369	96	32 500	57

Nota. – (1) Betteraves fourragères industrielles. (2) Gousses. (3) En milliers d'hl. (4) Paille et graines. (5) Pour fruit et pour huile. (6) Prairies artificielles temporaires. (7) Depuis 1978. (8) Depuis 1977.

Évolution des surfaces cultivées (en milliers d'ha)

	Froment (blé)	Seigle	Orge	Avoine	Riz	Maïs	Betterave fourragère	Betterave industrielle	Pomme de terre	Sorgho
1900	6 864	1 420	757	3 941	–	541	492	330	1 510	
1910	6 554	1 212	748	3 951	0,5	482	729	297	1 547	
1938	5 050	631	759	3 245	0,3	340	976,8	319	1 425	
1950	4 319	504	962	2 353	10,9	325	848,4	395	988	
1961	3 960	263	2 263	1 421	32,9	965	775,6	360	878	8,3
1970	3 746	132	2 953	805	21,5	1 483	452	403	410	55
1975	3 858,3	111,1	2 721,7	629,7	9,7	1 983,9	295,8	601,6	292,9	85,2
1980	4 576,4	127,7	2 648,2	534,3	6,8	1 752,3	186	544,6	247,6	70,8
1985	4 827,8	88,2	2 255,3	431	11,2	1 857,9	117,2	490,2	211,4	43,6
1990	5 149,7	64,5	1 756,4	218	20,4	1 560,9	55,7	474,7	164,4	66,7
1996	5 040	48,6	1 534	139,6	21,9	1 733	40,8	456,8	174,9	54,7
1997	5 112	46,2	1 687,6	134,7	20,5	1 854	38,5	459,5	172,3	68,8
1998	4 947	46	1 629	137,8	18,4	1 749,3	36,4	456,3	165,3	65,7
1999	n.c.	40,4	1 533,9	122	16,9	1 762,6	34,5	443,8	169,8	53

Le *gel des terres volontaire* (quinquennal) ou obligatoire (règlements de l'UE des 25 et 29-4-1988 ; 15, 20, et même 30 % de la surface en céréales, oléagineux et protéagineux) est considéré comme de la jachère agronomique lorsqu'il ne donne pas lieu à récolte. L'obligation d'entretien (broyage, enfouissement) des terres gelées est assimilée à un travail. Aide compensatoire au revenu prévue sur 5 ans. *Jachère industrielle :* consacrée à des cultures non destinées à l'alimentation humaine ou animale (carburant, chimie industrielle, industrie pharmaceutique). **Surface en jachère** (en milliers d'ha et % de la SAU) : *1993 :* 1 661 (5,48) ; *94 :* 1 726 (5,72) ; *95 :* 1 443 (4,78) ; *96 :* 1 047 (3,46) ; *97 :* 708 (2,4). **Taux de gel** (en %) : *rotationnel : 1995 :* 13,3 ; *97 :* 5. *Libre : 1995 :* 18,3 ; *97 :* 5.

■ **Friche.** Jachère non travaillée plus d'un an ou deux.

■ **Superficie** (en milliers d'ha) **en 1994 et**, entre parenthèses, **en 1982.** Alpages pâturés 666,2 (588,6), en herbe à faible production 1 224,7 (1 346,3), friches 628,6 (515,1), landes, maquis, garrigues 1 887,4 (2 184,3), terrains vagues urbains 76,2 (57,7). *Total 4 483,1 (4 692).*

Gel de surface de base en % (1993): G.-B. 12,6, *France 11,8,* All. 10,6, Espagne 9,8, Italie 3,6.

☞ **Plantes devant être utilisées comme couvert :** *brome* cathartique, *sitchensis, fétuque* élevée, rouge, *gesse* commune, *lupin* blanc, *mélilot, minette, moha, moutarde* blanche, brune, noire, *navette* fourragère, *pâturin* commun, *phacélie, radis* fourrager, *ray-grass* anglais, italien, hybride, *sainfoin, serradelle, trèfle* d'Alexandrie, de Perse, incarnat, blanc, violet, hybride, *vesce* commune, velue, de Sardaigne.

■ Valeur des terres agricoles

Valeur vénale

■ **Terres les plus chères.** Vignobles AOC, plaines de grande culture du Nord, du Bassin parisien et de Picardie ; régions où les terres labourables sont fertiles et relativement rares : Normandie (la plus grande partie de la superficie totale est consacrée aux prairies), vallées du Rhône et de la Garonne, littoral méditerranéen (forte demande non agricole), ceinture de Paris. **Terres les moins chères.** Régions montagneuses.

■ **Évolution. 1950-53** stabilisation monétaire et baisse en valeur réelle en 1951 et 1952. **1954 et 1955** + 5 à 6 %. **1956-57-58** boom. **1956 et 1957** + 20 % : début de la guerre d'Algérie et installation (dans le Midi) des colons du Maroc et de Tunisie. **1959-60** stabilisation. **1961-64** hausse ; les rapatriés d'Algérie achètent des terres, + 50 % en valeur réelle. **1965** stabilisation. **1969** baisse en valeur réelle. **1970** hausse moyenne de 10,4 % par an (inflation : – de 9 % par an). **1981-91** baisse (baisse du revenu des produits, augmentation du coût de l'argent jusqu'en 1988). **1991-93** baisse – 10,9 %, crainte d'une baisse des produits après la réforme de la Pac. **1994-95** stabilité. **1996-97** hausse 3,1 % ; **1997-98** de 3,3 %. **1998-99** de 2,2 %. *1999-2000 :* de 5 %. *2000-01 :* de 4,5 %. **De 1974 à 1997** baisse en valeur réelle de 36 % du prix de 1974. **Nombre moyen** d'années de revenu brut d'exploitation pour acquérir 1 ha (en 1997) : 4,7 (en vigne AOC 7,5).

■ **Prix moyens** (en milliers de F/ha). *1990 :* 24,27 ; *91 :* 24,01 ; *92 :* 22,28 ; *93 :* 20,45 ; *94 :* 19,98 ; *95 :* 19,49 ; *96 :* 19,23 ; *97 :* 19,58 ; *98 :* 20,4 (grandes cultures 24,2, bovins-viande 14,2, lait 17,3, mixtes 19,3), louée non bâtie 17 (fermage moyen 880 F/ha) ; *2000 :* 24,3. **Terres labourables :** *1986 :* 22 ; *87 :* 21,7 ; *88 :* 21,8 ; *89 :* 22,1 ; *90 :* 22,1 ; *91 :* 21,9 ; *93 :* 20,3 ; *94 :* 20 ; *96 :* 20,7. **Prairies naturelles :** *1986 :* 17 ; *87 :* 16,4 ; *88 :* 16 ; *89 :* 16,1 ; *90 :* 16,2 ; *91 :* 15,8 ; *93 :* 14,6 ; *94 :* 14,4 ; *96 :* 14,5. **Terres louées** (moins-value) : 10 à 30 % (baux de 9 ans) à 45 % si début de bail à long terme. **Terrains maraîchers** (en 1998) : Alsace 100 à 460 ; Aquitaine 10 à 100 ; Pays de la Loire 15 à 110 ; Midi-Pyrénées 20 à 80 ; Nord 40 à 100 ; Poitou-Charentes 28 à 100 ; Provence-Alpes-Côte-d'Azur 25 à 2 550 ; Rhône-Alpes 8 à 130. **Vergers :** *1980 :* 46 ; *86 :* 55,1 ; *87 :* 55,4 ; *88 :* 56,1 ; *90 :* 57,9 ; *91 :* 58,6 ; *94 :* Alsace 30 à 90 , Aquitaine 15 à 140, Corrèze 43 à 46,4, Languedoc-Roussillon 20 à 130, Midi-Pyrénées 15 à 35, Provence-Alpes-Côte-d'Azur 25 à 2 100, Rhône-Alpes 8 à 90 ; *96 :* 54,7.

Vignes AOC. **Alsace :** *1988 :* 203 ; *90 :* 241 ; *95 :* 421 ; *2000 :* 585. **Armagnac :** *1988 :* 55 ; *90 :* 62 ; *96 :* 38 ; *98 :* 35. **Bordeaux :** *1988 :* 196 ; *90 :* 242 ; *92 :* 269 ; *95 :* 191 ; *96 :* 204 ; *97 :* 220 ; *98 :* 273 ; *99 :* 290 ; *2000 :* 336. **Bourgogne :** *1988 :* 446 ; *90 :* 459 ; *93 :* 358 ; *96 :* 375 ; *97 :* 401 ; *98 :* 435 ; *99 :* 460 ; *2000 :* 478. **Champagne :** *1988 :* 666 ; *90 :* 780 ; *95 :* 1 471 ; *96 :* 1 584 ; *97 :* 1 707 ; *98 :* 1 925 ; *99 :* 2 005 ; *2000 :* 2 348. **Cognac :** *1988 :* 89 ; *90 :* 136 ; *91 :* 152 ; *96 :* 112 ; *98 :* 82. **Jura-Savoie :** *1988 :* 154 ; *90 :* 163 ; *92 :* 187 ; *95 :* 168 ; *99 :* 145 ; *2000 :* 149. **Languedoc-Roussillon :** *1990 :* 52 ; *95 :* 58 ; *96 :* 61 ; *97 :* 62 ; *98 :* 71 ; *99 :* 79 ; *2000 :* 88. **Provence-Corse :** *1988 :* 79 ; *91 :* 118 ; *95 :* 92 ; *96 :* 97 ; *97 :* 96 ; *98 :* 99 ; *99 :* 102 ; *2000 :* 111. **Sud-Ouest :** *1988 :* 56 ; *90 :* 65 ; *93 :* 69 ; *95 :* 66 ; *97 :* 67 ; *98 :* 68 ; *99 :* 83 ; *2000 :* 89. **Val de Loire et Centre :** *1988 :* 86 ; *90 :* 106 ; *92 :* 129 ; *95 :* 106 ; *97 :* 103 ; *98 :* 109 ; *99 :* 125 ; *2000 :* 134. **Vallée du Rhône :** *1988 :* 111 ; *90 :* 121 ; *95 :* 124 ; *98 :* 142 ; *99 :* 176 ; *2000 :* 196. **France :** *1985 :* 161 ; *88 :* 209 ; *91 :* 271 ; *92 :* 282 ; *93 :* 249 ; *95 :* 268 ; *96 :* 283 ; *97 :* 301 ; *98 :* 342 ; *99 :* 365 ; *2000 :* 413.

Prix minimal/maximal des vignes à AOC en 2000 (en milliers de F/ha). **Alsace :** *Bas-Rhin* 350/1 100. *Haut-Rhin* 550/1 280. **Armagnac :** *Gers* Vic Bilh-AOC madiran 170/270, haut Armagnac 40/65, bas 30/90. **Beaujolais-Bourgogne :** *Ain* VDQS vin du Bugey 100/200. *Côte-d'Or* côte de Beaune blanc 900/3 300, rouge 550/3 000, de nuits 500/2 900. *Rhône* beaujolais crus 300/650, villages 200/300, beaujolais 140/250, AOC côteaux du lyonnais 140/200. *Saône-et-Loire* pouilly-fuissé 700/1 000, pouilly vinzelles 490/600, moulin-à-vent 350/600, saint-amour 350/600, mercurey 450/1 000, givry 300/900, aligoté bouzeron 200/350, aligoté 100/300, bourgogne passe-tout-grain 100/200. *Yonne* chablis AOC 275/2 000. **Bordeaux** et **Bergeraçois :** *Gironde* pomerol 3 000/8 700, saint-julien, pauillac, margaux 1 500/2 000, saint-estèphe 900/1 400, pessac léognan 600/1 800, St-émilion 1 000/3 000, côtes de Bourg 200/350, de Blaye 90/270, graves 170/500, sauternes 350/850. **Cahors :** *Lot* 80/160. **Champagne :** *Aisne* 890/2 546. *Aube* 2 000/2 950. *Marne* 2 000/4 250. **Cognac :** *Charente* Grande Champagne 80/125, Petite 80/110. **Corse :** AOC 45/80. **Dordogne :** bergerac AOC blanc 45/65, rouge 100/120, montbazillac 80/90. **Jura :** château-chalon 280/380, arbois 130/210. **Languedoc :** *Gard* côtes du rhône (AOC générique) 160/200. *Hérault* muscat de Frontignan 150/300. **Limoux-Corbières-Minervois :** *Aude* blanquette de Limoux 65/140, fitou 60/95. **Lot-et-Garonne :** AOC cocumont, côtes du marmandois 65/120. **Pays du Centre :** *Allier* St-pourcain 60/100. *Cher* sancerre 300/850, quincy reuilly 60/230. *Nièvre* pouilly fumé 500/1 000. *Puy-de-Dôme* vins d'Auvergne 55/100. **Pays de la Loire :** *Indre-et-Loire* chinon 70/280, saint-nicolas de Bourgueil 200/350, vouvray 50/180. *Loir-et-Cher* VDQS coteaux du vendômois 15/25. *Maine-et-Loire* anjou 60/110, coteaux du layon 80/150, saumur champigny 280/420. **Pays Nantais :** *Loire-Atlantique* gros-plant VDQS 15/30, sèvre et maine, muscadet AOC 65/180. **Provence :** *Bouches-du-Rhône* côtes de provence 80/180. *Var* AOC côtes et coteaux de provence 80/180. *Vaucluse* beaumes-de-venise 320/450, châteauneuf du pape 1 100/1 500, gigondas 400/600, côtes du lubéron 60/100, du ventoux 60/100. **Roussillon :** *Pyrénées orientales* banyuls AOC 95/160, rivesaltes AOC 50/75, muscat 120/170. **Savoie :** cluse de Chambéry 250/470, combe de savoie 120/250. **Vallée du Rhône :** *ardèche* AOC côtes-du-rhône 130/200, *Drôme* crozes-hermitage 150/250.

Espace rural 2000 [1]	Transactions	Hectares	MdF [2]
Agricole	**92 200**	**404 200**	**17,59**
terres et prés	65 600	279 500	8,97
vignes	11 300	15 600	2,71
Autres biens	21 400	109 100	5,90
Artificialisation [3]	**26 000**	**29 800**	**8,23**
collectivités	4 900	9 900	0,9
autres	21 100	19 900	7,32
Maisons campagne	**31 400**	**28 600**	**22,7**
Espaces loisirs	**46 500**	**17 900**	**2**
Forêts	**8 400**	**57 600**	**1,97**
Landes, friches, étangs	**3 600**	**16 000**	**1,11**
Total	**214 300**	**554 000**	**53,74**

Nota. – (1) Terres d'origine agricole. (2) Milliards de F. (3) Routes, zones industrielles, terrains à bâtir.

■ **Prix des terres** (à l'ha, en F, 1996). P.-Bas 115 200, Allemagne 107 200, Italie 81 400, Belgique 76 700, Danemark 51 300, G.-B. 37 000, Irlande 32 400, Espagne 24 400, *France 19 000,* USA 9 600.

■ **Forêts** (prix moyen en F/ha, en 1999). En France 19 800 dont Ile de France 32 000, Nord-Est 28 100, Centre Bourgogne 20 800, pourtour méditerranéen 17 900, Grand Ouest 16 600, Pyrénées, Limousin, Auvergne, Rhône-Alpes 14 300.

Marché forestier de + d'un hectare (en 1999) : *nombre :* 9 500, *surface (en ha) :* 103 700, *valeur (en milliards de F) :* 3,47.

Source : Société forestière de la Caisse des dépôts.

■ **Valeur locative.** **Revenu brut moyen** avant déduction des charges incombant au propriétaire (impôts, assurances et entretien des bâtiments) [en % par rapport à la valeur vénale] : 2 à 3,5 (vers 1900 parfois 4 à 5). Des *baux de chasse* offrent dans certaines régions (Alsace, Sologne et Quercy) des revenus parfois 2 ou 3 fois plus élevés que ceux du fermage. Dans le Nord, la Picardie, la Champagne, le Bassin parisien, l'usage du *droit au bail*, versé par les fermiers prenant une exploitation en location, s'est répandu, bien que la loi l'interdise. Ce *prix du vent* atteint des sommes considérables, mais le « fermier sortant » est parfois seul à en profiter. Dans les zones d'élevage, des *contrats de vente d'herbe*, laissant aux propriétaires les charges d'entretien de leurs fonds et l'intégralité des charges fiscales et parafiscales s'y attachant, permettent d'obtenir des loyers plus élevés et de conserver, d'une année à l'autre, la libre disposition de leur bien.

Prix des terres agricoles selon les départements

Département	Prix moyen (F/ha)			Département	Prix moyen (F/ha)			Département	Prix moyen (F/ha)		
	Terres et prés libres 2000	Terres et prés loués 1998-99-2000	Montant des fermages 2000		Terres et prés libres 2000	Terres et prés loués 1998-99-2000	Montant des fermages 2000		Terres et prés libres 2000	Terres et prés loués 1998-99-2000	Montant des fermages 2000
France	22 500	18 000	813	Gard	30 900	28 100	729	Orne	17 400	15 200	1 064
Ain	19 100	14 300	655	Haute-Garonne	25 600	18 500	750	Pas-de-Calais	36 100	20 900	1 073
Aisne	30 100	22 300	896	Gers	22 000	18 400	867	Puy-de-Dôme	16 100	13 100	742
Allier	13 100	11 000	662	Gironde	44 100	n.s. [1]	808	Pyrénées-Atlantiques	33 100	27 700	779
Alpes-Haute-Provence	24 600	20 100	621	Hérault	24 300	n.s. [1]	799	Hautes-Pyrénées	25 300	23 300	614
Hautes-Alpes	25 500	22 100	401	Ille-et-Vilaine	21 200	19 900	843	Pyrénées-Orientales	34 100	n.s. [1]	106
Alpes-Maritimes	33 500	n.s. [1]	704	Indre	15 400	13 500	568	Bas-Rhin	30 900	27 900	854
Ardèche	19 600	n.s. [1]	536	Indre-et-Loire	16 100	13 600	649	Haut-Rhin	32 100	32 200	733
Ardennes	20 600	20 400	690	Isère	24 100	19 800	647	Rhône	23 500	20 400	645
Ariège	15 500	12 300	546	Jura	10 200	10 000	667	Haute-Saône	19 700	10 600	696
Aube	33 600	27 200	748	Landes	24 500	22 000	876	Saône-et-Loire	12 200	10 100	724
Aude	18 700	n.s. [1]	627	Loir-et-Cher	19 000	16 400	676	Sarthe	15 800	13 400	932
Aveyron	29 800	26 600	656	Loire	19 000	13 400	713	Savoie	26 500	29 200	489
Bouches-du-Rhône	54 600	43 700	821	Haute-Loire	14 900	13 600	602	Haute-Savoie	46 700	42 700	677
Calvados	27 400	21 900	1 202	Loire-Atlantique	9 000	7 700	593	Seine-Maritime	30 400	25 000	1 198
Cantal	21 800	20 200	893	Loiret	28 300	24 200	871	Seine-et-Marne	31 900	25 900	872
Charente	17 000	15 000	764	Lot	23 700	18 600	647	Yvelines	41 200	27 500	609
Charente-Maritime	20 600	17 900	778	Lot-et-Garonne	24 300	21 000	849	Deux-Sèvres	13 200	11 300	791
Cher	17 300	14 300	603	Lozère	16 800	n.s. [1]	706	Somme	31 500	22 300	1 205
Corrèze	23 200	19 000	488	Maine-et-Loire	12 200	11 000	861	Tarn	23 100	19 800	654
Corse-du-Sud	17 900	n.s. [1]	404	Manche	23 000	20 300	1 296	Tarn-et-Garonne	19 400	17 100	1 029
Haute-Corse	36 200	36 600	300	Marne	34 500	30 900	808	Var	73 500	n.s. [1]	1 263
Côte-d'Or	13 000	12 800	616	Haute-Marne	12 500	11 200	634	Vaucluse	46 900	42 000	1 548
Côtes-d'Armor	18 300	17 600	789	Mayenne	18 200	15 800	1 067	Vendée	11 500	9 700	790
Creuse	8 500	8 000	473	Meurthe-et-Moselle	18 300	16 000	487	Vienne	15 600	13 600	775
Dordogne	19 500	13 800	595	Meuse	18 100	15 400	619	Haute-Vienne	15 000	11 600	565
Doubs	14 600	12 400	705	Morbihan	18 800	15 600	656	Vosges	15 600	12 100	509
Drôme	26 200	26 600	884	Moselle	19 600	16 100	574	Yonne	18 100	16 100	665
Eure	29 800	24 900	1 084	Nièvre	13 600	11 500	666	Territoire de Belfort	11 900	18 500	600
Eure-et-Loir	29 600	25 500	901	Nord	34 400	21 500	1 224	Essonne	41 800	28 800	718
Finistère	20 000	18 800	958	Oise	28 900	23 700	1 004	Val-d'Oise	41 300	27 800	733

Nota. – (1) Non significatif. *Source : Revue des Safer* (mai 2001).

■ **Rendement** (2000). Patrimoine de départ : un ha de terre louée 18 600 F. Montant brut des fermages : 813 F par ha soit 4,5 %.

■ **Marché foncier agricole en 2000. Vendeurs** (en % des surfaces vendues) : cohéritiers 24, agriculteurs 31, non-agriculteurs 45. **Acquéreurs** : agriculteurs-fermiers en place 39, non-fermiers en place 34, non-agriculteurs 27. **Achats par des étrangers :** *en 1997* (en millions de F), entre parenthèses, *nombre d'acheteurs et*, en italique, *surface* (en ha) : Britanniques 660 (1 181) *2 703*, Belges et Lux. 373 (561) *2 423*, Allemands 339 (586) *1 249*, Néerlandais 328 (562) *1 691*, autres Européens 389 (607) *2 299*, Américains 130 (84) *275*.

Céréales

Production et rendement (évolution). Production moyenne en millions de t **et**, entre parenthèses, **rendement** en quintaux à l'ha. **Avoine :** *1901-10 :* 4,6 (12). *11-20 :* 3,9 (11,8). *21-30 :* 4,7 (13,5). *31-40 :* 4,6 (14,3). *41-45 :* 2,7 (11,8). *46-50 :* 3,3 (13,4). *51-55 :* 3,6 (16,2). *56-60 :* 3,1 (18,5). *61-65 :* 2,6 (20,6). *66-70 :* 2,5 (26). *78-82 :* 1,9 (35,3). *80-84 :* 1,8 (36,7). *89-90 :* 1 (37,8). *95 :* 0,6 (40,2). *2000 :* 0,5 (45). **Blé dur :** *1961-65 :* 0,1 (18,2). *66-70 :* 0,3 (26,9). *71-77 :* 0,5 (28,2). *78-82 :* 0,4 (33,5). *80-84 :* 0,5 (37,2). *89-90 :* 1,3 (44). *98 :* 1,5 (51,5). *99 :* 1,5 (47). *2000 :* 1,7 (50). **Tendre :** *1901-10 :* 8,9 (13,5). *11-20 :* 6,7 (12,32). *21-30 :* 7,6 (14,18). *31-40 :* 7,9 (15,52). *41-45 :* 5,6 (13,45). *46-50 :* 6,7 (16,5). *51-55 :* 9,1 (16,5). *56-60 :* 9,8 (23,6). *61-65 :* 12,4 (29,4). *66-70 :* 13,3 (34,6). *78-82 :* 22,1 (50,5). *80-84 :* 26 (55). *89-90 :* 30,6 (64,9). *98 :* 38,4 (77,6). *99 :* 35,4 (74). *2000 :* 35,9 (73). **Maïs :** *1901-10 :* 0,6 (12,1). *11-20 :* 0,4 (11,1). *21-30 :* 0,4 (12,1). *31-40 :* 0,5 (15,5). *41-45 :* 0,2 (9,6). *46-50 :* 0,3 (10,3). *51-55 :* 0,8 (20,8). *56-60 :* 1,9 (28,5). *61-65 :* 2,7 (30,1). *66-70 :* 5,4 (47,9). *78-82 :* 9,6 (54,9). *80-84 :* 10,2 (60,1). *89-90 :* 13,1 (69,3). *98 :* 14,6 (83,1). *99 :* 15,6 (89). *2000 :* 16,5 (90). **Orge et escourgeon :** *1901-10 :* 0,9 (12,9). *11-20 :* 0,8 (12,2). *21-30 :* 1 (14,3). *31-40 :* 1,1 (14,8). *41-45 :* 0,7 (10,9). *46-50 :* 1,3 (14,9). *51-55 :* 2,2 (18,5). *56-60 :* 4,9 (25,1). *61-65 :* 6,6 (28). *66-70 :* 8,8 (31,4). *78-82 :* 10,9 (41,4). *80-84 :* 10,6 (45). *89-90 :* 9,8 (54). *98 :* 10,6 (65,2). *99 :* 9,5 (62). *2000 :* 9,9 (63). **Riz paddy** (prod. en millions de quintaux) : *1942-45 :* 0,012. *46-50 :* 0,2. *51-55 :* 0,7 (35,9). *56-60 :* 1,2 (40,9). *61-65 :* 1,2 (39). *66-70 :* 1 (40). *80-84 :* 0,3 (46,8). *88 :* 0,6 (48). *95 :* 1,3 (49,8). *99 :* 1 (59). *2000 :* 1,1 (58). **Seigle :** *1901-10 :* 1,3 (10,6). *11-20 :* 0,9 (9,9). *21-30 :* 0,9 (11,2). *31-40 :* 0,8 (11,7). *41-45 :* 0,3 (8,4). *46-50 :* 0,5 (11,1). *51-55 :* 0,5 (11,4). *56-60 :* 0,5 (13,3). *61-65 :* 0,4 (15,6). *66-70 :* 0,3 (19,7). *80-84 :* 0,3 (31,1). *89-90 :* 0,3 (35,5). *98 :* 0,2 (47,4). *99 :* 0,2 (46). *2000 :* 0,2 (46). **Sorgho :** *1966-70 :* 0,2 (31,6). *80-84 :* 0,3 (46,7). *89-90 :* 0,3 (44,3). *98 :* 0,4 (60,6). *99 :* 0,3 (62). *2000 :* 0,4 (63). **Triticale :** *1988 :* 0,5 (42). *98 :* 1,2 (53). *99 :* 1,2 (51). *2000 :* 1,2 (52).

Industries agroalimentaires

Source : Ania (Association nationale des industries agroalimentaires).

■ **Entreprises de plus de 20 salariés. Nombre :** *1999 :* 4 257 (405 000 salariés). **Chiffre d'affaires** (en milliards de F). *1996 :* 762 ; *97 :* 792,5 ; *98 :* 803 ; *99 :* 816.

Commerce extérieur

■ **Échanges agroalimentaires. Solde de la balance commerciale** (en milliards de F). *1970 :* – 0,4. *80 :* 16. *85 :* 34,2. *86 :* 28,2. *87 :* 31,7. *88 :* 41,6. *89 :* + 50,9. *90 :* 34,5 (export. 119,9/import. 85,5). *91 :* 44,4 (193,3/148,9). *92 :* 53,2 (200,6/147,4). *93 :* 56,5 (197,1/140,6). *94 :* 45,3 (200,6/155,3). *95 :* 51,1 (212,8/161,7). *97 :* 66,7 (231,3/164,6). *98 :* 54,5 (173/118,5). *99 :* 54,8 (171,9/117,1). **Export./import.** (en milliards de F, 1999) : *viande :* 25,5/20,3 (boucherie 13,5/15,6 ; volailles et plumes 8,1/2,15 ; préparations 3,96/2,6) ; *poisson :* 3,9/13,8 ; *fruits et légumes :* 7,9/14,4 (produits à base de p. de t. 0,9/1,7 ; jus de fruits et légumes 1/3,7 ; préparations 5,96/8,9) ; *corps gras :* 2,7/10,5 (huiles brutes et tourteaux 1,5/7,2 ; raffinées et produits associés 0,96/2,6 ; margarines 0,2/0,7) ; *industrie laitière :* 25,4/13,1 (lait et produits laitiers 23,8/12,2 ; glaces et sorbets 1,6/0,93) ; *grains et produits amylacés :* 8,9/5,5 travail des grains 4,1/3,6 ; produits amylacés 4,8/1,9) ; *aliments pour animaux :* 6,9/2,3 (de ferme 0,2/0,06 ; autres 6,7/2,3) ; *autres industries alimentaires :* 32,7/26,3 (pain et pâtisserie fraîche 1,15/1,08 ; biscottes, biscuits, pâtisseries 3,8/4,2 ; sucre 8,02/1,6, chocolaterie et confiserie 7,4/8,7 ; pâtes alimentaires 0,59/1,5 ; café et thé conditionnés 2,7/2,4 ; condiments et assaisonnements 1,2/1,9 ; aliments adaptés enfants et diététiques 0,9/0,2 ; divers 7/4,6) ; *boissons :* 58,1/10,9 (alcooliques distillées 11,5/3,2 ; alcool éthylique 0,9/0,3 ; vins et champagnes 37,6/3,2 ; cidre 0,08/0,03 ; vermouths 0,18/0,23 ; boissons brassées 1,03/1,9 ; malt 1,6/0,1 ; eaux et boissons rafraîchissantes 5,2/1,9). *Ensemble :* 172/117,1.

■ **Commerce mondial agroalimentaire** (en milliards de $, 1996). **Exportations :** USA 66,3, *France 40,1,* P.-Bas 37,3, Allemagne 26,5, Belg.-Luxembourg 19, Australie 16,1, G.-B. 15,4, Canada 14,7, Chine 14,3, Brésil 14,3, Argentine 9,8, Thaïlande 9,5, Malaisie 7,8. **Importations :** Allemagne 44,8, Japon 41,8, USA 37,9, *France 27,6,* G.-B. 26,7, Italie 25,6, P.-Bas 20,7, Belg.-Luxembourg 17, Russie 10,9, Hong Kong 10,9, Corée du Sud 10,8, Canada 9,5, Brésil 6,3.

Industrie de la conserve

Source : Fiac.

■ **Statistiques de l'appertisation** (en 2000). **Chiffre d'affaires** (en milliards de F) : 23 (export. 6,3, import. 7,7, solde – 1,4). **Effectifs :** 33 000.

■ **Production. Conserves appertisées** (en milliers de t 1/2 brut [1]) : *1955 :* 201. *60 :* 446. *65 :* 625. *70 :* 1 101. *75 :* 1 455. *81 :* 1 953. *84 :* 2 131. *90 :* 2 438. *98 :* 2 627. *99 :* 2 581 dont *légumes* 1 208 (haricots verts 271, maïs doux 235, pois et carottes 144, petits pois 159, champignons 112, tomates 119), *plats cuisinés* 514, *spécialités* 51, *confitures* 123, *poissons* 117 ; *2000 :* 2 527. **Produits déshydratés et lyophilisés** (en milliers de tonnes, 1996) 19,66, pommes de terre 61,42.

Nota. – (1) 1 t 1/2 brut = 1 000 boîtes 4/4 de 850 cm³.

■ **Consommation de conserves** (par an, en milliers de t, 2000). Légumes 1 019, fruits avec sucre 501, tomates 236, produits de la mer 256.

■ **Commerce** (en millions de F, 2000). **Exportations/importations :** légumes et maïs doux 1 970/934, fruits 674/1 512, confitures 585/175, tomates et concentrés 87/654, champignons 336/255, poissons et anchois 1 693/3 387, plats cuisinés 366/497, spécialités 589/252.

Industries charcutières

Source : Fédération française des industries charcutières.

■ **Production industrielle française** (en milliers de tonnes, 1996). 1 125 dont *viandes de porc salées, saumurées, séchées ou fumées :* poitrines et leurs morceaux salés, séchés ou fumés 65, jambons désossés 34,7, avec os 10,1, épaules, palettes avec os 3,6, désossées 2, autres viandes : crues salées 6,9, séchées, fumées 5,2 ; *viandes de bœuf salées, séchées ou fumées :* 0,26 ; *abats comestibles, salés, saumurés, séchés ou fumés :* crus salés 0,4, séchés, fumés 0,05 ; *viandes de porc cuites :* jambons cuits 227,4, épaules cuites 39,6, autres pièces cuites 18,4 ; *saucisses et saucissons (autres que de foie) :* saucisses cuites ou à cuire 137,9, saucissons secs 102,5, saucissons cuits ou à cuire 51,1 ; boudin noir 14,4, de Castres, de langue 0,4, blanc 6,3, andouilles 5,5, andouillettes 13,4 ; *foie :* saucisses et saucissons de foie 1,3 ; *pâtés et préparations diverses de viandes :* à base de porc 59,4, foie 34, volailles 8,3 [dont de dinde (viandes cuites) 4,6], gibier 4,3 ; *pâtés et préparations à base de poisson :* 4,8 ; *préparations et conserves à base de bœuf : 21, à base de tête 2,9 ; plats cuisinés préparés divers :* de porc (y compris mélanges) 96,8, charcuterie pâtissière 57,6 ; *corps gras animaux :* saindoux 0,6. **Total toutes fabrications** (en t) : viandes 1 048 900, abats 117 612. **Nombre de salariés** (au 1-1-1997) : 32 440. **Chiffre d'affaires** (en milliers de F, 1996) : 32 764 326. **Nombre d'établissements** (en 1996) : 410.

■ **Bouillons et potages.** Industrie concentrée ; utilise protéines, céréales, épices et toutes sortes de légumes. **Production** (en t, 1997) : potages déshydratés 26 689, bouillons solides ordinaires 2 598, supérieurs 6 482.

■ **Condiments. Production** (en t, 1995) : moutardes 78 432, sauces froides 111 801.

Produits surgelés

Sources : Syndicats.

■ **Surgelés. Marché en France** (2000). 1 815 000 t (dont consommation à domicile 850 000, hors domicile 965 000). *CA :* 33,5 milliards de F. **Consommation par habitant** (en kg, 1999). Danemark 40,8, G.-B. 38,7, Suède 35,8, Norvège 35,1, France 30, All. 26,6, Finlande 24,7, Espagne 23,3, Belgique 21,7, P.-Bas 19,8, Grèce 17,4.

■ **Glaces, sorbets, crèmes glacées. Marché en France** (en 2000) 311 millions de litres ; CA 6 milliards de F. **Consommation par habitant** (en litres, 1999). USA 22, Suède 12, Danemark 9, G.-B. 9, Italie 9, Allemagne 7, France 6.

Alimentation animale

Sources : SNIA-Syncopac et Facco.

■ **Production** (en t, 1999). Aliments d'allaitement 522 705. Bovins 4 209 184 dont vaches laitières 2 994 477 ; ovins, caprins 491 783 ; porcins 6 871 247 ; volailles 9 592 083 ; lapins 609 327 ; chiens-chats 35 532 ; autres 500 861. *Total 22 832 722.* **Chiffre d'affaires** (en 1998) : 35 milliards de F. **Exportations :** 1 369 901 t (5,63 milliards de F).

■ **Animaux familiers** (en 2000). **Chiffre d'affaires :** 13,2 milliards de F. **Production :** 2 000 000 t ; 33 usines.

Marchés d'intérêt national

■ **Statut.** Service public créé en 1953 ; structures réservées aux grossistes, producteurs, prestataires de services et acheteurs pour la vente en gros des produits alimentaires et horticoles. **Activités des 17 MIN de France** (en millions de t, 1999) : fruits et légumes : 3,2 ; produits carnés : 0,4 ; produits laitiers et avicoles : 0,23 ; produits de la mer et d'eau douce : 0,18 ; produits de l'horticulture : 2,6 milliards de F. **FFMIN** (Fédération française des marchés d'intérêt national), 457, rue de la Tour, 94150 Rungis.

Rungis marché international

■ **Gestion. Par la Semmaris** (Sté d'économie mixte d'aménagement et de gestion du Marché d'intérêt national de la région parisienne). **Ouvert** *le 3-3-1969.* **Superficie :** 232 ha. **Statistiques** (en 2000) : *grossistes* 536, *producteurs* 313, *sociétés de services* ou organismes divers 559. *Arrivages en milliers de t :* fruits 575, légumes 495, produits carnés 341, laitiers et avicoles 133, de la mer et d'eau douce 143 (en équivalents poissons entiers), traiteur et d'alimentation générale 112, fleurs coupées 34 316 000 bottes, plantes en pot 18 429 000 unités. *Déchets collectés :* 79 489 t. *Chiffre d'affaires total* (en 1999) : 40,68 milliards de F (y compris services). *Fréquentation journalière moyenne* (en 2000) : plus de 26 000 véhicules/j d'ouverture.

Structures administratives

Ministère de l'Agriculture

■ **Services centraux.** *Administration centrale,* 78, rue de Varenne, 75007 Paris. *Service central des enquêtes et études statistiques,* 4, av. de Saint-Mandé, 75570 Paris Cedex 12. *Direction de l'espace rural et de la forêt,* 19, av. du Maine, 75732 Paris Cedex 15. *Service des haras et de l'équitation,* 14, av. de la Grande-Armée, 75017. *Direction générale de l'alimentation,* 35, rue St-Dominique, 75007 ; 175, rue du Chevaleret, 75013.

■ **Services extérieurs** (décrets du 28-12-1984). **Directions régionales de l'agriculture et de la forêt** (Draf) : administration générale, économie agricole, forêts et bois, formation et développement, inspection du travail en agriculture, protection des végétaux, statistique agricole. Leurs directeurs sont les correspondants des directions de l'administration centrale et du préfet de région. **Directions départementales de l'agriculture et de la forêt** (DDAF) : administration générale, statistique agricole, inspection du travail en agriculture, vétérinaire, hydraulique et forestier, équipement.

■ **Services annexes. Vétérinaires :** *inspection des denrées d'origine animale* (protection et inspection sanitaire et qualitative du cheptel). *Inspection sanitaire et qualitative des denrées animales* livrées au public pour la consommation. Prophylaxie collective pour certaines maladies (tuberculose bovine, fièvre aphteuse, peste porcine, brucellose, etc.). **Protection des végétaux :** 175, rue du Chevaleret, 75013 Paris. 22 services régionaux + 2 outre-mer. Les stations d'avertissement agricoles informent les agriculteurs des méthodes. **Inspection des denrées animales :** *service d'État d'hygiène alimentaire :* créé 1968. 9 laboratoires de recherche et de contrôle.

Établissements publics

Sous la tutelle du ministère de l'Agriculture.

■ **Cnasea (Centre national pour l'aménagement des structures des exploitations agricoles).** 7, rue Ernest-Renan, 92136 Issy-les-Moulineaux Cedex. 20 délégations régionales et 7 bureaux. *Directeur général :* André Barbaroux ; *adjoint :* Gérard Vladyslav ; *secr. gén. :* Jean-Claude Bessemoulin. Établissement public national. *Créé* 1965. *Budget 2000 :* 53,3 milliards de F. Les dépenses sont partiellement remboursées par des fonds européens (FSE ou Feoga).

Certaines actions (missions d'information et constitutions de dossiers) sont confiées aux Associations départementales pour l'aménagement des structures des exploitations agricoles *(Adasea).*

☞ **Fasasa (Fonds d'action sociale pour l'aménagement des structures agricoles).** *Créé* 8-8-1962. Supprimé depuis le 1-1-1990. **Fidar (Fonds interministériel de développement et d'aménagement rural).** *Créé* 3-4-1979. Supprimé. **Forma (Fonds d'orientation et de régularisation des marchés agricoles).** Dissous par le décret n° 86-136 du 29-1-1986.

Autres organismes

■ **Acofa (Agence centrale des organismes d'intervention dans le secteur agricole).** 2, rue Saint-Charles, 75740 Paris Cedex 15. *Créée* le 7-7-1983. *Rôle :* coordonner l'application de la réglementation relative à la Pac, les contrôles des bénéficiaires et redevables du Feoga-Garantie, la gestion des dépenses relevant du Feoga-Garantie et la gestion du statut du personnel des offices agricoles. *Pt :* François Cailleteau. *Dir. :* Stéphan Rivard.

■ **Actia (Association de coordination technique pour l'industrie agroalimentaire).** 16, rue Claude-Bernard, 75231 Paris Cedex 05. *Créée* mai 1983. Coordonne les activités

■ **Safer.** **FNSafer [Fédération nationale des Stés d'aménagement foncier et d'établissement rural (Safer)** et **SCAFR (Sté centrale d'aménagement foncier rural)]**, 3, rue de Turin, 75008 Paris. *Créées* par la loi d'orientation agricole du 5-8-1960. Acquièrent, au besoin par préemption, des terres agricoles ou forestières, à l'aide de prêts des caisses régionales de crédit agricole. Doivent les revendre dans les 5 ans, pour améliorer les structures des exploitations agricoles, dans le cadre de leur activité traditionnelle ou pour des usages non agricoles en vue de favoriser le développement rural et la protection de la nature et de l'environnement (loi du 23-1-1990). Peuvent légalement apporter leur concours technique aux collectivités territoriales et aux établissements publics rattachés. Tout propriétaire peut, par convention, mettre des terrains à leur disposition pendant une durée limitée pour aménagement ou mise en valeur agricole. **Nombre :** métropole 26, DOM 3 (Guadeloupe, Martinique et Réunion). **Statut :** sociétés anonymes. **Acquisitions :** *surfaces acquises de l'origine en 1960 à fin 1999* (en ha, en métropole) : 2 854 500 + 40 000 de baux emphytéotiques. *1995 :* 103 600 ; *96 :* 100 700 ; *99 :* 81 100 + 5 400 de baux emphytéotiques. **Préemptions :** 13 % des surfaces. **Échanges :** 4 % des surfaces. **Rétrocessions :** *de 1990 à fin 1999* (en métropole) : 2 803 784 ha en 562 520 opérations. *En 1999 :* 85 100 ha en 11 100 opérations. Les surfaces revendues en 1999 ont permis (en %) : agrandissement d'exploitations 29, 1res installations 21, réinstallations 5, maintien des fermiers en place 8, remaniements parcellaires 9, opérations forestières et pastorales 7, rétrocessions diverses 6 (dont 5 aux collectivités et maîtres d'ouvrages publics) ; 1 700 ha affectés à la protection de la nature et de l'environnement. **Baux Safer** (loi du 23-1-1990) : 3 800 baux de 1 à 6 ans sur 40 000 ha. **Stock foncier :** *fin 1999 :* 39 850 ha (5,6 mois d'activité) 46 % des acquisitions annuelles.

Prix par ha (en milliers de F) *acquisition et*, entre parenthèses, *rétrocession : 1980 :* 19,3 (21,3) ; *90 :* 24,7 (26,2) ; *95 :* 23,9 (27,2) ; *98 :* 28,3 (31,6) ; *99 :* 27,5 (31,7).

Crédits publics (en millions de F) : *1985 :* 83 ; *90 :* 85 ; *95 :* 50 ; *98 :* 43,7 ; *99 :* 43,7.

☞ *Minitel :* 3617 Safer (3,48 F la minute), fournit l'état des ventes des 3 dernières années par canton (mises à jour tous les 6 mois). Rubrique sur le fermage.

■ **Remembrement.** **Superficie totale remembrée** (remembrement normal, dispositions du *Code rural*, règlement du 7-1-1942 et décret du 10-4-1963 plus remembrement consécutif à la construction d'autoroutes). *Au 31-12-1997 :* 15 844 000 ha remembrés (dont grands ouvrages publics 1 558 000). 466 000 (269 000) en 1996. **Selon les régions** (en % de la *SAU*) : *les plus importantes :* Champagne-Ardenne 94,10, Ile-de-France 89,26, Alsace 86,36, Franche-Comté 84,19, Picardie 82,55, Midi-Pyrénées 10,85, Provence 10,81. *Les moins :* Corse 6,77, Languedoc 7,58.

des centres techniques en industries agroalimentaires (45), soit 1 000 ingénieurs et techniciens, et leurs relations avec les entreprises, la recherche et l'Union européenne. *Pt :* Michel Caugant. *Dir. :* Didier Majou.

■ **Cemagref (Centre national du machinisme agricole, du génie rural, des eaux et des forêts – Institut de recherche pour l'ingénierie de l'agriculture et de l'environnement).** Parc de Tourvoie, BP 44, 92160 Antony. *Créé* janv. 1981. Transformé 27-12-1985 en EPST (établissements publics scientifiques et technologiques) sous tutelle du min. de la Recherche, et du min. de l'Agr. *Effectifs :* 1 000 dont 450 scientifiques. *Pt :* J.-F. Carrez. *Dir. gén. :* Patrick Lavarde. *Budget (en 2001) :* 400 millions de F.

■ **Ceneca (Centre national des expositions et concours agricoles).** 9, av. George-V, 75008 Paris. *Pt :* Christian Patria.

■ **Cetiom (Centre technique interprofessionnel des oléagineux métropolitains).** 12, av. George-V, 75008 Paris. *Créé* 1957. *Pt :* André Barbier. *Dir. :* André Pouzet.

■ **CNCA SA (Caisse nationale de crédit agricole).** 91-93, bd Pasteur, 75015 Paris. *Pt :* Y. Barsalou. *Dir. :* P. Jaffré (voir **Crédit agricole** à l'Index).

■ **Cniel (Centre national interprofessionnel de l'économie laitière).** 42, rue de Châteaudun, 75009 Paris. *Fondé* 1974. *Adhérents :* 3 (Fédération des producteurs de lait, Fédération nationale des coopératives laitières et Fédération nationale de l'industrie laitière). *Pt :* Jean-Michel Lemetayer.

■ **Cnipt (Comité national interprofessionnel de la pomme de terre).** 9, rue d'Athènes, 75009 Paris. *Reconnu* le 27-7-1977. *Pt :* M. Formentin. *Dir. :* J.-L. Gosselin.

■ **Firs (Fonds d'intervention et de régularisation du marché du sucre).** 120, boulevard de Courcelles, 75017 Paris. *Créé* le 9-7-1968. *Pt :* Jacques Coëffe. *Pte :* Jeanine Pichon. *Dir. :* Martine Ulmann. *Établissement public* à caractère industriel et commercial (Épic).

■ **Inao (Institut national des appellations d'origine).** 138, av. des Champs-Élysées, 75008 Paris. *Créé* 30-7-1935. *Pt :* Jean Pinchon (né 13-9-1925). *Dir. :* Alain Berger. *Nombre de centres en France :* 26.

■ **Ofival (Office national interprofessionnel des viandes, de l'élevage et de l'aviculture).** 80, av. des Terroirs-de-France, 75607 Paris Cedex 12. *Créé* par décret 18-3-1983. *Pt :* Pierre Chevalier. *Dir. :* Daniel Perrin. *Effectifs :* 231 agents. Se substitue à l'**Onibev**, *créé* 2-9-1972 et au Forma pour les productions hors sol.

■ **OIE (Office international des épizooties).** Organisation mondiale de la santé animale, 12, rue de Prony, 75017 Paris. *Créé* 25-1-1924. *Pays membres en 1924 :* 28 ; *2001 :* 157. *Pt :* Dr Romano Marabelli. *Dir. gén. :* Dr Bernard Vallat.

■ **OIV (Office intern. de la vigne et du vin).** 18, rue d'Aguesseau, 75008 Paris. Organisation intergouvernementale *créée* à Paris par l'arrangement du 29-11-1924. *États membres :* 45. *Pt :* Felix Aguinaga. *Dir. gén. :* Georges Dutruc-Rosset.

■ **ONF (Office national des forêts).** 2, av. de St-Mandé, 75570 Paris Cedex 12 (voir p. 1534 b). *Pt :* Bertrand Landrieu. *Dir. gén. :* Bernard Goury.

■ **Onic (Office national interprofessionnel des céréales).** 21, av. Bosquet, 75007 Paris. Succéda, en 1940, à l'Office national interprofessionnel du blé créé 15-8-1936. Épic. *Pt du conseil central :* M. Lapointe. *Dir. gén. :* Pierre-Olivier Drège. *Effectifs* (au 1-4-1995) : 605.

■ **Oniflhor (Office national interprofessionnel des fruits, des légumes et de l'horticulture).** 164, rue de Javel, 75739 Paris Cedex 15. *Créé* 18-3-1983. *Pts :* Jean Julien (fruits et légumes) et Jean-Pierre Mariné (horticulture).

■ **Onilait (Office national interprofessionnel du lait et des produits laitiers).** 2, rue Saint-Charles, 75740 Paris Cedex 15. Épic. *Créé* 18-3-1983. *Pt :* Xavier-Paul Renard. *Dir. :* Guy Geoffroy. Tutelle de la Sté Interlait. Dépenses prises en charge par l'État (actions nationales) et le Feoga (actions communautaires).

■ **Oniol (Office national interprofessionnel des oléagineux, protéagineux et plantes textiles).** 21, av. Bosquet, 75007 Paris. Épic. *Créé* 1999. *Pt :* Jean-Claude Sabin. *Dir. gén. :* Pierre-Olivier Drège.

■ **Onippam (Office national interprofessionnel des plantes à parfum, aromatiques et médicinales).** 25, rue Maréchal-Foch, BP 8, 04130 Volx. Épic. *Créé* 18-3-1983. *Dir. :* Patrice de Laurens de Lacenne. 1 conseil de direction.

■ **Onivins (Office national interprofessionnel des vins).** 232, rue de Rivoli, 75001 Paris. *Créé* 1983. *Délégations régionales :* 8, agents : 270. *Pt :* D. Verdier. *Dir. :* Jean-Luc Dairien.

■ **Sopexa (Sté pour l'expansion des produits agricoles et alimentaires).** 43-45, rue de Naples, 75008 Paris. *Pt :* Dominique Chardon. *Dir. :* Gilles Dabezies.

■ Organisations professionnelles

Organisations générales

APCA (Assemblée permanente des chambres d'agriculture). 9, av. George-V, 75008 Paris. Établissement public consulaire *créé* 1935. Composée des 94 Pts des chambres départementales et des 21 Pts des régionales d'agr. *Pt :* Luc Guyau.

Chambres départementales d'agriculture. *Créées* par la loi du 3-1-1924. 1res élections en 1927. Suspendues 1940 et remplacées par la *Corporation paysanne*, reconnues légalement en 1949, renouvelées en 1952. Établissements publics. 1 chambre par département (y compris DOM) sauf région parisienne où il y a 1 chambre interdépartementale : 75, 78, 91, 92, 93, 94, 95. *Effectifs :* 6 300 agents dont 4 000 techniciens et ingénieurs. *Membres :* élus tous les 6 ans au suffrage universel par l'ensemble du monde agricole réparti en collèges : exploitants et propriétaires agricoles, salariés forestiers, anciens exploitants, syndicats agricoles, coopératives, Crédit agricole et mutualité. *Rôle :* consultatif ; auprès des collectivités locales et des administrations ; en concertation avec les organisations professionnelles et

■ Agriculture biologique

■ **Origine.** Agriculture sans fertilisants artificiels ni pesticides de synthèse, conforme aux équilibres écologiques respectant tous les maillons de la chaîne alimentaire, allant du sol à l'étable, de l'étable à la table. Développée selon les travaux d'Albert Howard (*Le Testament agricole*, 1924) en G.-B., elle s'inspira partiellement de E. Pfeiffer en All. et aux USA et des travaux de Pr Delbet sur le magnésium [*Politique préventive du cancer ; Agriculture et Santé* (1945)] en France. Les travaux de C.L. Kervran sur les transmutations biologiques et à faible énergie (1950 à 1980) peuvent donner une explication des faits constatés. Après 1945, développement de la recherche (travaux de H. Müller et de H.P. Rusch, Allemands, répandus en Suisse, All., Autriche). En France, en 1958, Jean Boucher fonda le Gabo (Groupement d'agriculture biologique de l'Ouest), devenu en 1961 l'Afab (Association fr. d'agriculture biologique). A partir de 1960, Raoul Lemaire lança la culture biologique avec lithothamne Calmagol. En 1963, Jean Boucher le rejoignit : méthode Lemaire-Boucher (1964-78).

■ **Principes.** Améliorer la vie microbienne du sol, réaliser un équilibre cultural (végétation forestière, arbres et brise-vent, prairies, céréales) pour préserver les équilibres physiques, chimiques et biologiques ; améliorer la résistance aux maladies et au parasitisme en général.

■ **Moyens.** *Bases théoriques :* équilibre organique carbo-azoté, équilibre minéral magnésium/potassium [500 ppm/MgO échangeable, 200 ppm K_2O échangeable alors que l'agronomie conventionnelle admet 140 MgO-200 K_2O (moyenne de toutes les terres) ; le magnésium est un biocatalyseur (300 enzymes magnésiennes connues) et plus spécialement celui de la chlorophylle (donc la clé de la vie végétale) ; le potassium ultra-dilaté est le seul élément biotique radioactif]. *Fertilisation : minérale sans azote minéral.* Apport potassique déterminé par l'analyse de sols. *Fertilisation magnésienne :* teneur souhaitable de 500 ppm apportée essentiellement sous forme de magnésie (MgO), sulfate de magnésie (26 % MgO) ou poudre de basalte (9 % MgO). *Fertilisation organique :* compost, fumier en bon équilibre carbo-azoté (de stabulation libre) avec abondance de paille 7-9 kg UGB/jour et prédigéré par anaérobiose liée au piétinement, puis soumis à une fermentation thermophile aérobie (55 °C) de 6 à 12 jours, consécutive à un broyage-mélangeage à l'épandeur. Ce compost réalise un cycle court de l'azote et exclut tout dégagement ammoniacal et toute pollution [compléments éventuels : engrais azotés organiques et phospho-azotés (fientes de volailles « bio » par exemple) dans la mesure où cela ne crée pas de réapparition du parasitisme. Possibilité d'utiliser des préparations biodynamiques]. *Fumure phosphatée* (si nécessaire) : sous forme de phosphates naturels (tricalciques) mis au contact avec le compost. *Emplois éventuels :* foliaire du lithothamne, essences naturelles de plantes, bouillie sulfocalcique (bon anticryptogamique insecticide). *Travail du sol superficiel* avec ameublement profond pour développer la vie microbienne et préserver l'humus resté en place. Cette pratique permet, en céréaliculture, d'obtenir un blé d'une qualité exceptionnelle, caractérisée par la vitrosité du grain [translucidité du gluten (méthode Afab-Boucher)]. *Pratique d'engrais verts et d'associations végétales cultivées :* à base de légumineuses, en culture céréalière, viticulture et culture fruitière pour limiter le lessivage et les besoins de fertilisants, obtenir un apport naturel en azote organique, éliminer les mauvaises herbes sans herbicides, protéger les insectes auxiliaires, et éliminer l'emploi des insecticides, fongicides. Cette pratique des associations végétales se conjugue maintenant avec l'ameublissement sans labour en cultures fruitières et viticulture (méthode Afab-Boucher). *Condamne l'emploi des produits chimiques dans le monde vivant* (toxiques) : antibiotiques, hormones, produits vétérinaires dangereux, vaccins ; des engins lourds pouvant porter atteinte à la vie du sol. *Encourage* toute technique tendant à développer l'activité biologique du sol (micro-organismes, bactéries, vers de terre). *Admet en matière sanitaire, animale ou végétale :* l'homéopathie, l'aromathérapie, et en période de reconversion usage d'insecticides végétaux ou microbiens non toxiques et produits minéraux simples (soufre, bouillie sulfocalcique) ; le cuivre peut être utilisé en oligo-élément avec contrôle analytique du sol, d'autres minéraux étant interdits parce que toxiques et d'ailleurs inutiles (arséniates par exemple). *Respecte* les influences planétaires et cosmiques (calendrier journalier pour semer, récolter, travailler la terre, tailler, etc.).

■ **Rendements et résultats financiers.** Bien comprise et bien appliquée, l'agriculture biologique donne des résultats comparables à ceux de l'agriculture conventionnelle et résout les problèmes de pollution d'origine agricole. Concourt à donner à l'agriculture son autonomie énergétique et procure des aliments de qualité.

■ **Part des cultures biologiques** (en %, 1999). Autriche 8,43, Italie 6,47, Finlande 6,31, Danemark 5,46, Suède 5,01, Allemagne 2,64, G.-B. 2,40, Espagne 1,37, Belgique 1,34, Portugal 1,26, Pays-Bas 1,14, *France 1,12*, Luxembourg 0,79, Irlande 0,75, Grèce 0,45.

Nombre d'exploitations agréées comme biologiques ou en conversion (en 1998). 105 657 dont Italie 43 698, Autriche 20 000, Allemagne 9 209, Espagne 7 782, *France 6 139*, Finlande 4 975, Grèce 4 231, Suède 2 860, Danemark 2 272, G.-B. 1 462, Irlande 1 121, Pays-Bas 970, Portugal 510, Belgique 400, Luxembourg 28.

■ **En France, en 1999.** **Cultures** (en ha). 315 770 dont pâturages et fourrages 211 860, céréales 44 436, oléagineux 10 419, vigne 10 213, fruits 7 084, légumes 6 156, protéagineux 3 177, divers 22 425. **Animaux** (en têtes) : Poulets de chair 5 441 152, poules pondeuses 1 355 315, brebis nourrices 45 936, porcs charcutiers 37 648, vaches laitières 29 911, v. allaitantes 23 020. **Label rouge, production avicole** (en milliers de têtes) : 101 194 dont poulets 86 212 (dont fermiers 85 352), pintades 9 248, cailles 2 066, chapons, poulardes 1 891, canards 1 034, dindes 666. **Production de fromages sous AOC** (en t, 1998) : 180 633 dont pâtes pressées non cuites 50 308, cuites 44 905, pâtes molles 44 135, pâtes persillées 16 729, brebis 19 622, chèvres et mi-chèvres 4 874.

Prix (comparaisons entre produits bio et produits non bio données par la revue *60 Millions de consommateurs* en avril 1997, en %). *Beurre (250 g) :* + 34 (bio 15,90 F/non bio 11,90 F) ; *carottes (1 kg) :* + 53 (9/5,90) ; *entrecôte (1 kg) :* + 43 (150/105) ; *huile d'olive (1 litre) :* + 16 (60,20/51,90) ; *lait demi-écrémé (1 litre) :* + 10 (7,60/6,90) ; *œufs (6 ; catégorie 1 65/70) :* + 43 (9,90/6,90) ; *poireaux (1 kg) :* + 7 (16/14,90) ; *pommes granny-smith (1 kg) :* + 46 (14,50/9,90) ; *pommes de terre Charlotte (1 kg) :* − 1 (6,80/6,90) ; *poulet (1 kg) :* + 32 (16/14,90).

leurs partenaires économiques, initient et appliquent des programmes de développement agricole et rural, qu'elles coordonnent. Détiennent un certain pouvoir réglementaire : usages locaux, règles de discipline, etc. *Financement :* taxe additionnelle au foncier non bâti, subvention du Fonds national de développement agricole et redevances d'utilisateurs.

Chambres régionales d'agriculture. 1 par région. Composées des représentants des mêmes collèges que les chambres départementales, désignés par et parmi les élus de ces dernières ; même rôle consultatif et d'intervention au niveau de la région.

Élections du 31-1-1995. *Collège 1 :* chefs d'exploitation et assimilés inscrits 925 048 (votants 57,78 %). *2 :* propriétaires et usufruitiers 22 460 (29,66 %). *3A :* salariés d'exploitations 160 2189 (23,98 %). *3B :* salariés d'organismes 260 378 (30,21 %). *4 :* anciens exploitants 1 125 043 (37,04 %). *5A :* coopératives dont l'objet principal est relatif à la production agricole 15 362 (87,91 %). *5B :* autres coopératives agricoles 19 971 (59,08 %). *5C :* caisses du Crédit agricole 14 403 (52,43 %). *5D :* mutualité agricole 14 914 (59,17 %). *5E :* organisation syndicale à vocation générale d'exploitants agricoles ou de jeunes agriculteurs 34 448 (82,40 %).

CNJA (Centre national des jeunes agriculteurs). 14, rue La Boétie, 75382 Paris Cedex 08. *Initié* en 1947 par Michel Debatisse (1929-97), devient Union des syndicats en 1957. Regroupe 2 800 centres cantonaux (CCJA), rattachés à 94 centres départementaux (CDJA) et 11 centres régionaux (CRJA). *Adhérents :* 55 000 de 16 à 35 ans. *Pt :* Jean-Luc Duval depuis 6-6-2000. *Publication : Jeunes Agriculteurs* (tous âges) [mensuel].

CNMCCA (Confédération nationale de la mutualité, de la coopération et du crédit agricole). 129, bd St-Germain, 75006 Paris. 1er Congrès en 1907. Regroupe CFCA, FNCA et FNMA (Féd. nationale de la mutualité agricole). Membre au niveau européen du Comité des organisations professionnelles agricoles (Copa). *Pt :* Joseph Ballé.

Confédération paysanne. 81, av. de la République, 93170 Bagnolet. *Créée* 29-4-1987 par fusion CNSTP (Confédération nationale des syndicats de travailleurs paysans, créée 4-6-1981), FNSP (Fédération nationale des syndicats paysans) et des syndicats départementaux. *Comité national :* 30 membres. *Secrétariat national :* 7 membres dont Patrice Vidieu (secr. gén.) et François Dufour (porte-parole). Implantée dans 85 départements. *Publication : Campagnes solidaires* (mensuel). Adhère à la Coordination paysanne européenne. Membre de la « Via Campesina » (mouvement paysan mondial).

Coordination rurale union nationale 15, rue Paul-Descomps, 32000 Auch. *Créée* en 1991. Syndicat en 1994. *Pt :* François Lucas. *Secr. gén. :* Thierry Perche. *Comité directeur :* 15 membres. Implantée dans 75 départements. Absorbe en 1994 la Fédération française de l'agriculture. *Publication : Coordination rurale infos* (mensuel).

FGSOA (Fédération générale des salariés des organisations agricoles et de l'agroalimentaire). 119, bd Sébastopol, 75002 Paris. *Créée* 1943. *Secr. gén. :* Christian Szydlowski. Comprend 11 syndicats nationaux, 38 000 adhérents. Fait partie de l'Union nationale des syndicats autonomes UNSA (Fen, FGAF, Fat, FMC, FGSOA, Sia, SRCTA).

FNCA (Fédération nationale du Crédit agricole). 48, rue La Boétie, 75008 Paris. *Pt :* René Carron. Rassemble les 51 caisses régionales du Crédit agricole qu'elle représente au niveau national. Voir chapitre **Finances.**

FNCUMA (Fédération nationale des coopératives d'utilisation de matériel agricole). 49, av. de la Grande-Armée, 75116 Paris. *Créée* 22-11-1945. *Pt :* Jean-Charles Catteau. *Secr. gén. :* Robert Chone. *Adhérents :* 240 000 regroupés dans 13 400 Cuma, 20 fédérations régionales et 90 féd. départementales de Cuma.

FNPA (Fédération nationale de la propriété agricole). 31, rue de Tournon, 75006 Paris. *Créée* 1946. *Pt :* Philippe Brayer. *Dir. :* B. Ronsin. Membre fondateur de l'Elo (European Landowners Organization). *Adhérents :* environ 50 000 propriétaires de terres agricoles, exploitants ou bailleurs regroupés en 82 syndicats départementaux et 5 secteurs régionaux. *Publication : La Propriété agricole* (mensuel, 12 500 exemplaires).

FNSEA (Fédération nationale des syndicats d'exploitants agricoles). 11, rue de La Baume, 75008 Paris. *Créée* le 14-3-1946. *Pt : 1946* Eugène Forget (né 11-11-1901), *1949* René Blondelle, *1954* Jacques Lepicard, *1956* Joseph Courau, *1963* Gérard de Caffarelli, *1971* Michel Debatisse, *1979* François Guillaume (né 19-10-1932), *1986-27-3* Raymond Lacombe (né 28-11-1929), *1992* Luc Guyau (né 21-6-1948), *2000-17-5* Jean-Michel Lemétayer. Préside le Caf (Conseil de l'agriculture français), membre de la CGA (Confédération générale de l'agriculture), du Copa (Comité des organisations professionnelles agricoles qui regroupe 30 organisations dans l'UE). Regroupe 94 fédérations ou unions départementales en France et outre-mer. *Adhérents :* 600 000 familles paysannes, réunies au sein de 30 000 syndicats locaux, 40 associations de producteurs spécialisés par produit. *Effectifs :* 90 permanents à Paris, 3 000 dans fédérations et unions départementales. *Publications : L'Information agricole* (mensuel), *Actuagri* (hebdomadaire), *La Lettre de conjoncture* (bimensuel), *Informations syndicales agricoles* (hebdomadaire).

Modef (Mouvement de défense des exploitants familiaux). 100, rue de Bordeaux, BP 316, 16008 Angoulême Cedex. *Créé* 7-4-1959 par des dirigeants d'organisations agricoles de 23 départements du sud de la Loire. Depuis 1976, statut de syndicat sous le nom de *Confédération nationale des syndicats d'exploitants familiaux-Modef. Pt :* Gérard Chappert. *Secr. gén. :* Raymond Girardi. *Publication : L'Exploitant familial.*

UCCMA (Union des caisses centrales de la mutualité agricole). 8-10, rue d'Astorg, 75413 Paris Cedex 08. *Pt :* Jean Baligand. *Directeur général :* Daniel Lenoir.

Organismes divers

■ **Anda (Association nationale pour le développement agricole).** 25, av. de Villiers, 75017 Paris. *Créée* 4-10-1966. *Pt :* Gilbert Bros. *Dir. gén. :* Alain Cointat. Composée paritairement de représentants des pouvoirs publics et des organisations agricoles. Gère le FNDA (Fonds national de développement agricole) alimenté par des taxes parafiscales (810 millions de F en 2001). *Rôle :* participer au financement des programmes de recherche, d'expérimentation et de développement agricoles.

■ **CFCA (Confédération française de la coopération agricole).** 49, av. de la Grande-Armée, 75116 Paris. Représentée au niveau européen par le Cogeca, 23-25, rue de la Science, B 1040 Bruxelles. *Créée* 3-2-1966 (fusion de la FNCA et de la CGCA). *Pt :* Joseph Ballé (né 1-1-1940). Compose, avec la FNCA et la Féd. nat. de la mutualité agricole, la CNMCCA. Réunit 3 collèges d'adhérents : fédérations nationales de coopératives, féd. régionales, membres de « Promotion-coopérative ». *Publication : CFCA Actualités.*

■ **CCVF (Confédération des coopératives vinicoles de France).** 53, rue de Rome, 75008 Paris. *Créée* 1932. *Pt :* Denis Verdier. *Organisation :* 870 caves coopératives, 520 caveaux de dégustation, répartis en 22 fédérations, regroupant 121 000 adhérents. Vinifie 53 % de la production française (vins de pays : 75 % ; AOC : 40 % ; VDQS : 40 % ; vins de table : 52 %).

■ **FNCuma (Fédération nationale des coopératives d'utilisation du matériel agricole).** 49, avenue de la Grande-Armée, 75116 Paris. *Nombre de sociétaires par Cuma :* minimum 4. *Ressources :* apport de capital social par les sociétaires en proportion de leur engagement à faire appel aux services de la Cuma. Possibilité d'emprunts de capitaux. Emploi possible de main-d'œuvre (3 800 salariés). *Nombre* (en 1999) : 13 300 (240 000 agriculteurs). *Activités* (en %) : récolte des fourrages 55, fertilisation, traitements et protections des cultures 50, récoltes de céréales, de betteraves, pommes de terre ou oléagineux 35, semis et plantations divers 39, travail du sol ou semis 42, vendanges mécanisées 10, vocation spéciale (comme l'irrigation, le drainage, etc.) 10.

■ **FNCBV (Fédération nationale de la coopération bétail et viande).** 49, av. de la Grande-Armée, 75116 Paris. *Créée* 1954. *Pt. :* François Toulis. *Dir. :* Michel Prost. Association de Sica coop. et de groupements de producteurs (expédition, abattage, vente).

■ **Sica (Sociétés d'intérêt collectif agricole).** *Créées* 6-8-1961. Permettent des relations interprofessionnelles (agriculture, industrie, commerce) au sein d'un même groupement dont les agriculteurs conservent la majorité. *But :* créer ou gérer installations et équipements, assurer la fourniture de services pour les agriculteurs et les habitants d'une région rurale déterminée. *Nombre au 31-12-1994 :* 135 s'occupant de produits agricoles.

■ **Sigma (Union nationale des coopératives agricoles de collecte).** 83, av. de la Grande-Armée, 75782 Paris Cedex 16. Stockage et commercialisation de grains et semences. *Créée :* 8-8-1945. *Pt :* Jean Gonnard. *Dir. gén. :* Bruno Catton. *Coopératives sociétaires :* 202. *Chiffre d'affaires* (1999-2000) : 8,3 milliards de F.

Organisation des producteurs

■ **Groupements de producteurs.** Syndicats, associations, coopératives ou Sica. Peuvent dans certains cas recevoir des aides de l'État.

■ **Comités économiques.** Sous forme d'associations ou de syndicats, rassemblent au niveau d'une région les groupements de producteurs reconnus et le syndicalisme à vocation générale ou spécialisée. *Nombre :* environ 30, surtout dans 3 secteurs (fruits et légumes, aviculture et productions spéciales).

■ **Contrats et accords interprofessionnels.** Depuis 5-8-1960 et 6-7-1964. Passés entre producteurs, industriels et commerçants.

■ **Organisation interprofessionnelle.** Cadre juridique de l'Organisation des productions et des marchés. *Créée* 30-6-1975. Voir Ofival, Oniflhor, Onilait, Onippam, Onivins p. 1527 b et c.

■ **Autres associations. AGPB (Association générale des producteurs de blé et autres céréales)** 8, av. du Pt-Wilson, 75016 Paris. *Créée* 1924. *Pt :* Henri de Benoist. *Adhérents :* 300 000. **AGPM (Association générale des producteurs de maïs)** route de Pau, 64121 Montardon. *Pt :* Marcel Cazale. **AGPV (Assemblée générale des producteurs viticoles)** 21, rue François-Ier, 75008. **CFA (Confédération française de l'aviculture)** 28, rue du Rocher, 75008. *Créée* juillet 1945, de la FNSEA. *Pt :* Eugène Schaeffer. **CGB (Confédération générale des planteurs de betteraves)** 43-45, rue de Naples, 75008. *Créée* 1921. *Pt :* Dominique Ducroquet. **CNE (Confédération nationale de l'élevage)** 149, rue de Bercy, 75595 Paris Cedex 12. *Créée* 1946. **FNB (Fédération nationale bovine)** 149, rue de Bercy, 75595 Paris Cedex 12. **FNO (ovine)** 149, rue de Bercy, 75595 Paris Cedex 12. **FNPF (des producteurs de fruits)** 14, rue Ste-Cécile, 75009. *Créée* 1946. *Pt :* Henri Bois. **FNPL (des producteurs de lait)** 149, rue de Bercy, 75595 Paris Cedex 12. *Créée* mars 1947. *Pt :* Jean-Marie Raoult. *Adhérents :* 280 000 regroupés dans 85 fédérations départementales et régionales. **FNPT (des producteurs de tabac)** 19, rue Ballu, 75009. *Créée* 1908. *Pt :* Rémy Losser. **Fop (française des producteurs d'oléagineux et de protéagineux)** 12, av. George-V, 75008. *Pt :* Xavier Boulin. *Adhérents :* 130 000.

■ **Comices agricoles. Origine :** *vers 1750* fête des Vaillants créée par Louis de Lapeyrière (Lacépède, L.-et-G.). *1755* (15-8) Volandry (Anjou) par le marquis de Turbilles. *1773* concours organisé à Vouxey (Lorraine) par le chanoine Jean-François Duquesnoy.

Recherche agronomique

Inra (Institut national de la recherche agronomique). 147, rue de l'Université, 75338 Paris Cedex 07. **Créé** 18-5-1946. Établissement public national. **Budget total annuel** (en 1999) : 2 milliards de F. **Effectifs** (en 1998) : scientifiques et ingénieurs 3 861, techniciens et administratifs 4 654 ; 6 786 en 1999. *Pt :* Guy Paillotin (né 1-11-1940) depuis 1991. *Dir. gén. :* Paul Vialle (né 12-10-1943) depuis 1996.

Coopération agricole

Statistiques

■ **Données globales du nombre de coopératives. D'achat et de vente de produits agricoles et alimentaires :** *1970 :* 5 050 ; *75 :* 4 400 ; *80 :* 4 092 ; *85 :* 4 130 ; *98 :* 3 700 ; *2000 :* 3 600. **De services :** *Cuma* (Coopérative d'utilisation du matériel agricole) : *2000 :* 13 300 (240 000 adhérents, 3 350 salariés permanents) ; *d'insémination animale :* 70 coopératives et unions. **Adhérents actifs des coopératives :** *1970 :* 2 500 000 ; *97 :* 1 100 000 (la plupart adhérant à plusieurs coopératives). **Salariés permanents des coop. de commercialisation et transformation de prod. agricoles :** *1980 :* 106 503 ; *2000 :* 120 000.

■ **Nombre d'organismes, coop., unions, Sica et,** entre parenthèses, **part dans l'exportation** (en %, 2000). **Céréales et oléagineux :** 217 organismes (50) : collecte 74, fabrication d'aliments pour animaux 50, malterie 32, maïserie 40, meunerie 22. **Lait et produits laitiers :** 450 (20,4) : collecte 47, lait de consommation 47, beurre 50, poudre 47, yaourts 26, fromages 89 (vache 28, chèvre 61). **Bétail et viande :** 300 (38) : jeunes bovins 56, tous bovins 34, porcins 89, ovins 50. **Fruits et légumes** (frais et conserves) : 450 (fruits frais 60, conserves 30) : fruits frais 35, lég. frais 25, fruits au sirop 20, pruneaux 55, confitures 5, champignons 85, tomates transformées 70, légumes appertisés 40, légumes surgelés 40, fruits surgelés 40. **Vins et alcools :** 1 168 organismes (export. vin de table 25, VQPRD 29), vin AOC 38, vin de pays 74, VDQS 37, distillation 72, cognac 2, champagne 30. **Divers :** 67 organismes : œufs 30, volailles 55, déshydratation de fourrage 95, de pulpes betteraves 98, production d'alcool betterave 60, de sucre betterave 30, semences céréales et oléagineux 70, semences fourragères 60, huile d'olive 49, horticulture 10.

■ **Chiffre d'affaires des coopératives** (en milliards de F). *1972 :* 50,73 ; *81 :* 167 ; *85 :* 275 ; *96 :* 400 ; *99 :* 420 ; *2000 :* 425, filiales comprises dont Sodiaal (produits laitiers) 17,4, Socopa (viande) 12,5, Uncaa (approvisionnement) 11,1, Coopagni Bretagne (polyvalente dont produits laitiers) 8,4, Cana (dominante animale) 10,6, Sigma (céréales) 8,3, Unicopa 7,9.

Europe agricole

Évolution récente

☞ **Origine :** Marché commun agricole. Voir p. 921 c.

En Europe, les valeurs foncières des exploitations agricoles dont les productions sont liées au sol dépendent de leur excédent brut d'exploitation (EBE) hors fermage par hectare, c.-à-d. le solde entre les produits et les charges, frais financiers et amortissements de l'exploitation. *EBE très haut :* Pays-Bas (15 000 F/ha). *France :* 4 000 moins

Production 1998	Viande [1]					Œufs [1]	Lait de vache [1]
	Bovins	Veaux	Porcins	Ovins Caprins	Volailles		
Allemagne	1 310	57	3 833	44	767	853	28 500
Autriche	187	11	508	7	107	99	3 256
Benelux	256	46	1 086	4	346	269	3 475
Danemark	157	5	1 631	2	194	85	4 668
Espagne	610	20	2 678	251	905	618	5 960
Finlande	92	1	184	1	61	63	2 450
France	1 384	246	2 313	145	2 319	997	24 717
G.-B.	704	1	1 155	385	1 539	674	14 612
Grèce	57	12	143	124	178	120	755
Irlande	589	1	241	81	123	31	5 200
Italie	966	147	1 412	51	1 154	666	10 821
Luxembourg	–	–	–	–	–	–	266
Pays-Bas	337	198	1 725	20	674	644	10 995
Portugal	74	16	330	25	277	105	1 831
Suède	137	3	343	4	87	108	3 331
UEBL-15	6 860	764	15 581	1 142	8 731	5 332	120 837

Nota. – (1) En milliers de t. Source. – Commission européenne.

Principales cultures dans l'Europe des Quinze

En 1997, en % de la SAU	UE-15	All.	Autr.	Belg.	Dan.	Esp.	Finl.	Fr.	G.-B.	Grèce	Irl.	It.	Lux.	P.-Bas	Port.	Suède
Céréales sauf riz	28,3	40,5	24,8	21,8	56,3	23,4	51,7	30,4	22,2	36,6	7	24,2	23,1	11,2	17,1	40,8
blé tendre	10,4	15,7	7,2	15,2	24,8	4,9	5,8	16,1	12,8	6,9	2,1	4,6	7,7	7,4	6,3	11,1
blé dur	2,4	0	0,4	–	–	2,2	–	0,9	0	17,3	–	10,9	–	–	0,7	–
maïs grain	3,2	2,1	4,7	1,7	–	1,7	–	6,2	–	6,4	0	6,8	0,4	0,7	4,7	–
orge	8,8	13,1	7,6	3,6	26,7	12,5	27,1	5,6	8,6	4,1	4,3	2,3	9,9	2,3	0,8	15,5
seigle	1	4,9	1,7	0,1	3,2	0,5	1,1	0,1	0,1	0,5	0	0,1	0,4	0,3	1,5	0,9
Riz	0,3			–	–	0,4	1,1	0,1	–	0,9	–	1,5	–	–	0,7	–
Betteraves sucrières	1,6	2,9	1,5	6,9	2,5	0,5		1,5	1,2	1,5	0,7	1,9	0	6,2	0,1	1,9
Graines oléagineuses	4,6		3,2	1,2		3,6	1,6	6,5	3,5	0,8	0,1		1,8	0,1	1,7	2,3
navette et colza	2,1	5,3	1,6	0,3	3,8	0,2	3	3,3	3	–	0,1	0,5	1,8	–	–	2
tournesol	1,7	0,2	0,6	–	–	3,4	2,8	2,9	–	0,7	–	1,5	–	–	1,7	–
Oliviers	3,3	–	–	–	–	7,8	–	0	–	21	–	7,5	–	–	8,2	–
Coton	0,4	–	–	–	–	0,4	–	–	–	11,1	–	–	–	–	–	–
Tabac	0,1	0	0	0	–	0,1	–	0	–	1,8	–	0,3	–	–	0,1	–
Houblon	0	0,1	0	0	–	0	–	0	0	–	–	–	–	–	0	–
Pommes de terre	1	1,8	0,7	4	1,4	0,5	1,5	0,6	1	1,4	0,4	0,6	0,7	9,7	2,1	1,2
Légumes secs	1,4	1,1	1,6	0,3	3,4	2	0,6	2,1	1,2	0,6	0,1	0,4	0,4	0,2	1,1	1
Légumes frais	1	0,9	–	3,7	0,2	1,3	0,5	1	0,9	3,8			0,1	3,8	2	0,2
tomates	0,2	0	–	0,1	0	0,2	0	0	0	1,1	0	0,8	0	0,1	0,5	0
oignons	0,1	0	0,1	0	0,1	0,1	0	0	0,1	0,3	0	0,1	0	0,8	0	0
Fruits frais sauf agrumes																
pommes	0,2	0,2	0,2	0,7	0,1	0,1	0	0,2	0,1	0,4	0	0,5	0,5	0,8	0,6	0,1
poires	0,1	0	0	0,3	0	0,1	–	0	0	0,1	0	0,3	0,1	0,3	0,3	0
pêches	0,2	0	0	0	–	0,2	–	0,1	–	1,2	–	0,5	–	0	0,3	–
abricots	0	0	0	–	–	0,1	–	0,1	–	0,1	–	0,1	–		0	–
melons	0,1	–	–	0	0	0,1	–	0,1	–	0,2	–	0,2	–	0	0,2	0
Agrumes	0,4					1	–	0	–	1,7		1			1	–
oranges et mandarines	0,2	–	–	–	–	0,5	–	0	–	1,2	–	0,8	–	–	0,6	–
citrons	0,1	–	–	–	–	0,1	–	0	–	0,3	–	0,2	–	–	0	–
Amandes	0,6	–	–	–	–	2,3	–	0	–	0,7	–	0,6	–	–	1	–
Vignes	2,6	0,6	1	0	–	4	–	3	0	3,8	–	6	1	0	6,7	–
Fleurs et plantes ornementales	0	0,1	0	0,1	–	0	0	0	0,1	0	–	0	0	–	0	–
Fourrages verts	3,6	9,3	3	–	–	–	–	10,2	0,7	–	–	–	13,4	–	–	–

En 1998	UE-15	All.	Autr.	Belg.	Dan.	Esp.	Finl.	Fr.	G.-B.	Grèce	Irl.	It.	Lux.	P.-Bas	Port.	Suède
Emplois [1]	7 083	988	235	86	99	1 041	155	993	463	704	149 [2]	1 293	5	246	654	121
Superficie [3]	3 236	357	84	30	43	505	338	543	244	131	70	301	2,5	41	92	450
SA4 [4]	128 691	17 160	3 415	1 383	2 689	25 630	2 172	28 331	16 169	3 499	4 342	14 833	127	2 011	3 822	3 109
Part des États dans la production finale (en %)																
Blé		15,7	1	1,7	3,7	6,3	0,3	37,5	15,3	2,9	0,5	12,7	0	1	0,2	1,4
Seigle		75	2,9	0,2	9,1	4,9	0,6	2,3	1	0,5	0	0,3	0,1	0,6	0,5	2,1
Avoine		4,3	1,3	0,2	3,1	36,5	9,1	9	9,1	0,8	1,9	8,1	0,1	0,2	0,7	15,8
Orge		19,6	1	0,6	6,6	23,8	2,2	23,9	13,9	0,6	2,3	2,4	0,1	0,6	0,1	2,5
Maïs		4,4	0,8	0	0	16,1	0	42,7	0	5,6	0	27,5	0	0,4	2,4	0
Riz		0	0	0	0	31,6	0	4,1	0	9,7	0	47,4	0	0	7,2	0
Betteraves à sucre		24,2	2,5	5,2	2,8	8,2	0,9	22,9	7,6	2,2	1,5	12,3	0	6	1,2	2,5
Tabac		3,8	0	0,1	0	13,8	0	13,5	0	25	0	41,8	0	0	2	0
Huile d'olive		0	0	0	0	42,4	0	0	0	26	0	29,8	0	0	1,8	0
Graines oléagineuses		22,1	1,8	0,1	2	8,8	0,4	40,8	11,2	0,3	0	11,1	0	0,1	0,3	0,9
Fruits frais		13,3	1,6	2,2	0,2	25,7	0,2	11,8	2,5	7,6	0,1	29,2	0	2,4	2,8	0,3
Légumes frais		6,6	0,6	3,9	0,7	19,2	0,5	15,2	8	5,6	0,9	26,7	0	9,5	2	0,6
Vins et moûts		9,2	1,9	0	0	9,3	0	49,8	0	1,1	0	26,3	0,1	0	2,3	0
Semences		6,9	1,5	1,3	5,6	0,7	0	50,8	3,7	0,6	0	0	0	28,2	0	0,6
Fibres textiles		0	0	0,7	0	17,6	0	2,3	0,3	78,9	0	0	0	0,2	0	0
Houblon		73,9	1,3	1,3	0	4,6	0	4,3	14,6	0	0	0	0	0	0	0
Lait		22	2	2,5	3,9	5,4	2,1	19,8	10,6	2,6	4	10,9	0,2	9,4	1,5	3
Viande bovine		15,9	2,5	4	1,7	8,6	1	26,7	6,9	1,1	6,9	15	0,2	6,8	1,2	1,5
Viande porcine		20	2,9	6,2	9,2	15,2	1,1	13,4	6	1,2	1,4	10,2	0,1	8,2	3	1,9
Viandes ovines et caprines		4,4	0,6	0,2	0,1	25,1	0	11,7	25,4	14,5	5,2	5,3	0	1,5	5,7	0,2
Œufs		18,9	1,9	3,6	1,6	12,8	0,8	14,4	11,8	4	0,5	18,7	0	7,7	1,4	1,9
Volailles		7,6	1	2,9	1,5	10,1	0,6	31,5	17	1,9	1,4	16,2	0	5,7	1,7	0,8
Pommes de terre		16,7	0,9	6,5	1,8	7,7	1,2	18,2	16,2	4,4	1,5	8,1	0	10,6	4	2,1
Divers		15,9	1,4	2,9	4,1	9,1	1,7	11,8	6,8	3,1	0,9	17,2	0	22,2	1	1,9
Total général		15,1	1,7	2,9	2,9	12,4	1	21,7	8,4	4,2	2,1	16,5	0,1	7,7	1,8	1,5
Valeur de la production finale [5]	213 534	32 110	3 553	6 247	6 199	26 642	2 147	46 187	17 838	8 834	4 430	35 694	183	16 283	3 935	3 252
Exportations [5]																
intra	132,5	16,3	2	14,7	5,4	10,3	0,5	25,4	9,3	1,5	5,2	9,7	voir	30,3	0,9	0,9
extra	51,4	7,5	0,9	2,6	3,2	3,1	0,8	10,2	6,2	1,2	2	5	Belgique	7,6	0,4	0,8
Importations [5]																
intra	128,3	25,9	3,5	11,7	3,3	6,8	1,6	18,6	17,6	2,9	2,6	15,2	–	12,9	2,6	3
extra	54,9	11,5	0,8	4,1	1,2	4,3	0,5	5,6	9	0,6	0,4	6,3	–	8,3	1,2	1

Nota. – (1) En milliers. (2) En 1997. (3) En milliers de km². (4) En milliers d'ha. (5) En millions d'écus. *Source.* – Commission européenne.

☞ **Exportateurs agroalimentaires mondiaux** (en milliards de $, 1998) : Europe des Quinze : 57,6, USA 57,4, Australie 16,8 (en 1997), Canada 14,2. **Importateurs :** Europe des Quinze : 55,7, USA 40,5, Canada 10,3.

élevé qu'en Allemagne où marché foncier étroit (dont 1,5 % de la *SAU* s'échange chaque année en France) et influence de l'urbanisation. Il faut en moyenne 7,9 années d'EBE pour acquérir en Europe un hectare de terre (*France* 4,7 années, Italie 9,4). **De 1958 à 1990 :** l'agriculture européenne a perdu 14 millions d'emplois (reste 9), la concentration des exploitations a été encouragée (départs à la retraite, aides aux exploitations « modernes »). Les disparités des revenus se sont accrues : en France, 90 % des exploitations totalisent 50 % du revenu net agricole et, au niveau communautaire, 80 % des fonds du Feoga (voir p. 1492 c) vont à 20 % des exploitations. A côté d'une agriculture riche existe une agriculture endettée, qui, depuis 1970, subit la tendance à la baisse des prix agricoles, et celle à la hausse des prix des consommations intermédiaires (engrais, aliments de bétail, machinisme...).

Les *écologistes* s'élèvent contre la production intensive favorisée par la Pac qui entraîne la pollution des nappes phréatiques, une difficile gestion des déchets d'élevage, un gaspillage énergétique, etc. Produire 1 calorie alimentaire aux Pays-Bas consomme 10 calories (en comptant nitrates, pétrole, etc.), en Afrique moins de 1 calorie.

Selon l'OCDE, en 1990, le total des subventions payées à l'agriculture par l'ensemble des contribuables et consommateurs s'est monté, pour les 22 pays de l'OCDE, à plus de 1 700 milliards de F (dont CEE 735 milliards de F, USA 410, Japon 325). **1991**-*4/5-2* les ministres de l'Agriculture rejettent le plan Delors. -*24-5* compromis européen. Diminution de 2 % des quotas laitiers, mais avec indemnité de 0,10 écu par litre pendant 5 ans à partir de 1992 pour les éleveurs qui accepteront de se limiter dans la production. Relèvement de 3 à 5 % de la taxe de coresponsabilité céréalière (sanction de toute surproduction par une baisse de prix) ; les cultivateurs qui accepteront de geler 15 % de leurs terres en seront exemptés et recevront des primes de la CEE. La France compte 110 000 ha en jachère alors qu'il faudrait atteindre 600 à 700 000 ha. Baisse de prix : blé dur – 7 %, oléo-protéagineux – 1,5 %, viande bovine – 2 %, tabac – 6 % (en moyenne). -*3-7* propositions Mac Sharry : baisse des prix, mise en jachère, aménagement des pré-retraites. **1992** *grand marché européen.* -*21-5* adoption à Bruxelles de la *réforme de la Pac :* prix désormais fonction des cours mondiaux, remplacement des aides à la production par des aides directes aux exploitants, suppression de la taxe de coresponsabilité. Coût pour 1992 : 40 milliards d'écus. *Céréales :* baisse des prix d'intervention jusqu'à un niveau plus proche des cours mondiaux, d'où diminution des restitutions et compétitivité accrue face aux produits de substitution aux céréales (PSC) importés, notamment des USA. La perte de revenus pour les agriculteurs sera compensée par une aide directe à l'hectare. *Lait :* quotas de production réduits, sauf pour exploitations produisant moins de 200 t/an, compensation financière sous forme d'obligations communautaires éventuellement majorées par les États membres. *Viande bovine :* le prix d'intervention baisserait de 15 % sur 3 ans, avec un système progressif de primes compensatoires.

■ **Position américaine. Fin 1989,** sous la pression des USA et du Gatt, la CEE renonce à verser des aides aux triturateurs de graines et choisit d'aider les producteurs à partir du 1-7-1992. Le Gatt s'y oppose. **1992**-*13-1* Pt Bush stigmatise le « rideau de fer protectionniste de la CEE ». Le vice-Pt Quayle dit que, si l'Europe veut continuer à bénéficier de la protection militaire des USA, elle doit procéder, en échange, à son désarmement agricole. Les USA subordonnent au règlement du contentieux agricole avec la CEE toute avancée des négociations du Gatt sur les autres questions en suspens, notamment la libéralisation des services financiers, des télécommunications, de la propriété intellectuelle. Ils veulent une réduction de 50 % des exportations agricoles européennes, la suppression de la préférence communautaire au moyen d'un « droit d'accès minimal », sans droit de douane, à chaque marché national, à hauteur de 3 à 4 % de sa consommation, et par le remplacement des prélèvements mobiles sur les importations par une tarification fixe à taux très réduit ; réduction du soutien interne aux agriculteurs européens, etc. *-30-4* la CEE refusant d'abandonner son régime d'aides à la protection des oléagineux, les USA annoncent une augmentation des droits de douane américains sur 1 milliard de $ d'importations venant de la CEE. *Oléagineux dans la CEE :* agriculteurs 400 000, production 12 millions de t, import. 23 (dont 50 % des USA). *-23-12* le compromis global sur l'*Uruguay Round,* présenté par Arthur Dunkel, est rejeté par les 12, réunis à Bruxelles en session extraordinaire. Il proposait à la CEE de réduire les subventions à l'exportation de 36 % en dépenses budgétaires et de 24 % en volume de 1993 à 99, par rapport à la période de référence 1986-90, et de réduire les soutiens internes de 20 %, de 1993 à 99, par rapport à la période 1986-88. **Réponse européenne.** L'Europe reproche aux USA de ne pas démanteler leur dispositif de subvention aux exportations de céréales *(Export Enhancement Program),* d'aider directement leurs agriculteurs (y compris à l'exportation) au moyen des *deficiency payments,* non subordonnés à des gels de terres, et, depuis 1962, d'exporter vers la CEE, sans être frappés par un droit de douane, leurs oléo-protéagineux, dont le soja, et depuis 1972, les PSC comme le *corn gluten feed.* L'Europe rappelle que ses exportations ne représentent que 16 % des export. mondiales de produits agricoles (import. 21 %), son solde commercial agroalimentaire étant négatif de plus de 30 milliards d'écus. De leur côté, les USA exportent 25 % de leur production agricole (plus de 40 milliards de $ en 1992), soit 15 % de leurs exportations (contre 8,3 % dans la CEE).

Mécanismes d'aide américains (texte de loi quinquennale *Farm Bill* de 1990) : soutien direct de l'État prévu *1985-90,* 52 milliards de $ (réel 80). *Protection du marché :* les USA maintiennent avec l'accord du Gatt des quotas d'importation rigoureux sur produits laitiers (y compris fromages), glaces, sirops sucrés, certains articles contenant du sucre (y compris friandises chocolatées), principales variétés de coton, cacahuètes. L'agriculture est l'un des seuls postes régulièrement excédentaires (17 milliards de $). La CEE importe 2 fois plus de produits agricoles que les USA (63,4 milliards de $ en 1990 contre 31,3). Les exportations agricoles américaines dépassent celles de la CEE (45,9 milliards de $ contre 39,7). La CEE importe plus de produits agricoles et alimentaires des pays en développement que les USA (36,8 milliards de $ contre 18,9), alors que les USA exportent davantage que la CEE dans ces PVD (17,2 milliards de $ contre 16,5). Aux USA, le contribuable soutient les fermiers (pour 69 % des aides versées), alors qu'en Europe c'est le consommateur (pour 63 %).

1992-*20-11* projet d'accord CEE-USA : **1°)** *volet agricole de l'Uruguay Round :* soutien interne réduit de 20 % (sauf aides directes prévues par la réforme de la Pac pour la durée de l'accord) ; protection aux frontières de la CEE après tarification abaissée de 36 % (par rapport à 1986-88) ; clause d'accès minimal sur le marché communautaire à des conditions privilégiées pour chaque secteur ; aides à l'exportation réduites de 36 % et volumes exportés avec subvention de 21 % (par rapport à 1986-90) ; clause de paix exempte mesures de soutien interne et aides à l'exportation d'actions dans le cadre du Gatt. Mise en œuvre : 1994-99, (dès accord au Gatt). **2°)** *Volet oléagineux :* surfaces européennes réduites à 5,13 millions d'ha avec taux de gel moyen (jachère minimale de 10 %). Les USA acceptent la production de graines oléagineuses à des fins industrielles sur terres en jachère (limitée à 1 million de t d'équivalent tourteaux soja). **1993**-*27-4* la France demande prime compensatoire à la jachère relevée de 1 000 F, base de calcul des primes aux ovins modifiée pour corriger la chute des cours, 4,67 % de quotas laitiers destinés aux zones de montagne récupérées, et une des zones recevant prime au blé dur, plan français de régionalisation des aides, rotation des jachères ramenée de 5 à 2 ans et droit (sans prime) de cultiver betterave à usage ind. sur terres en jachère. **1995**-*sept.* gel des terres : décision de réduire prise, la demande augmentant. **1999**-*11-3* compromis sur le financement de la Politique agricole commune malgré les réserves de la France, du Portugal et des Pays-Bas. Période 2000-2006. Coût 313 milliards d'euros. Viande bovine : prix de base servant à calculer le montant des aides : – 20 % en 3 ans. Une sécurité permettra de déclencher des achats d'intervention si les prix tombent en dessous de 1 560 euros. Aides compensatoires : primes spéciales versées à partir de 2002 aux éleveurs, 210 euros par taureau, 150 par bœuf pendant leur durée de vie, 200 par vache allaitante chaque année. Prime à l'abattage de 80 euros par bovin et de 50 par veau. Lait poudre et beurre : prix – 15 % en 3 ans à partir de 2003. Quotas : régime étendu jusqu'en 2006. En 2003, les discussions s'ouvriront sur leur maintien. A partir de 2003, les quotas seront augmentés de 1,5 % sur 3 ans par pays. Augmentation spéciale à partir de 2000 pour Italie, Espagne, Grèce, Irlande, Irlande du Nord. Céréales : prix d'intervention – 20 % en 2 ans à partir de 2000. Taux de jachère obligatoire (10 % pour ces 2 ans) disparaîtra en 2002. Compensation : primes à la surface + 54 à 66 euros par tonne, multipliés par le rendement de référence régional. Oléagineux : primes ramenées en 3 étapes au niveau des céréales. Vin : 68 000 ha de droits de plantation nouvelle de vigne (dont 17 000 de réserve) dont *France 13 565,* Espagne 17 355, Italie 12 933.

☞ **Fonctionnement du Marché commun :** les produits, sauf alcool et pomme de terre, sont soumis à une organisation commune de marché et circulent librement. Le mode de fixation de leurs prix est uniforme. Le Feoga prend en charge le financement de la Politique agricole commune.

■ **Échanges avec des pays hors CEE.** 2 cas : **1°)** *le cours mondial est inférieur au prix de seuil en vigueur* (prix minimal d'entrée sur le marché communautaire). Exemples : a) l'Allemagne fédérale (membre de la CEE) achète du blé à l'Argentine à 70 $ la t alors que le prix de seuil est de 100 $. L'All. verse 70 $ à l'Arg. et 30 $ au Feoga (100 – 70 = 30 $ de prélèvement). b) la France vend à l'ex-URSS (pays tiers) du blé à 65 $ la t. Le Feoga versera à la France la différence, soit 35 $ (c'est la restitution). **2°)** *Le cours mondial est supérieur au prix de seuil.* Les exportations peuvent faire l'objet d'un prélèvement.

Si les prix intérieurs de la CEE deviennent plus avantageux pour les acheteurs que les cours internationaux, des taxes à l'exportation viennent renchérir le prix d'export. La CEE et la Commission peuvent aussi suspendre la délivrance des certificats d'exportation. En cas d'abondance, elles peuvent percevoir des taxes à l'importation et suspendre temporairement les importations.

■ **Montants compensatoires monétaires (MCM).** *Créés* pour neutraliser les différences de prix qui d'un État membre à un autre résultent des variations monétaires, et pour préserver la libre circulation des produits en évitant la préférence pour l'achat des productions dans les pays à monnaie faible. **MCM positifs** (dans les pays à monnaie forte) : subventions à l'exportation et taxes à l'importation. **MCM négatifs** (pays à monnaie faible) : taxes à l'exportation et subventions à l'importation. Calculés à partir des « taux verts » (différents taux de change officiels) utilisés pour convertir les monnaies nationales en écus (prix communs).

Gatt, puis OMC

■ **Application.** Entrée en vigueur 1-1-1995 pour 6 ans. Les engagements doivent être appliqués par période annuelle, commençant le 1-7-1995 pour la tarification, par campagne de commercialisation en général du 1-7 au 30-6 de l'année suivante (sauf pour riz, vin, huile d'olive) pour les engagements en volume à l'exportation.

■ **Conséquence.** L'accord conclu le 15-12-1993 engage 117 pays. *Tous doivent réduire de 21 % leurs exportations subventionnées* (ce qui devrait à terme faire remonter les cours, rendant possibles les exportations sans subventions) ; *tous doivent abaisser leurs barrières douanières et ouvrir dans les mêmes proportions (3 % puis 5 % au bout de 6 ans) leur marché intérieur.* Réduction calculée à partir de la référence 1991-92 chaque fois que cette référence sera plus favorable que la moyenne 1986-90 prévue par les accords de Blair House. Tous doivent maintenir les avantages accordés pendant la période 1986-88. Les pays doivent, si les contingents ouverts au titre précédent et si les autres importations sont insuffisants pour couvrir 3 % puis 5 % de la consommation intérieure, ouvrir des contingents supplémentaires.

L'ouverture du marché européen sera sans conséquence sur de nombreux produits car l'UE est le 1er importateur mondial de produits agroalimentaires et l'un des marchés les plus ouverts, à l'inverse des USA. Elle importe déjà plus de 3 ou 5 % de sa consommation intérieure pour : viande bovine, ovine, fruits et légumes, maïs, PSC (produits de substitution des céréales). Les USA ont accepté pour les PSC une clause de consultation automatique si les importations dépassent la moyenne des flux 1991-92 pour l'ensemble des PSC (exemple : 5,7 millions de t pour le *corn gluten feed*).

L'attribution de contingents supplémentaires d'importation sera sans conséquence sur certains produits parce que ces contingents sont déjà couverts par des accords particuliers (exemple : contingents accordés aux pays de l'Est) ou parce que les ouvertures de contingents représentent des volumes très faibles au regard de la production et de la consommation européennes (exemple : le nouveau contingent d'importation de la viande de volaille représente 0,4 % de la production communautaire). L'ouverture d'un contingent d'importation n'implique pas l'obligation d'achat. Chaque année, des contingents ne sont pas remplis parce que le pays exportateur n'a pu fournir les quantités prévues ou parce que la qualité proposée ne correspondait pas au goût européen.

☞ *Boissons spiritueuses :* accord de principe intervenu au sommet du G7 de Tokyo en juillet 1993 pour que certains produits ne soient soumis à aucune restriction quantitative, ni à des droits de douane : whisky, cognac, brandies, certaines eaux-de-vie de fruit, notamment le calvados. Les alcools blancs (gin, rhum) ne sont pas concernés. *Accord sur la propriété intellectuelle :* protège marques et appellations des contrefaçons.

Nouvelles mesures phytosanitaires : veulent permettre à la France d'accéder à de nouveaux marchés, en faisant tomber des barrières douanières artificielles comme celles qui restreignaient les exportations d'animaux vivants ou de viandes aux USA, et la protéger contre l'importation de produits élaborés avec des substances interdites par la législation française ou communautaire.

Clause de paix. Permet de déroger pendant 9 ans au code de subventions du Gatt ; prévoit qu'un secteur ne peut recevoir plus de 5 % des subventions par rapport à la valeur de sa production.

La Pac (Politique agricole commune), telle qu'elle a été réformée, est reconnue au niveau international. Si les engagements sont respectés (par exemple, le maintien du niveau des soutiens par rapport à ce qu'ils étaient en 1992), il n'y aura pas d'actions contentieuses. Les signataires s'engagent à reprendre la négociation sur le volet agricole avant la fin de l'accord.

■ **Tarification.** Les signataires doivent transformer les mesures à l'importation existantes (prix minima d'entrée, prélèvements variables, restrictions quantitatives) en montants forfaitaires fixes appelés « équivalents tarifaires » calculés en fonction des écarts de prix intérieurs et mondiaux observés en moyenne avec un minimum de 15 % par ligne tarifaire. L'équivalent tarifaire est calculé pour chaque céréale comme la différence entre le prix d'intervention 1986-88 augmenté de 10 % et des majorations mensuelles et le prix externe FOB (Argentine pour le blé tendre et le maïs). Il est prévu une disposition spécifique pour que le prix d'entrée, droits payés, ne dépasse pas 155 % du prix d'intervention pour le blé, l'orge, le maïs [soit 155 écus verts par t en 1996 (1 écu vert = 7,98191 F en février 1994)]. Les équivalents tarifaires de base sont supérieurs aux prélèvements actuels (moyenne du 2e semestre 1993, après entrée en vigueur de la 1re baisse du prix des céréales). Ces montants sont ensuite réduits progressivement sur la période de l'accord qui est de 6 ans, de 36 % en moyenne par tranche annuelle égale.

Clause de sauvegarde. Elle établit un droit de douane additionnel au plus égal à 30 % de l'équivalent tarifaire dès que le marché intérieur est susceptible d'être perturbé par des importations massives de produits excédant 125 % de la quantité moyenne correspondante des 3 années précédentes ou par une baisse trop forte du prix de la marchandise importée au-dessous d'un prix de déclenchement (prix CAF de référence retenu pour le calcul de l'équivalent tarifaire).

■ **Sucre. Équivalent tarifaire :** calculé entre le prix d'intervention augmenté de 10 % et des frais de stockage (719 écus/t) et le prix externe choisi. *Sucre blanc :* prix spot à la Bourse de Paris (195 écus/t) ; *brut :* pour le sucre 176 écus/t à celle de New York. **Clause de sauvegarde :** les prix de déclenchement correspondent aux prix d'importation des sucres ACP. L'UE octroie des concessions tarifaires à 1,5 million de t d'équivalent sucre blanc à ces pays dans le cadre de la convention de Lomé. Bien qu'exonérés de prélèvement, ces sucres ont un prix d'importation supérieur au prix mondial. *Niveau de prix mondial :* 285 écus/t, à ce niveau la clause de sauvegarde joue et le droit additionnel s'élève à 65 écus/t. **Accès courant à maintenir :** 1 565 000 t d'équivalent sucre blanc dont 1 555 000 t correspondent à des importations des pays ACP et 10 000 t allouées à l'Inde. Accès minimal supplémentaire nul (l'ouverture du marché à hauteur de 3 % puis 5 % de la consommation intérieure est couverte par l'accès courant). **Exportations subventionnées. Volumes exportables** (en millions de t) : *1995 :* 1,56 ; *2000 :* 1,3.

■ **Fruits et légumes. Protection :** actuelle pour une vingtaine de produits ; prix d'entrée de référence sous lequel s'applique une taxe compensatoire. (Pour 17 produits, prix minimal d'entrée de la période de l'année.) Quand un produit importé entre dans l'UE au-dessus de ce prix, on applique des droits de douane *ad valorem ;* au-dessous : droits *ad valorem* plus un équivalent tarifaire (différence entre les plus hauts prix minimaux d'entrée et d'arrivée du produit). **Contingent préférentiel :** aucun. Accès courant : nul. Accès minimal : nul, l'UE important actuellement plus de 5 % de sa consommation intérieure (en particulier fruits exotiques). **Exportations subventionnées :** 36 % en valeur, 21 % en volume (tomate, amande, noisette, noix, orange, mandarine, citron, raisin, pomme, pêche, brugnon et nectarine). *Période de référence retenue :* 1986-90 (moyenne 1 148 000 t pour 102,9 millions d'écus). *Volumes exportables :* fruits et légumes frais : *1995 :* 1 107,8 ; *2000 :* 906,8. Transformés : *1995 :* 193,8 ; *2000 :* 158,6. **Concessions :** résultant de l'accord euro-américain de Bruxelles le 7-12-1993 sur : pomme, raisin, noix et asperge, réduction des droits *ad valorem.* Les importations réalisées au-dessus du prix d'entrée (pomme, raisin) n'entraînent pas de modification des prix d'entrée ni des équivalents tarifaires.

■ **Vin.** Pas de tarification. Le prix de référence disparaît. Les droits à eux seuls devraient permettre de protéger le marché mieux que ne le feraient des équivalents tarifaires issus de la tarification, associés à la fixation d'un accès minimal. Les importations se feront, pense-t-on, toujours au-dessus du prix de référence, compte tenu des frais de transport. **Exportations subventionnées. Volumes exportables** (en millions d'hl) : *1992/95 :* 2 972,6 ; *2000 :* 2 433,2. **Accès courant à maintenir :** nul. *Accès minimal :* nul. Le sort des vins des pays de l'Europe centrale et orientale est réglé par les accords d'association qui leur ouvrent des contingents sur l'UE.

■ **Viande bovine. Équivalent tarifaire :** est établi pour les carcasses à partir de la différence entre le prix d'intervention majoré de 10 % (4 289 écus/t) et le prix extérieur choisi comme le prix FOB Argentine (1 508 écus/t). Réduction de l'équivalent tarifaire de 36 % sur 6 ans pour chaque position tarifaire à 8 chiffres. A partir du 1-7-1995, 80 % du prix d'intervention : soit 2 816 écus/t « carcasse fraîche ». Prix extérieur sous lequel la protection pourrait ne plus être assurée : prix intracommunautaire diminué de l'équivalent tarifaire et des droits de douane : 929 écus/t (coûts de transport et mise à FOB non inclus). Niveau peu probable. **Clause de sauvegarde :** au niveau du prix mondial de 929 écus/t droit additionnel de 311 écus/t. **Exportations subventionnées. Volumes exportables** (en milliers de t) : *1992 :* 1 324 ; *95 :* 1 118,7 ; *2000 :* 817,1.

■ **Viande de volaille. Équivalent tarifaire :** moyenne des prélèvements en vigueur pendant la période 1986-88 pour certains produits pilotes : canard 85 % ; poulet 83 %, 70 %, 65 % ; oie 82 %, 75 % ; dinde 80 %, 73 % ; dinde 63 %. Réduits de 36 % par tranche annuelle égale pour chaque position tarifaire à 8 chiffres. **Clause de sauvegarde :** prix de déclenchement supérieurs aux prix d'écluse actuellement pratiqués : 1 423 écus/t contre 1 334 actuellement pour le poulet 70 %. **Exportations subventionnées. Volumes exportables** (en milliers de t) : *1992:* 519 ; *95:* 440,1 ; *2000 :* 290,6.

■ **Viande porcine. Équivalent tarifaire :** moyenne des prélèvements en vigueur pendant la période 1986-88 pour carcasses fraîches ou réfrigérées. Réduits de 36 % sur 6 ans par tranches annuelles égales pour chaque position tarifaire à 8 chiffres. **Clause de sauvegarde :** prix de déclenchement supérieurs aux prix d'écluse annuellement en vigueur. Pour les carcasses réfrigérées 1 243 écus/t (prix d'écluse 1 133 écus/t). **Accès courant à maintenir :** nul (il n'existait pas de contingents préférentiels en 1986-88). *Accès minimal :* définit toutes viandes. Au total accès préférentiel à 7 000 t en début de période et 75 600 t en fin, soit 0,5 % de la production commautaire. **Exportations subventionnées. Volumes exportables** (en milliers de t) : *1992 :* 573 ; *95 :* 490,8 ; *2000 :* 401,8.

■ **Produits laitiers. Équivalent tarifaire :** pour les 2 produits d'intervention : différence entre le prix d'intervention majoré de 10 % et le prix minimal Gatt. Autres produits : obtenus par dérivation des équivalents tarifaires beurre et poudre en fonction de la composition en matière grasse et protéique. Réduits de 36 % pour chaque portion tarifaire à 8 chiffres sauf pour poudre écrémée : 20 %. **Clause de sauvegarde :** beurre : à 1 087 écus/t on rajoute 425 écus/t à l'équivalent tarifaire. **Accès courant à maintenir :** beurre 76 667 t, fromage pour fonte 3 500 t, cheddar de Nlle-Zélande et Australie 9 000 t, du Canada 2 750 t. Le contingent ouvert à l'importation de fromages n'est pas une obligation. Il n'est pas prévu d'ouvrir de contingents pour les autres produits laitiers (laits liquides, produits frais, poudres grasses et laits concentrés). **Exportations subventionnées. Volumes exportables** (en milliers de t) : BEURRE ET BUTTEROIL : *1992:* 236 ; *95:* 447,2 ; *2000:* 366,1 ; POUDRE 0 % : *1992:* 335 ; *95:* 297,2 ; *2000:* 243,3 ; AUTRES PRODUITS LAITIERS : *1992:* 1 201 ; *95:* 1 161,4 ; *2000:* 938,4.

■ **Produits de la pêche.** Avant 1993, pour qu'un pays étranger puisse exporter dans la Communauté, il devait en échange ouvrir ses zones de pêche aux pêcheurs communautaires. A la fin de l'automne 1993, la Commission a déposé 90 propositions. Ne figurent pas : thon, saumon, coquille St-Jacques, langoustine, hareng, maquereau. Facilités maintenues sur : cabillaud, églefin, lieu noir et lieu d'Alaska frais. Ces produits bénéficient d'une suspension des droits au 1-1-1994, date d'entrée en vigueur de l'Espace économique européen, dont certains pays sont nos principaux fournisseurs (cabillaud 74 %, lieu noir 95 %). Pour les autres produits, ou les quantités en provenance des pays tiers sont faibles (sébaste) ou les réductions tarifaires sont symboliques (exemple : sébaste dont le taux passe de 8 à 7,5 %). Conserves de sardines : réduction de droits de 25 à 12,5 % (mais 78 % viennent du Maroc et bénéficient déjà d'une réduction progressive en contrepartie d'une ouverture de ses eaux aux flottes communautaires).

■ **FEOGA. Fonds européen d'orientation et de garantie agricole :** *institué* le 14-1-1962. Doit assurer le soutien des prix et la régularisation des marchés (section Garantie), favoriser les améliorations structurelles dans le domaine agricole (section Orientation). **Ressources du budget communautaire.** *Prélèvements et autres perceptions sur les échanges cotisations* à la production et au stockage, *droits de douane*, *fraction des ressources de la TVA* perçue par les États membres, *recettes diverses*. **Dépenses** (en milliards d'écus). **1°)** Section garantie : *1980 :* 11,3 ; *85 :* 19,7 ; *90 :* 26,5 ; *95 :* 34,5 ; *96 :* 39,1 ; *97 :* 40,4 ; *98 :* 38,7 ; *99 :* 39,5. **2°)** Section orientation : *1980 :* 0,60 ; *85 :* 0,89 ; *90 :* 1,71 ; *95 :* 3,61 ; *96 :* 3,93 ; *97 :* 4,13 ; *98 :* 4,36.

FORÊTS

☞ Pour découvrir la sélection **Quid** des meilleurs sites Internet sur les forêts, rendez-vous sur **www.quid.fr**

FORÊTS

GÉNÉRALITÉS

☞ **Renseignements. Organisations professionnelles. Fédération nationale des syndicats de propriétaires forestiers sylviculteurs (FNSPFS)** 6, rue de La Trémoille, 75008 Paris. **Association nationale des centres régionaux de la propriété forestière (ANCRPF)** 47, rue de Chaillot, 75116. **Institut pour le développement forestier (IDF)** 23, avenue Bosquet, 75007. **Assemblée permanente des chambres d'agriculture (APCA)** 9, avenue George-V, 75008. **Confédération française de la coopération agricole (CFCA)** 49, avenue Grande-Armée, 75116. **Compagnie nationale des ingénieurs forestiers et experts en bois (Cniefeb)** 6, rue St-Didier, 75016. **Ministères. Ministère de l'Agriculture et de la Forêt,** *Direction de l'espace rural et de la forêt (Derf)* 78, rue de Varenne, 75349 Paris 07 SP. *Sous-direction de la forêt* 19, avenue du Maine, 75732 Paris Cedex 15. **Ministère de l'Environnement,** *Conseil national de la protection de la nature* 20, avenue de Ségur, 75302 Paris 07 SP. **Autres organismes. Association forêt cellulose (Afocel)** domaine de l'Étançon, 77830 Échouboulains. **Association pour la rationalisation et la mécanisation de l'exploitation forestière (Armef)** 30, boulevard Foch, 77300 Fontainebleau. **Centre national du machinisme agricole du génie rural des eaux et forêts (Cemagref)** Parc Tourvoie, BP 44, 92163 Antony Cedex. **Institut national de la recherche agronomique (Inra)** 147, rue de l'Université, 75007. **Inventaire forestier national (IFN)** Château des Barres, 49290 Nogent-sur-Vernisson. **Office national des forêts et Fédération française des bois tropicaux et américains** 6, avenue de Saint-Mandé, 75012.

■ **Espèces d'arbres.** 30 000. **Grands types de forêts. Résineuse :** conifères (exemple : la taïga). **Sclérophylle :** essences à petites feuilles coriaces et persistantes (exemple : forêt de chênes verts). **Tropicale humide** *(semper virens :* toujours verte) : superficie en millions de km² : Amér. du Sud et centrale 6 (dont Brésil 3,7), Asie du Sud-Est et Australie 3, Afrique 2,1. **Feuillue caducifoliée :** essences à feuilles caduques (exemple : chênaie-hêtraie).

Oxygène : une forêt (vierge) qu'on ne coupe pas consomme, en respirant et en pourrissant, autant d'oxygène qu'elle en produit. Si elle brûle, elle donne du gaz carbonique qui, s'ajoutant à la pollution atmosphérique, provoque, par effet de serre, un réchauffement dangereux du climat mondial. Une forêt bien exploitée peut stocker le gaz carbonique sous forme de bois qu'on pourra utiliser, et produira plus d'oxygène qu'elle n'en consomme.

■ **Origine des peuplements. Semis naturels :** graines tombées des arbres ; on peut favoriser ce semis en supprimant les sujets gênants, en travaillant le sol. **Rejets de souche :** origine des taillis. **Plantations.**

■ **Types d'exploitation. Futaie :** arbres de « franc-pied » (issus de semences à l'exclusion des tiges venant de rejets de souches). *Futaie régulière :* sensiblement du même âge et de la même taille. *Forêt jardinée :* les arbres d'âges différents sont mêlés (fréquente en montagne : Vosges, Jura, Alpes, Pyrénées). Par des méthodes dynamiques (entretien, travail du sol, apports d'engrais), la production des plantations (notamment peuplier et pin maritime) peut être accélérée. *Révolution de la futaie :* durée entre 2 régénérations. Pins maritimes et autres résineux à croissance rapide 40-60 ans, résineux produisant du bois de qualité de grosses dimensions 60-120 ans, feuillus de qualité 80-240 ans. **Taillis :** arbres venant des rejets des souches recépées. Les tiges d'une même souche se présentent en bouquets appelés *cépées*. **Taillis simple :** à maturité, on coupe à blanc étoc. La périodicité *(révolution)* varie en moyenne entre 20 et 40 ans suivant la vitesse de croissance du taillis et les dimensions des produits recherchés. **Taillis sous futaie :** arbres de franc-pied (futaie) et rejets de souches (taillis). Rotation des coupes fixée par la maturité du taillis. Chaque coupe exploite tout le taillis et une partie de la futaie. La « réserve » (arbres non abattus) comprend *baliveaux* (âge égal à 1 rotation de taillis), *modernes* (âge égal à 2), *anciens* (à 3), *bisanciens* (à 4), *vieilles écorces* (à 5). Pour préserver les baliveaux, on maintient autour d'eux des brins de taillis (« gaine de soutien »).

■ **Rendement (en Europe). Feuillus :** 3 à 5 m³ de bois par ha et par an (dont 50 % environ en futaie). *Peupliers :* jusqu'à 20 m³ (vallée du Pô). Un chêne de 250 ans de la forêt de Tronçais (Allier), haut de 30 m, a donné 32 m³ de bois d'ébénisterie. **Résineux :** 5 à 25 m³ de bois d'œuvre par ha et par an. RECORDS : *Danemark :* épicéa, 40 m³. *France :* pin maritime des Landes, 5 à 10 m³. Sapin et épicéa du Jura, 10 à 12 m³. Douglas, 17 m³.

TYPES DE BOIS

■ **Charpentes.** *Autrefois :* essentiellement en chêne, puis en peuplier. Il n'existe que quelques charpentes en châtaignier (exemples : château de Sully-sur-Loire, Hospices de Beaune), car les gros châtaigniers sont atteints de *« roulure »* (décollement des accroissements annuels), et peu utilisables. *Aujourd'hui :* résineux. **Traditionnelles :** *pannes :* pièces longues parallèles au faîte d'un toit, reposant généralement sur des murs-pignons. *Chevrons :* pièces parallèles à la pente d'un toit, placées sur les pannes et supportant la couverture (par des liteaux, lattes ou panneaux). **Modernes :** *industrialisées* (fermettes) : débits de résineux de 38 mm d'épaisseur, et 75, 100, 115, 125 ou 150 mm de largeur, aboutés ou non, et assemblés par des connecteurs métalliques (plaques perforées à dents). *Lamellés-collés :* poutres en arc (jusqu'à 130 m sans appuis intermédiaires), ou poutres droites. Planchettes aboutées en lits collés de 15 à 50 mm d'épaisseur selon le rayon de courbure des poutres à réaliser ; en résineux (sapin et épicéa). *Composites :* membrures en bois massif associées à des contreplaqués ou autres panneaux dérivés du bois constituant les âmes des poutres en des goussets d'assemblage. *Caissons chevronnés :* « pans » de toiture préfabriqués.

■ **Menuiserie. Un bois de menuiserie ne doit pas :** *présenter de gros nœuds* [à partir de 50 mm pour le pin et les emplois très communs, mais plutôt 25 à 30 mm en général (nœuds sains) ; dans les pièces visibles, seuls les nœuds sains de quelques mm sont admis] *ni de défauts notables* (fentes, échauffures, vermoulures, pentes de fil importantes...) ; *avoir une texture grossière* (cernes de moins de 5 mm) ; *être humide :* taux de 18 % et plus (10 à 12 % pour emplois intérieurs). **Il doit :** être traité contre les attaques d'insectes et de champignons dans le cas de menuiseries extérieures, s'il n'est pas naturellement durable (bois parfait de chêne, de pin, d'iroko, etc.).

Principaux emplois (en millions de m², 1996) : *parquets et lambris :* 179,3 dont lames en conifère 171,7, panneaux pour parquet 6,4, lames en feuillu 1,2. *Fenêtres, portes-fenêtres et portes extérieures :* 10,4 millions de vantaux.

■ **Tranchage et déroulage. Placages d'ébénisterie :** tranchés, sauf les *loupes* [excroissance du tronc, comme sur l'orme de bocage fréquemment élagué ; le fil sinueux présente des courbes irrégulières et enchevêtrées avec souvent des picots résultant de départ de brindilles (tranchages de petites surfaces très recherchés en ébénisterie)] qui sont déroulées. En les appariant on peut mettre en valeur des éléments figuratifs. *Épaisseur :* 6/10 à 7/10 de mm. **Contreplaqué :** origine tropicale (1/2) : okoumé, samba, limba, ilomba, tola, ozigo, meranti-lauan, etc. ; 1/2 : pin maritime, peuplier, hêtre et conifères divers. Venant de billes de pied sans défaut notable, d'au moins 1,50 m de long. *Catégories :* contreplaqués multiplis : ordinaires, obtenus par traitement sous pression (10 bars),

COEFFICIENTS DE CONVERSION POUR LES BOIS D'INDUSTRIE

Bois [1]	MV [2] (en kg/m³)	Écorce [3] (en %)	Siccité [4] (en %)	Infradensité [5] (en kg/m³)	Foisonnement [6]	Masse stère (en kg/st) [7]
Épicéa et sapin	790	12	47	370	1,4	500 à 550
Douglas	710	13	60	425	à 1,6	450 à 525
Pin sylvestre	855	15	51	435	1,5	450
Pin maritime	880	25	45	395	à 1,9	à 575
Pin noir	930	16	48	450	1,5 à 1,9	500 à 625
Pin d'Alep	970	13	50	485	1,5 à 2	500 à 650
Chêne	950	19	61	580	1,6 à 2	500 à 600
Hêtre	1 025	10	60	615		550 à 700
Peuplier	790	17	55	435	1,4	450 à 550
Châtaignier	850	12	59	505	à 1,8	475 à 600

Nota. – **(1)** Tous les cœfficients s'appliquent à des bois d'industrie avec écorce, à l'entrée des usines. **(2)** Masse volumique brute : masse brute/volume avec écorce (en kg/m³). **(3)** Taux d'écorce en % : volume d'écorce réel à l'entrée de l'usine (après quelques pertes liées à l'exploitation et au transport)/volume sur écorce × 100. Taux d'écorce sur pied : + 1 % feuillus, + 2 % résineux ; en masse : environ le même sauf pour le pin maritime (17 %). **(4)** Siccité en % : masse de matière sèche/masse brute × 100. **(5)** Infradensité : masse de matière sèche/volume avec écorce (assimilé au volume saturé) [en kg/m³]. **(6)** Coefficient de foisonnement : nombre de stères nécessaires pour obtenir 1 m³ réel dans le cas des billons de 2 m. **(7)** Masse brute du stère (en kg/st) dans le cas des billons de 2 m. *Source :* Afocel.

■ **Quelques définitions. Affouage :** droit de prendre du bois de chauffage ou de participer au produit de l'exploitation dans les forêts domaniales ou communales. **Arboretum :** collection d'arbres de nombreuses espèces plantés sur un même terrain en vue de leur étude botanique. **Arbre :** végétal possédant un tronc dénudé à la base et dépassant 7 m de haut à l'âge adulte. **Arbuste :** caractéristiques de l'arbre mais 7 m au maximum. **Arbrisseau :** plusieurs tiges dès la base, forme un buisson de 4 m de haut au maximum. **Bille :** tronçon découpé dans une grume. **Bois d'industrie ou de trituration :** en général, bois dont la grosseur ne permet pas leur sciage, utilisés à l'état brut (poteaux télégraphiques, étais de mines), ou en copeaux pour être reconstitués en panneaux ou pour fabriquer de la pâte à papier. **Bois d'œuvre :** troncs (ou grumes) assez gros pour pouvoir être sciés, tranchés (qualité supérieure) ou déroulés. **Canopée :** couche supérieure des forêts équatoriales ; on l'étudie avec un dirigeable auquel est suspendue une plate-forme gonflable de 580 m^2. **Cerne :** couche concentrique d'un arbre ; le nombre indique l'âge de l'arbre. **Chablis :** arbre renversé par le vent. **Déroulage :** transformation d'une bille en placage en principe continu, en l'attaquant tangentiellement aux couches annuelles au moyen d'une lame coupante parallèle à l'axe de la bille, celle-ci étant montée entre pointes et animée d'un mouvement rotatif. **Drageon :** pousse née de la racine des arbres. **Fût :** tronc dépourvu de rameaux. **Gaule** (ou **perche**) : bois rond, long et mince. **Gaulis :** massif forestier dont les pousses sont devenues gaules (de 2 à 5 cm de diamètre). **Grume :** tronc abattu, ébranché et recouvert ou non de son écorce. **Houppier :** ensemble des branches et ramilles d'un arbre. **Perchis :** *bas :* bois dont les arbres ont de 12 à 15 cm de diamètre (environ 25 ans) ; *haut :* 15 à 25 cm (50 à 75 ans). **Stère :** rondins de bois empilés occupant un volume apparent de 1 m^3. Généralement, un stère comprend 600 à 700 litres de bois et 300 à 400 de vide. **Tranchage :** débitage d'une bille en placage avec une lame coupante travaillant comme un rabot, parallèlement à l'axe de la pièce de bois.

à 90/130 °C, d'empilements d'un nombre toujours impair de feuilles de placage déroulées, préencollées (en général, contreplaqué le plus couramment vendu en France : le 5 plis de 10 mm d'épaisseur totale) et disposées de telle sorte que le fil du bois soit croisé d'une feuille à l'autre. *Colles employées :* surtout à base de résines aminoplastes et phénoplastes à faible teneur en formaldéhyde libre. *Lattés :* âme en petits liteaux jointifs (à disposition alternée des cernes, recouverts sur deux faces, en une ou plusieurs couches de placage, ou d'une association de ces composants, suivants les caractéristiques mécaniques et les états de surfaces recherchés. *Lamibois (ou Microlam, Parallam, Intrallam, Kerto) :* feuilles de placage parallèle (Intrallam, Kerto, Lamibois, Microlam et Parallam sont des marques déposées).

■ **Ameublement. Essences utilisées :** chêne, merisier, hêtre, divers feuillus (noyer, frêne, orme, châtaignier, érable, aulne, peuplier), résineux (pin, sapin, épicéa), bois tropicaux (acajou, teck), rotin (palmier lianescent) et bambou (espèce graminée).

■ **Emballages. Essences utilisées** (en %) : peuplier 50 (fournit sciage, déroulage et contreplaqué), pin (surtout maritime) 15, sapin et épicéa 15, bois divers 20 [dont chêne (4) et châtaignier (1) pour la tonnellerie, et hêtre (7) pour déroulage]. **Usages :** *caisses :* 7,1 % du bois d'emballage. *Emballages légers :* 33. *Palette et caisse-palette :* 29,3. *Emballages sur mesure :* 23,3. *Tonneaux :* 9. En 1940, il y avait 12 000 tonneliers. Il en reste 150 qui utilisent 300 000 à 320 000 m^3 de merrains (bois de chêne essentiellement).

■ **Trituration. Bois fragmenté** (particules, fibres, sciure) : en vue d'une réagglomération ultérieure avec ou sans liant, en panneaux plats, feuilles ou objets moulés. Trituration du bois faite par *découpage en copeaux plats, défibrage mécanique* (sur des meules ou disques abrasifs) ou *chimique* (dissolution de la lignine). Utilisé en technique papetière (et cartonnage) pour désigner la défibration du bois en vue du processus d'obtention du papier ou du carton. **Bois pour panneaux agglomérés. Panneaux de fibres** *durs :* sans liant exogène, densité de plus de 800 kg/m^3 [« Isorel » (procédé humide) ou « Biplac »] ; *de moyenne densité* (MDF : *medium density fiberboard*) de 650 à 700 kg/m^3, un peu de liant exogène (colles aminoplastes), généralement épais (20 à 30 mm). L'homogénéité de leur structure permet des usinages et le façonnage des chants. **Panneaux de particules** *traditionnels :* bois non défibrés mais fragmentés après séchage anhydre, triés et calibrés avant encollage, additionnés de 8 à 10 % de liants : aminoplastes, phénoplastes, isocyanates, etc. Les panneaux sont obtenus par pressage discontinu ou continu. La colle est polymérisée par un fluide caloporteur à une température de plus de 100 °C. *OSB (Oriented Structure Board) :* copeaux assez grands, conservant la structure originelle du bois (nommés *wafers, flakes, shanings,* selon formes et dimensions) distribués à plat, en couches. Utilisés en murs et planchers. **Bois. Nécessaire en EBR (équivalent bois rond) pour faire :** *1 m^3 de sciages :* sapin et épicéa 1,43 m^3 ; autres résineux, 1,7 ; chêne 2,2 ; peuplier 1,75 ; *de feuilles de placage (tranchées ou déroulées)* 2 à 2,5 ; *contreplaqués* 2 ; *panneaux de particules* 1,5 ; *1 tonne de pâte à papier chimique :* 4 à 5 ; *mécanique* 2,35.

■ **Chauffage. Composition du bois :** partie combustible 45 % (celluloses, hémicelluloses et lignines), oxygène 44, hydrogène 6, azote 1, cendres 1.

Humidité : calculée par les industriels dans la masse de bois brute (un bois à 40 % contient 60 % de bois et 40 % d'eau), par les scientifiques par rapport à la masse de bois anhydre [« sur sec » ; un bois à 40 % contient 100 % de bois et 40 % d'eau pour une masse totale de 140 (soit 71,5 % de bois et 28,5 % d'eau pour une masse totale de 100)]. *Bois frais de coupe :* peuplier : humidité sur sec 100 à 200 %, résineux 100, feuillus 60 à 80. *Bois commercialement sec :* humidité sur sec d'environ 20 %. Séchage artificiel répandu. Un bois humide peut détériorer les conduits de fumée par *goudronnage et bistrage.*

Pouvoir calorifique inférieur (pci) : chaleur dégagée par unité de masse sans condensation de l'eau lors de la combustion, ou par le combustible (cas de la combustion à l'air libre)]. En kcal : résineux 4 400 à 5 000 ; feuillus 4 000 à 4 800 (au m^3, le pci des feuillus, plus denses, est plus élevé que celui des résineux) ; briquettes de sciure et copeaux 4 000 à 4 200 ; granulés 4 000 à 4 200.

Pouvoir calorifique d'un stère (en fait 0,44 à 0,63 m^3 selon le diamètre des rondins : de 5 à 12 cm) : 1 465 thermies (1 405/1 525).

Comparaisons (en thermies/tonne) : bois de feuillu séché à l'air 3 500 à 3 600 ; anthracite 7 000 ; gaz de Lacq 8 800 ; fuel domestique (FOD) 10 150 ; butane 11 000.

Bois de feu (hêtre) : comparaison début et, entre parenthèses, après séchage sous abri 24 mois : *humidité sur sec* (en %) : 78 (24/15). *Masse spécifique* (en kg/m^3) : 980 (705/690). *Pci en thermies/tonne :* 2 100 (3 325/3 700) ; *en thermies/m^3 :* 2 055 (2 315/2 545).

Comportement au feu : flamme vers 270 °C. *Température au bout de 1/4 d'h :* 720 °C ; *1 h :* 925 °C ; *au maximum :* 1 200 °C. Après un temps bref où la température du bois ne dépasse pas 100 °C (par suite de l'humidité), le bois commence à se décomposer (réaction endothermique) en émettant des gaz combustibles (flammes de plus de 1 000 °C) ; une couche de charbon de bois se forme, qui peut continuer à brûler sans apport de chaleur extérieure (réaction exothermique). Ce processus gagne le centre du bois (de 7/10 de mm par min ou 4 cm à 4,5 cm par h). Pendant ce temps, le bois ne se dilate pas sensiblement, et, sous forte épaisseur ou forte section, ne se déforme pas et conserve une résistance mécanique fonction du volume relatif des parties non carbonisées.

Résistance au feu d'un poteau de 2,30 m chargé à 10 t : *en chêne (0,15 × 0,15 cm) et en acier à poutrelles (HN 100) :* nu 52 min (8 à 10 min), protégé par 1 cm de plâtre 81 (60 à 69), par 2 cm 118 (84 à 95).

Nota. – Le métal, qui ne « brûle » pas, se dilate et s'amollit, la pierre et le béton, incombustibles, se fendent ou éclatent (en particulier sous les jets des lances d'incendie).

Quelques bois tropicaux

☞ **Nom le plus courant et nom botanique.**

■ **Feuillus. Bois surtout déroulés pour la fabrication de contreplaqué :** framiré *(Terminalia ivorensis)* ; ilomba *(Pycnanthus angolensis)* ; limba [fraké] *(Terminalia superba)* ; obéché [samba, ayous] *(Triplochiton scleroxylon)* ; okoumé *(Aucoumea klaineana)* ; ozigo [assia] *(Dacryodes buettneri)* ; tchitola *(Oxystigma oxyphyllum)* ; tola *(Gosweile rodendron balsamiferum).*

Bois de menuiserie courante : curupixa *(Micropholis, divers)* ; doussié *(Afzelia,* divers) ; iroko *(Milicia excelsa)* ; bosse *(Guarea,* divers) ; kosipo *(Entandrophragma candollei)* ; keruing *(Dipterocarpus)* ; makore *(Tieghemella heckelii, T. africana)* ; mengkulang *(Heritiera,* divers) ; meranti [dark red] *(Shorea,* divers) [light red] ; moabi *(Baillonella toxisperma)* ; niangon *(Tarrietia,* divers) ; pau amarelo *(Euxylophora paraensis)* ; sipo *(Entandophragma utile)* ; tauari *(Couratari,* divers) ; tatajuba *(Bagassa guianensis).*

Bois de menuiserie fine, moulures, ébénisterie, ameublement, placages : acajou d'Afrique *(Khaya,* divers) ; bété *(Mansonia altissima)* ; bubinga *(Guibourtia,* divers) ; dibétou *(Lovoa trichilioides)* ; eyong *(Eribroma oblonga)* ; seraya (white) *(Parashorea,* divers) ; mahogany [acajou vrai] *(Swietenia,* divers) ; ramin *(Gonystylus bancanus)* ; sapelli [aboudikro] *(Entandophragma cylindricum)* ; teck *(Tectona grandis)* ; tiama *(Entandophragma angolense)* ; balsa *(Ochroma lagopus).*

■ **Résineux.** Pin de Parana *(Araucaria angustifolia)* ; klinki *(Araucaria* asiatique) ; agathis *(Agathis* divers) ; podocarpus *(Podocarpus* divers) et quelques autres pins *(Pinus caribaea, merkusii,* etc.).

Produits annexes

Adragante (Asie Mineure). Pharmacie. **Alcool.** L'action des acides forts (acides sulfurique et chlorhydrique) sur la cellulose du bois donne des sucres, avec lesquels on peut faire de l'alcool éthylique ou produire des levures pour le bétail. 100 kg de bois sec peuvent donner 25 à 30 l d'alcool absolu. La lignine reste comme sous-produit. **Baume du Pérou** (Salvador).

Camphre (Japon, Taïwan). Laurier camphrier. **Cellulose.** Extraite chimiquement par la méthode au bisulfite de calcium. **Celluloses dispersées et régénérées :** les celluloses sont imbibées par la soude, dispersées dans du sulfure de carbone en présence d'un excès de soude, puis recoagulées par action chimique, sous forme de fils avec lesquels on fait la rayonne et la fibranne, ou sous forme de feuilles (Cellophane). **Nitrocelluloses :** les celluloses attaquées par l'acide nitrique (en présence de catalyseurs) donnent des nitrates ; usages variés : Celluloïd (par plastification avec le camphre), films (dus mais inflammables), vernis, explosifs, etc. **Acétocelluloses :** en présence d'acide sulfurique, les celluloses peuvent se combiner à l'acide acétique pour donner des acétates ; usages variés : textiles, poudres à mouler, matières plastiques, feuilles transparentes, vernis, etc. **Charbon.** Une meule de 4 stères de bois donne de 240 à 320 kg de charbon en 48 h, un camion de 3 à 5 t en consomme de 40 à 50 kg aux 100 km ou 100 kg de bois s'il a un générateur à bois. **Carbonisation par distillation :** rendement de 25 % en poids, permet de recueillir les produits volatils : gaz non condensables (hydrogène, méthane, oxyde de carbone, gaz carbonique, azote, etc.) ; alcools plus ou moins volatils (surtout méthylique) ; acide acétique dilué dans de l'eau ; goudrons facilement condensables. **Chicle** (Honduras). Fruit comestible du sapotillier *(Achras zapota)* ; utilisé pour le *chewing-gum* vers 1870 aux USA (marque Chicklet's, qui existe toujours) ; aujourd'hui on ajoute des produits synthétiques tirés des hydrocarbures, notamment du vinyle, du glucose, de la paraffine pour régler le degré du ramollissement, et des substances aromatiques (acides citrique ou tartrique). **Colophane** (Asie Mineure). Venant de la distillation de la résine-gemme des pins. **Copal** (Afrique). Pour les vernis.

Écorce pour tannerie. Chêne (surtout chêne vert), épicéa ; tanin contenu dans l'écorce en % : jeune chêne 16, vieux 7, épicéa 4. *Rendement en écorce d'un taillis de 25 à 30 ans :* 3 à 5 t par ha. Pour tanner une peau de vache, il faut 120 kg d'écorce. On fabrique maintenant surtout des extraits tannants avec le bois de châtaignier (qui sert ensuite à faire de la cellulose) ou des écorces de bois tropicaux (mimosa, palétuvier, sumac, quebracho, etc.). **Encens** (Inde et Afrique). **Essence de bois de rose** (Amérique).

Gemme. Pin d'Alep et maritime (2 à 4 l par an et par arbre). On en tire colophane, brai, essence de térébenthine. Les Romains additionnaient la résine à du vin bouilli et de la farine pour raffermir le sein des femmes. *Principaux producteurs :* USA, France [Landes, au XIXe s. : 17 000 gemmeurs (dits « saigneurs de pins ») ; aujourd'hui quelques dizaines (concurrence : Portugal, Espagne, Grèce)]. **Gomme.** *Gomme-laque* (Inde, Indochine), tirée de la larve d'un insecte parasite ; *gomme arabique* (Sénégal), d'un acacia ; *gomme-gutte* (Asie du Sud).

Laque (Extrême-Orient). Extraite du laquier du Tonkin. **Latex** (Extrême-Orient). Caoutchouc. **Liège** (régions méditerranéennes). Écorce du chêne-liège. 1er écorçage ou démasclage à 15-18 ans (liège mâle cassant utilisé pour les agglomérés) ; 2e écorçage 10 ans après ; femelle pour la bouchonnerie. À 120 ans, l'arbre est abattu et écorcé (la mère fournit le tan). 1 ha donne de 80 à 120 kg de liège tous les 10 ans (de quoi faire 10 000 à 15 000 bouchons). **Principaux producteurs** (en 1994) : **superficie** (en milliers d'ha) **et,** entre parenthèses, **production** (en milliers de t) : Portugal 670 (175), Espagne 480 (89,3), Algérie 410 (19,1), Maroc 340 (12,8), *France 100 (3,2)* [surtout en Corse], Italie 100 (9,6), Tunisie 100 (9,6).

Myrrhe (Afrique).

Pâte à papier (jeunes arbres, parties hautes des pieds ou houppiers, maîtresses branches, déchets de scierie). Le *kenaf* pourrait, en Afrique, se substituer au bois pour le papier (rendement 9 fois supérieur à celui du bois ; se récolte chaque année).

Quinine. Du quinquina des Andes, Sri Lanka, Java, Inde, Guinée. Hauteur environ 30 m.

Truffes. Voir p. 1499 c.

La forêt dans le monde

■ **Superficie dans le monde** (en millions d'ha). 3 856,1 (en 2000) soit 29,3 % de la totalité des terres émergées, à l'exclusion du Groenland et de l'Antarctique. **Diminution :** *1981-90 :* 150 [soit 15,4 par an (dont Brésil 3,67 ; Indonésie 1,2 dont 10 au profit de la culture itinérante sur brûlis)]. *1990-95 :* 56,3 [pays en développement 65,1 (soit 13,7 par an), pays développés à concurrence de 8,8] ; **perte totale :** 11 par an.

☞ *La forêt tropicale* couvre 1 200 millions d'ha (dont 330 en Amazonie), soit 7 % des terres émergées, et renferme plus de 50 % de la faune et de la flore du monde (80 % des insectes et 90 % des primates).

■ **% d'arbres endommagés en Europe** (en 1995). **Défoliation :** *0 à 25 % :* 73,2 (seuil d'alarme) ; *25 à 60 : 23,7 ; + de 60 :* 2,2 ; *arbres morts :* 0,9. **Décoloration :** *0 à 10 % :* 89,6 (seuil d'alarme) ; *10 à 25 :* 7,6 ; *25 à 60 :* 2 ; *+ de 60 :* 3 ; *arbres morts :* 0,5.

Principaux pays forestiers

■ **Couvert forestier** (en millions d'ha) **et,** entre parenthèses, **% de la forêt par rapport à la superficie totale du pays, en 2000. Afrique :** 649,8 (21,6) *dont* Congo dém. 135,2 (59,6), Angola 69,7 (56), Soudan 61,6 (24,6), Tanzanie 38,8 (44), Zambie 31,2 (42,1), Mozambique 30,6 (39), Cameroun 23,8 (50,2), Centrafrique 22,9 (36,8), Congo 22 (64,5), Gabon 21,8 (81,5), Zimbabwe 19 (49,1), Kenya 17 (29,5), Nigéria 13,5 (14,8), Mali 13,1 (10,6), Tchad 12,6 (9,9), Botswana 12,4 (21,4), Madagascar 11,7 (20), Afrique du S. 8,9 (7,3), Namibie 8 (9,8), Somalie 7,5 (11,8), Côte d'Ivoire 7,1 (22,1), Burkina 7 (25,9), Guinée 6,9 (28,2), Ghana 6,3 (26,6), Sénégal 6,2 (31,5), Ouganda 4,1

(20,5), Éthiopie 4,5 (4,2), Libéria 3,4 (31,3), Maroc 3 (6,8), Bénin 2,6 (23,6), Malawi 2,5 (22), Algérie 2,1 (0,9), Guinée équatoriale 1,7 (62,5), Érythrée 1,5 (13,5), Sierra Leone 1 (14,7). **Asie :** 542,1 (17,1) *dont* Chine 163,4 (17), Indonésie 104,9 (55,1), Inde 64,1 (19,5), Myanmar 34,4 (52,1), Japon 24 (66), Malaisie 19,2 (58,5), Thaïlande 14,7 (28,8), Kazakhstan 12,1 (4,5), Laos 12 (53,5), Mongolie 10,6 (6,8), Turquie 10,2 (13,4), Viêt Nam 9,8 (29,6), Corée du N. 8,2 (68,1), Philippines 5,7 (19,3), Népal 3,9 (26,5), Turkménistan 3,7 (7,8), Bhoutan 3 (64,2), Géorgie 2,9 (43,7), Pakistan 2,3 (3), Ouzbékistan 1,9 (4,4), Sri Lanka 1,9 (29,6), Arabie 1,5 (0,7), Afghanistan 1,3 (2,1), Bangladesh 1,3 (9,4), Azerbaïdjan 1 (13,1), Kirghzistan 1 (5,1). **Océanie :** 201,1 (23,7) *dont* Australie 158 (20,6), Papouasie 30,6 (66,1), Nlle-Zélande 7,9 (29,9), Salomon 2,5 (87,8). **Europe :** 1 039,5 (45,7) *dont* Russie 851,3 (49,9), Suède 27,1 (66,8), Finlande 21,9 (72), *France 15,3 (28,2)*, Espagne 14,3 (28,7), Allemagne 10,7 (31), Italie 10 (34), Ukraine 9,5 (16,5), Biélorussie 9,4 (46,3), Pologne 9,3 (29,6), Norvège 8,8 (28,9), Roumanie 6,4 (28,6), Autriche 3,8 (47,1), Bulgarie 3,6 (33,9), Portugal 3,6 (40,3), Grèce 3,5 (27,5), Lettonie 2,9 (47), ex-Youg. 2,8 (28,6), G.-B. 2,7 (11,6), Bosnie 2,2 (44,9), Slovaquie 2,1 (45,3), Estonie 2 (49,3), Lituanie 1,9 (31,9), Hongrie 1,8 (20,2), Croatie 1,7 (31,9), Slovénie 1,1 (55), Suisse 1,1 (30,8). **Amérique du N. et centrale :** 549,3 (26,2) *dont* Canada 244,5 (26,5), USA 225,9 (24,7), Mexique 55,2 (28,2), Honduras 5,3 (48), Antilles néer. 3,2 (n.c.), Guatemala 2,8 (26,2), Panamá 2,8 (38,1), Cuba 2,3 (21,2), Costa Rica 1,9 (38,5), Bélize 1,3 (58,7), Rép. dominicaine 1,3 (28,2). **Amérique du S. :** 874,1 (49) *dont* Brésil 532,4 (62,3), Pérou 65,2 (50,7), Bolivie 53 (48,3), Colombie 49,6 (43,7), Venezuela 49,5 (54,3), Argentine 34,6 (12,5), Paraguay 23,3 (57,6), Guyana 16,8 (78,5), Chili 15,5 (20,9), Suriname 14,1 (86,4), Équateur 10,5 (37,2), Guyane française 7,9 (90), Uruguay 1,2 (7,3). **Monde :** 3 856,1 (29,3).

■ **Superficie de forêts par hab.** (en ha, 2000). **Afrique :** 0,9 dont Algérie, Éthiopie, Libye, Mauritanie, Maroc, Niger, Nigéria, Réunion, Togo, Tunisie 0,1 ; Afrique du S., Cap Vert, Malawi, Ouganda, São Tome, Sierra Leone 0,2 ; Ghana, Ste-Hélène 0,3 ; Érythrée, Gambie, Seychelles 0,4 ; Bénin, Côte d'Ivoire, Sahara occ., Swaziland 0,5 ; Burkina Faso, Kenya 0,6 ; Sénégal 0,7 ; Madagascar, Somalie 0,8 ; Guinée 0,9 ; Libéria, Mali, Tanzanie 1,2 ; Cameroun, Mozambique 1,6 ; Tchad, Zimbabwe 1,7 ; Guinée-Bissau 1,8 ; Soudan 2,1 ; Congo dém. 2,7 ; Zambie 3,5 ; Guinée équatoriale 4 ; Namibie 4,7 ; Angola 5,6 ; Centrafrique 6,5 ; Congo 7,7 ; Botswana 7,8 ; Gabon 18,2. **Asie :** 0,2 dont Afghanistan, Arabie saoudite, Arménie, Azerbaïdjan, Chine, Corée du S., Inde, Iran, Ouzbékistan, Philippines, Sri Lanka, Tadjikistan, Viêt Nam 0,1 ; Chypre, Japon, Kirghizistan, Népal, Thaïlande, Turquie 0,2 ; Corée du N. 0,4 ; Indonésie 0,5 ; Géorgie 0,6 ; Kazakhstan, Myanmar 0,8 ; Cambodge, Malaisie, Turkménistan 0,9 ; Brunéi 1,4 ; Bhoutan 1,5 ; Laos 2,4 ; Mongolie 4,1 ; Timor oriental 5,8. **Océanie :** 6,7 dont Guam, Micronésie 0,1 ; Samoa américaines, Mariannes du N. 0,2 ; Kiribati 0,3 ; Polynésie fr. 0,5 ; Samoa 0,6 ; Fidji 1 ; Cook 1,2 ; Nlle-Calédonie 1,8 ; Nlle-Zélande 2,1 ; Vanuatu 2,4 ; Salomon 5,9 ; Papouasie-Nlle-Guinée 6,5 ; Australie 8,5. **Europe :** 1,4 dont Benelux, Danemark, Allemagne, Islande, Moldavie 0,1 ; Hongrie, Irlande, Italie, Liechtenstein, Pologne, Suisse, Ukraine 0,2 ; Albanie, *France*, Grèce, Pologne, Roumanie, Rép. tchèque, ex-Youg. 0,3 ; Croatie, Portugal, Slovaquie, Espagne 0,4 ; Autriche, Bulgarie, Lituanie, Macédoine 0,5 ; Bosnie, Slovénie 0,6 ; Biélorussie 0,9 ; Lettonie 1,2 ; Estonie 1,5 ; Norvège 2 ; Suède 3,1 ; Finlande 4,3 ; Russie 5,8. **Amérique du N. et centrale :** 1,2 dont Antigua, Grenade, Jamaïque, Martinique, Puerto Rico, St-Kitts, Ste-Lucie, St-Vincent 0,1 ; Cuba, Rép. dominicaine, Guadeloupe, Trinité et Tobago, Iles Vierges américaines et britanniques 0,2 ; Guatemala 0,3 ; Caïmans 0,4 ; Costa Rica 0,5 ; Mexique 0,6 ; Dominique 0,7 ; USA 0,8 ; Honduras 0,9 ; Nicaragua, Panamá 1 ; Bahamas 2,8 ; Bélize 5,7 ; Canada 7,9. **Amérique du S. :** 2,6 dont Uruguay 0,4 ; Équateur 0,9 ; Argentine, Chili 1 ; Colombie 1,2 ; Venezuela 2,1 ; Pérou 2,6 ; Brésil 3,2 ; Paraguay 4,4 ; Bolivie 6,5 ; Guyana 19,7 ; Suriname 34 ; Guyane française 45,6.

■ **Production de bois dans le monde** (en millions de m^3, 1999). **Bois rond :** *3 275* (USA 500,7 ; Inde 302,7 ; Chine 291,3 ; Brésil 197,8 ; Indonésie 190,6 ; Canada 185,6 ; Russie 111 ; Nigéria 100,6 ; *France 36,3*). **Contreplaqué :** *48* (USA 15,7 ; Chine 7 ; Indonésie 4,4 ; Malaisie 3,9 ; Japon 3,2 ; Canada 1,9 ; Brésil 1,5 ; Russie 1,3 ; Finlande 1 ; *France 0,54*). **Bois de chauffage :** *1 749* (Inde 278 ; Chine 190,9 ; Indonésie 159,2 ; Brésil 114 ; USA 71,6 ; Éthiopie 48,8 ; Congo 47 ; Philippines 39,8 ; Tanzanie 37 ; Thaïlande 33,7 ; Bangladesh 33 ; Viêt Nam 32 ; *France 2,85*). **Charbon de bois :** *22,5* (Brésil 3,6 ; Inde 2,29 ; Kenya 2,27 ; Nigéria 1,5 ; Soudan 1,1 ; Zambie 1 ; *France 0,11*). **Grumes, sciages et placages :** *920,4* (USA 245,6 ; Canada 146,5 ; Chine 55,5 ; Russie 47,2 ; Brésil 46,7 ; Suède 30,8 ; Finlande 25,1 ; Indonésie 24,8 ; Allemagne 23,4 ; *France 22,5*).

■ **Exportations. Total mondial** (en milliards de $, 1999) : 139,5 dont bois ronds 1,3 ; sciages et panneaux 41,5 ; pâtes et papiers 89,6. **Prix** (en $/$m^3$, 1999) : **grumes de résineux :** USA 199 [2] ; Allemagne 102 ; **tropicales :** Cameroun 260 [1], Malaisie, Sarawak 160 [2] ; **sciages de résineux :** USA 174 ; **de bois tropicaux :** Malaisie 560 [2] ; **pâte de bois :** résineux du Nord 600 [2] ; **papiers journaux :** USA 516 [2] ; **couchés :** USA 1 020 [2].

Nota. – (1) Prix à l'exportation. (2) Prix intérieur.

☞ Le coût de production de bois est le plus bas aux USA, en Scandinavie et au Canada, grâce à la forte mécanisation de la coupe et du déboisage.

La forêt en France

Caractéristiques

■ **Superficie** (en millions d'ha). **5000 av. J.-C. :** 44 ; **époque gallo-romaine :** 40 ; **XVIIe s. :** 13 ; **1790 :** 6,7 dont forêts royales 0,92, ecclésiastiques 0,95, de communautés rurales 1,02, à des particuliers 3,8 ; **1880 :** 8 ; **1890 :** 9,4 (politique de reboisement de 1827 à 1847, dépopulation des campagnes) dont État 1, communales 2, privées 6 ; **1900 :** 10 ; **1946 :** 10,8 ; **1990 :** 15,16 ; **1991 :** 15,86 ; **1993 :** 15,88 ; **1994 :** 15,98 ; **1997 :** 16,13 ; **1998 :** 16,18 dont bois et forêts 14,98 (feuillus 9,48, résineux 4,12, mixtes 1,38), surfaces boisées hors forêts 0,93 (bosquets 0,59, arbres épars 0,34), peupleraies 0,25. *Source :* Agreste.

■ **Propriété forestière. Répartition en 2000** (en %) : forêts privées 74, gérées par l'ONF 26 (dont communales et sectionnales 16, domaniales 10). *Source :* IFN.

■ **Surface par essences** (en milliers d'ha, 2000). **Feuillus :** chêne pédonculé 2 327, chêne rouvre 1 893, hêtre 1 292, chêne pubescent 896, châtaignier 485, frêne 370, chêne vert 294, charme 198, bouleau 162, robinier faux acacia 131, grand aulne 82, chêne-liège 64, tremble 63, saule 62. **Résineux :** pin maritime 1 368, pin sylvestre 1 123, épicéa commun 730, sapin pectiné 568, Douglas 333, pin d'Alep 249, pin noir d'Autriche 181, pin laricio 137, mélèze d'Europe 102, pin à crochets 55. **Essences** (en %, 2000). **Feuillus :** 63,1 (dont chêne 39,6, hêtre 9,4, châtaignier 3,5, autres 10,6). **Conifères :** 36,6 (dont pin maritime 10, sapin et épicéa 10,2, autres pins 12,5, autres conifères 3,9).

■ **Superficie totale par régions et départements et,** entre parenthèses, **surfaces boisées** (en milliers d'ha, 2000). **Alsace** *833 (311,5) :* Bas-Rhin 480 (170,2), Ht-Rh. 353 (141,3). **Aquitaine** *4 176 (1 836,9) :* Dordogne 922 (396,7), Gironde 1 015 (483,2), Landes 934 (627), L.-et-G. 534 (118,9), Pyr.-Atl. 768 (211,1). **Auvergne** *2 617 (701,7) :* Allier 737 (122,6), Cantal 577 (160), Hte-Loire 500 (182,3), P.-de-D. 801 (236,7). **Bourgogne** *3 175 (966,6) :* C.-d'Or 880 (318), Nièvre 687 (226,2), S.-et-L. 861 (200,7), Yonne 746 (221,5). **Bretagne** *2 748 (326,8) :* C.-d'A. 699 (82,8), Finistère 676 (74,7), I.-et-V. 684 (56,5), Morbihan 688 (112,7). **Centre** *3 959 (876,8) :* Cher 731 (162,6), E.-et-L. 593 (72,3), Indre 689 (118), I.-et-L. 615 (150,1), L.-et-C. 642 (205,7), Loiret 681 (168,1). **Champagne-Ardenne** *2 572 (665,6) :* Ardennes 524 (149,4), Aube 603 (135), Marne 818 (135,7), Hte-Marne 625 (245,4). **Corse** *870 (252,3) :* Corse-du-S. 401 (134,2), Hte-Corse 468 (118,1). **Franche-Comté** *1 630 (691,3) :* Doubs 525 (218), Jura 504 (223,1), Hte-Saône 539 (224,1), Terr. de Belfort 61 (26). **Ile-de-France** *1 229 (272,9) :* S.-et-M. 592 (133,7), Yvelines 230 (69,6), Essonne 181 (41,8), Hts-de-S. et Seine-St-Denis 76 (0,8), V.-de-M. 25 (2,5), V.-d'O. 125 (24,4). **Languedoc-Roussillon** *2 776 (974,5) :* Aude 634 (180,3), Gard 587 (217,2), Hérault 622 (203,2), Lozère 517 (232,3), Pyr.-Or. 414,1 (141,3). **Limousin** *1 705 (563,2) :* Corrèze 590 (267), Creuse 559 (155), Hte-Vienne 555 (141,2). **Lorraine** *2 367 (841,1) :* M.-et-M. 528 (163), Meuse 624 (224,4), Moselle 625 (172,4), Vosges 590 (281,3). **Midi-Pyrénées** *4 560 (1 203,8) :* Ariège 491 (201,1), Aveyron 877 (245,8), Hte-G. 636 (125), Gers 630 (76,6), Lot 522 (201,8), Htes-Pyr. 452 (131,5), Tarn 578 (164), T.-et-G. 373 (57,5). **Nord-Pas-de-Calais** *1 245 (82,1) :* Nord 574 (42,7), P.-de-C. 671 (39,4). **Haute-Normandie** *1 233 (225,6) :* Eure 603 (124), S.-M. 630 (100,9). **Basse-Normandie** *1 774 (150,7) :* Calvados 560 (40,4), Manche 599 (21,4), Orne 614 (88,9). **Pays de la Loire** *3 241 (301,3) :* L.-A. 696 (44), M.-et-L. 723 (84,1), Mayenne 521 (33), Sarthe 624 (104), Vendée 677 (34,9). **Picardie** *1 950 (299,2) :* Aisne 741 (125,8), Oise 588 (120,4), Somme 619 (53). **Poitou-Charentes** *2 596 (382,2) :* Charente 597 (117,7), Ch.-M. 691 (103), Deux-Sèvres 604 (48,8), Vienne 704 (112,7). **Provence-Alpes-Côte d'Azur** *3 179 (1 253,4) :* Alpes-Hte-Prov. 696 (297,8), Htes-Alpes 569 (193,5), A.-M. 429 (190,8), B.-du-Rh. 525 (96,7), Var 603 (351,7), Vaucluse 357 (122,6). **Rhône-Alpes** *4 473 (1 525,9) :* Ain 578 (179), Ardèche 556 (252,6), Drôme 656 (284,8), Isère 788 (254,2), Loire 481 (126,7), Rhône 326 (70), Savoie 627 (179), Hte-Sav. 460 (178,6). **France 54 909 (14 864).**

■ **Espaces boisés** (en %). **France entière :** *1876 :* 17 ; *1920 :* 18,8 ; *60 :* 21,2 ; *92 :* 25 ; *95 :* 29 ; *2000 :* 26,7. **Régions les plus boisées** (taux de boisement, en %, et de répartition, en %, entre feuillus, conifères et mixtes) : Franche-Comté 41 (66 ; 23 ; 11). Aquitaine 40 (38 ; 54 ; 7). Alsace 37 (53 ; 31 ; 16). Provence-Côte d'Azur 35 (41 ; 44 ; 15). Lorraine 35 (68 ; 24 ; 8). Limousin 32 (65 ; 27 ; 8). Bourgogne 30 (82 ; 13 ; 5). Languedoc-Roussillon 29 (54 ; 35 ; 11). **Les moins boisées :** Nord-Pas-de-Calais 6 (93 ; 5 ; 2). Basse-Normandie 8 (74 ; 20 ; 6). Pays de la Loire 9 (68 ; 25 ; 8). Bretagne 11 (64 ; 25 ; 10).

■ **Surfaces** (en hectares) **en futaies de peuplement régulier âgées en 2000 de 240 ans :** *hêtre* 5 700 ; *mélèze d'Europe* 4 877 ; **200 ans ;** *sapin pectine* 6 431 ; *mélèze d'Europe* 5 538 ; *hêtre* 5 183 ; *épicéa commun* 4 260 ; *chêne rouvre* 1 490 ; *pin à crochets* 1 283 ; *pin sylvestre* 954 ; **180 ans :** *sapin pectine* 10 106 ; *hêtre* 5 168 ; *chêne rouvre* 4 515 ; **160 ans :** *sapin pectine* 20 794 ; *hêtre* 16 582 ; *chêne rouvre* 12 978 ; **140 ans :** *sapin pectine* 39 372 ; *hêtre* 37 899 ; *chêne rouvre* 23 856 ; *pin sylvestre* 16 059 ; *chêne pédonculé* 12 393 ; *épicéa commmun* 9 756.

■ **Reboisements** effectués avec l'aide du Fonds forestier national. **1947-95 :** 2 200 000 ha plantés. **1996 :** 16 800 ; **1997 :** 12 300 dont pin maritime 2 100, autres pins 1 700, autres conifères 2 800, peuplier 2 000, autres feuillus 3 700. **Extension des sols boisés.** *Période 1992-95 :* 75 000 ha par an. *Formations de plus d'un demi-ha :* 130 000 (ont régressé de 55 000 ha). [*Source :* Dref.]

■ **Forêts les plus grandes. Massifs forestiers** (en ha) : Landes 627 000 (la plus grande d'Europe, forêt artificielle, semée (et non plantée) vers 1858 pour la production de résine de pin ; 90 % sont privés). Vosges 250 000. Provence 120 000. Ardennes 100 000. **Principales forêts** (en ha). **Domaniales :** Orléans (Loiret) 34 632, Fontainebleau (S.-et-M.) 16 982, Aigoual (Gard et Lozère) 15 831, Rambouillet (Yvelines) 14 523, Compiègne (Oise) 14 461, Haguenau (B.-Rhin) 13 359, La Harth (Ht-Rhin) 13 130, Chaux (Jura) 13 053, Retz (Aisne) 12 945, Arc-en-Barrois (Hte-Marne) 10 688, Lyons (S.-M. et Eure) 10 653, Tronçais (Allier) 10 585, Haut-Vallespir (Pyr.-Or.) 10 433, Verdun (Meuse) 9 596, Eu (S.-M.) 9 301, Mormal (Nord) 9 128, Châtillon-sur-Seine (C.-d'Or) 8 865, La Grande-Chartreuse (Isère) 8 385, Écouve (Orne) 8 139, Darney (Vosges) 8 010, Maures (Var) 7 950, Ste-Eulalie (Landes) 7 341. **Privées :** Othe (M.-et-M.) 15 556, Grand-Orient (Aube) 5 000, Amboise (I.-et-L.), Conches-Breteuil (Eure), Dambach (Bas-Rhin).

■ **Forêt méditerranéenne.** 4 300 000 ha dont véritables forêts 2 600 000, garrigues, landes et maquis gagnant sur des terres autrefois cultivées ou pâturées environ 1 700 000 ; accès difficile (relief tourmenté), économiquement peu intéressante et souvent délaissée ; 10 % appartiennent à l'État, 15 % aux collectivités locales, 75 % à des propriétaires privés (50 % couvrant moins de 25 ha). **Espèces en fonction du sol :** siliceux uniquement et, entre parenthèses, siliceux ou calcaires. *Littoral* (moins de 300 à 400 m) : chêne-liège [1], pin maritime (chêne vert [1], kermès [1], pin pignon [1], d'Alep [1]). *Basses montagnes* (moins de 700 à 800 m) : châtaignier (chêne vert [1], chêne pubescent, pin laricio de Corse [1], noir d'Autriche, sylvestre, cèdre). *Montagnes* (plus de 700 à 800 m) : (hêtre, sapin et mélèze).

Nota. – (1) Espèces strictement méditerranéennes.

■ **Forêts les plus belles. Chênaies :** Bercé (Sarthe). Bellême (Orne). Réno Valdieu (Orne). Blois (L.-et-C.). Hanau (Moselle). Tronçais (Allier). *Chênes célèbres : à Tronçais :* une circulaire de 1899 interdit l'exploitation d'une dizaine de chênes tricentenaires dont le *Chevalier,* chêne de la Résistance (41 m de haut) ; en 1953, on abattit *Apollon* qui donna 35 m^3 de bois d'œuvre. *A Fontainebleau :* le *Jupiter* (650 ans, † en 1993, élagué depuis). *A Bellême (Pervenchères)* le *Lorentz*, le chêne de la Lombonnière (isolé). **Hêtraies :** Lyons (Eure). Éawy (S.-M.). Compiègne (Oise). Villers-Cotterêts (Aisne). Haye (M.-et-M.). Darney (Vosges). Eu (S.-M.). Auberive (Hte-Marne). **Pins sylvestres :** Hanau (Moselle). Haguenau (Bas-Rhin) [plaine]. Wangenbourg (Bas-Rhin) [montagne]. **Sapinières :** Gérardmer (Vosges). La Joux (Jura). Hte vallée de l'Aude. La Grande-Chartreuse (Isère). Boscodon (Htes-Alpes). **Taillis sous futaie :** forêt du Rhin, de la Saône.

■ **Production moyenne** (en m^3/ha/an et, entre parenthèses, % de bois d'œuvre). Taillis simples coupés à 30 ans : 4 (0), taillis sous futaie à hêtre dominant : 5 (25), futaie à hêtre dominant : 7 (60).

Principaux arbres

☞ **Arbres les plus hauts** (voir l'encadré p. 218).

■ **Feuillus. Indigènes. Alisier** *blanc* (Allouchier), *torminal* ou *noir* 15 à 20 m. **Aune** *glutineux* (aune rouge, verne) 25 m. **Bouleau** *verruqueux* 20 à 25 m, *pubescent* (blanc ou collant) 100 ans. **Buis** recherché par les tourneurs. **Charme** *(Carpinus betulus)* 25 m, 120 ans. Difficile à scier, raboter, clouer ; se visse et se colle bien ; utilisé pour étals de boucherie, jeux et jouets, outils, pièces de machines, chauffage. **Châtaignier** *(Castanea sativa)* 30 m (voir à l'Index), bon pour parquets et ameublement, environ 300 ans. **Chêne** *rouvre (Quercus sessiliflora)* [exemple : à Bercé et Tronçais] 20 à 40 m ; *pédonculé (Quercus robur)* 25 à 40 m (on en connaît de 1 600 ans) ; *vert* méridional *(Quercus ilex)* à feuilles persistantes (yeuse) jusqu'à 25 m ; *liège* 5 à 20 m, occidental ; *pubescent (Quercus pubescens)* 15 à 25 m ; *tauzin* (Ouest, S.-O.) 15 à 30 m ; *chevelu (Quercus cerris)* [rare] 20 à 30 m ; *kermès* 0,5 à 2 m, croissance 100 à 150 ans. Un chêne rouvre de 300 ans peut avoir une circonférence de 4,45 m à 1,30 m du sol. [*Médiocre :* pour chauffage, panneaux de particules, pâte à papier ; *moyen :* charpente, traverses, fonds de wagons, bois de mine ; *bon :* menuiserie, portes et fenêtres, parquets, lambris, meubles, tonnellerie ; *très bon :* ébénisterie.] **Cornouiller** *sanguin* 4 m. **Érable** *champêtre (Acer campestre,* bois blanc jaunâtre) 15 m ; *de Montpellier* et *à feuilles d'obier ; sycomore (Acer pseudoplatanus,* bois blanc nacré) 20 à 25 m, 300 ou 400 ans, plane 20 m, bon pour ameublement, placages. **Frêne** *(Fraxinus excelsior)* 30 à 40 m (1 m de diamètre), 150 ans. Croissance rapide, résiste bien au froid ; recherché pour sa résistance mécanique et flexibilité (charronnage, carrosserie, roues, maillets et manches, ébénisterie). **Hêtre** *(Fagus sylvatica)* 10 à 40 m, croissance 120 à 180 ans. Fruit : faine (comestible) dont l'amande contient 50 % d'huile. [*Médiocre :* panneaux de particules, pâte à papier ; *bon :* déroulage contreplaqués, pour chauffage.] **Houx** *(Ilex aquifolium)* 15 m. **Merisier** *(Prunus avium)* ou *censier sauvage*, vit mélangé à d'autres essences, principalement en lisière de forêt. Croissance rapide, 20 à 30 m, diamètre 0,60 m, 60 à 100 ans. Bois au cœur rougeâtre, très recherché. **Micocoulier** *(Celtis australis)* 25 m, utilisé pour les manches d'outil ou les fourches. **Noyer** *commun (Juglans regia),* 15 à 30 m. **Orme** *(Ulmus minor)* champêtre, de montagne 20 à 45 m, 120 à 180 ans. Atteint depuis 1976 en France par la *graphiose,* maladie provoquée par des champignons interrompant la circulation de la sève. **Peuplier** *blanc (Populus alba)* plus de 30 m ; *noir* 20 à 30 m ; *d'Italie (Populus nigra italica)* 25 à 30 m, hybride 1 214 et *robusta.* **Tremble** 5 à 30 m. **Platane** 10 à 30 m. **Poirier. Pommier. Saule** *(Salix alba) marsault* (jusqu'à 10 m) ; *blanc* (le long des ruisseaux) 25 m ; *osier*. **Sorbier** domestique *(Sorbus domestica)* [*cormier*] 20 m, des oiseleurs (*grenotier* et *co-chêne*). **Tilleul** *(Tilia tomentosa)* à petites feuilles 30 m, grandes feuilles 30 m et plus, 200 ans et plus. **Introduits. Ailante** ou *vernis du Japon* (1751) 30 m et plus. **Catalpa. Chêne américain** (dont le *chêne rouge* 25 m). **Eucalyptus. Ginkgo Biloba** (dit *l'arbre aux quarante écus* : vers 1780 M. de Pétigny en acheta 5 pieds à 40 écus chacun à un agriculteur anglais). Arbre d'ornement archaïque, originaire de Chine, résistant aux maladies, bactéries, virus, champignons, insectes. Un extrait concentré de ses feuilles, contenant des flavonoïdes, est un vasodilatateur utilisé contre affections circulatoires, œdèmes. *En France* : Montpellier (1788, le + vieux) ; Paris vers 1850 ; bambouseraie d'Anduze. **Liquidambar. Marronnier d'Inde** 25 m. **Mûrier** moins de 20 m, *blanc* à petites feuilles, *noir* à plus gros fût. **Noyer noir** (introduit début du XVIIe s.). **Robinier** *(faux acacia*, introduit 1601 par Robin) 30 m, 60 à 80 ans. **Tulipier de Virginie** (introduit en Europe en 1637) forte croissance, bois de qualité.

■ **Résineux. Indigènes. Cyprès** *(Cupressus sempervirens)* 30 m, bassin méditerranéen. **Épicéa** *(Picea abies)* jusqu'à 40 m et plus, 120 à 180 ans. Les vieux, à croissance lente et fil très droit, fournissent les bois de musique ou de résonance, utilisés pour violons, tables d'harmonie de pianos, tuyaux d'orgues. **If** *(Taxus baccata)* 25 m. **Mélèze** *(Larix decidua)* jusqu'à 40 m, 120 à 250 ans. **Pin** *d'Alep* 20 m ; *cembro* (haute montagne) environ 25 m ; *laricio* de Corse et *pignon* (pinier, parasol) 25 m, 250 ans ; *maritime* 40 m, croissance 40 à 45 ans ; *de montagne* 3 à 20 m ; *parasol (Pinus pinea)* 20 m ; *sylvestre* résistant au froid, croissance rapide, 30 m. **Sapin** 30 à 45 m, 80 à 150 ans ; *des Vosges (Abies alba)* 45 m. **Introduits. Cèdre** *du Liban* (introduit 1733 par Bernard de Jussieu), *de l'Himalaya* (Déodar), *de l'Atlas* (Ventoux) 40 m et plus (introduit en 1860). **Douglas** (introduit 1827 par l'Écossais Douglas), *vert* (croît de 1 m par an, peut atteindre 80 à 100 m), *bleu*. **Épicéa de Sitka** 30 à 35 m. **Pin de Monterrey** 30 à 35 m. **Pin noir d'Autriche** *(Pinus nigra)* 30 à 45 m (XIXe s.). **Pin Weymouth** (XVIIIe s.) 50 m (en Amérique). **Sapin de Nordmann** et **de Vancouver. Séquoia. Thuya.**

☞ Le sapin de Noël est un épicéa, le sapin rouge du Nord un pin sylvestre, le sapin de Douglas un pseudo-tsuga.

■ Administration des forêts

■ **Quelques dates. 1219** ordonnance de Philippe Auguste réglementant la vente des coupes de bois dans les forêts de la Couronne. **1291** ordonnance de Philippe IV le Bel créant le corps des « maîtres des Eaux et Forêts ». **1346** ordonnance de Philippe VI de Valois, dite de Brunoy : 1er Code forestier royal. **1376** ordonnance de Charles V le Sage : base du règlement général des Eaux et Forêts. **1518** ordonnance de François Ier étendant aux autres bois et forêts du royaume les ordonnances et défenses jusqu'alors réservées au domaine royal. **1520** mesures autoritaires à l'égard des propriétaires particuliers (« coupes réglées »). **1561** et **1563** édits interdisant de couper les taillis de moins de 10 ans, et obligeant à laisser en haute futaie le tiers des taillis. **1669** ordonnance de Colbert, mise en ordre des forêts royales, réglementation de l'exploitation. **1790** ordonnance de la Constituante supprimant droit de triage et maîtrises. **1801** loi de nivôse rétablissant une administration des Eaux et Forêts avec 28 conservations. **1810-62** fixation des dunes de la côte aquitaine. **1824** conversion en futaie des taillis sous futaie ; création de l'*École nationale des Eaux et Forêts de Nancy*. **1827** *Code forestier*. **1830-80** reboisement des vides entrecoupant les forêts feuillues de plaine du centre et de l'ouest de la France (pin sylvestre, essence déjà utilisée sous l'Ancien Régime), sur plus de 100 000 ha. Fixation des dunes du littoral. **A partir de 1857** assainissement et reboisement, en pins maritimes, des landes insalubres de Gascogne sur plus de 1 000 000 d'ha par collectivité et propriétaires particuliers. **1859** loi sur le contrôle des défrichements des forêts particulières. **1860, 1862, 1882, 1913** lois restaurant les terrains de montagne et régularisation du régime des eaux ; plus de 500 000 ha de bassins versants érodés sont délimités, de nombreux torrents sont assagis par des ouvrages de génie civil (barrages) et 250 000 ha sont reboisés pour fixer et protéger ces bassins versants (exemple : reboisement du massif de l'Aigoual sur 15 000 ha). Fixation des dunes de Gascogne et des dunes littorales et reboisement. **1877** transfert de l'administration forestière du min. des Finances au min. de l'Agriculture. **1880 à 1913** lois sur la fixation des dunes et le reboisement. **1913**-*2-7 loi Audiffred* (Jean-Honoré, 1840-1917) sur la gestion contractuelle des forêts privées (art. L. 224-6 du Code forestier). **Après 1914-18** mise en valeur des terrains dévastés (plus de 40 000 ha ; région de Verdun 14 000 ha dont 2/3 sur des terrains spécialement acquis par l'État). **1922**-*28-4* loi sur régime spécial des forêts de protection. **1930**-*16-4 loi Sérot* sur la réduction des droits de mutation (art. 703 du Code général des impôts). **1934**-*20-7* décret-loi sur l'exonération trentenaire de la contribution foncière accordée aux propriétaires reboiseurs (art. 1395 du Code gén. des impôts).

1946-*30-9* loi créant le *Fonds forestier national*. Reboisement et désenclavement des forêts : plus de 1 850 000 ha de terrains nus ou de forêts appauvries reboisées, 21 000 km de routes et pistes forestières construits en 35 ans, 10 000 km de sentiers pédestres et 2 000 km de pistes cavalières ; création de groupements forestiers, modernisation et équipement des exploitations forestières et des scieries. **1949** après les grands incendies, développement de la défense contre l'incendie. **1954**-*30-12* décret créant les groupements forestiers. **1958**-*24-9* création de l'*inventaire permanent des ressources forestières nat.* (art. L 521 du Code forestier) [débute en 1960, terminé début 1980, doit se faire tous les 10 ans]. **1958** et **1959** réglementation de création et conservation d'espaces boisés dans les plans d'urbanisme. **1959**-*28-12 amendement Monichon* sur la réduction des droits de succession (art. 793 du Code gén. des impôts). **1960** réserves naturelles, parcs nationaux, parcs naturels régionaux, préinventaire des ressources naturelles, protection phytosanitaire des forêts, espaces verts forestiers suburbains, etc. **1963**-*6-8* loi pour l'amélioration de la prod. et de la structure foncière des forêts privées fr., création des *centres régionaux de la propriété forestière (CRPF)*. **1964**-*23-12* loi concernant les forêts domaniales et celles des collectivités publiques, création de *l'Office nat. des forêts (ONF)*. **1965**-*28-10* arrêté créant les *services régionaux d'aménagement forestier (SRAF)*. **1966**-*12-7* loi sur la protection et la reconstitution de la forêt méditerranéenne. **1969** taxe sur le défrichement et modification de la réglementation du défrichement. **1971**-*22-5* loi sur l'amélioration des structures forestières et institution des périmètres d'actions forestières dans les zones de moyenne alt. et d'exode rural à vocation forestière dominante. **1976**-*10-7* loi sur la *protection de la nature* ; **1978**-*18-8* décret à ce sujet. **1979**-*7-2* orientation vers l'extension de la protection et de la valorisation des domaines forestiers (aides financières et fiscales) pour la forêt privée (possibilités de création d'assoc. syndicales de reboisement ou d'équipement ou de gestion forestière ; création d'un Centre nat. de la propriété forestière), protection de l'espace forestier (taxe de défrichement 5 000 à 15 000 F/ha). **1985**-*4-12 loi forestière*. Chaque région définira ses orientations au sein d'une commission régionale. Les crédits publics iront en priorité aux forêts bien gérées (publiques, privées dotées d'un plan simple de gestion, groupements de propriétaires reconnus). Les propriétaires de 10 ha pourront établir un plan simple de gestion. Des comités de filières établiront les normes techniques applicables aux entreprises. Les conseils d'administration des centres régionaux de la propriété forestière seront composés pour 1/3 des représentants des professionnels. Les 2 autres tiers seront élus par les propriétaires de plus de 4 ha. La forêt pourra être incluse dans le périmètre d'un remembrement agricole. Les Safer pourront intervenir. *Taxe de défrichement à but non agricole* 30 000 F l'ha, *agricole* 10 000 F l'ha (un golf est considéré depuis 1987 comme espace agricole). **1989**-*22-7* loi renforçant les mesures contre l'incendie et en sanctionnant les auteurs. **1991**-*5-1* loi étendant les possibilités d'intervention de l'ONF ; autorise des prises de participation de l'ONF dans la filière bois (sauf dans les entreprises d'exploitation ou de transformation du bois) ; confirme la possibilité de vendre des bois façonnés et simplifie la procédure pour les ventes amiables des coupes et produits des coupes. **1992**-*23-3* décret instituant les plans de zones sensibles aux incendies de forêt et autorisant les collectivités locales à découper leur territoire en zones : A (interdiction de toute construction nouvelle), B (autorisation pour constructions groupées), C (autorisation pour toute construction). Les communes doivent aménager leurs dépôts d'ordures ménagères afin d'éviter l'autocombustion ; *-6-7* loi obligeant les propriétaires forestiers à débroussailler dans un rayon de 50 m autour des maisons et le long des chemins (rayon pouvant être porté à 100 m par arrêté municipal ou préfectoral). Si défaillance du propriétaire, débroussaillage prescrit par le préfet et réalisé aux frais du propriétaire. **2001**-*26 et 27-6* loi *d'orientation de la forêt* votée à l'unanimité ; instaure un dispositif d'encouragement fiscal à l'investissement (DEFI).

Administration actuelle

■ **Organisations. Direction de l'espace rural et de la forêt (Derf)** auprès du ministère de l'Agriculture et de la Pêche ; relayée par les *services régionaux de la forêt et du bois (Serfob)*, et par les *directions départementales de l'agriculture et de la forêt (DDAF)*. **Centres régionaux de la propriété forestière (CRPF) :** établissements publics (18) administrés par des propriétaires forestiers élus chargés d'orienter et d'améliorer la gestion des forêts privées, notamment en apportant formation et conseils techniques aux propriétaires, en favorisant leur regroupement (foncier, pour la gestion, les travaux) et chargés d'agréer les « plans simples de gestion », obligatoires pour les forêts privées de plus de 25 ha, facultatifs entre 10 et 25 ha (décrivant chaque parcelle et prévoyant coupes et travaux à effectuer pendant 10 à 30 ans). *Association nationale des CRPF,* 47, rue de Chaillot, 75116 Paris. **Fédération nationale des syndicats de propriétaires forestiers sylviculteurs :** 6, rue de La Trémoille, 75008 Paris, regroupe 78 syndicats départementaux et 18 unions régionales. **Institut pour le développement forestier (IDF) :** 23, av. Bosquet, 75007 Paris. **Centres d'études techniques forestières (Cetef) :** groupes techniques se réunissant dans chaque département, à l'initiative des propriétaires et avec l'aide de techniciens. Section de Prosilva Europe *créée* 1989. *But :* gestion globale de l'écosystème forestier (production, biodiversité, loisirs, protection). **Inventaire forestier national (IFN) :** établissement public chargé de l'inventaire permanent de la ressource forestière métropolitaine depuis 1960, château des Barres, 45290 Nogent-sur-Vernisson. **Cie nationale des ingénieurs experts forestiers et experts en bois (CNIEFIEB) :** 6, rue Saint-Didier, 75016 Paris.

☞ **Crédits de la forêt** (en 1994) : 2 575 millions de F (dont Fonds forestier national 377).

■ **Forêts soumises au régime forestier. Gestion : Office national des forêts (ONF)** 2, av. de St-Mandé, 75570 Paris Cedex 12. *Créé* 23-12-1964, devenu Épic le 1-1-1966, doté de la personnalité civile et de l'autonomie financière. Gère et équipe les forêts domaniales pour le compte de l'État ; assure la gestion des forêts appartenant aux collectivités locales en collaboration avec les élus (mise en œuvre au régime forestier). Exécute en France et à l'étranger (en application des contrats passés avec l'État, les collectivités locales ou les particuliers) des opérations de gestion, d'étude, ou des travaux concernant la forêt et l'espace naturel. **Effectifs** (au 1-1-1996) : 7 312 dont emplois de direction 35, ingénieurs du génie rural, des Eaux et des Forêts 124, ingénieurs des travaux des Eaux et Forêts 365, techniciens forestiers 1 334, chefs de district et agents techniques forestiers 3 712, cadres et agents administratifs (titulaires, contractuels, détachés) 1 692, ingénieurs chargés d'études 50. **Superficies bénéficiant du régime forestier** (en ha, au 1-1-2000) : 4 553 000 dont État 1 826 000, départements 33 000, communes 2 592 000, établissements publics et d'utilité publique et forêts appartenant aux Caisses d'Épargne 81 000, forêts particulières sous contrat (art. 148 du Code forestier) 21 000. Et au 1-1-1998, *Martinique, Guadeloupe, Réunion* : forêts et terrains domaniaux 15 900, forêts des collectivités 139 000. *Guyane :* forêts domaniales 7 450 800. **Chiffre d'affaires** (en millions de F, 1995) : 3 430 (résultat avant impôt : 23,7). **Plantes** (par an) : 25 millions. **Superficie en forêt de protection :** 80 000 ha ; principalement Sud-Ouest, Alpes, Nord-Est. **Réserves biologiques domaniales :** 172 (dont 7 en Outre-Mer) ; 143 204 ha (dont 123 310 en Outre-Mer) avec, en gestion, dirigées 23 749 ha et intégrales 119 455 ha (dont 110 300 en Guyane). **Réserves forestières en forêt communale :** *créées* en 1986 ; 500 ha.

■ **Forêt privée française** (en 1999). *De moins de 1 ha :* 70 000 ha (2 900 000 propriétaires). *De plus de 1 ha :* 10 729 000 000 d'ha [appartenant à 1 118 000 propriétaires (1 078 000 personnes physiques, 40 000 morales)] ; *1 à 4 ha :* 1 378 000 ha (659 800 propriétaires) ; *4 à 10 :* 1 583 000 (255 900) ; *10 à 25 :* 1 875 000 (126 500) ; *25 à 100 :* 2 913 000 (63 800) ; *100 à 500 :* 2 206 000 (11 500) ; *500 à 1 000 :* 474 000 (700) ; *1 000 et + :* 300 000 (200).

■ **Forêts privées non soumises au régime forestier.** 10 255 279 ha (sur un total de 10 756 850 ha) dont (en %) *propriétés de moins de 1 ha :* 8 ; *de 1 à 4 ha :* 17 ; *4 à 10 :* 15 ; *10 à 25 :* 15 ; *25 à 100 :* 20 (32 000 propriétés : 1 900 000 ha) ; *plus de 100 :* 25 (9 000 propriétés : 2 400 000 ha). **Surface** (en %) **selon propriétaires :** personnes morales et groupements forestiers 29, agriculteurs et anciens agriculteurs 25, retraités 21, employés et ouvriers 7, cadres et professions libérales 7, artisans et commerçants 5, divers 6. **Proportion de forêt privée** (en % 1999) : Normandie 76, Rhône-Alpes 75, Languedoc-Roussillon 74, Nord-Pas-de-Calais-Picardie 70, Paca-Corse 70, Bourgogne 68, Champagne-Ardenne 59, Franche-Comté 44, Lorraine-Alsace 25. **Gestion :** par le propriétaire. Il peut faire appel à un expert forestier indépendant (*Cie nat. des ingénieurs, experts forestiers et en bois,* 6, rue St-Didier, 75116 Paris) ; à une coopérative ou groupement de services forestiers (59) [en 1998 : 64 000 adhérents pour 1 400 000 ha, 760 salariés (300 ingénieurs et techniciens), 4 millions de m³ de bois commercialisés, 11 000 ha de plantations réalisées, 1,2 milliard de F de chiffres d'affaires *(Union de la coopération forestière française,* 49 av. de la Grande-Armée, 75116 Paris)].

Acquisitions par l'État (en ha) : **1876-1912 :** environ 230 000 (7 000 par an). **1913-42 :** 210 000 (7 000 par an). **43-71 :** 2 500 par an. **72-75 :** 30 984 dont Arc-en-Barrois (Hte-Marne) 12 541, espaces verts forestiers 10 060, forêts de production 20 924. **76-80 :** 31 450 dont 19 856 de production et 11 594 d'espaces verts forestiers. **81-85 :** 14 987. **86-91 :** 13 395. **92 :** 2 618. **93 :** 1 570. **94 :** 1 022. **95 :** 700. **96 :** 500.

■ Bois

■ **% de surfaces boisées et,** entre parenthèses, **% d'exploitation du bois.** Forêt privée 73,5 (62,5) ; communale 16,2 (21,5) ; domaniale 10,3 (16).

Prix moyen du bois (ventes d'automne) taxe forfaitaire comprise (en F par m³)

Diamètre en cm	1972	1975	1979	1982	1989	1993	1995	1998	1999
Chêne 50 et +	187	338	850	625	867	680	807	775	835
Chêne 30-45	51	107	268	192	261	198	247	228	244
Hêtre 40 et +	99	146	287	263	414	384	553	607	622
Pin sylvestre 25 et +	99	17	159	155	182	163	209	178	172
Sapin 25 et +	70	117	298	279	326	233	287	33	38

■ **Cours des bois. Circonférence** (en cm) **d'une bille de bois prise à 1,50 m du sol et,** entre parenthèses, **prix HT du m³ réel sur pied** (en F, décembre 1999 avant la tempête) [*Source : La Forêt privée,* 61, av. de la Grande-Armée 75116 Paris]. S'appliquent au volume d'œuvre sur écorce de toute la tige jusqu'à la découpe fin bout, dite « loyale et marchande », c'est-à-dire jusqu'au point de la cime où la tige ne fournit que du bois de trituration ou de chauffage, et non pas seulement à la bille du pied qui finit à la 1re couronne de branches, dont le prix à l'unité est plus élevé. Les fourchettes tiennent compte des différences de qualité, des difficultés relatives d'abattage, de débardage et d'enlèvement des produits, mais le prix est lié à la qualité du bois et non à la dimension de l'arbre. **Feuillus :** *chêne* (1er choix) 90 à 115 (150/250), 150/175 (600/1 000), 180 et plus (700/2 000) ; *frêne* (1er choix) 60/85 (70/90), 120/145 (200/400), 150 et plus (400/1 800) ; *hêtre* (1er choix) 90/115 (150/350), 120/145 (350/700), 180 et plus (700/2 000) ; *sycomore* 90/115 (100/180), 120/145 (300/350), 180 et plus (350/900) ; *châtaignier* (non roulé) 90/115 (150/300), 120/145 (250/500), 150 et plus (250/800) ; *charme-érable* (fût propre) 90/115 (70/120), 120/145 (110/230), 180/195 (250/400) ; *orme-platane* (fût propre) 90/115 (80/110), 120/145 (120/240), 180 et plus (300/800) ; *aulne, bouleau, tilleul* 90/115 (60/80), 120/145 (150/250), 180 et plus (350/500) ; *merisier* 90/115 (100/300), 120/145 (300/700), 180 et plus (1 200/3 000) ; *peuplier* (fût propre et droit selon clone) 60/85 (60/90), 120/145 (150/300), 150 et plus (200/400) ; *grisard* (tremble) 90/115 (70/100), 120/145 (100/150), 180 et plus (130/250) ; *noyer* (de pays) *et fruitiers* (1 700/20 000). **Résineux :** *épicéa, sapin, mélèze* (fût propre) 60/85 (60/100), 90/115 (100/150), 120/145 (200/300), 150 et plus (250/500) ; *pin sylvestre* (fût propre) 60 à 85 (50/80), 90/115 (80/150), 120/145 (150/200), plus de 150 (150/500) ; *laricio* 60/85 (50/80), 90/115 (80/150), 120/145 (200/300), 150 et + (250/600) ; *Douglas* 60/85 (60/100), 90/115 (100/150), 120/145 (100/350), 150 et plus (250/600) ; *pin maritime* (de Gascogne) 60/85 (50/90), 90/115 (80/150), 120/145 (100/200), 150 et plus (150/250) ; *pin maritime* (autres régions), *pin noir* 60/85 (50/70), 90/115 (60/80), 120/145 (80/140), 150 et plus (100/250). **Bois de trituration** [1] (prix « bord de route » et, entre parenthèses, prix du stère sur pied [2] en F) : *pâte mécanique :* peuplier, tremble 65 à 75 (10 à 15), pin 70/80 (10/15), sapin, épicéa brut 1er choix sauf grandis 110/150 (30/40). *Pâte chimique et panneaux (long. 2 m) :* feuillus 120/140 (20/50), pin maritime Sud-Ouest 130/140 (30/35), autres résineux (autres pins, Douglas, sapin-épicéa 2e cat., mélèze) 125/135 (20/30).

Nota. – (1) Ne s'applique pas aux zones sinistrées. Prix plus élevés pour poteaux. (2) Ne s'applique pas aux 1res éclaircies.

Bilan de la filière bois

■ **Stock de bois sur pied** (en millions de m^3 et, entre parenthèses, par ha boisé en m^3/ha, 1999). *2 015* [dont forêt privée 1 361, communale 390, domaniale 264] *(148) dont feuillus 1 232 (143)* [chênes rouvre et pédonculés 509 (121), autres chênes 76 (57), hêtre 236 (183), châtaignier 97 (201), feuillus précieux 90 (201), autres feuillus 225 (258)], *résineux 784 (157)* [pin maritime 191 (139), pin sylvestre 141 (126), autres pins 64 (100), sapins épicéas 310 (238), Douglas 42 (127), autres résineux 35 (151)].

■ **Production brute annuelle** (en millions de m^3, 1999). 87,4 (dont forêt privée 64,2, communale 13,9, domaniale 9,3) dont feuillus 47,9, résineux 39,5.

■ **Récolte de bois** (en millions de m^3). *1996 :* 33,29 ; *97 :* 34,93 ; *98 :* 35,53 dont grumes 21,97 (résineux 14,1, feuillus 7,86), bois d'industrie 10,75 (trituration 10,27, bois de feu 2,81). **En valeur** (en milliards de F, 1999) : total 11,01 dont *grumes* 8,49 (conifères 4,26 dont sapin, épicéa 2,13, pin maritime 1,54 ; feuillus 4,22 dont chêne 1,84 ; hêtre 0,88 ; peuplier 0,82) ; *bois d'industrie* 1,97 (dont de trituration 1,88) ; *bois de feu* 0,56.

☞ Une cheminée consomme en moyenne 1,5 stère par an. Il y a 6 millions de cheminées dont 10 % inutilisées ; beaucoup sont approvisionnées par le ramassage « sauvage ».

■ **Bois vendu par ONF** (en millions de m^3 et, entre parenthèses, valeur en milliards de F). Forêts domaniales et collectivités locales gérées par l'ONF. *1990 :* 13,74 (2,18) ; *94 :* 14 (2,72) ; *95 :* 13,74 (3,19) ; *96 :* 13,37 (2,93) ; *97 :* 13,86 (3) ; *98 :* 14,19 (3,28) ; *99 :* 13,92 (3,67) *dont* feuillus 4,79, cônifères 5,42, houppiers et taillis 3,71.

■ **Marché. Bois d'œuvre, bois ronds. Production et,** entre parenthèses, **import./export.** (en milliers de m^3, 1998) : *grumes* résineux 14 600 (120/270) ; feuillus 8 000 (1 150/1 100) [dont tropicaux 700 *5*] ; *bois de trituration* (rondins et quartiers) résineux 5 800 (300/230) ; feuillus 5 200 (220/600) ; *déchets de bois, plaquettes et particules* 7 150 (1 150/1 300) ; *autres bois industriels* 450 (dont résineux 225) ; *bois de chauffage* 15 000 (dont résineux n.c.).

Sciages et panneaux dérivés du bois (en milliers de m^3). **Production et,** entre parenthèses, **importations/exportations** (1998) : *sciages résineux* 7 700 (1 900/450) ; *feuillus* 2 900 (530/535) [dont tropicaux 280 (270/15)] ; *contreplaqués* 500 (210/140) ; *panneaux de particules* 3 700 (400/850) ; *de fibres* 555 (190/310).

Meubles. Produits fabriqués (vente HT en millions de F, 1997) **et**, entre parenthèses, **nombre d'entreprises :** *pour chambres à coucher :* armoires, commodes, coiffeuses 2 267,3 (156), lits 929,2 (148), meubles de chambre à coucher 239,6 (25). *Salles à manger et de séjour :* tables 540,8 (137), buffets, bahuts et living séjour 1 272 (140), de rangement par éléments 1 108 (57), bibliothèques 289,1 (86), de salles à manger et de séjour 146,1 (25), de jardin et d'extérieur 40 (3), de salle de bains 1 149,7 (63). *Cuisines :* par éléments montés 3 130,4 (67), en kit 1 181,8 (22), tables (11), buffets 103,9 (7), divers 4,8 (5).

Meubles de cuisine. Export. et, entre parenthèses, **import.** (en millions de F, 1995) : 672 (496) dont par éléments 410 (321), autres 262 (175). *Dans l'UE :* 445 (436) dont Belgique, Luxembourg 210 (30), G.-B. 84 (123), Allemagne 70 (161), Pays-Bas 53 (2), Italie 2 (85).

Sièges. Production (en millions de F, 1995) : transformables 1 699 ; canapés et fauteuils non transformables 2 032 ; chaises et tabourets 709. **Exportations et,** entre parenthèses, **importations :** 852 (2 897) dont sièges avec bâti en bois, rembourré 550 (2 285), fauteuils et canapés convertibles 206 (147), sièges avec bâti en bois, non rembourré 96 (465). *Dans l'Union européenne :* 513 (2 584) dont Allemagne 193 (156), Belgique, Luxembourg 152 (542), Italie 52 (1 707), G.-B. 39 (53), Pays-Bas 31 (20), Espagne 10 (69), Danemark 2 (23).

Mobilier de bureau. Production (en millions de F, 1997) : bureaux (– de 80 cm) 442, autres meubles en bois (– de 80 cm) 467, armoires, classeurs, fichiers en bois (+ de 80 cm) 474,2. **Meubles en bois autres que bureau :** présentoirs et comptoirs 170, rayonnages 41,5, mobilier sur mesure pour agencement de magasins 483, autres 65,2.

Panneaux et bois de placage (en 1997). **Fabriqués** (sauf reventes en l'état, en milliers de m^3) : panneaux de particules 3 275, de bois brut 1 942 ; contreplaqués multiplis 526,1 ; panneaux de fibres MDF brut 416, isolants 150, surface mélaminés 135,1, de fibres durs bruts 124,5, stratifiés ou plastifiés 75,5, à âmes épaisses, lattes ou lamellés 15,8. **Export. et,** entre parenthèses, **import.** (en milliers de m^3) : 2 208 (1 103) dont panneaux de particules 1 252 (605), de fibres 478 (249), durs 111 (87), mi-durs 295 (142), isolants 72 (20).

Emballage en bois. Produits livrés et, entre parenthèses, **facturation** (en millions de F, HT, 1997). Palettes simples en bois 45 832 [1] (1 831,4), palettes-caisses et autres plateaux de chargement en bois 2 944,3 [1] (338), emballages pour fruits et légumes 297,4 [2] (1 035,6), contreplaqués ou panneaux divers 146,3 [2] (685,2), caisses en bois scié, tambours pour câbles en bois 49 [2] (216,3), éléments d'emballage 28,1 [2] (102), ouvrages de tonnellerie en bois 20,8 [2] (1 049), emballages alimentaires en bois 7,8 [2] (51,6), boîtes à fromage 7,6 [2] (n.c.). **Ventes** (en millions de F, HT, 1995) : emballages sur mesure 669,2.

Nota. – (1) En milliers de pièces. (2) En millions de F.

■ **Les entreprises et la récolte du bois** (en 1997). **Entreprises ayant une activité d'exploitation forestière :** 5 599. **Nombre de Stés ayant au moins 6 salariés :** 175. **Chiffre d'affaires :** 3,6 milliards de F.

■ **Scieries** (en 1997). 2 919 entreprises occupant 17 361 salariés permanents et produisant 9 784 181 m^3 de sciage, 7 119 676 m^3 de produits connexes (plaquettes et chutes brutes, sciures, écorces, commercialisés ou réutilisés au sein de l'entreprise). **Chiffre d'affaires :** 15,4 milliards de F.

■ **Échanges extérieurs. Solde** (en milliards de F). **1980 :** – 11,3. **85 :** – 14,07. **90 :** – 23,9. **91 :** – 20,4. **92 :** – 14,1. **93 :** – 10,3. **94 :** – 14,3. **95 :** – 16,3. **96 :** – 13,2. **97 :** – 15,5 ; **99 :** – 20,2 ; **2000 :** – 25,2 (import. 73, export. 47,7). [*Source :* Agreste.]

Exportations et, entre parenthèses, **importations** (en milliards de F, 2000). 47,7 (73) dont *produits d'exploitation forestière, de carbonisation et de scierie* 5,3 (7,8) [conifères 0,5 (0,2), feuillus 1,9 (0,4), grumes de feuillus tropicaux 0,06 (1,2), plaquettes, particules et délignures 0,2 (0,1), sciages de conifères 0,6 (3,3), sciages de feuillus 1,4 (2,1), traverses 0,1 (0,04), autres produits 0,2 (0,2)], *produits des ind. du bois et des pâtes et papiers* 41,7 (62,7) [feuilles de placage 0,7 (0,6), panneaux et contreplaqués 4,1 (3,5), autres produits du travail mécanique du bois 4,7 (5,6), meubles et sièges en bois 7 (13,8), pâtes de bois et vieux papiers 2,5 (11,7), papiers et cartons 22,4 (27,3)], *autres produits* 0,7 (2,3) [extraits tannants végétaux 0,06 (0,03), térébenthine, colophane et dérivés 0,2 (0,4), liège et ouvrages en liège 0,4 (1,9)].

■ **Importations** (en milliers de m^3, 1998). **Bois brut. Résineux rabotés** 26,6. **Peuplier** 273,5 dont Espagne 137,4, Belgique, Luxembourg 103,2, Allemagne 29,7. **Chêne** 76,2 dont All. 35, Belgique, Luxembourg 11,9, USA 11,3. **Hêtre** 125,6 dont Espagne 54,9, All. 33, Belgique, Luxembourg 7,1. **Sciages bruts résineux** 2 142,9 dont Finlande 798,7, Suède 441,4, All. 341,6, CEI 234,2, Pays Baltes 94,4, UE 80,3, Norvège 14,8. **Feuillus des zones tempérées. Hêtre** 70,7 dont All. 5,5 Espagne 2,7. **Chêne** 54,3 dont USA 32,3. **Peuplier** 8,6. **Noyer** 6,6.

■ **Importations de grumes tropicales** (en milliers de m^3, 1998). 497,1 dont *Afrique :* 444,5 (Cameroun 208,9, Gabon 146,8, Libéria 61,1, Congo-Brazzaville 16, République centrafricaine 11,3, Ghana 0,2, Côte d'Ivoire 0,2 ; *Asie :* 1,8 (Myanmar 1,5, Malaisie 0,3) ; *Amérique latine :* 0,04 (0,04). **De sciages tropicaux.** 382,4 dont *Amérique latine :* 136,1 (Brésil 135,5, Équateur 0,6) ; *Afrique :* 135 (Ghana 39,9, Côte d'Ivoire 39,1, Congo-Brazzaville 15,7, Cameroun 3,1, Gabon 3,1, Nigéria 0,5, République centrafricaine 0,4) ; *Asie :* 71,2 (Malaisie 60, Myanmar 8,9, Indonésie 2, Singapour 0,3).

■ **Bois source d'énergie. Logements équipés d'appareils de chauffage au bois :** 7 200 000. **Énergie fournie :** 4 %. **Consommation** (en milliers de tep, 1996) : *ensemble* 9 800 (dont chauffage domestique 8 800, papeterie 800, industrie du bois hors papeterie 200) ; *consommation nationale d'énergie primaire* 227 000. **Répartition du bois utilisé** (en millions de m^3, 1996) : total 40,5 dont *ensemble des bois prélevés en forêt* 30,5 (dont non déclarés 13, hors des forêts 10, bois prélevés en forêt déclarés par des professionnels 2,5, autres bois prélevés en forêts 5) ; *sous-produits de l'industrie du bois et des bois de rebut* 10.

■ **Productions diverses, récolte en forêt. Récolte annuelle** (moyenne 1981-88) : champignons sylvestres 8 200 t (valeur 250 à 870 millions de F). Valeur totale 400 MF dont truffes 60 t (valeur 130 MF) ; lichens pour parfumerie et cosmétiques 2 000 t ; petit houx (feuillage) 200 t (2,4 MF) ; racines 150 à 200 t (2 à 3 MF) ; ciste (feuillage) 800 t (6,4 MF) ; myrtilles pour cosmétique et pharmacie 1 000 t (15 MF) ; pin rémanent 40 000 m^3 ; miel de sapin 600 t (20 à 30 MF) ; forêts domaniales, autres recettes diverses (50 MF).

Chasse en forêt. Recettes : 1 024 millions de F en 1995 [dont *location de territoires boisés :* 572 (dont forêts domaniales 165, autres forêts publiques 272, privées 135), soit 40 F par ha]. **Valeur de la venaison :** 452 (soit 32 F par ha).

Main-d'œuvre forestière (en 1995). **Employeurs :** 188 616 (dont travaux forestiers 8 156 dont sylviculture 1 263, exploitation 4 983, scierie 1 910). **Assurés :** 1 323 302 (actifs équivalents temps plein 582 502) dont travaux forestiers 46 837 (30 684) dont sylviculture 9 484 (5 639), exploitation 17 347 (9 705), scierie 20 006 (15 340).

Catastrophes

☞ **Selon l'Environmental Investigation Agency :** 17 entreprises, contrôlant 45 millions d'ha de forêts (la taille de la Suède), *sont responsables de l'extinction de 27 000 espèces par an. Parmi les accusés :* Mitsubishi (qui « est impliqué dans la dégradation des forêts sur les 5 continents au mépris des lois nationales sur l'environnement »), Musa, Hyundai, Georgia Pacific, Boise Cascade, Rougier, Karl Danzer.

■ **Nombre de feux** (moyenne annuelle 1985-94) **et,** entre parenthèses, **superficie** (en milliers d'ha). Espagne 13 307 (253) ; Italie 12 838 (140) ; Portugal 12 750 (94) ; *France 4 734 (34)* ; Grèce 1 683 (56).

■ **Quelques grands incendies** (superficie parcourue en ha). **1825** au Nouveau-Brunswick (Canada) : 1 600 000 (160 †). **1871** Wisconsin (USA) : 500 000. **1947** Landes (France) : 390 000. **1949** Landes : 140 000 (84 †). **1961** Australie 146 000. **1967** Tasmanie 228 000. **1983** Kalimantan (Indonésie) : 3 700 000. **1987**-*6-5* monts Daxinganling (Chine) : 1 140 000 (200 †). **1988**-*juin/sept.* Yellowstone et alentours (USA) : 630 000. **1989**-*juillet* Manitoba, Saskatchewan (Canada) : 2 150 000. Yucatan (Mexique) : 135 000. Sakhaline (URSS) : 200 000. Alaska : 1 000 000. **1991**-*juin/juillet* Québec (Canada) : 260 000. **1994**-*janv.* Sydney (Australie) : 800 000. **1997**-*sept./oct.* Indonésie : 600 000 à 800 000. **1998**-*févr./avril* Indonésie : 400 000 de forêt vierge. -*Juin/juillet* Floride (USA) : 185 000. -*Juillet* Catalogne (Espagne) : 27 000 (au 18-7). **2000**-*août* ouest des USA.

■ Incendies

■ **Nombre d'incendies et,** entre parenthèses, **surface incendiée** (en ha). **1970 :** 1 960 (61 419). **71 :** 2 423 (19 710). **72 :** 2 376 (16 441). **73 :** 6 484 (69 578). **74 :** 3 398 (41 427). **75 :** 4 017 (25 829). **76 :** 9 800 (88 321). **77 :** 2 443 (19 891). **78 :** 7 196 (46 701). **79 :** 5 507 (59 727). **80 :** 5 040 (22 176). **81 :** 5 173 (27 711). **82 :** 5 308 (55 145). **83 :** 4 659 (53 729). **84 :** 5 672 (27 202). **85 :** 6 249 (57 368). **86 :** 4 353 (51 859). **87 :** 3 043 (14 109). **88 :** 2 837 (6 701). **89 :** 6 743 (75 566). **90 :** 5 881 (72 625). **91 :** 3 888 (10 130). **92 :** 4 002 (16 593). **93 :** 4 769 (16 696). **94 :** 4 618 (24 995). **95 :** 6 563 (18 137). **96 :** 6 401 (11 400). **97 :** 8 005 (21 581) ; **98 :** 6 289 (19 282). **99 :** 5 610 (15 360) dont Méditerranée 2 970 (12 700), Sud-Ouest 1 190 (1 780), Sud-Est 700 (260), Est 550 (530), Ouest 190 (290), Centre-Ouest 80 (100).

■ **Nombre de tués. 1970** (oct.) : 11 † (Var, Alpes-Maritimes) dont le 3-10 l'épouse et les 4 enfants de Martin Gray. **85** (août) : 8 † dont 5 pompiers le 15 dans le massif du Tanneron (Alpes-Maritimes). **86 :** 11 †. **89 :** 14 †.

Nota. – En 1995, sur 7 063 feux, 25 ont dépassé 100 ha. Dans le Sud méditerranéen, 91 % des feux ont parcouru moins de 5 ha, 17 plus de 100 ha, 1 plus de 1 000 ha (en Haute-Corse).

■ **Origine des feux de forêts en France** (de 1973 à 1990). **Nombre total de feux :** 53 643 dont enquêtes 30 484, causes inconnues 20 830, connues 13 651. *Accidentelles* 2 808 dont : foudre 735, lignes EDF 515, chemin de fer 201, échappement de véhicule 130, dépôts d'ordures autorisés 648, clandestins 165, autres installations 130, reprises d'incendie 284. *Malveillance* 2 399. *Imprudences* 7 401 dont : travaux en forêt 2 377, agricoles 2 888, jeux d'enfants 575, emploi d'un réchaud 52, feux de bois en forêt (loisirs) 163, jets de mégots d'un véhicule 311, fumeurs à pied 308, autres 727.

Causes des feux. Moyenne décennale 1985-1994 (en %) : naturelle 3, accidentelle 8, malveillance 36 (dont conflit 14, intérêt 13, pyromanie 71), involontaire 39 (dont travaux 74).

■ **Infractions. A la réglementation d'emploi du feu** *(fumer en forêt, allumer du feu en période dangereuse) :* amende de 200 à 1 300 F. **Incendie** (art. 435 et suivants du Code pénal, L. 322-9 du Code forestier) *volontaire :* 5 à 10 ans d'emprisonnement, 5 000 à 200 000 F d'amende ; 10 à 20 ans si commis en bande organisée ; réclusion criminelle à perpétuité s'il y a eu mort ou infirmité permanente d'une personne, interdiction de séjour de 2 à 10 ans (art. 44 du Code pénal). *Involontaire :* emprisonnement de 11 j à 6 mois et/ou amende de 13 000 à 200 000 F ; en cas de mort ou blessures, peines de l'art. 320-1 du Code pénal (homicide ou blessure par imprudence).

■ **Aménagement de l'espace rural.** Pistes, points d'eau, débroussaillements (6 000 à 30 000 F/ha, puis 2 000 à 15 000 tous les 3 ans pour l'entretien), sylviculture (plantation 1 ha : 9 000 à 12 000 F), coupures de combustibles. **Brûlages dirigés** (fin de l'hiver/début du printemps) : on brûle la broussaille en respectant le sol et les arbres après accord des pompiers et parfois en leur présence. **Pâturage en forêt (sylvopastoralisme) :** en période de pousse pour réduire la masse végétale au sol. Massifs ouverts aux moutons et bovins transhumants (nov. à juin) : 11 000 ha en Languedoc, 6 000 ha en Provence. Certains utilisent des lamas (élevage expérimental). **Coupures agricoles :**

cloisonnent les massifs et arrêtent les grands incendies [terres cultivées en permanence (vignes, oliviers, vergers) ou cultures cynégétiques pour l'alimentation du gibier].

■ **Lutte et prévention. Moyens terrestres** (en 1990) : 30 300 hommes (dont 27 000 sapeurs-pompiers locaux, 300 sapeurs-pompiers des colonnes préventives, 1 000 des colonnes complémentaires, 1 000 militaires des unités d'instruction et d'intervention de la sécurité civile (UIISC), 600 militaires mis à la disposition du min. de l'Intérieur, 400 militaires mis à la disposition de la Sécurité civile), 208 635 volontaires (en 1989).

Moyens aériens (en 1990). Véhicules de lutte 232, engins de lutte 70, avions porteurs d'eau 28, hélicoptères bombardiers d'eau 17, hélicoptères de commandement 9, avions de reconnaissance. **Caractéristiques de quelques avions : C 130 Hercule** (12 000 l d'eau). **Canadair CL 215** (bimoteur, capacité 5 500 l, 275 km/h, autonomie au feu 4 h, largage 30/50 m sur une ellipse d'environ 120 × 60 m, remplissage sur aérodrome en 1 min 30, par écopage en 10 s). **CL 215 T** à turbopropulseur. **Cl 415 T** (300 km/h, 6 500 l) ; *coût :* 100 millions de F. **Douglas DC 3** [quadrimoteur, capacité 11 360 l, 360 km/h, autonomie au feu 4 h 30, temps de rotation (entre atterrissage, redécollage, rechargement) moins de 10 min, largage maximal sur 700 m]. **Fokker 27** (6 300 l). **Grumman Tracker CS 2 F** (bimoteur, 333 km/h, autonomie 4 h, réservoir 3 500 l, largage sur 90 m).

☞ **Brumisateurs** avec canalisation à l'étude.

■ Autres catastrophes

■ **Parasites. Châtaignier :** depuis 1860, maladie de l'encre *(Phytophthora)* attaquant racines et tronc ; depuis 1957 (surtout dans le sud de la France), chancre *(Chryphonectria parasitica)* progressant vers le nord. **Chêne :** depuis 1907, oïdium *(Microsphaera alphitoïdes),* champignon en feutrage blanc détruisant les feuilles ; nombreuses chenilles défoliatrices dévorant les feuilles au printemps (tordeuse verte, géométrides, processionnaire du chêne, bombyx disparate) parfois sur plusieurs centaines de milliers d'ha comme le bombyx disparate en 1992-95 ; plusieurs vagues de dépérissement à causes multiples (inadaptation de l'espèce de chêne au sol, climat, sécheresse, insectes, champignons...) : 1921-30, 1947-49, 1976-80, 1989-97. **Cyprès :** depuis 1949, champignon *Seiridium cardinale :* chancres et dessèchements. **Épicéa :** pourriture rouge du cœur due au champignon *Heterobasidion annosum* (perte de plusieurs centaines de milliers de m^3 annuellement) ; *Ips typographus* (insecte coléoptère scolytide) forant des galeries sous l'écorce et tuant plusieurs dizaines de milliers d'arbres chaque année, notamment dans l'Est ; *Dendroctonus micans* (insecte coléoptère scolytide) progressant de l'est (signalé depuis fin XIXe s.) vers l'ouest. **Hêtre :** dépérissement dans l'Ouest en 1970-80 dû à divers facteurs dont l'association du champignon *Nectria coccinea* à la cochenille *Cryptococcus fagisuga ;* dépérissement depuis 1989 (sécheresses successives). **Orme :** graphiose, due au champignon *Ophiostoma novo-ulmi* colonisant les vaisseaux conducteurs de la sève ; transmission de proche en proche par contact racinaire ou sur de plus grandes distances par des insectes xylophages (scolytes de l'orme) ; apparue en 1919 en Hollande, s'est développée en Europe et a été importée aux USA d'où elle est revenue dans les années 1970 sous une forme très virulente qui détruit depuis les ormes européens ; des rejets immunisés apparaissent. **Pins :** nombreux insectes ravageurs : scolytes *(Ips sexdentatus, Tomicus piniperda...),* chenille processionnaire (une à plusieurs dizaines de milliers d'hectares traités annuellement), lophyres, tordeuses des pousses, pyrale du tronc et nombreux champignons parasites : rouge cryptogamique, rouilles des aiguilles ou du tronc, pourridiés racinaires *(Armillaria ostoyae, Heterobasidion annosum),* agents de dépérissement *(Sphaeropsis sapinea).* **Pin maritime :** entre 1960 et 1970 : présence de la cochenille *Matsucoccus feytaudi* (120 000 ha détruits dans les Maures et l'Estérel) ; en Corse en 1994, premiers cas de mortalité en 1997. **Platane :** l'agent du chancre coloré *Ceratocystis fimbriata* introduit en 1944 détruit les alignements de Provence-Alpes-Côte d'Azur ; transmission par contacts racinaires, et par plaies d'élagage ou d'engins de travaux publics.

■ **Froid. Accidents climatiques et dégâts aux forêts : 1788-89** Sologne (pin maritime). **1879-80** Sologne (pin maritime). **1956** Provence, Languedoc (pin d'Alep), Landes (pin maritime). **1963** Normandie (sapin de Douglas). **1985** Aquitaine (pin maritime). **1998** Ardennes (hêtres). **Résistance au froid** (en °C) : pin d'Alep – 6, pin parasol – 11, chêne vert – 13, cyprès – 14, pin maritime – 20, sapin – 30, chêne pédonculé – 30, chêne rouvre – 30, hêtre – 30, épicéa – 38, pin cembro – 42.

■ **Sécheresse. 1892-1893** plateau lorrain (épicéa, hêtre). **1921** Normandie, Bretagne, Sologne, Franche-Comté (chêne, épicéa, Douglas, sapin). **1947-49, 1976** (déficit hydrique de 40 à 60 % du 1-2-1975 au 31-8-1976) 88 344 ha atteints (régions méditerranéennes 42 180), Ouest, Bretagne, Normandie, Ile-de-France, Lorraine, Franche-Comté (toutes espèces, mais surtout Douglas, épicéa, mélèze). **1989-91.**

■ **Vent et tempêtes. 1519** Normandie, forêt de Gisors. **1807** Vosges, St-Dié (tornade). **1876** Normandie, Lyons-la-Forêt (ouragan). **1902**-*janv.* Vosges, Remiremont (ouragan). **1952**-*déc.* Sologne. **1957** Lyons-la-Forêt (ouragan). **1958**-*févr.* Vosges. **1967**-*févr.-juin* Nord-Est. **1968**-*10-7 :* Lorraine, Alsace, Sarrebourg (tornade). **1972**-*avril* Franche-Comté. **1976**-*déc.* Landes. **1982**-*6/7-11 :* Auvergne, Limousin, Rhône-Alpes, Languedoc-Roussillon, Midi-Pyrénées, Aquitaine, Bourgogne ; vents atteignant 140 à 160 km/h. 700 000 abonnés privés d'électricité le 1er j, 100 000 lignes téléphoniques en dérangement. *Dégâts :* 12 millions de m^3 (1/3 de la prod. totale commercialisée annuellement) dont Puy-de-Dôme 6, Corrèze 1,2 à 1,5, Morvan 1. **1987**-*juillet* Poitou-Charentes. **1984**-*févr.* Picardie, Normandie, Champagne. -*11-7 :* 15 000 ha touchés centrés sur le département des Vosges ; *dégâts :* 1,8 million de m^3 essentiellement en hêtre et en chêne. -*Nov.* Picardie, Normandie. **1987**-*15/16-10 :* Bretagne et Normandie (6 millions de m^3) : 220 km/h sur les côtes de Bretagne. **1990**-*25-1 et février :* essentiellement Lorraine, Picardie et Normandie, 7 millions de m^3 dont 30 % de résineux et 70 % de hêtre (en Allemagne 65 millions de m^3). **1996**-*7-2 :* Aquitaine 1,5 million de m^3 (les vents ont atteint 176 km/h au Cap Ferret). **Verglas. 1879** forêts d'Orléans, de Fontainebleau et du Blésois. **1929** Normandie, Écouves. **1952** Alsace, Haguenau. **1978** Territoire de Belfort. **1999**-*26-12* tempête *Lothar* (partie nord), *27/28-12 Martin* (partie sud), destruction partielle ou totale de 500 000 ha de forêts (3 à 4 % de la surface forestière). **Dégâts** (en moyenne) : pour parcelles à dominante résineux 20,6 %, feuillue 13,4 % ; 5 fois plus pour les arbres de + de 20 m que ceux de – de 15 m ; 5 fois plus pour les arbres de + de 40 cm de circonférence que pour ceux de – de 20 cm. **Bois à terre** (en millions de m^3) : 146 (95 pour la forêt privée), représentant 8 % du volume de bois « sur pied » (1 900) dont : Lorraine 29,5, Aquitaine 27,7, Limousin 16,3, Champagne-Ardenne 13,8, Poitou-Charentes 12, Rhône-Alpes 6,6, Alsace 6,5, Auvergne 6,4, Bourgogne 4,5, France-Comté 4,4, Ile-de-France 2,7, Basse-Normandie 2, Haute-Normandie 1,9, Centre 1,5, Picardie 0,8, Pays de la Loire 0,6, Languedoc-Roussillon 0,5, Midi-Pyrénées 0,4, Bretagne 0,3. **Bois abattus en Europe :** 190 m^3 *dont France 140* (3 ans de récolte), Allemagne 27 (75 % d'une année de récolte), Suisse 10 (2 ans) et Danemark 3,5 (1 an et demi).

Pêche et ressources de la mer

Ressources de la mer

■ **Eau de mer. Masse des océans et mers :** 1,4 milliard de km^3 d'eau salée couvrant 350 millions de km^2 (soit 650 fois la France). Évaporation annuelle de 37 000 km^3 d'eau. **Dessalement :** 800 installations dessalent chaque jour dans le monde de 1 à 2 millions de m^3 d'eau de mer. Prix de revient encore élevé.

■ **Poids économique de la mer dans le monde** (en milliards de F). *Loisirs* (plaisance, sports marins et sous-marins, thalassothérapie) 100, *alimentation* (pêche, élevage, aquaculture) 105, *pétrole* 200, *minerais* (nodules polymétalliques, sel marin, usines de dessalement) 5 à 10. 200 millions d'hommes vivent de la mer.

Ressources minérales

■ **Extractions industrielles.** Chlorure de sodium (85 % de la masse des sels dissous, environ 30 kg par m^3 d'eau de mer), magnésium (1,3 kg par m^3) et brome, uranium possible (prix de revient 50 $ le kg d'oxyde), zinc, étain, cuivre, uranium, nickel, titane non rentable.

■ **Plateau continental. Sédiments meubles :** *placers* formés à partir de minéraux arrachés au continent par les eaux de ruissellement. *Or* (Alaska). *Étain* (cassitérite des îles de la Sonde). *Zircon* (Floride et Sri Lanka). *Rutile* (Australie). *Diamant* (Afrique australe, dragues suceuses donnant 1 000 carats par jour, exploitation difficile, abandonnée depuis 1971). *Titano-magnétique* (Japon, Philippines). *Sables, graviers* (G.-B. plus de 10 millions de t par an, *France :* 40 millions de t sur la Manche). **Sous-sol rocheux :** certains gisements prolongent des gisements terrestres côtiers : *charbon* extrait sous la mer au Japon, Canada, Chili, Écosse ; *fer* en Finlande ; *soufre* en Louisiane (2 millions de t par an) ; *pétrole* (voir à l'Index).

■ **Grandes profondeurs. Nodules polymétalliques** (voir à l'Index).

■ **Minéraux marins destinés aux engrais.** *Phosphorites* formées à partir des squelettes de poissons (réserves : plus de 10 milliards de t) ; *glauconie.*

Produits végétaux

■ Algues

■ **Histoire. Antiquité** utilisées pour l'amendement des terres. **XVIe s.** Bernard Palissy mentionne « des herbes salées servant à la fabrication du verre ». **XVIIe s.** les paysans bretons fabriquent des galettes combustibles (*glaouad*) faites de bouse de vache et de goémon malaxés. Les verriers normands achètent des cendres d'algues pour la fabrication du verre ordinaire. **1681** ordonnances de Colbert réglementant la récolte du varech et du goémon. **1692** Louis XIV accorde à la Cie de Saint-Gobain l'exclusivité de la cueillette du goémon pour en recueillir les cendres et les transporter à Paris. **1731** Louis XV limite la coupe du goémon à 30 jours pour protéger le frai des poissons (disposition revue en 1739, les besoins en soude croissant). **Ier Empire. 1811** en voulant utiliser les cendres de goémon pour en extraire du salpêtre, Bernard Courtois (1777-1838) découvre l'iode. **1829** 1re usine d'iode en France. **Fin XIXe s.** approvisionnement en goémon séché des grandes régions légumières. **Début XXe s.** une trentaine d'usines d'iode. A partir de 1930, utilisation des algues pour l'extraction de gélifiants et d'épaississants, puis en 1950 développement des cultures à vocation alimentaire. **1983** île d'Ouessant, 1res récoltes d'algues à destination alimentaire (*Wakame*). **Depuis 1988,** la *Caulerpa taxifolia* envahit la Méditerranée nord-occidentale.

■ **Espèces. Nombre :** 20 000 à 30 000 ; quelques dizaines exploitées, surtout les *algues brunes* (*Macrocystis*, laminaires, fucales) pour l'acide alginique ; *rouges* (famille des gélidiales) pour l'agar-agar (famille des gigartinales) et les carraghénanes (*Chondrus* ou lichen d'Irlande, *Eucheuma* et *Kappaphycus*). Goémon et varech récoltés sur le rivage sont utilisés comme engrais. Les algues fraîches finement broyées sont employées en aspersion foliaire pour traitement phytosanitaire. **Cultures** (en milliers de t, 1996) : sur cordages (*Laminaria :* Kombu 4 300 ; *Undaria :* Wakame 380), sur filets (*Porphyra :* Nori, Chine 303, Japon 303, Corée du S. 166). **Utilisation des sous-produits :** *agar-agar* et *carraghénanes :* gélifiants ou stabilisants (crèmes, pâtes de fruits, sauces, confitures) ; *phycocyanine* extrait de la spiruline, seul colorant bleu naturel, ou pour usages scientifiques (préparations bactériologiques). *Acide alginique* et *alginates (macrocystis, laminaires...) :* papeterie, alimentation, pâtisserie, textile, pharmacie, préparation du latex, des matières plastiques, cosmétiques, peintures dans la métallurgie, synthèse des électrodes de soudure, traitement des eaux. *Farines et tourteaux :* alimentation animale.

☞ En France, environ 670 espèces sur l'Atlantique et surtout en Bretagne. Environ 12 exploitées. *Industrie alimentaire :* quelques dizaines de tonnes ; *chimique* (colloïdes) : 80 000 t. Fabrication des alginates en Bretagne (France : 5e rang mondial) ; carraghénanes (2e rang). Exploitation d'algues calcifiées mortes (lithothamniacées) pour amendement des sols et filtration de l'eau.

☞ **Écomusée des goémoniers,** route de Saint-Michel, 29880 Plouguerneau.

■ **Production d'algues dans le monde** (cultures et récoltes sauvages, en milliers de t, 1998). **Brunes :** 5 446,8 *dont* Chine 3 965,1, Corée du N. 403, Corée du S. 278, Japon 222, Norvège 179,7, Chili 150, *France 64,8,* Irlande 36, Russie 29, USA 24,9, Canada 21,1, Australie 20,8. **Vertes :** 71,7 *dont* Inde 60, Corée du S. 5,6, Philippines 3,6, Italie 1,2, *France 0,1.* **Rouges :** 1 899,8 *dont* Philippines 639,3, Japon 400,1, Chine 379,2, Corée du S. 194,8, Chili 115,5, Indonésie 47,5, Inde 24, Viêt Nam 16, Espagne 14,9, Corée du N. 10, Tanzanie 9, Maroc 7, Canada 6,3, Mexique 6,3, Kiribati 5,9, Russie 4,1, Italie 3,7, Afr. du S. 2,5, Madagascar 2,5, *France 2,1,* Pérou 1,7. **Diverses :** 2 138 *dont* Chine 2 117,5, Japon 17,1, Corée du S. 3,1.

■ **Par catégories d'algues** (en milliers de t en poids frais, 1996). 8 017,5 dont *Betaphycus :* Chine 0,3 ; *Caulerpa :* Philippines 39 ; *Chondrus :* Canada 7, *France 3 ; Cladosiphon :* Japon 9,7 ; *Durvillea :* Chili 46,7 ; *Ecklonia kurome :* Corée du S. 16,5 ; *Ecklonia radiata :* Afrique du Sud 3,7 ; *Eucheuma :* Indonésie 117,2, Philippines 30,5 ; *Fucus ascophyllum :* G.-B. 5, *France 3 ; Furcellaria :* Danemark 15 ; *Gelidiella :* Afrique du Sud 46,7 ; *Gelidium :* Maroc 7,8, Mexique 6,8, Espagne 6,5, Japon 4,1, Corée du Sud 3,9, Afrique du Sud 2,6, *France 2 ; Gigartina :* Maroc 11,4, Russie 6,4, Chili 3, Ukraine 0,8, Italie 0,6, Pérou 0,4, USA 0,2 ; *Gracilaria :* Chili 161, Taïwan 111, Inde 45,1, Argentine 10, Viêt Nam 8, Italie 5,5, Brésil 2,5, Chine 2, Thaïlande 1,4 ; *Hizikia :* Corée du Sud 5, Japon 2 ; *Iridea :* Chili 39,1 ; *Kappaphycus :* Philippines 554,9, Tanzanie 3, Madagascar 0,8 ; *Laminaria digitata : France 65,* Islande 14,4 ; *L. hyperborea :* Norvège 173,2, *France 3 ; L. japonica :* Chine 3 769,3, Corée du Nord 350, Japon 203,6, Corée du Sud 35,6 ; *L. longicruris :* Canada 1 ; *L. ochroleuca :* Espagne 1,2 ; *Lessonia :* Chili 40 ; *Lithothamnium calcareum : France 556 ; Macrocystis :* Chili 136,7, USA 106,6 ; *Monostroma :* Corée du Sud 8,2, Japon 0,7 ; *Porphyra :* Japon 303,8, Chine 303,7, Corée du Sud 166,2,

Corée du Nord 5 ; *Pterocladia :* Açores 3, Russie 2,2, Ukraine 2,2 ; *Sargassum :* Inde 19,7 ; *Ulva : France 3,* Japon 2 ; Corée du Sud 1 ; *Undaria :* Corée du Sud 305,8, Japon 78,4, Corée du Nord 10, *France 0,05.*

Utilisation (en milliers de t, 1996) : *extraction :* 16 000 pour obtenir 12 d'agar, 26 à 30 de carrag, 32 d'alginate ; *alimentaire :* 5 334 ; *amendements :* 596 ; [*Source :* Ifremer.]

Consommation (en t équivalent poids sec et, entre parenthèses, % de l'algue alimentaire dans la production totale) : Japon 97 000 (97), Corée 97 000 (93), Chine 71 000 (49), Taïwan 3 000, Amérique du Nord 240 (< 1), Europe hors France 70 (<1), *France 27 (<1).*

■ **Production d'algues en France** (en t de produits secs, 1998). *Laminaria digitata* 10 604 ; *Fucus serratus* 1 542 ; *Ascophyllum nodosum* 1 373 ; *Gœmon robert* 962 ; *Mastocarpus chondrus* 428 ; *Gélidium impérial* 262 ; *Carragheen* 139 ; *Ulva sp.* 23 ; *Porphyra sp.* 18 ; *Palmaria palmata* 17 ; *Himanthalia* 15 ; *Undaria pinnatifida* 11.

Prix (en F/kg de produits secs, 1998) : *Carragheen* 6,3. *Mastocarpus chondrus* 6,32. *Gélidlum impérial* 7,89. *Undaria pinnatifida* 19,14.

Chaîne alimentaire marine : elle part des sels minéraux que les algues microscopiques *(phytoplancton)* assimilent par photosynthèse et transforment en matière vivante. Le phytoplancton nourrit le *zooplancton,* qui nourrit à son tour des poissons planctonophages gros ou petits, qui alimentent ensuite des poissons piscivores plus gros. 1 000 kg de plancton donnent 100 kg de zooplancton qui donnent 10 kg de petit poisson (exemple : sardine) qui donnent 1 kg de gros poisson (exemple : thon).

■ Caviar

☞ *Abréviation :* est. : esturgeon.

■ **Origine.** Du turc *haviar,* du grec ancien *avyaron,* œuf, ou du russe *ikra,* désignant l'ensemble des œufs de poisson. Actuellement, désignation réservée exclusivement aux œufs d'esturgeon, poisson remontant les fleuves à l'époque du frai (pêche au printemps et en automne). Traditionnellement préparé en Russie puis en Iran ; la méthode est introduite en France au début du xxe s. **Avant 1917** les familles Lianosoff et Lazare Mailoff (1841-1905) commercialisent en Russie le caviar en quantité industrielle. En France, Alfred Prunier est le 1er à en importer (de petites quantités, surtout pressé) pour les princes russes y séjournant. **1920** Melkoum et Mouchegh Petrossian (émigrés arméniens descendants de Lazare Mailoff) s'installent en France et **1926** ouvrent leur boutique de détail spécialisée dans le caviar russe. **1927** maison Grivan créée en 1924 devient Caviar Kaspia avec Arkady Fixon (vend au détail des œufs de poisson avant de se spécialiser dans le caviar). **1940**-*11-1* caviar Volga *créé* par Robert de Lalagade, spécialiste du caviar iranien. **1997**-*juin* conférence de Harare, esturgeon classé espèce en danger (*prises en 1970 :* 22 000 t ; *1997-99 :* 1 100 t), commerce réglementé (en application depuis le 1-4-1998).

■ **Esturgeons.** **Nom scientifique et,** entre parenthèses, **nom commercial :** *Acipenser baeri* [esturgeon (est.) sibérien] [1], *brevirostrum* (est. à museau court) [4], *dabryanus* (petit est. du Yang-Tsé) [3], *fulvescens* (est. du lac) [4], *gueldenstaedti* (est. russe), *medirostris* (est. vert) [5], *mikadoi* (est. de Sakhaline), *naccarii* (est. de l'Adriatique) [6], *nudiventris* (est. nu) [7], *oxyrhynchus* (est. américain) [4], *persicus* (est. perse) [8], *ruthenus* (Sterlet) [2], *schrencki* (est. de l'Amour) [9], *sinensis* (est. chinois), *stellatus* [est. étoilé (1,5 m, 15 à 70 kg vers 8 ans mais dépasse rarement 25 kg, omnivore ; grains petits, gris clair à gris foncé)] [10], *sturio* (est. commun) [2], *transmontanus* (est. blanc) [4], *Huso dauricus* (grand est. de l'Amour) [9], *huso* [grand est. (2,3 à 4,2 m, 200 à 300 kg, max. 1 000 kg vers 18 ans, ichtyophage ; gros grains gris clair à gris foncé, œufs fragiles)] [12]. *Ossétra* (osciètre ou esturgeon russe commun, peut atteindre 2 m, max. 200 kg, omnivore ; grains moyens, jaune doré à brun). *Polyodon spathula* (spatule) [4]. *Psephurus gladius* (spatule chinoise). *Pseudoscaphirhynchus fedtschenkoi* [nez-pelle du Syr-Daria] [11], *hermanni* [petit nez-pelle de l'Amour Daria] [11], *kaufmanni* [grand nez-pelle de l'Amour Daria] [11]. *Scaphirhynchus albus* (est. pâle) [12], *platorynchus* (nez-pelle américain) [12].

Nota. – (1) Russie. (2) Europe. (3) Chine. (4) USA. (5) Amérique, côte ouest. (6) Italie. (7) Russie/Kazakhstan. (8) Iran. (9) Chine, Russie. (10) Russie, Kazakhstan, Iran. (11) Kazakhstan, Kirghizistan, Ouzbékistan. (12) USA, Mississippi, Missouri.

■ **Fabrication.** Œufs extraits du ventre des femelles (environ 10 % du poids du poisson), tamisés puis salés, et mis en boîtes de 1,8 kg environ. **Caviar pressé :** grains plus mûrs pressés ensemble (1,3 kg de caviar en grains pour 1 kg pressé) ; « **blanc** » : œufs dépigmentés de gros bélugas, osciètres, sévrugas (souvent esturgeons albinos).

■ **Statistiques.** **Quotas** (en t, 2001-02) : 212,9, *dont* Iran 82,81, Russie 57,54, Kazakhstan 26,91, Roumanie 6,9, Turkménistan 6,59, Chine 5,94, Azerbaïdjan 3,71, Bulgarie 2,5, Canada 1, USA (élevage) 11,2, *France* (élevage) 8. **Demande** (en t, 2000). 232 *dont* USA 60, ex-URSS 50, Japon 35, *France 25,* Allemagne 20, Suisse 15, G.-B. 6, Iran 3, Kazakhstan 3, Azerbaïdjan 3, autres pays d'Europe 7, divers 5. **Production** (en t, 1999) : 338 *dont* ex-URSS 180 (*1980 :* 25 000 t d'esturgeons, *94 :* 3 115 t), Iran 90, Kazakhstan 25, Azerbaïdjan 20, Chine 7, Roumanie 7, USA 5, *France 4.* **Exportations** (en t, 2000) : 266 *dont* Russie 130, Iran 85, Chine 7. **Principaux centres :** *Astrakhan* (embouchure de la Volga, Russie) ; *Atyrau* (Kazakhstan) ; *Bandar-Anzali* (Caspienne, Iran) ; *Arbine* (Amour, Chine). **Prix** (en F, TTC, 125 g, chez Petrossian à Paris au 31-3-2001) : beluga 3 500, ossiètre impérial 2 125, ossiètre royal 1 700, sevruga 1 600, pressé 750, caviar français 1 240.

☞ Russie, Azerbaïdjan, Kazakhstan et Turkménistan se sont engagés à ne plus pêcher d'esturgeons jusqu'à fin 2001. *Commerce illégal du caviar :* 90 % du commerce licite (estimé à 100 milliards de $ annuels).

■ Produits animaux

■ Cétacés

☞ *Abréviation :* bal. : baleine(s).

■ **Espèces.** 79 vivantes. **Cétacés à fanons** (mysticètes) : *bal. bleue ou grand rorqual* 33 m (environ 150 t, langue 3 t, cœur 0,6 t ; nouveau-né 7 m, 2 t, après 7 mois de lactation 14 m, 20 t) ; *petit rorqual ou rorqual de minke* (mink whale) ; *rorqual commun* 24 m ; *bal. franche* 25 m ; *rorqual de Rudolphi* 18 m ; *baleine à bosse* (humpback) *[ou mégaptère ou jubarte]* 16 m ; *rorqual de Bryde* 15 m ; *bal. grise* 15 m, 10 m. **A dents** (odontocètes) : *cachalot* (spermwhale) 18 à 20 m, 30 t ; *orque* ou *épaulard* 4 (femelle) à 9,50 m, 8 t ; *hyperodon* 5 à 10 m, 4 t ; *bal. pilote* (globicéphale) 7 m ; *blanche* 5 m ; *narval* 5 m ; *dauphin* 2,50 m ; *marsouin* 1,80 à 8,50 m ; *dauphin* commun 1,75 m, à bec court *(tursiops)* 2,50 m ; *marsouin* 1,5 à 2.

■ **Effectifs des grands cétacés.** **Nombre de baleines au début du XXe s. et,** entre parenthèses, **en 1995** (en milliers) : *rorqual commun* 470 (110), *rorqual boréal* 200 (25), *baleine bleue* 200 (2 à 5), *bal. des Basques* 200 (3), *bal. à bosse* 125 (10), *bal. franche* 120 (6), *bal. grise du Pacifique* 10 (21), *bal. grise de l'Atlantique* 0. Plusieurs espèces ont été protégées si tardivement qu'elles ne montrent pas encore de signe de repeuplement après plusieurs années et même plusieurs dizaines d'années de protection (baleines bleues, franches ; jubartes).

☞ **Dans les eaux françaises, en 1987 :** rorquals *3,* dauphins rayés bleu et blanc *34,* dauphins communs *45,* grands dauphins *8,* dauphins à bec blanc *1,* dauphins de Risso *3,* globicéphales noirs *16,* marsouins communs *2,* baleines à bec de la mer du Nord *2,* dauphins indéterminés *11.* **Sites :** Manche *27,* Atlantique *66,* Méditerranée *42.*

■ **Baleines capturées.** *1869 à 1939 :* officiellement 825 000 tuées ; *1937-38 :* 46 000 (record) ; *60-61 :* 1 000 ; *69-70 :* 42 481 ; *74-75 :* 29 726 ; *78-79 :* 10 549 ; *79-80 :* 13 995 ; *81-82 :* 13 764 ; *83-84 :* 11 456 ; *84-85 :* 9 066 ; *85-87 :* 8 574 (dont 6 544 petits rorquals, 634 rorquals tropicaux, 341 baleines grises, 200 cachalots, 165 rorquals communs, 690 autres espèces) ; *88 :* 687 ; *89 :* 620 ; *90 :* 655 ; *91 :* 670 ; *92 :* 572 ; *93 :* 739 ; *94 :* 852 ; *97 :* 1 363 ; *98-99 :* 1 483 dont Norvège 625, Japon 485, Danemark 187, Russie 126, USA 54, St-Vincent et Grenadines 2. *De 1986 à 1998 :* 10 641.

■ **Protection.** **1931** accords régularisant l'approvisionnement du marché en huile de baleine et interdisant la pêche des bal. franches. **1946** création de la Commission baleinière internationale (CBI). **1947** pêche de la bal. grise interdite. **1951** 2e réunion de la CBI. *Pays membres :* Afrique du Sud, Australie, Brésil, Canada, Danemark, *France,* G.-B., Islande, Japon, Mexique, Norvège, Nlle-Zélande, Panamá, Pays-Bas, Suède, URSS, USA. **1965** pêche de la bal. bleue interdite dans l'Atlantique. **1972** pêche des mégaptères ou jubartes interdite. Dimensions minimales fixées pour rorquals de Rudolphi : 12,2 m, rorquals communs 17,4 m (hémisphère Sud), 16,8 m (hémisphère Nord), cachalots 9,2 m (10,7 m en Atlantique Nord). **1982** pêche interdite pour au moins 5 ans à partir de 1986 (25 voix pour ; contre : Brésil, Corée du Sud, Islande, Japon, Norvège, Pérou, URSS ; abstentions : Afrique du Sud, Chili, Chine, Philippines, Suisse). La CBI institue une clause « d'exemption aborigène » [les peuples qui ont toujours vécu de la bal. (Esquimaux, Tchouktches...) peuvent continuer d'en tuer chaque année un certain nombre], et une autre clause autorisant quelques captures « à des fins scientifiques » pour mieux connaître les espèces de cétacés [*1988-89 :* 270 captures ; *90 :* 305 ; *93 :* Japon 300 (vendues 250 000 F l'unité à Tokyo), Norvège 100]. **1983** Pérou accepte la suspension. **1987**-*22-5* URSS suspend la chasse. **1992**-*3-7 Glascow* (Écosse) : la CBI, *France*, G.-B., USA et autres pays s'opposent à la reprise de la chasse (les stocks de poissons étant décimés par les cétacés), que réclament Japon [qui estime qu'il y aurait 760 000 rorquals dans l'hémisphère Sud (ce qui permettrait d'en chasser 2 000 par an)], Norvège, Pérou et ex-URSS. **1993**-*10/14-5 Kyoto* (Japon) : à l'initiative de la France, la CBI adopte le principe d'un « sanctuaire » baleinier en Antarctique, avec interdiction de la chasse commerciale au-delà du 40e parallèle sud. Après l'Islande, la Norvège démissionne de la CBI et décide de reprendre la chasse côtière en juin 1993, s'accordant 136 baleines par an. **1994**-*26-5 Puerto Vallarta* (Mexique), 23 des 31 pays membres de la CBI votent pour la création du sanctuaire de l'Antarctique, évitant les eaux territoriales du Chili et de l'Argentine. Le Japon vote contre. *Quotas renouvelés :* chasse traditionnelle en Russie (chasseurs sibériens) : 140 baleines grises. Groenland : 165 rorquals. USA (Inuits d'Alaska) : 15. St-Vincent : 2. **1995**-*25-5/2-6 Dublin* (Irl.), moratoire de 1986 interdisant toute chasse commerciale reconduit. Durcissement des règles interdisant toute chasse dans les sanctuaires de l'Antarctique et de l'océan Indien. La CBI somme Norvège et Japon de cesser toute chasse commerciale. **1999**-*25-11 Monaco :* accord franco-italien créant un sanctuaire de 84 000 km² entre Sardaigne, Hyères et Fosse Chiaune englobant la Corse (serait fréquenté par 25 000 dauphins et plus de 1 000 baleines). **2001** le Japon, qui pêche en moyenne 500 rorquals par an, a annoncé étendre son programme de *« pêche scientifique »* à 10 cachalots et 50 rorquals de Bryde, espèces protégées par les lois américaines. Le Japon avance des arguments scientifiques pour *« satisfaire la demande de restaurants de luxe et de traiteurs spécialisés »,* a tonné Norman Mineta, secrétaire d'État au Commerce. La *« pêche scientifique »,* visant à étudier le comportement des baleines par des prélèvements d'échantillons, est placée sous le contrôle d'un institut de recherche sur les baleines (créé 1987, bénéficie d'une subvention publique de 10 millions d'euros) qui conserve 1/5 de la chair des baleines (3 000 t/an). Le reste est vendu sur le marché intérieur (environ 35 millions d'euros). **Quotas fixés.** **Cachalots :** *1978 :* 6 844 ; *79 :* 3 800 ; *85 :* 0. **Petits rorquals :** *1983 :* 635 ; *85 :* 5 721. **Baleines :** *1982-83 :* 12 415 ; *83-84 :* 10 160 ; *85 :* 536.

■ **Équipement baleinier** (en 1995). **Nombre d'établissements côtiers,** entre parenthèses, **d'usines flottantes** et, en italique, **de baleiniers :** *monde* 0 (1) *135.* Japon 0 (1) *9.* Russie 0 (0) *1.* Islande 0 (0) *3.* Danemark (Groenland) 0 (0) *65.* Norvège 0 (0) *44.* Mauritanie 0 (0) *2.* Pérou 0 (0) *1.*

■ **Produits.** Viande, huile (*1974-75 :* 130 000 t ; *78-79 :* 55 100 t ; *79-80 :* 15 900 t ; *88 :* 527 t) de baleine, de cachalot [(ou spermaceti), blanc de baleine, tiré du « melon » de l'animal (masse de tissus fibreux et graisseux représentant 80 % du crâne)]. On peut tirer 4 t de viande d'un petit rorqual de 7,5 t ; 800 kg d'huile du reste de la carcasse.

Utilisation et, entre parenthèses, **produits de substitution.** [*Abréviations :* b. : baleine ; c. : cachalot.] **Aliments** *pour animaux :* viande de b. (résidus de graines et d'algues, restes d'abattoirs) ; *pour humains :* au Japon (poisson). **Bougies :** huile de b. ou de c. (cire d'abeille, paraffine). **Crayons :** huile et spermaceti (cire de simmondsia). **Linoléum :** huile de b. et c. (huile de lin et de simmondsia). **Glycérine :** huile de b. (graisse ou huile saponifiée). **Huiles** *industrielles :* huile de c. (huile de lin, de simmondsia) ; *mécanique fine* (horlogerie, rouages, engrenages) : huile de c. (huile de jujube) ; *travail du cuir, grosse peinture :* huile de c. (peintures synthétiques). **Margarine :** huile de b. (huiles végétales). **Produits pharmaceutiques :** *crèmes, hormones, vitamine A :* spermaceti (blanc de baleine), glandes endocrines, foie de b. (autres sources : huile de foie de morue, carotène des carottes). **Encre d'imprimerie :** huile de b. ou de c. (huile de simmondsia). **Pâtes et cosmétiques :** *cold-cream, rouge à lèvres, crèmes à raser, pommades :* huile de c. (huile de citron, huile de jujube, crème d'avocat, lait de concombre). **Parfums :** huile de c. (fixateurs 404 ou autres). **Cirages, diluants et fixateurs de teintures :** huile de c. (huile de jujube). **Corsets, parapluies, fleurs artificielles :** fanons (plastique).

■ Corail

Espèces. Environ 350. **Origine.** Sicile, mer Égée, Algérie, Océanie. **Composition.** Petits polypes gélatineux coloniaux de l'embranchement des cnidaires (classe des anthozoaires, ou « anémones » de mer), sécrétant un squelette calcaire externe qui seul subsiste à leur mort *Octocoralliaires* coloniaux : polypes à 8 cloisons [quelques types : corail rouge ou *Corallium rubrum* de Méditerranée, *tubipore* (tubes verticaux rouge grenat), *Corail noir* (texture cornée, gorgones, Alcyars)] ; *Hexacoralliaires :* à 6 cloisons, généralement coloniaux. Les coraux qui vivent en association symbiotique avec des algues zooxanthelles (algues qui se développent à l'intérieur des tissus des polypes et favorisent l'élaboration du squelette qu'ils construisent) sont appelés « hermatypiques » (ou coraux constructeurs). Les algues symbiotes permettent aux coraux de fixer beaucoup plus rapidement le calcaire ; ils peuvent ainsi former de grandes barrières. Ils se développent dans les zones éclairées par le soleil (jamais à plus de 90 m, profondeur des coraux « Leptoseris »). Les coraux ne vivant pas avec des zooxanthelles (exemple : Méditerranée) sont « ahermatypiques » ; ils ne peuvent construire de récifs mais vivent jusqu'à 6 000 m de profondeur. **Récolte** (en 1996). 6 920 t.

■ Crustacés

☞ *Abréviation :* cr. : crevettes.

■ **Espèces.** **Décapodes nageurs** dont les crevettes ; 4 familles importantes : *pénéidés* [grandes crevettes habitant les basses latitudes (cr. rose tropicale ou du Sénégal, nom scientifique, *Paeneus duorarum ram,* jusqu'à 20 cm, fonds sablo-vaseux, côtiers, estuaires et lagunes)] ; *pandalidés* (eaux boréales) ; *palémonidés* [bouquet et cr. rose (teinte après cuisson), 7 à 12 cm, côtes rocheuses atlantiques et méditerranéennes] ; *crangonidés* [cr. grise 3 à 6 cm, herbiers et fonds sableux côtiers des eaux tempérées (voisinage des estuaires)]. **Décapodes marcheurs :** *macroures* à abdomen bien développé [langoustes, homards, langoustines (8 à 24 cm, fonds vaseux de 40 à 200 m de prof., près des côtes de l'Atlantique et, moins fréquemment, en Méditerranée)]. *Brachyoures* à abdomen réduit [(crabes) dont étrilles, tourteaux, araignées de mer, crabe royal du Pacifique Nord]. **Production** (en 1998) : *Penaeus japonicus* 2 549 t dont *24 en France*.

Euphausiacés : *krill* (Antarctique) : essaims (jusqu'à 60 000 par m³) de petites crevettes (long. 3 cm) molles, *Euphausia superba,* se nourrissant de phytoplancton et constituant la nourriture de poissons, calmars, phoques, manchots, oiseaux et baleines. Ces dernières ayant été peu à peu exterminées, le surplus de krill pourrait constituer une réserve de protéines pour l'homme (est. : 100 à

150 millions de t par an). Consommé au Japon et dans l'ex-URSS sous forme de pâte (60 kg de pâte cuite à partir de 100 kg de crevettes). **Production** (en 1996) : 101 212 t.

■ **Fraîcheur.** Voir l'aspect plus ou moins sec de la carapace et le noircissement de la chair de l'abdomen.

■ **Lieux de récolte en France.** Zones rocheuses en général. *Araignée :* Bretagne, île d'Yeu ; *bouquet, crevette rose* (*pêche :* haveneau ou casiers), Bretagne, île d'Yeu, côtes charentaises ; *crevette grise* (*pêche :* haveneau, chalut), golfe de St-Malo, Manche Est et Nord (sableuses), côte Vendée et Oléron, Royan ; *étrille :* Manche, Bretagne, Vendée ; *homard :* Bretagne, Vendée ; *langouste* (peu pêchée), Bretagne ; *langoustine* (chalut), Bretagne Sud, surtout en mer Celtique ; *tourteau :* Manche, Bretagne, île d'Yeu, Noirmoutier, côtes anglaises.

■ Éponges

■ **Description.** Animaux pluricellulaires les plus primitifs et simples. Sans tube digestif ni système nerveux, elles s'alimentent par absorption et filtration de matières organiques dissoutes et particulaires extraites de l'eau de mer qu'elles inhalent par de nombreux pores. Elles possèdent un squelette de spicules calcaires (calcisponges), siliceux (heyactinellides), ou cornés (spongine) chez les démosponges.

■ **Éponge de toilette** (*Euspongia*) : démosponge utilisée depuis l'Antiquité ; en France depuis le XVIe s. **Principales zones :** Méditerranée (Tunisie : îles de Kerkennah, Djerba ; Syrie ; îles grecques), océan Atlantique, mer des Antilles (Cuba ; Bahamas ; Nassau ; îles Abaco ; côtes de la Floride). **Production** (en t) : *1892 :* 91 ; *1900 :* 96 ; *05 :* 151 ; *45 :* 100 ; *84 :* 172 ; *96 :* 192,8 ; *98 :* 1 412 *dont* USA 1 199 ; Cuba 72 ; Bahamas 59,5 ; Tunisie 21,4 ; Grèce 10 ; Libye 10.

■ Mollusques

☞ *Abréviation :* h. : huîtres.

■ **Principales familles exploitées.** *Lamellibranches* ou *Bivalves* (moules, coquilles St-Jacques, vanneaux, huîtres, coques, praires, palourdes, clovisses, clams) ; *Gastéropodes* à coquille très variable (ormeaux, patelles, buccins, bigorneaux) ; *Céphalopodes* à coquille interne plus ou moins réduite (seiches, encornets, calmars) ou sans coquille (poulpes). Les bivalves doivent être livrés vivants.

■ **Huîtres en France.** On distingue les h. à *chair verte* livrées sous le nom de *marennes,* et les h. à *chair blanche* [*belons,* h. de *pleine mer* ou *armoricaines* (si elles viennent de Bretagne), *d'Arcachon ou gravettes*]. En Méditerranée, h. *plates* et *portugaises,* vendues sous la dénomination d'h. *de Bouzigues* [village du bassin de Thau (7 500 ha, 15 000 t d'huîtres par an)], sont fixées tous les 8 à 10 cm avec du ciment sur des collecteurs qui sont ensuite immergés. 1967-80, décimées par le *Marteilia refringens* et, en 1979, par le *Bonamia ostreae.* **Huîtres creuses** *(Crassostrea angulata* ou *portugaises) :* gryphées travaillées principalement à Marennes, Arcachon, sur la côte vendéenne, en Bretagne et dans l'étang de Thau, soit « à plat » en terrain découvrant ou en eau profonde, soit sur des tables. H. *de claire,* introduite sur les côtes d'Aquitaine en 1868 (le *Morlaisien,* cargo à voiles commandé par le capitaine Hector Patoiseau, venant de Sétubal, se réfugia dans l'estuaire de la Gironde lors d'une tempête et sa cargaison d'h. paraissant gâtée par l'orage fut jetée par-dessus bord ; l'espèce s'implanta en Gironde, puis à Oléron, le long de la côte charentaise et gagna la Vendée). Les Bretons obtinrent en 1923 que la culture de la portugaise soit limitée au nord de la Vilaine. Frappée depuis 1966 par un parasite, elle a disparu ; remplacée depuis 1991 par la *Crassostrea gigas* (ou h. japonaise) qui s'est bien acclimatée. Élevée au moins 3 ans. **Huîtres plates** *(Ostrea edulis) :* recueillies à l'état de larves sur des collecteurs (tuiles creuses chaulées) dans le golfe du Morbihan, la rade de Brest et le bassin d'Arcachon. À environ 8 mois, placées dans des caisses ostréophiles, puis sur des parcs aménagés pour les protéger des prédateurs (crabes et poissons). Cultivées ainsi 2 ou 3 ans, suivant les régions, puis dirigées sur les centres d'engraissement et d'affinage, où, après quelques semaines à 1 an, elles sont livrées à la consommation. **Reproduction :** principalement par les gisements naturels d'huîtres mères, surveillés (parfois reconstitués) par l'Ifremer (Institut français de recherches pour l'exploitation de la mer). L'huître plate vivipare libère 500 000 à 1 500 000 larves qui partent à la recherche d'un support. L'h. creuse ovipare pond 20 à 100 millions d'œufs dont la fécondation dépend des courants. Ne survivront qu'une dizaine d'adultes. Ponte en juin-juillet. Développement de l'utilisation de naissains, jeunes huîtres produites par écloserie en élevage. Une huître stérile « des 4 saisons » a été mise au point par le procédé Gisas Triploïde Satmar dans la Manche.

Calibres (poids en g). **Plates :** *000 :* 100 à 125. *00 :* 90 à 100. *0 :* 80. *1 :* 70. *2 :* 60. *3 :* 50. *4 :* 40. *5 :* 30. *6 :* 20. **Creuses :** *très grosses (TG 1) :* 100 et +, *grosses (G 2) :* 80 à 99 ; *moyennes (M), M 3 :* 65 à 79. *M 4 :* 50 à 64 ; *petites (P) P 5 :* 40 à 49. *P 6 :* – de 40.

Consommation en France. 150 millions de douzaines par an ; 90 % des Français n'aiment pas les huîtres laiteuses. **Précautions à observer. 1°)** Ne pas mettre les huîtres à tremper dans de l'eau douce, elles entreraient rapidement en putréfaction. **2°)** Les ouvrir au dernier moment. **3°)** Une huître fraîche doit baigner dans son eau (éliminer celles qui n'ont plus d'eau). **4°)** Pour s'assurer qu'une huître est toujours vivante, l'exciter avec du jus de citron ou la pointe d'un couteau : le bord de son manteau doit se rétracter. Les huîtres sont plus grasses, laiteuses et moins recherchées les *mois sans* "*r* " (mai, juin, juillet, août). Dans certaines zones, pollution possible (exemple : estuaire de la Gironde, teneur en cadmium 12 à 228 microgrammes par g de matière sèche au lieu de 2 à 4).

Surveillance. Exercée par 37 stations de prélèvement (d'eau et de coquillages), 2 fois par mois en hiver, 1 fois par semaine de mars à oct. ; plus en cas de présence d'algues toxiques. **Algues toxiques :** de 0,003 à 0,0005 mm. *Dinophysis,* toxines diarrhéiques mais non mortelles pour l'homme ; *Alexandrium* (apparu en 1984 en G.-B. et au nord de la Bretagne, en 1992 au Portugal), toxines paralysantes pouvant être mortelles. Dose de toxine admise : 80 microgrammes pour 100 g de chair de coquillages ou crustacés. La vente des huîtres de Charente-Maritime (45 % des huîtres creuses consommées en France) a été interdite 10 j en févr. 1993.

■ **Moules. Culture (mytiliculture) en France :** attribuée par la légende à un Irlandais échoué sur les côtes charentaises en 1235. Se développe après 1850. **Espèces cultivées en France :** Manche et Atlantique *Mytilus edulis,* Méditerranée *Mytilus galloprovincialis.* La moule bivalve des eaux saumâtres se nourrit par filtration (2 à 4 l d'eau de mer à l'heure) et atteint une taille commerciale en moins de 2 ans. Les moules de *bouchots* (rangées de pieux), tendres et savoureuses, peuvent être récoltées toute l'année. **Superficie :** 900 ha. **Modes d'exploitation :** *Bretagne :* élevage à plat. *Atlantique* et *Manche :* Vendée, L.-A., Ch.-M., embouchure de la Vilaine (Le Vivier-sur-Mer), baie de Cancale, côte du Cotentin, sur environ 1 500 km de bouchots fichés dans la vase sur lesquels les coquillages se développent ; le naissain (jeune moule) est préalablement capté sur des cordes en coco. *Méditerranée :* suspension en pleine eau ; les moules sont cultivées sur des cordes maintenues par des châssis immergés. *Atlantique* et *Méditerranée :* nouvelle culture sur cordes immergées fixées le long d'une filière maintenue en surface grâce à des bouées. Augmente la production. **Production** (en milliers de t) : *jusqu'en 1971 :* – de 40 ; *89 :* 50 ; *91 :* élevage 50, dragué sur bancs naturels 20 ; *97 :* 70. Normandie-mer du Nord 11, Bretagne du Nord 15,6, Vendée environ 22,5, Thau 15,7 ; **Consommation** (en milliers de t/an) : 100 à 120. **Importations :** *1975 :* 38,5 ; *80 :* 27,5 ; *85 :* 37,5 ; *89 :* 39,6 ; *97 :* 63,7 (P.-Bas 29,4, Espagne 7,1, G.-B. 4,3, Irlande 4,2, Italie 3,3).

■ **Coquillages et gastéropodes.** Certains sont livrés à la consommation après affinage (clams, palourdes, clovisses, vigneaux) ; d'autres viennent des bancs coquilliers (coquilles St-Jacques, praires, pétoncles, coques, etc.). **Principaux lieux de récolte en France :** *coquilles St-Jacques (Pecten maximus) :* Bretagne [rade de Brest, baie de St-Brieuc (Erquy), Calvados] ; *pétoncles :* rade de Brest, Ch.-M. ; *coques :* tout le littoral ; *praires :* Bretagne Nord, Méditerranée ; *palourdes (Venerupis decussatus) ;* grosse palourde, clanque *(Mya arenaria),* petite clanque *(truncata) :* tout le littoral, surtout régions sableuses ou sablo-vaseuses ; *clovisses :* régions sableuses de Méditerranée ; *clams (Venus mercenaria) :* région de la Seudre surtout, *vanneaux (Chlamys varius,* sur les côtes). Gastéropodes de mer : *petits bigorneaux* (*Littorina littorea,* 3 cm, pêché à pied le long de l'Atlantique), *gros buccins* (*Buccinum undatum,* 6 à 10 cm, appelés aussi bulots ou escargots d'Espagne). Mollusques céphalopodes : *poulpes* (*Octopus vulgaris,* ou pieuvre, 30 à 80 cm, 8 tentacules, pêchés au chalut ou au casier), *seiches* (*Sepia officinalis,* 10 tentacules), *encornet ou calmar* (*Loligo vulgaris,* 10 tentacules).

■ **Ostréiculture et mytiliculture en France. Superficie :** environ 20 000 ha et 6 000 ha en eau profonde, réalisant l'affinage et l'expédition. **Entreprises :** 8 300 ; *effectifs :* 23 000 permanents, 31 000 saisonniers (fêtes de fin d'année). **Chiffre d'affaires à la production** (en millions de F, 1997) : conchyliculture (élevage de coquillages) 2 181 dont huîtres 1 557. **Production des huîtres creuses et,** entre parenthèses, **plates** (en milliers de t) : *1960 :* 66 (21,6), *80 :* 95 (4,1), *85 :* 120 (1,5), *89 :* 129 (1,5), *97 :* 135. **Principales régions productrices** (en milliers de t, 1997) : 135 dont Marennes-Oléron 30, Normandie 30, Ré-Centre-Ouest 22, Bretagne Sud 18, Nord 17, Méditerranée 10, Arcachon 8. **Commerce extérieur** (en millions de F, 1998) : **importations** 28,7 ; **exportations** 108,2.

☞ *En 1991-92,* les parcs de la baie de Quiberon ont été dévastés par le bigorneau perceur (il perce et ingère une huître en 9 j).

☞ **Culture des coquilles St-Jacques** (pectiniculture, de *pectinidés*) : mise au point au Japon en 1960. Les jeunes (1 cm), captées naturellement, sont immergées à 10 m dans des paniers. Quand elles ont de 3 à 5 cm, les plus petites sont destinées à la culture suspendue, les plus grosses à la culture en eau profonde. **Culture des palourdes** (vénériculture, de *vénéridés*) : à partir du naissain d'écloserie (captage naturel très difficile).

■ **Autres invertébrés. Échinodermes :** oursins (*Paracentrotus lividus,* 6 à 8 cm, piquants acérés de 2 cm, Atlantique et Méditerranée). **Ascidies :** violets (*Microcosmus sulcatus,* Méditerranée).

> **Crépidule** *(Crepidula fornicata) :* venue d'Amérique, signalée en Angleterre au XIXe s ; citée surtout depuis le débarquement de 1944. Escargot prolifique, vit environ 10 ans, et change de sexe. Exploitation envisagée (coquille calcaire transformée en poudre comme engrais, alimentation des volailles).

■ Phoques

☞ *Abréviation :* ph. : phoque(s).

■ **Généralités.** Avec les *otaries* (ph. à oreilles et à fourrure), forment, parmi les carnivores, le sous-groupe des *pinnipèdes,* (mammifères marins). Recherchés pour chair, cuir, huile et fourrure.

■ **Phoques et otaries du Canada.** *Zone arctique :* phoque annelé plus de 1 000 000, barbu inconnu. *Zones tempérées :* ph. commun 73 000, gris 70 000, éléphant de mer boréal inconnu. *Espèces migratoires :* ph. du Groenland plus de 2 000 000, à capuchon 300 000, otarie de Steller 5 000, de Californie 4 500. **Naissances :** plus de 500 000. **Chasseurs :** 160 sur 8 palangriers de chasse commerciale ; 700 sur 204 petits navires et 2 000 bateaux côtiers (en canot quand la mouvée, à la faveur du mouvement des glaces, se rapproche de la côte). *Chasseurs canadiens sur la côte Atlantique :* 8 000 à 9 000. **Abattage :** gourdin, hakapik, fusil. Le Canada annonçait en 1987 l'interdiction de la chasse commerciale aux blanchons et aux dos-bleus, la fin de la chasse avec des bateaux de plus de 20 m et avec les filets sauf pour les Inuits. **Prises effectuées :** *1987 :* 50 000 ; *88 :* 80 000 ; **possibles :** 285 000 par an sans réduire l'importance du troupeau. L'abondance de phoques causerait de 174 à 402 millions de $ de dégâts par an. Consomment des quantités importantes de poisson selon leur grosseur. Les phoques traqueraient même les morues. En 1983, la CEE avait décidé un embargo sur les peaux de phoques qu'elle a reconduit en 1985 pour 4 ans.

☞ 300 000 bébés phoques sont tués chaque année dans le monde, dont 80 000 en ex-URSS.

■ **En France. 1987** 58 phoques ont pu être observés sur nos côtes : phoques gris : 13, phoques-veaux marins : 30 dont 12 en baie de Somme (signe de la recolonisation de ce site), phoques annelés : 2, phoques du Groenland : 6 (ces 2 dernières espèces ne font pas partie de notre faune), 7 n'ont pas été identifiés.

■ Poissons

■ **Classification.** Plus de 25 340, groupés en 435 familles. 2 groupes selon le squelette. **Poissons cartilagineux :** squales (grands : requins, petits : chien de mer, roussette), raie. **Poissons osseux :** sont représentés actuellement surtout par les téléostéens : *Clupéiformes :* Clupéidés (hareng, sardine, alose, sprat), Engraulidés (anchois). *Perciformes :* Serranidés (bar, mérou), Mugilidés (muge), Mullidés (rouget), Trachinidés (vive), Sparidés (dorade), Scombridés (thons rouge, blanc, germon, bonite ; maquereau). *Gadiformes :* Gadidés (morue, cabillaud, églefin, merlan, merlu, colin, lieu noir). *Anguilliformes :* Anguillidés (anguille), Murénidés (murène), Congridés (congre). *Pleuronectiformes :* Pleuronectidés (limande), Soléidés (sole), Scophtalmidés (turbot, barbue).

■ **Comportement. Migrateurs :** apparaissent à l'époque du frai (saumon, alose, lamproie) ou à l'arrivée de courants (morue, merlan, hareng, maquereau, thon, sardine, anchois). Peuvent passer leur vie entière dans la mer (thon, maquereau, sardine, hareng, etc.) ou passer de l'eau de mer à l'eau douce et inversement [*le saumon* (voir p. 50 a) ; *l'anguille* de l'Atlantique, née dans la mer des Sargasses, arrive sur les côtes européennes sous forme de civelle après un voyage d'un an, gagne les eaux douces pour y effectuer sa croissance, met de 8 à 10 ans pour acquérir sa livrée argentée avant de regagner la mer et, à 50-100 km par jour, retourne vers l'aire de ponte de la mer des Sargasses]. L'anguille du Japon naît dans le courant nord-équatorial du Pacifique entre les îles Mariannes et les Philippines. **Sédentaires :** pêchés toute l'année près des côtes : poissons ronds (mulet, rouget, congre, bar) ; poissons plats (sole, limande, turbot, barbue, raie).

■ **Nouvelles espèces.** Grenadier, hoplosthète dit empereur, cardinal, sabre noir, siki (saumonnette), légine (gros Notothéniidé de l'Antarctique, vendu congelé).

Poissons comestibles

☞ *Abréviation :* p. : poisson(s).

■ **Caractéristiques. Poissons maigres** [exemples : p. de fond comme les gadidés, p. plats sauf flétans et turbots ; teneur en graisse 0,5 à 4 %, apport de 78 calories pour 100 g de chair fraîche (comme la volaille)] et **poissons gras** [exemples : scombridés, clupéidés et mugilidés ; teneur en graisse 4 à 28 % (saumon 12 %, maquereau 18 %), 140 calories pour 100 g (comme la viande de bœuf)]. Teneur en protéines comparable dans les 2 groupes (17,8 %). Chair riche en vitamines A et D, phosphore, iode, fer, magnésium, cuivre ; plus facilement assimilable que les aliments azotés courants.

■ **Consommation.** 4 % de l'alimentation humaine vient du milieu aquatique (dont 8,4 millions de t en élevage), alors que les 4/5 de la vie animale s'y développent. **Par personne, par an :** Anglais 127 kg (Londres excepté) ; Norvégiens et Islandais 50 ; Japonais 36 ; *Français 9* (Parisiens 28).

■ **Élevage. Méthodes :** *récifs artificiels :* blocs de béton, carcasses de vieilles voitures. *Ensemencement des lieux de pêche naturels en jeunes poissons :* en capturant des parents avant la reproduction et en fécondant directement les œufs avec la laitance, on multiplie le nombre des fécondations par 1 000 ou 10 000 ; puis on élève les jeunes jusqu'à ce qu'ils soient suffisamment vigoureux pour avoir une forte chance de survivre dans leur milieu naturel. *Engraissement* de poissons parqués dans lagunes ou étangs salés (mulets, bars, daurades et anguilles furent longtemps engraissés ainsi dans les anciennes salines du bassin

■ **Espèces de poissons.** Commercialisés à des fins alimentaires dans le monde. 7 000 plus les espèces transgéniques.

■ **Poissons frais.** *Commercialisés entiers :* merlan, merluchon, sardine, colin, maquereau, sole, limande, hareng, carrelet, dorade, grondin, rouget ; *en filets :* merlan, lieu, cabillaud, églefin, limande, sole ; *en tranches ; en charcuterie de poisson :* avec 10 % de chair ou de pulpe on peut fabriquer des steaks de poisson, pâtés, farces, soupes ; *en pâté de poisson :* surimi (simili-crabe en bâtonnets, paillettes, morceaux). **Indices de perte de fraîcheur.** *Cabillaud :* colle au toucher, les filets rougissent. *Carrelet :* perd ses points orange. *Hareng, sardine :* l'œil perd sa forme bombée et se creuse progressivement, les ouïes deviennent rouges puis brun jaunâtre, le corps se ramollit et perd de son éclat, les écailles tombent progressivement. *Lieu noir :* colle au toucher, les filets jaunissent. *Maquereau :* perd ses reflets irisés caractéristiques, l'œil se ternit, des traces de sang apparaissent. *Merlan :* ventre alourdi, œil creux, décoloration de la peau. *Merlu (ou colin) :* se recouvre d'un enduit muqueux jaunâtre, visqueux et malodorant, sa chair jaunit, la peau n'adhère plus. *Rouget :* se décolore rapidement, ses chairs ramollissent. *Sole :* perd sa couleur blanc rosé et devient jaunâtre, sa peau se décolle facilement. Les poissons entiers sont moins sensibles aux contaminations que filets et tranches. Pour préserver la fraîcheur, enfouir le poisson sous la glace.

■ **Conservation.** *Transformation :* congélation, congélation-séchage, surgélation. *Méthodes traditionnelles* (produits SSF) : séchage à l'air libre ou dans des séchoirs : en Islande et Norvège (pour la morue) ; sur le sol (guedj au Sénégal), sur des claies (tilapia au Tchad) ; salage, fumage en Allemagne : saumon, truite, anguille, maquereau, hareng ; Angleterre : haddock, kipper, bloater ; *France :* hareng fumé (saur, bouffi ou craquelot qui doivent contenir de la laitance ou rogues, gendarme) ; fermentation (pratiquée par les Romains pour donner le *garum,* sauce forte semblable au nuoc-mâm du Viêt Nam et du Cambodge, à partir des clupéidés). Le *saurissage* consiste à saler pendant 2 à 6 j, puis à fumer légèrement à froid. *Hareng bouffi :* salé 1 j, puis fumé jusqu'à la couleur jaune paille. *Kipper :* salé 1 à 2 h, légèrement fumé des 2 côtés. *Gendarme :* salé 9 j, fumé 10 à 18 h, marinade : dans du vinaigre et des aromates, rollmops.

■ **Élevage (part en %).** Truite 100, saumon 95, daurade royale 80, turbot 60, bar 50.

■ **Fraude.** **Fraude** aisée pour filets, conserves et aliments cuisinés. **Appellation** non respectée dans 69 % des cas. Exemple : *bars* ou loups (de 75 cm, pêché, élevé en Atlantique et en Méditerranée) : loup de mer (ou loup de l'Atlantique) 1,2 m à 1,5 m ; *dorade :* dorade grise (ou griset), or seule la dorade royale a droit à cette appellation ; *flétans :* en fait, des flétans noirs ; *mérous* (seul le noir a droit à cette appellation) : nombreux : babèche, rayé, pintade, blanc... ; *perche* (20 à 35 cm) : perche du Nil (60 cm et +) ; *soles :* soles tropicales (3 à 4 fois plus grosses).

■ **Mareyage.** Regroupe la transformation et la commercialisation du poisson.

■ **Matières grasses (teneur en %).** Bar : 6,6 (0,9), dorade royale : élevage 6,9 (sauvage 0,4), saumon : 10,8 (6,3), turbot : 1,5 (0,5).

■ **Noms.** *Bar commun :* bar ou loup ; *baudroie commune :* baudroie ou lotte ; *églefin :* haddock (quand fumé) ; *germon :* thon blanc ; *lieu noir :* lieu (colin au naturel pour conserves) ; *merlu commun :* souvent appelé colin à Paris, merlan en Méditerranée ; *morue :* cabillaud (poisson frais ou surgelé), morue quand poisson salé.

d'Arcachon). *Cages flottantes :* en eaux marines littorales. **Rendement :** *poissons* 50 à 100 kg, *saumons* 200 à 300, *crevettes* 110 à 220 kg par ha et par an.

■ **Hareng.** **Au Moyen Age** le carême compte jusqu'à 15 j d'abstinence. Certains poissons de rivière ou de mer étant considérés comme gras et interdits les jours d'abstinence, on mange du hareng. **1367** guerre du hareng déclenchée par Valdemar IV lorsqu'il prend le contrôle des pêcheries de la Suède du Sud. **Fin XVe s.** la température de la Baltique baisse, les harengs se réfugient en mer du Nord et les Néerlandais les pêchent dans les eaux britanniques. **1652-54** et **1665-67** guerres Angleterre (vainqueur)-Pays-Bas. **1904** guerre russo-japonaise à la suite des revendications japonaises sur les droits de pêche au hareng dans les eaux de l'île russe de Sakhaline.

■ **Morue** **(Atlantique).**

■ **Saumon.** **2 genres :** *Oncorhynchus :* Pacifique, 6 espèces dont 5 mourant après une seule reproduction ; pêché en eaux froides, saumon rose *(pink salmon)*, argenté *silver* ou *Coho*), royal (jusqu'à 10 kg), rouge (le plus cher), keta. *Salmo :* Atlantique et Baltique, 1 seule espèce pouvant peser 2 à 35 kg. Max. 1,50 m. **Vie :** passe 1 à 8 ans en rivière selon la température (1 à 3 ans en France) puis, ayant atteint la taille d'une sardine appelée « smolt », rejoint ses aires d'engraissement maritimes (le saumon de France va surtout à l'ouest du Groenland et revient dans la rivière d'où il est parti 2 à 5 ans plus tard, pour un nouveau séjour en eau douce durant lequel il ne se nourrit pas et se reproduit puis, s'il survit, il redescend en mer. Certains (peu nombreux) reviendront à nouveau en eau douce pour une deuxième reproduction. La pollution des cours d'eau, l'assèchement des marais et tourbières, les extractions de gravier, les écluses, barrages et ouvrages hydroélectriques le font fuir [en France il a disparu de Seine, Yonne, Rhin, Moselle, Cher et Vienne ; il en reste dans la Loire et l'Allier (il leur faut 7 à 14 mois au lieu de 2 à 7 en 1900 pour remonter le cours en raison des barrages), en Bretagne, Normandie, Dordogne et Pyrénées-Atlantiques].

Méthodes de pêche : « purse seiner », « thillnetter », « troller », « trap netting » (saumon de l'Atlantique). **Consommation :** frais ou fumé [*fumage* à froid (30 °C) dans *four traditionnel :* les saumons sont suspendus au-dessus d'un feu de sciure de bois après séchage pendant plusieurs heures, puis refroidis ; *four électrique* contrôlé par thermostat : résultats moins satisfaisants].

Salmo salar capturés [pêcheurs professionnels et amateurs (Atlantique)] : 12/13 000 t ; *saumon d'élevage* (salmoniculture) : 593 000 t commercialisées (dont 180 000 de Norvège, 30 000 d'Écosse).

■ **Silure** *(Silurus glanis)* ou « nerval ». Espèce de poisson-chat, plus gros poisson d'eau douce du monde [record dans le Dniepr (Ukraine), jusqu'à 300 kg et 5 m de long ; en France 66 kg, 2,20 m dans la Seille, affluent de la Saône] hormis des esturgeons (poissons de mer pouvant atteindre 6 m et 400 kg) venant se reproduire en rivière. Présents dans Rhône, Saône, Seine et Loire (échappés de piscicultures). Expériences de pisciculture en eau à 25 °C à La Castillonne, près de Mèze (Hérault).

■ **Thon.** *Thon rouge*, plus gros poisson osseux du monde (700 kg). PRIX : 250 $ (environ 1 450 F) à Tokyo et 770 $ (4 500 F) pour un plat de *sushi* ou de *sashimi.* Depuis 1975, le stock du golfe du Mexique a diminué de 85 %, celui de la Méditerranée de 50 %. Il faudrait réduire de 50 % les pêches pour permettre au stock de retrouver sa biomasse des années 1950. En avril 1994, 22 pays, sur l'initiative de la Commission internationale pour la conservation des thons de l'Atlantique, ont accepté de limiter leurs prises en 1994 à 1 995 t et en 1995 à 1 200 t, soit 55 % de moins qu'en 1991.

☞ En septembre 1993, une flottille de 20 navires-usines japonais et coréens, parfois de plus de 500 tonneaux et 120 m de long, pêchait thons, espadons et espèces voisines dans les eaux internationales de la Méditerranée avec des palangres dérivantes amorcées avec des congres [lignes munies d'hameçons sur toute la longueur (74 km)].

LA PÊCHE DANS LE MONDE

Pour la **FAO**, la surexploitation des océans met en péril de nombreuses espèces marines. Au niveau mondial, environ 44 % des stocks de poisson exploités ont atteint leur limite de rendement. Pour nourrir les 7 milliards d'habitants de la planète en 2010, il faudrait accroître la production des pêches de 72,3 à 91 millions de t.

En 1993, sur 5 000 espèces, 40 % des prises ont porté sur 24, dont en millions de t : anchois 8,3 ; lieu d'Alaska 4,6 ; maquereau du Chili 3,4 ; pilchard ou sardine du Japon 2,3 ; capelan 1,7.

Sur 77 millions de t de poissons pêchés par an, 27 sont rejetés en haute mer (11 % survivent) et 29 sont transformés en farine pour l'alimentation animale.

MOYENS

■ **Engins.** **Lignes :** *à main* (de fond ou de surface) ; *de traîne* (remorquées en surface ou entre deux eaux). **Palangres :** engins dormants mouillés sur le fond ou entre deux eaux ; la palangre à thon japonaise mesure jusqu'à 100 km. **Nasses** et **casiers** (crustacés). **Dragues :** *à coquillages* (coquilles St-Jacques). **Chaluts :** *de fond* (cabillaud, merlu, sole, langoustine...) ; *pélagiques* (remorqués entre 2 eaux, thons, anchois...). **Filets tournants :** *sennes* tournantes (jusqu'à 1 000 m de long et 100 m de haut) pour la capture d'espèces en surface (sardine, anchois, hareng, thon). Ayant constaté que les thons suivent les dauphins qui détectent la nourriture, les thoniers américains chassent les dauphins avec des bateaux rapides, puis les encerclent avec le thonier qui largue derrière lui la senne tournante attachée à une embarcation annexe. Dans les années 1970, jusqu'à 150 000 dauphins tués par an. Depuis 1995, environ 3 000 par an. **Filets dérivants :** jusqu'à 60 km de long et 25 m de haut. En nylon, non détectables par les poissons ou les sonars marins. Lestés à la base et maintenus verticalement dans l'eau par des flotteurs, on les laisse dériver au gré des vents et courants. Dans le Pacifique (Japon, Corée du Sud, Taïwan), utilisés pour calmars et saumons ; pendant la saison de pêche, 1 500 bateaux déploient chaque nuit 32 000 km de filets. La CEE a interdit ceux de plus de 2,5 km (dérogation possible), maille de filets portée de 90 à 100 mm en juin 1992 en mer du Nord et à l'ouest de l'Écosse ; en golfe de Gascogne, projet de les porter de 65 à 80 mm ; interdiction pour le thon et l'espadon dans l'Atlantique et en Méditerranée à partir du 1-1-2002. **Électronarcose :** permet d'étourdir le poisson et de le capturer par pompage.

☞ Le dépistage à ultrasons et le chalut à immersion variable se développent et augmentent le rendement des prises. On expérimente en ex-URSS une *pompe à poissons,* et des *rideaux de bulles* aux États-Unis pour remplacer parfois les filets. On utilise également la « théorie des jeux et des confrontations de stratégies » pour prévoir les mouvements des bancs de poissons.

Pêche de thons à l'appât vivant (sardines ou anchois). Attirés par tout ce qui brille, les poissons mordent aux hameçons sans appât accrochés au bout de cannes qu'il suffit de relever d'un coup sec.

■ **Flotte de pêche.** **Nombre de bateaux dans le monde :** *1970 :* 585 000 bateaux ; *1990 :* 1 200 000 ; *1995 :* 3 500 000. **Tonnage** (en milliers de tb) et, entre parenthèses, **puissance** totale (en MW) **en 1997 :** Allemagne 68,9 (126,5), Belgique 23,1 (64,9), Danemark 98,3 (380,5), Espagne 587,1 (1 468,1), Finlande 24,2 (219,7), *France 208,9 (1 513,7),* G.-B. 251,8 (1 049,1), Grèce 112,3 (654), Irlande 61,1 (190,6), Italie 260,6 (1 513,7), Pays-Bas 174,4 (481,7), Portugal 121,4 (393,9), Suède 48,8 (256,3). **Nombre de pêcheurs dans l'UE** (en milliers, 1995) : 272,8 dont Espagne 84, Italie 45, Grèce 40, Portugal 35, *France 22,* G.-B. 22, Danemark 6,5, Irlande 4,5, Allemagne 3,5, P.-Bas 3,5, Finlande 3, Suède 3, Belgique 0,8.

■ **Aquaculture.** **Extensive :** faible densité en poisson (à partir de 100 kg/ha) ; nourriture fournie par le milieu ; bassins en terre, marais ou étangs, de plusieurs ha. Marées ou vent renouvellent les débits d'eau. **Intensive :** forte densité (plus de 10 kg par m^3 d'eau). Nourriture préparée et distribuée aux poissons qui restent confinés dans des cages flottantes, des viviers immergés en mer ou dans des bassins à terre. **Principaux pays** (en millions de t, 1992) : Chine 8,6. Inde 1,4. Japon 0,8. Indonésie 0,6. USA 0,4. **Consommation mondiale** (en millions de tonnes) : *1993 :* 16. A fourni 60 % des poissons d'eau douce, 40 % des mollusques, 30 % des crevettes, 43 % des saumons, 5 % des poissons de mer. *2010 (prév.) :* 31 (fournirait 40 % de la demande de poissons). **Production mondiale.** **Aquaculture marine** (en poids frais, 1995) : 14 129 209 t dont (en %) végétaux marins 45, mollusques 31,07, poissons diadromes 10,1, crustacés 8,5, poissons marins 4,2. **Chiffre d'affaires** (en milliards de F, 1995) : 132,17 dont (en %) végétaux marins 37,3, mollusques 23, crustacés 22,7, poissons diadromes 17,1, marins 7.

PÊCHERIES

DOMAINES MARITIMES

■ **1°) Domaine pélagique. Peuple du pelagos,** qui vit en pleine eau, libre de tout contact avec le fond, même pour sa nourriture. 2 formes : **a) le necton :** animaux pélagiques ayant une mobilité propre et pouvant se déplacer malgré les courants ; **b) le plancton :** organismes se laissant entraîner par les courants. On distingue le *zooplancton* (animal : protozoaires, crustacés, mollusques, etc., à la répartition verticale et irrégulière) et le *phytoplancton* (plancton végétal : diatomées, péridiniens, etc., surtout jusqu'à environ 30 m de profondeur). **Pêches pélagiques** (capture des poissons de surface ou nageant entre deux eaux) : *Océan :* thons et cétacés. *Zone néritique :* harengs, sardines, sardinelles, anchois, menhadens, maquereaux, au comportement grégaire. Les captures ont lieu lorsque les poissons sont en bancs (certains bancs de harengs atteignent 2 km de long). Certaines espèces sont capturées pour l'alimentation du bétail : anchois du Pérou, menhaden et une grande partie du hareng pêché par les Norvégiens et les Danois.

■ **2°) Domaine benthique (peuplé par le benthos).** Constitué par des organismes libres, fixés ou enfouis, dont la majeure partie de l'existence est liée au fond de la mer, notamment pour les besoins alimentaires. En général, la biomasse benthique diminue quand la profondeur augmente. **Pêches benthiques :** exploitent les fonds du plateau continental et du haut du talus.

ZONES DE PÊCHE

Leur richesse varie en fonction de facteurs physiques (température, éclairement), chimiques (teneur en sels nutritifs), biologiques, et de l'étalement ou du raccourcissement du cycle vital. 95 % des zones sont au-dessus des plateaux continentaux, dans les régions d'*upwelling* pour les espèces pélagiques telles que sardines, anchois, etc., où les eaux froides et riches en sels minéraux remontent en surface, ou dans les zones de contact de 2 masses d'eau de températures différentes. Seule, ou presque, la pêche au thon se pratique en haute mer.

■ **Zones les plus productives.** **Atlantique Nord-Est :** de la Norvège à la péninsule Ibérique, y compris Islande et Est-Groenland ; **Nord-Ouest :** côte Est des USA, de la Nlle-Écosse au cap Hatteras ; **Sud-Est :** Angola ; **Sud-Ouest :** Sud-Argentine et Patagonie : **Pacifique Nord-Est :** Californie ; **Nord-Ouest :** du détroit de Béring à Formose. **Océan Indien :** Sud-Java et Sumatra. **Zones de productivité moyenne.** Zones ceinturant les régions ci-dessus ; zones mauritanienne et sénégalaise, côtes pacifiques de l'Amérique du Sud. **Exploitations.** *Côte Est des États-Unis* (flottes de pêche russe, japonaise, polonaise) ; *Atlantique tropical* (la taille moyenne des thons pêchés est tombée de 21 kg en 1969 à 11 kg) ; *côtes de l'Amérique du Sud* (anchois).

■ **Quotas de pêche.** L'*Opano (Organisation de pêche de l'Atlantique Nord-Ouest)* fixe chaque année le tonnage des prises admissibles (TPA) dans l'Atlantique Nord sans mettre en danger les espèces. En fait, les quotas sont régulièrement transgressés par les Portugais et les Espagnols.

■ **Principaux plateaux continentaux de l'Atlantique exploités** (superficie en milliers de km^2). *Mer de Barents :* 550, morue, églefin, poissons plats ; *Spitzberg :* 240, morue, églefin, lieu noir ; *mer de Norvège* : 120, morue, lieu noir, merlu ; *mer du Nord* : 570, merlan, églefin, lieu noir, merlu, poissons plats ; *Baltique* : 390, morue, saumon, lamproie ; *Féroé* et *Islande* : 120, morue, églefin, sébaste ; *Irlande* : 380, merlu, merlan, lieu jaune, poissons plats, langoustines ; *golfe de Gascogne, Manche, mer Celtique* : 170, merlu, lieu jaune, poissons plats, langoustines ; *péninsule Ibérique* : 50, merlu, dorade ; *Groenland oriental* : 180, morue ; *occidental* : 160, morue, sébaste, églefin, flétan ; *Labrador, Terre-Neuve* : 400, morue, églefin, flétan ; *Nlle-Écosse* : 370, morue, poissons plats, coquilles St-Jacques ; *Nlle-Angleterre* et *Caroline* : 220, coquilles St-Jacques, sébaste, merlu, églefin ; *golfe du Mexique (Nord)* : 450, mulet, crevette ; *golfe de Campeche* : 180, crustacés ; *Venezuela* : 130, crustacés.

■ **Eaux territoriales/et,** en italique, **zone de pêche** (en milles marins). Afr. du Sud 6/*200* ; Albanie 12/*12* ; Algérie 12/*12* ; All. 6/*200* ; Arabie saoudite 12 ; Argentine 200/*200* ; Australie 3/*12* ; Bahamas 3/*12* ; Bahreïn 3 ; Bangladesh 12 ; Barbade (La) 3/*200* ; Belgique 12/*200* ; Bénin 12/*200* ; Brésil 200/*200* ; Brunéi 3 ; Bulgarie 12 ; Cambodge 12/*12* ; Cameroun 18/*18* ; Canada 12/*200* ; Cap-Vert 12/*200* ; Chili 200/*200* ; Chine 12 ; Chypre 12/*12* ; Colombie 3/*12* ; Congo 30 ; Corée du Nord 12 ; Corée du Sud 200 ; Costa Rica 12/*200* ; Côte d'Ivoire 6/*12* ; Cuba 3/*200* ; Danemark 3/*200* (Groenland, îles Féroé 3/*12*) ; Égypte 12/*12* ; Émirats arabes unis 3 ; Équateur 200/*200* ; Espagne (et territoires d'outre-mer) 12/*12* ; Éthiopie 12/*12* ; Fidji 3 ; Finlande 4 ; *France* (et Dom-Tom sauf la terre Adélie) 12/*200* (métropole 340 000 km², Pacifique 7 668 730, océans Indien et Antarctique 2 518 235, Dom 663 400) ; Gabon 100 ; Gambie 50/*50* ; Ghana 50 ; G.-B. 12 à 50/*200* ; *Grèce 6/6* ; Guatemala 12/*12* ; Guinée 12/*200* ; Guinée équatoriale 12 ; Guyane 3 ; Guyane fr. 12/*80* ; Haïti 12 ; Honduras 12/*12* ; Inde 12/*112* ; Indonésie 12 ; Iran 50 ; Iraq 12/*12* ; Irlande 50/*200* ; Islande 12/*200* ; Israël 6/*6* ; Italie 6/*6* ; Jamaïque 12 ; Japon 3/*3* ; Jordanie 3/*3* ; Kenya 12/*13* ; Koweït 12 ; Liban 6/*6* ; Libéria 12 ; Libye 12 ; Madagascar 50 ; Malaisie 12/*12* ; Maldives 12 ; Malte 6/*20* ; Maroc 12/*70* ; Maurice 12 ; Mauritanie 30/*30* ; Mexique 9/*200* ; Monaco 3/*12* ; Myanmar 12/*12* ; Nicaragua 3/*200* ; Nigéria 30/*30* ; Norvège 4/*12* ; Nlle-Zélande 3/*12* ; Oman 12/*200* ; Pakistan 12/*50* ; Panamá 200/*200* ; P.-Bas (et territoires d'outre-mer) 12/*200* ; Pérou 200/*200* ; Philippines 280 ; Pologne 12/*200* ; Portugal 6/*200* ; Qatar 3 ; Rép. dominicaine 6/*12* ; Roumanie 12 ; Salvador 200/*200* ; Sénégal 12/*150* ; Sierra Leone 200/*200* ; Singapour 3 ; Somalie 200 ; Soudan 12 ; Sri Lanka 12/*100* ; Suède 4/*12* ; Suriname 3 ; Syrie 12 ; Taïwan 3/*12* ; Tanzanie 50 ; Thaïlande 12/*12* ; Togo 12/*20* ; Tonga 3 ; Trinité-et-Tobago 12 ; Tunisie 12/*12* ; Turquie 6/*12* ; ex-URSS 12/*200* ; Uruguay 200/*200* ; USA 3/*200* ; Venezuela 12 ; Viêt Nam 12/*50* ; Yémen 12 ; ex-Yougoslavie 10/*10* ; ex-Zaïre 12.

☞ La CEE a décidé de créer une zone de pêche communautaire (au 1-1-1977) de 200 milles en mer du Nord et Atlantique Nord (incluant Guadeloupe, Guyane, Martinique, St-Pierre-et-Miquelon). A l'intérieur, chaque pays membre conserve une bande côtière de 6 milles, réservée aux pêcheurs locaux [12 milles dans certaines zones (France : au large des départements de la Manche au Morbihan inclus)]. La nouvelle Convention internationale sur le droit de la mer (*Montego Bay*, 10-12-1982) prévoit l'extension des eaux territoriales aux 12 milles. Des licences sont accordées par dérogation à certains pays tiers (Norvège, Féroé, USA, Japon, Corée, dans les eaux de la Guyane).

Production mondiale

Production moyenne de poisson des océans (par ha et par an). 0,5 kg (Méditerranée 1,5, mer de Barents 4,5, mer du Nord 16 à 24,5, mer du Japon 28,8, mer d'Azov 80).

■ **Production mondiale de poisson et de coquillages** (en millions de t). *1986* : 93 ; *90* : 97,9 ; *91* : 97,7 ; *92* : 100,1 ; *93* : 103,1 ; *94* : 110,5 ; *95* : 112,9 dont consommation humaine 82,1 (marée fraîche 29,8, congélation 28, conserves 12,8, séchage-fumage-salage 11,3) et autres utilisations 30 (industrie 28,9, divers 1,8) ; *97* : 122,1 ; *98* : 117,7 ; *99* : 123.

■ **Par pays** (en milliers de t, 1999). 123 003 dont Chine 39 300, Pérou 8 484, Japon 5 935, Inde 5 244 [1], USA 5 154 [1], Indonésie 4 500, Chili 4 400, Russie 4 228, Thaïlande 3 541, Norvège 3 050, Corée du S. 2 419, Philippines 2 191, Irlande 1 705, Viêt Nam 1 652 [1], Danemark 1 444, Malaisie 1 422, Espagne 1 420 [1], Taïwan 1 363, Mexique 1 255, Canada 1 085 [1], Argentine 1 015, G.-B. 980, Myanmar 958 [1], Brésil 855 [1], *France 818* [1], Maroc 710 [1], Nlle-Zélande 687, Équateur 650, Pakistan 650, Pays-Bas 618, Afrique du S. 570, Turquie 543 [1], Italie 522, Venezuela 516 [1], Égypte 505 [1], Ghana 443 [1], Ukraine 438, Suède 416 [1], Iran 413, Feroé 396 [1], Sénégal 378, Irlande 365 [1], Nigéria 354 [1], Namibie 352 [1], Tanzanie 348 [1], Allemagne 333 [1], Corée du N. 288 [1], Sri Lanka 279, Pologne 257, Portugal 230, Australie 229, Ouganda 221 [1], Grèce 188 [1], Hong Kong 186 [1], Kenya 179.

Nota. – (1) 1998.

■ **Production** (en milliers de t, 1997). Harengs, sardines, anchois 21 581,5, chinchards, mulets, balaous 10 731,8, morues, merlus, églefins 10 234,6, poissons marins divers 10 064,9, rascasses, perches de mer, congres 6 244,9, maquereaux, thyrsites, trichiures 5 262,6, thons, pélamides, marlins 4 851,2, encornets, seiches, poulpes 3 320,7, crevettes 2 535, mollusques marins divers 1 647,7, crustacés marins divers 1 258,2, araignées de mer, crabes 1 183,8, flets, flétans, soles 993,7, saumons, truites, éperlans 923,4, clams, coques, arches 831,3, squales, raies, chimères 789,8, crustacés d'eau douce 528,7, invertébrés aquatiques divers 526,4, mollusques d'eau douce 507,5, coquilles St-Jacques 477,2, poissons diachromes divers 386,6, homards, langoustes 230,5, moules 223,7, huîtres 194,3, oursins et autres échinodermes 109,1, ormeaux, bigorneaux, strombes 105,7, krill, crustacés planctoniques 84,6, galatées 19,2, anguilles 18,1, acsidiens et autres tuniciens 5,9, esturgeons, spatules 4,6, grenouilles et autres amphibies 3,9, limules et autres arthropodes 2,6, tortues 0,8.

La pêche française

Sources : Secodip, Fiom.

☞ **Espèces répertoriées en métropole** : 75. Vivent alternativement en eau douce et en mer : saumon, esturgeon, truite de mer, anguille, alose, lamproie.

Consommation

■ **Consommation de poissons de mer frais** (en t, 1998), entre parenthèses % de la population représentée. *Moins de 35 ans* 11 824 (24), *35 à 49 ans* 33 111 (30), *50 à 64 ans* 42 544 (22), *65 ans et plus* 49 211 (24). **Classes :** aisée 25 329 (15), moyenne supérieure 46 383 (30), moyenne inférieure 51 887 (40), modeste 13 091 (15). *Total 136 690.*

■ **Consommation moyenne par famille en France** (en kg par an, 1997). Poisson frais 13,5, produits de la mer surgelés 6, coquillages frais 8, poissons fumés, séchés, salés 1,4.

■ **Ventes de poissons frais en France** (en milliers de t, 1997) **et,** entre parenthèses, **sommes dépensées** (en millions de F). *Produits de la mer* 277,2 (12 376). *Poissons* 145,7 (7 918,9) dont de mer 134,4 (7 446,9), d'eau douce 11,3 (470,3) [entiers 61,5 (2 795,9), découpés 84,2 (5 123)]. **Exportations :** 86,3 (2 326) de frais. **Importations :** 240,2 (5 257,6).

■ **Consommation apparente en milliers de t et,** entre parenthèses, **en milliards de F. Production nationale et importations moins les exportations :** *1989* : 1 206 milliers de t (18,5) ; *94* : 1 333,6 (18,2) ; *98* : 1 358 (22,5).

Flotte de pêche

■ **Nombre de navires.** *1983* : 11 660 ; *90* : 8 654 ; *93* : 7 021 ; *96* : 6 509 ; *97* : 6 255 ; *98* : 6 119 ; *99* : 5 906 dont pêche artisanale : *- de 12 m* : 4 377, *de 12 à - de 16 m* : 547 ; *de 16 à - de 38 m* : 912 ; *+ de 38 m* : 70. **Chalutier de type grande pêche récent :** jauge brute 1 680 tx, longueur hors tout 77 m, vitesse 14,5 nœuds, capacité des cales 540 m³ pour le poisson, 475 m³ (à – 30 °C) pour le congelé ; capacité journalière de congélation 8 t de filets en plaques. Surgèle le poisson à – 40 °C et entrepose à – 20 °C (les thoniers congèlent et conservent le thon à – 15 °C). **Campagne de pêche.** Février à déc. ; 3 voyages de 3 mois ; 1er et 2e généralement sur bancs de Terre-Neuve et du St-Laurent, 2e sur bancs du Groenland occidental, du Labrador et éventuellement mer de Barents.

■ **Emplois.** *1990* : 26 090 ; *92* : 23 907 ; *93* : 23 150 ; *94* : 22 682 ; *95* : 21 927 ; *96* : 21 476 ; *97* : 21 075 ; *98* : 21 032 ; *99* : 20 593 (dont petite pêche et conchyliculture 13 066, pêche au large 3 441, pêche côtière 3 151, grande pêche 935).

☞ **Pêcheurs morts en mer :** *1985* : 23 ; *86* : 23 (beaucoup à cause des « croches » : le filet se prend dans un obstacle, le navire est tiré par le fond) ; *97* : 30 †, dont 17 à la suite d'un naufrage.

■ **Zones de pêche. Chalutiers de grande pêche :** Atlantique Nord-Ouest et Nord-Est. **Chalutiers de pêche fraîche :** mer du Nord et Manche, à l'ouest et au nord de l'Irlande et de l'Écosse, au sud de l'Islande et dans le golfe de Gascogne. **Thoniers de pêche fraîche :** la répartition des thons est influencée par la présence quasi permanente en mers chaudes d'une couche de discontinuité thermique, la *thermocline* (entre 30 et 100 m de profondeur). Les pêcheurs français n'exploitent que le thon de surface à la traîne, à l'appât vivant ou à la senne tournante. Le germon (thon blanc) apparaît en surface début juin entre Portugal et Açores et, suivant la progression des eaux, il remonte vers la mer Celtique (en particulier golfe de Gascogne) et disparaît en octobre. 120 thoniers français poursuivent le germon. D'autres, basés à Dakar, pêchent l'albacore et le listao sur les côtes occidentales de l'Afrique. **Thoniers congélateurs** (36) : pêchent albacore et listao à la senne tournante au large de Dakar, Abidjan, Pointe-Noire et le long de l'Angola et dans l'océan Indien (Somalie, Madagascar et Seychelles). **Sardiniers :** pêche artisanale en Atlantique et Méditerranée ; 5 navires sardiniers congélateurs dans l'Atlantique Nord, à rayon d'action très large. **Langoustiers congélateurs :** le long du Maroc et de la Mauritanie, mais les fonds s'appauvrissent et leur accès est maintenant soumis à des limitations.

Terre-Neuve. XVIIIe s. des Français y pêchent la morue. **1763** une station protège les morutiers des pirates. **XIXe s.** la station navale (croiseurs, avisos, canonnières) assure aussi une assistance médicale et matérielle. **1829** il y a 416 navires de pêche. **1892** plus de 12 000 pêcheurs : les uns opèrent sur les côtes (pêchent à la morue « sèche » ou sédentaire), les autres pêchent à la morue « verte » (« pêche au banc »). Les *pêcheurs-passagers* embarquent à St-Malo pour St-Pierre-et-Miquelon où ils arment les goélettes de l'archipel. **Depuis 1904,** un bâtiment de la Marine nationale est présent sur les bancs. **1972** un accord franco-canadien reconnaît aux pêcheurs de St-Pierre-et-Miquelon un droit de pêche dans les eaux territoriales canadiennes, mais le Canada a réduit unilatéralement (9-10-1992) les quotas accordés : 3 500 t au lieu des 23 000 t nécessaires à la survie de la pêche, qui fait vivre la moitié de la population. **1993**-*7-1* : 2 chalutiers français arraisonnés par le Canada pour pêche illégale. En riposte, les bateaux canadiens qui pêchent le pétoncle dans la zone exclusive française (60 % des ressources) sont soumis à une licence et surveillés. **1994** le Canada ferme la plupart des zones de pêche au large des côtes atlantiques. Le plan de gestion touche St-Pierre-et-Miquelon et limite les prises autorisées à moins de 250 000 t pour la région (baisse de 75 % par rapport à 1988). La crise de la pêche du poisson de fond met au chômage environ 35 000 personnes dont 24 000 à Terre-Neuve et au Labrador. *-10-11* accord franco-canadien sur la pêche au large de St-Pierre-et-Miquelon : les Canadiens ont accès, dans les eaux françaises, au gisement de pétoncles et peuvent y récolter 30 % des prises. En contrepartie, dès la levée du moratoire canadien sur la pêche à la morue, le Canada cède à la France 15,6 % des prises admissibles de morue dans la zone dite du 3 PS (établie par l'Opano) et 2,6 % dans le golfe du Saint-Laurent. Les bateaux canadiens peuvent pêcher 70 % de la quote-part française de morue dans ces 2 zones à condition que leurs prises soient débarquées et traitées à l'usine de Saint-Pierre.

Poids de la pêche espagnole en 1996. 19 363 bateaux débarquent 1 320 000 t de poisson dont 558 897 exportées. 128 600 Espagnols (dont 68 000 pêcheurs) vivent de la pêche. Province de Galice : 10 000 bateaux, 500 000 t pêchées (à Vigo 300 armateurs, 10 000 marins-pêcheurs).

Atlantique. Les Espagnols, qui ont un droit de pêche dans les eaux communautaires, ne respectent pas les quotas, d'où des incidents répétés (abordages, filets arrachés) avec les chalutiers français. Ainsi : **1992**-*26-9* une vedette des Affaires maritimes françaises arraisonne un chalutier espagnol parmi 5 contrevenants. **1993**-*10-2* un chalutier lorientais est éperonné par les Espagnols. **1994**-*18-4* environ 60 chalutiers espagnols prennent à partie 12 bateaux d'Hendaye et St-Jean-de-Luz pour s'opposer à la poursuite de la pêche à l'*anchois* par les Français, qui avaient atteint leur quota (3 000 t) avant le 21-3. L'Espagne a un quota de 27 000 t. *-16-7* : 700 bateaux espagnols pratiquant la pêche au *thon* à la ligne s'opposent à 50 bateaux français utilisant des filets maillants dérivants de 2,5 km [depuis 1992, la Communauté interdit les filets maillants dérivants de plus de 2,5 km (autorisation de 5 km en 1992 et 1993 pour Français et Irlandais)]. *-17-7* les Espagnols arraisonnent le thonier *la Gabrielle* qu'ils rendront le 24. *-20-7* chalutier espagnol *Francisco y Begonia* arraisonné près de Belle-Ile pour vérification, amende de 100 000 F. *-26-7* accord ministre de la Pêche Jean Puech/pêcheurs de thon de l'Ile d'Yeu. Les professionnels ont accepté d'embarquer désormais un filet de 2,5 km au maximum, les filets de secours étant stockés sur un bateau d'assistance ou de surveillance. *-6/7-8* affrontement bateaux espagnols/britanniques pour les mêmes raisons. **1995**-*15-4* accord entre le Canada et l'Union européenne : met fin à la « guerre du flétan » [le Canada s'était octroyé par décret des droits de vigilance au-delà des 200 milles marins de zone économique d'exclusion. En 1994, les Espagnols du port de Vigo ont capturé dans les eaux internationales près de Terre-Neuve 40 000 t de flétan (valeur 400 millions de F) ; chalutier *Estai* arraisonné par le Canada. L'Espagne a porté l'affaire devant la Cour internationale de La Haye]. *Principales dispositions :* total de captures autorisées (TCA) de flétan noir maintenu à 27 000 t pour l'UE, 10 000 t pour le Canada. Jusqu'à fin 1995, l'UE pourra capturer 5 000 t, mais les Canadiens reprochent aux Portugais et aux Espagnols d'avoir pêché, entre le 1-1 et le 15-4, 9 000 t (5 000 à 7 000 t d'après la Commission européenne). 400 à 700 bateaux de l'UE ne pourront plus pêcher, 8 000 pêcheurs et 20 000 emplois sont concernés par cet accord.

Manche. Zone mal délimitée autour des îles Anglo-Normandes (France, G.-B.). **1992**-*28-3* des pêcheurs français séquestrent à leur bord l'équipage d'un garde-côtes qui venait les arraisonner, et occupent un dragueur de mines dont ils brûlent le pavillon. *-4-4* un chalutier normand est arraisonné pour pêche illégale. *-26-6* affrontement entre 2 chalutiers britanniques et 3 français dont un est arraisonné.

Kerguelen. 1 chalutier français, *l'Austral*, y effectue chaque année une campagne de 60 j en échange de son quota de langoustes à l'île St-Paul. **Tonnage pêché** (1990-91) : 1 575 t dont gunnari (ou poisson des glaces) 15, légine 1 559. Langoustes 188 (24 861 casiers relevés, rendement moyen par casier 7,57 kg). Des accords de pêche de 2 ans permettent aussi à des navires russes d'opérer dans les Kerguelen. Quota autorisé 17 000 t, pêché 14 275,2 (en 1990-91).

Domaine de pêche français. Dans la limite des 200 milles nautiques. 5 000 km de côtes métropolitaines, 275 000 km de fleuves, rivières, canaux, 150 000 à 200 000 ha de plans d'eau.

Production

■ **Production des pêches maritimes et des cultures marines** (en 1999). **Quantités** (en milliers de t) **et,** entre parenthèses, **valeur** (en millions de F) : 749 (8 484) dont **pêche** : 541 (6 090) dont *produits frais* : 528 (5 980) dont poissons 424 (4 666) [dont thon tropical 100 (790)], crustacés 19 (523), mollusques 70 (769), algues 15 (22) ; *produits congelés, salés (grande pêche)* : 13 (110) ; **cultures marines** : 208 (2 394).

Production globale de la pêche. Quantité (en milliers de t) **et,** entre parenthèses, **valeur** (en milliards de F) : *1990* : 599 (6,9) ; *92* : 591 (6,3) ; *93* : 613,6 (5,9) ; *94* : 644,8 (5,6) ; *95* : 643,9 (5,6) ; *96* : 639,6 (5,7) ; *97* : 598 (6) ; *98* : 528 (5,9) ; *99* : 541 (6).

■ **Ventes annuelles sous criées des principales espèces** (en 1999). **Quantité vendue** (en milliers de t) **et,** entre parenthèses, **valeur** (en millions de F) : anchois 26,2 (228), bar 3,4 (206), baudroie 10,8 (367), cabillaud 15,5 (231), cardine 3,3 (77), chinchard 28,6 (70,9), crevette grise 0,4 (22), églefin 3,4 (37), hareng 25,3 (47), homard 0,2 (32), langoustine 5,8 (295), lieu noir 24,6 (173), lieu jaune 3,1 (66,4), limande-sole 1,2 (28), maquereau 18,6 (54,7), merlan 20,6 (177), merlu 7,4 (209), plie 5,2 (49,7), sardine 34,8 (111), sole 8,3 (502,9), turbot 0,5 (41).

■ **Aquaculture française** (production en t, 1998). **Huîtres :** *Grassostrea gigas* 143 000, *Ostrea édulis* 2 500. **Moules :** *Mytilus édulis* 50 000, *Mytilus galloprovincialis* 10 000. **Bigorneaux :** 1 400. **Saint-Jacques :** 150. **Coques :** 1 200. **Palourdes :** 250. **Truites** arc-en-ciel : 44 730, fario : 2 225. **Saumons** Atlantique : 760. **Esturgeons** de Sibérie : 350. **Bars :** 3 100. **Turbots :** 900. **Dorades :** 1 500. **Carpes :** 5 655.

■ **Salmoniculture** (en 1997). 635 entreprises sur 818 sites. *Production* : 46 652 t *dont* Bretagne 11 107 et Aquitaine 10 681. *Chiffre d'affaires* : 878,3 millions de F.

■ **Ports de pêche (en 1999). Nombre de bateaux/de marins, apports en t et,** entre parenthèses, **valeur en millions de F** : **Nord-Pas-de-Calais :** Boulogne [136/881] 51 700 (576,4), Dunkerque [28] 1 505 (43,5), Calais [15/50], Grand-Fort-Philippe 527 (14,6). **Normandie :** Dieppe [50/275] 4 038 (63,1), Le Tréport [22/112] Fécamp [41/218] 7 022 (60), Le Havre [26/76] Honfleur [environ 25] Trouville [environ 35], Ouistreham [environ 30], Courseulles [24], Port-en-Bessin [environ 50/245] 9 464 (121,5), Grandcamp-Maisy [environ 90/environ 170] 1 892 (38,87), Cherbourg [environ 26] 10 335 (144), Granville [71/236] 14 897 (124). **Bretagne :** St-Malo [64] 2 546 (34,2), St-Brieuc [179/463] 16 147 (186,1), Paimpol [134/266] 751 (9,9), Brest [1] [165] 3 750 (94,7), Morlaix [120/335] 6 481 (115,8), Douarnenez [38/127] 3 710 (49,7), Audierne [49/122] 1 085 (33,9), St-Guénolé [80/338] 12 348 (197,1), Le Guilvinec [132/576] 16 362 (344,5), Loctudy [150/337] 9 500 (197,7), Lesconil [15/44] Concarneau [194/1 470] 198 892, 1 091, Lorient [154/1 061] 35 478, 484, Quiberon [151/330] 1 221, 35,1. **Pays de la Loire :** La Turbale [83/300] 14 261 (167), Le Croisic [50/130] 3 188 (90,7), St-Nazaire [70/100] 1 556 (40,8), Noirmoutier [120/315] (75,6), Yeu [68/305] 1 955 (66,9), St-Gilles [94/832] 11 016 (114,5), Les Sables-d'Olonne [99/832] 160,8. **Charente-Aquitaine :** La Rochelle [environ 85] 3 798 (78,4), La Cotinière [environ 75/250] 3 850 (117,5), Royan [environ 40/environ 100] 951,3 (42,2), Arcachon [30/206] 2 239 (67,9), Hendaye [49/180] 1 537 (16), St-Jean-de-Luz [49/180] 4 553 (55,4). **Méditerranée :** Port-Vendres, 686 (10), Port-la-Nouvelle [20] 3 512 (40,3), Agde [38] 852 (13,8), St-Cyprien [environ 3] Gruissan 40 marins, Sète [337] 17 548 (94), Le Grau-du-Roi 3 723 (64,7), Port-St-Louis [129], Port-de-Bouc [231/428] 1 400 (22), Martigues [environ 45], Marseille [146/332], Var [225/350], Nice [122], (128).

Nota. – (1) 1998.

■ **Production de poissons et produits de la pêche préparés** (en milliers de t et, entre parenthèses, en millions de F, 1996). Poissons frais, réfrigérés ou congelés 58,7 (1 456,5) dont filets et autres chairs de poissons frais ou réfrigérés 16,5 (556,6) et filets de poissons congelés 23,6 (578,6) ; préparations et conserves de poissons 216,3 (5 472,7) dont plats préparés 48,3 (1 378,8) ; poissons séchés, fumés ou salés 39,5 (2 396,9) dont saumons 20,3 (1 779,1) ; crustacés et mollusques 65,9 (2 617,2) dont produits congelés 13,7 (569,5) et préparations et conserves 52,2 (2 047,8) ; farines et autres 29 (108,8). *Total 409,3 (12 052).*

■ **Crise.** Début 1993, baisse des cours de 25 %. **Causes :** **1°)** non-respect par certains pays (G.-B.) du prix plancher fixé par la CEE ; **2°)** concurrence de pays hors CEE (Russie, Pologne) qui ne sont pas soumis à des accords tarifaires, des contingentements ou des contrôles sanitaires ; **3°)** épuisement des ressources, d'où l'imposition par Bruxelles de quotas de pêche et d'une réduction des flottes de pêche (France 6 000 navires en 1993 contre 11 243 en 1988) ; **4°)** refus des conservateurs américains, sous la pression des écologistes, d'acheter du thon de l'Atlantique ou de l'océan Indien (soit 250 000 t). **Mesures prises : 1993** *CEE* : prix minima pour 6 mois (prix de référence 1992) pour les importations sensibles (cabillaud, lieu noir, merlan, églefin, lotte + 4 espèces congelées). *France* : mesures (en millions de F) : réaménagement des dettes 180 (pêche industrielle 80, artisanale 100) ; avances de trésorerie pour les producteurs 90 ; les familles 10 ; report d'échéances fiscales et de cotisations sociales. *24-3* octroi d'une compensation directe aux pêcheurs (65 % entre 5 et 20 % de baisse du chiffre d'affaires, 85 % au-delà). *Mai* inscription au collectif budgétaire de 80 millions de F au titre de l'aide à la pêche. Prolongation pour 3 ans des prêts bonifiés. **1994**-*février* baisse des cours au débarquement : sole 35,40 F le kg (46,70 F en 1993), lotte 19,50 (27,50 en 1993). Grève et manifestations violentes (*4-2* incendie du Parlement de Bretagne à Rennes). Rétablissement des prix min. à l'importation et subvention de 350 millions de F à la filière pêche. *-15-2* reprise partielle du travail.

■ **Intermédiaires. Mareyeurs :** 322 entreprises, 4 454 salariés, chiffre d'affaires de 1 150 millions de F. **Négociants :** 12 000 points de vente, 48 000 salariés. **Industries** *du froid :* 80 entreprises, 1 900 salariés ; *de la conserve* : 39 entreprises, 5 813 salariés.

☞ **Prix du poisson** (en F ; exemple : 1 kg de lotte en février 1994) : chez le pêcheur : 29 ; chez le mareyeur : 68 ; après transport : 69 ; à Rungis : 76 ; chez le poissonnier : 120.

■ **Conserve** (en 2000). **Poids net de la production de conserves** (en t) : 80 405 dont thon 44 421 (thon blanc 1 757), maquereau 20 243, sardine 9 721, autres poissons et coquillages 2 890, rillettes et mousses 3 130. **Chiffre d'affaires** (en millions de F, HT, 2000) : 4 438. **Nombre d'entreprises :** 16. **Approvisionnement du marché français** (en t, 2000) : poisson entier 95 078 dont thon blanc (pêche fr. et importée) 4 028, thon tropical (pêche fr. et importée) 36 142, sardine (fraîche ou congelée importée) 17 691, maquereau (pêche fr. et importée) 34 411, divers (hareng, saumon, coquillages) 2 806.

Commerce extérieur

■ **Pêche et cultures marines. Importations/exportations** (en milliards de F et, entre parenthèses, en milliers de t) : *1998* : 20,41/6,51 ; *99* : 19,70/6,47, dont en milliers de F et, entre parenthèses en milliers de t : poissons vivants 169/360 (2,1/5,7), p. frais 4,409/1 653 (216,5/65,1), p. congelés 841/910 (76,7/161,4), filets frais 877/255 (28,8/6,5), filets congelés 2 563/153 (128,7/6,2), poissons séchés, salés, fumés 685/268 (20,3/5,4), crustacés 4 465/838 (96,3/15,5), mollusques 1 604/727 (97,4/38,9), préparations et conserves de p. 2 727/1 091 (132,8/55,6), préparations et conserves de crustacés et mollusques 1 055/201 (34,4/5,5), divers : œufs et laitance, etc. 313/15.

Environnement

☞ Pour connaître la sélection **Quid** des meilleurs sites Internet sur l'environnement, rendez-vous sur **www.quid.fr**

Généralités

■ **Quelques définitions. Abiotique** (qui n'a pas trait à la vie) : facteurs climatiques et édaphiques ou, en milieu aquatique, caractères physico-chimiques des eaux. **Aphotique :** biotope où la lumière solaire ne pénètre pas (fonds marins) ; les plantes vertes ne peuvent s'y développer. **Autotrophe :** organisme vivant capable de réaliser la synthèse de ses composés organiques à partir des éléments minéraux prélevés dans le milieu et d'une source d'énergie extérieure, solaire (plantes vertes photosynthétiques), ou par des réactions chimiques exothermiques (bactéries chimio-synthétiques), ou les deux (bactéries chimio-photosynthétiques).

Biocénose : ensemble équilibré d'animaux et de plantes occupant de façon cyclique ou permanente un *biotope* donné (ex. : flaque d'eau). **Biomasse :** masse de matériel vivant par unité de surface, c'est-à-dire le poids de tous les organismes vivants d'une communauté biologique à un moment donné. S'exprime en unité de poids séché à 65-70 °C par unité de surface. On distingue la *phytomasse végétale* (phytocénose), la *zoomasse* (zoocénose), la *biomasse microbienne* (microbiocénose). **Biosphère :** partie de l'écorce terrestre où la vie est possible (une partie de la lithosphère, de l'atmosphère et de l'hydrosphère).

Chorologie : étude de la répartition géographique des espèces prises isolément. **Cycle : biogéochimique** : *absorption* des éléments du biotope par les organismes, *rétention* dans les divers organes des organismes, *restitution* au sol de ces éléments par chute et décomposition des litières et des cadavres, par les sécrétions diverses et le lavage par les eaux de pluie ; **biologique** : succession des diverses phases de développement d'un organisme de sa naissance à sa mort ; **phénologique** : variations saisonnières des phases de développement d'un organisme au cours d'une période végétative.

Écologie : terme connu 1852 en G.-B., utilisé 1866 par le zoologiste allemand Ernst Haeckel (1834-1919), du grec *oïkos* maison et *logos* discours, signifiant « sciences de l'habitat ». Étude des relations réciproques entre les organismes et leur environnement. **Écosystème :** ensemble d'une biocénose et d'un biotope. **Écotope :** ensemble des facteurs climatiques *(climatope)* et édaphiques *(édaphotope)* caractérisant l'aire *(biotope)* occupée par une biocénose. **Écotype :** subdivision de l'espèce (sous-espèces, variétés, sous-variétés, races) présentant des caractères particuliers héréditaires, résultant d'une sélection naturelle exercée par les facteurs du milieu. **Édaphique :** qui concerne le sol. **Édaphologie :** science étudiant le sol en tant que milieu des êtres vivants (la *pédologie* concernant la description, la genèse et la classification des sols). **Écotoxicologie :** étude de l'impact des pollutions sur la santé.

Rudologie (du latin *rudus,* décombres) : étude des déchets, des biens et espaces déclassés.

■ **Pertes annuelles dans le monde** (en milliers de km²). Déforestation tropicale 210, terres cultivables par épuisement des sols 200, désertification 60, salinisation 15. En 2010, les forêts du globe auront diminué de plus de 40 % par rapport à 1990.

■ **Régions les plus polluées d'Europe :** *Bohême* (nord) ; *Pologne :* la plupart des plages de la mer Baltique sont interdites à la baignade (pollution bactériologique), les forêts sont détruites à 75 % par des pluies acides ; *Roumanie* : Copsa Mica (suie).

■ **Quelques dates. Avant J.-C. 200 000** premiers morts par pollution connus : des hommes préhistoriques empoisonnés en Zambie par le plomb de sources polluées par un gisement souterrain. **3000** premières déforestations massives. En France, la forêt passe de 50 millions d'hectares en 6500 av. J.-C. à 40 millions. **500** pollution planétaire dans l'hémisphère Nord ; rejets dus à l'extraction et à la transformation du plomb à ciel ouvert, par les Romains, dans les mines d'Espagne. **Après J.-C. 1285** en Angleterre, des plaintes en justice sont déposées contre les fours à chaux qui « infectent » l'air des villes. **1388** Angleterre, 1re loi nationale contre les pollutions de l'air et de l'eau. **1700** à Finale (Italie), 1er procès écologiste contre une manufacture de chlorure de mercure aux émanations toxiques. **1750** pluies acides en Saxe, près d'une fonderie. **1837** 1re manifestation écologiste d'écrivains (George Sand, Victor Hugo) et de peintres de Barbizon pour la protection de la forêt de Fontainebleau (création d'une réserve de 624 hectares en 1853).

Défense de l'environnement

Dans le monde

■ **Conférences.** Plusieurs ont eu lieu et plusieurs conventions ont été signées depuis 1946. **Conférence de Paris des organisations non gouvernementales du 17 au 21-12-1991.** Des délégués de 800 ONG (dont 70 % venus des pays en développement) rejettent la proposition du Pt Mitterrand soutenue par Brice Lalonde, d'une autorité mondiale pour la protection de l'environnement.

Conférence des Nations unies sur l'environnement et le développement (Cnued) du 1er au 12-6-1992 à Rio (*coût* : 135 millions de F). *Principaux documents : 1°) « Charte de la Terre »* (19-3-1997) régissant la conduite des nations et des peuples vis-à-vis de l'environnement et du développement, afin que la Terre reste un lieu de séjour hospitalier pour l'homme et les autres formes de vie. *2°) Convention sur la biodiversité* (faune et flore), non signée par les USA. *3°) Plate-forme d'action,* dite « Action 21 », définissant un programme de travail pour le début du XXIe s. *4°) Convention sur le climat* (protection de l'atmosphère). *5°) Déclaration d'intervention sur la forêt. Coût des mesures envisagées :* 600 milliards de $ pour les pays industriels (en comparaison, dépenses militaires mondiales : plus de 1 000) et 125 par an pour aider les pays en développement (contre 55 milliards de $ accordés alors). L'« Action 21 » pourrait coûter aux pays riches 2 à 3 % de leur PNB. **Appel de Heidelberg** adressé par plus de 250 scientifiques, dont 52 prix Nobel, aux chefs d'État et de gouvernement réunis à Rio en juin 1992 : il dénonçait « l'émergence d'une idéologie irrationnelle qui s'oppose au progrès scientifique et industriel, et nuit au développement économique ».

Sommet de la Terre (Manchester, sept. 1993). Forum planétaire des ONG. *Domaines :* lutte contre l'effet de serre (40 à 50 % des ressources), sauvegarde de la diversité biologique (30 à 40), protection des eaux internationales (10 à 20) et de la couche d'ozone.

Conférence de Berlin du 28-3 au 7-4-1995. Sous l'égide de l'Onu, les ministres des 120 pays signataires du traité de Rio (1990) statuent sur les changements climatiques. Les réductions d'émissions de gaz à effet de serre sont planifiées (2005, 2010, 2020), malgré l'opposition de plusieurs (USA, Japon, Australie, Nlle-Zélande et certains États pétroliers).

☞ Selon l'OMS, les maladies liées à l'environnement et au mode de vie sont responsables de 75 % des 49 millions de décès recensés chaque année sur Terre. Près de 2,5 milliards de personnes sont atteintes d'affections associées à l'insuffisance de l'approvisionnement en eau (ou à sa contamination) ainsi qu'au manque d'hygiène. 5 millions de nourrissons et d'enfants meurent chaque année de maladies diarrhéiques dues à la contamination de leurs aliments ou de l'eau de boisson ; 2 millions de personnes meurent de paludisme (plus de 250 millions sont infectées) ; des centaines de millions souffrent de parasitose intestinale grave, de maladies respiratoires causées ou aggravées par le tabagisme et la présence d'agents biologiques et chimiques dans l'air ; des centaines de millions sont exposées à des dangers chimiques et physiques inutiles, dans leur domicile, sur leur lieu de travail ; 500 000 sont tuées et plusieurs millions blessées annuellement dans des accidents de la circulation. Cependant la revue médicale britannique *The Lancet* a signalé que l'on n'avait pas constaté d'accroissement de la mortalité à Seveso, à Love Canal (USA, agglomération construite sur une décharge de pesticides organiques) ou à Shipham (G.-B., village au sol contaminé par le cadmium). A Londres et New York, la réduction de 50 % des particules d'anydrides sulfureux dans l'atmosphère n'a pas abaissé le taux de mortalité.

Conférence de Kyoto du 1er au 10-12-1997. Sous l'égide de l'Onu, 168 pays signent un protocole de réduction des émissions de gaz à effet de serre les engageant à diminuer, entre 2008 et 2012, de 5,2 % par rapport au niveau de 1990 les émissions de 6 gaz : dioxyde de carbone, méthane, oxyde d'azote et 3 substituts des chlorofluorocarbones.

Le protocole prévoit, pour sa mise en vigueur, la ratification par 55 pays représentant au moins 55 % des émissions. En mars 2001, il n'avait été ratifié que par 32 pays en développement, un seul, la Roumanie, s'était engagé par un quota de réduction de ses émissions polluantes.

En mars 2001, le Pt Bush a confirmé : « Nous avons maintenant une crise énergétique. C'est pourquoi j'ai décidé de ne pas avoir de limitation obligatoire du CO^2 ». Les USA représente 25 % des émissions de CO^2.

Conférence de Buenos Aires du 2 au 13-11-1998. 161 pays. Adopte un « plan de travail » pour la mise en œuvre des décisions de 1997.

Conférence de Bonn du 25-10 au 5-11-1999. Plus de 4 000 représentants de 173 États et ONG.

Conférence de La Haye 13 au 24-11-2000. Aboutissement du Plan d'action de Buenos Aires.

A venir : 2001-*23-7 : Bonn-COP 6 bis :* 3e rapport d'évaluation du GIEC. *-29-10/9-11 COP 7* de la Convention sur le climat. **2002 :** entrée en vigueur du Protocole sous réserve de ratification. **2005 :** preuve des progrès des parties dans l'exécution de leurs engagements. **2008 :** début 1re période d'engagement au titre du Protocole de Kyoto (2008-12), des échanges de droits d'émissions, de l'application conjointe.

■ **Organismes. Agence européenne pour l'environnement :** *créée* 7-5-1990 par le Conseil des communautés européennes. *Siège :* Copenhague. *But :* recueillir des informations. *Budget 1999 :* 18,1 millions d'euros.

Centre mondial de surveillance continue de la conservation de la nature (WCMC) : 219 Huntingdon Road, Cambridge CB3 ODL, Angleterre ; organisation intergouvernementale à but non lucratif. Établie par l'Union mondiale pour la nature [UICN, *créée* 1948, *siège :* Gland (Suisse)], le Fonds mondial pour la nature (WWF), le Programme des Nations unies pour l'environnement [PNUE, *siège :* Nairobi (Kenya), *budget* (en millions de $) : *1994-95 :* 124 ; *98-99 :* 87,1]. *Budget* (en millions de £) : *2001 :* 2,2. Devenu, juin 2000, l'organe d'information et d'évaluation de la diversité biologique du Programme des Nations unies pour l'environnement. Créé par UICN 1979, devenu activité conjointe de l'UICN, du WWF et du PNUE en 1988.

Fonds pour l'environnement mondial (FEM) : *créé 1990.* Fonds multilatéral. Regroupe les pays de l'OCDE. *Ressources (1999-2002) :* 2,7 milliards de $ (dont France 880 millions de F). Désigné comme mécanisme financier des Conventions de Rio.

■ **Greenpeace.** Association internationale *fondée* 1971 à Vancouver (Canada) sous l'impulsion de David McTaggart (Canada 24-6-1932/23-3-2001, accident de voiture), 1977 en France (22, rue des Rasselins, 75020 Paris). Antinucléaire, milite aussi pour désarmement, sauvegarde des océans, protection des forêts primaires, contre pollution atmosphérique, produits toxiques, réchauffement climatique, dissémination des OGM. **Quelques chiffres :** 1 100 salariés permanents, 26 bureaux dans 40 pays, 2,7 millions de membres en 2001, 4 bateaux, 30 Zodiac, 1 hélicoptère, 2 montgolfières (en projet : 1 zeppelin). **Budget :** *1995 :* 26,6 millions de $; *96 :* 25,9 ; *99 :* 28,6 ; *2000 :* 143 millions d'euros ; *2001 (prév.) :* 154 millions d'euros. **En France** (2001) : 32 salariés ; 55 000 adhérents. **Budget** (en millions de F) : *1999 :* 11,5 ; *2000 :* 16,8 ; *2001 (prév.) :* 20. Ressources : contributions des membres.

■ **Mesures diverses. Année européenne de l'environnement :** du 21-3-1987 au 21-3-1988.

Jour de la Terre : *créé* 22-4-1970 aux USA par Dennis Hayes et Gaylord Nelson. 22-4-1990 en France : 8 000 participants (USA 50 millions).

Directives Seveso de la CEE : *1re* adoptée juin 1982 après la catastrophe du même nom. Impose aux activités industrielles dangereuses des moyens de prévention, l'information et le contrôle par les autorités publiques, l'information de la population sur les risques et la conduite à tenir en cas d'urgence. *2e :* 9-12-1996. Transposée en droit français par la législation sur les installations classées (livre V du Code de l'environnement). **Établissements à risques recensés** (en France) : 1 250 (*1re catégorie :* 570 ; *2e :* 680) dont Alsace 44, Antilles-Guyane 24, Aquitaine 82, Auvergne 27, Basse-Normandie 33, Bourgogne 39, Bretagne 64, Centre 70, Champagne-Ardennes 35, Corse 7, Franche-Comté 25, Haute-Normandie 74, Ile-de-France 102, Languedoc-Roussillon 38, Limousin 8, Lorraine 43, Midi-Pyrénées 33, Nord-Pas-de-Calais 97, Pays de la Loire 50, Picardie 67, Poitou-Charentes 62, Paca 85, Réunion 1, Rhône-Alpes 139. Seveso avait identifié 595 établissements (croissance expliquée par élargissement du champ d'application de la directive, inclusion de nouvelles substances, abaissement de certains seuils et mise en œuvre de la règle du cumul). **Secteurs industriels traditionnellement générateurs de risques :** chimie, cycle du combustible nucléaire, raffinage pétrolier, dépôts d'hydrocarbures, butane ou propane, dépôts phytosanitaires, d'engrais, dépôts ou ateliers de fabrication d'explosifs. **Nouveaux secteurs :** usines métallurgiques, de pneus, agroalimentaires (sucreries, distilleries), verreries, cristalleries, stockages de gaz industriels, d'ammoniac agricole, usines de micro-électronique, entrepôts divers, carrières, usines de traitement de l'eau, établissements de recherche.

Swap vert : permet, depuis 1987, à un pays en développement d'échanger une partie de sa dette contre un engagement écologique. Exemples de dettes ainsi annulées (en milliards de $) : *Bolivie :* 0,7 (15 % de la dette totale) ; objectif : sauvegarde de 1,5 million d'ha dans le bassin amazonien. *Rép. dominicaine :* 0,6 ; protection forêts et fleuves. *Madagascar :* 5 (sur 6 ans). *Costa Rica :* 0,6 (60 % de la dette) ; protection des forêts. *Mexique :* 4 (65 %) ; sauvegarde faune et flore. *Équateur :* 9 (12 %) ; protection forêt tropicale.

■ **Dépenses de lutte contre la pollution en % du PIB** (totales, hors ménages ; *source :* OCDE 1999). Rép. tchèque 2, Pays-Bas 1,8, Corée 1,7, Suisse, Japon 1,6, *Fr.*, ex-RFA 1,4.

Marché mondial de l'environnement : 300 milliards de $ en 2000. *Croissance annuelle* (en %) *de 1989 à 1999 :* Belgique 15, Espagne, Portugal 12, Grèce 10, Allemagne 8, G.-B. 7,5, *France*, Italie 7, P.-Bas 5, Danemark 3,5.

■ **Prix décernés par les Nations unies. Prix Unep-Sasakawa de l'environnement. Unep Global Ozone Award.**

En Europe

■ **Crédits d'émission de gaz à effet de serre.** *Principe* adopté par l'Union européenne en mars 2000 : les États n'arrivant pas à honorer leurs engagements (protocole de Kyoto) pourraient racheter à ceux qui ont fait mieux leur « surplus ». *Marché international :* prévu 2008. Les États ont jusqu'en 2012 pour se mettre en conformité avec leurs engagements.

■ **Réseau « Natura 2000 ». Origine :** zones spéciales de conservation prévues par la directive « habitats » de la Communauté européenne du 21-5-1992 pour préserver le patrimoine biologique européen. **Application en France :** *1999* une liste de 1 029 sites est transmise pour proposition à la Commission. *2000-6-4* la Cour de justice de l'UE condamne la France pour non-transposition (obligatoire avant le 5-6-1994) de dispositions prévoyant que les autorités nationales n'autorisent que les projets non susceptibles d'incidence négative sur ces zones.

☞ Le vallon du Fournel-les-Bans (L'Argentière-la-Bessée, Htes-Alpes) est le 1er des 37 sites pilotes français à avoir signé, le 11-5-2000, la convention.

En France

■ **Budget** (en milliards de F). **Section environnement du ministère de l'Aménagement du territoire et de l'Environnement :** *1996 :* 1,75 ; *97 :* 1,869 ; *98 :* 1,885 ; *99 :* 3,957 ; *2000 :* 4,298 ; *2001 :* 4,7 dont protection de la nature et des paysages 0,719, prévention des pollutions et risques 2,471, protection de l'eau et des milieux aquatiques 0,279, soutien aux politiques environnementales 1,222.

Crédits consacrés à la protection de l'environnement par les ministères : *1997 :* 10,6 ; *98 :* 11,3 ; *99 :* 12,4.

Dépenses des collectivités locales : *1994 :* 106 ; *95 :* 112,6 ; *96 :* 116,6 ; *98 :* 126 dont protection de l'environnement 85,7 (gestion des eaux usagées 47, collecte et traitement des déchets 29,9, nettoyage des rues 5,8, patrimoine écologique 1,9, bruit 0,6) et dépenses « périphériques » de la gestion des ressources naturelles 40 (eau potable 30,5, cadre de vie 9,5).

Dépenses nationales pour la protection de l'environnement : *total :* 150,2 milliards de F dont gestion des eaux usées 61,9, des déchets 48,9, protection de l'air 11,4, administration générale de l'environnement 7,4, nettoyage des rues 5,9, recherche-développement 5,8, réduction du bruit 4,6, protection de la biodiversité et des paysages 4,8. **Dépenses nationales liées à l'environnement :** *total :* 247,8 dont production et distribution d'eau 59,7, récupération 28,4, cadre de vie 9,5.

Taxe générale sur les activités polluantes (TGAP) ou **pollutaxe.** *Créée* 1-1-1999. Regroupe les 5 taxes ci-après perçues auparavant par l'Ademe. *Produit* (en millions de F, est. 1999) : 1,94. *En 2000* TGAP élargie, affectée aux comptes sociaux. *A partir du 1-1-2001* élargie aux consommateurs intermédiaires d'énergie. **Sur la pollution atmosphérique :** *créée* par décret du 7-6-1985, assise jusqu'en mai 1990 sur les émissions de dioxyde de soufre, de composés soufrés et d'oxydes d'azote. En mai 1990, reconduite sur des bases plus larges, incluant les émissions d'acide chlorhydrique, d'hydrocarbures, de solvants et autres composés organiques volatils et de poussières, seuils abaissés. Reconduite et élargie par décret du 3-5-1995. Concerne 1 500 installations. *Produit net* (en millions de F) : *1990 :* 88,2 ; *96 :* 146 ; *97 :* 188,4 ; *98 :* 182,4 ; *99 :* 222,4. *Affectation :* aides aux industriels assujettis, pour la réalisation d'équipements antipollution (89 % du produit). **Sur les huiles de base neuves et régénérées :** *créée* 1986, renouvelée 1994. *Taux :* 150 F/t. *Produit net* (en millions de F) : *1989 :* 43,3 ; *90 :* 72,7 ; *97 :* 117 ; *98 :* 107,9. **Sur le stockage des déchets ménagers et assimilés :** versée au fonds de modernisation de la gestion des déchets et gérée par l'Ademe. Au 1-1-1998, 40 F/t ; au 1-1-2000, 60 F/t. *Créée* 13-7-1992. S'applique jusqu'au 30-6-2002. *Produits 1997 :* 764 ; *98 :* 896,9. **Sur l'atténuation des nuisances sonores des aéroports :** finance le mécanisme d'aide aux riverains des aéroports. *Créée* 31-12-1992. *Produits* (en millions de F) *1997 :* 39,7 ; *98 :* 38,6 ; *99 :* 90. **Sur le traitement et le stockage des déchets industriels spéciaux.**

■ **Ministère de l'Aménagement du territoire et de l'Environnement.** 20, av. de Ségur, 75032 Paris Cedex 07. **Environnement :** 22 directions régionales en métropole et 4 outre-mer (Diren) regroupent les anciennes directions régionales de l'architecture et de l'environnement (DRAE), les services régionaux de l'aménagement des eaux (SRAE ; dépendants jusque-là de l'agriculture), les délégations de bassin et les services hydrologiques centralisateurs (qui dépendaient de l'équipement).

■ **Inventaire des sites pollués.** *Créé* 1992. **1er** : *1992 :* environ 500 sites, **2e** : *94 :* 669, **3e** : *96 :* 896 dont 19 % sans responsable solvable identifié. **Bases de données :** *Basol :* recense 3 000 sites ; actualisée tous les 3 mois. *Basias :* 300 000 anciens sites industriels recensés en 2000 dont 3 000 potentiellement dangereux.

■ **Agence de l'environnement et de la maîtrise de l'énergie (Ademe).** *Siège :* 27, rue Louis-Vicat, 75015 Paris. *Créée* 16-12-1990 par la loi n° 90-1130. *Pt :* Pierre Radanne depuis nov. 1997. Sous la tutelle des ministères chargés de l'Industrie, de la Recherche et de l'Environnement. *Budget* (en millions de F, 2000) : de fonctionnement 382, d'intervention 2 425. *Effectifs :* 800.

■ **Institut français de l'environnement (Ifen).** *Siège :* Orléans. *Créé* 18-11-1991 pour l'information scientifique et statistique. *Pt :* François Letourneux depuis le 20-11-1998. *Directeur :* Vincent Jacques le Seigneur depuis le 15-6-2000. Sous tutelle du ministère de l'Environnement. *Budget :* 48 millions de F. *Effectifs :* 56 pers.

■ **Institut national de l'environnement industriel et des risques (Ineris).** *Siège :* Parc technologique, Alata BP 2, 60550 Verneuil-en-Halatte. *Créé* 1990. Sous tutelle du ministère de l'Aménagement du territoire et de l'Environnement. *Directeur général :* Georges Labroye. *Activités :* essais et recherches, études et conseils, normalisation, certification et réglementation. *Budget :* 38,570 millions d'euros. *Effectifs :* 450 pers.

■ **Commission française du développement durable.** *Mise en place* 20-4-1994. 15 personnalités. *But :* favoriser la mobilisation de la société autour des objectifs adoptés à Rio (voir Cnued p. 1541 c).

■ **Autres organisations. Agence régionale de l'environnement et des nouvelles énergies d'Ile-de-France (Arene) :** 94 *bis*, av. de Suffren, 75015 Paris. *Créée* 1994. *Budget 2001 :* 18,9 millions de F. **Les Amis de la Terre :** 2 B, rue Jules-Ferry, 93100 Montreuil. Association *fondée* 1970. Membre de la fédération Friends of The Earth International, représentée dans 66 pays. *Adhérents et sympathisants :* 3 000, 19 groupes et 10 délégués départementaux. *Buts :* protection de l'homme et l'environnement sous toutes ses formes (énergie, eau, déchets, biotechnologies, impacts des institutions financières sur l'homme et l'environnement, certification environnementale des entreprises, etc.). *Budget 2000 :* 2,9 millions de francs. **Association française pour la protection des eaux :** 82 *bis*, avenue de Paris, 78000 Versailles. **Association de prévention de la pollution atmosphérique :** 10, rue Pierre Brossolette, 94270 Le Kremlin-Bicêtre. **Centre de documentation, de recherche et d'expérimentations sur les pollutions accidentelles des eaux (Cedre) :** rue Alain-Colas, BP 20413, 29604 Brest Cedex ; *créé* 5-7-1978 par le Conseil des ministres ; association loi 1901 sous tutelle du ministère de l'Aménagement du territoire et de l'Environnement. Il existe un institut de rudologie et un Centre interdisciplinaire de recherche sur les déchets et pollutions (Ciderp). **Centre international de recherche sur l'environnement et le développement (Cired) :** *créé* 1973 à Paris dans le cadre de l'École des hautes études en sciences sociales. Recherches dans les pays en développement. **Commission d'études pratiques de lutte antipollution de la marine nationale (Ceppol). Commission écologie et actions publiques :** *créée* 14-3-1990. **Confédération syndicale du cadre de vie (CSCV) :** 15, place d'Aligre, 75012 Paris. **Écothèque :** *créée* 1973 à Montpellier. **Fondation pour l'éducation à l'environnement en Europe :** 6, avenue du Maine, 75015 Paris. **France nature environnement :** voir p. 201 a. **Mouvement national de lutte pour l'environnement :** 6, rue Jules-Auffret, 93500 Pantin. **Office international de l'eau (OIE) :** *créé* 1991. Centres à Paris, Limoges (rue Édouard-Chamberland, 87100), La Souterraine, Sophia Antipolis.

☞ **Minitel :** *3616 Déchets. 3617 Écolotel. 3617 Terra. 3615 Ideal. 3616 Assos* (liste des associations locales de défense de l'environnement). *3615 Propretel* (aspects pratiques du traitement des déchets). *3615 Bruit. 3615 Verreaveni* (recyclage du verre). *3617 Eaudoc* (Office international de l'eau).

■ **Apports contaminants moyens hebdomadaires dans le régime alimentaire total des Français et**, entre parenthèses, **doses maximales fixées par l'OMS.** Hg mercure 0,07 (0,3). Cd cadmium 0,2 (0,4-0,5). Pb plomb 1,2 (3). NO_3 nitrates 2 000 (2 500). NO_2 nitrites 40 (85).

■ **Communes françaises menacées par les risques naturels.** *Inondations* 7 500, *mouvements de terrain* 3 000, *séismes* 1 400, *avalanches* 600.

■ **Espaces piétonniers** (en m²). Paris 157 000, Rouen 81 642, Nice 70 000, Dijon 62 650, Nancy 61 854 ; Le Havre 1 200, Amiens 1 500, Villeurbanne 5 000, Argenteuil 5 630, Roubaix 7 000.

■ **Espaces verts** (en m² par habitant, intra-muros). Besançon 55,4, Rennes 24,4, Le Havre 23,8, Bordeaux 22,8, Orléans 20,6, Caen 19,6, Limoges 19, Dijon 18,8, Metz 18,5, Mulhouse 18,5, Le Mans 6,5, Lyon 5,7, Perpignan 5,6, Tourcoing 5,6, Roubaix 5,4, Villeurbanne 4,1, Aix-en-Provence 3,4, Boulogne-Billancourt 2,7, Toulon 2,7, Brest 0,9.

■ **Pistes cyclables** (en km). Strasbourg 43, Rennes 26,6, Marseille 26, Montpellier 26, Grenoble 20 ; Tourcoing 0,6, Perpignan 0,9, Roubaix 1,2, Lyon 1,71, Bordeaux, Villeurbanne, Clermont-Ferrand 2.

■ **Quelques points sensibles. Beausoleil :** urbanisation du littoral. **Creys-Malville :** surgénérateur. **Forbach :** projet d'incinérateur de déchets industriels. **Marckolsheim :** 80 ha de forêt détruits pour construire une usine. **Le Veurdre :** projet de barrages sur la Loire. **St-Aubin :** plutonium dans la décharge. **Saône et Doubs :** 250 associations contre la réalisation du canal Rhin-Rhône. **Soule :** projet de gazoduc franco-espagnol. **TGV Méditerranée :** tracé contesté. **Tunnel du Somport :** la construction se poursuit. **Vallée du Louron :** travaux stoppés pour les 2 × 400 000 volts de la ligne. **Vence, St-Paul-de-Vence :** doublement de l'autoroute A8.

■ **Employés dans l'environnement.** *1997 :* 304 000. **Prévisions an 2000 :** traitement des déchets, 28 000 salariés sur 6 000 lieux de production (3 000 en 1993) ; nettoyage industriel 335 000. Avec le 6ᵉ Programme des agences de l'eau (1992-1996), création de 33 000 emplois.

■ **Industrie de la dépollution. Chiffre d'affaires** (en 1994) : 100 milliards de F.

■ **Condamnations.** *1984 :* 15 878 ; *90 :* 10 501 ; *91 :* 11 152 (chasse et pêche 5 471, urbanisme 2 023, pollution 1 978, vétérinaires, élevages 672, eau 415, installations classées 358, camping 181, protection rurale et forestière 44).

DÉCHETS ET RECYCLAGE

EN FRANCE

DONNÉES GÉNÉRALES

■ **Quantité de déchets en France** (en millions de t, 1998). **Déchets municipaux :** 46,8 *dont ménagers et assimilés :* 32,9 dont ordures ménagères 27 [dont des ménages 22 (dont sélectivement 2,2), des artisans et commerçants 4,9 (dont en % matières organiques 29, papier 26, verre 13, plastiques 11, métal 4, divers 17)], encombrants et déchets verts 6 ; *du nettoiement :* 4 ; *verts des collectivités :* 0,9 ; *d'assainissement collectif :* 9 ; *dangereux des ménages :* 0,1. **Industriels banals :** 46,1.

■ **Récupération** (en 2000). **Chiffre d'affaires :** 37,5 milliards de F dont (en %) métaux non ferreux 37, ferrailles et VHU 20, papier et cartons 13, DIB (déchets industriels banals) en mélange 12, autres 10, textile 3, verre 2, palettes 2, plastique 1. **Entreprises :** 3 700. **Effectifs :** 26 600 salariés directs. **Volume collecté :** 34 millions de tonnes. **Investissements :** 2,5 milliards de F.

■ **Principales Stés. Générale des eaux** dont *Onyx* (chiffre d'affaires « propreté » : 7,3 milliards de F, 18 300 salariés), collecte 8,6 millions de t, en élimine 4 dans des CEI (centres d'enfouissement technique). **Cie générale de chauffe** incinère 3,3 millions de t, *Esys-Montenay* 1,3 million, *Sogea* composte 500 000 t. *Lyonnaise des eaux-Dumez* dont *Sita* (pôle propreté de Suez, chiffre d'affaires : *2000 :* 5 milliards d'euros, 70 000 collaborateurs présents dans 30 pays) et Elyo incinèrent 4 millions de t. *Coved,* filiale de la *Saur* (*groupe Bouygues,* chiffre d'affaires : *1999 :* 1,35 milliard de F, 2 500 salariés), collecte et traite 1 500 000 t. *Nicollin* (chiffre d'affaires : *1993 :* 0,45 milliard de F, 1 600 salariés). *Matuszewski* (chiffre d'affaires : 0,15 milliard de F, 340 salariés). *Tiru* (chiffre d'affaires : 1,075 milliard de F, 1 257 personnes dont 340 salariés à l'international) [filiale commune d'EDF (51 %), de la Lyonnaise (25) et de la Générale (24)].

Compost : Sogea (chiffre d'affaires : 800 millions de F), 190 000 t. **OTVD** (chiffre d'affaires : 85 millions de F, 75 salariés), 50 000 t. **Métaux : CFF Recycling** (chiffre d'affaires : 5,8 milliards de F, 2 250 salariés), plus du tiers de l'acier recyclé et plus du quart des métaux traités.

Papier : Soulier-Onyx (chiffre d'affaires : 1 300 millions de F), filiale de Vivendi Environnement, leader européen, 1 700 000 t collectées, valorisées, commercialisées. Filiales en Allemagne, G.-B., Espagne, Benelux, bureaux USA et Asie. **Plastique : Sorediv** (chiffre d'affaires : 9 millions de F). **Verre : Ipac** (chiffre d'affaires : 19 millions de F), 68 000 t.

■ **Récupération-recyclage.** Volume transitant au sein de la profession/dont collecté [1] (traité et vendu hors profession/mis en décharge/inciné) *exportations* (en millions de t, 2000) : **ferrailles et VHU :** 14,9/11,9 (11,7/0,4/n.s.) *4,8 ; métaux non ferreux :* 1,95/1,4 (1,4/n.s./n.s.) *0,3 ; papiers et cartons :* 5,3/5 (4,85/0,1/n.s.) *1,1 ;* **textiles :** 0,270/0,255 (0,240/0,015/n.s.) *0,038 ;* **plastique :** 0,355/0,275 (0,264/0,007/n.s.) *0,071 ;* **verre :** 2/1,8 (1,79/0,03/n.s.) *0,09 ;* **déchets industriels en mélange :** 6,8/6,6 (0,3/6,15/0,15) *n.s. ;* **palettes [2] :** 53/51 (45 [3]/5 [4]) *n.s. ;* **autres [5] :** 5,9/5,7 (4,2/0,5/0,7) *0,06.*

Nota. – n.s. : non significatif. (1) La différence représente les échanges interprofessionnels. (2) Nombre, en millions. (3) Réparées et revendues. (4) Broyées. (5) Ordures et emballages ménagers, déchets industriels spéciaux, huiles, solvants, combustibles, caoutchouc, plumes et duvets, consommables bureautiques, piles, déchets verts, déchets médicaux, etc. *Source :* Federec.

DONNÉES PARTICULIÈRES

■ **Accumulateurs. Consommation annuelle** (en t) : *portables* (aspirateurs, etc.) 4 500 ; *non portables* (véhicules, à usage industriels, etc.) : 220 000 t.

■ **Amalgames dentaires.** 70 t de mercure dont 50 jetées.

■ **Batteries. Amende** pour abandon en pleine nature : 3 000 F (depuis le 1-7-1999) [voir Piles]. Interdiction des batteries automobiles à partir de 2005, des batteries industrielles au cadmium en 2008.

■ **Boues d'épuration** (est. 1993). 3 millions de t de boues industrielles à 98 % d'eau (600 000 t de matières sèches) sont mises en décharge (40 %), incinérées (15 %), valorisées en agriculture (45 %). *Matières de vidange de l'assainissement individuel :* 11 000 000 de m³. Une station d'épuration des eaux usées produit, par jour et par habitant raccordé au réseau : 2,5 litres de boues (teneur moyenne 80 % en eau) soit 18 kg de matière sèche (MS) de boue par habitant, par an. Tonnage potentiel de boues urbaines produites en France : 1 million de t de MS par an.

■ **Bouteilles plastique. Consommation** pour le conditionnement des liquides alimentaires : 200 000 t par an (dont bouteilles d'eau 160 000 t). **Recyclage** [en 1990, 1,5 % du tonnage soit 3 000 t (prochainement 40 000 t/an). 3 % des bouteilles consommées (soit 120 millions sur 4 milliards par an)] : tuyaux tricouches (type tuyaux d'assainissement), contreforts pour chaussures, tubes et profilés divers, revêtements de sol, cornières de palettisation. Fibres chimiques à base de PET (polyéthylène téréphtalate) ou de PVC (polychlorure de vinyle ; 27 bouteilles recyclées permettent de tricoter un pull en PVC). 1 t de matière plastique secondaire revient à 3 500 F, plus cher que la matière neuve. **Collectes sélectives :** supposent une densité de population suffisante (250 000 hab.) pour rentabiliser un centre de tri (15 000 à 20 000 t de produits recyclables par an). Environ 7 millions de Français sont desservis par une collecte sélective.

■ **Brasseries** (sous-produits, en t, 1993). *Drèches :* 297 810 (valorisation : alimentation animale) ; *levures :* 35 400 (alimentation animale et humaine) ; *boues de station :* 35 400 (épandage) ; *déchets banalisés :* 31 813 (recyclage).

■ **Déchets d'activités de soins.** 700 000 t/an en France, dont 70 000 t dites à risques (seringues, tubes à essais), déchets qui doivent être traités dans des installations spécifiques (incinération ou décontamination).

■ **Déchets industriels** (en 1998, estimations). 156,1 millions de t/an dont : inertes (gravats, matériaux de construction inutilisés...) 100, banals 46,1, spéciaux 7 (dont 100 000 t toxiques en quantité dispersée). 49,4 % sont traités directement par les industriels producteurs, 50,6 % par les centres de dépollution, 3 millions de t restent stockés (décharges de classe I). **Coût d'élimination** ou **de stockage :** 15 milliards de F (dont 0,7 pour toxiques dangereux). **Transport :** de quelques centaines de F (cendres d'incinération d'ordures ménagères) à plusieurs milliers de F la tonne (résidus très toxiques ou non dégradables : arsenic, cyanure, organo-chlorés et polychlorobiphényles dont la dioxine).

■ **Déchets polluant l'eau. Matières organiques et,** entre parenthèses, **toxiques :** *total :* 2 434 t dont (en %) industries agricole et alimentaire 46 (0), chimie, parachimie 18 (53), papiers, cartons, bois 13 (1), textile, cuirs 9 (6), extraction (industrie des métaux, industries mécaniques) 10 (38), énergie (centrales thermiques, raffineries) 1 (1), matériaux de construction céramique, verre 0 (1).

■ **Traitement des déchets spéciaux** (en 1998). 88 centres collectifs de dépollution ont traité 1 661 000 t de déchets industriels dangereux dont 16 centres de détoxication physico-chimique (301 000 t traitées), 48 centres d'incinération dont 14 en centre spécialisé (618 000 t), 1 en usine d'incinération des ordures ménagères (UIOM) 9 000], 30 en cimenterie (542 000), 12 en évapo-incinération (191 000). 13 centres d'enfouissement technique de classe I ont stocké 803 000 t.

■ **Déchets ménagers. Par hab. et par an** (en kg) : *1960 :* 220 ; *75 :* 272 ; *80 :* 289 ; *85 :* 343 ; *89 :* 358 ; *97 :* 450 ; *98 :* 440. **Contenu d'une poubelle** (en %) : matières putrescibles 28,8, papier-carton 25,3, verre 13,1, plastiques 11,1, métaux 4,1, textiles 5,7, bois 3,2, divers 6,8. *Coût moyen de la collecte :* 350 F/t. **Collectes sélectives :** *quantité ramassée* (en millions de t) *et,* entre parenthèses, *population desservie* (en millions d'habitants) : *1993 :* 1,4 (0,7) ; *95 :* 1,6 (4,9) ; *96 :* 1,7 (9) ; *97 :* 2 (12) ; *98 :* 2,2 (19) ; *99 :* 2,5 (27). **Coût de la collecte et du tri sélectif** (verres, recyclables secs, autres) **en zone urbaine** (en F HT/t ; *source :* étude Sofres pour l'AMF et l'Ademe, fin 1998) : 965 à 1 115 (500 à 580/hab.) dont recettes recyclage 120 à 125 (65), coût technique 845 à 995 (440 à 515). **Gestion des déchets ménagers** (en % du tonnage, 1998 ; *source :* Ademe) : *valorisation :* 44,4 dont incinération avec récupération d'énergie 30, compostage avec production d'engrais organiques 6, recyclage 8. *Décharges* (légales et illégales) : 49, incinération sans récupération d'énergie 7. *Prév. 2002* (Ademe) : incinération avec récupération d'énergie 41, recyclage 12, compostage 7, stockage de déchets ultimes 40. **Installations de traitement des déchets ménagers** (parc en 1998 et, entre parenthèses, prévisions pour 2002) : déchetteries 2 113 (2 800) ; centres de tri 150 (150) dont d'ordures ménagères 57, de déchets industriels banals 93 ; de transfert 328 (680 à 710) ; incinérateurs 248 (260) dont 148 sans récupération d'énergie et 100 avec ; centres de compostage 174 (?) ; décharges contrôlées recevant plus de 3 000 t/an 439 (260 à 280), dont 314 avec compostage. **Coûts de traitement des déchets ménagers** (en F par t, 1997) : décharge 600, incinération 800, triée pour recyclage 1 700 ; **par habitant** (en F, 1997) : *les plus élevés :* Cannes 1 622, Paris 815, Antibes 772, Lille 763, Avignon 741 ; *les moins :* Châlons-en-Champagne 169, Vitry-sur-Seine 139, Amiens 133, Charleville-Mézières 101. St-Nazaire 61.

■ **Déchetteries. Nombre :** *1996 :* 1 438 ; *98 :* 2 113. **Quantités collectées** (en 1996) : 3 800 000 t de déchets dont (en %) gravats et inertes 32, déchets verts 19, matières recyclables 7, déchets ménagers spéciaux 5, divers encombrants 37. **Quantités éliminées par mode de traitement principal** (en millions de t, 1998) : 39,98 dont mises en décharge 23,35, incinération avec récupération d'énergie 8,91 (sans 1,87), tri 3,23, compostage 2,48, méthanisation 0,081. **Coût de l'élimination** (en F HT/t, 1998) : incinération 450 à 900, compostage 200 à 650, mise en décharge de classe II 250 à 600.

■ **Déchets organiques.** D'origine domestique (boues d'épuration...), industrielle (sous-produits des abattoirs, des distilleries, des conserveries) ou agricole : 400 millions de t (dont déjections d'élevage 280, déchets de culture et forêt 60, des ind. agroalimentaires 45). En partie réincorporés dans le sol. Mêlé à trop de débris de verre et de plastique et ne présentant pas de garanties suffisantes, le compost est mal commercialisé. Sang des abattoirs, sérum des fromageries et eaux grasses de restaurants, mieux valorisés en alimentation animale permettraient de réduire les importations de tourteaux de soja ; on utilise aussi le sang d'abattoir en charcuterie, industrie pharmaceutique, cosmétiques, pour la fabrication du béton léger (essais).

■ **Déchets et sous-produits agroalimentaires. Viniculture et distillation vinicole :** *marcs :* 1 350 000 t dont 78 % valorisés (distillations industrielle et ambulante), élimination 22 % (compostage) ; *lies :* 260 000 t, élimination par épandage. **Sucrerie-distillerie de betterave :** 22 442 000 t. *Tare terreuse :* 5 500 000 t, 100 % éliminés (épandage, remblais) ; *pierres sables :* 275 000 t, 100 % éliminés (comblement de carrière) ; *herbes et radicelles :* 1 100 000 t, 70 % valorisés (incorporation aux pulpes) et 30 % éliminés (décharge, compostage-épandage) ; *écumes :* 1 386 000 t, 100 % éliminés (amendement calcique) ; *pulpes :* 12 536 000 t, 100 % valorisés (déshydratation, surpressage, en l'état) ; *vinasses :* 485 000 t, (au minimum), 100 % valorisés (concentration, dépotassification) ; *mélasse :* 1 160 000 t, 100 % valorisés (alimentation animale, distillation, levurerie, usages industriels, export).

■ **Déchets radioactifs** (voir le chapitre **Énergie**).

■ **Emballages** (en 2000). Quantité d'emballages ménagers recyclée ou incinérée avec récupération d'énergie : 2,8 millions de t (dont 1,7 millions par recyclage), soit 70 % des emballages. **Recyclage :** des plastiques 10 %, de verre 52 %, de l'acier 51 %, de l'aluminium 15 %, du papier-carton 20 %. **Valorisation :** obligatoire depuis le décret du 19-7-1994. Objectif 2002 : 75 % de valorisation (recyclage et incinération avec récupération d'énergie). En 2000, 24 013 communes sur 37 000 trient leurs emballages, soit 2 Français sur 3, en 2001, 45 millions de Français trient leurs emballages. Eco Emballages perçoit une contribution des industriels, qui répercutent ce coût sur le consommateur, aide les municipalités dans la collecte en reversant 85 % des sommes récoltées et en garantissant la reprise des emballages à un taux fixe : pour 1 t de papier journal 200 F, autres emballages 300 F. Les déchets non recyclables sont taxés (incinérer une tonne d'ordures coûte 443 F à la municipalité). La taxe d'enlèvement des ordures ménagères (TEOM) payée par les contribuables est en augmentation.

■ **Fruits et légumes. Déchets :** 780 000 t dont 70 % de corps étrangers (terre), 26 d'écarts de triage (dont 50 % non récupérés), 4 de matières 1ʳᵉˢ non commercialisées. *Pommes de terre :* déchets de triage ou écarts avant commercialisation 500 à 900 000 t/an, et déchets de transformation environ 200 000 t.

■ **Huiles usagées. Noires :** *1998 :* 245 183 t collectées par les ramasseurs agréés (sur 287 500 t produites) ; *99 :* 247 675 t. *Produits de vidange :* 16 000 t/an récupérées par déchetteries. **% d'huile usagées utilisées en régénération :** 33 % (le reste en chaufourneries). **Origine** (en %, 1996) : garages et centres-autos 48,4, industries 14,9, transports marchandises et voyageurs 10,9, conteneurs déchetteries 6, collectivités 5,6, machines agricoles 2,1, divers 12.

■ **Laiteries** (sous-produits). *Lactosérum* 9 000 000 de t. *Babeurre* 507 000 t. Valorisés en alimentation animale, humaine ou dans les cosmétiques.

■ **Lampes et tubes fluorescents.** Déchets [néons : 40 millions, lampes à décharge (éclairage public) 3,6] contiennent environ 1 t de mercure et 25 t de poudre fluorescente.

■ **Médicaments.** Voir encadré p. 189 a.

■ **Ordinateurs.** 1 micro-ordinateur peut comporter 60 % de métaux ferreux et non ferreux, 17 % de plastiques, 9 % de verres divers (tube cathodique). 93 à 98 % du poids des machines peut être recyclé. *Coût :* 500 F à 2 000 F par t. *Prix de la collecte et du stockage :* 5 F le kg en moyenne.

■ **Papier-carton. Taux d'utilisation** (en %, 1999) : emballage et conditionnement 33,1, papier journal 72,5, d'hygiène 49, industriels et spéciaux 28,2, papier impression-écriture 10,6. **De produits à base de papiers-cartons récupérés** (en %, 1999) : Espagne 81,4, P.-Bas 73, G.-B. 72,3, Suisse 63,4, Allemagne 61, *France 55,* Italie 49,1, Autriche 43,2, Belgique 34,2, Portugal 31,3, Suède 18,2, Norvège 13,1, Finlande 5,4. 1 tonne de papier recyclé économise 17 arbres (pour la pulpe qui donnera la cellulose), 20 000 litres d'eau, plus de 1 000 litres de pétrole (pour la fabrication) et 3 m³ de décharge publique nécessaires pour déposer le papier usagé. Voir également p. 1621 b.

☞ Chaque ménage français reçoit en moyenne dans sa boîte aux lettres 50 kg/an de publicités et journaux gratuits. *Coût d'élimination par les collectivités locales :* 1,5 milliard de F.

■ **Piles. Consommation** (en milliers par an) : 500 dont alcalines (zinc + mercure, bioxyde de manganèse, potasse) 250 ; salines (sel d'ammonium à la place de la potasse) 300 ; piles « vertes » (le mercure remplacé par un produit à base de fluor) ; pile au lithium (sans mercure) ; pile bouton (moins de 2 % en poids de mercure) 50. En t/an : 25 500. **Quantité récupérable** (en t/an) : cadmium 90 ; mercure 2,5.

A la suite des directives européennes du 18-3-1991 et du 4-10-1993, le décret 97-1328 du 30-12-1997 définit les prescriptions de mise sur le marché et d'élimination des piles et accumulateurs contenant des matières dangereuses. Au 1-7-1998, les distributeurs doivent reprendre les piles contenant des métaux lourds. Le décret du 12-5-1999 fixe à 0,0005 % en poids de mercure (teneur « naturelle » que l'on trouve dans la couche terrestre) le seuil limite à partir du 1-1-2000 et oblige les producteurs à reprendre piles et accumulateurs usagés (à partir du 1-1-2001 pour piles salines et alcalines).

Création début juillet 1999 de l'Ispa (Instance de suivi sur les piles et accumulateurs).

■ **Plastiques.** Seuls sont récupérés les déchets de composition homogène. De nombreux plastiques utilisés par les ménages sont retraités : les bouteilles d'eau minérale ou de boissons gazeuses (PET) et le flaconnage (PEHD). **Sacs plastique. Nombre** (distribué par les commerçants) : 17 milliards par an. **Types :** *très fins (quelques microns) :* à base de polyéthylène vierge constitué de chaînes de carbone et d'hydrogène rendant impossible une dégradation biochimique ; *biodégradables :* susceptibles d'être entièrement décomposés en substances simples (eau, gaz carbonique) par l'action de micro-organismes répandus dans la nature (rôle important de l'humidité). Pour les premiers sacs biodégradables, seul le pourcentage de matière végétale inclus dans le plastique se dégradait ; *photodégradables :* sous l'action de la lumière, leurs composants se fragmentent mais les résidus vont dans le sol.

■ **Pneus usés. Production annuelle :** 368 000 t dont 85 000 réutilisées, 113 000 éliminées [incinération en cimenterie, génie civil (fondations, digues, etc.), transformation (bitumes, revêtements sportifs, etc.)] et 170 000 t mises en décharge, brûlées, dispersées, conservées par des particuliers, exportées, utilisées par les agriculteurs pour l'ensilage, etc.

Produits électriques et électroniques en fin de vie (PEEFV) en Europe : 6,5 millions dont *téléphones portables :* 250 t/an, *téléviseurs :* 4 500.

■ **Textiles. Utilisation :** cartons, revêtements de sol, « ardoises » artificielles, chiffons, linge de toilette, tissus d'ameublement non tissés, papiers « vélin » et « pur chiffon », billets de banque, papiers techniques, rembourrage.

■ **Thermomètres.** Depuis le 1-3-1999, la vente des thermomètres à mercure est interdite.

■ **Tubes cathodiques.** A partir de 2002, les fabricants devront les reprendre.

■ **Véhicules hors d'usage. Nombre :** 1 700 000, soit 6 millions de vieilles batteries représentant 21 000 t d'acide sulfurique et 120 000 t de plomb (dont 90 000 t recyclées), 30 millions de vieux pneus, soit 376 000 t dont 118 000 t valorisées. Les carcasses de voitures devront être recyclables à 85 % d'ici à 2002.

Déconstruction (en 2000, *source :* Federec). **Entreprises :** 110. **Effectifs :** 750. **Investissements** (en millions de F) : 50. **Chiffre d'affaires** (en millions de F) : 390 dont (en %) pièces de réemploi 50, véhicules cédés 31, carcasses 4, autres [1] 15. **Véhicules collectés :** 101 000 dont cédés 13 000, carcasses dirigées vers des broyeurs ou des récupérateurs 71 000 ; **en stocks** (au 31-12) : 55 000. **Volume de composants envoyés vers les filières de valorisation matière ou énergétique :** 33 000 t.

Nota. – (1) Vente de pièces neuves, dépannage, véhicules d'occasion, contrôle technique, location de bennes.

■ **Verre d'emballage. Collecteurs** (*source :* Chambre syndicale des verreries mécaniques de France) : *1974 :* 1er installé (à Autreville-sur-la-Renne). *Nombre : 1988 :* 32 000 ; *95 :* 68 000 ; *99 :* 90 000. **Traitement :** débarrassé de ses impuretés et broyé, le verre devient du *calcin.* Certains fours des usines verrières absorbent jusqu'à 90 % de calcin ; chaque t permet une économie totale d'énergie de 100 kg de fuel. **Recyclage :** allège le poids des déchets à éliminer d'environ 12 %, réduit de 200 kg par t les émissions de dioxyde de carbone et permet une économie de 470 à 925 F/t. *Tonnages recyclés* (en milliers de t) : *1988 :* 650 ; *95 :* 1 300 ; *99 :* 1 750.

☞ 1 tonne de verre recyclé doit contenir moins de 100 g d'impuretés. Si le verre peut être réutilisé 7 fois en moyenne, son recyclage alourdit les coûts de transport (donc les coûts de carburant), augmente la pollution atmosphérique et nécessite, pour le lavage, de l'énergie, beaucoup d'eau potable et des produits chimiques nuisibles à l'environnement.

■ **Viande, gisement de déchets** (en milliers de tonnes), toutes espèces confondues, en 1990 : 3 653 dont déchets de découpe et protéiques divers : 495 à 545 ; graisses : 1 400 (gisement théorique), dont 400 suif, saindoux et graisses dégradées 1 000 ; phanères, poils, cornes et onglons : 300 à 320 ; saisies : 38,5 ; lisiers et fumiers : 130 ; matières stercoraires : 540 ; os : 430, dont 20 % de viande ; déchets de peaux et cuirs à l'abattage : 75 à 80 ; sang : 200 à 215 ; collecte hors abattoirs de cadavres : 290.

■ **Vieux vêtements. Collectés :** 35 000 t par an ; 30 % sont exportés puis réutilisés ; 30 servent à l'essuyage industriel ; 20 retournent, après effilochage, à la fabrication de textiles neufs ; 10 sont destinés à la cartonnerie (cartons bitumés, isolants thermiques et phoniques) ; 10 sont éliminés.

☞ **Adresses : Fédération française de la récupération pour la gestion industrielle de l'environnement et du recyclage (Federec),** 101, rue de Prony, 75017 Paris. **Fnade** (voir **Décharges** ci-après).

Décharges

■ **Installations classées.** Récupération et valorisation systématique des emballages sont financées en partie par les conditionneurs. **Coût de la loi sur les déchets :** 15 à 20 milliards de F. **Classe I (déchets industriels, spéciaux) :** 13 [depuis la fermeture de Montchanin (S.-et-L.) le 18-6-1988, où furent déposées 400 000 t de 1979 à 1989 (beaucoup venant de Suisse et d'All.), procès en fév. 1998]. Les résidus toxiques qui ne peuvent être acceptés en classe I sont enfouis en site souterrain. **II (ordures ménagères et déchets industriels « banals », autorisés sur sites semi-perméables) :** 900 (dont 439 recevant plus de 3 000 t/j). **III (matériaux inertes : moellons, gravats) :** pas d'autorisation préalable, ni de contrôle.

■ **Décharges non autorisées.** Environ 4 500 sur lesquelles les communes font des apports réguliers de façon illégale. *Exemple* à Marseille : Entressens. **Décharges sauvages.** Environ 25 000. D'ici à 2002, elles devraient être supprimées et renforcées par des installations collectives de traitement (seuls les résidus ultimes de ces opérations pourront être stockés). 20 millions de t de déchets sont stockées dans des endroits insuffisamment contrôlés ; 500 000 t dans des décharges illégales.

■ **Site souterrain en projet** (décharges de déchets ultimes). *Stocamine,* à proximité de Mulhouse, dans les galeries minières de l'exploitation des mines de potasse d'Alsace (arrêté d'autorisation : 3-2-1997). Le site de *Manosque* a été abandonné (600 000 t devaient y être stockées dans 36 réservoirs creusés de 1969 à 73 pour abriter des réserves d'hydrocarbures).

■ **Législation. 1975** (15-7) loi sur l'élimination des déchets permet, en cas d'infraction, de faire éliminer les déchets aux frais du responsable. **1976** (19-7) loi sur les installations classées pour la protection de l'environnement. **1992** (13-7) loi modifiant celle de 1975, introduit les notions de « plan départemental ou régional pour l'élimination des déchets » devant être établi sous la responsabilité des préfets. 1 750 entreprises considérées comme les plus polllueuses sont concernées dont Rhône-Alpes 232, Ile-de-France 186, Provence-Alpes-Côte d'Azur 150, Nord-Pas-de-Calais 145, Haute-Normandie 106, Paris-petite couronne 93, Lorraine 91, Aquitaine 75, Champagne-Ardenne 67, Pays de la Loire 67, Picardie 64, Bourgogne 59, Bretagne 57, Alsace 55, Centre 50, Poitou-Charentes 44, Midi-Pyrénées 42, Languedoc-Roussillon 41, Basse-Normandie 37, Auvergne 31, Franche-Comté 29, Limousin 25, Corse 2. **1993** (1-4) début de la perception d'une taxe sur la mise en décharge des déchets ménagers et assimilés. **1995** (2-2) loi instaurant une taxe sur les traitements ou la mise en décharge des déchets industriels spéciaux (30 F ou 60 F/t en 1996). **1998** (avril) plan d'urgence fixant à 10 mg/m³ la teneur en dioxine des fumées d'incinérateurs. **A partir du 1-7-2002** seuls les déchets ultimes pourront être stockés.

■ **Organismes. Association nationale pharmaceutique pour la collecte de médicaments (ANPCM) :** 4, avenue Ruysdael, 75017 Paris. **Fédération nationale des activités du déchet et de l'environnement (Fnade) :** 33, rue de Naples, 75008. **Laboratoire de la Préfecture de police** *(produits ménagers toxiques) :* 39 *bis,* rue de Dantzig, 75015. **Syndicat national de la récupération des papiers et cartons (SNRP) :** 161, boulevard Davout, 75020. **Union nationale des exploitants du déchet :** 3, rue Alfred-Roll, 75017.

Dans le monde

■ **Recyclage dans le monde.** En 1990, 40 millions de tonnes de déchets ont été exportées dans le monde pour être recyclées. *Personnes employées :* 350 000. *Revenus :* 38 milliards de $. **Déchets dangereux susceptibles d'être commercialisés** par les États de l'OCDE (classés depuis 1992 en 3 catégories) : *1re) liste rouge :* polychlorobiphényles (PCB), fibres d'amiante, dioxines chlorées ; sont contrôlés par la convention de Bâle ; *2e) orange :* phénols, piles acides contenant du plomb, etc. ; les importateurs ont 30 jours pour les accepter ; *3e) verte :* déchets recyclables (métaux ferreux et non ferreux comme le plomb, le cadmium et le thorium, pneus, certains types de cendres, scories de cuivre, nickel ou aluminium, plastiques) ; une simple lettre d'acceptation du pays importateur suffit.

Déchets produits (fin des années 80)	municipaux		industriels		nucléaires
	kg/hab.	total (1 000 t)	dangereux (1 000 t)	total (1 000 t)	total (en t)
Allemagne	331	20 230	6 000	61 400	360
Australie	681	10 000	300	20 000	–
Autriche	228	1 730	200	13 260	–
Belgique	313	3 080	920	8 000	122
Canada	632	16 400	3 300	61 000	1 300
Danemark	469	2 400	90	2 400	–
Espagne	322	12 550	1 710	5 110	270
Finlande	608	3 000	270	12 700	77
France	*304*	*17 000*	*3 000*	*50 000*	*950*
G.-B.	353	17 700	4 500	50 000	900
Grèce	314	3 150	423	4 300	–
Irlande	311	1 100	20	1 580	–
Italie	301	17 300	3 800	43 700	–
Japon	394	48 300	–	312 300	770
Norvège	475	2 000	200	2 190	–
Nlle-Zél.	662	2 110	60	300	–
Pays-Bas	467	6 900	1 500	6 690	15
Portugal	231	2 350	170	6 620	–
Suède	317	2 650	500	4 000	240
Suisse	427	2 850	400	–	85
USA	864	208 800	275 000	760 000	1 900

■ **Recyclage du verre en Europe. Taux national** (en %) **de recyclage et,** entre parenthèses, **tonnage collecté** (en milliers de t) auprès du public et des embouteilleurs (en 1999 ; *source :* Fédération européenne du verre d'emballage) : Suisse 93 (283), Pays-Bas 91 (397), Autriche 84 (200), Suède 84 (147), Norvège 83 (39), Allemagne 81 (2 845), Finlande 78 (41), Danemark 63 (120), *France 55 (1 750),* Portugal 42 (132), Italie 41 (930), Espagne 40 (575), Irlande 35 (38), G.-B. 26 (499), Grèce 25 (40), Turquie 25 (95), Belgique n.c. (295).

■ **Principaux exportateurs de déchets.** *USA :* vers Sierra Leone, Haïti, Bahamas, Mexique, Honduras, Rép. Dominicaine, Costa Rica, Corée du Sud. *Italie :* vers Venezuela, Proche-Orient, Afrique. *Allemagne :* 4 à 5 millions de t de déchets toxiques/an. *Pays-Bas. France.* **Importateurs.** Pays surendettés du tiers-monde.

■ **Importations en France. Déchets industriels importés officiellement :** 514 108 t [plus de 1 million selon Greenpeace dont 450 000 t de générateurs de nuisance (DgN)] venant d'All. (15 sites), Belgique (8), P.-Bas (8), Suisse (6), Italie (4), Esp. (4). La mise en dépôt de résidus industriels dangereux coûte 200 F la t en France, contre 600 F en All. **Exportations de DgN de France :** 70 000 t.

■ **Déchets recyclés en Allemagne. Duales System Deutschland GmbH (DSD) :** Sté privée chargée d'organiser la récupération et le recyclage des emballages ménagers. La loi refuse de considérer l'incinération des déchets comme un mode de valorisation, et l'All. ne peut absorber les 4 millions de t à recycler [d'où une politique d'exportation d'ordures ménagères (vers France et tiers-monde)].

Accidents technologiques majeurs

Quelques cas

■ **XVe s.** rupture du barrage de Dordrecht (Pays-Bas) : éclusage mal construit. 100 000 † (la plus grande catastrophe écologique d'Europe). **1966**-*4-1* **Raffinerie de Feyzin** (France) : 6 h 40, du propane se répand sur l'autoroute et une départementale où, à 7 h 15, une voiture enflamme le nuage. Les pompiers arrivent entre 7 h 30 et 8 h 30. A 8 h 45 une sphère explose (17 †, 84 blessés) ; à 9 h 45 une autre sphère explose (dégâts jusqu'à 16 km). **1973**-*1-2* **St-Amand-les-Eaux** (France) : un semi-remorque de 20 t contenant du propane double un cycliste, veut freiner, se couche sur le trottoir. Le gaz liquéfié s'écoule, un brouillard envahit la rue (propane à l'état gazeux et gouttelettes) ; la citerne éclate et s'éparpille dans un rayon de 450 m. 9 †, 45 blessés, 9 véhicules et 13 maisons détruits. **1974**-*1-6* **Flixborough** (G.-B.) : 50 t de cyclohexane d'une usine s'enflamment. 28 †, 89 blessés ; bâtiments détruits sur 600 m. **1976**-*10-7* **Seveso** près de Milan (Italie), usine *Icmesa* (filiale de Givaudan, firme suisse filiale de Hoffmann-Laroche) : des vapeurs toxiques de dioxine s'échappent (trop forte pression dans un réacteur chimique produisant du chlorophénol). La firme a versé 338 millions de FF pour dédommager les victimes et a financé les travaux de décontamination. *1980-5-2* le responsable de la production d'Icmesa est assassiné par des terroristes de « Prima Linea ». *1982-10-9* de la terre imprégnée de dioxine quitte l'Italie dans des fûts. 41 seront retrouvés en mai 1983 en France, près de St-Quentin [ils seront incinérés dans l'usine Hoffmann-Laroche à Bâle (Suisse) du 17-6 au 27-6-1985]. *1983-sept.* 5 personnes de la direction condamnées (de 2 ans et demi à 5 ans de prison). *1985-11-3* procès en appel [*-26-6* transporteur condamné à 18 mois de prison (dont 17 avec sursis) et 100 000 F d'amende (son employé, à 6 mois de prison avec sursis et 10 000 F d'amende)]. Personnes affectées par la contamination du sol : 37 235.

■ **Accidents industriels ayant entraîné + de 50 morts.** **Nombre de morts : Allemagne** *1921* Oppau [2,16] 561 † ; *1933* Neuenkirchen [1] 65 † ; *1943* Ludwigshafen [1,17] 57 † ; *1948* Ludwigshafen [1,4,18] 245 † ; RDA [19] 50 †. **Bahreïn** *1957* Bahreïn [2,20] 57 †. **Belgique** *1942* Tessenderlo [2,16] 200 †. **Brésil** *1984* Cubatao [8,21] 90 †. **Cameroun** *1998* Yaoundé [24] 220 †. **Canada** *1917* Halifax [3,23] 2 000 † ; *1982* Ocean Ranger [7,22] 84 †. **Chine** *1979* Bohai [7,22] 72 † ; *1993* Bahoe [25] 70 † ; *1996* Shaoyang [28] 125 † ; *2000* [26] 100 † [13] ; Jiaozuo 74 † ; Luoyang 309 †. **Colombie** *1956* Cali [5,27] 1 200 † ; *1982* Tacoa [2,21] 153 †. **Corée du Sud** *1977* Iri [4,28] 56 † ; *1995* Daegu [25] 101 †. **Cuba** *1960* La Havane [3,27] 100 †. **Égypte** *1983* Nil [9,11] 317 †. **Espagne** *1978* Los Alfaques [5,29] 216 † ; *1980* Ortuella [2,30] 53 †. **France** *1794* Paris [1,31] environ 1 000 †. **Inde** *1944* Bombay [3,27] 1 377 † ; *1980* Mandir Asod [1,28] 50 † ; *1984* Bhopal [1,33] 7 000 † (?) ; *1985* Tamil Nadu [5,21] 60 † ; *1995* Madras [24] 100 †. **Irlande** *1979* Bantry Bay [3,22] 50 †. **Italie** *1886* Brescia [2,28] environ 1 000 †. **Japon** *1956* Minamata [1,32] 250 † [14] ; *1970* Osaka [6,25] 92 †. **Mexique** *1978* Huimanguille [8,25] 58 † ; Xilatopec [5,34] 100 † ; *1984* Mexico [2,11] 490 † ; *1992* (22-4) Guadalajara [35] 206 † [13]. **Nigéria** *1998* Warri [8] 700 † ; *2000* Adege [22] 300 †, Naze [21] 50 † [13]. **Norvège** *1980* Kielland [7,15,22] 123 †. **Pakistan** *1984* Ghari Dhoda [1,8,25] 60 † ; *1999* Lahore [21] 57 † ; Toba Tek Singh [35] 200 †. **Pays-Bas** *1654* Delft [1,31] environ 100 † [12]. **Philippines** *2000* Manille [36] 108 † [13]. **Roumanie** *1939* Zāmesti [1,37] 60 † ; *1984* Ploiesti [33] environ 80 †. **Russie** *1907* Petrograd [1] environ 100 † ; *1979* Novossibirsk [1,33] environ 300 †. **Sénégal** *1922* (24-3) Dakar [5,38] 129 †. **Thaïlande** *1980* Bangkok [2,27] 54 † ; *1993* Bangkok [39] 240 †. **Turquie** *1979* Istanbul [3,21] 55 † ; *1980* Danaciobasi [1,34] 107 †. **USA** *1907* Pittsburgh [1] 59 † [13] ; *1917* Chester (Pennsylvanie) [1,28] 133 † ; *1944* Port Chicago (Californie) [3,4,40] environ 100 † ; Cleveland [2,10] 136 † ; *1947* Texas City [3,16] 532 † ; *1980* Alaska [7,22] 51 †. **Ukraine** *2000* Soukhodolsk [25] 80 †. **Venezuela** *1993* Tejerias [25] 53 † ; *1994* [35] plus de 50 †.

Nota. – (1) Usine. (2) Stockage. (3) Transport-mer. (4) Ferroviaire. (5) Route. (6) Chantier. (7) Off shore. (8) Pipe-line. (9) Transport. (10) Gaz naturel liquéfié. (11) Gaz de pétrole liquéfié. (12) 500 habitations détruites. (13) Nombreux disparus. (14) 100 000 empoisonnés. (15) Naufrage plate-forme. (16) Nitrate ammoniac. (17) Butadiène. (18) Diméthyléther. (19) Charbon. (20) Coton, laine. (21) Essence. (22) Pétrole brut. (23) Lyddite. (24) Carburant. (25) Gaz. (26) Méthane. (27) Dynamite. (28) Explosifs. (29) Propylène. (30) Propane. (31) Poudre. (32) Mercure. (33) Produits chimiques. (34) Butane. (35) Hydrocarbures. (36) Ordures ménagères. (37) Chlore. (38) Ammoniac. (39) Matières plastiques et fumées toxiques. (40) TNT.

Les restrictions ont été imposées 6 ans sur 1 800 ha (5 434 personnes). Sur la zone la plus contaminée, 110 ha (735 personnes), on a éliminé toute construction et installé sur 40 ha un stockage de 250 000 m³ de terres souillées. La dioxine ne disparaîtra définitivement que vers 2040. *Victimes humaines :* 200, presque toutes de façon légère, pas de morts. 30 avortements ont été demandés, or les fœtus étaient normaux. Le risque de leucémie et lymphome serait aujourd'hui multiplié par 3,7 chez les victimes les plus exposées ; cancer du foie par 2,8 chez celles modérément exposées, de la peau par 3,5 chez celles le plus légèrement exposées. *Animaux domestiques :* 3 300 poulets morts intoxiqués, plus ceux qu'il a fallu abattre : 80 000 et 650 têtes de bétail. **1982 Bluff Council** (USA) : explosion de poussières dans un stockage de grains. 5 †. *Coût :* 10 millions de $. **1985**-*juillet* **Tesero** (Italie) : rupture d'une digue retenant les boues de décantation d'une mine. Environ 200 †. **1986 Tchernobyl** (Russie, voir à l'Index). *-Nov.* **Bâle** (Suisse) : incendie dans entrepôts des usines Sandoz : pollution du Rhin par 30 t de pesticides mercuriels. **1987**-*juillet* **Herborn** (All. féd.) : explosion d'un camion citerne (36 000 l d'essence). 4 †, 27 blessés. *-9-8* **Lanzhou** (Chine) : déraillement d'un train de 49 wagons de carburant, 21 prennent feu, nombre de † inconnu. *-Oct.* **Texas City** (USA) : rupture d'un stockage d'acide fluorhydrique, 4 000 évacués, 105 hospitalisés, nuage d'HF de 800 m. **Nantes** (France, L.-A.) : incendie entrepôt d'engrais (850 t de NPK), nuage toxique, 25 000 évacués. **1988**-*août* **St-Basile-le-Grand** (Canada, 30 km de Montréal) : incendie criminel d'un entrepôt contenant 3 800 fûts de biphényles polychlores, 14 km² évacués 18 j (5 000 personnes). **1990**-*sept.* **Oust-Kamenogorski** (Kazakhstan) : incendie dans un atelier travaillant le béryllium, nuage toxique jusqu'à la frontière chinoise, à 300 km. **1993**-*16-7* **Noyelles-Godault** (P.-de-C.) : explosion usine de fabrication de zinc et de plomb, 10 †. **1994**-*févr.* **Pechora, nord de l'Oural** (Rép. des Komis) : rupture d'un oléoduc ; près de 300 000 t de pétrole déversées dans les rivières (plus grands viviers à saumons d'Europe du Nord à l'époque) et la toundra environnantes. **1995**-*27-4* **Oukhta** (Rép. des Komis) : incendie gazoduc après une fuite, dégâts 150 millions de roubles. [Renseignements du ministère de l'Aménagement du territoire et de l'Environnement DPPR/SEI/Barpi].

■ **Accidents technologiques en France** (en %, 1992-99). Rejets de produits dangereux 50, incendie 49, explosion 4,9. *Conséquences* (en %) : pollution des eaux de surfaces 29, des sols 6,2, des eaux souterraines 1,4. *Conséquences humaines* (en %) : morts 1,4, blessés graves 3,7, chômage technique 8,5. *Secteur touché* (en %) : agriculture 17, transports terrestres 11, industries alimentaires 6,8, chimique 6, travail du bois 5,5. *Causes* (en %) : défaillance matérielle 48, humaine 24, agressions d'origine naturelle 7,9, malveillance, attentat 6. **Nombre d'accidents d'origine industrielle** (en 1993) : 640 dont 12 ont entraîné 35 † au total ; 89 accidents (14 %), 561 personnes blessées (services de secours).

Prévention en France

■ **Direction de la prévention des pollutions et des risques du ministère de l'Aménagement du territoire et de l'Environnement.** *Mission :* connaître, évaluer, prévenir, réduire les risques naturels et technologiques et développer l'information des populations sur ces risques. Le directeur exerce les fonctions de *délégué aux risques majeurs.*

■ **Plan de prévention des risques (PPR).** Servitude d'utilité publique mis en place par la loi du 2-2-1995 (décret du 5-10). *Inondations :* circulaire du 24-1-1994. *Incendies de forêt :* circulaire du 23-9-1998. **Contenu :** rapport, carte des zones à risques, règlement, guides méthodologiques (général et spécifiques aux risques littoraux, mouvements de terrain, inondations, incendies de forêt). **Nombre :** *au 1-1-2001 :* 2 550 ; *2005 (prév.) :* 5 000. **Coût :** 100 millions de F/an. **Secrétariats permanents pour la prévention des pollutions industrielles (SPPPI) :** 11 en place : étang de Berre, basse Seine, Dunkerque, Toulouse, Nantes, Strasbourg, Lyon, vallée de la Seine, Guyane, Adour, Artois.

Risques naturels majeurs suivis. Droit à l'information sur les risques majeurs naturels et technologiques (Code de l'environnement L 125-2, décret du 11-10-1990) : *avalanches* (et fortes chutes de neige), *climat* (et risques liés aux extrêmes météo, y compris raz-de-marée, cyclones, tempêtes), *incendies de forêt, inondations, mouvements de terrain, séismes, volcanisme.* Les informations relatives à ces risques figurent dans un dossier départemental des risques majeurs (DDRM) consultable en préfecture, et, en mairie, dans un dossier communal synthétique (DCS) qui doit être élaboré dans chaque commune à risque avec enjeux humains. **Nombre de communes concernées par un risque et,** entre parenthèses, **avec enjeux humains définis** (au 1-1-2001) : inondation 14 485 (6 880), mouvement de terrain 7 117 (2 388), feux de forêts 5 419 (1 755), séisme 5 391 (3 877), avalanche 569 (212), cyclone/tempête 214 (122), volcan 52 (24), risques industriels 1 541 (931), transport de matière dangereuse 7 990 (2 937), barrage 2 541 (1 390), affaissement minier 132 (2), nucléaire 740 (551), engin de guerre 40 (6), radon 92 (0).

■ **Contrôle des installations classées. Administrations concernées :** Drire (directions régionales de l'industrie, de la recherche et de l'environnement), DSV (directions des services vétérinaires) et, pour Paris et la petite couronne, le STIIC (service technique d'inspection des installations classées). **Activités en 1999 :** *établissements dont l'activité est soumise à autorisation :* 64 600 ; *visites et inspections :* 31 600 par 1 300 inspecteurs (750 équivalents temps plein) ; *arrêtés :* d'autorisation de nouvelles installations 3 900, de mises en demeure 3 920 ; *procès-verbaux :* 1 170.

Bruit

Définitions

☞ Voir **Appareil auditif** p. 149 b, **Acoustique** p. 242 b.

■ **Niveau sonore. A partir de la puissance acoustique** exprimée en dB

$$L_W = 10 \log_{10} (W/W_0)$$

avec W exprimée en watts (W), énergie libérée par unité de temps par une source sonore et W_0 la puissance de référence ($W_0 = 10^{-12}$ W). **A partir de l'intensité acoustique** qui représente le flux de puissance traversant une surface donnée et exprimée en W/m² :

$$L_I = 10 \log_{10} (I/I_0)$$

avec I exprimé en W/m², et I_0 intensité de référence ($I_0 = 10^{-12}$ W/m²).

Pression acoustique P : variations de pression locale introduites par une perturbation acoustique. Seules les fréquences de 20 à 20 000 Hz sont perçues par l'oreille. L'oreille est sensible à des pressions allant du seuil minimal de perception (2.10^{-5} Pa) au seuil de douleur (20 Pa).

■ **Émission sonore [en dB (A)]. Baladeurs :** trop souvent réglés sur 90. **Cantines scolaires :** niveau moyen 85. **Concerts :** Madonna (parc de Sceaux) 90 à environ 475 m de la scène, 68 à 1 150 m. **Discothèques :** rarement moins de 110. **Électroménager :** aspirateur [1] 70, lave-linge [2] 60 à 75 pendant l'essorage, mixer [1] 90, moulin à café [1] 90, rasoir électrique [1] 60 à 70. **Outillage :** perceuse [1] 100 sur le béton, scie à bois [1] 100, tondeuse [1] 100. **Transports** (voir à l'Index).

Nota. – EPNdB (Effective Perceived Noise Decibel) : unité de mesure tenant compte de la durée de perception. La différence entre mesure en pression Lp et en puissance LW peut par exemple être de : Lp – LW = – 10 dB (A) pour un même lave-vaisselle.

■ **Facteurs de nocivité** (notions controversées). L'intensité, la fréquence (sons aigus plus dangereux que sons graves), sons purs (plus dangereux que sons complexes), sons brusques, discontinus ou impulsionnels, en particulier répétitifs.

■ **Bruit le plus violent connu.** Explosion du volcan Krakatoa (Indonésie) 26/28-8-1883, perçue jusqu'à 5 000 km.

■ **Indices. Statistiques Lx :** niveaux atteints ou dépassés pendant x, % déterminé du temps. Ils permettent notamment d'approcher *le bruit de crête* (niveau L1 dépassé 1 % du temps) et *le bruit de fond* (niveau L 95 dépassé 95 % du temps). **Énergétiques :** le **Leq** (ou niveau sonore équivalent) correspond à la moyenne de l'énergie sonore pendant un temps donné.

Propagation du bruit

Aspects physiques

■ **Distance. Cas d'une source ponctuelle :** l'atténuation géométrique du niveau de pression est de 6 dB par doublement de la distance. On passera ainsi de 86 dB à 80 dB entre 10 m et 20 m, puis à 74 dB à 40 m. Par ailleurs, une partie de l'énergie sonore se dissipe dans l'air, et l'amplitude des vibrations et la hauteur du son augmentent ou décroissent au fur et à mesure du rapprochement ou de l'éloignement de la source (effet Doppler, sensible à partir d'une certaine vitesse).

■ **Facteurs divers. Sol réfléchissant** (parkings, surface en béton, plan d'eau...) : le bruit décroît moins rapidement en fonction de la distance qu'à proximité d'un sol absorbant (pelouses et plantations, jardins, terre labourée, etc.). Les écarts peuvent aller jusqu'à 5 ou 6 dB (A) pour un récepteur situé à 50 m. **Température :** les sons se propagent d'autant plus rapidement que la température de l'air est élevée. Une modification de la décroissance des températures en fonction de la hauteur au-dessus du sol se traduit par un changement sensible de la propagation des bruits et peut provoquer des écarts de niveaux sonores allant jusqu'à 5 dB (A) pour une même source en un même point. L'impression qu'une chaleur « étouffante » l'est aussi pour les sons ou que l'air paraît plus « sonore » par une nuit claire et glaciale sont des effets acoustiques dus à un effet de réfraction. **Vent :** peut provoquer des écarts allant jusqu'à 15 dB (A) entre des points situés à une même distance d'une source. Mais, sur de longues périodes, la dose de bruit perçu varie peu d'un point à un autre, sauf vent largement dominant.

■ **Indice d'affaiblissement.** Défini par $10 \log \frac{1}{\zeta}$ (ζ : coefficient de transmission de la paroi = puissance incidente/puissance transmise. **Indice en dB (A) :** *béton* (18 cm) 50 à 55. *Briques* pleines (11 cm avec enduit) 44. *Verre* multiple (4-6-10 mm d'épaisseur, lame d'air faisant 6 mm sur menuiserie étanche) 35 ; pour les basses fréquences (bruit de la circulation) 10 à 15. *Plâtre (carreaux)* pleins (7 cm) 34, creux 32. *Porte* palière 25 à 35 ; intérieure 15 à 20. *Fenêtres* à double vitrage (1 vitre extérieure de 10 mm, 1 intérieure de 4 mm, séparées par 6 mm) 40 à 45 (arrête peu le bruit routier aux composants sonores de forte intensité aux basses fréquences).

■ **Lutte contre le bruit.** *Méthode passive :* matériaux d'isolation absorbants ou réfléchissants. Efficace pour sons médiums ou aigus ; *absorption active* (basses fréquences, plus difficiles à éliminer) : méthode utilisée en particulier dans les casques antibruit. Consiste à générer une fluctuation de pression de valeur égale et d'amplitude opposée à celle du bruit. Les 2 ondes s'annulent en se superposant au même point, et le « contre-bruit » complémentaire absorbe le bruit principal. **Bruit aérien :** parois de masse élevée ou composite ; **d'impact :** dalle flottante ou revêtement de sol souple ; **d'équipement :** désolidarisation et silencieux ; **de l'extérieur :** châssis étanches, doubles fenêtres, vitres épaisses (mais le survitrage est un isolant *thermique,* mal adapté à l'isolation acoustique. **Murs :** un vide entre 2 murs indépendants empêche la transmission des vibrations. On peut doubler les parois de l'un des locaux par des plaques de plâtre de 10 mm d'épaisseur sur lesquelles sont collés des panneaux de laine minérale de 40 à 100 mm d'épaisseur selon le besoin. Un matériau absorbant (liège, tentures) sur les murs ne protège pas des bruits venant des appartements mitoyens. Le mobilier (tapis, sièges, armoires, lit, etc.) permet d'atténuer les bruits émis à l'intérieur de la pièce. **Toiture** (peu étanche) : la doubler de vermiculite ou de laines minérales (200 mm).

Effets sur l'organisme

☞ Les bruits, transformés en signaux nerveux, sont répercutés sur l'ensemble des systèmes physiologiques.

■ **Oreille.** Voir p. 149 b.

■ **Système nerveux.** Un fond sonore de 35 dB (A) peut empêcher de dormir. Des crêtes de 60 dB réveillent la moitié des personnes. **Troubles du sommeil :** *1re partie de la nuit :* le sommeil présente une prépondérance des stades de sommeil lent ou profond et assure la réparation physique. *2e partie :* période de rêves, plus grande réparation nerveuse grâce à une activité électrique intense ; le sommeil est léger, les bruits peuvent entraver la réparation du système nerveux. Perturbation du sommeil chez les sujets exposés au bruit sur le plan professionnel [70-90 dB (A)] et sous l'effet des bruits subis pendant le sommeil. **Système cardio-vasculaire.** Le diamètre des vaisseaux et artères diminue au niveau des membres ; la pression artérielle augmente. **Système respiratoire.** Essoufflement et impression d'étouffement. **Appareil digestif.** Les glandes chargées de fabriquer ou de réguler des éléments chimiques fondamentaux pour notre équilibre général sont touchées. **Niveau sexuel.** Chutes de fécondité chez des rats et souris de laboratoire soumis à des bruits de 80 à 90 dB (A). **Sur le plan psycho-intellectuel.** Baisse de vigilance après quelques heures d'exposition (pour une exposition de 1 à 2 h : plutôt augmentation de la vigilance), difficulté de mémorisation ; chez l'enfant, répercussions sur l'apprentissage de la lecture et même le développement du langage. Le bruit, au-dessus de 60 dB (A) Leq, provoque le plus souvent une gêne psychologique.

☞ **Les infrasons** agissent sur l'ensemble du corps. Ils provoquent une tension douloureuse au niveau de la tête, de la nuque, des globes oculaires, une sensation de constriction thoracique, parfois de mal de mer. **Les ultrasons** provoqueraient une perturbation des milieux liquidiens de l'œil, des céphalées et nausées, et des atteintes auditives avec acouphènes. L'effet détonant subi par une oreille exposée à moins de 2 m d'un baffle de 200 000 W peut entraîner une perte totale, voire définitive, de l'audition. Danger d'un traumatisme sonore continu et non explosif : dépend de l'intensité du son et de sa durée. Plus l'intensité est supérieure à 100 décibels, plus le temps nécessaire à la nocivité se raccourcit.

Réglementation en France

■ **Habitat. Nouvelle réglementation acoustique (NRA).** Valable pour les immeubles dont les permis de construire ont été déposés à partir du 1-1-1996. Les niveaux de bruits perçus dans les logements devront diminuer, selon les types de bruit, de 3 à 9 dB (A). *Principales nouveautés :* pose de revêtements absorbants dans les parties communes. Limitation à 35 dB (A) des bruits d'équipement à l'intérieur même des logements. Atténuation d'au moins 30 dB (A) des bruits extérieurs. *Chambres et séjours :* isolation aux bruits aériens (TV par exemple) de 54 dB (A) au lieu de 51. *Équipements intérieurs* (chauffage, ventilation, etc.) : 35 dB (A) en pièce principale, 50 dB (A) en cuisine ; *extérieurs :* 30 dB (A) pièce principale, 50 dB (A) pièce de service.

Voisinage : dans les propriétés, les locaux d'habitation, leurs parties communes et leurs dépendances, toutes les précautions doivent être prises pour ne troubler ni les occupants ni le voisinage par des bruits tels que ceux venant d'animaux, d'instruments de musique, d'appareils de diffusion sonore, ménagers ou sanitaires, de moteurs, de chaussures, d'activités ou de jeux non adaptés à ces lieux. Selon l'article R. 48-2 du Code de la santé publique, auteurs ou complices de l'infraction encourent une amende de 3 000 F. Peine complémentaire, la confiscation de ce qui a servi à commettre l'infraction.

Différence de niveau sonore, dite énergie, entre bruit perturbateur et bruit ambiant, en conditions normales d'activité : *valeurs de base :* 5 dB (A) le jour : 7 h/20 h ; 3 dB (A) la nuit : 20 h/7 h ; assorties d'un correctif en fonction du temps cumulé de survenance du bruit particulier. Les bruits d'un niveau inférieur à 30 dB (A) [25 dB (A) pour Paris, arrêté du 3-4-1989] ne sont pas retenus pénalement.

Bruits, tapage diurne ou nocturne : tout bruit excessif est répréhensible, quelle que soit l'heure [sauf dérogation dans le temps, l'espace et l'intensité sonore (circulaire du 27-2-1996)]. Auteurs ou complices de l'infraction encourent une amende pouvant aller jusqu'à 3 000 F. Peine complémentaire possible : confiscation de ce qui a servi à commettre l'infraction. L'article 623-2 du Code pénal sert de base à la répression des bruits nocturnes. Les tribunaux évaluent les dommages et intérêts en matière de bruit en se fondant sur la notion d'« inconvénients normaux de voisinage », subjective et susceptible de recours en appel ou en cassation. L'article 222-16 du Code pénal considère le bruit comme un délit s'il s'agit de nuisances réitérées en vue de troubler la tranquillité d'autrui, et l'assimile à des coups et blessures volontaires (1 an de prison et 100 000 F d'amende).

■ **Bâtiments publics. Loi du 31-12-1992 :** décrets sur la qualité acoustique des établissements d'enseignement, de sports et de loisirs, des lieux musicaux et locaux hospitaliers, et sur le « confort acoustique dans les bâtiments publics » (scolaires en particulier). **Lieux musicaux :** insonorisation obligatoire depuis 16-12-1999 (décret du 15-12-1998) pour ramener les émissions sonores sous 105 dB (A) et en cas de bâtiments mitoyens.

■ **Divers. Commerces, sports, loisirs, débits de boisson :** le bruit est illicite « même s'il est nécessairement produit par l'exercice de la profession et même durant les heures d'ouverture réglementaires » (Cour de cassation 13-7-1949). Les autres activités ludiques bruyantes pratiquées à l'extérieur (dans des lieux publics) doivent faire l'objet de dérogations limitatives dans le temps, l'espace et le niveau sonore. Ces dispositions d'ordre pénal n'empêchent pas un éventuel recours civil de quiconque s'estimerait gêné par ces activités, « même organisées pour le plaisir ou la distraction du plus grand nombre » (Cour de cassation 8-7-1949). L'art. 6, chapitre II, de la loi 92-1444 du 31-12-1992 énonce les « dispositions relatives aux activités (bruyantes), sans préjudice des autres dispositions législatives et réglementaires applicables ». **Feux d'artifice :** réglementés par l'arrêté ministériel du 27-12-1990. **Tondeuses à gazon :** préfets et maires peuvent en réglementer les heures d'utilisation et la directive européenne en réglemente le niveau sonore. **Installations classées pour la protection de l'environnement** (loi du 19-7-1976) : *sanctions en cas d'infraction* (art. 18) : emprisonnement de 2 mois à 1 an et (ou) 2 000 à 500 000 F d'amende (*récidive :* 2 mois à 2 ans et (ou) de 20 000 à 1 million de F) [voir p. 1548 c].

■ **Transports. Objectif à respecter. Voies nouvelles ou transformation de voie existante sur tout réseau :** 60 dB (A) en moyenne énergétique en façade des immeubles existants [60 dB (A) étant recherché dans les zones résidentielles calmes]. Décrets du 9-1 et arrêté du 5-5-1995 relatifs au bruit des infrastructures routières.

Avions. On exprime le niveau de bruit perçu par le PNdB *(Perceived Noise Decibel).* En tenant compte de la durée de perception, variable selon la position de l'auditeur par rapport à la trajectoire, on a l'EPNdB *(Effective Perceived Noise Decibel).* Actuellement, les moteurs des avions de la 3e génération (dont Airbus) sont à fort « taux de dilution ». Leur spectre comporte des fréquences élevées qui s'amortissent plus facilement dans l'atmosphère que les sons basse fréquence des moteurs perçus à grande distance.

Bruit (en EPNdB) au décollage [à 6 500 m du point de départ sur la piste] **(et à l'approche de l'atterrissage)** [à 2 000 m du point où se pose l'avion] : *Caravelle 3* (simple flux) 104 (111). *B-707-320 B* (double flux, faible dilution) 113 (118). *B-727-200 :* 100 (109). *Airbus A-300 B2* (double flux, forte dilution) 88 (101). *B-747-200 : (id.)* 108 (107). **Passage en vol horizontal [bruit en dB (A)] :** *monomoteur 600 kg :* 62 à 68, *1 000 kg :* 68 à 76, *1 500 kg :* 77 à 82, *3 000 kg :* environ 82 ; *bimoteur 3 000 kg :* 82 à 90. **Empreinte sonore au sol des avions** de transports classés : *catégorie I :* les plus bruyants (interdits en Europe depuis 1-1-1990), 75 km² ; *II :* interdits après 25 ans de service, avant 2002 ; *III* (récents) : 10 km². Depuis la loi du 31-12-1992, une taxe pour nuisances sonores (taxe au décollage) est prévue au décollage de Roissy, Orly, Lyon, Nice, Marseille, Toulouse, Bordeaux, Mulhouse, Strasbourg. Exemple : décollage d'un quadriréacteur Boeing 747 à Paris : jour 255 F, nuit 400 F. Les logements autour de ces aérodromes peuvent être insonorisés avec l'aide de l'Ademe. **Aviation militaire :** non concernée par la loi du 31-12-1992, relève du min. de la Défense. Survols réglementés par la Direction de la circulation aérienne militaire (Dircam). « Bangs » et vols à vitesse supersonique interdits au-dessus du territoire français et à moins de 35 km des côtes (dérogations éventuelles ; infractions sanctionnées. Recours au tribunal administratif).

☞ En juillet 1999, le Parlement a voté pour la création de l'Autorité de contrôle des nuisances sonores aéroportuaires (Acnusa, indépendante). Amende jusqu'à 10 000 F pour une personne physique et 80 000 F pour une personne morale.

Trains. Niveau de pression acoustique au passage [vitesse en km/h, son en dB (A) à 7,50 m (et à 50 m)] : *rapides 200 km/h :* 104 (93) ; *express 160 km/h :* 102 (91) ; *messageries 120 km/h :* 100 (88) ; *marchandises 100 km/h :* 97 (86) ; *TGV S.-E. 260 km/h :* 103 (92) ; *Atlantique :* 95 (86).

Véhicules. Niveaux limites en dB (A) [directive communautaire 92/97 depuis oct. 1996] : *voiture particulière* (mise en circulation depuis oct. 1988) : 74 ; *transport de personnes ou marchandises de moins de 2 t :* 76 ; *2 t à 3,5 t :* 77 ; *de personnes de plus de 3,5 t :* 78 (si puissance moteur < 150 kW), 80 (si > 150 kW) ; *de marchandises de plus de 3,5 t :* 77 (si < 75 kW), 78 (si 75 à 150 kW), 80 (si > 150 kW). **Mesures :** faites au passage du véhicule à 50 km/h en accélération. **Sanctions :** le matériel non conforme pourra être saisi (art. 27) et sa vente réputée nulle de plein droit (art. 4 de la loi du 31-12-1992). **Chaussée. Types de bitumes :** *classique :* réfléchit le son : jusqu'à 80 dB (égal au passage du métro sur rail) ; *enrobé drainant :* absorbe le son mais se bouche (76 dB) ; *béton bitumeux très mince :* absorbe le bruit, se débouche seul (70 dB). **Bruit de roulement :** normes en expérimentation.

■ **Plaintes.** Tous les officiers de police judiciaire (maire compris) et certains agents des communes assermentés sont habilités à recevoir les plaintes en matière de bruit. [Il suffit que la tranquillité d'une seule personne ait été troublée pour que la contravention soit constituée (Cour de cassation 8-7-1949).] Les associations peuvent coopérer utilement au règlement amiable des litiges, ester en justice et se constituer partie civile.

Services officiels. Ministère de l'Intérieur, *Direction générale des collectivités locales,* 2, place des Saussaies, 75008 Paris. **Ministère de l'Aménagement du territoire et de l'Environnement,** *Direction de la prévention des pollutions et des risques,* 20, av. de Ségur, 75302 Paris 07 SP. *Conseil national du bruit,* créé par décret du 7-6-1982. *Centre d'information et de documentation sur le bruit (CIDB),* 12-14, rue Jules-Bourdais, 75017 Paris ; Minitel 3615 Bruit. **Ministère de l'Équipement, des Transports et du Tourisme,** *Centre d'études sur les réseaux, les transports, l'urbanisme et les constructions publiques (Certu),* 9, rue Juliette-Récamier, 69456 Lyon Cedex 05. **Secrétariat d'État à la Santé,** 1, place de Fontenoy, 75007 Paris. **Ministère de l'Emploi et de la Solidarité,** 127, rue de Grenelle, 75007 Paris. **Paris :** *bruits de voisinage, d'origine industrielle ou de chantiers :* Préfecture de police, Direction de la protection du public, Sous-direction de la prévention, 6e Bureau (bureau des nuisances), 12, quai de Gesvres, 75004. *Laboratoire central de la Préfecture de police,* 39 *bis*, rue de Dantzig, 75015 Paris. *Circulation et tapages nocturnes :* commissariat d'arrondissement. **Province ou banlieues :** *bruits industriels d'installations classées :* préfecture, *non classées (en tant que) bruits de voisinage et/ou sur la voie publique :* police ou gendarmerie ou maire (des communes à police étatisée ou non, loi 90-1067 du 28-11-1990 modifiant le Code des communes). **Institut national de recherche sur les transports et leur sécurité (Inrets),** 25, avenue F.-Mitterrand, case 24, 69675 Bron Cedex.

■ Statistiques

■ **En Europe. Nombre d'Européens exposés à un niveau sonore élevé : supérieur à 55 dB (A)** (estimation OCDE, en millions) : 450 ; **à 65 dB (A) :** 113 ; **à 75 dB (A) :** 10.

Nota. – Dans les métropoles : 2 à 3 fois la moyenne nationale.

% de la population exposée à des niveaux supérieurs à 65 dB (A) : *années 1980 :* Allemagne 15,4, G.-B. 10. **En France** (est. Inrets 1998) : 12,3.

■ **En France. % des ménages gênés par le bruit** (*source :* enquête Insee permanente sur les conditions de vie des ménages) : Paris et sa région 50, autres agglomérations 40, à la campagne 25.

☞ *50 % des plaintes enregistrées en France concernent des bruits de voisinage.*

Dépenses de réduction des bruits (en milliards de F, 1997) : 12,5 dont 60 % d'investissements (en %) logement 60 (réhabilitation acoustique des bâtiments résidentiels (dont fenêtres à double vitrage : 1 milliard de F) et construction aux normes (surcoût dû à l'isolation phonique)], remplacement des silencieux d'échappements automobiles 18 (dont 75 % par les ménages), infrastructures 12 (dont 75 % par les collectivités), industrie manufacturière 10. **Répartition du financement** (en milliards de F/an, 1998) : entreprises 2,4, ménages 2, administrations publiques 0,5.

Niveaux sonores moyens émis par des véhicules circulant à 50-60 km/h dans une rue de 12 à 15 m de largeur [nombre de véhicules/h, et niveau sonore Leq (1 h) en dB(A)] : *100 v/h* (63 dB) ; *500* (70) ; *1 000* (73) ; *2 000* (76). Diviser le trafic par 2 n'apporte qu'une réduction de 3 dB (A).

Populations exposées au bruit : niveaux extérieurs diurnes : *route :* < 55 dB (A) : 55,1 %, 55-65 dB (A) : 36,6 %, > 65 dB (A) : 12,3 % ; *fer :* 55-65 dB (A) : 1 %, > 65 dB (A) : 0,4 % ; *avion :* > 65 dB (A) : 0,4 %. Total moyens de transport en France : 12,7 % > 65 dB (A) soit environ 7 millions de personnes (*Pays-Bas : 7,5 %, Allemagne : 16,4 %, Suède : 11,4 %*). Plus de 1 habitant sur 10 est exposé à un bruit excessif en petite couronne : Hauts-de-S. 140 000, Seine-St-Denis 113 000, Val-de-Marne 107 000. Dans certaines communes, + de 20 % des habitants sont exposés à un niveau sonore supérieur à 70 dB (A).

Coût du bruit (en 1992) : *surdité professionnelle :* 600 000 à 1 million de F par surdité déclarée. *Dépréciation immobilière des logements :* 7 milliards de F/an. *Coût total* (en milliards de F/an) : médical : 25, social : 100. *De la prise en compte du bruit dans la construction des routes* (au kilomètre) : route à 2 × 2 voies en rase campagne (pour une atténuation de 2 à 4 % du coût de la voie – prévention) 30 millions de F ; autoroute en grande agglomération (pour une atténuation de 10 à 40 % du coût de la voie – action de rattrapage) 600 millions de F.

Le bruit serait impliqué dans 11 % des accidents du travail, 15 % des journées de travail perdues, 20 % des internements psychiatriques.

Associations. Ligue française contre le bruit, 8, rue de Stockholm, 75008 Paris, 4 600 adhérents. **Association de défense des victimes de troubles de voisinage (ADVTV),** « La Croix Rouge », 38470 L'Albenc, 1 459 adhérents. **Comité national d'action contre le bruit (CAB),** 19, rue de Liège, 75009 Paris. **SOS bruit,** 37, bd St-Martin, 75003 Paris. **Union française contre les nuisances des avions** 2 *bis,* rue de Lion, 91380 Chilly-Mazarin.

Organismes techniques. Centre scientifique et technique du bâtiment, 4, av. du Recteur-Poincaré, 75782 Paris Cedex 16. **Comité français de l'isolation,** 8, rue d'Athènes, 75009 Paris. **Groupement des ingénieurs acousticiens conseils (GIAC-CICF),** 3, rue Léon-Bonnat, 75016 Paris. **Syndicat national de l'isolation (SNI),** 10, rue du Débarcadère, 75017 Paris.

■ **Principaux textes. Code du travail :** exposition (mesure) : R. 232-8 ; machine (émission) : R. 223-104-1 ; bâtiment (réverbération) : R. 235-2-11. **Code de la construction :** caractéristiques acoustiques des bâtiments d'habitation : arrêté du 30-6-1999 (NRA).

Lois contre le bruit (loi 92-1444 du 31-12-1992). **Code de l'environnement** (partie législative) : ordonnance no 2000-914 du 18-9-2000, titre VIII. Prévention des nuisances acoustiques et visuelles, article L. 571-1 à L. 572-1. **Bâtiments publics** (enseignement) : décret 95-20 du 9-1-1995. **Aérodromes :** plan de gênes en 3 zones : décret 94-236 du 18-3-1994 ; taxes travaux acoustiques : arrêté du 14-12-1994. Loi no 99-588 du 12-7-1999 portant création de l'Autorité de contrôle des nuisances sonores aéroportuaires. Décret no 99-457 réformant le régime d'aide financière aux dépenses d'isolement acoustique par les riverains des aérodromes. **Infrastructures terrestres :** classement des voies : décret du 31-3-1996 ; limitation de la nuisance : décret 95-22 du 9-1-1995, arrêté du 5-1-1995. Arrêté du 8-11-1999 relatif au bruit des infrastructures ferroviaires. **Lieux musicaux** (décret et arrêté du 15-12-1998) : niveau sonore moyen à l'intérieur limité à 105 dB(A). Impose, si l'établissement est contigu ou à l'intérieur de bâtiments à usage d'habitation, un isolement minimal entre local où s'exerce l'activité et local de réception. Si non-respect de la réglementation, le préfet peut ordonner la fermeture administrative de l'établissement. **Objets bruyants :** limitation du bruit : décret 95-79 du 23-1-1995. **Bruits de voisinage :** arrêté du 10-5-1995, circulaire du 27-2-1996, article R. 48-2 du Code de la Santé publique. **Installations classées :** arrêtés des 20-8-1985 et 23-1-1997. **Baladeurs :** loi 96-452 du 28-5-1996, arrêtés des 24-7 et 22-9-1998. **Loi sur la protection de l'environnement.** Étude d'impact obligatoire. ***Bulletin officiel* des impôts** (instruction du 16-7-1993). **Réduction d'impôts :** amélioration acoustique : loi de finances pour 1997 du 30-12-1996.

☞ **Recueils :** *Journal officiel,* 26, rue Desaix, 75732 Paris Cedex : brochures « Le Bruit » n°s 1383 et 1001-1. *Arrêtés du préfet de police de Paris :* 3-4-1989 ; n°s 97-10248 et 97-10249 du 18-2-1997.

POLLUTION DE L'AIR

■ **Émissions d'oxydes de soufre et,** entre parenthèses, **d'oxydes d'azote** (en kg/hab.). Allemagne 16 (22), Australie 101 (118), Autriche 7 (21), Belgique 24 (33), Canada 90 (68), Corée 33 (28), Danemark 21 (47), Espagne 49 (32), Finlande 20 (51), *France 16 (29)*, G.-B. 34 (35), Grèce 48 (35), Hongrie 65 (19), Irlande 49 (34), Islande 32 (106), Italie 23 (31), Japon 7 (11), Luxembourg 8 (40), Mexique 24 (17), Norvège 7 (51), Nlle-Zélande 12 (46), Pays-Bas 8 (28), Pologne 61 (30), Portugal 38 (37), Slovaquie 38 (23), Suède 10 (38), Suisse 5 (18), Tchéquie 68 (41), Turquie 30 (15), USA 69 (80).

PRINCIPAUX POLLUANTS

☞ La consommation énergétique mondiale représente environ 10 milliards de t d'équivalent charbon/an. 81 % viennent des combustibles fossiles (pétrole 40 %, charbon 24, gaz 17) dont la combustion émet chaque année 20 milliards de t de CO_2 dans l'atmosphère. **2000**-*10-12* accord des délégués de 122 pays à Johannesburg (Afr. du Sud) sur une convention interdisant ou limitant l'usage de 12 polluants organiques persistants (POP) : hexachlorobenzènes, endrine, mirex, toxapène, chlordane, heptachlore, DDT (sauf comme insecticide dans les régions de paludisme), aldrine, dieldrine, polychlorobiphényls (PCB), dioxines, furannes. Le traité entrera en vigueur lorsqu'il aura été signé par 50 États. **2001**-*22-5* Stockholm, une centaine de pays ont signé une convention visant à éliminer les 12 POPs. Ils peuvent entraîner des cancers, une baisse de l'immunité et de la fertilité chez l'homme, se dégradent mal et peuvent se retrouver à plusieurs milliers de km de leur lieu de production. Stockés dans les tissus graisseux des poissons et mammifères marins, ils affectent les populations dont le régime est constitué de poisson.

■ **Polluants atmosphériques radioactifs. Krypton 85 :** émis par les centrales nucléaires et les explosions nucléaires en atmosphère (période : 10 ans). **Radon :** issu de la désintégration de l'uranium et du radium présents dans la croûte terrestre ; durée de vie courte (perd 50 % de sa radioactivité en moins de 4 jours), mais se désintègre en composés solides (polonium 218, 214 et 212, plomb 214 et 210, et bismuth 214 et 210) pouvant se déposer dans les poumons, irradier les tissus et déclencher ainsi des processus cancérigènes. Gaz lourd, le radon tend à s'accumuler dans les bas étages. On recommande une ventilation efficace et une étanchéification des sous-sols. Aux USA, le radon est considéré comme la seconde cause de cancer du poumon, derrière le tabagisme ; causerait 7 000 à 30 000 morts par an. *Norme européenne en moyenne annuelle,* en becquerels (Bq) par m^3 : logements anciens 400, neufs 200. *En France,* 300 000 habitations dépassent les normes (dont 60 000 dépassent 1 000 Bq/m^3). *Régions les plus touchées :* Massif central, hautes Alpes, Bretagne, Vosges, Corse.

■ **Polluants gazeux et poussières. Acide chlorhydrique (HCl) :** vient de l'incinération des ordures ménagères [chlorures des végétaux et aliments plastiques chlorés (moins de 50 % de l'HCl présent dans les fumées provient des plastiques)], de la combustion du charbon et de certaines unités industrielles ; contribue à l'acidité de l'atmosphère, peut entraîner une irritation des muqueuses, yeux et voies respiratoires. **Monoxyde de carbone (CO) :** vient de la combustion incomplète des combustibles et carburants (taux important). *Exemples :* moteur tournant dans un espace clos, concentration de véhicules au ralenti dans des espaces clos (tunnel, parking), mauvais fonctionnement d'appareils de chauffage. Incolore, inodore, il se diffuse très facilement. *Effets sur la santé :* se fixe à la place de l'oxygène sur l'hémoglobine du sang, provoquant un manque d'oxygénation du système nerveux, du cœur, des vaisseaux sanguins. A taux importants et doses répétées, peut être à l'origine d'intoxication chronique avec céphalées, vertiges, asthénie, vomissements. Exposition très élevée et prolongée : peut être mortel ou laisser des séquelles neuropsychiques irréversibles. S'inquiéter en cas de maux de tête, fatigue générale, nausées, étourdissements, syncopes. Entretenir et faire réviser les appareils périodiquement, dégager les orifices de ventilation, faire ramoner chaque année. L'utilisation dans des locaux d'habitation de brasero, panneau radiant, etc., est dangereuse. LOCAUX D'HABITATION *à Paris* (en 2000) : 1 †, 66 hospitalisés et 80 intoxiqués ; *petite couronne* (92, 93, 94) : 6 †, 188 hospitalisés et 307 intoxiqués. *Évaluation nationale :* 400 †, 8 000 hospitalisés.

Fumée de tabac : voir **Tabac** à l'Index.

Hydrogène sulfuré (H_2S) : toxique et malodorant, dû à l'industrie 3 %, et au dégagement naturel des fermentations anaérobies.

Mercaptan (thiols) alcools et phénols sulfurés : odeur très désagréable.

Gaz carbonique (CO_2) : constituant naturel de l'atmosphère, pas de pollution chimique, mais contribue pour 49 % à l'effet de serre. Vient à 75 % de la combustion de carburants fossiles, à 25 % de la destruction des forêts tropicales. **Taux dans l'atmosphère : 1860 :** 280 parties par million ; *80 :* 290 ; *1900 :* 320 ; *86 :* 370. Depuis 1992, la croissance [en moyenne de 1,6 ppmv (partie par million en volume)] est rétablie à 0,6 ppmv sans explication connue. **Principaux pays émetteurs** (en t/hab., 1998) : USA 20,1, Luxembourg 16,9, Australie 16,6, Canada 15,8, Belgique 12, Tchéquie 11,7, Finlande 11,6, Danemark 10,8, Allemagne 10,4, Irlande 10,4, G.-B. 9,3, Japon 8,9, Pologne 8,3, Nlle-Zélande 8,1, Corée 8, Grèce 7,9, Norvège 7,8, Islande 7,7, Autriche 7,6, Italie 7,5, Slovaquie 6,9, Espagne 6,5, *France 6,4*, Suède 6, Suisse 5,7, Hongrie 5,7, Portugal 5,4, Mexique 3,7, Turquie 2,9. **Émission moyenne par voiture** (en g/km, 1998) : parc américain 260, japonais 190, européen 180 ; Volkswagen 167, Fiat 169, Renault 171, PSA 175, BMW (en France) 190, Mercedes (non pondérée Classe C) 218. **Réglementation :** la CEE a décidé (29-10-1990) qu'en 2000 les émissions devraient être stabilisées à leur niveau de 1990 (2,3 t d'équivalent carbone par habitant par an) ; accord du 6-10-1988 avec l'Acea (Assoc. européenne des constructeurs automobiles) : en 2008, émission max./véhicule : 140 g de CO_2 au km (contre 180). La France a choisi un niveau inférieur. *En projet :* taxe communautaire sur les émissions de CO_2 et sur l'énergie, applicable aux énergies fossiles (gaz, pétrole) ; enfouissement dans des cavités souterraines (gisements pétroliers) ou, pour le CO_2, sous forme liquide au fond des océans.

Composés organiques volatils (COV) : hydrocarbures (évaporation des bacs de stockage pétrolier, remplissage des réservoirs d'auto), composés (venant des procédés industriels ou de la combustion incomplète des combustibles), solvants (application des peintures, des encres, nettoyage des surfaces métalliques et vêtements), composés émis par agriculture et milieu naturel. Interviennent dans le processus de formation d'ozone dans la basse atmosphère. *Effets sur la santé :* gêne olfactive, irritation (aldéhydes), diminution de la capacité respiratoire, risques d'effets mutagènes et cancérigènes. **Benzène (C_6H_6) :** composé aromatique de carburants et combustibles. *Effets sur la santé :* toxiques sur le système nerveux ; pouvant aller jusqu'à la perte de connaissance, la mort ; sur globules et plaquettes sanguins : cancérigène, peut induire une leucémie. *Émissions de COV* (en 1996) : 2 449 000 t ; causes (en %) : transports 37, autres (solvants + industrie) 22.

Oxydes d'azote (NO_x) : viennent, à 75 %, des véhicules et des installations de combustion (centrales thermiques, etc.). *Monoxyde d'azote (NO)* et *dioxyde d'azote (NO_2)* interviennent dans le processus de formation d'ozone dans la basse atmosphère et contribuent au phénomène des pluies acides. Le monoxyde d'azote (NO) venant des combustions à haute température (moteurs de voitures, chaudières) donnera, avec l'oxygène de l'air, du NO_2 qui pourra, avec la vapeur d'eau, donner de l'acide nitrique HNO_3. *Effets du NO_2 sur la santé :* pénètre dans les plus fines ramifications des voies respiratoires. Peut, dès 200 $\mu g/m^3/h$, entraîner une altération de la fonction respiratoire et une hyperréactivité bronchique chez l'asthmatique, ainsi que, chez les enfants, augmenter la sensibilité des bronches aux infections microbiennes et virales. *Production mondiale par an :* 160 à 180 millions de t. *Valeur limite pour la concentration en atmosphère* (décret 98-360 du 6-5-1998 traduit de la directive UE) : 200 $\mu g/m^3/h$; ne doit pas être dépassée plus de 175 h par an. *Rejets annuels :* All : 2,8, G.-B. 2,5, *France 1,7,* Italie 1,7, Esp. 0,95. *Moyenne annuelle en agglomération* (en $\mu g/m^3$, 1998) : Cannes-Grasse-Antibes 53, Paris 50, Lyon 47, Toulon 47, Amiens 41, Angoulême 41, Strasbourg 40. *Nombre d'heures de dépassement de la valeur limite* (200 $\mu g/m^3$, 2000) : Paris XVIIIe 5 ; avenue des Champs-Élysées (VIIIe) 0 ; place Victor-Basch (XIVe) 17 ; périphérique (XVIe) 32.

Protoxyde d'azote (N_2O) ou oxyde nitreux dit *« gaz hilarant »* : employé en anesthésie ou en agroalimentaire (crème Chantilly). Émissions naturelles (du sol et des océans : 10 millions de t/an) et industrielles. Contribue à l'effet de serre.

Smogs photochimiques : produits par des réactions complexes entre divers polluants (hydrocarbures non méthaniques, oxydes d'azote) en présence d'une forte lumière solaire (par exemple à Los Angeles). PRINCIPAUX COMPOSANTS : *ozone ; peroxy-acétyl-nitrate* (*PAN* : combinaison d'un ion organique avec le dioxyde d'azote) ; NO_2 et hydrocarbures non méthaniques.

Métaux et métalloïdes (chlore et acide chlorhydrique) : surtout émis par les usines de synthèse, l'incinération des déchets et la combustion de certains charbons.

Fluors et polluants fluorés : rejetés par usines d'aluminium, engrais phosphatés, tuileries et briqueteries, ateliers de peinture et verres textiles, combustion du charbon.

☞ A l'état gazeux ou sous forme de particules, divers métaux et métalloïdes sont toxiques pour l'homme (cancérigènes et mutagènes, causes de lésions rénales, hépatiques et de troubles du système nerveux central) ; exemples : arsenic, béryllium, cadmium, plomb, mercure.

Méthane (quantité rejetée dans le monde, en millions de t/an) : 75 à 170. CAUSES : *ordures ménagères, fermentation digestive* dont 74 % des bovins : une vache laitière produit en moyenne 90 kg de méthane par an (pays en voie de développement 35 kg). *Rizières* 25 à 170. *Incinération de matières végétales* 20 à 80. *Fuites naturelles* de gaz et des mines 40 à 100. *Termites* plus de 10.

Particules en suspension (PS) : d'origine naturelle (volcans) ou anthropique (combustion industrielle ou de chauffage, incinération, fines particules venant des fumées diesel ou de vapeurs industrielles recondensées). Grosses particules venant des chaussées ou d'effluents industriels (combustion et procédés). *Effets sur la santé :* les plus fines, 1 à 10 µm de diamètre, peuvent transporter des composés toxiques (sulfates, métaux lourds, hydrocarbures...) dans les voies respiratoires inférieures, d'où irritation des voies respiratoires ou altération de la fonction respiratoire. Certaines ont des propriétés mutagènes et cancérogènes [hydrocarbures aromatiques polycycliques (HAP)].

Plomb : contenu dans l'essence (30 à 50 % de la pollution atmosphérique en plomb et 30 % de la plombémie sanguine), les conduites d'eau intérieures (dans 10 millions de logements, soit 560 000 km depuis 1850 ; interdit 1995 pour les canalisations, 1997 pour les soudures et les peintures d'habitations (peintures à la céruse, aux propriétés isolantes, interdites en 1915). Le plomb libéré par la chasse au gibier d'eau (6 000 t/an) intoxique les oiseaux. Toxique neurologique hématologique et rénal qui entraîne chez les enfants (qui n'en éliminent que 50 % contre 90 % chez l'adulte) des troubles du développement cérébral avec perturbations psychologiques et difficultés d'apprentissage scolaire. Voir **Saturnisme** p. 126 c. *Taux moyen dans le sang (en μg/100 ml) :* normal 35 ; Mexico 350 (en 1987, 70 % des nourrissons et 22 % des enfants étaient atteints

ÉMISSIONS DE CO_2 DUES A LA COMBUSTION D'ÉNERGIE (en millions de t de CO_2, 1998)

Pays	Total	Par type de combustible			Par secteur					
		charbon	pétrole	gaz	production d'électricité et de chaleur	industrie	transport		résidentiel	autre
							routier	autre		
Allemagne	857,0	333,0	355,8	168,3	294,9	133,5	168,2	5,2	133,1	122,2
Australie	310,7	179,0	90,4	41,3	156,9	50,5	62,2	8,9	6,8	25,4
Autriche	61,6	12,5	33,6	15,5	9,3	13,2	17,6	1,4	11,2	8,9
Belgique	122,5	33,1	60,8	28,6	23,0	30,9	23,0	1,5	21,5	22,6
Canada	477,3	113,9	207,1	156,3	117,9	92,2	112,6	35,3	38,6	80,6
Corée	370,1	128,4	212,5	29,2	85,0	68,2	53,9	19,9	17,5	125,6
Danemark	57,3	21,8	25,6	9,9	27,8	5,6	11,1	1,1	4,9	6,9
Espagne	254,0	67,0	160,2	26,7	64,6	52,0	73,5	11,8	15,3	36,7
Finlande	59,7	22,2	29,7	7,8	18,2	14,2	11,0	0,9	4,5	10,9
France	375,5	64,8	234,4	76,3	28,2	81,5	125,4	7,5	56,2	76,7
G.-B.	549,5	156,7	208,3	184,5	160,2	77,7	115,3	17,3	81,5	97,6
Grèce	82,6	36,9	44,2	1,5	39,4	10,8	15,5	4,1	7,2	5,6
Hongrie	57,4	16,7	18,1	22,6	22,5	8,8	8,2	0,3	8,0	9,7
Irlande	38,4	11,9	20,3	6,2	14,6	4,6	8,2	0,5	5,9	4,6
Islande	2,1	0,3	1,8	0,0	0,0	0,6	0,6	0,1	0,0	0,8
Italie	426,0	44,8	262,4	118,7	101,0	80,9	109,7	3,1	68,2	63,1
Japon	1 128,3	319,4	669,7	139,2	299,7	247,8	220,8	28,5	70,4	261,2
Luxembourg	7,2	0,4	5,3	1,5	0,0	1,5	3,8	0,0	1,6	0,2
Mexique	356,3	26,5	257,2	72,6	101,0	71,1	94,9	1,7	21,9	65,8
Norvège	34,3	4,4	19,9	10,1	0,2	7,3	9,5	2,9	1,0	13,5
Nlle-Zélande	30,5	4,8	17,3	8,4	3,5	7,7	6,6	5,2	0,5	7,0
P.-Bas	171,4	33,4	58,3	79,7	48,0	35,5	28,6	2,5	19,1	37,6
Pologne	320,2	249,9	49,4	20,9	154,9	57,7	25,7	0,7	31,5	49,7
Portugal	54,3	12,0	40,7	1,6	16,4	12,0	15,0	0,9	2,0	7,9
Slovaquie	37,3	17,5	6,8	12,9	10,4	13,4	3,6	0,1	3,9	5,8
Suède	53,5	10,5	41,4	1,7	7,9	11,1	19,5	2,0	4,2	8,8
Suisse	40,8	0,4	34,9	5,5	0,4	5,1	14,8	0,3	12,2	8,0
Tchéquie	120,8	81,9	21,0	18,0	53,2	27,0	10,1	0,7	7,5	22,3
Turquie	187,5	88,3	78,7	20,5	52,3	49,8	27,1	5,0	22,6	30,5
USA	5 409,7	2 009,7	2 240,9	1 159,2	2 043,5	554,9	1 370,4	266,1	337,0	837,8

■ **Amiante. Utilisation :** produits à base d'amiante, ciment, garnitures de friction (freins, embrayages), bardeaux synthétiques des toitures, isolants thermiques, matériaux ignifuges pour navires et grands immeubles. Certains talcs contiennent naturellement des fibres d'amiante (pas en France). *Filtres alimentaires* à base d'amiante (interdits en France). **Conséquences :** l'inhalation d'amiante augmente le risque de lésions pleurales, de cancer (mésothéliome, cancer du poumon) et de fibrose du poumon (asbestose...). Maladies survenant 20 à 40 ans après l'exposition. **Morts dus à l'amiante par an :** selon *l'Association nationale de défense des victimes de l'amiante* (Andeva) + de 200 ; *l'Institut de veille sanitaire* (InVS) plus d'1 retraité français sur 4 a été exposé aux dangers de l'amiante pendant sa vie professionnelle (14,6 ans en moyenne). *Secteurs touchés :* bâtiments, travaux publics, mécanique automobile, industries métallurgique et sidérurgique, construction et réparation navales, construction de véhicules, industries du verre, chimique, commerce et transports. *Risques :* professionnels (ouvriers de l'amiante) ; séjour dans des locaux où l'amiante a été mal appliqué ; voisinage industriel (à long terme). L'amiante dans l'eau de boisson (conduites en ciment-abeste à base d'amiante) n'est pas dangereux. Selon le *British Journal of Cancer,* 250 000 Européens mourront à cause de l'amiante. **Réglementation :** rejets maximaux dans l'air des locaux professionnels : 100 fibres par litre sur une heure de travail (mesure par microscopie optique à contraste de phase). Flocage (pulvérisation de fibres d'amiante contre une paroi) : interdit depuis 1978. Le décret du 7-2-1996 oblige les propriétaires à rechercher avant le 31-12-1999 l'amiante dans les immeubles construits avant le 1-1-1980 (pour le flocage), et avant le 27-7-1996 (pour le calorifugeage) ; un décret paru le 19-11-1997 les oblige à le rechercher dans les faux plafonds pour les travaux exécutés avant le 1-7-1997. En présence d'amiante, le propriétaire doit faire mesurer le « niveau d'empoussièrement après démantèlement du dispositif de confinement ». Si ce niveau est compris entre 5 et 25 fibres par litre, il doit procéder à des contrôles périodiques, dans un délai maximal de 3 ans. Au-delà de 25 fibres par litre, le faux plafond doit être détruit. Depuis le 1-1-1997 (décret du 26-12-1996), il est interdit en France de fabriquer, transformer, importer, exporter ou céder de l'amiante sauf pour les vêtements de pompiers, certains joints et certains freins. Le 4-5-1999, l'UE interdit l'amiante (effectif en 2005). Selon l'*Office parlementaire d'évaluation des choix scientifiques et technologiques,* les industriels « ont eu tendance à privilégier l'intérêt économique par rapport à celui de la santé publique et à repousser le plus possible l'échéance de leur reconversion ». Ils ont « filtré l'information diffusée aux membres du Comité permanent amiante ». L'INRS (Institut national de recherche et de sécurité) « n'a pas joué le rôle qu'il aurait dû » en raison de sa « structure paritaire qui empêche des prises de position fortes ou les retarde ». La Caisse nationale d'assurance maladie « n'a pas appréhendé la gravité du risque (pour les travailleurs de l'industrie de l'amiante) ». L'inspection du travail, censée inspecter les usines afin de savoir si les valeurs limites d'empoussièrement fixées par décret étaient bien respectées, a été passive.

☞ Selon le tribunal administratif de Marseille (juin 2000), la France a manqué de célérité pour transposer en droit national des directives européennes.

Coût du « désamiantage ». En France : *prévisions* (en 1997) : 60 milliards de F (pour 20 à 30 millions de m²). JUSSIEU (Paris-VI, Paris-VII et Institut de physique du globe : désamiantage de 230 000 m² (1999-2003, coût prévu 1,8 milliard de F) ; 10 cas de maladies professionnelles dues à l'amiante ont été reconnus. La tour Zamanski est floquée à la crocidolite ou amiante bleu (le plus dangereux). CENSIER. SIÈGE DE L'OCDE à Paris. **Bruxelles :** *le Berlaymont,* siège de la Commission européenne depuis 1967, a été évacué en 1991. Le désamiantage (120 000 m²) coûtera plus de 3 milliards de F sur 9 ans (4 000 t d'amiante à extraire).

de saturnisme), Baltimore (USA) 75. *Taux maximal autorisé* (directive européenne du 29-3-1977) : 350 µg ; ouvriers exposés (fabrication ou récupération de batteries, d'accumulateurs, postes de chalumage) 600 µg. *Taux maximal fixé : automobiles, août 1989 :* 0,25 g/l ; *1991 :* 0,15 g/l ; *depuis le 1-1-2000* (en métropole) : essence sans plomb ; *environnement urbain :* 0,5 µg/ m³ en moyenne annuelle (objectif du décret du 6-5-1998) ; *eau potable : 2003 :* 25 µg/l ; *2013 :* 10 µg/l (directive européenne de nov. 1998). *Moyenne annuelle* (en µg/m³) : *1994 :* Toulouse 0,45 ; *1995 :* Grenoble 0,47, Lyon 0,35, Marseille 0,23 ; *1996 :* Paris 0,8, Grenoble 0,28, Toulouse 0,22, Lyon 0,20 ; *1998 :* Marseille 0,21, Paris 0,18, Toulouse 0,16, Amiens 0,12, Bordeaux 0,12, Lille 0,08, Lyon 0,07, Nantes 0,06, Montpellier 0,05, Aix-en-Provence 0,03, Caen 0,03, Besançon 0,03 ; *1999 :* Paris 0,13 ; *2000 :* Paris 0,05. **Certificat anti-plomb :** obligatoire à Paris depuis le 1-1-2001 en cas de vente d'un immeuble construit avant le 1-1-1948, situé dans une zone à risque d'exposition au plomb délimitée par arrêté. Cas : Ile-de-France.

☞ **Pot catalytique des voitures :** filtre monoxyde de carbone, hydrocarbures imbrûlés et oxydes d'azote mais pas le dioxyde de carbone ; ne fonctionne pleinement qu'après 3 à 4 km.

Soufre : anhydride sulfureux ou **dioxyde de soufre (SO_2) :** viennent essentiellement de la combustion de combustibles contenant du soufre (fiouls, charbon) en présence d'humidité ; contribue au phénomène des pluies acides et à la dégradation de la pierre et des matériaux de certaines constructions. *Effets sur la santé :* irritant, peut déclencher des effets bronchospasmiques chez l'asthmatique, augmenter les symptômes respiratoires aigus : toux, gêne respiratoire (chez l'adulte), baisse de la capacité respiratoire, excès de toux de crise d'asthme (chez l'enfant). *Sources répertoriées en Europe :* plus d'un millier dont le complexe énergétique bulgare de Maritsa, rejetant 350 000 t de SO_2 par an. *Décret du 6-5-1998 :* concentration moyenne dans l'atmosphère de 250 µg/m³/jour, à ne pas dépasser plus de 7 jours/an. *Moyenne annuelle en agglomération* (en µg/m³, 1998) : zone de Fos/Berre 24, Forbach 20, Le Havre 20, Rouen 20, Lille 15, Lyon 14, Marseille 14, Strasbourg 14, Toulon 13, Dunkerque 12.

■ **Aérosols** (fines particules liquides ou solides en suspension). *Origines diverses :* combustions, mines et carrières, cimenteries, industries métallurgiques, du bâtiment, du plomb, amiante, fer, aluminium, zinc, vanadium, mercure, béryllium, fluorures, poussières siliceuses, suies, arsenic, etc. **Bombes aérosols :** peuvent contenir, comme gaz propulseurs de l'air, de l'azote, du dioxyde de carbone, des hydrocarbures (butane, propane) ou des chlorofluorocarbures (CFC). Voir p. 1547 c et 103 a.

Effets de la pollution

■ **Sur le climat.** Ensoleillement réduit (parfois de 50 % en hiver), précipitations plus nombreuses. Les concentrations importantes s'observent souvent dans les mêmes conditions que celles qui provoquent les brouillards hivernaux liés à l'inversion de température (couche d'air froid au sol surmontée d'une couche d'air chaud qui empêche l'évacuation des polluants). Seules des réductions très importantes des émissions avant l'apparition de ces conditions peuvent y remédier.

■ **Sur les sols.** Acidification des terres non calcaires et des lacs pouvant aller jusqu'à la stérilisation.

■ **Sur les plantes.** État général. Sensibles notamment aux gaz sulfureux, fluor (les forêts résineuses des vallées de montagne y sont très vulnérables), dioxyde d'azote, PAN (peroxy-acétyl-nitrate), ozone, éthylène et ses oxydes. Un hectare d'arbres fixe 50 t de poussière par an : un hectare de pelouse capte 1 000 m³ de carbone venant de la photosynthèse de 2 400 m³ de gaz carbonique.

■ **Sur les animaux.** Maladies dues au fluor, au plomb.

■ **Sur l'homme.** Aggravation des troubles cardio-vasculaires, respiratoires, maladies pulmonaires (bronchite chronique, emphysème, asthme, cancer du poumon), effets de mutations (notamment à cause du benzopyrène et des dérivés organiques de l'azote). **Principaux accidents :** *Londres* (5/9-12-1952) où le smog provoqua 4 000 décès, *vallée de la Meuse* (1930), *Donora* (Pennsylvanie, oct. 1948).

■ **Sur les monuments.** Pierres attaquées, façades encrassées, parties métalliques oxydées.

■ **Villes les plus polluées du monde.** Principaux polluants : dioxyde de soufre (SO_2), particules en suspension (PS) venant des foyers domestiques ou générateurs de courant, plomb venant des gaz d'échappement, monoxyde de carbone des moteurs à essence, dioxyde d'azote (NO_2) et ozone (O_3) dus à la combinaison d'un trafic routier et d'un ensoleillement intense. **Athènes** (voir p. 1101 a) : pollution due aux *néphos* (nuages) apparus fin 1960. Ozone moyenne : 230 µg/m³ 35 j/an. Athènes ne compte que 3 % d'espaces verts. L'automobile (plus de 1 million de véhicules) est responsable de l'ensemble des émissions de monoxyde de carbone, de 79 % des émissions d'hydrocarbures et de 77 % de celles d'oxydes d'azote. Le 18-1-1992, dioxyde d'azote et monoxyde de carbone ont atteint le seuil d'urgence (500 mg/m³ et 25 mg/m³). Des centaines d'habitants ont été hospitalisés pour troubles respiratoires et cardiaques. **Bangkok. Bombay. Budapest :** niveau de plomb dans l'air 30 fois supérieur à la norme OMS. **Calcutta :** 60 % des habitants souffrent de pneumonies et autres pathologies respiratoires. **Cracovie** (aciérie de Nowa-Huta, benzopyrène) : respirer équivaut à fumer environ 2 paquets de cigarettes par j. **Delhi. Jakarta. Karachi** (plomb). **Le Caire** (plomb). **Los Angeles. Manille. Mexico :** *capitale la plus polluée du monde :* 4 millions de t de polluants rejetées dans l'atmosphère. Taux de SO_2, PS, CO et O_3 : plus du double des normes fixées par l'OMS. **Pékin** (SO_2). **Séoul** (SO_2). **Shanghai. En France.** Marseille, Dijon, Montpellier, Lyon, Paris, La Rochelle, Grenoble, Amiens, Nantes, Rouen.

En France

Généralités

■ **Loi Lepage du 30-12-1996 sur la qualité de l'air et l'utilisation rationnelle de l'énergie.** Chacun a le droit de « respirer un air qui ne nuise pas à sa santé ». Un réseau de surveillance est étendu à tout le territoire depuis 2000. Lorsqu'un seuil d'alerte est franchi, le préfet prend les mesures adéquates et avertit les médias. **Seuil d'information du public et de recommandation :** ozone 180 µg/m³, dioxyde d'azote 200 µg/m³, dioxyde de soufre 300 µg/m³. **Seuil d'alerte :** ozone 360 µg/m³, dioxyde d'azote 400 µg/m³, dioxyde de soufre 600 µg/m³. *Obligations :* informer les médias pour prévenir les « personnes à risques », réduction de la vitesse des autos par affichage lumineux, renforcement des contrôles de pollution. Les préfets doivent publier, avant 17 h, un arrêté instituant la circulation alternée (voir ci-après) pour le lendemain, les médias informant le public. *Mesures entrant automatiquement en vigueur :* réduction de 20 à 30 km/h de toutes les vitesses autorisées, transports en commun et stationnement résidentiel gratuits, limitation des rejets industriels, contournement des grandes villes pour les poids lourds en transit. *Nombre de jours de pollution en Ile-de-France en 2000 :* 7. **Le décret 98-360 du 6-5-1998 de la loi sur l'air** fixe des seuils d'alerte et valeurs limites pour : NO_2, poussière, Pb, SO_2, O_3, CO et benzène. **« Pastille verte » :** vignette à apposer sur le pare-brise, nécessaire depuis le 17-8-1998 pour circuler sans restriction les jours de pic de pollution (niveau d'alerte 3) ; *délivrée* gratuitement aux véhicules à l'électricité, au gaz (GPL et GNV), à pots catalytiques (essence : depuis 1993 ; diesel : depuis le 1-1-1997) ; *véhicules concernés* (en millions) : *au 1-1-1998 :* à essence 6,5, diesel 1,1, propres 0,075, en Ile-de-France 1,6 (soit 30 %) ; *prévision :* 7,7 (sur 25,5). **Circulation alternée :** *à moins d'avoir la pastille verte,* les véhicules dont le 1er nombre de la plaque d'immatriculation est pair circulent les jours pairs et inversement. *Dérogation :* taxis, ambulances, transports d'au moins 3 personnes, camionnettes de livraison, bennes à ordures, transports de fonds. *1re application :* à Paris et région parisienne le 1-10-1996 : trafic auto diminué de 20 %, SNCF augmenté de 10 à 20 %.

■ **Établissements.** Installations classées pour la protection de l'environnement. Loi du 19-7-1976 modifiée, décret du 21-9-1977 modifié (dangers, pollutions, nuisances, risques) ; nomenclature des installations classées ; régime de classification (déclaration ou autorisation). **Renseignements :** ministère de l'Environnement, 20, av. de Ségur, 75007 Paris. Préfectures : directions de l'Industrie, de la Recherche et de l'Environnement, des Services vétérinaires. **Contrôle :** inspection des installations classées. Textes applicables : brochure 1001 du *Journal officiel.*

■ **Plan Orsec Tox.** Organisation des secours en cas de pollution toxique. *Créé* 1973. Pour les industries dangereuses : instruction Orsec risques technologiques de 1985 ; déclenché pour la 1re fois le 29-10-1987 à Nantes (incendies d'entrepôts Loriet et Haentjens à Chantenay), 25 000 personnes évacuées. Remplacé en 1987 par une loi spécifique sur la sécurité civile et les risques majeurs, introduisant les notions de plans d'opération interne pour les sites industriels à risque et de plans particuliers d'intervention dès lors qu'un accident risquerait d'avoir des conséquences en dehors d'un tel site industriel. **Bases de données disponibles sur les accidents industriels :** Bureau d'analyses des risques et des pollutions industrielles (à Lyon), Direction de la Région Rhône-Alpes.

■ **Pollution industrielle. Principales causes :** combustions industrielles, sidérurgie, chimie, raffineries, industries utilisatrices de solvants ou de produits « solvantés » (peintures, colles, vernis, enduits, laques...), composés organiques volatils (COV) ; production et distribution d'hydrocarbures. Des règlements (notamment sur les installations classées), l'application du principe « pollueur-payeur » et la concertation ont permis de réduire globalement les nuisances (de 90 % pour certaines branches). Le remplacement progressif des installations anciennes par d'autres non polluantes est long (la durée de vie des installations industrielles est de 30 à 40 ans, celle des matériels de 15 à 20 ans).

■ **Radioactivité.** Voir à l'Index.

■ **Véhicules.** Voir le chapitre **Transports**.

Statistiques

■ **Réseaux de surveillance. Pour l'ensemble des polluants,** il y avait, en 1999, 2 000 appareils dont 900 analyseurs automatiques répartis sur 500 sites environ (agglomérations 50 %, environnement industriel 50 %). Au total, 39 réseaux et 11 réseaux d'alerte [en 1997, 162 analyseurs en Ile-de-Fr., dont 35 mesuraient le SO_2 et 26 les fumées noires, répartis en 61 stations (42 mesurent les dioxydes d'azote et 24 l'ozone) dont 20 à Paris, gérées par Airparif, association créée par le min. de l'Environnement, voir ci-après]. Certains comprennent des stations automatiques dotées de capteurs capables de mesurer un grand nombre de polluants. D'autres, comme à Paris, Lille, Nantes, Marseille, Lyon, Grenoble, Rouen, Le Havre et Fos, traitent en temps réel les données recueillies. Ils permettent de déclencher des alertes. La mesure du dioxyde de soufre et des poussières est réalisée dans les agglomérations de plus de 500 000 hab., dans 80 % des villes de 200 000 à 500 000 hab. et dans 60 % des villes de 100 000 à 200 000 hab. *Coût :* 100 000 à 300 000 F/capteur. *Financement des réseaux :* taxe parafiscale sur la pollution atmosphérique. **Pour surveiller le dépérissement des forêts par les pluies acides :** 5 stations de mesure de la pollution photo-oxydante, 18 stations de surveillance de la composition chimique de la pollution.

A Paris. Réseau Airparif : 47 stations de surveillance de la pollution dont 28 stations urbaines ou périurbaines, 8 proches du trafic automobile, 7 rurales et 15 d'observation. **Indice de qualité de l'air** (« indice Atmo² » créé 1992) **et, entre parenthèses, % observés de 1998 à 2000 :** *indice 1 :* très bon (0 %) ; *2 :* très bon (2,9) ; *3 :* bon (50,4) ; *4 :* bon (28,1) ; *5 :* moyen (12,4) ; *6 :* médiocre (3,6) ; *7 :* médiocre (1,6) ; *8 :* mauvais (0,8) ; *9 :* mauvais (0,2) ; *10 :* très mauvais (0). **Procédure d'alerte :** *mise en place :* actuellement ; *2 niveaux* [depuis 1999 ; alerte si la pollution dure plus de 24 h (voir ci-dessus)] : SO_2 (300 et 600 µg/m³/h), NO_2 (200 et 400) et O_3 (180 et 380) ; *dépassements de niveau 2* (4 jours consécutifs) en ozone : 15 ; *maximum horaire en 1998 :* 274 µg/m³ le 11-8 à Paris

Usines a risques

Alsace. Bas-Rhin : *Herrlisheim* (Rhône Gaz [2]). *Lauterbourg* (Rohm and Haas [1,2]). *La Wantzenau* (Bayer-Polymères [1,2]). *Reichstett* (Rhénane de raffinage [1,2], Butagaz [1], ELF Antargaz [2]). *Rohrwiller* (Elf Atochem [1]). *Strasbourg* (Prodair, Propetrol). **Haut-Rhin :** *Cernay* (Du Pont de Nemours). *Chalampe* (Butachimie [2] ; Rhodia Alsachimie [1,2]). *Hombourg* (TYM). *Huningue* (Ciba Clariant). *Illzach* (TYM). *Mulhouse* (ICMD). *Ottmarsheim* (PEC Rhin [4]). *Staffelfelden* (MDPA). *Steinbach* (Beloit Manhattan). *Thann* (PPC [3]). **Aquitaine. Dordogne :** *Bergerac* (SNPE et NC [8]). **Gironde :** *Ambès* (Cobogal [2], entrepôts pétroliers [1], EKA-Nobel, engrais d'Ambès [4], terminal pétrolier de Bordeaux [1]). *Bassens* (Michelin [1,2] ; docks des pétroles [1]). *Bordeaux* (SAFT). *Donnezac* (Guedon). *Pauillac* (Shell [1,2]). *St-Médard-en-Jalles* (SNPE [8]). *St-Médard-d'Eyrans* (Beaumartin). *Ste-Hélène* (SNPE [8]). **Landes :** *Rion-des-Landes* (Manufacture landaise de produits chimiques [1,2]). *Tarnos* (Sotrasol [1]). **Lot-et-Garonne :** *Nérac* (Sobegal [2]). **Pyr.-Atl. :** *Lacq* (Elf Aquitaine [1,2] ; Sobegal [2]). *Mont* (Elf Atochem [1,2]). *Mourenx* (Elf Atochem [3]). *Noguères* (Calliope). *Pardies* [Hydro Produits chimiques [4], Sogif (Air liquide)]. **Auvergne. Allier :** *Commentry* (Rhône-Poulenc [1,3]). **P.-de-D. :** *Cournon-d'Auvergne* (Elf Antargaz [2]). *Gerzat* (BP France [1,2]). **Bourgogne. Nièvre :** *Clamecy* (Rhône-Poulenc [3]). *Gimouille* (Totalgaz [2]). *Prémery* (usines Lambiotte). **Saône-et-Loire :** *Chalon-sur-Saône* (Air liquide, Butagaz [2], Chemoxal). *Mâcon* (Stogaz [2]). **Yonne :** *St-Florentin* (Gaillard ; Primagaz [2]). **Bretagne. Côtes-d'Armor :** *St-Hervé* (Totalgaz [2]). **Finistère :** *Pont-de-Buis* (Primagaz [2]). *Quemeneven* (GIE Gaz 29 [2]). **I.-et-V. :** *Châteaubourg* (Gruel Fayer). *Dol-de-Bretagne* (Butagaz [2]). *L'Hermitage* (Mory Protect). *Redon* (BJ 75 [2]). *Vern-sur-Seiche* (Elf Antargaz [2], Elf Antar France [1,2]). *Vezin-le-Coquet* (Delacroix). **Morbihan :** *Queven* (Sigogaz [2]). **Centre-Val-de-Loire. Cher :** *Aubigny-sur-Nère* (Butagaz [2]). *Bourges* (Aérospatiale [8], Giat Industrie [8]). *Le Subdray* (Aérospatiale [8]). **E.-et-L. :** *Auneau* (Delpierre-Hénault). *Brou* (armurerie Vouzelaud [8]). *Coltainville* (CGP Primagaz [2]). *Vernouillet* (Reckitt et Colman [2]). **Indre :** *Le Blanc* (Butagaz [2]). *St-Maur* (Union 36). **Indre-et-Loire :** *Amboise* (Hydrochim). *Auzouer-en-Touraine* (Synthron). *Cigogné* (Nitro-Bickford [8]). *Monts* (CEA [8]). *Reignac-sur-Indre* (Union Set). *St-Antoine-du-Rocher* (Socagra). *St-Pierre-des-Corps* (Primagaz [2]). **Loir-et-Cher :** *Fossé* (Agridis). **Loiret :** *Artenay* (Stockalliance [2]). *La Ferté-St-Aubin* (Thomson Brandt armement [8]). *St-Cyr-en-Val* (Primagaz [2]). **Champagne-Ardenne. Ardennes :** *Sauville* (Eurobergale [8]). **Aube :** *Bayel* (Cristalleries royales). *Crancey* (Icoa France). *Lhuitre* (Sotradex [8]). **Marne :** *La Veuve* (Champagne Céréales). *Reims* (Elf Antargaz [2]). *Sillery* (BP [2]). **Corse. Sud :** *Ajaccio* (GDF [2], Elf Antargaz [2]). **Nord :** *Bastia* (GDF [2]). *Borgo* (Butagaz [2]). **Franche-Comté. Doubs :** *Deluz* (Butagaz [2]). *Gennes* (pipe-line Sud-Européen [1]). **Jura :** *Tavaux* (Solvay [2,3,7]). **Ile-de-France. Essonne :** *Ris-Orangis* (ELF Antargaz [2]). *Vert-le-Petit* (SNPE [8]). **Seine-et-Marne :** *Bagneux-sur-Loing* (Corning, Keraglass). *Bourron-Marlotte* (Bernard Bois). *Grandpuits* (Grande-Paroisse [4], Elf Antar France [2,7]). *Meaux* (Sidobre Sinnova [6]). *Mitry-Mory* (Gazechim [3,4]). *Moissy-Cramayel* (Sogif). *Montereau* (Butagaz [2]). **Val-d'Oise :** *Persan* (Great Lakes Chemical France). *St-Ouen l'Aumône* (Ampère Industrie, Axson). *Survilliers* (Nouvelle Cartoucherie). **Yvelines :** *Gargenville* (Elf Antar France [1]). *Limay* (Sarpi). *Mantes-la-Jolie* (Dunlopillo). **Languedoc-Roussillon. Aude :** *Cuxac-Carbardés* (Titanite [8]). *Lastours* (SEPS). *Narbonne* (Comurhex [4,7]). *Port-la-Nouvelle* (Sté Delpech, BP [2], Elf Antargaz [2], Sté occitane fabrication et technologies, Esso [1], Fina [1], Melpomen, Saram [1], Sté des alcools viticoles [1], Total [1]). **Gard :** *Aramon* (Sanofi Chimie [7]). *Bagard* (Nitro-Bickford [8]). *Beaucaire* (Procida). *Salindres* (Rhodia Chimie [7]). *St-Gilles* (Deulep [1], Desangosse). **Hérault :** *Béziers* (CMPA, Gazechim [4]). *Frontignan* (GDH [1,2], ECF [1]). Sète (Total [1]). Villeneuve-les-Béziers (Minguez). **Pyr.-Or. :** *Opoul-Perillos* (Nobel [8]). **Limousin. Corrèze :** *Brive* (Butagaz [2]). *Meymac* (Corrèze Bois). **Hte-Vienne :** *St-Priest-Taurion* (Primagaz [2]). **Lorraine. Meurthe-et-Moselle :** *Bettainvilliers* (Titanite [8]). *Blénod* (Sigalnord [2]). *Moutiers* (Lorrex [8]). **Meuse :** *Baleycourt* (Ici [3]). *Har-sur-Meuse* (Albright et Wilson [2]). **Moselle :** *Ars-sur-Lorraine* (Imprelorraine). *Forbach* (HGD [1]). *Hauconcourt* (Totalgaz [2]). *Orny* (Nobel [8]). *St-Avold* (Elf Atochem [1,2], Protelor, SNF Flœrger). *Ste-Barbe* (Nitro-Bickford [8]). *Sarralbe* (Solvay [2]). *Uckange* (Air liquide [2]). **Vosges :** *Arches* (Lyonnet). *Gobley* (Totalgaz [2]). **Midi-Pyrénées. Aveyron :** *Calmont* (Sobegal [2]). **Hte-G. :** *Boussens* (Antargaz [2]). *Fenouillet* (Totalgaz [2]). *Mondouzil* (Tunet [8]). *Muret* (Lacroix [8]). *Ste-Foy-de-Peyrolières* (Lacroix [8]). *Toulouse* (Gde-Paroisse [3,4], SNPE [3], Tolochimie). **Htes-Pyr. :** *Lannemezan* (Elf Atochem [3,4]). **Tarn :** *Castres* (Sepric [6]). **Tarn-et-Garonne :** *Castelsarrasin* (Butagaz [2]). *Grisolles* (Stockalliance). **Nord-Pas-de-Calais. Nord :** *Arleux* (Totalgaz [2]). *Boussois* (Glaverbel France). *Courchelettes* (BP [1,2]). *Douai* (Sogif, Grande Paroisse [4]). *Dunkerque* (SFP [2], Sollac [2], BP France [1,2]). *Grande-Synthe* (Sogif). *Gravelines* (appontement pétrolier des Flandres [1], Cyanamid). *Haulchin* (EPV [1]). *La Madeleine* (Rhodia Chimie [3,4,5]). *Loon* (Copenor [4], Du Pont de Nemours, Raffiinerie des Flandres [1,2]). *Loos* (Prod. chim. [3]). *Mardyck* (Stocknord [1,2]). *St-Pol-sur-Mer* (dépôt des pétroles côtiers [1]). *Thiant* (Antargaz [2]). *Waziers* (Sogif). **Pas-de-Calais :** *Arques* (verreries). *Béthune* (Schenectady). *Billy-Berclau* (nitrochimie [8]). *Brébières* (Perstorp). *Calais* (Calaire Chimie). *Choques* (ICI [1]). *Corbehem* (Stora-Felmuehle-Béghin). *Dainville* (Primagaz [2]). *Drocourt* (Cray Valley [1]). *Feuchy* (CECA [4,6]). *Harnes* (Noroxo). *Isbergues* (Ugine [7]). *Mazingarbe* (Grande-Paroisse [4], SAV [2]). *Noyelles-Godault* (Métaleurop). **Basse-Normandie. Calvados :** *Boulon* (Nitro-Bickford [8]). *Honfleur* (Miroline [1]). *Vire* (Butagaz [2]). **Orne :** *Couterne* (PCAS [1]). *Merlerault* (Totalgaz [2]). **Haute-Normandie. Eure :** *Alizay* (Alicel Alipap). *Bourth* (Rhône-Poulenc Jardin). *Brionne* (Tramico). *Gaillon* (CFPI [3]). *St-Pierre-la-Garenne* (Novartis Agro). *Vernon* (Sep [4]). **Seine-Maritime :** *Aumale* (Butagaz [2]). *Déville-lès-Rouen* (Borden France). *Gonfreville-l'Orcher* (Elf Atochem [1,2], Chevron-Chemical [1,7], Hydro Agri France [4], Norgal[2], Sigalnor [2], Total [1,2], Sogestrol [1]). *Grand-Quevilly* (Grande-Paroisse SA [3,4], CPA Dépôt Aval et HFR [1]). *Le Havre* (Cim [1], SHMPP [1]). *Lillebonne* (Bayer-Elastomer [1,2], Celanese [1]). *Montville* (Sté chimique de Montville). *N.-D.-de-Gravenchon* (Exxon [1,2], Esso SAF [1,2], Mobil Oil [1], Primagaz [1], Socabu [1,2]). *Oissel* (Grande-Paroisse [4], Francolor [1], Hydro Agri France, Orgachim). *Oudalle* (Lubrizol [1,3], Total Solvants [1]). *Petit-Couronne* (Couronnaise de raffinage [1,2], Butagaz [2]). *Petit-Quevilly* (Total [1]). *Rogerville* (Care). *Rouen* (Grande-Paroisse Lubrizol). *St-Aubin-les-Elbeuf* (Rhône-Poulenc Biochimie [3], Maprochim). *St-Jouin-de-Bruneval* (Cim [1]). *St-Pierre-les-Elbeuf* (Ifrachem [1]). *Sandouville* (Eramet-SLN [3], Goodyear [2]). *Sotteville-les-Rouen* (Brenntag). **Pays de la Loire. Loire-Atlantique :** *Donges* (Elf-Antargaz [2], Elf-France [1,2,7]). *Montoir-de-Bretagne* (Hydro Agri France [4], GDF [1]). *Riaillé* (Nobel-PRB [8]). *St-Herblain* (GDF [1]). **Maine-et-Loire :** *Avrillé* (Sipsy). *Ecouflant* (Butagaz [1]). *Montreuil-Bellay* (Sipcam-Phyteurop). *St-Crespin-sur-Moine* (Nitro-Bickford [8]). **Mayenne :** *Bonchamp* (Mory). *Lignières-Orgères* (DPS [8]). **Sarthe :** *Arnage* (Butagaz [2]). *Le Mans* (Giat-industries [8]). *Precigne* (Alsetex [8]). *Vaas* (Elf Atochem Agri). **Vendée :** *L'Herbergement* (Butagaz [2]). *Ste-Florence* (Sté vendéenne du traitement du bois). **Picardie. Aisne :** *Chauny* (Elf Atochem [1,2]). *Gauchy* (Soprocos [2]). *Marle* (Bayer). **Oise :** *Catenoy* (Great Lakes Chemical). *Cuise-la-Motte* (Clariant). *Levignen* (Butagaz [2]). *Pont-Ste-Maxence* (Huttenes Albertus). *Ressons-sur-Matz* (Totalgaz [2]). *Ribécourt* (Rhodia Chimie [2], Atofindley). *Rieux* (Pennaroya). *Venette* (Akzo). *Villers-St-Paul* (Elf Atochem [1,2]). *Villiers-St-Sépulcre* (General Electric Plastics ABS [2]). **Somme :** *Amiens* (Mory Team). **Poitou-Charentes. Charente :** *Angoulême* (SNPE [8]). *Gimeux* (Elf-Antargaz [2]). **Charente-Maritime :** *La Rochelle* (SA Picoty [1]). *Le Douhet* (Butagaz [2]). *Ste-Soulle* (Nobel Explosifs France [8]). **Deux-Sèvres :** *Niort* (Sigap Ouest [2]). *Prisse-la-Charrière* (Titanite [8]). **Vienne :** *St-Benoît* (Euro-Production). **Provence-Alpes-Côte d'Azur. Alpes-de-Haute-Provence :** *St-Auban* (Elf Atochem [1,2,3]). *Sisteron* (Sanofi Chimie [1,3,5]). **Alpes-Maritimes :** *Carros* (Primagaz [2]). *Peillon* (Nobel [8]). **Bouches-du-Rhône :** *Berre* (Shell [1,2]). *Cabriés* (nitrochimie [8]). *Châteauneuf-les-Martigues* (Total [12]). *Fos-sur-Mer* (Sogif, DKPF [1], Esso [12], GDF [2], Lyondel Chimie France [1,2], Sollac [2], Sté du chlorure de vinyle de Fos [1,2], Rhône Gaz [2], SPSE [1], Terminal de Crau [1], Elf Atochem [3]). *Lavéra* (LBC M/F [1], Total [1], BP France [1,2], Elf Atochem [2,3]). *Marignane* (Stogaz [2]). *Marseille* (Elf Atochem [3,4], Métaleurop). *Martigues* (Naphtachimie [2], Gazechim [3], BP Chemicals [2,4], Oxochimie). *Port-de-Bouc-Fos* (Elf Atochem [3]). *Port-St-Louis-du-Rhône* (port pétrolier de Givors). *Rognac* (Butagaz [2], SPS [1]). *St-Martin-de-Crau* (nitrochimie [8], SNPE [8]). **Var :** *Le Beausset* (Titanite [8]). *La Motte* (Stogaz [2]). **Vaucluse :** *Bollène* (Butagaz [2]). *Le Pontet* (SNPE [1,8]). *Vedène* (TRP Daussant). **Rhône-Alpes. Ain :** *Balan* (Elf Atochem [2]). *St-Vulbas* (Totalgaz [2]). **Ardèche :** *La Voulte* (Pharmacie centrale). **Drôme :** *Clérieux* (Cheddite France [8]). *Pierrelatte* (Cogema [7], Comurhex [7], Soderec International [7]). **Isère :** *Champagnier* (Enichem Élastomères France [2]). *Domène* (Sobegal [2]). *Grenoble* (Eurotungstène poudres, Sandvik Hard Materials). *Jarrie* (Elf Atochem [1,2], Oxysynthèse). *Luzinay* (Elf Antar France [1]). *Pont-de-Claix* (Rhône-Poulenc [1,4,5]). *Roussillon* (Rhône-Poulenc [1,4,5]). *Sablons* (Sira). *St-Clair-du-Rhône* (Rhône Poulenc Chimie [2], Zeneca). *St-Quentin-Fallavier* (Elf [1]). *St-Quentin-sur-Isère* (Titanite [8]). *Salaise-sur-Sanne* (Propétrol, TMD-Martin). *Vif* (Kinsite [8]). *Villard-Bonnot* Elf Atochem [2]). **Loire :** *Boisset-les-Montroud* (SFIB). **Rhône :** *Chaponnay* (Dispagri). *Chassieu* (Brenntag). *Feyzin* (Elf [1,2]). *Genay* (Cyanamid Agro). *Limas* (Rhône Poulenc Agrochimie). *Lyon* (Butagaz [2]). *Neuville-sur-Saône* (Hœchst-Marion-Roussel). *Pierre-Bénite* (Elf Atochem [7]). *St-Fons* (Elf Atochem [1,3], Ciba Spécialités chimiques, Rhodia Belle Étoile, Rhodia Chimie). *St-Genis-Laval* (ADG [2]). *Solaire* (Rhône Gaz [2]). **Savoie :** *Epierre* (Elf Atochem [1,2]). *Frontenex* (Totalgaz [2]). *La Chambre* (Pack Système Maurienne, Blue-Systems). *Plombière-St-Marcel* (métaux spéciaux [3]). *Ugine* (Ugine aciers [7]).

Nota. (1) Liquides inflammables. (2) Gaz inflammables. (3) Chlore. (4) Ammoniac. (5) Phosgène. (6) Oxyde d'éthylène. (7) Acide fluorhydrique. (8) Installation pyrotechnique.

XIIIe ; *alertes* (niveau 3) : 3 (les 10-10 et 8-11 1995 et le 30-9-1997 dues au dioxyde d'azote). *Moyenne annuelle de pollution au SO_2 en 2000 :* 9 µg/m³. *Résultats* quotidiens accessibles sur Minitel et Internet : mesures détaillées de toutes les stations et 7 polluants des 15 derniers mois sur Internet. **Circulation alternée** (voir p. 1548 b). Les pics de pollution sont dus à 80 % au trafic automobile, 20 % aux usines et au chauffage (étude Airparif 1999).

Indice Atma. Mesure la qualité de l'air dans 49 agglomérations de + de 100 000 hab. Calculé en fonction d'au moins 4 polluants : dioxyde de souffre, dioxyde de carbone, ozone et particules en suspension de diamètre aérodynamique inférieur à 10 µm. Pour chaque contaminant, échelle de 1 à 10. Ne rend compte que d'une moyenne pour l'agglomération entière.

■ **Journée « en ville sans ma voiture » le 22-9.** *Lancée* 1998 dans 34 villes de France ; *en 1999 :* dans 66 villes dont à Paris : barrages filtrants interdisent l'accès des 4 arrondissements centraux, la Butte-Montmartre et le bassin de La Villette. **Gratuité du stationnement résidentiel à titre préventif :** *1re :* le 8-1-2000 (risque de dépassement du seuil des 200 µg/m³ en NO_2 annoncé par Airparif).

■ **Coût médico-social annuel** (en F, *source :* Ademe 1999). **Passage : d'un niveau normal à moyen** (180 j/an), entre parenthèses, **à élevé** (18 j/an) **et,** en italique, **au + élevé** (4 j/an) : fumées noires 672 (147) *39* ; PS 871 (168) *41* ; SO_2 396 (161) *49* ; NO_2 213 (41) *n.c.* ; O_3 308 (127) *36.*

☞ D'après une étude de l'Institut de veille sanitaire rendue publique le 19-4-1999, 265 décès anticipés sont chaque année imputables à la pollution de l'air dans 9 grandes villes de France regroupant 10 millions d'habitants.

■ **Sources d'émissions à effet de serre** (en %, *source :* Citepa 1999). Transports 26,1, combustion pour résidentiel, tertiaire et agriculture 19,6, pour industrie manufacturière et construction 11,4, sols agricoles 9,5, fermentation entérique du bétail 5,1, mise en décharge 3, procédés industrie chimique 2,5, autres procédés, produits minéraux 1,9, autres 6,6.

■ **Pollution atmosphérique de 10 métropoles françaises en 1999. Moyenne annuelle par ville en plomb/fumées noires/particules PM 10/dioxyde d'azote/de soufre** (en µg/m³)**/ozone** (nombre de jours de dépassement de 180 µg/m³) : *Bordeaux :* 0,11/n.c./21/24/8/3 ; *Grenoble :* 0,17/29/23/36/6/0 ; *Lille :* 0,07/17,2 (en 1995)/22/31/11/1 ; *Lyon :* 0,09/n.c./25/42/9/8 ; *Marseille :* n.c./18/25/38/12/2 ; *Montpellier :* 0,08/n.c./23/31/6/2 ; *Nantes :* 0,07/9/n.c./29/5/1 ; *Paris* (en 2000) : 0,05/16/22/43/9/2 ; *Strasbourg :* n.c./n.c./21/36/9/0 ; *Toulouse :* 0,22/n.c./37 (en 1995)/33/6/1.

Villes les plus touchées, par polluant : *plomb :* Toulouse 0,22, Grenoble 0,17, Paris 0,15 ; *particules PM 10 :* Cannes-Grasse-Antibes, Dunkerque, Marseille et Nancy 29 ; *dioxyde de soufre :* région étang de Berre 19, Rouen 18, Le Havre 16 ; *ozone :* Aix-en-Provence 13, Lyon 8, région étang de Berre 6 ; *dioxyde d'azote :* Cannes-Grasse-Antibes 49, Paris 47, Amiens 44 ; *fumées noires :* Grenoble 29, Marseille 18, Reims 16.

Émissions en France
(métropole et outre-mer)

■ **Émissions** (en milliers de t, 1999) **de produits polluants dans l'air et,** entre parenthèses, **écart 1999/90** (en %) [*source :* Citepa (Centre interprofessionnel technique d'études de la pollution atmosphérique)]. **Acidification et photochimie** (selon les définitions de la Commission économique pour l'Europe de l'Onu, les émissions dues au trafic maritime international et au trafic aérien au-dessus de 1 000 m ne sont pas répertoriées) : SO_2 682 (– 46,7), NO_x 1 534 (– 18,0), NH_3 805 (+ 1,9) ; acide équivalent (Aeq) [seuls SO_2, NO_x et NH_3 sont pris en compte : calculé sur la base de la part en masse des ions H+ soit : 0,0217 pour le NO_x et 0,0588 pour NH_3] : 102 (– 19,8) ; COVNM (composés organiques volatils non méthaniques) 2 211 (– 23,2), CO 7 288 (– 33,5). **Effet de serre** [selon les définitions de la Convention Climat de l'Onu, ne sont pas incluses : pour l'ensemble des substances, les émissions maritimes et aériennes internationales, pour le CO_2, les émissions ne résultant pas de l'activité humaine (émissions dites non anthropiques)] : CO_2 394 000 (+ 4,2), CO_2 (avec changement dans l'utilisation des sols et sylviculture) 330 000 (+ 2,2), CH_4 (méthane) 2 788 (– 8,4), N_2O (protoxyde d'azote) 252 (– 17,1), SF_6 (hexafluorure de soufre) 0,1 (+ 9,9), HFC (hydrofluorocarbures) 2,658 (× 10,3), PFC (perfluorocarbures) 0,268 (– 40,7). **Pouvoir de réchauffement global (PRG)** [protocole de Kyoto, en équivalent CO_2] : 475 (– 2,7). **Contribution au PRG** (en %, 1999) : CO_2 (69,5), N_2O (16,3), CH_4 (12,3), HFC/PFC/SF_6 (1,9).

■ **Émissions** (en milliers de t) **d'oxydes d'azote (et de soufre). Transports :** *1990 :* 1 108 (155) ; *99 :* 803 (37). **Énergie (hors transports) :** *1990 :* 777 (1120) ; *99 :* 775 (678).

■ **Objectifs internationaux de la France en matière de réduction de la pollution atmosphérique et,** entre parenthèses, **réalisations. Protocole soufre** (Helsinki, 8-7-1985) engagement de base – 30 % 1980 à 1993 (– 67 %) ; volontaire additionnel – 60 % 1980 à 1993 (– 67 %). **Protocole relatif aux oxydes d'azote (NO_x)** (Sofia, 1-11-1991) engagement de base : stabilisation 1987 à 1994 (– 4 %) ; volontaire additionnel – 30 % 1980 à 1998 (– 21 %). **Protocole relatif aux composés organiques volatils non méthaniques (COVNM)** (Genève, 18-11-1991) – 30 % 1988 à 1999 (– 34 %). **Protocole soufre** (Oslo, 14-6-1994) 868 kt (2000) [808 kt (1998)], 770 kt (2005) [682 kt (1999)], 737 kt (2010). **Protocole métaux lourds** (Aarhus, 24-6-1998) engagement de stabilisation par rapport à 1990 : Pb 4 576 t [868 t (1999)], Cd 15,7 t [12 t (1999)], Hg 43,4 t [17 t (1999)].

■ **Pyralène. Usages :** sur 1 000 000 de transformateurs en service, 100 000 (11 000 propriété d'EDF et 89 000 appartenant à des entreprises ou des particuliers) sont isolés et réfrigérés par du *pyralène* (technique utilisée jusqu'en 1983), pour remplacer l'huile jugée trop inflammable. Chauffé à 300 °C il dégage des toxiques, dont de toutes petites quantités de dioxine et composés apparentés, et, à froid, en cas de fuite, il peut contaminer la nappe phréatique. La mise sur le marché d'appareils contenant du pyralène est interdite depuis le 2-2-1987. Haroun Tazieff a contesté la nécessité de telles mesures. **Incidents :** *Binghamton* (État de New York) févr. 1981, dans un immeuble de 19 étages, un transformateur explose, la moitié des 800 litres de liquide isolant sont pyrolisés, l'immeuble est condamné. *Reims* (21, rue Magdeleine) 14-1-1985, un transformateur EDF, en explosant, dégage de la dioxine : l'immeuble est évacué. *Villeurbanne* (Rhône) 2-7-1986, incendie d'un transformateur.

Protocole relatif aux polluants organiques persistants (POP) * (Aarhus, 24-6-1998) engagement de stabilisation par rapport à 1990 : dioxine 2,03 kg Iteq [0,56 kg (1999)], HAP (hydrocarbures aromatiques polycycliques) 2,04 kt [1,89 t (1999)], HCB n.d. (n.d.). **Protocole de Göteborg** (1-12-1999) engagements pour 2010 : SO_2 400 kt [682 kt (1999)], NO_x 860 kt [1 534 kt (1999)], NH_3 780 kt [805 kt (1999)], COV 1 100 kt [2 211 kt (1999)]. Le protocole de Kyoto, adopté le 10-11-1997, prévoit une réduction des émissions de gaz à effet de serre à l'horizon 2008-2012. Pour l'Union européenne, fixée à 8 % par rapport au niveau de 1990, la France s'étant engagée à une stabilisation de ses émissions. Les émissions sont appréciées sur la base ensemble de 6 gaz à effet de serre direct (CO_2, CH_4, N_2O, HFC, PFC et SF_6) pour lequel est calculé l'indicateur de pouvoir de réchauffement global (PRG). Pour la France (métropole et Dom-Tom), valeur du PRG : 500 (± 20) millions de l'équivalent CO_2 net, pendant la décennie 90.

Grandes installations de combustion (directive n° 88/609 CEE du 24-11-1988) : **plafond d'émissions/réalisations** (installations existantes) : **phase 1** (en 1993) : SO_2 1 146/415, NO_x 320/106 ; **2** (en 1998) : SO_2 764/382, NO_x 320/140 ; **3** (en 2003) : SO_2 573/316 (en 1999), NO_x/125 (en 1999).

☞ Selon la Direction de la prévention des pollutions et des risques (DPPR), à fin 1997, 40 incinérateurs traitant plus de 6 t d'ordures par heure émettaient dans l'atmosphère trop de poussières, de molécules acides, de métaux lourds et de dioxines. Fin 2000, 4 incinérateurs non conformes fonctionnaient : Douchy, Le Havre, Le Mans et Maubeuge.

Pollution des sols

Modes de contamination

Éléments-traces

■ **Définition. Métaux et métalloïdes** naturels, liés directement à la composition de la roche mère originelle ou résultant des activités humaines (épandage de produits à usage agricole, dépôts de déchets, retombées atmosphériques de gaz et poussières). **Micropolluants organiques** qui peuvent être absorbés par les sols, puis par les plantes, ou migrer vers les eaux souterraines et ainsi contaminer l'homme et les animaux par le biais de la chaîne alimentaire, de l'eau de boisson, de l'ingestion de poussières, produisant des effets toxiques, cancérigènes, tératogènes ou mutagènes. Les cultures peuvent être également contaminées en éléments-traces par voie aérienne. **Éléments-traces les plus préoccupants sur le plan de l'accumulation :** cadmium, mercure et plomb, puis nickel, cuivre, zinc, chrome et sélénium, toxiques pour les végétaux.

■ **Zones critiques.** *Proches des gisements miniers ; ayant reçu de longue date des engrais* phosphatés riches en éléments-traces (scories de déphosphoration, phosphates naturels) ; *vignobles fortement traités* au sulfate de cuivre ; *sols maraîchers et jardins familiaux* urbains et périurbains (agglomérations parisienne, lyonnaise) ; *prairies le long des grands axes* routiers ; *grandes régions industrielles* (Nord, Lorraine, étang de Berre, certaines vallées alpines...) ; *terrains d'épandage incontrôlé* depuis des décennies (eaux usées, boues de dragage, déchets industriels...).

Surface recevant en France du compost urbain : 100 000 ha [1] (3 t/an de matière sèche par ha). *Boues d'épuration :* 60 000 ha [2] (3 kg/m² sur 10 ans). *Lisier de porcs :* 260 000 ha [3] (5 t/an par ha). *Le long des axes routiers importants :* 200 000 ha. *À proximité d'un centre industriel :* dans un rayon de 8 km, sur environ 200 km² : 400 000 ha.

Nota. (1) On utilise par an 400 000 t de compost (7 % des ordures sont compostées). Soit 300 000 t de matière sèche (TMS) à raison de 3 TMS/ ha/an. (2) 300 000 t de matière sèche (50 % des boues sont utilisées en agriculture) à raison de 3 TMS/ha/an. (3) 13 millions de m³ soit 1,3 million de TMS utilisé à raison de 5 TMS/ha/an.

■ **Sites pollués. Inventaire national :** *recense :* sites nécessitant études ou travaux du fait de leur impact, hors décharges sauvages ou sites pollués par des substances radioactives. *Consultable* sur le site Internet du ministère. *Sites recensés : 1996 :* pollués 896, traités et libres de toute restriction 125 ; *en 2000 :* nouvel inventaire avec près de 3 000 sites, actualisé en continu. **Base de données « Basias » :** *répertorie* et localise par région les sites où a été exercée une activité potentiellement polluante. *Disponible :* sur le même site ; environ 40 % du territoire couvert, sera achevé d'ici à 2005.

■ **Principaux polluants. Hydrocarbures :** polluent près de 50 % des sites. **Métaux :** notamment plomb, chrome, zinc, cuivre. **HAP (hydrocarbures polycycliques). Solvants halogénés.**

☞ Le sel de déneigement est très mauvais pour les arbres en ville.

Pesticides et produits phytosanitaires

☞ *Dans le monde :* 35 000 marques commercialisées, 500 000 intoxications par an (dans le tiers-monde, 15 000 morts). *En France :* 94 700 t consommées en 2000 dont (en %) fongicides 56, herbicides 33, insecticides 3.

■ **Produits phytosanitaires, également appelés pesticides ou produits phytopharmaceutiques.** Regroupent principalement **fongicides** (contre champignons), **insecticides** (contre insectes), **herbicides** (contre mauvaises herbes). Selon une étude de 1991, les pertes de récolte pourraient atteindre 52 % sur le blé, 83 % sur le riz en l'absence de tout traitement. **Inconvénients :** une utilisation irraisonnée peut entraîner pollution ou intoxication, la sélection de souches résistantes parmi insectes et champignons, une inversion de flore, la régression d'insectes utiles, la phytotoxicité sur des cultures sensibles ou sur des organes sensibles d'une culture.

30 % des pesticides commercialisés dans les pays en développement pour 900 millions de $/an font peser une grave menace sur la santé et l'environnement selon FAO et OMS (1-2-2001).

En août 1999 *Science et Avenir* a publié la liste de 12 pesticides suspects de provoquer des cancers et de perturber le système endocrinien et/ou la reproduction : *herbicides :* 2,4 D, alachlore, atrazine, cyanazine, trifluraline ; *fongicides :* bénomyl, mancozèbe, manèbe, métirame, zinèbe ; *insecticides :* carboryl, dicofol.

■ **Fongicides. 1ers utilisés :** soufre (en 1855), cuivre (bouillie bordelaise en 1885). Dans les années 1940, 1ers produits organiques de synthèse : les dithiocarbamates. **Autres fongicides :** dérivés du benzène (peu toxiques et assez spécifiques), des quinones (peu toxiques et assez polyvalents), triazoles phtalimides (polyvalents et peu toxiques), dérivés de la quinoléine, quinoxalines, strobilurines.

■ **Bactéricides.** A base d'antibiotiques. *Particuliers :* préparats biodynamiques, essences de plantes, dilutions homéopathiques, algues vertes, poudres de roches siliceuses. Agissent directement sur le parasite ou renforcent la plante. Sans précaution d'emploi, certains produits de traitement peuvent laisser des résidus dans les aliments et sont toxiques pour l'homme.

■ **Herbicides. XIXe et début XXe s.** *produits minéraux non sélectifs* (exemples : acide sulfurique ou chlorate de sodium). **Années 1930** *1ers produits organiques* (colorants nitrés). **Vers 1950** propriétés systémiques (pénétration dans les plantes) et à faible toxicité. De nombreuses autres familles ont suivi et se distinguent par leur mode d'absorption : au niveau des racines ou au niveau des feuilles, et s'utilisent soit avant la levée des mauvaises herbes, soit après. **Vers 1956** *phytohormones* (2,4 D, MCPA) puis *triazines.* **Années 1980** *sulfonylurées* avec un mode d'action spécifique aux végétaux peuvent être utilisées à très faible dose (quelques g/ha) sur diverses cultures.

Peuvent contaminer les eaux : exemples Diuron, Roundup dont le glyphosate est un des principaux polluants des eaux bretonnes.

■ **Insecticides. Usage :** utilisés pour traiter sol, semences, parties aériennes des plantes, denrées alimentaires stockées, locaux, bétail ; contre les insectes vecteurs des maladies humaines (moustiques). **Origine : 2de moitié du XIXe s.** on utilise des insecticides chimiques d'origine minérale (acétoarsénite de cuivre contre le doryphore, acide cyanhydrique contre la cochenille, etc.). **Années 1930** produits naturels minéraux arsenicaux (arseniate de plomb). **Années 1940** *organochlorés :* DDT [(dichloro-diphényl-trichloroéthane), découvert 1939 par Paul Müller ; substance de synthèse connue depuis 1872. A permis d'éradiquer le moustique propageant le paludisme. Non sélectif, détruit insectes nuisibles et utiles. Non biodégradable, se concentre au long de la chaîne alimentaire. Le lait d'une mère américaine contient une concentration en DDT supérieure à celle acceptée dans le lait de vache. Retiré de la vente en 1972 car trop persistant] et HCH ; puis *organophosphorés* (malathion). **1955** carbamates. **1976** pyréthrinoïdes de synthèse, s'utilisent à très faibles doses (quelques g/ha). **1990** atrazine et autres herbicides de la famille des triazines. Présence dans l'eau du robinet signalée dès 1990. **2001** le *Gaucho* (utilisé pour le traitement des semences de tournesol), soupçonné d'être toxique pour les abeilles, est interdit pour 2 ans.

Insecticides biologiques. Trichogrammes contre la pyrale du maïs ; une bactérie, le *Bacillus thuringiensis* (voir ci-après). On utilise des produits à toxicité très forte pour les ravageurs, mais à faible dose.

Insecticides microbiologiques. Champignons, bactéries, virus, rickettsies, protozoaires (exemple : *Bacillus thuringiensis :* bactérie découverte en 1911, dont les spores provoquent des toxémies en germant dans le tube digestif des insectes ; *avantage :* innocuité pour l'homme, les vertébrés supérieurs, les abeilles et les auxiliaires naturels).

■ **Conversion des terres agricoles en terrains bâtis. % de terres agricoles en 1960-70 et**, entre parenthèses, **en 1970-80 :** All. féd. 2,5 (2,4), Canada 0,3 (0,1), Danemark 3 (1,5), *France 1,8 (1,1),* G.-B. 1,8 (0,6), Italie (2,5), Japon 7,3 (5,7), Pays-Bas 4,3 (3,6), Suède 1 (1), USA 0,8 (2,8).

■ **Érosion des sols et désertification. Érosion** (perte de la couche superficielle du sol) : dépend de la nature et de la structure du sol, de la couverture végétale, de la pente et des conditions atmosphériques ; elle peut être aggravée par certaines pratiques agricoles. Les empreintes des engins agricoles sur les sols, en facilitant le ruissellement, sont l'une des causes agraires de l'érosion. **Désertification** (déclin et destruction de la productivité biologique des terres arides et semi-arides) : peut résulter de contraintes d'origine humaine, telles que cultures intensives, surpâturage, etc. **Conséquences :** d'ordre économique et environnemental (diminution de la capacité de production des terres agricoles, dépôts de sédiments et pollution des cours d'eau et des estuaires...).

■ **Statistiques. Érosion et**, entre parenthèses, **désertification** (en % de la superficie totale des terres, 1970-80) : Australie 10,7 (17,91), Canada 5,5 (0,38), Espagne (44,68), *France 8,2,* G.-B. 0,1, Grèce 37,5, Nlle-Zélande 33,3, Portugal (51,94), Turquie 74,1, USA 59,7 (9,98), Yougoslavie 54. **Désertification de la Terre** (en millions de km²) : *1995 :* 36 ; *2100 (prév.) :* 50.

☞ Sur 1 ha, la couche arable, profonde de 20 à 40 cm, représente 3 000 à 5 000 t de terre. Les pertes en terre peuvent atteindre plus de 100 t/ha par an ; en France, dans certaines régions (environ 20 % des terres cultivées), seraient de 5 à 10 t/ha par an.

Insecticides végétaux. Roténone : extraite des racines de diverses légumineuses exotiques ; agit par contact ; on lui associe généralement la poudre de *pyrèthre* qui ouvre les organes respiratoires des insectes. **Nicotine :** efficacité augmentée lorsqu'elle est ajoutée à une émulsion d'huile végétale (huile blanche) ; toxique ; intérêt : se dégrade rapidement. **Alcaloïdes :** plus guère utilisés (exemple : ryanodine). **Pyréthrines :** efficaces contre insectes et animaux à sang froid, non dangereuses pour l'homme, mais s'altèrent vite. Les pyréthrinoïdes de synthèse (perméthrine, cyfluthrine, fenvalérate, deltaméthrine) demandent des précautions, compte tenu de leur toxicité pour la faune aquatique, mais ils présentent l'avantage de la non-photodégradation et donc d'une meilleure rémanence contrairement aux pyrèthres naturels.

Traitements

■ ***In situ.*** **Pompage :** l'eau polluée du sous-sol est pompée, puis renvoyée dans le sous-sol. **Lessivage :** l'eau pompée est renvoyée non dans la nappe phréatique, mais injectée à faible profondeur, ce qui lessive la couche de terre. **Biodégradation :** traitement des pollutions par hydrocarbures. On injecte des bactéries dopées à l'air insufflé *(bio-venting)*, à l'eau oxygénée, à l'azote et au phosphore. **Aération :** les polluants volatils sont aspirés par aération simple *(venting)* ou forcée *(stripping).* **Confinement :** le sol pollué est isolé par des parois, une couverture et un fond étanches. **En usine *(ex situ).*** **Incinération des terres :** les polluants sont récupérés sous forme de vapeurs et traités. *Coût :* 2 000 à 7 000 F/t. **Lavage des sols :** les terres sont mises en contact avec un solvant qui entraîne les polluants.

■ **Responsabilité.** Le traitement incombe à l'exploitant ou au détenteur de l'installation à l'origine de la pollution. En cas de défaillance, l'Ademe est chargée d'intervenir sur le site pour en assurer la maîtrise des risques immédiats (*budget 2001 :* 90 millions de F pour les sols pollués).

Pollution chimique des aliments

■ **1°) Métaux lourds. Arsenic :** transformé par certaines bactéries et levures en produits gazeux toxiques, s'accumule dans faune et flore marines. Les algues concentrent l'arsenic de 1 000 à 10 000 fois. *Taux maximal admis dans les eaux de boisson :* 50 µg/l (As). **Cadmium :** peut être accumulé dans certains produits de la mer à des concentrations plusieurs milliers de fois supérieures à celles présentes dans l'eau (mollusques bivalves : 300 000 fois). Il pénètre également dans la chaîne alimentaire à partir du sol, quand celui-ci est très acide, et peut provoquer de graves maladies rénales ou osseuses (l'homme n'éliminant pas le cadmium). *Taux maximal admis dans l'eau potable :* 5 µg/l (Cd). **Chrome :** l'acide chromique est toxique pour le tube gastro-intestinal. *Taux maximal admis* (normes européennes) : 0,1 mg par kg d'aliments, 50 µg/l. **Étain :** la corrosion de boîtes de conserve en fer-blanc défectueuses peut entraîner des intoxications. **Mercure :** vient surtout de la consommation des poissons et crustacés ; s'accumule dans le corps ; peut provoquer des atteintes irréversibles du système nerveux central. Nombreux empoisonnements mortels en 1972 en Iraq : semences de blé et d'avoine traitées avec un fongicide mercuriel (pratique criminelle ou inconsciente). *Taux maximal admis dans eau potable et aliments :* 1 µg/l (Hg – eau potable). **Plomb :** peut provoquer anémie et lésions du système nerveux. La plupart des aliments en renferment de petites quantités d'origine naturelle ou venant des boîtes de conserve soudées (poisson), de capsules en plomb de bouteilles, de fruits et légumes cultivés dans des terrains recevant des eaux d'épandage ou au voisinage d'usines de traitement du plomb. *Taux maximal admis dans l'eau potable :* 50 µg/l. *Poussières de plomb :* peintures murales anciennes. Les canalisations en plomb peuvent contaminer l'eau. *Dose journalière tolérable par l'organisme :* 1 µg par kg de poids corporel. 2°) **Pesticides** (insecticides, fongicides, herbicides, nématicides, rodonticides). 0,5 % des cancers recensés aux USA sont dus aux pesticides. Les insecticides organochlorés persistants (tels DDT, aldrine et dieldrine) sont désormais interdits en agriculture en France et dans la plupart des États européens ; les teneurs dans les aliments diminuent donc et ne sont décelables que dans les aliments riches en graisse (rémanence : traces de DDT trouvées en 1984 en G.-B. dans des choux de Bruxelles, 20 ans après épandage). Ils sont maintenant remplacés par des composés organophosphorés et des carbamates, plus toxiques, mais laissant moins de résidus dans les denrées alimentaires. Depuis 1997, l'emploi de certaines substances est limité ou interdit en usage agricole ou non agricole : Dinoterbe, Daminozide, Atrazine, Simazine, Lindane, Diuron, DNOC. *Taux maximal admis dans l'eau potable* (directive européenne de juillet 1980) : voir encadré col. b. 3°) **Mycotoxines.** Céréales et arachides (au cours de leur récolte et de leur emmagasinage) peuvent être infectées par des moisissures. Celles-ci peuvent sécréter des produits très toxiques, comme l'aflatoxine produite par une moisissure surtout présente dans cacahuètes, amandes, noisettes. 4°) **Autres contaminants chimiques. Nitrosamines :** cancérigènes. **Polychlorobiphényles :** en raison de leur rémanence, ne peuvent être employés que dans des conditions prévenant leur dissémination. **Hormones :** utilisées en élevage pour accélérer croissance et résistance aux maladies. *Prohibées* par la loi du 27-11-1976 qui interdit l'administration de substances à action œstrogène aux animaux destinés à la consommation humaine. *Exception :* celles administrées à des femelles adultes pour la maîtrise de leur cycle. Les œstrogènes naturels sont tolérés jusqu'à 0,01 mg/kg sur les animaux en âge de se reproduire, et jusqu'à 0,0002 mg/kg sur les jeunes animaux. 80 % au moins des veaux sont traités aux hormones. Mot d'ordre de boycottage lancé le 11-9-1980 par l'UFC.

☞ **Maladie due au mercure :** dans la *baie de Minamata* (Japon) où l'usine Chiso déversait ses déchets, 20 000 Japonais ont été contaminés (dont 4 500 gravement) de 1956 à 1967 : 857 sont morts, les survivants les plus atteints souffraient de troubles nerveux. Depuis, on vérifie en France que les poissons ne contiennent pas plus de 0,5 mg de mercure par kg, des doses plus fortes (0,6 ou 0,7) sont parfois relevées sur des thons ou des lieus. On trouve aussi du mercure dans les volailles (dinde, dindonneau, pintade, canard), les champignons de Paris en boîte, les cacahuètes, groseilles, framboises, le pain complet, les pâtes.

POLLUTION DES EAUX

☞ Voir aussi **Eau** à l'Index.

EFFETS DE LA POLLUTION DES EAUX

■ **Sur la vie animale et végétale dans l'eau.** Le développement de la vie animale et végétale dans l'eau est lié : 1°) **à la pénétration de la lumière** qui, grâce à la photosynthèse, permet aux organismes végétaux de fabriquer de la matière vivante à partir de l'énergie solaire, du gaz carbonique et des sels minéraux. 2°) **A la richesse de l'eau en éléments nutritifs.** Conditions optimales près des côtes mais c'est là aussi qu'elle est la plus polluée. Les *rejets organiques* peuvent asphyxier zones de frayères et nurseries, essentielles pour la vie aquatique, et conduisent à la formation de vases réductrices toxiques pour plantes et animaux marins. Les *matières en suspension* réduisent la pénétration de la lumière (donc la photosynthèse), et colmatent les appareils respiratoires des poissons.

Certains composés, non toxiques pour les 1ers échelons de la « chaîne alimentaire », peuvent se concentrer dans les êtres vivants des échelons suivants et atteindre ainsi, par bioaccumulation, un niveau de toxicité élevé, préjudiciable à la vie des êtres marins ou à la santé des consommateurs. Les organismes marins peuvent concentrer des produits toxiques par *filtration :* pollution bactérienne accumulée dans les mollusques élevés dans des zones insalubres ; par *accumulation alimentaire :* les poissons peuvent accumuler métaux lourds (baie de Minamata au Japon : voir ci-dessus) et composés organochlorés. Les rejets urbains n'ayant pas subi un traitement spécifique recèlent de nombreux micro-organismes, généralement inoffensifs pour les animaux marins, mais ces virus et bactéries sont dangereux pour l'homme.

■ **Sur l'homme.** Par absorption accidentelle d'eau polluée ou contact. **Bactéries :** infections gastro-intestinales épidémiques et endémiques (fièvre typhoïde, choléra). **Virus :** infections virales, hépatite épidémique, inflammation des yeux et de la peau chez les nageurs. **Protozoaires et métazoaires :** amibiase et autres infections parasitaires. **Métaux :** intoxication par plomb, mercure, cadmium

■ **Eau potable. Définition :** elle doit être limpide, pure, dépourvue d'odeurs, de substances toxiques et de micro-organismes et virus pathogènes. **Normes de la qualité** (valeurs-limites) : *paramètres organoleptiques :* couleur 15 mg/IPt, turbidité 2 UI, odeur et saveur nulles. *Paramètres physico-chimiques :* température 25 °C, pH 6,5 à 9, chlorure (en mg/l) 200, sulfates 250, magnésium 50, sodium 150, potassium 12, aluminium total 0,2, résidu sec 1 500. *Substances indésirables* (en mg/l) : nitrates 50, nitrites 0,1, ammonium 0,5, azote Kjedahl 1, oxydabilité au $KMnO_4$ 5, cuivre 1, zinc 5, phosphore 5, fluors 1,5, fer (en µg/l) 200, agents de surface 200, hydrocarbures 10, argent 10, phénols 0,5, manganèse 50. *Substances toxiques* (en µg/l) : arsenic 50, chrome 50, cyanure 50, nickel 50, plomb 50 (taux ramené à 25 en 2002 et à 10 en 2012), antimoine 10, sélénium 10, cadmium 5, benzo 3,4, mercure 1, NAP (6 substances) 0,2, pyrène 0,01. *Paramètres microbiologiques :* absence d'organismes pathogènes : salmonelles dans 5 litres, staphylocoques dans 0,1 l, bactériophages fécaux dans 0,05 l et entérovirus dans 10 l. Absence de coliformes dans 95 % des échantillons de 0,1 l, absence de coliformes thermotolérants et de streptocoques fécaux dans 0,1 l, au plus une spore de bactéries sulfito-réductrices dans 0,02 l. *Pesticides et apparentés* (en µg/l) : par substance individualisée 0,1, sauf aldrine et dieldrine 0,03 et hexachlorobenzène 0,03, total des substances mesurées 0,5. **Nouvelles normes :** entrées en vigueur 25-12-2000 (3 groupes de paramètres de qualité).

☞ Le Conseil des ministres européens de l'Environnement a adopté à Luxembourg en octobre 1997 de nouvelles normes européennes visant à abaisser la teneur en plomb de 50 microgrammes/l à 25 en 5 ans puis à 10 en 15 ans, avec allongement de 9 ans de cette période dans certains cas. La France, jusqu'alors opposée à cette directive en discussion depuis 2 ans, devra rénover ses réseaux de canalisation (en plomb) en grande partie privés (coût estimé en 1995 pour l'ensemble du réseau : 120 milliards de F). La commission a adopté une nouvelle directive le 3-11-1998.

■ **Procédés ménagers d'épuration d'eau.** *Méthodes courantes :* ajouter de l'*alun* en poudre, laisser reposer 24 h. Du *permanganate de potasse*, laisser 15 min en contact, précipiter l'excès de permanganate en ajoutant un peu de sucre, thé ou café (permanganate de chaux plus actif). *Teinture d'iode* pour neutraliser germes et microbes nocifs ; on peut neutraliser l'excès d'iode par trace d'hyposulfite de soude ou une cuillerée à soupe de vin, d'infusion de thé ou de café. Faire *bouillir* 20 ou 25 min à l'air libre.

(chaîne alimentaire), antimoine. **Nitrates :** méthémoglobinémie (modification de l'hémoglobine du sang qui l'empêche de fixer l'oxygène, maladie grave, parfois mortelle chez les bébés), risques de cancer non avérés. Troubles digestifs, gastro-entérites. Une eau chargée en nitrates (50 à 100 mg/l) est déconseillée aux femmes enceintes et aux nourrissons. **Fluorures :** marbrures de l'émail dentaire en cas d'excès. **Pétroles, phénols, solides dissous :** suppriment la potabilité à des concentrations très faibles (environ 0,1 µg/l).

FORMES DE POLLUTION

■ **Pollution tellurique. Imputable aux rejets directs** (par émissaires) **ou indirects** (fleuves et rivières, retombées atmosphériques) en mer du fait des activités industrielles et agricoles, et aux rejets urbains. Rejets agricoles et urbains riches en sels nutritifs. *En 1990,* 226 000 t de phosphore (P) déversées dans les eaux de l'Atlantique du Nord-Est dont 55 000 t en provenance de l'agriculture ; 1 750 000 t d'azote (N), dont 895 000 dues à l'agriculture, pouvant conduire à des proliférations de *macro-algues* [*marées vertes* des côtes bretonnes, de Venise (*juillet 1989 :* de Venise à Ancône, bande de 300 km de longueur sur quelques dizaines de m de largeur, algue *Ulva rigida).* 258 millions de F prévus pour ramasser les algues et 6,1 à 28 milliards de F sur 5 ans pour nettoyer la mer]. *25-4-1998 Andalousie :* rupture du bassin de décantation d'une mine de pyrite à Aznalcóllar ; pollution sur plus de 20 km² (parc national de Doñana affecté) ; coût : 2 milliards de F. **Due à des efflorescences phytoplanctoniques** pouvant provoquer la mort de la faune marine par manque d'oxygène. Certaines espèces phytoplanctoniques peuvent produire des toxines dangereuses pour la faune et les consommateurs de coquillages. Les défenses immunitaires sont abaissées chez les animaux, qui deviennent vulnérables aux maladies. **Due à l'exploitation du sous-sol marin :** rejets de déblais de forages pollués, rejets d'eaux de production (produits chimiques, hydrocarbures), accidents ou incidents en cours de forage en mer, éruptions incontrôlées dues à une évaluation erronée des caractéristiques des couches traversées en forage, ou à des manœuvres erronées. Accidents survenant à des oléoducs sous-marins. **Rejets liés aux émissions naturelles** (environ 600 000 t par an) **et retombées d'hydrocarbures à partir de l'atmosphère :** émanations des unités de traitement industriel ; des installations agricoles ; des avions et des voitures, de la combustion des fiouls (600 000 t).

Nota. – Sur le total des hydrocarbures déversés chaque année dans les mers, il y a 1,2 million de t de rejets telluriques, 0,3 venant de retombées atmosphériques et 0,3 de rejets des navires. S'y ajoutent les rejets à la suite d'accidents de navigation.

■ **Pollution pélagique. Transports maritimes :** navires-citernes, vraquiers (cargos, minéraliers, bateaux de pêche) et bateaux de plaisance, etc. à l'origine de pollutions chroniques, liées à la marche normale du navire (rejets d'eaux de cale ou de ballast, de lavage de citernes) ou accidentelles ; peintures antisalissures toxiques des coques de bateaux. **Immersions :** déblais pollués venant du dragage de certains bassins portuaires.

PRINCIPAUX POLLUANTS

■ **Pollution chimique. Origine :** déchets industriels minéraux et organiques. Certains peuvent détruire flore et faune à des doses inférieures à 1 mg/l (chromates, cyanures, pesticides). Il peut s'agir d'hydrocarbures, de détergents, d'engrais agricoles, de pesticides, de phosphates venant des lessives et des excréments humains (1 individu rejette 4,9 g/j de phosphore dont 1,9 en excréat et 3 en lessive). **Effet :** *eutrophisation* (prolifération du phytoplancton) puis disparition des autres formes de vie aquatique par diminution de la teneur en oxygène. Depuis juillet 1991, le taux de phosphates dans les lessives est limité à 20 %. Certaines substances, bio-accumulables, peuvent, à travers la chaîne alimentaire, atteindre l'homme (mercure, pesticides). **Prévalence de l'eutrophisation en France dans les fleuves et,** entre parenthèses, **les ruisseaux** (en % ; *source :* Ifen 1999) : absence 21 (52), faible 49 (25), moyenne 8 (12), forte 22 (10).

■ **Pollution organique. Origine :** rejets des égouts, abattoirs, porcheries, laiteries, fromageries, sucreries, papeteries, tanneries, etc. **Résultats :** la décomposition des matières organiques dans l'eau consomme l'oxygène dissous au détriment des besoins de la faune et de la flore aquatiques ; aucun poisson ne peut plus vivre dans ces eaux polluées, seuls se développent certains invertébrés (perles, éphémères, chironomes, simulies), des animaux et végétaux du plancton (flagellés, ciliés, diatomées), de nombreuses bactéries, des champignons microscopiques (ascomycètes, phycomycètes).

■ **Pollution thermique. Origine :** élévation de la température de l'eau par les rejets des centrales thermiques et nucléaires. Une directive européenne impose de ne dépasser en rivière, en aucune période, 21,5 °C pour les salmonidés, 28 °C pour les cyprinidés, 10 °C pour les espèces ayant besoin d'eaux froides pour leur reproduction en période de frai. **Résultats :** dans l'eau réchauffée, le taux d'oxygène dissous diminue, provoquant ainsi l'asphyxie des êtres vivants. La faune et la flore sont touchées. Le nombre des espèces s'amenuise. Le déroulement du cycle biologique peut être perturbé (durée, maturation sexuelle).

■ **Pollution d'origine agricole. Origine :** azote (nitrate) venant des fertilisants organiques (lisier, fumier...), engrais minéraux de synthèse, produits phytosanitaires. **Quantités moyennes d'azote produites par animal** (en kg/an) : vache 51 à 73, truie 17,5, ovin 10, cage mère lapin 4,5, porc charcutier 3,5, poule 0,5.

☞ **Corpen (Comité d'orientation pour des pratiques agricoles respectueuses de l'environnement) :** mis en place en 1984. Secrétariat assuré par la mission interministérielle eau-nitrates (Direction de l'eau). Compétence étendue aux produits phyto-sanitaires en 1992. Rôle consultatif.

■ **Boues rouges.** Désignent couramment les rejets en mer de résidus de fabrication d'oxyde de titane (à l'origine, fabrication d'aluminium), effectivement rouges. Effectués par immersion (à partir de navires : *Montedison* en mer Tyrrhénienne, en 1972, à 40 km au nord du cap Corse) ou par tuyaux à partir de la côte (usines en bord de mer, dont 2 usines françaises à Calais et au Havre). Au Havre, le remplacement de l'ilménite (oxyde de fer et de titane) par des slags (scories) africains qui ne contiennent pas de fer a permis de réduire les rejets d'environ 70 %.

■ **Méduses.** Prolifération due à l'augmentation des matières organiques dans la mer qui, en se dégradant, fabriquent des sels minéraux dont se nourrissent les planctons, qui nourrissent à leur tour les méduses ; variations thermiques de l'eau (climat sec et chaud) ; pollution de l'eau (lorsque l'environnement devient hostile, le polype générateur de méduses, situé au fond de l'eau, libère de petites méduses qui gagnent des eaux plus accueillantes). Attribuée à tort à la disparition des tortues de mer (consommatrices de méduses, elles avaleraient souvent par erreur des sacs en plastique et en mourraient par occlusion intestinale).

■ **Lieux pollués** (exemples). **Baltique :** décharge d'armement chimique. **Bangladesh :** puits contaminés par l'arsenic (*1998 :* 30 millions de personnes menacées). **Chine :** 25 % des grands lacs en train de périr par manque d'oxygène. **Russie :** lac Baïkal. **Suède :** 4 000 lacs devenus stériles (pluies acides, rejets de gaz sulfureux venus d'autres pays dont l'URSS).

ACCIDENTS PÉTROLIERS

ACCIDENTS PÉTROLIERS PRINCIPAUX

Nota. Quantités déversées en t (*source :* IFP).

■ **Forages.** 1969-*28-1* **Santa Barbara** (Californie) 4 000. 1970-*10-2* **Main Pass** (Louisiane) 9 060. 1971-*2-12*

golfe Persique 14 000 ; **Wodeco 3** (Iran) 57 000. 1975-*22-4* **Ekofisk** 12 000. 1977-*22-4* **Ekofisk B** (Norvège) 10 000. 1979-*3-6* **Ixtoc 1** (golfe du Mexique) colmaté 23-3-1980 après 9 mois, 70 000 barils/j ; 1 000 000 de t environ, une partie a brûlé sur place, le reste a dérivé pour atteindre 2 mois après les côtes du Texas et de la Floride ; **Sedco 135** (Mexique) 476 000. 1980-*17-1* **Sedco 135 C** (Nigéria) 30 000 ; *-2-10* **Ron Tappmeyer** (Arabie saoudite) 10 000. 1983-*24-1* **Nowruz 3** (Iran) 70 000 ; *-2-3* **Nowruz 4** (Iran) 10 000 ; *-juin* **Petrobaltic** (URSS, Baltique) 10 000 ; *-11-7* **Ardashir II** (Iran) 10 000. 1986-*24-10* **Mexico** (Mexique) 30 000. 1989-*20-1* **Treasure Saga** (Norvège) 260 000.

■ **Installations côtières.** 1969-*31-10* **Seewaren** (New Jersey) 28 600. 1972-*22-6* **Douglasville** (Pennsylvanie) 30 000. 1983-*3* **Nowrouz** (golfe Persique) 30 000 à 40 000, dérivant vers Bahreïn et Qatar après le bombardement des installations par les Iraqiens.

■ **Oléoducs.** 1967-*15-10* **Louisiane** 23 000. 1976-*20-4* **Arabie saoudite** 14 000. 1994-*9-11* **Russie** 78 200.

■ **Navires.** 1967-*18-3* **Torrey Canyon** (Libéria) appartenant à la Barracuda Tanker Corporation, filiale libérienne de la Sté américaine Union Oil Company of California ; chargé de 129 857 t de brut (appartenant à la BP), s'échoue sur les récifs des Seven Stones, entre Cornouailles et îles Sorlingues. Il était assuré 84 millions de F et 100 pour dommages aux tiers. Dégâts : plusieurs milliards de F. Indemnités versées : 3 millions de £ plus 335 000 aux particuliers ayant subi des dommages. 100 000 t d'algues et 35 000 t de poissons, crustacés et coquillages détruits par les détergents. 1971-*27-2* **Wafra** (Libéria) 63 000 t (Afr. du Sud). *-Déc.* **Texaco Denmark** 107 143 t (mer du Nord). 1972-*21-8* collision de 2 pétroliers libériens, le **Texinita** et l'**Oswego Guardian** : 100 000 t (au large de l'Afr. du Sud). *-19-12* **Sea Star** (coréen) 115 000 t (golfe d'Oman). 1974-*9-8* **Metula** (Angola) 53 000 t (détroit de Magellan). *-11-11* **Yuyo Maru** (Japon) 50 000 t. 1975-*29-1* **Jakob Maersk** (Danemark) 82 503 t (Portugal). *-Mai* **Epic Colocotronis** (Grèce) 57 000 t (St-Domingue). *-7-6* **Showa-Maru** (Japon) 237 000 t (détroit de Malacca). 1976-*24-1* **Olympic Bravery** 800 t (nord d'Ouessant ; il a fallu 3 mois pour nettoyer la côte). *-12-5* **Urquiola** (Esp.) 95 714 t. *-15-12* **Argo Merchant** 28 000 t (USA). 1977-*25-2* **Hawaiian Patriot** (Libéria) 99 000 t (Pacifique). 1978-*16-3* **Amoco Cadiz** (voir encadré col. b). *-10-7* **Cabo Tamar** (Chili) 60 000 t. *-31-12* **Andros Patria** (Grèce) 49 660 t (Esp.). 1979-*28-4* **Gino** (Libéria) 41 000 t (large d'Ouessant). *-1-7* **Atlantic Express** (collision avec *Aegean Captain*) 300 000 t (Caraïbes). 1980 **Princess Anne-Marie** 56 000 t (Caraïbes). *-23-2* **Irenes Serenade** (Grèce) 124 490 t. *-7-3* **Tanio** [malgache] (France), se casse en deux au large de Portsall (nord de l'île de Batz) ; l'avant coule ; 8 marins † ; l'arrière (10 000 t) est remorqué jusqu'au Havre ; 8 000 t se répandent dans la mer (côtes polluées : Finistère 120 km, C.-d'Armor 20 km), 8 000 t restent dans les soutes à environ 90 m de profondeur. De mars à juin 1980, 53 642 t de résidus solides récupérés et 2 510 t de produits liquides. 5 165 m³ de produits, piégés dans la partie avant coulée de l'épave, récupérés par la Comex (4-10-1980 au 18-8-1981). Coût nettoyage et pompage : 500 millions de F. 1981-*29-3* **Cavo Cambanos** (Grèce), chargé de 21 283 t, explose après incendie au large de la Corse : 18 000 t déversées ; 501 millions de F. 1983-*6-8* **Castillo de Bellver** (Esp.), incendie au large du Cap, l'arrière coule avec 100 000 t de brut et l'avant avec 150 000. 1984-*7-1* **Assimi** 51 431 (Oman). 1988-*22-1* **Brea** (Panama). *-31-1* **Amazzone** (Italie) 3 000 t au large d'Ouessant. 1989-*24-3* **Exxon Valdes** (USA) s'échoue en Alaska (baie du P^ce^ William), 40 000 t polluent plus de 1 744 km de côtes (980 loutres et 33 126 oiseaux morts dont 138 aigles). *23-3-1990* Joseph Hazelwood, le capitaine, est acquitté des accusations de pilotage imprudent et d'ivresse, mais reconnu coupable de pollution par négligence (il y eut blocage du gouvernail). 2,5 milliards de $ ont été payés pour le nettoyage des côtes. Le *11-8-1995* Exxon a été condamnée à payer 286,8 millions de $ à 10 000 pêcheurs de l'Alaska (total des dégâts estimé par pêcheurs, conserveries, propriétaires terriens : 15 milliards de $). *-19-12* **Kharg-5** (Iran) explose au large de Safi (Maroc), 70 000 t déversées. *-29-12* **Aragon** (Esp.) 25 000 t déversées au nord de Madère. 1991-*10/11-4* **Haven** (Chypre) explose et prend feu au large de Gênes. 20 408 t sur 140 000 déversées ; nappe dérivante de 20 km de long sur 300 à 500 m de large. 1992-*3-12* **Aegean Sea** (Grèce) s'échoue près de La Corogne (Esp.) ; 74 490 t déversées, 200 km de côtes touchés, nappe de 2 km. 1993-*5-1* **Braer** (Libéria) s'échoue près des Shetlands ; 85 034 t déversées. *-9-12* **Sherbro** (France) perd au large du Contentin 91 conteneurs de nitrocellulose et de pesticides. 1994-*31-3* **Seki** (Panamá) collision : 16 000 t déversées dans le golfe d'Oman. 1996-*15-2* **Sea Empress** (Libéria) s'échoue au large de Milford Haven (pays de Galles) ; 72 361 t déversées. 1997-*18-1* **Bona Fulmar** (Bahamas), collision au large de Dunkerque (6 803 t). 1999-*15-1* **Estrella Pampeana** (Argentine) : collision sur le Rion de la Plata, 4 800 t déversées. *-12-12* **Erika** (Malte), affrété par TotalFina, fortement corrodé, se brise en deux au large de Belle-Ile, 20 000 t déversées (sur 28 000), souillent 440 km de côtes. 200 000 t de *déchets* accumulées au cours du nettoyage des côtes (sable, galets, cailloux et graviers, fioul émulsionné avec eau, algues, morceaux de bois, filets, sacs poubelle) entreposés sur sites près de Donges. *Coût des dommages* [en milliards de F (MdF)] : selon le Conseil économique et social : 3 MdF [le Fipol (Fonds international d'indemnisations pour les dommages dus à la pollution par les hydrocarbures) en versera 1,2 (somme plafond dont il dispose) et TotalFinaElf 1,8] ; *selon le cabinet d'audit Mazars et Guérard* (janvier 2001) : 5,46 à 6,34 MdF. *Par domaine :* tourisme 2,65/3,22 ; contribution de TotalFinaElf 1 000 ; Polmar 0,9 ; activités de la mer 0,340/0,48, environnement 0,230/0,35 ; collection territoriales 0,190 ; image 0,15/2. *Par région :* Pays de la Loire 2,09/2,33 (38 %) ; Bretagne 1,6/1,93 (30) ; Poitou-Charentes 0,24/0,38 (5) ; non répartis : 1,53/1,7 (27). *Selon un cabinet d'experts mandaté par l'association Ouest littoral solidaire,* regroupant les conseils régionaux de Bretagne, Pays-de-la-Loire et Poitou-Charentes) : 3 MdF (baisse de fréquentation touristique sur le littoral de 10 % à 12 % (33 % parfois pour les campings) ; 0,34 et 0,48 MdF (atteintes à la pêche et aux autres activités maritimes) ; 1,1 MdF supporté par État et collectivités locales (dépenses de nettoyage du littoral et d'élimination des déchets ; coût de l'impact sur l'environnement : bilan définitif connu dans plusieurs années. 2000-*31-10* **Ievoli Sun** (Italie), affrété par Shell Chemical et Exxon-Mobil, sombre à 19 km au N.-O. d'Aurigny avec 4 000 t de styrène, 1 000 de méthyléthylcétone, 1 000 d'alcool isopropylique. 2001-*19-1* **Jessica** : aux Galapagos 570 t (sur 900) déversées. *-30-3* **Baltic-Carrita** : collision au Danemark, 1 900 t (sur 35 000) déversées.

■ **Amoco Cadiz.** Le 16-3-1978, 233 565 t de brut s'échappaient de l'*Amoco Cadiz* devant Portsall (Nord-Finistère) ; à 9 h 45 le gouvernail ne répondant plus, le capitaine Pasquale Bardari, en raison des indemnités à verser, avait tergiversé avant de demander de l'aide (2 tentatives de remorquage échouèrent ensuite). Fin août, les côtes, de Brest à la baie de St-Brieuc (sur 360 km), et 200 000 ha de surface marine sont pollués. 35 espèces touchées (30 000 oiseaux), 25 à 30 % des huîtres dans les *abers* (petits estuaires) mortes et une génération de laminaires (grandes algues) perdue. 20 mois après, 90 à 95 % des espèces sont revenues. Certaines avaient prospéré (crevettes roses par exemple, qui se nourrissent de zooplanctons dont le développement aurait été favorisé par les hydrocarbures). D'autres (tourteaux) avaient diminué. Les poissons plats, vivant en contact direct avec le sable du fond, avaient les nageoires rongées par le pétrole. La mer ne portait plus de trace de pollution mais les abers étaient encore pollués et dans le sable, à 50 ou 80 cm, on pouvait trouver des couches pétrolières (appelées à disparaître sous l'effet des bactéries).

Coût pour la France et, entre parenthèses, **pour le monde** (en millions de F, 1978). Nettoyage (achat de dispersants ou location de camions, temps des marins et des soldats qui ont fait l'essentiel du travail) 430-475 (445-490), perte de ressources marines (essentiellement d'huîtres) 140 (140), perte de satisfaction 31-290 (53-342), pertes de l'industrie touristique 29 (0), autres 5 (179-216), effets régionaux induits 0 (0), totaux 635-935 (817-1188).

Procès. **1978**-*13-9* assignation aux USA. **1984**-*18-4* jugement sur la responsabilité. **1985**-*mars* **indemnités demandées** au procès : 768,8 millions de $ dont Syndicat mixte de défense et de protection des 90 communes bretonnes 287,8, État français 263, Stés privées 218. **88**-*11-1* jugement. **90**-*24-7* indemnités allouées : 690,7 millions de F : 569,7 à l'État et 121 aux collectivités et professions sinistrées qui en réclamaient 695 [dont communes 587, départements 31, ostréiculteurs 31,5, marins-pêcheurs 14,5, hôteliers et commerçants 14,5, SENPB (protection de la nature et des oiseaux) 5,85, particuliers environ 10], et en avaient engagé 120 dont 100 d'honoraires d'experts et d'avocats. **1991**-*12-6* audience devant la cour d'appel. **1992**-*24-1* arrêt cour d'appel (Chicago) : indemnités obtenues (en millions de F) : 1 257 (État 1 045, communes 212) versées par l'*Amoco*, plus celles reversées par l'État français 100, Ville de Brest 26, dép. du Finistère 27,6 et des Côtes-d'Armor 17,5 ; la facture réévaluée s'élevait à 2 183 (État 1 383, communes 800).

☞ En 1998, il restait toujours 5 cuves remplies de pétrole entreposées dans le port de La Rochelle.

■ **Principaux lieux de stockage des déchets des marées noires en France.** *1967-80 :* Brest, Lannilis, Ploudalmézeau, Locquirec (Fin.), Louannec, Plougrescant, Trébeurden, Trégastel (C.-d'Armor) ; *1999-2000 (Erika) :* Donges (L.-A.). **Pollution localisée des sols et des sous-sols par hydrocarbures et solvants chlorés** : selon l'Académie des Sciences (rapport publié 28-3-2000), il pourrait y avoir 200 000 sites contaminés dont 20 000 à nettoyer.

■ **Pollution volontaire.** **1991**-*24-1* pour empêcher une opération amphibie américaine dans le golfe Persique, les Iraqiens déclenchent une marée noire en ouvrant les vannes du terminal d'al-Amhadi. Déversement : 160 000 à 240 000 t. 4 mois de pollution grave des côtes saoudiennes dans un rayon de 400 km. Bien que les opérations de récupération, confinement et nettoyage aient été limitées au littoral, 1 an plus tard, le pétrole était dégradé naturellement au large. Les concentrations d'hydrocarbures y étaient même inférieures à celles d'avant-guerre, sans doute du fait de la diminution du trafic pétrolier après la guerre. (Voir **Iraq** à l'Index).

■ **Cargaisons dangereuses.** **1993**-*nuit du 8 au 9-12 :* le *Sherbro* (France) perd dans la Manche 88 conteneurs de matières dangereuses, dont 7 t de pesticides de type carbamate, 23 t de nitrocellulose, 11 t de soufre, 13 t de liquides inflammables. *-12-12 :* le *Mary-H* (Chypre) perd, à 400 km au large de Belle-Ile, 1 conteneur de 34 500 détonateurs. 5 000 retrouvés en 10 j côtes du Morbihan/Loire-Atlantique. **1996**-*25-9* *Fenès* s'échoue au sud des îles Lavezzi (bouches de Bonifacio) : 2 650 t de blé.

■ **Origine de la pollution en mer par hydrocarbure** (en %, *source :* The Int. Tanker Owner Ass.). Rejets industriels et urbains 37, pétroliers/autres bateaux 33, accidents 12, atmosphère 9, sources naturelles 7, forage/production 2.

■ **En Europe entre 1960 et 1997, nombre de déversements et,** entre parenthèses, **de tonnes de pétrole. Dans les eaux de :** Méditerranée 57 (353 388), mer du Nord 48 (166 688), Atlantique 17 (369 806), Manche anglaise 17 (43 738), Baltique 15 (19 536), mer Égée 11 (3 721), Bosphore 10 (124 578), Kattegat 7 (25 762), Gibraltar 6 (12 388), Adriatique 4 (554), mer Noire 3 (177), mer de Norvège 2 (150). **Selon les pays :** G.-B. 50 (353 023), France 28 (288 997), Grèce 23 (37 212), P.-Bas 22 (33 704), Allemagne 22 (27 071), Italie 17 (60 857), Espagne 16 (308 255), Turquie 16 (138 109), Portugal 15 (261 466), Norvège 8 (6 415), Belgique 6 (112 575), Danemark 6 (1 585), ex-Yougoslavie 6 (1 160, Finlande 3 (1 422), Irlande 3 (30 801), Malte 3 (5 541), Ukraine 3 (102), Lettonie 2 (10 177), Gibraltar 2 (1 051), Russie 1 (14 748), Estonie 1 (34). **Selon les causes :** 269 dont collisions 66, échouages 49, négligences ou erreurs de pilotage 23, collisions avec un objet stationnaire 22, raisons inconnues ou non avouées 22, problèmes de structure 21, temps 20, explosions-incendies 19, déchargements volontaires 16, problèmes mécaniques 8, naufrages 2, fuites 1. **En 1999.** Sur 308 pollutions détectées par les Cross, 30 navires furent identifiés et 27 condamnations prononcées.

Moyens de lutte

■ **Chimiques. 1°) Dispersants :** *1re génération* (utilisés lors de l'accident du *Torrey Canyon*) : toxicité assez élevée. *2e génération :* composés de 15 à 20 % de tensioactifs non ioniques et de solvants pétroliers à faible teneur en aromatique. Peu toxiques aux doses normales d'emploi (15 à 30 % de la masse à traiter). *3e génération :* 50 % ou plus de tensioactifs non ioniques, en solution dans un solvant partiellement soluble dans l'eau de mer. Peu toxiques aux doses normales d'emploi (2 à 7 % de la masse à traiter), ils peuvent être utilisés après dilution dans l'eau de mer. Efficaces sur des nappes jeunes et non émulsionnées. **2°) Repousseurs :** créent, si la surface de l'eau est calme, un barrage chimique à l'étalement du pétrole. On peut le rassembler et le récupérer. **3°) Précipitants** (sur fonds marins) : kaolin, craie, sulfate de baryte, sables, etc., éventuellement traités pour les rendre oléophiles. Ne sont plus utilisés, car ils transfèrent le polluant de la surface au fond. **4°) Absorbants :** flottants, permettent de piéger le pétrole en surface afin de le récupérer par des moyens mécaniques : tourbe, polypropylène (en tapis), roche expansée, serpillières montées sur des chaînes sans fin (système américain Oil Mop). **5°) Gélifiants :** mêlés au pétrole, le transforment en solide en vue de le récupérer ; chers et peu utilisés ; efficaces si des pompes assurent leur brassage intense avec le pétrole. **6°) Désémulsifiants :** tensioactifs conçus pour provoquer la rupture des émulsions inverses et favoriser la récupération du pétrole en permettant la séparation des phases : eau et huile. **7°) Filmogènes :** produits réduisant l'adhésion du pétrole sur les surfaces solides (rochers, quais...) et facilitant les opérations de nettoyage.

■ **Biorestauration.** Adjonction de nutriments et/ou aération et/ou ensemencement bactérien pour accélérer la microflore biodégradable du polluant.

■ **Mécaniques.** *Écrémage* (récupérateurs à déversoirs, à bande transporteuse et bande absorbante), ou *pompage* (récupérateurs statiques montés sur des navires récupérateurs). Vagues et courants rendent leur utilisation difficile au-delà de creux de 2 m et de courants de quelques nœuds. La France est équipée de barrages (35 km), de récupérateurs de haute mer à déversoir de type Transrec, de modules de récupération et d'écrémage de type Vortex ou Cyclonet, d'engins de récupération de type Egmopol, de barrages de type Sirène (barrage dynamique associé à un module de pompage). Elle dispose, pour le stockage provisoire des hydrocarbures récupérés, de citernes souples de plusieurs types (de 5 à 200 m³) et surtout de navires d'assistance prééquipés.

☞ Les pétroliers naviguant dans les eaux américaines doivent avoir désormais une double coque. *Surcoûts* (en %) : construction 15 à 20 ; entretien 25 ; réparations 10. Le *pétrolier 3E* (économique, écologique, européen) a été accepté comme équivalent au double-coque des USA par l'OMI (Organisation maritime internationale).

Qualité des eaux en France

Eaux intérieures

■ **Pollution nette rejetée** (en t/j). Matières oxydables (MO) 4 800. Matières en suspension (MES) 3 945 et toxiques (T) [49 400 en kiloéquitox/jour].

■ **Part des secteurs** (en %). *Industrie chimique :* MES 32,2 (MO 21,7) T *47,7. Agroalimentaire :* 20,9 (38,9) *0. Métallurgie :* 15,6 (10) *41,6. Bois, papier, cartons :* 10 (13,3) *1,7. Textile :* 5,8 (8,9) *4,2. Commerce et services :* 5,5 (3,1) *0. Extractives :* 4 (0,9) *1,6. Cuirs et peaux :* 1,2 (1,3) *1,3. Production d'énergie :* 1,1 (1,3) *1. Industries minérales :* 1,8 (0,3) *0,8. Autres :* 2,7 (0,3) *0.*

■ **Montant des travaux financés par les agences de l'eau** (en milliards de F, programme 1997-2000). 100 dont pollution domestique 56, alimentation en eau potable 15, pollution industrielle 12, pratiques agricoles 7, milieu naturel 4, amélioration de la ressource 6.

■ **États des eaux. Classes de qualité :** *classe 1A :* eau non polluée. *1B :* satisfait tous usages. *2 :* qualité suffisante pour irrigation, usages industriels, production d'eau potable après un traitement poussé, abreuvage des animaux en général toléré. Le poisson y vit normalement mais sa reproduction peut être aléatoire. Les loisirs y sont possibles si les contacts avec l'eau sont exceptionnels. *3 :* qualité médiocre ; sert au refroidissement et à la navigation. Vie piscicole aléatoire. *Hors classe :* dépasse la valeur maximale tolérée en classe 3 pour 1 ou plusieurs paramètres. Impropre à la plupart des usages, peut constituer une menace pour santé et environnement. **Mesure** (nombre de stations, 1994) : 1 100 dont 900 sont suivies annuellement. **Qualité des eaux superficielles** (en 1993) de 147 points de mesure selon la qualité pour les matières oxydables : *1A :* 2 ; *1B :* 46 ; *2 :* 64 ; *3 :* 30 ; *HC :* 5. ; **des eaux douces de baignade** (% conforme aux normes européennes) : *1990 :* 84.

■ **Cours d'eau. Garonne.** *Cours amont :* bonne qualité. *Moyenne vallée :* prélèvements importants pour l'irrigation en été, partiellement compensés par les volumes lâchés par les ouvrages de soutien d'étiage et par les aménagements hydroélectriques de la haute vallée de l'Ariège. *En aval de Toulouse :* amélioration de la qualité de la Garonne en raison de la réduction des rejets domestiques et industriels, micropollution toxique négligeable, en dépit d'un problème de cadmium dans l'estuaire lié en grande partie aux apports du Lot (pollution en régression), bonne qualité biologique de l'estuaire de la Gironde, le plus long d'Europe, qui bénéficie d'efforts particuliers pour la préservation de ses équilibres écologiques.

Loire. Qualité : *en amont*, jusqu'au Bec d'Allier, pollution organique dominante (Le Puy, St-Étienne, Roanne), état dégradé des retenues de Grangent et Villerest. *En Loire moyenne,* du Bec d'Allier à l'estuaire, eutrophisation (algues microscopiques, eaux vertes). Lutte engagée : déphosphatation des rejets urbains et industriels ; on préconise une meilleure utilisation des engrais, produits lessiviels sans phosphates, etc ; *estuaire :* remontée progressive du « bouchon vaseux » riche en matières organiques. **Plan Loire grandeur nature,** adopté par le comité interministériel d'aménagement du territoire de juillet 1999 et inscrit dans les contrats de Plan État-Régions pour 2000-2006. *Objectifs :* renforcer la sécurité des populations sur le risque d'inondations, améliorer la gestion de la ressource en eau, restaurer les milieux naturels aquatiques et les espaces naturels, mettre en valeur le patrimoine naturel et culturel et les paysages des vallées ligériennes. *Coût :* environ 2 milliards de F d'ici à 2006.

☞ **Barrages du bassin de la Loire :** *existants :* Chardes (Charente-Maritime), Grangent, La Roche-Blanche (Puy-de-Dôme), Naussac (Lozère) I et II, Queuille (P.-de-D.), Rochebut, Vichy [1] (Allier), Villerest (Loire) ; *supprimés :* Maisons-Rouges (Indre-et-Loire), St-Étienne-du-Vigan (Hte-Loire) ; *projets abandonnés :* La Serre-de-la-Fare (Hte-Loire), Chambonchard (Creuse).

Nota. – (1) Passe à saumon.

Rhin. Les efforts de la Commission internationale pour la protection du Rhin (CIPR) et la mise en œuvre de mesures de réduction de la pollution dans les États membres de la CIPR ont sensiblement amélioré la qualité des eaux du Rhin entre 1970 et 2000. **Chlorures :** concentrations en baisse sensible depuis 1991. **Nutriments :** difficulté de la maîtrise de l'eutrophisation : la pollution se poursuit. **Nitrates :** la tendance positive amorcée depuis le début des années 1990 pour les nitrates se confirme mais des mesures supplémentaires sont encore nécessaires, surtout vis-à-vis de la pollution diffuse. **Programme d'Action Rhin (PAR) :** *adopté* 1987 ; *but :* réduire les apports de substances considérées comme prioritaires pour la protection de « biens » jugées essentiels pour la reconquête de la qualité des eaux ; a en grande partie été atteint, grâce aux efforts importants consentis dans tous les États. *Résultats à fin 1999 :* parmi la cinquantaine de substances ou groupes de substances listés, dont l'azote, le phosphore, les métaux lourds et les micropolluants (pesticides, hydrocarbures...), moins d'une dizaine n'ont pas encore atteint les objectifs de référence visés : métaux lourds (mercure, cadmium, cuivre et zinc), micropolluants persistants (lindane, hexachlorobenzène HCB, certains polychlorobiphényles PCB) et azote ammoniacal ; succès du programme de réintroduction du saumon.

Rhône. Établissements « à risques » 50 (chimie, papeterie, raffinage de pétrole, centrales nucléaires...), **barrages hydroélectriques** 19 et **centrales nucléaires** 15. *Rhône aval de Lyon :* zinc, mercure, PCB, pesticides. *De Donzère à Arles :* Marcoule rejette des eaux radioactives. *Apports quotidiens du Rhône à la Méditerranée :* en t : carbone organique 1 100, azote 330, phosphore 18, chrome 3, zinc 2,2, arsenic 2, cuivre 1,2, en kg : cadmium 16, mercure 11, atrazine 16, PCB 0,5. **Incendie :** *16-6-1986,* usine Rhône-Poulenc à Péage-de-Roussillon : 300 t de produits pour désherbants (pyrocatéchine, oxadiazone et diphénol-propane) déversées (100 t de poissons morts sur 200 km).

Seine. Pollution urbaine : bon état général avant et jusque dans Paris. Forte dégradation en aval ; **industrielle :** persistante en basse Seine, contamination ancienne des sédiments. *Taux d'oxygène dissous* (en mg/l) : *vers 1970 :* souvent 0 ; *2000 :* bonne oxygénation dans Paris (supérieure à 6 mg/l 95 % du temps). Dégradation en aval de Paris jusqu'à l'estuaire. *Eaux traitées :* 80 % des volumes d'eaux usées traités, mais traitement insuffisant de l'azote (ammonium) et du phosphore.

Autres rivières polluées. *Lys, Moselle, Saône, Bourbre, Huveaune, Gier, Lot* en partie (en juillet 1986, par le cadmium de l'usine Vieille-Montagne à Viviez), *Oise, Yerres, Gard, Corrèze, Vézère* (le 28-10-1988 par du lindane). On a pu rétablir une qualité satisfaisante pour *Vire, Doubs,* certains cours d'eau du Nord, etc.

■ **Lacs.** Surtout menacés par *l'eutrophisation :* accumulation de matières organiques (due à des fertilisants : azote, phosphore, silice), qui entraîne une diminution de la transparence, le développement d'algues, et, par un appauvrissement en oxygène, la raréfaction des poissons, une production anormale de phytoplancton. **D'Annecy :** préservé par un collecteur de ceinture installé dans les années 1950 (plus de 400 km de tuyaux collectant 35 000 m³ d'eaux usées par jour, pour les épurer avant de les rejeter dans le lac). *Coût :* 360 millions de F. **Du Bourget :** rejets détournés vers le Rhône en 1980 (*coût :* 140 millions de F). **Léman :** vers 1960, apparition d'algues brunes (*Oscillatoria rubescens,* détectée 1967) ; programme de déphosphoration des rejets en cours. Ses effets se feront sentir à long terme en raison du stock de phosphore du lac (8 000 t, 60 microgrammes par litre), l'objectif étant de diviser par 4 ce stock.

■ **Eaux souterraines.** Certaines sont mal protégées des pollutions de surface et la lenteur de leur écoulement occasionne la persistance des contaminations. **Nitrate des activités agricoles :** principale menace. Sa concentration maximale admissible dans les eaux potables (50 mg/l) est fréquemment dépassée dans les régions d'agriculture ou d'élevage intensifs. *Régions concernées :* nord de la Loire, Alsace [en *2030,* la moitié de la nappe phréatique d'Alsace (la plus importante d'Europe) pourrait ne plus être potable en raison des nitrates liés aux cultures de maïs], Poitou-Charentes et Bretagne. *En 1990 :* 2 millions de personnes consommaient une eau dépassant 50 mg/l de nitrate et 2 millions étaient menacées dans un avenir proche. Sur les 40 000 captages communaux exploités pour l'alimentation en eau potable, 10 à 12 % seulement bénéficiaient de la protection réglementaire. *En 1998* (*source :* Diren 1999) : en Bretagne, la moyenne annuelle a atteint 40 mg/l et 13 % de la population recevaient périodiquement une eau non conforme à la réglementation. Selon l'Institut français de l'environnement (Ifen), « l'agriculture est responsable de près des 2/3 des rejets azotés dans les eaux superficielles, particulièrement au nord de la diagonale sud-ouest/nord-est ». Selon le Pt du Comité de la prévention et de la précaution (CPP) présidé par le professeur Grimfeld, en cas de concentrations de + de 50 mg/l, il existe une « possibilité de survenue d'effets toxiques aigus », en particulier chez nourrissons et femmes enceintes. *Les eaux marines littorales subissent* « une prolifération d'algues qui peut être toxique pour l'homme ». Le 12-12-1991 une directive européenne prévoit de délimiter les zones vulnérables alimentant les eaux atteintes par la pollution et celles susceptibles de l'être, et demande aux États de mettre en œuvre dans les 2 ans suivants des programmes d'action, devant être opérationnels dans les 4 ans après leur élaboration. En France, le décret du 4-3-1996 : définir le cadre général et la méthode d'élaboration de ces programmes. En mars 2000, laFrance est condamnée par la Cour de justice de Luxembourg (le taux de nitrates est supérieur à 50 mg/l dans plusieurs zones de Bretagne alors que les États membres se sont engagés à respecter la valeur de 25 mg/l).

■ **Étude du Fonds mondial pour la nature (WWF) de janvier 1999 à février 2000 en France** sur 11 départements (30 communes chacun) représentatifs. **Concentrations moyennes en nitrates** (en mg/l) **aux points de captage et sur les usines de traitement de l'eau potable,** entre parenthèses, **aux unités de distribution (réseau d'adduction) et,** en italique, **dépassements de la norme pour les pesticides** (moyenne des %, 1996-98) : Allier 10-25 (10-25) *1,4*, Aude 0-10 (0-10) *n.c.*, Côtes d'Armor > 50 (25-50) > *40*, Dordogne 0-10 (0-10) *0*, Jura 25-50 (10-25) *37*, Loiret 25-50 (10-25) *16,7*, *Marne* 25-50 (25-50) *2,4*, Nord 25-50 (10-25) *0*, Bas-Rhin 10-25 (10-25) *17,5*, Seine-Maritime 25-50 (25-50) *15,2*, Vendée > 50 (10-25) *2,3*.

Huiles usagées : 100 000 t déversées dans le sol chaque année lors des vidanges d'autos. **Arsenic** (dû à la dissolution des roches calcaires et d'eaux minérales) : Alsace (Bendorf, Ferrette, Ligsdorf, Lutters) : 70 à 250 µg/l [concentration maximale admise : *norme française* (1989) 50 µg/l, *européenne* (1998) 10].

■ **Stations publiques d'épuration. % de la population raccordée** (OCDE 1999) : OCDE 60, OCDE Europe 62, UE (des 15) 63 dont P.-Bas 97, Suède 95, Suisse 94, All. 89, Lux. 88, Dan. 6, G.-B. 86, Nlle-Zél. 80, *France 77,* Finlande 77.

■ EAUX MARITIMES

L'eau de mer possède une composition constante. En Bretagne on peut humer de l'iode à l'état de traces, à raison de 0,06 mg/kg de résidu sec (odeur « iodée ») des algues.

☞ L'eau de mer contient des germes pathogènes rejetés par égouts ou baigneurs et pouvant entraîner des affections (angines, otites, diarrhées infectieuses ; ils sont difficiles à détecter : on recherche plutôt les germes « témoins de contamination fécale » (normes fixées).

■ **État général. Sites contaminés :** *PCB :* estuaires Seine et Loire, delta du Rhône. *Zinc :* estuaire Gironde, rade de Lorient. *Cadmium :* estuaires Gironde, Seine, étang de Bages (Aude). *Plomb :* estuaires Seine, Loire, littoral de Provence, Côte d'Azur. *Lindane :* Gironde, Marennes-Oléron. *Hydrocarbures :* estuaires Seine et Nivelle, rade de Lorient, golfe de Fos.

☞ 10 000 oiseaux de mer sont morts en mer du Nord en 1989 à cause d'une intoxication au nonylphénol (tensioactif utilisé comme détergent par des cargos nettoyant illégalement leurs citernes).

■ **Accidents pétroliers (risques). Manche et pas de Calais :** la route maritime longeant Ouessant et les Casquets a été parcourue en 2000 par 52 702 bâtiments dont 1 792 pétroliers, 1 904 gaziers (31 733 non dangereux et 15 151 dangereux) ; 144 croisent chaque jour dans les eaux du pas de Calais ; environ 1 million de t transitent journellement le long des côtes de *Bretagne* et *Manche* (dont 200 000 t à destination de la France) [en 2000 : environ 130 millions de t ont transité (dont 110 d'hydrocarbures, 20 d'autres dangereux et 0,008 de gaz)] ; des conditions souvent mauvaises y règnent (brume, vent, courants).

■ **Déchets nucléaires. Immersion en mer :** arrêtée en 1983. La France a souscrit à l'interdiction mondiale d'immerger des déchets de faible et moyenne radioactivité (convention de Londres).

■ **Micropolluants. Teneur dans la matière vivante** (H : huître, M : moule) **en Manche et Atlantique** (moyenne 1979-93, en mg/kg) : mercure : H 0,21, M 0,12. Cadmium : H 2,25, M 1,10. Plomb : H 1,47, M 2,27. Zinc : H 2 206, M 93,4. Hydrocarbures aromatiques polycycliques : PaH : H 2,54, M 3,62 ; PCB : H 298, M 472 ; lindane : H 6,5, M 5,3.

■ **Qualité des eaux de baignade. Contrôles effectués** (en 1997) : 70 000 analyses sur 29 500 prélèvements. **Nombre et,** entre parenthèses, **% de sites contrôlés** (en 1998) **par catégorie :** *eau de mer :* **A** bonne qualité : 1 753 (59,8) ; **B** moyenne : 608 (33,2) ; **C** eau pouvant être momentanément polluée : 124 (6,95) ; **D** mauvaise qualité : 1 (0,05) [*eau douce* : **A :** 1 486 (42,3) ; **B :** 777 (49) ; **C :** 126 (7,8) ; **D :** 14 (0,9)]. **Causes les plus fréquentes de pollution** (en %) : station d'assainissement temporairement saturée après de fortes pluies 30, équipements d'épuration sous-dimensionnés ou en mauvais état 24, agr. ou équipements industriels anciens 19.

☞ **Algue verte « tueuse » de Méditerranée.** *Caulerpa taxifolia* décelée pour la 1re fois en 1984 à Monaco (1 m²) : prolifère depuis 1990. *1992 :* 50 ha ; *1998 :* 4 600 ha ; *mi-1999 :* 80 km de littoral de la Côte d'Azur. Atteint Var, Pyr.-Or., Baléares, Italie (Livourne), île d'Elbe, Sicile, Croatie. **Lutte :** arrachage, couverture imprégnée de cuivre, épandage de sel (60 kg/m²), limaces (*Logiber Serradifalci*). Difficile à éradiquer car vit jusqu'à 100 m de profondeur et résiste à des températures de moins de 20 °C. *Origine* (prouvée oct. 1998 par Olivier Jousson, université de Genève) : vidange accidentelle d'un aquarium.

Moyens de lutte en France

■ **Réseaux de surveillance. Ifremer** (Institut français de recherche pour l'exploitation de la mer, 155, rue Jean-Jacques-Rousseau, 92138 Issy-les-Moulineaux) gère des réseaux de contrôle et suivi du milieu. **RNO** (Réseau national d'observation de la qualité du milieu marin), *créé* 1974, surveille la contamination chimique. **Remi** (microbiologie), la salubrité bactérienne des zones de production conchylicole. **Rephy** (phytoplancton toxique), les microalgues toxiques.

■ **Sécurité du trafic maritime. 4 Cross (Centres régionaux opérationnels de surveillance et de sauvetage) :** *Manche* à Jobourg, *Atlantique* à Etel et Corsen-Ouessant. *Méditerranée* à Toulon ; des sous-Cross permanents *(Gris-Nez, Iroise* et *Soulac)* et le sémaphore de *Pertusato* (Corse). La marine nationale surveille la zone 24 h sur 24 et intervient sur tout navire contrevenant ; 3 remorqueurs de 23 000 ch assistent les navires en difficulté. Un réseau de centres de surveillance radar et d'information est en voie d'installation. Dans le pas de Calais un radar à grande portée surveille en permanence la navigation de plus de 300 navires chaque jour. Un extracteur automatique élimine les faux échos radar et assure la poursuite des échos de navires. Des stations identiques ont été installées ou sont en cours d'installation à Ouessant et à la pointe de Jobourg. *La Convention internationale de 1974 pour la sauvegarde de la vie humaine en mer* (dite *convention Solas*), en vigueur depuis 1981, est le texte de base. *En mars 1981,* le trafic de la Manche a été réglementé : 1 « rail » montant (à 50 km de la pointe d'Ouessant) pour le transport d'hydrocarbures ou de produits toxiques, 1 descendant (à 30 km), 1 montant (à 10 km) pour cargaisons sans danger. **Été 2002 :** 2 voies à sens unique sans distinction de transports dangereux, 1 voie pour cabotage en double sens. **Programme d'organisation et d'opérations pour la lutte contre les pollutions marines accidentelles :** annexes des plans Orsec, instituées 1970 pour les départements côtiers et révisées après l'échouement de l'*Amoco Cadiz* en 1978.

■ **Mesures de lutte.** **Plan Polmar :** déclenché lorsque les moyens locaux disponibles sont insuffisants. *Mer* (déclenché par le préfet maritime de la région touchée) ou *terre* [par le préfet du (ou des) département(s) touché(s)]. Le plan ouvre le droit à l'accès au Fonds d'intervention contre les pollutions marines accidentelles géré par le ministère de l'Environnement. **Principaux responsables de la lutte :** *mer :* marine nationale ; *terre :* Direction de la sécurité civile (ministère de l'Intérieur) : 5 unités spécialisées dans la lutte contre la pollution par les hydrocarbures.

■ **Recherche.** *Centre de documentation, de recherche et d'expérimentation sur les pollutions accidentelles des eaux* (Cedre, rue Alain-Colas, BP 20413, 29604 Brest Cedex).

■ **Stations d'épuration.** **Nombre :** 8 329 en 1986. Sur 1 007 communes littorales (au 1-1-1982), 80 % des communes relevant d'un assainissement collectif avaient une station d'épuration. 224 relevaient d'un assainissement individuel. Elles permettaient de traiter la pollution pour environ 8 850 000 hab. **Procédés :** *bassins de décantation :* les impuretés deviennent des boues inertes qui servent à l'agriculture ; bioréacteurs *à cultures libres* (boues activées) : dans un bassin alimenté en eau à épurer, on met une culture de bactéries aérobies qui se rassemblent en flocons (boue). L'eau et les flocons vont ensuite dans un décanteur secondaire. Une partie des boues est réinjectée ensuite dans le bassin ; *à cellules immobilisées :* les bactéries utilisées sont fixées sur un support immobile ou en mouvement à travers lequel l'eau polluée circule. La surface du support permet de traiter des quantités plus importantes qu'avec l'autre type de réacteur.

Indemnisation des victimes de la pollution par les hydrocarbures (conventions internationales de 1969, 1971, 1992, lois de 1977 et 1981) : 60 millions de DTS (droits de tirages spéciaux). Proposition de plafond d'indemnisation à 1 milliard d'euros (actuel plafond du Fipol : 200 millions d'euros ; montant approximatif des dommages de l'*Erika* : 300 millions d'euros). **Rejets illicites d'hydrocarbures :** réglementés par la convention Marpol 73-178, reprise par la loi du 5-7-1983 : amende selon type de navire et tonnage ; maximum : 1 million de F et 2 ans d'emprisonnement. En cas d'accident (imprudence, négligence), peines réduites de moitié. Le paiement des amendes prononcées contre le capitaine peut être mis à la charge de l'exploitant ou du propriétaire du navire.

TIERS-MONDE

☞ Pour connaître la sélection **Quid** des meilleurs sites Internet sur le tiers-monde, rendez-vous sur **www.quid.fr**

Légende : APD : aide publique au développement ; PMA : pays les moins avancés (catégorie créée en 1971) ; PVD : pays en voie de développement.

☞ **Tiers-monde :** expression d'Alfred Sauvy (1898-1990) dans un article publié le 14-8-1954 dans *l'Observateur* (« Trois mondes, une planète ») : « Nous parlons volontiers des deux mondes en présence, de leur guerre possible, de leur coexistence, etc., oubliant trop souvent qu'il en existe *un troisième,* le plus important et, en somme, le premier dans la chronologie. C'est l'ensemble de ceux que l'on appelle, en style Nations unies, les pays sous-développés. [...] Ce tiers-monde, ignoré, exploité, méprisé comme le tiers état, veut, lui aussi, être quelque chose. »

On a parlé ensuite de *pays sous-développés,* puis de *pays en voie de développement.* Aujourd'hui, on parle de *pays en développement.*

Le Comité d'aide au développement de l'OCDE les classe en 6 catégories.

SOUS-DÉVELOPPEMENT

■ **Origine (explication). Théorie des 4 cercles vicieux** (travaux de François Perroux vers 1950-55). **1°) Taux** de natalité, de mortalité et d'accroissement net de la population élevés, niveau des subsistances élémentaires faible ; la mortalité s'abaissant, le taux d'accroissement s'élève et le niveau de subsistance diminue. **2°) L'industrialisation** suppose un développement de l'agriculture pour fournir les matières premières locales et augmenter les rations des travailleurs ; pour équilibrer leur balance des paiements, certains pays sous-développés exportent leurs produits agricoles ; d'autres exportent un produit industriel (exemple : pétrole). Les investissements sont spécialisés, dominés par l'étranger et ne bénéficient pas toujours à l'agriculture. **3°) Le revenu national est bas ;** il y a donc peu d'épargne à investir. Il faut alors recourir à l'impôt (mais la masse imposable est faible) ou à l'investissement étranger, mais celui-ci imposera ses exigences. **4°) L'économie est désarticulée :** la consommation n'augmente pas systématiquement avec le plan monétaire. Ce phénomène entrave le développement et la croissance.

Retard de croissance (travaux de W. Rostow vers 1960). Chaque pays passe par **5 phases successives : 1°) sociétés traditionnelles ; 2°) transition** préparant le démarrage ; **3°) démarrage** de l'économie ; **4°) marche** vers la maturité ; **5°) ère de la consommation** de masse. *Exemples :* phases 1 et 2 : Chine, Tchad, Mauritanie ; phase 3 : Brésil, Mexique, Algérie ; phase 4 : ex-URSS (début), Japon (milieu), France (fin) ; phase 5 : USA. Chaque pays doit « suivre la filière ». Le *sous-développement* est donc un *retard de développement.* Les rapports entre pays riches et pauvres peuvent accélérer le développement en opérant des transferts de capitaux et de connaissances techniques.

Échange inégal (travaux de G. Myrdal et d'A. Emmanuel notamment, vers 1970). Depuis 1950, les échanges commerciaux progressent en valeur entre pays riches, en revanche ils diminuent entre pays riches et pauvres. Les pauvres vendent moins cher leurs produits ; les riches vendent plus cher les leurs. Voir p. 1555 c.

Facteurs humains et socioculturels. Mode de gouvernement (dictature, corruption, fuite des capitaux), analphabétisme, fuite des élites peu soucieuses de servir leur pays, détournement de l'aide, investissements « somptuaires » ou inadaptés, modification des besoins (pour imiter les pays industriels) entraînant l'importation de produits coûteux.

■ **Mesure. Critères habituels.** PIB (produit intérieur brut), taux de croissance, PNB (produit national brut) par habitant. Beaucoup estiment que cette méthode ne convient pas pour les pays sous-développés car les statistiques manquent, l'autoconsommation, importante, est difficile à estimer, les coûts de développement ou les avantages des sociétés traditionnelles, comme l'environnement, ne sont pas pris en compte. D'autres méthodes tiennent compte de données négligées (patrimoine socioculturel, ressources telles que l'air et l'eau).

Classification des pays selon leur revenu en 1995. PMA. Pays les moins avancés (en dessous de seuils fixés pour revenu, diversification économique et développement social). **PFR.** Pays à faible revenu (PNB par habitant < 760 $ en 1998) : 72 pays. **Afrique :** Angola, Bénin, Burkina Faso, Burundi, Cameroun, Cap-Vert, Congo, Côte d'Ivoire, Djibouti, Érythrée, Éthiopie, Gambie, Ghana, Guinée, Guinée-Bissau, Guinée équatoriale, Kenya, Lesotho, Libéria, Madagascar, Malawi, Mali, Mozambique, Niger, Nigéria, Ouganda, Rép. centrafricaine, Rwanda, São Tomé e Principe, Sénégal, Sierra Leone, Somalie, Soudan, Tanzanie, Tchad, Togo, Zambie, Zimbabwe. **Amérique :** Guyana, Haïti, Honduras, Nicaragua. **Asie et Océanie :** Bangladesh, Bhoutan, Cambodge, Chine, îles Salomon, Inde, Laos, Mongolie, Myanmar, Népal, Pakistan, Samoa occidentales, Sri Lanka, Tuvalu, Vanuatu, Viêt Nam. **Proche et Moyen-Orient :** Afghanistan, Arménie, Azerbaïdjan, Géorgie, Kirghizistan, Maldives, Tadjikistan, Yémen. **Europe :** Albanie, Bosnie-Herzégovine. **Priti.** Pays à revenu intermédiaire, tranche inférieure (PNB par habitant : 761 à 3 030 $ en 1998) : 48 pays. **Afrique :** Algérie, Botswana, Égypte, Maroc, Namibie, Swaziland, Tunisie. **Amérique :** Belize, Bolivie, Colombie, Costa Rica, Cuba, Dominique, Équateur, Grenade, Guatemala, Jamaïque, Panamá, Paraguay, Pérou, Rép. dominicaine, Salvador, Suriname, Venezuela. **Asie et Océanie :** Corée du Nord, îles Marshall, Indonésie, Fidji, Micronésie, Papouasie-Nouvelle-Guinée, Philippines, Saint-Vincent et Grenadines, Thaïlande, Tonga. **Proche et Moyen-Orient :** Iran, Iraq, Kazakhstan, Liban, Ouzbékistan, Syrie, Turkménistan, zones sous administration palestinienne. **Europe :** Bulgarie, Lettonie, Lituanie, Macédoine, Pologne, Roumanie, Turquie, Ukraine, Yougoslavie. **Prits.** Pays à revenu intermédiaire tranche supérieure (PNB par habitant 303 à 9 360 $ en 1998) : 24 pays. **Afrique :** Afrique du Sud, Gabon, Libye, Maurice, Seychelles. **Amérique :** Argentine, Brésil, Chili, Mexique, Trinité et Tobago, Uruguay. **Asie :** Malaisie, Mongolie. **Proche et Moyen-Orient :** Arabie, Bahreïn, Oman. **Europe :** Biélorussie, Croatie, Hongrie, Malte, République tchèque, Slovénie.

☞ Au-dessus de 9 360 $ (9 385 en 1995), on parle de **PRE** (pays à revenu élevé).

Le Fonds monétaire international regroupe les pays en voie de développement en : **1°) pays exportateurs de pétrole** (pétrole et gaz représentent plus de 30 % de leurs exportations totales) : Algérie, Arabie, Bahreïn, Cameroun, Congo, Égypte, Émirats arabes unis, Équateur, Gabon, Indonésie, Iran, Iraq, Koweït, Libye, Mexique, Nigéria, Oman, Qatar, Syrie, Trinité et Tobago, Venezuela ; **2°) pays endettés ;** tous les pays en voie de développement sauf Arabie, Émirats arabes unis, Iran, Koweït, Libye, Oman, Qatar, Taïwan ; **3°) pays à revenu intermédiaire lourdement endettés :** Argentine, Bolivie, Brésil, Chili, Congo, Costa Rica, Colombie, Côte d'Ivoire, Équateur, Honduras, Hongrie, Mexique, Maroc, Nicaragua, Pérou, Philippines, Pologne, Sénégal, Uruguay, Venezuela ; **4°) pays qui ont eu récemment des difficultés à assurer le service de leur dette :** Argentine, Bénin, Bolivie, Brésil, Cambodge, Cap-Vert, Chili, Congo dém. (ex-Zaïre), Costa Rica, Côte d'Ivoire, Cuba, Égypte, Équateur, Gambie, Guinée, Hongrie, Indonésie, Jamaïque, Jordanie, Laos, Libéria, Madagascar, Malawi, Mali, Maroc, Mauritanie, Mexique, Mozambique, Nicaragua, Niger, Nigéria, Ouganda, Pakistan, Pérou, Philippines, Pologne, Rép. centrafricaine, Rép. dominicaine, São Tomé e Principe, Sénégal, Sierra Leone, Somalie, Soudan, Tanzanie, Thaïlande, Togo, Trinité et Tobago, Turquie, Yémen, ex-Yougoslavie, Zambie.

■ **Quelques chiffres. Population mondiale** [en millions dont, entre parenthèses, PD (pays développés)/PVD (pays en voie de développement)] : *1950 :* 2 521,5 (812,7/1 708,8) ; *2000 :* 6 055 (1 188/4 867,1) ; *2025 (prév.) :* 7 823,7 (1 215/6 608,8) ; *2050 (prév.) :* 8 909,1 (1 155,4/7 753,7). **% des PVD dans la population mondiale :** *1950 :* 67,8 ; *2000 :* 80,4 ; *2050 (prév.) :* 87. *Source :* Révisions Onu 1998. **Taux annuel moyen d'accroissement** (en %, moy. pondérée) **en 1960-70 et,** entre parenthèses, **en 1970-81 :** *pays à faible revenu :* + 2,3 (+ 1,9) ; Chine et Inde + 2,3 (+ 1,7) ; autres + 2,5 (+ 2,6) ; *à revenu intermédiaire :* + 2,5 (+ 2,4) ; *industriels à écon. de marché :* + 1,1 (+ 0,7) ; *à économie planifiée :* + 1,1 (+ 0,8). **En 1995-2000** (en %/an) : *monde 1,3,* Afr. 2,4, PVD 1,8, Amér. latine 1,6, Asie 1,4, PD 0,1. **Taux brut de natalité des pays à faible revenu** (en ‰, moy. pondérée) : *1960 :* 42 (Chine et Inde 41, autres pays 48), *85 :* 29 jusqu'à 54 (Chine et Inde 24, autres 43) ; **pays à revenu intermédiaire :** 32 à 43. **Nombre moyen d'enfants par femme** (pays développés et, entre parenthèses, PVD) : *1950-55 :* 2,80 (6,12), *1965-70 :* 2,41 (5,98), *1980-85 :* 1,97 (4,06) ; Nigéria 7,10, Bangladesh 6,15, Pakistan 5,84, Iran 5,64, Égypte 4,82, Mexique 4,61, Philippines 4,41, Inde, Viêt Nam 4,30, Brésil 3,81, *1990-95 :* (3,5) ; Afrique (5,8), Amérique latine (3,1), Asie (3). **Taux de mortalité** (‰) : *1950 :* 40 ; *80 :* 10,7 ; *2000 :* 7,3 ; *20 :* 7,1. **Mortalité avant 5 ans** (‰) : Mozambique, Mali 300 ; dans 14 autres pays d'Afrique noire 200 (pays développés 10). **Espérance de vie à la naissance** (1950-55/1990-95/2025-30). **Monde :** hommes 45/62/71 ; femmes 48/66/76. **Pays développés :** hommes 64/70/76 ; femmes 69/78/82. **En développement :** homme 40/61/70 ; femmes 42/64/74. **Les moins avancés :** hommes 35/49/64 ; femmes 36/51/67.

■ **Écart entre pays riches et pays en voie de développement.** *1770 :* 1,2 à 1 ; *1870 :* de 3 à 1 ; *1972 :* 10 à 1 ; *1979 :* 12 à 1 (*1930 :* entre Europe occidentale et Afrique tropicale, écart de 30 à 1 ; *2000 :* 50 à 1. **Personnes vivant avec moins de 1 $ par jour :** 1,3 milliard (en 1996) dont Asie de l'Est : 28 % de la population, Asie du Sud : 43,1, Afrique subsaharienne : 39,1, Amérique latine : 23,5, Proche-Orient et Afrique du Nord : 4,1, Europe orientale et Asie centrale : 3,5.

☞ 1 milliard de personnes, soit 1 habitant de la planète sur 6, vivent dans des bidonvilles.

QUELQUES DONNÉES

■ **Agriculture. Agriculteurs :** nombre élevé (environ 70 % de la population dans les pays à faible revenu). Faible productivité (50 à 93 %). *Chômage :* l'agriculture ne peut absorber le surplus de jeunes, et l'industrie adopte pour sa compétitivité les méthodes occidentales fondées sur l'emploi de machines. **Conditions climatiques :** sécheresse dans le Sahel et en Éthiopie (1980-85), au Zimbabwe (1992). **Mauvaise utilisation des sols cultivables :** désertification, accaparement par de gros exploitants (comme au Brésil) ; les petits exploitants, souvent sous l'égide des multinationales, cultivent pour l'exportation (café, cacao, soja, arachides, canne à sucre, manioc) que ne peut acheter la population locale à faible revenu. Les cultures vivrières locales sont laissées aux femmes qui assurent environ 70 % du travail dans de mauvaises conditions. Le potentiel de terres arables non cultivées s'élève à 1,8 milliard d'ha dans le monde.

« **Révolution verte** » (depuis 1966-67) : utilisation des variétés à haut rendement, notamment le riz IRS, développement de l'irrigation et de l'usage des engrais, innovations technologiques [plantes transgéniques, *exemple :* riz sécrétant l'endoxine delta Bt (insecticide) ; plantes résistant à des environnements hostiles (manioc mutant qui résistera à terme aux bactéries et insectes) ; céréales fixant l'azote de l'air et entraînant des économies d'engrais ; patates poussant à 3 000 m d'altitude ou plantes poussant dans le désert grâce à une meilleure production de l'enzyme RuBisCo]. L'Asie a réussi sa révolution verte : en 1970, 2 Asiatiques sur 5 étaient mal nourris (1 sur 10 en 1996). En Inde, la révolution verte, une politique de stockage et un système de distribution populaire assez efficace ont fait disparaître depuis 20 ans les disettes à grande échelle et permis d'exporter du blé en URSS et du riz au Bangladesh. L'Afrique n'a pas réussi sa révolution verte à cause des accidents climatiques, de la fragilité des sols, des pestes agricoles (proliférations d'oiseaux et de criquets), de l'immaturité des États, de la corruption et du morcellement culturel. *Inconvénients :* dépendance et endettement accrus des pays concernés vis-à-vis de l'extérieur (irrigation, achat de semences, engrais, herbicides, pesticides, tracteurs, non produits sur place) ; chômage rural, l'expérience ayant été faite sur les grandes surfaces des fermiers riches afin d'obtenir la meilleure rentabilisation ; pollution accrue ; crainte de voir apparaître des insectes et parasites résistants.

■ **Alimentation. Besoins alimentaires (en calories) :** enfant d'un an 820 ; adolescent de 13 à 15 ans 2 900, adolescente 2 500 ; adulte homme 3 000, femme 2 200 (sauf période de grossesse + 350, 3 derniers mois et allaitement + 500) ; en condition d'effort musculaire intense + 500 à 1 000.

Disponibilités alimentaires par habitant. Destinées à la consommation directe (calories/jour), **en 1961-63/1990-92/2010 (prév.) : pays en développement** : 1 960/2 520/2 730. Afrique subsaharienne 2 100/2 040/2 170, Proche-Orient/Afrique du Nord 2 220/2 960/3 120, Asie de l'Est 1 750/2 670/3 040, Asie du Sud 2 030/2 300/2 450, Amérique latine 2 360/2 740/2 950. **Pays développés :** 3 020/3 330/3 470. **Monde entier :** 2 300/2 710/2 860. Les habitants des 42 pays les moins avancés (PMA) recensés mangent 3 fois moins que ceux des pays riches et leur ration alimentaire est composée à 75 % de céréales (pays riches industrialisés 25 %), 8 % de viandes et laitages (pays riches plus de 30 %).

Faim : *dans les pays développés,* 1,2 milliard d'habitants dispose, en principe, de plus de 3 400 calories par jour et par personne. Mais, les plus vulnérables et les plus isolés (sans domicile fixe, personnes âgées, jeunes ayant quitté leur famille et ne percevant pas d'aides sociales) souffrent de carences alimentaires ; *dans les pays en voie de développement,* 4,5 milliards d'hab. pourraient, si la nourriture était également répartie, disposer de 2 500 calories par jour et par personne. Or, 750 millions ne mangent pas à leur faim. 3/4 sont des ruraux, pratiquant une autosubsistance précaire dans des régions isolées, enclavées ou marginales sur le plan climatique ; trop pauvres, elles ne peuvent acheter la nourriture qu'elles ne produisent pas elles-mêmes. Leurs habitudes alimentaires sont souvent néfastes, par ignorance, vivant souvent dans des pays en guerre, souffrant de famines, parfois délibérées, et dépendant de l'assistance alimentaire internationale pour survivre (il y a environ 25 millions de réfugiés dans le monde et 25 millions de déplacés dans leur propre pays). Si la production de céréales « s'essouffle » parce que les pays développés ont réduit leur production agricole pour cause de surproduction et d'effondrement des cours, et parce que la production des pays de l'Est en transition, baisse temporairement, la récolte mondiale, 1 900 millions de tonnes par an, pourrait suffire [actuellement 50 % sont utilisés pour l'alimentation humaine, dont 20 % pour les semences, et 25 à 30 % sont perdus après la récolte (conservation inadéquate et destruction par des ravageurs)]. Mais la production peut s'accroître plus vite que la population, celle-ci devant se stabiliser entre 10,5 et 12 milliards de personnes vers 2150. Les superficies cultivées pourraient, selon la FAO, passer de 700 à 1 400 millions d'hectares, sans toucher aux forêts, aux zones protégées ou inhabitées. **Remèdes :** de nombreuses matières végétales locales pourraient être substituées aux importations de viande et de lait (lait de soja, nouilles à base de riz, farine à base d'huile de palme et de soja, lait en poudre à partir de noix de coco broyées, etc.).

Nombre de personnes sous-alimentées dans le monde (en millions). *1970 :* 880 ; *80 :* 890 ; *90 :* 780 ; *2000 :* 826. **Amérique latine** *1970 :* 40 ; *80 :* 40 ; *90 :* 50 ; *2010 :* 40. **Afrique du Nord** *1970 :* 40 ; *80 :* 25 ; *90 :* 30 ; *2010 :* 30. **Subsaharienne** *1970 :* 100 ; *80 :* 150 ; *90 :* 200 ; *2010 :* 300. **Asie du Sud** *1970 :* 225 ; *80 :* 300 ; *90 :* 240 ; *2010 :* 230 ; **de l'Est** *1970 :* 475 ; *80 :* 375 ; *90 :* 260 ; *2010 :* 100. **Pays souffrant de pénuries alimentaires graves.** (*Source :* FAO 10-6-1999). Afghanistan, Angola, Arménie, Azerbaïdjan, Cap-Vert, Congo démocratique, Corée du Nord, Cuba, Érythrée, Éthiopie, Géorgie, Guinée-Bissau, Indonésie, Iraq, Jordanie, Kenya, Laos, Mauritanie, Mongolie, Mozambique, Ouganda, Russie, Sénégal, Sierra Leone, Somalie, Soudan, Tradjikistan, Tanzanie, Tchad, Yougoslavie.

■ **Carences et maladies les plus courantes. Anémie ferriprive :** 800 millions de personnes. **Fréquence en % :** *Afrique :* 6 à 17 % des hommes (15 à 50 % des femmes sauf les Bantous du Sud). *Amérique du Sud :* 5 à 15 (10 à 35). *Asie :* 10 (20 à 40 et plus de 50 % des enfants). *Moyen-Orient :* 25 à 70 % des enfants et 20 à 25 % des femmes enceintes possèdent des taux d'hémoglobine insuffisants. **Anémies mégaloblastiques :** habituellement dues à une insuffisance d'acide folique. **Arriération mentale :** carence en iode. **Béribéri :** carence en vitamine B. Les enfants en souffrent encore dans certaines zones d'Asie. **Bilharziose. Choléra. Dracunculose. Gastro-entérite. Goitre endémique et crétinisme :** insuffisance en iode ; dans certaines régions : 500 millions de personnes affectées ; troubles mentaux : 26 millions. **Kwashiorkor :** insuffisance globale d'apports en énergie associée à des maladies, notamment hépatiques, qui empêchent l'enfant d'assimiler correctement la nourriture absorbée. En ashanti (ghana), signifie « l'enfant de trop » (né trop tôt après le précédent) ; appelé ailleurs « maladie aux mille noms », « layette pour rien », « enfant fantôme », « peine perdue », « revenant », « ancêtre ». **Maladie du sommeil :** due à la piqûre de la mouche tsé-tsé (1/3 de l'Afrique). **Onchocerchose** ou cécité des rivières. **Paludisme :** 40 % de la population mondiale menacée, 80 à 120 millions de personnes touchées, surtout en Afrique (reprise dans les années 1990) 1 à 2 millions de morts par an (enfants notamment). **Pellagre :** persiste pour femmes enceintes, enfants d'environ 12 à 18 mois et tuberculeux. Souvent associée à l'éthylisme dans les pays où l'aliment de base est le maïs. **Rachitisme :** formes graves encore fréquentes (particulièrement Moyen-Orient et Afrique du Nord). **Scorbut :** très rare, une hypovitaminose C bénigne et saisonnière se rencontre fréquemment. **Sida** (voir p. 145 b). **Tuberculose :** 3 millions de morts par an en Afrique. **Xérophtalmie :** carence de vitamine A. Chaque année, provoque la cécité chez des centaines de milliers d'enfants.

■ **Corruption et gabegie.** En *Asie* et en *Afrique,* une grande partie de l'aide, recyclée et transférée à l'étranger par les élites, ne parvient jamais à ses destinataires. Aux *Philippines,* les capitaux en fuite ont représenté 80 % de l'encours de la dette de 1962 à 1986 ; au *Mexique* et en *Argentine,* environ 50 % des emprunts des 17 dernières années. En *Afrique,* de 10 à 15 % des pots-de-vin prélevés à l'occasion des marchés publics sont versés directement sur des comptes bancaires, en Europe ou ailleurs. La fortune personnelle de l'ex-Pt du Zaïre Mobutu a été estimée à la dette extérieure du pays (5 à 8 milliards de $). L'ex-Pt du Mali, Moussa Traoré, a détourné 2 milliards de $, montant de la dette extérieure. En *Algérie,* les dessous-de-table perçus en 10 ans par des responsables du secteur public ont été évalués par un ancien 1er ministre à 26 milliards de $. En *Iraq,* la famille de Saddam Hussein prélève 5 % sur les contrats pétroliers du pays. L'ensemble de ces patrimoines occultes dans les PVD était évalué en 1989 à plus de 1 000 milliards de $, sans compter immobilier, bijoux, or et œuvres d'art.

Dans de nombreux pays, les dépenses prioritaires de développement représentent moins de 10 % du montant total du budget de l'État, les dépenses publiques plus de 25 %. Selon les experts du Pnud (programme des Nations unies pour le développement), les pays du tiers-monde pourraient dégager plus de 50 milliards de $ par an au profit du développement humain, dont 10 milliards par simple gel des dépenses militaires.

■ **Croissance économique. Éléments la favorisant :** progrès technique, développement de l'éducation et des aptitudes (capital humain), accumulation du capital physique (machines, équipements, infrastructures). Les pays au PIB le plus élevé ont une productivité plus grande et un plus grand stock de capital par personne. Les dotations en ressources naturelles auraient un effet négligeable : Taïwan est plus prospère que l'Argentine, où la surface de terre par habitant est 50 fois supérieure. Le PIB par pers. est plus élevé au Japon qu'en Australie. **Évolution :** la croissance économique s'est accrue fortement de 1980 à 1995 dans 15 pays (1,5 milliard de personnes), principalement asiatiques, elle a diminué ou stagné dans 100 autres (1,6 milliard), dont 70 auraient en 1996 une moyenne des revenus inférieure à celle de 1980 (43 inférieure à celle de 1970).

■ **Dépenses courantes.** Environ 25 % du PIB. **Liées à la Défense :** 19,2 % des dépenses budgétaires dans les PVD (5 % du PNB en 1988) contre 15,6 % dans les pays industrialisés (4 % du PNB en 1988). **Santé publique :** pays à faible revenu : 2,8 % des dépenses budgétaires (pays industrialisés 12,6). **Subventions** (entreprises publiques, produits de première nécessité) : dans les 11 pays les plus endettés 34 % (1984). **Intérêts de la dette publique** (en 1990) : PVD 14,4 % du PIB, Amérique latine 22,4 %.

■ **Désertification.** Menace plus de 20 % des terres émergées, soit 30 à 40 millions de km² de zones arides ou semi-arides. En 50 ans, l'Afrique a perdu 650 000 km² de terres productives. **Causes :** *surculture* (épuisement des terres et baisse des rendements), *surpâturage* (multiplication du bétail sur des surfaces qui diminuent, la végétation naturelle ne repousse plus), *déboisement* [le bois est utilisé comme combustible. Chaque année le déboisement progresse de 11 à 24 millions d'ha. La replantation représente au maximum 4 millions d'ha. 40 % des forêts tropicales auront disparu en l'an 2000, toutes vers 2040. Au Nigéria 250 000 ha sont perdus chaque année, en Côte d'Ivoire 400 000 (de 15 millions d'ha, la forêt est passée à 3 millions) ; aux Philippines et en Malaisie les basses forêts n'existent plus] ; *irrigation inappropriée* (absence de drainage, qui stérilise les sols dont la teneur en sel augmente ; chaque année 200 000 à 300 000 ha perdus ainsi ; *recul ou disparition de la jachère* (d'où carence en humus et érosion). **Conséquences :** *écologiques :* inondations, sécheresse, érosion, sédimentation des réservoirs, disparition de milliers d'espèces de plantes et d'animaux, altération du cycle de l'eau et diminution de la capacité d'absorption du gaz carbonique par la végétation ; *économiques :* difficultés d'approvisionnement en papier et en bois de chauffage. Vers l'an 2000, les besoins dépasseront les disponibilités de 25 %.

■ **Enfants.** Plus des 2/3 frappés de maladies ou d'incapacités dues à la malnutrition ou aggravées par elle. Nés sans « réserves », sans système immunitaire suffisamment développé, ils ont 20 fois plus de risques que la moyenne de mourir au cours de leurs 5 premières années. Ils représentent 5 % des nouveau-nés dans les pays industrialisés, 20 % dans le tiers-monde. Leurs mères ne peuvent pas toujours ou pas assez longtemps les allaiter au sein ou au biberon, l'eau stérile est rare et le lait en poudre onéreux. Au sevrage, l'enfant passe à l'alimentation de type adulte, préparée sans précautions particulières. 40 000 enfants de moins de 5 ans meurent chaque jour de malnutrition et d'infections, soit 14 millions par an (dont, facteurs aggravant, causes périnatales 32 %, infections respiratoires aiguës 19 %, diarrhées 19 %, rougeole 7 %, paludisme 5 %, autres 32 %). Près de 2 millions d'enfants meurent chaque année faute de vaccins disponibles (le % d'enfants vaccinés est retombé dans certains pays à 17 %), et 5 à 6 millions meurent d'affections que l'on aurait pu prévenir comme la malaria, les infections respiratoires, les méningites et certaines maladies diarrhéiques. Plus de 300 millions d'enfants présentent les signes d'une croissance et d'un développement retardés et nombreux sont les handicapés mentaux. Le *paludisme,* provoqué par un parasite « hématophage » qui s'attaque aux globules rouges, suscite des pertes en fer, donc l'anémie ; la fièvre et la sudation accompagnent une crise d'anorexie, de fortes pertes en eau et en sels minéraux, et des déperditions énergétiques qui peuvent aller jusqu'à 5 000 calories. Les ascaris qu'héberge le tube digestif peuvent « manger » 10 % de la ration alimentaire. La *rougeole,* par ses complications respiratoires et immunitaires, déclenche l'anorexie. Les *diarrhées* peuvent déshydrater et tuer un enfant en quelques heures en lui faisant perdre eau et sels minéraux. **Causes :** agriculture insuffisamment développée, ignorance des besoins nutritionnels, meilleure nourriture (sur le plan nutritionnel) souvent réservée aux hommes, alors que jeunes enfants, futures mères ou nourrices en auraient plus besoin. *% d'enfants ayant un poids insuffisant à la naissance :* Inde, Soudan, Sri Lanka : 30 ; Nigéria, Pakistan : 25 ; pays sahéliens : 15 à 20 ; Amérique centrale : 15.

☞ Le LLS, champignon produit en cultivant le petit-lait (le lactosérum) que jettent les fromagers, possède les 8 protéines nécessaires à la croissance cérébrale des nouveau-nés et pourrait sauver 10 millions d'enfants.

■ **Taux de mortalité des moins de 5 ans (TMM5) en 1998.** Sierra Leone 316, Angola 292, Niger 280, Afghanistan 257, Mali 237, Libéria 235, Malawi 213, Somalie 211, Rép. démocratique du Congo 207, Mozambique 206, Guinée-Bissau 205, Zambie 202, Tchad 198, Guinée 197, Bangladesh 106, Inde 105, Afrique du Sud 83, Maroc 70, Égypte 69, Indonésie 56, Chine 47, Brésil 42, Algérie 40, Mexique 34, Iran 33, Tunisie 32, Arabie saoudite 26, Russie 25, Roumanie 24, Argentine 22, Bulgarie 17, Hongrie 11, Pologne 11, USA 8, Grèce 7, Irlande 7, Belgique 6, Canada 6, Rép. tchèque 6, Israël 6, Italie 6, Espagne 6, G.-B. 6, *France 5*, Allemagne 5, Islande 5, Corée du Sud 5, Luxembourg 5, Monaco 5, Pays-Bas 5, Singapour 5, Slovénie 5, Suisse 5, Japon 4, Norvège 4, Suède 4.

■ **Eau.** 1 250 millions de personnes, dont 700 millions d'enfants, ne disposent pas de suffisamment d'eau. 38 % des habitants du tiers-monde ont accès à l'eau potable. **Somme nécessaire pour approvisionner le tiers-monde en eau potable :** 150 milliards de $.

■ **Échanges. Subordination :** commerce essentiellement orienté vers l'étranger, au détriment des productions locales, et souvent aux mains des firmes étrangères et des multinationales (1/3 du commerce mondial est constitué d'un commerce intérieur aux multinationales). Les règles fixées par le Gatt, favorisent presque exclusivement les pays riches. Les prix des produits industriels (que vendent les pays riches) et énergétiques ont augmenté tandis que les prix des exportations des produits primaires et des denrées alimentaires vendus par les PVD baissaient (en valeur courante ou du moins en valeur réelle, compte tenu de l'inflation). Le ralentissement de l'activité économique dans les pays riches (dû à la crise) a pesé sur les cours des matières premières vendues par les pays pauvres (fin juin 91, baisse record des cours du cacao et de l'aluminium, crise du marché du café liée à la suppression des quotas d'exportation). **Taux de dépendance de certains pays à l'égard des exportations de matières premières** (en %) : Zambie 93,1 ; Côte d'Ivoire 74,5 ; Colombie 72,2 ; Zaïre 67 ; Chili 61,2 ; Pérou 56,3 ; Malaisie 50,7. **Déficit des échanges :** les échanges commerciaux des PVD sont déficitaires de 20 à 25 %. Les quantités importées s'accroissent plus vite que celles exportées, surtout depuis la récession des années 1980 (les pays industrialisés, à l'activité ralentie, ont moins besoin de matières premières). Ne gagnant pas assez de devises, les PVD s'endettent. **Dégradation des termes de l'échange** (matières premières/produits manufacturés) : *causes :* baisse de la demande du Nord (ralentissement de l'activité économique, stagnation démographique, techniques « écologiques » économisant énergie et matières premières) ; hausse excessive de l'offre du Sud (nécessité de rembourser la dette, progrès techniques, accroissement des cultures d'exportation au détriment des vivrières).

■ **Industrie. Industrialisation insuffisante et limitée :** les *politiques fiscales et de protectionnisme des pays importateurs* peuvent décourager les exportateurs de produits manufacturés, même compétitifs. Les conditions techniques et de commercialisation ne sont pas adaptées et augmentent le coût de l'industrialisation. **Secteur tertiaire trop élevé par rapport au secteur secondaire :** pour l'ensemble des PVD 53 % du PIB (agr. 8 %, ind. 39 %). *Raisons :* fractionnement de la distribution, puissance des commerçants (contrôle du financement des transports et de la distribution des produits importés), manque de garanties pour les petits exploitants, adaptation difficile des agriculteurs à de nouvelles techniques agricoles, structures agraires existantes défavorables, coût élevé des transactions pour les petits exploitants familiaux (échanges de petites quantités).

■ **Inflation.** Généralisée et élevée, elle s'est souvent accélérée ces dernières années (voir le chapitre **États**).

■ **Illettrés.** Il y a 1 400 millions d'illettrés dans le monde. Entre 1985 et 1990, l'alphabétisation a dépassé la croissance démographique mais, au rythme actuel, il faudrait néanmoins attendre 3 000 ans pour éradiquer l'analphabétisme. En 1990, il y avait 6 pays dans le monde (tous en Afrique) où moins de 25 % de la population savait lire et écrire. Dans 19 pays du monde (dont 17 en Afrique), la scolarisation moyenne ne dépasse pas 1 an par adulte.

Au Burkina, à Djibouti et en Somalie, elle ne dépasse pas 3 mois. **% de scolarisation** (hors Chine et Inde) : élémentaire 76 (*1950* : 14), secondaire 26 (5), supérieur 3. **Diplômés :** la majorité des diplômés formés à l'étranger y restent faute de pouvoir exercer leur profession chez eux. Ceux qui sont formés sur place deviennent souvent des fonctionnaires. Le nombre de diplômés scientifiques est très faible. En 25 ans, 1 million de personnes hautement qualifiées ont quitté leur pays. Actuellement, 750 000 spécialistes et cadres originaires des PVD résident en Occident.

■ **NPI (Nouveaux pays industrialisés).** Industrialisation et développement au cours des dernières décennies : Corée du Sud, Hong Kong, Taïwan, Singapour (les « 4 dragons »), Brésil, Mexique, Argentine, Afrique du Sud, ex-Yougoslavie.

■ **Villes.** Entre 1950 et 1992, la population urbaine a doublé dans les pays industrialisés, quadruplé dans les PVD [*1950* : 300 millions (17 %), *92* : 1 400 (34 %), *95* : 1 700 (37,2 %), *2025 (prév.)* : 56,7 (au Sud)]. Depuis 1950, la population de Kinshasa a été multipliée par 20, de Lagos par 30, d'Abidjan par 35. En 2000, les villes regroupent 37 % de la population en Asie, 42 % en Afrique, 75 % en Amér. latine (moyenne 40 %).

STRATÉGIES DE DÉVELOPPEMENT

☞ Les PVD ont eu tort de rechercher des taux de croissance élevés selon les modèles propres aux pays développés, d'accorder trop d'importance à l'aide extérieure, et d'adopter un système d'économie mixte qui a combiné les inconvénients et non les avantages des systèmes capitaliste et socialiste.

■ **Internationalisation du développement.** Certaines stratégies prévoient notamment : **1°) de favoriser les groupements régionaux et continentaux :** aucun pays, par exemple en Afrique, à 3 ou 4 exceptions près, ne peut posséder sérieusement une aciérie, une raffinerie de pétrole ou une industrie mécanique, etc., dans des conditions normales et compétitives. **2°) Des consortiums de développement** groupant les pays donateurs et disposant d'une autorité réelle. **3°) Des banques continentales de développement** comme la Banque interaméricaine de développement (BID). **4°) Des instituts continentaux de développement :** organes de recherche et d'études. **5°) De favoriser l'industrialisation. 6°) De régulariser le commerce mondial. 7°) Des formes de développement du type communautaire. 8°) De repenser l'enseignement** pour des hommes fermés sur eux-mêmes depuis des millénaires et dominés par le fatalisme et l'irrationnel. Revaloriser le travail manuel et agricole. La fuite des cerveaux (notamment des médecins) devrait être évitée (30 % des médecins du centre de l'Angleterre sont pakistanais et indiens ; il y a davantage de médecins béninois à Paris qu'au Bénin). **9°) Une université internationale pour le développement.**

■ **Adoption de nouveaux modèles de développement.** Certains préconisent : **1°) de tenir compte** des besoins minimaux essentiels des plus pauvres, qui ne s'expriment pas dans la demande du marché, pour éliminer progressivement malnutrition, maladie, analphabétisme, absence d'hygiène, chômage et inégalités. **2°) De réaliser** simultanément la croissance de la production et l'amélioration de la distribution, l'emploi devenant un objectif primordial et le capital étant réparti sur des secteurs étendus de l'économie grâce à des travaux publics (même si la productivité doit baisser) et non plus concentré sur un petit secteur moderne à haute productivité. **3°) De transformer** les institutions politiques, économiques et sociales pour créer un ordre économique et social au niveau de vie modeste mais fondé sur l'égalitarisme. **4°) De renforcer** la position des pays pauvres dans leurs rapports avec les pays riches.

RAPPORTS PAYS RICHES/PAYS EN VOIE DE DÉVELOPPEMENT

■ **Nouvel ordre économique international (NOEI). 1974**-*9-4/3-5*, VIe session extraordinaire de l'Assemblée générale de l'Onu sur les matières 1res et le développement. *-12-12*, XXIXe session ordinaire de l'Assemblée générale de l'Onu adopte la Charte des droits et devoirs économiques des États (résolution n° 3281/XXIX). Les principaux pays occidentaux se sont abstenus ou ont voté contre. **1977** les *« 77 » pays en développement* réclament notamment la restructuration du commerce international (par un mécanisme international de contrôle et la condamnation du protectionnisme), des flux d'aide à des conditions libérales, l'allègement généralisé de la dette, une réforme du système monétaire international, l'accélération de leur industrialisation, des transferts de technologie, des approvisionnements sûrs et bon marché en céréales vivrières, et l'élaboration d'un nouveau droit de la mer.

■ **Différents projets. Fonds commun :** proposé par les *77* pour stabiliser les cours. *Montant :* 3 milliards de $ (puis 6) cofinancé par producteurs et consommateurs ; il aurait servi à financer l'acquisition de stocks régulateurs pour les matières premières les plus sensibles : 10 d'abord, puis 18. **Projet Rio (Reshaping the International Order)** élaboré sous l'égide du Club de Rome : préconise une trésorerie mondiale et des impôts internationaux sur les matières premières pour combler l'écart entre pays riches et pauvres ; autorité mondiale en matière de denrées alimentaires, agence du désarmement et organisation internationale du commerce et du développement. Les pays développés auraient dû consacrer 0,7 % de leur PNB à l'aide au tiers-monde jusqu'en 1980 et 1 % au moins après (*France, 1994 :* 0,64 %). A partir de 1985, la moitié au moins de tous les transferts de technologie vers les pays démunis auraient dû se faire automatiquement (voir **Aide internationale** p. 1557 a).

DIALOGUE NORD-SUD

■ **Assemblée générale des Nations unies. 1980**-*26-8/15-9* (XIe session extraordinaire) : nouvelle stratégie de développement définie : les PVD doivent avoir une croissance de 7 % de 1980 à 1990 ; les pays développés doivent augmenter l'aide publique au développement pour atteindre et dépasser 0,7 % de leur PNB. **1986**-*27-5/1-6* (session spéciale) : plan quinquennal de redressement économique pour l'Afrique.

■ **Conférence ACP (Afrique, Caraïbes, Pacifique)-CEE** (ministres des Affaires étrangères de la CEE et de 65 pays de l'ACP signataires de la convention de Lomé + Angola et Mozambique). *1re* **1983**-*6-10* et *2e* **1984**-*9/10-2* à Bruxelles : renouvellement de l'accord de coopération en vigueur. L'ACP estime que l'aide financière de la CEE devrait atteindre 55 milliards de F de 1985 à 1989 (soit + 50 % par rapport à la dernière période).

■ **Conférence internationale sur la coopération et le développement. 1981**-*22/23-10 : Cancún,* Mexique. Participants : 22 pays développés et PVD. Accord sur lancement de négociations globales.

■ **Conférence de l'Onu. 1977**-*29-8/9-9 Nairobi :* désertification. **1978**-*30-8/12-9 Buenos Aires :* coopération technique. **1979**-*20/31-8 Vienne :* science et technique au service du développement. **1981**-*10/21-8 Nairobi :* énergies nouvelles. **1983**-*1/14-9 Paris :* PMA. **1984**-*6-1/4-8 :* population. **1985**-*10/27-7 :* droits de la femme. **1988**-*juin Caracas :* gestion des déchets industriels. Vise à réglementer l'envoi de résidus vers les PVD (Afrique notamment). **1990** *Paris :* objectif pour les pays riches de consacrer 0,2 % de leur PNB à l'aide au développement des PMA. **1994**-*5/20-9 Le Caire :* population et développement. **2001**-*14/20-5 Bruxelles :* 49 PMA (dont 34 africains).

■ **Conférence mondiale de l'emploi juin 1976.** Les « 77 » ont accepté la création du Fonds international d'aide aux travailleurs, proposé par le BIT, à condition qu'il soit financé uniquement par les pays riches.

■ **Conférence Nord-Sud.** Conçue d'abord comme une réunion sur l'énergie (proposée par la France en oct. 1974), rassemblait à l'origine les représentants des pays producteurs de pétrole, les pays consommateurs et sous-développés (Brésil, Zaïre, Inde).

■ **Conférence des Nations unies sur le commerce et le développement (Cnuced). 1964, 68, 70** accord prévoyant l'octroi à tous les PVD d'avantages tarifaires sans réciprocité ni discrimination sur leurs exportations de produits manufacturés et semi-finis ; **1972, 76**-*3/28-5 Nairobi :* conférence précisant le cadre des futures négociations pour les produits de base (accords par produit, fonds commun pour le financement d'un stock régulateur). Désaccord sur l'endettement des PVD ; **1979**-*7-5/3-6 Manille :* accord sur la propriété industrielle, les pratiques commerciales restrictives ; désaccord des pays industrialisés sur un rôle accru de la Cnuced et sur les questions monétaires ; **1983**-*6-6/3-7 Belgrade :* mesures étudiées pour fournir aux PVD non producteurs de pétrole environ 70 milliards de $ dans les années à venir ; échec ; **1987**-*9-7/3-8 Genève :* souligne l'interdépendance des pays industrialisés et des PVD. Accord sur la mise en place du Fonds commun des produits de base ; **1990**-*sept. Paris :* conférence sur les PMA ; **1992**-*févr. Carthagène ;* **1996**-*avril Johannesburg.*

■ **Conférence sur la coopération économique internationale [CCEI,** élargissement de la Cnuced en déc. 1975-juin 1977]. **4 commissions :** énergie, matières 1res, développement, finances. *1re réunion* Paris (16/8-12-1975), *2e* Paris (30-5/2-6-1977) réunit 8 pays développés et 19 PVD.

■ **Convention de Lomé** (voir à l'Index). *1re* : **1975**-*28-2* [entrée en vigueur 1-4-76] 46 États, *2e* : **1979**-*31-10* [entrée en vigueur 1-1-81] 57 États, *3e* : **1984**-*8-12* 65 États, *4e* : **1989**-*15-12* [entrée en vigueur partiellement 1-3-1990 puis totalement 1-9-1991 pour 10 ans] signée entre la CEE et 68 États d'ACP (Afrique, Caraïbes, Pacifique) [Angola, Antigua et Barbuda, Bahamas, Barbade, Belize, Bénin, Botswana, Burkina, Burundi, Cameroun, Cap-Vert, Rép. centrafricaine, Comores, Congo, Côte d'Ivoire, Djibouti, Rép. dominicaine, Éthiopie, Fidji, Gabon, Gambie, Ghana, Grenade, Guinée, Guinée-Bissau, Guinée équatoriale, Guyana, Haïti, Jamaïque, Kenya, Kiribati, Lesotho, Libéria, Madagascar, Malawi, Mali, Maurice, Mauritanie, Mozambique, Niger, Nigéria, Ouganda, Papouasie-Nlle-Guinée, Rwanda, St-Christophe et Nièves, Ste-Lucie, St-Vincent et les Grenadines, Salomon, Samoa occidentales, São Tomé e Principe, Sénégal, Seychelles, Sierra Leone, Somalie, Soudan, Suriname, Swaziland, Tanzanie, Tchad, Togo, Tonga, Trinité et Tobago, Tuvalu, Vanuatu, Zaïre, Zambie, Zimbabwe]. **1995** 70 membres (+ Rép. dominicaine et Érythrée). **2000** 5e entrée en vigueur prévue.

ASPECTS PRINCIPAUX. **Aide financière de l'UE :** 12 milliards d'euros, renouvelée au terme des 5 premières années. 1,15 milliard d'écus consacrés aux opérations microéconomiques, 10,8 aux programmes éducatifs. 32 ACP sous contrôle des institutions de Bretton Woods. *Prêts spéciaux* (remboursables en 40 ans, avec taux d'intérêt de 1 %) transformés en dons. *Crédit de la Banque européenne d'investissement (BEI) :* 1,2 milliard d'euros. *Stabex* [système de stabilisation des recettes à l'exportation des produits de base (une cinquantaine)] : 1,8 milliard d'euros. Les ACP les moins pauvres ne seront plus tenus, à l'instar des plus démunis, de rembourser les transferts financiers du Fed (Fonds européen de développement) destinés à compenser les pertes d'une année sur l'autre. *Mécanisme de soutien à la production minière (Sysmin) :* 0,48 milliard d'écus (contre 0,415). Produits couverts : bauxite, cobalt, cuivre, étain, fer, manganèse, phosphate, uranium. Des subventions seront accordées si les fonds du minerai concerné représentent 15 % des exportations du pays (10 % pour les PMA), et si la baisse de production atteint 10 %. **Aide totale** (1975-96) : 30 milliards d'euros + 14,6 accordés lors du 2e protocole financier de Lomé IV (4-11-1995). **Budget** (en %, 1995-2000) : 14,6 dont Fed 13 [dont subventions 12 (dont autres domaines 6,2 ; Stabex 1,8 ; ajustement structurel 1,4 ; coopération régionale 1,3 ; Sysmin 0,6 ; bonifications d'intérêts 0,4 ; aide d'urgence aux réfugiés 0,3)] ; *BEI* 1,6 dont capitaux à risques 1.

■ **Plan Brady. Présenté** le 10-3-1989 par Nicolas Brady (secrétaire américain au Trésor), approuvé en avril dans le cadre du FMI et de la Banque mondiale. **Concerne 38 pays :** 13 des 15 États du « plan Baker » (la Colombie n'y figure plus) : Argentine, Bolivie, Brésil, Côte d'Ivoire, Équateur, Maroc, Mexique, Nigéria, Pérou, Philippines, Uruguay, Venezuela, Yougoslavie ; 8 pays latino-américains : Costa Rica, Guyana, Honduras, Jamaïque, Nicaragua, Panamá, Haïti, Trinité et Tobago ; 8 africains francophones : Congo, Gabon, Guinée, Madagascar, Niger, Sénégal, Togo et Zaïre ; 6 anglophones dont Afrique du Sud ; 1 lusophone : Mozambique ; 2 pays de l'Est : Pologne et Roumanie ayant une dette extérieure de 650 milliards de $ (dont bancaire 330). Prévoit la réduction volontaire de la dette, en se fondant sur : *1°)* les ressources et la participation des institutions multilatérales ; *2°)* diverses pressions morales et politiques sur les banques commerciales (d'où l'incertitude et la longueur des négociations). Déjà appliquée en partie avec la création en 1984-85 du marché « gris » (secondaire) sur lequel les banques échangent entre elles certaines de leurs créances moyennant une décote variable. **Situation en mai 1990 :** accord signé par le Mexique et ses créanciers le 4-2-1990 pour 47 milliards de $ de dette bancaire à moyen et long terme.

■ **Plan Sela (Système économique latino-américain).** Adopté par ses 26 membres le 22-6-1990. **Objectifs :** réduction de la dette régionale, croissance de 5 à 6 % par an en ramenant les remboursements à 10 milliards de $ (40 actuellement), en échangeant la principale dette bancaire contre des bons à long terme (remboursables sur 35 ans ou plus, d'une valeur réduite prenant en compte la cote de ces titres sur le marché secondaire), et en demandant une baisse des taux à 5 % (au lieu de 10).

■ **Sommets franco-africains. 1982**-*oct. Kinshasa (Zaïre) :* 19 États (absents : Algérie, Libye, Ghana, Guinée, Cameroun). Le Pt Mitterrand s'engage à consacrer 0,52 % du PNB français en 1983 à l'assistance au tiers-monde (1982 : 0,42 %). **1987**-*déc. Antibes :* il invite les pays endettés à ne pas recourir à des solutions unilatérales qui risquent de les isoler. **1989**-*mai Dakar :* sommet de la francophonie. Le Pt Mitterrand annonce l'annulation des créances d'APD pour les 35 pays les plus pauvres et les plus endettés de l'Afrique subsaharienne [encours de 27 milliards de F (20 de principal, 7 d'intérêts)]. **1990**-*juin La Baule :* les prêts de la Caisse centrale de coopération économique aux pays de revenu intermédiaire d'Afrique francophone (Congo, Cameroun, Côte d'Ivoire, Gabon) bénéficieront d'un taux maximal de 5 % [allègement total pour 1990 de 0,25 milliard (environ 1,35 milliard de F pour l'ensemble de la durée de vie des prêts)]. **1992**-*sept. Libreville :* création d'un fonds de conversion de créances pour le développement doté de 4 milliards de F. La France annule des créances d'APD à la hauteur de l'effort des gouvernements concernés en faveur de projets liés à la production, à la protection de l'environnement et au développement social. **1994**-*janv. Dakar :* nouvelle mesure en faveur des pays de la zone franc, dévaluation du franc CFA ; annulation bilatérale de 50 % de l'encours de la dette d'APD au 31-12-1993 pour Cameroun, Congo, Côte d'Ivoire, et Gabon ; annulation de la totalité des encours d'APD et des autres prêts accordés par la Caisse française de développement après la remise de dettes dites « Dakar » intervenue en 1989. **2001**-*17/19-1 Yaoundé :* 21e sommet.

■ **Sommet sur la protection de l'atmosphère du globe. 1989**-*1-3 La Haye :* 12 pays industrialisés et 12 pays en développement.

■ **Sommet de Versailles. 1982**-*6-7 Paris :* dans le cadre des discussions générales de 7 principaux pays industrialisés (G7). Accord sur le principe de l'accroissement des flux d'aide publique, amélioration des mécanismes financiers, action renforcée en direction des PMA. Le texte de résolution des 77 de mars 1982 est accepté sous réserve de 4 amendements dont 2 refusés par les 77.

■ **Produits des ACP (Afrique, Caraïbes, Pacifique). Agricoles :** 95 % des produits alimentaires vendus dans l'UE bénéficient de conditions privilégiées. **Manufacturés :** pratiquement tous peuvent entrer librement dans l'UE. Le contenu local peut être limité à 45 % de la valeur du produit exporté (60 % sous Lomé III) : *rhum :* 172 000 hl pourront être fournis par an aux États membres (exemple : G.-B.) sans droits de douane. *Sucre de canne :* l'UE s'engage à acheter 1 300 000 t à des prix garantis comparables à ceux consentis aux producteurs européens. Pour les autres pays, Venezuela, Philippines, Maroc, Costa Rica, Côte d'Ivoire, pas d'accord définitif signé. Les ACP ne sont pas tenus d'accorder à l'UE des avantages comparables à ceux dont ils bénéficient. En contrepartie, les ACP s'interdisent d'établir un régime moins favorable à l'UE que celui résultant de l'application de la clause de la nation la plus favorisée.

■ **Sommet mondial de l'alimentation (Rome, 13-17 novembre 1996) :** 173 pays, 20 organismes internationaux et 45 organisations non gouvernementales. *Objectif :* réduire de 50 % le nombre de sous-alimentés dans le monde au plus tard en 2015.

■ **Sommet mondial du micro-crédit (Washington, 3-4 février 1997) :** organisé par des ONG, la Banque mondiale et l'Onu. Participation de 2 000 représentants d'associations et d'ONG d'une centaine de pays. *Principe :* prêter de petites sommes (50 ou 100 $) à des familles très pauvres pour qu'elles investissent dans des projets d'entreprises et améliorent leur niveau de vie.

Dialogue Sud-Sud

■ **Mouvement des pays non alignés.** *1er sommet :* **1961**-*1/6-9 Belgrade :* 1re conférence des chefs d'État et de gouvernement. *Objectif :* préserver l'indépendance de ces pays par rapport aux 2 superpuissances (USA et URSS). *2e au 4e sommet :* voir p. 922 b. *5e :* **1976**-*16/19-8 Colombo.*, *6e :* **1979**-*3/8-9 La Havane.* *7e :* **1983**-*7/12-3 New Delhi :* déclaration sur l'autonomie collective des pays non alignés et autres PVD, et programme d'action pour la coopération économique ; projet d'une banque des PVD. *8e :* **1986**-*1/7-9 Harare.* *9e :* **1989**-*1/7-9 Belgrade.* *10e :* **1992**-*3-2 Larnaca* (voir p. 932 b), *11e :* **1994**-*juin Le Caire.*

■ **Conférence des ministres des Affaires étrangères. (Georgetown, 1972).** Programme d'action pour la coopération économique entre PVD.

■ **Sommet d'Alger. 1973** les pays non alignés décident d'utiliser tous les moyens disponibles pour atteindre leurs objectifs économiques, y compris l'établissement d'un nouvel ordre économique international qui sera adopté par l'Onu.

■ **Rencontres des ministres du groupe des 77** (*3e :* **1976** *Manille*). **Conférence sur la coopération économique entre PVD. 1976**-*13/22-9 Mexico.*

■ **Sommet arabo-africain.** *1er :* **1977**-*7/9-3 Le Caire :* adoption d'une charge de la coopération afro-arabe et promesse d'une assistance financière à l'Afrique de 1,46 milliard de $.

■ **Consultations de New Delhi. 1980. 1982**-*22/24-2* sur l'industrialisation (44 PVD). Relance du dialogue Nord-Sud sur l'initiative d'Indira Gandhi.

■ **Coopération Sud-Sud. 1981**-*mai Caracas (Venezuela) :* échanges de vues sur le commerce.

■ **TOES (The Other Economic Summit). 1989**-*15/16-7 Paris* (simultanément à la réunion des 7 pays les plus riches) : *1er « sommet des 7 peuples les plus pauvres » :* Amazonie, Bangladesh, Burkina, Haïti, Mozambique, Philippines, Zaïre. Réclament une remise générale de la dette.

■ **Sommet du G15 (groupe des 15). 1990**-*1/3-6 Kuala Lumpur :* Algérie, Argentine, Brésil, Égypte, Inde, Indonésie, Jamaïque, Malaisie, Mexique, Nigéria, Pérou, Sénégal, Venezuela, Yougoslavie, Zimbabwe. **2001**-24/31-5 1er sommet.

☞ Divers accords internationaux fonctionnent pour des matières premières.

Aide internationale

■ **Formes d'aides. Multilatérale :** par l'intermédiaire d'organismes internationaux. **Bilatérale :** directe entre pays ; sous forme publique (prêts gouvernementaux, assistance technique) ou privée (investissements, crédits commerciaux, etc.).

■ **Position des pays industrialisés.** 2 géants (la Russie et la Chine) n'attachent aux problèmes du tiers-monde qu'un intérêt restreint, ayant par ailleurs beaucoup à faire chez eux. Les USA ont un tel potentiel économique interne qu'ils sont relativement peu concernés par les problèmes économiques extérieurs, sauf pour leurs propres intérêts, ou leur propre sécurité. L'Europe et le Japon (pauvres en énergie et en matières 1res du fait de l'exiguïté de leur territoire) sont nécessairement tournés vers l'extérieur.

■ **Critiques de l'aide. 1°) Elle est insuffisante** (voir p. 1556 a). **2°) Elle est mal distribuée :** chaque pays donne ce qu'il veut, selon ses intérêts propres et non ceux du pays assisté. De sorte que chaque chef d'État du tiers-monde doit quémander cette aide chaque année, sans aucune sécurité pour les années suivantes, et cela auprès de quelque 20 pays. **3°) Elle est mal utilisée :** investissements somptuaires, frais diplomatiques exagérés (pléthore de fonctionnaires en ville s'occupant de leur propre fonctionnement administratif et ne se préoccupant pas des hommes de la brousse et de leur production) ; mais les réformes de structure essentielles ne sont pas réalisées. Le statut de la fonction publique, l'organisation des ministères, les méthodes d'enseignement, le statut médical, la justice, la force armée, trop souvent copiés sur l'ancien colonisateur, ne conviennent pas. Les hommes sont mal formés aux tâches du développement. **4°) Les grandes organisations internationales sont peu efficaces :** à l'époque de leur création, le problème du sous-développement était mal connu. Leur structure, qui les oblige à avoir des fonctionnaires de tous les pays, les condamne à une certaine inefficacité. L'Unesco reconnaît que, depuis qu'elle existe, le nombre d'illettrés va croissant, et la FAO admet que la faim augmente dans le monde.

Aide sur le plan mondial

☞ L'aide financière comprend dons, prêts (assortis de conditions financières plus ou moins avantageuses : délai de remboursement, taux d'intérêt, délai de franchise), investissements privés directs, crédits à l'exportation, assistance technique, aide alimentaire.

■ **Capitaux destinés au tiers-monde** (en milliards de $) : *1990 :* 102 ; *93 :* 207,2 ; *95 :* 232 ; *96 :* 307. **Flux de capitaux publics :** *1995 :* 43,7 ; *96 :* 7,8 ; *97 :* 12,1 ; **privés :** *total : 1991 :* 64 ; *93 :* 154 ; *94 :* 162 ; *95 :* 194,4 ; *96 :* 234 ; *97* [1] : 231,2. **Asie-Pacifique** *1994 :* 82 ; *95 :* 121,1 ; *96* [1] : 129,6 ; *97* [1] : 136,2 dont Chine 52, Indonésie 18, Malaisie 16. **Amérique latine** *1994 :* 65,8 ; *95 :* 34,1 ; *96* [1] : 66,4 ; *97* [1] : 56,4 dont Mexique 28 et Brésil 14. **Afrique subsaharienne** *1996 :* 12. **Flux net d'investissements directs :** *1995 :* 95 ; *96 :* 109 ; **privés :** *1996 :* 70 ; *97 :* 79.

Nota. – (1) prévisions.

■ **Institutions de Bretton Woods.** Conférence monétaire et financière internationale tenue en juill. 1944 à Bretton Woods (New Hampshire, USA) entre 44 nations. Aboutit à l'instauration d'un système monétaire international, et à la création de 2 institutions chargées de le piloter : le *Fonds monétaire international (FMI)* et la *Bird.*

Banque internationale pour la reconstruction et le développement (Bird). 181 États membres. Plus connue sous l'appellation « Banque mondiale » ; n'accorde ses crédits qu'aux États (ou à des emprunteurs garantis par eux) offrant de bonnes garanties et pour des projets augurant les meilleures retombées économiques.

Association internationale pour le développement (Aid) : *créée* 1960. Octroie des crédits à long terme (jusqu'à 40 ans), sans intérêt, avec possibilité de remboursement différé du capital, aux pays les moins avancés, pour les aider à agir contre la pauvreté et pour un développement durable basé sur la croissance économique. Depuis 1960, a prêté environ 108 milliards de $ à 106 pays (en 1998 à l'Afrique 38 %, Asie du Sud 34, Europe de l'Est et Asie centrale 10, Asie de l'Est et Pacifique 10). Engagements concernant éducation et santé (44 %), infrastructres (29), agriculture (20).

■ **Société financière internationale (SFI) :** *créée* 1956. Finance les investissements privés dans les PED par des prises de participation et des prêts. Contrairement à la Bird, n'accepte pas de garanties des États. Depuis sa création, a apporté 20 milliards de $ à 1 600 sociétés dans 114 pays.

■ **Agence multilatérale de garantie des investissements (Miga).** *Fondée* 1988. Assure les investissement privés étrangers dans les PED contre les risques politiques. Conseille les gouvernements désirant attirer les investissements étrangers.

■ **Onu.** Aide aux PVD prévues dès la Charte de San Francisco. Environ 370 millions de $ par an.

■ **Assistance directe. Programme ordinaire d'assistance technique (Poat) :** envoi d'experts, octroi de bourses, fonctionnaires Opex (travaillant dans un service public). Crédits très limités. **Unicef :** financé par des contributions volontaires. Aide sanitaire, formation d'éducateurs. Crédits très limités. **Pnud (programme des Nations unies pour le développement) :** aide 174 pays et territoires ; *budget annuel :* 1 milliard de $; il tire ses ressources des contributions volontaires de la plupart des États. Les pays bénéficiaires couvrent plus de la moitié du coût total des projets, par le biais de facilités douanières et fiscales et de la mise à disposition de ressources humaines, d'équipements et de services. 87 % des financements du Pnud vont aux pays les moins avancés. À l'échelon national, les représentations du Pnud assurent la coordination de toutes les activités de l'Onu. Le Pnud administre des fonds spécifiques, dont le Fonds d'équipement des Nations unies (Fenu), le Bureau de la lutte contre la désertification et la sécheresse (Unso), le Programme des volontaires des Nations unies (VNU) et le Fonds de développement des Nations unies pour la femme (Unifem). Il est l'un des principaux partenaires du Fonds pour l'environnement mondial (Fem) et soutient le programme de luttre contre le sida (Onusida).

Mis en œuvre par l'Onu ou des organisations spécialisées : OIT ; FAO ; Unesco ; OMS ; FMI ; Programme alimentaire mondial (Pam) ; Bird ; Onudi (pour le développement industriel) [voir ces mots à l'Index].

■ **Fida (Fonds international de développement agricole).** *Constitué* 13-11-1977. *Pt :* Fauzi Hamad Al-Sultan (Koweït), 157 membres. Doté de 1 100 millions de $ dont par les pays développés 620, l'Opep 450 et PVD 30 (France environ 25 millions de $; aucun pays de l'Est n'a contribué sauf Roumanie et ex-Yougoslavie). *Aides* structurelles à des projets spécifiques.

■ **Incitations à l'aide. CES (Conseil économique et social) :** organisme d'études, contrôle les activités du Pnud et de la Cnuced. **Commissions économiques régionales de la FAO :** cherchent à utiliser les surplus alimentaires pour le développement. **Fonds spécial d'aide à l'Afrique :** *créé* février 1985 (budget prévu : 1 milliard de $). **Gatt (Accord général sur les tarifs douaniers et le commerce) :** pour la réduction des droits de douane, la libéralisation du commerce international et la hausse des recettes d'exportation. **Cnuced :** organisation internationale des marchés, questions monétaires et problèmes de développement (voir p. 916 b).

Aide sur le plan régional

■ **Union européenne.** *Le traité de Rome* de mars 1957 confère une base juridique à la coopération communautaire au développement, aspect essentiel de la politique étrangère et de sécurité commune (Pesc). Les articles 130 U à 130 Y du traité, repris à l'article G 38 du *traité de l'Union européenne* (dit de Maastricht), fixent notamment les principaux objectifs de la politique de coopération de la Communauté : soutien du développement économique et social, insertion des pays en développement dans l'économie mondiale, lutte contre la pauvreté et consolidation de la démocratie et de l'État de droit. Le traité pose également le principe de la concertation comme base de toute intervention : négociation des programmes de coopération avec les pays bénéficiaires, complémentarité avec les politiques nationales des États membres, respect des engagements et objectifs définis dans le cadre des Nations unies et des autres organisations internationales. Ces principes directeurs ont été entérinés par le traité d'Amsterdam (négocié en juin 1997).

Fonds européen de développement (Fed) : constitué hors budget communautaire sur la base de contributions volontaires des États membres. La contribution française (24,4 % du Fed) est la plus importante. Le 8e Fed, en vigueur pour la période 1995-2000, s'élève à 13 milliards d'écus, mis en œuvre sous forme de subventions à des programmes nationaux ou multinationaux visant le développement économique et social. L'accent est porté sur le développement rural et l'autosuffisance alimentaire, la protection de l'environnement, le développement socioculturel et l'éducation des populations, et le développement des petites et moyennes entreprises et de l'artisanat.

L'aide de l'Union européenne est financée par le budget communautaire (56 % sur la période 1986-95), par le Fed (37 %) et par les ressources propres de la BEI (Banque européenne d'investissement, 7 %).

Aide projet (aide à l'investissement) : attribuée sous forme de dons et prêts pour la réalisation d'études, d'infrastuctures ou d'actions pour le développement. A représenté environ 60 % du total de l'aide de l'UE pour la période 1986-95, dont secteurs de production de ressources naturelles (agriculture, forêts, pêche) 8,5 ; autres secteurs de production (industrie, mines et construction, commerce, tourisme, promotion des investissements) 6,1 ; infrastructures et services économiques (transports et communications, énergie, services bancaires, financiers et commerciaux) 15,9 ; infrastructures et services sociaux (éducation, santé et démographie, approvisionnement en eau, autres infrastructures) 9,6 ; gouvernement et Sté civile 1,5 ; plurisectoriel et non assignable 19,5.

Aide alimentaire : fournie à toutes les régions sans conditionnalité. Prend la forme de projets de sécurité alimentaire, d'aide alimentaire d'urgence et d'aide alimentaire structurelle. Dans ce dernier cas, les denrées de l'aide sont vendues sur les marchés locaux pour reconstituer des fonds de contrepartie. Montant fourni par l'UE : environ 600 millions d'écus par an. Ces dernières années, l'aide alimentaire a néanmoins nettement régressé. Entre 1993 et 1995, elle ne représentait plus que 9 à 11 % de toute l'aide communautaire. Engagements d'aide alimentaire : années 1980 : 3,2 milliards d'écus ; années 1990 : 4,2.

Aide programme : comprend l'appui à l'ajustement structurel (aide aux importations destinées à soutenir le budget national des pays récipiendaires), et 2 mécanismes de compensation financés par des contributions du Fed aux pays ACP : le *Stabex (système de stabilisation des recettes d'exportation)* et le *Sysmin (facilité de financement spécial pour le secteur minier).* L'instrument de l'aide programme s'adresse essentiellement aux pays ACP, bénéficiaires de 95 % des engagements de la décennie 1986-95. Durant la même période, près de 6 milliards d'écus ont été engagés pour l'aide programme, dont 3,2 par le Stabex. L'appui à l'ajustement structurel a représenté 42 % (2,5 milliards d'écus) de tous les engagements d'aide programme ; le Sysmin 7 %.

Aide humanitaire : fournie par l'UE. Actions : diverses, dont fourniture de secours d'urgence aux victimes de catastrophes naturelles et de guerres, prévention des catastrophes, assistance aux réfugiés, ou réalisation de travaux à court terme de réhabilitation et de reconstruction.

A atteint plus d'1 milliard d'écus en 1995 (15 % de toute l'aide de l'UE). L'Office humanitaire de l'UE, l'Echo, a fourni en 1996 une aide humanitaire à plus de 60 pays, et géré un programme de planification préalable aux catastrophes dans les régions à haut risque du monde.

Aide aux ONG : « sous-traitance » de prestations spécifiques et cofinancements. *Montant : 1986-90 :* 738 millions d'écus ; *1991-95 :* 800.

■ **Gestion de l'aide communautaire.** Par la Commission européenne et la BEI (Banque européenne d'investissement). *La Direction générale du développement* traite des relations extérieures avec 70 États ACP, 20 départements et territoires d'outre-mer et l'Afr. du Sud. Elle est responsable de la mise en œuvre de la Convention de Lomé et de certaines lignes budgétaires en faveur de pays en développement pour aide et sécurité alimentaires et collaboration avec les ONG. *La Direction générale des relations extérieures (DGI)* gère les relations extérieures avec Chine, Corée, Hong Kong, Macao et Taïwan et est également responsable des négociations internationales, telles que l'Uruguay Round. *L'Office humanitaire de la Communauté européenne (Echo).* Créé par la Commission, le 1-4-1992, est chargé de la gestion de l'aide alimentaire d'urgence et de l'aide humanitaire non alimentaire.

La Banque européenne d'investissement (BEI) : institution financière autonome mise en place par le traité de Rome en 1958, appartient aux États membres de l'UE qui souscrivent tous à son capital et est indépendante du budget communautaire. Finance des projets d'investissement au sein de l'UE et gère également les prêts de l'UE aux pays en développement. La majorité des prêts, issus des ressources propres de la BEI, sont accordés à des conditions similaires à celles du marché et ne rentrent pas dans les catégories de l'APD et de l'AP.

Aide au développement

■ **Aide publique au développement (APD).** Montant net des dons et des prêts accordés par des organismes publics aux pays et territoires figurant sur la liste des bénéficiaires du *Comité d'aide au développement* (Cad) créée 1960 [instance de l'*Organisation de coopération et de développement économiques* (OCDE) regroupant 21 pays industrialisés], et la Commission des communautés européennes. Selon les critères définis par le Cad, l'aide est mise à disposition des pays bénéficiaires dans le but de faciliter leur développement économique et d'améliorer les conditions de vie de leurs populations. Elle est toujours accordée à des conditions de faveur (dans le cas des prêts, l'élément assorti de conditions libérales doit être d'au moins 25 %). Elle est distribuée directement (aide bilatérale) ou par l'intermédiaire des organisations du système des Nations unies, de l'Union européenne, des institutions financières internationales et des banques régionales de développement (aide multilatérale).

■ **Aide associative et privée.** Elle est le fait des *organisations non gouvernementales* (ONG), encore appelée *organisations* ou *associations de solidarité internationale* (Osi ou Asi). Elles constituent des réseaux d'aide centrés sur de petits projets, et créent des liens multiples entre « donateurs » et « bénéficiaires ». Les ONG des pays industrialisés tirent 2/3 de leurs ressources de dons privés ; 10 % de l'aide publique des pays du Cad sont en outre distribués par leur intermédiaire. À l'origine consacré au soutien d'œuvres culturelles et à la sauvegarde du patrimoine, le mécénat d'entreprise s'est ensuite orienté vers des actions de solidarité en France et à l'étranger.

Les Églises ont de tout temps conduit des actions de développement communautaire dans de très nombreux pays. Ainsi, le *Service d'entraide et de liaison (SEL)*, association chrétienne d'aide au développement.

■ **Banques régionales de développement. Banque africaine de développement (BAfD) :** basée à Abidjan. Accorde des prêts à des conditions proches du marché aux États membres les plus solvables et des prêts concessionnels aux membres les plus pauvres. Comprend Banque africaine de développement (BAfD), fondée 1964, Fonds africain de développement (FAD), et Fonds spécial pour le Nigéria (FSN) (1976). *Membres :* 77 dont 53 africains. *Engagements de la BAfD* sous forme de prêts non concessionnels : 508,2 millions de $ en 1996 ; *FAD et FSN :* 295.

Banque asiatique de développement (BAsD) : établie à Manille en 1966. *Membres :* 56 dont 40 pays asiatiques. Prêts non concessionnels aux États membres. *Fonds asiatique de développement (FAsD) :* crédits concessionnels aux pays à faible revenu et à capacité de remboursement limitée. *Fonds spécial d'assistance technique (TASF) :* subventions d'assistance technique, pour aider les pays membres à préparer des projets. *Engagements de la BAsD 1996 :* 5,8 milliards de $. *Prêts du FAsD :* à 30 % des prêts de la BAsD.

Banque européenne pour la reconstruction et le développement (Berd) : *siège :* Londres. *Créée* 1991 pour faciliter la transition vers l'économie de marché et promouvoir l'entreprise privée dans les pays d'Europe centrale et orientale et de l'ex-Union soviétique. *Membres :* 60 dont 2 institutions (la Communauté européenne et la Banque européenne d'investissement). Opère dans 26 pays. Fournit jusqu'à 35 % des capitaux à long terme nécessaires aux projets. Pour financer des projets de – de 5 millions d'écus, a créé des liens avec divers intermédiaires financiers dans les pays où elle est présente. *Prêts et investissements de participation au capital* (en 2000) : 2,7 milliards d'euros.

Banque interaméricaine de développement (BID) : *siège :* Washington. *Créée* déc. 1959 pour favoriser le développement économique et social des pays d'Amérique latine et des Antilles. *Membres :* 46 dont 26 éligibles pour des emprunts. Le Groupe comprend : la Bid proprement dite, qui accorde des prêts aux conditions du marché ou à des taux préférentiels ; la Sté interaméricaine d'investissement (SII), qui favorise le développement des PME et appuie les organismes publics dont les activités contribuent au renforcement du secteur privé ; le Fonds multilatéral d'investissement (MIF), qui vise à soutenir le processus de modernisation et à alléger les répercussions humaines et sociales de l'ajustement structurel. *Prêts* (2000) : 5,3 milliards de $ (pour la réalisation de projets au coût total de 9,7).

Banque de développement des Caraïbes (BDC) : *siège :* La Barbade. *Fondée* 1969. *Membres :* 25 dont 17 États de la région. A approuvé en 1995 19 nouveaux projets, pour un total de 107,7 millions de $.

Autres formes d'aide

■ **Accords entre groupes de pays développés et en voie de développement** (voir p. 918 c).

■ **Fonds de l'Opep pour le développement international.** *Créé* 1976. L'aide multilatérale des pays de l'Opep transite aussi par la Banque islamique de développement, la Banque arabe pour le développement économique de l'Afrique (Badea), etc.

Flux net de capitaux privés vers les économies émergeantes (en milliards de $). *1995 :* 228,4 ; *96 :* 326,8 ; *97 :* 259,6 ; *98 :* 151,9 ; *99 (est.) :* 140.

Montant et répartition de l'aide

Aide publique globale

■ **Recettes nettes des PVD** (en milliards de $). *1988 :* 95,5 ; *89 :* 111,5 ; *90 :* 123 ; *91 :* 118,7 ; *92 :* 132,3 ; *93 :* 133,4 ; *94 :* 211,5 ; *95 :* 237,8 ; *96 :* 303,9 dont **financement public du développement** (FPD) 66,4 dont aide publique au développement (APD) 58,2 (dont bilatéral 39,1 ; multilatéral 19,1) ; autres FDP 8,2 (dont bilatéral 3 ; multilatéral 5,2). **Total crédits à l'exportation :** 3,5 (dont à court terme 0,5). **Apports privés :** 234 dont investissements directs (OCDE) 60 (dont centres financiers off-shore 5), prêts bancaires internationaux 70 (dont à court terme 60), prêts obligataires 86, autres apports privés 12, dons des organisations non gouvernementales 6.

Pour mémoire : total des crédits du FMI 0,2. Acquisition d'actifs, montant net – 20,1 (1994). Intérêts et dividendes payés par les PVD, montants bruts – 91,5 (1994). Total des dons publics 47 (1995). Apports entre pays en développement (APD) 1,2.

■ **Aide publique au développement. En % du PNB, 2000 :** Danemark 1,06, P.-Bas 0,82, Suède 0,81, Norvège 0,80, Luxembourg 0,70, Belgique 0,36, Suisse 0,34, *France 0,33,* Finlande, G.-B. 0,31, Irlande 0,30, Japon, All., Australie 0,27, Nlle-Zélande, Portugal 0,26, Canada, Autriche 0,25, Espagne 0,24, total du Cad 0,22, Grèce 0,19, Italie 0,13, USA 0,10. **En millions de $, 1999 :** Japon 15 523, USA 9 145, *France 5 637,* All. 5 515, G.-B. 3 401, P.-Bas 3 134, Italie 1 806, Danemark 1 733, Canada 1 699, Suède 1 630, Norvège 1 370, Espagne 1 363, Australie 982, Suisse 969, Belgique 960, Autriche 527, Finlande 416, Portugal 276, Irlande 245, Grèce 194, Nlle-Zélande 134, Luxembourg 119. Total du Cad 56 378 (G7 42 526, UE-15 26 756).

■ **Apports des organismes multilatéraux. Versements nets** (prêts et dons en milliards de $) : *1970-71 :* 2 ; *80 :* 12,62 ; *90 :* 23,66 ; *94 :* 23,78 ; *95 :* 23,56 ; *96 :* 24,56 dont Onu 5,45 (dont Pam 1,22, Pnud 1,48, HCR 0,83, Unicef 0,69, UNRWA 0,24, ATNU 0,22, FNUAP 0,52), Ida 5,72, CCE 5,56, Bid 2, Banque asiatique de développement 0,22, Fonds asiatique de développement 1,1, Bird – 0,24.

■ **Répartition de l'aide** (en milliards de $, 1999). **Afrique. Principaux donateurs :** UE 22,3, *France 2,1,* USA 1,9, Bid 1,8, Japon 1,2, All. 1,1, G.-B. 0,8, P.-Bas, Danemark, Fed 0,5, autres 3,5. **Principaux destinataires :** Égypte 1,6, Tanzanie 1, Mozambique 0,8, Maroc 0,7, Éthiopie, Zambie, Ghana, Ouganda 0,6, Afr. du Sud, Sénégal 0,5.

Amérique latine et Caraïbes. Donateurs : USA 1,2, Japon 0,8, UE 0,6, Bid 0,5, All., Espagne 0,4, G.-B., P.-Bas 0,3, Fonds spécial, *France 0,2.* **Destinataires :** Honduras 0,8, Nicaragua 0,7, Bolivie 0,6, Pérou 0,5, Colombie, Guatemala, Haïti 0,3, Rép. dominicaine, Brésil, Salvador 0,2.

Asie. Donateurs : Japon 7, USA 2,7, Bid 2,1, All. 1, Fed 0,9, UE 0,6, G.-B. 0,5, Australie, *France,* P.-Bas 0,3, autres 2,6. **Destinataires :** Chine 2,3, Indonésie 2,2, Inde 1,5, Viêt Nam 1,4, Bangladesh 1,2, Thaïlande 1, Israël 0,9, Pakistan, Philippines 0,7, Territoires palestiniens 0,5.

Europe. Donateurs : UE, USA 0,8, Bid, All., *France,* P.-Bas, Norvège 0,2, Italie, Suisse, Autriche 0,1, autres 0,7. **Destinataires :** Bosnie-Herzégovine 1,1, Serbie Monténégro 0,6, Albanie 0,5, ex-Yougoslavie 0,4, Macédoine 0,3, Moldavie 0,1, Chypre 0,05, Slovénie, Malte 0,03, autres 0,6.

Pays d'Europe centrale et orientale. Donateurs : UE 3, USA 2,7, All., Bid 0,4, Japon 0,3, Canada, Autriche 0,2, *France,* Danemark, G.-B. 0,1, autres 0,9. **Destinataires :** Russie 1,9, Pologne 1, Ukraine, Albanie 0,5, Roumanie 0,4, Slovaquie, Tchéquie, Kirghizistan, Bulgarie 0,3, Hongrie 0,2, autres 2,9.

Océanie. Donateurs : Japon 10,5, USA 10,3, UE 7,7, Bid 4,5, *France 4,3,* G.-B. 2,3, Australie 0,7, Nlle-Zélande 0,1. **Destinataires :** Iles Marshall 0,6, Wallis-et-Futuna 0,5, Iles Salomon, Polynésie Fr., Vanuatu 0,4, Fidji, Nlle-Calédonie, Palau 0,3, Papouasie-Nlle-Guinée 0,2, Micronésie 0,1, autres 0,2.

Principales utilisations de l'aide du Cad et des institutions multilatérales (en %, 1995). Infrastructure sociale et administrative 30,5, infrastructure économique 23,7, aide programme 5,8, agriculture 7,4, industrie et autres secteurs productifs 1,6, secours d'urgence 5,2, autres 25,8.

■ **Aide économique et militaire américaine. Estimations 1995** (en millions de $) : Israël 3 000 ; Égypte 1 900 ; Éthiopie 92,1 ; Afrique du Sud 82,4 ; Ghana 56,6 ; Mozambique 54,2 ; Ouganda 45,7 ; Zambie 44 ; Mali 42,8 ; Malawi 42,3 ; Kenya 38,5 ; Madagascar 35,7 ; Sénégal 35,4 ; Nigéria 32,3.

Aide française

Statistiques

■ **Apports totaux de la France aux PVD** (valeur, Tom inclus, en milliards de F, entre parenthèses, en % du PIB, en italique, aide aux Tom, et, entre crochets, aide aux États étrangers) : *1994 :* 46,9 (0,63) *5 ; 95 :* 42,1 (0,55) *4,9* [37,2] ; *96 :* 38,1 (0,48) *4,7* [33,4] ; *97 :* 36,5 (0,45) *4,7* [31,7] ; *98 :* 34,7 (0,41) *4,8* [29,9 dont aide bilatérale 21,06 (prêts 2,6, dons 15,5, annulations et consolidations 3), aide multilatérale 8,85 (UE 5,6, banques et fonds de développements 2,4, Nations unies 0,6, FASR du FMI 0,3)]. **Répartition** (en millions de F, 1994) : 70 205,1 dont Afrique subsaharienne 18 475,4, Extrême-Orient 11 935,8, Amérique 6 838,5, Océanie 4 819,2, Afrique du Nord 4 306,1, Europe du Sud 3 012,2, Asie Moyen-Orient 2 344,9, Asie du Sud 2 337,1.

■ **Aide publique au développement** (Tom inclus, en milliards de F et, entre parenthèses, en % du PNB). *1982 :* 19,4 (0,53) ; *85 :* 27,9 (0,59) ; *90 :* 39,2 (0,6) ; *93 :* 44,8 (0,63) ; *94 :* 47 (0,64) ; *95 :* 42,1 (0,55) ; *96 :* 38,1 (0,48) ; *97 :* 36,4 (0,45) ; *98 :* 35,3 (0,42) dont charges communes 13,8, ministères de la Coopération 3,49, des Affaires étrangères 3, de la Recherche 2,6, de l'Éducation nationale 2, autres 1,12, AFD (Agence française de développement) 2,34, Tom 4,81 ; coûts administratifs 1,42 ; *99 :* 36,2 (0,41). **Aide multilatérale :** *1990 :* 8,45 ; *91 :* 9,1 ; *92 :* 10,42 ; *93 :* 9,79 ; *94 :* 10,30 ; *95 :* 10,06, *96 :* 8,68 ; *97 :* 8,93 ; *98 :* 8,68 ; *99 :* 10 dont aide européenne 6,25, banques et fonds de développement 2,81, institutions des Nations unies 0,64, FASR renforcée du FMI 0,35. **Aide bilatérale** (en milliards de F) : *1991 :* 32,55 ; *92 :* 33,36 ; *93 :* 34,84 ; *94 :* 36,7 ; *95 :* 32,08 ; *96 :* 29,44 ; *97 :* 23,37 ; *98 :* 22,15 ; *99 :* 21,62 dont Affaires étrangères et Coopération 6,14, Finances et AFD 7,82, autres ministères et frais administratifs 7,67. L'aide bilatérale est versée au pays du champ (37 jusqu'en 1995, 71 depuis le 7-2-1996) et hors du champ (63 en 1997). **Tom** (en milliards de F). *1997 :* 4,5 ; *98 :* 4,59 ; *99 :* 4,6.

Principaux bénéficiaires de l'aide française. Montant de l'aide (en millions de $, 1998) **et,** entre parenthèses, **nombre de ressortissants français :** Côte d'Ivoire 190,9 (19 503), Cameroun 152,8 (6 787), Sénégal 142,3 (22 556), Madagascar 68,9 (25 120), Niger 66,1 (1 642), Burkina Faso 64,2 (2 980), Mali 59,7 (5 878), Guinée 54,8 (3 093), Tchad 42,7 (1 426), Djibouti 39,8 (6 881), Mozambique 37,1 (407), Afr. du Sud 36,7 (7 854), Gabon 31,6 (9 747), Togo 31,6 (2 789), Rép. centrafricaine 30,7 (1 486).

■ **Apports privés** (versements nets, en milliards de F). *1989 :* – 9,4 ; *90 :* – 11,4 ; *91 :* – 9 ; *92 :* 10,5 ; *93 :* 15,5 ; *94 :* 22,9 (dont *bilatéral :* 21,6 dont investissements directs 9,3, crédits à l'exportation 5,5, autres opérations bilatérales 6,8 ; *multilatéral :* – 0,3 ; *dons ONG :* 1,6) ; *95 :* 20,2 ; *96 :* 58,4.

■ **Aide alimentaire** (en millions de F). *1992 :* 196,8 ; *93 :* 203 ; *94 :* 180 hors transport + 20 000 t de céréales fournies au Programme alimentaire mondial (Pam) + 10 millions de F de produits diversifiés et 12 500 t de céréales confiés au Haut Commissariat aux réfugiés (HCR) + participation au financement du programme d'aide alimentaire communautaire, sur la base de la clé de répartition budgétaire.

Organisation de la coopération

■ **Histoire. 1945** Direction générale des relations culturelles du ministère des Affaires étrangères créée. **1959** Ministère de la Coopération créé. **1962** 1ers volontaires du service national actif effectuant leur service militaire comme coopérants à l'étranger. **1998-4-2** (en vigueur 1-1-1999) réforme de la coopération. Absorption des services du ministère de la Coopération par le ministère des Affaires étrangères. Un ministre délégué à la Coopération assiste le ministre des Affaires étrangères.

■ **Organisation. Comité interministériel de la coopération internationale et du développement (CICID) :** remplace le Comité interministériel de l'aide au développement (CIAD) créé le 20-3-1996. Présidé par le Premier ministre. Oriente, coordonne et évalue les politiques publiques de coopération internationale et d'aide au développement. **Haut conseil de la coopération internationale :** créé févr. 1999. Composé de représentants de la société civile. Encourage la convergence de leur action avec celle de l'État. Formule des recommandations et remet chaque année un rapport au PM. **Agence française de développement** (voir p. 1559 b). **Direction générale de la coopération internationale et de développement (DGCID) :** regroupe les services de l'ancien ministère de la Coopération et ceux de la Direction générale des relations culturelles, scientifiques et techniques (DGRCST) des Affaires étrangères. *Champs d'action :* 1) coopération technique, aide au développement économique, social et institutionnel ; 2) coopération culturelle et promotion de la langue française ; 3) coopération scientifique, universitaire et de recherche ; 4) action audiovisuelle extérieure et nouvelles technologies de l'information et de la communication. *Budget* (en millions de F, 2000) : 9 349 dont services 2 288 (Agence pour l'enseignement du français à l'étranger 1 994), crédits d'intervention 5 061 (assistance technique civile et coopérants du service national 1 402), investissements dans les lycées français ou établissements culturels à l'étranger 96, subventions d'investissement octroyées via le Fonds de solidarité prioritaire (ex-Fonds d'aide et de coopération) ou l'Agence française de développement 1 904.

■ **Budget du ministère de (puis délégué à) la Coopération** (dotations initiales en milliards de F). *1980 :* 3,01 ; *85 :* 6,2 ; *90 :* 7,31 ; *93 :* 8,07 ; *94 :* 7,8 ; *95 :* 7,73 ; *96 :* 7,28 ; *97 :* 6,72 ; *98 :* 6,48 [dont (en %) Fonds d'aide et de coopération (Fac) 31,7 ; assistance technique 29,5 ; concours financiers 8,8 ; coopération militaire 10,8 ; aides diverses 4 ; fonctionnement 15] ; *99 :* 5,99.

■ **Budget de l'assistance technique** (en milliards de F). **Civile :** *1991 :* 2,2 ; *92 :* 2,3 ; *93 :* 2,1 ; *94 :* 2,7 ; *95 :* 2,45 ; *97 :* 1,99 ; *98 :* 1,91. **Militaire :** *1997 :* 0,74 , *98 :* 0,7.

Assistance technique civile : effectifs en février 1998 (hormis CSN). *Par pays :* 2 564 dont Côte d'Ivoire 334, Sénégal 278, Gabon 241, Cameroun 198, Madagascar 196, Djibouti 189, Burkina Faso 141, Mauritanie 131, Tchad 109, Niger 106, Mali 104, Centrafrique 82, Bénin 62. *Par secteur :* enseignement 1 427, santé 471, restructuration de l'État 190, collectivités locales, développement urbain 185, secteur rural 140, actions culturelles 56, recherche 48. *CSN :* 695 dont États et inter-États 457, ONG (pays du champ) 194, services à l'étranger 44.

Assistance technique militaire : *1989 :* 940 ; *90 :* 925 ; *92 :* 877 ; *93 :* 780 ; *94 :* 715 ; *95 :* 688 ; *97 :* 714 ; *97* (au 1-7) : 528 dans 20 pays dont Centrafrique 59, Tchad 55, Gabon 51, Cameroun 50, Mauritanie 47, Côte d'Ivoire 45, Niger 44, Djibouti 41, Togo 32, Sénégal 31, Comores 28, Guinée 27. Aide en matériel et formation ; sécurité intérieure (Tchad, Congo, Rwanda en 1991-92), équipements de transmissions... S'y ajoutent les détachements d'assistance militaire d'instruction (*Dami*), missions temporaires, en augmentation : *1993 :* 260 ; *94 :* 300. *Formation de stagiaires : 1989 :* 2 177 ; *90 :* 2 086 ; *91 :* 1 800 ; *92 :* 1 519 ; *93 :* 1 250 ; *94 :* 1 302. Principaux pays bénéficiaires (1991) : Bénin, Madagascar, Tchad, Haïti.

Coopérants du service national (CSN) : appelés du contingent, volontaires pour la coopération. Service de 16 mois et à l'étranger uniquement. *1998 :* 5 518 incorporés dont (en %) 67 relèvent du min. du Commerce ext. ; 21,3 du min. des Aff. étr. ; 7,7 du min. de la Coopération et 4 du min. de l'Économie.

■ **Ministère des Affaires étrangères** (Direction générale des relations culturelles, scientifiques et techniques : DGRCST). **Budget** (en milliards de F) : *1980 :* 2,21 ; *85 :* 3,23 ; *91 :* 4,97 ; *92 :* 5,28 ; *93 :* 5,50 ; *94 :* 5,14. *95 :* 5,35 ; *96 :* 5,26. **Coopérants** (civils et, entre parenthèses, service national, 1996). **Total :** 6 193 (1 237) dont en *Afrique du Nord :* 1 462 (116) dont Maroc 1 118 (81) ; *subsaharienne :* 235 (98) dont Kenya 38 (15) ; *Amérique latine :* 779 (156) dont Mexique 153 (22) ; *du Nord :* 381 (194) dont USA 218 (125) ; *Asie du Sud et du Sud-Est :* 323 (129) dont Viêt Nam 41 (22) ; *Extrême-Orient et Pacifique :* 219 (99) dont Vanuatu 45 (24) ; *Europe occidentale :* 1 961 (205) dont Allemagne 299 (31) ; *centrale et orientale :* 330 (81) dont Russie 69 (5) ; *Proche et Moyen-Orient :* 503 (159) dont Syrie 54 (16). **Stages :** *1991 :* 1 800 ; *92 :* 1 582 ; *93 :* 1 550 (est.). **Principaux bénéficiaires :** Côte d'Ivoire, Gabon, Sénégal, Mauritanie, Congo, Cameroun.

■ **Agence française de développement (AFD).** *Créée* 17-4-1998. *Origine :* 1941 sous le nom de Caisse centrale de la France libre (CCFL), devient Caisse centrale de la France d'outre-mer (CCFOM), puis Caisse centrale de coopération économique (CCCE) et Caisse française de développement (CFD). Établissement public industriel et commercial et institution financière spécialisée. *But :* aide au développement en Afrique, Asie, Caraïbes, Pacifique, Méditerranée et Dom-Tom. *Directeur général :* Jean-Michel Sévérino (né 6-9-1957) depuis 2001. *Effectifs* (au 1-1-2000) : 1 637. *Chiffres clés* (en millions d'euros, 1999) : bilan 16 581, encours des prêts pour compte propre 10 734, dotations et réserves 926, produit net bancaire 331,4, résultat net 47. *Montant des engagements :* 1 400 dont PVD 973,8, outre-mer 420,1. *Pays bénéficiaires :* Tunisie 69,2, Viêt Nam 65,8, Cameroun 61,9, Ghana 50,6, Maroc 45,6, Burkina Faso 38, Côte d'Ivoire 35,6, Madagascar 29,7, Tchad 23,5, Bénin 21,6.

☞ La Société de promotion et de participation pour la coopération économique (Proparco), détenue à 70,78 % par l'AFD, est spécialisée dans le financement des entreprises privées (opérations en fonds propres et quasi-fonds propres, prêts, garanties et offre de services aux entreprises privées dans la même zone opérationnelle que l'AFD).

☞ **Budget des associations humanitaires en France** (en millions de F, 1999) **et,** entre parenthèses, **% de dons privés.** Secours catholique 713 (85), Les Restos du cœur 505 (45,5), Médecins sans frontières 493 (84), Médecins du monde 330 (71), Secours populaire 306 (75), Handicap international 287 (56).

Comment se nomment les habitants de ?

☞ Suite de la p. 1487.

Les appellations ont souvent changé au cours des siècles.

Ménilmontant Ménilmontants
Ménuires (Les) Bellevillois
Méribel Méribelois
Mérignac Mérignanais
Meschers-sur-Gironde Michelais
Métabief Chats-Gris
Metz Messins
Meung-sur-Loire Magdunois
Meyzieu Majolans
Mézières Macériens
Mijoux-Lelex-la-Faucille Mijolands, Lélerands
Millas Millassous
Millau Millavois
Mirebeau-en-Poitou Mirebalais
Mirecourt Mirecurtiens
Mirepoix Mirapisciens, Mirepiciens
Mitry-Mory Mitryens
Moissac Moissagais
Monaco Monégasques
Moncourtour-de-Bretagne Moncontourais, Moncourtourois
Mondoubleau Mondoublotiers
Monistrol-sur-Loire Monistroliens
Mons-en-Baroeul Monsois
Montaigu Montacutains, Montaigusiens
Montargis Montargois
Montauban Montalbanais
Montay Montagnards
Montceau-les-Mines Montcelliens
Mont-de-Marsan Montois
Montdidier Montdidériens
Mont-Dore (Le) Montdoriens
Montélimar Montiliens
Montendre Montendrais
Montereau Monterelais
Montereau-faut-Yonne Monterelais
Mont-et-Marré Mont-et-Marrois
Montferrand Ferrandois
Montfort-l'Amaury Montfortois
Montgenèvre Montgervas ou Montgenèvrois
Montigny-en-Cambrésis Montignaciens
Montigny-le-Bretonneux Ignymontais
Montigny-le-Gannelon Montrognons
Montigny-le-Glon Montrognons
Montmoreau-St-Cybard Montmoréliens
Montmorency Montmorencéens
Montmorillon Montmorillonnais
Montpellier Montpelliérains
Montréjeau Montréjeaulais
Montreuil Montreuillois
Montrouge Montrougiens
Mont-Saint-Aignan Mont-Saint-Aignanais.
Mont-Saint-Michel (Le) Montois
Morillon Morillonnais
Morlaàs Morlans
Morlaix Morlaisiens
Morvan Morvandiaux, Morvandeaux
Morsang-sur-Orge Morsaintois
Morteau Mortuaciens
Morzine Morzinois
Motte-Fanjas (La) Faniamotteux
Mouilleron-en-Pareds Mouilleronnais
Moulins Moulinois
Mourenx Mourenxois
Mureaux (Les) Muriautins
Muret Muretains
Nancy Nancéiens, Nancéens
Nantua Nantuatiens, Nantuates
Navarrenx Navarrais
Nemours Nemouriens
Nérac Néracais
Neufchâteau Néocastriens
Neuilly-Plaisance Nocéens
Neuilly-sur-Marne Nocéens
Neuilly-sur-Seine Neuilléens, Neuillistes
Nevers Neversois, Nivernais
Nice Niçois, Niçards
Niort Niortais
Nœux-les-Mines Noeuxois
Nogent-le-Rotrou Nogentais
Noirmoutiers-en-l'Ile Noirmoutrins
Noisy-le-Grand Noiséens
Noisy-le-Sec Noiséens
Norma (La) Normaliens
Notre-Dame-de-Bellecombe Bellecombais
Nuits-Saint-Georges Nuitons
Nyons Nyonsais
Oignies Oigniniois
Oiron Oironnais
Oloron-Ste-Marie Oloronais
Orange Orangeois
Orcières-Merlette Orcatus
Oriol-en-Royans Oroyens
Ornans Ornaciens, Ornanais
Orquevaux Orquevoux, Orquevons
Orres (Les) Orrians
Orsay Orcéens
Orthez Orthéziens
Orvault Orvaltais
Ossau Ossalais
Ouessant Ouessantins
Oullins Oullinois
Outreau Outrelois
Paimbœuf Paimblotins, Paimblotains
Palais Palantins
Palaiseau Palaisiens
Pamiers Appaméens, Apaméens
Pantin Pantinois
Paray-le-Monial Parodiens
Patay Patichons
Pau Palois, Pavois
Paulmy Palmisois
Pavillons-sous-Bois (Les) Pavillonnais
Pecq (Le) Alpicois
Peisey-Nancroix-Vallandry Peiserots, Landrygeots
Périgueux Périgourdins, Pétrocoriens
Perreux-sur-Marne (Le) Perreuxiens
Petite-Pierre (La) Parva-Pétriciens
Petit-Quevilly (Le) Quevillais
Pézenas Piscénois
Piau-Engaly Engaliens
Pierre-Bénite Pierre-Bénitains
Pierrefitte-sur-Seine Pierrefittois
Pierres Pierrotins
Pithiviers Pithivériens, Pituérais
Pitres Pitriens
Plagne (La) Plagnards
Plaisir Plaisirois
Plessis-Robinson (Le) Hibous, Robinsonnais
Plessis-Trévise Plesséens
Plombières-les-Bains Plombinois
Pluméliau Pluméliens
Poil Poilus
Poilcourt Poilcourtois
Poissy Pissiaçais, Poissiais, Pisciaçais
Poitiers Poitevins, Pictavins
Poix-du-Nord Podéens
Polignac Pagnas
Pons Pontois
Pont-à-Mousson Mussipontains
Pontarlier Pontissaliens
Pont-Audemer Pontaudeméríens. **Bellanger** Tous-loins
Pont-de-Roide Rudipontains
Pont-de-Vaux Pontevallois
Pont-en-Royans Ponténois
Pont-l'Abbé-d'Arnoult Pontilabiens
Pont-l'Abbé-Lambour Pont-Labbistes
Pont-l'Évêque Pontépiscopiens
Pont-saint-Esprit Spiripontains
Pontlevoy Pontileviens
Pornic Pornicais
Port-de-Bouc Port-de-Boucains. **Sur-Saône** Portusiens
Port-d'Envaux Port-d'Envallois
Pouzauges Pouzangeais
Prades Pradéens
Pralognan-la-Vanoise Pralognanais
Pra-Loup Praloupiens
Prats-de-Mollo Pratéens
Praz-de-Lys-Sommand Jacquemards-Mieusserands-Sur-Arly Pralins
Pré-Saint-Gervais (Le) Gervaisiens
Preuilly-sur-Claise Prulliaciens
Privas Privadois
Provins Provinois
Puiseaux Puisotins, Puisatins
Puteaux Putéoliens, Putelliens
Puy (Le) Ponots, Aniciens, Podots, Panots
Puy-Saint-Vincent Traversouilles
Quesnoy (Le) Quercitains
Quillebœuf Quillebois
Quilly Quillerons
Quimperlé Quimperlois, Quimperléens
Rabastens Rabastinais
Raincy (Le) Raincéens
Rambervillers Rambuvelais
Rambouillet Rambolitains
Ré (Ile de) Rhétais
Reims Rémois
Remiremont Romarimontains
Remo Rémasiens
Ricamarie (La) Ricamandois
Richelieu Richelais
Rieux Rivois
Riez Réiens, Riézois
Rillieux-la-Pape Rilliards
Riom Riomois
Ris-Orangis Rissois
Risoul Risoulins
Rive-de-Gier Ripagériens
Rocamadour Amadouriens
Rochechinard Sinarupiens
Rochefoucauld (La) Pichotiers
Rochelle (La) Rochelais
Roche-Posay (La) Rochelais
Roche-sur-Foron (La) Rochois
Roche-sur-Yon (La) Yonnais
Rodez Ruthénois, Ruthéniens
Romilly-sur-Seine Romillons
Roscoff Roscovites, Roscoviens
Rosière (La) Roserains
Rosny-sous-Bois Rosnéens
Rousses (Les) Rousselands
Royat Royadères
Roynac Régnaquains
Ruffec Ruffécois
Rumilly Rumilliens
Sables-d'Olonne (Les) Sablais, Olonnais
Sablé-sur-Sarthe Saboliens, Sablésiens
Saillans Salliniens
Saint-Amand-les-Eaux Amandinois
Saint-Amand-de-Longpré et **Saint-Amand de-Vendôme** Saint-Amandinois
Saint-Amand-Montrond Saint-Amandois
Saint-André Andréens. **De-Cubzac** Cubzagais. **En-Royans** Androyens. **Les-Vergers** Driats
Saint-Antoine Antonins
Saint-Bertrand-de-Comminges Commingeois
Saint-Brévin-les-Pins Brévinois
Saint-Brieuc Briochins, Briochains
Saint-Cassien Cassianites
Saint-Chamond Saint-Chamonais, Couramiauds
Saint-Chef Saint-Cheffois
Saint-Chély-d'Apcher Barrabans
Saint-Cloud Clodoaldiens, Saint-Cloutiens
Saint-Denis Dyonisiens, Saint-Dionysiens
Saint-Dié Déodatiens
Saint-Dizier Bragards
Saint-Émilion Sémélionais, Saint-Émilionais, Pigouilles
Saint-Estèphe Stéphanois
Saint-Étienne Stéphanois
Saint-Flour Sanflorains, Saint-Flouriens
Saint-Fons Saint-Foniards
Saint-François-Longchamp Inversaires
Saint-Galmier Baldomériens
Saint-Gaudens Saint-Gaudinois
Saint-Germain-en-Laye Saint-Germanois
Saint-Gervais Saint-Gervolains
Saint-Gilles-Croix-de-Vie Gillocruciens
Saint-Herblain Herblinois
Saint-Jacut-de-la-Mer Jaguens
Saint-Jean-d'Angély Angériens
Saint-Jean-de-la-Ruelle Stéoruellans
Saint-Jean-de-Losne Losnais
Saint-Jean-de-Luz Luziens
Saint-Jean-de-Maurienne Mauriennais, Saint-Jeanins
Saint-Jean-de-Mont Montois
Saint-Jean-en-Royans Rouannais, Roynnais, Jeannairois
Saint-Jean-Pied-de-Port Saint-Jeannais
Saint-Julien-en-Genevois Juliénois
Saint-Junien Saint-Juniauds
Saint-Just-de-Claix Clajussiens
Saint-Lary-Soulan Saint-Hilariens
Saint-Laurent-Blangy Imercuriens
Saint-Laurent-de-la-Salanque Laurençans
Saint-Laurent-du-Var Laurentins
Saint-Laurent-en-Royans Lauroyens, Laurennois
Saint-Léonard-de-Noblat Miolétons
Saint-Lizier Licérois
Saint-Lô Saint-Lois, Laudois, Laudiens, Laudiniens
Saint-Louis Ludoviciens
Saint-Loup-Lamairé Lupéens
Saint-Macaire Macariens
Saint-Malo Malouins
Saint-Martin Martiniens
Saint-Martin-de-Belleville Bellevillois
Saint-Martin-le-Colonel Columartains, Columartins
Saint-Maur-des-Fossés Saint-Mauriens
Saint-Maurice-sur-Moselle Fremis
Saint-Max Maxois
Saint-Michel-des-Déserts Désertiers. **En-L'Herm** Michelais
Saint-Mihiel Sammiellois
Saint-Nazaire Nazairiens
Saint-Nicaise Nicaisiens
Saint-Nicolas-de-Port Portois. **En-Forêt** Nicoforestiers
Saint-Omer Audomarois
Saint-Ouen Audoniens. **L'Aumône** Saint-Ouennais
Saint-Papoul Saint-Papouliens, Saint-Papoulois
St-Paul-de-Varax Varaxais. **Trois-Châteaux** Tricastinois
Saint-Paulien Ruessiens
Saint-Péray Saint-Pérollais
Saint-Pierre-de-Chartreuse Chartroussins. **Des-Corps** Corpopétrussiens
Saint-Pol-de-Léon Saint-Politains, Léonards. **Sur-Mer** Saint-Polois. **Sur-Ternoise** Saint-Polais, Paulopolitains
Saint-Pons Saint-Ponais
Saint-Priest San-Priau (x)
Saint-Raphaël Raphaëlois
Saint-Romain-le-Puy Romanais
Saint-Souplet Sulpiciens
Saint-Tropez Tropéziens
Saint-Vallier Valloiriens, Saint-Valliérois
Saint-Vincent-sur-Jard Vincentais
Saint-Yrieix-la-Perche Arédiens
Sainte-Croix-du-Mont Montécruziens. **En-Jarez** Cartusiens
Sainte-Eulalie-en-Royans Aulayens
Sainte-Geneviève-des-Bois Génovéfains
Sainte-Marie Samaritains
Saintes Saintais, Santons, Saintongeois
Stes-Maries-de-la-Mer Saintois
Sainte-Savine Saviniens
Saisies (Les) Hauteluciens
Salers Sagraniers
Saliès Salisiens
Salon-de-Provence Salonnais
Samoëns Septimontains
Sarlat Sarladais
Saulieu Sédélociens
Saulzoir Salicetains
Saulx-les-Chartreux Salucéens
Sauveterre Sauveterrats
Sauze (Le) Sauzéens, Scéens
Sceaux Celléens
Scorbé-Clairvaux Scorbésiens ou Clairvoyants
Sées Sagiens
Sein (île de) Senans
Senez Séneziens, Sonisiens
Sens Sénonais
Sèvres Sévriens
Simorre Simorrains
Six-Fours-les-Plages Six-Fournais
Solre-le-Château Solréziens
Sos Sosciates
Sospel Sospellitains, Sospellois
Sours Souriots
Souterraine (La) Sostraniens, Souterrainiens
Stains Stanois
Sucy-en-Brie Sucyciens

☞ Suite voir p. 1588.

ÉNERGIE

☞ Pour connaître la sélection **Quid** des meilleurs sites Internet sur l'Énergie, rendez-vous sur **www.quid.fr**

GÉNÉRALITÉS

QUELQUES ÉQUIVALENCES

En tep (tonnes d'équivalent pétrole) **et,** entre parenthèses, **en gigajoules** (1 GJ = 1 milliard de joules). **Charbon** (1 t) : houille 0,619 tep (26 GJ), coke de houille 0,667 (28,4), agglomérés et briquettes de lignite 0,762 (32), lignites et produits cendreux de récupération 0,405 (17). **Produits pétroliers** (1 t) : pétrole brut, gazole, fuel domestique, produits à usages non énergétiques 1 (42), gaz de pétrole liquéfié 1,095 (46), essences moteur et carburéacteur 1,048 (44), fuel-oils lourds 0,952 (40), cokes de pétrole 0,762 (32). **Électricité** *(1 mégawattheure)* : 0,222 (3,6). **Gaz naturel** *(1 mégawattheure PCS)* : 0,077 (3,24), [ancienne équivalence 0,086 (tenant compte du pouvoir calorifique supérieur du gaz)].

Pétrole. 1 baril américain (= 158,984 l) = 0,14 t métrique ; *1 baril/jour* = 50 t/an ; **1 tonne** = 6,7 à 7,7 barils (moy. 7,3) ; **1 million de t/an** = 20 000 barils/j ; **1 tep** (tonne d'équivalent pétrole) = 1,5 tec (tonne d'équivalent charbon), 10 000 thermies soit 11 626 kWh, 7,3 barils, 1 000 m^3 de gaz naturel, 1,75 m^3 de gaz naturel liquéfié, 4 500 kWhe (kWh électrique) ; **1 tec** = 2/3 tep ; **1 quad** [ou 1 quadrillon Btu (British thermal unit) soit 10^{15} Btu] × 2,1 = 1 million de barils par jour d'équivalent pétrole (1 mbdoe) soit 50 millions de tep (toe) par an (1 t courte = 907,20 kg) ; **1 pied cube** = 30 l ; **1 pied cube/jour** = 10 m^3/an. **Uranium.** *Centrales nucléaires classiques* : 1 t d'uranium naturel = 15 000 tec ou 45 millions de kWh ; *surgénérateurs* : 1 t d'uranium naturel = 900 000 tec ou 2,7 milliards de kWh.

Nota. – Équivalences obtenues à partir du pouvoir calorifique inférieur pour les combustibles.

DANS LE MONDE

CONSOMMATION (C) ET PRODUCTION (P) D'ÉNERGIE (en millions de tep, 2000)

		Combus-tibles solides	Pétrole	Gaz naturel	Électricité		
					hydr.	nucl.	primaire
Monde	C	2 186	3 503,6	2 164	–	–	889
	P	2 137,4	3 589,6	2 180,6	230,4	668,6	–
Amér. du N.	C	593,4	980,3	659	–	–	277,6
	P	607,9	479,8	651	54,2	223,4	–
Amér. du S.	C	26	303	115,5	–	–	54,7
	P	42,3	520,4	119,2	49,9	4,8	–
Europe	C	347,4	752,6	412,9	–	–	305
	P	241,4	329	259,1	53,4	251,6	–
Ex-URSS	C	175	173,1	493,4	–	–	75,9
	P	197,4	394,4	607	19,6	56,3	–
Proche-Orient	C	7,3	209	170	–	–	0,7
	P	0,8	1 112,4	188,7	0,7	–	–
Afrique	C	89,7	116,7	52,9	–	–	10
	P	122,8	373,2	116,6	6,5	3,5	–
Asie Austr.	C	947,2	968,9	260,3	–	–	175,1
	P	924,8	380,5	239	46,1	129	
Allemagne	C	82,7	129,5	71,3	–	–	45,9
	P	56,4	3,1	15,2	2,1	43,8	–
Benelux	C	7,3	33,1	13,4	–	–	12,9
	P	–	–	–	0,2	12,7	–
Danemark	C	4	10,4	4,4	–	–	–
	P	–	17,8	7,3	–	–	–
Espagne	C	21,6	70,1	15,2	–	–	19,1
	P	10,9	0,2	0,5	3,1	16	–
France	*C*	*14*	*95,1*	*35,6*	–	–	*113,5*
	P	*2,3*	*1,4*	*1,8*	*6,2*	*107,3*	–
Italie	C	11,7	93	57,4	–	–	3,8
	P	–	4,6	15,1	3,8	–	–
P.-Bas	C	7,9	41,8	34,5	–	–	1
	P	–	2,4	51,6	–	1	–
Roy.-Uni	C	37,7	77,6	86,1	–	–	24,7
	P	19,5	126,2	97,3	0,7	24	–
Suède	C	2	15,2	0,8	–	–	21,6
	P	–	–	–	6,8	14,8	–

EN FRANCE

■ **Énergie primaire. Production nationale** (en millions de tep, 2000) : 125,99 dont nucléaire 92,17, hydraulique 16,17, charbon 2,34, énergies renouvelables 12,72, pétrole 1,9, gaz naturel 1,56. **Consommation corrigée du climat** (en millions de tep, 1999, avec un indice de rigueur climatique de 0,93) : branche énergie 22,8 dont usages internes de la branche 10,8, pertes et ajustements 6,3, raffinage 6,1, production d'électricité thermique – 0,3 ; consommation finale énergétique (corrigée du climat, en 2000, coefficient : 0,88) 215,7 dont résidentiel tertiaire 100,7, transports 53,8, industrie 57,9, sidérurgie 7,7, agriculture 3,4, non énergétique 17,2.

FACTURE ÉNERGÉTIQUE DE LA FRANCE [1]

Années	1978	1985	1990	1992	1993	1994	1995	1996	1997	1998	1999	2000
P. b. [2]	–53,9	–126,7	–62,8	–51,4	–50	–48,5	–47,9	–65,3	–72,1	–50,9	–63,4	–124,7
CMS [3]	–5,5	–9,9	–6,6	–6,5	–4,2	–4,2	–3,9	–4,7	–4,7	–5	–4,7	–5,6
Gaz n. [4]	–4,9	–30,3	–16,5	–17,4	–16,1	–15,8	–15,7	–17,2	–20,3	–18,4	–17,7	–30,8
Élect. [5]	–0,6	+4,2	+9	+12,6	+14	+14,9	+18	+17,7	+17,3	+15,8	+16,6	+18,3
P. p. r. [6]	+2,9	–17,9	–16,1	–16,9	–12,3	–11,8	–9,2	–9,7	–5,7	2,3	–7,4	–12,3
Total	*–62*	*–180,6*	*–93*	*–79,6*	*–68,6*	*–65,5*	*–58,8*	*–79,2*	*–85,6*	*61*	*–76,8*	*–155,2*

Nota. – (1) En milliards de F. (2) Pétrole brut. (3) Combustibles minéraux solides. (4) Gaz naturel. (5) Électricité. (6) Produits pétroliers raffinés.

■ **Commerce de l'énergie** (en 2000). **En milliards de F :** *exportations* 57,4 dont électricité 20, produits pétroliers raffinés 35,9, pétrole brut 0,18, gaz 0,62, combustibles minéraux solides 0,62 ; *importations* 212,2 dont pétrole brut 124,9, raffiné 48,2, gaz 31,4, minéraux solides 6,3, électricité 1,7 ; *balance* – 155,2. **En quantités** (millions de t) : minéraux solides exportations 0,81/importations 20,5 ; pétrole brut 85,6 ; raffiné 27,9/26,8 ; gaz (TWh)/imp. 471,1 ; électricité (TWh) 72,7/3,3. **Total disponible** (y compris énergies renouvelables, en Mtep, 1995). 226,3 dont production d'énergie primaire 116,2, importations 142,1, exportations 31,75. **Couverture des besoins par la production nationale** (en %) : *1960* : 59 ; *65* : 48 ; *70* : 32 ; *73* : 22,5 ; *78* : 24,7 ; *80* : 27,4 ; *82* : 34,5 ; *85* : 44 ; *86* : 46,5 ; *87* : 47,3 ; *88* : 48,2 ; *89* : 47 (baisse due à la sécheresse et aux incidents dans les centrales nucléaires) ; *90* : 47,8 ; *93* : 50,7 ; *94* : 51,2 ; *95* : 51,4 dont électricité 118,3, énergies renouvelables 100, charbon 37,9, gaz 9,3, pétrole 3,3.

CHARBON

LE CHARBON DANS LE MONDE

GÉNÉRALITÉS

■ **Avantages.** Énergie fossile la plus abondante et la mieux répartie. La pollution est aujourd'hui mieux maîtrisée [Allemagne, USA : des usines de lavage des fumées limitent les émissions d'azote et de soufre ; projet de gazéification du charbon (coût élevé)].

■ **Formation.** Il y a 250 à 300 millions d'années (période carbonifère à la fin de l'ère primaire), la forêt hercynienne, aux arbres géants, aux fougères arborescentes, couvrait de vastes étendues. Les débris végétaux (bois, écorces, feuilles, spores, algues microscopiques) se sont accumulés et ont été recouverts, par suite de phénomènes de subsidence, par un faible niveau d'eau. Ces dépôts, au gré des fluctuations de la subsidence, ont été recouverts de sédiments argileux ou sableux, puis des alluvions s'y sont ajoutées. Enfermé à l'abri de l'air, le dépôt végétal a fermenté et s'est enrichi en carbone. Ces débris végétaux se sont accumulés sur place dans des dépressions (sédiments autochtones) ou ont pu être transportés par des cours d'eau qui les ont déposés au fond de grands bassins sédimentaires (dépôts allochtones).

■ **Types de bassins. Paraliques :** en bordure des mers, dans des plaines basses (Nord, Pas-de-Calais). **Limniques** (ou intra-montagneux) : plus étroits et moins étendus, se caractérisent souvent par des affaissements plus marqués (centre et midi de la France). Le bassin de Lorraine est plus grand car formé dans de vastes zones de sédimentation séparées de la mer par un seuil continental.

■ **Composition du charbon en %.** Humidité 1,2, cendres 7,3, carbone « total » 78, hydrogène 5, oxygène 6,4, azote 1,4, soufre 0,7.

■ **Différents charbons.** On pense que les charbons dérivent les uns des autres, mais la question n'est pas tranchée : des terrains primaires recèlent des lignites, des houilles se trouvent dans des terrains secondaires. **Anthracite :** massive, homogène, teneur en matières volatiles très réduite, dure, cassure brillante. **Coke :** obtenu en calcinant la houille dans des fours à plus de 1 000 °C pendant 12 à 18 h. Dépourvu des produits volatils de la houille, il brûle sans fumée ni odeur. *Coke métallurgique* : utilisé dans les hauts fourneaux, très compact, fournit environ 7 000 kilocalories et laisse peu de cendres. *Classification* (en mm) : 10/20 ; 20/40 ; 40/60 ; 60/90. **Graphite :** carbone naturel cristallisé. Ses gisements dérivent pour la grande majorité du métamorphisme de couches charbonneuses. Se trouve à l'état de paillettes (cristallisé) ou finement divisé (amorphe ou cryptocristallin). On obtient du graphite artificiel à partir du charbon ou du coke de pétrole. *Utilisation* : creuset et moule pour fonderie (variété cristalline) ; aciers spéciaux, lubrifiants, piles et crayons. **Houille :** terme général désignant diverses variétés de charbon. Les principaux gisements datent de l'ère primaire. Au microscope, fragments d'écorces, tissus ligneux, feuilles et spores, noyés dans une masse fondamentale, sorte de gelée. Riche en carbone. Teneur en cendres, matières volatiles et eau, variable selon gisements. **Lignite :** noir, brun noirâtre, parfois brun. Les principaux gisements sont de formation tertiaire. Structure fibreuse plus homogène que la tourbe, laisse apparaître des rameaux et de grosses branches. Plus riche en carbone que la tourbe, mais teneur en matières volatiles élevée, combustible assez médiocre. **Tourbe :** extraite des tourbières : marais couverts d'une végétation hygrophile, de mousses en particulier ; noirâtre ou brune, fibreuse, retenant fortement l'eau, de formation quaternaire. Elle contient peu de carbone. Après dessiccation, sa combustion dégage beaucoup de fumée, peu de chaleur et laisse des résidus importants.

■ **Classification des charbons. Catégories** (% de matières volatiles) : *anthracite* – de 8, *maigres anthraciteux* 8 à 14, *1/4 gras* 12 à 16, *1/2 gras* 14 à 22, *gras à courte flamme ou 3/4 gras* 18 à 27, *gras proprement dit* 27 à 40, *flambants gras* + de 30, *secs* + de 34. **Calibre** (dimensions en mm) : *gros calibres* 80 × 120 ; *gailletins* 50 × 80 ; *noix* 30 × 50 ; *noisettes* 20 × 30 ou 15 × 30 ; *braisettes* 10 × 20 ou 10 × 15 ; *grains* 6 × 10. **Pouvoir calorifique** (en millithermies sur brut) : *anthracites* 7 050, *maigres* 7 815, *1/4 gras* 7 080, *1/2 gras* 7 680, *gras* 7 250, *flambants gras* 7 120, *secs* 6 770, *ligniteux* 5 850.

Ces classifications divergent légèrement de bassin à bassin, pour tenir compte des usages. Les *maigres* sont utilisés surtout dans les fours à feu continu. Les *flambants* permettent de donner des « coups de feu ». Plus il y a de matières volatiles, plus le charbon brûle vite.

■ TYPES D'EXPLOITATION

■ **Mine souterraine.** Le charbon est extrait par creusement de galeries à l'intérieur du sol jusqu'à la veine. Celle-ci est exploitée à l'aide de matériel d'extraction souterrain (haveuses et rabots dans les exploitations par longue taille, machines en continu dans les chantiers en dressants ou dans les exploitations par chambres et piliers). L'accès aux veines à exploiter se fait par puits et galeries (inclinées ou non) en rocher, ou par descenderie (plan d'accès incliné, débouchant au jour). **Profondeur** maximale : 1 000 à 1 300 m. **Rendement** (fond) [en t par mineur et par heure, 1994] : USA 1,6 (en 1990). G.-B. 1,4. Allemagne 0,7. *France 0,6*. **Records** (juin 1988) : *France* : Reumaux 8 000 t/j. *Allemagne* : Walsum 4 800 t/j.

■ **Mine à ciel ouvert** (ou **découverte**). L'exploitation est généralement entre 10 et 400 m de la surface du sol. Les couches de terre recouvrant ou entourant le charbon (morts-terrains) sont décapées pour mettre à nu la veine de charbon, qui est exploitée avec des engins de chantier. **Rendement en t** (par mineur et par poste, en 1987) : USA et Australie 33. **Pourcentage de production :** *1970* : mines souterraines 60, à ciel ouvert 40 ; *1993* : 78/22.

■ **Nouvelles exploitations. Gisement de charbon souterrain :** il doit contenir au moins 50 millions de t de réserves planifiables. Les investissements sont d'environ 3 milliards de F pour une production annuelle de 2 millions de t. Le délai entre l'exploration et la mise en production est, en général, de 10 ans. **Mines à ciel ouvert :** l'exploitation peut être envisagée si, pour 1 t de charbon vendu (soit 1 m^3 de minerai brut avant lavage), il ne faut pas avoir à enlever plus de 10 m^3 (soit 24 à 25 t) de terrains de couverture.

☞ **Terrils :** entassement (parfois de 50 à 100 m de haut) des déchets de la mine : pierres et terres, *stériles* (morceaux de charbon non minéralisés) rejetés après triage et lavage, cendres et scories des chaudières. Certains sont aménagés et plantés. D'autres, contenant jusqu'à près de 20 % de produits « mixtes » sont repris et relavés. Ils fournissent 1 500 000 t de produits cendreux pour centrales thermiques. D'autres sont exploités pour fabriquer des matériaux de construction (briques surschistes) et dans les travaux publics (fondations d'autoroutes, etc.).

■ **Réserves.** Techniquement et économiquement exploitables au coût actuel dans le monde, elles représentent

ÉVOLUTION DE LA PRODUCTION ET DE LA CONSOMMATION D'ÉNERGIE EN FRANCE (en millions de tep)

	Charbon		Pétrole		Gaz naturel		Électricité primaire			Énergies renouvelables		Total	
	P	C	P	C	P	C	P hydraulique	P nucléaire	CT	P	C	P	C
1950	35	43,4	0,2	10,4	0,2	0,2	3,6	–	3,6	–	–	39	57,6
1960	35,6	43,6	2,3	29,4	2,5	2,5	9,1	–	9,1	–	–	49,5	84,6
1970	24,5	34,9	3	94,6	5,8	8,2	12,7	1,3	13,9	2	2	49,5	153,6
1973	17,3	27,8	2,2	126,6	6,3	13,3	10,7	3,3	13,3	2	2	41,8	183
1980	13,1	31	2,4	110,9	6,3	21,2	15,7	13,6	29,8	3,2	3,2	54,3	196,1
1990	7,7	19,1	3,5	91,3	2,5	26,4	12,9	69,7	73,9	4,2	4,2	100,5	214,9
1995	5,11	14,73	2,49	94,85	2,78	30,33	17,03	83,75	86,2	4,2	4,2	115,97	230,31
1997	4,2	13,7	1,77	97,4	2,1	32,3	15,05	87,8	89,8	4,2	12,27	115,67	237,4
1998	3,52	15,84	1,71	99,09	1,86	34,06	14,83	86,04	88,63	–	11,74	119,93	249,36
1999	3,27	14,44	1,54	100,04	1,59	35,21	17,21	87,53	91,66	–	12,25	123,31	253,6
2000	2,34	14,13	1,42	98,51	1,56	37,31	16,17	92,17	94,88	–	12,72	125,99	257,55

Nota. – P : production ; C : consommation ; CT : consommation totale (hydraulique + nucléaire).
Source : Observatoire de l'énergie.

80 % de l'ensemble des énergies fossiles (10 386 milliards de t), soit 7 fois plus que le gaz et que le pétrole. En prévoyant une croissance annuelle régulière de 2,8 %, les réserves exploitables sont suffisantes pour 250 ans.

■ STATISTIQUES

■ **Effectifs inscrits au fond** (moyenne annuelle de 1996 et, entre parenthèses, de 1960) : Allemagne 55 300 (309 000). Espagne 21 300. G.-B. 11 300 (482 300). *France 5 700 (130 600).* Portugal 0. Belgique 0 (77 300). P.-Bas 0 (28 800). Italie 0 (2 600). Irlande 0 (1 200).

☞ **Premiers groupes producteurs privés** (en millions de t, 1992) : Hanson (G.-B., USA) 110, Consol (RWE, USA) 50, Amcoal (Anglo-Américain, Afr. du Sud) 43, BHP (Australie) 42, Amax (USA) 40, Shell (G.-B., P.-Bas) 40, Exxon (USA) 37, Rand Mines (Barlow Rand, Afrique du Sud) 30, Transnatal (Afrique du Sud) 29.

■ **Combustibles solides. Réserves** (en milliards de t, fin 2000)/**production** (en milliards de t, 2000)/**consommation** (en millions de tep, 2000) : **Amér. du Nord : 255,3/607,9/593,4** dont Canada 8,6/37,2/29,3 ; USA 246,6/570,7/564/1. **Amér. latine : 22,8/42,3/26. Europe : 122/241,4/347,4** dont Allemagne 67/56,4/82,7 ; Bénélux –/–/7,3 ; Espagne 0,7/10,9/21,6 ; *France 0,1/2,3/14 ;* G.-B. 1,5/19,5/37,7 ; Pologne 14,3/68,1/57,1 ; Rép. tchèque 6,2/23,2/–. **Ex-URSS : 230,2/197,4/175. Proche-Orient : 0,2/0,8/7,3. Afrique : 61,4/122,8/89,7. Asie et Pacifique : 292,3/924,8/947,2** dont Australie 90,4/155,6/– ; Chine 114,5/498/480,1 ; Corée du S. 0,1/2,2/– ; Inde 74,7/154,3/– ; Japon –/–/98,9. **Total monde : 984,2/2 137,4/2 186.**

■ **Transport.** Le charbon peut être transporté par pipelines [carboducs : sous forme de fines particules diluées dans une solution liquide (petites distances)], voie fluviale (péniche ou barge), train ou bateau. De nombreux ports pourront recevoir et décharger les navires minéraliers de 100 000 à 200 000 tpl. **Exportations** (en millions de t, 1996). 478,2 [dont Australie 140,4, USA 83, Afr. du Sud 59,5, Indonésie 36,4, Canada 34,5, Chine 29,5, Pologne 29, Colombie 23] ; *2010 (prév.) :* 630.

■ **Prix CAF-OCDE** (en $ par tonne). *1987 :* 58 ; *89 :* 66 ; *90 :* 75 ; *91 :* 72 ; *92 :* 64 ; *96 :* Indonésie 51, Australie 47, USA 44,5, Colombie 40,5.

☞ **L'Afrique du Sud** disposant d'une main-d'œuvre bon marché « fait » les cours internationaux. **L'Australie** (main-d'œuvre fortement syndiquée) suit, mais à perte. **L'Allemagne** verse une aide d'environ 41 milliards de F en faveur de son charbon s'appuyant : **1°)** sur le *Jahrhundert Vertrag* ou « contrat du siècle » qui oblige les producteurs d'électricité allemands à enlever 40 millions de t de charbon/an (contrainte prise en charge par les utilisateurs de courant et par des aides publiques) ; **2°)** sur le *Kohlenpfennig* : taxe parafiscale supportée par les consommateurs (montant : 7,5 à 8 %). Ce système qui maintenait en activité des puits non rentables a été remplacé le 1-1-1996 par une subvention globale.

■ **Perspectives.** *Procédés de cokéfaction qui permettraient d'utiliser des charbons de moins bonne qualité :* gazéification souterraine (grâce à 2 puits percés à faible distance) pour obtenir un substitut au gaz naturel, le gaz naturel de synthèse (GNS) par combustion directe dans la veine et récupération du gaz ainsi produit. *Production de gaz (méthane) par dégazage des veines* à action de forages et « fracting » du charbon. *Liquéfaction et gazéification en surface* permettant de fabriquer carburants ou fluides susceptibles d'être brûlés dans les chaudières ou transformés dans la chimie.

☞ **Production d'essence à partir de houille :** *Allemagne* 1939-45 : 5 millions de t/an d'essence à partir de la houille. Actuellement, l'unité pilote de BASF et Mines de Sarre produit 3 t d'hydrocarbures à partir de 6 t de houille. *Afrique du Sud :* à Sasol 230 000 t d'essence.

■ LE CHARBON EN FRANCE

■ QUELQUES DATES

XIIIe s. des « affleurements » sont exploités à St-Étienne, au Creusot, à Alès, Graissessac, Carmaux, par des galeries à flanc de coteau ou par des puits de quelques mètres équipés d'un treuil en bois. **XVe s.** pénurie de bois, des industries se concentrent autour des exploitations (exemple à St-Étienne et environs : forgerons, couteliers, quincailliers, armuriers). **1548** Henri II adjuge l'exploitation des gisements découverts ou à découvrir à une compagnie privilégiée. **1597** Henri IV restitue le droit d'exploiter aux propriétaires, mais avec un contrôle royal plus strict. **1601** il crée une « Grande Maîtrise des mines et minières de France », seule habilitée à accorder l'autorisation d'ouvrir une mine. **XVIIe s.** le charbon de Brassac (Auvergne), grâce au canal de Briare, peut en 1664 se vendre à Paris. Mines exploitées en Boulonnais et Hainaut. Tout propriétaire d'une parcelle peut en exploiter le tréfonds, d'où un morcellement interdisant toute installation rentable. En cas d'éboulements, on abandonne le puits. Dangers : l'eau qu'on ne peut évacuer, les incendies qui se prolongent. **1689** Louis XIV donne au duc de Montpensier le monopole de l'ouverture des mines. **1698** devant la médiocrité des résultats, le roi rend aux propriétaires la liberté de forer les puits. **1717** la Grande Maîtrise est rétablie pour le duc de Bourbon et supprimée à sa mort. **XVIIIe s.** la révolution industrielle s'appuie sur le charbon en G.-B., puis en France. *Prospections et découvertes :* Languedoc, Alpes et Provence, bassin du Nord. Des nobles s'intéressent à l'exploitation des mines (car elles n'entraînent pas « la dérogeance »). **1733** Jacques Desandrouin découvre à Anzin un filon (9-1-1757, Cie fondée) : bennes mues par des treuils, puits spéciaux d'aération, galeries maçonnées, petites pompes à bras, grandes pompes mues par un homme et des chevaux, puis par des machines à vapeur (1830 : 1ers corons). **1810** loi du 21-4 instituant la propriété perpétuelle des concessions (remise en cause en 1919). L'inventeur d'un gisement n'est assuré d'obtenir la permission d'exploiter que s'il présente des garanties rigoureuses, qu'en pratique seules des Stés de capitaux peuvent réunir. **1815** prospection en Lorraine. La France perd la partie houillère de la Sarre qui revient à la Prusse. **1820** concession accordée à Schoeneck ; à Stiring et Petite-Roselle début d'exploitation. Longtemps beaucoup croiront à la supériorité de la fonte au bois sur celle au charbon, difficile à se procurer. **1827** 1er chemin de fer français entre St-Étienne et Andrézieux, pour transporter le charbon entre la mine et le port d'embarquement sur la Loire. La sidérurgie adopte définitivement la fonte au coke. Des usines à gaz se créent. **1852** Oignies : 1er puits du Pas-de-Calais. **1860** des sous-produits de la houille sont traités. Nouvelles voies avec l'électricité. **1871** traité de Francfort, la France perd le bassin houiller lorrain. **1885** Zola publie *Germinal* (inspiré par la grève menée par Émile Basly). **1919** traité de Versailles, la France récupère la Lorraine et exploite les mines de la Sarre. **1925** les mines du Nord sont réparées. Centrales électriques nombreuses. Après les travaux de Georges Claude sur la fabrication de l'ammoniac, le gaz des fours à coke devient la matière 1re d'une ind. de synthèse. **1944**-*10-9* réquisition des « Houillères ». *-11-10* suspension des Pts et directeurs des compagnies. *-28-11* nationalisation décidée en Conseil des ministres. *-13-12* ordonnance instituant les « Houillères nationales du Nord et du Pas-de-Calais. **1945** « bataille du charbon » : les mineurs contribuent au relèvement économique du pays. **1946**-*17-5 loi de nationalisation de l'industrie charbonnière française* et création des Charbonnages de France. **1945-58** modernisation, concentration des sièges et mécanisation des chantiers. L'usage du pétrole se développe en Europe. Les stocks de charbon noir s'accumulent (notamment en Belgique et Allemagne) : *1957 :* 10 millions de t ; *1958 :* 30 ; *1959 :* 40 ; le chômage s'étend. **1960** la France révise le Plan, prévoyant de baisser la production de 1, puis 2, puis 3 millions de t par an, puis propose de ramener la production à 25,6 millions de t en 1975. **1973** crise pétrolière remettant « en selle » le charbon. **1974** la CEE décide que les combustibles minéraux solides doivent participer, à concurrence de 17 %, soit 250 millions de tep ou 375 millions de t, à son approvisionnement énergétique ; nouveau programme en France. La consommation devra passer dans l'industrie et les chauffages collectifs de 5 à 15 millions de t en 1990. **1978-80** selon l'étude Wocol (*World Coal Study*, 96 pays participants), la consommation devra tripler en 20 ans pour couvrir environ 2/3 de l'augmentation de la consommation totale d'énergie avant l'an 2000, surtout dans l'industrie où elle sera multipliée par 2 ou 4. **1979**-*déc.* le parti communiste affirme qu'on peut porter la production française à 45 millions de t en 1990 et, grâce à la gazéification en profondeur, à 70 millions de t en l'an 2000. **1981**-*oct.* le gouvernement envisage une relance (objectif souhaitable : 30 millions de t). **1981-82** près de 10 000 mineurs embauchés. **1982** création de CdF Énergie pour promouvoir l'utilisation du charbon. **1983-84** les objectifs de relance sont abandonnés : non-rentabilité d'une partie des gisements et montée en puissance du programme nucléaire. **1984** plan de restructuration : concentration sur les exploitations les plus rentables et suppression de 5 000 à 6 000 emplois par an jusqu'en 1988, date à laquelle les résultats de l'entreprise devront être équilibrés. L'État maintiendra une subvention annuelle de 6,5 milliards de F (valeur 1984) pendant le IXe Plan (1984-88). Un contrat, signé avec EDF pour 1984-88, prévoit quantités et prix des charbons et de l'électricité qui seront fournis par CdF à EDF, qui s'engage à embaucher en priorité 5 000 mineurs pendant les 5 années du contrat. Un plan social encourage les départs des agents de CdF vers d'autres entreprises. Une subvention annuelle de 325 millions de F sera en outre versée à CdF pendant la même période pour soutenir l'industrialisation des régions minières, qui permettra de créer en *1984 :* 3 460 emplois ; *85 :* 6 050 ; *86 :* 7 073 ; *87 :* 7 500 ; *88 :* 10 665 ; *89 :* 10 367 ; *90 :* 12 170 dans les régions minières (interventions de Sofirem et Finorpa et des fonds d'industrialisation). **1988** les sites de fond du Gard, de Carmaux, de Messeix sont fermés ainsi que certains sièges du Nord (d'où 6 034 départs, soit 18 % de l'effectif). Un nouveau contrat avec EDF pour 1989-93 fixe pour 5 ans quantités et prix annuels des charbons et de l'électricité. **1990**-*21-12* Oignies fermé ; arrêt définitif du Nord-Pas-de-Calais. 2,5 milliards de t avaient été extraites. **1992**-*avril* fermeture de la dernière mine de fond de Blanzy. *-Juillet* centrale mixte à charbon et bagasse (déchet de canne à sucre) de Bois-Rouge (Réunion) : 60 MW, courant acheté 0,45 F le kWh par EDF (0,7 ailleurs) ; 200 000 à 300 000 t de bagasse et 110 000 à 115 000 t de charbon par an. Coût : 570 millions de F (1re mondiale). **1994**-*20-10* pacte charbonnier national prévoyant la fermeture des mines en France en 2005. **2000** Blanzy (S. et L.) fermée. **2001** fermetures prévues : Alès (Gard) ; Aumance (Allier) ; Decazeville (Aveyron).

Quelques termes. Boiseur : assure le soutènement des terrains et la sécurité des galeries. **Boutefeu :** tireur de mines destinées à faire exploser les fronts de taille. **Carreau :** ensemble des installations de surface. **Grisou :** gaz (méthane) présent dans la houille, explose en cas d'étincelle ou de flamme. **Haveuse :** machine à pics utilisée pour l'abattage du charbon, a remplacé le marteau-piqueur. **Herscheur :** ouvrier qui charge les berlines au bas de la taille à l'aide d'une pelle à manche court, et pousse la berline jusqu'au plan incliné qui la conduira au convoi d'évacuation. **Porion :** contremaître, aussi appelé maître-mineur (Centre, Midi), gouverneur (Loire). **Recette :** intersection du puits avec une galerie. **Salle des pendus :** hangar où les mineurs se changent, leurs habits y sont suspendus. **Taille :** chantier où les piqueurs abattent le charbon. **Toucheur :** enfant employé au fond pour conduire les chevaux.

■ ORGANISATION DE L'INDUSTRIE

■ **Évolution. Avant 1939,** il y avait 113 Stés productrices (dont moins de 30 assuraient 90 % de la production). **De 1944 à 1946,** 98 % environ sont nationalisés. L'exploitation ne peut se faire qu'en vertu d'une concession (perpétuelle) de l'État ou d'un permis (renouvelable) pour les petits gisements. 9 houillères de bassin regroupent les concessions minières autrefois accordées sur une même formation géologique, et l'ensemble est coiffé par *Charbonnages de France (CdF).* **Depuis le 1-1-1969,** 4 établissements publics dotés de la personnalité civile et de l'autonomie financière : *3 houillères de bassin* [Nord et P.-de-C. (arrêtée 1991)] ; Lorraine ; Centre-Midi qui regroupe les houillères d'Aquitaine, Auvergne, Blanzy, Cévennes, Dauphiné, Loire, Provence, et 1 *établissement central* (Charbonnages de France) qui coordonne leur activité.

■ **Groupe CdF (Charbonnages de France). Production** (en millions de t, 2000) : *charbon :* 3,46 (vente à EDF 0,49), *coke :* 1,4, *agglomérés :* 0,07, *électricité :* 8 168 GWh (vente à EDF 6 501). **Perspectives :** CdF, 2e producteur d'électricité après EDF, devrait se développer dans ce secteur en profitant de la suppression du monopole d'EDF, et dans les industries de la thermique ou de l'environnement. **Centrales électriques de CdF : PUISSANCE** (en mégawatts) : 5, puissance totale 2 600 (équivalent de 2 tranches nucléaires). *Hornaing* (Nord), 1 tranche, 250 ; *Carling* (Moselle), 4 tranches, 600, 343, 125, 125 ; *Montceau-les-Mines* (Hte-Saône), 1 tranche, 250. *Gardanne* (B.-du-Rh.) 2 tranches, 600, 250 ; *Decazeville* (Aveyron), 1 tranche, 60. **COURANT FRANÇAIS** (en 1994) : 8 400 GWh (26 % de la prod. thermique française), achetés par EDF 3,365 milliards de F ; 1 300 employés ; taux d'utilisation 92 %. La *Sté nat. d'électricité et de thermique (Snet),* créée 30-3-1995, réunit les 5 centrales. 2 *Stés régionales* (filiales à 100 %) : l'une gérant Carling et Hornaing, l'autre les 3 autres centrales. EDF prendra une participation de 20 %. **Effectifs miniers des houillères :** *1947 :* 358 000 ; *58 :* 240 000 ; *60 :* 216 793 ; *70 :* 119 238 ; *80 :* 60 931 ; *90 :* 22 494 ; *95 :* 14 696 ; 98 : 10 330 ; *99 :* 9 007 ; *2000 :* 7 837.

Chiffre d'affaires de CdF (et total des produits d'exploitation en milliards de F) : *1987 :* 11,37 (16,16) ; *90 :* 9,95 (12,77) ; *91 :* 9,81 (12,15) ; *92 :* 7,96 (10,95) ; *93 :* 8,88 (10,71) ; *94 :* 8,53 (9,95) ; *95 :* 8,27 (10,14) ; *96 :* 7,98 (9,54) ; *97 :* 7,68 (0,98) ; *98 :* 6,93 (8,24) ; *99 :* 6,34 (8) ; *2000 :* 6,76 (7,94). **Résultat d'exploitation :** *1987 :* – 2,4 ; *88 :* – 2,43 ; *89 :* – 1,74 ; *90 :* – 1,41 ; *91 :* – 1,2 ; *92 :* – 1,86 ; *93 :* – 1,68 ; *94 :* – 1,75 ; *95 :* – 2,3 ; *96 :* – 2,2 ; *97 :* – 1,95 ; *98 :* – 2,2 ; *99 :* – 2 ; *2000 :* – 1,9. **Résultat net :** *1987 :* – 0,16 ; *88 :* – 2,21 ; *89 :* – 1,03 ; *90 :* – 1,20 ; *91 :* – 5,25 ; *92 :* – 1,19 ; *93 :* – 2,92 ; *94 :* – 0,517 ; *95 :* – 4,16 ; *96 :* – 4,68 ; *97 :* – 6, 05 ; *98 :* – 5,9 ; *99 :* – 6,03 ; *2000 :* – 6,09. **Endettement** (en milliards de F) : *1985 :* 16,01 ; *90 :* 20,03 ; *95 :* 25,6 ; *96 :* 27,78 ; *99 :* 32,6 ; *2000 :* 33,7.

Subventions de l'État à CdF (en milliards de F) **et,** entre parenthèses, **subventions d'exploitation pour favoriser le charbon national :** *1984 :* 6,5 (3,63) ; *85 :* 6,83 (3,77) ; *86 :* 7,03 (3,48) ; *87 :* 6,83 (3,26) ; *88 :* 6,99 (3,28) ; *89 :* 6,99 (3,26) ; *90 :* 6,99 (3,19) ; *91 :* 6,66 (2,87) ; *92 :* 6,68 (2,78) ; *93 :* 6,76 (2,76) ; *94 :* 6,35 (2,4) ; *95 :* 4,49 (0,6) ; *96 :* 4,54 (0,65) ; *97 :* 2,91 (0) ; *98 :* 2,88 (0) ; *99 :* 2,86 (0) ; *2000 :*

2,8 (0). Plus de 50 % de la subvention sont destinés à compenser des charges sociales (230 000 retraités et ayants droit) et financières imputables au passé. Le soutien au charbon national compense les différences entre les prix de revient élevés (conditions d'extraction difficile) et les prix de vente fixés par le marché. Depuis 1997, l'État a en outre fait des dotations en capital pour réduire l'insuffisance de fonds propres et permettre un recours limité à l'emprunt. **Subvention à la tonne** (en F/t) : *1985* : 250 ; *86* : 247 ; *87* : 215 ; *88* : 142 ; *89* : 115 ; *90* : 115 ; *93* : 260 ; *94* : 267 ; *95* : 72 ; *96* : 80 ; *97* : 0,5 ; *98* : 0 ; *99* : 0 ; *2000* : 0.

Aides versées par l'État à CdF (entre 1970 et 2000) : 233,162 milliards de F.

■ **Mines non nationalisées. Houille :** production totale : *1947* : 1 330 000 t ; *73* : 11 000 t ; *88* : 0 ; *94* : 7 460 t. **Lignite :** *1990* : 573 027 t ; *93* : 0.

■ PRODUCTION

■ **Houille** (en millions de t). *1811* : 0,8 ; *40* : 3 ; *70* : 13,3 ; *1900* : 33,4 ; *12* : 41,1 ; *30* : 55 ; *38* : 40,6 ; *45* : 35 ; *60* : 56 ; *65* : 51,3 ; *70* : 37,4 ; *75* : 22,4 ; *80* : 18,1 ; *85* : 15,1 ; *86* : 14,4 ; *87* : 12,1 ; *88* : 12,1 ; *89* : 11,5 ; *90* : 10,5 ; *91* : 10,1 ; *92* : 9,5 ; *93* : 8,6 ; *94* : 7,4 ; *95* : 7 ; *96* : 7,3 ; *97* : 5,7 ; *98* : 4,86 ; *99* : 4,53 ; *2000* : 3,17. **Lignite** (en millions de t). *1960* : 2,3 ; *70* : 2,8 ; *75* : 3,2 ; *80* : 2,6 ; *85* : 1,8 ; *86* : 2,1 ; *87* : 2,1 ; *88* : 1,6 ; *89* : 2,2 ; *90* : 2,3 ; *91* : 2 ; *92* : 1,6 ; *93* : 1,7 ; *94* : 1,5 ; *95* : 1,4 ; *96* : 0,79 ; *97* : 1 ; *98* : 0,74 ; *99* : 0,56 ; *2000* : 0,3. *2005* : arrêt prévu.

En millions de t	1965	1970	1975	1980	1985	1990	1996	2000
Nord-P.-de-C.	28,9	17	7,7	4,47	2,38	0,23	0	0
Lorraine	14,7	12,8	10	9,81	9,81	8,36	6,16	2,54
Centre-Midi	13,8	9,1	6,2	5,44	4,15	3,66	1,94	0,92
Total houillères	57	38,9	24	19,71	16,34	12,25	8,11	3,46
Total France	*58,2*	*40,1*	*25,6*	*20,72*	*16,96*	*12,82*	*8,11*	*3,46*
dont découvertes		0,8	1,1	1,5	1,7	1,99	1,12	0,63

■ **Caractéristiques des gisements. Nord-Pas-de-Calais** (Douai) : contiendrait environ 400 couches, exploitables ou non, correspondant à autant de cycles végétaux successifs. S'étageant sur plus de 2 000 m de profondeur, le charbon occupe une épaisseur totale d'environ 50 m. Conditions d'exploitation : veines peu épaisses (80 cm) souvent faillées, venues d'eau fréquentes, puits profonds (parfois plus de 1 000 m). *Rendement de fond* (en kg/h/poste) : *1960* : 1 562 ; *70* : 2 053 ; *80* : 1 966 ; *90* : 1 790. *Effectifs actifs* : *1947* : 202 100 (dont 135 300 de fond) ; *60* : 122 803 (74 845) ; *70* : 67 496 (37 914) ; *80* : 26 060 (11 257) ; *90* : 3 307 (426). Arrêt de l'exploitation le 21-12-1990 (dernier puits : 9 d'Oignies). **Lorraine** (Freyming-Merlebach) : 3 puits en Moselle : La Houve, Reumaux, Vouters. Fermeture prévue 2003/2005 [puits Simon (Forbach) fermé 3-12-1997]. Réserves riches, veines régulières, épaisseur (1,30 à 7 m) en dressants, semi-dressants et plateures. Flambant gras A 56 %, cokéfiables avec appoint de charbons amaigrissants de la Ruhr. 67 % de la production française. *Rendements de* fond (en kg/h/poste) : *1960* : 2 580 ; *70* : 4 381 ; *80* : 4 377 ; *90* : 6 046 ; *95* : 5 855 ; *96* : 6 833 ; *99* : 6 272 ; *2000* : 5 267. *Effectifs actifs* : *1960* : 43 323 (dont 23 004 de fond) ; *70* : 26 097 (13 139) ; *80* : 23 922 (11 586) ; *90* : 14 715 (6 916) ; *95* : 11 786 ; *99* : 7 249 ; *2000* : 6 383 ; *2005 (prév.)* : 2 500. **Centre-Midi** (regroupement en 1968, arrêt total prévu 2005) : *Carmaux (Tarn)* : charbons gras exploités à ciel ouvert depuis 1986 à la Grande Découverte, auparavant en souterrain (5 millions de t de réserve + 12 à 15 dans les environs), on avait prévu un rythme de 400 000 à 700 000 t ; en sept. 1991, réduction prévue à 140 000 t ; en juillet 1992, conflit (5 cars de CRS broyés par engins des mineurs) ; fermeture 30-6-1997. *Decazeville (Aveyron)* : charbons flambants exploités en MCO (mines à ciel ouvert) ; *Aumance (Allier)* : idem et par mine souterraine, fermeture prévue 2001. *Blanzy (S.-et-L.)* : charbon maigre anthraciteux, fermeture prévue 2001 ; CÉVENNES : *Alès et La Grand-Combe (Gard)* : demi-gras et maigres exploités en MCO, fermeture 1994 ; *Le Bousquet-d'Orb (Hérault)* : demi-gras exploités en MCO, fermeture 1994 ; DAUPHINÉ : *La Mure (Isère)* : anthracite exploité en mine souterraine, fermeture 31-3-1997 ; PROVENCE : *Gardanne (B.-du-Rh.)* : charbon ligniteux exploité en mine souterraine. *Rendement fond* (en kg/h/poste) : *1960* : 1 855 ; *70* : 2 864 ; *80* : 4 098 ; *90* : 8 425 ; *95* : 9 540 ; *98* : 7 329 ; *99* : 7 056 ; *2000* : 4 532. *Effectifs actifs* : *1960* : 50 667 (13 925) ; *70* : 26 645 (7 663) ; *80* : 10 949 (2 935) ; *90* : 4 472 (1 636) ; *99* : 1 758 ; *2000* : 1 454.

☞ Extraction arrêtée 21-2-1992 à Arjuzanx.

Importations (en millions de t)						
Provenance	1978	1994	1995	1996	1999	2000
Afr. du Sud	6,8	1,73	1,71	2,36	5,31	4,77
Allemagne	8,5	0,28	0,20	0,23	0,16	0,19
Australie	1,8	2,97	3,03	2,54	4,39	4,24
Belg.-Lux.	0,2	0,07	0,09	0,49	0,33	0,61
G.-B.	0,9	0,07	0,15	0,18	0,10	0,11
Pays-Bas	0,1	0,54	0,56	0,26	0,12	0,05
Pologne	4,8	0,82	0,66	1,18	0,84	1,09
Ex-URSS	0,9	0,32	0,08	0,05	0,09	0,48
USA	1,5	3,21	4,00	4,29	2,91	3,21
Divers	0,2	2,92	3,78	4,86	4,85	5,80
Total	*25,6*	*13,1*	*14,26*	*16,44*	*19,10*	*20,55*

■ CONSOMMATION

■ **Consommation de houille, lignite, coke et agglomérés** (en millions de t). *1973* : 46,2 ; *85* : 41,6 ; *86* : 33 ; *87* : 29,9 ; *88* : 30 ; *89* : 32,4 ; *90* : 31,6 ; *91* : 33,6 ; *92* : 29,5 ; *93* : 24,5 ; *94* : 22,9 ; *95* : 24,2 ; *96* : 25,7 ; *97* : 22,4 ; *98* : 26,9 ; *99* : 23,9 ; *2000* : 23. **Part du charbon dans la consommation d'énergie** y compris les importations (en France, en %) : *1950* : 75,3 ; *60* : 54,7 ; *70* : 22,7 ; *73* : 15,2 ; *80* : 15,8 ; *85* : 12,5 ; *90* : 8,9 ; *95* : 6,4 ; *96* : 6,7 ; *97* : 5,6 ; *98* : 6,4 ; *99* : 5,7 ; *2000* : 5,5.

■ **Principaux utilisateurs** (en millions de t, 2000). **Transformation :** centrales électriques 10,4, carbonisation sidérurgique et minière 7,3. **Consommation finale :** 5,3 dont industrie (y compris centrales industrielles) 1,9 ; sidérurgie (hors cokeries) 2,5 ; résidentiel et tertiaire 0,9. *Total* 23.

☞ 500 000 foyers se chauffent au charbon. *Consommation* : environ 900 000 t dont 450 000 dans le Nord. *Livraison* : sacs de 50 kg ouverts, de 25 kg fermés (hypermarchés). *Sortes utilisées* : agglomérés importés (surtout du pays de Galles) ; anthracites calibrés importés d'Allemagne et Chine, traités à Rouen ; boulets de la Ruhr compactés à Oignies. *Prix de la t* (en F) *d'aggloméré* : 2 000 à 2 400 *d'anthracite* : 1 830 à 2 400.

■ PRIX DU CHARBON

Les conditions d'exploitation difficiles des gisements français (profondeur, épaisseur des couches, discontinuité géologique) expliquent son prix de revient élevé.

Prix de revient à la tonne produite en France (en F). *1990* : Nord-Pas-de-Calais 1 755,3, Centre-Midi 461,7, Lorraine 520. *1993* : 550 [Allemagne 789, G.-B. 556, USA-Canada 140 (certaines mines 26), Australie 127, Afrique du Sud 85]. *1994* : 650 (Carmaux 2 373, La Mure 2 373). *1995* : 705. *2000* : Lorraine 1 160, Centre-Midi 892. *Tonne importée 1991* : 264 ; *95* : 245 ; *2000* : 267.

Recette moyenne par t (en F). *1985* : 500 ; *90* : 347,5 ; *95* : 293,4 ; *96* : 284 ; *97* : 299 ; *98* : 259 ; *99* : 241. **Déficit à la t produite** (en F). *1980* : 102 ; *86* : 243 ; *88* : 273 ; *90* : 164,2 ; *95* : 412 ; *98* : 535 ; *99* : 551 ; *2000* : 797.

ÉLECTRICITÉ

GÉNÉRALITÉS

☞ **Définition, effets et production du courant** (voir p. 235 c).

■ **Histoire. VIe s. av. J.-C.** l'ambre (en grec *élekron*) attire les corps légers après frottement (Thalès de Milet). **1727** les corps bons conducteurs peuvent être électrisés (Gray). **Vers 1740** *Pierre Van Musschenbroek* (1692-1761) invente la *bouteille de Leyde*, condensateur d'électricité (origine de la batterie électrique). **1750** *Charles du Fay* (Fr., 1698/1739) découvre les 2 espèces d'électricité. **1785** loi des attractions et répulsions électriques [*Charles de Coulomb* (Fr., 1736/1806)]. **1799** invention de la pile par *Alexandre Volta* (It., 1745-1827, nommé Cte et sénateur d'It. par Napoléon) qui avait constaté que 2 disques de zinc et d'argent, isolés par une tige de verre et mis en contact, puis séparés aussitôt, se chargeaient d'une certaine quantité d'électricité. Pour augmenter la tension, il réunissait plusieurs couples de ces disques. Les Anglais *Carlisle* et *Nicholson* (expérience du 2-5-1800 : décomposition de l'eau par la pile voltaïque), *Cruikshank* (pile à auges) et *Humphry Davy* (Angl., 1778-1829) découvriront les effets chimiques et physiques de la pile. **1807** grande pile de *William Wollaston* (Angl., 1766-1828) construite à Londres, dans une cave, pour Davy ; liquide : dissolution d'alun aiguisée d'acide sulfurique ; 2 000 plaques. **1812** action des courants sur les aimants (*Œrsted*). **1813** grande pile de l'École polytechnique : 54 m² (600 couples de cuivre et de zinc, de 9 dm² pour chaque plaque). **1820** loi de l'électromagnétisme et de l'électrodynamisme ; électroaimant [*Jean-Pierre Ampère* (Fr., 1775-1836) et *François Arago* (Fr., 1785-1853)]. **1826** lois reliant l'intensité et la résistance [*Georges Ohm* (All., 1789-1854)]. **1831** électrolyse ; induction électromagnétique [*Michel Faraday* (Angl., 1791-1867)]. **1836** pile à 2 liquides ou à courant constant de *John Daniell* (Angl., 1790-1845). **1842** dégagement de chaleur dans un conducteur (Joule). **1844** lampe électrique de *Léon Foucault* (Fr., 1819-68). **1856-*26/27-10*** 4 phares expérimentés sur l'Arc de triomphe. **1859** accumulateur au plomb (*Gaston Planté*, Fr., 1834-89). **1868** identité des ondes lumineuses et électriques (*James Maxwell* (Écossais, 1831-79) ; découverte des rayons cathodiques (*Guillaume Hittorf*, All., 1824-1914). **1870** dynamo ; création de l'électrotechnique [*Zénobe Gramme* (Belge, 1826-1901)]. **1876** *Paul Iablochkoff* (Russe, 1847-94) : « bougie électrique » (1878, éclaire par arc électrique l'avenue de l'Opéra à Paris). **1878** lampe à incandescence à filament de carbone. **1881** Paris, exposition de l'électricité. **1887** effet photoélectrique ; ondes électromagnétiques [*Henri Hertz* (All., 1857-94)]. **1888** construction du détecteur à limaille [*Édouard Branly* (Fr., 1844-1940)]. *Nikola Tesla* (1856-1943), inventeur yougoslave arrivé en Amérique en 1884, fait adopter le courant alternatif [*Thomas Edison* (Amér., 1847-1931) croyait à l'avenir du courant continu, constitué d'électrons circulant dans un seul sens]. Le courant produit à basse tension est porté à haute tension par un transformateur pour une transmission plus efficace. A destination, il suffisait de faire l'inverse. Tesla se sépare d'Edison au bout de 1 an et en 1888 s'associe à l'industriel *George Westinghouse* (Amér., 1846-1914) pour exploiter son système de dynamo à courant alternatif. **1889** 1re usine électrique en France (Paris, rue des Dames). **1895** découverte des rayons X [*Guillaume Röntgen* (All., 1845-1923)]. **1896** radioactivité naturelle de l'uranium [*Henri Becquerel* (Fr., 1852-1908)]. **1897** 1re communication par TSF [*Guillaume Marconi* (It., 1894-1937)]. **1898** découverte du radium (*Pierre* et *Marie Curie*).

1910 1re utilisation de tubes au néon [*Georges Claude* (Fr., 1870-1960)] pour illuminer le Grand Palais (Paris) 1919 : 1re réaction de transmutation [*Ernest Rutherford* (Angl., 1871-1937)]. **1921** structure de l'électricité ; charge de l'électron [*Robert Milikan* (Amér., 1868-1953)]. **1931** découverte du neutron [*James Chadwick* (Angl., 1891-1974)]. **1932** découverte du positon [*Carl Anderson* (Amér., 1905-91)]. Rupture du noyau d'uranium *(Anderson)*. **1934** radioactivité artificielle [*Joliot-Curie*, Fr., : Jean (1900-58) et Irène (1897-56), sa femme]. **1935** prévision théorique du méson [*Yukawa Hideki*, Jap. (1907-81)].

■ **Origines. Hydroélectricité :** cours d'eau (débits irréguliers). **Centrales thermiques classiques :** fuel, charbon à cycle combiné [récupération des gaz d'échappement d'une turbine à gaz pour générer de la vapeur qui entraînera un turboalternateur (exemple : Eems, P.-Bas)] 5 unités de 300 MW. **Nucléaires :** (voir p. 1565 c), **marémotrices :** (voir p. 1585 c).

■ **Stockage. 2 formes : 1°)** *énergie mécanique potentielle* (réservoirs alimentés par pompage aux heures creuses permettant de produire du courant aux heures de pointe). **2°)** *chimique* (accumulateurs ; rentable pour stockage d'énergie très faible).

■ **Transport.** Instantané, par un réseau longue distance entre transformateurs des centrales productrices et transformateurs des zones consommatrices. A partir de ces derniers rayonnent des lignes à basse tension (220 V pour usage domestique, 380 pour la force, plusieurs milliers pour l'industrie). Pour l'industrie, l'énergie mécanique est transformée en énergie électrique par des générateurs.

☞ **Électricité sans fil :** on étudie (au Japon) la transmission de l'énergie par faisceau d'ondes ou par rayon laser. L'énergie électrique serait produite en orbite par des photopiles ou en utilisant le rayonnement solaire pour chauffer un fluide qui actionnerait une machine thermique. L'onde serait reçue par un champ d'antennes de 10 km de diamètre (un rayon laser permettrait des collecteurs plus petits).

■ **Unités. PUISSANCE : W** (watt). **kW** (kilowatt) = 1 000 W. **MW** (mégawatt) = 1 000 kW. **GW** (gigawatt) = 1 million de kW. **ÉNERGIE : kWh** (kilowatt/heure) = 1 000 Wh (watt/heure). **MWh** (mégawatt/heure) = 1 000 kWh. **GWh** (gigawatt/heure) = 1 million de kWh. **TWh** (térawatt/heure) = 1 milliard de kWh.

ÉLECTRICITÉ DANS LE MONDE

■ **Production totale d'électricité** (en milliards de kWh, 1999). USA 3 212,2 [1]. Chine 1 204,1. Japon 919,6 [1]. Russie 845. Canada 543,1 [1]. Allemagne 505,1 [1]. *France 486,8* [1]. Inde 473,2. G.-B. 336,5. Brésil 307,3 [1]. Italie 252,6. Corée du Sud 239,3. Afrique du Sud 202. Espagne 189,8. Australie 176,8 [1]. Mexique 172,5. Ukraine 171. Suède 154,2. Pologne 140,9. Norvège 121,6. Turquie 110,8 [1]. Pays-Bas 82,3. Belgique 80,8. Thaïlande 73,2 [1]. Argentine 70,8 [1]. Finlande 66,8. Suisse 66,7. Rép. tchèque 64,3. Pakistan 59,8 [1]. Autriche 58,7. Malaisie 52,5 [2]. Roumanie 52,4 [1]. Kazakhstan 47,1. Grèce 45,4. Bulgarie 41,7 [1]. Yougoslavie 40,6 [1]. Danemark 37,2. Hongrie 37. Chili 34,9 [1]. Nlle-Zélande 34,1. Portugal 31,4 [2]. Porto-Rico 21,2. Azerbaïdjan 18,2 [1]. Lituanie 18 [1]. Tadjikistan 14,4 [1]. Irlande 13,3 [1]. Maroc 12,2 [1]. Croatie 10,4 [1]. Estonie 8,5 [1]. Arménie 6,2 [1]. Myanmar 4,3 [1]. Panamá 3,7 [1]. Rép. de Moldavie 1,2 [1].

Nota. – (1) En 1998. (2) En 1996.

■ **Puissance installée** (en milliers de MW). EDF (France) 102, Enel (Italie) 57,7, Tokyo Electric Power (Japon) 56,8, Endesa Iberdrola (Espagne) 52,6, FPL + Entergy (USA) 49, Tractebel (France) 42,4, AES (USA) 36,7, Southern (USA) 31,2, EON (All.) 30,5, RWE (All.) 26,6, Duke Energy (USA) 17,3.

■ **Production annuelle.** (en TWh, en déc. 2000). EDF (Fr.) 460, Enel (It.) 225, RWE (All.) 218, EON (All.) 193, Vattenfall (Suède) 92, Endesa (Esp.) 86, Electrabel (Belgique) 79, British Energy (G.-B.) 70, Iberdrola (Espagne) 62, EnBW (All.) 55.

■ **Ouverture à la concurrence** (en %, électricité et, entre parenthèses, gaz). Allemagne 100 (100), *France 30 (20)*, G.-B. 100 (100), Italie 30 (20), Espagne 45 (62), Pays-Bas 33 (45), Belgique 35 (47), Autriche 30 (n.d.). Suède 100 (n.d.), Danemark 90 (n.d.), Finlande 100 (n.d.), Portugal 30 (n.d.), Irlande 30 (n.d.), Grèce 30 (n.d.).

■ **Part du marché national ouverte à la concurrence en Europe** (en %, 2000). Allemagne, Finlande, G.-B., Suède 100. Danemark 90. Espagne 54. Luxembourg 40. Italie 35. Autriche, Belgique 33. Pays-Bas 32. *France*, Irlande, Grèce, Portugal 30.

■ **Consommation d'électricité par hab. dans le monde** (en kW/h, 1996). Norvège 23 830, Canada 20 904, Islande 18 934, Suède 16 423, Finlande 15 515, USA 12 977, Luxembourg 15 075, Australie 9 820, Japon 8 094, Belgique 7 904, Suisse 7 734, *France 7 508*, P.-Bas 6 249, Allemagne 6 605, Israël 5 678, Russie 5 588, Bulgarie 4 991, Italie 4 870, Espagne 4 638, Grèce 4 632, Portugal 3 532, Brésil 2 026, Roumanie 2 744, Argentine 2 076, Liban

1 872, Mexique 1 754, Jordanie 1 085, Tunisie 857, Égypte 801, Algérie 708, Maroc 490, Inde 326, Haïti 87, Bénin 49, Ouganda 33, Centrafrique 31, Mali 30, Éthiopie 22, Burkina 21, Cambodge 20, Tchad 14.

■ **Prix du courant en Europe** (TTC, en euros par MWh, 2000). **Domestique :** Italie 211, Danemark 195,9, Belgique 142,9, Allemagne 141,4, Autriche 132,3, Portugal 125,6, *France 117,1,* Luxembourg 111,1, Espagne 109,8, G.-B. 107,5, Suède 104,3, Irlande 89,4, Finlande 87, Grèce 59,8. *Moyenne 124,9.* **Industriel :** Italie 105,4, Belgique 84,7, Allemagne 78,4, Portugal 73,3, Espagne 72,7, Irlande 69,5, *France 63,* Grèce 60,6, Luxembourg 55,5, Finlande 50,5, Suède 41,7. *Moyenne 68,6.*

■ **Centrales hydroélectriques principales. Puissance** (date de mise en service, puissance en GW) : **Brésil-Paraguay :** *Itaipu* (1982) 12,6 ; *Tucurui* (1984) 4. **Canada :** *Churchill Falls* (1971) 5,43 ; *La Grande 2* (1978) 5,33. Projet de la baie James : lac artificiel (nord du Québec) ; 125 km de digues (600 m de largeur à la base, 18 au sommet) retiennent les eaux. *Puissance (prévue)* : 21 GW, avec les complexes de la Grande Baleine au nord, NBR, du fleuve Rupert au Sud. 5 150 km de lignes de 735 000 volts apporteront le courant à Montréal ou Québec. *Coût :* environ 15,1 milliards de $ canadiens (environ 55 milliards de F) pour la phase 1 [10 000 MW avec les centrales LG2 (la plus grande centrale souterraine du monde : longueur 480 m, hauteur 47, largeur 26, creusée à 140 m sous terre ; 12 turbines, puissance installée 5,3 GW), LG3 et LG4]. **Congo (Rép. dém. du) :** *Inga* (1979) 1,4. **Mozambique :** *Cabora Bassa* (1974) 2,4. **Paraguay-Argentine :** *Yacireta-Apipe* (1985) 4,05. **Russie :** *Sayano-Chuchenskaya* (1989) 6,4 ; *Krasnoïarsk* (1968) 6 ; *Bratsk* (1964) 4,5 ; *Ust-Ilimsk* (1977) 4,3 ; *Rogun* (1985) 3,6. **USA :** Grand Coulee (1942) 6,2 ; *Chief Joseph* (1955) 2,07. **Venezuela :** *Guri* (1986) 10,3. **Productibilité** (en GWh) : Bratsk 22 600, Boguchansk 21 000, Krasnoïarsk 20 000.

■ **Part de l'électronucléaire en %. Dans le monde :** *1980 :* 2,5 ; *83 :* 10 ; *84 :* 12 ; *85 :* 15 ; *89 :* 17 ; *2000 :* Afr. du Sud 7 ; Allemagne 31 ; Argentine 9 ; Arménie 36,2 ; Belgique 58 ; Brésil 1,3 ; Bulgarie 41,5 ; Canada 12,6 ; Chine 1,2 ; Corée du Sud 43 ; Espagne 31 ; Finlande 30 ; *France 75* (1980 : 23,5, 81 : 37,1, 83 : 48,3, 84 : 58,7, 85 : 64,9, 90 : 76, 92 : 72,7, 93 : 77,7, 94 : 75,1, 97 : 78,2) ; G.-B. 28 ; Hongrie 38 ; Inde 2,5 ; Japon 36 ; Lituanie 73 ; Mexique 5 ; Pakistan 0,5 ; P.-Bas 4 ; Rép. tchèque 21 ; Roumanie 10 ; Russie 14,2 ; Slovaquie 45 ; Slovénie 23 ; Suède 46 ; Suisse 35,3 ; Taïwan 26 ; Ukraine 43,8 ; USA 20.

■ **Production d'électricité non conventionnelle** (en 1987). Puissance installée en MWe et, entre parenthèses, produite en GWh. **Micro-hydraulique :** Afr. du Sud 2,5 (n.c.), All. féd. 372 (1 382), Argentine 7 (16), Autriche 440 (n.c.), Canada 1 800 (n.c.), Chine populaire 3 693 (6 529), Espagne 103 (246), Finlande 110 (n.c.), *France 446 (n.c.),* G.-B. 20 (100), Indonésie 27 (n.c.), Islande 8,2 (n.c.), Mexique 76 (139), Nlle-Zélande 0,3 (1,5), Philippines 6 (n.c.), USA 90 (1 050), Venezuela 23 (n.c.). *Monde 9 243 (14 933).* **Marémotrice :** Canada 17,8 (50), Chine populaire 3,2 (11), *France 240 (540),* URSS 0,4 (n.c.). *Monde 261 (590).* **Géothermique :** All. dém. 3 (47,2), Chine populaire 17,3 (80), Indonésie 88 (n.c.), Islande 39 (181), Italie 506 (2 986), Japon 215 (1 100), Mexique 650 (4 418), Nlle-Zél. 165 (1 224), Philippines 894 (n.c.), Turquie 15 (58), URSS 11 (25), USA 2 022 (10 775). *Monde 4 814 (20 900).* **Éolienne :** Afr. du Sud 50 (n.c.), All. féd. 3,8 (2,37), Canada 6 (11), Chine populaire 8 (n.c.), Danemark 140 (n.c.), Espagne 1,7 (1,55), *France 0,2 (0,4),* G.-B. 6 (1,5), Italie 1 (n.c.), Japon 0,02, Mexique 265, Nlle-Zél. 0,1, Suède 5 (6), URSS 3 (5,1), USA 1 300 (1 700), Venezuela 3 (3). *Monde 1 827,6 (1 807,3).*

■ Barrages

Types de barrages

☞ *Abréviations :* h. : hauteur. l. : largeur. v. : volume. Mm³ : millions de m³.

■ **Remblayés. En terre :** ce sont les plus anciens. **En enrochements :** massif d'éléments rocheux, dont les dimensions s'étalent, suivant les cas, sur un très large éventail, l'étanchéité venant soit d'un masque, soit d'un écran placé dans le corps du massif. **Les plus hauts :** *Rogun* (Tadjikistan, 1990, h. 335 m, l. 660, v. 75 Mm ³). *Nurek* (Tadjikistan, 1980, h. 300 m, l. 704, v. 58 Mm ³). *Grande Dixence* (Suisse, 1962, h. 285 m, v. 6 Mm ³). *Inguri* (Géorgie, 1980, h. 272 m, l. 680 m, v. 4 Mm ³). En construction : *Boruca* (Costa Rica, h. 267 m, v. 43 Mm ³). *Tehri* (Inde, h. 261 m, v. 22,7 Mm ³). *Kambaratynsk* (Kirghizistan, h. 255 m). *Kishau* (Inde, h. 253 m, v. 18,4 Mm ³).

■ **En béton. Barrage-poids :** généralement un gros mur implanté à travers la vallée suivant un axe rectiligne ou incurvé à très grand rayon dont l'épaisseur augmentée de la crête au pied est constante à chaque niveau, d'une rive à l'autre ; il semble destiné aux vallées larges et très larges. **Les plus importants :** *Grand Coulee* (USA, 1942, h. 168 m, l. 1 592 m, v. 9,2 Mm ³), *Bratsk* (Russie, 1964, h. 125 m, l. 4 417 m, v. 11 Mm ³), *Grande-Dixence* (Suisse, 1962, h. 285 m, l. 695 m, v. 6 Mm ³), *Bhakra* (Inde, 1963, h. 226 m, l. 518 m, v. 4,1 Mm ³). **En France :** *Chambon* (h. 136 m, l. 294 m), *Sarrans* (h. 113 m, l. 220 m).

Barrage-poids évidé : on réserve au cœur du massif, à intervalles réguliers, des grands vides depuis la fondation. **Le plus important :** *Itaipu* (Brésil, 1983, h. 185 m, l. 2 050 m).

Barrage-voûte : voûte à convexité tournée vers la retenue et prenant appui sur les rives. Construit d'abord dans les vallées étroites. Ses formes spécifiques modernes apparaîtront avec *Marèges* (Fr., 1935, h. 90 m, l. 200 m). Sur plus de 1 500 en service dans le monde (dont une centaine ont plus de 100 m), peu ont éprouvé des dommages mineurs dus à leur environnement. Les superstructures légères du barrage italien de *Vajont* ont été abîmées par une lame déversante de 200 à 300 m de hauteur provoquée par la chute d'un pan de montagne dans la retenue. A *Malpasset*, en 1959, l'appui rive gauche a été rompu (pas de défaillance de la voûte). **Les plus anciens :** Iran, fin XIIIe ou début XIVe s. : *Kebar* (h. 45 m, l. 55 m), *Kurit* (h. 66 m). Italie et Espagne, XVIe s. : *Ponte-Alto, Almanza, Elche.* **Temps modernes :** France, *Zola* (1854, h. 42 m, l. 66 m) ; USA, *Ottay Upper* (1901, h. 27 m, l. 86 m). Exemple de *vallées larges : Hendrik Verwoerd* (Afr. du S.) : h. 88 m, l. 914 m, v. 1,4 Mm ³. **Les plus hauts :** *Inguri* (voir col. a), *Sayano Shushenskaya* (Russie, 1980, h. 245 m, l. 1 066 m, v. 9 Mm ³), *Mauvoisin* (Suisse, 1957-90, h. 250,5 m, l. 520 m, v. 2 Mm ³) ; en France, *Tignes* (1952, h. 180 m, l. 375 m, v. 0,63 Mm ³). **Barrage** dit **« voûte épaisse »** ou **poids-voûte** : exemple de *L'Aigle* (Fr., 1949, h. 95 m, l. 290 m, v. 240 000 m ³).

Barrages a contreforts : les plus hauts : *Alcantara II* (Espagne 1969, h. 138 m, l. 570 m), *Hatanagi* (Japon 1962, h. 125 m, l. 228 m), *Valle-Grande* (Argentine, 1965, h. 115 m, l. 300 m). A **voûtes multiples** : beaucoup ont d'abord été réalisés suivant les techniques du béton armé, en petites épaisseurs renforcées par des ferraillages. Exemples en France : *La Roche-qui-Boit* (1919, h. 15 m, l. 125 m), *Vezins* (1932, h. 36 m, l. 250 m), *Faux-la-Montagne* (1951, h. 19 m, l. 130 m). Puis on a utilisé du béton ordinaire, sans la sujétion de la minceur et des armatures. Exemples en France : *Pradeaux* (1940, h. 26 m, l. 200 m), *Pannessière-Chaumard* (1950, h. 50 m, l. 340 m). A *Nebeur* (Tunisie, 1955, h. 71 m, l. 470 m), on a utilisé des contreforts espacés (50 m) et épais (5 m) et des voûtes épaisses (7 m à la base). Sur ce modèle ont été élevés : *Grandval* (Fr., 1959, h. 88 m, l. 400 m), *Daniel-Johnson* (Canada, 1968, h. 214 m, l. 1 314 m, v. 2,3 Mm ³) initialement dénommé Manicouagan no 5, dont les voûtes ordinaires ont une portée de 75 m et la voûte centrale 150 m. **Les plus élevés :** *Daniel-Johnson, Victoria* (Sri Lanka, h. 122 m).

Barrages mobiles : en béton, ou mixtes béton/terre ou béton/enrochement, qui ne remontent pas fortement le niveau comparativement à la profondeur naturelle du cours d'eau. Certains servent à détourner le courant dans le canal ou la galerie alimentant une centrale en aval. La digue du *Bazacle*, sur la Garonne à Toulouse, réalisée fin XIIe s., en enrochements contenus dans des caissons à claire-voie en bois remplis d'alluvions, était de ce type.

Grands barrages

■ **Définition.** Selon la Commission internationale des grands barrages (CIGB), un *grand barrage* s'élève au minimum à 15 m au-dessus du point le plus bas de la fondation, ou de 10 à 15 m avec des conditions complémentaires de longueur de crête, de volume du réservoir, de débit maximal des évacuateurs, de difficultés de sa fondation, ou de conception inhabituelle.

■ **Dans le monde. Nombre :** *fin 1986 :* 36 000 [dont (en %) Chine 52, USA 16, Japon 6, autres pays 27] et 1 000 en construction ; *en 2001 :* 1 600 en construction dans 40 pays. **Hauteur :** *- de 30 m :* 80 %, *30 à 60 m :* 16, *+ de 60 m :* 4 (dont 0,2 % ont plus de 150 m). En 1986, 83 % du type en remblai dont 78 % en terre et 5 % en enrochement. 16 % des barrages sont en terre aux USA, 70 % en Asie, 14 % ailleurs.

☞ **Plus grands réservoirs artificiels** (capacité en milliards de m ³) : *Owen Falls* (Ouganda) 204,8, *Bratsk* (Russie) 169,3, *Assouân* (Égypte) 162, *Kariba* (Zimbabwe) 160,3, *Akosombo* (Ghana) 148, *Daniel-Johnson* (Canada) 142. **Plus grand lac artificiel** (en superficie) : *Volta* [Ghana, retenu par le barrage d'Akosombo (1965)] 8 482 km².

☞ **Critiques des écologistes :** *Assouân* (Égypte, voir p. 1058 b). *Itaipu* : on redoute des miniséismes provoqués par le poids de l'eau (voir à l'Index). *Lubuanga* (île de Luçon, Philippines) : barrage sur le Chico, inonde les terres de 100 000 riziculteurs. *Sélingué* (Mali) : barrage sur le Niger coupant le chemin des poissons migrateurs ; bassin envahi par la végétation.

■ **En France. Histoire : 1675** barrage en terre (h. 36 m) construit à St-Ferréol par Henri Riquet pour alimenter le bief supérieur du canal du Midi. **1782** 2 barrages de plus d'une vingtaine de m. **1837** début de la série industrielle (Chazilly, C.-d'Or). **1900** environ 30 barrages (max. 52 m au gouffre d'Enfer construit en 1866 pour alimenter Saint-Étienne). **1950** environ 170 barrages (max. 136 m à Chambon sur la Romanche, 1934). **1988** 470 barrages (1,3 % du monde), 5 en construction. *Hauteur : - de 30 m :* 64 %, *de 30 à 60 m :* 24 %, *+ de 30 m :* 12 %.

☞ **Digues les plus importantes :** *Mont-Cenis*, longueur 1 400 m, h. 120 m, 14,85 millions de m ³ de terre et d'enrochement. *Serre-Ponçon*, 14,1 millions de m ³ de terre, longueur 640 m, h. 129 m. *Grand'Maison*, h. 160 m, longueur 550 m, 12,5 millions de m ³ de terre et enrochement. **Barrage situé à l'altitude la plus élevée :** *Le Portillon* (Hte-G.) 2 560 m. **Le plus haut :** *Tignes*, voûte 180 m. **Le plus grand réservoir artificiel :** *Serre-Ponçon*, 1,27 milliard de m³.

Quelques barrages célèbres

■ **Assouân** (Égypte). Voir p. 1058 b.

■ **Cabora Bassa** (Mozambique). Barrage-voûte mis en service 1975. *Volume :* 510 000 m³. *Longueur :* en crête, 321 m. *Hauteur :* 170 m. *Lac de retenue :* 220 km de long., 64 milliards de m³. Alimente une usine de 2 000 MW (pouvant être portée à 4 000 MW).

■ **Ertan** (Chine). Sur le Ya-Long-Kiang, en construction, puissance de l'usine 3 300 MW. *Hauteur :* 240 m. *Production annuelle :* 17 000 GWh. *Coût :* 1,9 milliard de $.

■ **Fort Peck Dam** (USA, sur le Missouri). Achevé 1937. *Volume :* 96 millions de m³ de terre. *Hauteur :* 76 m. *Longueur* (en crête) : 6 400 m. *Retenue :* 23,6 milliards de m³.

■ **Itaipu** (sur le Paraná, tronçon commun au Brésil, à l'Argentine et au Paraguay). *Inauguration :* 1982. Barrage à contreforts en béton et digues en enrochement et en terre. *Volume des ouvrages :* 29 millions de m³. *Hauteur :* 196 m. *Longueur :* 7 900 m. *Retenue :* 29 milliards de m³. *Coût :* 14 milliards de $. *Alimente* l'usine la plus puissante du monde (1er tronçon mis en service 1983) 12 600 MW. *Coût :* 3 milliards de $.

■ **Les Trois Gorges** (Chine, sur le Yang-Tsé-Kiang). Sera le plus grand du monde. Travaux 1993/2009. Longueur 1 600 m, 26 générateurs de 700 MW (1ers en service 2003) produiront 85 TW/an (alimentation de Pékin), soit 1/9e de la prod. chinoise. 30 000 ha et 20 villes inondés (niveau de l'eau élevé de 60 m). 1 200 000 pers. déplacées. *Coût :* 150 milliards de F.

■ **Tarbela** (Pakistan, sur l'Indus). Achevé 1976. Le plus grand barrage du monde par son volume, 148 millions de m³ de terre et d'enrochement (3 fois Assouân). *Hauteur :* 148 m. *Longueur* (en crête) : 2 750 m. *Retenue :* 13,29 milliards de m³. *Alimente* une usine de 4 groupes de 175 MW, dont la puissance totale peut être portée à 2 100 MW.

■ **Yacireta** et **Corpus.** Voir p. 1199 b.

■ Électricité en France

Production totale

Année	Total [1]	Thermique [1]		Hydraulique	Solde [1], échanges
		Nucléaire	Classique		
1938	20,7	–	10,4	10,3	0,404
1950	33,2	–	17	16,2	0,365
1960	72,3	0,13	31,64	40,5	0,098
1970	140,7	5,15	78,95	56,6	0,506
1975	178,5	17,45	101,17	59,8	2,5
1980	245,8	57,94	118,84	69,8	3,09
1985	265,1	213,1	52,1	63,4	23,4
1990	399,5	297,9	45,2	57	45,7
1995	471,4	358,8	36,8	75,8	69,8
1997	487	375,9	37,8	67,2	65,2
1998	487	368,5	52,7	65,8	57,6
1999	500	375	48,5 [2]	76,5	63,7
2000	517	395	50	72	72,7

Nota. – (1) En TWh.

☞ **Part des autres producteurs qu'EDF** (en 1997) : 27,5 (dont thermique classique 21,5 ; hydraulique 6 ; solde importé 0,2 (en 1995) ; en 1994 : 13,9 fournis à l'EDF et 12,5 directement consommés.

Électricité thermique

■ **Consommation de combustible** (plan national, en millions, 1998). Uranium 86,2 tep, charbon et lignite 13,4 t, fuel 2 t, gaz 71,7 tj. *Ensemble 99.* Depuis 1999, résultats non disponibles.

■ **Besoins en eau des centrales thermiques** réfrigérées en circuit ouvert selon la puissance nominale des tranches. Débit traversant le conducteur en m³/s, échauffement de l'eau en °C, volume prélevé par kWh produit, en litres. **Classiques :** *125 MW :* 5,5 m³/s, 7 °C, 158 l. *250 MW :* 10 m³/s, 7 °C, 144 l. *600 MW :* 24 m³/s, 7 °C, 144 l. **Nucléaires :** *PWR 900 MW :* 41 m³/s, 10,8 °C, 164 l. *PWR 1 300 MW :* 45 m³/s, 13,8 °C, 130 l. *Rapide 1 200 MW :* 36 m³/s, 11 °C, 108 l.

Production thermique par source d'énergie (en TWh)	1978	1990	1992	1994	1995	1998	1999	2000
Fuel-oils	52	7,2	7,3	3,8	4,2	8,2	8	-
Gaz naturel	5,8	2,8	2,8	3,3	3,2	5,2	11,1	-
Charbon et lignite	55,5	29,7	32,8	19,4	23	32,6	29,5	-
GHF, GFK et divers	5	5,4	5,2	5,5	6	6,6	-	-
Nucléaire	29	297,9	321,7	341,6	358,8	368,5	374,9	395

■ **Puissance maximale possible** (au 31-12-1999 en TW). **Total** (classique + nucléaire) : plan national 84 (dont EDF 78,3). **Équipement thermique classique :** plan national 22,3 [dont : EDF 16,8, CdF 2,5, autres 5,4]. **Nucléaire :** plan national 61,8 (dont EDF 61,5).

■ **Coefficient de disponibilité du parc EDF** (en %). Total thermique EDF (nucléaire + classique) à partir de la mise en service industriel : *1985 :* 76,2 ; *90 :* 71,9 ; *91 :* 71,4 ; *92 :* 69,6 ; *93 :* 78,4 ; *94 :* 79,4 ; *95 :* 81,1.

■ **Principales centrales thermiques. Production 1999** (en GWh) **et**, entre parenthèses, **puissance maximale possible** (en MW). **Centrales classiques :** Émile-Huchet (Carling, Moselle) 5 418 (1 159) [1]. Cordemais (Loire-Atlantique) 2 894 (3 020). Blénod (Meurthe-et-Moselle) 2 229 (1 000). Havre (Le) (Seine-Maritime) 3 274 (2 000). Gardanne (Bouches-du-Rhône) 1 698 (825) [1]. Maxe (La) (Moselle) 1 222 (500). Dunkerque (Nord) 1 555 (234). Richemont (Moselle) 487 (384). Vitry-sur-Seine (Val-de-Marne) 918 (1 120) [1]. Vaires (Seine-et-Marne) 586 (480). Pont-de-Claix (Isère) 587 (166) [1]. Lucy III (Saône-et-Loire) 573 (247) [1]. Hornaing (Nord) 506 (240) [1]. Audience (Bouches-du-Rhône) 617 (96) [1]. Pont-sur-Sambre (Nord) 313 (250). Albi (Tarn) 270 (250). Port-Jérôme (Seine-Maritime) 392 (55) [1]. Berre (Bouches-du-Rhône) 348 (62) [1]. Gonfreville (Seine-Maritime) 348 (65) [1]. **Centrales nucléaires** (voir p. 1572 b).

■ **Thermique nucléaire.** Voir p. 1572 b.

Électricité hydraulique

■ **Avantages.** Longévité des ouvrages, modicité d'entretien, souplesse de fonctionnement, possibilité d'associer la production à d'autres usages (écrêtement ou laminage des crues, soutien des étiages, alimentation urbaine, etc.), source nationale, renouvelable et propre.

■ **Inconvénients.** Barrages empêchant les migrations des poissons et provoquant un réchauffement des eaux [la construction de microcentrales est interdite sur une centaine de rivières à poissons (Loire, Canche, bassin de l'Adour, rivières normandes, bretonnes)] ; les descentes en canoë sont gênées (exemple : sur Vézère, Auvezère, Dordogne), l'environnement peut en souffrir (exemple : gorges du Verdon).

■ **Potentiel français.** *1re haute chute équipée :* 1880 près de Grenoble par Aristide Bergès qui, le 1er, parla de *houille blanche.* **Petites chutes aménageables :** 300 000 (*hauteur* moyenne annuelle des précipitations 315 mm, soit 173 milliards de m^3) ; pour produire 1 kWh, 1 m^3 d'eau douce doit tomber de 365 m. **Altitude moyenne de chute :** environ 560 m (soit 1,53 fois 365 m). **Potentiel :** *théorique :* défini à partir de 265 TWh (88 Mtec) ; *équipable :* 100 TWh ; *économique utilisable :* 72 TWh (24 Mtec).

■ **Courant fourni.** En année normale : 62 TWh (21 Mtec), soit en puissance 18 500 MW.

■ **Catégories d'usines. Lac :** usines ayant un réservoir dont le temps de remplissage, égal ou supérieur à 400 h, permet de stocker les apports en période de hautes eaux pour les libérer en période de pointes de consommation. Parfois *de haute chute,* demandent au moins 400 m pour que leur réserve atteigne la cote normale. Exemple : dans les Alpes, *La Bathie Roselend,* puissance maximale 546 MW (productibilité annuelle 1 080 GWh). **Usines au fil de l'eau, de basse chute :** réservoir à temps de remplissage inférieur ou égal à 2 h et utilisant le débit tel qu'il se présente. Exemple : *Bollène* sur le Rhône (335 MW, 2 110 GWh). **Les hautes chutes** mobilisent leur puissance aux heures de pointe et aux heures pleines d'hiver, soit environ 1/5 de l'année. **Éclusée :** réservoir entre 2 et 400 h, stocke de l'eau la nuit pour turbiner aux heures de forte charge. Exemples : *Éguzon* sur la Creuse (70,6 MW, 105 GWh) ou *Génissiat* sur le Rhône (405 MW, 1 700 GWh). **Pompage :** disposent de 2 réservoirs, un supérieur et un inférieur, reliés par des pompes, pour remonter l'eau, et des turbines pour produire de l'énergie. *Pompage pur :* apports naturels dans le réservoir supérieur négligeables (productibilité nulle). Exemple : *Revin* près de la Meuse, 1re grande installation de ce type (1976 ; 800 MW) ; *mixte :* apports naturels, dits gravitaires, productibilité certaine. Mobilisables au moment voulu moyennant une perte physique de 1/3 compensée par un gain : le kWh turbiné le matin ou le soir vaut en hiver jusqu'à 2 fois celui du refoulement à minuit. *Puissance totale des sites recensés en France :* 18 500 MW ou plus.

■ **Statistiques** (au 31-12-1999). **Puissance installée nominale** [générateurs principaux d'énergie électrique (sauf des auxiliaires) dont, entre parenthèses, part d'EDF], en GW : 24,2 (23,1) dont fil de l'eau 6,5 (6,1), éclusée 4,2 (3,5), lac 9 (8,8).

Production (en TWh au plan national dont, entre parenthèses, EDF, 1999) : 76,5 (69) [en 2000, 72 (65)] dont usines au fil de l'eau 40 (34,3), éclusées 13,9 (13), lac 18,1 (17,2), pompage 4,5 (4,5). *Par régions* (en 1997) : Alpes 47 (44,7), Centre 14,5 (12,5), Pyrénées 8 (5,7).

Productibilité (quantité annuelle moyenne d'énergie que les apports permettraient de produire ou de stocker durant l'année, en l'absence de toute indisponibilité de matériel et de toute contrainte d'exploitation) [en TWh, 1999] : 65,5 (61,9) dont fil de l'eau 33,5 (31,6), éclusées 13,7 (12,7), lac 17 (16,4), pompage mixte 1,1 (1,1).

■ **Réservoirs saisonniers.** Remplissage en général à partir de la fonte des neiges (mai-juin), le maximum étant atteint en automne. **Capacité en énergie** (quantité produite dans l'ensemble des usines de tête et aval si on vidait le réservoir totalement plein) : *total en 1996 :* 9 832 (EDF 9 267) dont : centrales de tête 4 686 (4 264), centrales aval 5 146 (5 003) ; Alpes 67 % de la capacité.

Principaux réservoirs (capacité en GWh). **Alpes :** Serre-Ponçon 1 677, Mont-Cenis 1 063, Tignes 665, Roselend 639, Grand-Maison 451, Émosson 372, Ste-Croix 297. **Pyrénées :** Cap-de-Long 299, Lanoux 257, Naguilhès 114. **Centre :** Bort-les-Orgues 313, Grandval 271, Sarrans 251, Pareloup 234.

■ **Principaux aménagements hydrauliques** (au 31-12-1996). Production et, entre parenthèses, productibilité annuelle moyenne, en GWh ; puissance maximale possible, en italique, de 1 h : somme des puissances maximales nettes réalisables par chaque usine en service continu, quand chacune de ses installations principales et annexes est en état de marche et quand les conditions de débit, de réserve et de hauteur de chute sont optimales, en MW.

Bollène (Vaucluse, canal du Rhône) 1 857 (2 100) *345.* **Génissiat** (Ain, haut Rhône, inauguré 21-1-1948) 1 457 (1 700) *405.* **Châteauneuf-du-Rhône** (Drôme, dérivation du Rhône) 1 473 (1 640) *285.* **Logis-Neuf** (Drôme, dérivation du Rhône) 1 100 (1 227) *211.* **Beaucaire** (Gard, Rhône) 1 188 (1 280) *210.* **Beauchastel** (Ardèche, Rhône) 1 093 (1 226) *223.* **Brommat** (Aveyron, Truyère) 932 (900) *416.* **La Bathie** (Savoie, Isère) 1 221 (1 080) *546.* **Bourg-lès-Valence** (Drôme, Rhône) 971 (1 090) *186.* **Fessenheim** 859 (1 030) *176* et **Ottmarsheim** (Ht-Rhin, canal d'Alsace) 888 (990) *153.* **Rhinau** (Bas-Rhin, Rhin) 993 (935,7) *160,8.* **Kembs** (Ht-Rhin, dérivation du Rhin) 833 (938) *150.* **Sablons** (Isère) 991 (850) *160,7.* **Avignon-Sauveterre** (Vaucluse, Rhône) 968 (890) *160.* **Caderousse** (Vaucluse, dérivation du Rhône) 955 (840) *156.* **Sisteron** (Alpes-de-Hte-P., Durance) 940 (680) *214.* **Marckolsheim** 939 (928) *156* et **Strasbourg** (Bas-Rhin, Rhin) 936 (868) *131.* **Villarodin** (Savoie, réservoir Mt-Cenis) 918 (790) *484.* **Oraison** (Alpes-de-Hte-P., Durance) 858 (754) *192.* **Serre-Ponçon** (Alpes-de-Hte-P., Durance) 896 (700) *385.* **St-Estève** (B.-du-Rh., Durance) 854 (690) *136.* **Vogelgrun** (Ht-Rhin, grand canal d'Alsace) 855 (800) *130.* **Montézic** (Aveyron, Truyère) 1 494 (0) *967.* **Gerstheim** (Bas-Rhin, dérivation du Rhin) 836 (818,5) *130,1.* **Le Cheylas** (Isère, Arc) 794 (680) *485.* **L'Aigle** (Cantal, Dordogne) 787 (500) *360.* **Grand-Maison** (Isère, l'Eau Dolle) 1 462 (215) *1 690.* **Malgovert** (Savoie, Isère) 752 (660) *297.* **Gervans** (Drôme, dérivation de la Drôme) 721 (680) *116.* **Le Chastang** (Corrèze, Dordogne) 714 (500) *290.* **Monteynard** (Isère, Drac) 592 (480) *364.* **Randens** (Savoie, Isère) 565 (476,1) *124,2.* **Rance** (C.-d'Armor, estuaire) 554 (540) *240.* **La Saussaz II** (Savoie, Arc) 539 (460) *146.* **Curbans** (Alpes de Hte-P.) 536 (445) *139.* **Revin** (Ardennes, Meuse) 527 (0) *800.* **Bort** (Corrèze, Dordogne) 513 (310) *232,8.* **Pierre-Bénite** (Rhône) 506 (525) *80,8.*

☞ La sécheresse de 1989 a occasionné pour EDF un déficit de 19 milliards de kWh hydrauliques, surcoût 2 milliards de F. Parallèlement, EDF a consenti 160 millions de m^3 de lâchers d'eau supplémentaires (au-delà de ceux normalement prévus) par les ouvrages à buts multiples (exemple : retenue de Serre-Ponçon). Le 1-9-1990, les lacs d'EDF étaient, en moyenne, remplis à 73 % de leur capacité ; Alpes du Sud 50 %.

■ EDF

■ **Statut. Origine :** en 1946, il y avait en France 86 *centrales thermiques* réparties entre 54 Stés et 300 *centrales hydrauliques* appartenant à 100 Stés. Le transport était partagé entre 86 Stés, la distribution entre 1 150 Stés. **La loi de nationalisation** du 8-4-1946 a transféré à *Électricité de France,* pour des raisons politiques, sociales et économiques, les biens des entreprises de production, de transport et de distribution d'électricité. *En furent exclus :* les entreprises de production d'électricité dont la production annuelle moyenne de 1942 et 1943 avait été inférieure à 12 millions de kWh ; les ouvrages de production d'électricité appartenant à la SNCF et aux Houillères nationales ; les concessions de distribution d'électricité gérées par des Régies ou des Syndicats d'intérêt collectif agricole (Sica). Ces organismes, d'un intérêt local, sont d'ailleurs alimentés dans la plupart des cas en haute tension par EDF et distribuent principalement en basse tension. Les œuvres sociales d'EDF sont financées par un prélèvement de 1 % sur les recettes et non sur la masse salariale (pour 1997, cela correspondait à 2,36 milliards de F ; la CGT gère seule ce fonds avec 4 200 salariés).

Monopole : EDF a le monopole de la distribution, mais pas celui de la production. En janvier 1994, la Commission de Bruxelles a saisi la Cour de Luxembourg pour exiger la disparition des monopoles d'importation et d'exportation d'EDF (et GDF), comme contrevenant aux art. 85 et 87 du traité de Rome sur la libre concurrence. La France revendique le maintien du monopole du transport et de la distribution, et refuse l'accès des tiers au réseau (ATR) demandé par certains États. EDF et GDF seraient alors obligés de transporter, contre rémunération, gaz et électricité d'un producteur tiers vers un consommateur du territoire national. La directive européenne sur l'électricité adoptée du 20-6-1996 prévoit l'ouverture progressive du marché aux grands consommateurs (« clients éligibles »), qui pourront choisir leur fournisseur à partir du 19-2-1999, à l'exception de la distribution. Le 10-2-2000, l'Assemblée nationale a adopté une loi ouvrant le marché français à la concurrence. En 2000, 30 % (800 sites consommant plus de 20 Gwh) ; 2003, 34 % (3 000 sites consommant plus de 9 Gwh). EDF reste un établissement public d'État. Le 1-7-2000, création du Réseau de transport d'électricité (RTE). **Part de marché (en %) et,** entre parenthèses, **nombre de clients en France :** *1999 :* 25,6 (400) ; *2000 :* 30 (800) ; *2003 :* 33 (3 000).

☞ **Commission de régulation de l'électricité (CRE).** Créée par la loi du 10-2-2000 pour contrôler le respect des règles de la concurrence. 6 membres nommés pour 6 ans dont 3 par l'État et 3 par les Pts de l'Assemblée, du Sénat et du Conseil économique et social. *Pt :* Jean Syrota. *Budget* (en 2000) : 50 millions de F.

■ **Budget** (en milliards de F). **Chiffre d'affaires :** *1985 :* 131,5 ; *90 :* 156,5 ; *95 :* 188,6 ; *96 :* 191,2 ; *97 :* 186,5 ; *98 :* 193,4 ; *99 :* 210,2 ; *2000 :* 225,7 (dont France 173,2, UE 36, reste du monde 16,6). **Valeur ajoutée :** *1999 :* 129,2 ; *2000 :* 128,6. **Excédent brut d'exploitation :** *1999 :* 66,9 ; *2000 :* 63,6. **Résultat net avant rénumération de l'État :** *1999 :* 7,8 ; *2000 :* 7,8. **Exportation :** *1992 :* 13,1 ; *93 :* 14,9 ; *94 :* 16,1 ; *96 :* 15,9 ; *97 :* 16,4 ; *98 :* 15,1. **Investissements :** *1986 :* 36,6 ; *87 :* 36,4 ; *88 :* 35,7 ; *89 :* 34,7 ; *90 :* 33,3 ; *91 :* 32,3 ; *92 :* 32,3 ; *93 :* 32,9 ; *94 :* 35,1 ; *95 :* 35,5 ; *96 :* 36,1 dont production 9,6 (nucléaire 7,7) ; transport haute tension 5,7 ; distribution 14,1 ; autres 6,7 ; *97 :* 29. **Capacité d'autofinancement :** *1985 :* 31 ; *86 :* 31 ; *87 :* 41 ; *88 :* 41,2 ; *89 :* 37,8 ; *90 :* 43,5 ; *91 :* 52,9 ; *92 :* 58,8 ; *93 :* 59 ; *94 :* 51,7 ; *95 :* 53,4 ; *96 :* 52.

Résultats nets : *1982 :* – 8 ; *83 :* – 5,7 ; *84 :* – 0,9 ; *85 :* 1 ; *86 :* 1,3 ; *87 :* 0,2 ; *88 :* – 1,9 ; *89 :* – 4,2 ; *90 :* 0,1 ; *91 :* 1,4 ; *92 :* 1,9 ; *93 :* 2,1 ; *94 :* 1,3 ; *95 :* 2,7 ; *96 :* 1,5 ; *97 :* 1,9 ; (en milliards d'euros) : *98 :* 1,1 ; *99 :* 1,1 ; *2000 :* 1,2.

Si les tarifs d'EDF s'étaient situés au niveau européen (d'environ 10 % supérieur), elle aurait enregistré un résultat net positif de 15 milliards de F. **Prélèvement de l'État sur les résultats :** *1992 :* 0,66 ; *93 :* 0,96 ; *94 :* 1,93 ; *95 :* 1,5 ; *96 :* 1,5.

Versements d'EDF à l'État (en milliards de F) : *1991 :* 2,65 ; *92 :* 2,8 ; *93 :* 3,15 ; *94 :* 4,17 ; *95 :* 7,58 ; *96 :* 10 dont rémunération des dotations en capital 1,81, rémunération complémentaire 4 (dont 2,5 résultant du règlement d'un contentieux avec l'Urssaf), taxe au profit des voies navigables (décret du 20-8-1991) 0,37, coût de l'augmentation de la TVA (5,5 % à 18,6 % sur les abonnements non répercutés à la demande de l'État) 2, taxe sur l'hydroélectricité (loi Pasqua sur l'aménagement du territoire du 22-12-1994) 1, hausse du plafond de la taxe professionnelle (loi de Finances 1995) 0,85.

■ **Endettement** (en milliards de F au 31-12). *1988 :* 233 ; *89 :* 231 ; *90 :* 226,1 ; *91 :* 214 ; *92 :* 193,5 ; *93 :* 176,5 ; *94 :* 160,9 ; *95 :* 145,4 ; *96 :* 132,9 ; *97 :* 126 ; *98 :* 127,7 ; *99 :* 114,4 ; *2000 :* 115,2. **Indice d'endettement** *(dettes à long, moyen et court terme* divisées par le chiffre d'affaires × 100) : *1973 :* 191 % ; *78 :* 162 ; *83 :* 177 ; *85 :* 165 ; *90 :* 142 ; *94 :* 87. **Dette nette/capitaux propres :** *1999 :* 1,32 ; *2000 :* 1,23. **Charges financières** (comprenant provisions pour pertes de change) [divisées par chiffre d'affaires × 100] : *1978 :* 14,4 % ; *83 :* 27 ; *85 :* 23 ; *90 :* 17 ; *93 :* 9,5 ; *94 :* 8,8 ; *95 :* 10,9 ; *96 :* 7,4. **Emprunts nets :** *1993 :* – 22,7 ; *94 :* – 14,7.

■ **Financement en 1996 et,** entre parenthèses, **1994** (en milliards de F). **Emplois :** investissements 36,1 (35,8), remboursement de dettes financières 16,8 (15,7), autres emplois 10,8 (0,4). *Total :* 63,7 (55,9). **Ressources :** autofinancement 52 (51,7), emprunts 3,1, variation du fonds de roulement 2,9, autres ressources 5,7. *Total :* 63,7 (55,9).

■ **Domaine d'EDF.** Privé 435 km², concédé 1 300 km². Les sols survolés par les lignes de transport ne sont pas concédés mais frappés de servitude.

■ **Effectifs** (au 31-12). *1985 :* 124 526 ; *96 :* 116 919 ; *97 :* 116 462 ; *99 :* 115 991 ; *2000 :* 117 200. *Pt :* François Roussely (né 9-1-1945).

■ **Principales participations d'EDF en Europe.** Allemagne 34,5 % (EnBW) ; Autriche 20 (Estag) ; Espagne 59,5 (Hidrocantabrico), 29 (Elcogas) ; Hongrie 50 (Demasz), 89 (BeRt) ; Italie 20 (Montedison) ; Portugal 10 (Tejo Energia) ; Suède 35,9 (Graninge) ; Suisse 12,6 (Atel).

■ **Exportation d'électricité** (en TWh). *1999 :* 72,1 ; *2000 :* 77,3.

■ Autres producteurs

■ **Compagnie nationale du Rhône** (*créée* 1921). Propriétaire d'ouvrages implantés sur le Rhône, notamment les usines de Génissiat, Bollène (Donzère-Mondragon, inaugurée 25-10-1952), Bregnier-Cordon, Brens, Châteauneuf-du-Rhône, Logis-Neuf, Beauchastel, Bourg-lès-Va-lence, Seyssel, Gervans, Sablons, Pierre-Bénite, Beaucaire, Avignon-Sauveterre, Caderousse, Vaugris, Chautagne, Sault-Brenaz, mais leur exploitation est assurée par EDF.

■ **Particuliers.** Un particulier peut fabriquer sa propre électricité et, depuis la loi du 15-7-1980, construire une microcentrale hydraulique après autorisation du préfet pour 75 ans au maximum (moins de 4 500 kW) ou concession accordée par le Conseil d'État pour 75 ans, renouvelable pour 30 ans (4 500 à 8 000 kW). **Statistiques :** barrages privés : environ 150. Petites centrales thermiques : 2 400.

■ **Production.** 31,2 milliards de kWh (9 % de la consommation). **Investissements nécessaires :** 5 000 à 15 000 F par kW installé.

☞ Jusqu'en déc. 1994, EDF devait acheter au producteur autonome (22,79 c le kWh en hiver et 11,41 c en été, plus primes si le débit est régulier). Depuis, EDF n'y est plus tenue sauf pour les exploitants d'énergies renouvelables ou de centrales de cogénération. Il avait été prévu, au moment de la nationalisation, qu'EDF serait obligée d'acheter le courant produit dans les centrales d'une puissance inférieure à 8 mégawatts (à un prix particulièrement élevé 22 j de l'année). La CGC a construit, en 1993, 24 centrales à fuel, destinées à ne fonctionner que 400 h/an. Plusieurs centaines de projets ne correspondant à aucun besoin réel ont suivi.

■ Consommation

■ **Consommation brute** (y compris pertes dans le réseau) **et,** entre parenthèses, **nette** (en TWh). *1950 :* 33,4 (28,9) ; *60 :* 72 (65,2) ; *70 :* 140 (130,1) ; *80 :* 248,7 (231,5) ; *85 :* 303 (297,4) ; *89 :* 341 (315). *99 :* 401,5 [tarif vert + jaune (haute tension) 244,4, bleu (basse tension) 157,1]. **Par activité** (en TWh, 1999). **Tarif VJ** (vert + jaune) : 244,4 dont commerces, services marchands 51,6, diverses énergies 27,9, minerais et transformations associées 24,7, chimie et parachimie 25,7, mécanique, fonderie, travail des métaux 25,1, industries alimentaires 17,3, autres ind. 31, transports et télécommunications 13,6, administration, services non marchands 13,3, minéraux et matériaux 9,7, agriculture 2,6. **Tarif B :** 157,1 dont usages domestiques 126,4, professionnels et services publics 30,7. *Total* 401,5. **Par fournisseur** (en TWh, 1997). **Tarif VJ :** *total* 233,4 [EDF 213,4 (dont clients distribution 122,6, prod. transport 89,1), distributeurs non nationalisés 7,4, ind. sur production propre 12,6]. **Tarif B :** *total* 147,3 (EDF 139, distributeurs non nationalisés 8,3).

■ **Abonnés et,** entre parenthèses, **énergie livrée** (en TWh, 1997). **Tarif B :** 29 230 000 (139). **Tarif VJ :** 377 840

(230,9) EDF Production Transport 629 (89,3), Électricité Gaz Service 340 300 (124,1).

■ **Pointe journalière. Consommation intérieure : puissance** (en GW) : *1950 (21-12)* : 6,5 ; *60 (15-12)* : 12,9 ; *70 (18-2)* : 23,3 ; *80 (9-12)* : 44,1 ; *86 (10-2 à 19 h)* : 58 ; *90 (17-12 à 19 h)* : 63,4 ; *93 (4-1 à 19 h)* : 70 ; *94 (19-1 à 19 h)* : 66,9 ; *95 (5-1 à 19 h)* : 66,8 ; *96 (20-2 à 19 h)* : 69,6 ; *97 (13-1 à 19 h)* : 68,9 ; *98 (23-11)* : 69 ; *99 (21-12)* : 71,9 ; **Énergie** (en GWh) : *1989 (5-12)* : 1 303 ; *90 (20-12)* : 1 385 ; *93 (4-1)* : 1 522 ; *94 (19-1)* : 1 452 ; *95 (5-1)* : 1 461 ; *96 (31-12)* : 1 500 ; *97 (10-1)* : 1 518 (écart de température de – 2,8 °C par rapport à la normale) ; *99 (21-12)* : 1 568. **Journée la plus chargée de l'hiver 1996-97.** *31-12-1996* : énergie 1 500 GWh, (écart de température par rapport à la normale – 7,7 °C).

■ **Scénario type d'une journée à risque maximal de coupures.** Un mardi, mercredi ou jeudi de la 2e semaine de janvier à la fin février par un temps froid et sec. Une baisse de température d'un degré entraîne une consommation supplémentaire de 1 GW. Entre 9 h et midi, et 17 et 21 h, EDF peut être contrainte de couper 1, 2 ou 3 % de la consommation nationale. En cas de grève, un seul gréviste qui oublierait d'adapter la demande à l'offre d'électricité (en procédant à des coupures judicieuses quand la production baisse, alors que la consommation reste forte) peut faire sauter tout le réseau EDF.

■ **Pannes importantes. 19-12-1978** (8 h 26 à 13 h 45) : surcharge de la ligne 400 kV de Bezaumont (au nord de Nancy)-Greney (Troyes) entraînant en cascade l'interruption de l'alimentation sauf dans les régions Nord-Est, Sud-Est et Alpes, les lignes du réseau étant interconnectées. Profondeur maximale de la coupure 29±1GW sur un appel de consommation de 38,5 GW. **14-1-1985** (18 h 45 à 21 h) : Paris (nord et ouest). **12-1/25-1-1987** (4 h 30 à 5 h 30) : 300 000 personnes dans le Centre. **7-4-1993** (16 h) : incendie du transformateur (30 000 pers. à Paris dans la soirée). **9-5-1996** (20 h) : incendie de gaines de câbles électriques (Paris, place Gaillon, 15 000 pers. touchées). **30-1-1997** (8 h 15-9 h 30) : Paris et partie banlieue ouest (100 000 pers.). **26/27-12-1999** tempête (voir encadré col. b). **8-6-2001** (23 h 30/0 h) : Paris XVIIIe, 65 000 pers.

■ **Pannes. New York : 9-11-1965** panne de générateurs, toucha 25 000 000 de personnes (nord-est des USA et partie du Canada), dura 24 h. **13/14-7-1977** dura plus de 24 h ; entraîna de nombreux pillages. **Californie : 2000. Canada : déc. 1997** ; verglas.

■ **Exportations** (en 1999) **et,** entre parenthèses, **importations** (en TWh, 1997). Italie 15,4 (0,4), G.-B. 15,3 (0), All. 13,6 (0,3), Suisse 7 (0,6), Belgique 5,1 (0,8), Espagne 7,1 (2,1), Andorre 0,1 (0). *Total* : 63,7 (4,2).

Nota. – Les échanges physiques d'énergie diffèrent des échanges commerciaux du fait de la prise en compte de l'énergie en transit, des droits d'eau respectifs et des conventions relatives aux filiales.

■ **Projets de ligne de grande puissance à très haute tension. Italie :** tracé par la vallée de la Maurienne pour alimenter le Piémont (gelé). **Espagne :** *1984-juillet* tracé par le val Louron retenu. *1994* sommet d'Essen : inscrit dans le plan des grandes interconnexions européennes. *1996* supprimé par gouv. Juppé (coût : 10 à 13 milliards de F, dus à la réduction des achats de la Red Electrica de España, aux rabais sur les prix de vente et à 1,3 milliard de F de dédommagements ; conséquences : construction de nouvelles centrales espagnoles différée). La construction doit pourtant être réalisée par EDF avant 2006.

■ Réseau

Statistiques

■ **Longueur des files de pylônes** (en km et, entre parenthèses, longueur de circuits, au 1-1-2000). **Très haute tension :** lignes reliant les principales centrales (thermiques, nucléaires et hydroélectriques) et assurant l'interconnexion régionale et internationale. 400 kV : 13 087 (20 893, dont 10 souterrains). 225 kV : 21 324 (26 320, dont 737 en souterrain). 150 kV : 1 432 (1 458 dont 2 souterrains). **Haute tension :** mouvements d'énergie régionaux, alimentation des centres de distribution et de certains gros usagers industriels. 90 kV : 12 589 (15 662 dont 205 souterrains). 63 kV : 29 577 (35 510 dont 1 564 souterrains). 45 kV : 258 (479 dont 66 souterrains). **Moyenne tension :** mouvements d'énergie dans le cadre régional, et fourniture d'énergie aux usagers industriels dans le cadre local. 2,1 à 30 kV : 316 (565 500 dont 166 000 souterrains). **Basse tension :** distribution aux usagers domestiques, aux petits industriels, commerciaux et divers. 669 500 dont 156 500 souterrains.

■ **Lignes nouvelles annuelles** (longueurs de circuits électriques) **et,** entre crochets, **coût de la mise en souterrain. Basse tension :** environ 18 000 km (dont 7 000 réalisés par collectivités locales au titre de l'électrification rurale ; sur les 11 000 m construits annuellement par EDF, 30 % sont en souterrain) [500 000 à 600 000 F/km]. **Moyenne tension :** environ 20 000 km (dont 40 % en souterrain) [260 000 à 400 000 F/km]. **Haute tension :** environ 1 000 km (dont 9 % en souterrain) [en 90 kV pour une ligne à 2 circuits : 3 600 000 F/km ; en 90 kV pour 1 ligne à 1 circuit : 1 800 000 F/km]. **Très haute tension :** environ 330 km (225 kV, dont 10 % en souterrain) [en 225 kV : 3 800 000 F/km ; en 400 kV : 36 000 000 F/km].

■ **Transformateurs** hors élévateurs de production (puissance nominale MVA, en 1995). *400 kV* : 1 107 311 ; *225 kV* : 97 886.

Tempête des 26 et 27-12-1999

Lignes : très haute tension (THT), 38 lignes de 400 000 V sur 450, 81 de 225 000 V sur 1 050 et 2 postes de répartition THT indisponibles. 406 lignes de 90 000 et 63 000 V sur 4 900 et 93 postes haute et moyenne tension affectés.

Poteaux et pylônes endommagés : *poteaux* moyenne et haute tension : 25 000 sur 13 millions ; haute tension : 900 sur 17 000 ; *pylônes* très haute tension : 250 sur 80 000.

Coût du rétablissement : 9 milliards de F ; *renforts* : armée 1 835 militaires, 1 200 techniciens étrangers d'Europe et du Maroc. **Matériel :** 5 300 groupes électrogènes mis en service (puissance globale 400 MW).

Foyers privés d'électricité (nuit du 27/28-12-1999) : 3 450 000 dont Méditerranée 845 000, Sud-Ouest 845 000, Centre 800 000, Sud-Est 600 000, Ouest 600 000, Est 470 000, Normandie-Picardie-Nord 180 000, Ile-de-France 170 000.

Technique

■ **Lignes aériennes. Câbles.** *Pour 400 kV,* faisceau de 3 câbles pesant 4,8 kg par m, soutenu par un pylône de 6 à 80 t en moyenne tous les 500 m. *Pour 63 kV,* câble unique, 800 g par m, pylônes de 2 à 10 t tous les 250 m en moyenne. 20 % des lignes à moyenne tension et 15 % à basse tension sont enterrées.

Une ligne capable de résister à une surcharge de 6 kg par m coûte 100 à 110 % de plus qu'une ligne ordinaire (surcharge 2 kg par m). Parfois, la neige peut enrober d'un manchon de 15 cm de diamètre des câbles d'environ 3 cm de diamètre, d'où surcharge de 10 kg par m.

Pylônes. Des lignes aériennes (63 à 400 kV). **Nombre :** 254 000. **Matériaux :** profilé ou tube d'acier. 9 formes différentes et environ 2 000 types de caractéristiques mécaniques. **Poids :** 4 à 190 t. **Hauteur :** 25 à 100 m.

Poteaux. Nombre : 15 à 17 millions. Il en faut chaque année 450 000 (lignes nouvelles 150 000, remplacement 300 000). **Matériaux :** *bois* : durée de vie moyenne 35 à 40 ans ; *béton* : si les poteaux doivent supporter des efforts importants ; *bois lamellé* collé ; *plastique* ; *tôle* d'acier.

Exposition aux champs électromagnétiques émis par les lignes électriques à haute tension (études mai 1999 du National Research Council de l'Académie des sciences américaine, 1999 *New England Journal of Medicine,* 1999 *American Journal of Epidemiology,* 3-12-1999 *Lancet*) : n'indiquent aucune corrélation avec des effets cancérigènes. **2001-*6-3*** rapport du National Radiological Protection Board (NRPB) : estime qu'il y a des indices d'une augmentation faible du risque de leucémie chez l'enfant pour des expositions prolongées aux niveaux les plus élevés (niveaux rarement rencontrés en G.-B.).

■ **Lignes souterraines. Avantages :** *réduire sinon supprimer les champs électriques* [écart de potentiel entre le conducteur et le milieu environnant, proportionnel à la tension de la ligne ; son intensité en volts par mètre au sol dépend de la tension et de la hauteur de la ligne (il est modifié par n'importe quel objet conducteur)] *et magnétiques induits* [dépend de l'intensité de ce courant et de la distance au conducteur ; l'induction magnétique, liée au champ, s'exprime en *gauss* ou *teslas* (1 tesla = 10^4 gauss ; unité légale d'intensité de champ magnétique : ampère par mètre) ; traverse les corps organiques (bois, feuille, peau, etc.), une grande partie des roches (pierre, brique, ciment, etc.), est modifiée par les métaux dits ferromagnétiques (fer, nickel, cobalt) et par beaucoup de leurs alliages (aciers simples, aciers inox, céramiques dites ferrites, etc.] accusés de favoriser certaines affections et maladies dont certains cancers ; élimination de l'effet couronne [dû à un faible passage du courant à travers l'air, qui s'ionise sous l'action du champ électrique existant entre 2 fils d'une ligne à haute tension. Luminescence de l'air qui peut s'étaler en traits lumineux ramifiés (causant le « bruit de friture » des lignes à haute tension)] ; respect des sites et paysages. **Coût :** *ligne de 400 kV* : 7 à 15 fois supérieur à celui d'une ligne aérienne ; *de 225 kV* : 2,5 à 5 fois ; *63 et 90 kV* : 1,5 à 3 fois ; *moyenne et basse tension* : comparable. **Matériaux utilisés :** câbles à isolation synthétique (polyéthylène réticulé ou azote avec 10 % d'hexafluorure de soufre), supraconducteurs refroidis à l'azote liquide (en projet). **Pertes en ligne :** peuvent être palliées par des compensateurs synchrones ou des bobines de réactance ; au-delà de 45 km, un câble de 400 kV ne peut plus transporter de courant utile. En pratique, les liaisons souterraines ne peuvent dépasser 15 km en 400 kV, 30 km en 225 kV. Cependant il existe une liaison sous-marine (48 km) de 525 kV (alternatif) à Vancouver (Canada) et une liaison haute tension courant continu de 200 km (Suède-Finlande). **Probabilités d'avaries :** 2 fois plus en moyenne et basse tension, vulnérabilité aux engins de terrassement, etc. **Emprise :** une ligne souterraine empêche toute construction sur une bande de terrain de 4 à 5 m de large. Soit 4 000 m² au km (contre 10 à 1 400 m² pour les pylônes d'une ligne aérienne) mais dans 90 % des cas on enterre les câbles le long des voiries et autres emprises existantes. **Réparations :** ne peuvent être faites sous tension et demandent de 4 à 8 jours pour les câbles.

☞ EDF a signé avec l'État le 25-8-1992 un protocole afin d'enterrer 55 00 km de lignes avant 1996. *Travaux neufs* : moyenne tension, 60 % en souterrain ; haute tension 12 %. *Basse tension* : 5 100 km.

■ **Câble et interconnexion des réseaux français et anglais.** Permet de favoriser les échanges d'électricité car les heures de pointe ne sont pas les mêmes selon les pays. **1961** *Ifa 1* : entre Échinghen, près de Boulogne-sur-Mer, et Lydd (G.-B.) puissance 160 MW. **1981** exploitation arrêtée (frais d'entretien prohibitifs dus aux avaries des ancres et chaluts). **1985, 1990** *Ifa 2* : courant continu, puissance 2 000 MW. 8 câbles sous-marins (par paires) de 270 kV sont enterrés à 1,70 m sous la mer entre Sangatte et Folkestone, sur une longueur de 45 km. Câbles de 900 mm² de section, faits de 12 couches de maillages d'acier et d'isolants qui protègent le conducteur en cuivre. Fabriqués par tronçons de 50 km et pesant 1 800 t, ils sont posés d'un seul morceau.

■ Prix

■ **Prix de revient du kW/h** (en centimes, 1994). Coût de production, d'achat et de transport 27,8, coût du kW/h distribué 18,9. **Prix moyen de vente du kW/h :** services tarifs bleu 65,8, jaune et vert A 42,5, vert B et C 23,9.

Prix de l'électricité [usages industriels, hors TVA, en F/kWh), d'avril 1997 à avril 1998, clients industriels et commerciaux (puissance 1 000 kW et consommation mensuelle de 450 kWh)]. Allemagne, Italie 0,54, Belgique, Espagne 0,45, USA 0,44, Irlande 0,4, G.-B., P.-Bas 0,38, Danemark 0,37, *France 0,35,* Canada, Finlande, Norvège 0,25, Suède 0,22, Afrique du Sud 0,21, Australie 0,17.

Coût dans les Dom. Plus élevé qu'en métropole, car produite essentiellement à partir du fuel. *Coût moyen du kWh distribué* : La Réunion 1 F ; Antilles 1,3 ; Guyane et St-Pierre-et-Miquelon 2 (métropole 0,6).

Énergie nucléaire

Sources : EDF, CEA et Institut de protection et de sûreté nucléaire (IPSN).

Généralités

■ Réactions nucléaires

■ **Principes.** Le *noyau* d'un atome se compose de neutrons non chargés et de protons chargés d'électricité positive. Les protons portant une charge de même signe devraient se repousser mutuellement. Or, ils demeurent rassemblés, la force d'attraction du noyau étant supérieure à la force de répulsion électrique. Mais la masse du noyau est inférieure à celle que totaliseraient ses constituants s'ils étaient libres. Il y a donc dans le noyau un *défaut de masse* Δm, équivalant à une certaine quantité d'énergie de liaison E qui assure la cohésion du noyau. C'est l'énergie qu'il faut fournir au noyau pour dissocier les particules qui le composent : $E = \Delta m \times c^2$ (c, vitesse de la lumière = 300 000 km/s). Un très faible défaut de masse correspond à une énergie importante. Le défaut de masse est relativement faible pour les noyaux légers (hydrogène), maximal pour ceux de masse moyenne (fer), plus faible pour les noyaux lourds (uranium).

L'apparition de l'énergie nucléaire résulte d'une *modification du noyau.* Elle s'accompagne d'une disparition de matière, c'est-à-dire d'une augmentation du défaut de masse. Elle se produit *spontanément* dans certains éléments naturels (exemple : l'uranium 238 se transforme en thorium 234 en émettant un rayonnement α). On peut la produire artificiellement en provoquant une transformation donnant des noyaux de masse moyenne pour lesquels le défaut de masse est maximal. D'où 2 types de réactions nucléaires énergétiques : 1°) la *fission* ou rupture d'un noyau très lourd en 2 noyaux plus légers ; 2°) la *fusion* ou agglomération de noyaux très légers pour former un noyau plus lourd.

■ **Activité.** Nombre des désintégrations qui se produisent dans une substance radioactive. Mesurée en curies ou en becquerels (1 becquerel = 1 désintégration par seconde ; 1 curie = 37×10^9 becquerels).

■ **Période radioactive, ou demi-vie.** Temps durant lequel la moitié des atomes présents initialement se désintègre. Au bout d'une période, un corps a ainsi perdu la moitié de son activité. *Polonium 218* 3,03 minutes, *iode 131* 8 jours, *krypton 85* 10 ans, *plutonium 239* 24 000 ans, *uranium naturel* 4,5 milliards d'années.

■ **Périodes de quelques éléments.** *Polonium 212* : 3×10^{-7} s ; *polonium 214* : $1,6 \times 10^{-4}$ s ; *iode 128* : 25 min ; *sodium 24* : 15 h ; *radon 222* : 3,8 j ; *iode 131* : 8 j ; *phosphore 32* : 14,3 j ; *cobalt 60* : 5,3 ans ; *strontium 90* : 28 ; *césium 137* : 33 ; *radium 226* : 1 620 ; *plutonium 239* : 24 100 ; *uranium 234* : $0,25 \times 10^4$ (2 500 000 ans) ; *uranium 235* : 710. 10^6 ; *uranium 238* : $4,5 \times 10^9$ (4,5 milliards d'années) ; *thorium 232* : 14×10^9.

■ Fission nucléaire

■ **Histoire. 1934** radioactivité artificielle découverte par Frédéric et Irène Joliot-Curie. **1938-*déc.*** **1re fission** de l'atome : 1938 par Otto Hahn (1879-1938) et Fritz Strassmann (1902-80), à Copenhague, dans le laboratoire de Niels Bohr (1885-1962). **1942-*2-12*** **1re pile** de Enrico Fermi

(Rome 1901-54) fonctionne 28 minutes à l'université de Chicago [« combustible » : uranium + oxyde d'uranium ; modérateur : graphite ; aucun refroidissement ; puissance : 200 W].

France : à Châtillon, Hts-de-S., *Zoé* (Zéro énergie, Oxyde d'uranium, Eau lourde modérateur), le 15-12-1948 à 12 h 12 min [*côté :* 6,70 m, hauteur 4,30 m (6 t) ; pas de refroidissement, puissance : 1 à 5 kW]. **G.-B. :** *Harwell* (GLEEP) le 15-8-1947 [uranium + oxyde d'uranium (7 t) ; modérateur : graphite (10 t), eau lourde (2 t) ; refroidissement : air ; puissance : 100 kW].

■ **Théorie.** La fission est la rupture d'un noyau lourd (uranium 235, par exemple), sous l'impact d'un neutron, en noyaux plus petits. Elle s'accompagne d'un dégagement d'énergie (environ 200 millions d'électronvolts) dû à l'augmentation de la perte de masse. Simultanément se produit la libération de 2 ou 3 neutrons et de produits radioactifs. *Exemple :*

$$^1_0n + ^{235}_{92}U \rightarrow ^{94}_{38}Sr + ^{140}_{54}Xe + 2\ ^1_0n + \text{énergie.}$$

Les neutrons libérés peuvent provoquer à leur tour la fission d'autres noyaux et la libération d'autres neutrons, et ainsi de suite (c'est la *réaction en chaîne*), mais les neutrons peuvent aussi être absorbés dans l'uranium 238 ou s'évader sans provoquer de fission. Pour qu'une réaction en chaîne s'établisse, il faut rassembler en un même volume une masse suffisante de noyaux fissiles, appelée *masse critique,* afin que le nombre de neutrons productifs (susceptibles de provoquer des fissions) soit supérieur au nombre de neutrons improductifs (qui seront absorbés ou s'évaderont). Lors de sa fission, le noyau éclate. Les fragments sont ralentis au contact des noyaux voisins. Cette agitation produit un échauffement de la matière. Cette réaction est à la base du fonctionnement des centrales nucléaires actuelles.

☞ La *bombe atomique* est constituée par une masse critique où la réaction en chaîne se propage si rapidement qu'elle conduit à une réaction explosive dégageant une énergie considérable (voir à l'Index).

Fusion nucléaire

■ **Principe.** Très répandu dans l'Univers : des noyaux d'atomes fusionnent en permanence au sein des étoiles. Utilisé dans la bombe H, mais son utilisation pacifique en est encore au stade expérimental.

Pour réaliser la fusion des noyaux d'atomes, il faut vaincre leur répulsion électrostatique et les amener au contact l'un de l'autre. Alors ils s'interpénètrent, forment très brièvement un noyau unique qui se redécompose en noyaux différents de ceux dont on est parti. Les réactions nucléaires auxquelles on s'intéresse pour produire de l'énergie font intervenir les isotopes de l'hydrogène, le deutérium et le tritium, ainsi que l'hélium :

$$^2_1H + ^2_1H \rightarrow ^3_2He + ^1_0M + 3{,}27\ \text{MeV}$$

$$^2_1H + ^2_1H \rightarrow ^3_1H + ^1_1p + 4{,}03\ \text{MeV}$$

$$^2_1H + ^3_1H \rightarrow ^4_2He + ^1_0n + 17{,}6\ \text{MeV}$$

$$^2_1H + ^3_2He \rightarrow ^4_2He + ^1_1p + 18{,}3\ \text{MeV}$$

Nota. – MeV : million d'électronvolts.

Les taux de réaction sont différents pour chacune de ces fusions et dépendent de l'énergie fournie aux particules incidentes. A énergie égale, c'est la 3e réaction, deutérium + tritium, qui a le taux le plus élevé. Elle a un intérêt industriel potentiel pour une énergie des particules correspondant à une agitation thermique de 100 millions de degrés Kelvin (°K). Les autres réactions demandent, à taux égal, des températures bien plus élevées et ne sont pas pour le moment envisagées dans les expériences.

A ces températures très élevées, la matière se trouve à l'état de *plasma* (les atomes sont totalement ou fortement dépouillés de leurs électrons périphériques). La physique correspondante combine les propriétés des gaz et les lois de l'électromagnétisme. Les particules en présence (noyaux et électrons) sont chargées électriquement, et sensibles aux champs électriques et magnétiques.

■ **Méthodes.** Dans les réacteurs futurs, pour que l'énergie produite par la fusion soit supérieure à celle investie dans le chauffage des particules et dans le fonctionnement des circuits, il faut que le produit de la densité (*n*) du plasma par le temps (*t*) pendant lequel son énergie reste confinée loin de toutes parois matérielles soit supérieur à une certaine valeur : $n \times t \geqslant$ 100 000 milliards de $cm^3 \times s$ à 100 millions de °K.

Voie du confinement magnétique. La densité *n* est faible et le temps *t* est long. On s'efforce de maintenir les particules loin des parois grâce à un champ magnétique. Les meilleures performances ont été obtenues sur les *tokamaks* (du russe *tok :* courant, *kamera :* chambre et *mak :* champ magnétique) à symétrie toroïdale (de *tore :* sorte d'anneau) : inventés par les Soviétiques en 1958. 3 en fonctionnement : **TFTR (Tokamak Fusion Test Reactor)** de l'université de Princeton (USA) a atteint 200 millions de °K et produit 5,6 MW le 10-12-1993 et 10,7 MW en déc. 1994 ; arrêt début 1997. **JT 60 Upgrade (Japanese Tokamak)** de l'Institut de recherche atomique de Tokai-Mura, près de Tokyo. **Jet (Joint European Torus)**, lancé juin 1978, en service depuis 1983 à Culham (G.-B.) ; financé par Euratom (80 %), Atomic Energy Authority (G.-B., 10 %), organismes nationaux associés (10 %) ; chambre à vide torique où circulent 100 m³ de plasma dans un champ magnétique de 3,8 teslas à environ 300 millions de °K ; le 9-11-1991 produisit 1,7 MW avec 1,5 g de deutérium et 5 mg de tritium, et en nov. 1997, 16 MW pour 22 MW de puissance injectée. **Tore-Supra :** réalisé (1981-88) à Cadarache en niobium-titane, maintenu à 1,7 °K (– 270 °C environ) ; mise en œuvre de bobines supraconductrices pour l'établissement du champ magnétique toroïdal. Rayon hors tout : 11,50 m ; grand rayon du tore de plasma : 2,35 m, petit : 0,70 m ; courant induit dans le plasma : 1,7 million d'ampères ; champ magnétique de confinement : 4,5 teslas ; puissance de chauffage complémentaire : 15 MW (obtenu par injection de particules et d'ondes à haute fréquence). En janvier et février 1996, a produit 2 décharges de plasma dans lesquelles le courant a été engendré durant respectivement 75 s et 2 min (il a fallu injecter 3,7 milliards de hertz). **En projet. Net (Next European Torus) :** abordera les problèmes de faisabilité technologique. **CIT (Compact Ignition Tokamak) :** laboratoire de Princeton, dérivé du TFTR, coût 1,2 million de $. **Iter (International Thermonuclear Experimental Reactor) :** proposé en 1987 par Gorbatchev, association Europe-Japon-Russie-USA (serait mis en service vers 2010), tore de 6 m, courant de plasma 22 MA, puissance de fusion 1 GW, coût 6 à 10 milliards de $. Ajourné pour examen d'options moins coûteuses. **Stellarator :** Allemagne, prévu à Greifswald. **HT-7U :** Chine-USA, tokamak supraconducteur, prévu 2000.

Voie du confinement inertiel. La densité *n* est très forte, 1 000 fois celle des solides, et le temps *t* est très court. Les particules sont échauffées et comprimées grâce à une impulsion sphérique provoquée par une convergence de faisceaux laser, de faisceaux d'électrons ou d'ions.

Dans les 2 cas, la majeure partie de l'énergie de fusion est emportée par les neutrons. Ces particules cèdent leur énergie à une enceinte extérieure qui devient source d'énergie thermique. Cette source est ensuite exploitée de façon classique.

Nota. – Le tritium ³H, qui n'existe qu'en très faible quantité dans l'atmosphère (où il est produit par les rayons cosmiques), est obtenu par bombardement neutronique du lithium : ceci qui permet d'envisager une régulation *in situ* en ne consommant que du lithium et du deutérium. Le deutérium est un isotope stable de l'hydrogène qui en contient 0,015 %. Le lithium étant abondant sur terre, la capacité théorique de production énergétique serait gigantesque.

Fusion froide. Le 23-3-1989, les électroniciens américains Martin Fleischmann et Stanley Pons annoncèrent qu'ils avaient réussi une réaction de fusion à froid (température ambiante) par électrolyse de l'eau lourde. Mais leurs résultats ont été remis en cause par d'autres expériences mieux conduites.

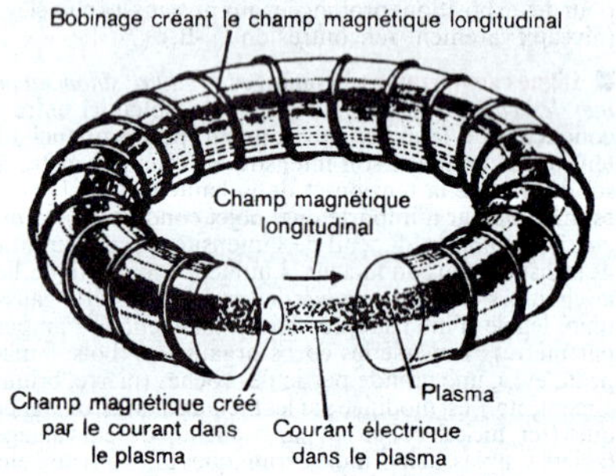

Principe du tokamak.

Centrales nucléaires

Généralités

■ **Principe.** La chaleur produite par la fission de l'uranium et du plutonium dans le réacteur (dit aussi « pile atomique ») est recueillie par un *fluide caloporteur* (comme celle présente dans les centrales classiques à partir de charbon, gaz naturel) et sert à vaporiser de l'eau ; la vapeur est ensuite détendue dans une turbine qui entraîne un alternateur produisant de l'énergie électrique. La vapeur peut être produite soit directement dans le réacteur (cycle direct), soit par l'intermédiaire d'un échangeur (cycle indirect). Une enveloppe résistant à la pression du fluide caloporteur entoure le cœur du réacteur. *La partie active* d'un réacteur (le *cœur*) est constituée par une *masse critique* où la réaction en chaîne est contrôlée de façon à obtenir un dégagement d'énergie continu et prédéterminé. Sachant qu'ainsi 1 000 fissions donnent spontanément naissance à environ 2 500 neutrons, il faut alors 1 000 fissions nouvelles et 1 500 captures et fuites. Matériaux et taille du cœur du réacteur sont calculés pour obtenir cet équilibre. Le réglage fin est assuré par des barres de commande.

Un réacteur de centrale comprend : 1°) un combustible composé de la matière fissile [uranium naturel ou uranium enrichi ou plutonium] et d'un matériau fertile (l'uranium 238). L'ensemble est protégé par des gaines métalliques étanches.

Uranium naturel : mélange de plusieurs isotopes (isotopes = corps ayant le même nombre de protons, mais se différenciant par le nombre de neutrons) : $\frac{234}{92}$ U (0,056 % de la masse) ; $\frac{235}{92}$ U (0,711 %) ; $\frac{238}{92}$ U (99,283 %).

En cas de choc d'un neutron sur un atome d'U 235, il y a fission ; sur un atome d'U 238, il y a capture de neutrons avec production de plutonium. On dit que l'U 235 est *fissile* et l'U 238 *fertile.* La réaction de fission s'accompagne d'un fort dégagement de chaleur. Il est utilisé pour les filières uranium naturel-graphite-gaz et à eau lourde (sous forme de métal ou d'oxyde).

Après 3 à 4 ans d'utilisation dans un réacteur nucléaire, on décharge le combustible et on l'entrepose dans une piscine d'eau pour laisser décroître sa radioactivité. Après environ 6 mois, il peut être transporté dans des conteneurs à parois de plomb et d'acier (les « châteaux ») à l'usine de retraitement des combustibles usés, où l'on sépare l'uranium et le plutonium, qui seront réutilisés, des produits de fission, qui seront vitrifiés et stockés.

Uranium enrichi : l'uranium est mis sous forme d'hexafluorure UF_6 (en France à Pierrelatte depuis 1962, capacité actuelle 14 000 t). Il sera ensuite enrichi. Après irradiation, 1 kg d'uranium enrichi à 3 % contient environ 96 % d'uranium enrichi à 0,9 %, 1 % de plutonium total (dont environ 0,7 % de plutonium fissile) et 3 % de produits de fusion. Puis on fabrique des pastilles de combustibles (UO_2) et, après les avoir gainées, on les assemble en éléments. **Procédés pour enrichir l'uranium naturel** en isotopes 235 : *diffusion gazeuse et centrifugation* (les seuls développés à une échelle industrielle), *diffusion thermique, séparation électromagnétique ;* dans le futur, *séparation par laser.* La plupart utilisent la différence de masses des 2 isotopes (inférieure à 1 %).

2°) Un modérateur ou ralentisseur (dans les réacteurs à neutrons thermiques) chargé de ralentir les neutrons issus d'une fission, généralement trop rapides pour pouvoir engendrer une nouvelle fission. Le modérateur est constitué généralement par du graphite, de l'eau lourde ou de l'eau ordinaire. L'*eau lourde* est de l'eau dans laquelle l'hydrogène est remplacé par son isotope à 1 neutron, le deutérium (ou hydrogène lourd, très rare dans la nature ; 15 atomes sur 100 000 d'hydrogène). Elle existe en faible quantité dans l'eau ordinaire. On peut l'en isoler par électrolyse ou par d'autres procédés (échange isotopique, etc.). Certains réacteurs utilisent la même matière à la fois comme modérateur et comme caloporteur. **3°) Un fluide** caloporteur (gaz, eau ou métal liquide) pour évacuer et éventuellement récupérer l'énergie thermique produite par la fission. Il est généralement contenu dans une cuve métallique. **4°) Un système de contrôle** pour maintenir constante ou faire varier la densité des réactions de fission. Il est constitué par des barres en acier au bore, au cadmium ou au hafnium (qui absorbent les neutrons) pouvant être plongées à l'intérieur du cœur du réacteur. **5°) Une enceinte de confinement assurant l'étanchéité vis-à-vis de l'extérieur** et servant de protection contre les rayonnements. Au cours de ce séjour dans le réacteur (plusieurs années), le combustible se transforme. La fission des noyaux fissiles donne naissance à des produits de fission constitués de nombreux éléments sous la forme d'isotopes radioactifs. La capture des neutrons par des noyaux lourds engendre des éléments « transuraniens » également radioactifs. L'évolution du combustible ainsi irradié se caractérise par son taux de combustion [quantité d'énergie produite par unité de poids du combustible, unité : MWj/t (million de watts par jour par tonne)]. Le taux varie selon le type de réacteur.

■ **Puissance d'un réacteur.** Définie par le nombre de fissions par unité de temps ; chaque fission libère environ 200 MeV soit $3{,}2 \times 10^{-4}$ ergs ou $3{,}2 \times 10^{-11}$ joules ; 1 kW correspond alors à 3×10^{13} fissions/s.

Principales filières

☞ *Abréviations :* MW : mégawatt. MWe : mégawatt électrique. MWj/t : mégawatt par jour par tonne.

■ **Réacteurs à neutrons lents** (ou thermiques). Les neutrons sont ralentis par un *modérateur* (provoquant plus de fission que les rapides). **Uranium naturel, graphite, gaz (UNGG) :** *combustible :* uranium naturel (0,7 % d'U 235 et 99,3 % d'U 238). *Fluide caloporteur :* gaz carbonique à 25 kg de pression/cm², atteignant une température de 400 °C [réacteurs développés en G.-B. et en France. *Modérateur :* graphite. *Centrale type* (St-Laurent-des-Eaux) : puissance électrique 500 MWe pour 1 500 MW de puissance thermique]. *Chargement en uranium naturel :* 400 t. Le combustible est déchargé en continu sans arrêter le réacteur. *Taux de combustion maximal :* 6 500 MWj/t. Cette filière n'est plus développée.

Eau lourde : *combustible :* uranium naturel ou très légèrement enrichi. *Modérateur :* eau lourde (le meilleur modérateur, mais difficile à fabriquer). *Fluide caloporteur :* eau lourde ou eau ordinaire ou gaz. *Chargement en uranium naturel d'une centrale de 500* MWe : environ 90 t. *Taux de combustion maximal (filière Candu,* uranium naturel ; Canada) : 7 500 MWj/t.

Eau ordinaire : *combustible :* uranium enrichi (3,25 % en U 235). *Fluide caloporteur :* eau ordinaire. *Modérateur : 1°) REP [réacteur à eau sous pression (PWR = Pressurized Water Reactor)] :* pression de 150 kg/cm² pour empêcher l'ébullition ; *2°) REB [réacteur à eau bouillante (BWR = Boiling Water Reactor)] :* sous pression à 70 kg/cm², permettant l'ébullition ; température de l'eau à la sortie

Réfrigération. Circuit ouvert : *1 tranche classique 600* MW *:* 22 m³/s d'eau réchauffée de 7 à 8 °C. *4 tranches 900* MW *:* 140 à 180 m³/s d'eau réchauffée de 10 à 12 °C ; **fermé :** sur rivière pour limiter le réchauffement ; on utilise au besoin des tours de réfrigération pour une partie ou la totalité des tranches. *4 tranches 900* MW, prélèvement de 8 à 16 m³/s dont 2,5 m³/s seront évaporés.

Construction (durée théorique). **Centrale thermique classique :** 4 ans ; **nucléaire** 900 MW : 5 ; 1 300 MW : 6. **Combustible nécessaire** (pour produire 1 milliard de kWh) : *charbon* 335 000 t ; *fuel* 220 000 t ; *uranium enrichi* 27 t (soit 155 t d'uranium naturel).

du réacteur : environ 320 °C (ces 2 types ont été développés aux USA, essentiellement par Westinghouse pour les REP et General Electric pour les REB. En France, seuls les REP ont été développés, par Framatome). *Chargement en uranium pour une centrale de 1 000* MWe *(3 000* MW *thermiques) :* environ 75 t pour un REP (enrichissement moyen de 3,25 %) et 110 t pour un REB (enrichissement moyen de 2,7 %). Le combustible séjourne 3 à 4 ans dans le réacteur qui est déchargé par fraction tous les ans. *Taux de combustion maximal :* 33 000 MWj/t (porté à 42 000). Utilisé pour les sous-marins atomiques (petite taille).

Filière à haute température (HTR) : *combustible :* uranium enrichi (5 à 10 %), ou thorium très enrichi (90 %) sous forme de particules enrobées de pyrocarbone qui résistent à des températures beaucoup plus élevées que les gaines métalliques. *Fluide caloporteur :* hélium. *Modérateur :* graphite. Le fluide atteint près de 900 °C et on envisage l'utilisation de ces réacteurs comme sources de chaleur industrielles pour des installations sidérurgiques ou chimiques, ou pour produire de l'hydrogène. *Rendement d'une centrale électrogène HTR :* environ 40 %. *Taux de combustion maximal :* 80 000 MWj/t. *Temps de séjour dans le réacteur :* 6 ans. Le développement de cette filière n'est plus envisagé pour le moment.

■ **Réacteurs à neutrons rapides** (exemple : Superphénix). *Combustible :* uranium enrichi (20 à 30 %) au plutonium (sous-produit des réacteurs à uranium, voir **Retraitement** p. 1573 b). *Fluide caloporteur :* sodium liquide (à cause de ses propriétés thermodynamiques). Il récupère la chaleur et la transmet à un circuit d'eau qui se transforme en vapeur et fait tourner les turbines. *Pas de modérateur.* On dispose *en couverture* autour du cœur des éléments d'uranium naturel ou appauvri (venant d'un enrichissement de l'uranium). Les neutrons très lourds, ou neutrons rapides, émis par le cœur y sont capturés par l'U 238 qui se transforme en plutonium. Cœur et couverture, selon leur nature et disposition, donnent ainsi, à la fin du séjour dans le réacteur, soit plus de plutonium, soit autant ou moins qu'il n'y en avait lors du chargement initial. En retraitant les combustibles, on extraira ce plutonium fabriqué qui constituera le combustible d'un nouveau réacteur. Cette filière fournit 50 à 70 fois plus d'énergie que les autres avec la même quantité d'uranium. On étudie aujourd'hui la possibilité de détruire par irradiation dans ces réacteurs les déchets radioactifs à vie longue. *Taux de combustion :* environ 100 000 MWj/t. *Charge d'une centrale de 1 200* MWe : 5,5 t de plutonium (rendement thermique 40 %).

■ **Réacteur GT-MHR (Gas Turbine Modular Helium Reactor).** Conçu en 1993 par la Sté américaine General Atomics avec le support du ministère américain de l'Énergie (DOE) et du ministère russe de l'Énergie atomique. Framatome et Fuji Electric ont rejoint l'équipe entre 1996 et 1997. Consomme uranium et plutonium. Rendement jusqu'à 48 %. À haute température (850 °C) refroidi à l'hélium (gaz inerte remplaçant l'eau et évitant les problèmes de corrosion). Pas de fusion du cœur envisageable. Combustible sous forme de billes de 1 mm de diamètre enrobées de couches protectrices (carbone poreux, carbure de silicium, graphite). L'ensemble doit avoir un coefficient de température très négatif. En cas d'échauffement accidentel du cœur, les réactions nucléaires de fission diminuent et le réacteur s'éteint. Cœur et turbine sont enfouis sous le sol. *Inconvénient :* puissance limitée à 300 mégawatts (MW). Mais, plusieurs réacteurs peuvent être installés dans la même structure. Prototype capable de détruire 250 kg de plutonium par an prévu à Tomsk (Sibérie) en 2006.

☞ **Réacteur hybride :** *rubbiatron* (Carlo Rubbia, né 1934, Italien, prix Nobel de physique 1984). Réacteur avec, en amont, un accélérateur de particules de 3 m de diamètre [aussi puissant que celui de Los Alamos (1,5 km)] qui envoie des protons dans le réacteur renfermant du plomb liquide (chaque proton, au contact du plomb, produit 40 neutrons). Les protons vont ensuite bombarder le cœur du réacteur en thorium (issu d'un minerai 2 fois plus abondant que l'uranium et produisant 150 fois plus d'énergie). Le rubbiatron recycle une partie des déchets et peut brûler ceux des réacteurs classiques dont le plutonium. Un prototype d'environ 100 MW (1/9 d'un réacteur EDF) coûterait entre 1 et 2 milliards de F.

Radioactivité et sécurité

Les partisans du nucléaire insistent sur : le **prix de revient moins élevé** de l'électricité produite ; la **pollution plus faible :** d'après le Comité scientifique des Nations unies, si 60 % de l'énergie utilisée était d'origine nucléaire en l'an 2000, la contamination due à cette énergie nucléaire atteindrait au max. 4 % de l'irradiation naturelle ; l'énergie nucléaire n'engendre pas d'émission de CO_2 qui est un gaz à effet de serre ; l'**indépendance vis-à-vis des producteurs de pétrole** ; la **nécessité de disposer d'une source d'énergie différente** avant l'épuisement des réserves d'hydrocarbures, qu'il est préférable de conserver pour l'industrie chimique (fabrication des plastiques, etc.) ; **la nécessité d'approvisionner le pays en énergie** (sans le nucléaire, la pénurie menacerait gravement, car les autres sources ne peuvent couvrir les besoins, sauf importations massives). **La sécurité :** depuis son origine et jusqu'à l'accident de Tchernobyl, l'énergie nucléaire a provoqué peu d'accidents mortels, dont aucun du fait de l'irradiation (par contre, les autres sources d'énergie ont provoqué de nombreuses morts : *charbon :* 4 500 mineurs depuis 1940 ; *énergie hydraulique :* 9 000 par rupture de barrages depuis 1960 ; *énergie nucléaire :* environ 100 en tout, y compris les ouvriers tombant d'un échafaudage).

Les adversaires répondent : **1°) même en fonctionnement normal, une centrale rejette des produits radioactifs.** Parfois en quantités considérables par suite d'accidents, de sabotages ou de faits de guerre. Ces radiations peuvent alors provoquer la mort de milliers d'individus, un accroissement des maladies cancéreuses, des anomalies génétiques. Une installation n'est jamais sûre à 100 %. Tous les risques n'ont pas été évalués. Le problème des déchets n'a été résolu que temporairement et, malgré les précautions prises, il n'existe pas de conditionnement satisfaisant pour les déchets alpha présentant des risques pendant des dizaines de milliers d'années (plutonium 239), ou plusieurs millions (neptunium 237). La pollution thermique des rivières et des mers provoque des modifications de la faune et de la flore. **2°) D'autres sources naturelles d'énergie pourraient remplacer le pétrole :** géothermie, énergie solaire. On ne consacre à leur étude que de faibles sommes par rapport à celles consacrées à l'énergie nucléaire. **3°) Les centrales sont vulnérables** (sabotages, terrorisme). Dans la nuit du 28 au 29-10-1987, lors d'un exercice destiné à tester la protection des sites nucléaires, une équipe de la DGSE a pu déposer 2 charges explosives et 1 lance-roquettes sur le site de la centrale de Bugey. En mai 1990, des écologistes ont pu se procurer les plans secrets et détaillés de la centrale du Blayais.

■ Radioactivité

☞ **Unités employées pour indiquer 1°) l'activité :** le becquerel (Bq) [qui correspond à 1 désintégration/s ; ancienne unité : le curie (égal à 37 milliards de becquerels)]. **2°) L'irradiation** (énergie déposée par les rayonnements dans la matière, et particulièrement la matière vivante) : le *Sievert* (Sv) qui vaut 100 rems (Rad Equivalent Man) et traduit la dose reçue (grandeur physique) en termes de dommages apportés aux organes ou tissus humains, exprimée en grays (Gy) [1 gray = 100 rads ou 1 joule/kg de matière] multiplié par un facteur de qualité (rayons gamma, X, particules β (1), α (20), neutrons (3 à 10 selon l'énergie).

■ **Nature.** Les noyaux des atomes des éléments radioactifs naturels ou artificiels, en se désintégrant, émettent des rayonnements (*alpha :* noyaux d'hélium ; *bêta :* électrons ou positrons ; *gamma :* photons de haute énergie). Ces rayonnements interagissent avec la matière environnante dans laquelle ils perdent leur énergie (voir **Physique** à l'Index). Les réactions de fission utilisées dans les centrales nucléaires produisent beaucoup de radioéléments artificiels, soit directement par cassure des noyaux d'uranium 235 ou de plutonium 239, soit par activation des différents matériaux du cœur soumis au flux de neutrons.

■ **Effets sur l'homme.** Les rayonnements provoquent des ionisations ou des excitations des molécules aboutissant à la formation de radicaux libres. Ces effets vont être d'autant plus graves qu'ils se produisent au niveau du noyau des cellules où se trouvent les molécules d'ADN (modification de liaisons, cassures de brins). L'action des rayonnements au niveau des membranes cellulaires provoque la formation de radicaux libres entraînant une fragilisation des membranes (*effet Petkau*).

1°) Effets somatiques [doses absorbées données en sieverts (Sv)] : **a)** *effets non stochastiques* (dont la gravité augmente avec la dose mais ont un seuil) : *à partir de 50* mSv : modification de la formule sanguine, diminution des défenses immunitaires, possibilités de malformations cérébrales chez l'embryon (voir col. c). Effets tératogènes) ; *à partir de 0,5* Sv : stérilité temporaire par mort des cellules souches des spermatozoïdes ; *de 1* Sv : stérilité chez l'homme (pendant 3 ans) et chez la femme ; *de 2,5 à 4* Sv : malaises, diarrhées, vomissements, syndrome hématopoïétique, pancytopénie avec anémie, leucopénie entraînant une résistance moindre aux infections et pouvant entraîner la mort ; *5* Sv : dose létale à 50 %. **b)** *Effets stochastiques* (cancérigènes augmentant avec la dose et son seuil ; la gravité du cas ne dépend pas de la dose, mais celle-ci, en augmentant, augmente le risque d'être touché) : *supplément de décès par cancers* (facteur de risque) *selon la CIPR* (Commission internationale de protection radiologique) : $1,25 \times 10^{-2}$ par Sv, soit 125 décès par cancer supplémentaires pour 10 000 personnes recevant une dose de 1 Sv. Certains effets sont immédiats, d'autres différés (leucémies, cancers, cataractes). *En G.-B.,* sur 52 enfants atteints de leucémie dans le comté de Cumbria entre 1950 et 1988, 10 étaient nés de pères employés à la centrale de *Sellafield*. On a constaté une augmentation de 100 % des morts par leucémies lymphoïdes dans un rayon inférieur à 10 km d'une centrale ; de 21 % jusqu'à 15 km (15 % pour l'ensemble des leucémies). *Aux USA,* le Congrès a déclaré indemnisables, en cas de cancers reconnus comme provoqués par des radiations, 62 000 anciens militaires qui avaient pris part, de 1951 à 1962, à des essais nucléaires dans le Nevada.

Plutonium. Dangers : *pénétration dans le sang :* risques plus grands en cas d'inhalation de poussières de plutonium, ou de pénétration directe dans le sang par blessure ; réduits dans le *tube digestif* [avec les aliments ou l'eau de boisson, car il ne traverse que dans une proportion infime (du 1/10 000 au 1/1 000 000) la paroi intestinale]. Le plutonium dispersé dans le sol n'est pratiquement pas absorbé par les plantes. **Toxicité du plutonium 239 :** *risques mortels* en moins de 2 mois (pour 50 % des personnes intoxiquées) : inhalé, à partir de 50 mg, ou à partir de 25 mg quand il y a eu pénétration directe dans le sang. *Risques à long terme* (en l'absence de traitement approprié) : cancer au poumon pour 0,1 mg fixé (soit au moins 0,4 mg inhalé) ; à l'os pour 0,3 mg dans le sang. *Doses de sécurité (limites à ne pas dépasser pour les travailleurs du nucléaire) :* plutonium fixé au poumon : 0,25 microgramme (soit au moins 1 microgramme inhalé) ; fixé dans l'os : 0,65 microgramme.

Risque individuel de cancer mortel radio-induit pour une exposition de l'organisme entier à 1 rad (risque pour les hommes et, entre parenthèses, pour les femmes). *Risque à moins d'1 an :* 1 sur 64 (1 sur 68) ; *5 ans :* 1 sur 71 (1 sur 80) ; *10 ans :* 98 (104) ; *15 ans :* 178 (217) ; *20 ans :* 200 (249) ; *30 ans :* 234 (285) ; *35 ans :* 328 (398) ; *40 ans :* 538 (637) ; *45 ans :* 1 234 (1 408) ; *50 ans :* 13 500 (14 500) ; *55 ans :* 20 000 (21 000).

☞ Selon l'Académie américaine des sciences, *une irradiation de 1 rem (0,01 Sv)* sur 1 million de sujets provoquerait 67 à 226 décès ; *de 4 millirems* par an [due à l'ensemble des activités industrielles humaines : vols à haute altitude, utilisation industrielle des corps radioactifs, énergie nucléaire (en 1980, 25 % du total)] ce qui, pendant 20 ans, pour la population américaine (250 millions d'habitants), provoquerait 2 000 cancers la plupart survenant longtemps après. Autres cancers survenus dans le même temps : 500 000/an soit 10 000 000 en 20 ans dont au moins 2 500 000 dus au tabac ; *nombre de † par accidents d'auto* (50 000/an pendant 20 ans soit 1 000 000).

2°) Effets génétiques : augmentation des mutations (par modification de la molécule d'ADN contenue dans le noyau des cellules sexuelles), pouvant apparaître après plusieurs générations des cas d'anomalies génétiques dues à une mauvaise distribution chromosomique au moment de la méiose selon la CIPR (42 anomalies génétiques viables pour 10 000 personnes recevant une dose de 1 Sv). **3°) Effets tératogènes :** perturbations du développement de l'embryon pouvant entraîner malformations et retard mental (non avérés chez l'homme).

■ **Limites réglementaires annuelles de la radioactivité autre que naturelle.** Pour les travailleurs des installations nucléaires : 50 mSv (sera ramené à 20 mSv) ; public : 5 mSv (depuis mars 2001 ramené à 1 mSv) (par comparaison taux d'irradiation annuelle : dose naturelle : 1,7 examen radiologique : 0,5).

■ Mesures de sécurité

1°) Centrales à eau sous pression (PWR). 3 barrières : gaine métallique qui contient le combustible, cuve en acier (340 t, hauteur 12 m, diamètre 4 m, épaisseur 23 cm), et circuit primaire avec échangeurs de chaleur, enceinte étanche en béton. En cas de rupture complète et instantanée d'une tuyauterie du circuit primaire, plusieurs systèmes de refroidissement de secours se substituent automatiquement au circuit défaillant et assurent la réfrigération du cœur pour empêcher une fusion du combustible car, même la réaction stoppée, les produits de fission entretiennent une puissance calorifique importante (chaleur résiduelle). *En cas de défaillance généralisée de tous les systèmes de réfrigération,* le cœur fondrait au-dessus de 2 700 °C. **2°) Surgénérateurs (Superphénix). 4 barrières :** gaine métallique, cuve interne et dalle de fermeture, cuve de sécurité et dôme d'acier, bâtiment du réacteur. Même en cas d'arrêt des pompes, la chaleur résiduelle peut être évacuée par convection naturelle (thermosiphon). Si les pompes s'arrêtent, il faudrait qu'aucune chute de barre ne se produise (la chute d'une seule barre réduit la réaction à un niveau très faible) pour que le cœur fonde. Superphénix a 3 systèmes de barres indépendants, chacun assure l'arrêt total de la réaction. L'un comporte des barres articulées pouvant pénétrer dans le cœur, même après déformation des conduits où elles circulent (moins de 1 risque par an sur 10 à 100 millions). La fusion du cœur n'engendrerait pas d'explosion nucléaire mais, éventuellement des réactions thermodynamiques violentes (comme lorsque l'on jette de l'eau sur une surface très chaude). Ce phénomène de réaction nucléaire incontrôlée, appelé *excursion* ou *accident de surcriticité,* a été provoqué expérimentalement (réacteur Cabri). Il disparaît par dispersion du combustible sous l'effet de la chaleur.

■ Mesures de prévention et d'alerte (en France)

■ **Études probabilistes de sûreté (EPS). Origine :** USA, milieu des années 1970, à la suite du rapport Rasmussen (voir p. 1568 b). **Méthode de calcul :** risque assimilé à un événement redouté, dont on définit précisément les caractéristiques [exemple : début d'endommagement du cœur, caractérisé par une température élevée des éléments combustibles (1 204° C)] ; l'événement redouté est atteint par des scénarios accidentels (accidents « initiateurs », actions humaines, pannes de sous-systèmes), décomposés

Irradiation naturelle

■ **Origine. Irradiation « cosmique » :** (rayonnements du Soleil et des étoiles). La couche d'air située jusqu'à 20 km d'altitude (troposphère) nous en protège. *Doses reçues : au niveau de la mer :* 30 millirems/an ou 0,3 m Sv/an ; *à 3 000 m d'alt. :* 80 ; *à 10 000 m :* 9 000 (environ 1 par h) ou 90 Sv/an (0,01 mSv/h). **Irradiation « tellurique » :** [des produits radioactifs naturels, roches, les matériaux de construction, etc., essentiellement U 238 (et le radon 222 qui en découle), U 235, thorium 232 et potassium 40]. *Doses reçues :* irradiation externe (tellurique + cosmique), 90 à 220 millirems par an, 180 à 240 si l'on tient compte de l'irradiation interne (gaz et produits radioactifs respirés, et contamination interne). **Exposition moyenne en France.** 0,3 mSv/an. **Origine** (en %) : radon 33, médical 30, corps humain 12, sol 12, cosmique 10, autres 3 (dont centrales nucléaires 0,1).

■ **Équivalent de dose efficace annuel dû aux sources naturelles d'irradiation** (en mSv) [zones d'irradiation moyenne, UNSCEAR 82]. **Total dont,** entre parenthèses, **irradiation interne :** *rayons cosmiques* 0,30 dont ionisation 0,28, neutrons 0,02 ; *nucléides d'origine cosmique* 0,015 (0,015) ; *potassium 40* 0,30 (0,18) ; *rubidium 87* 0,006 (0,006) ; *famille de l'uranium 238* 1,04 (0,95) ; *du thorium 232* 0,33 (0,19).

■ **Limites annuelles d'incorporation (LAI).** Fixées pour chacun des éléments radioactifs afin que la dose admissible par l'homme soit de : 5 mSv/an, sans compter le rayonnement naturel (moyenne ≃ 2 mSv/an), ni l'irridiation médicale [radiographie pulmonaire (moyenne 0,7 à 1,1 mSv/an)]. **Exemples de LAI :** 400 000 Bq/an pour ^{137}Cs (correspond à la consommation sur 1 an de 1 t d'épinards contaminés à 400 Bq/kg par du ^{137}Cs) ; 100 000 Bq/an pour ^{131}I.

■ **Règlement 2000. Doses maximales admissibles** (hors exposition naturelle et exposition médicale) : travailleur du nucléaire 100 mSv sur 5 ans avec un maximum de 50 mSv sur 1 an ; public 1 mSv/an.

■ **Radiation naturelle. Moyenne de l'exposition annuelle :** 2 mSv dont 0,4 mSv due aux rayonnements cosmiques après atténuation par magnétosphère et atmosphère (valeur doublant tous les 1 500 m, atteint 40 mSv à 12 000 m ; 200 à 300 dans la station orbitale Mir à 400 km) et ≃ 0,6 mSv due aux rayonnements telluriques (1,3 à 1,7 mSv sur terres granitiques et < 0,2 mSv en terrain sédimentaire. **Brésil et Inde :** 10 à 17 mSv/an.

■ **Radioactivité naturelle. Produits courants** (valeurs moyennes) : eau minérale naturelle 0,02 Bq/l en ^{226}RA et 0,01 à 0,9 Bq/l en ^{238}U ; eau de pluie 0,5 Bq/l ; eau de mer 13 Bq/l en ^{40}K, traces d'U de ^{3}H et de ^{87}Rb ; fruits de mer 100 Bq/kg ; terre 900 Bq/an (jusqu'à quelques milliers sur sol granitique) : pommes de terre 150 Bq/kg en ^{40}K ; lait 80 Bq/l en ^{40}K.

■ **Activité naturelle du corps humain adulte.** 4 500 Bq en ^{40}K et 3 700 en ^{14}C.

en « sous-événements » (défaillances de matériels, diagnostics erronés, etc.) auxquels est associée une probabilité quantifiée, à partir, par exemple, de statistiques sur les défaillances des composants.

Moyens d'information et exercices : l'EDF signale les incidents dans les centrales, les classe sur une *échelle de gravité* agréée au niveau international depuis 1989. 169 balises de contrôle de la radioactivité sont gérées par l'*Opri* (Office de protection contre les rayonnements ionisants, depuis 1994, auparavant SCPRI, Service central de protection contre les rayonnements ionisants, dirigé par le Pr Pellerin jusqu'en octobre 1992) et une dizaine par des laboratoires privés (Avignon, Montélimar, Orléans, Agen, etc.) fusionne en 2001 avec l'IPSN et devient l'*Institut de radioprotection et de sûreté nucléaire (IRSN)*. *Serveurs télématiques : 3614 Magnuc* (informations sur le comportement des installations nucléaires), *3614 Teleray* (mesures de radioactivité effectuées dans l'environnement). Des exercices de crise se déroulent régulièrement (8 à 10 par an depuis 1990), rassemblant autorités de sûreté et sanitaires, pouvoirs publics, et même, pour la première fois en 1995 à Dampierre, la population voisine d'une centrale.

☞ *Autorité de sûreté nucléaire (ASN),* sous l'autorité des min. de l'Environnement et de l'Industrie : contrôle technique de la sûreté nucléaire.

Mesures d'urgence : *la Direction de la Sureté des installations nucléaires (DSIN), l'Institut de protection et de sûreté nucléaire (IPSN)* [77-83, avenue du G^{al}-de-Gaulle, 92140 Clamart. Créé 1979.], grâce à son *Centre technique de crise (CTC),* à Fontenay-aux-Roses (Hauts-de-Seine), peut réaliser dans la journée une expertise approximative des conséquences d'un accident, en estimant l'importance des rejets et leur trajectoire au moyen de modèles de prévision et d'informations météo. En cas de problème dans une installation française, l'exploitant [EDF, CEA, ou Cogema (Compagnie générale des matières nucléaires)] mettrait en place ses *« équipes de crise »,* locales et parisiennes, reliées au CTC. L'IPSN servirait d'expert à la DSIN, en liaison avec la préfecture concernée et la Sécurité civile, chargées d'appliquer les Plans particuliers d'intervention (PPI) préparés autour de chaque installation nucléaire. L'Opri interviendrait ensuite pour effectuer des prélèvements et en interpréter les résultats. Une Mission d'assistance à la gestion du risque nucléaire (Marn), créée par la Protection civile, est détachable en urgence à la préfecture. Les grands irradiés seraient dirigés vers l'hôpital régional le mieux équipé ou vers l'hôpital militaire de Percy, à Clamart, spécialisé dans la radiopathologie (15 lits). Des comprimés d'iodure de potassium destinés à saturer la thyroïde pour l'empêcher d'absorber l'iode 131 radioactif sont distribués préventivement aux populations exposées [stock : 12 millions (centrales nucléaires, Opri et grands hôpitaux régionaux ; en avril 1996, distribution gratuite aux riverains dans un rayon de 5 km autour des centrales (St-Alban, Isère, déclaré zone-test)]. En cas de crise majeure, intervention du Conseil supérieur de la sûreté et de l'information nucléaires, censé *« adresser aux autorités des recommandations pour accroître l'efficacité de leur action ».*

■ **Échelle française de gravité.** Élaborée *1987-94* par le CSSIN (Conseil supérieur de la sûreté et de l'information nucléaires). **6 niveaux :** anomalies de fonctionnement ; incidents susceptibles de développements ultérieurs ; incidents affectant la sûreté ; accidents sur l'installation ; accidents présentant des risques à l'extérieur du site ; accidents majeurs.

■ **Échelle Ines** *(International Nuclear Events Scale).* Appliquée en France depuis le *4-4-1994* sur toutes les installations contrôlées par la Direction de la sûreté des installations nucléaires (réacteurs EDF, usines Cogema, CEA, etc.) : **7 niveaux :** les événements sans importance pour la sûreté sont classés **niveau 0** et qualifiés d'« écarts » ; ceux qui ne concernent pas la sûreté sont dits « hors échelle ». **1°) Anomalie :** sortie du régime de fonctionnement autorisé pour cause de défaillance de matériel, d'erreur humaine, d'insuffisances dans les procédures. **2°) Incident assorti de défaillances importantes** des dispositions de sûreté et/ou contamination importante ou surexposition d'un travailleur. **3°) Incident grave :** accident évité de peu, perte des barrières ; contamination grave, effets aigus sur la santé du personnel ; très faible rejet à l'extérieur, exposition du public représentant une fraction des limites réglementaires [exemples : La Hague, 1981 (incendie d'un silo) ; Tomsk (Russie), 1993 (explosion d'une cuve) ; Narora (Inde), 1993 (perte totale d'alimentation électrique à la centrale)]. **4°) Accident sans risques importants hors du site :** endommagement important du cœur du réacteur, des barrières radiologiques ; exposition mortelle d'un travailleur ; rejet mineur, exposition du public de l'ordre des limites réglementaires [St-Laurent A1, 1980 (endommagement du cœur du réacteur) ; Buenos Aires, 1983 (excursion de puissance, avec décès de l'opérateur, dans un assemblage critique)]. **5°) Accident présentant des risques hors du site :** endommagement grave au cœur du réacteur, des barrières radiologiques ; rejet limité [1 000 à 10 000 térabecquerels (TBq) soit 30 000 à 300 000 curies d'iode 131], susceptible d'exiger l'application partielle des contre-mesures sanitaires [Windscale, 1957 (réacteur) ; Three Mile Island, 1979]. **6°) Accident grave avec rejet important hors du site** (1 000 à 10 000 TBq d'iode 131) susceptible d'exiger l'application intégrale des contre-mesures sanitaires prévues [exemple : Kyshtym (Russie), 1957 (usine de retraitement)]. **7°) Accident majeur avec rejet majeur hors du site** et effets étendus sur la santé et l'environnement [Tchernobyl (1986)].

☞ **Critiques :** radioprotection insuffisante (normes françaises supérieures à celles de la Commission internationale de protection radiologique, inchangées depuis 1988 ; depuis mars 2001, norme « population » alignée sur celle de la CIPR). Distribution de pastilles d'iode restreinte géographiquement (vents dominants non pris en compte), mais distribution complémentaire possible si nécessaire en cas d'accident. En 1997, 700 000 familles vivant dans un rayon de 10 km autour des centrales ont pu recevoir des pastilles d'iode à prendre en cas d'accident provoquant des rejets atmosphériques d'iode 131 radioactif. *Coût pour EDF :* 10 F par famille.

Accidents

Généralités

■ **Comparaisons des effets d'une bombe atomique** (type Hiroshima) **et d'une explosion nucléaire.** La pression produite par la bombe est 10 ^{12} fois plus grande ; la température 10 ^{6} fois plus élevée ; l'énergie mécanique dégagée 10 ^{5} fois plus forte.

■ **Événements exceptionnels (chute d'avion, séisme).** Les centrales sont prévues pour fonctionner normalement après un séisme d'intensité supérieure d'une unité à la plus grande intensité jamais observée dans la région. L'enceinte bétonnée doit pouvoir résister à l'impact d'un avion de tourisme ou d'un moteur de Boeing 747.

■ **Fréquences d'accidents prévisibles.** *D'après le rapport du Pr Rasmussen* (USA, oct. 1975), il y aurait, par réacteur, 1 risque de fusion du cœur tous les 20 000 ans (cette fusion ne provoquant généralement ni morts, ni blessés) ; 1 sinistre provoquant la mort de 10 personnes tous les 3 000 000 d'années ; provoquant celle de 3 300 personnes tous les milliards d'années (si la méthode de rapport reste valide, les chiffres sont cependant contestés). Pour 100 centrales nucléaires en service aux USA, le risque d'accident mortel est le même que celui de voir tomber une grosse météorite sur une ville. *Selon l'Institut d'écologie appliquée de Fribourg-en-Brisgau (All.),* un accident comparable à celui de Tchernobyl est probable tous les 10 ans. *Selon l'Institut de protection et de sûreté nucléaires (IPSN),* le risque de fusion du coeur des réacteurs serait de 4,95 cent millièmes par année pour les centrales de 900 MW et selon l'EDF de 1 cent millième pour celles de 1 300 MW (EDF). Le risque d'un réacteur à l'arrêt dont le cœur n'a pas été déchargé représente 32 % du total. (Le cœur n'est pas déchargé pendant environ la moitié du temps des arrêts pour maintenance.)

■ **Coût du risque nucléaire. France :** *responsabilité en cas d'accident dans une centrale :* plafond des indemnités dues (EDF) : 600 millions de F. *Indemnité complémentaire de l'État :* 2,5 milliards de F. **USA :** *rapport Wash 740* de l'AEC (Commission américaine à l'énergie atomique) en *mars 1957 :* le pire accident envisagé entraînerait 3 400 † et 43 000 blessés. *Loi Price-Anderson (sept. 1957) :* prévoit qu'en cas d'accident, au-delà d'un plafond (560 millions de $) à la charge des exploitants et de leurs Cies d'assurances privées, l'AEC indemniserait elle-même exploitants de réacteurs et victimes. *1988-août* plafond à 700 millions de $. *1989* selon la Cour des comptes américaine (General Accounting Office), les indemnisations dues pour un accident grave survenant sur l'un des réacteurs américains pourraient aller de 67 millions à 15,5 milliards de $ (dans 95 % des cas, 6 au maximum). Ce calcul ne retient que le cas de retombées dans un rayon de 100 km (or, pour Tchernobyl, le rayon fut de 1 500 km). Si un accident survenait à la *centrale d'Indian Point* (à 40 miles de New York), les compensations dues, en tenant compte de l'abandon des établissements industriels, seraient infiniment plus importantes.

Accidents principaux

☞ Plusieurs milliers d'incidents ont lieu chaque année dans le monde. Une demi-douzaine ont provoqué des rejets radioactifs.

■ **Tcheliabinsk 40** (Kyshtym, Oural, URSS, 29-9-1957 ; gardé secret plus de 30 ans). Explosion chimique d'une cuve contenant des produits de fission dans un dépôt militaire de déchets. A lâché 74 millions de milliards de Bq (2 millions de curies) [Tchernobyl : 50] ; *causes :* panne d'un système de refroidissement ou réaction chimique dans la cuve. *1967 :* 2e contamination après une tempête qui a remis en suspension les produits déposés en 1957. *Conséquences* (selon le rapport présenté en juin 1989) : libération de zirconium, ruthénium, césium 137, strontium 90 (plus de 3 700 Bq/m²) et traces de plutonium ; doses reçues sur + de 15 000 km² (270 000 habitants) : + de 0,1 curie/km² ; sur 1 000 km² (bande de 300 km de long sur 8 à 9 km) : 2 curies/km² ; 2 100 pers. dans une zone de 120 km² avec 3,7 millions de Bq/m². Dans les 7 à 10 j, 1 000 personnes vivant dans une zone à 500 curies au km² ont été évacuées ; dans les 22 mois suivants, 10 180 personnes. Une zone de défense sanitaire de 700 km² (où le taux de strontium 90 dépassait 2 curies au km²) a été créée et soustraite à l'agriculture (sur 106 000 ha interdits, 40 000 sont réutilisés depuis dont terres agricoles 24 000, forêts 16 000). Près d'un millier de cas de maladies liées à une irradiation recensés. Hausse de 40 % de leucémies dans la région. Le 27-1-1993, programme de décontamination approuvé (35 milliards de $).

■ **Windscale** (Grande-Bretagne, 10-10-1957, appelé *Sellafield* jusqu'à cette date). Niveau 5 sur l'échelle Ines. Lors de l'entretien d'un réacteur graphite-gaz, des produits de fission (dont 740 térabecquerels d'iode 131) sont rejetés à l'extérieur à la suite d'un incendie des empilages de graphite. Sur 238 examinés, 126 présentaient une légère contamination au niveau de la thyroïde ; 96 travaillant dans l'installation étaient légèrement contaminés ; 14 avaient subi une irradiation externe (inférieure à celles subies lors de certaines radiographies médicales). Environ 40 cancers mortels.

■ **Chine** (N.-O., 1969). 10 personnes contaminées.

■ **Centre d'énergie nucléaire Juan-Vigon de Madrid** (Espagne, 7-11-1970). Rejet, lors d'une manipulation, de 40 à 80 l d'eau radioactive dans les égouts de Madrid, puis dans les rios Manzanares, Jarama et Tage.

■ **Beloyarka** (Oural, URSS). *1977* fusion de 50 % des assemblages du cœur du réacteur n° 2 ; *30-12-1978* incendie provoqué par l'effondrement de la dalle du toit sur la salle des machines, 8 personnes irradiées.

■ **Three Mile Island** (Pennsylvanie, USA, 28-3-1979). A 16 km de Harrisburg, la capitale (90 000 hab.). Niveau 5. Le cœur du réacteur n° 2 (à eau sous pression) de 900 MWe est le siège d'une fusion partielle [45 % du cœur (soit 62 t dont 20 t se déplaçant dans la partie basse)] et d'une contamination importante à l'intérieur de l'enceinte de confinement. *Causes :* cumul de défaillances matérielles et d'erreurs d'interprétation : fermeture incomplète de la vanne de décharge du pressuriseur ; arrêt prématuré par les 3 opérateurs de l'injection de secours et des pompes primaires destinées à refroidir le cœur en raison de difficultés d'interprétation des données dont disposaient ces opérateurs. *Conséquences :* 165 000 personnes les plus sensibles (femmes enceintes et enfants notamment), évacuées pour 2 ou 3 jours. 2 000 habitants des environs ont entamé une procédure, estimant les doses reçues plus importantes que celles annoncées par les autorités. Mais, en raison de la « pauvreté des preuves », ils ont été déboutés en 1996. S'il y avait eu fusion plus complète du cœur du réacteur (évitée selon certains à 30 à 60 min près), les barres de combustible, entrées en fusion, auraient pu traverser le fond de la cuve du réacteur (20 cm d'acier) et le combustible s'enfoncer dans le sol *(syndrome chinois).*

■ **Sosnovi-Bor** (Russie, centrale à 80 km de St-Pétersbourg qui fournit 12 % de l'électricité de la Russie). *1-1-1974* explosion d'un réservoir en béton armé rempli de gaz radioactifs. *Octobre ou novembre 1975* fusion partielle

Explosion de Tchernobyl (1986)

■ **Site.** Centrale Lénine de type RBMK (Reactor Bolchoie Molchnastie Kipiachie), à 22 km de Tchernobyl et à 120 km au nord de Kiev en Ukraine. Le *réacteur nº 4* (filière graphite-uranium naturel-refroidissement à l'eau bouillante) produit du plutonium militaire.

■ **Déroulement.** **1986**-*26-4* (à 1 h 23 min 44 s locale, soit le 25-4 à 21 h 23 GMT), une expérience préparée par des électriciens, réalisée dans des conditions de puissance instables, ne correspondant pas à ce qui était programmé, provoque l'ébullition de l'eau de refroidissement, entraînant une brutale augmentation de puissance ; les opérateurs s'en rendent compte et insèrent les barres de commande qui avaient été trop extraites du cœur, ce qui augmente encore la puissance et provoque une 1re explosion ; la dalle supérieure, pesant 2 000 t, se soulève, rompant les tubes de force (la pression y chute de 70 à 1 bar, entraînant une ébullition généralisée et une nouvelle augmentation de puissance qui cause une 2e explosion. Ces explosions provoquent un incendie et la destruction partielle du cœur du réacteur. 5 t de combustible sont projetées dans l'atmosphère (50 millions de curies de radiations). 96 % du combustible est resté dans le réacteur d'à côté. L'incendie des bâtiments est maîtrisé dans la matinée mais les sauveteurs sont gravement irradiés (28 mourront peu après). Le cœur du réacteur continuera longtemps de brûler, tandis qu'augmentera la radioactivité de l'atmosphère ; *22-9* le vice-Premier ministre soviétique affirme qu'il n'y a plus d'émanation dangereuse ; *26-9* le réacteur nº 1 est remis en service.

■ **Nuage radioactif.** Émission de radioéléments (césium 134 et 137, iode 131, molybdène 99, ruthénium 103, cérium 144, lanthane 140, zirconium 95). Le nuage radioactif a fait le tour de la terre, touchant particulièrement Ukraine, Biélorussie (70 % des retombées), Finlande, Scandinavie, Pologne, Allemagne, France et Italie.

■ **Précautions prises. URSS :** vêtements et cheveux des habitants demeurant au-delà du périmètre interdit ont été contrôlés. Interdiction de consommer les aliments produits sur place. A Kiev, où le nuage a stationné quelques j, lavage des trottoirs, confinement des femmes enceintes à domicile. Vacances scolaires avancées au 15-5. Dans les autres régions affectées par le nuage radioactif, les aliments ont été contrôlés. A Moscou, aucune mise en vente n'était possible sans un contrôle préalable (cependant, un rôti de veau acheté par un garde de l'ambassade de France présentait 3 500 Bq/kg, soit 6 fois plus que le taux admis par la CEE). 10 000 habitations rasées ou engluées dans un film plastique. Environ 3 500 000 m^3 de déchets divers enterrés dans 800 fosses nucléaires réparties dans une zone interdite de 15 km autour de la centrale.

Autres pays : 1986-*28-4* l'alerte est déclenchée en *Suède*. *-29-4 France* en partie atteinte (radioactivité atmosphérique 400 fois supérieure à la moyenne). *-2-5 G.-B.* et toute la France atteintes. *-5-5 Suisse, Autriche, All. féd., Italie* et *P.-Bas* recommandent de ne consommer ni lait, ni légumes frais. *Scandinavie,* il est recommandé de donner aux enfants et aux femmes enceintes des pastilles d'iode (la glande thyroïde ainsi saturée ne fixe pas l'iode radioactif). *-8-5* la *CEE* bloque les importations de viande fraîche venant de 7 pays de l'Est. *-9-5 Canada,* le gouvernement conseille aux habitants d'Ottawa de ne pas utiliser l'eau de pluie. *-11-5 CEE :* désaccord des 12 réunis à Bruxelles. *L'Italie,* craignant pour son agriculture, demande d'autoriser un taux de 1 000 Bq d'iode 131 par kg de légumes à feuilles (contre 250 dans le projet initial). *-13-5 France,* consommation d'épinards interdite en Alsace. *-30-5 CEE,* des normes communes sont déterminées : 370 Bq par litre de lait et kg d'aliments pour les nourrissons ; 600 par kg pour les autres produits. *-1-6 Pologne,* 20 000 manifestants à Cracovie contre le nucléaire. *-3-6 Autriche,* la vente des baies et fruits rouges est interdite dans le sud (on a trouvé du césium 137). *-20-6 G.-B.* dans 2 régions, la vente d'agneaux est interdite pendant 3 semaines. *-26-6 France,* Drôme radioactivité de 28 000 Bq/kg dans le lait. Les plantes aromatiques et médicinales resteront radioactives jusqu'en mai 1987. *-3-9 Suisse,* pêche interdite dans le lac de Lugano, à cause de la radioactivité des poissons. *-8-9 USA,* contrôle des boissons alcoolisées importées d'Europe. *-29-9 G.-B.,* 500 000 moutons du pays de Galles, jugés radioactifs, interdits d'abattage. *-2-10 Malaisie* renvoie aux *P.-Bas* 45 t de beurre radioactif. **1992** 600 000 moutons des hautes terres d'Écosse et du pays de Galles présentent des taux d'irradiation trop élevés. **1993**-*juin* traces radioactives dans les Alpes (dôme du Goûter, 4 300 m). **1996**-*avril France,* rapport de l'IPSN : certaines régions (Corse, Lorraine, Provence, Alpes, Côte d'Azur) ont été davantage touchées par le nuage radioactif (analyse du nombre de cancers de la thyroïde chez l'enfant et de certains végétaux). **1997**-*nov.* selon la Crii-Rad, des champignons présenteraient une teneur en césium 137 de 1 275 à 3 000 Bq/kg (limite européenne : 600) dans l'Est et le Mercantour. *-16-12* selon l'IPSN, dose moyenne reçue par la population en 1986 dans l'Ouest : 0,025 mSv (millisieverts) ; l'Est : 0,4 mSv. Résidu en 1997 : 0,001 à 0,015. **1998**-*1-5* selon la Crii-Rad, tout l'arc alpin aurait été contaminé par le césium 137.

Après l'événement. De 1986 à 89 600 000 t de béton et de plomb sont larguées par des hélicoptères (14 000 t fin juin 1986). Un sarcophage (baptisé *Oukughe*) en béton et acier de 50 m est réalisé en nov. 1986. Des plongeurs sous-marins vident la piscine sous le réacteur, puis 400 mineurs creusent un tunnel de 160 m à 6 m de profondeur pour permettre d'injecter du béton dans le vide ainsi créé. **1989** description complète de l'intérieur : 135 t de lave, 10 t de combustible finement divisé, 35 t de fragments de cœur, 64 000 m^3 de matériaux radioactifs et 10 000 t de structures métalliques, 800 à 1 000 t d'eau radioactive. Pour stopper le risque d'une contamination de la nappe phréatique, sol gelé autour du réacteur par injection d'azote liquide. **1990**-*21-12* résolution adoptée à l'unanimité à l'Onu pour une coopération internationale sur les conséquences de l'accident. **1991** le Fonds Tchernobyl, créé pour pallier l'absence de budget propre, a collecté 1 million de $, il y a eu en outre 8 millions de dons bilatéraux. *-11-10* réacteur 2 arrêté (incendie dans le hall turbine). **1993**-*21-10* parlement ukrainien vote pour le maintien en activité des réacteurs 1 et 3 (ils fournissent environ 1 700 MW, soit 6 % de l'électricité ukrainienne). La fermeture coûterait environ 3 milliards de $. Ukraine demande l'aide de l'Europe. *-Oct.* rénovation dans réacteur 1. *-11-11* avarie dans le système automatisé d'alimentation en combustible (incident de niveau 3). *-12-12 Ottawa,* protocole G7/Ukraine sur fermeture de la centrale avant l'an 2000. *Versements :* 500 millions de $ (énergie de remplacement, sécurité du site, emplois de reconversion). **1995** coordination d'un nouveau plan d'assistance (800 millions de $) confiée au Bureau de coordination des affaires humanitaires de l'Onu (Ocha). Après plusieurs conférences de donateurs, programme ramené à 60 projets pour un budget de 80 millions de $. En 2000, réduit aux 9 projets prioritaires pour lesquels l'Onu n'arrive pas à obtenir des donateurs les 9,5 millions de $ nécessaires. Le fonds n'a réuni que 400 000 $ + 1,1 million en promesses de dons. **1996**-*25-4* contamination des sols de la centrale lors du déplacement de matériels radioactifs (incident de niveau 1). *-30-11* réacteur 1 mis hors service. **1997**-*27-7*/*-1-10* arrêté pour réparations (338 fissures dans la tuyauterie). L'Ukraine s'engage auprès du G 7 à démanteler Tchernobyl contre une aide totale de 2,3 milliards de $, destinée à sécuriser le sarcophage de béton réalisé en 1986 au-dessus du réacteur nº 4 et à achever 2 réacteurs UVER de compensation Rovno 4 et Klimlnitsky 2. **1998**-*mai* accord de la Berd pour la reconstruction du sarcophage du réacteur 4 (qui menace de s'effondrer) ; montant : 387 millions de $ (750 nécessaires). *-14-5* réacteur 3 redémarré. *-16-6* arrêté (fuite d'eau radioactive), relancé le 22. *-Nov.* robot Pioneer (500 g) doit pénétrer dans le sarcophage (mesure de la radioactivité et topographie). **1999**-*7-3* réacteur 3 redémarre (arrêté depuis 15-12-1998). Décision de mettre hors service le réacteur 2. *-26-11* redémarrage du réacteur 3 (arrêté depuis juin). **2000** Tchernobyl emploie 3 000 personnes, produit 1,7 % de l'électricité ukrainienne (au lieu de 3 à 5 annoncés) ; *-28-11* arrêt du réacteur 3 (fuite d'eau) ; *-11-2* idem (dysfonctionnement de la sécurité) ; *-10/17-7* arrêt : inondation (pluie) ; travaux prévus sur le réacteur 4 sur 10 ans ; coût 750 à 800 millions de $ (financés par environ 40 pays) ; *-15-12* fermeture du réacteur 3 (coût 150 milliards de $).

■ **Bilan en URSS. Personnes ayant été exposées aux radiations :** 5 millions ; 1 700 000 irradiées (essentiellement Biélorussie, Ukraine, Russie) ; **évacuées** et soumises à des contrôles médicaux : 135 000 dans un rayon de 45 km. En 2000 : 1 400 000 vivent dans les zones contaminées à + de 185 000 Bq/m^2. **Surfaces contaminées** (en km^2) **et dépôts de césium 137** (en Bq/m^2) *à 600 000 Bq/m² :* 18 000 km^2 (dont Biélorussie 10 200, Russie 5 800, Ukraine 2 000) ; *de 600 000 à 1 600 000 :* 7 100 (Biélorussie 4 200, Russie 2 100, Ukraine 800). *Plus de 1 600 000 :* 3 100 (Biélorussie 2 200, Ukraine 600, Russie 300). *Total :* 28 200 (Biélorussie 17 600, Russie 8 200, Ukraine 3 400). 600 000 personnes dans 1 500 agglomérations vivent dans des zones implantées sur des sols contaminés à 200 000 à 600 000 Bq/m^2. En Biélorussie (environs de Gomel et Mogilyov) plus de 30 000 habitent sur des sols à + de 1 600 000 Bq/m^2. *Pripiat* (50 000 hab.), à 3 km de la centrale, et 119 villages atteints dans un rayon de 30 km autour de Tchernobyl sont définitivement abandonnés, 3 000 km^2 restant interdits, mais les 12 000 hab. de Tchernobyl (à 15 km de la centrale) ont pu rentrer chez eux. **Conséquences sanitaires. Morts** (au 5-6-1987) : 32 officiellement (42 en 1996) dont 28 par irradiation, 1 tué par l'explosion, 2 morts de brûlures quelques heures plus tard. Le 2-7-1990, Anatoly Grichenko, irradié en survolant le cœur du réacteur (26-4-1986), est mort à Seattle (USA) des suites d'une infection pulmonaire. Atteint de leucémie, il avait subi une greffe de moelle prélevée sur une donneuse française anonyme. Selon le Pr Tchernousenko (mai 1991), 7 000 à 10 000 † parmi les 650 000 « liquidateurs » ayant participé au nettoyage de la centrale et de ses abords. Selon l'*Étoile rouge* (1-12-1994) : 5 000 † et 30 000 invalides à vie. Selon le *ministère ukrainien de la Santé : 1995 :* 5 722 liquidateurs † ; *98 (avril) :* 12 519. **Blessés graves :** 499 (membres du personnel ou sauveteurs). En 1990, près de 3 millions de personnes (Ukraine, Biélorussie, Russie) étaient sous surveillance médicale, dont 600 000 ayant travaillé dans la zone irradiée. **Maladies :** multiplication des affections du système respiratoire, du système digestif, troubles du sang, système immunitaire défaillant, troubles psychosomatiques (états dépressifs). Nombre de cancers de la thyroïde multiplié par 100 chez l'enfant et par trois chez l'adulte en Biélorussie (Gomel et au nord de Tchernobyl). **Cas** (moyenne, par million d'enfants) : *1986-89 :* 4 ; *91 :* 56 [80 dans la zone la plus contaminée (moy. mondiale : 1)] ; *92 :* 66 ; *93 :* 75. Dans les régions les plus touchées, on constate une augmentation de 40 % des cas de leucémie. Selon « Nature », des mutations génétiques ont été décelées chez l'homme et chez l'animal. **Autres conséquences :** baisse du taux de natalité. Départ des jeunes et vieillissement de la population. Hirondelles de cheminées devenues albinos : *1991 :* 15,2 % ; *96 :* 13,3.

Estimation provisoire de cancers mortels, pour une génération de 70 ans de 1986 (1986-2056) [*Source :* IPSN, 1996.] *Intervenants des premiers jours* (1 000) : 31 morts en quelques mois, 10/20 cancers mortels attendus en excès ; *liquidateurs* (650 000), 0 mort en quelques mois et 2 000 cancers mortels attendus ; *habitants radioactifs à 555 Bq/m²* (300 000) : 0 mort et 1 000 cancers mortels attendus ; *enfants âgés de 0 à 14 ans* en 1986 (1 000 000) : 0 mort en quelques mois et 200/500 cancers mortels attendus. *Cancer de la thyroïde chez les moins de 18 ans* de 1986 à 1997 : dans l'ex-URSS 1 400 cas (taux naturel multiplié par 10 à 100). *Après 1997,* en Ukraine et Biélorussie : 150 nouveaux cas en 1998, + de 180 en 1999. *Autres cancers (leucémie) :* pas d'augmentation anormale mise en évidence (plus longs à apparaître). Taux pour 100 000 cas en 1995 : homme 3,1, femme 5,7. Multiplié par 2,4 chez l'homme (1986 à 1995) et 1,7 chez la femme.

Iode 131. La plupart des cancers de la thyroïde en Ukraine et en Biélorussie sont d'un type appelé papillaire. La plupart des cas de la région Champagne-Ardenne, par exemple, ne correspond pas à ce type. Les enfants malades d'Ukraine et de Biélorussie ont reçu à la thyroïde 1 000 mSv. Lorsque le nuage a atteint la France le 29-4-1986, l'iode 131 qui se fixe sur la thyroïde ayant une période courte (7 jours) avait perdu une partie de son activité. Les enfants les plus touchés dans l'est de la France ont pu recevoir 6,5 à 16 mSv.

☞ Aux USA, l'Institut national du cancer américain a estimé que les essais nucléaires atmosphériques du Nevada ont provoqué 10 000 à 75 000 cas de cancers de la thyroïde.

Césium 137. Il perd naturellement 50 % de sa radioactivité en 30 ans. En G.-B., dans certaines zones de la Cumbria, des troupeaux de moutons paissant sur des prés contaminés sont toujours déclarés impropres à la consommation (activité en césium 137 supérieure à la norme britannique de 1 000 Bq/kg). En France, les normes concernant le cheptel n'ont pas été dépassées. Un sanglier contaminé à 1 685 Bq/kg a été pris dans les Vosges en 1996.

La France participe au fonds multilatéral de sûreté nucléaire auprès de la Berd (FSN/Berd) et de ses entreprises concernant les opérations de prédémantèlement de Tchernobyl (construction d'installations de stockage des combustibles usés et de traitement des effluents radioactifs liquides et solides).

Bilans. Coûts : pour l'URSS (1986-91) : 5,7 milliards de $, réparation des dommages) ; pour l'Ukraine, la Biélorussie et la Russie (1991-99) : 20 milliards de $ (plus de 20 % du budget de la Biélorussie et 10 % de celui de l'Ukraine). En Biélorussie [qui a subi 70 % des retombées, plus de 20 % des terres agricoles sont toujours inutilisables, 8 % des forêts, 1/4 du territoire (1/12 du territoire ukrainien) contaminés]. L'Ouest a versé 2 milliards de $. La protection du « sarcophage » de Tchernobyl coûte + de 500 millions de $ par an. **Bilan politique :** remise en cause des programmes nucléaires civils en Occident, perte de crédibilité de Gorbatchev (lenteur de l'URSS à avertir les pays voisins).

■ **Taux de radioactivité au sol** (en Bq/m^2, 1986). **France :** *-29/30-4* Marcoule [1] 42 500, Cadarache 14 200. *-1/2-5* Bruyères-le-Châtel 2 100. *-4-5* Saclay [1] 1 325. *-5-5* La Hague 380. *-7-5* Sud-Est 920, Est 740, Centre 410, Ouest 180. **All. fédérale :** *-1-5* Passau 26 000. *-2-5* Hof 16 200, Musbach 4 500. *-3-5* Munich 20 700. *-4-5* Nersingen [2] 95 000. *-7-5* Munich [2] 25 000. **Italie :** *-30-4/15-5* Ispra 79 300. *-6-5* Milan 56 650. *-7-5* Milan 25 800. **G.-B. :** *-2-5* Sud 810. *-4-5* Nord 27 000. **Suède :** *-28-4* Forsmark 89 000, Barseback 830. *-30-4* Taernsjo 700 000, Sudsvick 750.

En France. Surexposition individuelle moyenne durant les 12 mois suivants : 0,063 milliSv (régionalement : 0,005 à 0,17). Correspond à l'irradiation subie lors d'une traversée de l'Atlantique en avion. A son passage sur l'est de la France, le nuage avait perdu de son activité (dilution des rejets avec la distance). Contamination radioactive (1999-2000) rendue publique par la Commission de recherche et d'information indépendante sur la radioactivité (Crii-Rad). La semaine qui a suivi l'accident, des pluies abondantes ont rabattu les particules sur l'est et le sud de la France. L'iode 131 disparaît au bout de 2 mois ; le césium 137 a une durée de vie de 300 ans. On a détecté champignons et sangliers radioactifs dans les Vosges et le Mercantour.

Nota. – (1) Dépôts humides. (2) Maxima observés dans le sud.

Cancers de la thyroïde en France : en 20 ans, taux pour 100 000 femmes passé de 2,1 à 5,7 ; hommes de 0,6 à 3,1 [selon l'Institut de protection et de sécurité nucléaire (IPSN)]. Mais l'accident de Tchernobyl n'explique pas seul ce phénomène variant d'un département à l'autre (+ bas : Somme et Doubs ; + hauts : Tarn et Calvados). Plainte déposée contre X auprès du doyen des juges d'instruction du tribunal de grande instance de Paris, des chefs d'administration de substances nuisibles, blessures involontaires, empoisonnement et violences volontaires, par 2 associations : l'Association française des malades de la thyroïde (AFMT) et la commission de recherche et d'information indépendante sur la radioactivité (Crii-Rad), ainsi que par 51 victimes. Le 1-3-2001, le juge d'instruction a rendu une ordonnance aux fins d'informer.

du cœur : défaillance du système d'alimentation en combustible. Le lendemain, la ventilation rejette 1,5 million de curies d'azote radioactif polluant une zone de 25 km² sans que les habitants de la région soient alertés. *Janvier 1990* les environs de la centrale sont contaminés après une fuite radioactive. *24-3-1992* fuite d'iode 131 radioactif du réacteur n° 3 (type RBMK 1000 comme à Tchernobyl), qui dépasse la norme de 200 %. *22-2-1994* fuite d'eau du système de refroidissement du réacteur n° 1.

■ **Tomsk-7** (Sibérie, Russie, complexe industriel secret à 3 000 km de Moscou). *6-4-1993* cuve de l'usine de retraitement (25 m³ d'uranium, plutonium et acide nitrique) explose ; fuite de 250 m³ de gaz radioactif [nuage sur 200 km² (*12/19-4* passe sur la Suède)]. Radioactivité (est.) : 1,4 curie d'émetteurs de rayonnement alpha (sur 22,4 curies de la cuve) et 40 curies d'émetteurs bêta (sur 536,9 curies au moment de l'explosion).

■ **Tcheliabinsk 65** (centre de retraitement). *17-7-1993* rejet dans l'atmosphère de 20 l d'une solution de plutonium 238. *31-8-1994* incident lors du démontage d'un élément radioactif (niveau 3 ?)

■ **Kola** (Russie). *3-3-1994* fuite de 50 m³ de liquide radioactif provoquée par une rupture sur le circuit primaire (principal) du réacteur n° 2 (incident classé niveau 3 par les Russes). *-6-3* fuite mineure dans le mécanisme de commande des barres de contrôle du réacteur n° 3. *-10-3* fuite de vapeur radioactive.

■ **Racht** (Iran). *24-7-1996* lors de travaux dans la centrale électrique, 50 personnes contaminées.

■ **Tokai-mura** (Japon). *11-3-1997* incendie et explosion dans l'usine de retraitement, 30 irradiés légers. *30-9-1999* erreur de manipulation : réaction en chaîne, 2 morts, 439 irradiés dont 3 très gravement, 310 000 personnes confinées.

☞ **Normes maximales de radioactivité préconisées pour les aliments par la CEE en cas d'accident nucléaire** (au 20-5-1987, en Bq/kg) : *iode et strontium :* lait 500, viande 3 000, eau potable 400, aliments pour animaux 0, autres denrées 3 000. *Émetteurs Alpha :* lait 20, viande 80, eau potable 10, aliments pour animaux 0, autres denrées 80. *Césium :* lait 1 000 (nourrissons 370), viande 1 250, eau potable 800, aliments pour animaux 2 500, autres 1 250.

Accidents ayant entraîné des décès

1945-*8-6 Los Alamos* (USA) : 1 † (en empilant des blocs réflecteurs autour d'un assemblage sous-critique, un employé créa la masse critique). **1946**-*21-5 Los Alamos* : 1 † (lors d'une mesure d'approche de la masse critique, rapprochement accidentel d'une coquille creuse réflectrice de neutrons). **1958**-*15-10 Vinca* (Yougoslavie) : 1 † (erreur humaine : montée du niveau d'eau lourde dans un réacteur de recherche non protégé). *-30-12 Los Alamos* : 1 † (transvasement d'un liquide). **1961**-*3-1 Idaho Falls* (USA) : 3 † [transgression des consignes de sécurité lors du retrait des barres de contrôle. 2 † sur le coup (explosion due à un « coup d'eau »), 1 † 2 h plus tard (blessure à la tête)]. **1964**-*24-7 Woods River* (USA) : 1 † (erreur de transvasement d'une solution de nitrate d'uranyle très enrichi). **1974**-*6-2 Sosnovi-Bor* (URSS) : 3 † (circuit tertiaire explose après ébullition). **1975**-*13-5 Italie :* 1 † [irradiation dans une installation de stérilisation de denrées alim. (la source de cobalt 60 s'était détachée de son support)]. **1985**-*27-6 URSS :* 14 † (soupape de pressuriseur saute). **1986**-*4-1 Webber Falls* (USA) : 1 † (explosion de réservoir). *-26-4 Tchernobyl* (URSS) : 32 † (voir encadré p. 1569). **1993**-*21-5 Zaporoje* (Ukraine, à 400 km au sud de Kiev) : 1 † [explosion dans bloc électrique près du réacteur n° 5 (type VVR, centrale de 5 000 MW)]. **1994**-*31-3 Cadarache* (France) : 1 †, 4 blessés [explosion chimique lors d'une opération de décontamination d'une cuve de sodium de Rapsodie (incident niveau 2 : contamination d'environ 10 Bq/cm²)]. **1995** *Estonie :* 2 † (irradiés par du césium 137 trouvé dans une décharge). **1997**-*11-3 Tokai-Mura* (Japon) : 2 †.

Accidents en France

■ **Avec irradiation.** *Aucun n'a été mortel.* **1959**-*14-12 Marcoule :* rupture de gaines d'un canal du réacteur graphite-gaz militaire au cours des réparations, irradiation du personnel et des habitants de la région. **1965**-*mars Chinon A-1 :* un agent franchit une balise d'interdiction et reçoit une dose de 0,56 Sv. **1991** *Forbach* (accélérateur d'électrons) : 3 irradiés (1 sievert organisme entier, 1 brûlé à 60 %). **1999**-*11-3 Tricastin* un agent pénètre sans autorisation dans une zone à haute irradiation et reçoit une dose de 0,34 Sv. **2000**-*21-9 Flamanville* 2 irradiés. **2001**-*mars Cattenom* 131 irradiés légèrement. *-21-4 Blayais* 1 employé, erreur de manipulation.

■ **Sans irradiation de personnes.** Plusieurs ont entraîné une indisponibilité des installations, dont en **1968** *Sena-Chooz* (réacteur à eau ordinaire PWR de 300 MWe ; arrêt 2 mois). **1976** *Marcoule* (Phénix, surgénérateur de 250 MWe) fuite de sodium secondaire sur 2 échangeurs intermédiaires, arrêt de 15 mois. **1980**-*13-3 St-Laurent-des-Eaux* début de fusion du cœur de la centrale avec rejet mineur dû à un mauvais refroidissement de réacteur, incident de niveau 4. **1987**-*31-3 Creys-Malville* fuite de sodium au barillet de déchargement du combustible ; *-12-4 Pierrelatte* fuite d'hexafluorure d'uranium et *-16-4* fuite de gaz ; *-18-4 Fessenheim* dégagement de vapeur non radioactive. **1989**-*4-4 Gravelines* rupture d'une barre de commande. *-6 et 24-8 et 14-9 Marcoule,* arrêt automatique de Phénix, par diminution brutale de la radioactivié. **1990**-*20-6 Creys-Malville* pollution du sodium du circuit primaire. **1993**-*20-6 Cadarache* fuite de liquide radioactif (incident de niveau 2). **1994**-*31-3 Cadarache* (voir ci-dessus). *-9/11-8 Dampierre* fuite d'iode 131 radioactif dans la tranche 1 ; 80 agents légèrement contaminés. *-25-8 Marcoule* local Cogema, traces de radioactivité sur les tenues de protection de 2 agents. **1995**-*9-6 Caen* grand accélérateur nat. d'ions lourds (Ganil), mauvais fonctionnement des procédures informatiques d'accès (niveau 2). *-7-10 Marcoule* contamination atmosphérique et en surface dans un local en zone contrôlée d'un atelier (erreur de branchement d'un flexible de distribution d'air). *-24-10 Eurodif* un agent pénètre dans une zone d'intervention sans respecter le balisage, (niveau 1). **1997**-*4-2 Apach* (Moselle) déraillement d'un train transportant 18 t de combustible irradié d'All. en G.-B. *-Sept. Marcoule* pollution radioactive extérieure. *-Nov. Flamanville* fissure dans l'enceinte du réacteur 1 à l'arrêt pour révision ; pas de dégagement radioactif (niveau 1). **1998**-*9-1 Cattenom* défaut d'étanchéité (niveau 1). *-13-5 Civaux* fissure de 18 cm dans une tuyauterie du circuit de refroidissement du réacteur 1, fuite de 300 000 l d'eau (niveau 2). *-Juin Belleville-sur-Loire* dysfonctionnement d'une grappe de contrôle, arrêt de 3 semaines. **1999**-*nuit du 27 au 28-12 Le Blayais,* tempête, l'eau de la Gironde franchit les digues de protection, inondation des sous-sols et noyage des pompes de certains systèmes de sûreté, arrêt de 3 des 4 réacteurs (niveau 2). **2000**-*28-1 La Hague* dysfonctionnement d'un collecteur d'eau (niveau 1). *-21-6 Dampierre* erreur dans une procédure de pilotage (niveau 2). *-11-10 Cadarache* fuite radioactive (niveau 1). **2001**-*févr. Fessenheim* niveau 1.

■ **Origine des accidents.** Dans des 80 % des cas : facteur humain (organisation, comportement). Dans 20 %, problèmes matériels [mauvaise anticipation du vieillissement des matériaux (par ex. couvercles de cuves ou générateur de vapeur) ; parfois mauvaise conception (comme Civaux) ou mauvaise fabrication, (Phénix, Superphénix)].

■ **Nombre. Incidents déclarés aux autorités de sûreté :** *1996 :* 488 selon la DSIN (437 selon EDF) ; *97 :* 470 ; *98 :* 461 ; *99 :* 607 ; *2000 :* 637 dont réacteurs à l'eau sous pression 466 (classé *0 : 330, 1 :* 134, *2 :* 2), autres réacteurs 16 (*0 :* 14, *1 :* 2, *2 :* 0), autres installations nucléaires 107 (*0 :* 91, *1 :* 16).

Rejets thermiques et radioactifs

Rejets thermiques

Une centrale graphite-gaz transforme en électricité 30 % de la chaleur produite ; *à eau légère* 34 % ; (rendements bruts). Le reste de la chaleur est évacué dans l'eau d'un fleuve ou de la mer (circuit ouvert), ou dans l'air (circuit fermé avec réfrigérants atmosphériques).

■ **Refroidissement.** Le refroidissement de la vapeur sortant d'une turbine associée à une centrale thermique classique ou nucléaire nécessite, au niveau des condenseurs, 40 m³/s d'eau froide pour 1 000 MW (mégawatts). Cette eau se réchauffe d'environ 10 à 12 °C

Évolution des puissances électronucléaires en service industriel

Pays	1res production d'électricité nucléaire. Puissance en MWe nets et, entre parenthèses, nombre de tranches											Production 2000	
	date de 1re production	1970 (31-12)	1975 (31-12)	1980 (31-12)	1985 (31-12)	1990 (31-12)	1995 (31-12)	2000 (31-12)	2005 (prév.)	2010 (prév.)	2020 (prév.)	TWh	% du nucléaire
Afrique du Sud	4-4-84	– –	– –	– –	1 844 (2)	1 844 (2)	1 844 (2)	1 844 (2)	1 844	2 044	2 044	13,7	6,7
Allemagne	17-6-61 [1]	971 (8)	3 319 (9)	8 613 (14)	16 118 (18)	22 470 (22)	22 765 (21)	21 283 (19)	20 303	17 580	9 395	169,7	30,6
Argentine	17-3-74	– –	319 (1)	344 (1)	935 (2)	935 (2)	935 (2)	935 (2)	935	1 292	1 292	7,1	6,2
Arménie	28-12-76	– –	– –	752 (2)	752 (2)	– –	– –	376 (1)	376	– –	950	1,8	33
Belgique	10-10-62	11 (1)	1 666 (4)	1 666 (4)	5 469 (8)	5 500 (7)	5 570 (7)	5 713 (7)	5 713	5 713	3 966	48,2	55,3
Brésil	1-4-82	– –	– –	– –	626 (1)	626 (1)	626 (1)	1 855 (2)	1 855	2 855	2 855	6,1	1,4
Bulgarie	24-7-74	– –	810 (2)	816 (2)	1 632 (4)	2 585 (5)	3 538 (6)	3 538 (6)	2 722	2 314	2 906	18,1	49
Canada	4-6-62	231 (2)	2 541 (7)	5 501 (11)	9 782 (16)	13 142 (19)	14 937 (21)	14 937 (21)	14 089	14 089	10 333	73,7	11,8
Chine insulaire (Taïwan)	16-11-77	– –	– –	1 208 (2)	4 884 (6)	4 884 (6)	4 884 (6)	4 884 (6)	7 514	7 514	8 506	35,8	25
Chine populaire	15-10-91	– –	– –	– –	– –	– –	2 140 (3)	2 140 (3)	7 608	10 608	25 608	16,7	1,2
Corée du Nord	–	– –	– –	– –	– –	– –	– –	–	– –	1 900	1 900	– –	– –
Corée du Sud	30-6-77	– –	– –	564 (1)	2 698 (4)	7 198 (9)	8 148 (10)	12 937 (16)	16 737	21 331	26 840	109	40,9
Espagne	11-7-68	153 (1)	1 073 (3)	1 073 (3)	4 700 (7)	7 074 (9)	7 105 (9)	7 520 (9)	7 250	7 367	6 921	62,2	27,8
États-Unis	20-12-51	5 689 (23)	37 121 (55)	52 277 (72)	75 964 (91)	101 661 (112)	99 476 (107)	98 106 (104)	95 437	92 324	74 169	785,5	20
Finlande	8-2-77	– –	– –	1 103 (2)	2 310 (4)	2 310 (4)	2 310 (4)	2 640 (4)	2 640	3 640	1 835	22,5	30
France	28-9-56	1 632 (8)	2 909 (10)	12 806 (20)	33 808 (40)	51 998 (53)	57 373 (55)	61 183 (59)	62 950	62 950	59 595	415,2	76,4
Hongrie	28-12-82	– –	– –	– –	823 (2)	1 660 (4)	1 740 (4)	1 750 (4)	1 750	1 750	1 750	14,2	40,6
Inde	1-4-69	400 (2)	607 (3)	607 (3)	934 (5)	1 374 (7)	1 969 (11)	2 709 (15)	2 873	6 789	7 891	15,5	3,5
Iran	2000	– –	– –						950	1 900	2 335	–	–
Italie	12-5-63	597 (3)	610 (3)	610 (3)	1 300 (3)	– –	– –	– –	– –	– –	– –	– –	– –
Japon	26-10-63	814 (3)	5 012 (10)	14 464 (22)	23 647 (33)	30 355 (40)	99 637 (59)	43 509 (53)	46 602	56 223	68 001	319,8	35
Kazakhstan	16-7-73	– –	135 (1)	135 (1)	135 (1)	135 (1)	135 (1)	– –	– –	1 000	2 350	– –	– –
Lituanie	31-12-83	– –	– –	– –	1 380 (1)	2 760 (2)	2 760 (2)	2 760 (2)	1 380	1 000	1 000	7,8	73,7
Mexique	–	– –	– –	– –	– –	654 (1)	1 308 (2)	1 308 (2)	1 308	1 308	1 308	– –	– –
Pakistan	18-10-71	– –	128 (1)	128 (1)	128 (1)	128 (1)	128 (1)	408 (2)	408	688	560	8,2	4,5
Pays-Bas	25-10-68	52 (1)	500 (2)	506 (2)	516 (2)	516 (2)	516 (2)	459 (1)	459	459	– –	0,4	1,7
Roumanie	12-7-96	– –	– –	– –	– –	– –	629 (1)	660 (1)	660	1 290	1 290	3,9	4
Royaume-Uni	27-8-56	4 214 (57)	5 411 (29)	8 044 (33)	8 612 (33)	13 534 (37)	13 970 (35)	12 496 (33)	11 800	10 982	6 658	83,9	23
Russie	27-6-54	1 494 (13)	3 975 (20)	7 755 (26)	14 635 (34)	17 968 (27)	20 768 (30)	19 843 (29)	22 668	25 518	26 636	128,9	14,9
Slovaquie	1-12-72	– –	– –	– –	– –	– –	– –	2 408 (6)	2 408	1 980	1 552	16,5	53,4
Slovénie-Croatie	2-10-81	– –	– –	– –	632 (1)	632 (1)	632 (1)	632 (1)	632	632	632	4,8	24
Suède	20-3-64	10 (1)	2 380 (4)	3 700 (6)	9 468 (12)	10 000 (12)	10 000 (12)	9 448 (11)	8 848	7 978	5 123	57,3	40
Suisse	29-1-68	350 (1)	1 006 (3)	1 940 (4)	2 930 (5)	2 930 (5)	3 050 (5)	3 170 (5)	3 170	3 170	2 085	26,3	38,2
Tchèque (Rép.)	24-2-85	– –	– –	– –	408 (1)	1 632 (4)	1 632 (4)	2 524 (5)	3 416	3 416	3 416	13,6	20
Ukraine	26-9-77	– –	– –	1 850 (2)	8 245 (10)	13 020 (15)	13 045 (15)	11 195 (13)	12 145	13 095	12 450	77,3	45,3
Monde		**16 617 (94)**	**70 510 (171)**	**128 552 (243)**	**238 647 (358)**	**321 156 (414)**	**345 201 (434)**	**357 169 (444)**	**369 719**	**392 998**	**392 753**	**2 574**	n.d.

Nota. – (1) 6-5-1966 pour l'ex-République démocratique.

dans le condenseur avant de retourner à la source froide d'où elle a été prélevée.

Eau venant d'un circuit ouvert : un prélèvement en rivière de 100 m³/s élevé de 10 °C entraîne, après mélange, un échauffement maximal de 3 °C en aval de la centrale si l'étiage est de 300 m³/s. En mer, les échauffements supérieurs à quelques degrés restent limités dans une zone restreinte (5 km² pour une centrale de 5 000 MW et un échauffement de plus de 1 °C).

Eau venant d'un circuit fermé : équipé de réfrigérants atmosphériques *humides* (l'eau de refroidissement venant du condenseur est mise, dans le réfrigérant, en contact direct avec l'air atmosphérique ; à la traversée du réfrigérant, cet air est échauffé et saturé en vapeur d'eau, tandis que l'eau est refroidie), ou *secs* [aérocondenseurs : l'air se réchauffe au contact d'une paroi (métal plastique) qui le sépare de l'eau du condenseur ou, plus directement, de la vapeur de la turbine ; on parle de *réfrigérant sec* lorsque celui-ci reçoit l'eau chaude d'un condenseur ; *d'aérocondenseur* lorsqu'il reçoit directement la vapeur de la turbine et joue simultanément un rôle de condenseur et de réfrigérant], ou *de réfrigérants humides-secs* (l'eau du condenseur est refroidie en partie par contact indirect avec l'air).

Pour une tranche nucléaire REP 900, le débit d'air réfrigérant est de 25 000 à 30 000 m³/s (en cas de réfrigération humide). La pression assurant la circulation de l'air est obtenue : *soit par tirage naturel :* avec une tour cheminée d'environ 160 m de hauteur ; la différence de masse des colonnes d'air à l'intérieur de la tour (air chaud) et à l'extérieur (air atmosphérique) fournit une pression motrice faible, imposant des vitesses d'air modérées (quelques mètres par seconde) et, compte tenu des débits en jeu, des sections de passage considérables ; *soit par le tirage forcé ou induit :* avec de nombreux ventilateurs axiaux à grand diamètre permettant de diminuer la hauteur des tours (économie d'investissement), mais nécessitant une forte puissance électrique (pour la ventilation). L'air y est réchauffé de 15 °C. Par tour (1 000 MW) de 160 m de hauteur, 0,5 m³ d'eau sont évaporés par seconde, la vapeur en se condensant forme parfois un panache (exceptionnellement un nuage).

■ **Utilisation de la chaleur des réacteurs.** L'eau (des circuits de réfrigération), rejetée, peut servir au réchauffage des sols, à l'agriculture, à la pisciculture, au chauffage urbain et à l'industrie. Certains réacteurs en cours d'expérimentation (type HTR) permettraient d'obtenir des températures d'environ 800 °C, utilisables par les raffineries et certaines industries ou pour produire économiquement de l'hydrogène par décomposition thermochimique de l'eau.

☞ Pour les établissements classés « à risque », dont les centrales nucléaires, les exploitants établissent des plans d'urgence interne (PUI) et les préfectures arrêtent un plan particulier d'intervention (PPI).

■ Rejets radioactifs

■ **Plan Orsec-Rad.** Variante du plan Orsec. Mis au point le 3-8-1963. Un par département. 3 étapes : alerte des spécialistes de l'Office de protection contre les rayonnements ionisants (Opri, au Vésinet, Yvelines) ; mise à l'abri de la population et du bétail ; évacuation. Applicable aux transports militaires.

■ **Centrales à eau pressurisée (REP)** (par réacteur de 1 000 MW et par an). *Effluents gazeux :* plus de 10 000 curies de gaz rares (krypton, xénon). Sans affinités chimiques et ne pouvant se fixer dans l'organisme ; *effluents rejetés dans l'eau :* 1 500 curies de tritium (eau tritiée) ; *autres rejets* (dans l'air ou dans l'eau) : moins de 5 curies : cérium, cobalt, manganèse, iode en quantités très faibles. Les rejets exceptionnels sont effectués après accord de l'Opri. *Chlore :* 18 à 19 g/s, (0,75 à 1,5 t/j) pour une centrale de 1 300 MW.

■ **Surgénérateurs.** Pas de rejets liquides, peu de rejets gazeux.

☞ **Programme Phébus (PF : produits de fission) :** étude du comportement des produits de fission en cas d'accident grave. Cadarache (B.-du-Rh.) : réacteur de type piscine, 40 MW, tour de refroidissement permettant de fonctionner à puissance élevée plusieurs jours. Utilisé pour fournir le flux de neutrons qui sert à chauffer le combustible d'essai disposé au centre du cœur dans une cellule étanche. *Budget :* 900 millions de F (Commission des communautés européennes 30 %, EDF 25, Japon, USA, Corée du Sud, Canada 15). 1res expériences 1993 et 1996.

L'énergie nucléaire dans le monde

■ Réacteurs

■ **Premières unités électronucléaires.** **USA :** EBR-1 (300 kW) : 1re divergence du réacteur 24-8-1951. **URSS :** APS-Obninsk, mai 1954. **France :** G1-Marcoule, janvier 1956. **G.-B. :** Calder Hall, mai 1956.

■ **Puissance globale en GWe nets et,** entre parenthèses, **nombre d'unités (au 31-12-1998). Filières : Graphite-gaz :** AGR (advanced gas cooled), MGUNGG (Magnox gas cooled), UNGG (graphite gas cooled). **Eau lourde :** PHWR (sous pression). **Eau ordinaire :** BWR ou ABWR (bouillante), PWR ou APWR (sous pression), VVER (sous pression). **Neutrons rapides :** surgénérateur (sodium). **Eau graphite :** RBMK (eau ordinaire bouillante), GLWR (eau ordinaire sous pression). **Eau ordinaire-eau lourde :** HWLWR ou ATR (bouillante).

Filières	Installée	En construction	Commandée	Retirée du réseau	Annulée
AGR, MGUNGG, UNGG	11,7 (34)	–	–	4,2 (19)	0,25 (2)
PHWR	20,2 (36)	6,9 (14)	1,8 (6)	1,13 (5)	1,27 (2)
PWR	196,1 (205)	10,7 (12)	1,9 (2)	8,05 (21)	127,6 (118)
BWR	79,6 (92)	0,8 (1)	7,23 (6)	4,29 (27)	53 (49)
Rapide-FBR	1,2 (5)	3 (5)	–	1,59 (9)	2,14 (3)
VVER	30,5 (48)	14,35 (17)	4,46 (6)	3,46 (10)	46,5 (57)
RBMK, GLWR	13,9 (18)	0,92 (1)	–	4,46 (13)	6,46 (6)
ATR	0,1 (1)	–	–	–	–
Divers	–	–	–	1,48 (17)	11,86 (16)
Amérique du Nord	113,04 (125)	–	–	12,25 (51)	151,18 (139)
UE	123,27 (146)	1,45 (1)	–	11,12 (47)	32,59 (40)
Europe hors UE	3,71 (6)	–	–	0,01 (1)	3,12 (4)
Europe Est	44,82 (67)	19,84 (25)	2,56 (4)	5,12 (19)	48,30 (54)
Asie	63,92 (88)	13,52 (22)	12,80 (16)	184 (3)	11,95 (13)
Reste du monde	4,71 (7)	1,92 (2)	–	–	2,06 (3)

■ **Unités électronucléaires installées et,** entre crochets, **en construction et en commande** (en 1999). **Puissance électronucléaire en MWe nets (nombre d'unités) :** *Afrique du Sud :* PWR 1 844 (2). *Allemagne :* PWR 15 978 (14) ; BWR 6 363 (6). *Argentine :* PHWR 935 (2) [692 (1)]. *Arménie :* VVER 376 (1). *Belgique :* PWR 5 713 (7). *Brésil :* PWR 626 (1) [1 229 (1)]. *Bulgarie :* VVER 3 538 (6). *Canada :* PHWR 14 937 (21). *Chine :* PWR 2 140 (3) [3 010 (4)] ; PHWR [1 300 (2)] ; Rapide-FBR [20 (1)] ; VVER [1 900 (2)]. *Corée du Nord :* PWR [1 900 (2)]. *Corée du Sud :* PHWR 1 929 (3) [650 (1)] ; PWR 9 401 (11) [4 750 (5)]. *Espagne :* PWR 5 959 (7). *Finlande :* BWR 1 670 (2) ; VVER 970 (2). *France :* PWR 61 500 (57) [1 450 (1)] ; Rapide-FBR 233 (1). *G.-B. :* MGUNGG-AGR 11 738 (34) ; PWR 1 188 (1). *Hongrie :* VVER 1 740 (4). *Inde :* PHWR 1 618 (8) [3 536 (12)] ; BWR 300 (2) ; Rapide-FBR 13 (1). *Iran :* VVER [950 (1)]. *Japon :* PWR 18 369 (23) ; BWR 24 830 (28) [5 397 (5)] ; Rapide-FBR 260 (1) ; ATR 150 (1). *Kazakhstan :* Rapide-FBR 135 (1). *Lituanie :* RBMK-GLWR 2 760 (2). *Mexique :* BWR 1 308 (2). *Pakistan :* PHWR 128 (1) ; PWR [280 (1)]. *Pays-Bas :* PWR 459 (1). *Roumanie :* PHWR 660 (1) [2 520 (4)]. *Russie :* Rapide-FBR 560 (1) [3 000 (4)] ; VVER 9 064 (13) [9 210 (11)] ; RBMK-GLWR 10 219 (15) [925 (1)]. *Slovaquie :* VVER 2 020 (5) [1 164 (3)]. *Slovénie :* PWR 632 (1). *Suède :* PWR 2 705 (3) ; BWR 7 355 (9). *Suisse :* PWR 1 692 (3) ; BWR 1 385 (2). *Taïwan :* PWR 1 780 (2) ; BWR 3 104 (4) [2 630 (2)]. *Tchèque (Rép.) :* VVER 1 632 (4) [1 784 (2)]. *Ukraine :* VVER 11 195 (13) [3 800 (4)] ; RBMK-GLWR 925 (1). **Monde :** MGUNGG-AGR 11 738 (34) ; PHWR 20 207 (36) [8 698 (20)] ; PWR 196 135 (205) [12 619 (14)] ; BWR 79 609 (92) [8 027 (7)] ; Rapide-FBR 1 201 (5) [3 020 (5)] ; VVER 30 535 (48) [18 808 (23)] ; RBMK-GLWR 13 904 (18) [925 (1)] ; ATR 150 (1).

■ **Allemagne.** Le prototype HTR (à haute pression), de 300 MW, de Hamm-Uentrop (Westphalie) a été abandonné. Les réacteurs de l'ex-RDA ont été définitivement arrêtés en 1990. 14-6-2000, annonce de l'arrêt du retraitement à La Hague et Sellafield le 1-7-2005 et des centrales en 2021.

■ **France. Filière uranium naturel-gaz :** en service de 1956 à 1972 ; arrêtés 1968 à 1994. **Filière à uranium enrichi-eau ordinaire :** le prix du pétrole restant avantageux jusqu'à fin 1973, on ne mit en chantier que 5 tranches de 900 MW de 1970 à 73. Après la crise pétrolière d'oct. 1973, un programme nucléaire fut décidé. 1re mise en service Fessenheim (30-12-1997). **Projet EPR** (European Pressurized Reactor, 1993) : réacteur franco-allemand de 1 525 MW [EDF PreussenElektra, RWE, Bayernwerk et Badenwerk et NPI (Framatome-Siemens)] devant équiper des centrales construites par EDF en 2010 (eau pressurisée ; objectif : 50 000 MW/j/t de combustible, contre 42 000 à 45 000 MW en 1993). *Coût :* 750 millions de F (10 à 26 % de plus qu'une centrale classique).

■ **Grande-Bretagne.** En 1965, réacteurs AGR, à uranium faiblement enrichi ; à la suite des difficultés techniques la filière SGHWR (à eau lourde), envisagée en janv. 1978 un nouveau programme de 4 tranches AGR, et 1 tranche de REP en 1986-87. En mars 1994, arrêt du réacteur rapide PFR Dounreay. Le 31-1-1995, divergence du 1er REP, Sizewell B. 14 réacteurs AGR, 20 MGUNGG et 1 PWR.

■ **Japon.** Réacteurs prévus : 56 (51 en service fin 1994) dont *BWR* 30 ; *PWR* 23 ; *autres* (Magnox, ATR, RNR) 3. Réacteurs en service 28 BWR, 23 PWR, 1 HWLWR, 1 rapide, 1 MGUNGG.

■ **Europe de l'Est. Arménie :** *VVER 440-230* 2 (Oktemberyan 1 : déc. 76 ; 2 : déc. 79). *1989-10-1* réacteurs arrêtés : tremblement de terre ; *1995-août* remis en route. *1997 :* 1 VVER. **Bulgarie :** *VVER 440-230* 4 (Kozloduy 1 : oct. 74 ; 2 : nov. 75 ; 3 : janv. 81 ; 4 : juin 82). *VVER 1 000* 2 (Kozloduy 5 : sept. 88 ; 6 : déc. 93). Assurent 40 % de la prod. électrique. *1997 :* 6 VVER. **Hongrie :** *VVER 440-213* 4 (Paks 1 : août 83 ; 2 : nov. 84 ; 3 : déc. 86 ; 4 : nov. 87). *1997 :* 4 VVER. **Kazakhstan :** Aktau 1, juill. 73 neutrons rapides. *1997 :* 1 rapide. **Lituanie :** *RBMK* 2 (Ignalina 1 : mai 85 ; 2 : août 89). Assurent, avec 1 500 MW, 70 à 80 % de la prod. électrique. *1997 :* 2 RBMK. **Ex-RDA :** Greifswald 4 *VVER 440-230*, 1 *VVER 440-213* (fermées depuis la réunification). **Roumanie :** *Candu* 5 (Cernavoda 1 à 5 en construction). *1997 :* 1 PHWR. De conception canadienne. **Russie :** *VVER 440-230* 4 (Kola 1 : déc. 73 ; 2 : févr. 75 ; Novovoronezh 3 : juin 72 ; 4 : mars 73). *VVER 440-213* 2 (Kola 3 : déc. 82 ; 4 : déc. 84). *VVER 600* 2 (Kostroma 1 à 2 en construction). *VVER 1 000* 7 (Balakovo 1 : mai 86 ; 2 : janv. 88 ; 3 : avr. 89 ; 4 : déc. 93 ; Kalinin 1 : juin 85 ; 2 : mars 87 ; Novovoronezh 5 : févr. 81). *RBMK* 11 (Kursk 1 : oct. 77 ; 2 : août 79 ; 3 : mars 84 ; 4 : févr. 86 ; Leningrad 1 : nov. 74 ; 2 : févr. 76 ; 3 : juin 80 ; 4 : août 81 ; Smolensk 1 : déc. 83 ; 2 : juillet 85 ; 3 : juillet 93). *1997 :* 4 GLWR, 1 rapide, 13 VVER, 11 RBMK. **Slovaquie :** *VVER 440-230* 2 (Bohunice 1 : avr. 80 ; 2 : janv. 81). *VVER 440-213* 2 (Bohunice 3 : févr. 85 ; 4 : déc. 85). *1997 :* 4 VVER. **Rép. tchèque :** *VVER 440-213* 4 (Dukovany 1 : mai 85 ; 2 : mars 86 ; 3 : déc. 86 ; 4 : juillet 87). *VVER 1000* 2 (Temelin 1 à 2 en construction). *1997 :* 4 VVER. **Ukraine :** *VVER 440-213* 2 (Rovno 1 : sept. 81 ; 2 : juillet 82). *VVER 1 000* 10 (Khmelnitski 1 : août 88 ; Rovno 3 : mai 87 ; Nikolaev 1 : oct. 83 ; 2 : avr. 85 ; 3 : déc. 89 ; Zaporoji 1 : avr. 85 ; 2 : oct. 85 ; 3 : janv. 87 ; 4 : janv. 88 ; 5 : oct. 89). *RBMK* 2 (Tchernobyl 1 : mai 78, fermé ; 3 : juin 82, fermera 2000).

■ **Suède.** Dans un référendum de 1980, la population s'était prononcée pour la poursuite du programme nucléaire, mais impressionnée par l'incident de Three Mile Island, l'abandon du nucléaire dans des délais « raisonnables » a été réclamé. Sur 12 réacteurs civils : *1er fermé* Barsebäck 30-11-1999, *2e*, fermeture prévue 2000 puis 2001, repoussée.

■ **USA.** Disposent d'uranium enrichi produit par 3 usines d'enrichissement construites à des fins militaires, s'orientent pendant les années 1950 vers les filières REP et REB. 37 réacteurs BWR et 72 PWR. *Plus grande centrale :* Palo Verde 3 (Arizona, 1987), 1 253 MW.

■ Surgénérateurs

Électrogènes

■ **France. Phénix : 1973**-*31-8* à *Marcoule* (Gard), 250 MW (prototype sur 17 années, arrêté 15 % du temps pour incidents). **1993**-*8-2* réacteur autorisé à fonctionner après 2 ans (pendant 10 j, à 350 MW). -*Juillet* redémarrage prévu reporté (fuites de sodium). **1994**-*21-12* réacteur autorisé à fonctionner aux 2/3 de sa puissance par la DSIN. **1995**-*9-4* arrêt pour travaux. **1997**-*27-5* redémarre aux 2/3 de sa puissance nominale (350 MW) ; arrêt prévu 2004.

Superphénix 1 à *Creys-Malville* (Isère), 1 250 MW [exploitant : Nersa (Centrale nucléaire européenne à neutrons rapides) SA de droit français possédée (en %) par EDF 51, Enel (Italie) 33, SBK (All.) 16, SEP (P.-Bas) 14,74, Electrabel (Belg.) 14,74, Nuclear Electric (G.-B.) 1,65]. **1975** mis en chantier. **1977**-*31-7* 1 manifestant antinucléaire (Vital Michalon) tué par grenade des forces de l'ordre. **1982**-*18-1* des inconnus lancent 5 roquettes. **1985**-*7-9* 1re divergence. **1986**-*14-1* couplé au réseau EDF avec 5 ans de retard. -*9-12* pleine puissance atteinte (1 200 MW). **1987**-*26-5* arrêt (barillet : fuite de sodium constatée 3-4). **1989**-*24-1* redémarre. -*21-4* couplé au réseau. -*6-8*, -*24-8*, -*14-9*, 3 arrêts automatiques. **1990**-*14-4* redémarrage. -*28-4* arrêt (fuite de sodium dans circuit secondaire). -*8-6* couplé au réseau. -*3-7* arrêt [colmatage de filtres : impuretés dans le sodium (risque classe 2)]. -*13-12* une partie du toit de la salle des machines (hors îlot nucléaire) s'effondre sous la neige. **1991**-*27-5* le Conseil d'État annule l'art. 3 du décret du 10-1-1989 autorisant le redémarrage provisoire. Un nouveau système de transport de combustible remplacera le barillet. **1992**-*29-6* Bérégovoy, après avis de la DSIN, décide le redémarrage après travaux pour éliminer le risque de feux de sodium. **1993**-*janv.* rapport Curien en faveur d'une reconversion en incinérateur. -*15-2* enquête publique (objectif : production d'électricité et acquisition de connaissances). -*Mai* redémarrage repoussé d'un an. -*30-9* avis favorable de l'enquête publique. **1994**-*janv.* rapport favorable de l'autorité de sûreté. -*11-7* décret autorisant le redémarrage (objectif : recherche et démonstration). -*7-11* autorisé à fonctionner à 30 % de sa puissance nominale (stoppé 15-11 lors d'une fuite d'argon, 26-12 fuite vapeur non radioactive sur un générateur de vapeur). -*22-12* couplé au réseau. Plutonium brûlé sous forme de Mox dans les REP. **1995**-*4-9* arrêt (carte électronique défaillante). – *25-9* redémarrage. -*23-10* fuite vapeur non radioactive. **1996**-*3-5* arrêt (permutation des barres de contrôle et opérations de maintenance préventive). -*17-6* au ralenti (essais). -*2-7* commission Castaing (créée 11-9-1995) favorable à la poursuite de l'exploitation. -*18-7* redémarrage (puissance maximale 1 200 MW). On prévoit, après 1998, de brûler du plutonium et des actinides, avec un cœur adapté (régime de sous-génération). -*5 au 17-11* arrêt pour changer un roulement défectueux d'une pompe de circulation du sodium. -*24-12* arrêt pour 6 mois. **1997**-*juin* Jospin décide l'arrêt définitif. **1998**-*31-12* arrêt définitif.

Bilan : en 1977, la commission *Péon* (prod. d'électricité d'origine nucléaire) avait prévu d'installer 13 à 19 surgénérateurs avant 2000 en France. Mais les surgénérateurs de grosse puissance (comme Superphénix) [seul prototype de surgénérateur installé à l'échelle industrielle dans le monde] se révèlent délicats à mettre au point et plus chers à construire que prévu. De plus, le ralentissement des programmes mondiaux a entraîné une surcapacité et une baisse des cours de l'uranium naturel, et le démantèlement des armes nucléaires soviétiques devrait mettre sur le marché 1 500 t d'uranium 235 enrichi à 95 %, ce qui diminue l'intérêt économique des surgénérateurs. La technologie (uranium 238, sodium), trop coûteuse, ne sera utile que vers 2080. La phase industrielle (Superphénix 2) prévoyait, en 2000, 37 surgénérateurs sur 158 centrales nucléaires. **Coût** (en milliards de F) en cas d'arrêt au 31-12-2001 au taux de disponibilité de 35 %, et, entre parenthèses de 60 % : solde 63,5 (59,8) [produits d'exploitation du 1-1-1995 au 31-12-2000 : 5,3 (9) ; charges : coût net au 31-12-1994 : 34,4 (34,4), dépenses d'exploitation du 1-1-1995 au 31-12-2000 : 7 (7) ; charges liées à l'arrêt : 27,4 (27,4)]. Depuis sa mise en service, a fonctionné en tout 7 410 h, produisant 4,5 TWh.

■ **Autres pays. Allemagne. KNK II** Karlsruhe (1977, en service 1983 ; fermé 1991) 21 MW ; **SNR-300** Kalkar (1987, construction arrêtée) 327 MW ; **Europe EFR** (European Fast Reactor) : travaux engagés (1 500 MWe, construction 1997 ; mars 1993, G.-B. se retire). **G.-B. PFR** Dounreay (1975 ; arrêté 31-3-1994) 270 MW. **Inde. FBTR** Kalpakkam (1985) 15 MW. **Japon. JPFR** Monju (1993 ; fonctionnement interrompu le 8-12-1995 : fuite de 1 t de sodium dans le système secondaire de refroidissement 280 MW ; **DFBR** (2000) 670 MW. **Kazakhstan. BN-350** Chevchenko (1973) 280 MW. **Russie. BOR-60** Melekess (1973) 12 MW ; **BN-600** Beloyarsk (1980) 600 MW ; **BN-800** Beloyarsk (construction stoppée) 800 MW ; **BN-1 600** Obninsk (après 1993) 1 600 MW. **USA. EBR 1** (Experimental Breeder Reactor) Idaho (en service 1951 ; fermé 1983) 0,2 MW ; **EBR 2 Enrico Fermi** Michigan (en service 1963 ; fermé) 20 MW ; **CRBR** (Clinch River Breeder Reactor, abandonné 1983), 350 MW.

Non électrogènes

■ **Prototypes** (puissance thermique). **France. Rapsodie** (de *Rapide-Sodium*) 28-1-1967 à Cadarache (B.-du-Rh.) 40 MW. Des études préliminaires avaient été menées à partir de 1965, sur Harmonie et Mazurca, de 2,5 et 5 kW refroidis à l'air, installés à Cadarache. En janvier 1982, fuite d'azote sur la double enveloppe qui entoure la cuve. La réparation se révélant coûteuse, il a été démantelé. **Autres pays. Japon. Joyo** ou **JEFR** Oraï (en 1977) 100 MW. **G.-B. DFR** (en 1959) arrêté 1977. **Russie. BR5** Obninsk (en 1958) 10 MW. **USA. Clementine** Los Alamos (en 1946) 0,025 MW, fermé. **FFTF** Hanford (1979-80) 400 MW, fermé 1992.

■ **Projet CAPRA.** Mené par le CEA, EDF, Framatome et des partenaires étrangers, il vise à mettre au point un RNR dont la consommation nette de plutonium serait d'environ 80 kg par TWh électrique produit. Un réacteur de 1 200/1 500 MW brûlerait ainsi 640 à 800 kg de plutonium par an (Superphénix fonctionnant en « sous-génération » brûle 10 à 20 kg de plutonium par TWh.)

☞ **Arguments des partisans du surgénérateur.** *Réserves d'uranium* : représenteraient des centaines d'années de consommation avec le surgénérateur contre quelques dizaines d'années avec les réacteurs actuels (qui ne brûlent que 1 % de l'uranium utilisé). *Incidents du surgénérateur* : comparables à ceux des 1ers réacteurs en service.

L'énergie nucléaire en France

Commissariat à l'énergie atomique (CEA)

■ **Organisation. Créé** le 18-10-1945. *Établissement public de recherche et de développement à vocation scientifique et technologique.* **Administrateur général :** Pascal Colombani (né 14-10-1945). **Haut-commissaire :** René Pellat (né 24-2-1936). **Rôle.** Matières nucléaires, applications militaires, recherche fondamentale, protection et sûreté nucléaire, applications industrielles nucléaires. **Crédits** (en milliards de F) : *1985* : 16,9 ; *90* : 20 ; *91* : 19,95 ; *92* : 19,06 ; *93* : 18,74 ; 94 : 18,98 ; *95* : 19,63 ; *96* : 19,08 ; *97* : 18,58 ; *98* : 18,27 ; *99* : 18,54 (dont subvention civile 6,69, militaire 7,40, ressources propres 4,45).

Groupe CEA-Industrie. Détient depuis 1983 l'ensemble des participations du CEA. **Activités :** *secteur nucléaire :* (groupe Cogema) ; construction de centrales et de réacteurs de propulsion navale et services associés (domaine de Framatome, Technicatome). *Hors nucléaire :* services à l'industrie [prestations d'ingénierie (SGN)] ; biomédical [application de diagnostic (Oris)]. A la fin 1992, devenu le chef de file des intérêts français dans la Sté SGS-Thomson, 12e fabricant mondial de semi-conducteurs. **Chiffre d'affaires consolidé** (en milliards de F) : *1990* : 38,3 (dont réalisé à l'étranger 10,6) ; *91* : 38,9 (11) ; *92* : 39,2 (13,5) ; *93* : 45 (16,8) ; *94* : 50 (24,4) ; *95* : 52,2 (19,3) ; *96* : 53 (21,4) ; *97* : 53,6 (21,5) ; *98* : 51,4 (24) ; *par secteur d'activité* (en %, 1998) : cycle du combustible nucléaire 62 ; centrales et services nucléaires 20 ; biomédical 2 ; connectique 15 ; autres 1. **Résultat net consolidé** (part du groupe, en milliards de F) : *1990* : 1,7 ; *91* : 1,3 ; *92* : 1 ; *93* : 1,3 ; *94* : 1,3 ; *95* : 1,8 ; *96* : 1,6 ; *97* : 1,9 ; *98* : 1,9. **Effectif total** (en 2000) : 16 221 (ensemble des Stés intégrées prises à 100 %).

Cogema (Cie générale des matières nucléaires). *Créée* 1976. Détenue par CEA-Industrie (74,7 %), Total Fina Elf (14,5), Erap (7,6), Caisse des dépôts (3,2). *Pte* : Anne Lauvergeon (née 2-8-1959). **Chiffre d'affaires** (en milliards de F) : *1993* : 24,2 (dont 37,4 % à l'export.) ; *2000* : 39 ; *95* : 30,61 (11,2) ; *98* : 31,5 ; *99* : 33,15 (dont 41,2 % à l'export) ; *2000* : 39. *Résultats d'exploitation* : *1990* : 1,32 ; *91* : – 0,45 ; *92* : 0,57 ; *93* : 1,1 ; *94* : 1,3 ; *95* : 1,6 ; *96* : 1,2 ; *97* : 0,7 ; *98* : 1 ; *2000* : 1,75 ; *nets* : *1988* : 0,51 ; *89* : 1,54 (facturation du cœur et d'une 1re recharge pour Superphénix) ; *90* : 1,03 ; *91* : 0,851 (compte tenu de 1,757 de dédommagements versés par l'Iran) ; *92* : 0,51 ; *93* : 0,7 ; *94* : 0,841 ; *95* : 0,973 ; *96* : 0,977 ; *97* : 1,042 ; *98* : 1,178 ; *99* : 1 ; *2000* : 1,68. *Chiffre d'affaires du groupe par activité* : *2000 (en %)* : traitement, recyclage, ingénierie 34, Framatome 24,6, enrichissement 16, service 13,9, mines-chimie 11,5. **Effectifs** (au 31-12-2000) : 18 300. *Détient* 20 % des besoins en uranium naturel et 25 % en matière d'enrichissement. **Activités minières :** uranium naturel [*production* (en t) : *1989* : 2 830 ; *90* : 2 410 ; *91* : 2 030 ; *92* : 1 687 ; *93* : 6 580 ; *94* : 6 100 ; *95* : 6 200 ; *96* : 7 000 ; *97* : 7 000]. Or : Sté des Mines du Bourneix (filiale ; mines en Dordogne et Hte-Vienne ; *1998* : 1,6 t). **Enrichissement des matières nucléaires** [et activités rattachées (chimie de l'uranium, séparation isotopique)] : site de Miramas et du Tricastin. **Fabrication de combustible nucléaire :** à partir des matières fissiles issues d'usines d'enrichissement d'uranium ou de retraitement de combustibles ; *capacité* combustible au plutonium : 40 t/an à Cadarache, 100 t/an à Melox (possibilité 160 t/an). **Retraitement et transport :** *La Hague* [UP2, combustibles à eau légère ; extension UP2-800 à partir de 1994 : capacité 800 t/an. UP3 : mise en service 23-8-1990, valeur 27,8 milliards de F. Capacité 1 600 t/an (448 t retraitées en 1992)], *Marcoule* : retraitement des combustibles des réacteurs graphite-gaz (UNGE), production pour la Défense (arrêt définitif 30-9-1997).

Nota. – **Réacteurs de recherche du CEA :** *Siloé* (1963, Grenoble ; 35 MW ; arrêt 23-12-1997), *Osiris* (1966, Saclay ; 70 MW). *Orphée* (1980, Saclay ; 14 MW). *Jules-Horowitz* (prévu 2001, Cadarache)

☞ **Projet Topco :** présenté 30-11-2000. Société à capitaux publics. Holding détenu à 78 % par l'État via le CEA. *But :* coiffer le nucléaire français. Regroupe Framatome ANP, Cogema, CEA Industries. Pôle hautes technologies avec participation dans STMicroelectronics (composants) et FCI (branche connectique de Framatome). *Pte du directoire :* Anne Lauvergeon (née 2-8-1959). *Pt du comité de surveillance :* Pascal Colombani (né 14-10-1945).

Matériel

■ **Concepteurs et constructeurs de réacteurs. Framatome (Franco-américaine de constructions atomiques).** *Créé* 1958 au sein du groupe Empain-Schneider, fabrique des centrales à eau pressurisée sous licence Westinghouse, concurrent de la CGE (Cie Générale d'Électricité, ancêtre d'Alcatel) qui construit des centrales à eau bouillante sous licence General Electric. *Après 1970,* la France opte pour la solution Framatome. *1984* son actionnaire principal, Creusot Loire (groupe Schneider), mis en liquidation judiciaire (crise de la sidérurgie). *1985* CGE reprend 40 % de Framatome. *1990* Pierre Suard (Pt de CGE) est contraint de réduire sa participation à 44 %. *1995* Alcatel (Tchuruk, nouveau Pt) cherche à se désengager. *1999* projet de fusionner avec Siemens son activité nucléaire. *2000* fusion autorisée par l'UE, création de Framatome Advanced Nuclear Power (Framatome 66 %, Siemens 34 ; *Pt* : Dominique Vignon). **Capital** (en 1999) : Alcatel-Alsthom environ 10 %, CEA Industries 20, EDF 10, Cogema 34, État 20, Framépargne 5. *Pt :* Dominique Vignon. **Chiffre d'affaires**, et, entre parenthèses, **résultat net** (en milliards de F) : *1992* : 12,7 (0,950) ; *93* : 17 (0,863) ; *94* : 19,99 (0,846) ; *95* : 17,9 (0,663) ; *96* : 15,2 (0,894) ; *97* : 18,4 (0,989) ; *98* : 18 (0,604) dont (en %) nucléaire 56, connectique 44. **Effectifs** (au 1-1-1999) : 28 264. **Détient** à 100 % depuis 1999, FBFC, Cerca, Zircotube et Cezus, est le 1er concepteur-vendeur mondial de combustible nucléaire pour réacteurs à eau sous pression. En mars 1993, a repris Jeumont-Schneider Industrie, devenu ensuite Jeumont-Industrie (*chiffre d'affaires 1996* : 1 milliard de F). Détient 25 % de Technicatome (chaudière nucléaire pour sous-marins et porte-avions). **Novatome** (depuis 1989 division de Framatome) pour les surgénérateurs.

■ **Exportations de centrales.** Localisation, date de mise en service industriel, système, puissance en MWe. **Groupement d'industriels français :** *Espagne,* Vandellos 1 (1972, UNGG, 480 MWe, arrêté en 1990). **Framatome :** *Belgique,* Tihange 1 (1975, REP, 870), 2 (1983, REP, 902), Doel 3 (1983, REP, 891). *Afr. du Sud,* Koeberg 1 (1984, REP, 922), 2 (1985, REP, 922). *Chine,* Daya Bay (commande 1986, en service févr. et mai 1994, REP, LingAo (à 1 km à l'est de Daya Bay 1 ; commande 15-1-1995), terminée 2001-2002, 2 réacteurs de 1 000 MW chacun ; *coût total* : 18 milliards de F. *Corée du Sud,* Uljin-1 et 2 (1988, REP, 900).

Centrales

Données globales

☞ MWe : mégawatt (million de W) électrique. TWh : térawatt/heure (milliard de kWh).

■ **Tranches.** *Au 1-1-2000* : 58 tranches installées, 1 en construction et 11 déclassées, dont : 2 surgénérateurs (Phénix et Superphénix), 55 REP ou réacteurs à eau ordinaire sous pression (34 de 900 MWe, 20 de 1 300 MWe et 3 de 1 400 MWe).

■ **Age du parc nucléaire. Répartition de la capacité d'électricité par tranche d'âge** (en %, au 1-1-1999) : *moins de 5 ans* : 7 ; *de 5 à 10 ans* : 13 ; *de 11 à 15 ans* : 40 ; *de 16 à 20 ans* : 34 ; *21 ou 22 ans* : 6. **Production nette d'électricité nucléaire** (en 1999) : 374,9 TWh dont Paluel 34,9.

■ **Puissance nucléaire couplée au réseau** (en MWe bruts et, entre parenthèses, nombre d'unités). *Au 1-1-1970* : 729 (8) ; *80* : 8 625 (16) ; *85* : 34 700 (41) ; *90* : 55 136 (55) ; *95* : 61 130 (56) ; *99* : 62 400 (88).

Aptitude à produire de l'électricité (centrale fonctionnant à pleine puissance ou à charge partielle, appelée ou non sur le réseau). *Coefficient de disponibilité* (en %

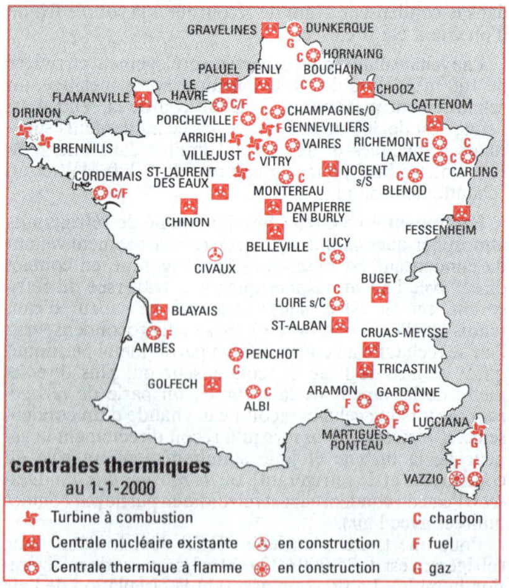

en 1995) : centrales à eau légère 1 300 MW : 79,8 ; de 900 MW : 82 ; ensemble des centrales nucléaires EDF : 81.

Liste des centrales

Situation au 1-1-2000. *Production nette* en TWh, *tranche* (tr), date de mise en service, puissance maximale en MWe. **Exploitation EDF. Belleville** [1] (Cher) 14,5 TWh : tranche 1 (1-6-88) 1 310 MWe, *2* (6-1-89) 1 310. **Blayais** [1] **(Le)** (Gironde) 23,1 : tr. *1* (1-12-81) 910, *2* (1-2-83) 910, *3* (14-11-83) 910, *4* (1-10-83) 910. **Bugey (Le)** (Ain) 23,4 : tr. 1 [2] (1-7-72) 540 [arrêtée mai 1994], *2* [1] (1-3-79) 910, *3* [1] (1-3-79) 910, *4* [1] (1-7-79) 880, *5* [1] (3-1-80) 880. **Cattenom** [1] (Moselle) 34 : tr. 1 (1-4-87) 1 300, *2* (1-2-88) 1 300, *3* (1-2-91) 1 300, *4* (1-1-92) 1 300. **Chinon** (I.-et-L.). *A-1* (70 MW, mis en service 1963, arrêté 1973) [2], *A-2* (210 MW, 1965, arrêté 1985), *A-3* [2] (1966) 360 (arrêtée 1990, déclassée 1993), *B-1* [1] (1-2-84) 905, *B-2* [1] (1-8-84) 905, *B-3* [1] (4-3-87) 905, *B-4* [1] (1-4-88) 905. **Chooz** (Ardennes) 12 : *B-1* [1] (sept. 96) 1 455, *B-2* [1] (mars 97) 1 455. **Civaux** [1] (Vienne) 2,7 : 1 (juin 99) 1 450, *2* (déc. 99) 1 450. **Cruas-Meysse** [1] (Ardèche) 24,4 : *1* (2-4-84) 915, *2* (1-4-85) 915, *3* (10-9-84) 915, *4* (11-2-85) 915. **Dampierre-en-Burley** [1] (Loiret) 21,2 : tr. 1 (10-9-80) 890, *2* (16-2-81) 890, *3* (27-5-81) 890, *4* (20-11-81) 890. **Fessenheim** (Ht-Rhin) 11,6 : *1* (30-12-77) 880, *2* (1-4-78) 880 (7-4-1989). **Flamanville** [1] (Manche) 14,2 : *1* (1-12-86) 1 330, *2* (9-3-87) 1 330. **Golfech** [1] (T.-et-G.) 17,4 : *1* (1-2-91) 1 310, *2* (4-3-94) 1 310 ; contestée par les écologistes, inquiets de son impact sur la Garonne. **Gravelines** [1] (Nord) 34,4 : *B-1* (25-11-80) 910, *B-2* (1-2-80) 910, *B-3* (1-6-81) 910, *B-4* (1-10-81) 910, *C-5* (15-1-85) 910, *C-6* (25-10-85) 910. **Marcoule** [2] (Gard) 1956, arrêtée 1968 ; surgénérateur *Phénix*, voir p. 1571. **Nogent-sur-Seine** [1] (Aube) 17,6 : *1* (24-2-88) 1 310, *2* (1-5-89) 1 310. **Paluel** [1] (S.-M.) 34,9 : *1* (1-12-85) 1 330, *2* (1-12-85) 1 330, *3* (1-2-86) 1 330, *4* (1-6-86) 1 330. **Penly** (S.-M.) 16,6 : *1* [1] (1-12-90) 1 330, *2* [1] (1-11-92) 1 330. **St-Alban-St-Maurice** [1] (Isère) 17,8 : *1* (1-5-86) 1 335, *2* (1-3-87) 1 335. **St-Laurent-des-Eaux** (L.-et-C.) 10,9 : *A-1* [2] (1969, arrêtée 1990) 390, *A-2* [2] (1971, déclassée 1992) 450, *B-1* [1] (1-8-83) 915, *B-2* [1] (1-8-83) 915. **Tricastin** [1] (Drôme) 20,7 : *1* (1-12-80) 915, *2* (1-12-80) 915, *3* (11-5-81) 915, *4* (1-11-81) 915.

■ **Autres exploitants** (en 1997). *Nersa* Creys-Malville : tr. *1* (1986) 1 142 (fermée au 1-2-98). *Sena* Chooz : *A*, 1er REP français (fermée : couplée au réseau du 3-4-1967 au 30-10-1991) 305. *CEA* Phénix : tr. *1* (1973) 233 (fonctionne en partie en 98).

Nota. – (1) REP : réacteur à eau pressurisée. (2) UNGG : uranium naturel, graphite, gaz.

Combustible nucléaire

Minerais et concentrés

■ **Principaux types de minerais. Uranium. Nom :** d'Uranus (planète découverte en 1781), selon la tradition alchimiste qui associait les planètes aux métaux. Composé de 3 isotopes naturels, toujours associés ainsi (en %) : ^{238}U 99,27, ^{235}U 0,72, ^{234}U 0,0053. Le minerai contient aussi les descendants de ces 3 isotopes, intimement mélangés. Seul l'uranium 235 est fissile, c'est-à-dire capable de produire une réaction en chaîne. La croûte terrestre contient en moyenne 12 g/t de thorium et 3 g/t d'uranium. L'uranium s'est concentré surtout dans certains granites ou le long de grandes discontinuités géologiques et se présente sous forme d'environ 200 minéraux vert, jaune ou noir. Actuellement, aucune mine n'est rentable à une teneur inférieure à 2 ‰. **Histoire :** *1789* l'urane, ou oxyde d'uranium, est identifié par Martin Heinrich Klaproth (All., 1743-1817) qui donne le nom d'uranium à la poudre obtenue en cuisant de la pechblende. *1841* Eugène-Melchior Peligot (Fr., 1811-90) produit de l'uranium métal par réduction chimique. *1896* Henri Becquerel (Fr., 1852-1908) découvre la radioactivité. *1938* Otto Hahn et Fritz Strassmann parviennent à casser son noyau à coups de neutrons, produisant ainsi d'autres corps radioactifs (baryum, krypton). **Utilisation :** *XIXe s.* comme agent chimique en céramique et dans la miroiterie ; *début XXe s.* dans la fabrication d'aciers à haute résistance ; *en 1919 et 39* dans le traitement médical des tumeurs. **Minerai :** *pechblende* (mélange d'oxydes d'uranium, teneur de 50 à 80 %) et dérivés ; *vanadates* (francevillite, carnotite) ; *phosphates* (chalcolite, autunite). Mines souterraines ou à ciel ouvert.

Thorium. Minerais : *thorianite* (45 à 88 % de thorium) ; *uranothorianite* (jusqu'à 12 % d'uranium) ; *monazite* (12 % de thorium, parfois un peu d'uranium ; Madagascar, Inde, Australie, Brésil).

■ **Production mondiale d'uranium** (en milliers de t d'uranium métal). *1987* : 61,8 ; *88* : 61 ; *89* : 57,7 ; *90* : 50 ; *91* : 41 ; *92* : 35,5 ; *93* : 33,2 ; *94* : 31,6 ; *95* : 32,2 ; *96* : 36,1 ; *97* : 36,7 ; *98* : 34,9 ; *99* : 34,2. Canada 8,5 ; Australie 6,4 ; Niger 2,9 ; Namibie 2,9 ; Russie 2,6 ; Norvège 2,4 ; Ouzbékistan 2,3 ; Kazakhstan 2 ; USA 1,8 ; Ukraine 1 ; Afrique du Sud 0,95 ; Chine 0,6 ; Rép. tchèque 0,6 ; *France 0,46* ; Gabon 0,29 ; Espagne 0,25 ; Inde 0,21 ; Allemagne 0,03 ; Argentine 0,006 ; Hongrie 0,001. **Grandes sociétés. G.B.** : Rio Tinto Zinc. **France** : Cogema (Groupe CEA-Industrie) ; **Allemagne** : Uranerzbergbau ; **Canada** : Cameco [mine McArthur (prév.) 20 % de la production mondiale] ; **Afrique du Sud** : Nufcor (Anglo American Corporation, Johannesburg Consortium Ltd, Gencor) ; **USA** : Uranium Ressources Incorporated (M) ; **Australie** : Energy Resources of Australia-Western Mining.

■ **Besoins annuels d'uranium en 1993 et**, entre parenthèses, **en 2000** (en milliers de t). USA 17,1 (17,9) ; *France 8,9 (11)* ; Japon 7,2 (10,2) ; Allemagne 3,5 (3,1) ; G.-B. 2,1 (1,8) ; Canada 2 (2) ; Suède 1,6 (1,5) ; Espagne 1,2 (1,2) ; Belgique 1 (0,9) ; Suisse 0,65 (0,6) ; Finlande 0,3 (0,4) ; Pays-Bas 0,1 (0,1).

■ **Réserves d'uranium** (au 1-1-2000, en millions de t). Ressources. Raisonnablement assurées (< 80 $/kg/entre 80 et 130$/kg) et supplémentaires estimées (< 80$/kg/entre 80 et 130 $/kg). Monde : 2 515,31/729,88 (853,55/283,92) dont Afrique du Sud 232,9/59,9 (66,8/9,6) ; Algérie 26 (0,7/1) ; Allemagne 3 (4) ; Argentine 5,24/2,24 (2,38/0,07) ; Australie 607/109 (147/47) ; Brésil 162 (100,2) ; Bulgarie 7,83 (8,4) ; Canada 326,42 (106,59) ; Centrafrique 8/8 ; Danemark 27 (16) ; Espagne 3,10/3,62 (7,54) ; USA 106/249 ; Finlande 1,5 ; *France 12,46/1,78 (0,55)* ; Gabon 4,83 (1) ; Grèce 1 (6) ; Hongrie (18,4) ; Iran 0,49 ; Italie 4,8 (1,3) ; Kazakhstan 436,62/162,04 (195,6/63,7) ; Malawi 11,7 ; Mexique 1,7 (0,7) ; Mongolie 61,6 (21) ; Namibie 149,27/31,24 (90,82/16,69) ; Niger 71,12 (18,58) ; Ouzbékistan 65,62/17,49 (39,85/7,14) ; Pérou 1,79 (1,86) ; Portugal 7,47 ; Rép. tchèque 4,11/2,88 (1,11/21,55) ; Russie 140,9 (36,5) ; Slovénie 2,2 (5/5) ; Somalie 6,6 (3,4) ; Suède 4 (6) ; Turquie 9,13 ; Ukraine 42,6/38,4 (20/30) ; Viêt Nam (0,49/6,25) ; Zaïre 1,8 (1,7) ; Zimbabwe 1,8/n.d.

■ **Capacité d'enrichissement** (en millions d'UTS/an, 2000). *Total 44,65* dont **Usec/USDOE** [(civil/Department of Energy). Début production 1956 (1,1 million d'UTS) ; pleine production 1988 ; 3 usines : Oak Ridge (arrêtée 1988), Paducah, Portsmouth] 19,3 ; **Eurodif** [(Sté européenne d'enrichissement de l'uranium), selon le procédé de la diffusion gazeuse. *Participants* (en %) : France (Cogema) 51,55, Italie (Agip nucleare, Enea) 16,25, Belgique (Soben) 11, Espagne (Enusa) 11, Iran 10. *Implantation* : Tricastin (Drôme). *Coût* : 12 milliards de F. *Construction* : 1974-82] 10,8 (soit 2 670 t d'uranium enrichi à 3,15 % par an) ; **ex-URSS** (export) 10 ; **Urenco** [(Assoc. européenne d'enrichissement par ultracentrifugation). *Participants* (en %) : G.-B. (BNFL) 33, P.-Bas 33, Allemagne (Uranit) 33] 3,5 ; **PNC** [Power Reactor and Nuclear Fuel Corp. (Japon)] 1,05.

Capacité de production d'UF_6 dans le MEM : 44 700 t par an, dont *France 14 000* (n° 1 mondial Comurhex, filiale à 100 % de la Cogema), USA 12 700, G.-B. 8 800, Canada 10 500, CEI 22 000.

■ **Marché mondial du combustible nucléaire** (en 1998). **Réacteurs à eau bouillante :** 6 000 t/an dont (en %) General Electric 38, JNF + Hitachi + Toshiba 24, Siemens 21, ABB 12, NFI 5. **A eau pressurisée :** 4 000 t/an dont Fragema (Cogema 50 %, Framatome 50 %) 36, Westinghouse 18, Siemens 15, MHI, Mitsubishi 8, ABB 6, FCF (Framatome, Cogema, Fuels filiale américaine de Fragema) 5, autres 12.

Statistiques françaises

■ **Exploitations.** La prospection a commencé en 1946. Les gisements [1 % des réserves mondiales, 1,5 % de celles du monde à économie de marché (MEM)] sont à faible teneur et trop dispersés. **Principales sociétés minières :** **Cogema** : *Société des Mines de Jouac* (Hte-Vienne ; exploitées de 1948 à fin mai 2001) : Le Bernardan 450 t. **Production minière** (en t). *1960* : 984 (y compris outre-mer) ; *80* : 2 592 ; *89* : 3 206 ; *90* : 2 816 ; *91* : 2 486 ; *92* : 2 119 ; *93* : 1 708 ; *94* : 1 027 ; *95* : 980. **Stock. Sécurité** : niveau minimal 3 ans de consommation.

■ **Prix de vente spot. Oxyde** (en $ par livre anglaise d'U_3O_8) : *vers 1953* : 8 (commandes militaires importantes) puis 5 ; *71* : 6,1 ; *75* : 23,7 ; *78* : 43,2 ; *79* : 45 ; *80* : 31,8 ; *85* : 15,6 ; *89* : 10 ; *90* : 9,8 ; *91* : 8,7 ; *92* : 7,95 ; *93* : 7,12 ; *94* : 7,05 ; *95* : 8,45 ; *97* : 12.

■ **Prix d'achat Euratom long terme. Oxyde** (en $ par livre anglaise d'U_3O_8) : *1980* : 36 ; *85* : 29 ; *90* : 29,4 ; *91* : 26,1 ; *92* : 24,7 ; *93* : 21,2 ; *94* : 20,2 ; *95* : 17,5.

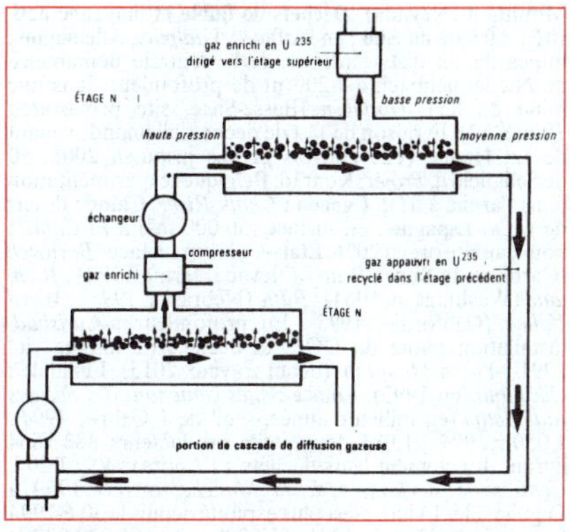

■ Fabrication des combustibles

■ **Réacteurs à eau sous pression.** Fabrication par la Sté franco-belge *FBFC*, filiale de Cogema et Framatome, à Dessel (Belgique) et à Romans et Pierrelatte (Drôme). Le combustible utilisé se présente sous forme de pastilles d'oxyde d'uranium empilées dans des tubes de zircaloy (alliage de zirconium) formant la *gaine* (longueur de ces crayons égale à la hauteur du cœur : environ 4 m ; diamètre : environ 9,5 mm). On constitue des assemblages allant jusqu'à 264 crayons réunis en réseaux 17 × 17. Ces combustibles sont commercialisés par Fragema (GIE 50/50 entre Cogema et Framatome).

■ **Surgénérateurs.** Fabrication à Cadarache (Cogema). Le combustible, constitué d'aiguilles faites de pastilles d'oxyde mixte d'uranium et de plutonium de 5 à 7 mm de diamètre empilées dans des gaines en acier inoxydable, est commercialisé par Corrap (GIE 50/50 entre Cogema et Framatome).

■ Combustibles irradiés

■ **Processus.** Dans le cœur du réacteur, le combustible subit un taux de combustion exprimé en mégawatts (thermiques) par jour par tonne (MWj/t, mesurant l'énergie fournie et son taux d'usure). Une fois irradié, le combustible contient : **1°)** *les produits de fission,* généralement émetteurs de radiations β et γ de période relativement courte, responsables de la quasi-totalité de l'activité. **2°)** *Des corps lourds,* généralement émetteurs de radiations α de longue période (transuraniens comme les isotopes du neptunium, plutonium, américium et curium). **3°)** *Du tritium,* formé par fission ternaire. Après le déchargement, l'ensemble de cette radioactivité dégage de la chaleur (exprimée en W/t) qui forme la puissance résiduelle (d'environ 6 % de la puissance du réacteur au départ, elle tombe au 1/100 de sa valeur au bout de 180 j).

■ **Bilan.** Après un séjour de 3 années dans le cœur d'un REP (taux de combustion de 33 000 MWj/t) : 100 kg d'uranium (97 kg d'U 238 + 3 d'U 235) donnent 95 kg d'U 238, 1 d'U 235, 1 kg de plutonium, 3 kg de produits de fission. 215 000 t en 2015 (plus les déchets venant d'appareils médicaux ou industriels et ceux des activités militaires).

■ **Transport.** Les combustibles usés sont transportés dans des emballages spécifiques appelés « châteaux » de transport. Les conteneurs de combustibles usés sont testés : épreuve mécanique (chute de 9 m sur une surface indéformable), thermique (exposition à un feu de 800 °C pendant 30 min), d'immersion (sous 15 m d'eau pendant 8 h).
Il faut environ 5 à 6 transports par an pour un réacteur de 1 000 MW.

☞ Chaque année, environ 200 conteneurs de combustibles irradiés quittent les centrales d'EDF pour le terminal ferroviaire de Valognes (Manche), d'où ils sont transportés par camions à la Hague. Une centaine de convois partent vers l'étranger, dont 25 % vers la G.-B. Au total, 450 convois circulent en France. Plus tard, il faudra tenir compte du transport de déchets vers les sites d'enfouissement. En 1997, 35 % des convois ferroviaires (44 wagons et 54 emballages sur 208 livraisons) présentaient des taches de contamination [niveau maximal contamination interne 8 000 Bq/cm² (externe 700 Bq/cm²)]. En Allemagne, des niveaux de radiation interne jusqu'à 13 400 Bq/cm² ont été relevés.

■ **Retraitement.** Consiste à séparer dans les combustibles usés, l'uranium (environ 95 %) et le plutonium (1 %), destinés à être réutilisés, et les produits de fission qui constituent les déchets ultimes (environ 4 %), qui sont conditionnés en vue de leur stockage définitif. Les assemblages de combustibles usés, constitués de 200 à 300 « crayons » contenant l'oxyde d'uranium, enfermés hermétiquement dans des tubes de zirconium, sont immergés dans une piscine 3 ou 4 ans, dont au moins un 1/2 dans la piscine attenante au réacteur, avant transport vers l'usine de retraitement ; l'eau assure une protection physique contre les rayons γ émis par les produits de fission et permet l'évacuation de la puissance calorifique résiduelle. Puis les crayons, cisaillés en tronçons de 3 à 5 cm, sont dissous dans une solution d'acide nitrique. Uranium et plutonium, sous forme de nitrates, sont séparés des produits de fission par voie chimique (solvants organiques), puis séparés l'un de l'autre et purifiés, également par voie chimique. On obtient un uranium dont l'enrichissement résiduel est de 0,8 à 0,9 % (3 % avant irradiation) ; une fois réenrichi, il peut être réutilisé dans les centrales REP. Le plutonium, stocké sous forme d'oxydes, peut être réutilisé dans les surgénérateurs et les REP (combustible Mox, voir ci-dessous). **Objectif** : la *France* récupère le plutonium pour diminuer sa dépendance d'approvisionnement en uranium naturel et le volume des déchets ultimes. Une t de combustible usé équivaut sur le plan énergétique à 20 000 t de pétrole (1 g de plutonium recyclé dans un combustible Mox permet de produire autant d'électricité qu'une t de pétrole). Pour la France, le retraitement-recyclage des combustibles déchargés annuellement par EDF économise 20 % des ressources naturelles d'uranium nécessaires au fonctionnement de ses réacteurs. Aux USA, riches en énergie (pétrole, charbon, gaz), le DOE a décidé de stocker le combustible usé d'une manière réversible ; on pourra le retraiter plus tard ou le stocker définitivement en profondeur (*Once-Through Cycle*).

■ **Mox (Mixed oxyde fuel). Composition :** mélange uranium et plutonium (de 5 à 7 %). Permet d'utiliser le plutonium issu des usines de retraitement des combustibles standards, qui ne contiennent que de l'uranium Uox (*Uranium Oxide*). **Fabrication :** France (140 t par an à Cadarache), Belgique (40 t à Dessel), G.-B. (4 à 8 t à Sellafield). **Utilisation :** *France :* dans 20 réacteurs, *Allemagne* 12, *Suisse* 4, *Belgique* 2, *Japon* le prévoyait dans une dizaine de réacteurs mais une partie de la population s'y est opposée. **Retraitement :** *Uox irradié :* séparation du plutonium contenu des autres déchets (produits de fission, actinides mineurs, uranium). Pratiqué à l'échelle industrielle par France et G.-B. Les autres pays considèrent Uox irradié comme un déchet. *Mox irradié :* expérimenté en France en 1991 et 1992 ; coût supérieur au retraitement de l'Uox. **Cogema :** retraite 850 t/an d'Uox d'EDF et aussi Uox envoyé par électriciens allemands, japonais, suisses et belges. **Risques :** Mox irradié plus difficile à manipuler que l'Uox irradié. Il est beaucoup plus radioactif (radioactivité alpha 27 000 Bq/t, Uox utilisé dans des conditions comparables : 5 500). Chaleur, plus élevée (refroidissement beaucoup plus long : au bout de 100 ans, ils dégagent encore une puissance de 1 kW par assemblage).

Statistiques

☞ La taille optimale d'une usine de retraitement correspond au traitement annuel d'environ 800 t par an, soit la production de 50 réacteurs.

■ **Capacités de retraitement en 2000** (combustible eau légère, grande unité industrielle, en t). Cogema (France) 1 584, BNFL (G.-B.) 924, JNFL (Japon) 792, Minatom (Russie) 407. **Coût du retraitement** (prix du kg d'uranium traité en France, en F courants) : *1981* : 4 300 ; *86* : 6 300 ; *93* : 5 000.

■ **Usines de retraitement.** Date de mise en service et capacité théorique annuelle en t d'uranium avant irradiation. **Allemagne :** *WAK Karlsruhe 1970* : 35 [b] (arrêtée 1990. *Mi-89* : l'All. renonce à construire une autre usine). **Chine** : usine prévue après 2010. **France :** Cogema, exploite *Marcoule* UP 1 *1958* : 800-1 000 [a]. *La Hague 1967* : UP 2 400 [b], UP 2 - 800 ; *1994* : UP 2 800 [b], UP 3 : 800 [b] [réservée pendant 10 ans aux Cies d'électricité étrangères (allemandes, belges, suisses, hollandaises et japonaises). Mise en service 23-8-1990, inaugurée 14-4-1992 ; 7 000 t de combustibles usés à traiter venant de 67 réacteurs appartenant à 29 opérateurs (dont Japon 2 700 t, All. 2 500 t)]. **G.-B. :** *Windscale* (tête oxyde Windscale, arrêtée 1973 après accident de contamination). *Sellafield* (anciennement *Windscale*) *1964* : 1 500 [a]. *Thorp* [a] *1994* : 1 200 [b] eau légère et filière nationale AGR. **Inde :** *Tarapur 1979* : 100 [b,c]. *Kalpakkan* après *2000* :

■ **Controverse sur La Hague. Origine : 1995**-*déc.* étude épidémiologique du Pr Jean-François Viel : légère augmentation des cas de leucémies infantiles sur 15 ans. **1997**-*11-1* étude du *British Medical Journal* cosignée par J.-F. Viel : corrélation entre fréquentation des plages, ingestion de produits marins et risque d'apparition de leucémie et mise en cause des sources de radioactivité dans l'environnement (contestée par d'autres épidémiologistes). *-11-3* des mesures sur conduite de rejet en mer des effluents radioactifs révèlent par forte marée une radioactivité anormale. *-Mai* Greenpeace critique les normes de rejet en mer d'iode 129 par la Cogema. *-Juin* dénonce l'inaction des pouvoirs publics et révèle la présence de sédiments radioactifs après prélèvements (la Cogema confisque le matériel à 3 reprises). *-17-6* Bernard Kouchner, secr. d'État à la Santé, et Dominique Voynet, min. de l'Environnement, réclament une expertise indépendante. *-1-7* le Pr Souleau remet son rapport. *-10-7* D. Voynet interdit pêche et navigation de plaisance aux abords de la canalisation. *-22-7* Souleau démissionne. *-16-9* D. Voynet estime que la Cogema a commis une faute. *-Fin sept.* selon Greenpeace, des crabes présenteraient une contamination de 1 350 Bq/kg (max. 600) ; commercialisation autorisée jusqu'à 1 250 Bq/kg selon l'Opri. *-14-10* Greenpeace déboutée d'une action en référé pour pollution déposée le 2-10 contre la Cogema et condamnée à 10 000 F d'indemnité. *-1-12* selon l'Opri, les travaux d'assainissement sur le site ont réduit les rejets d'un facteur 30, mais des sédiments attestent d'une augmentation de la contamination liée à la présence de tartre. **1998**-*janv.* prérapport d'Alain Spira (Inserm) et d'Annie Sugier (IPSN) : pas d'augmentation significative des cas de leucémies.

100 b,c. **Italie :** *Saluggia 1970 :* 25 (fermée). **Japon :** *Tokaï-mura 1978 :* 90 b. *Rokkasho-Mura* après *2000 :* 800 b. **Russie :** *Tcheliabinsk 1971 :* 400 b. *Krasnoïarsk* (RT2) projet 1 500 b. **USA :** situation bloquée depuis avril 1977 [*West Valley* 300, mise en service 1966, fermée. *Barnwell* (Caroline du S.) 1 500 t/an, achevée 1976, n'a jamais fonctionné]. L'administration Carter voulait interdire l'utilisation du plutonium, même civil, à cause de la prolifération. Le gouvernement amér. s'est engagé auprès des compagnies d'électricité à prendre en charge leurs combustibles usés à partir du 1-2-1998 en vue d'un stockage souterrain, contre le paiement d'une redevance de 0,1 cent/kWh, mais cet engagement n'a pu être tenu malgré 13 milliards de $ prélevés depuis 1982.

Nota. – Combustible retraité : (a) métal, (b) oxyde, (c) eau lourde.

☞ **Cycle Japon-France :** *Japon :* envoie 3 000 t de combustible irradié. *France :* jusqu'en 2010, renvoie 2 800 t d'uranium retraité et 30 t de plutonium servant en particulier au surgénérateur de Monju (avril 1994). **1992**-*24-8* cargo japonais *Akatsuki-Maru* (4 800 t) quitte Yokohama, escorté du *Shikishima*, navire armé de 6 500 t (route et date de chargement inconnues). *-2-10* bateau de Greenpeace à Cherbourg. Manifestations. *-29-10 Akatsuki-Maru* à Brest. *-7-11* à Cherbourg : 1,5 t de plutonium venant de La Hague chargée (conteneurs résistant à 30 000 m de prof.). **1993**-*5-1* arrive à Tokai (au nord de Tokyo). *Coût de l'opération :* 966 millions de F. **1995** *-23-2 :* 14 t de déchets vitrifiés arrivent le 25-4 sur le *Pacific-Pintail* au Japon.

Déchets

■ **Types très faiblement radioactifs (TFA). Niveau :** de 1 Bq/g (niveau du bruit de fond naturel de la croûte terrestre) à 100 Bq/g. **Origine :** *industrie électronucléaire* (béton, gravats, ferrailles ou tuyauteries venant d'installations, huiles usagées), centre de recherche du CEA, services de médecine nucléaire et laboratoires de radio-analyse des hôpitaux (500 m³ par an) et *industrie chimique* (engrais avec dépôts de phosphogypses faiblement irradiants). **Quantité :** 1 à 2 millions de m³ d'ici à 2070. **Stockage :** centre spécifique, ouverture prévue en 2003 à Morvilliers (Aube).

De faible et moyenne activité à vie courte (A) : origine : filtres, gants et petit matériel venant de l'exploitation des centrales, des laboratoires de recherche ou des hôpitaux. **Niveau :** contiennent des radionucléides de période inférieure à 30 ans et ne renferment qu'une faible quantité (37 Bq/g en moyenne) de radionucléides à vie longue ; la radioactivité, faible à l'origine, sera négligeable au bout de 300 ans. Elle diminue de 50 % en une fraction de seconde pour certains corps, en 28 ans pour le strontium 90, 30 pour le césium 137. Elle est divisée par 1 000 environ au bout de 10 périodes (temps où la radioactivité est diminuée de 50 %) et par 1 million au bout de 20. **Quantité :** 15 000 m³/an en surface. A surveiller plusieurs siècles. **Stockage :** à La Hague (Cotentin), 530 000 m³, site saturé depuis 1994 et à Soulaines (Aube), capacité de 1 million de m³.

De moyenne activité à vie longue (B) : contiennent des quantités significatives de radionucléides à période longue (+ de 30 ans), généralement des actinides émetteurs de rayonnement « alpha » sans dégagement thermique important. Parfois appelés déchets alpha. **Origine :** principalement usines de retraitement (boues, gaines de combustibles). **Quantité :** 56 000 m³ au terme de l'exploitation du parc actuel.

De haute activité (C) : origine : « cendres » (produits de fission et actinides) de la combustion nucléaire ; essentiellement constitués par des verres incluant des produits de fission. Il viennent du conditionnement sous forme solide des effluents liquides de très haute activité (produits de fission) issus du retraitement des combustibles irradiés dans les réacteurs électronucléaires et des combustibles expérimentaux qui ne sont pas retraités. **Quantité :** 3 500 à 5 000 m³ au terme de l'exploitation du parc actuel, selon que le combustible use sera ou non entièrement retraité. La loi du 30-12-1991 a prévu 3 voies de recherche menées jusqu'en 2006 pour trouver une solution à très long terme : réduction de la nocivité par la séparation-transmutation ; amélioration des procédés de conditionnement pour un entreposage en surface de longue durée ; étude des possibilités de stockage réversible ou irréversible dans des formations géologiques profondes.

☞ Les déchets de haute activité et à vie longue sont en général vitrifiés, par exemple enrobés de bitume, de béton ou de résine thermodurcissable selon leur niveau d'activité. A *La Hague* et à *Marcoule,* les produits de fission sont conditionnés sous forme de blocs solides de verre insoluble.

Andra (Agence nationale pour la gestion des déchets radioactifs) : *créée* 7-11-1979, Épic depuis la loi du 30-12-1991. Gère les déchets. Catégorie *A.* L'entreposage de déchets radioactifs importés est interdit au-delà des délais techniques imposés par le retraitement (loi du 30-12-1991), La Hague rapatrie les combustibles retraités de l'étranger depuis 1995 (avant entreposés dans silos)].

■ **Centres de stockage. Milieux géologiques envisagés. Argile :** imperméable quand elle est plastique mais cassante lorsqu'elle est comprimée. **Granite :** plus résistant mais souvent traversé par des fractures [France (*Massif central, Massif armoricain*), Suède (Stripa et Aspo), Suisse (Grimsel), Canada (Whiteshell, Manitoba), Japon (Kamaishi et Tono)]. **Sel :** [USA (mines du Nouveau-Mexique)]. **Tufs volcaniques.** Laboratoire Yucca Mountain (Nevada). **Déchets de faible et moyenne activité : Afrique du Sud :** en surface : *Vaalputs.* **Allemagne :** mines de sel d'*Asse* (débris de la centrale démantelée de Niederaichbach à 1 200 m de profondeur dans une mine de fer). *Gorleben* [Basse-Saxe, site provisoire ; *1996-8-5* 1re livraison de 11 t de déchets allemands venant de La Hague (120 convois prévus jusqu'en 2008, 50 de Sellafield)]. *Projet :* Konrad. **Belgique :** expérimentation dans l'argile à *Mol.* **Canada :** *Chalk River.* **Chine :** désert de *Gobi.* **Espagne :** en surface (50 000 m³) à *El Cabril* ; nouveau site prévu 2026. **Etats-Unis :** en surface : *Barnwell* (Caroline du Sud) ; *Beatty* (Nevada, fermé 1992) ; *Richland* (Washington, 1964) ; *Butte* (Nebraska, 1993) ; *Ward Valley* (Californie, 1993). En profondeur : *Carlsbad,* installation pilote du DOE, et déchets de longue vie, 1991 ; *Yucca Mountain* (début travaux 2015). **Finlande :** *Olkiluoto* (en 1992). **France :** *sites contenant des déchets radioactifs* (en milieu d'année, seuil de 1 GBq) : *1994 :* 1 050 ; *1996 :* 1 083 dont petits producteurs 833 (664 livrant directement leurs déchets à l'Andra) ; *98 :* 1 207. *Centres de stockage : de la Manche,* ouvert 1969 à Digulleville, 14 ha), n'est plus exploité depuis le 30-6-1994 (saturation). Depuis 1991, 527 000 m³ (soit 930 000 t) de déchets de faible et moyenne radioactivité, recouverts par 1,4 million de t de matériaux sur 6 couches, afin de garantir une étanchéité, y ont été stockés pour plusieurs siècles. Le 16-7-1996, le rapport Turpin a conclu à un niveau très faible de risque et suggéré le passage du centre à une 1re période de surveillance de 5 ans ; *de l'Aube : Soulaines-Dhuys* (exploitation depuis 13-1-1992) accueillera jusqu'en 2050 tous les déchets faiblement et moyennement radioactifs à vie courte français. 1 million de m³ en surface.

Le 9-12-1998, le gouvernement a autorisé l'Andra à construire 2 laboratoires de recherche souterrains pour étudier le stockage, réversible ou irréversible, des déchets de haute activité ou à vie longue dans des couches géologiques profondes. Un laboratoire à Bure (Meuse) dans l'argile à 490 m de profondeur et un laboratoire dans un site granite à déterminer. *1999-2000* construction du laboratoire (coût 1,5 milliard de F). **G.-B. :** jusqu'en 1983, immersion *en mer* (sauf *Drigg,* 1959) dont 74 052 t dans l'Atlantique de 1949 à 1982 (80 %) [16 500 t de 1950 à 1963 dans la fosse des *Casquets* (Aurigny, profondeur 165 m)] ; depuis 1986, en surface en attendant l'aménagement d'un site souterrain (projets : *Dounreay, Sellafield*). **Japon :** fosse au nord des *Mariannes ; Rokkasho Mura :* en sub-surface. **Russie :** selon des sources russes, de 1959 à 1991 : *Nlle-Zemble* et *mer de Kara,* 32 000 m³ de déchets liquides sur 5 à 8 sites (610 000 milliards de Bq) ; brise-glace *Lénine* à propulsion nucléaire coulé (3,7 millions de milliards de Bq) ; 11 réacteurs (21 selon les Occidentaux) dont 5 avec leur combustible sur 5 sites (4,5 à 6,3 millions de milliards de Bq) ; *mer de Barents :* 191 000 m³ de déchets liquides [(900 000 milliards de Bq ; immersion poursuivie en 1992 ; 67 curies en 1990) ; barge avec matériel contaminé (en 1959) ; cargo *Nickel* (1979, 1 400 milliards de Bq)] sur 3 sites : *Mourmansk* [(Zapadnaya, Litsa, Vidyayevo, Sayda, Gadzyevoi, Chval, Severomorsk et Sevmorput). 30 sous-marins hors service avec combustibles ou déchets, 25 000 éléments combustibles usés (déchets liquides 2 500 m³/solides 8 000 m³)], *Gremicha* 15 795 (2 000/300), *Severodvinsk* 14 (4 éléments de réacteurs) (3 000/12 530). La marine aurait rejeté, de 1966 à 1991, 18 réacteurs (dont 2 *en mer du Japon,* où reposent 2 640 m³ de déchets) et 13 150 conteneurs, représentant 2,3 millions de curies. L'abandon de la flotte russe du Nord représente 90 sous-marins hors d'usage (dont 75 % sont dangereux) et bâtiments atomiques de surface dans 11 sites sur 7 bases militaires, et des déchets radioactifs enterrés dans la *presqu'île de Kola.* **Suède :** sous la Baltique, à *Forsmark* et dans l'Atlantique, de 1958 à 1969. **Suisse :** en piscine, en attendant l'aménagement d'une ancienne galerie de barrage hydraulique (*projets :* bois de la *Glaivaz, Oberbauenstock, Piz Pian Grand, Wellenberg*).

■ **Plutonium civil stocké en France** (en t, au 31-12-1995). 206 dont *non irradié :* 55,3 (dont Pu séparé dans des usines de retraitement 36,1, Pu séparé et Pu en cours de process ou contenu dans des produits finis ou semi-finis non irradiés dans des installations de fabrication de combustible ou d'autres produits 10,1 ; séparé dans d'autres installations 5,5 ; Pu contenu dans du combustible Mox non irradié ou dans d'autres produits fabriqués, dans des réacteurs ou d'autres installations 3,6) dont appartenant à des organismes étrangers 25,7, détenu à l'étranger 0,2 ; *dans du combustible civil irradié :* 150,7 [dont dans le combustible usé dans les usines de retraitement 87,1, les piscines des réacteurs 63,6, autre 0].

■ **Besoins. Emprise au sol :** 200 hectares dont 90 % d'espaces verts, pour une centrale de 5 000 MW, soit environ 60 km² pour des sites de l'an 2000.

Projet Seabed : immersion dans les sédiments marins (bonnes qualités absorbantes de particules radioactives en cas de fuite). Les pays ne possédant pas l'énergie nucléaire s'y opposent. Pas de projet concret.

☞ **Actinides :** la radioactivité décroît lentement, se manifestant par l'émission de rayons alpha. Le *Neptunium 237* perd la moitié de sa radioactivité en 2 millions d'années environ et la totalité en 20 millions d'années. L'*Américium 241* perd la moitié de sa radioactivité en 430 ans, mais se transforme progressivement en neptunium (*Américium 243 :* 7 400 ans, *Cérium 245 :* 8 500). *Technique étudiée :* molécules-cages (cryptates) où viendraient se piéger sélectivement tel ou tel radioélément. Combustion dans un surgénérateur (expérience Superfact 1989) ou bombardement dans un accélérateur de particules.

Déchets en mer

■ **Réglementation. 1972** *Convention de Londres* sur l'immersion de déchets nucléaires, signée par 70 pays : seuls les déchets faiblement radioactifs peuvent être immergés, moyennant une autorisation. **1983** 19 pays signataires se prononcent contre tout rejet en mer, sauf USA, Japon et G.-B. qui ont voté contre cet accord et URSS et France qui se sont abstenues, bien que la France ait cessé toute immersion depuis 1969 (46 396 colis immergés soit 14 300 t de déchets, au large de l'Espagne en 1967 et dans la plaine abyssale de Porcupine, à 900 km à l'ouest de Brest, en 1969). **1992**-*22-9 Convention de Paris,* 15 pays européens (riverains de l'Atlantique dont la France, la Suisse et le Luxembourg) : *interdiction absolue* pendant 15 ans. **1993**-*12-11* les signataires de la Convention de Londres décident l'arrêt définitif du rejet en mer des déchets.

Selon l'AIEA : la radioactivité globale des déchets déposés en mer dans des fûts métalliques enrobés de goudron ou de béton sur une cinquantaine de sites, principalement dans l'Atlantique Nord et le Pacifique Nord, serait de 46 millions de milliards de becquerels. Leur stockage en mer remonte à 1946, à 80 km des côtes californiennes (dernier connu : 1982, à 550 km de l'Europe). De nombreux rejets ont été faits par l'ex-URSS (mer Baltique et autres mers).

Statistiques

■ **Production annuelle de déchets d'une centrale nucléaire de 1 000 MW aux différents stades.** *Concentration du minerai :* déchets solides 105 000 t, liquides 300 m³. *Conversion, enrichissement :* déchets solides : quantité négligeable. *Réacteur :* rejets gazeux centrale BWR : 100 000 curies ; REP : 40 000. *Station de traitement des effluents :* rejets liquides 4 m³ par heure (dilués dans 80 000 m³ d'eau par heure) ; centrale PWR : 105 curies (+ 1 000 ³H) ; REB : 100 curies (+ 30 ³H) ; déchets solides 150 m³ ; rejets gazeux 300 000 ⁸⁵ kryptons. *Retraitement :* rejets liquides 1 200 m³ et 300 curies.

Nota. – Selon le rapport Curien, 1 réacteur de 1 000 MW produit par an 21 t de combustibles usés contenant 20 t d'uranium enrichi à 0,9 % en uranium 235, 260 kg de plutonium, 21 d'actinides mineurs, 750 de produits de fission.

■ **Dans le monde. Radioactivité cumulée** (en milliards de curies en 1980 et, entre parenthèses, en 2000) : *césium 137 :* 2 (30-40) ; *strontium 90 :* 1,6 (20-25).

La couche superficielle de la Terre contient, sur une épaisseur de 2 000 m, plus de 160 milliards de t d'uranium (activité contenue : plus de 10 000 milliards de curies, dont plus de 1 000 de radium).

Production cumulée de produits de fission gazeux rejetés dans l'atmosphère (en milliards de curies, en 1980 et en 2000) : *tritium* 12 (0,18-0,25) ; *krypton 85* 0,4 (4,5-6). Aux USA, l'irradiation due à ces effluents était en 1980 de 0,05 millirem/an et sera en l'an 2000 de 0,37 millirem/an (irradiation naturelle : 100 et 300 millirem/an).

Proportion de transuraniens dans les déchets de haute activité : 1/400, soit au total 10 m³ avant 2000. **Transuraniens retrouvés dans les déchets** (en t, 2000) : plutonium 8-11 (soit en milliards de curies : 0,12-0,17) ; américium 0,015-0,02 (soit : 0,20-0,26) ; curium 0,005-0,007 (soit : 0,3-0,4).

Combustible civil irradié accumulé (en milliers de t, 2000) [*Source :* AIEA] : 220 (venant de 417 centrales existant dans 25 pays) dont USA 41, *France 36,5,* Canada 34, G.-B. 28, ex-URSS 20, Japon 18, Allemagne 11, Argentine 5,8, Inde 5, Corée du Sud 4,4. *2025 :* 700.

Combustible militaire (venant de 510 sous-marins et 75 navires de surface) : inconnu.

■ **En France, volume de déchets enrobés** (en m³). **Quantité cumulée en 1982 et,** entre parenthèses, **en 2000 :** *faible et moyenne activité* [radioéléments à vie courte, traces de vie longue] : 170 000 (640 000) ; *alpha à vie longue* 10 000 (10 000), haute activité à vie courte, à fort dégagement de chaleur ; *à vie longue avec activité radioactive moyenne* [vitrifiés ou, en cas de non-retraitement, combustibles irradiés] 120 (environ 2 000).

■ **Déchets** (en 1999). Plus de 52 millions de t [40 % du tonnage d'une mine souterraine (90 % pour une mine à ciel ouvert)], résidus très fins (boues qui sortent de l'usine), grossiers (restes des tas de lixiviation).

Démantèlement des équipements

■ **Age des réacteurs nucléaires en France** (en %, au 1-1-1999). *- de 5 ans :* 7 ; *5 à 10 ans :* 13 ; *11 à 15 :* 40 ; *16 à 20 :* 34 ; *21 à 22 :* 6.

■ **Nombre d'arrêts** (en 1993). 106 réacteurs, 22 piles de recherche, 22 sous-marins atomiques et plusieurs dizaines de laboratoires définitivement arrêtés.

■ **Sort des réacteurs après leur arrêt définitif. 1°)** On retire le combustible irradié et on l'expédie à l'usine de traitement. **2°)** Plusieurs possibilités : *a)* les ouvertures du réacteur sont obturées et les installations sont laissées en l'état sous surveillance ; *b)* les pièces les plus radioactives sont démontées puis stockées sur un autre emplacement et l'installation est condamnée ; *c)* le réacteur est totalement démonté et l'emplacement est réutilisé (coût de 50 à 75 millions de F pour une tranche de 900 MW). De nouvelles centrales sont construites à côté des anciennes, la surveillance de celles-ci étant ainsi assurée (solution adoptée à Chinon, 1re tranche EDF).

■ **Oural.** Entre 1960 et 1975, ce lac artificiel s'est formé lorsque les Soviétiques firent exploser au moins 13 bombes atomiques pour tenter de creuser un canal entre mer de Kara et mer Caspienne. Il reste un lac de 600 m sur 400, profond d'une dizaine de m : radioactivité 1,5 rem à l'h sur les bords (5 au centre), dose plus de 1 000 fois supérieure à la norme. En ex-RDA, le lac d'Oberrothenbach est l'un des plus grands lacs radioactifs du monde.

■ **Réacteurs du CEA définitivement arrêtés (début-arrêt).** [*Légende :* c : confiné, d : démantelé, dm : démonté en mn]. *EL-2* (Saclay 1952-65) partiellement d : puissance thermique du réacteur 2,8 MW. *G-1* (Marcoule 1956-68) c : 46. *César* (Cadarache 1964-74) d : 0,01. *Zoé* (Châtillon 1948-75) c : 0,25. *Peggy* (Cadarache 1961-75) d : 0,001. *Pégase* (Cadarache 1963-75) partiellement d : 35. *Minerve* (Fontenay 1959-76) dm : 100 W. *EL-3* (Saclay 1957-79) c, partiellement d : 18. *G-2* (Marcoule 1958-80) partiellement d : 250. *Néréide* (Fontenay 1960-81) d : 0,5. *Triton* (Fontenay 1959-82) partiellement d : 6,5. *Marius* [Cadarache (construit à Marcoule puis transféré en 1964 à Cadarache) 1960-83] d : 400 W. *EL-4* (Brennilis 1966-85) partiellement d : 250. *Rapsodie* (Cadarache 1967-83) en cours de c : 40 (puissance initiale de 20 MW). *G-3* (Marcoule 1959-84) partiellement d : 250. *Mélusine* (Grenoble 1958-88) en cours de confinement : 8. **Autres installations définitivement arrêtées.** [*Légende :* vie : v ; fin : f] *Usine plutonium :* v 1954-58 (f 1962), destination : retraitement de combustibles. *Le Bouchet :* v 1953-70 (f 1982), traitement des minerais. *Siloé* (Grenoble 1963-97) en cours de c : 35. *Gulliver* (Marcoule) : v 1965-67 (f 1986), pilote de vitrification. *Élan-II A* (Saclay) : v 1968-70 (f 1994), pilote pour Élan-II B. *Élan-II B* (La Hague) : v 1970-73 (f 1997), fabrication de sources césium ^{137}. *Attila* (Fontenay) : v 1966-75 (f 1985), pilote de retraitement. *AT-1* (La Hague) : v 1969-79 (f 1995), retraitement combustible RNR. *Forez :* v 1960-80 (f n.c.), traitement de minerais. *Gueugnon :* v 1964-80 (f 1981), traitement de minerais. *UBM* (Pierrelatte) : v 1964-82, enrichissement d'uranium. *Piver* (Marcoule) : v 1969-82 (f 1991), pilote de vitrification. *Bâtiment 18* (Fontenay) : v 1957-84 (f 1986), radiométallurgie (niveau 3). *RM2* (Fontenay) : v 1967-83 (f 1996), radiométallurgie. *APM* (Marcoule 1960-97) atelier pilote. **EDF : 1973**-*16-4 Chinon A-1* (80 MWe déclassée) ; **1985**-*14-6 Ch. A-2* (210 MWe déclassée) ; à *Brennilis : -31-7 EL4* (70 MWe). **1990**-*18-4 St-Laurent A-1* (480 MWe) ; *-15-6 Chinon A-3* (480 MWe) ; **1991**-*30-10 Chooz A* (305 MWe) ; **1992**-*27-5 St-Laurent A-2* (420 MWe) ; **1994**-*27-5 Bugey 1* (540 MWe) ; **1996**-*24-12 Superphénix* (arrêt définitif fin 1998). **Budget de démantèlement du CEA** (en milliards de F) : *1991 :* 0,188 ; *92 :* 0,132 ; *93 :* 0,135 ; *94-2000 :* 1,5 (0,25/an) ; *2000-2010 (prév.) :* 0,005/0,5/an.

Démantèlement des centrales : *durée de vie d'une centrale :* 40 ans. *Phase de démantèlement : niveau 1 :* 99 % de radioactivité évacués. *2 :* 10 ans plus tard, enlèvement des parties facilement démontables. *3 :* 25 à 50 ans plus tard, évacuation des matériaux ou équipements de radioactivité significative. Coût : d'un démantèlement : 15 % de l'investissement initial. Fin 1999, EDF avait provisionné 49 milliards de F.

■ **Remplacement des générateurs de vapeur** (RGV). En cas de fuite due à des microfissures (chaleur et corrosion), on obture jusqu'à 15 % des tuyaux sans perturber le fonctionnement du générateur de vapeur (GV) ; au-delà, il faut remplacer l'ensemble. Après un essai à Dampierre en 1990, EDF a prévu de remplacer les GV d'une vingtaine de tranches (2 par an, coût : 0,5 milliard de F par centrale). Des interventions sont aussi prévues sur les réacteurs.

☞ EDF envisage de convertir certaines de ses anciennes centrales nucléaires au gaz naturel en réutilisant la partie électrique, pour greffer des turbines à gaz à cycle combiné. St-Laurent-des-Eaux, où 2 tranches nucléaires de 250 MW ont été définitivement arrêtées en 1992, est situé à proximité du site de stockage de gaz de Chémery.

Gaz

Généralités

■ **Quelques dates.** Le *gaz de ville* (appelé longtemps *gaz d'éclairage)* est découvert simultanément en 1799 par le Français Philippe Lebon [**1786** envisage de faire servir à l'éclairage les gaz provenant de la combustion du bois. **1799**-*28-9* prend un brevet d'invention pour un *thermolampe*, fournissant lumière et chaleur (*Thermolampe ou Poêles qui chauffent, éclairent avec économie, et offrent, avec plusieurs produits précieux, une force motrice applicable à toute espèce de machines*). 1er établi au Havre où il se proposait d'appliquer le gaz à l'éclairage du phare et de faire servir le goudron à la marine. Mais les fluides (oxyde de carbone et hydrogène carboné) étaient peu éclairants et le gaz non épuré répandait une odeur désagréable. Éclaira avec gaz de houille appartements et jardins de l'hôtel Seignelay, rue St-Dominique, à Paris] (né en 1767, 1er à l'École des ponts et chaussées ; venu à Paris pour le sacre de Napoléon Ier est percé de 13 coups de couteau par des rôdeurs aux Champs-Élysées le 2-12-1804) et l'Anglais William Murdoch (1754-1839). [**1798** éclaire le bâtiment principal de la manufacture de James Watt, à Soho, près de Birmingham, **1805** toute le manufacture]. Fabriqué en chauffant de la houille ou de la sciure de bois à l'abri de l'air pendant plusieurs heures à 1 100 °C ; la houille ainsi distillée donnait naissance à 2 produits principaux : gaz et coke. **Jusqu'en 1850** le gaz de houille est surtout utilisé pour l'éclairage des rues, des lieux publics et des logements, puis d'autres emplois apparurent (cuisine, production d'eau chaude). L'industrie du gaz progressa alors rapidement d'année en année. **A partir de 1880** l'électricité le concurrence pour l'éclairage ; l'usage du gaz se développe alors autrement. **1893** le bec Auer produit la lumière non plus par la flamme du gaz, mais par l'incandescence d'un corps solide chauffé dans celle-ci. **1929** la crise stoppe cet essor. **A partir de 1930** les USA commencent à exploiter le gaz naturel jusque-là réinjecté dans les puits de pétrole pour maintenir la pression, ou brûlé à la torche. **1939-45** vieillissement des structures, prix de revient élevé du gaz face à celui du charbon et du pétrole. **Après 1945** progrès (techniques de production et transport) ; découverte de très importants gisements de gaz naturel : nouveau développement.

■ **Définitions. Gaz manufacturé :** la houille donnait un mélange de gaz comprenant : hydrogène (H), méthane (CH_4), oxyde de carbone (CO), carbures d'hydrogène non saturés et aromatiques (Cn Hm), en proportion variable suivant la qualité des houilles, les systèmes de fours employés et la façon dont était conduite la distillation. On ajouta du *gaz pauvre* venant des gazogènes servant au chauffage des fours et constitué principalement d'oxyde de carbone CO et d'azote inerte, ou du *gaz à l'eau* obtenu en injectant de la vapeur d'eau sur le coke incandescent en fin de distillation, ce qui donnait un mélange d'hydrogène et d'oxyde de carbone. **GN (gaz naturel) :** mélange contenant 70 à 95 % de méthane (CH_4, selon les gisements) hydrogène et carbone. Plus léger que l'air, densité 0,55. Il peut être associé dans le gaz naturel à d'autres hydrocarbures (essence, propane, butane), à de l'azote, du sulfure d'hydrogène (qui donne du soufre), du gaz carbonique. **GNL (gaz naturel liquéfié) :** inventé en 1883 par Faraday, forme sous laquelle est transporté le gaz naturel sur de longues distances ; il faut ensuite le regazéifier. **GNS (gaz naturel synthétique) :** fabriqué par traitement du charbon. **GPL (gaz de pétrole liquéfié) :** obtenu par distillation du pétrole ; propane, butane. **GTL (Gas to Liquids) :** technique transformant le gaz naturel en carburant (gazole, kérosène).

■ **Transformation du gaz naturel en gazole.** Le gaz naturel (CH_4) est transformé en monoxyde de carbone (CO) sous une pression et une chaleur élevées. La réaction de Fisher-Tropsch forme de longs hydrocarbures possédant jusqu'à 100 atomes de carbone à l'aide d'un catalyseur. L'hydrocraquage grâce à un apport d'hydrogène (H_2), casse les grosses molécules et permet d'obtenir des hydrocarbures possédant de 4 à 40 atomes de carbone, mélange qui correspond au gazole.

■ **Pouvoir calorifique.** Quantité de chaleur développée par la combustion de 1 m^3 de gaz (en kWh par m^3) : carbures non saturés et aromatiques 17,5 à 40,5, méthane 11, hydrogène 3,15, oxyde de carbone 3,5 [*butane* GPL 34,9 ; *propane* GPL 26,7 ; *air propané* (mélange d'air et propane) 15,7 (ou 7,5) ; *gaz naturel* de Hassi R'Mel (Algérie) 12,3, Ekofisk (Norvège) 11,6, Aquitaine 11,2, Orenbourg (Russie) 10, Groningue (P.-Bas) 9,8 ; *manufacturé* 5,2].

■ **Accidents.** *Explosion :* à la suite d'une fuite de gaz non brûlé dans un local fermé où le mélange gaz/air d'une proportion de 5 à 15 % est en contact avec une flamme ou une étincelle. *Intoxication* par oxyde de carbone : produite par une combustion incomplète causée par des appareils défectueux. *Conduites extérieures :* affaissement de terrain (circulation, poids lourds sur les trottoirs, travaux de terrassement, pose d'égouts, rupture de conduites d'eau) ; détérioration involontaire à l'occasion de travaux de voirie ou de terrassement ; défauts ou imperfections de joints (rares) [le gaz naturel ne ronge pas les tuyaux ; il est épuré, éventuellement débarrassé de son soufre (dès sa sortie du gisement). **Statistiques en France** (en 1994). **Accidents :** *involontaires :* 399 dont produits de la combustion 232, gaz non brûlé 167 [dont avant compteur (gaz non brûlé 27), après compteur 372 (prod. de la combustion 232, gaz non brûlé 140)] ; *volontaires :* 56 dont gaz non brûlé 52, prod. de la combustion 4. **Victimes :** *involontaires :* 43 dont prod. de combustion 31, gaz non brûlé 12 [dont avant compteur 1 (gaz non brûlé), après compteur 42 (dont prod. de la combustion 31, gaz non brûlé 11)] ; *volontaires :* 18 (dont prod. de la combustion 2, gaz non brûlé 16). **Accidents récents. 1971**-*21-12* Argenteuil (V.-d'O.) dans une tour de 15 étages : 19 † (incendie dans le local du vide-ordures, probablement explosion d'une conduite). **1978**-*17-2* rue Raynouard (Paris 16e) 3 immeubles soufflés : 13 † (rupture d'une canalisation à la suite d'un glissement de terrain, a coûté 58 millions de F aux assurances). **1980**-*15-4* Marseille : 8 †. **1981**-*11-1* Le Canet : 5 †. **1985**-*5-2* Marseille : 6 †. **1989**-*15-2* Toulon (Var) : 13 †. **1990**-*18-7* Limoges : 4 † (bouteille). *-5-10* Massy (Essonne) : 37 appartements détruits, 7 † (tuyau de raccordement détaché d'un robinet resté ouvert). **1991**-*9-12* Nanterre, immeuble : 2 † (rupture de conduite alimentant l'immeuble). **1992**-*10-11* Berre, raffinerie « Total » : 6 †. **1993**-*8-2* Lannemezan, atelier : 4 †. *-24-10* Bordeaux : 3 †. **1994**-*7-2* Caen : 3 † par intoxication. *-30-3* Courbevoie, chaufferie centrale : 2 †, 59 bl. *-3-9* Argelès : 3 † par intoxication. **1996**-*10-5* Avignon : 5 †. *-21-7* Marseille, immeuble : 6 † (tuyau de raccordement détaché d'un robinet resté ouvert). *-24/25-11* Blois : 2 †. **1997**-*25-3* Mont-de-Marsan : 5 †. *-6-4* Sarregemines : 3 †. *-22-8* Blaye (Gironde), silo à grains : 11 †. **2000**-*26-1* Nîmes : 3 †. *-6-2* St-Denis : 3 † par intoxication.

Gaz naturel

Généralités

■ **Origine.** Connu dans l'Antiquité [Perse, Chine (les Chinois, en cherchant des gisements de sel, trouvaient parfois des poches de gaz qu'ils canalisaient dans des tiges de bambou)]. Formé il y a des millions d'années à partir des dépôts organiques au fond des océans ou des lacs. On le trouve en gisement *sec* (accompagné parfois de gouttelettes dispersées de pétrole parce que le pétrole a « fui » ailleurs, ou parce qu'il ne s'est pas formé en quantité suffisante), ou *humide* (associé au pétrole ; le plus souvent, le gaz, moins lourd, occupe la partie supérieure de la cavité appelée « roche magasin », le pétrole, la partie moyenne, et de l'eau salée, la partie basse). Il est épuré et traité avant d'être utilisé. Souvent, il faut séparer des gouttelettes d'hydrocarbure liquide se trouvant en suspension dans le gaz par lavage des huiles d'absorption sous pression *(dégazolinage)*.

■ **Avantages.** Faiblesse des dépenses d'entretien et des dispositifs antipollution, haut pouvoir calorifique ; souplesse générale d'emploi, sécurité d'approvisionnement (ressources réparties sur tous les continents). Énergie propre (en brûlant ne dégage ni cendres, ni oxyde de carbone, ni produits sulfureux, mais seulement du gaz carbonique et de la vapeur d'eau ; ne contenant pas d'oxyde de carbone, il n'est pas toxique, ce qui rend impossible tout suicide). Normalement inodore, mais odorisé avec généralement du tétrahydrothyophène (THT) pour la détection.

■ **Contrats de fourniture de gaz.** Presque toujours à long terme, 2 formules : **1°)** *« supply » :* le producteur s'engage à livrer et l'acheteur à enlever un volume donné par an, pendant un nombre donné d'années (contrats hollandais de Groningue). **2°)** *« dedicated » :* le producteur s'engage à livrer et l'acheteur à enlever toutes les réserves économiquement récupérables d'un gisement donné. Engagements à court terme, *contrats « spot » :* vendeur et acheteur s'engagent sur un volume et un prix, le gaz étant livré et enlevé sur une durée courte (quelques jours à quelques mois).

■ **Stockage. En nappe aquifère :** dans une roche poreuse et perméable (calcaire ou grès ; entre – 300 et – 1 200 m), surmontée d'une couche de terrain imperméable (argile), généralement en forme de dôme. Pour le bon fonctionnement technique du réservoir, on laisse en place un « coussin de gaz » qui réduit à la moitié du volume total la capacité utile du réservoir. **En couches de sel :** on dissout à l'eau douce le sel d'un gisement pour réaliser des cavités piriformes dans lesquelles le gaz est stocké sous pression élevée et soutiré par simple détente. **Réservoir artificiel le plus grand du monde :** *Chémery* (France) : 7 milliards de m^3 en nappe aquifère.

■ **Moyens de transport. Gazoducs :** tubes d'acier soudés (épaisseur quelques mm, diamètre 20 cm à 1,40 m) souterrains ou immergés (entre Tunisie et Sicile par exemple). *Coût :* supérieur à celui du transport d'une même quantité d'énergie de pétrole par oléoduc. Pour donner au gaz une vitesse de transport suffisante, on utilise la pression existant à la sortie du gisement puis, pour assurer dans les conduites le maintien de la pression désirée (en moyenne 70 bars), des stations de compression sont installées en principe tous les 100 km. Des pistons racleurs permettent de nettoyer l'intérieur des canalisations. Des inspections périodiques sont effectuées sur le terrain ou en hélicoptère. **Méthaniers :** *coût* plus élevé : il faut au départ liquéfier le gaz au port d'embarquement à – 160 °C, ce qui réduit de 600 fois son volume, le transporter sur le méthanier, puis le regazéifier après déchargement.

Statistiques mondiales

■ **Contenance initiale de quelques grands gisements** (en milliards de m^3, 1991). *Urengaï* (Russie) 6 200, *Groningue* (P.-Bas) et *Hassi R'Mel* (Alg.) 2 000, *Troll-Bergen* (mer du Nord) 1 300 (situé sous 336 m d'eau), *Frigg* (mer du Nord) 230, *Lacq* (Fr.) 240, *Ekofisk* (mer du Nord) 200 (voir p. 1790 b), *Panhandle-Hugoton* (Texas) 190.

■ **Forages productifs** (en 1996). 13 867 dont Amérique du Nord 13 053 ; Extrême-Orient 363 ; Europe occidentale 156 ; orientale 169 ; Amérique latine 55 ; Afrique 49 ; Proche-Orient 22.

■ **Production commercialisée** (en milliards de m^3). *Total mondial : 1978 :* 1 406,7 ; *90 :* 2 075,7 ; *95 :* 2 205,29 ; *96 :* 2 308,49 ; *97 :* 2 308,1 ; *98 :* 2 343,3 ; *99 :* 2 391 ; *2000 :* 2 483,7 dont **Amérique du Nord** 727,8 (dont Canada 183,5, USA 544,3) ; **latine** 130,1 (dont Argentine 37,3, Bolivie 4,1 [4], Brésil 6,7, Chili 1,81 [1], Colombie 5,2 [1], Équateur 0,12 [1], Mexique 33,7, Pérou 0,97 [1], Trinité et Tobago 10 [4], Venezuela 27,2). **Afrique** 126 (dont Afr. du Sud 1,96 [1], Algérie 86, Angola 0,56 [1], Cameroun 0,07 [1], Congo 0 [2], Côte d'Ivoire 0,07 [1], Égypte 14,7, Gabon 0,1 [1], Guinée équatoriale 0 [2], Libye 5,9, Maroc 0,02 [1], Nigéria 5,7, Sénégal 0,06 [1], Tunisie 0,73 [1]). **Europe occidentale** 275,7 (dont Allemagne 21,2, Autriche 1,8, Danemark 7,8, Espagne 0,4 [1], *France 2,* G.-B. 105,2, Grèce 0,04 [1], Irlande 2,74 [1], Italie 15,7, P.-Bas 67,8, Norvège 51,1) ; **orientale** 746,7 (dont Albanie 0,02 [1], Bosnie et ex-Yougoslavie 0,72 [1], Bulgarie 0,04 [1], Croatie 1,8 [1], Hongrie 4,4 [3], Pologne 3,5 [3], Roumanie 13,6, Russie 584,2, Slovaquie 0,31 [1], Tchèque (Rép.) 0,1 [1], Ukraine 16,8). **Moyen-Orient** 211,4 (dont Arabie s. 47, Bahreïn 8,5 [4], Doubaï 1,9 [1], Émirats 38, Iran 60,2, Iraq 3,24 [1], Israël 0,02 [1], Jordanie 0,27 [1], Koweït 7, Oman 5,6 [4], Qatar 24 [4], Syrie 3,8 [1], Turquie 0,2 [1], Yémen 0 [2]). **Asie/Océanie** 266 (dont

Afghanistan 0,2 [1], Australie 32,8, Bangladesh 8,1, Brunéi 11,3 [1], Chine 24,3, Inde 24,9 [1], Indonésie 63,5, Japon 2,3 [3], Kazakhstan 9,2, Malaisie 43, Myanmar 1,60 [1], Nlle-Zélande 4,82 [1], Ouzbékistan 51,9 [4], Pakistan 17,8 [3], Papouasie-Nlle-Guinée 0,13 [1], Taïwan 0,95 [1], Thaïlande 17,1 [4], Turkménistan 21,3 [4], Viêt Nam 0,83 [1]). *Source :* Cedigaz.

Nota. – (1) En 1996. (2) 1995. (3) 1998. (4) 1999.

■ **Consommation** (en milliards de m³, 2000). *Total mondial :* 2 483,7 dont **Amérique du Nord** 729,4 (dont Canada 83,6, USA 645,8) ; **latine** 129,5 (dont Argentine 33,1, Bolivie 1,05 [1], Brésil 7,1 [3], Chili 3,8 [3], Colombie 5,2 [3], Équateur 0,1 [3], Mexique 33,6, Pérou 0,9 [3], Trinité et Tobago 8,57 [1], Venezuela 27,2). **Afrique** 58,9 (dont Afr. du Sud 1,96 [1], Algérie 24,4, Angola 0,56 [1], Côte d'Ivoire 0,04 [1], Égypte 14,7 [3], Gabon 0,10 [1], Libye 5,52 [1], Maroc 0,02 [1], Nigéria 5,32 [1], Sénégal 0,06 [1], Tunisie 1,87 [1]). **Europe occidentale** 430 (dont All. 94,7, Autriche 8,1 [2], Belgique 14,8 [3], Danemark 5 [3], Espagne 15 [3], Finlande 3,7 [3], *France 44*, Grèce 1,7 [1], Irlande 3,3 [3], Italie 73,3, Luxembourg 0,73 [1], P.-Bas 44,4 [3], G.-B. 94,1, Norvège 3,8 [3], Portugal 2,3 [3], Suède 0,8 [3], Suisse 2,6 [3]) ; **orientale** 656,8 (dont Albanie 0,02 [1], Biélorussie 15,3 [3], Bosnie et ex-Yougoslavie 3,27 [1], Bulgarie 3 [3], Croatie 2,45 [1], Hongrie 10,9 [3], Pologne 10,3 [3], Roumanie 17, Russie 453,9, Slovaquie 6,4 [3], Slovénie 1,25 [1], Tchèque (Rép.) 8,6 [3], Ukraine 73 [3]). **Moyen-Orient** 190,7 (dont Arabie 47, Bahreïn 6,49 [1], Émirats 31,4 [3], Iran 62,9, Iraq 3,24 [1], Israël 0,02 [1], Jordanie 0,27 [1], Koweït 7, Oman 4,21 [1], Qatar 13,50 [1], Syrie 3,8 [1], Turquie 12). **Asie/Océanie** 288,4 (dont Afghanistan 0,20 [1], Australie 22,7, Azerbaïdjan 5,6 [3], Bangladesh 7,9 [3], Brunéi 0,72 [1], Chine 24,1, Corée du Sud 18,7 [3], Inde 17,8 [3], Indonésie 27,8, Japon 74,8, Kasakhstan 7,9 [3], Malaisie 21 [3], Nlle-Zélande 4,8 [3], Ouzbékistan 48,3 [3], Pakistan 17,8 [3], Taïwan 6,2 [3], Thaïlande 16,4 [3].

Nota. – (1) En 1996. (2) En 1997. (3) En 1999.

■ **Réserves mondiales** (en milliards de m³, au 1-1-2000). 158 152 dont **Amér. du Nord** 6 200 (dont Canada 1 700, USA 4 500), **latine** 7 740 (dont Argentine 720, Bolivie 518, Brésil 229, Chili 94, Colombie 193, Équateur 102, Mexique 861, Pérou 255, Trinité et Tobago 662, Venezuela 4 148) ; **Afrique** 11 028 (dont Afr. du Sud 19, Algérie 4 077, Angola 60, Cameroun 102, Congo 122, Côte d'Ivoire 30, Égypte 1 250, Éthiopie 25, Gabon 33, Ghana 24, Guinée équatoriale 38, Libye 1 315, Mozambique 62, Namibie 85, Nigéria 3 515, Rwanda 57, Soudan 86, Tanzanie 28, Tunisie 78) ; **Europe occidentale** 6 978 [dont All. 270, Autriche 25, Danemark 142, *France 10*, Irlande 34, Italie 206, Norvège 3 808, P.-Bas 1 714, G.-B. 760, Turquie 8], **orientale** 57 522 (dont CEI 56 892, Croatie 35, Hongrie 30, Pologne 146, Roumanie 348, Slovaquie 15, Serbie 44) ; **Moyen-Orient** 53 896 (dont Abou Dabi 5 550, Arabie saoudite 5 790, Bahreïn 140, Doubaï 115, Iran 25 000, Iraq 3 285, Koweït 1 480, Oman 580, Qatar 10 900, Ras-Al-Khayma 31, Sharjah 296, Syrie 241, Yémen 479) ; **Asie/Océanie** 14 788 (dont Afghanistan 100, Australie 3 500, Bangladesh 315, Brunéi 374, Chine 1 375, Inde 650, Indonésie 3 770, Japon 40, Malaisie 2 410, Myanmar 287, Nlle-Zélande 63, Pakistan 635, Papouasie-Nlle-Guinée 428, Philippines 165, Taïwan 76, Thaïlande 425, Viêt Nam 175). *Source :* Cedigaz.

Nota. – **États-Unis :** le droit d'exploitation appartient au propriétaire du terrain. Le propriétaire peut également être associé aux résultats du forage. *Transport :* la loi interdit que le gaz soit consommé dans l'État où il a été extrait.

■ **Commerce international** (en milliards de m³, 1998). **Exportateurs :** total : 550,9. Russie 203,4 ; Canada 88,6 ; Algérie 55,8 ; Norvège 42,6 ; P.-Bas 38,9 ; Indonésie 36,3 ; Malaisie 19,1 ; Australie 9,8 ; Ouzbékistan 8 ; Brunéi 7,5. **Importateurs :** total 545,3. USA 89,3 ; Allemagne 74,2 ; Japon 69 ; Ukraine 53,6 ; Italie 42,6 ; *France 35,2* ; Biélorussie 16,3 ; Belgique 14,6 ; Corée 13,8 ; Espagne 13,2.

■ **Transport international du gaz.** En 1996, les échanges de gaz naturel se font par gazoduc (327 milliards de m³) et par méthanier (102 milliards de m³). Les échanges par gazoduc et par méthanier ont augmenté par rapport à l'année 1994 (18,9 et 16,2 %). **Réseau** (longueur en km et capacité nominale opérationnelle en milliards de m³, 1995) : USA 450 000, ex-URSS 233 500, Canada 71 300, *France 31 700* dont 28 000 pour Gaz de France et 3 700 pour GSO + Elf. *Exemples de gazoducs : Transmed* (Algérie-Slovénie via Tunisie et Italie) : 2 000 km, capacité : 24 après extension en 1994 ; *Europipe* (Norvège-Allemagne-Pays-Bas) : 640 km, capacité : 13 ; *Norfra* (Norvège-France) [Dunkerque puis gazoduc des Artères des Hauts de France (185 km, diam. 1,10 m, coût : 1,1 milliard de F) jusqu'à la station d'interconnexion de Cuvilly (Oise)] : 840 km, terminé début 1998, capacité : 12 ; *Maghreb-Europe* (Algérie-Europe via Maroc) : 1 450 km vers Portugal et Espagne, terminé juin 1996, capacité : 10. *Projets : Bulgarie-Grèce :* 860 km, capacité : 7. *Norfra* étendu à l'Italie [par l'Artère des marches du Nord-Est (Valenciennes-Bâle, 550 km) prévue 2001]. *Iamal-Europe occidentale* (Sibérie-Allemagne via Biélorussie et Pologne) : 4 000 km. *Sibérie-Chine :* 300 km. *Turkménistan-Europe* (via Iran et Turquie) : 1 500 km. **Navires** (mondial) : transporteurs de GPL 680 (en 1990), méthaniers (jusqu'à 140 000 m³) 85 (en 1994). **Chaînes de transport :** *1964 :* Algérie-G.-B. *65 :* Algérie-France (Le Havre). *69 :* USA (Alaska)-Japon. *72 :* Libye-Italie ; Libye-Espagne. *73 :* Algérie-France (Fos-sur-Mer), Algérie-USA ; Brunéi-Japon ; Algérie-Espagne. *77 :* Abou Dabi-Japon. *78 :* Indonésie-Japon. *82 :* Algérie-France (Montoir-de-Bretagne). *83 :* Malaisie-Japon. *86 :* Indonésie-Corée. *87 :* Algérie-Belgique. *89 :* Australie-Japon. *90 :* Indonésie-Taïwan. *93 :* Australie-Espagne. *94 :* Brunéi-Corée ; Algérie-Turquie. *95 :* Abou Dabi-France (Montoir-de-Bretagne) et Belgique (Zeebrugge).

■ **Principaux opérateurs de gaz européens** (chiffre d'affaires en milliards de F, 1999). Centrica (G.-B.) 75,98, Snam (It.) 64,84, GDF (France) 59,6, Gasunie (P.-Bas) 43,23, Ruhrgas (All.) 40,28, Gas Natural (Espagne) 20,76, Italgas (It.) 17,03.

LE GAZ EN FRANCE

GÉNÉRALITÉS

■ **Histoire** (gaz naturel). **XVIIe s.** connu en France (en Isère : le docteur Tardin s'intéressa à la « fontaine qui brûle près de Grenoble »). **1925** petit gisement exploité quelques années dans le Jura (à Vaux-en-Bugey). **1939** exploitation de gisement : St-Marcet, Hte-Garonne. **1946** le gaz naturel et, pour les villes éloignées des réseaux de transport, le gaz d'origine pétrolière, remplacent le gaz de houille. **1951**-*19-12* découverte de Lacq (Pyr.-Atl.). **1957** exploitation de Lacq. **1971** Belfort, la dernière usine à gaz de ville s'arrête.

■ **Gaz de France. Origine :** loi du 8-4-1946 qui nationalisa industries du gaz et électricité, soit 615 exploitations gazières, représentant 550 usines à gaz de houille (94 % de l'actif gazier français). *Aujourd'hui,* Gaz de France développe dans le monde tous les métiers du gaz naturel et les services énergétiques associés. Exploration, production, négoce de gaz naturel, transport, stockage, distribution, gestion d'énergie, génie climatique et thermique. Monopole tombe le 10-8-2000. Ouverture prévue pour les clients industriels : *2000 :* 20 %, *2003 :* 28, *2008 :* 33. **Conseil d'administration :** 18 membres : 6 représentants de l'État, 6 du personnel, 6 personnalités choisies en raison de leurs compétences. *Pt :* Pierre Gadonneix (né 10-1-1943). **Principales filiales et participations industrielles du groupe Gaz de France (en France et à l'étranger) :** négoce de gaz : Gaz de France Energy (G.-B.), e-MEX (Mexique), Gaz International Trading (USA), Gaz de France Comercializador (Espagne) ; exploration-production : GDF Britain (G.-B.), EEG (Allemagne), Pozagas (Slovaquie), Enercy (Côte d'Ivoire), Intragaz (Canada), GDF Production Netherlands (Pays-Bas), EFOG (G.-B.) ; transport maritime : Messigaz, Gazocean Armement, Methane transport ; distribution, transport terrestre : CFM, GSO, Gaz de Strasbourg, Gaz de Bordeaux, Gaz et Électricité de Grenoble, Segeo (Belgique), Portgas (Portugal), Estag (Autriche), EMB (Allemagne), Megal (All.), Gasag (All.), Degaz (Hongrie), Egaz (Hongrie), Mosparteplogaz (Russie), Spbvergaz (Russie), Consorcio Mexi-Gas (Mexique), Taumaligaz (Mex.), Gas Nea Mesopotamica (Argentine), Gaseba Uruguay (Uruguay), Gaz Metropolitan (Canada), Natgasmex (Mex.) ; services (cogénération, réseaux de chaleur, gaz naturel véhicules, génie climatique, gestion déléguée) : Groupe Cofacthec, Projis, Groupe Coriance, Groupe Thion, GNVert, Groupe Finergaz, ZCEW (Pologne), Hydrogehn Burner Technology (USA) ; ingénierie et para-gazier : Gaztransport et Technigaz, Sofregaz (Argentine), Technip, Gazinox, Fragaz, Politub (Roumanie), Gasaba ; services financiers : Petrofigaz.

Caractéristiques de certains gisements	France [1]	Algérie [2]	P.-Bas [3]	Italie [4]
Prof. min. (en m) . .	3 000	2 200	3 000	850
max. (en m) . .	5 200			2 000
Temp. au fond (°C)	140	90	70	–
Pression fond (bars)	670	310	296	177
(En %) méthane . . .	69	83,5	81,3	95,9
éthane	3	7,9	2,9	1,4
propane	0,9	2,1	0,4	0,4
butane	0,5	1	0,2	0,2
hydrogène sulfuré .	15,3	–	–	15,2
azote	1,5	5,3	14,3	1,8
gaz carbonique .	9,3	0,2	0,9	0,2
dérivés du carbone .	0,5	–	–	–

Nota. – Les forages profonds (5 000 à 9 000 m) présentent des obstacles techniques (pression, chaleur, sulfuration) et coûtent cher : 3,5 à 8 millions de $ (moins de 2 000 m : 0,4 $). (1) Lacq. (2) Hassi R'Mel. (3) Groningue. (4) Cortemaggiore.

STATISTIQUES

■ **Effectifs de GDF** (au 31-12). *1985 :* 29 025 ; *90 :* 26 920 ; *2000 :* 24 892.

■ **Statistiques financières** (en milliards de F et, en 2000, en milliards d'euros). **Chiffre d'affaires** (HT) : *1990 :* 41,8 ; *91 :* 49,3 ; *92 :* 49 ; *93 :* 49,1 ; *94 :* 47,1 ; *95 :* 49,3 ; *96 :* 54,3 ; *97 :* 55,2 ; *98 :* 58,7 ; *99 :* 59,8 ; *2000 :* 11,2. **Investissements :** *1990 :* 4,54 ; *91 :* 4,73 ; *92 :* 4,96 ; *93 :* 6 ; *94 :* 5,7 ; *95 :* 6,2 ; *96 :* 6,7 ; *97 :* 6,8 ; *99 :* 8,9 ; *2000 :* 1,54. **Fonds propres :** *1992 :* 29,5 ; *93 :* 34,4 ; *94 :* 36,8 ; *95 :* 39,8 ; *96 :* 42,2 ; *97 :* 44,4 ; *99 :* 30,2 ; *2000 :* 5,05. **Valeur ajoutée :** *1991 :* 18,93 ; *92 :* 21,37 ; *93 :* 21,808 ; *94 :* 20,622 ; *95 :* 22,2 ; *96 :* 23,6 ; *97 :* 21,9. **Résultat d'exploitation :** *90 :* 3,4 ; *91 :* 4,6 ; *92 :* 5,7 ; *93 :* 6,8 ; *94 :* 4,8 ; *95 :* 6,3 ; *96 :* 7,4 ; *97 :* 5,6 ; *99 :* 7,2 ; *2000 :* 0,87. **Prélèvements de l'État :** *1995 :* 2,5 ; *96 :* 3,6 ; *98 :* 4,3. **Résultat net :** *1990 :* – 0,1 ; *91 :* 0,99 ; *92 :* 1,59 ; *93 :* 1,06 ; *94 :* 1,35 ; *95 :* 1,92 ; *96 :* 2,6 ; *97 :* 1,5 ; *98 :* 2,5 ; *99 :* 2,7 ; *2000 :* 0,43. **Dettes d'emprunt :** *1984 :* 31,6 ; *90 :* 20,2 ; *93 :* 13,2 ; *94 :* 10,64 ; *95 :* 8,4 ; *96 :* 7,7 ; *97 :* 7,6 ; *99 :* 13,4 ; *2000 :* 3,33. **Capacité d'autofinancement :** *1990 :* 4,60 ; *91 :* 6,16 ; *92 :* 7,6 ; *93 :* 9,7 ; *94 :* 7,7 ; *95 :* 8,4 ; *96 :* 9 ; *97 :* 7,7 ; *99 :* 11,1 ; *2000 :* 1,39.

■ **Ressources** (en milliards de kWh). *1990 :* 351 ; *91 :* 375,5 ; *92 :* 392,4 ; *93 :* 370,8 ; *94 :* 384,88 ; *95 :* 398,91 ; *96 :* 422,3 ; *97 :* 421,3 ; *98 :* 421,3 ; *99 :* 479,1 ; *2000 :* 490,4 dont *gaz naturel :* importations 471,1 ; production fr. 17,8.

■ **Importations. Coût total** (en milliards de F et, entre parenthèses, en milliards de m³) : *1990 :* 16,6 (29,15) ; *95 :* 17 (32,4) ; *96 :* 19 (36,2) ; *97 :* 21,1 (35,8) ; *98 :* 18,9 (36,7) ; *99 :* 17,8 (41,7) ; *2000 :* 31,4 (40,3). **Par origine** (en milliards de m³) **en 2000 et,** entre parenthèses, **en 1978 :** 40,3 dont Norvège 29,8 (1,76), Russie 12,2 (0), Algérie 9,9 (2,65), mer du Nord 12,2 (1,76), P.-Bas 5,8 (13), divers 6,1.

■ **Consommation annuelle par abonné domestique** (gaz unitaire, en kWh). *1971 :* 4 998 ; *81 :* 8 975 ; *85 :* 10 164 ; *90 :* 9 141 ; *95 :* 10 500 ; *96 :* 12 861 ; *97 :* 11 980 ; *98 :* 11 631 ; *99 :* 12 391 ; *2000 :* 12 380.

■ **Distribution. Ventes de gaz** (en milliards de kWh, 2000) : **totales** 455 332 (dont **aux consommateurs finals :** *secteur résidentiel* 180 662 *tertiaire* 83 094 *industriel* 221 914). **Abonnements** (en milliers) : *1971 :* 7,3 (dont gaz naturel pur 4,61) ; *86 :* 8,6 (8,5) ; *90 :* 8,93 ; *92 :* 9,13 ; *93 :* 9,31 ; *95 :* 9,4 ; *96 :* 9,5. **Appareils** (en millions, 1995) : cuisinière 14,4 (dont 3,6 tout gaz naturel, 2,5 mixte), table de cuisson 7,4 (dont 1,7 tout gaz nat.) ; chauffe-eau instantané 2,5 ; chaudière 5,9.

■ **Prix moyen de vente du gaz** (en centimes par kWh, HT). **Usages domestiques individuels :** *1958 :* 7,39 ; *78 :* 9,53 ; *80 :* 12,79 ; *81 :* 16,08 ; *82 :* 19,52 ; *83 :* 21,21 ; *84 :* 22,6 ; *85 :* 24,3 ; *86 :* 22,3 ; *87 :* 19,02 ; *88 :* 18,65 ; *89 :* 18,79 ; *90 :* 19,28 ; *91 :* 19,45 ; *92 :* 19,66 ; *93 :* 19,20 ; *94 :* 18,95 ; *95 :* 18,55 ; *96 :* 17,88 ; *97 :* 18,49 ; *2000 :* 18,27. **Usages industriels :** *1958 :* 3,05 ; *80 :* 6,18 ; *85 :* 13,35 ; *90 :* 6,68 ; *93 :* 6,25 ; *94 :* 6,13 ; *95 :* 6,91 ; *96 :* 7,13 ; *97 :* 7,67. N'est plus communiqué.

Prix du gaz domestique (en écus/GJ, HT, en janvier 2001) : *individuel cuisine et eau chaude* (16,74 GJ/an) et, entre parenthèses, *individuel usage chauffage* (125,6 GJ/an). Belgique 14,94 (9,09) ; Allemagne 14,34 (9,66) ; Espagne 14,05 (10,76) ; *France 12,52 (7,93)* ; Italie 11,61 (9,63) ; Pays-Bas 9,23 (6,06) ; G.-B. 8,01 (5,92).

Prix du gaz à usage domestique (en euros HT par MWh, au 1-7-2000). Danemark 81,2, Espagne 36,9, Italie 36,6, Autriche 28,7, Suède 28,7, All. 28, Belgique, *France 26,8,* Irlande 26,2, Lux. 24,7, G.-B. 22,9, P.-Bas 21,6.

■ **Production** (en millions de m³). **Par région :** Aquitaine *1978 :* 11 294 ; *90 :* 4 182 ; *91 :* 4 741 ; *92 :* 4 566 ; *93 :* 4 644 ; *94 :* 4 637 ; *95 :* 4 447 ; *96 :* 3 866 ; *97 :* 3 547 ; *98 :* 3 012 ; *99 :* 2 786 ; *2000 :* 2 710. Bassin parisien *1990 :* 152 ; *91 :* 169 ; *92 :* 196 ; *93 :* 324 ; *94 :* 324 ; *95 :* 313 ; *96 :* 303 ; *97 :* 271 ; *98 :* 246 ; *99 :* 216. Autres régions *1978 :* 6 ; *depuis 92 :* 0. **Total France :** *gaz brut et,* entre parenthèses, *commercialisé 1978 :* 11 300 (7 871) ; *90 :* 4 334 (2 964) ; *95 :* 4 760 (3 356) ; *98 :* 3 257 (2 197) ; *99 :* 3 002 (1954) ; *2000 :* 2 914 (1 883).

Caractéristiques des principaux gisements fin 2000 (entre parenthèses année de découverte, en italique profondeur en m au sommet du réservoir, production en millions de m³ en 2000 et, entre parenthèses, cumulée) : **Vermillion : Parentis** [1] (1954) *1 985*, 10 (331) ; **Gaz de France : Trois-Fontaines** (1982) *1 425*, 92 (1 973) ; **Elf AP : Lacq Profond** (1951) *3 100*, 2 116 (237 694) [initialement, contenait 269 milliards de m³ de gaz, pression interne de 640 bars, gaz contenu dans les pores microscopiques d'une « roche-réservoir » de calcaire et de dolomie. Situé au sommet d'un dôme de 15 km (largeur 10 km), épais de 500 m, le « toit » étant à 3 250 m sous la surface du sol. *Production annuelle* (en milliards de m³) : *vers 1970 :* 7,5, *84 :* 6,2, *85 :* 6,1, *87 à 95 :* environ 3,5. *Vers 2000 :* 1,5. Sans doute épuisé vers 2015-2020] ; **Meillon** (1966) *3 700*, 372 (54 890) ; **Pécorade** [1] (1975) *2 320*, 24 (700) ; **Rousse** (1967) *4 230*, 33 (4 309) ; **Saint-Marcet** (1939) *845*, 9 (7 031) ; **Ucha** (1970) *4 460*, 0 (1 870) ; **Vic-Bilh** [1] (1979) *1 900*, 38 (942).

Nota. – (1) Gaz associé à une production d'huile.

GAZ INDUSTRIELS

■ **Origine.** Oxygène, azote et gaz rares (néon, argon, xénon, krypton, hélium) sont obtenus de façon industrielle par distillation fractionnée de l'air liquide à basse température. Les autres gaz produits n'existent pas à l'état naturel.

■ **Consommation.** En expansion. **Oxygène :** sidérurgie (acier à l'oxygène), métallurgie (coupage et soudage), chimie (fabrication de l'ammoniac, du méthanol, de l'oxyde d'éthylène), lutte contre la pollution (épuration des eaux, des effluents gazeux des centrales thermiques à fuel ; remplacement du chlore par l'oxygène pour le blanchiment de la pâte à papier). **Azote :** industrie du froid (alimentation), du verre (procédé float-glass), chimie de synthèse et électronique. **Hydrogène :** pétrochimie et cryogénie. **Gaz rares :** éclairage (tubes fluorescents), soudage à l'arc sous flux gazeux, médecine (encéphalographie), étude des très basses températures (hélium liquide).

■ **Groupes internationaux. Américains :** Praxair, Airco, Air Products Proseair et Chemetron Corporation. **Européens :** L'Air liquide (numéro 1 mondial), British Oxygen BOC, Aga (Suède), Linde, Messer et Griesheim (All.). De petites affaires subsistent, juridiquement contrôlées ou liées par des contrats d'approvisionnement aux principaux groupes : ainsi, en France, l'Oxhydrique française avec L'Air liquide, Duffour et Igon avec Aga.

■ **Transport.** Par gazoducs (oxyducs). L'Air liquide dispose d'un réseau de plus de 1 000 km lui permettant de desservir plusieurs pays européens.

☞ **Part du prix du transport** [en %, par millions de BTU (British Thermal Unit)] vers l'Europe du Nord : d'Algérie 1,5 à 2 ; du Proche-Orient 2,5 à 3,5. Compte pour 30 % dans le prix du gaz (6 % pour le pétrole).

Produits extraits du gaz naturel (en milliers de t, 2000) : soufre 548,3 ; butane 40 ; propane 40,9 ; condensats et essences 91,6.

■ **Fournisseurs. Aboû Dabî** : contrat sur 3 cargaisons par méthanier partagées entre Gaz de France (100 millions de m³ de gaz) ; contrat à court terme (en 1995), même type : 15 cargaisons par méthanier (400 millions de m³) en 1995-96.

Algérie : le gaz découvert en 1956 vient d'*Hassi R'Mel* (Sahara) par : **1°)** *Le Havre* : à partir de 1965, le méthanier français *Jules-Verne* (25 000 m³) assura la liaison avec Arzew jusqu'à la cessation (le 1-6-1988) de l'exploitation du terminal du Havre et du *Jules-Verne* (vendu à une compagnie néerlandaise). Contrat de 1962, livraison de 0,5 milliard de m³/an, transférée à Montoir-de-Bretagne. **2°)** *Fos-sur-Mer* : depuis 1973, le *Hassi-R'Mel* et le *Tellier* (40 000 m³) assurent la liaison avec Skikda. Contrat de 1971 (3,5 milliards de m³/an). **3°)** *Montoir-de-Bretagne (Loire-A.)* : pouvant accueillir des navires de 25 000 à 130 000 m³, comme l'*Édouard L.D.* et le *Ramdane Abane* en liaison avec Bethioua. Contrat de 1976 (fin 2002) : 5 milliards de m³/an. **4°)** *contrat (1991)* : 0,5 à 1 milliard de m³ [par méthaniers et le *Descartes* (navire de 50 000 m³) à partir de Bethioua ou Arzew].

Iran : études en cours pour 2010. En mars 1993, création de l'IFGCC (Iranian French Gas Cooperation Company) [GdF 50 %, NIGC (National Iranian Gas Company) 50 %].

Mer du Nord (zone norvégienne) : *Ekofisk-Eldfisk-Tor-Albuskjell* contrats signés de 1973 à 1976. Le gaz est amené à Emden (Allemagne) par gazoduc sous-marin de 443 km et dessert, outre la France, l'Allemagne, la Belgique et les Pays-Bas. Volume actuel pour la France de l'ordre de 2,2 milliards de m³/an. *Statfjord-Heimdal-Gullfaks* : contrat 1982-85 pour 3 milliards de m³/an (fin 2002). Transport par gazoduc jusqu'à Zeebrugge (Belgique). Nom : Zeepipe, longueur 800 km. *Troll-Sleipner* : découvert 1979 (contrat 1986 : 1re livraison 1993), 8 milliards de m³/an. (4e contrat 1994 : 1re livraison 1997), 4 milliards de m³/an. (5e contrat 1995 : 1re livraison 2001), 2 milliards de m³/an.

☞ Le 9-10-1998, inauguration du gazoduc *NorFra* reliant Sleipner, Norvège, à Dunkerque, France (840 km, le plus long du monde). En 2005, la part du gaz norvégien représentera 33 %.

Nigéria : contrat de liquéfié signé en 1992 pour 0,5 milliard de m³ (1re livraison 2000), livré à Montoir-de-Bretagne.

Pays-Bas : de *Groningue* (découvert 1959), via la Belgique depuis 1967. *Contrats Groningue I* : 1966 (fin 1996) pour des quantités variables ; *II* : 1985 (1re livraison : 1996) pour 6 milliards de m³/an.

Russie : De 1976 à 1979 échange (contre du gaz néerlandais initialement destiné à l'Italie). Depuis le 1-1-1980, le gaz vient par les réseaux WAG et Megal (Mittel Europäische Gasleitungs Gesellschaft) à travers Autriche et Allemagne *Contrats I et II* : (signés 1975) 4 milliards de m³/an. *III* (provenance principale : Urengoï), (1982-fin 2009), 8. 4 gazoducs relient la frontière slovaque d'où part un réseau vers l'Europe occidentale : 1°) Bratstvo (540 km au départ d'Ukraine) ; 2°) Soyouz (2 680 km d'Orenburg) ; 3°) Yamal (4 450 km d'Urengoï) ; 4°) Progress (4 600 km de Yamburg). La traversée de l'ex-Tchécoslovaquie s'effectue par Transgaz, 2 branches : 1°) 470 km vers Autriche, Italie, Allemagne, France ; 2°) 860 km vers Allemagne et France.

■ **Transport. Canalisations de transport** : 31 700 km [Gaz de France 28 010 au 31-12-1996, Gaz du Sud-Ouest + Elf-Aquitaine 3 700]. **Réseau de distribution** (31-12-1996) : longueur de 135 000 km dont 52 300 km en acier et 58 700 en polyéthylène. *Diamètre des conduites* : 50 et 400 mm, enterrées à environ 0,80 m. Héritage des anciennes distributions de gaz manufacturé, les 24 400 km de réseaux basse pression (pression d'alimentation des appareils d'utilisation domestique) irriguent les centres des villes. Les 106 500 km de réseaux moyenne pression, plus récents, en général en périphérie des centres-villes.

■ **Stockage. Volume total** (en TWh, 1995) : 247 ; **utile** : 110. **Réservoirs souterrains** (profondeur en m de la partie supérieure du réservoir, capacité maximale de stockage en millions de m³, débit maximal de soutirage journalier en millions de m³) : **EN NAPPES AQUIFÈRES** : *Beynes supérieur* (Yvelines, 1956) 395 m, 475 (4,50). *Lussagnet* (Landes, 1957) 600 m, 1 600 à 2 400 (14,20). *St-Illiers* (Yvelines, 1965) 470 m, 1 340 (16). *Chémery* (Loir-et-Cher, 1968) 1 085,80 m, 7 000 (42,50). *Cerville-Velaine* (Meurthe-et-Moselle, 1970) 467,50 m, 1 500 (4,80). *Beynes-Profond* (Yvelines, 1975) 740 m, 800 (8). *Gournay-sur-Aronde* (Oise, 1976) 717 m, 3 100 (17). *Izaute* (Gers, 1981) 500 m, 2 300 (8). *St-Clair-sur-Epte* (Val-d'Oise, 1979) 742,50 m, 850 (4,50). *Soins-en-Sologne* (Loir-et-Cher, 1981) 1 138 m, 760 (1,70), *Germigny-sous-Coulombs* (S.-et-M., 1982) 848 m, 3 300 (7). *Céré-la-Ronde* (I.-et-L., 1993) 908 m, 1 200 (1,60) ; **EN COUCHES DE SEL** : *Tersanne* (Drôme, 1970) 1 400 m, 339 (16,70). *Étrez* (Ain, 1980) 1 054 m, 1 700 (20,30). *Manosque* (Alpes-de-Hte-Provence, 1993) 1 000 m, 470 (1,90).

■ **Gaz de pétrole liquéfié (GPL).** Butane (utilisé en France depuis 1932) et propane (depuis 1939). **Distribution** (en 2001) : par 7 Stés (disposant de 116 centres emplisseurs

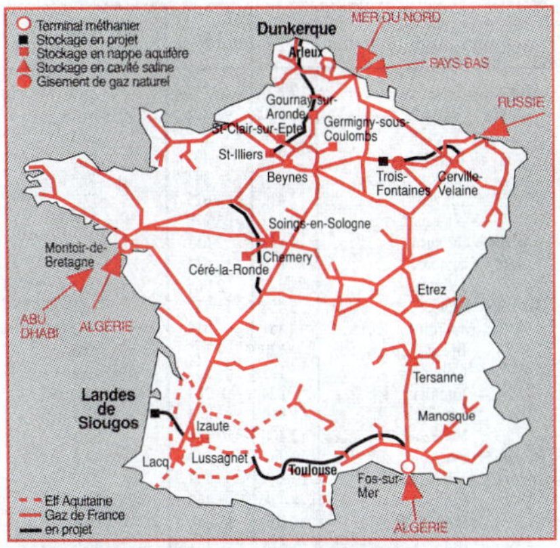

Principaux réseaux de transport de gaz naturel au 31-12-1996.

de bouteilles ou de dépôts en vrac pour camions-citernes) et 118 140 détaillants. **Parc** (en service chez les particuliers) : 53 400 000 bouteilles et 915 255 citernes. **Ventes** (en t, 2000) : 3 157 276 dont en bouteilles 747 633, en vrac 2 192 481, carburant automobile 217 162. **Utilisateurs** : environ 10 000 000 dont (en %) résidentiel et tertiaire 57, agriculture 18, industriel 16, carburation 9.

☞ **Primagaz** : *fondée* 1938. **Chiffre d'affaires, et,** entre parenthèses, **résultat net,** en milliards de F. *1993* : 5,32 (0,25) ; *94* : 5,6 (0,28) ; *95* : 7,37 (0,33) ; *96* : 9,27 (0,37) ; *97* : 9,94 (0,35) ; *98* : 10 (0,43). *Ventes* (en millions de t). *1995* : 2,84 ; *96* : 3 ; dont (en %) conditionné 52, vrac 45, carburant 3 ; *97* : 3,13. *Effectifs* (en 1997) : 7 500.

PÉTROLE

ORIGINE

■ **Nom.** Du latin médiéval « petroleum » : huile de pierre.

■ **Histoire. Antiquité** l'arche de Noé et le berceau de Moïse auraient été calfatés avec du bitume pétrolier. **Avant J.-C.** les Chinois forent des puits de 1 000 m de profondeur. **XVIIIe s.** en France, le gisement de Pechelbronn est connu. **1857** Bucarest (Roumanie) est éclairée au pétrole. **1859** 1er forage de l'ère industrielle à Titusville (Pennsylvanie, USA), par le « Colonel » Edwin Drake, à 23 m de profondeur. **1870** John D. Rockefeller fonde la Standard Oil Company. **1873** pétrole de Bakou se développe. **1901** William Knox D'Arcy acquiert une concession en Perse (Texas, début de la Sun, de la Texaco, de la Gulf). **1907** découverte de la « Voie dorée » au Mexique. Royal Dutch Shell créée. **1909** Anglo-Persian Oil (future BP) créée. **1913** brevet de « cracking » Burton. **1922-28** négociations sur la Turkish (Iraq) Petroleum Company, accord de la Ligne rouge. **1928** *accords d'Achnacarry* : formation d'un cartel international du pétrole. **1932** pétrole découvert à Bahreïn. **1938** au Koweït et en Arabie saoudite. **1948** *Aramco* (Arabian American Oil Company) créée. **1953** *Eni* (Ente Nazionale degli Idrocarburi) fondée par Enrico Mattei (1906-62). **1960** *Baghdad*, Opep créée (voir p. 1579 c). **1973**-*oct.* guerre du Kippour, embargo et 1er choc pétrolier. **1979** 2e choc pétrolier. **1980** 3e choc. **1985**-*oct.* changement de stratégie de l'Opep provoque contre-choc pétrolier.

■ **Principaux bruts.** Degré API et teneur en soufre (en % du poids) : *Aboû Dabî* : Murban 39° (0,8 %) ; *Algérie* : Sahara 44° (0,1 %) ; *Arabie saoudite* : léger 34° (1,8 %), moyen 31° (2,4 %), lourd 27° (2,8 %) ; *Indonésie* : Sumatra 34° (0,1 %), Bekapai 31° (0,1 %) ; *Koweït* : 31° (2,5 %) ; *mer du Nord* : Brent 38° (0,4 %), Forties 37° (0,3 %) ; *Mexique* : Maya 22° (3,3 %), Isthmus 34° (1,5 %) ; *Nigéria* : Forcados 30° (0,2 %), Bonny 37° (0,1 %) ; *USA* : West Texas Intermediate 40° (0,4 %), Alaska 27° (0,1 %) ; *Venezuela* : Bachequero 17° (2,9 %).

Nota. – Le degré API (American Petroleum Institute) est calculé selon la formule : (141,5/densité à 60 °F) – 131,5. Plus il est élevé, plus le pétrole est léger et riche en essence et en coupes légères.

■ **Prospection. Méthodes les plus courantes. Sismique** : l'onde de choc de l'explosion d'une charge de dynamite se réfléchit différemment sur des roches et permet d'en calculer les profondeurs approximatives. **Gravimétrique** : observation des variations de l'attraction terrestre. **Magnétique** : variations du champ magnétique terrestre. **Électrique** : mesure de la résistance des roches aux passages du courant, obtenue maintenant par diagraphie pratiquée dans le trou de sondage ; inventée par *Schlumberger* en 1927 (« carottage électrique »). **Acoustique** : amélioration de la méthode sismique ; la mesure des variations de l'impédance acoustique permet de déterminer les couches de sables ou de calcaires riches en pétrole situées sous l'argile imperméable ; *compteur Geiger*. **Chimique** : stade expérimental ; la présence dans des carottes de marqueurs biologiques identiques ou apparentés à des marqueurs déjà répertoriés signale la présence de pétrole. Il ne reste plus pour forer qu'à repérer la roche magasin où celui-ci est accumulé.

FORAGE

Trou réalisé par rotation d'un outil ou trépan par l'intermédiaire de tiges creuses vissées bout à bout et dont la manœuvre nécessite un chevalement *(derrick)* ou maintenant, de plus en plus, des « mâts » (2 poutres à treillis en forme de V renversé) pouvant être déplacés en quelques min par le treuil de forage (hauteur 18 à 60 m). 3 mois au moins sont nécessaires pour forer un puits ; en exploration, 3 puits sont « secs » pour un seul prometteur.

■ **Techniques. Méthodes. Classique (Rotary)** : trépans à molettes et couronnes diamantaires entraînés depuis la surface par le train de tiges. Turboforage : train de tiges fixe, une turbine située au fond du puits entraîne le trépan ; évite la perte d'énergie due au frottement (9/10 à 3 000 m) et le risque de torsion des tiges. Drainage : les forages à l'horizontale permettant d'envisager l'exploitation des gisements d'huiles lourdes et visqueuses coûtent 1 fois et demie plus cher mais ont un potentiel de production de 4 à 20 fois supérieur (expérimenté à Rospo Mare, dans l'Adriatique, par Elf-Aquitaine depuis 1-1-1988 : 6 puits horizontaux, 3 verticaux ou déviés). **Sismique 3 D.**

■ **Profondeur. Maximale** : 17 400 m (en cours) à Saatly (Azerbaïdjan) ; 11 000 m, presqu'île de Kola (Russie) ; 9 583 m, Oklahoma (USA) ; 6 650 m (Ger 1, France). **Moyenne** : Hassi-Messaoud (Algérie) 3 350 m ; Parentis (France) 2 350 m.

■ **Taux de récupération** (pétrole qui peut être ramené à la surface). **Primaire** : production naturelle du puits par décompression, environ 10 % du contenu. **Secondaire** : pompage ou injection d'un fluide non miscible, comme de l'eau sous pression ou du gaz (balayage), 15 à 20 %. **Tertiaire** : procédés thermique [(injection de vapeur ou combustion souterraine), par injection de solvants miscibles (hydrocarbures légers ou gaz carbonique)] et chimique (injections de polymères organiques), 30 à 60 %. Aux USA, on pourrait extraire, par récupération secondaire, 43 milliards de t supplémentaires ; assistée, 7.

■ **Coût moyen. Forage** : *à terre* 5 à 20 millions de F, *en mer* 40 à 60. Le mètre foré au-delà de 5 000 m de profondeur coûte 8 fois plus cher qu'entre 500 et 800 m. Son prix en Alaska est actuellement 100 fois plus élevé que dans les autres États américains.

■ **Puits forés** (forages d'exploration, d'extension et d'exploitation ; avant 1991, hors URSS et pays d'Europe orientale). **Nombre de forages** : *1950* : 47 365 ; *55* : 63 658 ; *60* : 55 616 ; *65* : 48 738 ; *70* : 35 187 ; *75* : 47 748 ; *80* : 85 291 ; *84* : 107 209 ; *90* : 50 517 ; *93* : 60 853 ; *94* : 57 176 ; *95* : 57 555 ; *96* : 59 566 ; *97* : 65 876 ; *98* : 55 695 ; *99* : 49 063 ; *2000* : 70 940 dont USA 29 994, Canada 16 529, Chine 10 055, Russie 5 577, Venezuela 1 470, Argentine 1 070, Indonésie 1 045, G.-B. 299, Oman 295, Brésil 281, Arabie saoudite 237, Roumanie 217, Norvège 200.

Profondeur : moyenne (en m) *1985* : 1 430 ; *90* : 1 721 ; *93* : 1 910 ; *95* : 1 837 ; *96* : 1 766 ; *97* : 1 755 ; *98* : 1 829 ; *99* : 1 781 ; **totale forée** (en milliers de m) *1985* : 138 118 ; *90* : 86 929 ; *91* : 124 230 ; *95* : 105 700 ; *96* : 105 205 ; *97* : 115 599 ; *98* : 101 867 ; *99* : 87 388 (dont USA 30 790, Chine 17 832, Canada 14 583, Russie 6 899, Venezuela 1 908, Argentine 1 160, Indonésie 1 151, G.-B. 910).

■ **Rendement moyen annuel d'un puits** (en milliers de t, 1985). Iran 1 514,5 ; Norvège 880,3 ; G.-B. 754,6 ; Malaisie 696,9 ; Arabie saoudite 495,2 ; Koweït 402,4 ; Aboû Dabî 309,4 ; Doubaï 268,9 ; Qatar 261,9 ; Égypte 220 ; Nigéria 211,4 ; Algérie 186,6 ; Libye 163 ; Mexique 133,8 ; Oman 118,7 ; Australie 93 ; Brunéi 44,5 ; Inde 43,8 ; Indonésie 37,1 ; Venezuela 24,8 ; Brésil 23,6 ; Chine 12,8 ; Argentine 8,9 ; Canada 6,7 ; USA 2,2.

■ FORAGES EN MER (OFF-SHORE)

■ **Origines.** 1er 1947, La Nouvelle-Orléans (USA). Fonds, jusqu'à 2 292 m (le long du Mississippi), 1 740 m (Méditerranée, Espagne), 1 325 m (Congo).

■ **Plates-formes. TYPES : fixe sur pilotis** (jacket) : depuis 1950, peu coûteuse mais vulnérable aux vents et aux vagues ; « clouée » au fond en cas de tempête avec des pieux (12 par jambe) qui pénètrent de plusieurs dizaines de m dans le sous-sol. **Auto-élévatrice** (jackup) : depuis 1953 (329) : peut aller jusqu'à 100 m de fond, se déplace sur les fonds une fois les piliers relevés par des vérins ou des crics ; sur l'emplacement du forage, elle abaisse ses piles au fond de la mer et élève sa plate-forme au-dessus de la surface de l'eau ; l'outil de forage est à l'extérieur sur un support en porte-à-faux. **Semi-submersible** de type Pentagone : depuis 1962 ; maintenue en place par un système d'ancrage (ballasts immergés au-dessous de la couche d'eau agitée par les vagues) ; sensibilité au vent et aux courants de marée, ancrage difficile et long. **A embase-poids** : construite sur une base en béton d'un poids suffisant pour assurer la stabilité sans ancrage par piles. Une base en forme de caisson peut être utilisée comme réservoir permettant, sans arrêter la production du champ, d'attendre le chargement dans un navire-citerne.

☞ **Navires-usines** : reconditionnés pour pomper, traiter et stocker le brut des gisements en se déplaçant de puits en puits. Maintenus par des ancrages passifs (dépourvus de moteur) ou par un système de positionnement dynamique (avec propulsion et guidage GPS), et mobiles autour de leur proue par un roulement à billes. **Origine : 1959** Suède, bouée pour le ravitaillement en mer des bâtiments. **1970** Iran, 1re *unité flottante de stockage et déchargement en mer* (FSO). **1976** Espagne (Castellon), 1re *unité flottante de production, stockage et déchargement en mer* (FPSO). **1989** mer du Nord.

Dimensions : jusqu'à 100 m de fond : exemples *acier* (3 000 à 8 000 t, 2 000 à 5 000 t d'équipements, 100 à 500 millions de F), *béton* (200 000 t, 40 000 t d'équipements, 250 à 500 millions de F). **Plus de 200 m :** *acier* (45 000 t, 1 500 millions de F). Les plates-formes sont conçues pour résister à des vagues de 30 m de haut et des vents de 230 km/h. **Plus grande plate-forme :** *golfe du Mexique* à 160 km au sud de la Nouvelle-Orléans (Louisiane, USA), pylônes à 312 m de profondeur, hauteur totale 385,5 m ; *coût :* 1 500 millions de F. *En mer du Nord* Statfjord B, 816 000 t, béton, 271 m de haut. *Troll,* Norvège (mise en place 1996), pour le gaz, 680 000 t, [soit 77 fois la tour Eiffel (8 757 t)]. 472 m dont 330 immergés et 36 enfouis dans le sol ; *coût :* 10 milliards de F (Troll-Huile flottante, 193 000 t, ancrée par des câbles à 323 m de fond. A partir d'avril 1995, 170 000 barils/jour). *Ekofisk :* 210 000 t et 160 000 t d'eau de mer, fonds à 69,30 m, hauteur 99 m, 2 ponts superposés (supérieur 2 ha), réservoir entouré d'un mur haut de 82 m à 19,40 m du réservoir ; le fond de la mer s'abaissant, on a, en 1987, rehaussé de 6 m les 47 jambes des 9 plates-formes et, en 1989, entouré le réservoir d'un mur de 106 m en béton (coût 3,8 milliards de F). *N'Kossa*, Congo (flottante, en place 1996) 110 000 t, 220 m de long, 46 m de large, surface utile 1 ha ; *coût :* 4,5 milliards de F. *Hibernia* à 315 km de Terre-Neuve (à embase-poids en place 1997), 1 270 000 t, hauteur 111 m, production 125 000 barils/jour pendant 19 ans ; *coût :* 21,5 milliards de F. **Nombre :** 6 612 sites dont 4 100 au large des USA.

☞ **Plates-formes disparues :** *de 1970 à 1994* : 800 ; *1995* : 150. **Méthodes :** *récif artificiel :* plate-forme renversée dans un endroit approprié (coût : environ 50 millions de F pour moins de 1 500 t, 500 pour les plus importantes) ; *enlèvement* (en Europe) : si la profondeur d'eau est inférieure à 55 m ; puits neutralisés par des bouchons d'acier et de ciment (entre 500 et 1 000 fermés par an) ; pieds des plates-formes coupés à l'explosif par l'intérieur, au niveau du sol. Les pipelines sont laissés au fond et remplis de fluides ou sont remontés (coût 500 000 et 1 million de $, aussi cher que de les installer).

Plate-forme transformée en base de lancement de satellites : Sea-Launch (ex-Oddyssey) : voir à l'Index.

■ **Accidents.** [*Abréviation :* pl.-f. : plate-forme]. **Nombre :** de 1960 à 88, environ 30 ayant fait 700 victimes. **Principaux : Arabie : 1980**-*2-10 Ron Tappmeyer* ; éruption gaz, pétrole : 19 †. **Brésil : 1984**-*16-8 Enchova PCE-1 »* ; gaz, incendie, explosion : 37 †. **2001**-*20-3* P36 de Petrobras : 32 000 t, haut. 120 m. Coût : 500 millions de $. Pompait 80 000 barils/j (8 % de la production nationale) depuis mars 2000. Gît par 1 350 m de fond dans le bassin de Campos (2 †, 8 disparus). **Chine : 1979**-*25-11 Pohai-2* ; effondrement au large de Tianjin : 72 †. **1983**-*26-10 Glomar Java Sea* ; chavirement : 81 †. **Égypte : 1974**-*8-10 Gemini,* auto-élévatrice, chavirement : 18 †. **Golfe du Mexique : 1976**-*16-4 Ocean Express* ; naufrage : 13 †. **1989**-*mars* incendie de 2 pl.-f., 7 † ;-*juillet* écroulement d'une pl.-f., 11 †. **Louisiane : 1964**-*30-6 C.-P.-Baker,* navire de forage ; incendie, chavirement : 22 †. **Mer du Nord : 1975**-*nov.* Ekofisk, pl.-f. *Alfa* ; explosion : 3 †. **1976**-*mars* échouage au large de la Norvège : 6 noyés. **1977**-*22-4* Ekofisk, *Bravo* ; explosion : 12 000 t de pétrole répandues. **1978**-*févr. Statfjord* ; incendie : 5 †. **1980**-*27-3* Ekofisk, *Alexander-Kielland* ; rupture d'un longeron, d'où rupture de 1 des 5 pieds et retournement : 123 †, 89 rescapés. **1981**-*24-11 Philipps SS* et *Transworld 58* rompent leurs amarres, dérivent et sont évacuées ;-*Déc.* Écosse, *Borgland-Dolphin* ; fissure, évacuation. **1988**-*6-7 Piper Alpha* ; explosion : 167 †, 6 milliards de F de dégâts [mise en place 1976 (coût : 5,5 milliards de F), produisait 10 % du pétrole de mer du Nord (perte annuelle pour G.-B. 3,3 milliards de F)]. **1989**-*18-4 Cormorant Alpha* ; pas de victimes. **Nigéria : 1995**-*janv.* explosion pl.-f. Mobil, 7 †. **Qatar : 1956**-*30-12 Qatar 1* effondrement : 20 †. **Terre-Neuve : 1982**-*15-2 Odeco Ocean Ranger* coule (tempête) : 84 †. **ex-URSS : 1987** effondrement en mer Caspienne (Bakou).

■ **Navires de forage.** *Rapides* (10 à 13 nœuds), capables de résister au mauvais temps ou de le fuir. Prix : 600 millions de F. Certains sont à *positionnement dynamique* (maintenus à la verticale par des hélices, l'influence du vent et de la houle étant corrigée par ordinateur). Forages jusqu'à 1 200 m sans équipements particuliers (3 000 m vers l'an 2000).

■ **Forage sous-marin automatique.** Permet la prospection jusqu'à 1 000 m ; têtes de puits télécommandées avec connexion automatique et canalisations souples faisant remonter le pétrole à une plate-forme flottante. **Robot TIM** (Télémanipulateur d'intervention et de maintenance) : 12 t, mis en service par Elf à Grondin au Gabon (1re mondiale). 5 caméras permettent de le manœuvrer. Coût : 230 millions de F. **Pompe multiphasique (projet Poséidon) :** lancé 1984 (Total-IFP-Statoil). Pompage et évacuation par pipeline sous-marin du pétrole et du gaz bruts directement à la sortie du puits sans traitement préalable (qui justifie l'installation d'une plate-forme).

■ **Marché mondial de l'offshore.** La France (2e après les USA) détient de 40 à 50 % du marché de la plongée sous-marine industrielle (Comex) ; assure en mer du Nord 50 % des commandes de plates-formes en béton, 25 % en acier, 10 % semi-submersibles.

Réserves de pétrole brut

Réserves prouvées (au 1-1, en millions de t)	1978	2001	Ratio Réserves/production
Afrique	7 821	10 217	28,1
dont : Algérie *	900	1 255	18,7
Angola	158	738	20,3
Égypte	284	402	10,2
Gabon	74	341	20,8
Libye *	3 411	4 025	57
Nigéria *	2 551	3 070	29,5
Amérique du Nord	4 843	3 611	7,9
dont : Canada	818	642	6,4
USA	4 025	2 969	8,3
Amérique latine	5 484	16 837	32,1
dont : Argentine	341	419	10,2
Brésil	120	1 105	17,4
Colombie	131	352	9,8
Équateur	224	289	14
Mexique	1 910	3 855	21,8
Venezuela *	2 460	10 486	62,9
Proche-Orient	49 904	93 249	83,6
dont : Arabie saoudite * [1]	20 887	35 703	80,9
Émirats A.U. *	4 424	13 342	116,3
Iraq *	4 707	15 348	119,8
Iran *	8 458	12 237	65,6
Koweït[1]	9 563	13 165	124,7
Oman	771	751	15,7
Qatar *	764	1 795	48,5
Extrême-Orient-Océanie	5 423	5 997	15,8
dont : Australie	273	395	11,1
Brunéi	211	184	19,4
Chine	2 729	3 274	20,2
Inde	409	645	17,7
Indonésie *	1 364	679	10
Malaisie	341	532	14,7
Europe occidentale	3 153	2 345	7,4
dont : G.-B.	2 030	683	5,4
Norvège	819	1 289	8,2
Europe orientale	10 641	8 052	20,6
dont : ex-URSS	10 232	7 776	20,5
Total mondial	**87 269**	**140 308**	**39,5**
dont Opep	59 787	111 105	74,6

Nota. – (*) Pays membres de l'Opep. Au 1-1-1993, l'Équateur s'est retiré de l'Opep ; le Gabon le 1-1-1995. (1) Les réserves de la zone neutre ont été réparties en parts égales entre l'Arabie saoudite et le Koweït.

■ **Montant. Réserves** (en milliards de t). **Probables prouvées récupérables** (découvertes attendues à court terme et exploitables aux mêmes conditions de coût et de technologie du moment) : *1940* : 4,5 ; *50* : 11 ; *60* : 41 ; *70* : 73 ; *80* : 87,5 ; *85* : 96,4 ; *90* : 137,2 ; *93* : 137,9 ; *95* : 136,3 ; *99* : 141,2 ; *2000* : 138,6 ; *01* : 140,3 (dont Opep 111,1). **Ultimes** (sans considération de conditions d'exploitation) : 300. **Pétrole non conventionnel** (schistes bitumineux et sables asphaltiques) : plus de 1 000 (le charbon ultime représenterait 6 000 milliards de tep). **Off-shore :** *à – de 200 m :* prouvées 27 (possibles 68) *à + de 200 m :* 20 (50 à 150).

Ratio réserves prouvées/production (c.-à-d. nombre d'années de production au rythme de production de l'année considérée). *1948* : 20 ans ; *58* : 41 ; *79* : 29 ; *85* : 34,4 ; *92* : 43,7 ; *95* : 42,1 ; *99* : 40,4 ; *2000* : 40,6 ; *01* : 39,5.

■ **Situation. Terres émergées :** terrains sédimentaires : 29,4 millions de km² (dont 11,3 en ex-URSS). Certains sont encore vierges : nord du Canada, Australie centrale, Afrique du Sud, Asie sino-soviétique, Antarctique, mer de Louisiane, golfe Persique, mer Rouge, mers Australes, Méditerranée, Caspienne, des Caraïbes, golfe du Mexique, régions de Bornéo, de Java et Sumatra, Arctique. **Immergées :** sur 362 millions de km², 70 de bassins sédimentaires pourraient renfermer du pétrole dont bassins de *0 à 20 m de prof.* 9,4 ; *20 à 100 m* 15,2 ; *100 à 300 m* 3,1 ; *300 à 1 000 m* 15 ; *1 000 à 2 000 m* 15 ; *2 000 à 3 000 m* 26,3.

Production de pétrole brut

Évolution

■ **Production pétrolière** (en millions de t). **1929** *191,4 dont* USA 138,1, Venezuela 19,9, URSS 13,5, Mexique 6,4, Iran 5,8, Indonésie 5,2, Roumanie 4,8, Colombie 2,9, Pérou 1,8, Argentine 1,4, Trinité 1,2, Pologne 0,7, Japon 0,3, Égypte 0,3, Inde 0,2, Équateur 0,2, Canada 0,1, All. occ. 0,1, Iraq 0,1. **1938** *271,6 dont* USA 170, URSS 30,1, Venezuela 27,5, Iran 10,3, Indonésie 7,3, Roumanie 6, Mexique 5,5, Iraq 4,3, Colombie 3, Trinité 2,6, Argentine 2,4, Pérou 2,1, Bahreïn 1,1, Birmanie 1, Canada 0,8, Brunéi 0,7, All. occ. 0,5, Pologne 0,5, Équateur 0,3, Inde 0,3, Japon 0,3, Égypte 0,2, G.-B. 0,1, *France 0,08,* Arabie 0,06, Autriche 0,05, Hongrie 0,04, Tchécoslovaquie 0,02. **1946** *375 dont* USA 234,3, Venezuela 56,8, URSS 21,8, Aboû Dabî 8,2, Mexique 7, Iraq 4,7, Roumanie 4,1, Colombie 3,1, Argentine 3, Trinité 2,9, Pérou 1,7, Égypte 1,2, Bahreïn 1,1, Canada 0,9, Autriche 0,8, Koweït 0,8, Hongrie 0,7, All. féd. 0,6, Brunéi 0,3, Équateur 0,3, Indonésie 0,3, G.-B. 0,2, Japon 0,2, Pologne 0,1. **1955** *772,8 dont* USA 335,7, Moyen-Orient (total) 161,7, Venezuela 115,1, URSS 70,7, Koweït 54,7, Arabie 47, Iraq 32,7, Canada 17,4, Iran 17, Mexique 12,8, Indonésie 11,7, Roumanie 10,5, Colombie 5,5, Qatar 5,4, Brunéi 5,2, Argentine 4,4, Autriche 3,6, Trinité 3,5, All. féd. 3,1, Pérou 2,3, Égypte 1,8, Hongrie 1,6, Bahreïn 1,5, P.-Bas 1, Chine 0,9, *France 0,9,* Équateur 0,4, Chili 0,3, Bolivie 0,3, Inde 0,3, Japon 0,3, Albanie 0,2, Birmanie 0,2, Brésil 0,2, Italie 0,2, Pakistan 0,2, Yougoslavie 0,2. **1960** *1 056,8 dont* USA 348, Moyen-Orient (total) 161,7, Venezuela 152,3, URSS 147,8, Koweït 81,8, Arabie 62, Iran 52,2, Iraq 47,4, Canada 26, Indonésie 20,6, Mexique 14,3, Roumanie 11,5, Argentine 9,1, Algérie 8,8, Qatar 8,2, Colombie 7,6, Turquie 7,2, Trinité 6, All. féd. 5,5, Chine 5,5, Brunéi 4,6, Brésil 3,8, Égypte 3,3, Pérou 2,5, Autriche 2,4, Bahreïn 2,2, Italie 2, *France 1,9,* P.-Bas 1,9.

1970 *2 278,4 dont* Moyen-Orient (total) 711,9, USA 475,2, URSS 353, Venezuela 194,3, Iran 191,7, Arabie 176,8, Libye 161,7, Koweït 137,3, Iraq 76,4, Canada 60,6, Nigéria 54, Indonésie 42,1, Algérie 48,2, Aboû Dabî 33,7, Chine (Rép. pop.) 29, Mexique 21,5, Argentine 20, Qatar 17,3, Égypte 16,4, Oman 16,3, Roumanie 13,3, Colombie 11,3, Australie 8,4, Brésil 7,9, All. féd. 7,5, Trinité et Tobago 7,2, Inde 6,8, Brunéi 6,6, Gabon 5,4, Angola 5, Syrie 4,2, Doubaï 4,2, Tunisie 4,1, Bahreïn 3,8, Pérou 3,5, Turquie 3,5, Autriche 2,8, *France 2,3,* Hongrie 1,9, P.-Bas 1,9, Chili 1,5, Albanie 1,4, Italie 1,4, Bolivie 1,1. **Depuis 1978,** voir tableau p. 1579.

■ **Crises et ruptures d'approvisionnement. Consommation mondiale et,** entre parenthèses, **manque à produire en millions de barils/j,** en italique **en % : 1951**-*mars*-**54**-*oct.* nationalisation du pétrole iranien 13,22 (0,7) *5,3.* **1956**-*nov.*-**57**-*mars* guerre-blocage du canal de Suez 17,5 (2) *11,43.* **1966**-*déc.*-**67**-*mars* querelle financière oléoducs de Syrie 34,3 (0,7) *2,04.* **1967**-*juin/août :* guerre des Six Jours : 40 (2) *5.* **1967**-*juillet*-**68**-*oct.* guerre au Nigéria 40,1 (0,5) *1,25.* **1970**-*mai*-**71**-*janv.* controverse sur prix avec Libye 48 (1,3) *2,71.* **1971**-*avril*-**71**-*août* nationalisation des pétroles algériens 50,2 (0,6) *1,2.* **1973**-*mars*-**73**-*mai* conflit au Liban 58,2 (0,5) *0,86.* **1973**-*oct.*-**74**-*mars* guerre israélo-arabe 58,2 (1,6) *2,75.* **1976**-*avril/mai* guerre au Liban 60,2 (0,3) *0,5.* **1977**-*mai* accident sur champ saoudien 62,1 (0,7) *1,13.* **1978**-*nov.*-**79**-*avril* révolution Iran 65,1 (3,7) *5,68.* **1980**-*oct.*-**81**-*janv.* début guerre Iraq-Iran 60,4 (3) *4,97.* **1988**-*juillet*-**89**-*nov.* explosion plate-forme Piper Alpha (mer du Nord) 49,8 (0,3) *0,6.* **1988**-*déc.*-**89**-*mars* accident Fulmer (mer du Nord) 51,6 (0,2) *0,39.* **1989**-*avril/juin* plate-forme Cormorant (mer du Nord) 51,6 (0,5) *0,97.* **1990**-*août* occupation Koweït 52,4 (4,2) *8.*

Zones de développement

■ **Afrique. Du Nord :** Algérie, Égypte, Libye. **Noire :** Nigéria ; Angola [gisements « géants » off-shore de Benguela (découverts juill. 1998), Kuito (mars 1997) et Landana (sept. 1997)].

■ **Amérique. Alaska :** gisement principal à Prudhoe Bay. *Réserves :* pétrole : 1,6 milliard de t (36 % des réserves prouvées des USA) ; gaz : 900 milliards de m³ (15 %). *1res explorations* 1963, *découvertes* 1965. *Investissements :* 15 milliards de $, dont 10 pour le pipe-line. *Coût de maintenance :* 0,240 milliard de $/an, soit environ 55 cents par baril. *Production (1982) :* pétrole : 83,3 millions de t ; gaz : 6,92 milliards de m³. *Exploitation :* difficile en raison du *permafrost* (sol ne dégelant que superficiellement l'été dans le Nord) et, sur la mer, en raison des *glaces* (banquises ou icebergs). L'été, le sol devient un bourbier (marécages remplis de moustiques) où s'enlisent les véhicules et où basculent les structures. Les hydrocarbures arrivant en surface à des températures d'autant plus élevées que la profondeur du gisement est grande et que le débit est important, il faut donc isoler les puits pour éviter le dégel afin que les têtes de puits auxquelles sont accrochés tubes et vannes et dont dépend la sécurité du forage ne s'effondrent pas. *Évacuation du pétrole :* après les essais du pétrolier brise-glace *Manhattan* en 1969, on a choisi le *pipe-line* (1 275 km, de Prudhoe Bay à Valdez) ; il franchit 3 chaînes de montagnes, 70 cours d'eau et des zones sismiques ; doit être isolé du permafrost pour ne pas dégeler (le pétrole, en raison des frictions dues à son écoulement, atteindrait + 145 °C). **Golfe du Mexique :** offshore à 930 m sous l'eau ; *Champ de Mars* contiendrait 140 millions de t. **Colombie :** *Cusiana* 0,4 à 3,5 milliards de t récupérables. 1993 début de l'exploitation. **Venezuela.**

■ **Asie. Chine :** *Tarim* (inexploité) 72 730 km², réserves 18 milliards de t. Peu accessible. **Indonésie** (faible teneur en soufre : 0,038 %) dans le nord de Sumatra ; présence à 3 000 km du Japon (important consommateur). **Kazakhstan.** Réserves (en milliards de t) prouvées 2,8 (probables 13). Gisements : *Tenguiz* (réserves 1,4 à 2,5 milliards de t) détenu à 45 % par Chevron, Mobil et Lukoil (Tenguizchevroil) ; *Aktioubinsk.* Contrat avec la Chine (sept. 1997) de 9,5 milliards de $ pour l'exploitation on-shore d'*Ouzen* et la construction de 2 oléoducs [3 000 km, vers le Xinjiang (400 000 b/j) 200 km, vers l'Iran (tracé évitant la Russie en passant sous la Caspienne et par la Transcaucasie envisagé)] ; projet Tenguiz-Novorossiisk (560 000 b/j prévus fin 1999, coût : 4 milliards de $). **Ouzbékistan.** Réserves 0,5 milliard de t (1995). **Turkménistan.** Réserves 0,2 milliard de t (2,6 dans la Caspienne) ; gaz (région de Daouletabad) 1 300 à 1 400 milliards de m³. Gazoduc Korpedje-Kurt Koy (Iran) en fonction depuis oct. 1997 (140 km, 1,5 milliard de m³ par an et projet Daouletabad-Turquie signé 14-5-1997. **Viêt Nam :** *Dai-Hung* (off-shore). Réserves 140 millions de t. *Production* (en 1997) : 12,7 millions de t.

■ **Europe. Mer du Nord. 1965** 1er gisement de gaz (*West Sole,* zone britannique, découvert). **1969** 1er de pétrole (*Ekofisk,* zone norvégienne). **Profondeurs maximales des forages :** *1977 :* 480 m (Ekofisk 70 m, Forties 120 m, Brent 150 m). *1980 :* 1 000 m. **Conditions climatiques :** pointes de vent de 245 km/h (travail impossible si vent de plus de 80 km/h), vagues de 25 à 30 m (cas extrêmes, sur 360 périodes de 12 h, 38 sont favorables au travail, 49 médiocres et 273 mauvaises). **Superficie prospectée** (en km² et en %) : G.-B. 244 000 (46). Norvège 131 000 (27). P.-Bas 62 000 (11). Danemark 56 000 (10). Ex-All. féd. 24 000 (5). Belgique 4 000 (0,5). *France 4 000 (0,5)* [intérêts français regroupés dans un Consortium : Petroland (Erap-Elf) en zones norvégienne, allemande et néerlandaise (86,3 %), CFP (30 %) surtout en zone britannique, SNPA (20 %), Coparex (8,2 %), Eurafrep (8,8 %), Francarep (3 %)]. **Production. Pétrole** (en millions de t) : *1972* : 1,7 ; *75* : 11,1 ; *80* : 104,9 ; *85* : 171 ; *90* : 179,7 ; *95* : 276,9 ; *96* : 294,2 ; *97* : 294,2 ; *98* : 292,3 [dont zones britannique 127,5 (dont part Stés françaises 6,9, norvégienne 152,1 (7,5), danoise 11,7, néerlandaise 1,6]. **Gaz naturel** (en milliards de m³) : *1970* : 11,3 ; *75* : 37,2 ; *80* : 75,4 ; *85* : 87 ; *90* : 96,8 ; *95* : 133,2 ; *96* : 160,5 ; *97* : 169,4 ; *98* :

Production du pétrole dans le monde (en milliers de t)

Pays	1978	1990	1995	1999	2000
AFRIQUE	**299 930**	**313 057**	**340 550**	**357 076**	**363 306**
* Algérie [1] 1956	57 195	55 200	56 800	63 900	67 000
Angola 1972	7 198	24 100	31 200	36 800	36 400
Bénin 1982	–	295	150	100	100
Cameroun 1978	625	7 900	5 400	4 800	4 500
Congo 1969	1 610	7 600	9 300	14 500	13 700
Côte d'Ivoire 1980	–	315	250	996	961
Égypte [1] 1911	25 050	45 500	46 600	41 400	39 500
Gabon 1957	10 562	13 600	17 800	17 000	16 400
Guinée équatoriale	–	270	300	4 500	5 300
* Libye [1] 1961	97 929	64 800	69 000	68 000	70 600
* Nigéria 1958	93 610	87 800	98 100	99 900	103 900
Tunisie 1966	4 982	4 536	4 300	4 000	3 700
ex-Zaïre 1975	1 145	1 411	1 350	1 180	1 245
AMÉRIQUE	**807 958**	**864 670**	**926 271**	**966 788**	**983 218**
du Nord	**554 373**	**488 624**	**475 671**	**453 030**	**459 159**
Canada [1] 1862	74 671	76 786	89 577	94 805	99 688
USA [1] 1859	479 702	411 838	386 094	358 225	359 461
latine	**253 585**	**376 046**	**450 600**	**513 758**	**524 059**
Argentine [1] 1907	23 515	24 000	38 100	42 700	41 200
Barbade 1978	37	62	50	95	80
Bolivie [1] 1950	1 499	973	1 400	1 618	1 683
Brésil [1] 1940	8 274	31 800	35 500	56 400	63 500
Chili [1] 1929	1 285	962	500	448	448
Colombie [1] 1921	7 014	21 900	30 200	42 500	36 100
Cuba 1976	115	736	1 300	1 344	1 344
Équateur [1] 1917	* 10 284	* 15 000	20 200	19 500	20 700
Guatemala 1978	43	187	200	1 155	1 101
Mexique [1] 1901	66 178	150 811	157 200	171 700	177 100
Pérou [1] 1896	7 792	6 897	6 200	5 800	5 300
Suriname 1985	–	198	350	598	603
Trinité 1908	11 854	7 400	7 000	6 700	8 100
* Venezuela [1] 1917	115 696	115 120	152 400	163 200	166 800
ASIE-OCÉANIE	**1 303 958**	**1 166 775**	**1 323 586**	**1 411 650**	**1 495 285**
Proche-Orient	**1 062 054**	**844 944**	**973 650**	**1 049 094**	**1 115 004**
* Arabie saoudite [1,2] 1936	422 427	334 200	426 700	410 300	441 200
Bahreïn [1] 1932	2 656	2 084	5 500	5 089	5 099
Émirats arabes unis [1]	89 240	109 000	113 600	105 600	114 700
* Iran [1] 1913	264 492	155 300	182 700	175 200	186 600
* Iraq [1] 1927	125 881	98 200	27 300	125 600	128 100
Israël 1956	700	10	550	5	5
* Koweït [1,2] 1946	108 420	59 950	105 300	99 300	105 600
Oman 1967	15 594	34 500	43 000	45 200	47 800

Pays	1978	1990	1995	1999	2000
* Qatar [1] 1949	23 712	21 200	21 300	33 700	37 000
Syrie 1968	8 932	21 000	31 100	30 300	28 100
Yémen 1986	–	9 500	16 600	18 800	20 800
Extrême-Orient-Océanie	**241 904**	**321 831**	**349 936**	**362 556**	**380 281**
Australie [1] 1933	20 056	26 840	25 400	24 500	35 500
Brunéi [1] 1913	11 460	7 000	8 600	9 000	9 500
Chine 1939	104 050	138 300	149 000	160 200	162 300
Inde 1889	10 993	33 900	37 100	36 700	36 500
* Indonésie [1] 1893	81 259	73 200	73 900	66 100	67 800
Japon 1975	542	541	736	624	633
Malaisie [1] 1968	10 840	30 600	34 000	35 700	36 200
Myanmar 1934	1 410	728	600	747	747
Nouvelle-Zélande [1] 1978	575	1 736	2 050	2 241	1 992
Pakistan 1947	488	2 925	2 850	2 659	2 719
Papouasie-Nlle-Guinée 1992	–	–	4 700	4 100	3 300
Philippines 1979	–	245	150	45	60
Taïwan 1976	220	100	100	40	30
Thaïlande [1] 1882	11	1 816	3 050	5 300	6 800
Viêt Nam [1] 1986	–	3 900	7 700	14 600	16 200
EUROPE	**682 262**	**786 114**	**665 546**	**682 147**	**706 178**
occidentale	**86 951**	**200 814**	**298 546**	**316 947**	**316 078**
Allemagne réunifiée 1880	4 900	3 660	2 959	2 741	3 123
Autriche [1] 1860	1 813	1 149	1 035	962	999
Danemark [1] 1972	432	5 995	9 169	14 671	17 805
Espagne 1967	980	795	652	300	223
France [1] 1918	*1 968*	*3 024*	*2 486*	*1 539*	*1 417*
G.-B. [1] 1919	54 006	91 597	130 324	137 099	126 176
Grèce [1] 1981	–	821	457	16	279
Italie [1] 1933	1 488	4 668	5 236	4 998	4 144
Norvège [1] 1971	16 957	81 860	139 185	149 100	156 764
Pays-Bas [1] 1943	1 520	3 533	3 523	2 580	2 401
Turquie 1948	2 887	3 712	3 516	2 941	2 747
orientale	**595 311**	**585 300**	**367 000**	**365 200**	**390 100**
Albanie 1933	2 000	1 100	500	300	300
Bulgarie 1955	240	100	ε	ε	ε
Croatie	–	1 600	1 500	1 200	1 100
Hongrie 1937	2 200	2 000	1 700	1 200	1 300
Pologne 1874	450	200	200	200	400
Roumanie 1857	13 724	7 900	6 700	6 100	6 100
Serbie 1943	–	1 000	1 200	900	900
Slovaquie 1919	–	ε	100	ε	ε
Tchèque (Rép.) 1919	120	100	200	400	400
Ex-URSS [1] 1963	572 500	570 800	355 100	354 900	379 600
Total mondial [1]	**3 094 108**	**3 130 616**	**3 255 953**	**3 417 661**	**3 547 977**
dont Opep [1]	1 500 707	1 202 570	1 327 100	1 410 800	1 489 300

Nota. – * Pays membres de l'Opep. (1) Y compris condensats et liquides de gaz naturel. (2) Y compris la production de la zone partagée (ex-zone neutre).
Demande totale de combustibles liquides et, entre parenthèses, **approvisionnement dont,** en italique, **pétrole brut.** *Source :* Agence internationale de l'énergie. **Perspectives énergétiques mondiales : 2010 :** 4 725 (4 725, *3 945*) ; **2020 :** 5 505 (4 640, *3 610*). **Conditions :** doublement de la production des 5 pays du Golfe (260 millions de t), hausse de la production de pétrole non identifié et non conventionnel (à 865 millions de t) et accroissement des prix de 17 à 25/30 $/b entre 2010 et 2015.

174,2 [dont zones britannique 95,3 (dont part Stés françaises 6,8), norvégienne 44,2 (3,2), néerlandaise (en mer) 27, danoise 7,6]. **Réserves. Pétrole :** environ 2 milliards de t. **Gaz :** 2 700 milliards de m³. Représentent 6 % des réserves mondiales off-shore. On estimait qu'à partir de 1985, elles s'épuiseraient environ en 15 ans.

Azerbaïdjan. Réserves : 4 à 5 milliards de t. Gisements : *Bakou* (250 000 b/j) ; *Azeri, Guneshli* et *Chirag* (inauguré 12-11-1997) [exploités par AIOC (Azerbaïdjan International Operating Company) créé 1994 formé de compagnies américaines (Amoco, Exxon, Pennzoil, Unocal), européennes (BP-Statoil, Ramco, TPAO), japonaise (Itochu), russe (Lukoil) et saoudienne (Delta)] ; production prévue (en b/j). *1998 :* 200 000 ; *2002 :* 400 000 ; *2006 :* 700 000. *Karabagh, Shaz Deniz, Lenkoran, Talish et Apsheron.* **Projets d'oléoducs :** Bakou-Grozny-Novorossiisk (adopté 9-9-1997 ; variante par le Daghestan adoptée 17-9-1997 pouvant accueillir le pétrole de la Volga, de l'Oural et de la Sibérie occ. ; long. 283 km, coût : 220 millions de $). Bakou-Europe [via la mer Noire (Batoumi ou Supsa) par oléoduc existant à restaurer, puis Méditerranée par le Bosphore jusqu'au port bulgare de Burgas d'où un oléoduc acheminerait le pétrole jusqu'à Alexandropolis (Grèce), Odessa (Ukraine) et la Roumanie]. Bakou-Turquie (port de Ceyhan) via Khachouri (Géorgie) ; variante par l'Arménie ; long. 1 600 km.

■ **Russie.** *Bassin de la Volga* entre Kouibichev et Perm, *Sibérie occidentale* (Samotlor, Tyoumen). **Non exploités :** *Sibérie orientale.* Les Suédois avaient annoncé le 5-12-1980 que *Bazhenov* (1 million de km²) recelait environ 619 milliards de t de réserves dont 30 % récupérables, mais les Soviétiques ont démenti en mars 1981. *Caspienne* (off-shore). Réserves : 8 milliards dont Tenghiz 2,5. **Environnement** peu respecté : 700 explosions de gazoducs et pipe-lines chaque année (perte : jusqu'à 20 % de la production de gaz et pétrole du pays).

Pétroles non conventionnels

Exploitation en cours

■ **Huiles lourdes.** Après traitements thermiques pour diminuer la viscosité, on peut extraire 15 à 40 % des gisements (parfois plus). **Coût :** 22/23 $ le baril d'équivalent pétrole. **Potentiel** (en milliards de t) : *Canada* (sables) : Athabasca, Cold Lake, Wabasca, Peace River 140 à 200, « Triangle carbonaté » (Alberta) n.c. *USA* (sables) : Utah et Californie 4. *Russie* (sables, carbonates) : Melekess (Volga-Oural) 20, divers 3. *Venezuela* (sables) : Orénoque 150 à 300. *Autres pays :* 50 à 70. *Total :* 370 à 600.

■ **Sables asphaltiques.** Hydrocarbures très visqueux, très lourds, piégés dans sables, grès ou dans des schistes, calcaires, conglomérats. **Réserves** (en milliards de t) : *Venezuela, USA* (Utah 3,5), *Madagascar* 2,5, *Trinité et Tobago, Argentine, Mexique, Colombie, Roumanie, Russie, Canada* [Alberta : Athabasca, Cold Lake, Wabasca et Peace River 120 dont plus de 10 % exploitables en carrières ; Great Canadian Oil Stands Ltd produit 2,5 millions de t d'huile par an depuis 1971, et Syncrude Canada 6,25 millions depuis 1978].

■ **Schistes bitumeux. Teneur en kérogène :** 30 à 40 l par t (exemples : 120 à 140 l au Colorado, 40/50 l dans l'est de la France). Une teneur inférieure ne permet pas une exploitation rentable. **Extraction par distillation :** du kérogène (à 500 °C sous vide) en surface (après extraction de la roche), ou directement par combustion contrôlée *in situ*, ou par une méthode mixte (foudroyage de galeries de mines à la base de la couche de combustion *in situ*, en utilisant les éboulis ainsi créés) ; ou *chauffage* par des champs électriques créés par des fréquences radio, gaz et pétrole se trouvant ainsi libérés. **Ressources potentielles** (en milliards de t) : *USA* (Green River, Colorado) : 20 à 25 extractibles économiquement. *Canada :* couvriraient 1 000 ans les besoins. *Amérique du Sud :* 110. *Afrique :* 13. *Asie :* 12. *Europe :* 7 (*France : 1*, bordure du bassin parisien, du sud du Luxembourg au Morvan ; exploités à Autun de 1837 à 1945 ; possibilités à Fécocourt, près de Nancy). **Exploitations en cours :** *Brésil* (à São Mateudo Sul, 2 500 t de roches fournissent 1 000 barils d'huile et 36 500 m³ de gaz par j). *Chine* (Mandchourie). *Maroc* (projet à Timahdit dans l'Atlas, 30 à 40 millions de t par an). *Ex-URSS. USA* (Colorado : production à partir de 1985 de 2,4 millions de t par an).

Raffinage

■ **Définition.** Transformation du pétrole brut en carburants, combustibles, solvants, lubrifiants, bitumes, paraffines (environ 500 produits). Le *brut* est un mélange d'hydrocarbures inutilisables à l'état naturel (trop inflammables, trop riches en carbone). Sa composition varie d'un gisement à l'autre (bruts paraffiniques, naphténiques ou aromatiques).

■ **Principaux procédés. Séparation :** *distillation* [par condensation des vapeurs du pétrole brut (ses composants, ayant un point d'ébullition différent, sont séparés par chauffage progressif)] ; *extraction* par solvant ; *absorption* par tamis moléculaires. **Épuration** [exemples : *désulfuration, dégazolinage* (épuration des gaz de leurs éléments condensables)]. **Synthèse :** *craquage* [*cracking* : casse les molécules lourdes en molécules plus légères ; *hydrocracking* : un flux d'hydrogène à haute température et à haute pression (en présence d'un catalyseur chimique qui active les réactions) « découpe » les molécules du fuel lourd] ; *hydrogénation, isomérisation, reformage* catalytique (*reforming* : transforme la structure moléculaire des essences issues de la distillation) ; *alkylation, polymérisation* qui créent des hydrocarbures nouveaux.

■ **Produits de la distillation du brut.** Gaz, fuels (domestiques ou industriels), essences 80 %, naphta 20 % (dont 90 % servent à fabriquer des carburants). Les mesures antipollution impliquent que la part du naphta augmente dans la confection des essences. Autres débouchés : matières plastiques, engrais.

■ Capacité de raffinage

☞ En millions de tonnes par an et en milliers de barils par jour en 2000 (1 tonne = 7,3 barils).

Pays	millions de t	10^3 b/j
Afrique	**163,2**	**3 265**
Afr. du Sud	23,6	474
Algérie	25,1	503
Angola	1,95	39
Cameroun	2,1	42
Congo	1,05	21
Congo dém.	0,75	15
Côte d'Ivoire	3,26	65
Égypte	36,3	726
Érythrée	0,9	18
Gabon	0,86	17
Ghana	2,25	45
Kenya	4,5	90
Liberia	0,75	15
Libye	17,1	343
Madagascar	0,75	15
Maroc	7,83	157
Mauritanie	–	–
Mozambique	–	–
Nigéria	21,9	439
Sénégal	1,35	27
Sierra Leone	0,5	10
Somalie	0,5	10
Soudan	6	122
Tanzanie	0,74	15
Togo	–	–
Tunisie	1,7	34
Zambie	1,18	24
Amérique latine	**410**	**8 202**
Antilles néerl.	30	600
Argentine	31,9	639
Bolivie	3,15	63
Brésil	95,9	1 918
Chili	10,2	205
Colombie	14,2	286
Cuba	15	301
Dominique	2,4	49
Équateur	8,8	176
Guatemala	1,1	22
Jamaïque	1,7	34
Martinique	0,8	16
Mexique	76,2	1 525
Nicaragua	1	20
Panamá	3	60
Pérou	9,11	182
Porto Rico	2,45	49
Trinité	8	160
Uruguay	1,85	37
Venezuela	64,1	1 282
Iles Vierges	26,2	525
Autres	2,52	51
Amérique du Nord	**922,2**	**18 445**
Canada	95,3	1 906
USA	826,9	16 539

Pays	millions de t	10^3 b/j
Europe occ.	**729,1**	**14 584**
Allemagne	112,9	2 259
Autriche	10,4	209
Belgique	38,4	768
Chypre	1,35	27
Danemark	8,82	176
Espagne	64,6	1 294
Finlande	10	200
France	*99*	*1 982*
G.-B.	88,5	1 771
Grèce	20,3	407
Irlande	3,56	71
Italie	117,9	2 359
Norvège	15,2	305
Pays-Bas	60,1	1 204
Portugal	15,2	304
Suède	21,1	423
Suisse	6,6	132
Turquie	34,7	694
Europe or.	**535,5**	**10 711**
CEI	419,9	8 400
Autres	115,6	2 311
Extr.-Orient/Océanie	**1 008,2**	**20 186**
Australie	42,3	847
Bangladesh	1,65	33
Brunéi	0,43	9
Chine	217,3	4 347
Corée du N.	3,55	71
Corée du S.	128	2 560
Inde	105	2 113
Indonésie	49,6	993
Japon	248,1	4 962
Malaisie	25,6	514
Myanmar	1,6	32
Nlle-Zélande	5,3	106
Pakistan	11,9	239
Philippines	20,9	420
Singapour	63,5	1 270
Sri Lanka	2,5	50
Taïwan	46	920
Thaïlande	34	682
Proche-Orient	**298,2**	**5 965**
Arabie S. [2]	87,2	1 745
Bahreïn	12,4	249
Émirats A.U.	22,1	444
Iraq	20,8	418
Iran	74,2	1 484
Israël	11	220
Jordanie	4,52	90
Koweït [2]	38,1	764
Liban	1,87	38
Oman	4,25	85
Qatar	2,87	58
Syrie	12,1	242
Yémen	0,65	130
Monde	**4 066,8**	**81 338**

Nota. – (1) Sud et Nord. (2) Y compris zone neutre.

Organisations de pays exportateurs

■ **Opep (Organisation des pays exportateurs de pétrole) (en anglais OPEC).** Origine : avant 1939 de grandes compagnies disposaient de concessions, égales parfois à l'étendue totale d'un pays, et versaient de faibles royalties. **1948** le Venezuela obtient le partage des revenus pétroliers avec les Cies concessionnaires. **1949** l'Américain Paul Getty (1892-1976) offre à l'Arabie des royalties importantes. La plupart des compagnies doivent suivre. **1949** le Venezuela propose à 6 pays du Moyen-Orient (dont Iran, Iraq, Koweït et Arabie) de se réunir. **Vers 1950** l'Anglo-Iranian Oil Company, issue de l'exploitation de la concession d'Arcy, refuse le partage des revenus pétroliers avec l'Iran sur la base 50-50. **1951**-*29-4* ses gisements sont nationalisés sous l'influence du PM Mossadegh qui est éliminé après 2 ans d'affrontements, l'Anglo-Iranian étant soutenue par le gouvernement britannique et la CIA américaine. **1954** nouvel accord, remettant en cause les mesures de 1951 tout en ne contestant pas le principe de la nationalisation. **1959**-*16-4* Pacte de Maadi, création au Caire d'une Commission consultative du pétrole ; des pays

Importations de pétrole brut (B) et de pétrole raffiné (R), en millions de t

Pays		1995	1997	1998	1999	2000
Allemagne	B	100,6	99	109	103,8	103,5
	R	43,4	49,3	44,7	40,5	42,2
Autriche	B	7,4	8,3	8,2	8	7,7
	R	3,1	3	3,8	4,1	4,3
Belgique	B	26,3	32,7	34,6	32,1	34
	R	13,4	13	13,7	13,8	14,4
Danemark	B	5,4	4,3	5,8	5,9	5,6
	R	4,2	5,1	5,5	4,8	5,1
Espagne	B	54,4	55,5	59,4	58,9	58,4
	R	11,4	13,5	15,5	17,4	19,6
Finlande	B	9,2	8,9	11,3	10,1	10,8
	R	5,3	3,6	3	3,4	5,7
France	*B*	*78*	*87,5*	*90,4*	*82,1*	*85,6*
	R	*26*	*23*	*23,3*	*26,8*	*26,8*
G.-B.	B	46,5	51,6	47,9	40,3	47,7
	R	9,7	9,3	11,1	11,9	13,8
Grèce	B	17,5	18,6	19	17,2	20,3
	R	3,8	3,1	2,6	4,2	3,6
Irlande	B	2,2	2,9	3,1	3	3,2
	R	4,2	4,7	5,1	6,1	5,1
Islande	B	n.c.	n.c.	n.c.	n.c.	n.c.
	R	0,7	0,8	0,8	0,9	0,9
Italie	B	74,4	78,8	85,5	80,2	83,6
	R	25	22,4	21,2	18,3	17,7
Japon	B	226,4	233,1	218,7	212,5	212,8
	R	43,3	42,7	37,1	44,4	44,8
Lux.	B	n.c.	n.c.	n.c.	n.c.	n.c.
	R	1,7	1,8	2	2	2,2
Norvège	B	1,3	1,4	2	2	0,9
	R	3,8	3,6	3,3	3,3	3,6
Pays-Bas	B	59,8	60,6	62	59,1	60,3
	R	30,2	36,5	34,9	37,3	44,6
Portugal	B	13,8	13,7	13,2	13,4	11,7
	R	3,8	2,6	3,6	3,9	4,6
Suède	B	17,1	20,3	19,9	19	21,2
	R	7,7	6	6,4	5,8	5,6
Suisse	B	4,8	4,8	5	5	4,7
	R	6,6	8,2	8,6	7,5	7,7
Turquie	B	24,2	23,1	23,5	22,8	21,6
	R	3,4	5	4,6	5,5	8,6
USA	B	365,1	415,3	431,2	432	449,3
	R	41	51,9	49	55,8	62,4

Pays de l'Opep en 2000

Pays (superficie) [1]	1999 Pop. [2]	1999 Dens. [3]	PNB [4] par hab. [1999]	Réserves 1-1-2001		Production				Export. de pétrole brut [8] 1999	Commerce extérieur (total) [8]		
				pétrole brut [5]	gaz naturel [6]	pétrole [7] en 2000	mai 2001	Quotas au 1-4-2001 [7]	Capacité [7]		Import. 1999	Export. 1999	Solde 1999
Algérie (2 380) .	30,3	12,7	1 581	1 255	4 077	818	820	773	1 000	7,5	9,7	12,8	+ 3
Arabie (2 150) .	20,5	9,6	6 773	35 703	5 790	8 336	7 980	7 865	10 500	44,9	29,8	49,8	+ 19,9
Émirats (84) . . .	2,8	33,9	18 206	13 342	5 992	2 217	2 180	2 113	2 600	15	33,2	34	+ 0,88
Indonésie (904)	207,7	109,1	679	679	3 770	1 304	1 230	1 255	1 320	6,5	24	49,6	+ 25,6
Iran (1 648) . . .	63	38,2	1 941	12 237	25 000	3 709	3 610	3 552	3 730	16	13,6	18,1	+ 4,4
Iraq (438)	22,4	51,2	588	15 348	3 285	2 520	2 830	3 024 [9]	300 [3]	12,1	8,5	12,5	+ 3,9
Koweït (18) . . .	2	116,1	14 198	13 165	1 480	2 093	2 010	1 941	2 700	10,9	13,6	18,1	+ 4,4
Libye (1 760) . .	6,2	3,5	7 181	4 025	1 315	1 421	1 360	1 296	1 500	7,7	6,4	8,7	+ 2,3
Nigéria (924) . .	125,2	135,5	278	3 070	3 515	1 999	2 200	1 993	–	12,4	10,5	12,8	+ 2,3
Qatar (11)	0,59	53,6	22 475	1 795	10 900	696	690	627	710	4,7	3,9	6,5	+ 2,6
Venezuela (916)	24	26,2	4 259	10 486	4 148	2 943	2 850	2 786	–	16,4	14,7	19,8	+ 5

Nota. – (1) En milliers de km^2. (2) En millions. (3) Hab./km^2. (4) En $. (5) En millions de t. (6) En milliards de m^3. (7) En milliers de b/j. (8) En milliards de $, valeur CIF pour les importations, FOB pour les exportations. (9) Hors quota.
Recettes pétrolières (en % des recettes budgétaires) : Angola 83, Algérie 63, Arabie saoudite 77, Congo 67, Émirats arabes unis 72, Gabon 61, Iran 58, Koweït 74, Mexique 37, Nigéria 67, Oman 76, Qatar 66, Venezuela 58.

demanderont aux Cies de consulter les gouv. des pays producteurs pour fixer les prix (les Cies ayant réduit les prix du baril de 0,05 et 0,25 $ au Venezuela et de 0,18 $ au Moyen-Orient). **1960**-*août* nouvelle réduction de 0,10 à 0,14 $ (décision unilatérale). *-10-9* Baghdad : les 5 principaux producteurs (Venezuela, Iran, Iraq, Arabie, Koweït) étudient les moyens de protéger leurs revenus. *-14-9* ils fondent l'Opep. Peu à peu, celle-ci regroupera les grands producteurs du tiers-monde. **Siège :** Vienne (Autriche). **Membres** (en 2000) 11 : Arabie, Iraq, Iran, Koweït, Venezuela, (depuis 1960) ; Qatar (janvier 1961) ; Indonésie, Libye (juin 1962) ; l'émirat d'Aboû Dabî, membre depuis nov. 1967, transmet sa qualité de membre aux Émirats arabes unis (1971) ; Algérie (juillet 1969) ; Nigéria (juillet 1971) ; Équateur (nov. 1973, quitte l'Opep en janv. 1993) ; Gabon (juin 1975, le 1-1-1995).

☞ Avant la crise (1973), 4 pays de l'Opep (Arabie, Émirats arabes unis, Koweït, Qatar) recevaient 22 milliards de $ par an qu'ils utilisaient pour leurs importations. En 1978, leur excédent commercial était de 47 milliards de $. Incapables de l'absorber, ils l'ont recyclé dans les circuits économiques mondiaux. On a parlé de *pétrodollars* [à l'image des eurodollars, avoirs en monnaie étrangère ($ ou autre) détenus par un ressortissant d'un pays ayant des revenus pétroliers]. La hausse provoqua l'accroissement des forages chez les non-Opep, puis l'abondance sur le marché, d'où une baisse des cours.

■ **Opaep (Organisation des pays arabes exportateurs de pétrole).** *Créée* 1968. Indépendante de l'Opep. **Siège :** Koweït. **Membres :** Arabie, Koweït, Libye (fondateurs), Iraq, Algérie, Émirats arabes unis, Qatar, Égypte (mise à l'écart du 17-4-1979 au 13-5-1989), Syrie, Bahreïn, Tunisie (du 6-3-82 au 1-1-87). L'Opaep a établi le *Centre arabe des études de l'énergie* faisant partie depuis 1982 du Secrétariat général, 5 *Stés arabes commerciales* et 1 *institut arabe de formation pétrolière*. Un tribunal judiciaire (créé 1981, siège Koweït) juge les litiges entre pays membres et entre pays membres et Cies pétrolières. L'Opaep n'intervient pas sur le prix du pétrole ni sur les quotas de production (domaine réservé à l'Opep à Vienne).

■ **Association des producteurs de pétrole africains (APPA).** *Créée* 26-1-1987 par Nigéria, Algérie, Libye, Gabon, Angola, Cameroun, Congo et Bénin.

Prix du pétrole

Évolution

☞ *Abréviations :* b. : baril(s), Mb/j : millions de barils par jour.

■ **Avant 1971.** **Système du Gulf Plus : 1928** *Accord de la ligne rouge :* le golfe du Mexique est le centre à partir duquel est calculé le prix de base, auquel les vendeurs ajoutent un coût de fret égal aux dépenses de transport entre le golfe et le point de destination. Les producteurs américains bénéficient ainsi d'une rente de situation. **1948** *Double Basing Point System :* le prix pratiqué dans le golfe du Mexique reste le prix directeur, mais on évalue le coût du fret à partir du Moyen-Orient ou du Mexique. **1950** *prix affichés :* système introduit au Moyen-Orient pour servir au calcul de la taxe fiscale fixée par elles-mêmes que les entreprises doivent verser aux pays producteurs ; ils baisseront de 1950 à 1960 (environ 2 $ le baril de 1960 à 1970). *Prix de revient brut :* comprend le coût de production, la redevance (12,5 %) et l'impôt (55 % du prix affiché diminué des coûts de production et des redevances) dus aux pays producteurs, et la marge bénéficiaire des compagnies ; *net :* prix CAF (moyenne du prix de transport du pétrole venant de la Méditerranée et de celui venant du golfe Persique). *Prix du marché :* prix de vente du surplus des compagnies selon l'offre et la demande. **1956**-*26-7* **crise de Suez :** Nasser nationalise le canal. G.-B., France et USA négocient pour obtenir la libre circulation sur le canal. *-16-8 :* 1re conférence à Londres des usagers du canal. *-29-10/-7-11* guerre avec Israël. Le canal rendu impraticable par l'Égypte entraîne pour l'Europe un déficit de 100 millions de t par an (25 %). *-28-11* rationnement décidé en France. Chaque possesseur de véhicule a droit à une allocation de base du 28-11 au 31-12-1956 : plus *de 5 CV* 30 l d'essence ; *moins de 5 CV* 20 l ; *camions et camionnettes* 40 l ; *cars* 50 l ; allocations spéciales pour médecins, prêtres, policiers, livreurs. *-21-12,* allocations de base pour janvier et février : *moins de 4 CV* 15 l, *5 à 10 CV* 20 l, *11 CV et +* 25 l. **1957**-*10-1* allocation spéciale pour tout acheteur d'une voiture d'occasion. *-1-2 :* 30 à 50 l à tout acheteur d'une voiture neuve, suivant puissance fiscale. *-8-3* le système d'inscription auprès d'un garagiste est remplacé, pour les vacances, par une organisation à base de tickets. *-1-7* abolition du contingentement. **Prix de l'essence ordinaire : 1-1-1956 :** 64,20 AF (dont taxes 44,70) ; **31-12 :** 73,10 F (46,62). **1-1-1958 :** 92,70 F (70,05). **1961-70** prix varie peu. **1970**-*déc. conférence de l'Opep à Caracas :* augmentation générale des prix affichés.

■ **De 1971 à 1986.** **1971**-*14-2 Téhéran, accord* entre États producteurs du golfe Persique et compagnies pétrolières. *-2-4 Tripoli, accord* analogue pour les pays intéressés au pétrole livré en Méditerranée ; prévoit la généralisation du taux de l'impôt à 55 %, une majoration immédiate des prix affichés et un calendrier des majorations ultérieures jusqu'en 1975. La production se décompose en *brut de participation* (quantité de pétrole dont l'État producteur est propriétaire ; il est revendu aux compagnies à 93 % du prix affiché) et *de concession :* le *prix de revient brut* est la « moyenne » du prix de participation et du prix de concession. **1972**-*20-1 Genève, 1er accord :* prévoit une révision trimestrielle des prix affichés en fonction de l'évolution des taux de change d'un cocktail de monnaies, et décide une augmentation de 8,49 % à cause de la dévaluation du dollar du 18-12-1971 (– 7,89 %). **1973**-*1-6 Genève, 2e accord* après une nouvelle dévaluation du dollar (– 10 % le 12-2-1973), augmentation de 11,9 % des prix affichés ; la révision des prix sera désormais mensuelle.

1er choc pétrolier. **1973**-*6-10* guerre du Kippour. *-16-10* Koweït, les producteurs du Proche-Orient réunis décident une hausse de 70 à 100 % selon origines et quantités, embargo (voir à l'Index). *-17-10* à Koweït, les pays de l'Opep décident de réduire de 5 % chaque mois les livraisons de brut à la plupart des pays consommateurs. USA, P.-Bas, Portugal, Rhodésie et Afr. du Sud sont frappés d'embargo total. *-5-11* le % de départ est porté à 25 % pour les pays neutres. France, Espagne et G.-B., considérées comme « amies », recevront les mêmes quantités qu'en sept. *-19-11* la réduction supplémentaire de 5 % prévue pour déc. ne sera pas appliquée à l'Europe et au Japon. *-23-12 Téhéran,* hausse de 130 % du prix affiché pour les pays de l'Opep à compter du 1-1-1974. *-26-12* réduction des livraisons : % ramené de 25 à 15 % pour pays neutres. Japon et Belgique sont considérés comme amis. En fait, la réduction de la prod. ne dépassera pas 25 % par rapport à sept. 1973. Les Cies répartiront le pétrole disponible. Les autres producteurs, y compris l'Iraq (désolidarisé des mesures prises par l'Opep) ont augmenté leur production. *Dans les pays consommateurs :* restriction de la circulation (exemple : 1 j par semaine), limitation de vitesse, fermeture des pompes le week-end, interdiction du stockage de carburant par les particuliers, rationnement de l'essence et du fuel.

1974 baisse de la consommation [récession, lutte contre le gaspillage, hiver doux (en %)] : USA, Japon, G.-B. 4, *France 5,* All. féd. 10, Pays-Bas 15, Belg. 17. *-1-7 Quito (Opep) :* la redevance passe de 12,5 % du prix affiché à 14,5 ; le prix de revient du brut de participation passe à 94,8 % du prix affiché. *-1-10 Vienne (I) :* redevance 16,67 %, impôt sur le bénéfice passe de 55 % à 65,7 % ; prix du brut de participation 93 % du prix affiché. *-1-11 Aboû Dabî :* Arabie, Qatar et Aboû Dabî décident une baisse du prix affiché de 0,40 $ par b. et une hausse de la redevance (20 %) et de l'impôt (85 %). *-13-12 Vienne (II) :* l'Opep ratifie les décisions prises. Le prix de vente (93 % du prix affiché) est de 10,46 $ par b., pétrole de concession 9,92 $, prix moyen (60 % de brut de participation et 40 % de pétrole de concession) 10,24 $. Le prélèvement du pays producteur est de 10,12 $ par b. et le coût de production de 0,12 $. **1975**-*24-1* Alger, sommet Opep. *-9-6 Libreville (Opep) :* réajustement à partir du 1-10-1975, adoption des DTS comme unité de compte. *-24/27-9 Vienne (III) :* hausse de 10 % du prix « Arabian Light » à partir du 1-10 ; gel des prix jusqu'en juin 1976 ; le dollar étant remonté, on renonce aux DTS. **1976**-*mai Bali :* maintien jusqu'à fin 1976 des prix en vigueur depuis le 1-10-1975. *-16-12 Doha (Opep) :* hausse de 5 % à partir du 1-1-1977 (Arabie et Émirats) et 10,33 % pour les autres producteurs. **1977**-*1-1* hausse de 5 % en moy. pour Arabie et Émirats, 10 % en moy. pour autres pays de l'Opep. *-1-7* hausse supplémentaire de 5 % pour Arabie et Émirats, les autres membres y renonçant. *-13-7 Stockholm :* Arabie et Émirats augmentent aussi leurs prix de 5 %. Les autres États de l'Opep abandonnent la hausse envisagée de 5 %. *-20/21-12 Caracas :* l'Arabian Light reste à 12,70 $, un accord sur une hausse n'ayant pu se faire. **1978**-*17/19-6 Genève :* gel des prix jusqu'à fin 1978. *-16-12 Aboû Dabî :* Arabian Light à 13,339 $; hausses 1979 : + 5 % au 1-1, + 3,809 % au 1-4, + 2,294 % au 1-7, + 2,691 % au 1-10 (14,542 $). Calendrier non tenu dès avril. *-Fin déc./janvier 1979* arrêt des livraisons iraniennes après le départ du Chāh.

Mesures prises en France après le 1er choc pétrolier. **1974**-*29-10* loi interdisant la publicité sur les prod. pétroliers. **1975** *achats pétroliers* limités à 51 milliards de F ; chauffage limité à 20 °C et 8 °C si locaux inhabités pendant 48 h, rationnement par les prix du naphte et du fuel industriel ; nouveau plan charbonnier ; vitesse maximale sur autoroute : 130 km/h. **1976** *heure d'été* pour économiser chaque année 300 000 t d'équivalent pétrole. **1977** rationnement du fuel domestique accentué ; consommation de gaz et d'électricité à usage industriel contrôlée ; vignette augmentée pour les véhicules dont la puissance fiscale est inférieure à la puissance réelle ; dépassements de vitesse sanctionnés (suspension de permis de conduire) ; voitures « économiques » pour les administrations. **1979** chauffage des locaux limité à 19 °C ; limitation de vitesse renforcée. *-1-7* entrée en vigueur de l'encadrement du fuel domestique. **1988**-*avril,* suppression de la limitation de la publicité relative aux hydrocarbures liquides. Surtaxe portée de 600 à 3 800 F pour les voitures particulières de plus de 17 CV ; comptage individuel de chaleur obligatoire dans les logements collectifs ; création d'aides spécifiques à l'innovation dans le domaine des systèmes récupérateurs de chaleur, etc.

2e choc pétrolier. **1979**-*27-3 Genève :* Arabian Light 14,546 $ au 1-4. *-26/28-6 Genève :* Arabian Light à 18 $ au 1-7 et à 24 $ au 14-12. *-17/20-12 Caracas :* les producteurs ne peuvent s'entendre sur les prix. Augmentation du prix moyen des brut Opep de 24,8 % de juillet à déc. (20,30 $/b. à 25,75 $/b. en moyenne) (doublement de déc. 1978 à déc. 1979).

3e choc pétrolier. **1980** *-9/10-6 Alger :* hausses variables selon les pays au 1-7. *-12-9 guerre Iraq-Iran ;* hausses désordonnées dans l'année. *-15/16-9 Vienne :* Arabian Light à 30 $ au 1-8, hausse de 2 $ dans les Émirats au 1-9. 6 pays de l'Opep proposent d'indexer le b. sur l'inflation et le taux de croissance des pays industriels ; repoussé. *-15-12 Bali :* hausse de 2 $ pour l'Arabie au 1-11 et de 3 à 4 $ au 1-1-1981 pour autres pays. **1981**-*1-1* hausse d'environ 10 %. *A Genève* projet de diminuer de 2 millions de b. la prod. saoudienne et d'augmenter de 2 $ environ le prix du b. saoudien.

■ **Baisse des cours.** **1981**-*juillet/nov.* baisse de 2 à 3 $ en Iraq, 3,5 $ au Nigéria et en Libye, 3,5 à 6 $ au Mexique, 1,8 au Qatar, 2,75 en mer du Nord. *-18-8 Genève :* pas d'accord sur prix unique, Arabian Light à 32 $, diminution de la prod. *-29-10 Genève :* Arabian Light à 34 $ jusqu'au 31-12-1981, baisses ou hausses des autres qualités selon les cas. **1982**-*20-3 Vienne :* contrôle et plafonnement de la prod. à 17,5 Mb/j et un quota par pays. Refus de l'Iran. *-20-5 Quito :* maintien du contrôle de la prod., gel des prix jusqu'à fin 1982. *-Août* l'Iraq décide le blocus du terminal iranien de Kharg. *-20-12 Vienne :* pas d'accord. **1983**-*24-1 Genève :* pas d'accord. *-Février* de nombreux pays baissent

PRIX OFFICIELS (EN $ PAR BARIL) [1]

Origines	Janv. 1970	Juin 1973	Nov. 1973	Janv. 1974	Juillet 1979	Nov. 1979	Nov. 1980	Janv. 1985	Janv. 1986	Juillet 1987	Sept. 1988	Janv. 1989	Janv. 1990	Juin 1990	Sept. 1990	Janv. 1991	Oct. 1991	Janv. 1992	Mars 1994	Mars 1995	Mars 1996	Mars 1997	Mars 1998	Mars 1999	Mars 2000	Mars 2001
Proche-Orient [2]																										
Arabie Léger	1,80	2,90	5,18	11,65	18	24	32	27,70	27,20	17,85	10,60	15,35	17,75	12,95	36	16,75	20,20	16,40	12,58	18,03	20	19,23	12,40	13,83	24,98	23,20
Arabie Lourd	1,47	2,62	4,68	11,44	17,17	23,17	31	26,70	25,20	16,95	9,35	14,10	16,50	11,50	34,20	12,75	17	13,20	10,63	16,93	18,85	17,38	10,50	13,03	23,48	22
Afrique																										
Algérie [3]	2,65	4,44	9,30	16,22	23,50	26,27	37	26,30	19,50	19,85	12,70	17,60	21,05	15,45	41,80	20,95	23,80	19,60	14,43	18,20	21,85	19,07	14,50	14,83	24,45	24,50
Nigéria Bonny Light .	2,03	3,87	8,16	14,48	23,49	26,26	37,02	27,15	19,20	20,15	12,60	17,45	21,05	15,85	40,90	0,65	23,25	18,90	14,45	18,10	21,90	18,90	14,20	14,80	24,55	24
Forcados .	2,03	3,87	8,16	14,48	23,12	25,89	36,85	27,30	19,30	19,90	12,45	17,25	21,20	15,25	40,60	20,25	23,20	18,25	14,45	17,90	21,85	18,50	13,95	14,50	24,50	23,45
Mer du Nord																										
Ekofisk	–	–	–	–	23,50	26,27	40	26,90	18,60	19,85	12,45	17,25	20,75	15,60	40,30	20,05	23,05	18,80	14,20	18,10	21,90	18,70	12,45	14,75	24,20	23,85
Brent	–	–	–	–	23,25	26,02	39,25	26,75	18,50	19,90	12,40	17,20	20,65	15,45	40,10	20,05	22,65	18,45	13,90	17,90	21,20	18,70	14,15	14,65	24,25	24,25
Amérique																										
Alaska (North Slope)	–	–	–	–	23,32	23,95	32,78	26,28	18,90	20,10	12,30	16,45	19,45	13,10	36,15	17,60	20,30	15,85	13,50	17,90	21,20	20,25	13,45	14,95	25,20	24,50
West Texas [4]	–	–	–	–	–	–	36	25,38	19,65	21,35	13,75	17,80	22,95	17,20	38,00	22,90	23,65	19,10	14,55	19	22,25	21,15	15,90	16,60	27,10	27
Venezuela																										
Tia Juana Léger [5] ...	2,19	3,57	6,87	14,36	20,90	–	33	29	28,05	17,62	12,27	12,27	24,28	14,35	38,50	19,25	21,80	16,60	13,43	19,13	21,03	18,54	13,47	14,52	24,83	22,46
Bachaquero	1,69	3,03	6,03	13,16	15,80	17	24,95	25	21,80	18,80	11,70	10	15	10,45	12,20	24,45	13,95	9,45	9,85	14,98	17,26	15,37	8,12	–	–	–
Indonésie																										
Sumatra Léger [6]	1,70	3,73	6	10,80	12,12	23,50	35	26,65[1]	22,25	19,05	13,15	18,10	21	15,15	35,40	20,75	19,60	17,95	13,05	19,50	19,50	19	12,70	14,95	26	25,40

Nota. – (1) Situation à certaines périodes et non à la date exacte du changement de prix (variable selon les origines). (2) Prix spot non publiés en 1986. Pour les pétroles saoudiens, prix spot à compter de juillet 1987. (3) Mélange Sahara. (4) Intermediate. (5) Prix officiels à compter de 1987 pour les pétroles vénézuéliens ; prix spot à compter d'avril 1989 pour le Tia Juana léger. (6) A partir de janvier 1985 : Minas. *Source :* Platt's.

leurs prix (offre trop importante). *-7-3 Londres :* accord le 14-3 sur un prix de référence à 29 $, un système de quotas (17,5 Mb/j pour 1983 à répartir). *-Juillet Helsinki :* reconduction de l'accord du 14-3. *-Sept. Vienne :* idem. *-7-12 Genève :* idem. **1984**-*29/31-10 Genève :* quota 16 Mb/j. *-19/21 et 27/29-12 Genève :* brut de référence maintenu à 29 $/b. Le Brent (G.-B.) remplace l'Arabian Light. **1985**-*28/30-1 Genève :* abandon théorique de la notion de brut de référence ; baisse des bruts légers (Arabian Light 28 $). *-1-2* prix moyen pondéré du brut Opep : 27,96 $. *-7/9-12 Genève :* priorité donnée par l'Opep (pour défendre sa part du marché) provoquera baisse du brut.

1er contre-choc pétrolier. **1986**-*16 au 24-3* et *15 au 21-4 à Genève :* principe d'une répartition de la prod. de brut entre pays de l'Opep. 10 pays fixent un objectif global de 16,7 Mb/j pour 1986 ; Algérie, Iran et Libye refusent, le trouvant trop élevé. *Fin mars,* cours spot (moy. brut Opep et Brent) 12 $. *-20/21-12 Genève :* accord quota 15,8 Mb/j pour 1er semestre 1987. **1987**-*10-4* Brent à 19,75 $ pour livraison en mai. *-27-6 Vienne :* quota 16,6 Mb/j. *-9/14-12 Vienne :* Opep (sauf Iraq) fixe le plafond à 15,06 Mb/j pour le 1er semestre 1988 ; 16 $ le baril au 15-12. **1988**-*1-5* 1re réunion *Opep/non-Opep* (Angola, Chine, Colombie, Égypte, Malaisie, Mexique, Oman) ; aucun accord. *-14-6 Vienne :* quota reconduit pour 6 mois (15,06 Mb/j), production réelle 18,5. *-21-11 Vienne :* 18,5 Mb/j pour le 1er semestre. **1989** l'Iran est réintégré dans le système des quotas (accroissement de 1,9 Mb/j par rapport au dernier plafond). Raffermissement des prix. *-21-2 Londres,* les non-Opep (Angola, Chine, Égypte, Malaisie, Mexique, Otan, Yémen du Nord) décident de réduire leurs export. de 5 % le 2d semestre 1989, pour aider l'Opep à stabiliser les prix ; l'URSS (observateur) annonce une réduction similaire (exportation vers les pays capitalistes) ; diminution globale : 0,3 Mb/j. *-7-6 Vienne :* plafond 19,5 Mb/j (production en mai : 21,06 Mb/j). *-23-9 Genève :* 20,5 Mb/j. *-25-11 Vienne :* 22 Mb/j. **1990**-*2-5 Genève :* réduction jusqu'à fin juillet de 1,445 Mb/j. *-Mai :* prod. 23,6 Mb/j. *-Juin :* 23,2. *-27-7* prix de référence 21 $ par b. soit + 4 $ par rapport aux prix réels du marché ; plafond 22,491 Mb/j pour le 2d semestre. **1990-91** guerre du Golfe (août 1990 : embargo sur pétrole iraqien), voir à l'Index. Après la crise politique (août 1991) en URSS hausse momentanée à l'automne (+ 3 $). **1992**-*24-5 Vienne* plafond 22,98 (3e trimestre), puis cible 21 $. **1993** rebond éphémère après crainte du retour de l'Iraq sur le marché ; 15,79 $ *(-19-7).* **1994** 12,93 $ *(-17-2)* ; 17 $ *(-16-6). -Nov. Bali,* 97e réunion de l'Opep, plafond de sept. 1993 (24,52 Mb/j) reconduit pour un an, quotas idem pour chaque pays. **1995**-*1-5* embargo américain sur pétrole iranien. *-19-6 Vienne,* plafond et quotas reconduits jusqu'à fin 1995. Cours moyen (janvier-nov.) : 16 $. *-22-11* plafond Opep reconduit jusqu'à juin 1996. **1996** hausse des cours (vague de froid, maladie du roi Fahd d'Arabie) : 19,7 $ *(-8-1)* puis baisse (discussions Onu-Iraq) : 17,4 $ *(-22-1),* 16,2 $ *(-29-1)* et remontée (vague de froid et réduction des stocks d'essence aux USA) : 19,94 $ *(-14-2),* 18,77 $ *(-21-3),* 23,6 $ *(-11-4)* puis baisse : 18,9 $ *(-30-5). -5-6 Vienne :* Gabon exclu ; quotas revus après levée partielle de l'embargo iraqien (accord Onu-Iraq 20-5 : 2 milliards de $ de brut exportés par semestre, soit 800 000 b/j) 25,03 Mb/j.

2e contre-choc pétrolier. **1997**-*janvier à mai* chute de 24 à 17,70 $, quota dépassé de 2 Mb/j. *-26-6* plafond officiel reconduit 6 mois. *-Été* crise asiatique chute de la demande. *-Oct.-Nov.* hausse à 20,5 $. *-29-11 Djakarta,* 100e réunion de l'Opep : quotas relevés à 27,5 Mb/j. *-1-12* baisse à 18 $. **1998**-*7-1* annonce de la reprise des exportations de l'Iraq (20-2 : 5,25 milliards de $ de brut par semestre). Baisse à 15,57 $. *-11-3,* 12,97 $. *-18-3,* 12,03 $, *-22-3* accord Arabie, Mexique et Venezuela sur réduction de 1,6 à 2 Mb/j de la prod. mondiale (75 Mb/j). *-31-3 Vienne,* Opep : réduction de 1,245 Mb/j jusqu'à fin 1998. *-1-4* réduction de 1,2 Mb/j, cours 13,62 $. *-4-6 Amsterdam,* réunion Arabie, Mexique et Venezuela sur baisse de production. *-15-6 :* 14,6 $ puis 12,38 $. *-16-6 Riyad,* réunion du Conseil de Coopération du Golfe : baisse de 0,415 Mb/j de la production dès le 1-7. *-Fin 1998,* 10 $. **1999**-*2-2* 10,71 $. *-16-2* 9,82 $.

3e période haussière. **1999**-*12-3 La Haye :* 5 pays s'accordent sur réduction de 2 Mb/j ; 12,58 $. *-23-3 Vienne :* baisse de 1,7 Mb/j, quota pour un an de 22,976 Mb/j. *-30-8 Caracas :* 21,42 $. Arabie, Venezuela et Mexique annoncent réductions prorogées jusqu'en mars 2000. **2000**-*14-1 :* 26,25 $. Opep recommande prolongation des quotas. *-7-3 :* 32,52 $. Le directeur de l'Agence internationale de l'énergie attire l'attention sur les stocks (au + bas). *-29-3 :* 24,18 $. *Vienne :* 9 pays de l'Opep s'accordent 1,452 Mb/j en plus. *-21-6 :* 30,55 $. *Vienne :* nouvelle augmentation (708 000 b./j). *-4-7 :* 30,80 $. Arabie : + 500 000 b./j. *-25-7 :* 26,32 $. *Camp David :* négociations israélo-palestiniennes : échec. *-8-8 :* 29,52 $. Baisse des stocks américains. *-30-8 :* 34,92 $. *-4-9* France : routiers bloquent des dépôts de carburant et raffineries pour protester contre la hausse. *-6-9* baisse de la taxe intérieure sur produits pétroliers (TIPP) prévue : 35 c/l de gazole avec effet rétroactif au 1-1. *-8/15-9* G.-B. : routiers bloquent raffineries, le gouvernement ne cède pas. *-9-9* France : barrages levés (coût du conflit : 3 milliards de F pour 2000-2001). *-14-9* Espagne, Norvège et Pologne : manif. des routiers. *-fin sept.* 37,20 $. *-27-9 Caracas :* 2e sommet des chefs d'État de l'Opep depuis celui d'Alger (1975). Se dit prêt à stabiliser les prix en élargissant le débat au problème de la dette. Met à l'étude la création d'une banque d'aide aux pays pauvres. *-30-10* production + 0,5 Mb/j. *-Nov.* baisse des cours. **2001**-*17-1* production 1,5 Mb/j au 1-2. *-17-3* prod. 1 Mb/j au 1-4 (quotas 24,201 Mb/j). *-3-7 Vienne :* quotas maintenus.

REVENUS PÉTROLIERS (EN MILLIONS DE $) DES PAYS DE L'OPEP

	Algérie	Arabie s.	EAU [1]	Équat.	Gabon	Indon.	Iraq	Iran	Koweït	Libye	Nigéria	Qatar	Venez.
1970	272	1 214	223	–	4	254	521	1 109	821	1 351	247	125	1 377
1971	321	1 885	431	–	9	336	840	1 851	954	1 674	847	200	1 675
1972	613	2 745	551	30	18	506	575	2 396	1 404	1 563	1 117	255	1 902
1973	988	4 340	900	129	29	688	1 843	4 399	1 735	2 223	2 048	463	3 029
1974	3 299	22 573	5 536	414	173	1 364	5 700	17 822	6 543	5 999	6 654	1 451	9 271
1975	3 262	25 676	6 000	293	484	3 233	7 500	18 433	6 393	5 101	7 422	1 685	6 968
1976	3 699	30 755	7 000	533	800	4 466	8 500	20 243	6 870	7 500	7 715	2 092	7 713
1977	4 254	36 538	9 030	499	600	4 692	9 631	2 120	7 516	8 850	9 600	1 994	8 106
1978	4 589	32 234	8 200	400	500	5 200	10 200	19 300	7 952	8 400	7 900	2 200	7 319
1979	7 513	57 522	12 862	800	900	8 100	21 291	20 500	16 863	15 223	15 900	3 082	11 956
1980	12 500	102 212	19 500	1 394	1 800	12 859	26 100	13 500	17 900	22 600	23 405	4 795	16 344
1981	10 700	113 200	18 700	1 560	1 600	14 393	10 400	9 300	14 900	15 600	16 713	4 722	17 401
1982	8 500	76 000	16 000	1 184	1 500	12 703	9 500	17 600	9 477	14 000	13 086	3 145	13 543
1983	9 700	46 100	12 800	1 100	1 500	9 660	8 400	20 000	9 900	11 200	10 100	3 000	13 500
1984	9 700	31 470	10 100	1 600	1 400	10 400	10 400	16 700	10 400	10 400	12 400	2 970	13 700
1985	9 835	23 411	9 636	1 400	1 350	9 800	11 920	14 420	8 495	9 700	11 942	2 528	11 900
1986	5 354	16 744	5 848	750	725	4 000	6 630	5 910	4 982	5 000	5 997	1 337	7 500
1987	6 815	19 808	8 316	750	955	5 000	11 300	9 210	8 138	6 000	6 233	1 717	9 430
1988	5 450	18 875	8 500	n.c.	800	n.c.	11 400	9 000	5 580	5 200	5 555	1 486	8 642
1989	7 000	24 000	11 500	1 147	1 200	n.c.	14 500	12 500	10 863	7 500	8 700	2 000	10 020
1990	10 497	47 960	17 073	1 471	2 068	n.c.	10 214	17 674	6 856	11 500	14 171	3 290	14 721
1991	9 600	42 700	13 900	1 000	1 700	6 900	–	15 300	–	10 000	12 200	2 200	13 000
1992	7 885	44 754	14 251	–	–	6 619	482	16 802	6 224	9 326	11 642	2 870	11 208
1993	6 902	38 621	12 118	–	–	5 693	425	14 251	9 708	7 689	11 510	2 811	10 565
1994	6 335	38 586	11 683	–	–	6 005	421	14 801	10 482	7 170	11 040	2 623	11 307
1995	6 938	42 502	12 822	–	–	6 443	461	12 054	11 512	7 763	11 724	2 987	13 737
1996	9 164	50 046	14 980	–	–	7 879	680	17 960	14 099	9 543	14 888	3 801	18 520
1997	8 800	48 218	15 269	–	–	7 410	4 589	17 662	13 318	8 905	14 622	4 655	18 145
1998	5 691	33 395	11 131	–	–	4 600	5 111	11 100	8 968	5 612	9 846	3 175	11 512
1999	7 556	44 934	15 021	–	–	6 580	12 104	16 098	10 998	7 734	12 453	4 775	16 465

Nota. – (1) Émirats arabes unis, Aboû Dabî, Doubaï, Chardja. *Source :* Opep.

Prix de vente au litre (en mai 2001)	« Eurosuper » sans plomb		Gasoil	
	En euro	% taxes	En euro	% taxes
Allemagne	1,12	66,8	0,84	62,6
Autriche	0,98	59	0,77	54,4
Belgique	1,15	61,6	0,79	53,9
Danemark	1,19	64,6	0,96	58,2
Espagne	0,86	57,2	0,70	52,4
Finlande	1,25	62,6	0,83	54,7
France	*1,12*	*67,6*	*0,82*	*62,4*
G.-B.	1,26	73,6	1,25	74
Grèce	0,85	50,6	0,64	53,8
Irlande	0,84	61,9	0,75	60,7
Italie	1,12	63,2	0,87	60,4
Luxembourg ..	0,89	52,7	0,67	50,6
Pays-Bas	1,27	64,2	0,82	55,2
Portugal	0,91	46,2	0,65	52,5
Suède	1,19	62,1	0,97	54,7

■ **Définitions.** **1 baril :** 158,984 litres. Il y a 7,3 barils dans 1 tonne. 1 million de b/j (barils/jour) = 50 millions de t/an. **Barter :** troc (compensation). **Brent :** mélange type de bruts de la mer du Nord. **Brut :** pétrole non raffiné « léger », dépourvu de soufre, « lourd », visqueux (presque solide). « Brent », « WTI » (West Texas Intermediate), « Arabian Light », « Oural », sont les plus connus. Brut *Mollah* (ou princier) : pétrole vendu sous le manteau par des intermédiaires. **Daisy Chain** « guirlande de marguerites » : ensemble des acheteurs et vendeurs successifs d'une même cargaison (record : 56). **Distressed Cargo :** cargaison de brut en détresse car en cours de transport non encore vendue à un utilisateur final. *Le trader* (dernier propriétaire) devra, pour trouver acheteur, brader ses prix. **Marché du Brent :** marché à terme, informel, entre gros opérateurs. Les transactions, cargaison par cargaison (500 millions de $ environ), dépassent de 2 à 3 fois le volume du pétrole réellement échangé. Des ventes « promptes », au jour le jour, s'y effectuent également. **Marché de Rotterdam :** aujourd'hui limité aux ventes de raffinés destinés aux marchés de l'Europe du Nord. **Marché spot** ou **marché libre :** ensemble des ventes ne faisant pas l'objet de contrats à moyen terme entre producteurs et compagnies. Les prix sont fixés instantanément ou révisables à très court terme. **Merc** ou **Nymex :** New York Mercantile Exchange, marché à terme de New York, où sont cotés des lots de « WTI ». **Netback** (ou valorisation) : calcul théorique de la valeur d'un brut à partir des cours des produits tirés après son raffinage. **Paper baril** (baril-papier, ou baril-titre) : cargaison souvent fictive, vendue à terme, et dont la date de livraison est suffisamment éloignée (2 à 3 mois) pour qu'elle puisse passer de main en main avant qu'une date précise ne soit fixée. **« Platt's » :** quotidien publiant des cours. **Processing** (contrat de) : raffinage à façon, souvent fictif, moyen pour les producteurs de vendre du brut au-delà des quotas de l'Opep. **Trader :** négociant (le *broker,* courtier, est un intermédiaire payé au pourcentage, le trader achète et revend, prend des positions). **Wet baril** (baril mouillé) : cargaison dont la date de livraison approche et dont la vente doit faire l'objet d'un échange physique de pétrole.

■ **Coût technique du baril** (en $). **Moyen-Orient :** *champs* anciens 0,40 à 0,80, récents 0,60 à 3. *Mer :* grands champs 2 à 4, petits 3 à 6. **Afrique :** Libye 1 à 2, Algérie 1,80 à 3,

Nigéria 1,80 à 3. *Mer :* golfe de Guinée 3 à 6. **Amérique :** Canada 2 à 5, USA (champs importants) 2,60 à 5,60, Alaska 6 à 10, Venezuela 1,50 à 2,50. *Mer :* USA (golfe du Mexique) 3 à 5. **Europe :** *mer* du Nord : N. 8 à 20, S. 4 à 10, champs marginaux 15 à 25 ; Bassin parisien 7 à 9 ; P.-Bas (gaz) 2.

■ **Marges bénéficiaires laissées après impôts aux sociétés concessionnaires par les producteurs, par baril.** Golfe Persique (Arabie exclue) 20 à 40 cents. Algérie, Iraq, Indonésie, Nigéria 50 c à 1 $. Pays industriels (G.-B., Norvège, USA, Canada) 3 à 6 $.

Sociétés pétrolières

Généralités

■ **Régimes des sociétés. Association :** Sté d'État et Cie privée constituent une Sté commune, assument les investissements et se partagent le profit au prorata de leur participation. Exemples : Elf, au Nigéria (État : 55 %), Eni en Libye (État : 51 %). **Concession :** l'État producteur cède les droits miniers à la Cie qui devient propriétaire du pétrole. L'État reçoit des « royalties ». **Contrat d'entreprise :** la Cie fait les recherches et avance les investissements. Elle est rémunérée par du brut et peut voir ses frais remboursés en cas de découverte (exemple : Indonésie). **Cas particuliers :** *Iran :* exploitation nationalisée concédée à un consortium de Cies étrangères démantelé depuis 1979 remplacé par la Nioc (National Iranian Oil Company). *Iraq :* l'Inoc (créée 1964) unique Cie nationale après la nationalisation des Cies étrangères de 1972 à 1975.

■ **Principales sociétés.** 1°) *Majors* (autrefois appelés les « 7 sœurs ») : 6 depuis la création en 1984 de Chevron (fusion de Gulf et de la Standard Oil of California, dont 4 américains (Chevron, Exxon, Mobil, Texaco) et 2 européens (British Petroleum et Royal Dutch/Shell) ; 2°) *Indépendants américains :* Amoco (Standard Oil of Indiana), Arco (Atlantic Richfield), Phillips, Sun, Sohio, Tenneco, etc. ; 3°) *Cies des pays consommateurs à participation étatique :* BP (G.-B.), Eni (Italie), Elf-Aquitaine et Total (France) [maintenant indépendantes (État 5 %)], Veba (All.), etc. ; 4°) *Cies nationales des grands exportateurs :* Pemex (Mexique), Sonatrach (Algérie), Nioc (Iran), Pertamina (Indonésie), Koweit Oil Company, Aramco (Arabie), etc.

■ **Chiffre d'affaires 2000 et,** en italique, **1999** et, entre parenthèses, **bénéfice net 2000** (en milliards d'euros). Exxon Mobil (USA) 232,7 *204,2* (17,7). BP Amoco (G.-B.) 97,8 *82,8* (7,8). Royal Dutch US (USA) *70,7*. Royal Dutch (Pays-Bas) *59,3*. Total Fina Elf (France) 114,5 *75* (6,9). Shell transport (G.-B.) 39,4 *40,7* (3,3). Chevron (USA) 50,5 *39,6* (5,1). ENI (Italie) 47,9 *30,9* (5,7). Elf-Aquitaine (France) *35,5*. Enron 100,7 *44,8* (0,9). Texaco (USA) 50,1 *39,9* (2,5). **Capitalisation boursière** (en millions de $, cours en euros au 3-5-2001). Exxon Mobil 297 510. BP Amoco 183 365. Royal Dutch US 123 941. Royal Dutch 123 476. Total Fina Elf 103 773. Shell transport 79 831. Chevron 58 789. ENI 51 985. Elf-Aquitaine 45 095. Enron 43 893. Texaco 37 799.

En 2000	Production [6]	Réserves [7]	Taux remplacement [8] (en %)	Budget exploration [9]
Exxon Mobil [1]	4,3	21,5	112	n.c.
Royal Dutch Shell [2] .	3,6	19,78	105	861
BP [3]	3,2	15,2	160	685
Total Fina Elf [4]	2,12	10,76	189	800
ENI [5]	1,18	6	151	380
Chevron [1]	1,16	5	150	n.c.
Texaco [1]	1,1	4,9	172	358

Nota. – (1) USA. (2) P.-Bas, G.-B. (3) G.-B., USA. (4) France. (5) Italie. (6) En millions de barils équivalent pétrole par jour. (7) Prouvées, en milliards de bep. (8) Taux de remplacement des réserves en %. (9) En millions de $.

Résultats de grosses sociétés

■ **Amoco** (USA), fusionné avec BP en 1998. **Chiffre d'affaires et,** entre parenthèses, **résultats** (en milliards de $) : *1993 :* 25,3 (1,8) ; *94 :* 26,95 (1,79) ; *95 :* 31 (1,86) ; *96 :* 36,16 (2,8) ; *97 :* 36,3 (2,7).

■ **BP Amoco. Origine :** *1909* Anglo-Persian Oil Co fondée. *1935* Anglo-Iranian Co. Deviendra British Petroleum Company. Détenue par l'État britannique à 31,5 %. Privatisée entre 1929 et 1987. *1998-déc.* fusionne avec Amoco. *1999-1-4* achète Arco, effectif en avril 2000. **Raffineries :** 11. **Chiffre d'affaires et,** entre parenthèses, **résultat net** (en milliards de $) **de BP Amoco :** *1994 :* 76,8 (4,4) ; *95 :* 84,2 (3,6) ; *96 :* 102 (7,2) ; *97 :* 107,8 (6,6) [BP 71,3 (4), Amoco 38,3 (2,7)] ; *98 :* 68,3 (3,3) ; *2000 :* 161,8 (14,2). **BP-France.** Filiale à 99,9 % du groupe. **Raffinage et distribution :** 2 raffineries à Lavéra et Dunkerque. **Stations-service :** 700. **Ventes de produits pétroliers :** 16,1 millions de t en 1997 dont 10,8 sur le marché français. **Pétrochimie et matières plastiques :** site pétrochimique de BP Chemicals SNC à Lavéra. **Effectifs :** 4 000.

Chiffre d'affaires de BP-Amoco-Arco (en milliards d'euros, 1999) **et,** entre parenthèses, **résultat net :** 114,25 (7,6) dont BP Amoco 101,20 (6,2) et Arco 13,05 (1,4).

☞ En 1996, BP et Mobil ont fusionné leurs activités européennes de raffinage, produits lubrifiants et leurs réseaux de stations-service (CA estimé 92,4 milliards de F).

■ **Chevron Corporation** (ex-Standard Oil of California, dite Esso Standard, fondée 1870 à Cleveland par John D. Rockefeller). Devenue **Chevron** 1-7-1984, après acquisition de la Gulf Corporation le 15-6-1984. 15-10-2000 accord sur une fusion avec Texaco. **Chiffre d'affaires et,** entre parenthèses, **résultats** (en milliards de $) : *1993 :* 32,1 (1,3) ; *94 :* 31,06 (1,69) ; *95 :* 36,31 (0,93) ; *96 :* 43,9 (2,6) ; *97 :* 41,9 (3,2) ; (en milliards d'euros) : *99 :* 35,4 (2,1) ; *2000 :* 50,6 (5,2).

■ **Elf-Aquitaine. Créée** 9-1-1976, était, avant la privatisation (1994), une filiale de l'Entreprise de recherches et d'activités pétrolières (Erap, créée 1966), établissement public à caractère industriel et commercial, qui détient au 1-1-1996 10 % du capital et se désengage du capital en nov. 1996. Depuis 28-10-1999, détenue à 95,4 % par Total-Fina. Rapprochement approuvé 9-2-2000 par la Commission européenne. **Principales activités :** *exploration et production de pétrole et de gaz :* Elf Exploration Production, Elf Petroleum Norge, Elf Petroleum UK..., Elf Aquitaine Gaz... ; *raffinage-distribution et commerce international de produits pétroliers :* Elf Antar France, Elf Antargaz, Elf Lubrifiants, Elf Trading ; *chimie (chimie fine et industrielle ; produits de performances ; chimie de base) :* Elf-Atochem, Elf-Atochem North America... ; *santé :* Sanofi-Synthélabo ; *recherche :* 3 870 personnes. **Principaux chiffres** (en 1999) : *domaine minier :* 23 pays ; superficie développée brute : 287 421 km^2 dont 100 170 de surface opérée. *Production :* 13 pays ; part d'Elf Aquitaine : 954 milliers de barils équivalent pétrole/j (pétrole brut 749 000 barils/j, gaz naturel : 34,2 millions de m^3 par jour). *Raffineries :* 5 en propre dont 3 en France ; intérêts dans 12 autres. *Commerce international :* 2,9 millions de barils/j négociés. *Effectifs :* 57 400 [dont en 1998 exploration, production 9 380, raffinage distribution 13 700, Elf-Atochem (chimie) 34 120]. **Finances** (en milliards de F) : *chiffres d'affaires : 1985 :* 180,7 ; *88 :* 126,1 ; *89 :* 149,8 ; *90 :* 175,5 ; *91 :* 200,7 ; *92 :* 200,6 ; *93 :* 209,7 ; *94 :* 207,7 ; *95 :* 208,3 ; *96 :* 232,7 ; *97 :* 254,3 dont exploration-production 21,4, raffinage-distribution et commerce international 149,7, chimie 57,5, santé 25,7 ; *98 :* 211,6 ; *99 :* 232,5. *Bénéfice consolidé 1990 :* 10,6 ; *91 :* 9,8 ; *92 :* 6,2 ; *93 :* 1,1 ; *94 :* – 5,4 ; *95 :* 5 ; *96 :* 7 ; *97 :* 5,6 ; *98 :* 3,5 ; *99 :* 13,6. *Résultat net courant 1995 :* 5,3 ; *96 :* 7,5 ; *97 :* 10,2 ; *98 :* 8 ; *99 :* 11,1. *Investissements 1989 :* 31,2 ; *90 :* 36,1 ; *91 :* 48,5 ; *92 :* 34,7 ; *93 :* 38,3 ; *94 :* 34,9 ; *95 :* 29,6 ; *96 :* 28,3 ; *97 :* 25,7 ; *98 :* 28,6 ; *99 :* 24,3. *Rentabilité des fonds propres (en %) : 1995 :* 6,9 ; *96 :* 9,5 ; *97 :* 12,5 ; *98 :* 9,9 ; *99 :* 11,9. *Part de l'État dans le capital* (en %) *1980 :* 67 ; *86 :* 56 ; *91 :* 54 ; *92 :* 51 ; *94 :* 13 (après privatisation) ; *95 :* 10 ; *96 :* 0,97. *Ratio d'endettement (en %) : 1995 :* 38, *96 :* 37 ; *97 :* 32 ; *98 :* 34 ; *99 :* 42.

☞ Selon Philippe Jaffré (P-DG depuis août 1993) au moins 1,5 milliard de F identifiés a été détourné entre 1989 et 1993 [dont 0,294 concernant la raffinerie de Leuna (All.)] Loïk le Flock-Prigent était P-DG dans ces années-là.

■ **Exxon Mobil Corporation.** Ex-Standard Oil Co. (New Jersey). 1er des producteurs, raffineurs et distributeurs mondiaux de pétrole brut et produits raffinés. Fusionne en déc. 1999 avec Mobil. **Chiffre d'affaires** (en milliards de $) : *1997 :* 201,7 ; *98 :* 169,6 ; *99 :* 185,5 ; *2000 :* 232,7. **Résultat net** (en milliards de $) : *1997 :* 11,7 ; *98 :* 8 ; *99 :* 7,9 ; *2000 :* 17,7. **Pétrole brut traité** (en millions de t) : *1997 :* 312 ; *98 :* 305 ; *99 :* 299 ; *2000 :* 282. **Capacité de raffinage** (en millions de t) : *1997 :* 337 ; *98 :* 333 ; *99 :* 333 ; *2000 :* 315. **Ventes pétrole et,** entre parenthèses, **chimie** (en millions de t) : *1997 :* 439 (23,8) ; *98 :* 444 (23,6) ; *99 :* 444 (25,3) ; *2000 :* 400 (25,6). *Stations-service :* 45 000. Présence dans 200 pays. **Activités en France** (en 2000). **Production :** 402 000 t d'hydrocarbures. **Raffineries :** Port-Jérôme/Gravenchon, Fos-sur-Mer, Dunkerque. **Capacité de raffinage :** 16,4 millions de t. 7 dépôts. 885 stations-service.

Esso SAF (filiale à 81,55 % d'Exxon Mobil Corporation). **Chiffre d'affaires** (en milliards d'euros) : *1999 :* 5,62 ; *2000 :* 7,89. **Résultat net** (en milliards d'euros) : *1999 :* – 0,028 ; *2000 :* 0,16. **Effectifs** (au 31-12-2000) : 2 157.

Mobil Oil Française (filiale à 99,7 % d'Exxon Mobil Corporation). **Chiffre d'affaires** (en milliards d'euros) : *1999 :* 1,14 ; *2000 :* 1,78. **Résultat net** (en milliards d'euros) : *1999 :* 0,001 ; *2000 :* 0,072. **Effectifs** (au 31-12-2000) : 942.

Société française Exxon Mobil Chemical (filiale à 99,77 % d'Exxon Mobil Corporation). **Chiffre d'affaires** (en milliards d'euros) : *1999 :* 1,25 ; *2000 :* 1,69. **Résultat net** (en milliards d'euros) : *1999 :* 0,1 ; *2000 :* 0,07. **Effectifs** (au 31-12-2000) : 1 487.

■ **Mobil Oil Corporation. Production :** *pétrole brut et gaz naturel liquide* (1996) : 854 Mb/j dont USA 262, Europe 153, Asie-Pacifique 106, divers 271 ; *gaz naturel :* 128,5 millions de m^3/j. *Capacité de raffinage :* 2 297 Mb/j. **Réserves :** 3,8 Mb. **Flotte :** 30 navires. **Chiffre d'affaires** (en milliards de $) : *1990 :* 64,5 ; *91 :* 62,7 ; *95 :* 74,87 ; *96 :* 81,5 ; *97 :* 65,9 ; *98 :* 53,5. **Résultats nets** (en milliards de $) : *1990 :* 1,9 ; *91 :* 1,9 ; *92 :* 0,8 ; *93 :* 2,08 ; *95 :* 2,37 ; *96 :* 2,96 ; *97 :* 3,27 ; *98 :* 1,7. **Ventes** (France) : 5 700 millions de t.

☞ En février 1996, Mobil et BP ont décidé de fusionner leurs activités produits pétroliers et lubrifiants en Europe (effectif au 1-1-1997, environ 19 000 stations-service dont 800 en France). En 1997, les stations Mobil passent sous les couleurs BP qui vendent les lubrifiants Mobil.

■ **PétroFina. Fondée** 25-2-1920 à Anvers (Belgique). 1999, fusion avec Total. **Production** (en milliers de t, 1996) : 6 564 (arrêt de la prod. en Angola, mise en prod. de nouveaux champs en G.-B.). **Chiffre d'affaires et,** entre parenthèses, **résultat net** (en 1997, en milliards de F belges) : 727 (22). **Effectifs :** *1996 :* 13 588. **Flotte :** 1 173 000 tpl.

■ **Royal Dutch/Shell. Créée** 1907. Filiale à 60 % de la Sté néerlandaise Royal Dutch Petroleum Co (créée 1890), et à 40 % de la Sté britannique Shell Transport and Trading Co. **Ventes et résultats nets** (en milliards de £) : *1991 :* 58,1 (2,4) ; *92 :* 55 (3,1) ; *93 :* 63,3 (3) ; *94 :* 62 (4,1) ; *95 :* 69,59 (4,3) ; *96 :* 82,08 (5,96) ; *97 :* 78,22 (4,74) ; *98* (en millions de $) : 93,6 (0,35) ; *99 :* 105,3 ; *2000 :* 149,1 (12,7). **Vente** de pétrole : *2000 :* 5,5 Mb/j, gaz naturel 232 millions de m^3/j. **Navires citernes :** 48 (4,9 millions de tpl). **Effectifs :** *1980 :* 137 000 ; *99 :* 99 000 ; *2000 :* 96 000. **Shell France. Chiffre d'affaires et** entre parenthèses, **résultats** (en milliards de F) : *1990 :* 27,5 (0,7) ; *91 :* 27,8 (– 1,15) ; *92 :* 17,8 (– 1,89) ; *93 :* 18,2 (– 1,89) ; *94 :* 29 (23) ; *95 :* 29,4 (1,99) ; *96 :* 34,1 (3,17) ; *97 :* 37,5 (– 1,99) ; *98 :* 25,8 (1). *99 :* 150 milliards de $ (bénéfice 7,09) ; *2000 :* 48,6 milliards de F (3,3).

■ **Texaco Inc. Fondée** 1902. **Finances** (en milliards de $) : *chiffre d'affaires consolidé 1990 :* 41,8 ; *91 :* 38,3 ; *92 :* 37,7 ; *93 :* 34,1 ; *95 :* 36,7 ; *96 :* 45,5 ; *97 :* 46,6 ; *bénéfice net 1990 :* 1,3 ; *91 :* 1,3 ; *92 :* 0,71 ; *93 :* 1,1 ; *95 :* 0,6 ; *96 :* 2 ; *97 :* 2,6 ; *98 :* 0,57 ; *investissements 1993 :* 3.

■ **Total. Origine :** *1924 (23-5) :* CFP (Cie française des pétroles) fondée, pour gérer la part française dans la Turkish Petroleum Co. d'Iraq, sur l'initiative de l'État français ; le pétrole importé de Mossoul (Iraq) sera raffiné à Berre, par la CFR (Cie française de raffinage) ; *1953 (10-12) :* naissance de la marque Total, propriété de la CFR ; *1985 (juin) :* devient « Total Compagnie Française des Pétroles » ; *1991 (juin) :* « Total ». Marque lancée 14-7-1954. *1999 :* fusion avec Petrofina (98,8 %) ; *(11-5)* devient Total-Fina ; *(21-7) :* lance une OPE sur Elf. Au 31-12-1999, détient 95,5 % d'Elf. 9-2-2000 approuvé par la Commission européenne ; 22-3 devient Total-Fina-Elf. **Participation de l'État :** à l'origine 35 %, *1992 :* 5,4 %, *1997 :* 0,9 %, *1999-1-1 :* 0 %. **Filiales et participations :** environ 1 000 dans plus de 100 pays dont, en 1999, 597 entreprises entrent dans sa consolidation. **Flotte pétrolière** (en 2000) : 30 navires totalisant 3,88 millions de tpl dont 2 en toute propriété et 28 affrétés. **Réserves** (en 1999) : pétrole et gaz 6 256 Mb équivalent-pétrole (dont Moyen-Orient 2 131). **Production** (en 1999) : *pétrole* 718 000 b/j, *gaz* 2 114 millions de pieds^3/j. **Traitement en raffinerie** (en 1999) : 1 553 000 b/j. **Ventes de produits finis** (en 1999) : 2 230 000 b/j. **Chiffre d'affaires** (en milliards de F) : *1990 :* 128,5 ; *91 :* 143 ; *92 :* 136,6 ; *93 :* 135,5 ; *94 :* 136,7 ; *95 :* 135,8 ; *96 :* 176,6 ; *97 :* 191 ; *98 :* 159,6 (*résultat net* consolidé *90 :* 4,1 ; *91 :* 5,8 ; *92 :* 2,8 ; *93 :* 2,9 ; *94 :* 3,3 ; *95 :* 2,2 ; *96 :* 5,6 ; *97 :* 7,6 ; *98 :* 6,9).

Total-Fina-Elf. Chiffres d'affaires et, entre parenthèses, **résultat net part du groupe** (hors éléments non récurents) [en millions d'euros] : *1998 :* 61 810 (2 703) ; *99 :* 75 035 (3 349) ; *2000 :* 114 557 (7 637). **Effectifs :** *2000 :* 69 852. **Points de vente :** *1990 :* 4 100 ; *93 :* 3 700 ; *94 :* 3 500 ; *95 :* 3 300 ; *96 :* 3 187 ; *97 :* 3 058 ; *98 :* 2 932 ; *2000 :* 3 301 (12 840 dans le monde).

Pays consommateurs

Statistiques

Consommation globale (marché intérieur + soutes + consommation des raffineries + pertes ; tous produits en 2000, en millions de t). **Amérique** *du Nord* 980,3 dont Canada 82,9, USA 897,4, *latine* 303 dont Argentine 20,1, Brésil 84,4, Mexique 84,3. **Afrique** 116,7 dont Afrique du S. 22,5, Algérie 8,5, Égypte 26,2. **Europe** *occidentale* 687,9 dont Allemagne 129,5, *France 95,1*, Italie 93, *orientale* 237,8 dont Russie 123,5. **Proche-Orient** 209 dont Arabie saoudite 62,4, Iran 56,9. **Extrême-Orient et Océanie** 968,9 dont Chine 226,9, Japon 253,5. [*Source : BP Statistical Review.*]

Transport de pétrole

Flotte pétrolière

■ **Total mondial** [en millions de dwt (dwt : deadweight = 1,016 tpl)]. **1970** 132,1. **75** 255,8. **78** 332,5. **80** 327,9. **85** 269,7. **89** 243,5. (En millions de tpl). **92** 268,9. **94** 280,1. **96** 277,4. **97** 277,7. **98** 297,9. **99** 299,7. **2000** 302,1. **01** 309,6 (3 565 bateaux) dont Panamá 53,8 (503), Libéria 45,5 (486), Bahamas 26,7 (216), Grèce 25,8 (220), Norvège 22 (262), Malte 20,4 (299), Singapour 17,1 (179), îles Marshall 10,4 (90), USA 8 (131), Chypre 7,9 (140), Japon 6,2 (30), Inde 5,3 (86), Iran 4 (31), Brésil 3,8 (59), G.-B. 3,2 (32), Chine 3,1 (97), Italie 3,1 (79), *France 1,9 (19)*, Russie 1,1 (37), divers 39,3 (569). **Méthaniers et transporteurs de GPL** (flotte en service au 1-1-1996) : *méthaniers* 89 ; *transporteurs GPL* 216.

Les routes du pétrole vers l'Ouest. De la mer Rouge au canal de Suez : fermée en 1967, elle n'a été rouverte qu'en juin 1975, après enlèvement des épaves et dégagement du chenal, mais seules les unités de moins de 150 000 tpl peuvent l'emprunter. *Part du pétrole importé en Europe passant par Suez : 1956 :* 60 %, *88 :* 20 %. **De l'Euphrate à la Méditerranée par le désert de Syrie :** oléoducs du Proche-Orient depuis 1932 (capacité totale 90 millions de t). **Route du Cap :** en 1974, avant la réouverture de Suez, sur 773 millions de t de pétrole venant du Proche-Orient, 83 % passaient par Le Cap.

Le pétrole en France

Généralités

■ **Organisation.** La loi de 1928 a confié à l'État le monopole de l'importation du pétrole afin d'assurer la sécurité d'approvisionnement. L'État l'a délégué aux Stés pétrolières aux conditions suivantes : 1°) participation au ravitaillement national, contrôlée par la présentation d'un plan d'approvisionnement ; 2°) fourniture prioritaire des services publics ; 3°) constitution de réserves pour 3 mois de consommation ; 4°) participation à l'exécution de contrats d'intérêt national pour l'acquisition de pétrole ou la fabrication de produits utiles à l'économie. Les licences d'importation délivrées sont valables 10 ans pour le pétrole brut, et 3 ans pour les produits finis.

Facture énergétique de la France (en milliards de F)

Année	Total	dont facture pétrolière	Année	Total	dont facture pétrolière
1974	–	– 45	**1988**	– 66,1	– 49,8
1975	–	– 36,9	**1989**	– 83,1	– 66,1
1976	–	– 51,1	**1990**	– 94	– 72,5
1977	–	– 52,4	**1991**	– 94	– 71,5
1978	– 62	– 49	**1992**	– 80	– 61,3
1979	–	– 66,1	**1993**	– 68,9	– 55,1
1980	– 132,9	– 108	**1994**	– 65,6	– 54,3
1981	– 162	– 128,7	**1995**	– 58,8	– 51,7
1982	– 177,9	– 140,1	**1996**	– 79,2	– 67,2
1983	– 168,3	– 131,7	**1997**	– 85,5	– 70,8
1984	– 187	– 145,4	**1998**	– 61	– 46,2
1985	– 180,6	– 137,3	**1999**	– 76,7	– 63,4
1986	– 89,6	– 57,7	**2000**	– 155,2	– 124,3
1987	– 82,3	– 62,7			

■ **Perspectives de la politique pétrolière française :** *réduire la consommation* (économies d'énergie, recours au nucléaire). *Reconvertir l'appareil de raffinage* pour pouvoir extraire des bruts lourds davantage de produits légers, de plus en plus demandés (essence pour transports, fuel-oil domestique). *Diversifier les approvisionnements* (Norvège, G.-B., ex-URSS, Mexique). *Compenser les importations* par des ventes accrues dans les pays producteurs, ce qui suppose que la France s'approvisionne auprès de pays dont le développement ferait pour elle des clients importants (Nigéria, Chine, Algérie, ex-URSS).

Plan « hydrocarbures français » : priorité aux recherches en bordure des bassins sédimentaires jusqu'à 5 000/6 000 m, et en mer (Méditerranée sur 60 000 km^2, Kerguelen, St-Pierre-et-Miquelon, Nlle-Calédonie). Développement des huiles lourdes, schistes et pétrole de mers profondes (stations sous-marines automatisées). Récupération assistée (injection de gaz, vapeur ou additifs chimiques) pour accroître de 15 % (soit 30 millions de t) le pétrole exploitable.

■ **Bilan en tonnage** (en millions de t, 2000). **Produits à distiller** (pétrole brut national + brut importé + APD + divers) 87. *Raffinage :* total brut traité 85,9. **Produits raffinés** (en 2000) : *ressources totales :* 110,6 (dont prod. nette des raffineries 83,7 ; import. 26,9) ; export. 20,8 ; marché intérieur (économie civile) 87,9 dont carburants auto 13,8 ; gasoil 27,4 ; fuel-oil domestique 15,6 ; lourd 4,3 ; autres 26,8 (y compris avitaillement d'avions français et étrangers), soutes maritimes 3,1.

■ **Commerce extérieur. Par quantités** (en millions de t et, entre parenthèses, en %). **Pétrole brut** [1]. **Importations : 1973** 135. **80** 113,6. **81** 95,1. **82** 80,8. **83** 72,5. **84** 73,6. **85** 73,9. **86** 69,5. **87** 66,4. **88** 72,5. **89** 70,7. **90** 73,4. **91** 75,5. **92** 73,8. **93** 78,3. **94** 76,5. **95** 78. **96** 83,7. **97** 87,5. **98** 90,4. **99** 82,1. **2000** 85,6 dont Proche-Orient 31,6 (36,9 %) dont Arabie 15,2 (17,8), Iraq 7,2 (8,4), Iran 5,1 (6,1), Syrie 2,5 (2,9), Koweït 1,3 (1,6) ; Afr. du Nord 6,2 (7,3) dont Algérie 3,4 (4), Libye 2,4 (2,9) ; noire 7,5 (8,8) dont Nigéria 4,8 (5,7), Gabon-Congo 0,3 (0,4) ; Russie 7,8 (9,2) ; mer du Nord 31,8 (37,2) dont Norvège 21,1 (24,7), G.-B. 9,8 (11,6). **Produits finis. Importations : 1973** 7,3. **80** 18,4 [1]. **81** 18,6 [1]. **82** 22,51 [1]. **83** 22,6. **84** 19,8. **85** 22,4. **86** 27,1. **87** 31,2. **88** 28,4. **89** 28,8. **90** 27,6. **91** 30,2. **92** 32,6. **93** 28,3. **94** 29,4. **95** 25,9. **96** 26,1. **97** 23. **98** 23,2. **99** 26,8. **2000** 26,8. **Exportations** (raffinés) : *total :* **1978** 14,3. **90** 13,3. **91** 13,1. **92** 13,5. **93** 19,7. **94** 18,6. **95** 16,8. **96** 19,5. **97** 21,7. **98** 23,9. **99** 24. **2000** 27,9 [*vers* Europe 14,8 (dont G.-B. 2,9, All. 2,3, Italie, P.-Bas 1,6, Suisse 1,5, Espagne 1,2, UEBL 1,1) ; Afrique 1,8 (dont Afr. du N. 0,94) ; Amérique 2,9 (dont USA 2,5, Amér. latine 0,4) ; Asie 0,69 ; Océanie et divers 0,42]. **Avitaillement** (navires, avions étrangers). **1978** 4,2 ; **90** 3,4 ; **91** 3,4 ; **92** 3,5 ; **93** 3,5 ; **94** 3,5 ; **95** 3,3 ; **96** 3,2 ; **97** 3,4 ; **98** 4,7 ; **99** 6.

Nota. – (1) Y compris produits intermédiaires à distiller. [*Sources :* Dhyca (brut), Douanes (raffinés).]

■ **Consommation totale du marché intérieur** (en millions de t). **1938** 5,14. **47** 5,08. **56** 9,26. **59** 15,85. **60** 23,48. **65** 48,47. **70** 82,08. **73** 111,81. **75** 96,4. **79** 105,75. **80** 98,49. **85** 75,11. **89** 80,52. **90** 79,64. **91** 84,12. **92** 84,34. **93** 82,71. **94** 82,98. **95** 84,23. **96** 85,87. **97** 86,29. **98** 88,8. **99** 89,5. **2000** 87,8 dont gasoil 27,3, fuel domestique 15,5, carburant auto 13,7, bases pétrochimiques 11,5, carburéacteurs 5,9, fuel lourd 4,2, bitumes 3,3, gaz de pétrole liquéfiés 3,1, coke de pétrole 1,2, lubrifiants 0,8, gaz incondensables 0,16, white-spirit 0,07, paraffine et cires 0,06, pétrole lampant 0,04, essences spéciales 0,03, essences aviation 0,02.

Principaux secteurs d'utilisation (en %, 2000) : transports 56,3 [routiers 45,1 ; maritimes 4,1 ; ferroviaires 0,4 ; aériens et fluviaux 6,7] ; agriculture 2,7 ; secteur domestique et tertiaire 15,2 ; industrie et divers 25,8 dont production d'électricité thermique (centrales EDF et CdF) 1,3 ; de gaz (livraisons à GDF) ; revêtements routiers 3,7 ; autres utilisations 20,7.

■ **Distribution des carburants routiers. Points de vente : nombre total dont,** entre parenthèses, **sur autoroutes et,** en italique, **en grandes et moyennes surfaces : 1970** 45 900 (64) *470.* **75** 42 500 (140) *990.* **80** 40 400 (226) *1 290.* **85** 34 600 (276) *2 250.* **90** 25 700 (311) *3 750.* **95** 18 406 (370) *4 194.* **99** (au 31-12) 16 700 (405) *4 485.* **2000** 16 230 (398) *4 362* [dont : *à la marque des raffineurs* 8 743 dont *réseau officiel* 3 779 et *réseau organique* 3 822. *Traditionnel libre* 3 125. *Grandes surfaces* 4 362]. **Réseau des autorisés spéciaux** (en 1999) : officiel et organique 7 557 (dont officiel 3 417) dont : Total 2 842 (930), Elf 1 316 (676), Shell 1 303 (637), Esso 947 (522), BP 648 (466), Fina 403 (128), Agip 98 (58). **Débit moyen mensuel :** *2000 :* 209 m^3.

Nota. – La directive communautaire du 20-3-1985 a imposé la mise à disposition des consommateurs d'au moins une qualité d'essence sans plomb, à partir du 1-10-1989, mesure devant contribuer à supprimer, à terme, l'émission annuelle de 8 000 t de plomb dans l'atmosphère par les gaz d'échappement. Le plomb dans l'essence interdit l'utilisation de certaines techniques de dépollution, comme le pot catalytique.

Pourcentage des ventes de carburant auto : *2000 :* grandes surfaces 57,3, pétroliers 37,7, divers 3,3.

Prix de vente (moyenne annuelle, en F/hl, TTC et, entre parenthèses, HT). **Supercarburant** [1] : *1990 :* 534 (138) ; *91 :* 535 (133) ; *92 :* 525 (120) ; *93 :* 544 (116) ; *94 :* 561 (107) ; *95 :* 584 (103) ; *96 :* 621 (116) ; *97 :* 643 (127) ; *98 :* 629 (108) ; *99 :* 657 (127) ; *2000 :* 766 (224). **Super sans plomb 88-98 :** *1990 :* 540 (178) ; *91 :* 519 (155) ; *92 :* 507 (142) ; *93 :* 523 (135) ; *94 :* 537 (121) ; *95 :* 565 (114) ; *96 :* 601 (126) ; *97 :* 623 (128) ; *98 :* 609 (118) ; *99 :* 632 (137) ; *2000 :* 728 (224). **Gazole :** *1990 :* 355 (139) ; *91 :* 358 (138) ; *92 :* 346 (123) ; *93 :* 367 (124) ; *94 :* 386 (113) ; *95 :* 385 (106) ; *96 :* 428 (126) ; *97 :* 444 (133) ; *98 :* 422 (107) ; *99 :* 452 (125) ; *2000 :* 555 (210). **Fioul domestique** [2] : *1990 :* 222 (146) ; *91 :* 230 (151) ; *92 :* 205 (130) ; *93 :* 209 (131) ; *94 :* 204 (123) ; *95 :* 200 (118) ; *96 :* 219 (131) ; *97 :* 231 (140) ; *98 :* 198 (112) ; *99 :* 215 (126) ; *2000 :* 304 (209). **Fioul lourd ordinaire :** *1990 :* 747 (612) ; *91 :* 654 (517) ; *92 :* 635 (496) ; *93 :* 596 (450) ; *94 :* 683 (531) ; *95 :* 720 (566) ; *96 :* 769 (612) ; *97 :* 763 (604) ; *98 :* 623 (461) ; *99 :* 763 (600) ; *2000 :* 1 125 (961).

Nota. – (1) Super plombé et, depuis déc. 1999, ARS. (2) Tarif C1, livraison de 2 000 à 4 999 l.

Équipement du réseau en 1996 et, entre parenthèses, **en 1988 :** distribution de GPL-C 730 (1 290 ; 1 929 points de vente en 2000) ; libre-service 11 500 (8 400) ; automates 2 150 (760).

■ **Forages** (en milliers de m forés). *1978 :* 110,3 (dont 6,8 en mer) ; *80 :* 161,1 ; *81 :* 255,4 ; *85 :* 438,6 ; *90 :* 149,5 ; *95 :* 43,2 ; *96 :* 21 [dont exploration 17 (Aquitaine 4, Bassin parisien 12,9) ; extension développement 4 (dont Aquitaine 13,2 (95), Bassin parisien 4)] ; *97 :* 31,6 ; *98 :* 42,3 ; *99 :* 13,6 ; *2000 :* 31.

■ **Stockages** (en millions de m^3). *1981 :* 68,6 (dont pétrole brut 18,7) ; *90 :* 51,7 [1,4] ; *95 :* 49,8 ; *98 :* 48,5 ; *99 :* 48,2 ; *2000 :* 47,6 **dont : raffinage** (pétrole brut, produits intermédiaires et finis) [2] *1981 :* 54,2 ; *90 :* 36,5 [1] ; *95 :* 35,3 ; *98 :* 34,8 ; *99 :* 34,7 ; *2000 :* 34,1 ; **distribution** (produits finis) [1,3] *1981 :* 14,4 ; *90 :* 15,1 [1] ; *95 :* 14,5 ; *98 :* 13,6 ; *99 :* 13,4 ; *2000 :* 13,3.

Nota. – (1) Non compris, depuis 1988, les stockages souterrains de *May-sur-Orne* (4 900 km^3). (2) Non compris les capacités de stockage de pétrole brut de la Fenouillère au départ du pipeline sud-européen (2 260 000 m^3 fin 93). (3) Dépôts civils actifs d'une capacité égale ou supérieure à 400 m^3 stockant des carburants et fuels, des produits spéciaux, lubrifiants et bitumes, à l'exclusion des gaz liquéfiés. Les stockages du SSDH (La Ferté-Alais, Donges, Herblay, Châlons-en-Champagne, St-Baussant et St-Gervais) affectés à l'économie civile sont inclus. (4) Non compris raffineries fermées non affectées.

■ **Soutes maritimes. Total dont,** entre parenthèses **soutes françaises et,** en italique, **soutes étrangères** (en millions de t) : *1973 :* 5,5 (2,1) *3,4 ; 85 :* 2,5 (1,2) *1,3 ; 90 :* 2,6 (0,9) *1,7 ; 95 :* 2,3 (0,8) *1,4 ; 97 :* 2,7 (0,8) *1,8 ; 98 :* 2,9 (0,7) *2,2 ; 99 :* 2,9 (0,7) *2,2 ; 2000 :* 3 (0,8) *2,2.*

Prix

■ **Coût moyen du pétrole brut importé. Valeur moyenne du brut** (en F par tonne) **et,** entre parenthèses, **parité F/$: 1973** 120 (4,465). **74** 377 (4,812). **75** 381 (4,289). **76** 452 (4,779). **77** 491 (4,914). **78** 464 (4,512). **79** 580 (4,255). **80** 1 016 (4,221). **81** 1 460,3 (5,432). **82** 1 693,1 (6,578). **83** 1 742,9 (7,622). **84** 1 892,8 (8,740). **85** 1 837,7 (8,99). **86** 773,1 (6,93). **87** 799,3 (6,012). **88** 640,9 (5,959). **89** 828,5 (6,38) [– *janv. :* 725,1 (6,25)]. **90** 896,7 (5,45). **91** 812,6 (5,65). **92** 722,8 (5,29). **93** 672,4 (5,66). **94** 645 (5,55). **95** 633,8 (4,99). **96** 784,3 (5,12). **97** 828,5 (5,84). **98** 560,3 (5,9). **99** 789,3 (6,16). **2000** 1 497,2 (7,12).

Prix de la tonne importée (en $ par t) : **1970 :** 93 ; **77 :** 269 ; **84 :** 531 ; **91 :** 176 ; **98 :** 94,9 ; **99 :** 128,1 ; **2000 :** 210,5.

■ **Prix de vente.** Depuis l'arrêté du 29-1-1985, les prix (essence, supercarburant, gasoil) sont librement déterminés, dans le cadre d'engagements de lutte contre l'inflation souscrits par autorisés spéciaux et grossistes. La « formule », mise en application en mai 1982 pour la détermination des prix de reprise, demeure en vigueur pour le fuel domestique et les autres éléments (marges de distribution, rémunération des stocks de réserve et fiscalité). L'écart de prix entre super et gasoil encourage le développement excessif des Diesel et oblige les Cies à importer massivement du gasoil que les raffineries ne peuvent techniquement produire en quantité suffisante (le raffinage d'une tonne de brut donne un % presque invariable de raffinés). Le 30-5-1996, les députés ont supprimé la possibilité de saisir le Conseil de la concurrence si les grandes surfaces vendent des carburants à des prix abusivement bas.

■ **Prix moyens France entière** (en F/hectolitre, au 15-12-2000). **Supercarburant sans plomb 98 :** prix TTC : 695, HT : 211 ; taxes et redevances 484,09 dont TVA 113,9, taxes spécifiques 370,190 (dont TIPP 367,90, CPDC 0,115, IFP 1,92). **Gasoil :** TTC : 569, HT : 235 ; taxes et redevances 333,87 dont TVA 93,25, taxes spécifiques 240,620 (dont TIPP 238,46, IFP 1,92). **Fuel-oil domestique :** TTC 304, HT 234 ; taxes et redevances 70,22 dont TVA 49,82, taxes spécifiques 20,400 (dont TIPP 19,28, IFP 1,1).

■ **Taxations maximale et minimale depuis 1932** (en %). *Essence* 76,5 (1959), 51,2 (1932) ; *super* depuis 1964 82,3 (1995), 52 (1983) ; *gasoil* 72,4 (1995), 38,9 (1950) ; *fuel-oil domestique* 41 (1995), 3 (1951) ; *lourd n° 2* 22,2 (1985), 3 (1951).

■ **Part des droits et taxes dans les prix de vente** (en %, début mars 2001). Essence : 75,7 (en 1989), super plombé : 71, super sans plomb 98 : 70, gasoil : 63, fuel domestique : 25, fuel lourd n° 2 : 16.

Production

■ **A l'étranger.** Les groupes français exercent leur activité à l'étranger sur plus de 1 million de km^2 dont (en %) : Afrique 36, Proche-Orient 35, Europe 13, Australie 9, Amérique 7.

Production nette des groupes français à l'étranger (en millions de t). **Pétrole brut :** *1978 :* 47,8 ; *90 :* 48,9 ; *91 :* 52,4 ; *92 :* 53,1 ; *93 :* 54,8 ; *94 :* 57,8 ; *95 :* 62,6 ; *96 :* 63,9 ; *97 :* 64,7 ; *98 :* 67,6 ; *99 :* 72,9 ; *2000 :* 71 dont Europe 19,2 (Norvège 12,1, G.-B. 7), Afrique 28,3 (Gabon 5,9, Nigéria 6,8, Angola 4,7, Congo 6, Algérie 2,5, Cameroun 0,8), Proche-Orient 17,5 (Aboû Dabî/Doubaï 1, Syrie 1,3), Amérique 4,2 (Argentine 0,7, USA 0,4, Colombie 2,5), Indonésie 1,1. **Gaz naturel** (en milliards de m^3) : *1990 :* 17,3 ; *91 :* 17,4 ; *92 :* 17,5 ; *93 :* 17,5 ; *94 :* 20 ; *95 :* 20,8 ; *96 :* 23 ; *97 :* 22,2 ; *98 :* 27 ; *99 :* 33,4 ; *2000 :* 36 dont Europe 16,2 (G.-B. 7,2, Norvège 4,5, Pays-Bas 4,3, Italie 0,9), Afrique 3,32 (Algérie 1,9, Nigéria 1,33, Gabon 0,08), Proche-Orient 1,84, Amérique 4,9 (USA 2,4, Argentine 2,32), Asie/Océanie 9,6. **Gaz naturel liquéfié** (en milliers de t) : *1991 :* 1 580 ; *92 :* 1 716 ; *93 :* 1 840 ; *94 :* 2 322 ; *95 :* 2 422 ; *96 :* 2 732 ; *97 :* 3 155 ; *98 :* 3 720 ; *99 :* 4 272 dont Indonésie 3 433, Qatar 578, Aboû Dabî 261.

Production en France (en milliers de t, non compris groupes à capitaux français à l'étranger)

1954	505,2	**1970**	2 308,9	**1986**	2 948
1955	878,4	**1971**	1 861,1	**1987**	3 235
1956	1 263,6	**1972**	1 483,6	**1988**	3 355
1957	1 410,5	**1973**	1 254	**1989**	3 244
1958	1 386,3	**1974**	1 079,6	**1990**	3 024
1959	1 617,3	**1975**	1 027,6	**1991**	2 952
1960	1 976,5	**1976**	1 057,3	**1992**	2 866
1961	2 163,4	**1977**	1 037,1	**1993**	2 752
1962	2 370,2	**1978**	1 112	**1994**	2 769
1963	2 522,1	**1979**	1 196,1	**1995**	2 486
1964	2 845,3	**1980**	1 415,4	**1996**	2 107
1965	2 987,8	**1981**	1 675,9	**1997**	1 780
1966	2 931,9	**1982**	1 629	**1998**	1 709
1967	2 832,4	**1983**	1 655	**1999**	1 539
1968	2 687,7	**1984**	2 064	**2000**	1 417 [1]
1969	2 498,6	**1985**	2 642		

Nota. – (1) Dont *Aquitaine* 663 : Essorep (Parentis, Les Arbousiers, Cazaux, Lugos, Les Pins) 259, Vermillon (Lugos, Parentis) 185, EAEPF (Lacq supérieur, Lagrave, Pécorade, Vic-Bilh) 192, Geopetrol (Castéra-Lou) 27 ; *Bassin parisien* 747 : Essorep (Chaunoy) 192, Vermillon (Champotran, Malhoue) 71, Petrorep (Ile-du-Gord) 31, EAEPF (Dommartin-Lettrée, La Croix-Blanche, Itteville, Néocomien, Vert-le-Grand) 193, Coparex (Dommartin-Villeperdue) 168, Geopetrol (Fontaine-au-Bron) 38 ; *autres régions* 8.

■ **Caractéristiques des gisements. Profondeur** (au sommet du réservoir ; en mètres) **et,** entre parenthèses, **production** (en milliers de t) **cumulée à fin 2000/dont en 2000 :** Essorep : Cazaux (1959) : 3 040 (11 207/98), Champotran (1985) : 2 385 (405/22), Chaunoy (1983) : 2 150 (9 503/192), Lavergne (1962) : 3 190 (1 671/–), Lugos (1956) : 1 490 (1 710/16), Parentis (1954) : 1985 (29 310/160). Petrorep : Coulommes (1958) : 1 678 (1 962/10), Ile-du-Gord (1986) : 2 160 (450/25). EAEPF : Castéra-Lou (1976) : 2 611 (469 [4]/14 [4]), Châteaurenard (1958) : 395 (–/691 [1]), Chuelles (1961) : 426 (–/990 [1]), Courtenay (1964) : 440 (–/362 [1]), La Croix-Blanche (1987) : 1 800 (251/20), Ivry-sur-Seine (1988, fermé 1992) : – (–/6,9 [2]), Fontaine-au-Bron (1986) : 1 630 (461 [4]/25 [4]), Pécorade (1974) : 2 320 (2 238/40), Lacq supérieur (1949) : 493 (4 066/13), Lagrave (1984) : 1 590 (2 629/75), Scheibenhard (1956) : 740 (–/–), Soudron (1976) : 1 972 (–/–),

Vert-le-Grand (1986) : 1 800 (1 499/44), Vert-le-Petit (1987) : 1 450 (128/4), Vic-Bilh (1979) : 1 900 (4 028/64). Coparex : Villeperdue (1958) : 1 630 (5 559/114), Montmirail Saucy-les-Provins (1990) : – (–/25 m³/j²). Geopetrol : Saint-Germain (1984) : 2 145 (448/4), Scheibenhard (1956) : 740 (370/4). Triton : Blandy (1984) : 2 165 (–/74 [1]), Sivry (1984) : 2 167 (–/59 [3]).

Nota. – (1) Fin 1989. (2) Fin 1991. (3) Fin 1990. (4) 1995.

Raffinage

■ **Données globales** (en millions de t). **Brut traité [1] :** *1973 :* 135 ; *78 :* 118 ; *79 :* 127,6 ; *80 :* 114 ; *85 :* 76,9 ; *90 :* 75,3 ; *95 :* 79,7 ; *96 :* 84,2 ; *97 :* 88,9 ; *98 :* 91,9 ; *99 :* 83,3 ; *2000 :* 85,8. **Produits finis :** *1973 :* 127,2 ; *78 :* 117,8 ; *85 :* 78 ; *90 :* 71,9 ; *95 :* 75,4 ; *96 :* 79,7 ; *97 :* 84,6 ; *98 :* 87,8 ; *99 :* 80,4.

■ **Capacité de traitement. Distillation atmosphérique** (calculée sur traitement de brut « arabe léger », en millions de t/an) : *1978 :* 169,04 ; *93 :* 83,9 ; *95 :* 86 ; *99 :* 96,2 ; *2000 :* 96 dont Gonfreville [2] 16,7, Donges [4] 11,9, Lavéra [3] 10,4, Port-Jérôme [6] 7,8, Provence 7,7, Flandres [2] 7,5, Petit-Couronne [5] 7, Berre [5] 6,3, Feyzin [4] 5,8, Fos-sur-Mer [6] 5,5, Grandpuits [4] 5, Reichstett [8] 4, Gravenchon [7] 3. **Reformage catalytique [8] :** *1978 :* 56,6 ; *90 :* 31,9 ; *95 :* 33,1 ; *98 :* 33,4 ; *99 :* 33,8 ; *2000 :* 35,4. **Viscoréduction [8] :** *1978 :* 11,1 ; *90 :* 28,8 ; *95 :* 24,7 ; *99 :* 25,7 ; *2000 :* 25,9. **Craquage catalytique [8] :** *1978 :* 32,4 ; *90 :* 54,0 ; *95 :* 56,7 ; *99 :* 57,6 ; *2000 :* 59,3. **Désulfuration [8] :** *1978 :* 68,5 ; *90 :* 74,5 ; *95 :* 78,5 ; *99 :* 89,9 ; *2000 :* 91,5.

Nota. – (1) Y compris condensats et produits intermédiaires à distiller à partir de 1985 (de 3,2 millions de t en 1993). (2) Total-Fina. (3) BP. (4) Elf. (5) Shell. (6) Esso. (7) Mobil. (8) CRR.

Transports

■ **Maritimes. Pétroliers et pétrominéraliers au long cours** (*nombre de navires-citernes et,* entre parenthèses, *port en lourd global,* en millions de tpl) : *1973 :* 88 (10,3) ; *80 :* 66 (15,4) ; *85 :* 24 (5,1) ; *90 :* 14 (3,2) ; *95 :* 15 (3,8) ; *98 :* 14 (3,6) ; *99 :* 15 (4) ; *2000 :* 13 (3,7) **dont pétroliers de plus de 200 000 t :** *1973 :* 24 (5,7) ; *80 :* 48 (13,2) ; *85 :* 24 (5,1) ; *90 :* 9 (2,5) ; *92 :* 10 (2,7). **Tonnage transporté sous pavillon français** (en millions de t/milles et, entre parenthèses, en % du total) : *1973 :* 506,1 (51,4) ; *80 :* 619 (83,8) ; *85 :* 150,7 (71,8) ; *90 :* 125,5 (35,1) ; *91 :* 147,5 (39,8) ; *92 :* 104,8 (30,5).

■ **Pipelines.** Voir à l'Index.

Nouvelles sources d'énergie

Ressources potentielles dans le monde

■ **Sources d'énergies renouvelables** (en TWh, prév. 2000). Animaux de trait 1, biomasse 2 à 5, bois 15 à 20, charbon de bois 2 à 5, éolienne 1 à 5, géothermique [1] 1 à 5, hydraulique 3, marémotrice 0,03 à 0,06, sables asphaltiques 1, schistes bitumeux 0,5, solaire [2] 2 à 5, thermique mers [3] 1, tourbe 1, vagues 0,01.

Nota. – (1) Puissance géothermique de la Terre 2,210 W. Flux géothermique 0,05 à 1 W/m². Gradient géothermique 3,3 °C/100 m. (2) Durée annuelle d'ensoleillement 1 100 à 1 500 kWh/m²/an. (3) Gisement mondial 10 TWe. *Source :* Onu.

■ **Part des énergies renouvelables** (en %, prév. en 2010). **Avec hydraulique (et sans) :** Allemagne 12,5 (10,3) ; Autriche 78,1 (21,1) ; Belgique 6 (5,8) ; Danemark 29 (29) ; Espagne 29,4 (17,5) ; Finlande 35 (21,7) ; *France 21 (8,9) ;* G.-B. 10 (9,3) ; Grèce 20,1 (14,5) ; Irlande 13,2 (11,7) ; Italie 25 (14,9) ; Luxembourg 5,7 (5,7) ; P.-Bas 12 (12) ; Portugal 45,6 (21,5) ; Suède 60 (15,7).

Énergie éolienne

Généralités

■ **Force du vent.** Du grec « Éole » (dieu du Vent). *Puissance totale des courants atmosphériques :* 100 milliards de gigawatts (millions de kW). Le vent est plus faible en zone polaire Nord et en zone intertropicale, et plus fort aux latitudes de plus de 55°. Globalement, il est plus abondant l'hiver en Europe occidentale. Il varie peu entre le jour et la nuit : entre 30 et 70 m de hauteur ; au-dessus de 70 m, il est plus fort la nuit ; au-dessous de 30 m, plus fort le jour. Son énergie cinétique peut être transformée en énergie mécanique ou électrique dans des machines éoliennes et des aérogénérateurs, et servir à moudre le grain, pomper l'eau, produire de l'électricité. Pour obtenir 1 kW, le diamètre de l'éolienne sera de 2,50 à 4 m selon les sites. *Vitesse nécessaire* pour rendre l'énergie éolienne performante : 7 m/s. Une turbine industrielle de bon rendement brassant 1 000 m² de surface (diam. 40 m) produira environ 1 000 kWh/m² par an, soit au total 1 million de kWh. Une éolienne de 4,50 m de diam. et de rendement médiocre, produisant 300 kWh/m² par an, fournirait 5 000 kWh (consommation d'un foyer domestique 1 000 à 6 000 kWh par an).

Problèmes actuels de l'énergie

■ **Abondance d'énergie brute. Énergie solaire :** le Soleil déverse sur Terre l'équivalent de 10 000 fois les besoins mondiaux d'aujourd'hui sous des formes diverses : mouvements de l'air et des eaux, métamorphoses chlorophylliennes de la lumière en matière végétale. **Chaleur du magma terrestre :** pourrait couvrir des milliers de fois les besoins présents de l'humanité.

■ **Pénurie d'énergie utile.** Nous devons construire des chaînes de convertisseurs pour que cette énergie parvienne à l'utilisateur final (sous la forme demandée, thermique, mécanique, électrique) là et au moment où il en a besoin. **Vent :** l'éolienne doit capter des vents faibles pour éviter des arrêts trop prolongés et être robuste pour résister aux bourrasques. Sauf pour pomper de l'eau dans un puits, elle ne fournira jamais qu'une énergie d'appoint si on ne la couple pas à un accumulateur coûteux. Rapportés à l'énergie produite, le matériel et l'encombrement de l'espace apparaissent considérables si l'on veut disposer d'une production notable. **Rayonnement solaire :** le captage par panneaux ou miroirs exige de vastes espaces et des dispositifs de concentration et de stockage aux coûts élevés. **Hydroélectricité :** l'énergie du Soleil, captée par l'eau des océans qui s'évapore, est concentrée ensuite par le ruissellement des pluies au flanc des montagnes, formant des cours d'eau dont on peut exploiter la chute (il faut recourir à des barrages et des usines coûteux).

■ **Éoliennes et environnement.** En rencontrant l'hélice, le vent ralentit et reprend sa vitesse quelques mètres plus loin (au bout d'une distance équivalent à 5 à 8 fois le diamètre de l'éolienne). *Bruit :* imperceptible à 400 m, peut atteindre 50 décibels à 150 m. Les hélices peuvent tuer des oiseaux (vitesse en bout de pale : 290 km/h).

■ **Aérogénérateur.** Composé d'une éolienne et d'une dynamo ou d'un alternateur. Couplé à des panneaux photovoltaïques raccordés à une même batterie d'accumulateurs, peut fournir de l'électricité à la mauvaise saison, au moment où les panneaux en fournissent moins. *Puissance* de quelques W à plusieurs centaines de kW. **Réalisations :** *États-Unis, Australie et Nlle-Zélande :* fermes isolées.

■ **Capteurs. Éoliennes à axe vertical :** *machines à traînée* utilisant la viscosité de l'air ; volumineuses et chères. *Panémones* (du grec, tous les vents) tournant à tous les vents, ne demandant pas de dispositif d'orientation ; rendement médiocre, transmettent le mouvement au sol. **Machines à axe horizontal :** *moulin hollandais* à 2 ou 4 pales se prêtant bien à la production d'électricité ; *américain :* multipales. *Pales :* en bois, alliages d'aluminium, résines ou plastiques armés ; elles sont soumises à l'érosion (sables, poussières, grêle, pluie), la corrosion (fumées, embruns) et des efforts variables (poussée du vent, force centrifuge, moment gyroscopique) ; au nombre de 2 le plus souvent, parfois 3, la puissance recueillie étant pratiquement la même. On peut envisager, pour les très grandes, une pale unique qui serait équilibrée par un contrepoids.

■ **Stockage de l'énergie.** Accumulateurs au plomb, jusqu'à 10 kW. Au-delà, prix prohibitif (200 F le kW). Solution dans l'avenir : pile à combustible (hydrogène produit par électrolyse de l'eau).

En France : *Nogent-le-Roi* (Eure-et-Loir), aérogénérateur expérimental de 0,8 MW, hélice de 30,20 m, a fonctionné 1958-62. *St-Rémy-des-Landes* (Manche), commercial de 132 kW, 21,20 m ; 1 MW, 35 m, a fonctionné 1963-64. *Ouessant,* 100 kW, 18 m, construit en 1980, abattu par le vent mais renforcé le 24-5-1984 ; 41 m de haut, hélice orientable 6,5 t, démonté 1992 (coût 1 million de F).

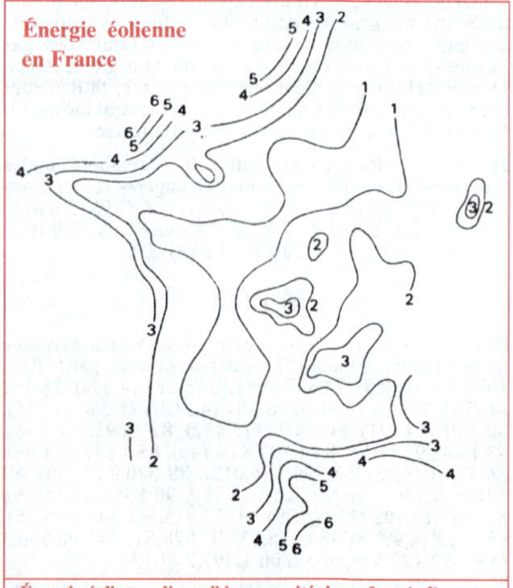

Énergie éolienne disponible par unité de surface (m²) et par an à 40 m au-dessus du sol. Les lignes continues sont des courbes d'égale énergie (unité 1 000 kWh/m²). L'énergie disponible est 3 à 4 fois plus faible en plaine que sur les côtes. Les montagnes sont inutilisables en raison de la turbulence de l'air. 2 000 éoliennes de 2 MW fourniraient 10 % de la puissance transportée aujourd'hui sur le réseau.

Lastours (Aude), 8 de 3 à 25 kW, 4 à 10 m de diam., couplées sur le réseau (12-9-1984). *Ouessant* (été 1985), 0,1 MW, 18 m. *Corbières* (fin 1986), prototype de 0,75 MW, 40 m. *Recoumpatot, Glénan, etc. :* plusieurs de 5 à 10 kW. *Centrale éolienne de Dunkerque (CED)* [inaugurée 21-2-1997], 9 éoliennes de 300 kW, puissance 2,7 MW, mâts hauteur : 67 m, hélice (fibre de carbone) à 3 pales de 32 m, rotors, prod. : 7 millions de KWh/an, coût 23,5 millions de F. *Éolienne géante* (1997), 1 500 kW avec vent de 42 km/h, 97 t, hauteur 67 m, pales 32 m. *Malo-les-Bains* (août 1991), 300 kW. *Port-la-Nouvelle* (Aude, juillet 1991), 1 éolienne de 200 kW, 4 de 500 kW chacune depuis sept. 1993, puissance totale 8,8 MW, 10 de 660 kW depuis févr. 2000, *Sallèles-Cabardes* (Aude, nov. 1996), 10 aérogénérateurs produisant 7,5 MW, coût 52 MF. *La Désirade* (Guadeloupe), 12 couplés au réseau, 144 kW, en fonctionnement (remplacés en octobre 1996 par 20 de 25 kW, soit 500 MW). **Projets :** moulins de 180 m de hauteur sur des îles artificielles. Éolienne avec ailes de 60 m en fibre de verre (un vent de 35 km/h suffira à la faire tourner à sa puissance maximale).

■ **Petites éoliennes. Usage domestique** *(sans chauffage) :* 4 kW (5 m de diam., 100 000 F). Tension 220 volts (courant alternatif) ; alimente 30 lampes, appareils électroménagers, réfrigérateurs, machines à laver, radio, TV, petits moteurs jusqu'à 1,4 ch (*coût :* installation 23 000 F + 12 000 F pour convertisseur).

Le Service des phares et balises exploite 70 stations dont 3 gardées alimentées par des aérogénérateurs de puissance nominale comprise entre 150 et 2 000 W (diam. 2 à 5 m). La puissance totale installée est de 30 kW assurant une production annuelle de 150 000 kWh/an.

■ **Éoliennes de pompage. Petites** (pour abreuvoirs, irrigation ou besoins domestiques, de 6 à 15 pales) : diam. de la roue 1,75 m ; hauteur totale 6 m ; pompage jusqu'à 12 m ; débit 500 à 600 l/h. **Grandes** (pour irrigation de grandes surfaces, alimentation en eau de terrains de camping, etc.) : diam. 3,50 à 5 m ; démarrage par vents de 2 à 3 m/s ; pompage jusqu'à 150/170 m ; débit jusqu'à 25 000 l/h. *Coût :* 3 000 à 6 000 F (pour éolienne simple).

Statistiques

☞ Capacité installée en MW (mégawatts = 10^6 W).

■ **Algérie.** *Aérogénérateur* Andreau-Enfiels (1950-57), diamètre 24,40 m (100 kW), installé à Grand-Vent.

■ **Allemagne.** *2000 :* 6 000 MW ; *10 :* 10 000 MW. *Studiengesellschaft* **Windkraft** (1959-61), 34 m (100 kW), *Stötten* (à Kaiser-Wilhem-Kroog, *Growian 1* 1982), 104 m, H. [1] 100 m, 2 pales (3 MW). *2* (1981) 24 m, 1 pale (0,35 MW). *Voigth* (1981), 52 m, H. 30 m, 2 pales, 0,265 MW.

■ **Belgique.** Puissance installée en 2000 : 15 000 MW. Projet : environ 50 éoliennes en mer (200 MW), avant 2004, sur les bancs de sable de Wenduine (entre 6 et 12 km de la côte) ; à Knokke-Hest, à 6 km de la côte. Potentiel dans les eaux territoriales en 2010 : 1 350 MW.

■ **Canada.** *Éole* (commencée 1987), à axe vertical, H. 108 m, la plus grande du monde (projet : 4 MW) presqu'île de Gaspé (Québec, à 700 km de Montréal) 2 panneaux rotatifs composés de 17 plaques métalliques de 5,70 m de long, entre l'axe et le générateur, frein à disque de 5 m de rayon pour arrêt si vent > 62 m/s.

■ **Danemark.** 1 150 MW au 1-1-1999, 3 000 turbines, 8 % de l'énergie consommée (objectif en 2005 : 15 %). *Projet* de centrale (11 turbines) en mer à 1 ou 2 km de l'île Lolland. *Gedser Lykegaard Smidth* (1954-59), 24,40 m, H. 24 m (0,2 MW). *Tvind* (1975), H : 53 m (2 MW), 1 hélice (pales de 36 m). *Tvind* (1977), 54 m, H. [1] 63 m, 3 pales (2 MW). *Nibea & B* (1979), 40 m, H. [1] 45 m, 3 pales (0,63 MW). Vise un taux de pénétration du réseau électrique de 10 % d'ici 2010 (5 % au 1-1-1999).

■ **Espagne.** 385 MW, 36 sites, 56 machines, 36 MW. Programme de 8 900 MW d'ici 2010 (3 sites déjà opérationnels). *Albacete* 169 aérogénérateurs.

■ **France.** *2000 :* 70 MW ; *10* (prév.) : 2 000 (prod. 34 TWh) ; 41 sites équipés depuis 1995. Potentiel 1 000 MW (soit au max. 1 % de nos besoins) ; selon l'Institut français de l'environnement (Ifen) : 10 à 20 % de l'électricité distribuée. Atlantique et Manche, Roussillon, bas cours du Rhône : 1 500 à 3 000 kWh par m² d'hélice et par an ; production 500 à 1 000 kWh/m². 20 000 foyers dans des sites isolés et non raccordés au réseau (dont 15 000 outre-mer) peuvent être équipés de petites éoliennes. **Programme Éole 2005 :** *lancé févr. 1996 ;* 250 à 500 MW à l'horizon de 2005. Puissance de chaque installation : 1,5 à 8 MW. *Donzère* (Drôme) : 5 sur des mâts de 30 m, puissance totale 3 MW. **52 projets :** 4 parcs de 55 éoliennes [dont 15 de 600 à 700 MW ; puissance totale 13 MW ; sites : *Widehem* (P.-de-C.) ; 6 éoliennes, hauteur 45 m, puissance totale 4,5 MW, vent de 30 km/h, pourraient fonctionner 300 h), *Lastours* (Aude), *Donzère* (Drôme) et *Petit-Canal* (Guadeloupe)]. *-Oct.* 16, puissance totale 64,5 MW (189 machines), sites : *Le Portel* (P.-de-C.), *La Hague* (Manche), *Plouarzel* et *Goulien* (Finistère), *Le Merdelou* (Aveyron), *Lodévois-Larzac* (Hérault), *Souleilla-Treilles, Escales-Conilhac* et *Sigean* (Aude), *Gruissan* (Aude) : 40 éoliennes (rotors de 80 m de diamètre) à 3 milles de la côte, 100 MW, *Sallèles-Limousis* (Aude) : puissance 7,5 MW, *Lavatoggio* et *Centuri* (Hte-Corse), *Ersa :* 13, *Rogliano :* 7 fin 2000 ; *sites possibles :* 20 communes de Ville-di-Pietrabugno, San Martinodi-Loda et Patrimonio ; *Sotta* (Corse-du-S.), *La Désirade* (Guadeloupe), *Morne Constant* et *Petite Place* (Capesterre Marie-Galante) et *Miquelon.* EDF s'engage à acheter pendant 15 ans l'électricité sur la base de 33,7 à 35 c/kWh, soit une aide à l'investissement de 150 millions de F (33 % du total) ; prix porté à 55 c juin 2001. *Prix du kWh éolien : 1987 :* 50 c., *97 :* 35 ; *99 :* 30,8 (objectif d'Éole : 28).

■ **G.-B.** 201 MW. *Projets :* 50 installations représentant 80 MW (mais 17 d'incinération totalisant 350 MW). *Ferme éolienne :* (la plus grande d'Europe) sur 5 km² : 250 turbines (de plus de 50 m), 80 MW ; turbine flottante en mer (1,4 MW) ancrée à 300 m de prof. (blocs de 3 500 t résistant à des vagues de plus de 15 m de haut) pouvant alimenter 1 000 foyers. *John Brown Co.* (1950-55) 15,60 m (0,1 MW), *Orcades* (1983), 20 m, H. [1] 24 m, 3 pales (0,20 MW). *Carmarthen Bay* (Galles) H. 43 m. *Carno* (Galles) 56 turbines, 33,6 MW, coût 260 millions de F.

■ **Inde.** 930 MW (3 000 en 2010).

■ **Irlande.** *AW 120 KFP 14* (Bellacorick 1982), 18 m, H. 30 m, 2 pales (0,12 MW). *VW 55* (Pollaphuca, 1982), 14 m, H. 18 m, 3 pales (0,06 MW). *DAF Indal* (Milton Mowbray, 1982), 11 m, H. 10 m, 2 pales (0,05 MW).

■ **Italie.** *Wenco* (1980), 18 m, H. 20 m, 2 pales (0,10 MW). *Enel* (Santa Catarina, Sardaigne, 1981), 13 m, 3 pales (0,07 MW).

■ **Maroc.** 50 MW. *Koulia al-Baïda* (Tétouan) inauguré févr. 1999 : 84 éoliennes (haut. 40,50 m) de 600 kW à hélice tripale (42 m), sur 10 km de crêtes (370-560 m d'alt.) sur 1 400 m² ; fonctionnement 5 000 h/an ; 38,5 centimes/kWh. 48 prévues.

■ **Norvège.** Projet : 72 éoliennes construites 2001/06 dans la région de Nordmoere. La Sté nationale Statkraft a 2 projets de 35 et 28 éoliennes (800 GWh).

■ **Pays-Bas.** 250 MW prototype de turbine, H. 37,50 m, diam. du rotor 25 m, 0,3 MW à Petten.

■ **Suède.** *WTS-75* (*Nassuden,* 1982), 75 m, H. 80 m, 2 pales (2 MW). *WTS-3* (*Maglarp,* 1982), 78,2, H. 80 m, 220 t, 2 pales (3 MW). En déc. 2000, mise en service de 7 hélices sur le récif d'*Ugninden* (détroit de Kalmar à 12,5 km des côtes) ; coût : 150 millions de F ; 4 MW ; alimentent l'île d'Öland par câble sous-marin de 20 km. Projet de 48 hélices dans l'*Öresund* ; 34 MW ; rotor de 35 t, axe de rotation à 35 m au-dessus de la mer, pales de 35 m de long.

■ **Ukraine.** Près de Yalta (1931). 30 m (32 kW pendant 2 ans).

■ **USA.** 1 700 MW au 1-1-1999 (*Altamont Pass* 6 900 turbines ; *Tenachapi Pass* 4 500 aérogénérateurs ; *San Gorginio Pass* 3 900 approvisionnant 300 000 foyers, 1 % de l'électricité consommée en Californie). Projet d'éoliennes de 50 MW, 100 turbines (État de Washington). *Mod 1* (Caroline du Nord) : 60 m, H. 41 m, 2 MW par vent de 45 km/h. *2 :* hélice : 90 m ; entraîne un alternateur de 2 500 kW. *Bipale* 53 m (1,25 MW) installée 1941 en Vermont : fonctionne 1 030 h et fournit 360 000 kWh. *70 m* 2 pales de 100 m (*Palm Springs*), 1re d'un groupe de 50, produit environ 360 MWh. Des éoliennes de 18 m (0,02 MW) ont également fonctionné. *Mod 5B,* 3 200 kW, île de *Oahu* (Hawaii).

Nota. – (1) Hauteur de l'axe de l'hélice.

■ **Évolution** (en MW). *1981 :* 15 ; *92 :* 2 652 ; *95 :* 3 731 ; *98 :* 9 840 dont Allemagne 2 874, USA 1 952, Danemark 1 450, Inde 968, Espagne 834, Pay-Bas 363, G.-B. 334, Chine 224, Suède 150, Italie 180, *France 19.* **En Europe** en 1999 : 8 900 (+ 30 % entre 1998 et 1999).

■ **Énergie éolienne renouvelable dans l'UE** (en milliers de tep, 1997). Allemagne 261 ; Danemark 166 ; G.-B. 57 ; P.-Bas 41 ; Espagne 31 ; Suède 18 ; Italie 10 ; Irlande 4 ; Grèce, Portugal 3 ; Belgique, Finlande 1.

☞ *Pour remplacer 1 centrale nucléaire,* il faudrait 400 éoliennes de 60 m de diamètre, culminant à 100 m, alignées sur 150 km.

ÉNERGIE GÉOTHERMIQUE

☞ *Abréviation :* tep : tonne équivalent pétrole.

■ **Nom.** Du grec *Gê* (terre) et *thermon* (chaleur).

■ **Bilan en France.** Dans les zones favorables, la géothermie peut couvrir jusqu'à 90 % des besoins de chauffage nécessaires aux logements, le reste étant fourni par une énergie d'appoint. L'exploitation se fait sous couvert d'un permis (de type minier) qui donne l'exclusivité pour quelques km².

Sources thermales répertoriées (50 °C et plus, en kW) : Pyrénées 12 (production possible 60), Massif central 9 (50), Vosges 5 (20), Alpes 2 (5), Corse 2 (5).

Opérations en fonctionnement (au 1-5-1997) : 65 « basse énergie » (la plupart réalisées entre 1982 et 86) dont bassins parisien 40, aquitain 18, autres 7. 90 % desservent logements et équipements publics. Nouvelles applications en cours pour horticulture et pisciculture. **Énergies substituées par type** (en milliers de tep) : *basse enthalpie* (chauffage) 180, horticulture, pisciculture 8 ; *très basse* (pompes à chaleur eau-eau) 40 ; *haute* (Guadeloupe) 12. **Problèmes :** (région parisienne) : température maximale 70 °C, pompage profond ; corrosion (sel) et dépôt le long des tubages métalliques. L'injection d'inhibiteurs chimiques peut résoudre ces problèmes.

■ **Conditions.** La température de la Terre augmente avec la profondeur d'environ 1 °C pour 30 m, variant suivant régions et structures géologiques. Cette variation s'appelle le *gradient géothermique.* À 2 000-3 000 m de profondeur, la température peut atteindre 50 à 350 °C. **Structures géologiques favorables :** bassins sédimentaires (couches continues), régions volcaniques (présence de magmas chauds à faible profondeur), régions plissées ou faillées (sources thermales, remontées d'eaux chaudes le long de plans de failles), régions de socle cristallin non fracturé (roches chaudes et sèches).

■ **Haute énergie.** **Températures** (vapeur ou eau liquide sous pression) : de 150 à 350 °C. **Réserves :** 300 000 MW dans le monde. Se développe dans des zones où les phénomènes de convection entraînent le réchauffement des aquifères superficiels. **Exploitation :** par forage, on extrait de la vapeur sèche ou humide qui, en actionnant des turbines, peut produire de l'électricité. *Coût du kWh :* parfois inférieur au kWh produit par des combustibles fossiles. *Prospection :* moins coûteuse que la prospection pétrolière. **Puissance installée** (1997) : monde 7 200 MWe dont USA 2 970, Philippines 1 445, Mexique 753, Italie 631 [665 (1991) avec Valle Secolo (2 groupes de 60 MW), la plus puissante du monde], Indonésie 309,7, Japon 300, Nlle-Zélande 286, Salvador 118, Costa Rica 60, Islande 50, Kenya 45, Nicaragua 35, Chine 32, Turquie 21, Russie 11, Portugal (Açores) 9, Éthiopie 7, Guadeloupe *4,5.*

■ **Moyenne énergie.** 90 à 150 °C. Dans de nombreux pays (zones volcaniques, bassins sédimentaires profonds). Le fluide géothermal est amené dans un échangeur de chaleur où il cède son énergie à un fluide volatil (alcane, HCFC), appelé fluide de travail se vaporisant à basse température et se détendant ensuite dans une turbine couplée à un alternateur, puis se condensant au contact du circuit d'eau de refroidissement d'un condenseur. Le liquide obtenu est alors renvoyé à l'échangeur de chaleur, pour effectuer un nouveau cycle (vaporisation, détente, condensation, pressurisation). Technologie commercialement développée depuis le début des années 80. Limitée à des puissances de quelques centaines de kWe à quelques MWe et adaptée à l'alimentation en électricité de zones isolées éloignées de réseaux de distribution d'énergie électrique (exemple : zones insulaires ou de montagne). *Unités en fonctionnement :* 200 dans le monde (puissance totale installée : 400 MWe). **Localisation :** *Russie. France :* Alsace 550 km², Limagne 250 km². *Indonésie :* 2,5 MW. *USA :* 200 MW.

■ **Basse énergie.** 50 à 90 °C. **Exploitation :** en général (cas du Bassin parisien), on doit réaliser un *doublet* (2 forages : puisage et réinjection de l'eau utilisée pour rééquilibrer la nappe). L'eau chaude cède dans un échangeur ses calories à l'eau du réseau (on ne la fait pas passer dans le réseau car, trop salée, elle entraînerait la corrosion des tuyaux). On doit écarter les puits pour pouvoir exploiter le gisement à température constante pendant 30 ans, ensuite la température décroît (2 °C tous les 5 ans). Un doublet, qui pompe 200 m³/h d'eau à 75 °C, rejette après passage dans l'échangeur de l'eau à 35 °C et produit 8 000 thermies/h (environ 1 tep), soit les besoins de base de 2 000 à 3 000 logements. *Coût total de l'installation :* environ 40 millions de F. **Réserves :** 32 millions de kW dans le monde. Zones à gradient normal avec conditions géologiques favorables (porosité, perméabilité, épaisseur). **Puissance installée** (en 1997) : monde 8 900 MWt dont USA 2 970, Chine 1 914, Islande 1 443, *France 350* (dont la Maison de la Radio depuis 1963), Japon 319, Italie 310, Nouvelle-Zélande 264, Géorgie 245, Russie 210, Turquie 160, Roumanie 137.

Gisements en France : *Bassin parisien* 38 000 km² (formation du Dogger) ; profondeur 1 600 à 2 000 m, temp. 50 à 85 °C ; eau saline ; pour 100 m³/h d'une eau que l'on refroidit de 50 °C, on obtient 5 milliards de calories par heure, environ 300 kW. *Bassin aquitain* 20 000 km² : prof. 1 300 à 2 000 m, temp. 50 à 60 °C et +, eau douce. *Alsace* 7 000 km², *Limagne* 1 000 km², *Bresse-Jura* 1 500 km², *Rhône-Alpes* 5 000 km², *Languedoc-Roussillon* 5 000 km².

■ **Très basse énergie.** 10° à 50 °C. **Exploitation :** on exploite l'eau souterraine peu profonde ou directement la chaleur du sous-sol avec des dispositifs d'échange réalisés sur des forages de 40 à 100 m. Une pompe à chaleur géothermale est utilisée pour augmenter le niveau de température de l'énergie prélevée dans le sous-sol. Permet d'assurer chauffage et climatisation des bâtiments. **Utilisation :** en serres, pisciculture, chauffage et bâtiments (habitation ou tertiaire). **Localisation :** *Suisse :* + de 4 000 unités. *USA :* 1 500 MWt installés. *France :* quelques réalisations ; développement possible à peu près partout sur les bassins sédimentaires. Nombreuses pompes à chaleur sur nappes peu profondes, 40 000 tep installées (1re : pompe à chaleur de la Maison de la radio à Paris, qui assure les besoins de chauffage et de climatisation depuis 1961).

■ **Roches chaudes sèches.** **Principe :** fracturer les roches profondes et chaudes (200 °C à 3 000 m) pour créer un échangeur souterrain en injectant sous pression de l'eau froide. On espère récupérer de la vapeur. **Réserves :** la chaleur stockée sous les 135 000 000 de km² de terres émergées dans une couche de granite de 1 000 m d'épaisseur (entre 4 500 et 5 000 m de profondeur) représenterait l'équivalent de 1 million de milliards de t de pétrole (1×10^{15}). **France :** *Programme Géothermie profonde généralisée :* études à Mayet-de-Montagne (Allier) et dans le Cézallier. *Programme européen de recherche* à Soultz-sous-Forêts (Alsace) : 1er forage à 2 000 m réalisé en 1987 (141 °C) ; 2e à 2 225 m en 1991 ; 3e forage à 3 600 m en 1992 (180 °C) ; 1995 1re expérimentation. **USA :** à *Los Alamos* (Nouveau-Mexique) : test longue durée en 1992 d'un échangeur à 3 600 m, 180 °C en sortie, 4 MW thermiques, problèmes de pompe. **G.-B. :** expérimentation arrêtée en Cornouailles. **Allemagne :** approfondissement de forage à 4 400 m à *Bad Urach* en 1992, problèmes techniques. **Suède, Japon, ex-URSS.**

■ **Énergie des volcans.** Pas de technologie adaptée. Travaux de recherche dans plusieurs pays (dont USA).

■ **Statistiques.** **Production d'électricité géothermique** (en MW, 1995, et, entre parenthèses, prév. 2000). *Monde 6 761,98 (9 927)* dont USA 2 816,7 (3 395), Philippines 1 191 (1 945), Italie 631,7 (856), Japon 413,7 (600), Indonésie 309,75 (1 080), El Salvador 105 (165), Costa-Rica 55 (170), Islande 49,5 (n.c.), Kenya 45 (n.c.), Chine 28,7 (81), *France 4,2 (n.c.).*

ÉNERGIE DES MERS

ÉNERGIE MARÉMOTRICE

■ **Conditions.** Fortes marées, emplacements favorables pour la construction, réseau électrique dans l'arrière-pays assez puissant pour s'adapter aux fluctuations de l'énergie des marées. **Puissance des marées mondiales.** 3 milliards de kW dont 1/3 perdu le long des côtes. Si l'on savait en utiliser 20 %, on obtiendrait 400 milliards de kWh.

■ **Canada.** **Annapolis :** en service 1985. 20 MW.

■ **Chine.** **Jiangxia :** en service 1980. 3 MW.

■ **France.** **Usine de la Rance** (Bretagne) : *conçue* en 1943 (1re au monde). [Sté d'études pour l'utilisation des marées (SEUM), directeur Robert Gibrat], 1ers essais en 1956, déclarée d'utilité publique le 8-3-1957, construite de 1961 au 26-11-1966. *Coût :* 620 millions de F. Distance entre les rives 750 m, bassin 22 km², amplitude moy. 8,17 m, max. des marées 13,50 m. Usine de 24 groupes bulbes (chacun d'une puissance de 10 000 kW et d'un poids de 550 t), une digue de 163 m sur 27 m de haut et un barrage mobile de 6 vannes permettant d'accélérer le remplissage ou le vidage de l'estuaire. *Volume d'eau turbinable :* 184 millions de m³. *Puissance totale :* 240 MW. *Énergie moyenne nette :* 564 GWh/an, obtenue en « turbinant » dans le sens bassin-mer (500 GWh), et mer-bassin (64 GWh). *Bilan énergétique :* prod. par turbinage de 580 GWh et consommation par pompage de 60 GWh environ. Fonctionne 4 000 h/an en production et 1 200 h/an en pompe. Constitue 90 % de la production électrique de la Bretagne, mais 3,5 % de sa consommation. Programme de réfection 1996-2010 : coût 350 MF. **Projets : Cacquot** (baie du Mt-St-Michel) : amplitude 15 m, digue de 55 km par 30 à 40 m de fond pour isoler 2 bassins de 1 100 km², débit des vannes 500 000 m³/s, usine marémotrice de 30 à 40 TWh par an s'appuyant sur les îles Chausey. *Travaux* sur 10 ans. Abandonné. **Cotentin Ouest :** 2 bassins en atoll (sans contact avec la côte) utilisant un cycle « Belidor », situés au nord des îles Chausey. Digues : 69 km. Bassins : 2 × 100 km². *Puissance installée :* 1 440 MW (36 groupes de 40 MW). *Énergie annuelle :* 5 300 GWh. **Aber Wrac'h :** digue 200 m, bassin 1,1 km². *Puissance installée :* 4,2 MW. *Énergie annuelle :* 10 GWh.

■ **Grande-Bretagne.** 2 projets : estuaire de la Mersey (700 MW), Severn (8 600 MW).

■ **Japon.** **Mighty Whale** (« Baleine puissante ») : véhicule naval conçu pour transformer l'énergie des vagues en électricité. Longueur 50 m, largeur 30 m, hauteur 12 m. Prévu 1997.

■ **Russie.** **Kislaya Guba.** En service 1968. 0,4 MW.

Pays et sites	A	S	L	P	E
Angleterre : Severn	13,8	410	13	2 000	12 300
Argentine : golfe de San José [1]	14	700	7	9 600	21 600
Rio Gallegos	7	180	3,1	620	1 400
Australie : baie de Collier	6,2	550	6,5	1 500	3 300
Canada : Passamaquody (Fundy)	15	300	4,3	4 750	10 700
Cobequid (Fundy)	12,4	353	9,5	3 800	12 600
Shepody (Fundy)	10,1	217	7	1 550	4 530
Cumberland (Fundy)	10,5	140	4,5	1 085	3 420
Corée du Sud : baie de Carolin [1]	5,1	85	3,5	400	800
baie de A'san	6,5	170	5	500	1 120
Inde : golfe de Cambay	6,8	1 200	25	3 900	8 800
baie de Kutch [1]	5	170	6,4	600	1 600
Ex-URSS : golfe de Mezen	6	270	4	680	1 500
Tugur	10	1 100	16	7 700	17 000
USA : Cobscook (Fundy)	14	100	6,5	1 400	3 100
Alaska : Turnagain	7	1 400	16	4 800	10 800

Nota. – *A :* amplitude maximale des marées en m. *S :* surface des bassins en km². *L :* longueur des digues en km. *P :* puissance installée en MW. *E :* énergie produite par an en GWh. (1) Projets.

DIFFÉRENCE DES NIVEAUX MARINS

■ **Conditions.** Certaines mers ayant leur niveau plus bas que le niveau moyen des océans, on pourrait créer une force hydroélectrique inépuisable en dirigeant vers leur bassin les eaux océaniques.

■ **Sites favorables.** **Égypte :** dépression d'el-Qattara. **Israël :** un canal souterrain de 100 km de longueur et 5,50 m de diamètre reliant la Méditerranée à la mer Morte (dénivellation de 400 m) alimenterait une station de 600 MW, *coût :* 1 milliard de $.

ÉNERGIE THERMIQUE DES MERS

■ **Conditions.** 45 % de l'énergie rayonnée par le Soleil sur la Terre tombe dans les mers tropicales. La différence de température (22-24 °C) entre les eaux de surface et les eaux de profondeur (– 6 °C à 1 000 m) pourrait mettre en mouvement un moteur thermique. Le moteur doit fournir une énergie supérieure à celle dépensée pour remonter l'eau froide.

■ **Systèmes de conversion.** **1°) Cycle ouvert :** l'eau tiède est évaporée sous faible pression (3/100e d'atmosphère). La vapeur passe dans une enceinte à pression très faible et entraîne une turbine. *Avantage :* la vapeur donne de l'eau douce. *Inconvénient :* une partie de l'énergie assure le pompage dans les enceintes, il faut de très grandes turbines. 2°) **Cycle fermé :** nécessite un fluide intermédiaire (ammoniaque). L'eau tiède s'évapore dans le serpentin d'un échangeur. La vapeur produite actionne une turbine. Le fluide se recondense dans un serpentin plongé dans de l'eau froide et repart à l'entrée. *Inconvénient :* il faut de très volumineux échangeurs.

■ **Réalisations. Françaises :** *Arsène d'Arsonval* (1851-1940) suggéra (1881) d'utiliser la différence de température comme source d'énergie. *Georges Claude* (1870-1960) fit un essai à l'aide de tuyaux et de 8 turbines basse pression, sur le cargo *Tunisie,* pour fournir 2 MW pour fabriquer de la glace. Essai, un cycle ouvert baie de *Matanzas (à Cuba)* puissance obtenue 3,3 kW. 1940-56 Abidjan, trou sans fond (centrale à terre devant produire 40 MW pour alimenter la ville). En 1978, l'Ifremer, ex-Cnexo, avait commandé des études à la CGE et à Creusot-Loire pour un générateur de 3 000 kW en Polynésie, envisageant plus tard une centrale de 100 000 kW. **Américaines :** *Tahiti* (études d'Ifremer depuis 1982 pour une centrale de 5 MW). *Principe Otec* (Ocean Thermal Energy Conversion) : l'eau en surface inonde les parois d'un échangeur de chaleur contenant un fluide volatil (eau à basse pression ou ammoniac) qui, sous l'effet de la chaleur, se vaporise et actionne une turbine. *Cycle ouvert :* fluide eau de mer (qui peut être rejetée directement – d'où le nom de cycle ouvert – ou récupérée comme eau pure). Ce fluide est gratuit et illimité, mais il faut travailler sous basse pression (3 % d'atmosphère), extraire les gaz dissous dans l'eau avant son évaporation et utiliser des turbines géantes. En *cycle fermé :* fluide (en général ammoniac ou fréon) circulant dans un circuit clos. 1974 *Hawaii* usine expérimentale Otec ; 1979 installation, cycle fermé (ammoniac), 15 kWh net ; mai 1993, cycle ouvert : 50 kWh. 1982 *île de Nauru,* installation japonaise : cycle fermé (fréon), 40 kWh.

■ Énergie des vagues

■ **Conditions. Systèmes.** 1°) **Transformant l'énergie des vagues** en variations de pression ou d'équilibre hydrostatique. 2°) **Convertissant le mouvement ondulatoire des vagues** en mouvement de rotation ou de bascule d'éléments mécaniques. **Puissance.** Environ 50 à 80 kW par mètre linéaire de front de vague. **Coût.** Élevé.

■ **Réalisations.** 1°) **Batteurs** ou **canards de Stephen Salter :** axe parallèle au front de la vague sur lequel on fixe une série de batteurs (arrondis vers l'arrière, effilés en bec de canard vers l'avant). Le bec est soulevé par la vague puis retombe. Un système interne de pompes utilise le mouvement pour comprimer un fluide qui actionne une turbine. Depuis 1977, une maquette au 1/10 est essayée sur le Loch Ness (amplitude des vagues 10 fois inférieure à celles de l'Atlantique) ; un axe de 50 cm de long porte 20 canards. Une station d'un km fournirait 45 MW. *Inconvénients :* installation flottante demandant un axe très résistant, reconversion difficile de l'énergie. *Avantage :* bonne récupération de l'énergie. 2°) **Radeaux articulés de sir Christopher Cockerell** (inventeur de l'hovercraft) : radeaux de 120 m de long faits de 2 panneaux articulés et d'une partie centrale contenant les unités productrices. La vague soulève et abaisse les parties mobiles, le mouvement est récupéré dans l'articulation par des pompes pour produire de l'énergie. Maquette au 1/10 expérimentée dans le Solent (entre l'île de Wight et la G.-B.), radeaux de 100 m de long et 50 m de large devant produire 1 à 2 MW. Des radeaux sur 25 à 30 km fourniraient 500 MW, soit la moitié d'une centrale nucléaire. 3°) **Rectificateur de l'équipe de Robert Russel :** caisse ouverte sur le large et divisée en 2 compartiments superposés. La vague remplit le haut du réservoir, puis tombe dans la partie inférieure en actionnant une turbine. L'ensemble est construit au fond de la mer. 4°) **Colonne d'eau oscillante :** caisson à clapet où la montée de l'eau poussée par la vague joue comme un piston et comprime une bulle d'air qui fait tourner un turbogénérateur. Principe des bouées lumineuses japonaises. Une réalisation à Norway (Norvège) depuis nov. 1985, et 13 projets (dont Portugal 1 à 1,5 MW, Indonésie 1 à 1,5 MW, USA 2 MW). *Centrale Osprey* (Dounreay, Écosse). En service 2-8-1995, à 275 m sous la mer, hauteur 20 m, puissance (en MW) vagues 2, vent 1,5. Production prévue : 600 kW/an. Coût : 7 millions de £. Détruite 28-8-1995 par cyclone Félix. OWC (Oscillating Water Column) améliorée par Albert Wells. Oct. 2000, 1re réalisation commerciale sur l'île Islay (Écosse) : Limpet (Land Installed Marine Powered Energy Transformer) ; fournit 500 kW. *Monaco :* la houle fait fonctionner la pompe qui alimente l'aquarium du Musée océanographique.

Énergie solaire

■ **Applications en Europe.** Électricité photovoltaïque en site isolé et toits photovoltaïques, chauffe-eau solaire, chauffage de maisons individuelles ou de bâtiments collectifs, piscines solaires. *Pays bien ensoleillés :* électricité photovoltaïque, pompage, chauffe-eau, centrales thermosolaires de grande puissance et petites centrales photovoltaïques. *Développement* rapide des utilisations dans les pays accordant une aide financière.

■ **Premiers constructeurs de cellules ou modules solaires** (en MW, 1999). BP Solarex (USA) 31,3, Kyocera (Japon) 24,5, Siemens Solar (USA) 20, Sharp (Japon) 14, Photowatt (France) 9,5, Astropower (USA) 7, Sanyo (Japon) 6,5, ASE (USA) 4, Total photo-voltaïque 200 MW crète en 1999.

■ **Sources d'énergie solaire renouvelable en 1997** (en milliers de t équivalent pétrole). Grèce 114, Allemagne 68, Espagne 25, Portugal, *France 16,* Danemark, Italie 7, G.-B. 6, P.-Bas 5, Suède 4, Belgique 1.

■ Énergie reçue

■ **Dans le Monde.** La Terre intercepte un deux-milliardième de l'énergie envoyée par le Soleil, soit l'équivalent thermique de 1,5 milliard de TWh par an, soit 15 000 fois les besoins mondiaux. Par temps clair, elle reçoit à midi une puissance solaire d'environ 1 kW par m² de surface normale au rayonnement soit un apport d'énergie de 800 à 2 200 kWh/m² par an selon latitude et climat (nébulosité).

■ **En France. Durée annuelle d'ensoleillement :** *régions les plus favorisées :* Côte d'Azur 2 882 h, Provence 2 856, Languedoc-Roussillon 2 742, Alpes du Sud 2 160, vallée du Rhône 2 072, Vendée 2 038. *Les plus défavorisées :* Alsace 1 750, Nord 1 514 h.

■ Conversion thermique

■ **Principe.** Une surface exposée au Soleil capte une partie du rayonnement, se réchauffe, et réfléchit une autre partie. Exemple : une surface noire idéale absorbe tout le rayonnement (ce qui explique qu'on la voie noire), une blanche réfléchit tout le spectre visible.

■ **Capteurs à basse température (50 à 150 °C). Systèmes passifs (architecture bioclimatique) :** limite les déperditions (isolation, doubles fenêtres, espaces-tampons au nord, murs de végétation pour couper le vent, volets pour isoler du froid, etc.) ; récupération des apports solaires par des baies vitrées et des serres orientées au sud ; accumulation de la chaleur en donnant une masse thermique importante à l'habitation (murs épais, masses d'eau chauffées pendant la journée) ; protection des surchauffes (pare-soleil, ventilation de nuit, inertie). Peut être associé au système actif. Une partie de la façade sud d'une maison peinte en noir *(mur Trombe)* est recouverte d'un vitrage isolant (effet de serre). Le mur de béton sert à la fois de surface absorbante et de stockage. L'air réchauffé circule entre le vitrage et le mur et pénètre dans les pièces de la maison grâce à des orifices ménagés en haut et en bas du mur de béton. L'air froid de la face nord permet un système de rafraîchissement (dans le cas de la ventilation de nuit, ouvertures en façade nord).

Systèmes actifs : par capteurs plans inclinés constitués d'une paroi métallique absorbante (sombre), isolée d'un côté et recouverte d'un vitrage à quelques cm de l'autre ; collecteurs de rayonnements. Ils reçoivent les rayonnements directs et diffus et n'utilisent pas la concentration optique. **Capteur à air :** l'énergie qu'il récupère est transmise directement à l'air ; **à eau :** l'énergie est transmise à un circuit fermé d'eau en contact thermique avec la paroi.

■ **Chauffe-eau solaire. Composants : capteurs à eau** (2 à 4 m² par logement selon besoins et région) : meilleure orientation : plein sud à 10 ou 20° près ; inclinaison : 30 à 60° par rapport à l'horizontale. **Ballon de stockage :** calorifugé, de 150 à 200 l. **Système d'appoint** (électrique, bois, gaz, fuel, etc.) : pour les périodes de non-ensoleillement. **Fonctionnement :** l'eau se réchauffe dans les capteurs, arrive ensuite dans le ballon par pompe ou circulation naturelle. L'eau la plus froide du ballon repart se réchauffer dans les capteurs, et ainsi de suite. **Économie :** 50 à 80 % de l'énergie consommée par un chauffe-eau classique, selon régions et installations. **Prix** pour maison individuelle, avec ballon de 200 l : 10 000 F. **Développement actuel** (en milliers de m², 1998) : Grèce 2 485, Allemagne 2 230, Autriche 1 343, Espagne 341, *France 323,* Danemark 291, Suisse 250, Italie 245, Portugal 215.

■ **Chauffage solaire. Composants : capteurs à eau** (généralement inclinés sur l'horizontale, placés en toiture, terrasse ou façade) ; **réservoir de stockage** de quelques m³ (reçoit l'eau chauffée par les capteurs) ; **distribution** de la chaleur par : circuit d'eau (radiateurs), **plancher solaire direct (PSD) :** capteurs à eau raccordés à des canalisations noyées dans le béton d'une dalle (épaisseur 12/15 à 20/25 cm) chauffante à basse température. Pas de réservoir de stockage (la dalle stocke les calories). *Chauffage d'appoint :* indépendant (émetteurs de chaleur physiquement distincts de la dalle solaire, exemples : insert, poêle à bois, convecteurs électriques) ou couplé à la dalle (PSD à appoint intégré). Une chaudière d'appoint (gaz, fioul) peut alimenter la dalle quand les conditions climatiques sont insuffisantes. En demi-saison (ou en été), les capteurs alimentent un ballon de stockage (200 à 300 l) d'eau chaude sanitaire. **Surcoûts :** en France 30 000 à 50 000 F par logement. **Économies d'énergie :** 30 à 60 % selon régions et systèmes.

■ **Autres applications. Chauffage des piscines :** utilise des capteurs à eau simples, souvent non vitrés et souples ; surtout USA, Allemagne, Autriche, France. **Dessalement :** l'eau salée exposée au soleil sous un vitrage s'évapore. La vapeur d'eau, douce, est recueillie après condensation sous le vitrage. Autres procédés : distillation multiflash à plus haute température ; osmose inverse, procédé électrochimique utilisant une membrane (peut être alimenté par de l'électricité solaire).

Production de froid (climatisation ou conservation des aliments) par machine à absorption et capteurs performants pouvant être couplés à des pompes à chaleur chimiques.

■ Conversion thermodynamique (concentration)

■ **Principe.** Concentration du rayonnement solaire direct par des miroirs, utilisation de la chaleur (four solaire) ou transformation en électricité (centrale thermosolaire).

■ **Fours solaires (hautes températures, 1 000 à 3 500 °C). France. Meudon** (Hts-de-Seine) 1res expériences de 1946 à 1949. **Mont-Louis** (Pyr.-Or.) de 1949 à 1968. Réhabilité 1982. Puissance 45 kW. **Odeillo-Font-Romeu** (Pyr.-Or.) achevé 1968, partie d'un ensemble créé par le CNRS (devenu IMP, Institut des matériaux et procédés) pour développer les recherches sur l'énergie solaire, réalisé par Félix Trombe (1906-85) et ses collaborateurs. Permet les traitements de matériaux réfractaires à hautes températures et les caractérisations de matériaux sous haut flux thermique. *Puissance* 1 000 kW thermiques, flux maximal au centre = 11 MW/m². Composition : 1 miroir parabolique de 2 000 m² (9 130 glaces de 45 cm de côté) auquel font face 63 miroirs orienteurs de 45 m² chacun, disposés en quinconce sur une série de 8 terrasses. Le rayonnement solaire est d'abord reçu par les miroirs orienteurs mobiles (orientés en permanence en fonction de la position du Soleil) qui le renvoient sur le grand miroir parabolique fixe, lequel le concentre sur la zone focale d'utilisation. Plusieurs fours secondaires CNRS et un four Défense nationale à Odeillo.

Étranger. White Sands (USA, US Army) 35 kW. **Sendai** (Japon, université de Tohoku) 40 kW. **Bouzareah** (Algérie, à l'origine université d'Aix, Alger) 40 kW. **Rehovot** (Israël) 35 kW, **Alméria** (Espagne), **Villingen** (Suisse), **Cologne** (Allemagne) environ 50 kW, **Tachkent** (Ouzbékistan ; en service 1987, formule d'Odeillo) 1 000 kW. Systèmes à tour centrale, utilisés pour la recherche : **Albuquerque** (USA, Sandia) 5 000 kW, **Alméria** (Espagne) 3 000 kW, **Rehovot** (Israël) 3 000 kW (thermiques).

■ **Centrales thermosolaires (moyennes températures, 300 à 1 000 °C). Principe :** en concentrant le rayonnement solaire sur une ligne (miroir cylindro-parabolique) ou sur un point (paraboloïde de révolution ou centrale à tour donnant une meilleure concentration, mais nécessitant une mécanique d'orientation plus complexe), on obtient de la chaleur à haute température, source chaude d'un cycle thermodynamique. **Réalisations expérimentales. France. Vignola** (Corse-du-Sud, 1982), expérimentale CEA/CNRS/COMES à capteurs cylindriques (miroirs segmentés Coss), puissance 100 kW ; *coût :* 15 millions de F. **St-Chamas** (B.-du-Rh.), expérimentation de capteurs paraboliques (programme CNRS Thek). **Thémis** (Targasonne, Pyr.-Or., 1983), expérimentale à tour de 2 MW, réalisée dans le cadre du programme de recherche Them lancé par le CNRS et EDF en 1975 en liaison avec les industriels (Cethel). Construite sous la direction d'EDF (1979). Expérimentée par CNRS et EDF de mai 1983 à juin 1986. Utilisée depuis pour des expériences d'astrophysique. *Coût :* environ 300 millions de F, financés par EDF, Comes (Commissariat à l'Énergie solaire, intégré dans AFME puis Ademe), région Languedoc-Roussillon et département des Pyrénées-Orientales. *Fonctionnement :* les rayons du Soleil, réfléchis par 201 miroirs orientables (héliostats argentés, à faible rayon de courbure) de 53,7 m², soit 10 793 m² répartis sur 4 ha (il faut en moy. 2 ha/MW), sont concentrés sur une chaudière (chambre tapissée de tubes) placée au sommet d'une tour de 100 m de haut. Ils y pénètrent par une ouverture d'environ 4 × 4 m et chauffent le fluide caloporteur composé de sels fondus (nitrate de potassium 53 %, nitrite de sodium 40 %, nitrate de sodium 7 %), qui entre dans la chaudière à 250 °C et en ressort à 450 °C en régime normal. Les sels donnent leurs calories à un générateur de vapeur d'eau (la vapeur en sort à 50 bars et 430 °C, elle entraîne un turbo-alternateur). *Durée du stockage :* 6 h. *Prix de revient du kWh :* 10 F (contre 0,23 F pour le kWh nucléaire). Unique prototype. Arrêtée en 1986, transformée depuis en centre d'observation astrophysique sur l'effet Cherenkov.

Panneaux solaires en orbite. Couplés à des dispositifs envoyant sur Terre l'énergie collectée sous forme de micro-ondes. Le transport de l'électricité sans fil (TESF ou WPT *Wirless Power Transportation*) peut être aussi utilisé d'un point terrestre à un autre (projet pour Grand Bassin, La Réunion). Le Japon doit réaliser une centrale d'ici 2040. Les USA financent une étude.

Étranger. Espagne. SSPS (Tabernas, près d'Almería, 1981) : centrale à tour de 0,5 MW, 93 héliostats de 39,3 m² chacun soit 3 655 m², *tour :* 43 m, *fluide caloporteur :* sodium, *stockage :* 2 h. **Cesa 1** (Tabernas, 1982), *puissance :* 1 MW, 273 héliostats de 36 m² chacun soit 9 828 m². *Tour :* 80 m, *caloporteur :* eau et vapeur surchauffée, *stockage :* 3 h. **PSA** (Plataforma Solar de Almeria) : démonstration et essais d'endurance de capteurs paraboliques allemands avec moteur Stirling au foyer (10 kW) ; essais de production directe de vapeur au foyer de collecteurs cylindro-paraboliques.

Italie. Eurelios (Sicile, Adrano, 1981) : centrale à tour construite par CEE : 1 MW. 112 petits héliostats de 23 m² et 70 grands de 52 m², 6 216 m². *Coût :* 70 millions de F. *Tour :* 55 m. *Générateur de vapeur* à 512 °C sous 64 bars eff. *Stockage :* 1/2 h d'ensoleillement.

Japon. Nio (1981) : 1 MW. 807 héliostats de 16 m² chacun (12 912 m²). *Tour :* 69 m. *Caloporteur :* eau et vapeur saturée. *Stockage :* 3 h.

Ukraine. Crimée (1985) : 5 MW. 1 600 héliostats de 25 m² (40 000 m²). *Tour :* 80 m. *Caloporteur :* eau et vapeur saturée. *Stockage :* 3 h.

USA. Solar One (Barstow, Californie, 1982) : 10 MW. 1 818 héliostats de 39,30 m² (71 447 m² sur 52 ha). *Tour :* 80 m. *Caloporteur :* eau et vapeur surchauffée. *Stockage :* 3 h. **Solar Two** (1996) : transformation de Solar One pour utilisation des sels fondus à 565 °C. 1 928 héliostats. **Centrales commerciales : Luz** (région de Barstow, Californie) : 9 centrales puissance totale 354 MW (unités de 14, 30 et 80 MW mises en service de 1984 à 1990). Miroirs cylindro-paraboliques de 100 m de long et 6 m d'ouverture ; pour une centrale de 80 MW, 850 alignés en rangées nord-sud (465 000 m² de miroirs sur 150 ha). *Récepteur :* tube d'acier noir enfermé dans une enveloppe de verre pour limiter les pertes thermiques. *Caloporteur :* diphényl à 391 °C. *Générateur de vapeur et turbine :* 371 °C et 100 bars. *Pas de stockage* mais appoint gaz. *Fonctionnement :* plus de 9 milliards de kWh de production cumulée fin 1999 sur le réseau californien, rentabilité assurée par concordance entre l'ensoleillement et les besoins de climatisation (pointe de demande en été). *Coût* (centrale de 80 MW) : 1 milliard de F ; prix du kWh : 0,60 à 0,90 F.

☞ **Projets :** centrale de type Luz (30 à 150 MW) à l'étude pour Grèce, Inde, Égypte, Maroc, Mexique, USA ; centrale à tour en Espagne (Andalousie).

Conversion photovoltaïque de l'énergie solaire

■ **Principe.** Transformation directe de la lumière en énergie électrique [courant continu ; effet voltaïque découvert 1839 par Antoine Becquerel (Fr., 1788-1878)] au moyen de cellules généralement à base de silicium. La cellule photovoltaïque, plate, aussi grande que possible, comprend, en épaisseur, 2 zones de caractéristiques électriques différentes avec des atomes « dopants » (exemples : le phosphore avec un électron périphérique en plus et le bore avec un électron en moins sont les dopants du silicium) présentant entre elles une différence de potentiel de 0,6 volt. Quand la lumière éclaire la cellule, les grains d'énergie (photons) entrent en collision avec les atomes du matériau et engendrent un mouvement des charges électriques séparées par la différence de potentiel. Les charges sont collectées par des contacts et produisent dans un circuit extérieur un courant électrique de 30 mA/cm².

■ **Caractéristiques. Rendements de conversion :** *cellules photovoltaïques à base de silicium cristallin :* max. (en laboratoire) 25 % ; produites à l'échelle industrielle : 13 à 14 %, *à base de silicium amorphe :* en laboratoire, 5 à 8 % en production industrielle. *Autres matériaux étudiés :* couches minces de $CuInSe_2$, CdTe, silicium polycristallin en couche (ces 3 matériaux connaissent un début d'industrialisation), alliages III-V de type GaAs (rendement : plus de 34 % en laboratoire sous concentration du flux lumineux). **Puissances délivrées :** 10 à 100 Wc. Le watt-crête est la puissance nominale délivrée sous un bon ensoleillement de 1 kW/m² avec une température de cellule de 25 °C. Un générateur photovoltaïque de 1 kWc produit environ 1 000 kWh par an. *Durée de vie des modules photovoltaïques :* 15 à 30 ans. *Coût de l'électricité photovoltaïque :* 2 à 10 F/kWh.

■ **Utilisation. 1°)** Adaptée à l'utilisation locale en dehors des réseaux interconnectés pour couvrir des besoins de 10 kWh à 5 000 kWh par an. Habitat isolé, électrification rurale, alimentation de relais hertziens, signalisation maritime, routière, aérienne, radio-téléphonie, détecteurs (niveaux d'eau, intrusion...), mobilier urbain, pompage de l'eau. Pas de pollution, déchets, etc. (en production centralisée, plus chère que les énergies conventionnelles, 2 F/kWh). *Habitations permanentes équipées :* 10 000 en France et Dom ; une centaine de milliers dans le monde ; puissance 100 à 1 200 Wc. **2°)** Production dispersée (toits photovoltaïques et façades d'immeubles de 1 à 10 kWc) de courant alternatif par générateur photovoltaïque connecté au réseau. *Projets :* USA, Japon, Italie, Allemagne, pays en voie de développement : 500 000 en 2010. 500 kWc installés en France entre 2000 et 2002.

■ **Consommation journalière.** Une installation de 250 à 400 Wc dans les zones disposant de 1 300 kWh/(m².an) (coûtant de 40 000 à 50 000 F le kW installé) peut fournir 1 370 Wh/j, correspondant à un réfrigérateur 150 l (600 Wh/j), télévision (3 h/j) 150 Wh/j, 4 points lumineux fluocompacts (18 W 3 h par j) 210 Wh/j, ventilateur (50 W 8 h par j) 400 Wh/j. Avec les technologies courantes et 6 h de soleil/j, il faut 160 km de côté de cellules photovoltaïques pour couvrir les besoins quotidiens des USA.

☞ L'accord Ademe-EDF, de 1993, reconduit en 1996, permet l'installation et le financement de systèmes photovoltaïques de 1 kWc pour les habitations éloignées du réseau électrique (fonds public FACE).

■ **Production industrielle** (en 1999). Modules photovoltaïques : monde 140 MWc, France 10 MWc. 70 % de la production est exportée.

■ **Centrales photovoltaïques de démonstration.** Environ 1 MW en Italie, Allemagne, USA et Espagne. **Erga,** 3,3 MW, fonctionne depuis 1994, la plus grande de ce type en Europe ; plusieurs générateurs de 100 kWc opérationnels.

■ **Projets. Chine-Japon.** Centrale de 1 GWc (1 milliard de W) dans le désert de Gobi. **Américain** (non financé). **Solar Power Satellite :** hélio-centrale orbitale (Nasa). Formé de 2 panneaux photovoltaïques de 3 × 5 km. L'énergie sera transmise à la terre par un pinceau d'ondes (longueur d'ondes 12,2 cm, fréquence 2,45 GHz). Les panneaux fourniront une tension continue de 20 000 volts à des amplitrons, canons à électrons générateurs d'oscillations. Le terminal terrestre (*rectenna :* receiving antenna) sera une antenne de 10 km environ. *Puissance :* 5 000 à 10 000 MW (consommation de New York). La station recevra l'énergie solaire nuit et jour. *Coût de l'opération :* 60 milliards de $.

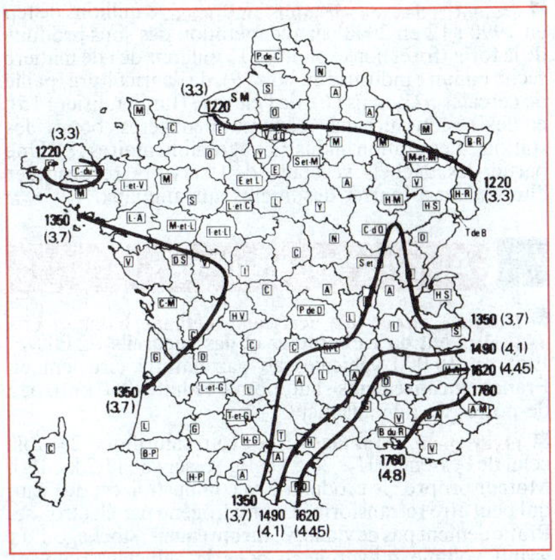

Valeur moyenne journalière, **en joules par cm²,** du rayonnement solaire reçu sur un plan d'inclinaison égal à la latitude et orienté vers le sud. Ordres de grandeur résultant de valeurs calculées. (Entre parenthèses valeurs en kWh/m².)

■ **Chimie solaire. Photochimie.** Utilise l'énergie de rayonnement pour produire des réactions photochimiques : *synthèse industrielle de molécule :* hexachlorocyclohexane, certains médicaments, caprolactame et polyamide 12 ; *réactions photochimiques pouvant donner naissance à des combustibles ou de l'électricité :* photoélectrolyse de l'eau, catalysée par des semiconducteurs ; *réactions photochimiques réversibles.* Actuellement, pas de projets industriels.

■ **Cheminées thermiques. Principe.** Différence de température de l'air entre base et sommet de la cheminée créant un appel d'air ascendant, faisant tourner une turbine, produisant de l'énergie via un générateur classique (tour au centre d'un disque de 8 000 ha de bâches plastique tendues dans lesquelles l'air s'engouffre par des clapets à sens unique, se réchauffe au contact de la terre et s'échappe par la cheminée).

Espagne (Manzanares) : 1982 construite par Schlaich Bergermann und Partners : hauteur 195 m, serre 45 ha, 1 turbine et 180 capteurs de performance. A produit jusqu'en 1989 environ 50 kW/j (8 à 9 h de fonctionnement), avant d'être renversée par une tempête. **Inde (Jaiselmer,** désert de Thar) : hauteur 600 m, diamètre 170 m ; **2003** inauguration ; **2005** produira 1 milliard de kWh/an (2 millions de foyers ruraux alimentés).

Biomasse ou énergie verte

■ **Principe.** L'énergie solaire captée en zone tempérée (0,5 à 1 %) se transforme en produits hydrocarbonés, sources de calories thermiques ou alimentaires. **Exemples. Cultures énergétiques :** *ligno-cellulosique* [canne de Provence, taillis à courte rotation (10 000 ha, à 3 000 plants par ha, avec une rotation de 5 ans, permettent d'alimenter une centrale électrique de 35 MW), jacinthes d'eau, algues]. *Sucres fermentescibles :* betteraves, canne à sucre, topinambours. *Oléagineux :* huiles pouvant alimenter directement brûleurs ou moteurs.

■ **Utilisation. Voie thermochimique. 1°) Combustion directe :** bois et ses déchets, paille, autres sous-produits de l'agriculture, ordures ménagères (papier, déchets de nourriture) brûlés dans des cheminées (10 à 20 % de rendement), chaudières à bois (70 %), cuisinières, installations industrielles (80 %). *Plus puissante centrale à bois d'Europe : Vitry-le-François, créée* 1985 par une Sté anonyme de HLM ; brûle dans 2 chaudières (puissance totale 9 MgW) les résidus des scieries voisines. **2°) Pyrolyse ou carbonisation :** en chauffant le bois, on obtient un résidu solide (charbon de bois), un mélange gazeux combustible et un liquide (eau et goudrons). 100 kg de bois donnent environ 30 kg de charbon de bois. Production en France/an : 60 000 t. **3°) Gazéification** de déchets végétaux, agroalimentaire, ordures ménagères. Nécessite plus de chaleur et d'air et donne un gaz pauvre (mélange de monoxyde de carbone et d'hydrogène, 80 % de rendement). Combustion incomplète (900 à 1 500 °C). Le gaz peut être brûlé à la sortie du gazogène dans une chaudière modifiée (gaz de ville). *Utilisations :* Diesel (10 % de gazole, 90 % de gaz pauvre) ; moins bon rendement dans un moteur à essence ; électricité en site isolé. Production de méthanol (à partir du gaz obtenu par gazéification à l'oxygène) dans l'industrie et pour certains moteurs. Chauffage collectif (HLM à Belfort).

L'énergie solaire des centrales peut contribuer à la production de carburants (hydrogène, hydrazine, méthanol, éthanol, méthane, ammoniac). La décomposition de l'eau par cycle thermochimique dans des réacteurs chimiques pourrait fournir de l'hydrogène. La possibilité de récupérer le carbone du gaz carbonique ou des carbonates est étudiée.

La gazéification à l'air produit un gaz pauvre pouvant, après dépoussiérage et dégoudronnage, alimenter un moteur thermique couplé à un alternateur pour produire de l'électricité. On peut, après gazéification, valoriser les cendres qui contiennent jusqu'à 80 % de carbone (par broyage, granulation, étuvage).

Voies biochimiques. Biogaz : obtenu par la fermentation (anaérobies) de la biomasse. Se forme dans la nature (feux follets des marais) ou à partir de déchets animaux ou végétaux (fumiers, vinasses de distillerie). Nécessite humidité et absence d'air. A 37 °C ou 55 °C se développent des bactéries anaérobies qui provoquent une fermentation : le biogaz, contenant 50 à 65 % de méthane (CH_4) et 35 à 50 % de gaz carbonique (CO_2). *Pouvoir calorifique du gaz non purifié :* 5 000 à 60 000 kilocalories/m³.

Fermentation méthanique : par reformage, le méthane réagit avec la vapeur d'eau et donne un mélange d'oxyde de carbone et d'hydrogène appelé gaz de synthèse ou gaz industriel. On comprime ce gaz en présence d'un catalyseur et l'on obtient du *méthanol* aqueux que l'on distille pour avoir du méthanol pur. Le gaz de synthèse peut aussi venir de charbon, lignite, hydrocarbures, tourbe, biomasse ligneuse, bois, déchets ; en effet, toute biomasse peut être gazéifiée, mais il faut l'oxygéner. *Rendement :* 50 %. *Prix de revient :* 1,10 à 1,40 F/l. 3 ateliers pilotes pour fabriquer du méthanol sont en construction à Clamecy, Attin et Soustons.

Alcool ou **biocarburants (alcool éthylique, bioéthanol** ou **éthanol) :** à partir de biomasse riche en sucres ou en amidon (fruits, mélasses de canne à sucre, topinambours, sorgho, betteraves, céréales). Avec intervention de levures (organismes vivants). Obtenu par fermentation du sucre contenu ou par hydrolyse de l'amidon. Production plus simple à partir de végétaux sucrés qu'à partir de ceux qui contiennent de l'amidon. Méthanol à partir de bois transformés en sucres par voie acide (coûteux) ou enzymatique (stade expérimental). **Processus de méthanisation :** *a) dégradation des molécules organiques complexes* (glucides, lipides, protides) en molécules simples (sucres, alcools, acides gras, acides aminés) ; *b) transformation des molécules simples* de la phase précédente en acides organiques, CO_2 et H_2S. Formation de méthane et de gaz carbonique. **Matériel de combustion :** un fermenteur ou digesteur (cuve fermée et légèrement chauffée) et des gazomètres pour recueillir le gaz. **Utilisation :** appareils à gaz, après adaptation des brûleurs ; carburant dans des moteurs (après épuration en H_2S et en CO_2) ; fabrication d'électricité. Après la fermentation, il faut séparer l'éthanol du substrat par distillation (coûteux en énergie). **Rendement** *en pouvoir calorifique* par rapport au matériau de base (biomasse) : 65 %. **Pouvoir calorifique :** environ 6 000 kilocalories. **Prix de revient :** alcool de vin 12 à 15 F/l, de betterave 3 F/l. **Exemples : Brésil :** canne à sucre, utilisée par 4 millions de voitures ; a coûté 10 milliards de $ en subventions publiques ; s'oriente vers le mélange alcool/essence (15 à 20 %) ; **USA :** maïs, pur ou mélangé à l'essence. **France :** *Réunion,* Bois-Rouge et Gol, déchets de canne à sucre (bagasse) ; *Millery,* inaugurée 23-2-1996 ; avec 80 % de fioul et 20 % d'ester méthylique de colza, puissance 6,6 MW, fournit 2,57 millions de kWh/an à EDF, consommation : 140 000 litres d'ester par an, coût : 14 millions de F.

Butanol : des jus sucrés (topinambours) ou des produits cellulosiques (papier, luzerne, betterave, pommes de terre, sorgho, manioc, canne à sucre, bois, tiges et rafles de maïs, paille), par fermentation acétonobutylique, donnent le mélange *MBAE* (butanol, acétone, éthanol). 20 kg de topinambours donnent 1 kg de MBAE. Associé au méthanol, forme un biocarburant. **Rendement :** 80 %. **Prix de revient :** 2,10 F/l.

Caractéristiques : indice d'octane élevé (pas besoin d'ajouter du plomb). Pouvoir calorifique faible, mais aptitude à brûler des mélanges pauvres. Départs à froid difficiles. Reprises moins bonnes. Attirés par l'eau, méthanol et éthanol se séparent de l'essence s'il y a de l'humidité (nécessite un tiers solvant) ; nécessité d'une bonne isolation. Méthanol : importante corrosion (joints et robinets) des moteurs, toxique. **Dérivé de l'éthanol :** l'*ETBE (éthyle-tertio-butyle-éther)* [obtenu en ajoutant de l'isobutène à l'alcool (but : faire remonter l'indice d'octane de l'essence sans plomb ; pourrait se substituer à un composé oxygéné voisin, le *MTBE (méthyl-tertio-butyle-éther),* obtenu à partir de méthanol (alcool de méthane) que les raffineurs utilisent de plus en plus pour remplacer le plomb dans les carburants]. **Diester :** nom commercial de diesel et ester. **Ester de colza** ou **de tournesol :** mélange au gazole à hauteur de 5 %, ne pose pas de problème technique aux petits moteurs Diesel des voitures et aux chaudières à fuel domestique. Pour alimenter les gros Diesel, il peut être mélangé à 50 % dans le gazole. Il permet alors de réduire de près de 50 % les émissions de fumée. Sans soufre.

Coûts de production des carburants (en $ par baril). Éthanol de grain 166, huile pour diesel 131, à partir de sucre 126, de sorgho sucrier 81,5, gazole de pétrole 34,3.

Essence oxygénée. Principe. L'adjonction d'un mélange oxygéné : MTBE issu du gaz naturel ou ETBE issu de céréales (maïs) diminue la teneur en composés aromatiques et en benzène. **Premières utilisations.** *1986-87* Denver (Colorado, USA), *1992* Colorado, après adoption du

Une **feuille artificielle** capable de transformer la lumière en énergie électrochimique comme une véritable plante est étudiée aux USA. Se présentant sous forme de « sandwich » de verre, métal et caoutchouc, contenant de la chlorophylle, elle peut absorber du gaz carbonique et libérer de l'oxygène, fabriquer des composés organiques, de l'hydrogène, ou produire de l'électricité.

Clean Air Act (loi sur l'air propre) en 1990. *1996* Californie (taux de 2,3 %). *2005* Union. eur. (2,3 %), suite au Conseil des ministres de juin 1997.

Aquazole. Mélange de gazole et d'eau. Réduit les rejets polluants (notamment oxydes d'azote et particules). **Première utilisation :** *1995* Chambéry.

■ **Production.** Mondiale annuelle : 200 milliards de t, 72 milliards de tep.

En 1992	Éthanol (m^3)	Ester (m^3)	Matière première agricole
Allemagne		11 300	Colza
Autriche		28 000	Colza
Belgique		5 600	Colza
Brésil	11 000 000		Canne à sucre
Canada	21 000		Maïs et blé
Italie		45 200	Tournesol et colza
USA	2 870 000		Maïs

☞ L'adjonction d'éthanol (fabriqué à partir de maïs) à l'essence a été rendue obligatoire dans les principales métropoles aux États-Unis à partir de 1995. Des additifs oxygénés dérivés de sources d'énergie renouvelables devront être ajoutés à l'essence, pour réduire la pollution.

Situation en France

■ **Mesures pour les biocarburants.** **1981** éthanol dans les carburants autorisé à hauteur de 5 % (ETBE 15 %). **1987** régime fiscal favorable à l'éthanol (de céréales, betteraves, pommes de terre et topinambours), soumis au taux de gazole [avantage fiscal 1991 (F/l). Essence plombée : 1,53 ; sans plomb 1,16 ; diester 1,25]. **1992** exonération de la Tipp. **1993**-*février. Agence nat. pour la valorisation des cultures énergétiques* créée ; protocole d'accord État, agriculteurs et pétroliers sur ester de colza. **1996**-*février* projet de loi rend obligatoire avant 2000 l'intégration d'éthanol et de diester d'origine végétale dans les carburants.

Campagne de commercialisation 1993-1994. *Mise en culture :* betteraves 3 000 ha ; blé 8 300 ha devant produire 43 000 m^3 d'éthanol-carburant ; colza énergétique 37 000 ha devant produire 47 000 m^3 d'ester méthylique (objectif 1995 : 140 000 m^3). La production d'ETBE a démarré à l'unité Elf de Feyzin. D'autres unités sont en projet. **1995** 250 000 ha réservés aux biocarburants.

Hypothèse de production *Source :* Adeca	Surfaces ha	Biocarburants		Carburants pétroliers [1]
		t/ha	Tonnages	
Éthanol				Essence super
Betterave	100 000	6,24	624 000 t	
Blé	100 000	2,475	247 500 t	
Maïs	100 000	2,755	275 500 t	
Pomme de terre	(15 000)	4,00	60 000 t	
Total	315 000		1 207 000 t	17 277 000 t
Diester				Gazole
Colza	700 000	1,365	955 000 t	18 118 900 t

Nota. – (1) Consommation du 1-8-1990 au 31-7-1991.

■ **Potentiel des sous-produits en France.** 8 millions de tep en 1990 ; 12 en 2000 par récupération des sous-produits de la forêt (forêt non exploitée : 15 millions de t de matière sèche par an ; industrie du bois : 9), de l'agriculture (paille de céréales : 21, maïs : 6), de l'élevage (fumier, lisier : 15), et des résidus urbains (ordures ménagères, boues des stations d'épuration, industries agroalimentaires : 8). Une partie des déchets végétaux doit servir à reconstituer l'humus ou à fournir des litières aux animaux.

Autres possibilités

■ **Propane, gaz de ville, acétylène, méthane, butane et gaz naturel.** **Coût du carburateur et des appareils :** 2 000 F. Environ 10 000 véhicules au gaz naturel circulent en France. **Inconvénients :** autonomie réduite (250 km), peu de postes de ravitaillement.

■ **Hydrogène.** **Avantages :** pouvoir calorifique 2,6 fois celui de l'essence (H_2 : 28,5 kcal/g ; essence : 11,2 kcal/g). Moteur propre : le produit de sa combustion est de l'eau, qui peut être retransformée en hydrogène par électrolyse. Pratiquement pas de vidange. **Inconvénient :** stockage d'un grand volume d'hydrogène dans le véhicule, pouvant exploser, car il forme avec l'air des mélanges explosifs (lorsque son volume représente 4 à 74,2 % du mélange), l'hydrogène se diffuse rapidement [en fait, une fuite d'essence dans un carburateur peut être aussi dangereuse qu'une fuite d'hydrogène, car il faut une concentration encore moindre (2 % au lieu de 4 %) pour que le mélange essence-air soit explosif]. **Possibilités de stockage : 1°)** *hydrogène gazeux* comprimé à 200 atmosphères ; **2°)** *liquide* à – 253 °C : cher et s'évapore (on perdrait 0,5 à 1 % de poids chaque jour) ; **3°)** *hydrures* à température ambiante (1 ou 2 atmosphères), mais l'hydrure vanadium (VHA) est trop lourd et le lanthane-nickel ($LaNi_5H_{67}$) a trop peu d'hydrogène.

Procédés expérimentaux. Conversion directe des déchets cellulosiques en hydrogène par des micro-organismes (algues photosynthétiques, bactéries), ou en alcools par des levures qui dégraderaient la cellulose en glucose.

■ **Fumées industrielles.** Générateur de vapeur, turbine de détente, condenseur ou récupérateur permettant de récupérer 60 % de l'énergie et de la transformer en énergie utilisable. Étudiées par Bertin et Cie (machine qui effectue ce transfert).

■ **Combustion de pneus.** Équivalent pétrole : 2,5 barils (398 litres). La Sté américaine Oxford Energy brûle 11 millions de pneus/an (fournit en électricité 15 000 personnes).

■ **Hydrates de méthane.** Sortes de glace blanche, parfois colorée d'orange, rouge, bleu ou gris, formées de molécules d'eau organisées en cages – les clathrates (du latin *clatratus,* encapsulé) – qui emprisonnent du méthane issu, le plus souvent, de la décomposition de matière organique par des bactéries anaérobies. 1 cm^3 de clathrate fournit 164 cm^3 de gaz. Composé évoqué en 1811 par Humphry Davy, chimiste britannique, qui décrit un hydrate emprisonnant du chlore, découvert au fond des océans dans les années 1970. Plusieurs programmes de recherches lancés. Les gisements représenteraient l'équivalent des réserves mondiales de gaz, de pétrole et de charbon réunies.

■ **Piles à combustibles.** Générateurs qui transforment directement l'énergie chimique du combustible en électricité avec un rendement de 60 % (processus inverse de l'électrolyse). *Inconvénients :* performances massiques (par kg de pile) 10 fois plus faibles que celles des machines thermiques ; corrosion après 22 ans ; prix de revient 5 fois plus élevé. *Missions spatiales* de longue durée : piles à électrolyte acide et électrodes de platine. **Filières à membranes échangeuses de protons** (PEMFC) : fonctionnent entre 80 et 120 °C (rendement électrique 45 %) ; envisagées pour emplois stationnaires, automobile, téléphones portables, Caméscopes ; opérationnelles en 2002 (ou 2007). **A acide phosphorique** (PAFC) : fonctionnent à 200 °C (rendement 40 %) ; opérationnelles ; coût élevé ; 200 sont en fonctionnement dans le monde [1re en France : janv. 2000, fourniture à 200 foyers de Chelles (S.-et-M.) de l'équivalent des besoins en électricité et chaleur ; générateur de 200 kW électriques et 200 kW thermiques, fonctionnant au gaz naturel, délivre au réseau électrique de la ville un courant de 400 volts et alimente avec de l'eau à 80 °C le réseau de chauffage urbain]. **A carbonates fondus** (MCFC) : fonctionnent à 650 °C (rendement 45 à 50 %) ; intéressantes en cogénération ; difficultés de fonctionnement. Unités de 2 MW à 100 kW à l'essai. Mise en service possible vers 2005. **A oxydes solides** (SOPC) : fonctionnement entre 800 et 1 000 °C (rendement 50 %, 70 si turbines adjointes pour récupérer la chaleur) ; en cours de recherche : 5 à 10 ans. Autobus canadiens équipés par la Sté Ballard roulent depuis plusieurs années à Vancouver et Chicago. Ballard, associé à Daimler-Chrysler, Ford et Mazda, a équipé un van, le *Necar-IV*, en mars 1994. En 1999, prototype berline Mercedes Classe A (145 km/h, autonomie 400 km). Fin 2002, 30 autobus avec piles à combustible circuleront en Europe.

■ **Fabricants de piles à combustible** (CA et, entre parenthèses, résultat net, en millions de $, en 2000). Impco Technologies (USA) 112,8 (3,1), Ballard Power (Canada) 45 (– 70), FuelCell Energy (USA) 20,7 (– 4,5), Plug Power (USA) 8,4 (– 86,2).

■ **Pile bactérienne.** Utilise la propriété qu'ont les microbes de « casser » les combustibles riches en électrons, les électrons ainsi libérés allant vers l'anode. Pour augmenter le rendement, Peter Bennetto, chimiste anglais, ajoute un médiateur qui améliore le transfert des électrons. Sinon la pile fonctionne comme toute pile à combustible. Les « piles à combustibles microbiennes » construites à King's College contiennent 200 cm^3 de culture microbienne et produisent pendant plusieurs mois, si elles sont régulièrement nourries, un courant de 2 ampères.

Bioconversion directe. Des organismes photosynthétiques réalisent la séparation de l'eau en ses 2 constituants élémentaires, l'hydrogène et l'oxygène. On cherche à maîtriser ce processus et à sélectionner des végétaux (algues comme le *Botryococcus braunii*) pouvant fabriquer de l'hydrogène dans des conditions rentables. On trouve des hydrocarbures de faible qualité dans divers végétaux : poires, pommes, carottes, tomates, etc. (1 kg de poires produit 0,9 mg d'éthylène/jour). *Rendement prévu :* 8 t d'hydrocarbures à l'hectare an/m^3.

Comment se nomment les habitants de ?

☞ Suite de la p. 1559.

Les appellations ont souvent changé au cours des siècles.

Sully-sur-Loire Sullinois, Sullylois
Superbagnères Luchonnais
Super-Besse Bessards
Superdévoluy Dévoluards
Super-Lioran Vallagnons
Tain-l'Hermitage Tinois
Tania (La) Perrerains
Tarbes Tarbais
Tartas Tarusates, Tartarins
Tassin-la-Demi-Lune Tassilunois
Taulé Taulésiens
Taverny Tabernaciens
Teil (Le) Teillois
Tergnier Ternois
Termes Termenais
Ternois Tervaniens
Thélin Thélandais
Thiers Thiernois
Thollon-les-Memises Thollogands
Thueyts Atogiens
Tiffauges Teiphaliens, Théifaliens
Tignes Tignards
Tonneins Tonneinquais
Toucy Toucyquois
Tourcoing Tourquennois
Tour (Le) Turzerins
Tour-du-Pin (La) Turpinois
Tours Tourangeaux
Toussuire (La) Fonteauverlins
Touvre Tolvériens
Tréguier Trégorois, Trécoriens
Treix Tréyens
Tremblade (La) Trembladais
Tremouille (La) Trémouillais
Trévoux Trévoltiens
Trinité (La) Trinitaires
Troyes Troyens
Tulle Tullistes, Tullois
Turbie (La) Turbiasques
Uchizy Chizerots
Ulis (Les) Ulissiens
Uzès Uzétiens
Vaas Védaçais
Valay Valésiens
Valberg Valbergans
Val-Cenis Languerrins, Villarins
Val-d'Allos Allossards
Vaucouleurs Valcolorois
Vaujours Valcoviens
Vaulx-en-Velin Vaudais
Vence Vinciens, Vençois
Vénissieux Vénissians
Ventron Veternats
Verdun Verdunois
Verneuil-sur-Avre Vernoliens.
Verneuil-sur-Seine Vernolitains
Vernoux-en-Vivarais Vernousains
Vertou Vertaviens, Vertousains
Vésinet (Le) Vésigondins, Vésinettois
Vesoul Vésuliens
Vez Vadais
Vézelay Vézéliens
Vichy Vichicatois
Vieux Viducasses
Vieux-Condé Vieux-Condéens
Vigneux-sur-Seine Vignolats
Villard-de-Lans Villardiens
Ville-aux-Dames (La) Gynépolitains
Ville-d'Avray Ville-d'Avraysiens
Villedieu-les-Poêles Sourdins
Villefranche-sur-Saône Caladois
Villeneuve-d'Ascq Villeneuvois.
Villeneuve-La-Garenne Villeno-Garennois.
Villeneuve-le-Roi Réginovillois
Villeparisis Villeparisiens
Villepinte Villepintois
Villey-le-Sec Trabecs
Villers-Cotterêts Cotteréziens
Villiers-le-Bel Beauvilérois, Beauvilésois
Vimoutiers Vimonastériens
Vitré Vitréens
Vitry-le-François Vitryats.
Vitry-surSeine Vitriots
Viviers Vivarois
Voulte-sur-Rhône (La) Voultains
Vouvray Vouvrillons
Vouziers Vouzinois
Vouzy Vougeois
Yermenonville Remenonvillois
Yport Yportais
Yvetot Yvetotais

Devises de quelques pays

☞ Suite de la p. 1297.

Sénégal : Un peuple, un but, une foi.
Sierra Leone : Unity, Freedom, Justice (Unité, Liberté, Justice).
Singapour : Majulah Singapura (En avant, Singapour).
Soudan : Dieu, Peuple, Patrie.
Suède : *devise pour chaque roi. Actuellement :* För Sverige, i tiden (Pour la Suède en notre temps).
Suisse : Un pour tous, tous pour un.
Suriname : Justitia, Pietas, Fides (Justice, Piété, Foi).
Swaziland : Siyinqaba (Nous sommes une forteresse).
Syrie : Unité, Liberté, Socialisme.
Tanzanie : Uhuru na Kazi (Indépendance et Travail).
Tchad : Unité, Travail, Progrès.
Thaïlande : Patrie, Religion, Roi.
Togo : Travail, Liberté, Patrie.
Trinité et Tobago : Together we aspire, together we achieve (Même idéal, même ouvrage).
Tunisie : Liberté, Ordre, Justice.
Turquie : Paix dans le pays, paix hors des frontières (slogan).
Ex-URSS : Prolétaires de tous les pays, unissez-vous.
Uruguay : Con libertad, no ofenso ni temo (En liberté, je n'offense ni ne crains).
Viêt Nam : Dôc lâp, tu do, hanh phuc (Indépendance, Liberté, Bonheur).
Yémen : Allah, al Watan, al Thaoura (Dieu, la patrie, la révolution).
Ex-Zaïre : Paix, Justice, Travail.
Zambie : One Zambia, One Nation (Une seule Zambie, une seule nation).
Zimbabwe : Unité, Liberté, Travail.

LA VIE PRATIQUE

☞ Pour connaître la sélection **Quid** des meilleurs sites Internet sur la vie pratique, rendez-vous sur **www.quid.fr**

ABRÉVIATIONS

☞ Le signe + signifie croix (décoration).

@ abréviation de l'anglais AT, en français *arobase*.

A Amiral. Autriche. **A +** ou **@ +** à plus tard. **+A** Médaille de l'aéronautique. **A0, A1, A2,** voir à papier (format) Index. **A1** First Class (de première classe). **AA** American Airlines. Anti Aérien. Architecte, membre de l'Académie d'Architecture. Arme Automatique. Augustins de l'Assomption. Auto Answer. Automobile Association. **A/A** Articles of Association (statuts d'une société). **AAA** « triple A » : note la plus élevée pour des obligations et pour des établissements financiers. Amateur Athletic Association. **AAD** enregistrement et mixage analogiques, gravure digitale. **AAH** Allocation aux Adultes Handicapés. **AAM** Actions Amérique. **aaO** am angegebenen Orte (à l'endroit cité). **aar** Against All Risks (Contre tous risques). **AAS** Actions Asie. **AAT** Administration de l'Assistance Technique (Nations unies). Average Access Time (Temps moyen d'accès). **AATCP** Missile Air Air à Très Courte Portée. **AAWC** Anti-Air Warfare Coordinator.

Ab. Abîmé. **ab init.** *ab initio* (depuis le début). **Abb.** Abbildung (illustration). **AB** Airbus. Allocation de base. Assez Bien. **ABC** American Broadcasting Corporation. Arab Banking Corporation. **abc** arme blindée cavalerie. **ABD** Apple Desktop Bus. **ABF** Architecte des Bâtiments de France. **Abf.** Abfahrt (départ). **Abg.** Abgeordneter (député). **ABI** Administration Binary Interface. **Abk.** Abkürzung (abréviation). **Abm** Antiballistic missile (system). **Abs.** Absatz (alinéa). **abstr.** abstrait. **abt.** about (au sujet de). **Abt.** Abteilung (section). **abz.** abzüglich (sous déduction de).

A/c Account [current] (compte [courant]). **AC** Air Canada. Alternating Current. Amitié Chrétienne. Appellation Contrôlée. Anciens Combattants. Ante Christum. AntiChars. Anticoagulant, Anticorps. Archives Communales. **ACA** Allocation Chômeur Agé. Antenne Chirurgicale Aéroportée. **ACAVI** Assurance à Capital Variable Immobilier. **Acc** Acceptance, Accepted (Acceptation, Accepté). **ACCRE** Aide au Chômeur Créateur Repreneur d'Entreprise. **ACCT** Agence de Coopération Culturelle et Technique. **ACDA** Arms Control and Disarmament Agency. **ACE** Action Catholique des Enfants. Advanced Computing Environment. Avion de Combat Européen. **ACF** Automobile Club de France. Avion de Combat Futur. **ACGF** *Action Catholique Générale* des Femmes. **ACGH** des Hommes. **Ach.** Achète. **ACI** Action Catholique Indépendante. Adhérent Compensateur Individuel. Alliance Coopérative Internationale. **ACIF** Automobile Club de l'Ile-de-France. **ACIP** Association Consistoriale Israélite de Paris. **ACJ** Alliance universelle des unions Chrétiennes de Jeunes gens. **ACJF** Action Catholique de la Jeunesse Française. **ACK** ACKnowledge (accusé de réception). **ACLANT** Allied Command Atlantic. **ACLI** Association Chrétienne des Travailleurs (Lavoratori) Italiens. **ACM** Avion de Combat Marine. **ACMEC** *Action Catholique* des Membres de l'Enseignement Chrétien. **ACO** Ouvrière. Automobile Club de l'Ouest. Avispace Coordination Order. **ACOSS** Agence Centrale des Organismes de la Sécurité Sociale. **ACP** Afrique, Caraïbes, Pacifique. Automatic Colt Pistol. **ACPC** Apple Communication Protocol Card. **ACRS** Accelerated Cost Recovery System. **ACT** Avion de Combat Tactique. **ACTA** Association de Coordination Technique Agricole. **ACTH** Adreno-Cortico-Trophie Hormone. **AC3G** (missile) AntiChar de 3e Génération. **ACU** Automatic Call Unit (Unité d'appel automatique). **ACX** Avion de Combat eXpérimental.

a/d à dater, à la date de. **A/D** Analog to Digital. ***AD** Anno Domini* (Année du Seigneur). Andorre. **A.D.** außer Dienst (en retraite). **AD** Archives Départementales. **ad.** advertisement (petite annonce). **ADAC** Allgemeiner Deutscher Automobil Club. Association pour le Développement de l'Animation Culturelle. Avion à Décollage et Atterrissage Courts. **ADAMI** Société pour l'Administration des Droits des Artistes et Musiciens Interprètes. **ADAS** Association pour le Développement des Activités Sociales (à la Faculté de Paris). **ADAV** Avion à Décollage et Atterrissage Verticaux. **ADC** Analogic to Digital Converter. Association des Descendants de Corsaires. **ADCF** Assemblée des Districts et des Communautés de France. **ADD** Assemblées De Dieu. Attention Deficit Disorder. **ADDD** enregistrement, mixage et gravure digitaux. **Adèle** Adresse électronique. **ADEME** *Agence* de l'Environnement et de la Maîtrise de l'Énergie. **ADEP** nationale pour le Développement de l'Éducation Permanente. **ADEPA** pour le Développement de la Productique Appliquée à l'économie. **ADERLY** Association pour le Développement Économique de la Région LYonnaise. **ADI** Agence de l'Informatique. **ADIR** Association des Déportés et Internés de la Résistance. **ADL** Après la Durée Légale. ***ad lib.** ad libitum* (au choix). **Adm.** Admiral. Admission. **ADN** Acide DésoxyriboNucléique. **ADP** Action à Dividende Prioritaire sans droit de vote. Adenosine diphosphate. Aéroports de Paris. Automatic Data Processing (Traitement automatique des données). **A2P** Assurance Prévention Protection. **Adr.** Adresser. **ADS** Armée Du Salut. **ADT** Accident Du Travail (ou AT). **Ad us ext** Pour l'usage externe. **Ad us vet** Pour l'usage vétérinaire. **adv.** advice (conseils). **AD virus** Adénovirus.

AE Actions Européennes. Affaires Étrangères. Air Europe. United Arab Emirates. **AEC** Atomic Energy Commission. **AéCF** Aéro-Club de France. **AECR** Arme à Effets Collatéraux Réduits. **AEE** Agence pour les Économies d'Énergie. **AEEN** Agence Européenne pour l'Énergie Nucléaire. **A.-É.F.** Afrique-Équatoriale Française. **AEG** Allgemeine Elektrizitätsgesellschaft. (Compagnie Générale d'Électricité.) ***AEIOU** Austriae est imperare orbi universo,* devise de la maison d'Autriche. **AELE** (ou **EFTA**) Association Européenne de Libre Échange. **AEMO** Action Éducative en Milieu Ouvert. **AEN** *Agence* pour l'Énergie Nucléaire. **AEP** Européenne de Productivité. **AES** filière Administrative, Économique et Sociale des universités. **AEW** Airborn Early Warning (Système aéroporté d'alerte précoce). **A et M** Arts et Métiers.

AF Action Française. Afghanistan. Air Force. Air France. Alliance Française. Allocations Familiales. Ancien Franc. Société des Artistes Français. **AFAP** Association Française pour l'Accroissement de la Productivité. **AFAT** Auxiliaire Féminin de l'Armée de Terre. **AFB** Association Française des Banques. **AFD** Affectation de Longue Durée. Allocation de Fin de Droits. **AFE** *Association Française* de l'Éclairage. **AFEI** pour l'Étiquette d'Information. **AFER** Action, Formation, Étude, Recherche. **Aff. étr.** Affaires étrangères. **AFG** Afghanistan. **AFI** Actions Françaises Indicielles. Atelier de Formation Individualisée. **AFL** Association Française pour la Lecture. **AFL/CIO** American Federation of Labour/Congress of Industrial Organizations. **AFME** Agence Française pour la Maîtrise de l'Énergie. **AFN** Afrique Française du Nord. **AFNOR** Association Française de NORmalisation. **AFP** Agence France-Presse. Association Foncière Pastorale. **AFPA** Association pour la Formation Professionnelle des Adultes. **AFR** Allocation Formation Reclassement. **AFRESCO** *Association Française* de REcherches et Statistiques COmmerciales. **AFTAM** de Formation des Travailleurs Africains et Malgaches. **AFTRP** Agence Foncière et Technique de la Région Parisienne. **AFU** *Association* Foncière Urbaine. **AFUTT** Française des Utilisateurs du Téléphone et des Télécommunications.

AG Air Bridge Carriers. AktienGesellschaft (société par actions). Antigène. Antigua et Barbuda. Assemblée Générale. **Ag** Argent. **AGCS** Accord général sur le commerce des services. **AGF** Assurances Générales de France. **AGI** Année Géophysique Internationale. **AGIRC** Association Générale des Institutions de Retraite des Cadres. **AGM** Air Ground Missile (missile air-sol). Annual General Meeting (assemblée générale annuelle). **AGO** Angola. **AGPB** Association Générale des Producteurs de Blé. **AGR** Advanced Gas-Cooled Reactor. **agr.** agricole.

AH Air Algérie. *Anno Hegirae* (l'année de l'Hégire). Antécédents Héréditaires. Anti-Histaminique. **AI** Actions Internationales. Air India. Anguilla. Artificial Intelligence. **a.i.** *ad interim.* **AID** Affecté Individuel de Défense. Allegro Interface Designer. Agence Internationale de Développement. Djibouti (Rép.). **AIDS** Acquired Immune Deficiency Syndrome. **AIE** *Agence Internationale* de l'Énergie. **AIEA** de l'Énergie Atomique. **AIM** *Association Internationale* de Météorologie. **AIMF** des Maires Francophones. **AIP** Association des Israélites Pratiquants. **AIPS** *Association Internationale* de la Presse Sportive. **AISS** de la Sécurité Sociale. **AIT** du Tourisme. **AIU** des Universités. Alliance Israélite Universelle. **AJ** Armée Juive. Auberges de la Jeunesse. **aj.** ajouté. **AJDC** American Joint Distribution Committee. **AJF** Amies de la Jeune Fille. **AK** Alaska.

AL Albanie. Avant Lettre. **Al** Aluminium. **+AL** ordre des Arts et Lettres. **al.** alinéa. **Ala** Alabama. **ALADI** *Association Latino-Américaine* D'Intégration. **ALALC** de Libre Commerce. **ALAT** Aviation Légère de l'Armée de Terre. **ALB** Air Land Battle. Albanie. **ALCM** Air-Launched Cruise Missile (missile de croisière air-sol). **ALE** Agnece Locale pour l'Emploi. Association de Libre Échange. **ALENA** Accord de Libre Échange Nord Américain. **ALF** Allocation de Logement à caractère Familial. **a./Lfg** an Lieferung (à la livraison). **alim.** alimentation. **ALN** Armée de Libération Nationale. **ALPE** Association Laïque des Parents d'Élèves. **ALS** Allocation de Logement à caractère Social. **alt.** alternatif. altitude. **ALU** Arithmetic and Logic Unit.

a.m. *ante meridiem* (avant midi). **AM** Aerovias de Mexico. Auto-Mitrailleuse. *Anno Mundi* (l'Année du Monde). Archives Municipales. Arménie. Arts et Métiers. **AMAP** Programme d'Évaluation et de Suivi dans l'Antarctique. **amb.** ambassade. **AMD** American Micro Devices. Avions Marcel Dassault. ***AMDG** Ad majorem dei gloriam* (pour la plus grande gloire de Dieu). **AME** Accord Monétaire Européen. **AMEXA** Assurance Maladie des EXploitants Agricoles. **AMF** Accords MultiFibres. Association des Maires de France. **AMGOT** Allied Military Government in Occupied Territories. **AMI** Accord Multilatéral sur l'Investissement. **AML** Auto Mitrailleuse Légère. **AMM** Association Médicale Mondiale. **AMRF** *Accès Multiple par Répartition* en Fréquence. **AMRT** dans le Temps. **AMT** Air Mail Transfer. Assistance Militaire Technique. **amt.** amount (montant). **AMX** Atelier d'Issy-les-Moulineaux.

AN Ansett Australia. Antilles Néerlandaises. Archives Nationales de France. Assemblée Nationale. **ANA** Agencia Noticiosa Argentina. Arab News Agency. **ANACT** *Agence Nationale pour* l'Amélioration des Conditions de Travail. **ANAH** l'Amélioration de l'Habitat. **ANASE** Association des Nations de l'Asie du Sud-Est. **ANC** Accolta Naziunale Corsa. African National Congress. **Anc.** Ancien. **AND** Andorre. **ANDA** Association Nationale pour le Développement Agricole. **ANDRA** Agence Nationale pour la gestion des Déchets RAdioactifs. **ANER** Association Nationale des Élus Régionaux. **ANF** Association d'entraide de la Noblesse Française. **ANFANOMA** Association Nationale des Français d'Afrique du Nord. **Ang.** Anglais. **ANI** Agencia de Noticias e Informacões. **ANIL** Association Nationale pour l'Information sur le Logement. **Anl.** Anlage (en annexe). **Anm.** Anmerkung (remarque). **anon.** Anonymous(ly). **ANP** Appareil Normal de Protection. Armée Nationale Populaire (Algérie). Armement Nucléaire Pré-stratégique. **ANPE** *Agence Nationale Pour* l'Emploi. **ANRED** la Récupération et l'Élimination des Déchets. **ANS** missile AntiNavire Supersonique. **Ans.** Answer (réponse). **ANSA** Agenzia Nazionale Stampa Associata (Italie). **ANSEA** Association des Nations du Sud-Est Asiatique (voir **ASEAN**). **ant.** antonyme. **ANT** Agence Nationale pour l'insertion et la promotion des Travailleurs de l'outre-mer (Dom-Tom). Arme Nucléaire Tactique. **ANTIOPE** Acquisition Numérique et Télévisualisation d'Images Organisées en Pages d'Écriture. **ANVAR** Agence Nationale pour la VAlorisation de la Recherche. **ANZAC** *Australian and New Zealan* Army Corps. **ANZUS** pact (traité Australie-Nlle-Zélande-USA).

a/o account of (pour compte de). **AO** Afrique Orientale, Angola, Aviaco, Rwanda-Urundi. **AOA** American Overseas Airlines. **AOC** Appellation d'Origine Contrôlée. **AOCD** Association Ouvrière des Compagnons du Devoir. **A.-O.F** Afrique-Occidentale Française. **AOG** *Appellation d'Origine* Garantie. **AOL** America On Line. **AOP** Protégée. **a/or** and/or (et/ou).

ap atmospheric pressure. **AP** A Protester (effets de commerce) (To be protested [bills]). Assistance Publique. Associated Press. Autorisation de Programme. **A/P** Additional Premium. **APA** All Points Addressable. **APACHE** Aide au Pilotage Avec Charge Héliportée Externe. **APCA** *Assemblée Permanente des Chambres* d'Agriculture. **APCM** des Métiers. **APD** Aide Publique au Développement. **Apdo** Apartado (Boîte postale). **APE** Assemblée Parlementaire Européenne. Association des Parents d'Élèves. Atelier de Préparation à l'Emploi. **APEC** Coopération Économique des Pays d'Asie-Pacifique. *Association Pour l'Emploi des Cadres.* **APECITA** Ingénieurs et Techniciens de l'Agriculture. **APEJ** Aide au Premier Emploi des Jeunes. **APEL** *Association* des Parents d'élèves de l'Enseignement Libre. **APEP** Populaire d'Éducation Permanente. des Professeurs de l'Enseignement Privé. **APEX** Pour l'EXpansion industrielle. **AP-HP** Assistance Publique-Hôpitaux de Paris. **API** Allocation de Parent Isolé. Alphabet Phonétique International. Application Program Interface. **APJ** Agent de Police Judiciaire. **APJE** Allocation Parentale Jeune Enfant. **APL** Adult Performance Level. Agence de Presse Libération. Aide Personnalisée au Logement. **APP** Atelier Pédagogique Personnalisé. **append.** appendice. **appro.** approval (acheter à l'essai). **Appt** Appartement. **apptd** appointed. **APR** Annual Percentage Rate. **apr. J.-C.** après Jésus-Christ. **APS** Algérie Presse Service. **APSAD** *Assemblée Plénière des Sociétés d'Assurances* Dommages. **APSAIRD** contre l'Incendie et les Risques Divers. **Apt** Apartment. **APU** Administrations Publiques. **APUR** Atelier Parisien d'URbanisme.

AQ Aloha Airlines. Antarctique. **A/R** All Risks (Tous risques). **AR** Accusé de Réception. Aerolineas Argentinas. Argentine. Aller Retour. Altesse Royale. Arkansas. **ARAMCO** ARabian AMerican oil COmpany. **ARAP** Association de Recherche et d'Action Pédagogique. **ARAT** Avion de Recherche Atmosphérique et de Télédétection. **ARC** Action pour la Renaissance de la Corse. Action Régionaliste Corse. Aide au Recrutement d'un Cadre de l'industrie. Animation, Recherche, Confrontation (musée d'Art moderne). Association pour le développement de la Recherche sur le Cancer. **arch.** archaïque. **ARCO** Association pour la Reconversion Civile des Officiers. Atlantic-Richfield COmpany. **ARE** Émirats Arabes Unis. **AREV** Alternative Rouge Et Verte. **ARG** Argentine. **Arg.** Argentine. Argovie (canton suisse). **ARIC** Association Régionale d'Information Communale. **ARIST** Agence Régionale d'Information Scientifique et Technique. **Ark.** Arkansas. **ARM** Arménie. **ARN** Acide RiboNucléique. **ARPE** Agence Régionale Pour l'Environnement. Allocation de Remplacement Pour l'Emploi. **ARPPRA** Adaptateur pour Relais Pour Poste Radio d'Abonné (RITA). **arr.** arrêté. arrival (arrivée). Arrondissement. **ARRCO** Association des Régimes de Retraites COmplémentaires. **ARS** Allocation de Rentrée Scolaire. **ARSA** Aspirant de Réserve en Situation d'Activité. **ART** Autorité de régulation des télécommunications. **art.** article. **Art. 10** Article 10 de la police d'assurance d'Anvers. **ARV** Air Recreational Vehicle.

AS Alaska Airlines. American Samoa. Armée Secrète. Assurances Sociales. **A/S** Account Sales. Armée Secrète. **As** Arsenic. **ASA** American Standars Association. Artillerie Sol Air. **ASALA** Armée Secrète Arménienne pour la Libération de l'Arménie. **a.s.a.p.** *as soon as possible* (dès que possible). **ASATS** Anti-SATellite System. **ASBM** Air-to-Surface Ballistic Missile. **Asc.** Ascenseur. **ASCOFAM** ASsociation mondiale de la lutte COntre la FAiM. **ASD** Accouchement Sans Douleur. Arc Supérieur Droit. **ASDIC** Anti-Submarine Detection and Identification Committee (Comité pour la Détection et l'Identification des Sous-marins). **ASE** Agence Spatiale Européenne. Aide Sociale à l'Enfance. American Stock Exchange. **ASEAN** Association of South East Asian Nations. **ASEM** Asia-Europe Meeting. **ASF** Association Syndicale des Familles (École et Famille, CSF). Autoroutes du Sud de la France. **ASFA** Association des Sociétés Françaises d'Autoroutes. **Asfo** Association de formation. **ASM** Air-to-Surface Missile. **ASMP** missile Air-Sol Moyenne Portée. **ASR** Aide Spéciale Rurale. **ASRL** Aide-Spécialiste Recruté Localement. **ASROC** Anti-Submarine ROCket. **ASS** Afrique au Sud du Sahara. Allocation Spécifique de Solidarité. **ass.** Assemblée. assurance. **Asscn** Association. **ASSEDIC** ASSociation pour l'Emploi Dans l'Industrie et le Commerce. **Assoc.** Associate. **ASSU** Association du Sport Scolaire et Universitaire. **Asst** Assistant. **ASTARTE** Avion STAtion Relais de Transmissions Exceptionnelles. **ASV** Age, Sexe, Ville. **ASW** Anti-Submarine Warfare.

A.t. A temps, à terme. **AT** Admission Temporaire. Ancien Testament. « ATtention ». Autriche. Royal Air Maroc. Tchad. **A & T** Annam et Tonkin. **ATAR** Association des Transporteurs Aériens Régionaux. **ATBM** Anti Tactical Ballistic Missile. **ATD** Aide à Toute Détresse Quart Monde. **ATER** Attaché Temporaire d'Enseignement et de Recherche. **ATF** Avion de Transport Futur. **ATIC** Association Technique d'Importation Charbonnière. **ATILA** Automatisation des TIrs et des Liaisons de l'Artillerie. **ATITRA** Association Technique Interministérielle des TRAnsports. **ATJ** Amis de la Tradition Juive. **Atl.** Atlas. **ATLAS** Abbreviated Test Language for All Systems. **ATM** Adobe Type Manager. Automated Teller Machine (guichets automatiques bancaires). **ATO** Aquitaine Total Organico devenu **ATOCHEM** (regroupement de **ATO** Chimie, **CHLOE** chimie et **PCUK**). **ATOS** (Personnels) Administratifs, Techniques. Automatisation Totale de l'Observation de Surface. **ATR** Administration Territoriale de la République. **ATRAC** Adaptive TRansformation Acoustic Coding. **ATRAP** Adaptateur de Trame RITA aux PTT. **ats** *at the suit of* (à la requête de [droit]). **ATSF** Avion de Transport Supersonique Futur. **ATT** American Telephone and Telegraph. **ATV** Associated Television. Advanced Television. **ATYPI** Association TYPographique Internationale.

AU Alliance Universelle. Australie. Austral Lineas Aereas. **AUC** *Ab Urbe Condita* (à partir de l'année de la fondation de Rome). **AUD** Allocation Unique Dégressive. **AUE** Architectes et Urbanistes de l'État. **Aufl.** Auflage (édition, tirage). **Aug.** August. **AUPELF** Association des Universités Partiellement ou Entièrement de Langue Française. **AUS** Australie. **auth.** authorized. **Autogr.** Autographe. **AV** Acuité Visuelle. A Vendre. Avianca. **Av.** Avenue. **av.** average (moyenne). **A/V** ad Valorem. Audio/Vidéo. **AVA** Assurance Vieillesse Agricole. **Avda** Avenida. **Ave** Avenue. **av. J.-C.** avant Jésus-Christ. **avt** avant. **AVTS** *Allocation aux Vieux Travailleurs* Salariés. **AVTNS** Non Salariés. **A/W** Actual Weight (poids actuel). **AW** Aruba. **AWACS** Airborne Warning And Control System (système de contrôle et d'alerte aéroporté). **AWB** AirWay Bill (lettre de transport aérien). **AY** Finnair. **AZ** Alitalia. Arizona. **a.Z.** auf Zeit (à terme). **AZ** ou **AZE** Azerbaïdjan. **AZT** AZidoThymidine.

B Bale (*Com* : balle). Bag (sac). Baumé (degré). Belgique. **b.** born. **BA** Bachelor of Arts. Base Aérienne. Beaux-Arts. Bonne Action. Bosnie-Herzégovine (v. BIH). British Airways. Bus Available. **BAD** *Banque* Africaine (ou Asiatique) de Développement. **BADEA** Arabe de Développement Économique en Afrique. **BAFA** *Brevet d'Aptitude aux Fonctions* d'Animateur. **BAFD** de Directeur. **BAI** Baccalaureus in Arte Ingeniaria (licence d'ingénieur). **BAL** Boîte À Lettres. **Bal** Basic Assembler Language. **bal.** balance (solde). **BALO** Bulletin des Annonces Légales Obligatoires. **BaP** Benzo(a) Pyrène. **BAPCO** BAhrain Petroleum COmpany Ltd. **BAPSA** Budget Annexe des Prestations Sociales Agricoles. **Bart** Baronet. **BAS** Bureau d'Aide Sociale. **bas.** basane. **BAsD** Banque Asiatique de Développement. **BASE** Brevet d'Aptitude à l'animation Socio-Éducative. **Basic** Beginner's All purpose Symbolic Instruction Code. **bat.** bataillon. **BAT** Bon à tirer. **B & B** Bed and Breakfast. **BB** Barbade. **BBC** British Broadcasting Corporation. **bbls** barrels (barils). **BBN** bye-bye now (salut maintenant). **BBS** Bulletin Board Service. **BBx** Bienheureux (pluriel).

BC Before Christ (av. J.-C.). British Columbia. British Council. Brymon Airways. **BCA** Banque Commerciale Africaine. British Central Africa. **BCBG** Beau Cul Belle Gueule. Bon Chic, Bon Genre. **BCC** Bons en Comptes Courants. **BCCI** Bank of Credit and Commerce International. **BCD** Bibliothèque-Centre-Documentaire. Binary Coded Decimal. **BCE** Banque Centrale Européenne. Before the Common Era. **BCEAO** Banque Centrale ou Commerciale des États d'Afrique de l'Ouest. **BCG** vaccin Bilié de Calmette-Guérin. **BCh** *Baccalaureus Chirurgiae (licencié en chirurgie).* **BCh(D)** Dentaire. **B/CH** Bristol CHannel (canal St-Georges). **BCL** *Bachelor of* Civil Law (*licencié en* droit civil). **BCom** Commerce. **BCP** Basutoland Congress Party. Bibliothèque Centrale de Prêt. **bcp** beaucoup. **BCRA** Bureau Central de Renseignements et d'Action (militaire). **BCRD** Budget Civil Recherche et Développement. **BCT** Banques des Connaissances et des Techniques (CNRS et ANVAR).

Bd Band (volume). Board. **BD** Bandes Dessinées. Bangladesh. Bahrain Dinar. Base de données. British Midland Airways. Bachelor of Divinity (licencié en théologie). **B/D** Bank Draft (chèque tiré sur banque). Bar Draft (tirant d'eau sur la barre). **b/d** Barrels per Day. **bd** Board. boulevard. **b.d.c.** bas de casse. **BDC** Banque de Développement des Caraïbes. **BDI** Burundi. **BDIC** Bibliothèque de Documentation Internationale Contemporaine de Nanterre. **BDS** Bachelor of Dental Surgery. Barbade. **BDZ** Base Defence Zone.

BE Bachelor of Engineering (licence d'ingénieur). Belgique. Brevet Élémentaire. **B/E** Bill of Exchange (lettre de change). **BEA** British European Airways. **BEAC** Banque des États de l'Afrique Centrale. **BEC** Beechcraft 99. **B. Ed** Bachelor of Education. **BEE** Bureau Européen de l'Environnement. **BEES** Brevet d'État d'Éducateur Sportif. **BEI** Banque Européenne d'Investissements. **BEM** Breveté d'État-Major (officier). British Empire Medal. **BEMS** *Brevet d'Enseignement Militaire Supérieur.* **BEMSG** de la Gendarmerie. **BEN** Bénin. **BENELUX** BElgique, NEderland, LUXembourg. **B. Eng** Bachelor of Engeneering (licence d'ingénieur). **BEP** *Brevet d'Études Professionnelles.* **BEPA** Agricoles. **BEPC** Brevet d'Études du 1er Cycle. **BERD** Banque Européenne pour la Reconstruction et le Développement. **Berks.** Berkshire. **BET** Borkou, Ennedi, Tibesti (au Tchad). **betr.** betreffend (concernant). **Betr.** in Betreff (au sujet de, objet). **bez.** bezahlt (payé). Bezüglich (concernant).

BF Basse Fréquence. **b/f** brought forward (report). **BF** ou **BFA** Burkina Faso. **BFCE** Banque Française du Commerce Extérieur. **BFR** Franc belge. **BFV** Bundesamt für Verfassungsschutz (service de sécurité de RFA).

BG Bangladesh Biman. Bulgarie. **BGD** Bangladesh. **BGE** Bureau de Guerre Électronique. **BGR** (ou BG) Bulgarie. **BH** Bahreïn. Bélize (Honduras brit.). **B'ham.** Birmingham. **bhn** Brinell hardness number (dureté Brinell). **b.h.p.** brake horse-power (puissance au frein). **BHS** Bahamas. **BI** Royal Bruneï Airlines. Burundi. **BIC** Bataillon d'Infanterie Col. Bénéfices Industriels et Commerciaux. **BID** Banque Interaméricaine de Développement. **BIE** *Bureau International* de l'Éducation. des Expositions. **BIEM** d'Enregistrement Mécanique. **BIH** de l'Heure. **BIH** Bosnie-Herzégovine. **BIL** Bâtiments Industriels Locatifs. **BIM** Bons à Intérêts Mensuels (et à taux variables). **BIOS** Basic Input/Output System. **BIOT** British Indian Ocean Territory. **BIPATE** Bons à Intérêts Bisannuels. **BIPE** Bureau d'Information et de Prévisions Économiques. **BIRD** Banque Internationale pour la Reconstruction et le Développement. **BIS** Bank for International Settlements (voir BRI). **BISD** Banque ISlamique de Développement. **B-ISDN** Broadband Integrated Services Digital Network. **BIT** BInary digiT (information binaire ou digitale). Bureau International du Travail. **BITNET** Because It's Time NETwork. **BJ** Bénin. **BK** Bacille de Koch (tuberculose). **Bk.** Backwardation (livre, banque, déport) ; Bank, Book.

bl. barrel (tonneau). **BL** Bachelor of Law (licencié en droit). Lesotho. **B/L** Bill of Lading (connaissement). **Bldg** Building. **BLitt** Bachelor of Literature or of Letters (licencié ès littérature). **BLM** Bâtiment Lance-Missiles. **BLR** Biélorussie. **BLS** Bern-Lötschberg-Simplon (Suisse). Botswana, Lesotho, Swaziland. **Blvd** Boulevard. **BLZ** Bélize. **BM** Aero Trasporti Italiani. Bachelor of Medicine. Banque Mondiale. Bermudes. British Museum. **bm** bibliothèque municipale. **BMD** Ballistic Missile Defence. Banques Multilatérales de Développement. Bataillon de Matériel de Division. **BMEWS** Ballistic Missile Early Warning System (système d'alerte avancé pour missiles balistiques). **BMP** Brevet Militaire Professionnel. **BMS** Bulletin Météorologique Spécial. **BMTN** Bons à Moyen Terme Négociables. **BMU** Bermudes. **B Mus** Bachelor of Music. **BN** Bibliothèque Nationale. Brunéi. **bn** billion. **BNC** Bénéfices Non Commerciaux. **BNCI** Banque Nationale pour le Commerce et l'Industrie. **BND** Bundesnachrichtendienst (service d'espionnage de RFA). **BNF** Bibliothèque Nationale de France. **BNIA** *Bureau National* Interprofessionnel de l'Armagnac. **BNIST** de l'Information Scientifique et Technique. **BNM** de Métrologie. **BNP** Banque Nationale de Paris. **BNPA** Bénéfice Net Par Action.

BO Bolivie. *Bulletin Officiel.* **B/O** Buyer's Option (à l'option de l'acheteur). **BOAC** British Overseas Airways Corporation. **BOAD** Banque Ouest-Africaine de Développement. *Bulletin Officiel* d'Annonces des Domaines. **BOAMP** des Annonces des Marchés Publics. **BoBo** Bourgeois Bohèmes. **BOCC** de la Concurrence et de la Consommation. **BOF** Beginning Of File (début de fichier). Beurre Œufs Fromage. **B. of E.** Bank of England. **BOL** Bolivie. **BOMAP** Base Opérationnelle Mobile AéroPortée. **B^{on}**, **B^{onne}** baron, baronne. **Bor** Borough. **BOSP** *Bulletin Officiel* du Service des Prix. **BOT** Beginning Of Tape (début de bande). Board Of Trade (ministère du Commerce). **bot.** bottle (bouteille). Bought (acheté).

Bp Bishop. **B/P** Bills Payable (effets à payer). **BP** Air Botswana. Baden-Powell. Banlieue Parisienne. Basse Pression. Before Present. Boîte Postale. Botswana. Boulevard Périphérique. Brevet Professionnel. British Petroleum. Company PLC. **BPC** Banque Populaire de Chine. Basrah Petroleum Company. Black People's Convention. **BPF** Bilan Pédagogique et Financier. Bon Pour Francs. **BPFA** Bureau de Programmes Franco-Allemand. **BPH** Bâtiment Porte-Hélicoptères. **B Pharm** *Bachelor of* Pharmacy. **B Phil** Philosophy. **BPI** Bibliothèque Publique d'Information. Bits Per Inch (bits par pouce). **BPM** Beats Per Minute. **BPS** Bits Per Second.

B/R Bills Receivable (effets à recevoir). **BR** Brésil. British Railways (G.-B.). Eva Air. **Br** Britain. **br.** *broché.* **br. n.** neuf. **BRA** Brésil. **brad.** bradel. **BRB** Be Right Back (à tout de suite). **BRE** Air Bretagne. **BRG** Guyane. **BRGM** Bureau de Recherches Géologiques et Minières. **BRI** Banque des Règlements Internationaux. **Brig.** Brigadier. **Brit.** Britain, British. **BRN** Bahrein. **broc.** brochure. **Bro(s).** Brother(s) (frère(s)). **BRP** Bureau de Recherche des Pétroles. **BRS** British Road Services. **BRT** BruttoRegisterTonnen (tonnes brutes – marine). **BRU** Brunéi.

BS Bahamas. Brevet Supérieur. **B/s** bits transportés par seconde. **B/S** Balance-Sheet (bilan). **BSB** British Satellite Broadcasting. **Bsc** Bachelor of Science ou of Surgery. **Bse(s)** Bienheureuse(s). **BSEC** Brevet Supérieur d'Enseignement Commercial. **BSI** British Standards Institution. **BSN** Boussois Souchon Neuvecel. Bureau du Service National (ou bureau de recrutement). **BSO** Blue Stellar Object. **B-72** Boeing 720. **BSP** Brevet Sportif Populaire. **BSS** Brevet Sportif Scolaire. **BST** British Standard Time. British Summer Time (heure d'été britannique).

Bt Baronet (angl.). Bâtiment. Brut. **BT** Basse Tension. Bhoutan. Brevet de Technicien. Brigade Territoriale. **BTA** *Brevet de Technicien Agricole.* **BTAG** Général. **BTAO** A Option. **BTAN** Bon du Trésor à taux fixe et intérêts ANnuels. **BTEM** *Brevet Technique* d'État-Major. **BTEMS** d'Études Militaires Supérieures. **BTF** Bons du Trésor à taux Fixe (payés d'avance). **B Th** Bachelor of Theology. **B Th U** British Thermal Unit. **BTN** Bhoutan. **BTn** Baccalauréat de Technicien. Bons du Trésor négociables. **BTP** Bâtiment et Travaux Publics. Bureau Tripartite de Programme. **BTS** *Brevet de Technicien Supérieur.* **BTSA** Agricole. **BTT** Bons du Trésor à intérêts Trimestriels. **Btu** British thermal unit. **BTW** By The Way (par la même occasion). **BU** Braathens SAFE. Burundi. **Buba** Bundesbank. **Bucks.** Buckinghamshire. **BUE** Banque de l'Union Européenne. **Bul.** Bulvar (boulevard). **bull.** bulletin. **BUP** Banque de l'Union Parisienne. British United Press. **BUR** Birmanie. **BUS** Bureau Universitaire de Statistiques. **BUT** British Unit Thermit. **BVM** *Beata Virgo Maria* (Bienheureuse Vierge Marie). **BVP** Bureau de Vérification de la Publicité. **b.w.** bitte wenden (tournez la page s'il vous plaît). **BW** Botswana. Trinidad et Tobago Airways. **BWA** Botswana. **BWI** British West Indies. **BWR** Boiling Water Reactor. **BWV** Bach Werke Verzeichnis. **bx** box (caisse). **Bx** Bienheureux (au singulier). Biélorussie. **BYOB** Bring Your Own Bottle. **BZ** Bélize. **bzw.** beziehungsweise (respectivement, ou bien).

+C Croix du Combattant. **C** Celsius, Centigrade. **C.** Centum. Code. Convertibles. Cuba. **c.** cent. centime. chapter. child. *circa* (environ). code. cour. conseil. coins. **C/** Case[s] (Caisse[s]).

CA Air China. Californie. Canada. Chartered Accountant (expert-comptable). Chiffre d'Affaires. Conseil d'Administration. Contre-Amiral. Corps d'armée. Cour d'Appel. Couverture Aérienne. **CAA** Cour Administrative d'Appel. **CAAC** Cie Chinoise d'Aviation. **CAC** *Centre* d'Action Culturelle. des Archives Contemporaines. Comité Administratif de Coordination. Cie des Agents de Change. Conteneur Amiante Ciment. Cotation Assistée en Continu. **CACA's club** Club des Analphabètes Cons mais Attachants. **c.-à-d.** c'est-à-dire. **CAD** Comité d'Aide au Développement. Computer Aided Design (Conception assistée par ordinateur). Dollar canadien. **Cad.** Caddesi (rue). **CADA** Commission d'Accès aux Documents Administratifs. **CADEP** *Caisse d'Amortissement de la DEtte* Publique. **CADES** Dette Sociale. **CADJJ** Comité d'Action et de Défense de la Jeunesse Juive. **C. adm.** *Code* administratif. **C. ass.** des assurances. **CAE** Computer-Aided Engineering (Ingénierie assistée par ordinateur). *Certificat d'Aptitude à l'Enseignement.* **CAEC** dans les Collèges. **CAECET** dans les CET. **CAEEI** des Enfants Inadaptés. **CAEM** Conseil d'Assistance Économique Mutuel. **CAEP** *Certificat d'Aptitude à l'Enseignement* dans les classes Pratiques. **CAEPA** de Plein Air. **Caetera desunt** (le reste manque). **CAF** Caisse d'Allocations Familiales. Club Alpin Français. Coût, Assurance, Fret. République Centrafricaine. **CAFAO** Conception et fabrication assistées par ordinateur. **CAFAS** Certificat d'Aptitude à la Formation Artistique Supérieure. **CAFDA** Commandement Air des Forces de Défense Aérienne. **CAFE** Common Access For Everybody. **CAHT** Chiffre d'Affaires Hors Taxes. **CAI** Computer Assisted Instruction. **CAIEM** *Certificat d'Aptitude à l'Inspection* des Écoles Maternelles. **CAIET** de l'Enseignement Technique. **CAIP** du Premier degré (et à la direction des écoles normales). **cal** calorie. **CAL** Centre d'Amélioration du Logement. Comité d'Action Lycéen. Computer-Aided Learning (apprentissage assisté par ordinateur). **Calif.** California. **CALL** Computer-Assisted Language Learning (apprentissage des langues assisté par ordinateur). **CAMAC** CAisse Mutuelle d'Assurance maladie des Cultes. **CAMEL** Cie Algérienne du MÉthane Liquide. **CAMIF** Coopérative de consommation des Adhérents de la Mutuelle assurance des Instituteurs de France. **CAN** Canada. **CANAM** CAisse Nationale d'Assurance Maladie des professions indépendantes. **CANCAVA** Caisse Autonome Nationale de Compensation de l'Assurance Vieillesse Artisanale. **CANCEL** caractère d'annulation. **CANDU** CANadian Deuterium Uranium reactor. **Cantab.** Of Cambridge University. **CAO** Conception Assistée par Ordinateur. **cap.** capitale. chapter. **CAP** Centre d'Analyse et de Prévision. *Certificat d'Aptitude* Pédagogique (1er degré). Professionnelle. Convention pour une Alternative Progressiste. **CAPA** *Certificat d'Aptitude* à la Profession d'Avocat. Professionnelle Agricole. **CAPEC** au Professorat d'Éducation Culturelle. **CAPEGC** Professionnelle à l'Enseignement Général dans les Collèges. **CAPEPP** *au Professorat* des Enseignements Professionnels et Pratiques (voir **PEPP**). **CAPEPT** des Enseignements Théoriques. **CAPES** de l'Enseignement secondaire. **CAPET** de l'Enseignement Technique. **CAPLA** dans les Lycées Agricoles. **cap(s)** capital letter(s) (majuscules). **CAPI** Computer Assisted Personal Interviewing. **Capt.** *Captain* (capitaine). **car.** caractère. **CAR** Circonscription d'Action Régionale. *Comité* d'Action Républicaine. d'Assistance aux Réfugiés. Conférence d'Action Régionale. **CARE** Cooperative for American Relief Everywhere. **CARICOM** CARIbbean community and COmmon Market. **CARME** *Centre* d'Applications et de Recherches en Microscopie Électronique. **CARMELITE** Automatique de Relais des MEssages pour les Liaisons avec l'Infrastructure TErre. **cart.** cartonné. **cart. n.r.** non rogné. **CASE** Computer Aided Software Engineering (Ingénierie des systèmes assistée par ordinateur). **cash.** Cashier (caissier). **CASTOR** Chaîne d'Acquisition, de Surveillance et de Traitement des Observations Radar. **CASU** Conseiller d'Administration Scolaire et Universitaire. **cat.** catalogue. computer assisted training (enseignement assisté par ordinateur). **CAT** Centre d'Aide par le Travail. *Computer Assisted* Training (enseignement assisté par ordinateur). **catal.** catalan. **CATI** Telephone Interviewing. **CATV** Community Antenna TV. **CAUE** Conseil d'Architecture, d'Urbanisme et d'Environnement. **CAVMU** Caisse d'Allocation Vieillesse des professeurs de MUsique, des musiciens, des auteurs et des compositeurs.

CB Carte Bancaire. Carte Bleue. Cash-Book. Citizen's Band. Companion of the Bath. **CBB** Cercle du Bois de Boulogne. **CBD** Cash Before Delivery (règlement avant livraison). **+CBE** Commandeur de l'ordre du British Empire. **CBF-C** Conteneur Béton Fibre-Cylindrique. **CBF-K** -cubique. **CBIP** Comité de Bienfaisance Israélite de Paris. **CBM** Corps Blindé Mécanisé. **CBS** Columbia Broadcasting System. **CBV** Conseil des Bourses de Valeurs. **CBW** Chemical Biological Warfare (guerre chimique et biologique).

cc cubic centimeter. **c/c** Cuenta Corriente. **CC** Capitaine de Corvette. Charges Comprises. *Comité* Central (PCF). de Coordination. Communauté de Communes. Compte Courant. Iles Cocos. Corps Consulaire. Cours Complémentaire. **CCA** Centre de Communication Avancé. **CCAS** Centre Communal d'Action Sociale. **C. cass.** Cour de cassation. **CCCC** *Caisse Centrale* de Crédit Coopératif. Convention Cadre sur les Changements Climatiques. **CCCE** de Coopération Économique. **CCCG** Cravate Club Complet Gris. **CCCM** Caisse Centrale du Crédit Mutuel. **CCD** Charged Coupled Devices (Diodes à transfert de charge). **CCE** Comité Central d'Entreprise. Commission des Communautés Européennes. Conseil du Commerce Extérieur. **CCETT** Centre Commun d'Études de Télédiffusion et de Télécommunication. **CCFD** Comité Catholique contre la Faim et pour le Développement. **C CH** Cochinchine. **CCI** Centre de Création Industrielle (Centre G.-Pompidou). Chambre de Commerce et d'Industrie. Chambre de Commerce International (GATT/NUCED). Corps Commun d'Inspection (ONU). **CCIF** Centre Catholique des Intellectuels Français. **CCIFP** Chambre de Compensation des Instruments Financiers de Paris. **CCIR** Comité Consultatif International des Radiocommunications. **CCMSA** Caisse Centrale de la Mutualité Sociale Agricole. **CCITT** Comité Consultatif International du Télégraphe et du Téléphone. **C. civ.** *Code* civil. **C. com.** de commerce. **C. comm.** des communes. **C. constr.** de la construction. **C. const.** Conseil constitutionnel. **CCP** *Compte* Chèques Postaux. Courant Postal. **CCQAB** Comité Consultatif pour les Questions Administratives et Budgétaires (ONU).

c/d Carried down (reporté). **Cd** candela. **CD** Carrier Detect (Détection de porteur). Centre Démocrate. Certificate of Deposit. Congo (Rép. dém.). Corps Diplomatique. *Compact Disc.* **CD-A** Audio. **CD-DA** Digital Audio. **CD-G** Graphics. **CD-HD** Haute Définition. **CD-I** Interactive. **CD-I Ready** Interactive Ready. **CD-IDV** Interactive Digital Video. **CD-Photo** Photo. **CD-R** Recordable. **CD-Rom** Read Only Memory. **CD-Rom XA** Read Only Memory eXtended Architecture. **CD-TV** TeleVision. **CD-V** Video. **c.d.** *Cum dividendo.* **CDC** Caisse des Dépôts et Consignations. Club Des Cent. **CDD** Commission du Développement Durable. Contrat à Durée Déterminée. **CDDP** Centre Départemental de Documentation Pédagogique. **CDEN** Conseil Départemental de l'Éducation Nationale. **CDES** Commission Départementale de l'Éducation Spécialisée. **CdF** Charbonnages de France. **CDI** *Centre* pour le Développement Industriel. Des Impôts. de Documentation et d'Information. Compact Disc Interactif. Contrat à Durée Indéterminée. **CDJC** Centre de Documentation Juive Contemporaine. **CDN** Canada. **CDP** Centre Démocratie et Progrès. **CDR** Comité de Défense de la République. Consortium De Réalisation. **Cdr** Commander. **Cdre** Commodore. **CDS** Centre des Démocrates Sociaux. **Cdt** Commandant. **CDU** Centre de Documentation de l'Urbanisme. Christliche Demokratische Union.

CE Church of England. Civil Engineer. Comité d'Entreprise. Common Era. Communauté Européenne. Conseil de l'Europe. Conseil d'État. Conseil Économique. Conseiller d'Éducation. Cours Élémentaire. **CEA** Commissariat à l'Énergie Atomique. Commission Économique pour l'Afrique (ONU). Communauté Économique Africaine. Compte d'Épargne en Actions. **CEAO** Communauté Économique de l'Afrique de l'Ouest. **CEAT** Commandement des Écoles de l'Armée de Terre. Centre d'Essais Aéronautiques de Toulouse. **CEC** Commission of the European Communities. Contrat Emploi Consolidé. **CECA** Communauté Européenne du Charbon et de l'Acier. **CECLANT** Commandement En Chef de l'AtLANTique. **CECLES** Comité Européen pour la Construction de Lanceurs d'Engins Spatiaux. **CECOD** *Centre d'Étude* de la COmmercialisation et de la Distribution. **CECOS** et de Conservation du Sperme. **CED** Communauté Européenne de Défense. **CEDEAO** Communauté Économique pour le Développement des États de l'Afrique de l'Ouest. **CEDH** Cour Européenne des Droits de l'Homme. **CEDEP** *Centre d'Études* et DE Promotion. **CEDEX** Courrier d'Entreprise à Distribution Exceptionnelle. **CEDIAS** de Documentation, d'Information et d'Actions Sociales. **CEDOCAR** CEntre de DOCumentation de l'ARmement. **CEE** Centre d'Études de l'Emploi. Communauté Économique Européenne ou Commission Économique pour l'Europe. **CEEA** Communauté Européenne de l'Énergie Atomique. **CEEAC** Communauté Économique des États de l'Afrique Centrale. **CEEC** Centre Européen pour l'Environnement et la Santé. **CEF** Corps Expéditionnaire Français (Cameroun, Chine). **CEFAGI** *Centre d'Études* et de Formation des Assistants en Gestion Industrielle. **CEFEB** Financières, Économiques et Bancaires. **CEG** Collège d'Enseignement Général. **CEGETI** Centre Électronique de Gestion Et de Traitement de l'Information. **CEI** Commission électronique internationale. Communauté des États Indépendants. **C-EL** Courrier Électronique (en anglais E-Mail). **CEL** Centre d'Essai des Landes. Compte d'Épargne Logement. **CELAR** Centre Électronique de L'Armement. **CELIB** Comité d'Entente et de Liaison des Intérêts Bretons. **CELSA** Centre d'Études Littéraires et Scientifiques Appliquées. **CELT** Compte d'Épargne à Long Terme. **celt.** celtique. **CEM** Centre d'Essai de la Méditerranée. Champs ElectroMagnétiques. Council of European Municipalities. **CEMA** Chef d'État-Major des Armées. **CEMAGREF** CEntre national du Machinisme Agricole, du Génie Rural, des Eaux et Forêts. **CEN** Centre d'Études Nucléaires. Conseil de l'Éducation Nationale. **C. Eng.** Chartered Engineer. **CENS** Centre d'Études Nucléaires de Saclay. **Cent.** Centigrade. **CENTO** CENtral Treaty Organization. **C. env.** Code de l'environnement. **CEO** Chief Executive Officer. **CEP** Caisse d'Épargne de Paris. *Centre d'Expérimentation* du Pacifique ; Pédagogique. *Certificat* d'Éducation Professionnelle ; d'Études Primaires. Circular Error Probable. Compagnie d'Exploration Pétrolière. **CEPE** Certificat d'Études Primaires et Élémentaires. **CEPME** Crédit d'Équipement aux Petites et Moyennes Entreprises. **CEPR** Centre d'Entraînement Préliminaire et des Réserves. **CEPT** Conférence Européenne des Administrations des Postes et Télécommunications. **CER** Comité d'Expansion Régional. **CERC** Centre d'Études des Revenus et des Coûts. **CERCA** Compagnie pour l'Étude et la Réalisation de Combustibles Atomiques. **CERCEE** *Centre d'Études et de Recherches* de Création et d'Expansion d'Entreprises. **CERCHAR** des CHARbonnages de France. **CEREBE** CEntre de REcherche sur le Bien-Être. **CEREP** *Centre d'Études* et de Réalisations pour l'Éducation Permanente. **CEREQ** et de REcherches sur les Qualifications. **CERES** Centre d'Études, de Recherches et d'Éducation Socialistes. **CERN** *Centre Européen de Recherches* Nucléaires. **CERS** Spatiales (en anglais ESRO). **CES** Certificat d'Études Spécialisées. Collège d'Enseignement Secondaire. Conseil Économique et Social. Contrat Emploi Solidarité. **CESA** *Centre* d'Enseignement Supérieur des Affaires. **CESCOM** d'Études des Systèmes de COMmunication. **CESI** d'Études Supérieures Industrielles. **CESP** d'Études des Supports de Publicité. **CESR** Comité Économique et Social Régional. **CESTA** *Centre* d'Études des Systèmes et des Technologies Avancées. **CESTI** d'Études Supérieures des Techniques Industrielles. **CET** Collège d'Enseignement Technique. **CETA** *Centre d'Études* Techniques Agricoles. **CETAT** Tactiques de l'Armée de Terre. **CETIM** *CEntre* Technique des Industries Mécaniques. **CETUR** d'Études des Transports URbains. **CEV** d'Essais en Vol. Contrat Emploi Ville.

Cf. *confer* (reportez-vous à). **c/f** Carried forward (à reporter). **CF** Capitaine de Corvette. Centrafrique. Communauté Française. **C & F** (Cost and Freight = coût et fret) CIF moins l'assurance (« CFR »). **c. & f.** cost and freight. **CFA** Centre de Formation d'Apprentis. *Communauté* Financière Africaine. Française d'Afrique. **CFAO** Conception et Fabrication Assistées par Ordinateur. **CFC** ChloroFluoroCarbone. **CFCA** ConFédération de la Coopération Agricole. **CFCE** Centre Français du Commerce Extérieur. **CFCF** Comité Français pour la Campagne mondiale contre la Faim. **CFCO** Centre de Formation des Conseillers d'Orientation. **CFD** Caisse Française de Développement. **CFDT** Confédération Française Démocratique du Travail. **CFEN** Certificat de Formation d'Études Normales. **CFES** Certificat de Fin d'Études Secondaires. **CFF** *Chemins de Fer* Fédéraux (Suisse). Crédit Foncier de France. **CFI** Crédit Formation Individualisé. **CFL** Chemins de Fer Luxembourgeois. Comité des Finances Locales. **CFLN** Comité Français de Libération Nationale. **CFM** Cie Française de Méthane. **CFP** Centre de Formation Permanente. Certification de Formation Professionnelle. Communauté Française du Pacifique. **CFPA** *Centre de Formation* pour Adultes. à la Profession d'Avocat. Professionnelle Agricole. **CFPC** Centre chrétien des Patrons et dirigeants d'entreprise français. **CFPI** Commission de la Fonction Publique Internationale (ONU). **CFR** Coût et Fret. **CFT** *Confédération Française* du Travail. **CFTC** des Travailleurs Chrétiens.

CG Congo. **CGA** Colour Graphic Adapter. Confédération Générale de l'Agriculture. Contrôle Général des Armées. **CGAF** *Confédération Générale* de l'Artisanat Français. **CGC** des Cadres. **CGE** Cie Générale d'Électricité. **cge pd** Carriage paid (port payé). **CGI** Code Général des Impôts. **CGM** Cie Générale Maritime. **cgo.** Contango (report en Bourse). **CGP** Commissariat Général au Plan. **CGPME** Confédération Générale des Petites et Moyennes Entreprises et du patronat réel. **CGQJ** Commissariat Général aux Questions Juives. **CGS** Centimètre, Gramme, Seconde. **CGSU** Confédération Générale des Syndicats Unifiés. **CGT** Cie Générale Transatlantique. *Confédération Générale du Travail.* **CGT-FO** Force Ouvrière. **CGTU** Unifiée.

CH Bureau de Douane. Caisse de Compensation. Change Exchange (Bourse). Companion of Honour. Confédération Helvétique (Suisse). **ch.** chambre. chant. chose. cosinus hyperbolique. **chag.** chagrin. **Chair.** Chairman. **chap.** chapitre. ***Ch. B*** *Chirurgiae Baccalaureus.* **Chbre** Chambre. **Ch. comp.** Charges comprises. **CHEAM** Centre des Hautes Études sur l'Afrique et l'Asie Modernes. **CHEAR** *Centre des Hautes Études* de l'ARmement. **CHEM** Militaires. **Chev.** Chevalier (Belgique). **chiff.** Chiffré. **ch.-l.** Chef-lieu. **CHL** Chili. **Ch. M.** Chirurgiae Master. **CHN** Chine. **chq.** Chèque. **CHR** Centre Hospitalier Régional. **CHS** Centre Hospitalier Spécialisé. Crycophonie Haute Sécurité. **CHU** Centre Hospitalier Universitaire.

CI Caritas Internationalis. Cercle de l'Union Interalliée. Certificat d'Investissement. China Airlines. Circuit Intégré. Channel Islands. Consommation intermédiaire. Côte d'Ivoire. **C/I** Certificate of Insurance. **CIA** Central Intelligence Agency. Confédération Internationale de l'Agriculture. Contrat d'Insertion en Alternance. **CIAI** Comité International d'Aide aux Intellectuels. **Cial** Commercial. **CIAM** Congrès International d'Architecture Moderne. **CIASI** *Comité Interministériel pour l'Aménagement* des Structures Industrielles. **CIAT** du Territoire. **CIB** Consommation Indigène Brute. **CIBC** Centre Interinstitutionnel de Bilan des Compétences. **CIC** Carrefour International de la Communication. Centre d'Information Civique. *Centre* Interarmes de Coordination. International de Conférences. Confédération Internationale des Cadres. Conseil International des Céréales. Crédit Industriel et Commercial. **CICA** Comité Interconfédéral de Coordination de l'Artisanat. **CICR** Comité International de la Croix-Rouge. **CID** Collège Interarmées de Défense. Comité d'Information et de Défense. Criminal Investigation Department. **CIDAC** Centre International de Documentation et d'Animation Culturelle. **Cidex** Courrier d'Industrie à Distribution EXceptionnelle. **CIDISE** Comité Interministériel pour le Développement de l'InveStissement et de l'Emploi. **CIDJ** Centre d'Information et de Documentation Jeunesse. **CIDUNATI** Comité d'Information et de Défense de l'Union Nationale des Artisans et Travailleurs Indépendants. **CIE** Centre International de l'Enfance. Contrat Initiative Emploi. **Cie, C**^{ie} Compagnie. **CIEE** Council of International Educational Exchange. **CIEM** Conseil International pour l'Exploration de la Mer. **CIF** Coefficient d'Intégration Fiscale. Congé Individuel de Formation. Cost, Insurance and Freight (Coût, assurance et fret). **CIF FREE OUT** CIF sans frais de déchargement à l'arrivée. **c.i.f. & c.** *coût, assurance, fret* et commission. **c.i.f.c. & i.** et intérêt. **CIFRE** Confédération française de la coopération agricole. **CIGREF** Club Informatique des Grandes Entreprises Françaises. **CII** Cie Internationale pour l'Informatique. **CIJ** Centre d'Information Jeunesse. Cour Internationale de Justice. **CIL** Comité Interprofessionnel du Logement. **CILAS** Compagnie Industrielle des LASers. **CIM** Computer-Integrated Manufacturing. **CIMADE** Comité Inter-Mouvements Auprès Des Évacués. **CIME** Comité Intergouvernemental pour les Mouvements migratoires d'Europe. **CIN** Centre d'Instruction Navale. Société des Cincinnati. **C.-in-C.** Commander-in-Chief. **CIO** Central Intelligence Organization. Centre d'Information et d'Orientation. Comité International Olympique. Congress of Industrial Organizations. **CIP** Port payé, assurance comprise jusqu'à. Certificat d'Investissement Privilégié. **CIPC.R** *Caisse Interprofessionnelle de Prévoyance* des Cadres-Retraite. **CIPS** des Salariés. **CIPEC** Conseil Intergouvernemental des Pays Exportateurs de Cuivre. **CIQV** Comité Interministériel pour la Qualité de la Vie. **CIRAD** Centre de Coopération Internationale en Recherche Agronomique pour le Développement. **circ.** Circulaire. Circulation. **CIS** Commonwealth of Independant States. **CISC** Complex Instruction Set Computer. *Confédération Internationale des Syndicats* Chrétiens. **CISL** Libres. **CIT** Comité International des Transports par chemin de fer. Cie Italienne de Tourisme. **CITE** Centre d'Information sur les Techniques d'Enseignement. **CITI** Confédération Internationale des Travailleurs Intellectuels. **CIV** Centre d'Information des Viandes. Côte d'Ivoire. **civ.** civil (Droit). **CIVI** Commission d'Indemnisation des VIctimes.

CJCE Cour de Justice des Communautés Européennes. **CJD** Centre des Jeunes Dirigeants d'entreprise. **CJM** Congrégation de Jésus et de Marie (Eudistes). Congrès Juif Mondial. **CJO** Corrigé des Jours Ouvrables. **CJP** Centre des Jeunes Patrons. **C. just. mil.** Code de justice militaire. ck. Cask (tonneau, baril). **CK** Iles Cook.

c.l. Car load (charge complète). **CL** Chili. Crédit Lyonnais. Sri Lanka (Ceylan). Tempelhof Airlines. **Clar.** Clarisses. **CLD** Chômeur Longue Durée. **CLEF** Comité Local Emploi Formation. **CLEMI** Centre de Liaison de l'Enseignement et des Moyens d'Information. **CLERU** Comité de Liaison Étudiant pour la Rénovation Universitaire. **CLES** Contrat Local d'Emploi Solidarité. **CLI** Commission Locale d'Insertion. **CLOUS** Centre Local des Œuvres Universitaires et Scolaires. **CLSG** CLoSinG (clôture) ; closing call : cours de clôture. **CLT** Compagnie Luxembourgeoise de Télédiffusion. **CLU** Collège Littéraire Universitaire. **CLUSIF** CLUb français de la Sécurité InFormatique. **CLUT** Color Look Up Table.

CM Cameroun. Congrégation de la Mission (Lazaristes). Cours Moyen. **CMA** Cash Management Account. Concentration Maximale Admissible. Conseil Mondial de l'Alimentation. **CMD** Chef de Mission Diplomatique. **Cmdr.** Commander. **Cme** Centime. **CMF** Missionnaires clarétains (Congrégation Missionnaire des Fils du cœur de Marie). Conseil des Marchés Financiers. **CMFP** Centre Militaire de Formation Professionnelle. **CMI** Comité Maritime Intern. **CMJN** Cyan Magenta Jaune Noir. **CMO** Collaterized Mortgage Obligations. **CMP** Chemin de fer Métropolitain de Paris. Coût Moyen Pondéré. **CMR** Cameroun. **CMT** Conseil des Marchés à Terme. **CMU** Couverture Maladie Universelle. **CMYK** Cyan Magenta Yellow blacK.

CN Chine. Commande Numérique. **C/N** Chèque de voyage. Crédit Note. **CNAC** *Centre National* d'Art Contemporain et de Culture (Beaubourg). des Arts Culinaires. Comité National AntiContrefaçon. **CNAF** Caisse Nationale d'Allocations Familiales. **CNAH** Centre National pour l'Amélioration de l'Habitat. **CNAL** Comité National d'Action Laïque. **CNAM** Caisse Nationale d'Assurance Maladie des travailleurs salariés. Confédération Nationale de l'Artisanat et des Métiers. Conservatoire National des Arts et Métiers. **CNAP** *Centre National* d'Animation et de Promotion. Des Arts plastiques. **C. Nap.** Code Napoléon. **CNASEA** Centre National pour l'Aménagement des Structures des Exploitations Agricoles. **CNAV** *Caisse Nationale d'Assurance Vieillesse*. **CNAVPL** des Professions Libérales. **CNAVTS** des Travailleurs Salariés. **CNB** Caisse Nationale des Banques. Nord Bornéo. **CNC** Centre National de la cinématographie fr. Comité National de la Consommation. Computerized Numerical Control. Conseil National du Commerce du Crédit. **CNCA** Caisse Nationale de Crédit Agricole. Conseil National de la Communication Audiovisuelle. **CNCE** Centre National du Commerce Extérieur. **CNCL** Commission Nationale de la Communication et des Libertés. **CNCM** Confédération Nationale du Crédit Mutuel. **CNDEP** Centre National de Documentation sur l'Enseignement Privé. **CNE** Caisse Nationale de l'Énergie. d'Épargne. **CNEC** *Centre National* d'Enseignement par Correspondance. **CNED** d'Enseignement à Distance. **CNEEMA** d'Études et d'Expérimentation du Machinisme Agricole. **CNEL** Comité National de l'Enseignement Libre. **CNEP** Comptoir National d'Escompte de Paris. **CNEPS** Centre National d'Éducation Physique et des Sports. **CNERP** Conseil National des Économies Régionales et de la Productivité. **CNES** Centre National d'Études Spatiales. **CNESR** Conseil National de l'Enseignement Supérieur et de la Recherche. **CNET** Centre National d'Études des Télécommunications. **CNEXO** Centre National d'EXploitation des Océans. **CNF** *Comité National* Français. **CNFG** Français de Géographie. **CNFL** de la France Libre. **CNHJ** Chambre Nationale des Huissiers de Justice. **CNI** Carte Nationale d'Identité. **CNIL** Commission Nationale de l'Informatique et des Libertés. **CNI, CNIP** Centre National des Indépendants et Paysans. **CNIPE** *Centre national* d'Information pour la Productivité des Entreprises. **CNIR** Centre National d'Information Routière. **CNIT** des Industries et des Techniques (Paris). **CNJA** des Jeunes Agriculteurs. **CNJC** des Jeunes Cadres. **CNL** des Lettres. Confédération Nationale du Logement. **CNLE** Conseil National de Lutte contre les Exclusions. **CNME** Caisse Nationale des Marchés de l'État. **CNN** Cable News Network. **CNOUS** Centre National des Œuvres Universitaires et Scolaires. **CNP** Caisse Nationale de Prévoyance. Centre National de la Photographie. **CNPF** Comité National Provisoire Français. Conseil National du Patronat Français. **CNPH** *Centre National* des Prêts Hypothécaires. **CNPN** pour la Protection de la Nature. **CNPS** de Pédagogie Spéciale. **CNR** Cie Nationale du Rhône. Conseil National de la Résistance. Conservatoire National de Région. **CNRA** Conseil National de la Révolution Algérienne. **CNRAA** Centre National de Ressources pour l'Alternance en Apprentissage. **CNRS** Centre National de la Recherche Scientifique. **CNSL** Comité National de la Solidarité Laïque. **CNT** Confédération Nationale du Travail. **CNTE** Centre National de Télé-Enseignement. **CNTS** Centre National de la Transfusion Sanguine. **CNU** Conseil National des Universités. **CNUCED** *Conférence des Nations Unies* pour le Commerce Et le Développement. **CNUDD** sur le Développement Durable. **CNUED** sur l'Environnement et le Développement. **CNUSTED** pour la Science et la Technique. **CNV** Conseil National des Villes.

CO Colombie. Colorado. Conseiller d'Orientation. Continental Airlines. **Co** Company. **c/o** care of (aux bons soins de). carried over (reporté en Bourse). **C/O** Certificate of Origin. **COA** Centre Opérationnel des Armées. **COB** Commission des Opérations de Bourse. **COBOL** COmmon Business Oriented Language. **COCOM** COordination COMmittee for Multilateral Export Controls. **COCONA** COnseil de COopération Nord-Atlantique. **COCOR** COmmission de COoRdination. **COD** Cash On Delivery (Contre remboursement). Centre Opérationnel de Défense. **CODEC** COdeur DÉCodeur. **CODEFI** COmités interdépartementaux D'Examen des problèmes de Fonctionnement des Entreprises. **CODER** COmmission de Développement Économique Régional. **CODEST** COmité de Développement Européen de la Science et de la Technologie. **CODEVI** COmpte pour le DÉVeloppement Industriel. **CODEX** COmité pour le Développement du commerce EXtérieur. **COE** Conseil Œcuménique des Églises. Consultation d'Orientation Éducative. **COFACE** COmpagnie FrAnçaise pour le Commerce Extérieur. **COFAZ** COmpagnie Française de l'AZote. **COFEMEN** COnFÉrence des Ministres de l'Éducation Nationale francophones. **COG** Congo. **COGEDIM** COmpagnie GÉnérale de Développement Immobilier. **COGEFI** Conseil en Organisation de Gestion Économique et FInancière d'entreprises. **COGEMA** COmpagnie GÉnérale des MAtières nucléaires. **COI** Commission Océanographique Intergouvernementale. **COJO** Comité d'Organisation des Jeux Olympiques. **COL** Colombie. **Col.** Colonel. Colonnes. **Coll.** Collection. Collège. **Com.** commercial (Droit). Commission. **COM** Comores. **COMAC** COMité d'ACtion militaire. **COMECON** COuncil for Mutual ECONomic assistance. **COMES** COMmissariat à l'Énergie Solaire. **COMEX** COMmodity EXchange of New York. COmpagnie Maritime d'EXpertise. **COMIDAC** COMIté D'ACtion militaire (Alger). **COMINFORM** COMmunist INFORMation bureau. **COM LOG** COMmission LOGistique. **comm.** communautaire (Droit). Commentaire. **Commdt** Commandant. **comp.** computers. **COM SUP** COMmandement SUPérieur. **COMTACAIR** COMmandement TACtique des forces AIR. **COMTACTER** TERre. **Con** console. **Conf.** Conférence. **Confed.** Confédération. **Consol.** Consolidated (consolidé). **const.** constitution. constitutionnel. **contref.** contrefaçon. **conv.** convention. **COOC** Contact with Oil or Other Cargo. **COP** Contrat d'Orientation Professionnelle. **COPAR** COmité PARisien des œuvres scolaires et universitaires. **COREF** COmité Régional de l'Emploi et de la Formation. **COREPER** COmité des REprésentants PERmanents. **CORH** Commission d'Orientation et de Reclassement des Handicapés. **CORPEN** Comité d'Orientation pour la Réduction de la Pollution des Eaux par les Nitrates. **Corpo** Corporation. **corresp.** corresponding. **COS** Coefficient d'Occupation des Sols. Comité d'Orientation et de Surveillance. **COSAC** Conférence des Organes Spécialisés des Assemblées de la Communauté. **COSNUB** COmité Spécial des Nations Unies sur les Balkans. **COSP** Centre d'Orientation Scolaire et Professionnelle. **COST** COopération Scientifique et Technique. **COT** Commandement des Opérations à Terre. **COTAC** COnduite de Tir Automatique des Chars. **COTAM** COmmandement du Transport Aérien Militaire. **COTOREP** COmmission Technique d'Orientation et de Reclassement Professionnel. **couv. cons.** couverture conservée. **COV** Composés Organiques Volatiles.

C/P Charter Party (Charte-Partie). **CP** Canadian Airlines. Case Postale. Congrégation de la Passion (Passionistes). Cours Préparatoire. Crédits de Paiement. **CPA** Centre de Perfectionnement dans l'Administration des affaires. Classe Préparatoire à l'Apprentissage. Compagnie des Pétroles d'Algérie. **CPAG** Centre de Préparation à l'Administration Générale. **CPAM** Caisse Primaire d'Assurance Maladie. **CPAO** Conception de Programme Assistée par Ordinateur. **CPC** Comité du Programme et de la Coordination (Onu). **CPDM** Centre Progrès et Démocratie Moderne. **cpdt** cependant. **CPE** Conseil de Parents d'Élèves (ou Comité). Conseiller Principal d'Éducation. **C. pén.** Code pénal. **CPER** Contrat de Plan État-Région. **CPF** Classification des Pays Français. **CPFH** Collier de Perles Foulard Hermès. **CPGE** Classe Préparatoire aux Grandes Écoles. **CPI** Characters Per Inch (caractères par pouce). **CPJ** Centre de Perfectionnement des Journalistes. **CPJI** Cour Permanente de Justice Internationale. **cpm** cycles par minute. **CPNT** Chasse, Pêche, Nature et Traditions. **CPPN** Classe Pré-Professionnelle de Niveau. **CPR** Centre Pédagogique Régional. **C. pr. civ.** *Code de procédure* civile. **C. pr. pén.** pénale. **CPS** Caractères par seconde. Commission du Pacifique Sud. **Cpt** Comptant. **CPT** Port payé jusqu'à. **CPU**

Central Processing Unit (unité centrale de traitement). **CPV** Cap-Vert. **CQ** Cercles de Qualité. Contrat de Qualification. Convention de Quartier. **CQAO** Contrôle Qualité Assisté par Ordinateur. **CQFD** Ce Qu'il Fallait Démontrer.

CR At Company's Risks (aux risques et périls de la Cie). Cadre de Réserve. Carriage Return. Costa Rica. **cr.** created. credit, creditor. **c.r.** compte rendu. conseil régional. **CRA** Contrat de Réinsertion en Alternance. **CRAMIF** Caisse Régionale de l'Assurance Maladie d'Île-de-France. **CRAP** Commando de Recherche et d'Action en Profondeur. **CRAPA** Circuit Rustique d'Activités Physiques Aménagé. **CRBF** Comité de la Réglementation Bancaire et Financière. **CRC** Chambre Régionale des Comptes. **CRDP** Centre Régional de Documentation Pédagogique. **CRDS** Contribution pour le Remboursement de la Dette Sociale. **CREA** Centre de Recherche et d'Expérimentation Agronomique. **CRED** Conseil des Recherches et Études de Défense. **CREDIF** *Centre* de Recherche et d'Étude pour la Diffusion du Français. **CREDIJ** RÉgional pour le Développement local et l'Insertion des Jeunes. **CREDOC** de Recherches, d'Études et de DOcumentation sur la Consommation. **CREPS** Régional d'Éducation Physique et Sportive. Compagnie de Recherche et d'Exploration du Sahara. **CRESAS** Centre de Recherches et d'Études Sur l'Adaptation Scolaire. **CRF** Croix-Rouge Française. **CRI** Costa Rica. **CRIC** Chanoines Réguliers de l'Immaculée Conception. **CRID** Centre de Recherche et d'Information pour le Développement. **CRIF** Conseil Représentatif des Israélites de France. **CRITT** Centres Régionaux d'Innovation et de Transfert Technologique. **CRL** Chanoines Réguliers de Latran. Corsair. **CROSS** Centre Régional Opérationnel de Surveillance et de Sauvetage. Comité Régional d'Organisation Sanitaire et Sociale. **CROUS** Centre Régional des Œuvres Universitaires et Scolaires. **CRS** Compagnies Républicaines de Sécurité. Computer Reservation System. **Crt** Courant. **C. rur.** Code rural et Code forestier. **CRV** Caravelle.

c/s Cases (caisses). **CS** Centre de Sélection. Civil Service. République tchèque. Tchécoslovaquie. **CSA** Chanoines réguliers de St-Augustin. Conseil Supérieur de l'Audiovisuel. **CSAIO** Chef de Service Académique d'Information et d'Orientation. **C. sant. publ.** Code de la santé publique, de la famille et de l'aide sociale. **CSB** Pères Basiliens. **CSC** Congrégation de Ste-Croix. **CSCA** Conseil Supérieur de la Coopération Agricole. **CSCE** Conférence sur la Sécurité et la Coopération en Europe. **C. Séc. soc.** Code de la Sécurité sociale et de la mutualité. **CSEN** Conseil Supérieur de l'Éducation Nationale. **CSF** Compagnie générale de télégraphie Sans Fil. **CSFP** Conseil Supérieur de la Fonction Publique. **CSG** Centre Spatial Guyanais. Contribution Sociale Généralisée. **CSI** Cité des Sciences et de l'Industrie. **CSL** Confédération des Syndicats Libres. **CSM** Conseil Supérieur de la Magistrature. **CSMF** Chambre Syndicale de la Malterie Française. **CSN** Conseil National du Notariat. **CSNVA** Chambre Syndicale Nationale des Vendeurs d'Automobiles. **C. soc.** Code des sociétés. **CSP** Catégorie Socio-Professionnelle. **CSR** République tchécoslovaque. **CSS** Code de la Sécurité Sociale. **CSSP** *Congrégation* du St-Esprit. **CSSR** du très-Saint-Rédempteur (Rédemptoristes). **CST** Central Standard Time. *Centre* Spatial de Toulouse. **CSTB** Scientifique et Technique du Bâtiment. **CSU** Sportif Universitaire. **CSV** Clercs de Saint-Viateur.

CT Connecticut. Court Terme. **C/T** Conference Terms. **CTCI** Classification Type pour le Commerce International. **Ct ct** Compte courant. **Cte, Ctesse** Comte, comtesse. **CTF** Capital Temps Formation. **Ctge** Cartage (camionnage). **c.t.l.** Constructive total loss (perte censée totale). **C. trav.** Code du travail. **Cts** Crates (Caisses, cageots). **CTS** Centre de Transfusion Sanguine. **Cttee** Committee.

cu cubic. **Cu** Cuivre. **CU** Code de l'Urbanisme. Communauté Urbaine. Cubana de Aviación. **CU** ou **6U** See you (A vous revoir). **CU** ou **CUB** Cuba. **CUEEP** *Centre Universitaire* Économie d'Éducation Permanente. **CUFCO** de Formation Continue. **CUIO** Cellule Universitaire d'Information et d'Orientation. **CUL8R** see you later (à plus tard). **CUMA** Coopérative d'Utilisation en commun de Matériel Agricole. **cum d/** Cum dividend (Coupon attaché). **C. urb.** Code de l'urbanisme. **curr., currt.** current (du mois en cours, actuel).

CV Capitaine de Vaisseau. Cap Vert. Carrier Vessel (porte-avions). Communauté de Villes. Croix du Combattant Volontaire. Curriculum Vitæ. **CVC** Centre de Vulgarisation de la Connaissance. **+CVO** Commander of the Royal Victorian Order. **CVR** Combattant Volontaire de la Résistance. **CVS** Corrigé des Variations Saisonnières. **CVT** Correspondant en Valeurs du Trésor. **CW** Air Marshall Islands. **CWO** Cash With Order (Paiement à la commande). **Cwt** Hundredweight (Quintal [de 112 lbs]). **CX** Cathay Pacific Airways. Iles Christmas. **CY** Chypre Cyprus Airways. **Cyberspace** réseau informatique. **Cyborg** cybernétique-organisme. **CYM** chek your mail (vérifie ton courrier). **CZ** République tchèque.

d. daughter. Day (Jour). décret. Died. Penny [pence] (Denier). **D.** Allemagne. Demandé. **d/a** Days after acceptance (jours après l'acceptation). **DA** Danair. Deposit Account (compte de dépôt). *Directeur* Administratif. Artistique. Droit d'Attribution. **D/A** Documents against Acceptance (doc. contre acceptation). **DAB** Distributeur Automatique de Billets. Digital Auto Bandcasting. **DAC** Digital to Analog Converter. **DAET** Délégué Académique à l'Enseignement Technique. **DAF** Directeur Administratif et Financier. Rendu frontière. **DAFCO** Délégation Académique à la Formation COntinue. **DAFU** Direction de l'Aménagement Foncier et de l'Urbanisme. **DAM** Division Aéromobile Mercure. **DAO** Dessin (ou Documentation) Assisté(e) par Ordinateur. **DAP** Deutsche ArbeiterPartei. Direction de l'Administration Pénitentiaire. **DAR** Filles de la Révolution Américaine. **DARES** Direction de l'Animation de la Recherche, des Études et des Statistiques. **DAS** *Direction de l'Action* Sociale. **DASS** Sanitaire et Sociale. **DAT** Digital Audio Tape. Direction des Armements Terrestres. **DATAR** Délégation à l'Aménagement du Territoire et à l'Action Régionale. **DAU** Direction de l'Architecture et de l'Urbanisme. **d.b.** demi-basane. **DB** Britair. Data Base. Data Bus. Deutsche Bank. Deutsches Bundesbahn. Direction des Bibliothèques. Division Blindée. **DBA** Doctor of Business Administration. **+ DBE** Dame Commander of the Order of the British Empire. **Dbk** Drawback (remboursement en douane). **DBLE** Demi-Brigade de Légion Étrangère. **DBRD** Dépense Brute de Recherche et Développement.

DC Caribean Air Cargo. *da capo.* Directeur Commercial. Direct Current. District of Columbia. **DCA** Défense Contre Avions. Document Content Architecture. **DCAé** *Direction des Constructions* Aéronautiques. **DCAN** et Armes Navales. **+ DCB** Dame Commander of the Bath. **DCC** Digital Compact Cassette. **DCD** Data Carrier Detect. **DCEM** Deuxième Cycle d'Études Médicales. **d.ch.** demi-chagrin. **DCL** Doctor of Civil Law. **+ DCMG** Dame Commander of St Michael and St George. **DCN** Direction des Constructions Navales. **DCQ** Direction Centrale de la Qualité. **DCSSA** Direction Centrale du Service de Santé des Armées. **+ DCVO** Dame Commander of the royal Victorian Order.

d.d. Days' date (date du jour). **d/d** Delivered (livré). **DD** Doctor of Divinity (docteur en théologie). Double Densité. **DDA** *Direction Départementale* de l'Agriculture. **DDAF** de l'Agriculture et de la Forêt. **D-day** Débarquement (6 juin 1994). **DDASS** de l'Action Sanitaire et Sociale. **DDCCRF** de la Concurrence, de la Consommation et de la Répression des Fraudes. **DDE** de l'Équipement. **DDEN** Délégué Départemental de l'Éducation Nationale. **DDI** Diplôme de Docteur Ingénieur. Droits de Douane à l'Importation. **D10** DC-10. **DDL** Date de Dernière Lecture. **DDP** Rendu droits acquittés. **DDR** Deutsche Demokratische Republik. **DDT** Dichloro-Diphényl-Trichloréthane. **DDTE** *Direction Départementale du Travail et de l'Emploi.* **DDTEFP** et de la Formation Professionnelle. **DDU** Rendu droits non acquittés. **DDV** Droits De Vote.

DE Allemagne. Delaware. *Diplôme* d'État. **DEA** d'Études Approfondies. Drug Enforcement Administration. **deb** Debenture (obligation). **Dec.** December. **dec.** Decrease (baisse). **DECS** Diplôme d'Études Comptables Supérieures. **def.** Deferred (différé). Définition. **DEFA** *Diplôme* d'État aux Fonctions d'Animateur. d'Études Fondamentales en Architecture. **DEFM** Demandeur d'Emploi en Fin de Mois. **Del.** Delegate, Delegation. **del, delin.** *delineavit* (a dessiné). **DEL** DELete character. **DELD** *Demandeur d'Emploi de Longue Durée.* **DELDH** Handicapé. **dely** delivery (livraison). **DEN** Direction des ENgins. **dép.** département. **dep.** deposits. **Dep.** Deputy. **DEP** Direction de l'Évaluation et de la Prospective. **DEPS** Dernier Entré, Premier Sorti. **Dept** Department (service). **DEQ** Delivered Ex Quay. Livré à quai. **dér.** dérivé **DES** Delivered Ex Ship. Marchandise transbordée. *Diplôme* d'Études Supérieures. **DESA** de l'École Spéciale d'Architecture. **DESE** d'Études Supérieures Économiques. **desgl.** desgleichen (de même). **DESPO** Diplôme de l'École libre des Sciences POlitiques. **DESS** *Diplôme d'Études Supérieures* Spécialisées, de Sciences. **D^chesse^** Duchesse. **DEST** *Diplôme d'Études* Supérieures Techniques. **DEUG** Universitaires Générales. **DEUST** Universitaires en Sciences et Techniques. **Devt** Development. **DEW Line** Distant Early Warning Line [ligne de radars de détection pour l'alerte avancée (dans le temps) et lointaine (dans l'espace) (US)].

d.f. Dead freight (faux fret). Diversifiées France. **+ DFC** Distinguished Flying Cross. **DFCEN** Direction de la Flotte de Commerce et de l'Équipement Naval. **DFEO** Diplôme de Fin d'Études Obligatoires. **+ DFM** Distinguished Flying Medal. **DFP** Délégation à la Formation Profess. **Dft** Draft (Traite).

DG *Deo Gratias* (par la grâce de Dieu). Direction Générale. **DGA** Délégation Générale de l'Armement. Directeur Général Adjoint. **DGAC** *Direction Générale* de l'Aviation Civile. **DGCRF** de la Consommation, de la Concurrence et de la Répression des Fraudes. **DGE** Dotation Globale d'Équipement. **DGEFP** Délégation Générale à l'Emploi et à la Formation Professionnelle. **DGER** *Direction Générale* de l'Enseignement et de la Recherche. **DGGN** de la Gendarmerie Nationale. **DGI** des Impôts. **dgl.** dergleichen (pareil, semblable). **DGRCST** Direction Générale des Relations Culturelles, Scientifiques et Techniques. **DGRST** Délégation Générale à la Recherche Scientifique et Technique. **DGS** *Direction Générale* de la Santé. **DGSE** de la Sécurité Extérieure. **DGT** des Télécom (devenue France-Télécom). **DGV** Déjeuner à Grande Vitesse. **dh.** das heisst (c'est-à-dire). Dirham marocain. **DHT** Twin-Otter. **DHYCA** Direction des HYdroCArbures.

di. Dienstag (mardi). **Di** Dienstags (le mardi). Delta Air. Diversifiées Internationales. Division d'Infanterie. **dia** diamètre. **DIA** Defence Intelligence Agency. Direction de l'Infrastructure de l'Air. **DICA** DIrection des CArburants (ministère de l'Industrie). **DIDON** DIffusion de DONnées. **DIE** Dépense Intérieure d'Éducation. **Digit** DIGital unIT. **DII** Direction Interdépartementale de l'Industrie. **DIM** maison de Décoration Intérieure Moderne. **DIMA** Division d'Infanterie de MArine. **DIN** Deutsche IndustrieNorm(en). **Dir.** Director. **dir.** directive. **DIRCEN** DIRection des Centres d'Expérimentations Nucléaires. **DIREN** DIrection Régionale de l'ENvironnement. **DIRD** Dépense Intérieure de Recherche et Développement. **dis., disc., disct.** discount (escompte). **Dist.** District. **DIT** Division Internationale du Travail. **div.** divers. dividend (dividende). division. **DIY** Do It Yourself.

d.J. Dieses Jahres (de cette année). **DJ** Disc-Jockey. Djibouti. **DJ** ou **DJI** Djibouti. **D. jur** Docteur of law. **DK** Danemark. **DKR** Danske KRone (couronne danoise). **DL** Delta Airlines. Démocratie Libérale. **DLB** Division Légère Blindée. **DLC** Date Limite de Consommation. **DLH** Deutsche LuftHansa. **D. Lit(t).** Doctor of Letters or Literature. **DLUO** Date Limite d'Utilisation Optimale. **d.m.** Demi-maroquin. **DM** Deutsche Mark. Maerks Air. Dominique. **d.M.** Dieses Monats (de ce mois). **DMA** Délégation Ministérielle de l'Armement (devenue DGA en 1977). Direct Memory Access. **DMC** Dolfuss, Mieg et Cie. **DME** Direction des Missiles et de l'Espace. **DMF** Direction des Musées de France. **DMN** Direction de la Météorologie Nationale. **DMT** Division Militaire Territoriale. **D/N** Debit Note (Note de débit). **DN** Dispatch Note (bulletin d'expédition). **DNAT** *Diplôme National* d'Arts et Techniques. **DNBA** des Beaux-Arts. **DNRD** Dépense Nationale de Recherche et Développement. **DNS** Domain Name System. **DNSEP** *Diplôme National* Sup. d'Expression Plastique. **DNTS** de Technologie Spécialisée.

DO Dépenses Ordinaires. Direction Opérationnelle. Rép. dominicaine. **do. (ou Do)** Donnerstags (le jeudi). **D/O** Delivery Order (Ordre de livraison). **d°** *dito* (ce qui a été dit). **doc.** document. **doct.** Docteur de l'Église. **DoD** Department of Defence. **DOD** Digital Optical Disc. **dol(s)** dollar(s). **DOM** Département d'Outre-Mer. République dominicaine. **DON** Disque Optique Numérique. **DOP** Détachements Opérationnels de Protection. **dor. s. tr.** Doré sur tranches. **DOS** Disk Operating System. **DOT** Deep Ocean Technology. Défense Opérationnelle du Territoire. **doz.** dozen (douzaine).

DP Data Processing. Défense Passive. Délégué du Personnel. Displaced Persons. Division Parachutiste. **D/P** Delivery against Payment (remise contre paiement). **DPASS** Direction Provinciale d'Action Sanitaire et Sociale. **DPCE** *Diplôme de Premier Cycle* Économique. **DPCT** Technique. **DPD** Direction de la Programmation et du Développement. **DPE** Diplômé Par l'État. **dph** diamond pyramid hardness (dureté Vickers). **D. Phil.** ou **D. Ph.** Doctor of Philosophy. **DPI** Dots Per Inch (points par pouce). **DPLG** Diplômé Par Le Gouvernement. **DPMAA** *Direction du Personnel Militaire* de l'Armée de l'Air. **DPMAT** de l'Armée de Terre. **DPMM** de la Marine. **DPN** *Direction* de la Protection de la Nature. **DPO** Par Objectifs. **DPP** Direction de la Prévention des Pollutions. **DPS** Droit Préférentiel de Souscription. **DQ** Dernier Quartier. **DQP** Dès Que Possible. **DQV** Délégation à la Qualité de la Vie.

d.r. demi-reliure. **Dr.** Dollar. **DR** drachme grecque. **Dr** Débit ; **Dr(s)** Debtor(s) (débiteurs). **dr.** droit. **Dr** Directeur **D^r^** Docteur. **+ DR** Déporté de la Résistance. Deutsch Reichsbank. Directeur de Recherche. *Direction Régionale.* **DRAC** des Affaires Culturelles. Drachme grecque. Droit (objectif). Droit des Religieux Anciens Combattants. **DRAE** de l'Architecture et de l'Environnement. **DRAM** Direct Random Access Memory (Mémoire à accès direct). **DRASS** Direction Régionale des Affaires Sanitaires et Sociales. **dr. can.** *droit* canon. **dr. cout.** coutumier. **DRE** *Direction* Régionale de l'Équipement. **DREE** des Relations Économiques Extérieures. **DREES** de la Recherche des Études de l'Évaluation et des Statistiques. **DRET** des Recherches, Études et Techniques de l'armement. **DRFP** Régionale à la Formation Professionnelle. **DRED** Département REcherche pour le Développement. **DRIR** *Délégation Régionale de l'Industrie et de la Recherche.* **DRIRE** et de l'Environnement. **Dr. SC.** Doctor of Sciences. **DRSH** Directeur des Relations Sociales et Humaines. **DRSJ** *Direction Régionale* Sports et Jeunesse. **DRT** des Transports. **DRTE** du Travail et de l'Emploi. **Drzava** SHS Yougoslavie.

DS Délégué Syndical. Doctor of Science **ds** Dans. **d/s** Days'sight (Jours de vue). **+ DSC** Distinguished Service Cross. **D.sc.** Doctor of Science. **DSIN** Direction de la Sûreté des Installations Nucléaires. **DSK** Dominique Strauss-Kahn. **+ DSO** Distinguished Service Order. **DSQ** Développement Social des Quartiers. **DSS** Direction de la Sécurité Sociale. **DST** Devoir sur table. Direction de la Surveillance du Territoire. **dt.** Deutsch (allemand). Doit. **DT** Diphtérie, Tétanos. Diplôme Technique. Taag Angola Airlines. **DTAB** Diphtérie Typhoïde paratyphoïde A et B (vaccination). **DTASS** Direction Territoriale d'Action Sanitaire et Sociale. **DTAT** *Direction Technique* des Armements Terrestres. **DTCA** des Constructions Aéronautiques. **DTCN** des Constructions Navales. **DT Coq** Diphtérie Tétanos Coqueluche (vaccination). **DTCP** Diphtérie, Tétanos, Coqueluche, Polio. **DTD** Définition Type de Document. **DTom** Départements et Territoires d'outre-mer. **DTP** Diphtérie, Tétanos, Polio. **DTS** Droit de Tirage Spécial. **DTSA** Defence Technology Security Administration. **Dtzd** Dutzend (douzaine). **d.U.** der Unterzeichnete (le soussigné). **DUEL** *Diplôme Universitaire d'Études* Littéraires. **DUES** Scientifiques. **DUET** Techniques. **DUP** Déclaration d'Utilité Publique. **DUT** Diplôme Universitaire de Technologie.

d.v. Demi-veau. Doivent. *DV Deo Volente* (à la volonté de Dieu). **DVD** Digital Video-Disc. Divers Droite. **DVE** Divers Écologistes. **DVG** Divers Gauche. **d.w.** *Dead weight (Port en lourd).* **dwt** en tonnes. **D/W** Dock-Warrant (certificat d'entrepôt). **DW** DLT (Deutsche Luftverkehrsgesellschaft). **DY** Alyemda (Democratic Yemen Airlines). Bénin (Dahomey). **d/y** Delivery (livraison). **dz** Doppelzentner (quintal). **DZ** Dropping Zone. **DZ** ou **DZA** Algérie.

E East (est). Espagne. **+E** Médaille des Évadés. **e** estimation. **ea.** Each (chaque, chacun). **EA** Eastern Air Lines. École de l'Air. Église Apostolique. **EAA** *École* d'Administration de l'Armement. d'Application de l'Artillerie. **EAK** Kenya. **EAO** Enseignement Assisté par Ordinateur. **EAP** École Européenne des Affaires. **EARL** Exploitation Agricole à Responsabilité Limitée. **EASSAA** *École d'Application* du Service de Santé de l'Armée de l'Air. **EAT** du Train. Tanzanie. **EATrs** des Transmissions. *ebd. ebenda* (au même endroit). **EAU** Ouganda. **EBE** Excédent Brut d'Exploitation. **Ebitda** Excédent brut d'exploitation avant charges pour intérêts impôts et amortissements. **EBR** Engin Blindé de Reconnaissance. **EBRD** European Bank for Reconstruction and Development. **EBS** Encéphalopathie Bovine Spongiforme. **EBV** Epstein-Barr Virus.

EC Équateur. Error Correction. *European* Community. Commission. **ECA** Economic Cooperation Administration (Plan Marshall). **E-cash** monnaie électronique. **ECAAL** Église de la Confession d'Augsbourg d'Alsace et de Moselle. **ECAFE** Economic Commission for Asia and Far East. **Eccl.** Ecclésiaste (livre de la Bible), Ecclésiastique. **ECG** ÉlectroCardioGramme. **ECL** *École Centrale* Lille ; Lyon. **ECM** Entreprise Chimique et Minière. **ECN** École Centrale de Nantes. **ECOSOC** Conseil ÉCOnomique et SOCial (Onu). **ECP** Écart Circulaire Probable. École Centrale de Paris. **Écr.** Écrire. **ECS** European Communications Satellite. **ECU** Équateur. European Currency Unit. **éd.** *édition.* **éd. or.** originale. **Ed.** Editor. **EDC** École des Dirigeants et Créateurs d'entreprises. **EDF** Église de Dieu en France. Électricité De France. **EDHEC** École Des Hautes Études Commerciales du Nord. **EDI** Electronic Data Interchange. **édit.** Éditeur. **edn.** Édition. **EDP** Electronic Data Processing (analyse électronique des données). **EE** Errors Excepted (sauf erreurs). Estonie. Euroberlin. **EEC** European Economic Community (**CEE**). **EEE** Espace Économique Européen. **EEF** Egyptian Expeditionary Force. **EEG** ÉlectroEncéphaloGramme. **EELF** Église Évangélique Luthérienne de France. **EELV** Evolued Expandable Launch Vehicle. **EEMI** École d'Électricité Mécanique Industrielle. **EEPROM** Electrically Erasable Programmable Read Only Memory.

EF Eau-Forte. **EFA** European Fighter Aircraft. **eff.** Efficace (puissance). **EFMA** European Financial Marketing Association. **EFO** Établissements Français d'Océanie. **E & O.E.** Errors and Omissions Excepted. **EFT** Electronic Funds Transfer. **EFTA (ou AELE)** European Free Trade Association. **e.G.** Eingetragene Genossenschaft (coopérative enregistrée). **e.g.** *exempli gratia* (par exemple). **EG** Égypte. Envelope Generator. **EGF** Électricité-Gaz de France. **égl.** Églogue. **EGY** Égypte. **e.h.** Ehrenhalber (honoris causa). **EHESS** École des Hautes Études en Sciences Sociales. **EHF** Extremely High Frequency (Extrême Haute Fréquence). **EI** Aer Lingus. Entreprises Individuelles. **EIF** Éclaireurs Israélites de France. **einschl.** einschliesslich (y compris). *eisd. v^ls^ eisdem verbis* (mêmes mots). **EJV** Equity Joint Venture. **EK** Emirates. **EL** Grèce. **ELAS** Armée populaire hellénique de libération. **ELM** Escorteur Lance-Missiles. **elz.** Elzevirien.

EM *État-Major.* **EMA** des Armées. **e-mail** courrier électronique. **EMALA** Équipe Mobile Académique de Liaison et d'Animation. **EMAT** État-Major de l'Armée de Terre. **EMB** EMBraer. **EMDG** Euromissile Dynamics Group. **EMIA** École Militaire InterArmes. État-Major InterArmées. **EMM** État-Major de la Marine. Expanded

Memory Manager. **EMMIR** Élément Médical Militaire d'Intervention Rapide. **EMN** École nationale supérieure des Mines de Nancy. **EMOD** Erasable Magneto Optical Disc. **EMP** École des Mines de Paris. Electro Magnetic Pulse (impulsion électromagnétique). **empr.** emprunté. ***Emr.*** *Emeritus.* **EMS** European Monetary System. **EMT** Éducation Manuelle et Technique. Équivalent MégaTonnique. **EMU** European Monetary Union.

EN École Navale. **+ EN** Économie Nationale. **ENA** *École Nationale* d'Administration. **ENAC** de l'Aviation Civile. **ENAD** d'Arts Décoratifs. **ENC** des Chartes. **ENEF** des Eaux et des Forêts. **ENGREF** du Génie Rural, des Eaux et des Forêts. **ENI** d'Ingénieurs. Normale d'Instituteurs ou d'Institutrices. **ENISE** de Saint-Étienne. **ENITA** de Travaux Agricoles. **ENITEF** des Travaux des Eaux et des Forêts. **ENLOV** des Langues Orientales Vivantes. **ENM** de la Magistrature. **ENNA** École Normale Nationale d'Apprentissage. **ENP** *École Nationale* de Perfectionnement. du Patrimoine. **ENPC** des Ponts et Chaussées. **ENS** École Normale Supérieure. **ENSA** École Nationale de Ski et Alpinisme. *École Nationale Supérieure* d'Aéronautique. Agronomique. **ENSAD** des Arts Décoratifs. **ENSAe** de l'Aéronautique et de l'espace. **ENSAE** École Nationale de Statistique et d'Administration Économique. **ENSAM** *École Nationale Supérieure* des Arts et Métiers. **ENSATT** des Arts et Techniques du Théâtre. **ENSBA** des Beaux-Arts. **ENSCP** de Chimie de Paris. **ENSEMN** d'Électricité et Mécanique de Nancy. **ENSET** de l'Enseignement Technique. **ENSGM** du Génie Maritime. **ENSH** d'Horticulture. **ENSI** d'Ingénieurs. **ENSIA** des Industries Agricoles et alimentaires. **ENSICA** d'Ingénieurs et de Constructions Aéronautiques. **ENSIETA** des Ingénieurs des Études et Techniques d'Armement. **ENSM** de Mécanique. **ENSMN** des Mines de Nancy. **ENSMStE** des Mines de St-Étienne. **ENSP** de la santé Publique. **ENSPM** du Pétrole et des Moteurs. **ENST** des Télécommunications. **ENSTA** des Techniques Avancées. **ENTSOA** École Nationale Technique des Sous-Officiers d'Active. **ENBAMM** Entreprises Non Bancaires Admises au Marché Monétaire. **Enc.** Enclosure (Pièces jointes). **ENEA** European Nuclear Energy Agency. **Eng. D** Doctor of Engineering. **ENI** Ente Nazionale Idrocarburi. **ENIAC** Electronic Numeral Integrator and Computer. **ENIT** ENte Italiano del Turismo. **ens.** ensemble. **Env.** Environ. Envoyer. **ENVIE** Entreprise Nouvelle Vers l'Insertion Économique.

E.o. *Ex officio.* **EO** Édition Originale. **EOA** Élément Organique d'Armée. Élève-Officier d'Active. **EOB** End Of Block. **EOCA** Élément Organique de Corps d'Armée. ***eod.*** *eodem* (du même). ***eod. loc.*** *loco* (au même endroit). ***eod. op.*** *opere* (du même ouvrage). ***eod v°*** *eodem verbo* (même mot). **EOD** *End Of* Data. **EOF** File. **EOI** Identity. **EOJ** Job. **EOR** Élève-Officier de Réserve. **EOT** End Of Tape. End Of Transmission.

ép. épître. époque. épreuve. **EP** École Polytechnique. **EPAD** Établissement Public pour l'Aménagement de la région dite de la Défense. **EPC** École de Physique et de Chimie. Engin Principal de Combat. **EPCI** Établissement Public de Coopération Intercommunale. **EPCOT** Experimental Prototype Community Of Tomorrow. **EPF** *École Polytechnique* Féminine. **EPFL** Fédérale de Lausanne. **EPFZ** de Zurich. **EPHE** École Pratique des Hautes Études. **EPIC** Établissement Public à caractère Industriel et Commercial. **EPLE** Établissement Public Local d'Enseignement. **EPM** École Préparatoire de la Marine. **EPR** Établissement Public Régional. **EPROM** Erasable Programmable Read Only Memory (Mémoire semi-morte dont le contenu ne peut être modifié qu'exceptionnellement). **EPS** École Primaire Supérieure. Éducation Physique et Sportive. **EPZ** École Polytechnique de Zurich.

ER *Elizabetha Regina.* En Retraite. Érythrée. **er.** ermite. **ERAL** *Église Réformée* d'Alsace et de Moselle. **ERF** de France. **ERAP** Entreprise de Recherches et d'Activités Pétrolières. **EREA** *Établissement* régional d'enseignement adapté. **ERI** Érythrée. **ERP** Recevant du Public. École régionale du premier degré. **ES** Économique et social. Espagne. **es.** escudo portugais. **Err.** Erratum. **E/S** Entrées-Sorties. **ESA** European Space Agency. *École Supérieure* d'Agriculture. **ESAM** d'Application du Matériel. Équipes Spéciales d'Aide aux Mineurs. **ESAT** École Supérieure de l'Armement Terrestre. **ESB** Encéphalopathie Spongiforme Bovine (en anglais, Bovine Spongiform Encephalopathy). **ESC** *École supérieure de Commerce.* Escudo portugais. **ESCAE** et d'Administration des Entreprises. **ESCLy** de Lyon. **ESCLi** de Lille. **ESCP** de Paris. **ESCRe** de Reims. **ESCRo** de Rouen. **ESC** Escudo portugais. **ESD** Électronique Serge Dassault. **ESE** *École Supérieure* d'Électricité. **ESEAT** d'Électronique de l'Armée de Terre. **Eseu** examen spécial d'entrée à l'université. **ESF** Fondation Européenne pour la Science. **ESG** *École Supérieure de Guerre.* **ESGA** Aérienne. **ESGI** Interarmées. **ESGM** *École Supérieure* du Génie Militaire. **ESGN** de Guerre Navale. **ESIM** d'Ingénieurs de Marseille. **ESME** École Spéciale de Mécanique et d'Électricité. **ESMSt-C** École Spéciale Militaire de St-Cyr. **ESO** École Supérieure d'Optique. **ESOA** *École des élèves Sous-Officiers d'Active.* **ESOAT** des Transmissions. **ESOMAR** European Society for Opinion and MArketing Research. **ESPCI** École Supérieure de Physique et de Chimie Industrielle. **ESPRIT** European Strategic Programm for Research and development in Information Technology. **Esq.** Esquire. **ESSAT** École d'application du Service de Santé de l'Armée de Terre. **ESSCA** École Supérieure des Sciences Commerciales d'Angers. **ESSEC** École Supérieure des Sciences Économiques et Commerciales. **ESSO** Standard Oil company. **est.** Established (fondé). **EST** Estonie. **ESTP** École Spéciale des Travaux Publics. **ESU** English-Speaking Union.

ET Égypte. Éthiopie. Ethiopian Airlines. **et al.** *et alibi* (et ailleurs) ; *et alia, et alii* (et d'autres). **ETA** Euzkadi Ta Askatasuna (Le Pays basque et sa liberté). **ETAA** École Technique de l'Armée de l'Air. **ETAP** École des Troupes AéroPortées. **etc.** *et cætera.* **ETCA** Etablissement Technique Central de l'Armement. **ETH** Éthiopie. **ETN** École Technique Normale. **ETP** École spéciale des Travaux Publics. **Et seq** *Et sequens* (et la suite). **ETSI** European Telecommunications Standardisation Institute. **ETT** Entreprise de Travail Temporaire. **EU** Ecuatoriana (Empresa Ecuatoriana de Aviación). European Union. *États-Unis.* **EUA** d'Amérique. **EUF** Éclaireurs Unionistes de France. **EUR** Euro. **EURAM** Programme européen sur les matériaux avancés. **EURATOM** Communauté Européenne de l'Énergie Atomique. **Eureca** European Retrievable Carrier. **EUREKA** Acronyme approximatif pour EUropean REsearch Coordination Agency. **EURL** Entreprise Unipersonnelle à Responsabilité Limitée. **Euronet** EUROpean NETwork. **EUROSTAT** autre appellation de l'Office statistique des communautés européennes (OSCE). **e.V.** Eingetragener Verein (association déclarée). **EV** Enseigne de Vaisseau. En Ville. **év.** Évêque. **EVDA** Engagé Volontaire par Devancement d'Appel. **EVIP** Espace Vert Intérieur Protégé. **EVP** Équivalent Vingt Pieds. **EVR** Electro Video Recorder. **EVSOM** Engagé Volontaire pour Service Outre-Mer. **EW** East-West Airlines. Eurowings. **EWG** Europäische WirtschaftsGemeinschaft (voir **CEE**). **ex.** sans, hors de, venant de. **ex.** example (exemple). **Exc.** Excellency. **excl.** excluding. **ex-cp.** ex-coupon (coupon détaché). **EXD** Extrême Droite. **ex. de tr.** exemplaire de travail. **ex-div.** ex-dividende. **Exec.** Executive. **Exhbn.** Exhibition (exposition). **EXG** Extrême Gauche. **ex int.** exclusive of interest (intérêts non compris). **exor** executor (exécuteur testamentaire). **exrx** executrix (exécutrice testamentaire). **exs** expenses (dépenses, frais). **ex ss** ex steamer (au débarquement). **ex stre** ex store (disponible). **ext.** extension. **EXTEL** Exchange Telegraph Company Ltd. **extr.** extrait. **EXW** A l'usine. **ex whf** ex wharf (franco à quai). **ex whse** ex warehouse (disponible). **E-zine** publication électronique.

f. Founded. **f** Feuillets. **F** Fahrenheit. Fellow of. Force (physique). Franc (**FB** Franc belge, **FF** Franc français, **FS** Franc suisse). France. Frère. **+F** Médaille de la famille française. **F2F** face to face (dans le monde réel). **Fa.** Firma (firme commerciale). **FA** Faible Activité. **FAA** Free of All Average (Franc d'avaries). **FAAR** Force d'Action et d'Assistance Rapide. **FAB** Franco A Bord. **FAC** *Fonds d'Aide* et de Coopération. **FAD** à la Décentralisation. Africain de Développement. **FADEL** Fonds d'Action pour le Développement Économique de la Loire. **FADES** Fonds Arabe de Développement Économique et Social. **FAF** Fonds d'Assurance Formation. **FAFL** Forces Aériennes Françaises Libres. **FAHMIR** Force d'Assistance Humanitaire Militaire d'Intervention Rapide. **FAMOUS** French-American Mid-Ocean Survey. **FANE** Fonds d'Action Nationale Européen. **fao** for the attention of. **FAO** Fabrication Assistée par Ordinateur. Food and Agriculture Organization. Forces Auxiliaires Occasionnelles. **FAP** Franc d'Avaries Particulières. **f.a.q.** Fair average quality (bonne qualité courante). **FAQ** Frequently Asked Questions ou Foire Aux Questions. **FAR** Federal Air Regulation. Force d'Action Rapide. **FARG** Fonds d'Aide au logement et de Garantie. **FAS** Facilité d'Ajustement Structurel. Free Alongside Ship (franco le long du bord). *Fonds d'Action Sociale.* **FASASA** pour l'Aménagement des Structures Agricoles. **fasc.** Fascicule. **FASD** Fonds Asiatique de Développement. **FASP** Fédération Autonome des Syndicats de Police. **FATAC** Force Aérienne TACtique. **FAU** Fonds d'Aménagement Urbain. **faub.**, faubourg. **FAX** *fac simile* (télécopie).

FB Franc Belge. **FBA** Fellow of the British Academy. **FBCF** Formation Brute de Capital Fixe. **FBI** Federal Bureau of Investigation. **F. bl** Feuillet blanc. **FBS** Forward Based Systems (bases américaines avancées en Europe). **FC** Fils de la Charité. **FCIMT** Capitalisation. **FCA** Franco transporteur. **FCE** Traité sur les Forces Classiques en Europe. **f.c.é.m.** Force contreélectromotrice. **FCFA** Franc CFA. **F50** Fokker F50. **Fco** Franco. **FCP** Fonds Commun de Placement. **FCPE** Fédération des Conseils de Parents d'Élèves des écoles publiques. **f.c.s.r. & c.c.** free of capture, seizure, riots, and civil commotions (Franc de capture, saisie, émeutes et troubles civils). **FCT** Franco Transporteur. **FD** (ou ***Fid. Def.***) *Fidei Defensor* (Défenseur de la foi). Force Démocrate. **FDA** Food and Drug Administration. **FDC** Frères de la Doctrine Chrétienne. **FDD** Floppy Disk Drive. **FEDER** Fonds Européen de DÉveloppement Régional. **FDES** Fonds de Développement Économique et Social. **FE** Fiscalité des Entreprises. **Feb.** February. **FEC** (voir **FSC**). *fec.* (*fecit,* a fait). Foreign Exchange Certificate. **FECOM** Fonds Européen de COopération Militaire. **Féd.** Fédéral. Fédération. **FED** FEDeral reserve bank. Fonds Européen de Développement. **FEDER** Fonds Européen de DÉveloppement Régional. **FEDHUIL** FEDération nationale des HUILeries métropolitaines et industries dérivées. **FEF** Fédération Évangélique de France. **FELIN** Fonds d'État Libre d'Intérêt Nominal. **f.é.m.** Force électromotrice. **FEMIS** Institut de Formation et d'Enseignement des Métiers de l'Image et du Son. **FEN** *Fédération* de l'Éducation Nationale. Des Étudiants Nationalistes. **FEOGA** Fonds Européen d'Orientation et de Garantie Agricole. **FEPROM** Flash Erasable Programmable ROM. **FER** Fédération des Étudiants Révolutionnaires. **FETTA** Formation Élémentaire TouTes Armes (« les classes »).

ff. feuillets. folios. Folgende Seiten (pages suivantes). the following. **FF** Form Feed. Frères. Tower Air. **FFA** Forces Françaises en Allemagne. **f.f.a.** Free from alongside ([livré] sous palan). **FFAJ** Fédération Française des Auberges de la Jeunesse. **FFC** *Forces Françaises Combattantes.* **FFCI** de l'Intérieur. **FFI** Faisant Fonction d'Interne. *Forces Françaises* de l'Intérieur. **FFL** Libres. **FFN** Fonds Forestier National. **ffon** Faisant fonction. **ffrs.** Französische Francs. **FFSPN** Fédération Française des Sociétés de Protection de la Nature. **FG** Ariana Afghan Airlines. **fg** faubourg. **f.g.a.** Free of general average (franc d'avarie grosse ou commune). **FGDS** Fédération de la Gauche Démocratique et Socialiste. **FHAR** Front Homosexuel d'Action Révolutionnaire. **FHCP** Foulard Hermès Collier de Perles.

FI Finlande. Fiscalité Immobilière. **FÍ** Icelandair. **f.i.** For instance (Par exemple). **FIAC** Fédération des Industries des Aliments Conservés. Foire Internationale d'Art Contemporain. **FIACRE** Fonds d'Incitation A la CRÉation. **FIAM** *Fonds d'Intervention pour* l'Autodéveloppement en Montagne. **FIAT** l'Aménagement du Territoire. Fabbrica Italiana Automobili Torino. **FIDA** Fonds International de Développement Agricole. **FIDAR** Fonds Interministériel de Développement et d'Aménagement Rural. **Fid. Déf.** (voir **FD**). **FIDES** *Fonds d'Investissement* pour le Développement Économique et Social. **FIDOM** des Départements d'Outre-Mer. **FIEE** Fédération des Industries Électriques et Électroniques. **FIEJ** *Fédération Internationale* des Éditeurs de Journaux et de publications. **FIFA** de Football Association. **FIFO** First In First Out (premier entré, premier sorti). **fig.** figure (chiffre). **FIH** *Fédération Internationale* des Hôpitaux. **FIJC** de la Jeunesse Catholique. **FIJM** des Jeunesses Musicales. **fil.** filets. **FIM** Fonds Industriel de Modernisation. **FIN** Finlande. **FINUL** Force Intérimaire des Nations Unies au Liban. **f.i.o.** free in and out (De bord en bord). **FIP** France-Inter-Paris. **FIPRESCI** Fédération Internationale de la PRESse CInématographique. **FIQV** *Fonds d'Intervention* pour la Qualité de la Vie. **FIRS** de Régularisation du marché du Sucre. **FIS** Front Islamique du Salut. **FISCAL** Année fiscale (USA). **FISE** Fonds International de Secours à l'Enfance. **FISL** Fédération Internationale des Syndicats Libres. **f.i.t.** free of income-tax (net d'impôt, exempt d'impôt sur le revenu). **FIVETE** Fécondation In Vitro Et Transfert d'Embryon. **FJ** Air Pacific. Fidji. **f.j.** Frères de St-Jean. **FK** Falkland.

fl. florin. Fleuve. **FL** Florida. Liechtenstein. **Fla.** Florida. **Flak** Fliegerabwehrkanonen. **FLB** Franco Long du Bord. Front de Libération de la Bretagne. **FLIR** Forwards Looking InfraRed (Instrument de pilotage de nuit). **FLN** *Front de Libération Nationale.* **FLNC** de la Corse. **Flops** FLoating point operation per seconde. **FLQ** Front de Libération Québécois. **Flt** Flight. **FM** Federal Express. Field Marshal. Franchise Militaire. Franc-Maçon. Frequency Modulation. (voir aussi **MF**). Fusil-Mitrailleur. Micronésie. **fm** fathom. **FMC** Frères Missionnaires des Campagnes. **FME** *Fonds* De Modernisation et d'Équipement. Monétaire Européen. Pour la Maîtrise de l'Énergie. **Fme** Femme. **FMF** Fédération des Médecins de France. **FMG** Franc MalGache. **FMI** Fils de Marie Immaculée. Fonds Monétaire International. *Force Multinationale* d'Interposition. **FMK** markka finlandais. **FMO** et Observateurs. **FMK** Markkha finlandais. **FMR** Franco Maria Ricci. **fmr(ly)** former(ly). **FMS** Frères Maristes. **FMV** Full Motion Video. **FMVJ** Fédération Mondiale des Villes Jumelées. **FN** Front National. **FNAC** Fédération Nationale d'Achat des Cadres. Fonds National d'Art Contemporain. **FNAFU** Fonds National d'Aménagement Foncier et d'Urbanisme. **FNAGE** Fédération Nationale d'Association des élèves des Grandes Écoles. **FNAH** Fonds National d'Amélioration de l'Habitat. **FNAPEEP** *Fédération Nationale* des Associations de Parents d'Élèves de l'Enseignement Public. **FNCC** des Coopératives de Consommation. **FNDA** *Fonds national* de Développement Agricole. **FNE** de l'Emploi. **FNDIR** Fédération Nationale des Déportés et Internés de la Résistance. **FNEF** *Fédération Nationale* des Étudiants de France. **FNHPA** des Hôteliers de Plein Air. **FNFL** Forces Navales Françaises Libres. **FNI** Forces Nucléaires à portée Intermédiaire. **FNIE** Fédération Nationale des Industries Électroniques. **FNJ** *Front National* de la Jeunesse. **FNL** de Libération. **FNMF** *Fédération Nationale* de la Mutualité Française. **FNMT** des Mutuelles de Travailleurs. **FNR** Front National des Rapatriés. **FNS** Fonds National de Solidarité. Forces Nucléaires Stratégiques. **FNSA** *Fédération Nationale des Syndicats* Agricoles **FNSEA** d'Exploitants Agricoles. **FNSCCF** Fédération Nationale des Syndicats de Confituriers et Conservateurs de Fruits. FNSPELC des Professionnels de l'Enseignement Libre Catholique. **FNTR** Fédération Nationale des Transporteurs Routiers. **FNUAP** Fonds des Nations Unies pour la Population. **FNUC** Force de maintien de la paix des Nations Unies à Chypre. **FNUOD** Force des Nations Unies d'Observation de Désengagement (Golan).

f°, ff° folio, folios. **f.o.** for orders (Pour ordres). **FO** Iles Féroe. Firm Offer (offre ferme). Flying Officer. Force Ouvrière. Foreign Office. **f.o.b.** free on board (franco à bord). **f.o.c.** free of charge (franco de port et d'emballage). **FOEVEN** *Fédération des Œuvres* Éducatives et de Vacances de l'Éducation Nationale. **FOL** Laïques. **folg** following (suivant). **FOMC** Federal Open Market Committee. **FOMODA** FOnds de MOdernisation et de Développement de l'Artisanat. **f.o.q.** *free* on quay (franco à quai). **f.o.r.** on rail (sur wagon). **FORMA** Fonds d'Orientation et de Régularisation des Marchés Agricoles. **FORTRAN** FORmulation TRANsposée. **f.o.s.** free on steamer (franco à bord du navire). **FOST** Force Océanique STratégique. **f.o.t.** *Free on* truck (franco sur wagon). **f.o.w.** wagon (franco sur wagon). First open water (dès l'ouverture de la navigation). **FP** Fiscalité Personnelle. Fonds Profilé. **f.p.** Fully paid (intégralement versé). **f.p.a.** free of particular average (franc d'avaries particulières). **FPA** *Formation Professionnelle* des Adultes. **FPC** Continue. **FPF** Fédération Protestante de France. **FPLP** Front Populaire pour la Libération de la Palestine.

Fr Father. Français. Frau (madame). Freitag (vendredi). **FR** France. Ryanair. **FR 3** France Région 3. **FRAC** *Fonds Régional* d'Art Contemporain. **FRAM** Fer, Route, Air, Mer. Fonds Régional d'Acquisition des Musées. **FRC** Franco transporteur. **FRIL** *Fonds Régional d'aide aux Initiatives Locales.* **FRILE** pour l'Emploi. **Fr.-M.** Franc-Maçon. **FRN** Floating Rate Notes (obligations internat. à taux variables). **FROG** Free-flight Rocket Over Ground (fusée à vol libre). **FROM** Fonds Régional d'Organisation des Marchés. **front.** Frontispice. **FRR** Fonds de Rénovation Rurale. **FRS** Fellow of the Royal Society. **frt** freight (fret). **FS** Faire Suivre (Poste). Ferrovie dello Stato (Italie). Franc Suisse. **FSAI** Fonds Spécial d'Adaptation Industrielle. **FSC** (ou FEC) Frères des Écoles Chrétiennes. **FSE** Fonds Social Européen. **FSF** *Frères* de la Sainte-Famille. **FSG** de St-Gabriel. **FSGT** Fonds Spécial des Grands Travaux. **FSI** Fédération Syndicale Internationale. Fonds Spécial d'Invalidité. **FSJF** *Fédération* des Sociétés Juives de France. **FSM** Syndicale Mondiale. **FSR** *Fonds* de Soutien des Rentes. **FSU** Social Urbain. **FSV** de Solidarité Vieillesse.

ft foot. feet (pied[s]). **FTC** Foreign Trade Corporation. **FTDA** France Terre D'Asile. **Fte** Full-time equivalent. **FTP** *Francs-Tireurs et Partisans.* **FTPF** Français. File Transfer Protocol **FU** Air Littoral. **FUACE** *Fédération* Universelle des Associations Chrétiennes d'Étudiants. **FUAJ** Unie des Auberges de Jeunesse. **FUCAPE** des Unions de Commerçants, d'Artisans et de Petites Entreprises. **FUNU** Force d'Urgence des Nations Unies. **FV** Viva Air. **F28 F27** Fokker 28, 27. **fwd** Forward (à terme, livrable). **FX** Fax Mode. **fx-tit.** faux-titre. **FY** Fiscal Year. **FYI** For your information.

g accélération de la pesanteur (physique). gauche. gramme. **G** Guinea. Griqualand occidental (sur les timbres du cap de Bonne-Espérance). **GA** Garuda Indonesia. General Average (Avarie commune). Georgia. **Ga.** Georgia. **GA** ou **GAB** Gabon. Guichet Automatique Bancaire. **GAEC** Groupement Agricole d'Exploitation en Commun. **GAFFO** General Aviation French FOrecast. **GAGMI** Groupement d'Achat des Grands Magasins Indépendants. **GAJ** Groupe Action Jeunesse. **gal., gall.** Gallon. **GAL** *Groupe* Antiterroriste de Libération. **GAM** d'Action Municipale. **GAMIN** Gestion Automatisée de la Médecine INfantile. **GAN** Groupement des Assurances Nationales. **GANIL** Grand Accélérateur à Ions Lourds. **GAPP** Groupe d'Aide PsychoPédagogique. **GARP** Groupement des Assedic de la Région Parisienne. **GARS** Groupe d'Activités et de Recherches Sous-marines. **GATS** *General Agreement* on Trade in Services. **GATT** on Tariffs and Trade. **gaul.** gaulois. **GAV** Garantie contre les Accidents de la Vie. **GB**

Great Britain. **+GBE** Grand-Croix de l'ordre de l'Empire Britannique. **G.b.o.** Goods in bad order (marchandises en mauvais état).

+GC George Cross. **GCA** Guatemala. **+GCB** Grand-Croix de l'ordre du Bain. **+GCMG** Knight or Dame Grand Cross of St Michael and St George. **GCR** Gas-Cooled Reactor (réacteur à refroidissement gazeux). **gd** grand. **GD** Grenade. **G & D** Guadeloupe et territoires Dépendants. **GDF** Gaz De France. **GDP** Gross Domestic Product. **GDS** Global Distribution System. **GE** General Electric company. Génération Écologie. Géorgie. **GEA** Groupe d'Études des problèmes des grandes entreprises Agricoles. Tanganyika. **geb.** geboren (né). **gefl.** gefälligst (s'il vous plaît). **GEGS** Grandes Entreprises de distribution spécialisées en Grandes Surfaces. **GEIE** Groupement Européen d'Intérêt Économique. **Gen.** General. **GEO** Géorgie. **GERDAT** Groupement d'Études et de Recherches pour le Développement de l'Agronomie Tropicale. **GERTRUDE** Gestion Électronique de la Régulation du Trafic Routier Urbain Défiant les Embouteillages. **Ges.** Gesellschaft (société). **gest.** gestorben (décédé). **GESTAPO** GEheime STAatsPOlizei (Police Secrète d'État). **gez.** gezeichnet (signé). **GF** Groupes Francs. Guyane Française. Gulf Air. **GFA** *Groupement* Foncier Agricole. **GFCA** des Fusilliers Commandos de l'Air.

ggf. gegebenenfalls (le cas échéant). **G.gr.** Great gross [144 dz] (12 grosses). **GH** Ghana. Ghana Airways. **GHA** Ghana. **GHQ** General HeadQuarters. **GI** Gibraltar. Government Issue. **GIA** Groupe Islamique Armé (Algérie). **GIAT** Groupement Industriel des Armements Terrestres. **GIC** Grand Invalide Civil. Groupe Interministériel de Contrôle. **GICEL** Groupement des Industries de la Construction ÉLectrique. **GIDE** Gestion Informatisée des Demandes d'Emploi. **GIE** *Groupement d'Intérêt Économique* **GIEE** Européen. **GIEP** Groupe Indépendant Européen de Programme. **GIFAS** Groupement des Industries Françaises Aéronautiques et Spatiales. **GIG** Grand Invalide de Guerre. **GIGN** Groupe d'Intervention de la Gendarmerie Nationale. **GIGO** Garbage In Garbage Out (ordures). **GIN** Guinée. **GIP** *Groupement* d'Intérêt Public. **GIS** de l'Industrie Sidérurgique. d'Intérêt Scientifique. **GIRZOM** Groupe Interministériel pour la Rénovation des ZOnes Minières. **GJ** Giga Joule.

GL Gabon. Gröenland. **GLAM** Groupe de Liaison Aérienne Ministérielle. **GLCM** Ground Launched Cruise Missile. **GLF** Grande Loge de France. **Glos.** Gloucestershire. **GM** Gambie. General Motors. Génie Maritime. Génie Militaire. Gentil Membre. Gouverneur Militaire. **GMB** Gambie. **GmbH** Gesellschaft mit beschränkter Haftung (SARL). **GMC** General Motor's Corporation. **GMDSS** Global Maritime Distress and Safety System. **GMF** Garantie Mutuelle des Fonctionnaires. **GMMP** Grands Magasins et Magasins Populaires. **GMQ** Good Merchantable Quality (bonne qualité marchande). **GMR** Groupes Mobiles de Réserve. **GMT** Greenwich Mean Time (temps moyen de Greenwich). **GN** Air Gabon. Guinée. **+GN** Médaille de la Gendarmerie Nationale. **GNB** Guinée-Bissau. **GND** GrouND (Terre). **GNL** Gaz Naturel Liquide. **GNMA** Government National Mortgage Association. **GNP** Gross National Product (produit national brut). **GNQ** Guinée équatoriale. **gns.** Guinées.

GO Garantie d'Origine. Gentil Organisateur. Grandes Ondes. **g.o.b.** good ordinary brand (bonne marque ordinaire). **GOF** Grand Orient de France. **GONUIP** *Groupe d'Observateurs des Nations Unies* en Inde et au Pakistan. **GONUL** au Liban. **GOP** « Great Old Party » (désigne aux USA le parti républicain). **GOULAG** Glavnoïe OUpravlenie LAGuereï (Direction des camps de travail forcé). **Gov.** Governor. **Govt** Government. **GP** Groupes de Protection. Guadeloupe. **GPAO** Gestion de la Production Assistée par Ordinateur. **GPE** Guadeloupe. **GPL** Gaz de Pétrole Liquéfié. **GPO** General Post Office. **GPS** Global Positioning System. **GPRA** *Gouvernement Provisoire* de la République Algérienne. **GPRF** de la République Française. **GPS** Global Positioning System. **GPU** (ou Guépéou) Gossoudarstvennoïe Polititcheskoïe OUpravlenïe (Administration Politique d'État). **GQ** Guinée Équatoriale. **GQG** Grand Quartier Général.

GR Grande Randonnée (sentier). Grèce. Groupe de Reconnaissance. **Gr** Groschen. **gr.** grec. **Grad.** Graduate. **GRAPO** Groupe de Résistance Antifasciste du premier Octobre. **grav.** gravure. **gr. cap.** grande capitale. **GRECE** Groupement de Recherche et d'Études sur la Civilisation Européenne. **GREF** Génie Rural, des Eaux et des Forêts. **Greta** Groupements d'établissements pour la formation continue. **GRI** Nouvelle-Angleterre, Samoa. **GRL** Groenland. **GROG** Groupements Régionaux d'Observation de la Grippe. **grt** gross registered ton (tonnage brut). **GRU** Glavnoïe Razveddyvatelnoïe Upravelnïe (Direction Principale du Renseignement). **gr. wt** gross weight (poids brut). **G7** Groupe d'union des Sept. Gandalf Airlines. **GS** Iles St-Georges et Sandwich. **GSM** Global System for Mobile Communications. **Gt** Gérant. Groupement. **GT** Grand Tourisme. Guatemala. **GTM** Grands Travaux de Marseille. Guatemala. **GU** Grand Uniforme. Grande Unité. Guam. **GUD** Groupe Union Défense. **GUF** Guyane Française. **GUY** Guyana. **GV** Talair. **GVF** *Groupement de Vulgarisation* Forestière. **GVPA** du Progrès Agricole. **gvt.** gouvernement. **GW** GigaWatt. Guinée Bissau. **GWh** GigaWatt/heure. **GY** Guyana.

H Hongrie. Honorariat. **ha** hectare. **hab.** habitant. **H and J** Hyphenation (césure) et Justification. **HA** Haute Activité. **HAC** Hélicoptère AntiChars. **HAD** Hospitalisation A Domicile. **HADA** Haute Autorité de Défense Aérienne. **Hants.** Hampshire. **HAP** Hélicoptère d'Appui-Protection. **Hbf.** Hauptbahnhof (gare centrale). **HBM** Habitation à Bon Marché. **HBV** *Hepatitis* B Virus. **h.c.** hors commerce. honoris causa. **HC** House of Commons. **HCA** Honduras. **HCE** Haut Comité à l'Environnement. **HCF** Haut Conseil de la Francophonie. **HCFC** HydroChloroFluoroCarbure. **HCR** Haut-Commissariat des Nations unies pour les Réfugiés. **HD** Hard Disk. Haute Densité. **HDI** Human Development Index. **Hdlg.** Handlung (maison de commerce). **HE** His Excellency ; His Eminence. Trans European Airways. **HEC** Hautes Études Commerciales. **Hedge fund** fonds spéculatifs. **HEI** Hautes Études Industrielles. **Herts** Hertfordshire. **HF** Haute Fréquence (Électricité). Home Fleet (Flotte de guerre angl.). **HFL** Florin néerlandais. **HGB** Handelsgesetzbuch (Code de commerce). **hg (b).** herausgegeben (édité). **HH** Somali Airlines. His (Her) Highness. **hhd** Hogshead (fût de 240 l). **HI** Hawaii. **HIM** Her/His Imperial Majesty. **HIPPARCOS** HIgh Precision PARallax COllecting Satellite. **hist.** historique. **HIV** Human Immunodeficiency Virus. ***HJS*** *Hic Jacet Sepultus.* **HK** ou **HKG** Hong Kong.

hl hectolitre. **HL** House of Lords. **HLA** Human Leucocyte Antigen. **HLM** *Habitation à Loyer Modéré.* **HLMO** Ordinaire. **HM** Air Seychelles. His (Her) Majesty. Iles Heard et McDonald. **HMA** High Memory Area. **HMC** His (Her) Majesty's Customs (douanes britanniques). **Hme** Homme. **HMS** Her Majesty's Ship. – His (Her) Majesty's Service. **HMSO** Her Majesty Stationery Office. **HN** Honduras. KLM City-Hopper. **HND** Honduras. **HO** Head Office (siège social). **Holl.** Hollande. **HOMO** Opérations de parachutage de personnel. **Hon.** Honorary. Honourable. **HOT** High-subsonic Optical Tube lounched missile (guidage). **HP** America West Airlines. Haute pression. Hewlett-Packard. Hire Purchase (vente à tempérament). Horse Power (Cheval-vapeur). **HPH** Handley Page H. **Hpt.** Hauptmann (capitaine). **HPV** Human Papilloma Virus. **HQ** HeadQuarters (quartier général). **Hr.** Herr (monsieur). **HR** Croatie. House of Representatives (USA). **HRH** His (Her) Royal Highness. **Hrn.** Herren (messieurs). **HRV** (ou HR) Croatie. **HRVIR** Haute Résolution Visible InfraRouge. **HS** Air North International. High Speed. Hors Service. **HSH** Her (His) Serene Highness. **HSP** Haute Société Protestante. **HS7** Hawker S 748. **HT** Haïti. Haute Tension. Hors Taxe. **h.t** Hors texte. **HTI** Haïti. **HTLV** Human T-Leukemia Virus. **HTML** Hyper Text Markup Language. **HTTP** Hyper Text Transfert Protocol. **HUGO** HUman Genome Organization. **Hum.** Humiliés. **HUN** (ou HU) Hongrie. **HV** Burkina-Faso (ex-Haute-Volta). Transavia Airlines. **HWR** Heavy Water Reactor (réacteur à l'eau lourde). **HY** Uzbekistan Airways **hygr.** Hygrométrie. **Hz** hertz.

I Italie. **IA** Ingénieur de l'Armement. Inspecteur d'Académie. Intelligence Artificielle. Iowa. Iraqi Airways. **i.A.** im Auftrag (d'ordre de, par délégation). **IAA** Industries Agricoles et Alimentaires. **IAB** Institut Agricole de Beauvais. **IAC** Indian Airlines. **IAE** Institut d'Administration des Entreprises. In any event (dans tous les cas). **IAEA** International Atomic Energy Agency. **IAN** Institut Agronomique de Nancy. **IANA** Internet Assigned Numbers Authority. **IAO** Ingénierie (conception de circuits intégrés) Assistée par Ordinateur **IARD** Incendie Accidents Risques Divers. **IATA** International Air Transport Association. **IATOS** Ingénieurs, Administratifs, Techniciens, Ouvriers et de Service (personnels). **IAURIF** Institut d'Aménagement et d'Urbanisme de la Région Ile-de-France. **IB** Iberia. Invoice Book (facturier). **IBA** Independent Broadcasting Authority. International Banking Act. **IBF** International Banking Facilities. **IBIC** Impôt sur les Bénéfices Industriels et Commerciaux. **Ibid.** *Ibidem* (au même endroit). **IBIS** Instrument de BIologie Spatiale. **IBJ** Industrial Bank of Japan. **IBM** *International* Business Machines corporation. **IBRD** Bank for Reconstruction and Development.

IC Indemnités Compensatoires. Indian Airlines. Internationale Communiste. **ICA** Institute of Contemporary Art. **ICAM** Institut Catholique d'Arts et Métiers. **ICAO** International Civil Aviation Organization (voir **OACI**). **ICBM** InterContinental Ballistic Missile. **ICC** Indice du Coût de la Construction. International Chamber of Commerce. **ICE** Inter City Express. **ICEM** Institut Coopératif de l'École Moderne (pédagogie Freinet). Intergovernmental Committee for European Migration. **ICF** Indicateur Conjoncturel de Fécondité. **ICI** Imperial Chemical Industries. Institut de Commerce International. **ICITO** Commission Intérimaire de l'Organisation Internationale du Commerce. **ICOMOS** Conseil International des Monuments et des Sites. **ICP** International Center of Photography. **ICPE** Installation Classée pour la Protection de l'Environnement.

ID Air Normandie. Indonésie. ***id.*** *idem* (le même). Idaho. **IDA** Association Internationale de Développement. **Ida.** Idaho. **IDE** Investissement Direct Étranger. **IDEM** *Inspecteur Départemental* des Écoles Maternelles. **IDEN** de l'Éducation Nationale. **IDF** Ile-de-France. **IDH** Indice de Développement Humain. **IDHEC** *Institut* Des Hautes Études Cinématographiques (France). **IDI** de Développement Industriel. **IDN** Industriel du Nord de la France. Indonésie. **IDPE** Ingénieur Diplômé Par l'État. **IDS** Initiative de Défense Stratégique.

i.e. *id est* (c'est-à-dire). **IE** Irlande. Solomon Airlines. **IEF** India (Iraq) English Force. **IEJ** Institut d'Études Juridiques. **IEM** Impulsion ÉlectroMagnétique. **IEN** Inspecteur de l'Éducation Nationale. **IEP** Institut d'Études Politiques. **IES** Initiation Économique et Sociale. **IET** Inspecteur de l'Enseignement Technique. **IETA** Ingénieur des Etudes et Techniques de l'Armement. **IF** Immobilières et Foncières. **IFA** *Institut* de Formation des Apprentis. Français d'Architecture. **IFAD** International Fund for Agricultural Development. **IFC** International Finance Corporation. **IFE** *Institut Français* de l'Énergie. de l'Environnement. **IFHS** d'Histoire Sociale. **IFOP** d'Opinion Publique. Instrument Financier d'Orientation de la Pêche. **IFP** *Institut Français* du Pétrole. de la Presse et des Sciences de l'Information. **IFPA** Institut de Formation des Personnels Administratifs. **IFR** Instrument Flight Rules (règles de vol aux instruments). **IFRAP** Institut Français pour la Recherche sur les Administrations Publiques. **IFRB** International Frequency Registration Board. **IFREMER** Institut Français de Recherche pour l'Exploitation de la MER. **IFRI** Institution Française des Relations Internationales. **IG** Meridiana. **IGA** Ingénieur Général de l'Armement. Inspection Générale de l'Administration. **IGAME** Inspecteur Général de l'Administration en Mission Extraordinaire. **IGAEN** *Inspection Générale* de l'Administration de l'Éducation Nationale. **IGAS** des Affaires Sociales. **IGEN** Inspecteur Général de l'Éducation Nationale. **IGF** Impôt sur les Grandes Fortunes. Inspection Générale des Finances. **IGH** Immeuble de Grande Hauteur. **IGN** Institut Géographique National. **IGPN** Inspection Générale de la Police Nationale. **IGR** Impôt Général sur le Revenu. **IGREF** Ingénieur du Génie Rural, des Eaux et des Forêts. **IGS** Inspection Générale des Services.

IH Falcon Aviation. **IHEDN** *Institut des Hautes Études* de Défense Nationale. **IHESI** de Sécurité Intérieure. ***i.h.l.*** *in hoc loco* (en ce lieu). **Ihs** Contraction de Jhesus, Jésus ; souvent compris comme IHS, *Iesus Hominum Salvator* (Jésus sauveur des hommes). **IIAP** *Institut International* d'Administration Publique. **IIED** pour l'Environnement et le Développement. **IJ** Air Liberté. Flandres Air. **i.J.** im Jahre (dans l'année). **IL** Illinois. Israël. **I/L** Import Licence. **ill.** Illustré. **ILM** *Immeuble à Loyer* Moyen. **ILN** Normal. **ILO** International Labour Organization. **ILS** Instrument Landing System. **IL6** *Ilyushin* 62. **ILW** 86. **IMA** *Institut* du Monde Arabe. **IME** Monétaire Européen. **IMF** *International* Monetary Fund. **IMM** Money Market. **IMHO** In my humble opinion (à mon humble avis). **Imm.** Immeuble. **IMO** International Maritime Organization. **impe** indicated mean effective pressure (pression moyenne indiquée). **IMPS** Institut de Médecine et de Physiologie Spatiales.

IN Inde. Indiana. IPEC Aviation. **in** inch, inchies. **INA** *Institut National* Agronomique. de l'Audiovisuel. **INAG** d'Astronomie et de Géophysique. **INALCO** des Langues et Civilisations Orientales. **INAO** des Appellations d'Origine. **INAPG** Agronomique Paris-Grignon. **INB** Installation Nucléaire de Base. **Inbegr.** Inbegriffen (y compris). **Inc.** incorporated (constituée pour une société) ; increase (augmentation). **INC** Institut National de la Consommation. **ince. ins., insce** Insurance (assurance). **incl.** include, including. **incog.** *incognito* (inconnu). **IND** Inde. **Ind** Independent. Index. **in-12** in-douze. **INED** Institut National des Études Démographiques. **inf.** *infra.* **INF** International Nuclear Force. **in-f°** in-folio. **infra** Ci-dessous. **Inh.** Inhaber (propriétaire). **in-8°** in-octavo. **INIAG** Institut National des Industries et des Arts Graphiques. **INLA** Irish National Liberation Army. **in loc.** *In loco* (à sa place). **INOC** Iraq National Oil Company. **INP** *Institut National* Polytechnique. **INPE** Pour la formation de l'Entreprise. **INPG** Polytechnique de Grenoble. **INPI** de la Propriété Industrielle. **INPSA** de Promotion Supérieure Agricole. **in-4°** in-quarto. **INR** *Institut National* belge de Radiodiffusion. **INRA** de la Recherche Agronomique. **INRIA** de Recherches en Informatique et Automatique. **INRDP** de Recherche et de Documentation Pédagogiques. **INRETS** REcherche Transports et Sécurité. ***INRI*** *Iesus Nazarenus Rex Iudaeorum* (Jésus de Nazareth, roi des Juifs). **INRIA** *Institut National de Recherche* en Informatique et en Automatique. **INRP** Pédagogique. **INRS** et de Sécurité. **INS** *Institut National* des Sports. **INSA** des Sciences Appliquées. **INSEAA** INStitut Européen d'Administration des Affaires. **INSEAD** INstitut Européen d'Administration des Affaires. **INSEE** *Institut National* de la Statistique et des Études Économiques. **INSEP** du Sport et de l'Éducation Physique. **INSERM** de la Santé Et de la Recherche Médicale. **inst.** instant (du mois en cours). **Inst.** Institute, Institution. **INSTN** *Institut National des Sciences* et Techniques Nucléaires. **INSU** de l'Univers. **int.** interest (intérêt). intérieur. **INTRW** in the real world (dans le monde réel). **inv.** *invenit* (a inventé). invoice (facture).

IO British Indian Ocean Territory. TAT. **I/O** Input/Output. **IOCU** International Organization of Consumers Unions. **IOE** Institut d'Observation Économique. **IOM** Isle Of Man. **IOR** Indian Ocean Rim. **IOS** Internationale Ouvrière Socialiste. **IOU** I Owe You (Je vous dois). **IOW** Isle Of Wight. In other words (en d'autres termes). **IPA** *Institut de Préparation* aux Affaires. **IPAG** à l'Administration Générale. **IPAMPA** Indice des Prix d'Achat des Moyens de Production Agricole. **IPAS** Groupe des Indépendants et Paysans d'Action Sociale. **IPC** Indice des Prix à la Consommation. International Petroleum Company. InterProcess Communication. Iraq Petroleum Company. **IPES** Institut de Préparation aux Enseignements du Second degré. **IPH** Indicateur de Pauvreté Humaine. **IPL** Information Processing Language. **IPR** *Inspecteur Pédagogique Régional.* **IPR-IA-** Inspecteur d'Académie. **IQ** Iraq.

i.R. im Ruhestand(e) (en retraite). **+IR** Interné de la Résistance. **IR** Inland Revenue (fisc). Iran. IRanair. **IRA** Institut Régional d'Administration. Irish Republican Army. **IRBM** Intermediate Range Ballistic Missile. **IRCA** *Institut de Recherche* de la Chimie Appliquée. **IRCAM** et de Coordination Acoustique-Musique. **IRCANTEC** Institut de Retraite Complémentaire des Agents Non Titulaires de l'État et des Collectivités locales. **IRCHA** *Institut de Recherche* CHimique Appliquée. **IREM** sur l'Enseignement des Maths. **IREP** d'Études Publicitaires. **IREPS** Institut Régional d'Éducation Physique et Sportive. **IRES** *Institut de Recherches* et d'Études Syndicales. **IRIA** d'Informatique et d'Automatique. **IRG** Inter Record Gop. **IRL** Irlande. Livre irlandaise. In Real Life (dans la vraie vie). **IRN** Iran. **IRO** International Refugee Organization. **IRPP** Impôt sur le Revenu des Personnes Physiques. **IRQ** Interrupt ReQuest. Iraq. **IRSID** *Institut de Recherches* de la SIDérurgie. **IRT** des Transports. International Road Transport. **IRVM** Impôt sur le Revenu des Valeurs Mobilières.

IS Impôt sur les Sociétés. Information Separator character. Intelligence Service. Inventaire Supplémentaire des Monuments Historiques. Islande. **Is** Islands. **ISA** Imprimé Sans Adresse. Industry Standard Architecture. *Institut Supérieur* des Affaires. **ISAA** de l'Agro-Alimentaire. **ISBL** Institution Sans But Lucratif. **ISBN** International Standard Book Number. **ISC** *Institut Supérieur* de Commerce de Paris. **ISEP** d'Électronique de Paris. **ISF** Impôt de Solidarité sur la Fortune. **ISG** Institut Supérieur de Gestion. **ISL** Islande. **ISM** Indemnité Spéciale de Montagne. **ISMH** Inventaire Supplémentaire des Monuments Historiques. **ISO** Infrared Space Observatory. Interconnexion des Systèmes Ouverts. International Standars Organization. **ISP** Indemnité Spéciale de Piedmont. **iss.** issue (émission). **ISR** Internationale Syndicale Rouge. Israël. **ISSN** International Standard Serial Number. **ISTPM** Institut Scientifique et Technique des Pêches Maritimes. **ISV** Iles Vierges.

IT Air Inter. Inclusive Tour. Italie. **ITA** Ingénieurs, Techniciens, Administratifs. Institut du Transport Aérien. **ital.** italique. italien. **ITBB** Fédération Internationale des Travailleurs du Bois et du Bâtiment. **ITC** Investment Tax Credit. **ITEF** *Ingénieur* des TEchniques Forestières. Technicien d'Études et de Fabrication. **ITH** Indemnité de Transport et d'Hébergement. **ITO** *International* Trade Organization. **ITT** Telephone and Telegraph. **ITU** Telecommunications Union. **ITV** Independant Television. Intermédiaire en Valeurs du Trésor.

IUFM *Institut Universitaire* de Formation des Maîtres. **IUHEI** des Hautes Études Internationales. **IUP** Professionnalisé. **IUT** de Technologie. **i.V.** im Vertretung (par délégation). **IVD** Indemnité Viagère de Départ. **IVG** Interruption Volontaire de Grossesse. **IW** AOM. Minerve. **IY** Yemen Airways. **IZ** Arkia Israeli Airlines.

J Japon. Journal (livre de comptabilité). Jockey Club. **J/A** Joint Account (compte conjoint). **JA** Jamaïque. **JAC** Jeunesse Agricole Catholique. **JAF** Juge aux Affaires Familiales. **JAL** (voir **JL**). **JAM** Jamaïque. Just a minute (un instant). **Jan.** January. **jans.** Janséniste. **JAP** Japon. Juge de l'Application des Peines. **JAR** Joint Air Regulation. **JAT** Jugoslovenski AeroTransport. **Jb.** Jahrbuch (annuaire). **J.-C.** Jésus-Christ. **JC** Jeunesses Communistes. **JCD** Jeune Cadre Dynamique. **JCE** Jeune Chambre Économique. **JCR** Jeunesse Communiste Révolutionnaire. **JD** Japan Air System. **JE** Juge des Enfants. Manx Airlines. **JEC** Jeunesse Étudiante Chrétienne.

JET Joint European Torus. **JF** Jeune Fille. **Jg.** Jahrgang (année). **JG** Swedair. **JGI** Jolly Good Idea. **JH** Jeune Homme. **Jh (dt).** Jahrhundert (siècle). **JHS** *Jesus Hominum Salvator* (comme IHS). **JIC** Jeunesse Indépendante Catholique. **JJ** TAM. **JJSS** Jean-Jacques Servan-Schreiber. **JL** (ou JAL) Japan Air Lines. **JM** Air Jamaica. Jamaïque. **JMF** Jeunesses Musicales de France. **JPN** Japon. **JO** *Journal Officiel.* Jeux Olympiques. Jordanie. **JOC** Jeunesse Ouvrière Chrétienne. **JOR** Jordanie. **JP** Adria Airways. Japon. **JPP** Juments Présumées Pleines. **JQ** Trans-Jamaican Airlines. **Jr.** Junior. **+J.Sp** Médaille de la Jeunesse et des Sports. **Jt.** Joint. **JU** Jugoslovenski Aerotransport (JAT). **Jun** Junior. **JV** Joint Venture. **JY** Jersey European Airways.

K Cambodge (Kampochéa). Kiwanis club de Paris. Köchel (numérotation des œuvres de Mozart). Kwacha. **KA** Dragonair. **KAZ** Kazakhstan. **KB** King's Bench (le Banc du roi, cour supérieure de Justice). Knight Bachelor. **+KBE** *Knight Commander of the Order* of the British Empire. **+ KCB** of the Bath. **+ KCMG** St. Michael. **+KCVO** Knight Commander of the Royal Victorian Order. **KD** Kendell Airlines. **KE** Korean Air. **KE** ou **KEN** Kenya. **Kfz** Kraftfahrzeug (véhicule automobile). **+KG** Knight of the Order of the Garter. **KG** Kirghizistan. Kommanditgesellschaft (société en commandite). Kriegsgefangener (prisonnier de guerre). **Kg** Kilogramme. **KGB** Komitet Gosudarstvennoi Bezopasnosti (Comité de sécurité d'État ou contre-espionnage soviétique). **KGCA** Carinthie. **Kgep** Kilogramme d'équivalent-pétrole. **KGL** Post From Denmark. Indes occidentales danoises. **KGZ** Kirghizistan. **KH** ou **KHM** Cambodge. **KI** Air Atlantique. Kiribati. **KIM** Komunistcheski Internatsional Molodeji (Internationale communiste des jeunes). **k.J.** kommenden Jahres (de l'année prochaine). **KK** Kaiserlich, Königlich (tampon postal Autriche, Italie autrichienne). **KKK** Ku Klux Klan. **KL** KLM. Konzentrationslager. **KLM** Köninklijke Luchtvaart Maatshappij.

KM Air Malta. Comores. **Km** kilomètre. **KN** St-Christophe et Nevis. **KO** Kenya Airways. Knock Out (Hors de combat). **Ko** kilo-octet. **KOA** ou **KOI** quoi. **KR** ou **KOR** Corée du Sud. **+KP** Knight of (the Order of) St. Patrick. **KP** Corée du Nord. **KPD** Kommunistische Partei Deutschlands (Parti communiste allemand). **kph** kilometres per hour. **krd** *Couronne* danoise. **krn** norvégienne. **krs** suédoise. **KS** Kansas. **+K.St.J.** Knight of the Order of St John of Jerusalem. **KT** of the Thistle ; Templar. **Kt.** Knight (Chevalier). Kilotonne. **Kto** Konto (compte). **KU** Kuwait Airways. **Kuk** Königlich und Kaiserlich (royal et impérial). **kV** Kilovolt. **kW** *Kilowatt.* **kWh** heure. **KW** ou **KWT** Koweït. **KY** Caïmans. Kentucky. **KZ** Kazakhstan. NCA (Nippon Cargo Airlines).

L Liberal. Loi. Luxembourg. **l** litre. **£** pound (livre sterling). **LA** Laos. LAN (Línea Aérea Nacional-Chile). Lettre Autographe. Los Angeles. Louisiana. **La.** Louisiana. **LAA** Lutte Anti-Aérienne. **Lab.** Labour. Laboratory. **LAI** Linee Aeree Italiane. **LAM** Linhas Aéreas de Moçambique. Trade Mark. **Lancs.** Lancashire. **LAN** Local Area Network. **LAO** Laos. **LAS** Lettre Autographe Signée. **LASER** Liaison Autoroutière Souterraine Express et Régionale. Light Amplification by Stimulated Emission of Radiation. **lat.** Latitude. latin. **LAV-HTLV 3** Lymphoadenopathy Associated Virus/Human T-Lymphotropic Virus. **lb.** pound (livre). **LB** Liban. Libéria. Liquidation de Biens. Lloyd Aero Boliviano. **LBN** Liban. **LBO** Leverage Buy Out. **LBR** Libéria. **lbs. avdp.** Livres avoirdupois. **LBY** Libye. **L/C** Letter of Credit (Lettre de crédit). **LC** Lions Club. Loganair. Sainte-Lucie. **LCD** Liquid Cristal Display. **l.c.l.** less car load (charge incomplète). **LCPC** Laboratoire Central des Ponts et Chaussées. **LCR** Ligue Communiste Révolutionnaire. **LCSQA** Laboratoire Central de Surveillance de la Qualité de l'Air. **Lda** Limitada. **LDC** Least Developed Country. **ldg.** loading (chargement). **LDH** Ligue des Droits de l'Homme. **LDL** Light Density Lipoprotein. **L10** Tristar.

LEA Langues Étrangères Appliquées. **led.** ledger (grand Livre). ledig (célibataire). **LEE** Livret d'Épargne Entreprise. **Leics.** Leicestershire. **LEM** Laboratoire d'Étude des Matériaux. Livret d'Épargne Manuelle. **L. en D.** *Licencié* en Droit. **L. ès L.** ès Lettres. **L. ès Sc.** ès Sciences. **L 8 R** later (plus tard). **LEP** Large Electron-Positon collider (Laboratoire européen des particules). Livret d'Épargne Populaire. Lycée d'Enseignement Professionnel. **LETI** Laboratoire d'Électronique et de Technologie de l'Informatique. **LF** Linjeflyg. Low Frequency (Basse Fréquence, grandes ondes). **lfd.** laufend (courant). **lfd.M.** laufenden Monats (du mois courant). **LFEEP** Ligue Française de l'Enseignement et de l'Éducation Permanente. **LFI** Loi de Finances Initiale. **LFR** Franc luxembourgeois. **LG** Lady of the Garter. Luxair. **LH** LuftHansa. **LHD** Doctor of Humane Letters. **LI** Liechtenstein. Long Island. **Lib.** Liberal. **LIBOR** London InterBank Offered Rate. **Lic.** Licenciado (avocat). **LICRA** Ligue Internationale Contre le Racisme et l'Antisémitisme. **LIDIE** Liste Indépendante de Défense des Intérêts des Étudiants. **Lieut.** Lieutenant. **LIFFE** London International Financial Futures Exchanges. **LIFO** Last In First Out (dernier entré, 1er sorti). **lim.** Limite. **LIM** Lotus/Intel/Microsoft. **Lincs.** Lincolnshire. **LIP** Life Insurance Policy. **LIT** Lire ITalienne. **litt.** littera. **Liv.** Livre. **L.J.** Laufenden Jahres (de l'année courante). **LJ** Lord Justice. Liquidation Judiciaire. **LK** Fairlines. **LK** ou **LKA** Sri Lanka. **Lkw** Lastkraftwagen (camion).

LL.AA. *Leurs Altesses.* **LL.AA.EE.** Électorales. **LL.AA.EEm.** Éminentissimes. **LL.AA.II.** Impériales. **LL.AA.RR.** Royales. **LL.AA.SS.** Sérénissimes. **LL.B** Bachelor of Laws. **LL.D** Doctor of Laws. **LL.EE.** *Leurs* Excellences. **LL.EEm.** Éminences. **LL.GGr.** Grâces. **LL.HH.PP.** Hautes Puissances. **LL.M** Master of Laws. **LL.MM.II.** *Leurs Majestés* Impériales. **LL.MM.RR.** Royales. **LM** Antillean Airlines. Légion du Mérite des USA. **LMBO** Leverage Management Buy Out. **LMc** L'île de la Trinité, timbre local. **LME** London Metal Exchange. **LN** Libyan Airlines. **LNG** Liquefied Natural Gas. **LO** Lutte Ouvrière. Voir LOT. **LOA** Location avec Option d'Achat. ***loc. cit.*** *loco citato* (endroit cité). **LOADDT** Loi d'Orientation pour l'Aménagement et le Développement Durable du Territoire. ***loc. laud.*** *loco laudato* (passage loué). **LODYC** Laboratoire d'Océanographie DYnamique et de Climatologie. **LOF** Loi d'Orientation Foncière. **log.** Logarithme. **Log.** Logarithme Népérien. **LOL** laughing out load (rire aux éclats). **long.** Longitude. **LOT** Compagnie polonaise d'aviation (LOTnicze). **LOTI** *Loi d'Orientation* des Transports Intérieurs. **LOV** sur la Ville. **LP** Long Player. *Lycée Professionnel.* **LPA** Agricole. **LPG** Liquefied Petroleum Gas. **LPI** Lines Per Inch. **L'pool** Liverpool. ***LQ*** *Lege, quaeso* (lisez, je vous prie).

LR LACSA (Líneas Aéreas Costarri censes). Lettre Recommandée. Libéria. Long Rifle. **L8R** Later (plus tard). **LRBM** *Long Range* Ballistic Missile. **LRINF** Intermediate Nuclear Force. **LRM** Lance-Roquettes Multiple.**LRMH** Laboratoire de Recherche des Monuments Historiques. **LS** Lettre signée. *Locus Sigilli* (Leurs Sceaux, Emplacement du cachet). **L.s.d.** *Librae solidi denarii* (Livres, shillings, pence). **LSD** Lyserg Saüre Diäthylamid (acide). **LSE** London School of Economics. **LSI** Large Scale Integration. **LS** ou **LSO** Lesotho. **LST** Landing Ship Tank. **LT** Lybie. Long Terme. **LTU** (Lufttransport-Unternehmen). **lt.** Laut (selon). **Lt** Lieutenant. **LTCM** Lont-Term Capital Management. **Ltd.** Limited (Respons. limitée). **Ltn.** Lieutenant (sous-lieutenant). **LTPD** Lot Tolerance Percent Defective (proportion maximale de déchets tolérés). **LTU** (ou LT) Lituanie. **LU** Luxembourg. **LV** Langue Vivante. Lieutenant de Vaisseau. **LVA** (ou LV) Lettonie. **LVF** Légion des Volontaires Français. **LVMH** Louis Vuitton-Moët-Hennessy. **LX** Cross Air. **LY** El Al. Libye. **LZ** Balkan Bulgarian Airlines.

M Malte. Mega. Million. Minor. Monsieur. Cercle National des Armées (Cercle Militaire). **m** mètre. **m.** maroquin. married. **+MA** Mérite Agricole. **MA** Malev (Hungarian Airlines). Maroc. Master of Arts (licence ès lettres). Massachussetts. Modulation d'Amplitude. Moyenne Activité. **M/A** Memorandum of Association. **m.a.b.** mise à bord. **MAB** *Manufacture d'Armes* de Bayonne. **MAC** de Chatellerault. Multiplexed Analog Components. Musée d'Art Contemporain. Museo de bellas Artes de Cataluña. **MACA** Mouvement d'Action des Commerçants et Artisans. **MAD** Michigan Algorithm Decoder. Mutual Assured Destruction (destruction mutuelle assurée). **MAAIF** (puis **MAIF)** Mutuelle d'Assurance Automobile des Instituteurs de France. **Maj(.)** Major. **+Mal** Mérite de l'Ordre de Malte. **MAM** Musée d'Art Moderne. **Man.** Manager, Managing. **MAO** Musique Assistée par Ordinateur. **MAP** Manufacture d'Armes des Pyrénées. **MAPKA** (marka) *En russe :* timbre-poste. **MAR** Maroc. **mart.** martyr(s), martyre(s). **MARV** MAnœuvrable Re-entry Vehicle. **MAS** Maisons A Succursales. Manufacture nationale d'Armes de St-Étienne. Manuscrit Autographe Signé. **masc.** Masculin. **MASER** Microwave Amplification by Stimulated Emission of Radiations. **MASH** Mobil Army Surgical Hospital. **Mass.** Massachusets. **MASS** Mathématiques Appliquées aux Sciences Sociales. **MAT** Manufacture nationale d'Armes de Tulle. **MATIF** *Marché A Terme* d'Instruments Financiers. International de France. **Matth.** Matthieu. **max.** Maximum.

MB Bachelor of Medicine. **MBA** Marge Brute d'Ataufinancement. Master of Business Administration. **MBB** Messerchmitt Bölhow-Bl Fohm. **MBC** Maxim's Business Club. **+ MBE** Member of the Order of the British Empire. **MBFR** Mutual Balanced Force Reduction (réduction mutuelle équilibrée des forces). **MBK** Motobécane. **MBS** Marge Brute Standard. **MC** Master of Ceremonies. *Member* of Congress. of Council. Military Cross. Monaco. **M/C., M/chtr.** Manchester. **m.c.** monnaie de compte (devise de référence pour la signature d'un contrat). **MCA** Micro Channel Architecture. Music Corporation of America. **MCC** Ministère de la Culture et de la Communication. Mouvement des Cadres Chrétiens. **MCCA** Marché Commun Centre-Américain. **MCF** Mission Chrétienne Française. **+MCI** Mérite Commercial et Industriel. **MCM** Montants Compensatoires Monétaires. **+M.Ct.** Mérite combattant. **MD** Air Madagascar. Docteur en Médecine. Maryland. Mentally Deficient (débile). Moldavie. M^{d} milliard. **m/d** months after date (à... mois d'échéance). **MDA** Méthylène-Dioxy-Amphétamine. Moldavie. **MDC** Mouvement des Citoyens. **MDG** Madagascar. **MDI** Maison Des Instituteurs. **MdL** Maréchal des Logis. **+MDN** Médaille de la Défense Nationale. **MDP** Missionnaires De la Plaine. **MDR** Militaire Du Rang. Mouvement Des Réformateurs. **mdse** merchandise (marchandise). **MDV** Maldives. **ME** Maine. Monétaires Euro. **m.E.** meines Erachtens (à mon avis). $M^{e(s)}$ Maître(s). **ME** Middle East Airlines. **MEAC** Museo Español de Arte Contemporáneo. **MECV** Ministère de l'Environnement et du Cadre de Vie. **MEDEF** Mouvement des Entreprises DE France. **Mehrw.St.** Mehrwertsteuer (taxe sur la valeur ajoutée). **Mél.** Messagerie électronique. **Mem.(s)** Member(s). **MEM** MÉmoire Morte. Monde d'économie de marché. **MEP** Missions Étrangères de Paris. **Mercosur** Marché Commun du Sud. **Messrs.** (ou MM) Messieurs. **MEV** Mega Electron Volt. MÉmoire Vive. **MEX** Mexique. Mis en examen. **MEZ** MittelEuropäische Zeit (heure de l'Europe centrale). **MF** Manufrance, St-Etienne (établissement civil). Méga Franc (1 000 000 F). Modulation de Fréquence. Moyenne Fréquence. Multi-Fréquence. **MFA** Master of Fine Arts. Multi-Fibre Arrangement. **Mfg.** Manufacturing (fabrication). **MFLOPS** Millions FLoating point Operations Per Second (millions d'opérations en virgule flottante par seconde). **+M.Fr.** Medal of freedom. **mfrs** Manufacturers (fabricants). **mg.** milligramme. **MG** Madagascar. Minimum Garanti. **MGEN** Mutuelle Générale de l'Éducation Nationale. **Mgl** Mitglied (membre). **MGLA** Matière Grasse Laitière Anhydre. **MGM** Metro-Goldwyn-Mayer. **mgr** manager. **Mgr** Magister. Monseigneur. **MH** Malaysia Airlines. Marshall. Monuments Historiques. **MHD** MagnétoHydroDynamique.

+M.I. Mérite civil du ministère de l'Intérieur. **MI** Marshall Islands. Michigan. Military Intelligence. Monétaires Internationales. Ordre des Clercs Réguliers pour les Malades. **MI5** Security services. **MI6** Secret Intelligence Service. **M19** (Branche évasion). **mi** Mile. **MIA** Missing In Action. **MIAGE** Méthodes d'Informatique Appliquée à la Gestion des Entreprises. **MIAS** Mathématiques et Informatique Appliquées aux Sciences. **MIC** Mesures concernant les investissements et liées au commerce [Trade Related Investment Measures (TRIM)]. Missionnaires de l'Immaculée Conception. Modulation par Impulsion Codée. **Mich.** Michigan **MIDAS** MIssile Defense Alarm System. **Middx** Middlesex. **MIDEM** Marché International du Disque et de l'Édition Musicale. **MIDI** Musical Instrument Digital Interface. **MIIC** Mouvement International des Intellectuels Catholiques. « Pax Romana ». **MIL** Microsystems International Limited. **Mil.** Military. **MIME** Multipurpose Internet Mail Extensions. **MIMI** Mouvement International des Musiques Innovatrices. **min** minute(s). **MIN** Marché d'Intérêt National. **Min.** Minister, Ministère. **Minn.** Minnesota. **Min. Wt** Minimum Weight (Poids minimum). **Mio** Million. **MIP** *Marché International* des Programmes. **MIPIM** des Professionnels de l'Immobilier. **MIPS** Million d'Instructions Par Seconde. **MIR** Military Intelligence Research (IS). **MIRV** Multiple Independent Reentry Vehicle (vecteur à têtes multiples indépendantes). Mis, M^{ise} Marquis, marquise. **misc** Miscellanous (tous les thèmes). **MIT** Massachusetts Institute of Technology. **MITI** Ministry of International Trade and Industry (Japon). **mi(ttw).** mittwochs (le mercredi). **MJ** LAPA. **MJC** Maison des Jeunes et de la Culture. **MJR** *Mouvement* Jeune Révolution. **MJS** de la Jeunesse Sioniste. **MK** Macédoine. Air Mauritius. **MKSA** Mètre, Kilogramme, Seconde, Accélération (Giorgi). **ml** milliliter(s). **ML** Mali. Mission Locale. **MLD** Air Moldova. **MLF** *Mouvement de Libération* des Femmes. **MLN** Nationale. **MLI** Mali. **Mlle** Mademoiselle. **MLRS** Multiple Launch Rocket System. **MLT** (ou MT) Malte. **mm** millimètre. **MM** Messieurs. Myanmar. **m/m** même mois. **+MM** Mérite maritime. Mme Madame. Millième du titre. **Mmes** Mesdames. **MMDA** *Money Market* Deposit Account. **MMF** Funds. **MMDS** Multipoints Microwave Distribution System. **+M.Mi.** Mérite militaire. **MMR** Myanmar. **MMS** Matra Marconi Space. **m/n** moneda nacional (monnaie du pays considéré). **MN** Commercial Airways. Météorologie Nationale. Minnesota. Mongolie. **MNA** Mouvement Nationaliste Algérien. **MNAM** Musée National d'Art Moderne. **MNCR** Mouvement National Contre le Racisme. **MNEF** Mutuelle Nationale des Étudiants de France. **MNG** Mongolie. **MNR** *Mouvement* National de Résistance. Nationaliste Révolutionnaire.

+MO Médaille d'Outre-Mer. **MO** Macao. Machine-Outil. Mégaoctet. Missouri. Money-Order (mandat postal). **mo(s)** month(s). **MOB** Mouvement d'Organisation de la Bretagne. Mobylette. **MOC** Mozambique. **MOCI** Moniteur Officiel du Commerce et de l'Industrie. **MOCN** Machine-Outil à Commande Numérique. **mod.** moderne. modifié. **MODEF** MOuvement de Défense des Exploitations Familiales. **MODEM** MOdulateur-DÉModulateur. **MOE** Main-d'Œuvre Étrangère. **MOF** Mouvement Ouvrier Français. Meilleurs Ouvriers de France. **MOI** Main-d'Œuvre Immigrée. **MOMA** Museum Of Modern Art. **Mon.** Monday (lundi). **mo(nt).** montags (le lundi). **Mont.** Montana. Montévirginiens. **MONUIP** *Mission d'Observation des Nations Unies* Indo-Pakistanaise. **MONUY** au Yémen. **MOO** Multi-user Object Oriented. **MOP** Maîtrise d'Ouvrage Publique. **MOPS** Million of Operations Per Second. **MOR** Middle Of the Road. **Morf** Male or female **MOS** Métal Oxyde Semi-conducteur. **MOX** Mixte OXyde. **MOZ** Mozambique. **mp** melting point (point de fusion). **MP** A remettre en Main Propre. Mathématiques et Physique. Membre du Parlement. Military Police. Moyenne Pression. **MPC** Mathématiques, Physique, Chimie. Multimedia Personal Computer. **MPF** Mouvement Pour la France. **MPG** Max Planck Gesselschaft. Miles Per Gallon. **MPH** per Hour. **MPS** Système microprocesseur. **MPSI** Mathématiques, Physique et Sciences de l'Ingénieur. **MPU** Microprocesseur. **MPW** Mouvement Populaire Wallon. **mq. mque** manque. **MQ** Martinique. **MR** Mauritanie. Modem Ready. Mongolie. **M/R** Mates Receipt (Reçu de bord). **Mr., Mrs.** Mister, Mistress. **MRAP** Mouvement contre le Racisme, l'Antisémitisme et pour la Paix. **MRBM** Medium Range Ballistic Missile (missile de portée intermédiaire). **Mrd** Milliard. **MRG** *Mouvement* des Radicaux de Gauche. **MRJC** Rural de la Jeunesse Chrétienne. **MRP** Républicain Populaire. Manufacturer's Recommended Price. **Mrs** mistress. **MRT** Mauritanie. **MRV** Multiple Re-entry Vehicles. **ms** manuscript (manuscrit). **mss** manuscrits. **MS** Egyptair. *Master* of Science. of Surgery. Maurice. Mississippi. Montserrat. **M/S** Motor Ship (navire à moteur). **m/s** months after sight (à... mois de vue). **Ms** se prononce « Miz », employé dans le doute pour Mademoiselle (Miss) ou Madame (Mrs.)? **+MS** Mérite Social. **MSA** Mutual Security Agency. Mutualité Sociale Agricole. **MSB** Most Significant Bit. **MSBS** Missile Sol-Sol Balistique Stratégique. **MSC** Manchester Ship Canal. **M.Sc** *Master of* Science. **M.Sc.S** Social Science. **MSD** Most Significant Digit. **MS-DOS** MicroSoft Disk Operating System. **MSF** Médecins Sans Frontières. Missionnaires de la Sainte-Famille. **MSG** Maîtrise des Sciences de Gestion. **MSI** Medium-Scale Integration. Movimente Sociale Italiano. **M6** Métropole 6. **MSP** *Mouvement* pour le Socialisme par la Participation. **MSR** Social Révolutionnaire. **mss** manuscrits. **MSS** Missile Sol-Sol. **MST** Maîtrise de Sciences et Techniques. Maladies Sexuellement Transmissibles. Missionnaires de Ste-Thérèse-de-l'Enfant-Jésus. **MSTCF** Maîtrise des Sciences et Techniques Comptables et Financières.

+MT Mérite Touristique. **MT** Magnetic Tape. Mail Transfer (Transfert par courrier ordinaire). Malte. Mégatonne. Montana. **Mt** Mount. **mt** Measurement (Cubage). **MTBE** Mean Time Between Errors (temps moyen entre erreurs). **MTBF** Middle Time Between Failures (durée moyenne entre 2 pannes). **MTC** Mécanisme des Taux de Change. **mtl.** monatlich (mensuel). **MTLD** Mouvement pour le Triomphe des Libertés Démocratiques. **MTS** Mètre, Tonne, Seconde. **MTU** Magnetic Tape Unit. **MTV** Moteur und Turbinen Verband. **MU** China Eastern Airlines. Maurice. **MUD** Multi-user Dungeon. **MULT** Ministère de l'Urbanisme, du Logement et des Transports. **MUR** Mouvements Unis de la Résistance. **MUS** Maurice. **MUTEM** MUTuelle nationale professionnelle et de prévoyance des Employés de Maison. **MV** (ou M/V) Maldives. Motor ou Merchant Vessel (navire à moteur ou de commerce). **+ MVO** Member of the royal Victorian Order. **MW** Malawi. Medium Wave. *MegaWatt.* **MWh**/heure. **MWI** Malawi. **MX** Mexicana. Mexique. **+My.C.** Military Cross. **MY** ou **MYS** Malaisie. **m.Z.** mangels Zahlung (faute de paiement). **Mz.** Mehrzahl (pluriel). **MZ** Mozambique.

N Nord. Norvège. **N...** Nom inconnu. **n., n/** near (près de). **N°** numéro. **NA** Antilles Néerlandaises. Namibie. Numérotation Abrégée. **n.a.** not applicable (pas applicable). not available (non disponible). **NACE** Nomenclature générale des Activités économiques dans la Communauté Européenne. **Nachf.** Nachfolger (successeur). **nachm.** nachmittags (l'après-midi). **NADGE** Nato Avi Defense Group Environment (système d'information électronique de la défense aérienne de l'OTAN). **NAF** Nomenclature d'Activités Française. Nouvelle Action Française. **NAIRU** Non-Accelerating Inflation Rate of Unemployment. **NAK** Negative AcKnowledge. **NAM** Namibie. **NAP** Nation-Aubervilliers-Pantin. Neuilly Auteuil Passy. Nomenclature d'Activités et de Produits. Noyautage de l'Administration Publique. **NAR** Nouvelle Action Royaliste. **NAS** National Academy of Sciences (USA) **NASA** National Aeronautics and Space Administration. **Nat.** National. **NATO** North Atlantic Treaty Organization (voir **OTAN**). **NB** Nacht und Nebel (Nuit et Brouillard). New Brunswick. *Nota Bene* (notez bien). **NBC** National Broadcasting Corporation. **n.br.nc.** neuf, broché, non coupé. **nbr.** nombreux. **NBS** National Bureau of Standards.

NC Nomenclature Combinée. Non Communiqué. Non Coupé. North Carolina. Nouvelle-Calédonie. **N/C** Numerical Control. **NCB** National Coal Board. Nucléaire Classique Biologique. **NCE** Nouveau Contrat pour l'École. Nouvelle-Calédonie. **NCL** Nouvelle-Calédonie. **NCO** Non-Commissioned Officer (sous-officier). **NCU** Nouveau Cercle de l'Union. **n.c.v.** no commercial value (sans valeur commerciale). **n.d.** not dated (non daté). **ND** Intair. North Dakota. **N.-D.** Notre-Dame. **ND2** Nord 262. **NDLR** Note De La Rédaction. **N.-E.** Nord-Est. **NE** Niger. North East. Nebraska. Near East. **Neb** Nebraska. **NEC** Négociateur-Courtier. **NEI** Nouveaux États Indépendants. Nouvelles Économies Industrialisées. ***nem con*** *nemine contradiencente.* ***nem diss*** *nemine dissentiente.* **NEP** Népal. Nouvelle politique économique. **NER** Niger. **n.e.s.** not elsewhere specified. **NET** Normes Européennes de Télécommunication. **net** network. **Nev** Nevada. **NF** NewFoundland (Terre-Neuve). Ile Norfolk. **NFS** *Network File* System. **NFT** Transfert. **NG** Lauda Air. **NG** ou **NGA** Nigéria. **NGK** Nederduitse Gereformeerde Kerk (Église réformée hollandaise). **NGN** Papaousie-Nouvelle-Guinée. **NGO** Non-Governmental Organization. **NH** New Hampshire. All Nippon Airways. **NI** Nicaragua. **NIC** Négociateur Individuel de Parquet. Network Interface Card. Newly Industrializing Country. Nicaragua. Nouvel Instrument Communautaire. **n.i.e.** not included elsewhere. **NIE** Newly Industrializing Economy. **NIFO** Next In First Out. **NIG** Niger. **NIMBY** *Not In* My Back Yard. **NIMQ** My Queue (pas dans ma file d'attente). **NIOC** National Iranian Oil Company. **NIRA** National Industrial Recovery Act. **NIRC** National Industrial Relations Court.

NJ New Jersey. **NKGB** *Narodnyi Komissariat* Gossoudarstvennoï Bezopasnosti (Commissariat du peuple à la sécurité d'État). **NKVD** Vnoutrennykh Diel (Commissariat du peuple aux affaires intérieures). **NL** Nouvelle Lune. Pays-Bas. **NM** Mount Cook Airlines. New Mexico. **NMPP** Nouvelles Messageries de la Presse Parisienne. **NN** Air Martinique. Nacht und Nebel (nuit et brouillard). **N.-N.-E.** Nord-Nord-Est. **N.-N.-O.** Nord-Nord-Ouest. **NN.SS.** Nos Seigneurs (les évêques). **NN.TT.CC.FF.** Nos Très Chers Frères. **NO** Monoxyde d'azote. Norvège. **N.-O.** Nord-Ouest. **No.** Number (numéro). **NOAA** National Oceanic and Atmospheric Agency. **NOEI** Nouvel Ordre Économique International. **Nom. Cap.** Nominal Capital (capital nominal). **NOMIC** Nouvel Ordre Mondial de l'Information et de la Communication. **nomin.** nominatif. ***Non seq.*** *Non sequitur* (ne suit pas). **NORAD** NORth American air Defense command. **NOREX** NOrmes et Règlements techniques pour l'EXportation. **Northants.** Northamptonshire. **Nos** Numéros. **Notts.** Nottinghamshire. **Nov.** November. **NOW** Negociated Order of Withdrawal. **NP** No problem. Notary Public (notaire). **NPF** Clause de la Nation la Plus Favorisée. **NPI** Nouveaux Pays Industrialisés. **NPL** ou **NP** Népal. **NPSA** Nouveau Programme Substantiel d'Action. **NQA** Niveau de Qualité Acceptable. **nr.** near (près de). **NR** Nauru. Nepalese Rupee (roupie népalaise). **NRA** National Recovery Administration. National Rifle Association. **NRF** Nouvelle Revue Française. **NRN** No reply necessary. **n.r.t.** net registered tonnes (Tonnage net). **NS** Nachschrift (postscriptum). Nederlandse Spoorwegen (Pays-Bas). NFD (Luftverkehrs AG). Niveau Scolaire. Notre Seigneur. Nouveau Style. Nova Scotia. Nurnberger Flugdienst. **NSA** National Security Agency. **NSB** Nossi-Bé. **NSC** National Security Council. **NSDAP** NationaliSozialistiche Deutsche ArbeiterPartei (parti national socialiste des travailleurs allemands). **N.-S.J.-C.** Notre-Seigneur Jésus-Christ. **NSP** Notre Saint Père (le pape). **NSW** New South Wales (Nouvelle-Galles du Sud). **NT** Northern Territory. Nouveau Testament. **Nt** Net. **NTCF** Notre Très Cher Frère. **NTM** Nouveau Marché Transatlantique. **NTSC** National Television System Committee. **NU** Nations Unies. **NUR** National Union of Railwaymen. **NUTS** Nomenclature des Unités Territoriales Statistiques. **NV** Nevada. **NW** Northwest Airlines. **NX** Nationair Canada. **NY** New York. **NYSE** Stock Exchange (Bourse de New York). **NZ** ou **NZL** Nouvelle-Zélande.

O Ohio. Order (commande). Ouest. **OA** Olympic Airways. **O/a** On account of (pour le compte de). **OAA** *Organisation* des Nations Unies pour l'Alimentation et l'Agriculture. **OACI** de l'Aviation Civile Internationale. **OAP** Old-Age Pension (retraite). **OAPEC** *Organization* of Arab Petroleum Exporting Countries. **OAS** of American States. Organisation Armée Secrète. **OASI** Œuvre d'Assistance Sociale Israélite. **OAT** Obligations Assimilables du Trésor. **Ob.** (ou **Obit**) décédé. **O. Bas.** Basiliens. + **OBE** Officier de l'Ordre du British Empire. **Obit** (voir **Ob.**). **obl.** Oblong. **OBO** Oil Bulk Ore. **o/c** Overcharge (surcharge, trop-perçu). **OC** Ondes courtes. Ordre de la Couronne. Grands carmes. **OCAM** Organisation Commune Africaine et Malgache. **OCAR** Chartreux. **OCCAJ** Organisation Centrale des Camps et Activités de Jeunesse. **OCD** Carmes Déchaux. **OCDE** Organisation de Coopération et de Développement Économiques. **OCIC** *Office* Catholique International Cinématographique. **OCIL** Central Interprofessionnel du Logement. **OCIST** Cisterciens de l'Immaculée Conception. **OCJ** *Organisation* Juive de Combat. **OCM** Civile et Militaire. **OCORA** *Office* de COopération RAdiophonique. **OCRVOOA** Central pour la Répression des Vols d'Œuvres et d'Objets d'Arts. **OCPA** Organisme Collecteur Paritaire Agrée. **OCSO** Trappistes. **Oct.** October.

od. oder (ou). **o/d** on demand (sur demande). **O/d** Overdraft (découvert). **O. de M.** Mercédaires (Ordre de Notre-Dame-de-la-Miséricorde). **OE** Obligations Euro. **OEA** *Organisation* des États Américains. **OEB** Européenne des Brevets. **OEC** Européenne du Charbon. **OECD** for Economic Co-operation and Development. **OECE** Européenne de Coopération Économique. **OEEC** for European Economic Cooperation. **OERT** Européenne de Recherche sur le Traitement du cancer. **OER** Observatoire Économique Régional. **OF** Sunstate Airlines. **OFCT** Obligations Françaises Court Terme. **OFEMA** Office Français d'Exportation des Matériels d'Armement. **OFI** Obligations Françaises Indicielles. **OFM** *Ordre des Frères Mineurs* (franciscains). **cap** capucins. **conv.** conventuels. **OFPRA** Office Français de Protection des Réfugiés et Apatrides. **OFRATEME** Office FRAnçais des TEchniques Modernes d'Éducation. **OG** Air Guadeloupe. **OGA** Office Général de l'Air. **OGAF** Opération Groupée d'Aménagement Foncier. **OGEC** *Organisme* de Gestion de l'ÉCole. **OGM** Génétiquement Modifié. **OGPU** Services secrets soviétiques (1923-1934). **OH** Frères de St-Jean-de-Dieu. Off Hook (combiné décroché). Ohio. **OHG** Offene HandelsGesellschaft (société en nom collectif). **OHMS** On Her Majesty's Service (G.-B.). **OI** Obligations Internationales. **OIC** Organisations Internationales Catholiques. **OIE** Office International de l'Eau. *Organisation* Internationale des Employeurs. **OIG** InterGouvernementale. **OING** Internationale Non Gouvernementale. **OIPN** Office International pour la Protection de la Nature. **OIR** *Organisation Internationale* des Réfugiés. de Radiodiffusion. **OIT** du Travail. **OIV** Office International du Vin. **OJC** Organisation Juive de Combat. **OJD** Office de la Justification de la Diffusion (Journaux). **o.K.** ohne Kosten (sans frais). **OK** CSA (CeskoSlovenske Aerolinie). Oklahoma. Old Kinderhook. Oll Kurrect (all correct). **Okla** Oklahoma. **OKW** Oberkommando der Wehrmacht (commandement suprême de la Wehrmacht).

OL Ondes longues. Ordre de Léopold. **OL II** de Léopold II. **OLAS** *Organisation* Latino-Américaine de Solidarité. **OLP** de Libération de la Palestine. **OLH** Ordre de la Légion d'Honneur. **Oliv.** Olivétains. **OM** Oman. Ondes moyennes. Order of Merit. **O.M.** Ordre des Minimes. **OMB** Office of Management and Budget. **OMC** Organisation Mondiale du Commerce. Outboard Marine Corporation. **OMI** Office des Migrations Internationales. Missionnaires Oblats de Marie Immaculée. *Organisation* Météorologique Internationale. Maritime Internationale. **OMM** Météorologique Mondiale. **OMN** Oman. **OMP** Or et Matières Premières. **OMPI** *Organisation Mondiale* de la Propriété Intellectuelle. **OMS** de la Santé. **OMT** du Tourisme. **OMN** Oman. **on** or near (est) offer. **ON** Ordre Nouveau. **ONC** *Office National* de la Chasse. **ONDA** de Diffusion Artistique. **ONERA** d'Études et de Recherches Aérospatiales. **ONF** des Forêts. **ONG** Organisation Non Gouvernementale. **ONI** *Office National* de l'Immigration. **ONIA** Industriel de l'Azote. **ONIB** *Interprofessionnel* du blé. **ONIBEV** du BÉtail et des Viandes. **ONIC** des Céréales. **ONISEP** *Office National* d'Information sur les Enseignements et les Professions. **ONM** Météorologique. **O.-N.-O.** Ouest-Nord-Ouest. **Ont.** Ontario. **ONU** *Organisation des Nations Unies.* **ONUC** au Congo. **ONUDI** pour le Développement Industriel. **ONUESC** pour l'Éducation, la Science et la Culture.

o/o order of (à l'ordre de). ***Op.*** *Opus* (ouvrage). **OP** Open policy (police ouverte). Organisation des Producteurs. Ouvrier Professionnel. **o/p** Orden de pago (ordre de paiement). Ordre des frères Prêcheurs (dominicains). Out of print (tirage épuisé). **OPA** Offre Publique d'Achat. **OPAC** Office Public d'Aménagement et de Construction. Opération Programmée d'Aménagement Concerté. **OPAEP** Organisation des Pays Arabes Exportateurs de Pétrole. **OPAH** Opération Programmée d'Amélioration de l'Habitat. ***op. cit.*** *opere citato* (ouvrage cité). **OPCVM** Organisme de Placement Collectif en Valeurs Mobilières. **OPE** Offre Publique d'Échange. **OPEC** Organization of the Petroleum Exporting Countries. **OPEP** Organisation des Pays Exportateurs de Pétrole. **OPJ** Officier de Police Judiciaire. ***op. laud.*** *opere laudato* (ouvrage loué). **opp.** opposition. **OPRAEM** Chanoines réguliers de Prémontré. **OPRI** Office de Protection des Rayonnements Ionisants. **OPV** *Offre* Publique de Vente. **OR** réduite. Oregon. **O/R** Owner's Risks (Aux risques du propriétaire). **ORA** Organisation de Résistance de l'Armée. **Orat.** Oratoriens. **ORAT** Obligations Renouvelables et Assimilables du Trésor. **ord.** Ordinary (ordinaire). Ordinary share (action ordinaire). Ordonnance. **ORD** Organe de Règlement des Différents. **ORE** Office Régional pour l'Europe. **OREAM** ORganisation d'Étude d'Aménagement des aires Métropolitaines. **OREF** Observatoire Régional Emploi Formation. **ORGECO** Organisation GÉnérale des COnsommateurs. **Ore** Oregon. **Org.** Organization. **ORGANIC** ORGAnisation autonome Nationale d'assurance vieillesse de l'Industrie et du Commerce. **orig.** Original. **ORP** Obligations à Revenu Périodique. **ORSA** Officier de Réserve en Situation d'Activité. **ORSEC** *ORganisation des SECours.* **ORSECRAD** Radiations. **ORSECTOX** matières TOXiques. **ORSEM** Officier de Réserve du Service d'État-Major. **ORSTOM** Office de la Recherche Scientifique et Technique d'Outre-Mer. **ORT** Obligations Renouvelables du Trésor. Organisation pour la Reconstruction et le Travail. **ORTF** Office de la Radiodiffusion et Télévision Française.

OS Old Style (calendrier). Opérations spéciales. *Organisation* Secrète. Spéciale. Ouvrier Spécialisé. Austrian Airlines. Schilling autrichien. **OSA** *Ordre* de St-Augustin. **OSB** de St-Benoît. **OSC** Organisation de la Société Civile. **OSCE** Office Statistique des Communautés Européennes. Organisation de Sécurité et de Coopération Européenne. **OSE** Œuvre de Secours aux Enfants (Juifs). **OSF** Organisation Sioniste de France. **OSFS** Oblats de St François de Sales. **OSM** Organisation Sioniste Mondiale. **O.-S.-O.** Ouest-Sud-Ouest. **OSS** Office of Strategic Services. **O.SS.T.** Trinitaires (Ordre de la Très-Sainte-Trinité). **OST** Organisation Scientifique du Travail. **OStJ** *Ordre* de St-Jean-Grand Bailliage de Brandebourg. **OStS** Chevaleresque du St-Sépulcre. **OTAN** *Organisation du Traité* de l'Atlantique Nord. **OTASE** de l'Asie du Sud-Est. **OTC** Over-The-Counter (marché boursier hors cote aux États-Unis). **OTHQ** Ouvrier Très Hautement Qualifié. **OTM** Organisateurs de Transport Multimodal. **OTOH** On the Other Hand (d'un autre côté). **OTS** Orbital Test Satellite. **OT-SI** Office de Tourisme-Syndicat d'Initiative. **OTU** Organisme pour le Tourisme Universitaire. **OU** Croatia Airlines. **OUA** Organisation de l'Unité Africaine. **OuLiPo** Ouvroir de Littérature Potentielle. **o.u.O.** ohne unser Obligo (sans garantie, ni responsabilité de notre part). **OURS** Office Universitaire de Recherche Socialiste. **OVM** Oblats de la Vierge Marie. **OVNI** Objet Volant Non Identifié. **Oxon** (of) Oxford University, Oxfordshire. **Oz** Ounce (Once).

p. page, piano. **P** Parabellum. Père. Polo de Paris. Portugal. **PA** Panamá. Pan American. Particular Average (avaries particulières). Pennsylvania. Pères blancs missionnaires d'Afrique. Pistolet Automatique. Porte-Avions. **p.A.** per Adresse (aux bons soins de). ***p.a.*** *Per annum* (par an). **P/A** Power of Attorney (procuration). **PAA** Pan American Airways. **PABX** Private Automatic Branch eXchange. **PAC** Pan African Congress. Politique Agricole Commune. **PACA** Provence Alpes Côte d'Azur. **PACS** PACte civil de Solidarité. **PACT** Programme d'Aménagement Concerté du Territoire. Protection Amélioration Conservation Transformation. **PAD** Point d'accès de données. **PAE** Projet d'Action Éducative. **PAF** Paysage Audiovisuel Français. Périmètre d'Action Forestière. Plan Académique de Formation. Platelet Activiting Factor. Police de l'Air et des Frontières. Production Agricole Finale. *Programme d'Action* Financière. Foncière. **PAFI** Plan d'Aménagement des Forêts contre l'Incendie. **PAG** Procédure Accélérée Généralisée. **PAH** Prime à l'Amélioration de l'Habitat. **PAH1** Panzer Abwehr Hubschrauber 1 (hélicoptère antichar allemand de 1re génération). **PAK** Pakistan (Initiales de Pendjab, Afghania, Kashmir, Iran, Sind, TurkmenistAN et dernières lettres de Belouchistan). **PAL** Phase Alternative Line. Philippine AirLines. **PALT** Population Active au Lieu de Travail. **PALULOS** Prime à l'Amélioration des Logements à Usage Locatif et à Occupation Sociale. **PAM** Plan d'Action pour la Méditerranée. Programme Alimentaire Mondial. **PAN** Angola. Pacte de l'Atlantique Nord. Panama. Piper Navajo. Porte-Avions Nucléaire. **PANI** Phénomène Aérospatial Non Identifié. **PAO** Production (ou Publication) Assistée par Ordinateur. **pap.** papier. **PAP** *Prêt* aidé par l'État. Pour l'Accession à la Propriété. Programme d'Action Prioritaire. Port Assurance Payés. **PAR** Plan d'Aménagement Rural. Pop. Active au lieu de Résidence. Programme d'Action Régionale. **paragr.** paragraphe. **parch.** parchemin. **Parl.** Parlement. **part.** partie. **PAS** Pièce Autographe Signée. **pass.** *passim* (en divers endroits). **P. at.** Poids atomique. **PAT** Personne-Année-Travail. Prime à l'Aménagement du Territoire. Projet Architectural et Technique. **PATMAR** PATrouille MARitime (avion). **PAWA** Pan American World Airways. **PAYE** Pay As You Earn (retenue à la source sur salaire). **PAZ** Plan d'Aménagement de Zone. **PAZF** Pays Africain de la Zone Franc.

PB Pères Blancs. **PBX** Private Branch eXchange. **PC** Accusé de réception. Parti Communiste. Permis de Construire. Personal computer. Petite ceinture. Petty Cash (petite caisse). Physique et Chimie. Police Constable. Politically Correct. Poste de Commandement. Pour Condoléances. Prêt Conventionné. Privy Councillor. **Pc** *per centum* (pour cent). **P/C** Price Current (prix courant). **P et C** Ponts et Chaussées. **PCB** Parti Communiste Belge. Petty Cash Book (livre de petite caisse). Physique, Chimie, Biologie. **PCC** Pour Copie Conforme. **PCCP** *(caractères cyrilliques)* voir **RSFSR.** **P**[ce], **P**[cesse] Prince, princesse. **PCEM** Premier Cycle d'Études Médicales. **PCF** *Parti Communiste* Français. **PCI** Italien. **PCIT** Internationaliste Trotskiste. **PCMLF** Marxiste Léniniste de France. **PCR(ML)** Révolutionnaire (Marxiste Léniniste). **PCUS** de l'Union Soviétique. **pcl** parcel (colis). **PCP** Plan Comptable Professionnel. Politique Commune de la Pêche. **PCR** Polymerase Chain Reaction. **PCS** Profession et Catégorie Socio-professionnelles. **PCSI** Physique, Chimie et Sciences de l'Ingénieur. **PCV** Paiement Contre Vérification à percevoir. **pd** paid (payé). **PDA** Personal Digital Assistant. **PDEM** Pays Développés à Économie de Marché. **PDG** Président-Directeur Général. **PDL** Pendant la Durée Légale. **pdo** pasado (du mois écoulé). **PDR** Prime de Développement Régional. **PDRY** Rép. démocratique et Populaire du Yémen. **PDU** Plans de Déplacement Urbain.

PE Pérou. Poste Égyptienne. **pe** Peso argentin. **PEC** Pays d'Europe Centrale. **PECC** Pacific Economic Cooperation Council (Conférence pour la Coopération Économique dans le Pacifique). **PECO** *Pays* d'Europe centrale et orientale. **PED** En Développement. Pôle Européen de Développement. **PEE** Poste d'Expansion Économique. **PEEC** Participation des Employeurs à l'effort de Construction. **PEEP** Fédération des Parents d'Élèves de l'Enseignement Public. **PEG** Peloton d'Élèves Gradés. **PEGC** *Professeur d'Enseignement Général* de Collège. **PEGC-CET** des Collèges d'Enseignement Technique. **PEL** Plan d'Épargne-Logement. **Pembs.** Pembrokeshire. **PEN** Poets, Playwrights, Editors and Essayists, Novelists (Club). **PENELOPE** Pour l'Entrée des Normes Européennes dans les Lois Ordinaires des Parlements d'Europe. **PEON** Production d'Électricité d'Origine Nucléaire. **PEP** Personal Equity Plan (plan d'actionnariat individuel). Pupilles de l'Enseignement Public. **PEPP** *Professeur des Enseignements Professionnels* Pratiques (ex-PTA). **PEPT** Théoriques (ex-PETT). **PER** Pérou. *Plan* d'Épargne en vue de la Retraite. d'Exposition aux Risques. Price Earning Rate (rapport cours-bénéfice net). **perc.** Percaline. **Perm.** Permanent. **Per pro** *Per procurationem* (par procuration). **pers.** personne. **PERT** Program Evaluation and Review Technique (ou Research Task). **PESC** Politique Étrangère et de Sécurité Commune. **PET** PolyÉthylène Téréphtalate. **P et CH** Ponts et Chaussées. **P et P** Profits et Pertes. **PETT** Professeur d'Enseignement Technique Théorique. **PEVD** Pays En Voie de Développement. **p. ex.** par exemple. **Pf** Pfennig. Pour féliciter. **PF** Vayudoot. Polynésie Française. **PFC** Pour Faire Connaissance. **Pfd** Pfund (Livre). **PFN** Parti des Forces Nouvelles. **PFNA** Pour Fêter le Nouvel An. **PFR** Pays à Faible Revenu. **PG** Papouasie-Nelle-Guinée. Prisonnier de Guerre. Procureur Général. **PGCD** Plus Grand Commun Diviseur. **PGM** Precision Guided Munitions. **PH** Philippines. Polynesian Airlines. Porte-Hélicoptères. **pH** potentiel Hydrogène. **PHARE** Pologne-Hongrie : Assistance à la Restructuration des Économies. **PhD** Doctor of Philosophy. **PHR** Presse Hebdomadaire Régionale. **PHL** Philippines. **PI** Pays Industrialisés. Philippines. Piémont. **p.i.** par intérim. **PIA** ou **PK** Pakistan International Airlines. **PIASA** Picard, Audap, Solanet et Associés. **PIB** Production Indigène Brute. Produit Intérieur Brut. **Pibor** taux interbancaire offert à Paris. **PIC** Prêts Immobiliers Conventionnés. **PIL** Programme d'Insertion Locale. **Pin** Personal Identification Number. **PIN** Parc d'Intérêt National. **pinx.** *pinxit* (peint par). **PIPO** Parallel Input/Parallel Output. **piq. de v.** piqûres de vers. **PIRE** Puissance Isotrope Rayonnée Équivalente. **Pixel** PICture ELement. **PJ** Police Judiciaire. **PK** Pakistan. **PIA** Pakistan International Airlines. **pkg.** package (colis). **PKK** Parti des Travailleurs du Kurdistan. **Pkt** Paket (paquet). Punkt (point). **PKm** Passager par km. **Pkw** Personenkraftwagen (voiture de tourisme).

pl. Place. Planche. **PL** Aeroperu. Pleine Lune. Poids Lourd. Pologne. **P & L** Profit and Loss (profits et pertes). **Pl ou m** Plus ou moins. **PLA** Prêt Locatif Aidé. **PLAR** *Prime de Localisation des Activités* de Recherche. **PLAT** Tertiaires. **PLC** Public Limited Company. **PLD** Plafond Légal de Densité. **Ple** Pistole. **PLF** Passenger Load Factor. **PLI** Plan Local d'Insertion. Prêts Locatifs Intermédiaires. **PLM** Paris-Lyon-Méditerranée. **PLOUF** Projet de Loi d'Orientation Urbaine et Foncière. **PLP** Parti Libéral Politique. Professeur de Lycée Professionnel. **PLR** Programme à Loyer Réduit. **pl. rel.** pleine reliure. **Pluto** Pipe-line under the ocean. ***p.m.*** *post meridiem* [(h) après-midi]. **pm.** premium (prime d'assurance). **PM** Pistolet Mitrailleur. Police Municipale. Premier Ministre. *Préparation Mili-*

taire (**PMP** Parachutiste. **PMS** Supérieure). St-Pierre-et-Miquelon. **PMA** Pays les Moins Avancés. Procréation Médicalement Assistée. **PME** Petites et Moyennes Entreprises. Programme de Modernisation et d'Équipement. **PMF** Pierre Mendès France. **PMFAT** Personnel Militaire Féminin de l'Armée de Terre. **PMG** PostMaster General. **PMI** Petites et Moyennes Industries. Protection Maternelle Infantile. **P. mol.** Poids moléculaire. **PMPOA** Programme de Maîtrise des Pollutions d'Origine Agricole. **PMU** Paris Mutuel Urbain. **PN** Personnel Navigant. Pitcairn. **P/N** Promissory Note (Billet à ordre). **Pn** Prochain. **PNB** Parti National Breton. Produit National Brut. **PNG** Papouasie-Nouvelle-Guinée. **PNI** Pays Nouvellement Industrialisés. **PNIU** Programme National d'Intégration Urbaine. **PNL** Programmation Neuro-Linguistique. **PNN** Personnel Non Navigant. **PNUCID** *Programme des Nations Unies* pour le contrôle International des Drogues. **PNUD** pour le Développement. **PNUE** pour l'Environnement. **PNVS** Pilot Night Vision System.

PO Post Office. Paris-Orléans. Postal Order (mandat postal). Prêtres de l'Oratoire. **P/O** Pour Ordre. **P & O** Peninsular and Oriental Steamship Company. **POB** Post Office Box (Boîte postale). **POD** Pay On Delivery (Payable à la livraison). **POE** Port Of Embarkation (Port d'embarquement). **POL** Pologne. **POLMAR** POLlution MARine. **POO** Post Office Order (mandat-poste). **POP** Port Payé. **POS** Plan d'Occupation des Sols. **POSEIDON** PrOgramme Spécifique pour l'Éloignement de l'Insularité des Départements d'Outre-Mer. **POUM** Partido Obrero de Unificación Marxista. **POW** Prisoner Of War. **p.p.** pages. pence. **PP** Préfecture de Police. Préventive de la Pellagre (Vitamine). Professeur Principal. Parcel Post. **pp, ppa.** pages. *per procurationem* (par procuration). **PPA** Parité de Pouvoir d'Achat. Parti du Peuple Algérien. Plan de Protection de l'Atmosphère. **PPBS** Planning Programmy Budgetary System. **P.p.c.** Pour prendre congé. **PPCM** Plus Petit Commun Multiple. **ppd.** prepaid (payé d'avance). **PPDA** Patrick Poivre d'Arvor. **PPE** Provisions pour Participation aux Excédents. **PPEOR** Peloton Préparatoire d'Élèves-Officiers de Réserve. **PPF** Parti Populaire Français. **P PGS** Perak. **pphm** parts per 100 millions. **PPLO** Pleuro-Pneumonia-Like Organisms. **PPM** Partie Par Million. **P. Pon** Par Procuration. **PPP** Partenariat Pour la Paix. Pensée Positive Permanente. Point Par Pouce. *Purchasing Power Parity.* **Ppté.** Propriété. **PPV** Pay Per View. **PQ** Premier Quartier. **PQN** *Presse Quotidienne* Nationale. **PQR** Régionale.

PR Philippines Airlines. *Parti* Républicain. Radical. Poste Restante. Puerto Rico. **Pr** Pour remercier. Professeur. **PRAG** PRofesseur AGrégé de l'enseignement secondaire. **PRC** Rép. Populaire de Chine. **PRDE** Population Disponible à la Recherche d'un Emploi. **PRÉ** Pays à Revenu Élevé. **préf.** préférence. **Pres.** President. **Prét.** Prétentions. **PRI** Pays à Revenu Intermédiaire. Porto Rico. **PRITI** *Pays à Revenu Intermédiaire* de la Tranche Inférieure. **PRITS** de la Tranche Supérieure. **PRL** Parti Républicain de la Liberté. **Prof.** Professor. **prol.** prologue. **PROLOG** PROgramming in LOGic. **PROM** Programmable Read Only Memory. ***Pro tem*** *Pro tempore* (pour le moment). **Prov.** Province, Provincial. **Prox.** Proximité. **prox.** *Proximo* [(du mois) prochain]. **PRP** Profit-Related Pay. **PRQA** Plan Régional pour la Qualité de l'Air. **PRY** Paraguay. **ps.** Psaume, psaumes. **p.s.** pointe sèche. **PS** *Post-Scriptum.* Ukraine International Airlines. *Parti Socialiste.* **PSA** Autonome. Peugeot Société Anonyme. Processeur de Sécurité Associé. Ukraine International Airlines. **PSC** *Parti Social*-Chrétien. **PSD**-Démocrate. **PSF** Français. **PSEG** Peloton Spécial d'Élèves Gradés. **PSG** Paris St-Germain. Plan Simple de Gestion. **PSI** Physique et Sciences de l'Ingénieur. **PSMV** Plan de Sauvegarde et de Mise en Valeur. **PSNC** Pacific Steamships National Company. **PSS** Sulpiciens. **PST** Promotion Supérieure du Travail. **PSU** Parti Socialiste Unifié. **PSV** Pilotage Sans Visibilité. **P et T** Postes et Télécommunications. **Pt** président. **PT** Physique et Technologie. Portugal. Professeur Technique. **PTA** Peseta espagnole. Prepaid Ticket Advice. Professeur Technique Adjoint. **pta.** peseta. **PTAC** Poids Total en Charge Autorisé. **PTCT** *Professeur Technique* Chef de Travaux. **PTEP** d'Enseignement Professionnel. **PTE** Ministère des Postes, Télécommunications et Espace. **Pte** Private. **PTM** Malaisie. **PTMA** Poids Total Maximal Autorisé. **pt(s)** pint(s). **PTO** Please Turn Over (Tournez la page s.v.p.). **PTOM** Pays et Territoires d'Outre-Mer. **P38** Pistolet modèle 1938. **PTRA** Poids Total Roulant Autorisé. **PTSI** Physique, Technologie et Sciences de l'Ingénieur. **PTT** *Postes* et Télécommunication et Télédiffusion. Télégraphes Téléphones. **Pty.** Proprietary. **PU** PLUNA (Primeras Líneas Uruguayas de Navegación Aéras). **p.u.** paid up. **Publr.** Publi-sher. **PUF** Presses Universitaires de France. **PUK** Péchiney-Ugine-Kuhlman. **PV** Procès-Verbal. **PVC** Polychlorure de Vinyle. **PVD** Paquet avec Valeur Déclarée. Pays en Voie de Développement. **Pvt.** Private. **PW** Palau. **PWR** Pressurised Water Reactor. **PX** Air Niugini. Post Exchange. **PY** Paraguay. **PZ** LAP (Líneas Aéreas Paraguyas).

q quintal. **QA** ou **QAT** Qatar. **QBE** Query By Example. **QC** Air Zaire. **QCM** Questionnaire à Choix Multiples. ***q.e.d.*** *Quod erat* demonstrandum (ce qu'il fallait démontrer). ***q.e.f.*** faciendum (ce qu'il fallait faire). ***q.e.i.*** inveniendum (ce qu'il fallait trouver). **QF** Qantas Airways. **QG** Quartier Général. **QI** Quotient d'Intelligence. **QL** Lesotho Airways. **q.l.** *quantum libet* (autant qu'il plaît). **qlty** Quality (qualité). **QM** Air Malawi. Quartier Maître. **QMG** Quantité Maximale Garantie. QuarterMaster General (Intendant général d'armée). **QN** Air Outre-Mer. **qq** Quelques. **QR** Quotient Respiratoire. **QROC** Questionnaire à Réponses Courtes. **QS** *Quantité Suffisante.* **QSP** Pour. **QSO** Quasi Stellar Objects. **Quad** Quadrillion de BTU. **QUANTAS** Queensland And Northern Territories Airline System. ***q.v.*** *quantum vult* (autant qu'on veut). *quod vide* (auquel se réfère). **QZ** Zambia Airways.

R. Rand. *Regina* (Reine). *Rex* (Roi). Réponse. Roumanie. Rue. Timbre du Jind. Demandes réduites. **r.** recto. **RA** Argentine. *Royal* Academy. Artillery. Nepal Airlines. **RAAF** Australian Air Force. **RAB** Rien A Branler. **rac.** raciné. **RAC** Royal Automobile Club. **RACE** Research and development in Advanced Communication technologies for Europe. **RADAR** RAdio Detection And Range. **RAF** Rendu A la Frontière. Royal Air Force. **RAID** Recherche Assistance Intervention Dissuasion. **R and A** Royal and Ancient. **RAM** Random Access Memory. **RAMSES** Réseau Amont Maillé Stratégique Et de Survie. **RANFRAN** RAssemblement National des Français Rapatriés d'Afrique du Nord et d'outre-mer. **RAP** Régie Autonome des Pétroles. Règlement d'Administration Publique. **RAQ** Rendu A Quai. **RAS** Réseau d'Aides Spécialisées. Rien A Signaler. **RASIT** RAdio de Surveillance des InTervalles. **RASURA** RAdar de SUrveillance RApprochée. **RAT** RISC Architecture Technology. **RATAC** Radar d'Acquisition et de Tir de l'Artillerie de Campagne. **RATP** Régie Autonome des Transports Parisiens. **RAU** République Arabe Unie. **RAVEL** Recensement Automatique des Vœux des Élèves. **RB** Bolivie. Syrian Arab Airlines. **RBA** Revenu Brut Agricole. **RBE** Résultat Brut d'Exploitation.

RC Racing Club. Red-Cross. Roman Catholic. Route Coloniale. Taïwan. **RCA** Radio Corporation of America. République CentrAfricaine. **RCAI** Résultat Courant Avant Impôts. **RCB** Congo. Rationalisation des Choix Budgétaires. **RCH** Chili. **RCP** Régiment de Chasseurs Parachutistes. **RD** Receive Data. **R/D** Refer to Drawer [voir le tireur (banque)]. **R-D** Recherche-Développement. **rd** Round (environ, approximativement). **r.d.** Running days [jours courants (successifs)]. **RDA** Rassemblement Démocratique Africain. Rendu Droits Acquittés. République Démocratique Allemande. **RDB** Revenu Disponible Brut. **R.-de-ch.** Rez-de-chaussée. **RDD** Rendu Droits Dus. **RDF** Radiodiffusion française. **RDS** Radio Data System. Remboursement de la Dette Sociale. **RDV** République Démocratique du Viêt-nam. **RE** Régiment Étranger. Réunion. **Re** Respecting (Concernant). **rec** récréation. **Recd.** Received (Reçu). **RECOURS** Rassemblement Et COordination Unitaire des Rapatriés et Spoliés d'outre-mer. **R et D** Recherche et Développement. **red.** Redeemable (amortissable). **Regd.** Registered (Enregistré). **rel.** Relié. **rel. 1/2 àc.** Relié de la matière principale au dos et aux coins. **rel. ép.** Reliure d'époque. **REM** Rœntgen Equivalent Man. **REMPART** Réhabilitation et Entretien des Monuments et du Patrimoine ARTistique. **RENFE** REd Nacional de Ferrocariles Españoles (Espagne). **REP** Rassemblement des Étudiants pour la Participation. Réacteur à Eau Pressurisée. Régiment Étranger de Parachutistes. **REPROM** Reprogrammable Read Only Memory. **RER** Réseau Express Régional. **RES** Rachat d'une Entreprise par ses Salariés. **retd.** Retired. Returned (en retour). **REU** La Réunion. **REUNIR** REseau des UNIversités et de la Recherche. **Rev (d)** Reverend. **+RF** Médaille de la Reconnaissance Française. **RF** Radiodiffusion française. République Française. **RFA** République Fédérale d'Allemagne. **RFE** Régie Française d'Espaces. **RFF** Réseau Ferré de France. **RFI** Radio Frequency Interference. *Radio France* Internationale. **RFO** Outre-mer. **RFP** Régie Française de Publicité. **RFY** Rép. Fédérale de Yougoslavie.

RG Guinée. Renseignements Généraux. Varig. **RGA** Recensement Général de l'Agriculture. **RGE** Guinée Équatoriale. **RGP** Recensement Général de la Population. **RGR** Rassemblement des Gauches Républicaines. **RGV** Relit Grande Vitesse. **RH** République Haïtienne. **RHF** Restauration Hors Foyer. **RI** Indonésie. Rotary Club International. Régiment d'Infanterie. Rhode Island. **RIB** Relevé d'Identité Bancaire. **RICA** Réseau d'information Comptable Agricole. **RICCA** Régiment d'Infanterie et de Commandement de Corps d'Armée. **RICE** Relevé d'Identité de Caisse d'Épargne. **RIM** Mauritanie. **RINT** Réseau International de Néologie et de Terminologie. **RIP** Relevé d'Identité Postal. ***R.I.P.*** *Requiescat in pace.* **RISC** Reduced Instruction Set Computer. **RITA** *Réseau* Intégré de Transmissions Automatiques. **RITTER** d'Infrastructure des Transmissions de l'armée de TERre. **RJ** Royal Jordanian Airlines. **RK** Air Afrique. **R 3** Armenian Airlines. **RL** Aeronica. Liban. **RM** Madagascar. Réarmement Moral. Région Militaire. Règlement Mensuel. **Rm** Room. **RMA** Régiment de Marche d'Afrique. **RMC** Radio Monte-Carlo. **RMI** Revenu Minimum d'Insertion. **RMM** Mali. **RMN** Résonance Magnétique Nucléaire. Réunion des Musées Nationaux. **RN** Royal Navy. Revenu National. **RNA** Revenu Net Agricole. Ribonucleic acid. **RNAC** Royal Nepal Airlines Corporation. **RND** Rendu Non Déchargé. **RNE** Revenu Net d'Exploitation. **RNIS** *Réseau* Numérique à Intégration des Services. **RNO** National d'Observation de la qualité du milieu marin. **RNP** Rassemblement National Populaire. Réunion de la Noblesse Pontificale. **RNR** Réacteur à Neutrons Rapides. **RNUR** Régie Nationale des Usines Renault. **r°** recto. **RO** Roumanie. Roumélie Orientale. Tarom (Romanian Air Transport). **ROI** Return On Investment. **ROK** Corée du Nord. **rom.** romain. **ROM** Read Only Memory (« mémoire morte » d'un ordinateur). Roumanie. **ROME** Répertoire Opérationnel des Métiers et de l'Emploi. **RONA** Rapatrié d'Origine Nord-Africaine. **ro-ro** roll-on-roll-off (ferry). **ROTFL** Rolling On The Floor Laughing (mort de rire).

Rp Réponse payée. **RP** Représentation Proportionnelle. Révérend Père. **RPC** Request Pleasure Company. **RPF** Rassemblement du Peuple Français. **RPIMa** Régiment de Parachutistes d'Infanterie de Marine. **RPR** Rassemblement Pour la République. Religion Prétendue Réformée. **RPK** *Revenue* Passenger-Kilometre. **RTK** Ton-Kilometre. **rpm** revolutions per minute. **RPV** Remotely Piloted Vehicle. **RR** RailRoad. **RRPP** Révérends Pères. **RS** Républicains Sociaux. **RSA** République Sud-Africaine. **RSC** Réseau de Soins Coordonnés. **RSCG** Roux Séguéla Cayzac et Goudard. **Rse** Remise. **RSFSR** République Soviétique Fédérative Socialiste de Russie. **RSHA** ReichsSicherheitsHauptAmt (Office central de la sécurité du Reich). **RSM** Saint-Marin. **RSP** Réserve Spéciale de Participation. **RSR** Zimbabwe (ex-Rhodésie). **RSV** Religieux de Saint-Vincent-de-Paul. **RSVP** Répondez S'il Vous Plaît. **Rt** Right. **RTC** Réseau Téléphonique Commuté. **Rte** Route. **RTF** Radiodiffusion-Télévision Française. Rich Text Format. **RTFM** Read The Fucking Manual (lis ce foutu manuel). **RTL** *Radio-Télévision* Luxembourgeoise. **RTS** Scolaire. **R3** Armenian Airlines. **RTT** Réduction du Temps de Travail. Régiment de Tirailleurs Tunisiens. **R-U** Royaume-Uni. **RU** ou **RUS** Russie. **RV** Réalité Virtuelle. Rendez-Vous. **RVB** Rouge, Vert, Bleu. **RVI** Renault-Véhicules Industriels. **RW** ou **RWA** Rwanda. **Ry** Railway (Chemin de fer). **RY** Rotary Club.

$** Dollar (U.S.). **$b bermudien. **$c** canadien. **$m** Peso mexicain. **+S** Mérite saharien. **S.** seconde. Seite (page). Sud. Suède. **s.** siehe (voyez). Siècle. Son. Succeeded. **S, Sch, Schill** schilling. **sa.** samstags, sonnabends (le samedi). **SA** Arabie Saoudite. Société Anonyme. Son Altesse. South Africa. SturmAbteillung (section d'assaut). **SAA** South African Airways. **SAARC** Association d'Asie du Sud pour la Coopération Régionale. **SABENA** Société Anonyme BElge de Navigation Aérienne (ironiquement : Such a bloody experience never again). **SAC** Service d'Action Civique. Strategic Air Command. Pallotins. **SACD** *Société des Auteurs et Compositeurs* Dramatiques. **SACEM** et Éditeurs de Musique. **SACEUR** *Supreme Allied Commander in* EURope. **SACLANT** AtLANTic. **SACI** Société Auxiliaire de la Construction Immobilière. **SACPV** Société Anonyme à Capital et Personnel Variable. **SACU** Union douanière de l'Afrique australe. **SADCC** South-African Development Coordination Conference. **SAE** Son Altesse Éminentissime. Société Auxiliaire d'Entreprise. Stage d'Accès à l'Entreprise. **SAF** Structural Adjustment Facility. **SAFER** Société d'Aménagement Foncier et d'Établissement Rural. **SAGE** Schéma d'Aménagement des Eaux. **SAGEM** Société d'Applications Générales d'Électricité et Mécanique. **SAI** Son Altesse Impériale. **Sal** Salésiens. **SALT** Strategic Arms Limitation Treaty. **SAM** Surface-to-Air Missile (missile sol-air). **SAMAR** Recherche et sauvetage des vies humaines en mer. **SAMRO** SAtellite Militaire de Reconnaissance Optique. **SAP** South African Police. **SAR** Fils de la Révolution Américaine. Search And Rescue. Secteur d'Amélioration Rurale. Société d'Aménagement Régional. Son Altesse Royale. South African Republic. **SARL** Société A Responsabilité Limitée. **SAS** Scandinavian Airlines System. Section Administrative Spéciale. Small Astronomical Satellite. Son Altesse Sérénissime. Special Airborne Services. **SASOL** South African Coal, Oil and Gas Corporation. **SAT** Société Anonyme de Télécommunications. **SATCC** Commission des Transports et des Communications. **SATCP** Missiles Sol-Air Très Courte Portée. **SATER** Sauvetage Aéro-TERrestre. **SAU** Arabie Saoudite. Service d'Admission d'Urgence. Surface Agricole Utile.

SB Air Calédonie International. Sales-Book (livre des ventes). Iles Salomon. **s.b.f.** sauf bonne fin. **SBF** Société des Bourses Françaises. **SC** Cruzeiro do Sul. Seychelles. The World Security Council. Frères du Sacré-Cœur. South Carolina. **sc.** scène. *scilicet.* **SCA** Salvador. Société en Commandite par Actions. **SCALP** Section Carrément Anti Le Pen. **SCART** Syndicat des Constructeurs d'Appareils de Radiodiffusion et de Télévision. **Sc D** Scientiae Doctor. **SCEA** Société Civile d'Exploitation Agricole. **SCEES** *Service* Central des Enquêtes et Études Statistiques. **SCI** Civil International. Société Civile Immobilière. **sci** Sciences. **SCOA** *Société* Commerciale de l'Ouest Africain. **SCPI** Civile de Placement Immobilier. **SCPRI** Service Central de Protection contre les Rayonnements Ionisants. **SCREG** Société Chimique Routière et d'Entreprise Générale. ***sculp., sc.*** ou ***scul.*** *sculpsit* (a gravé). **s.d.** Sans date. **SD** Send Data. Sicherheits-Dienst (Service de la sécurité des S.S.). *Sine die.* Soudan. South Dakota. Sudan Airways. Swaziland. **SDA** Sélection Directe à l'Arrivée. **SDAU** Schémas Directeurs d'Aménagement et d'Urbanisme. **SDB** Salésiens de Don-Bosco. **S.d.b.** Salle de bains. **SDBO** Société De Banque Occidentale. **SDECE** Service de Documentation Extérieure et de Contre-Espionnage. **SDES** Sous Direction des Études Statistiques. **SDF** Sans Domicile Fixe. Scouts De France. Stade de France. **SDI** Stratégie Défense Initiative. **SDN** Soudan. *Société* Des Nations. **SDR** de Développement Régional. Special Drawing Rights. **SDRM** de Droits de Reproduction Mécanique.

SE Son Éminence. Son Excellence. Sud-Est. Stock Exchange. Suède. **SEAQ** Automated Quotations system. **SEATL** Service d'Étude et d'Aménagement Touristique du Littoral. **SEATO** South-East Asia Treaty Organization (voir **OTASE**). **SEB** Société d'Emboutissage de Bourgogne. **SEBC** Système Européen de Banques Centrales. **sec.** sécante. **Sec.** Section, secretary (section, secrétaire). **SEC** Section d'Enquête et de Contrôle. Securities Exchange Commission. Système Européen de Comptes économiques intégrés. **SECAM** Système sEquentiel Couleur A Mémoire. **SECODIP** Société d'Études de la COmmunication, DIstribution et Publicité. **Secr.** Secrétariat. **sect.** section. **SEEF** Service d'Études Économiques et Financières. **S. & F.A.** Shipping and Forwarding Agent (Transitaire). **SEITA** Société nationale d'Exploitation Industrielle des Tabacs et Allumettes. **SELA** Système Économique Latino-Américain. **SEm** Son Éminence (un cardinal). **SEM** *Société d'Économie* Mixte. **SEN** Sénégal. **Sen., Senr.** Senior. **SEO** Sauf Erreur ou Omission. **SEP** Section d'Éducation Professionnelle. Société Européenne de Propulsion. **SEPOR** SErvice des Programmes des Organismes de Recherche. **SEPT** Société d'Édition de Programmes de Télévision. **Seq...** the following (et la suite...). **SEREPT** Société de Recherche et d'Exploitation du Pétrole en Tunisie. **SERNAM** SERvice NAtional des Messageries. **SES** Section d'Éducation Spécialisée. *Service* Économique et Statistiques. **SESI** des statistiques, des Études et des Systèmes d'Information. **SESSI** d'Étude des Stratégies et des Statistiques Industrielles. **SETL** des Statistiques des Études et des Techniques Locales. **S. et O.** Seine-et-Oise. **s.e.u.o.** Salvo error u omisión (sauf erreur ou omission). **SExc** Son Excellence (un évêque).

SF Finlande. Sans Frais. Science-Fiction. Stade-Français. **SFB** Société des Bourses Françaises. **SFI** Société Financière Internationale. **SFIC** *Section Française de l'Internationale* Communiste. **SFIO** Ouvrière. **SFOR** Stabilization FORce. **SFP** Société Française de Production et de création audiovisuelles. **SF3** Saab Fairch 340. **SG** Secrétaire Général. Singapour. Société Générale. **SGBD** *Système de Gestion de Base de Données.* **SGBDOO** Orienté Objet. **SGBDR** Relationnelle. **sgd** Signed (signé). **SGDG** Sans Garantie Du Gouvernement. **SGDL** Société des Gens de Lettres. **SGDN** Secrétariat Général de la Défense Nationale. **SGEN** *Syndicat Général* de l'Éducation Nationale. **SGFHT** des Fabricants d'Huiles et de Tourteaux de France. **SGL** Société des Gens de Lettres. **SGML** Standard Generalized Mark-up Language. **SGP** Singapour. Système Généralisé de Préférences. **SGPEN** Syndicat Général des Personnels de l'Éducation Nationale (FEN). **SGr** Sa Grâce (un duc). **Sgt** Sergeant. **sh., shr.** share (action). **sh(s).** shilling(s). **sh** sinus hyperbolique. **SH** Air Toulouse. Sa Hautesse (sultan). Sainte-Hélène. Société Hippique. Schleswig-Holstein. **SHAEF** Supreme Headquarter of Allied Expeditionary Forces. **s.h. ex.** sundays and holidays excepted. **SHAPE** Supreme Headquarter (of the) Allied Powers in Europe. **SHF** Super High Frequency. **shipt** Shipment (expédition). **SHOM** Service Hydrographique et Océanographique de la Marine. **SHON** Surface Hors Œuvre Nette. **SHS** Yougoslavie (Royaume des Serbes, des Croates et des Slovènes). **SH3** Short SD 330.

s.i. sauf imprévus. **SI** Secret Intelligence. Slovénie. Shift-in. Syndicat d'Initiative. Système International d'unités. **SIBEV** Société Interprofessionnelle du Bétail Et des Viandes. **Sic** écrit ainsi. **SICA** Société d'Intérêts Collectifs Agricole. **SICAF** *Société d'Investissement à CApital* Fermé-fixe. **SICAV** Variable. **SICI** Sté Immobilière pour le Commerce et l'Industrie. **SICOB** Salon des Industries du Commerce et de l'Organisation du Bureau. **SICOMI** *Société* Immobilière pour le

COMmerce et l'Industrie. **SICOVAM** Interprofessionnelle pour la COmpensation des VAleurs Mobilières. **SID** Service d'Information et de Diffusion du Premier ministre. **SIDA** Agence Suédoise de Développement International. Syndrome d'ImmunoDéficience Acquise. **SIDEC** Service Inter-Diocésain de l'Enseignement Catholique. **SIDO** *Société* Interprofessionnelle Des Oléagineux, protéagineux et cultures textiles. **SIDPE** des Ingénieurs Diplômés Par l'État. **SIFE** Stage d'Insertion et de Formation à l'Emploi. **SIFPAF** Syndicat des Industriels Fabricants de Pâtes Alimentaires en France. **Sig.** Signature. Signor. **SIGMA** Système Informatique de Gestion du MAtériel. **SIGYCOP** profil médical. S : membres supérieurs, I : membres inférieurs, G : état général, Y : yeux, vision (couleurs exclues), C : vision des couleurs, O : oreilles et audition, P : psychisme. **SII** Support individuel d'information. *Société* Immobilière d'Investissement. **SIMCA** Industrielle de Mécanique et de CArrosserie. **Sil.** Silvestrins. **sin.** sinus. **SINCHARS** SINgle CHAnnel Radio System. **SIPRI** Stockholm International Peace Research Institute. **SIR** Systèmes Informatisés de Réservation. **SIRENE** Système Informatisé du RÉpertoire National des Entreprises et des établissements. **SIRPA** Service d'Information et de Relations Publiques des Armées. **SIRTC** Société Internationale des Recherches contre la Tuberculose et le Cancer. **SIS** Secret Intelligence Service. **SITC** Standard International Trade Classification. **SITCOM** SITuation COMedy. **SIVOM** *Syndicat Intercommunal à VOcation* Multiple. **SIVOS** Scolaire. **SIVU** Unique. **SIVP** Stage d'Initiation à la Vie Professionnelle.

SJ Société de Jésus (Jésuites). Svalbard et Jan Mayen. **SJM** Serviteurs de Jésus et Marie. **SJR** Salaire Journalier de Référence. **SJTI** Service Juridique et Techniques de l'Information et de la communication. **SK** Sarawak. SAS. Slovaquie. **SKR** Couronne suédoise. **s.l.** sans lieu. **SL** Sierra Leone. **SLAM** Syndicat de la Librairie Ancienne et Moderne. **SLBM** *Submarine Launched* Ballistic Missile. **SLCM** Cruise Missile. **SLE** Sierra Leone. **s.l.n.d.** Sans lieu ni date. **SLSI** Super Large Scale Integration. **SLV** El Salvador. Slovénie. **SM** Aberdeen Airways. Sa Majesté. Saint-Marin. Second Maître. Sécurité Militaire. Marianistes. Société de Marie. **SMA** Service Militaire Adapté. **SMAG** Salaire Minimum Agricole Garanti. **SMB** *Sa Majesté* Britannique. **SMC** Catholique. **SMDSM-GMDSS** *Système* Mondial de Détresse et de Sécurité en Mer. **SME** Monétaire Européen. Suriname. **SMERCH** acronyme de Smiert shpionam (mort aux espions). **SMI** Sa Majesté Impériale. **SMIC** *Salaire Minimum Interprofessionnel* de Croissance. **SMIG** Garanti. **SMM** Société de Maristes. Montfortains. **SMR** Sa Majesté Royale. **SMS** Sciences Médico-Sociales. Short Message Service. **SMSR** Service Médical de Surveillance Radiologique. **SMTC** *Sa Majesté Très* Chrétienne. **SMTF** Fidèle. **SMUR** Service Médical d'Urgence et de Réanimation. **+SMV** Médaille des Services Militaires Volontaires.

sn sans nom. **S/N** Shipping note. Sabena. **SN** Sabena. Sénégal. Service National. **SNA** Sous-marin Nucléaire d'Attaque. **SNADE** *Syndicat National Autonome* des Directeurs et directrices d'Écoles. **SNALC** des Lycées et Collèges. **SNC** *Syndicat National* des Collèges. Système de Comptabilité Nat. Société en Nom Collectif. **SNCASE** *Société Nationale de Construction Aéronautique* du Sud-Est. **SNCASO** du Sud-Ouest. **SNCB** *Société Nationale des Chemins de Fer* Belges. **SNCF** Français. **SNDLEP** Syndicat National des Directeurs de Lycées d'Enseignement Professionnel. **SNECMA** Société Nationale d'Études et de Construction de Moteurs d'Avions. **SNES** *Syndicat National* des Enseignements du Second degré. **SNESup.** *de l'Enseignement* Supérieur. **SNET** Technique. **SNETAP** Technique Agricole Public. **SNETP** Syndicat national des Enseignements Techniques et Professionnels. **SNGR** Sin Nuestra Garantia ni Responsabilidad. **SNI** Syndicat National des Instituteurs. **SNIAS** Société Nationale des Industries Aéronautiques et Spatiales. **SNLE** *Sous-marin Nucléaire Lanceur d'Engins.* **NG** de Nouvelle Génération. **SNP** *Société* en Nom Personnel. **SNPA** Nationale des Pétroles d'Aquitaine. **SNPCA** Syndicat National du Personnel de Commerce de l'Automobile. **SNPE** Société Nationale des Poudres et Explosifs. **SNPQR** Syndicat National de la Presse Quotidienne Régionale. **SNSM** Société Nationale de Sauvetage en Mer.

s.o. seller's option (option du vendeur). siehe oben (voir plus haut). **SO** Austrian Air Service. Silésie Orientale. Somalie. **so.** Sonntags (le dimanche). Sud-Ouest. **Soc.** social. Society. **SOE** Special Operations Executive. **SOFAR** SOund Fixing And Ranging. **SOFICA** *SOciété* de Financement des Industries Cinématographique et Audiovisuelle. **SOFIRAD** FInancière de RADiodiffusion. **SOFREMER** FRançaise d'Etudes et de réalisations Maritimes portuaires et navales. **SOFRES** FRançaise d'Enquêtes par Sondage. **SOFRESA** FRançaise d'Exportation de Systèmes d'Armement. **SOGO** Système d'Observation Global des Océans. **SOL** Service d'Ordre Légionnaire. **SOM** Somalie. **SOMIVAC** *SOciété* pour la MIse en VAleur de la Corse. **SONACOTRA** NAtionale pour la COnstruction des TRAvailleurs. **SONITO** SOciété Nationale Interprofessionnelle de la TOmate. **SOPEMI** Système d'Observations PErmanentes des MIgrations. **SOPEXA** SOciété Pour l'EXpansion des ventes de produits Agricoles alimentaires. **SOS** Signal de détresse choisi pour sa simplicité (en morse : 3 points, 3 traits, 3 points). Certains leur donneront ensuite le sens : Save Our Souls (en anglais : Sauvez nos âmes). **SP** Air Açores. Secteur Postal. Service de Presse. Somalie. ***sp*** *sine parole* (sans issue). **+SP** Santé Publique. **Sp** Spécial (après un calibre). **SpA** Società per Azioni. **SPA** Société Protectrice des Animaux. Standard de Pouvoir d'Achat. **SPADEM** Société de la Propriété Artistique des Dessins Et Modèles. **SPCN** Sciences Physiques, Chimiques, Naturelles. **SPE** Service Public pour l'Emploi. **SPECTRE** Service Pour l'Espionnage, le Contre-espionnage, le Terrorisme, les Règlements et l'Extorsion. **SPES** Syndicat des Personnels de l'Enseignement Secondaire. **SPG** Systèmes des Préférences Généralisées. **SPM** St-Pierre-et-Miquelon. **SPOT** Satellite Probatoire d'Observation de la Terre. **spgr** Specific gravity. ***SPQR*** *Senatus PopulusQue Romanus* (le sénat et le peuple romains).

Sq. Stéréo quadriphonie. Square (carré). ***sq*** *Sequens* (suivant). **SQ** Singapore Airlines. ***sqq.*** *Sequentes* (suivants). **SQS + EI** Sociétés, Quasi-Sociétés et Entreprises Individuelles. **SR** Suriname. Swissair. *Service de Renseignements.* **SRCE** et de Contre-Espionnage. **Sr** Senior. Señor. **Sra** Señora. **SRA** Stage de Réinsertion en Alternance. **SRI** Secours Rouge International. **SS** Sa Sainteté. SchutzStaffel (Allemagne, Section Spéciale). Secteur Sauvegardé. Sécurité Sociale. SteamShip. **S/S** SteamShip (bateau à vapeur). **SSBS** Système d'armes Sol-Sol Balistique Stratégique. **SSC** Concorde. **SSCC** Pères des Sacrés-Cœurs-de-Picpus. **SSCI** Société de Services et de Conseil en Informatique. **S.-S.-E.** Sud-Sud-Est. **S'sea** Swansea. **SSF** Société de St-François. **SSI** Small Scale Integration. Secrétariat Syndical International. **SSII** Société de Services et d'Ingénierie Informatique. **S.-S.-O.** Sud-Sud-Ouest. **SSP** Société St-Paul. **SSS** Pères du St-Sacrement.

st. stone. station. **St** Saint. Street (rue). Stück (pièce). **S & T** Science et Technologie. **ST** Sao Tome. Sciences de la Terre. **Sta** Santa. **STABEX** Système de STABilisation des recettes d'EXportation des produits de base agricoles. **Staffs.** Staffordshire. **STAPS** Sciences et Techniques des Activités Physiques et Sportives. **START** STrategic Arms Reduction Talks. **St.-C.** St-Cloud-Country-Club. **std** Standard. **Std.** Stunde(n) [heure(s)]. **Ste(s)** Sainte(s). **Sté** Société. **ster., stg** sterling. **STGM** Sa Très Gracieuse Majesté. **STH** Surface Toujours en Herbe. **STI** Sciences et Technologies Industrielles. **stk** stock. **STL** Sciences et Techniques de Laboratoire. **Stn** Station. **STO** Service du Travail Obligatoire. **STOL** Short Take-Off and Landing. **S. to S.** Station to Station. **stp** standard temperature and pressure. **STRIDA** Système de TRansmission des Informations de Défense Aérienne. **STS** Section de Technicien Supérieur. Sciences des Techniques Spécialisées. **Sts** Saints. **+StS** Mérite de l'Ordre Chevaleresque du St-Sépulcre. **STT** Sciences et Technologies Tertiaires. **STU** Service Technique de l'Urbanisme. **SU** Aeroflot (Russian International Airlines). Union soviétique. **s.u.** siehe unten (voir plus bas). **subs.** subscribed. **SUD** Soudan. **Sun.** Sunday. **suiv.** suivants. **suppl.** supplément. **Supra** ci-dessus. **Supt** Superintendent. **SUR** Suriname. **SV** Salvador. Saudia Arabian Airlines. **SVA** Service à Valeur Ajoutée. **SVK** Slovaquie. **SVP** S'il Vous Plaît. **SW** Namib Air. **SWA** Namibie. South-West Africa. **SWAPO** South West African People's Organization. **Swift** Society for Worldwide Interbank Financial Telecommunication. **SWN** Swearingen Metro. **SWZ** ou **SZ** Swaziland. **SY** ou **SYC** Seychelles. **SY** ou **SYR** Syrie. **SYRACUSE** SYstème de RAdio Communication Utilisant un SatellitE.

t tonne. **t.** toile. tome. **T** Thaïlande. **TA** Telegraphic Address (adresse télégraphique). Tribunal Administratif. **TAAF** Terres Australes et Antarctiques Françaises. **TAAG** Linhas Aéreas de Angola. **TAC** Total Allowable Catch (Prise de pêche maximale admissible). **TACIS** Technical Assistance to the Commonwealth of Independant States. **TADB** Taxe Additionnelle au Droit de Bail. **TADS** Target Acquisition and Designation System (viseur de tir). **TAET** Taux Annuel d'Exposition Totale. **TAF** Tactical Air Force. **TAI** Temps Atomique International. Transports Aériens Intercontinentaux. **TAM** Obligation à taux variable à référence monétaire annuelle. Terre-Air-Mer. **TAP** Air Portugal. Troupes Aéro-Portées. **TAPLINE** Trans Arabian PipeLINE Company. **TAR** Tactical Air Reconnaissance. **TASS** Telegrafnoye Agentstvo Sovyestskovo Soyuza. Tribunal des Affaires de Sécurité Sociale. **TAT** Tactical Air Transport. Touraine Air Transport. Transports Aériens Transrégionaux.

t.b. tonne brute. **TB** Trial Balance (balance de vérification). **TB ex.** Très Bon exemplaire. **T-Bill** T-Bond : Treasury Bill [bon du Trésor (US) à court terme]. **T-Bond** Treasury Bond (obligation du Trésor à plus de 10 ans). **TC** Cameroun. Air Tanzanie. Télégramme Collationné. Témoignage Chrétien. Transit Corridor. Turks and Caicos. **TCA** Taxe sur le Chiffre d'Affaires. **TCD** Tchad. Transport de Chaland de Débarquement. **TCF** Très Cher Frère. *Touring-Club* de France. **TCS** de Suisse. **Tcheka** Commission de lutte contre la contre-révolution et le sabotage (Tch. K.). **TD** Tchad. Travaux Dirigés. **TDF** Télédiffusion De France.

TE Lithuanian Airlines. **TEC** Tarif Extérieur Commun. Taux de l'Échéance Constante. **tec.** *Tonne Équivalent* Charbon. Carcasse. **TEE** Trans-Europ-Express. **Tél.** Téléphone. **teoc** tonne équivalent œuf coquille. **TEP** Tonne Équivalent Pétrole. **Tert.** Tertiaire(s). **TEU** Twenty-foot Equivalent Unit. **TF1** Télévision Française 1re Chaîne. **TG** Thai Airways. Togo. **tg.** tangente. **TFPB** Taxe Foncière sur la Propriété Bâtie. **TG** Togo. **TGAP** Taxe Générale sur les Activités Polluantes. **TGI** *Tribunal de Grande Instance.* **TGIcc** à compétence commerciale. **tgl.** täglich (tous les jours). **TGO** Togo. **TGV** Train à Grande Vitesse. **th** tangente hyperbolique. théorème. **TH** LAR Transregional. **TH** ou **THA** Thaïlande. **THAI** Thai International AIrways. **THE** *Taux* Hebdomadaire des Emprunts d'État. **THO** moyen Hebdomadaire des Obligations. **Thro'B.-L.** Through the Bill of Loading (par le connaissement). **TI** Texas Instrument. Tribunal d'Instance. **TIA** Thanks in advance (merci d'avance). **TIC** Technologies de l'Information et de la Communication. **TIF** Transports Internationaux par chemin de Fer. **TIG** Travaux d'Intérêt Général. **TIOP** Taux Interbancaire Offert à Paris, traduction de Pibor. **TIP** Titre Interbancaire de Paiement. **TIPP** Taxe Intérieure sur les Produits Pétroliers. **TIR** Transports Internationaux Routiers. **Tir.** Tirage. **TJ** TetraJoule. **TJA** (ou **TJ** ou **TJK**) Tadjikistan. **Tjb** Tonneau de jauge brute. **TJJ** Taux au Jour le Jour sur le marché monétaire. **TK** ToKelau. Turk Hava Yoliari (Turkish Airlines). **tkm** tonne-kilomètre. **TKM** Turkménistan. **TL** Total Loss (perte totale). **TLE** *Taxe Locale* d'Équipement. **TLI** Incluse. **TLM** Télé Lyon Métropole. **t.l.o.** total loss only (perte totale seulement). **TLT** TéLé Toulouse. **tlw** teilweise (partiellement). **TM** Turkménistan. **TMB** Taux moyen Mensuel des Bons du Trésor à treize semaines. **TMC** Télé Monte Carlo. Théâtre, Maison de la Culture. Tribunal Mixte de Commerce. **TMD** Theater Missile Defence. **TME** *Taux Moyen* des Emprunts d'État. **TMM** du Marché monétaire au jour le jour. **TMO** Taux du Marché Obligataire. Telegraphic Money Order (mandat télégraphique). Thermo-Magnéto-Optique. **TN** Australian Airlines. Tennessee. Tunisie. **TNC** *Théâtre National* de Chaillot. **TNP** Populaire. Traité de Non-Prolifération des armes nucléaires. **TNT** TriNitroToluène. **TNX** Thanks (merci).

t.o. toit ouvrant. **TO** Tonga. TurnOver (chiffre d'affaires). **TOA** Troupes d'Occupation en Allemagne. **TOB** Traduction Œcuménique de la Bible. **TOC** Table Of Content. **+TOE** Croix de guerre des Théâtres d'Opérations Extérieures. **TOEFL** Test Of English as a Foreign Language. **TOM** Territoire d'Outre-Mer. **TON** Tonga. **TOR** Tertiaires réguliers de St-François-d'Assise. **TP** Air Portugal (TAP). Taxe Professionnelle. Timor Oriental. *Travaux* Pratiques. Publics. Titre participatif. **TPC** Technologie et Physique-Chimie. **TPE** Terminal de Paiement Électronique. **TPFA** Tribunal Permanent des Forces Armées. **TPG** Trésorier Payeur Général. **TPI** Tracks Per Inch (Pistes par pouce). Tribunal Pénal International. **TPL** Tonne de Port en Lourd. **TPND** Theft Pilferage and Non Delivery. **TPS** Taxe de Prestation de Service. **TPU** Taxe Professionnelle Unique. **TPV** Terminal Point de Vente. **TPZ** Taxe Professionnelle de Zone.

TR Terminal Ready. TRansbrasil. Turquie. **tr.** tranche travellers club. trustee (curateur, dépositaire). **TRA** Obligation à taux annuel. **TRACFIN** Traitement du Renseignement et Action contre les Circuits FINanciers clandestins. **trad.** traducteur, traduction, traduit par. **trans.** translated. translation. **TRAPSA** compagnie de TRAnsport par Pipe-line au SAhara. **TRB** Taux Révisable des Bons du trésor. **TRD** TRiDent. **TRH** Their Royal Highness. **TRM** Transports Routiers de Marchandises. Obligation à taux flottant. **trn** trillion. **TRO** Obligation à taux révisable. **3D** Trois dimensions. **3R (règle)** Réduire, Réutiliser, Recycler. **TRT** Télécommunication Radioélectriques et Téléphoniques. **TRV** Transports Routiers de Voyageurs. **TSA** Technologie des Systèmes Automatisés. **Tsd.** Tausend (mille). **TSDI** Titre Subordonné à Durée Indéterminée. **TSE** Travaux Scientifiques Expérimentaux (6e). **TSF** Télégraphie Sans Fil. **TSI** Technologie et Sciences Industrielles. **TSS** Très Saint-Sacrement. **TSVP** Tournez S'il Vous Plaît.

TT Marshall Islands. Telegraphic Transfer. Transit Temporaire (ou TTX). Trinité et Tobago. **TTC** Toutes Taxes Comprises. **TT.CC.FF.** Très Chers Frères. **Tt cft** Tout confort. **TTM** Taux Type de Mortalité. **TTU** Très Très Urgent. **TU** Temps Universel. Tunis Air. **TUC** Temps Universel Coordonné. Trade Union Congress. Travail d'Utilité Collective. **Tue.** Tuesday. **TUN** Tunisie. **TUP** Titre Universel de Paiement. **TUR** Turquie. **TU3** *Tupolev* 134. **TU5** 154. **TUV** Tuvalu. **TV** TéléVision. Taux Variable. Tuvalu. **TVA** Taxe à la Valeur Ajoutée. Tennessee Valley Authority. **TVHD** TéléVision à Haute Définition. **TW** *TeraWatt.* **TWH** heure. **TW** Taïwan. Trans World Airlines (TWA). **TWI** Training Within Industry. **TX** Texas. **TZ** ou **TZA** Tanzanie.

u. und (et). **U** Uruguay. **u.a** unter anderen (entre autres). **4 U** for you. **u/a** unit of account. **UA** Ukraine. Unit of Account. United Airlines. **UAE** United Arab Emirates. **UAM** *Union* des Artistes Modernes. **UAMCE** Africaine et Malgache de Coopération Économique. **UAP** des Assurances de Paris. **UAR** United Arab Republic. **UASPTT** *Union* des Associations Sportives des PTT. **UAT** Aéromaritime de Transport. **u.A.w.g.** um Antwort wird gebeten (répondre s'il vous plaît). **UB** Unité Bétail. **UC** Ladeco (Línea Aérea del Cobre). **UCE** Unité de Compte Europ. **UCJF** *Union Chrétienne* des Jeunes Filles. **UCJG** des Jeunes Gens. **UCRG** *Union* des Clubs pour le Renouveau de la Gauche.

UD Hex Hair. **UDAO** *Union* Douanière de l'Afrique de l'Ouest. **UDC** Du Centre. **UDCA** de Défense des Commerçants et Artisans. **UDE** Unité de Dimension Économique. **UDEAC** *Union* Douanière et Économique de l'Afrique Centrale. **UDF** pour la Démocratie Française. United Democratic Front (Front Démocratique Uni). **U2000** plan Université 2000. **UDI** *Union* Démocratique Internationale. **UDR** des Démocrates pour la Ve République. **UDSR** Démocratique et Socialiste de la Résistance. **UDT** Démocratique du Travail. **UE** Européenne. **UEBL** Économique Belgo-Luxembourgeoise. **UEC** des Étudiants Communistes. **UEM** Économique et Monétaire. **UEMOA** Ouest Africaine. **UEO** de l'Europe Occidentale. **UEP** Europe des Paiements. **UER** Union Européenne de Radiodiffusion. *Unité d'Enseignement et de Recherche.* **UEREPS** d'Éducation Physique et Sportive. **UF** *Unité* de Feu. Fourragère. **UFAC** *Union* des Fabricants d'Aliments Composés. **UFAJ** Française des Auberges de Jeunesse. **UFC** Fédérale des Consommateurs. **UFCV** Française des Centres de Vacances. **UFD** des Forces Démocratiques. **UFF** des Femmes Françaises. et Fraternité Françaises. **UFJT** des Foyers des Jeunes Travailleurs. **UFM** Fédéraliste Mondiale. **UFO** Unidentified Flying Object (voir OVNI). **UFOLEA** *Union Française des Œuvres* Laïques d'Éducation Artistique. **UFOLEIS** Laïques d'Éducation par l'Image et par le Son. **UFOLEP** Laïques d'Éducation Physique. **UFOVAL** de VAcances Laïques. **UFR** Unité de Formation et de Recherche.

UG ou **UGA** Ouganda. **UGB** Unité Gros Bétail. **UGCS** *Union* des Groupes et Clubs Socialistes. **UGE** des Grandes Écoles. **UGI** Géographique Internationale. **UGIF** Générale des Israélites de France. **UGP** des Gaullistes de Progrès. **UGSEL** *Générale* Sportive de l'Enseignement Libre. **UGTAN** des Travailleurs d'Afrique Noire. **UHF** Ultra High Frequency. **UHT** Ultra Haute Température. **UIA** *Union Internationale* contre l'Alcoolisme. Antiraciste. des Architectes. des syndicats des industries Alimentaires. **UIAA** des Associations d'Alpinisme. **UIC** des Chemins de fer. **UICC** Contre le Cancer. **UICT** Contre la Tuberculose. **UIE** des Étudiants. **UIMM** *Union* Industrielle Métallurgique et Minière. **UINF** Internationale de la Navigation Fluviale. **UIP** InterParlementaire. **UIPE** *Union Internationale* de Protection de l'Enfance. **UIS** de Secours. **UISC** Unité d'Instruction et de Sécurité Civile. **UIT** *Union* Internationale des Télécommunications. **UJP** des Jeunes pour le Progrès. **UJRF** de la Jeunesse Républicaine de France.

UK United Kingdom (Royaume-Uni). **KLM** uk. Buzz. **UKL** Livre sterling. **UKR** Ukraine. **UL** Air Lanka. **ULM** Ultra-Léger Motorisé. **Ult.** *Ultimo* (dernier du mois écoulé). **UM** Air Zimbabwe. **UMA** Union du Maghreb Arabe. **UMAC** *Union Monétaire* d'Afrique Centrale. **UMOA** Ouest-Africaine. **UMS** Unité Militaire Spécialisée. **UMTS** Universal Mobile Telecommunications System. **UN** United Nations. **UNAAPE** *Union Nationale des Associations* Autonomes de Parents d'Élèves. **UNAF** Familiales. **UNAPEL** de Parents d'Élèves de l'enseignement Libre. **UNATI** *Union Nationale* des Artisans et Travailleurs Indépendants. **UNC** des Combattants. **UNCAL** des Comités d'Action Lycéens. **UNCAP** des Commerçants Artisans et Professions libérales. **UNCDF** *United Nations* Capital Development Fund. **UNDP** Development Program. **UNDRO** Office of the United Nations Disaster Relief co-Ordinator. **UNEDIC** *Union Nationale* pour l'Emploi Dans l'Industrie et le Commerce. **UNEF** des Étudiants de France. **UNESCO** *United Nations* Educational, Scientific and Cultural Organization. **UNFPA** Fund for Population Activities. **UNGG** Uranium Naturel, Graphite, Gaz. **UNHCR** United Nations High Commission for Refugees. **UNI** *Union Nationale* Interuniversitaire. **UNIRS** Institutions de Retraite Salariés. **UNICEF** *United Nations* International Children's Emergency Fund. **UNIDO** Industrial Development Organization. **UNITA** Union Nationale pour l'Indépendance Totale de l'Angola. **UNITAR** United Nations Institute for Training And Research. **Univ.** Université. **UNIX** UNiplexed Information and Computer Service. **UNO** United Nations Organization (**ONU**). **UNOF** *Union Nationale* des Organisations Familiales. **UNOR** des Officiers de Réserve. **UNR** *Union* pour la Nouvelle République. **UNREP** Nationale Rurale d'Éducation et de Production. **UNRRA** *United Nations* Relief and Rehabilitation Administration. **UNRWA** Refugees Working Aid. **UNSS** Union Nationale de Sport Scolaire. **UNTA** Technic Assistance. **UNTCD** Technical Cooperation for Development. **UNU** Université des Nations Unies.

UP United Press. University Press. **UPA** Unité Pédagogique d'Architecture. Unité Prioritaire d'Aménagement. **UPI** United Press International. **UPS** Université de Paris Sud. **UPU** *Union* Postale Universelle. URAC République d'Afrique Centrale. **URC** du Rassemblement et du Centre. **URSS** des Républiques Socialistes Soviétiques. **URSSAF** pour le Recouvrement des cotisations de la Sécurité Sociale et des Allocations Familiales. **URL** Uniform Resource Locator. **URY** Uruguay. US **us.** usuel. US Airways. **US/USA** *United States* of America. Army. **USAAC** *United States Army Air* Corps. **USAAF** Force. **USAF** Air Forces. **USAID** Agency for International Development. **USCG** Coast Guard. **USIA** *Information* Agency. **USIS** Services. **USD** dollar américain. **USDA** United States Department of Agriculture. **USINOR** Union SIdérurgique du NORd de la France. **USJ** Union des Sociétés Juives. **USMC** *US* Marine Corps. **USN** Navy. **USS** Ship. **USNEF** Union Syndicale Nationale des Enseignants de France. **USSR** Union of Soviet Socialist Republics. République Soviétique Socialiste d'Ukraine. **usw.** und so weiter (et ainsi de suite, etc.).

UT Utah. **UTA** Union de Transports Aériens. *Unité* de Traction Animale. de Travail Annuel. **UTC** Temps Universel. **UTH** Unité de Travail Homme. **UTO** United Towns Organization. **UTR** Unité Technique de Reclassement. **U3M** programme Université pour le 3e millénaire. u.U. unter Umständen (le cas échéant). **UU** Air Austral. UV UltraViolet. Unité de Valeur. U/W Underwriter (assureur). UX Air Europa. UY Cameroon Airlines. Uruguay. UZ ou **UZB** Ouzbékistan. **u.zw.** und zwar (à savoir).

v. veau. velocity. vers. **V.** Cité du Vatican. Versus [Contre (droit)]. Voir, voyez. Volt. VA Valeur Ajoutée. Vatican. Viasa (Venezolana International de Aviación). Vice-Amiral. Virginia. **VAB** Valeur Ajoutée Brute. Véhicule de l'Avant-Blindé. **VAF** Vicariat aux Armées Françaises. **VAG** Volkswagenwerk AG. **VAL** Véhicule Automatique Léger. **Val.** Valuta, Wert (valeur). Vallombrosans. **VAM** Victoria and Albert Museum. **VAO** Vision Assistée par Ordinateur. **Var.** Var. Variante. **VARIG** Viação Aerea Rio Grandense (Cie d'aviation de l'État de Rio Grande do Sul). **VAT** Value Added Tax. Volontaire pour l'Aide Technique. VB Birmingham European Airways. **VBL** Véhicule Blindé Léger.

+ VC Victoria Cross. St-Vincent. **V.C.C.** Vin de Consommation Courante. Vd Vend. **VD** Air Liberté SA. Venereal Disease. Vente Directe. **VDQS** Vin Délimité de Qualité Supérieure. VE-**day** Victory in Europe (8-5-45). **Ven** Venerable. **VEN** ou **VE** Venezuela. **verh.** verheiratet (marié). **Veronica** Very Easy Rodent-oriented Net-wide Index to Computerized Archives. **verw.** verwitwet (veuf). V.F. Version Française. *v.g. verbi gratia* (exemple). **VG** *Iles Vierges* britanniques ; **VI** américaines. **vgl.** vergleiche (comparez). v.H. vor Hundert (pour cent). **VHF** Very High Frequency. **VHR** Variété à Haut Rendement. **VHSI** Very High Scale Integration. VI Véhicule Industriel. Virgin Islands. **VIDCOM** Marché international de la VIDéoCOMmunication. **vign.** vignette. **VIH** Virus de l'Immunodéficience Humaine. **VIP** Very Important Person. Visto In Prigione (Vu en prison). **viz.** videlicet (à savoir). v.J. vorigen Jahres (de l'année précédente). **VJ-day** Victory over Japan (15-8-45). VK Air Tungaru.

VL Véhicule Léger. **VLB** Video Local Bus. **VLF** Very Low Frequency. **VLP** Video Long Player. **VLRA** Véhicule Léger de Reconnaissance et d'Appui. **VLSI** Very Large Scale Integration. v.M. vorigen Monats (du mois précédent). **VMF** Vieilles Maisons Françaises. Volontaire Militaire Féminine. **VMM** Veille Météorologique Mondiale. Viêt Nam. VN Vietnam Airlines (en anglais). VO Tyrolean Airways. Version Originale. *v° verso. v°, vis verbo, verbis.* **Vol.** Volume. VP VASP (Viaçao Aéra Sao Paulo). Vice-Président. Voiture Particulière. **VPC** Vente Par Correspondance.

VQPRD Vin de Qualité Produit dans des Régions Déterminées. VR Transportes de Cabo Verde. Velocity Ratio. *Virtual Reality.* **VRML** Modeling Language. **VRP** Voyageurs de commerce, Représentants et Placiers. vs. versus. **VS** Virgin Atlantic Airways. **VSD** Visualisation, Saisie, Déport. **VSL** *Véhicule Sanitaire Léger. Volontaire pour le Service* Long. **VSNA** National Actif au titre de la coopération. **VSNE** Volontaire du Service National en Entreprise. **VSO** Voluntary Service Overseas Limited. **VSOP** Very Superior Old Pale (très vieil alcool supérieur). VT Air Tahiti. Vermont. **Vte, Vtesse** Vicomte, vicomtesse. **Vto** Vencimiento (échéance). **VTOL** Vertical Take Off and Landing. **VTT** Véhicule ; Vélo Tout Terrain. **V1** Vergeltungswaffe n° 1. VU Vanuatu. **VUL** Véhicule Utilitaire Léger. **VUT** Vanuatu. v.v. *vice versa.* **VVAP** Volem Viure Al Païs. **Vve** Veuve. **VVF** Village Vacances Familiales. vx vieux. **vx fr.** vieux français.

W Watt. West. **w.** widow, widower (veuve, veuf). WA Washington. With Particular Average (ou WPA). **WAAC** *Women's* Army Auxiliary Corps. **WAAF** Auxiliary Air Force. **WAC** Army Corps. **WAG** Gambie. **WAIS** Wide Area Information Servers. **WAK** Sierra Leone. **WAN** Nigéria. **WAP** Wireless Application Protocol. **WARM** Write Always Read Many. **WASP** White Anglo-Saxon Protestant. WBA World Boxing Association. WC Water-Closet. West-Center. Wd Warranted (garanti). Wed. Wednesday. **WEU** Western European Union.

WF Wallis et Futuna. Wideröes Flyveselskap. **WFP** *World* Food Program. **WFTU** Federation of Trade Unions. WG Grenade. **wgt** Weight (poids). Wh Whatmann. **whf** Wharf (quai). **WHO** World Health Organization (voir **OMS**). **whse** Warehouse (entrepôt). WI West Indies. Wisconsin. **WISO** Women International Sionist Organization. WJC World Jewish Congress. wk Week (semaine). W/M Weight or Measurement (poids ou cube). **WMAA** Whitney Museum of American Art. **WML** Wireless Markup Language. **WMO** World Meteorological Organization (voir **OMM**). **WMP** With Much Pleasure. **WMRM** Write ManyRead Many.

WOR Without Our Responsability (sans responsabilité de notre part). **WORM** Write Once Read Many. WPA With Particular Average (Avec avaries particulières). **WPC** World Power Conference. **w.p.m.** words per minute (mots à la minute). WR Royal Tongan Airlines. Wire Reply (câble réponse). **WRM** Wallraf-Richardz Museum.

WS ou **WSM** Samoa occidentales. WT Nigeria Airways. **Wt** Weight (poids). **WTO** World Tourist Organization. **W3C** World Wide Web Consortium. WV West Virginia. W/W Warehouse-Warrant. **WW** Scottish European Airways. **w.w.d.** weather working days, weather permitting (jours ouvrables, temps le permettant). **WWW** ou **Web** World wide web. WX City jet. WY Wyoming. **WYSIWIG** What You See Is What You Get. **WYSIWIS** What You See Is What I See.

X. Inconnu, anonyme. Ancien de Polytechnique. Xbre décembre. X.c. Ex-coupon (dividende). **X5** Cronus Airlines. X.d. Ex-dividende. x.i. Ex-interest (ex-intérêt). XK Corse Méditerranée. Xmas Christmas (Noël). **x-ml, x-mll** ex mill (départ usine). **XML** Extensible Markup Language. **XMM** X-ray Multi Mirror. XP Express Paid. x-ship, **x-shp** ex ship (au débarquement). **x-stre** ex store (disponible). x-whse ex warehouse (disponible). **x-wks** ex works (départ usine).

y. yen. Y/A York Antwerp Rules [Règles de York et Anvers (Assurances maritimes)]. **YAG** Grenat d'Yttrium-Aluminium. YC Flight West Airlines. **YCF** Yacht-Club de France. Yd Yard. **YD** Salair. YE ou **YEM** Yémen. **YEN** Yen japonais. YM Compass Airlines. **YMCA** Young Men's Christian Association. **YMCF** Yacht Motor Club de France. **YMN** Yémen. YOPI (en anglais) population à risque : Young, Old, Pregnant, Immunodeficient. **Yorks.** Yorkshire. YP Aero Lloyd. YR Rép. du Yémen. **yr** year, your (année, vôtre). YS Proteus Airlines. YT Mayotte. YU ex-Yougoslavie. **YUPPI** Young Urban Professionel. YV Venezuela. YWCA Young Women's Christian Association.

Z Zambie. Zéro. Impedance. ZA **Afrique du Sud.** ZAS Airlines of Egypt. **ZAC** Zone d'Aménagement Concerté. **ZAD** Zone d'Aménagement Différé. **ZAF** Afrique du Sud. **ZAL** Zwangsarbeitslager (camp de travaux forcés). **ZAR** Transvaal. Zaïre. z.B. zum Beispiel (par exemple). ZC Royal Swazi National Airways. **ZCIT-ITCZ** Zone de Convergence InterTropicale. **ZCP** *Zone* à Caractère Pittoresque. ZD de Défense. **z.d.A.** zu den Akten (à classer). **ZDET** Zone de Développement Économique et Technologique. ZEAT *Zone d'Études* et d'Aménagement du Territoire. **ZEDE** Démographiques et d'Emploi. **ZEE** Zone Économique Exclusive. **ZEP** Zone d'Environnement Protégé. Zone d'Éducation Prioritaire. **ZES** Zone Économique Spéciale. ZI Zone Industrielle. **ZICO** Zone de grand Intérêt pour la Conservation des Oiseaux. **ZIF** *Zone d'Intervention* Foncière. **ZIL** Limitée. **ZIP** *Zone Industrielle* Portuaire. **ZIRST** de (ou pour l'Innovation et la) Recherche Scientifique et Technique. **ZIV** Verticale. ZL Affretair.

ZM ou **ZMB** Zambie. ZNE *Zone Naturelle* d'Équilibre. **ZNIEFF** d'Intérêt Écologique Faunistique et Floristique. **ZNO** Zone Non Occupée/Zone libre. ZO Zone Occupée. ZPG Zero Population Growth. **ZPIU** *Zone* de Peuplement Industriel ou Urbain. **ZPPAUP** de Protection du Patrimoine Architectural Urbain et Paysager. **ZPS** de Protection Spéciale. ZQ Ansett New Zealand. ZR ou ZRE Zaïre. ZS Azzura Air. Sun flower Airlines. **ZST** Zone Standard Time. z.T. zum Teil (en partie). **Ztg.** Zeitung (journal). **Ztr.** Zentner (50 kg). ZUP *Zone* à Urbaniser en Priorité. **ZUS** Urbaine Sensible. **zuz** zuzüglich (en supplément). ZW Pacific Midland Airlines. **ZW** ou **ZWE** Zimbabwe. z.Z. zur Zeit (actuellement).

1'6" 1 foot 6 inches (1 pied six pouces). 1 cu. ft. 1 cubic foot (1 pied cubique).

Alphabets

☞ *Tout l'alphabet peut-il tenir dans une phrase ?* Les réparateurs en mécanographie utilisent celle-ci : « Servez ce whisky aux petits juges blonds qui fument. »

Alphabet Morse international

Inventé par Samuel Morse, peintre et physicien américain (1791-1872). Un trait égale 3 points. L'espace entre les différents signes d'une lettre égale 1 point ; entre 2 lettres : 3 points ; entre 2 mots : 7 points.

Point . – . – . –
Alinéa . – . – . .
Virgule – – . . – –
Point-virgule – . – . – .
Deux points ou signe de division (:) – – – . . .
Guillemet . – . . – .
Point interrogatif . . – – . .
Point exclamatif – – . . – –
Apostrophe . – – – – .
Trait d'union, tiret ou signe de soustraction – . . . . –
Souligné . . – – . –
Parenthèse de gauche [(] – . – – .
Parenthèse de droite [)] – – – . –
Double trait (=) – . . . –
Croix ou signe d'addition (+) . – . –
Signe de multiplication – . . –
Barre de fraction ou (/) – . . – .
Début d'émission – . – . –
De – . .
Erreur . . . .
Répétez (depuis 1979) . – . . – – . –
Compris . . . – . –
Transmettez – . – –
Attendez . – . . . –
Reçu . – .
Fin de transmission . . . – . –

A . – B – . . . C – . – . D – . . E .
ÉÈÊ . . – . . F . . – . G – – . H . . . . I . .
J . – – – K – . – L . – . . M – – N – .
O – – – P . – – . Q – – . – R . – . S . . .
T – U . . – V . . . – W . – – X – . . –
Y – . – – Z – – . .

1 . – – – – 2 . . – – – 3 . . . – –
4 . . . . – 5 . . . . . 6 – . . . . 7 – – . . .
8 – – – . . 9 – – – – . 0 – – – – –

Dans les répétitions d'office, lorsqu'il ne peut y avoir de malentendu du fait de la coexistence de chiffres et de lettres ou de groupes de lettres, les chiffres peuvent être transmis au moyen des signaux suivants :

1 . – 2 . . – 3 . . . – 4 . . . . – 5 . . . . .
6 – . . . . 7 – . . . 8 – . . 9 – . 0 –

Les administrations ou exploitations privées reconnues, utilisant des convertisseurs de code, peuvent transmettre les guillemets en répétant 2 fois le signe apostrophe avant et après les mots.

Un nombre dans lequel entre une fraction est transmis en liant la fraction au nombre entier par un tiret. Exemples : pour 1 3/4 transmettre 1 – 3/4 et non 13/4 ; pour 3/48 transmettre – 3/48 et non 3/48 ; pour 363 1/245 642 transmettre 363 – 1/245 642 et non 3 631/245 642.

Les lettres et signaux suivants peuvent être employés dans les relations entre les pays qui les acceptent :

ä ou æ . – . – â ou à . – – . – ch – – – –
ñ – – . – – ö ou ∅ – – – . ü . . – –

Le signe des minutes (′) et le signe des secondes (″) sont transmis en utilisant le signe de l'apostrophe : 1 fois pour les minutes et 2 fois pour les secondes.

Pour le signe % ou ‰ on transmet le chiffre 0, la barre de fraction et les chiffres 0 ou 00 (c.-à-d. : 0/0, 0/00).

Un nombre entier, un nombre fractionnaire ou une fraction suivis du signe % ou ‰ sont transmis en liant le nombre entier, le nombre fractionnaire ou la fraction au signe % ou au signe ‰ par un tiret. Exemple : pour 2 % transmettre 2 – 0/0 et non 20/0 ; pour 4 1/2 ‰ transmettre 4 – 1/2 – 0/00 et non 41/20/00.

Signalisation phonétique internationale

A alpha. B bravo. C Charlie. D delta. E écho. F fox-trot. G golf. H hôtel. I India. J Juliet. K kilo. L Lima. M Mike (pron. maïke). N november. O Ohio (pron. oayo), Oscar. P papa. Q Québec. R Roméo. S Sierra. T tango. U uniform (pron. iouniform). V Victor. W whisky. X x-ray. Y yankee (pron. yanki). Z Zulu (pron. zoulou).

Transmission des nombres : chiffre par chiffre (sauf multiples exacts de 100 et 1 000 et nombres 17, 18 et 19). Décomposition : 1 un tout seul. 2 un et un. 3 deux et un. 4 deux fois deux. 5 trois et deux. 6 deux fois trois. 7 quatre et trois. 8 deux fois quatre. 9 cinq et quatre. 0 zéro.

Chiffres romains

I	II	III	IV (ou IIII)	V	VI	VII	VIII
1	2	3	4	5	6	7	8
IX (ou VIIII)	X	XI	XII	XX	XXX		
9	10	11	12	20	30		
XL	L	LX	LXX	LXXX	XC	C	D
40	50	60	70	80	90	100	500
M (ou I)							
1000							

Surlignages parfois utilisés : $\bar{V}$ ou IↃↃ : 5 000. $\bar{X}$ ou CCIↃↃ : 10 000. $\bar{L}$: 50 000. $\bar{C}$: 100 000. $\bar{D}$: 500 000. $\bar{M}$: 1 000 000. *Double surlignage* : $\bar{\bar{V}}$: 5 000 000, etc. *Surligner et 2 traits verticaux* : |$\bar{X}$| : 1 000 000, |$\bar{C}$| : 10 000 000.

Principe : on opère par addition quand une lettre est supérieure ou égale à la suivante. Par soustraction quand une lettre est inférieure à la suivante. Le chiffre I ne peut être soustrait que de V ou X ; le chiffre X ne peut être soustrait que de L ou C ; le chiffre C ne peut être soustrait que de D ou de M. *Exemple* : VIII = 5 + 3 = 8. XX = 10 + 10 = 20. LXVII = 50 + 10 + 5 + 2 = 67. IV = 5 – 1 = 4. XL = 50 – 10 = 40.

Pour transcrire un nombre de chiffres arabes en chiffres romains, on décompose le nombre. *Exemple* : 1988 = 1000 + 900 + 80 + 8 = M + CM + LXXX + VIII soit MCMLXXXVIII.

Code international sol/air

Nota. – Peut être utilisé à l'intention des avions. Les panneaux doivent être de 3 à 4 m de longueur. On peut utiliser les moyens disponibles (cailloux, branchages, etc.).

1	besoin carte et boussole	□	11	non, négatif	N
2	besoin essence et huile	L	12	non compris	JL
3	tout va bien	LL	13	besoin lampe et radio	– –
4	véhicule endommagé	ㄣ	14	besoin arme et munitions	︾
5	besoin médecin	—	15	nous avançons dans cette direction	←
6	besoin médicaments	=	16	indiquer la direction à suivre	K
7	incapable d'avancer	X	17	vêtements nécessaires	≡
8	besoin eau et vivres	F	18	atterrissage dans cette direction	↞
9	mécanicien nécessaire	W	19	ne pas atterrir ici	✱
10	oui, affirmatif	Y	20	essaierons de continuer	<I

Sémaphore

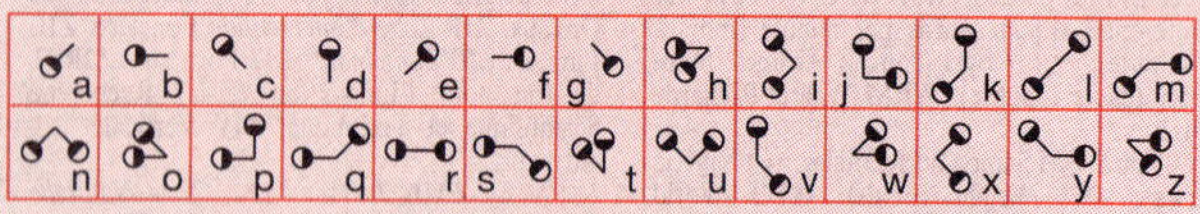

Nota. – **1** = a. **2** = b. **3** = c. **4** = d. **5** = e. **6** = f. **7** = g. **8** = h. **9** = i. **0** = j.

Alphabet gothique

Associations

☞ Pour connaître la sélection **Quid** des meilleurs sites Internet sur les associations, rendez-vous sur **www.quid.fr**

Associations

■ **Définition.** « Convention par laquelle 2 ou plusieurs personnes mettent en commun d'une façon permanente leurs connaissances ou leur activité dans un but autre que de partager des bénéfices. »

■ **Création.** La loi du 1-7-1901 permet de créer librement toute association avec un minimun de formalités. Il suffit de se réunir et de décider de l'objet. Toute association doit se composer de 2 personnes au minimum ; il n'y a pas de nombre maximal. Il n'est pas obligatoire de la déclarer, mais à défaut elle sera dépourvue de capacité juridique et ne pourra signer un bail, ouvrir un compte en banque, posséder des biens ; cependant, elle pourra encaisser des cotisations et avoir des biens mobiliers indivis entre ses membres.

■ **Déclaration.** On peut déclarer une association, même fonctionnant depuis plusieurs années. **Formalités :** déposer la déclaration à la préfecture ou sous-préfecture du département du siège de l'association (à Paris : à la préfecture de police). Rédigée sur papier libre, elle doit mentionner titre et buts de l'association, adresse du siège, liste des personnes chargées de l'administration avec nom, nationalité, profession et domicile et comprendre 2 exemplaires des statuts (rédigés sous seing privé ou par un notaire). L'Administration doit, dans les 5 j, délivrer un récépissé à toute personne ayant déposé régulièrement un dossier de déclaration. L'association sera rendue publique à partir de la publication au *Journal officiel.* Un cahier spécial à pages numérotées (souvent remplacé par des feuillets numérotés) pour la transcription des modifications de statuts ou d'administration doit être paraphé par la personne habilitée à représenter l'association. Conservé par l'association, il doit pouvoir être présenté à tout moment aux autorités administratives et judiciaires. Depuis l'abrogation par la loi du 9-10-1981 du titre IV de la loi du 1-7-1901, les formalités de déclaration d'une association constituée en France par des étrangers sont identiques à celles d'une association créée par des Français.

Bas-Rhin, Haut-Rhin et Moselle : les associations sont régies par les dispositions du droit civil local maintenu en vigueur par la loi du 1-6-1924. Celles qui désirent obtenir la personnalité morale et la capacité juridique deviennent des assoc. « inscrites » au tribunal d'instance de leur siège. Les dispositions concernant la reconnaissance d'utilité publique ne s'appliquent pas aux assoc. inscrites. Mais elles peuvent se voir accorder, par arrêté préfectoral pris après avis du tribunal administratif de Strasbourg, la reconnaissance d'une « mission d'utilité publique » (art. 80-1 de la loi de finances pour 1985).

☞ L'Administration ne peut s'opposer à la création d'une association, ni à la publication d'un extrait de ses statuts au *Journal officiel.* Mais le min. de l'Intérieur peut demander au procureur de la Rép. d'entamer dans les 3 j une procédure d'annulation et de dissolution devant le tribunal de grande instance car « toute association fondée sur une cause ou en vue d'un objet illicite, contraire aux lois, aux bonnes mœurs, ou qui aurait pour but de porter atteinte à l'intégrité du territoire ou à la forme républicaine du gouvernement, est nulle et de nul effet ». Le ministère public doit apporter la preuve que les buts et l'activité de l'association sont dangereux pour l'ordre public. La loi du 10-1-1936 permet la dissolution administrative, par décret rendu par le Pt de la Rép. en Conseil des min., de toute association, déclarée ou non, ayant enfreint l'article 3 de la loi de 1901.

■ **Pouvoirs.** L'association déclarée est une personne morale à capacité juridique réduite. Elle peut *embaucher du personnel, posséder des meubles* (matériel de bureau ou d'imprimerie, etc.), *un local* destiné à l'administration et à la réunion de ses membres, et *des biens immobiliers* lorsqu'ils sont strictement nécessaires à l'accomplissement des buts qu'elle se propose.

Elle peut emprunter de l'argent en dehors des cotisations, et accepter des libéralités si son but exclusif est l'assistance, la bienfaisance, la recherche scientifique ou médicale (article 6 nouveau alinéa 2 de la loi du 1-7-1901). Elle ne peut recevoir ni donations ni legs par acte notarié, sauf des dons manuels (sans limitation de montant), mais les donateurs, personnes physiques ou morales, ne pourront bénéficier de déductions fiscales que dans les conditions et les limites définies aux articles 200 et 238 *bis* du Code général des impôts. Elle peut aussi solliciter des subventions publiques auprès de l'État, des régions, départements, communes et établissements publics.

Elle ne peut avoir de *buts commerciaux,* mais peut accessoirement accomplir des actes de commerce de toute sorte, certains étant assujettis à la TVA. Elle ne doit pas répartir les *bénéfices éventuels* entre ses membres mais les réinvestir dans l'association.

■ **Impôts.** Depuis 2000, les associations (fondations reconnues d'utilité publique, fondations d'entreprise et congrégation) sont exonérées des impôts commerciaux (impôt sur les Stés, TVA, taxe prof.) si le montant des recettes d'exploitation de leurs activités lucratives n'excède pas 250 000 F par an ; si la gestion est désintéressée et si les activités non lucratives restent « significativement prépondérantes » par rapport aux lucratives. L'instruction fiscale du 15-9-1998 prévoit d'assujettir à l'impôt commercial les ass. ayant une activité commerciale. Le texte permet de rémunérer au titre du mandat social les dirigeants statutaires (rémunération brute mensuelle égale à 75 % du Smic).

Obligations (décret du 30-4-2001) : si les associations reçoivent de l'État ou des collectivités locales une subvention d'au moins 150 000 €, elles sont soumises aux dispositions de l'art. L. 612-4 du code de commerce : « établissement d'un bilan annuel, tenue d'un compte de résultat, nomination d'un commissaire aux comptes ».

■ **Conseil national de la vie associative (CNVA).** Placé auprès du Premier ministre, il établit un bilan annuel, propose des réformes et conduit des études utiles au développement de la vie associative. *Membres :* 66 représentants d'assoc. et 6 personnes qualifiées.

■ **Statistiques.** **Nombre d'associations** (en 1999) : 730 000 (611 300 sans salariés, 118 700 avec) dont en % : sports 21, santé, action sociale 13,6, loisirs, commerce, emploi, consommation 12,3, éducation, formation 8,2, vie sociale 7,9, logement, environnement 6,8, chasse, pêche 2,8, culture, tourisme 0,02, indéterminé 3,6. **Créations par an :** *1975 :* 23 318 ; *85 :* 47 903 ; *90 :* 60 190 ; *95 :* 65 588 ; *98 :* 62 708 ; *99 :* 58 293. **Dissolutions par an :** *1991 :* 6 930 ; *95 :* 9 274 ; *99 :* 13 599. **Salariés** (en 1999) : 1 274 000. **Bénévoles :** environ 9 000 000 (soit 570 000 « équivalents temps plein »). *Activités* (en %) : services sociaux 29, éducation et recherche 25, culture et loisirs 17,5, santé 14,5. **Membres :** + de 20 millions (43 % des + de 14 ans). **Budget :** 235 milliards de F dont (en %) subventions publiques 44,1 (locales 22,6, remboursement des fonds sociaux 13,6, nationales 7,9), recettes d'activité 39,8, cotisations 12,1, subventions privées 2,8, dons des particuliers : 5,45 (4,13 en 1991). **Origine des subventions :** *associations sans salariés et,* entre parenthèses, *avec salariés* (en %) : municipalités 64,8 (37,5) ; départements 14,8 (24,7) ; institutions nationales 12 (27,6) ; autres financements publics locaux 8,4 (10,2).

■ **Subventions des ministères.** **Montant** (en millions de F, 1998) : 10 600 dont Travail et Aff. sociales 7 051, Culture 1 020, Jeunesse et Sports : 841,1 ; Éducation nat., Recherche et Technologie : 506 ; Économie, Finances et Industrie : 456,8 ; Aff. étrangères et Coopération : 430,4 ; Agriculture et Pêche : 364,4 ; Équipements, Transports et Logement : 112,1 ; Justice : 58,4 ; Services du PM : 51,7 ; Aménagement du territoire et Environnement : 36,4 ; Défense : 26,4 ; Intérieur et Décentralisation : 23,9 ; Anciens Combattants : 5,1.

■ **Responsabilités.** Dirigeants, administrateurs, membres d'un bureau ou d'un comité de direction ou dirigeants de fait répondent de leurs fautes de gestion en tant que mandataires sociaux et des fautes qui leur sont imputables personnellement. En cas d'inobservation grave et répétée des obligations fiscales (exemple : TVA), ils sont solidairement responsables. Le non-paiement du précompte Urssaf relève du droit pénal. Il existe une *assurance* spécifique « mandataires sociaux » couvrant les éventuelles conséquences financières d'une mise en cause.

■ **Association reconnue d'utilité publique.** Pour être reconnue, l'association doit avoir déjà fonctionné 3 ans sous forme d'association déclarée. Cette période probatoire n'est pas exigée si les ressources prévisibles sont de nature à assurer son équilibre financier pendant 3 ans (article 10 modifié de la loi du 1-7-1901). *Autres critères :* avoir au moins 200 adhérents à jour de leur cotisation ; dépasser le cadre local ou départemental ; disposer d'un budget annuel de 400 000 F et plus, majoritairement issu des cotisations. Lorsque le ministre de l'Intérieur décide de ne pas donner suite à une demande de reconnaissance d'utilité publique, son pouvoir est discrétionnaire, mais il est d'usage qu'il justifie son refus. Si le ministre de l'Intérieur décide de soumettre un projet de décret de reconnaissance d'utilité publique de l'assoc. au Conseil d'État, il lui adresse le dossier. Le Conseil d'État donne un avis consultatif. Le projet de décret est ensuite soumis à la signature du min. de l'Intérieur, puis à celle du Premier ministre. **Pouvoirs :** une association reconnue peut recevoir des libéralités (dons et legs) souvent exonérées de droits de mutation. Elle est sous tutelle administrative pour les principaux actes qu'elle est appelée à faire (emprunts, dons et legs, aliénations de biens, constitutions d'hypothèques, modification des statuts).

■ **Dissolution.** Volontaire selon les modalités prévues dans les statuts ou en assemblée générale, ou sur décision judiciaire. Aucune disposition législative, exception faite de l'interdiction pour les membres de se partager le boni de liquidation.

Manifestations

Réglementées par le décret-loi du 23-10-1935.

■ **Déclarations.** *Cortèges, défilés, rassemblements de personnes* et *toutes manifestations sur la voie publique* doivent être déclarés préalablement. Seules exceptions : manifestations conformes aux usages locaux, processions religieuses ou manifestations folkloriques.

La déclaration doit être faite à la mairie ou (pour Paris) à la préfecture 3 j au moins et 15 j au plus avant la manif. Elle doit indiquer noms et domiciles des principaux organisateurs et être signée par 3 d'entre eux titulaires de l'ensemble de leurs droits civiques, spécifier le but de la manif., sa date, son heure, les groupements qui y participeront et l'itinéraire envisagé. Un récépissé de déclaration est délivré. Si la déclaration est faite à la mairie, elle est transmise au préfet dans les 24 h avec, le cas échéant, l'arrêté d'interdiction.

■ **Interdiction.** Le préfet ou le maire peut interdire la manifestation s'il l'estime de nature à troubler l'ordre public. On peut saisir le tribunal administratif d'un recours pour excès de pouvoir (qui ne sera vérifié que plusieurs mois ou même plusieurs années après). Sont interdites : manifestations faites sans déclaration ou après interdiction. Considérées juridiquement comme un attroupement, elles peuvent être dispersées par la force.

■ **Attroupement.** Réunion concertée ou non de plusieurs personnes sur la voie publique susceptible de créer des désordres. Interdit si un ou plusieurs des participants sont armés ou s'il doit troubler la tranquillité publique. *Considéré comme armé* si l'un des participants porte une arme apparente ou si plusieurs portent des armes cachées ou des objets quelconques destinés à servir d'armes.

Les représentants de l'ordre peuvent faire usage de la force pour disperser un attroupement pacifique *après 2 sommations,* faites par haut-parleur, sonnerie de trompettes, roulement de tambour, feu ou fusée rouge ; *sans sommation* « si des violences ou voies de fait sont exercées contre eux ou s'ils ne peuvent défendre autrement le terrain qu'ils occupent ou les postes dont la garde leur a été confiée ».

La *personne qui fait partie d'un attroupement* est punissable si elle ne l'a pas abandonné après une 1re sommation du préfet, maire, commissaire de police ou officier de police judiciaire, ou si elle porte une arme apparente ou cachée. Tous ceux qui, par des discours publics ou des écrits (journaux, tracts, affiches), *auront appelé à participer à un attroupement* peuvent encourir 1 mois à 1 an de prison si la provocation a été suivie d'effets, 2 à 6 mois et (ou) 2 000 à 8 000 F d'amende si elle n'a pas été suivie d'effets (peines plus graves si l'attroupement est armé).

Attroupement injurieux ou nocturne troublant la tranquillité publique : contravention de 300 à 600 F.

Réunions

■ **Définition.** Rencontre épisodique, limitée en durée, concertée, dans un but fixé à l'avance.

■ **Réunions publiques.** Réglementées par la loi du 30-6-1881. Libres sans demander l'autorisation, ni faire de déclaration préalable. Ne peuvent se prolonger après 23 h, sauf dans les localités où cafés, théâtres ou cinémas sont autorisés à fermer plus tard. Celles qui, par la période choisie, le lieu où elles doivent se tenir, la façon dont elles ont été organisées, le mode selon lequel elles doivent se dérouler, sont de nature à laisser prévoir des incidents peuvent être interdites (circulaire du ministre de l'Intérieur du 27-11-1935). *Sur la voie publique* elles sont interdites, car elles sont alors considérées comme des *attroupements* et peuvent être réprimées par la force ; ceux qui y participent sont passibles des peines prévues pour les manifestations non déclarées ou interdites.

Organisation. *Un bureau doit être constitué* (au minimum 3 personnes, élues par les membres de la réunion et, en général, désignées avant le début de la réunion par les organisateurs). Il doit maintenir l'ordre matériel et moral, empêcher « tout discours contraire à l'ordre public et aux bonnes mœurs ou contenant une provocation à un acte qualifié de crime ou délit ». En cas d'infraction, la responsabilité de ses membres peut être mise en jeu. Un « *fonctionnaire délégué* » (généralement un commissaire de police) peut y assister. Il doit se faire connaître des organisateurs, choisir sa place et, en cas de désordre, peut prononcer la dissolution.

■ **Réunions privées.** Libres, sans autorisation, ni déclaration, ni contrôle, ni réglementation. Elles doivent avoir lieu dans un local fermé, sans accès trop facile. Ce local peut être public (exemple : arrière-salle d'un café ou salle de spectacle), mais l'accès doit en être réservé à des personnes nominativement désignées, en général prévenues par une invitation individuelle. On doit pouvoir contrôler l'identité des personnes présentes. *Une réunion réservée aux seuls membres d'une association* est considérée comme privée : l'invitation personnelle peut être remplacée par la carte d'adhérent.

■ **Interdictions.** Les autorités administratives ne peuvent interdire légalement une réunion que si elles n'ont aucun moyen d'assurer le maintien de l'ordre public et si la menace de troubles est exceptionnellement grave et dangereuse. L'interdiction générale de toute réunion dans le cadre d'une ville ou d'un département est contraire à l'esprit et à la lettre de la loi de 1881. Chaque réunion doit être examinée individuellement. Une réunion privée peut être considérée comme une tentative de reconstitution d'une ligue dissoute si un certain nombre de participants appartenaient précédemment à une organisation dissoute.

■ **Taxes.** Une réunion privée gratuite comportant une partie « variétés » n'est pas soumise aux taxes sur les spectacles ni au paiement des droits d'auteurs si elle se déroule dans un cadre familial.

Alimentation

☞ Pour connaître la sélection **Quid** des meilleurs sites Internet sur l'alimentation, rendez-vous sur **www.quid.fr**

☞ **Moyenne de survie** (en cas de jeûne total) : 20 à 25 jours (cas extrême observé : 50 jours).

Voir également l'encadré **Grèves de la faim** p. 1603 a, **Gastronomie** et **Environnement** à l'Index.

Généralités

Principes énergétiques et plastiques

L'alimentation équilibrée doit apporter quotidiennement les principes nutritifs nécessaires à la vie : *substances énergétiques* fournissant les calories (voir l'encadré p. 1602) ; *substances plastiques* contribuant en outre à la construction de l'organisme.

■ **Glucides** (énergétiques) ou **hydrate de carbone. Sucres simples** ou **oses :** consommés sous forme de confitures, de fruits, de miel (glucose et fructose), ils sont directement assimilables par le tube digestif sans transformation préalable. **Sucres composés** ou **osides** (comme la saccharose du sucre de table et le lactose du lait) et **amidons** (présents dans céréales, pommes de terre et légumes secs) doivent être attaqués par les sucs digestifs et transformés pour être assimilés. Les glucides « combustibles », les mieux adaptés au travail musculaire, fournissent 4 kcal au gramme. On constate chez l'homme une attirance pour le goût sucré. **Teneur** (en %) : sucre 99, tapioca 87, farine de riz 79, raisins secs 77, dattes 74, figues sèches 74, miel 74, farine de blé 74, pâtes alimentaires 73, pruneaux 73, oignons secs 67, avoine 67, abricots secs 63, haricots secs 62, lentilles 60, pain blanc 54, pain complet 48, lait en poudre 38, ananas en conserve 37, bananes 22, pommes de terre bouillies 21, raisin 17, topinambour 17, yaourt 7, lait frais 5, foie de veau 4, huîtres 3,4.

■ **Lipides** (essentiellement énergétiques). Constituants essentiels des corps gras. D'une densité inférieure à celle de l'eau, insolubles dans celle-ci, ils libèrent beaucoup de chaleur et sont donc particulièrement utilisés dans la lutte contre le froid. Fournissent 9 kcal au gramme. 2 catégories : *lipides complexes* (phospholipides, stérols) ; *lipides simples* ou *triglycérides* qui jouent un rôle majeur comme fournisseurs d'énergie. Les acides gras sont des constituants prédominants dans la composition chimique des lipides ; on distingue *acides gras saturés* et *insaturés* qui ont des rôles physiologiques différents. Certaines graisses animales (exemple : le beurre) contiennent des vitamines (A et D) et les huiles végétales renferment de la vitamine E (certains, appelés acides *gras essentiels,* sont indispensables à l'organisme). **Taux de cholestérol** (voir p. 130 a). **Teneur** (en %) : huile 100, beurre, margarine 84, mayonnaise 79, bacon 65, lard fumé 65, noix sèches 58, rillettes 56, amandes 54, charcuterie 33, jaune d'œuf 33, chips 30 à 40, gruyère 30, lait en poudre 25, chocolat 25, macarons 24, sardines à l'huile 20, soja 15, saumon 13, œufs 10, biscuits 10.

■ **Protides** ou **protéines** (énergétiques et plastiques). Éléments principaux de la matière vivante, ils participent à l'élaboration des tissus musculaires, nerveux, osseux, cartilagineux. Sang, urine, sécrétions digestives, anticorps, hormones ont une base protidique. Nécessaires à l'édification et à l'entretien du corps humain, ils contiennent, en proportions variables, des **acides aminés** dont 8 sont indispensables à l'homme et ne peuvent être synthétisés par lui (le *tryptophane,* la *leucine,* l'*isoleucine,* la *lysine,* la *méthionine,* la *phénylalanine,* la *thréonine* et la *valine*). Les protides animaux sont généralement plus riches en acides aminés indispensables que les protides végétaux. Les protides fournissent 4 kcal au gramme. Mais leur utilisation est coûteuse (la digestion des protéines consomme 20 % de l'énergie qu'elles apportent) et aboutit à la formation de déchets azotés (urée). Les protéines ont une valeur métabolique différente selon les acides aminés qu'elles contiennent. Viennent en tête les protéines animales : viande, poisson, œuf (les protéines de l'œuf parfois considérées comme protéines de référence), produits laitiers. L'organisme humain ne peut se passer d'elles : elles aident à la croissance (enfant) ; les protéines végétales participent à l'entretien (adulte). **Teneur** (en %) : **de haute valeur biologique :** parmesan 39, viande séchée 35, côtelette de mouton 32, fromage de chèvre 32, fromage blanc 32, lait sec écrémé 37, livarot 31, boudin 28, crevettes 28, saucisson 25, œufs de cabillaud 24, thon 24, charcuterie 23, poisson 20, volaille 20, veau 19, foie 19, viande de bœuf 17, jambon 17, rognon 17, porc 15, jaune d'œuf 16 ; **autres :** levure diététique 46, farine de soja 45, germes de blé 27, lentilles sèches 25, noix et amandes 21 ; **divers :** haricots blancs 20, flocons d'avoine 14, pain complet 9 (blanc 7), macarons 7, pâtes 5, pommes de terre frites 5, lait frais 3,3.

■ **Teneur des aliments en substances énergétiques** (en %). **Viandes. Protéines :** 20 en moyenne. **Lipides :** viandes maigres moins de 10 ; grasses de 20 à 30. **Glucides :** près de 0. **Eau :** environ 75 (voir ci-dessous). **Poissons. Protéines :** de 15 à 25. **Lipides :** de 1 à 20 (poissons maigres moins de 5). **Glucides :** près de 0. **Eau :** environ 75. **Lait. Protéines :** 3. **Lipides :** 1,5 à 4 (écrémé : 0). **Glucides :** 5. **Eau :** 85. **Fromages. Protéines :** de 10 à 30. **Lipides :** de 0 à 40 (selon les fromages). **Glucides :** près de 0. **Eau :** gruyère 35, fromage frais 70. **Fruits et légumes. Protéines :** de 1 à 2. **Lipides :** teneur importante dans les fruits oléagineux. Légumes à feuilles et fruits, teneur nulle. **Glucides :** légumes à feuilles, tomates, fruits frais 10. Féculents et fruits doux (bananes, raisins, cerises) 20. **Eau :** de 40 à 95. **Pain. Protéines :** 8. **Glucides :** 55. **Lipides :** environ 2. **Eau :** 30 (pain grillé 5 à 7).

Principes non énergétiques

Permettent l'utilisation des principes nutritifs énergétiques.

■ **Cellulose et autres polysaccharides indigestibles** (appelés aussi « indigestible glucidique » ou fibre alimentaire). Éléments de la membrane de la cellule végétale. Généralement non attaqués par les enzymes digestives, mais utiles à l'organisme, car ils augmentent le volume fécal et facilitent ainsi le transit intestinal. Leur action mécanique sur les muqueuses digestives déclenche le réflexe des mouvements péristaltiques et des sécrétions (intérêt du son, par exemple dans le pain complet). La teneur indigestible glucidique des aliments intervient dans la rapidité d'absorption des principes énergétiques et plastiques (glucides en particulier) en la diminuant.

■ **Eau.** Constitue 50 à 70 % du poids d'un individu, suivant l'adiposité (jusqu'à 80 % chez l'enfant). Indispensable à la vie, car elle apporte aux cellules les éléments nutritifs et assure l'élimination des déchets. **Perte :** *l'organisme perd chaque jour environ 2,5 l d'eau* par transpiration, respiration, excrétion urinaire et fécale. *Compensation :* 1 l fourni par les aliments solides assez riches en eau (viande 60 à 75 % ; légumes verts et fruits 80 à 90 % ; pain 30 à 55 %...) ; et par la digestion lors de la combustion des aliments ; 1,5 l par les boissons.

■ **Oligo-éléments.** Métaux ou métalloïdes en quantités infinitésimales indispensables à la vie ; jouent un rôle essentiel dans le fonctionnement de nombreuses enzymes, participent au métabolisme des protéines, glucides et lipides : rôle proche des vitamines. *Principaux :* fer, zinc, cuivre, iode, fluor, sélénium, chrome, lithium, manganèse.

Nombre de calories

☞ *Légende :* en italique, nombre de calories (cal) pour 100 g (sauf autre unité entre parenthèses).

Alimentation rapide. Croque-monsieur, hot dog *450 à 500.* **Hamburger** *600.* **Pizza** (15 cm) *400 à 600.* **Sandwich** *430 à 540* (50 g de pain, 20 g de beurre + 50 g jambon *430* ; + 50 g gruyère *482* ; + 50 g thon mayonnaise *507* ; + 50 g saucisson *532* ; + 50 g rillettes *582* ; 100 g de pain, 25 g de beurre + 1 œuf *515*, + viande froide *540*).

Amuse-gueule (nombre). Amandes, pistaches, noisettes, noix de cajou (10) *150.* Cacahuètes, chips (10) *100.* Canapé cocktail (1) *50 à 80.* Olives (10) *75.* Saucisses apéritif (4) *50.*

Biscuits, gâteaux. Biscuits (40 g) *200.* **Bretzel** (1 grand) *75.* **Cake** (40 g) *159.* **Crêpe au sucre** (1) *100.* **Crêpe** (25 g) *48.* **Croissant** (45 g) *125 à 150.* **Gâteau au chocolat** (1 part) *400*, **à la crème** (1) *300 à 450.* **Gaufrette** (1) *32.* **Pain d'épice** (1 tranche) *180.* **Sablés** (5,30 g) *138.* **Tarte** (1 part) abricots ou fraises *300*, pommes ou poires *350.*

Boissons. Apéritifs (verre) : porto flip *375.* Malaga, porto *175.* Anisette (verre à liqueur), daïquiri, whisky (1) bourbon, rye *125.* Scotch *110.* Gin (1 ration) *100.* Kir (10 cl) *80.* **Bière** (33 cl) *132.* **Café** moulu *0*, soluble (6 à 10 cl) *jusqu'à 6.* Café noir (sans sucre ni lait) *0*. **Cidre sec** (15 cl) *60.* **Coca-Cola** (33 cl) *80.* **Cocktails** (un cocktail) : alexandra *225.* Manhattan *160.* Gin Collins, ricky *150*, fizz *125.* Martini *125.* **Digestifs** (verre à liqueur) : bénédictine, beurre de cacao, chartreuse, sherry, crème de menthe, rhum *125.* Cognac *75.* **Jus de fruit** (petit verre) : pruneaux *142.* Abricot *75.* Ananas *66.* Orange *65.* Pomme *60.* Pamplemousse *49.* Carotte *45.* **Thé, tisanes** (sans sucre) *0.* **Vin** (7 cl) *50.* Champagne (coupe) *90 à 120.*

Bonbons, confiserie. Boule de gomme *362.* Caramel (1) *45.* Chocolat *500*, au lait *600* ; barres chocolatées : Mars *273.* Bounty *268.* Nuts *260.* Confitures *250 à 350*, (1 cuillerée à café, 8 g) *23.* Dattes farcies (2) *160.* Gelée de fruits *310.* Marmelade (1 cuillerée à entremets) *50.* Miel *330*, (1 cuillerée à café, 8 g) *25.* Sucre d'orge *365.*

Céréales et dérivés. Baguette (1/8, 60 g) *150.* **Flocons d'avoine** (bol, 50 g) *175.* **Muesli** (tasse, 30 g) *99.* **Pain** blanc (1 tranche : 25 g) *65*, beurrée (29 g) *95*, avec 1 cuillerée à café de confiture (37 g) *118* ; au chocolat (70 g) *278* ; complet (1 tranche, 25 g) *60* ; aux raisins (80 g) *272* ; petit pain *(30 g) 88.* **Pâtes** (assiette, 200 g) *280.*

Charcuterie. Boudin *490.* Galantine *239.* Lard *450.* Mortadelle *480.* Pâté de foie gras *430.* Rillettes *600.* Saucisse *427.* Saucisson d'Arles *550* (3 tranches : *150*).

Corps gras. Beurre (cuillerée à café, 6 g) *47.* **Huile** (cuillerée à soupe, 15 g) *135.* **Margarine** (100 g) *730*, allégée (60 %) *541.*

Fromages. Brie *330.* Camembert (30 g) *90.* Chèvre *475.* Fromage blanc *118*, à 0 % *48.* Fromage fondu (25 g) *73.* Gorgonzola *360.* Gruyère (1 tranche, 60 g) *234.* Hollande *375.* Pont-l'évêque *300.* Roquefort *360.* Yaourt aux fruits sucré (120 g) *144*, nature (125 g) *74*, à 0 % *44.*

Fruits. Frais : ananas *52.* Avocat (1/2, 110 g) *152.* Banane (120 g) *108.* Brugnons *60.* Cerises *75.* Citrons *35.* Dattes *300.* Figues *80.* Fraises *44.* Groseilles *60.* Kiwi *51.* Mandarines *44.* Melon (230 g) *35.* Mûres *50.* Myrtilles *55.* Noisettes (10 décortiquées, 10 g) *62.* Noix (5, avec coque, 25 g) *150.* Noix de coco *620.* Orange (100 g) *44.* Pamplemousse (1/2, 200 g) *100.* Pastèque (1 tranche) *70.* Pêche *65.* Poire *60.* Pomme (125 g) *65.* Prune verte *100*, rouge *50.* Raisins (150 g) *105* ; secs (1 cuillerée à soupe d'environ 50, 10 g) *29.* **En conserve :** ananas *150.* Pêche *222.* Poire *150.* **Secs :** amandes séchées (10, 8 g) *48.*

Glaces. *Pour une portion de 125 ml :* glace aux œufs café *128*, chocolat *117*, crème glacée vanille *182*, aux fruits (fraise) *158*, sorbet citron *104* ; *une portion individuelle :* poire « belle Hélène » *276*, pêche Melba *284*, esquimau chocolat *112*, cassate café *183*, tranche napolitaine *105*, parfait café *143.* *Pour 100 g :* glace *173*, sorbet *112*, milk shake *103.*

Lait. Chocolaté (1 tasse, 170 g) *374.* Lait entier (grand verre, 250 g) *160*, demi-écrémé *115*, écrémé *33.*

Légumes. Ail *60.* Asperges *25.* Betteraves *45.* Carottes (assiette, 120 g) *54.* Chicorée *20.* Chou blanc *48*, de Bruxelles *56*, -fleur *34.* Concombre (1/2, 200 g) *26.* Endives *25.* Épinards *40*, à la crème *100.* Haricots blancs (bol, 180 g) *170*, verts (assiette, 120 g) *48.* Lentilles (bol, 200 g) *200.* Oignons frais *49*, secs *300.* Olives (4 petites) *50.* Oseille *32.* Petits pois (bol, 200 g) *110.* Poireaux (2, 120 g) *42.* Pommes de terre bouillies (125 g) *100*, au four *190*, sautées *290.* Salade avec huile (30 g) *25.* Tomates (120 g) *26.*

Œuf (50 g) *75.*

Poissons, crustacés. Anchois (6) *50.* Brochet *80.* Caviar *275.* Colin *80.* Crevettes *100.* Daurade *80.* Haddock (1 petite part) *125.* Hareng fumé *225*, grillé *120.* Huîtres (12) *100 à 120.* Homard en court-bouillon *89*, grillé *89.* Limande *80.* Merlan *80.* Morue fraîche *80*, salée *150.* Moules *96.* Raie *85.* Rouget *80.* Sardines fraîches *120*, à l'huile (1) *40.* Saumon frais *175*, en conserve *200*, fumé (2 petites tranches) *100.* Sole *75.* Thon à l'huile (80 g) *224.* Truite *90.* Turbot *140.*

Sauces (1 cuillerée à entremets). Blanche *80.* Chili *25.* Hollandaise *100.* Ketchup *25.* Mayonnaise *100 à 110.* Moutarde *10.* De rôti *100.* Vinaigrette *100.* Worcestershire *5.*

Soupes et potages. Bouillabaisse (1 part) *600.* Fromage *350.* Gras au vermicelle *125.* Légumes *96.* Lentilles *375.* Oignons (claire) *100.* Pois *172.* Poissons *90.* Tomates (claire) *80.* **Bouillon.** Bœuf *36.* Kub (1) *3.* Légumes *30.* Poule *80.* **Crème.** Asperges *221.* Céleri *207.* Champignons *210.* Tomates *227.*

Sucre. N° 4 : *24*, (cuillerée à café, 5 g) *20.*

Viandes, volailles, gibier, abats. Bifteck (100 g) *260.* Canard *150.* Cervelle *120.* Chevreuil *110.* Dindon *290.* Escalope (80 g) *128.* Escargots *75.* Faisan *110.* Foie de veau *135.* Foie gras (portion moyenne) *290.* Grenouilles *86.* Grives *120.* Jambon (30 g) *75.* Lapin sauvage *148.* Lièvre *150.* Mouton (2 côtelettes grillées, 80 g) *160.* Oie *290 à 360.* Perdrix *120.* Pigeon *130.* Porc (côte, 80 g) *264.* Poulet (cuisse, 85 g) *93.* Sanglier *115.* Tête de veau *210.*

■ **Contenance. Hamburger (103 g)-frites (110 g) :** énergie STD (kcal) 281 + 301, protéines (g) 12,3 + 3,3, lipides 9,8 + 16, glucides 29,8 + 35,7, fibres 2,6, cholestérol (mg) 41, eau (g) 46,3, sodium 493, phosphore (mg) 112, calcium 60,7, potassium 186,4. **Sandwich jambon-beurre :** énergie 440 kcal, protéines (g) 15, lipides 20, glucides 50. **Pizza (de 350 g) :** énergie 800 kcal, prot. 30, lip. 20, gluc. 90. **Steack (150 g grillé) + frites (200 g) :** énergie 880 kcal, prot. 38, lip. 45, gluc. 80.

■ **Sels minéraux. Calcium** (lait, fromage) : constituant principal du squelette et des dents.

Phosphore (viande, poisson, œuf, etc.) : besoins en rapport avec les apports calciques. Le rapport $\frac{Ca}{P}$ optimal est de 0,8 chez l'adulte et 1,5 chez l'enfant. Entre dans la composition des os. Utilisé pour la formation des cellules nerveuses du cerveau.

Phosphore/calcium (en mg pour 100 g) : fromage (pâte ferme) 500/750 ; amandes, noix, noisettes 400/175 ; haricots secs 400/70 ; fromage (pâte molle) 300/400 ; céréales 300/50 ; viande 260/10 ; poisson 225/60 ; œufs 200/50 ; pain complet 130/40 ; lait 100/130 ; fruits séchés 100/120.

Fer : élément essentiel de l'hémoglobine et qui transporte l'oxygène. *Plus de 10 mg pour 100 g :* foie, boudin. *De 5 à 10 mg :* haricots secs, huîtres, jaune d'œuf, lentilles, pois secs, persil. Le fer d'origine animale est mieux absorbé que le fer d'origine végétale.

Sodium, potassium, magnésium, chlore, soufre, etc. ; **oligo-éléments : iode, cuivre, manganèse, fluor,** etc. : notre alimentation actuelle est souvent pauvre en calcium, magnésium et fer.

■ **Vitamines.** Mot créé en 1912. Substances indispensables à l'organisme en quantité infinitésimale. Fragiles, elles résistent peu à la chaleur, à la lumière, à la dessiccation et à l'oxydation (surtout vitamines des groupes B et C).

1°) Vitamines hydrosolubles (solubles dans l'eau). **Groupe B** (viande, abats, poisson, coquillages, oléagineux, œufs, lait, fromage, levure de bière, légumes secs, céréales complètes germées ou non) : agit sur équilibres général et nerveux ; essentiel dans l'utilisation des principes nutritifs ; **B1** (thiamine) : agit sur systèmes nerveux et musculaire, facilite l'assimilation des glucides ; si abus : insomnies, maux de tête ; **B2** (riboflavine) : action métabolique ; **B3** ou **PP** (niacine, acide nicotamide) : métabolisme cellulaire, **B5** (acide pantothénique) : métabolisme énergétique ; **B6** (pyridoxine) : métabolisme protéique ; si abus : convulsions, douleurs ; **B8** ou **H** (biotine) : protège peau, yeux, ongles, cheveux ; **B9** (acide folique) : antianémique ; si abus : insomnies, irritabilité ; **B12** (cyanocobalamine) : antianémique ; système nerveux, moelle osseuse.

☞ La plupart des vitamines et des minéraux doivent être pris en association et non isolément, des doses excessives pouvant créer des déséquilibres.

Pour profiter au maximum des vitamines et minéraux des végétaux, il faut consommer les légumes dans les 48 h après achat, les placer dans le bac du réfrigérateur pour les préserver de la lumière, de l'air et de la chaleur, les laver sous l'eau courante sans les faire tremper, limiter la quantité d'eau et le temps de cuisson, utiliser l'eau de cuisson comme base de sauce ou de potage. Manger si possible les fruits et les légumes non pelés.

Vitamine C ou **acide ascorbique** (végétaux frais, agrumes, foie, salade, persil) : antiscorbutique, augmente la résistance aux infections et à la fatigue. Rôle important dans le métabolisme des glucides et des acides aminés et le fonctionnement des glandes endocrines. **Proportion de vitamine C** (en milligrammes pour 100 g) : *fromages :* gruyère, emmenthal 0. *Fruits :* fraises 60, oranges 50, pamplemousses 40, melons 33, ananas 17, avocats 14, abricots, bananes 10, pêches, pastèques 7, pommes, raisins, poires 4, raisins secs 1. *Légumes :* persil 172, fanes de navet 139, poivrons 128, brocolis 110, choux de Bruxelles 100, choux-fleurs 80, épinards 51, choux 50, haricots de Lima, betteraves jaunes 30. *Poissons et crustacés :* clams ou prairies 10, saumon de l'Atlantique 9, morue, crabe à l'étuvée 2. *Viande :* foie de veau 36.

2°) Vitamines liposolubles (solubles dans les graisses). **A** ou **rétinol** (jaune d'œuf, carotte, salade, épinard, foie, lait, beurre, huile de poisson, etc.) : favorise la croissance, est essentielle à la vision, combat les affections cutanées, etc. **Excès :** atteinte hépatique ; chez la femme enceinte : malformations fœtales. **Proportion de vitamine A** (microgramme pour 100 g) : *fromages :* cantal 1 100, mozzarella écrémée 600, blanc maigre (1 % mg) 37. *Fruits :* melons 3 400, abricots 2 700, pêches 1 330, pastèques 590, avocats 290, oranges 200, bananes 190, raisins 100, pommes 90, pamplemousses 80, ananas 70, fraises 60, poires 20. *Graisses :* beurre salé 3 000. *Légumes :* carottes 11 000, patates douces 8 800, persil 8 500, épinards 8 100, fanes de navet 7 600, betteraves jaunes 6 100, brocolis 2 500, tomates 900, petits pois 640, haricots verts 600, choux de Bruxelles 550. *Noix et graines :* noix de cajou 100, graines de tournesol 50. *Œufs :* jaune seulement 3 400, entier 1 180. *Poissons et crustacés :* crabe à l'étuvée 2 200, espadon 1 600, maquereau 450, huîtres 300, hareng 110, clams ou prairies 100. *Produits laitiers :* lait écrémé 200, yaourt 70, babeurre 33, lait entier 13. *Viande :* foie de veau 22 500.

D ou **calciférol** (lait, beurre, huile végétale, jaune d'œuf, foie de poisson, foie) : métabolisme du calcium et du phosphore, antirachitique. **Excès :** nausées, perte de l'appétit, amaigrissement. **Proportion de vitamine D** (UI pour 100 g) : *fromages :* cantal, blanc maigre (1 % mat. grasse), mozzarella écrémée 12-15. *Huiles et graisses :* beurre salé 35. *Œufs :* jaune seul 100. *Poissons et crustacés :* sardine (crue) 1 150-1 170, maquereau 1 100, hareng 315, saumon de l'Atlantique 154-550 (en boîte 220-440), crevettes crues 150, flétan 44. *Produits laitiers :* lait entier 3-4.

E ou **tocophérol** (beurre, germes de céréales, huiles, fruits oléagineux, blé, œuf, etc.) : vitamine antioxydante. **Proportion de vitamine E** (UI pour 100 g) : *céréales :* seigle 1,8, flocons d'avoine 0,36. *Céréales en grains :* germes de blé 90, son de blé 2,2, riz brun complet 2, orge 0,9. *Fruits :*

■ **Alimentation des Français** (en 1995). **Lieux où ils prennent leur repas** (en %) : *petit déjeuner :* domicile 95,5 ; amis/café 2,4 ; travail 2,1. *Déjeuner :* domicile 72,2 ; restaurant d'entreprise/scolaire 10 ; restaurant 10 ; au travail/dans la rue 7,8. *Dîner :* domicile 90,4 ; restaurant 8,1 ; au travail/dans la rue 1,1 ; restaurant d'entreprise/scolaire 0,4. **Temps moyen consacré aux repas** (en minutes) : petit déjeuner 17, déjeuner 33, dîner 38 ; **à leur préparation** le soir 39 (52 en fin de semaine). **Grignotent entre les repas** 39 % (rarement 21, jamais 40).

■ **Régimes. Pourcentage de Français qui déclarent suivre un régime :** 17 ; pour des raisons de santé 39, être svelte 35, être bien dans leur peau 21, avoir plus de tonus 4. *Origine :* décidé seul 50 ; prescrit 40, conseillé 10. Les Européennes ont pris en moyenne 10,6 kg entre 20 et 50 ans, en général à l'occasion d'une grossesse ou de la ménopause (8 kg en moyenne).

☞ *Sur une île déserte,* les Français emporteraient (s'il n'y avait pas de problème de conservation) : du fromage : 59 % d'entre eux ; des légumes 58 ; des tartines beurrées 21 ; du pâté, du saucisson 16 ; des biscuits 16 ; du corned-beef 12.

■ **Consommation. Par personne par an en 1998-99 et,** entre parenthèses, **en 1970** (en kg) : pommes de terre 65,7 (68), légumes frais 91,6 (68,5), bœuf 17 (18,5), volaille 24,15 (17,1), œufs 15,5 (14,7), poissons, coquillages, crutacés (frais et surgelés) 17,2 (13,4), lait frais (en l) 74,5 (74), huile alimentaire 11,9 (11,5), sucre 8,5 (15), vins courants (en l) 38,2 (77,1), vins AOC et VDQS 27,7 (11,3), bière 37 (44,2), eaux minérales et de source 111 (47,4). **Détail** (en kg, 1998). **Céréales :** semoule de blé dur 0,98. Farine de froment 4,38. Riz 3,53. Biscottes 1,62. Biscuits et pain d'épices 10,3. Pain (préemballé n.c.) 59,87. **Légumes :** surgelés 6,69, secs 1,41. Conserves 24,34. **Fruits :** avocats 1,33 (en 1995). Bananes 7,88 (en 1995). Agrumes 13. *Autres :* frais 42,81, surgelés 0,05, secs 1,3, au sirop 2,06. Confitures et gelées 2,47. Compote 2,1. **Viandes :** porc frais 10,77. Jambon 5,92. Autres charcuteries, conserves 16,55. Triperie 3,76. Veau 3,88. Mouton, agneau 3,39. Cheval 0,37. Lapin, gibier 4,2. **Poissons :** surgelés 4,37. Conserves 5,19. **Laitages :** crème fraîche 5,92. Yaourts 19,95. Desserts lactés frais 8,34. Fromages frais 7,22. Fromages 18,95. Beurre 7,65. **Margarine :** 2,26. **Sucres :** chocolat 4,3. Confiserie de sucre 3,45, de chocolat 1,84. Miel 0,44. Crème glacées 6,81. Plats cuisinés surgelés 2,11 (en 1995). **Boissons :** vins doux naturels, liquoreux 1,32. Champagne 2,29. Apéritifs (à base vin, spiritueux) 3,37 (en 1995). Eaux-de-vie et liqueurs 3,54 (en 1995). Cidre 6,52. Eaux minérales et de source 136,73. Boissons gazeuses 40,06. Jus de fruits, nectars 11,53. Café 4,39. Thé et maté 0,22 (en 1995). Infusions 69,95.

■ **Consommation de pain par personne** (en g/jour). *1900 :* 900 ; *45 :* 500 ; *60 :* 265 ; *80 :* 193 ; *95 :* 163 ; *98 :* 160.

■ **Part de l'alimentation dans le budget des ménages** (en % du revenu disponible). *1960 :* 33,3 ; *1970 :* 26 ; *1980 :* 21,4 ; *1990 :* 19,3 ; *1998 :* 16,6.

■ **Consommation effective des ménages par fonction** (en % du revenu disponible) : produits alimentaires 10,7, pain et céréales 1,58, viandes 3,38, poissons et crustacés 0,85, lait, fromages et œufs 1,59, huiles et graisses 0,31, fruits 0,73, légumes 1,14, sucre, confitures, miel, chocolat et confiserie 0,8, sel, épices, sauces et produits alimentaires n.c.a. 0,33, boissons non alcoolisées 0,8, café, thé et cacao 0,26, autres boissons non alcoolisées 0,54, boissons alcoolisées 1,38, alcools 0,38, vin, cidre et champagne 0,83, bières 0,17.

Anorexie : perte de l'appétit (voir p. 134 c).

Boulimie : désir morbide de nourriture (voir p. 134 c). *1743* : 175 kg absorbés en 6 j par un malade de 12 ans, « cas Mortimer ».

Dipsomanie : soif pathologique. *1974* : Fannie Meyer (Afr. du Sud) buvait 90 l d'eau par j.

Grèves de la faim : *la plus longue* : 35 ans [Thérèse Neumann (1898-1962) a vécu en n'absorbant qu'une hostie chaque matin à la messe] ; 94 j [du 11-8 au 12-11-1920 (à Cork, Irlande : 2 † en quelques jours ; Terence McSwinly, maire, † en 74 j, un autre † en 76 j)] ; *la plus longue avec alimentation forcée* : 375 j du 23-1-1970 au 2-2-1971 (Ronald Barker, emprisonné à Leeds, G.-B., puis reconnu innocent).

bananes 0,45, fraises 0,3, melons 0,18. *Huiles et graisses* : huile de tournesol 100, de carthame 50, de maïs 28, d'olive 20, de soja 16 ; beurre salé 2,4. *Légumes* : asperges, épinards 3,7, brocolis 3, persil 2,7, maïs 2,5, choux de Bruxelles 1,5, carottes, laitues 0,8, céleri, tomates 0,45. *Noix et graines* : amandes 22, cacahuètes grillées avec peau 10. *Œufs* : jaune 3,9, entier 1,8. *Pain* : complet 0,5. *Poissons et crustacés* : hareng de l'Atlantique 1,6, flétan 0,9, morue 0,33. *Lait* : entier 0,09. *Viande* : foie de veau 2, jambon en boîte 1, steak haché 0,9, porc maigre 0,7 ; poulet, blanc 0,6.

K ou **phytoménadione** ou **phylloquinone** (légumes verts, dont choux, épinards, foie, fruits, pommes de terre, etc.) : coagulation du sang. **Proportion de vitamine K** (en microgrammes pour 100 g) : *céréales* : flocons d'avoine 20. *Fruits* : pêches 8, raisins secs 6, bananes 2, oranges 1. *Huiles et graisses* : beurre salé 30, huile de maïs 10. *Légumes* : fanes de navet 650, brocolis 200, laitues 129, choux 125, épinards 89, asperges 60, haricots verts 14, tomates 5, pommes de terre 3. *Œufs* : entier 11. *Produits laitiers* : lait entier 3. *Viande* : foie de veau 90, jambon (en boîte) 15, porc maigre 11, steak haché 7.

Apports nutritionnels conseillés [*Source* : CNERNA (Centre national d'études et de recherches sur la nutrition et l'alimentation)]. En mg pour un homme adulte et, entre parenthèses, dose limite de sécurité en plus de l'apport alimentaire : **vitamines C** : 60-100 (1 000) ; **B1** : 1,5 ; **B2** : 1,8 ; **B3** : 8 (33) ; **B5** : 7-10 ; **B6** : 2,2 (5) ; **B9** : 0,3 (0,6) ; **A** : 1 (1) ; **D** : 0,01 (0,025) ; **E** : 12 (40).

☞ 40 % des Américains (Français : 10 %) prennent une pilule vitaminée tous les jours, 20 % (Français : 30 %) de temps en temps.

RATION ALIMENTAIRE

■ **Ration quotidienne. Enfant de 10 à 13 ans. Petit déjeuner** : 1 verre de jus de fruit frais (jus d'agrumes de préférence) ; 1 bol de lait + céréales ou pain ou biscottes beurrées + miel ou confiture. Éventuellement, fromage ou œuf coque (selon la composition des autres repas de la journée et l'activité de l'enfant). **Déjeuner** : crudités 80 g + 2 cuillerées à café d'huile ; 100 g de viande ou de poisson ou 2 œufs ; 250 g de pommes de terre ou 65 g de pâtes ou riz ; ou bien légumes frais à volonté, assaisonnés de beurre frais (1 à 2 cuillerées à café) ; fromage 30 g ou yaourt ou fromage blanc 100 g, sucré avec 1 cuillerée à soupe de sucre (si les crudités n'ont pas été consommées en entrée, prévoir 1 fruit ou 1 jus de fruit), pain, eau. **Goûter** : 1 à 2 verres de lait chaud ou froid, aromatisé ou non, + pain avec miel, confiture ou chocolat selon l'appétit ; 1 fruit éventuellement. **Dîner** : légumes frais ou pâtes, riz, pommes de terre (selon le légume du déjeuner) ; 1 œuf ou 1 tranche de jambon ; salade verte (selon le menu du déjeuner) ; entremets de céréales au lait ou fromage et fruit, pain, eau.

Adolescent. Ajouter 30 g de fromage ou de jambon ou 1 œuf coque au petit déjeuner. Viande froide, poisson (70 à 100 g) ou 2 œufs au dîner. Légère augmentation des autres quantités.

Adulte. Une boisson chaude ou froide peut remplacer le goûter. Mêmes quantités totales de viande, poisson ou œufs que l'adolescent, mais moins au dîner. Veiller à une ration protidique et calorique suffisante le matin.

Personne âgée. Aliments faciles à mâcher et à digérer ; veiller aux produits laitiers (1 par repas). Moins de viandes, poissons et œufs : 80 à 100 g à midi, 1 œuf, ou plat avec œuf le soir. 1 tasse de lait + biscuits l'après-midi.

■ **Besoins énergétiques.** S'expriment en kilocalories, ou en Calories (ou en kilojoules). Elles sont libérables dans le corps sous forme de chaleur et de travail [le terme *Calorie* (quantité de chaleur nécessaire pour élever de 1 °C un g d'eau) désigne en fait ici une kilocalorie (1 000 cal).1 Cal = 1 kcal = 4,185 kJ. 1 g de glucide ou 1 g de protide fournit 4 Cal (17 kJ). 1 g de lipide, 9 Cal (37,5 kJ)].

Besoins journaliers en énergie (en calories). Enfants : *1 à 3 ans* : 1 360. *4 à 6* : 1 360 à 1 830. *7 à 9* : 1 830 à 2 190. **Adolescents** : *10 à 12 ans* : 2 600 (2 350). *13 à 15* : 2 600 à 2 900 (2 350 à 2 490). *16 à 19* : 2 900 à 3 070 (2 310). **Hommes** : *vie sédentaire ou légère activité* : 2 400 à 2 700. *Travailleurs de force de 4e et 3e catégories* : 3 200 à 3 800 ; *2e et de 1re cat.* : 4 000 à 5 500. **Femmes** : *vie sédentaire ou légère activité* : 2 000 à 2 400. *Enceintes du 5e au 9e mois* : 2 800 à 3 200. *Allaitant* : 3 000 à 3 500. **Vieillards** : 1 800 à 2 000.

Dépenses d'énergie. *Le métabolisme de base* (dépense d'énergie d'un sujet au repos absolu, à jeun, à une température de 16 à 18 °C) s'exprime en kcal par heure et par m² de surface corporelle (36 Calories pour un adulte environ) ; dépense de fond globale : homme 1 580 kcal par 24 h, femme 1 400. *L'activité* correspond : 1°) aux dépenses non apparentes (travail digestif, maintien de la température corporelle) ; 2°) aux dépenses variant selon le degré d'activité du sujet (activité musculaire professionnelle, sportive, etc.). **Dépenses moyennes (en calories). Par minute** : squash, ski de fond 15 ; course à pied, cyclisme, tennis simple 13 ; natation 12 ; aviron 11 ; canoë-kayak, gymnastique, équitation, ski alpin 10 ; alpinisme, basket 9 ; voile 8 ; football 7 ; randonnée 6 ; golf, tennis de table 5 ; cricket 4 ; tir à l'arc, marche 3 ; échecs 2 ; station assise (bureau) 1,5. **Par 24 h** : coureur 14 321.

Pour brûler *1 cuillerée de mayonnaise (140 Calories)*, **il faut** : 3/4 h de marche ; *10 sucres (200 Cal)* : 1 h de marche ou 15 mn de tennis ; *2 tartines beurrées avec confiture (300 Cal)* : 1 h de course ; *1 whisky (ou 1 apéritif) plus 5 biscuits, 40 noisettes et 10 chips de cocktail (500 Cal)* : 3 h de marche.

■ **Répartition de la consommation calorique** (hommes/femmes, en % par jour). Alcool 9,7/5,2, lipides 15,7/16,3, glucides 39/40,9, protéines 35,6/37,5.

■ **Équilibre.** Les rations doivent maintenir un équilibre entre les principes nutritifs : glucides, protides, lipides ; protides animaux et végétaux (les deux sont nécessaires pour l'apport en acides aminés indispensables), lipides animaux et végétaux (nécessaires à l'équilibre en acides gras saturés et insaturés).

Proportions à respecter entre les aliments (selon le Dr A. Creff : formule *421*). *4* portions de glucides, [*1* de céréales ou féculents, *1* de légumes cuits, *1* de crudités, *1* d'aliments sucrés (miel, fruits)] ; *2* de protéines, [*1* sans calcium (viande, poisson), *1* avec calcium (lait, fromage)] ; *1* de lipides [*1/2* matières grasses animales (beurre), *1/2* végétales (huile d'assaisonnement)].

■ **Vitamines. B1-glucides** (permettant l'utilisation des glucides). **B2** (augmentant le métabolisme basal). **A** (le diminuant). **C** : normes françaises 90 mg environ ; anglaises 20 mg/jour. *Principales sources* : agrumes, chou cru, fenouil cru (plus que les agrumes).

■ **Minéraux. Apports quotidiens recommandés** (en mg pour adultes). **Calcium** [1er élément du corps humain (os) ; *adulte* 1kg, *nouveau-né* 30g] : 900 (lait et fromage [1], fruits oléagineux, légumineuses, persil, cresson, céréales, œufs de poissons, figues sèches [1], jaune d'œuf). **Fer** : 10-20 (jaune d'œuf, viande, foie, boudin noir, abats, blé entier, persil, épinards [2], cresson, lentilles, fruits secs, fruits oléagineux, huîtres, chocolat). **Iode** : 0,14 (eaux, sel marin, fruits de mer, poisson). **Magnésium** : 350 (germe de blé [1], blé entier, gruyère, amandes [1], chocolat, soja, algues séchées, légumes secs farineux, fruits de mer). **Phosphore** : 800 (germe de blé, avoine, blé entier, lentilles, haricots secs, pois, amandes, noix [1], noisettes, viande, produits laitiers). **Potassium** : bananes, viandes, poissons, œufs, lait, haricots, lentilles [1], pois secs, pommes de terre [1], châtaignes, dattes, fruits secs, épinards, amandes, noisettes, germe de blé [1]. **Sodium** : viandes, coquillages, fromages, blé entier, olives.

Nota. – (1) Très riches en sels minéraux. (2) Le fer contenu dans les épinards ne s'y trouve pas sous une forme idéale ; les épinards contiennent beaucoup d'acide oxalique.

Dose limite de sécurité, y compris l'apport alimentaire (*source* : CSHPF, 1996). Zinc : 15 ; sélénium : 0,15 ; fluor : 0,04 mg/kg.

RÉGIMES

■ **Régime amaigrissant. Diminution des aliments énergétiques** : sucres, matières grasses, boissons alcoolisées. **Usage d'édulcorants de synthèse** (pouvoir sucrant 100 à 1 000 fois celui du saccharose) : *saccharine* (acide orthosulfamide benzoïque) : vendue à l'état pur (Sucredulcor) ; associée avec du cyclamate (Sucaryl) ou à un dérivé de la vanilline (ODA) ; stable à la chaleur, peut être utilisée en pâtisserie. *Cyclamates* : en poudre, comprimés, liquides. *Aspartame* : en poudre, comprimés (Canderel, Pouss-suc, D-Sucril). Contenant de la phénylalanine, ne peut être consommé par les personnes atteintes de phénylcétonurie. **Maintien (essentiel) des autres aliments** [viande, poisson, œufs, pain et féculents (avec modération), produits laitiers, légumes verts et fruits]. **Répartition** de la nourriture en 4 ou 5 repas. Préférer un régime « associé » (équilibre alimentaire) à un régime « dissocié »

Attention : les *biscottes* (dépourvues d'eau) ne font pas maigrir ; 100 g de biscottes (soit 7) contiennent : 362 Cal ; 100 g de *pain* : 250 Cal. Pour des calories identiques, certains produits font plus grossir que d'autres (la mayonnaise plus que les pommes de terre ou les pâtes). *Il faut boire au moins* 1,5 l d'eau par jour. *Supprimer le sel ne fait pas maigrir et peut être nocif* (baisse de tension artérielle, apparition d'asthénie). Les *médicaments miracles* n'existent pas, la plupart sont inefficaces et dangereux (diurétiques). Le *petit déjeuner* doit être conservé et comporter des protides et du calcium. *Ont la même valeur énergétique* : margarine et beurre (les huiles sont un peu plus caloriques).

☞ *Huile de paraffine* : emploi à limiter, action laxative, peut diminuer l'absorption intestinale de certaines vitamines.

■ **Régime sans sel** (sous prescription médicale uniquement). **1°) Modéré** (500 mg à 1 g de sodium) : *suppression* du sel d'assaisonnement ; *exclusion* des aliments avec ajout de sel (viandes et poissons fumés et salés, charcuterie, moutarde, olives, cornichons, conserves, pain, beurre salé, etc.). **2°) Sévère** (moins de 500 mg de sodium) : *suppression* supplémentaire des aliments contenant naturellement du sel : lait, œufs, fromage, abats, crustacés, oléagineux, certains légumes et fruits, etc.

■ **Produits amincissants.** Visent à agir sur les phénomènes cellulitiques : accumulation des graisses, dégénérescence du tissu conjonctif, déficience circulatoire. *Sous forme de crèmes ou de gels* : caféine (facilement absorbée par la peau, permet le fractionnement des graisses accumulées dans les adipocytes), théophylline (action similaire), carnitine (facilite dégradation et métabolisation des graisses), enzymes (mucopolysaccharidases, modifient la structure du tissu conjonctif). *De substances d'origine végétale* exerçant action amincissante locale et protection vasculaire : algues riches en iode (extrait de fucus) ; extrait de lierre (action décongestionnante et désinfiltrante du tissu conjonctif) ; extraits de Gingko biloba et de Fragon (favorisent la circulation) ; triglycérides d'acides gras obtenus à partir d'huiles végétales (stimulent la circulation sanguine dans la région des massages). *Substances dites « restructurantes »* : extraits de *Centella asiatica*, dérivés du silicium, et vitamine E. Beaucoup de crèmes contiennent des liposomes ou microparticules qui, se diffusant à travers la peau, libèrent les principes actifs sur leurs sites d'application.

■ **Médicaments « coupe-faim ». Amphétamines, anorexigènes** : peu efficaces, ils créent une dépendance et sont interdits à la vente depuis le 2-9-1999.

■ **Drainage lymphatique.** Pour accélérer le débit de la lymphe et éliminer les toxines. Massage. **Thalassothérapie et cures thermales.** Associent massages et diététique. **Mésothérapie.** Micro-injections de substances capables d'agir sur les sites des dépôts graisseux (caféine, théophylline, mucopolysaccharidases...) et sur la microcirculation. Allergies possibles. **Chirurgie esthétique.** Lipoaspiration et lipectomie.

■ **Pèse-personnes. Mesurant taux ou masse de graisse** : utilise le principe de l'impédancemétrie [connaissant poids total, taille, sexe, âge de l'utilisateur, diffuse à travers le corps un faible courant électrique et mesure la résistance des tissus graisseux (les tissus n'étant pas conducteurs, il en déduit le taux de graisse)]. Les porteurs de stimulateur cardiaque doivent s'abstenir.

■ **Produits diététiques et de régime.** Production et diffusion réglementées par le décret du 29-8-1991 (en application de la directive européenne 89/398), complété par des textes spécifiques (par exemple arrêtés des 11-3-1988 et 5-4-1991). Aliments contenant des édulcorants, à teneur en lipides réduite. Il existe aussi des produits diététiques à teneur garantie (par exemple en certaines vitamines ou en certains acides aminés essentiels) ou, au contraire, exempts de certains nutriments (comme le gluten). La création de nouveaux produits est soumise à l'avis de l'Agence française de sécurité sanitaire des aliments (Afssa).

☞ Les fabricants utilisent les termes *light* ou *allégé* (moins de sucres, de matières grasses, donc moins de calories).

■ **Régimes liés à des maladies. Cancer. Éviter** (accroissement des risques) : alcool (œsophage, larynx, foie), tabac (poumons), alcool + tabac (œsophage). **Influence** de l'environnement (foie, pancréas, vessie), de l'alimentation (pancréas, côlon, estomac, sein, prostate), environnement + alimentation ; exemples : nitrosamines (foie).

Cœur (maladies de). Causes : *embonpoint, obésité* (alimentation trop riche, sédentarité) ; *taux de cholestérol* dans le sang trop élevé (excès de graisses et de poids, tabagisme, alcool) ; *hypertension* (excès de sel, de poids, diabète, tabagisme, alcool). **Conseillés** : fruits, légumes frais, féculents, poissons, cheval, poulet, lapin, riz, yaourt, fromages maigres, lait écrémé. **A surveiller** : canard, cervelle, rognons, foie, anchois, huile, saindoux, beurre, lard, fruits secs, charcuterie, porc, agneau, mouton, oie, crustacés, poissons fumés, jaune d'œuf, pâtisseries, cacao, crème, lait entier, fromage.

Diabète gras (hérédité, poids). *Risque cardio-vasculaire*. En général ne pas dépasser 150 à 180 g environ de glucides (hydrates de carbone) par jour. **Conseillés** : alimentation équilibrée avec répartition des glucides, viandes, poissons, crustacés, œufs, produits laitiers écrémés ou 1/2 écrémés, légumes verts, tomates. **A surveiller** : produits laitiers entiers, matières grasses, carottes, petits pois, pommes de terre, légumes secs, fruits, pain, pâtes, riz, pâtisseries, sucreries, chocolat, jus de fruit, sodas, bière.

Métaboliques (maladies). D'origine génétique. Exclusion d'un nutriment (gluten, galactose, fructose, phénylalanine) ; recours à des aliments synthétiques souvent nécessaire.

Foie et d'estomac (mal de). Diminution ou suppression des corps gras cuits, pâtisseries grasses, charcuterie, œufs (parfois), légumes secs, sauces, crudités (parfois), alcool, café, etc.

☞ Risque de mortalité par infarctus plus faible chez les mangeurs de poisson 2 fois par semaine.

■ **Excès de poids. Conseillés** : viandes maigres (cheval, veau), poissons, volailles, jambon, légumes verts, salades, yaourt, fromages maigres, fruits frais. **A surveiller** : pain, féculents, matières grasses, sel, sucre. **Déconseillés** : viande grasse (mouton, agneau, canard, oie...), charcuterie, friture, pâtisserie, fromages gras, lait entier, boissons alcoolisées ou sucrées.

VÉGÉTARIENS ET VÉGÉTALIENS

■ **Végétariens.** Ne consomment aucune chair animale (viande, poisson, charcuterie, crustacés, fruits de mer) mais des sous-produits animaux (œufs, lait, fromage). **Raisons :** *diététiques : « la viande laisserait des déchets acides dangereux pour l'intestin et les reins de l'homme, qui serait un frugivore-granivore et non un carnivore »; philosophiques ou éthiques :* respect de la vie animale et non-violence (Gandhi, Tolstoï, Lanza del Vasto) ; refus de « sacrifier » l'animal contre sa volonté et de le maltraiter ; *économiques :* consacrées à la culture des céréales, légumineuses, légumes, etc., les terres d'élevage pourraient nourrir proportionnellement plus d'êtres humains. **Régimes :** associés avec des méthodes hygiénistes et naturelles. *Repas type :* crudités variées, légumes, céréales, fromages frais non fermentés ; fruits entre ou au début des repas. *Instinctothérapie :* aliments originels, purement crus, pris selon l'appétit. *Formule 60/20/20 Vie et Action :* en poids : 60 % de légumes et fruits crus et cuits, 20 % de protides (notamment fruits oléagineux, œufs et fromages), 20 % de glucides (sucres et amidons), les lipides sont contenus dans les aliments eux-mêmes.

■ **Végétaliens.** Rejettent viande, poisson et tous sous-produits animaux (lait, laitages, œufs, miel). Régime délicat à bien équilibrer.

■ **Céréaliens** ou **macrobiotes** (régime de longue vie, du grec *makros*, grand, et *bios*, vie). Consomment beaucoup de céréales, des légumineuses, peu de légumes, presque pas de fruits (excepté fruits secs) [École Ohsawa, théorie du yin et du yang, équilibre entre énergies positive et négative, entre substances basiques et acides]. Régime contesté.

■ **Crudivoristes.** Se nourrissent d'aliments crus assimilables : fruits, légumes verts, fromages, œufs. Nombreuses contre-indications.

■ **Frugivores.** Vivent uniquement de fruits de toutes espèces (rares dans climats tempérés). Ce régime ne peut être que transitoire.

☞ *Nombre de végétariens en 1999 : G.-B.,* 4 millions, et 9 millions à tendance végétarienne. Europe : 5 % sont végétariens soit 13 millions. France : 1 million se déclarent végétariens soit 1,7 % de la population.

ALIMENTS

L'OMS recommande de : *choisir des aliments ayant subi un traitement assurant leur innocuité* (pasteurisation, stérilisation ou appertisation, rayons ionisants...). De nombreux aliments crus (volaille, viande, lait non pasteurisé) peuvent être contaminés par une flore microbienne naturelle importante. Toutes les parties de l'aliment doivent être cuites au moins à 70 °C. Viande, volaille et poisson doivent être complètement décongelés avant cuisson. *Les consommer immédiatement après leur cuisson.* Dans les aliments cuits qui refroidissent à la température ambiante, les microbes prolifèrent. *Cuits, les conserver avec soin.* A haute température (au plus 63 °C) ou à basse température (au plus 4 °C). Au centre d'un réfrigérateur trop rempli, les aliments cuits ne refroidissent pas assez rapidement et les microbes peuvent vite atteindre des niveaux dangereux. *Bien les réchauffer* au moins à 70 °C en tous leurs points. *Éviter tout contact entre aliments crus et cuits* (par exemple, pour découper un poulet rôti, ne pas utiliser sans les avoir lavés la planche et le couteau ayant servi à le préparer). *Les conserver dans des récipients hermétiquement fermés.*

CONSERVATION

PROCÉDÉS

■ **Procédés anciens.** Boucanage (séchage, à la fumée, de viande ou de poisson), salage, utilisation de l'alcool ou du vinaigre, du sucre (confitures ; diminution de l'activité de l'eau).

■ **Appertisation (conserves).** Inventée par le Français Nicolas Appert (1749-1841) en 1795. Destruction par la chaleur (entre 120 et 130 °C) des formes végétatives et sporulées des micro-organismes. *2 opérations :* conditionnement du produit dans un récipient étanche à l'eau, aux gaz et aux micro-organismes ; action de la chaleur qui détruit ou inhibe enzymes, micro-organismes et toxines et qui préserve les vitamines. *Conservation :* 3 à 5 ans (DLUO) [1]. *Consommation en France* (en 1999) : 2,8 millions de t, soit 50 kg par personne et par an.

Nota. – (1) Date limite d'utilisation optimale.

% moyen de vitamines conservées, par rapport à la quantité initiale contenue dans le produit frais.

Produits appertisés	Vit. C	Carotène	Vit. B1	Vit. B2	Vit. PP
Haricots	87	90	–	–	–
Asperges	93	–	68	88	96
Haricots verts	55	87	71	96	93
Petits pois	72	97	54	82	65
Carottes	–	97	–	–	–

■ **Congélation et surgélation.** Mises au point par le Français Charles Tellier (1828-1913). Immobilisent l'eau de constitution sous forme de cristaux de glace, ce qui réduit l'activité de l'eau (a_w). **Congélation lente :** pour grosses pièces ou congélation domestique (gros cristaux, peu nombreux, en forme d'aiguilles ou dendrites, en dehors et à la périphérie des cellules ; exsudat important à la décongélation) ; **surgélation ou congélation ultra-rapide :** consiste à franchir très rapidement la zone de cristallisation maximum (– 1 à – 5 °C) et à amener la température à – 18 °C au centre thermique du produit. Pour petites pièces avec matériel adapté (petits cristaux, nombreux, en sphérules, répartis au sein des cellules ; exsudat faible). *Conservation :* très longue. La teneur en vitamines varie selon la température ; après un an à – 20 °C, les haricots ont perdu 10 % de leur teneur en vitamines. Des matières grasses limitent la durée de conservation. **Décongélation et recongélation.** Doivent s'effectuer au réfrigérateur environ + 4 ou + 5 °C, au four micro-onde, (à la température ambiante ou par trempage dans l'eau, on risque sur les parties superficielles une prolifération microbienne qui peut engendrer des troubles digestifs). *Doivent être décongelés avant emploi ou cuisson :* viandes en muscles, gros abats, volaille, gibier, gros poissons entiers, filets de poisson agglomérés en blocs, blocs de pâte à pâtisserie, et tous produits à consommer sans cuisson (crevettes, fruits...). Tout produit décongelé doit être consommé dans les meilleurs délais. *Ne pas recongeler un produit décongelé :* la recongélation ne détruit pas les micro-organismes qui se sont développés quand le produit était décongelé. Un produit décongelé, puis cuit, peut être recongelé (veiller à l'hygiène et à la rapidité).

Plafonds de température à respecter au niveau de la fabrication, de l'entreposage et du transport : *toutes denrées surgelées* (décret modifié n° 64-949 du 9-9-1964) : – 18 °C ; *glaces, crèmes glacées et sorbets :* – 18 °C ; *« congelés » :* produits de pêche – 18 °C ; autres aliments, y compris pour animaux – 12 °C ; poissons entiers congelés en saumure destinés à la fabrication de conserves – 9 °C.

Durée (approximative) de conservation (en mois) des denrées congelées à – 18 °C (calculée à partir du jour de la surgélation du produit, mentionné sur les conditionnements, et non à partir de la date d'achat) : *fruits* 30 ; *jus* 30. *Légumes* 24. *Poissons maigres* 24 ; *gras* 9 à 18. *Crustacés entiers* 18 ; *décortiqués* 9. *Viandes* bœuf, veau, mouton 18, porc 12 ; steaks hachés 9. *Produits préparés* 12 à 24. *Boulangerie et pâtisserie* 12 à 24.

■ **Déshydratation.** Dessication des aliments par chaleur ou courant d'air chaud. Permet d'éliminer l'eau de constitution. S'applique à des produits petits ou découpés. La forme initiale change (racornissement). Séchage par dispersion ou nébulisation utilisé pour certains liquides (pulvérisation en brouillard dans un courant).

■ **Hautes pressions** ou **pascalisation.** Technique expérimentale : permet d'inhiber les micro-organismes par des pressions (5 000 à 10 000 bars).

■ **Ionisation** ou **irradiation.** **Irradier :** exposition à des rayons bêta, gamma, X ou à des électrons afin de détruire micro-organismes, bactéries pathogènes (listéria, salmonelles) et moisissures. Est autorisé en France pour 24 produits dont épices, ail, oignons, légumes déshydratés, viande de volaille séparée mécaniquement (surtout exportée en Russie), cuisses de grenouilles congelées, camembert au lait cru ou fraises. **Aliments irradiés** (1999-2000) : 20 000 t dont 6 000 d'épices.

■ **Lyophilisation.** Dessiccation à très basses températures (– 50 à – 60 °C) par sublimation. S'applique à des produits petits. La forme initiale est conservée. Le produit ne subit pas les dommages de la chaleur. Il est emballé pour être protégé de la vapeur d'eau et des chocs mécaniques. La teneur en eau des légumes frais tombe de 90-95 % à 1 %.

■ **Pasteurisation.** Destruction par la chaleur des formes végétatives des micro-organismes. Ne s'applique pas aux aliments acides (comme les confitures). Conservation limitée.

■ **Réfrigération.** En général + 3 °C. Permet une conservation limitée, qui peut être prolongée si l'on y combine l'emploi de l'atmosphère contrôlée. La croissance des germes est ralentie. **Délais de conservation fixés par la réglementation ou recommandés par les codes d'usages :** *charcuterie :* produits crus 7 j, + 5 °C, étuvés 14 j, + 5 °C ; jambon cuit 14 j, + 5 °C, pasteurisé 21 j, + 5 °C ; autres produits cuits 21 j, + 5 °C, crus, séchés, fumés ou non, en tranches ou en morceaux 28 j, + 5 °C ; semi-conserves 6 mois, + 10 °C, 12 m., + 5 °C ; anchois 12 mois, + 15 °C. *Œufs :* à environ 15 °C pendant 21 j (17 j au plus après le conditionnement, celui-ci pouvant se faire dans les 4 j suivant la ponte) ; date sur l'emballage : date limite d'utilisation optimale (DLUO) ou date limite de consommation (DLC) ; au-delà, à consommer cuits de préférence. *Produits laitiers :* lait cru conditionné 3 j après conditionnement + 4 °C, pasteurisé 7 j après conditionnement + 6 °C, stérilisé UHT 90 j après traitement, température ambiante, stérilisé 150 j après traitement, température ambiante ; crème crue 7 j après fabrication + 6 °C, pasteurisée 30 j après fabrication + 6 °C, stérilisée UHT 4 mois, température ambiante, stérilisée 8 mois température ambiante ; yaourt 24 j après fabrication + 6 °C. *Viande :* hachée réfrigérée 48 h après conditionnement, + 3 °C. **Conservation :** *températures idéales en °C :* poisson 2, pâtisserie, viande découpée 3, volaille 4, lait, yaourts 5, beurre 6, tomate, laitue 7, camembert, pêche 8, orange, concombre 9, gruyère 12, bananes, saucisson 13-14.

☞ Après 24 h d'entreposage à température ordinaire, les asperges conservent 60 % de leur teneur en vitamine C, choux et brocolis 50, épinards 70, haricots secs écossés 60, non écossés 80, verts 80.

■ **Traitements physiques.** Les *rayons ultraviolets* sont utilisés pour assainir les eaux de distribution publique ; *les ultrasons* favorisent la solution des résines de houblon pour la fabrication de la bière.

■ **Zéodratation.** Déshydratation à froid (au-dessous de 0 °C) : aliments placés sous vide sur une plaque chauffante ; l'eau qui s'évapore est captée par des billes d'argile (zéolithe). Améliore la qualité des produits, moins chère que la lyophilisation (énergie – 90 %, installations industrielles – 70 %). Préserve les propriétés organoleptiques et nutritionnelles.

ÉTIQUETAGE

■ **Mentions.** **Produits alimentaires préemballés :** *principales mentions obligatoires* (Code de la consommation) : dénomination de vente, liste des ingrédients, quantité nette, date jusqu'à laquelle la denrée conserve ses propriétés spécifiques (DLUO) et indication des conditions particulières de conservation, lot de fabrication, nom ou raison sociale et adresse du fabricant ou du conditionneur, ou d'un vendeur établi à l'intérieur de l'UE, lieu d'origine ou de provenance si son omission est de nature à créer une confusion sur l'origine réelle de la denrée, mode d'emploi si nécessaire. **Renseignements :** *conserves appertisées :* Centre technique de la conservation des produits agricoles, 44, rue d'Alésia, 75682 Paris Cedex 14. *Produits surgelés et congelés :* Fédération des industries et commerces utilisateurs des basses températures (Ficur), 18, rue de la Pépinière, 75008 Paris.

Lait concentré et sec : mention « à dissolution instantanée » ; % de matière grasse en poids par rapport au produit fini (sauf laits écrémés) et % d'extrait sec dégraissé venant du lait pour les laits de conserve partiellement ou totalement déshydratés ; méthode de dilution ou de reconstitution, mention UHT pour concentrés non sucrés, quantité nette (en unité de masse), date jusqu'à laquelle le produit conserve ses propriétés.

■ **Date limite d'utilisation optimale (DLUO).** Signale en clair la date jusqu'à laquelle le produit conserve ses qualités optimales, nutritionnelles et organoleptiques. Obligatoire pour les denrées autres qu'altérables : conserves, semi-conserves, produits surgelés, congelés, glaces, crèmes glacées et sorbets, etc... Par exemple, pour une conserve : « A consommer de préférence avant fin 2003. »

Nota. – Le produit peut être commercialisé après la DLUO figurant sur l'emballage. La durée de conservation relève de la responsabilité du fabricant.

■ **Date limite de consommation (DLC).** Doit figurer sur les denrées microbiologiquement très périssables (lait, viande, produits traiteurs). Exprimée par l'une des mentions « à consommer jusqu'au... » ou « à consommer jusqu'à la date figurant... », suivie de l'indication de l'endroit où elle figure dans l'étiquetage.

■ **Mentions interdites.** Celles laissant croire ou suggérant qu'un aliment peut prévenir ou guérir une maladie. Un produit bénéfique pour la santé peut seulement obtenir le visa PP (publicité produit).

POIDS

■ **Poids moyen** (à la pièce, en grammes). **Biscuit sec :** 10. **Biscotte :** 18. **Croissant :** 50. **Crustacés (entiers) :** écrevisse 34, homard 885. **Fromages :** camembert 250, livarot 500, pont-l'évêque 320, petit-suisse 25-30, yaourt (petit pot) 120-150. **Fruits :** abricot 55, banane 150, citron 125, datte 10, figue sèche 42, figue fraîche 45, mandarine 100, noix 13, orange 180, pamplemousse 400, pêche 130, poire 180, pomme 120, pruneau 15. **Légumes :** artichaut 250, aubergine 225, chou 1 000, chou-fleur 1 200, laitue 500, romaine 400, chicorée frisée 400, melon 700-1 000, radis (la botte) 350, tomate 100, oignon 125. **Œuf** de poule : 60. **Poissons (entiers) :** brochet 1 250, carpe 775, colin 2 000, daurade 600, églefin 350, hareng 170, saur 130, limande 150, maquereau 250, merlan 230, plie 160, sardine 45, truite 450, turbot 2 350. **Sucre** (morceau) : 6. **Viandes :** lapin (vidé) 1 500 ; oie (entière) 5 500 ; poulet (entier) 1 800. *Cervelle :* bœuf 500, veau 300, mouton 100, porc 110. *Cœur :* bœuf 2 750, veau 500, mouton 230, porc 225. *Foie :* bœuf 8 500, veau 2 500, porc 750. *Langue :* bœuf 4 000, veau 1 000. *Pied* de porc 200. *Ris* de veau 750. *Rognon :* bœuf 1 000, veau 250, porc 170.

■ **Modification.** Poids brut d'aliments résultant de la cuisson de 100 g d'aliments crus. **Farineux :** coquillettes 385, macaronis 400, nouilles 385, riz 295, spaghettis 385. **Fruits :** poires 92. **Légumes frais :** artichauts 87, asperges 87, bettes 90, betteraves rouges à l'eau 91, au four 57, carottes à l'eau 100, à l'étouffée 64, céleris (côtes) 94, raves cuites à l'eau 91, sautées 54, champignons de couche frits 83, chou vert, cuit à l'eau 92, à l'étouffée 64, de Bruxelles 86, -fleur 92, épinards cuits à l'eau ou au jus 83, haricots verts cuits à l'eau 104, à l'étouffée 90, navets, cuits à l'eau 95, à l'étouffée 92, poireaux 81, p. de terre en robe des champs 98, à l'anglaise 95, au four 80, en purée 119, en ragoût 154, frites 44 [1], potiron 55, scarole 71, tomates frites 69. **Légumes secs :** fèves 310, haricots 270, lentilles 345, pois cassés 400. **Poissons :** au court-bouillon 95, frits 81. *Crevettes :* 97. **Viandes :** *bœuf :* bifteck grillé 88, au gril 83, au plat 88, rôti (1/2 h) 77, bouilli 83. *Veau :* à la poêle 93, rôti (3/4 d'h) 74. *Mouton :* rôti 73, sauté 69. *Porc :* côtelette 83, rôti 64. *Cheval :* bifteck à la poêle 93. *Foie :* 91. *Boudin :* 94. *Saucisse fraîche :* 92.

Nota. – (1) En cuisant, les pommes frites absorbent 8 à 10 % de matières grasses.

Rations moyennes/jour (poids brut, en g)	3-6 ans	6-10 ans	10-14 ans	15-20 ans	Homme activité moyenne [1]	Travailleur de force	Vieillard
Viande	50	75	90	125	80	100	55
Poisson	20	25	40	50	15	25	15
Œufs	10	10	15	25	20	20	10
Lait	600	600	500	500	350	400	400
Fromage	20	25	40	30	40	50	30
Beurre	20	20	25	20	15	20	10
Graisse	–	–	–	10	15	20	10
Huile	10	15	15	15	15	20	10
Pain	100-150	200-250	250-300	500	400	500	250
Farineux	25	30	35	35	35	50	35
Pommes de terre	175	220	265	350	300	350	285
Légumes frais	200	250	275	350	300	350	285
Légumes secs	40	40	50	30	25	30	25
Fruits frais	10	100	150	170	150	200	150
Fruits	–	–	–	10	5	5	5
Sucre	40	40	45	40	40	40	25
Confitures	–	–	–	20	20	20	20
Chocolat	–	–	–	10	10	10	5
Vin (litre)	–	–	–	1/4 [2]	1/4 [2]	1/2 [3]	1/4

Nota. – (1) Pour les femmes, diminuer les quantités de 10 à 15 %. (2) à 1/2 l. (3) à 1 l.
Source : Les Rations alimentaires équilibrées par Lucie Randoin, Pierre Le Gallic, Jean Causeret et Georges Duchêne (J. Lanore, éd.).

Besoins journaliers (limites moyennes)	En grammes			En milligrammes			
	Protides	Lipides	Glucides	Calcium [7]	Phosphore	Fer	Vit. C
Jeunes							
2 à 4 ans	30/35	32	200/250	700/750	650/700	8/10	40/60
4 à 6 ans	35/40	33	200/250	600/800	600/800	8/10	40/60
6 à 10 ans	45/55	37	300/340	850/950	850/950	8/10	40/60
10 à 12 ans (filles 9 à 11)	60/65	50	350/400 [1]	1 000/1 200	1 100/1 300	20/30	60/100
12 à 15 ans (filles 11 à 13)	5/9 [2]	65	440/550 [3]	1 200/1 400	1 300/1 500	20/30	60/100
15 à 20 ans (filles 13 à 18)	75/100 [4]	75	550/600 [5]	1 400/1 600	1 500/1 700	20/30	60/100
Hommes							
Vie sédentaire	75/85 [4]	60	400/500	800/900	1 200/1 400	18/20	70/80
Travail de force							
4e et 3e cat.	85/110	75	550/700	1 000/1 200	1 500/1 800	23/26	90/110
2e et 1re cat.	100/110	95	850/1 000	1 400/1 600	2 000/2 400	30/45	130/150
Femmes							
Vie sédentaire	65/75 [4]	50	350/400	800/900	1 000/1 200	15/20	60/70
Enceintes (5e-9e mois) [6]	90/110	80	500/550	1 500/2 000	1 500/2 000	20/25	100/150
Allaitant [6]	100/110	80	500/550	1 500/2 000	1 500/2 000	20/25	100/150
Vieillards [6]	65	45	300/400	900/1 000	900/1 000	14/16	50/60

Nota. – Pour les filles : (1) 330/350, (2) 80/85, (3) 400/500, (4) 85-90, (5) 500/550. (6) Vie sédentaire ou légère activité. (7) Contenu surtout dans le fromage et le lait.

Contenance des récipients

Assiette : creuse 1/4 de litre.

Bouteilles (en litres) : chopine : 0,5 l. *Bourgogne, bordeaux et anjou :* 0,75 (6 à 7 verres) ; magnum 1,5 (2 bouteilles) ; jéroboam 3 (4 bouteilles). *Alsace :* 0,72 (6 à 7 verres). *Champagne :* 0,75 (depuis 2-6-1979, les bouteilles de 0,80 ne sont plus fabriquées) [6 à 7 coupes] ; magnum : 1,6 (2 bouteilles) ; jéroboam : 3 (4 bouteilles) ; réhoboam : 4,5 (6 bouteilles) ; mathusalem 6 (8 bouteilles) ; salmanesar : 9 (12 bouteilles) ; balthazar : 12 (16 bouteilles) ; nabuchodonosor : 15 (20 bouteilles).

Cuillères : *à café :* 2 g café soluble, 5 g eau, huile, 4 g sucre en poudre (débordante 9 g) ; *à dessert :* 10 g eau, 8 g sucre en poudre (débordante 18 g) ; *à soupe :* 8 g café soluble, 15 g eau, 15 g sucre en poudre (débordante 30 g), 15 g riz.

Tasse à thé : 175 g sucre, 235 lait.

Verres : *à eau :* 24 cl ; *à bordeaux :* 12 à 14 cl ; *à bourgogne :* 12 à 14 cl ; *à madère :* 8 à 10 cl ; *à liqueur :* 2 à 2,5 cl ; *coupe* à champagne et *flûte :* 14 à 18 cl ; bol : 50 cl ; *à bière :* bock 12,5 cl, demi 25 cl, distingué ou baron 50 cl, parfait 1 litre, sérieux 2 l, formidable 3 l.

Partie comestible

☞ *Légende :* en pourcentage du poids.

Crustacés : crabe 44, crevette 47, écrevisse 22, homard 38. **Fromages :** brie 91, camembert 83, coulommiers 91, pont-l'évêque 96, roquefort 95, st-paulin 95. **Fruits :** abricot 91, banane 65, cerise 86, citron 64 (donne 35 % de jus), datte 87, figue 90, fraise 92, framboise 91, groseille 85, mandarine 71, orange 73, pamplemousse 65, pêche 86, poire 88, pomme 84, prune 93, pruneau 85, raisin 93. **Légumes :** artichaut 36, asperge 61, aubergine 85, bette 67, betterave rouge 82, carotte 82, céleri-rave 73, chicorée frisée 71 ; chou 68, de Bruxelles 82, -fleur 63, rouge 80 ; concombre 77, courgette 74, endive 81, épinard 82, fève 60 ; haricot blanc 49, vert 92 ; laitue 66, mâche 81, melon 60, navet 73, oignon 90, oseille 77, poireau 65, pois 63, radis 61, romaine 84, salsifis 61, scarole 64, tomate 94. **Mollusques :** huître 17, moule 34. **Œuf** de poule 89. **Poissons frais (entiers) :** églefin 56, colin 64, dorade 57, hareng 59, limande 69, maquereau 47, merlan 66, morue 48, raie 57, sardine 77, saumon 67, sole 52, truite 52, turbot 54. **Viandes :** *bœuf :* aloyau 83, faux-filet 77, foie 93, langue 81, pot-au-feu 79, rognon 80. *Mouton :* côte 83, épaule 90, foie 100, gigot 80, ragoût 78, rognon 100. *Porc :* carré 80, côte 84, jambon avec os 86, lard 92, rognon 100, rôti 87. *Veau :* côtelette 80, foie 100, jarret 77, langue 100, ragoût 83, rognon 100, rôti 91. *Canard :* 89 [3]. *Dinde :* 80 [3]. *Lapin :* 85 [1]. *Lièvre :* 65 [2] et 88 [1]. *Oie :* 79 [4] et 90 [3]. *Pigeon :* 90 [2]. *Poulet :* 70 [4] et 79 [1].

Nota. – (1) Sans peau, ni tête ni extrémités, et vidé. (2) Entier. (3) Plumé, vidé, paré. (4) Non vidé, non plumé.

Intoxication alimentaire

■ **Contamination microbienne.** Due à la contamination des animaux d'élevage, à un manque d'hygiène lors des différentes étapes de la transformation, de la distribution et de la consommation des denrées alimentaires. *Nombre de cas* (en 1996) : 414 foyers [7 858 personnes (dont 1 †)] touchés par une toxi-infection alimentaire collective (TIAC) dont 137 foyers familiaux et 269 foyers en restauration collective. *Agents concernés* (en %) : salmonelles 70, staphylocoques 15, clostridium 7, œufs et ovoproduits 30, viandes et volailles 16, poissons et fruits de mer 12. **Salmonellose :** Maladie provoquée par les salmonelles (2 200 souches) principalement *S. enteritidis.* Contamination dans les intestins des animaux d'élevage, par voie ovarienne chez les volailles, propagation par les excréments, eaux superficielles, contacts. Provoque diarrhées, maux de tête, fièvre. Prophylaxie : hygiène, cuisson à plus de 56° C pour la viande, œufs cuits durs, réfrigération des aliments cuits. *En 1988 :* 400 millions d'œufs détruits et 4 millions de poules incinérées en G.-B. : contamination par *S. enteritidis* (26 †, 2 millions de cas en G.-B.). **Listériose :** *Listeria monocytogenes) :* se multiplie à basse température, la réfrigération ne protège pas. Se trouve dans fromages à pâte molle à base de lait cru (brie, camembert...), charcuterie industrielle (rillettes, langue de porc en gelée...), viande hachée, poisson fumé, salades et crudités préemballées. Peut être mortelle chez les individus affaiblis et immunodéprimés. Dangereuse pour le fœtus (avortement, mort néonatale). Prophylaxie : cuisson des aliments et bonnes conditions d'hygiène ; antibiotiques si atteinte. *En 1992 :* 63 †, 22 avortements (langue en gelée). *En janvier 1999 :* 2 † (sans doute fromage d'Époisses-Fromagers d'Armençon). *En 2000* (au 1-4) : 2 † (charcuterie Coudray accusée). **Botulisme :** intoxication grave due à une toxine produite par un bacille anaérobie, *Clostridium botulinum :* spores résistantes à chaleur et antibiotique. Toxine produite après contamination de la viande surtout de porc, des charcuteries, du poisson, des conserves mal stérilisées. Induit troubles digestifs, oculaires, neurologiques (paralysies), respiratoires et sécheresse buccale. Prophylaxie : inactivation de la toxine par chauffage (environ 10 min à 100 °C), hygiène.

■ **Contamination chimique.** *Causes :* résidus de pesticides, additifs à l'alimentation du bétail, médicaments vétérinaires, à métaux lourds, toxines naturelles, substances présentes dans les matériaux d'emballage ou au contact des aliments lors de la fabrication. Teneurs de la plupart des substances toxiques dans les denrées alimentaires réglementées. Cependant certaines substances s'accumulent dans la chaîne alimentaire et peuvent dans certaines situations aboutir à des concentrations nocives. **DDT et pesticides liposolubles :** s'accumulent dans les matières grasses (lait) et sont stockés dans le tissu adipeux en raison de leur forte persistance. **Mercure :** intoxications graves survenues avec du poisson contaminé (troubles neurologiques, 43 †, Minamata au Japon, 1956), des semences de blé et d'orge traitées à l'oxyde de mercure (6 000 † au Pakistan, 1971 ; 300 † en Iraq, 1972). *Taux maximal tolérable :* fixé en France à 0,5 mg/kg dans le poisson (0,7 pour certaines espèces) ; l'apport alimentaire total en mercure ne doit pas dépasser 5 µg/kg poids corporel par semaine. **Plomb :** intoxication (saturnisme) par la voie alimentaire : due principalement à *l'eau de boisson* (teneur en plomb dépassant 50 µg/l), aux *aliments d'origine végétale* contaminés à partir du sol et des retombées atmosphériques et aux aliments en contact avec le plomb lors des *procédés de transformation* et de *stockage* (cas du vin et de certaines conserves). La suppression du plomb de certains procédés technologiques, l'utilisation de l'essence sans plomb ont contribué à réduire les taux de contamination des denrées alimentaires. Apport alimentaire en plomb max. 25 µg/kg poids corporel par semaine. **Pesticides :** intoxications alimentaires dues à la contamination accidentelle de farine par de l'endrine et du parathion. Le ministère de l'Agriculture a homologué les pesticides et fixé des conditions précises d'utilisation. Lavage, épluchage, grattage des légumes éliminent une grande partie des pesticides. **Dioxines :** contaminant liposoluble d'origine industrielle (diverses industries, incinérateurs), retrouvé principalement dans les matières grasses animales (lait, viande) mais qui peut aussi contaminer les végétaux par retombées atmosphériques. Groupes de molécules dont certaines sont cancérogènes. La dose journalière tolérable pour l'homme < 4pg TEQ (équivalent toxique)/kg poids corporel/jour (OMS). Dans le lait, limite recommandée < 5pg TEQ/g matière grasse doit tendre vers 1 (CSHPF). **Toxines naturelles :** les aliments d'origine animale et végétale peuvent être contaminés par des toxines chimiques produites naturellement [exemple : certaines moisissures des graines, des fruits et des fruits amandes secrètent des mycotoxines toxiques à long terme (exemple : aflatoxines cancérigènes pour le foie, ochratoxine A responsable de néphropathie)]. Des glucosides cyanogènes sont présents dans des légumineuses (haricots de Java) et dans les amandes de fruits à noyaux (abricots, pêches, amandes amères). Des alcaloïdes comme la solanine se développent dans les pommes de terre mal conservées. Certaines espèces de poissons et de coquillages peuvent être contaminées par des toxines produites en mer par des algues et des bactéries. *Effets :* atteinte neurologique, paralysie, troubles digestifs.

Vins trafiqués : rajout immodéré de ferrocyanure (dans les vins autrichiens en 1985 : plusieurs †), glycérol, acide sulfurique, phosphorique ; addition de méthanol venant de la distillation de fibres ligneuses ou fabriqué à partir de dérivés de la houille pour augmenter le degré alcoolique (vins italiens en 1985-86 : plusieurs † en Italie).

Huiles frelatées : colza en Espagne (mai 1981) : 25 000 malades, 600 à 800 †.

Additifs alimentaires

■ Catégories d'additifs

Utilisés pour améliorer apparence, saveur, consistance ou conservation des aliments. Ils sont **d'origine naturelle** ou **artificielle.** Un additif ne peut être utilisé que s'il a été autorisé par arrêté interministériel, après avis de l'Agence française de la sécurité sanitaire des aliments en liaison avec le Comité scientifique de l'alimentation humaine au plan européen (décret du 18-9-89). En Europe, quelque 250 additifs sont autorisés (de E 100 à E 957 et de 1 200 à 1 518). Leur appartenance, leur nom ou symbole, leur catégorie doivent être indiqués en clair sur les aliments préemballés. **Colorant :** peut être extrait d'un organisme naturel (comme le rouge des graines de rocou), être produit en synthétisant un corps identique au colorant naturel (riboflavine : jaune, présente dans le lait), ou être un produit artificiel de synthèse (tartrazine : jaune de synthèse). **Conservateur. Antioxygène. Émulsifiant :** utilisé pour mélanger de l'eau (ou un produit ayant une affinité pour l'eau) avec un corps gras (ou un produit ayant une affinité avec les corps gras), en formant un film très mince entre les gouttelettes des 2 produits : *naturel* (par exemple la lécithine, qui fait « prendre » la mayonnaise, se trouve dans l'œuf ou dans le soja) ou *de synthèse* (monostéarate de glycérine, pour fabriquer la margarine). **Épaississant. Gélifiant. Stabilisant. Exhausteur de goût :** le plus connu est le monoglutamate de sodium, acide aminé isolé en 1912. Il existe dans les tissus végétaux et animaux (champignons, blé, lait en sont particulièrement riches). Le *glutamate,* préparé aujourd'hui à partir du gluten de blé ou par fermentation de la mélasse de betterave, est employé dans les potages déshydratés et en boîte, les plats surgelés ou préparés, les sauces, etc. **Acidifiant. Correcteur d'acidité. Antiagglomérant. Amidon modifié. Poudre à lever. Agent d'enrobage. Sel de fonte.**

■ Principaux additifs (numérotation UE)

■ **Colorants. Codes E 100 à E 180** (29 autorisés) : **jaune :** 100 curcumine, 101 lactoflavine ou riboflavine, 102 tartrazine, 104 jaune de quinoléine. **Orange :** 110 jaune orangé S. **Rouge :** 120 cochenille ou acide carminique, 122 azorubine ou carmoisine, 123 amarante, 124, ponceau 4R, rouge cochenille A, 127 érythrosine, 128 rouge 2 G, 129 rouge allura AC. **Bleu :** 131 bleu patenté V, 132 indigotine ou carmin d'indigo, 133 bleu brillant FCF. **Vert :** 140 chlorophylles, 141 complexes cuivriques des chlorophylles et des chlorophyllines, 142 vert acide brillant BS. **Brun :** 150 a caramel ordinaire, b de sulfate caustique, c ammoniacal, d au sulfate d'ammonium. **Noir :** 151 noir brillant BN ou PN, 153 charbon végétal médicinal, 154 brun FK, 155 brun HT. **Nuances diverses :** 160 a caroténoïdes mélangés, bêta-carotène, b rocou, bixine, narbixine, c extrait de paprika, capsanthine, capsorubine, d lycopène, e β-apocarotenal-8' (C30), 161 b lutéine, g canthaxantine, 162 rouge de betterave ou bétanine, 163 anthocyanes, 170 carbonate de calcium, 171 dioxyde de titane, 172 oxyde et hydroxyde de fer, 173 aluminium, 174 argent, 175 or, 180 lithol-rubine BK.

■ **Conservateurs. Codes E 200 à E 290** (26 autorisés) : 200 acide sorbique ; 202 sorbate de potassium, 203 de calcium ; 210 acide benzoïque ; 211 benzoate de sodium,

212 de potassium, 213 de calcium, 214 P-hydroxybenzoate (PHB) d'éthyle, 215 dérivé sodique de l'ester éthylique de l'acide PHB, 216 PHB de propyle, 217 dérivé sodique de l'ester propylique de l'acide PHB, 218 PHB de méthyle, 219 dérivé sodique de l'ester méthylique de PHB. 220 anhydride sulfureux ; 221 sulfite de sodium, 222 acide de sodium ; 223 disulfite de sodium, 224 de potassium ; 226 sulfite de calcium, 227 acide de calcium, 228 de potassium, 230 biphényle, diphényle, 231 orthophénylphénol, 232 orthophénylphénate de sodium, 233 thiabendazole, 234 nisine, 235 natamycine (pimaricine), 239 hexaméthylènetétramine ; 242 dicarbonate de diméthyle, 249 nitrite de potassium, 250 de sodium ; 251 nitrate de sodium, 252 de potassium ; 260 acide acétique ; 261 acétate de potassium ; 262 acétate et diacétate de sodium ; 263 acétate de calcium ; 270 acide lactique, 280 propionique ; 281 propionate de sodium, 282 de calcium, 283 de potassium ; 284 acide borique ; 285 tétraborate de sodium (borax) ; 290 dioxyde de carbone (gaz propulseur et d'emballage) ; 296 acide malique [1] ; 297 acide fumarique [1].

Nota. – (1) Acidifiant/correcteur d'acidité.

■ **Antioxygènes.** **Codes E 300 à E 321** (13 autorisés) : empêchent les corps gras de rancir (le rancissement se produit lorsque l'oxygène attaque les acides gras). *Antioxydants naturels :* acide ascorbique ou vitamine C (dans les fruits), vitamine C et E (dans les fruits), vitamine E (dans les huiles) ; 306 extraits d'origine naturelle riches en tocophérols ; *de synthèse :* BHA ou butylhydroxyanisol (dose maximale autorisée dans les purées en flocons : 25 mg/kg). *Codes :* 300 acide ascorbique ; 301 ascorbate de sodium, 302 de calcium ; 304 palmitate ou stéarate d'ascorbyle ; 306 extrait riche en tocophérols ; 307 alphatocophérol ; 308 gammatocophérol ; 309 deltatocophérol ; 310 gallate de propyle, 311 d'octyle, 312 de dodécyle ; 315 acide érythorbique ; 316 érythorbate de sodium ; 320 BHA (butylhydroxyanisol) ; 321 BHT (butylhydroxytoluène). **Substances ayant entre autres une action antioxygène :** 220 anhydride sulfureux ; 221 sulfite de sodium, 222 acide de sodium ; 223 disulfite de sodium, 224 de potassium ; 226 sulfite de calcium ; 322 lécithines. **Substances pouvant renforcer l'action antioxygène d'une autre :** 270 acide lactique ; 325 lactate de sodium, 326 de potassium, 327 de calcium ; 330 acide citrique ; 331 citrate de sodium, 332 de potassium, 333 de calcium ; 334 acide tartrique ; 335 tartrate de sodium, 336 de potassium, 337 double de sodium et de potassium ; 338 acide orthophosphorique ; 339 orthophosphate de sodium, 340 de potassium, 341 de calcium ; 472c ester citrique des mono- et diglycérides d'acides gras alimentaires.

■ **Agents de texture.** **Codes E 322 à E 483** (32 autorisés) : 322 lécithine [2] ; 339 orthophosphate de sodium [1], 340 de potassium [2], 341 de calcium [2], 350 malate (acide) de sodium [1], 351 malate de potassium [1], 352 malate (acide) de calcium [1], 353 acide métatartrique [1], 354 tartrate de calcium [1], 355 acide adipique [6], 356 adipate de sodium [2], 357 de potassium [2], 363 acide succinique [1], 380 citrate de triammonium [1], 385 éthylène-diamine-tétra-acétate de calcium disodium [3] ; 400 acide alginique [5] ; 401 alginate de sodium [5], 402 de potassium [5], 403 d'ammonium [5], 404 de calcium [5], 405 de propylène-glycol [4] ; 406 agar-agar [5] ; 407 carraghen, carraghénines, carraghénanes [4] ; 410 farine de graines de caroube [5], 412 gomme de guar [4], 413 adragante [4], 414 arabique [4], 415 xanthane [4], 416 karaya [2], 417 tara [2], 418 gellane [5] ; 420 sorbitol [7] ; 421 mannitol [7] ; 422 glycérol [8], 431 stéarate de polyméthylène [2], 432 polysorbate 20 [2], 433 polysorbate 80 [2], 434 polysorbate 40 [2], 435 polysorbate 60 [2], 436 polysorbate 65 [2] ; 440 pectines [5], 442 phosphatides d'ammonium [2], 444 acétate isobutyrate de saccharose [7], 445 esters glycériques de résine de bois [2] ; 450 polyphosphates de sodium et de potassium [8] ; 451 triphosphate pentapotassique et pentasodique [8], 452 polyphosphate calcique, potassique et sodique, 460 cellulose microcristalline [8] ; 461 méthylcellulose [4], 463 hydroxypropylcellulose [4] ; 464 hydroxypropylméthylcellulose [4] ; 465 éthylméthylcellulose [4] ; 466 carboxyméthylcellulose [4] ; 471 mono- et diglycérides d'acides gras alimentaires [2] ; 472 esters [2] (a-acétique, b-lactique, c-citrique, d-tartrique, etc.) ; 473 sucroesters [2] ; 474 sucroglycérides [2] ; 475 esters polyglycériques des acides gras alimentaires non polymérisés [2] ; 476 polyricinoléate de polyglycérol [2] ; 477 esters du propylène glycol, d'acides gras [2] ; 479b huile de soja oxydée ayant réagi avec des mono- et diglycérides d'acides gras [2] ; 481 stéaroyl-2 -lactylate de sodium [2], 482 de calcium [2] ; 483 tartrate de stéaryle [2].

Nota. – (1) Acidifiant. (2) Émulsifiant. (3) Stabilisant. (4) Épaississant. (5) Gélifiant. (6) Exhausteur de goût. (7) Édulcorant. (8) Stabilisant. (9) Conservateur.

■ **Divers.** **Édulcorants intenses : E 950** acésulfame K, **E 951** aspartame, **E 952** cyclamates, **E 954** saccharine, **E 957** thaumatine, **E 959** néohespéridine. **Substances édulcorantes de charge (polyols) : E 953** isomalt, **E 966** lactitol, **E 965** maltitol, **E 421** mannitol, **E 420** sorbitol, **E 967** xylitol. **Exhausteurs de goût : E 620** acide glutamique et ses sels **E 622** à **E 625**, **E 626** acide guanilique et dérivés **E 627-E 629**, **E 630** acide inosinique et dérivés **E 631-E 633**.

☞ En Europe, aspartame, acésulfame K et saccharine sont autorisés dans certains produits à teneur énergétique réduite d'au moins 30 % ou sans sucre ajouté.

DIVERS

☞ **Ne pas lire en mangeant, ni regarder la télévision :** la sécrétion des sucs digestifs est stimulée par la vue, l'odeur, le contact des aliments. Ces stimuli provoquent la sécrétion de la salive et du suc gastrique. Beaucoup de digestions difficiles et de troubles dyspepsiques sont dus au manque d'attention apportée aux aliments.

■ **Abats** (voir l'encadré p. 1607 et **Viande** p. 1608).

■ **Alcool.** *Il ne réchauffe pas,* mais provoque une dilatation des vaisseaux périphériques (ce qui donne une sensation illusoire de réchauffement), favorisant la perte de chaleur et perturbant les mécanismes naturels de la défense contre le froid. *Il ne facilite pas l'effort musculaire.* Il contribue à augmenter la ration calorique et, pris en excès, favorise la prise de poids. Voir **Alcoolisme** à l'Index.

■ **Aliments fumés.** La fumée contient du benzopyrène, cancérigène. Il faut éviter de manger les parties brûlées des aliments cuisinés ainsi (exemple : au barbecue).

■ **Beurre.** Utile pour enfants et adolescents (vitamines A pour la croissance et D, antirachitique). Supporte mal les hautes températures. Plusieurs catégories : beurre fermier, de laiterie (laitier ou pasteurisé) doux ou demi-sel, Charentes-Poitou/Isigny (appellation d'origine contrôlée), de Noël (pasteurisé congelé), demi-sel, allégé (62 % ou 41 % de matières grasses au lieu de 82 %).

■ **Bière.** Environ 440 kcal par litre ; riche en glucides, sels minéraux, vitamines B.

■ **Biscuits.** Contiennent des matières grasses qui ont été hydrogénées. La plupart sont fabriqués à partir de farine blanche (4 à 5 fois moins riche en fibres que la farine complète). Ils contiennent de 30 à 70 g de sucre blanc par 100 g, augmentant les besoins de l'organisme en vitamine B1.

■ **Boissons aux fruits.** **Jus :** obtenu à partir de fruits frais, peut être pur ou dérivé de jus de fruits concentrés ou reconstitués (est indiqué). **Nectar :** jus ou purées de fruits mélangés à de l'eau et du sucre. **Boisson au jus de fruit :** eau plate ou gazeuse, 10 % de jus de fruits, sucre, extraits ou arômes naturels de fruits, acidulants. **Jus déshydraté :** permet de fabriquer par dilution une boisson instantanée.

■ **Boissons gazeuses** (sodas et dérivés). Contiennent en général sucre, acide citrique, acide benzoïque, acide tartrique, colorants et autres additifs. Faible valeur nutritive, mais apportent des calories. **Coca-Cola :** eau gazéifiée, sucre (ou édulcorants dans Coca-Cola light), caramel, acide phosphorique, extraits végétaux, caféine (existe sans caféine) ; 1 boîte de 33 cl contient environ 35 mg de caféine (tasse de thé 30 à 50, de café 60 à 120) et l'équivalent de 7 morceaux de sucre. **Tonics et bitters** contiennent des essences d'oranges amères et du quinquina (*Schweppes :* 78 g de sucre et 80 mg de quinine/l). **Limonade et sodas** ont une forte teneur en sucre et gaz carbonique (exemples : *Seven Up :* 81 g de sucre, 66 mg de sodium/l. *Gini :* 112 g de sucre et 30 mg de quinine/l).

■ **Café et thé.** Excitants. Un adulte peut en consommer jusqu'à 4 tasses par jour. **Café :** 1 tasse (6 à 10 cl) d'*arabica* contient 50 à 100 mg de caféine ; de *robusta* 120 à 150 mg ; de *décaféiné*, 1 à 2 mg. **Thé :** riche en tanin (propriété constipante) et fluor, contient de la théine, base purique identique à la caféine. *Thé noir :* thé dont certains composants sont modifiés ou détruits par la fermentation. *Thé vert :* selon la tradition chinoise, il modifierait le taux de cholestérol, protégerait des maladies cardio-vasculaires et des désordres hépatiques, faciliterait la digestion, accélérerait l'élimination de l'alcool et préviendrait la carie dentaire. *Teneur d'1 tasse en caféine* (en mg) : thé anglais 80, américain 35. *Cafestol et kahweol :* composants du café éliminés par le filtre dans le café instantané, présents dans les cafés infusés (exemple : café turc).

■ **Charcuterie** (voir **Viande** p. 1608 b).

■ **Chocolat.** **Composition** (pour 100 g) : glucides 64 g. Lipides 22 g. Protéines 6 g. Très riche en sels minéraux (4 g, phosphore et magnésium en particulier). Action tonique grâce à la théobromine et à la caféine. Sa richesse en lipides peut le rendre indigeste.

■ **Confiseries et aliments « récréatifs ».** Accélèrent le vieillissement en faisant peser une charge supplémentaire sur les mitochondries chargées de brûler les aliments au contact de l'oxygène pour fournir de l'énergie. L'augmentation du taux de sucre dans le sang est à l'origine de phénomènes de glycation, au cours desquels sucre et protéines forment des composés rigides, insolubles qui sont à l'origine des rides et altèrent des organes (par exemple : insuffisance rénale). L'excès peut aussi entraîner une élévation des triglycérides dans le sang, facteur de risque cardio-vasculaire. D'après le Dr William Grand (Naza Research Center, Hampton, Virginie) 150 000 décès cardiaques annuels seraient directement liés à la consommation de sucre aux USA. Les *déficits en vitamine B1* se traduisent par des troubles de la mémoire ; *les déficits en magnésium* pour une sensibilité accrue au stress et à la fatigue.

■ **Crudités.** Peu caloriques, riches en provitamine A et vitamine C, et en fibres alimentaires, qui facilitent le transit intestinal. Contient également des sels minéraux (calcium et potassium).

■ **Eau.** **Du robinet :** contient des minéraux dont les teneurs varient selon les régions (se renseigner auprès des mairies). **Minérale :** peu minéralisée, peut être consommée régulièrement (Évian, Vittel grande source, Volvic, etc.) ; riche en sels minéraux (Contrexéville, Vittel Hépar, Saint-Yorre, etc.) sur avis médical.

■ **Féculents.** Riches en glucides, protéines végétales, vitamines.

■ **Fibres.** Selon leur origine, peuvent absorber l'eau, accroître le volume des selles, régulariser le transit intestinal, contribuer à abaisser le taux de cholestérol, diminuer la quantité de glucose dans le sang ; aideraient à éliminer certaines substances cancérigènes, procurent un milieu favorable au développement de certaines bactéries du côlon. **Ration quotidienne recommandée :** 30 à 40 g de fibres alimentaires, soit 30 g de son [3 cuillers à soupe pleines ou 10 tranches de pain au son (3 g par tranche) ou 200 g de pain complet (12 à 15 tranches)]. Consommation généralement insuffisante.

Teneur en fibres alimentaires totales (teneur en g pour 100 g d'aliment) : *blé :* son 47,5 ; germe 16,6 ; farine complète 13,5, bise 8,7, blanche 3,5 ; pain complet 8,5, bis 5,1, blanc 2,7. *Riz :* complet 9,1 ; blanc 3. *Avoine :* flocons : 7,2. *Légumineuses :* haricots blancs 25,5 ; pois chiches 15 ; lentilles 11,7 ; petits pois 6,3. *Légumes :* carottes 3,7 ; pommes de terre 3,5 ; chou vert 3,4 ; laitue 1,5 ; tomates 1,4. *Fruits :* amandes 14,3 ; noix 5,2 ; bananes 3,4 ; poires 2,4 ; fraises 2,1 ; pommes 1,4.

■ **Flore intestinale.** Bactéries dont certaines favorisent le transit (comme le bifidus). Plus de 300 espèces. La flore barrière empêche l'installation de souches pathogènes.

■ **Fromages.** *Catégories :* voir à l'Index. *Les moins gras :* brie, coulommiers, camembert. *Les plus gras (mais aussi les plus riches en calcium) :* gruyère, comté, emmental, cantal, st-paulin.

■ **Fruits.** Forte teneur : en cellulose qui permet d'assurer un meilleur transit des aliments dans le corps, en vitamines (principalement vitamine C), en sels minéraux (particulièrement potassium indispensable au bon fonctionnement des muscles, donc du cœur). Laver ou éplucher les fruits pour éliminer au maximum les résidus des pesticides et autres substances chimiques ; au moins 2 ou 3 fruits par jour. Ananas, citrons, papayes facilitent la digestion.

■ **Graisses.** *Pour en consommer moins :* éviter beurre et margarine sur la table, gras des viandes. Alléger les vinaigrettes en coupant l'huile de la salade avec de l'eau ou du fromage blanc ou yaourt à 0 % de matière grasse, *limiter les fritures* (1 à 2 par semaine ; 1 portion de frites apporte 25 à 30 g de graisses). **% de graisse :** *beurre :* cru, extra-fin ou fin 82 ; concentré 99,8 ; de cuisine 96 ; allégé 62 à 41 ; demi-beurre 41 ; *margarine :* 80 ; allégée 60-62 ; demi-margarine ou minarine 39-41 ; toutes les huiles 100 ; crème fraîche 30 % et allégée 12 %.

■ **Huiles.** Pour fritures et assaisonnement. Contiennent une proportion plus ou moins grande d'acides gras polyinsaturés (tournesol, colza, soja, olive). **Olive :** très riche en monoinsaturés E, n'a subi aucun traitement de raffinage. Les graisses monoinsaturées protégeraient de l'infarctus. **Tournesol, colza, noix, pépins de raisins** et **soja :** ne supportent pas les hautes températures. **Arachide :** convient aux fritures, assez riche en vitamine E. **Colza :** les variétés actuelles n'ont plus d'acide érucique (toxique). **Olestra :** matière grasse de synthèse sans calories, utilisable en cuisson, créée par Procter & Gamble, autorisée aux USA ; peut provoquer crampes abdominales, pertes de selles et empêcher l'absorption des vitamines.

Renouveler fréquemment les bains de friture et les filtrer pour éviter la formation d'acroléine (cancérigène).

■ **Jambon.** **Supérieur :** pas de polyphosphates, taux d'humidité jusqu'à 75 % ; sucre 0,5 %. **De choix :** phosphates jusqu'à 0,2 %, humidité jusqu'à 75 % ; sucre jusqu'à 2 %. **Cuit :** phosphates 0,3 % maximum, humidité jusqu'à 3 %. **Surchoix :** jambon supérieur préemballé.

■ **Lait.** **Enfant :** source de protéines, de vitamines et de calcium nécessaires à la croissance. **Adulte :** 1/2 litre par j couvre ses besoins en calcium ; bien digéré par les Européens ; en Afrique et en Asie, les adultes le digèrent moins bien car ils n'ont plus de lactase (enzyme). Après ouverture de l'emballage, le lait doit être consommé : dans les 3 j suivant la date limite de vente (stérilisé ou UHT) ou dans les 24 h (pasteurisé).

■ **Légumes.** **Frais et cuits :** la cuisson entraîne une diminution de la teneur en vitamines (surtout vitamine C). **Secs :** énergétiques, riches en protides, sels minéraux et vitamines du groupe B ; leur richesse en cellulose est souvent moins bien tolérée que celle des fruits et légumes frais. Une cuisson prolongée facilite l'utilisation digestive. Faire tremper les légumes secs longtemps avant cuisson.

■ **Moutarde** (*étymologie :* moût ardent). Peut contenir des colorants, et contient acide tartrique, acide citrique, bisulfites alcalins, anhydride sulfureux. En quantité modérée, peut stimuler les sécrétions gastriques. En excès, peut irriter les muqueuses digestives. **Fabrication** : Dijon (XIIIe s.), Bordeaux et Orléans. « Violette » (avec du moût de raisin) : Brive (dès le XIVe s.), Meaux.

■ **Œufs.** Protéines de qualité. Contiennent les acides aminés indispensables en proportion idéale. Cuits dans des graisses trop chauffées, peuvent être difficiles à digérer. Allergie spécifique. **Catégories :** *A* destinés à la vente (extra-frais ont moins de 7 j, frais 7 j à 3 semaines), *B et C* à usage industriel. **Poids :** 30 à 80 g, moyen 60 g. **Composition** (en %, sans la coquille) : eau 73, protéines 13, lipides 12, minéraux 1, sucre 1.

■ **Pain.** Propriétés communes aux dérivés des céréales. 350 g par j fournissent à un adulte 1/3 de ses besoins protidiques. *Pain complet :* plus riche en éléments minéraux et en fibres.

☞ **Pain** *de tradition française :* sans additif ; *courant français :* peut en contenir 14 (dont acide ascorbique qui favorise les bulles, et un émulsifiant) ; *préemballé :* 14 additifs + matières grasses et un conservateur.

■ **Pâtes et semoules.** Fabriquées avec des farines de blé dur ; après cuisson, pauvres en vitamines B. *Pour 100 g de pâtes :* glucides 63 à 76 g, protides 11 à 16 g, lipides 1 à 2 g, eau 12 à 14 g, minéraux 0,6 à 1,1 g ; 360 calories.

■ **Persil, cerfeuil.** Riches en vitamine C, calcium, potassium.

Principaux morceaux

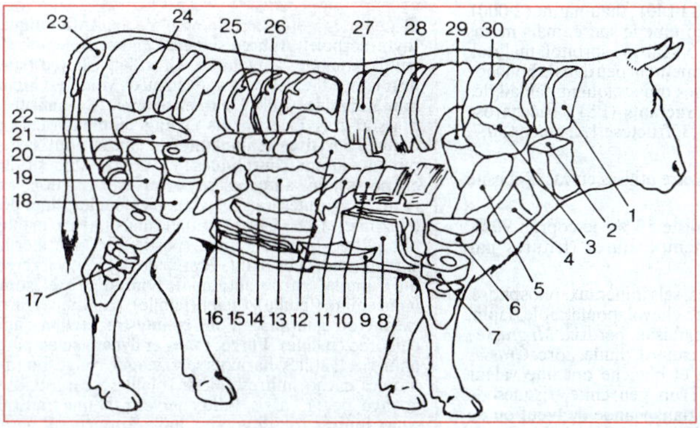

Bœuf. 1 Veine maigre. 2 Veine grasse. 3 Macreuse. 4 Griffe. 5 Jumeau. 6 Charolaise. 7 Gîte avant. 8 Poitrine. 9 Tendron. 10 Plat-de-côtes. 11 Hampe. 12 Onglet. 13 Bavette à bifteck. 14 Bavette à pot-au-feu. 15 Flanchet. 16 Aiguillette baronne. 17 Gîte arrière. 18 Tranche grasse. 19 Gîte à la noix. 20 Rond de tranche. 21 Tende de tranche. 22 Rond de gîte. 23 Queue. 24 Rumsteck. 25 Filet. 26 Faux-filet (ou contre-filet). 27 Entrecôtes. 28 Côtes. 29 Paleron. 30 Basses-côtes.

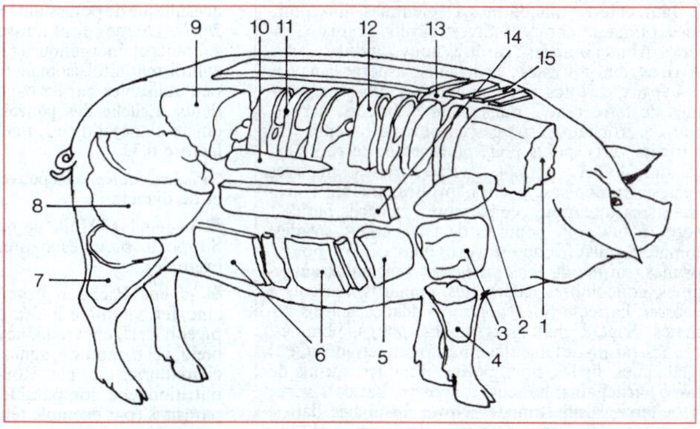

Porc. 1 Échine. 2 Palette. 3 Noix de hachage. 4 Jarret avant. 5 Plat de côtes. 6 Poitrine. 7 Jarret arrière. 8 Jambon. 9 Pointe de filet. 10 Filet mignon. 11 Carré de côtes premières. 12 Carré de côtes secondes. 13 Grillade. 14 Travers. 15 Lard (bardière).

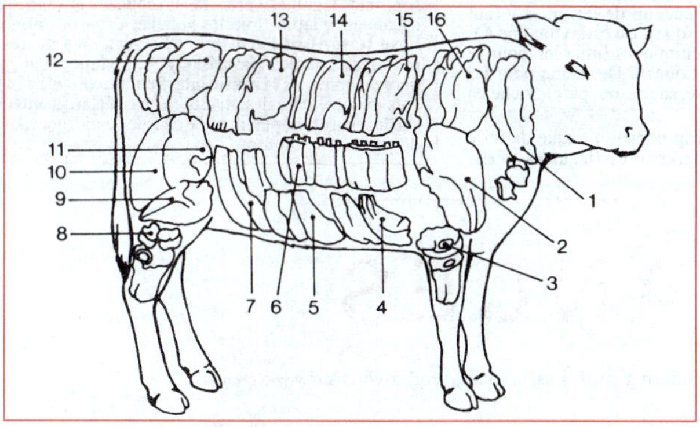

Veau. 1 Collier ou collet. 2 Épaule. 3 Jarret avant. 4 Poitrine. 5 Tendron. 6 Haut-de-côtes. 7 Flanchet. 8 Jarret arrière. 9 Noix pâtissière. 10 Sous-noix. 11 Noix. 12 Quasi-culotte. 13 Longe et filet. 14 Côtes premières. 15 Côtes couvertes. 16 Côtes découvertes.

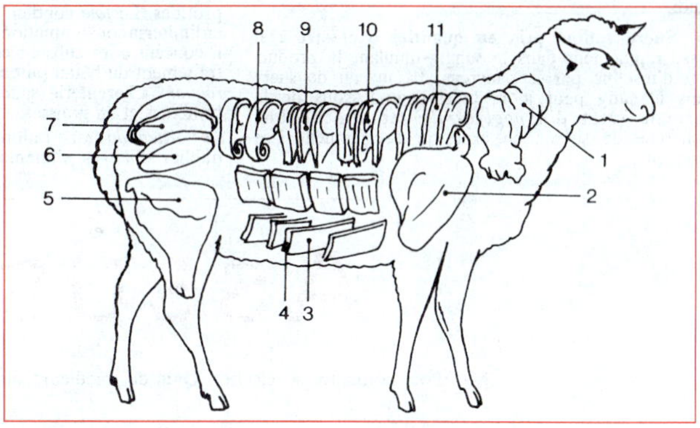

Mouton. 1 Collier ou collet. 2 Épaule. 3 Poitrine. 4 Haut-de-côtelettes. 5 Gigot raccourci. 6 Côte de gigot. 7 Selle. 8 Côtelettes filet. 9 Côtelettes premières. 10 Côtelettes secondes. 11 Côtelettes découvertes.

■ **Caractéristiques des viandes.** [*Légende : cuisson :* poêle P, rôti R, ragoût Ra, grillade G. *Coût :* élevé C1, raisonnable C2, économique C3. *Qualité :* peu tendre T1, assez tendre T2, bien tendre T3.]

Bœuf : aiguillette baronne G, R, T3, C1. Basse-côte G, T3, C2. Bavette à bifteck G, T3, C1 ; à pot-au-feu Ra, T1, C2. Charolaise Ra, T1, C2. Côte G, R, T2, C1. Entrecôte G, R, T3, C1. Faux-filet G, R, T3, C1. Filet G, R, T3, C1. Flanchet Ra, T1, C3. Gîte-gîte arrière Ra, T1, C3 ; avant Ra, T1, C3 ; à la noix Ra, G, T1, C2. Griffe Ra, T1, C2. Hampe G, T2, C2. Jumeau G, T1-2, C1-2. Macreuse Ra, G, R, T2, C2. Onglet G, T3, C2. Paleron R, Ra, T2, C2. Plat de côtes Ra, T1, C3. Poitrine Ra, T1, C3. Queue Ra, T1, C3. Rond de gîte G, T2, C2. ; de tranche G, T2, C2. Rumsteck G, R, T3, C1. Tende de tranche G, T2, C2. Tendron Ra, T1, C2. Tranche grasse Ra, G, T1, C2. Veine grasse Ra, T1, C3 ; maigre Ra, T1, C3.

Veau : collier Ra, T1, C3. Côtes découvertes R, Ra, T2, C2 ; premières P, T2-3, C1 ; secondes P, T3 C1. Épaule Ra, R, P, T2, C2. Flanchet Ra, T1, C3. Haut de côtes Ra, T1, C2. Jarrets avant et arrière Ra, T2, C2. Longe et filet R, P, T3, C1. Noix R, P, T3, C1 ; pâtissière R, P, T3, C1. Poitrine Ra, T2, C2. Quasi-culotte R, T2, C2. Sous-noix R, P, T2, C2. Tendron Ra, T1, C3.

Mouton : collier Ra, T1, C2. Côtelettes découvertes G, T2, C2 ; filet G, P, T3, C1 ; premières G, P, T3, C1 ; secondes G, P, T3, C2. Épaule R, T2, C2 (R quand les côtelettes filet, 1re ou 2e, ne sont pas séparées). Gigot G, R, T3, C1. Haut de côtelettes Ra, T1, C3. Poitrine Ra, G, T1, C3. Selle G, R, T3, C1.

Porc : carré de côtes G, R, T3, C1. Échine Ra, G, R, T3, C2. Épaule Ra, G, R, T2, C2. Filet G, R, T3, C1. Grillade G, T3, C1. Jambon R, T2, C1. Jarrets (jambonneaux) Ra, R, T2, C2. Lard gras Ra, T1, C3. Palette R, Ra, T2, C1. Plat de côtes Ra, T1, C3. Poitrine Ra, T1, C3. Travers G, R, T2, C3.

■ **Quantité par personne.** *Cervelle* bœuf 1 pour 4, veau 1 pour 2, mouton 1 pour 1. *Cœur* veau 200 g, mouton 3 pour 2. *Foie* bœuf 110 g, veau 110 g, agneau 110 g. *Langue* bœuf 200 g, sans cornet 150 g, veau 150 g, mouton 1. *Ris* veau (poids brut) 200 g, d'agneau (poids net) 150 g. *Rognon* bœuf 150 g, veau 150 g, mouton 2 rognons, porc 1 rognon. *Tête* veau 150 g. *Tripes* à la mode de Caen 250 g.

■ **Transformation du bœuf.** *Rendement* (en %) viande : 56 à 75, os : 13 à 18, gras : 5 à 22, déchets : 4 à 7, morceaux à cuisson rapide : 52 à 56, cuisson lente : 44 à 48. Les bêtes sont estimées selon leur rendement à l'abattage calculé sur le poids de la carcasse froide (jeunes bovins : 54 à 58 %, bœufs : 52 à 57, génisses : 50 à 56, vaches : 49 à 52). *Animal vif,* départ ferme 680 kg, avant abattage 650 kg (perte pendant transport et attente 4,4 %). *Carcasse* chaude 371 kg, froide 364 kg [après pertes au ressuage (perte de liquide) 2 %] ; avant découpe 360 kg (pertes pendant la maturation 1,1 %). *Viande nette* (désossée et parée) 245 kg dont les *morceaux à cuisson rapide* (biftecks et rôtis) 132 kg ; *lente* (pot-au-feu et bourguignon) 113 kg.

■ **5e quartier (en kg).** *Issues :* cuir (30 à 45) ; suifs d'abattage (5 à 18) ; gras de rognons (5 à 12) ; glandes, vessie... ; sang (12 à 15 litres) ; corne, onglons, poils... *Abats blancs :* intestins (boyaux) (8-10) ; museau (2) ; 4 pieds (11-12) ; mamelle (chez les femelles). *Abats rouges :* foie (6-8) ; cœur (2-3) ; poumon (4) ; cervelle ; rate (0,7) ; langue (4 avec cornet) ; joues (4-5 désossées) ; rognons (0,7) ; poumons (4).

■ **Poissons.** Riches en protéines et vitamines. La graisse de poisson apporte des vitamines A et D. *Maigres :* anchois, bar, brème, brochet, cabillaud, carpe, carrelet, colin (merlu), dorades grise et rose, églefin, gardon, grondin, lieus jaune et noir, limande-sole, mulet, perche, plie, raie, rascasse, roussette, chien de mer, sandre, sole, tourbe, truite, turbot. *Demi-gras :* alose, baudroie (lotte), carpe d'élevage, congre, flétan, orphie, rouget. *Gras :* anguille, hareng, maquereau, saumon, thon.

■ **Pommes.** 100 g de pommes avec la peau ont une activité antioxydante = à celle de 1 500 mg de vitamine C.

■ **Pommes de terre.** Riches en amidon et potassium, apportent protéines, fibres et vitamine C.

■ **Réglisse.** Déconseillée en cas d'hypertension.

■ **Riz.** Le riz étuvé est plus riche en vitamines B1 et B2 que le riz poli, mais reste moins riche que le riz complet.

■ **Sel.** Besoins quotidiens : 2 g environ. Quantité moyenne ingérée : 7 à 8 g/jour ; la natriurèse (analyse de l'élimination urinaire de sodium sur 24 h) permet d'évaluer les apports quotidiens en sel. **Principales sources :** sel naturellement présent dans les aliments (1-2 g/jour), sel rémanent des préparations industrielles (3-4 g/jour), sel ajouté à la cuisine ou à table (2-3 g/jour). **Abus :** peut provoquer de l'hypertension chez les personnes prédisposées. La surconsommation de sel causerait en France environ 75 000 accidents cardio-vasculaires dont 25 000 décès. L'essentiel du sel consommé est incorporé à notre insu dans les aliments. **Teneur en sodium de certains aliments** (mg/100 g) : saucisses, saucisson 960, pommes chips 990, bacon 1 020, saucisses de Francfort 1 080, jambon fumé 1 100, biscuits d'apéritif 1 100, fromage pasteurisé 1 430, parmesan 1 600, corned-beef 1 700, caviar 2 200, crevettes en boîte 2 300, olives vertes 2 400. **L'iodation du sel** de cuisine par adjonction d'iodure ou d'iodate de potassium prévient les troubles de la thyroïde ; l'adjonction de fluor, les caries.

Une enquête régionale a montré que 20 % de la population consommait plus de 12 g de sel par jour. Ce qui peut entraîner un risque.

☞ Une alimentation sans sel peut provoquer une baisse de la libido et une diminution des fonctions cognitives. Un effet soutenu peut faire perdre plus de 7 g de sel sur 3 h. Du sel peut être prescrit en cas de sudation importante en pays chaud.

■ **Soja. Steak :** tofu frais (eau + soja 82 %), huile d'arachide, flocons d'avoine, arômes naturels, sel marin, extrait de levure. Contient des protéines végétales. *Inconvénients :* contient des glucides, est plus riche en lipides que la viande, peut favoriser un excès de cholestérol.

■ **Son.** Enveloppe externe des céréales : 44 % de fibres (cellulose). Facilite le transit intestinal.

■ **Surimi** [chair *(mi)*, écrasée *(suri)*]. **Composition :** poissons blancs (cabillaud, lieu, colin d'Alaska, merlan, brème...), blanc d'œuf, fécule de p. de t., huile de colza, amidon de blé, eau, sel, paprika (donne la couleur orangée). Parfumé avec arômes ou extraits naturels de crustacés (langouste, crabe, homard, crevette). Riche en protéines et pauvre en graisses. Cuit à la vapeur avant mise en forme (bâtonnets, miettes). Peut contenir du glutamate et provoquer des maux de têtes (*syndrome du restaurant chinois*). Risques de listériose.

■ **Sucre.** La consommation de glucides devrait atteindre 50 à 55 % de la ration alimentaire (dont 10 à 15 % de glucides simples). **Glucides complexes :** amidons (pain, pâtes, riz, farine, pommes de terre) ; **simples :** saccharose (ou sucre), glucose, fructose (fruits), lactose (lait). **Sortes de sucre :**

Fruits et légumes de saison

☞ *Abréviation :* nouv. = nouveaux, nouvelles.

Janv. et févr. : mandarines, clémentines, noix, pommes, oranges ; choux, endives, navets, poireaux, salades. **Mars :** oranges ; carottes nouv., endives, radis. **Avril et mai :** fraises ; artichauts, asperges, navets nouveaux, carottes nouv., épinards, petits pois, pommes de terre nouv., radis. **Juin :** abricots, cerises, fraises ; artichauts, asperges, carottes nouv., épinards, haricots verts, petits pois, pommes de terre nouv., salades. **Juillet :** abricots, cerises, fraises, amandes vertes, framboises, pêches, prunes, melons ; artichauts, carottes nouv., concombres, épinards, haricots verts, petits pois, pommes de terre nouv., salades, tomates. **Août :** framboises, groseilles, pêches, poires, prunes, raisins de table, melons ; artichauts, aubergines, concombres, courgettes, épinards, haricots à écosser, haricots verts, poivrons, salades, salsifis, tomates. **Sept. :** châtaignes, figues, poires, pommes, prunes, raisins de table ; légumes comme en août. **Oct. :** châtaignes, figues, noix, poires, pommes, raisins de table ; artichauts, haricots à écosser, haricots verts, p. de terre, salsifis, tomates. **Nov. :** châtaignes, dattes, kiwis, noix, poires, pommes ; choux, endives, épinards, haricots à écosser, navets nouv., poivrons. **Déc. :** dattes, mandarines, clémentines, noix, pamplemousses, poires, pommes ; légumes comme en nov.

roux (85 % à 98 % de saccharose) ; *blanc* (+ de 99,7 % de saccharose) : cristallisé, en poudre glacée, morceaux, candi.

☞ **Sucre raffiné pris en quantité excessive :** il passe rapidement dans le sang, stimulant la production d'insuline par le pancréas. Le niveau de sucre dans le sang peut alors baisser au-dessous de la normale (état d'*hypoglycémie*) et appelle une recherche de sucre ; en excès peut également être cariogène.

Édulcorants : 1°) *Intenses :* pouvoir sucrant très élevé par rapport au sucre : aspartame (200) [pour un pouvoir sucrant équivalent, apporte 40 fois moins de calories que le sucre] ; saccharine (300 à 400 ; découverte 1879) ; acésulfame de potassium (120 à 140) ; thaumatine (2 000). **2°)** *De charge :* font masse comme le sucre, mais moins sucrants et énergétiques (2 à 3 kcal/g) : sorbitol, maltitol, xylitol, mannitol, isomalt. Fermentent peu dans la bouche ; peu utilisables par les bactéries qui attaquent l'émail des dents. **Échelle des pouvoirs sucrants** (PS) : saccharose (sucre blanc) indice 1, miel 1,3, fructose 1,2, glucose 0,7, lactose 0,3.

☞ Les *édulcorants* peuvent être utilisés en cas d'obésité et de diabète.

■ **Végétaline.** Huile de palmiste 10 %, de coprah 90 %. Supporte bien les hautes températures (fritures par exemple).

■ **Viande.** Riche en protéines, sels minéraux, phosphore, zinc, fer, vitamine B. *Maigre :* cheval, poulet, foie, lapin, pigeon, cerf, chevreuil, lièvre, faisan, perdrix. *Mi-grasse :* bœuf, veau, mouton, agneau, canard, dinde, porc. *Grasse :* charcuterie, oie, etc. Rouge et blanche ont une valeur nutritionnelle comparable. Trop peu cuite, risques de parasites (par exemple ténia dans viande de bœuf ou de porc ; détruit par une congélation préalable). La viande braisée ou bouillie, plus riche en collagène, est moins digeste. La viande cuite (non carbonisée) conserve les mêmes teneurs en protéines, minéraux et fer que la viande saignante. **Viande hachée :** à consommer dans les 2 h. **Attendrie :** la mention « viande attendrie » doit figurer sur les morceaux traités. **Abats** (cœur, foie, rognons) : apportent plus de vitamines, de minéraux et autant de protides. Le *foie* contient beaucoup de fer, mais il faut en limiter la consommation (risque d'excès de vitamine A) : il concentre les substances chimiques [utilisées pour le traitement du bétail (antibiotiques)]. De même pour les *rognons.* **Charcuterie** (saucisse, saucisson, pâté) : riche en protéines et en graisses.

☞ *Attention :* une ration trop copieuse risque de faire oublier d'autres aliments nécessaires (légumes verts, fromages, fruits). Les protides en excès sont éliminés sous forme d'urée.

■ **Yaourts.** Même valeur nutritive que le lait.

■ **Qualités prêtées à certains aliments. Antiseptiques :** thym, serpolet. **Aphrodisiaques :** laitances de poisson, truffe, amande, gingembre, chocolat. **Cheveu (santé du) :** jaune d'œuf, foie d'agneau ou de volaille. **Circulation sanguine :** ail. **Cœur et artères (dynamisme) :** poisson gras. **Constipants :** coing, aliments riches en tanin. **Digestives (stimulantes) :** épices dont safran, piment, cumin. **Diurétiques :** tisanes classiques riches en potassium, aliments riches en eau (oignon, poireau...), agrumes, raisin, cassissier (feuille), chiendent (rhizome), frêne élevé (feuille), maïs (style), orthosiphon (tige feuillée), prêle (partie aérienne stérile), sureau noir (fleur, fruit, écorce de la tige), vergerette du Canada (partie aérienne). **Diurétiques et stimulants :** maté (feuille), théier (feuille), paullinia (graine, extrait ou guarana). **Foie et intestin (action sur) :** chicorée (racine). **Force, tonus et dynamisme :** pâtes, pain, riz, lentilles, haricots secs, viande rouge, boudin, moules, cacao, huîtres, foie de volaille, escargots, kiwi, goyave, persil, cassis. **Influx nerveux (bonne transmission) :** huîtres, foie de volaille, huile de tournesol, germe de blé, amandes. **Langue et muqueuses (fraîcheur) :** produits laitiers. **Laxatifs :** prunes, poires, pruneaux et fruits analogues, rhubarbe, épinards, aliments riches en cellulose, caroubier (graine ou gomme de caroube), cyamopsis (gomme guar), fucus (thalle). **Mémoire (entretien) :** volaille, huîtres, poisson. **Os (entretien de la charpente osseuse) :** lait, fromages, viande, poisson, œuf, légumes verts. **Peau (douceur et tonicité) :** cacahuètes, lapin, foie de volaille, canard, saumon. **Sexe (favorisant l'activité) :** chocolat, foie de veau, rognons. **Sommeil (favorisant) :** lait, jaune d'œuf, asperges, épinards. **Transit intestinal (facilitant) :** haricots blancs, céréales, fruits. **Yeux (éclat, acuité visuelle) :** carottes, persil, huile de foie de morue, viande de porc et de mouton.

Assurances

☞ Pour connaître la sélection **Quid** des meilleurs sites Internet sur les assurances, rendez-vous sur **www.quid.fr**

Données générales

☞ *Abréviations :* ass. : assurance(s). SA : Sté anonyme. Sté : société.

■ **Quelques adresses. CDIA (Centre de documentation et d'information de l'assurance) :** 26, boulevard Haussmann, 75009 Paris. Minitel 3614 CDIA. *Direction du Trésor :* 139, rue de Bercy, 75572 Paris Cedex 12. **Fédération française des sociétés d'assurances (FFSA),** médiateur : 26, boulevard Haussmann, 75009 Paris. **Commission de contrôle des assurances (CCA) :** 54, rue de Châteaudun, 75009 Paris. **FGA (Fonds de garantie automobile, Fonds de garantie attentats) :** 64, rue Defrance, 94307 Vincennes Cedex. **CCR (Caisse centrale de réassurance) :** 31, rue de Courcelles, 75008 Paris. **Médiation Assurances :** 11, rue de la Rochefoucauld, BP 907, 75424 Paris Cedex 09. **Bureau central de tarification (BCT) :** BP 904, 75424 Paris Cedex 09. (Destiné aux automobilistes qui ne trouvent plus d'assureur.) **Groupement entreprises mutuelles assurances (Gema),** médiateur : 9, rue de St-Pétersbourg, 75008 Paris. **Groupement d'assurances mutuelles agricoles (Groupama),** médiateur : 5-7, rue du Centre, 93199 Noisy-le-Grand. **Syndicat national des experts d'assurés :** 10, rue du Président-Wilson, 92300 Levallois-Perret. **Ligue des droits de l'assuré** : 35, Immeuble Guynemer, BP 204, 61306 L'Aigle Cedex. Minitel 3615 LDDA. Créée en 1976. Adhésion : 350 F par an.

Origine

Environ 2700 av. J.-C. caisse d'entraide pour dépenses funéraires des tailleurs de pierre en Égypte. **1000** Jérusalem, ouvriers kasidéens construisant le temple sous les ordres du roi Salomon s'associent pour compenser les accidents sur le chantier ; Inde, les lois de Manou édictent les règles du prêt à la grosse aventure. **560** Athènes, Solon impose aux hétaires des mesures de solidarité. **220 apr. J.-C.** Rome, 1re *table de mortalité* d'Ulpien, préteur de l'empereur Sévère. Les « collèges d'artisans » sont de véritables associations de secours mutuel. **1347** Gênes, 1re police d'ass. maritime connue pour le *Santa Clara.* **1465** Paris, obligation de mettre un seau d'eau devant sa porte pour prévenir des incendies. **XVe s.** 1re police en France (Marseille). **Fin XVe s., début XVIe s.** Italie et Flandres, apparition de l'*assurance-vie.* **1556** Fr., 1er édit mentionnant les ass. **1568** Espagne et Pays-Bas, édit de Philippe II interdisant toutes formes d'ass. **1570** Anvers, ordonnance de Philippe II réglementant les assurances et prohibant l'ass.-vie. **1583** Londres, souscription du 1er contrat d'ass.-vie par l'établissement de Richard Chandler qui assure William Gibbons pour 383 £ 6 shillings 8 pence. **1591** 1re ass. incendie à l'initiative de la municipalité de Hambourg. **1601** G.-B., *Acts of Assurance* de la reine Élisabeth. **1666**-*2-9* Londres, durant 7 j et 8 nuits un incendie détruit 13 200 bâtiments (dont 87 églises) ; un aubergiste, Edward Lloyd, crée un « office d'ass. générales » qui deviendra la Lloyd's. **1667** création du « Fire Office ». **1681** ordonnance de Colbert réglementant l'ass. maritime en France mais interdisant l'ass.-vie. **1684** Londres, création du « Friendly Society Fire Office » (1re Sté d'ass. incendie). **1686** France, 1re Cie générale pour les *ass. maritimes.* **1689** Fr., autorisation de la *tontine royale.* **1692** Lloyd's s'installe à Paris rue des Lombards. **1710-1720** G.-B., développement des Stés d'assurances. **1717** France, création du « Bureau des incendies » ; **1750** de l'Association mutuelle contre les incendies ; **1753** de la Chambre d'ass. générales contre l'incendie de Paris (disparaîtra à la Révolution). **1762** G.-B., *L'Équitable,* 1re Sté mutuelle d'ass.-vie scientifiquement organisée. **1770** arrêt du Conseil d'État de Louis XV transforme les tontines royales en rentes viagères à taux fixes. **1786**-*6-11* Clavière et Batz créent la *Cie royale d'ass. contre les incendies.* **1787** Louis XVI autorise projet d'ass. réciproques contre dommages causés par la grêle. **1816** ordonnance royale autorisant l'*ass. contre l'incendie.* **1818** le Conseil d'État autorise ass. sur la vie. **1828** Anvers, naissance du *Bureau Veritas,* organisme intern. d'assurances maritimes. **1829** fondation de l'*Union-Vie* qui lance avec les banques une offre de contrat de rente viagère sur la tête de 30 souverains et princes d'Europe. Garantit à ses souscripteurs une rente viagère de 5 F sur la tête de chacun d'entre eux. Plus de 1 500 contrats signés. Malgré l'espoir des banques, l'État refuse la cotation en Bourse et l'opération est annulée. **1838** naissance de *La Seine,* Sté d'assurance contre accidents causés par les chevaux et les voitures. Fondation de *L'Urbaine-Incendie* ; **1844** de *L'Urbaine-Vie.* **1864** Fr., 1re Sté d'ass. accident : *La Préservatrice.* **1900**-*4-7* création de la *Mutualité agricole.* **1905-38** Fr., l'État étend son contrôle sur ass. par des lois (*17-3-1905* ass.-vie, *13-7-1930* contrat d'ass., *14-6-1938* unification du contrôle de l'État sur l'ensemble des Stés d'ass. et de capitalisation). **1946**-*25-4 nationalisation* des 32 Stés d'ass. les plus importantes ; création de l'École nationale d'ass. **1949** 1ers contrats d'*ass.-vie revalorisables* ; création de la *Prévention routière* par les assureurs. **1951** création du *Fonds de garantie automobile* et du Bureau central français. **1953**-*8-7* signature entre plusieurs Stés d'une convention de règlement forfaitaire anticipé (RFA). **1958**-*27-2* loi rendant l'ass. automobile obligatoire. **1960** 1ers carnets de constatation amiable et contradictoire d'accident. **1968**-*17-1* Stés nat. réunies en 4 groupes. *-1-5* convention IDA. **1976**-*16-7* Code des assurances. **1978**-*4-1* réforme de l'ass. construction. **1982** loi du 13-7 : tout contrat incendie comporte désormais une garantie catastrophe naturelle. **1989** réforme du Code des assurances. **1990** suppression de la Direction des assurances. La tutelle est partagée entre la Direction du Trésor (élaboration de la législation, de la réglementation, agrément des entreprises) et la Commission de contrôle des assurances (CCA) [autorité administrative indépendante chargée du contrôle des compagnies]. Le corps des commissaires contrôleurs des assurances est mis à disposition de la CCA pour l'exercice de sa mission. **1994** ouverture du marché européen. *Loi Madelin du 11-2 :* les travailleurs non salariés non agricoles pourront compléter leur protection sociale et leur retraite en bénéficiant de nouvelles déductions fiscales. **1994-98** privatisation des sociétés nationalisées en 1946 : UAP (en 1994), AGF (en 1996), Gan (en 1998). **1997**-*20-2 loi Thomas :* permet aux salariés de compléter leur retraite dans des conditions favorables. Concentration Axa-UAP, AGF-Allianz, Groupama-Gan, SG-Paribas regroupant Sogecop et Cardif. **1998** *loi du 19-5 :* nouveau régime de responsabilité objective du producteur de produits défectueux.

Contrats

Données générales

■ **Souscription.** S'adresser à la société ou à l'agent général ou au courtier de son choix. **Omission de déclaration ou déclaration inexacte, conséquences :** *en cas de bonne foi :* avant tout sinistre, possibilité de résiliation pour l'assureur, réduction proportionnelle de l'indemnité après sinistre ; *mauvaise foi :* nullité du contrat, l'assureur conservant les primes échues à titre de dommages et intérêts. Depuis le 1-5-1990, l'assureur doit remettre à son client : une fiche d'information sur prix et garanties ; un projet de contrat ou une notice d'information.

Si l'on désire une garantie immédiate : demander une *note de couverture.* Elle sera remplacée ensuite par une *police d'assurance,* acte définitif précisant les engagements de l'assuré et de l'assureur.

Un assuré qui souscrit plusieurs garanties d'ass. auprès de différents assureurs pour couvrir le même risque (par exemple, responsabilité civile comprise dans une multirisque habitation, une ass. scolaire et une ass. responsabilité civile pour la pratique du sport) doit en faire la déclaration à tous les assureurs. En cas d'accident causé par son enfant, il pourra s'adresser à l'ass. de son choix qui réglera l'indemnité.

■ **Durée.** Fixée par la police d'ass., mais l'assuré, comme l'assureur, a le droit de résilier le contrat chaque année. Dérogation possible pour l'assurance grêle, les contrats individuels d'assurance maladie et les risques autres que ceux des particuliers.

■ **Résiliation. Conditions :** les contrats sont résiliables annuellement, un délai de préavis de 2 mois doit être respecté. Toutefois, les contrats individuels d'*ass. maladie* et les *risques autres que ceux des particuliers* peuvent prévoir d'autres conditions fixées par la police d'assurance ; *vie* tout moment en cessant d'acquitter les primes ; *santé* loi Évin interdit toute résiliation au-delà de 2 ans ; à partir de cette date, la loi confère au contrat un caractère viager. **Modalités :** indiquées dans la police. Résiliations à la date anniversaire du contrat ou à l'échéance annuelle. L'assuré peut résilier par déclaration avec récépissé, faite au siège de la Sté, par acte extrajudiciaire, par lettre recommandée avec ou sans AR, ou par tout autre moyen indiqué dans la police. Le délai de préavis court à partir de la date figurant sur le cachet de la poste.

Résiliation avant terme : *causes :* changement de situation (domicile, mariage, régime matrimonial, profession, retraite ou cessation d'activité si ces événements entraînent une modification du risque) sauf pour les contrats souscrits avant le 8-5-1991, dans le Ht-Rhin, le Bas-Rhin et la Moselle quand ils sont régis par la loi locale du 30-5-1908, disparition ou vente du bien assuré, décès de l'assuré, augmentation de prime (seulement si prévu dans le contrat), diminution du risque et résiliation d'un autre contrat pour sinistre (voir ci-dessous). **Résiliation après sinistre :** la police peut prévoir que l'assureur pourra résilier le contrat après sinistre. La garantie cesse 1 mois après l'envoi d'une lettre recommandée. Si 1 mois après l'assureur a encaissé une prime (ou une fraction) postérieure à la date du sinistre sans faire de réserves, elle ne peut plus se prévaloir de la faculté de résiliation. *Ass. auto* (garantie obligatoire de responsabilité civile) : le contrat ne peut être résilié par l'assureur qu'après un sinistre causé par un conducteur en état d'imprégnation alcoolique, ou coupable d'une infraction entraînant une suspension judiciaire ou administrative du permis d'au moins 1 mois, ou son annulation. L'assureur conserve le droit de résilier le contrat à l'échéance annuelle avec un préavis de 2 mois.

Délai de réflexion : celui qui a signé une proposition ou une police d'assurance-vie peut y renoncer par lettre recommandée (avec demande d'avis de réception) pendant 30 j à compter du 1er versement. L'assureur doit indiquer les 6 premières valeurs de rachat ainsi que le sort de la garantie décès en cas de dénonciation du contrat. Il doit également remettre, en plus d'une note d'information sur le contrat, un modèle de lettre de renonciation. A défaut, le délai sera prolongé de 30 j à partir de la remise effective des documents. Un nouveau délai de 30 j court à compter de la réception de la police lorsque celle-ci apporte des réserves ou des modifications essentielles à l'offre originelle, ou à compter de l'acceptation écrite de ces réserves. La renonciation entraîne la restitution par l'assureur des sommes versées dans les 30 j ; au-delà, les sommes produisent intérêt au taux légal majoré de 50 % durant 2 mois, puis au double du taux légal à l'expiration de ce délai. Ces dispositions ne s'appliquent pas aux contrats dont la durée est inférieure à 2 mois.

Protection des assurés : en France, l'assureur est responsable des engagements pris vis-à-vis des assurés. Ses provisions techniques représentant ses engagements sont inscrites à son bilan sans tenir compte d'éventuelles réassurances. Les entreprises de réassurance ayant leur siège en France sont, depuis la loi du 8-8-1994, soumises aux règles du Code des assurances et au contrôle de la Commission de contrôle des assurances.

Contestation : le montant de l'indemnisation des dommages est soumis à certaines limites (plafond de garantie, franchises, exclusion de certaines garanties, décote de vétusté). En cas de contestation, l'assuré peut faire procéder à une expertise contradictoire à ses frais puis à une tierce expertise aux frais partagés avec l'assureur. Si le désaccord persiste, 2 voies de recours gracieux : le service consommateurs de la Sté d'assurance ou le recours à un médiateur (de la Fédération française des Stés d'assurances, du Gema, Groupement des entreprises mutualistes, ou de Groupama, le Groupement des Stés d'assurances mutuelles agricoles).

■ **Sinistre.** Événement (par exemple : incendie, accident, vol, etc.) ouvrant droit à indemnité. **Déclaration** (avec nom, prénom, adresse, n° de contrat, nom et adresse du courtier, nature, date, heure et lieu du sinistre, circonstances, victimes, dommages, témoins) : doit être faite par écrit, adressée en principe par lettre recommandée adressée à la Sté ou à son représentant. *La non-déclaration* ou *déclaration tardive* peut entraîner la déchéance de tous droits à indemnité à condition que celle-ci soit mentionnée en caractères apparents dans les conditions générales de la police et que l'assureur prouve que le retard dans la déclaration lui a causé un préjudice. Délai normal : 5 j ouvrés (min. légal), à partir du jour où l'on a connaissance du sinistre. Sauf cas fortuit ou de force majeure. Délais spéciaux : *vie :* laissés aux soins des parties (lire le contrat). *Catastrophes naturelles :* 10 j après le décret paru au *JO* (30 j pour les pertes d'exploitation). *Grêle* (sauf cas fortuit ou force majeure, ou convention contraire des parties) : 4 j. *Mortalité du bétail* (mêmes réserves) : 24 h. *Vol :* 2 j ouvrés et l'assuré doit porter plainte. **Pour les accidents matériels de la circulation :** la formule de constat amiable comporte la déclaration de sinistre. Envoyer l'exemplaire à l'assureur dans les 5 j ouvrés et garder une photocopie.

Exclusions de risques : *légales* [exclusions de la faute intentionnelle ou dolosive de l'assuré (interdiction d'assurer), des risques de guerre étrangère, guerre civile, émeutes et mouvements populaires (sauf inopinés), du suicide volontaire et conscient pendant les 2 premières années du contrat en assurance vie], *conventionnelles* (lire le contrat).

Attentats et actes de terrorisme : toute assurance de bien couvre automatiquement les dommages matériels causés par un acte de terrorisme ou un attentat. Cette garantie est donc acquise à tous les automobilistes ayant une garantie dommages ou incendie et aux titulaires d'une multirisque habitation.

Fonds de garantie créé par la loi du 9-9-1986. Les victimes de dommages corporels dus à un acte de terrorisme peuvent recevoir une provision dans le mois suivant leur demande, une offre d'indemnité dans les 3 mois à partir du jour où elles auront justifié de leur préjudice. Le fonds est alimenté par un prélèvement sur les contrats d'assurance de biens (dans lesquels la garantie des dommages matériels résultant d'actes de terrorisme et d'attentats commis en France est obligatoire).

Primes : l'assuré a 10 j pour payer. Au-delà, l'assureur peut poursuivre le recouvrement en justice, sauf pour les assurances sur la vie. L'assureur peut suspendre la garantie 30 j après avoir envoyé une lettre de mise en demeure avec AR si la prime n'a pas été payée entre-temps. La lettre peut en même temps notifier la résiliation si la prime n'a pas été payée ; le contrat est résilié 40 j après l'envoi de la lettre. Si la garantie est suspendue (et si le contrat n'est pas encore résilié), l'assuré peut remettre la garantie en vigueur en payant la ou les primes arriérées. La garantie reprend le lendemain à midi du j où l'arriéré aura été payé.

Majorations : ne peuvent être refusées quand elles sont dues à une décision légale ou réglementaire (exemple : hausse des taux de taxes ou, en auto, application de la charge bonus-malus) ou si le contrat prévoit une clause de revalorisation ou d'indexation de la prime. En cas d'augmentation de tarif (hors indexation, hors bonus-malus), l'assuré peut résilier seulement si une clause du contrat l'y autorise (la résiliation peut n'être autorisée que si l'augmentation dépasse un certain pourcentage). A défaut d'une telle clause, l'assuré peut refuser l'augmentation et demander à l'assureur de lui recalculer le tarif sur les bases de l'année précédente. Il s'expose alors au risque de voir l'assureur résilier à la prochaine échéance annuelle. Lorsqu'elle est possible, la résiliation pour hausse de prime doit en général être faite par lettre recommandée dans le mois de la réception de l'avis d'échéance.

Accidents corporels

■ **Assurances individuelles accidents.** Indemnité forfaitaire fixée par contrat, par exemple *en cas d'invalidité permanente :* versement du capital en proportion du taux d'invalidité selon le seuil de franchise fixé par le contrat (en général 8 à 15 %) ; *incapacité temporaire :* indemnités journalières et éventuellement remboursement des frais médicaux (non pris en charge par un organisme social). *Décès :* capital au bénéficiaire désigné. **Risques exclus : 1°)** *maladie :* « accidents cardiaques » ; hernies et maladies de toute nature, varices, sciatiques, attaques de poliomyélite, d'épilepsie ou d'apoplexie, rhumatismes et ruptures d'anévrisme, paralysie, délire alcoolique, aliénation mentale, maladies du cerveau et de la moelle épinière ; conséquences d'opérations chirurgicales n'ayant pas pour cause un accident garanti par le contrat ou entreprises sur l'assuré par lui-même ou un tiers non qualifié ; lésions causées par les rayons X et leurs composés, et d'une façon générale les risques atomiques tels que définis par la clause en usage. **2°)** *Suicide, mutilations volontaires.* **3°)** *Meurtre de l'assuré par le bénéficiaire.* **4°)** *Accidents survenus dans certaines circonstances dangereuses :* période militaire de plus de 30 j (en service commandé, l'armée est responsable) ; duels ou rixes (sauf cas de légitime défense) ; rallyes ou épreuves de vitesse ou d'endurance ; sports dangereux (skeleton, bobsleigh, alpinisme en haute montagne) ou pratiqués professionnellement ; sports aériens (vol à voile, parachutisme, deltaplane et tout pilotage d'avion), pratique de l'aviation en dehors des lignes commerciales régulières ; parfois accidents de ski. **5°)** *Accidents intentionnellement causés ou provoqués par les bénéficiaires* de la police ou par la victime elle-même. **6°)** *Conséquences* de l'ivresse, stupéfiants, tentative de suicide même due à un dérangement mental. **7°)** *Cataclysmes* (tremblements de terre ou inondations). Certains risques exclus peuvent cependant être couverts.

■ **Assurance de stars** contre les dommages corporels (en millions de F) : *Claudia Schiffer* (mannequin), corps entier environ 25 ; *Liz Taylor*, yeux 5 ; *Farah Fawcett*, chevelure 0,85 ; *Jamie Lee Curtis*, jambes 4,5 ; *Ornella Mutti*, seins 0,5, visage 0,17.

■ **Assurance « individuelle accident ».** Garantit l'assuré 24 h/24 contre tous les accidents dont il peut être victime lors de toute activité professionnelle ou privée. **Limitée :** liée à certaines activités de loisirs, sports, chasse, sports d'hiver, voile, aviation, etc., la conduite automobile ou de deux-roues à moteur. Si les passagers sont indemnisés par l'assurance de responsabilité civile en cas d'accident, le conducteur responsable ne l'est pas et l'« individuelle accident » joue. Les assureurs proposent une garantie du conducteur qui est soit une « individuelle accident », soit une garantie plus étendue qui permet au conducteur responsable d'obtenir les mêmes indemnités que s'il était non responsable (indemnités calculées selon le droit commun). Quand le conducteur n'est pas responsable, l'indemnité peut, selon les clauses du contrat, être versée au titre d'avance sur recours (à l'encontre du responsable). **Risques compris :** l'usage de taxis, bus, automobiles (pour deux-roues à moteur, sauf cyclomoteurs, surprime), avion ou hélicoptère d'une Sté (comme passager), mort ou infirmité par accident de circulation, accidents survenus en cas de légitime défense et au cours de sauvetage de personnes, mort par asphyxie, noyade ou hydrocution, piqûres médicales (vérifier le contrat), brûlures, électrocution, foudre, morsures de serpents, brûlures ou empoisonnement causés par des substances vénéneuses, corrosives, des aliments avariés absorbés par erreur ou dus à l'action criminelle d'un tiers, congestions, insolations et autres effets de la température, consécutifs à un accident garanti, les conséquences directes et immédiates d'un accident compris dans la garantie, cas de rage ou de charbon consécutifs à des morsures d'animaux ou à des piqûres d'insectes, accidents, pendant les périodes du service militaire de 30 j maximum en temps de paix.

Tarif des primes : se calcule en % des sommes assurées. Dépend du secteur d'activité et de la nature du travail effectué (aucun travail manuel, travail manuel occasionnel, travail manuel habituel).

Multirisques loisirs : pour les sportifs et vacanciers.

Automobile (assurance)

■ **Garantie obligatoire. Responsabilité :** tout utilisateur d'un véhicule terrestre à moteur (propriétaire, locataire ou conducteur) doit être couvert par un contrat d'assurance de responsabilité civile à l'égard des tiers (obligatoire pour tous les *véhicules en circulation* sur une voie publique, privée ou même sur des terrains non ouverts à la circulation ou qui sont en stationnement sur ces voies). Le souscripteur du contrat, le propriétaire de la voiture, les représentants légaux de la personne morale propriétaire de véhicules sont considérés comme des tiers et indemnisés par cette garantie lorsqu'ils ne conduisent pas. Le contrat garantit également la responsabilité civile de toute personne ayant la garde ou la conduite, même non autorisée, du véhicule, à l'exception des professionnels de la vente, de la réparation et du contrôle de l'automobile ainsi que la responsabilité des passagers du véhicule. **Autres garanties** (dommages tous accidents, dommages-collision, protection juridique, incendie, vol et bris de glace). Facultatives. Les garanties catastrophes naturelles et attentats sont acquises si une garantie couvrant les dommages au véhicule a été souscrite, la garantie tempêtes, ouragans ou cyclones, si la garantie incendie l'a été.

■ **Attestation d'assurance.** Le document justificatif *(carte verte, certificat d'assurance)* est valable 1 mois après sa date d'expiration. La carte verte est exigée dans les pays où l'ass. auto est obligatoire. Elle ne garantit que l'ass. obligatoire « responsabilité civile » à l'égard des tiers. Pour les pays qui seraient rayés sur la carte verte, il faut souscrire une « ass. frontière ». Vérifier si les garanties non obligatoires (vol, incendie, dommages au véhicule) s'appliquent dans les pays visités. *L'attestation et le certificat provisoires* délivrés par l'assureur à l'acquéreur d'un nouveau véhicule établissent une présomption d'assurance pour la période qu'ils déterminent et qui ne peut excéder 1 mois. **Certificat d'assurance :** depuis le 1-7-1986, les souscripteurs de contrats relatifs aux véhicules de moins de 3,5 t et aux deux-roues, immatriculés ou non, doivent apposer un certificat d'assurance faisant présumer le respect de l'obligation d'assurance. Le défaut d'apposition du certificat et le défaut de présentation de l'attestation constituent une contravention de 2e classe (peine d'amende de 250 à 600 F). Cette infraction ne se confond pas avec celle du défaut d'assurance (absence de souscription d'un contrat), réprimée par une contravention de 5e classe.

■ **Tarification.** Variable en fonction du véhicule, de la franchise choisie par l'assuré (s'il accepte de garder à sa charge, en cas de dommage, une partie des frais, sa prime sera moins élevée), de la zone géographique, de l'utilisation du véhicule, du conducteur (âge, sexe, situation de famille, ancienneté du permis, passé automobile de l'assuré).

Le Code des assurances oblige les Stés d'assurances à délivrer à toute personne qui saisit le BCT (Bureau central de tarification) un devis indiquant le tarif de base qu'elles auraient appliqué pour la responsabilité civile obligatoire si elles avaient accepté de la garantir. Le BCT est composé pour moitié de représentants des assureurs et pour moitié de représentants des assurés. Sa mission est de fixer le tarif de la prime que sera tenu d'appliquer l'assureur qui aura préalablement refusé d'assurer une personne soumise à l'obligation d'assurance.

Conducteurs « novices » : assurés ayant un permis de moins de 3 ans. Assurés ayant un permis de 3 ans et plus, mais qui ne peuvent justifier, sur les 3 années antérieures à la souscription du contrat, une assurance effective. *Surprime* facultative (au maximum 100 % de la prime de référence, 50 % seulement pour les jeunes qui ont suivi une formation en conduite accompagnée). Doit être réduite de moitié au moins par année sans sinistre responsable et disparaît après 2 ans sans sinistre. Même réduction pour les personnes ayant suivi l'apprentissage anticipé de la conduite et pour les jeunes titulaires du certificat de conducteur d'élite de l'armée.

Risques « aggravés » pour certains assurés (art. 335-9-2 du Code des assurances) : *responsables d'un accident et reconnus en état d'imprégnation alcoolique* au moment de l'accident : surprime 150 %. *Responsables d'un accident ou d'une infraction aux règles de la circulation qui a conduit à la suspension ou à l'annulation du permis de conduire :* suspension de 2 à 6 mois : surprime 50 % ; de plus de 6 mois : 100 % ; annulation ou plusieurs suspensions de plus de 2 mois au cours de la même période de référence : 200 %.

■ **Accidents en France** (nombre moyen par an). **Domestiques :** *blessés* 500 000 à domicile dont 193 000 pendant leurs loisirs [dont 73 000 enfants et 48 000 adultes bricoleurs (sur 7 000 000 d'adeptes)], *morts* 5 000. **De la circulation** (en 1995) : *blessés* 181 403, *morts* 8 412. **De sport :** *blessés* 200 000, *morts* 300. **Du travail :** *blessés* 900 000, *morts* 1 100.

■ **Cas de survie. Incapacité permanente :** préjudice établi en fonction de la diminution des ressources de la victime et des séquelles qui subsistent, soit grâce à l'examen de ces ressources et des documents relatifs au préjudice subi, soit par calcul « au point » *(unité d'incapacité correspondant à 1/100 du taux d'incapacité)*, ou encore par calcul mathématique : un homme de 36 ans gagnant 100 000 F par an, ayant une incapacité de 40 %, le prix du franc de rente du barème droit commun (taux 6,5 %) étant à 36 ans de 12,951, on évalue le préjudice à :

$$\frac{100\,000 \times 12{,}951 \times 40}{100} = 518\,040 \text{ F}$$

Prix du F de rente : à 20 ans : 14,250 ; à *30 :* 13,567 ; à *50 :* 10,812 ; à *70 :* 6,184 ; à *80 :* 3,798. Nouveau barème annexé au décret du 8-8-1986. La rente peut être révisée s'il y a aggravation de l'état de la victime, mais non s'il y a amélioration. *Revalorisation de divers avantages d'accident du travail :* effectuée 2 fois/an.

Préjudice de la douleur *(pretium doloris)* : pour la souffrance endurée au moment de l'accident ou durant les traitements ou opérations postérieures jusqu'à la consolidation des blessures. *Indemnités* (moyenne en 1990) : légères 2 000 à 7 000 F, modérées 7 000 à 12 000, moyennes à assez importantes 12 000 à 40 000, importantes à très importantes 40 000 à 75 000 et au-delà.

Renseignements sur le montant des indemnisations récentes : Minitel 3615 Agira.

Préjudice d'agrément : calculé en fonction de l'atteinte portée aux plaisirs de la vie. *Très léger à léger :* 4 200 à 6 900 F ; *modéré :* 11 800 à 14 000 ; *moyen à assez important :* 25 000 à 27 000 ; *important à très important :* 54 000 à 100 000.

Préjudice esthétique : souvent fonction du sexe, de l'âge, de l'état de célibat, de la profession. *Très léger à léger :* 1 500 à 5 000 F ; *modéré :* 8 000 à 12 000 ; *moyen à assez important :* 16 000 à 45 000 ; *important à très important :* 60 000 à 80 000 et plus.

■ **Cas d'accident mortel.** *Peuvent solliciter des dommages et intérêts :* conjoint survivant, enfants légitimes, adoptés, naturels, petits-enfants à raison de leur intimité avec leurs grands-parents, lorsqu'ils vivent avec eux ou bénéficient de leur part d'une aide pécuniaire, grands-parents légitimes ou naturels, collatéraux, frères, sœurs, amis intimes (s'ils ont subi un préjudice), fiancé ou fiancée (parfois), concubin ou concubine (parfois), nièces, neveux, à défaut de parents plus proches. **Exemple : pour le décès d'un père de famille** (30 ans, agent PTT, salaire 136 000 F/an) : *veuve :* préjudice patrimonial 790 000, moral 100 000 ; *enfants (2) :* patrimonial 450 000, moral 80 000 × 2 ; *ascendants et collatéraux (6) :* patrimonial 40 000, moral 20 000 × 6.

■ **Voiture louée.** Bien respecter les conditions du contrat : âge, ancienneté du permis... Le conducteur doit être mentionné sur le contrat et agréé par le loueur. L'ass. couvre les risques obligatoires (dommages causés à des tiers) sans limitation de somme, le vol et l'incendie du véhicule loué. Les dommages accidentels causés au véhicule sont souvent assurés, mais avec une franchise. Sinon, on peut souscrire une ass. complémentaire sans franchise. *Ass. complémentaire* possible pour garantir le paiement d'indemnités forfaitaires aux personnes transportées.

■ **Voiture laissée à des amis ou à des enfants.** Si le contrat comprend une clause de « conduite exclusive », en demander la modification. Communiquer à l'assureur par lettre recommandée l'identité des personnes susceptibles de conduire habituellement votre véhicule. Vérifier conditions et conséquences contractuelles prévues en cas de sinistre consécutif à un prêt. En cas d'utilisation régulière du véhicule par d'autres personnes que le conducteur habituel, il est prudent de les déclarer à l'assureur.

■ **Remorquage bénévole.** A éviter (interdit sur autoroute) : les dommages causés aux tiers par le véhicule remorqué ou par le remorqueur peuvent être exclus des polices d'ass. respectives.

Coupables de délit de fuite après accident : surprime 100 %. *N'ayant pas déclaré, à la souscription d'un contrat, une ou plusieurs des circonstances aggravantes* indiquées ci-dessus, ou n'ayant pas déclaré les sinistres dont ils ont été responsables au cours des 3 années précédant la souscription d'un contrat : surprime 100 %. *Responsables de 3 sinistres ou plus au cours de la période annuelle de référence :* surprime 50 %. Ces surprimes peuvent se cumuler, mais leur montant total ne peut dépasser 400 % de la prime de référence. Leur application est limitée dans le temps, chacune étant supprimée après 2 ans au plus.

Réduction de tarif : les assureurs peuvent accorder, à titre commercial, des tarifs préférentiels (exemple : à des « conducteurs d'élite »). Notion définie librement par les entreprises, recouvrant généralement ces critères : période ininterrompue de 7 ans au max. sans accidents ; période plus courte (5 ans par exemple) sans accidents mais chez le même assureur ; bonus max. atteint, afin que l'assuré continue à être motivé.

Bonus-malus : clause-type obligatoire pour tout « véhicule terrestre à moteur », sauf pour les véhicules de moins de 81 cm³, ou certains véhicules ou matériels (agricoles, forestiers, de travaux publics ou de lutte contre l'incendie). **Bonus :** 5 %, soit un coefficient de 0,95 à l'issue de chaque année sans sinistre. *Rabais maximal :* 50 % atteint après 13 années sans accident. **Malus :** 25 %, soit un coefficient de 1,25 appliqué lors de chaque sinistre. *Plafond maximal :* 250 % (coefficient 3,50). Après 2 années consécutives sans sinistre, le coefficient ne peut être supérieur à 1. *Franchise de malus :* pour les assurés qui sont à 50 % de bonus depuis 3 ans au moins, pas de malus au 1er accident, même si l'intéressé est responsable.

La majoration est réduite de moitié lorsque la responsabilité de l'accident est partagée. Il n'y a pas majoration si : **1°)** l'auteur de l'accident conduit le véhicule à l'insu du propriétaire ou de l'un des conducteurs désignés, sauf s'il vit habituellement au foyer de l'un de ceux-ci ; **2°)** la cause de l'accident est un événement imputable à un cas de force majeure, à la victime ou à un tiers, même quand l'assureur indemnise les victimes au titre de la « loi Badinter ». *Coefficients spéciaux de bonus-malus* pour certains assurés lorsque le véhicule est assuré pour un usage « tournées » ou « tous déplacements » : taux de réduction de 7 % (coefficient bonus de 0,93), taux de majoration 20 % (coefficient malus 1,20) [en effet la prime de référence est plus chère].

☞ Ce système, jugé contraire à la directive européenne sur l'assurance entrée en vigueur en 1994, sera remplacé par un régime propre à chaque Sté (celles-ci étant libres de fixer leurs tarifs).

Taxes : garantie responsabilité civile obligatoire. Pour 100 F, l'assuré paie 34,90 F de taxes (dont : Sécurité sociale 15 F, Fonds de garantie automobile 1,90 F, taxe fiscale 18 F). Garanties facultatives : taxe fiscale de 18 %.

■ **Formalités en cas de sinistre. 1°) En cas de collision avec un autre véhicule. Constat amiable :** porter en bas le nombre de cases utilisées pour éviter que d'autres cases soient cochées ensuite. Ne pas signer avant que l'autre partie n'ait complété sa colonne et que le croquis de l'accident ne soit réalisé. En signant, vous exprimez votre accord sur la relation des faits qui serviront à déterminer les responsabilités. Si les circonstances de l'accident ne correspondent pas aux cas types énumérés, utiliser la rubrique « observations ». Relever noms et adresses de témoins (de préférence autres que ceux des passagers du véhicule). Si l'on n'est pas d'accord sur le déroulement des faits et que chacun refuse de signer le constat, l'adresser néanmoins à son assureur. Une fois que les 2 exemplaires du constat amiable sont séparés, ne pas raturer ou surcharger le sien sous peine d'être taxé de fraude. Adresser le constat à l'assureur par lettre recommandée dans les 5 j ouvrés après avoir complété le verso.

Sans constat amiable : exemple : *si l'auteur de l'accident n'est pas identifié,* on ne peut obtenir, en l'absence de dommages corporels, d'indemnisation à moins d'avoir souscrit une assurance « tous accidents ». Faire une déclaration d'accident dans les 5 jours ouvrés. En cas de dommages matériels et corporels, un recours est possible sous certaines conditions auprès du *Fonds de garantie automobile* (voir encadré ci-dessous) pendant 3 ans à compter de l'accident. *Si le véhicule est identifié,* informer son assureur afin qu'il obtienne le nom du propriétaire du véhicule. *Si le véhicule a été volé,* accomplir la même démarche, car l'assureur du véhicule volé est tenu d'indemniser les victimes d'accidents causés par le voleur.

Accident causé par un tiers. Si l'on n'a pas de garantie dommage, on sera indemnisé dans le cadre de l'ass. « responsabilité civile obligatoire » : soit par son assureur dans le cadre de la convention IDA (d'indemnisation directe des assurés) si le montant des dommages matériels ne dépasse pas 30 000 F HT ; soit par l'assureur du responsable si le montant est plus élevé. La victime a droit à une indemnité d'immobilisation de son véhicule (calculée en j par l'expert).

Fonds de garantie automobile (FGA). 64, rue Defrance, 94682 Vincennes Cedex. *Créé* en 1951, il joue : *1°) en cas de dommages corporels,* si le responsable n'a pas été identifié ou s'il n'est pas assuré. Depuis le 1-1-1986, rembourse les dommages aux biens lorsque l'auteur du dommage est inconnu et s'il y a eu un mort ou un blessé grave (invalidité de plus de 10 %, hospitalisation de plus de 7 jours avec incapacité temporaire de plus de 1 mois). *2°) En cas de dommages uniquement matériels,* si le responsable de l'accident a été identifié et si sa responsabilité est établie. Une franchise est appliquée (2 000 F). L'indemnisation ne peut dépasser 3 millions de F. Certains biens ne sont pas indemnisés (espèces, valeurs, bijoux). Les effets personnels le sont jusqu'à 6 000 F par personne. **Ressources du FGA :** 0,1 % des primes de responsabilité civile auto, majoration de 50 % des amendes pour infraction à l'obligation d'assurance, versement par les Stés d'assurance de 1 % des charges du Fonds, recours contre les responsables non assurés : 10 % des indemnités restant à charge des responsables. **Activités du FGA** (en 2000) : 554 millions de F versés. *Nombre de dossiers :* ouverts 26 480. *Conducteurs non assurés* (en 1999) : 48,6 % en corporel, 78,3 en matériel.

2°) En cas de vol, incendie... Vol : porter plainte au commissariat de police ou à la gendarmerie, et demander un récépissé. Joindre ce récépissé à la déclaration de sinistre, l'adresser à l'assureur, par courrier recommandé dans les 2 j ouvrés suivant la connaissance du vol. *Si le véhicule volé est retrouvé avant que l'on soit indemnisé,* faire constater et consigner par écrit les dégâts par l'autorité qui le restituera. Avec l'accord de l'assureur, il vaut mieux faire essayer le véhicule par un garagiste ou expert. **Incendie, explosion, bris de glace, vandalisme, attentat, émeute :** déclaration dans les 5 j ouvrés. **Catastrophe naturelle** (inondation...) : dans les 10 j de la parution au *JO* de l'arrêté interministériel.

■ **Indemnisation. Cas où l'on peut être indemnisé selon les garanties souscrites. Assurance « dommages tous accidents » dite « tous risques » :** on peut être indemnisé, si l'on part en tonneau, à la suite d'un dérapage, en cas de collision avec un animal, un autre véhicule... **Assurance « dommages collision » :** on ne peut être indemnisé qu'en cas de collision avec un autre véhicule, ou un animal, dont le propriétaire est identifié ou un piéton identifié. La garantie ne jouera pas si le conducteur a pris la fuite, s'il n'a pas laissé sa carte de visite, ou en cas de collision avec un animal sauvage, égaré... **Garantie incendie :** explosion, chute de la foudre sont aussi couverts mais il ne faut pas que le sinistre résulte d'un transport de matières explosives dans le véhicule. **Bris de glace accidentels :** pare-brise, glaces arrière et latérales sont remplacés à l'identique. **Vol :** en général, le véhicule (ou les dommages qu'il a subis s'il est retrouvé) est remboursé s'il y a vol avec effraction. L'effraction du véhicule n'est pas à prouver si le garage privé où il était a été fracturé ou s'il a été pris au moyen de violences corporelles. Souvent, les biens qui se trouvaient dans le véhicule (effets personnels, autoradio) ne sont pas couverts si le véhicule n'a pas été déplacé (c'est-à-dire s'ils ont été volés pour eux-mêmes), mais une garantie spéciale peut être souscrite.

En général, on ne peut toucher l'indemnité que 30 j au moins après le vol ; si les 30 j sont passés et que la voiture est retrouvée avant que l'indemnité ne soit versée, on doit, selon les clauses des contrats, reprendre la voiture.

Bases d'indemnisation. Valeur vénale : déterminée par un expert. Correspond au prix que l'on aurait tiré de la vente du véhicule avant le sinistre. Le montant des réparations nécessaires à sa remise en état ne peut être pris en charge que dans la limite de la valeur du véhicule avant le sinistre. *Pour les préjudices inférieurs à une certaine somme* (1 000 F par exemple), l'expertise n'est pas exigée. *Si le véhicule est volé ou complètement détruit ou si le prix des réparations dépasse sa valeur,* l'expert déterminera l'indemnisation en incluant (les contrats le prévoient généralement) « les équipements optionnels prévus au catalogue du constructeur » après déduction de la valeur de sauvetage, s'il y a lieu (prix de vente de l'épave à la casse) ; les montants de la vignette et de la carte grise peuvent être pris en charge dans certaines conditions.

Valeur de remplacement : « prix de revient total d'un véhicule d'occasion de même type et dans un état semblable » d'après la Cour de cassation (2e ch. civile 12-2-1975). *Délais de remboursement des dommages matériels :* il n'existe aucun délai légal, mais les contrats prévoient un délai de 15 à 30 j après acceptation de l'offre de remboursement.

Valeurs conventionnelles : clauses permettant l'indemnisation au prix catalogue pour les véhicules récents, ou pour un prix plancher pour les véhicules anciens. Selon les Stés, une voiture achetée depuis moins de 6 mois est indemnisée sur la base du prix au catalogue de la marque au jour de l'achat de la voiture ou au jour du sinistre... Après ces 6 mois, l'assureur applique un abattement de 1 à 2 % par mois pendant 1, 2 ou 3 ans. Cette garantie n'est pas forcément automatique. Certaines Stés refusent de délivrer une garantie dommages si le véhicule est trop ancien (plus de 5 ans par exemple). Si le véhicule est très ancien (plus de 15 ans ou sorti avant 1945), une garantie spéciale sur la base d'une expertise préalable à la souscription du contrat d'assurance est possible.

CATASTROPHES NATURELLES

■ **Types.** Inondations, ruissellements d'eau, de boue ou de lave, glissements ou effondrements de terrain, avalanches, tremblements de terre, raz de marée, etc.

■ **Garantie tempête.** Liée à la garantie incendie depuis le 1-8-1990. *Couvre :* les conséquences matérielles de l'action directe du vent (selon de nombreux contrats, sa vitesse doit être supérieure à 100 km/h, mesurée par la station météorologique la plus proche), du choc d'un corps renversé ou projeté par le vent, les dégâts causés par la pluie pénétrant à l'intérieur des bâtiments détruits ou détériorés (dans de nombreux contrats si les dommages se sont déclarés dans 48 h ou les 72 h qui ont suivi les intempéries). *Dommages non couverts :* résultant d'un défaut d'entretien ou de réparation ; affectant des bâtiments (et leur contenu) non entièrement clos (hangars, silos) ou couverts ; parfois occasionnés aux constructions (et à leur contenu) sans fondations (exemple : serres ou abris de jardins) ; aux stores, auvents, panneaux solaires, objets et mobiliers de jardin ; limités aux seules gouttières, chéneaux, portes ou volets et ceux affectant arbres et plantations.

■ **Catastrophe naturelle.** Garantie obligatoire, depuis la loi du 13-7-1982 (modifiée par la loi du 16-7-1992), pour tous les contrats dommages causés aux biens. *Couvre :* dans la limite fixée par contrat, les dommages matériels directs occasionnés par l'intensité anormale d'un agent naturel (inondation, coulée de boue, mouvement de terrain) et si le contrat le prévoit, la privation de jouissance. *État de catastrophe naturelle :* prononcée par les pouvoirs publics. *Franchise légale :* 1 500 F pour biens à usage privé (habitations, véhicules), cumulée généralement avec celle prévue pour une indemnisation après tempête si ces 2 types de dommages se superposent (exemple : coulée de boue en rez-de-chaussée et tempête endommageant la toiture).

■ **Indemnisation des dommages.** *Aux bâtiments :* en général, valeur de reconstruction à neuf au jour du sinistre, déduction faite de la vétusté, calculée selon la nature de la construction et de son entretien réel. Elle n'excède pas une certaine limite fixée par contrat (souvent 25 %), indemnisation en valeur à neuf (moins la franchise). *Aux véhicules :* s'ils étaient couverts par une garantie incendie, forces de la nature ou dommages tous accidents (la tempête constituant un cas de force majeure exonère de sa responsabilité un tiers, même identifié). Si le contrat n'inclut que la garantie bris de glaces, celles-ci peuvent être indemnisées sous déduction d'une éventuelle franchise. *Dommages corporels conducteur :* indemnité en cas d'invalidité s'il dispose d'une individuelle accidents ou garantie corporelle du conducteur ; *personnes transportées :* pris en charge par l'assureur du conducteur, à défaut le Fonds de garantie automobile intervient.

■ **Assurance cultures.** **Grêle et tempête :** *cotisations* 1,3 milliards de F, *indemnités* 1,2 milliards de F, *contrats* – 0,5 %, *capitaux* 1,5 %.

■ **Principaux événements naturels en France depuis 1982.** Voir encadré p. 1615.

Chômage

■ **Assurance.** Ouverte à toute personne de moins de 55 ou de 60 ans, exerçant une activité salariée non saisonnière, n'étant plus en période d'essai, n'ayant pas fait l'objet d'un préavis de licenciement et susceptible de bénéficier des allocations Assedic. On peut y souscrire lors d'une demande de prêt pour un bien immobilier ou d'équipement. En cas de chômage, l'emprunt n'est remboursé que dans certaines limites, le montant de l'indemnité « assurance perte d'emploi » étant limité à la différence entre l'ancien salaire et l'allocation Assedic. Certains contrats plafonnent le montant pris en charge.

■ **Crédit.** Si l'assurance est facultative, son prix doit figurer dans un poste à part du coût du crédit à la consommation. Si elle est obligatoire, elle doit être comprise dans le taux effectif global (TEG) du crédit.

■ **Garantie.** Toute garantie chômage comporte une franchise de 60 à 90 j. Certaines imposent un délai de carence de 3 à 9 mois à compter du début du crédit. Voir aussi à l'Index.

Dégâts des eaux

■ **Risques couverts habituellement.** Fuites et ruptures accidentelles des conduites non enterrées, appareils à effet d'eau, y compris ceux servant au chauffage, dommages causés aux biens de l'assuré lui-même ou des tiers (ass. de dommages et ass. de responsabilité). Il est exigé de vidanger conduits et réservoirs d'eau ou de prévoir des produits antigel spéciaux, pendant l'hiver, dans les locaux non chauffés. **Selon les contrats :** infiltrations au travers de terrasses, toitures, ciels vitrés ; éventuellement frais de recherche des fuites d'eau (réparation de l'origine de la fuite non remboursée) ; dommages causés par le gel aux conduites intérieures.

■ **Exclus.** Dommages aux espèces, billets de banque, collections ; guerres ; humidité, condensation, infiltrations, refoulements ou débordements d'eaux de pluie, cours d'eau, mares, canaux, égouts ou puisards, défaut d'entretien délibéré. Certaines polices anciennes excluent les dégâts de conduites souples (tuyau de vidange de machine à laver, par exemple).

Nota. – Les garanties « dégâts des eaux » peuvent être accordées par une police spéciale, mais sont le plus souvent souscrites dans le cadre d'une police « multirisque habitation ».

■ **Statistiques.** **Nombre de sinistres** (en 1997) : *total* 850 000 ; pour 1 000 logements assurés : 44. **Coût moyen :** 5 300 F. **Causes** (en %, sondage Apsad, 1994) : *bâtiment* (toitures...) 25,5 (dont habitat collectif 20/maisons individuelles 44,5) ; *canalisations* 42,1 (44,7/33,3) : d'adduction (fuites, ruptures) 26 (25,6/27,4), d'évacuation des eaux de pluie 1,3 (0,9/3), des eaux usées 14,8 (18,2/2,9) ; *appareils à effet d'eau* 26,7 (29,2/17,8) : débordements de lave-linge, lave-vaisselle 6,8 (7,4/4,4), baignoires, éviers, lavabos, WC 5 (5,6/3), autres 2 (2,6/0). Fuites, ruptures et autres causes 12,9 (13,6/10). Installations de chauffage 5,7 (6,1/4,4).

Deux-roues

■ **Assurance.** *Obligatoire :* responsabilité civile pour les cyclomoteurs (jusqu'à 50 cm³), les motocyclettes légères (jusqu'à 125 cm³) et motocyclettes (plus de 125 cm³) qui couvre les dommages causés aux tiers, y compris les passagers. *Facultatives :* contre le vol (pas toujours garanti par les assureurs), l'incendie, les catastrophes naturelles ; l'option « dommages-collision » couvre l'assuré responsable du dommage en cas de tiers identifié ; l'« individuelle conducteur » garantit le remboursement de frais médicaux et le versement d'un capital d'invalidité ou de décès.

■ **Statistiques.** **Coût moyen :** *accidents corporels* 75 000 F par sinistre (53 000 pour les automobilistes). **Nombre :** chaque année, sur 1 000 conducteurs de deux-roues, 21 (sur des 51 à 80 cm³), 11 (sur des 81 à 400 cm³), 29 (sur des plus de 400 cm³) causent un accident corporel.

Impayés

Les entreprises peuvent souscrire une police d'assurance crédit. **Services rendus :** *prévention* (renseignements sur la situation financière du client), *recouvrement, indemnisation* (de 75 à 80 % en cas d'impayé). **Seuil d'intervention :** à partir de 500 000 F. **Coût :** 0,1 % à 1 % du chiffre d'affaires.

■ **Principales Stés d'assurance crédit.** Sté française d'assurance crédit (70 % du marché), Namur, Sacren, Gipac, Winterthur, Firm France.

Incendie

■ **Risques couverts.** **Habituellement : 1°)** *dommages matériels aux biens immobiliers : immeubles et leurs dépendances* (sauf clôtures ne faisant pas partie intégrante des bâtiments), *immeuble par destination* (ascenseurs, tapis d'escalier, chauffage central, etc.). *Aux embellissements* (bibliothèques murales, placards, peintures, papiers peints). **2°)** *Dommages aux biens mobiliers* (de l'assuré, de sa famille, son personnel de maison, des personnes habitant ordinairement avec lui). Aux objets pris en location, si ces objets ne sont pas ou sont insuffisamment assurés ; bijoux, pierreries, perles fines, statues et tableaux de valeur, collections, objets rares et précieux (garantie limitée par exemple à 20 ou 30 % du capital assuré sur mobilier). **3°)** *Privation de jouissance ou perte de loyers.* **4°)** *Responsabilités. Locative* (voir p. 1612 b à « Immeubles »). *Le locataire est vis-à-vis de son propriétaire responsable pour la perte du loyer de ses colocataires. Recours des voisins et des tiers :* joue, s'il y a faute prouvée. En revanche, présomption de responsabilité en cas d'explosion (ou de dégâts des eaux).

Recours des locataires contre le propriétaire : dommages au mobilier du locataire, occasionnés par un incendie dû à un vice de construction ou défaut d'entretien dont le propriétaire serait responsable.

Autres risques pouvant être assurés par la police incendie : choc de la foudre, explosions, grêle, poids de la neige sur le toit. Choc ou chute d'appareils de navigation aérienne et spatiale ou de parties d'appareils ou d'objets tombant de ceux-ci. *Dommages d'ordre électrique et ménagers :* le plus souvent en option ; frais de déplacement du mobilier de l'assuré et garantie limitée au remboursement des honoraires de l'expert choisi par l'assuré.

☞ *Les biens garantis contre l'incendie* le sont automatiquement contre les *tempêtes, ouragans, cyclones, actes de terrorisme* et *catastrophes naturelles.*

■ **Risques exclus.** Dommages intentionnellement causés ou provoqués par l'assuré ou avec sa complicité. **Exclus sauf convention contraire :** tout dommage en cas de guerre étrangère ou guerre civile. Destruction d'espèces monnayées, titres, billets de banque. Vol des objets assurés pendant un incendie (la preuve du vol étant à la charge de l'assureur) ; risque atomique (possibilité d'assurance sauf pour engins militaires). Dommages autres que ceux d'incendie venant : d'un vice propre ou d'un défaut de fabrication des objets assurés, de leur fermentation ou de leur oxydation lente (seuls les dommages dus à la combustion vive ou à l'explosion sont garantis).

■ **Estimation après sinistre.** **Bâtiments :** valeur de reconstruction au j du sinistre, après déduction de la vétusté (évaluée à dire d'experts) ; ou valeur à neuf, la différence du vieux au neuf est versée au fur et à mesure de la reconstruction (au maximum 25 % de la valeur neuve). Valeur de reconstitution (valeur de reconstruction réelle ou à l'identique) pour des bâtiments industriels et agricoles seulement. **Mobilier :** valeur de remplacement au j du sinistre, déduction faite de sa vétusté. Possibilité de garantie en « valeur à neuf ». **Matières premières, emballages, approvisionnements et marchandises :** au prix d'achat au dernier cours précédant le sinistre, y compris frais de transport, TVA déduite sauf si l'assuré n'y est pas assujetti et ne peut la récupérer. **Produits finis ou en cours de fabrication :** au prix de revient, TVA déduite.

■ **Statistiques.** **Incendies industriels** (% des causes ; étude réalisée sur 100 000 sinistres de 1981 à 1988) : indéterminée 68,6 ; électricité 18,1 ; incidents de fabrication ou magasin 6,7 ; imprudence ou malveillance 5,6 ; chauffage-séchage 1. **Habitations** (en 1997) : total 150 000. **Pour 1 000 logements :** 7. *Coût moyen :* 29 000 F. *Lieux où prend le feu* (en %) : cuisine 24, poubelle 17, caves, sous-sols, chaufferie 14, divers 45.

Maladie

☞ Voir également le chapitre **Sécurité sociale** à l'Index.

■ **Généralités.** Elle prévoit : **1°)** *un délai de carence* (partant de la date d'effet du contrat, et, selon les Stés d'assurances et le type de maladie, de 3, 6 ou 9 mois) pendant lequel certaines maladies à évolution lente (cancer, tuberculose, etc.) ne sont pas prises en charge ; **2°)** *un plafond par maladie ou par personne dans le temps* pour les indemnités journalières.

■ **Risques souvent exclus** (liste non limitative). Suicide, alcoolisme, insurrections, émeutes, guerres, cataclysmes, compétitions, paris, sports professionnels, sports dangereux, frais de séjours des cures thermales (les soins sont couverts), traitements esthétiques de rajeunissement, traitement par personne non diplômée (rebouteux, guérisseur). **Pouvant être garantis :** frais de soins (après déduction de la prise en charge par les organismes sociaux), indemnités journalières (y compris en cas d'hospitalisation), rente en cas d'invalidité par suite de maladies ou d'accidents, capital en cas de décès accidentel.

■ **Assurance complémentaire.** 80 % des Français y ont recours (30 % en 1960). Assure, en plus du ticket modérateur, des remboursements pouvant aller jusqu'à 400 % du tarif de convention. *Assurance hospitalisation :* versement d'une indemnité journalière en cas d'hospitalisation (garantie généralement suspendue après 70 ans). *Assurance dépendance :* rente mensuelle versée aux invalides définitifs et ayant besoin de l'assistance d'une tierce personne pour les actes élémentaires de la vie quotidienne.

Multirisque habitation

■ **Couverture.** Tout ou partie des risques : incendie, dégâts des eaux, vol, responsabilité civile familiale, bris de glaces, catastrophes naturelles, tempête, attentats, protection juridique. Certaines couvertures complémentaires peuvent être accordées automatiquement ou moyennant paiement d'une surprime (garanties dites « facultatives »). Exemples de risques couverts : baby-sitter, matériel loué, accidents domestiques, annulation d'une location de vacances suite à un accident, vol de bagages, frais d'hôtel en cas de domicile devenu inhabitable, etc.

■ **Obligation.** Les locataires doivent souscrire des contrats d'assurance contre les risques incendie et dégâts des eaux ; le vol, le bris de glace et la responsabilité civile du chef de famille peuvent être souscrits en options supplémentaires.

■ **Cotisations.** Fonction du nombre de pièces occupées ou de la surface développée des locaux, généralement *indexées* sur le coût de la construction (comme la garantie).

■ **Garantie.** *Vol :* la plupart des Cies imposent des mesures de protection individuelles. *Clause d'inhabitation :* au-delà d'une certaine durée d'abandon des locaux (60 à 90 j selon les Cies), la garantie est suspendue.

Protection juridique

■ **Contrat de protection juridique.** Permet de s'assurer pour être défendu en cas de conflits de la vie quotidienne. Il s'agit souvent de contrats « tous risques sauf ». Tout est assuré sauf ce qui est précisément exclu dans le contrat, en général le divorce et les affaires relatives à l'état des personnes (recherche de paternité) et aux successions, les conflits résultant de l'expression d'opinions politiques ou syndicales et les conflits collectifs, les litiges avec les impôts, quelquefois les accidents de la circulation. Tout ce qui n'est pas exclu est couvert. Exemples : conflits de voisinage, de consommation, du travail, de l'Administration (Sécurité sociale, Assedic), de l'automobile.

Responsabilité civile

■ **Nature de la responsabilité.** **Définition :** « Tout fait quelconque de l'homme, qui cause à autrui un dommage, oblige celui par la faute duquel il est arrivé à le réparer » (art. 1382 du Code civil). « Chacun est responsable du dommage qu'il a causé non seulement par son fait mais encore par sa négligence ou son imprudence » (art. 1383).

Le *préjudice doit être actuel et certain,* mais des dommages et intérêts peuvent être alloués pour un dommage futur s'il est dès à présent certain. *L'évaluation se fait au jour du jugement* ou de la transaction. En ce qui concerne les dommages corporels, la victime peut toujours former une demande d'augmentation, lorsque son état s'est aggravé (si l'indemnité est allouée judiciairement en cas de transaction, il faut prouver un fait non décelable au moment de l'expertise, sauf si la quittance comporte des « réserves en cas d'aggravation »). Son amélioration ne justifie pas de réduction. *Il faut prouver l'existence d'une faute* et la relation de cause à effet entre la faute et le dommage. Mais cette faute est souvent présumée : responsabilité du fait des choses ou des animaux (voir « Responsabilité civile du fait d'autrui » p. 1612 a).

Les dommages causés sous l'empire d'un trouble mental entraînent la responsabilité de leur auteur (art. 489-2 du Code civil), qui doit donc indemniser celui qui les a subis.

Responsabilité contractuelle : la responsabilité est contractuelle lorsque le préjudice résulte de l'inexécution d'un contrat [exemple : le contrat peut comporter : 1°) une *obligation de résultat* (le débiteur ne peut s'en dégager qu'en prouvant un cas de force majeure ou le fait d'un tiers ou de la victime) ; le transporteur doit conduire le voyageur à bon port, sain et sauf ; 2°) seulement une *obligation de moyen :* sans garantie du résultat (exemple : le médecin s'engage non à guérir le malade mais à lui donner des soins en fonction des données actuelles de la science). Quand il n'y a qu'*obligation de moyen,* c'est à la victime de prouver une faute dans l'exécution du contrat (négligence, ignorance, etc.)].

Clauses de limitations de responsabilité : ne sont admises en matière contractuelle que dans des cas particuliers et uniquement pour les contrats passés entre professionnels (exemple : transport de marchandises) ; la faute lourde, appréciée par les tribunaux, fait échec à cette limitation.

Responsabilité délictuelle ou quasi délictuelle : on ne peut s'exonérer par avance de sa responsabilité. Les tribunaux civils sont seuls compétents pour juger de la non-exécution d'une convention. Si celle-ci résulte d'une faute pénale, les juridictions répressives (tribunal de police, correctionnel) sont aussi compétentes (par exemple, en cas de blessure ou d'homicide par imprudence).

Toute faute, même légère, commise hors du cadre d'un contrat, engage la responsabilité de son auteur. Aucune mise en demeure n'est nécessaire. Les clauses de non-responsabilité sont nulles. La victime a le choix entre tribunaux civils et tribunaux répressifs (si la faute est punie par la loi pénale). La preuve de la faute est en principe à la charge de la victime.

■ **Responsabilité civile du fait d'autrui.** On est responsable du dommage causé par des personnes dont on doit répondre (art. 1384 du Code civil). Exceptionnellement, on peut être responsable pénalement et avoir à payer l'amende à laquelle est condamné l'auteur d'un délit fiscal ou d'un délit en matière de douane ou éventuellement de conduite automobile (art. L. 21 du Code de la route).

Dommages causés par un enfant : lorsque *l'enfant* a *père* et *mère*, la responsabilité pèse sur les deux, même si l'enfant s'en est allé sans motif légitime (exemple : pour se livrer au vagabondage). Père et mère échappent à la présomption s'ils démontrent n'avoir commis aucune faute de surveillance ou d'éducation. En cas d'un acte répréhensible ou dangereux, il ne suffit pas de prouver qu'on l'a « interdit », il faut établir qu'on a pris des précautions suffisantes pour l'empêcher. La responsabilité personnelle de l'enfant peut aussi être retenue. **Par les domestiques** (attachés au service d'une personne ou chargés de l'entretien de sa maison) ou **préposés** (ceux auxquels le maître ou le commettant a le droit de donner des ordres ou des instructions, sur la manière de remplir les fonctions auxquelles ils sont employés ou salariés) : la responsabilité ne joue que lorsque employé ou préposé *ont agi dans l'exercice de leurs fonctions,* dans certains cas par abus de fonctions (nombreux litiges en assurance automobile). **Par un apprenti :** si l'apprenti est lui-même victime d'un accident, la responsabilité de l'artisan qui l'emploie relève le plus souvent de la loi sur les accidents du travail. **Par les élèves :** la responsabilité des enseignants n'est pas présumée ; la victime doit apporter la preuve d'une faute de leur part (défaut de surveillance par exemple). **Par des animaux :** le propriétaire d'un animal, ou celui qui s'en sert, que l'animal soit sous sa garde ou qu'il soit égaré ou échappé, est responsable. Si l'animal est affecté à un usage professionnel (garde d'une propriété agricole, d'un entrepôt), les risques sont couverts par le contrat « responsabilité civile professionnelle ou agricole ». Si l'on confie son chien à des voisins, ceux-ci peuvent être responsables. **Par des choses inanimées que l'on a sous sa garde** (outil, automobile) : la victime n'a pas à prouver la faute du « gardien » de la chose. C'est à celui-ci de se disculper en prouvant la force majeure, la faute d'un tiers ou de la victime, ou le « rôle passif » de la chose incriminée. La loi Badinter de 1985 vise à améliorer l'indemnisation des piétons, cyclistes et passagers (voir à l'Index). La victime ne peut plus se voir opposer sa faute (sauf inexcusable). Elle est intégralement indemnisée de ses dommages corporels (seuls les conducteurs n'en bénéficient pas). Les assureurs doivent respecter une procédure amiable d'indemnisation et proposer, au besoin, des provisions (délais impératifs sous peine de sanctions financières).

■ **Assurance responsabilité civile familiale. Généralités :** le plus souvent comprise dans une multirisque habitation. Elle couvre la responsabilité éventuelle pour les dommages causés à autrui par les occupants de la maison au cours de leur vie privée : le souscripteur, son conjoint, ses enfants, employés de maison, animaux.

Étendue géographique de la garantie : en général, France et pays limitrophes. Vérifier ce qu'il en est avant de partir pour l'étranger (vérifier également, pour l'automobile, si les pays traversés sont inscrits sur la carte verte).

Vérifier que la responsabilité de toutes les personnes vivant habituellement sous le toit de l'assuré est bien couverte, ainsi que celle des enfants majeurs non encore indépendants. *Certains sports,* particulièrement dangereux (bobsleigh, sports aériens) ou pratiqués à titre professionnel, peuvent être exclus. Si *l'on possède des chiens* dressés pour l'attaque, ou de race dangereuse, vérifier s'ils ne font pas l'objet d'une exclusion, et demander alors une extension.

☞ Cette assurance rembourse les tiers (mais pas l'assuré, ni son conjoint, ses ascendants, descendants, associés, salariés et préposés dans l'exercice de leurs fonctions). Les recours exercés par la Sécurité sociale pour dommages corporels aux conjoints, ascendants et descendants de l'assuré, s'ils sont affiliés personnellement (par exemple : épouse salariée), sont cependant couverts. Certaines sociétés proposent une extension aux membres de la famille victimes d'accidents corporels.

Montant de la garantie : dommages corporels : garantie illimitée, sauf pour les sinistres visés à l'annexe « dommages exceptionnels » limités à 20 millions de F par sinistre (sinistres susceptibles de faire un très grand nombre de victimes : intoxications alimentaires, écrasements ou étouffements dus à la panique, etc.) ; **matériels :** d'accidents, d'incendie : garantie limitée (souvent avec franchise).

Protection juridique : la Sté d'ass. exerce les recours que l'assuré peut avoir contre les *tiers responsables* de dommages corporels ou matériels, mettant en jeu les garanties principales du contrat ; cette garantie s'étend aussi aux personnes dont la responsabilité à l'égard des accidents causés aux tiers est couverte par le contrat d'assurance de la responsabilité civile.

Défense devant les tribunaux répressifs : en cas de poursuite pour homicide par imprudence, blessures, infractions aux lois, arrêtés et règlements sur la circulation ou la divagation des animaux par suite de la propriété, garde ou utilisation des véhicules ou animaux pour lesquels l'assurance est accordée. Des contrats spécifiques couvrent plus largement l'assuré pour sa vie privée et éventuellement sa vie professionnelle. Ils couvrent aussi les litiges avec employeurs, bailleurs, locataires, voisins, organismes sociaux.

■ **Points particuliers. A l'école : 1°)** *si l'enfant cause un accident,* l'assurance responsabilité-chef de famille des parents garantit ceux-ci s'ils sont déclarés responsables du fait de leur enfant. Au cas où la responsabilité personnelle de l'enfant est retenue, les dommages seront pris en charge par le même contrat, l'enfant ayant lui-même pratiquement toujours la qualité d'assuré dans les contrats actuels, ou par le contrat d'assurance scolaire. **2°)** *Si l'enfant est victime d'un accident,* l'assurance scolaire ou une assurance « individuelle accidents », souscrite par les parents, complète les prestations sociales et, en cas d'invalidité, verse un capital. L'assurance scolaire couvre aussi la responsabilité de l'enfant ou des parents. *L'assurance scolaire n'est pas obligatoire : le refus des parents n'autorise pas l'école à refuser l'enfant,* sauf pour sorties, voyages et séjours notamment à l'étranger, qui n'entrent pas dans la scolarité proprement dite. *Si le trajet scolaire s'effectue en deux-roues à moteur,* l'assurance spécifique pour les deux-roues est obligatoire. L'assurance de la responsabilité civile du conducteur à l'égard du passager est automatique. L'assurance scolaire ne couvre l'enfant que pendant le trajet aller-retour le plus direct entre le domicile et l'école ; s'il fait un détour, il n'est pas couvert en cas d'accident. *Une assurance extrascolaire,* plus étendue, couvre les dommages causés et subis par l'enfant à tout moment, même pendant les vacances. Si l'enfant est couvert par 2 assurances (l'assurance scolaire et le contrat personnel des parents), chacun des assureurs doit être informé en cas d'accident et les parents ont le choix entre l'un et l'autre pour l'indemnisation. En cas d'invalidité ou de décès, assurances et indemnités correspondantes se cumulent.

Artisans et commerçants : l'assurance de responsabilité civile familiale et professionnelle des artisans et commerçants est généralement inscrite dans un contrat multirisque (incendie, explosion, responsabilité civile, dégâts des eaux, protection juridique).

Handicapés. Mineurs : les parents doivent s'assurer que leur multirisque habitation ne comporte pas de restriction. Sinon, extension à demander par lettre recommandée avec accusé de réception. **Majeurs :** une extension peut être nécessaire. *Conduite automobile* (handicapé titulaire d'un permis F permettant de conduire des véhicules des catégories A 1 à A 4 et B). L'assurance souscrite joue même si le handicapé n'utilise pas la prothèse mentionnée sur le permis de conduire.

« Hors locaux occupés » : choisir un contrat « responsabilité civile familiale » couvrant la responsabilité du fait de *l'incendie* provoqué par les personnes visées hors des locaux assurés (camping, pique-nique, feux d'herbes dans le jardin, etc.). Sont alors exclus les dommages matériels consécutifs à incendie ou explosion prenant naissance dans les lieux habités temporairement ou non par l'assuré, ou dont il est propriétaire (la couverture ressort des polices d'assurances contre l'incendie). Même extension de garantie pour les *dégâts des eaux* (exemple : en séjour chez des amis).

Immeubles. Locataire : la loi l'oblige à assurer ses responsabilités envers le propriétaire. *Exception :* meublés, logements-foyers, logements de fonction, locations saisonnières et résidences secondaires. S'il s'agit d'une accession à la propriété, l'acheteur est légalement tenu de s'assurer. Il doit justifier de cette assurance lors de la remise des clés, puis chaque année, à la demande du propriétaire. Depuis la loi du 23-12-1986, ce dernier peut introduire dans ses nouveaux contrats, ou lors du renouvellement des anciens, une clause de résiliation pour défaut d'assurance. **Propriétaire d'immeuble :** penser à assurer accidents causés aux tiers (locataires) *du fait des immeubles, des concierges, de leurs aides ou remplaçants* (accidents causés par les *ascenseurs,* etc.) ; *vols* commis au préjudice des locataires à la suite de fautes ou de négligences des concierges. **Propriétaire occupant :** couvrir sa responsabilité du fait des immeubles et dépendances constituant sa résidence, y compris arbres et clôtures.

Vacances-villégiature : en général, les contrats multirisques habitation garantissent les responsabilités de l'occupant au lieu de villégiature vis-à-vis du propriétaire (location saisonnière), des voisins, des tiers (exemple : incendie en camping). Vérifier que les garanties jouent en cas d'incendie et de dégâts des eaux. Les objets emportés par l'occupant peuvent également être couverts (vérifier son contrat). En général, contrat séparé pour la résidence secondaire (voir **Assurances en voyage** p. 1614 a).

Véhicules. A moteur : dommages causés aux tiers par un mineur au volant d'une voiture étrangère à la famille (par exemple, la voiture du père d'un camarade à l'insu des parents et du propriétaire du véhicule) ne sont pas couverts par l'assurance de responsabilité civile du particulier ou familiale (même les 2-roues). **Sans moteur :** sont couverts : bicyclettes, diables, poussettes, voitures d'enfants, brouettes, jouets sportifs, utilisés dans un but non professionnel, parfois embarcations à rames ou à voile, sans moteur, de moins de 3 ou 5 m hors tout.

Sport

■ **Généralités.** *Coût moyen d'un accident de sport :* 10 000 F. *Coût total du risque sportif* (évaluation) [dommages corporels, dégâts matériels, frais de recherche et de transport, pertes indirectes, etc.] : 3 milliards de F.

Sport pratiqué en dehors de toute association : la garantie « responsabilité civile familiale » du contrat « multirisque habitation » intervient pour les dommages causés aux tiers ; si le contrat exclut le sport pratiqué (exemple : sport de combat), on peut demander une extension à l'assureur. Pour les blessures : on peut souscrire une assurance « individuelle accidents » (assureur personnel). **Sport pratiqué dans le cadre d'un club ou d'une association :** le sportif bénéficie de l'assurance du club (compétition et entraînement). Tout groupement sportif doit souscrire un contrat couvrant sa responsabilité civile, celles de ses préposés et adhérents (loi du 16-7-1984). Il doit proposer des formules de garantie : réparation des dommages corporels subis par les pratiquants. Si les montants de garantie paraissent insuffisants, l'adhérent peut se garantir individuellement auprès de son assureur.

■ **Bateau. Sans moteur** *(plaisance ou pêche)* : sur rivières, lacs et canaux, à l'exclusion des activités plus spécialement sportives (canoë, kayak) : couvert par l'assurance responsabilité civile ou par contrat spécial. **A moteur** *(motonautisme)* : contrat spécial, demander à son assureur, à la *Fédération française motonautique,* 49, rue de Boulainvilliers, 75016 Paris. Un bateau s'assure comme une voiture (accidents, aux tiers, vol, incendie, défense-recours, dommages au bateau, assurance pilote et passagers).

■ **Bicyclette. Responsable d'un accident :** couvert en général par l'assurance responsabilité civile familiale (ne couvre pas un tiers auquel la bicyclette serait prêtée). **Victime d'un accident :** on peut faire intervenir le contrat d'assurance « individuelle accidents » (voir p. 1609 b). Certaines Stés proposent un contrat spécial bicyclette.

■ **Chasse.** Assurance obligatoire, couvre les accidents corporels causés aux tiers par le chasseur et ses chiens pour tout acte de chasse ou de destruction d'animaux nuisibles. *Sont exclus* ses préposés (employés) pendant leur service (couverts par la législation sur les accidents du travail) ; les dommages matériels, et les accidents provoqués par les armes en dehors de toute action de chasse (au cours du trajet, pendant le nettoyage de l'arme, en voiture, etc.) ou par les chiens de chasse. *Pour être couvert, demander à être assuré pour :* responsabilité civile à raison d'accidents matériels qu'on peut causer (par exemple, tuer le chien d'un autre chasseur) ; protection juridique (la Sté d'assurance s'en charge). Il existe un **Fonds de garantie** *pour l'indemnisation des accidents corporels de chasse* (64, rue Defrance, 94682 Vincennes Cedex), lorsque l'auteur est demeuré inconnu, ou est connu mais non assuré, ou que son assureur est insolvable.

■ **Équitation.** Vérifier si son contrat à responsabilité civile couvre la pratique de l'équitation. Les licences comprennent une assurance responsabilité civile, dommages causés aux tiers, et une individuelle accident (facultative). La licence couvre le cavalier en action d'équitation ; si on est propriétaire du cheval, prendre une assurance spéciale.

■ **Pêche.** Couverte par l'assurance responsabilité civile si l'on utilise un bateau sans moteur (dommages causés aux tiers). *Pêche ou plongée sous-marine :* licence obligatoire (délivrée par association reconnue). Assurance de responsabilité civile obligatoire pour la pratique de la pêche sous-marine de loisirs.

■ **Ski.** La Fédération française de ski propose, avec sa Licence carte neige, différentes formules d'assurances optionnelles adaptées aux besoins de chacun à des conditions tarifaires avantageuses exclusivement réservées à ses adhérents. Elles offrent des garanties très complètes en cas d'accident au cours de toute activité pratiquée en montagne, l'hiver comme l'été, en France et dans le monde entier.

■ **Ski nautique.** Couvert en principe par l'assurance du bateau remorqueur, sinon contrat spécial (se renseigner auprès du club, association). Avec une licence de la féd., on peut bénéficier d'une ass.

Vie (assurance sur la)

Généralités

■ **Assurance de groupe.** Permet, par un même contrat, de garantir à titre obligatoire ou facultatif un ensemble de personnes présentant des caractères communs (personnel d'une entreprise, emprunteurs d'un établissement de crédit, membres d'une association), pour des risques dépendant de la durée de la vie humaine (décès, retraite), l'invalidité, l'incapacité de travail, et pour des risques complémentaires (maladie, chômage). Pour les entreprises, les charges versées sont, sous certaines conditions, déductibles du bénéfice imposable, la souscription étant assimilée à une augmentation de salaire différée.

■ **Assuré.** Personne dont le décès ou la survie entraîne le paiement du capital ou de la rente ; l'assurance repose sur sa tête. L'assuré doit remplir un questionnaire médical et l'assureur peut lui demander de se soumettre à un examen médical. On ne peut souscrire à son insu une assurance, en cas de décès, sur la tête d'une personne. *Le contrat est nul* si l'assuré n'a pas donné son consentement par écrit avec indication du capital ou de la rente ; si l'on a assuré en cas de décès : un enfant de moins de 12 ans, un mineur de plus de 12 ans sans son consentement et celui de la personne investie de la puissance paternelle (parent ou tuteur) ou un majeur en tutelle. Cependant, le représentant légal d'un majeur en tutelle peut accepter une ass. de groupe liée à un contrat de travail ou à un accord d'entreprise.

Malades atteints d'une maladie grave : certaines Stés acceptent de les assurer avec surprime.

■ **Avance sur police.** Faculté qui permet au contractant, en cas de difficulté financière ou autre motif, de prélever une partie de la provision mathématique de son contrat, c'est-à-dire de l'épargne constituée qui représente les engagements de la Sté d'assurance vis-à-vis de l'assuré. L'avance est accordée dans la limite de la valeur de rachat du contrat, et moyennant le paiement d'un intérêt. L'avance ne suspend pas le paiement des primes. Elle peut être remboursée à tout moment, ou être déduite du capital versé au terme du contrat.

■ **Bénéfices (participation aux).** Rémunération de l'épargne constituée au contrat, due par la Sté d'ass. en fonction de ses résultats. La loi prévoit au minimum la répartition de 85 % des bénéfices financiers (produits tirés des placements) et de 90 % des bénéfices techniques (bénéfices de gestion et de mortalité).

■ **Bénéficiaire.** Personne à laquelle sera versé le capital ou la rente, choisie par le souscripteur, en général désignée au moment de la signature du contrat. Le bénéficiaire peut être le conjoint (personne qui a cette qualité au moment de l'exigibilité), les enfants nés ou à naître (sans qu'il soit obligatoire d'inscrire leur nom). On peut changer de bénéficiaire en avertissant l'assureur, mais si le souscripteur et l'assuré ne sont pas la même personne, il faut le consentement de l'assuré. La désignation est définitive et ne peut être changée si le bénéficiaire a accepté expressément (par lettre, en signant la police, en payant la prime...) sauf dans quelques cas (accord du bénéficiaire, donations entre époux toujours révocables, tentative de meurtre de l'assuré par le bénéficiaire, ingratitude et survenance d'enfant, divorce prononcé aux torts exclusifs de l'époux bénéficiaire). En cas de divorce, le contrat doit être compté dans le partage.

■ **Fiscalité. Capitaux versés en exécution de contrats d'assurance-vie. En cas de décès de l'assuré :** le capital versé à un bénéficiaire désigné est exonéré des droits de mutation sauf pour la fraction des capitaux décès correspondant aux primes versées après 70 ans et supérieures à 200 000 F. La loi de finances 1999 prévoit que les sommes n'entrant pas dans la règle ci-dessus, lorsqu'elles sont versées suite au décès de l'assuré par des organismes d'assurance ou assimilés, sont soumises à un prélèvement de 20 % sur la part revenant à chaque bénéficiaire. Toutefois, un abattement de 1 million de F est pratiqué sur les sommes perçues avant l'application de ce prélèvement. **En cas de vie de l'assuré :** la loi de finances 1998 a limité les conditions d'exonération des contrats d'assurance vie. En cas de dénouement d'un contrat d'une durée supérieure à 6 ou 8 ans, les produits (intérêts) sont soumis au barème progressif de l'impôt sur le revenu ou au prélèvement libératoire de 7,5 % avec abattement annuel : pour célibataires, veufs ou divorcés 30 000 F et pour contribuables mariés soumis à imposition commune 60 000 F. Il s'agit des produits acquis à compter du 1-1-1998 afférents à des primes versées à compter du 26-9-1997 sur des contrats (ou bons) souscrits depuis le 1-1-1983. Les contrats « DSK » (voir col. b) ne sont pas soumis à ce prélèvement.

Imposition des produits : si le contrat cesse avant 8 ans (à compter du 1-1-1990), la différence entre la somme versée au bénéficiaire et les primes payées (produits) est imposée (35 % avant 4 ans, 15 % entre 4 et 8 ans auxquels sont ajoutés 2 % de contribution sociale). En outre, la contribution sociale généralisée (CSG : 7,5 %) et la contribution pour le remboursement de la dette sociale (CRDS : 0,5 %) sont prélevées lorsque les participations aux bénéfices ou des intérêts sont inscrits au contrat.

■ **Cas de non-paiement du capital. Délai de carence :** prévu dans le contrat. **Fausse déclaration :** *intentionnelle.* **Meurtre de l'assuré par le bénéficiaire :** le bénéficiaire doit avoir été condamné pour que le contrat cesse (loi du 7-1-1981). Dès lors, seule la provision mathématique, c.-à-d. l'épargne accumulée au titre du contrat, est versée au contractant ou à ses héritiers. *Si la tentative de meurtre échoue,* le contractant peut révoquer l'attribution du bénéficiaire, même si celui-ci avait déjà accepté la stipulation faite à son profit. **Suicide de l'assuré :** il est interdit de couvrir le suicide conscient et volontaire de l'assuré, pendant les 2 premières années. Toutefois, si cela se produit, l'assureur verse aux ayants droit la provision mathématique du contrat. Si le suicide est inconscient (instinct vital anéanti par maladie, douleur physique ou morale : dépression, cancer, perte d'un être cher, etc.), il peut être couvert, mais ce n'est pas une obligation.

■ **Fiscalité. Contrats donnant droit à des réductions d'impôts :** contrats constitutifs d'épargne (tous les contrats d'assurance vie et de rente viagère différée) de durée effective au moins égale à 6 ans, sauf temporaires décès et rentes viagères immédiates.

Montant de la réduction d'impôt sur le revenu : égal à 25 % de la part de prime représentative de l'opération d'épargne, dans la limite de 4 000 F par foyer fiscal + 1 000 F par enfant à charge. Pour les contrats d'assurance décès souscrits en faveur d'un handicapé, égal à 25 % de la part de prime dans la limite de 7 000 F + 1 500 F par enfant à charge. Cette réduction se cumule avec la précédente. Donnent droit à la même réduction les contrats qui garantissent le versement d'un capital ou d'une rente viagère à un assuré atteint d'une invalidité l'empêchant de subvenir à ses besoins. Selon la loi de finances pour 1997 : réduction d'impôt réservée à ceux dont l'impôt annuel sur le revenu est limité à 7 000 F au titre des revenus de 1995 et 1996 pour les titulaires d'un contrat à primes périodiques souscrit ou prorogé avant le 5-9-1996. Il n'y a plus de réduction d'impôt pour les versements effectués à compter du 1-1-1997 pour les contrats à versements libres ou à prime unique ou pour les contrats souscrits ou prorogés à compter du 5-9-1996.

Impôt de solidarité sur la fortune : doivent figurer dans l'inventaire du patrimoine : les primes versées après l'âge de 70 ans au titre des contrats non rachetables souscrits à compter du 20-11-1991 et la valeur de rachat des contrats d'assurance rachetables (ces dispositions s'appliquent à compter de la période d'imposition s'ouvrant le 1-1-1992). Le capital constitutif des rentes viagères (sauf s'il s'agit de rentes viagères constituées en vue de la retraite ou perçues en réparation de dommages corporels). Les primes versées après 70 ans au titre des contrats d'assurance non rachetables souscrits à partir du 20-11-1991, et la valeur de rachat des contrats rachetables, sont ajoutées au patrimoine du souscripteur.

■ **Prime.** *Calculée* grâce aux tables de mortalité de l'Insee en fonction des probabilités de vie ou de mort de l'assuré à chaque âge. Les Stés d'assurance peuvent utiliser aussi leurs propres tables, certifiées par un actuaire (art. A-335-1 du Code des assurances). *Payée* par le souscripteur ou toute personne y ayant intérêt. **Se compose de : 1°)** *épargne* que la Sté fait fructifier, récupérable en partie lors d'un rachat ; **2°)** *assurance décès* et garanties complémentaires en cas d'accident (doublement du capital par exemple) utilisées pour la garantie des risques ; **3°)** *frais d'acquisition* et de gestion du contrat. *Si la prime n'est pas payée* dans les 10 j de son échéance, l'assureur informe, par lettre recommandée, qu'à l'expiration d'un délai de 40 j à dater de l'envoi de la lettre le défaut de paiement entraînera : la résiliation du contrat s'il s'agit d'une ass. temporaire, ou de tout autre contrat ne comportant pas de valeur de rachat. **Valeur de réduction :** les contrats vie entière ou en cas de vie ouvrent droit à une garantie réduite (valeur de réduction) quand 2 primes annuelles au moins ont été payées, ou pour les contrats souscrits ou transformés à partir du 1-1-1986 lorsque 15 % des primes ont été versés. Les garanties sont réduites à peu près dans la proportion du nombre de primes payées par rapport au nombre de primes stipulées au contrat (sauf pour contrat à primes viagères). Le capital réduit est payable dans les mêmes conditions que le capital initial, soit en cas de sinistre, soit au terme de l'assurance. Le contrat réduit doit continuer à participer aux bénéfices pour au moins 75 % du montant attribué aux contrats de sa catégorie en cours de paiement de primes, à condition qu'il ait été souscrit ou transformé après le 15-10-1985.

■ **Rachat.** Possibilité offerte au souscripteur (uniquement) de résilier son contrat (vie entière, mixte, capital différé) après le versement de 2 primes annuelles [pour les contrats souscrits depuis le 1-1-1982 (avant, 3 primes)], ou parfois plus tôt (contrats à prime unique). *Pour les contrats souscrits ou transformés à compter du 1-1-1986 :* rachat possible si 15 % des primes ou cotisations prévues ont été versés, même si 2 primes annuelles n'ont pas été payées (loi du 11-6-1985). L'assuré recevra le montant de sa créance correspondant à la provision mathématique (l'épargne capitalisée) diminuée des frais de commercialisation non encore amortis et d'une indemnité de rachat maximale (5 % de la provision mathématique pendant 10 ans), nulle après 10 ans à compter de la date d'effet du contrat (décret du 30-12-1985). *Pour les contrats souscrits ou transformés depuis le 1-1-1986 :* le rachat se substitue à la réduction si sa valeur est inférieure à la moitié du montant brut mensuel du Smic, calculé sur la base de la durée légale hebdomadaire du travail. On retient celui du 1er juillet précédant la date à laquelle la réduction est demandée. *Pour les contrats souscrits ou transformés depuis le 1-1-1982 :* l'assureur doit obligatoirement, à chaque échéance annuelle, communiquer le montant des valeurs de rachat et de réduction. *Pour les contrats en cours au 1-1-1982 :* l'assureur y est tenu seulement si l'assuré le demande, une fois par an au maximum. Il en va de même des contrats pour lesquels aucune prime ne reste due (contrat à prime unique, par exemple).

Parties contractantes : contractant ou souscripteur ou preneur d'assurance signe le contrat et paie les primes ; souvent la même personne que l'assuré.

■ **Revalorisation.** Progression des capitaux et des primes dans la même proportion par attribution de la participation aux bénéfices. Si l'assuré refuse la revalorisation, les primes restent constantes et une participation aux bénéfices plus faible est attribuée au contrat.

Contrats basés sur des Sicav : primes et capital garantis varient en fonction du cours de l'action, en hausse comme en baisse.

Contrat « DSK » (du nom du ministre de l'Économie et des Finances Dominique Strauss-Kahn) : contrat d'assurance-vie ou de capitalisation investis en actions se référant à une seule unité de compte (FCP ou Sicav), ou à plusieurs. L'actif dans lequel sont investies les primes doit être composé d'au moins 50 % d'actions françaises cotées dont 5 % de titres à risques (actions non cotées, parts de FCP à risques...).

Contrats « pierre » : capital et primes sont basés sur la valeur d'une action de Sté immobilière ou d'un groupe d'immeubles. La valeur des immeubles est par exemple fixée tous les ans (voir police) par des experts du Crédit foncier. Entre-temps, la variation est basée sur celle d'un indice composite (coût de la construction, loyers, etc.).

■ **Types de contrat. En cas de décès. Assurance temporaire :** la Sté paye le capital assuré si le décès survient avant l'échéance du contrat ; *en cas de vie* après l'échéance du contrat, les engagements de la Sté sont éteints. Les primes ne donnent pas droit à la réduction d'impôt sauf en faveur d'un enfant handicapé. Si l'assurance est souscrite sur 2 têtes, le capital est payable au 1er décès ou au dernier décès selon les conditions contractuelles.

Assurance-vie entière : quelle que soit l'époque du décès, la Sté doit verser le capital assuré. Elle peut être prise *à prime unique* (versée en une fois), *viagère* (versée toute la vie) ou *temporaire* (versée un certain temps seulement).

Lorsque plus de 2 primes ont été versées (ou pour les contrats souscrits à compter du 1-1-1986, dès lors que 15 % des primes ont été réglées), ces contrats ont une valeur de réduction et de rachat.

En cas de vie. Capital ou rente différés : si l'assuré est vivant, la Sté offre en fin de contrat le choix entre les options suivantes : versement du capital, service d'une rente viagère immédiate ou d'une rente comportant des annuités certaines, rester assuré pour la vie entière. En général, le contrat comporte une *contre-assurance :* en cas de décès de l'assuré avant l'échéance du contrat, les primes payées sont versées au bénéficiaire désigné, augmentées, le cas échéant, de la participation aux bénéfices (en fait, contrat d'épargne).

Assurance : MIXTE : la Sté s'engage à payer un capital au terme du contrat si l'assuré est vivant, ou ce même capital avant le terme si l'assuré décède (prime plus élevée). **COMBINÉE :** lorsque les capitaux prévus en cas de vie et en cas de décès ne sont pas identiques (exemple : formule 100/25 dans laquelle le capital en cas de vie est égal à 25 % du capital en cas de décès).

Souscrite pour une durée fixe, en général échéance à 60 ou 65 ans. La Sté s'engage à verser le capital assuré au décès de l'assuré (s'il survient au cours du contrat) ou à l'échéance. On peut choisir entre : le capital ; une rente viagère ou un nombre fixe d'annuités, certaines réversibles en cas de décès sur la ou les personnes désignées ; un capital, en restant assuré en cas de décès pour un autre capital ; une rente (ou des annuités fixes), en restant assuré en cas de décès pour un capital.

■ **Titre de capitalisation.** Bon au porteur (transmissible sans frais ni formalité) ou bien nominatif. Le contrat de capitalisation est souscrit pour une durée fixe (maximum 30 ans) et prévoit un capital nominal payable au terme, moyennant le versement par le souscripteur d'une cotisation unique ou de cotisations périodiques (annuelles, trimestrielles ou mensuelles). Selon son objectif (épargne ou placement), le souscripteur choisit un contrat de capitalisation à cotisations périodiques ou uniques. S'il préfère les titres à prime unique, il peut programmer son épargne en achetant un ou plusieurs titres chaque année, ou selon toute autre périodicité à sa convenance. A l'échéance du contrat, le capital nominal est versé, augmenté des participations aux bénéfices. Les conditions du versement de la valeur de rachat sont les mêmes que pour l'assurance-vie.

Fiscalité : les cotisations des contrats de capitalisation ne sont pas soumises à la taxe d'assurance, mais n'ouvrent pas droit à la réduction d'impôt. Si le contrat cesse avant 8 ans, même traitement que l'assurance-vie, de même au-delà de 8 ans et pour les contrats « DSK » en titres de capitalisation. En outre, la contribution sociale généralisée (CSG : 7,5 %) et la contribution pour le remboursement de la dette sociale (CRDS : 0,5 %) sont prélevées lorsque des participations aux bénéfices ou des intérêts sont inscrits au contrat. Ces capitaux sont soumis aux droits de succession. La valeur de rachat est à inclure dans l'assiette de l'impôt de solidarité sur la fortune. En cas d'anonymat, les produits (différence entre capitaux versés et primes payées) sont soumis à un prélèvement de 60 %, + 2 % sur le nominal. La loi de finances 1997 a prévu que le régime nominatif doit être choisi dès la souscription.

Tirage au sort : certains titres prévoient un système de tirage au sort. Si le no du titre du souscripteur sort, il reçoit immédiatement la somme qu'il aurait dû avoir en fin de contrat, même s'il n'a payé qu'une seule prime. Les tirages, généralement mensuels, sont publics et se déroulent en présence d'un huissier. La Sté avise le propriétaire du titre sorti au tirage.

Participation aux bénéfices : tous les contrats de capitalisation souscrits depuis le 1-1-1981 participent aux bénéfices de la Sté (loi du 7-1-1981). Les modalités d'application de la participation aux bénéfices sont semblables à celles applicables en assurance vie.

☞ **Assurance complémentaire :** moyennant le paiement d'une surprime, on peut être garanti *en cas de décès par accident* (doublement ou triplement du capital décès), *d'invalidité* (exonération du paiement des primes, service d'une rente, paiement anticipé du capital s'il y a invalidité absolue), *de chômage* (facilités pour le paiement des primes).

Vol

■ **Risques couverts en général.** *Vols commis avec effraction* (porte enfoncée, serrure forcée), *escalade* ou *usage de fausses clefs,* ou *introduction clandestine,* ou *accompagnés de meurtre, de tentative de meurtre ou de violences.* Des assureurs garantissent le vol avec usage de clefs perdues ou dérobées préalablement. Les assureurs ne couvrent que les vols commis dans des circonstances dûment établies. Sauf dérogation, la garantie sur objets précieux (bijoux, pierreries, perles fines, objets en métaux précieux et pierres dures, et objets dont la valeur unitaire est supérieure à un indice de référence) est fixée à un % limité (souvent 10 à 30 %) du capital assuré sur le mobilier ou à un multiple de l'indice ou de la prime. Les espèces (billets de banque, lingots, titres et valeurs) ne sont garanties que : en coffre-fort ou meuble fermé à clef (cette garantie est en général limitée à 3 ou 5 % de la valeur choisie pour le mobilier ; l'effraction doit avoir eu lieu avec des fausses clefs, ou avec fracture du meuble lui-même ou exceptionnellement avec les clefs du propriétaire s'il y a eu violence faite sur sa personne) ; les objets contenus dans les dépendances et chambres d'employés de maison sont garantis à l'exclusion des espèces, titres, bijoux, fourrures. Dans les contrats récents, les objets de valeur sont soumis à une garantie spécifique et nécessitent le paiement d'une cotisation spéciale (de 30 à 100 F par tranche de 10 000 F de capital assuré). Tarif en fonction de la situation de l'habitation. L'assureur peut procéder à une expertise préalable des lieux pour en vérifier la protection.

Vol commis par les personnes habitant chez le souscripteur (sauf s'il s'agit des membres de la famille, époux, enfants ou autres descendants, pères et mères ou autres ascendants et alliés au même degré) ou *par son personnel salarié :* en général garanti à la condition que les auteurs du vol fassent l'objet d'un dépôt de plainte non suivi de retrait, sans l'assentiment de la Sté d'assurances.

■ **Garanties complémentaires.** Détériorations immobilières du fait des voleurs. Dans les contrats multirisques, ces garanties peuvent être exprimées en multiples de la prime ou de l'indice.

☞ Si le contrat est ancien, vérifier le montant du capital assuré. Certains contrats exigent que l'assuré dépose ses biens de valeur dans un coffre-fort, quand il n'en use pas.

Objets d'art. Précautions : *photographier les objets* dans leur environnement (en cas de vol, l'indemnisation sera facilitée). *Faire* au préalable *expertiser* mobilier et objets à assurer, ce qui permet en cas de sinistre d'apporter plus facilement la preuve de leur existence, de leur authenticité et de leur valeur. *Fiche descriptive :* certains cabinets peuvent en établir pour l'objet et faire un marquage secret si la matière le permet. Ils peuvent assurer la remise à jour des estimations et, en cas de vol, la circulation immédiate des fiches établies.

☞ Les Cies doivent déclarer au fisc les polices objets d'art couvrant des valeurs supérieures à 100 000 F.

■ **Inhabitation.** Sauf stipulation spéciale, la garantie est suspendue de plein droit le 91e j (ou parfois le 61e) de la date à laquelle les locaux d'habitation ont cessé d'être habités pendant la nuit, en une ou plusieurs périodes, au cours d'une même année d'assurance (durée très différente selon les contrats).

■ **Nécessité d'une fermeture.** La garantie « vol » est subordonnée au fait que les moyens de protection aient été utilisés (serrure de sûreté fermée à double tour, etc.). Cependant, pour une absence de courte durée (le temps d'une course par exemple), l'utilisation de protections telles que les volets des fenêtres est rarement demandée (le vérifier dans le contrat d'assurance). Dans certains cas (pavillons isolés, assurance d'objets précieux, de collections, appartements situés au rez-de-chaussée), la société fait visiter les lieux et exige un certain nombre de moyens de protection (par exemple : serrures de haute sûreté certifiées A2P, pose d'étriers, barreaudage des soupiraux, volets sur les portes vitrées, etc.). Dans tous les cas, les ouvertures accessibles (soupiraux, portes vitrées) doivent être protégées. L'assureur peut même demander la pose d'une *installation d'alarme.* Si la sirène donne sur la voie publique, l'autorisation de la préfecture est nécessaire. En cas de fausse déclaration intentionnelle, l'assureur peut refuser d'indemniser l'assuré.

■ **En cas de vol.** Ne rien modifier à l'état des lieux avant le constat par l'autorité de police ; déposer plainte dans les 24 h (parfois dans les 12 h) auprès de l'autorité de police ; aviser, dans les 2 j ouvrés, l'assureur par lettre recommandée avec AR ; établir un état de perte chiffré, et l'envoyer à l'assureur.

Voyage

■ **Agences de voyages.** Leur responsabilité est parfois celle d'un transporteur. Pour les réservations de place dans les hôtels, l'organisation de la visite des musées et des monuments, la location de places à des entreprises de transports qu'elles n'utilisent pas de façon exclusive, etc., les agences agissent comme mandataires et ne sont responsables que de leurs fautes prouvées. Les agences déclinent souvent toute responsabilité en cas de perte, de vol ou d'avarie de bagages. Cette clause n'est valable que pour les bagages, bijoux ou vêtements que les voyageurs conservent avec eux pendant le voyage. Les agences sont obligées d'informer leur clientèle. En particulier, elles doivent indiquer nom et adresse de leur assureur et rappeler l'existence de contrats d'assurance facultatifs couvrant les conséquences de certains cas d'annulation.

■ **Assistance. Contrat d'assistance :** contrat de service entre le souscripteur (l'abonné) et la Sté d'assistance qui s'engage à prendre, à organiser et à exécuter immédiatement, en cas d'urgence, les mesures appropriées pour résoudre un problème majeur, empêchant la continuation normale et prévue d'un voyage ou d'un déplacement, et, le cas échéant, prend à charge les frais de l'intervention. Certaines Stés d'assistance procurent également des prestations à domicile (abonnements annuels « famille », « couple », « individuel »).

Types de prestations : assistance aux personnes : rapatriement du blessé ou du malade par avion sanitaire, avion de ligne, train ou ambulance selon l'état du malade et après avis du médecin régulateur de la Sté d'assistance. Transport du corps en cas de décès (frais de cercueil limités de 2 000 à 8 000 F selon compagnies). Rapatriement des autres personnes inscrites au contrat. Visite sur place d'un proche parent en cas d'hospitalisation à l'étranger. Prise en charge des enfants mineurs du malade ou du blessé. Remboursement des frais médicaux à l'étranger en complément des remboursements accordés par la Sécurité sociale et/ou des mutuelles. Mise à disposition d'un titre de transport en cas de décès ou d'hospitalisation d'un proche resté en France. Avance de la caution pénale et des frais d'avocat à l'étranger, avance de fonds en cas de perte ou vol des moyens de paiement. Frais médicaux, franchise de 200 F (pas systématique). Assistance et frais accidents de ski, et assistance « Navigation de plaisance » (sauf frais services techniques qui sont refacturés) couverts par certaines Stés d'assistance. *Exclusions :* rapatriements : maladies mentales ayant déjà fait l'objet d'un traitement, lésions bénignes, convalescences, rechutes de maladies antérieurement constituées, complications après le 6e mois de grossesse (cette clause d'exclusion est valable à l'étranger). **Assistance aux véhicules :** envoi de pièces détachées. Mise à disposition d'un véhicule ou d'un titre de transport pour continuer le voyage et/ou retourner à la maison et aller chercher un véhicule réparé entre-temps (base : train 1re classe ou avion classe économique), ou d'un chauffeur. Remorquage en cas de panne (jusqu'à 1 000 F chacun). Frais de taxi jusqu'à 300 F et/ou frais d'hôtel 500 F par nuit par personne abonnée, si la réparation dure moins de 48 h. Rapatriement des voitures non réparables en 5 j à l'étranger. **Assistance à domicile** (dans certains types de contrats) : *assistance parents* (enfants, scolarité, éducation, vacances, loisirs...) ; *assistance conseils* (problèmes administratifs ou sociaux privés) ; *assistance urgence* (médecin, ambulance ; aide familiale en cas d'hospitalisation d'un abonné ; hébergement à la suite d'incendie, d'inondation, de cambriolage) ; *assistance dépannage* (électricien, plombier, serrurier).

■ **Bagages.** Possibilité de les assurer. Ne sont pas couverts les dommages dus à des défauts d'emballage ou occasionnés par les services douaniers.

■ **Camping.** Vérifier que l'ass. responsabilité civile familiale inclut le camping. Sinon, on peut la modifier (avec surprime) ou souscrire une ass. spéciale. Pour le camping en forêt, assurance obligatoire. La carte de la Féd. française de camping-caravaning comporte une assurance de responsabilité civile.

■ **Caravane.** Il faut déclarer à l'assureur auto que l'on va tracter une remorque. Depuis janv. 1986, l'absence de déclaration entraîne : assurance partielle sauf si dispense dans le contrat (jusqu'à 750 kg) ; non-assurance (si + de 750 kg). Vérifier sur l'attestation délivrée que la police d'ass. garantit la remorque (beaucoup garantissent systématiquement celles de 500 à 750 kg), sinon demander une extension à l'assureur (surprime : environ 15 % de la prime) pour les dommages couverts par l'assurance obligatoire, résultant des « accidents, incendies ou explosions causés par le véhicule et sa remorque, les accessoires et les produits servant à son utilisation, les objets et les substances qu'il transporte », et ceux qui proviennent « de la chute des accessoires, objets, substances ou produits ». L'attestation d'assurance doit mentionner la remorque.

On peut assurer la remorque elle-même contre l'incendie, les dommages en cas d'accidents, le vol. Les contrats « caravaning » couvrent aussi la responsabilité pour la caravane en stationnement (par exemple en cas d'incendie ou d'explosion).

■ **Hôtel, pension de famille, gîte rural.** *En cas de vol :* l'hôtelier est responsable du vol des objets apportés par ses clients [dans la limite, sauf faute de sa part, de 100 fois le prix, par jour, de la chambre, ou 50 fois pour les objets laissés dans les voitures stationnées sur les lieux dont l'hôtelier a la disposition, qu'ils soient commis dans l'hôtel même ou dans ses dépendances (exemple : garage)].

En revanche sa responsabilité est illimitée pour les objets déposés entre ses mains (il est préférable de le faire pour les bijoux et autres objets précieux) ou qu'il refuse de recevoir sans motif légitime. Les inscriptions telles que « la maison n'est pas responsable des vols ou échanges de vêtements » ou encore « ... des vols survenus dans le garage » sont sans valeur juridique et ne sont pas opposables au client. L'hôtelier disposant d'un garage, mais qui demande à son client de garer sa voiture à un endroit déterminé hors de l'hôtel (exemple : quand son garage est plein), peut être responsable des vols commis dans ladite voiture. Si le client commet une imprudence entraînant le vol (exemple : chambre non fermée à clef), la responsabilité de l'hôtelier est diminuée, voire annulée.

■ **Location** (villa ou appartement). Le locataire est responsable à l'égard du propriétaire des dommages pouvant survenir à son immeuble et à son mobilier, sauf si le locataire prouve un cas de force majeure, un vice de construction, un défaut d'entretien à la charge du propriétaire, ou que le feu a pris dans une maison voisine (sauf si le contrat d'assurance du propriétaire prévoit que la Sté d'ass. renonce à user de son droit de recours contre les locataires). *On a intérêt à s'assurer spécialement : 1°)* par une « extension » de l'assurance couvrant sa résidence principale (clause villégiature) ; *2°)* ou par une assurance spéciale pour les vacances. On peut assurer, par la même extension de sa police générale, le « mobilier » que l'on emporte (meubles meublants, vêtements, linge, skis, électrophones, articles de plage, etc.).

Nota. – La plupart des contrats multirisques actuels comprennent des clauses villégiature (vérifier le montant de la garantie).

■ **Résidence prêtée. Vacances chez des parents ou des amis :** on est responsable des dégâts causés par sa faute ou sa négligence à l'immeuble ou aux meubles qui le garnissent. L'ass. de la personne qui héberge pourra se retourner contre l'hébergé, sauf si le contrat prévoit la renonciation à recours contre les « occupants temporaires ». Vérifier que son contrat d'assurance « multirisque habitation » comporte une clause « villégiature » couvrant ces responsabilités.

■ **Transporteurs.** Sont responsables des dommages causés à un voyageur, aux bagages enregistrés (pertes, avaries, retards dans l'acheminement) pour des montants limités. Ne sont pas responsables pour les bagages à main. On peut assurer tous ses bagages, enregistrés ou non, quel que soit leur mode de locomotion (même dans sa voiture), pour la durée d'un déplacement. Une clause exige généralement verrouillage de la voiture et fermeture des glaces lorsque les bagages sont dans une automobile en stationnement [la garantie joue, à la condition que la voiture soit stationnée dans un lieu gardé ou dans un garage fermé à clef (entre 22 h et 7 h)].

■ **Voiture.** Voir **Assurance automobile** p. 1609 c.

Statistiques

Assurances dans le monde

Chiffre d'affaires

■ **Chiffre d'affaires global** (en milliards de $, 1999, *source Swiss Re).* USA 795 ; Japon 495 ; G.-B. 205 ; Allemagne 139 ; *France 123 ;* Italie 67 ; Corée du Sud 48 ; Canada 42 ; Australie 39 ; P.-Bas 38.

Principales compagnies

■ **Chiffre d'affaires mondial des assureurs globaux** (en milliards de £, 1998). Axa 33,2, Allianz 33, Nippon Life 29,1, Generali 26,7, ZFS (Zurich Fin Sycs) 25, CGNU 20,3, Dai-Ichi Mutual Life 20, AIG 18,8, Met Life 17,3, Sumimoto Life 16,7, State Farm 15, ING 14,4, CGU 14,1, Meiji Life 12,6, Winterthur 12,6, Prudential 11,4, Allstate 11,4, RSA 11,1, CNP 11,1, Prudentila (US) 10,3, Cigna Corp. Group 9,9, Norwich Union 6,2.

■ **Capitalisation boursière** (en milliards de $) **et (PER 2000/PER 2001).** Allianz [1] 71,9 (36,2/31,6). ING [2] 63,8 (18,8/15,3). Munchener Ruck [1] 48,7 (44,7/35,4). Axa [3] 45,2 (50,2/23,3). Aegon [2] 33,5 (21,3/18,5). Generali [4] 29,8 (34,3/32,8). ZFS (Zurich Fin Sycs) [5] 28,7 (11,6/14,4). Swiss Re [5] 28 (17/13,9). Prudential [6] 21,6 (25,2/23,1). CGNU PLC [6] 16,8 (20/16,2). Legal & General [6] 11,1 (28,6/22,2). Ergo [1] 10,9 (26,1/20,4). AGF [3] 10,4 (13,5/12,2).

Nota. – (1) Allemagne. (2) P.-Bas. (3) France. (4) Italie. (5) Suisse. (6) G.-B.

■ **1ers groupes mondiaux d'assistance. Chiffre d'affaires global dont,** entre parenthèses, **en France** (en milliards de F, 1998) : Europ Assistance 2,3 (0,61), Axa Assistance 2,2 (0,8), Elmonda (issu de la fusion entre Elvia et Mondial Assistance) 1,7 (0,48), Inter Mutuelles Assistance (IMA) 1,3 (1,08).

■ **1ers réassureurs mondiaux. Chiffre d'affaires** (en milliards de $, 1999). Munich Re [1] 13,57, Swiss Re [2] 12,84, Berkshire Hathaway Re [3] 9,45, Employers Re [3] 6,92, Hannover Re [1] 4,18, Gerling Global Re [1] 3,94, Lloyd's [4] 3,8, Generali [5] 3,53, Allianz [1] 3,3, Scor [4] 2,72, Zurich Group Re [8] 1,88, Transatlantic Holdings [2] 1,5, Partner Re [1] 1,33, CNA Re [1] 1,28, Axa Re [4] 1,14, Everest Re Group [1] 1,09.

Nota. – (1) Allemagne. (2) États-Unis. (3) France. (4) G.-B. (5) Italie. (6) Japon. (7) Pays-Bas. (8) Suisse.

■ **1ers courtiers mondiaux. Chiffre d'affaires** (en milliards d'euros, 1998) : Marsh & McLennan 5,76, Aon 4,3, Willis Corroon 1,16, Arthur J. Callagher 0,51, Jardine Lloyd Thomson 0,4, USI Insurance Services 0,32, Acordia 0,3, Alexandre Forbes 0,27, Gras Savoye 0,25, Lambert Fernchurch 0,24.

■ **Lloyd's.** N'est pas une compagnie d'assurance mais un marché où les syndicats, composés de membres individuels ou, depuis 1994, de sociétés, acceptent les risques que leur proposent les courtiers du Lloyd's. 134 sociétés de courtage (dont 128 à Londres et 6 à l'étranger) sont autorisées à présenter des risques au marché. Les souscripteurs sont regroupés en 108 syndicats. **Capacité totale de souscription :** 11 milliards de £, les membres entreprises y apportant 80 %, les membres individuels 20 %. 5 % de la réassurance mondiale est placée au Lloyd's qui opère dans plus de 100 pays. **Affaires :** *maritimes* 15 %. 13 % des affaires maritimes mondiales sont assurées au Lloyd's. 1er réassureur mondial des risques de responsabilité des navires. *Non maritimes* (dommages) : 57 %. *Aviation :* 11 %.

Gros sinistres

■ **Dans le monde. Coût total** (en milliards de $) dont, entre parenthèses, **coût pour les assureurs. Catastrophes naturelles.** [légende météo : **ouragan** (O), **typhon** (T), **tempête** (TH)] : **1983** *Alice* (O, USA) 1,65 (1,27) ; **87** (TH, Europe occidentale) 3,7 (3,1) ; **89** *Hugo* (O, USA) 9 (5,4) ; **89** *Mitch* (Hondura, Nicaragua, Salvador) 5 (0,5) ; **90** *Daria* (TH, Europe) 6,8 (5,1), *Herta* (TH, Europe) 1,9 (1,3), *Vivian* (TH, Europe) 3,25 (2,1), *Wiebke* (TH Europe) 2,25 (1,3) ; **91** *Mireille* (T, Japon) 6 (5,2) ; **92** *Andrew* (O, USA) 30 (20), *Iniki* (O, Hawaii) 3 (1,6) ; **93** blizzard (USA) 5 (1,75), **95** grêle (USA) 2 (1,13), *Luis* (O, Caraïbes) 2,5 (1,5), *Opal* (O, USA) 3 (2,1) ; **96** *Fran* (O, USA) 3 (1,6) ; **98** *George* (O, USA) 10 (3,5) ; **99**-*4-4* [grêle, Australie (Sydney)] 1 ; -*3/7-5* (tornades, USA) 1,5 ; -*10/17-9 Floyd* (O, USA, Bahamas) 7 (2,2) ; -*22-9 Bart* (T, Japon) 3 (2,5) ; **2000 coût total** (en milliards d'euros) : -*22-1* (TH, USA) 0,5 ; -*28/29-3* (tornades, USA) 0,48 ; -*24-5* (grêle, Japon) ; -*25 et 27-5* (tornades, TH et grêles, USA) ; -*11/12-9* (T, Corée, Guam, Japon et Russie) ; *oct.-nov.* (TH, G.-B.). **Inondations (en milliards de $) : 1993** USA 12 (0,8) ; **94** Italie 10 (0,2) ; **96** Chine 24 (1,5) ; **97** Allemagne, Pologne, Rép. tchèque 5,9 (1) ; **98** Chine 20 (0,3) ; **2000 coût total** (en milliards d'euros) : France, Italie, Suisse 0,49. **Séismes : 1988**-*7-12* Arménie 18 ; **89** USA (San Francisco) 6,1 ; **94**-*17-1* USA (Los Angeles) 30 (20) ; **95** Japon (Kobe) 100 (3) ; **99**-*17-8* Turquie 24 (1) ; -*21-9* Taïwan 20 (2,5). Voir p. 83 b.

Incendies. 1988-*6-7* mer du Nord (plate-forme pétrolière *Piper Alpha*) 1,2 ; -*25-8* Portugal (Lisbonne) 0,2. **91** USA (Oakland) 1,7. **92** Irlande (abattoir) 0,1. **94** Australie (Sydney, forêts, 800 000 ha) 0,1. **96**-*21-1* Italie (Venise, *La Fenice*) 0,2 ; -*5-5* Allemagne (Düsseldorf, aéroport) 0,2 ; -*nov.* tunnel sous la Manche 0,2.

Divers. 1977 Canaries (Tenerife, collision de 2 Boeing) 0,1 ; **78** Espagne (Los Alfaques, explosion camion citerne près d'un camping), indemnités versés aux familles 0,03 ; **80**-*27-3* Norvège (effondrement plate-forme pétrolière *Alexander-Kielland*), dommages matériels 0,05 ; -*27-10* G.-B. (explosion entrepôt) 0,1. **84** Inde (Bhopal, fuite chimique) 3,1. **89** Alaska (marée noire de l'*Exxon-Valdes*). **2000**-*13-5* P.-Bas (Enschede, explosion d'une usine de feux d'artifice) 0,46 milliard d'euros ; -*25-6* Koweït (Mina Al-Ahmadi, explosion d'une raffinerie de pétrole).

Attentats coûteux. 1993-*févr.* USA (New York, *World Trade Center* 30,5 ; -*24-4* G.-B. (Londres, bombe Ira) 0,7.

■ **En France** (en millions de F). **Catastrophes naturelles. Tempêtes : 1987** Bretagne, Normandie 3 300 (3 100). **99**-*25-12* (nuit du samedi) (Ouest 980 hPa à 4 h, Ile-de-Fr. pression atmosphérique 960 hPa à 7 h, Est 960 hPa à 10 h, tourbillon de 300 km de diamètre, très creux coexistant avec la grande dépression d'Irlande, s'étalant sur plus de 3 000 km de diamètre plus au nord ; Arpège de Météo France (qui extrapole la situation sur ordinateur à partir des données fournies) avait prévu 12 h avant sur son homologue britannique mais avait sous-estimé la vitesse des vents ; -*27/28-12* (nuit), Sud-Ouest, même type, un peu moins violent ; Arpège a indiqué son parcours et sous-estimé la puissance. *Morts* : 88 au 2-1-2000. *Coût* (en milliards de F) : 20 à 25, dommages de l'EDF 16 : réparations immédiates 4 à 5, reconstruction du réseau électrique 12 (en 1998, chiffre d'affaires EDF 185, capacité d'autofinancement 49,2) ; *Foyers privés d'électricité* : 4 millions. *Sinistres, par catégorie d'assurances : assurés* 33 (catastrophes naturelles 3 ; particuliers 22, entreprises 8), *non-assurés* 30 (arbres et les préjudices consécutifs, pertes d'exploitation des PME/PMI et artisans commerçants, l'État, les villes, les établissements publics). **Inondations : 1988** Nîmes 1 900 (1 900). **92** Vaison-la-Romaine 2 000 (1 500). **93**-*déc.* 4 000 (2 000 à 3 000). **99**-*12/14-12* Aude, Pyrénées-Orientales, Hérault, Tarn, 3 000 (34 †). **Incendies. 1972**-*28-9* Paris (Publicis) 150. **1982***11-9* port autonome du Havre (hangars) 155. **1984**-*31-1* usine 380. **1987**-*25-10* Val-d'Oise (grand magasin) 290. **1989**-*22-9* Morbihan (abattoir) 200. **1990**-*22-2* B.-du-Rh. (produits chimiques) 490. -*1-6* S.-et-M. (dépôt de livres) 236. -*20-8* Val-d'Oise (de marchandises) 600. **1991**-*1-5* I.-et-V. (boulangerie industrielle) 245. -*15-6* Nord (dépôt de matériel informatique) 205. -*3-10* Vosges (fabrication de cartons) 255. **1992**-*18-1* P.-de-C. (usine de confection de vêtements de sport) 200. -*23-1* Pyr.-Or. (centre commercial) 262. -*22-4* Isère (usine de produits chimiques) 482. -*9-11* La Mède, B.-du-Rh. (raffinerie Total) 3 500. **1994**-*7-2* Rennes (Parlement) 230. **1996**-*5-5* Crédit lyonnais 1 600. **Divers. 1976**-*13-8* un automobiliste fait dérailler un train à Bar-le-Duc, dommages matériels 15. **1978**-*mars* Finistère, marée noire de l'*Amoco-Cadiz*, 1 000. -*17-2* explosion due au gaz, rue Raynouard à Paris, dommages matériels 50. **92**-*20-1* Vosges, mont Ste-Odile, Airbus 500/600. -*5-5* Corse, effondrement des tribunes du stade de Furiani 300/400. **99**-*12-12* Bretagne, marée noire de l'*Erika* (12 000 t de fioul lourd (FO2), 400 km de côtes polluées) 1 200 (montant de l'enveloppe du Fipol).

☞ **Dégâts aux transports et infrastructures en 1999** (en milliards de F) : coût des tempêtes, inondations et de la marée noire 3 [pris en charge par État et entreprises publiques 1,3 (SNCF, Réseau ferré de France), collectivités 1,37, Stés d'autoroutes 0,25, par assurances 0,10]. Iront à la mer, aux ports et canaux 0,3 ; aux transports aériens 0,10 ; au ferroviaire 0,6.

Couvre près de 22,7 % des affaires mondiales d'aviation. *Automobile* : 17 %, 2e assureur véhicules particuliers au Royaume-Uni. **Nombre de syndicats :** *1990* : 401 ; *98* : 155 ; *99* : 401 ; *2000* : 122 ; *2001* : 108. **Fonds de primes des syndicats (PTF)** : recueillent des primes sur les opérations des membres ; sont utilisés pour le paiement des sinistres. **Fonds des membres au Lloyd's et autres actifs** : les membres contribuent au capital en versant dans ces fonds 50 % ou plus de leur limite de souscription. Les membres sont individuellement responsables du paiement des sinistres sur la totalité de leurs actifs, une fois les ressources des fonds au Lloyd's épuisées. **Fonds central** : mis en place pour fournir une sécurité supplémentaire aux polices d'assurance non-vie souscrites après le 31-12-1992 et à toutes les polices d'assurance vie. Tous les membres, individuels et entreprises, paient une contribution annuelle au fonds central. Lloyd's doit vérifier chaque année la solvabilité de chacun de ses membres. **Ressources nettes du Central Fund** (au 1-1-2000) : 903 millions de £ (dont 253 en contribution directe, 350 en réassurance et 300 en appel de fonds exceptionnel).

Equitas : groupe de sociétés à responsabilité limitée indépendant du Lloyd's. Le Lloyd's a le droit de nommer un membre au conseil de la Sté. Créé en 1993-96 (en avril 1993, le Lloyd's, confronté à de lourdes pertes, avait décidé de constituer une structure dont le capital serait séparé et qui réassurerait les engagements des syndicats du Lloyd's pour les années antérieures à 1985). **Prime encaissable** : 11,2 milliards de £ le 4-9-1996 (jour du début de ses opérations). En décembre 1997, Equitas a terminé la mise en place de la réassurance des engagements antérieurs à 1993. N'est pas autorisé à souscrire d'affaires nouvelles et se réduira au fur et à mesure du paiement des sinistres.

Chiffre d'affaires (en milliards de £) : *1990* : 7,43 ; *91* : 8,78 ; *92* ; 10,58 ; *93* : 10,48 ; *94* : 9,50 ; *95 (est.)* : 9,99 ; *96 (est.)* : 10 ; *97 (est.)* : 10,3 ; *98* : 10,17. **Résultat net** (en milliards de £) : *1988* : 0,51 (1er résultat déficitaire depuis 1967) ; *89* : – 2,06 ; *90* : – 2,32 ; *91* : – 2,05 ; *92* : – 1,2 ; *93* : 1,09 ; *97* : – 0,42 ; *98* : – 1,06 ; *99* : – 1,11.

Assurances en France

Généralités

■ **Chiffre d'affaires mondial de l'assurance française** (en milliards de F). *1986* : 297,1 ; *90* : 540,6 ; *95* : 958,2 ; *98* : 1 020,4 ; *2000* : 1 345,2 [dont Stés agréées 914,4 [vie et capitalisation 566 (en 1999), Stés dommages 233 (en 1999)], filiales à l'étranger 381,1, Stés de réassurance 45,6, succursales de l'UE 4,6].

Activités internationales de l'assurance française (en 2000). **Cotisations en milliards de F :** *assurance directe* : 256,5 (dont filiales 252,1, succursales et agences 4,4) ; *réassurance : risques étrangers* : 16,1 (dont réassureurs spécialisés 14,6, assureurs directs 1,5). *Total* 272,6.

Marché français. Total [dont assurances de personnes/assurances de dommages (hors dommages corporels)] : *1990* : 381,2 (235/146,2) ; *97* : 780,2 (584,2/196) ; *98* : 726,9 (498/228,9) ; *2000* : 881,5 (674,9/206,6).

Chiffre d'affaires selon l'approche comptable et juridique ou économique en France des Stés d'assurances agréées sur le marché français (en milliards de F, 2000). **Stés d'assurances-vie, capitalisation et mixtes :** affaires directes France 614 (assurances-vie individuelles 510,3, collectives 66,3, bons de capitalisation 16,4, dommages corporels 21), vie et capitalisation (acceptations en France 20,3, succursales à l'étranger 0,7). *Total* 635.

Stés d'assurances de dommages : dommages 284 (acceptations en France 28,9, succursales à l'étranger 8,5), affaires directes France 246,6 [automobile 95,8, dommages corporels 41,1, aux biens des particuliers 30,2, des entreprises 25,6, agricoles 5,3, responsabilité civile générale 11,8, transports 7,2, catastrophes naturelles 6,6, construction 7,2, divers (assistance, crédit, protection juridique, etc.) 17,1]. *Total* 919 [dont assurances de personnes 675, de dommages (biens et responsabilité) 244].

Structures des encaissements (en %, 2000). **Affaires directes sur le marché français :** vie 67 ; automobile 11,1 ; dommages aux biens 7,1 ; dommages corporels 7,1 ; bons de capitalisation 1,9 ; responsabilité civile 1,4 ; transports 0,8 ; construction 0,8 ; catastrophes naturelles 0,8 ; divers 2.

Chiffre d'affaires en assurances de personnes, assurances de dommages-biens et responsabilité (en milliards de F sur le marché français). **Total des cotisations** [y compris cotisations acceptées en réassurance, collectées par les Stés françaises ou étrangères agréées sur le marché français et les succursales de l'EEE (Espace économique européen) établies en France] **assurances de personnes et**, entre parenthèses, **assurances de dommages :** *1991* : 273,1 (176,7) ; *95* : 489,9 (236,9) ; *96* : 534,9 (240,2) ; *97* : 579 (231) ; *98* : 498 ; *2000* : 675 (206,6).

Assurances de personnes (cotisations par natures d'opération, en milliards de F). **Affaires directes France métropolitaine :** *1987* : 140,2 ; *90* : 235 ; *97* : 584,2 ; *98* : 483 ; *2000* : 653,5 dont *opérations d'épargne-assurance* 556,4 [contrats individuels 499,8, contrats retraite (entreprises + Madelin) 41,3]. *Opérations de prévoyance* 97,1 [assurances en cas de décès 36,1 (groupes professionnels, contrats individuels, groupes ouverts)] ; assurances de dommages corporels (santé-accidents) 61. **Réassurance et étranger** [Stés vie et mixtes (hors dommages corporels des Stés non-vie)] : *1996* : 13,7 ; *98* : 15 ; *2000* : 18. **Total :** *2000* (y compris garanties complémentaires annexées) : 671,5.

Résultats comptables (nouveau plan comptable) ne comprenant pas les succursales de l'EEE. **Stés d'assurances-vie et de capitalisation** (en milliards de F, 2000) : **ressources :** cotisations 634,3 ; produits nets des placements 204,7 ; autres produits techniques 2,6 ; **charges :** charges de sinistres, participation aux résultats, provisions mathématiques et techniques 729,4 ; frais d'acquisition et d'administration 41,3 ; autres charges techniques 3,9 ; **résultat technique après réassurance :** 17,7 ; produits des placements alloués 3,9 ; autres éléments non techniques – 3,3 ; **résultat au bilan :** *1991* : 9 ; *92* : 8,5 ; *93* : 7,6 ; *94* : 5,9 ; *95* : 5,7 ; *96* : 5,8 ; *97* : 9,7 ; *98* : 10 ; *99* : 5,9.

Sociétés vie et capitalisation. Compte de résultat (en milliards de F, 1996) **[opérations nettes de réassurance]. Compte technique :** A) 648,3 [dont primes acquises 475,1, produits nets des placements (y compris plus-values réalisées sur cessions d'actifs, nettes de moins-values, et ajustements sur les contrats Acav, moins les produits des placements transférés au compte non technique) 172,2, autres produits techniques 1] ; **autres :** B) 644,6 (dont charges des provisions techniques 269,2, charges des sinistres 199,7, participation aux résultats 139,1, frais d'acquisition et d'administration 32,9, autres charges techniques 3,7). *Résultat technique (A – B)* : 3,7. **Compte non technique :** produits des placements alloués 5, autres – 2,8. **Résultat de l'exercice :** 5,9.

Solvabilité des sociétés vie. Ensemble : *1991* : 14,5 ; *92* : 12,4 ; *93* : 18,5 ; *94* : 6,1 ; *95* : 9,6 ; *96* : 12,4 ; *97* : 12,7 ; *98* : 17,3 ; *2000* : 22,4 dont **fonds propres/provisions mathématiques :** *91* : 5,6 ; *92* : 5,3 ; *93* : 5,3 ; *94* : 5,1 ; *95* : 4,4 ; *96* : 4,1 ; *2000* : 10,8 ; **plus-values latentes/provisions mathématiques :** *91* : 8,9 ; *92* : 7,1 ; *93* : 13,2 ; *94* : 1 ; *95* : 5,2 ; *96* : 8,7 ; *2000* : 11,6.

■ **Accidents de la vie. Nombre de victimes et d'accidents par an avec IPP (incapacité permanente partielle) :** *accidents domestiques* 100 000 ; *médicaux (hors sériels)* 6 000 à 8 000 ; *attentats, infractions* 30 000 ; *catastrophes naturelles ou techniques* 800 ; *accidents auto* 56 000 (sur 175 000 blessés) [nombre de sinistres traités (en millions, 2000) : *à responsabilité civile matérielle* : 1,8 (2,4 milliards d'euros) ; *à responsabilité civile corporelle* : 2,2 (3,4 milliards d'euros) ; *dommages tous accidents et dommages collision* : 1,8 ; *vol* : 500 000 ; *bris de glaces* : 2,5. Ensemble des garanties dommages : 5,5 milliards d'euros].

Assurances de dommages (biens et responsabilité). Cotisations par branche (affaires directes, en milliards de F) : *1987* : 126,7 ; *90* : 146,2 ; *95* : 190,7 ; *96* : 197,1 ; *97* : 197,1 ; *98* : 195,3 ; *2000* : 206,6 (dont automobile 95,8 ; biens des particuliers 30,2, biens des entreprises 25,6, responsabilité civile générale 11,8, transports 7,2, construction 7,2, catastrophes naturelles 6,6, biens agricoles 5,3, divers 17) [hors acceptation en réassurance et étranger].

Stés d'assurances de dommages (en 2000). **Ressources :** cotisations 286,7 ; produits des placements alloués 34,8 ; autres produits techniques 3,3 ; **charges :** des sinistres et des provisions techniques 202 ; frais d'acquisition et d'administration 51,8 ; autres charges techniques 13,8 ; **résultat technique après réassurance :** 8,5 ; produits des placements 11,2 ; autres éléments non techniques – 6,6 ; **résultat du bilan :** 13,1.

☞ **Chiffre d'affaires de l'assurance des personnes en France** (en milliards d'euros, 2000) : 134,4. Assurance des personnes 102,9 (vie et capitalisation 84,9, santé et accidents 14,8). Provisions mathématiques 678,5. Assurance des biens et de responsabilité (hors réassurance) 31,5.

Solvabilité des Stés dommages. Ensemble : *1991* : 81,3 ; *92* : 74,6 ; *93* : 80,8 ; *94* : 56,7 ; *95* : 52,5 ; *96* : 63,3 ; *97* : 78,8 ; *98* : 95,9 ; *2000* : 98,7.

Prestations destinées aux assurés, total affaires directes (en milliards de F). **Assurances de dommages, biens et responsabilités, prestations versées et dotations aux provisions pour sinistres :** *1990* : 118,2 ; *95* : 155,2 ; *96* : 150,5 ; *97* : 156 ; *98* : 160,2 ; *2000* : 177,8 dont automobile 82,7 ; *dommages aux biens* : professionnels et agricoles 30,3 ; particuliers 25,6, responsabilité civile générale 11,2 ; transports 7,9 ; construction 7,8 ; catastrophes naturelles 2,6 ; divers (crédits, protection juridique, assistance) 9,2.

Assurances de personnes, prestations échues et dotations aux provisions techniques (en milliards de F). *1987* : 147,8 ; *90* : 266,7 ; *94* : 491,2 ; *95* : 565 (y compris les frais de gestion des sinistres) ; *2000* : 532 dont assurance-vie 304,4 ; autres [autres affaires et affaires complémentaires (dommages corporels)] 47,9.

Provisions techniques au bilan (en milliards de F). **Stés vie et capitalisation/Stés dommages :** *1987* : 450,6/278,7 ; *90* : 927,5/323,5 ; *95* : 2 266,2/432,4 ; *97* : 3 158,7 (470,6) ; *98* : 3 516 8 (487,3) ; *2000* : 4 450,7 (572).

Placement des Stés d'assurances encours (vie et capitalisation dommages) [en milliards de F, au 31-12]. *1986* : 602,5 ; *90* : 1 231,2 ; *95* : 2 653,6 ; *98* : 4 267,5 ; *2000* : 5 162,7 (vie, capitalisation 4 545,8/dommages 623,2).

Structure des placements (en %, 2000). Obligations 65,9 ; actions 26,1 ; immobilier et prêts 4,5 ; dépôts 2,6 ; divers 0,9.

Parc immobilier locatif des Stés d'assurances adhérentes de la FFSA (au 1-1-1996). **Locaux d'habitation et locaux à usage professionnel :** *en m² habitables* : 6 613 175 (dont Paris 2 836 050) ; *en nombre d'unités de logements* : 88 794 (Paris 37 182) ; *en m² utiles* : bureaux 5 372 025 (2 299 267), entrepôts et locaux d'activités 885 756 (96 427), commerces 1 003 079 (421 780) ; divers 3 363 833 (117 188).

Définitions. Valeurs au bilan : montant des placements figurant au bilan des Stés d'assurances et évalués à leur prix d'achat ou de revient, diminué, le cas échéant, des amortissements et dépréciations. **Valeur de réalisation :** montant des placements évalués à leur valeur de marché : cours de Bourse pour actifs cotés, valeur vénale ou valeur résultant d'une expertise pour les actifs immobiliers. **Flux net de placements :** différence entre l'encours des placements en fin d'exercice et l'encours à la fin de l'exercice précédent. Correspond au flux de placements nouveaux diminué des désinvestissements et des amortissements ou dépréciations. **Plus-values ou moins-values latentes :** écart, positif ou négatif, entre la valeur de réalisation et la valeur au bilan. **Réserve de capitalisation :** provision technique destinée à lisser les résultats financiers des placements obligataires à taux fixe en cas de cession ou de variation de taux. Les plus-values réalisées en cas de cession d'obligations sont versées à cette réserve. Les moins-values réalisées sont compensées par un prélèvement sur cette réserve, qui est admise dans la marge de solvabilité.

Principes de la réglementation des placements. Le Code des assurances fixe la liste des valeurs mobilières et autres titres admis en couverture des engagements réglementés, c'est-à-dire des provisions techniques constituées. Catégories principales : obligations, actions, immobilier, prêts et dépôts. Les actifs qui ne font pas partie de la liste et ceux qui ne répondent pas aux autres règles d'admission prévues sont financés par les ressources propres de l'entreprise. **Répartition :** les placements admis en couverture des engagements ne peuvent dépasser pour les actions 65 %, l'immobilier 40, les prêts 10. Les Stés ne peuvent pas placer plus de 5 % de leurs provisions techniques en valeurs émises par une même société (actions, obligations ou prêts reçus), 10 % si le total des dépassements n'atteint pas 40 % de l'ensemble des placements admis. Ratio de dispersion : pour actions non cotées 0,5 %, immeuble ou part d'une Sté immobilière ou foncière 10. **Congruence :** les engagements pris dans une monnaie doivent être couverts par des actifs libellés ou réalisables dans la même monnaie. **Localisation :** les actifs doivent être localisés juridiquement sur le territoire français.

Dépenses de soins et de biens médicaux (en 1999). **Montant total :** 766,6 milliards de F (soit par habitant 12 600 F). **Mode de financement** (en %) : Sécurité sociale (régime général et régimes spéciaux) 75,5 ; ménages 11,1 ; mutuelles relevant du Code de la mutualité 7,2 ; Stés d'assurances relevant du Code des assurances 2,9 ; institutions de prévoyance régies par le Code de la Sécurité sociale 2,1 ; État et collectivités locales 1.

Assurance des centres de transfusion sanguine. Contrat émis par l'ensemble des entreprises d'assurances concernées. *Garanties :* responsabilités liées à la collecte de sang et au suivi des donneurs, à la cession de sang et de produits sanguins pour les actes effectués à partir du 1-1-1990. Illimitée pour dommages corporels causés aux donneurs ; jusqu'à 0,26 milliard de F (pour l'ensemble des réclamations présentées pendant l'année d'assurance). Au 15-4-1993, 3 300 contaminés ont saisi le Fonds, 2 300 ont reçu une offre d'indemnisation, 2 milliards de F ont été versés (4 milliards de F fin 1993 ; fin 1998 : voir **Médecine** p. 128 b). En déc. 1991, Azur, Gan, UAP et Mutuelles du Mans ont mis en doute la validité des contrats passés avec le CNTS en juillet 1985. Un fonds d'indemnisation public a été créé par la loi du 31-12-1991. Selon eux, le CNTS savait depuis mai 1985 que les lots de sang étaient tous susceptibles d'être contaminés. Pourtant, il n'a pas prévenu ses assureurs de l'aggravation du risque et n'a pas augmenté le montant de sa garantie globale (10 millions de F). Le CNTS répond avoir prévenu ses assureurs en 1988 quand il fut certain du risque. Les assureurs s'appuient sur une lettre de juin 1985, dans laquelle Michel Garretta, directeur du CNTS, demande aux centres régionaux (CRTS) de « porter une attention toute particulière à leur police d'assurance responsabilité civile, afin de l'adapter à l'aggravation des risques liés à l'acte transfusionnel ».

Fonds privé de solidarité transfusion-hémophilie. *Créé* 10-7-1989. *Versement :* allocations forfaitaires aux hémophiles séropositifs, à leurs épouses, à leurs enfants contaminés, ou à leurs veuves et enfants en cas de décès. Au 6-2-1991 : *allocations versées :* 1 037 de séropositivité, 66 de veuves et 77 d'orphelins ; montant total 118 millions de F ; *dossiers présentés :* 1 078 (90 % des cas de contamination des hémophiles).

Assurance des biens des particuliers. *Contrats multirisques habitation* couvrant *certains événements accidentels* (principalement incendies, dégâts des eaux, vols, bris de glaces, attentats) ; *naturels* (tempêtes, gel, grêle, poids de la neige sur les toitures) ; *responsabilité civile des occupants de l'habitation, parfois des assurances de personnes* (individuelle accidents). Les résultats dépendent de tendances longues (par exemple une détérioration du parc immobilier provoque un accroissement des dégâts des eaux) et de la survenance d'événements naturels majeurs (tempêtes, gel...). *Cotisations* (en milliards d'euros, 2000) : 4,6.

Dégâts des eaux dans les locaux d'habitation. Origines et causes (en %, en 1997, habitat collectif et, entre parenthèses, habitat individuel) : canalisations 47 (38), appareils à effet d'eau (électroménager, sanitaire) 29 (17), bâtiments, toitures 19 (39), installations de chauffage 5 (6).

Escroqueries

Toute fraude reconnue entraîne le remboursement des sommes indûment perçues par l'assuré et, en cas de poursuite en correctionnelle, des peines de prison. S'il y a eu fausse déclaration sur le risque avant le sinistre, le contrat est considéré comme nul et l'assuré se retrouve sans garantie. Il en est de même lorsque la déchéance est prononcée pour exagération des pertes. Statistiques : la fraude représente en France 12 milliards de F par an soit 6 % des primes versées par les assurés. L'Alfa (Agence pour la lutte contre la fraude à l'assurance, association créée en 1989 par les assureurs) a économisé 296 000 000 de F. En 1999, sur 1 592 enquêtes effectuées par l'Alfa, 27,3 % concernaient des vols de voitures, 19,3 % des incendies, 18,9 % des accidents de la circulation, 8,7 % des maladies ou décès, 6,6 % des vols de biens, divers 18. La bonne foi de l'assuré a été admise dans 35,5 % des cas. Dans 46,3 %, la preuve de la fraude a été apportée.

Garanties au sein des contrats multirisques habitation. Coût en 2000 (en %) : incendies 25, vols 20, dégâts des eaux 20, responsabilité civile 12, tempêtes, grêle, neige 9, dommages électriques 6, bris de glaces 4, divers 4.

Assurance des biens professionnels. Cotisations assurance de dommages aux biens professionnels (en milliards d'euros, 2000) : 3,9.

Biens agricoles. Dommages : *chiffre d'affaires* (en milliards d'euros, 2000) : 0,8 dont contrats multirisques 0,6, grêle et tempête sur récoltes 0,2. **Assurance construction :** *cotisations* (en 2000) : 1,1 milliard d'euros (dont responsabilité civile décennale 0,8, dommages ouvrage 0,3).

Entreprises risques (en milliards d'euros, 2000). Contrats couvrant généralement incendie, dégâts des eaux, vol, tempêtes, responsabilité civile et pertes d'exploitation. *Indemnités versées :* 4. **Artisans-commerçants** (chiffre d'affaires multirisque, en 2000) : 1,2. **Risques incendie et annexes :** 1,3. Tarifs majorés de 5 à 25 % en 1993, à la suite de 3 années de pertes atteignant 50 % sur le risque industriel en 1992.

Nombre de sinistres supérieurs à 1 million de $ (en 2000) : 10.

Risques techniques (en milliards de F, 1998). **Machines** (bris, garantie du constructeur, risques de montages-essais, risques de chantiers) : *encaissements :* 1,8. **Informatiques** (contrats risques techniques, contrats globaux de banque, responsabilité civile des SSII, etc.) : 150 000 contrats spécifiques en 1994 (29 900 en 1984). En 1987, le Club sécurité informatique français avait enregistré 31 000 sinistres (plus de 80 par jour) pour des pertes estimées de 8 à 14 milliards de F. *Encaissements :* plus de 1. *Pertes (garanties et non garanties) 1996 :* 12,7 dont accidents, vols, sabotages de matériels, pannes et dysfonctionnements de matériels et logiciels de base, carences de fournitures 3 ; erreurs de saisie, transmission, exploitation, conception et réalisation 1,8 ; fraude, sabotages immatériels, indiscrétions, détournements d'informations, copies illicites de logiciels 7,8.

Assurances transports-marché français (chiffre d'affaires en milliards d'euros, 2000) : 1,547 dont maritime et transports 0,873 [marchandises transportées 0,484 ; assurance corps (navires de commerce, pêche, plaisance, fluvial, offshore) 0,389], aviation 0,475, spatial 0,199.

Marchandises transportées (en milliards de t/km, 1997) : *transport routier :* 178 ; *ferroviaire :* 53 ; *fluvial :* 5,7. *Débarquements et embarquements* « ports autonomes » 336 millions de t, fret aérien 1 298, oléoducs 50 (en 1996).

☞ **Flotte :** *française et assimilée* (au 1-1-1999) : 210 navires de commerce assurés pour 20 milliards de F ; *étrangère :* le marché français a des intérêts dans plus de 4 500 navires des principales nations maritimes (souscriptions directes : 1 milliard de F en 1998).

Assurance automobile (en milliards de F, 1992). **Indemnités payées :** 63 (82,7 en 1998) dont dommages matériels aux véhicules 46, dommages corporels 17. **Encaissements :** 73,3 (91,3 en 1998). **Perte en 4 ans :** plus de 12. En 1990, pour 100 F de cotisation, les gains financiers étaient de 12,1 F ; en 1993, moins de 10 F.

Résultats d'exploitation automobile (en millions de F) **et,** entre parenthèses, **dommages et responsabilité civile :** *1981 :* – 1 088 (– 2 083/995), *82 :* – 178 (– 1 905/1 727), *83 :* 1 086 (– 1 098/2 184), *84 :* 1 347 (– 947/2 294), *85 :* 1 890 (– 320/2 210), *86 :* 1 218 (72/1 146), *87 :* 2 723 (106/2 617), *88 :* 1 442 (543/899), *89 :* 2 605 (623/1 982), *90 :* 1 234 (– 2 011/3 245), *94 :* – 2 037 (– 1 373/– 664).

Accidents ayant entraîné *des dommages corporels* (en 1999) : 124 500, *blessés* 175 545, *tués* 8 029.

Coût moyen des sinistres avec suites en responsabilité civile (en F, 1997). Ensemble 16 500, corporels 81 200, matériel 8 100.

Part des taxes [en 1997, pour une cotisation d'assurance automobile (responsabilité civile) de 1 000 F]. 331 F [dont taxe sur les conventions d'assurance 180, contribution à la Sécurité sociale 150, au Fonds de garantie automobile 0,10]. Frais de recours destinés à la Sécurité sociale 10 F. **Nouveaux prélèvements** (ordonnance nº 96-51 du 24-1-1996 concernant le rétablissement de l'équilibre financier de la Sécurité sociale) : *prélèvement forfaitaire* en cas d'accident, à la charge du responsable, au profit de la caisse d'assurance maladie à laquelle est affilié l'assuré social victime de l'accident. Montant égal au tiers des sommes dont le remboursement a été obtenu par l'organisme social au titre des recours (limites : montant maximal 5 000 F, minimal 500 F). *Majoration (coût global des cotisations) :* 450 millions de F en 1996.

Indemnités. Montant pour tous les accidents survenus (en milliards de F) : *1996 :* 68 (dommages corporels 17, matériels 51).

Contrôle technique (en 1996) : *centres agréés :* 3 564. *Nombre de contrôles :* 10 300 000 dont *visites initiales* 8 500 000, *contre-visites* 1 800 000.

Vols. Nombre de voitures volées : *1994 :* 303 356, *95 :* 287 052, *96 :* 279 183 ; *97 :* 321 418 ; *98 :* 317 474 ; *99 :* 250 400 ; *non retrouvées : 1994 :* 79 023, *95 :* 71 286, *96 :* 80 399 ; *97 :* 79 000. En 1996, sur 1 000 voitures assurées contre le vol, 22 ont fait l'objet d'une déclaration de vol à l'assureur (en 1988 : 20). **Indemnisations versées** (en 1996) : 7 milliards de F. La décroissance des vols amorcée en 1994 s'est accentuée en 1995 (automobilistes protégeant mieux leur voiture ; modèles équipés en série d'anti-démarreurs efficaces ; plan Vigipirate).

Sociétés

■ **Nombre d'entreprises d'assurances au 1-1-2001. Stés établies en France :** 527 dont vie 97, mixtes 40, dommages 390 ; 527 dont Stés nationales 3, Stés anonymes 247, Stés d'assurances mutuelles 159, succursales hors de l'Espace économique européen 17, succursales de l'EEE 101. **Stés de l'EEE autorisées à opérer en LPS (libre prestations de sevices) en France :** 631 dont vie 115, mixtes 33, dommages 483.

☞ *Les plus petites entreprises d'assurances* (quelques employés) couvrent en général un risque déterminé (grêle, bris de glace, etc.), *les grandes* (généralement plus de 10 000 employés) couvrent souvent tous les risques. Certaines font partie de groupes. Il est interdit à une Sté d'ass. sur la vie de vendre également de l'ass. dommages et réciproquement.

L'État avait nationalisé, le 25-4-1946, 34 Stés d'ass. et de capitalisation constituées en 9 groupes, puis, le 17-1-1968, en 4 : *UAP* (*Union des ass. de Paris*) privatisée en avril 1994, *AGF* (*Ass. générales de France*) privatisées en mai 1996, *Gan* (*Groupe des ass. nat.*) privatisable en 1998, *Groupe des mutuelles générales françaises* (*ou « Mutuelles du Mans assurances »*) rendu en juin 1987 au secteur privé, par transfert de propriété de l'État aux sociétaires. Depuis le 26-2-1990, un investisseur pouvait détenir jusqu'à 25 % du capital des sociétés nationalisées.

■ **Premiers groupes. Chiffres d'affaires assurance consolidé en France dont** entre parenthèses, **vie/dommages** (en milliards d'euros, 2000) : Axa 80,06 (12,53/6,01) ; CNP 17,52 (16,26/1,18) ; AGF 15,75 (5,31/4,81) ; Groupama 12,24 (4,25/5,85) ; Prédica/Pacifica 10,56 (10,12/0,44) ; Cardif, Natio vie et Assurance 9,37 (7,07/0,5) ; Generali France 7,1 (5/2,1) ; Sogecap 5,04 (4,88/0) ; CGU France 4,89 (3,58/1,31) ; ACM 4,61 (3,7/0,91).

■ **AGF.** Filiale d'Allianz. **Chiffres d'affaires consolidé** (en milliards d'euros, 2000) : 15,7. **Résultat net consolidé :** 0,85. **Rentabilité des fonds propres :** 15,6 %. **Ratio** sinistre sur prime (dommages) : 114,5 % (en 2000).

■ **Groupe Axa. Origine : 1817** Cie d'assurance mutuelle contre l'incendie rebaptisée ensuite Ancienne mutuelle. **1975** Claude Bébéar, Pt. **1982** les Mutuelles unies prennent le contrôle du Groupe Drouot (né en 1949 du rapprochement de La Confiance, Le Patrimoine et la Compagnie générale d'assurance). **1986** deviennent Axa, qui prend le contrôle du groupe Présence (Le Secours et La Providence). **1988** se rapproche de la Cie du Midi (qui avait repris la Mutuelle d'assurance contre l'incendie, 1re compagnie d'assurance créée en France en 1818). **1989** Claude Bébéar (né 29-7-1935) Pt. **1990** la Cie du Midi prend la dénomination sociale d'Axa. **1991** obtient 49 % du capital de la mutuelle américaine Equitable Life pour 1 milliard de F. **1995** acquiert Abeille Réassurance. **1996** rachète la participation de Generali dans Axa SA. **1997**-*12-5* fusion juridique des holdings d'Axa et de l'UAP. Radiation de la cote des actions de l'UAP. **1999** la dénomination sociale du groupe Axa-UAP devient Axa. **2000** Henri de Castries (né 15-8-1954) Pt. 1re entreprise française par le chiffre d'affaires tous secteurs confondus et 1er assureur mondial. Contrôlé par les Mutuelles du groupe Axa à travers Finaxa (22,6 % du capital). Comprend des Stés anonymes et des Stés à formes mutuelles.

Chiffre d'affaires et, entre parenthèses, **résultat net consolidé** (en milliards d'euros) : *1997 :* 55,58 (1,21) ; *98 :* 56,69 (1,53) ; *99 :* 66,52 (2,02). **Actifs gérés** (en milliards d'euros) : *1997 :* 485 ; *98 :* 559 ; *99 :* 781 ; *2000 :* 900. **Rentabilité des fonds propres moyens** (en %) : *1994 :* 7 ; *97 :* 11,2 ; *98 :* 12,8 ; *99 :* 14,5 ; *2000 :* 13,7.

UAP. Créée en 1968 du rapprochement de l'Union (fondée 1828), de l'Urbaine et de la Séquanaise. **Pts : 1968** Dominique Leca. **1974** René de Lestrade. **1980** Pierre Esteva. **1983** Yvette Chassagne (acquiert en 1974 la banque Worms). **1986** Jean Dromer (prend 50 % du capital de la Royale belge). **1988** Jean Peyrelevade (refuse de participer au raid contre la Sté générale ; achète Victoire, filiale du groupe Suez, qu'il échange en 1993 contre le contrôle de l'assureur allemand Colonia). **1994-96** Jacques Friedmann (fusion avec Axa). *Salariés* 110 000. *Rang :* France 3e (11,68 % du marché) ; 1er assureur dommage.

■ **CNP.** A l'origine **Caisse nationale de prévoyance** (service de la Caisse des dépôts et consignations, transformé en **CNP Assurances SA** depuis le 9-12-1992 ; introduite en bourse le 6-10-1998 au 1er marché **[capital** (en %, au 5-1-2001) : État 1, Caisse des dépôts et consignations 37,

Sopassure (holding détenue à 50,1 % par La Poste et 49,9 % par les Caisses d'épargne) 36, public 24, autres 2]. **Résultats** (en milliards de F) : **chiffre d'affaires (résultat net part du groupe)** : *1994* : 7,4 (1,41) ; *95* : 84,3 (1,48) ; *96* : 100,5 (1,57) ; *97* : 110,8 (1,6) ; *98* : 103,4 ; *99* : 111,5 ; *2000* : 115. **Résultat total, part du groupe :** *1998* : 1,8 ; *99* : 2,9 ; *2000* : 3,06. **Placements gérés :** *1994* : 280 ; *95* : 350 ; *96* : 436 ; *97* : 533 ; *98* : 617 ; *99* : 722,5 ; *2000* : 816,3. **Placements gérés en valeur de marché :** *1998* : 714 ; *99* : 814,2 ; *2000* : 901,1. **Faits marquants 2000 :** renouvellement des conventions avec le Trésor public, les Caisses d'épargne et la mutualité de la Fonction publique, nouveaux partenaires avec Azur-GMF et Dexia Sofaxis.

■ **Gan. Chiffre d'affaires consolidé assurance** (en milliards de F) : *1996* : 53,4 (dont France 39,4, vie France 25,1, non vie 14,3, international 14) ; *97* : 50,8 (dont France 38,5, vie France 25,3, non vie 13,2, international 12,2 ; *98* : 40,1 (dont France 30,1, vie France 17,6, non vie 12,6, international 10) ; *99* (en milliards d'euros) : 11,9 dont France 9,7, international 1,7, réassurance 0,48. **Résultats nets consolidés** (en millions de F) : *1991* : 2,52 ; *92* : 0,4 ; *93* : 0,41 ; *94* : – 5,34 ; *95* : – 1,79 ; *96* : – 5,68 ; *97* : 0,65 (avant cession de l'UIC et de l'UIS) ; *98* : -1 155. **Actifs gérés** (en 1998) : 180 milliards de F. **Capitaux propres** (part du groupe après affectation du résultat) : *1994* : 16,5 ; *95* : 12,9 ; *96* : 8 ; *97* : 19,5 (après augmentation du capital) ; *98* : 8. **1997** (début avril) : cession de 67 % de la *filiale bancaire CIC* au Crédit mutuel : 13,4 milliards de F (42 % versés directement par la Sté centrale et 25 % par Gan SA). Plus-value brute : 3,2 milliards de F. *Cession de l'UIC* au consortium Goldman Sachs-Withehall Fund General Electric Capital : 375 millions de F. UIS (détenue à 43 % par l'UIC et 43 % par le pôle assurance) cédée pour 3,7 milliards de F pour 100 % du capital. *Actifs liés à la défaisance* : 0,1 milliard de F (fin 1997). **Intervention de l'État et recapitalisation.** *Augmentation de capital en numéraire en 1997* : 11 milliards de F (dont UIC 7,1, sociétés d'assurance 3,9). *Garantie sur les structures de défaisance* soumise au Parlement et qui immunisera le groupe 9 ; *engagement de l'État* de mettre la Sté centrale du Gan en mesure de satisfaire les éventuels besoins de l'UIC en fonds propres. **1998 :** acquisition de Gan SA par Groupama SA ; nouvelle organisation en centres de profits ; signature d'un protocole de cession des filiales marocaines Al Wataniya et L'Alliance Africaine.

■ Secteur privé

■ **Sociétés commerciales. CGU France** [Abeilles assurances, Abeille vie, CGU Courtage, Norwich Union Direct, Eurofil Victoire Asset Management, Amis, La Paix] contrôlée à 100 % par CGNU plc (Londres)] : a racheté le groupe Victoire en oct. 1994. *Chiffre d'affaires* (en milliards de F) : *1994* : 25,5 ; *96* : 23,2 ; 98 : 21,4 ; *99* : 23,7 ; *2000* : 32. *Résultats nets* (en 2000) : 316 millions de F. **Athena Assurances** regroupe PFA, GPA, Lilloise, Proxima (chiffre d'affaires : 18,5 milliards de F en 1996), contrôlée à 100 % par AGF.

■ **Sociétés d'assurances mutuelles** (surtout branches incendie, auto et grêle). Regroupées en 170 entreprises (au 1-1-1998). Leurs fonds propres sont constitués non par un capital social, mais par un fonds d'établissement. L'assuré est adhérent de la mutuelle et assureur des autres adhérents. On lui remet les statuts de la Sté avec la police d'ass. qu'il a souscrite. La mutuelle est une Sté civile ; elle ne peut distribuer de bénéfices qu'à ses adhérents et n'a pas de capital social représenté par des actions. Elle peut, pour payer intégralement tous les sinistres, procéder sur les adhérents à des rappels de cotisation, selon des limites indiquées par les statuts, s'il s'agit d'une Sté à cotisations variables rentrant dans la catégorie des Stés d'ass. mutuelles, Stés mutuelles d'ass., caisses d'ass. mutuelle agricole et Stés à forme tontinière. Une partie de ces Stés est ouverte à tous. D'autres sont réservées à une catégorie socioprofessionnelle donnée.

Nombre de mutuelles (en 1992) : 313 unions ou fédérations, 927 mutuelles de plus de 3 500 personnes protégées, 4 800 de moins de 3 500 : 6 040 groupements mutualistes au total. **Nombre total d'adhérents** (en millions) : *Féd. nat. de la Mutualité française (FNMF)* 15. *Féd. des mutuelles de France (FMF)* 2. *Féd. nat. interprofessionnelle des mutuelles* (créée 1989-90) 0,3. *Groupe Pasteur Mutualité,* principalement professions libérales et indépendantes (créée 1989-90) 0,3. *Union d'économie sociale (UES)*, créée décembre 1994, regroupe les 31 mutuelles de fonctionnaires de la Mutualité fonction publique (MFP), des mutuelles d'assurance de biens (Maif, Matmut), l'Assurance mutuelle des fonctionnaires (AMP), la Mutuelle d'entraide et de prévoyance militaire (MEPM-Iard) et la MEPM-Vie.

Principales mutuelles	(1)	(2)	(3)	(4)
Azur (en 1999)	9 288	5 582	459	n.c.
MMA (en 2000)	22 200	9 700	828	4 800
GMF (en 1998)	18 536	752	536	3 600
Groupama[7] (en 2000)	80 300	30 100	261	30 000
Maaf (en 2000)	13 700	5 220	484	6 280
Macif (en 2000)	19 839	3 332	369	7 231
Maif[5] (en 2000)	9 584	4 790	479	4 918
Matmut[6] (en 2000)	5 433	3 520	707	3 224
Monceau (en 2000)	2 700	2 350	140	330

Nota. – (1) Primes brutes en millions de F. (2) Capitaux propres en millions de F. (3) Résultat net en millions de F. (4) Effectifs. (5) Mutuelle assurance des instituteurs de France. (6) Mutuelle assurance des travailleurs mutualistes. (7) Les résultats intègrent ceux de Gan pour le 2e semestre.

■ **Principaux courtiers français. Chiffre d'affaires** (en millions de F, 1998) : Gras Savoye 1 547, Marsh France (Cecar et Jutheau) 1 380, Aon Le Blanc de Nicolay 981, assurances Verspieren 540, cabinet Bessé 432, Siaci 348, groupe Henner 303, Sté de prévoyance bancaire (SPB) 282, cabinet Diot 280, La Sécurité nouvelle 270.

■ **Réassureurs français. Primes brutes émises** (en milliards d'euros, 2000) : 7,291 dont Scor 3,458, Axa Corporate Solutions 2,141, CCR 0,82, Sorema 0,346, Le Mans Ré 0,287, MCR 0,19, Prévoyance Ré 0,03, Corifrance 0,019.

■ **Effectifs** (fin 2000). 204 450 dont salariés employés par les sociétés d'assurance 134 937 ; agences générales 45 183 (dont agents 15 129, personnel des agences 30 054) ; cabinets de courtage 19 831 (dont courtiers 2 862, personnels de cabinets de courtage 16 969) ; experts 4 498.

■ **Assurance des biens appartenant à l'État.** En principe l'État est son propre assureur ; il est même dispensé de l'obligation d'ass. auto. Néanmoins des organismes publics souscrivent des contrats d'ass. auto, et des établissements publics à caractère industriel ou commercial (EDF, CEA) souscrivent des contrats de responsabilité civile.

■ **Coface (Cie française d'assurances pour le commerce extérieur). Capital :** 49 226 504 euros. Assurance et gestion des garanties publiques françaises de l'exportation. Cotée sur le 1er marché de la Bourse de Paris. Présente dans 93 pays. **Chiffre d'affaires total consolidé** (en milliards de F) : *1990* : 1,08 ; *93* : 1,9 ; *94* : 2,1 ; *96* : 2,5 ; *97* : 4,4 ; *(en millions d'euros)* : *99* : 738,2 ; *2000* : 845,8 dont 610 pour l'activité assurances et 236 pour les ventes de service.

■ **Assurance-crédit à l'exportation. Coût budgétaire des procédures publiques** (en milliards de F) **gérées par la Coface :** *1990* : – 11,48 ; *92* : – 6,4 ; *94* : – 2,9 ; *96* : + 5,7 ; en tant qu'assureur-crédit de marché (solde technique net) : *1990* : 0,28 ; *92* : 0,3 ; *94* : 0,5 ; *96* : 0,2.

DÉFENSE DU CONSOMMATEUR

☞ Pour connaître la sélection **Quid** des meilleurs sites Internet sur la défense du consommateur, rendez-vous sur **www.quid.fr**

☞ **Credoc (Centre de recherche pour l'étude et l'observation des conditions de vie).** 142, rue du Chevaleret, 75013 Paris. *Fondé* 1953 pour étudier la consommation des Français. Depuis 1976 étudie aussi l'ensemble des modes de vie. Organisme indépendant sous la tutelle du Commissariat général du Plan. *Études* : confidentielles : financées par des organismes publics ou privés ; accessibles au public : financées par l'État. *Publication* : « Consommation et Modes de vie » (mensuel, 2 500 exemplaires).

Organismes

■ **Conseil de la concurrence** (voir à l'Index).

■ **Direction générale de la concurrence, de la consommation et de la répression des fraudes (DGCCRF).** 59, bd Vincent-Auriol, 75703 Paris Cedex 13. Dépend du ministère chargé de l'Économie et des Finances. Dotée de services départementaux (101 directions départementales) et de 9 laboratoires. **Effectifs** (au 1-1-2001) : 4 013 dont services déconcentrés 3 230, administration centrale 442, laboratoires 341. Élabore le droit de la consommation. Fait appliquer la réglementation concernant concurrence et consommation [facturations, ventes à crédit, ventes avec primes (liquidations, soldes), affichage des prix (étiquetage, prix des produits ou services), annonces de nature à induire en erreur] ; produits alimentaires et industriels (qualité, hygiène et sécurité). Soutient les associations nationales et locales de consommateurs et assure une information.

Contrôles (en 1999) : 196 702 impliquant 733 870 vérifications ainsi réparties : *sécurité des produits et des services* : 193 090 ; *niveau de qualité suffisant* : 258 701 ; *concurrence* : 64 113 ; *consommation* : 213 748 (loyauté des informations et des méthodes de vente) ; *actions économiques* : 4 218.

■ **Conseil national de la consommation (CNC)** [même adresse que la DGCCRF]. Créé 12-7-1983. *Pt* : ministre chargé de la Consommation. *Composition paritaire* : 18 organisations de consommateurs agréées et organisations professionnelles. *Séances plénières* : 4 fois/an. Avis publiés au *Bulletin officiel de la concurrence, de la consommation et de la répression des fraudes*. Rapport annuel.

■ **Institut national de la consommation (INC). Siège :** 80, rue Lecourbe, 75732 Paris Cedex 15. *Créé* 1967. **Statut :** établissement public industriel et commercial depuis le 4-5-1990. **Composition :** *conseil d'administration* de 18 membres (10 représentants des consommateurs et des usagers, 5 personnalités compétentes et 3 représentants élus par le personnel de l'INC). *Directeur* nommé, sur proposition du Pt du conseil d'administration, par décret pris sur rapport du ministre chargé de la Consommation. **Activités :** mission d'essais comparatifs, d'études juridiques et économiques, d'information du consommateur, d'aide technique aux organisations de consommateurs. **Budget** (en 1998) : 58,6 millions de F dont subventions de l'État : 25 ; le solde provient de ressources propres (vente des publications). **Médias :** « 60 Millions de consommateurs » (mensuel, hors-séries, nos pratiques) : 199 000 exemplaires en 1998, « INC Hebdo » : 5 000 exemplaires.

■ **Organisations nationales.** Les organisations agréées peuvent agir en justice pour la défense de l'intérêt collectif des consommateurs ; elles sont indiquées ci-dessous par un *. Pour obtenir son agrément, l'association doit justifier d'une année d'existence, d'activité effective et publique en vue de la défense des intérêts des consommateurs et avoir au moins 10 000 adhérents. *Associations nationales agréées* : 18.

Générales. Association Études et Consommation-CFDT (Asseco-CFDT) * 4, bd de La Villette, 75019 Paris. *Fondée* 1981 par CFDT. *Adhérents CFDT* : 650 000. **Association FO consommateurs (Afoc)** * 141, avenue du Maine, 75014 Paris. *Fondée* 19-2-1974. *Adhérents* : 600 000. Membre de l'AEC. *Publications* : « Les Cahiers Afoc » (mensuel, 20 000 exemplaires) ; « Code de la consommation » ; « Contrats : que signez-vous ? » ; « Les Toufous et les Toudous », puzzles éducatifs. **Association de défense d'éducation et d'information du consommateur (Adeic)** * 3, rue de la Rochefoucauld, 75009 Paris. *Fondée* 1983 par la Fen. *Secr. gén.* : Christian Huard. **Association Léo-Lagrange pour la défense des consommateurs (ALLDC)** 12, cité Malesherbes, 75009 Paris. *Fondée* 1951. Regroupe 12 instituts de formation gérant 100 antennes locales. **Association pour l'information et la défense des consommateurs salariés (Indécosa-CGT)** * 263, rue de Paris, 93516 Montreuil Cedex. *Fondée* 1979 par la CGT. *Publication* : « Information IN » (bimestriel, 15 000 exemplaires). **Organisation générale des consommateurs (Orgéco)** 16, av. du Château, 94300 Vincennes. *Fondée* 1959. *Adhérents* : 321 991 (CFTC, CGC et individuels) regroupés en unions départementales, régionales et locales. Membre du Beuc et de « Consumers International ». *Publication* : Orgéco service : « Le guide du consommateur » ; « Cartes sur table » (trimestriel). **Union fédérale des consommateurs – Que choisir ? (UFC-Que choisir)** 11, rue Guénot, 75011 Paris. *Fondée* 1951, indépendante de tout mouvement politique ou syndical. *Pte* : Marie-José Nicoli. *Dir. délégué* : Jean-Louis Redon. *Chiffre d'affaires* : *2000* : 102 millions de F. *Adhérents* : 80 000 regroupés en 200 associations locales, plus de 70 000 litiges traités en 1999 [dont (en %) : logement 26, équipement ménager 16,5, assurance 9, auto-moto 9,5, services privés 5, banque 7, services publics 7], 2 400 bénévoles, 284 permanents. *Publications* : « Que choisir ? » (mensuel), hors-séries (trimestriels), spéciaux (trimestriels) 19 nos/an, 335 000 exemplaires. Membre du Beuc et de Consumers International. *1978* : 1ers retraits de produits dangereux sous l'action de Que choisir ? : pyjamas pour enfants au *TRIS*, soupçonné d'être cancérigène et interdit aux USA ; lampes décoratives au trichloréthylène, liquide toxique ; *1979-83 Kléber-Colombes* intente un procès et réclame 20 millions de F de dommages-intérêts à Que choisir ? qui a révélé de nombreux cas d'éclatement de pneus V 10 et V 12. Condamné, Que choisir ? fait appel ; en 1983, Kléber-Colombes arrête la fabrication et retire sa plainte. **Union féminine civique et sociale (UFCS)** * 6, rue Béranger, 75003 Paris. *Créée* 1925, reconnue d'utilité publique. *Pte* : Chantal Jannet. Organisation de consommateurs depuis 1961. *Adhérentes* : 10 000 regroupées en 80 équipes locales sur toute la France, 1 500 bénévoles, 60 permanences. *Publication* : « Dialoguer » (4 nos/an, 10 000 exemplaires).

Commission de la sécurité des consommateurs (CSC). cité Martignac, 111, rue de Grenelle, 75353 Paris 07 SP. Peut être saisie par toute personne et par simple lettre. **Commissions d'urbanisme commercial :** *nationale* : rôle consultatif ; *départementales* : ont un pouvoir de décision sur les projets de création de grandes surfaces. 2 représentants des organisations de consommateurs y siègent aux côtés de commerçants et d'élus locaux. **Commission des clauses abusives.**

Famille. Confédération nat. des associations familiales catholiques (CNAFC) * 28, place St-Georges, 75009 Paris. *Fondée* 1905 agréée 1987. *Adhérents :* 40 000 familles regroupées en 350 assoc. et 80 féd. *Publication :* « La Vie des AFC » (35 000 exemplaires). **Confédération de la consommation, du logement et du cadre de vie (CLCV) *** 13, rue Niepce, 75014 Paris. Confédération nationale des associations populaires familiales *fondée* 1952. *1976* devient Conféd. syndicale du cadre de vie (CSCV). *1998* CLCV. *Adhérents :* 27 000 regroupés dans 430 assoc. locales et 70 unions départementales ou régionales. Institut de formation et de recherche sur le cadre de vie (IFCV), en 1990 une Fédération nationale des copropriétaires (Fedeco-CLCV) et l'Association nationale des administrateurs-locataires des organismes HLM ; en 1994, une association de défense des voyageurs et un service SOS consommateurs. Membre du Beuc et de Consumers International. *Publications :* « Cadre de vie » (bimestriel, 30 000 exemplaires), « Copropriétaires », « La Défense des voyageurs » (trimestriels), « Info HLM ». **Confédération syndicale des familles (CSF) *** 53, rue Riquet, 75019 Paris. *Fondée* 17-7-1946. *Adhérents :* 50 000 familles regroupées dans 500 associations réparties dans 70 unions départementales. Organisme de défense du consommateur et du locataire, et association éducative complémentaire de l'enseignement public. *Publications :* « Nous » (5 n^os^/an, 20 000 exemplaires). **Conseil nat. des associations familiales laïques (Cnafal)** 108, av. Ledru-Rollin, 75011 Paris. *Fondé* 1967. *Adhérents :* 28 000 familles. *Publications :* « Familles laïques » (trimestriel, 5 000 exemplaires), « Famille Info » (bimestriel, 15 000 exemplaires), « Famille consommation » (5 000 exemplaires). **Familles de France *** 28, pl. St-Georges, 75009 Paris. *Fondée* 1947. *Adhérents :* 110 000 familles regroupées en 85 fédérations et 550 associations et comités locaux de consommateurs. *Publications :* « Familles de France » (trim., 25 000 exemplaires) ; « Familles de France – La Lettre » (mensuel, 6 000 exemplaires). **Familles rurales *** voir à l'Index. **Union nationale des associations familiales (Unaf)** 28, place St-Georges, 75009 Paris (voir p. 1649 c).

Logement. Confédération générale du logement (CGL) 6/8, villa Gagliardini, 75020 Paris. *Fondée* 1954 à l'appel de l'abbé Pierre, pour défendre locataires, copropriétaires et accédants à la propriété. *Adhérents :* 60 000 ; associations locales ou d'immeuble 400. *Publication :* « Action-Logement » (mensuel). **Confédération nationale du logement (CNL) *** 8, rue Mériel, 93104 Montreuil Cedex. *Fondée* 1916. *Adhérents :* 130 000. *Publication :* « Logement et Famille » (98 500 exemplaires).

Transports. Fédération nat. des associations d'usagers des transports (Fnaut) 32, rue Raymond-Losserand, 75014 Paris. *Fondée* 1978. *Adhérents :* 150 assoc. *Publication :* « Fnaut-Infos » (10 n^os^/an, 1 900 exemplaires). Aide au traitement des litiges de transports publics, défense des piétons et des cyclistes.

■ **Organisations régionales. Centres techniques régionaux de la consommation (CTRC).** *Ajaccio* 6, rue Pascal-Paoli. *Besançon* 37, rue Battant. *Bordeaux* 11, cours du Chapeau-Rouge, BP 102, 33000. *Caen* 12, rue Neuve-Saint-Jean. *Châlons-en-Champagne* BP 16, 51470 Saint-Memmie Cedex. *Clermont-Ferrand* 3, rue du Maréchal-Joffre. *Dijon* 21, place de la République. *Fort-de-France* Frac-CTRC, lotissement « Les Terrasses », Bât. E, local 1, Basse-Gondeau, 97232 Le Lamentin. *Lille* (CRC) 47, rue Barthélemy-Delespaul. *Limoges* 22 bis, rue Gustave-Nadaud. *Lyon* 20, rue de Condé, BP 2008, 69227, Cedex 02. *Marseille* 23, rue de Coq. *Montpellier* 18, rue Marceau. *Mulhouse* 18, rue Louis-Pasteur. *Nancy* résidence Le Kennedy, 13-15, av. Foch. *Nantes* 11, rue de Norvège. *Paris* 6, rue de Chantilly, 75009. *Poitiers* 23, av. Robert-Schuman. *Rennes* 19 bis, rue Duhamel. *Strasbourg* Chambre de consommation d'Alsace, 7, rue de la Brigade-Alsace-Lorraine, BP 6. *Toulouse* 35, rue Gabriel-Péri. **Autres structures :** *Rennes* Maison de la consommation et de l'environnement, 48, bd Magenta. *Perpignan* Maison catalane de la consommation, 44, rue de la Fusterie, 66984 Cedex.

■ **Organisations internationales.** *Légende :* CC : Comité des consommateurs (auprès de l'UE). **Bureau européen des unions de consommateurs (Beuc) *** av. de Tervueren, 36, 1040 Bruxelles (Belgique). *Fondé* 1962. Regroupe 29 associations (26 membres et 3 membres correspondants). *Membre du Comité des consommateurs (CC). Organisations françaises représentées :* UFC, Orgeco, CLCV. **Association européenne des consommateurs (AEC)** 13, rue Paul-Émile-Janson, 1050 Bruxelles (Belgique). Regroupe 24 associations (9 États membres). **Comité de consommation de l'alliance coopérative internationale (ACI)** 15, route des Morillons, 1218 Grand-Saconnex, Genève (Suisse). *Fondé* 1971. Regroupe 23 pays. **Communauté européenne des coopératives de consommateurs (Euro coop)** 17, rue Archimède, Bte 2, 1000 Bruxelles (Belgique). *Fondée* 1957. *Membres :* 15 organisations (dont 4 associées). **Confédération des organisations familiales de l'Union européenne (Coface).** 17, rue de Londres, 1050 Bruxelles (Belgique). *Fondée* 1979. *Membres :* 75 organisations dont 23 françaises. **Consumers International** [ex-Organisation internationale des unions de consommateurs (IOCU)] 24, Highbury Crescent, London, N 5 1RX, (G.-B). *Fondée* 1960 par 5 unions (USA, G.-B., Australie, Belgique, Pays-Bas). 260 organisations dans 120 pays. **Organisation internationale des coopératives de consommateurs,** M. Giuseppe Fabretti, via Panaro 14, 00199 Rome (Italie).

☞ **Aides de l'État :** *crédits attribués aux organisations de consommateurs* (en millions de F, y compris CTRC) : *1993 :* 66,4 ; *94 :* 56,4 ; *95 :* 51,4 ; *96 :* 55,7 ; *97 :* 40 (dont UFC 2,6, Familles rurales 1,2, CLCV 1,2, Familles de France 1) ; *99 :* 50. *Subventions à l'INC : 1993 :* 45 ; *94 :* 34 ; *95 :* 43,5 ; *96 :* 28,5 ; *97 :* 25 ; *98 :* 25 ; *99 :* 25.

Quelques dates importantes

Nov. 1965 Ralph Nader (né 17-2-1934), avocat américain, publie un livre, *Unsafe at Any Speed* (« Les voitures qui tuent »), la General Motors devra retirer de la circulation la Corvair (les ventes ont baissé de 93 %), après avoir tenté de compromettre Nader, le P-DG lui fera, plus tard, des excuses publiques, et lui versera 425 000 $. Nader s'attaquera aux cyclamates, au DDT, aux industriels « n'ayant que le profit pour objectif », aux publicitaires « qui disent n'importe quoi pour faire vendre », aux syndicats « manquant de vigilance pour défendre santé et sécurité de leurs adhérents », aux associations professionnelles (« gens endormis »), aux services administratifs « souvent soumis aux intérêts des groupes de pression ». **Déc. 1973** pour la 1re fois en France, un tribunal reconnaît le droit de se porter partie civile à 2 associations de consommateurs qui recouvrent le franc symbolique. Le tribunal correctionnel de Lyon jugeait le P-DG des Comptoirs de salaison pour tromperie sur la qualité de la marchandise, mise en vente de produits corrompus, publicité mensongère et blessures involontaires (23 personnes intoxiquées par un pâté en croûte).

■ **Directives européennes les plus importantes. 26-7-1971** dénominations textiles. **18-1-1972** délit d'abus de faiblesse. **27-7-1976** produits cosmétiques. **19-6-1979** protection des consommateurs en matière d'indication des prix des denrées alimentaires. **21-7-1983** sécurité des consommateurs. **10-9-1984** publicité trompeuse. **20-12-1985** démarchage. **22-12-1986** crédit à la consommation. **3-5-1988** sécurité des jouets. **7-6-1988** protection des consommateurs en matière d'indication des prix des produits non alimentaires. **13-6-1990** voyages, vacances et circuits à forfait. **29-6-1992** sécurité générale des produits. **5-4-1993** clauses abusives dans les contrats conclus avec les consommateurs. **26-10-1994** droit d'utilisation à temps partiel de biens immobiliers (*timeshare*). **20-5-1997** vente à distance. **19-5-1998** actions en cessation en matière de pratiques commerciales illicites. **18-5-1999** garantie des biens de consommation.

Recours

Généralités

A) Règlement amiable avec 1°) *vendeur,* chef de rayon, ou directeur du magasin. **2°)** *Syndicat professionnel* du fabricant ou du commerçant. Dans certains départements existe une commission départementale de règlement des litiges de la consommation.

B) Recours auprès d'une association de consommateurs. L'association peut conseiller les consommateurs et se porter partie civile pour assurer la défense des intérêts collectifs des consommateurs.

C) Recours aux pouvoirs publics. Par l'intermédiaire des services compétents, pour faire dresser le procès-verbal constatant l'infraction. L'administration transmet ensuite les procès-verbaux au parquet qui apprécie la suite à donner. Le consommateur peut aussi porter plainte directement au *Parquet du procureur de la République* qui dispose de l'opportunité des poursuites. *Principaux motifs de plainte.* Règles d'information insuffisantes ou non respectées 38,8 %. Pratiques commerciales jugées illégales 26,5 %. Clauses abusives dans les contrats 19,7 %. Litiges de consommation 15 %.

Quelques cas

☞ *Légende : Rec. :* Recours. *Rens. :* Renseignements.

Nota. – (1) Il existe dans chaque département et à Paris une Direction départementale de la concurrence, de la consommation et de la répression des fraudes (DDCCRF) qui traite les plaintes des consommateurs. (2) Service des instruments de mesure du ministère de l'Industrie.

■ **Abus de faiblesse.** Délit (art. L. 122-9 du Code de la consommation) caractérisé lorsque l'engagement a été obtenu par des pressions ou sollicitations particulières (exemples : situation d'urgence rendant impossible la consultation de professionnels ; commande passée par un mineur, etc.). *Peines :* prison jusqu'à 5 ans et/ou 6 000 F d'amende.

■ **Achat. Protection légale en matière civile : 1°)** *vices de consentement :* l'annulation du contrat peut être obtenue en invoquant l'erreur sur la substance, c'est-à-dire le défaut d'authenticité (qualité essentielle de l'objet). Cependant la jurisprudence a souvent introduit une condition supplémentaire à l'annulation : la qualité « convenue » de l'objet (clause tacite ou explicite de garantie). Le *dol,* qui entraîne une erreur chez l'acheteur, peut être constitué par le silence, la réticence du vendeur qui, s'adressant à un acheteur inexpérimenté, a le devoir d'informer. **2°)** *Vice caché :* l'acquéreur peut rendre l'objet et se faire restituer le prix sauf pour les ventes en douane (la décision appartient aux Douanes), les ventes des Domaines et les ventes aux enchères publiques. **Protection en matière pénale :** l'acheteur peut invoquer le délit de *tromperie* ou d'*escroquerie* (publicité mensongère) ; doit être prouvé par la partie civile ou le ministère public.

Achat à crédit : tout crédit consenti par un professionnel (vendeur, banque), pour plus de 3 mois, d'un montant inférieur ou égal à 140 000 F et destiné au paiement d'un bien mobilier (exemples : voiture, TV) pour la consommation personnelle, est soumis à la loi du 10-1-1978 qui réglemente publicité et teneur du contrat (dit « offre préalable ») de crédit, impose un délai de réflexion de 7 j à compter de la signature de l'offre (réduit à 3 j en cas de livraison immédiate du bien à la demande expresse du client), lie juridiquement contrats de crédit et de vente, limite les pénalités encourues en cas de non-paiement des mensualités. Pour ce *délai de rétractation* ne sont pas pris en compte samedi, dimanche, jours fériés et chômés lorsqu'ils constituent le jour d'expiration des 7 j. En aucun cas, il ne peut être réclamé une indemnité pour l'exercice du droit de rétractation. *Litige :* s'adresser au procureur de la République du tribunal de grande instance du domicile ; pour engager un procès civil (demande de dédommagement) s'adresser au tribunal d'instance du siège social de l'établissement financier, du lieu du magasin ou du domicile. *Délai de prescription :* 2 ans à compter de l'événement origine du litige. Voir aussi **Crédit** au chapitre **Finances**.

Achat par correspondance, Minitel, téléphone ou télé-achat : délai de 7 j à compter de la livraison pour renvoyer le produit (art. L. 121-16 du Code de la consommation) et demander un échange, ou, si la marchandise ne convient pas, réclamer un remboursement qui sera automatiquement effectué.

Achat d'objets volés : le détenteur d'un objet volé est présumé coupable de recel. S'il est de mauvaise foi, il risque une peine de prison (jusqu'à 10 ans en cas de récidive ou de recel aggravé) et une amende jusqu'à 50 % de la valeur des objets recélés. S'il est de bonne foi, le propriétaire légitime peut lui demander la restitution de son bien. Il pourra avoir à rembourser le prix qu'aurait payé le détenteur si celui-ci avait acheté l'objet dans un circuit commercial normal (vente publique, marchand, salon d'antiquité...). Le propriétaire peut revendiquer l'objet et obtenir sa restitution de l'acquéreur de bonne foi dans un délai maximum de 3 ans après le vol. Après avoir remboursé le prix de l'objet, le propriétaire pourra se retourner contre le vendeur (commissaire-priseur ou marchand) et lui demander à son tour d'être remboursé.

Œuvres venant de musées : inaliénables, elles ne peuvent légalement avoir été vendues. L'État peut les revendiquer sans limitation dans le temps et n'est pas tenu de rembourser le prix d'achat de l'objet à l'acquéreur de bonne foi. **Biens d'Église :** même règle pour les objets regroupés dans les trésors qui ont été transférés à l'État lors de la séparation de l'Église et de l'État. Les autres objets transférés aux collectivités territoriales ou à des associations culturelles obéissent aux règles ordinaires. **Objet classé** (même appartenant à un propriétaire privé) : imprescriptible, peut être revendiqué sans limitation de temps.

■ **Acompte.** 1er paiement à valoir sur un objet. Le vendeur est engagé, comme l'acheteur, à honorer le contrat qu'il a signé. Il ne peut pas se dédire. En cas de refus ou d'impossibilité d'honorer ce contrat, il peut être condamné à verser des dommages et intérêts (en sus du remboursement de l'acompte).

■ **Administration.** Le médiateur de la République et 124 délégués départementaux (institués en 1997) plaident la cause du citoyen auprès de l'Administration ; élus pour 6 ans, non renouvelables.

☞ En 1997, 45 000 réclamations reçues. 88 % réglés dans un délai moyen de 4 mois.

■ **Affichage** (voir **Étiquetage** p. 1620 a).

■ **Aliments de régime et diététique.** *Rec. :* Service départemental de la Santé publique DDCCRF [1].

■ **Arrhes.** *L'acheteur* peut se dédire en abandonnant les arrhes, le *vendeur* le peut aussi mais en remboursant le *double* des arrhes. A défaut d'accord amiable, seule une décision de justice peut régler un litige en interprétant les dispositions du contrat. Dans certains cas, le montant des arrhes ou des acomptes est réglementé par la loi [exemples : location saisonnière en meublé par un loueur professionnel (arrhes : au maximum 25 % du loyer global) ; vente mobilière d'objets courants : voitures, etc. (toute somme versée plus de 3 mois à l'avance est productrice d'intérêts au taux légal)].

■ **Astreintes.** Moyens de pression : le juge condamne le professionnel à verser par jour, semaine ou mois de retard, une somme d'argent fixe. *Astreinte provisoire :* le juge se réserve la possibilité de la réduire ou de la supprimer ultérieurement en fonction de l'attitude adoptée par le débiteur ; *définitive :* le juge a, dans sa décision, renoncé à la réviser.

■ **Astrologues, devins, mages.** Quiconque se sera fait payer « en faisant usage de faux nom ou de fausses qualités pour faire naître l'espérance ou la crainte d'un succès, d'un accident ou de tout autre événement chimérique » pourra être sanctionné, l'art. 405 sur l'escroquerie prévoyant de 1 à 5 ans de prison et de 3 600 à 2,5 millions de F d'amende. Les tribunaux peuvent aussi retenir la loi du 18-1-1992 sur le délit d'abus de faiblesse. La loi du 31-12-1999 interdit le recours à l'astrologie pour toute procédure d'embauche.

■ **Automobiles (distribution et réparations).** *Recours :* Conseil national des professions de l'auto (CNPA) 50, rue Rouget-de-Lisle, 92158 Suresnes Cedex, DDCCRF [1].

■ **Bruits.** **Dans les locaux industriels :** *rec. :* Inspection du travail, organismes de Sécurité sociale. **De voisinage, des autos :** préfectures, mairies, services de police et de gendarmerie. Tout bruit causé sans nécessité ou dû à un manque de précautions, quelle que soit l'heure, est passible d'une contravention. **Organismes :** *Agence de l'environnement et de la maîtrise de l'énergie (Ademe) :* 27, rue Louis-Vicat, 75015 Paris. *Centre d'information et de documentation sur le bruit (CIDB) :* 12, rue Jules-Bourdais, 75017 Paris. Rattaché au ministère de l'Environnement. *Comité national d'action contre le bruit :* 19, rue de Liège, 75009 Paris. *Ligue française contre le bruit :* 6, rue de Stockholm, 75008.

■ **Clauses abusives.** Clauses insérées dans un contrat conclu entre un professionnel et un consommateur, qui ont pour objet ou pour effet de créer, au détriment du non-professionnel ou du consommateur, un déséquilibre significatif entre les droits et obligations des parties au contrat (art. L. 132-1 du Code de la consommation modifié par la loi du 1-2-1995). Les clauses abusives sont réputées non écrites : le contrat restera applicable dans toutes ses dispositions autres que celles jugées abusives s'il peut subsister sans lesdites clauses. **Commission des clauses abusives (CCA) :** *créée* 1978. Rattachée au ministère chargé de l'Économie. Chargée de rechercher dans contrats et bons de commande les clauses abusives.

■ **Code-barres.** Standard international d'identification des produits. *Introduit* 1977 (1ers magasins : 1982). *Établi* avec le Groupement d'études, de normalisation et de codification (Gencod Ean France, 2, rue Maurice Hartmann, 92137 Issy-les-Moulineaux Cedex). *Composé* de barres traduisant des chiffres et permettant une lecture optique. *1er chiffre :* pays de codification de l'article (3 : France ; 4 : Allemagne ; 5 : G.-B. et Irlande *) ; *5, 6, 7 ou 8 suivants :* code du fabricant attribué par Gencod ; *3, 4, 5 ou 6 suivants :* code spécifique de l'article ; *13e :* clé de contrôle. *Taux moyen d'erreur* relevé par la DGCCRF entre les prix affichés en rayon et ceux facturés aux caisses : environ 3 %. *1995 :* en faveur du consommateur 1,9 %, en sa défaveur 1,7 %.

Nota. – (*) Si l'article est vendu avec un poids variable, indicatif 02 ou nombre compris entre 21 et 29. *Livres et journaux :* indicatif de tête 977 ou 978.

■ **Coiffeur.** Affichage des prix obligatoire. En cas d'accident (brûlure, allergie) la responsabilité du coiffeur est engagée.

■ **Colis épargne.** Le consommateur verse une certaine somme pendant un délai donné au bout duquel lui est remis un colis de marchandises. Pratique licite, seulement si le consommateur a connaissance du contenu du colis au moment de son engagement et si, au dernier paiement, apparaît une déduction correspondant aux intérêts des sommes versées.

■ **Colportage et démarchage financier.** **Colportage :** offre à domicile ou sur le lieu de travail de valeurs mobilières avec livraison ou paiement immédiat : interdit. **Démarchage :** conseil d'achat, d'échange ou de vente de valeurs mobilières, recueil des engagements : permis aux banques, établissements financiers, remisiers, caisses d'épargne et agents de change. Le démarcheur doit posséder une carte spéciale et remettre une note d'information succincte. L'engagement pris doit être constaté par un bulletin signé du souscripteur (qui pourra, dans les 15 j, dénoncer son engagement). Les frais à verser au cours de la 1re année doivent être limités à 33 % du montant des capitaux versés. **Vente forcée** (voir **Envoi forcé** p. 1620 a).

■ **Commande.** **Bon de commande** (ou contrat de vente prérédigé) : obligatoire pour véhicules neufs ou d'occasion de plus de 3,5 t (décret du 4-10-1978), chats et chiens (décret 21-4-1975 ; voir **Animaux familiers** p. 210 a), sinon facultatif. Il comprend : *au recto* identification des parties, désignation des marchandises, prix, mode de paiement, date de livraison (indiquer une date impérative sous peine d'annulation), mode et lieu de livraison, date et signature ; *au verso* conditions générales de vente. Avant de signer, on peut toujours demander au vendeur des conditions différentes de celles figurant au contrat. Si celui-ci accepte, il faut mentionner et parafer ces conditions spéciales. **Transfert de propriété :** en général, dans le magasin, les marchandises voyagent aux risques et périls du destinataire. **Clause abusive :** leur insertion est punie d'une amende de 2 500 à 5 000 F. Pour que le contrat soit valable, il faut un consentement averti. Le vendeur ne doit donc pas tromper le client, ni cacher des informations, il doit le conseiller.

■ **Commerçant.** *En cas d'infraction : recours* à Paris : DDCCRF [1]. *Litiges d'ordre privé :* demander conseil aux organisations de consommateurs ou à l'INC. *Pièces à conserver :* contrat, ticket de caisse, facture, reçu pour arrhes, devis, documents publicitaires, certificats de garantie, attestations de livraison et mise en route, courrier reçu, constats d'huissier.

■ **Commissaires-priseurs et experts.** Dans les ventes publiques, les mentions portées sur le catalogue de vente font foi sauf si elles sont infirmées au moment de la vente par le commissaire-priseur ou l'expert dans une déclaration qui doit être portée sur le procès-verbal. Actuellement le recours en garantie de l'acheteur peut s'exercer dans un délai de 30 ans. Les œuvres d'art vendues par les maisons de vente anglaises ne sont pas garanties.

■ **Contrat.** Accord de volonté, entre 2 ou plusieurs personnes, qui engendre des obligations réciproques ou à la charge d'une seule d'entre elles. Le contrat doit être signé dans toutes ses parties (pas de renvoi à des feuilles détachées). Certains contrats (contrat de mariage, donation, hypothèque) doivent être rédigés par un notaire. **Cas de vices :** *du consentement :* on peut demander l'annulation du contrat. *Dol :* par exemple : vente d'une voiture millésimée 1992 alors qu'elle est de 1990. *Erreur :* portant, par exemple, sur une qualité du produit qui a été déterminante dans la décision d'acheter. *Violence :* par exemple une personne contrainte à donner de l'argent sous la menace. **Délai de réflexion** (loi de 1979 différente du délai de rétractation de la loi du 10-1-1978) : imposé parfois par la loi, il suit ou précède la signature du contrat. Exemples : démarchage ou crédit ordinaire, enseignement à distance, 7 j ; démarchage pour plan d'épargne en valeur mobilière, 30 j, et crédit immobilier, 10 j. Des tribunaux estiment que des promesses faites sur des documents publicitaires (catalogues, affiches...) peuvent aussi être considérées comme des engagements contractuels. **Les clauses illicites** (par exemple, droit pour le vendeur de ne pas donner suite à une commande) ou **illisibles** (imprimées en caractères illisibles au verso du document ou mentionnées perpendiculairement aux autres dispositions du bon de commande) ne sont pas opposables à l'acheteur. **Contrat d'achat ou bon de commande :** vérifier qu'il comporte au minimum les modalités de livraison (délai, transport, montage, réclamation), le montant à payer et les garanties accordées. **Exécution :** dès formation du contrat, chaque contractant est tenu d'exécuter ses obligations (art. 1134 du Code civil). Si l'un se dérobe, l'autre peut demander la *résolution* (suppression rétroactive des obligations du contrat), la *résiliation* [valant suppression pour l'avenir d'un contrat successif (comme la location)] ou l'*exécution forcée* du contrat. Si celle-ci est impossible à obtenir, le tribunal devra déterminer le dommage subi par le créancier et en assurer la réparation sous forme de dommages et intérêts. *S'il s'agit d'une somme d'argent,* il ordonnera la saisie et la vente des biens du débiteur ; *d'un objet déterminé,* il pourra mettre le créancier en possession de l'objet ; *d'obligation de faire et de ne pas faire,* il pourra condamner le débiteur à une astreinte (somme d'argent déterminée) pour l'obliger à réagir. **Mentions manuscrites :** seule la signature vaut accord, les mentions « lu et approuvé » ou « bon pour accord » ne donnant pas plus de valeur au contrat. **Mentions particulières :** *engagement de payer une certaine somme :* montant en chiffres et en lettres de la main du signataire. *Contrat signé lors d'un démarchage à domicile :* date de la main du client. *Contrat pour construction d'une maison individuelle :* mention manuscrite par le client des travaux qu'il se réserve. **Pour constater le retard,** envoyer une mise en demeure (art. 1230 du Code civil) sous forme de sommation ou de commandement, ou par lettre recommandée avec accusé de réception. Préciser le préjudice chiffrable et la faute du débiteur [difficile à établir s'il s'agit d'une obligation de moyens (par exemple, le médecin qui n'arrive pas à sauver son malade)].

■ **Contrôle dans un magasin.** Les officiers de police judiciaire peuvent procéder à un contrôle d'identité, une arrestation ou recueillir des aveux ; mais en cas de flagrant délit (par exemple, au moment où l'on glisse une marchandise dans une poche ou un sac à main) n'importe quel citoyen peut arrêter le voleur.

■ **Copropriété (règlement de).** *Recours :* tribunal de grande instance.

■ **Créance.** **Recouvrement par une agence de recouvrement :** on ne doit payer que le montant de la dette. Les frais de dossier, de recouvrement et de correspondance sont à la charge de la personne ou de l'entreprise qui a engagé la Sté (art. 1999 du Code civil et art. 32 de la loi nº 91-650 du 9-7-1991) ; les frais de protêt peuvent être réclamés en plus, si un huissier a constaté le manque de provision d'un chèque. **Par un huissier :** *agissant sur l'ordre d'un créancier :* mêmes règles que ci-dessus ; *au nom du tribunal* qui a reconnu le bien-fondé de la somme réclamée : l'huissier peut remettre l'injonction de payer en main propre, ou à la personne présente au domicile le jour de son passage, ou à la mairie en cas d'absence. On a 1 mois à compter de la date de notification de l'acte pour contester auprès du secrétariat (greffe) du tribunal qui a rendu l'injonction. Après, l'huissier pourra mettre en œuvre les procédures nécessaires au recouvrement de la dette. On devra régler le montant de la dette (et les frais de procédure si le juge le décide) auprès de l'huissier. Si l'on n'a pas versé la somme due ou si l'on n'a pas contesté dans le délai prévu, l'exécution forcée de la décision de justice pourra se faire par saisie-arrêt (bloquant sur le compte bancaire le montant de la dette et des frais de recouvrement) ou, si la dette dépasse 3 500 F, par saisie-vente. On peut faire appel à un juge de l'exécution auprès du tribunal de grande instance contre tout abus commis à l'occasion de l'exécution d'une décision .

■ **Crédit** (voir le chapitre **Finances**).

■ **Délai franc.** Délai dans lequel ne sont comptés ni le *dies a quo* (jour de départ) ni le *dies ad quem* (celui de l'échéance). **Délai non franc.** Le *dies ad quem.*

■ **Démarchage à domicile, dit « vente directe », et sur les lieux de travail** (art. L. 121-21 et suivants du Code de la consommation). *Interdictions pour :* contrats d'enseignement par correspondance, consultations juridiques, produits pharmaceutiques et vétérinaires, or, opérations à terme dans les bourses étrangères, offres de services à l'occasion d'un décès. **Secteurs concernés :** tous [y compris ventes effectuées par un VRP porteur de la carte professionnelle ou par un vendeur à domicile indépendant], sauf : biens ou services vendus par des professionnels au cours de tournées périodiques ; ventes à une exploitation agricole, industrielle ou commerciale si le contrat proposé a un lien direct avec celle-ci, et, en général, toute activité entre professionnels ; prestations de service effectuées immédiatement (dépannage à domicile). *Certaines activités* (démarchage financier, démarchage en vue d'opérations sur les marchés à terme ou aux assurances sur la vie) font l'objet de réglementations spécifiques. Le client est protégé s'il est démarché pour une vente (bien mobilier ou immobilier), une prestation de service, un achat (exemple : un antiquaire lui rend visite pour lui acheter un meuble), une location, une location-vente ou location avec option d'achat (art. L. 121-21, al. 1er, Code de la consommation). *Contrat :* il doit préciser noms et adresses du fournisseur et du démarcheur, adresse du lieu de conclusion du contrat, désignation précise de l'objet ou du service vendu, conditions d'exécution et modalités de livraison, prix global et conditions de paiement, taux d'intérêt en cas de crédit et un formulaire de renonciation. Il doit être signé et daté de la main du client et 1 exemplaire doit lui être remis au moment de l'achat. *Délai de réflexion :* le client peut résilier la vente pendant 7 j, à compter du lendemain de la date d'achat, par lettre recommandée avec avis de réception. Si ce délai expire un samedi, un dimanche ou un jour férié ou chômé, il est prorogé jusqu'au 1er j ouvrable suivant. Ne sont pas protégés par cette mesure : les personnes morales (société, association), les professionnels, si le contrat a un « rapport direct » avec l'activité. *Paiement :* il est interdit au démarcheur de prendre un acompte ou un cautionnement durant le délai de réflexion. Tout démarchage par téléphone doit être suivi d'une confirmation écrite de l'offre. Le client n'est engagé qu'après acception écrite et datée de sa main.

ATTENTION : une *signature* engage toujours. Demander le *prix comptant,* la *valeur de chaque article* du lot. L'entreprise ne peut refuser la vente séparée de chaque article. *Ne jamais verser d'argent* au démarcheur et ne pas signer de chèque lors de la commande ni au cours du délai de réflexion.

Les ventes sollicitées (effectuées au domicile d'un particulier), après que celui-ci a retourné à la Sté vendeuse un coupon-réponse indiquant son intention d'être documenté sur les biens ou prestations de services proposés, sont aussi couvertes. *Demander les cartes officielles de ceux qui prétendent venir de la part* du préfet, maire, inspecteur d'Académie, Assistance sociale, caisse d'Allocations familiales, Insee, etc. *Les associations charitables* ne pratiquent plus de quête à domicile hors de leurs journées nationales. Les articles que certaines d'entre elles vendent portent obligatoirement un label officiel. **Litiges :** s'adresser au *Syndicat de la vente directe,* 100, avenue du Président-Kennedy, 75016 Paris.

■ **Dépannage à domicile.** Le dépanneur doit communiquer par téléphone montant des frais de déplacement, devis gratuit ou non, et son coût le cas échéant, taux horaires (TTC) de main-d'œuvre, modalités de décompte du temps passé, prix des prestations forfaitaires. Une fois sur place, il doit établir un devis détaillé si les travaux envisagés dépassent 1 000 F (TTC). Au-dessous, on peut néanmoins demander un devis (certains sont facturés entre 200 et 350 F). S'il s'agit de faire cesser un danger manifeste (fuite de gaz, par exemple), le dépanneur n'est pas obligé d'établir un devis, mais doit remettre un « ordre de réparation » où sont consignés état des lieux, motif de la demande d'intervention et réparations à effectuer. Si les travaux envisagés dépassent le seul objet de la demande, on dispose d'un délai de rétractation de 7 j à partir du moment où l'on a signé le devis. Attention : les travaux ne sont en général pas remboursés par l'assureur, sauf si les dégâts sont garantis (il faut obtenir un accord préalable pour la réparation, le montant des travaux devant être conforme à la réalité). Conserver les pièces qui ont été changées. *Recherche d'un dépanneur :* contact : Synasav (Syndicat national de maintenance et des services après-vente), Capeb (Confédération de l'artisanat et des petites entreprises du bâtiment). *Recours :* boîte postale 5000 du département (DDCCRF [1]), association des consommateurs, syndicats professionnels.

■ **Dette impayée.** Les cabinets de recouvrement ne peuvent exercer d'actions judiciaires. Les *intérêts* ne peuvent courir qu'*après* et *à compter* de la mise en demeure du créancier ou de son mandataire. Ils sont normalement basés sur le taux légal. Si la dette est contractuelle, se reporter au contrat. *Frais :* normalement à la charge du créancier ; s'ils sont imputés par contrat au débiteur, celui-ci peut se prévaloir des recommandations de la commission des clauses abusives. En cas de frais exagérés, il peut invoquer l'art. 1652 du Code civil qui permet au juge de les diminuer.

■ **Devis.** *Obligatoire pour :* tous travaux d'entretien et de dépannage d'appareils ménagers ou du secteur du bâtiment, à domicile ou en atelier, d'un montant supérieur à 1 000 F (arrêté du 1-3-1990). En général gratuit, sauf si l'on fait appel à un spécialiste (un architecte par exemple) ou fait procéder à un travail particulier (comme le démontage d'un appareil). S'il est payant, il est généralement déductible de la facture finale. *Doit comporter :* taux horaire de la main-d'œuvre, montant des taxes, date de livraison ou de fin des travaux, mode et délai de règlement. En l'absence de devis écrit, aucun recours possible. L'entrepreneur doit demander l'accord du client avant de faire des travaux entraînant une modification du devis initial. *Devis payants :* doivent être affichés. *Bâtiment et électroménager :* devis détaillé obligatoire pour réparations à partir de 1 000 F, TTC (arrêté 2-3-1990).

■ **Diffamation.** « Toute allégation ou imputation d'un fait qui porte atteinte à l'honneur ou à la considération de la personne ou du corps auquel le fait est imputé ». Pour que le délit soit établi, il faut que : la diffamation soit revêtue de publicité (discours ou cris dans un lieu public, écrits, imprimés vendus ou distribués dans un lieu public) ; qu'il y ait un fait déterminé dont l'exactitude ou l'inexactitude peut être vérifiée (par exemple, l'imputation d'un vol) ; que ce fait soit contraire à la probité, à la loyauté, à la bonne conduite ; que la personne visée, qui n'a pas besoin d'être désignée nommément, soit aisée à reconnaître ; qu'il y ait intention coupable de la part de l'auteur (celle-ci est présumée). La preuve de la diffamation peut faire disparaître le délit. *Celui qui est diffamé* peut dans les 3 mois s'adresser : 1°) *au tribunal correctionnel* (*pénalités :* 5 j à 6 mois d'emprisonnement et/ou amende de 150 à 80 000 F) ; 2°) *au tribunal d'instance* (s'il réclame des dommages et intérêts de 5 000 F au maximum) ou *de grande instance* (s'il demande plus).

■ **Dommages et intérêts.** Destinés à réparer le préjudice subi. Il s'agit souvent d'une somme d'argent : *dommages et intérêts compensatoires.* En cas de retard de paiement d'une somme due, le créancier a seulement droit à des intérêts au taux légal : *dommages et intérêts moratoires.* Il peut obtenir des dommages et intérêts supplémentaires s'il démontre la mauvaise foi du débiteur et un préjudice distinct du retard (exemple : une agence de voyages ayant tardé à rembourser un acompte, il a dû renoncer à partir en vacances).

■ **Emballage.** Le commerçant n'a pas le droit de le faire payer, sauf si un écriteau en a averti le consommateur avant l'achat. Il doit indiquer le prix au kg sur un certain nombre de produits alimentaires préemballés : viande, charcuterie, poissons, fruits, légumes, fromages. 2 arrêtés du 22-9-1975 fixent les poids nets des emballages dans lesquels certains produits peuvent être offerts à la vente. **Surgelés :** *fruits :* 250 g, 500 g, 1 kg, 1,5 kg, 2 kg, 2,5 kg et multiples de 1 kg. *Légumes :* 150 g, 300 g, 450 g, 600 g, 750 g, 1 kg, 1,5 kg, 2 kg, 2,5 kg et multiples de 1 kg. *Poissons : entiers :* vendus par 2 unités, 340 g, 750 g, 1 kg, 1,5 kg, 2 kg, 2,5 kg et multiples de 1 kg ; *en filets :* 100 g, 200 g, 300 g, 400 g, 500 g, 750 g, 1 kg, 1,5 kg, 2 kg, 2,5 kg et multiples de 1 kg. *Filets : de harengs saurs au naturel :* 200 g, 500 g, 1 kg et multiples de 1 kg ; *de morue :* 400 g, 1 kg et multiples de 1 kg.

■ **Envoi forcé.** *Les ventes forcées* qui consistent à adresser d'office certains objets (disques, montres, livres, stylos, etc.) et à en exiger ensuite le retour (même sans frais) ou le paiement sont interdites (article R. 40-12 du Code pénal). Ne rien payer et conserver l'objet, sans l'utiliser, car il n'appartient pas à son destinataire. Porter plainte auprès du procureur de la République. *Renseignements :* DDCCRF[1].

■ **Essayage.** Exemple : *achat d'une chemise.* Si l'on n'a pas pu l'essayer et qu'elle ne va pas, le contrat est nul. On peut être remboursé sauf si l'étiquette était correcte (mention de la taille, coupe, longueur des manches).

■ **Établissements dangereux, insalubres, incommodes (dits classés).** *Renseignements :* Service de prévention des nuisances industrielles, 68, rue de Bellechasse, 75007 Paris. Ministère de l'Environnement. Préfecture (service administratif et inspection des établissements classés). *Recours :* services préfectoraux des établissements classés, tribunal administratif, Conseil d'État, tribunal de grande instance (demandes de dommages et intérêts).

■ **Étiquetage.** Il faut distinguer l'étiquetage apposé par le fabricant et celui apposé par le distributeur du produit. Il peut consister en une marque individuelle ou collective ou en un étiquetage informatif. Il peut résulter : 1°) de dispositions législatives ou réglementaires le rendant obligatoire ; 2°) d'une décision du professionnel souhaitant informer le consommateur.

Étiquetage obligatoire. Produits alimentaires : nature précise de la marchandise selon la dénomination de vente à laquelle elle est astreinte, nom ou raison sociale et adresse du fabricant, nom du pays d'origine de la marchandise, poids net ou volume net, date de péremption, énumération par ordre d'importance décroissante des composants du produit et, lorsque la dénomination du produit se réfère à un composant, proportion de ce composant contenue dans le produit, énumération des additifs, colorants, conservateurs antioxygène, édulcorants, émulsifiants, agent de texture, de sapidité, d'aromatisation. **Fruits et légumes :** depuis le 3-10-1994, l'étiquetage doit mentionner prix, variété, catégorie et pays d'origine. **Produits diététiques et de régime :** mêmes mentions + l'indication des composants du produit par ordre d'importance quantitative décroissante, la valeur calorique et les teneurs en protides, lipides et glucides. **Produits cosmétiques et d'origine corporelle :** dénomination du produit, nom et adresse du fabricant, volume ou poids net, date limite d'utilisation pour les produits dont la durée de stabilité est inférieure à 3 ans, numéro de lot, énonciation des substances dont la présence est revendiquée dans la publicité, précautions particulières d'emploi. **Dates :** de fabrication (en clair ou en code), limite de consommation (DLC) pour produits alimentaires périssables préemballés, limite d'utilisation optimale (DLUO) pour conserves, surgelés, crèmes glacées, produits de beauté, médicaments. **Prix :** depuis février 1983, affichage des prix au litre ou au kg obligatoire pour les produits préemballés.

Étiquetage contrôlé par un organisme indépendant du fabricant, de l'importateur ou du vendeur. *Produits agricoles* [labels agricoles : loi n° 60-808 du 5-8-1960 modifiée par la loi n° 78-23 du 10-1-1978, art. L. 115-21 à 115-26 du Code de la consommation, loi d'orientation agricole n° 80-502 du 4-7-1980 (art. 14) sur les marques collectives régionales]. *Industriels, agricoles non alimentaires transformés* ou *biens d'équipement* (exemples : Woolmark, Fleur-bleue, Coton-Flor, Belle-Literie) ; certification de produits et services, loi n° 94-442 du 3-6-1994 modifiant le Code de la consommation (par exemple, la marque NF).

Faux certificats de qualité ou faux labels. 1°) *Marques privées :* elles ne se présentent pas en principe comme des labels de garantie, sauf exception. 2°) *Faux diplômes :* laissent entendre qu'un jury compétent et impartial a attribué un prix pour la qualité, le prestige, la supériorité, etc. Exemples : Prestige de la France, Coupe du bon goût français, Sélection Europe. Il s'agit en fait d'opérations purement publicitaires. 3°) *Marques collectives :* privées réunies parfois en fonction d'un règlement qualitatif (garanti par les producteurs, comme la popeline d'Alsace).

Labels, marques de qualité, certificats de qualité, etc. faisant référence : 1°) à un règlement technique privé (exemples) : *Woolmark :* éleveurs de moutons d'Australie, de Nlle-Zélande et d'Afrique du Sud. Contrôlé par le Secrétariat international de la laine. *Fleur-bleue :* créée par la Confédération générale des fabricants de toile de France pour les articles en lin, en métis, en lin mélangé et en toiles lourdes (bâches). 2°) **Aux normes françaises :** marque NF, créée 1938, opérationnelle depuis 1947, certification de produits et de services en vertu de la loi n° 94-442 du 3-6-1994 et du décret n° 95-354 du 30-3-1995. Logo en forme d'ovale bleu, apposé sur le produit ou sur les supports prévus dans le règlement particulier pour la marque NF Service, NF Agroalimentaire, NF Environnement. Accordée sous la responsabilité de l'Association française de normalisation (Afnor, association loi 1901, reconnue d'utilité publique, qui anime et coordonne le système d'élaboration des normes françaises et qui suit les travaux européens et internationaux). Normes établies par an : environ 1 800 homologuées après enquête probatoire. Litige : s'adresser à Afnor, 11, av. Francis-de-Pressensé, 93571 Saint-Denis-la-Plaine Cedex, qui interviendra auprès du fabricant ou du prestataire de service pour l'inciter à honorer ses engagements. » 3°) **A un règlement d'ordre public** (loi, décret ou arrêté) : *appellation d'origine contrôlée :* vins, fromages ; *d'origine simple :* fruits, légumes, volaille, produits divers ; *labels nationaux* (homologation ou arrêté) : volailles (exemple : volaille de Loué), fromages (exemples : Emmental, Est, Cantal, Grand Cru), divers ; *régionaux :* homologation régionale par produit après homologation nationale du label. *Marque régionale : Savoie :* emmental, fruits, *Normandie :* cidre. 4°) **A un contrat pour l'amélioration de la qualité :** contrats de droit privé conclus pour une durée déterminée et légués après négociation entre les organisations nationales des consommateurs et des entreprises de toute nature (producteurs, distributeurs, prestataires de services). Les améliorations peuvent concerner les produits et services ou leur environnement (fabrication, distribution, garantie, service après-vente, relations avec l'usager, prix...). Les produits concernés sont signalés au public par une marque collective comprenant le logo « Approuvé », rouge sur fond rouge et bleu du contrat.

■ **Facture.** Obligatoire entre professionnels. Pour tout achat de produits ou pour tout service, pour une activité professionnelle. Délivrée dès la réalisation de la vente (un exemplaire est conservé par le vendeur). Doit mentionner : nom et adresse des parties, date de la vente, quantité, dénomination précise, prix unitaire hors TVA, rabais, remises ou ristournes. Les originaux et copies de factures sont conservés 3 ans. *Transactions avec des particuliers :* l'usage s'en est établi (mais n'est pas obligatoire lors des ventes au détail). **Prestataires de services :** note donnant le décompte détaillé de ceux-ci. *Hôtels et restaurants :* obligatoire quel que soit le montant. *Autres* (garagistes, teinturiers, coiffeurs, etc.) : obligatoire à partir de 100 F TTC ; au-dessous, sur demande. **Frais de facturation :** interdits sur facture obligatoire (réparations auto ou à domicile par exemple). Sinon tolérés quand ils ne dépassent pas les frais réels de l'établissement du décompte et si la clientèle a été avertie par une publicité appropriée.

Nota. – Un ticket de caisse, portant la mention « payé le... » et le mode de paiement est une preuve irréfutable de paiement.

■ **Fouille des clients.** *Corporelle :* interdite ; *sac :* le client peut être invité à l'ouvrir. Art. 73 du Code de procédure pénale permet à quiconque d'arrêter ou de détenir l'auteur d'un crime ou d'un délit flagrant, ou une personne qui, selon toute apparence, aurait commis une infraction. L'arrestation et la détention doivent être limitées au temps nécessaire pour prévenir la force publique et lui permettre d'arriver et d'appréhender le suspect. *Interpellation « musclée » :* constitue une voie de fait.

■ **Frais. Pour paiement tardif :** le créancier peut obtenir des dommages et intérêts moratoires fixés au taux légal et courant à compter du jour de la sommation de payer. **De remboursement :** si un commerçant charge un office de recouvrement de récupérer une dette, c'est un mandat, or l'art. 1999 du Code civil prévoit que si l'exécution du mandat entraîne des frais pour le mandataire (ici l'office de recouvrement), le mandant (le commerçant) doit les rembourser, et non le débiteur qui n'est pas partie à ce contrat.

■ **Garantie légale.** Art. 1641 à 1649 du Code civil (et jurisprudence), dite aussi *garantie des vices cachés* de la chose vendue. Illimitée dans le temps. *Garantie pour vices cachés :* l'action doit être intentée par l'acquéreur dans « un bref délai, suivant la nature et l'usage au lieu où la vente s'est effectuée ». Cette garantie est soumise à une prescription trentenaire (sauf pour les animaux domestiques qui bénéficient d'une garantie illimitée). La garantie ne peut se trouver limitée par une clause dans le contrat de vente, sauf si l'acheteur est considéré comme professionnel ou s'il a connaissance du vice caché. Pour la mettre en œuvre : *le défaut doit être grave* (rendant le produit impropre à l'usage prévu, ou réduisant tellement cet usage que l'acheteur aurait renoncé à son acquisition ou n'en aurait payé qu'un moindre prix s'il l'avait connu) ; *caché* (il était raisonnablement impossible de s'en rendre compte lors de l'achat) ; *antérieur à la vente* (le consommateur doit prouver qu'il existait déjà lorsqu'il a acheté l'appareil, et qu'il n'est pas le résultat d'une mauvaise utilisation, ou d'une usure normale). Un vendeur doit donc livrer une « chose » (même soldée) propre à l'usage auquel on la destine, c.-à-d. en parfait état de marche. Si elle tombe en panne, sans faute de l'acheteur, il doit la rembourser ou prendre à sa charge les frais de réparation (pièces, main-d'œuvre, transport) et verser des dommages et intérêts pour le préjudice entraîné par la privation de l'objet, mais c'est à l'acheteur de prouver l'existence du vice caché, généralement en faisant appel à un expert. L'acheteur doit agir à bref délai. Ce délai est parfois déterminé (très réduit pour les animaux domestiques) : il est plus souvent laissé à l'appréciation des juges du fond qui ont un pouvoir souverain d'appréciation pour déterminer aussi bien la durée que le point de départ de ce délai (Cassation civile 3, 27-3-1991 : D. 1992, 95).

Lorsqu'il a établi l'existence d'un vice caché, l'acheteur peut demander (art. 1644 du Code civil) : soit la résolution de la vente entraînant la restitution du bien contre remboursement du prix ; soit une diminution du prix de vente.

■ **Garantie contractuelle.** Résultat d'un contrat entre vendeur et acheteur lors de la transaction. Il faut vérifier les points suivants du certificat : *durée* (est-elle la même pour toutes les pièces ?) ; *pièces* de l'appareil couvertes par la garantie ; *pièces défectueuses et pièces cassées* (sont-elles garanties ?) ; *frais de main-d'œuvre* et de *déplacement de la main-d'œuvre* (sont-ils à votre charge ?) ; *frais de transport* de l'appareil s'il doit être retourné à l'usine.

Certains glissent des formules ambiguës : « telle garantie ne s'applique pas aux remplacements et réparations devenus nécessaires par suite de l'usure normale... », « seul le 1er usager bénéficie des avantages généraux de la garantie... », etc. « La date de mise en service pour l'application de la garantie ne peut être postérieure de 6 mois à la date de facturation du matériel. » « Les frais de main-d'œuvre sont à la charge exclusive de l'utilisateur. » « La livraison des pièces de rechange sera effectuée par le constructeur dans les meilleurs délais possibles, sans que d'éventuels retards puissent être invoqués pour une demande de dédommagement ou simplement une prolongation de la période de garantie. » « Les indications de consommation qui peuvent être fournies par le constructeur le sont toujours à titre indicatif. » « Les éléments plastiques (tuyaux, courroies...) sont exclus du bénéfice de la garantie. » « Les frais et conséquences de l'immobilisation de l'appareil pendant sa réparation ne sont pas couverts par cette garantie. » Mais la garantie légale s'applique toujours et cette circonstance doit obligatoirement apparaître sur le bon de garantie. Une fois passé la période de garantie, le fabricant n'est plus tenu d'assurer, dans le cadre de celle-ci, la fourniture des pièces. Si l'on a demandé à un professionnel une remise en état d'un bien et que cette remise en état est couverte par la garantie contractuelle, toute période d'immobilisation du bien d'au moins 7 j vient s'ajouter à la durée de la garantie qui reste à courir (article L. 211-2 du Code de la consommation).

Les indications de consommation fournies à titre indicatif ne concernent pas la garantie. L'usage de la norme NF X 50 002 est facultatif et ne peut faire l'objet de contrôle. Par contre, le fait pour un professionnel d'annoncer qu'il respecte cette norme l'oblige à le faire (s'il ne le fait pas, s'adresser à l'Afnor ou à l'Administration pour publicité mensongère).

Décret du 22-12-1987 : prévoit une présentation normalisée du contenu des contrats de garantie et de service après-vente. Certaines indications, notamment relatives à la livraison, à la mise en service et aux réparations devront obligatoirement figurer dans le contrat remis au consommateur.

Recours : si des lettres au vendeur chargé d'assurer la garantie reviennent avec la mention « inconnu à l'adresse indiquée » : *la Sté a pu changer d'adresse* (se renseigner auprès du registre du commerce au greffe du tribunal de commerce), ou *elle a pu être mise en liquidation de biens* (prendre contact avec le tribunal de commerce pour avoir les références du syndic chargé de la liquidation).

■ **Hôtels, garages publics, terrains de camping.** *Renseignements :* auprès des préfectures.

■ **Hygiène alimentaire et publique.** *Renseignements :* Direction départementale de l'action sanitaire et sociale, inspecteur de la Santé, services de police et de gendarmerie, ou toutes administrations, secrétaires généraux de préfecture, sous-préfets, maires. **Hygiène et beauté :** *recours :* DDCCRF[1]. Service départemental de la Santé publique.

■ **Injonction. De faire et saisine directe du tribunal d'instance pour les petits litiges** (décret du 4-3-1988) : procédures possibles si le montant du litige est inférieur à 25 000 F (saisine directe) ou à 50 000 F (injonction de faire : voir p. 793 c). Ces procédures sont gratuites.

De payer : *conditions exigées : 1°)* la somme qui est due doit avoir « une cause contractuelle » ou « résulter d'une obligation de caractère statutaire » ; *2°)* le montant de la somme due doit être déterminable à partir du contrat (exemple : dépôt de garantie non rendu). *Comment procéder :* adresser une requête en injonction de payer au greffe du tribunal d'instance compétent (celui du domicile du débiteur) ; après réception de l'ordonnance (8 j à 6 semaines après), la remettre à un huissier qui la notifiera à l'adversaire ; à l'expiration d'un délai d'un mois à compter de cette notification, en justifier auprès du greffier qui portera sur l'ordonnance la formule exécutoire ; si, dans le mois qui suit la notification, le greffe n'a enregistré aucune opposition du débiteur, il retourne l'ordonnance avec la signature du président au bas de la formule exécutoire ; l'adresser à nouveau à l'huissier pour qu'il contraigne le débiteur à payer ce qu'il doit en lui demandant de recouvrer les sommes dues, en précisant qu'il doit le faire par « voie d'exécution forcée ». Celui-ci peut demander une provision (environ 500 F) mais les frais de recouvrement incomberont entièrement finalement au débiteur. *Si le président rejette la requête*, procéder selon les procédures habituelles (voir **Procès** à l'Index). *Si l'adversaire fait opposition dans le mois, ou jusqu'à la 1re mesure d'exécution (saisie)*, on reçoit une convocation invitant à venir s'expliquer avec l'adversaire devant le tribunal. Si l'on préfère, dans ce cas, renoncer, écrire au président du tribunal que l'on se désiste de sa demande et que, dans le cas où l'adversaire formerait une demande à son encontre (demande reconventionnelle), on sollicite le renvoi de l'affaire à une autre date.

■ **Jeux et concours.** Depuis la loi du 23-6-1989 aucune somme d'argent (pas même l'envoi de timbres) ne peut être réclamée pour participer au jeu ou au tirage ; bon de commande et bon de participation doivent être clairement séparés l'un de l'autre ; les lots mis en jeu ainsi que leur nombre et leur valeur doivent être clairement décrits ; le règlement doit être déposé auprès d'un huissier ou d'un notaire et communiqué sur simple demande (huissier : simple dépositaire ne garantissant pas la légalité de l'opération). *Sanctions :* jusqu'à 250 000 F d'amende, publication du jugement ; jeux et loteries tombent sous le coup de la loi du 21-5-1836 prohibant les loteries.

■ **Lettres anonymes.** Il y a délit, si la lettre renferme une menace : *d'attentat :* peines prévues (si la menace a été accompagnée de l'ordre de déposer une somme d'argent ou de toute autre condition) : emprisonnement de 2 à 5 ans, amende : 500 à 4 500 F ; 1 à 3 ans (au plus), amende : 500 à 4 500 F (sans ordre, ni condition) ; 6 mois à 2 ans, amende : 500 à 4 500 F (menace avec ordre et sous condition verbale). En outre, dans les 3 cas, une peine d'interdiction de séjour peut être prononcée. *De voies de fait ou de violence faite avec ordre ou sous condition :* emprisonnement 6 j à 3 mois, et/ou amende : 500 à 1 000 F. *D'incendie ou de destruction :* mêmes peines que celles prévues par art. 305, 306 et 307 du Code pénal selon la même distinction. *Des injures ou une allégation diffamatoire :* on peut se porter partie civile au cours du procès pénal, lorsque l'auteur de la lettre est poursuivi par le parquet. A défaut de cette poursuite, on peut s'adresser à la juridiction civile.

■ **Livraison. Délais non respectés :** *pour biens ou prestations dépassant 3 000 F*, le vendeur doit indiquer sur le bon de commande la « date limite à laquelle il s'engage à livrer le bien » (article L. 114-1 du Code de la consommation). *Tout dépassement de + de 7 j* est une cause d'annulation de contrat. *Si l'on tient à recevoir la marchandise commandée :* mettre en demeure le vendeur de livrer sous un délai strict. *Si l'on désire annuler la commande :* on a 60 j ouvrés à compter de la date théorique de livraison pour dénoncer le contrat par lettre recommandée avec avis de réception. *On peut réclamer une compensation pour préjudice chiffrable* comme le remboursement du double des arrhes versées [si l'on a mis au préalable le commerçant en demeure de s'exécuter (art. 1611 du Code civil)]. On ne peut rompre le contrat si le retard de livraison est dû à un cas de force majeure ; si le bien (ou la prestation de services) a été livré avant que le vendeur n'ait reçu la lettre recommandée. **Livraison partielle :** même procédure. **Livraison non conforme :** la refuser et adresser une lettre au vendeur avec mise en demeure de remplacer l'objet (se prévaloir de l'art. 1614). **Litige :** s'adresser à la DDCCRF [1] ; au *Syndicat de la vente directe* (uniquement pour ventes à domicile), 8, place d'Iéna, 75008 Paris, s'il s'agit d'une Sté adhérente (en principe précisé dans le contrat) ; porter plainte (sans frais) auprès du procureur de la Rép. du tribunal de grande instance de son arrondissement.

■ **Locations-logements.** *Renseignements : province :* Dir. départementale de l'Équipement et du Logement ; *Paris :* Mairie : Bipo, 6, rue Agrippa-d'Aubigné, 75004 Paris.

■ **Location-vente (leasing).** Location avec promesse de vente ou bail avec option d'achat. Réglementée par la loi de janvier 1978 (bien de consommation réservé à un non-professionnel). *Avantage :* mensualités réparties sur une longue durée. *Inconvénients :* coût plus élevé que celui du crédit. Frais, généralement supportés par le propriétaire, mis à votre charge : vignette, carte grise (au nom du bailleur : en cas d'achat final, il faudra la payer une 2e fois) ; assurance décès-invalidité (facultative), tous risques (obligatoire, souscrite au bénéfice du propriétaire) ; frais d'entretien (dérogation à l'art. 1719 du Code civil) et toutes réparations que l'utilisation pourrait nécessiter (dérogation à l'art. 1720). Les Stés de location-vente insérant dans leurs contrats une clause les exonérant de toute garantie pour vices ou défauts de la chose louée, en cas de problème, le locataire doit faire jouer la garantie du fabricant en se retournant contre lui. En cas de sinistre total (vol, incendie, destruction totale), la Sté de location-vente propriétaire exige le remplacement du véhicule et peut demander une indemnité s'il y a faute du locataire. En cas de défaillance et, faute de règlement amiable, le plafond de l'indemnité est fixé par décret, le juge pouvant en modifier le montant.

■ **Marchandise détériorée.** Le vendeur est responsable s'il s'est servi de son véhicule. Vente franco contre remboursement : idem. Si le vendeur s'est adressé à un transporteur, se retourner contre celui-ci.

■ **Marque et qualité. Appellations d'origine :** *recours :* DGCCRF [1]. **Infraction à la marque NF** (norme française) : *renseignements :* Afnor, 11, av. Francis-de-Pressensé, 93571 Saint-Denis-la-Plaine Cedex ; *recours :* à l'amiable avec le vendeur NF ou le fabricant licencié NF (si échec, avertir l'Afnor). **Labels agricoles :** *recours :* DGCCRF [1].

■ **Mode d'emploi.** Doit être rédigé en français [art. 2 de la loi du 4-8-1994 imposant l'emploi de la langue française dans « la désignation, l'offre, la présentation (...), la description (...) d'un bien]. L'obligation pèse sur celui qui commercialise l'article en France. La responsabilité du fabricant et/ou du vendeur peut donc être recherchée. L'importateur ou le vendeur peuvent être punis d'une amende de 300 à 5 000 F. La responsabilité contractuelle du professionnel peut être mise en jeu (art. 1147 du Code civil) si, le mode d'emploi étant en langue étrangère, on n'a pas respecté celui-ci.

■ **Mode de paiement. Espèces :** depuis 1986, on n'est plus obligé de payer par chèque une somme supérieure à 10 000 F. On peut payer avec des pièces dans certaines limites (250 F en pièces de 5 F, 50 F en 1 F, 10 F en 50 centimes). Le commerçant peut refuser des billets en mauvais état, déchirés, ou qui lui semblent faux. L'État est obligé d'accepter le paiement (exemple : impôts) par pièces dans la limite de 150 000 F. **Chèque :** un commerçant peut refuser un chèque (ce dernier n'a pas cours forcé), sauf s'il fait partie d'un centre de gestion agréé (affichage obligatoire). Il peut relever le numéro de la carte d'identité du client (la loi du 3-1-1973 précise que celui qui paie par chèque doit justifier de son identité au moyen d'un document officiel portant sa photographie), mais ne peut en imposer une photocopie. On ne peut faire opposition à un chèque qu'en cas de perte ou de vol, de redressement ou de liquidation judiciaire du porteur ; certaines banques admettent l'opposition en cas d'insatisfaction ou de désistement après paiement anticipé d'une partie du prix. Un commerçant peut toujours attendre l'encaissement du chèque pour livrer la marchandise ; il n'est, en effet, payé par l'acheteur qu'au moment où son compte est crédité. **Carte bancaire :** le commerçant ne peut exiger une carte d'identité ; opposition possible seulement en cas de perte, de vol ou de faillite du vendeur.

☞ Lorsque le client ne remet pas la somme exacte à payer, le vendeur n'a pas l'obligation de rendre la monnaie ; il appartient au consommateur de faire l'appoint (décret du 22-4-1790 toujours en vigueur).

■ **Parasites radioélectriques.** Provoqués par un appareil électrique en fonctionnement. *Recours :* Radio-France, Centre Protection Réception. Directions régionales de télédiffusion de France.

■ **Photos perdues par un laboratoire.** Outre la remise d'une quantité équivalente de pellicule vierge, une indemnité équitable est due si la perte représente un préjudice important (événement familial, voyage exceptionnel).

■ **Pièces de rechange.** La durée de conservation varie, selon les fabricants, de 2 à 10 ans. Le vendeur doit vous informer du délai pendant lequel il est prévu que des pièces détachées resteront disponibles (loi du 18-1-1992). Si la durée est inférieure à la durée moyenne de vie du produit lui-même, qu'en conséquence un appareil ne peut être réparé, faute de pièces de rechange, l'acheteur doit demander le remboursement partiel ou total, ou l'échange de l'appareil contre un article équivalent.

■ **Poids et étiquetage (tromperie sur).** *Recours :* DDCCRF [1] et Service des instruments de mesure du min. de l'Industrie [2].

■ **Pourboire.** Jamais obligatoire. Ne pas confondre avec le service (coiffeur, restaurant) qui doit être compris dans le prix affiché.

■ **Prix.** *Recours :* DDCCRF [1] et Service des instruments de mesure du min. de l'Industrie [2], et accessoirement : services de police et de gendarmerie. **Obligations du commerçant :** *produits exposés à la vue du public :* il doit informer le consommateur sur les prix par marquage, étiquetage, affichage ou tout autre procédé approprié. *En vitrine :* les prix doivent être visibles et lisibles de l'extérieur. *Non exposés à la vue du public :* une étiquette doit être apposée dès que le produit est disponible à la vente et entreposé dans un local attenant. Le prix doit apparaître « toutes taxes comprises » et « en monnaie française ». **Exceptions :** *produits alimentaires périssables* (viande, fruits et légumes frais, produits laitiers frais, produits de la mer) : l'écriteau ne demeure obligatoire que s'ils sont placés à la vue du public. *Marchandises gardées hors de la vue de la clientèle, mais dont un spécimen est exposé en magasin nanti de son écriteau* avec en regard le prix des différents modèles de la même marque proposés à la vente (articles électroménagers encombrants). *Produits non périssables, mais vendus en vrac* (graines, clous, vis) : un écriteau mentionnant le prix sera placé sur un échantillon exposé à la vue du public ; ou des catalogues, avec des tarifs énumérant les produits en vente et le prix de chacun d'eux, seront mis à la disposition de la clientèle. Si un même produit est affiché sous 2 prix différents, le vendeur doit appliquer le prix le plus bas, sauf s'il existe une différence considérable (par exemple, de 1 à 10).

■ **Produits dangereux.** Le fabricant ou le vendeur doit attirer l'attention sur les risques. Les pouvoirs publics peuvent imposer aux fabricants de revoir leurs produits ou de les retirer de la vente.

■ **Produit défectueux dans sa conception ou sa fabrication.** Les « produits et services ne doivent pas présenter de risque pour la sécurité ou la santé des personnes, dans des conditions normales d'utilisation » (article L. 221-1 du Code de la consommation. Il faut : *1°)* vérifier si l'appareil fait partie d'un lot défectueux déjà détecté par le fabricant et rappelé par lui : consulter la banque de données 3615 Que choisir ; *2°)* écrire au vendeur ou au fabricant, et envoyer la copie à l'UFC-Que choisir et aux pouvoirs publics (Répression des fraudes, Commission de la sécurité des consommateurs...).

■ **Promesse de vente avec dédit.** L'acquéreur verse une certaine somme et, s'il ne donne pas suite à sa promesse, cette somme est perdue ; en revanche, si le vendeur n'est plus d'accord, il doit rembourser à l'acquéreur le double de la somme reçue. **Promesse de vente ferme :** la promesse vaut vente lorsqu'il y a consentement réciproque des 2 parties sur la chose et sur le prix. La somme versée par l'acquéreur a ici le caractère d'acompte. **1er cas :** *l'acquéreur ne donne pas suite :* si l'acompte représente une somme considérable par rapport au prix, il pourra engager un procès pour obliger le vendeur à la restitution d'une partie, l'autre étant conservée à titre de dommages et intérêts. Le vendeur pourrait aussi poursuivre la vente en justice, il aurait sans doute gain de cause, mais il lui resterait (avec difficulté) à obtenir le paiement du complément de prix. Il préférera sans doute en rester là. **2e cas :** *le vendeur refuse la vente :* l'acquéreur peut se contenter du remboursement de son acompte ou demander en plus des dommages et intérêts (il sera sans doute obligé d'aller en justice) ou demander au tribunal de prononcer la vente.

■ **Publicité mensongère.** *Recours :* DDCCRF [1]. Les art. L. 121-1 à 121-14 du Code de la consommation interdisent toute publicité comportant des indications ou présentations fausses, ou de nature à induire en erreur (sinon, plainte directe au procureur de la République).

■ **Qualité des produits (tromperie sur la).** *Recours :* amiable avec vendeur ou fabricant ; Chambre syndicale professionnelle ; si échec DDCCRF [1].

■ **Réclamations.** En général, doivent être faites dans les 3 jours à compter de la livraison.

■ **Réparation.** Les pièces qui ont été changées restent la propriété du client ; elles doivent lui être remises sur sa demande. Se faire préciser par écrit les délais de réparation. Exiger un reçu daté identifiant l'appareil et mentionnant le délai de réparation. Se méfier des dépanneurs à domicile (nombreux abus) : demander un devis.

■ **Santé, protection individuelle.** *Renseignements :* Direction départementale de l'Action sanitaire et sociale. Protection générale : *rec. :* Direction départementale de la Santé publique.

■ **Sécurité.** D'après la loi du 21-7-1983 (art. L. 221-1 à 225-1 du Code de la consommation), produits et services doivent, dans des conditions normales ou prévisibles d'utilisation, présenter la sécurité à laquelle on peut légitimement prétendre. **Statistiques : accidents domestiques** (en 1995) : hospitalisations 500 000, séquelles et handicaps 50 000, décès 18 000, dont (en %) *- de 15 ans :* 46 (dont 67 % de - de 5 ans), *+ de 60 ans :* 39. *Coût :* 7 milliards de F. *Produits concernés* (en %) : meubles 15, équipement ménager 13, jeux et articles de puériculture 10, articles de sport et campement 10. *Causes* (en %) : brûlures 28, chutes 22, étouffement ou strangulation 17, intoxication 9. *Source :* CSC (voir p. 1617 c).

■ **Téléachat.** Vente d'objets présentés à la télévision. Achat par téléphone, Minitel ou par correspondance. Régi par la loi du 6-1-1988 et une décision de la CNCL du 4-2-1988. Émissions de 10 à 60 min par semaine, le matin entre 8 h 30 et 11 h 30, ou la nuit après les programmes, interdites dimanche, mercredi, et samedi après-midi. Ni publicité, ni bande annonce. Nom du fabricant ou de la marque interdit à l'écran. Droit de retourner l'objet pendant 7 j (à la charge de l'acheteur). Le professionnel doit indiquer le nom de son entreprise, son numéro de téléphone et l'adresse de son siège si elle est différente de celle de l'établissement responsable de l'*offre*. Un projet de directive européenne prévoit une confirmation écrite de la transaction et le remboursement en cas de contrat non exécuté ou d'utilisation frauduleuse d'une carte de paiement. Préférer le paiement à la livraison.

■ **Textes de loi, ordonnances, règlements, décrets.** Paraissent au *JO. Renseignements. :* 26, rue Desaix, 75015 Paris.

■ **Textiles.** L'étiquetage doit mentionner la nature des fibres. *Fibre utilisée à 100 % :* l'étiquette doit mentionner : « pure laine », « pur coton », « pure soie », « pur lin » ; *à 85 % au moins :* soit nom de la fibre suivi de son % en poids, soit composition centésimale du produit, soit 85 % minimum « laine », « coton », « soie », « lin » sans mention des autres fibres. *Au-dessous de 85 % :* les diverses fibres doivent être mentionnées avec leur %.

■ **Travaux.** Par artisan ou entrepreneur (comme : couverture, plomberie, maçonnerie, menuiserie, etc.). Devis obligatoire au-dessus de 1 000 F, avec indication d'une date limite pour la réalisation des travaux au prix fixé (arrêté du 2-3-1990). Indemnisation obligatoire pour incidents au cours de réparations. **Dommages :** *gros travaux :* la loi impose au propriétaire une assurance « dommages-ouvrage » (mais ne sanctionne pas son absence). *Dommages « légers »* (petites fissures, craquèlements de peinture) : apparaissant dans l'année suivant les gros travaux, on peut recourir à la « garantie de parfait achèvement » de l'entrepreneur ou mettre en cause la « responsabilité contractuelle » de l'artisan.

Travail à forfait : ne verser, à la commande, qu'un acompte limité. L'entrepreneur doit exécuter parfaitement le travail dans les meilleures conditions et conformément aux règles de l'artisanat. Il doit nettoyer son chantier en fin de travail et réparer les dommages qu'il aurait pu commettre. Il ne peut réclamer plus que le prix figurant dans la commande. En cas de travaux imprévus se révélant nécessaires, il doit, avant de les exécuter, faire constater leur nécessité et avoir un accord écrit pour les travaux de bâtiment sur le supplément de prix correspondant. Pour les autres travaux (aménagement intérieur), un accord verbal de celui qui les a commandés suffit.

A la série de prix : en fin de chantier, un métreur passe, aux frais de l'entrepreneur, relever le travail exécuté et en calcule le coût d'après les prix unitaires de la série de prix du Nord. Il faut connaître la limitation du travail et faire confirmer par l'entrepreneur, par écrit, le rabais qu'il fait sur la série de prix et l'ordre de grandeur du coût du travail proposé. Les clauses générales de la série de prix prévoient : 1°) que l'entrepreneur doit s'assurer des défectuosités et les faire constater, sinon il ne peut prétendre à aucune rémunération pour les travaux supplémentaires qu'il serait amené à faire. 2°) Qu'en cas de modification dans le volume des travaux portant au moins sur 20 % de la masse totale du travail, un nouvel accord doit intervenir entre entrepreneur et client. On peut demander à assister au métré (pour les travaux difficiles à vérifier ultérieurement : fosse, égout, etc., l'entrepreneur doit avertir à l'avance pour que le relevé puisse être contradictoire). Pendant 3 mois on pourra contester le métré.

■ **Tromperie. Définition du délit :** proposer services ou produits non conformes aux prescriptions « relatives à la sécurité et à la santé des personnes, à la loyauté des transactions commerciales et à la protection des consommateurs » (art. L. 212-1 du Code de la consommation). Réprimé par l'article L. 213-1 si l'une des parties à la vente (ou prestation de services) a trompé ou tenté de tromper le cocontractant en trichant volontairement sur la nature, l'espèce ou les principales qualités de la marchandise proposée. **Recours :** Direction départementale de la consommation, de la concurrence et de la répression des fraudes, procureur de la République du lieu de l'infraction qui décidera des suites à donner à l'affaire. **Sanctions prévues :** 2 ans de prison et/ou amende de 250 000 F. Plafonds doublés dans quelques cas précis (art. L. 213-2), par exemple si la tromperie a eu pour conséquence de rendre l'utilisation de la marchandise « dangereuse pour la santé de l'homme ou de l'animal ».

■ **Usure. Pour un taux usuraire pratiqué par : 1°)** *banques ou organismes financiers : recours* Banque de France, Direction générale du Crédit, 39, rue Croix-des-Petits-Champs, 75001 Paris ; **2°)** *un notaire : recours* Chambre départementale des Notaires ou min. de la Justice, Direction des Affaires civiles et du Sceau, sous-direction des professions judiciaires et juridiques – bureau de la gestion des professions, 13, place Vendôme, 75001 Paris. **Taux d'usure flagrant :** plainte au procureur de la République, services de police ou de gendarmerie.

☞ Les seuils de l'usure sont publiés trimestriellement au *Journal officiel* par le ministère de l'Économie et des Finances, avec les taux effectifs moyens pratiqués le trimestre écoulé par les établissements de crédit.

■ **Vacances.** Services, hôtels ou locations ne correspondant pas aux promesses, retard d'avion faisant rater une correspondance, etc. **Litiges** *de moins de 13 000 F :* saisir le tribunal d'instance du lieu où a été signé le contrat ; *de 13 000 à 30 000 F :* adresser au greffe du tribunal d'instance une demande en forme de requête, avec preuves à l'appui ; *au-delà de 30 000 F :* saisir le tribunal de grande instance par l'intermédiaire d'un avocat. On peut aussi recourir à l'AARC (Avocat assistance et recours du consommateur), service dépendant du barreau de Paris, 8, place St-Opportune, 75001 Paris.

■ **Ventes.** *Renseignements :* DDCCRF [1] : services de police et fraudes suivant les cas.

Ventes à crédit : *remise d'une offre* préalable de crédit précisant le montant du crédit, la durée et le coût total, valable 15 j. Possibilité de se rétracter dans les 7 j suivant la signature de l'offre préalable ; 3 j si l'on a demandé par écrit la livraison immédiate du bien. Si un achat à crédit a été conclu en l'absence de l'un des époux, celui-ci n'est pas engagé et a intérêt à le faire savoir au vendeur par lettre recommandée avec avis de réception si l'épouse signataire n'a aucune source de revenus (cas des femmes au foyer) et si le paiement a été fait par chèque. Versements et arrhes en espèces sont irrécupérables. La loi interdit d'annuler un achat payé par un crédit permanent ou renouvelable, ou par un crédit sur 3 mois ou moins, ou d'un montant supérieur à 140 000 F. De même pour un achat destiné à l'exercice de l'activité professionnelle.

Vente à la boule de neige ou **« à la chaîne » :** offre de marchandises au public en faisant miroiter l'espoir de les obtenir gratuitement, ou pour une somme modique, par le placement de bons à des tiers qui doivent à leur tour recruter de nouveaux acheteurs. Le nombre des participants croissant sans cesse, l'affaire dégénère en escroquerie.

Vente aux enchères : les objets mobiliers confiés à un professionnel pour être travaillés, façonnés, parés ou nettoyés, peuvent être vendus aux enchères 1 an après leur dépôt s'ils n'ont pas été réclamés par leur propriétaire (loi du 31-12-1968). Montant de la vente déposé à la Caisse des dépôts et consignations où le client peut le retirer.

Vente au détail, à l'unité de produits groupés sous un même emballage : doit être possible quelle que soit la mention figurant sur l'emballage. Est admise lorsqu'elle correspond aux besoins d'un consommateur isolé (exemple : petits-suisses). *Recours :* DDCCRF [1].

Vente avec primes : *interdite* sauf pour menus objets ou services de faible valeur et échantillons ; pour un produit de 500 F au moins, elle ne doit pas excéder 7 % du prix du produit vendu ; pour un produit de 500 F ou plus, montant max. 30 F + 1 % du prix net (plafonné à 350 F) ; le prix s'entend TTC, départ production pour des objets produits en France et franco dédouanés à la frontière pour les objets importés. Les objets doivent être marqués d'une manière apparente et indélébile du nom de la marque. *Ne sont pas considérés comme primes :* conditionnement habituel du produit, biens indispensables à l'utilisation du produit, prestations de services après-vente, facilités de stationnement et prestations de services attribuées gratuitement (exemples : gonflage des pneus, lavage des vitres), timbre-escompte remboursé en espèces, « 13 à la douzaine » ou ses équivalents.

Vente en série : *si série fermée* (par exemple, une collection de livres) avec livraison et paiement échelonnés : il s'agit juridiquement d'une vente à exécution successive. *Si série ouverte :* on peut interrompre les envois à tout moment par lettre recommandée avec accusé de réception.

Vente en soldes ou en liquidation : les *soldes exceptionnels et liquidations* portant sur des articles neufs sont soumis à autorisation préfectorale. Les liquidations ont lieu lors d'une cessation d'activité ou d'une modification des conditions d'exploitation du commerce. Admises seulement 1 fois tous les 2 ans pour une même personne dans une même ville. Le commerçant doit être propriétaire de la marchandise et en justifier la provenance en produisant ses livres et factures pendant la liquidation. Il lui est interdit de se réapprovisionner. Les *soldes saisonniers* (marchandises démodées ou de fin de série invendues en fin de saison) ne sont pas soumis à autorisation. *Soldes privés* interdits.

La publicité annonçant des ventes en « soldes » doit indiquer si elles concernent tout le stock ou préciser les articles ou les catégories d'articles soldés qui doivent être présents dans le magasin depuis au moins 3 mois. Toute publicité de prix doit faire apparaître le total à payer par l'acheteur. A cette somme peuvent être ajoutés les frais de services demandés par l'acheteur (exemple : retouches). Aucune publicité de prix ne peut être effectuée sur des articles indisponibles à la vente ou des services qui ne peuvent être fournis durant la période à laquelle se rapporte cette publicité. Les articles soldés doivent comporter un double marquage : prix actuel et prix de référence (le plus bas dans le mois précédant les soldes). Le rabais est indiqué en valeur absolue ou en % du prix de référence.

Soldes et rabais sont réglementés par la loi de 1906, actualisée en 1991 avec l'instauration (depuis le 1-1-1997) de la durée légale des soldes (2 fois 6 semaines par an), fixée par les préfectures (les soldes d'hiver doivent débuter après le 1er janvier). Les fourchettes de réduction sont autorisées si les articles bénéficiant des réductions les plus élevées sont majoritaires. En 1996, sur 10 009 contrôles, la DGCCRF a relevé un taux de manquement d'environ 20 % (annonces de réduction de prix ; soldes et déballage). *Principales infractions :* faux rabais (ameublement, bijouterie), liquidations sans autorisation et soldes avant la date (habillement). Les fausses promotions représentent 30 % des infractions dans le secteur meuble. Amendes de 500 à 200 000 F.

La formule « ni repris ni échangé » ne peut priver le client d'obtenir un remboursement si l'article présente un vice caché au moment de l'achat. *Vrai rabais :* réduction consentie par un magasin sur les prix pratiqués sur un produit identique dans les 30 j qui précèdent l'annonce de la baisse, ou réduction sur des prix conseillés lorsqu'ils existent. Un fabricant de meubles qui faisait succéder les rabais multiples dans des délais très courts (le prix de référence n'était plus pratiqué) et un bijoutier qui affichait un rabais permanent de 50 % sur des prix de vente obtenus par un coefficient multiplicateur très élevé (4), jamais pratiqué auparavant, ont été condamnés en 1992 à 100 000 F d'amende.

Ventes « au déballage » : ventes à caractère exceptionnel, soumises à autorisation municipale et effectuées sur des emplacements non destinés au commerce considéré (exemple : tapis dans un hôtel).

■ **Vente à distance.** Peut se faire à partir de bons de commande découpés dans la presse, de dépliants ou brochures reçus par la poste, ou sur catalogue, par téléphone, Minitel et Internet (voir **Achat** p. 1618 b, **Téléachat** p. 1621 c) ou par correspondance (VPC). Selon la loi du 6-1-1988, on dispose d'un droit de retour discrétionnaire (sans justification) dans un délai de retour de 7 j à compter de la livraison du produit (retourner les objets en recommandé pour avoir une preuve). Il faut néanmoins supporter les frais de renvoi, sauf si le produit est défectueux ou non conforme à la commande. Le refus de rembourser constitue une contravention de 5e classe [amende jusqu'à 10 000 F] (décret du 5-5-1988). Si les délais de livraison sont dépassés, on peut annuler ou demander le remboursement. **Litige :** voir réglementation pour d'autres formes de vente, et jurisprudence. **Paiement :** *à la commande* se méfier des entreprises de vente par correspondance peu connues (peuvent être en faillite) ; *à la livraison* (envoi contre remboursement). *Inconvénient :* le consommateur paie en plus une taxe de contre-remboursement due à la Poste ou au transporteur. *En l'absence : de commande ou de contrat* créant une obligation d'achat, on n'est pas tenu de payer un *« envoi forcé »,* ni de le renvoyer, même si le port de retour était payé à l'avance ; *de contrat d'abonnement,* sur une période fixée ou pour une quantité déterminée de marchandise, on n'est pas tenu de payer ou de réexpédier les envois ultérieurs. Il appartient au vendeur d'établir l'existence d'une commande précise du destinataire de la marchandise.

☞ *Si avarie ou perte partielle :* le client a 3 jours pour émettre des réserves auprès du transporteur, par lettre recommandée (art. 105 du Code de commerce).

ADRESSES : *Fédération des entreprises de vente à distance (Fevad)* 60, rue La Boétie, 75008 Paris. *Commission nationale de l'informatique et des libertés (Cnil)* 21, rue St-Guillaume 75340 Paris Cedex 7.

Si l'on désire recevoir moins de publicités nominatives ou adressées à son nom : écrire *Liste Robinson*-Stop Publicité, Union française du marketing direct, 60, rue La Boétie, 75008 Paris, qui interviendra auprès des entreprises adhérentes. Si les envois continuent, contacter chaque entreprise individuellement. Si l'entreprise n'adhère pas à un syndicat professionnel, peu de recours possibles, sauf si les envois sont contraires à l'ordre public ou aux bonnes mœurs, saisir alors le procureur de la République. S'inscrire sur la *liste orange* (pour le téléphone) et la *liste safran* (télécopie) de France Télécom. Cette inscription entraîne l'interdiction du démarchage publicitaire effectué par courrier, téléphone ou télécopie de toute personne inscrite depuis plus de 2 mois sur la liste.

☞ **Refus de vente :** « Il est interdit de refuser à un consommateur la vente d'un produit ou la prestation d'un service, sauf motif légitime » (art. 2.122-1 du Code de la consommation). Sinon amende de 3 000 à 6 000 F (si récidive 5 000 à 12 000 F). Un refus « pour ne pas défaire l'étalage » n'est pas légitime, mais il peut l'être si la demande est jugée anormale, trop faible (1 mandarine) ou trop importante (en cas de crise par exemple), ou si la commande précédente n'a pas été réglée.

Vente pyramidale : réseaux de vente constitués par recrutement en chaîne d'adhérents ou d'affiliés. Réglementée par l'art. L. 122-6 du Code de la consommation (loi n° 95-96 du 1-2-1995). Il est interdit de demander à un adhérent ou affilié le versement d'une somme correspondant à un droit d'entrée ou à l'acquisition de matériel pédagogique lorsque ce versement conduit à la rémunération d'un ou plusieurs adhérents du réseau. L'acquisition d'un stock pour revente par l'adhérent est soumise à une garantie de reprise.

■ **Vêtements.** *Étiquetage de composition :* obligatoire ; *d'origine :* facultatif ; *indications d'entretien :* facultatives.

■ **Vices. Cachés :** voir **Garantie légale** p. 1620 b.

ÉCONOMIE MÉNAGÈRE

☞ Pour connaître la sélection **Quid** des meilleurs sites Internet sur l'économie ménagère, rendez-vous sur **www.quid.fr**

TAUX D'ÉQUIPEMENT DES MÉNAGES (en %, enquêtes permanentes Insee mai 1999 et 2000)

Ménages (en millions)	Téléviseur couleur	Magnéto-scope	Répondeur téléphonique	Téléphone portable	Minitel	1re voiture	Plusieurs voitures	Réfrig.-congél.	Congélateur	Micro-ondes	Lave-vaisselle	Lave-linge
Exploitants agricoles (0,4)	94	31	14	19	11	76	30	24	77	42	33	91
Patrons industrie et commerce (1,1)	95	66	33	46	23	87	34	54	53	62	56	95
Cadres (2,3)	92	75	61	60	37	90	44	68	43	71	63	96
Prof. intermédiaires (3,31)	92	72	50	51	22	88	31	61	45	66	45	93
Employés	92	62	40	43	12	70	20	58	39	60	27	87
Ouvriers	95	67	31	37	8	77	28	54	51	58	27	90
Autres inactifs [1]	75	29	32	60	6	49	28	27	12	50	6	37
Ensemble (24)	*93*	*65*	*40*	*44*	*16*	*79*	*29*	*56*	*47*	*61*	*38*	*90*

Nota. – (1) Les retraités sont classés dans leur ancienne catégorie socioprofessionnelle.

☞ **Taux d'équipement des ménages français** (en %, 2000-01) : magnétoscope : 65 (dont *- de 30 ans* : 57 ; *40-49 ans* : 79 ; *+ de 60 ans* : 36) ; micro-ordinateur : *- de 30 ans* : 57 ; *30-39 ans* : 26 ; *40-49 ans* : 30 ; *50-59 ans* : 21 ; *+ de 60 ans* : 4. **Autres appareils. Taux** (en %, 2000) **et,** entre parenthèses, **parcs** (en millions, 1996) : aspirateurs 94 (20), cafetières filtres 69 (18), cuisinières 87 (19), fers à repasser 97 (21), fours à encastrer 30, friteuses électriques 23, grille-pain 66 (15), mixers 48 (17), robots multifonctions 49, rasoirs pour homme 28, sèche-cheveux 77 (18). **Parc :** gros appareils ménagers : 130 millions ; petits : 230 millions.

% de Français et, entre parenthèses, **de femmes, ne sachant pas bien se servir d'un appareil.** Magnétoscope 14 (26), lecteur CD 18 (31), Minitel 41 (45), micro-ordinateur 48 (58), caméscope 45 (58).

☞ **Taux de pannes les plus élevés** (voir encadré p. 1626 a).

☞ **Salon des appareils ménagers :** *créé* 1923 par Jules-Louis Breton (1872-1940), ouvre du 18-10 au 8-11 sur le Champ-de-Mars à Paris. Devient en 1925 Salon des arts ménagers ; 1926 au Grand Palais ; 1961 à La Défense ; depuis 1964 réservé aux organisations professionnelles. *Visiteurs en 1923* : 85 000 ; *34* : 608 646 ; *56* : 1 402 299 (record). Le terme *Arts ménagers* est mentionné pour la 1re fois dans le *Larousse* en 1950 : « Ensemble des connaissances qui permettent de tenir convenablement le ménage. »

CHAUFFAGE

■ **Campagne de chauffe.** Durée contractuelle de la saison de chauffe établie lors de la négociation d'un contrat d'exploitation (couramment 183 à 232 j). Varie avec température intérieure des locaux et conditions climatiques locales. Les journées chauffées hors de cette période sont facturées en supplément par l'exploitant.

■ **Chaudières.** Nécessitent un conduit d'évacuation des fumées (cheminée ou système *ventouse* : conduit sur façade extérieure). *A combustion montante* : combustion incomplète (60 %), faible rendement, teneur en imbrûlés et oxydes de carbone assez élevée dans les fumées. *A combustion inversée et à ventilation forcée* : apparue 1984, permet de moduler la puissance fournie, débarrasse les fumées d'imbrûlés gazeux et de cendres de carbone ; rendement 75 à 80 %.

Bois : bûches découpées (33 ou 50 cm de longueur) pour chaudières manuelles et appareils indépendants (poêles, foyer fermé, insert...), ou bois déchiqueté en plaquettes et granulés pour les chaudières et poêles automatiques. *Rendement* : 75 à 80 %. Plus le bois contient d'eau, moins bien il brûle, car une partie de l'énergie sert à faire évaporer l'eau. Teneur en eau du bois vert : 43 % ; au bout de 2 ans : 15-20 %. Bois de charme scié en bûches, séché 18 mois : 200 à 350 F TTC le stère ; masse volumique : 500 kg/stère. *Équivalence* : 1 t de bois à 15 % d'humidité sur masse brute (masse de bois sec + masse d'eau) = 4 200 kWh. A Paris, feux autorisés dans les cheminées à foyer ouvert et utilisées en appoint. La combustion ne doit pas provoquer de nuisance dans le voisinage (art. 23, de l'arrêté du 22-1-1997, *JO* du 30).

Charbon : POÊLES : puissance 3 à 15 kW, rendement 70 %, régulation par thermostat. Foyers fermés pour cheminées : puissance 3 à 11 kW, rendement 60 %, souffle de l'air chaud qu'un système de ventilation peut répartir dans 2 à 3 pièces ; CHAUDIÈRE CLASSIQUE EN FONTE : puissance 15 à 70 kW (chargement et décendrage quotidiens), rendement 50 à 60 % ; AUTOMATIQUE A GRAINS MAIGRES : puissance 50 kW.

Électricité : coûteux à l'utilisation, même en utilisant le tarif *Tempo* (300 j bleus dans l'année).

Fioul : électro-fioul avec régulation selon température extérieure et tarifs ; surcoût : 3 000 F par rapport à une chaudière mono-énergie (coût d'utilisation plus élevé que celui d'une chaudière à gaz naturel ou fioul). Basse température entre 20 et 90 °C, économie d'énergie 40 % par rapport au modèle en continu. Haute performance. Rendement : environ 90 % [(NF fioul) A : < - 87 %, B : 87 à 93 %, C : > 93 %]. Chauffage fioul : 4, av. Hoche, 75008 Paris. *Gaz* (voir p. 1626 c).

Paille : depuis 1978-79, balles broyées ou granules de paille agglomérés en usine par granulation à froid. Masse volumique : 150-350 kg/m³. Prix (t) : paille 200/300 F ; granulés 400/600 F. Équivalence : 1 kg de paille, à 15 % d'humidité sur masse brute équivaut à 3 600 kWh.

■ **Chauffage urbain.** Chaleur produite en usine, sous forme d'eau ou de vapeur d'eau, distribuée par une canalisation reliée à la sous-station de l'utilisateur, directement ou à travers un échangeur. Un tuyau « retour » ramène l'eau refroidie ou la vapeur condensée aux chaufferies. **Nombre de réseaux** *en France* : 373 (en 1996) ; *à l'étranger* : très répandu ; Hambourg, Moscou, St-Pétersbourg, Helsinki, Danemark (30 %), Japon, Amér. du Nord.

Réseau CPCU (Cie parisienne de chauffage urbain) : *créé* 1928. 408 km, plus de 5 200 immeubles chauffés (450 000 équivalents-logements) soit 25 % des besoins en chaleur de Paris. *Fonctionnement* (en 1999) : avec ordures ménagères 49 %, charbon 32 %, fioul 19 %. Service de livraison à domicile.

■ **Convecteurs.** Émetteurs de chaleur. Chauffent l'air du local où ils sont installés. Peu de rayonnement. Fonctionnent à température généralement élevée à partir d'un fluide (eau chaude, vapeur, fluide thermique) ou de résistances électriques. Régulation souvent difficile. Les convecteurs électriques à sortie d'air frontale favorisent brassage de l'air ambiant et confort. Économiques à l'installation, leur coût d'utilisation est assez élevé dans un bâti mal isolé. POUR L'ÉLECTRICITÉ : *panneaux radiants* : constitués d'un élément chauffant enfermé dans un cadre métallique, ils chauffent par convection et par rayonnement, procurant une chaleur agréable, comparable à celle du Soleil ; *plafond rayonnant* : constitué d'une résistance plane sous forme de film souple, il chauffe essentiellement par rayonnement et est particulièrement adapté dans les grandes pièces avec grande hauteur sous plafond ou mezzanine ; *plancher chauffant* : la chaleur est émise par des câbles électriques chauffants intégrés à la chape ou à la dalle, par rayonnement à basse température (⩽ 28 °C).

■ **Définitions.** U (anciennement K) : coefficient de déperdition d'une paroi (ou valeur de transmission thermique de cette paroi pour 1 °C d'écart entre l'extérieur et l'intérieur, divisée par sa surface) : se calcule en watt/m² pour 1 °C. **R :** résistance thermique de la paroi pour 1 °C d'écart et par m² : R = 1. **λ :** conductivité thermique d'un matériau, pour 1 °C d'écart entre extérieur et intérieur : se calcule en watt/m² pour 1 °C. **U bât :** coefficient moyen de déperdition par les parois d'un bâtiment : flux de chaleur perdue par un bâtiment pour 1 °C de différence entre l'extérieur et l'intérieur, divisé par la surface des parois extérieures : se calcule en watt/m³ pour 1 °C. **B :** coefficient déterminant les besoins de chauffage, déduction faite des apports solaires et autres rapports « gratuits » (institué en 1982). **PCI :** pouvoir calorifique inférieur ; **PCS :** supérieur.

■ **Loi du 29-10-1974.** *Rend nuls* les contrats de chauffage encourageant la consommation d'énergie ; *obligatoires,* dans les immeubles collectifs à chauffage commun, des installations permettant de déterminer les quantités de chaleur et d'eau chaude effectivement consommées dans chaque logement ; *prévoit* de nouvelles normes d'isolation et de régulation pour les locaux nouveaux du secteur tertiaire, et dans les locaux existants. **Décret du 3-12-1974 :** *interdit* les températures de chauffage supérieures à 20 °C. **Décret du 22-10-1979 :** *limite* la température légale à 19 °C. **Décret d'application du 30-09-1991 de la loi du 29-10-1974 :** *rend obligatoires* les systèmes de comptage de la chaleur dans les logements anciens au-delà d'un seuil de consommation fixé à 40 F/m² pour la saison de chauffe 1988-89. **Décret du 29-11-2000 :** application de la loi sur l'air et l'utilisation rationnelle de l'énergie du 30-12-1996 : tout logement construit après le 1-6-2001 doit pouvoir être chauffé et pourvu d'eau chaude sanitaire moyennant une dépense d'énergie limitée (dans des conditions fixées par arrêté). Les équipements permettent de maintenir à 18 °C la température au centre des pièces. Ils comportent des dispositifs de réglage automatique. Immeubles d'habitation et immeubles à usage tertiaire doivent être construits et aménagés de telle sorte qu'un changement ultérieur de système de chauffage utilisant une autre énergie que celle d'origine soit réalisable sans intervention lourde sur les structures du bâtiment. *Contrôles :* Service des Instruments de mesure, 2, rue Jules-César, 75012 Paris.

☞ **Période de chauffage :** pas de définition légale. En principe, du 15-10 au 15-4.

■ **Piscines.** Arrêté du 25-7-1977 fixant les températures max. : hall des bassins 27 °C, annexes (vestiaires, douches) 23 °C ; eau : bassins sportifs 25 °C, bassin d'apprentissage 27 °C, pédiluve 20 °C, douches 34 °C.

■ **Dangers des chauffages à combustion (mal réglés).** Oxyde d'azote (NO_2) émis par les appareils à gaz : provoque des troubles respiratoires. Monoxyde de carbone (CO), généré par des combustions incomplètes : entraîne vertiges, céphalées, troubles visuels, acoustiques et de mémoire, et même la mort. Hydrocarbures aromatiques polycycliques (HAP) : molécules cancérigènes en cas de combustion incomplète de matières organiques (exemple : bois).

■ **Déductions d'impôts. Bailleurs :** les dépenses pour travaux d'amélioration, de réparation, d'entretien, et les intérêts des emprunts contractés pour ces travaux sont déductibles des revenus fonciers. **Propriétaires occupants :** 25 % des dépenses pour grosses réparations de l'habitation principale construite depuis plus de 15 ans, le remplacement d'une chaudière, la réfection d'une installation de chauffage central sont déductibles de l'impôt sur le revenu. N'est pas cumulable avec la déduction des intérêts des emprunts correspondants admise pendant 5 ans.

■ **Économies. Grâce à l'entretien et à la régulation :** remplacement d'un brûleur usagé (+ de 12 ans) 20 à 30 %, calorifugeage de la chaudière 6 %, des canalisations et vannes 3 %, pose de thermostats d'ambiance 10 %, ou d'un thermostat horloge 15 %. *Au-delà de 17 °C à 18 °C,* le degré supplémentaire augmente de 7 % la consommation. Chauffer à 22/23 °C coûte 2 fois plus cher que chauffer à 15/16 °C. **Isolation thermique :** *murs :* possible par l'extérieur (mur manteau) ou par l'intérieur, moins onéreux mais globalement moins efficace ; *toit :* généralement peu coûteuse, très rentable ; *tuyauteries en locaux non chauffés :* indispensable. **Coefficient de déperdition thermique :** pour une température extérieure de – 5 °C et intérieure de 19 °C, vitrage simple à + 4 °C, isolant à + 11 °C, double (faible émissivité) à + 13,5 °C. L'effet de paroi froide, atténué, permet, à confort égal, d'abaisser la température de l'air du local (économie de chauffage d'environ 7 % par degré) et d'éviter les risques de condensation.

Économie d'isolation par d'autres moyens : fermer les radiateurs non indispensables, réduire le chauffage dans les pièces ensoleillées. La nuit, fermer les volets, tirer les rideaux en évitant de cacher les radiateurs. Ne pas trop aérer : portes et fenêtres ouvertes permettent de renouveler 30 à 50 m³ d'air en moins de 5 min. Chauffe-eau à 60 °C au lieu de 70 (économie 5 %). *Vitrerie (au m²)* : 3 mm d'épaisseur : 210 F, 4 mm : 270, 5 mm : 330, 6 mm : 400.

■ **Équivalences. Unité d'énergie légale :** le joule (J) ; **usuelle :** kilowatt-heure (kWh) valant 3 600 000 J. En théorie, 1 kWh peut être fourni par 0,103 l de fioul domestique, 0,0703 kg de gaz de pétrole liquéfié (butane ou propane), 0,13 kg de charbon, 0,2 kg de bois. En pratique, la chaleur récupérée dépend de la qualité de l'installation et du rendement de l'appareil (convecteur électrique 100 %, cheminée à foyer ouvert 10 %).

■ **Peinture chauffante.** Peinture traditionnelle avec ajouts de particules minérales (talc, mica...) entourées d'un mélange d'oxydes doubles (étain, antimoine) n'ayant pas le même potentiel électrique, le courant circule d'une molécule à l'autre si l'on place 2 électrodes sur la peinture provoquant un échauffement.

■ **Plancher chauffant.** Réseau de tubes en polyéthylène, réglable indépendamment par pièce. Ce procédé de chauffage a longtemps été soupçonné de perturber la circulation sanguine des jambes et de favoriser les varices. Aujourd'hui, selon la Société européenne de phlébologie, ce n'est plus le cas.

■ **Dépenses chauffage et eau chaude pour un pavillon de 110 m² construit depuis 1989, région parisienne** (en F TTC, 2000). Électricité 5 600, gaz 4 050, fuel 3 280.

■ **Radiateurs.** Fonte ou acier. Permettent de chauffer l'air à partir d'eau à haute température (50 à 90 °C). Actuellement, surdimension pour fonctionnement à plus basse température : gain de confort et d'énergie.

■ **Récupération de la chaleur. Échangeur de chaleur :** il met en contact les gaines d'air vicié chaud et d'air froid neuf par des surfaces en métal très conducteur ; la chaleur passe de l'air vicié à l'air neuf sans consommation d'énergie. 65 % de la chaleur de l'air vicié peuvent être récupérés avant que l'air vicié ne soit rejeté dans l'atmosphère par la ventilation. *Surcoût* moyen par rapport à une ventilation mécanique contrôlée classique : 6 000 F pour un pavillon. *Économie :* environ 800 F par an.

Pompe à chaleur : *principe :* un fluide frigorigène, en passant dans un évaporateur, passe de l'état liquide à l'état gazeux, prélevant ainsi de la chaleur dans le milieu ambiant. En traversant un condenseur, ce fluide passe de l'état gazeux à l'état liquide. Il cède alors de la chaleur dans le milieu ambiant. Une pompe peut abaisser la température d'un milieu froid de 10 °C à 5 °C, et faire monter la température du milieu chaud (le local à chauffer) de 15 °C à 20 °C. *Source froide : air* (extérieur ou intérieur, extrait par ventilation mécanique ou un mélange des 2) ou *eau* (rivière, lac, nappe phréatique, eaux usées). *Source chaude : l'eau* (radiateurs ou panneaux chauffants) ou *air* (neuf ou intérieur réchauffé ou mélange des 2). Chauffage d'appoint encore nécessaire.

Coût de fonctionnement (TTC en centimes pour 1 kWh). Électricité 74,7, propane 42,7, gaz naturel 25,6, fioul domestique 21,5. *Source :* ATEE (Association technique énergie environnement).

Chaudières. *Prix des pièces d'un contrat d'entretien :* circulateur 800 à 1 400 F, corps de chauffe 1 000 à 2 000 F.

Charbon. Prix de 1 t de grains 6/10 [PCI 8,74 kWh/kg] (au 15-1-2001) *1 à 2 t* : 1 790 F, *+ de 2 t* : 1 770 F ; **boulets 9 % cendres** (PCI 8,73 kWh/kg) *1 à 2 t* : 2 120 F ; *+ de 2 t* : 2 100 F. **Prix de 100 kWh PCI** (livraisons de + de 2 t) : *grains 6/10* : 20,26 F, *boulets 9 % de cendres* : 24,05 F.

Chauffage urbain. CPCU (Cie parisienne de chauffage urbain) [TTC, au 15-1-2001]. Tarif T100 (et tarif T110). *Pour livraison sous forme de vapeur (PCI 697 kWh/t de vapeur)* : prime fixe annuelle par kW facturé : 188,97 F (132,76) ; prix de la t de vapeur : hiver 152,49 F (168,64) ; été 86,11 F (133,95). *Prix de 100 kWh PCI pour une consommation type donnée :* consommation annuelle 740 214 kWh [puissance souscrite 500 kW, 68 % hiver (54 kW, 81,5 % hiver)] : 30,83 F (32,21).

Fioul domestique. Prix pour une livraison de 2 000 à 4 999 l (en F TTC, au 15-1-2001) : *de 1 hl* : 275 ; *de 100 kWh PCI* : 27,74.

Propane. *Prix de 1 kg :* en bouteille de 13 kg (PCI 12, 88 kWh/kg) (au 15-1-2001) 9,38 F ; en vrac (PCI 12,88 kWh/kg), livraison < 2 t (tarif Bb) 6,60 F, 2 à 6 t (tarif BO) 5,85 F. *Prix d'une citerne de 1 000 kg :* louée (location + entretien annuel) 1 774 F, possédée (entretien annuel) 475 F. *Prix de 100 kWh PCI consommation/an.* (pour 3 usages : 34 890 kWh, citerne louée) 50,50 F.

■ **Logements par type d'installation** (nombre, en juin 1994, *source :* Ceren). Chauffage central collectif 4 914 300 ; individuel : 17 559 500 ; sans chauffage central : 4 946 600.

EAU

☞ Voir aussi **Eau** à l'Index.

■ **Prix de l'eau à Paris au 1-7-2000.** *Prix du m³ d'eau :* 15,033 F toutes taxes et redevances comprises.

■ **Eau chaude. Nombre de litres obtenus** en ajoutant de l'eau froide (10 °C) à de l'eau chaude (75 °C). *Pour 5 l d'eau à 75 °C on peut obtenir* 11 l d'eau à 40 °C ou 7 l à 60 °C, *pour 7 :* 15 ou 9, *10 :* 21 ou 13, *15 :* 32 ou 20, *20 :* 40 ou 26, *30 :* 63 ou 39, *40 :* 84 ou 52, *50 :* 105 ou 65, *70 :* 147 ou 91. **Pour éviter l'entartrage** des chauffe-eau, les régler à moins de 65 °C. *L'arrêté du 23-6-1978* fixe à 60 °C maximum la température de l'eau fournie par les immeubles.

Besoins d'eau chaude. Par jour et par personne : cuisine et vaisselle 10 l (60 °C). Toilette 15 (40 °C). Douche 20 à 40 (40 °C). Petit bain 70 (40 °C). Grand bain 130 à 170 (40 °C). Petits lavages 10 (40 °C). **Par an :** *60 °C* (en m³ et, entre parenthèses, consommation annuelle en kWh/h PCS). ÉVIER DE CUISINE *1 ou 2 personnes :* 10 m³ (900 kWh), *3 ou 4 personnes :* 13 (1 100), *5 ou 6 personnes :* 16 (1 400). LAVABO TOILETTE : *1 ou 2 personnes :* 11 (1 000), *3 ou 4 personnes :* 19 (1 700), *5 ou 6 personnes :* 26 (2 300). ÉVIER, LAVABO, GRANDE BAIGNOIRE ET DOUCHE : *1 ou 2 personnes :* 29 (2 500), *3 ou 4 personnes :* 48 (4 200), *5 ou 6 personnes :* 63 (5 500). **Chauffe-eau : instantané :** le brûleur s'allume automatiquement à l'ouverture du robinet d'eau chaude ; **à accumulation :** l'eau est maintenue à la température désirée. *Délai maximal* pour élever de 50 °C la température de 100 l d'eau : accumulateur à chauffage normal = 4 h 30, rapide = 1 h 30 ; **au gaz :** alimentés en eau froide à 10 °C. Délivrent jusqu'à 0,57 l/min/kW d'eau à 40 °C. *Puissance nécessaire :* pour évier (5 l/min) 8,7 kW, douche (10 l/min) 17 kW, baignoire (13 à 16 l/min) 22 à 28 kW.

Seuls les petits chauffe-eau de 8,7 kW peuvent ne pas être raccordés à un conduit de fumée ou une ventouse. Ils sont munis d'un contrôleur d'atmosphère et de sécurité contre l'encrassement.

Chauffage solaire. Prix d'un chauffe-eau solaire individuel : 12 000 à 25 000 F (installation comprise). Un m² de capteur solaire élève la température de 100 litres d'eau de 20 à 30 °C (zones bien ensoleillées du sud de la France). Prévoir une surface de 20 à 50 % supérieure dans les zones moins ensoleillées.

Plancher solaire direct (PSD) : chaleur distribuée par le plancher. Décalage de 5 à 10 h proportionnel à l'épaisseur de la dalle (15 à 30 cm).

Surface des capteurs (en m²) **et capacité des ballons de stockage** (en litres) **selon le nombre de personnes : 2 personnes :** 1 à 2 m² *50 à 150 litres.* **3 :** 1,5 à 2,5 m² *100 à 200.* **4 :** 2 à 3,5 m² *150 à 250.* **5 :** 2,5 à 4 m² *200 à 300.* **6 :** 3 à 5 m² *250 à 400.*

Coût de production de 1 000 l d'eau chaude à 60 °C en F TTC/kWh (au 6-4-1987) : 0,2551. *Ballon d'eau chaude sur chaudière de chauffage central* [rendement 0,50 (hiver), 0,25 (été)] : 26,70 F TTC/m³ (hiver), 59 (été). *Production instantanée « chauffe-eau »* (rendement 0,60) : 22 F ; par une chaudière à condensation sans veilleuse (rendement 0,70) : 18,60 F.

■ **Pannes. Débouchage :** *WC :* soude 20 F le litre, furet (50 F le mètre au maximum), professionnel : temps de travail : 15 à 30 minutes. *Lavabo :* 45 min max. **Fuites :** *robinet :* tête de robinet standard 60 F, joint – de 10 F, mélangeur de lavabo 250 à 800 F ; temps de travail : joints changés 50 min, robinet 60 min. *Chasse d'eau :* joint de soupape 20 à 40 F, robinet flotteur 50 à 200 F, mécanisme de chasse d'eau 100 à 250 F, ensemble mécanisme/robinet d'eau 300 à 600 F ; temps de travail (remplacement du joint de cloche ou du robinet d'arrêt) : 30 min max.

☞ **Un robinet qui fuit** goutte à goutte fait perdre environ 5 litres à l'heure (100 l/jour ; coût environ 800 F par an), une chasse d'eau de W.-C., 5 à 20 l par heure (120 à 600 l/j ; coût environ 900 à 4 500 F par an). D'après les Stés d'assurance, chaque année, 150 000 lavabos, baignoires ou machines à laver débordent en France.

ÉLECTRICITÉ

GÉNÉRALITÉS

■ **Consommation.** Se mesure en *watts-heure* (Wh) ou en *kilowatts-heure* (1 kWh = 1 000 Wh : quantité de chaleur nécessaire pour élever de 1 °C la température de 860 l d'eau. Il vaut 0,86 thermie). Avec 1 kWh (environ 0,62 F), on peut : préparer un repas pour 2 personnes ; faire frire 2 kg de pommes de terre ; chauffer 30 l d'eau pour la toilette ; chauffer une pièce moyenne pendant 2 h ; s'éclairer avec une lampe de 100 W pendant 10 h.

Consommation moyenne annuelle pour 1 famille de 4 ou 5 personnes (en kWh) : eau chaude 3 200, cuisinière 750, éclairage 500, lave-vaisselle 600, réfrigérateur/conservateur 550, machine à laver le linge 300, télévision en couleur 160, micro-ondes 100.

QUELQUES INVENTIONS

■ **Aérosol. 1926** principe mis au point par Erik Rotheim (Norvégien). **1939** la bombe aérosol proprement dite. **1941** application domestique : 1re bombe insecticide, Goodhue et Sullivan. **Air conditionné. 1904** 1er système. **1907** expression utilisée par Stuart Cramer. **1911** Willis Carrier (Amér.). **Allumettes suédoises. 1855** par le Suédois Johan Edvard Lundström. **Boîtes d'allumettes :** brevet pris en 1892 par l'Américain Joshua Pusey. **Aspirateur domestique. 1901** modèle de Cecil Booth (lourd et encombrant). 1er fabriqué (type Birum) 1906 à Paris. **1908** James Spangler : « balai à succion » associant un moteur électrique à une boîte de savon et à une taie d'oreiller ; Hoover en racheta le brevet. **Assainissement. 1595** chasse d'eau. **1843** tinette filtrante (perfectionnement des tonneaux en bois). **1860** fosse septique Mourras. **1864** 600 tinettes filtrantes à Paris ; **1871** 6 000 ; **1880** 140 000. **1899** (30-12) 54 668 fosses fixes, 12 996 tonneaux mobiles.

■ **Babyliss. 1959** fer à coiffer électrique, Lemoine et Lelièvre. **Bain. Moyen Âge** étuves. **1650** baignoire en métal (cuivre) ; **1770** en tôle. **Vers 1819** on commence à distribuer des bains à domicile. **1840** baignoire en zinc, eau chauffée au bois ou au charbon. **1880** baignoire en fonte. **1900** baignoire en porcelaine ou céramique. **1968** jacuzzi (Ray Jacuzzi, Amér.), bain à remous. **Brosse à dents.** Les Romains s'appliquaient avec les doigts du *dentifrictium* (de *fricare*, frotter). **Fin XVe s.** 1res brosses à dents en Chine. **1665** brosse à Londres. **XIXe s.** généralisation en France. **1961** électrique (Squibb).

■ **Camping-gaz. 1949** réchaud à gaz rechargeable bon marché inventé à Lyon (brevet du 6-10-1954 ; Sté Deom). **Chauffage. 1852** 1er chauffage au gaz des bains, d'origine anglaise. **1871** généralisation. **1880** chauff., bains instantanés. **Chauffage urbain. 1877** à Locksport (USA) : réseau de 2 km, chauffant 2 églises, 7 maisons, 5 magasins ; **1900** Dresde ; **1928** Paris. 1re usine productrice de vapeur à Bercy. **Couvert. 1921** en inox : 1ers couteaux (Silver Cy, USA). **Cuisine. 1675** digesteur d'aliments pour ramollir les os et cuire la viande, imaginé par Denis Papin (1647-1714), inventeur de la machine à vapeur. **1837** 1re cuisinière à gaz. **1948** cocotte-minute (SEB, S[té] d'emboutissage de Bourgogne, Frédéric Lescure ; en vente 1953). **1954** poêle Tefal (Sté fondée 1956).

■ **Éclairage. Bougie : XIVe s.** en cire importée de Bougie (Algérie). **1823** Chevreul met au point les 1res bougies stéariques (à base de graisses animales). **Lampe à huile** à courant d'air, à cheminée de verre et mèche tissée en forme de cylindre creux : **1784** Aimé Argand (Suisse, 1755-1803) ; **1789** avec un verre, Quinquet (Antoine Quinquet, 1745-1803, pharmacien). **Lampe à essence minérale : 1880** de Charles Pigeon (1838-1915). **ÉLECTRICITÉ : 1800** pile électrique du physicien italien Volta. **1847** lampe à arc, W.E. Staite (Anglais). **1876** lampe, bougie à arc simplifiée Paul Jablockoff ou Lablotchkov (Russe, 1847-94). **1878-79** lampe à incandescence (Thomas Edison, Amér., ampoule à vis et Joseph Swan, Anglais, à baïonnette). **Vers 1900** lampe à arc à flamme. **1904** lampe à arc à charbons minéralisés ; **1905** au tantale ; **1910** au tungstène aggloméré. **1910** 1er tube au néon (Grand Palais, Paris ; mis au point par Georges Claude). **1912** lampe au tungstène étiré ; enseigne publicitaire au néon (bd Montmartre, Paris). **1918** lampe à atmosphère gazeuse. **1937** tube fluorescent. **1965** ampoule sans filament ni électrode, « Litec », par Donald Hollister (Amér.) : contient de la vapeur de mercure et sa paroi interne est recouverte de phosphore ; lorsque le courant passe, la vapeur de mercure, excitée par un champ magnétique créé par un minuscule électroaimant, produit des photons ultraviolets qui frappent alors la couche de phosphore qui émet la lumière visible. **1980** lampe halogène Philips. **1990** ampoule à soufre (Fusion Lightning). **Gaz : 1789** 1re application à l'éclairage du gaz de bois par Philippe Lebon. **1802** *13-10 :* 1re installation de gaz domestique (hôtel Seignelay, Paris). **1811** bec à verre d'Argond (galerie Montesquieu) ; **1817** 1re utilisation dans les salles à manger. **1829** éclairage général, bec papillon. **1886** bec Auer à manchon (1er brevet 1885), généralisé 1893.

■ **Filtre à café. 1908** idée de Melitta Bentz, ménagère allemande. **Four électrique. 1889. A micro-ondes. 1945** (8-10) brevet de Percy le Baron Spencer (Amér.) ; applique le principe du radar à la cuisson des aliments ; « Radarange » réservé à la restauration collective. **1967** 1er modèle individuel (Sté Amana).

■ **Grille-pain. 1910** il faut retourner le pain. **1920** modèle avec ressort et thermostat.

■ **Lave-linge. 1850** idée de machine à tambour (James King, Anglais). **Vers 1870** lessiveuse à champignon. **1898** barboteuse mécanique Flandria (Jean-Marie Waelkens, Belge) ; **1907** à moteur électrique (Albin Fisher, Amér.). **1920** collectivités Speed (Dion et Lavoine). **1952** lave-linge moderne. **1974** Miele avec puce informatique. **Lave-vaisselle. 1850-65** 1er mécanique. 1907 pour restaurants. **1912** individuel. **1913** à moteur électrique (Miele).

■ **Matelas à ressorts. 1870** Zalman Simmons (Amér.). **Mixeur. 1922** breveté par Stephen Poplawski (Amér.). **Après 1945** commercialisé en France par Kenwood. **1975** Magimix de Pierre Verdun importé aux USA sous le nom « Cuisinart ».

■ **Pyrex. 1916** 1ers plats. **1970** service incassable.

■ **Réfrigérateur. 1913** 1er réfrigérateur ménager, Domelre, à Chicago (USA). **1918** « Kelvinator » de Nataniel Wales. **1919** marque « Frigidaire ». **Robot-ménager. 1947** « Kenwood Chef » de Kenneth Wood (Anglais). **1961** « Robot Marie » (Moulinex). **1963** « Robot-Coupe » de Pierre Verdun (Français).

■ **Table de cuisson à induction. 1978** commercialisée. **1990** Thomson France. **Thermos (bouteille). 1906** mis au point par sir James Dewar (Écossais). Breveté par l'Allemand Burger. Marque « Thermos » protégée jusqu'en 1970. **Toilettes. 1595** John Harington (G.-B.). **1775** chasse d'eau brevetée d'Alexandre Cunnings (G.-B.). **1778** mécanisme à valve et siphon de Joseph Bramah (G.-B.). **1842** toilettes avec bonde et chaînette alimentées au broc. **1878** apparition de l'eau chaude et de l'eau froide. **1880** cuvettes basculant dans un réservoir. **1890** 1er vidage perfectionné dit « américain ». **1910** toilettes vidange perfectionnée genre « Verdun ». **1936** trombe. **Vers 1985** W.-C. « Toto » (Japon), jet d'eau tiède, giclée de désodorisant, air chaud, orientable et modulable. Siège chauffant, chasse d'eau à air comprimé (consommation 2 l d'eau), boîtier électronique qui reproduit le bruit de la chasse. **Tupperware. 1945** verre à dents d'Earl Tupper, puis bols de plastique avec couvercle souple.

■ **Ustensiles divers. 1829** *machine à coudre :* Barthélemy Thimonnier († 1857) [1834 : Walter Hunt, 1846 : Élias Howe]. *Couteau de Laguiole* (prononcer « layole ») : créé par Pierre-Jean Calmels, fils d'un aubergiste de Laguiole ; avec tire-bouchon en 1880. **1917** *fer à repasser électrique ;* **1921** *à vapeur :* M. Caroni. **1931** *presse-purée « Moulinette »* (Moulinex). **1954** *machine à repasser ;* **1958** *sans fil :* M. Berducone.

☞ **Délai** (en années) **entre une invention et sa diffusion massive :** *130 ans :* machine à coudre (de 1750 à 1880) ; *125 ans :* chasse d'eau (de 1775 à 1900) ; *115 ans* lave-linge (de 1850 à 1965) ; *104 ans :* lave-vaisselle (de 1863 à 1967) ; *84 ans :* chauffe-eau (de 1868 à 1952) ; *77 ans :* cuisinière à gaz (de 1837 à 1914) ; *34 ans :* aspirateur (de 1901 à 1935) ; *22 ans :* réfrigérateur (de 1913 à 1935), four à micro-ondes (de 1945 à 1967).

■ **Fréquence d'un courant alternatif.** Nombre de périodes par seconde exprimé en *hertz* (Hz). En France, et en général en Europe, le *courant industriel* est de 50 Hz.

■ **Intensité du courant.** En *ampères* (A) [voir à l'Index].

■ **Puissance de l'installation électrique.** En *watts* (W) ou kilowatts (1 kW = 1 000 watts) ; le watt (puissance par le quotient du temps) est l'énergie dépensée en 1 seconde par un courant électrique d'intensité constante égale à 1 ampère sous une tension de 1 volt. Si la tension est de 230 volts et si le disjoncteur est réglé à 15 ampères, la puissance de l'installation sera de 230 V × 15 ampères = 3 300 W ou 3,3 kW. On pourra disposer d'une puissance totale de 3,3 kW sans faire « sauter » le disjoncteur.

■ **Tension.** Exprimée en *volts* (V). **En France.** Le passage de 110 V à 220 V avait permis de doubler l'intensité (ampère) transitant dans les lignes sans avoir à en augmenter la section ou le kilométrage. Au 1-1-1996, la tension nominale des réseaux électriques de distribution est passée de 220/380 à 230/400 V. *Alimentation en France en 2000 :* particuliers en courant monophasé 230 volts (avec 1 fil de phase et 1 neutre) ; puissances importantes (au-delà de 12 à 18 kW), branchements 4 fils 230/400 V (3 fils de phase et 1 neutre ; la tension entre 2 fils de phase pris 2 à 2 est de 400 V, entre 1 fil de phase et le neutre : 230 V). Gros appareils domestiques (cuisinière, lave-linge, chauffe-eau) : monophasé, prises à 3 pôles (1 phase, 1 neutre et 1 terre) ; triphasé, prises à 5 pôles (3 phases, 1 neutre, 1 terre), les circuits de l'appareil étant généralement placés en service sous la tension 230 V (raccordement entre conducteur de phase et fil neutre) ou raccordés entre phases, la tension à l'intérieur de l'appareil atteignant alors 400 V. En touchant un conducteur de phase mal isolé, on est exposé à la tension de 230 V. Si l'on touchait en même temps 2 conducteurs de phase non isolés, ce qui est rare, on serait soumis à la tension de 400 V. *Accidents* (en France par an, toutes tensions confondues) : 160 tués par électrocution, 5 000 blessés par électrisation.

☞ Un appareil sans composants électroniques est réputé supporter une surtension due à la foudre de 2 500 V.

PRÉVENTION-SÉCURITÉ

■ **Circuits distincts.** Protégés par des disjoncteurs ou par des fusibles calibrés, pour foyers lumineux fixes, prises de courant (calibre 10 ampères : installation en courant continu ; 16 A : alternatif), cuisinières électriques, lave-linge, lave-vaisselle, chauffage et chauffe-eau électriques. **Fils de section suffisante :** foyers lumineux fixes 1,5 mm² ; prises de courant 10/16 A 2,5 ; lave-linge et lave-vaisselle 2,5 ; cuisinière électrique 6 ; chauffe-eau électrique 2,5. **Prises :** machine à laver de 10-16 ou 20 ampères ; cuisinière électrique de 32 A. Les prises de courant doivent comporter un contact de terre relié à *une prise de terre* et des obturateurs (éclipses). Dans la salle d'eau, un conducteur doit relier entre elles toutes les parties métalliques (canalisations d'eau, de gaz, parties métalliques du matériel sanitaire...) et être raccordé aux conducteurs de protection (terre) vert-jaune. Les circuits de prises de courant et les circuits de la salle d'eau doivent être protégés par un dispositif différentiel à haute sensibilité $I \Delta n \leqslant 30$ mA (NF C 15-100 obligatoire).

■ **Couper le courant** au disjoncteur avant toute *intervention sur l'installation* (même pour changer une ampoule). **Fusible :** ne jamais remplacer un *fusible* fondu d'un calibre déterminé par un fusible de calibre supérieur. Utiliser des fusibles de calibre normalisé (coupe-circuit à cartouche, fusible ou disjoncteur divisionnaire). **Salles d'eau :** vérifier qu'appareils, interrupteurs, prises de courant sont à plus de 60 cm de la baignoire ou de la douche.

■ **Utiliser** appareils et appareillages conformes aux normes NF (Norme française). Les rallonges doivent être équipées d'une jupe de protection ; les interrupteurs de luminaire ne doivent pas pouvoir être démontables sans outils ; les luminaires halogènes doivent être installés conformément aux recommandations du constructeur (risque d'incendie si distances non respectées). La câblerie pour raccordements mobiles (luminaires, rallonges, etc.) doit être à double gaine isolante.

■ Abonnements EDF

■ **Usages domestiques et agricoles (3 à 36 kVA). Abonnements. 3 kVA** (kilo volt ampère) : correspond à l'éclairage, aux appareils ménagers courants tels que fer à repasser, réfrigérateur, téléviseur, aspirateur, batteur, radiateurs de puissance totale inférieure à 2 000 W. **6 kVA :** éclairage, tous appareils électroménagers courants, chauffe-eau électrique, radiateurs de puissance totale inférieure à 3 000 W, plus machine à laver, cuisinière, lave-vaisselle s'ils ne fonctionnent pas en même temps. **9 kVA :** mêmes appareils que précédemment, mais il est alors possible de faire fonctionner en même temps 2 appareils importants (lave-linge, lave-vaisselle ou cuisinière électrique). **12, 15, 18 kVA ou plus :** logements équipés à l'électricité (12 kVA si moins de 100 m², 15 à 18 kVA ou plus au-delà).

Tarif bleu (au 1-1-2001). **Prix d'abonnement par an** (en F HT), **selon la puissance souscrite en kVA :** *3 kVA :* 129. *6 kVA :* option base 327,84 (heures creuses 568,32). *9 kVA :* 648,12 (1 020,12), option *Tempo* 876. *12 kVA :* 930,36 (1 471,92) ; *15 kVA :* 1 212,60 (1 923,72) ; *18 kVA :* 1 494,84 (2 375,52) ; *12, 15* ou *18 kVA* (option *Tempo*) : 1 200 ; *24 kVA :* 2 494,2 (3 972,48) ; *30 kVA :* 3 493,56 (5 569,44) ; *36 kVA :* 4 492,92 (7 166,40). **Prix du kWh** (en centimes) : *puissance 3 kVA* (option de base) 62,32. *6 ou + :* option base ou heures pleines 51,10 ; creuses 31,29 ; *Tempo :* jours bleus h. creuses : 21,84, pleines : 26,96 ; blancs h. creuses : 43,95, pleines : 52,08 ; rouges creuses : 81,21, pleines : 226,50. Jusqu'à 18 kVA on peut choisir sans frais la puissance dont on a besoin (3, 6, 9, 12, 15 ou 18 kVA) et l'option base heures creuses ou *Tempo* après les jours donnant 2 h rouges et les dimanches bleus. Chaque client qui emménage paie un droit d'accès forfaitaire, de 69 F TTC (58,18 F HT).

☞ **Service « Maintien de l'énergie » :** mini-interrupteur qui permet de limiter temporairement la puissance à 1 ou 3 kW pour un client équipé de chauffage électrique ayant à payer des arriérés (permet de faire fonctionner, selon le cas, simultanément éclairage, télévision, lave-linge, convecteur).

■ **Usage industrie. Tarif vert A5 (< 10 000 kWh)** (au 1-1-2000, hors TVA) : **utilisations courtes :** *prime fixe annuelle par kW de puissance réduite* [1] *:* 106,80 ; *prix de 100 kWh :* en heures de pointe (P) 127,39, pleines hiver (PH) 58,37, creuses hiver (CH) 34,55, pleines été (PE) 21,59, creuses été (CE) 15,42 ; **longues :** *prime fixe :* 420,48 ; *prix de 100 kWh :* heures P : 62,12 ; PH : 36,71 ; CH : 25,59 ; PE : 18,70 ; CE : 12,94 ; **moyennes :** *prime fixe :* 249,96 ; *prix de 100 kWh :* heures P : 87,62 ; PH : 45,22 ; CH : 29,15 ; PE : 20,09 ; CE : 15,42 ; **très longues :** *prime fixe :* 683,40 ; *prix de 100 kWh :* heures P : 35,95 ; PH : 28,17 ; CH : 22,15 ; PE : 17,72 ; CE : 12,08.

Nota. – (1) Puissance souscrite en heures P + une part variable (selon tarif et heures) des suppléments de puissance souscrits pendant les autres périodes tarifaires. (2) Heures de pointe *mobiles :* tranches de 18 h consécutives pendant 22 jours par an en hiver (nov.-mars).

■ Éclairage

Définitions

■ **Éclairement.** Quotient du flux lumineux reçu par une surface, par l'aire de cette surface. Se mesure en *lux* (lx). Un flux lumineux de 1 *lumen* (lm) atteignant une surface de 1 m² y produit un éclairement de 1 lx.

$$\text{Éclairement en lux : } \frac{\text{flux lumineux reçu en lumens}}{\text{surface éclairée en mètres carrés}}.$$

Éclairements moyens habituels (en lux). **Extérieur :** *en plein soleil :* 50 000 à 100 000. *Rue large* par temps clair : 25 000 à 30 000. Nuageux : 10 000 à 15 000. Avec éclairage public : de 20 à 100. En éclairage lunaire : de 0,1 à 1. **Intérieur :** *sur une table devant une fenêtre* à 0,50 m avec vue dégagée et par temps clair, mais sans soleil dans la pièce : sans voilage 2 500 à 5 000 (avec voilage 700 à 1 500) ; à 1,50 m : sans voilage 700 à 900 (avec voilage 300 à 400). *Sur un plan à 2 m au-dessous d'une lampe de 75 W,* à la verticale de la lampe : 150 ; à 1 mètre de la verticale : 100 ; à 2 mètres : 45 ; à 4 mètres : 12. Pour obtenir 100 lux, il faut installer en incandescence standard 30 watts/m², halogène 20, fluorescence 5.

Niveaux conseillés par l'Association française de l'éclairage (en lux) : *circulations* 100 à 150, *salle à manger :* sur la table 200, *séjour :* coin d'écriture 300, lecture 300, couture ou tricot 500, *cuisine :* éclairage général 200, plan de travail 300, *rangement :* 100, *salle de bains :* éclairage général 100, au niveau du miroir 300, *chambre à coucher :* éclairage général 150, tête de lit pour lecture 300, table de travail de l'écolier 300, *vitrine, tableau, sculpture :* 150. Multiplier ces valeurs par 1,5 entre 60 et 75 ans ; par 2 au-delà de 75 ans.

Consuel, Espace Élec, Cnit, BP 11, 92053 Paris-La-Défense : association loi 1901 créée 1964 pour le contrôle de la conformité des installations électriques intérieures aux règlements et normes en vigueur.

Gifam (Groupement interprofessionnel des fabricants d'appareils d'équipement ménager) : 39, av. d'Iéna, 75783 Paris Cedex 16.

Promotelec : Espace Elec, Cnit, BP 9, 92053 Paris-La-Défense. Association loi 1901 créée 1962 pour promouvoir sécurité et confort électrique. Décerne des labels de qualité.

Qualifelec : 109, rue Lemercier, 75117 Paris. Association regroupant : l'ordre des architectes, EDF, l'Union technique de l'électricité, Consuel, l'Apsad, la SNCF et les organisations professionnelles de l'équipement électrique. Qualifie les entreprises (électrotechnique, électrothermie, antenne, éclairage public, détection d'intrusion et courants faibles) attestant celles d'un certain niveau de maîtrise de la qualité.

Union technique de l'électricité (UTE) : 33, avenue du Gal-Leclerc, BP 23, 92262 Fontenay-aux-Roses Cedex. Organisme national de normalisation. Membre du Cenelec et de la CEI.

■ **Efficacité lumineuse.** Quotient du flux lumineux émis par la puissance consommée. S'exprime en *lumens par watt* (lm/W).

■ **Intensité lumineuse (symbole I).** Quotient du flux lumineux émis dans un angle solide par la valeur de cet angle. Se mesure en *candelas* (cd).

■ **Luminance (symbole L).** Puissance lumineuse émise par une surface dans une direction donnée : c'est le rapport de l'intensité de la lumière dans cette direction, exprimée en candelas (cd), à la valeur de la surface apparente (en m² ou cm²), vue suivant la même direction. La luminance dépend du niveau d'éclairement, de la couleur, de la surface (lisse ou rugueuse), de la position de l'observateur et de la source d'éclairage. **Luminances courantes en cd/cm² :** *soleil* au zénith 160 000. *Ciel* 0,8. *Lampe à incandescence :* claire (filament visible) 600, dépolie 12, opalisée 4. *Tube fluorescent : diamètre 38 :* 0,8, *26 :* 1,5. *Valeur acceptable confort visuel 0,2. Papier blanc* éclairé à 300 lx : 0,008.

■ **Réflexion. Valeurs moyennes** (en %). **Matériaux :** plâtre 85, papier blanc 84, marbre blanc 83, peinture blanche 75, carreaux faïence 70, ciment 55, sycomore 52, pierre de taille 50, chêne naturel 33, brique rouge 20, noyer 16, acajou 12, ardoise 10. **Couleurs :** blanc neige 76, ivoire 70, crème foncé 70, jaune citron 70, paille 65, d'or 62, chamois clair 60, bleu clair 48, gris clair 45, beige 43, rose saumon 42, orange 40, vert d'eau 38, havane 32, bleu turquoise 27, rouge clair 21, vert prairie 19, grenat 12, outremer 10, violet 7.

■ **Température de couleur.** Dominante rouge (basse température) à blanche puis bleue (haute température). S'exprime en kelvins (K), en fonction de la température en degrés Celsius (Tc), par la formule : Tk =Tc + 273. **Températures de couleur des sources usuelles :** lampes à incandescence 2 700 K, tubes fluorescents 2 700 à 6 500 K.

■ **Marquages informatifs sur les luminaires.** Puissance maximale de la source à ne pas dépasser. Pour une bonne utilisation (---Watts Max). Luminaire de Classe I devant absolument être relié à la terre de l'installation (⏚) ; classe II ayant une double isolation de sécurité électrique par construction, ne devant jamais être relié à la terre de l'installation (⧈) ; classe III devant être alimenté par un transformateur ou un convertisseur électronique de sécurité (TBTS) (◈). *Distance minimale* d'implantation du luminaire de tout objet inflammable (en mètres) (--m). Luminaires équipés d'appareillages d'alimentation pour lampe fluorescente, Très basse tension (TBT) et garantissant le montage sur les surfaces d'appui inflammables (▽F). Indice de protection contre la pénétration des corps solides et l'humidité (IPXX) (1er chiffre = corps solides, 2e chiffre = humidité). Protégé contre la pluie ⚠ IPX3, les projections d'eau ▣ IPX4. Tension d'utilisation des luminaires prévus pour des lampes Très basse tension (TBT 6, 12, 24 volts).

Modes d'éclairage

■ **Par incandescence.** Un filament en matière réfractaire est porté à haute température en y faisant circuler un courant électrique. **A l'origine**, utilisation du *carbone* dans le vide ; durée 1 000 h, *température du filament :* 1 800 °C ; *efficacité lumineuse :* 3 lumens par W (lm/W). **Aujourd'hui**, *tungstène* dans un mélange argon et azote, à une pression d'environ 0,5 atmosphère à froid, le filament est enroulé en double hélice pour réduire la perte de chaleur dans le gaz ; durée 1 000 h ; *température du filament :* 2 400 à 2 600 °C, *efficacité lumineuse :* 11 à 19 lm/W pour des lampes de 40 à 1 000 W. 75 % d'énergie invisible rayonnée (infrarouge) pouvant provoquer des échauffements. Avec du krypton, le filament peut fonctionner à plus haute température, d'où une lumière plus blanche.

Lampe à halogène : en ajoutant à l'argon un *halogène* (iode, brome) ou un composé organique halogéné, on améliore les performances (à puissance et durée de vie égales, efficacité lumineuse jusqu'à 25 lm/W, durée de vie 1 000 à 2 000 h, lumière plus blanche) et on évite le noircissement de l'ampoule. Les variateurs d'intensité ne font pas baisser la consommation dans les mêmes proportions que la lumière ; à faible puissance, l'ampoule noircit. *Modèles basse tension (BT) :* (230 V) de 60 à 2 000 W ; *très basse tension (TBT) :* (6, 12, 24 V) de 5 à 150 W. *Emploi :* en BT éclairage indirect avec luminaire équipé d'une vitre de protection ; en TBT éclairage localisé. *Recommandations :* utiliser un écran sur le luminaire pour filtrer les UV et se prémunir de l'éventuelle explosion de la lampe. Ne pas toucher du doigt car le dépôt de graisses présent sur la peau fragilise le « verre » de l'ampoule (en fait, du quartz).

■ **Par fluorescence.** Un tube en verre renfermant de la vapeur de mercure et un gaz rare à très faible pression est traversé par une décharge électrique. Il y a alors émission de rayonnement ultraviolet qui excite une couche de substances fluorescentes déposée sur la paroi interne du tube. A l'origine (1936), l'efficacité lumineuse, pour une lampe de 40 W, était d'environ 35 lm/W, aujourd'hui pour une lampe de 36 W, 93 lm/W. Progrès obtenu en réduisant le diamètre du tube, en utilisant un mélange de krypton, argon et de nouvelles substances fluorescentes (à 3 bandes d'émission). *Durée de vie utile :* environ 10 000 h. Pas de rayonnement infrarouge. Bon éclairage d'ambiance. Ballast d'alimentation nécessaire. **Fluorescentes compactes :** *durée :* 6 000 h, efficacité lumineuse, environ 50 lm/W. *Indice IRC :* gradué de 1 à 100, il exprime la fidélité du rendu des couleurs. Indice maximal : lumière naturelle. Ambiance lumineuse (température de couleur des lampes fluorescentes : de 2 700 K (lumière chaude) à 6 500 K. Plus la température est élevée, plus le rendu des couleurs baisse.

■ **Par décharge.** Lampes utilisant une décharge électrique dans une ampoule renfermant des halogénures métalliques. Les métaux vaporisés émettent un rayonnement à haute efficacité lumineuse (jusqu'à 90 lm/W). **Autres décharges :** lampes à vapeur de sodium haute pression (jusqu'à 130 lm/W), lampes à vapeur de sodium à basse pression (jusqu'à 200 lm/W).

■ **Lampe au soufre.** Restitue dans un tube de matière plastique la lumière produite par le rayonnement micro-ondes d'un mélange de soufre et d'argon.

■ **Vitres panneaux solaires.** Incluent en sandwich des films métalliques transparents qui captent une partie de l'énergie solaire pour la transformer en courant électrique. Un film mince d'oxyde d'étain y joue le rôle de conducteur. Sous l'effet du choc des photons de lumière sur certaines molécules photosensibles, des électrons sont éjectés dans ce film d'étain.

■ Consommation d'appareils

■ **Aspirateur. Balai :** PUISSANCE : 800 W ; **traîneau :** 700 à 1 600 W. CONSOMMATION : 50 kWh/an soit 26,55 F pour 1 à 2 h d'utilisation par semaine.

■ **Chauffe-eau.** PUISSANCE : 1 800 à 6 000 W. CONSOMMATION : 2 800 kWh/an en heures creuses (4 personnes) soit 907,76 F. PRÉCAUTIONS : régler à 65 °C (10 % d'économie par rapport à 80 °C), isoler l'appareil s'il est dans un local non chauffé (économie 10 %). **Types :** *à chauffe normale :* contient dans un réservoir calorifugé 50 à 150 l (appareil mural) et 100 à 300 l (appareil sur socle) d'eau chaude, mise en température 6 h avec moins de possibilités de fonctionnement au tarif « heures creuses » (puissance de chauffe 12 W/l). *A accumulation (chauffe accélérée) :* mise en température 30 min à 1 heure ; capacité 5 à 100 litres ; PUISSANCE : 3 000 W max. ; un appareil pour alimenter un évier produit 15 l en 40 min environ. *Instantané :* eau chauffée au fur et à mesure de son écoulement, ce qui nécessite une forte puissance. Cafetière filtre 800 W. Expresso 1 000 à 1 100 W.

■ **Cireuse.** PUISSANCE : 300 W. CONSOMMATION : 20 kWh/an (10,62 F), à raison d'1 heure environ par semaine.

■ **Cuisinière électrique.** PUISSANCE : 6 000 à 10 500 W. CONSOMMATION : 1 kWh/jour/personne ; 1 000 kWh/an pour 4 personnes (531,10 F). Utiliser des récipients à fond bien plat, de même diamètre que la plaque chauffante. Couper la plaque quelques minutes avant la fin de la cuisson. Tables de cuisson avec plaques thermostatiques ou doseur d'énergie.

■ **Fer à repasser.** PUISSANCE : 300 à 1 500 W. CONSOMMATION : 0,5 kWh (26,55 centimes) à vapeur 1 200 à 1 900 W.

■ **Fours.** *Convection naturelle :* air chauffé par une résistance placée en haut et par une autre en bas (préchauffage de 10 à 20 minutes). *Chaleur tournante :* « pulsée, ventilée ou turbo » par une turbine à l'arrière du four (la cuisson s'effectue à des températures moins élevées et sur plusieurs niveaux). *Polycuisson :* « Polyfour » (nom déposé) ou « polycuisson » (accélération de la cuisson). *Four vapeur :* avec une alimentation directe en eau ou un réservoir amovible envoyant un filet d'eau sur une plaque vitrocéramique implantée au bas d'une cavité inox (la vapeur n'est pas sous pression ; pas de risque de surcuisson). Prolonger le chauffage 5 à 10 minutes après la cuisson. *Systèmes autonettoyants : catalyse :* parois revêtues d'un émail spécial, poreux, servant de catalyseur, détruisant pendant la

Consommation moyenne

Dans un appartement de 4 pièces (4 personnes) durée moyenne d'utilisation, puissance en W et, entre parenthèses, **consommation en kWh par jour.**

■ **Hiver. Total** 6 150. **Matin :** *salle de bains :* toilettes (1 h) éclairage général 200 W ; du miroir (40 W × 4) 160 W (0,36 kWh). *3 chambres* (1/2 h par pièce) éclairage général 150 ; tête de lit 75 (0,345). *Cuisine :* repas (1 h) éclairage général fluorescent 200 ; plans de travail 120 (0,32) ; rangement-nettoyage (1 h) (0,32). *Circulation* (1 h) (0,2). **Soir :** *chambre d'enfants* (devoirs et jeux) (3 h) 150 ; éclairage général 100 ; du bureau 250 (1,5). *Cuisine :* préparation et rangement (3 h) (0,96). *Salle à manger - repas* (1 h) 200 ; ambiance fluo. 225 ; table (75 W × 3) 425 (0,425). *Travaux divers :* couture, tricot, lecture, écriture (2 h) 200 ; ambiance fluo. 200 ; localisés (100 W × 2) 400 (0,8). *Télévision* (2 h) lampe d'ambiance 60 (0,12). *Salle de bains* (1/2 h) éclairage général 200 (0,1). *3 chambres :* tête de lit (75 W par personne) (1/2 h avec gradateur) (0,1). *Circulation* (3 h) (0,6).

■ **Été. Total** 1 210. **Matin :** *salle de bains :* éclairage du miroir (1/2 h) 120 (0,06). *3 chambres :* tête de lit (20 min par pièce) 75 (0,075). **Soir :** *cuisine :* rangement (1 h) 330 (0,33). *Salle à manger :* repas (1 h) : complément sur la table 225 (0,225). *Télévision* ambiance (2 h) (0,12) ; *salle de bains* (1/2 h) éclairage général (0,1). *3 chambres :* tête de lit (avec gradateur) (0,1). *Circulation* (1 h) (0,2).

☞ **Économies possibles :** lampe satinée ou opalisée plutôt que claire ; tube fluorescent de 40 W éclairant autant qu'une lampe de 150 W. Gradateur sur lampes puissantes.

cuisson, par oxydation, uniquement les projections grasses ; *pyrolyse :* température du four à vide vers 500 °C pour brûler les résidus de graisses, sucres et amidon. Mise en marche après la cuisson (toutes les 6 cuissons), dure 1 h 30 ou plus.

Four à micro-ondes. PRINCIPE : un dispositif électronique (magnétron) engendre des ondes électromagnétiques (micro-ondes) qui, réfléchies par les parois métalliques, sont absorbées par les molécules d'eau des aliments, provoquant leur changement d'orientation ultrarapide, ce qui entraîne une élévation de température. L'échauffement est immédiat sur toute la périphérie de l'aliment jusqu'à environ 2 cm de profondeur, puis la chaleur se transmet par conduction vers l'intérieur, si l'aliment est plus épais. *Utiliser* des plats « transparents » aux micro-ondes (verre, vitrocéramique, matières plastiques, etc.). Les couvrir pour éviter la déshydratation. Les fours à micro-ondes combinés sont dotés de grills et de chaleur tournante. PRÉCAUTION : prévoir une ventilation suffisante (5 cm sur le dessus et les côtés), ne pas faire fonctionner le four à vide. Ne pas préchauffer le four avant cuisson. Ne pas utiliser de métal, ni de vaisselle avec des pièces rapportées, collées, de bouteilles fermées, de conserves fermées, de plats ou de boîtes sous vide, d'œuf frais en coquille (il exploserait). Les micro-ondes peuvent perturber le fonctionnement d'un stimulateur cardiaque (demander l'avis d'un médecin). PUISSANCE ABSORBÉE : 1 200 à 2 000 W. TEMPS DE CUISSON : pomme 1 min 1/2, pommes de terre à l'eau et légumes quelques min, dorade de 800 g 12 min, rôti de 1 kg 15 min.

■ **Hotte aspirante.** PUISSANCE 150 à 500 W. COÛT HORAIRE : 0,1 kWh (5,31 centimes).

■ **Lampe d'éclairage** (pièces d'habitation). COÛT HORAIRE : *lampe à incandescence* (100 W), environ 5,31 centimes ; *tube fluorescent* (40 W, 1,20 m de longueur), 2,12 centimes ; *nouvelles lampes fluorescentes* (18 W), 0,95 centime.

Prix de revient comparé d'éclairage pendant 8 000 heures (durée de vie d'une lampe basse), *consommation pour le même rendement lumineux.* **Lampe à incandescence (60 W) :** 414 F [achat (8 ampoules à 8 F) 64 F, *consommation (1 kWh = 0,5311 F) (480 kWh) : 255 F]* ; **halogène (50 W) :** 412 F [achat (4 ampoules à 30 F) 120 F, *consom. (400 kWh) : 212 F]* ; **fluocompacte (15 W) :** 207 F [achat (1 ampoule) 120 F, *consom. (120 kWh) :* 64 F].

■ **Lave-vaisselle.** PUISSANCE : 2 150 à 3 300 W. CONSOMMATION : 15 à 25 l d'eau pour un modèle 12 couverts ; *annuelle* (6 lavages/semaine) : 650 kWh (210 à 345 F). Ne pas remplir à ras le bac de poudre (25 ou 30 g suffiraient). Éviter les cycles « très sale », « intensif » ou « spécial casserole » ; un trempage de quelques min économise environ 1 kWh à chaque fois. *Durée du cycle :* 17 mn à 1 h 20. *Consommation d'eau :* 20 à 35 l, *d'électricité :* 1,6 à 2,3 kWh, *bruit :* 46 à 59 dB. *Prix des pièces (en F) :* pompe de cyclage 600 à 1 000 F ; *temps de travail :* changement pompe de cyclage 3/4 d'heure.

☞ **Prix de revient du lavage** d'une vaisselle pour 4 personnes (eau, électricité, produits) en machine : 2,27 F, à la main : 5,22 F. **Temps annuel de lavage** pour la vaisselle de 4 personnes prenant 3 repas à la maison : en machine : 114 h 40 ; à la main : 330 h 20.

■ **Machine à coudre.** PUISSANCE : 80 W. COÛT HORAIRE : 0,08 kWh (0,42 centime).

■ **Machine à laver et à essorer le linge** (3 à 6 kg). PUISSANCE : 2 100 à 3 100 W. Chauffage 1 850 à 2 850 W [min. 550, max. (6 kg) 4 000 W ; coton blanc 95 °C, couleur 60, synthétique 40, tissus délicats, laine et textiles lavables à la main 30].

COÛT ANNUEL (6 lavages/semaine) : 312 kW/h par jour : 180 F. Choisir le programme à 60 °C (35 % d'économie par rapport à un programme à 90 °C). Un lavage à la température maximale coûte environ 2,80 F (eau, électricité et produits). *Prix des pièces* (en F) : module électronique 400 à 1 200, pompe de vidange 150 à 400, thermostat 130 à 250. *Temps de travail :* changement pompe de vidange 30 minutes, de thermostat 20 min.

■ **Perceuse** (400 W). COÛT HORAIRE : 0,4 kWh (21,2 centimes).

■ **Radiateurs.** PUISSANCE 500 à 2 500 W. COÛT HORAIRE DE FONCTIONNEMENT ET PAR KW : 0,30 à 1,20 F.

■ **Rasoir électrique.** PUISSANCE : 10 à 15 W. COÛT HORAIRE : 0,53 à 0,79 F.

■ **Réfrigérateur-congélateur.** L'installer loin d'une source de chaleur. N'y mettre que des plats froids. Ouvrir le moins possible. Dégivrer régulièrement. PUISSANCE : 75-300 W. CONSOMMATION PAR JOUR ET, entre parenthèses, PAR AN EN KWH [réfrigérateur : consommation calculée sur 330 j, congélateur : sur 365 j] : *réfrigérateur - de 150 litres :* 0,8 à 1 (264 à 330), *de 150 à 250 l :* 1 à 1,2 (330 à 438), *+ de 250 l :* 1,3 à 1,5 (429 à 495) ; *conservateur* 1,8 à 2 (594 à 660) ; *congélateur* 2 (660), *- de 100 litres :* 1 à 1,2 (365 à 438), *de 100 à 200 l :* 1,2 à 2 (438 à 730), *200 à 300 l :* 2 à 2,5 (730 à 912,5), *+ de 300 l :* 2,5 à 3,5 (912,5 à 1 277,5). ÉTOILES FABRICATION DE GLACE : *pas d'étoile :* conserve produits frais. *1 étoile :* compartiment conservateur descendant jusqu'à - 6 °C, conserve surgelés 2 à 3 jours. *2 étoiles :* - 12 °C, conserve surgelés ou produits congelés « maison » 3 semaines. *3 étoiles :* - 18 °C, conserve plusieurs mois. *4 étoiles :* - 24 °C, conserve plusieurs mois, permet la congélation de produits frais, crus ou cuits. **Autonomie du congélateur :** mesure le temps de remontée en température de - 18 à - 9 °C en cas de panne de courant. *Appareils vendus en France :* la majorité sont de classe climatique *N* (pour ambiance tempérée de + 16 à + 32 °C ; *SN :* + 10 à + 32 °C ; *ST :* + 18 à + 38 °C ; *T :* + 18 à + 43 °C). *Prix des pièces* (en F) : thermostat 120 à 400, relais de démarrage 50, compresseur 600 à 1 200 ; *temps de travail :* changement du relais de démarrage ou d'un thermostat 30 minutes.

☞ **Gain d'énergie entre 1982 et 1997 :** réfrigérateurs 150 l : 72 %, 200 l : 75 % ; congélateur 100 l : 55 %.

☞ Une mousse isolante qui diminue de volume peut déformer les frigos et les rendre inutilisables.

■ **Sèche-linge.** CONSOMMATION : 2,35 à 3,45 kWh pour 5 kg. BRUIT : parfois + de 60 dB.

■ **Table de cuisson. Vitrocéramique :** lisse, facilement nettoyable. Matériau vitreux qui ne se dilate quasiment pas avec la température, laisse passer les infrarouges émis par les foyers et conduit mal la chaleur hors du foyer. PUISSANCE 2 200 W. Modèles à *foyers halogènes* (émission d'une lumière infrarouge qui traverse la vitrocéramique pour chauffer le fond du récipient), à *foyers radiants* équipés de résistances lumineuses qui chauffent les casseroles par conduction (80 %) et par rayonnement (20 %). **A induction :** générateur électrique placé sous la table qui crée un champ magnétique faisant monter la température du récipient en métal ferreux posé sur la plaque (uniquement fer brut émaillé ou fonte). Montée en température instantanée. Ni flamme, ni surface brûlante, seule la casserole chauffe, la plaque ne fait que tiédir. Économie d'énergie d'environ 20 %. *Un porteur de pacemaker* ne doit pas se pencher à - de 10 cm au-dessus de la plaque (risque un ralentissement de la fréquence du stimulateur cardiaque).

☞ **Durée de chauffe** (pour 1 litre d'eau) : *par induction :* 3 minutes, *gaz :* 5 min, *radiant :* 9 min.

■ **Téléviseur.** PUISSANCE : *noir et blanc :* 50 à 75 W. *Couleur :* (82 cm) 105 à 240 W. COÛT ANNUEL pour 1 000 à 1 500 heures de marche, *noir et blanc* (de 50 à 100 kWh) : de 26,55 à 53,11 F ; *couleur* (100 à 200 kWh) : de 53,11 à 106,22 F.

■ **Tondeuse à gazon.** COÛT HORAIRE (de 0,6 à 1 kWh) : de 34,7 à 57,77 centimes.

■ **Train électrique miniature** (5 ou 6 wagons, locomotive). COÛT HORAIRE (3 Wh) : 0,16 centime.

■ **Tuner, radio, ampli.** COÛT HORAIRE (de 15 à 20 Wh) : de 0,8 à 1,06 centime.

Nota. – La mise en service d'un appareil électro-ménager doit être exécutée par le vendeur gratuitement, sauf les travaux de raccordement.

■ **Durée moyenne de vie.** *Source :* Darty [en années (a.) de fonctionnement]. Aspirateur 4-5 a. Autoradio 6 a. Cafetière-Expresso 5. Chaîne haute fidélité (amplificateur, tuner, lecteur CD, enceintes, platine K7) 5-10 a. Combiné 7 a. Congélateur 10 a. Cuisinière 15 a. Fer à repasser 3 a., à vapeur 5 a. Four 12 a. Grille-pain 5 a. Hotte 8 a. Lave-vaisselle 8 a. Lave-linge 8 a. Magnétoscope 5-10 a. Réfrigérateur 10 a. Rasoir 5. Sèche-cheveux 5 a. TV couleur 5-10 a.

■ **Taux de panne** (en %). Congélateurs [1] 8, aspirateur [2] 13, réfrigérateurs [1] 14, fours micro-ondes [2] 17, tables de cuisson [1] 20, sèche-linge [2] 22, cuisinières [1] 23, lave-vaisselle [2] 24, Caméscopes [2] 24, fours encastrables [1] 26, lave-linge [2] 27, téléviseurs [1] 28, magnétoscopes [1] 29.

Nota. - (1) Au moins 1 panne en 10 ans (1988-98). (2) en 8 ans (1990-98).

Gaz

Nom dérivé du grec *chaos* désignant l'un des 3 états de la matière.

■ **Pouvoir calorifique défini en kW/Nm³.** Énergie que peut libérer l'unité de volume de gaz lors de la combustion dans les conditions normales de température et de pression. On distingue selon l'état de l'eau produite par la combustion : vapeur (PCI : pouvoir calorifique inférieur), liquide (PCS : pouvoir calorifique supérieur). Gaz naturel PCI : 33,3 à 39,7 ; butane commercial PCI : 118,7 ; propane commercial PCI : 91,4 ; air propané PCI : 6,9 ou 14,4. Pour brûler correctement, le gaz doit se trouver mélangé au moment de la combustion avec une quantité d'air déterminée par sa composition et les conditions de combustion recherchée.

■ **Brûleurs.** L'air nécessaire peut être entraîné naturellement par induction (brûleurs atmosphériques), ou par un ventilateur (brûleur à air soufflé). Si la flamme rentre à l'intérieur du mélangeur et vient se fixer au nez de l'injecteur, combustion et fonctionnement du brûleur sont défectueux ; si elle décolle (se détache) d'un ou de plusieurs orifices et si le phénomène persiste, elle s'éteint, le gaz s'écoulant sans brûler. *Puissance nominale du brûleur (en kilowatts) :* puissance pour laquelle l'appareil a été conçu et que l'on vérifie dans des conditions normalisées.

Passage du propane (ou butane) au gaz naturel : il faut changer les injecteurs et parfois le réglage de l'arrivée de l'air de chaque brûleur, y compris ceux du four et de la veilleuse du four. On doit obtenir une flamme « bien aérée » (cône bleu-vert aux contours bien délimités, silencieuse, stable). Des réglages incorrects donnent une flamme « insuffisamment aérée » (fuligineuse, cône bleu inexistant ou aux contours flous ; noircit le fond des casseroles) ou « trop aérée » (sifflante et instable, claque à l'extinction du brûleur, se détache des orifices...).

Flexible : *tuyau de raccordement des appareils de* cuisson à gaz à raccord vissé. *Normalisé NF-Gaz,* durée de vie limitée (limite de validité 5 ou 10 ans inscrite sur le tuyau) ; ou *pour les métalliques* illimitée. Ils doivent être visitables dans les installations encastrées. Les tuyaux à emboîter ne sont plus autorisés que pour raccorder les appareils en pose libre dans les anciennes installations et doivent être munis de colliers de serrage.

Cuisson (appareils de). Tables de cuisson : élément encastrable sur un plan de travail, comporte 1 à 6 brûleurs de 1 kW à 4,5 kW suivant ses dimensions ; certaines mixtes (gaz et électricité). Le plan de cuisson peut être en tôle émaillé, verre trempé ou vitrocéramique. **Four encastrable :** dans un meuble, comprend, en général, un brûleur bas (dit « de sole ») et un haut (dit « de gril »). **Cuisinière :** intègre table de cuisson et four.

Consommation de gaz pour cuisson : 600 à 1 000 kWh pour une famille moyenne de 4 personnes.

■ **Appareils de chauffage. Chaudières domestiques :** *raccordées à un conduit de fumée :* brûleurs atmosphériques ; évacuent les produits à travers un conduit de cheminée. *Étanches :* grâce à 2 tuyaux, l'air de combustion est prélevé et les produits de combustion sont rejetés à l'extérieur du logement sur mur ou en toiture. La chaudière peut être placée dans un placard. *A condensation :* rendement amélioré par une récupération de la chaleur au niveau des produits de combustion. Économie qui peut atteindre 15 % par rapport à une chaudière classique à haut rendement. Principalement adaptée à une installation de chauffage utilisant une température d'eau relativement basse (40 à 50 °C). *Mixtes :* assurent chauffage du logement et production d'eau chaude sanitaire. *Puissance :* de 2 kW (petit studio récent) à 40 kW et + (grandes maisons anciennes). *Rendement :* chaudières individuelles (catégorie B) : + de 78 % de pouvoir calorifique supérieur (PCS) ; anciennes (catégorie A et hors catégorie) : rendement plus faible ; à condensation : + de 82 % PCS [particulièrement adaptées aux grandes maisons (> 150 m²) ou à plancher chauffant basse température]. *Matériaux :* corps de chauffe en cuivre, acier, fonte, parfois aluminium. *Consommations moyennes :* appartement récent de 4 000 à 10 000 kWh en fonction de la superficie ; 7 000 à 15 000 kWh pour les maisons récentes. Le double pour les logements anciens antérieurs à 1974.

Chauffage des locaux : *radiateurs :* eau (40 à 80 °C) venant de la chaudière ; émettent en rayonnement et en convection pour la température d'ambiance. *Planchers chauffants :* réseau dense de tuyaux en plastique (PER) ou en cuivre noyés dans la dalle du plancher. De l'eau à faible température (35 à 40 °C) y circule.

Radiateurs gaz et inserts gaz : 3 types : étanches, raccordés à une cheminée, ou mobiles alimentés au butane commercial. Les appareils mobiles doivent être équipés d'une sécurité contre la viciation d'atmosphère.

Eau chaude sanitaire (ECS) : *instantané et chauffe-bain :* le brûleur s'enclenche dès l'ouverture du robinet d'eau. Les petits chauffe-eau de 8,7 kW peuvent ne pas être raccordés à un conduit de fumée ou à une ventouse. Ils sont munis d'une triple sécurité. *Obtenue par accumulation :* une certaine quantité d'eau est maintenue à la température de consigne. 3 kW/75 l : en 1 h 30 min, 9 kW/100 l : en 40 min, 17 kW/200 l : en 40 min. Puissance nécessaire : pour évier 8,7 kW, douche 18 kW, baignoire 22 à 28 kW.

■ **Sécurité. Accidents :** *asphyxie* par manque d'air : peut survenir lors d'une fuite de butane ou de propane ou d'un gaz quelconque qui diminue la teneur en oxygène de l'atmosphère d'un local mal ventilé. *Intoxication oxycarbonée :* les gaz combustibles actuels ne contiennent pas de monoxyde de carbone et ne sont donc pas toxiques. Ils ne peuvent pas être à l'origine d'une intoxication oxycarbonée. Celle-ci peut survenir *par les fumées :* les appareils modernes à gaz sont bien protégés à cet égard s'ils sont bien installés ; les chauffe-eau non raccordés à un conduit d'évacuation des fumées et non munis d'une triple sécurité (appareils antérieurs à 1978), interdits d'emploi, doivent être remplacés ou raccordés à un conduit de fumée (arrêté du 12-8-1993).

Tous les appareils à combustion doivent être entretenus une fois par an au moins. Les conduits de fumée doivent aussi être ramonés 1 fois par an pour les combustibles gazeux ; 2 fois par an pour les combustibles solides ou liquides ; la ventilation du logement doit être maintenue en bon état (nettoyage des entrées et sorties d'air). *Explosion :* peut provenir d'une fuite de gaz ou de certains aérosols.

Conduite à tenir en cas de détection d'une fuite : ne pas toucher aux appareils électriques (lumière, interrupteur, ascenseur...), ouvrir les fenêtres, fermer les robinets d'arrêt de gaz, sortir du logement et téléphoner aux pompiers ou au distributeur de gaz depuis l'extérieur du logement. Gaz de France intervient 24 h/24 gratuitement (voir sur facture le numéro d'appel d'urgence).

■ **Tarif GDF. Clientèle domestique individuelle :** *tarif de base* jusqu'à 1 000 kWh : cuisine, forfait cuisine proposé sous certaines conditions ; *B0* (de 1 000 à 6 000 kWh) : cuisine et eau chaude ; *B1* (de 6 000 à 30 000 kWh) : chauffage avec ou sans eau chaude et/ou cuisine. (Seuils de consommation donnés à titre indicatif.) **Clientèle collective, tertiaire ou industrielle en distribution publique :** mêmes tarifs que ci-dessus à consommation identique. *B2I* (au-delà de 30 000 kWh) : chauffage et/ou eau chaude dans grands pavillons ou chaufferies moyennes. *B2S* (au-delà de 150 000 à 350 000 kWh suivant usages et répartition été/hiver) : chauffage et/ou eau chaude dans chaufferies importantes. *Appoint-secours* (consommation idem *B2S*) : pour des durées d'utilisation limitées. Pour des consommations de plus de 5 GWh/an en distribution publique : *S2S* (souscription 2 saisons), adapté à tout profil de consommation ; *TEL* (tarif à enlèvements libres), adapté aux enlèvements fortement influencés par les aléas climatiques, structure de même type que *BS2*. **Clientèle grande industrie sur réseau de transport :** tarif *STS* à souscription saisonnalisée. *Exemple :* en région parisienne pour 130 GWh/an, avec débit de 430 000 kWh/j et une part hiver de 45 %, prix moyen (abonnement compris au *1-4-2000*) : 8,96 centimes/kWh HT ; kWh *d'été supplémentaire :* 7,74 centimes HT. **Prix au 1-1-2001 :** *base :* abonnement 133,92 F (kWh 31,62 centimes) ; *B0* 200,76 (25,26) ; *B1* 714 (17,26) ; *B2I* 1 043,76 (16,15) [hors TVA ; taux de TVA applicable depuis le 1-1-1999 sur abonnement et primes fixes : 5,5 % ; depuis le 1-4-2000 sur les kWh : 19,6 %].

Factures EDF GDF services

Relevé : tous les 6 mois. En cas d'absence, une carte d'autorelevé est laissée sur place. Il suffit de la compléter et de la retourner, gratuitement (carte T), à l'adresse imprimée sur celle-ci. On peut aussi téléphoner au numéro figurant sur les factures les index lus sur les compteurs.

Facture-contrat : adressée au client dans le mois suivant son emménagement, elle comporte l'indication des caractéristiques du tarif choisi (numéro de code du tarif, nature du gaz distribué, index relevés lors de la mise en gaz, dates vers lesquelles sont relevés les compteurs). Sont facturés les frais de dossier de mise en gaz et l'abonnement correspondant au tarif choisi pour la période allant de l'emménagement au premier relevé.

Redressement : EDF GDF Services dispose légalement de 5 ans pour rectifier une facture en cas d'erreur de mesurage ou de facturation, mais a choisi de ramener cette période de rétroactivité à 2 ans.

Vêtements

Mesures de confection

■ **Norme G 03-001. Tour de poitrine :** au-dessous des aisselles ; **de ceinture (homme), de taille (femme) :** horizontalement dans le creux de la taille ; **stature :** du sommet du crâne à terre, sujet pieds nus ; **bassin :** horizontalement au niveau le plus large du bassin ; **entrejambe :** de la fourche à terre (sujet pieds nus) ou à la semelle de la chaussure ; **hauteur latérale de tour de taille :** du creux de la taille à terre (pieds nus) ou à la semelle de la chaussure.

■ **Confection hommes.** Tailles homologuées par la Fédération française des industries du vêtement masculin. **Marquage :** *1/2 tour de poitrine en cm :* exemple 44 ; *1/2 tour de ceinture en cm :* exemple 36 ; *stature P* (extra-court) 159 à 165 cm, C (court) 165 à 171 cm, M (moyen) 171 à 177, L (long) 177 à 183, X (extra-long) 183 à 189. *Combinaison de ces 3 mesures visualisée : athlétique :* étiquette rouge ; *élancé :* gris clair ; *normal :* blanche ; *fort :* bleu foncé ; *trapu :* bleu clair ; *corpulent :* verte ; *ventru :* jaune.

Nettoyage

■ **Linge** (poids en g). *Bleu* de travail 1 600 ; *blouse* dame 300 ; *chemise* homme 250 à 300, dame 250 ; *drap* enfant 800, grand lit 1 500 ; *torchon* 100 ; *mouchoir* 20 ; *nappe* toile (160 × 160) 600 ; *pyjama* enfant 400, homme 500.

■ **Teinturier.** Il a une obligation de moyen et de conseil ; lavage ou nettoyage doit être satisfaisant, compte tenu de l'état du vêtement et des réserves éventuellement portées sur le ticket de dépôt. Il doit afficher : les tarifs et qualités des prestations offertes (à l'intérieur et à l'extérieur) ; les conditions d'indemnisation en cas de perte ou de détérioration des articles confiés (sous peine d'une amende de 10 000 F).

Dépôt (délai maximal) : sauf pour des vêtements de grand prix (fourrures, vêtements d'apparat...), le teinturier ne peut demander de supplément avant 3 mois de garde ; la loi du 31-12-1968 stipule que les objets confiés à un professionnel pour être travaillés, réparés ou nettoyés et qui ne sont pas retirés ne peuvent pas être vendus dans l'année qui suit leur dépôt. Si le teinturier ne peut rendre un vêtement confié depuis moins d'un an, on peut exiger une indemnisation ou un dédommagement.

☞ *Après un an,* en cas de vente aux enchères, il faut demander à la Caisse de dépôts et consignations le produit de la vente diminué des frais et du prix du nettoyage.

Détérioration : *blanchisserie :* les professionnels prévoient un remboursement égal à 12 fois le prix du blanchissage (15 fois pour les draps) ; *teinturerie :* la plupart des teinturiers affichent un barème sur lequel ils pratiquent un abattement selon la vétusté (le remboursement sera de 80 % pour un article de 3 mois, 60 % pour – de 30 mois et 30 % au-delà). Pour les articles d'une valeur visiblement très inférieure à celle du barème, le montant du remboursement ne pourra excéder la valeur de l'article. Si l'on estime ce dédommagement insuffisant, on peut alors essayer par entente amiable d'obtenir plus (analyse préliminaire par le syndicat local, une commission mixte, un organisme ou un expert agréé) ; et, en cas d'insuccès, on peut assigner le teinturier en justice après avoir chiffré les dommages et produit des preuves à l'appui. Le juge décidera. Lorsqu'un ensemble ou une partie d'ensemble a été détérioré ou perdu (costume 3 pièces, ensemble féminin, ameublement, parure de draps...), l'ensemble est remboursé si toutes les pièces ont été données à traiter. Sinon, seule la pièce confiée sera remboursée.

Perte : le préjudice du client doit être intégralement remboursé, sauf à prouver que la teinturerie n'a pas commis de faute ou qu'il y a eu cas de force majeure.

Vol : la preuve du vol et la justification du montant de celui-ci sont à la charge du client (facture certifiée exigée).

Valeurs limites servant de bases pour le calcul du barème d'indemnisation (en F, 2001) : *pure laine ou soie,* entre parenthèses, *mixte et synthétique et,* en italique, *coton.* **Hommes :** complet 3 pièces 1 655 (1 490) *1 085,* 2 pièces 1 490 (1 245), ensemble blouson-pantalon *1 085,* veston 1 085 (830) *340,* pantalon 425 (380) *340,* blouson 530 (425) *500,* anorak 500 (500), veste 3/4, caban vareuse (710) *865,* loden (1 245), pardessus, gabardine 1 490 (1 245), trench-coat triplure, imperméable (1 245), cravate 165 (125), pull 215 (165), shetland 265, veste d'intérieur (500), de chasse *785,* pantalon de chasse *785,* survêtement (340), chemise 255 (125) *215.* **Femmes :** jupe, jupe-culotte, kilt 510 (345) *270,* robe 1 050 (620) *345,* pantalon 420 (380) *340,* manteau 1 570 (1 235), imperméable (810) *1 210,* veste 345 (270) *305,* 2 pièces, ensemble dames 950 (510), pull 355 (220), 3/4 plastique fourré (820), robe de chambre en laine des Pyrénées (625), ouatinée (380), corsage sans manches *220,* carré, écharpe 270 *140,* chemisier 255 (205) *225.* **Enfants de 6 à 12 ans :** veston, blouson 320 (285) *305,* veston plastique (320), pantalon 265 (215) *215,* pull 185 (155), jupe 275 (240) *215,* robe 355 (255), manteau 630 (425) *305,* anorak (375) *400.* **Couverture :** 1 place 650 (390), 2 places 1 080 (615). **Couette :** 1 place (155), 2 places (205).

Responsabilités (R) ou irresponsabilités (I) encourues : vêtements (avec étiquette d'entretien et, entre parenthèses, sans ou avec étiquette erronée) : vol, incendie, dégâts des eaux, perte, accidents de machine, substitution, manutention, transport, livraison R (R). Traitement non approprié R (I). Vices cachés (usures, mites, projections acides, stylo à l'intérieur des doublures, etc.), coutures bord à bord I (I). Pli permanent, plastiques, non tissés, contrecollage, flocages, colorants pigmentaires, enductions, pertes d'apprêt R (I). Fibrillations, taches tenaces I (I). Décolorations sur coloris fragiles, coulures R (I). Retraits, allongements, feutrage R (I). Articles non décatis I (I). Fautes profes. (coup de fer), fusion ou glaçage des fibres, détachage non approprié R (R). **Boutons, garnitures :** *aucune garantie.* Bris, décoloration, fusion, déformation, perte par fils cassés, décollage I (I). Boutons déteignant à la vapeur I (I).

Coût du pressing : nouveau pressing discount et, entre parenthèses, **service Éco/service traditionnel** (en F). Cravate 16 (20 à 35/65). Pantalon 16 (25/35 à 55). Manteau 16 (40/80 à 120). Couette 60 (80, toute taille/80 à 100, pour une petite). Doubles rideaux 60 à 120 le panneau (75 le m/linéaire) [50 le m² si non doublé à 65 avec occultant]. **Accidents. Causes :** défaut de fabrication du vêtement (exemple : teinture) ; dégradation de l'article non visible par le propriétaire et que le nettoyage révélera (exemple : décoloration d'un rideau à la lumière) ; erreur de traitement du teinturier (exemple : dégorgement de paillettes) ; étiquetage faux ou ne concernant que le textile de base et non rajouts ou triplures (donnant par exemple, de la tenue à une veste d'homme).

☞ **Centre technique de la teinture et du nettoyage (CTTN) :** BP 41, 69131 Écully (créé le 26-8-1958 sous la tutelle du ministère de l'Industrie) effectue analyses techniques et expertises. *Adresses d'experts :* demander à la cour d'appel, aux tribunaux d'instance et de grande instance, aux tribunaux de commerce.

Syndicats professionnels : *Conseil français de l'entretien des textiles :* 82, rue Curial, 75019 Paris. *Fédération nationale des pressings et laveries :* 29, rue Château-Landon, 75010 Paris. *Fédération française des pressings (FFP) :* 82, rue Curial, 75019 Paris. *Comité français de l'étiquetage pour l'entretien des textiles (Cofreet) :* 37, rue de Neuilly, BP 121, 92113 Clichy.

Tableaux d'équivalence

Vêtements

Hommes		Enfants	
Fr.	G.-B., USA	Age	Stature (cm)
46	36	5 ans	108
48	38	6 ans	114
50	39	7/8 ans	126
52	41	9/10 ans	138
54	42	11/12 ans	150
56	44	13/14 ans	162 (G) 156 (F)
58	45	15/16 ans	174 (G) 162 (F)

Vêtements de dames

Tour poitrine *Tour bassin*	*80* *84*	*84* *88*	*88* *92*	*92* *96*	*96* *100*	*100* *104*	*104* *108*	*110* *112*	*116* *118*
Allemagne [1] France	34	36	38	40	42	44	46	48	50
G.-B., USA	8	10	12	14	16	18	20	22	24
Italie	38	40	42	44	46	48	50	52	54

Nota. – (1) A tours de poitrine équivalents correspondent généralement des tours de bassin plus forts : 87,5 ; 91 ; 94,4 ; 98 ; 101,5 ; 105 ; 108,5 ; 115 ; 119,5. Ainsi, un 40 français correspond à un 38 allemand.

Soutiens-gorge et combinés

Taille		*Profondeur des bonnets*			
Europe	France	A	B	C	D
65	80	77-79	79-81	81-83	83-85
70	85	82-84	84-86	86-88	88-90
75	90	87-89	89-91	92-93	93-95
115	130	127-129	129-131	131-133	133-135

Nota. – Désignations française (tour de poitrine) et européenne (tour mesuré sous la poitrine) : A, petite poitrine ; B, moyenne ; C, forte ; D, très forte.

Chaussettes		Chaussures		Chemises	
Fr.	G.-B.	Fr.	G.-B.	Fr.	G.-B., USA
37-38	9	37	4	36	14
39-40	9 ½	38	5	37	14 ½
40-41	10	39	6	38	15
41-42	10 ½	40	6 ½	39	15 ½
42-43	11	41	7 ½	40	15 ¾
43-44	11 ½	42	8	41	16
		43	9	42	16 ½
		44	10	43	17
		45	10 ½	44	17 ½
				45	18
				46	18

Nota. – Mesure en points. *Points français* (ou points de Paris) 2/3 de cm soit 6,666 mm ; une pointure de 40 vaut donc 40 × 6,666 = 26,66 cm ; *anglais* 1/3 de pouce (inch) soit 8,466 mm.

FAMILLE

☞ Pour connaître la sélection **Quid** des meilleurs sites Internet sur la famille, rendez-vous sur **www.quid.fr**

☞ *Abréviations :* div. : divorce ; enf. : enfant(s) ; f. : femme(s) ; h. : homme(s) ; ins. : insémination(s) ; ord. : ordonnance.

ENFANTS

HÉRÉDITÉ ET CHROMOSOMES

■ **Quelques dates. 1840-50** Karl Ernst von Baer (Estonien) met en évidence les 1re étapes de la genèse de l'embryon. **1866** Gregor Mendel (Johann, moine tchèque, 1822-84) énonce des lois de l'hérédité à partir d'expériences sur les petits pois. **1875-83** Walter Flemming (All., 1843-1905) trouve 24 paires de chromosomes chez l'homme [chiffre ramené à 23 par Joe-Hin Tjio (Indonésien) en 1956]. **1905** William Bateson (Anglais, 1861-1926) nomme le « mendélisme » (science de l'hérédité) *génétique* du grec *genetikos* (propre à la génération). **1953** James Watson (Amér., né en 1928) et Francis Crick (Anglais, né en 1916) découvrent la structure en double hélice de l'ADN (base de la génétique moléculaire définissant la nature de l'information génétique en termes physico-chimiques). **1973** 1re expériences de clonage humain, par scission d'un embryon initial. 1re transgenèse réalisée en greffant dans une bactérie des gènes non bactériens. **1978** 1er bébé-éprouvette, Louise Brown (Angl.), conçu par fécondation *in vitro* (FIV), voir p. 1630 b. **1990**-*oct.* projet *Génome humain* (All., Chine, France, G.-B., Japon, USA) pour localiser et identifier tous les gènes de l'ADN humain avant 2003. **1995**-*mai* pour la 1re fois, tout le génome d'un organisme vivant (autre qu'un virus) décrypté : bactérie *Haemophilus influenzae*. 1ers clones d'embryon humain réalisés par Mark Hugues en transférant le noyau qu'il détruit au bout de quelques semaines. **1997** naissance de la brebis Dolly, clone réalisé à partir d'une cellule « adulte » par Ian Wilmut (Écossais). **1998**-*6-11* cellules « souches » embryonnaires (découvertes chez la souris en 1981) identifiées chez l'homme : prélevées dans la masse interne d'un embryon de 7 jours (appelé *blastocyste*) qui restent aptes à se différencier (peau, muscle, cellule sanguine, etc.) selon le milieu de culture. Elles sont « pluripotentes ». **1999** la structure du génome 22 (impliquée dans le syndrome de Di George, schizophrénie, autisme, etc.) est décryptée. **2000**-*mars* génome de la mouche *Drosophila melanogaster* décrypté. -*mai-juin* 3 milliards de bases du patrimoine génétique humain décodés. Chromosome 21 (trisomie 21) entièrement décodé. **2001** reste du génome décodé par l'équipe de J. Craig Venter.

Ségrégation : « Les caractères unis dans l'organisme se disjoignent dans les éléments reproducteurs. » **Pureté des caractères :** « Les caractères héréditaires se comportent comme des unités stables qui persévèrent dans leur intégrité à travers les générations successives. » **Dominance :** « Si deux déterminants différents d'un même caractère se trouvent en présence dans l'organisme, l'un des deux éclipse totalement l'autre, et son influence est seule à s'exprimer. » **Hérédité :** transmission par les parents à leurs descendants de caractères/qualités exprimés ou non. Ceux-ci sont inscrits dans les gènes portés sur les chromosomes sous forme de messages codés qui régleront la synthèse des protéines que la cellule doit effectuer durant la vie.

■ **Chromosomes.** Chacune de nos cellules comprend, au sein du noyau, 46 chromosomes contenant les *gènes* qui déterminent les caractères héréditaires (portions d'ADN). Sur 30 000 à 40 000 gènes contenus dans les chromosomes, 64 étaient identifiés en 1973 ; en 1989, 4 500 ; en 1994, les gènes de 928 maladies sont localisés.

Une analyse chromosomique est appelée *caryotype.* Chaque chromosome se caractérise par sa taille, par le *centromère,* qui joue un rôle essentiel lors de la division cellulaire, au moment où les chromosomes se dédoublent, et par la présence d'un bras court (p) et d'un bras long (q) de part et d'autre de ce dernier. Selon la position de celui-ci, terminale, près d'une extrémité ou au milieu, on peut qualifier les chromosomes de télocentriques, acrocentriques ou métacentriques.

Les chromosomes sont groupés par paires : 22 paires de chromosomes identiques ou *autosomes,* et 1 paire de chromosomes sexuels ou *gonosomes* (2 chromosomes X chez la femme, 1 X et 1 Y chez l'homme), déterminant le sexe et les caractères somatiques qui lui sont liés. Le chromosome Y est plus grand chez les Sémites (Arabes et Juifs) et chez les Japonais que chez les autres hommes ; ce grand Y est dit *« chromosome d'Abraham »* et est considéré comme un polymorphisme normal. La garniture chromosomique provient pour moitié de 2 parents : à la suite de ses divisions, l'ovule ne contient que 23 chromosomes (dont 1 X) lorsqu'il est fertilisé par le spermatozoïde qui en contient également 23 [s'il contient le X, l'enfant sera une fille (XX) ; le Y, ce sera un garçon (XY)].

Anomalies chromosomiques. Voir à l'Index. D'après Suobel, 8 % des conceptions dans le monde s'accompagnent d'aberrations chromosomiques ; 60 % des fausses couches survenues les 3 premiers mois de la grossesse s'accompagnent d'anomalies chromosomiques. Certaines affections génétiques sont très fréquentes dans certaines populations. Ainsi la *luxation congénitale de la hanche,* qui atteint particulièrement les femmes du pays bigouden en Bretagne (5 femmes pour 1 homme) [à Pont-l'Abbé, touche 3 % des femmes].

> Les singes anthropomorphes ont 48 chromosomes (soit 24 paires), l'homme actuel 46. Souvent 2 *chromosomes acrocentriques* s'accolent pour donner un seul élément *métacentrique* jouant un rôle essentiel dans l'évolution.
>
> Étant donné les conditions de vie probables de ces « ancêtres » (groupes de quelques dizaines d'individus sexuellement dominés par un mâle), il a pu suffire de 2 générations (environ 50 ans) à partir de l'apparition d'un mutant à 47 chromosomes (caryotype instable) pour passer du caryotype préhominien à celui de l'homme actuel.

☞ **Le gène récessif** ne produit le caractère qui lui est lié que s'il existe sur les 2 chromosomes de la paire (maternel et paternel). Le gène **dominant** réalise ses caractères en dominant le gène différent porté par l'autre chromosome de la paire. L'ensemble des gènes d'un organisme constitue son **génome.**

Caryotype fœtal : analyse chromosomique du fœtus permettant de déceler les anomalies. Obtenu par : *amniocentèse,* ponction de liquide amniotique à travers la paroi abdominale d'une femme enceinte de 14 à 18 semaines (risque de fausse couche : 1/200) ; *biopsie du trophoblaste (choriocentèse),* prélèvement d'un fragment des tissus du placenta, à 10/13 semaines de grossesse (risque de fausse couche un peu plus élevé) ; *prélèvement du sang fœtal (cordocentèse)* par ponction du cordon ombilical, à partir de la 18e semaine de grossesse pour diagnostic rapide (risque de fausse couche plus élevé).

■ **Génie génétique.** Ensemble des techniques de biologie moléculaire permettant de manipuler l'ADN d'une cellule, afin de l'étudier, le modifier ou transplanter des gènes dans un autre organisme.

■ **Maladie génétique.** Plusieurs milliers. Peuvent être *monogéniques* (un seul gène responsable) ou *multigéniques* (plusieurs gènes impliqués). La thérapie génique les traite par le transfert de matériel génétique dans les cellules du malade.

■ **Eugénisme.** Du grec *eu* (bon) et *genos* (naissance, race). Mot forgé par Francis Galton (Angl., 1822-1911). Étude des possibilités d'améliorer le patrimoine génétique humain.

DE LA CONCEPTION A LA NAISSANCE

■ CHOIX DU SEXE

On peut tenter de choisir le sexe de l'enfant en tenant compte des facteurs suivants.

Spermatozoïdes de l'homme. Sortes : 1°) *porteurs du chromosome Y* dont le gène SRY donne des garçons. **2°)** *Porteurs du chromosome X* qui donne des filles. Des altérations du sperme, des rapports sexuels fréquents favorisent la prédominance des spermatozoïdes X. 6 % des hommes n'ont qu'une seule sorte de spermatozoïdes et ne peuvent engendrer qu'un seul sexe.

QUELQUES RECORDS

☞ *Abréviations :* f. : fille(s) ; g. : garçon(s).

■ **Le plus d'enfants.** *Mme Bernard Scheinberg* (Autriche), 69 enfants ; elle mourut à 58 ans, son mari se remaria et eut 18 enfants de sa seconde femme. Il eut donc 87 enfants. *Mme Fiodor Vassiliev* (1707-83 ?, Russie), 69 enfants en 27 grossesses entre 1725 et 1765 (4 fois des quadruplés, 7 des triplés et 16 des jumeaux) ; au moins 67 de ces enfants survécurent à la petite enfance. *Mme Granatta Nocera* (Italie), 62 enfants. *Mme Leontina Albina* (Chili), 55 enfants entre 1943 et 1981 dont 5 fois des triplés (garçons) et 16 filles. *Pleyel* (compositeur autrichien) eut 38 enfants (24 de sa 1re épouse, 14 de la 2e). *Mme María Olivera* (née 1939, Argentine), 32 enfants (tous en vie). *Mme Madeleine Devaud* [née 19-3-1910, Amuré (Deux-Sèvres, France)], 25 enfants entre 1928 et 1958 (10 garçons et 15 filles).

■ **Les plus âgées à avoir eu un enfant.** *90 ans* (dans la Bible) Sarah, mère d'Isaac. *63 ans et 9 mois :* à Los Angeles, USA, avril 1997, fille. *63 ans* Rosanna Dalla Corta (Viterbo, Italie), 18-7-1994, garçon (3,270 kg, 51 cm).

■ **La plus jeune.** En général, 12 ans. Lina Moulina (née 1933, Pérou), réglée à 3 ans 1/2, mit au monde à *5 ans 1/2* après césarienne 1 fils de 5 livres 1/2 d'un père inconnu.

■ **La plus grande descendance.** Le sultan Abou el-Hassan (XIVe s.) aurait eu *1 862 enfants.*

■ **La grossesse la plus longue.** *398 j* (durée normale 273 j). L'Anglaise Jacqueline Haddock, fille de 1,360 kg née 23-3-1910.

■ **Naissances à faible intervalle** (1 cas possible sur 6 millions de naissances environ). *1 mois ;* Texas (1967), Espagne (1977) ; *10 semaines :* Suède (1968-69) ; *5 mois :* Transkei (Afrique du Sud, 1965) ; il s'agit de cas où les 2 enfants ont étés conçus à des dates différentes. Voir **jumeaux.**

■ **Naissances multiples. Proportion** (pour 10 000 accouchements) : *1861-69 :* 101 ; *81-90 :* 99 ; *1911-13 :* 114 ; *25-29 :* 108 ; *35-39 :* 107 ; *46-50 :* 109 ; *56-60 :* 109 ; *66-70 :* 98 ; *94 :* 136. **Nombres d'accouchements :** *jumeaux : 1995 :* 8 500 ; *triplés : 1989 :* 334 (1 062 enfants) ; *95 :* 212 (636) ; *quadruplés : 1980-90 :* 10 à 20 par an ; *1995-98 :* 5 par an ; *quintuplés : 1990-98 :* 1 par an.

Nota. – Depuis quelques années, le recours aux traitements contre la stérilité a accru fortement le nombre de naissances multiples (+ 450 % de triplés entre 1979 et 1989).

Décuplés. Espagne 1924 ; **Chine** 1936 (12-5) ; **Brésil** 1946 (22-4), 2 garçons, 8 filles.

Nonuplés. Australie, *Mme Geraldine Brodrick* 1971, 5 g., 4 f. prématurés (7 mois) de 450 à 900 g (2 g. mort-nés ; les autres moururent dans les 6 j). **USA,** *1971* et *1977,* mort-nés. **Bangladesh,** *1977.*

Octuplés. Mexique, *Mme Ruibi* 1921 ; *Maria Teresa Lopez de Sepulveda* 1967, 4 g., 4 f., aucun ne survécut ; **Chine,** *Mme Tam Sing* 1934 ; 1947 ; **Argentine,** *Mme Gonzáles* 1955 ; **Italie,** *Mme Chianese* 1979, 5 f., 3 g., 5 sont morts les 1ers jours. *Mariella Mazzara* (31 ans) à sa 25e semaine de grossesse *le 12-9-2000* 1 f. ; *17-9* 1 g. ; *17/18-9* 6 bébés dont 2 † dans les heures qui ont suivi. **G.-B.,** *Mandy Allwood* (32 ans) 1996, 3 fœtus de g. morts à 19 semaines de grossesse, 5 après. **Turquie,** *1985,* 6 ont vécu moins de 1 j., 2 moins de 3 j. **Espagne,** *1996,* 2 fœtus †, 6 naissances. **USA,** *1998, 1ers octuplés* nés tous vivants à Houston (Texas), Nkem Chukwu (27 ans, Amér. d'origine nigériane) ; *8-12,* 1 f. de 640 g naît à 12 semaines de grossesse, *20-12,* 2 g., 5 f. (de 320 à 810 g) naissent après césarienne : 1 f (320 g) † 27-12 d'insuffisance respiratoire et cardiaque.

Septuplés. Naissances officiellement observées depuis 1900 : **Suède,** *Britt Louise Ericsson* 1964 ; 1966 ; **Belgique,** *Mme B. Verhaeghe-Denayer* 1966 ; **USA,** *Sandra Cwikielnik* 1966 ; 1972 ; 1985 (à la 28e sem., 1 mort-né, 3 † dans les 3 semaines suivantes) ; 19-11-1997 *Kenny McCaughey* [4 garçons, 3 filles à la 31e sem., 1,050 à 1,500 kg ; 2 (1 garçon, 1 fille) sont handicapés] ; **Éthiopie,** *Verema Jusuf* 1969.

Sextuplés. Nigéria 1907 ; **Afrique orientale** 1920 ; **Portugal** 1931 ; **Guyane britannique** 1933 ; **Inde** 1937 ; **USA** 1950 ; **Bangladesh** 1967 ; **G.-B.** 1968, 69, 83, 84, 86 ; **Afr. du Sud** 1974 ; **Italie** 1980 ; **Belgique** *Ria Van Howe-Gadyn,* 19-8-1983 ; **France** *Marie-Claude Adam,* 14-1-1989, 2 garçons, 4 filles (1,320 à 1,450 kg).

Quintuplés. 60 à 70 cas rapportés ; très peu de bébés ont dépassé l'enfance. **Afrique du Sud** (Tukuluse). **Argentine** (Diligenti 1943, 3 g., 2 f.). **Australie** (Braham 1967, 3 f., 2 g.). **Canada** (les sœurs *Dionne* 28 mai 1934 : elles pesaient ensemble 6 kg ; 3 sont encore vivantes, 1 est morte en 1954, 1 en 1970). **France** (*Christophe* 1957, tous sont morts ; *Sambor* 1964, 3 survécurent ; *Riondet* 1971, tous sont morts ; *Guidon* 1979, tous survécurent). **G.-B.** (*Hanson* 1969). **Nlle-Zélande** (*Lawson* 1965, 4 g., 1 f.). **USA** (*Fischer* 1965, 4 g., 1 f. ; *Kienast* 1970 ; *Baer* 1973, 3 f., 2 g. ; *Carbone* 1993, 3 f., 2 g.). **Venezuela** (*De Priesto* 1965, 5 g.).

Jumeaux. *Les plus lourds :* 12,600 kg (USA, 20-2-1924, ont survécu). *Les plus légers :* 420 g et 440 g (Canada, 14-1-1994).

☞ *Grossesse après traitement contre la stérilité :* à Rome, le 22-7-1977, un médecin a dénombré 15 fœtus **(quindécuplés)** de 4 mois (10 filles, 5 garçons).

■ **Records de poids à la naissance** (enfants normaux). *Maximal :* 10,700 kg (Canada 19-1-1879, † 11 h après sa naissance). France : 6,180 kg (13-1-1993, mesurait 59 cm). *Minimal :* 280 g (f. née 29-11-1989, Illinois, USA). Au XVIIIe s., en France, Stanislas Leszczyński (20 cm et 625 g à la naissance). Son squelette est au musée de l'Homme à Paris.

Les *Pygmées* ont des enfants de 2,750 kg.

Spermatozoïdes : *taille :* tête 0,005 mm, queue 0,045 mm. *Vitesse de déplacement :* 3 mm par minute. *Durée de vie :* de 2 à 9 jours dans l'appareil génital féminin. *Temps de développement :* 74 jours dans les testicules. *Production :* environ 300 millions par jour. *Quantité dans l'éjaculat* (moyenne en millions par millilitre) : *1973 :* 89 ; *94 :* 60 [– 2,1 % par an ; cause : polluants œstrogéniques (pesticides organochlorés, etc.)]. La densité des spermatozoïdes serait plus élevée l'hiver que l'été (fin septembre – 20 % par rapport à la moyenne, + 10 % en février et fin novembre).

Ovules : l'ovaire de la femme produit un seul ovule par mois. Une nouveau-née possède environ 200 000 à 400 000 ovules ; il en reste 10 000 à la puberté dont 400 arrivent à maturité.

Au moment de la conception. 1°) *Date :* si le rapport sexuel a lieu au moment de l'ovulation ou 1 ou 2 jours après, les Y (garçon), plus rapides, sont favorisés. S'il a lieu 2 à 5 jours avant, une fille est probable. **2°)** *Technique :* une pénétration peu profonde favorise les X (fille) car, moins fragiles, ils supportent mieux un long trajet. **3°)** *Nombre :* les éjaculations nombreuses les jours qui précèdent la fécondation favorisent la naissance de filles. **4°)** L'hyperacidité des sécrétions vaginales défavorise les Y. *Tri en éprouvette :* plusieurs techniques essayées dont la cytométrie en flux, qui mesure l'intensité de la fluorescence de cellules dont l'ADN a été coloré (le chromosome X est plus grand que Y), le tri, efficace à 70 %, est lent.

☞ **Détermination du sexe** [travaux du Dr Edward Fugger de l'Institut de génétique de Fairfax (Virginie, USA)] : les spermatozoïdes porteurs d'un chromosome Y (qui après fécondation de l'ovule constituent un embryon mâle) contiennent 2,8 % d'ADN de moins que les porteurs d'un chromosome X, ce que peut déterminer un examen par fluorescence. L'insémination artificielle ou la fécondation *in vitro* sera réalisée à partir d'une solution « concentrée » en spermatozoïdes du type requis.

ÉTAPES DU DÉVELOPPEMENT

☞ On parle d'*embryon* pendant les 2 premiers mois de grossesse, puis de *fœtus.*

1re semaine (1er-7e jour) *fécondation.* 1re division cellulaire (après 30 h). Déjà les *faux jumeaux* sont distincts. L'amas cellulaire progresse dans la trompe de Fallope, longue de 10 cm et, en route, devient un *blastocyste* (*blastula*) creux (sphère à paroi épithéliale). Pénètre dans l'utérus (entre 3e et 5e j). S'y implante (6e au 7e j). Au 6e j, un dosage plasmatique radio-immunologique permet de confirmer biologiquement la grossesse. **2e sem. (8-14e j)** accroissement du flux sanguin sur le lieu de la nidation, peut (rarement) produire un saignement qui peut être confondu avec les règles. L'embryon a une forme aplatie. Le *trophoblaste* (ou *chorion*) est la gangue formée par les cellules extérieures de l'œuf qui secrète l'hormone gonadotrophine chorionique. Il constitue la membrane extérieure du sac amniotique, la membrane intérieure étant l'*amnios.* Membrane vitelline et amnios sont formés les premiers. *Gastrulation :* transformation de la blastula en *gastrula* (sac à double paroi avec un seul orifice « le blastopore »). Les *vrais jumeaux* apparaissent. **3e sem. (15-21e j)** nausées et sensibilité des seins peuvent apparaître. Embryon de 2 à 3 mm en forme de poire. *Cavité amniotique* formée. Au 18e j, *yeux* et *oreilles* s'ébauchent. **4e sem. (22-28e j)** le médecin peut confirmer cliniquement la grossesse (il donne une date pour la naissance à 238 j de là). Embryon 5 mm (5 000 fois plus gros que l'ovule). *Cœur* (2 mm) se met à battre au 25e j. **5e sem. (29-35e j)** embryon 8 mm. *Cœur* joue son rôle de pompe. *Oreilles* externes commencent à prendre forme. Membres supérieurs se différencient en *mains*, *bras, épaules* (31e j). Dessin des *doigts* apparaît (33e j). *Pied* : protubérance plate et bourgeonnante. *Nez, mâchoire* supérieure et *estomac* commencent à se former. **6e sem. (36-42e j)** embryon 12 mm. Bout du *nez* visible (37e j). *Paupières* commencent à se former, 5 *doigts* distincts. *Estomac, intestins, organes génitaux, reins, vessie, foie, poumons, cerveau, nerfs, système circulatoire* se développent. **7e sem. (43-49e j)** embryon 17 mm. *Oreille* externe et son mécanisme auditif presque complets. *Mâchoire* supérieure et mâchoire inférieure apparaissent nettement. La *bouche* a des *lèvres,* un bout de *langue* et les 1ers *bourgeons dentaires. Pouce* différencié. **8e sem. (50-56e j)** *cou* visible. **9e sem. (57-63e j)** fœtus animé de mouvements spontanés. *Sexe* décelable extérieurement. Empreintes du *pied* et de la *paume* gravées pour la vie. *Ongles* commencent à pousser. *Faux jumeaux* commencent à se différencier. *Paupières* se ferment sur les *yeux,* ceux-ci sont divergents. **10e sem. (64-70e j)** le placenta, qui ne pèse pas 30 g, est 3 fois plus lourd que le fœtus. L'utérus pèse 200 g et contient 30 g de liquide amniotique (peut-être 2 ou 3 fois plus).

Fécondité. Diminue avec l'âge. Au-delà de 31 ans, la probabilité d'une grossesse après 12 cycles est de 0,54 (0,74 à 20-31 ans) ; après 24 cycles : 0,75 (0,85 à 20-31 ans). Une femme de 35 ans a 2 fois moins de chances qu'une femme de 25 ans d'avoir un enfant en bonne santé.

Grossesse après la ménopause. Possible chez des femmes ayant eu une ménopause précoce et ayant bénéficié d'un traitement hormonal ; les hormones substitutives ont réveillé leur système endocrinien et, grâce à un don d'ovocyte, elles peuvent mener à terme une grossesse. EN FRANCE : la loi de juillet 1994 stipulant qu'il faut être en âge de procréer « pour avoir accès aux techniques de PMA » (procréation médicalement assistée) interdit de fait la grossesse chez une femme de 65 ans et contraint les donneurs à l'anonymat et au bénévolat. Aux États-Unis, certaines donneuses régulières agissent contre rémunération.

Rapport Kinsey. *Comportement sexuel de l'homme* (1948), *de la femme* (1953). Publié par l'Institute for Sex Research, animé par Alfred Charles Kinsey (23-6-1894/25-8-1956).

[Les seins de la femme ont grossi.] **11e à 14e sem. (71-98e j)** *cordes vocales* formées. La miction a commencé et l'urine est éliminée avec le renouvellement régulier du liquide amniotique. **12e sem.** fœtus 7 cm (5,5 sans les jambes) ; poids 20 g ; la période de croissance commence. *Sexe* physiquement déterminé, les organes se distinguent. **15e à 18e sem. (99-126e j)** fœtus 22,5 cm (15 sans les jambes) ; poids 310 g. La tête représente le tiers de la longueur totale du corps. *Cheveux, cils et sourcils* commencent à pousser. *Mamelons* apparaissent. *Ongles* deviennent durs. On entend le battement du cœur. La mère sent les mouvements du fœtus (1ers mouvements 6 sem. auparavant). [La mère a pris 4 kg à la 18e sem., soit 13 fois le poids du fœtus. Elle prend 500 g par semaine et grossira à ce rythme pendant les 2 mois suivants, après quoi le gain de poids diminuera légèrement. Ses seins ont grossi d'environ 220 g et on peut en exprimer le colostrum.] **19e à 23e sem. (127-154e j)** *les paupières* s'ouvrent. **24e à 26e sem. (155-182e j)** fœtus 30 cm (sans les jambes 22,5) ; poids 1 210 g. Vie prématurée possible à partir de 6 mois. Opérations possibles [1res réalisées : en 1985 à San Francisco par le Dr Michel Harrison sur un fœtus atteint d'une anomalie des voies urinaires ; opération du cœur (22-6-1990, Madrid)]. Comportement auto-érotique observable dès la 24e semaine. **27e à 30e sem. (183-210e j)** le fœtus s'installe généralement la tête en bas (à la 28e sem., la mère a gagné en moyenne 9 kg, soit presque 6 fois le poids de l'enfant ; ses seins ont pris environ 400 g) ; le *lanugo* (pilosité) disparaît. **31e à 34e sem. (211-238e j)** fœtus 43,5 cm (30 cm sans les jambes) ; poids 2,300 kg. **35e à 38e sem. (239-266e j)** la mère a gagné en moyenne 13 à 14 kg, parfois aucun, parfois 30 kg ; la surface de son corps s'est accrue de 1 350 cm². En moyenne, elle donne naissance à un bébé de 3,200 kg, expulse un placenta de 650 g et 800 g de liquide amniotique. Son utérus a pris environ 1 kg. Ses seins ont grossi de 400 g. Elle a 1 240 g de sang et 1 200 g d'eau supplémentaires. Des marques violettes ou pâles, les *vergetures*, sont apparues sur la peau de son ventre, ses seins ou ses hanches en fin de grossesse.

☞ **Né coiffé :** tête couverte d'une partie des membranes l'enveloppant dans le sein de la mère. Dans l'Antiquité, c'était un signe de bonheur : la nature prenant soin de la tête de l'enfant indiquait qu'elle avait des vues sur lui. En Irlande, on croyait qu'un vaisseau possédant une de ces membranes ne pouvait faire nauvrage (les journaux annoncent des coiffes à vendre).

RÈGLES

■ **Age des premières règles.** Lié à la taille et au poids, baisse de 3-4 mois/décennie : *1840 :* 16,5 ans ; *2000 :* 13,1 ans. **Périodicité normale :** de 19 à 37 j, intervalle moyen : 28 j (mois lunaire). **Après l'accouchement :** le retour des règles (dit *retour de couches*) peut se produire dès la fin de la 4e semaine après l'accouchement, surtout si la femme n'allaite pas. Dans 45 % des cas, il se produit après la 6e semaine, dans 35 % après la 12e, dans 50 % à environ 12 semaines. La 1re ovulation,

ÉVOLUTION DE LA FAMILLE EN FRANCE

■ **Évolution.** *Au XVIIIe s.,* la majorité des Français perdaient leurs père et mère entre 25 et 35 ans (aujourd'hui entre 30 et 60). Sur 100 enfants, 5 avaient à leur naissance leurs 4 grands-parents vivants (aujourd'hui 41) ; 91 % des personnes de 30 ans avaient leurs 4 grands-parents décédés, et 28 % leurs 2 parents décédés (aujourd'hui 53 % et 4 %). *En 1999,* la coexistence de 3 générations était la norme. Il y avait 3 382 familles de 5 générations.

■ **« Ménages ». 1999 :** 27 226 208. **Répartition** (en %) : *famille principale comprenant un couple* 61,3 (homme et femme actifs 31,2 ; h. actif et f. inactive 11,1 ; h. inactif et f. active 3 ; h. et f. inactifs 15,7) ; *monoparentale* 6,8 (h. et enfant 1 ; f. et enfant 5,8 ; *ménages d'une personne* 30 (h. 11,8 ; f. 18,2 ; *autres ménages sans famille principale* (célibataires – de 25 ans) 2,1.

■ **Regroupement familial** (loi du 24-8-1993). Fondé sur le principe constitutionnel du droit à une vie familiale normale, il permet au conjoint et aux enfants mineurs d'un étranger séjournant régulièrement en France de le rejoindre. 32 000 personnes environ en bénéficient chaque année. *Délai minimal de résidence en France pour l'immigré demandeur :* 2 ans. Demande à faire pour l'ensemble de la famille. Exclut les familles polygames. Revenus et conditions d'hébergement sont soumis à un contrôle sévère depuis la loi Pasqua : 25 % des dossiers acceptés en 1994 à Paris (85 % avant).

■ **Nombre de familles selon le nombre d'enfants de moins de 25 ans** (en milliers, 1998). 15 898 dont *0 enfant de moins de 25 ans :* 7 119 ; *1 :* 3 634 ; *2 :* 3 394 ; *3 :* 1 276 ; *4 ou plus :* 475.

Familles monoparentales (en milliers, 1999) : 1 704 dont femmes + enfant(s) 1 445 (dont femmes actives 1 034, inactives 411), hommes + enfant(s) 259.

Couples (en millions, 1999) 14,64 dont **mariés** 12,13 (dont *sans enfant :* 7,21 ; *1 enfant :* 2,13 ; *2 ou + :* 3,05) ; **non mariés** 2,51 (*sans enfant :* 1,35 ; *1 enfant :* 0,59 ; *2 ou + :* 0,49).

■ **Jeunes.** 2 millions de moins de 25 ans sont issus de foyers monoparentaux. 97,3 % des moins de 15 ans et 76 % des 15-24 ans habitent chez leurs parents. A 21 ans, 72 % des filles sont parties (54 % des garçons). A 28 ans, 5 % des femmes et 12 % des hommes vivent encore chez leurs parents. *Raisons du départ* (en %, femmes et, entre parenthèses, hommes) : pour vivre en couple 49 (39), études 19 (18), travail 16 (19), conflits avec parents 10 (8), désir d'indépendance 9 (9). Les enfants de cadres partent plus tôt, ceux d'agriculteurs et ouvriers plus tard. Dans un peu plus de 1 cas sur 2, les enfants continuent à être aidés par leurs parents l'année suivant leur départ, les filles plus que les garçons. 88 % souhaitent fonder une famille, mais 58 % seulement par mariage. *Doléances :* 50 % estiment ne pas trouver leur place dans la société, 70 % n'ont pas confiance en l'avenir, 83 % pensent que les employeurs ne leur font pas confiance, 55 % qu'ils n'ont pas les moyens de faire les études de leur choix, 85 % souhaitent que l'on développe les formes civiles du service national (réponses au « questionnaire jeunes » du gouvernement Balladur).

ENFANTS

■ **Dans le monde. Naissances** (en 2000) : 133 millions. 300 millions de couples ne désirent plus d'enfants mais n'utilisent aucun moyen de planification familiale, faute d'accès à des méthodes appropriées. **Proportion de naissances hors mariage** (en 1999 et, entre parenthèses, 1965, pour 100 naissances vivantes) : Allemagne 21,6 (2,4), Belgique 11,6 (2,4), Danemark [1] 44,9 (9,4), Espagne [1] 11,2 (1,7), *France [1] 40,7 (5,9),* G.-B. 36,7 (7,3), Grèce 3,5 (1,1), Irlande 30,9 (2,2), Italie 8,7 (2), Luxembourg 18,8 (3,7), P.-Bas 22,8 (1,8), Portugal 20,1 (7,8), Suède 55,3 (*1975 :* 32,4). **Conception hors mariage** (en %) : *1970 :* 6,4 ; *80 :* 11,4 ; *85 :* 19,6 ; *90 :* 30,1 ; *93 :* 35,1 ; *97 :* 40,5.

Nota. – (1) en 1996.

Décès : voir **Médecine** p. 173 a.

Exploitation : 2 000 000 d'enfants sont sexuellement exploités dans le monde (8 000 de moins de 18 ans se prostituent à Paris).

■ **En France. Naissances** (en 2000) : 778 900. **Indice de fécondité** (nombre moyen d'enfants nés vivants par femme) : *1866-70 :* 3,5 ; *1901-05 :* 2,79 ; *16-20 :* 1,65 ; *21-25 :* 2,42 ; *31-35 :* 2,16 ; *41-45 :* 2,11 ; *46-50 :* 2,98 ; *56-60 :* 2,7 ; *61-65 :* 2,84 ; *71-75 :* 2,24 ; *76-80 :* 1,94 ; *81-85 :* 1,88 ; *90 :* 1,78 ; *95 :* 1,7 (Danemark 1,8 ; Finlande 1,81 ; Luxembourg 1,69) ; *98 :* 1,75 ; *99 :* 1,77 ; *2000 :* 1,89 ; le renouvellement des générations n'est assuré qu'à partir de 2,1.

☞ 2 à 5 % des couples en âge de procréer sont stériles. Un couple de fertilité moyenne a 25 % de chances de procréer sur un cycle. 13 à 26 % des grossesses dans le monde se terminent par une fausse couche.

Nombre de naissances d'enfants naturels : *1975 :* 63 429 (8,5 % du total) ; *80 :* 91 115 (11,4 %) ; *86 :* 170 682 (21,9) ; *88 :* 200 000 (26,3) ; *90 :* 229 107 (30) ; *95 :* 274 210 ; *96 :* 285 514 dont *mère de moins de 20 ans* 11 200, *20-24 ans* 65 689, *25-29 ans* 99 433, *30-34 ans* 71 241, *35-39 ans* 30 948, *40-44 ans* 6 683, *45 ans ou plus* 271 ; *97 :* 290 848 (40).

Descendance finale des générations : *1670-89 :* 6,5 ; *1690-1719 :* 6,2 ; *1720-39 :* 6 ; *1740-69 :* 5,8 ; *1770-89 :* 5,5 ; *1790-1819 :* 4,6 ; *1815-55 :* 3,4 ; *1870 :* 2,7 ; *1900 :* 2 ; *1930 :* 2,6 ; *1940 :* 2,4 ; *1946 :* 2,1 ; *1955 :* 2,13 ; *1962 :* 2,04 ; *1990 :* 2,68 dont agriculteurs 2,93, ouvriers 3,07, employés 2,53, artisans commerçants 2,35, professions intermédiaires 2,27, cadres 2,29.

Adolescentes de moins de 16 ans enceintes : *1997 :* 4 302.

Enfants de moins de 20 ans (nombre total au 1-1-2000) : 15 005 128 (25,4 % de la population).

Enfants sans parents : un peu plus de 2 millions d'enfants vivent privés d'un de leurs parents, dont 15 % orphelins de père, 5 % de père inconnu, 16 % qui ne le voient jamais et 16 % moins de 1 fois par mois.

Enfants de mères séropositives : 15 000 à 36 000 femmes seraient porteuses du virus du sida ; 15 à 20 % des bébés nés de mère séropositive sont eux-mêmes contaminés. En 1991, en Ile-de-France, sur 1 000 femmes enceintes, 2,8 étaient séropositives au moment de l'accouchement. Parmi les candidates à l'IVG, 7 ‰ étaient séropositives en Ile-de-France ; 1 sur 2 a interrompu sa grossesse.

Taux de mortalité infantile (en 1997) : néonatale précoce [1] 2,1, néonatale [1] 3, post-néonatale [1] 1,7, infantile [1] 4,7, périnatale [2] 7, fœto-infantile [2] 9,6, morti-natalité [2] 4,9.

Nota. – (1) Pour 1 000 nés vivants. (2) Pour 1 000 enfants nés vivants ou mort-nés.

que la femme allaite ou non, peut se produire à partir du 25e j.

■ **Ménopause** (arrêt des menstruations). Elle correspond à la diminution progressive des sécrétions hormonales de l'ovaire, d'abord progestérone, puis œstrogène. Survient entre 45 et 55 ans (autrefois vers 45 ans). Souvent précédée d'une phase de diminution de la sécrétion ovarienne de progestérone, amenant une irrégularité des cycles avec alternance d'*aménorrhées* (interruptions des règles) et d'hémorragies. Des bouffées de chaleur apparaissent, souvent accompagnées de transpirations nocturnes, d'insomnies et de troubles psychologiques. Si des hémorragies non menstruelles apparaissent, un bilan gynécologique est impératif. Progressivement, la sécrétion ovarienne se tarit, les règles disparaissent. La ménopause, liée étroitement à l'allongement de la durée de la vie féminine, est considérée comme devant être médicalement traitée en l'absence de contre-indication. Provoque une prise de poids chez la plupart des femmes.

Diagnostic de la grossesse

En laboratoire ou à domicile.

■ **Principe.** Repose sur la détection dans l'urine ou le plasma de la femme enceinte d'une hormone spécifique produite par le tissu placentaire : l'*hormone gonadotrophine chorionique (HCG)*, glycoprotéine constituée de 2 sous-unités, alpha et bêta. Elle apparaît très rapidement dans le sang et les urines après la fécondation, sa concentration croît les 3 premiers mois de la grossesse, puis décroît et disparaît complètement après l'accouchement. Le dosage radio-immunologique de la fraction β de l'HCG pratiqué en laboratoire peut être positif dès le 6e j de la fécondation.

■ **Tests biologiques.** Les 1ers tests de mise en évidence de l'hormone HCG faisaient appel à un animal auquel de l'urine de femme présumée enceinte était injectée. La présence d'HCG, provoquant des modifications biologiques, permettait de conclure à l'existence de la grossesse (test de Galli-Mainini sur le crapaud, d'Ascheimzondeck sur la souris, de Friedman sur la lapine, etc.). Abandonnés.

■ **Tests immunologiques.** Plus précoces, plus précis et moins onéreux. Reposent sur la visualisation de la réaction se produisant entre un *anticorps monoclonal* (anticorps anti-HCG obtenu par immunisation chez l'animal) et un *antigène*. En présence d'HCG venant de l'urine de la femme enceinte, l'anticorps anti-HCG réagit avec l'antigène. Plusieurs méthodes : test d'agglutination, test d'inhibition de l'hémaglutination, test immunoenzymatique colorimétrique, test d'immunoconcentration, test d'immunoconcentration ascensionnelle.

■ **Tests personnels** (vendus en pharmacie depuis 1973 et en grandes surfaces depuis 1987). Non remboursés par la Sécurité sociale. **Marques :** *G. Test (carte ou « screen ») :* 1er mis à la disposition des femmes en 1973. Utilisable dès le jour présumé des règles, le résultat apparaît en 2 à 5 minutes par l'apparition d'une ligne rose (résultat négatif) ou de 2 lignes roses (résultat positif). *Elle Test, Predictor, Blue Test, Revelatest,* etc.

Causes d'erreurs : perturbation de l'élimination urinaire de l'hormone HCG. La spécificité améliorée de détection de la sous-unité bêta de l'HCG, à partir de l'utilisation d'anticorps monoclonaux, évite les possibilités d'interférences avec d'autres hormones présentes dans l'urine (LH, FSH et TSH). *Résultats faussement positifs :* rares, cas de môles (dégénérescence de l'œuf). Certains médicaments : neuroleptiques (type Valium ou Dogmatil), tranquillisants, vitamine C en quantité excessive (modification de l'acidité des urines) ; *faussement négatifs :* cas d'élimination anormalement basse d'HCG, tests effectués trop précocement (erreurs dans la date prévue pour les règles) ; certains cas de grossesse extra-utérine. Effet « prozone » : en cas de tests faits longtemps après la date présumée des règles, l'excès d'hormone dans les urines bloque la réaction attendue. La sécrétion de l'hormone HCG varie selon chaque femme et n'augmente pas avec la même constance ; il est préférable d'attendre 2 ou 3 j de plus que ce qu'indique le test. Un résultat négatif doit être confirmé par une méthode plus sensible si l'exactitude du diagnostic est d'importance. Un résultat positif qui serait en désaccord avec les autres informations mérite également une confirmation par une autre méthode.

Stérilité

Généralités

■ **Définition.** Impossibilité définitive de procréer. On parle de stérilité lorsque, après 2 ans de rapports sexuels réguliers, complets et non protégés, un couple en âge de procréer ne peut obtenir de grossesse. Avant tout traitement, un bilan médical est nécessaire (en préambule, courbe de température et spermogramme).

■ **Statistiques.** Il y a dans le monde plus de 60 millions de couples stériles. Sur 100 couples en âge de procréer et le désirant, 80 y arrivent sans délai (moins de six mois), 15 mettent de 6 mois à 2 ans, 4 ou 5 sont stériles. *Quand la cause est connue :* la femme seule est à l'origine de la stérilité dans 34 % des cas, l'homme dans 20 %, les deux dans 38 %, aucun dans 8 %.

■ **Impuissance en France** (en 2000). 2,2 à 3,6 millions d'hommes seraient impuissants, 61 % des Français n'auraient pas de problème d'érection et 11 % en ont 1 fois sur 2 (55 % après 75 ans, 15 à 25 % après 65 ans, 4 % entre 30 et 39 ans). *Causes :* organiques (70 à 80 %), psychologiques, multifactorielles. 10 % des hommes souffrant d'impuissance consultent. **Traitements :** mini-injections de vaso-actifs (efficaces dans 90 % des cas), pompes, implants de prothèses rigides, comprimés favorisant la dilatation des artères péniennes : *15-10-1998* le sildénafil est commercialisé en France sous le nom de Viagra (remboursement sélectif). **Contre-indications :** maladies cardio-vasculaires.

☞ *Entre avril 1998 et mai 1999 :* le Viagra aurait été à l'origine de 1 743 accidents cardio-vasculaires (522 décès aux USA).

Procréation médicalement assistée (PMA)

■ **Insémination artificielle.** Introduction de sperme dans les voies génitales féminines autrement que par rapport sexuel. Remédie souvent à certains cas de stérilité. On distingue l'**insémination avec sperme du conjoint (IAC)**, et l'**insémination avec sperme de donneur anonyme (IAD)**, qui s'effectuent après congélation du sperme à – 196 °C (obligatoire). Succès : 10 % par cycle, 75 % après 12 cycles. *Coût :* préparation du sperme au laboratoire 352 F, conservation : 616 F la 1re année, 264 F par la suite.

☞ En France, le recours à l'insémination artificielle est réservé aux couples mariés en âge de procréer ou aux concubins de sexe différent « en mesure d'apporter la preuve d'une vie commune d'au moins 2 ans ». Mais selon l'Association des parents et futurs parents gays et lesbiens (APGL), une centaine de femmes recourent, chaque année, à la PMA.

■ **Fécondation *in vitro* (FIV) et transfert embryonnaire (Fivete) [bébés-éprouvette].** Mis au point par 2 Anglais, R. Edwards et P. Steptoe (voir encadré, p. 1631 a). Conception d'un embryon en dehors du corps de la mère. Un ovule est prélevé, fécondé en laboratoire avec le sperme du conjoint ou d'un donneur anonyme. On laisse ensuite l'œuf fécondé se développer 2 ou 3 j *in vitro*. Puis on le transfère dans l'utérus maternel au stade de 4 ou 8 cellules embryonnaires. Méthode destinée initialement aux femmes n'ayant plus de trompes de Fallope ou dont les trompes sont obturées et ne peuvent être débouchées par la chirurgie (26 % des stérilités féminines). **En France :** 103 centres agréés par la loi du 29-7-1994 et le décret du 6-5-1995. *Taux* (en %, 1999) *de grossesse :* par ponction 21,7, par transfert 26,2 ; *de succès* (naissance d'au moins un enfant normal) : 17 % (conception naturelle : 25 %) ; *de mortalité :* 1,4 % (morts *in utero* et morts néo-natales) ; *de malformation :* 3,4 (dont anomalies des chromosomes sexuels hérités en général du père, qui peuvent entraîner une stérilité chez un garçon) ; *de naissances gémellaires :* 26,1 % (contre 1 % en moyenne), *triples :* 1,7 % (contre 1 pour 10 000). Taux élevés dus au nombre d'embryons implantés (de 1 à 3 ou + pour augmenter les chances de grossesse), bien que la tendance actuelle soit à la diminution pour éviter les grossesses multiples ; *de fausses couches :* 18,4 % ; *de grossesses extra-utérines :* 3,4 %. *Âge moyen des femmes* recourant à la FIV : 34,3 ans ; *des hommes :* 36,3. Lors d'une tentative de FIV, pour éviter les grossesses multiples, on ne transfère généralement que 2 ou 3 embryons.

Injection intracytoplasmique d'un spermatozoïde (Icsi : intracytoplasmic sperm injection) et micro-injection de spermatozoïdes (Suzi : SubZonal Insemination). Développées au départ pour traiter l'infécondité masculine qui relevait jusque-là de l'IAD. Technique mise au point en 1992 par G. Palermo dans le laboratoire du Pr A. Van Steirteghem (université libre de Bruxelles) : à la suite d'un hasard [ils pratiquaient la Suzi (injection subzonale de spermatozoïdes dans la zone pellucide)], un spermatozoïde fut injecté à l'intérieur du cytoplasme. *22-5-1994 :* 1re naissance en France d'un bébé ainsi conçu (Audrey, 3,370 kg). En 1999 : 46,5 % des FIV se font par Icsi. Remboursement par la Sécurité sociale à 100 % sur la base des honoraires agréés (depuis 6-10-1978), limité à 4 ponctions pour la naissance d'1 enfant et si la femme a moins de 43 ans (arrêté du 25-1-2000).

Selon une étude menée à l'hôpital Antoine-Beclère à Clamart, les bébés nés par FIV présenteraient, jusqu'à 18 mois, des troubles du sommeil. Chez les mères ayant eu recours à la PMA, on observe quelques syndromes dépressifs (culpabilisation).

■ **Statistiques** (en 1999). *Acte de PMA :* 33 213 ponctions d'ovocytes pour 17 536 FIV, 15 464 Icsi. *Donneurs de sperme* (en 1999) : 332. *Couples souhaitant bénéficier de PMA : 1995 :* 5 136 ; *96 :* 4 132.

■ **Diagnostic préimplantatoire (DPI).** Refusé par certains qui y voient une pratique eugéniste permettant une sélection des meilleurs embryons. Mis au point à Londres (1989, Pr Handyside). Permet de vérifier si l'embryon est porteur d'une maladie génétique. Autorisé en France (loi de bioéthique de 1994, avis du comité national consultatif d'éthique de 1998, arrêté du 12-1-1999) ; juillet 2000 agrément de 3 centres (Clamart, Strasbourg et Montpellier). *Autorisé pour recherche :* déficit en OTC, myopathie de Duchesne, mucoviscidose, amyotrophie spinale et bientôt myopathie de Steinert et fragilité du chromosome X ; recherche de certaines anomalies chromosomiques fréquentes (translocations robertsoniennes), certaines translocations réciproques (morceaux d'ADN mutuellement échangés par différents chromosomes). Couples concernés : 200 à 400 par an en France. **2000**-*13-11* hôpital Antoine-Béclère de Clamart (Hts-de-Seine), Valentin naît après un DPI : reconnu indemne de déficit en ornithine carbamyl transférase (OTC), enzyme essentielle du métabolisme.

■ **Fécondation in vitro et ovodonation** (utilisation d'ovules de femmes plus jeunes). Déc. 1993. *Femmes ménopausées :* une Anglaise de 59 ans et une Italienne de 63 ans accouchent de jumeaux. *Bébé blanc pour femme noire :* après fécondation par le sperme du mari (blanc) d'un ovocyte d'une femme blanche (Rome).

■ **Injection de spermatide.** Gamète mâle immature non encore transformé en spermatozoïde, prélevé directement dans les testicules. Technique peu développée car peu efficace et peut être dangereuse.

■ **Embryons congelés.** Surnuméraires pour la plupart (68 000 par an), non transférés lors du cycle de ponction, ils sont conservés en cas d'échec du cycle dans l'azote liquide, soit par la plupart des centres de FIV qui pratiquent la congélation soit par les Cecos (5 ans minimum selon la loi du 20-4-1994). Les embryons abandonnés (volontairement ou par séparation ou décès) devraient pouvoir être donnés à un autre couple (avec recueil du

Pendant la grossesse

■ **Alimentation. Protéines :** pour fournir à l'enfant les 10 g quotidiens nécessaires à sa croissance, il faut absorber 20 g de protéines supplémentaires pour une femme de 60 kg (total 60 g par j) : viandes, poissons, légumes secs. **Calcium :** besoins triplés. 1 200 g/j. Fromages, fruits secs, eaux minérales riches en calcium, chocolat noir. **Fer :** foie (peu cuit), œufs, chocolat, quelques légumes verts. **Sel :** 8 g/j. Éviter : mets toxiques (viandes faisandées), alcools et excitants (thé, café), eau contaminée de pesticides ; de « manger pour deux », de prendre plus de 1 kg par mois.

■ **Médicaments.** Tout ce que la mère absorbe ou presque (gaz, alcool, barbituriques, antibiotiques et tranquillisants) peut passer de son organisme à celui de son enfant. Sont notamment dangereux pour le fœtus : *les médicaments tératogènes* (quinine à dose massive), certains *anticoagulants oraux, les antibiotiques* tels que streptomycine, tétracycline, en emploi prolongé, certains *produits hormonaux* et *anticonvulsivants.* L'innocuité de certains *vaccins* à virus vivants n'est pas prouvée : antiamarile, antigrippal, antirubéoleux, antivariolique. Toute influence nuisible risque d'affecter les organes lorsqu'ils traversent la phase critique de leur formation. *Cerveau* 2e à 11e semaine ; *yeux* 3e à 8e ; *cœur* 2e à 8e ; *lèvres* 4e à 6e ; *doigts et orteils* 4e à 9e ; *dents* 6e à 11e ; *oreilles* 6e à 12e ; *palais* 10e à 11e ; *abdomen* 10e à 12e.

Thalidomide : sédatif antinausées prescrit à de nombreuses femmes enceintes de 1954 à 1961 (interdit depuis). Il provoqua des difformités (absence de doigts ou de membres, de vésicule biliaire, malformation des yeux, etc.) dans environ 50 % des cas chez les enfants nés de femmes en ayant pris entre la 4e et la 6e semaine de grossesse. *Enfants touchés :* Allemagne 3 000 ; G.-B. 800. En Belgique, une mère, Suzanne Vandeput, en vint à supprimer son enfant (elle fut acquittée en 1962).

Distilbène (DES) : œstrogène de synthèse (commercialisé sous le nom de Stilbestrol), prescrit à partir de 1946 pour protéger des fausses couches (formellement contre-indiqué en 1977). Il a été démontré qu'il entraînait des conséquences fâcheuses : les enfants dont la mère en avait pris avant leur naissance montraient, dans certains cas, chez les *filles* des troubles de la fonction ovulatoire (cycles irréguliers, anomalies de l'ovulation, malformations utérines et fausses couches dans plus de 50 % des cas), chez les *garçons* des troubles génitaux (atrophie du pénis, atrophie ou non-descente des testicules) [environ 20 %]. Environ 160 000 enfants en France risquent d'en subir les conséquences.

■ **Précautions. Avion :** éviter après le 8e mois. **Baignades :** éviter l'eau trop froide et les durées excessives. **Caféine :** *contenance* (en mg) : tasse de café 107, Coca-Cola 47, thé 34. Une femme enceinte buvant plus de 3 tasses de café par jour court 2 ou 3 fois plus de risques de mettre au monde un bébé de faible poids. **Ceinture de sécurité :** doit encadrer le ventre et non le serrer. **Courses :** éviter les poids trop lourds. **Drogue :** son usage est très dangereux pour le fœtus. **Ménage :** avec mesure. **Montagne :** déconseillée au-dessus de 1 500 m. **Pollution atmosphérique. Rapports sexuels :** en cas de menace d'accouchement prématuré, avis médical nécessaire. **Soleil :** éviter trop longues expositions. **Sorties :** éviter sorties prolongées. **Sports :** *conseillés :* marche et nage sur le dos ; *déconseillés :* efforts longs et violents. **Tabac :** à éviter (le nouveau-né aura un poids plus faible ; risque de cancer). **Toxoplasmose :** les femmes ne l'ayant jamais eue doivent éviter viande mal cuite, fruits et légumes non lavés, contact avec les chats. **Train :** déconseillé ; pour longs voyages, prendre une couchette. **Vaccination préalable des femmes contre la rubéole :** permettrait d'éviter les malformations qu'elle provoque (10 % des enfants sourds). **Visites prénatales :** en France, 4 sont obligatoires ; 7 à 10 seraient préférables. 2 à 3 échographies sont nécessaires et suffisantes pour surveiller une grossesse normale. **Voiture :** éviter les trajets trop longs, surtout dans la 2de moitié de la grossesse.

consentement à l'accueil par un juge). *De 1985 à 1993 :* sur 102 812 embryons congelés, plus de 50 % ont survécu à ladite congélation, 1 235 enfants sont nés.

Banques de sperme : *liste* **Cecos** (Centres d'étude et de conservation du sperme humain, 1er créé en 1973) : 3 à Paris (Cochin, Necker, Tenon), 2 à Marseille (dont 1 privé), Amiens, Besançon, Bordeaux, Caen, Clermont-Ferrand, La Tronche, Lille, Lyon, Montpellier, Nancy, Nice, Reims, Rennes, Rouen, Strasbourg, Toulouse, Tours. *Renseignements :* Minitel 3615 Cecos. **Rôle :** conservant le sperme dans l'azote liquide à – 196 °C, ils permettent de préserver le sperme d'un homme avant qu'il voie sa fertilité compromise [autoconservation (du fait d'une maladie, d'un traitement ou d'une vasectomie)] ou de le stocker pour le fournir à des femmes dont le conjoint est stérile (IAD) ; les donneurs sont bénévoles, de moins de 45 ans, pères d'au moins un enfant normal. **Autoconservations faites dans le Cecos en 1999.** Nombre d'hommes (et nombre de paillettes). *Avant* traitement stérilisant 1 968 (90 383), vasectomie 280 (10 301), AMP prévue à court terme 1 455 (22 273).

☞ **Congélation des ovocytes :** expérimentale. Permettrait, avant une chimiothérapie ou une radiothérapie qui risque d'altérer les gamètes, de conserver des cellules reproductrices prélevées avant ces traitements. *Risque :* la manipulation casse les chromosomes dans ces cellules en train de se diviser au moment où on les prélève. Elena est née (1997 en Vénétie) d'une fécondation d'un ovocyte congelé de sa mère par un spermatozoïde prélevé sur son père (formation d'embryon 24 h après).

■ **Mère porteuse.** **USA :** apparue en 1979, la mère « suppléante » fécondée par le sperme du mari s'engageait par contrat à mener la grossesse à terme et à remettre l'enfant au couple, à sa naissance, contre 10 000 à 18 000 $. Un tribunal a obligé une mère porteuse, Mary Beth Whitehead (29 ans), à abandonner ses droits sur le bébé (Melissa) qu'elle avait porté pour un couple de 41 ans, William et Elizabeth Stern. **G.-B. :** Kim Cotton (28 ans), le 4-11-1984, a donné naissance à une fille pour un couple stérile. **France :** une femme de Montpellier a accepté de mettre au monde un enfant pour sa sœur jumelle stérile (26-4-1983). Fin 1984, une quinzaine de femmes acceptaient de devenir mères porteuses (1er cas : Patricia Lavisse, 31 ans, de Marseille, qui, contre 50 000 F et un pendentif orné d'un diamant, a « porté » une fille). Au 1-10-1987, 66 enfants étaient nés en France de mères porteuses.

En mars 1988, les associations de mères porteuses ont été dissoutes pour non-respect de la disponibilité du corps humain, violation du droit de filiation, non-respect de l'autorité parentale et précarité de la situation légale de l'enfant. Le 31-5-1991, la Cour de cassation a déclaré illicite la pratique des mères porteuses alors qu'un arrêt du 13-6-1990 de la cour d'appel de Paris avait été prononcé en faveur de l'adoption des enfants conçus par des mères porteuses. *Loi du 29-7-1994 :* voir **Jurisprudence** ci-dessous.

1779 *1re insémination artificielle pratiquée sur une chienne* par l'abbé Lazare Spallanzani ; **1785** 1re sur une femme (Dr Thouret sur son épouse, Paris). **1884** 1re avec donneur autre que le mari, à Philadelphie (USA). **1978** *1er bébé-éprouvette :* Louisa Brown (G.-B.), 25-7-1978, à l'hôpital d'Oldhan (près de Manchester, G.-B.) à 23 h 47, 2,688 kg, conçue 10-11-1977 par le biologiste Roger G. Edwards et le Dr Steptoe (1er en France : Amandine, 3,400 kg, 24-2-1982, mise au monde par le Dr René Frydman) ; *1ers « jumeaux-éprouvette » :* Australie, 5-6-1981 (France, 1-10-1983). *1ers triplés :* Australie, 8-6-1983 (France, 4-1-1984). *1ers quadruplés :* Londres, 2-5-1985 (France, 22-1-1987). *1ers quintuplés :* Londres, 26-4-1984. *1ers sextuplés :* Londres, 12-11-1996 (mère Susan Caleman, 32 ans), 3 filles, 3 garçons décédés. **1984**-*1-8* Corinne Parpalaix obtient du tribunal de Créteil le droit de se faire inséminer par du sperme congelé de son mari décédé mais elle n'a pas pu être fécondée [26-3-1991, le tribunal de Toulouse rejette une demande similaire de Mme Gaillon dont le mari (18-9-1989) avait été contaminé par le sida. Le tribunal s'est appuyé sur la convention écrite passée entre M. Gaillon et le Cecos, stipulant que « le sperme conservé ne peut être réutilisé que si le dépositaire est présent et consentant »]. *-3-2* une femme stérile donne naissance à un garçon avec l'ovule d'une autre femme. Des médecins avaient inséminé cet ovule avec le sperme du mari de la femme stérile. Après 5 j dans l'utérus de l'autre femme, l'œuf fécondé avait été prélevé (sans intervention chirurgicale) et implanté dans l'utérus de la femme stérile. *-Mars* une fille (Zoé) naît après congélation de l'embryon (pendant 4 mois). *-22-5* et **1985**-*20-9*, naissance à 16 mois d'intervalle de sœurs jumelles à Melbourne (Australie), grâce à la fécondation *in vitro*. L'un des embryons avait été immédiatement implanté dans l'utérus maternel, l'autre, conservé congelé, fut implanté après la naissance du 1er. **1986**-*18-6* (hôpital Antoine-Béclère, Clamart) naissance de Vincent et Camille, 1ers jumeaux français issus de 2 embryons congelés. **1988**-*déc.* une fille naît à Grenoble d'une mère n'ayant plus d'ovaires. On avait constitué *in vitro* un embryon en mai 1987. En décembre 1987, on avait procédé à une dernière ovariectomie (ablation de l'ovaire). **1989**-*nov.* après fécondation artificielle, des triplés naissent en 2 temps : Damien 11 j avant ses frères. **1991**-*31-7* Julia Skonick, blanche ayant donné naissance à une fille noire après erreur d'insémination artificielle, obtient, le 31-7-1991 à New York, à l'amiable, 400 000 $ d'indemnités ; elle aurait dû être inséminée avec du sperme de son mari, mort depuis d'un cancer. **1993**-*déc.* Pays-Bas, Wilma et Willem Stuart ont 2 jumeaux : un blanc, un métis [père biologique : un Noir d'Aruba (un laborantin ayant utilisé la même éprouvette pour le sperme de Willem Stuart)]. **2000**-*14-5* Janine Salomone (62 ans, ancienne institutrice) accouche à Fréjus de Benoît-David issu de l'ovule d'une Américaine fécondé *in vitro* par le sperme de Robert (52 ans), frère de Janine. *-21-5* Los Angeles, l'Américaine accouche de Marie-Cécile (fécondée aussi *in vitro* par le sperme de Robert) qui sera rapatriée en France.

■ **Maladies vénériennes.** **Types :** voir MST à l'Index. **Information :** *Ligue nationale française contre le péril vénérien* (*Institut Alfred-Fournier,* 25, bd St-Jacques, 75014 Paris). **Consultations et soins (Paris) :** *hôpital Tarnier,* 89, rue d'Assas, 75006. *Croix-Rouge,* 43, rue de Valois, 75001. *Cité universitaire,* 19, bd Jourdan, 75014. *Hôpital St-Joseph,* 185, rue Raymond-Losserand, 75014. *Enfance et Famille,* 6 bis, rue Clavel, 75019.

☞ En France, les déclarations anonymes sont obligatoires pour la syphilis, la blennorragie à gonocoques, le chancre mou et l'hépatite virale.

■ **Grand-mère porteuse.** Pat Anthony (Sud-Africaine blanche de 48 ans) a, fin 1986, reçu 4 ovules de sa fille Karen (25 ans) fécondés par son gendre Alano-Ferreira-Jorge. Elle a eu le 1-10-1987 des triplés (2 garçons, 1 fille) qui sont frères et sœurs de leur mère, oncles et tantes du 1er enfant qu'avait eu leur mère, et frères et sœurs (par leur grand-mère) du frère de leur mère (aussi leur oncle).

■ **Recherches.** **Hybridation cellulaire :** technique de fusion de cellules employée pour étudier le comportement de cellules complexes d'organismes supérieurs ou de cellules pathologiques par rapport à des cellules normales. On sait obtenir et faire se multiplier des hybrides de cellules de souris et d'homme, de moustique et d'homme, de cellules normales et cancéreuses. **Clonage :** méthode consistant à énucléer des cellules somatiques (de peau, de muscle prélevé sur un fœtus ou un adulte) ou sexuelles et à remplacer leur noyau par celui d'autres cellules au contenu génétique différent. Utilisée chez les mammifères.

Dans le cas de couples faisant appel à une PMA avec tiers donneur, l'homme et la femme doivent au préalable exprimer leur consentement devant un juge ou un notaire. Projet de loi en discussion.

☞ Le Dr James Grifo (USA) a transféré un noyau d'ovule avec 23 chromosomes d'une femme stérile dans l'ovule énucléé d'une femme fertile, qui sera fécondé avec un spermatozoïde ; l'œuf se développera en éprouvette, puis sera transféré dans l'utérus de la femme stérile. Le Dr Jan Tesarik (laboratoire d'Eylau, Paris) réussit leurs fusions membranaires et leurs transferts nucléaires avec une méthode chimique ou un procédé mécanique utilisant 2 agents organiques permettant d'associer les membranes puis de procéder au passage du noyau dans le cytoplasme de l'ovocyte énucléé ou en utilisant la *microchirurgie cellulaire*.

Recherche de parents biologiques en cas de naissance par PMA : aucune loi dans ce domaine, mais le don d'ovules ou de sperme étant anonyme, l'enfant ne pourra pas connaître sa véritable origine.

■ **Position des religions.** **Catholiques :** refusent PMA, car considèrent l'acte de l'amour conjugal comme l'unique lieu de la procréation humaine ; désapprouvent insémination artificielle, fécondation *in vitro* même entre conjoints, recours au don de sperme et d'ovules venant de tiers ; condamnent la pratique des mères porteuses, la sélection d'embryons, leur commercialisation et toute expérimentation sur l'embryon. **Protestants :** acceptent PMA pour un couple parental (marié ou non), don de sperme et d'ovules, diagnostic prénatal suivi d'un avortement thérapeutique ; refusent PMA de convenance, mères porteuses, implantations d'embryons de père décédé, sélection d'embryons, commercialisation d'embryons. **Juifs :** acceptent PMA pour les couples mariés ; refusent don de sperme et d'ovules par des tiers, transferts d'embryons, embryons surnuméraires, commercialisation d'embryons ; grande réserve concernant la thérapie génique et les manipulations génétiques. **Musulmans :** acceptent PMA pour les couples mariés, la FIV si elle est sans danger pour la femme (mais les embryons surnuméraires doivent être détruits dès la naissance de l'enfant issu de la FIV) ; refusent don de sperme et d'ovules par des tiers, mères porteuses.

■ **Jurisprudence.** *La loi du 29-7-1994* « relative au respect du corps humain » interdit les pratiques eugéniques par la sélection des gènes et la pratique des mères porteuses. *La loi du 29-7-1994* « relative au don et à l'utilisation des éléments et produits du corps humain, à l'assistance médicale à la procréation et au diagnostic prénatal » définit l'assistance médicale à la procréation et en pose les conditions et indications.

☞ Selon le *Comité consultatif national d'éthique pour les sciences de la vie et de la santé* (créé 23-2-1983), le prêt d'utérus relèverait de l'art. 353-1 du Code pénal punissant l'incitation à l'abandon d'enfants. (Sera puni de 10 j à 1 mois d'emprisonnement et de 500 F à 10 000 F d'amende « quiconque aura dans un esprit de lucre provoqué les parents, ou l'un d'eux, à abandonner l'enfant né ou à naître ». En fait, cet art., ajouté en 1958 au Code pénal (datant de 1898), concernait « l'exposition et le délaissement d'enfants » et « les agissements des œuvres ou des personnes ayant été amenées à provoquer des abandons d'enfants pour satisfaire les demandes d'adoption qui leur étaient faites ».) En G.-B., le *Comité Warnock* (Comité d'enquête sur la fécondation et l'embryologie humaines, présidé par lady Warnock) a rendu un avis similaire.

ACCOUCHEMENTS

■ **Définitions.** *Dystocie :* accouchement difficile ; *eutocie :* facile. *Hypoxie :* carence en oxygène de l'enfant pendant l'accouchement, entraînant des problèmes cardiaques et cérébraux. *Multigeste :* femme portant un enfant qui n'est pas le 1er. *Parturiente :* femme qui accouche. *Parturition :* accouchement. *Primipare :* femme à son 1er accouchement.

■ **Accouchement sans crainte** (avant, dit **sans douleur**). *Psychoprophylaxie :* introduite en France en 1952 par le Dr Fernand Lamaze, préparation psychologique et physique. *Par analgésie locorégionale* [paracervicale, sous péridurale (45 % des naissances en 1991)] : insensibilise les nerfs qui transmettent la douleur utérine. *Sous anesthésie générale :* 1re fois 1847 par sir James Simpson ; la reine Victoria, le 7-4-1853, adopta le chloroforme. *Sous électro-analgésie* (anesthésie locale au moyen d'électrodes) : stade expérimental.

■ **Haptonomie** (obstétrical). Méthode de préparation à l'accouchement.

■ **Age moyen.** **De la maternité** (en France) : *1945 :* 23,7 ans ; *50 :* 24 ; *55 :* 24,3 ; *60 :* 25 ; *90 :* 28,3 ; *97 :* 29,2. **De la 1re maternité :** *1980 :* 26,8 ans ; *90 :* 26 ; *98 :* 29,3. **Age maximal :** 63 ans, Arceli Keh (USA) : 1 fille Cynthia.

■ **Anomalies.** 2 à 3 % des nouveau-nés. Dues à la grossesse ou à des maladies héréditaires.

■ **Avortement spontané** *(fausse couche).* 30 % des œufs fécondés humains seraient éliminés avant l'implantation dans l'utérus. 20 % des embryons font l'objet d'un avortement spontané précoce. Semble plus fréquent pour les fœtus masculins (rejet immunologique par la mère ?).

■ **Césarienne.** Sortie d'un enfant par incision de la paroi abdominale de sa mère. Autrefois réservée aux accouchements compliqués (bassin de la mère trop étroit, placenta mal placé ou décollé, etc.), pratiquée aujourd'hui quand un accouchement naturel met en danger la vie du nouveau-né (grands prématurés, nouveau-nés hypotrophiques, etc.). **Nés par césarienne** (en %) : France *1960 :* 3 ; *81 :* 10,9 (USA 14) ; *90 :* 14 (USA 24, Canada 19,5, P.-Bas 6,5) ; *95 : 15,9* ; *98 :* 17,5. **Mortalité maternelle :** 0,2 ‰. **Complications postopératoires** (en %) : infection 20,6 ; thromboembolie 0,52.

■ **Épisiotomie.** Petite incision pratiquée dans le périnée quand la tête du bébé va sortir, pour agrandir l'ouverture et éviter ainsi une déchirure. Pratiquée par primipares américaines (80 %), en Europe de l'Est (100 %).

■ **Époque.** Généralement 266 j après la fécondation. *Pour trouver la date de naissance :* ajouter 280 j à la date du début des dernières règles ; mesure échographique précoce (13 semaines de grossesse), courbe de température contemporaine de la fécondation. En France, naissances les plus nombreuses en févr.-mars et sept.-oct., les mardi et vendredi, début du travail entre 1 et 2 h du matin.

■ **Frais d'accouchement.** Voir à l'Index. *Si la mère est célibataire et non assurée sociale,* elle peut être prise en charge au titre de ses parents, de ses grands-parents ou de sa sœur, si elle vit sous le même toit et se consacre exclusivement aux travaux du ménage et à l'éducation d'au moins 2 enfants de moins de 14 ans à la charge de l'assuré.

■ **Incompatibilité Rhésus** (différence de facteur Rhésus entre le père et la mère). Provoque *maladie hémolytique du nouveau-né*, cause potentielle de mortalité. Nécessite un contrôle systématique du groupe Rhésus de la mère avant la naissance, et, en cas de Rhésus négatif, de contrôler chaque mois de grossesse l'absence d'anticorps (pouvant agresser le fœtus) dans le sang de la mère.

Remèdes : *exosanguino-transfusion,* pratiquée dès la naissance. *Déclenchement de l'accouchement* avant terme pour soustraire l'enfant aux anticorps de sa mère et procéder le plus tôt possible à la transfusion. *Transfusion de l'enfant* au sein même de l'utérus. Chez 80 % des couples Rhésus incompatibles, l'interaction génétique liée au système ABO produit un mécanisme protecteur qui bloque la formation d'anticorps nocifs pour l'enfant.

Nota. – Une injection d'anticorps anti-D dans les 72 h suivant l'accouchement ou l'avortement prémunit la femme contre l'immunisation et les accidents lors de la grossesse suivante, mais aussi en cas de traumatisme abdominal, amniocentèse, version par manœuvre externe d'une présentation du siège, tout événement pouvant occasionner le passage de sang fœtal chez la mère Rhésus négatif et y induire la fabrication d'anticorps anti-Rhésus (anti-D).

■ **Jumeaux.** **Vrais jumeaux** (ou jumeaux identiques, *monozygotes, uniovulaires*) : issus d'un seul ovule et de

Au Moyen Age, l'accoucheuse opérait sous les jupes et il était interdit aux hommes d'assister à un accouchement (en 1521 encore, un médecin de Hambourg fut envoyé au bûcher pour s'être déguisé en sage-femme). Louis XIV fit faire des progrès à l'obstétrique en assistant à l'accouchement de ses maîtresses. On avait des seringues courbes pour répandre de l'eau bénite sur le fœtus mal en point et toujours prisonnier.

même sexe ; ils peuvent être mono- ou dichorioniques ; 30 % sont créés avant la nidation (qui se produit 6 j après la fécondation). Leurs empreintes digitales sont très semblables. **Faux jumeaux** (ou jumeaux non identiques, *dizygotes, biovulaires*) : issus de 2 ovocytes fécondés par 2 spermatozoïdes différents. Des jumeaux peuvent être de pères différents. La conception peut même s'être produite à plusieurs jours d'intervalle pendant le même cycle menstruel. Celui qui naît le second court plus de risques à la naissance. **Plus long intervalle entre les naissances de jumeaux :** *46 h :* Loïc et Cédric Gicquel (27 et 29-11-1989, Clamart) ; *31 j :* Diana et Monica Berg (27-12-1987 et 27-1-1988, Rome) dont la mère avait suivi un traitement hormonal.

Nombre de jumeaux nés dans le monde (en 1999) : 2 800 000 (dont en % : Afrique 41, Asie 38, Amérique 13, Europe 6, Océanie 0,5). **Nombre d'accouchements doubles pour 1 000 accouchements** (taux de gémellité) : Afrique 20 (dont vrais jumeaux 4/faux 16), Amérique, Europe 12 (4/8), Asie, Océanie 7 (4/3). **En France :** *1900-50* 10 % au + ; *72* 6,9 ; *80* 10,5 ; *98* 14,7. **Vrais jumeaux :** 3,5 à 4 % (quels que soient âge de la mère, rang de naissance ou origine géographique). Même proportion chez tous les mammifères sauf certains tatous qui ont systématiquement des quadruplés ou des octuplés monozygotes. **Faux jumeaux :** proportion variable selon *âge de la mère* [augmente jusqu'à 37 ans puis décroît (niveau nul à la ménopause)]. Cette évolution reflète celle de l'hormone de croissance folliculaire (FSH), nécessaire à la maturation des ovules. La chute du taux de faux jumeaux au-delà de 37 ans serait liée aux défaillances des fonctions ovariennes et à la mortalité des œufs fécondés, d'autant plus fréquentes que s'approche la ménopause)]. *Rang de naissance :* taux augmente avec le rang ; variations selon les pays (différences hormonales d'origine génétique) ; *individus et familles :* prédisposition en partie d'origine génétique se retrouvant chez sœurs et filles ayant eu des jumeaux ; *pratiques médicales :* traitements de la stérilité dans les pays développés surtout chez les femmes âgées. En Europe, les jumeaux sont du même sexe dans 63 % des cas.

Jumeaux célèbres : Romulus et Rémus, fondateurs (légendaires) de Rome (voir p. 1142 a) ; saints Côme et Damien (IIIe siècle) ; les filles jumelles du roi Henri II ; les frères Lionnet, chanteurs du XIXe s. ; Auguste et Jean Piccard, stratonautes ; les « idiots-savants » George et Charles, calculateurs prodiges, à New York.

■ **Lieux d'accouchement** (sur 1 000 naissances). *1952 :* logement maternel 452, hôpital 532, divers 12 ; *1980 :* hôpital 986, domicile 4, divers 10 ; *1995 :* 99,6 % dans les établissements médicaux. **Accouchement dans l'eau :** selon ses partisans, il serait plus relaxant et diminuerait les phénomènes douloureux ; l'eau améliorerait l'élasticité du périnée ; le milieu aquatique, proche du milieu utérin, réduirait le stress de l'enfant à la naissance. La plupart des spécialistes y sont opposés. *1er en France :* 15-6-1990 (Brigitte Monteil en Méditerranée).

■ **Mensurations normales d'un enfant à terme.** 3 200 g, 50 cm, périmètre crânien 35 cm.

■ **Mortalité. Taux** (en ‰), **en France, de mort-nés lors d'accouchement :** *1952 :* à domicile 18, à l'hôpital 25 ; *80 :* à l'hôpital 11 ; *90 :* 5,9 ; *94 :* 5,3 ; *96 :* 5 ; **de mortalité périnatale** (mort-nés et décès avant 7 j) : *1993 :* 7,6 (pour des jumeaux 39, des triplés 100) ; *1994 :* 7,4 ; *96 :* 7,2. **Nombre dans le monde :** 7,7 millions dont avant ou pendant la naissance 4,3, dans leur 1re semaine 3,4. La mortalité fœtale et néonatale est plus importante lors de *naissances à terme dépassé* (après au moins 42 sem. d'aménorrhée, soit 294 j).

■ **Mortalité maternelle. Taux** (pour 100 000 naissances vivantes en 1996, *source :* OMS) : Sierra Leone 1 800, Bhoutan 1 710, Congo, Ghana 1 000, Burkina 810, Nigéria 800, Sénégal 600, Indonésie 450, Égypte 320, Turquie 210, Roumanie 150, Viêt Nam 140, Brésil 120, Colombie 110, Maurice 100, Venezuela 59, Russie 48, Chine 44, Corée 41, Cuba 34, Hongrie 26, *France 18,* Japon 16, Bulgarie 13, Irlande 12, Espagne, Pologne 11, Italie 10, Belgique, G.-B., Grèce 9, Canada, Norvège, Finlande 6, Chypre, Suède 5, Danemark 4, Islande, Luxembourg 1. *Taux en cas de césarienne :* 1,38. **Nombre :** 585 000 femmes/an (dont 99 % dans les pays en voie de développement) meurent de causes liées à la grossesse et à l'accouchement, laissant plus d'un million d'orphelins. **Anémie :** teneur du sang en hémoglobine inférieure à 11 g/dl (pâleur : inférieure à 7). *Causes :* carences en un ou plusieurs nutriments vitaux (fer, acide folique, vitamines, oligo-éléments et protéines). Un homme adulte a besoin d'un apport quotidien de 1,1 mg de fer, une femme non enceinte de plus du double. Pour une femme anémique, une perte de sang normale de 250 cl peut être mortelle. Elle présente moins de résistance à l'infection et risque davantage de complications anesthésiques et opératoires. 50 % des femmes enceintes souffrent d'anémie, 75 % en Asie du Sud, 17 % en Amér. du Nord et en Europe.

■ **Naissance après la mort de la mère.** Plusieurs cas connus. *Le 30-3-1983* est né par césarienne un garçon de 1,300 kg. Sa mère (27 ans) avait été artificiellement maintenue en vie pendant 9 semaines pour permettre la naissance (à 22 semaines). *Le 3-8-1995* naissance par césarienne d'un garçon de 2,200 kg de Trisha Marshall, enceinte de 17 semaines, morte le 21-4-1996 (1 balle dans la tête) mais maintenue artificiellement en vie 105 j.

■ **Prématurés. Définition :** *1950* (OMS) : nouveau-né vivant de poids inférieur ou égal à 2 500 g. *1970* (convention de Londres) : « enfant né avant la 37e sem. après le 1er j des dernières règles (8 mois ou 259 j), et dont le poids est inférieur de 2 déviations standards par rapport à la moyenne. » Des bébés de 224 j (32 sem.) peuvent peser 2,500 kg et arriver 56 j avant les prévisions du médecin sans incident. En France, la loi fixe à 180 j après la fécondation la limite inférieure de viabilité. **Records :** *USA : 1972 :* à Indianapolis, enfant 170 g, mort 12 h après ; *1983 :* fille 552,8 g, taille 26,7 cm, née le 23-2 après 22 semaines ; *1989 (nov.) :* fille 280 g, taille 25 cm, périmètre crânien 20 cm. Restée 2 mois sous ventilation assistée, elle fut nourrie par une sonde dans l'estomac. A sa sortie de l'hôpital (à 120 j) : 1 900 g, taille 41 cm, périmètre crânien 31,5 cm. A 18 mois : 4,390 kg, taille 61 cm, périmètre crânien 40 cm (paramètres habituels chez un enfant de 3 mois). **Taux** (en %) *Afrique :* 16 à 17 ; *Chine :* 3 ; *France : 1972 :* 8,2 ; *82 :* 4 ; *91 :* 4,8 ; *95 :* 5,9 ; *99 :* 6,8. **Nombre** (en France, 1998) : 136,54.

Facteurs de risque élevé : *âge* (– de 21 ans, + de 36) ; *taille* petite (– de 1,51 m) ou grande (1,70 m) ; *poids* faible (– de 46 kg) ou élevé (+ de 73 kg) ; *parité* (naissance de rang élevé) ; *naissances multiples* (triplés : 95 % sont prématurés) ; *conditions de vie* (travail fatigant, travail debout, logement exigu, surmenage, voyages, etc.) ; *causes médicales* (placenta bas, malformation fœtale grave, grossesses multiples, infections...) ; *sociales.* **Taux de mortalité :** 18 % pour les enfants de 1 000 à 1 500 g. 50 % pour ceux de 500 à 1 000 g (*de 26 à 28 semaines :* peu survivent ; *de 28 à 30 semaines :* 60 % survivent ; *à 32 semaines :* 75 % ; *à partir de 36 semaines :* 95 %). **Séquelles :** *à 1 an :* 84 % ont un poids normal, 78 % une taille normale (à 2 ans, 89 et 90 %).

☞ **Prématurés célèbres :** Napoléon Bonaparte, Isaac Newton, Charles Darwin, Victor Hugo et Voltaire.

■ **Présentation. Tête la première :** présentation du sommet et le visage tourné vers le bas 95 %, vers l'accoucheur 0,4 à 0,8 %. **Par le siège** (fesses d'abord, parfois les pieds) : 3,5 %, peut entraîner des complications mécaniques lors de l'accouchement.

■ **Statistiques** (enquête Sesi, DGS, Inserm). **En 1998** (en %). **Mère :** *de plus de 35 ans :* 14,7 ; *mariée :* 61,5 ; *vivant seule :* 7 ; *fumant au moins 1 cigarette/jour :* 25 ; *plus de 7 visites prénatales :* 71,2 ; *3 échographies :* 42,4 ; *accouchement par césarienne :* 17,5 ; *déclenché :* 20,3 ; *sous péridurale :* 58 ; *anesthésie générale :* 2,6. **Enfant :** *poids de naissance 1,500 kg :* 1,2, *prématuré (né à moins de 37 semaines) :* 6,8, *allaité :* 45.

ALLAITEMENT

☞ 52 % des femmes allaitent leur enfant à la maternité, 25 % abandonnent dès leur sortie ; au bout de 3 semaines, 10 à 15 % continuent.

■ **Lactation.** Peut se poursuivre des années. Certaines femmes sécrètent 5 l de lait par jour. **Avantages :** fournit un aliment complet, équilibré, spécifique, stérile, facilement et rapidement digérable et contenant des anticorps maternels. Le lait change de composition selon les circonstances. Il protège contre l'eczéma. Il peut être remplacé par du lait maternisé adapté à l'âge de l'enfant. **Prise :** l'enfant prend environ 200 g de lait par kg de poids en 24 h (au rythme normal). Dès 5-6 mois, l'alimentation peut être diversifiée. Après 9 mois environ, il a besoin d'autres nourritures en plus du lait maternel. **Arrêt :** par sevrage (espacement des tétées), ou artificiellement (par injection d'œstrogène ou par prise de comprimés de bromocriptine).

■ **Quantités de matières grasses pour 100 g de lait.** Otarie 53,3 g ; phoque gris 53,2 ; baleine bleue 42,3 ; ourse polaire 33,1 ; lapine 18,3 ; souris 13,1 ; chienne 12,9 ; éléphante (Inde) 11,6 ; hérisson 10,1 ; échidné 9,6 ; brebis 7,4 ; truie 6,8 ; chatte 4,8 ; chamelle 4,5 ; chèvre 4,5 ; *femme 3,8 ;* vache 3,7 ; kangourou rouge 3,4 ; jument 1,9.

■ **Fourniture de lait.** Par 17 *lactariums* français (62 484 litres collectés en 1999). Certaines femmes donnent jusqu'à 10 l de lait par semaine. 10 à 13 % de la collecte sont rejetés. Le lait est revendu 410 F le litre.

AVORTEMENT VOLONTAIRE

■ GÉNÉRALITÉS

■ **Définition.** Expulsion provoquée du fœtus avant la naissance.

■ **Méthodes. Aspiration (méthode Karman) :** canule reliée à une pompe aspirante et introduite dans l'utérus, sous anesthésie locale ou générale, durée quelques minutes. L'ossification progressive du fœtus rend la méthode plus difficile au-delà de 12 semaines d'aménorrhée. *Complications :* perforation utérine, rétention de fragments embryonnaires, *synéchie* (soudure des 2 parois opposées de l'utérus sous l'effet de l'aspiration). Devenues très rares et liées à l'expérience de l'opérateur.

Mini-aspiration : aspiration très précoce faite entre 4 et 6 semaines d'aménorrhée. Pratiquée sans anesthésie. Fréquence de contractions utérines brèves mais intenses.

Avortement médicamenteux par l'antihormone (antiprogestérone : mifépristone ; nom expérimental : RU 486) : s'oppose à l'action de la progestérone, hormone indispensable à l'accrochage de l'œuf dans l'utérus (nidation) puis à sa gestation. *Nom :* Roussel-Uclaf (RU) et 3 derniers chiffres du numéro d'ordre de la synthèse de la molécule (486) ou Mifégyne]. Mise au point en 1980 par le Dr Émile-Étienne Baulieu (né 1926), endocrinologue. Le brevet concernant la molécule RU 486 (de Roussel-Uclaf) a été déposé le 11-6-1982 par MM. Teutsch, Philibert, Torelli et Durat. A la suite de menaces de boycott, notamment aux USA, Roussel-Uclaf décida de suspendre la distribution du RU le 26-10-1988 mais le ministre de la Santé, Claude Évin, mit la firme en demeure de la reprendre (28-10-1988) bien que l'autorisation de mise sur le marché n'eût pas encore été signée (elle ne le sera que le 28-12-1988, *JO* 12-1-1989). Le Conseil d'État a annulé cette injonction pour excès de pouvoir (25-1-1991). Mais la firme a poursuivi sa fabrication jusqu'en 1997. Mise sur le marché le 28-12-1988, sous le nom de *Mifégyne 200 mg.* S'utilise dans le cadre de la loi sur l'IVG et en milieu hospitalier. Une autorisation de mise sur le marché est obtenue pour les cas de grossesse normale de moins de 7 semaines d'aménorrhée. **Effets secondaires :** depuis 1994, la prostaglandine (*misoprostol*), produit de chez Searle normalement destiné à soigner les ulcères gastro-duodénaux, se donne par voie orale (2 comprimés dosés à 200 µg, 48 h après la prise de 3 comprimés dosés à 200 µg de mifépristone). L'utilisation du misoprostol dosé à 200 µg réduit les douleurs pelviennes. 20 % des patientes ont besoin de calmants légers. Les autres effets secondaires (nausées, vomissements, diarrhées) sont brefs, peu intenses et facilement calmés par les traitements. Utilisé en France, G.-B. et Suède (en Allemagne depuis juillet 1999). La Chine fabrique sa propre molécule de mifépristone et sa production dépasse largement celle d'Europe.

☞ Prise de comprimés efficace dans 80 % des cas s'ils sont utilisés seuls. L'association aux prostaglandines élève l'efficacité jusqu'à 98 %. En cas d'échec, un 2e avortement par curetage ou par aspiration est nécessaire.

Curetage : après dilatation du col, curetage de l'embryon et des membranes qui l'entourent sous anesthésie générale. Technique pratiquement abandonnée et utilisée en l'absence de possibilité de recours aux techniques précédemment décrites.

Avortement par méthode mixte (AMM) : médicamento-chirurgical. La dilatation du col, moment délicat de l'IVG, est réalisée grâce à un médicament (le RU 486). L'aspiration se fait alors facilement car l'œuf se décolle tout seul. Pas d'effets secondaires.

Prostaglandines (2e trimestre de la grossesse) : injectées dans l'utérus, provoquent des contractions qui expulsent le fœtus, généralement non viable, par les voies naturelles. Utilisé pour les avortements tardifs « thérapeutiques » après la 15e semaine de grossesse. Désormais, administré généralement par voie orale à l'aide du misoprostol.

Petite césarienne (hystérotomie) : dangereuse. Utilisée dans les avortements tardifs au-delà de 20 semaines. Peut être associée à une stérilisation chirurgicale.

Stérilet du lendemain : l'œuf mettant 8 j pour s'implanter dans l'utérus, on dispose de ce temps pour mettre un stérilet.

☞ **Vaccin abortif :** considéré comme un vaccin contraceptif. Polypeptide synthétique capable d'imiter la structure des anticorps qui bloquent l'hormone de grossesse HCG. En neutralisant cette hormone, qui apparaît vers le 5e j après la conception, la nidation de l'embryon pourrait être empêchée. Serait efficace de 6 à 9 mois. En cours d'expérimentation. L'HCG (hormone produite par l'embryon) envoie un signal aux ovaires de la mère afin de stimuler la production de progestérone qui, à son tour, permet la nidation de l'embryon.

■ **Moyens dangereux.** Percement de l'œuf ou introduction dans l'utérus d'une sonde en caoutchouc ; l'avortement se produit après 3 à 5 j avec des phénomènes infectieux parfois graves. Injection dans l'utérus de savon, eau de Javel, etc., plus vite active mais très dangereuse. Procédés divers : breuvages, queue de lierre, permanganate : peu rationnels, dangereux et éventuellement mortels.

■ **Positions religieuses. Église catholique :** a toujours condamné l'avortement même si, au Moyen Age, saint Thomas d'Aquin et les canonistes estimaient que l'animation intervenait seulement 40 j après la conception. Ainsi, le concile d'Ancyre (314) infligea 10 ans de pénitence au fidèle qui s'en est rendu coupable. Un être humain existe et doit être respecté dès la fécondation de l'ovule par le spermatozoïde : « L'avortement et l'infanticide sont des crimes abominables » (Vatican II, *Gaudium et Spes,* 1966), position confirmée depuis, notamment par *Humanæ vitæ* (Paul VI, 1968), *Donum vitæ* (congrégation pour la doctrine de la foi, 1987), *Catéchisme de l'Église catholique* (1992), *Evangelium vitæ* (Jean-Paul II, 1995). Le Code de droit canonique (1983) déclare : « Qui procure un avortement, si l'effet s'ensuit, encourt l'excommunication. » Par avortement, il faut entendre l'élimination d'un fœtus vivant, quelle que soit la manière dont elle est réalisée et à n'importe quel stade de sa conception. **Juifs :** autorisé si la santé de la mère est menacée et s'il y a risque de malformation du fœtus (avant le 40e j). **Islam :** autorisé en cas de nécessité et sous condition, jusqu'au 4e mois de grossesse (et même après en cas de maladie).

■ **Risques.** Faibles aujourd'hui. Viennent surtout de la fragilité des organes génitaux et des dangers d'infection. Après la 7e semaine, les risques d'hémorragies secondaires augmentent. Des avortements répétés majorent les risques. Des perturbations psychologiques peuvent intervenir. Risque fréquent de fausse couche. Le RU 486 doit être utilisé avant la 7e semaine, l'aspiration avant la 12e. *Pour les avortements tardifs,* prévalent l'injection de prostaglandines et la césarienne.

Avortement en France

■ **Histoire.** **A partir de Henri II jusqu'au règne de Louis XV** mère et complices étaient punis de mort. **XVIIIe s.** peine commuée en 20 ans de fers, la mère n'étant plus punie. **XIXe s.** crime jugé en cour d'assises (nombreux acquittements). **1923**-*27-3* délit contre la nation soumis aux tribunaux correctionnels. **1941**-*14-9* loi classant l'avortement parmi les « infractions de nature à nuire à l'unité nationale, à l'État et au peuple français ». **1942**-*15-2* loi assimilant l'avortement à un crime contre la sûreté de l'État, passible, après jugement par des tribunaux d'exception, de la peine de mort. **1943**-*30-7* Marie-Louise Giraud exécutée (avait pratiqué 27 avortements). **1970**-*27-6* proposition de la loi Peyret en cas de menace pour la vie de la mère, anomalie grave chez l'enfant, viol. **1971**-*5-4 le Nouvel Observateur* publie un appel de 343 femmes (dont Simone de Beauvoir, Lolleh Bellon, Catherine Deneuve, Marguerite Duras, Françoise Fabian, Gisèle Halimi, Jeanne Moreau, Marie-France Pisier, Françoise Sagan, Delphine Seyrig, Marina Vlady) qui reconnaissent avoir eu recours à l'avortement et qui réclament sa légalisation. **1972**-*8-11 procès de Bobigny* : Marie-Claire (enceinte à 17 ans à la suite d'un viol) avortée avec la complicité de sa mère. Défendues par Me Gisèle Halimi, elles sont acquittées. **1973**-*5-2* manifeste de 331 médecins affirmant pratiquer l'avortement. *-6-5* déclaration de 10 031 médecins en faveur du respect de toute vie humaine. **1975**-*17-1 loi Veil* autorisant l'interruption volontaire de grossesse ; *-7-3* 5 IVG pratiquées pour la 1re fois officiellement à la maternité de la Belle-de-Mai, à Marseille. **1979**-*31-12 loi Pelletier* reconduisant celle de 1975 votée pour 5 ans. **1982**-*31-12 loi Roudy* : remboursement par la Sécurité sociale. **1990**-*21-12* le Conseil d'État rejette les recours de 5 associations contre la pilule abortive RU 486 (la loi n'est pas contraire à la Convention européenne de sauvegarde des droits de l'homme et des libertés fondamentales). **1992**-*juillet* Code pénal : suppression du délit pour les femmes ayant eu recours à un avortement, mais maintien des sanctions pour les tiers ayant aidé une femme à avorter. **1993**-*27-1 loi Neiertz* punissant l'entrave à l'avortement (de 2 000 à 30 000 F d'amende ; 2 ans de prison). Dépénalisation de l'autoavortement. **1995**-*22-1* Paris, 8 500 manifestants pour l'abrogation de la loi Veil ; *-26-11*, 40 000 manifestants pour les droits des femmes (particulièrement contraception et avortement). **1996**-*14-3* amendement Christine Boutin/Jean-Louis Beaumont pour permettre aux adversaires de l'avortement de se porter partie civile contre les « provocations à l'avortement », rejeté (seuls 3 députés ont voté pour). **1997**-*29-4* circulaire sur prise en charge de l'IVG (avant la 10e semaine de grossesse) au titre de l'aide médicale, et procédure de respect de l'anonymat attachée à cette intervention. **2000**-*5-12* projet de loi adopté par les députés (323 voix contre 222) : prévoit délai allongé de 10 à 12 semaines. 8 députés RPR, dont Philippe Séguin et Roselyne Bachelot-Narquin, ont voté pour et 3 se sont abstenus dont Nicole Catala. 5 UDF ont voté pour et 5 DL se sont abstenus ; **2001**-*30-5* adopté définitivement par l'Ass. Nat.

Peines encourues avant 1974 : *personne procurant les moyens d'avorter :* 1 à 5 ans de prison, 1 800 à 36 000 F d'amende (5 à 10 ans, 18 000 à 72 000 F pour pratique habituelle) ; *femme ayant avorté :* 6 mois à 2 ans de prison, 360 à 7 200 F d'amende ; *personnel médical ayant pratiqué un avortement :* mêmes peines plus suspension pendant 5 ans au moins. **Condamnations dans des procès :** *1938 :* 2 450 ; *40 :* 1 225 ; *41 :* 2 135 ; *42 :* 3 831 ; *43 :* 4 055 ; *années 60-70 :* environ 500 par an.

Avortements clandestins : *avant 1976 :* de 50 000 à 350 000 par an. *En 1975 :* 14 000 Françaises étaient allées se faire avorter en G.-B. et 9 000 aux P.-Bas ; *est. 1999 :* 5 000/an à l'étranger après 10 semaines. **Légaux :** *1990 :* 170 428 ; *96 :* 162 792 (soit 11,3 ‰ des femmes de 15 à 49 ans) [dont *– de 20 ans :* 18 411 (11,3 % des IVG) ; *18 :* 5 046 (3) ; *19 :* 6 703 (4,1) ; *20-24 :* 38 453 (23,6), *25-29 :* 36 242 (22,26) ; *30-34 :* 32 797 (20,1) ; *35-39 :* 24 221 (14,8) ; *40-44 :* 10 247 (6), *45 et + :* 1 196 (1) ; *non déclarés :* 1 031 (1) ; *non mariées :* 65,15 % ; *mariées ou séparées :* 28,6 ; *situation non déterminée :* 6,2] [*estimés :* 186 325 ; DOM 12 348] ; *1998 :* 214 000 (soit 13,6 ‰ des femmes de 15 à 49 ans), dont par mifépristone 20 %, sur mineures 3 %. **Causes** (en %) : oubli de pilule 58, absence de contraception 20, accident de préservatif 20, risque pour la femme ou l'enfant 2. 60 % des femmes subissant un avortement ignoraient la « pilule du lendemain ». **Taux estimés pour 1 000 femmes de 15 à 49 ans :** les plus forts DOM 28,7 ; Paris 23 ; Haute-Corse 22,7 ; Hauts-de-Seine 21,6 ; Val-de-Marne 18,6. *Les plus faibles :* Mayenne 5,1 ; Haute-Saône 5,1 ; Gers 5,7 ; Vendée 6 ; Ardèche 6,4.

Nombre d'IVG estimées/déclarées : *1976 :* 250 000/134 173 ; *80 :* 262 000/171 218 ; *90 :* 230 000/170 428 ; *95 :* 220 000/156 181 ; *96 :* 220 000/162 792.

■ **Décès dus à l'avortement** (provoqué ou spontané) : *1970-72 :* environ 46/an ; *1975* (avortement légalisé) : 15 ; *1976 :* 6 ; *1977 :* 9 ; *1988 :* presque nul ; *depuis 1985* avant 12 semaines d'aménorrhée (pour les IVG pratiquées dans les conditions susdécrites) : – de 1 pour 400 000 (moins d'1 par an depuis 10 ans)

■ **Réglementation actuelle.** La cessation volontaire de grossesse, dite interruption volontaire de grossesse (IVG), est *possible sur la seule demande de la femme,* jusqu'à 10 semaines de grossesse ou 12 semaines d'aménorrhée. Au-delà, possible durant toute la grossesse si 2 médecins attestent que la *poursuite de la grossesse met en péril la santé de la femme* ou que *l'enfant à naître aura très probablement une affection grave reconnue comme incurable lors du diagnostic* (avortement thérapeutique).

L'avortement dans le monde

■ **Histoire.** **Hébreux :** sanctionné. **Grecs :** autorisé avant l'« animation » du fœtus (40 j pour le fœtus mâle, 80 pour le fœtus femelle). **Romains :** assimilé à l'empoisonnement. **XIIIe s. Angleterre :** puni de mort. **Suisse :** avorteuse enterrée vivante. **Brabant :** avortée et avorteuse brûlées vives.

■ **Dates de légalisation (dans des conditions variables suivant les pays).** **1920**-*18-11 URSS* (interdit 1936, rétabli 1955). **1935**-*28-1 Islande* (autorisé les 28 premières sem. pour des raisons médico-sociales). **1938** *Suède* (en cas de danger pour la vie de la mère, viol, risque de maladie grave chez l'enfant ; assouplissement 1940, 1963, 1974). **1939** *Danemark* (loi élargie 1956, 1973). **1942** *Suisse* (en cas de danger pour la santé de la mère ; pratique très large aujourd'hui admise). **1949** *Japon* (loi de « protection eugénique »). **1950** *Finlande* (loi élargie 1970, 1985). **1956** *Pologne* (loi complétée 1959) ; *Hongrie* (1992 : protection du fœtus). **1957**-*30-9 Roumanie* (interdit 1966, rétabli 28-12-89, 1 million par an) ; *déc.-Tchécoslovaquie* (en cas de danger pour la santé de la mère ou du fœtus ; 1986 loi assouplie : gratuit avant 12 sem.). **1967**-*oct. G.-B.* (par le gouvernement travailliste Wilson ; larges indications) ; *Colorado* (1er État des USA). **1970**-*avril New York* (sur simple demande jusqu'à 24 sem.). **1972**-*9-3 RDA. 11-10 France* (Bobigny) Marie-Claire (17 ans), accusée d'avortement, relaxée. **1973**-*22-1 USA* (arrêt « Roe contre Wade » de la Cour suprême ; 3-7-1989 restrictions au financement public) ; *-déc. Autriche ; Turquie* (il faut le consentement du mari). **1975**-*17-1 France* (loi Veil, en cas de « détresse », avant la fin de la 10e sem.). **1976**-*21-6 Allemagne féd.* **1978**-*6-6 Italie.* **1985**-*27-6 Espagne* (en cas de viol, risque pour la santé de la mère ou anomalie grave de l'enfant). **1990**-*29-3 Belgique* (refus du roi de signer le décret, provoquant une crise institutionnelle). **1991**-*janv. Mexique* (État du Chiapas). **1993** *Allemagne* (toléré). **1998** *Portugal* (légal jusqu'à 12 semaines pour raisons médicales ou viol).

■ **Nombre d'avortements** (est. 1994). 36 à 53 millions pratiqués par an, dont au moins 15 à 22 clandestins, soit 1/3 dans de mauvaises conditions. 52 pays (25 % de la population mondiale) l'autorisent lorsque la vie de la femme est en danger ; 42 (12 % de la population) l'autorisent pour raisons médicales au sens large, et parfois pour des raisons génétiques ou judiciaires (inceste, viol par exemple) ; 13 (23 % de la population) pour des raisons sociales ou socio-médicales ; 25 (40 % de la pop.) jusqu'à un certain stade de la gestation sans exiger de raisons particulières.

■ **Délai dans quelques pays.** **Jusqu'à 10 semaines de grossesse :** France. **12 sem. :** Allemagne, Autriche, Belgique, Bulgarie, Danemark, Espagne, Finlande, Grèce, Hongrie, Pologne, Suède (requête faite par femme seule). **90 jours :** Italie. **18 sem. :** Suède (en cas de problèmes sociaux). **22 sem. :** P.-Bas. **Jusqu'à 24 sem. :** G.-B. (au-delà si motif thérapeutique). **Jusqu'à la naissance :** USA (le fœtus, n'étant pas protégé par le XIVe amendement), France (pour l'IVG dite « pour motif thérapeutique », art. L. 162-12).

Associations

■ **Pour l'avortement.** **Association nationale des centres d'interruption de grossesse et de contraception (ANCIC)** 48, route Nationale, BP 14, Les Bordelleries, 37390 La Membrolle. *Créée* 1979. 150 adhérents (personnel médical et paramédical des centres d'IVG). **Cadac (Coordination des associations pour le droit à l'avortement et à la contraception)** 21 ter, rue Voltaire, 75011 Paris. **Mouvement français pour le Planning familial (MFPF)** 4, square St-Irénée, 75011 Paris, voir à l'Index.

■ **Contre l'avortement.** **AOCPA-Choisir la vie** 26, rue Belfort, 92000 Nanterre. *Créée* 1982, *membres* 10 000. A participé à l'organisation d'une manifestation contre l'avortement à Paris le 22-1-1995 (8 500 participants). **Association des chrétiens protestants et évangéliques pour le respect de la vie (ACPERvie)** BP 29, 95670 Marly-la-Ville. *Créée* 1980, *membres* 800. 6 antennes, « Service d'aide aux femmes enceintes » (SAFE). **Association des médecins pour le respect de la vie** 14, rue Nicolo, 75116 Paris. *Créée* 1971, *membres* 850. A publié l'appel des 10 031 médecins contre l'avortement le 6-5-1973. **Comité pour sauver l'enfant à naître (CSEN)** BP 5, 94121 Fontenay-sous-Bois. *Créé* 1980. **Les femmes et les enfants d'abord, secours aux futures mères (FEA)** 6 cour St-Éloi, 75012 Paris. **International Right to Life Federation** Ruitersweg 35.37, 1211 KT Hilversum BP 1086, 1200 B. 23 P.-B. **Laissez-les vivre – SOS futures mères** 139, bd Magenta, 75010 Paris. *Créée* 1971. *Membres* 14 000, 80 antennes. **Magnificat** 11, rue des Martyrs, 37240 Ligueil. *Créé* 1982. **Mère de Miséricorde** 1, rue Notre-Dame, 81170 Cordes. *Créée* 1982. **Provie** BP 40, 92802 Puteaux. *Créée* 1985, 275, route de l'Empereur, 92500 Rueil-Malmaison. **Pro-Vita** rue du Trône, 89, 1050 Bruxelles. **La Trêve de Dieu** BP 167, 92805 Puteaux. *Créée* 1987 par Claire Fontana. **Union pour la vie** 275, route de l'Empereur, 92500 Rueil-Malmaison. Fédère 16 associations provie en France.

☞ **Commandos anti-IVG 1986** 1res attaques. **1990** environ 40 ; ils envahissent les blocs opératoires, déstérilisent les instruments, détruisent les stocks de RU 486, et s'enchaînent aux tables d'opération.

Condamnations. **1993**-*16-12* : 18 membres d'un commando ayant envahi en nov. 1992 l'hôpital de Bordeaux : 3 à 6 mois de prison avec sursis, 3 000 à 5 000 F d'amende (en vertu de la *loi Neiertz du 27-1-1993*). **1994** (*1re :* le 5 mai par le tribunal de Tours) et **1995.** La 16e chambre correctionnelle de Paris s'est appuyée sur l'art. 122-5 du Code pénal (légitime défense) et a relaxé des prévenus ; le parquet a fait appel et gagné devant la 11e chambre de Paris (amendes, certaines avec sursis). Xavier Dor, pédiatre à la retraite (68 ans), fondateur de l'association SOS Tout Petits, qui a participé à des manifestations visant à entraver des IVG, a été condamné à 11 reprises [dont 6-1-1998 par le tribunal correctionnel de Versailles à 60 000 F d'amende pour « délit d'entrave en état de récidive légal » (confirmé en appel le 9-9-1998)].

Si la femme est mineure célibataire, il faut le consentement d'une personne exerçant l'autorité parentale ou du représentant légal. **3 étapes :** consultation d'un médecin qui doit remettre une attestation de consultation et un dossier-guide (obligatoires) ; d'un centre de planification, d'un service social ou d'un établissement d'information agréé, pour recevoir des conseils [en vue, notamment, de permettre à la femme de garder son enfant (art. L. 162-4)] et une attestation d'entretien (obligatoire) ; après réflexion (art. L. 162-5 : une semaine au minimum), retour chez le médecin pour lui remettre confirmation écrite de la décision prise. L'interruption ne peut être pratiquée que par un médecin et ne peut avoir lieu que dans un établissement d'hospitalisation public ou privé habilité à pratiquer des IVG. Aucun établissement ne peut dépasser dans une année 25 % d'interruptions par rapport aux actes opératoires. Un médecin peut toujours refuser de faire les IVG (clause de conscience). Un établissement privé le peut aussi, sauf si, assurant le service public hospitalier, les besoins locaux ne sont pas couverts par ailleurs.

■ **Prix** (en F, 1998). **Secteur public :** *IVG ⩽ 12 h : sans anesthésie :* 902,16, *avec :* 1 212,16 ; *12 à 24 h : sans anesthésie :* 1 087,37, *avec :* 1 397,37 ; *forfait pour 24 h de plus :* 185,18 ; *au-delà de 48 h,* hospitalisation remboursée sur la base des tarifs propres à l'établissement. *Avortement par RU 486 :* forfait 1 407,62 F. **Privé :** *IVG :* 372 ; *anesthésie générale :* 310 ; *investigations biologiques préalables :* 88 ; *accueil et hébergement (y compris frais de salle d'opération) : ⩽ 12 h :* 442,16 ; *12 à 24 h :* 627,37 ; *pour 24 h de plus :* 185,18.

■ **Aide médicale.** **Gratuite :** peut être obtenue auprès de la DDASS, après enquête sur ressources. **Remboursement :** par la Sécurité sociale (loi du 31-12-1982).

Déclaration de naissance

■ **Formalités.** A la mairie de la commune de l'accouchement dans les 3 j suivants (j de naissance non compris) [si le dernier j est férié, le délai est prolongé jusqu'au 1er j ouvrable qui suit]. Peut être faite par le père légitime ou naturel, le médecin, la sage-femme, la personne chez qui l'accouchement a eu lieu ou toute personne y ayant assisté. Présenter le livret de famille (s'il existe), le certificat du docteur ou de la sage-femme, 1 pièce d'identité des parents et le carnet de maternité. Depuis 1919, l'enfant n'a plus à être présenté en personne.

Lorsqu'une naissance n'aura pas été déclarée dans le délai légal, l'officier de l'état civil ne pourra l'inscrire sur les registres qu'en vertu d'un jugement rendu par le tribunal de grande instance de la circonscription où est né l'enfant et mention sommaire en sera faite en marge, à la date de la naissance. Si le lieu de naissance est inconnu, le tribunal compétent sera celui du domicile du requérant.

Une mère célibataire peut déclarer son enfant sous son nom de jeune fille. Si une mère (célibataire ou mariée) ne désire pas que le lien de filiation soit établi *(accouchement sous X),* la déclaration sera faite par une personne ayant assisté à l'accouchement. La mère a 3 mois pour revenir sur sa décision ; au-delà, elle risque que l'enfant ait été adopté entre-temps.

■ **Nom de famille (patronyme).** Voir p. 1672 a. **Surnoms ou pseudonymes.** Autorisés dans un domaine d'activité (pour un écrivain par exemple) mais ne peuvent ni figurer sur l'état civil ni sur le livret de famille.

■ **Baptême civil.** Institué par un décret du 26-6-1792. Déclaration officielle de parrainage faite devant l'officier de l'état civil pour lui donner un caractère d'authentique solennité. Ne présente aucun caractère obligatoire pour l'officier de l'état civil. Ne peut donner lieu à *aucune inscription sur les registres de l'état civil.* Tout certificat ou document qui pourrait être délivré à cette occasion n'a aucune valeur juridique. L'engagement de suppléer les parents, en cas de défaillance ou de disparition, souscrits par parrains et marraines, à l'occasion d'une telle cérémonie, ne constitue *qu'un engagement moral dépourvu de toute conséquence juridique.*

Prénoms

■ **Prénoms les plus courants parus dans le Carnet du jour du *Figaro* (1991-2000).** **Féminins :** Marie 196, Charlotte 131, Camille 107, Mathilde 102, Alix 96, Victoire 84, Pauline 83, Louise 76, Clémence 72, Juliette 70, Claire 61, Marine 59, Inès 57, Philippine 55, Constance 51, Diane

■ Prénoms et fêtes

Légende : prénoms, entre parenthèses nombre de saints principaux ayant porté ce nom, date de la fête des principaux saints du nom.

■ **Aaron** 22-6 ; 1-7 ; 9-10. Abel 2-1 ; 30-7 ; 5-8. Abella 5-8. Abondance 16-9. Abraham (8) 9-10. Acace (6) 31-3 ; 9-4 ; 8-5. Achille 12, 15-5. Ada 4-12. Adalbert (4) 23-4 ; 20-6 ; 25-6. Adélaïde (3) 5-2 ; 16-12. Adélard 2-1 ; 15-7. Adèle (3) 24-2 ; 24-12. Adeline (3) 28-8 ; 20-10. Adelphe 29-8 ; 11-9. Adnette 4-12. Adolphe (4) 3-6 ; 11-2. Adrien (10) 8-7 ; 8-9. Adulphe 17-6. Agape (11) 15-2 ; 29-4 ; 20-11. Agathe (4) 5, 18-2 ; 12-12. Agathon (5) 10-1 ; 21-10. Agnès (12) 21-1 ; 20-4 ; 16-11. Ahmed 21-8. Aignan 17-11. Aimable 18-10. Aimé 8-5 ; 31-8 ; 13-9. Aimée 20-2 ; 10-6. Alain (5) 9-9 ; 26-10 ; 25-11. Alban 21-1 ; 20, 22-6. Albane 22-6. Albe 22-6. Albéric (6) 26-1 ; 14-11. Albert (24) 25-2 ; 15-11. Alberta 15-11. Alberte 11-3. Albin (5) 1-3 ; 5-9. Alda 26-4. Aldegonde 30-1. Alèthe 4-4. Alette 4-4. Alexandra 20-3 ; 18-5. Alexandre (45) 15-1 ; 3-5 ; 22-4. Alexia 9-1. Alexis (5) 17-2 ; 27-11. Alfred 15-8 ; 26-10. Alice 16-12 ; 9-1 ; 5-2 ; 24-8. Alida 26-4. Aline 20-10. Alix 9-1. Aloïs 21-6. Almède 1-8. Alphonse (11) 1-8 ; 30-10. Amaël 24-5. Amand (15) 6-2 ; 18-6. Amandine 9-7. Amaury 15-1. Ambroise (14) 11-9 ; 7-12. Amé 13-9. Amédée (5) 17-2 ; 30-3. Amélie 19-9. Amos 31-3. Amour 9-8. Anaïs 26-7. Anastasie (4) 10-3 ; 25-10. Anatole (7) 3-2 ; 3-7. Andéol 1-5 ; 15-10. Andoche 24-9. André (41) 20-9 ; 30-11. Ange (15) 5-5 ; 10-10. Angèle 4-1 ; 27-1. Angélique 27-1. Anicet 17-4 ; 12-8. Anita 26-7. Annabelle 26-7. Anne (10) 27-2 ; 26-7. Anne-Marie (4) 9-6 ; 15-7. Annie 26-7. Anouchka 26-7. Anouck 26-7. Annonciade 25-3. Anselme (4) 18-3 ; 21-4. Anthelme 26-6. Anthime 27-4 ; 11-5 ; 27-9. Anthony *cf.* Antoine. Antoine (ab.) 17-1, (Pad.) 13-6. Antoinette (4). 28-2 ; 17-7. Antonin (12) 14-2 ; 31-10. Antonine 3-5. Apollinaire (9) 5-1 ; 23-7 ; 12-9. Apolline 9-2. Apollos 25-1. Arcadius 1-8. Arcady 1-8. Ariane 18-9. Arielle 1-10. Aristide 31-8. Arlette 17-7. Armand 23-12. Armande 8-6. Armel(le) 16-8. Arnaud 10-2 ; 14-3 ; 30-11. Arnold 15-1. Arnoul (8) 30-6 ; 1, 18-7. Arnould 23-10. Arsène (4) 19-1 ; 19-7 ; 30-8. Arthaud 7-10. Arthur 15-11. Astrid 27-11. Athanase (10) 2-5 ; 5-7. Aubert 1-2 ; 10-9. Aubierge 7-7. Aubin 1-3. Aude 18-11. Audrey 23-6. Augusta 27-3 ; 24-11. Auguste (4) 27-2 ; 7-5. Augustin (16) 28-8 ; 6-9. Augustine 12-11. Aure 4-10. Aurèle 20-7 ; 27-7 ; 12-11. Aurélie 25-9 ; 15-. 10 ; 2-12. Aurélien. 10-5 ; 16-6 ; 4-7. Aurore 13-12. Austreberte 10-2. Avit (6) 5-2 ; 21-2 ; 17-6. Aymar 5-10 ; 29-5. Aymeric 4-11.

■ **Babette** 17-11. Babine 31-3. Baptiste 24-6. Barbara 4-12. Barbe 4-12. Barberine 4-12. Barnabé 11-6 ; 9-7. Barnard 23-1. Barthélemy (13) 24-8 ; 11-11. Bartolomé 24-8. Basile (10) 2-1 ; 27-2. Bastien 20-1. Bathylle 30-1. Baudouin 15-7 ; 17-10. Béatrice (6) 13-2 ; 29-7. Béline 19-2. Bénédicte (4) 4-1 ; 6-5 ; 16-3. Benjamin(e) 31-3. Benoît (25) 11-2 ; 11, 15-7 ; 23-10. Benoît-Joseph 16-4. Bérenger(ère) 26-5 ; 29-10. Bérénice 4-10. Bernadette 16-4 ; 18-2. Bernard (24) (de C.) 20-8. (de M.) 28-5. Bernardin (4) 20-5 ; 2-7. Berthe (6) 4, 18-7. Berthold (4) 29-3 ; 21-10. Bertille 3-1 ; 20-10 ; 5,6-11. Bertrand (6) 6-9 ; 16-10 ; 11-11. Bettina 17-11. Betty 17-11. Bibiane 2-12. Bienvenue 30-10. Billy 10-1. Blaise 3-2 ; 5-4 ; 29-11. Blanche (3) 5-7 ; 18-10. Blandine 2-6. Bluette 5-10. Boèce 23-10. Bonaventure (8) 15-7 ; 11-11. Boniface (16) 8-5 ; 5-6 ; 19-6 ; 4-9. Boris 24-7 ; 2-5. Brendan 16-5 ; 29-11. Briach 17-12. Brice 9-7 ; 13-11. Brieuc 1-5. Brigitte (5) 21-1 ; 23-7. Bruno (7) 18-7 ; 6-10.

■ **Calais** 1-7. Calliope 7-4. Calliste 16-4 ; 29-12. Camilla 3-3 ; 18, 31-5. Camille 14-7 ; 12-10. Candide (6) 11-3 ; 3-10. Canut 7, 19-1. Carine 7-11. Carl 4-11. Carlos 4-11. Carmen 16-7. Carole 17-7. Caroline (2) 9-5 ; 17-7. Casimir 4-3. Catherine (19) 29-4 ; 15-9 (Labouré) ; 25-11. Cécile (4) 17-8 ; 22-11. Cédric 7-1. Céleste 14-10. Célestin 2, 19-5 ; *27-7.* Célia 22-11. Céline 3-2 ; 21-10. César 26-8. Césarine 12-1. Chantal 12-12. Charles, Charly, Charley (10) 3-6 ; 4-11. Charlotte 17-7. Christel 24-7. Christian (7) 12-6 ; 12-11. Christiane (Nino) 15-12. Christine (7) 24-7 ; 5-12. Christophe (9) 25-7 ; 21-8 ; 25-9. Clair (6) 4-11 ; 8-11. Claire (5) 11, 17-8. Clarisse 12-8. Claude (12) 6-6 ; 7-7 ; 15-2. Claudette 6-6. Claudia 18-5 ; 7-8. Claudie, Claudine, Claudius 6-6. Clélia 13-7. Clémence 21-3. Clément (15) 15-3 ; 23-11. Clémentine 23-11. Cléopâtre 19-10. Clet 26-4. Clotilde 3, 4-6 ; 23-10. Cloud 8-6 ; 7-9. Clovis 25-8. Colette 6-3. Colin 6-12. Colomba 9-6 ; 12-12. Colomban 2-2 ; 23-11. Colombe (4) 17-9 ; 31-12. Côme 26-9. Conrad (16) 1-6 ; 26-11. Constance (8) 29-1 ; 1-9. Constant 23-9 ; 18-11. Constantin (8) 9-3 ; 21-5. Cora 18-5. Coralie 18-5. Corentin 12-12. Corinne 18-5. Crépinien 25-10. Crescence 5-4 ; 15-6. Cunégonde 3-3 ; 4-5 ; 27-7. Cyprien (8) 10-3 ; 16-9. Cyr 16-6. Cyran 5-12. Cyriaque (16) 31-1 ; 8-8 ; 27-10. Cyrille (15) 18-3 ; 27-6.

■ **Dagobert** 23-12. Dahlia 5-10. Daisy 16-11. Damien (9) 12-4 ; 26-9 ; Daniel (13) 31-3 ; 21-7 ; 11-12, Danièle, Danitza, Dany 11-12. Daria 25-10. David (8) 1-3 ; 27-8 ; 29-12. Davy 20-9. Déborah 21-9. Delphin 24-12. Delphine 9-12 ; 26-11. Démétrius (9) 8-10 ; 9-10. Denis (25) 9-10 ; 17-11. Denise 15-5 ; 6-12 ; 12-12. Désiré (13) 11-2 ; 8-5 ; 16-9. Diane 9, 10-6. Didier 23-5. Diégo 13-11. Dietrich 2-2. Dieudonné 10-8. Dimitri 8, 26-10. Dirk 1-7. Dolorès 15-9. Dominique (36) 8-8 ; 20-12. Domitille 2-5. Domnin (7) 30-3 ; 9-10. Donald 15-7. Donatien (4) 24-5 ; 6-9. Dora 9-11. Doria 25-10. Dorothée (8) 6-2 ; 28-3 ; 5-6.

■ **Edgar** 8-7. Édith 15-7 ; 9-8 ; 16-9. Edma, Edmée 20-11. Edmond (5) 28-8 ; 20-11. Édouard (14) 5-1 ; 18-3 ; 13-10 ; Édouardine 5-1 ; Edwige 16-10. Éléazar 1, 23-8 ; 27-9. Éléonore 25-6. Éleuthère (10) 20-2 ; 6-9, Elfi 8-12. Elfried 8-12. Éliane 4-7. Élie (8) 16-2 ; 17-4 ; 20-7. Éliette 20-7. Éline 18-8. Élisabeth (14) 4-7 ; 17-11. Élise 17-11. Élisée 14-6. Ella 1-2. Ellenita 1-2. Elmo 15-4. Élodie 22-10. Éloi 1-12. Elphège 12-3 ; 19-4. Elsa, Elsy 17-11. Elvire 16-7. Émeline 27-10. Émeric 1-8 ; 4-11. Émile 22, 28-5 ; 6-10. Émilie 17-6 ; 19-8 ; 19-9. Émilien (11) 8-8 ; . 12-11. Émilienne 5-1 ; 30-6. Emma 19-4. Emmanuel (10) 31-7 ; 25-12. Emmanuelle 11-10. Engelbert 7-11. Enguerrand 25-10. Enrique 13-7. Éphrem 4-3 ; 9-6. Erasme 2-6. Éric 13-3 ; 18-5. Erich, Erika 18-5. Ernest(ine) 7-11. Erwan, Erwin 19-5. Espérance 1-8. Estelle 11-5. Esther 1-7. Étienne (41) 2-8 ; 26-12. Étoile 11-5. Eudes 19-8. Eugène (20) 2-6 ; 13-7. Eugénie 16-9 ; 22-11 ; 25-12 ; 7-2. Eulalie 12-2 ; 10-12. Euphémie 3-9 ; 16-9. Euphrasie (4) 13-3 ; 24-4. Euphrosyne 1-1. Eurielle 1-10. Eurosie 25-6. Eusèbe (22) 20-1 ; 2-8 ; 17-8. Eustache (9) 5-8 ; 7-9 ; 10-12. Éva 6-9. Évariste 14-10 ; 26-10 ; 23-12. Évelyne 6-9. Évrard (6) 22-6 ; 14-8. Exupère (5) 2-5 ; 1-8 ; 28-9.

■ **Fabien** 20-1 ; 31-12. Fabienne 20-1. Fabiola 27-12. Fabrice 22-8. Fanchon *cf.* Françoise. Fanny 26-12. Fantin 30-8. Faustin (8) *15-2 ;* 16-12. Fébronie 25-6. Félicie 6-6 ; 5-10. Félicien (8) 30-1 ; 9-6. Félicité (4) 7-3 ; 26-3. Félix (79) 14-1 ; 12-2 ; 1-3. Ferdinand (5) 30-5 ; 27-6. Fernand(e) 27-6. Ferréol (5) 4-1 ; 16-6 ; 18-9. Fiacre 30-8. Fidèle (5) 7-2 ; 24-4 ; 28-10. Firmin (7) 1-9 ; 25-9 ; 11-10. Flavie 12-5 ; 5-10. Flavien (7) 18-2 ; 20-7. Fleur 5-10. Flora (5) 11-6 ; 29-6 ; 24-11. Florence 20-6 ; 10-11 ; 1-12. Florent (16) 3-1 ; 4, 25-7 ; 7-11. Florentin 27-9 ; 16, 24-10. Florian 4-5 ; 17-12. Flour 3-11. Fortunat (21) 23-4 ; 1-6. Foulques (5) 2-3 ; 22-5 ; 25-12. Fourier 9-12. France 4-10. Francelin(e) 4-10. Francette, Francine 4-10. Francis(que) 4-10. Franck 4-10. François (d'A.) 4-10, (de S.) 24-1, (X.) 3-12. Françoise (8) 9-3 ; 26-6. (X.) 22-12. Frankie *cf.* François. Freddy 18-7. Frédéric (8) 27-5 ; 18-7. Frédérique 18-7. Frida 18-7. Fulbert 10-4. Fulcran 13-2. Fulgence 1-1 ; 16-1 ; 10-12.

■ **Gabin** 19-2 ; 30-5. Gabriel (8), Gaby 29-9. Gaël(le) 17-12. Gaétan(e) 7-8. Gall 1-7 ; 16-10. Galmier 27-2. Gaspard (11) 6-1 ; 28-12. Gaston 6-2. Gatien 18-12. Gaucher 9-4. Gaud 29-7. Gaudence (7) 5-1 ; 12-2 ; 25-10. Gautier (11) 8, 9-4. Gélase (5) 29-1 ; 21-11. Geneviève 3-1. Genn 18-10. Geoffroy (6) 9-7 ; 8-11. Georges (15) 19-2 ; 23-4. Georgette, Georgine 23-4. Gérald 6-2 ; 13-3 ; 5-. 12. Géraldine 5-12. Gérard (22) 5-4 ; 3-10. Géraud 13-10. Gerland 25-2 ; 18-6. Germain (d'A.) 31-7, (de P.) 28-5. Germaine 19-1 ; 15-6. Germer 24-9. Géronima 30-9. Gertrude (7) 17-3 ; 16-11. Gervais 17-4 ; 19-6 ; 8-11. Gervaise 19-6. Géry 11-8. Ghislain(e) 10-10. Gilbert (6) 4-2 ; 1-4 ; 7-6 ; 7-9. Gilberte. 11-8. Gildas 29-1. Gilles (8) 28-1 ; 1-9. Ginette 3-1. Gina(o) 21-6. Giraud 29-12. Gisèle 7-5. Gladys 29-3. Godefroy 8-11. Gontran 28-3. Gonzague 6-2 ; 3-6. Goulven 1-7. Grâce (2) 1-6. Gracieuse 21-8. Grégoire (31) 2-1 ; 3-9. Grégory 3-9. Grimaud 8-7. Gudule 8-1. Guenolé 3-3. Guewen 18-10. Guillaume (50) 10-1 ; 10-2. (em)(ette) 10-1. Gustave 7-10. Guy (10) 31-3 ; 18-6 ; 12-9. Gwénaël(le) 3-11. Gwendoline 14-10. Gwénola 18-10. Gwladys 29-3.

■ **Habib** 27-3. Hans 24-6. Harold 25-3. Harry 13-7. Hélène (12) 22-5 ; 18-8. Héliéna 18-8. Hélyette 20-7. Henri (15) 19-1 ; 13-7 ; 23-10. (ette) 13-7. Herbert 20-3 ; 20-8 ; 30-10. Hermann 25-9 ; 23-12. Hermance 28-8. Herménégild 13-4 ; 5-11. Hermès (6) 4-1 ; 1-3 ; 28-8. Hermine 9-7. Hervé 16-4 ; 17-6 ; 18-7. Hilaire (13) 13-1 ; 28-2. Hilda 17-11. Hildegarde 30-4 ; 17-9. Hildegonde 6-2 ; 20-4. Hiltrude 27-9. Hippolyte (7) 30-1 ; 13-8. Honorat (10) 16-1 ; 28-10. Honoré (4) 9-1 ; 16-5. Honorine 27-2. Hortense 5-10. Hubert 30-5 ; 3-11. Hugues (20) 1-4 ; 17-11. Huguette 1-4. Humbert (4) 4-3 ; 14-7. Hyacinthe (10) 30-1 ; 17-8.

■ **Iadine** 3-2. Ida 13-4. Ignace (8) 31-7 ; 17-10. Igor 5-6. Ildephonse 23-1. Imelda 12-5. Imré 4-11. Inès 10-9. Ingrid 2-9. Innocent (7) 22-6 ; 28-12. Iphigénie 21-9. Irène (4) 5-4 ; 5-5 ; 18-9. Irénée (9) 28-6 ; 3-7. Iris 4-9. Irma 9-7. (de S.) 4-9. Irmengarde 16-7. Isaac (9) 25-3 ; 19-10. Isabelle (22) 26-2 ; 4-7 ; 10-9. Isaïe 14-1 ; 8-2 ; 6-7. Isidore (12) 4-4 ; 10-5. Ivan 24-6.

■ **Jacinthe** 30-1. Jackie 8-2. Jacob 15-7. Jacqueline 8-2. Jacques (Maj.) 25-7. (Min.) 3-5. Jacquette 8-2. Jacquine 25-7. Jacquotte 8-2. James 25-7. Jaouen 2-3. Jasmine 5-10. Jason 12-7 ; 3-12. Jean (A.) 27-12. (-Baptiste) 24-6 ; 29-8. Jeanne 8, 30-5. (de C.) 12-12. Jeannine 8-5. Jenny 8-5. Jérémie (6) 1-5 ; 7, 17-6. Jérôme (9) 8-2 ; 30-9. Jessica 4-11. Jessy 4-11. Jim 25-7. Joachim (7) 26-7 ; 19-8. Joël 25-1 ; 13-7 ; (le) 13-7. Joévin 2-3. Johanne 30-5. John, Johnny 24-7. Jordanne 13-2. Joris 26-7. José 19-3. Joseph (42) 19-3 ; 25-8. (ine) 22-1 ; 23-10. Josette, Josiane 19-3. Josselin(ne) 13-12. Josué 1-9. Juanita 8-5. Jude 28-10. Judicaël 17-12. Judith 5-5 ; 29-6. Jules (9) 12-4 ; 27-5 ; 1-7. Julie (12) 8-4 ; 22-5 ; 21-7. Julien (40) 17-1 ; 12-2 ; 2-8. Julienne (13) 16-2 ; 19-6. Juliette 17, 30-7. Juste (13) 2-9 ; 14-10. Justin (7) 1-6 ; 31-7 ; 1-8. Justine (6) 12-3 ; 7-10. Juvénal 3, 7-5 ; 12-9.

■ **Karelle,** Karen, Karine 7-11. Katel, Katia, Katy, Ketty 24-3. Kévin 3-6. Kurt 26-11.

■ **Ladislas** 27-6 ; 25-9. Laetitia 18-8. Lambert (8) 14-4 ; 17-9. Landry 17-4 ; 10-6. Lara, Larissa 26-3. Laure 18-8 ; 19-10. Laurence 8-10. Laurent (24) 21-7 ; 10-8 ; 10, 20, 28-9. Laurentine, Laurette, Laurie, 10-8. Lazare (5) 23-2 ; 21-6 ; 29-7. Léa 22-3. Léandre 27-2. Léger 2-10. Lélia 11-8. Léna, Lénaïc, 18-8. Léocadie 9-12. Léon(e) (27) 20-2 ; 10-11. Léonard (10) 30-3 ; 6-11. Léonce (12) 13-1 ; 18-6. Léonilde, Léontine 10-11. Léopold 2-4 ; 12-5 ; 15-11. Leslie 17-11. Lia 22-3. Lidwine 14-4. Lila 22-3. Lilian(e) 4-7. Lily 17-11. Lin 23-9. Linda 28-8. Line 20-10. Lionel 10-11. Lisbeth, Lisette, Lizzie 17-11. Lô 22-9. Loïc 25-8. Loïs 21-6. Lola 15-9. Lolita 15-9. Loraine 30-5. Lore 25-6. Louis (roi) 25-8. (de G.) 21-6. (Marie) 28-4. Louise (5) 15-3 ; 24-7. Loup (9) 29-7 ; 25-9. Luc (12) 7-2 ; 18-10. Lucas 18-10. Lucette 13-12. Lucie (12) 6-7 ; 13-12. Lucien (7) 7, 8-1 ; 24-12. Lucienne 8-1. Lucille 29-7 ; 25-8. Lucrèce 15-3 ; 23-11. Ludmille 16-9. Ludovic 1-8. Ludwig 25-8. Lydie 27-3 ; 3-8. Lydiane 3-8.

■ **Macaire** (12) 2-1 ; 15-1. Macrine 14-1 ; 19-7 ; *20-7.* Maddy, Madeleine 22-7. Mael 13-5. Maëlle 24-5. Mafalde 2-5. Magali, Maggy 22-7. Magloire 24-10. Maïté 7-6. Malo 15-11. Manoël 25-12. Manuel 25-1 ; 17-6. Marc (31) 25-4. Marceau 16-1. Marcel (20) 16-1 ; 4-9 ; 7-10. Marcelle 31-1 ; 28-6. Marcellin (12) 6-4 ; 2-6. Marcelline 17-7. Marcien (18) 10-1 ; 14-6 ; 25-8. Marguerite (22) 19-1 ; 3, 22-2 ; 16-11. (M.) 16-10. Mariam 26-8. Marianne 27-4 ; 26-5. Mariannick *cf.* Marie et Anne. Marie (77) 1-1, 15-8. (-Madeleine) 22-7. Marielle 15-8. Marien (8) 30-4 ; 3-7 ; 19-8. Mariette 6-7. Marilyne 15-8. Marin(e) (12) 4-9 ; 24-11 ; 26-12. Marina, Marinette. 20-7. Marion 15-8. Marius 19-1 ; 27-1. Marjolaine 15-8. Marjorie 20-7. Mars 13-4. Marthe (6) 29-7 ; 20-10. Martial (6) 30-6 ; 10-7. Martin (23) 13-4 ; 11-. 11. Martine 30-1. Martinien (4) 13-2 ; 2-7. Marylise, Maryse, Maryvonne 15-8. Materne 18-7 ; 14-9. Mathilde 26-2 ; 14-3. Mathurin 1-11. Matthias (8) 6-2 ; 14-5. Matthieu (13) 22-1 ; 21-9. Maud 14-3. Maurice (4) 22-9 ; 13-10. Mauricette 22-9. Maxence 26-6 ; 20-11 ; 12-12. Maxime (35) 14-4 ; 13-8. Maximilien (4) 12-3 ; 12-10. (Kolbe) 14-8. Maximin 29-5 ; 8-6 ; 15-12. Mayeul 11-5. Médard 8-6. Melaine 6-1. Mélanie 8-6 ; 31-12. Menehould 14-10. Mériadec (2) 7-6. Merry 29-8. Michel (25) 4-5 ; 29-9. Michèle, Michelle 24-8. Micheline 20-6. Mikaël 29-9. Mildrede 13-7. Milène 19-8. Miloud 22-5. Mireille 15-8. Modeste (8) 5-2 ; 24-2. Moïse (6) 28-8 ; 4-9. Monique 12-7 ; 27-8. Morvan 22-9. Moshé 4-9. Muguet(te) 1-5. Muriel, Myriam 15-8. Myrtille 5-10.

■ **Nadège** 1-8 ; 18-9. Nadette 18-2. Nadia 18-9. Nadine 18-2. Nahum 17-7 ; 1-12. Nancy 26-7. Napoléon 15-8. Narcisse (5) 17-9 ; 29-10. Natacha 26-8. Nathalie 27-7 ; 8-9 ; 1-12. Nathanaël 24-8. Nello 25-12. Nelly 18-8. Nestor (4) 26-2 ; 4-3 ; 8-9. Nicolas (30) 4-2 ; 6-12. Nicole, Nicoletta 6-12 ; 6-3. Nikita 31-1. Nina 14-1. Nino 15-12. Ninon 15-12. Noé 3-6. Noël(le) 25-12. Nolwenn 6-7. Nora 25-6. Norbert 6-6. Nympha 10-11.

■ **Octave(ie)** 20-11. Octavien 22-3 ; 6-8. Odette 20-4. Odile 13, 14-12. Odilon 11-5 ; 15-10. Olaf 29, 30-7. Olga 11-7. Olive 5-3. Olivette 5-3 ; 3-6 ; 10-6, Olivia 5-3. Olivier 3-2 ; 11, 12-7. Olympe 12-6 ; 26-7. Ombeline 21-8. Onésime 16-2 ; 13-5. Orianne 4-10. Oscar 3-2. Oswald 28-2 ; 5-8. Othon 16-1 ; 2-7 ; 28-12. Otmar 16-11.

■ **Pablo** 29-6. Paco 24-1. Pacôme 9, 14-5 ; 26-11. Paméla 16-2. Pamphile (4) 28-4 ; 1-6. Paola 26-1. Pâquerette 5-10. Paquita 12-12. Paquito 24-1. Parfait 18-4. Pascal 14,5. (e) 17-5. Patrice, Patricia 17-3. Patrick (7) 17-3 ; 28-4 ; 24-8. Paul (55) 6-2 ; 29-6. Paula 26-1. Paule (10) 26-1 ; 3, 11-6. Paulette 26-1. Paulin (12) 11, 28-1 ; 29-4. Peggy 8-1. Pélagie (6) 4-5 ; 8-10. Perlette 16-10. Pernelle, Péroline 31-5. Perpétue 7-3 ; 4-8. Perrette, Perrine 31-5. Pervenche 5-10. Peter 29-6. Philibert(e) 20, 22-8. Philippe (24) 3, 26-5. Pierre (133) 22-2 ; 29-6 ; 18-11. Pierrick 29-6. Placie 5-10. Pol 12-3. Polycarpe (4) 23-2 ; 2-4 ; 7-12. Porphyre (7) 26-2 ; 15-9. Primaël 16-5. Prisca 18-1. Priscille 16-1 ; 8-7. Privat 21-8 ; 20-9 ; 28,9. Prix 25-1. Procope 27-2 ; 4-7 ; 8-7. Prosper 25-6 ; 7, 29-7. Prudence 6, 28-4 ; 6-5. Pulchérie 10-9.

■ **Quentin** 31-10. Quitterie 22-5.

■ **Rachel** 15-1. Rachilde 23-11. Radegonde (2) 13-8. Rainier (7) 17-6 ; 4-8. Raïssa 5-9. Ralph 21-6. Rambert 13-6. Raoul 7-7. Raphaël 6-1 ; 29-9 ; 19-11. Raymond(e) (7) 7-1 ; 15-3. Réginald 1-2 ; 9-4 ; 2-7. Régine 7-9. Régis 16-6. Regnault 16-9. Reine, Réjane 7-9. Remi (4) 15, 19-1 ; 1-10. Renald, Renaud 17-9. René 2-9 ; 19-10 ; 12-11. Richard (22) 3-4 ; 17-10. Richarde 18-9. Rita 22-5. Robert (24) 4-1 ; 30-4 ; 17-9. Roberte 30-4. Roch 16-8 ; 17-11. Rodolphe 21-6. Rodrigue 13-3. Rogatien (4) 24-5 ; 26-10. Roger (5) 30-12 ; 4-1 ; 1-3. Roland 15-9. Rolande 13-5. Romain (13) 28-2 ; 22-5. Romaric 8, 10-12. Roméo 25-2 ; 4-3. Romuald 19-6. Ronald 20-8. Ronan 1-6. Roparz 30-4. Rosalie 15-7 ; 4-9. Rose (6) 23-8 ; 4-9. Roseline 17-1. Rosemonde 30-4. Rosette, Rosita, Rosy, Rozenn 23-8. Rosine 11-3. Rudy 21-6. Rufin (13) 14-6 ; 10-7. Rustique (9) 24-9 ; 26-10.

■ **Sabine** 29-8 ; 27-10. Sabrina, Sacha 30-8. Saens 14-11. Salma 21-4. Salomé 29-6 ; 22-10 ; 17-11. Salomon (4) 13-3 ; 25-6 ; 28-9. Salvator 18-3. Samson 27-6 ; 28-7. Samuel (4) 9, 20-8 ; 10-10. Samy 20-8. Sandie, Sandra, Sandrine 2-4. Sara 9-10. Saturnin (24) 29-11 ; 11, 15-2. Sébastien 20-1. Ségolène 24-7. Séraphin 2-1 ; 12-10. Serge (5) 8-9 ; 7-10. (ine) *7-10.* Sernin 29-11. Servan(e) 1-7. Séverin(e) (14) 8-6 ; 27-11. Sheila 22-11. Sibylle 23-3. Sidoine 21-8 ; 14-11. Sidonie 14-11. Siegfried 22-8. Sigismond 1-5. Silvère 20-6. Silvestre (6) 20-11 ; 31-12. Siméon (10) 5, 28-1. Simon(e) (18) 18-9 ; 28-10. Simplice (11) 10-3 ; 24-6. Soizic 24-1. Solange 10-5. Soledad 11-10. Solenne 25-9. Soline 17-10. Sonia 18-9. Sophie 30-4 ; 25-5 ; 18-9 ; 30-9. Sosthène 8-7 ; 28-11. Stanislas 11-4 ; 13-11. Stella 11-5. Stéphane 26-12. Stéphanie 2-1. Stève 26-12. Suzanne (5) 11-8 ; 19-9. Suzel, Suzette, Suzon, Suzy 11-8. Svetlana 20-3. Sylvain(e) (15) 4, 15-5 ; 20-6. Sylvestre. *cf.* Silvestre. Sylvette, Sylviane 5-11. Sylvie 3, 5-11. Symphorien 7-7 ; 22-8 ; 8-11.

■ **Tamara** 1-5. Tanguy 19-11. Tania, Tatiana, Tatienne 12-1. Teddy 5-1. Térésa 15-10. Tessa 17-12. Thaddée 25, 28-10 ; 24-9 ; 24-11. Thècle (8) 18-1 ; 15-10. Théobald 21-5. Théodore (28) 9, 11-11. Théodule (11) 17-2 ; 17-8. Théophane (4) 2-2 ; 12-3. Théophile (16) 19-5 ; 20-12. Thérèse (d'A.) 15-10. (de L.) 1-10. Thibaut (4) 21-5 ; 30-6 ; 8-7. Thiébaud 8-7. Thierry 1-7. Thomas (63) 22-6 ; 3-7. Tibère 10-11. Tiburce 14-4 ; 11-8. Timothée (14) 26-1 ; 3-5. Tino 14-2, 21-5. Tiphaine 6-1. Toussaint (e) 1-11. Tudal 1-12. Tudi 9-5.

■ **Ubald** 9-4 ; 16-5. Ulrich (4) 4, 10, 14-7. Urbain (12) 24-1 ; 19-12. Urielle 1-10. Ursula 21-10. Ursule 29-5 ; *21-10.*

■ **Valentin** (13) 14-2 ; 2-5 ; 16-7. Valentine 25-7. Valère (9) 16-1 ; 14-6. Valérie 28-4 ; 5-6 ; 9-12. Valérien (10) 13-5 ; 23-8. Valéry 1-4. Vanessa, Vanina 4-2. Vassili 2-1. Venceslas 28-9. Véra 18-9. Vérane 11-11. Verène 1-9. Véronique 13-1 ; 4-2 ; 9, 12-7. Vianney 4-8. Victoire (4) 11-2 ; 17-11. Victor (38) 21-7 ; 16-9. Victorien (4) 23-3 ; 16-5. Vincent (34) 22-1 ; 5-4. (de P.) 27-9. Vinciane 11-9. Violaine, Violette. 5-10. Virginie 15-12 ; 7-1. Viridiene 1-2. Vital (16) 11-1 ; 4-11. Viviane 1-9 ; 2-12. Vivien 21-1 ; 10-3 ; 28-8.

■ **Walter** 9-4. Wenceslas 28-9. Wilfried 29-4 ; 12-10. William, Willy 10-1. Winoc 6-11. Wladimir 15-7. Wolfgang 31-10. Wulfram 20-3.

■ **Xavier** 3-12. Xavière 22-12.

■ **Yann,** Yannick, Yoann 24-6. Yolande 11, 15-6. Youri 23-4. Yvan 24-6. Yves 24-4 ; 19, 23-5. Yvette 13-1. Yvon (ne) 19-5.

■ **Zacharie** (5) 15-3 ; 5-11. Zéphyrin *26-8.* Zita 27-4. Zoé 2-5 ; 5-7. Zosime 26-12.

49, Éléonore 48, Astrid 44, Margaux 40, Sixtine 38. **En 2000 :** Marie 18, Charlotte 14, Inès, Lucie, Mathilde 12, Juliette 11, Clara, Clémence 10, Aliénor, Joséphine 9. **Masculins :** Louis 212, Paul 191, Alexandre 167, Charles 155, Antoine 154, Pierre 148, Guillaume 141, Thomas 129, Arthur 127, Nicolas 103, Édouard 97, Victor 94, Augustin 91, Jean 74, Alexis 69, Thibault 64, Maxime 63, Adrien 52, Hugo 49, Stanislas 48. **En 2000 :** Arthur 26, Pierre 24, Paul 21, Alexandre 20, Louis 18, Charles 16, Thomas 15, Alexis 13, Antoine, Baptiste 12.

■ **Réglementation.** Ni la loi du 11 germinal an XI (2-4-1803) ni le Code civil n'imposent l'obligation de donner un ou des prénoms. La loi du 11 germinal an XI permet de donner comme prénoms ceux qui figurent dans les calendriers (des saints, révolutionnaire, musulman, etc.), ou ceux de personnages connus dans l'histoire ancienne, à condition qu'ils aient existé et se soient manifestés avant le Moyen Age (sont ainsi autorisés : Achille, Vercingétorix, mais les dieux de la mythologie sont exclus). Le gouv. consulaire fit dresser un répertoire des noms autorisés.

On trouve parmi ceux-ci **pour les garçons :** Abédécales, Abide, Abscode, Acepsimas, Anstriclinien, Aphone, Aproncule, Bananuphe, Calépode, Canisius, Coconain, Cordule, Delcolle, Dorymédon, Eupsyque, Eusémiote, Frichoux, Gobdélas, Gorgon, Guthagon, Gabin, Havenne, Huldegrin, Injurieux, Ithamace, Keintegern, Lézin, Lupède, Ludon, Latin, Mappalique, Melchiad, Métromane, Moucherat, Nizilon, Némèse, Odilard, Oenillin, Onésiphore, Ouarlax, Palphètre, Pamphalon, Patape, Pèlerin, Pétronin, Philogon, Pipe, Proscidile, Quoamal, Rasyphe, Sabas, Smaragde, Syarèse, Télesphore, Théoïde, Théopiste, Théopompe, Triphon, Tripodes, Tychique, Ubède, Urciscène, Usthazades, Viedemial, Ynsigo, Zotoucque. **Pour les filles :** Agetine, Animaïde, Arcade, Avaugourg, Bertoarde, Bibienne, Conchinne, Crispine, Cuthburge, Dodoline, Dorothée, Dorphate, Édifrède, Égobille, Ensvide, Épicaride, Ésothéide, Godine, Golinduche, Guimfroye, Hérondine, Hune, Irmine, Kymescide, Lupite, Macarie, Mamelthe, Mazote, Mirlouriraine, Nossète, Obdule, Oringue, Panduine, Piste, Pompine, Porcaire, Rusticule, Sigouleine, Sosipatre, Supporine, Tatienne, Venefride, Yphenge, Zingue, Zite, Zuarde.

Des circulaires du 12-4-1966, du 10-7-1987 et une instruction générale du 21-9-1955 demandèrent aux officiers de l'état civil de faire preuve de libéralisme dans l'admission des prénoms. De 1987 à janvier 1993, ils ne pouvaient refuser que les prénoms qui ne figuraient pas sur un calendrier et qui n'étaient pas consacrés par l'usage. Depuis la *loi du 8-1-1993,* les parents peuvent choisir librement le prénom de leur enfant. Si l'officier de l'état civil considère que ce prénom est contraire à l'intérêt de l'enfant, il en informe le procureur de la République qui peut saisir le juge aux affaires familiales qui ordonnera la suppression ou le maintien du prénom choisi par les parents (en mai 1999, Zébulon fut interdit). La possibilité de changer de nom et de prénom est élargie, elle est ouverte à toute personne justifiant d'un intérêt légitime. **Modification** (loi du 12-11-1955). Le tribunal de grande instance peut (sur la requête d'un individu ou de son représentant légal) autoriser des modifications pour les personnes affublées de prénoms ridicules ou qui sont l'objet de risées par l'effet de la juxtaposition de ce prénom au nom patronymique (exemple : Jean Bon). Voir p. 1672 a.

Enfants trouvés : l'officier de l'état civil attribue des prénoms à l'enfant, le dernier servant de nom patronymique. Si l'enfant n'est pas un nouveau-né, le tribunal de grande instance est alors compétent.

■ **Saints du calendrier. Nombre de saints patrons :** le calendrier des Postes donne le nom du « saint du jour », soit environ 365. Mais en réalité 6 216 saints et bienheureux figurent au calendrier de l'Église, selon les tables dressées par les bénédictins de Paris en 1959, soit une vingtaine par jour. Les 6 216 noms cités renvoient à environ 5 000 personnages. De nombreux saints sont en effet nommés à la fois par leur prénom, leur nom de religion et leur patronyme.

Il y a en outre de nombreux martyrs inconnus, groupés selon le lieu et la date de leur mort, et dont on ne connaît que le chiffre [de 2 à 10 203 (Rome)]. À Trèves, le groupe de martyrs est donné comme « presque innombrable », et à Saragosse (Espagne, persécution de Domitien, en 95 apr. J.-C.) comme « innombrable ». Des Espagnols portent le prénom de *Innumerables.*

Fréquence des noms. Saints : Jean 302, Pierre 177, Paul 72, François 71, Jacques 59, Antoine 58, André 51, Alexandre 48, Étienne 45, Joseph 44, Dominique 41, Louis 37, Léon 30, Martin 28, Laurent 24, Philippe 23, Anastase 20, Marcel 19, Marcien 18, Sévère 17, Macaire 16, Janvier 14, Candide 13, Anatole, Acace 6. **Saintes :** Marie 127, Jeanne 26, Anne 24, Marguerite 21, Madeleine 20, Lucie 19, Élisabeth 16.

■ **Féminisation de prénoms masculins.** Xavier (patronyme) féminisé en Xavière ; Armel, Ghislain, Joël, Michel, Nicolas, en Armelle, Ghislaine, Joëlle, Michelle ou Michèle, Nicole, etc. Certains prénoms sont à la fois masculins et féminins : Camille, Claude, Dominique...

■ **Prénoms hérités de l'Antiquité chrétienne** (martyrs, ermites, évêques fondateurs de diocèses). **Devenus rébarbatifs** bien que leur sens n'ait pas évolué de façon anormale : Amphilogue, Carpophore, Cordodème, Érotéide et Érotide, Euprépius, Eupsygue, Nymphodore, Pélée et Pélade.

Devenus pittoresques pour des raisons de signification. 1°) Noms d'animaux : Carpe, Castor, Colombe, Corneille, Faucon, Félin, Héron, Léopard, Loup, Luciole, Ours, Tigre. [Patronymes de martyrs modernes : avec jeu de mots : Chien (Extrême-Orient) ; sans jeu de mots : Búfalo (espagnol). Martyr perse du VIe siècle (jeu de mots) : Dada.] **2°) Noms d'objets ou de réalités courantes :** Censure, Mitre, Néon, Palais, Panacée, Pipe, Porphyre, Prime, Principe, Projet, Tripode, Vanne. **3°) Noms géographiques ou astronomiques :** Désert, Métropole, Nil, Océan, Olympe, Orion, Seine. **4°) Noms de mois :** Octobre, Mars, Janvier. **5°) Personnages de la mythologie ou de l'Antiquité païenne** (prénoms à la mode à l'époque et portés par des baptisés) : Achille, Aphrodite, Cléopâtre, Diane, Jason, Marius, Néron, Oreste, Platon, Plutarque, Pompée, Priam, Romulus, Socrate, Thémistocle, Tibère, Virgile, Xénophon. **6°) Noms de végétaux :** Céréale, Fleur, Narcisse, Olive, Rose (Marguerite n'est pas un nom de fleur mais signifie *perle*). **7°) Noms d'abstractions :** Abondance, Amour, Espérance, Foi, Grâce, Humilité, Mémoire, Méthode, Prudence, Victoire. **8°) Noms communs de personnages :** Dominateur, Héros, Libérateur, Marin, Martyr, Matrone, Moniteur, Néophyte, Nymphe, Pasteur, Pèlerin, Philologue, Possesseur, Romain, Satyre, Scholastique, Sénateur, Sicaire, Vigile. **9°) Épithètes :** beaucoup ont gardé un sens flatteur : Candide, Bonne, Carissime, Claire, Dévote, Digne, Doux, Fort, Franche, Généreux, Gentil, Honoré, Humble, Juste, Libéral, Lucide, Martial, Modeste, Opportune, Pacifique, Parfait, Patient, Pie, Placide, Probe, Prosper, Prudent, Révérend, Serein, Stable, Tranquille, Viril, Vital. Mais certaines ont changé de sens et ne sont plus des compliments : Illuminé, Passif, Primitif, Rustique, Sévère, Servile, Spécieux, Sibylline. Il existe aussi un *saint Mieux* (mais il s'agit d'une forme locale du nom de Maoc).

■ **Prénoms les plus courts.** Y (forme dialectale du nom de saint Aile) ; U (nom de famille d'un martyr extrême-oriental).

☞ Les noms de religion peuvent être utilisés comme prénoms (par exemple Jean de Dieu) et les patronymes de saints comme prénoms chrétiens [par exemple Chantal (sainte Jeanne de Ch.), Garicoïts (Michel G.), Gonzague (Louis de G.), Jogue (au Canada : René J.), Régis (François R.), Vianney (Jean-Marie V.), Xavier et Xavière (François X.)]. Cet usage permet de donner comme noms de baptême les patronymes suivants : *pittoresques :* Cornebout, Cufitelle, Piécourt, Sautemouche ; *prosaïques :* Dufour, Dumoulin, Duval ; *exotiques* (martyrs d'Extrême-Orient) : Chien, Fou, Du, Mao.

Développement de l'enfant

■ **Quelques étapes. 1 mois :** suit des yeux un objet qui se déplace, regarde un visage, commence à sourire, peut imiter un adulte qui lui tire la langue (test réussi sur bébé 45 min après). **2 mois :** sourit, tient sa tête. **3 mois :** gazouille spontanément et, en réponse, regarde ses mains, tient le hochet, le regarde, peut garder 1 mois en mémoire un événement. **4 mois :** rit aux éclats, saisit les jouets et les porte à sa bouche, voit les couleurs comme l'adulte. **5 mois :** cherche un jouet perdu, sourit au miroir. **6 à 8 mois :** passe un objet d'une main à l'autre, tient assis seul quelques instants sur un plan dur, reconnaît le visage de sa mère. **8 à 10 mois :** marche à 4 pattes, saisit un petit objet entre pouce et index, répète des syllabes (ma, pa, ta), répond à son nom, fait « au revoir », « bravo ». **11 mois :** son cri peut atteindre une intensité sonore de 100 à 177 dB (un marteau pneumatique atteint 120 dB ; un Klaxon, 100 dB à 5 m), rit si sa mère fait des grimaces. **12 à 18 mois :** marche seul (3 % dès 9 mois), dit quelques mots, boit seul à la timbale, empile 2 ou 3 cubes. **18 à 22 mois :** gribouillage spontané, phrases de 2 à 3 mots, montre ses yeux, son nez, comprend devant un miroir que c'est son image, sait dire non. **21 mois :** ramasse un objet sans perdre l'équilibre. **24 mois :** monte et descend un escalier, mange seul, se nomme par son prénom, construit une tour de 6 cubes. **2 à 3 ans :** complexe d'Œdipe, comprend que sa mère forme un couple avec son père. **2 ans et demi :** saute à pieds joints, court, défait un paquet, reproduit un trait vertical ou horizontal. **3 ans :** marche sur la pointe des pieds, langage élaboré, propre la nuit, lance une balle, reproduit un cercle. **3 ans et demi :** se déshabille et commence à s'habiller seul. **4 ans :** saute à cloche-pied, lace ses souliers, reproduit un carré sur un papier, donne son adresse. **5 ans :** grimpe aux arbres, peut rester immobile 1 minute, utilise « hier », « demain », compte 4 objets. **6 ans :** fait un puzzle de plus de 10 morceaux, indique le jour de la semaine.

☞ 80 % des nourrissons sucent leur pouce, 40 % persistent après 2 ans, 10 % jusqu'à 5 ans. 9 à 26 % des moins de 6 mois pleurent plus de 3 h par jour.

Puberté : elle commence aujourd'hui à 11 ans (+ ou – 2 ans) chez les filles, à 13 ans (+ ou – 2 ans) chez les garçons. **Pubertés précoces anormales** (avant 8 ans) : principalement chez les filles. *Traitement :* principalement pour contrôler la poussée de croissance qui les accompagne. Environ 300 enfants actuellement traités en France (remboursé par la Sécurité sociale). Le développement pubertaire réapparaît à l'arrêt du traitement.

☞ 50 % des Françaises sont pubères à 13,1 ans contre 14,8 ans pour les garçons.

■ **Sexualité infantile selon Freud. Stade oral :** de la naissance à 18 mois. **Anal :** de 18 mois à 3 ans. **Phallique :** de 3 à 5 ans [complexe d'Œdipe : découverte de la différence anatomique entre les sexes ; la petite fille, n'ayant pas de pénis, se vit comme castrée, et le garçon comme susceptible de l'être, d'où une angoisse vécue comme la menace d'un châtiment encouru par l'enfant eu égard aux activités sexuelles auxquelles il se livre (curiosité, masturbation)]. **De latence** (sexuelle) : de 5 ans à la puberté. **Génital :** puberté.

☞ **Pour connaître le « niveau de développement » d'un enfant** par rapport au développement moyen des enfants du même âge, on utilise soit des épreuves explorant les acquisitions sur le plan clinique jusque vers 4-5 ans, soit des épreuves psychométriques (1re établie par Binet et Simon) dans lesquelles interviennent des facteurs d'ordre psychologique (langage, socialisation) ou moteur (coordination motrice, contrôle postural). Chez l'enfant plus âgé, on cherche à connaître un rendement ou « efficience intellectuelle » en estimant son *quotient intellectuel (QI)* : écart à une moyenne théorique de 100, la distribution des scores de la population obéissant théoriquement à la courbe de Gauss (dite courbe en cloche) : un QI de 115 veut dire que le sujet a une note telle que seulement 16 % des gens ont un score supérieur à lui ; un QI de 85, que 16 % ont un score inférieur, calculé soit en faisant le rapport entre « l'âge mental » (âge de réussite des épreuves) et l'âge réel dans les tests de type *Binet-Simon*, soit en situant l'enfant dans la population de son âge par rapport à ses pairs dans les tests tels que ceux de *Wechsler*. Ce niveau de rendement est lié à chaque enfant, à son histoire et aux facteurs affectifs qui peuvent interférer fortement.

■ **Croissance physique. 1re année :** environ 24 cm. **2e année :** 11 cm. **Enfance :** 5 cm environ/an (dure environ 6 ans pour les filles et 8 ans pour les garçons). **Puberté** (début vers 12 ans) : garçon 12 cm/an, fille 8 cm ; poids : peut atteindre + 10 kg/an.

Retard de croissance. Causes diverses : petite taille dans la famille. Carence psychoaffective. Malnutrition. Insuffisance hormonale. Puberté tardive (vers 15 ans pour les garçons et 13 ans pour les filles).

Déformations du dos. Scoliose : déformation de la colonne vertébrale en forme de S ou de courbe qui entraîne un déséquilibre au niveau des épaules ou des hanches. **Cyphose :** dos voûté, projection du haut du corps, tête et épaules vers l'avant.

■ **Anomalies chromosomiques.** 1 nouveau-né vivant sur 175 est porteur d'une aberration (trisomie 21 : 1 sur 700 [1], trisomie 13 : 1 sur 9 000, trisomie 18 : 1 sur 5 000, syndrome de Turner : 1 sur 2 500, de l'X fragile : 1 sur 1 500 garçons).

■ **Malformations congénitales.** Défaut de fermeture du tube neural (anencéphalie et spina-bifida) et autres 1,4 pour 1 000, malformations cardiaques 4 pour 1 000 naissances, malformations des voies urinaires et des organes génitaux 4 pour 1 000.

■ **Maladies géniques.** *Mucoviscidose* 1 pour 1 600 à 2 000 naissances, *phénylcétonurie* 1 pour 15 000 naissaines, *myopathie de Duchenne* 1 pour 5 000 garçons, *hémophilie* 1 pour 10 000 garçons, *hémoglobinopathies, drépanocytose, thalassémie.*

■ **Mort subite du nourrisson (MSN). Circonstances. Âge :** max. entre 2 et 4 mois (90 % avant 6 mois). **Saison :** 40 % au cours des 3 mois d'hiver. Meurent le plus souvent pendant le sommeil. **Causes connues** (par ordre de fréquence) : infection (virale ou bactérienne, respiratoire ou diffuse), accident dans la literie, hyperthermie, reflux gastro-œsophagien, fausse route, malformation congénitale (exemple : cœur), obstruction nasale, traumatisme, apnée centrale ou obstructive, maladie métabolique des acides gras. **Facteurs favorisants :** position ventrale pendant le sommeil, sur le côté (instable), literie à risque (oreiller, couette, matelas mou), tabagisme passif (*in utero* et postnatal), conditions socio-économiques précaires. Un bilan complet avec autopsie (pratiquée dans 60 % des cas) permet de comprendre la cause de la mort. La prévention est efficace (depuis 1994, diminution de 75 % des chiffres) : couchage sur le dos, literie de sécurité, température ambiante à 19 °C.

☞ Adresse : *Fédération Naître et Vivre,* 5, rue La Pérouse, 75116 Paris.

Statistiques. Nombre : *1987 :* 1 564 ; *92* (sur 5 075 décès infantiles) : 1 291 (dont garçons 65 %) ; *93 :* 1 113 ; *94 :* 880 ; *95 :* 538 ; *96 :* 451 *97 :* 360. **Taux pour 1 000 naissances vivantes :** *vers 1975 :* 0,3 ; *80 :* 1,03 ; *91 : 2 ; 96 :* 0,6 ; *97 :* 0,49. **Mortalité infantile** (en ‰, 1997) : 4,76, dont 0,476 mort subite.

Nota. – (1) Il passe de 1 sur 1 500 avant 30 ans à 1 sur 750 entre 30 et 34 ans, puis à 1 sur 270 entre 35 et 39 ans.

Contraception

Méthodes

■ **Abstinence périodique.** Fondée sur l'hypothèse que la femme n'est fécondable que 4 à 6 j par cycle durant la période ovulatoire connue **grâce aux observations :**

1°) De la température. Méthode découverte en 1937. La température rectale doit être notée chaque jour : le matin au lever, augmente de quelques dixièmes à partir de la date de l'ovulation (14e jour environ avant les règles à venir). Abstinence totale du 1er jour des règles jusqu'au 3e jour du « plateau thermique ». Parfois difficile à appliquer (fièvre, etc). Une courbe partirait de 37,2 °C, descendrait à 36,8 °C dans les 1ers jours du cycle, tomberait à 36,6 °C au moment de l'ovulation, remonterait à 37,2 °C et resterait à ce niveau jusqu'à la veille ou l'avant-veille des règles suivantes. Si elle ne redescend pas à ce moment, ce peut être le signe que l'ovule a été fécondé (ce sera confirmé, ou non, par l'absence des règles). *Le jour le plus propice pour ceux qui veulent un enfant* est le dernier jour bas avant la montée de la température, ce qui est parfois le point le plus bas. 50 % des grossesses se produiraient ce jour-là, les autres résultant de rapports dans les 5 jours précédents ou les 2 jours suivants. **2°) De la glaire cervicale, ou méthode Billings.** Mise au point dans les années 1970 par deux médecins australiens, John et Evelyn Billings ; la glaire, ou mucus cervical, abondante et élastique, sécrétée par le col de l'utérus, est vue et sentie au niveau de la vulve plusieurs j avant l'ovulation (en général 4 à 6). Cette glaire est indispensable pour la survie des spermatozoïdes. Une femme n'est fécondable que durant la période de glaire. Le dernier jour d'observation de la sensation glissante ou de lubrification (avant le changement vers une sensation de sécheresse ou de glaire collante) indique le moment de l'ovulation. Après l'ovulation, la glaire s'épaissit, se transforme en une sorte de bouchon ; le col utérin reste fermé jusqu'au 1er jour des règles suivantes. Erreurs d'interprétation dues à des infections, à un traitement local, à une difficulté de perception de la sensation d'humidité, ou aux facteurs pouvant perturber le cycle féminin (fatigue, maladie, préménopause, allaitement...). **3°) Du col utérin.** Dans les périodes infertiles du cycle, il est situé plus bas, dur et fermé.

Ces 3 méthodes d'auto-observation peuvent être combinées (dites alors méthodes sympto-thermiques) ou dissociées mais elles se complètent.

■ **Implants sous-cutanés. Implanon :** commercialisé en France le 12-5-2001. Bâtonnet de la taille d'une allumette, contenant un progestatif, l'étonogestrel. Se pose sous la peau du bras, garantit 3 ans une contraception fiable à 100 %. *Prix* (en juin 2001) : 906 F. Remboursable à 65 % par la Sécurité sociale. *Effets secondaires :* perturbations du cycle menstruel, saignements génitaux, prise de poids, acné, migraines, nausées, tension mammaire. *Nombre implantés* (à juin 2001) : 120 000.

■ **Ogino** [Kyusaku, Japonais (1882-1975)]**-Knaus** [Hermann, Autrichien (1892-1970)]. Méthode mise au point en 1930. Pas de rapports entre le 11e et le 18e jour avant les règles. *Échecs :* 14 à 38 %. Exige des cycles réguliers de 28 à 30 j.

■ **Pilules.** Autorisées en France depuis 1966. Médicament hormonal qui bloque l'ovulation. Comprimés pris tous les jours pendant 21 ou 22 j à partir du 5e j du cycle ou mieux, dès le 1er j. Puis arrêt de 7 j ; 1 oubli

■ **Position des religions. Catholiques. 1250-1270** saint Thomas d'Aquin réhabilite le plaisir éprouvé dans l'acte conjugal. **1588** la bulle *Effrænatam* voue à l'excommunication et à la mort ceux qui procurent ou utilisent des « poisons de stérilité ». **1591** abolition rétroactive de la bulle *Effrænatam*. **1851** le St-Office rappelle que l'acte d'Onan, contraire à la loi naturelle, ne saurait en aucun cas être autorisé. **1853** la Pénitencerie conseille de ne pas inquiéter les époux qui n'ont de rapports que pendant les périodes stériles. **1916** si le mari utilise un préservatif, l'épouse devra lui résister comme à un violateur, selon la Pénitencerie. **1920** les évêques allemands prescrivent aux maris d'arracher les instruments contraceptifs dont voudraient se servir leurs femmes. **1930** encyclique *Casti Connubii* du pape Pie XI dénonce tout mariage où la « *puissance naturelle de procréer est empêchée artificiellement* ». **1951**-*oct.* Pie XII estime « naturelle » la recherche du plaisir par les conjoints. Il proclame que la méthode de la continence périodique est offerte à tous les couples qui ont des raisons sérieuses de craindre une nouvelle grossesse. -*26-11* Pie XII utilise l'expression « régulation des naissances ». **1958**-*sept.* Pie XII condamne tout emploi de la pilule à des fins strictement contraceptives, même lorsqu'une grossesse risque d'être mortelle. Depuis, Jean-Paul II a condamné la contraception « artificielle », disant : « Quand, par la contraception, des époux soustraient à l'exercice de leur sexualité conjugale sa potentialité procréative, ils s'attribuent un pouvoir qui appartient seulement à Dieu : le pouvoir de décider en dernière instance la venue au monde d'une personne humaine. Ils s'attribuent la qualité d'être, non plus les instruments de la volonté de Dieu, mais les dépositaires ultimes de la source de la vie humaine. » Il a ainsi rejeté le point de vue de la conférence épiscopale de France de 1968, admettant dans certaines circonstances la contraception (ne constituant pas un « péché grave »). **1991**-*1-11* plusieurs dizaines de militants de l'association de défense des malades du sida Act-Up Paris manifestent, à Notre-Dame de Paris, en faveur du préservatif (et contre les positions de l'Église), interrompant le sermon aux cris de « Sida, Église complice ». **1995**-*12-2* un rapport de l'épiscopat français, « Sida, la société en question », admet le recours au préservatif pour prévenir la transmission du virus du sida. **1997**-*mars* le Vatican préconise l'indulgence pour les couples « qui rendent intentionnellement infécond un acte conjugal », mais continue à condamner la contraception.

■ **Juifs.** Interdite (préservatif) aux hommes ; autorisée aux femmes pour raison médicale et particulièrement après la naissance d'un garçon et d'une fille.

■ **Musulmans.** Permise aux femmes comme mode de régulation.

■ **Statistiques. Monde. % de femmes utilisant un moyen moderne de contraception** (en 1995) : Afrique du Nord 35 ; Af. subsaharienne 13 ; Asie du Sud 49 ; A. méridionale 40 ; A. occidentale 40 ; A. orientale 79 ; pays musulmans et Moyen-Orient 30 à 50.

■ **France. En 1994** : 12 534 000 femmes de 20 à 49 ans. **Méthodes utilisées** (en %, 1995) : pilule 33,5 (en 1994 : *20-24* : *57,7* ; *25-29* : 50,6 ; *30-34* : 42,7 ; *35-39* : 31,9 ; *40-44* : 20,9 ; *45-49* : 14,3) ; stérilet 17 ; retrait 4,1, préservatif 4,1 ; abstinence périodique 2,5 ; méthode féminine locale 2,5 ; autre 2,1. **N'utilisent pas de méthodes contraceptives** (en %) : 32 dont 34 sont sans partenaire ; 13,5 ne peuvent plus avoir d'enfant ; 13 souhaitent devenir enceintes ; 6 ont des problèmes de santé ; 7,5 n'en voient pas l'utilité. **En 1996** : 4 500 000 femmes utilisaient la pilule. **Chiffre d'affaires** (en 1998) : 8,5 milliards de F

Motivations de la pratique des préservatifs selon le mode de vie (en %). **Vivant en couple,** ou, entre crochets, **vivant seul(e)** : éviter une grossesse hommes 72/femmes 90 [h. 6/f. 17], se protéger des maladies vénériennes et du sida 6/6 [33/33], ces 2 raisons à la fois 15/4 [59/50].

compromet l'efficacité de la pilule traditionnelle. *Contre-indications* : diabète, maladies hépatiques, troubles circulatoires graves, hyperlipidémie, risque de développement d'un cancer en cas d'état précancéreux du sein. *Échecs* : 0,3 % (sauf oublis). Nécessite une stricte surveillance médicale (bilan régulier tous les 6 mois).

Origine : 1943 Russel Marker (Américain, né en 1902) synthétise la progestérone (hormone de la grossesse). **1951**-*oct.* Carl Djerarsi (Américain, né en 1923) obtient une progestérone active par voie orale et non plus par injection. **Pilule traditionnelle : 1956** inventée par les docteurs américains Gregory Pincus (1903-67) et John Rock (1890-1984) [1954 1ers tests cliniques, 1956 test sur 1 308 femmes à Porto Rico, 1960 (18-8) 1re pilule commercialisée Enovid 10]. Associe 2 sortes d'hormones, œstrogène et progestérone. **Pilule séquentielle** : au début du cycle, la femme prend une pilule qui comprend uniquement de l'œstrogène, puis, dans les 10 derniers j, une pilule associant œstrogène et progestérone (n'est pas sûre à 100 % et provoque des saignements en cours de cycle). **Minipilule** : dosage identique d'œstrogène et de progestérone, en quantité inférieure (30 microgrammes d'œstrogène au lieu de 50) ; effets secondaires semblant moins importants (prise de poids, ennuis digestifs et veineux, congestion des seins). À prendre avec moins de 8 h de décalage par rapport au j précédent ; est moins efficace en cas d'oubli. **Pilule biphasique** : mieux dosée ; en début de cycle, faible quantité d'œstrogène et de progestérone, augmentant en cours de cycle ; présente moins d'effets secondaires. **Pilule triphasique** : pilule œstro-progestative tenant compte des phases naturelles du cycle : réduction de progestérone, dose d'œstrogène basse ; les accidents vasculaires et métaboliques devraient être réduits. **Micro-pilule** : progestatifs à faible dose ; prise en continu ; proscrite si œstrogène interdit. N'empêche pas l'ovulation, mais ferme le col par coagulation de la glaire ; elle présente moins de contre-indications et empêche la nidification par atrophie de l'endomètre. Effets secondaires fréquents : saignements au cours du cycle, à l'inverse, aménorrhée.

Pilule du lendemain : *Stédiril* : dose massive d'une pilule œstroprogestative normodosée dans les 72 h. Tetragynon (commercialisé depuis 1986 en G.-B., 1985 en All., 4-1-1999 en France) vendue par 4 en pharmacie et remboursée (22-12-1998). *Lévonorgestrel* : dérivé de progestérone. 2 comprimés de 0,75 mg à 12 h d'intervalle. Disponible sous le nom de *NorLevo* : *1999-16-4* mis sur le marché, -*1-6* vente libre en pharmacie, -*29-12* gratuit en collège et lycée par l'infirmière scolaire : circulaire ministérielle annulée 30-6-2000 par le Conseil d'État. *2000-13-12* non soumis à prescription médicale. Peut être délivrée aux mineures à titre exceptionnel en pharmacie ou par l'infirmière scolaire après un entretien confidentiel. *2001-juin* utilisée par 800 000 femmes depuis 1999. *Méthode Yuzpe* : années 1980. 2 doses à 12 h d'intervalle. Chacune contient 100 microgrammes d'éthinylestradiol (un œstrogène synthétique) et 0,5 mg de lévonorgestrel. Échec : 1,1 %.

Pilule pour hommes : consultation dans certains hôpitaux. 1 pilule par j, 1 piqûre de testostérone tous les 15 j, 1 spermogramme par mois.

■ **Contraception longue durée. Piqûre retard** : acétate de médroxy-progestérone-retard (AMPR) administré par voie intramusculaire à fortes doses (150 mg), une injection tous les 3 mois. Inconvénient majeur : hémorragies gênantes et troubles des règles. En France : Depo-Provera, commercialisée depuis 1983 mais très peu prescrite.

■ **Préservatifs. Origine : 1350 av. J.-C.** connus en Égypte. **Xe s.** Chinois utilisent du papier de soie huilé. Japonais, en écailles de tortue (*kabuta-gata* ou *boîtes joyeuses*). **1564** Italie, Gabriel Fallope décrit un fourreau de lin pour protéger de la syphilis. **XVIIe s.** Angleterre, *condom* : mot apparaît en France. Un docteur Condom (?) aurait démontré son rôle contraceptif. On a dit que les bouchers de Condom (Gers) auraient eu l'idée de se prémunir des maladies sexuelles en utilisant des morceaux d'intestin d'animaux. **1836** le mot *capote anglaise* apparaît. **1870** en caoutchouc par Hancock (Angl.) et Charles Goodyear (Amér.) puis Mac Intosh (Angl.). **1914-18** interdit en France après la 1re Guerre mondiale. **1954** préservatif lubrifié inventé par Durex.

Préservatifs masculins : condoms. *Échecs* : 2 à 4 % (mauvaise utilisation, qualité déficiente ou âge du préservatif, mauvaise qualité du lubrifiant dans le cas d'un préservatif sec). *Dimensions* : longueur min. 17 cm, largeur 5,6 cm. Type A, surface lisse. Type B, surface « texturée ». Résistance à une pression de 18 l. *Vente* (en millions d'unités par an) *et*, entre parenthèses, *consommation annuelle par habitant* : All. 168 (2,1), G.-B. 152 (2,66), Esp. 150 (3,79), Italie 145 (2,52), *France* (en 1993) 157 (1,8) [en 1996 : 93]. *Dans le monde* : 2,8 milliards dont 58 % vendus au Japon. *Pourcentage d'utilisation en France* : diplômés hommes 46, non diplômés 23 ; femmes 30 et 11.

Préservatifs féminins : diaphragme et cape cervicale, destinés à obstruer le col de l'utérus (+ gelée). Délivrés sur ordonnance. *Échecs* : 3 à 17 % (appareils trop petits ou trop grands, mauvaise mise en place ou utilisés sans gelée spermicide, etc.).

■ **Rapport interrompu.** *Échecs* : 40 %. Peu fiable.

■ **Spermicides chimiques.** Gelées, crèmes, ovules acides placés au niveau du col de l'utérus et qui détruisent les spermatozoïdes. *Échecs* : 10 à 20 %). **Tampon contraceptif** : contenant un spermicide non irritant (chlorure de benzalkonium), placé au fond du vagin, assure une protection dès la pose et pendant 24 h. Peut être mis plusieurs heures avant les rapports et être retiré 2 h après.

■ **Stérilet.** Petit appareil de plastique sur lequel s'enroule une spirale de cuivre ; il existe plusieurs modèles, ce qui permet d'en changer en cas d'intolérance. Placé de façon permanente dans l'utérus : efficace de 4 à 6 ans. Empêche la fixation de l'œuf fécondé sur la paroi utérine. *Inconvénient* : règles plus abondantes. N'est pas recommandé avant la 1re grossesse en raison des risques infectieux (16 pour 1 000 femmes/an). *Échecs* : 1,5 à 5 %. Est expulsé spontanément dans 1 à 10 % des cas. *À la progestérone* : diffuse à taux constant et très faible de la progestérone, pour les femmes qui présentent une carence en progestérone (préménopause, par exemple). En fait, sans grande efficacité sur les conséquences qu'entraîne la carence en progestérone.

■ **Stérilisation. Féminine** : par ligature des trompes (sur indication médicale) par cœlioscopie (courte incision au niveau de l'ombilic) [en France : 4 % des femmes]. **Masculine** (vasectomie) : section des canaux déférents empêchant les spermatozoïdes de se mélanger au sperme, sans altérer la fonction sexuelle. Interdite en France, en vertu du Code civil interdisant de « porter atteinte à l'intégrité du corps humains », sauf pour des raisons médicales. *Taux de vasectomie dans le monde* (en %) : Canada 20, G.-B. 16, USA 14, *France 1.*

☞ **Stérilisation légale** : *1897* : Indiana (USA) : pour déficients mentaux ; environ 30 États. *1941-75* : Suède : pour raisons d'hygiène sociale ou raciale. Les nazis ayant utilisé la stérilisation entre 1935 et 1945, celle-ci a été discréditée depuis en Europe.

■ **Antizygotiques, antihistaminiques, antiœstrogènes.** S'attaquent au blastocyte, empêchent son implantation ou inhibent la décidualisation. À l'essai.

■ **Méthodes immunologiques.** Font appel à des anticorps antispermatozoïdes, anti-B-HCG, LHRH. Vaccination anti-zone pellucide, c.-à.-d. immunisation contre l'une des enveloppes de l'ovocyte. Vaccin suédois à l'essai.

☞ La papaye contiendrait une enzyme attaquant la progestérone et serait donc contraceptive.

■ CONTRACEPTION EN FRANCE

■ **Réglementation. 1920,** *loi du 31-7* article 3 : « Sera puni de 1 à 4 mois de prison et d'une amende de 100 à 5 000 F quiconque, dans un but de propagande anticonceptuelle, aura (...) décrit, divulgué ou offert de révéler les procédés propres à prévenir la grossesse ou encore facilité l'usage de ces procédés ». **1967**-*19-12* loi Lucien Neuwirth libéralisant la contraception (votée 23-12 à main levée), complétée par la loi du 4-12-1974. Vente libre des produits, médicaments et objets contraceptifs en pharmacie sur prescription médicale valable 1 an. Le pharmacien peut délivrer, en une seule fois, pour 6 mois de contraceptifs oraux. *Remboursement* par la Sécurité sociale de certains contraceptifs, des analyses et examens préalables. Aide médicale prise en charge par le département. **1999**-*1-6* vente libre en pharmacie de la pilule du lendemain (Norlevo ne contenant qu'un progestatif, sans contre-indication médicale). **2000**-*janv.* protocole national sur l'organisation des soins et des urgences dans les écoles et les établissements scolaires. **Quatre chapitres : 1°)** conditions d'installation des infirmeries scolaires ; **2°)** liste des médicaments à usage interne ou externe que l'infirmière peut délivrer aux jeunes ; **3°)** description des 6 médicaments d'urgence génériques en cas de risques majeurs (arrêt cardio-vasculaire ou choc anaphylactique, asthme aigu, hypoglycémie grave et états allergiques sévères ; **4°)** distribution de la contraception d'urgence ; rappel aux infirmières d'établir un dialogue avec l'adolescente, de rechercher un contact avec la famille et d'orienter la jeune fille vers un centre de planification familiale avant de délivrer la pilule. **2001**-*mars* protocole national de délivrance de la PPL par les infirmières dans les établissements scolaires.

Centres de planification familiale et centres d'orthogénie (*créés* 1961) : peuvent délivrer gratuitement des contraceptifs aux mineurs et aux femmes ne bénéficiant pas de la Sécurité sociale [les services départementaux de la protection maternelle et infantile (PMI) prennent en charge les dépenses de fonctionnement des centres].

☞ **Information. Conseil supérieur de l'information sexuelle (CSIS),** service des droits des femmes, 31, rue Le Peletier, 75009 Paris. **Mouvement français pour le planning familial,** 4, square Saint-Irénée, 75011 Paris. Créé 1956 par le Dr Marie-Andrée Lagroua-Weill-Hallé (1916-94) et Évelyne Sullerot sous le nom **Maternité heureuse** (1er centre d'information : ouvert à Grenoble 1961 par le Dr Fabre). 90 associations départementales, 2 000 militants, 20 000 adhérents. **Fédération nationale « Couples et Familles »,** 28, place Saint-Georges, 75009 Paris, créée 16-4-1966 ; 40 associations en province. **Association française des centres de consultation conjugale (AFCCC),** 44, rue Danton, 94270 Le Kremlin-Bicêtre. **Centre de liaison des équipes de recherche (CLER),** 65, boulevard de Clichy, 75009 Paris. **Centre national d'information et de documentation des femmes et des familles (CNIDFF),** 7, rue du Jura, 75013 Paris.

☞ Les centres de planification ou d'éducation familiale et les établissements d'information, de consultation ou de conseil familial informent gratuitement sur les méthodes de contraception et sur le dépistage des maladies sexuellement transmissibles et du sida.

ÉTABLISSEMENTS ET ŒUVRES POUR ENFANTS

■ **Accueil d'enfants.** Le Puthey, *home d'enfants,* 74110 Morzine. Pour enfants seuls de 5 à 14 ans à la montagne, vacances et année scolaire. **Aide sociale à l'enfance (ASE).** Demander à la préfecture. **Alésia 14-Enfance maltraitée :** centre français de protection de l'enfance (CFPE). **Antenne des mineurs, ordre des avocats** 8, quai du Marché-Neuf, 75004 Paris. *Créée* 1990.

■ **Associations. Des collectifs enfants-parents-professionnels (Acepp)** 15, rue du Charolais, 75012 Paris. *Minitel* : 3616 Acepp. **Union nationale des associations de sauvegarde de l'enfance, de l'adolescence et des adultes (Unasea),** 118, rue du Château-des-Rentiers, 75013 Paris. *Fondée* 1965. Reconnue d'utilité publique. *Fédère* 124 associations. *Gère* plus de 750 établissements et services. **Nationale des conseils d'enfants et de jeunes (Anacej)** 105, rue La Fayette, 75010 Paris. *Créée* 1991.

■ **Baby-sitting** (voir à l'Index).

■ **Centres. D'études, de documentation, d'information et d'action sociale (Cedias)** : 5, rue Las-Cases, 75007 Paris. Répertorie 28 000 structures (foyers pour jeunes, structures pour handicapés, etc.). **De loisirs sans hébergement (CLSH)** dits « centres aérés » : accueil du matin au soir, à partir de 3 ans. *Renseignements* : mairie, école, assistante sociale. **De placements familiaux** : services organisés par des départements ou des associations (en ce cas après autorisation de l'aide sociale à l'enfance), regroupant et encadrant plusieurs assistantes maternelles agréées qui accueillent à leur domicile et de façon permanente des enfants ne pouvant, pour des raisons majeures, demeurer dans leur propre famille. **De vacances** (de 4 à 17 ans) : organisés par associations, comités d'entreprises, municipalités, services sociaux. *Renseignements :* mairie, comité d'entreprise, école, paroisse, organisations : Union française des centres de vacances et de loisirs (UFCV), 10, quai de la Charente, 75019 Paris [plus de 2 000 associations ; 25 délégations régionales. *Fédération des œuvres laïques, Ufoval Paris,* 9, rue du Docteur-Potain, 75019 Paris ; *Ufoval-Vacances* 400 séjours organisés 4 à 17 ans, Minitel : 3615 PiM * Fol 75. *Association interprofessionnelle de vacances* (AIV), BP 36, 26150 Die, Minitel : 3615 MEPR* AIV ; séjours mer, montagne, campagne (4 à 17 ans) ; *Association Les Fauvettes,* créée en 1960 par le ministère de l'Éducation nationale (loisirs, vacances, séjours linguistiques), 10, rue Léon-Jouhaux, 75010 Paris].

■ **Comités. Français pour l'Unicef** : 3, rue Duguay-Trouin, 75006 Paris. (Voir **Unicef** p. 916 c). *Fondé* 3-9-1964. **Français de secours aux enfants (CFSE) :** 4, rue Vigée-Lebrun, 75015 Paris. *Fondé* 1919. Gestion de maisons d'enfants. Développement d'activités économiques et artisanales dans des quartiers sensibles, parrainages, secours financiers. **National de l'enfance (CNE) :** square Ornano, 75018 Paris. *Association créée* 1902. Reconnue d'utilité publique en 1922.

■ **Conseil français des associations pour les droits de l'enfant (Cofrade).** 7, rue St-Lazare, 75009 Paris. *Constitué* 6-2-1992.

■ **Enfance missionnaire.** 5, rue Monsieur, 75007 Paris. *Créée* 1843 par Mgr de Forbin-Janson (« Sainte-Enfance »). 5-5-1970 *association* sous le nom « Enfance missionnaire ». Soutien à l'éducation et à l'évangélisation des enfants sur les 5 continents.

■ **Établissements d'accueil mère-enfant.** Accueillent les femmes enceintes et les mères isolées avec leur enfant de moins de 3 ans qui ont besoin d'un soutien matériel et psychologique. *S'adresser* au service d'aide sociale à l'enfance du département.

■ **Fondation pour l'enfance.** 17, rue Castagnary, 75015 Paris. *Pte :* Anne-Aymone Giscard d'Estaing.

■ **Gardes d'enfants. Crèches :** *1re : 1844* Firmin Marbeau, adjoint au maire du Ier arrondissement de Paris, fonde le Petit Palais des enfants, à Chaillot. Dirigées par une puéricultrice ou une éducatrice de jeunes enfants. Accueillent régulièrement les – de 3 ans dont les parents travaillent. **Haltes-garderies :** mêmes professionnels, accueil plus occasionnel, jusqu'à 1 ou 2 j/semaine. **Structures multi-accueil** (régulier et occasionnel) : accueil collectif et jardins d'enfants sont soumis aux dispositions du décret du 1-8-2000 et doivent être agréés par le Pt du conseil général (service de PMI). **Accueil individuel : assistante maternelle** agréée par le Pt du conseil général. Au domicile de celle-ci (statut défini par loi du 12-7-1992). Employée par les parents qui perçoivent l'Afeama (Aide à la famille pour l'emploi d'une assistante maternelle agréée). **Statistiques** (au 31-12-1999). **Places :** *crèches* collectives 140 900 (dont familiales 60 700, parentales 8 700). *Haltes-garderies* 69 900 (dont parentales 5 400). *Jardins d'enfants* 10 100. **Assistantes maternelles agréées indépendantes** 320 000. **Familles bénéficiaires de l'Afeama** 502 000 (enfants accueillis grâce à cette aide 567 000 dont – de 3 ans 358 000, 3 à 6 ans 209 000). **De l'Aged** 65 000 (enfants accueillis 87 800 dont – de 3 ans 34 000, 3 à 6 ans 53 500. **Prix :** *crèche :* 5 à 189 F/j selon revenus de la famille et nombre d'enfants (près de 4 000 F pour les couples au revenu mensuel supérieur à 30 000 F) ; *assistante maternelle :* forfait mensuel (ex. : 2 500 F) ou journée (136 F) + fournitures (lit, jouets, poussette) :

■ **Assistante maternelle.** S'adresser à la mairie ou à la protection maternelle et infantile (PMI) : établir un contrat de travail (des contrats types) ; déclarer l'emploi à l'Urssaf dans les 8 jours suivant l'embauche (imprimés disponibles à l'Urssaf) ; déposer à la Caf une demande d'*Afeama* (Aide à la famille pour l'emploi d'une assistante maternelle).

Salaire : garde de 8 à 10 h par jour ; forfait journalier minimal de 90,50 F brut par enfant (2,25 fois le Smic horaire ; heure au-delà de la 10e au moins 11,31 F (1/8e du forfait), durée d'accueil inférieure à 8 h, chaque heure au minimum 11,31 F (1/8e du forfait). *Conditions à remplir :* enfant de moins de 6 ans, salaire versé au max. de 5 fois le Smic horaire, soit 201,10 F brut par jour. Chaque trimestre, la Caf verse un forfait – dit majoration d'Afeama – permettant de payer une partie du salaire. *Montant mensuel* (depuis 1-1-1998) : après prélèvement de la CRDS 815,90 F pour chaque enfant de moins de 3 ans gardé par l'assistante agréée, 407,95 F si le (ou les) enfant(s) a (ont) entre 3 et 6 ans. L'Aide versée ne peut excéder le salaire net mensuel de l'intéressée. Cette majoration est exonérée d'impôt sur le revenu et de CSG.

Réduction d'impôt. Pour frais de garde si l'enfant a moins de 7 ans au 31-12 de l'année imposable : réduction maximale de 3 750 F, 25 % des dépenses retenues dans la limite de 15 000 F par enfant gardé.

En cas d'absence de l'enfant, l'assistante a droit à une indemnité minimale de 45,25 F brut par jour et par enfant (soit 1,125 fois le Smic horaire) sauf si l'absence est imputable à l'assistante ou à sa famille, à une maladie de l'enfant ou à une circonstance contraignante pour les parents.

■ **Solutions adoptées pour la garde du dernier enfant en bas âge** (en %, 1998). Mère au foyer 50, nourrice agréée (assistante maternelle) 15, crèche 8, garde à domicile par une employée de maison (avec l'Aged) 3, garde en dehors du domicile sans aide publique 25.

45 à 50 F/j dus si l'enfant est présent ; indemnité 70 F environ si l'enfant ne vient pas. Les parents doivent parfois fournir les couches et le lait. Coût global : 3 700 F (2 900 Afeama déduite).

■ **Garde à domicile.** *Coût :* salaire de l'employée de maison : minimum 38,42 F brut/h selon la convention collective (soit 6 685,15 F brut/mois) + cotisations salariales et patronales + 5 semaines de congés payés (10 % du salaire brut). *Aides :* **Allocation de garde d'enfants à domicile (Aged) :** la Caf prend en charge cotisations salariales et patronales (dans la limite de 12 389 F/trimestre pour les enfants de – de 3 ans) qu'elle verse directement à l'Urssaf.

Nota. – (1) Pour la crèche et l'accueil par une assistante maternelle, les parents peuvent déduire de leurs revenus imposables 25 % des sommes payées (maximum 3 750 F/enfant), pour la garde à leur domicile 50 % maximum 90 000 F (45 000 F/enfant maximum).

■ **Haltes-garderies.** Accueil à la journée, de façon intermittente et pour des durées restreintes (1 à 2 j par semaine), d'enfants de moins de 6 ans.

■ **Haltes-garderies « intégratives ».** Accueillent des enfants handicapés. Se renseigner à la mairie et à la caisse d'allocations familiales. *Anecamsp (Association nationale des équipes et centres d'action médico-sociale précoce),* 10, rue Érard, 75012 Paris. *APF (Association des paralysés de France),* 17, boulevard Auguste-Blanqui, 75013 Paris. *Unapei (Union nationale des associations de parents et amis de personnes handicapées mentales),* 15, rue Coysevox, 75018 Paris. *Apetreimc (Association pour l'éducation thérapeutique et la rééducation des enfants infirmes moteurs cérébraux),* 217, rue Saint-Charles, 75015 Paris.

■ **Interservices Parents.** Service téléphonique de l'École des parents et éducateurs (éducation, scolarité, loisirs, droit de la famille) à Strasbourg, Colmar, Bordeaux, Grenoble, Metz, Lyon.

■ **Jardins d'enfants.** Reçoivent dans la journée les 3 à 6 ans (dès 2 ans si l'enfant peut s'adapter).

■ **Mouvement pour les villages d'enfants (MVE).** 28, rue de Lisbonne, 75008 Paris. *Association créée 1958.*

■ **Pouponnières. A caractère social :** accueillent jour et nuit, au titre de la protection de l'enfance, des moins de 3 ans qui, pour des raisons majeures, ne peuvent demeurer dans leur propre famille. **A caractère sanitaire :** accueillent jour et nuit des moins de 3 ans dont l'état de santé exige des soins que leur famille ne peut leur donner.

■ **SOS Urgences Mamans.** *Secrétariat national :* 56, rue de Passy, 75016 Paris. Mardi 9 h à 12 h, vendredi 9 h 15 à 12 h 15. Association de mères se tenant bénévolement à la disposition d'autres mères pour la garde temporaire et immédiate de leur enfant pendant les périodes scolaires, du lundi au vendredi, de 7 h 30 à 19 h. En 2000, 590 bénévoles, 3 667 demi-journées d'accueil.

■ **SOS Villages d'Enfants.** 6, cité Monthiers, 75009 Paris. *Association créée* 1956, reconnue d'utilité publique en 1969. Prend en charge des enfants orphelins ou en graves difficultés familiales ; frères et sœurs sont élevés ensemble dans ces villages par des « mères SOS » à plein temps. **Nombre de villages :** *France :* 12 (600 enfants) ; *monde :* 423 (dans 131 pays) dont 24 soutenus par l'association française (3 300 enfants).

■ **Recherches dans l'intérêt des familles.** *1976 :* 22 599 ; *81 :* 13 790 ; *86 :* 11 220 ; *96 :* 8 864 ; *98 :* 8 595 personnes majeures dont 4 330 retrouvées, parmi lesquelles 54,27 % ont communiqué leurs coordonnées. **Disparus** (% en 1998) : hommes : 57,52, femmes : 42,48 ; étrangers 10,8. **Recherchés retrouvés** (% en 1998) : hommes : 48,18 ; femmes : 53,35.

FILIATION

DISPOSITIONS GÉNÉRALES

■ **Période légale de la conception.** « La conception est présumée avoir eu lieu entre le 300e et le 180e j inclusivement avant la naissance. La preuve contraire est recevable pour combattre ces présomptions. » (Art. 311 du Code civil).

■ **Actions relatives à la filiation.** Chacun peut réclamer en justice devant le tribunal de grande instance, statuant en matière civile, la filiation à laquelle il prétend avoir droit ; chacun peut contester celle qu'il a. Cependant, aucune action n'est recevable quant à la filiation d'un enfant qui n'est pas né viable. Les actions relatives à la filiation ne peuvent faire l'objet de renonciation (art. 311-9 du Code civil).

Les jugements rendus ont autorité à l'égard de tous, mais les tiers peuvent former tierce opposition (art. 582 et suivants du Code de procédure civile).

La filiation de l'enfant est régie par la loi personnelle de la mère au jour de la naissance et, si celle-ci n'est pas connue, par la loi personnelle de l'enfant (exemple : pour une mère française, la loi française s'applique). Si l'enfant légitime et ses père et mère, ou l'enfant naturel et l'un de ses père et mère ont en France leur résidence habituelle, commune ou séparée, la possession d'état produit toutes les conséquences qui en découlent selon la loi française, lors même que les autres éléments de la filiation auraient pu dépendre d'une loi étrangère (art. 311-14 et suiv. du Code civil).

☞ Les principaux faits établissant la *possession d'état* qui doit être continue sont : *1°)* le nom : « que l'individu a toujours porté le nom de ceux dont il est issu » ; *2°)* le traitement : « que ceux-ci l'ont traité comme leur enfant et qu'il les a traités comme ses père et mère » ; « qu'ils ont, en cette qualité, pourvu à son éducation, à son entretien et à son établissement » ; *3°)* la réputation : « qu'il est reconnu pour tel, dans la société et par la famille » ; « que l'autorité publique le considère comme tel » (art. 311-2).

Pour prouver être en possession d'état, s'adresser au juge des tutelles (tribunal d'instance), en lui demandant un acte de notoriété faisant foi jusqu'à preuve contraire (art. 311-3).

FILIATION LÉGITIME

S'applique aux enfants conçus ou nés pendant le mariage.

■ **Présomption de paternité. Preuve de la filiation :** *par les actes de l'état civil,* et, si c'est impossible (destruction des registres par exemple), *par la « possession d'état »* d'enfant légitime. *Par tous les moyens* en cas de supposition ou de substitution d'enfant, même involontaire, soit avant, soit après la rédaction de l'acte de naissance ; *par témoins,* s'il y a commencement de preuve par écrit ou indices graves en cas d'absence de titre ou de « possession d'état », ou si l'enfant a été inscrit sous de faux noms ou sans indication du nom de la mère.

Enfant conçu pendant le mariage : « Il a pour père le mari. Néanmoins, celui-ci pourra désavouer l'enfant en justice s'il démontre qu'il ne peut pas être le père. » Il peut le faire par tous les moyens (témoignages, lettres, etc.). *La présomption de paternité ne s'applique pas :* a) *en cas de résidence séparée des époux résultant de l'ordonnance de non-conciliation* pour l'enfant né plus de 300 j après cette ordonnance et moins de 180 j depuis le rejet définitif de la demande ou depuis la réconciliation, dans le cas de jugement ou de demande de divorce ou de séparation de corps ; s'applique cependant si l'enfant a la possession d'état d'enfant légitime ; b) *lorsque l'enfant est inscrit sans indication du nom du mari* (exemple : une femme mariée, séparée de fait de son mari, mettant au monde, sous son nom de jeune fille, un enfant) [art. 313 et 313-1].

Enfant conçu avant le mariage et né avant le 180e j du mariage : il est légitime et réputé l'avoir été dès sa conception. Le mari pourra le désavouer devant le tribunal de grande instance du lieu de son domicile, s'il peut prouver qu'il ne peut être le père (la date de l'accouchement peut être une preuve suffisante, à moins qu'il n'ait connu la grossesse avant le mariage ou qu'il ne se soit, après la naissance, comporté comme le père) [art. 314].

Enfants nés plus de 300 j après la dissolution du mariage : ils sont enfants naturels de la mère (art. 315). Présomption de paternité non applicable.

Enfants nés par procréation médicalement assistée (PMA) : si la PMA comporte un don de gamètes, les parents doivent faire enregistrer leur consentement devant un juge ou un notaire pour établir une filiation incontestable (loi du 29-7-1994).

■ **Action en désaveu de paternité.** Toute personne qui y a intérêt peut contester la reconnaissance (art. 339 du Code civil). **Par le mari :** s'il conteste être le père d'un enfant, il doit introduire son action devant le tribunal de grande instance dans les 6 mois de la naissance s'il se trouve sur les lieux (ou les 6 mois de son retour) ou les 6 mois suivant la découverte de la fraude (si la naissance lui a été cachée). S'il meurt avant d'avoir introduit une action dans les délais prévus, ses héritiers peuvent le faire, ces délais courent encore. Leur action cessera d'être recevable lorsque 6 mois se seront écoulés à partir de l'époque où l'enfant se sera mis en possession des biens prétendus paternels ou à partir de l'époque où les héritiers auront été troublés par l'enfant dans leur propre possession. **Par la mère :** elle peut, même en l'absence d'un désaveu du père, contester dans les 6 mois qui suivent le mariage et avant que l'enfant n'ait atteint 7 ans, la paternité du mari, mais seulement aux fins de légitimation, quand elle se sera, après dissolution du mariage, remariée avec le véritable père de l'enfant. La demande doit être introduite par la mère et le nouveau conjoint. Le tribunal statue sur les deux actions par le même jugement (art. 318).

■ **Légitimation d'un enfant naturel. Légitimation par mariage :** tous les enfants nés hors mariage sont légitimés de plein droit par le mariage subséquent de leurs père et mère. Si leur filiation n'était pas déjà établie, ils font l'objet d'une reconnaissance au moment de la célébration du mariage (l'officier de l'état civil qui procède à la célébration constate la reconnaissance et la légitimation dans un acte séparé). La légitimation peut avoir lieu après la mort de l'enfant ; s'il a laissé des descendants, elle profite alors à ceux-ci. L'enfant légitimé a ainsi les droits et pouvoirs de l'enfant légitime à la date du mariage.

Légitimation judiciaire : « Si le mariage est impossible, l'enfant peut être légitimé par autorité de justice, pourvu qu'il ait, à l'endroit du parent qui la requiert, la possession d'état d'enfant naturel. » Cette légitimation peut avoir lieu à l'égard d'un seul des parents ou des deux. Le parent qui désire légitimer son enfant naturel doit prouver que cet enfant est bien son enfant naturel et que sa filiation est établie à son égard (par reconnaissance ou par jugement), et présenter une requête devant le tribunal de grande instance aux fins de légitimation. Si, au moment de la conception, le parent demandeur était marié, il devra obtenir le consentement de son conjoint. Le tribunal pourra, avant jugement, entendre, le cas échéant, les observations de l'enfant naturel (il apprécie le bien-fondé de la requête en légitimation), celles de l'autre parent (s'il est connu et étranger à la requête) et celles du conjoint du demandeur.

☞ *Si deux parents naturels qui ne se marient pas désirent légitimer un enfant,* ils forment conjointement la requête. L'enfant prend le nom du père et le tribunal statue sur la garde comme en matière de divorce.

FILIATION NATURELLE

■ **Définition.** L'enfant naturel est l'enfant né d'un couple qui n'est pas engagé dans les liens du mariage. Il n'y a plus de distinction (comme avant la loi du 3-1-1972) entre enfants naturels dits simples et enfants naturels incestueux ou adultérins (dont l'un des parents, ou les 2, est déjà marié). La mère exerce sur l'enfant l'autorité parentale, qu'il ait été reconnu par elle seule ou également par le père (art. 374 du Code civil) sous réserve de modification par le tribunal.

■ **Congé de naissance.** Il est dû au père par l'employeur aux mêmes conditions que pour un enfant légitime, si le père a reconnu l'enfant et vit de façon permanente et notoire avec la mère de ce dernier (art. 35 du Code de la famille et de l'aide sociale).

■ DROITS DE L'ENFANT NATUREL

■ **Cas général.** « L'enfant *naturel* a en général les mêmes droits et les mêmes devoirs que l'enfant *légitime* dans ses rapports avec ses père et mère » (art. 334 du Code civil). Sa parenté est reconnue à l'égard de la famille de ses parents : grands-parents, oncles et tantes, cousins et cousines.

■ **Cas particuliers.** *Si la filiation est partielle (établie seulement à l'égard d'un de ses parents),* l'administration de ses biens est confiée au parent investi de l'autorité parentale sous le contrôle du juge des tutelles. L'autorité parentale est exercée par la mère si elle a reconnu l'enfant.

Si, au temps de la conception, le père ou la mère étaient engagés dans les liens du mariage avec une autre personne, l'enfant naturel se trouve en concurrence avec une famille légitime, et ses droits « ne peuvent préjudicier que dans la mesure réglée par la loi aux engagements que, par le fait du mariage, ses parents avaient contractés » (art. 334, alinéa 3). En revanche, si l'un des parents était célibataire au moment de sa conception, l'enfant a, lorsque sa filiation est établie, la qualité d'enfant naturel et des droits égaux à ceux d'un enfant légitime. S'il est appelé à la succession en concours avec les enfants légitimes, il ne recevra que la moitié de la part à laquelle il aurait eu droit si tous les enfants du défunt, y compris lui-même, avaient été des enfants légitimes (art. 759 et 760 du Code civil).

D'après la jurisprudence récente de la Cour de cassation, il semblerait que l'enfant d'origine adultérine voie ses droits réduits dans la succession de ses grands-parents (application du même art.).

Le parent naturel peut écarter son ou ses enfants naturels du partage de la succession en leur faisant, de son vivant, une attribution suffisante de biens, et en stipulant qu'elle a lieu en règlement anticipé de leurs droits successoraux. Si, à l'ouverture de la succession, on constate que les biens attribués excèdent les droits de l'attributaire, ou leur sont inférieurs, il y aura réduction ou complément, sans que les autres héritiers ou l'enfant puissent réclamer pour les revenus perçus en trop ou en moins avant le décès. S'il y a complément, il est fourni en argent ou en nature au gré des autres héritiers (art. 762 et suiv.).

Nota. – Si l'auteur (père ou mère) était marié avec un tiers lors de la conception, il ne peut faire par donation entre vifs ou donner par testament à l'enfant naturel plus de droits que ceux qui sont prévus. Mais si l'auteur n'était pas marié, son enfant naturel est, comme ses enfants légitimes, héritier réservataire (on ne peut lui retirer sa part héréditaire dans la succession de ses père et mère et autres ascendants), son ascendant peut lui donner ou léguer des biens dans la limite de la quotité disponible, en respectant les réserves des autres héritiers réservataires.

■ NOM DE L'ENFANT NATUREL

■ **Principe.** L'enfant naturel acquiert le nom du parent à l'égard de qui sa filiation est établie en premier, ou le nom de son père si la filiation est établie simultanément à l'égard de ses 2 parents. Il ne peut porter de nom double (arrêt Cour de cassation 25-11-1982).

■ **Exceptions.** L'enfant naturel pourra, même si sa filiation est établie en second à l'égard de son père, prendre le nom de son père par substitution à celui de sa mère (s'il a plus de 13 ans, il devra y consentir personnellement) si, pendant sa minorité, les 2 parents font une déclaration conjointe en ce sens devant le greffier en chef du tribunal de grande instance (art. 334-2 du Code civil).

En outre, on peut donner à l'enfant naturel d'une femme mariée le nom de son mari lorsque l'enfant n'a pas de filiation paternelle établie et si le mari de la mère y consent. L'enfant pourra reprendre son nom antérieur sur demande au tribunal de grande instance dans les 2 ans suivant sa majorité :

1°) Par la reconnaissance volontaire : faite avec la déclaration de naissance par la mère et le père ou l'un d'entre eux (la reconnaissance faite par le père lors de la déclaration de naissance ne produit d'effet qu'à l'égard du père sans l'aveu et l'indication de la mère), ou au plus tard avant la naissance par un acte authentique de reconnaissance. [Si l'acte de naissance indique le nom de la mère et que l'enfant a « la possession d'état » d'enfant naturel, il vaut reconnaissance (art. 337 du Code civil).] Une reconnaissance peut être contestée par toute personne y ayant intérêt, même son auteur. 10 ans après cette reconnaissance, seul l'autre parent, l'enfant ou ceux qui se prétendent les parents véritables peuvent la contester (art. 339).

2°) Par une décision judiciaire établissant la filiation (art. 340 et suiv.) [tribunal de grande instance] : 2 actions judiciaires possibles.

a) Action en recherche de paternité (art. 340-3 et suiv. du Code civil) : *appartient* à l'enfant dans les 2 ans suivant sa majorité, mais la mère de l'enfant, même mineure, a seule qualité pendant la minorité de l'enfant pour l'exercer (elle doit le faire dans les 2 ans suivant la naissance) ; en cas de concubinage notoire ou de participation à l'entretien de l'enfant, à l'expiration des 2 années suivant la cessation du concubinage ou des actes de participation. Si la mère est décédée, si elle n'a pas reconnu l'enfant ou ne peut exercer cette action (incapable majeure), le tuteur de l'enfant, autorisé par le conseil de famille, l'exercera (art. 340-2 et 464). *Est dirigée* contre le père prétendu ; s'il est décédé, contre ses héritiers ; si ceux-ci ont renoncé à la succession, contre l'État. *Possible* par tous les moyens s'il existe des présomptions ou des « indices graves » [1] (art. 340) [avant 1993, dans des cas limités : enlèvement ou viol lors de la conception ; séduction avec manœuvres dolosives, abus d'autorité, promesse de mariage ou de fiançailles ; existence de lettres ou écrits du père prétendu, dont il résulte un aveu non équivoque de paternité ; concubinage notoire du père prétendu et de la mère pendant la période légale de la conception ; participation par le père prétendu à l'entretien, à l'éducation et à l'établissement de l'enfant, en qualité de père].

Le jugement établit la filiation naturelle et statue, s'il y a lieu, sur l'attribution du nom de l'enfant et de l'autorité parentale. Il peut condamner le père à rembourser à la mère tout ou partie de ses frais de maternité et d'entretien pendant les 3 mois qui ont précédé et ceux qui ont suivi la naissance, et accorder à la mère des dommages et intérêts pour le préjudice subi du fait de la cessation de la vie commune, de la naissance de l'enfant, de la rupture de la promesse de mariage, du viol, etc. *En cas de rejet de la demande,* le tribunal peut allouer des subsides à l'enfant, s'il est établi que la mère et le défendeur ont eu des relations pendant la période légale de conception. *En cas d'action en recherche de paternité faite de mauvaise foi* et si la demande est rejetée, le responsable pourra être puni d'un emprisonnement de 1 à 5 ans et d'une amende de 3 600 à 60 000 F, et être privé pendant 5 à 10 ans d'une partie de ses droits civiques, civils et de famille (art. 400, al. 2 du Code pénal).

■ **Recherche en paternité.** Plus de 600 tests génétiques de paternité ordonnés en 1997. Dans les affaires de paternité hors mariage, le Code civil interdit tout prélèvement ou analyse génétique contre le gré de l'intéressé, dont le consentement doit être « préalablement et expressément recueilli ». *1995*-4-5 la Cour de cassation admet le recours à des prélèvements *post mortem. 1996* la cour d'appel d'Aix-en-Provence autorise un prélèvement d'ADN sur un cadavre. *1997*-nov., les restes de Jean-Joseph Casamia, « mage Leroy », sont exhumés, l'ADN, comparé à celui de sa mère, permet d'affirmer qu'il s'agissait bien de son corps et non de celui d'une de ses victimes comme on le craignait. *1998*-11-3 sur décision de la cour d'appel de Paris, le corps d'Yves Montand († 9-11-1991) est exhumé ; le 12-6, 3 experts, après avoir comparé son ADN (prélevé sur les os) à celui d'Aurore Drossart (née le 6-10-1975), concluent que Montand n'était pas son père.

b) Action en recherche de maternité (art. 341 du Code civil). L'enfant déclaré de mère inconnue ou sans indication du nom de la mère et n'ayant pas de filiation établie à l'égard de sa mère peut introduire, à l'encontre de la mère prétendue, une action en recherche de maternité. Il devra prouver qu'il est l'enfant dont la prétendue mère est accouchée, par la possession d'état d'enfant naturel de cette femme ou à défaut par témoins, s'il existe des présomptions ou des indices graves [1], un commencement de preuve par écrit résultant des titres de famille, registres et papiers domestiques ainsi que de tous autres écrits publics ou privés émanant d'une partie engagée dans la contestation ou qui y aurait intérêt si elle était vivante. La filiation de l'enfant est établie par le jugement à l'égard de la mère avec toutes les conséquences : nom, autorité parentale. *Impossible* si, lors de l'accouchement, la mère a demandé que le secret de son admission et de son identité soit préservé (art. 341 et 341-1).

Nota. – (1) Au cours de la procédure, le juge peut ordonner un examen sanguin (la probabilité de paternité étant supérieure à 0,999 dans 90 % des cas, et à 0,9999 dans 65 % des cas) ou d'identification génétique (analyse d'une partie de l'ADN des chromosomes), plus fiable.

■ **Taux de naissances hors mariage** (en 1997). Suède 53,9 [1], Danemark 46,3, *France 38,9* [2], G.-B. 33,6 [1], Irlande 26,6, Portugal 19,5, Allemagne 17,1 [1], P.-Bas 17 [2], Belgique 15, Espagne 11,2 [1], Italie 8,3, Grèce 3,3.

Nota. – (1) En 1995. (2) En 1996.

■ **Accouchement sous X. 1793** décret-loi de la Convention nationale : secret de l'accueil en maison d'accouchement. **1811** « tours », tourniquets placés dans le mur des hospices, permettant de déposer anonymement un enfant. **1941**-*2-9* loi sur la protection de la naissance légalise cette pratique : toute femme sur le point d'accoucher est reçue à l'hôpital gratuitement sans avoir à justifier de son identité. **1993** art. 341-1 du Code civil : « Lors de l'accouchement, la mère peut demander que le secret de son admission et de son identité soit préservé ». Cette demande empêche toute recherche judiciaire en maternité. Les frais d'hébergement et d'accouchement sont pris en charge par le service de l'aide sociale à l'enfance du département. « Aucune pièce d'identité n'est exigée, et il n'est procédé à aucune enquête. » Une mère qui a abandonné son enfant peut cependant revenir sur sa décision et faire établir la filiation tant que l'enfant n'a pas été confié en vue d'adoption, c'est-à-dire dans un délai de 2 mois après la naissance. **2000**-*18-4* rapport de l'Académie de médecine demande le maintien de l'accouchement sous X.

Nombre d'enfants « nés sous X » : *1991* : 778 ; *99* : 500.

☞ France, Luxembourg, Italie et Espagne (pour les seules mères non mariées) prévoient que le nom de la mère peut ne pas figurer sur l'acte de naissance de l'enfant. Les autres pays ne le prévoient pas : le jugement d'adoption rompt les liens de filiation antérieurs et l'enfant adopté est censé être né de ses parents adoptifs.

■ **Reconnaissance.** Un père n'est pas obligé de reconnaître son enfant naturel, même s'il n'a aucun doute sur sa paternité. Cependant si un couple non marié recourt à la procréation médicalement assistée nécessitant un tiers donneur, l'homme qui refuserait ensuite de reconnaître l'enfant pourra voir sa responsabilité engagée vis-à-vis de sa compagne et de l'enfant et sa paternité pourra être constatée en justice (art. 311-20 du Code civil). Un enfant qui n'a pas été reconnu par son père naturel peut exercer une action « en recherche de paternité » en justice (s'il est mineur, l'action peut être exercée en son nom par sa mère). La preuve de la paternité peut être faite par tous les moyens dès qu'il existe présomptions ou indices sérieux. La reconnaissance est un acte individuel, fait par un acte authentique (devant officier de l'état civil, notaire ou juge). Cependant la reconnaissance du père indiquant le nom de la mère établit aussi la filiation maternelle de l'enfant, si la mère se comporte comme telle après la naissance. L'accord de l'autre parent n'est pas nécessaire pour valider la reconnaissance. Depuis 1996, l'officier de l'état civil qui mentionne la reconnaissance en marge de l'acte de naissance de l'enfant doit en aviser l'autre parent, par lettre recommandée avec accusé de réception (si son adresse est inconnue, le procureur de la République fera procéder aux recherches nécessaires). Le père (ou la mère) doit accomplir en personne la démarche de reconnaître l'enfant. S'il (elle) décède avant, ses héritiers ne pourront pas reconnaître son enfant en son nom. La filiation ne pourra plus être établie qu'en justice. La loi permet au père ou à la mère de reconnaître l'enfant avant sa naissance. Les parents peuvent reconnaître l'enfant simultanément (il portera le nom de son père) ou l'un après l'autre (il portera le nom de celui qui l'a reconnu en premier, même si la reconnaissance intervient avant la naissance). Les parents peuvent substituer ensuite le nom du père au nom de la mère (voir col. a). Même si les 2 parents sont d'accord ils ne peuvent révoquer une reconnaissance par une simple déclaration. Pour l'annuler, il faut contester sa validité en justice et établir son caractère mensonger. Le procureur de la République peut aussi ouvrir une action en contestation si des indices tirés de l'acte de naissance de l'enfant ou de la reconnaissance rendent invraisemblable la filiation déclarée (par exemple si la différence d'âge entre l'auteur de la reconnaissance et l'enfant est trop faible) ou s'il s'agit d'une reconnaissance mensongère visant à contourner les règles de l'adoption (exemple : reconnaissance masquant un don ou une vente d'enfant). L'action peut être intentée devant le tribunal de grande instance pendant 30 ans à compter de la date de reconnaissance (si c'est l'enfant qui conteste, ce délai est suspendu pendant sa minorité). Si l'enfant a été élevé depuis au moins 10 ans par celui qui l'a reconnu, seul l'autre parent, l'enfant lui-même ou ceux qui se prétendent ses véritables parents peuvent contester la reconnaissance après le délai de 10 ans (et pendant 30 ans au maximum). Il appartient à celui qui conteste de prouver le caractère mensonger. La preuve de non-paternité pourra résulter de lettres, de témoignages attestant que le prétendu père ne connaissait pas la mère de l'enfant à l'époque de sa conception. Le tribunal peut ordonner un examen comparé des sangs ou un test ADN. Si la reconnaissance est annulée, le lien de filiation disparaît. S'il en résulte un préjudice pour l'enfant, l'auteur de la reconnaissance peut avoir sa responsabilité engagée.

☞ Le 1-2-2000, la Cour européenne des droits de l'homme a condamné la France pour violation des droits successoraux à verser des dommages à un enfant adultérin dont la part avait été fixée au quart (comme le prévoit l'article 760 du Code civil). L'article 14 de la Convention européenne des droits de l'homme interdit de traiter de manière différente des personnes placées dans des situations comparables quant à la jouissance des droits et libertés « sauf justification objective et raisonnable. L'enfant adultérin ne saurait se voir reprocher des faits qui ne lui sont pas imputables et ne doit pas se trouver pénalisé dans le partage de la masse successorale ».

Action a fin de subsides

Action (art. 342 du Code civil). L'action est exercée devant le tribunal de grande instance, pendant la minorité de l'enfant par la mère (ou le tuteur si elle est décédée) ou dans les 2 ans suivant la majorité si l'action n'a pas été intentée pendant la minorité. L'homme attaqué peut faire écarter la demande par le tribunal de grande instance s'il prouve qu'il ne peut être le père de l'enfant.

Peuvent exercer cette action : *l'enfant naturel dont la filiation paternelle n'est pas légalement établie,* même si le père ou la mère était au moment de la conception marié avec une autre personne, ou s'il existait entre eux des empêchements à mariage réglés par les art. 161 à 164 du Code civil (enfants nés d'un inceste, de parenté trop proche pour que le mariage soit autorisé) ; *l'enfant naturel d'une femme mariée* dont le titre d'enfant légitime n'est pas confirmé par la possession d'état : un enfant né d'une femme mariée, mais non élevé par le mari de sa mère.

Versement des subsides. Sous forme de *pension* en tenant compte des besoins de l'enfant, des ressources du débiteur et de sa situation familiale. La pension peut être due au-delà de la majorité de l'enfant s'il est encore dans le besoin (sauf s'il l'est par sa propre faute). Si le défendeur prouve que la mère a eu des relations avec plusieurs hommes pendant la période de conception légale, ceux-ci pourront être appelés dans l'instance et « le juge, en l'absence d'autres éléments de décision, peut mettre à leur charge une indemnité destinée à assurer l'entretien et l'éducation de l'enfant, si des fautes sont établies à leur encontre ou si des engagements ont été pris antérieurement par eux ». *Les subsides sont versés* par celui contre lequel l'action est engagée et qui y est condamné, ou par ses héritiers s'il décède (art. 342-5), soit à l'aide sociale à l'enfance, soit à un mandataire de justice tenu au secret professionnel (si le juge a condamné plusieurs défendeurs à une indemnité), qui la reversera au représentant légal de l'enfant (art. 342-3). Cette pension prélevée sur l'héritage est supportée par tous les héritiers et, en cas d'insuffisance, par tous les légataires particuliers, proportionnellement à leur legs. « Toutefois, si le défunt a expressément déclaré que tel legs sera acquitté de préférence aux autres, le legs ne sera réduit que dans la mesure où la valeur des autres ne permettrait pas le paiement de cette pension » (art. 207-1 du Code civil).

Le non-paiement des subsides fixés est puni des peines d'abandon de famille : 3 mois à 1 an de prison, 300 à 8 000 F d'amende (art. 357-2 du Code pénal). Une demande de subsides de mauvaise foi rejetée par le tribunal est punie de 1 à 5 ans de prison et de 3 600 à 60 000 F d'amende (art. 400 du Code pénal).

☞ Cette action « crée entre le débiteur et le bénéficiaire, ainsi que, le cas échéant, entre chacun d'eux et les parents, ou le conjoint de l'autre, les mêmes empêchements à mariage qu'entre parents proches » (ascendants et descendants, frères et sœurs...). Elle n'empêche pas une action ultérieure en paternité.

Filiation adoptive

Quelques dates. 1804 adoption inscrite dans le Code civil. Seuls les célibataires de plus de 50 ans peuvent adopter des « enfants » de plus de 25 ans (but : la transmission de l'héritage). **1923** autorisée pour des enfants mineurs par les couples mariés de plus de 40 ans. **1941** 1ers accouchements « sous X » (anonymes). **1966** adoption plénière substitue la nouvelle filiation à la filiation d'origine de façon irrévocable [loi « Novack » du nom de Didier, adopté en oct. 1954 par Suzanne Novack, que ses parents Charles et Odette Genilloud ne purent reprendre (après 9 ans de procédure de 1957 au 11-6-1966)]. **1976** l'âge des requérants est abaissé à 30 ans. On peut adopter des enfants légitimes ou naturels ou l'enfant du conjoint. **1984** tout enfant abandonné est déclaré adoptable quel que soit son état de santé physique ou mental. **1993** (29-5) convention de La Haye : l'adoptabilité de l'enfant est déterminée par les autorités du pays d'origine ; l'État d'accueil décide de l'aptitude des adoptants. **1994** dans les cas de désintérêt manifeste, depuis 1 an, des parents envers leur enfant, le tribunal doit être saisi pour le rendre adoptable. **1996** abaissement de l'âge minimal (de 30 à 28 ans) et du temps principal de mariage (de 5 à 2 ans) au jour du jugement d'adoption. **1998** (24-2) Convention internationale de La Haye ratifiée pour doter chaque pays signataire d'une autorité centrale de surveillance et éviter les trafics délictueux (enlèvements, ventes d'enfants).

2001-*6-2* (*JO* du 8-2) loi : les conditions de l'adoption sont soumises à la loi nationale de l'adoptant ou, en cas d'adoption par 2 époux, à la loi qui régit les effets de leur union. Si la loi du pays du mineur l'interdit, l'adoption est impossible, sauf si le mineur, né en France, y réside régulièrement. Le consentement du représentant légal de l'enfant est nécessaire et obtenu sans contrepartie. Une adoption régulièrement prononcée à l'étranger est reconnue en France de plein droit. Si elle rompt « de manière complète et irrévocable » le lien de filiation, elle aura les effets de l'adoption plénière. Sinon, les effets d'une adoption simple. La conversion en adoption plénière est possible si les consentements ont été expressément donnés en connaissance de cause.

Adoption plénière (art. 343 à 359 du Code civil). **Conditions pour adopter** (art. 343 à 359) : *époux* : être mariés depuis plus de 2 ans ou avoir chacun plus de 28 ans, ne pas être séparés de corps, avoir 15 ans de plus que l'adopté (10 si l'adopté est l'enfant du conjoint, même décédé). Toutefois le tribunal peut, s'il y a de justes motifs, prononcer l'adoption lorsque la différence d'âge est inférieure à celles prévues. L'adoption conjointe par un couple de concubins n'est pas autorisée, le mariage étant considéré comme un gage de stabilité pour l'enfant. *Personne seule* (célibataire, divorcée, veuve ou mariée) : avoir plus de 28 ans, et 15 ans de plus que l'adopté. Si la personne est mariée et non séparée de corps, le consentement de son conjoint est nécessaire, sauf s'il est dans l'incapacité de manifester sa volonté. Le fait d'avoir déjà des enfants n'est pas un obstacle. En cas de décès de l'adoptant au cours de la procédure, la requête peut être présentée par son conjoint survivant, ou l'un de ses héritiers, si l'adoptant avait régulièrement recueilli l'enfant en vue de son adoption (art. 353, alinéa 3). *L'adoption plénière de l'enfant du conjoint* n'est permise que lorsque cet enfant a une filiation établie à l'égard de ses 2 parents, mais seulement dans 2 cas : si le parent, autre que le conjoint, s'est vu retirer totalement l'autorité parentale ; ou s'il est décédé *et* que ses propres parents, grands-parents de l'enfant, sont eux-mêmes décédés ou « se sont manifestement désintéressés de l'enfant ». L'adoption plénière n'est permise qu'en faveur des moins de 15 ans, accueillis au foyer du ou des adoptants depuis au moins 6 mois. Toutefois, si l'enfant a plus de 15 ans, mais a été accueilli avant par des personnes ne remplissant pas les conditions légales pour l'adopter, ou s'il a fait l'objet d'une adoption simple avant 15 ans, l'adoption plénière pourra être demandée si les conditions ont été remplies pendant la minorité de l'enfant. Les plus de 13 ans doivent *consentir* personnellement à leur adoption ; le délai de rétraction est de 2 mois.

L'adoption est prononcée par le tribunal de grande instance, saisi par une requête de l'adoptant (les détails sur la procédure à suivre peuvent être donnés par le procureur de la République ou par un notaire) ; le tribunal vérifie, dans les 6 mois à compter de sa saisine, si les conditions légales sont remplies et veille à ce que l'adoption soit conforme aux intérêts de l'enfant. Si l'adoptant a des descendants, il vérifie en outre que l'adoption n'est pas de nature à compromettre la vie familiale. La tierce opposition à l'encontre du jugement d'adoption n'est recevable qu'en cas de dol ou de fraude imputable aux adoptants. En cas d'adoption internationale, si le jugement obtenu à l'étranger est équivalent à l'une des 2 adoptions françaises, il peut être transcrit directement par le tribunal de grande instance de Nantes. Sinon, la requête doit être présentée au tribunal de grande instance du lieu de résidence.

Effets : *pour les rapports entre adoptant et adopté :* à compter du jour du dépôt de la requête en adoption. *Pour les tiers étrangers à la procédure d'adoption :* à partir des mesures de publicité du jugement (la transcription du jugement, dans les 15 j s'il est devenu définitif, sur les registres de l'état civil du lieu de naissance de l'enfant, lui tient désormais lieu d'acte de naissance ; celui-ci ne contiendra aucune indication relative à sa filiation réelle). *L'adoption rompt définitivement le lien unissant par le sang l'adopté à sa famille* pour lui conférer une filiation nouvelle. Tout se passe comme si l'adopté était l'enfant de l'adoptant, sous réserve des empêchements au mariage fondés sur la parenté ou l'alliance. *L'adopté porte le nom de l'adoptant et prend sa nationalité* (sur la demande du ou des adoptants, le tribunal peut modifier les prénoms de l'enfant). *Il sera héritier réservataire* en cas de succession, au même titre que l'enfant légitime. *L'adoption plénière de l'enfant du conjoint* laisse subsister sa filiation d'origine à l'égard de ce conjoint et de sa famille. Elle produit pour le surplus les effets d'une adoption par 2 époux. *L'obligation alimentaire* existe réciproquement entre l'adoptant et l'adopté. *L'adoption est irrévocable* (art. 359). Toutefois, lorsqu'un enfant a fait l'objet d'une adoption plénière, puis a été « abandonné », il est possible de prononcer une nouvelle adoption, simple, à condition de justifier de motifs graves (art. 360-2).

Adoption simple (art. 360 à 370-2). **Conditions pour** *l'adoptant :* les mêmes que pour l'adoption plénière. Permise quel que soit l'âge de l'adopté. Mais s'il a plus de 13 ans, il doit consentir personnellement à son adoption. **Effets :** moins étendus. *L'adopté :* en principe, il ajoute à son nom celui de l'adoptant, mais le tribunal peut décider qu'il ne portera que le nom de l'adoptant ; il continue à faire partie de sa famille d'origine et y conserve tous ses droits, notamment ses droits de succession. Dans la famille de l'adoptant, il a les mêmes droits de succession qu'un enfant légitime sans acquérir cependant la qualité d'héritier réservataire à l'égard des ascendants de l'adoptant ; il n'acquiert pas automatiquement la nationalité de l'adoptant ; depuis 1997, il peut être inscrit sur le livret de famille de ses parents adoptifs. *L'adoptant :* il a tous les droits (autorité parentale depuis 1970), y compris celui de consentir au mariage de l'adopté. Si l'adopté est l'enfant du conjoint de l'adoptant, l'autorité parentale est accordée aux 2 époux. L'adoption est *révocable* pour motifs graves (art. 370), à la demande de l'adoptant (si l'adopté a plus de 15 ans) ou de l'adopté (si l'adopté est mineur), des père et mère par le sang ou, à défaut, d'un membre de la famille d'origine jusqu'au 3e degré inclus. Le jugement de révocation doit être motivé. Il est mentionné en marge de l'acte de naissance ou de la transcription du jugement d'adoption. La révocation fait cesser tous les effets de l'adoption.

Congé d'adoption. La mère de famille a droit aux mêmes congés que pour une naissance (10 semaines, 18 s'il est le 3e enfant, 22 semaines en cas d'adoptions multiples). Le congé est accordé au père de famille salarié dans les mêmes conditions que pour un congé de naissance (3 j à prendre dans les 15 j précédant ou suivant l'arrivée de l'enfant). Père et mère ont droit au congé parental [2 ans, 3 ans pour les fonctionnaires].

Allocation d'adoption (au 1-1-2001) : 1 003,96 F pendant 21 mois, après déduction CRDS) ; attribuée lors de l'arrivée de l'enfant au foyer, qu'il soit né en France ou à l'étranger (loi du 25-7-1994). Voir à l'Index.

Enfants susceptibles d'être adoptés. 1°) Nés en France : a) recueillis par une œuvre d'adoption autorisée et ayant fait l'objet d'un consentement à l'adoption. **b)** Admis dans la catégorie des pupilles de l'État sous la tutelle du préfet (DDASS) et pour lesquels les père et mère ou le conseil de famille ont valablement consenti à l'adoption. Ces enfants ont été remis aux services de l'aide sociale à l'enfance par leurs parents, après une déchéance d'autorité parentale ou une déclaration judiciaire d'abandon de l'enfant dont les parents se sont manifestement désintéressés pendant 1 an (art. 350 du Code civil). Demande en déclaration d'abandon obligatoirement transmise à expiration du délai. Le délai de 1 an n'est pas interrompu par la simple rétractation du consentement à l'adoption, la demande de nouvelles ou l'intention exprimée mais non suivie d'effet de reprendre l'enfant. **c)** Tout enfant de plus de 2 ans peut être adopté sans avoir été recueilli par l'aide sociale à l'enfance ou une œuvre d'adoption (art. 348-5 du Code civil) ; même possibilité pour les moins de 2 ans, si lien de parenté jusqu'au 6e degré entre l'adopté et l'adoptant. **2°) D'origine étrangère :** confiés en vue d'adoption par décision juridique du pays concerné. On peut s'adresser en France à l'un des 39 organismes autorisés pour l'adoption (OAA), ou, en démarche individuelle, à l'autorité compétente du pays [mais d'abord à la MAI (Mission de l'adoption internationale) si le pays d'origine a ratifié la Convention de La Haye du 29-5-1993 sur la protection des enfants et la coopération en matière d'adoption internationale].

Nota. – Entremise sans autorisation en vue d'adoption (art. 227-12) : 1 an d'emprisonnement et 100 000 F d'amende. *Provocation à l'abandon d'enfant né ou à naître* (art. 227-12) : 6 mois d'emprisonnement et 50 000 F d'amende. *Substitution, simulation ou dissimulation d'enfant, ou tentative seulement* (art. 227-13) : 3 ans d'emprisonnement et 300 000 F d'amende.

Statistiques. Personnes attendant un enfant à adopter (en 1994) : 20 000 couples ou personnes isolées. **Nombre d'adoptions simples** (en 1991) : 2 000. **Plénières** (en 1993) : environ 4 500. **Adoptions internationales. Nombre :** *1979 :* 1 000 ; *99 :* 3 500 (dont – de 3 ans 70 %, + de 5 ans 15 %) ; *2000 :* 2 964. **Nombre de pays d'origine :** *1979 :* 10 ; *99 :* 63. **Principaux pays d'origine** (de 1995 à 1999). Viêt Nam 5 864, Colombie 1 455, Roumanie 910, Brésil 895, Madagascar 852, Guatemala 686, Bulgarie 656, Russie 632, Éthiopie 604, Haïti 447. **Frais d'adoption :** France : gratuit ; étranger : 10 000 à 60 000 F (démarches administratives, honoraires d'avocats, voyage et séjour, entretien de l'enfant sur place).

Pupilles de l'État : enfants pour lesquels la collectivité publique exerce l'autorité parentale parce qu'ils ont perdu tout lien avec leurs parents. **Nombre** (au 31-12) : *1949 :* 63 000 ; *59 :* 46 000 ; *79 :* 24 000 ; *85 :* 10 400 ; *87 :* 7 693 ; *89 :* 5 825 ; *99 :* 3 340 dont 1 072 étaient confiés en vue d'adoption [2 088 ne l'étaient pas (motifs : état de santé et handicap 39 %, bien insérés en famille d'accueil 18, existence d'une fratrie 10, pupille à titre provisoire 8, maintien des liens familiaux 8, âge 6, projet différé 4, autres 10)].

☞ **Pupilles de la nation** (loi du 7-4-1917) : sont adoptés par la France les enfants dont le père, la mère ou le soutien a péri durant la guerre, victime militaire ou civile de l'ennemi, ou est dans l'incapacité de subvenir à ses besoins à cause de blessures ou de maladies résultant de la guerre.

☞ **Où s'adresser. Adoption :** *Service de l'aide sociale à l'enfance du conseil général (Ase)* [au chef-lieu de chaque département], qui délivre les agréments pour l'adoption des pupilles de l'État et des enfants nés à l'étranger ; peut donner la liste des organismes d'adoption autorisés. **Information des candidats :** *Enfance et familles d'adoption* (Fédération nationale des associations de foyers adoptifs), 221, rue La Fayette, 75010 Paris. *Mission de l'adoption internationale (MAI),* ministère des Affaires étrangères, 244, bd Saint-Germain, 75007 Paris. **Parrainage :** accueil bénévole, durable, à temps partiel et parfois à plein temps, par une famille parrainante, d'un enfant confié à l'aide sociale à l'enfance, privé de relations familiales suivies, afin de lui apporter un soutien affectif, moral, matériel, dans le cadre d'un projet éducatif, établi par le service et respectant sa liberté et les droits de sa famille d'origine. *Enfants concernés :* mineurs qui ne peuvent provisoirement être maintenus dans leur milieu de vie habituel ou dont les parents ont besoin d'être soutenus dans leurs fonctions ; pupilles de l'État ; mineurs confiés au service de l'Ase par décision judiciaire au titre de l'assistance éducative ou de l'enfance délinquante ; majeurs de moins de 21 ans qui éprouvent des difficultés d'insertion (faute de ressources ou d'un soutien familial). **Renseignements :** *Comité français de secours aux enfants (CFSE),* 4, rue Vigée-Lebrun, 75015 Paris ; *Un enfant, une famille,* 110, rue Fleury, 92140 Clamart ; *Centre français de protection de l'enfance (CFPE),* 97, bd Berthier, 75017 Paris ; *Parrains par mille,* 25, rue Mouffetard, 75005 Paris ; *Grands parrains,* 15, rue des Épinettes, 92140 L'Haÿ-les-Roses.

Tutelle

L'enfant est placé sous le régime de la tutelle : lorsque ses père et mère sont décédés ; lorsqu'ils se sont vu retirer l'exercice de l'autorité parentale ; s'il s'agit d'un enfant naturel, lorsque ni son père ni sa mère ne l'ont volontairement reconnu (art. 390. Code civil).

Droits selon l'âge

■ **Mineurs. Enfants à naître :** dans des cas limités (par exemple, un grand-père peut prévoir des donations particulières pour les enfants nés ou à naître de ses enfants). **Enfant conçu :** peut être *héritier* ou légataire, à condition de naître « viable ». **Dès la naissance :** on peut lui attribuer des *actions*, un *livret de Caisse d'épargne*, une *carte d'identité*. **2 ans :** peut entrer à la *maternelle*. **7 ans :** âge minimal pour le *football*. **12 ans :** on peut établir sur sa tête une *assurance-décès* (son consentement est nécessaire). Age minimal pour la *boxe*. Peut voir certains *films*, interdits aux moins de 12 ans. **13 ans :** doit consentir personnellement à son *adoption plénière*. **14 ans :** peut conduire un *cyclomoteur* (moins de 50 cm³, 45 km/h max.). **15 ans (avant) :** ne peut recevoir des *corrections* corporelles légères (art. 312 du Code pénal) : coups de pied au derrière, gifle, coups de règle. **15 ans :** on doit obtenir son consentement en cas d'*adoption simple*. Peut (à condition d'être autorisé) répudier ou réclamer la *nationalité* ou la naturalisation. Une fille peut se *marier* avec l'autorisation de ses parents ; elle est alors automatiquement émancipée. *Passeport* obligatoire en cas de voyage dans les pays où il est nécessaire. En cas de relation sexuelle, il n'y a plus d'attentat à la pudeur. Age minimal pour des *courses cyclistes*. **16 ans :** il peut réclamer la qualité de *Français* (après autorisation des parents) ; disposer de la moitié de ses biens par *testament* ; adhérer à un *syndicat* professionnel (sauf opposition des père, mère ou tuteur) sans pouvoir toutefois participer à l'administration de ce groupement ; *retirer des fonds* figurant sur un livret de Caisse d'épargne (sauf opposition de la part du représentant légal) ; ouvrir un *compte d'épargne-logement* auprès d'une Caisse d'épargne ; avoir un *compte en banque* et un *carnet de chèques* avec autorisation parentale ; faire des *actes conservatoires ;* interrompre une *prescription ;* faire apposer des *scellés ;* obliger le juge des tutelles à convoquer le *conseil de famille ;* conduire une *motocyclette légère* de moins de 80 cm³ (ou de moins de 125 cm³ et 11 kW soit 15 ch. max. si permis A1) et une voiture s'il est accompagné d'un adulte possédant son permis. Sa *responsabilité pénale* est aggravée. **Peut être émancipé** par le juge des tutelles à la demande des parents ou du conseil de famille : en conséquence, il pourra accomplir seul la plupart des actes de la vie civile et, en particulier, administrer lui-même ses biens (art. 481 du Code civil), échapper à l'autorité parentale (exercée par ses parents ou par un tuteur légal), ne plus habiter sous le toit de ses parents, décider de son domicile, des études qu'il désire entreprendre, s'engager dans la vie professionnelle sans autorisation. Mais il ne pourra ni se marier, ni se faire adopter sans l'autorisation de ses parents ou de son tuteur, ni être commerçant (mais il pourra accomplir des actes de commerce isolés), ni voter. Il ne peut régulièrement travailler avant d'être libéré de l'obligation scolaire. *Nombre d'émancipations : 1970 :* 23 000 ; *90 :* 1 300. **Une fille mariée :** avant 18 ans restera émancipée même après le divorce ou décès du conjoint (art. 477 à 79).

A partir du moment où il est en âge de gagner sa vie (après l'obligation scolaire). Il peut signer un *contrat de travail* comme ouvrier ou employé (sauf opposition de ses père, mère ou tuteur) et voter aux élections professionnelles, et agir par lui-même dans les litiges qui peuvent survenir à cette occasion (exemple : au conseil des prud'hommes).

Quel que soit son âge. Il ne peut *contracter* sans l'autorisation de ses parents ou de son tuteur, sauf pour des achats courants (apparaissant normaux par rapport au train de vie habituel de la famille) et s'il a « l'âge du discernement », c'est-à-dire s'il comprend la portée de ses actes.

☞ **Contrat passé avec un mineur sans que les parents soient au courant :** pour le faire annuler, envoyer une lettre recommandée avec accusé de réception à la personne qui a signé le contrat, en demandant son annulation. Si cela ne suffit pas, saisir le tribunal d'instance dans le cas où la somme engagée ne dépasse pas 20 000 F, de grande instance au-delà. Le contrat peut être 1°) **reconnu comme nul :** *nullité absolue :* s'il y a eu non-respect de la loi ou d'une règle d'intérêt général (exemple : contrat de travail signé par un mineur encore en âge scolaire). *Relative :* si les règles assurant la protection des contractants et des intérêts privés ont été violées (exemple : un acte « nul en la forme » passé par un mineur, sans autorisation même verbale). Ce contrat peut pourtant être « confirmé » (considéré comme valable) lorsque le mineur atteint sa majorité, si les contractants renoncent à la clause de nullité et si les formalités requises pour le valider sont accomplies. **2°) Annulé** pour sanctionner un acte désavantageux pour un jeune (exemple : disproportion, même minime, entre le prix payé et la chose vendue). Les parents doivent prouver devant les tribunaux que leur enfant a été lésé.

■ **Majeurs. 18 ans (depuis la loi du 5-7-1974 ; avant, 21 ans) :** il devient citoyen à part entière. Il est pleinement responsable de tous les actes qu'il accomplit. *Responsabilité civile :* les parents ne sont plus engagés pour les dommages qu'il a causés et n'ont plus à supporter les conséquences pécuniaires des infractions qu'il a commises (n'ont pas à verser des dommages et intérêts à une victime éventuelle). Il peut contracter personnellement une assurance responsabilité civile (les assurances « chef de famille » continuent à jouer pour les 18-21 ans si la police a été signée avant la promulgation de la loi). S'il est à l'université, sa mutuelle étudiant peut couvrir sa responsabilité civile. *L'obligation d'entretien des parents à son égard* cesse, mais peut être prolongée, en particulier pour permettre la continuation des études (jurisprudence). *Études :* il peut faire les études de son choix ou les abandonner ; obtenir que ses notes lui soient directement communiquées. Dans les internats, il bénéficie d'une réglementation différente. *Vie civile :* il peut se marier, obtenir sur simple demande toutes pièces d'état civil de son nom, se faire embaucher par qui il veut, créer une entreprise ou un commerce, signer des contrats, disposer de ses revenus et de ses biens à sa guise, entrer en possession d'un héritage, ouvrir un compte chèques bancaire ou postal, quitter le territoire national, choisir son domicile. *Vie civique :* il a le droit d'être électeur (il lui faut s'inscrire sur les listes électorales de la mairie de son domicile entre le 1er sept. et le 31 déc.). **18 ans :** peut devenir *conseiller municipal, maire*. **21 ans :** *conseiller général, conseiller régional* (s'il satisfait aux obligations militaires). **23 ans :** *président de la Rép., député*. **24 ans :** ne peut plus se présenter à *l'École normale supérieure*. **25 ans :** peut accéder à certaines professions (exemple : *pharmacien* titulaire d'une officine), ne peut plus reporter au-delà son *service militaire* s'il est étudiant de pharmacie ou dentaire. **27 ans :** ne peut reporter au-delà son *service* s'il est étudiant en médecine ou médecine vétérinaire. Age souvent limite pour le maintien sous le régime de la Sécurité sociale étudiante. **30 ans :** âge limite pour la candidature à un *emploi de l'État ou d'une collectivité locale*. Peut *adopter* un enfant sans être marié et à condition d'avoir 15 ans de différence avec l'enfant. **35 ans :** peut devenir *sénateur*.

Majorité

■ **Droit romain.** Distinction entre *impuberté* (jusqu'à 12 ans pour les filles et 14 pour les garçons), *minorité* (de 12/14 ans à 25) et *majorité* (après 25, 18 à Athènes). *En droit privé*, on restait sous la puissance paternelle même après 25 ans. *En droit public*, on était soldat à partir de 17 ans, éligible et électeur aux magistratures à 27 ans.

■ **En France.** Ancien Régime : **droit féodal : XIIIe-XIVe s.** majorité : *coutumière ou légale* (20 ans dans la plupart des coutumes), *féodale* [se rapporte au service du fief et fait cesser le bail ou la garde noble ; généralement : hommes 20 ans, femmes 15 ans ; tenures roturières 14 et 12 ans (à Paris)], *parfaite* (capacité de disposer des immeubles, meubles ; 26 ans dans la plupart des coutumes) ; les garçons peuvent être écuyers à 17 ans, chevaliers à 21. *Age du mariage :* celui du droit romain (filles 12 ans ; garçons 14). Il y a des exceptions (dans l'Est, l'âge de la majorité est celui du mariage : 12/14 ans). **Droit privé :** 25 ans pour garçons et filles. 2 exceptions : les filles mariées, quel que soit leur âge, sont considérées comme majeures ; dans le Nord, la majorité avancée ou coutumière ne permet ni de se marier sans permission du père, ni d'administrer des biens immeubles, mais permet d'administrer des biens meubles, d'ester en justice, d'aliéner des immeubles et de bénéficier d'une restitution. *20 ans* dans les coutumes d'Anjou, Maine, Normandie, Amiens, Péronne, Châlons et Reims ; *15 ans* Boulonnais et Ponthieu. Les nobles sont souvent distingués des roturiers (en Bretagne, nobles majeurs à 17 ans, roturiers à 20). **1374**-*août* édit de Charles V : majorité des rois de France fixée à 13 ans. **Après la Révolution :** majorités (civile et électorale) à 21 ans, mais à 18 ans possibilité d'émancipation, fin de la jouissance légale, majorité pénale, engagement militaire, pratiques judiciaires particulières (droit de visite, responsabilité civile des parents). *Mariages possibles* à partir de 14 ans (filles) ou 16 ans (garçons) [en droit canonique], il faut l'autorisation paternelle jusqu'à 25 ans (filles) ou 30 ans (garçons) en droit civil (édit du 15-6-1566). **Loi du 5-7-1974 :** majorités civile et électorale à 18 ans (tous les candidats à l'élection présidentielle s'étaient engagés dans ce sens). **Dans le monde :** G.-B. 1969, USA 1971 (élections fédérales), All. 1972.

■ **Droit canonique catholique.** Un enfant est présumé avoir *l'usage de la raison* à 7 ans, il est majeur à 18 ans (majorité pénale à 16 ans).

Age canonique *minimal pour être ordonné : diacres* se destinant à la prêtrise : 23 ans ; permanent célibataire : 25 ; marié : 35 ; *prêtre :* 25 ; *administrateur diocésain, évêque :* 35 ; *pour se marier* (filles : 14, garçons : 16). *A partir duquel une femme peut résider dans un presbytère* (Benoît XIV demandait 40 ans ; mais l'évêque peut en décider autrement).

Convention internationale des droits de l'enfant

■ **Origine. 1924** déclaration de Genève promulguée par l'Union internationale de secours aux enfants. Entérinée par la Société des nations. **1948** revue et augmentée. **1959**-*20-11* adoptée à l'unanimité par l'Onu. **1989**-*20-11* Convention en 54 articles adoptée par la 44e Assemblée générale de l'Onu, ratifiée par la France le 7-8-1990. Aux USA (Floride), Gregory Kingsley (12 ans) a attaqué ses parents en justice pour obtenir le droit de s'en séparer légalement (père alcoolique, mère droguée, prostituée, lesbienne), d'intégrer sa famille d'accueil et de s'appeler Shawn Russ.

■ **Principales dispositions.** Sont considérés comme enfants les moins de 18 ans (sauf si la loi nationale accorde la majorité plus tôt). Obligation pour l'État d'assurer l'exercice des droits reconnus par la Convention, de respecter les droits et responsabilités des parents, d'assurer la survie et le développement de l'enfant, de lutter contre les rapts et non-retours illicites d'enfants. Droit de l'enfant à un nom dès la naissance et à une nationalité ; de vivre avec ses 2 parents dans la mesure du possible ; d'exprimer son opinion (pour l'enfant capable de discernement) dans une procédure le concernant. Droit à la liberté de pensée, de conscience et de religion ; au respect de sa vie privée ; à la Sécurité sociale, à l'éducation, aux loisirs ; à une protection contre mauvais traitements, travail excessif ou dangereux, trafic ou consommation de drogue, exploitation sexuelle, traite, torture, privation de liberté. Interdiction de faire participer des moins de 15 ans à des hostilités. Droits aux garanties judiciaires en cas d'infraction pénale.

☞ Le nouvel article 388-1 du Code civil précise que, dans toute procédure le concernant, le mineur capable de discernement pourra être entendu seul ou avec un avocat ou une personne de son choix. L'enfant bénéficie de droit de l'aide juridictionnelle, c'est-à-dire d'une assistance gratuite.

■ **Tuteur** (art. 397 à 406). **Désignation :** soit par le survivant des père et mère, si celui-ci a conservé au jour de sa mort l'exercice de l'administration légale ou de la tutelle (sous forme d'un testament ou d'une déclaration spéciale devant notaire), soit par le conseil de famille. Lorsqu'il n'a pas été choisi de tuteur ou que celui-ci n'a pas accepté cette charge, la tutelle de l'enfant légitime est déférée par le conseil de famille à l'ascendant du degré le plus proche ou à un parent, allié ou ami de la famille. Si personne ne peut assurer la tutelle, elle est confiée au service de l'Aide sociale à l'enfance. Le tuteur est désigné pour la durée de la tutelle ; il peut être remplacé en cas de circonstances graves. Dans certains cas, le conseil de famille peut diviser la tutelle entre un tuteur à la personne et un tuteur aux biens. Il peut aussi désigner un tuteur adjoint pour la gestion de certains biens. En principe, parents ou alliés du mineur ne peuvent refuser la tutelle que pour de justes motifs (maladie, éloignement, etc.). *Personnes considérées comme incapables d'exercer la tutelle :* mineurs (sauf pour leurs propres enfants), interdits, aliénés, personnes pourvues d'un conseil judiciaire, parents déchus de la puissance paternelle, condamnés à une peine afflictive ou infamante, condamnés privés à titre accessoire du droit d'être tuteur, personnes d'inconduite notoire ou convaincues d'improbité, négligence ou inaptitude aux affaires constatées. Celui qui n'est ni parent ni allié du mineur ne peut être forcé d'accepter la tutelle.

Pouvoirs : il prend soin de l'enfant et le représente dans les actes civils, sauf ceux dans lesquels la loi ou l'usage autorise les mineurs à agir par eux-mêmes. Il administre les biens du mineur, en bon père de famille, mais ne peut ni les acheter, ni les prendre à bail ou à ferme (à moins que le conseil n'ait expressément autorisé le subrogé tuteur à lui en passer bail). Il accomplit seul tous les actes d'administration : vente des meubles d'usage courant, acceptation des donations et des legs non grevés de charge, action en justice relative aux droits patrimoniaux. Il ne peut accepter de succession sans bénéfice d'inventaire ou disposer au nom du mineur qu'avec l'autorisation du conseil, lequel peut décider de passer outre à la règle selon laquelle la vente d'un immeuble ou d'un fonds de commerce du mineur se fait publiquement. Dans la limite d'une certaine somme, l'autorisation du juge des tutelles peut être substituée à celle du conseil.

Responsabilité : il est responsable de sa gestion. Chaque année, il remet au subrogé tuteur un compte de gestion dont le juge des tutelles peut décider qu'il sera communiqué au mineur si ce dernier a atteint 16 ans révolus. Dans les 3 mois qui suivent la fin de la tutelle, le tuteur remet un compte définitif au mineur devenu majeur ou émancipé, ou à ses héritiers. Après un délai d'un mois, il appartient à l'ex-pupille d'approuver le compte de tutelle. Toute action du mineur contre le tuteur relativement aux faits de la tutelle se prescrit par 5 ans à compter de la majorité (lors même qu'il y aurait eu émancipation). Ce délai est ramené à 2 ans s'il demande l'annulation d'une délibération du conseil de famille, pour irrégularité grave.

Mise sous curatelle (art. 508 à 514 du Code civil) : concerne les adultes. Le majeur sous curatelle n'est pas représenté, seulement assisté pour effectuer tous les actes qui, sous le régime de la tutelle des mineurs, requièrent l'autorisation du conseil de famille. *Procédure :* comme pour la mise sous tutelle (demande par toute personne portant un intérêt à l'adulte incapable : parents ou, en l'absence de famille, amis). S'adresser au juge des tutelles du tribunal d'instance du domicile de l'intéressé.

Émancipation. Effet : met fin à l'autorité parentale. *Peuvent en bénéficier :* mineur resté sans père ni mère, mineur sous tutelle (pour cause de déchéance ou d'irresponsabilité d'un ou des 2 parents), mineur non marié lorsqu'il a 16 ans (art. 477). *Demande :* par les 2 parents, l'un d'eux, le conseil de famille ou l'enfant lui-même, s'il considère sa santé, sa sécurité, sa moralité en danger. *Décision prononcée* par le juge des tutelles. Peut être contestée dans les 15 j auprès du tribunal de grande instance. Donne à un mineur toutes capacités comme à un majeur pour accomplir certains actes de la vie civile (sauf se marier ou se donner en adoption sans le consentement de ses parents ou du conseil de famille). *Lui permet :* de choisir librement son domicile et, s'il travaille, de disposer librement des revenus de son activité. Le mineur émancipé cesse d'être sous l'autorité de ses parents qui restent cependant tenus de l'aider financièrement s'il se trouve dans le besoin. Mineur émancipé de plein droit par mariage (art. 476 du Code civil).

■ **Conseil de famille. Désignation :** 4 à 6 membres choisis par le juge des tutelles parmi parents, alliés, amis ou voisins des père et mère. Convoqué par lui (à son initiative ou sur demande de 2 membres du conseil, du tuteur, du subrogé tuteur ou du mineur lui-même s'il a 16 ans révolus). Le juge peut, parfois, le consulter par correspondance. Le tuteur ne fait pas partie du conseil (pas plus que le juge des tutelles), mais participe à ses délibérations ; le subrogé tuteur en fait partie. **Rôle :** règle les conditions générales de l'entretien et de l'éducation de l'enfant, eu égard à la volonté des père et mère.

■ **Juge des tutelles** (voir **Juge aux affaires familiales** p. 788 c). Juge du tribunal d'instance dans le ressort duquel le mineur a son domicile. Il exerce une surveillance générale sur les administrations légales et les tutelles de son ressort. Il peut convoquer les administrateurs légaux, tuteurs et autres organes tutélaires pour leur réclamer des éclaircissements, faire des observations et prononcer contre eux des injonctions dont l'inexécution peut être sanctionnée par une amende. Il nomme un administrateur *ad hoc* lorsqu'il y a opposition d'intérêts entre le mineur et son parent administrateur (art. 393 à 396 et 499).

■ **Subrogé tuteur.** Choisi parmi les membres du conseil de famille. Surveille la gestion tutélaire, supplée le tuteur et peut le remplacer lorsque, pour un acte déterminé, il y a conflit d'intérêts entre ce dernier et le mineur.

☞ **Protection des majeurs** organisée par la loi du 3-1-1968, inscrite au Code civil. Le juge des tutelles (juge du tribunal d'instance) prononce une mesure de protection lorsque l'altération des facultés a été constatée par un médecin spécialiste. Il apprécie l'opportunité du régime de protection. **Tutelle :** régime d'incapacité complète qui nécessite le certificat d'un médecin agréé. Le tuteur désigné par le juge gère seul le patrimoine et les revenus de la personne protégée, mais demande l'autorisation du juge pour certains actes comme les ventes d'immeubles ou de valeurs mobilières. Il rend compte annuellement de sa gestion au juge des tutelles ou au greffier en chef du tribunal d'instance. **Curatelle :** régime d'incapacité partielle. Ouverte lorsque le majeur, sans être hors d'état d'agir lui-même, a besoin d'être conseillé ou contrôlé pour certains actes de la vie civile, ou lorsque par « sa prodigalité, son intempérance ou son oisiveté » il peut tomber dans le besoin ou compromet l'exécution de ses obligations familiales. Le majeur sous curatelle peut percevoir et utiliser seuls ses revenus, conclure un bail d'habitation, établir un testament, voter. Il est assisté de son curateur pour ventes de biens immobiliers, donations et mariage. **Sauvegarde de justice :** Mesure temporaire réservée aux personnes atteintes d'une altération provisoire ou ordonnée par le juge dans l'attente de l'ouverture d'une tutelle ou d'une curatelle. **Tutelle aux prestations sociales.** N'est pas juridiquement un régime d'incapacité, mais est prononcée par le juge s'il estime nécessaire l'accompagnement éducatif et social. Le tuteur aux prestations sociales perçoit alors directement les allocations du majeur si celui-ci ne les utilise pas dans son intérêt ou s'il vit dans des conditions d'alimentation, de logement ou d'hygiène insuffisantes. Une mesure de protection civile peut être doublée d'une mesure de tutelle aux prestations sociales. **Mesures de protection.** Prioritairement confiées à la famille du majeur, un proche étant désigné tuteur ou administrateur légal. En cas de vacance de la famille, le juge peut confier les mesures à l'État (qui les confie lui-même des associations), ou à des gérants de tutelle, qui se rémunèrent sur les revenus des personnes gérées.

ENFANCE MALTRAITÉE

■ **Législation.** Quiconque ayant eu connaissance de mauvais traitements ou privations infligés à un mineur de 15 ans ou à une personne qui n'est pas en mesure de se protéger en raison de son âge, d'une maladie, d'une infirmité, d'une déficience physique ou psychique ou d'un état de grossesse, et n'en ayant pas informé les autorités judiciaires ou administratives, est puni de 3 ans d'emprisonnement et de 300 000 F d'amende (sauf lorsque la loi en dispose autrement, sont exceptées des dispositions qui précèdent les personnes astreintes au secret, art. 226-13 et 14 du Code pénal).

Peines prévues (art 222 et 227 du Code pénal, loi du 22-7-1992). *Fait de soumettre une personne à des tortures ou actes de barbarie :* 15 ans de réclusion criminelle (20 ans si commis sur un mineur de moins de 15 ans). *Violences ayant entraîné la mort sans intention de la donner :* 15 ans de réclusion criminelle (20 si mineur de moins de 15 ans) ; *ayant entraîné une incapacité totale de travail pendant plus de 8 j. :* 3 ans d'emprisonnement et 300 000 F d'amende (5 ans et 500 000 F si mineur de moins de 15 ans) ; *habituelles sur un mineur de moins de 15 ans :* 30 ans de réclusion criminelle si mort de la victime, 10 ans d'emprisonnement et 1 000 000 de F d'amende si incapacité totale de travail plus de 8 j., 5 ans d'emprisonnement et 500 000 F si incapacité inférieure à 8 j.

■ **Statistiques. Enfants en danger :** enfants dont la situation familiale ou sociale a été signalée aux services départementaux de la protection de l'enfance. **Signalements d'enfants en danger et,** entre parenthèses, **transmissions judiciaires** (en milliers) : *1994 :* 58 (31) ; *95 :* 65 (36) ; *96 :* 74 (42) ; *97 :* 82 (49,5) ; *98 :* 83 (49) ; *99 :* 83,5 (47,5). **Age des victimes** (en %) : *12/17 ans :* 48 ; *6/11 ans :* 28 ; *0/5 ans :* 21 ; *+ de 18 ans :* 3. **Maltraités :** *1998 :* 19 000 cas repérés (dont violence physique 7 000, négligences graves 5 300, violences psychologiques 1 700).

Maltraitants (en %) : père 46, mère 25, famille élargie 10, beau-père 9, ami de la famille 3, professionnel d'une institution 2, inconnu 2, belle-mère 1, autre mineur 1, autres 1.

■ **Budget de l'Aide sociale à l'enfance (Ase).** En 1995, 24 milliards de F dont (en %, 1994) hébergement 71 [139 000 enfants, dont 112 000 placés sur décision du juge, 51 % sont accueillis dans des familles, tandis que 32 % le sont dans des établissements (maisons d'enfants à caractère social, foyers de l'enfance et pouponnières, charge par enfant 18 250 F/mois)] ; aide en milieu ouvert 17 dont action éducative en milieu ouvert (services privés) 5,5 (125 000 enfants) ; fonctionnement et autres 12.

☞ **Adresses :** *juge des enfants compétent,* ou *commissariat de police* ou *brigade* ou *gendarmerie. Enfance Majuscule – Fédération Alexis-Danan* (140 comités, revue bimestrielle « Enfance Majuscule »), 2, place Bir-Hakeim, 92100 Boulogne-Billancourt. *La voix de l'enfant,* 39, rue de Lourmel, 75015 Paris. *Association française d'information et de recherche sur l'enfance maltraitée (Afirem),* hôpital des Enfants-Malades, 149, rue de Sèvres, 75730 Paris Cedex 15. *SOS Famille en péril,* 9, cour des Petites-Écuries, 75010 Paris. Garantie de l'anonymat. *Allô enfance maltraitée* service national d'accueil téléphonique, tél. n° vert *119.* Garantie de l'anonymat. Certaines associations peuvent se porter partie civile dans les procès instruits contre les parents maltraitants et les assassins d'enfants.

Abus sexuels. Leur fréquence est en partie méconnue, car ils ne sont souvent révélés qu'à l'âge adulte. Ils portent toujours atteinte au développement psychoaffectif de l'enfant. Des programmes d'information et de prévention, des réseaux d'appels téléphoniques sont mis en place. *Nombre connu 1998 :* 5 000. Avant 18 ans, 1 fille sur 8 et 1 garçon sur 10 seraient victimes d'un « abus sexuel » au sens large.

Inceste. *Non mentionné dans la loi,* il tombe sous le coup des art. 222-29, 222-30, 227-25 et 227-26 du Nouveau Code pénal relatifs à l'attentat à la pudeur à l'égard d'un mineur, avec aggravation de la peine s'il y a violence et lorsqu'il s'agit d'un attentat commis par un ascendant ou quelqu'un ayant autorité sur le mineur. La majorité des cas restent dissimulés. Environ 300 cas par an sont traités par les instances judiciaires. Toute victime d'abus sexuels, notamment d'origine incestueuse, peut porter plainte dans les 10 ans suivant sa majorité, jusqu'à 18 ans quelle que soit la date des faits (loi de 1989). En raison de la non-rétroactivité des lois, les victimes d'abus commis avant 1979 ne peuvent bénéficier de ces nouvelles dispositions.

Atteinte sexuelle sur mineur. Peine et amende maximales : sans violence (délit) 2 ans (200 000 F). Sans violence par ascendant, personne abusant de son autorité ou par plusieurs auteurs (délit aggravé) 10 ans (1 million de F). Sans violence, accompagné d'une rémunération (délit aggravé) 10 ans (1 million de F). Avec violence (délit aggravé) 7 ans (700 000 F). Avec une arme ou ayant entraîné une blessure (délit doublement aggravé) 10 ans (1 million de F). Avec violence par ascendant, personne abusant de son autorité ou par plusieurs personnes (délit doublement aggravé) 10 ans (1 million de F). Viol (crime) 20 ans. Viol suivi de mort (crime) 30 ans. Viol avec tortures ou actes de barbarie (crime) perpétuité (dont 30 ans de peine incompressible).

MARIAGE

« Coup de foudre » : « coup au cœur » provoquant une chute de la pression sanguine dans le cerveau et faisant fonctionner l'hypophyse. Celle-ci pompe dans le sang un peu d'adrénaline (hormone liée au système sympathique). Le cœur bat alors plus vite (90 pulsations à la minute, au lieu de 72) ; la respiration s'accélère ; la tension artérielle monte ; les mains deviennent moites ; les pupilles, inconsciemment, se dilatent. On connaît une certaine euphorie.

MARIAGE CIVIL

■ GÉNÉRALITÉS

■ **Conditions requises. Age** (en France). **Ancien Régime :** *avec autorisation des parents :* filles 12 ans, garçons 14. *Sans :* fils 25 ans, fille 21, mais ils sont tenus par acte passé devant notaire et conçu en termes révérenciels de leur demander conseil. Procès-verbal dressé de la réponse (ou du refus de répondre) du père. Le fils (jusqu'à 30 ans), la fille (25) sont tenus à 1 mois de distance de faire 3 actes respectueux (après 30 ou 25 ans, un seul suffit). Ceux qui passent outre « s'exposent à l'exhérédation ». **Code civil** (1re version) : *art. 388* fixe fin de la minorité à 21 ans. *Art. 148* le fils mineur ne peut se marier sans le consentement de ses parents [en cas de décès, de ses aïeuls et aïeuls (*art. 150*)]. *Art. 152* le fils (jusqu'à 30 ans), voulant se marier contre l'avis parental, doit renouveler 3 fois (1 fois si + de 30 ans) un acte respectueux et formel, à intervalle d'1 mois, avant de pouvoir convoler. **Actuellement :** *homme :* 18 ans révolus, *femmes :* 15 ans révolus (sauf dispenses pour motifs graves par le procureur de la République du lieu où le mariage doit être célébré). **Consentement :** *avant 18 ans révolus,* le consentement des père et mère, ou celui des aïeuls ou aïeules du conseil de famille, ou, si les père et mère sont décédés, l'autorisation du conseil de famille présidé par le juge des tutelles est nécessaire. Pour les mineurs pupilles de l'Assistance publique, autorisation du conseil de famille de l'Assistance publique. A partir de 1896, il suffisait d'un notaire pour le fils de 21 à 25 ans puis cette démarche ne fut plus obligatoire au-dessus de 21 ans.

Age légal du mariage dans le monde. Avec consentement des parents (en général, inutile après la majorité légale). Pour les femmes et - pour les hommes.
Afr. du Sud 15-18. Ex-All. dém. 18-18. Ex-All. féd. 16-21. Argentine 14-16. Australie 16-18. Autriche 16-21. Belgique 15-18. Bolivie 12-14. Canada (Québec) 12-14. Canada (Ontario) 18-18. Chili 12-14. Colombie 12-14. Cuba 14-16. Danemark 15-18. Égypte 16-18. Espagne 12-14 (religieux 14-16). États-Unis 16-18 (sauf New Hampshire 14-18 ; Missouri 15-15 ; New York, Caroline du Sud, Texas, Utah 14-16 ; Colorado, Connecticut, Maine, Caroline du Nord, Pennsylvanie, Tennessee 16-16 ; Alabama 14-17 ; Mississippi 15-17 ; Washington 17-17 ; Dakota, Oklahoma 15-18 ; Kansas 18-18). Finlande 17-18. *France 15-18.* G.-B. 16-16. Grèce 14-18. Hong Kong 16-16. Hongrie 16-18. Iraq 18-18. Irlande 12-14. Israël 16 (pas d'âge minimal pour les hommes). Italie 15-16. Japon 16-18. Jordanie 17-18. Luxembourg 15-18. Maroc 15-15. Mexique 14-16. Monaco 15-18. Norvège 18-20. P.-Bas 16-18. Pérou 14-16. Pologne 18-21. Portugal 14-16. Roumanie 16-18. Suède 18-18. Suisse 18-18. Tunisie 17-20. Turquie 15-17. Ex-URSS 18-18. Uruguay 12-14. Venezuela 12-14. Ex-Yougoslavie 18-18.

■ **Age moyen des femmes au 1er mariage** (en 1993). Danemark 28,5 ; Suède 28,1 ; Suisse 27,1 ; Norvège 26,9 ; *France 26,7 ;* Pays-Bas 26,7 ; Finlande 26,6 ; Allemagne 26,1 ; Luxembourg 25,7 ; Autriche 25,6 ; Grèce 25,3 ; Belgique 24,9 ; Portugal 24,5.

■ **Taux brut de nuptialité.** Danemark 6,8 ; Portugal 6,7 ; Suisse 6,1 ; G.-B. 5,9 (en 1993) ; *France 5,8 ;* Grèce 5,5 ; Allemagne, Autriche, Pays-Bas 5,4 ; Belgique 5,1 ; Italie, Espagne 5 ; Norvège 4,8 ; Irlande 4,6 ; Suède 3,9.

■ **Parentés.** Il est interdit de se marier entre parents et alliés en ligne directe quand la personne qui créait l'alliance est décédée (art. 161 à 163) : en général frère et sœur, oncle et nièce, tante et neveu (dispense très rare), adopté et adoptant, enfants adoptifs (dispense possible), adopté

Ve s. concubinage encore reconnu par le pape Léon Ier. **VIIIe s.** règle du 7e degré de parenté adoptée par l'Église. **Xe s.** l'Église légifère seule sur le mariage. **1140** décret de Gratien (base du droit canonique jusqu'en 1917) : législation sur le mariage. **1184-1234** le mariage devient le 7e sacrement. **1215** concile de Latran IV : réduction à 4 des 7 degrés de parenté ; interdiction du mariage clandestin ; répression du mariage des prêtres ; publication des bans et présence d'un prêtre obligatoires. **1556** ordonnance permettant aux parents d'exhéréder leurs enfants mariés sans leur consentement et de réviser les donations faites. **1563** concile de Trente proclame la liberté pour les enfants de se marier sans le consentement des parents. **1579** ordonnance de Blois, confirmant celle de 1556 et exigeant la célébration devant le curé (conformément au décret du concile de Trente). Cependant des mariages « à la *Gaumine* » se feront encore (devant notaire, du nom de Michel Gaumin, doyen des maîtres des requêtes qui se maria ainsi pendant la Fronde). **1639** ordonnance prononçant la déchéance de plein droit de tous droits successoraux. Décret de Louis XIII contre les mariages clandestins (affaire Cinq-Mars et Marion Delorme). **1685** abolition de l'édit de Nantes (les protestants sans état civil ne peuvent officialiser leurs mariages). **1730-*22-11*** ordonnance répressive (peine de mort contre un ravisseur : cas des mariages clandestins). **1787** ordonnance permettant aux postulants de faire constater leur mariage par les officiers de justice. Édit de tolérance de Louis XVI sur le mariage des protestants. **1791-*3/14-9*** Constitution : « La loi ne considère le mariage que comme un contrat civil. » **1792-*20-9*** l'Assemblée constituante retire aux prêtres la tenue des registres et, après hésitation entre les notaires, les juges de paix, les instituteurs et les municipalités, la confie à ces dernières. Décide du nombre de témoins (2 ou 4 hommes ou femmes de 21 ans révolus), de la publication des bans à la porte des mairies et de l'âge du mariage [garçons 15 ans, filles 13 (au lieu de 14 et 12)]. Loi sur le divorce. **1802-*8-4*** loi obligeant à se marier civilement avant de se marier à l'église. **1804** Code civil (mise en place du mariage civil, divorce...). **1816** abolition du divorce. **1884 -*27-7*** loi sur le divorce. **1906-*16-12*** abrogation de l'article 298 du Code civil qui interdisait aux amants de se marier après un divorce pour adultère. **1907** législation sur le mariage (âge matrimonial, permission des parents...). **1912-26** lois reconnaissant l'existence d'un concubinage légal. **1917** Code canonique de Benoît XV (réduction à 3 des 4 degrés de parenté). **1942-*16-12*** certificat prénuptial (loi confirmée en 1943 et 1953). **1965-*13-6*** tutelle maritale abolie. **1975-*11-7*** loi sur le divorce. **1977** lois élargissant les droits des concubins.

et enfant qui pourrait survenir à l'adoptant (dispense possible dans certains cas près du procureur de la République, art. 164). Une union entre beau-frère et belle-sœur est possible, après veuvage, depuis une loi du 1-7-1994 et, après divorce, depuis une loi du 11-7-1975.

■ **Mariage avec un(e) étranger(ère).** Le mariage s'exerce de plein droit et n'a aucun effet sur la nationalité. Un étranger qui épouse une Française peut devenir français 2 ans après le mariage par simple déclaration devant le juge d'instance, sans condition de délai ni de résidence si le couple a un enfant.

Un certain nombre de mariages mixtes sont des mariages de complaisance (« blancs ») contractés pour acquérir la nationalité française. [La loi du 2-8-1989 a supprimé toute enquête policière postérieure au mariage pour s'assurer que les époux mènent bien une vie commune. On réclame seulement une attestation sur l'honneur de domicile, un extrait d'acte de naissance et un certificat médical.] Un étranger en situation irrégulière ne peut se marier en France, ni avec une Française ni avec une étrangère. Un maire peut saisir le procureur en cas de mariage suspect « susceptible d'être annulé » pour défaut de consentement. Le procureur peut surseoir au mariage pendant 1 mois, les intéressés, même mineurs, pouvant contester la décision de sursis devant le tribunal de grande instance, puis en appel. *En 1990 :* à Paris, sur 3 991 mariages entre Français et étrangers, 55 % auraient été des mariages blancs ; *91 :* sur 1 600 mariages suspects, le parquet s'est opposé à 409 ; *92 :* 1 400 dossiers transmis au parquet qui s'est opposé à 300 mariages. Autrefois, l'étranger pouvait se prévaloir de sa loi nationale, la coutume étant apportée par un juriste. Désormais, si la loi nationale est contraire à la loi française, le certificat de coutume peut être annulé par le parquet ou les intéressés.

■ **Mariage posthume.** Le Pt de la République peut, pour des motifs graves, autoriser la célébration du mariage si l'un des futurs époux est décédé après l'accomplissement de formalités officielles marquant sans équivoque son consentement (art. 171 du Code civil). En 1984, le Pt a considéré que l'achat d'alliances de mariage et certains préparatifs en vue de la noce valaient consentement. *En 1976* sur 56 demandes, 10 furent autorisées, 32 rejetées.

■ **Nom des époux** (voir p. 1672 a).

■ **Remariage.** Une femme ne peut se remarier que 300 j. révolus (délai de viduité) après la dissolution du mariage précédent sauf si un certificat médical intervenant après le prononcé du jugement de divorce prouve qu'elle n'est pas enceinte. Le délai prend fin en cas d'accouchement après le décès du mari ou si un certificat médical atteste qu'elle n'est pas en état de grossesse (art. 228). *Pour la femme divorcée,* ce délai court à partir de l'ordonnance de non-conciliation l'autorisant à avoir une résidence séparée. Le Pt du tribunal de grande instance peut, par ordonnance, la dispenser de ce délai.

■ Formalités

■ **Publication du mariage.** A la mairie du lieu du mariage et à celle du lieu où chacune des parties a son domicile ou sa résidence. Le procureur de la République peut, pour des causes graves (art. 169) [exemple : maladies, départ forcé ou subit, imminence de l'accouchement de la future, désir de 2 concubins de régulariser une union sans « scandale »], dispenser de la publication et de tout délai, ou de l'affichage de la publication seulement. Le délai légal de publication expire le matin du 11e j de l'apposition de l'affiche à la porte de la mairie.

■ **Célébration.** S'adresser à la mairie du domicile de l'un des époux, ou de la résidence continue d'un mois à la date de la publication.

☞ Le maire ne doit pas célébrer le mariage si les indications contenues dans l'acte, la consultation des pièces produites ou le déroulement de la cérémonie révèlent le caractère illicite, mensonger ou frauduleux du mariage. La violation de ces principes engagerait sa responsabilité pénale. En cas de doute, il peut en référer au procureur de la République qui peut s'opposer au mariage ou saisir le tribunal pour faire annuler un mariage irrégulier déjà célébré. Le mariage célébré par complaisance ne peut permettre d'obtenir la nationalité française si son caractère frauduleux est découvert. L'absence de communauté de vie rend irrecevable la déclaration acquisitive de la nationalité française (art. 37-1 du Code de la nationalité).

Pièces à fournir

■ **Pour les publications.** 2 certificats d'*examen médical prénuptial* concernant les 2 futurs (datant de moins de 2 mois au dépôt du dossier). *Frais d'examen :* remboursés par la Sécurité sociale ou par l'aide médicale pour ceux qui en bénéficient. *Validité :* 2 mois. *Dispense possible* par le procureur de la Rép. pour les 2 époux ou pour l'un d'eux ; non exigé en cas de péril imminent pour l'un d'eux. *Extrait de naissance* de moins de 3 mois à la date du mariage. *Attestation de domicile* et *pièce d'identité*.

■ **Agences matrimoniales.** Réglementées par la loi du 23-6-1989 et le décret du 16-5-1990. **Nombre :** 1 000 à 3 000. La profession n'est régie par aucun statut. *3 types :* agences boîtes aux lettres (tarif de 1 500 à 5 000 F environ), agences de présentation (4 000 à 35 000 F), instituts de présélection psychologique (6 900 à 12 000 F). **Mariages réalisés :** environ 4 % des mariages (60 % selon certaines agences).

Certificat prénuptial : délivré par un médecin (librement choisi). Le médecin ne peut le délivrer qu'au vu du résultat pour les femmes de moins de 50 ans : des examens sérologiques de la rubéole et de la toxoplasmose obligatoirement effectués lors de l'examen prénuptial en l'absence de documents écrits permettant de considérer l'immunité comme acquise ; du groupe sanguin A, B, O rhésus standard complété par une recherche d'anticorps irréguliers si le groupe sanguin ouvre une possibilité d'immunisation et dans les cas où existe un risque d'allo-immunisation par suite d'une transfusion antérieure. Le médecin communique à la personne examinée ses constatations et les résultats des examens effectués. Dans les cas graves, il doit faire cette communication par écrit. Si les antécédents ou l'examen le nécessitent, il oriente vers une consultation spécialisée ou un dépistage particulier. *Dépistages 1°) de la syphilis :* interrogatoire, examen clinique et sérologique (réaction de Bordet-Wassermann et test de Nelson). Attention : un examen sérologique négatif ne peut donner une sécurité totale ; des tests de laboratoire positifs ne sont pas toujours synonymes de maladie syphilitique. En cas de syphilis récente, le malade devrait reculer son mariage, se soigner et n'avoir des enfants que lorsqu'il sera guéri (s'il est bien soigné, ceux-ci seront normaux) ; **2°)** *de la blennoragie :* difficile si elle est ancienne chez l'homme, et dans tous les cas pour la femme, chez qui elle peut entraîner la stérilité ; **3°)** *de la tuberculose :* examen clinique radiologique complété, si nécessaire, par un examen des crachats. En cas de tuberculose récente, repousser le mariage (des tuberculeux non stabilisés font des rechutes). L'examen doit comporter un interrogatoire très complet sur les antécédents héréditaires et collatéraux, pour dépister les tares et certaines prédispositions morbides. Le médecin déconseillera le mariage lorsque les tares sont graves et en cas de consanguinité (mariage entre cousins germains ou issus de germains).

■ **Pour le mariage.** **Extrait d'acte de naissance :** délivré spécialement depuis moins de 3 mois à la date du mariage (depuis moins de 6 mois s'il a été établi dans un territoire d'outre-mer ou un consulat). **Certificat du notaire :** s'il a été fait un contrat de mariage.

Pour les mineurs : le *consentement* du père ou de la mère peut être donné verbalement au moment de la célébration du mariage, ou préalablement devant notaire ou devant l'officier d'état civil du domicile ou de la résidence de l'ascendant. (En cas de dissentiment entre le père et la mère, ce partage emporte consentement ; en cas de mort de l'un d'eux, le consentement du survivant est suffisant.) **Pour le mari** gendarme, pompier ou militaire épousant une étrangère, consentement de l'autorité lorsqu'il est nécessaire. **Témoins :** *indication des prénoms, noms, professions et domiciles des témoins* (1 ou 2 par époux) ; père et mère du futur époux majeur peuvent servir de témoins.

S'il y a des enfants nés avant le mariage à légitimer : en prévenir à l'avance la mairie et présenter l'acte de naissance des enfants délivré en vue de la légitimation, en même temps que les autres pièces.

■ **Demande de dispense.** **Dispense d'âge** (hommes : moins de 18 ans ; femmes : moins de 15 ans) : justifier d'un « motif grave » (le plus courant, grossesse de la future épouse). Les 2 futurs époux doivent établir et signer une requête (simple lettre) pour le procureur de la Rép. et y joindre leurs actes de naissance et un certificat médical en cas de grossesse ; si l'un est étranger, dispense d'âge accordée par le gouvernement de son pays ou justification que, dans ce pays, il pourrait légalement à l'âge atteint contracter un mariage valable. Requête et pièces établies sur papier timbré. Droit de 50 F (exemption possible pour les droits de timbre en cas d'indigence : joindre alors un certificat d'indigence à demander à la mairie). Le dossier est transmis pour instruction au procureur de la Rép. du domicile de la future épouse.

Autres dispenses (exemple : mariage entre alliés) : demande adressée au Pt de la Rép. et transmise par le procureur de la Rép. du domicile de l'épouse, signée par les 2 futurs époux et exposant les motifs pour lesquels elle est faite (exemples : intérêts matériels sérieux tels que l'avantage d'éviter des procès ou liquidation, existence d'enfants à légitimer).

■ Devoirs des époux

■ **Règles légales du Code civil s'appliquant à tous les époux.** *Art. 212* « Les époux se doivent mutuellement fidélité, secours et assistance. » *Art. 213 (loi n° 70-459 du 4-6-1970) :* « Les époux assurent ensemble la direction morale et matérielle de la famille. Ils pourvoient à l'éducation des enfants et préparent leur avenir. » *Art. 214 (loi n° 65-570 du 13-7-1965) :* « Si les conventions matrimoniales ne règlent pas la contribution des époux aux charges du mariage, ils y contribuent à proportion de leurs facultés respectives. Si l'un des époux ne remplit pas ses obligations, il peut y être contraint par l'autre dans les formes prévues au Code de procédure civile. » *Art. 215 (loi n° 70-459 du 4-6-1970) :* « Les époux s'obligent mutuellement à une communauté de vie » ; *(loi n° 75-617 du 11-7-1975) :* « La résidence de la famille est au lieu qu'ils choisissent d'un commun accord » ; *(loi n° 65-570 du 13-7-1965) :* « Les époux ne peuvent l'un sans l'autre disposer des droits par lesquels est assuré le logement de la famille, ni des meubles meublants dont il est garni. Celui des deux qui n'a pas donné son consentement à l'acte peut en demander l'annulation : l'action en nullité lui est ouverte dans l'année à partir du jour où il a eu connaissance de l'acte, sans pouvoir jamais être intentée plus d'un an après que le régime matrimonial s'est dissous. » *Art. 217 (loi n° 65-570 du 13-7-1965) :* « Un époux peut être autorisé par justice à passer seul un acte pour lequel le concours ou le consentement de son conjoint serait nécessaire, si celui-ci est hors d'état de manifester sa volonté ou si son refus n'est pas justifié par l'intérêt de la famille. L'acte passé dans les conditions fixées par l'autorisation de justice est opposable à l'époux dont le concours ou le consentement a fait défaut sans qu'il en résulte à sa charge aucune obligation personnelle. » *Art. 219 (loi n° 65-570 du 13-7-1965) :* « Si l'un des époux se trouve hors d'état de manifester sa volonté, l'autre peut se faire habiliter par justice à le représenter, d'une manière générale, ou pour certains actes particuliers, dans l'exercice des pouvoirs résultant du régime matrimonial, les conditions et l'étendue de cette représentation étant fixées par le juge. A défaut de pouvoir légal, de mandat ou d'habilitation par la justice, les actes faits par un époux en représentation de l'autre

Statistiques (France)

■ **Age moyen au 1er mariage.** *1700 :* hommes 27 ans (femmes 25) ; *1803-12 :* 28,4 (25,9) ; *63-72 :* 27,8 (24) ; *1931 :* 26,5 (23,5) ; *46 :* 27,8 (24,5) ; *58 :* 26,05 (23,25) ; *68 :* 24,95 (22,77) ; *73 :* 24,57 (22,51) ; *81 :* 25,34 (23,2) ; *85 :* 26,3 (24,2) ; *90 :* 27,6 (25,6) ; *95 :* 29 (26,9) ; *96 :* 29,5 (27,4) ; *97 :* 30 (28).

■ **Couples mariés (et non mariés)** [en milliers]. *1962 :* 10 309 (310) ; *68 :* 11 052 (314) ; *75 :* 11 954 (446) ; *82 :* 12 415 (829) ; *90 :* 12 070 (1 707) ; *98 :* 12 400 (2 400). **Couples non mariés** (en %). *1962 :* 2,9 ; *68 :* 2,8 ; *75 :* 3,6 ; *82 :* 6,3 ; *90 :* 12,4.

■ **Mariages civils.** *1972 :* 416 300 (record) ; *75 :* 387 379 ; *80 :* 334 377 ; *85 :* 269 419 ; *90 :* 287 099 ; *95 :* 254 000 ; *98 :* 282 100 ; *99 :* 285 400 ; *2000 :* 304 300.

Nationalité (en %). 2 époux français 89,5 ; étrangers 1,8 ; couple mixte 8,7.

■ **Mariages mixtes.** **Français avec une étrangère :** *1980 :* 5 323 ; *86 :* 9 244 ; *87 :* 8 710 ; *90 :* 12 606 ; *92 :* 13 310 ; *95 :* 10 545 ; *96 :* 10 783. **Française avec un étranger :** *1980 :* 12 292 ; *86 :* 14 008 ; *90 :* 17 937 ; *95 :* 13 280 ; *96 :* 13 263.

■ **Mariages catholiques** (% par rapport aux mariages civils). *1954 :* 79 ; *63 :* 79 ; *72 :* 75 ; *80 :* 65,1 ; *81 :* 65 ; *85 :* 58,9 (159 097 mariages) ; *89 :* 52,2 (278 800 mariages), 77 % des mariages civils n'impliquant pas de divorcé ; *97 :* 124 425 mariages catholiques sur 284 000 mariages civils ; *98 :* 120 262 mariages catholiques sur 282 100 mariages civils.

■ **Mariages ayant légitimé des enfants.** *1995 :* 22,6 % ; *96 :* 28 ; *97 :* 28,8.

■ **Taux de nuptialité** (nombre de nouveaux mariés pour 1 000 personnes mariables). *1970 :* 7,8 ; *80 :* 6,2 ; *90 :* 5,1 ; *99 :* 4,9 ; *2000 :* 5,2.

Rapports sexuels

■ **Comportements sexuels en France** (en 1992). *Source :* Analyse des comportements sexuels en France (ACSF) coordonnée par l'Inserm avec l'Ined et, entre parenthèses, rapport Simon 1970. *Nombre de partenaires sexuels du sexe opposé :* homme 12,1 (11,8), femme 3,2 (1,8) [46 % des femmes ont déclaré n'avoir eu qu'un seul partenaire sexuel, 12 % des hommes en 1970, 21 % en 1992]. *Prostitution :* 5 % des hommes de 20-29 ans ont déclaré y avoir eu recours (25 %). *Relations homosexuelles :* 4 % des hommes (5 %), 2 à 3 % des femmes (communes rurales : 1,6 % hommes, 1,2 % femmes ; région parisienne : 5,9 % et 4,1 %). *Activité sexuelle :* plus de 98 % des hommes âgés de 25 à 54 ans, et 99 % des femmes de 30 à 40 ans avaient eu au moins un rapport sexuel dans leur vie. *Age moyen du 1er rapport sexuel : 1972 :* hommes 19,2 ans, femmes 20,5 ; *97 :* h. 17,3, f. 17,6. Chez les 15-18 ans, 15,4 % des filles, 2,3 % des garçons déclarent avoir eu des rapports sexuels forcés sous la contrainte d'un adulte. *Rapports extra-conjugaux* (proportion des personnes en couple depuis 5 ans au moins ayant eu un autre partenaire durant ces 5 ans, en %) : hommes 20 (30), femmes 10,5 (10). *Pénétration anale ou sodomie* (au moins 1 fois, en %) : hommes 30 (19), femmes 24 (14), 3 % disent l'avoir pratiquée souvent. *Auto-érotisme :* hommes 84 (73), femmes 42 (19). *Bisexualité :* déclarée par 4 % des hommes et 2,5 % des femmes. *Nombre moyen de rapports* (au cours de 4 semaines) : hommes 8,1 (7,9), femmes 7,3 (8,2). 13 % ont déclaré n'avoir eu aucun rapport sur une période de 1 mois, 28 % de 1 à 4, 42 % 5 à 14, 17 % au moins 15. *Durée moyenne du rapport :* hommes 31 min (26), femmes 25 min (21). *Utilisation du préservatif :* 54 % des hommes et 42 % des femmes déclarent avoir utilisé au moins une fois dans leur vie un préservatif. 61 % des personnes qui n'en utilisent pas et 45 % des utilisateurs pensent qu'il diminue le plaisir. Voir aussi **Sida** p. 146 b.

■ **Majorité sexuelle.** **Identique pour les hétérosexuels et les homosexuels :** *12 ans :* Espagne ; *14 ans :* Allemagne, Islande, Italie ; *15 ans :* Danemark, *France,* Grèce, Pologne, Slovaquie, Suède, Rép. tchèque, Turquie ; *16 ans :* Belgique, Finlande, Lettonie, Lituanie, Norvège, Pays-Bas, Portugal, Suisse, Ukraine ; *17 ans :* Irlande. **Différente hétérosexuels** (en général 14 à 16 ans) **/ homosexuels** (18 ans) : Albanie, Autriche, Bulgarie, Chypre, Croatie, Estonie, G.-B., Hongrie, Serbie.

ont effet, à l'égard de celui-ci, suivant les règles de la gestion d'affaires. » *Art. 220 (loi nº 65-570 du 13-7-1965)* : « Chacun des époux a pouvoir pour passer seul les contrats qui ont pour objet l'entretien du ménage ou l'éducation des enfants : toute dette ainsi contractée par l'un oblige l'autre solidairement. La solidarité n'a pas lieu, néanmoins, pour des dépenses manifestement excessives, eu égard au train de vie du ménage, à l'utilité ou à l'inutilité de l'opération, à la bonne ou mauvaise foi du tiers contractant. » *Art. 2 (loi nº 85-1372 du 23-12-1985)* : « Elle n'a pas lieu non plus, s'ils n'ont pas été conclus du consentement des 2 époux, pour les achats à tempérament ni pour les emprunts à moins que ces derniers ne portent sur des sommes modestes nécessaires aux besoins de la vie courante. » *Art. 221 (loi nº 65-570 du 13-7-1965)* : « Chacun des époux peut se faire ouvrir, sans le consentement de l'autre, tout compte de dépôt ou tout compte de titres en son nom personnel. L'époux déposant est réputé, à l'égard du dépositaire, avoir la libre disposition des fonds et des titres en dépôt. » *Art. 223* : « La femme a le droit d'exercer une profession sans le consentement de son mari, et elle peut toujours, pour les besoins de cette profession, aliéner ou obliger seule ses biens personnels en pleine propriété. » *Art. 224* : « Chacun des époux perçoit ses gains et salaires et peut en disposer librement après s'être acquitté des charges du mariage. »

☞ Un mari a été condamné « parce qu'il n'avait que des rapports incomplets avec sa femme, ne procurant à celle-ci ni plaisir ni espérance de maternité ». Un homme a vu le divorce prononcé à ses torts à 70 ans pour avoir fait preuve d'un empressement amoureux sans relâche auprès de son épouse.

Mariage catholique

Nature du mariage

Pour l'Église catholique comme pour les Églises orientales, le mariage est un sacrement consistant dans la volonté des époux, exprimée publiquement, de s'unir pour la vie. Entre baptisés, il ne peut exister de contrat matrimonial qui ne soit, par le fait même un sacrement (Code de droit canon). Le concile de Trente (1563) a exigé, sous peine d'invalidité, que les époux se marient devant leur propre curé pour éviter les mariages clandestins. Les théologiens ont, au Moyen Age, longtemps discuté pour déterminer à quel moment se forme le lien matrimonial : est-ce lors de l'échange des consentements, ou par le

■ **Adultère.** Rapport sexuel d'une personne mariée avec une autre personne que son conjoint.

■ **Affin.** Parent du conjoint.

■ **Agnat.** Parent par les hommes.

■ **Alliance.** Coutume orientale répandue en Occident par Grecs et Romains. Ils croyaient l'annulaire de la main gauche relié au cœur par une artère.

■ **Anniversaires des noces.** Plusieurs versions. Les traditions diffèrent selon régions ou pays (exemple G.-B./USA). **Noms traditionnels :** *1 an* Coton (papier). *2* Papier (coton, porcelaine, cuir). *3* Cuir (papier, cristal, verre, froment). *4* Cire (soie, fruits, fleurs). *5* Bois (fruit, fleur). *6* Cuivre (fer, bois, chypre, sucre). *7* Laine (cuivre, sucre). *8* Bronze (coquelicot, dentelle, faïence). *9* Faïence (cuir). *10* Étain (fer). *11* Corail (acier). *12* Soie (perle, gemmes de couleur, lin). *13* Muguet (dentelle, fourrure). *14* Ivoire (plomb). *15* Porcelaine (cristal). *16* Saphir. *17* Rose. *18* Turquoise. *19* Cretonne. *20* Cristal (porcelaine). *21* Opale. *22* Bronze. *23* Béryl. *24* Satin. *25* Argent. *26* Jade. *27* Acajou. *28* Nickel. *29* Velours. *30* Perle (diamant). *31* Basane. *32* Cuivre. *33* Porphyre. *34* Ambre. *35* Corail (jade, rubis). *36* Mousseline. *37* Papier. *38* Mercure. *39* Crêpe. *40* Émeraude ou rubis. *41* Fer. *42* Nacre. *43* Flanelle. *44* Topaze. *45* Vermeil (saphir). *46* Lavande. *47* Cachemire. *48* Améthyste. *49* Cèdre. *50* Or. *55* Émeraude (orchidée). *60* Diamant. *65* Saphir (palissandre). *70* Platine. *75* Albâtre. *80* Chêne. *85* Uranium.

☞ **Prêtres et religieuses :** célèbrent les anniversaires de leur entrée dans les ordres. Autrefois, au bout de 25 ans, les religieuses portaient un anneau d'argent, de 50 ans, un anneau d'or, et de 75 ans, un anneau portant un diamant.

■ **Catherinette.** Du nom de Catherine d'Alexandrie, nommée Dorothée, mais surnommée Aïcatharina *(toujours pure)* ; sainte légendaire, retirée du calendrier romain en 1970, qui aurait été martyrisée le 25-11-307. Seule du paradis à avoir 3 auréoles : blanche des vierges, verte des docteurs et rouge des martyrs. Culte répandu après les croisades. Patronne des filles à marier, mais aussi des théologiens, philosophes, orateurs, notaires, étudiants, charrons, meuniers, tourneurs, cordiers, potiers, fileuses, rémouleurs, barbiers, plombiers, étainiers, drapiers, tailleurs, etc. **Dictons :** « S'il neige avant Sainte-Catherine, l'hiver s'est brisé l'échine. » « Sainte-Catherine en manteau blanc, apporte du froid pour longtemps. » « A la Sainte-Catherine, tout bois prend racine. » **Expression :** « Coiffer Ste-Catherine » : avoir eu 25 ans dans l'année et être célibataire au 25-11. A Paris, les catherinettes des maisons de couture parisiennes sont reçues le 21-11 à l'Hôtel de Ville.

■ **Ceinture.** Offerte par le fiancé, symbole d'attachement et de dépendance.

■ **Cocu.** Écrit « kuku » avant 1350. Plusieurs étymologies dont variante de *coucou* (oiseau qui pond dans le nid des autres) ; *coquus* (cuisinier parce que les cocus nourrissant leurs femmes sont comme les cuisiniers qui préparent la viande pour les autres), coq usé. Dans le Sud-Ouest amant d'une femme mariée.

■ **Cognat.** Parent par les femmes.

■ **Confettis.** De l'italien (sucreries). On lançait à Rome amandes et noix, symboles de fécondité. Aujourd'hui, dans de nombreux pays, grains de riz. *Variante :* rompre le gâteau de mariage sur la tête de l'épouse (galette d'avoine dans l'Ouest de l'Irlande, sablé en Écosse).

■ **Consanguin.** Qui est de même sang ; en particulier : parent du côté du père.

■ **Convoler.** Du latin *convolare,* voler vers, accourir. Employé pour un second mariage. Voir justes noces.

■ **Couples célèbres avec grande différence d'âge.** *66 ans de différence :* Mal de Richelieu (84 ans)/jeune fille (18 ans). *61 ans :* Pablo Casals/Maria Martenz. *44 ans :* Picasso/Jacqueline Roque. *43 ans :* Saul Bellow (74 ans, prix Nobel ; se mariant pour la 5e fois)/Janice Friedman (31 ans). *41 ans :* Gene Kelly (77 ans)/Patricia Ward (36 ans) ; Louis de Brézé (56 ans)/Diane de Poitiers (15 ans). *39 ans :* T.S. Elliot (69 ans)/Valérie Fletcher (30 ans). *38 ans :* chevalier de Caud (69 ans)/Lucile de Chateaubriand (31 ans). *36 ans :* Charlie Chaplin (54 ans)/Oona O'Neill (18 ans) : 8 enfants ; Jacques-Yves Cousteau/Francine Triplet. *31 ans :* Michelet/Athénaïs Mialaret ; Jacques Récamier (46 ans)/Juliette Bernard (15 ans). *26 ans :* Mal de Mac-Mahon (46 ans)/Élisabeth de Castries (20 ans). *23 ans :* Abélard (40 ans)/Héloïse (17 ans). *22 ans :* Napoléon (41 ans)/Marie-Louise (19 ans). *21 ans :* Condorcet/Sophie de Grouchy. *20 ou 22 ans (?) :* Molière (40 ans)/Armande Béjard [18-20 ans (?)]. *18 ans :* Mme de Staël (45 ans)/M. de Rocca (27 ans).

■ **Couronne de fleurs.** Tradition empruntée à Byzance. Attire la protection divine. A Rome : verveine, symbole de fécondité. En Grèce : pavot ou sésame (consacrés à Vénus).

■ **Créantailles.** XVe et XVIe s. promesse de mariage officieuse scellée par un échange de dons (rubans, épingle, ceinture de laine, etc.). Accord à deux, contrairement aux fiançailles (accord de la famille).

■ **Date.** *Porte-bonheur :* le 8 (le 8-8-88, affluence de mariages) en Allemagne. *Porte-malheur :* en Italie, le 28-12, jour du massacre des Innocents. **Mariage en mai :** les lois romaines interdisaient les mariages en mai (mois des lémures où l'on fêtait les morts). Le mois de mai étant consacré à la Vierge, on lui a attribué une influence néfaste sur la fécondité des couples. Avant la Révolution de 1789, on se mariait surtout le mardi ; en principe, on ne devait pas célébrer de mariages pendant les périodes de pénitence (Avent jusqu'à l'Épiphanie, Carême jusqu'à l'octave de Pâques), les 3 semaines avant la St-Jean-Baptiste, la semaine précédant la Pentecôte, le dimanche et les jours de fête, le mercredi et le jeudi supposés porter malheur, le vendredi (jour de maigre), et le samedi (jour de la Vierge).

■ **Douaire.** Du verbe *douer,* donner. Bien (généralement immobilier ou financier) donné par le mari à son épouse (au lendemain du mariage) ; elle en aura la jouissance à la mort de son époux.

■ **Épousailles.** Moment où la jeune fille est cédée à son futur époux (par exemple signature du contrat).

■ **Fleur d'oranger.** Symbolise pureté, beauté et maternité. L'oranger produit fleurs et fruits simultanément.

■ **Fornication.** Terme biblique, du latin *fornix,* prostituée. Rapports sexuels hors mariage.

■ **Germain.** De même sang ; les « frères germains » s'opposent aux frères utérins et aux frères consanguins.

■ **Hymen ou hyménée. Hymen** (du grec membrane) : membrane fermant l'entrée du vagin d'une femme vierge. **Hyménée** (du grec *Humenaios*) : divinité qui présidait au mariage.

■ **Justes noces.** *Justae nuptiae,* légitimes à Rome. **Conditions :** fiancés pubères (12-14 ans), union légale (*coemptio* ou *confarreatio,* voir « Mariage romain ») entre un homme et une femme libres ayant un droit de cité, consentement du père. « Convoler en justes noces » : se marier dans les règles.

■ **Lévirat.** Du latin *levir* (« beau-frère ») : obligation faite à un homme d'épouser la veuve de son frère, si elle n'a pas eu d'enfant du défunt (dans l'Ancien Testament, interdit en droit canonique).

■ **Liturgie actuelle.** Préparée par des entretiens entre les fiancés et le prêtre (souvent avec la collaboration de laïcs), le mariage est célébré dans le cadre de la liturgie de la Parole ou dans le cadre de la messe, avec choix possible des lectures et des prières. L'échange des consentements se fait dans un dialogue entre les fiancés (1969). La discipline est assouplie pour les mariages avec des non-catholiques (1966 et 1970).

■ **Lune de miel.** A Athènes et à Rome, pendant toute une lunaison, la mère de la mariée apportait chaque matin aux époux une tasse de miel, symbole de douceur. XIXe s. de l'anglais *honey moon* : 1er mois de mariage.

■ **Mariage de la main gauche.** En Allemagne médiévale, mariage avec une femme d'un rang inférieur, conclu par l'union des mains gauches (et non des droites), pour que les fils qui en naissent n'héritent pas.

■ **Mariage en blanc.** Depuis 1830. Jadis les femmes se mariaient en robe de couleur. A son mariage avec le futur François II, Marie Stuart portait une robe blanche à la couleur des Guise (d'où la tradition).

■ **Mariage fantôme. Zoulous** (Afrique) : si un homme fiancé meurt avant son mariage, sa fiancée doit épouser un de ses parents pour qu'il engendre un enfant portant le nom du disparu. **Chine antique :** si le fiancé mourait prématurément, la cérémonie d'épousailles avait cependant lieu.

■ **Mariages célébrés le soir (souvent à minuit). France :** courant dans la haute société du XVIIIe s. et au début du XIXe s. EXEMPLES : *1833 :* Thiers s'est marié à minuit ; *le 23-4-1938* Guy La Chambre (député-maire de St-Servan (35), min. de l'Air) s'est marié à l'église à minuit avec Jeanne Odaglia (dite Cora Madou, artiste lyrique) ; ce fut un des derniers grands mariages. **Amér. du Sud :** dans certains pays, se déroulent encore la nuit.

■ **Mariage mixte.** Entre 2 personnes de religion différente.

■ **Mariage morganatique.** Origine germanique. On distinguait le mariage légal avec contrat de mariage précisant la dot, le don du matin (*Morgengabe*) ou le douaire et le *Friedelche,* sorte de concubinat légal où le mari ne verse que le Morgengabe, d'où l'expression de mariage morganatique. Permettait à des princes d'épouser la personne de leur choix, même roturière. Les enfants nés de leur union se trouvaient exclus d'une succession royale.

■ **Mariage romain. Par l'usage** (*usus*) : union sans noces ni cérémonie religieuse. Si une femme passe 1 an chez un homme sans s'absenter plus de 3 nuits, elle est considérée comme son épouse, mais l'époux n'acquiert pas les droits et la puissance d'un père sur elle. **Par coemption** (*coemptio*) : sorte de vente fictive ; le mari donne une pièce de cuivre symbolique au père ou au tuteur de la fiancée. Le consentement donné par le père valide le mariage et la vente simulée confère l'autorité au mari. **Confarréation** (*confarreatio*) : en vigueur chez les patriciens. Les époux offrent un gâteau d'épeautre à Jupiter Capitolin en présence du grand pontife, d'un prêtre et de 10 témoins. Si la cérémonie est interrompue par le tonnerre, il faut la recommencer.

■ **Mariée en petite tenue.** Coutume anglo-américaine : le mari n'était redevable d'aucune des dettes contractées par sa femme lors d'un précédent mariage si elle ne portait qu'une blouse pour l'épouser : n'apportant rien, les créanciers ne pouvaient rien lui prendre.

■ **Nuit de Tobie.** 3 nuits de chasteté après la cérémonie nuptiale.

■ **Paraphernal.** Bien de la femme non compris dans la dot, sur lequel le mari n'a aucun droit.

■ **Polyandrie.** État d'une femme mariée à plusieurs hommes.

■ **Polygamie.** État d'un homme marié à plusieurs femmes.

■ **Préciput.** Droit de l'époux survivant de prendre une certaine somme (ou certains biens) sur la masse de la communauté avant son partage.

■ **Saut de balai.** *Gitans d'Europe :* si la femme touche le manche avec sa jupe, elle n'est plus vierge. Si c'est l'homme, il sera infidèle.

■ **Soulier.** Coutume anglo-saxonne, le père de la mariée donnait au nouvel époux un soulier de sa fille, avec lequel le mari tapotait la tête de sa femme montrant ainsi qu'il était son nouveau maître. *Inuit (Esquimaux) d'Amérique du Nord :* lancent des chaussures à la mariée ; une femme qui désire avoir beaucoup d'enfants portera sur elle un morceau de vieille chaussure.

■ **Stupre.** En droit civil ancien : adultère de l'homme marié avec une femme non mariée (vierge ou veuve ; l'adultère désignait alors les relations entre une femme mariée et un homme, marié ou non).

■ **Trézain.** 13 pièces (ou médailles symboliques) en souvenir des 12 apôtres plus Jésus-Christ que le mari donne à son épouse et qu'elle conserve. Elles sont bénies lors de la messe. Garantissent la prospérité du couple.

■ **Utérin.** Se dit de 2 frères qui ont la même mère mais non le même père.

■ **Valentin.** Évêque martyr décapité en 273 et enterré le long de la via Flaminia. Confondu avec l'évêque Valentin de Terni fêté le même jour. Honoré en France, dans le diocèse de Jumièges. Patron des amoureux car fêté le 14 février, quand les oiseaux commencent à s'accoupler. *Valentin de Rhétie,* évêque du Ve s., est invoqué en Allemagne pour la guérison des épileptiques.

■ **Voile porté (dit « joug »).** Tradition régionale ; porté par les pères ou garçons d'honneur au-dessus de la tête. *Voile actuel* apparaît début XIXe s., court et léger, s'allongera ensuite. Parfois remplacé par un chapeau. Symbolise la volonté d'être préservée de toute souillure. Dissimulait la mariée aux mauvais génies.

premier rapport conjugal ? On conclut finalement qu'il y a mariage dès l'échange des consentements, mais qu'il n'est pleinement indissoluble, sans dispense possible, qu'après consommation.

Plus tard, légistes et juristes voulurent distinguer le *contrat,* qui fait entrer dans l'institution matrimoniale, du *sacrement :* on soumet alors le contrat au pouvoir civil ; celui-ci a autorité pour le rompre, d'où l'instauration du divorce civil à l'époque de la Révolution. Louis XVI institua une forme civile du mariage pour les non-catholiques (1787) : auparavant, seul existait le mariage en présence du curé de la paroisse, institué par le concile de Trente puis l'ordonnance de Blois.

Depuis la loi du 18 germinal an X (articles organiques du Concordat), le mariage civil institué par la loi du 20-9-1792 doit précéder la célébration du mariage religieux. Tout ministre d'un culte qui procédera de manière habituelle aux cérémonies religieuses de mariage sans que lui ait été notifié l'acte de mariage préalablement reçu par les officiers de l'état civil sera puni de 6 mois d'emprisonnement et de 50 000 F d'amende (art. 433-21 du Nouveau Code pénal).

■ **Pour qu'il y ait mariage, il faut. I – Que soit manifesté un vrai consentement devant 2 témoins.** Don mutuel, libre, instaurant une communauté de toute la vie en vue du bien des époux et de la mise au monde et de l'éducation des enfants ; pas de rejet de la fidélité, de l'unité, ni de l'indissolubilité ; pas de troubles psychiques rendant incapable d'apprécier ce qu'est ce don mutuel ou d'en assumer les obligations.

II – Qu'il n'y ait pas d'empêchements. Le droit canonique en vigueur (depuis le 27-11-1983) connaît **12 empêchements dirimants** qui rendent nul le mariage, à moins d'une dispense (lorsque celle-ci est possible et opportune) : **1)** *âge minimum :* homme 16 ans, femme 14 ; **2)** *impuissance :* impossibilité physique de l'union charnelle (la stérilité n'est pas un empêchement) ; **3)** *mariage antérieur* (hors le cas de veuvage, et le *privilège paulinien :* conversion au christianisme et séparation d'avec l'époux qui demeure non chrétien, en raison de la position prise à ce propos par l'apôtre Paul dans la 1re épître aux Corinthiens) ; dispense dans 2 cas particuliers (voir col. b) ; **4)** *disparité de culte :* mariage d'un catholique avec une personne non baptisée ; **5)** *ordre sacré :* diaconat, prêtrise ; **6)** *vœu public perpétuel de chasteté :* dans un institut religieux ; **7)** *rapt :* tant qu'il persiste ; **8)** *crime :* mariage avec intention de meurtre de son conjoint ou du conjoint de la personne que l'on veut épouser, meurtre d'un conjoint d'un accord commun ; **9)** *consanguinité :* en ligne directe (pas de dispense), entre frère et sœur (pas de dispense), cousins germains, oncle et nièce, tante et neveu, grand-oncle et petite-nièce, grand-tante et petit-neveu ; **10)** *affinité :* en ligne directe avec la famille du conjoint décédé ; **11)** *honnêteté publique :* après un mariage invalide (purement civil, ou déclaré nul) ou une vie commune notoire sans mariage, empêchement vis-à-vis des père/mère, fils/filles du conjoint ; **12)** *parenté adoptive :* en ligne directe, et entre frère et sœur.

Dans le cas d'un mariage mixte entre chrétiens dont l'un n'est pas catholique, il n'y a pas d'empêchement proprement dit, mais l'Église demande que le catholique ait l'accord de l'évêque du lieu, moyennant certaines conditions. En 1997, il y a eu en France 11 952 mariages entre catholique et non-catholique (112 473 entre 2 catholiques).

III – Que ce mariage soit célébré devant, en plus des deux témoins toujours indispensables, un représentant qualifié de l'Église (évêque du lieu, curé du lieu, prêtre ou diacre délégué par l'un d'eux ; en certains pays, laïc délégué par l'évêque). **2 exceptions : 1)** *impossibilité de joindre un représentant qualifié* pendant au moins un mois ; **2)** *péril de mort.* Dans les 2 cas, la présence d'un prêtre ou d'un diacre non qualifié est souhaitable, mais non indispensable.

Pour un mariage mixte, une dispense peut parfois être donnée, mais il doit toujours y avoir une célébration publique (exemple : le mariage civil) ; si le non-catholique est un chrétien de rite oriental, la dispense n'est pas indispensable mais il faut une célébration religieuse dans laquelle intervienne le prêtre.

NULLITÉ DES MARIAGES

■ **Attitude de l'Église.** Le mariage sacramentel consommé est indissoluble, mais il peut parfois se révéler nul.

■ **Formalités pour une déclaration de nullité.** Chaque cas relève d'une procédure judiciaire confiée à un tribunal d'Église, l'*officialité.* On demande à ce tribunal de constater, grâce aux preuves qu'il pourra recueillir (témoignages, documents), que, malgré les apparences, malgré parfois la durée de la vie commune, il n'y a pas eu un véritable engagement de mariage (sans qu'il y ait forcément mauvaise foi). *S'il s'agit de constater que le représentant de l'Église n'était pas qualifié* (ce qui est rare), *ou qu'il existait un empêchement* dont on n'a pas tenu compte, la procédure est très rapide. *Si la question se pose de la valeur du consentement,* il faut 2 décisions conformes, donc au moins 2 jugements successifs, ce qui prend parfois plus d'un an. Une fois les 2 époux entendus et les preuves recueillies, un jugement est rendu par 3 juges (dont 2 prêtres, le 3e pouvant être un laïc, homme ou femme, tous les trois nommés par l'évêque, ou les évêques de la région) qui forment leur conviction à partir d'un dossier écrit préparé par l'instructeur, assez souvent l'un des trois.

Une 3e instance (après 2 sentences contradictoires) a lieu ordinairement à la Rote, à Rome ; on peut y faire appel dès la 2e instance. En 1999, le Tribunal apostolique a examiné 1 496 causes sur 174 décisions (74 mariages déclarés nuls). *Frais :* les officialités tendent à s'organiser pour que l'avocat ecclésiastique (prêtre ou laïc homme ou femme, connaissant le droit canonique et la jurisprudence, et agréé) soit rémunéré par les diocèses, et que l'on propose un forfait global (frais de procédure, y compris ceux de l'avocat, frais de constitution du dossier écrit, parfois frais d'expertise, de déplacements). En 1998, en France, les frais de procédure ont été fixés à une somme forfaitaire de 2 500 ou 3 000 F, qui peut être abaissée en fonction de la situation des demandeurs. En 1995, l'Église a reconnu environ 62 000 nullités de mariage dans le monde. Pour la France, environ 360.

☞ **Où s'adresser ?** *A l'officialité de l'évêché,* qui, dans certains diocèses de France, s'en occupe sur place, l'appel ayant lieu dans un évêché voisin. Mais, de plus en plus, les officialités sont régionales, avec 2 instances (Bordeaux et Bayonne, Paris et Versailles, Toulouse et Rodez..., dans la même ville pour Lyon).

☞ En 1996, 76 445 causes dans le monde ont été introduites, 64 949 ont reçu une sentence favorable. Environ 1/3 bénéficie de l'assistance gratuite, 1/3 de l'assistance semi-gratuite.

DISPENSE DES MARIAGES

L'Église peut accorder une dispense dans certains cas de mariage non consommé entre 2 chrétiens, ou de mariage même consommé entre 2 époux dont un au moins n'est pas baptisé. Dispense que se réserve le pape, après enquête faite le plus souvent par l'Officialité sur la vérité du fait et les motifs de la demande. En 1996, 11 demandes de dispense ont été introduites en France ; en 1998, 447 dans le monde.

MARIAGE JUIF

■ **Mariage religieux.** *Quidouchin* (consécration). Dans certaines communautés, les fiancés doivent en principe avoir jeûné, ils se tiennent côte à côte, sous un dais *(Houppah)* qui symbolise la protection divine et l'entrée de la nouvelle épouse dans le foyer. Bénédiction remerciant Dieu qui a révélé la législation du mariage. Remise de l'alliance par le fiancé à la fiancée, geste accompagné d'une déclaration en hébreu, disant que la mariée lui est « consacrée selon la Loi de Moïse et d'Israël », lecture de l'acte de mariage *(Ketoubah)* stipulant les obligations de l'époux envers l'épouse : affection, entretien et protection. Chant des « Sept Bénédictions ». A la fin, le marié brise un verre, rappel de la fragilité du bonheur humain et de la destruction du Temple de Jérusalem. La célébration du mariage religieux avec une personne étrangère au judaïsme est impossible. La conversion au judaïsme, en vue du mariage, n'est en principe pas admise, mais tout à fait acceptée quand la conversion est motivée par la seule adhésion à la Loi juive.

Le but du mariage est la procréation ; la contraception est condamnée, sauf si la future mère est en danger. Toutes les déviations sexuelles sont sévèrement prohibées.

■ **Polygamie.** La Bible et l'usage antique ne l'interdisaient pas. Une décision *(Taqanah)* du XIe s. l'a prohibée dans la plupart des pays, en l'assortissant d'excommunication *(Herem).*

■ **Divorce.** Permis. Le tribunal rabbinique *(Beth-Din)* rédige un acte de divorce *(Guet),* calligraphié, d'un bout à l'autre de ses 12 lignes réglementaires. Pour se remarier, la femme doit attendre au minimum 90 j. Les descendants des prêtres *(Kohanim)* du Temple de Jérusalem ne peuvent épouser une divorcée ni une convertie ; leur origine leur est connue par une tradition qui passe de père en fils. La répudiation d'une épouse aliénée est pratiquement impossible.

MARIAGE MUSULMAN

■ **Relations sexuelles.** *Interdites : avant le mariage* (comme homosexualité, saphisme, inceste, sodomie, hommasse, efféminement, lesbianisme) ; *pour raison de parenté* (avec mères, filles, sœurs, tantes paternelles et maternelles, filles d'un frère ou d'une sœur) ; *en raison d'allaitement ou d'alliance* (mères qui ont allaité, sœurs de lait, mères de celles-ci, pupilles placées sous sa tutelle et nées de femmes avec qui l'on cohabite et femmes de ses propres fils) ; *on ne peut prendre à la fois 2 sœurs pour épouses, ni d'épouses parmi les femmes qu'un père a épousées.*

■ **Mariage.** Contrat librement consenti entre 2 personnes de sexe différent. *But :* la procréation en vue de surpasser en nombre toutes les autres communautés le Jour de la Résurrection. *Validité :* tuteur matrimonial, douaire (et non la dot) et 2 témoins d'une honorabilité parfaite sont nécessaires pour qu'il y ait mariage valable. *Rôle des parents et des proches :* le père peut marier sa fille vierge, même si elle est pubère (certains docteurs de la Loi ont une opinion différente). S'il le veut, il pourra la consulter. Mais un autre que le père (tuteur testamentaire ou autre) ne pourra la marier avant qu'elle ne devienne pubère et qu'elle ne donne son consentement, considéré comme acquis si elle garde le silence. Si la jeune fille ne consent pas au mariage, il peut être annulé si elle fait opposition avant la consommation. La fille déflorée autrement que par accident ou fornication ne peut être mariée sans son consentement explicite. *Mariages interdits :* mariage consistant à épouser la fille ou la sœur d'un homme si cet homme épouse la fille ou la sœur du premier afin de se tenir réciproquement quitte de s'acquitter du douaire ; mariage à terme (prescrit dans certaines sectes) ; mariage sans douaire ; mariage contracté au cours de la période de retraite légale, mariage dont les stipulations introduiraient un aléa dans le contrat ou dans le douaire, mariage où la dot serait un objet de vente interdite (vins, porcs, etc.). *Autres confessions :* l'homme croyant soumis peut épouser une juive ou une nazaréenne (chrétienne), mais non une femme idôlatre, païenne, athée, associatrice, hindoue, bouddhiste. Une croyante soumise ne peut épouser un homme non soumis.

■ **Polygamie.** Limitée par la loi coranique à 4 femmes libres, croyantes, soumises, nazaréennes ou juives (ou 4 femmes esclaves, croyantes, soumises s'il craint de tomber dans la fornication et s'il n'a pas les moyens d'épouser des femmes libres). La femme peut faire figurer dans le contrat de mariage que son futur époux devra rester monogame. Le mari devra traiter ses épouses avec justice. Il leur doit la nourriture, l'habillement et le logement dans la mesure de ses moyens.

■ **Divorce.** Répudiation traditionnelle permise. Elle s'effectue par une formule unique prononcée par le mari au cours d'une période intermenstruelle durant laquelle il n'a pas eu de rapports sexuels avec sa femme. Répudiation par double ou triple formule (innovation, la répudiation triple prononcée en une seule formule) : elle rend la femme prohibée pour le mari tant qu'elle n'a pas épousé un autre homme. *Cas spéciaux :* la femme peut racheter sa liberté à son mari en lui versant le montant de son douaire, ou moins, ou plus quand elle n'a pas été lésée dans ses droits par son époux. Mais, si elle a été lésée dans ses droits, elle pourra se faire restituer les valeurs qu'elle lui aura données pour reprendre sa liberté, et le mari n'en sera pas moins tenu par la « séparation ». La « séparation » est un divorce sans droit de retour pour le mari, sauf par un nouveau mariage contracté avec le consentement de la femme. *Interdictions :* il est interdit au mari de répudier sa femme pendant une de ses périodes menstruelles. S'il le fait, il est tenu et contraint de la reprendre tant que la période de retraite légale n'est pas terminée. Quand le mari n'a pas consommé le mariage, il peut répudier sa femme quand il le veut, par une simple formule (rupture définitive du lien matrimonial). La femme répudiée avant consommation du mariage a droit à la moitié du douaire. *Maladies, disparitions :* le mariage avec une personne gravement malade (homme ou femme) est illicite et doit être annulé. La femme peut être rendue à sa famille en raison de vices rédhibitoires : folie, éléphantiasis, lèpre, maladie des organes génitaux. L'impuissant a droit à un délai d'un an pour consommer le mariage. Sinon, séparation judiciaire si la femme le désire. En cas de disparition, délai minimal de 4 ans (parfois plus), à compter du jour où la femme a signalé officiellement la disparition de son mari. Après retraite légale comme en cas de mort du mari, la femme peut se remarier.

MARIAGE PROTESTANT

Les protestants reconnaissent le mariage civil comme valable et suffisant. Par la cérémonie religieuse, les époux s'engagent l'un à l'égard de l'autre devant Dieu et devant la communauté réunie. Ils demandent la bénédiction divine sur leur mariage. L'Église leur rappelle les enseignements sur le mariage et prie pour eux. Cette bénédiction se réfère aux récits bibliques de la Création où la créature humaine, « image de Dieu », est essentiellement – et « singulièrement » – le *couple* (Genèse I et II ; V, 1-2), récits confirmés par Jésus-Christ dans l'Évangile (Matthieu 19, 1-6 ; Marc 10, 1-9) avec l'avertissement public : « Que l'homme ne sépare pas ce que Dieu a uni. »

Il s'agit de témoigner dans la fidélité conjugale de la fidélité de Dieu à *son alliance* avec l'homme (Épître aux Éphésiens, chapitre V). Acte de responsabilité et non sacrement.

RÉGIMES MATRIMONIAUX

GÉNÉRALITÉS

☞ **Choix :** se renseigner auprès d'un notaire.

■ **Régime matrimonial et succession.** De nombreuses solutions peuvent être mises en œuvre, ex. : l'adoption de la communauté universelle avec clause d'attribution au conjoint de toute la communauté mais en usufruit seulement (les enfants recueillant la nue-propriété des biens) ; l'adjonction au régime de la communauté réduite aux acquêts d'une clause d'attribution intégrale de la communauté (les enfants ayant droit aux biens personnels de l'époux décédé) ; l'adjonction à un régime de communauté d'une clause de partage inégal de la communauté (2/3 ou 3/4 de la communauté revenant au conjoint survivant et le reste aux enfants) ; l'adjonction d'une *« clause de préciput »* permettant au conjoint de prélever gratuitement sur la communauté un bien déterminé (le logement familial par exemple).

Marié sous le régime de la communauté universelle, le survivant a droit à la moitié du patrimoine total du couple et même à la totalité de ce patrimoine si une clause du contrat de mariage stipulait l'attribution de l'intégralité de la communauté au survivant ; ce dernier recueillant tout le patrimoine sans payer de droits de succession modifiant ainsi les règles de la dévolution successorale.

L'attribution de toute la communauté au conjoint survivant est peu favorable aux enfants : 1°) ils doivent attendre le décès du 2e conjoint pour hériter. 2°) Ils supportent un prélèvement fiscal supérieur à ce qu'il aurait été s'ils avaient recueilli successivement les 2 successions de leurs père et mère, car ils ne bénéficieront qu'une seule fois de l'abattement à la base et qu'une seule fois de la progressivité du barème de l'impôt sur les successions, alors que normalement ils en auraient profité à chacun des décès de leurs parents.

■ **Changement.** On peut, au cours du mariage, changer *de régime matrimonial* si les 2 époux sont d'accord, si ce régime a reçu 2 ans d'application et si le changement « est réclamé dans l'intérêt de la famille ». Il faut un acte notarié, qui doit être homologué par le tribunal de grande instance (art. 1397). Le tribunal vérifie que le changement envisagé n'est pas déraisonnable et qu'il n'a pas été fait pour frauder les droits des tiers et des créanciers (ce qui est rarement le cas). En cas d'enfants d'un premier lit, il vérifie si la situation pécuniaire personnelle du conjoint justifie le changement de régime matrimonial, l'Administration considère les avantages matrimoniaux comme de véritables donations taxables aux droits de succession. La loi du 23-12-1985 conserve l'égalité des époux dans les régimes matrimoniaux.

Régimes types

■ **Communauté légale (communauté des biens réduite aux acquêts,** art. 1400 et suiv.**).** Régime légal depuis le 1-2-1966 pour ceux qui sont mariés sans avoir fait de contrat de mariage. La communauté légale comprenait autrefois, en plus des acquêts, tous les biens mobiliers (y compris ceux que chacun avait au moment de son mariage ou avait reçus depuis, par donation ou par succession).

Contenu de la communauté : *chacun des époux conserve la propriété de ses biens propres* (ceux qu'il possède au jour du mariage ou a recueillis pendant le mariage, par succession, legs ou donations) ; *seuls les « revenus » de ces biens peuvent profiter à la communauté.* Chacun administre ses biens propres et en dispose librement. La justice peut intervenir en cas d'absence, d'incapacité, de mauvaise gestion ou de détournement des revenus.

La communauté ne comprend que les acquêts : biens acquis pendant le mariage par les époux, ensemble ou séparément, avec le produit de leur activité et les économies faites sur les revenus de leurs biens propres ; sauf preuve contraire, tous les biens, meubles et immeubles, sont réputés acquêts de communauté (c'est-à-dire propriété commune du mari et de la femme). Les *biens réservés* de la femme, quoique soumis à des règles de gestion spéciales, font partie des acquêts. Les *dettes* sont à la charge de celui qui les a contractées, sauf les dettes alimentaires dues par les époux et celles qu'ils ont contractées pour l'entretien du ménage et l'éducation des enfants.

Chaque fois que la communauté a tiré profit d'un bien propre, elle doit une indemnité à l'époux propriétaire. Celui-ci a un droit de « reprise » sur la communauté. *Si l'un des époux a tiré profit de la communauté* (exemple : pour améliorer son patrimoine personnel), il doit indemniser la communauté ; il doit une « récompense » à la communauté.

Administration des biens de la communauté : chacun des époux peut administrer seul les biens communs (art. 1421). Le consentement des deux est cependant nécessaire pour : aliéner, hypothéquer ou grever de droits réels les biens de communauté (immeubles, fonds de commerce et exploitations, droits sociaux non négociables et certains meubles corporels dont l'aliénation est soumise à publicité...) ; faire un bail à ferme, ou un bail commercial ; donner des biens de la communauté, même pour l'établissement des enfants communs.

Dissolution de la communauté : chaque époux conserve ou reprend ses biens personnels. Le compte des reprises et récompenses est établi avant le partage de la communauté, car chacun des époux, ou sa succession, peut avoir une dette, une créance.

■ **Communauté de biens meubles et acquêts.** Un contrat doit être rédigé. **Contenu :** tous les biens sont communs, à l'exception des immeubles possédés par les futurs époux avant le mariage ou recueillis à titre gratuit pendant le mariage (sauf exceptions : si par exemple le donateur ou le testateur a stipulé le contraire). Tous les autres biens acquis à titre onéreux pendant le mariage tomberont dans la communauté (sauf exception). Il existe donc 3 patrimoines : 1°) de la communauté, 2°) des biens propres du mari, 3°) des biens propres de la femme.

■ **Communauté universelle.** Un contrat doit être rédigé. **Contenu :** tous les biens, meubles ou immeubles, quelles que soient leurs origines, sont communs. Il n'existe donc qu'un seul patrimoine : celui de la communauté (art. 1526 du Code civil). Les dettes contractées par chacun des époux devenant communes, les créanciers peuvent se faire payer sur l'ensemble du patrimoine du couple. Ce régime est parfois déconseillé aux couples dont l'un des époux continue d'exercer une activité commerciale indépendante. 20 000 couples adoptent ce régime chaque année.

■ **Régimes de séparation de biens** (art. 1536 et suiv.). Un contrat doit être rédigé. **Fonctionnement :** chacun des époux administre ses biens personnels, en jouit et en dispose librement. Mais chacun doit supporter les charges du mariage selon les conventions du contrat ou dans la proportion des revenus et gains respectifs des époux. Le contrat stipule généralement qu'aucun compte n'est établi entre les époux, les dépenses en question étant supposées réglées au jour le jour.

Si l'on achète conjointement un bien, celui-ci sera indivis. *Les meubles* appartiennent à l'époux qui les a payés. A défaut de facture à son nom, il peut faire la preuve par tout autre moyen ; le contrat de mariage contient souvent des clauses de « présomption de propriété » : tous les biens sur lesquels aucun des époux ne prouve sa propriété sont réputés appartenir « pour moitié » à chacun des époux. On peut prévoir une clause permettant au survivant des époux de prélever, avant partage, sur la succession du conjoint certains biens (appartement, fonds de commerce, droits sociaux, etc.), moyennant indemnité compensatrice.

Les créanciers du mari ne peuvent saisir les biens de la femme et vice versa. *En cas de règlement judiciaire ou de liquidation des biens,* les biens acquis au nom d'un conjoint peuvent être compris dans l'actif revenant aux créanciers, s'ils prouvent que le prix des acquisitions a été fourni par le conjoint en difficulté.

Contribution aux charges du mariage : si les conventions matrimoniales ne la règlent pas, les époux y contribuent à proportion de leurs facultés respectives (art. 214 du Code civil). Si l'un des époux ne respecte pas ses obligations, l'autre peut recourir à la demande de contribution aux charges du mariage. S'adresser au greffe du tribunal d'instance du domicile conjugal. Procédure gratuite.

☞ Pour une femme sans situation indépendante et sans fortune, ce régime présente des inconvénients qui peuvent être corrigés, à la volonté du mari, par donation, testament, ou assurance vie.

■ **Participation aux acquêts** (art. 1569 et suiv.). **Fonctionnement :** comme pour celui de la séparation de biens : chacun des époux possède l'administration, la jouissance et la libre disposition de ses biens personnels, sans distinction d'origine ou de provenance. **A la dissolution du mariage :** chacun des époux a le droit de participer, pour moitié en valeur, aux acquêts nets constatés dans le patrimoine de l'autre, et établis par la double estimation du patrimoine originaire et du patrimoine final. Les biens recueillis par chacun par donations ou successions ou les fruits de tous les biens ne constituent pas des acquêts.

Couples homosexuels reconnus légalement : Danemark [une loi du 2-5-1989 offre la possibilité à 2 personnes du même sexe de faire enregistrer par les autorités leur « partenariat », contrat permettant au survivant, en cas de décès, d'hériter de son compagnon ou de sa compagne et d'éviter d'être expulsé du logement dont il n'était pas officiellement locataire. Cette union peut être consacrée solennellement devant le maire ou le pasteur (pas de séparation entre l'Église et l'État ; le mariage religieux, quand il a lieu, a force de loi)], Hongrie, Islande, Norvège, Suède. **En cours de légalisation :** Belgique, Espagne, *France* (déjà reconnus par les caisses d'assurance maladie), Finlande, Pays-Bas.

■ **Comparaisons entre concubinage (C), Pacs (P), mariage (M). Obligation d'habitation commune :** *C* non. *P* oui. *M* oui ; **de contribuer aux dépenses courantes :** *C* non. *P* oui. *M* oui.

Déclaration d'impôt sur le revenu : *C* séparée. *P* commune au bout de 3 ans. *M* commune ; **sur la fortune :** *C* commune. *P* commune. *M* commune. **Droits de donation et de succession :** *abattement C* 10 000 F en cas de succession pour donations. *P* 375 000 F (au bout de 2 ans pour donations). *M* 500 000 F. *Taux d'abattement C* 60 %. *P* 40 % pour les 1ers 100 000 F puis 50 % au-delà. *M* progressif de 5 % (jusqu'à 50 000 F) à 40 % (à partir de 11,2 millions de F). Imposition sur l'ensemble du patrimoine du couple (solidairement responsable du paiement de l'impôt). Les pacsés attendent 3 ans pour bénéficier de l'imposition commune sur le revenu mais sont redevables dès la 1re année de vie commune de l'ISF. 2 homosexuels non pacsés mais vivant ensemble sont soumis à l'ISF (loi du 15-11-1999) si leurs 2 patrimoines dépassent le seuil de 4,7 millions de F.

Propriété des biens : *C : aucun n'appartient en commun au couple,* chacun est propriétaire des biens qu'il a acquis s'il en fournit la preuve (factures, relevés bancaires...). *P* meubles appartenant au couple à parts égales, sauf si le Pacs prévoit un partage différent. Autres biens (voiture, logement...) appartiennent à l'acquéreur s'il en fournit la preuve, sinon, propriété commune. *M régime normal :* biens appartenant au couple à parts égales *de séparation de biens :* chacun est propriétaire des biens qu'il a acquis s'il en fournit la preuve.

Dettes : *C* chacun répond de ses dettes (un créancier ne peut pas se retourner contre l'autre concubin). *P* solidarité pour les dettes contractées pour la vie courante. *M* solidarité (si mariage sous le régime de séparation de biens : limitée aux dettes de la vie courante).

Assurance maladie : *C* profite à l'autre s'il est à la charge effective de l'assuré. *P* profite à l'autre partenaire. *M* profite à l'autre époux. **Pension de retraite :** *C* non-réversion au concubin survivant. *P* non. *M* oui après 2 ans de mariage ou en présence d'enfants. Une veuve se remariant perd le bénéfice de la réversion de retraite de son époux défunt. En cas de signature d'un Pacs ou d'une union libre, certaines caisses complémentaires peuvent lui verser la pension de réversion.

Logement : *transfert du bail en cas de rupture : C* oui en cas de décès ou après 1 an de vie commune en cas de séparation. *P* oui en cas de décès ou de séparation sans exigence de durée de vie commune. *M* oui, idem.

Travail : *congés communs : C* non. *P* oui. *M* oui. *Mutation professionnelle : C secteur privé* droit au chômage en cas de démission pour suivre le muté : non ; *fonction publique* priorité de mutation afin de suivre l'autre si présence d'enfants : oui. *P* non. *M* oui/oui.

Nationalité : *C* obtention possible du titre de séjour pour l'étranger au bout de 5 ans : oui. *P* oui. *M* obtention automatique de la nationalité française au bout d'un an.

Adoption : *C* oui possible pour toute personne hétérosexuelle de + de 28 ans si l'un des concubins peut adopter. *P* oui idem. *M* oui après 2 ans de mariage, sans délai si chacun des époux a + de 28 ans.

Séparation : *procédure : C* sans formalité. *P* déclaration au greffe du tribunal. *M* divorce. *Conséquences financières : C* prestation compensatoire : non ; dommages et intérêts : possibles. *P* idem. *M* prestation compensatoire : oui (capital ou rente) ; dommages et intérêts : possibles.

Concubinage

Généralités

■ **Définition.** État d'un homme et d'une femme non mariés ensemble, qui vivent maritalement (étymologiquement : font lit commun) ; ignoré du Code civil, il commence à être reconnu par la jurisprudence et certaines dispositions légales.

Par 2 arrêts du 11-7-1989, la Cour de cassation a refusé le statut de concubins à des couples d'homosexuels, le concubinage impliquant hétérogénéité du couple.

■ **Statistiques. Couples de concubins :** *1975 :* 446 000 ; *82 :* 810 000 ; *90 :* 1 700 000 ; *2000 :* 2 514 600. Entre 20 et 49 ans, 19,7 % des hommes et 18 % des femmes vivent en couple non marié et ont en moyenne 1,5 enfant (couples mariés 1,95). 4 enfants sur 10 naissent hors mariage (1 sur 10 en 1970).

■ **Certificats de concubinage ou attestations d'union libre.** Délivrés par certaines mairies que rien n'oblige à le faire, ils n'ont aucune valeur juridique. En général, les 2 concubins doivent se présenter à la mairie en compagnie de 2 témoins majeurs n'ayant aucun lien de parenté entre eux ni avec les concubins, et munis de leur carte d'identité. La formalité, gratuite, peut être renouvelée aussi souvent que nécessaire (en cas de déménagement par exemple). Selon les mairies, on exige que l'adresse des concubins figure sur leur carte d'identité (la même pour les deux) ou l'on se contente d'un justificatif de domicile qui peut être une facture EDF ou de téléphone. En cas de refus du maire, demander un acte de notoriété au tribunal d'instance du domicile.

Renseignements pratiques

■ **Accidents.** Si l'un des concubins meurt dans un accident, le survivant peut demander l'indemnisation de son préjudice dans la mesure où cette liaison présentait des garanties de stabilité et de durée et si ni l'un ni l'autre n'était marié. La cour d'appel de Riom a, le 9-11-1978, partagé l'indemnité entre une veuve et une concubine, consacrant ainsi une sorte de polygamie légale. **Accidents du travail et maladies professionnelles suivis de la mort de l'assuré :** les concubins sont exclus du droit à rente viagère réservée à l'époux survivant.

■ **Assurances. Automobiles :** les concubins ne sont pas reconnus, ils n'ont pas de parenté, ils sont donc des tiers l'un à l'égard de l'autre. Si l'un des 2 meurt lors d'un accident, le survivant peut demander des dommages-intérêts. Conditions : que le concubinage soit stable et ni adultérin ni incestueux. **Décès :** le capital décès est attribué au concubin qui était à la charge totale et permanente du défunt. **Maladie :** la personne qui vit maritalement avec un assuré social et se trouve à sa charge effective, totale et permanente, bénéficie du remboursement des frais. Les concubins doivent déclarer sur l'honneur leur situation chaque année sur un imprimé fourni par la Caisse primaire d'assurance maladie, en mentionnant sur chaque feuille de soins la situation de « concubin à charge » ou encore par un certificat de concubinage obtenu à la mairie du domicile commun sur attestation de 2 témoins. En cas de cessation de concubinage ou de décès d'un assuré, son concubin conserve le droit au remboursement des frais de maladie pendant 1 an (jusqu'à ce que le dernier enfant ait 3 ans, en cas de décès). **Maternité :** bénéficie à la personne qui vit maritalement avec un assuré et se trouve à sa charge ; mêmes conditions que l'assurance maladie. **Personnelle :** le concubin resté seul après le départ ou le décès de l'autre, qui ne bénéficie plus de la couverture sociale et ne dépend pas d'un régime obligatoire, peut souscrire une assurance personnelle qui couvre frais de maladie et maternité. Les cotisations sont calculées d'après les revenus imposables de l'année précédente. Elles peuvent être prises en charge par les caisses d'allocations familiales ou par l'Aide sociale, selon les ressources du demandeur. La demande d'assurance est adressée à la Caisse primaire d'assurance maladie du domicile, ou à la mairie du domicile si la prise en charge par l'Aide sociale est demandée. **Vieillesse :** aucun droit de réversion sur les pensions du concubin décédé (sauf dans certains régimes de retraite complémentaire). Une femme divorcée ou veuve ne perd pas sa pension de réversion si elle vit ensuite en concubinage.

■ **Compte en banque.** On peut avoir : **1°**) *2 comptes séparés :* procuration mutuelle (toujours révocable individuellement par les intéressés) possible ; **2°**) *un compte joint :* permet des transferts de l'un à l'autre ; non bloqué au décès ; en cas de compte débiteur ou d'émission de chèque sans provision, les 2 intéressés sont responsables.

■ **Contrats entre concubins.** Toute forme de Sté commerciale est licite si la cause du contrat n'est pas la poursuite de relations immorales ou une donation déguisée. La jurisprudence admet la création entre concubins d'une « Sté de fait » donnant lieu à un partage des biens acquis par l'un d'eux avec les fruits de l'activité commune. *Droits des réservataires :* ils disposent ensemble d'une part intangible de la succession, variable selon le nombre d'enfants (moitié, 2/3 ou 3/4 selon qu'il y a respectivement 1 enfant, 2, 3 ou plus). *Réparation du préjudice à la suite d'un décès accidentel :* l'exigence antérieure d'un « intérêt légitime juridiquement protégé » a disparu (le 1er arrêt de la Cour de cassation est du 27-2-1970) « dès lors que le concubinage est stable et non délictueux » : cette restriction, paraissant viser l'adultère, a été abandonnée.

■ **Dons et legs.** Ils sont valides s'ils ont été faits par affection désintéressée pour l'avenir de l'autre. Mais, s'ils ont eu pour origine la création, la poursuite ou la reprise d'une situation immorale, ils sont nuls. Les concubins, n'étant pas parents, n'héritent pas l'un de l'autre (sauf testament, mais on ne peut léguer que la moitié de ses biens si l'on a 1 enfant, 1/3 si l'on en a 2, 1/4 pour 3 ou plus, que ces enfants soient naturels ou légitimes). Si un enfant naturel, conçu pendant le mariage du concubin avec une autre que sa mère (ou que son père), vient en concours avec des enfants légitimes, sa part est égale à la moitié de celle qu'il aurait eue s'il avait été légitime.

■ **Enfants** (voir **Filiation naturelle** p. 1638 a). Depuis la réforme du Code civil (loi du 8-1-1993), les pères non mariés ont les mêmes droits que les autres, à la condition de reconnaître l'enfant avant qu'il ait 1 an et de vivre avec la mère à ce moment-là.

■ **Impôts. Sur le revenu :** l'Administration ignorait le concubinage : il y avait donc 2 « foyers fiscaux » à la même adresse. Chacun déclarait ses revenus et disposait de 1 part (les époux, eux, font masse de leurs revenus et disposent de 2 parts). L'enfant pouvait en principe être rattaché à l'un ou l'autre de ses parents pourvu qu'il ait été reconnu (soit 3 parts en tout, alors que le couple marié avec 1 enfant n'a que 2 parts et demie). Chacun des concubins avait droit aux différentes déductions : frais de garde de l'enfant, intérêts des prêts contractés pour acquérir ou améliorer le logement, économies d'énergie, primes d'assurance vie. Depuis la loi de finances pour 1996, le concubins sont soumis au même régime que les époux. **De solidarité sur la fortune :** en cas de concubinage notoire, les concubins doivent déclarer ensemble tous les biens imposables appartenant à chacun d'eux ainsi que ceux des enfants mineurs dont ils ont, l'un ou l'autre, l'administration légale. **Taxe d'habitation :** seule la personne titulaire du bail ou propriétaire occupant est taxée (alors que le couple marié est assujetti). Les exonérations pour personnes à charge sont appliquées normalement.

■ **Logement. Acquisition :** peut être faite : **1°**) *indivisément,* par parts égales ou inégales, et assortie d'un testament ; **2°**) *pour le compte du survivant (« tontine »).* Elle n'est pas considérée comme une donation, et n'entame pas la partie de ses biens dont on peut disposer en présence d'enfants (« quotité disponible »). Depuis la loi du 18-1-1980 : *a)* pour l'habitation principale commune et jusqu'à la valeur de 500 000 F, la tontine est taxée comme une vente ordinaire, lors de l'acquisition. Au premier décès, le survivant paie les droits de vente (6 à 7 %) sur la moitié qu'il recueille. *b)* Dans les autres cas, au droit de vente d'origine s'ajoutent les droits de succession au tarif entre étrangers sur la part transmise (60 %). La tontine n'a donc plus alors d'intérêt. Inconvénients des tontines : si les concubins viennent à se séparer, l'un d'eux ne pourra efficacement « réclamer sa part » si l'autre s'y oppose.

Location (loi Méhaignerie du 23-12-1986) : le bail continue au profit du « concubin notoire » (art. 13). Le concubinage n'est donc pas une cause de résiliation du bail (hormis le cas de prostitution). Pour les locations régies par la loi du 1-9-1948 (surface corrigée), le concubin dont la cohabitation date de plus de 6 mois a droit au maintien dans les lieux, s'il peut être considéré comme personne à charge du défunt.

■ **Mobilier.** La mise en commun ou l'achat en commun de mobilier peut entraîner des difficultés en cas de séparation, ou vis-à-vis des créanciers de l'un des concubins. Conserver la facture des meubles, de préférence rédigée aux 2 noms et établir, par acte sous seing privé ou notarié, une « déclaration de propriété de meubles ». Les fournitures acquises pour les besoins du ménage et des enfants engagent 2 époux solidairement. Lorsque l'union libre a l'apparence d'un véritable ménage, les fournisseurs qui ont vendu à crédit à la femme pourront, s'ils sont de bonne foi, demander le remboursement à son concubin. **Voiture :** faire établir une carte grise aux 2 noms si elle a été achetée en commun.

■ **Nom patronymique.** Une femme ne peut pas faire figurer sur des papiers officiels le nom de son concubin, mais elle peut l'utiliser dans l'usage courant (s'il est marié, son épouse peut lui interdire l'usage du nom de son mari).

■ **Prestations familiales.** *Allocation de salaire unique et allocations familiales :* mêmes droits que les couples mariés. Les revenus des 2 concubins sont pris en compte dans le calcul des ressources pour les allocations logement et complément familial. *Allocations de soutien familial, de parent isolé ou de veuvage :* comme le mariage, suspend le versement de ces allocations.

■ **Retraite.** Aucune réversion entre concubins.

■ **Séparation.** La dissolution du couple, n'étant pas prévue par la loi, entraîne des difficultés au niveau du logement, du partage des biens, du partage des dettes, de la garde des enfants. Celui qui n'a apporté que son travail, et qui a été moins rémunéré ou moins prévoyant que l'autre, soutient parfois qu'il s'est créé une « société de fait » (les tribunaux l'ont parfois admis, quand il y avait eu une véritable volonté de mise en commun et d'association pour exercer une activité professionnelle). Parfois aussi, ils invoquent « l'enrichissement sans cause ». **En cas de rupture :** pas d'obligation, ni de réparation (dommages-intérêts), sauf circonstances particulières (exemple : promesse de mariage rompue, abandon d'une concubine dans les premiers mois de sa grossesse, rupture brutale sans dialogue préalable, matérialisée par le déménagement des affaires personnelles sans préavis et en l'absence du concubin). Aucune pension alimentaire n'est due mais, si le concubin a promis de payer une pension à la concubine délaissée, il pourra être forcé de remplir son engagement. S'il y a des enfants, une pension d'entretien est due.

■ **Succession.** Les concubins, n'étant pas parents, n'héritent pas l'un de l'autre, à moins d'un testament. Le concubin peut léguer tous ses biens (legs universel) ou une quote-part (legs à titre universel) ou un bien particulier (legs particulier). S'il n'existe pas d'héritier réservataire (enfant ou parent ayant droit à une part précise de la succession), le légataire universel devra être « envoyé en possession » par le Pt du tribunal du lieu du décès. Le testament sera contrôlé judiciairement sauf s'il s'agit d'un testament authentique notarié. S'il existe des héritiers réservataires, ceux-ci, dans tous les cas, devront consentir à l'exécution du legs. **Droits de succession :** le concubin étant considéré comme un étranger, les droits de succession s'élèvent au taux maximal. Pour réduire le coût, il peut léguer un usufruit viager ou un droit d'usage et d'habitation (la base d'imposition restant élevée si le survivant est jeune). *Tontine :* droits de mutation gratuite, calculés en fonction du lien de parenté entre le défunt et le bénéficiaire de la clause. Même dans le cas le plus favorable, il faut payer les droits de vente (environ 6 %) dans les 6 mois qui suivent le décès. *Dons manuels :* (remises d'argent sous forme de chèques, d'espèces ou de meubles) ; on doit acquitter les droits à 60 % en les déclarant au moment du décès. L'Administration a le droit de contrôler les mouvements sur le compte bancaire du défunt.

■ **Transports. SNCF :** accorde bénéfice de la carte « couple » ou « famille ». **Air France Europe :** sur certains vols, tarifs réduits sur présentation d'une carte « couple ».

■ **Vie courante.** L'un des concubins ne dispose d'aucun recours contre celui qui refuserait de verser sa part contributive. En revanche, en vertu de l'apparence, les 2 concubins pourront être engagés l'un et l'autre pour les dettes courantes : commande de véhicule, de livres...

Pacs

■ **Origine. 1991** le Comité d'urgence antirépression homosexuelle (Cuarh) dirigé par Jean-Paul Pouliquen et Gérard Bach-Ignasse demande la création du Contrat d'union civile (Cuc). **1992**-*25-11* proposition de loi (n° 3066) déposée par 8 députés socialistes dont Jean-Yves Autesier pour un Cuc. **1995** l'association *Aides* lance un projet de Contrat d'union sociale (Cus). *Sept.* environ 30 maires du Mouvement des citoyens annoncent qu'ils délivreront des « certificats de vie commune » aux couples non mariés homosexuels ou hétérosexuels. **1996**-*mai* Jacques Toubon, garde des Sceaux, admet des aménagements en faveur des homosexuels (droit au transfert de bail), mais refuse une réforme législative. *Juin* rassemblement à Paris de la *Lesbian and Gay Pride,* appel au Contrat d'union civile et sociale (Cucs). **1997**-*janv.* Laurent Fabius, au nom du groupe socialiste, dépose un projet de loi. *-23-7* Jean-Pierre Michel et 21 députés du groupe des Radicaux-Verts-Citoyens déposent un projet de loi créant le Cucs où 2 personnes physiques ayant un projet de vie commune pourront signer un contrat devant un officier d'état civil et rompre devant notaire. **1998**-*février* rapport de Jean Hauser proposant un Pacte d'intérêt commun (Pic) conclu devant notaire où 2 personnes décident d'organiser leurs relations pécuniaires et patrimoniales pour assurer leur communauté de vie, sans références sexuelles. *-Avril* 12 162 maires signent une pétition contre le Cucs. *-28-5 Pacte civil de solidarité* (Pacs) présenté par les députés Jean-Pierre Michel et Patrick Bloche (voir à l'Index). **1999**-*15-11* entre en vigueur.

■ **Formalités.** Le Pacs doit être signé entre 2 personnes majeures, sans être sous tutelle, quel que soit leur sexe, qui souhaitent organiser leur vie commune. Elles ne doivent pas être engagées dans les liens du mariage ou dans un autre Pacs ni être membres d'une même famille : grands-parents et parents, enfants et petits-enfants, chacun des époux et tous les ascendants et descendants de l'autre conjoint (beaux-parents et gendre ou belle-fille), frères et sœurs, demi-frères ou sœurs, neveux et nièces. Le Pacs détermine les modalités de l'aide mutuelle et matérielle que s'apportent les 2 partenaires en faisant référence à l'article 515-4 du Code civil qui impose cette entraide. Il peut prévoir les modalités de l'aide mutuelle, préciser la contribution de chacun aux charges du ménage, envisager le régime des biens achetés ensemble, faire l'inventaire des biens propres à chaque partenaire avant la conclusion du Pacs, envisager le partage des biens en cas de rupture ou la rédaction d'un testament pour le partenaire.

■ **Enregistrement.** Au greffe du tribunal d'instance du lieu de la résidence commune ; à l'étranger, au consulat français. Remettre 2 contrats originaux, et pour chacun des signataires, une pièce d'identité, la copie intégrale (ou un extrait avec filiation) de l'acte de naissance (ou un acte de notoriété), un certificat établi par le greffe du tribunal d'instance du lieu de naissance attestant qu'aucun Pacs n'a déjà été conclu, 2 attestations sur l'honneur précisant qu'il n'existe aucun lien de parenté interdisant la conclusion du pacte et certifiant que la résidence commune est dans le ressort géographique du tribunal dans lequel la déclaration est faite. Le jour même, le greffier remet aux signataires une attestation d'engagement dans les liens d'un Pacs. Les registres mentionnant les déclarations de pacte ne sont pas accessibles au public, mais le sont aux fisc, notaires, caisses d'allocations familiales, caisses régionales d'assurance maladie ou caisses de mutualité sociale agricole.

☞ Toute modification du pacte doit faire l'objet d'une déclaration conjointe inscrite au greffe du tribunal d'instance qui a reçu l'acte original.

■ **Biens (meubles) acquis pendant la durée du pacte.** Considérés communs même si un seul en a payé l'intégralité. Les décisions concernant ce bien doivent être prises à 2. Les partenaires peuvent refuser cette indivision : **1°**) en prévoyant dans le pacte d'origine ce qu'il adviendra des achats de meubles meublants (table, chaise, téléviseur...) effectués pendant leur vie commune ; **2°**) en précisant dans l'acte d'acquisition du bien à qui celui-ci revient.

Charges. Les partenaires sont solidaires des dettes conclues par l'un d'eux pour les besoins de la vie courante et les dépenses du ménage, y compris celles liées au logement ou à l'éducation des enfants. Si l'un refuse de contribuer, l'autre pourra demander en justice le versement d'une pension alimentaire. La solidarité sera de fait pour les crédits demandés (à la consommation...) afin de satisfaire à des dépenses « normales ». Les créanciers peuvent se retourner contre l'un ou l'autre pour se faire payer (pour un loyer impayé, ils peuvent se renseigner au greffe du tribunal d'instance dont dépend la résidence de leur débiteur pour savoir si celui-ci a signé un Pacs).

Collaboration avec un artisan ou un commerçant. Le Code du travail s'applique à la personne liée au chef d'entreprise par un Pacs si elle est salariée par lui, travaille sous son autorité, participe effectivement à la marche de l'entreprise ou à l'activité de son partenaire à titre professionnel et habituel et perçoit une rémunération horaire minimale égale au Smic.

Congés. Les partenaires ont priorité pour prendre leurs congés en commun mais l'employeur n'est pas obligé de faire coïncider leurs dates si cela gêne l'activité de l'entreprise. **Pour événements familiaux :** en cas de décès du partenaire ou de leur propre enfant : 2 jours. **Mutation professionnelle :** priorité dans l'ordre des mutations pour exercer leurs fonctions dans la même région.

Impôts. Imposition établie aux 2 noms, séparés par le mot « ou ». **Impôt sur le revenu** *des 2 premières années :* déclarations séparées et individuelles ; *3e année :* déclaration commune possible. Bénéficient de 2 parts + 1 demie pour chacun des 2 premiers enfants à charge + 1 part supplémentaire à partir du 3e enfant. **Impôt sur la fortune :** imposition commune. Le fisc prend en compte la valeur nette, au 1er janvier de l'année, de l'ensemble des biens, droits et valeurs imposables appartenant à l'un et l'autre et à leurs enfants. Doivent signer conjointement la déclaration. **Paiement des impôts :** les partenaires sont solidaires pour l'impôt sur le revenu, sur la fortune, la taxe d'habitation (même si le logement est au nom d'un seul) s'ils vivent sous le même toit.

■ **Donations.** Consenties les 2 premières années suivant l'enregistrement du pacte : droits 60 % ; après 2 ans : abattement de 375 000 F, droits 40 % jusqu'à 100 000 F, 50 % au-delà. **Successions.** Après abattement de 375 000 F, droits 40 % jusqu'à 100 000 F, 50 % au-delà.

■ **Logement.** *Loué :* si le contrat est signé par 1 seul, le propriétaire oblige celui qui n'a pas signé le bail à libérer les lieux dans les mêmes délais. Si le partenaire signataire du bail donne congé, il ne peut rien faire pour rester et est tenu du paiement des loyers et charges et de l'indemnité d'occupation fixée par le juge après la résiliation du bail. Si le locataire abandonne le domicile, le contrat de location se poursuit, sans condition de durée, au profit de son partenaire. Si le locataire décède, le contrat est transféré au profit de son partenaire, sans condition de durée. *Logement appartenant à un seul membre du couple :* chacun est tenu solidairement du paiement des charges de copropriété, factures et impôts. *Logement appartenant aux 2 membres :* les partenaires sont solidaires des charges, des mensualités de l'emprunt. Pour vendre le logement ou autoriser l'inscription d'une hypothèque, les 2 partenaires devront être d'accord. En cas de séparation, ils devront sortir de l'indivision. **Allocation logement :** sociale, familiale, prime de déménagement, prêts à l'amélioration de l'habitat sont attribués dans les mêmes conditions qu'aux conjoints ou concubins : on tient compte des ressources du couple, de la composition du foyer.

☞ Tout bailleur peut donner congé à un locataire pour reprendre un logement pour son partenaire ou les ascendants et descendants de celui-ci.

■ **Prestations sociales.** Toute personne liée par un Pacs à un assuré social, qui ne peut prétendre elle-même à une couverture sociale à un autre titre, est un ayant droit.

■ **Prestations familiales et assimilées. Maintenues :** allocation pour jeune enfant, allocations familiales, complément familial, allocation logement, allocation d'éducation spéciale, allocation de rentrée scolaire, allocation parentale d'éducation, allocation d'adoption. **Perdues :** allocation de soutien familial et celle de parent isolé.

■ **Allocation aux adultes handicapés.** Ressources communes prises en compte. Un complément est versé quand le titulaire du droit, ou son partenaire, perçoit une allocation logement ou l'aide personnalisée au logement (APL).

■ **Capital décès.** Le signataire est prioritaire si, au jour du décès, il était à sa charge effective, totale et permanente avant même descendants et ascendants.

■ **Allocation veuvage.** Le partenaire n'y a pas droit. Tout veuf ou veuve qui signe un Pacs perd le bénéfice de cette allocation.

■ **Revenu minimum d'insertion (RMI).** Pour son attribution, majoration, évaluation des avantages en nature (dont le logement gratuit), les ressources du couple ayant signé le Pacs sont prises en compte.

■ **Fin de Pacs. Volonté** *commune des 2 partenaires :* déposer une déclaration écrite conjointe au greffe du tribunal d'instance du lieu de résidence de l'un d'eux ; le Pacs est rompu lorsque le greffier mentionne l'inscription en marge de l'acte initial ; *d'un seul :* il doit informer son partenaire en faisant appel à un huissier et adresser une copie de cette information au greffe du tribunal d'instance qui a enregistré le pacte. Le Pacs prend fin 3 mois après la signification à l'autre signataire, à condition qu'une copie ait bien été adressée au tribunal. **Mariage :** *si l'un des partenaires souhaite se marier avec un tiers* il doit le signifier à l'autre par voie d'huissier et adresser par lettre recommandée avec accusé de réception une copie de la signification et de son acte de naissance, sur lequel est mentionné le mariage, au greffe du tribunal qui a reçu l'acte initial. Le Pacs prend fin à la date du mariage. *Si les partenaires se marient ensemble,* ils doivent adresser au tribunal d'instance leurs actes de naissance avec la mention du mariage ou encore l'acte de mariage. **Décès :** le survivant ou toute autre personne intéressée (comme un enfant) doit envoyer une copie de l'acte de décès, par lettre recommandée avec avis de réception, au greffe du tribunal qui a reçu le pacte. **Conséquences de la rupture.** *Partage des biens :* les règles définies dans le pacte ou dans l'acte d'acquisition des biens s'appliquent. En cas de désaccord, le tribunal de grande instance intervient. Le partenaire délaissé peut exercer un recours contre son ex-partenaire pour obtenir des dommages et intérêts en cas de rupture abusive, ou après plusieurs années de vie commune. Si les partenaires ont des enfants en commun, le juge aux affaires familiales est compétent pour tout problème lié à l'autorité parentale.

☞ **Nombre de Pacs conclus depuis le 15-11-1999 :** *1999 :* 6 211 ; *2000 :* 23 644 ; *01* (1er trim.) : 7 238.

■ **Partenariats et adoptions. Allemagne :** un couple homosexuel ne peut adopter un enfant mais l'un ou l'autre des conjoints peut le faire. *1-8-2001 :* « partenariat » enregistrable en mairie ; chaque partenaire peut porter le nom de famille de l'autre ou le double nom. **Belgique :** *29-6-2001 :* avant-projet de loi sur le mariage homosexuel approuvé par le conseil des ministres. **Danemark :** *1989.* **Espagne :** *fin juin 2000 :* loi du Parlement de Navarre permettant l'adoption d'enfants pour les couples de même sexe (les conjoints doivent vivre ensemble depuis + d'1 an). **France :** *1966 :* adoption plénière par un célibataire autorisée. *21-12-2000 :* la cour administrative d'appel de Nancy cassant une décision du tribunal administratif de Besançon interdit à une institutrice d'adopter un enfant car il risquerait de souffrir d'« une absence d'image ou de référent paternel » (sa mère adoptive vivant avec une autre femme). **Norvège :** *1993.* **Pays-Bas :** *janv. 1998 :* « partenariat enregistré » : les couples homosexuels peuvent faire enregistrer à la mairie leur partenariat. *12-9-2000 :* 2 textes adoptés par la Chambre des députés (109 voix pour, 33 contre) permettent aux homosexuels de se marier et d'adopter des enfants. *15-9-2000 :* 8 000 couples signent les registres du partenariat (dont 5 000 homosexuels). *19-12-2000 :* Sénat approuve (47 pour, 28 contre) loi d'adoption d'enfants par 2 parents du même sexe (les parents adoptifs « devront avoir vécu ensemble depuis au moins 3 ans »). *1-4-2001 (0 h) :* entrée en vigueur de la 1re loi autorisant le mariage entre partenaires d'un même sexe. **Suède :** *1995 :* vote du « Partenariat ». **USA :** New Jersey et quelques villes, l'adoption d'enfants par 2 parents d'un même sexe n'est pas permise.

Gay Pride

Du 27 au 30-6-1969 New York, Greenwich Village : *émeutes de Stonewall Inn* (bar gay) : dans la nuit du 27 au 28-6 descente de police ; procès-verbal au propriétaire au motif qu'il vendrait de l'alcool sans autorisation. L'arrivée du fourgon de la police déclenche des hostilités. Les 2 nuits suivantes, violents heurts police/homosexuels). La Gay Pride, parade ou défilé, le dernier dimanche du mois de juin de chaque année, en commémore le souvenir. *Le 28-6-1970 :* 1re Gay Pride (plus de 10 000 personnes).

En France, 1re en 1979 ; *Europride* depuis 1997 (300 000) : *23-6-2001* Paris : 500 000 personnes.

Divorce, séparation de corps

■ **Origine.** Reconnu dès le XIIe s. av. J.-C. chez les Hittites, dans l'Égypte pharaonique (VIe s. av. J.-C.), à Athènes et à Rome. *France :* institué en 1792, aboli en 1816, rétabli en 1884 (loi Naquet), libéralisé en 1975 (loi du 11-7-1975).

☞ Depuis le 1-3-2001 dans l'UE, un couple peut choisir de divorcer dans le pays de son choix s'il y vit, travaille ou possède une résidence, même secondaire.

■ **Statistiques. Nombre de divorces prononcés :** *1972 :* 44 738 ; *75 :* 55 612 ; *80 :* 81 156 ; *85 :* 107 505 ; *90 :* 107 599 ; *95 :* 121 946 ; *97 :* 118 284 (dont en % : par requête conjointe 41,1, faute 41, demande acceptée 14,2, rupture vie commune 1,7) ; *98 :* 116 831. **Durée du mariage** (en %) : *– de 5 ans :* 17,2 ; *5 à 10 :* 21,2 ; *10 à 15 :* 16,5 ; *15 à 20 :* 15 ; *20 à 25 :* 12 ; *25 à 40 :* 10,9. **Divorces avec enfants impliqués** (en 1996) : 78 468 (65,5 %) dont *1 enfant :* 36 031 ; *2 :* 28 750 ; *3 :* 10 720 ; *4 et + :* 2 967. **Enfants concernés :** 138 928 dont mineurs 90 %. **Femmes :** 68 % des femmes qui divorcent ont une activité professionnelle. La femme demande le divorce plus souvent que l'homme. Dans 83 % des cas, la garde des enfants est confiée à la mère et dans 64 % la résidence du ménage est attribuée à la femme. **Séparations de corps prononcées :** *1985 :* 4 429 ; *88 :* 4 840 ; *90 :* 3 926 ; *92 :* 3 867 ; *95 :* 4 014.

Indice synthétique de divortialité (pour 100 mariages, en 1997) : Belgique 58,1 [2] ; Suède 48 [1] ; Finlande 48 ; G.-B. 46 [2] ; Norvège 44 [1] ; Russie 43,3 [1] ; Danemark 41 [1] ; Suisse 41 ; Rép. tchèque 41 [1] ; Autriche 39 ; *France 38,6* [*1792-1803 :* 6 (Marseille 10, Rouen 13, Paris 24) ; *1900 :* – de 6 ; *vers 1940 :* 9 ; *70 :* 12 ; *75 : 80 :* 22,6 ; *90 :* 32 ; *2000 :* 40] ; Luxembourg 37 [1] ; P.-Bas 33 [1] ; Allemagne 32,4.

Nota. – (1) En 1996. (2) En 1995.

Sommes records attribuées après un divorce (en millions de F) : Diana Bilinelli (ex-Mme Al-Fassi) 620, Amy Irving (ex-Mme Steven Spielberg) 500, Cindy (ex-Mme Kevin Costner) + de 390, Diandre (ex-Mme Michael Douglas) 280, Marcia (ex-Mme George Lucas) 250, Robins Givens (ex-Mme Mike Tyson) 125, Ivana (ex-Mme Donald Trump) 120, Lady Di (ex-épouse du Pce de Galles) 110, Maggie Johnson (ex-Mme Clint Eastwood) 100, Juliane Philips (ex-Mme Bruce Springsteen) 80.

Formes

1°) Par consentement mutuel (après 6 mois de mariage, minimum). **Sur requête conjointe :** les époux, sans avoir à faire connaître leurs motifs, demandent ensemble le divorce. Ils soumettent au juge des affaires matrimoniales pour homologation les conventions temporaires (rapports des époux pendant l'instance) et définitives (conséquences du divorce : pensions, garde des enfants...) qu'ils ont définies entre eux (art. 230-232 du Code civil). **Demandé par un des époux et accepté par l'autre :** l'un des époux, sans les qualifier, ni les imputer à l'un ou l'autre, fait état d'un ensemble de faits rendant intolérable le maintien de la vie commune. Si l'autre époux reconnaît ces faits, le divorce est prononcé sans autre motif que le constat des faits par le juge, aux torts partagés. *Si l'autre époux ne reconnaît pas les faits, le divorce ne peut être prononcé* (art. 233-236). **2°) Pour rupture prolongée de la vie commune.** A la demande de l'un des époux s'ils vivent séparés de fait depuis 6 ans au moins ; ou si les facultés mentales d'un conjoint se trouvent depuis 6 ans si gravement altérées qu'aucune communauté de vie ne subsiste plus et ne pourra raisonnablement se reconstituer. *La demande* doit exposer les moyens par lesquels l'époux demandeur assumera son devoir de secours et les obligations à l'égard des enfants. Elle doit justifier de la réalité de la situation. Le tribunal peut la rejeter d'office si le divorce risque d'avoir des conséquences graves sur l'autre conjoint, ou s'il est établi qu'il aurait pour le conjoint ou pour les enfants des « conséquences matérielles ou morales d'une exceptionnelle dureté » (art. 237 à 241). **3°) Pour faute.** Demandé par un époux pour des faits imputables à l'autre lorsque ces faits constituent une violation grave et anormale des devoirs et obligations du mariage et rendent intolérable le maintien de la vie commune. Les faits, qu'apprécie souverainement le juge de divorce, sont essentiellement : **adultère :** on peut en faire la preuve par *une correspondance* (entre le conjoint et une tierce personne démontrant clairement les rapports adultères) tombée d'une façon légitime entre les mains de l'époux demandeur. L'adultère n'étant plus un délit pénal, il n'est plus possible d'en faire la preuve par un rapport de police établi à la suite d'une plainte adressée au procureur de la République. Ce n'est plus une cause péremptoire. Avant 1884, il fallait que le mari eût installé sa concubine au domicile conjugal pour que l'adultère fût une cause reconnue de séparation de corps. Le Code prévoyait alors de 1 000 à 2 000 F d'amende pour le mari et 3 mois à 2 ans de prison pour la femme adultère. **Condamnation du conjoint à une peine afflictive et infamante :** réclusion ou détention criminelle à perpétuité ou à temps. Cette condamnation doit être définitive et passée en force de chose jugée, c'est-à-dire ne plus être susceptible de pourvoi en cassation. Mais ce n'est plus une *cause péremptoire* de divorce. Le tribunal n'est plus obligé de prononcer le divorce demandé pour cette cause et peut donc en rejeter la demande ou prononcer le divorce aux torts partagés. **Injures graves :** *manquements renouvelés aux devoirs nés du mariage,* scènes de ménage, insultes, paroles inconvenantes et outrageantes, lettres injurieuses, manquement au devoir de fidélité, de cohabitation (refus du mari de recevoir sa femme au domicile conjugal, absences fréquentes et injustifiées de l'un des époux, abandon du domicile conjugal et refus de le réintégrer lorsqu'il procède du refus de se soumettre aux obligations du mariage). Si cet abandon est justifié (exemple : femme quittant le domicile pour se soigner parce qu'elle a été l'objet de sévices, ou en raison de l'infidélité ou de l'inconduite de son mari), il ne peut être une cause. **Faute dans les relations sexuelles :** abstention volontaire de consommation du mariage, refus par l'un des deux époux d'avoir des enfants. **Ivrognerie, dissipation des biens** de la femme par le mari, **condamnation à une peine correctionnelle, refus de contribuer aux charges du ménage, habitudes de jeu** de l'un des conjoints ayant des répercussions sur la vie du foyer.

☞ Le demandeur doit apporter des preuves des griefs, par des documents (lettres, attestations, certificats médicaux ; l'aveu est aussi admis comme preuve). Excès, sévices et injures ne sont pris en considération comme causes de divorce que s'ils constituent une violation grave ou renouvelée des devoirs et obligations résultant du mariage, et s'ils rendent intolérable le maintien du lien conjugal. La réconciliation des époux intervenue depuis les faits allégués empêche de les invoquer comme cause de divorce. Les parties peuvent demander ensemble l'omission de cause de divorce dans le jugement (art. 242 à 246).

Procédure (art. 247 à 260)

☞ La Cour de cassation estime que tant que le divorce n'est pas prononcé (même si la procédure est largement avancée) les obligations liées au contrat de mariage subsistent. Les époux doivent aussi respecter le devoir de fidélité.

■ **Selon les causes.** Compétence du tribunal de grande instance (TGI) du lieu où se trouve la résidence de la famille (domicile de l'époux vivant avec les enfants mineurs), à défaut domicile du défendeur auquel est substitué le *juge des affaires matrimoniales (Jam)* dans le cas de requête conjointe, demande acceptée par l'autre (1re phase) et pour les modifications après le prononcé du jugement de divorce (garde, pensions). Avocat obligatoire dans tous les cas (voir aussi **Juge aux affaires familiales** p. 788 c).

1°) Requête conjointe : présentée au Jam par les avocats (ou par un seul, choisi par les époux) à laquelle sont joints les projets de conventions. Le Jam entend séparément chacun des époux, puis les réunit, il appelle ensuite les avocats ; si les époux persistent en leur intention, il les informe qu'ils ont un délai de réflexion de 3 mois à l'issue duquel ils auront 6 mois pour renouveler leur demande. Les parties comparaissent à nouveau et, à moins qu'il ne demande des modifications, le Jam rend un jugement homologuant la convention définitive et prononçant le divorce. Un notaire peut être nécessaire pour liquider la communauté. Pas d'appel possible.

2°) Demande acceptée : *demande accompagnée d'un mémoire* sur les faits allégués, communiquée par lettre recommandée sous 15 j par le greffe à l'autre époux qui a 1 mois pour accepter ou refuser. Un défaut de *réponse* équivaut à un refus. Si l'autre époux reconnaît les faits devant le juge, celui-ci prononce le divorce sans avoir à statuer sur la répartition des torts (le divorce ainsi prononcé produit les effets d'un divorce aux torts partagés). Si l'autre époux ne reconnaît pas les faits, le divorce n'est pas prononcé.

3°) Pour faute et pour rupture de la vie commune.

■ **Phases (art. 251 à 259-3). 1re phase : devant le président du tribunal. 1°) Présentation de la requête :** par l'intermédiaire de l'avocat du demandeur.

2°) Tentative de conciliation : l'autre époux, qui a reçu une convocation du greffe avec copie de l'ordonnance, se présente devant le Jam au jour indiqué. Les époux, qui sont seuls (les avocats ne peuvent les assister), et entendus séparément, expliquent leurs positions. Le Jam leur fait des suggestions « propres à opérer un rapprochement » et peut leur imposer un délai de réflexion (renouvelable) mais d'au maximum 6 mois pendant lesquels des mesures provisoires seront prises. Si les époux ne se réconcilient pas, ou en cas de défaut de l'époux cité, le Jam constate la non-conciliation et autorise le demandeur à assigner son conjoint devant le tribunal.

3°) Mesures provisoires : prises par le Jam après avoir entendu les avocats des parties. Il peut notamment : autoriser les époux à avoir une résidence séparée ; attendre ou partager entre les époux la jouissance du logement et du mobilier ; ordonner la remise des vêtements et objets personnels ; fixer la pension alimentaire et la provision pour frais d'instance concernant l'un des époux.

Montant de la pension alimentaire : dépend des ressources ; pour les enfants : chacun des parents doit contribuer à leur entretien dans la mesure de ses moyens « à proportion de ses facultés ». L'époux ne versant pas la pension alimentaire à laquelle le juge l'a condamné pourra être poursuivi correctionnellement pour délit d'abandon de famille ou être l'objet d'une saisie-arrêt sur ses salaires.

Mesures relatives au patrimoine de la femme mariée sous un régime de communauté : le juge peut accorder à l'un des époux des provisions sur sa part de communauté, si la situation le rend nécessaire. Exemples : apposition des scellés, inventaire du mobilier et des valeurs, inscriptions de l'hypothèque légale de la femme mariée.

Il doit se prononcer sur la garde des enfants, ainsi que sur le droit de visite et d'hébergement. Il fixe la contribution due pour l'époux qui n'a pas la garde.

Nota. – Les époux peuvent faire appel à des mesures provisoires dans la quinzaine de la signification de l'ordonnance.

2e phase : devant le tribunal. Le demandeur qui en a obtenu l'autorisation assigne son conjoint devant le tribunal dans les 3 mois de l'ordonnance de non-conciliation et des mesures prises (sous peine de déchéance). L'autre époux dispose d'un nouveau délai de 3 mois pour assigner.

L'époux assigné peut, soit : **1°)** *ne rien faire* (il risque d'être condamné par un jugement réputé contradictoire) ; **2°)** *s'opposer* à la demande introduite en contestant les faits allégués (il doit dès le reçu de l'assignation prendre contact avec un avocat) ; **3°)** *se porter demandeur reconventionnel* en divorce ou en séparation de corps, s'il estime avoir lui aussi des griefs, et demander divorce ou séparation de corps (sans tenir compte de ce qu'a demandé son conjoint).

En cas de divorce pour rupture de la vie commune, la demande reconventionnelle entraîne un jugement de divorce aux torts du demandeur principal. Mais, s'il sollicite le divorce sur une demande de son conjoint en séparation de corps, il devra procéder par voie de « seconde demande principale ». L'affaire désormais suit son cours. Elle est inscrite au rôle. Le tribunal fixe une date pour entendre les avocats, il peut rendre un jugement s'il a des preuves suffisantes des faits reprochés, ou ordonner une enquête.

Au jour fixé, les conjoints comparaîtront devant le juge chargé de l'enquête avec leurs témoins (leurs descendants ne peuvent être témoins) et toute personne ayant assisté aux faits allégués ou pouvant témoigner sur les griefs articulés, tels les parents et les domestiques. Ensuite, l'affaire reviendra pour être plaidée devant le tribunal qui rendra son jugement. Les débats ne sont pas publics.

3e phase : quand le jugement est prononcé. Le dispositif du jugement (ou de l'arrêt en cas d'appel) est transcrit. Il est mentionné en marge de l'acte de mariage et des actes de naissance de chacun des époux. Chacun des époux peut faire appel devant la cour d'appel dans le mois de la signification du jugement. Il devra constituer avoué à la cour d'appel. Toutefois, lorsque le jugement de divorce n'a pas été rendu contradictoirement mais est simplement réputé contradictoire, il existe un délai maximal de un an pour demander au Premier Pt de la cour d'appel d'être relevé de la forclusion du délai d'appel périmé. Dans le cas d'un possible relevé de forclusion, celui des époux qui a intérêt à bénéficier d'un jugement de divorce définitif, devra attendre un an au maximum après la signification pour transcrire le dispositif du jugement de divorce. Après l'arrêt de la cour d'appel, il peut, dans les 2 mois de sa signification, former un pourvoi (suspensif) en cassation ou de séparation de corps.

L'acquiescement au jugement ou à l'arrêt de divorce, c'est-à-dire la renonciation à faire jouer les possibilités de recours, est possible (art. 49 du décret 75-1124 du 5-12-1975) sauf s'il a été rendu contre un majeur protégé ou contre le conjoint pour altération des facultés mentales. Pour les mêmes cas, pas de possibilités de désistement d'appel.

☞ La clause d'exceptionnelle dureté permet à une femme catholique de refuser le divorce pour rupture de la vie commune (tribunal de Colmar, fin 1990).

EFFETS DU DIVORCE

Le *divorce* dissout les liens nés du mariage et rend chacun des époux libre à l'égard de l'autre, la *séparation de corps* dispense seulement les époux du devoir de cohabitation, tous les autres devoirs nés du mariage subsistant (l'obligation d'aliments et de fidélité étant atténuée par la suppression du délit d'adultère).

Le jugement de divorce prend effet dans les rapports entre époux en ce qui concerne leurs biens dès la date de l'assignation. Opposable aux tiers en ce qui concerne les biens au jour où les formalités prescrites de mention en marge ont été accomplies.

■ A L'ÉGARD DES ÉPOUX

■ **1°) Biens.** Le divorce met fin au régime matrimonial, et les biens sont répartis entre les époux à l'amiable (notamment dans le divorce sur demande conjointe) ou par voie judiciaire, selon les règles propres à chaque régime. Les droits successoraux de l'un vis-à-vis de l'autre disparaissent.

■ **2°) Dommages-intérêts.** Ils peuvent aussi être accordés quand le divorce est prononcé aux torts exclusifs de l'un des époux (exemples : en réparation de coups et blessures ; pour dissipation des biens de la communauté ; pour l'attitude du conjoint qui a retardé d'une manière malicieuse la solution de l'instance). L'époux coupable perd les avantages accordés par son conjoint par contrat de mariage ou pendant le mariage (exemples : donations et legs, usufruit, partage inégal de la communauté).

■ **3°) Droit au bail** qui sert effectivement à l'habitation des époux, sans caractère professionnel ni commercial, ou droit au maintien dans les lieux. Le tribunal, à la fin de l'instance en divorce, l'attribue à l'un des époux, sous réserve des droits à récompense ou à indemnité au profit de l'autre époux, en considérant les intérêts sociaux et familiaux en cause.

Nota. – Dans le cas du divorce sur demande conjointe, les points des 5e, 6e, 7e, 8e et 10e paragraphes (voir ci-après) sont réglés par la convention définitive. Pensions

Église catholique et divorce. Le divorce civil ne rompt pas le mariage religieux. Un divorcé ne peut donc se remarier religieusement, sauf s'il ne s'était pas marié religieusement, mais il ne le peut qu'à condition de remplir ses obligations éventuelles vis-à-vis de son ex-conjoint et des enfants qu'ils auraient eus. Le droit pénal actuel de l'Église ne prévoit pas de mesures générales à l'égard des divorcés remariés civilement. Les communautés chrétiennes ont à leur permettre de trouver leur place en elles.

Protestants et divorce. Les protestants enseignent l'indissolubilité du mariage sur la base des références bibliques, mais se refusent le pouvoir de limiter juridiquement le pardon et la grâce de Dieu en condamnant ceux qui, reconnaissant loyalement leur échec, désirent la possibilité d'un commencement nouveau par un recours exceptionnel à la seule grâce de Dieu qui délivre... Une « Commission » est chargée de cet accompagnement avec le pasteur local, lors d'une demande de bénédiction pour un couple dont l'un des conjoints est divorcé. Elle peut être amenée à différer la cérémonie religieuse.

ou dommages-intérêts sont remplacés par une prestation compensatoire exécutée sous différentes formes (versement d'un capital, abandon en usufruit, rente annuelle indexée...). Dans le cas du divorce sur demande acceptée, il s'agit d'un divorce aux torts partagés. Chacun des époux peut alors révoquer tout ou partie des avantages consentis à l'autre. Dans le cas du divorce pour rupture de la vie commune, celui qui a pris l'initiative du divorce perd de plein droit les donations et avantages que lui avait consentis son conjoint.

■ **4°) Fiscalité.** Dès que les époux ont obtenu du juge l'autorisation de résider séparément (divorce pour faute), ou au jour de l'ordonnance du Jam homologuant la convention provisoire des époux (divorce sur demande conjointe), l'imposition commune des revenus disparaît (sauf pour les revenus antérieurs à la rupture). Un autre quotient familial est établi pour chaque époux en instance de divorce ou divorcé, en fonction du nombre d'enfants à sa charge (*1 enfant,* 2 parts ; *2* 2,5 ; *3* 3,5 ; *4* 4,5 ; *5* 5,5 ; *6* 6 ; 1/2 part supplémentaire par enfant au-delà de 6).

■ **5°) Nom.** La femme réutilise son nom de jeune fille et le mari perd la possibilité (usage) d'ajouter le nom de sa femme au sien. La femme peut conserver le nom de son mari si le divorce est prononcé à la demande de celui-ci pour rupture de la vie commune, ou en raison de l'altération des facultés mentales du mari. Si la femme est propriétaire d'une maison de commerce connue sous le nom du mari, le tribunal peut l'autoriser à employer les termes « ex » précédant le nom ou « ancienne maison X ». Le mari peut accepter que sa femme fasse usage de son nom, ou le tribunal, si la femme justifie d'un intérêt pour elle-même ou pour les enfants.

■ **6°) Pension alimentaire** (art. 281 et suiv. du Code civil). Subsiste dans le divorce pour rupture de vie commune ; dans les autres cas de divorce, prend la forme d'une prestation compensatoire concédée en fonction des besoins et possibilités de l'un et l'autre conjoint. Elle est révisable en cas de besoins nouveaux ou de possibilités nouvelles des créanciers et débiteurs de la pension, même si l'aggravation des besoins du créancier est sans rapport avec le divorce ; si le créancier se remarie, il perd droit à la pension ; si le débiteur se remarie, il peut obtenir une réduction en raison de ses charges supplémentaires.

On ne peut renoncer au droit de demander cette pension ni transiger à son sujet ; le débiteur ne peut la racheter. Après le décès du débiteur, ses héritiers sont tenus de payer la pension. Le *versement* est garanti par l'hypothèque légale de la femme si cette hypothèque est inscrite ; la saisie-arrêt ; la plainte en abandon de famille : le débiteur qui est resté 2 mois sans payer peut être poursuivi pénalement devant le tribunal correctionnel en « abandon de famille », le créancier peut se constituer partie civile et demander des dommages-intérêts. Elle est normalement accordée par le jugement ou l'arrêt ayant prononcé le divorce.

Depuis le 1-4-1973, le bénéficiaire de la pension alimentaire est dispensé de recourir à une nouvelle procédure judiciaire. Il peut se faire payer directement cette pension par l'employeur de son débiteur ou par le dépositaire de fonds appartenant à ce dernier (banque, chèques postaux, par exemple). Il lui suffit de faire notifier le jugement qui lui octroie la pension par l'intermédiaire d'un huissier de justice du lieu de sa résidence.

■ **7°) Pension sous forme de capital ou de rente.** « Prestation compensatoire » qui peut être accordée en réparation du préjudice moral ou matériel (en principe, n'est pas révisable). Son défaut de paiement n'entraîne pas le délit d'abandon de famille.

■ **8°) Pensions de réversion.** Y ont droit tous les ex-conjoints divorcés non remariés (seuls, les régimes des artisans et commerçants ont été oubliés involontairement). Les régimes complémentaires ne partagent la pension de réversion que si le divorce est postérieur au 1-7-1980, sinon ils accordent aux conjoints divorcés une part de pension en conservant à la veuve le bénéfice de la pension totale. Tout ex-conjoint divorcé, même si le divorce a été prononcé à ses torts exclusifs, est assimilé à un conjoint survivant. Il doit donc remplir les mêmes conditions générales d'attribution : 2 ans au minimum de mariage avec l'assuré décédé ; avoir 55 ans au moins et des ressources personnelles inférieures au montant annuel du Smic ; ne pas s'être remarié. La divorcée remariée redevenue veuve récupère ses droits à pension dans les mêmes conditions que la veuve remariée redevenue veuve.

Une femme coupable perd le droit à certaines pensions de retraite du Code des pensions civiles et militaires de retraite. La même règle joue en cas de remariage de la veuve suivi de divorce ; le divorce doit être prononcé à son profit exclusif pour que joue le droit de réversion. Si le remariage a lieu avant le décès de l'ex-époux, tous les droits de la femme sont supprimés (même si le divorce est aux torts réciproques).

Si le mari s'est remarié après divorce et a laissé une veuve ayant droit à une pension, la femme divorcée a son profit partage avec la veuve la pension de réversion au prorata des années de mariage.

■ **9°) Remariage.** Le mari divorcé peut se remarier immédiatement, la femme doit observer un *« délai de viduité »* pour éviter toute incertitude sur la filiation des enfants à naître (300 j depuis l'ordonnance fixant une résidence séparée). Ce délai prend fin en cas d'accouchement survenu entre-temps. Si le mari meurt avant que le jugement ou l'arrêt prononçant le divorce soit devenu définitif, la veuve peut se remarier sans attendre, s'il s'est écoulé 300 j depuis la décision autorisant la résidence séparée. *Si les époux se remarient ensemble,* ils peuvent adopter un régime matrimonial différent de celui qu'ils avaient auparavant. Ils doivent procéder à une nouvelle célébration de mariage. Aucun délai si le divorce est prononcé pour rupture de la vie commune.

■ **10°) Salaire différé.** *Le coupable perd ses droits* (exemple : cas de l'épouse d'un fils d'exploitant agricole ayant participé à l'exploitation).

■ **11°) Sécurité sociale.** Les droits demeurent pour l'ayant-droit pendant 1 an après le divorce, puis le divorce supprime tous les droits (exemple : les prestations maladie cessent d'être servies à l'ancien conjoint non salarié). L'ancien époux survivant perd le bénéfice de l'assurance décès et de toutes les assurances vieillesse (assurance aux vieux travailleurs salariés) sauf les allocations aux mères ayant élevé des enfants. Il garde le droit à pension de réversion dans les mêmes conditions d'attribution que les veuves. (Voir également le chapitre **Sécurité sociale** p. 1680).

Les allocations familiales sont versées à celui qui assume la charge effective des enfants. L'époux demandant le divorce doit payer l'assurance volontaire si l'épouse n'est pas elle-même assurée dans le cas de divorce pour rupture de vie commune.

■ **Dettes du couple.** Dès qu'il y a séparation, mari et femme ne sont plus responsables des dettes personnelles de leur conjoint.

■ A L'ÉGARD DES ENFANTS NÉS DU MARIAGE

Les devoirs des enfants à l'égard des parents ne sont pas modifiés, de même les droits et devoirs des parents à l'égard des enfants, mais *les attributs de l'autorité parentale sont dissociés.*

■ **Adoption de l'enfant.** Père et mère doivent y consentir l'un et l'autre.

■ **Biens des enfants.** Le droit de jouissance légale cesse pour les causes qui mettent fin à l'autorité parentale ou encore pour celles qui mettent fin à l'administration légale. En principe, le *droit d'administrer* les biens des enfants revient à celui qui a l'autorité parentale ; mais, exceptionnellement et suivant l'intérêt de l'enfant, le tribunal peut en décider autrement si l'autre époux lui semble plus apte à gérer ces biens.

■ **Émancipation.** Le droit appartient à celui qui a l'autorité parentale. La mère devra demander au juge des tutelles de prononcer l'émancipation.

■ **Engagement d'un enfant mineur.** Le consentement du parent qui a l'autorité parentale est seul nécessaire.

■ **Entretien.** Le parent qui n'héberge pas habituellement l'enfant doit participer aussi à l'entretien des enfants communs, dans la mesure de ses possibilités et des besoins de l'enfant, sous la forme d'une pension alimentaire mensuelle en fonction de ses besoins et ressources. Cette pension est susceptible d'être révisée, compte tenu des besoins et des ressources de l'enfant (travail de l'enfant) et de celui des parents qui la verse. Elle cesse à la majorité de l'enfant, et à son mariage, ou après si l'enfant poursuit des études. Si la pension n'est pas versée : allocation de soutien familial et recouvrement subrogatoire par les caisses d'allocations familiales.

■ **Garde de l'enfant.** Selon l'intérêt de l'enfant qui peut être entendu par le juge, l'exercice de l'autorité parentale peut être confié à l'un ou l'autre des époux, ou aux 2 conjointement après que le juge a recueilli l'avis des parents. Si les parents sont d'accord sur l'attribution de la garde à l'un d'eux, le tribunal normalement y fait droit si l'intérêt des enfants ne s'y oppose pas. S'il n'y a pas d'accord, les enfants sont très souvent confiés à la mère, mais le tribunal peut en décider autrement. Depuis juillet 1987, loi Malhuret sur l'autorité parentale conjointe après divorce. Dans 85 % des cas, la mère obtient la garde.

Celui qui n'a pas l'exercice de l'autorité parentale conserve un droit de surveillance sous la forme du *droit de visite* réglementé par le tribunal (les grands-parents peuvent aussi le réclamer, art. 371-4 du Code civil), du *droit de correspondance* avec l'enfant sans limitations, du *droit de veiller à l'instruction* de l'enfant et à son éducation (les chefs d'établissements scolaires sont tenus de notifier les notes au père qui n'a pas la garde).

Si l'ancien conjoint ne permet pas à l'autre d'exercer le droit de surveillance et de visite, il peut y avoir des dommages-intérêts, des astreintes sur le plan civil, des peines correctionnelles pour *délit de non-représentation d'enfant* sur le plan pénal (art. 357 du Code pénal). Le délit de non-représentation d'enfant est constitué par *1°)* la non-observation d'une décision de justice devenue exécutoire et valable statuant sur la garde du mineur ; *2°)* un fait matériel consistant à s'abstenir, à refuser, à enlever, à faire enlever ou à détourner, même sans fraude ni violence, le mineur en cause.

En cas de disparition du mineur, les parents ou la personne ayant l'exercice de l'autorité parentale doivent se présenter au commissariat de police ou à la brigade de gendarmerie de leur domicile afin de communiquer l'identité et le signalement du mineur disparu. A Paris, la brigade de protection des mineurs est saisie ultérieurement, à la suite des déclarations faites dans les services de police.

L'exercice de l'autorité parentale, l'hébergement et la pension alimentaire sont toujours susceptibles de révision, sur demande de l'un des 2 parents (si l'enfant en exprime le désir, le parent sera gardien et pourra demander une révision du droit de garde), s'il estime l'enfant en danger moral ou si le conjoint ne parvient plus à exercer son autorité sur l'enfant. *En cas de décès de son ancien conjoint, celui qui n'a pas la garde des enfants* recouvre l'exercice de l'autorité parentale et reprend la garde des enfants, même si ceux-ci avaient été confiés à un tiers.

■ **Mariage d'un mineur.** Les parents conservent l'un et l'autre le droit de donner ou de refuser leur consentement, mais il suffit que l'un d'entre eux le donne.

Quelques adresses

Centre national d'information et de documentation des femmes et des familles (CNIDFF) 7, rue du Jura, 75013 Paris. **Divorcés de France** 8, rue Albert-Bayet, 75013 Paris. **École des parents** 5, impasse Bon-Secours, 75011 Paris. **Fédération des mouvements de la condition paternelle des pères divorcés séparés des enfants** 144, avenue Daumesnil, 75012 Paris. **Confédération syndicale des familles** 53, rue Riquet, 75019 Paris. *Créée* 1967. **Mouvement de la condition masculine, soutien de l'enfance et des pères divorcés** 23, rue Descombes, 75017 Paris.

Séparation de corps (art. 296 et suiv.)

■ **Conditions.** Séparation réalisée dans les mêmes cas et aux mêmes conditions que le divorce.

■ **Effets.** Les époux ne sont plus obligés de vivre ensemble, mais le mariage subsiste, les époux se doivent fidélité et le droit au nom subsiste. Toutefois le jugement de séparation de corps ou un jugement postérieur peut l'interdire. L'obligation de secours subsiste même au profit de l'époux coupable. La *séparation de biens* a lieu.

En cas de décès, l'époux survivant conserve les droits que la loi accorde à celui-ci, à moins que la séparation de corps ait été prononcée à ses torts exclusifs. Sur demande conjointe, les époux peuvent renoncer à leurs droits successoraux des articles 765 et suivants du Code civil. Pour les prestations de Sécurité sociale, les allocations familiales, les avantages matrimoniaux, les pensions civiles et militaires de retraite, le salaire différé, le droit au bail ou droit de maintien dans les lieux, les effets à l'égard des enfants : mêmes règles que pour le divorce.

■ **Fin de la séparation de corps.** Par : **1°) la réconciliation** des époux (elle doit être constatée par notaire et est soumise à publicité ; le régime matrimonial des époux demeure celui de la séparation des biens, sauf à convenir d'un nouveau régime). **2°) La conversion en divorce** (il faut un jugement ; après 3 ans de séparation de corps, le tribunal, sur la demande de l'un ou l'autre des époux, prononce de plein droit le divorce sans pouvoir d'appréciation, la procédure est rapide et simple ; peut être faite par demande conjointe). **3°) La mort** d'un des époux.

Pension alimentaire

Définition

Par *aliments* on entend les *besoins vitaux d'une personne* : nourriture, habillement, logement, chauffage, etc. Le *montant* dépend des besoins du réclamant et de la fortune de celui qui doit. La pension est insaisissable, toujours révisable à la demande du créancier ou du débiteur, selon besoins ou charges, coût de la vie, etc. Si le créancier ne réclame pas son dû, on présume qu'il n'en a pas besoin, ou bien il devra prouver qu'il n'a pu le réclamer. Prescription de 5 ans. *La pension est intransmissible* à cause de mort. Les héritiers du débiteur de la pension peuvent être tenus de continuer à la verser, en raison de leur propre parenté avec le créancier de la pension. Les arrérages échus au décès du débiteur de la pension et non payés constituent une dette ordinaire de la succession. La succession de l'époux décédé doit des aliments à l'époux survivant qui est dans le besoin.

Les pensions alimentaires sont déductibles des revenus imposables. Elles doivent être déclarées par ceux qui les perçoivent.

Obligations

■ **Entre ascendants et descendants.** Obligation alimentaire, qu'il s'agisse d'enfants légitimes ou d'enfants naturels (art. 205 et 334 du Code civil). L'obligation d'aliments est réciproque.

Personnes âgées sans ressources : peuvent former une demande de pension alimentaire devant le tribunal d'instance de leur domicile contre tous les enfants. Le juge fixe le montant de la pension en tenant compte des besoins du demandeur et des charges et ressources des enfants et répartit le paiement. Procédure peu coûteuse (l'avocat n'est pas obligatoire, mais peut être consulté).

Pupilles de l'État, *élevés par l'Aide sociale à l'enfance :* jusqu'à la fin de la scolarité, à moins que les frais n'aient été remboursés à l'Administration ; à moins de décision judiciaire contraire, ils sont dispensés vis-à-vis de leurs père et mère.

Enfant naturel : il n'a droit à des aliments de ses parents qu'à la condition d'avoir été reconnu (volontairement ou à la suite d'une action en recherche de paternité ou de maternité). En l'absence de reconnaissance, une action en paiement de pension alimentaire est recevable, contre le père prétendu qui a pris l'engagement formel par écrit de participer à l'entretien et à l'éducation de l'enfant en qualité de père. En outre, tout enfant naturel dont la filiation paternelle n'est pas légalement établie peut réclamer des subsides à celui qui a eu des relations avec sa mère pendant la période légale de la conception. **Adopté :** *adoption plénière :* plus d'obligation envers les père et mère concepteurs. *Adoption simple :* l'adopté ne doit des aliments qu'à l'adoptant, mais père et mère sont tenus de lui fournir des aliments s'il ne peut en obtenir de l'adoptant.

■ **Alliés. Gendres et belles-filles** sont tenus à l'égard de leurs beaux-parents (obligation réciproque). L'obligation cesse lorsque celui des époux d'où provenait le lien de parenté et les enfants issus de cette union sont décédés (art. 206) ; par extension jurisprudentielle, l'obligation disparaît aussi en cas de divorce. **Frères et sœurs :** pas d'obligation entre eux.

■ **Époux séparés ou divorcés** (voir p. 1648 a).

Procédures

■ **Tribunaux compétents. Entre ascendants et descendants légitimes et entre alliés du 1er degré, entre l'adopté et l'adoptant en cas d'adoption plénière :** tribunal d'instance ; après divorce ou séparation de corps, le juge aux affaires familiales. Le créancier peut intenter une action contre le débiteur de son choix. Si quelqu'un est secouru par le Bureau d'aide sociale, le préfet peut intenter lui-même une action en paiement contre les débiteurs. Le Fonds national de solidarité a un recours pour les vieillards qui bénéficient de la retraite des vieux.

Le débiteur condamné peut aussi faire appel, puis se pourvoir en cassation : certaines instances durent ainsi plusieurs années, pendant lesquelles le paiement de la pension reste suspendu. Si le débiteur ne peut payer, le tribunal peut ordonner qu'il entretienne dans sa demeure le créancier. Lorsque père ou mère propose de recevoir l'enfant dans sa demeure, celui-ci ne peut refuser.

■ **Sanctions en cas de non-paiement. Civiles :** jugement de condamnation qui permet de recourir aux saisies et aux hypothèques ; **pénales :** délit pénal d'abandon de famille lorsque le débiteur est resté plus de 2 mois sans payer. *Peines* d'emprisonnement de 2 ans, et amende de 100 000 F. *Recouvrement de droit commun par saisie* sur les meubles du débiteur, *saisie-attribution* (sur les comptes bancaires ou postaux, voir un huissier), saisie des rémunérations sur traitements et salaires (s'adresser au greffe du tribunal de grande instance). *Paiement direct* (loi du 2-1-1973) : par un tiers débiteur de celui qui doit payer la pension directement au bénéficiaire, sans autre intervention que celle d'un huissier, procédure gratuite. On peut ainsi recouvrer les sommes dues dans les 6 mois précédant la notification de la demande. *Recouvrement direct par le Trésor public* (loi du 11-7-1975, décret du 31-12-1975) : si les autres moyens sont restés inefficaces ; gratuit.

■ **Recours** (non-paiement). **En cas de séparation de fait,** si la femme connaît l'adresse de son mari, elle peut s'adresser au greffe du tribunal de grande instance de son domicile. Constitue le délit d'abandon de famille « le fait, pour 1 personne, de ne pas exécuter une décision judiciaire ou une convention lui imposant de verser au profit d'un enfant mineur, légitime naturel ou adoptif, d'un descendant, d'un ascendant du conjoint une pension, une contribution dues en raison de l'une des obligations familiales prévues par le Code civil, en demeurant plus de 2 mois sans s'acquitter intégralement de cette obligation » (art. 227-3 du Nouveau Code pénal). **En cas de jugement de séparation ou de divorce,** la femme peut : obtenir une saisie des rémunérations sur le salaire de son ex-mari, ou ses revenus ; prendre une hypothèque sur les biens de son mari ; faire annuler des actes passés par son mari afin de se rendre insolvable ; le poursuivre pour abandon de famille (demande au tribunal de grande instance, il s'agit d'une plainte qui peut être déposée auprès du procureur de la Rép.) ; faire appel à l'administration des Finances. On ne peut pas échapper à l'obligation alimentaire envers un ascendant en renonçant à sa succession car on ne peut pas renoncer à la succession d'un vivant (art. 791 du Code civil).

■ **Statistiques.** Environ 600 000 conjoints (femmes surtout) touchent une pension alimentaire. 600 000 enfants en bénéficient. Environ 38 % des pensions ne sont jamais versées. Artifices utilisés pour tourner la loi : par exemple, le mari divorcé est employé par sa concubine pour un salaire équivalant au Smic, ou représentant sans fixe (véhicule et appartement étant au nom de la famille).

Parents

Abandon et disparition

■ **Abandon de famille.** Fait, pour l'un des parents, de rester plus de 2 mois sans payer la pension ou les subsides auxquels il a été condamné par décision de justice. Constitue un délit sanctionné (amende et emprisonnement, art. 227-3 du Code pénal).

La femme peut obtenir une *saisie des rémunérations* sur les salaires entre les mains de l'employeur de son mari en s'adressant au tribunal de grande instance du domicile conjugal. Le juge fixera la « contribution » en tenant compte des ressources et charges respectives des époux, salaires et revenus personnels de l'un et l'autre, frais d'entretien et d'éducation des enfants, montant du loyer, existence possible de dettes, etc. Elle peut obtenir un paiement direct à partir du moment où il y a un jugement de contribution aux charges du ménage.

Si le mari quitte son emploi, signaler au greffe du tribunal où la décision a été rendue le nom et l'adresse du nouvel employeur du mari.

Si l'abandon de la famille répond aux conditions détaillées par les art. 227-3 et 227-4 du Code pénal, il s'agit d'un délit pénal et la recherche du délinquant appartient au pouvoir judiciaire.

Demande de divorce ou d'aliments : si le mari est parti et que l'on ne connaisse ni son adresse ni son lieu de travail, et si plus de 2 mois s'écoulent sans aucun paiement du mari lui-même, *s'adresser* à un huissier puis, en cas d'échec, au procureur de la République en application de l'art. 659 du Code de procédure civile.

Non-représentation d'enfant ou abandon de famille (essentiellement recouvrement de pensions alimentaires) : *s'adresser* au procureur de la République qui désigne un juge d'instruction. Dans aucun de ces 2 cas, l'Administration ne peut intervenir.

■ **Disparitions volontaires et simples pertes de vue.** *Recherches administratives « dans l'intérêt des familles ».* Ne peuvent se faire qu'entre personnes majeures ayant un lien de parenté légal [ce qui exclut parrainage, concubinage sans enfant commun reconnu, enfants naturels non reconnus (sauf dans les délais légaux de demande de reconnaissance) et certains cas d'adoption]. Il n'est pas fait de recherches de personnes manifestement décédées, ni de recherches d'hérédité. L'adresse de la personne retrouvée ne peut être communiquée sans son consentement formellement exprimé. Après un certain délai, il peut être délivré, sous certaines conditions, un certificat de vaines recherches par le ministre de l'Intérieur. *S'adresser* à la préfecture du domicile du demandeur en province. Dans 60 % des cas environ, les recherches sont positives. Les préfectures traitent les demandes émanant de requérants domiciliés en France. Le ministère de l'Intérieur prend en compte les demandes émanant des personnes vivant à l'étranger parvenant par l'intermédiaire de la Croix-Rouge française, du ministre des Affaires étrangères et d'Interpol.

Disparitions involontaires ou présumées telles au vu des circonstances (voir cas précédent) : lorsque la personne qui les signale est parente, ces recherches peuvent *sans délai* être transformées de « recherches dans l'intérêt des familles » en « recherches de police judiciaire », et, inversement, suivant les circonstances qui se révèlent.

Disparitions de mineurs : *seuls ou avec des personnes n'ayant pas l'autorité parentale :* elles relèvent de la brigade des mineurs de la police judiciaire ; *avec une personne ayant sur eux tutelle ou autorité parentale, ou à laquelle ils ont été confiés ou chez qui ils ont leur résidence habituelle :* on se trouve généralement dans le cas judiciaire de non-représentation d'enfant. Dans les 2 cas, *saisir* le procureur de la République qui actionnera la police judiciaire. En outre (si l'on a qualité à cet effet), faire opposition auprès du commissariat, de la gendarmerie ou du service des passeports (selon l'urgence) à la sortie du mineur du territoire français.

Disparitions de personnes (statistiques ne concernant que les recherches dans l'intérêt des familles) : 80 % des enquêtes de la préfecture de police aboutissent dans les 2 mois. *Au 31-12-1989 :* 14 766 personnes étaient recherchées (6 869 femmes dont 681 étrangères). Dans l'année, 9 437 demandes de recherches avaient été formulées

Union nationale des associations familiales (Unaf). 28, place St-Georges, 75009 Paris. *Fondée* 1945. *Adhérents :* 832 885 familles, regroupées en 7 676 associations locales dont beaucoup sont fédérées en 65 mouvements familiaux (associations privées) tels que Familles rurales, Familles de France, la CSF, 100 unions départementales. *Publications :* « Réalités familiales » (trimestriel, 10 000 exemplaires), « Le Délégué au Centre communal d'action sociale » (trim., 20 000 exemplaires), « Budgets-types familiaux ».

(4 214 femmes dont 421 étrangères). 36,68 % des femmes recherchées avaient été retrouvées, (hommes 37,06). 57,68 % des personnes retrouvées auraient consenti à communiquer leur adresse au demandeur.

Disparitions signalées directement aux services de police et de gendarmerie : *de majeurs :* 2 500 en 1987, *de mineurs signalées :* 28 249 cas enregistrés en 1986 dont 1 403 du ressort de Paris. Environ 68 % des fugueurs rentrent dans les 24/48 h. 91 % sont retrouvés dans les 15 j. C'est de mars à juin que les fugues sont les plus nombreuses.

Autorité parentale

■ **Appartenance.** Depuis la loi du 8-1-1993, elle est exercée en commun par les parents pendant la vie commune du couple, et même après sa rupture. L'enfant (légitime ou naturel) peut contester l'autorité parentale « si sa santé, sa sécurité ou sa moralité sont en danger ».

Enfant légitime : à l'égard des tiers, chacun est supposé agir avec l'accord de l'autre, quand il agit seul pour un « acte usuel » concernant l'enfant (art. 372-2 du Code civil). Exemples : inscription d'un enfant à l'école, au lycée, au collège, au catéchisme, à une colonie de vacances, à un voyage en groupe ; poursuite d'études ou mise au travail de l'enfant ; autorisation donnée à un chirurgien de procéder à une opération en cas d'urgence.

Si les père et mère sont divorcés ou séparés de corps, l'autorité parentale est exercée par celui d'entre eux à qui le tribunal a confié la garde de l'enfant, sauf le droit de visite et de surveillance de l'autre. Lorsque la garde est confiée à un tiers, les autres attributs de l'autorité parentale continuent d'être exercés par les père et mère. Mais le tribunal, en désignant un tiers comme gardien provisoire, peut décider qu'il devra requérir l'ouverture d'une tutelle.

Enfant naturel : 1°) *reconnu par un seul de ses parents.* Celui-ci a droit à l'autorité parentale. **2°)** *Par ses 2 parents :* exercée en commun s'ils ont reconnu l'enfant avant qu'il n'ait 1 an et vivaient ensemble à ce moment (pour les enfants nés avant le 8-1-1993, il est de plus exigé la communauté de vie entre les parents à cette date pour que l'autorité parentale soit exercée en commun). Le tribunal pourra, à la demande de l'un ou de l'autre des parents, ou du ministère public, décider que l'autorité parentale sera exercée par le père seul ou par le père et la mère conjointement auxquels les art. 372 et 372-2 seront alors applicables, comme si l'enfant était légitime.

■ **Contrôle.** Un contrôle peut être effectué par le juge des enfants (à charge d'appel) « si la santé, la sécurité ou la moralité d'un mineur non émancipé sont en danger ; ou si les conditions de son éducation sont gravement compromises ». Le juge doit maintenir l'enfant au sein de sa famille chaque fois que cela est possible. Il peut alors demander l'assistance d'une personne qualifiée ou d'un service d'observation, d'éducation ou de rééducation en milieu ouvert.

Il peut aussi le maintenir, sous réserve d'obligations particulières (exemple : fréquenter régulièrement un établissement sanitaire ou d'éducation ordinaire ou spécialisé, ou exercer une activité professionnelle). Il peut le confier : à celui des père et mère qui n'en a pas la garde ; à un autre membre de la famille ou à un tiers ; à un service ou à un établissement sanitaire ou d'éducation, ordinaire ou spécialisé ; au service départemental de l'Aide sociale à l'enfance.

Si les parents sont divorcés, séparés ou absents, déchus, décédés, etc., celui des parents qui exerce l'autorité parentale administre les biens de l'enfant sous le contrôle judiciaire du juge des tutelles (voir **Juge aux affaires familiales** p. 788 c).

Répartition (en %) **de l'autorité parentale** (en 1991) : *divorces par consentement mutuel :* mère 40, autorité conjointe 50, père 3,5, autres 6,5 ; *pour faute :* mère 53, conjointe 37, père 6, autres 4.

■ **Déchéance et retrait partiel** (art. 378 et suiv. du Code civil). CAS POSSIBLES : *condamnation pénale pour certains crimes et délits* commis sur leur enfant ou par leur enfant. *Déchéance en dehors de tout crime ou délit :* père et mère qui mettent en danger la sécurité, la santé ou la moralité de l'enfant par de mauvais traitements, l'exemple d'ivrognerie habituelle, d'inconduite notoire, de délinquance ou par un défaut de soins ou un manque de direction. *Abstention volontaire pendant plus de 2 ans de l'exercice de leurs droits* par les père et mère lorsque l'enfant est placé sous le contrôle de l'assistance éducative.

Le jugement peut prononcer (art. 379-1 du Code civil) : *la déchéance des droits* découlant de l'autorité parentale à l'égard de tous les enfants mineurs déjà nés au moment du jugement (l'enfant est dispensé de l'obligation alimentaire à l'égard des père et mère déchus, sauf disposition contraire dans le jugement), ou le *retrait partiel des droits,* limité éventuellement à tel ou tel enfant.

Père et mère déchus peuvent, par requête adressée au tribunal de grande instance, demander la restitution partielle ou totale des droits qui leur ont été retirés si des circonstances nouvelles justifient cette demande. Celle-ci ne peut être présentée qu'un an au plus tôt après le jugement de la déchéance où le retrait est devenu irrévocable.

■ **Délégation.** L'autorité parentale des parents ne peut pas être l'objet de transaction, renonciation ou cession. Si des parents, notamment en cas de séparation de fait, concluent entre eux des accords concernant la garde des enfants, ces pactes sont nuls parce qu'ils sont contraires à l'ordre public ; cependant un tribunal amené à décider par la suite de la garde des enfants peut prendre ces pactes en considération. Le droit de consentir à l'adoption du mineur n'est jamais délégué.

■ **Perte de l'exercice de cette autorité.** Pour celui des père et mère qui : est hors d'état de manifester sa volonté (incapacité, absence, éloignement ou toute autre cause) ; a « volontairement délégué (tout ou en partie) ses droits à un particulier digne de confiance, à un établissement agréé à cette fin ou au service départemental de l'Aide sociale à l'enfance » ; a été l'objet d'un jugement de déchéance ou de retrait des droits ou de certains droits de l'autorité parentale ; a été condamné pour abandon de famille, tant qu'il n'a pas recommencé à assumer ses obligations pendant 6 mois au moins.

Biens de l'enfant

L'administration légale est exercée par le père et la mère, conjointement, lorsqu'ils exercent en commun l'autorité parentale (sinon elle est exercée par l'un des deux parents sans le contrôle du juge). *Ils gèrent et administrent tous les biens du mineur,* sauf : les biens donnés ou légués à l'enfant sous la condition qu'ils seraient administrés par un tiers. *Ils représentent le mineur dans tous les actes juridiques et judiciaires,* sauf : les actes pour lesquels la représentation est impossible en raison de leur caractère personnel (exemples : reconnaissance d'un enfant naturel, mariage et contrat de mariage, action en recherche de paternité) ; les actes qui sont autorisés au mineur (voir encadré p. 1640). **En cas de désaccord des parents,** le juge des tutelles tranchera s'il ne parvient pas à une conciliation.

Les parents disposent librement du revenu des biens de l'enfant (sauf pour les biens acquis par l'enfant par son travail ; donnés ou légués sous la condition expresse que père et mère n'en jouiront pas). Ils en profitent sans pouvoir les vendre, ni en altérer la substance, ni en diminuer la valeur. Ainsi l'administrateur légal percevra les loyers, dividendes des valeurs mobilières, intérêts du capital appartenant à l'enfant, sans avoir à lui rendre compte de l'emploi de ces fonds à sa majorité. *Le droit de jouissance légale cesse :* dès que l'enfant a 16 ans (plus tôt s'il se marie) ; par les causes qui mettent fin à l'autorité parentale (notamment celles qui mettent fin à l'administration légale) ; perte totale de la chose donnant droit à la jouissance.

Choix de la résidence

« Les époux s'obligent mutuellement à une communauté de vie. La résidence de la famille est au lieu qu'ils choisissent d'un commun accord. » (loi du 11-7-1971).

Devoirs des parents

« Les époux assurent ensemble la direction morale et matérielle de la famille, ils pourvoient à l'éducation des enfants et préparent leur avenir. » (art. 213 du Code civil).

■ **Devoir de surveillance. 1°) Les relations :** les parents peuvent interdire à leurs enfants de voir (recevoir ou être reçus) des personnes qui ne leur conviennent pas, sauf s'il s'agit de leurs grands-parents (à moins de motifs graves : à défaut d'accord entre les parties, les modalités de ces relations sont réglées par le tribunal). **2°) Correspondance :** les parents peuvent contrôler, décacheter et retenir les lettres de leurs enfants.

■ **Devoirs d'éducation.** Les parents ont le choix de l'instruction, du mode d'éducation (notamment religieuse), de la religion.

■ **Devoir d'entretien.** Les parents doivent subvenir aux besoins de leurs enfants : nourriture, entretien, éducation, selon leur fortune.

Droits des parents

■ **Droit d'être honorés et respectés** à tout âge par leurs enfants. « L'enfant, à tout âge, doit honneur et respect à ses père et mère. » (art. 371).

L'enfant doit fournir à ses ascendants âgés et dans le besoin des moyens de subsistance (nourriture, vêtements, logement, soins médicaux).

■ **Droit de garde.** L'enfant reste sous leur autorité jusqu'à sa majorité ou son émancipation (art. 371-1).

Les père et mère ne peuvent, sauf motif grave, faire obstacle aux relations de l'enfant avec ses grands-parents. A titre exceptionnel, droit de correspondance ou de visite accordé par le tribunal à d'autres personnes (art. 371-4).

Responsabilité des parents

Les parents sont solidairement responsables des conséquences civiles des faits dommageables causés par leurs enfants mineurs vivant sous leur toit, en tant qu'ils exercent le droit de garde. Cette responsabilité repose sur une présomption de faute commise par les parents dans leur devoir de surveillance et d'éducation ; ils peuvent se libérer de cette présomption en démontrant qu'ils n'ont commis aucune faute de surveillance et d'éducation (art. 1384, alinéa 3). Voir **Assurance** à l'Index.

■ **Fête des pères. USA :** *1924* Pt Calvin Coolidge crée un jour spécial dédié aux pères. *1966* Pt Lyndon Johnson le fixe au 3e dimanche de juin. **France :** *1950* le 3e dimanche de juin.

■ **Fête des Grand-mères.** Lancée 1987 par la marque de café Grand-Mère du groupe Kraft Jacobs Suchard. Le 1er dimanche de mars.

Fête des Mères

■ **Étranger. Grèce antique**-*printemps* fête de Rhéa mère de tous les dieux). **Ve s. av. J.-C.**-*juin* Romains fêtent « Matralia » (femmes et mères). **Angleterre. XVe s. ou XVIIe s.** « Mothering Sunday » au début du carême puis le 4e dimanche du printemps. **1914** destituée. **USA :** *1872* Julia Ward Howe lance l'idée de la fête des mères. Organise une célébration à Boston tous les ans. *1907* Ana Jarvis (Philadelphie) reprend l'idée : 1re célébration, 2e dimanche de mai à Grafton (Virginie de l'Ouest), date anniversaire du décès de la mère d'Ana. *1911* célébrée dans à peu près tous les États américains. *1914* fête officielle le 2e dimanche de mai. **Allemagne :** *1932.* **Autres pays :** *Belgique :* [généralement le 2e dimanche du mois de mai (Anvers le 15-8)] comme *Danemark, Finlande, Italie, Turquie, Australie. Viêt Nam :* fête du Vu Lan (15e jour du 7e mois lunaire).

■ **France. 1806** Napoléon évoque la création d'une fête des mères au printemps. **1897** Alliance nationale contre la dépopulation, envisage de fêter les familles nombreuses. Les années suivantes, une « Fête des enfants » sera organisée. **1906**-*10-6* Isère, sur l'initiative de « l'Union fraternelle des pères de familles méritants d'Artas » : célébration des mères. Participation des autorités locales et des enfants des écoles, défilé dans les rues pavoisées, remise de diplômes et récompenses aux mères les plus méritantes, etc. **1909**-*nov.* Joachim Texier propose au conseil municipal de Châtellerault de « glorifier la maternité à l'occasion du 14-Juillet ». **1917**-*31-12* Paris, la municipalité du Ve arr. organise « la Fête des familles nombreuses » dans la salle de la Sté d'Horticulture (1, rue de Grenelle). Émile Befin (de l'Institut), Édouard Jordan (chargé de cours à la Sorbonne) et Jean Lerolle (député de l'arrondissement) prennent la parole. Diplômes décernés à 9 familles nombreuses. **1918**-*16-6* Lyon, 1re « Journée des mères » à l'initiative du Cel de la Croix-Laval. Cérémonie salle Rameau. Récompenses dont un prix offert par le Pt de la République. **1919** Jacques Bertillon (Pt de l'Alliance nationale contre la dépopulation), propose au ministre de l'Intérieur une « Journée des mères de familles nombreuses ». Il s'en voit confier, avec le Cel de la Croix-Laval, l'organisation pour le 15-8. Un comité exécutif provisoire est constitué avec Alliance nationale, Ligue « Pour la vie », La plus grande famille, Ligue des pères et mères de familles nombreuses, Secours national, Ligue française, etc. Mais en raison des lenteurs administratives, seules des cérémonies locales peuvent avoir lieu à Nantes, Belfort, Carcassonne, Poitiers, Paris XVIIe, Mont-de-Marsan, Périgueux et dans les villes importantes de l'Ain (Bourg, Belley, Gex, Nantua et Trévoux), avec la participation du Pt de la République, du ministre de l'Instruction publique et des Beaux-Arts et des municipalités locales. **1920**-*19-12* Paris, fête au Trocadéro sous la présidence de M. Berton, ministre de la Prévoyance sociale. Défilé des familles les plus méritantes. Médaille d'or de la famille française décernée par le ministre à Marcelle Comblet-Sue, mère de 13 enfants. A la suite du vœu émis par le Conseil supérieur de la natalité tendant à voir instituer en France une fête en l'honneur de la mère de famille, le gouvernement décide de célébrer chaque année la « Journée des mères ». **1926**-*20-4* Paris, Hôtel de Ville : 1re cérémonie officielle. Médailles de la Famille française remises par le ministre du Travail, de l'Hygiène et de la Prévoyance sociale. **1931** Camille Blaisot, ministre de la Santé publique, rappelle dans une circulaire aux préfets l'importance qu'il attache à cette manifestation. **1941**-*25-5* régime de Vichy : devient journée nationale. **1946** André Le Troquer fixe la composition du « Comité départemental » pour l'organisation de la fête, placée dans chaque département sous la présidence du préfet et la vice-présidence de l'Udaf. **1950** loi du 24-5 : art. 17 du Code de la famille et de l'aide sociale : « La République française rend officiellement hommage, chaque année, aux mères françaises au cours d'une journée consacrée à la célébration de la « fête des mères ». Le ministère de la Santé publique et de la Population est chargé, avec le concours de l'Union nationale des associations familiales, de son organisation. » *Date :* fixée au dernier dimanche de mai (si elle tombe le jour de la Pentecôte, déplacée le 1er dimanche de juin).

Personnes âgées

Quelques chiffres

■ **Personnes âgées en France** (en millions). *En 2000 :* de 60 ans et + : 12,2 (dont 6,8 de 70 ans et +) ; *2010 :* 14,1 (dont 7,89).

% des personnes âgées. De 60 ans et + dans l'UE : Ital. 23,5, Grèce 22,9, All. 22,3, Suède 22,1, Belg. 21,8, Esp. 21,5, *Fr. 21,3,* Port. 20,5, G.-B. 20,4, Autr. 19,8, Dan. 19,6, Finl. 19,5, Lux. 19, P.-Bas 18, Irl. 15,1. *Total UE* 21,4.

Espérance de vie en France

Légende : nombre de survivants à des âges donnés pour 100 000 personnes de la même génération ; espérance de vie (nombre moyen d'années restant à vivre selon l'âge).
Hommes (H) et femmes (F). *Source :* Insee (table 1995-97). Comparaison avec l'étranger (voir p. 938 c).

Age	Survivants		Espérance de vie		Age	Survivants		Espérance de vie		Age	Survivants		Espérance de vie	
	H	F	H	F		H	F	H	F		H	F	H	F
0	100 000	100 000	74,23	82,04	34	96 894	98 494	41,98	49,05	68	72 918	87 864	14,18	18,18
1	99 456	99 572	73,63	81,39	35	96 710	98 418	41,05	48,09	69	71 080	86 961	13,53	17,36
2	99 412	99 536	72,66	80,42	36	96 515	98 336	40,14	47,13	70	69 120	85 984	12,90	16,55
3	99 379	99 512	71,69	79,44	37	96 307	98 247	39,22	46,17	71	67 089	84 917	12,28	15,75
4	99 356	99 492	70,70	78,45	38	96 091	98 154	38,31	45,21	72	64 954	83 766	11,66	14,96
5	99 335	99 476	69,72	77,47	39	95 862	98 052	37,40	44,26	73	62 697	82 489	11,06	14,19
6	99 317	99 463	68,73	76,48	40	95 615	97 939	36,49	43,31	74	60 330	81 063	10,48	13,43
7	99 299	99 450	67,74	75,49	41	95 351	97 818	35,59	42,36	75	57 872	79 484	9,90	12,69
8	99 283	99 437	66,75	74,50	42	95 061	97 690	34,70	41,42	76	55 258	77 728	9,35	11,96
9	99 267	99 425	65,76	73,50	43	94 741	97 550	33,82	40,48	77	52 532	75 814	8,81	11,25
10	99 250	99 413	64,78	72,51	44	94 394	97 400	32,94	39,54	78	49 675	73 688	8,28	10,56
11	99 235	99 402	63,79	71,52	45	94 030	97 240	32,07	38,60	79	46 692	71 324	7,78	9,89
12	99 219	99 389	62,80	70,53	46	93 641	97 065	31,20	37,67	80	43 588	68 743	7,30	9,25
13	99 200	99 374	61,81	69,54	47	93 226	96 878	30,33	36,74	81	40 401	65 896	6,84	8,62
14	99 178	99 360	60,82	68,55	48	92 786	96 680	29,47	35,82	82	37 126	62 779	6,40	8,03
15	99 145	99 343	59,84	67,56	49	92 308	96 469	28,62	34,89	83	33 820	59 408	5,97	7,45
16	99 100	99 321	58,87	66,58	50	91 781	96 240	27,79	33,98	84	30 473	55 753	5,57	6,91
17	99 047	99 297	57,90	65,59	51	91 222	95 987	26,95	33,06	85	27 146	51 827	5,20	6,40
18	98 981	99 267	56,94	64,61	52	90 632	95 716	26,13	32,16	86	23 870	47 653	4,84	5,91
19	98 889	99 233	55,99	63,63	53	90 002	95 430	25,30	31,25	87	20 684	43 295	4,51	5,46
20	98 787	99 196	55,05	62,66	54	89 337	95 130	24,49	30,35	88	17 639	38 781	4,20	5,03
21	98 681	99 155	54,11	61,68	55	88 632	94 820	23,68	29,45	89	14 777	34 194	3,92	4,64
22	98 567	99 116	53,17	60,71	56	87 873	94 488	22,88	28,55	90	12 171	29 653	3,65	4,28
23	98 444	99 075	52,23	59,73	57	87 062	94 128	22,09	27,65	91	9 834	25 272	3,40	3,93
24	98 321	99 035	51,30	58,76	58	86 185	93 747	21,31	26,76	92	7 785	21 146	3,16	3,60
25	98 198	98 994	50,36	57,78	59	85 230	93 345	20,54	25,88	93	6 022	17 311	2,94	3,29
26	98 073	98 952	49,43	56,81	60	84 213	92 912	19,78	25,00	94	4 563	13 894	2,72	2,98
27	97 947	98 907	48,49	55,83	61	83 113	92 441	19,04	24,12	95	3 402	10 858	2,48	2,67
28	97 817	98 860	47,55	54,86	62	81 926	91 933	18,31	23,25	96	2 485	8 264	2,21	2,35
29	97 680	98 811	46,62	53,88	63	80 641	91 384	17,59	22,39	97	1 736	6 067	1,94	2,02
30	97 536	98 756	45,69	52,91	64	79 274	90 796	16,89	21,53	98	1 176	4 308	1,63	1,64
31	97 385	98 695	44,76	51,95	65	77 821	90 160	16,19	20,68	99	792	2 953	1,18	1,16
32	97 226	98 633	43,83	50,98	66	76 267	89 461	15,51	19,84					
33	96 066	98 567	42,90	50,01	67	74 644	88 698	14,84	19,00					

Évolution de l'espérance de vie à la naissance (années ; hommes et, entre parenthèses, femmes). **1740-49** 23,8 (25,7). **1750-59** 27,1 (28,7). **1760-69** 26,4 (29). **1770-79** 28,2 (29,6). **1780-89** 27,5 (28,1). **1790-99** (32,1). **1800-09** (34,9). **1810-19** 32,6 (38,9). **1820-29** 37,8 (39,3). **1830-32** 37 (39). **1835-37** 39,2 (40,7). **1840-59** 39,4 (41). **1861-65** 39,1 (40,6). **1877-81** 40,8 (43,4). **1898-1903** 45,4 (48,7). **1933-38** 55,9 (61,6). **1952-56** 65,0 (71,2). **1960-64** 67,5 (74,4). **1970** 68,4 (75,8). **1975** 69 (76,9). **1982** 70,2 (78,8). **1985** 71,3 (79,4). **1988** 72,3 (80,5). **1990** 72,7 (80,9). **1994** 73,7 (81,8). **2000** 75,2 (82,7). **2020** (prév.) 78,4 (86,5). **2050** (prév.) 82 (90).

De 60 ans et + (et de 65 ans et +) en France : *2000 :* 20,6 (16) ; *2010 (prév.) :* 23,1 (17) ; *2020 (prév.) :* 27,3 (21) ; *2030 (prév.) :* 31,1 (24,9) ; *2040 (prév.) :* 33,5 (28) ; *2050 (prév.) :* 35,1 (29,2). **De 75 ans et + en France :** *1962 :* 4,9 ; *68 :* 5,1 ; *75 :* 5,6 ; *82 :* 5,6 ; *90 :* 7,1 ; *99 :* 7,7.

Nombre de personnes âgées vivant à domicile (en milliers et, entre parenthèses, en %) : *60 à 64 ans :* 2 726 (98,3), *65 à 69 :* 2 758 (98,2), *70 à 74 :* 2 489 (97,4), *75 à 79 :* 2 166 (95,3), *80 à 84 :* 915 (90,2), *85 à 89 :* 922 (80,4), *90 et + :* 502 (64 % à domicile, 4,6 en foyer-logement, 26,1 en maison de retraite, 5,3 autre forme de communauté).

Situation familiale des + de 19 ans (en milliers) : sans enfants 12 373 ; parents 18 947 ; grands-parents 10 395 (grands-pères 4 529/grands-mères 5 867) ; arrière-grands-parents 2 032 (586/1 470) ; arrière-arrière-grands-parents 24. *Total* 43 771.

■ **Espérance de vie** (en années) **des hommes et,** entre parenthèses, **des femmes. A 60 ans.** *1900 :* 12,7 (13,9) ; *50 :* 15,3 (18,1) ; *75 :* 16,5 (21,3) ; *80 :* 17,3 (22,5) ; *85 :* 17,9 (23) ; *90 :* 19 (24,2) ; *95 :* 19,7 (24,9) ; *97* 20 (25,1). **A 70.** 13 (16,7). **A 80.** 7,4 (9,3). **Espérance de vie des hommes à 60 ans** (en années) **selon la catégorie socio-professionnelle de 1980 à 1989.** Ingénieurs 22,3 ; professeurs, professions littéraires et scientifiques 22,2 ; cadres administratifs supérieurs 21,5 ; instituteurs, professions libérales 21,4 ; contremaîtres 21,2 ; cadres moyens 20,7 ; agriculteurs exploitants 20,2 ; artisans 20,1 ; patrons de l'industrie et du commerce 19,5 ; petits commerçants 19,3 ; industriels 19 ; ouvriers qualifiés 18,8 ; employés de bureau 18,6 ; ouvriers spécialisés 18,4 ; salariés agricoles 18,3 ; manœuvres 17,1.

■ **Nombre de centenaires. France :** *1950 :* 200 ; *60 :* 400 ; *70 :* 800 ; *80 :* 1 600 ; *90 :* 3 800 ; *95 :* 5 000 ; *98 :* 6 840 ; *99 (rec.) :* 11 593 (nombre surestimé) ; *2000 :* 8 000, *prévisions : 2050 :* 150 000. **USA :** *1980 :* 32 000. 40 % meurent dans leur 101e année. Le centenaire moyen mesure 1,51 m pour les femmes, 1,62 m pour les hommes, pèse 48 kg (femme) ou 59,5 kg (homme) ; 51 % des centenaires ont les yeux bleus (31 % de la population). 84 % suivent une conversation sans problème, 50 % regardent la TV ou écoutent la radio, 35 % se servent du téléphone.

■ **Dépendance. Personnes de 60 ans et + dépendantes** (selon la grille Colvez) **dont,** entre parenthèses, **à domicile** (en milliers) : 12 084 (11 586) dont *niveau 1* (confiné au lit ou au fauteuil) 225 (105) ; *2* (besoin d'aide pour toilette et habillage) 403 (300) ; *3* (besoin d'aide pour sortir) 789 (648) ; *4* (non-dépendant) 10 624 (10 509) ; *niveau de dépendance inconnu* 43 (24) ; *en maisons de retraite* (publiques ou privées, avec ou sans section de cure médicale) *et services de soins de longue durée des hôpitaux* (logements-foyers considérés comme logements autonomes, sans que l'on puisse les isoler) 480 ; *en établissements pour adultes handicapés et établissements psychiatriques* 18.

Dépendance physique lourde et dépendance psychique dont, entre parenthèses, **à domicile** (en milliers) : *niveau 1 de Colvez* (confiné au lit ou au fauteuil) dépendant psychique 131 (50), non-dépendant 93 (55) ; *niveau 2* (besoin d'aide pour toilette et habillage) dépendant psychique 138 (73), non-dépendant 265 (227). **Age moyen d'entrée dans la dépendance** (en 1999) : 80-85 ans.

■ **Personnes âgées bénéficiaires d'aides. Nombre total et,** entre parenthèses, **coût** (en milliards de F) : aide ménagère 600 000 (4,1) ; soins courants 221 000 (1,4) ; aide sociale à l'hébergement 121 000 (6,8) ; SCM (sections de cure médicale) *1998 :* 166 000 (9,4) ; SSAD (services de soins à domicile) *1998 :* 62 984 (3,69) ; MTP (majoration pour tierce personne) sécurité sociale Cnav 21 211 (1,3) ; MTP des pensions militaires 3 783 (0,08).

Soins à domicile : *capacité* (en 1999) : 62 984 places (1 627 services intervenants).

Petites structures : hébergement et prise en charge d'un groupe de moins de 20 personnes dans des unités autonomes (ou non).

Accueil familial (loi du 10-7-1989) : accueil de 2 personnes (max. 3 avec dérogation) dans une famille qui n'est pas la leur. L'accueillant est rémunéré sur la base d'un contrat salarial. Le conseil général décide et contrôle.

Hébergement (nombre de places et, entre parenthèses, d'établissements au 1-1-1997) : hospices et maisons de retraite des hôpitaux publics : 97 655 (845) ; hospices et maisons de retraite autonomes : 306 895 (5 016) ; logements-foyers :. 155 365 (2 932) ; autres établissements : 3 533 (170) ; service soins long séjour des hôpitaux publics : 80 700 (973). *Total :* 644 148 (9 936).

Personnes dépendantes en institution : enfants handicapés 46 167 (filles 36,3 %) ; adultes handicapés 79 957 (femmes 41,3 %) ; personnes âgées 473 293 (f. 73,7 %) ; psychiatrie 64 835 (f. 43,4 %). *Total* 664 253 (f. 64,3 %).

■ **Montant plafond des forfaits de soins journaliers** pris en charge par l'assurance maladie dans les établissements et services pour personnes âgées (en F, janv. 2001) : soins infirmiers à domicile (Siad) 212,29, sections de cure médicale (SCM) 175, soins courants 21,73, services de soins de longue durée (anciennement long séjour ou LS) 275,44. **Forfait hébergement :** pas de tarif national. *Assistance publique de Paris* (en janvier 2001) : long séjour 798,19 F/j. (dont forfait non remboursable par l'Assurance maladie : 275,57 F et forfait d'hébergement : 522,62 F), section cure médicale 552,81 F/j (forfait hébergement : 474,72 F/j, forfait soins : 178,19 F/j). Si l'aide sociale est accordée, les biens de la personne peuvent être hypothéqués.

■ **Accidents domestiques.** En 1997, provoquent 7 643 décès de personnes âgées. 2 sur 3 sont dus à une chute. 25 % des victimes décèdent dans l'année suivant l'accident. *Taux d'accidents :* 60 ans et + : 13 % ; 60-69 ans : vivant seules 12 %, sinon 6 %.

■ Données pratiques

■ **AGGIR** (Autonomie gérontologique groupe iso-ressources) : grille nationale d'évaluation de la dépendance. Utilisée pour l'attribution de la PSD. Instaurée depuis loi du 24-1-1997. 10 variables disciminantes : *cohérence* (converser et/ou se comporter de façon logique et sensée), *orientation* (se repérer dans le temps, les moments de la journée et dans les lieux), *toilette* (assurer son hygiène corporelle), *habillage* (s'habiller, se déshabiller, choisir ses vêtements), *alimentation* (se servir et manger des aliments préparés), *hygiène de l'élimination* (assurer l'hygiène urinaire et fécale), *transferts* (se lever, se coucher, s'asseoir), *déplacement à l'intérieur du logement ou de l'institution* (le cas échéant, avec canne, fauteuil roulant ou déambulateur), *déplacement à l'extérieur* (à partir de la porte d'entrée, à pied ou en fauteuil), *communication à distance* (utiliser téléphone, alarme, sonnette...). Comparé aux grilles de dépendances usuelles, AGGIR comprend 2 variables permettant d'appréhender l'autonomie mentale (*cohérence* et *orientation*). *3 modalités* pour chacune de ces variables : *A :* fait seul, totalement, habituellement et correctement ; *B :* fait partiellement, ou non habituellement, ou non correctement ; *C :* ne fait pas. *Groupes iso-ressources (GIR) : GIR 1 :* personnes confinées au lit ou au fauteuil et ayant perdu autonomie mentale, corporelle, locomotrice et sociale, qui nécessitent une présence, indispensable et continue, d'intervenant. *GIR 2 :* 2 sous-groupes : 1°) confinés au lit ou au fauteuil, aux fonctions mentales non totalement altérées, nécessitant prise en charge pour la plupart des activités de vie courante ; 2°) aux fonctions mentales altérées mais ayant conservé leurs capacités motrices (le déplacement à l'intérieur est possible mais toilette et habillage ne sont pas faits ou mal faits) ; *GIR 3 :* ayant conservé autonomie mentale, autonomie locomotrice partielle, mais nécessitant quotidiennement et plusieurs fois par jour des aides pour leur autonomie corporelle (toilette et habillage ne sont pas faits ou mal faits et l'hygiène de l'élimination nécessite l'aide d'une autre personne) ; *GIR 4 :* personnes qui n'assument pas seules leurs transferts mais qui, une fois levées, se déplacent à l'intérieur du logement (doivent être aidées pour toilette et habillage, la plupart s'alimentent seules). Ce groupe comprend aussi les personnes sans problèmes locomoteurs mais nécessitant une aide pour activités corporelles et repas. *GIR 5 :* assurant leurs déplacements à l'intérieur du logement, s'alimentant et s'habillant seules (peuvent nécessiter aide ponctuelle pour toilette, préparation des repas et ménage) ; *GIR 6 :* ayant leur autonomie pour les actes discriminants de la vie quotidienne.

■ **Indicateur de Katz.** Évalue la capacité de réaliser 6 activités de la vie quotidienne (Activities of Daily Living, ADL) : 1°) faire sa toilette. 2°) s'habiller, 3°) aller aux toilettes et les utiliser, 4°) se coucher ou quitter son lit et s'asseoir et quitter son siège, 5°) contrôler ses selles et ses urines, 6°) manger des aliments préparés. L'indicateur synthétise le besoin d'aide à partir de différents niveaux : indépendant pour les 6 activités, dépendant pour 1 des 6 activités, pour 2 (dont la 1re), pour 3 (dont les 2 premières), pour 4 (dont les 3 premières), pour 5 (dont les 4 premières), pour les 6, pour au moins 2 activités, sans être classable dans les catégories précédentes.

Environ 700 000 personnes de 60 ans et + (447 000 à domicile et 250 000 en institutions) ont besoin d'aide pour au moins 2 activités (80 000 d'entre elles sont dépendantes pour l'ensemble des 6 activités).

■ **Aide à domicile. Allocation de garde à domicile :** *demande :* Caisse régionale d'assurance maladie. *Montant :* 80 % de la dépense engagée au titre de la garde à domicile (aide max. 8 200 F). *Conditions :* percevoir une retraite (des salariés, commerçants ou artisans), ressources mensuelles inférieures à 10 500 F (personne seule) ou 15 800 F (couple). **Aide ménagère** [1] : PARTICIPATION DE L'AIDE SOCIALE : *demande :* CCAS ou association d'aide à domicile. *Montant :* variable d'un département à l'autre. *Conditions :* avoir au moins 65 ans (60 si inaptitude au travail), ressources annuelles inférieures à 44 914 F (personne seule) ou 78 670 F (couple), ne pas pouvoir prétendre à la PSD. PARTICIPATION DES CAISSES DE RETRAITE DE SALARIÉS [2] : *montant :* selon niveau de revenu du bénéficiaire, reste à sa charge de 10 F à 73 F par heure d'aide. *Conditions :* ne pas bénéficier de la participation de l'aide sociale ni de la PSD, percevoir une pension de retraite ou de réversion de la Sécurité sociale. **Emploi d'un salarié à domicile** [1] : *montant :* exonération totale part patronale de cotisations de Sécurité sociale, exonération limitée à partie du salaire mensuel qui ne dépasse pas 65 fois le Smic brut horaire (2 731,30 F). *Conditions :* soit percevoir une retraite et avoir besoin de l'assistance d'une tierce personne, soit remplir les conditions de dépendance pour l'obtention de la PSD (niveau de ressources indifférent), soit bénéficier de l'Allocation compensatrice de tierce personne, être âgé de + de 70 ans.

Nota. – (1) Réduction d'impôt égale à 50 % des dépenses réellement supportées par le bénéficiaire de l'aide ménagère ou l'employeur d'une aide à domicile, dans la limite de 45 000 F. (2) Les caisses de retraite des indépendants participent aussi au financement de l'aide ménagère (chaque régime a ses conditions d'attribution).

■ **Aide ménagère.** Accordée sur demande après enquête sociale, assure : entretien du logement, courses, repas et soins sommaires d'hygiène. Limitée à 30 h par mois, sauf dérogation. *Financée* par l'Aide sociale, la Caisse nationale d'assurance vieillesse, les régimes spéciaux, les caisses de retraite complémentaire et par les intéressés eux-mêmes, compte tenu de leurs ressources. *S'adresser* au CCAS de sa commune, au Bureau d'aide sociale de la commune, à la Ddass (Direction départementale de l'action sanitaire et sociale), au Cicas (Centre d'information et de coordination de l'action sociale), ou à la Caisse de retraite dont dépend la personne. Voir aussi p. 1685 b.

■ **Aide aux ascendants.** Déductible du revenu global. *Logement :* chez soi : abattement forfaitaire (17 910 F par personne en 1999). *Mise à disposition d'un domicile :* loyer qui pourrait en être tiré et charges locatives sont déductibles. *Secours en espèces :* déductible, l'ascendant les déclarent sur ses propres revenus.

■ **Aide personnalisée à l'autonomie (Apa).** Remplacera la PSD le 1-1-2002. Montant adapté au degré de dépendance et au niveau de revenus. Montant maximal fixé au niveau national par Gir (Groupe iso-ressources) : *GIR 1 :* 7 000 F ; *2 :* 6 000 ; *3 :* 4 500 ; *4 :* 3 000. Participation du bénéficiaire demandée à partir d'un revenu de 6 000 F/mois. Établissement : prendra en charge le tarif dépendance déduction faite d'une participation de l'intéressé calculée selon ses ressources.

■ **Amélioration de l'habitat. Prime à l'amélioration de l'habitat :** *demande :* Agence nationale pour l'amélioration de l'habitat (Anah). *Montant :* en général, 20 % des travaux (limite 70 000 F). *Conditions :* justifier que la résidence principale a plus de 20 ans, ressources inférieures à un plafond variable selon les régions, s'engager à occuper le logement à titre de résidence principale au moins pendant 10 ans, travaux réalisés par une entreprise. **Prime de la CNAVTS :** *demande :* Caisse régionale d'assurance maladie. *Montant :* variable selon niveau de ressources (11 465 F max.) ; pour travaux de papier peint participation calculée sur base de 11 633 F max. *Conditions :* justifier que le logement est résidence principale, bénéficier d'une pension de retraite ou de réversion du régime général, ressources mensuelles inférieures à 7 732 F (personne seule) ou 11 792 F (couple).

■ **Avantages fiscaux des retraités à partir de 65 ans. Taxe d'habitation** due au titre de résidence principale : *pour une exonération totale en 2001 :* revenu fiscal de référence en 2000 inférieur à 44 730 F pour la 1re part de quotient familial, majoré de 11 950 F pour chaque demi-part supplémentaire ; avoir plus de 60 ans, ou être veuf (veuve) ; occuper logement seul, avec conjoint ou personnes à charge ou de condition modeste ; *pour un plafonnement de la taxe en 2001* (n'est pas due la partie de la taxe supérieure à 4,3 % du revenu fiscal de référence [1]) : revenu fiscal de référence en 2000 inférieur à 105 170 F pour la 1re part de quotient familial, majoré de 24 570 F pour la 1re demi-part supplémentaire et de 19 330 F pour les suivantes. **Taxe foncière** due au titre de résidence principale : *pour une exonération totale en 2001 :* revenu fiscal de référence en 2000 inférieur à 44 730 F pour la 1re part de quotient familial, majoré de 11 950 F pour chaque demi-part supplémentaire ; avoir plus de 75 ans au 1-1-2001 ; bénéficier de l'allocation supplémentaire (ex-FNS) ; occuper logement seul, avec conjoint ou personnes à charge ou de condition modeste ; *pour un dégrèvement* (taxe foncière due sera réduite de 500 F en 2001) : revenu fiscal de référence de 2000 inférieur à 44 730 F pour la 1re part de quotient familial, majoré de 11 950 F pour la 1re demi-part supplémentaire, avoir plus de 70 ans au 1-1-2001 ; occuper logement seul, avec conjoint ou personnes à charge ou de condition modeste.

CSG et CRDS : *pour une exonération totale de CSG et de CRDS sur les retraites* [2] : revenu fiscal de référence de 1999 inférieur à 44 110 F pour la 1re part de quotient familial, majoré de 11 750 F pour chaque demi-part supplémentaire ; *pour une exonération partielle de CSG* (la CSG est prélevée au taux de 3,8 % au lieu de 6,2 %) : impôt dû en 2000 inférieur à 400 F ou nul et revenu fiscal de référence de 1999 comme ci-dessus.

Nota. – (1) Montant de la réduction : abattement de 22 810 F, sur le revenu fiscal de référence, pour la 1re part de quotient familial + 6 590 F par demi-part supplémentaire jusqu'à la 4e (11 660 F pour demi-parts suivantes). (2) Pensions accordées sous conditions de ressources par la Sécurité sociale exonérées de CSG et CRDS.

■ **Hébergement d'une personne de plus de 75 ans autre qu'un ascendant.** Abattement forfaitaire 18 140 F (en 2001). Si elle est invalide à 80 %, elle bénéficie d'une demi-part fiscale supplémentaire dont l'hébergeant peut bénéficier s'il ajoute à ses revenus propres les revenus de la personne hébergée. Non cumulable avec l'abattement forfaitaire. Frais d'hospitalisation et de cure pour les plus de 70 ans : 25 % des sommes versées (réduction impôt).

■ **Cinéma.** Cartes Vermeil et Age d'Or 50 % de réduction environ pour les plus de 60 ans, avant 18 h, sauf samedi et dimanche (dans certains cinémas).

■ **Cures antivieillissement imaginées. Yaourts et dérivés du lait :** Élie Metchnikov (zoologiste et biologiste russe, prix Nobel 1908). **Testicules animaux :** Charles Édouard Brown-Séquard (professeur au Collège de France) administrait par piqûre des extraits testiculaires de chien (en 1889) ; Serge Voronov (médecin russe vivant en France) proposait des greffes testiculaires de singe. **Cellules d'animaux fraîches** (interdites en France) : Paul Niehans (médecin suisse) administrait des cellules d'embryons d'agneaux (années 1930). **Cures de placenta :** Silatov (médecin russe) proposait des cures d'extraits placentaires (années 1930). **Cure d'ADN :** (non reconnue en France). **Gérovital :** Dr Anna Aslan (Roumaine) proposait une cure consistant à recevoir pendant 3 ou 4 semaines des injections de procaïne (années 1950). Cures de chélation : perfusion d'un médicament « chélateur » (c.-à-d. agissant comme un aimant pour les toxines), l'acide éthylène diamine tétracétique (EDTA), molécule utilisée en cas d'hypercalcémie (vient de Californie). **Sérum du Dr Bogomoletz** (gérontologue) : censé revivifier les défenses immunitaires (années 1930).

■ **Logement. Aide :** voir **Sécurité sociale** p. 1685 a. **Aide à l'amélioration de l'habitat :** *s'adresser :* à la délégation locale de l'Agence nationale pour l'amélioration de l'habitat (Anah), au Pact, au Cicas, aux caisses de retraite, à la Cnav, DDE, CCAS, etc. ; **à la réfection et à l'adaptation à la dépendance :** au bureau local ou départemental du Pact ou à sa Fédération nationale : 27, rue de la Rochefoucauld, 75009 Paris. **Maintien dans les lieux :** les plus de 65 ans ne peuvent être expulsés (art. 29-2 du 23-12-1986). **Taxe foncière :** sont exonérés les plus de 75 ans non passibles de l'impôt sur le revenu de l'année précédente s'ils habitent seuls l'immeuble en cause, et les personnes titulaires de l'allocation supplémentaire du Fonds national de solidarité (FNS). **Taxe d'habitation :** sont exonérés les plus de 60 ans non passibles de l'impôt sur le revenu de l'année précédente, occupant leur habitation seuls, avec leur conjoint, avec des personnes à charge ou titulaires de l'allocation supplémentaire du FNS.

■ **Maisons de retraite.** Pour les bénéficiaires de l'Aide sociale, ils reçoivent une allocation minimale. **Logements foyers :** pour 1 ou 2 personnes. Conditions de ressource : les mêmes que pour les HLM. **Foyers-soleil :** composés d'un foyer et de logements loués dans les immeubles alentour. S'adresser au Cedias (Centre d'études, de documentation, d'information et d'action sociale) 5, rue Las-Cases, 75007 Paris.

■ **Maladie.** Les bénéficiaires de l'Aide sociale peuvent demander *l'aide médicale,* si elles justifient ne pas pouvoir payer. Les handicapés âgés seront placés en service de soins de longue durée ou en maison de retraite.

■ **Musées.** Entrée gratuite, parfois sur demande.

■ **Pilule anti-vieillissement. Dehydroépiandrostérone (DHEA) :** découverte dans les années 1930. Dans les années 1960, Étienne-Émile Baulieu découvre son mode de synthèse par les surrénales. Une enquête a montré qu'une dose quotidienne de 50 mg pendant 1 an améliorait l'état de la peau (réhydratation, lubrification, couleur), la densité de l'os au niveau de la hanche et du poignet, réveillait la libido chez les femmes de 70 à 79 ans. Pilule en vente libre aux USA depuis 1994.

■ **Prestation spécifique dépendance (PSD).** Loi du 24-1-1997. Conditions : 60 ans ou plus, dépendance, ressources, résidence (15 années consécutives en France), indépendamment du lieu de résidence (domicile, établissement, accueil familial). Fixée par les conseils généraux. Montant max. (janvier 2001) : 5 881,24 F. Ne concerne pas les frais médicaux ou paramédicaux. Prestation en nature de l'Aide sociale, elle peut être récupérée sur l'héritage. **Plafond des ressources mensuelles** (y compris PSD, en 2001) : 12 267,90 F (couple : 16 525,65 F).

■ **Téléphone.** Priorité pour les plus de 72 ans. Se renseigner au CCAS.

■ **Télévision** (voir **Redevance** à l'Index).

■ **Transports. Aériens :** réduction possible. **SNCF :** 1 voyage/an avec 30 % de réduction et *carte Vermeil* (50 %). **Urbains :** s'adresser aux exploitants locaux.

☞ **Cleirppa (Centre de liaison, d'études, d'information et de recherche sur les problèmes des personnes âgées) :** 86, avenue de St-Ouen, 75018. **Fondation nationale de gérontologie :** *créée* 1967. 49, rue Mirabeau, 75016. **Capah (Conseils et aides aux personnes âgées ou handicapées) :** 66, rue Boissière, 75116. **Sous-direction de la réadaptation, de la vieillesse et de l'aide sociale,** 11, place des 5-Martyrs-du-Lycée-Buffon, 75015. **Université du temps libre de Bretagne,** Rennes-I, L'Évenière, Campus de Beaulieu, av. du Gal-Leclerc, 35042 Rennes Cedex. **SOS Troisième Age,** 163, rue de Charenton, 75012. **Centre national du volontariat,** 127, rue Falguière, 75015. **Allô maltraitance des personnes âgées,** 04 76 01 06 06, BP 217, 38007 Grenoble Cedex 1. **Office rémois des retraités et personnes âgées,** 45, rue Chabaud, 51100 Reims. **Association France-Alzheimer,** 21, bd Montmartre, 75002. **AMI 2,** route de Rouen, 14330 Putot-en-Auge.

PARTAGE

■ **Donations. Don manuel :** de la main à la main. Soumis à la loi en vigueur à la date à laquelle il a été révélé au fisc. **Donation simple :** s'adresse en général à un seul bénéficiaire (enfant, petit-enfant...) et s'applique à divers biens (logement, fonds de commerce, titres en bourse...). Joue sur la quotité disponible. *Avantages fiscaux :* importants si les donateurs s'y prennent tôt. **Donation-partage :** en présence de plusieurs enfants, permet de choisir les biens (ou un capital) attribués à égalité à chacun. Doit être répartie entre tous les enfants. Anticipe la succession. Au décès du donateur, l'évaluation des biens donnés ne peut être remise en question.

Prix d'une donation : entre 2 et 3 % de la valeur de ce qui est donné. Exemple (chiffres approximatifs) : bien immobilier de 1 000 000 F : frais et débours (timbre, délivrance de pièces...) 2 700 F, taxes et frais de publicité foncière 9 000 F, honoraires proportionnels du notaire : 11 000 F, TVA 2 300 F, soit un total de 25 000 F environ.

Si le montant de la donation excède les abattements prévus par la loi, ajouter les droits de donation.

Révocation. **Donation entre vifs :** en faveur d'un parent (autre que l'époux) ou d'un tiers *irrévocable* sauf dans 3 cas : *1°) inexécution* des conditions (refus versement de rente par le donataire, refus de laisser au donateur jouissance d'un logement donné en nue-propriété...) ; *2°) ingratitude* (art. 955 du Code civil) [donataire a attenté à la vie du donateur ou s'est rendu coupable envers lui de sévices, délits ou injures graves, ou refuse de lui verser une pension alimentaire...] ; *3°) survenance d'enfants* (art. 960 à 966 du Code civil) [le donateur a 1 ou plusieurs enfants après la donation]. La révocation n'est pas automatique : le donateur doit en faire la demande au juge du tribunal de grande instance. **Entre époux :** voir ci-dessous.

EN FAVEUR DES ENFANTS

■ **Donation-partage.** Devant notaire, sous peine de nullité. Permet aux parents de partager irrévocablement, de leur vivant, leurs biens entre les enfants, d'éviter le recours à un partage judiciaire quand il y a 1 ou plusieurs enfants mineurs ; d'assurer à l'enfant qui devrait prendre la relève de son père la conservation d'une exploitation, du vivant de celui-ci. Depuis la loi du 5-1-1988, un propriétaire d'entreprise individuelle peut associer un membre de sa famille (autre qu'un enfant) ou un étranger à la donation-partage qu'il consent à ses enfants, à la condition que le lot de l'étranger soit composé de l'entreprise à l'exclusion de tout autre bien.

Montant des droits : (voir droits de succession p. 1654 a). Depuis le 1-1-1992, les parents peuvent donner en franchise de droits de succession 300 000 F à chacun de leurs enfants (soit 600 000 F) tous les 10 ans et depuis le 1-4-1996 à leurs petits-enfants 100 000 F chacun.

Réductions possibles : selon l'âge du donateur lors de la signature de l'acte. *Moins de 65 ans :* 50 % ; *de 65 à 75 ans :* 30 % ; *75 ans et + :* réduction de 30 % jusqu'au 30-6-2001. Les droits de donation sont, en général, payés par les donateurs. L'Administration admet que cette prise en charge ne constitue pas un supplément de donation à taxer. Sans donation-partage, la somme représentant le montant des droits si elle existait au décès serait elle-même taxée, puisqu'elle ferait partie de l'actif successoral.

On peut : 1°) *faire un partage partiel :* les parents gardent la propriété d'une partie de leur patrimoine qui se transmettra normalement à leur décès. **2°)** *Conserver l'usufruit des biens partagés,* ce qui garantit l'avenir des parents. **3°)** *Prévoir, dans l'acte, le versement d'une rente viagère* avec, éventuellement, une clause de réversibilité sur le survivant. Si le donateur se réserve *l'usufruit* des biens donnés, seule la valeur de la nue-propriété transmise est taxée ; varie selon l'âge du donateur : si *– de 20 ans :* 30 % de la valeur du bien ; *de 20 à 29 :* 40 ; *de 30 à 39 :* 50 ; *de 40 à 49 :* 60 ; *de 50 à 59 :* 70 ; *de 60 à 69 :* 80 ; *à partir de 70 :* 90. Au décès du donateur, l'usufruit se transmet automatiquement au nu-propriétaire, sans paiement d'aucun droit de mutation.

☞ **Donation simple en faveur de tiers :** réduction des droits : donateurs de *– de 65 ans :* 50 % ; *de 65 à 75 ans :* 30 % ; *de 75 ans et + :* 30 % jusqu'au 30-6-2001.

■ **Réserve héréditaire.** Afin de vérifier son respect, toute donation est rapportable à la succession en retenant la valeur du bien au jour du décès et non au jour de la donation. On peut réaliser une donation-partage ou prévoir une clause spécifique dans l'acte en passant par un notaire afin que la valeur des biens au jour de la donation soit retenue.

■ **Vente à l'un de leurs enfants d'un bien immeuble appartenant aux parents.** Ceux-ci doivent faire intervenir à l'acte de vente les autres enfants, si la vente est faite soit à charge de rente viagère, soit à fonds perdu ou avec réserve d'usufruit.

EN FAVEUR DE L'ÉPOUX

■ **Donation entre époux.** *Frais de rédaction de l'acte de donation chez le notaire :* environ 150,50 F (sauf cas particulier) + TVA, timbre selon le nombre de pages. Après le décès, le notaire chargé de l'exécution de la donation réclamera des émoluments calculés sur l'actif net recueilli (soit de 0 à 20 000 F, 5 % ; de 20 001 à 40 000 F, 3,30 % ; de 40 001 à 110 000 F, 1,65 % ; au-dessus, 0,825 % à ne compter que pour 2/3 + TVA).

Révocation : *donation par contrat de mariage :* révocable pour ingratitude (demande formulée dans l'année de la découverte du fait allégué). *Donations entre époux et par testaments pendant le mariage :* révocation possible, chacune séparément (sans que le donateur ait à donner de motif) par testament ou acte notarié (art. 1096 du Code civil), pas révocable par la survenance d'enfants. Si des époux se sont consenti une donation réciproque au dernier vivant et si l'un d'entre eux révoque la donation, le notaire n'a pas le droit d'en informer l'autre époux.

En cas de divorce : *prononcé aux torts exclusifs de l'un des époux,* celui-ci perd les donations qui lui avaient été consenties (art. 267) ; l'autre époux en conserve le bénéfice, même si elles avaient été stipulées réciproques ; *prononcé sur demande conjointe :* les 2 époux peuvent révoquer les donations (art. 268), sinon elles sont maintenues ; *prononcé en raison de la rupture de la vie commune :* celui qui a pris l'initiative du divorce perd de plein droit les donations consenties. L'autre époux les conserve.

☞ On peut tous les 10 ans donner 400 000 F (500 000 F à partir du 1-1-2000) à un conjoint sans acquitter de droits.

■ **Communauté universelle.** Après 2 ans de mariage, les époux peuvent modifier par acte notarié leur convention de mariage (loi du 13-7-1965). Cette modification doit être homologuée par le tribunal de grande instance. Ils peuvent, pour protéger le conjoint survivant, opter pour la communauté universelle assortie d'une clause d'*attribution de la communauté en totalité à l'époux survivant.* En cas de divorce ou de séparation de biens, la clause d'attribution ne bénéficie à aucun des époux. En cas de décès, l'époux survivant n'est pas soumis aux droits de mutation.

■ **Clauses particulières. Clause de préciput :** permet d'attribuer au conjoint survivant des biens (meubles par exemple) en plus de sa part sur la succession, à condition de respecter la quotité disponible. **Clause de prélèvement :** permet au conjoint survivant d'acheter un bien de la communauté (maison par exemple), moyennant une indemnité versée aux héritiers. **Clause commerciale :** permet au survivant de conserver l'entreprise ou le commerce qui était dirigé en commun.

Que peut recevoir : le conjoint ? Celui-ci n'est pas un héritier réservataire. *Avec une donation entre époux ou un testament (1°), ou à défaut de dispositions particulières (2°).* **Si on laisse : un ou plusieurs enfants : (1°)** au choix : soit la totalité de la succession en usufruit, soit 1/4 en toute propriété et 3/4 en usufruit, soit 1/2, 1/3 ou 1/4 en toute propriété selon le nombre d'enfants : 1, 2, 3 ou plus ; **(2°)** 1/4 seulement de la succession en usufruit. **Un père ou une mère : (1°)** 3/4 en toute propriété et 1/4 en nue-propriété ; **(2°)** 1/2 en toute propriété. **Un père et une mère : (1°)** 1/2 en toute propriété et 1/2 en nue-propriété ; **(2°)** 1/2 en usufruit. **Des frères ou des sœurs : (1°)** la totalité de la succession en toute propriété ; **(2°)** 1/2 en usufruit. **D'autres parents** (oncle, tante, cousins...) : **(1°)** la totalité de la succession en toute propriété ; **(2°)** idem.

Bien de famille insaisissable

■ **Objet.** Permet d'éviter que certains descendants dilapident l'héritage. Le bien de famille et ses fruits insaisissables ne peuvent être ni vendus par les créanciers ni hypothéqués. Ils peuvent être saisis pour paiement des dettes résultant de condamnations, paiement des impôts, des dettes alimentaires. Le propriétaire peut aliéner tout ou partie du bien de famille ou renoncer à l'insaisissabilité du bien avec l'accord des 2 époux ou l'autorisation du conseil de famille s'il a des enfants mineurs.

■ **Constitution.** *Peut être constitué* par les époux, le survivant des époux, des ascendants qui recueillent leurs petits-enfants, le père ou la mère d'un enfant naturel reconnu ou adopté. *Ne peut être constitué* qu'avec une maison ou une portion « divise » de maison, des terres attenantes ou voisines, occupées et exploitées par la famille, une maison avec boutique ou atelier plus matériel ou outillage qu'ils contiennent. *La valeur* du bien ne doit pas dépasser 50 000 F. *S'effectue* par déclaration reçue par un notaire, testament ou donation homologuée par le juge d'instance.

Succession

Statistiques (France)

■ **Montant** (en milliards de F). Héritages et donations déclarés chaque année : 280 milliards de F plus 70 de successions non déclarées et de dons manuels. **Impôts** sur héritages 27,4, donations 3,5.

■ **Donations. Nombre** (non compris donations entre époux : *1991 :* 140 272 ; *92 :* 181 988 ; *93 :* 198 798 ; *94 :* 218 517 ; *95 :* 215 942 ; *96 :* 237 217 ; *97 :* 287 963 ; *98 :* 299 517 ; *99 :* 328 491 ; *2000 :* 345 299.

Nota. – Avantages fiscaux consentis : *1-1-1982 :* 300 000 F par enfant tous les 10 ans ; *1-4-1996 :* 100 000 F par petit-enfant ; *1-9-1998 :* 50 % de réduction (dont 35 %) jusqu'à 65 ans. **Montant moyen :** *1994 :* 560 000 F.

■ **Successions. Nombre :** *1977 :* 242 735 ; *83 :* 285 673 ; *92 :* 306 000 (dont 126 637 imposables dont 2 000 concernant des biens économiques, 2 000 taxées au taux de 40 %) ; *98 :* 343 321. **Patrimoine laissé** (en %, 1994) : logement : 43, valeurs mobilières 24, liquidités 23, biens et terrains agricoles 6, meubles meublants, bijoux, etc. 5. **Actif net de succession moyen** (en F, 1994) : 570 000. **Transmission totale moyenne** [actif net + donations antérieures (de moins de 10 ans) actualisées] : 598 000 F. Les 10 % des défunts les plus fortunés ont laissé en moyenne 1,5 million de F à leur décès, et 341 000 F par donation antérieure. *1994 :* 213 000 F. **Héritiers** (en 1994) : 810 000. *Age moyen :* 51 ans.

Testament

■ **Types.** On distingue les testaments : **a) authentique :** établi par 2 notaires ou 1 seul assisté de 2 témoins. Conservé dans les « minutes » de l'étude, il ne risque pas d'être égaré, détruit ou divulgué. Inattaquable, sauf pour vice de forme (art. 971 et suiv. du Code civil). Peu usité. *Coût :* 301 F HT à l'étude du notaire, 451 F HT à l'extérieur, 602 F HT de nuit plus frais (timbres...). **b) Mystique :** présenté par le testateur clos, cacheté et scellé au notaire devant 2 témoins. Il peut être écrit par un autre que le testateur. Utile lorsque le testateur ne sait pas écrire et qu'il ne veut pas parler devant des témoins pour exprimer ses volontés. En pratique, peu usité (art. 976). *Coût :* voir olographe, mais à l'ouverture de la succession, les honoraires seront calculés comme s'il s'agissait d'un testament authentique. **c) Olographe :** entièrement écrit, daté, signé à la main par le testateur. Il n'est assujetti à aucune autre forme (art. 970). Il faut éviter ratures, surcharges ou interlignes ou, s'il en existe, les approuver (signature) et préciser qu'ils sont de la même date que le corps même du texte. On ne peut utiliser la dactylographie, le testament étant nul dans ce cas. Un *aveugle* peut écrire en braille. La main du testateur peut s'il en est besoin être aidée ou guidée (il faut que l'écriture soit reconnaissable et que l'assistance ait été simplement matérielle). *Coût :* frais de garde 150,50 F si on le dépose chez un notaire, inscription au Fichier central des dernières volontés 51 F HT.

■ **Si l'on désire modifier un testament,** le mieux est de le détruire et d'en établir un second, mais on peut également rédiger un *codicille* (texte complétant ou modifiant le testament initial à la suite du testament, ou par écrit séparé, mais en prenant soin de dater et signer ce texte complémentaire). Le codicille doit être aussi écrit de la main du testateur.

■ **Pour révoquer un testament,** il suffit d'en rédiger un autre indiquant clairement sa décision (révocation expresse) ou qui comporte des dispositions incompatibles avec celles figurant dans un testament antérieur. C'est le dernier document en date qui est valable.

■ **Garde.** On peut conserver un testament olographe chez soi, ou le remettre au notaire ou à toute autre personne, ou le déposer en banque.

Fichier des testaments : avec l'accord de l'intéressé, le notaire signale l'existence du testament (ou de la donation entre époux) au Fichier central des dispositions de dernières volontés, Route nationale 96, 13107 Venelles Cedex, *créé* 1971 : plus de 15 millions d'inscriptions. Consultable après le décès, pour savoir chez quel notaire a été déposé un testament ou effectuée une donation entre époux.

☞ *Ne peuvent faire de testament :* les mineurs non émancipés, les majeurs incapables, les condamnés à une peine afflictive et infamante, les personnes n'ayant plus toute leur raison.

Héritiers

■ **Ordre des héritiers.** La dévolution successorale a lieu dans l'ordre hiérarchique de 5 catégories d'héritiers : *descendants* (enfants, petits-enfants, arrière-petits-enfants du défunt), puis les *ascendants privilégiés* (père et mère du défunt) et les *collatéraux privilégiés* (frères et sœurs, neveux, petits-neveux du défunt) ; ensuite les *ascendants ordinaires* (aïeuls, bisaïeuls, c'est-à-dire grands-parents et arrière-grands-parents du défunt) et les *collatéraux ordinaires* (oncles, tantes, cousins... du défunt).

■ **Degrés de parenté.** *Héritiers en ligne directe :* fils 1er degré, pour la succession de son père ; petit-fils 2e, arrière-petit-fils 3e, etc. *En ligne collatérale :* frère 2e degré ; neveu 3e (succession de son oncle) ; cousin germain 4e ; cousin issu de germain 6e ; cousin plus éloigné 8e, etc. ; oncle 3e ; grand-oncle 4e ; arrière-grand-oncle 5e. Au-delà du 6e degré, les parents collatéraux ne sont pas héritiers, et la succession revient à l'État, sauf si le défunt a rédigé un testament. Exception : lorsque le défunt est mort en état d'incapacité de tester (exemple : démence), les héritiers sont appelés jusqu'au 12e degré (art. 755).

Nota. – Ligne : ensemble de personnes qui descendent d'un auteur commun. Chaque *degré* correspond à une génération.

Réserve héréditaire. Part minimale de l'héritage reçue obligatoirement par les enfants ou ascendants directs (héritiers réservataires). *1 enfant :* 1/2, *2 :* 2/3, *3 :* 3/4, *ascendants dans les 2 lignes :* 1/2, *dans 1 seule ligne :* 1/4.

Quotité disponible. Actif de l'héritage diminué de cette réserve, qui peut être réservé au conjoint survivant ou à toute autre personne.

Règle de la fente. Appliquée en l'absence d'enfants ou dans le règlement des successions des familles recomposées. *But :* répartir équitablement les biens entre les familles du père et de la mère du défunt. On constitue 2 parts dont chacune est dévolue à l'héritier de l'ordre le plus proche du côté paternel et du côté maternel.

■ **Option successorale.** Les héritiers peuvent accepter, ou accepter *sous bénéfice d'inventaire,* ou renoncer à une succession. Ils bénéficient d'un délai de 3 mois pour l'inventaire et de 40 j pour se prononcer. Attention de ne pas accepter de façon tacite (par exemple en prenant un meuble ou une voiture).

Droits du conjoint survivant

☞ Projet de loi garantissant au conjoint survivant 25 % des biens en pleine propriété s'il y a des descendants et 50 % s'il n'y en a pas. Le conjoint pourra continuer à vivre dans le logement du couple grâce à un droit d'habitation et à un droit d'usage sur le mobilier, sauf volonté contraire du défunt.

■ **Succession sans testament (« ab intestat »).** Le conjoint survivant n'est pas héritier réservataire comme les enfants ou les père et mère, et ses droits légaux sont limités, notamment en présence d'ascendants et de frères et sœurs du défunt. Si un époux veut avantager son conjoint au-delà de ce que prévoit la loi, il doit le faire dans une donation ou un testament. Si un époux ne veut pas laisser à son conjoint une part plus importante que celle prévue par la loi, il parviendra à ce résultat soit en ne prenant aucune disposition particulière, soit, s'il en prend, en prévoyant expressément que les droits successoraux légaux de son conjoint sont réservés.

Règles communes aux régimes de la communauté et de la séparation de biens. 1°) Le défunt n'avait aucun parent ou seulement des oncles ou tantes, cousins ou cousines : le survivant non divorcé a la pleine propriété de tous les biens de la succession (art. 765 du Code civil). **2°) Il existe un ou plusieurs enfants,** *soit légitimes, issus ou non du mariage, soit naturels :* le conjoint a droit à un usufruit légal portant sur le quart de la succession (art. 767 du Code civil). **3°) Il existe des collatéraux privilégiés** *(frères, sœurs, neveux et nièces),* **ou des ascendants dans les 2 lignes :** le conjoint a droit à un usufruit portant sur la moitié de la succession. **4°) Il n'existe d'ascendants** *que dans une ligne :* le conjoint a droit à la moitié de la succession en toute propriété.

☞ *Si l'époux prédécédé laisse des enfants adultérins,* les droits en toute propriété du conjoint survivant sont diminués de moitié, ses droits en usufruit ne sont pas modifiés.

Jusqu'au partage définitif, les héritiers peuvent exiger, moyennant sûretés suffisantes (hypothèque, caution, etc.) et garantie du maintien de l'équivalence initiale, que l'usufruit de l'époux survivant soit converti en une rente viagère équivalente. Si tous les héritiers ne sont pas d'accord pour cette conversion, elle peut être décidée par le tribunal.

Si le conjoint survivant se remarie, l'usufruit ne cesse pas pour autant.

Régime de communauté de biens. Une fois le partage effectué, le survivant demandera à exercer ses droits éventuels sur la succession (autre moitié de la communauté, plus les biens propres du prédécédé s'il y en a). Le survivant a droit, les 9 mois suivant le décès de son époux, à la nourriture, au logement et au remboursement des frais de deuil ; cela constitue un passif de communauté.

■ **Succession avec testament. 1°) S'il n'y a pas d'enfant, de descendant ou ascendant.** Chaque époux peut, par testament ou donation, laisser à l'autre toute sa succession.

2°) S'il existe des ascendants. Chacun a droit à une réserve du quart qui souvent porte sur la pleine propriété de la part de biens que cette réserve englobe. Il en est ainsi lorsque le « de cujus » fait un legs à un tiers quelconque. Si le legs (ou donation) est consenti en faveur de l'époux survivant, le testateur (ou donateur) peut disposer, s'il n'existe d'ascendants que dans une seule ligne, de 3/4 en toute propriété, 1/4 en nue-propriété. S'il en existe dans les 2 lignes, il peut disposer de 1/2 en toute propriété, 1/2 en nue-propriété.

3°) S'il existe des enfants communs des époux, et pas d'enfants nés d'un 1er lit. Un conjoint peut donner ou léguer à l'autre : *a) soit des biens en toute propriété* d'une valeur égale à ceux dont il peut disposer au profit d'une personne qui lui est étrangère, soit 50 % s'il y a un enfant, 1/3 s'il y en a 2, 1/4 s'il y en a 3 ou plus ; *b) soit le 1/4 de ses biens en propriété et les 3/4 en usufruit ; c) soit la totalité de ses biens en usufruit.* S'il s'est contenté d'indiquer que le bénéficiaire recevra la plus forte quotité disponible, celui-ci aura le choix entre ce qui est indiqué en *a, b* ou *c.*

4°) S'il existe des enfants nés d'un précédent mariage du conjoint décédé. La part des biens qu'on peut donner ou léguer au conjoint est la même que dans le 3e cas. Mais, pour les libéralités, les enfants du 1er lit peuvent substituer un usufruit à l'exécution en propriété.

Déclaration de succession

■ **Formalités.** Toute personne recueillant un héritage est tenue de souscrire une déclaration de succession dans les 6 mois, indiquant tous les biens meubles ou immeubles dépendant de la succession. Dès le décès, les personnes se présumant héritières devront prendre contact avec le notaire du défunt ou à défaut leur notaire personnel. La déclaration peut aussi être faite aux Impôts (la succession s'ouvre au décès). Si la déclaration n'est pas faite dans les 6 mois, pénalités sur les droits qui auraient dû être payés : à partir du 7e mois, 0,75 % ; à partir du 13e mois, 10 % ; + 40 % après la 1re mise en demeure, 80 % après la seconde. **Délai civil :** l'inventaire demandé dans les 3 mois suivant l'ouverture d'une succession s'achève 40 j après la fin des 3 mois. En cas de refus d'un héritier de se prononcer, 2e délai de 30 ans. **Renonciation :** ne se présume pas. Elle nécessite une déclaration au greffe du tribunal de grande instance.

■ **Estimation. Immeubles et fonds de commerce :** sur leur valeur vénale réelle au jour du décès. Le *droit de présentation,* reconnu aux personnes titulaires d'une charge ou office, constitue une valeur patrimoniale, transmissible aux héritiers, et, de ce fait, soumise aux droits de mutation par décès. Il en est de même pour le droit de présenter un successeur dans le bénéfice d'une autorisation administrative. **Valeurs mobilières :** admises à une cote officielle (rentes, actions, obligations) : estimées au cours moyen de la Bourse du jour du décès. **Meubles meublants et objets mobiliers :** à défaut d'acte de vente ou d'inventaire estimatif, la valeur ne peut être inférieure à 5 % de l'ensemble de l'actif successoral, à moins que preuve contraire en soit apportée, notamment par inventaire. La valeur des bijoux, pierreries, objets d'art ou de collection, ne peut être inférieure à 60 % de l'évaluation contenue dans les polices d'assurances contre le vol ou l'incendie conclues par le défunt moins de 10 ans avant l'ouverture de la succession.

■ **Déductions.** *Dettes* lorsque leur existence au jour de l'ouverture de la succession est justifiée. Les dettes commerciales sont provisoirement admises, sauf contrôle. *Frais justifiés de dernière maladie* sans limitation de somme. *Frais funéraires* justifiés jusqu'à 6 000 F.

■ Honoraires du notaire

■ **Partage communauté, succession** *(avec ou sans liquidation), sur l'actif brut, déduction faite des legs particuliers. De 0 à 20 000 F :* 6,03 % TTC ; *de 20 001 à 40 000 F :* 3,9788 % ; *de 40 001 à 110 000 F :* 1,98 % ; *+ de 110 000 F :* 0,99495 %.

■ **Attestation notariée destinée à constater la transmission par décès d'immeubles ou de droits immobiliers.** *De 0 à 20 000 F :* 2,12256 % TTC ; *de 20 001 à 40 000 F :* 1,59192 % ; *de 40 001 à 110 000 F :* 1,06128 % ; *+ de 110 000 F :* 0,53064 %.

■ **Testament. Authentique :** frais de rédaction environ 300 F + TVA + timbre selon nombre de pages. Au décès, sur la valeur calculée à la date du décès de l'actif net recueilli par chaque bénéficiaire. Si celui-ci a droit à une réserve, il n'est rien dû sur ce qu'il recueille à ce titre. En ligne directe : de 0 à 20 000 F : 5 % ; de 20 001 à 40 000 F : 3,30 % ; de 40 001 à 110 000 F : 1,65 % ; au-dessus de 110 000 F : 0,825 %. Entre époux : 2/3 du tarif en ligne directe. En ligne collatérale et entre étrangers, tarif en ligne directe multiplié par le coefficient 1,33 + TVA. **Olographe :** rédaction : honoraires libres. Au décès : moitié des émoluments proportionnels perçus en matière de testament authentique + 245 F + TVA.

■ Droits de succession

■ **Évolution. 1901,** taxation progressive en fonction de l'importance de la succession et du degré de parenté. **1917 à 1932,** une taxe globale s'ajoute aux droits personnels sur les parts d'héritages. *Depuis 1930,* exonérations, abattements, réductions se sont succédé. **1956,** taxe de 1 à 5 % sur l'ensemble de la succession (instituée par le ministre des Finances Ramadier). **1959, 63, 65, 66,** taxe Ramadier supprimée, tarifs allégés, abattements élargis ou multipliés, majorations applicables aux héritiers âgés ou sans enfant abolies. Grâce aux *exonérations,* plus du tiers des successions des grandes fortunes échappent légalement à l'impôt. **1969,** le taux supérieur des droits en ligne directe et entre époux passe de 15 à 20 %.

■ **Paiement.** Dans les 6 mois du décès au Bureau de l'enregistrement des successions du domicile du défunt, et en même temps que le dépôt de la déclaration de succession ; en numéraire, par chèque à l'ordre du Trésor public, ou en remettant certains titres, exemples : emprunt Giscard remboursé par anticipation à compter du 1-6-1988, ou sous forme de dations de tableaux, de livres, de manuscrits, d'argenterie, de tapisseries ou de meubles anciens (système instauré par la loi Malraux du 3-12-1968 : une « commission d'agrément », composée des représentants des services du 1er ministre, des Finances, des Affaires culturelles et de l'Éducation nationale, consultera des experts avant de se prononcer). **Exemples de dations :** héritage *Picasso* († 1973) estimé à 1,2 milliard de F (l'État a reçu plus de 200 toiles, 158 sculptures, etc.) ; *Chagall* estimé à 710 millions de F (l'État touchera 170 millions sous forme de dations : 46 peintures, 150 gouaches, 229 dessins, 27 maquettes et 11 livres illustrés) ; *baronne Édouard de Rothschild* († 1983) réglé en partie par la dation de *L'Astronome* de Vermeer (seul Vermeer au monde n'appartenant pas à un musée).

Paiement différé : pour les biens en nue-propriété. Permet d'attendre la réunion de l'usufruit à la nue-propriété pour payer les droits. On peut choisir de payer des droits calculés sur la valeur de la nue-propriété avec des intérêts payables chaque année, ou des droits sur la valeur en pleine propriété des biens calculée le jour du décès (pas d'intérêts). *Intérêts* et *demande de paiement différé :* voir ci-dessous **Paiement fractionné.**

Paiement fractionné des droits de succession : la demande peut être faite au pied de la déclaration de succession ou par lettre jointe, et doit être accompagnée des justifications nécessaires et d'une offre de garantie (hypothèque sur un immeuble successionnel, etc.). Réponse du receveur des impôts dans les 3 mois. *Cas général :* les droits peuvent être acquittés en plusieurs versements égaux, le 1er lors du dépôt de déclaration de succession, le dernier 5 ans après le délai légal de souscription de la déclaration. *Nombre de versements :* si la proportion entre les droits dus et le montant taxable des parts recueillies est de 5 % : 2 versements ; de 5 à 10 % : 4 versements ; de 10 à 15 % : 6 versements ; de 15 à 20 % : 8 versements ; 20 % et plus : 10 versements. *Cas particulier :* pour héritiers en ligne directe et conjoint, possibilité d'un délai de 10 ans et du doublement du nombre de versements (au maximum 20). Si l'actif de la succession comprend au moins 50 % de biens non liquides (brevets d'invention, commerce, immeubles, etc.). *Intérêts dus :* taux fixé pour chaque semestre civil.

■ **Taux normaux des droits. 1°) Héritiers en ligne directe. Enfants. Taux :** *jusqu'à 50 000 F :* 5 % ; *de 50 001 à 75 000 F :* 10 % ; *de 75 001 à 100 000 F :* 15 % ; *de 100 001 à 3 400 000 F :* 20 % ; *de 3 400 001 à 5 600 000 :* 30 % ; *de 5 600 001 à 11 200 000 F :* 35 % ; *au-delà :* 40 %. **Abattement :** 300 000 F sur la part de chacun des ascendants et des enfants vivants ou représentés. Si l'un des héritiers a au moins 3 enfants vivants, il peut déduire des droits jusqu'à 4 000 F par enfant en plus du 2e. **Petits-enfants.** Si les parents ne sont pas prédécédés, même taux mais pas d'abattement. **Adoptés.** En principe, il n'est pas tenu compte du lien de parenté résultant de l'adoption simple, mais seulement du lien de parenté naturelle pouvant exister entre adoptant et adopté. Cependant l'adopté peut bénéficier du régime des transmissions en ligne directe si : dans sa minorité et pendant 5 ans (6 ans avant la loi du 30-12-1975) au moins, il a reçu secours et soins ou si secours et soins, *commencés pendant la minorité,* ont continué après sa majorité et duré au moins 10 ans au total ; s'il est d'un 1er mariage du conjoint de l'adoptant ou pupille de la Nation, de l'État, ou orphelin d'un père mort pour la France. Les enfants ayant bénéficié d'une légitimation adoptive ou d'une adoption plénière sont assimilés aux enfants légitimes (décret du 23-3-1985, *JO* du 24).

2°) Conjoint. Taux : *jusqu'à 50 000 F :* 5 % ; *de 50 001 à 100 000 F :* 10 % ; *de 100 001 à 200 000 F :* 15 % ; *de 200 001 à 3 400 000 :* 20 % ; *de 3 400 001 à 5 600 000 :* 30 % ; *de 5 600 001 à 11 200 000 :* 35 % ; *au-delà :* 40 %. **Abattement :** 400 000 F (330 000 jusqu'au 31-12-1998, 500 000 à partir du 1-1-2000).

3°) Concubins liés par un Pacs. Taux : *jusqu'à 100 000 F :* 40 % ; *au-delà :* 50 %. **Abattement :** 375 000.

4°) Frères et sœurs. Taux : *jusqu'à 150 000 F :* 35 %. *Au-delà :* 45 %. **Abattement :** 100 000 F sur la part de chaque frère et sœur célibataire, veuf, divorcé ou séparé de corps s'il a plus de 50 ans ou ne peut subvenir par son travail aux nécessités de l'existence (il faut qu'il ait été constamment domicilié pendant 5 ans au moins avec le défunt à la date du décès). Autres cas : 10 000 F.

5°) Parents jusqu'au 4e degré. *Neveux ou nièces, petits-neveux, petites-nièces, cousins germains.* **Taux :** 55 %. **Abattement :** 10 000 F.

6°) Parents au-delà du 4e degré et non-parents. Taux : 60 %. **Abattement :** 10 000 F.

☞ Après 10 ans, les donations antérieures ne sont plus prises en compte pour le calcul des droits de mutation à titre gratuit en cas de nouvelle donation ou de succession. En cas de taxation d'un don manuel révélé à l'administration, les droits de mutation sont calculés sur la valeur des biens à la date de la révélation. Le donataire doit procéder à l'enregistrement ou à la déclaration dans le mois qui suit la date de révélation. Seules les donations soumises aux droits d'enregistrement peuvent bénéficier de la dispense de rappel.

☞ Pour les biens immobiliers, la loi applicable est celle du pays où se situe le bien. Pour les biens meubles (avoirs bancaires, liquidités), on fait application de la loi du pays du domicile du défunt, quel que soit l'endroit où se trouvent les biens.

■ **Réductions de droits. Familles nombreuses :** héritier ou donataire ayant 3 enfants ou plus, vivants ou représentés au moment de l'ouverture de la succession ou au jour de la donation 2 000 F par enfant en sus du 2e, 4 000 F pour donations et successions en ligne directe et entre époux.

Mutilés de guerre (invalides à 50 % au moins) : réduction de 50 % (maximum 2 000 F).

Handicapés : *abattement :* 300 000 F ; cumulable : prévu en cas de parenté, mais pas avec l'abattement général de 10 %.

■ **Exonérations des droits. Assurances vie** (voir p. 1612 c).

Assurance vie ou décès. Contrats souscrits avant le 20-11-1991, *avant 66 ans :* le capital ou, le cas échéant, la rente ne font pas partie de la succession. *Au-delà de 66 ans,* seuls les 1ers 100 000 F sont exonérés, dans la mesure où le capital ne dépasse pas de 1/3 les primes dues dans les 4 ans de la souscription. **Après le 20-11-1991 :** les primes versées *avant 70 ans* échappent aux droits de succession ; les primes payées *après 70 ans* sont imposables après application d'une franchise de 200 000 F. *Depuis le 13-10-1998 :* les sommes versées à un bénéficiaire, suite au décès de l'assuré, font l'objet d'un prélèvement de 20 % sur la partie excédant 100 000 F.

Bois et forêts et parts de groupements forestiers. A concurrence des 3/4 de leur valeur, s'il s'agit d'une exploitation régulière et si les héritiers s'engagent à la continuer 30 ans.

Les parts de GFA et les biens ruraux donnés à bail à long terme à concurrence des 3/4 de leur valeur lors de leur 1re transmission à titre gratuit, à la condition, pour les parts de GFA, que : les statuts interdisent le faire-valoir direct ; les biens du groupement soient donnés à bail à long terme ; les parts soient détenues depuis 2 ans au moins par le donateur ou le défunt. Lorsque les biens ruraux et les parts de GFA transmis par le donateur ou le défunt à un même donateur, héritier ou légataire, sont d'une valeur supérieure à 500 000 F, l'exonération partielle est ramenée de 75 % à 50 % au-delà de cette limite (loi du 29-12-1983).

Entreprise. Exonération de droits de succession à concurrence de la moitié de la valeur et sous certaines conditions (art. 789 A et B du CGI).

Réversions de rentes viagères entre époux ou parents en ligne directe.

☞ Depuis janv. 1991, la succession d'une personne **victime d'un acte de terrorisme** est exonérée si le décès résulte directement de cet acte (ou de ses conséquences)

Partage des droits entre l'usufruit et la nue-propriété selon l'âge

Age de l'usufruitier	Usufruit ¹	Nue-propriété ¹
– de 20 ans révolus	70 %	30 %
20 à 29 ans	60 %	40 %
30 à 39 ans	50 %	50 %
40 à 49 ans	40 %	60 %
50 à 59 ans	30 %	70 %
60 à 69 ans	20 %	80 %
+ de 70 ans révolus	10 %	90 %

Nota. – (1) En % de la pleine propriété.

Usufruit (art. 578 et suiv. du Code civil)

■ **Définition.** Démembrement temporaire de la propriété dont le droit de jouir des choses dont un autre a la propriété, comme le propriétaire lui-même, mais à la charge d'en conserver la substance. L'*usufruitier* peut user du bien et en percevoir les fruits (revenus), le *nu-propriétaire* (propriétaire du bien grevé de l'usufruit) dispose des autres prérogatives découlant du droit de propriété (essentiellement du droit d'aliéner la chose). Le droit d'usufruit a un caractère personnel et temporaire (le plus souvent viager). Il ne se transmet pas aux héritiers et prend fin à la mort de l'usufruitier. Il peut s'exercer sur : meubles incorporels (valeurs en Bourse), corporels (meubles meublants), immeubles déterminés ou succession entière.

■ **Obligations à la charge de l'usufruitier. 1°) Au début de l'usufruit :** *inventaire. Caution de jouir en bon père de famille :* une personne solvable qui garantira sur ses biens personnels le nu-propriétaire contre les abus de jouissance de l'usufruitier, et contre le défaut de restitution des meubles. L'usufruitier peut être dispensé par le nu-propriétaire de fournir une caution, cas fréquent dans les donations et testaments établissant un usufruit. *Si l'usufruitier ne peut fournir caution :* celle-ci peut être remplacée par une hypothèque. Si l'usufruitier est dans l'impossibilité de fournir une garantie, les immeubles sont donnés à bail ou mis sous séquestre ; les sommes comprises dans l'usufruit sont placées ; les meubles sont vendus et le montant de la vente est placé (les intérêts des sommes ainsi placées et le montant des loyers reviennent à l'usufruitier).

2°) Pendant la durée de l'usufruit : l'usufruitier a un droit d'usage et de jouissance. Il peut utiliser le bien objet de l'usufruit pour son usage personnel, percevoir les fruits et revenus, les loyers, les récoltes, accomplir tous actes d'administration (mais il ne peut disposer de la chose, l'aliéner, l'hypothéquer), couper les arbres suivant l'usage des lieux, acquitter les charges (impôts), faire les réparations d'entretien. Il doit se comporter en « bon père de famille ». Les baux qui portent sur des fonds ruraux, des immeubles à usage commercial, industriel ou artisanal, de 9 ans, exigent le concours du nu-propriétaire et de l'usufruitier. Les baux d'habitation et à usage professionnel conclus par l'usufruitier ne peuvent être opposables au nu-propriétaire pour plus de 9 ans quand l'usufruit prend fin. *Il doit rendre les meubles dans l'état où ils se trouvent à l'expiration de son droit* et non dans celui où ils se trouvaient au début de l'usufruit. Il ne doit indemnité que si les dégradations résultent de son dol ou de sa faute (dispense pour le père ou la mère qui ont l'usufruit légal des biens de leurs enfants, le vendeur ou le donateur sous réserve d'usufruit).

3°) Lors de la cessation de l'usufruit : restitution de la chose. Reddition de compte par l'usufruitier ou ses héritiers.

■ **Obligations à la charge du nu-propriétaire.** Il ne peut, par son fait ni de quelque manière que ce soit, nuire aux droits de l'usufruitier (art. 599, alinéa 1) [si l'usufruitier est évincé par un tiers, il doit agir contre ce tiers]. Il doit les *grosses réparations* et les *charges extraordinaires :* branchement à l'égout, par exemple (les charges ordinaires et les réparations d'entretien incombent à l'usufruitier). Le tribunal de grande instance est compétent en cas de litige entre usufruitier et nu-propriétaire.

Montant des droits de succession

Selon le rang des héritiers (en %). **Allemagne** 20 à 70 ; **Belgique** 30 à 80 ; **Espagne** 58 à 84 ; ***France*** *5 à 60* ; **G.-B.** 30 à 60 ; **Italie** 3 à 31 ; **P.-Bas** 5 à 68 ; **Portugal** 4 à 76 ; **Suisse** 1 à 10 (selon les cantons ; Schwyz est exonéré).

Selon le montant hérité (héritage en ligne directe de parent à enfant, en millions de F). **Allemagne** 1 million de F : *2,5* ; 5 : *8* ; 15 : *11.* ***France*** 1 : *13* ; 5 : *21* ; 15 : *31.* **G.-B.** 1 : *9* ; 5 : *35* ; 15 : *52.* **Italie** 1 : *5,5* ; 5 : *19* ; 15 : *27.* **Suisse** 1 : *2* ; 5 : *4* ; 15 : *5.* **USA** 1 : *0* ; 5 : *10* ; 15 : *15.*

Pour un couple ayant 2 enfants et ayant hérité de 6 millions de F et, entre parenthèses, **30 millions de F. Espagne** 19,3 (26) ; **P.-Bas** 16,7 (26) ; ***France*** *15 (24)* ; **G.-B.** 15 (27) ; **Italie** 10 (26) ; **Belgique** 7,8 (20) ; **Allemagne** 5,3 (20) ; **Suisse** 4,6 (6,22) ; **USA** 0 (30).

et intervient dans les 3 ans, quel que soit le montant de la succession et quelle que soit la qualité de l'héritier.

Nota. – L'*emprunt Pinay* (3,5 % 1952 et 1958) à capital garanti qui était exonéré a été supprimé le 20-9-1973. L'*emprunt Giscard d'Estaing* qui l'a remplacé (4,5 % : échange possible) n'est plus exonéré.

DÉCÈS

■ **Nombre de décès en France en 2000 :** 538 300, dont 58 % sont intervenus à l'hôpital. *Causes* (voir p. 172 c).

☞ 40 % des décédés ont reçu des soins (thanatopraxie) et entre 20 et 30 % ont été incinérés.

■ **Mortalité accidentelle. Taux** (pour 100 000 hab., en 1984) : Suisse 82,3. Espagne 77,2. *France 71.* All. féd. 44. G.-B. 25. **Nombre :** *accidents corporels de la route : 1996* 125 406. *Tués : 1972 :* 16 500 ; *75-78 :* 12 873 ; *79-82 :* 12 189 ; *83 :* 11 677 ; *84 :* 11 525 ; *85 :* 10 447 ; *86 :* 10 961 ; *87 :* 9 855 ; *88 :* 10 458 ; *96 :* 8 080. *Accidents domestiques :* environ 4 000 †.

Taux annuel [1]	Hommes		Femmes	
	1997	1935/37	1997	1935/37
Tous âges . .	9,6	17	8,6	14,3
– de 1 an [2]	5,3	74,5	4,1	58
1-4	0,3	6,24	0,26	5,56
5-9	0,17	1,83	0,11	1,65
10-14	0,18	1,38	0,13	1,4
15-19	0,64	2,59	0,27	2,54
20-24	1,14	4,55	0,37	3,95
25-29	1,19	4,83	0,4	4,06
30-34	1,43	6,05	0,59	4,15
35-39	1,99	7,57	0,87	4,71
40-44	3,03	9,8	1,33	5,83
45-49	4,58	12,6	1,99	7,59
50-54	6,53	17,1	2,87	10,4
55-59	9,5	23,3	3,9	13,9
60-64	14,6	33,2	5,6	20,9
65-69	22	48,2	8,9	32,1
70-79	40,6	88,4	19,3	66,5
80 et + ...	130	208	102	172

Nota. – (1) Décédés pour 1 000 personnes de chaque groupe d'âge. (2) Décédés de moins de 1 an pour 1 000 nés vivants.

DÉFINITIONS DE LA MORT

☞ *Apparaissent entre la 2e et la 6e heure :* la rigidité cadavérique (dure de 24 à 72 h), *vers la 5e heure :* la pâleur, *vers la 12e heure :* taches rouges violacées (position) sur les parties déclives, *de 1 à 3 jours après :* odeur désagréable, *entre la 36e et la 48e heure :* taches vertes au niveau de l'abdomen.

■ **Définition classique.** Une personne est morte lorsque son cœur ne bat plus et qu'elle cesse de respirer. Cette règle permet de prolonger la vie de personnes inconscientes pendant longtemps, grâce à des appareillages modernes.

Pour l'Église catholique, la vie est un don de Dieu dont l'homme ne peut disposer. Mais personne n'est tenu d'employer tous les moyens possibles pour prolonger une existence insupportable. Le pape Pie XII a déclaré légitime l'arrêt de la respiration assistée d'un malade en coma dépassé, et l'emploi d'antalgiques même s'ils risquent d'accélérer la mort. Le médecin doit trouver dans sa conscience et dans la science la limite qui sépare le faire-mourir du laisser-mourir.

■ **Critères légaux. Concept de mort cérébrale :** selon l'Académie nationale de médecine (séance du 15-11-1991) : abolition de la conscience, de tous les réflexes du tronc cérébral, de la respiration spontanée, nullité de l'électro-encéphalographie, chez un patient n'ayant pas pris de médicaments dépresseurs du système nerveux central, dont la température interne est au voisinage de sa valeur normale et en l'absence de certaines maladies métaboliques ou endocriniennes connues pour leur capacité à fausser l'interprétation des critères fondamentaux. Au cas où un traitement par médicaments divers aurait été prescrit avant que le diagnostic de mort cérébrale ne soit porté, il faut exclure leur responsabilité par confrontation clinico-biochimique. Ces critères doivent être tous réunis et constatés pendant un temps suffisant dont la durée dépend de l'état pathologique responsable de la mort cérébrale et de l'âge du patient. Au cas où la conviction de la mort cérébrale n'est pas totale, des investigations complémentaires doivent être pratiquées (potentiels évoqués, Doppler intracrânien ou artériographie cérébrale pour vérifier l'arrêt de la circulation cérébrale) selon les possibilités locales. Le certificat attestant la mort cérébrale doit être signé par 2 médecins dont l'un par le chef de service ou son représentant, et l'autre, si possible, par l'électro-encéphalographiste responsable des tracés.

Selon le décret no 96-1041 du 2-12-1996 (art. R. 671 du Code de la santé publique), le constat de la mort ne peut être établi que si les critères cliniques suivants sont simultanément présents : **1o**) absence totale de conscience et d'activité motrice spontanée ; **2o**) abolition de tous les réflexes du tronc cérébral ; **3o**) absence totale de ventilation spontanée. Si la personne dont le décès est constaté cliniquement est assistée par ventilation mécanique et conserve une fonction hémodynamique, l'absence de ventilation spontanée est vérifiée par une épreuve d'hypercapnie. De plus, en complément des 3 critères cliniques mentionnés, il doit être recouru pour attester du caractère irréversible de la destruction encéphalique : *1o)* soit à 2 électroencéphalogrammes nuls et aréactifs effectués à un intervalle minimal de 4 h, réalisés avec amplification maximale sur une durée d'enregistrement de 30 minutes et dont le résultat doit être immédiatement consigné par le radiologue qui en fait l'interprétation ; *2o)* soit à une angiographie objectivant l'arrêt de la circulation encéphalique et dont le résultat doit être immédiatement consigné par le radiologue qui en fait l'interprétation.

☞ Les *critères légaux* de la mort diffèrent selon les pays. En **Grande-Bretagne,** on se fonde sur l'absence de réactivité bulbaire au gaz carbonique. Aux **USA**, depuis 1981, on considère qu'un individu est décédé lorsqu'il a subi soit une cessation irréversible des fonctions circulatoires et respiratoires, soit une cessation irréversible de toutes les fonctions du cerveau, y compris le tronc cérébral. Avec cette définition, 10 à 20 % des Américains dont on entretient la respiration ou la circulation sanguine de manière artificielle pourraient être considérés comme « morts ».

☞ *Association pour le droit de mourir dans la dignité,* 103, rue La Fayette, 75010 Paris. *Pt :* Henri Caillavet (né 13-2-1914, sénateur honoraire).

☞ **Casser sa pipe :** expression rappelant la mort du mathématicien suisse Leonhard Euler (1707-83) qui, victime d'un malaise, lâcha sa pipe et trépassa ou celle de l'acteur Mercier († 1831) qui, jouant le rôle de Jean Bart, une pipe à la bouche, mourut en scène.

FORMALITÉS

■ **Décès à l'hôpital.** La loi prévoit que l'établissement doit conserver le corps gratuitement 3 jours dans une chambre froide. Si l'hôpital n'en possède pas, il doit prendre en charge les frais de transfert et de séjour dans une chambre funéraire privée.

■ **Déclaration.** A la mairie de la commune où a eu lieu le décès, le plus tôt possible. La famille peut ne pas rendre publiques les causes d'un décès. La mairie avise le médecin chargé par l'officier d'état civil de s'assurer du décès, d'attester que celui-ci ne pose pas de problème médico-légal et remet la lettre de constat à la famille ou aux Pompes funèbres qui doivent la rapporter, avec le livret de famille du décédé, à la mairie ; à ce moment seulement, est délivrée l'*autorisation de fermeture du cercueil* (en cas d'inhumation sans autorisation préalable : 10 jours à 1 mois de prison et/ou 400 F à 1 000 F d'amende) (art. R. 40 du Code pénal). Une autorisation est aussi nécessaire pour les mort-nés et les fœtus s'ils ont 6 mois de gestation.

■ **Autopsie.** Peut être ordonnée par le procureur de la République en cas de : décès sur la voie publique ou dans un lieu public ; mort violente ou suspecte ; mort accidentelle dans un lieu privé ; accident du travail. La famille ne peut s'y opposer. Peut être pratiquée, à l'initiative du médecin, lorsque le décès a eu lieu dans un hôpital public. **Autopsie médico-scientifique :** *but :* découvrir les véritables causes du décès mais seulement si le défunt ne s'y était pas opposé de son vivant et après accord de ses proches.

■ **Morts pour la France.** Mention créée par la loi du 2-7-1915, modifiée par celle du 28-2-1992. Attribuée automatiquement aux combattants tués par l'ennemi. Dans les autres cas (otages, prisonniers de guerre décédés en territoire ennemi ou neutre, personnes décédées à la suite d'actes de violence de l'ennemi), les familles doivent en faire la demande.

■ **Prélèvements sur comptes bloqués.** Dès le décès du titulaire, les comptes bancaires (sauf comptes joints), postaux ou d'épargne sont bloqués et ne peuvent donc normalement être utilisés pour régler les frais d'obsèques. Les procurations cessent aussi d'être valables. Sur la demande expresse des ayants-droit du défunt, le directeur de l'établissement financier concerné (banque, centre de chèques postaux, caisse d'épargne) peut effectuer pour l'entreprise chargée des obsèques un virement direct d'un maximum de 20 000 F.

Comptes-titres : pour débloquer des valeurs (100 000 F au maximum), la banque exige un ordre de vente signé par l'ensemble des héritiers, ou une lettre du notaire confirmant la volonté des héritiers.

Chèques postaux : le compte est bloqué dès la connaissance officielle du décès. Un des héritiers peut se « porter fort » jusqu'à 8 000 F. Au-delà, un certificat de propriété est nécessaire. Le compte joint évite le blocage, pour les chèques postaux et en matière bancaire. Certains comptes, comme le compte d'épargne en actions (CEA), sont débloqués par le décès.

Usages du deuil au début du XXe siècle	Crêpe	Soie noire	Demi-deuil
Grands deuils			
Veuf, veuve	1 an	6 mois	6 mois
Père, mère	9 mois	6 mois	3 mois
Beau-père, belle-mère .	9 mois	6 mois	3 mois
Enfant, gendre, belle-fille	6 mois	3 mois	3 mois
Grands-parents	6 mois	3 mois	3 mois
Frère, sœur	6 mois	2 mois	2 mois
Beau-frère, belle-sœur	6 mois	2 mois	2 mois
Petits deuils			
Oncle, tante		3 mois	3 mois
Cousin, cousine		6 sem.	6 sem.

Coffres bancaires : bloqués au décès (sauf en cas de procuration après décès acceptée par la banque). En cas de location conjointe, les héritiers peuvent s'opposer au libre accès du coffre pour le survivant et en exiger le blocage.

ENTERREMENT

Renseignements : *Association française d'information funéraire (Afif) :* 9, rue Chomel, 75007 Paris. *Fédération française de crémation :* 50, rue Rodier, 75009 Paris. *Fédération française des pompes funèbres (FFPF) :* 40, rue des Aulnes, 92330 Sceaux. *Fédération nationale de la marbrerie funéraire :* 3, rue Alfred-Roll, 75849 Paris Cedex 17. *Fédération nationale des professionnels du funéraire (FNPF) :* 14, rue des Fossés-Saint-Marcel, 75005 Paris. *PF Liberté :* 75, rue Jules-Guesde, 93140 Bondy. *Pompes funèbres générales :* 42, bd Richard-Lenoir, 75011 Paris. *Fédération nationale des services funéraires publics* (FNSFP), Complexe funéraire Saint-Étienne, Domaine de Grammont, avenue Albert-Einstein, 34000 Montpellier.

GÉNÉRALITÉS

■ **Date.** Le maire autorise l'inhumation ou la crémation 24 h au plus tôt après le décès (autorisation délivrée par l'officier d'état civil sur présentation d'un certificat médical).

■ **Enterrements religieux. Catholique :** baptisés, catéchumènes ont le droit d'être enterrés religieusement. L'évêque peut accorder l'enterrement religieux pour un petit enfant dont les parents envisageaient le baptême ainsi qu'à des baptisés non catholiques. Seule une attitude d'opposition violente au christianisme entraînerait un refus : apostats notoires, personnes dont l'enterrement religieux ferait scandale. *Frais :* le plus souvent, ils correspondent aux dépenses de la paroisse pour la circonstance (personnel laïc).

Le rite rénové (1969) manifeste la foi en la résurrection (absoute finale remplacée par un « dernier adieu », couleur violette ou grise plutôt que noire, cierge pascal). Rituel adapté aux usages locaux et aux requêtes des familles. Crémation acceptée. Dans des circonstances exceptionnelles, la célébration des obsèques peut avoir lieu en l'absence du corps (dons d'organes, disparitions en mer...).

☞ Messe des défunts : dite *de requiem,* du 1er mot de son introït (ou chant d'ouverture) : *« Requiem æternam dona eis Domine, et lux perpetua luceat eis »* (Donne-leur, Seigneur, le repos éternel et que la lumière éternelle brille pour eux).

Protestant : les protestants n'ont pas de rituel précis. Certains préfèrent la levée du corps dans l'intimité, suivie d'une inhumation. Après celle-ci, culte d'adoration et de reconnaissance généralement célébré au temple. D'autres choisissent la formule du culte, le cercueil étant dans l'église. Dans l'un et l'autre cas, il existe une liturgie appropriée.

Israélite : pas de cérémonie religieuse à la synagogue. Lecture de psaumes avant le transfert au cimetière. Prières et psaumes au cimetière. Toilette et vêtements rituels. Prières après les obsèques au domicile du défunt.

Musulman : lavage rituel du corps, prières au domicile de la famille et au cimetière au moment de l'inhumation.

■ **Liberté des funérailles.** Principe établi par la loi du 15-11-1887 et divers règlements. Ceux qui donneraient aux funérailles un caractère contraire à la volonté du défunt, ou à la décision de justice, encourraient une amende de 1 200 à 3 000 F (décret du 18-7-1980) ; de 2 ans à 5 ans de prison en cas de récidive, et la réclusion criminelle de 10 à 20 ans en cas de 2e récidive (art. 199 et 200 du Code pénal).

■ **Prestations. Catégories** (loi du 28-12-1904 modifiée par la loi du 8-1-1993) : **1o**) *service extérieur,* qui regroupe : cercueil, corbillard, tentures et façades extérieures, transport du corps dans la limite de la commune ; gestion et utilisation des chambres funéraires, fourniture de personnel et des objets, et prestations nécessaires aux obsèques, inhumations, exhumations et crémations. Disparition du monopole communal de ce service extérieur (pouvant être ou non exercé en régie par le maire) au profit d'un service public des pompes funèbres assuré concurrentiellement par des régies communales ou intercommunales, des entreprises, des sociétés ou des associations, sous réserve d'une habilitation préfectorale. *Crématoriums :* relèvent de la

■ **Le médecin doit-il la vérité au malade ?** Le médecin apprécie l'attitude la moins traumatisante pour son malade compte tenu de ce qu'il connaît de ses croyances, de sa famille... Sauf exception définie par l'art. 35 du Code de déontologie médicale (décret 95-1000 du 6-9-1995) : « Pour des raisons légitimes que le praticien apprécie en conscience, un malade peut être tenu dans l'ignorance d'un diagnostic ou d'un pronostic graves, sauf dans les cas où l'affection dont il est atteint expose les tiers à un risque de contamination. Un pronostic fatal ne doit être révélé qu'avec circonspection, mais les proches doivent en être prévenus, sauf si le malade a préalablement interdit cette révélation, ou désigné les tiers auxquels elle doit être faite. »

compétence exclusive des communes ou de leur groupement, la gestion pouvant être exercée directement ou déléguée. **2°)** *Service intérieur,* qui concerne la cérémonie religieuse, confié aux associations cultuelles qui fixent librement leurs modes de rétribution. **3°)** *Service des éléments connexes* (loi du 8-1-1993) qui comprend toutes fournitures et travaux laissés hors des services extérieurs et intérieurs : croix et emblèmes religieux, plaques, garniture intérieure du cercueil, soins de conservation, faire-part, fleurs, couronnes, etc.

Dans beaucoup de communes rurales, les familles pourvoient elles-mêmes au transport ou à l'enterrement de leurs morts. Le cercueil est souvent fabriqué par le menuisier du village.

■ **Conservation des corps.** Assurée par le froid (case réfrigérante, neige carbonique) ou par des soins « somatiques » avec injection dans le corps d'un liquide aseptique et stérilisant. Pour les soins somatiques, il faut l'autorisation du maire de la commune du lieu de décès ou de la commune où sont pratiqués les soins de conservation ; cependant ils sont interdits en cas de décès dus au sida et à certaines maladies contagieuses. **Après le décès d'une personne ayant le sida :** le dépôt immédiat en cercueil simple est requis. Les soins de thanatopraxie sont interdits (arrêté ministériel du 17-11-1986, *JO* du 20-12-1986).

■ **Frais d'obsèques. Financement :** *Sécurité sociale :* verse aux ayants droit un capital-décès équivalant à 3 mois du salaire soumis aux cotisations (dans la limite du plafond). *Prévoyance-obsèques* et *Épargne funéraire :* certains organismes couvrent spécialement les frais d'obsèques, par contrat fixant le détail des fournitures (Groupement auxiliaire de prévoyance funéraire) ou contre une cotisation annuelle (Garantie-obsèques). *Stés mutualistes :* prévoient un capital-obsèques (les pompes funèbres se font régler par la mutuelle tout ou partie de la facture approuvée par la famille). *Assurances obsèques :* certaines Cies d'assurances (Gan, GMF) offrent des garanties spéciales pour la couverture des frais d'obsèques. *Assurance vie* (voir p. 1612 c). *Banques :* certaines proposent, contre environ 30 F par an, un capital (20 000 F à 175 000 F) en cas de décès du titulaire du compte, en rapport avec la valeur en compte au jour du décès.

Prix d'un convoi social : autour de 1 500 F. **Inhumation :** à partir de 6 000 F, hors frais de cimetière. **Crémation :** à partir de 8 000 F, frais de crématorium inclus (services assurés par les services funéraires de Paris, en 2000, TTC).

Prix d'un cercueil à Paris (au 1-1-1997, HT) : *service social à tarif réduit :* cercueil volige (pas d'aménagement intérieur) 796 F. *Classe C :* cercueil en bois dur teinté 3 458 F. *Classe B :* cercueil en bois dur verni 4 391 F.

Répartition des frais d'obsèques à la charge d'une famille (en F, 2001) : marbrier 8 500 ; *entreprises* (ou régies) de pompes funèbres : services funéraires (soins, du corps, corbillard, cérémonie...) 4 500 ; *collectivités :* État (TVA) 2 200, communes 1 450, clergé 300. Sur autorisation de la famille et après accord de la banque, une somme de 20 000 F peut être prélevée sur le compte du défunt et virée aux pompes funèbres.

Frais et taxes divers (coût à Paris) : *frais de ramassage* (en cas de décès sur la voie publique) : 1 100 F entre 8 h 45 et 18 h 30, 2 150 F au-delà. *Taxe de creusement pour 1,50 m :* 1 040,52 F ; *pour 2 m :* 1 387,36 F. *Redevances pour exhumation :* 560 F par cercueil : 150 F par urne.

☞ **Un convoi comprend :** cercueil, porteurs, corbillard, fournitures non monopolisées (garnitures intérieures, plaques, etc.), assistance d'un employé à la mise en bière et au convoi, sauf pour le service social à tarif réduit.

■ **Obsèques de personnalités.** Le gouvernement décide s'il s'agit d'*obsèques nationales* (réservées à des personnalités ayant eu un rôle exceptionnel dans la vie du pays) ou d'*obsèques solennelles ;* il n'est tenu par aucune règle. Les cérémonies tiennent compte de la qualité du défunt : chef de l'État, chef du gouvernement, militaire, et du fait qu'il était ou non en fonction. Généralement les membres du gouvernement, le corps diplomatique, les corps constitués y participent ; les honneurs militaires sont rendus avec plus ou moins de faste. Les frais des obsèques nationales, parfois ceux des obsèques solennelles, sont pris en charge par l'État. *Ont eu des obsèques nationales :* les maréchaux Leclerc, de Lattre de Tassigny, Juin. Les Présidents de Gaulle, Pompidou et Mitterrand ont eu des obsèques privées, mais un hommage solennel a été rendu par le gouvernement à Notre-Dame de Paris.

■ **Religion et corps du défunt.** (*Abréviations :* i. : interdiction, a. : autorisation). **Incinération du corps.** *Bahaïsme :* i. *Bouddhisme :* conseillée. *Catholicisme :* a. depuis mai 1963. *Hindouisme :* obligatoire. *Islam :* i. *Jaïnisme :* obligatoire. *Judaïsme :* i. *Orthodoxie :* i. *Protestantisme :* a. depuis 1898. *Sikhisme :* obligatoire. *Tradition africaine :* i. **Dons d'organes.** *Bahaïsme :* a. *Bouddhisme :* a. *Catholicisme :* a. *Islam :* a. pour sauver la vie. *Hindouisme :* a. *Jaïnisme :* a. avec accord du donneur. *Judaïsme :* i. de fait ; a. pour sauver une vie. *Orthodoxie :* a. avec accord du donneur. *Protestantisme :* a. *Sikhisme :* pas de position officielle. *Tradition africaine :* i. **Don du corps à la science.** *Bahaïsme :* a. pour contribuer au progrès de l'humanité. *Bouddhisme :* a. *Catholicisme :* a. pour les progrès de la recherche. *Islam :* i. *Hindouisme :* a. si le corps est incinéré par la suite. *Jaïnisme :* i. *Judaïsme :* i. *Orthodoxie :* réserves importantes. *Protestantisme :* a. *Sikhisme :* pas de position officielle. *Tradition africaine :* i.

■ **Statistiques. Chiffre d'affaires de la filière funéraire :** 17 à 20 milliards de F en 2000 dont, en %, marbrerie 30, pompes funèbres 35, fleurs et accessoires 21, soins 4, entretien 1. **Entreprises :** 15 350 se partagent chaque année environ 540 000 enterrements. **Coût moyen d'un enterrement** [hors concession, marbrerie et travaux associés de terrassement (Paris-Ile-de-France 18 000 F, province 15 000 F)] : 18 000 F dont, en %, cercueil 28, convoi 17, funérarium 11, formalités et démarches administratives 11, soins aux défunts 8, fleurs 5, faire-part et remerciements 5, art funéraire 4. **Coût d'une crémation :** 8 à 12 000 F.

■ **Groupe OGF-PFG.** Filiale depuis 1979 de Lyonnaise des Eaux (6 300 personnes) et ses filiales ; racheté juillet 1995 par groupe *SCI (Service Corporative International)* [Houston, USA ; *chiffre d'affaires :* 5,6 milliards de $], détient 27 % du marché. **Chiffre d'affaires :** 2,9 milliards de F en 1999. **Obsèques organisées :** 140 000. **Roc'Eclerc-Pompes funèbres. Gérants :** Thierry et Jean-Louis Marras (financiers) qui ont racheté, via un holding, la marque Roc'Eclerc auprès du liquidateur judiciaire de Michel Leclerc en 1996. **Chiffre d'affaires :** 700 à 800 millions de F. **Obsèques organisées :** 60 000. **Réseaux indépendants. Le Choix Funéraire. Chiffre d'affaires :** 680 millions de F ; 450 magasins. **Obsèques organisées :** 35 000 à 45 000. **Funéris. Funéplus. Le Vœu funéraire. Régies municipales.** 15 % de parts.

■ **A combien revient un mort ?** En 1984, les assurances payaient une indemnité moyenne de 208 000 F par tué. *Par tranche d'âge : 0 à 9 ans :* 102 000. *10 à 14 :* 107 000. *15 à 19 :* 124 000. *20 à 24 :* 175 000. *25 à 44 :* 369 000. *45 à 64 :* 275 000. *Plus de 65 :* 115 000.

■ **Enterrés vivants.** A la fin du XIXe s., un chercheur les avait évalués à 2 700 par an en Angleterre et au pays de Galles. Lors du transfert aux USA des cimetières de soldats américains au Viêt Nam (et aussi des soldats morts en France en 1944), on avait constaté dans 4 % des cas des altérations et des déplacements éloquents (poignets rongés, squelettes retournés...).

☞ **Celestis,** entreprise de pompes funèbres de Floride, a proposé en 1985 à ses futurs clients d'envoyer (pour 3 900 $) leurs cendres en orbite dans un satellite placé à 3 000 km de la Terre. Celui-ci, pesant 150 kg, aurait emporté les restes de 10 000 personnes dont les cendres (une dizaine de g) seraient placées dans des gélules de 1 cm sur 5, portant le nom du défunt et une indication de sa religion. Avec de bonnes jumelles, les parents auraient pu suivre le satellite dans l'espace pendant 63 millions d'années.

■ Transports de corps

■ **Sans cercueil. Autorisés à destination :** *de la résidence du défunt ou d'un membre de sa famille,* en cas de décès survenu hors du domicile du défunt, sauf problème médico-légal, si l'état du corps permet un tel transport ; *d'une chambre funéraire* (établissement destiné à recevoir les défunts avant mise en bière, première réalisation en France : Menton, 1962) quel que soit le lieu de décès, sur demande de la famille ou de la personne chez qui le décès a eu lieu ; *d'un établissement d'hospitalisation, d'enseignement ou de recherche* si le défunt a fait don de son corps à la science. Ces délais sont les mêmes que ceux de droit commun. Nécessitent l'autorisation du maire de la commune de décès (préfet de police à Paris) et la pose d'un bracelet d'identification par un fonctionnaire de police auquel il faut régler une vacation. Interdits en cas de décès consécutif à certaines maladies contagieuses. *Délai de droit commun :* 24 h à compter du décès, 48 h si le défunt a reçu des soins de conservation. Transports effectués au moyen de véhicules spécialement aménagés.

■ **En cercueil.** *Sur le territoire français :* autorisation donnée par le maire de la commune du décès (ou du lieu de fermeture du cercueil) ou le préfet de police à Paris. Présence nécessaire d'un commissaire de police ou du garde champêtre au départ et à l'arrivée, auquel il faut régler une vacation. Le cercueil devra être, avec une garniture étanche, en bois de 18 ou 22 mm d'épaisseur après finition, selon la distance à parcourir. En cas de décès dû à une maladie contagieuse, le corps est enveloppé dans un linceul imbibé d'une solution antiseptique, et placé dans un cercueil hermétique. *A destination de l'étranger :* cercueil hermétique et autorisation donnée par le préfet du département où a eu lieu la fermeture du cercueil. S'adresser également au consulat du pays destinataire sauf si l'État destinataire a signé l'accord de Berlin de 1937. *Par avion :* cercueil hermétique muni d'un dispositif épurateur de gaz agréé par les ministères de la Santé et l'Aviation civile.

Rapatriement de corps ou transit : pour l'entrée en France (ou le transit), autorisation délivrée par le représentant consulaire français du pays du décès sauf si ce dernier est partie à la Convention de Berlin, complétée par l'accord de Strasbourg du 26-10-1973.

Tarifs des transports à distance : *par fourgon toutes destinations* (en dehors de Paris, en FTTC) : prise en charge 370, prix du kilomètre (aller + retour) 5.

☞ Corbillard : *XVIe s.,* nom donné au « coche d'eau », peint en noir, qui faisait le service de Corbeil à Paris ; *XVIIe s.,* carrosse bourgeois (sens ironique) ; *XVIIIe s.,* carrosse transportant la suite des princes ; *vers 1798* voiture transportant un cercueil.

■ Cimetière

Toute personne peut être enterrée sur sa propriété, si ladite propriété est hors du bourg et à au moins 35 m de la propriété voisine ou d'un cours d'eau. Après enquête d'un hydrologue, le préfet délivre une autorisation. Chaque cas nécessite une nouvelle autorisation.

■ **Lieu.** Doit être à 35 m au moins en dehors des villes et des bourgs, placé de préférence au nord ; la municipalité demande l'avis à un hydrologue et au Conseil départemental d'hygiène. La superficie est fonction du nombre présumé des morts à y enterrer chaque année, et la durée de rotation (minimum 5 ans) est proposée par l'hydrologue en fonction de la composition géologique et de l'humidité du sol. Si l'hydrologue indique que la durée de renouvellement des fosses doit être fixée à 7, 8 ou 10 ans, la surface du cimetière affectée aux inhumations en terrain commun devra être 7, 8 ou 10 fois supérieure à l'espace nécessaire aux inhumations à assurer dans une année.

Fosses en terrain communal : fosses individuelles à au moins 30 cm les unes des autres et 1,50 m à 2 m de profondeur. Les emplacements sont fournis gratuitement pour la durée de rotation du cimetière. Elles peuvent être ensuite reprises pour une nouvelle inhumation. L'ouverture des fosses pour de nouvelles sépultures n'a lieu que de 5 ans en 5 ans.

Concessions : si la superficie du cimetière le permet, la commune peut en affecter une partie à des *concessions* pour des sépultures de famille (droit d'usage acquis par des particuliers). Surface minimale 2 m². La commune doit fournir gratuitement, autour des tombes ou des concessions, une bande de terrain de 0,30 à 0,50 m à la tête et au pied, et de 0,30 à 0,40 m sur les côtés, qui fait partie du domaine public (interconcessions). *Catégories :* temporaires (15 ans au maximum), trentenaires, cinquantenaires, perpétuelles. Les concessions de durée limitée non renouvelées retombent au bout de 2 ans révolus dans le domaine public sans formalité préalable.

■ **Régime des cimetières militaires.** Défini par les traités de Francfort (*10-5-1871 ;* 40 000 Allemands en France) et de Versailles (*28-6-1919 ;* 470 000 Allemands en France) et par plusieurs lois françaises, notamment : *4-5-1873* (création de carrés militaires dans les cimetières communaux) ; *29-12-1915* (sépulture perpétuelle des morts pour la France).

■ **Statistiques. Guerre 1914-18 :** *nécropoles nationales :* 228 ; *carrés communaux :* 2 782 (790 000 tombes). *Ossuaires* (corps non identifiés) : 550. *Cimetières français à l'étranger :* 887 ; Grèce 40 000 tombes ; Belgique 32 000 ; Dardanelles 15 000 ; Yougoslavie 4 000 ; Albanie 2 000 ; Italie 1 000.

Guerre 1939-45 : 125 000 corps restitués aux familles sur 255 000. *Nécropoles nationales :* 24 (40 000 tombes) ; *cimetières de 14-18 agrandis :* 35 (9 000) ; *carrés militaires municipaux :* 418 (70 000).

Indochine : *Fréjus* (Var) : 24 632 corps ont été rapatriés du 1-10-1986 au 24-7-1987, dont 3 407 militaires non « morts pour la France » et 3 395 civils. Il reste au Viêt Nam environ 15 500 tombes non regroupées (6 500 recensées ou approximativement localisées, 2 400 à Diên Biên Phu, difficilement discernables, et 6 600 sépultures de prisonniers dont la localisation est incertaine).

Total des tombes à la charge de l'État : 1 041 000.

■ **Mémoriaux nationaux :** *France combattante :* Mt-Valérien (Suresnes, Hts-de-S.) : 16 combattants d'une des phases de la guerre : mai-juin 1940, Fr. libre, déportation, etc. *Déportation :* camp de Struthof (Natzwiller, Bas-Rhin) : 1 100 déportés. *Réseau du Souvenir :* île de la Cité, Paris ; crypte : 1 déporté inconnu [dont Boulouris (Var) : 464 militaires † du 15 au 27-8-1944 en Provence. *Sigolsheim* (Ht-Rhin) : 1 589 morts de la campagne d'Alsace (1944-45)].

■ **Ossuaire de Douaumont (Meuse).** *1920* (20-8) pose de la 1re pierre. *1923* (24-3) projet définitif. *1927* (18/21-9) la 1re partie de l'édifice est inaugurée. *1932* (6/8-8) : inauguration définitive par Léon Azéma.

Le *soubassement* (galerie de 37 m avec 46 caveaux correspondant chacun à un secteur du champ de bataille) évoque la digue que les défenseurs de Verdun opposèrent à l'envahisseur [tour de 46 m (204 marches), lanterne des morts : cloche de 2 300 kg]. *Ossuaire :* restes non identifiables d'environ 130 000 combattants français et allemands.

■ **Notre-Dame de Lorette (P.-de-C.).** Colline de 166 m. *1727* après un voyage en Italie au sanctuaire de Lorette, le peintre Florent Guilbert, de la paroisse d'Ablain-St-Nazaire, fait édifier un oratoire. *1794* il est détruit. *1815* reconstruit. *1870-80* transformé en chapelle. *1914-18* elle est détruite. *1921-27* construction d'une chapelle romano-byzantine (de 46 m de longueur sur 14 de largeur) et d'une tour lanterne (de 52 m de hauteur) ; *cimetière :* 20 059 tombes de soldats identifiés ; *ossuaires :* restes de 19 998 inconnus. Reliquaire contenant de la terre et de la cendre des camps de concentration. *Soldats inconnus :* de 1939-45, inhumé 16-7-1950 ; d'Indochine 7/8-6-1980 ; d'Afrique du Nord 16-10-1977.

■ **Le Souvenir français.** Association créée 1887, comprenant 1 500 comités et 300 000 membres environ, 9, rue de Clichy, 75009 Paris. Participe à l'entretien des tombes et monuments consacrés aux « morts pour la France ».

Si la concession perpétuelle n'est pas entretenue, la tombe peut être reprise par l'Administration au bout de 30 ans. Le maire doit alors établir un procès-verbal d'abandon, le faire savoir par voie d'affichage et par lettre recommandée envoyée à la dernière personne dont l'adresse figure dans le dossier. Si 3 ans après cet avis, la concession est toujours abandonnée, le maire peut saisir le conseil municipal qui décidera de la reprise de la concession. Quand la concession est reprise par la commune, les restes sont réinhumés dans l'ossuaire perpétuel du cimetière ou incinérés sur décision du maire.

Les corps doivent être enterrés à au moins 1,50 m de profondeur, certaines tolérances existent pour les inhumations en caveau dans les régions où existent des caveaux bâtis en surface. La revente d'une concession est formellement interdite ; la concession peut être transmise par voie d'hérédité ou de donation et toujours à titre gratuit. Le concessionnaire peut refuser l'inhumation à certains de ses parents. Les personnes s'estimant lésées par ce refus peuvent faire valoir leurs droits devant les tribunaux. Cependant une autorisation spécifique doit être demandée pour faire inhumer une personne étrangère à la famille.

On ne peut s'opposer à la translation d'un cimetière, mais on peut obtenir un emplacement de taille égale dans le nouveau cimetière. Le transport et la nouvelle inhumation sont effectués aux frais de la commune (mais pas la reconstruction des monuments).

☞ Une tombe occupant en moyenne 2 m², 520 000 décès par an représenteraient 104 ha (160 ha avec l'accès) mais on utilise les caveaux dans lesquels les corps sont superposés pour réduire la surface nécessaire.

☞ *Cardiotaphe :* monument funéraire abritant le cœur d'un personnage. *Cénotaphe :* tombeau vide dédié à un défunt reposant ailleurs. *Cimetière :* du grec signifiant « lieu où l'on dort ».

Crémation (incinération)

Le 1er four crématoire « moderne » fut construit à Padoue (Italie) en 1869 par le Dr Brunetti. Le 1er établissement crématoire fut construit à Milan en 1875 par le Suisse Albert Keller (qui y fut le premier incinéré le 22-1-1876).

☞ Réglementée par la loi du 15-11-1887 instituant la liberté des funérailles et le décret du 27-4-1889. Admise par les protestants (1898) et l'Église catholique (depuis 5-7-1963), refusée par les juifs et non pratiquée par les musulmans.

■ **Taux de crémation** (en % des décès, 1999). G.-B. 70,39, Suisse 68,43, Pays-Bas 48,11, Belgique 29,63, USA 25,39, *France 18,* Espagne 13,04. Irlande 5,12, Portugal 1,

■ **Autorisation.** Accordée par le maire de la commune de décès ou du lieu de fermeture du cercueil (en cas de décès à l'étranger, par le maire du lieu où est situé le crématorium) et au vu de l'expression écrite des dernières volontés du défunt ou de la demande de la personne qui a qualité pour pourvoir aux funérailles ; du certificat du médecin d'état civil chargé de s'assurer que le décès ne pose pas de problème médico-légal ; le certificat médical doit mentionner que le corps du décédé ne porte pas de prothèse contenant des radio-éléments artificiels. (Tout médecin établissant un constat de décès est tenu de faire enlever ce type de prothèse avant mise en bière.) S'il y a refus du maire, l'autorisation du parquet est obligatoire.

■ **Durée.** Environ 1 h 30 dans un four chauffé de 800 °C à 1 000 °C. Les cendres, pulvérisées puis recueillies dans une urne, peuvent être : remises à la famille pour être conservées à domicile ; placées dans une case de columbarium ; inhumées dans une sépulture traditionnelle ou jardin d'urnes ; dispersées au « jardin du souvenir » ou en pleine nature à l'exclusion des voies publiques.

■ **Cercueil et transport.** Un cercueil d'incinération d'une épaisseur de 18 mm en bois léger ou matériau agréé par le ministère de la Santé est autorisé lorsque la durée de transport n'excède pas 2 ou 4 h du lieu de mise en bière au lieu de la crémation (sinon épaisseur minimale 22 mm) et selon qu'il y a eu ou non des soins somatiques.

■ **Crématoriums. Nombre :** *1997 :* 72 ; *1998 :* 74 ; *1999 :* 76 ; *2000 :* 91 ; *2001 (prév.) :* 100.

■ **Statistiques. Nombre :** *1974 :* 2 415 ; *80 :* 5 640 ; *85 :* 14 500 ; *90 :* 33 710 ; *93 :* 49 700 ; *96 :* 68 317 ; *97 :* 73 025 ; *98 :* 80 534 ; *2001* (prév.) : 100 000. **Coût moyen :** 6 000 F (obsèques traditionnelles : 40 % de plus). **Tarifs TTC au Père-Lachaise** (en F, 2001) : *crémation :* 2 052. *Redevance pour la location :* salle de cérémonie 610, petit salon 410. *Emploi de l'orgue :* 305. *Cachet de l'organiste :* 365. *Urnes funéraires :* réceptacle métallique à cendres avec estampille 139, urne acajou 1 006. *Concessions* de cases au columbarium : *décennale* 2 080, *trentenaire* 6 340, *cinquantenaire* 9 735.

Exhumation

■ **Demande.** L'exhumation peut être demandée par décision de justice (dans le cadre d'une enquête), par décision administrative, ou par la famille. Il faut alors une autorisation délivrée par le maire (à Paris, par le préfet de police). Celle-ci peut être refusée pour la sauvegarde de l'ordre public et de la salubrité du cimetière ; en cas de décès par maladie contagieuse, l'autorisation ne pourra être délivrée qu'un an après l'inhumation. L'exhumation doit être faite en présence d'un parent ou d'un mandataire de la famille.

■ **Réduction de corps.** Recueil des restes après exhumation, pour les déposer dans une boîte à ossements dans la même sépulture. Si le cercueil concerné est trouvé en bon état de conservation, il ne peut être ouvert qu'au moins 5 ans après le décès.

Violations de sépulture

Quiconque se sera rendu coupable de violation de tombeau ou de sépulture sera puni d'un emprisonnement de 3 mois à un an et de 500 à 8 000 F d'amende, sans préjudice des peines contre les crimes ou les délits qui seraient joints à celui-ci.

Cérémonial du souvenir

■ **Tombe du Soldat inconnu. Origine :** *26-11-1916 :* F. Simon (Pt du Souvenir français de Rennes) propose de choisir le corps d'un soldat français tué et non identifié ; *12-7-1918* Maurice Maunoury (député d'E.-et-L.) propose d'élever un tombeau au soldat anonyme ; *7-12-1918* M. Crescitz (Pt de la Sté française de Berne) propose à Clemenceau le transfert au Panthéon de corps de soldats inconnus. *12-11-1919* la Chambre des députés décide que le corps d'un soldat inconnu sera transporté au Panthéon. *1919-1920* campagne de presse *(le Journal, le Matin)* pour l'inhumation d'un soldat inconnu sous l'Arc de triomphe. *2-11-1920* projet de loi, déposé par le gouvernement de Georges Leygues, prévoyant le Panthéon. *8-11-1920* loi votée (à l'unanimité par les 2 chambres) prévoyant de rendre les honneurs du Panthéon aux restes du soldat inconnu et de les inhumer sous l'Arc de triomphe le 11-11. André Maginot (ministre des Pensions) ordonne aux 9 commandants de Région de faire exhumer « dans un point de chaque région pris au hasard et qui devra rester secret, le corps d'un soldat identifié comme Français, mais dont l'identité n'aura pu être établie ». Le corps sera placé dans un cercueil de chêne et dirigé en auto sur Verdun. *-9-11* 8 cercueils arrivent à Verdun [d'Artois, Somme, Ile-de-France (sans doute Ourcq ou Marne), Chemin-des-Dames, Champagne, Verdun, Lorraine, Flandres] ; dans la 9e région on n'a pu identifier la nationalité du corps exhumé. *-10-11* le corps est choisi. Le soldat Auguste Thin († 10-4-1982 ; fils d'un père disparu, originaire de Caen, engagé volontaire de la classe 19, un des rares survivants du 132e régiment d'infanterie) dépose sur le 6e cercueil un bouquet (œillets rouges et blancs) cueilli à Verdun. Il a additionné les chiffres du no de son régiment : 1, 2, 3. Le cercueil choisi est conduit à la gare de Verdun sur un affût de canon et les 7 autres sont inhumés dans le cimetière du Fg Pavé. *-11-11* après une cérémonie au Panthéon, le cercueil est déposé à l'Arc de triomphe de l'Étoile, à Paris, où, après une autre cérémonie, il est placé au 1er étage, en attendant d'être transporté dans sa tombe (28-1-1921). *21-1-1921* Gabriel Boissy (1879-1949) propose de faire brûler une *flamme* en permanence et Jacques Péricard de faire ranimer celle-ci chaque jour par des anciens combattants. Sur les plans de l'architecte Henri Favier, le ferronnier Edgar Brandt exécuta ce dispositif. La flamme surgit d'un canon braqué vers le ciel, encastré au centre d'une sorte de rosace représentant un bouclier renversé dont la surface ciselée est constituée par des épées formant étoile. *11-11-1923* André Maginot allume la flamme.

Tous les jours à 18 h 30, une ou plusieurs Stés d'anciens combattants viennent raviver cette *Flamme du souvenir* (alimentée au gaz en veilleuse jour et nuit). Au cours de la cérémonie on actionne le robinet d'ouverture avec une épée : la flamme jaillit devient importante et la fanfare donne la *Sonnerie aux morts (Last Call)* en usage dans les pays anglo-saxons.

Profanateurs : *1995 :* un Australien y fit cuire un œuf. *30-6* et *1-7-1998 :* 2 Mexicains éteignirent la flamme en urinant.

■ **Soldat inconnu d'Indochine.** L'un des 57 958 militaires français (11 747 corps rapatriés) tués en Indochine, enseveli le 7/8-6-1980 au cimetière national de N.-D.-de-Lorette (P.-de-C.) [Voir aussi encadré p. 1622 c].

■ **Minute de silence.** Date du 11 novembre 1919 (1er anniversaire de l'armistice) ; dans les pays anglo-saxons ce silence dure 2 minutes.

FEMMES

☞ Pour découvrir la sélection **Quid** des meilleurs sites Internet sur les femmes, rendez-vous sur **www.quid.fr**

Généralités

En 1997, les femmes représentaient 50 % de la population mondiale, 1/3 du travail salarié et les 2/3 du travail total mais ne recevaient que 10 % des rémunérations et ne possédaient que 1 % des propriétés.

☞ *Abréviations :* enf. : enfant(s) ; f. : femme(s) ; h. : homme(s) ; sup. : supérieur(e)(s).

■ **Différences. Age de la puberté** (en France, fin XXe s.) : filles 13,1 ans (garçons 14,8). **Agressivité** *(f.) :* moindre, due à la prolactine (hormone). **Alcool** *(h.) :* le supportent mieux, une enzyme le dégradant mieux chez eux. **Bégaiement** *(h.) :* 3 fois plus fréquent. **Cerveau** *(f.) :* capacités mieux réparties dans les 2 hémisphères du cerveau. **Chromosomes sexuels** *(h.) :* XY, *(f.) :* XX. **Graisse** *(f.) :* en ont 2 fois plus, surtout poitrine, hanches. *(h.) :* surtout abdomen. **Mathématiques** *(f.) :* d'après différentes études et tests (controversés), aptitude moindre. **Naissances :** taux légèrement supérieur pour les filles. *Conceptions :* 130 à 150 garçons pour 100 filles, mais beaucoup de fœtus mâles sont victimes d'avortements spontanés. **Sommeil** (à l'adolescence, en %) *troubles :* plus fréquents chez les filles ; *difficultés d'endormissement :* filles 46, garçons 35 ; *réveil nocturne :* filles 25, garçons 16 ; *cauchemars :* filles 11, garçons 5. **Sport** *(f.) :* Coubertin, rénovateur des jeux Olympiques, disait en 1912 : « Une olympiade femelle serait impratique, inintéressante, inesthétique et incorrecte. » Certains records seront cependant détenus par des femmes : Jeannie Longo, cycliste 46,352 km (bat les records de l'heure de Fausto Coppi 1942 et Jacques Anquetil 1956), mais avec un matériel amélioré. Angela Bandini, plongeuse en apnée, a battu de 1 mètre Jacques Mayol (106 m). **Système cardio-vasculaire** *(f.) :* hormones entraînant une meilleure élasticité des vaisseaux pour permettre les augmentations de volume sanguin liées à la grossesse. Hormones faisant produire plus de « bon » cholestérol. **Système immunitaire** *(f.) :* œstrogènes renforçant l'immunité les protégeant mieux contre les infections. **Taille** *(h.) :* 10 cm de plus.

■ **Répartition hommes/femmes des tâches ménagères en France en 1999** (*source :* Insee). **Temps moyen** (en min/j) : *activités à dominante féminine :* 42/229 dont couture 0/9, entretien du linge 2/28, ménage 11/67, soins aux enfants et aux adultes 7/28, cuisine 14/69, vaisselle 8/28 ; *masculine :* 71/17 dont entretien et divers 8/3, jardinage 22/9, bricolage 41/5 ; *mixtes :* 45/57 dont jeux, éducation des enfants 6/10, courses 27/37, soins aux animaux domestiques 7/5, comptes et démarches 7/5.

■ **Appellation.** L'emploi des formules *Madame* ou *Mademoiselle* résulte d'un usage et ne fait pas référence à un statut matrimonial. **Circulaires** *du ministère d'État chargé de la Fonction publique et de la Réforme administrative :* **1967**-*22-9* les mères célibataires peuvent se faire appeler *Madame ;* **1974**-*3-12* suppression des mentions telles que *Veuve X, Épouse divorcée Y, Mademoiselle A,* dans les correspondances administratives adressées aux femmes ; *des Affaires sociales :* **1970**-*29-9,* suppression des mentions *Madame veuve X* et *Madame Y épouse divorcée de Z,* élimination de toutes mentions susceptibles d'être discriminatoires ou indiscrètes.

■ **Féminisation des noms de métier, fonction, grade ou titre.** Étudiée par la **Commission de terminologie,** *créée* 1984 (décret du 29-2). **Circulaire ministérielle du** *11-3-***1986** *: noms terminés par un « e » muet :* féminin identique (architecte, comptable) ; *une autre voyelle :* féminin en « e » (déléguée) ; *une consonne :* féminin identique au masculin (médecin) ou en « e » avec éventuellement accent sur dernière voyelle ou doublement de la dernière consonne (agente, huissière, mécanicienne) ; *en « teur » :* si le « t » appartient au verbe de base : féminin en « teuse » (acheteuse) sinon en « trice » (animatrice). L'usage actuel tend à donner un féminin en « trice » même pour des noms dans lesquels le « t » appartient au verbe de base (éditrice). Dans certains cas, forme en « trice » non acceptée : alors féminin identique (auteur). Autres noms en « eur » : féminin en « euse » (vendeuse, danseuse). **1997**-*17-12* le Conseil des ministres décide la féminisation des appellations des emplois administratifs ; les femmes ministres du gouvernement Jospin demandent à être appelées « madame *la* ministre ». **1998**-*7-2* l'Académie fr. informe par écrit le Pt de la République de son opposition. *-6-3* circulaire du Premier ministre (JO du 8-3) préconisant la féminisation des noms de métiers, fonction, grade ou titre dès lors qu'il s'agit de termes courants ; *-oct.* rapport de la Commission générale de terminologie et de néologie. **1999** Institut national de la langue française (CNRS) : *Guide d'aide à la féminisation des noms de métier, titre, grade et fonction.*

■ **Journée internationale des femmes. 1910** *août* 2e conférence internationale des femmes socialistes à Copenhague, Clara Zetkin (journaliste allemande 1857-1933) fait voter une résolution proposant que les « femmes socialistes de

■ **Record de fécondité.** 2 femmes ont eu *69 enfants* en 27 couches (4 fois des quadruplés, 7 fois des triplés et 16 fois des jumeaux) : Mme Fiodor Vassiliev (Russe, 1707-82), et Mme Bernard Scheinber (Autr., † 1911 à 56 ans), dont le mari se remaria et eut 18 enfants de sa 2e femme. En 1989, Maria Olivera (née 1939) donna naissance à son 32e enfant. *En France :* Madeleine Devaud (née 1910) : 25 enfants entre 1928 et 1958. **Décuplés** (10 enfants) : 2 garçons et 8 filles, le 22-4-1946 à Bacacay (Brésil) ; autres cas signalés en 1924 en Espagne et le 12-5-1936 en Chine.

■ **Plus jeune grand-mère.** *17 ans :* une Noire musulmane du Nigéria, Mum-zi, concubine du chef de Calabar, qui avait eu à 8 ans et 4 mois une fille qui fut mère à son tour à 8 ans.

■ **Grandes différences d'âge dans un couple.** Lucile de Chateaubriand (1764-1804) épousa, à 32 ans, M. de Caud, de 37 ans son aîné (il mourut 1 an après). Le roi Philippe VI de Valois (56 ans) épousa en 2es noces Blanche de Navarre (19 ans). Diane de Poitiers (1499-1566) était la maîtresse d'Henri II (il avait 20 ans de moins). Laure de Berny (1777-1836), mère de 9 enfants, devint en 1822, à 45 ans, la maîtresse de Balzac (23 ans).

☞ *Le 7-11-1991,* « Paris Match » a publié la photo de couples dont les femmes avaient des compagnons nettement plus jeunes : Mme Soleil (78 ans) : 59 ans. Gloria Lasso (63) : 35. Annie Girardot (60) : 45. Régine Deforges (56) : 42. Ursula Andress (55) : 23. Raquel Welch (51) : 30. Linda Evans (49) : 27. Liza Minnelli (45) : 27.

tous les pays organisent une Journée des femmes » ; le *8-3* rappelle la grève des ouvrières du textile, qui opposa les f. à la police de New York, le 8-3-1857. **1911**-*8-3* un million de personnes manifestent en Autriche, Allemagne, Suisse et au Danemark. **1913**-*8-3* f. russes organisent des rassemblements clandestins. **1914**-*5-7* manif. à Paris (groupement des f. socialistes avec Louise Saumoneau). **1915** -*8-3* Oslo, f. défendent leurs droits et réclament la paix. **1917**-*8-3* (soit 23-2 au calendrier de la Russie tsariste) f. russes manifestent à St-Pétersbourg pour le pain et contre la guerre (signal de la révolution). **1921** Lénine décrète le 8-3 Journée des femmes. **1924** célébrée en Chine. **1943** -*8-3* des résistantes italiennes manifestent. **1946** journée célébrée dans les pays de l'Est. **1947**-*8-3* Léon Blum salue la place importante des femmes dans la Résistance. **1948** -*8-3* à l'appel du PC et de la CGT, 100 000 f. défilent à Paris de la République à la statue de Jeanne d'Arc (30 000 à Marseille, 12 000 à Lille, 5 000 à Lyon). **1977** officiellement adoptée par l'Onu. **1982** statut officiel en France.

■ **Décennie de la femme. Nations unies 1975**-*19-6/2-7 : Mexico* 1re conférence internationale sur les femmes. **1980** -*14/30-7 :* 2e *Copenhague.* **1985**-*15/26-7 :* 3e *Nairobi* (Kenya) chargée d'examiner les résultats de la décennie pour la femme. **1995**-*4/15-9 :* 4e *Pékin.* 50 000 déléguées (17 000 à la conférence officielle et 30 000 au Forum des organisations non gouvernementales). 130 à 140 pays (sur 181 représentés) partisans de la laïcité et des droits de l'homme ont obtenu que la déclaration finale reconnaisse que « les droits de la femme sont partie intégrante et indivisible de tous les droits humains et des libertés fondamentales » et que la plate-forme d'action engage, de façon non contraignante, les États signataires à promouvoir la participation des femmes à la vie politique, à reconnaître le droit des femmes à une sexualité et à une procréation librement choisies et consenties et à favoriser l'accès à la planification familiale et à l'information sexuelle. 40 à 50 pays catholiques (dont Argentine, Costa Rica, Équateur, Honduras, Malte, Nicaragua, Pérou, République dominicaine, Vatican), musulmans (dont Bahreïn, Indonésie, Iran, Koweït, Liban, Libye, Maroc, Mauritanie, Soudan, Tunisie) ont émis des réserves officielles (notamment sur les droits sexuels et la non-condamnation des femmes ayant eu recours à des avortements illégaux) et revendiqué un « droit à la différence culturelle ». Des pays musulmans (dont Égypte) ont annoncé qu'en matière d'héritage, ils garderont la loi islamique voulant qu'une femme perçoive une demi-part de ce que reçoit un homme. **2000**-*juin New York* (USA).

☞ **Marche mondiale des femmes de l'an 2000 :** proposée en 1995 à Pékin par des féministes québécoises. *2000-8-3* lancée dans 153 pays. *-17-6* en France : à Paris, environ 10 000 personnes, à l'appel de 220 associations. *-14-10* à Bruxelles : 2 000 Françaises. *-17-10* arrivée à New York : 157 délégations nationales.

■ **Programme des Nations unies pour le développement (Pnud).** *Constate* que sur 174 pays étudiés aucun « ne traite les femmes à l'égal des hommes », que les femmes représentent 70 % du 1,3 milliard de personnes vivant dans un état de pauvreté absolue, que leur travail non rémunéré peut être évalué à 11 000 milliards de $ par an. *A élaboré* un indicateur sexospécifique du développement humain et un indicateur de participation (mesuré d'après leur représentation dans les Parlements, leur place dans l'encadrement professionnel et les professions libérales, et leur accès aux revenus).

■ **Campagne « Femmes mythiques/Legendary Women ».** *Conçue* par Joël Soler ; *française :* 1995, *internationale :* lancée en novembre 1997 par Bianca Jagger (ex-épouse de Mike).

Les femmes en France

Statistiques générales

■ **Nombre de femmes** (en millions). *1990 :*29,09 ; *94 :* 29,35 ; *97 :* 30 (dont de 15 ans et plus 24,2, mariées 12,2, célibataires 7, veuves 3,2, divorcées 1,6) ; *98 :*30,13 ; *2000 :* 30,35 (soit 51,4 % de la population).

■ **Vie. Espérance de vie** (en 2000) : femme 82,7 ans, homme 75,2 ans. **Vie génitale féminine au XXe s. et, entre** parenthèses, **au XIXe s. :** *âge des 1res règles :* 13 (18), *de la ménopause :* 53 (45). *Nombre de grossesses :* 1,8 (10), *de mois d'allaitement par enfant :* 4 (20). *Cycles stériles possibles :* 200 (50). **Vie moyenne du couple :** *XVIIIe s. :* 18 ans ; *1975 :* 45. **Nombre d'enfants :** *au XVIIIe s. :* sur 1 000 filles nées vivantes, 220 avaient en moyenne 6 à 7 enfants nés vivants dont 3 ou 4 survivaient ; elles mouraient, en moyenne, à 50 ans. *En 1975 :* 900 filles sur 1 000 dépassaient 60 ans. Il suffisait d'une moyenne de 2,05 enfants pour assurer une population stable.

■ **Femmes seules** (en 1990) : 3 674 000 soit 12,6 % de la population totale des femmes dont 7 % des 15-24 ans ; 7,5 des 25-54 ans ; 17,5 des 55-64 ans ; 33,4 des 65-74 ans ; 48,1 des 75 ans et plus. **Célibataires** (en %, 1985) : *15-24 ans :* 71,6 ; *25-29 ans :* 31,7 ; *30-34 ans :* 15,8 ; *35-39 ans :* 8,9.

■ **L'Église catholique et les femmes. Jésus** s'adresse à des femmes, à l'étonnement de ses disciples (Jean 4, 27), accepte des femmes dans son entourage (Luc 8, 1-3) et leur hospitalité (Luc 8, 38-42) ; il libère la femme adultère (que le peuple s'apprêtait à lapider selon la coutume) en lui demandant de ne plus pécher. *Marie Madeleine* est le 1er témoin de la résurrection de Jésus. **St Paul** († 62/67) proclame : « Dans le Seigneur, la femme n'existe pas sans l'homme, ni l'homme sans la femme » (1 Cor., 11, 11) mais, quant à la vie de l'Église et à l'organisation du culte, il est conditionné par les traditions juives des assemblées et les usages de son temps : « L'homme n'a pas été créé à cause de la femme, mais c'est la femme qui a été créée à cause de l'homme » ; « Je ne permets pas à une femme d'enseigner, ni de dominer son mari ». Des accents misogynes se retrouvent chez certains écrivains de l'Antiquité, comme **Tertullien** (vers 150-222) qui déclare : « Femme, tu devrais toujours porter le deuil, être couverte de haillons et abîmée dans la pénitence, afin de racheter la faute d'avoir perdu le genre humain. » **St Augustin** (354-430) considère que, dans le domaine de la foi, la femme est l'égale de l'homme. Mais, en dehors, il invoque l'ordre naturel pour affirmer qu'elle est inférieure à l'homme. Elle ne peut commander, intervenir dans des activités judiciaires ni enseigner dans l'Église ou au-dehors.

La pensée médiévale a concentré sa réflexion sur la femme dans les deux figures d'Ève et de Marie : Ève représente la femme dans sa situation d'infériorité et de faiblesse ; Marie, la nouvelle Ève, comme l'idéal de la femme dans le monde du salut. Selon une légende, un concile aurait débattu de cette question : « Les femmes ont-elles une âme ? » En fait, lors d'un synode provincial (Mâcon 585), un assistant protesta qu'une femme ne pouvait être appelée homme. Les évêques répondirent, en citant la Genèse : « Au commencement Dieu créa l'homme, il les créa mâle et femelle et leur donna le nom d'Adam ou *homo terrenus,* homme de la terre. L'épouse fut donc désignée comme le mari et tous deux furent appelés homme. » Mais la protestation mal traduite donna : « une femme ne peut être appelée créature humaine ».

La **Genèse** (2,15-24) présente la création de la femme comme postérieure et subordonnée à celle de l'homme, infériorité que **la pensée médiévale** dira être de nature.

Le Concile Vatican II (1965) a condamné toute discrimination (*Gaudium et Spes*), reconnu que « de nos jours, les femmes ont une part de plus en plus active dans toute la vie de la société » et estimé qu'« il est très important que grandisse aussi leur participation dans les divers secteurs de l'apostolat de l'Église » (*Apostolicam acruositatem*). **Jean-Paul II** a développé cet enseignement (*Mulieris dignitatem,* 15-8-1988), mais il a réaffirmé (*Ordinatio sacerdotalis,* 30-5-1994) que l'Église n'a pas le pouvoir d'ordonner les femmes au sacerdoce et déclaré que cette doctrine doit être tenue de manière définitive, selon la tradition perpétuelle de l'Église (cf. le canon 1024 du Code de droit canon de 1983). Le canon 517 prévoit d'accorder des charges aux femmes « par suppléance ». Exemple : être juges et assesseurs dans les tribunaux ecclésiastiques. Mais le canon 129 réaffirme que « seuls les membres ordonnés sont habilités au pouvoir de juridiction » mais précise que les laïcs (hommes ou femmes) peuvent coopérer à l'exercice de ce même pouvoir, selon la norme du droit.

Le 10-10-1994, lors de la 11e congrégation de l'assemblée du synode des évêques, au Vatican, Mgr Ernest Kombo (jésuite, 53 ans), évêque d'Owando (Congo), a proposé que des femmes fassent partie du Sacré Collège comme cardinales laïques.

☞ **Femmes docteurs de l'Église :** Thérèse d'Avila, Catherine de Sienne et Thérèse de Lisieux (voir l'encadré p. 493).

■ **Esclaves.** Des femmes sont encore vendues comme esclaves en Inde, dans la région de Dholpur-Morena.

■ **Excision.** Ablation partielle ou totale du clitoris (clitoridectomie, 80 % des cas) et parfois des petites et grandes lèvres qui sont alors suturées (infibulation). **Effets fréquents :** hémorragie (décès possible), cicatrisation douloureuse, rétention urinaire, infections chroniques et complications obstétriques entraînant la stérilité, perturbation de la sexualité allant jusqu'à la frigidité, difficultés lors d'accouchements. **Législation :** l'excision est interdite dans de nombreux pays. *France :* l'excision d'une enfant de moins de 15 ans relève du Code pénal (art. 312) qui réprime le crime de mutilation. *16-2-1999* pour l'excision de 48 fillettes la cour d'assises de Paris condamne Hawa Gréou (Malienne) à 8 ans d'emprisonnement et 26 parents (dont 3 hommes) pour complicité. **Statistiques :** cette pratique, qu'aucune religion ni législation nationale n'impose, est appuyée par des motifs moraux, hygiéniques, sociaux et esthétiques. D'après l'OMS, il y aurait 100 à 140 millions de femmes et fillettes excisées ou infibulées en Afrique (dans 28 pays, Maghreb excepté), Asie, Moyen-Orient et dans les populations immigrées en Occident dont 23 000 en France ; d'après l'ONU, il y en aurait 2 millions/an (fillettes de 4 à 12 ans).

■ **Femmes allaitant des animaux.** *Urukus* (Brésil) : marcassins. *Aïnous* (Japon) : ours. *Indiennes wayapis* (Amérique) : chiens.

■ **Mamelles d'animaux.** *Les plus grosses :* baleine bleue mesurant 2,40 m × 0,50 m de largeur et 15 cm d'épaisseur (72 litres de lait/jour). *Les plus nombreuses :* tenrec (insectivore de Madagascar) : 12 paires. *Glandes sans mamelon :* ornithorynque [dans un repli de la peau (le lait sort par les pores et s'écoule le long des poils que les bébés lèchent)].

■ **Prothèses mammaires en silicone.** *Implantées :* chez 2 à 5 millions de femmes : pour des raisons esthétiques 80 %, après un cancer du sein 20 %. *1977-oct.* Dow Corning (principal fabricant), reconnu responsable d'effets secondaires (maux de tête, rhumatismes, maladies auto-immunes, cancers), a créé un fonds d'indemnisation de 22 milliards de F (1 800 à 6 000 F contre l'abandon de toute poursuite judiciaire) mais déclaré en faillite depuis, n'a rien versé. *1998-nov.* rapport concluant qu'aucun élément ne démontre la responsabilité de la silicone dans la survenue de maladies systémiques du collagène. *2000-31-3* le gouvernement fédéral annonce qu'il demandera au fonds de rembourser le système de santé. *2001-mars* une étude aux USA évoque un risque de cancer du poumon ou du cerveau. **En France :** 15 000 prothèses étaient posées chaque année (à 2 000 F l'une) ; implantation suspendue janvier 1992 et interdite 1995 par le min. de la Santé, réautorisée janvier 2001.

■ **Hommes-Femmes.** *L'abbé de Choisy* (François-Timoléon, 1644-1724), membre de l'Académie française, s'habilla constamment en femme. Il eut des maîtresses et un enfant. Le *chevalier d'Éon* (1728-1810) entretint le doute sur son sexe. Il fut lecteur d'Élisabeth de Russie, puis vécut à Londres. Louis XVI le fit rentrer en France en lui intimant l'ordre ne plus se présenter qu'en habits de femme. Il demanda à reprendre du service comme officier en 1778, mais on le condamna à l'apparence féminine qu'il avait choisie dans sa jeunesse. *James Barey* († 1865 à 65 ans), docteur britannique, ayant exercé aux Indes et en Afrique du Sud, était en réalité une femme. (Les femmes n'avaient alors pas le droit d'exercer.)

■ **Femmes à plateaux.** Dans la tribu Saras-Djingés (sud du lac Tchad), les femmes portent 2 petits bouquets de feuilles attachés à la taille par une ficelle. L'homme choisit sa fiancée très jeune, souvent une fillette de 4 ou 5 ans, parfois un nourrisson ; entre 5 et 10 ans, il perfore ses lèvres puis y dispose des plateaux dont il augmentera le diamètre jusqu'à 7 cm pour la lèvre supérieure, 17 cm pour la lèvre inférieure. **Femmes-girafes.** *Myanmar :* les Padaungs portent des spirales de métal autour du cou qui, en provoquant l'affaissement du haut du thorax, font atteindre au cou 30 cm de hauteur.

■ **Pin-up.** Mot apparu en 1942 : Betty Grable faisait la 1re de couverture de *Movie Story,* sa photo retouchée était fixée par 4 *pins* (épingles) sur le même livre.

■ **Rosières.** La coutume de les couronner remonte à St Médard († 560), évêque de St-Quentin, qui décida d'attribuer chaque année une somme de 25 livres à la jeune fille la plus vertueuse ; il détacha 12 arpents de sa terre, « le fief de la rose », dont les revenus serviraient à la doter.

■ **Troisième sein.** Le plus souvent, mamelon sous le sein gauche (Anglaises 0,4 %, Japonaises 5 %). De l'aisselle à l'aine, un ou plusieurs seins surnuméraires peuvent se développer lorsque les mamelles se forment vers la 4e semaine de l'embryon.

Divorcées (en 1983) : *de 15-29 ans :* 94 580 ; *30-39 ans :* 239 240 ; *40-49 ans :* 73 140 ; *50-59 ans :* 152 720 ; *60-69 ans :* 97 880 ; *70-79 ans :* 73 280 ; *80-89 ans :* 25 060 ; *90 ans et plus :* 2 780 ; *1986 :* 399 000. **Veuves** (en 1990) : 3 258 286 (veufs 633 055) dont *15-24 ans :* 2 881 ; *25-54 ans :* 250 468 ; *55 ans et plus :* 3 004 937. Moins de 60 % des veuves de moins de 65 ans travaillent (contre 35 % des femmes mariées), 7 % n'ont pas d'enfants. Entre 65 et 69 ans, 56 veuves sur 100 000 se suicident (152 veufs).

Veuves de guerre et orphelins : (au 1-1-2001) : 143 260 dont *guerre de 1914-18* : 7 471 ; *1939-45, Indochine :* 107 360 ; *hors guerre* (y compris victimes civiles, attentats terroristes) : 28 429 (incluant les veuves et orphelins : d'Afrique du Nord, Tchad, Liban, Golfe, ex-Yougoslavie).

■ **Mères.** Environ 6 900 000 dont : *de 1 enfant :* 3 100 000 (de 0 à 16 ans) ; *2 enfants :* 2 500 000 ; *3 enfants ou plus :* 1 300 000. **Isolées :** 821 000 dont séparées ou divorcées 464 000 (enfants confiés à la mère dans 89 % des divorces). **Veuves :** 220 000. **Célibataires :** 135 000 [40 % ont moins de 30 ans ; en 1997, 4 170 enfants sont nés de mères de moins de 18 ans (dont 11 % de moins de 16 ans)]. Mieux aidées et comprises qu'auparavant, les mères célibataires, quel que soit leur âge, ne cherchent plus à « régulariser » leur situation à tout prix.

Nombre moyen d'enfants par femme en France métropolitaine [indicateur conjoncturel de fécondité : somme des taux annuels de fécondité par âge (nombre moyen d'enfants qu'une femme mettrait au monde si elle connaissait de 15 à 49 ans les conditions de fécondité observées dans l'année)] : *1962 :* 2,83 ; *68 :* 2,59 ; *75 :* 1,95 ; *82 :* 1,88 ; *90 :* 1,78 ; *97 :* 1,71 ; *99 :* 1,77 ; *2000 :* 1,89.

■ **Violences.** Commises à la maison 87 %, en soirée 50, la nuit 23, à cause de l'alcoolisme 58. **Victimes :** *entre 20 et 45 ans :* 85 %, mariées 54 %, vivant en concubinage 38 %. **Agresseurs :** maris 60 %, *entre 18 et 30 ans :* 39 ; *31 et 50 ans :* 55 ; ouvriers 35 ; employés et cadres moyens 30 ; chômeurs 25 ; cadres supérieurs ou professions libérales 10. **Femmes battues :** *nombre d'appels enregistrés/semaine au nº de la permanence nationale « Violences conjugales femmes info-services » en 1998 :* 600 ; *fin 2000 :* 1 500 ; *nombre d'appels traités :* 6 795 (dont appels émanant des victimes 66,76 % ; de la famille, de l'entourage et des professionnels : 33,24 %).

☞ *S'adresser :* **Fédération nationale solidarité femme :** 34, rue des Envierges, 75020 Paris.

■ **Viols** (voir p. 1626 c).

TRAVAIL

■ **Femmes actives. Nombre** (en millions et, entre parenthèses, en % de la population totale des femmes) : *1901 :* 7 (36) ; *21 :* 7,2 (35,6) ; *46 :* 6,9 (32,9) ; *62 :* 6,58 (29,6) ; *82 :* 9,58 (34,5) ; *91 :* 10,6 (37,9) ; *95 :* 11,37 (47,2) ; *98 :* 11,7 (47,6) ; *2000 :* 11,9 (48,1). **Taux d'activité des femmes et**, entre parenthèses, **des hommes** (en %, 2000) : 48,1 (62) dont *15-24 ans :* 26,2 (32,7) ; *25-49 ans :* 79,3 (94,8) ; *50 ans et + :* 24,2 (35,4). **Taux d'activité des femmes** (en %, 1998) : *dans l'Union européenne : 46* (Allemagne 48,4, Autriche 49,3, Belgique 41,7, Danemark 59,5, Espagne 37,1, Finlande 55,1, *France 48,6,* G.-B. 53,2, Grèce 38,9, Italie 35,1, Pays-Bas 51,5, Suède 55) ; *en Pologne* 16 ; *en Russie* 24.

☞ **Écart de salaire hommes-femmes** (en %, *source :* enquête annuelle Acemo « Gains des salariés ») : *1950 :* 50 ; *84 :* 33 ; *97 :* 27,2 ; *98 :* 20 ; *99 :* 19,8.

■ **Chômage** (voir à l'Index).

■ **Féminisation des emplois. Emplois féminins** (en milliers) **et**, entre parenthèses, **taux de féminité** en % (en 1998) : **ensemble** 11 667 (47,6) dont : **employées** 5 816 (76) [dont emplois administratifs d'entreprises 1 908 (82), civils et agents de service de la fonction publique 17 111 (80), des services directs aux particuliers 1 407 (86), commerce 745 (77), policiers, militaires 44 (8)] ; **professions intermédiaires** 2 351 (46) [dont administratives et commerciales des entreprises 707 (49), santé et travail social 755 (78), institutrices et assimilées 517 (64), administratives de la fonction publique 201 (51), techniciennes 120 (13), contremaîtres, agents de maîtrise 48 (9), clergé, religieuses 1 (6)] ; **ouvrières** 1 468 (21) [*non qualifiées* type industriel 556 (38), artisanal 322 (37), *agricoles* et assimilées 73 (26), *qualifiées* manutention, magasinage, transports 37 (9), *chauffeurs* 35 (6)] ; **cadres et professions intellectuelles supérieures** 1 081 (34,2) [professeurs, professions scientifiques 365 (52), cadres administratifs et commerciaux d'entreprises 307 (34), professions libérales 122 (35), cadres de la fonction publique 95 (32), ingénieurs et cadres techniques d'entreprise 99 (15), information, arts et spectacles 90 (41)] ; **artisanes, commerçantes et chefs d'entreprise** 517 (31) [commerçantes et assimilées 295 (40), artisans 195 (25), chefs d'entreprise de 10 salariés ou plus 26 (20)] ; **agricultrices exploitantes** 231 (34) [petite exploitation 50 (41), moyenne 59 (34), grande 120 (31)].

Taux les plus élevés (en 1990) : assistantes maternelles, gardiennes d'enfants et travailleuses familiales 99,66, puéricultrices 99,59, sages-femmes 99,56, manucures, esthéticiennes salariées 99,26, secrétaires de niveau sup. ou de direction (non-cadres) 98,59, employées de maison et femmes de ménage 98,16, secrétaires 97,64, aides familiales non salariées ou associées d'artisans effectuant un travail administratif ou commercial 96,14, assistantes sociales 95,64, caissières de magasin 94,69, standardistes 93,52, hôtesses d'accueil et d'information 92,96. **Les moins élevés :** couvreurs qualifiés 0,07, tuyauteurs industriels qualifiés 0,07, chefs d'équipe du gros œuvre (bâtiment) et des travaux publics 0,08, carrossiers d'automobile qualifiés 0,09, mineurs de fond qualifiés 0,11, conducteurs qualifiés d'engins de chantier du BTP 0,11, maçons qualifiés 0,12, ouvriers qualifiés du travail du béton 0,12, plombiers et chauffagistes qualifiés 0,14, charpentiers en bois qualifiés 0,16, menuisiers qualifiés du bâtiment 0,26.

■ **Emploi, salaires, carrières. Temps partiel** (enquête emploi 1998 de l'Insee) : 31,6 % des femmes travaillent à temps partiel (5,7 % des hommes). **Carrière :** à diplôme équivalent (bac + 5), 69 % des femmes accèdent au statut cadre (83 % pour les hommes) ; dans les 5 000 premières entreprises françaises les femmes représentent 7 % des cadres dirigeants. **Fonction publique** (rapport de février 1999) : les femmes représentent 57 % des salariés des 3 fonctions publiques (d'État, territoriale et hospitalière), mais elles n'occupent que 7 % des emplois de direction en administration centrale ; le temps partiel des femmes est passé de 22 % en 1978 à 27 % en 1997. *Exemples* (au 1-1-1999) : Inserm 50,1 % de femmes ; Ined 46,2 ; Inra 31,1 ; CNRS 30,2 ; Inria (informatique) 17,2.

■ **Enseignement public** (% de femmes, au 1-1-1999). **1er degré :** total 63,3 ; non-titulaires 79,7 ; titulaires 76,1 ; professeurs des écoles 71,7, institutrices spécialisées 64, institutrices 78, autres 43,2 ; **2e degré :** total 56,3 ; non-titulaires 55,9 (maîtres auxiliaires 56,5, autres 37,8) ; titulaires 56,4 : agrégées et chaires supérieures 49,4, certifiées et assimilées 60,2, chargées et adjointes d'enseignement 62,8, PEGC 59,6, professeurs de lycée professionnel 44,6, institutrices spécialisées 46,1, institutrices 52,9, autres 36,6 ; **supérieur :** 29,8 ; en **établissement de formation du personnel :** 62,1 ; **non enseignantes :** 64,8.

Études. Bachelières (en 1997) : 57. **Étudiantes dans les universités** (en métropole, 1999-2000) : 55,6 dont droit et sciences politiques 61,6, sciences économiques et gestion 47,5, administration économique et sociale (AES) 59,3, lettres et sciences du langage 73,4, langues 75,6, sciences humaines et sociales 65,9, de la structure de la matière 34,7, et techniques de l'ingénieur 22, de la nature et de la vie 56,5, STAPS 32,2, médecine 55,6, odontologie 46,1, pharmacie 67,1, IUT 39,3. **Étudiantes hors universités : diplômées et**, entre parenthèses, **en formation** (en 1996) : ingénieurs 22,4 (hors classes préparatoires 22,6), écoles de commerce et de gestion 46,9 (44,9) ; (en 1995) : DUT secteur secondaire 18,7 (17,5), tertiaire 63,2 (53,8), IUT 36,7. **Classes préparatoires aux grandes écoles** (en 1996-97) : *littéraires* 68 (57,3 en 1991-92) ; *économiques* (en 1972-73) 22,1 ; *scientifiques* 25 (14,6). **Élèves de grandes écoles** (en 1988-89) : *écoles d'ingénieurs* 19,3 (agriculture, agroalimentaire 41,9, physique, chimie 31,3, université technologique de compagnie 22,7, électricité, électronique 13,3, construction, TP Mines, géologie 11,8, mécanique, métallurgie 10,8, techniques industrielles 9,9) ; *architecture* 36,2 ; *vétérinaires* 40,5 (en 1991 : 52) ; *supérieures agricoles* 26,4 ; *diverses* 39,2 ; *commerce et gestion* 44 (dont Escae 50,5, ESCP 43,1, Essec 35,6, HEC 35,4) ; *sciences juridiques et administratives* 33,4 (dont notariat 74,2, impôts 49,2) ; *Normale sup.* 36,5. *Caractère artistique* 58,6 (dont école du Louvre 80, école nat. des Beaux-Arts 59,2) ; *journalisme* 76,2.

■ **Cadres de la fonction publique** (% de femmes, au 1-1-1999). 50,8 dont personnels de direction 18,7, magistrates 47,2, cadres administratifs 41,3 et techniques 22,4, chercheuses et professeurs de l'enseignement supérieur 30,8, professeurs agrégées et certifiées 60,7. **Haute fonction publique** (% de femmes, au 1-6-2000) : directrices d'administration centrale 17,6, recteurs 24,1, préfets 4,9, trésoriers payeurs généraux 5,3, grands corps 17,1 (dont Conseil d'État 21,2, Cour des comptes 15,8, Inspections générales 20,4, des Finances 8,7), chefs titulaires de mission ayant rang d'ambassadrice 7,3.

■ **Chercheuses au CNRS** (au 31-12-2000). Total 30,3 dont sciences de l'homme 40,9, de la vie 39, chimie 29,2, univers 25,4, physique et math. 17,7, ingénieurs 18,4, phys. nucléaire et corpusculaire 17,7, information 17,1.

■ **Chefs de grandes entreprises** (% de femmes). *1982 :* 15 ; *90 :* 13. En 1998, le *Guide des États-majors* n'a recensé que 60 femmes sur les 2 283 administrateurs des 200 plus grandes entreprises françaises (hormis les administrateurs salariés prévus par la loi). Selon le rapport de Michèle Cotta de sept. 2000, 100 femmes sont nº 1 ou nº 2 des 2 300 entreprises de + de 500 salariés.

■ **Cadres (secteur privé). % de femmes** (enquêtes emploi) : *mars 1994 :* 21,1 ; *mars 2000 :* 24,6.

■ **Information, arts et spectacles.** Journalistes, secrétaires de rédaction 29 (dont journalistes TV 12, encadrement TV 26) ; auteurs, scénaristes, dialoguistes 34 ; cadres de presse, édition, audiovisuel et spectacles 23 (dont réalisatrices de films 5) ; cadres artistiques des spectacles 25 ; artistes plasticiennes 24 ; professionnelles musique et chant 20 ; dramatiques, danseuses 45 ; de variétés 41.

■ **Justice. Nombre de femmes mises en cause** (voir à l'Index). **Bagnardes :** sur 100 000 bagnards de 1859 à 1907, 2 000 furent des femmes condamnées le plus souvent pour infanticide. Le 1er convoi (36 femmes) partit de Brest en décembre 1858. **Magistrature** (% de femmes, en 1993) : 40,5. Cour de cassation 16,42 ; cours d'appel 23,4 ; Ptes de tribunal administratif 9,1 ; avocates 38,2 ; huissières 10 ; notaires 5,7 ; *au 1-7-1992 :* directrices 0, sous-directrices 22,2, premières Ptes 5,5, procureurs générales 2,9, Ptes de tribunal de grande instance 13 ; *1994 :* 45,8.

■ **Police nationale. % de femmes** (au 1-7-1999) : commissaires 11,7, officiers 9,9, gradées et gardiennes de la paix 9,1, adjointes de sécurité 33.

Femme au foyer. Coût du temps passé par mois (famille de 4 personnes) : *cuisine* 90 h (soit au prix du Smic, au 1-7-2001, un salaire de 3 876,30 F, *ménage* 104 h (4 479,28 F), *soins de santé et d'hygiène* 60 h (2 584,20 F), *couture* 24 h (1 033,68 F), *gestion du budget familial et divers* 40 h (1 722,80 F). Total 318 h : 13 696,26 F.

MOUVEMENTS ET ORGANISMES

☞ Le mot féminisme apparaît en France en 1837.

■ **Organisations ministérielles. 1965** *Comité du travail féminin* (ministère du Travail). **1974**-*16-7 secrétariat d'État à la Condition féminine* (auprès du 1er ministre) : Françoise Giroud [(née 21-9-1916, Genève, Suisse). Père Salih Gourdji (directeur de l'agence télégraphique ottomane), 2 enfants (1 garçon décédé, 1 fille). Bachelière. Script-girl (1932). Assistante-metteur en scène (1937). Directrice de la rédaction de *Elle* (1945-53). Cofondatrice de *l'Express* avec J.-J. Servan-Schreiber (1953), directrice de la rédaction puis de la publication (1971-74)]. **1976** *délégation nationale à la Condition féminine,* rattachée au Premier ministre, installée à Lyon : Nicole Pasquier (née 19-11-1930) puis Jacqueline Nonon. **1978**-*11-9 secrétariat d'État à l'Emploi féminin* (ministre du Travail) : Nicole Pasquier. *Ministre délégué à la Condition féminine (sous l'autorité du Premier min.) :* Monique Pelletier (née 25-7-1926) ; préside le Comité interministériel chargé de l'action pour les femmes. **1981**-*21-5 ministre déléguée chargée des Droits de la femme :* Yvette Roudy (née 10-4-1929). *-4-3 ministre de la Famille et de la Condition féminine :* Alice Saunier-Seïté (née 26-4-1925). **1985** Yvette Roudy (ministre) ; des services centraux sont placés sous son autorité. **1986** attributions transférées au min. des Affaires sociales et de l'Emploi ; *déléguée à la Condition féminine :* Hélène Gisserot (née 11-5-1936). **1988**-*12-5 min. délégué auprès du min. des Affaires sociales et de l'Emploi, chargée de la Famille, des Droits de la femme, de la Solidarité et des Rapatriés :* Georgina Dufoix (née 16-2-1943) ; *-28-6 secr. d'État chargée des Droits de la femme :* Michèle André (née 6-2-1947). **1990**-*21-11 Service des droits des femmes.* **1991** *secrétaire d'État aux Droits des femmes et à la Vie quotidienne* (ministre du Travail) : Véronique Neiertz. **1992** *secrétaire d'État aux Droits des femmes et à la Consommation* (min. de l'Économie et des Finances) : Véronique Neiertz. **1993**-*8-4 service des Droits des femmes* sous l'autorité de Simone Veil, ministre d'État, ministre des Affaires sociales, de la Santé et de la Ville. **1995**-*1-6 ministre de la Solidarité entre les générations* chargée des droits des femmes : Colette Codaccioni ; *-15-11 ministre déléguée pour l'Emploi* chargée par délégation du ministre du Travail et des Affaires sociales des droits des femmes : Anne-Marie Couderc. **1997**-*15-11 déléguée interministérielle aux Droits de la femme :* Geneviève Fraisse. **1998**-*17-11 secrétaire d'État aux Droits des femmes et à la Formation professionnelle :* Nicole Péry.

Conseil supérieur de l'information sexuelle, de la régulation des naissances et de l'éducation familiale (CSIS). *Créé* par la loi du 11-7-1973. Rattaché au Service des droits des femmes (31, rue Le Peletier, 75009 Paris). *Membres :* 26 représentants des ministères et organismes de Sécurité sociale, 52 des associations, 11 personnalités qualifiées.

Assises nationales pour les droits des femmes. *1997-15/16-3* à La Plaine-St-Denis : 2 000 femmes et quelques hommes ont participé aux Assises nationales pour les droits des femmes, à l'appel de 166 organisations réunies en un collectif national.

Action catholique générale féminine (ACGF), 98, rue de l'Université, 75007 Paris. **Alliance des femmes pour la démocratie,** 5, rue de Lille, 75007 Paris, *fondée* 1989, *Pte :* Antoinette Fouque. **Alliance juridique des femmes,** 21, rue Rollin, 75005 Paris. **Association pour le développement des initiatives économiques par les femmes (Adief),** 9, impasse du Talus, 75018 Paris. **Association et entraide des veuves et orphelins de guerre (Aevog),** 18, rue de Vézelay, 75008 Paris.

Bibliothèque Marguerite-Durand, 79, rue Nationale, 75013 Paris. **Centre international de culture populaire (CICP),** 21 *ter*, rue Voltaire, 75011 Paris. **Centre national d'information et de documentation des femmes et des familles (CNIDFF),** 7, rue du Jura, 75013 Paris. *Pte :* Jacqueline Perker. *Dir. gén. :* Françoise Michaud. *Origine :* Centre d'information féminin, créé 1972 après les États généraux de la femme (Versailles 1970). *Réseau :* 120 assoc. départementales et 770 points d'information. En 1999, 312 000 personnes accueillies. **Choisir-La cause des femmes,** 102, rue St-Dominique, 75007 Paris. *Pte :* Gisèle Halimi (Tunisie, 27-7-1927). *Créé* 1971 pour l'information sexuelle, la contraception et l'avortement. Lutte contre les discriminations sexistes et pour la parité hommes/femmes en politique. **Club Parité 2000,** 5, rue de Lille, 75007 Paris. **Collectif féministe contre le viol et les violences,** 9, villa d'Este, 75013 Paris.

Elles aussi, 98, rue de l'Université, 75007 Paris. **Fédération des associations de veuves chefs de famille (Favec),** 28, place St-Georges, 75009 Paris ; créée 1949 (1re association, 1946), 93 assoc. départementales, 1 120 points d'accueil. **Fédération nationale solidarité femmes,** 32, rue des Envierges, 75020 Paris. **Fédération syndicale des familles monoparentales** (ex-Femmes chefs de famille), 53, rue Riquet, 75019 Paris ; 49 assoc.

Femme-Avenir-Centre de formation d'études et d'information (CFEI), 30, rue Vaneau, 75007 Paris. *Créé* 1965. *Adhérentes :* 5 000. *Pte :* Cécile Renson, *Pte d'honneur :* Christiane Papon. *Publication* (trim.) : « Femme Avenir » (journal). *Activités :* 200 délégations métropole et outre-mer. **Femmes responsables,** 5, rue Faustin-Hélie, 75016 Paris. *Pte :* Brigitte de Prémont. *Créé* 1979 par Monique d'Erceville. *Adhérentes :* 3 000. **Femmes solidaires,** 25, rue du Charolais, 75012 Paris. Ex-Union des femmes françaises *créée* 1945. *1996* (oct.) UFF – Femmes solidaires. **1998** (juin) nom actuel. *Affiliée* à la Fédération démocratique internationale des femmes (FDIF). *Adhérents :* 30 000. *Publication :* « Clara-Magazine » (9 000 exemplaires, 5 000 abonnées). **Grain de sel – Rencontres,** 62, bd Garibaldi, 75015 Paris. **Halte aide aux femmes battues,** 19, rue Alphonse-Daudet, 75014 Paris, *créée* 1983, gère à Paris le foyer Louise-Labé, 14, rue Mendelssohn, 75020 Paris. **Institut d'enseignement et de recherches en sciences des femmes,** 2 *ter,* rue de Verneuil, 75007 Paris. **Ligue du droit des femmes,** 54, av. de Choisy, 75013 Paris. *Issue* 1974 d'une scission du MLF. *Pte :* Anne Zelensky après Simone de Beauvoir († 1986). **Maison des femmes,** 8, cité Prost, 75011 Paris. *Publication :* « Paris féministe ». **Mouvement de libération des femmes (MLF).** *Créé* octobre 1968 par Antoinette Fouque, Josiane Chanel et Monique Wittig. *Publications :* « le Torchon brûle » (1971-73), « le Quotidien des femmes » (1974-76), « Des femmes en mouvement », mensuel (1977-79) et hebdo (1979-82). **Maison d'édition Des femmes,** 6, rue de Mézières, 75006 Paris, créée 1973. **Librairie des femmes,** 74, rue de Seine, 75006 Paris. **Parité,** 17, rue du Val, 92190 Meudon Cedex, *créé* 1992. *Pte fondatrice :* Régine Saint-Criq.

SOS femmes alternative, 89, rue de l'Ourcq, 75019 Paris, *Association* issue de la Ligue du droit des femmes. A créé en 1978 le 1er *Centre pour femmes victimes de violences conjugales* en France (centre Flora-Tristan, 142, av. de Verdun, 92320 Châtillon).

Union contre le trafic des êtres humains (UCTEH), 92, bd de Port-Royal, 75005 Paris. *Créée* 1926. **Union féminine civique et sociale (UFCS),** 6, rue Béranger, 75003 Paris. *Créée* 1925. Organisme de réflexion et de défense des droits des femmes, de formation du citoyen et d'organisation de consommateurs. *Adhérents :* 10 000. *Publication :* « Dialoguer » (trim.).

■ **Prix Cognacq-Jay.** *Créé* 1920 par Ernest Cognacq (1839-1928), fondateur de la Samaritaine, et sa femme, née Marie-Louise Jay (1838-1925). 2 fondations récompensent les familles méritantes de 6 enfants vivants et plus (35 prix), de 4 et 5 enfants (15 prix).

Prostitution

Législation

■ **Sur le plan international. Déclaration universelle des droits de l'homme** *art. 4 :* « Nul ne sera tenu en esclavage ni en servitude ; l'esclavage et la traite des esclaves sont interdits sous toutes leurs formes. » ; *art. 5 :* « Nul ne sera soumis à la torture, ni à des peines ou traitements cruels, inhumains ou dégradants. » **Convention internationale du 2-12-1949** pour la répression de la traite des êtres humains et de l'exploitation de la prostitution d'autrui (ratifiée par la France les 30/31-7-1960). Signée par 56 pays. Reprend et complète les textes des : 18-5-1904, 4-5-1910, 30-9-1921, 11-10-1933, 20-10-1947, 30-12-1948. Selon le préambule : « ... la prostitution et le mal qui l'accompagne, à savoir la traite des êtres humains en vue de la prostitution, sont incompatibles avec la dignité et la valeur de la personne humaine et mettent en danger le bien-être de l'individu, de la famille et de la communauté... » **Convention internationale des droits de l'enfant** *art. 34 :* « ... Les États s'engagent pour que des enfants ne soient pas exploités à des fins de prostitution... » **Pour l'Onu :** la prostitution figure parmi les formes persistantes de l'esclavage (réduction à l'état d'objet, marchandise, dépendance d'un maître). **Convention européenne des droits de l'homme** (1979) : élimination de toutes les formes de discrimination à l'égard des femmes.

☞ *Espagne :* punit depuis 1995 le fait de profiter de certaines circonstances (âge, relation de supériorité, etc.) pour amener une personne à se prostituer ; les revenus des prostituées ne sont pas imposables. *Italie :* amendes pour « entrave à la circulation » à toute personne négociant avec une prostituée : à Milan depuis novembre 1998 et dans 20 autres villes depuis. *Pays-Bas :* dépénalisation depuis le 1-10-2000. *Suède :* peine de prison (jusqu'à 6 mois) pour tout « client » : depuis le 1-1-1999. *Suisse :* 1re maison officiellement autorisée : « Petite Fleur », ouverte à Zurich fin février 1999.

■ **En France. Avant 1946** réglementarisme (maisons, fichiers et registres de police, surveillance médicale des personnes prostituées). **1946**-*13-4* fermeture des maisons closes, loi dite Marthe Richard [née Betenfeld le 15-4-1889 à Blâmont (M.-et-M., † 1980) ; inscrite 12-8-1905 comme prostituée à Nancy ; épouse Henri Richer, mandataire aux Halles ; pilote brevetée 13-6-1913 ; veuve, devient espionne sous le nom de Richard, l'Alouette ou S-32 ; en 1918 épouse Thomas Crompton (Anglais, † 1928) ; publie sous le pseudonyme de Richard]. Conseillère de Paris, elle avait déposé le 13-12-1945 devant le conseil municipal de Paris un projet pour la fermeture des maisons closes. Sa proposition fut votée et le préfet Luizet décida de fermer les maisons de la Seine dans les 3 mois. Encouragée, Marthe Richard commença une campagne de presse pour le vote d'une loi généralisant ces mesures. Le 9-4-1946, le député Marcel Roclore présenta le rapport de la Commission de la famille, de la population et de la santé publique, et conclut à la nécessité de la fermeture. Le député Pierre Dominjon déposa une proposition de loi dans ce sens. 1 400 établissements furent fermés dont 180 à Paris [dont le Chabanais (2e arrondissement, connu depuis 1820), le Sphinx, la Rue des Moulins, le One Two Two]. Beaucoup de tenanciers de maisons closes se reconvertirent en propriétaires d'hôtels de passe]. La prostitution est une activité libre ; seules sont interdites son organisation et son exploitation – le proxénétisme – et ses manifestations visibles. **1958**-*31-10* l'Office central

☞ La *chandelle* stationne. La *marcheuse* fait les cent pas sur une portion de trottoir. L'*échassière* attend sur un tabouret de bar, l'*entraîneuse* dans le bar. La *zonarde* ou *bucolique* travaille dans les bois et les parcs. La *serveuse montante* de certaines auberges est inscrite à la Sécurité sociale. Pour toutes celles-ci, le prix de la passe varie entre 60 et 400 F.
Les *amazones* draguent au volant, les *call-girls* se font appeler par téléphone, les *michetonneuses* se font racoler aux terrasses de café, les *caravelles* fréquentent palaces et aérogares. L'*étoile filante* arrondit ses fins de mois. Tarifs de 600 à 3 800 F pour une nuit.
Les madelonettes étaient des religieuses d'une des congrégations ayant pour mission, depuis le XIIIe s., de recueillir « les filles tombées et repenties » ; à partir du XIXe s. le mot désigne les femmes de mauvaise vie, cloîtrées de gré ou de force dans un couvent consacré à Ste Madeleine.

chargé de la répression de la traite des êtres humains et du proxénétisme (OCRETH) créé ; *-23-12* l'infraction de racolage (créée 1946) qui était un délit devient une contravention. **1960**-*25-11* mesures pour la prévention des personnes en danger de prostitution et la réinsertion des personnes prostituées. **1975**-*14-4* et *11-7* répression du proxénétisme. *-2-6* une centaine de prostituées occupent l'église St-Nizier à Lyon [principale porte-parole : Ulla (Marie-Claude Peyronnet-Masson), 30 ans, bachelière et diplômée en droit] pour protester contre les amendes multiples (dans la même soirée), les peines d'emprisonnement pour récidive, les rappels d'impôts. *-10-6* elles sont expulsées. *-1-7* (Lyon), réunion des « états généraux » de la prostitution. **1990**-*7-6* Michèle Barzach, médecin et ancien ministre de la Santé du gouvernement Chirac, propose de rouvrir les maisons closes pour mieux contrôler l'état sanitaire et encourager l'usage des préservatifs. Bernard Kouchner la soutiendra. **1994** *Nouveau Code pénal :* le proxénétisme (délit) devient un crime lorsqu'il est organisé ou exercé avec violence ou contrainte ; le « racolage actif » est réprimé (art. R 625-8), mais pas la prostitution. **2000**-*2-18* Ulla réclame 6 millions de F de dommages et intérêts à la Sté qui exploite une messagerie rose portant son pseudonyme ; elle estime que le caractère sexuel de ces services enfreint les accords passés par lesquels elle avait accepté l'utilisation de son pseudonyme à condition que la messagerie reste conviviale.

Peines encourues. Racolage : attitude de nature à provoquer la débauche, sans gestes ni paroles ni écrits (par exemple prostituées dans la rue, dans une attitude provocante) : contravention de 5e classe, amende jusqu'à 10 000 F. **Proxénétisme :** 6 mois à 2 ans de prison et amende de 10 000 à 200 000 F (pour une mineure ou si la femme agit sous la contrainte : 2 à 10 ans et 20 000 à 250 000 F) ; *en studio :* 2 à 10 ans, amendes et fermeture de tout ou partie de l'établissement. **Corruption de mineur :** jusqu'à 7 ans d'emprisonnement (art. 227-22 du Code pénal). **Outrage à la pudeur :** amende.

☞ Des remises gracieuses sont prévues quand les prostituées entreprennent une démarche de réinsertion.

Fiscalité. Selon le Code fiscal, tout revenu est imposable quelle que soit son origine. Les revenus des prostituées sont classés parmi les BNC (bénéfices non commerciaux), ce qui occasionne TVA, taxe professionnelle, cotisation à l'Urssaf...

Statistiques en France

■ **Nombre de prostituées** (est.). **France métropolitaine :** de 15 000 à 30 000 professionnelles (dont 95 % aux mains de 15 000 proxénètes) ; 70 % seraient étrangères (50 % en 1999, 30 % en 1998) dont originaires de l'Est 30 %, du Maghreb 6 %, d'Afrique noire 6 % (en augmentation). **A Paris :** *régulières :* de 3 000 à 7 000 sur le trottoir dont 1 700 dans le quartier St-Denis (le plus « chaud ») ; *occasionnelles :* 60 000. Environ 200 s'en sortent chaque année (soit 1 sur 100). **Prostituées françaises à l'étranger** (en 1979) : Belgique 3 000, All. de 800 à 1 000, Côte d'Ivoire et Sénégal 200, Hollande 100.

■ **Rapports sexuels avec une prostituée** (en %). **1er rapport :** *hommes de – de 30 ans :* 2,5 (5 si le 1er rapport est tardif) ; *30 ans et + :* 10. **Au cours des 5 dernières années** (*source :* enquête ANRS/Inserm 1992) : 3 %. **Nombre de passes par jour** (d'après la police) : au moins 45 000.

■ **Chiffre d'affaires de la prostitution.** Environ 10 milliards de F. Une professionnelle peut gagner en moyenne 38 000 F par mois à Paris, une call-girl jusqu'à 200 000 F. Les proxénètes en studio (environ 1 300 en France) reçoivent environ 120 F par client.

☞ *En Europe occidentale :* selon l'office des migrations internationales, 300 000 femmes originaires de pays de l'Est se prostituent, exploitées par des réseaux mafieux qui les « achètent » 20 000 F à 30 000 F en Italie et en Grèce. Selon Interpol, un proxénète vivant de la prostitution d'une personne touche en moyenne 720 000 F/an.

☞ Madame Claude (Fernande Grudet, 70 ans) qui eut un réseau de call-girls pendant plus de 20 ans avant d'avoir des démêlés avec le fisc en 1986, et d'être poursuivie pour proxénétisme aggravé en 1992, disait que dans les années 1960 ses filles gagnaient de 60 000 à 70 000 F par mois, plus les cadeaux, visons, bijoux, voitures. Elle prenait 30 % sur leur rémunération.

Viol et harcèlement

■ **Définitions. Viol** (art. 222-23 du Code pénal) : tout acte de pénétration sexuelle, de quelque nature qu'il soit (anal, oral, vaginal), commis sur la personne d'autrui par violence, contrainte, menace ou surprise est un viol. Un viol, comme tout crime, peut être dénoncé jusqu'à 10 ans après la date des faits. Pour les viols commis sur des mineurs, les délais courent à partir de la majorité de la victime (les faits devant être postérieurs au 13-7-1979 pour les viols par ascendant et personne ayant autorité, au 20-6-1988 pour les viols par toute autre personne). **Autres agressions sexuelles** (art. 222-27 du Code pénal) : commises avec violence, contrainte, menace ou surprise, mais sans pénétration sexuelle, elles peuvent impliquer un contact corporel (attouchement du sexe, des seins, des fesses, etc.). Comme tout délit, peuvent être dénoncées jusqu'à 3 ans après la date des faits. Pour celles commises sur des mineurs (sauf harcèlement et exhibition), les délais courent à partir de la majorité de la victime (les faits devant être postérieurs au 20-6-1995). Quand l'agression sur un mineur est le fait d'un ascendant, d'une personne ayant autorité ou abusant de l'autorité que lui confèrent ses fonctions, de plusieurs personnes, ou a entraîné une blessure ou une lésion, ou encore a été commise avec usage ou menace d'une arme, les délais passent de 3 à 10 ans à partir de la majorité (faits non prescrits lors de la promulgation de la loi du 17-6-1998). **Harcèlement** (art. 222-33 du Code pénal) : fait de harceler autrui en donnant des ordres, proférant des menaces, imposant des contraintes ou exerçant des pressions graves, dans le but d'obtenir des faveurs de nature sexuelle, par une personne abusant de l'autorité que lui confèrent ses fonctions. **Code du travail :** art. 122-46 à 48 (loi du 2-11-1992).

■ **Moyens de contrainte reconnus.** Violences physiques (coups, séquestration, menaces avec une arme) et morales (menaces policières, médecins profitant d'un examen gynécologique pour se livrer à des attouchements non justifiés par une nécessité professionnelle), recours aux aphrodisiaques, à l'alcool, aux méthodes hypnotiques.

■ **Peines encourues** (loi no 92-684 du 22-7-1992). **Viol :** *15 ans de réclusion criminelle. 20 ans si :* le viol entraîne mutilation ou infirmité permanente ; est commis sur un mineur de moins de 15 ans ; une personne vulnérable en raison de son âge, d'une maladie, d'une infirmité, d'une déficience physique ou psychique, d'un état de grossesse ; par un ascendant légitime ; par une personne ayant autorité ou abusant de l'autorité que lui confèrent ses fonctions ; par plusieurs personnes ; avec usage ou menace d'une arme. *30 ans de réclusion criminelle* si le viol a entraîné la mort de la victime. *Réclusion criminelle à perpétuité* en cas de viol accompagné de tortures ou d'actes de barbarie. **Autres agressions sexuelles :** *5 ans d'emprisonnement et 500 000 F d'amende. 7 ans et 700 000 F d'amende si :* l'agression entraîne blessure ou lésion ; est commise par un ascendant, par une personne ayant autorité ou abusant de l'autorité que lui confèrent ses fonctions ; par plusieurs personnes : avec usage ou menace d'une arme ; ou si elle est commise sur un mineur de – de 15 ans ou une personne vulnérable. *10 ans d'emprisonnement et 100 000 F d'amende si :* à l'une des deux dernières circonstances aggravantes s'ajoute l'une des premières de la liste précédente. **Harcèlement :** *1 an d'emprisonnement et 100 000 F d'amende.*

☞ **1997**-*déc.* une fellation pratiquée par une femme sur un enfant est reconnue constitutive d'un viol.

■ **Statistiques. Nombre de viols déclarés :** *1998 :* 7 828 ont fait l'objet d'une constatation. **Condamnations en France :** *1990 :* 729 ; *95 :* 1 088 ; *98 :* 1 636 (plusieurs plaintes pour un seul violeur, violeurs non identifiés, déqualifications en autres agressions sexuelles, classements sans suite et non-lieux). Le nombre de viols perpétrés serait de 4 à 6 fois supérieur au nombre de viols déclarés. **Harcèlement sexuel :** *1re condamnation* en 1994, une femme chef d'entreprise. *Nombre de condamnations : 1995 :* 7 ; *1996 :* 19 ; *1997 :* 23 ; *1998 :* 33. **% de femmes ayant déclaré avoir subi des violences conjugales au cours des 12 derniers mois** (enquêtes Enveff, 2 000 auprès de femmes de 20-59 ans ayant eu une relation de couple au cours des 12 derniers mois) : insultes et menaces verbales 4,3 (dont répétées 1,8), chantage affectif 1,8 ; pressions psychologiques 37 (dont répétées 24,2, harcèlement moral 7,7) ; agressions physiques 2,5 (dont répétées 1,4) ; viols et autres pratiques sexuelles imposées 0,9. *Indice global de violence conjugale :* 10.

☞ *S'adresser :* **Association européenne contre les violences faites aux femmes au travail (AVFT) :** BP 108, 75561 Paris Cedex 12 ; *fondée* 1985 ; *Pte :* Catherine Le Magueresse. Permanence téléphonique (3 000 appels reçus en 2000). **Viols femmes information :** *fondé* 1986 ; permanence téléphonique (0800 05 95 95), gratuite et anonyme, d'information et d'orientation pour toute démarche médicale, judiciaire et psychothérapique. *Pte :* Emmanuelle Piet.

Droits des femmes

☞ **Manifestation à Paris pour les droits des femmes :** *1995-25-11 :* 20 000 manifestants selon la police (40 000 selon les organisateurs) rappelant leur attachement à « une République laïque et sociale », refusant de voir remises en cause la loi de 1975 légalisant l'avortement et celle de 1993 créant un délit d'entrave à l'interruption volontaire de grossesse. *Slogans :* « Ni Dieu ni maître », « Jean-Paul II, oublie-nous », « Le Moyen Age, c'est fini depuis 500 ans », « Liberté, parité, égalité ».

Quelques dates

■ **Rome antique.** La femme pouvait parler au Forum.

■ **Moyen Age.** Peu de distinction, du point de vue du droit féodal, entre la femme et l'homme seigneur de fief. Les femmes titulaires d'un fief peuvent désigner un mandataire ; celui-ci vote pour elles lors de l'élection des députés aux états généraux. Avant Philippe le Bel, certaines bourgeoises auraient été consultées par le roi. Certaines femmes ont été régentes (dont Mme de Sévigné, qui a siégé aux états de Bretagne). Au milieu du XIVe s., lors d'élections à Provins et dans sa banlieue pour « demeurer sous le gouvernement de maires et eschevins », ou « être gouverné par le roi seulement », il y eut sur 2 701 votants, 350 femmes, veuves et mariées, votant pour leur mari, leur fils. *A Rome :* sous le pape Innocent IX, droit électoral pour tous les majeurs de 14 ans, hommes et femmes. *En Angleterre :* certaines femmes de grandes familles seront représentées au Parlement et exerceront des fonctions de juge de paix jusqu'au début du XVIIIe s.

■ **France.** **1791** Olympe de Gouges : déclaration des droits des femmes, dictée car elle était pratiquement illettrée. Les f. ne sont plus exclues des droits de succession. **1793** instauration du suffrage universel mais les f. en sont exclues. **1804 Code Napoléon :** la célibataire jouit en théorie de la plénitude de ses capacités civiles. Dès 15 ans, la jeune fille répond seule de son honneur ; elle ne peut se plaindre si l'on abuse de sa naïveté. La recherche en paternité est interdite. Elle n'a pas de capacité juridique. Elle porte le nom de son mari. Même séparée de corps, elle ne peut changer de nationalité sans le consentement de son mari et, à défaut, sans l'autorisation du juge. L'enfant prend la nationalité du père. L'époux décide du lieu de résidence, gère sa fortune personnelle et celle de sa femme et peut disposer librement du salaire de celle-ci, si elle travaille. Sa f. doit obtenir son autorisation pour poursuivre une action en justice, accepter une succession, faire une donation, acquérir ou vendre un bien, exercer un métier, être témoin dans un acte civil, prendre un engagement artistique ou obtenir des papiers officiels. L'époux doit pouvoir « connaître l'esprit général des conversations qu'elle tient, les influences exercées sur elle en dehors et indépendamment de lui ». Il peut exercer un contrôle sur sa correspondance, et exiger que son courrier lui soit remis. Un échange de lettres entre sa f. et un tiers peut être considéré comme « une infraction au contrat, une sorte d'infidélité morale ». *La veuve* n'a aucun droit dans la succession de son conjoint, et, si elle désire se remarier, elle est soumise à la décision du conseil de famille. *En cas d'adultère :* selon l'art. 324 du Code pénal « le meurtre commis par l'époux sur l'épouse ainsi que sur le complice à l'instant où il les surprend en flagrant délit dans la maison conjugale est excusable ». La réciproque n'est pas vraie... *Divorce :* l'époux peut, sur simple dénonciation d'adultère, faire prononcer le divorce (la f. ne peut l'obtenir que si son époux entretient en permanence une concubine au domicile conjugal). Quand le divorce est prononcé (même aux torts de l'époux) la f. n'est pas certaine d'obtenir la garde des enfants. Dans tous les cas, le père, même coupable, peut récupérer ses fils quand ils ont 7 ans. **1810** l'adultère est un délit. La f. adultère est passible de prison (de 3 à 24 mois), l'homme d'une amende de 100 à 2 000 F s'il a entretenu sa concubine au domicile conjugal. Le « devoir conjugal » est une obligation : pas de viol entre époux. **1816** suppression du divorce. **1832** *la Femme libre,* journal st-simonien. **1836** Création de l'enseignement primaire féminin. **1838** 1re École normale d'institutrices. **1842** *loi du 30-11* autorisant les f. à devenir dentistes et médecins. **1848** la Constituante interdit aux f. d'assister aux réunions politiques. Victor Considérant exige le droit de vote pour les femmes. **1849** Jeanne Deroin tente de se présenter aux législatives. **1850** *loi Falloux* rendant obligatoire la création d'une école de filles dans toute commune de plus de 800 hab. (1867 dans celles de 500 hab.). **1851** Pierre Leroux dépose le 1er projet de loi sur le droit de vote des f. aux élections municipales. **1861** Julie Daubié obtient son baccalauréat, qu'elle a préparé seule. **1862** Élisa Lemonnier crée l'enseignement professionnel féminin public et laïque. **1867** *loi Duruy :* création de cours secondaires féminins publics. **1869** Léon Richier (1824-1911) crée les *Droits de la femme.* **1871** il fonde l'*Association pour les droits des femmes.* Victor Hugo en sera le président. **1874**-*10-4* Joséphine André fonde le *Syndicat féminin de la couture*. Interdiction du travail des f. dans les mines. **1876** Hubertine Auclert (1851-1914) crée une Sté rivale, *le Droit des femmes* (devient « le Suffrage des femmes » 1883). **1878** *-8-7 1er congrès féministe* (« Congrès intern. du droit des femmes », organisé par L. Richier, salle du Grand Orient, financé par les sœurs Desraimes et le Cte et la Ctesse Molliani). **1879** *loi Paul-Bert* sur la création des écoles normales d'institutrices. **1880** *loi Camille Sée :* organise l'enseignement secondaire féminin. *-9-8* loi prévoyant les droits de la femme sur les produits de son travail. **1881**-*9-4* loi permettant à la femme de se faire ouvrir un *livret de Caisse d'épargne* sans l'assistance de son époux et de retirer sans l'autorisation de celui-ci les sommes inscrites au livret. Création de *l'École normale supérieure* de Sèvres. **1882** *loi Jules Ferry :* école élémentaire obligatoire pour tous les enfants. **1884**-*27-7 loi Naquet* rétablissant le *divorce* et déclarant que *l'adultère de* l'homme sera sanctionné par une amende et celui de la f. par une peine de prison. **1885**-*31-7* Eugène Poubelle (1831-1907), préfet de la Seine, fait signer l'arrêté ouvrant *l'internat des hôpitaux* aux f. (contre l'ensemble du corps médical et de l'Assistance publique). Les f. sont autorisées à entrer comme dactylographes dans les services d'État. **1892** interdiction du *travail de nuit* des f. et instauration d'autres mesures protectrices concernant leur travail. **1893**-*6-2* loi accordant à la f. séparée de corps la pleine *capacité civile*. **1896**-*20-6* loi donnant valeur égale, en cas de *désaccord pour le mariage de leurs enfants*, entre époux divorcés ou séparés de corps. **1897** Marguerite Durand crée *la Fronde*, le 1er quotidien féministe. *-7-12* loi permettant à la f. d'être *témoin* dans les actes civils ou notariés. **1898**-*23-1* les f. peuvent être *électrices* aux tribunaux de commerce. *La durée du travail* des f. dans les ateliers est réduite à 10 h/j. **1900**-*1-12* loi permettant aux f. licenciées de prêter serment d'*avocat* et exercer la profession. **1901** Viviani dépose un projet de loi en faveur du vote féminin. **1906** *École des chartes* ouverte aux f. **1907**-*27-5* f. électrices et éligibles aux *conseils de prud'hommes. -13-7* loi donnant la possibilité à la femme mariée d'administrer les produits de son travail et de ses économies (quel que soit son régime matrimonial). **1908**-*3-5* manif. à Paris pour droit de vote. **1909** loi instituant un *congé de maternité* de 8 semaines (sans traitement) sans rupture du contrat de travail. Le port du *pantalon* n'est plus un délit si la f. tient à la main un guidon de bicyclette ou les rênes d'un cheval. Création de l'*Union française pour le suffrage des femmes.* **1910** *congé de maternité* payé pour les institutrices. **1912** loi autorisant la *recherche de paternité* dans certains cas. **1914**-*3-2* 238 députés sur 591 refusent le vote des f. Organisation d'un « vote blanc », sondage auprès des f. sur leur désir de voter ; plus de 500 000 réponses favorables. **1915**-*janv.* Louise Saumoneau diffuse en France *l'Appel aux femmes socialistes* de Clara Zetkin. *-3-7* loi permettant à la f. de disposer de l'*autorité paternelle* si le tribunal constate l'impossibilité pour les mobilisés d'effectuer des démarches. **1916** proposition Barrès pour le *suffrage des morts :* droit de vote pour les veuves et mères de soldats tués à la guerre. **1918** *École centrale* ouverte aux f. *-9-11* grâce à Louis Marin, le Sénat nomme une commission examinant la question du vote des f. *-13-11* le sous-secrétariat à la Guerre demande la libération des postes de travail pour la main-d'œuvre masculine (*déc.* 50 % des munitionnettes sont licenciées). **1919** création d'un *bac* féminin. Création d'une *agrégation* féminine de philosophie. *École supérieure de chimie de Paris* et *École sup. d'électricité* ouvertes aux f. *Poste de rédacteur au min. du Commerce* ouvert aux f. *-20-5* la Chambre des députés vote une proposition de loi accordant aux f. tous les droits politiques par 324 voix contre 53 (en 1922 le Sénat repoussera la proposition par 184 voix contre 156). *-15-7* le pape Benoît XV est pour le droit de vote des f. **1920** loi autorisant les f. à adhérer à un *syndicat* sans l'autorisation de leur mari. *-31-7* loi interdisant toute propagande en faveur de l'*avortement et de la contraception.* **1921**-*3-12* Trocadéro, lors d'un meeting, Poincaré se déclare pour le vote des f. **1922**-*21-11* le Sénat rejette (par 156 voix contre 134) le droit de vote des f. **1924** programmes d'études identiques dans le secondaire ; *équivalence bac* masculin et féminin. *-15-4* la Chambre des députés vote un projet de loi accordant aux f. l'électorat, l'éligibilité pour les élections municipales et cantonales par 390 voix contre 183 ; des candidates communistes se présentent aux *municipales* (invalidées). Marie-Louise Paris fonde l'*École polytechnique fém.* (fondation de l'Union nationale pour le vote des femmes). **1927** principe de l'égalité des traitements des *professeurs* titulaires des mêmes diplômes. **1928** généralisation du *congé de maternité* de 2 mois à plein traitement dans la fonction publique. **1929**-*27-5* meeting (salle Wagram) présidé par Maria Vérone pour presser le Sénat de ratifier la loi votée par la Chambre en 1919. **1931**-*9-12* les f. peuvent être élues juges. **1932**-*14-1* Jane Valbot interrompt la séance du Sénat en lançant des tracts intitulés : « La femme doit voter » ; elle est conduite à la questure. *-Févr.* suffrage intégral des femmes adopté par la Chambre. *-4-2* Jane Valbot s'enchaîne à un siège du Sénat : séance interrompue. *-6-2* les organisations internationales féministes déposent à la SDN leur pétition pour le désarmement total et universel (8 millions de signatures). *-7-7* le Sénat rejette par 253 voix contre 40 les propositions de la Chambre de 1925. **1934** campagne de Louise Weiss pour le droit de vote des femmes. **1936**-*26-4* législatives : Louise Weiss et Denise Finat candidates dans le Ve arrondissement. *-Juin* Léon Blum nomme 3 femmes sous-secrétaires d'État. *-30-7* la Chambre revote pour l'intégralité des droits politiques des f. **1937** les femmes sont autorisées à enseigner latin, grec et philosophie. **1938** *loi du 18-2* abrogeant l'art. 213 du Code civil selon lequel la femme devait obéissance à son mari, supprimant l'incapacité civile relative à la personne pour la f. mariée, mais en raison des conflits avec d'autres lois elle sera de fait inapplicable ; l'époux garde la fixation de la résidence, la possibilité de s'opposer à l'exercice d'une profession par sa f., l'exercice de la seule autorité paternelle. La capacité relative à l'administration des biens dépend du contrat de mariage ; elle est réduite dans le régime de la communauté de biens. Généralement, les tribunaux refuseront de passer outre à l'opposition de l'époux à ce que sa femme travaille (il suffisait à l'époux de dire que c'était dans l'intérêt de la famille). Les femmes peuvent s'inscrire à l'université sans l'autorisation de leur époux. **1941** les époux mariés depuis moins de 3 ans ne peuvent pas divorcer. Fête des Mères instaurée (1re : aux USA en 1907, idée d'Anna Jarvis, fixée 1914 au 2e dimanche de mai). **1942**-*22-9* loi abolissant la *puissance maritale* et, théoriquement, l'*incapacité* de la f. mariée. **1944**-*23-3* l'Assemblée consultative d'Alger adopte le principe du *droit de vote des femmes* (sur 84 membres, 77 votants) par 51 voix pour (dont tous les communistes et socialistes) et 16 contre (radicaux). *-21-4 ordonnance du CFLN* (Gal de Gaulle) : l'art. 17 prévoit le *vote des femmes et l'éligibilité ;* elles voteront pour la 1re fois le 29-4-1945 aux municipales, puis les 23 et 30-11-1945 aux cantonales (39 conseillères générales élues) et le 21-10-1945 pour élire l'Assemblée constituante. Création de l'Éna (école mixte). *-Nov. ordonnance :* f. admises dans les jurys d'assises. **1945** loi instituant le *congé de maternité* (2 sem. avant, 6 après) obligatoire et indemnisé à 50 %. **1946** le préambule de la Constitution pose le principe de l'*égalité des droits* entre hommes et femmes dans tous les domaines. *30-9* fin légale de l'abattement pour salaire féminin. **1950** loi instaurant la *fête des Mères.* **1959** *École des ponts et chaussées* ouverte aux f. **1960** les mères célibataires peuvent avoir un livret de famille. **1961** École des télécom. ouverte aux f. **1965**-*13-7* loi réformant les *régimes matrimoniaux* visant à accroître les pouvoirs de la f. mariée sur les biens communs ; le mari ne peut plus s'opposer à l'exercice de l'activité professionnelle de sa f. **1966** *congé de maternité* : 14 semaines. **1967** *loi Neuwirth* autorisant la contraception. **1970** l'autorité paternelle est remplacée par *l'autorité parentale :* les 2 époux assurent ensemble la direction morale et matérielle de la famille. *École polytechnique* ouverte aux f. Possibilité pour la f. mariée de *contester la paternité* de l'époux et de reconnaître son enfant sous son nom de naissance. *-26-8* une douzaine de f. (dont Christiane Rochefort) dépose une gerbe sous l'Arc de triomphe, à la gloire de la femme du Soldat inconnu. **1971** *congé de maternité* indemnisé à 90 %. Service national volontaire ouvert aux f. **1972** loi posant le principe de l'*égalité de rémunération* pour les travaux de valeur égale. *École de la marine marchande, Essec, HEC* (1re major en 1973) ouvertes aux f. **1973** la mère peut, comme le père, transmettre sa nationalité à son enfant. **1974** remboursement des frais relatifs à la *contraception*. **1975** loi autorisant l'*interruption volontaire de grossesse* (IVG ; définitive en 1979). Loi interdisant la *discrimination à l'embauche* en raison du sexe, sauf motif légitime. Loi interdisant *toute distinction de traitement entre hommes et f. dans la fonction publique. Loi* instituant le *divorce par consentement mutuel.* Les 2 époux déterminent ensemble le *lieu de résidence* du couple. Peuvent choisir d'avoir 2 *domiciles différents*. **1977** création d'un *congé parental d'éducation. Pension de vieillesse* à 60 ans (au lieu de 65) pour 37,5 ans de travail. **1978** l'*École de l'air* devient mixte. **1979** interdiction du *travail de nuit* dans l'industrie levée pour les f. occupant des postes à responsabilités. **1980** interdiction de *licencier une f.* en état de grossesse. *Congé de maternité :* 16 semaines. Statut de *conjoint collaborateur* pour les f. d'artisan et de commerçant. Mesures visant à la reconnaissance de l'activité professionnelle des f. d'agriculteurs (actes d'administration de l'exploitation, congé de maternité...). **1982**-*10-7* loi améliorant le statut des *conjoints d'artisan,* qui définit les droits professionnels et sociaux des f. en leur permettant de choisir entre les statuts de collaboratrice, associée, salariée du conjoint ou chef d'entreprise. *-18-11* le Conseil constitutionnel annule l'article de la loi municipale de juillet 1982 selon lequel les listes de candidats aux municipales ne devraient pas comporter plus de 75 % de personnes de même sexe. *-29-12* la loi de finances pour 1983 élimine la notion de chef de famille en droit fiscal. La

■ **Droits des veuves. Assurances décès du régime gén. de la Sécurité sociale :** *montant :* 90 fois le salaire journalier de l'assuré décédé, dans la limite du plafond de la Sécurité sociale : 14 950 F/mois au 1-1-2001 (au min. 1 794 F, au max. 44 850 F au 1-1-2001). 1 mois ou 2 ans pour faire la demande selon les cas. Pas de saisie possible (sauf pour paiement de dette alimentaire ou remboursement du capital versé après manœuvre frauduleuse ou fausse déclaration). Depuis le 1-1-99, les titularisations d'une pension d'invalidité ouvrent le droit au capital décès.

Assurance maladie : le conjoint survivant bénéficiant des prestations comme ayant droit de l'assuré décédé est couvert à partir du décès pendant 4 ans (prolongation jusqu'à ce que le dernier enfant à charge ait 3 ans), ensuite il doit être assuré personnellement (activité professionnelle ou assurance volontaire). L'ayant droit qui a eu à charge au moins 3 enfants bénéficie du maintien des droits pour une durée illimitée.

Assurance veuvage : versée durant 2 ans au taux de la 1re année et 2e année (3 230 F au 1-1-2001), allouée au survivant ayant moins de 55 ans dont le conjoint décédé était assuré ou assimilé du régime général de la Sécurité sociale ou du régime des salariés agricoles au moins pendant 3 mois dans les 12 mois précédant le décès et disposant de ressources inférieures à 12 113 F par trimestre, allocation comprise (au 1-1-2001). Allocation maintenue jusqu'au 55e anniversaire au taux de la 1re année pour le conjoint survivant âgé d'au moins 50 ans au décès du conjoint.

Prestations familiales : maintenues tant que les enfants sont à charge plus allocation de soutien familial : 491 F par mois et par enfant (au 1-1-2001). Incluses dans allocation de parent isolé : minimum garanti avec un enfant à charge 4 393 F ; par enfant en plus 1 098 F.

Pension de réversion : 54 % de la pension de vieillesse du conjoint décédé (ou à laquelle il aurait droit) sous condition de ressources 87 402 F/an et d'âge (55 ans). Majoration 516 F/mois et par enfant à charge.

Veuves de guerre (droits spécifiques pouvant s'ajouter à ceux des veuves civiles). *Veuves de « morts pour la France » et d'anciens combattants, invalides de guerre au taux de 85 à 100 %, ou au taux de 60 à 80 %* si décédés des suites de l'invalidité pensionnée : pension au taux *normal :* 3 413 F/mois, ou, *spécial* (âgée de 50 ans ou moins, ou avant si malades ou inaptes au travail, et sous conditions de ressources) : 4 553 F/mois. *Veuves de pensionnés au taux de 60 à 80 %,* décédés d'une affection sans relation avec l'invalidité pensionnée : pension au taux de réversion : 2 273 F (modulable selon date du décès ou % d'invalidité du mari).

signature des 2 conjoints est obligatoire dans la déclaration des revenus. *-31-12* loi autorisant le remboursement de l'IVG. **1983**-*13-7 loi Roudy* sur l'*égalité professionnelle* qui interdit toute discrimination en raison du sexe ; rapport annuel obligatoire sur l'égalité professionnelle dans les entreprises de plus de 50 salariés. **1984**-*22-12* loi autorisant le recouvrement des pensions alimentaires impayées par les organismes débiteurs des prestations familiales ; reconnaissance de l'égalité des époux dans les régimes matrimoniaux et pour l'administration des biens des enfants. **1985**-*23-12* loi renforçant l'*égalité des époux* dans la gestion des biens des enfants et des biens en communauté. Droit d'ajouter à son nom à titre d'usage le nom du parent qui ne lui a pas transmis le sien. **1986** circulaire légalisant l'emploi du féminin pour les noms de métier (voir p. 1623 c). **1987**-*19-6 loi Séguin :* dérogation supplémentaire à l'interdiction du travail de nuit des f. *-22-7 loi Malhuret :* après séparation, l'autorité parentale peut être exercée par le père et la mère. **1989** la Cour de justice des communautés européennes déclare non conforme l'interdiction du travail de nuit des femmes. *-10-7* loi d'orientation sur l'éducation nationale rappelant la nécessité de favoriser dans l'enseignement la mixité et l'égalité femmes/hommes. *-30-7* loi instituant un statut social des conjoints de professionnels libéraux. **1990**-*12-7* loi permettant à des associations civiles de se porter partie civile avec l'accord de la personne *victime de violences*. *-5-9* arrêt de la Cour de cassation condamnant le *viol entre époux*. **1992**-*22-7* loi réformant le Code pénal et réprimant les violences conjugales, aggravation de la peine lorsque l'infraction est commise par le conjoint ou le concubin (applicable mars 1994). *-2-11* loi sanctionnant l'abus d'autorité en matière sexuelle dans le travail *(harcèlement sexuel)*. **1993**-*8-1* loi permettant l'exercice conjoint de l'*autorité parentale* à l'égard de tous les enfants, quelle que soit la situation des parents. *-27-1* loi créant le délit d'*entrave à l'IVG*. *-10-11 manifeste des 577* pour une démocratie paritaire. **1995**-*19-10* installation de l'*Observatoire de la parité* chargé de recenser les inégalités hommes/femmes. **1996**-*6-6* texte « pour la parité » publié dans *L'Express* et signé par 10 femmes politiques. **1998** 2de circulaire sur la féminisation des noms de métiers (voir p. 1623 c). **1999**-*10-7* congrès : adoption d'une loi révisant les articles 3 et 4 de la Constitution portant accès des hommes et des femmes aux mandats électoraux et aux fonctions électives. **2000**-*8-6* loi sur l'égal accès des femmes et des hommes aux mandats électoraux. A partir du prochain renouvellement de l'Assemblée nationale, l'écart entre les candidats de chaque sexe ayant déclaré se rattacher à un parti ne doit pas dépasser 2 %, sinon le montant de l'aide publique est diminué. **2001**-*9-5* loi prévoyant une représentation équilibrée aux jurys de concours des fonctions publiques, aux commissions administratives paritaires.

POLITIQUE (MONDE)

■ **Reines. Danemark :** MARGRETHE II (née 16-4-1940) depuis le 14-1-1972. **G.-B. États du Commonwealth :** ÉLISABETH II (née 21-4-1926) depuis le 6-2-1952. **Pays-Bas :** BÉATRICE (née 31-1-1938) depuis le 30-4-1980.

■ **Gouverneurs généraux. Barbade :** Nita BARROW 1990-96. **Canada :** Jeanne SAUVÉ (1922-93) 1984-90. Adrienne CLARKSON (née 10-2-1939) depuis le 7-10-1999. **Nlle-Zélande :** Catherine TIZARD (née 4-4-1931) 1990-96.

■ **Présidentes. Argentine :** Isabel MARTINEZ DE PERON (née 4-2-1931) 1974-75. **Bolivie :** Lidia GUEILER TEJADA 1979-80 (renversée par un coup d'État). **Bosnie :** Biljana PLAVSIC (née 1930) 1996-98. **Finlande :** Tarja HALONEN (née 24-12-1943) depuis le 6-2-2000. **Guyana :** Janet JAGAN (née 20-10-1920) 1997-99 (démission). **Haïti :** Ertha PASCAL-TROUILLOT (née 1943) en 1990 (à titre provisoire). **Irlande :** Mary ROBINSON (née 21-5-1944) 1990-97 [1] ; Mary MAC ALEESE depuis le 30-10-1997. **Islande :** Vigdós FINNBOGADÓTTIR (née 15-4-1930) 1980-96. **Lettonie :** Vaira VIKE-FREIBERGA (née 1-12-1937) depuis le 8-7-99. **Nicaragua :** Violetta BARRIOS DE CHAMORRO (née 1939) 1990-96. **Panama :** Mireya Elisa MOSCOSO (née 1-7-1946), depuis le 1-9-1999. **Philippines :** Corazón AQUINO (née 25-1-1933) 1986-92 ; Gloria MACAPAGAL-ARROYO (ex-vice-Pte) depuis le 20-1-2001. **Sri Lanka :** Chandrika BANDARANAIKE KUMARATUNGA (fille du PM) depuis 1994 (réélue 1999). **Suisse :** Ruth DREIFUSS en 1999. **Yougoslavie :** Milka PLANINE (née 1925) 1982-86. **Vice-présidentes. Costa Rica :** Rebeca GRYNSPAN MAYUFIS 1994-98. **Iran :** Massoumeh EBTEKAR (née 1961) depuis le 23-8-1997. **Indonésie :** Megawati SUKARNOPUTRI depuis le 21-10-1999. **Taïwan :** Annette LU depuis le 18-3-2000. **Venezuela :** Adina BASTIDAS depuis le 24-12-2000.

Nota. – (1) Puis devenue haut commissaire de l'Onu aux droits de l'homme.

☞ **1re candidate** *à une élection présidentielle en Afrique :* **1992** Jeanne-Marie RUTH-ROLLAND (Rép. centrafricaine) ; *à la vice-présidence des USA :* **1984** Geraldine FERRARO (démocrate).

■ **Premiers ministres. Antilles néerlandaises :** Susanne Camelia RÖMER 1998-99. **Bangladesh :** Begum Khaleda ZIA (née 15-8-1945) 1991-96 ; Hasina WAJED (née 27-9-1947) depuis le 26-6-1996. **Bermudes :** Jennifer SMITH depuis 9-11-1998. **Burundi :** Sylvie KINIGI 1993. **Canada :** Kim CAMPBELL (née 1947) juin-nov. 1993. **Centrafricaine (Rép.) :** Elisabeth DOMITIEN 1975-76. **Dominique :** Mary Eugénia CHARLES (née 15-5-1919) 1980-95. **France :** Édith CRESSON (née 17-1-1934) 1991-92. **G.-B. :** Margaret THATCHER (née 13-10-1925) 1979-90. **Inde :** Indira GANDHI (1917-84) 1966-77 et 1980-84. **Israël :** Golda MEIR (1898-1978) 1969-74. **Nlle-Zélande :** Jenny SCHIPLEY (née 1952) 1997-99. Helen CLARK (née 26-2-1950) depuis 10-12-1999. **Norvège :** Gro Harlem BRUNDTLAND (née 20-4-1939) 1981, 1986-89 et 1990-97. **Pakistan :** Benazir BHUTTO (née 21-6-53), 1988-90 et mai 1994-nov. 1996. **Pologne :** Hanna SUCHOKA (née 3-4-1946) 1992-93. **Portugal :** Maria DE LOURDES PINTASSILGO (née 10-1-1930) 1979-81. **Rwanda :** Agathe UWILINGIYIMANA 1993-94. **Sénégal :** Mame MADIOR BOYE depuis mars 2001. **Sri Lanka :** Siramavo BANDARANAIKE (1916-2000) 1960-64 (1re femme PM au monde), 1970-77 et 1994-2000 (mère de la Pte). **Turquie :** Tansu CILLER (née 1945) 1993-95.

■ **Gouverneurs ou ministres-présidentes d'un État** (présentes et/ou passées). **Allemagne :** Heide SIMONIS (Schleswig-Holstein). **Australie :** Leneen FORDE (Queensland), Roma MITCHELL (Australie-Méridionale) 1994. **Belgique :** Laurette ONKELINK (Communauté française) 1993, Hilde HOUBEN-BERTRAND (Limbourg) 1995. **Brésil :** Roseana SARNEY (Maranhão). **Canada :** Margaret MCCAIN (New-Brunswick), Marion REID (île du Pce-Edouard), Helen MAKSAGAK (Territoires du Nord-Ouest). **États-Unis :** (*1re :* 1925 au Wyoming) Caroll CAMPBELL (Caroline du Sud), 1987-95, Jane DEE HULL (Arizona) 1995, Joan FINNEY (Kansas), Ann RICHARDS (Texas), Barbara ROBERTS (Oregon), Jeanne SHAHEEN (New Hampshire) 1995, Christine TODD WHITMAN (New Jersey), Cecil H. UNDERWOOD (Virginie occ.) 1997.

■ **Présidentes d'Assemblée. Allemagne :** Anne-Marie RINGER 1979, Rita SUSSMUTH 1988-98. **Anguilla :** Marjorie CONNOR depuis mars 1994. **Antigua et Barbuda :** Millicent PERCIVAL, Bridgette HARRIS depuis mars 1994. **Antilles néerlandaises :** Lucille GEORGE-WOUT depuis févr. 1994. **Belgique :** Antoinette SPAAK 1988-91, Anne-Marie CORBISIER 1992. **Caïmans :** Sybil MCLAUGHLIN depuis févr. 1991. **Chine :** Rita SAN (Hong Kong) depuis janv. 1997. **Dominique :** Neva EDWARDS depuis mai 1990. **Espagne :** Esperanza AGUIRRE depuis févr. 1999. **Finlande :** Riita UOSUKAINEN. **G.-B. :** Betty BOOTHROYD depuis avril 1992. **Grenade :** Margaret NECKLES, Marcelle PETERS depuis mars 1990. **Italie :** Irène PIVETTI depuis mars 1994. **Luxembourg :** Erna HENNICOT-SCHOEPGES depuis juin 1989. **Norvège :** Kirsti Kolle GRØNDAHL depuis 1993. **Salvador :** Gloria Salguero GROSS depuis mars 1994. **Suède :** Ingegerd TROEDSSON depuis sept. 1991. **Suisse :** Judith STAMM 1966-97. **Turks et Caïques :** Emily SAUNDERS depuis avril 1991.

■ **Ministres. 1res : 1921** *USA,* Marie Ellen SMITH. **1924** 1re en Europe : *Danemark,* Nina BANG (Instruction publique). **1927** *Finlande,* Miina SILLANPÄA (Affaires sociales). **1929** *G.-B.,* Margareth BONDFIELD (Travail). **1933** *USA* Frances PERKINS. **1946** *Inde,* Vijaya LAKSHMI PANDIT. **1947** *Suède,* Karin HOCK. *Nlle-Zélande,* Mabel HOWARD (Santé et Enfance). **1951** *Italie,* A. CINGOLANI. *Suède,* Hildur NYGREN. **1954** *Grèce.* **1956** *P.-Bas.* **1961** *All. féd.,* Elisabeth SCHWARZHAUPT (Santé). **1963** *Belgique,* Marguerite de RIEMACKER-LÉGOT (Aff. familiales). **1971** *Portugal,* Maria Teresa LOBO (Bien-être social). **1977** *USA,* Patricia HARRIS [Noire, † 23-3-1985 à 60 ans (Logement puis Santé et Éducation)]. **1982** *Brésil,* Figueiredo FERRAZ. **1997** *USA,* Madeleine ALBRIGHT (Aff. étr.). **% (en 1994).** Finlande 39, Norvège 35, P.-Bas 31, Seychelles 31, Suède 30, Danemark 29.

Nombre de femmes dans les gouvernements des États membres du Conseil de l'Europe (en mars 2001). Albanie 3, Andorre 2, All. 14, Autr. 5, Belg. 3, Bulg. 3, Chypre 0, Croatie 2, Dan. 9, Esp. 3, Estonie 2, Finl. 7, *France 9,* G.-B. 24, Grèce 3, Hongrie 0, Irl. 2, Isl. 4, It. 6, Lettonie 1, Liechtenstein 1, Lituanie 1, Lux. 4, Macédoine (ex-République yougoslave de) 4, Malte 1, Moldavie 0, Norv. 8, P.-Bas 3, Pol. 15, Port. 6, Roumanie 0, St-Marin 0, Slovaquie 2, Slovénie 0, Rép. tchèque 0, Suède 10, Suisse 2, Turquie 2.

■ **Parlementaires. 1res : 1907** (15/17-3) *Finlande,* 19 députées (des intellectuelles, 1 sage-femme, 1 cuisinière). **1913** *USA,* Nena JOLIDON-CROAKE (députée). **1916** *USA,* Jeannette RANKIN (Montana). **1917** *Canada,* Louise MCKINNEY (Alberta). **1921** *Canada,* Agnès MCPHAIL (députée). **1922** *USA,* Rebecca LATIMER (sénateur). **1933** *Nlle-Zélande,* Elizabeth MCCOMBS. **1968** *USA, Noire au Congrès,* Shirley CHISHOLM. **1987** *G.-B., Noire à la Chambre des communes,* Diane ABBOTT. **1998** *G.-B., Noire à la Chambre des Lords,* Valérie AMOS. **% (en avril 2000).** Suède 42,7, Dan. 37,4, Finl. 36,5, Norv. 36,4, P.-Bas 36, All. 30,9, Esp. 28,3, Autr. 26,8, Belg. 23,3, Suisse 23, Chine 21,8, Lux. 20, Can. 19,9, Port. 18,7, G.-B. 18,4, USA 12,9, Irl. 12, It. 11,1 *France 10,9,* Inde 8,8, Russie 7,7, Iraq 7,6, Grèce 6,3, Jap. 5, Algérie 3,4, Iran 3,4. **Pays arabes** *(source : New York Times,* mars 2000). **% de femmes :** Iraq 10,8, Palestine 10, Syrie 8,4, Soudan 8,2, Tunisie 6,8, Algérie 6,7, Liban 2,3, Égypte 2,2 (8,9 en 1979). **Parlement sans femmes :** Arabie saoudite, Djibouti, Émirats arabes unis, Koweït, Qatar, Somalie.

■ **Ambassadrices. 1res : 1918** *Hongrie,* Rosika SCHWIMMER (envoyée en nov. en Suisse par le gouv. du Cte Karolyi). **1924** *URSS,* Alexandra KOLLONTAÏ (1872-1952), au Danemark (y exerçant les fonctions depuis 1923). *Roumanie :* Hélène VACARESCO à la SDN. **1949** *accueillie en France,* Miss Cynthia MACKENZIE (Nlle-Zél.) **1975** *du pape,* Bernadette OLOWO (Ouganda). **1999** *Bahreïn, Oman.*

■ **Autres fonctions. 1res : 1972** *Pte du Conseil de sécurité des Nations unies,* Jeanne-Martin CISSÉ (Guinéenne). **1979** *maire de Chicago,* Jane BYRNE. **1981** *à la Cour suprême américaine :* Sandra O'CONNOR. **1982** *à la Cour suprême* (Canada). *Pte du Conseil exécutif, Yougoslavie,* Milka PLANINC. **1988** *commissaires européennes :* Vasso PAPANDREOU (Grèce), Christiane SCRIVENER (France).

■ **Conseillères municipales et,** entre parenthèses, **maires des communes d'Europe** (en %). Allemagne 22,4 (6,4), Autriche 24 (1) ; Belgique 20,1 (5,1) ; Danemark 27,9 (9,5) ; Espagne 13,5 (6,7) ; Finlande 31,4 (16) ; *France 21,2 (7,5) ;* G.-B. 10 (0,03) ; Grèce 3,6 (1,5) ; Irlande 14,8 (2,94) ; Italie 15,7 (6,2) ; Luxembourg 10,3 (10,2) ; Pays-Bas 22,4 (12,82) ; Portugal 11,1 (1,6) ; Suède 41,3 (16).

■ **Droit de vote.** [*Légende :* aux élections : (1) législatives ; (2) locales.] **1860** *G.-B.*[2] [à partir de 30 ans peuvent voter avec certaines restrictions lors des municipales (sans restriction 1888, éligibles 1907)]. *Bohême*[1]. **1864** *Russie*[2]. **1865** *Finlande :* même droit. **1867** *Australie, Nouvelle-Galles du Sud*[2]. **1869** *USA : Wyoming* (11 États des USA suivront avant 1914). **1873** *Saxe*[2]. **1881** *île de Man.* **1882** *Islande*[2] (éligibles 1902). **1886** *Suède*[2] (éligibles 1907), *Nlle-Zélande*[2]. **1895** *Australie-Méridionale*[1]. **1899** *-Occidentale*[1]. **1901** *Norvège*[2]. **1902** *Australie* (Parlement fédéral). **1906** *Finlande* [1] (éligibles 1906). **1907** *Norvège* [1] : pour celles payant l'impôt. **1908** *Danemark* [2] : pour celles de plus de 25 ans et payant des impôts. **1913** *Norvège :* pour toutes (étaient éligibles à l'Ass. nat. depuis 1911). **1915** *Danemark* [1]. **1917** *Pologne* [2], *Canada* (fédéral ; provincial : 1re province à l'admettre : le Manitoba en janv. 1916, les 2 dernières : Terre-Neuve, avril 1925, et Québec, avril 1940). **1918** *G.-B.* (à 30 ans). *Russie.* **1919** *Islande* [1,2], *Allemagne* [1,2], *P.-Bas* [1,2], *Finlande* [1] : égalité des sexes dans la Constitution, *Nlle-Zélande* (éligibles au Parlement). **1920** *Autriche* [1]. *Hongrie* [1]. *USA* en entier. **1921** *Tchécoslovaquie* [1]. **1928** *G.-B. :* à 21 ans. **1930** *Afr. du Sud* [1]. **1931** *Espagne* [1], *Portugal* [1] (pour diplômées de l'enseignement sup.). *Brésil* [1]. **1934** *Turquie.* **1935** *Philippines :* consultées par référendum pour leur accorder le droit de vote (oui : 90 %). *Roumanie.* **1945** *Italie* [1]. **1946** *Albanie* [1]. **1947** *Venezuela* [1]. *Argentine* [1]. *Yougoslavie* [1]. *Bulgarie* [1]. **1948** *Belgique* [1]. *Roumanie* [1]. **1949** *Chili* [1]. *Inde* [1]. **1952** *Bolivie* [1]. *Grèce* [1]. **1953** *Mexique* [1]. **1954** *Grèce* (aux municipales). *Pakistan* [1]. *Colombie* [1]. *Syrie* [1]. **1955** *Pérou* [1]. **1956** *Égypte* [1]. *Côte d'Ivoire* [1]. *Madagascar* [1]. *Viêt Nam* [1]. **1959** *Vaud* et *Neuchâtel* (Suisse). **1960** *St-Marin* (mais non éligibles). **1961** *Paraguay* [1]. **1962** *Monaco.* **1963** *Iran* [1]. *Kenya* [1]. **1966** *Bâle.* **1969** *Fribourg.* **1971** *Suisse entière* [1]. **1974** *St-Marin* (éligibles). *Jordanie* (éligibles). **1975** *Mozambique, Angola, Cap-Vert, São Tomé et Principe, Papouasie-Nlle-Guinée.* **1976** *Portugal :* droit de vote et éligibilité. **1977** *Guinée-Bissau* (éligibles). **1978** *Zimbabwe* (éligibles). **1980** *Vanuatu et Iraq* (éligibles). **1983** *Égypte :* loi leur réservant 38 sièges au Parlement. **1984** *Liechtenstein* (7 communes sur 11). **1986** *Rép. centrafricaine* (éligibles). *Djibouti* (éligibles). **1989** *Namibie* (éligibles) **1990** *Samoa occidentales* (éligibles). **1999** *Koweït.*

POLITIQUE (FRANCE)

☞ En févr. 1997, 312 députés (sur 576) ont répondu à un questionnaire du *Monde :* 20,26 % étaient pour l'inscription dans la Constitution du principe de parité entre hommes et femmes dans les assemblées élues (dont PC 79,17, PS 42,11, RL 38,46, UDF 10,19, RPR 9,38) ; 75,56 % étaient contre (dont RPR 88,28, UDF 86,11, RL 61,54, PS 44,74, PC 16,67).

■ **Vote. Taux d'abstention des femmes et,** entre parenthèses, **des hommes** (en %) : **1951 :** 24 (17) ; **69 :** 32 (34) ; **79 :** 25 (22) ; **81 :** 5 (4) ; **89 :** 49 (44) ; **92 :** 27 (24) ; **93 :** 24 (23). **Vote à gauche des femmes et,** entre parenthèses, **des hommes** (en %) : **1946 :** 53 (65) ; **62 :** 26 (39) ; **65 :** 39 (51) ; **69 :** 25 (37) ; **74 :** 46 (53) ; **81 :** 54 (58) ; **88 :** 53 (55) ; **92 :** 29 (30) ; **94 :** 39 (39) ; **97 :** 49 (46).

■ **Partis. Proportions de femmes dans les instances dirigeantes** (en %, fin 1999) : PCF (bureau national) 31 ; PS (secr. nat.) 28 ; Les Verts (collège exécutif) 53,3 ; CPNT (instances dirigeantes) 25 ; UDF (vice-Pts) 8,3 ; DL (bureau politique) 29,3 ; RPR (dir. sortante) 12,5 ; RPF (bur. nat.) 10,5 ; FN (bur. politique) 7,9.

■ **Assemblée nationale. Candidates** (c.) [en % des candidats] : **1946 :** 13,6. **51 :** 11. **56 :** 9,2. **58 :** 2,27 (64 candidates sur 2 809). **62 :** 2,44 (53 c. sur 2 172). **67 :** 2,92 (64 c. sur 2 190). **68 :** 3,3 (75 c. sur 2 265). **73 :** 6,6 (200 c. sur 3 023). **78 :** 16 (684 c. sur 4 266). **86 :** 33 (1 728 c. sur 6 925). **93 :** 19,6 (1 018 c. sur 5 290). **Élues** (entre parenthèses % par rapport au total des élus) : **1945** (21-10) : 33 élues sur 586, soit 5 % (dont 17 communistes, 9 MRP, 6 socialistes, 1 républicaine) sur 545 membres. **46** (2-6) : 30 (dont 17 communistes, 8 MRP, 5 socialistes). (28-11) : 39 sur 618 députés (6,8 %). **51 :** 22 (3,6). **56 :** 22 (3,1). **58 :** 6 sur 465 [plus 2 pour les députés algériens] (1,6). **62 :** 8 sur 465 députés (1,6). **67 :** 9 sur 470 (2). **68 :** 8 sur 470 (1,4). **73 :** 8 sur 473 (1,69). **78 :** 17 sur 491 (4,3). **81 :** 26 sur 491 (5,9). **82 :** 25 sur 495 (5). **86 :** 34 sur 577 (5,89) dont 21 PS, 4 RPR, 5 UDF, 3 PC, 1 FN. **88 :** 33 sur 577 (5,7) dont 17 PS, 2 UDC, 1 UDF, 1 PC, 10 RPR, 2 non-inscrits. **90 :** 33 sur 577 (5,7) dont 16 PS, 10 RPR, 2 UDF, 3 UDC, 1 PC et 1 non-inscrit. **93 :** 35 sur 577 (6,1) dont 18 RPR, 10 UDF, 3 PS, 2 PC, 2 RL. **97 :** 63 sur 577 (10,2) dont 44 PS, 7 UDF, 5 RPR, 4 PC, 3 RCV. **Nombre de femmes députées** (au 1-1-2001) : 57 sur 577 sièges dont : PS 39 sur 254 ; RPR 7 sur 138 ; UDF 5 sur 71 ; DL 2 sur 43 ; PC 3 sur 35 ; RCV 3 sur 30 ; non-inscrits 0 sur 6.

☞ Depuis 1997, le plus jeune député est une femme : Cécile HELLE (née 8-5-1969, PS).

■ **Sénat. Candidates : 1959 :** 33. **62 :** 9. **68 :** 17. **71 :** 9. **74 :** 12. **77 :** 40. **80 :** 23. **83 :** 21. **86 :** 75. **89 :** 31. **92 :** 57. **95 :** 143. **98 :** 88. **Élues** (entre parenthèses en %) : **46** (21-12) : 21 sur 319 membres (6,7 %). **47 :** 22 (7). **49 :** 12 (3,8). **52 :** 9 (2,8). **54 :** 9 (2,8). **56 :** 9 (2,8). **58 :** 6 (1,9). **60 :** 5 (1,63). **62 :** 5 (1,85). **64 :** 5 (1,83). **66 :** 5 (1,82). **68 :** 5 (1,77). **71 :** 4 (1,42). **74 :** 7 (2,47). **77 :** 5 (1,7). **80 :** 7 (2,3). **83 :** 9 (2,84). **86 :** 9 (2,82) dont 5 PC, 1 PS, 3 RPR. **89 :** 10 (3,2) dont 5 PC, 4 RPR, 1 PS. **92 :** 16 sur 321 (5) dont 4 RPR, 6 PC, 5 PS, 1 UDF. **94 :** 17 dont 3 RPR, 6 PC, 6 PS, 2 UDF. **95 :**

Présidentes du Parlement européen. **Simone Veil** (née Jacob, 13-7-1927, Nice, Alpes-Maritimes). *Père* architecte. *Mariée* 26-10-1946 à Antoine Veil [né 28-8-1926, Éna (1953-54), inspecteur des Finances, directeur général de l'UTA (1971-80), P-DG de Manurhin (1982-85), administrateur délégué des Wagons-lits (1985-89), Pt conseil de surveillance de la Banque internationale de placement (BIP, 1990). P-DG d'Orlyval, conseiller de Paris (1971-89)], 3 *fils*. Arrêtée 30-3-1944, déportée 13-4-1944 (Auschwitz, Bergen-Belsen), libérée 15-4-1945. *Licenciée* droit, *diplômée* Sciences po. *Attachée* au ministre de la Justice (1957-59), puis *Substitut* détaché (1959-70). *Conseiller technique* de Pleven (garde des Sceaux, 1969). *Secrétaire général* du Conseil supérieur de la magistrature (1970). *Membre* du conseil d'administration de l'ORTF (1972). *Ministre* Santé (1974-79, a laissé son nom à la loi sur l'avortement). *Ministre d'État* Affaires sociales, Santé, Ville (29-3-1993/95). *Député européen* 1979, 84, 89-93. *Pte* de l'Assemblée européenne (1979-82), de la Commission juridique de l'Assemblée européenne (1982-84), du Groupe libéral et démocrate du Parlement européen (1984-89). **Nicole Fontaine** (née Garnier, 16-1-1942, Grainville-Ymauville), Parti populaire européen (PPE), élue 306 voix contre 200 le 20-7-1999 ; Dr en droit, diplômée de l'IEP, secr. générale adjointe (1972-81), déléguée au secrétariat général (1981-84) de l'enseignement catholique ; vice-présidente du CDS, membre du bureau politique de l'UDF, membre du Parlement européen depuis le 17-6-1984.

18 (5,6) dont 7 PS, 6 PC, 2 RI, 1 UC, 1 Rassemblement démocratique et social européen. **2000 :** 20 sur 321 (6) dont 9 PS, 5 CRC, 3 RPR, 2 RI, 1 UC.

■ **Parlement européen.** **Élues françaises** (juin 1999) : 35 sur 87 (40,2 %).

■ **Conseil économique et social.** **Nommées : 1954-59 :** 3 sur 200 (1,5 %). **74-79 :** 7 sur 200 (3,5 %). **79-84 :** 16 sur 200 (8 %). **84-89 :** 22 sur 230 (9,56 %). **89-94 :** 26 sur 231 (11,25 %). **94-99 :** 28 sur 231 (12,12 %). **99-2004 :** 45 sur 231 (19,45 %).

■ **Conseils régionaux.** **Candidates** (en %, en 1998) : RPR 34,3 (éligibles 30) ; Force démocrate 24,6 (têtes de liste 10,5) ; Démocratie libérale 32,14 ; PS : éligibles 40, têtes de liste 13,5 ; PC 15,4 (éligibles 15,4) ; les Verts 34,14.

Élues (en %) : *1986 :* 8,5 ; *92 :* 12,3 ; *99 :* 25 (470 sur 1 880). **Ptes :** Marie-Christine BLANDIN 1992-98. Lucette MICHAUX-CHEVRY depuis 1992. Marguerite DEMAICHE-SUDRE 1992-98. Anne-Marie CAMPARINI depuis le 9-1-1999.

■ **Conseils généraux.** **Élues** (entre parenthèses % par rapport aux sièges à pourvoir) : **1958 :** 12 (0,8). **61 :** 16 (1,1). **64 :** 17 (1,1). **67 :** 40 (2,3). **70 :** 22 (1,4). **73 :** 53 (2,7). **76 :** 41 (2,3). **82** (juillet) : 154 (3,8). **84 :** 158 (4). **89 :** 157 (9,3). **91 :** 154 *femmes membres* sur 3 694 (4,17 %). **92 :** 195 sur 3 840 (5,1). **94 :** 212 sur 3 841 (5,5). **99 :** 268 sur 4 051 (6,6). **Pte :** Anne D'ORNANO (née 7-12-1936).

■ **Conseils municipaux.** **Élues** (% entre parenthèses) : **1959 :** 11 246 (2,4). **65 :** 11 145 (2,3). **71 :** 20 684 (4,4). **77 :** 38 852 (8,4). **83 :** 70 854 (14,08). **89 :** 86 549 (17,03). **92 :** 86 693 (17,1). **95 :** 107 979 (21,7). **99** (sept.) : 110 324 sur 505 986 (21,8) [communes de moins de 3 500 hab. : 90 850 (21,1), de 3 500 à 9 000 : 10 642 (25), de 9 000 à 30 000 : 6,017 (26), de 30 000 à 100 000 : 2 223 (26), plus de 100 000 : 592 (27)]. **2001** (mars) : communes *de 3 500 hab. et plus :* 38 072 (47,5).

■ **Maires.** **Élues** (% entre parenthèses) : **1959 :** 381 (1). **65 :** 421 (1,1). **71 :** 677 (1,8). **77 :** 1 018 (2,8). **82** (juillet) : 1 147 (3,1). **83 :** 1 496 (4,1). **89 :** 1 986 (5,3). **97 :** 2 829 sur 36 773 (7,5). **99** (juin) : 2 955 sur 36 516 (8) [communes de *moins de 3 500 hab. :* 2 846 sur 34 073 (8,4), *de 3 500 à 5 000 :* 35 sur 737 (4,7), *de 5 000 à 10 000 :* 35 sur 883 (4), *de 10 000 à 20 000 :* 24 sur 432 (5,5), *de 20 000 à 50 000 :* 13 sur 295 (4,4), *de 50 000 à 100 000 :* 2 sur 61 (3,3), *plus de 100 000 :* 0 sur 35]. **2001** (mars) : communes de *moins de 3 500 hab. :* 3 808 (11,21) ; *plus de 3 500 :* 187 (6,9).

■ **Femmes au gouvernement. IIIe République : 1936.** 3 *sous-secrétaires d'État* (gouv. Blum) ; *Recherche scientifique :* Irène JOLIOT-CURIE (1897-1956), savante, prix Nobel ; *Éducation nationale :* Suzanne BRUNSCHVIG (1877-1946), présidente de l'Union pour le suffrage des femmes ; *Enfance :* Suzanne LACORE (1875-1977), institutrice. **IVe République. De 1946 à juin 1947.** *1 sous-secrétaire d'État* (Jeunesse et Sports) : Mme Andrée VIÉNOT (1901-76) (1946-49, gouv. Bidault et Blum). **1947,** *1re femme ministre :* Mme POINSO-CHAPUIS (1901-81), min. de la Santé publique (gouv. Schuman).

Ve République. De 1958 à mai 1981. Secrétaires d'État : **Action sociale et Réadaptation :** Marie-Madeleine DIENESCH (née 3-4-1914) du 22-6-1969 au 5-7-1972. Hélène MISSOFFE (née 15-6-1927) du 30-3-1977 au 31-3-1978. **Affaires algériennes :** Nafissa SID CARA (née 18-4-1910). **Affaires culturelles :** Françoise GIROUD (née 21-9-1916) du 27-8-1976 au 30-3-1977. **Affaires sociales :** M.-M. DIENESCH du 12-7-1968 au 20-6-1969. **Chargée de l'emploi des femmes :** Nicole PASQUIER (née 19-11-1930) du 12-1-1978 à juin 1982. **Condition féminine :** Françoise GIROUD du 16-7-1974 au 25-8-1976. **Consommation :** Christiane SCRIVENER (née 1-9-1925) du 12-1-1976 à avril 1978. **Éducation nationale :** M.-M. DIENESCH du 31-5 au 10-7-1968. **Enseignement préscolaire :** Annie LESUR (née 28-3-1926) du 8-6-1974 au 11-1-1976. **Justice :** Monique PELLETIER (née 25-7-1926) du 12-1-1978 au 23-6-1981. **Réforme pénitentiaire :** Dr Hélène DORLHAC (née 4-10-1935) du 8-6-1974 au 25-8-1976. **Santé :** M.-M. DIENESCH du 6-2 au 27-5-1972. **Universités :** Alice SAUNIER-SÉÏTÉ (née 26-4-1925) du 12-1-1976 à avril 1978. **Ministres : Santé :** Simone VEIL (née 13-7-1927) du 24-5-1974 (de la Santé et du Travail depuis avril 1978) au 4-7-1979. **Universités :** Alice SAUNIER-SÉÏTÉ d'avril 1978 au 23 juin 1981.

Depuis mai 1981. 1re femme Premier ministre : Édith CRESSON (née 27-1-1934) du 15-5-1991 au 2-4-1992 (au « Bébête-Show », présentée en Amabott). **Ministres d'État : Solidarité nationale :** Nicole QUESTIAUX (née 19-12-1930) du 22-5-1981 au 22-3-1983. **Affaires sociales** (1re min. d'État) : Simone VEIL du 29-3-1993 au 18-5-1995. **Ministres : Affaires européennes :** Édith CRESSON du 10-5-1988 au 2-10-1990. **Affaires sociales et Solidarité nat. :** Georgina DUFOIX (née 16-2-1943) du 19-7-1984 au 7-12-1984 *plus porte-parole du gouv.* du 7-12-1984 au 20-3-1986. **Agriculture :** Édith CRESSON du 22-5-1981 au 22-3-1983. **Commerce extérieur :** Édith CRESSON du 22-3-1983 au 20-3-1986. **Consommation :** Catherine LALUMIÈRE (née 3-8-1935) du 23-6-1981 au 22-3-1983. **Coopération :** Edwige AVICE (née 13-4-1945) du 16-5-1991 au 2-4-1992. **Culture et Communication :** Catherine TRAUTMANN (née 15-1-1951) du 3-6-1997 au 27-3-2000 ; Catherine TASCA (née 13-12-1941) 27-3-2000. **Emploi et Solidarité :** Martine AUBRY (née 8-8-1950) du 3-6-1997 au 17-10-2000. Élisabeth GUIGOU (née 6-8-1946) 18-10-2000. **Environnement :** Huguette BOUCHARDEAU (née 1-6-1935) du 19-7-1984 au 20-3-1986 ; Ségolène ROYAL (née 22-9-1953) du 2-4-1992 au 21-3-1993 ; Corinne LEPAGE (née 11-5-1951) du 18-5-1995 au 3-6-1997 ; **+ Aménagement du Territoire :** Dominique VOYNET (née 4-11-1958) 3-6-1997. **Famille et Condition féminine :** Alice SAUNIER-SÉÏTÉ du 4-3 au 21-5-1981. **Famille et enfance :** Ségolène ROYAL 27-3-2000. **Jeunesse et Sports :** Frédérique BREDIN (née 2-11-1956) du 16-5-1991 au 21-3-1993. Michèle ALLIOT-MARIE (née 10-9-1946) du 29-3-1993 au 18-5-1995 ; Marie-George BUFFET (née 7-5-1949) 3-6-1997. **Justice :** Élisabeth GUIGOU du 3-6-1997 au 17-10-2000. Marylise LEBRANCHU (née 25-4-1947) 18-10-2000. **Santé et Assurance maladie :** Élisabeth HUBERT (née 26-5-1956) du 18-5 au 7-11-1995. **Solidarité entre les générations :** Colette CODACCIONI (née 11-6-1942) du 18-5 au 7-11-1995. **Tourisme :** Françoise de PANAFIEU (née 12-12-1948) du 18-5 au 7-11-1995. **Travail :** Martine AUBRY du 16-5-1991 au 21-3-1993. **Ministres déléguées : Action humanitaire :** Lucette MICHAUX-CHEVRY (née 5-3-1929) du 29-3-1993 au 18-5-1995. **Affaires étrangères :** Edwige AVICE du 10-5-1988 au 15-5-1991. Élisabeth GUIGOU du 16-5-1991 au 21-3-1993. **Affaires sociales :** Georgina DUFOIX du 10-5 au 23-6-1988. **Communication :** Catherine TASCA du 10-5-1988 au 15-5-1991. **Droits de la femme :** Yvette ROUDY (née 10-4-1929) du 22-5-1981 au 20-3-1986 ; Hélène GISSEROT (née 11-5-1936) du 20-3-1986 au 10-5-1988 ; (**droits des femmes**) Michèle ANDRÉ (née 6-2-1947) du 28-6-1988 au 15-5-1991. **Emploi :** Anne-Marie COUDERC (née 13-2-1950) du 7-11-1995 au 3-6-1997. **Enseignement scolaire :** Ségolène ROYAL 3-6-1997. **Francophonie :** Catherine TASCA du 16-5-1991 au 21-3-1993. **Logement et Cadre de vie :** Marie-Noëlle LIENEMANN (née 12-7-1951) du 2-4-1992 au 21-3-1993. **Santé et Famille :** Michèle BARZACH (née 11-7-1943) du 20-3-1986 au 10-5-1988. **Temps libre, Jeunesse et Sports :** Edwige AVICE du 19-7-1984 au 20-3-1986. **Secrétaires d'État : Affaires européennes :** Catherine LALUMIÈRE du 7-12-1984 au 20-3-1986. **Affaires sociales :** Catherine TRAUTMANN du 10-5 au 23-6-1988. **Budget :** Florence PARLY (née 8-5-1963) 5-1-2000. **Commerce extérieur :** Christine CHAUVET (née 19-9-1949) du 18-5 au 7-11-1995 ; **+ PME et Artisanat :** Marylise LEBRANCHU du 3-6-1997 au 17-10-2000. **Consommation :** Catherine LALUMIÈRE du 22-3-1983 au 7-12-1984. Véronique NEIERTZ (née 6-11-1942) du 10-5-1988 au 15-5-1991. **Décentralisation :** Nicole AMELINE (née 4-7-1952) du 18-5 au 7-11-1995. **Défense :** Edwige AVICE du 19-7-1984 au 20-3-1986. **Droits des femmes :** Michèle ANDRÉ (née 6-2-1947) du 28-6-1988 au 15-5-1991. Véronique NEIERTZ du 16-5-1991 au 21-3-1993 ; **et formation professionnelle :** Nicole PÉRY (née 15-5-1943) 17-11-1998. **Emploi :** Anne-Marie COUDERC du 18-5 au 7-11-1995. **Enseignement :** Michèle ALLIOT-MARIE du 20-3-1986 au 10-5-1988 ; **(scolaire)** Françoise HOSTALIER (née 19-8-1953) du 18-5 au 7-11-1995. **Environnement :** Huguette BOUCHARDEAU du 22-3-1983 au 19-7-1984. **Famille :** Georgina DUFOIX du 22-5-1981 au 19-7-1984. Hélène DORLHAC du 19-5-1988 au 15-5-1991. **Fonction publique :** Catherine LALUMIÈRE du 22-2-1981 au 23-6-1981. **Formation professionnelle :** Nicole CATALA (née 2-2-1936) du 20-3-1986 au 10-5-1988. Nicole PERY 3-6-1997. **Francophonie :** Lucette MICHAUX-CHEVRY du 20-3-1986 au 10-5-1988. Catherine TASCA du 4-4-1992 au 21-3-1993. Margie SUDRE (née 17-10-1943) du 18-5-1995 au 3-6-1997. **Quartiers en difficulté :** Françoise de VEYRINAS (née 4-9-1943) du 18-5 au 4-11-1995. **Recherche :** Élisabeth DUFOURCQ (née 7-12-1940) du 18-5 au 4-11-1995. **Tourisme :** Michelle DEMESSINE (née 8-6-1947) 3-6-1997. **Transports :** Anne-Marie IDRAC (née 27-7-1951) du 18-5-1995 au 3-6-1997. **Nombre de femmes ministres et secrétaires d'État :** *1969 gouv. Chaban :* 1 ; *72 gouv. Mesmer :* 1 ; *74 gouv. Chirac :* 4 ; *76 gouv. Barre :* 5 ; *81 gouv. Mauroy :* 6 ; *84 gouv. Fabius :* 6 ; *86 gouv. Chirac :* 4 ; *88 gouv. Rocard :* 6 ; *91 gouv. Cresson :* 7 ; *92 gouv. Bérégovoy :* 7 ; *93 gouv. Balladur :* 3 ; *95, 1er gouv. Juppé :* 12 ; *95, 2e gouv. Juppé :* 5 ; *97-4-6, 1er gouv. Jospin :* 10 ; *2000-28-3, 2e gouv. Jospin :* 11.

☞ Remaniement du 7-11-1995 : sur 12 femmes, 7 partent (5 restent).

■ **Préfètes et sous-préfètes.** *Au 1-7-1994 :* 34 femmes en activité dans le corps préfectoral dont 3 préfètes (Loir-et-Cher, Meuse et Cantal) et 31 sous-préfètes (dont 21 sous-préfètes d'arrondissement, 7 directrices ou directrices-adjointes de cabinet de préfet, 2 secrétaires générales de préfecture, 1 chargée de mission).

■ **Femmes candidates à la Présidence de la République.**

Huguette Bouchardeau (née 1-6-1935, St-Étienne, Loire). *Père* employé. *Mariée* 1955, 3 enfants. *Agrégée* de philosophie, *doctorat* ès sciences de l'éducation. *Membre* PSU (1960). *Secrétaire nationale* PSU (1979). *Député* Doubs (1986, 88, 93). *Secrétaire d'État* (1983-84), *Ministre* Environnement (1984-86). En 1990 rejoint France unie de J.-P. Soisson. *Œuvres :* une douzaine, dont *la Famille Renoir* (1994), *Simone Weil* (1995). **Candidate** (1981 : 1er tour : 1,1 % des voix). **Marie-France Garaud** (née 6-3-1934, Poitiers, Vienne). *Père* avoué. *Mariée* 28-12-1959 à Louis Garaud (né 16-2-1929, avocat au Conseil d'État depuis 1963), 2 fils. *DES* droit public, privé et d'histoire du droit. *Avocate* (1954). *Attachée juridique* au ministère de la Marine (1957-60). *Attachée parlementaire* (1961-62). *Chargée de mission* auprès de Jean Foyer (1962-67), G. Pompidou (1967-68). *Conseillère technique* de la présidence de la République (1969-74). *Conseillère référendaire* à la Cour des comptes (4-5-1974). *Conseillère officieuse* auprès de Chirac (PM), le suit lorsqu'il démissionne le 25-8-1976. Participe à la création du RPR, à la campagne des législatives de 1978 et européennes de 1979, puis quitte le RPR. Préside une liste aux législatives de 1986, à Paris, non élue. *Pte :* Institut international de géopolitique (depuis 1982). Réintègre la Cour des Comptes (1985). *Œuvres : De l'Europe en général et de la France en particulier* (1992), *Maastricht pourquoi non* (1992). **Candidate** (1981 : 1er tour : 1,33 % des voix). **Arlette Laguiller** (née 18-3-1940, Paris). *Père* ouvrier. *Célibataire.* Employée au Crédit lyonnais. *Syndicaliste* FO. *Membre* de la direction politique de Lutte ouvrière (trotskiste). *Œuvres : Moi, une militante* (1973), *Une travailleuse révolutionnaire dans la campagne présidentielle* (1974), *Il faut changer le monde* (1988). **Candidate** (1er tour) *1974 :* 2,33 % des voix ; *1981 :* 2,30 % ; *1988 :* 1,99 % ; *1995 :* 5,30 %. **Dominique Voynet** (voir tableau p. 767).

QUELQUES FEMMES CÉLÈBRES

☞ En 1975, Françoise Giroud, secr. d'État à la Condition féminine, disait que la femme sera « vraiment l'égale de l'homme le jour où, à un poste important, on désignera une femme incompétente ».

Il n'y a que 2 femmes au Panthéon, Sophie Berthelot (transférée avec son mari en 1907) et Marie Curie (transférée en 1995). Hélène Carrère d'Encausse, académicienne, Simone Veil, députée européenne, Françoise Gaspard, ancienne députée socialiste, avaient écrit en juillet 1992 au Pt Mitterrand, réclamant le transfert des restes de femmes qui par leur action, leur talent ou leurs découvertes ont servi la démocratie, le progrès ou les arts. En tête de liste : Marie Curie, George Sand.

■ **Académiciennes de l'Institut.** **Académie française** (voir p. 332 c).

Académie des beaux-arts. Associées étrangères : 1964-9-12 reine ÉLISABETH de Belgique ; 1974-13-2 l'impératrice d'Iran FARAH ; 1978-8-3 Mrs Lila ACHESON WALLACE. **Correspondantes :** 1970-17-6 Florence GOULD ; 1989-1-3 Florence VAN DER KEMP ; 1993-9-6 Maryvonne DE SAINT-PULGENT ; 1994-15-6 Simone DEL DUCA ; 1995-21-6 Nahed OJJED.

Académie des inscriptions et belles-lettres. Membres : Jacqueline DE ROMILLY élue 1975. Colette CAILLAT élue 1987.

Académie des sciences. Membres : Yvonne CHOQUET-BRUHAT (29-12-1923), sciences mécaniques (élue 14-5-1979). Nicole LE DOUARIN (née 20-8-1930), biologie animale et végétale (élue 15-2-1982 ; 1re femme secrétaire perpétuelle). Marianne GRUNBERG MANAGO (née 6-1-1921), biologie cellulaire et moléculaire (élue 1-3-1982 ; 1re femme Pte), et Marie-Anne BOUCHIAT (née 19-7-1934), physique (élue 20-6-1988) ; Michèle VERGNE (née 29-8-1943), mathématiques (élue 3-11-1997).

☞ *Marie Curie :* vote du 24-6-1911 : *1er tour :* Édouard Branly 29, M. Curie 28, Marcel Brillouin 1 ; *2e tour :* É. Branly 30 (élu), M. Curie 28.

Académie des sciences morales et politiques : *1969* (24-11) Louise WEISS (1893-1983) est battue (17 voix contre 21 à Pierre-Olivier Lapie). *1971* (mars), Suzanne BASTID (15-8-1906/2-3-95) élue (section de législation, droit public et jurisprudence) ; son mari, Paul, en était déjà membre. *1991* (9-12) Simone ROZÈS devancée par Jacques Boré (18 voix contre 4). *1993* (3-5) Alice SAUNIER-SÉÏTÉ devancée au 1er tour par Jacques de Larosière (20 contre 12). *1995* (28-11) élue au 1er tour par 24 voix sur 30 (pas d'autre candidat) ; (4-12) Claude DULONG-SAINTENY élue au 2e tour par 18 voix sur 27.

■ **Académie nationale de médecine.** **Membres titulaires :** Marie CURIE (1867-1934), élue 1922. Lucie RANDOIN (1885-1960), élue 1946. Thérèse BERTRAND-FONTAINE (1895-1987), élue 1969. Marie-Odile RETHORÉ (11-7-1929), élue 1995. Jeanne BRUGUÈRE-PICOUX (10-5-1943), élue 1997.

■ **Académie Goncourt.** **Membres :** Judith GAUTIER (1850-1917), fille du poète Théophile Gautier, élue 28-10-1910. COLETTE (1873-1954), élue 4-5-1945. Françoise MALLET-JORIS (née 1930), élue 8-12-1970. Edmonde CHARLES-ROUX (née 1920), élue 13-9-1983 ; Françoise CHANDERNAGOR (née 1945), élue 6-6-1995. **Prix Goncourt :** Elsa TRIOLET (1944), Béatrix BECK (1952), Simone DE BEAUVOIR (1954), Anna LANGFUS (1962), Edmonde CHARLES-ROUX (1966), Antonine MAILLET (1979), Marguerite DURAS (1984), Pascale ROZE (1996), Paule CONSTANT (1998).

■ **Académie vétérinaire de France.** **Membres titulaires :** Mme DHENNIN-BALSSA (11-10-1914) [1re élue 17-5-1979 ; Pte en 1989]. Josée VAISSAIRE-SCHILLER (22-4-1942) [2e élue 4-10-1990].

■ **Amazones** (du grec *a mazos :* « sans-mamelle » car censées se brûler le sein droit pour mieux tirer à l'arc). D'après Homère, envahirent Asie Mineure et Grèce avant la guerre de Troie (XIVe s. av. J.-C.), Hérodote en parle aussi. Au XVIe s., Orellana prétendit avoir lutté contre des amazones sur les bords du Maranon, d'où le nom d'Amazone donné au fleuve. Amazones de Béhanzin (roi d'Abomey, Afrique) : 4 corps : 1o) les plus grandes et les plus athlétiques (armées de fusils et de sabres). 2o) chasseresses d'éléphants (longues carabines et poignards à large lame recourbée). 3o) artilleurs (courts tromblons à silex). 4o) tireuses à l'arc (flèches empoisonnées).

■ **Aviatrices.** Jacqueline AURIOL (1917-2000), épouse de Paul AURIOL, fils du Pt de la Rép. Vincent Auriol, franchit le mur du son sur Mystère II (29-8-1953), bat le record de vitesse féminin 1951, est le 1er pilote d'essai en vol (1955). Maryse BASTIÉ (Marie-Louise, dite, 1898-1952) franchit l'Atlantique Sud ; 1re commandeur de la Légion d'honneur à titre militaire. Suzanne BERNARD, 1re femme victime de l'aviation, à 18 ans. Adrienne BOLLAND (1896-1975), 1re à franchir la cordillère des Andes (1-4-1921). Hélène BOUCHER (1908-34), morte à l'entraînement, détenait 7 records mondiaux. Isabelle BOUSSAERT (1-3-1963), 1re pilote militaire (1985). Jacqueline COCHRAN (Américaine, 1907-80) franchit le mur du son (18-5-1953) sur un Sabre canadien. Danièle DECURE (4-2-1942), 1re pilote Air France (1974). Élise DEROCHE, dite baronne Raymonde de LA ROCHE (artiste lyrique de Paris, 1886-1919), 1re à recevoir, en mars 1910, son brevet de pilote. Jacqueline DUBOUT, 1re pilote de ligne en Fr., 1967 Air Inter. Amelia EARHART (Américaine, 1898-1937), 1re à survoler (en passagère) l'Atlantique. Eugénie EICHENWALD, 1re Cdt de bord en 1933. Maryse HILSZ (1901-46), parachutiste d'exhibition, puis pilote. Amy JOHNSON relie l'Angleterre à l'Australie (1930). Marie MARVINGT (1875-1963) [*1903* ascension des Grands Charmoz et du Grépon. *1905* conduit une locomotive, des bateaux à vapeur et fait en canoë Paris-Coblence. *1906-7-7 :* 1re traversée féminine de Paris à la nage. *1910-25-1 :* 1re championne féminine intern. de bobsleigh gagnant la coupe Léon-Auscher. *-15-3* médaille d'or de l'Académie des sports pour tous les sports. *10-6* brevet de pilote aéronaute. *-8-11 :* 3e femme au monde à obtenir son brevet de pilote d'avion et « sans casser du bois ». *1914-18* sert dans les tranchées (42e bataillon de chasseurs à pied) et participe à des bombardements aériens. Nage 20 km en mer. Remporte 20 premiers prix de ski, luge, bobsleigh, patinage... À cheval, 1re à accomplir le saut périlleux au galop ; 1er tireur du min. de la Guerre. *1955-2-4* pour son 80e anniversaire, s'envole aux commandes d'un hélicoptère à réaction. *1961* fait, à 86 ans, Nancy-Paris à bicyclette et à son arrivée survole Paris dans un hélicoptère à réaction. *1963-14-12* meurt à 88 ans. Femme la plus décorée de Fr. (34 médailles et décorations), maniait poids et haltères, pratiquait boxe, lutte, jiu-jitsu, judo, karaté, tennis, golf, billard, polo, water-polo, hockey, baseball, football, saut, course à pied, travaillait sur le fil de fer et savait jongler et dompter, pratiquait aussi l'as, skiff, canot automobile, vol à voile, sabre, épée, fleuret, championne au tir aux pigeons, chassait panthère et phoque. Seule femme au monde détentrice de 4 brevets (avion, ballon, hydravion, hélicoptère), pilotait des dirigeables (1er record officiel de durée et de distance en avion), parlait 5 langues (diplômée en espéranto), joua du cornet, étudia tragédie, dessin, peinture, sculpture, danse, cuisine (reçut un prix), pratiqua hypnotisme, graphologie, chiromancie, astrologie, phrénologie, physiognomonie, géodésie, taxidermie, météorologie, psychologie, océanographie, balistique. Se faisait surnommer « la fiancée du danger »]. Amy MOLLISSON née Johnson (1908-41) : *1933,* avec son mari, le capitaine Mollisson, 1re traversée aérienne de l'Atlantique sans escale, d'est en ouest. Gaby MORLAY (1897-1964), 1re à avoir passé son brevet de pilote de dirigeable. Mme PELTIER (1873-1926), 1re à voler en aéroplane. Yvonne POPE (Anglaise), 1re à avoir obtenu la qualification de pilote de ligne. Harriet QUIMBY (1881-1912), 1re à survoler la Manche (1912). **Nombre de femmes pilotes** (en 1988) : Air Canada 12 sur 800, Swissair 1 sur 1 200, Air France (au 31-12-1991) 36 sur 2 534 (2 Cdts de bord, 30 officiers pilotes de ligne, 4 officiers mécaniciens).

■ **Barbe (femmes à barbe célèbres).** Ste WILGEFORTE (ou Liberata ou Affliction), représentée crucifiée (Christ en robe pris sans doute pour une femme). Marguerite d'AUTRICHE duchesse de Parme (1522-86). Barbara ULSERIN (d'Augsbourg, née 1633). Madeleine VENTURA des Abruzzes (XVIIe s.). Marie-Madeleine LEFORT (Fr., née 1799). Julia PASTRANA (née à Mexico, 1832). Clémentine DELAIT, de Thaon-les-Vosges (1865-1939).

■ **Cantatrices ayant eu une longue carrière.** Adelina PATTI (It., 1843-1919) soprano léger, chanta plus de 60 ans. Kirsten FLAGSTAD (Norv., 1895-1962) 42 ans. Lotte LEHMANN (All. nat. Amér., 1888-1976) et Elisabeth SCHWARZKOPF (All., née 1915) 41 ans. Joan SUTHERLAND (Austr., née 1926) plus de 40 ans à l'Opéra et continue à se produire en concert.

■ **Chefs d'orchestre.** Nadia BOULANGER (1887-1979), Jane EVRARD (1893-1984), Veronika DUDAROVA (Russe, née 1916), Claire GIBAULT (née 1945), Jane GLOVER (Angl., née 1949), Sian EDWARDS (Angl., née 1959).

■ **Cinéaste.** Leni RIEFENSTAHL (née 2-8-1902). *Lois Weber : le Marchand de Venise* (1er long métrage par une femme, 1914).

■ **Histoire.** Mlle GEORGE (1787-1867), la plus jeune à jouer Clytemnestre à la Comédie-Française (en 1802, à 15 ans), fut la maîtresse de 2 empereurs : Napoléon Ier (1802-08) et le tsar Alexandre Ier (1808).

■ **Compositrices de musique.** (Voir p. 410 c chanteuses.) Elsa BARRAINE (1910). Louise BERTIN (1805-77). Lily (Juliette) BOULANGER (1893-1918) 1re qui obtint le grand prix de Rome de composition, 1913. Francesca CACCINI (1587-1640), 1re f. auteur d'un opéra. Cécile CHAMINADE (1861-1944). Gabrielle FERRARI (1806-1921). Elena FIRSOVA (1950). Sofia GOUBAÏDOULINA (Russe, 1931). Fanny HENSEL (1815-47), sœur de Felix Mendelssohn. Augusta HOLMÈS (1847-1903), auteur de « Trois anges sont venus ce soir » composé un soir de Noël, alors qu'elle attendait son futur mari, Catulle Mendès, pour un réveillon en tête à tête. Élisabeth JACQUET (1664-1729). Betsy JOLAS (1926). Barbara KOLB (1939). Galina OUVSTVOLSKAIA (1919). Michèle REVERDY (1943). Ellen ZWILICH (1939). Maria-Theresia von PARADIS (1759-1824) aveugle dès 5 ans. Clara SCHUMANN (1819-96), femme de Robert Schumann. Germaine TAILLEFERRE (1892-1983), du Groupe des Six.

■ **Conseillères de souverains.** **France :** Leonora GALIGAÏ (1568-1617), épouse de Concini Mal d'Ancre. Favorite de Marie de Médicis. Pcesse DES URSINS (1642-1722), qui accompagne Philippe V à Madrid. Confidente de son épouse, la jeune Marie-Louise. Pcesse DE LAMBALLE (massacrée en 1792), dévouée à Marie-Antoinette. **Angleterre :** Sarah JENNINGS (1660-1744) ép. en 1678 le duc de Marlborough. Confidente d'Anne Stuart. Lady HAMILTON (1761-1815), femme de l'ambassadeur d'Angleterre dans le royaume des Deux-Siciles, amie de la reine Marie-Caroline. En 1798, quitte Naples avec l'amiral Nelson.

■ **Criminelles.** LOCUSTE, Romaine, empoisonna l'empereur Claude (champignons) puis Britannicus. AGRIPPINE, la mère de Néron. Ctesse Erzébet BÁTHORY (vers 1570-1614), Hongroise, torturait et égorgeait les jeunes filles (de 60 à 600, selon les sources). Marie-Madeleine d'Aubray, Mise DE BRINVILLIERS (1630-76), Française (voir à l'Index l'Affaire des poisons). Bella POULSDATTER SORENSEN GUNNESS (1859-1908), Américaine (16 assassinats + 12 victimes possibles). Violette NOZIÈRES et Marie CAPELLE (voir à l'Index). Fanny KAPLAN (révolutionnaire russe) 1918 tire sur Lénine et le blesse ; exécutée. Violet Albina GIBSON (Brit.) 1926 en Italie tire sur Mussolini. Ruth ELLIS (Brit.), meurtrière de son amant [dernière (1955) des 15 femmes exécutées en G.-B. depuis 1900].

■ **Dames, Blanches :** êtres fantomatiques que les Allemands et Écossais croyaient attachés au destin de certaines grandes familles ; **de Beauté :** Agnès Sorel nom du château que Charles VII lui avait offert sur les bords de la Marne ; **de fer :** surnom de Margaret Thatcher ; **de Montsoreau :** titre de Françoise de Maridort, Ctesse de Chambes ; **de volupté :** surnom de Jeanne-Baptiste d'Albert de Luynes, Ctesse de Verrue.

■ **Espionnes.** Aphra BEHN (1640-89), femme de lettres anglaise en Hollande. Thérèse Lachman (1819-84), marquise de PAÏVA, puis Ctesse von DONNERSMARCK, danseuse et aventurière d'origine russe ; elle servit d'agent de renseignements au profit de Bismarck. Virginia Oldoini (Italienne, 1837-99), Ctesse Verasis DI CASTIGLIONE, qui séduisit Napoléon III pour le compte de l'Italie. Mata HARI [Margareta Gertruida Zelle (Hollandaise, 1876-1917), fusillée, voir à l'Index]. Louise DE BETTIGNIES (Française, 1880-1918), morte en déportation. Edith CAVELL (infirmière anglaise), arrêtée en août 1915 en Belgique, exécutée le 12-10-1915 pour avoir fait évader des soldats alliés vers la Hollande. Marthe RICHARD (Française, 1889-1980 ; voir p. 1660 a). Mathilde LE CARRÉ (dite la Chatte), condamnée à mort, graciée (1949).

■ **Féministes.** **Allemagne :** Clara ZEDKIN (1857-1933). **France :** Christine de PISAN (1364-1430) écrit *la Cité des Dames* (1404-05). Marie GOUZE, dite Olympe de GOUGES (8-5-1748/guillotinée 3-11-1793), écrit en 1791 la *Déclaration des droits de la femme et de la citoyenne.* Elle proclamait : « Les femmes montent à l'échafaud, elles doivent avoir le droit de monter à la tribune. » Flora TRISTAN (1803/14-11-1844, ancienne coloriste puis dame de compagnie à Londres, grand-mère du peintre Gauguin) conçut en 1843, 5 ans avant Marx et Engels, l'idée d'un parti international des travailleurs. Pauline ROLAND (1805-52). Jeanne DEROIN (1805-88). Marie-Adelaïde, dite Maria DERAISMES (1828-94). Clémentine ROYER (1830-1902). Hariette MARLINEAU, surnommée la « Jeanne d'Arc en bas bleus ». Madeleine TRIBOLATI (1905-95) syndicaliste CFTC. Maria VÉRONE (1874-1938). Louise WEISS (1893-1983). Eugénie NIBOYET, née Mouchon (1804), journaliste. **G.-B. :** Mary WOLLSTONECRAFT (1759-97), 1787 *De l'éducation des filles* et 1792 *la Défense des droits de la femme.* Ép. William Godwin dont elle eut une fille, Mary (1797-1851, épouse le poète Shelley), écrit en 1818 son 1er roman, *Frankenstein.* Annie BESANT (1847-1933). Mrs PANKHURST née Emmeline GOULDEN (1858-1928), de Manchester, crée en 1903 l'Union féminine sociale et politique ; leurs membres, les *suffragettes,* militent de façon spectaculaire pour le vote des femmes (et obtiennent gain de cause en 1918). Mairead CORRIGAN (1944) et Betty WILLIAMS (Irl. du N., 1943). **Italie :** Maria MONTESSORI (Italienne, 1870-1952), *1re femme médecin d'Italie (1894).* Renouvela l'éducation des enfants de 3 à 6 ans. **USA :** *1966* Betty FRIEDAN (1921) crée en 1966 le mouv. réformiste Now (Maintenant). *1967* des New-Yorkaises fondent le mouv. Witch (Women's International Terrorist Conspiracy of Hell : conspiration des femmes pour l'enfer), *witch* signifie sorcière. *1968-7-9* naissance officielle du Women's Lib à Atlantic City (New Jersey) [avec Gloria Steinem, Shulamit Firestine]. *1971* Gloria Steinem fonde la WAA (Women's Action Alliance). *1979* à la suite de revendications féminines, la météo qui désignait les tornades par des prénoms féminins alterne avec des prénoms masculins.

QUELQUES TOP MODELS

☞ *Mensurations :* taille (hauteur en cm), entre parenthèses (tour de poitrine, de taille, de hanches en cm) – pointure.

Femmes : ANGIE [8, 15] : 177 (89-60-89) – 39. ALBERTONI VICENTE Gianne (Brésil, 13 ans) 180 (85-59-87). BELLUCCI Monica [3, 12] : 176 (89-60-89) – n.c. BRUNI Carla [5, 9] : 176 (85-58-90) – 38. BÜNDCHEN Gisèle (née 1990) [9], 179 (86-59-85) – 41. CASTA Laetitia (Fr.) [5,9]. CAMPBELL Naomi (née 22-5-1970 ; père d'or. chinoise, mère jamaïcaine) [7, 14] : 176 (86-61-87) – 40. CHRISTENSEN Helena [3, 16] : 177 (90-61-90) – 38. CRAWFORD Cindy (née 20-2-1966) [6, 13] : 176 (86-61-89) – 41. DOUGLAS Meghan [5, 9] : 178 (86-58-90) – 39. EVANGELISTA Linda (Can. 1965) [5, 11] : 177 (87-61-89) – 38. GARTNER Diana (parfums Dior). GHAURI Yasmina. HALL Bridget. HALLYDAY Estelle (née 11-5-1966) [1, 9] : 175 (92-63-92) – 39. HERZIGOVA Eva [1, 9] : 180 (92-62-92) – 41. HUNTER STEWART Rachel [1, 9] : 183 (91-64-91) – 41. HUTTON Lauren [2, 16] : 174 (89-63-90) – 39. IRWIN MELLENCAMP Elaine [1, 9] : 178 (86-61-86) – 39. LA FRESSANGE Inès de (née 1957) : 181 (55 kg en 1984). MAC ENAMY Kristen [5, 9] : 178 (86-64-89) – 41. MAC GROTHA Rose Mary [5, 9] : 175 (93-65-95) – 39. MACPHERSON Elle (Austr., 29-3-1964) [5, 15] : 182 (90-61-88) – 40. MAZZA Vallria. MOSS Kate : 173 (84-58-86). MULDER Karen [1, 10] : 178 (85-60-86) – 39. OTIS Carre [5, 11] : 178 (84-65-84) – 39. PATTZ Tatjana (All.) [1, 16] : 180 (91-n.c.-86) – 38. PORIZKOVA Paulina [5, 9] : 179 (90-58-90). RHODES Joanna [1, 9] : 180 (89-64-91) – 41. SCHIFFER Claudia (All., née 1971) [1, 9] : 181 (92-62-92) – 40. SEYMOUR Stéphanie [6, 11] : 178 (86-56-89) – 41. S. (SJOSBERG) Emma [1, 9] : 177 (88-62-92) – 39. SILVERSTONE Alicia. STEWART-WHITE [5, 16] : 179 (91-61-91) – 38. TAYLOR Niki (n.c.). TENNANT Stella : 183. TURLINGTON Christy [5, 16] : 178 (86-56-86) – 38,5. TWIGGY Lilley (G.-B. 1949) : 155 (75-55-80). TYRA [3, 16] : 178 (88-63-92) – 40. VALETTA Amber [1, 16] : 175 (86-58-86) – 39. VENDELA [1, 9] : 173 (85-64-86) – 38. WILLIAMS Rachel [1, 16] : 183 (91-64-94) – 42. YASMEEN [3, 12] : 178 (87-61-89) – 39.

Hommes (à titre de comparaison) : ALBORZIAN Cameron [4, 12] : 184 (102-80-98) – 44. DONAES [1, 9] : 187 (91-79-93) – 44. FLANNERY Sean [6, 16] : 181 (105-82-97) – 44. MARTIN [3, 15] : 188 (102-80-95) – 45. SCHREYER Werner [5, 9] : 180 (92-77-93) – 43/45.

Nota. – Cheveux : (1) Blonds. (2) Blonds foncés. (3) Bruns. (4) Bruns foncés. (5) Châtains. (6) Châtains clairs. (7) Châtains foncés. (8) Roux. *Yeux :* (9) Bleus. (10) Bleu-gris. (11) Bleu-vert. (12) Bruns. (13) Marron. (14) Marron foncés. (15) Noisette. (16) Verts.

Mensurations de la femme *des années 1920 :* 92-56-106 ; *de Brigitte Bardot dans les années 1960 :* 89-58-89 ; *« idéales » en 2000 :* 86-58-86.

■ **Femmes d'affaires françaises.** Jacqueline BAUDRIER (16-3-1922), P-DG de Radio France. Gilberte BEAUX (12-7-1929). Mme BOUCICAUT, née Marguerite GUÉRIN (1816-87), épouse du fondateur du Bon Marché. Marie BRIZARD (1714-1801) lança une anisette. Mme CINO DEL DUCA (Italie, 18-7-1912), éditrice. Veuve CLICQUOT, née Nicole-Barbe PONSARDIN (1777-1866), fonde une société de champagne. Francine GOMEZ (12-10-1932), à 27 ans, P-DG de Waterman (1965-71). Yvonne FOINANT (1892), maître de forges. Marthe HANAU [1885-1935 (arrêtée 1928, s'évade 1932, reprise 1935, suicidée en prison 14-7), directrice de journaux *(la Gazette du franc)* compromise dans un scandale]. Marguerite LAROCHE-NAVARRON (27-11-1909), directrice de laboratoires pharmaceutiques.

■ **Femmes chefs d'entreprises.** **Prix Veuve Clicquot de la femme d'affaires de l'année :** *créé* 1983. **Lauréates :** *1983 :* Annette ROUX (1942), Chantiers Beneteau. *84 :* Marie-José JOBERT (1941), Thalassothérapie Sofitel. *85 :* Catherine PAINVIN (1947), Tartine et Chocolat. *86 :* Monique FIESCHI et Mylène GALHAUD, Point à la ligne. *87 :* Gilberte BEAUX (1929), Générale occidentale. *88 :* Marion VANNIER (1950), Amstrad France. *89 :* Évelyne PROUVOST (1939), Marie-Claire. *90 :* Brigitte DE GASTINES (1944), SVP. *91 :* Françoise NYSSEN (1951), Actes Sud. *92 :* Dany BREUIL (1948), Smoby. *93 :* Geneviève LETHU. *94 :* Nicole BRU, Upsa. *96 :* Catherine NÉRESSIS-JOLY, De particulier à particulier. *98 :* Shama et Loumia HIRIDJEE, Princesse Tam Tam. *99 :* Michèle CASSEGRAIN, Longchamp.

■ **Femme de l'année.** Décerné par le journal *Biba. 1991 :* Sylvie BRUNEL (a créé la fondation « Mieux aider le Sud »). *1992 :* Anne VELLAY (médecin, membre du Comité d'éthique). *1993 : entreprise* Florence OLLIVIER, *humanitaire* Marie MOISSON, *créativité* Marie BEDIN. **Suspendu.**

■ **Femmes de lettres.** **Écrivains publiées dans « la Pléiade ».** Mme DE SÉVIGNÉ (1953), George SAND (1970), Marguerite YOURCENAR (1982, de son vivant), COLETTE (1984), Nathalie SARRAUTE (1995, de son vivant).

■ **Femme « à laquelle le crime a le plus rapporté ».** Agatha CHRISTIE (avec ses romans policiers).

■ **Femme fidèle.** Juliette DROUET (1806-83) pendant 50 ans la maîtresse de V. Hugo (à partir de 1833) ; elle lui écrivit 17 000 lettres.

■ **Femmes galantes.** Marion DELORME (Française, † 2-7-1650 à 37 ans, empoisonnée par une potion abortive à base d'antimoine) ; beaucoup d'amants dont le poète Desbarreaux, Cinq-Mars, Buckingham, Condé, peut-être Richelieu. Anne (dite Ninon de) LENCLOS (Française, † 17-10-1705 à 90 ans, de vieillesse). Lola MONTÈS (Maria

Dolorès Élisa Gilbert, dite Lola ; † 17-1-1861 à 42 ans d'une hémorragie cérébrale à New York), aventurière irlandaise.

■ **Fondatrices. De mouvements religieux :** Mary Baker Eddy (Américaine, 1821-1910), fondatrice de la Science chrétienne. Nakayama Miki (Japonaise), créa le Tenrikyō. Alma Bridwell-White fonda en 1917 l'Église du Pilier de feu (méthodiste), 1re évêque.

■ **Furies.** Déesses de la vengeance : Mégère, Alecto, Tisiphone.

■ **Grandes (femmes les plus).** Sandy Allen (USA, née 18-6-1955) : 2,32 m (2,16 m à 16 ans). Jane Bunford (G.-B., 26-7-1895/1-4-1922) : 2,31 m (1,98 m à 13 ans). Zeng Jinlian (Chine, 26-5-1964/82) : 2,47 m, 147 kg (2,13 m à 13 ans).

■ **Héroïnes.** Bertie Albrecht (1895-1943), héroïne française de la Résistance, morte en prison. Marie de Barbançon (xvie s.), protestante qui défendit son château contre les troupes royales. Renée Bordereau (1770-1828), chouanne. Edith Cavell (1865-1915), infirmière anglaise, exécutée par les Allemands. Charlotte Corday (1768-93), assassina Marat par patriotisme et fut guillotinée. Christine de Lalaing, Pcesse d'Épinoy, Belge du xvie s. Éponine (Gauloise, 79 après J.-C.), pour ne pas survivre à son mari, Sabinus, insulta l'empereur et fut suppliciée. Jeanne Laisné dite Hachette (née 1456), Française. Jeanne d'Arc (Française, 1412-31). Philis de La Tour du Pin de La Charce (Dauphinoise, 1645-1703), appela ses vassaux pour repousser l'armée d'Amédée, duc de Savoie (1692). Émilienne Moreau (née 1898), décorée de la Légion d'honneur et 1re décorée de la croix de guerre (27-11-1915), à 17 ans. Florence Nightingale (1820-1910), fondatrice en Angl. des infirmières militaires. Gabrielle Petit (Belge, 1893-1916).

■ **Hôtesses de l'air.** *1930* Ellen Church (infirmière amér.) 1re hôtesse ligne San Francisco-Chicago (suivie par 7 autres). *1934* Nelly Diener 1re Européenne *(Swissair)*. *1935 TWA*. *1943 Panam*. *1946 Sabena* Jeanne Bruylant. *Air France* 1er concours de recrutement ; doivent mesurer de 1,58 m à 1,78 m, avoir 21 à 30 ans, le bac et connaître l'anglais. Jusqu'en 1963, mariage signifiait rupture de contrat (si ne se mariaient pas, limite : 35 ans) ; Solange Catry en 1955 fit repousser cette limite. *1981* égalité avec les stewards pour l'âge de la retraite.

■ **Inspiratrices.** De nombreux poètes, prosateurs, musiciens... ont rendu célèbres leurs noms.

Écrivains étrangers : *Catulle :* Lesbia Clodia (Ier s. av. J.-C.). *Dante :* Béatrice Portinari (vers 1265-90). *Pétrarque :* Laure de Noves (vers 1308-?). *Milton :* Catherine Woodcock (vers 1640-57). *Goethe :* Frédérique Brion, Minna Herzlieb, Lili Schönemann, etc. *Rilke, Nietzsche* et *Freud :* Lou Andréas-Salomé (1861-1937). *Maurice Maeterlinck :* Georgette Leblanc (1869-1941).

Écrivains français : *Jaufré Rudel :* Odierne, Ctesse de Tripoli (xiie s.). *Joachim du Bellay :* La « Viole », Olive de Sévigné (vers 1525-?). *Ronsard :* Cassandre Salviati (vers 1530-?). *Molière :* Armande Béjart (1642-1700). *Racine :* « La Champmeslé », Marie Desmares (1642-98). *Rousseau :* Mme de Warens (1700-62), Mme d'Épinay (1726-83), Mme d'Houdetot (1739-1813). *Voltaire :* Mlse du Chatelet (Émilie de Breteuil 1706-49). *Diderot :* Sophie Volland (1725-84). *Chateaubriand :* Mme Récamier (Julie Bernard, 1777-1849), Pauline de Beaumont (1768-1803). *Lamartine :* « Elvire » (Julie Charles, née Bouchard des Hérettes, 1784-1817). *Benjamin Constant :* Charlotte de Hardenberg (1771-1827). *Dumas fils :* Alphonsine Plessis dite Marie Duplessis, la Dame aux camélias (1824/3-2-1847 † de tuberculose). *Vigny :* Marie Dorval (1798-1849). *Victor Hugo :* Juliette Drouet (1806-83). *Gérard de Nerval :* Jenny Colon (1814-42). *Auguste Comte :* Clotilde de Vaux (1815-46). *Anatole France :* Léontine Arman de Caillavet (1844-1910). *Louis Aragon :* Elsa Triolet (Elsa Kazan, 1896-1970).

Inspirateurs de poétesses : *Louise Labé*/Olivier de Magny (vers 1529-vers 1561) ; *Marceline Desbordes-Valmore*/Olivier Henri de La Touche (1785-1851).

Musiciens : *J.-S. Bach :* Anna Magdalena Bach (1701-60, « Petit livre d'A.M. Bach »). *Beethoven :* Thérèse de Brunswick (sonate « A Thérèse »). *Schumann :* Clara Wieck-Schumann (1819-96, « Impromptus sur un thème de Clara Wieck »). *Wagner :* Mathilde Wesendonck (1828-1902).

■ **Inventrices.** Marie, sœur légendaire de Moïse, alchimiste, invente le bain-marie. Marie Brizard (Française, 1714-1801), lance à la cour de Versailles la liqueur que l'on conservera sous ce nom. La Camargo [Marie-Anne de Cupis de Camargo, dite] (Française, 1710-70), innove à l'Opéra l'usage des « collants », alors des espèces de caleçons. Antoinette Nording (Suédoise, 1814-87), lance, en 1847, l'eau de Cologne. Julia Bernières invente les 1res mouches artificielles pour la pêche. Marie Harel, née Fontaine (Française, 1761-1813), élabore le camembert. Mme Mirckel invente la 1re allumette à friction. Myrfrena Van Benshoton invente le dé à coudre. Annie Jump Cannon (Américaine, 1863-1941) fonde la classification des spectres stellaires, classe près de 600 000 étoiles. Marie Maté invente le télescope marin que perfectionnera sa fille. Mme Labrousse invente un lave-vaisselle.

■ **Marie-Chantal (une).** Personnage inventé par Jacques Chazot (1928-93 ; danseur). Née au printemps 1956. Pour faire rire un groupe d'amis. Amie de Gladys, « flirt de Gérard ».

■ **Mécènes.** Florence Gould (Amér. d'orig. fr., née Lacaze 1895-1983). Wilhelmina Holladay (Américaine, 1928) a fondé en 1987 le 1er musée consacré à 180 artistes

■ **Morts tragiques de femmes.** La reine d'Austrasie, Brunehaut (vers 534-613), attachée par les cheveux, un pied et un bras à la queue d'un cheval indompté ; elle fut déchiquetée. Eleonora Dori, dite Galigaï (vers 1576-1617), femme de Concini, décapitée comme sorcière. La princesse de Lamballe (1749-92), massacrée par la foule ; sa tête fut promenée au bout d'une pique sous les fenêtres de Marie-Antoinette et son corps déchiqueté fut en partie mangé par la foule. Marie-Antoinette, Mme Roland, Olympe de Gouges et beaucoup d'autres guillotinées sous la Révolution. Élisabeth (1837-1898), impératrice d'Autriche (Sissi), assassinée à Genève. Draga tuée avec son époux Alexandre Obrenovitch, roi de Serbie (10-6-1906). Isadora Duncan (1878-1927), danseuse étranglée par son écharpe qui se prit dans les rayons d'une roue d'auto. Grace Moore (1901-47) cantatrice américaine, Ginette Neveu, violoniste (1919-49), accident d'avion. Emily Wilding Davidson (1878-1913), suffragette, se jette au derby d'Epsom (1913) au-devant du cheval Anmer portant les couleurs du roi ; elle mourra le 14-6 des suites de ses blessures. Alexandra, tsarine de Russie, massacrée 1917 avec le tsar et leurs 5 enfants. Sharon Tate, actrice assassinée 1969. Francine Arrauzau (1935-81), cantatrice fr., renversée par une voiture. Indira Gandhi (née 1917), Premier ministre, assassinée le 31-10-1984.

femmes de 19 pays (500 œuvres). Peggy Guggenheim (Amér., 1898-1979) épouse 1922 Laurence Vail, sculpteur, 1939 Max Ernst (divorce 1943), fonde un musée à Venise. Simone Del Duca (née 18-7-1912) veuve de l'éditeur Cino Del Duca, dir. du groupe (1967-80), a créé une fondation (1975) : voir **Prix littéraires** p. 341 a.

■ **Médecins.** Mary Montagu (lady Wortley) (1690-1762) ; femme de lettres atteinte par la variole, découvre l'inoculation. Suzanne Necker (Mme Cuchod) (1739-1794) ; publie en 1750 un traité sur les inhumations précipitées. Madeleine Brès (1842-1922) ; 1re à soutenir une thèse de doctorat « Mamelle et Allaitement » en 1875, fonde en 1885 une des 1res crèches maternelles. Blanche Edwards-Pillet (1858-1940). Henriette Mazot (1874-1972) 1re interne en pharmacie (1897), 2e sur 152 candidats. A. Talon 1re thèse en pharmacie en 1906. Augusta Dejerine-Klumpke (1859-1927) 1re à passer le concours de l'externat en 1882 puis de l'internat des hôpitaux en 1886. Mme Bertrand-Fontaine (née 15-10-1895) 1re médecin des hôpitaux de Paris (concours ouvert aux femmes depuis 1927), sera la 1re membre titulaire de l'Académie de médecine en 1965. Jenny Aubry (sœur de Louise Weiss) 2e médecin des hôpitaux de Paris en 1939. Jeanne Levy 1re agrégée, de médecine à Paris en 1934, 1re titulaire d'une chaire à la Faculté de médecine de Paris en 1959. Marthe Fanillon 1re interne (23-2-1902). **Nombre :** *vers 1900 :* USA 7 000, Russie 557, G.-B. 258, France 87. *En 1995 :* France 62 586. **Taux de féminisation** (en % par spécialité, plus de 55 ans et, entre parenthèses, moins de 35 ans, au 31-12-1994) : Anesthésie-réanimation 49,3 (43,4). Cardiologie 5,2 (24,6). Chirurgie générale et viscérale 0,1 (12,4). Dermato-vénéréologie 42,7 (67,6). Radiodiagnostic et imagerie médicale 10,6 (40,7). Gynécologie et obstétrique 6,6 (47,3). Ophtalmologie 28 (43,3). ORL 5,3 (20,4). Pédiatrie 35,8 (76). Psychiatrie et pédo-psychiatrie 37,4 (56,9). Biologie médicale 25,9 (55,8). Anatomie et cytologie pathologiques humaines 49,7 (65,1).

■ **Mère cruelle.** Irène (vers 752-803), impératrice d'Orient de 780 à 790 et de 792 à 802 ; elle fit aveugler son fils pour gouverner seule.

■ **Militaires.** Kit Cavanagh (G.-B.), démasquée en 1706. Hannah Snell (G.-B.) en 1744 sous le nom de James Gray. Sarah Edmonds sous le nom de Franklin Thompson et Loreta Velasquez sous le nom de Harry T. Buford, lors de la guerre de Sécession. Augustina Domenech à 22 ans défendit Saragosse durant la guerre d'Espagne ; elle reçut 3 médailles et des appointements de soldat. Marie Schellinck (Gand, 1757-1840) engagée à 35 ans, sous-Lt en 1806. Geneviève Premoy (née 1660-début xviiie s.) dite la Dragonne, Lt de cavalerie, connue, à l'époque de Louis XIV, sous le nom de chevalier de Balthasar. Pe-Mei-Huang, sans doute la seule à avoir capturé des navires de guerre, pendant la 2e Guerre mondiale, dans la baie d'Along. Polina Nedyalkova (1916), Gal de brigade bulgare (Voir aussi Légion d'honneur, à l'Index).

Françaises ayant atteint le grade de général : Valérie André (1976, médecin général), Andrée Tourne (1985), Anne-Marie Meunier (1990), Chantal Barneaud (1996), Colette Moulin (1998, armée de l'air).

■ **« Miss ».** **1920** Maurice de Waleffe (1874-1946, fondateur de *Paris Midi*) institue un référendum de la plus belle femme de France ; 1 700 jeunes filles s'inscrivent, un jury en sélectionne 49 qui paraissent 7 par 7 pendant 7 semaines sur les écrans des cinémas, où les spectateurs reçoivent à l'entrée un bulletin de vote. *1re élue Miss France* Agnès Souret avec 198 000 voix ; *1921* M. de Waleffe fait élire une reine dans 49 villes ; Pauline Po (Corse) élue. 1re *Miss America*. **1927** *Miss France* Roberte Cusey. **1928** 1re *Miss Europe*. **1935** *Miss Univers* (Égyptienne). **1946** M. de Waleffe meurt. *-22-12 :* 1re élection par le comité créé par Guy Rinaldo et Louis de Fontenay. **1951** le fabricant de maillots de bain qui habille les concurrentes de Miss America dénonce son contrat et fonde 2 autres concours : Miss USA et Miss Univers. **1954** comité Miss France déclaré, G. Rinaldo Pt. **1956** L. de Fontenay (Pt) avec Geneviève de Fontenay (Mullman, dite ; ancien mannequin). **1959** la Colombie émet des timbres pour « sa » Miss Univers. **1981**-*mars* L. de Fontenay meurt ; Geneviève et Xavier de Fontenay Pts. **1983** *1re Noire Miss America* Vanessa Williams. **1986** la Trinité émet des timbres pour « sa » Miss Monde. *1re Miss Hongrie* depuis la guerre ; se suicide. **1987** élection présentée à la TV. **Miss devenues célèbres :** Colette Deréal (Fr., chanteuse), Sophia Loren (It., actrice), Claudine Auger (Fr., actrice), Lucia Bose (It., actrice), Anita Ekberg (Sué., actrice), Yvette Labrousse (Fr., Miss Fr. 1930, épouse l'Aga Khan et devient Bégum Aga Khan III). **Élection de Miss France :** *lieu :* 1947-72 province, 1973-86 Paris. *Comité de Jean-Louis Giordano :* appellation Miss France déposée depuis 1987 ; propriété confirmée le 30-3-1993 par la cour d'appel d'Aix-en-Provence ; 18-10-2000 : le TGI de Paris estime que « le signe Miss France fait l'objet d'une protection exclusive au profit de Mme de Fontenay ». *1996 :* Laure Belleville (Miss Savoie) ; *97 :* Patricia Spehar (Miss Paris, 21 ans) ; *98 :* Sophie Thalmann (Miss Lorraine, 21 ans) ; *99 :* Mareva Galanter (Miss Tahiti, 1,78 m, 19 ans) ; *2000 :* Sonia Rolland (Miss Bourgogne, 17 ans) ; *2001 :* Élodie Gossuin (Miss Picardie, 20 ans). **Miss Univers :** *2000 :* Lara Dutta (Inde, 21 ans). **Miss Monde :** *2000 :* Priyanka Chopra (Inde).

☞ *Ont été élues Miss Amérique : 1995 :* Heather Whitestone, sourde ; *98 :* Nicole Johnson, diabétique.

■ **Mode.** Voir **Couture** à l'Index.

■ **Peintres. Françaises :** Louise Abbema (1858-1927). Marie Benoit (1768-1826). Rosa Bonheur (1822-99). Elisabeth Cheron (1648-1711). Lucie Cousturier (1876-1925). Sonia Delaunay (1885-1974, origine russe). Eva Gonzales (1849-83). Louise Hervieu (1878-1954). Adélaïde Labille-Guiard (1749-1803). Marie Laurencin (1885-1956). Berthe Morisot (1841-95). Séraphine Louis, dite Séraphine (1864-1934). Suzanne Valadon (1867-1938). Anne Vallayer-Coster (1744-1818). Elisabeth Vigée-Lebrun (1755-1842) [célèbre à 13 ans]. **Étrangères :** Vanessa Bell (Angl., 1879-1961). Maria Blanchard (Esp., 1881-1932). Anne Bonnet (Belge, 1908-60). Mary Cassatt (Amér., 1845-1927). Léonor Fini (Buenos-Aires, 1918-96, Italienne). Artemisia Gentileschi (It., 1593-1652). Marthe Guillain (Belge, 1890-1974). Angelica Kauffmann (Suisse, 1741-1807). Judith Leyster (Holl., 1609-60). Hanna Pauli (Suéd., 1860-1940). Bridget Riley (Angl., 1931). Rachel Ruysch (Holl., 1664-1750). Sophie Taeuber-Arp (Suisse, 1889-1943). Maria Helena Vieira da Silva (Port., 1908-92).

■ **Pirates.** Jeanne de Belleville, Bretonne. Ép. 1330 Olivier de Clisson (décapité 1343, accusé de trahison au profit du roi d'Angleterre). Par haine contre Philippe de Valois (roi de France), décide de venger son mari : s'attaque aux partisans de Charles de Blois. Guerrière puis pirate. Commande 3 vaisseaux. Ép. le Cte de Bentley (anglais) et meurt en 1369. Anne Bonny (née vers 1700), fille d'un avocat irlandais. Mary Read (née à Londres vers 1680 ; † âgée d'environ 40 ans). **En Chine :** Madame Ching, veuve en 1807 du pirate Ching Yih, le remplace à la tête de 500 bateaux. Madame Lo, 1920 hérite des navires de son époux. Lai Choi-San (« Montagne de fortune ») se consacre dans les années 1930 à la protection des pêcheurs contre les autres pirates (12 navires).

■ **Prix Nobel.** Sur 656 attributions personnelles, 30 femmes (dont 12 ont partagé leur prix avec des hommes). **Paix : 1905** Bertha Kinsky, Bonne von Suttner (1843-1914), Autr. **31** Jane Addams (1860-1935), Amér. **46** Emily Greene Balch (1867-1961), Amér. **76** Mairead Corrigan (née 27-1-1944) et Betty Williams (née 22-5-1943), Irl. du N. **79** Mère Teresa (1910-1997), Inde. **82** Alva Myrdal (1902-86), Suède. **91** Aung San Sou Kyi (née 19-6-1945), Myanmar. **92** Rigoberta Menchu-Túm (née 1959), Guatemala. **97** Jody Williams (née 1950), Amér. **Littérature : 1909** Selma Lagerlöf (1858-1940), Suède. **26** Grazia Deledda (1871-1936), It. **28** Sigrid Undset (1882-1949), Norv. **38** Pearl Buck (1892-1973), Amér. **45** Gabriela Mistral (1889-1957), Chili. **66** Nelly Sachs (Berlin 1891-1970), All., nat. Suéd. **91** Nadine Gordimer (20-11-1923), Afr. du S. **93** Toni Morrisson (née 1931), Amér. **96** Wyslawa Szymborska (1923), Pol. **Physique ou chimie : 1903** Marie Curie (avec son mari, Pierre Curie, et H. Becquerel), née Sklodowska (1867-1934), Fr. or. pol. **11** Marie Curie (chimie). **35** Irène Joliot-Curie (1897-1956), Fr. **63** Marie Goeppert-Mayer (1906-72), USA, or. all. **64** Dorothy Crowfoot Hodgkin (1910), Brit. **93** Kary Mullis (née 1944), USA. **Physiologie ou médecine : 1947** Gerty Cori (1896-1957) avec Karl Cori (1896-1984), tous 2 devinrent Américains en 1932. **77** Rosalyn Yalow (1921), Amér. **83** Barbara McClintock (1902-92), Amér. **86** Rita Levi-Montalcini (1909), juive de Turin, naturalisée Amér., prix partagé avec son partenaire, Stanley Cohen. **88** Gertrud Belle Elion (1918), Amér. **95** Christiane Nüesslein-Volhard (1942), All.

■ **Révolutionnaires. Allemagne :** Rosa Luxemburg (Pologne russe 1870-Berlin 1919). **Espagne :** La Pasionaria [Dolores Ibarruri (1895-1989)], héroïne de la guerre civile de 1936-39. **France :** Manon Roland (1754-93), ép. du ministre de l'Intérieur en 1792. Considérée comme l'égérie des Girondins, arrêtée en juin 1793 puis exécutée. Avant de mourir, aurait dit « Ô Liberté, que de crimes on commet en ton nom ! » Anne-Josèphe Terwagne, dite Théroigne de Méricourt (Belgique 1762-Paris 1817), surnommée la « Belle Liégeoise » ou la « Furie de la Gironde », morte folle. Louise Michel, dite la Vierge rouge (1830-1905), institutrice, héroïne de la Commune (déportée en Nlle-Calédonie, en revient en 1880), anarchiste militante. **URSS :** Vera Figner (1852-1942). Nadejda Kroupskaia (1869-1939), compagne de Lénine. Sofia Perovskaia (1853-81), fille du gouverneur de Saint-Pétersbourg, participa à l'attentat manqué contre le train impérial ; condamnée à mort, elle fut pendue. **USA :** Angela Davis (née 26-1-1944), militante noire.

■ **Saintes.** Pourcentage de femmes *parmi les saints canonisés par l'Église catholique :* 10 % jusqu'au début du XXe siècle ; 43 % depuis ; *parmi les saintes :* 14 mères de famille, 32 veuves, plusieurs centaines de religieuses, de martyres, de vierges.

■ **Savantes.** Maria AGNESI (Italienne, 1718-99), mathématicienne. Gertrude BELL (Anglaise, 1868-1926), archéologue. A. BYRON, Ctesse LOVELACE (Anglaise, 1815-52), math. Jacqueline CIFFRÉO, découvre 1985 la comète qui porte son nom. Marie CURIE (Française, 1867-1934) et sa fille Irène (voir Prix Nobel). Jeanne DIEULAFOY (Française, 1851-1916), archéologue qui portait un costume d'homme. Rosalind FRANKLIN (1920-58), recherches sur ADN. Sophie GERMAIN (Française, 1776-1831), math. Caroline HERSCHELL (1750-1848), Hanovrienne, décrivit 3 nébuleuses. Sophie KOWALEVSKI (Russe, 1850-91), math. Stéphanie KWOLEK, Américaine, découvre 1965 le Kevlar. Mileva MARIC (1875-1934), femme d'Albert Einstein. Margaret MEAD (Américaine, 1901-78), ethnologue. Lise MEITNER (Autrichienne, 1878-1908), physicienne, découvrit la fission nucléaire avec Otto Hahn et Fritz Strassmann. Maria MITCHELL (Américaine, 1818-89), découvrit une comète. Emmy NOETHER (Allemande, 1882-1935), math. Marguerite PEREY (Française, 1909-75), assistante de Marie Curie, découvre le francium. Pauline RAMART (Française, née Lucas 1880-1953), chimiste. Mary FAIRFAX SOMMERVILLE (Anglaise, 1780-1872), math. Sheila WILDNALL, Américaine, Pte du MIT.

■ **Scandaleuses (femmes les plus).** Angélique d'ESTRÉES (sœur de Gabrielle), abbesse de Maubuisson, mère de 12 bâtards de pères différents ; expulsée de son couvent par la force armée en 1618. MESSALINE (25-48 apr. J.-C.), impératrice romaine, femme de Claude ; son nom est devenu synonyme de débauche.

■ **Sculpteurs.** Camille CLAUDEL (1864-1943). Marie-Anne COLLOT (1748-1821). Marie d'ORLÉANS, fille de Louis-Philippe, duchesse de Wurtemberg (1813-39). Louise NEVELSON (Amér. d'or. russe, 1900-88).

■ **Sport. Alpinisme :** Lucy WALKERT (1835-1916). Marie PAILLON (1848-1936). Fanny BULLOCK-WORKMAN (1839-1925) qui monta sur le Kun (7 085 m) en 1906. Gertrude BELL (1869-1926). Claude KOGAN (1919-59). *1808 :* Marie PARADIS (XVIIIe-XIXe s.) atteint le sommet du mont Blanc. *1903 :* Marie MARVINGT (1875-1963, voir Aviatrices p. 1664 a). *1906 :* Fanny BULLOCK-WORKMAN (Américaine) atteint le Pinacle Peak (6 950 m). *1975-16-5 :* Junko TABEI (Japonaise, née 1939) atteint le sommet de l'Everest (1re). *1983 :* Martine ROLLAND, 1re guide de haute montagne. *1992 :* Catherine DESTIVELLE : face Nord de l'Eiger en hiver. **Athlétisme :** *1918 :* 1ers championnats de France féminins. *1948 :* Micheline OSTERMEYER : 1re championne olympique fr. *1978 :* Sara SIMEONI : 1re à sauter 2,01 m. **Automobile :** Leila LOMBARDI et Giovana AMATI (Italienne, née 20-7-1962) : 1res à courir en F1. Michèle MOUTON (Française, née 23-6-1951) 1re à gagner des rallyes. **Aviron :** *1909 :* Mme BINDER gagne la 1re course en France.

Cyclisme : Jeannie LONGO (née 31-10-1958). **Équitation :** Isabelle LE MARESQUIER, 7 fois cravache d'Or. *1984 :* Darie BOUTBOUL : 1re femme jockey à gagner un tiercé. **Football :** *1970-29-3 :* football féminin reconnu en France. *1974 :* championnat de France créé. **Haltérophilie :** *1987 :* 1er championnat du monde. **Judo :** *1934 :* 1er cours officiel féminin. *1951 :* Mme LEVANNIER : 1re Française ceinture noire. *1988 :* judo féminin aux JO.

Lutte : *1980 :* 1er championnat de France féminin. *1987 :* 1er championnat du monde féminin. **Natation :** *1912 :* femmes aux JO. *1926-6-8 :* Gertrude EDERLE (USA) : 1re traversée de la Manche. *1978 :* Penny DEAN (Californie, USA), seule personne qui ait franchi le détroit de Béring à la nage. **Parachutisme :** Jeanne LABROSSE (1775-1847, épouse GARNERIN) : 1re à tenter et réussir une descente en parachute le 12-10-1799. *1912 :* Tiny BROADWICK : 1re parachutiste amér. **Patinage :** *1909 :* Yvonne LACROIX : 1re championne française. **Planche à voile :** *1989 :* Brigitte GIMENEY (Française) : atteint 72,46 km/h aux Stes-Maries-de-la-Mer. **Ski :** *1908 :* Hélène SIMOND : 1re championne fr. *1935 :* Maguy PELLETIER : 1re monitrice. *1988 :* Jacqueline BLANC atteint 211,143 km/h au km lancé. **Spéléologie :** *1988 :* Véronique LE GUEN (Française † 1990) : 111 j dans l'aven du Valat-Nègre à 82 m sous terre.

Tauromachie : *au XIXe s. :* La REVERTE (se révéla un travesti). *Années 1930 :* Juanita ORUZ (Espagnole, née 1917). Conchita CINTRON (Péruvienne, née au Chili 1922) : 550 combats, a mis à mort 350 taureaux. *1965-mars :* Clarita MONTEZ : 1re femme autorisée, en Espagne, à combattre un taureau à pied (elle avait 19 ans). *Années 1970 :* Maribel ATIENZAR. *1991 :* Maria SARA (Française, née 1964) prend l'alternative ; à cheval. *1996-22-5 :* Cristina SANCHEZ (1,64 m, 55 kg ; Espagnole née 1972), prend l'alternative à Nîmes.

Tennis : *1879 :* 1re compétition ouverte aux femmes à Dublin. *1900 :* tennis féminin aux JO. *Ont gagné le Grand Chelem : 1953* Maureen CONNOLLY (1934-69), *1970* Margaret COURT (née 16-7-1942), *1984* Martina NAVRATILOVA (née 18-10-1956), *1988* Steffi GRAF (née 14-6-1969). **Voile :** *1953 :* Ann DAVIDSON (Brit.) : 1re à traverser l'Atlantique en solitaire. *1967 :* Mrs SHARON (née 1914) : 1re à traverser le Pacifique en solitaire. *1980 :* Naomi JAMES 1re à faire le tour du monde en solitaire. *1990 :* Florence ARTHAUD (née 20-10-1957) : record de traversée de l'Atlantique en solitaire, sur *Pierre Ier* en 9 jours 21 h 42 min.

Jeux Olympiques : d'été : Wilma RUDOLPH « la gazelle noire » *(athlétisme)* Amér. (23-6-1940/12-11-1994), 1re championne olympique ancienne handicapée (ne marcha correctement qu'à 7 ans) ; 3 médailles d'or (1960). Vera CASLAVSKA *(gym.)* Tchécoslovaque (née 3-5-1942),

> **Sommet sur la promotion économique des femmes rurales** (palais des Nations, Genève : 25/26-2-1992) : réunissait, à l'instigation de la reine Fabiola de Belgique, 64 premières dames dont la reine Sophie d'Espagne, la Pcesse Lalla Meriem (fille du roi Hassan II), la Pcesse Sonam Choden Wangchuck (Bhoutan), Mme Muñoz de Gaviria (Colombie), Mme Moubarak (Égypte), Mme Babangida (Nigeria), Mme Diouf (Sénégal), Mme Özal (Turquie), la grande-duchesse de Luxembourg, la Pcesse Margaretha (Liechtenstein).

3 médailles d'or (1964) et 4 d'argent (dont 2 partagées, 1968). Shane GOULD *(natation)* Australienne (née 23-11-1956), battit 11 records du monde entre 1971 et 1973, 3 médailles d'or en 1972. Nadia COMANECI *(gymnastique)* Roumaine (née 12-11-1961), championne d'Europe à 14 ans, 3 médailles d'or et 2 d'argent (1976 : 1re gymnaste à être notée 10 en concours et 20 en finale), 2 médailles d'or et 2 d'argent (1980, bien qu'elle ait grandi de 5 cm et pris 7 kg). Cornelia ENDER *(natation)* Allemande de l'Est (née 25-10-1958), 22 records du monde, 4 médailles d'or et 1 d'argent 1976. **D'hiver :** les sœurs GOITSCHEL *(ski alpin)*, Françaises : Christine (née 9-6-1944) médaille d'or en slalom spécial (devant sa sœur) et d'argent en géant (1964) ; Marielle (née 28-9-1945) médaille d'or du géant (1964 devant sa sœur) et du slalom (1968), 3 d'argent pour le combiné (1968).

Nota. – 1971-85 : Monique BERLIOUX (Française, née 22-12-1923) directrice du CIO.

☞ **Sports pratiqués par les Françaises** (en %) : boule 24,5, gymnastique 18,5, ski 14,5, natation 13,5, cyclisme 11,3 marche 10. **Pourcentage de femmes sur le total des licenciés :** natation 50, tennis 33, golf 31.

■ **Sultane.** Mlle de BARBEYRAC DE SAINT-MAURICE, enlevée par des pirates et vendue à Mahmoud II, sultan de 1809 à 1839 ; mère d'Abd-ul-Mejid (né 1822, sultan 1839-61) et d'Abd-ul-Aziz (né 1830, sultan 1861-76).

■ **Voyageuses.** ÉGÉRIE a laissé un compte rendu de son voyage en Terre sainte de 381 à 384. Isabelle EBERHARDT (née 1877 en Suisse), fille d'émigrés russes. Convertie à l'islam. Le 21-10-1904 meurt dans sa maison d'Aïn Sefra, emportée par la crue d'un oued. Jeanne DIEULAFOY (Française, 1851-1916), s'habillait en homme, exhuma à Suse (Iran) la frise des Lions. Alexandra DAVID-NEEL (1868-1969) voyage en Inde, Ceylan, Japon, Corée, Chine (Tibet). Le 28-2-1924 arrive à Lhassa, la Cité interdite, où aucun Européen n'a pénétré depuis 1848. Celia FIENNES parcourut au XVIIe s. toute l'Angleterre à cheval comme chroniqueuse de voyage. Rose de FREYCINET (Française, 1794-1832) suivit son mari autour du monde. Lady Mary WORTLEY MONTAGU accompagne son mari, lord Edward Wortley, ambassadeur d'Angleterre dans l'empire ottoman en 1716. Ida PFEIFFER (1797-1858). Lady STANHOPE (Anglaise, 1776-1839) dite la Châtelaine du Liban, vécut chez les Druzes et reçut de nombreux écrivains dont Lamartine. Alexandrine TINNÉ (Hollandaise, 1839-69). Freya STARK (Paris, 1893-1993), de parents anglais : Liban, Iran, Yémen, Arabie, Népal.

■ QUELQUES « PREMIÈRES »

☞ Voir aussi rubriques précédentes.

■ **Du monde.** *Ève* selon la Bible (les juifs du Moyen Age parlèrent d'une 1re épouse d'Adam : *Lilith*, stérile et démone). *Pandora,* selon la mythologie grecque, Prométhée leur ayant volé le feu, les dieux envoyèrent Pandora pour punir les hommes. Elle épousa Epiméthée, le frère de Prométhée, et, à peine mariée, ouvrit la jarre scellée que les dieux lui avaient confiée avec interdiction de l'ouvrir. A l'instant se répandirent sur l'humanité faim, soif, guerre et violence. Seule l'espérance resta dans la jarre (ou boîte).

■ **En France. 1646** *1re femme ambassadrice :* Renée DU BEC (veuve du Mal de Guébriant) accréditée auprès du roi de Pologne (elle accompagnait Marie de Gonzague, qui devait épouser le roi). Avant, plusieurs femmes avaient rempli des fonctions diplomatiques. Par exemple la mère de François Ier Louise de Savoie et Marguerite d'Autriche gouvernant les Pays-Bas, qui négocièrent le traité de Cambrai (appelé paix des Dames), le 5 août 1529. **1681** *1re femme autorisée à tenir un rôle en scène* (« le Triomphe de l'amour »), Mlle de LA FONTAINE (1655/65-1738), danseuse. **1694** *1re compositrice d'opéra,* Élisabeth JACQUET DE LA GUERRE (« Céphale et Proscris »). **1767-69** *1re à naviguer autour du monde,* Jeanne BARET (sur le bateau de Bougainville). **1784** *1re effectuant un vol en ballon libre,* Mme THIBLE. **1849** (avril) *1re se présentant aux élections.* (législatives du 13-5), Jeanne DEROIN. **1851** *1re décorée de la Légion d'honneur,* Angélique DUCHEMIN (1772-1859, voir à l'Index). **1858** *1re licenciée ès sciences,* Mlle CHENU. **1861** *1re bachelière,* Julie DAUBIÉ (1824-74), institutrice de 37 ans, licenciée ès lettres *1871.* **1869** *1re reçue pharmacienne,* Mlle DOUMERGUE. **1870** *1res diplômées de la faculté de médecine :* 2 étrangères : Miss GARRET (Angl. 1870), Miss Mary PUTMAN (Amér., 1871). **1875** *1re soutenant sa thèse à la faculté de médecine,* Madeleine BRÈS. **1881** (14-1) *1re cérémonie d'initiation d'une femme dans une loge,* Maria DERAIMES (la franc-maçonnerie avait, avant, accepté des femmes dans des loges d'adoption). **1883** *1re agrégée des sciences,* Lucie ARON (20 ans). **1884** *1re enseignante à la Sorbonne* (sans chaire), Clémence ROYER. *1res autorisées* par Millerand (min. du Commerce) *à entrer comme dactylo. dans les services d'État. 1re docteur en sciences géographiques,* Dorothea KLUMPKE. **1892** *1re à passer le concours de l'assistance médicale de Paris,* Madeleine PELLETIER. **1893** (9-2) Mona (modèle) exécute un strip-tease au bal des 4 Z'arts (13-3-1894 : 1er spectacle du Divan Fayouau, rue des Martyrs : « le Coucher d'Yvette »). **1896** *1re metteur en scène,* Alice GUY (future Mme Herbert Blatché) avec « la Fée aux choux », 1er film à scène. **1897** *1re docteur en droit,* Jeanne CHAUVIN (1862-1926). *1re titulaire du permis de conduire automobile,* la duchesse d'UZÈS (1847-1933).

1900 *1res inscrites au barreau,* Jeanne CHAUVIN (9-12, prête serment le 19-12), PETIT-BALACHOVSKY (4-12, prête serment le 13). **1901** *1re admise à l'internat des hôpitaux de Paris,* Marthe FRANCILLON. **1902** *1re docteur ès sciences,* Lucie LUZEAU-RONDEAU. *1re architecte sortie de l'école des Beaux-Arts,* Julia MORGAN (Amér.). **1903** *1re avocate,* Maria VERONE. **1904** *1re concourant pour le prix de Rome (musique),* Hélène FLEURY. **1905** *1re agrégée de philosophie,* Mlle BAUDRY. **1906** *1re professeur titulaire de la chaire de physique générale à la Sorbonne,* Marie CURIE (1867-1934) [reprend la chaire de son mari, décédé]. *1re admissible à l'École normale supérieure,* Mlle ROBERT. *1re chartiste,* Mlle ACLOCQUE (1884-1967), reçue 4e au concours, diplômée 1910. **1907** *1re élue au Conseil des prud'hommes,* Mlle JOUSSELIN, secr. du syndicat des couturières-lingères. *1res femmes cochères* à Paris, Mmes DUFAUT et CHARNIER. *1re agrégée de sciences naturelles,* Mlle ROBERT. **1908** *1re à plaider en cour d'assises,* Maria VÉRONE (1874-1938), avocate. *1re chauffeur de taxi,* Mme DECOURCELLE. **1909** *1re instrumentiste à l'Opéra de Paris,* Lily LASKINE (1893-1988), harpiste. **1910** *1re à l'Académie Goncourt,* Judith GAUTIER (1850-1917). *1re pilote brevetée,* Élise DEROCHE, dite baronne Raymonde de la Roche. **1911** *1re à la villa Médicis et 1re grand prix de Rome de sculpture,* Lucienne HEUVELMANS (née 1885). **1912** *1re nommée officiellement astronome,* Mme Edmée CHANDON. *1re agrégée de grammaire,* Jeanne RAISON. **1913** *1er grand prix de Rome de musique,* Lili BOULANGER (1893-1918). **1914** *1re docteur ès lettres,* Mlle Jeanne DUPORTAL. *1re docteur en philosophie,* Léontine ZANTA. **1918** *1re prix de littérature de l'Académie française,* GÉRARD d'HOUVILLE (pseudonyme de Marie de Régnier, 1875-1963). *1re diplômée de l'Institut agronomique.* **1919** *1re diplômée de l'école des Mines de St-Étienne,* Mlle SCHRAMECK.

1920 *1re professeur d'enseignement sup. au Conservatoire,* Marguerite LONG (1874-1966). *1re ingénieur de l'École centrale,* Marie BUFFET. **1921** *1re professeur de la faculté* (Grenoble). **1922** *1re élue CGTU,* Marie GUILLOT. *1re à l'Académie de médecine,* Marie CURIE (1867-1934). **1923** *1re lieutenant de louveterie,* Dchesse d'UZÈS (1847/17-1-1933 ; à 85 ans suivait sa dernière chasse à courre à cheval). *1re reçue à Normale sup.* (rue d'Ulm), George SINCLAIR. *1re architecte diplômée de l'école des Beaux-Arts,* Jeanne SURUGUE (1896-1990). **1924** *1re dipl. de l'École supérieure d'aéronautique,* Mlle FRADIS (1847-1933). **1927** *1re chef de clinique titulaire,* Mme ODIER-DOLLFUS. *1re major de la promotion de l'Institut agronomique,* Pcesse d'ANNAM, Nhu MAY. **1929** *1re grand prix de Rome de peinture,* Mlle PAUVERT. **1930** *1re reçue à l'École vétérinaire,* Jeanne MIQUEL. *1re prix Renaudot,* Germaine BEAUMONT. *1re chef d'orchestre,* Jane EVRARD. *1re rédactrice au min. des Aff. étr.,* Suzanne BOREL (qui épousera le 27-12-1945 G. Bidault ; 1re conseiller d'ambassade, à la Libération). **1931** *1re vétérinaire. 1re française à chanter à Bayreuth,* Marcelle BUNLET (1900-91). **1932** *1re course de jockeys femmes à Maisons-Laffitte.* **1933** *1re commissaire-priseur,* Me LE QUÉMÉNER. **1935** *1re assistante de police. 1re jurée au tribunal de commerce,* Mlle Sylvia OLLIVIER (Nice). **1936** *1res sous-secrétaires d'État* (voir p. 1663 b). *1re avocate élue secrétaire de la Conférence du stage,* Lucienne SCHEID. **1938** *1re metteur en scène à la Comédie-Française,* Marie VENTURA (« Iphigénie »). *1re contemporaine figurant sur un timbre,* Marie CURIE (avec son mari). **1939** *1re agrégée de mathématiques (major,* avec Roger Apéry), Jacqueline FERRAND.

1945 *1re avocate admise à un conseil de l'ordre,* Mme BLANCHARD-PAVIE (Le Mans). *1re titulaire des grandes orgues d'une église de Paris* (Sacré-Cœur), Rolande FALCINELLI (née 1920). **1946** *1re élue à la chambre de commerce de Paris,* Yvonne FOINANT. *1re station de métro à nom de femme :* « Vallier » devient « Louise-Michel ». *1re élue au bureau confédéral de la CGT,* Marie COUETTE. *1re secr. d'État,* Andrée VIENOT (Jeunesse et Sports). *1re photographe reporter,* Janine NIEPCE. *1re vice-Pte du Sénat,* Gilberte PIERRE-BROSSOLETTE. **1947** *1re ministre,* Mme Germaine POINSO-CHAPUIS (1901-81) [Santé publique et Population]. *1er magasin Prénatal* (St-Denis). *1res reçues à l'Éna,* 3 (dont Yvette CHASSAGNE, née 28-3-1922). **1948** *1re huissier, 1re garde champêtre.* **1949** *1re pasteur de l'Église réformée de Fr.,* Élisabeth SCHMIDT († 14-3-1986 à 77 ans). *1re notaire,* Me GAYET. *1res speakerines à la télévision,* Jacqueline JOUBERT (née 29-3-1921) et Arlette ACCART. **1950** *1re admise au conseil de l'ordre des avocats de Paris,* Lucile TINAYRE. **1953** *1res auditrices au Conseil d'État,* Mlles TRIAL et GRIFFON. *1re bâtonnier,* Jeanne LAUZIN-ROZIS à Agen (à Paris). **1955** *1re percepteur,* Jacqueline PRACHT. **1957** *1re anthropologue au Collège de France,* Françoise HÉRITIER. **1959** *1re maître des requêtes au Conseil d'État,* Jacqueline BAUCHET (née 21-2-1927). **1961** *1re chauffeur d'autobus à Paris,* Marcelle CLAVÈRE. **1962** *1re à l'Académie des sciences,* Marguerite PEREY (1909-75). **1965** *1re assistante de police* (brigade des mineurs, Paris). **1967** *1re consul général,* Marcelle CAMPANA (à Toronto). *1res pilotes de ligne,* Jacqueline DUBUT, épouse Camus (née 1939) sur Air Inter, Danielle DECURÉ (née 4-2-1942). *1re vice-Pte de l'Assemblée nat.,* Marie-Claude VAILLANT-COUTURIER (1912-96) (communiste, jusqu'en 1968). *1re sous-directrice des Finances,* Yvette CHASSAGNE (née 28-3-1922). **1968** *1re doyenne de faculté* (Lettres et Sciences humaines de Brest), Alice SAUNIER-SEÏTÉ (née 26-4-1925). **1969** *1re major de l'Éna,* Françoise CHANDERNAGOR (née 19-6-1945) [2e : Élisabeth GROSDHOMME, 1991]. *1re* membre titulaire de l'Académie de médecine, Mme Thérèse Bertrand-Fontaine (née 15-10-1895). *1re à la Bourse de Paris,* Roselyne Pierre. **1970** *1re Pte de conseil général,* Évelyne Baylet (née 14-6-1913) (T.-et-G.). *1re secr. général du Conseil sup. de la magistrature,* Simone Veil (née 13-7-1927). **1971** *1re membre de l'Institut (Académie des sciences morales et politiques),* Suzanne Bastid (1906-95). *1res au défilé militaire du 14 juillet.* **1972** *1re Pte du conseil municipal de Paris,* Nicole de Hauteclocque (1913-93). *1re ambassadrice,* Marcelle Campana (à Panama) ; puis furent nommées Mlle M.-M. Dienesch (née 1914) au Luxembourg, Mlle Christiane Malitchenko (née 6-12-1924) en Bulgarie. *1re officier des haras,* Nicole Gerrer. *1res admises à Polytechnique* (8 dont 7 intègrent) dont Anne Chopinet (18 ans) reçue major au concours d'entrée (le 14-7-1973, elle portera le drapeau de l'école au défilé) ; *1re major du concours étranger,* Thu Thuy Ta, Vietnamienne, 19 ans. *1res inspectrices de police.* **1973** *1res reçues à HEC,* dont Florence Cayla, major. *1re à l'École nationale de la marine marchande,* Alix Daujat, cours de capitaine de 1re classe. *1re recteur,* Alice Saunier-Seïté (voir 1968 p. 1666 c). *1re Pte d'un tribunal administratif,* Mme Marcelle Pipien (née 12-1-1920). **1974** *1re au Collège de France,* Jacqueline de Romilly (née 26-3-1913). *1res inspectrices des finances,* Nicole Briat (née 8-5-1938) et Élisabeth Bukspan (née 14-9-1948). *1re sous-préfète,* Florence Hugodot (née 22-3-1948). *1re admise dans le Corps des mines,* Anne Chopinet. *1re candidate à la présidence de la République,* Arlette Laguiller (née 18-3-1940). **1975** *1re Pte de chambre à la cour d'appel,* Mme Suzanne Challe (née 13-3-1926). *1re conseillère à la cour d'appel de Paris,* Mme Marie-Amélie Perraudin (née 22-6-1925). *1re à l'Académie des inscriptions et belles-lettres,* Jacqueline de Romilly (née 26-3-1913). *1res commissaires de police,* Simone Kergaravat, Élisabeth Abbal, Hélène Desgardin, Christine Diebolt. **1976** (21-4) *1re Gal (armée de l'air),* Valérie André (née 21-4-1922 ; médecin). *1re avocate au Conseil d'État et à la Cour de cassation,* Martine Luc-Thaler (32 ans). *1re membre du Conseil sup. de la magistrature,* Mme Denise Rémuzon (née 26-6-1926). *1re Pte du tribunal de grande instance de Paris,* Simone Rozès (née 29-3-1920). *1res diplômées HEC et Sup de Co Paris.* **1977** *1re commissaire-priseur* (à Paris), Mme Chantal Pescheteau-Badin (née 26-10-1945). *1re élève-officier de la marine nationale,* Dominique Roux (née 23-11-1949). **1978** *1res élèves à St-Cyr-Coëtquidan. 1re Pte de cour d'appel,* Mme Suzanne Challe (née 13-3-1926), à Nîmes. *1re conductrice de métro* (à Lyon), Marie-Jeanne Vignière. *1re commissaire de police* (major de promotion), Martine Monteil. *1res gardiennes de la paix. 1re médecin capitaine volontaire des sapeurs-pompiers* (5-12), Ginette Favas. **1979** *1re Pte du Parlement européen,* Simone Veil (voir p. 1663 a). *1re à l'Académie des sciences,* Yvonne Choquet-Bruhat (née 29-12-1923). *1re à l'Académie vétérinaire,* Mme Léone Dhennin-Balssa (née 14-10-1914). *1re officier d'admin. de la Marine,* Anne-Marie Guerder. *1re administratrice des affaires maritimes et 1re sur un navire de la marine nat. pour une longue croisière,* Claude Lemale (née 1954). *1re conseiller-maître à la Cour des comptes,* Yvette Chassagne (née 28-3-1922). *1re avocate gén. à la Cour des comptes,* Hélène Gisserot (née 11-5-1936). *1re secr. gén. du Conseil d'État,* Michèle Puybasset.

1980 *1re arbitre de rugby,* Arlette Bouvier. (1-9) *1re médecin capitaine des sapeurs-pompiers professionnels,* Micheline Colin. *1re à l'Académie française,* Marguerite Yourcenar (1903-87). *1re avocate transsexuelle et 1re prostituée à réussir le concours d'avocat,* Maud Marin (née 18-6-1945 ; déclarée garçon à l'état civil). **1981** *1re procureur gén. près d'une cour d'appel,* Nicole Pradain (née 24-5-1924). *1re préfète,* Yvette Chassagne (née 28-3-1922), puis dir. de l'UAP en 1983. **1982** *1re conductrice de métro* (à Paris), Yvonne Brucker. *1re recteur de l'Académie de Paris,* Hélène Ahrweiler (née 29-8-1926). *1re à la tête d'une Église protestante,* pasteur Thérèse Klipfel, élue Pte du Conseil synodal de l'Église réformée d'Alsace et de Lorraine. *1re à l'Académie de chirurgie,* Claire Nihou-Fékété. *1res pilotes hélicoptères militaires,* Anne Dugaleix (30 ans) et Fone Tchoura-Réna (28 ans). **1983** *1re Pte d'un club de rugby* (Albi), Christiane Hiot. *1re officier embarquée sur un bâtiment de guerre* « Jeanne d'Arc », Dominique Roux (33 ans). *1re admission au prytanée militaire de La Flèche,* Sandrine Mathieu (16 ans). *1re Pte de la Cour de cassation,* Simone Rozès (née 29-3-1920). *1re motocycliste de gendarmerie,* Viviane Colin. **1984** *1re admise au Cadre noir,* Florence Labran (30 ans). (1-4) *1re gagnant une course à tiercé,* Darie Boutboul. *1re croupier,* Florence Micharoff. *1re inséminée après la mort de son mari,* Carole Parpalaix. **1985** *1re Pte de section du Conseil d'État,* Suzanne Grévisse (née 4-11-1927). *1re pilote de l'armée,* Isabelle Boussaert (22 ans). *1re Gal de l'Armée de terre,* Andrée Tourné. *1re agent de change* (Lyon), Sylvie Girardet de Longevialle (née 20-9-1941). (juin) *1re directrice de la Banque de France en province* (Château-Thierry), Odile Lepère (née 17-9-1936). (23-10) *1re Gal de brigade de l'armée de terre,* Andrée Tourné (née 27-9-1929). **1986** *1res à atteindre le pôle Nord,* 6 Françaises et 2 Canadiennes. *1re trésorier-payeur gén.,* Jeanine Meilhon (née 8-10-1930). **1987** *1re pilote à l'Aéronavale,* Christine Clément (née 11-6-1960). **1988** *1re à prêcher à Notre-Dame de Paris,* Marie-Hélène Mathieu (conférence de Carême). *1re maître-chien de la gendarmerie,* Karine Renard. **1989** *1re Lt de gendarmerie mobile,* Isabelle Guion de Mauritens (sortie de St-Cyr, née 1962). *1re capitaine chef d'escadrille,* Nicole Riedel (née 4-2-1956). *1re dont les obsèques ont lieu aux Invalides,* Marie-Madeleine Fourcade (résistante). *1re maire d'un arrondissement de Paris (IIe),* Benoîte Taffin (née 30-1-1948). *1re Pte du Centre Pompidou,* Hélène Ahrweiler (née 29-8-1926). *1re agrégée de math.* (seule major), Mireille Bousquet-Mélou. *1re brevetée pilote d'hélicoptère dans la marine,* Nadine Zanatta. **1990** (17-7) *1re rabbin,* Pauline Bèbe. *1re gendarme tuée en service,* Isabelle Cuntz (24 ans, par un poids lourd). *1re chef d'un corps de sapeurs-pompiers* (120 hommes), Marie-Ange Parere (41 ans). **1991** (20-2) *1re gardien de la paix tuée en service,* Catherine Choukroun (27 ans, par balles). (15-5) *1re PM,* Édith Cresson (née 27-1-1934). **1992** (mars) *1re au Conseil constitutionnel,* Noëlle Lenoir (née 27-4-1948). **1993** *1re à piloter un avion de ligne supersonique,* Barbara Hammer (née 1954). (Mai) *1re cosmonaute,* Claudie André-Deshaye. (Juin) *1re officier féminin de la marine nationale à recevoir un commandement à la mer,* Dominique Magne (l'« Athos » : vedette de surveillance basée à Bayonne). **1994** *1re à remporter le trophée (auto) Fiat Cinquecento,* Priscille de Belloy (25 ans). *1re députée assassinée,* Yann Piat. **1995** (mai) *1re directrice de centrale nucléaire,* Catherine Gaujacq (37 ans). (3-8) *1re chef de la brigade de répression du banditisme,* Martine Monteil. **1996** *1re préfet de région,* Bernadette Malgom. *1re bâtonnier,* Dominique de la Garanderie. (févr.) *1re chef de brigade criminelle de la police judiciaire de Paris :* Mme Monteil. *1re astronaute,* Claudie André-Deshays. **1997** (3-6) *1re garde des Sceaux,* Élisabeth Guigou. (Juillet) *1re dir. du CNRS,* Catherine Bréchignac. (14-7) *1re grand-croix de la Légion d'honneur,* Geneviève de Gaulle-Anthonioz. (17-12) *1re huissière de séance à l'Assemblée nationale,* Nicole Fournet-Morice. **1998** *1re directrice générale de l'industrie* (Min. de l'Économie), Jeanne Seyvet. **1999** *1re pilote de chasse,* Caroline Aigle (24 ans, 1,60 m, 50 kg, championne militaire de France de triathlon). **2000** *1re major à l'École navale,* Claire Pothier. *1re directrice de l'Éna,* Marie-Françoise Bechtel (née 1946). *1re ingénieur gén. de l'armement à la DGA,* Edwige Bonnevie (n.c.).

■ **A l'étranger.** **1833** *1er collège* admettant des femmes (Oberlin, Ohio, USA). **1849** (23-9) *1re reçue docteur en médecine,* Miss Elizabeth Blackwell (1821, USA) [en Europe, Mlle Souslov (Russe) à Zurich, Suisse 1868]. **1853** (15-9) *1re ordonnée ministre du culte,* Antonella Brown (née 1825), New York (Église congrégationaliste). **1864** (25-8) *1re jockey,* Alicia Meynell (York, G.-B.). **1865** *1re Amér. exécutée* (pendue) *après une condamnation régulière,* Mary Eugénie Surrat (née 1818). **1866** (21-2) *1re chirurgien-dentiste diplômée,* Lucy Hobbs (Ohio, USA). **1869** *1re avocate,* Arabella Mansfield (Iowa, USA). **1884** (13-6) *1re manifestation suffragiste,* Miss Cobbe et Miss Miller (G.-B.) tiennent un meeting à Hyde Park. **1901** *1re évêque,* Alma Bridwell White (USA, secte méthodiste). **1914** *1re réalisatrice de films,* Lois Weber (« le Marchand de Venise »). **1916** (7-11) *1re au Congrès (USA),* Jeannette Rankin. **1917** (8-11) *1re au gouv. Russie,* Alexandra Kollontaï (1872-1952 ; commissaire du peuple). **1919** *1re professeur à Harvard,* Alice Hamilton. *1re députée en G.-B.,* Lady Astor. **1921** *1re à l'Académie royale de littérature fr. de Belgique,* Anna de Noailles (1re Belge Marie Gevers 1938). *1re prix Pulitzer,* Edith Wharton. **1923** *1re ministre* (Canada) sans portefeuille, Mrs. Mary Ellen Smith. *1re sous-secr. d'État en Europe* (Mines), Miss M. Bondfield (G.-B.), cabinet MacDonald. **1925** *1re architecte belge,* J. Van Celts-Emonts. (8-10) *1re à diriger un orchestre important, USA,* Ethel Leginska (pianiste brit.). *1re à gagner une open race,* Eileen Joel (Newmarket Town Plate sur Hogier). **1929** *1re tractoriste,* Pacha Anguelina (16 ans, URSS). **1930** *1re hôtesse de l'air,* Ellen Church (USA, voir p. 1665 a). **1933** *1re secrétaire d'État* (au Travail, USA), Frances Perkins. **1938** *1res « Héros de l'Union soviétique »,* Valentina Grizodoubova, Paulina Ossipenko et Marina Raskova pour un vol sans escale de plus de 8 000 km. **1939** *1re titulaire de chaire à Cambridge,* Dorothy Garrod. **1962** *1re chef de délégation à la conférence de Genève sur le désarmement,* Alva Myrdal (Suédoise). *1re auditrice au Concile Vatican II,* Marie-Louise Monnet (sœur de Jean Monnet). **1963** *1re dans l'espace,* Valentina Terechkowa (URSS). **1970** (15-5) *1re Gal* (USA). **1971** *1re juge à la Cour européenne des droits de l'homme,* Helga Pedersen (Danoise). *1res prêtres anglicans,* 2 à Hong Kong. **1972** *1re rabbin aux USA,* Sully Priesand. *1re vicaire épiscopal (dans les temps modernes),* mère Marie-Antoine Azcune, Compagnie de Marie (Brésil). *1re femme des neiges connue* (ayant la tête d'un singe et des mains trois fois plus grandes que celles d'un être humain ordinaire) tuée au Tibet. **1973** *1res admises à l'Académie militaire de West-Point* (USA). **1974** *1re Pt de la République,* Isabel Peron (au décès de son mari) [renversée 1976]. **1978** *1re « bébé éprouvette »,* Louise Brown. **1983** *1re lord-maire de Londres,* lady Donaldson. *1re conseillère d'État suisse,* Hedi Lang (Zurich). (11-10) *1re à marcher dans l'espace,* Kathryn D. Sullivan (USA). **1986** *1re Gal de l'armée israélienne,* Amira Dotan. *1re admise à l'École de guerre aérienne,* Colette Giacometti. *1re disparue dans l'espace,* Judith A. Restnick. **1987** *1re pilote de chasse,* Nelly Speerstra (P.-Bas). **1989** *1re évêque épiscopalien,* Barbara Harris. **1990** *1re officier amér. ayant mené un assaut,* Linda Bray (capitaine de police militaire, à la tête de 30 hommes contre 50 Panaméens). **1991** *1re chef du contre-espionnage en G.-B.,* Stella Rimington. **1992** (4-4) *1re femme évêque luthérienne,* Maria Jepsen (All., 47 ans). **1995** (11-9) *1re commandant d'un sous-marin :* Solveig Krey (32 ans, Norvégienne) sur KNM Kobben du type allemand 207, déplaçant 420/524 t (surface/plongée), équipage 17 h. **1997** (sept.) *1re Française « Dame commander » (grand officier) de l'ordre de l'Empire britannique,* Simone Veil. **1999** (janv.) *1re Gal chilienne,* Mireya Pérez Videla (48 ans). (févr.) *1re Pte du sénat espagnol,* Esperanza Aguirre (46 ans). **2000** *1re ambassadrice du Maroc auprès du Conseil de l'UE* (et de la Commission de la Communauté européenne), Aïcha Belarbi. *1re laïque chef de bureau au Vatican,* Paola Fabrizi. *1re Pte de parti politique allemand* (CDU), Angela Merkel (45 ans, originaire de RDA). **2001** *1re dir. gén. de la bourse de Londres,* Clara Furse (43 ans). *1re aborigène au parlement australien,* Carole Martin (43 ans).

FORMALITÉS

☞ Pour connaître la sélection **Quid** des meilleurs sites Internet sur les formalités, rendez-vous sur **www.quid.fr**

☞ *Abréviations :* admin. : administratif(s) ; al. : alinéa(s) ; arch. : archive(s) ; cat. : catégorie (s) ; c.-à-d. : c'est-à-dire ; doc. : document(s) ; écon. : économique(s) ; étr. : étranger(ère)(s) ; homon. : homonymes ; nat. : national(e) ; not. : notaire(s).

Papiers a garder

■ **Assurances.** *2 ans :* quittances (et avis d'échéance par précaution), demande de résiliation. *Sans limitation de durée :* dossiers d'accidents corporels, factures d'objets de valeur, contrats et avenants pendant toute la période de validité.

■ **Automobile.** *Jusqu'à la réception de la suivante :* attestation d'assurance, carnet d'entretien. *1 an :* vignette. *2 ans :* facture d'achat véhicule, quittances d'assurance. *En cas de vente :* courrier avec l'assureur. *4 ans :* souches amendes munies de timbres, avis de paiement amende. *10 ans :* contrat crédit-bail ou leasing, avis d'échéance, de paiement automatique, carnet d'entretien, factures d'entretien, quittances de location de garage. *30 ans :* double du certificat de vente et références du paiement en cas d'achat à un particulier, contrat d'assurance, dossier de règlement d'un accident ; avec un artisan : factures d'entretien, quittances de location de garage.

■ **Documents personnels.** *2 ans* (après l'échéance du contrat ou le règlement de la succession) : contrat, quittances, correspondance, questionnaire médical de l'assurance-vie (si ni omission ni fausse déclaration). *3 ans :* carte d'électeur. *4 ans :* dossier « assurances » si les primes sont déductibles des revenus. *5 ans :* relevés de Sécurité sociale, cotisations à l'Urssaf. *10 ans :* carte d'identité, passeport. *Toute la vie :* livret de famille, livret militaire, carte de service national, état signalétique des services, titres et distinctions honorifiques, diplômes scolaires et universitaires, contrat de mariage, jugement de divorce ou de séparation de corps, acte de reconnaissance d'enfant naturel, carnet de santé, certificats de vaccination, notification de pension d'invalidité, testament.

■ **Employeur.** Le Code du commerce impose la conservation pendant 10 ans de : *livre-journal, livre des inventaires* (ainsi que les livres et documents annexes si le livre-journal ne comporte pas une récapitulation journalière) et *correspondance commerciale. Registres de salaires et de personnel, bulletins de paie, livres de paie, justifications du versement des cotisations à la Sécurité sociale* doivent être conservés 5 ans (réclamations et poursuites de la Sécurité sociale ne peuvent porter que sur les 5 années précédentes). *Délai de la prescription fiscale :* 4 ans. – Les infractions relatives à la tenue des registres prescrits par le Code du travail se prescrivent par 3 ans pour celles relevant du tribunal correctionnel et par 1 an devant le tribunal de simple police.

■ **Enfants.** *2 ans :* certificats de scolarité, récépissés d'assurances, double de la déclaration d'accident. *4 à 7 ans :* livrets de bulletins scolaires, dossiers de bourse, carnets de vaccination et carnets de santé.

■ **Famille.** *1 an :* facture déménagements ou transporteurs. *5 ans :* justificatifs paiements pensions alimentaires, honoraires notaires et avocats. *Toute la vie :* livret de famille, contrat de mariage, documents concernant successions recueillies, jugement de divorce ou de séparation de corps, acte de liquidation de la communauté, acte de règlement de succession du conjoint, titres de propriété, contrat de concession du caveau de famille.

Les archives en France

■ **Origine.** **1194**-*3-7* bataille de Fréteval : Philippe Auguste y ayant perdu ses archives (?) décide que le Trésor des chartes royales sera déposé au Louvre. **XVIIIe s. (milieu)** *Cabinet des chartes* rassemblant à Paris des copies de documents. **1789**-*29-7* Assemblée nationale constituante crée son service d'archives, baptisé « Archives nationales ». *Charge :* collecter tous les documents issus des administrations et organismes de l'Ancien Régime, des émigrés et déportés. **1794**-*25-6* décret de la Convention : « Tous les dépôts d'archives ressortissent aux Archives nationales comme à leur centre commun. » **1796**-*27-10* loi du 5 brumaire an V remédie à cette difficulté en créant dans les chefs-lieux des départements des services d'archives qui tous les 4 ans passent sous l'autorité des secrétaires généraux des préfectures, rompant ainsi leurs liens organiques avec les Archives nationales.

■ **Activité.** Rassemblent, conservent et communiquent les documents qui résultent de l'activité politique, administrative et économique, quelle que soit leur présentation (manuscrits, dactylographiés ou imprimés, photographiques, sonores, informatiques...). Ces documents servent à la gestion des affaires, à la sauvegarde des droits des citoyens, à la recherche historique et à l'action culturelle.

■ **Statut.** Contrôlées par la Direction des archives de France (ministère de la Culture) : arch. nationales, régionales, départementales, communales. Seules les archives des ministères des Affaires étrangères et celles de la Défense sont indépendantes. **Directeur :** Philippe Bélaval (né 21-8-1955) depuis 22-7-1998. **Personnel.** Environ 4 000 personnes dont : Arch. nat. 427, départements 2 500, communes 1 129. *Personnel de direction* (conservateurs) : recruté parmi les conservateurs du patrimoine [diplômés de l'École des chartes (fondée en 1821, placée sous le patronage de l'Académie des inscriptions et belles-lettres), diplôme obtenu après 3 ans d'études, soutenance d'une thèse et 18 mois à l'École du patrimoine].

■ **Organisation.** **Archives nationales :** *créées* 1789. Conservent les documents venant du gouvernement et des organes centraux de l'État ; doc. restant sous la tutelle des administrations versantes. Actes les plus anciens : *mérovingiens* (481-751) : 47 originaux, provenant en majorité de l'abbaye de St-Denis ; le plus ancien, papyrus de 625, concernant la donation à l'abbaye d'un terrain situé à Paris. *Carolingiens* (751-987) : règnes de Pépin le Bref (5), de Charlemagne (31), de Louis le Pieux (28), de Charles le Chauve (69). *Capétiens* (987-1328) : Hugues Capet (1), Robert le Pieux (21), puis le nombre augmente : plus de 1 000 pour Philippe Auguste, plusieurs milliers pour Saint Louis, etc. Services : *1°) Centre historique de Paris* (hôtels de Soubise et de Rohan dans le Marais : 102,5 km de rayonnages de documents, consultables au Centre d'accueil des arch. nat. (Caran), inauguré 1988 ; *2°) Centre des arch. contemporaines à Fontainebleau,* créé en 1967 (en 1998, 181 km occupés) ; *3°) Centre des arch. d'outre-mer à Aix-en-Provence* (36 km occupés en 1997) ; *4°) Centre des arch. du monde du travail* à Roubaix (inauguré en 1993 ; 13 km occupés en 1998) ; *5°) Centre nat. des microfilms,* à Espeyran (Gard) conserve, à titre de sécurité, des négatifs originaux (environ 1 230 km de films en 1998). **Archives régionales :** *créées* par loi de décentralisation du 22-7-1983. Arch. du conseil régional, en cours d'organisation, a 20 services régionaux existants. **Archives départementales :** *créées* 1796 ; 100 centres (1 par chef-lieu), 1 784 km de rayonnages occupés (1998). **Archives communales :** au total 403 km d'arch. dans environ 400 villes importantes (1998). **Archives du ministère des Affaires étrangères** (créées 1680) : 3 centres : *Paris* (arch. de l'administration centrale), *Nantes* (arch. rapatriées des ambassades et consulats de France à l'étranger, arch. de souveraineté des pays sous protectorat ou mandat français), *Colmar* (arch. de l'occupation française en Allemagne et en Autriche). Recueille les arch. d'anciens diplomates ou de personnalités liées aux affaires étrangères, dispose d'un budget d'acquisition en ventes publiques ou sur le marché des autographes. Conserve les registres d'état civil et des actes notariés de plus de 100 ans des Français à l'étranger. Chaque site dispose d'une salle de lecture ouverte au public. **Rayonnage total :** environ 6 000 km (dont nat. et départementales, 2 200 km, soit environ 60 millions de liasses et cartons, soit 300 000 t).

■ **Catégories particulières de documents.** **Notaires :** tenus depuis un édit de 1575, repris par la loi de 25 ventôse an XI, de conserver leurs archives à perpétuité, versent aux Archives nationales ou départementales celles de plus de 100 ans. Depuis 1928, les 122 études de Paris ont remis aux Archives nationales plus de 80 000 000 d'actes remontant au XVe s. (27 km de rayonnages). **Particuliers et entreprises, organismes ou associations privés** peuvent déposer leurs arch. en en gardant la propriété, les donner, les léguer ou en proposer la dation ou le microfilmage. En 1990, aux Arch. nat., 552 fonds d'arch. privées, 297 d'arch. économiques, d'associations, de syndicats et de presse. Les plus précieuses sont *microfilmées* par les Arch. nationales et départementales. 376 fonds privés aux Affaires étrangères en 1996.

■ **Consultation.** *En général,* consultables au bout de *30 ans ;* certaines dès leur création, d'autres *après 60 à 150 ans ;* documents intéressant la sûreté de l'État ou la défense ou mettant en cause la vie privée : *60 ans ;* arch. judiciaires, notariales, état civil : *100 ans ;* dossiers de personnel : *120 ans ;* arch. médicales : *150 ans.*

■ **Dérogations.** Peuvent être délivrées aux chercheurs, avec l'accord de l'administration dont proviennent les doc. ; des dérogations générales peuvent porter sur des fonds entiers. *L'État général des fonds des Arch. nat.* (5 vol., 1978-88) donne un tableau d'ensemble des 4 millions de registres et liasses de doc. antérieurs à 1958 qui y sont conservés. Un *État des inventaires des arch. départementales, communales et hospitalières* est paru en 1984 ; une collection de *Guides* par département est en cours (60 vol. parus) ; un *État général des inventaires des arch. diplomatiques* est paru en 1987. En 1998, les salles de lecture des Arch. nat., régionales, départementales et communales ont reçu 550 000 chercheurs qui ont consulté 3 millions d'articles (registres, liasses de doc., bobines de microfilms, etc.).

■ **Finances.** *Jusqu'à la fin du mois suivant leur émission :* mandats (encaissement). *Après leur émission, 2 mois :* chèques postaux (encaissement) ; *1 an :* mandats internationaux (réclamation), chèque postal (réclamation) ; *1 an et 1 jour :* chèques bancaires (encaissement) ; *2 ans :* talons de mandats et virements ; chèque postal transformé en mandat (réclamation) ; *2 ans après la dernière échéance :* crédits à la consommation ; *4 ans :* bordereaux des avoirs fiscaux. *5 ans :* avis de mise en paiement des dividendes, intérêts coupons. *10 ans* si l'on n'a pas de trace avant : bordereaux de versement de liquide, de chèques ou d'ordres de virement, à compter de l'amortissement ou de la dissolution, obligations, actions. *30 ans :* reconnaissance de dette. *Variable :* talons de chéquiers, relevés de comptes bancaires ou postaux (au minimum 10 ans en cas de contestation du virement ou de l'encaissement devant un tribunal), avis de prélèvement automatique. *Jusqu'au remboursement total :* dossiers de prêts.

■ **Impôts.** *1 à 2 ans :* justificatifs, avis de prélèvement automatique et correspondance en matière d'impôts locaux (taxes d'habitation et foncières). *3 ans :* pièces ci-dessus en cas de réclamation de paiement, double déclaration de revenus, avertissements, justificatifs, tiers provisionnels, avis du prélèvement automatique et correspondance en matière d'impôts sur le revenu, quittance de redevance TV. *4 ans :* copie des renseignements donnés. *5 ans :* avertissements. *6 ans :* pièces ci-dessus en cas d'agissements frauduleux. *9 ans :* double des déclarations, justificatifs et correspondance si report de déficits fonciers. *10 ans :* double : déclaration du droit au bail, actes, annexes et justificatifs, soumis à enregistrement.

■ **Maison.** *Le temps de la garantie :* factures des appareils ménagers. *1 an :* notes d'hôtels et de restaurants, certificats de ramonage, récépissés d'envoi d'objets recommandés, factures de téléphone (à partir du jour de paiement), acte ou lettre de résiliation d'un contrat. *2 ans :* quittances d'assurance, contrat d'assurance résilié, factures de fuel, tickets de caisse gros achat. *3 ans :* quittances de redevance TV. *5 ans :* factures EDF-GDF, quittances de loyer, décomptes de charges, bail résilié ; pour le bailleur : fiche de renseignements, bail, état des lieux, surface corrigée et quittances de loyer ; arrérages de rentes et de pensions alimentaires. *10 ans :* factures d'eau, de travaux faits par des commerçants, artisans ou agents immobiliers (mais ils peuvent réclamer le paiement pendant 30 ans) ; copropriété : correspondance avec le syndic, décomptes de charges. *Plus de 10 ans :* permis de construire, contrats, factures et procès-verbaux de chantier. *30 ans : copropriété* règlement, procès-verbaux des assemblées générales ; dossier de remboursement d'un sinistre, contrat de responsabilité civile, factures de travaux faits par des non-commerçants. *Toute la vie ou jusqu'à la revente :* titre de propriété, immeuble, factures des objets de valeur. *Durée variable* (d'un bail) : état des lieux.

■ **Notes d'honoraires.** *1 an :* huissier. *2 ans :* avocats, avoués, médecins, chirurgiens, dentistes, pharmaciens.

■ **Santé.** *2 ans :* doubles des honoraires ou références de paiement des honoraires des médecins, chirurgiens, dentistes, pharmaciens. *2 ans suivant la date d'émission :* décomptes de remboursement, bulletins de versement des allocations familiales. *2 ans suivant la 1re déclaration de grossesse :* décomptes des prestations de maternité. *2 ans et 1 trimestre* suivant l'exécution de l'ordonnance : doubles des feuilles de soins. *5 ans :* doubles des fiches de paye et des relevés de cotisations si vous employez du personnel de maison. *Toute la vie :* carte d'immatriculation à la Sécurité sociale (l'ancienne était renouvelée chaque année) ou carte à puce (date indiquée dessus, valable 3 ans), certificats de vaccinations, radios, résultats d'analyses ou d'examens spéciaux, doubles des ordonnances, adresses des médecins, chirurgiens, carte de groupe sanguin.

■ **Travail.** *Jusqu'au paiement effectif :* avis de paiement de pension. *2 mois :* reçu pour solde de tout compte (*5 ans* s'il est entaché d'un vice de forme). *1 an :* échéances trimestrielles de pension. *5 ans au moins :* contrat de travail expiré. *Toute la retraite :* notifications d'attribution de pension, de révision, accusé de réception du dossier de liquidation (retraite complémentaire), bordereau de reconstitution de carrière (retraite complémentaire), notification de chaque caisse de retraite complémentaire. *Toute la vie active :* contrat de travail expiré, certificat de travail. *Toute la vie :* fiches de paye (ou récapitulatif annuel), relevés de points de caisses de retraite complémentaire, copies des arrêts de travail, certificats de grossesse, bordereaux des indemnités Assedic (ou récapitulatif annuel).

Actes

Formes

■ **Acte authentique.** Acte reçu par un officier public (exemple : notaire) ayant le droit d'instrumenter dans les lieux où l'acte a été rédigé et avec les solennités requises, dont les affirmations font foi jusqu'à inscription de faux, et dont les copies exécutoires (grosses ou copies littérales) sont susceptibles d'exécution forcée. Certains actes sont obligatoirement authentiques (exemple : ventes d'immeubles).

■ **Acte de notoriété.** *Utile* quand impossibilité d'obtenir une copie ou un extrait d'acte d'état civil (registres perdus ou détruits, acte non dressé par erreur, absence de l'endroit où il a été dressé). *Formalités :* se présenter devant juge d'instance du lieu de naissance ou du domicile avec pièces justificatives (carte d'identité, passeport, papiers de famille, etc.), avec 3 témoins majeurs, parents ou non (pas indispensables pour les Français d'Algérie). *Gratuit.* Les *actes simplifiés* (pour les copies et extraits d'acte figurant sur des registres perdus ou détruits) sont dispensés d'homologation. *Pour un extrait (ou une copie)* d'acte de notoriété, s'adresser au greffe du tribunal d'instance qui l'a dressé. L'acte de notoriété est indispensable en matière de succession pour établir la dévolution ; dans ce cas, c'est généralement le notaire qui l'établit.

■ **Propriété (certificat de)** ou **acte de notoriété.** Acte par lequel un notaire certifie le droit de propriété d'une personne. Utilisé en matière de succession pour permettre aux héritiers d'entrer en possession de certains biens ayant appartenu au défunt. *S'adresser* au tribunal d'instance (pour succession simple sans donation, testament, enfant mineur, contrat de mariage, sauf contrat de communauté universelle), frais 10 à 70 F, ou chez le notaire (acte de notoriété qui sert à prouver ses droits d'héritier).

■ **Actes pouvant être passés sous seing privé (ssp).** Tout acte établi sans faire appel à un officier public. La signature de chacune des parties ou de leurs représentants est indispensable pour que l'acte soit valide. Les conventions

Documents administratifs

■ **Communication.** Toute personne (française ou non, physique ou morale) peut obtenir un document administratif, de caractère général [rapports, procès-verbaux, dossiers, directives, statistiques, comptes des communes, délibérations de conseil municipal, listes électorales, plan d'occupation des sols (Pos)] ou nominatif (ne pouvant être communiqués qu'à la personne intéressée sur justification de son identité, exemples : copie d'examen, dossier scolaire), sans avoir à expliquer les motifs de sa demande, dans les conditions prévues par la loi du 17-7-1978, modifiée par celle du 12-04-2000. L'accès à certains documents d'ordre économique, commercial ou technique est restreint pour les étrangers. Certains documents secrets ne sont pas communicables (défense nationale, compte rendu du Conseil des ministres).

Formalités : demander, dans une lettre, les documents aux services administratifs qui les détiennent. (Est considéré comme document administratif tout document détenu par une administration en rapport avec son activité de service public.) Consultation gratuite sur place du document ou photocopie du document aux frais du demandeur. On ne peut utiliser à des fins commerciales les documents communiqués.

Les administrations sont obligées d'accuser réception des demandes et réclamations (loi 2000-321 du 12-4-2000, art. 19) ; le nom de l'agent doit figurer sur toute correspondance (décret 2001-492, *JO* du 10-6-2001).

■ **En cas de refus.** On peut faire appel dans les 2 mois qui suivent le refus à la *Commission d'accès aux documents administratifs (Cada),* 66, rue de Bellechasse 75007 Paris, en joignant les correspondances échangées avec l'Administration. Réponse dans le mois par la commission. Si l'Administration refuse (le défaut de réponse pendant 1 mois valant décision de refus) de suivre l'avis favorable de la Cada : recours contentieux devant le tribunal administratif (dans les 6 mois) ou recours amiable auprès du médiateur.

Recours : *gracieux ou hiérarchique :* 1°) *écrire* à l'autorité signataire de la décision (gracieux) ou à l'échelon supérieur (hiérarchique), délai 2 mois. 2°) *Saisie* sous 2 mois du *tribunal admin.* pour « excès de pouvoir » (pour faire annuler ou modifier une décision), ou « au plein contentieux » (demande de dommages et intérêts). Appel possible devant une des 5 cours admin. d'appel. Recours possible ensuite en Conseil d'État qui est, dans ce cas, juge de cassation si vice de forme.

Dernier recours possible : saisir le médiateur par son député. *Recommandation :* au-delà du recours hiérarchique, les chances de succès sans avocat sont faibles.

■ **Statistiques** (en 2000). 4 240 requêtes dont (en %) : avis favorables 46, sans objet 34, défavorables 6, demandes irrecevables 10, incompétence 4. Dans 90 % des cas, l'administration suit les avis de la Cada.

pouvant porter atteinte à l'ordre public ou aux bonnes mœurs sont proscrites. Il est recommandé de les faire enregistrer pour leur conférer une « date certaine ».

Cession de bail : il faut l'accord du propriétaire. Le plus souvent, se reporter au contrat de location.

Compromis : convention par laquelle 2 personnes décident de soumettre le litige qui les oppose à des arbitres qu'elles désignent. Ce terme est souvent employé de façon impropre pour désigner la convention provisoire par laquelle acheteur et vendeur constatent leur accord sur les conditions d'une vente, soit d'un immeuble en attendant de régulariser l'opération devant notaire, soit d'un fonds de commerce avant de commencer les opérations de publicité prescrites par la loi, soit la cession d'un bail avant d'avoir obtenu, si nécessaire, l'accord du propriétaire.

Engagements unilatéraux : l'article 1326 du Code civil a été modifié par la loi n° 80-525 du 12-7-1980 : l'acte juridique par lequel une seule partie s'engage envers une autre à lui payer une somme ou à lui livrer un bien fongible doit être constaté dans un titre qui comporte la signature de celui qui souscrit cet engagement ainsi que la mention, écrite de sa main, de la somme ou de la qualité en toutes lettres et en chiffres. En cas de différence, l'acte sous seing privé vaut pour la somme écrite en toutes lettres.

Reconnaissance de dette : le débiteur s'engage à rembourser.

Vente de fonds de commerce : demander un modèle, différentes mentions devant être obligatoirement prévues dans l'intérêt de l'acquéreur qui peut en demander la nullité si elles ne figurent pas (exemple : origine de propriété, état de privilèges et nantissements grevant le fonds, chiffre d'affaires et bénéfices commerciaux des 3 dernières années et toutes indications utiles concernant le bail). Si le prix est payé à crédit, un privilège est réservé au profit du vendeur et il doit être inscrit au greffe du trib. de commerce dans les 15 jours. Le propriétaire de l'immeuble doit généralement intervenir à l'acte. Le séquestre du prix de vente qui recevra les oppositions de créanciers doit être mentionné. Ce séquestre doit adhérer à une Sté de caution mutuelle pour permettre la garantie du vendeur quant au solde du prix à recevoir après les oppositions.

Les actes authentiques ou sous seing privé concernant ventes de fonds de commerce, cessions de droits sociaux (parts de société, si celle-ci détient dans son patrimoine un fonds ou un immeuble), cessions de parts de sociétés immobilières, peuvent être établis par des professionnels de ces activités (titulaires d'une carte et adhérant à une société de caution mutuelle, notaires), sauf les parties elles-mêmes.

☞ Voir p. 1733 a pour location et p. 1653 b pour testament olographe.

Rédaction des actes

■ **Formulaires.** Dans certaines librairies. **Papier timbré.** *Tarif :* feuille (21 × 29,7 cm) : 34 F.

■ **Nombre d'exemplaires.** Autant d'originaux qu'il y a de parties ayant un intérêt distinct. Si toutes les parties conviennent d'établir leur convention en un seul exemplaire et de le remettre à un dépositaire unique, mention doit en être faite dans l'acte. Cas fréquent pour les ventes de fonds de commerce.

■ **Modifications.** Si, lors de la lecture de l'acte, un complément est nécessaire, il sera « piqué » un renvoi dans le texte, et l'adjonction figurant en marge sera approuvée par le paraphe des parties. Les mots inutiles seront rayés un à un ; les lignes entières le seront d'un seul trait ; l'ensemble des mots et des lignes sera récapitulé en fin d'acte et leur nombre sera « approuvé » au moyen de paraphes. Date et lieu de signature, et nombre des originaux doivent être mentionnés.

Les parties ne sont pas obligées de faire précéder leur signature de la mention « lu et approuvé » (Cour de cassation 27-1-1993). Si l'une des parties s'engage à payer une somme d'argent ou à livrer un bien fongible, elle doit écrire de sa main la somme ou la quantité en toutes lettres et en chiffres [art. 1326 du Code civil (loi du 12-7-1980)]. Si l'acte d'acquisition d'un bien immobilier indique que le prix sera payé sans l'aide de un ou plusieurs prêts, il doit porter de la main de l'acquéreur une mention par laquelle celui-ci reconnaît avoir été informé que s'il recourt néanmoins à un prêt, il ne peut se prévaloir de la loi. Si la mention manque ou n'est pas de la main de l'acquéreur, et si un prêt est néanmoins demandé, le contrat est conclu sous la condition suspensive prévue à l'art. 17 (obtention du ou des prêts) [loi du 13-7-1979 relative à la protection des emprunteurs dans le domaine immobilier (art. 18)]. D'autres formules sont souvent nécessaires, notamment pour les ventes de fonds de commerce.

Formalités à remplir

■ **Enregistrement.** *Formalités :* tous les exemplaires originaux doivent être enregistrés : les clauses principales sont transcrites sur un registre tenu par l'Administration et une mention est apposée sur chaque exemplaire de l'acte. A cette occasion, l'Enregistrement perçoit des droits variables selon la nature des actes. S'ils ne sont pas présentés dans le mois de leur date, les droits sont doublés.

■ **Actes de vente. Actes obligatoirement enregistrés :** ventes d'immeubles et de fonds de commerce, actes constitutifs de société, augmentations de capital, cessions de parts. Un acte de société adaptant les statuts à la nouvelle législation n'est pas forcément timbré, ni enregistré ; les baux, à durée limitée, d'immeubles non ruraux ne sont plus enregistrés, mais cela peut être utile en cas de vente de l'immeuble pour que ce bail soit opposable à l'acquéreur (l'enregistrement confère une « date certaine » à l'acte ; si l'une des parties perd son original, elle peut en demander une expédition ou copie au bureau de l'Enregistrement où l'acte a été formalisé).

■ **Publication.** Souvent les actes doivent faire l'objet d'une publication dans un journal d'annonces légales, par exemple les ventes de fonds de commerce.

■ **Dépôt au greffe du tribunal de commerce.** Pour les actes de sociétés.

■ **Modifications au registre de commerce.**

■ **Procuration.** Nécessaire pour certains actes. *Exemple :* « Je, soussigné (nom, prénom, adresse), déclare donner procuration à X... (nom, prénom, adresse) pour (signer tel acte, me représenter dans telle circonstance, etc.). Fait à... Le... Signature ». Certaines doivent être signées devant un officier de police et légalisées.

■ **Copie conforme.** S'adresser au commissariat (ou à la gendarmerie) pour les diplômes, à la mairie pour les titres de retraites, papiers militaires et attestations de diplômes. Au maire, au commissaire de police, à l'officier d'état civil pour les extraits d'actes d'état civil, à l'officier ministériel (notaire ou greffier) qui détient la minute ou le brevet d'un acte pour tout document particulier, au ministère des Affaires étrangères pour les doc. destinés à l'étranger. *Timbre fiscal :* si le document original lui-même en porte.

Photocopies : elles n'ont aucune valeur juridique pour les documents administratifs. 2 exceptions : pour les loueurs de véhicules (pouvant confier à leurs clients la photocopie de la carte grise pour éviter la vente illégale des véhicules loués), les conducteurs de camions de 3,5 t soumis à des visites techniques périodiques.

Expédition : copie littérale d'un acte ou copie d'un jugement.

■ **Force exécutoire d'un acte.** Qualité qui permet le recours à la force publique pour en assurer l'exécution.

■ **Grosse.** Expédition d'une obligation notariée ou d'une décision de justice aux caractères plus gros que ceux de la minute, et revêtue de la formule exécutoire.

■ **Légalisation d'un document.** *En France,* au Bureau des légalisations. *A l'étranger,* au consulat de France. *Gratuit.* Obtention immédiate. **Légalisation** (ou **authentification**) **d'une signature :** dans une mairie, exécuter devant l'officier d'état civil une signature pour comparaison. *Pour la signature d'un tiers :* présenter la pièce à légaliser et la carte d'identité nationale du signataire. Gratuit. Formalité envisageable pour des pièces produites à l'étranger.

■ **Minute** (du latin *minuta,* écriture menue). Original d'un acte authentique dont le dépositaire ne peut se désaisir. Les minutes des actes notariés sont conservées au minutier.

■ **Traduction d'une pièce d'état civil.** S'adresser à la mairie pour une formule plurilingue gratuite. Sinon, s'adresser à un traducteur agréé (liste dans les mairies). *Frais :* 50 F environ. **Légalisation :** 31, rue Dumont-d'Urville, 75016 Paris. *Frais :* variables suivant nationalité.

Armes

Catégories

Décret-loi du 18-4-1939. Décret du 6-5-1995. Décret du 16-12-1998.

■ **Matériels de guerre. 1re catégorie :** *armes de poing semi-automatiques ou à répétition,* tirant une munition à percussion centrale classée dans cette catégorie par arrêté. *Fusils, mousquetons et carabines* de tout calibre, à répétition ou semi-automatiques, conçus pour l'usage militaire. *Pistolets automatiques, pistolets-mitrailleurs et fusils automatiques* de tout calibre. *Autres armes automatiques* de tout calibre. *Mécanismes de fermeture, canons, carcasses, chargeurs des armes ci-dessus. Canons, obusiers et mortiers* de tout calibre, ainsi que leurs *affûts, bouches à feu, culasses, traîneaux, freins et récupérateurs, canons spéciaux pour avions. Munitions, projectiles et douilles* chargés ou non chargés des armes ci-dessus ; *artifices et appareils* chargés ou non chargés, destinés à faire éclater les projectiles. *Munitions à balles perforantes, explosives ou incendiaires,* ainsi que les *projectiles* pour ces munitions. **2e catégorie :** *engins porteurs d'armes à feu* ou destinés à les utiliser au combat. *Équipements de brouillage, leurres et leurs systèmes de lancement.* **3e catégorie :** *matériels de protection contre les gaz de combat* et *produits destinés à la guerre chimique ou incendiaire.*

■ **Autres armes. 4e catégorie :** *armes à feu dites de défense et leurs munitions. Armes de poing,* à percussion centrale, non comprises dans la 1re cat. ; à percussion annulaire, semi-automatique ou à répétition ; à percussion annulaire, à un coup ; les fusils à pompe à canon lisse quelle que soit la longueur du canon. *Armes convertibles* en armes de poing des types ci-dessus. *Pistolets d'abattage* utilisant les munitions des armes de 4e cat. *Canon, culasse mobile, boîte de culasse, carcasse et barillet, munitions et douilles* chargées ou non chargées à l'usage des armes ci-dessus, à l'exception des munitions de 5,5 à percussion annulaire et de leurs douilles chargées ou non chargées. *Armes d'épaule* semi-automatiques dont le magasin et la chambre peuvent contenir plus de 3 cartouches ; ou dont le chargeur n'est pas inamovible ou pour lesquelles il n'est pas garanti que ces armes ne pourront pas être transformées, par un outillage courant, en armes dont le magasin et la chambre peuvent contenir plus de 3 cartouches ; à répétition, à canon rayé, dont le magasin et la chambre peuvent contenir plus de 10 cartouches ; semi-automatiques ou à répétition, canon < 45 cm ou longueur totale < 80 cm ; d'un ou plusieurs canons lisses d'une longueur < 60 cm. *Armes semi-automatiques ayant l'apparence* d'une arme automatique de guerre quel qu'en soit le calibre ; *armes d'alarme* à grenaille à percussion annulaire ; *armes à feu camouflées* sous la forme d'un autre objet ; *mécanismes* de fermeture, canons, chargeurs ou barillets des armes de la présente catégorie, à l'exclusion de ceux d'entre eux qui sont aussi des éléments d'armes classées en 5e ou 7e cat. ; munitions et étuis amorcés ou non à l'usage des armes de la présente catégorie, à l'exception des munitions classées par arrêté interministériel dans la 5e ou la 7e cat. ; toutes munitions dotées de projectiles expansifs ainsi que ces projectiles, à l'usage des armes classées en 7e catégorie.

5e catégorie : armes de chasse et leurs munitions. *Non soumises à déclaration :* fusils, carabines et canardières à canon lisse tirant un coup par canon, autres que ceux classés dans les catégories précédentes ; calibre de 10 à 18 inclus, à rayure dispersante ou boyaudage pour le tir exclusif de grenaille à courte distance ; éléments d'arme (mécanismes de fermeture, chambres, canons) des armes ci-dessus. *Soumises à déclaration :* fusils, carabines et canardières semi-automatiques ou à répétition à un ou plusieurs canons lisses ; fusils et carabines à canon rayé et à percussion centrale [1] sauf ceux qui peuvent tirer des munitions d'armes de guerre ; fusils combinant 1 canon rayé et 1 canon lisse *(mixte),* 2 canons lisses et 1 canon rayé ou 2 canons rayés et 1 canon lisse *(drilling),* 2 canons rayés *(express),* 4 canons dont 1 rayé *(vierling)* tirant un coup par canon, longueur totale supérieure à 80 cm ou longueur des canons supérieure à 45 cm sauf ceux qui peuvent tirer des munitions d'armes de guerre ; éléments des armes ci-dessus.

☞ Les munitions des armes de 5e cat. ne sont pas soumises à déclaration.

6e catégorie : armes blanches. *Baïonnettes, sabres-baïonnettes, poignards, couteaux-poignards,* mais aussi *matraques, casse-tête, cannes à épée, cannes plombées et ferrées,* sauf celles qui ne sont ferrées qu'à un bout. *Tous autres objets susceptibles de constituer une arme dangereuse* pour la sécurité publique. *Lance-pierres* de compétition, *projecteurs hypodermiques, armes et alarme à grenaille, aérosols lacrymogènes ou incapacitants* à base de CS concentré à plus de 2 %.

7e catégorie : armes de tir, de foire, de salon. *Soumises à déclaration :* armes à feu de tous calibres à percussion annulaire autres que celles classées en 4e cat. [2] et éléments de ces armes ; armes dont le projectile est propulsé par des gaz ou de l'air comprimé développant une énergie à la bouche supérieure à 10 joules autres que celles classées en 4e cat. ; armes à feu fabriquées pour tirer une balle ou plusieurs projectiles non métalliques et classées dans cette catégorie par arrêté du ministre de la Défense. *Non soumises à déclaration :* armes d'alarme et de starter ; armes dont le projectile est propulsé par des gaz ou de l'air comprimé lorsqu'elles développent à la bouche une énergie inférieure à 10 joules et supérieure à 2 joules autres que celles classées en 4e cat. ; armes ou objets tirant un projectile ou projetant des gaz lorsqu'ils développent à la bouche une énergie supérieure à 2 joules.

☞ Les munitions des armes de 7e cat. ne sont pas soumises à déclaration.

8e catégorie : armes historiques et de collection. *Armes dont le modèle et, sauf exception, l'année de fabrication sont antérieurs à des dates fixées par arrêté ministériel,* sous réserve qu'elles ne puissent tirer des munitions des 1re et 4e cat., et leurs munitions [3]. *Armes rendues inaptes au tir* de toutes les munitions, par l'application de procédés techniques [4]. *Reproduction d'armes* [5] historiques et de collection dont le modèle est antérieur à la date fixée par arrêté ministériel [3] et dont les caractéristiques techniques sont définies par arrêté interministériel [6].

Nota. – (1) Sous réserves énoncées à l'art. 1er (avant-dernier alinéa) du décret du 18-4-1939. (2) Les détenteurs d'armes de poing à percussion annulaire à un coup acquises régulièrement comme armes de 7e cat. et classées en 4e cat. sont autorisés à les conserver sans formalité (décret n° 81-197 du 24-2-1981, *JO* du 4-3-1981). (3) Millésime de référence pour les armes historiques et de collection : le modèle de l'arme et son année de fabrication doivent être antérieurs au 1-1-1870 (arrêté ministériel du 13-12-1978). (4) Procédés définis par arrêté interministériel du 13-12-1978. (5) Fusils, mousquetons, carabines, pistolets et revolvers conçus pour poudre noire et balles en plomb et se chargeant par la bouche ou par l'avant du barillet, ou tirant des cartouches avec étui en papier ou en carton et se chargeant par la culasse, à l'exclusion de toutes armes permettant l'utilisation d'une cartouche avec étui métallique. (6) Arrêté interministériel du 9-10-1979.

Législation

■ **Acquisition, détention.** S'adresser au *commissariat de son domicile,* ou à la *gendarmerie.* Autorisation nécessaire pour les armes de 1re à 4e cat. Vente libre pour les + de 18 ans : armes d'épaule de 5e à 7e cat. non soumises à déclaration et de 6e à 8e cat. Mineurs de 16 à 18 ans :

autorisation parentale pour les 5e, 6e, 7e et 8e cat. ; en plus, permis de chasser ou licence d'une fédération sportive pour les 5e, 6e et 7e cat. Mineurs de 9 à 16 ans : vente possible de certaines armes de 7e cat. avec autorisation parentale, permis de chasser ou licence sportive. **Conditions :** avoir 21 ans au moins, licence sportive, avis favorable d'un club sportif affilié à une fédération agréée par le ministère, présenter une raison valable pour détenir : une arme utilisée dans la pratique du sport de tir (armes et munitions de la 1re et de la 4e cat., armes de la 6e cat. et armes de poing de la 7e cat.) ; une arme utilisée dans la pratique de la chasse (certaines armes de 1re et de 4e cat.). Remplir *un formulaire spécial* (préciser le genre d'arme que l'on désire posséder : arme de défense, ou arme de sport). Présenter *une pièce justificative de son identité* (fiche d'état civil, passeport...), *de son domicile* (quittance ou attestation sur l'honneur). Éventuellement, *un certificat médical* attestant la bonne acuité visuelle. Dans certains cas, *un extrait de casier judiciaire* (de toute façon, il est procédé à une enquête). **Frais :** néant. **Validité :** arme de défense : 5 ans au maximum ; membres des associations sportives de tir et exploitations de tirs forains : 3 ans au maximum. L'autorisation peut être retirée à tout moment. Achat d'une arme à feu : l'autorisation de détention ne doit pas dater de plus de 3 mois. Certaines armes, de la 5e et de la 7e cat., sont soumises à déclaration et leurs détenteurs doivent être inscrits sur un fichier dressé dans chaque préfecture. Sous peine d'amende, de saisie et de confiscation de l'arme, il est indispensable de déclarer ces armes à la préfecture ou à la sous-préfecture. Les commissariats ou gendarmeries reçoivent les particuliers et transmettent au préfet. **Armes de 5e catégorie** (depuis le 16-12-1998) : vente sur présentation du permis de chasse ou de la licence Tir. **Autres armes de 6e, 7e et 8e cat. :** achat et détention sont libres mais interdits aux mineurs, sauf autorisation parentale pour les plus de 16 ans qui doivent être titulaires du permis de chasser ou d'une licence sportive. L'identité et la résidence des acquéreurs d'armes de 5e cat. (à canon rayé) et 7e sont relevées sur le registre de l'armurier.

☞ *Nombre d'autorisations délivrées* (rapport du Sénat du 12-5-2001) : armes de 1re et 4e cat. 762 331, de 5e et 7e cat. soumises à déclaration 2 039 726.

■ **Port d'armes. Principe :** interdiction. **Exceptions :** fonctionnaires et agents chargés d'un service de police ou soumis à des risques d'agression, militaires, personnels des entreprises de transport de fonds ou d'entreprises se trouvant dans l'obligation d'assurer la sécurité de leurs biens dûment agréés par le préfet. **Autorisations :** délivrées selon le cas par le préfet ou le ministre de l'Intérieur. Le simple transport n'est autorisé que si un « motif légitime » peut être invoqué.

■ **Sanctions. Acquisition ou détention sans autorisation** d'une arme de 1re ou 4e cat. ou de munitions pour ces armes : emprisonnement jusqu'à 3 ans et amende de 300 000 F. **Défaut de déclaration** (décret du 6-5-1995) : amende maximale de 10 000 F et confiscation de l'arme. **Port** *des mêmes armes sans motif légitime :* emprisonnement allant jusqu'à 5 ans et amende de 500 000 F. *Port illégal d'une arme de 6e cat.* (armes blanches) : emprisonnement allant jusqu'à 3 ans et amende de 300 000 F.

Cartes

■ **Carte nationale d'identité.** Elle n'est pas obligatoire, mais facilite de nombreuses démarches administratives ou commerciales et permet de voyager sans passeport dans un pays de l'UE. **Origine :** *1888-2-10* décret obligeant les étrangers à une déclaration d'identité. *1893* loi élargissant la mesure aux étrangers voulant travailler en France. *1912* carnet anthropométrique pour les « nomades ». *1914* et *1917* carte d'identité obligatoire pour tous les étrangers. *1921* Seine (Leullier, préfet de police) : carte d'identité non obligatoire pour les Français de la Seine. *1940*-27-10 (loi) carte obligatoire pour tous les + de 16 ans (mise en place en 1942-43 à cause de la pénurie de papier). Décrets du *22-10-1955* et du *2-6-1987* : la carte n'est plus obligatoire. Depuis le *1-9-1998*, gratuité de la carte.

1°) **Délivrance :** se présenter personnellement au commissariat de police ou à la mairie, selon les communes ; à Paris, à la mairie de l'arrondissement. En cas d'urgence exceptionnelle (fournir justificatifs), à la préfecture ou à la sous-préfecture. *A l'étranger :* se présenter au consulat de France auprès duquel a été effectuée l'immatriculation.

2°) **Pièces à fournir pour une 1re demande :** le formulaire de demande à remplir soi-même (sauf empêchement lié à l'âge ou à l'infirmité) et y apposer son empreinte digitale ; 2 photos d'identité de 3,5 × 4 cm, identiques et récentes, la tête nue et *de face* ayant une hauteur minimale de 2 cm, sur fond clair et neutre et réalisées par un appareil « agréé photos d'identité » (à partir du 1-11-1999) ; un extrait d'acte de naissance portant indication des dates et lieux de naissance des parents (à demander à la mairie de son lieu de naissance ou, pour les Français nés à l'étranger, au Service central d'état civil, 44941 Nantes Cedex 09) ou le livret de famille du demandeur (ou de ses parents) ; 1 justificatif de domicile (certificat d'imposition ou de non-imposition sur le revenu délivré par les services fiscaux, quittances d'assurance pour le logement, factures récentes d'électricité, de gaz ou de téléphone, titre de propriété ou contrat de location en cours de validité pour le logement, etc.). *Éventuellement :* le livret de famille, si l'inscription de la mention « époux (se) » ou « veuf (ve) » est demandée ; une demande écrite et les justificatifs du nom d'usage, si l'inscription de celui-ci est souhaitée (en cas de divorce, la femme autorisée à porter le nom de son ex-époux fournit le dispositif du jugement de divorce ou l'autorisation écrite de son ex-époux) ; un document prouvant si nécessaire la nationalité française (certificat de nationalité française, décret de naturalisation, déclaration de nationalité ou manifestation de volonté dûment enregistrée, etc.) ; si la carte nationale d'identité est demandée par ou pour un mineur non émancipé, la partie du formulaire de demande intitulée « autorisation du représentant légal » doit être remplie.

3°) **Validité :** 10 ans. La carte délivrée depuis plus de 10 ans garde sa valeur juridique sur le territoire français et continue à justifier de l'identité du titulaire tant que la photographie reste ressemblante. *Limitation :* si la carte est utilisée au lieu du passeport pour entrer dans l'un des États qui l'acceptent, elle doit avoir été délivrée depuis moins de 10 ans.

4°) **Remplacement de la carte en cours de validité :** en cas de demande d'inscription d'un changement d'état civil (mariage, veuvage, adoption, légitimation, etc.) ou du nom d'usage alors que la carte est en cours de validité, une nouvelle carte est délivrée. Fournir alors les pièces justificatives et 2 photos. De même pour les cartes délivrées à des enfants : lorsque la photographie cesse d'être ressemblante, une nouvelle carte peut être établie. Fournir alors 2 photos. Si les 2 emplacements prévus au verso de la carte (absents des cartes récentes, plastifiées) pour recevoir l'indication (facultative) du nouveau domicile sont remplis, une nouvelle carte peut être demandée. Fournir alors 1 pièce justificative du nouveau domicile et 2 photos. *Sécurisées :* en cas de changement de domicile, d'état civil ou de nom d'usage, on peut demander une nouvelle carte.

5°) **Remplacement en cas de perte ou de vol :** faire une déclaration au commissariat de police ou à la gendarmerie. Un récépissé de déclaration de perte ou de vol sera remis. Pour obtenir une nouvelle carte d'identité, fournir ce récépissé et l'ensemble des pièces exigées pour une *1re demande* si la carte était un ancien modèle. Si la carte était sécurisée : déclaration de perte ou de vol, 2 photos et 1 justificatif de domicile.

6°) **Renouvellement :** lorsque la carte a plus de 10 ans, une nouvelle carte peut être demandée. S'il n'y a aucun changement d'état civil ou de nom d'usage à inscrire, présenter la carte périmée et fournir les 2 photos et 1 justificatif de domicile. En cas de changement d'état civil ou de nom d'usage, si l'inscription en est demandée, fournir en outre les pièces justificatives nécessaires.

7°) **Nouvelle carte nationale d'identité** (décret no 87-178 du 19-3-1987) : dite « sécurisée » ou infalsifiable. Délivrance généralisée à tout le territoire en 1995. Facultative, délivrée à tout Français qui en fait la demande dans le département de son domicile. Fournir des pièces justificatives de son état civil (extrait d'acte de naissance ou livret de famille) et un document justifiant de sa nationalité française lorsque la possession de celle-ci paraît douteuse, 1 justificatif de domicile : quittance de loyer, facture EDF-GDF, titre de propriété, etc. Pour les personnes hébergées chez des tiers et démunies de justificatifs de domicile à leur nom : attestation d'hébergement (plus pièce justificative du domicile de l'hébergeant et pièce d'identité de celui-ci) ; pièce administrative au nom du demandeur de la carte d'identité sécurisée (carte d'étudiant, de mutuelle, récépissé d'allocations familiales, etc.).

☞ **Personnes sans domicile fixe (SDF) :** peuvent être rattachées à une commune et obtenir des papiers. Gratuits, valides 5 ans ; dans un délai de 2 mois (sauf urgence) à la préfecture ou sous-préfecture de la commune de rattachement. *Livret de circulation spécial :* délivré aux salariés SDF depuis plus de 6 mois vivant dans véhicule, remorque ou tout abri mobile et disposant de ressources régulières. *Livret de circulation :* délivré aux SDF depuis plus de 6 mois exerçant une activité ambulante et inscrites au Registre du commerce ou au Répertoire des métiers. *Carnet de circulation :* délivré aux + de 16 ans dépourvus de domicile fixe depuis plus de 6 mois, sans revenus fixes, qui ne sont ni salariés ni commerçants et logent en permanence dans un véhicule, une remorque ou tout abri mobile. Les SDF peuvent bénéficier d'une domiciliation au sens juridique (pour fisc, état civil, exercer leur droit de vote...) à la mairie de la commune. Ceux qui ne peuvent pas être rattachées à une commune peuvent fournir une attestation établissant leur lien avec un organisme d'accueil figurant sur une liste établie par le préfet (préfet de police à Paris) : organismes et associations humanitaires (ATD quart monde, Secours catholique...), centres communaux d'action sociale et services départementaux d'aide sociale. L'adresse figure sur la carte d'identité, sans valeur de domiciliation.

■ **Carte « canne blanche »** (avec canne blanche au dos). Vision de chaque œil égale au plus à 1/10 de la normale après correction, *donne droit au port de la canne. Impôts :* 1/2 part supplémentaire, possibilité d'allocations. *SNCF :* 50 % de réduction pour le guide en période bleue.

■ **Carte du combattant. Délivrance :** par le Service départemental des anciens combattants (AC) et victimes de guerre. La plupart des mairies peuvent délivrer le formulaire et constituer le dossier. **Bénéficiaires :** AC des guerres de *1914-18, 1939-45, Indochine-Corée* à condition de remplir une des conditions suivantes : avoir appartenu pendant 90 j à une unité combattante (le temps pendant lequel une unité est déclarée combattante est déterminé par le ministère de la Défense ; il diffère du temps de mobilisation ou de séjour dans la zone des armées) ; avoir été évacué pour blessure ou maladie contractée au service d'une formation combattante ; avoir reçu une blessure de guerre ; avoir été détenu prisonnier de guerre pendant 6 mois au moins en territoire occupé par l'ennemi, ou avoir été immatriculé dans un camp en territoire ennemi et y avoir été détenu pendant 90 jours au moins, sous certaines réserves ; avoir obtenu la médaille des évadés ; avoir fait l'objet d'une citation individuelle ; avoir participé à des opérations ou à des missions menées conformément aux obligations et engagements internationaux de la France ; avoir participé aux combats aux côtés de l'armée républicaine espagnole entre le 17-7-1936 et le 27-2-1939, etc. *Tout AC en Afrique du Nord* entre le 1-1-1952 et le 2-7-1962, militaire des forces armées françaises ou civil français à la date de présentation de sa demande qui, en vertu des décisions des autorités françaises, a participé au sein d'unités françaises ou alliées ou de forces internationales à des conflits armés ou à des opérations ou missions menées conformément aux obligations et engagements internationaux de la France, s'il a appartenu pendant 90 j à des unités combattantes ou à une unité ayant connu 9 actions de feu ou de combat, ou a pris part personnellement à 5 actions de feu ou de combat, ou a reçu une blessure de guerre ou a été fait prisonnier. Depuis la loi de finances pour 2000, une présence de 12 mois AFN aux dates d'hostilités fixées pour chaque territoire, ouvre également droit à la carte (si l'on a la médaille commémorative et le titre de reconnaissance de la nation). Durée réduite à 4 mois pour les rappelés en Algérie (loi de finances pour 2001). **Formalités :** gratuites, pouvant se faire par correspondance : remplir un formulaire spécial, fournir 2 photographies, une photocopie de la carte nationale d'identité ou du livret de famille, photocopies certifiées conformes par la mairie des 1res pages du livret militaire ou de la fiche de mobilisation. **Avantages :** droit au port de la croix de combattant et de la médaille d'AFN, secours de l'ONACVG pour cas critiques ; statut des grands mutilés de guerre pour invalides pensionnés ; droit à la retraite du combattant (voir ci-dessous) ; avantages en matière de retraite professionnelle (voir ci-après), possibilité d'obtenir la participation de l'État dans la constitution d'une retraite mutualiste (voir ci-dessous). En région parisienne et dans certaines villes de province, pour les AC de 1914-1918, carte de transport gratuite ; pour les contribuables de + de 75 ans, 1/2 part supplémentaire pour le calcul du quotient familial, délivrance du titre de reconnaissance de la nation, à la demande du titulaire de la carte.

Retraite du combattant : attribuée à partir de 65 ans sur demande auprès du service départemental qui a délivré la carte. Possibilité d'obtention dès 60 ans, demander au service. *Montant :* calculé par référence à la valeur du point d'indice des traitements des fonctionnaires (soit 33 × 81,92 = 2 703,03 F au 1-1-2001).

Retraite mutualiste : les AC cotisant à une mutuelle ont droit, au moment de sa liquidation, à la majoration de leur retraite mutualiste par l'État de 12,5 à 25 %, dans la limite de 9 011 F au 1-1-2001. Y ont également droit : certaines catégories de victimes civiles de guerre (veuves de guerre, orphelins de guerre, ascendants). Les titulaires de la carte du combattant ou du titre de reconnaissance de la nation (TRN, délivré aux militaires ayant participé 3 mois aux opérations d'Afr. du Nord entre 1952 et 1962) ont droit à une retraite mutualiste majorée par l'État de 12,5 % à 25 % (plafond : 9 011 F au 1-1-2001). Lorsque les intéressés sont décédés du fait de leur participation à des combats, ce droit est ouvert à leurs veuves, orphelins ou ascendants.

Retraite professionnelle : *à condition d'exercer une profession indépendante, libérale, artisanale, commerciale ou d'être exploitants agricoles :* les AC et prisonniers de guerre peuvent prendre une retraite anticipée au taux plein de 50 % entre 60 et 65 ans (au lieu de 65 ans), à un âge qui est fonction de la durée des services de guerre ou de captivité. Les chômeurs de plus de 12 mois en fin de droit peuvent obtenir une allocation du Fonds de solidarité s'ils possèdent la carte du combattant ou le TRN (s'adresser aux services départementaux de l'Onac auprès des préfectures). Peuvent également bénéficier de la liquidation de leur pension de retraite au taux plein dès 60 ans : déportés et internés (résistants ou politiques) ; patriotes réfractaires à l'occupation des départements du Rhin et de la Moselle incarcérés en camps spéciaux ; incorporés de force dans l'armée allemande (ou des formations paramilitaires allemandes) titulaires de la carte du combattant en cas d'évasion après au moins 6 mois d'incorporation ; ceux ayant servi en Afrique du Nord peuvent sous certaines conditions obtenir une réduction de la durée d'assurance requise par la législation de la Sécurité sociale. Ces dispositions s'appliquent aux périodes de cotisation exigées au-delà des 150 trimestres pour une retraite à taux plein à l'âge de 60 ans. **Validation gratuite de certaines périodes de guerre :** sont assimilées à des périodes de cotisation à l'assurance vieillesse, même si les intéressés n'avaient pas la qualité d'assuré social auparavant, les périodes de captivité et de service militaire en temps de guerre, et les périodes pendant lesquelles les requérants ont été engagés volontaires pour la durée de la guerre, combattants volontaires de la Résistance, déportés ou internés résistants ou politiques, réfractaires au STO, patriotes résistants à l'occupation des départements du Rhin et de la Moselle incarcérés en camps spéciaux ou patriotes réfractaires à l'annexion de fait, ou incorporés de force dans les formations paramilitaires, même s'ils ont obtenu le titre de personne contrainte au travail en pays ennemi et ont vu leur période de contrainte validée gratuitement au titre des accords sur les travailleurs migrants, et ce, bien avant la loi du 21-11-1973.

☞ La durée des services militaires et de la captivité est assimilée gratuitement à une période de cotisation à l'assurance vieillesse.

Carte du combattant volontaire de la Résistance : *Conditions :* services rendus dans la résistance au moins 3 mois avant le 6-6-1944 homologués par l'autorité militaire ou prouvés par 2 témoignages circonstanciés établissant sur l'honneur la réalité ainsi que la durée de l'activité accomplie et émanant de personnes notoirement connues dans la Résistance et validés par le liquidateur national du Réseau dans lequel ces personnes ont servi ; ou avoir été blessé à l'occasion d'actes de la Résistance. A titre posthume, délivrable pour toute personne exécutée ou tuée à l'occasion d'actes de la Résistance. *Délai d'obtention :* long. La Commission départementale des anciens combattants et victimes de guerre doit donner un avis unanime. Décision prise ensuite par le préfet. Si pas d'avis unanime ou si les preuves manquent, décision soumise au ministre des Anciens Combattants.

Autres cartes délivrées par le secrétariat d'État à la Défense chargé des Anciens Combattants : cartes de déporté de la Résistance, d'interné de la Résistance, de déporté politique, d'interné politique, de « patriote résistant à l'occupation des départements du Rhin et de la Moselle incarcéré dans les camps spéciaux », d'évadé, de prisonnier du Viêt-minh et de victime de la captivité en Algérie.

■ **Carte d'invalidité. Grand infirme civil :** taux d'invalidité de 80 %, examen médical. Peut porter différentes mentions (station debout pénible, aveugle, canne blanche, etc.). *S'adresser* à la préfecture de Paris (Bureau d'aide sociale de la mairie du domicile, présentation devant la Cotorep). En province, à la préfecture de chaque département. *Avantages :* places réservées et réductions dans chemins de fer et transports en commun. Réduction possible d'impôt sur le revenu (1/2 part). Exonération de vignette auto (sous certaines conditions), de redevance TV. Allocations diverses. *Gratuit. Délai :* de 6 mois à 1 an.

Mutilés de guerre : réductions sur chemins de fer : grandes lignes (sauf résa TGV) 50 % si invalidité de 25 à 45 % ; 75 % si invalidité 50 % ou plus. Si invalidité à 85 % : 75 % de réduction pour l'accompagnateur. Si tierce personne accordée à l'invalide : gratuité pour l'accompagnateur. *Région parisienne* (réseaux SNCF banlieue, RER, RATP) : pour résidents de cette région, au vu de la carte d'invalidité Onac, si invalidité de 50 % ou plus, coupons magnétiques gratuits, et si invalidité de 25 % à 45 %, réduction de 50 %. Si invalidité de 10 à 20 % (ne donnant pas droit à la carte d'invalidité), réduction de 50 % au vu de la carte de priorité de la préfecture de police.

Carte de stationnement GIC (Grand Invalide Civil) : peut être fourni aux pensionnés de guerre titulaires de la carte d'invalidité à double barre bleue ou rouge délivrée par les services départementaux de l'Office national des anciens combattants et victimes de guerre. Tolérance pour stationnement et gratuité des parcmètres dans certaines villes (dont Paris). S'adresser au Comité d'entente des GIG (Grands Invalides de Guerre), Fédération des amputés de guerre, 74 bd Haussmann, 75008 Paris.

■ **Carte de priorité. Carte « station debout pénible » :** donne priorité dans les transports en commun. Attribuée à des personnes atteintes d'une incapacité supérieure à 80 %, aux mères de famille et aux femmes enceintes.

Infirmes civils : *s'adresser* au bureau d'aide sociale. *Bénéficiaires :* amputés d'un membre inférieur (amputation totale ou partielle) ; hémiplégiques et paraplégiques, résidant à Paris ou dans une commune desservie par la RATP, ou justifiant d'occupations professionnelles les appelant quotidiennement à Paris ; grands malades pouvant justifier que la station debout leur est pénible par la nature et l'état de l'affection. *Avantages :* priorité dans les véhicules de la RATP (sans réduction de tarif). Fournir certificat médical exposant nature et état actuel de l'affection rendant pénible la station debout, pièce d'identité, déclaration sur l'honneur justifiant de son domicile, 2 photos. Nationalité française non exigée.

Invalides du travail : *s'adresser* à la préfecture de police (Val-de-Marne : Cité administrative, route de Choisy à Créteil ; Seine-St-Denis : préfecture de Bobigny). Fournir notification de la décision de l'organisme attribuant une rente au titre d'accident du travail (caisse régionale de Sécurité sociale), certificat médical récent mentionnant la nature de l'invalidité et indiquant que cette invalidité rend la station debout pénible ou nécessite l'aide constante d'une tierce personne, pièce d'identité, 2 photos. *Bénéficiaires :* domiciliés à Paris ou dans les départements périphériques. *Avantages :* priorité dans tous les véhicules en commun du territoire.

Mères de famille : mères ayant 3 enfants vivants de moins de 16 ans (ou 3 enfants vivants de moins de 14 ans ; ou 2 enfants vivants de moins de 4 ans). Femmes enceintes ; mères jusqu'à 6 mois après la naissance ; mères allaitant jusqu'à 1 an ; mères décorées de la médaille de la Famille française. *Avantages :* valables pour les transports publics (à Paris, autobus et métro), les bureaux et guichets des services publics et dans certaines files d'attente (exemple : taxis). *S'adresser* à la mairie du domicile. *Fournir :* livret de famille, carte d'identité ou fiche familiale, photos, carnet de maternité, ou à défaut certificat médical indiquant la date de l'accouchement, certificat d'allaitement, diplôme de la médaille de la Famille. *Gratuite.* Délivrance immédiate. Valable un an. Tous les ans un nouveau timbre.

Priorité si mention « station debout pénible » au dos de la carte d'invalidité Onac, dans transports, commerces et aux guichets des administrations. Si bénéfice de la tierce personne, priorité pour l'invalide de guerre et son accompagnateur au vu de la carte à double barre bleue et d'une carte de priorité bleue d'accompagnateur. En région parisienne, si invalidité 10 % à 20 %, priorité au vu de la carte de la préfecture de police dans les mêmes circonstances. *Voyages par mer et air :* réduction selon les compagnies. *Vignette automobile :* supprimée depuis 2001. *Stationnement :* les grands invalides de guerre peuvent laisser leur voiture sur des aires réservées en affichant la plaque GIC. (Certaines villes, notamment Paris, en exigent l'apposition à l'avant et à l'arrière de l'automobile pour faciliter le travail des agents.) *Redevance de télévision :* exonération pour les invalides incapables de travailler et dont l'entourage au foyer est non imposable. *Téléphone :* réductions, se renseigner auprès de Télécom ou des autres opérateurs. *Musées et monuments de l'État :* gratuité de l'entrée pour titulaire de la carte à double barre bleue ou rouge et pour l'accompagnateur. *Stades, théâtres :* se renseigner à leur guichet. *Impôts :* les pensions militaires d'invalidité et retraite du combattant ne sont pas imposables. Les pensionnés de guerre bénéficiaires de l'article L 18 (tierce personne) sont degrévés d'office de la taxe d'habitation pour leur habitation principale. Célibataires, divorcés ou veufs invalides à 40 % ou plus, sans enfant à charge, ont une demi-part supplémentaire de quotient familial. *Droit de pêche :* gratuité si invalidité à 85 % ou plus et si adhésion à une société de pêche. *Carte du combattant :* demi-part supplémentaire de quotient familial s'ils ont 75 ans révolus (cumul impossible). *Autres cartes :* Améthyste, Rubis, Émeraude : se renseigner auprès des mairies, avantages variables accordés aux titulaires de la carte du combattant selon les départements. Pour les cartes SNCF Senior, enfant plus, 12-25, Inter-Rail, Famille nombreuse, se renseigner dans les gares.

■ **Carte sociale des économiquement faibles.** N'est plus délivrée, voir Quid 1983, p. 1606.

■ **Carte de donneur d'organes « Au nom de la Vie ».** S'adresser à la Fédération française pour le don d'organes et de tissus humains, 1, av. Claude-Vellefaux, 75010 Paris. Pas de limite d'âge générale ; varie selon les organes prélevés : cœur 40-45 ans, foie 50 ans, rein 70 ans, cornée oculaire sans limite d'âge. La carte facilite le recueil du témoignage (et non l'accord) des proches, mais n'est pas obligatoire car le prélèvement « peut être effectué dès lors que la personne n'a pas fait connaître, de son vivant, son refus » (loi Bioéthique du 29-7-1994 remplaçant la loi Caillavet). La loi de 1994 oblige les médecins à consulter le Registre national des refus (RNR, opérationnel depuis le 15-9-1998, voir p. 169 b).

■ **Carte d'électeur.** Automatiquement envoyée à toutes les personnes inscrites sur les listes électorales. N'est pas obligatoire pour voter si l'électeur est inscrit sur les listes et s'il n'y a aucun doute sur son identité. Si perte ou vol, on peut demander à la mairie de la commune où l'on est inscrit une attestation d'inscription.

CERTIFICATS

■ **Bonne vie et mœurs.** Remplacé par l'extrait de casier judiciaire (voir ci-dessous).

■ **Concubinage** (nécessaire pour bénéficier de certains avantages ou allocations : prise en charge par l'assurance maladie du concubin, réductions SNCF identiques à celles des couples mariés avec la carte couple-famille...). Demander à la mairie du domicile en se présentant avec 2 témoins majeurs français non apparentés aux concubins ni entre eux (présenter 1 justificatif de domicile ou attestation sur l'honneur et 1 pièce d'identité). *Gratuit.*

■ **Casier judiciaire (extrait du). Délivrance :** pour les personnes nées en France métropolitaine, dans les Dom, à l'étranger ou dont le lieu de naissance est inconnu : au Casier judiciaire national, 44079 Nantes Cedex 1 ; pour celles nées dans les Tom : au greffe du tribunal de première instance dont dépend le lieu de naissance. **3 types :** *bulletin nº 1 :* relevé intégral des condamnations et des décisions. Ne peut être délivré qu'aux autorités judiciaires. Communication orale en s'adressant au procureur de la Rép. du tribunal de grande instance du lieu de résidence, mais aucune copie n'est remise. *nº 2 :* relevé partiel comportant la plupart des condamnations pour crime ou délit. Certaines n'y sont pas inscrites (exemple : celles prononcées contre des mineurs, pour contraventions de police, avec sursis avec ou sans mise à l'épreuve lorsqu'elles sont non avenues). Ne peut être demandé que par certaines autorités administratives pour des motifs limitativement énumérés (exemples : accès à un emploi public, à certaines professions, obtention d'une distinction honorifique). On peut demander, au moment de la condamnation ou par un jugement postérieur, la dispense d'inscription des condamnations au bulletin nº 2, mais elles restent inscrites au bulletin nº 1. *nº 3 :* seul l'intéressé peut le demander par minitel, par internet ou par courrier. *Gratuit. Délai :* de 1 à 2 semaines. Relevé ne comportant que les condamnations à des peines privatives de liberté sans sursis de plus de 2 ans, prononcées par un tribunal français pour crime ou délit, les condamnations à des interdictions, déchéances ou incapacités prononcées à titre de mesure principale, pendant la durée de celle-ci, ainsi que les peines d'emprisonnement ferme inférieures à 2 ans, si le tribunal l'ordonne. **Nombre :** chaque année, 4 millions de bulletins délivrés (1 million réclamé par des particuliers).

■ **Coutume.** Demandé par l'étranger au consulat de son pays (production des dispositions d'une loi étrangère relative au mariage). Concerne les mariages de 2 étrangers ou d'un Français avec une étrangère.

■ **Domicile.** Attestation sur l'honneur.

■ **Hérédité.** Exigé des héritiers qui veulent retirer les fonds sur les comptes du défunt (Caisse d'épargne, compte bancaire, etc.), si ce montant est inférieur à 10 000 F. S'adresser à la mairie de son domicile ou du domicile du défunt, présenter le livret de famille du défunt avec mention de son décès ou copie de l'acte de décès (héritiers directs), ou la copie de l'acte de naissance de son père ou de sa mère et celle du défunt avec l'acte de décès (neveux). *Gratuit. Délai :* 8 jours.

■ **Nationalité.** Délivré par le président du tribunal d'instance du domicile sur présentation du livret de famille ou de l'acte de naissance. *Gratuit. Délai :* 8 jours au minimum.

■ **Position militaire.** S'adresser au bureau de recrutement du domicile au moment du recensement, fournir fiche d'état civil, nº matricule, enveloppe timbrée, *état signalétique et des services.* S'adresser : *classes de 1890 à 1907 :* Service historique de l'armée de terre, Vincennes ; *1908-30 :* Bureau central d'archives administratives militaire, caserne Bernadotte, Pau ; *1931-37 :* Bureau spécial de recrutement, caserne Marceau, Chartres ; *1938 et suivantes :* bureau de recrutement d'origine.

■ **Propriété.** S'adresser au tribunal d'instance (frais 90 à 100 F) ou chez le notaire (frais 0,3 % du montant du paiement à obtenir).

■ **Scolarité.** Délivré par le directeur de l'école.

■ **Vaccination.** Par praticien ou dispensaire.

■ **Vie.** S'adresser au bureau des certificats d'une mairie quelconque. Faire établir une fiche d'état civil (voir ci-après) avec la mention « non décédé ».

■ **Vie-procuration.** S'adresser à la mairie du domicile ou à un notaire. *Gratuit. Validité :* 1 an.

ÉTAT CIVIL

■ **Actes de l'état civil (copies et extraits)** [de naissance, mariage, décès]. *Délivrés* par la mairie du lieu où l'acte a été enregistré ou le greffe du tribunal de grande instance ; pour les Dom-Tom (actes de moins de 100 ans), au ministère des Dom-Tom, Service de l'état civil, 27, rue Oudinot, 75007 Paris ; pour les anciennes colonies (actes de moins de 100 ans) et l'étranger, au ministère des Aff. étrangères, Service central de l'état civil, 44941 Nantes Cedex 9 ; pour les actes de plus de 100 ans des Dom-Tom et des anciennes colonies, aux Arch. nationales, Centre des arch. d'outre-mer, 29, chemin du Moulin-de-Testas, 13090 Aix-en-Provence. Pour l'envoi à domicile : joindre enveloppe timbrée ou 3 F. **Actes délivrables à tout demandeur :** *extraits simples* (sans indication de filiation) des actes de naissance ou mariage ; *actes de décès* ; **à certaines personnes :** *copie intégrale* des actes de naissance, mariage ou reconnaissance et *extraits avec indication de filiation* des actes de naissance ou mariage : titulaire de l'acte, ascendants, descendants, conjoint, représentant légal (tuteur, ...) ; héritiers : extraits avec filiation ; mineurs : ni copie intégrale, ni extrait avec filiation, de leur acte de naissance ; indiquer nom patronymique et prénom usuel des parents (décret du 16-9-1997). Nul, sauf le procureur de la Rép., les ascendants et descendants de la personne concernée, son conjoint, son tuteur ou son représentant légal s'il est mineur ou en état d'incapacité, ne pourra obtenir une *copie intégrale d'un acte de l'état civil* autre que le sien, si ce n'est avec l'autorisation du procureur.

■ **Consultation directe des registres de l'état civil** datant de moins de 100 ans. Interdite sauf aux agents de l'État habilités et aux personnes munies d'une autorisation écrite du procureur de la République.

■ **Fiches d'état civil** (individuelle ou familiale). Créées 1953, supprimées en 2000. Délivrées par la mairie (bureau de l'état civil). Fournir livret de famille ou extrait de naissance (même ancien) ou carte d'identité en cours de validité (moins de 10 ans) pour une fiche sans filiation. *Gratuites.* Sans limite de validité. Obtention immédiate. Démarche faisable par tiers.

■ **Livret de famille. 1º) Des époux :** délivré automatiquement et *gratuitement* par l'officier de l'état civil qui célèbre le mariage (par l'agent diplomatique ou consulaire, à l'étranger). La mère célibataire le reçoit à la naissance de l'enfant. *En cas de perte, vol ou destruction :* donner les renseignements figurant sur le livret à la mairie la plus proche du domicile. Pas de justification de domicile ni de déclaration de perte ou vol à fournir. Un 2e livret peut être délivré en cas de divorce, séparation de corps, mésentente... *Duplicata gratuit.* **2º) Un livret de famille peut être remis,** sur leur demande, par l'officier d'état civil du lieu de naissance de l'enfant : séparément aux *2 parents naturels,* ou en commun s'ils en font la demande ensemble et s'ils reconnaissent tous les deux l'enfant ; aux *mères* et *pères* célibataires, si la filiation naturelle de l'enfant est établie ; aux *parents non mariés ayant adopté* un enfant sans filiation paternelle ni maternelle, ou dont les liens avec la famille

■ **Répertoire civil.** Fichier déposé au greffe du tribunal de grande instance, où se trouvent classées les décisions judiciaires concernant mises en tutelle des majeurs, demandes de séparation de biens, transferts de pouvoirs entre époux. Chaque fois qu'une inscription a été faite au répertoire civil, il en est fait mention sur l'acte de naissance (et l'extrait d'acte de naissance) ; le Service central d'état civil est responsable de la tenue des répertoires pour les événements d'état civil survenus à l'étranger et concernant les Français. **Rôle :** faire connaître, à quiconque le désire, si un tiers jouit d'une pleine responsabilité (si elle est ou non en tutelle ou curatelle), et éventuellement quel est son régime matrimonial. **Formalités :** demander un extrait d'acte de naissance de la personne concernée. Si l'acte mentionne une inscription au répertoire civil, s'adresser au greffe du tribunal de grande instance pour avoir connaissance de cette inscription par une copie ou un extrait. On peut s'adresser aussi directement au greffe du tribunal de grande instance en indiquant les noms, prénoms, date et lieu de naissance de la personne.

d'origine ont été rompus lors de son adoption ; aux *femmes mariées* ayant eu un enfant pendant une période de séparation légale.

■ **Nom. Origine :** héréditaire et transmis le plus souvent par le père, apparaît en France vers le XIe-XIIe s. Fixé par l'édit de Villers-Cotterêts (1539). Généralement fondé sur origine (Pagnol = l'Espagnol), nom de lieu (ville, hameau), aspect physique (Petit, Legros), métier (Boulanger, Tailleur), sobriquet (Leborgne), parenté (Cousin, Neveu) et, pour les familles d'ancienne noblesse, le fief (La Rochefoucauld). Les noms israélites ne sont devenus définitifs qu'en 1808 (décret obligeant les Juifs à adopter un nom de famille fixe). **Changement :** la loi du 6 fructidor an II interdit de porter d'autres nom et prénoms que ceux inscrits à l'état civil. Cependant, le Conseil d'État peut autoriser un changement de patronyme. Procédure régie par la loi du 8-1-1993 (art. 61 et s. du Code civil). « Toute personne qui justifie d'un intérêt légitime peut demander à changer de nom ». *Notion d'intérêt légitime :* non définie par la loi, précisée par la jurisprudence du Conseil d'État [ex. : rejet d'un nom ridicule (Cochon, Patate), grossier ou déshonoré (Landru, Hitler), francisation du nom, relèvement d'un nom illustre ou en voie d'extinction]. Considérations purement affectives, sentimentales ou commerciales non reconnues. Adjonction ou substitution du nom du conjoint ne sont pas accordées. Celle du nom de la mère peut être autorisée si le véritable intérêt de l'enfant le commande. Les enfants mineurs doivent consentir à ce changement de nom dès 13 ans. **Formalités :** demande à formuler par une personne majeure et, pour un mineur, par le représentant légal de celui-ci (parents ou tuteur). On doit : **1°**) publier son intention, avec le nom choisi, au *Journal officiel,* dans un journal désigné pour les annonces légales dans l'arrondissement où l'intéressé, majeur ou mineur, est né, et dans un journal de même nature de l'arrondissement où il a son domicile ; **2°**) adresser au garde des Sceaux, ministre de la Justice, 13, place Vendôme, 75001 Paris, une requête en double exemplaire sur papier libre précisant les motifs allégués à l'appui de l'abandon du nom d'origine et du choix du nom demandé ; joindre tous documents en établissant le bien-fondé de sa demande ; un exemplaire des journaux ayant reçu les publications exigées ; copie intégrale de l'acte de naissance de chaque intéressé majeur ou mineur ; un certificat de nationalité française de chacun des intéressés (pièce délivrée par le juge d'instance dans le ressort duquel est située la résidence). Le procureur de la République instruit le dossier et l'adresse à la Chancellerie qui le soumet, pour avis, à l'examen du Conseil d'État. La décision définitive fait l'objet d'un décret pris par le Premier ministre et publié au *JO.* Le décret prend effet 2 mois après cette publication pour permettre au tiers qui serait lésé de présenter un recours contentieux devant le Conseil d'État qui peut annuler le décret. Lorsque la décision publiée est devenue définitive, le bénéficiaire doit solliciter du procureur la mention du nouveau nom sur les actes de l'état civil, après avoir demandé au secrétariat de la section du contentieux du Conseil d'État un certificat de non-opposition. *Frais :* droit de sceau : 1 000 F par demandeur majeur + frais de publication environ 900 F (exonération totale ou partielle possible) ; frais d'insertion dans les divers journaux d'annonces légales ; honoraires d'avocat (si recours).

Francisation : elle peut être demandée à l'occasion d'une naturalisation ou d'une réintégration, lors du dépôt de la déclaration en vue d'acquérir la nationalité française ou au cours de l'instruction. La francisation figure dans le décret accordant la naturalisation ou la réintégration. En 1995, 97 personnes ont obtenu la francisation de leur nom et 2 070 ont pu franciser leur prénom. **Nom des époux :** ils gardent le nom figurant sur leur acte de naissance, mais chacun peut utiliser, dans la vie courante, le nom de son conjoint, en l'ajoutant à son propre nom ou, pour la femme (cas habituel), en le substituant au sien, ce dont aucune loi ne lui fait obligation. *En cas de divorce,* la femme peut conserver l'usage du nom de son ex-mari si celui-ci l'y autorise, si le mari a demandé le divorce pour rupture de la vie commune ou si elle y est autorisée par le juge en raison d'un intérêt pour elle-même ou les enfants.

■ **Nom d'usage** (loi Badinter du 23-12-1985). Toute personne majeure peut ajouter à son nom le nom de celui de ses parents qui ne lui a pas transmis le sien et le faire figurer sur certains papiers (carte de sécurité sociale ou d'identité) en le déclarant aux administrations concernées. Ce « nom d'usage » n'est pas transmissible aux descendants et ne peut figurer sur les registres de l'état civil. Pour les enfants mineurs, ce droit est mis en œuvre par le titulaire de l'exercice de l'autorité parentale.

■ **Statistiques.** Environ 250 000 noms de famille différents existent en France, dont *très fréquents* (portés par plus de 4 500 homonymes) 1 000 (0,4 %), *fréquents* (de 1 200 à 4 500 homonymes) 6 000 (2,4 %), *rares* (300 à 1 200 homonymes) 33 000 (13,2 %), *très rares* (– de 300) 210 000 (84 %). Dans 1 ou 2 siècles, 150 000 noms de famille devraient avoir disparu au profit des noms les plus fréquents. **Nombre de noms de famille en France** (en milliers) : *vers 1900 :* 520 ; *vers 1938 :* 638 ; *vers 1950 :* 645 ; *1980 :* 816 ; *2001 :* 1 200. *Noms de souche ancienne disparus de 1891 à 1990 :* + de 200 000. *Noms nouveaux apparus :* 520 000. **Noms les plus portés en France (naissances de 1891 à 1990).** Martin 228 857, Bernard 120 573, Thomas 108 141, Petit 105 463, Robert 102 950, Richard 99 920, Durand 99 614, Dubois 98 951, Moreau 94 261, Laurent 88 803, Simon 87 941, Michel 85 489, Lefèbvre 85 522, Leroy 79 204, Roux 69 685, David 69 212, Bertrand 66 763, Morel 66 417, Fournier 65 758, Girard 64 031, Bonnet 63 085, Dupont 63 035, Lambert 63 026, Fontaine 62 869, Rousseau 62 193, Vincent 60 751, Muller 58 811, Lefèvre 58 158, Faure 58 097, André 57 349. **Nombre de changements par an :** *vers 1990 :* 800 ; *1995-2000 :* 1 340. **Patronymes gênants les plus changés entre 1794 et 1997 :** Cocu 440, Cochon 206, Labite 165, Connard 165, Connard 143, Salaud 129, Bordel 128, Cucu 92, Cretin 91, Boudin 90, Putain 89, Con 86, Vachier 60, Couillard 50, Baudet 45, Couillon 45, Anus 44, Lacrotte 35, Pucelle 35, Lecul 32, Saligaut 32, Cornichon 31, Saloppe 28, Ceccon 27, Crotte 27, Put 27, Chameau 26, Lanus 25, Couillé 24, Cimetière 23, Batard 21, Bidet 21, Pete 21, Bitte 20, Conneau 20.

☞ L'Atlas des noms de famille en France (Laurent Fordant) donne la liste par région.

■ **Prénom (changement).** Permis par l'art. 57 du Code civil. Adresser une lettre motivée au tribunal de grande instance, par l'intermédiaire d'un avocat. Donne lieu à un jugement rendu par ce tribunal après avis du procureur de la Rép. La rectification sera portée en marge des actes d'état civil. A demander en même temps que la francisation du nom, sous peine de voir rejetée la 2e demande en date. Aucune opposition n'est possible à la francisation du prénom, qui prend effet au jour de la signature du décret.

■ **Français vivant à l'étranger.** Consulats de France et sections consulaires des ambassades de France sont compétents pour : dresser ou transcrire les actes d'état civil (naissance, reconnaissance, mariage, décès), établir des procurations de vote, recevoir des actes notariés (contrats de mariage, procurations, etc.), délivrer, proroger ou renouveler les passeports, recenser les jeunes gens (Service national), légaliser les signatures et certifier les documents ; *pour les seuls Français immatriculés auprès des services consulaires :* délivrer ou renouveler les cartes nationales d'identité.

Domicile

■ **Attestation.** Depuis le décret du 16-9-1997, modifiant celui du 26-9-1953, la preuve du domicile et de la résidence est établie par tous moyens, notamment par titre de propriété, certificat d'imposition ou de non-imposition, quittance de loyer, d'assurance du logement, de gaz, d'électricité ou de téléphone. Supprimée en 2000.

■ **Définition. Domicile légal :** lieu, en principe unique, où la loi présume qu'une personne se trouve pour l'exercice de ses droits et devoirs (distinct de la *résidence,* lieu où elle se trouve en fait). Comprend résidence principale et résidences secondaires, cour et jardin les entourant s'ils sont clos, véhicule servant de domicile (caravane ou voiture aménagée), tente de camping, chambre d'hôtel ou meublé. Que l'on soit français ou étranger, propriétaire, locataire ou occupant à titre gratuit, le domicile est protégé.

■ **Changement de domicile (formalités à accomplir). Assurances :** transférer son assurance sur son nouveau logement en demandant la modification du contrat si les 2 logements ont des caractéristiques différentes. Prévenir sa compagnie d'assurances avant de quitter son ancien domicile. **Carte d'électeur :** se faire inscrire sur la liste électorale du nouveau domicile après un délai de 6 mois. Présenter sa carte et le livret de famille et une justification du nouveau domicile (quittance de loyer, de gaz, d'électricité, ou déclaration sur l'honneur qui sera remplie à la main), ou la carte d'identité ou un passeport mentionnant le nouveau domicile. **Carte grise :** *changement dans Paris ou dans un département :* se présenter à la préfecture de police avec une justification du nouveau domicile et une pièce d'identité ; le changement est gratuit. *Changement de département :* une nouvelle carte sera faite à la préfecture du nouveau département ; outre les papiers ci-dessus, présenter un certificat de non-gage délivré par la préfecture où était immatriculé le véhicule, droit de timbre de 20 F. Changement à faire dans le mois à compter du déménagement (sinon, amende possible de 30 F ou plus). **Carte d'identité** (voir p. 1670 a). **Contribution mobilière :** aviser l'inspecteur des contributions de l'ancien et du nouveau domicile. C'est toujours l'occupant de l'appartement au 1er janvier qui paie la contribution mobilière. **Électricité et gaz :** faire couper le gaz et l'électricité dans l'ancien domicile, résilier l'abonnement souscrit pour celui-ci. Avertir au plus tôt 3 mois, au plus tard 3 jours avant le déménagement. **Impôts directs :** quoique le percepteur de l'ancien domicile doive être avisé du changement d'adresse (avant le 1-1), il recevra les acomptes provisionnels. Prévenir le nouvel inspecteur avant le 1-1. Solde et déclaration de l'année suivante seront envoyés au percepteur du nouveau domicile. *Impôt local :* rien à payer en cours d'année pour le nouveau logement. **Inscriptions scolaires :** *maternelle :* présenter à la mairie entre le 15-5 et le 30-6 le livret de famille, une justification de domicile (quittance de loyer, gaz), un certificat du médecin de famille et le carnet de santé ou les certificats de vaccinations (ou certificat du médecin traitant si les vaccinations sont contre-indiquées) antidiphtérique et antitétanique, antipoliomyélitique, BCG si l'enfant est dans l'année de ses 6 ans, antityphoïde et paratyphoïde en cas d'épidémie. Les enfants qui vont à l'école primaire doivent être inscrits le plus tôt possible, sur présentation des livrets scolaires, à la mairie ou à l'école indiquée par la mairie. S'ils sont au lycée : demander une attestation d'inscription au secrétariat de l'ancien établissement. **Livret militaire :** pour les hommes de 18 à 55 ans, faire viser son livret individuel dans un délai de 1 mois, à la brigade de gendarmerie. **Sécurité sociale, allocations familiales :** prévenir du changement d'adresse. **Téléphone :** faire résilier, transférer ou céder la ligne téléphonique (dans ce cas, prévenir le centre au moins 2 mois à l'avance pour que la comptabilité du téléphone ne continue pas à être portée au nom de l'ancien occupant). **Télévision :** avertir le Centre de redevances du changement d'adresse. **Vins :** pour transférer une cave (vins et alcools) demander l'autorisation à la Recette des impôts du domicile.

■ **Inviolabilité.** De 21 h à 6 h du matin et les jours de fête légale, sauf autorisation judiciaire. **Exceptions :** *flagrant délit :* les officiers de police judiciaire peuvent perquisitionner, même de nuit, en se rendant sur les lieux du crime. **Information pénale sans flagrant délit :** il faut un mandat du juge d'instruction ou une commission rogatoire pour faire une perquisition ou une saisie. On peut exiger la présentation du mandat. La perquisition doit avoir lieu en présence de l'occupant ou de son représentant. Seul un juge d'instruction ou un magistrat peut perquisitionner de nuit. *Les huissiers,* autorisés par justice, peuvent pénétrer ; ils sont en général accompagnés par un serrurier et un commissaire de police. Agents des douanes : peuvent entrer sans le consentement du titulaire, même de nuit, pour rechercher des marchandises détenues frauduleusement, mais ils doivent être accompagnés d'un officier municipal ou de police judiciaire. Inspecteurs du travail : peuvent surveiller des travailleurs à domicile avec l'autorisation des personnes habitant les locaux. *En cas de crime ou délit contre la sûreté de l'État,* les préfets peuvent pénétrer chez un particulier comme un juge d'instruction. **Violation par des particuliers :** il y a délit si l'on use de manœuvres (exemples : ruse, utilisation de fausses clefs), menaces (visant biens ou personnes), voies de fait (exemple : pénétration par escalade) ou contrainte (exemple : non-respect d'une défense d'entrer) [art. 226-4 du Code pénal]. En cas de violation, on peut porter plainte au commissariat ou au parquet. *Sanctions : pénales* (de 1 an de prison et de 100 000 F d'amende, peines doublées si le délit a été commis en groupe) et *civiles* (réparation des préjudices moraux, physiques et matériels).

■ **Protection. Préventive :** *sont interdits :* pièges à feu, tessons de bouteilles, transistors piégés, milices de citoyens... **Légitime défense :** l'attaque doit viser les personnes et les biens, constituer un danger sérieux et imminent (des injures ou des voies de fait ne suffisent pas) et entraîner une riposte proportionnée.

Procuration

■ **Définition.** Acte par lequel le « mandant » donne à un « mandataire » le pouvoir de faire quelque chose pour lui et en son nom (art. 1984 du Code civil). On parle aussi de « pouvoir » ou de « mandat ». Peut être employée pour tous les actes juridiques. **Exemptions :** *mariage :* les époux doivent être présents même si le mariage est célébré à l'étranger (art. 146-1 du Code civil). *Divorce ou séparation de corps :* les époux doivent être présents pour la tentative de conciliation (art. 252 et 198 du Code civil). *Testament olographe :* il doit être écrit en entier, daté et signé par le testateur (art. 970 du Code civil) ; *authentique :* on ne peut donner procuration pour dicter ses dernières volontés au notaire et signer l'acte à sa place (art. 972 et 973 du Code civil). Il faut être présent pour prêter serment en justice (art. 321 du Code de la procédure civile).

■ **Comment donner procuration.** Une procuration verbale est valable (art. 1985 du Code civil), elle peut également être écrite sous seing privé (hors notaire) ou faite par acte notarié (authentique, coût 1 000 F environ). L'acte notarié est obligatoire pour consentir ou accepter donation ou donation-partage ; faire opposition à un mariage ; signer un contrat de mariage ou un acte de modification ou de changement de régime matrimonial ; reconnaître un enfant naturel ; acquérir un logement « en l'état futur d'achèvement » ou « à terme » (achat dans immeuble à construire) ; hypothéquer un bien immobilier (sauf si le bien appartient à une société), ou pour donner la mainlevée d'une hypothèque. Le mandat doit être accepté par le mandataire (art. 1984 du Code civil) ; il faut écrire au bas de la procuration « bon pour acceptation de pouvoir ». L'acceptation peut être tacite et résulter de l'accomplissement de l'acte par le mandataire (art. 1985 du Code civil). La formule « bon pour pouvoir » écrite par le mandant ne répond à aucune exigence légale. **Choix du mandataire :** un parent, ami, conjoint, même un mineur non émancipé (art. 1990 du Code civil) ou un majeur en tutelle... Vis-à-vis des tiers, l'acte accompli par le mandataire est censé être passé par le mandant lui-même : le mandataire peut être une personne « incapable » juridiquement. Le mandant doit cependant avoir la capacité juridique d'accomplir l'acte dont il confie l'accomplissement à son représentant. *Procuration établie « en blanc » :* la personne qui la reçoit peut choisir librement le mandataire.

■ **Fin de la procuration.** Révocable à tout moment, on peut exiger du mandataire qu'il rende le « pouvoir » s'il est encore en sa possession (art. 2004 du Code civil). Le mandataire peut renoncer à la procuration (art. 2003 du Code civil) mais doit avertir son mandant (art. 2007 du Code civil). La procuration devient caduque (art. 2003 du Code civil) si mandant et mandataire décèdent ou s'ils sont mis sous tutelle, après la procuration. Il existe des formulaires fournis par banques, poste et notaires.

■ **Procuration et sociétés. Sociétés anonymes :** tout actionnaire peut se faire représenter aux assemblées générales par un autre actionnaire ou son conjoint, même si celui-ci n'est pas actionnaire, quel que soit son régime matrimonial (art. 161 loi du 24-7-1966), les statuts de la société ne peuvent l'interdire. La procuration doit être écrite et signée par le mandant (art. 132 décret du 23-3-1967) et indiquer nom, prénom usuel et domicile du mandataire. En principe, le mandat est donné pour une seule assemblée (art. 132 décret du 23-3-1967) ou 2 assemblées (l'une ordinaire et l'autre extraordinaire) tenues le même jour ou dans les 15 jours. Le mandat donné pour une assemblée vaut pour les assemblées successives convoquées avec le même ordre du jour (art. 132 décret du 23-3-1967), même si elles ont lieu à plus de 15 jours d'intervalle. Le mandataire ne peut déléguer le pouvoir qu'il a reçu (art. 132 décret du 23-3-1967). **Associé d'une SARL :** on peut se faire représenter aux assemblées générales par son conjoint (sauf si la SARL ne comprend que les 2 époux) ou par un autre associé si le nombre des associés est supérieur à 2 (art. 58 loi du 24-7-1966). On ne peut donner mandat à une autre personne que si les statuts le permettent. **SCI ou SNC :** il est généralement admis, en raison du caractère souvent « familial » de ces sociétés, que la représentation n'est possible que si elle est prévue par les statuts. **Association :** on peut se faire représenter, sauf si les statuts l'interdisent.

■ **Procuration « post-mortem ».** Une procuration cesse normalement de produire effet après le décès du mandant. Si le mandataire n'est pas l'unique héritier du défunt, il doit rendre compte aux autres héritiers de l'emploi qu'il a fait des sommes prélevées.

■ **Personnes protégées.** *Toute personne placée sous le régime de la « sauvegarde de justice »* peut consentir et révoquer une procuration, lorsqu'elle a donné un mandat « général » pour administrer ses biens ; en considération de la période de sauvegarde, elle ne peut toutefois la révoquer, pendant cette période, qu'avec l'autorisation du juge des tutelles (art. 491-3 du Code civil). La procuration peut aussi être révoquée par le juge des tutelles (au tribunal d'instance), d'office ou à la demande du conjoint de l'« incapable », de ses descendants, ses frères et sœurs ou du procureur de la République, s'il estime que le mandataire s'acquitte mal de sa mission. Une personne *en curatelle* [ne pouvant accomplir seule les actes importants (vente, emprunt, donation, réception et emploi de capitaux...)] ne peut donner pouvoir à un tiers pour accomplir ces actes à sa place. Une personne *en tutelle* ne peut donner procuration. Les actes accomplis en vertu d'une telle procuration seront nuls. La nullité ne peut être demandée que par l'« incapable » lui-même, son curateur ou son tuteur.

☞ La capacité du mandant s'apprécie au jour où la procuration est donnée et non au jour où le mandataire exécute sa mission.

Redressement et liquidation judiciaire des entreprises

■ **Définition.** Procédures pour régler la situation du débiteur qui, ne pouvant faire face à son passif exigible grâce à son actif disponible, se trouve en *état de cessation de paiements* (non-règlement de ses dettes à leurs échéances). Elles peuvent s'appliquer à un commerçant, une Sté civile ou commerciale, une association, un artisan ou un agriculteur. **Liquidation judiciaire :** intervient lorsque la situation de l'entreprise du débiteur ne permet pas d'envisager la continuation de son activité ou la cession de son entreprise. Elle entraîne la vente de tous les éléments d'actif pour assurer le paiement des créanciers ; l'entreprise disparaît. **Redressement judiciaire :** s'applique lorsque la situation du débiteur permet d'envisager le rétablissement ou la cession de son entreprise si son passif peut être réglé d'une manière acceptable. Le tribunal arrête un plan de continuation (l'entreprise obtenant remises et délais), ou un plan de cession (l'entreprise étant cédée à un repreneur).

■ **Créanciers privilégiés.** *Privilèges spéciaux* (payés en priorité sur le prix du bien grevé) : hypothécaire, gagiste ou nanti, bailleur d'immeuble, vendeur... *Privilèges généraux* (s'exercent sur l'actif non attribué aux privilèges spéciaux) : fisc, salariés, organismes de prévoyance sociale. **Bailleur d'immeubles :** il a un privilège sur les meubles garnissant les lieux loués par le débiteur, pour les 2 dernières années de location échues avant le jugement déclaratif, pour l'année courante, ainsi que pour les sommes dues en exécution du bail ou à titre de dommages et intérêts. Le *conjoint* doit établir la preuve de ses droits, justifier de la propriété d'immeubles acquis avant le mariage ou avoir recueilli ceux-là par voie successorale.

Salarié : il bénéficie d'un superprivilège qui oblige l'administrateur ou le liquidateur à lui payer, dans les 10 jours qui suivent le jugement d'ouverture de la procédure, les rémunérations et les congés payés dus pour les 60 derniers jours de travail outre le préavis, jusqu'à concurrence d'un plafond mensuel qui ne doit pas être inférieur au double de celui retenu pour le calcul des cotisations de la Sécurité sociale et d'un privilège garantissant le solde des 6 derniers mois et les indemnités de licenciement. Tout employeur est tenu de contracter une assurance contre le risque de non-paiement au salarié des sommes dues à la date d'ouverture du jugement. Cette assurance garantit également le paiement dans certaines limites des salaires plus anciens, des arrérages de préretraite ou de complément de retraite, échus ou à échoir, qui seraient dus à un salarié ou à un ancien salarié à la suite d'un accord d'entreprise, d'une convention collective ou d'un accord professionnel ou interprofessionnel. Association pour la gestion du régime d'assurance des créances des salariés (AGS) : association patronale ayant passé une convention avec l'Unedic qui assure, par l'intermédiaire des Assedic, l'encaissement des cotisations et le paiement des créances salariales.

Vendeur impayé : il peut revendiquer, tant qu'elles existent en nature, en tout ou en partie, les marchandises dont la *vente* a été *résolue antérieurement* au jugement ou vendues avec une clause de réserve de propriété. Le vendeur peut conserver les marchandises qui ne sont pas encore expédiées au débiteur ; revendiquer les marchandises expédiées au débiteur tant que la remise matérielle n'en a point été effectuée dans ses magasins ou dans ceux du commissionnaire chargé de les revendre pour son compte.

■ Formalités

Tous les créanciers, privilégiés ou non, doivent déclarer leurs créances au représentant des créanciers dans les 2 mois de la publication du jugement au *Bulletin officiel des annonces civiles et commerciales (Bodacc).* Ce délai emporte forclusion, mais les créanciers bénéficiaires d'une sûreté publiée sont avertis personnellement par le représentant des créanciers faute de quoi la forclusion leur est inopposable. La « déclaration » des créances doit être assortie de toutes les pièces justifiant celles-ci. Les créanciers négligents ne sont pas admis dans les répartitions et dividendes, à moins que le tribunal ne les relève de leur forclusion s'ils établissent que leur défaillance n'est pas de leur fait. En ce cas, ils ne peuvent concourir que pour la distribution des répartitions à venir. En tout état de cause, leur créance est éteinte et ne peut plus faire l'objet d'un relevé de forclusion passé le délai de 12 mois après le jugement d'ouverture. Après avoir statué sur les contestations, Le juge commissaire arrête l'état des créances qui est publié au *Bodacc* et tout tiers intéressé peut réclamer dans les 15 jours qui suivent son insertion.

Le tribunal (qui connaît du redressement judiciaire ou de la liquidation judiciaire) peut infliger des sanctions civiles, par exemple *faillite personnelle* au débiteur ou aux dirigeants sociaux si ceux-ci se sont rendus coupables d'agissements malhonnêtes ou de fautes de gestion. Ces sanctions entraînent des déchéances ou interdictions (par exemple interdiction de gérer, administrer, contrôler une entreprise). Le tribunal peut aussi mettre à leur charge tout ou partie de l'insuffisance d'actif si celle-ci ressort d'une faute de gestion qu'ils ont commise.

Formalités et statut concernant les étrangers

■ Quelques dates

1515 : arrêt du Parlement de Paris : l'enfant né en France, de parents étrangers et demeurant en Fr., a le droit de succéder. Il est Français s'il choisit de se fixer définitivement en France. **Révolution :** la notion de citoyenneté supplante celle de nationalité, tout homme fidèle aux idées révolutionnaires est digne d'être citoyen. **1804 Code civil :** un enfant, né en Fr. (ou à l'étranger) d'un père français, est Français. Les enfants nés en Fr. peuvent réclamer, dans l'année qui suit leur majorité, la nationalité française (art. 9). La femme acquiert automatiquement, au moment du mariage, la nationalité du mari (art. 12 et 19). La Française épousant un étranger perd ainsi la nationalité française et la femme étrangère épousant un Français devient elle-même Fr. Les Françaises ayant épousé un étranger peuvent redevenir Fr. lorsqu'elles sont veuves. La simple naissance sur le sol français ne confère la nationalité française à l'enfant que dans 3 cas : parents inconnus, parents apatrides, enfant né de parents étrangers, si les lois étrangères ne lui attribuent la nationalité d'aucun des 2 parents (art. 21 et 22 du Code de la nationalité). **1851** *loi du 7-2* est Français l'individu né en Fr. d'un étranger qui y est lui-même né (art. 1), mais il peut réclamer, dans l'année qui suit sa majorité, la qualité d'étranger (but de la loi : obliger les étrangers établis en Fr. à accomplir leur service militaire). **1889** *loi* l'enfant né en France d'un étranger est automatiquement Fr. à sa majorité, sauf s'il s'y refuse l'année suivant sa majorité ; l'époux d'une Française peut demander sa naturalisation après 1 an de séjour. **1893** *loi du 22-7* l'enfant né d'un étranger ou d'une étrangère, né en Fr., est Français. **1927** *loi du 10-8* assouplit les conditions de naturalisation (pour faciliter celle de milliers de travailleurs étrangers venus surtout d'Italie et de Pologne combler les vides de main-d'œuvre creusés par la guerre). La condition de stage de 10 ans est réduite à 3 ans et l'âge minimal est avancé à 18 ans. Les femmes peuvent choisir la nationalité au moment du mariage. L'étrangère qui épouse un Français ne devient Fr. que sur sa demande expresse. La Française qui épouse un étranger ne perd sa nationalité que si le domicile se situe hors de Fr. ou si elle est obligée de prendre la nationalité du mari en vertu de la loi nationale de ce dernier. Les enfants, nés en Fr. de parents étrangers, peuvent renoncer à leur faculté de répudiation avant 18 ans. **1938** *décret-loi :* les changements de nationalité de la femme prendront la forme d'une déclaration avant le mariage. Les conditions liées au domicile ou à la loi nationale de l'époux sont abrogées. **1945** *ordonnance du 19-10* institue un **Code de la nationalité française.** Les contrôles de dignité et les possibilités d'opposition du gouvernement sont étendus à tous les autres modes d'acquisition, réintégration exceptée. Stage préalable, fixé à 5 ans, appliqué à tous les modes d'acquisition, mariage et adoption exceptés, mais les catégories de naturalisation sans condition de stage sont élargies. L'étrangère épousant un Français devient automatiquement Fr. sauf déclinaison de sa part. La période d'option lorsqu'il y a faculté de décliner ou de répudier la nationalité française est reportée aux 6 mois précédant la majorité, afin, notamment, de ne plus retarder l'incorporation de un an comme c'était le cas. **1973**-*9-1* **réforme du Code de la nationalité.** Encourage les étrangers résidant en France à opter pour la nationalité française. Rend identiques les rôles de l'homme et de la femme dans la transmission de la nationalité française. **1974**-*3-7 fermeture des frontières.* Exceptions : étrangers admis en France au titre du droit d'asile, ressortissants des États membres de la CEE, membres de la famille (regroupement familial : conjoints, enfants mineurs). **1975**-*juillet* autorisation des regroupements familiaux. **1976**-*27-7* regroupements familiaux favorisés (prime de 1re installation). **1977**-*juillet plan Stoleru : aide au retour* pour les chômeurs (10 000 F). *-Sept. :* étendue à tous les étrangers ; interruption de la délivrance de doubles cartes de travail, suspension de l'immigration familiale pendant 3 ans (mesure rapportée le 25/26-10). **1980**-*10-1 loi Bonnet* facilitant notamment l'expulsion des clandestins ; dénoncée par le PS comme « grave atteinte à la dignité des immigrés et aux droits de l'homme ». Accord avec l'Algérie visant à y favoriser le retour des travailleurs dans de bonnes conditions (formation professionnelle et création de petites entreprises). Le Conseil constitutionnel déclare inconstitutionnelles certaines dispositions de la loi Bonnet. Mise en place de la mission interministérielle de lutte contre le travail clandestin. Le *décret Imbert* institue un niveau minimal pour les étudiants s'inscrivant dans les universités. **1981**-*été* régularisation pour les travailleurs sans papiers entrés en France avant le 1-1-1981 (touche 130 000 personnes). *Loi du 9-10* abrogeant les décrets-lois du 12-4-1939 : permet aux étrangers de se regrouper dans des associations sportives, religieuses, de parents d'élèves ou de locataires correspondant à leur identité culturelle ; une clause restrictive concernant les associations « dont les activités sont de nature à porter atteinte à la situation diplomatique de la Fr. » a été supprimée par l'Assemblée nat. malgré l'avis du ministre Autain. Le statut de réfugié est reconnu par l'Office français de protection des réfugiés et apatrides (Ofpra), sous contrôle d'une juridiction d'appel, la *Commission de recours des réfugiés. Loi du 21-10* supprimant l'autorisation administrative préalable au mariage d'un étranger avec un Français. *Loi du 29-10* supprimant la possibilité d'expulsion pour présence irrégulière et la remplaçant par une procédure de « reconduite à la frontière » (1 seul cas d'expulsion administrative, par le min. de l'Intérieur, pour « menace grave pour l'ordre public ») ; compétence des tribunaux, appel possible pour les immigrés. Sanctions : amendes (180 à 8 000 F), prison (1 mois à 1 an) ; rétention administrative instaurée (24 h sur décision du préfet, 7 à 10 j sur celle du juge). *-Nov.* suppression de l'aide au retour. **1982** *décret du 27-5* exige certains documents pour entrer en Fr. : visa ou certificat d'hébergement, couverture bancaire de frais de rapatriement. *-Nov.* visas rétablis pour les courts séjours (ressortissants d'Amér. latine). **1983** *loi du 10-6* autorise les tribunaux à décider des expulsions avec « exécution provisoire » (l'immigré clandestin est renvoyé, puis a droit de faire appel depuis son pays d'origine). *-31-8* multiplication des contrôles d'identité par les préfets ; augmentation des amendes en cas de fraude (6 000 à 24 000 F). *-Août* mesures financières pour freiner la venue des saisonniers. *-5-12* création d'un diptyque (carte d'identité à 2 volets dont un est laissé à la frontière et l'autre gardé pour être présenté à tout contrôle) obligatoire pour les ressortissants du Maghreb en visite en France. **1984** *loi du 7-5* fixe un délai minimal de 6 mois entre le mariage d'un (ou d'une) étranger(ère) avec un(e) Français(e) et l'acquisition de la nationalité française. *-Mai* l'aide au retour supprimée en 1981 est rétablie. *Loi du 17-7* carte de résident : titre unique de séjour et de travail valable 10 ans, automatiquement renouvelable. *Décret du 17-7* crée le Conseil national des populations immigrées. *-Oct.* diptyque pour tout étranger venu des pays d'Afrique noire ; renforcement de la police de l'air et des frontières : 900 à 1 000 fonctionnaires de plus ; reconduite à la frontière assortie d'une interdiction de retour sur le territoire et inscription de l'identité des immigrés reconduits à la frontière pour irrégularité au fichier informatisé des personnes recherchées ; sanction de l'embauche des irréguliers : amende ou prison pour l'employeur fautif (loi du 17-10-1981). Jusqu'en 1974, l'étranger pouvait régulariser sa situation si on lui proposait un emploi (80 % des entrées en 1968). **1986**-*août* **loi Pasqua** visant à endiguer l'immigration clandestine et à favoriser les reconduites à la frontière. Les socialistes défèrent le texte au Conseil constitutionnel. *-9-9* Pasqua allonge à 1 an le délai de naturalisation par mariage. **1987**-*nov. rapport Hannoun* (RPR) favorable à l'intégration des immigrés. **1988**-*janv.* le gouvernement Chirac renonce à la réforme du Code de la nationalité. **1989**-*juillet loi Joxe* remplaçant la loi Pasqua (voir à l'Index). **1991**-*mai* nomination d'un *secrétaire d'État chargé des affaires sociales et de l'intégration. -25-7* visa de transit pour les ressortissants de 10 pays (Albanie, Angola, Bangladesh, Éthiopie, Ghana, Nigéria, Pakistan, Somalie, Sri Lanka, Zaïre). *-14-8* circulaire sur l'aide à la réinsertion des étrangers qui ont été invités à quitter le territoire dans un délai d'un mois et qui ont fait l'objet d'une décision de refus de délivrance ou de renouvellement de titres de séjour ou d'une décision définitive de rejet du statut de réfugié par l'Ofpra (sur 4 247 candidatures déposées, 3 114 ont quitté la France, entraînant le départ de 3 605 étrangers entre 1984 et le 30-11-1994) ; coût : 10 000 à 12 000 F par personne (30 000 pour un retour forcé). *-31-8* décret renforçant les conditions de délivrance des certificats d'hébergement. *-31-12 loi Sapin* aggravant les peines infligées aux employeurs de main-d'œuvre non déclarée (française ou étrangère) et à ceux qui aident des travailleurs étrangers à pénétrer en France ou à y séjourner illégalement. **1992**-*26-2* loi prévoyant des sanctions à l'égard des transporteurs ayant acheminé des étrangers non admissibles (convention de Schengen). **1993**-*22-7* **réforme du Code de la nationalité :** *dispositions d'application immédiate :*

■ Réfugiés et apatrides

■ **Droit d'asile** (textes de base). *Préambule de la Constitution de 1946* repris dans celui de la Constitution de 1958 : « Tout homme persécuté en raison de son action en faveur de la liberté a droit d'asile sur les territoires de la République » *Art. 53.1 de la Constitution de 1958* (loi constitutionnelle du 25-11-1993) : « La République peut conclure avec les États européens qui sont liés par des engagements identiques aux siens en matière d'asile et de protection des droits de l'homme et des libertés fondamentales, des accords déterminant leurs compétences respectives pour l'examen des demandes d'asile qui leur sont présentées. Toutefois, même si la demande n'entre pas dans leur compétence en vertu de ces accords, les autorités de la République ont toujours le droit de donner asile à tout étranger persécuté en raison de son action en faveur de la liberté ou qui sollicite la protection de la France pour un autre motif. » *Loi du 25-7-1952* créant l'Office français de protection des réfugiés et apatrides (Ofpra) [1]. *Conventions internationales* où la France est partie, notamment celle de Genève 28-7-1951 sur les réfugiés, ratifiée le 17-3-1954. *Loi du 11-5-1998* sur le droit d'asile, introduit 2 garanties nouvelles : **l'asile constitutionnel,** accordé à des étrangers persécutés dans leur pays en raison de leurs actions pour la liberté ; l'Ofpra, organisme indépendant, est chargé de sa mise en œuvre, comme pour l'asile accordé au titre de la convention de Genève ; **l'asile territorial,** attribué par le gouvernement de la République et sous la responsabilité du ministre de l'Intérieur, dans des conditions conformes à l'intérêt du pays, à ceux qui encourraient des risques vitaux en cas de retour dans leur pays d'origine. Ces 2 nouvelles formes d'asile donnent lieu également à des décisions susceptibles de recours devant le juge. *Ordonnance du 2-11-1945* modifiée relative aux conditions d'entrée et de séjour des étrangers en France telle qu'elle résulte des lois du 24-8-et 30-12-1993.

Nota. – (1) Établissement public placé sous la tutelle du ministre des Affaires étrangères, il est chargé de statuer sur les demandes d'admission au statut de réfugié et d'apatride et d'assurer la protection des réfugiés et apatrides.

■ **Demande d'asile.** Doit être présentée sur le territoire français. Toutefois, l'intention de demander l'asile peut être manifestée : **1°)** dans le pays d'origine ou dans un pays tiers, auprès des autorités diplomatiques françaises qui, après accord des autorités centrales, délivrent un visa de long séjour pour venir s'établir en France (des procédures particulières d'admission existent pour les pays du Sud-Est asiatique). **2°)** A la frontière : la décision de refus d'admission au séjour ne peut être prise que par le ministre de l'Intérieur après consultation du ministre des Affaires étrangères et si la demande d'asile est manifestement non fondée (voir **Entrée des étrangers en France**, p. 612 c). Les demandeurs d'asile bénéficient du droit de se maintenir en France pendant la procédure d'examen de leur demande de statut de réfugié par l'Ofpra et, en cas de recours contre une décision négative de l'office, par la Commission des recours des réfugiés [1]. On leur remet une autorisation provisoire de séjour de 3 mois renouvelable. *Exceptions : 1°)* l'examen de la demande relève d'un autre État en application de conventions particulières signées par la France. *2°)* Le demandeur d'asile a la nationalité d'un pays pour lequel ont été mises en œuvre les dispositions de l'article 1 C 5 de la Convention de Genève (dites clauses de cessation), c'est-à-dire où sont intervenus des changements politiques majeurs. *3°)* Sa présence constitue une menace grave pour l'ordre public. *4°)* La demande repose sur une fraude délibérée ou constitue un recours abusif aux procédures d'asile ou n'est présentée qu'en vue de faire échec à une mesure d'éloignement prononcée ou imminente. Toutefois, et sauf dans le 1er de ces cas, le demandeur peut saisir l'Ofpra et aucune mesure d'éloignement ne peut être prise avant que l'office ait statué négativement sur la demande. L'étranger qui se voit reconnaître le statut de réfugié obtient de plein droit, sauf si sa présence constitue une menace pour l'ordre public, une carte de résident de 10 ans, renouvelable automatiquement, qui vaut titre de séjour et de travail. En cas de refus, il doit quitter normalement le territoire dans un délai d'un mois sous peine d'un arrêté de reconduite à la frontière ou de poursuites judiciaires pour séjour irrégulier.

Nota. – (1) Juridiction administrative placée sous le contrôle de cassation du Conseil d'État. Statue en appel des décisions négatives de l'Ofpra et peut donner un avis au ministère de l'Intérieur sur certaines mesures prises à l'encontre des réfugiés.

■ **Extradition.** La France refuse l'extradition des personnes bénéficiant de l'asile politique dès lors qu'elle est réclamée pour les faits en raison desquels cet asile a été accordé. La demande est appréciée selon 4 critères pouvant fonder un refus : nature du système politique et judiciaire de l'État demandeur ; caractère politique de l'infraction ; mobile politique de la demande ; risque d'aggravation en cas d'extradition de la situation de l'intéressé, en raison de ses opinions politiques, de sa race, de sa religion. La nature politique de l'infraction n'est pas retenue, et l'extradition est en principe accordée, sous réserve de l'avis de la chambre d'accusation, quand sont commis, dans un État respectueux des libertés et droits fondamentaux, des actes criminels (prises d'otages, meurtres, violences ayant entraîné des blessures graves ou la mort, etc.) de nature telle que la fin politique alléguée ne saurait justifier la mise en œuvre de moyens inacceptables.

allongement de 6 mois à 2 ans du délai nécessaire pour obtenir la nationalité, après le mariage avec un Français ; suppression de la possibilité pour les parents étrangers de demander la nationalité pour leurs enfants mineurs nés en Fr. ; suppression de la procédure de réintégration dans la nationalité française (sauf pour les personnes ayant déjà sollicité l'autorisation de souscrire une telle déclaration). *Applicables au 1-1-1994 :* exigence d'une manifestation de volonté entre 16 et 21 ans pour l'acquisition de la nationalité par les jeunes nés en Fr. de parents étrangers nés à l'étranger. Les enfants nés en Fr. (à compter du 1-1-1994) d'un parent né dans un ancien territoire français, avant son indépendance, ne seront plus français de naissance, sauf si le parent est né en Algérie avant l'indépendance et justifie d'une résidence régulière en Fr. depuis 5 ans. *-13-8* le Conseil constitutionnel déclare inconstitutionnels 8 articles sur 51 du *projet de loi sur le statut des étrangers* pour atteinte aux droits de l'homme (automaticité de l'interdiction du territoire pour toute personne reconduite à la frontière ; interdiction du regroupement familial au profit des étudiants ; possibilité de mise en rétention administrative pour 3 mois d'un étranger ne possédant pas les documents permettant de le renvoyer dans son pays ; droit pour le procureur de la Rép. d'autoriser un maire à surseoir à un mariage ; refus de saisine de l'Ofpra à un demandeur d'asile dont la demande a déjà été refusée dans un État européen signataire des accords de Schengen) et émet des « réserves interprétatives » sur 10 autres articles sur le droit d'asile et le contrôle des titres de séjour des étrangers par la police. *-24-8* **loi Pasqua** définitive relative à la maîtrise de l'immigration et aux conditions d'entrée, d'accueil et de séjour des étrangers en France. *-19-11* projet de loi constitutionnelle par le Congrès (698 voix contre 157 et 20 abstensions) : réforme du droit d'asile ajoutée dans l'article VI de la Constitution : la France ne sera plus contrainte d'examiner les dossiers de réfugiés ayant transité dans un autre État européen. *-30-12* loi instaurant diverses dispositions relatives à la maîtrise de l'immigration et à la lutte contre l'immigration clandestine. **1994**-*7-11* décret sur le *regroupement* familial. *-27-12* loi instaurant des sanctions à l'encontre des passeurs qui aident les immigrants clandestins à franchir la frontière française ou les frontières extérieures des États parties à l'accord de Schengen ; cette loi modifie aussi les dispositions sur les zones d'attente. **1996**-*16-4 rapport Philibert Sauvaigo :* délai de rétention administrative porté à 15 j et renouvelable 2 fois ; fichier des personnes hébergeant des étrangers et Office de l'immigration créés ; assistance médicale aux irréguliers limitée aux cas d'urgence. *-Avril rapport Cuq* sur les foyers de travailleurs immigrés : destruction de 20 centres en situation critique sur 710 ; *-13-6 avant-projet de loi Jean-Louis Debré* renforçant les lois Pasqua, rejeté par le PM Juppé. *-16-10* projet de loi contre le travail clandestin (moyens accrus aux inspecteurs du travail ; sanctions renforcées et interdiction aux entrepreneurs condamnés d'être candidats à un marché public). *-Déc.* adopté par l'Assemblée nationale. *-6-11 nouveau projet Debré* adopté en Conseil des ministres : délivrance des certificats d'hébergement rendue plus difficile ; hébergeant tenu de déclarer le départ de l'étranger (attentatoire à la liberté individuelle selon le Conseil d'État le 31-10) ; police et gendarmerie autorisées à fouiller les camions jusqu'à 20 km à l'intérieur des frontières de Schengen ; intervention du juge judiciaire dans la procédure de reconduite aux frontières repoussée de 24 à 48 h ; appel suspensif possible contre une décision de remise en liberté ; confiscation des passeports des étrangers en situation irrégulière ; police autorisée, sur réquisition du procureur, à contrôler le respect de la législation sur les lieux de travail ; rétention judiciaire de 3 mois étendue à l'ensemble des étrangers en situation irrégulière dépourvus de documents de voyage ; titres de séjour provisoire pour les parents étrangers d'enfants français, des conjoints de Français mariés depuis plus d'un an, de certains enfants étrangers entrés sans passer par le regroupement familial, des personnes justifiant résider en France depuis plus de 15 ans. *-Déc. rapport Raoult* sur l'intégration : réduction des délais de naturalisation et mise en sommeil des foyers d'immigrés. *-19-12 projet Debré* adopté par l'Assemblée nationale : carte de résident retirée en cas de menace pour l'ordre public ; étrangers en situation irrégulière présents depuis plus de 15 ans expulsables ; prise d'empreinte des étrangers entrant en France. **1997**-*6-2* Sénat vote l'attribution d'une carte temporaire de 1 an aux étrangers présents depuis plus de 15 ans. *-26-2 amendement Mazeaud* adopté par l'Assemblée nationale : pouvoir de viser les certificats d'hébergement transféré aux préfets ; certificat remis aux services de police par l'hébergé à sa sortie. *-27-2* projet adopté en 2e lecture par l'Assemblée nationale par 113 voix contre 61. *-13-3* par le Sénat par 219 voix contre 96. *-24-4 loi Debré* en vigueur. *-24-6 circulaire Jean-Pierre Chevènement :* invite les préfets à régulariser à titre exceptionnel 11 catégories d'étrangers sans papiers avant le 30-4-1998. *-31-7 rapport Weil :* redéfinition du statut de réfugié (accordé aux « combattants de la liberté »), droits nouveaux consentis aux étrangers déjà installés : extension du regroupement familial, allègement des contrôles, acquisition de la nationalité française facilitée, suppression du certificat d'hébergement. *-22-8 avant-projet de la loi Chevènement. -31-10 :* 150 000 demandes de régularisation déposées [à fin février 1998 : 62 000 dossiers traités par les préfectures : admissions au séjour 32 344 (dont cartes de séjour temporaires 28 920, regroupements familiaux 2 182, autorisations provisoires de séjour pour raison médicale 242) ; récépissé favorable qui deviendra titre de séjour si dossier complété avant le 30 avril : 15 495 ; rejets : 30 053]. *-17-12 loi Chevènement :* suppression des certificats d'hébergement, rétablissement des commissions départementales de séjour, assouplissement du regroupement familial, création de nouveaux titres de séjour, obtention de la carte de résident facilitée, droit d'asile étendu aux personnes persécutées en raison de leur action pour la liberté, délai de rétention administrative porté de 10 à 12 j. **1998**-*4-3 loi Élisabeth Guigou* rétablit l'accès de plein droit à la nationalité, à leur majorité, pour les jeunes nés en France de 2 parents étrangers, avec possibilité dès 13 ans (accord parental) ou 16 ans, à condition d'avoir résidé en France depuis 5 ans.

■ Statut actuel (loi du 16-3-1998)

■ **Acquisition de la nationalité française. 1°) A raison de la naissance et de la résidence en France : acquisition de plein droit** (art. 21-7 Code civil) : à 18 ans pour les jeunes nés en France après le 1-9-1980 de parents étrangers et résidant en France pendant une période continue ou discontinue d'au moins 5 ans entre 11 et 18 ans *(condition de stage),* sauf pour les mineurs incorporés en qualité d'engagé, qui acquièrent la nationalité française à la date de leur incorporation (art. 21-9 al. 2). *Conséquences :* liste des condamnations pour des faits commis entre 18 et 21 ans qui empêchait d'acquérir la nationalité française supprimée (sauf exceptions [1]).

☞ *Faculté de décliner la qualité de Français :* par déclaration reçue par le juge d'instance ou les autorités consulaires françaises à l'étranger, soit dans les 6 mois précédant les 18 ans ou dans les 12 mois suivants, soit entre 17 ans et demi et 19 ans (art. 21-8) [il n'est pas obligé d'être représenté par celui ou ceux qui exercent l'autorité parentale]. Afin d'éviter de devenir apatride, on devra prouver que l'on a la nationalité d'un État étranger. Le jeune qui décline la qualité de Français est réputé n'avoir jamais été Français. Il perd la faculté de décliner sa qualité de Français s'il contracte un engagement dans les armées françaises (art. 21-9 al. 1), mais non dans le cas de participation volontaire aux opérations de recensement.

Nota. – (1) Crimes et délits constituant une atteinte aux intérêts fondamentaux de la Nation ou en acte de terrorisme, atteinte volontaire à la vie, violences ayant entraîné la mort, trafic de stupéfiants ou proxénétisme ; atteinte volontaire à la vie ou à l'intégrité, atteinte sexuelle sur mineur de 15 ans.

Par déclaration : des mineurs âgés de 16 ans, s'ils remplissent les mêmes conditions ; des parents, à partir des 13 ans de l'enfant (avec son consentement et s'il réside en France pendant une période continue ou discontinue d'au moins 5 ans depuis l'âge de 8 ans, art. 21-11 al. 2).

☞ *Dispositions transitoires. Manifestations de volonté souscrites mais non enregistrées avant le 1-1-1998 :* demeurent régies par la loi du 22-7-1993. *Absence de manifestation de volonté. Jeunes de + de 18 ans et de – de 21 ans au 1-9-1998 résidant en France :* acquièrent à cette date la nationalité française s'ils résident en France pendant une période continue ou discontinue d'au moins 5 ans depuis l'âge de 11 ans. Ils peuvent toutefois décliner la qualité de Français par déclaration jusqu'au 1-9-1999. *Jeunes de + de 18 ans et de – de 21 ans au 1-9-1998 sans condition de résidence :* pourront réclamer la nationalité française par déclaration après 5 années de résidence et avant 21 ans. *Jeunes de + de 16 ans au 1-9-1998 sans condition de résidence de 5 ans à leur majorité :* mêmes conditions que les jeunes majeurs. *Jeunes âgés de + de 21 ans au 1-9-1998 :* peuvent être naturalisés sans condition de stage.

2°) A raison du mariage : *l'étranger (l'étrangère) qui épouse une Française (un Français)* peut, après un délai d'un an à compter du mariage (délai supprimé en cas de naissance d'un enfant), acquérir la nationalité française par déclaration, la communauté de vie n'ayant pas cessé entre les époux, le conjoint français ayant conservé sa nationalité et l'étranger se trouvant en situation régulière.

3°) Acquisition par décision de l'autorité publique : résulte d'une naturalisation accordée par décret à la demande de l'étranger. Elle ne peut être accordée qu'à l'étranger justifiant d'une résidence habituelle en Fr. pendant les 5 ans précédant le dépôt de sa demande. *Peut être naturalisé sans condition de stage* l'étranger ayant obtenu le statut de réfugié en application de la loi du 25-7-1952 portant création de l'Ofpra.

■ **Dispositions diverses. Attribution de la nationalité française :** *enfant ne pouvant être rattaché à aucune nationalité :* la nationalité est attribuée à sa naissance à l'enfant né en Fr. de parents apatrides ou étrangers auxquels les lois étrangères n'attribuent la nationalité d'aucun des parents (attribution subsidiaire : l'enfant sera réputé n'avoir jamais été Français si, au cours de sa minorité, la nationalité étrangère acquise ou possédée par l'un des parents vient à lui être transmise). *Double droit du sol pour les enfants d'Algériens :* l'enfant né en Fr. après le 1-1-1963 d'un parent né en Algérie avant le 3-7-1962 est français dès sa naissance.

Effet collectif : l'enfant mineur, légitime ou naturel ou ayant fait l'objet d'une adoption plénière, dont l'un des parents acquiert la nationalité française, devient Français de plein droit (art. 22-1), s'il a la même résidence habituelle que ce parent, ou s'il réside alternativement avec ce parent en cas de séparation ou de divorce et à condition que son nom soit mentionné dans le décret de naturalisation ou dans la déclaration (dans ce dernier cas, sauf si le parent acquiert la nationalité française à 18 ans).

Réclamation par un enfant ayant fait l'objet d'une adoption simple : il peut déclarer jusqu'à sa majorité qu'il réclame la qualité de Français à condition qu'à l'époque de sa déclaration, il réside en Fr. (art. 21-12), sauf s'il a été adopté par un Français n'ayant pas sa résidence habituelle en Fr.

Réintégration par déclaration (art. 24-2) : accordée aux personnes de nationalité française depuis la naissance ainsi qu'à celles l'ayant acquise par naturalisation, déclaration durant la minorité ou effet collectif et qui l'ont perdue en raison du mariage avec un étranger ou de l'acquisition volontaire d'une nationalité étrangère. Elles doivent avoir conservé avec la F. des liens manifestes (culturels, professionnels, économiques ou familiaux).

Déchéance (art. 25) : prise par décret après avis conforme du Conseil d'État en cas d'indignité, de manque de loyalisme ou de condamnations pénales graves. *Exception :* étranger condamné en Fr. ou à l'étranger pour un acte qualifié de crime dans la loi française, à une peine d'au moins 5 ans de prison ; si la déchéance a pour effet de rendre l'étranger apatride.

■ **Preuve de la nationalité française. Mention sur l'acte de naissance :** la 1re délivrance d'un certificat de nationalité fera l'objet d'une mention en marge de l'acte de naissance (art. 28 al. 2). *Extraits d'acte de naissance et livret de famille :* les mentions relatives à la nationalité française pourront y figurer à la demande de l'intéressé (art. 28-1).

■ **Empêchements à l'acquisition de la nationalité française** (art. 21-27). Condamnation pour crimes et délits constituant une atteinte aux intérêts fondamentaux de la Nation ou un acte de terrorisme. Condamnation, quelle que soit l'infraction, à une peine égale ou supérieure à 6 mois non assortie d'une mesure de sursis. Arrêté d'expulsion non expressément rapporté ou abrogé ou interdiction de territoire français non entièrement exécutée. Séjour irrégulier en Fr. *Exceptions :* enfant mineur qui acquiert de plein droit la nationalité à 18 ans ou qui la réclame à 16 ans, dont les parents réclament la nationalité en son nom et avec son consentement dès 13 ans, qui devient Français par adoption simple ou par effet collectif.

☞ *Francisation du nom ou prénom, pour ceux qui désirent se faire naturaliser :* à faire lors du dépôt de la demande.

■ **Double nationalité.** Le droit français l'ignore. Ainsi, au regard du droit français, l'intéressé de nationalité française résidant ou se trouvant dans un pays dont il possède la nationalité, ne peut invoquer la protection diplomatique française (Convention de La Haye 1930) ; le service national, en pratique la seule obligation liée à la nationalité, implique un choix de la part de l'individu ayant plusieurs nationalités. La loi de 1971 dispense du service actif les Français résidant habituellement dans certains États étrangers.

☞ Voir à l'Index **Liberté d'aller et venir, Expulsions.**

■ **Titre d'identité républicain.** Créé par la loi du 16-3-1998. Délivré sur présentation du livret de famille à tout mineur, de 11 à 18 ans, né en France de parents étrangers titulaires d'un titre de séjour. Constitue une pièce d'identité pour les enfants jusqu'à leur majorité. Permet, après un séjour à l'étranger, de rentrer en France sans visa. Valable 5 ans. Délivré par la préfecture ou la sous-préfecture.

Mariage

Depuis l'abrogation de l'art. 13 de l'ordonnance du 2-11-1945 par l'art. 9 de la loi du 29-10-1981, le mariage des étrangers est possible sans autorisation des pouvoirs publics. Ils sont soumis aux dispositions générales du Code civil concernant le mariage. La loi du 30-12-1993 a introduit un nouvel article 175-2 dans le Code civil qui prévoit la possibilité pour le maire de surseoir à la célébration du mariage en cas d'indices sérieux laissant présumer qu'il y a défaut de consentement, c'est-à-dire mariage de complaisance. Lors de ce sursis, le maire saisit le procureur de la République qui dispose de 15 j pour faire opposition et décider que la célébration du mariage sera différée.

Mariage d'un Français à l'étranger : art. 170-1 du Code civil issu de la loi du 24-8-93, en cas d'indices sérieux laissant présumer un défaut de consentement, l'agent diplomatique ou consulaire chargé de transcrire l'acte en informe immédiatement le ministère public et sursoit à la transcription. Le procureur de la République se prononce sur la transcription et dispose de 6 mois pour engager une procédure d'annulation devant le tribunal de grande instance ; la présence d'un Français à son mariage, même contracté à l'étranger, est une condition de fond à la validité de l'union (nouvel art. 146-1 du Code civil).

Réglementation du séjour

■ **Séjours de moins de 3 mois** (dispense de carte de séjour). Peuvent être prolongés de 3 mois au maximum. **Séjours de + de 3 mois.** Ressortissants de l'Union européenne : l'article 48 § 3 *c* et *d* du traité de Rome affirme le principe de libre circulation et de non-discrimination à l'égard des travailleurs, qui ont le droit, pour y travailler, de séjourner dans un des États membres et d'y demeurer après y avoir occupé un emploi. Depuis le traité sur l'Union européenne du 7-2-1992, le droit de séjour est reconnu à tout ressortissant communautaire et aux membres de sa famille s'il dispose des ressources suffisantes et s'il est couvert par une assurance maladie. Les membres de la Communauté disposent en France d'une carte de séjour de ressortissant communautaire valable 5 ans lors de son établissement, et 10 ans après son renouvellement, qui est de plein droit. *Autres étrangers :* l'étranger de plus de 18 ans qui désire séjourner plus de 3 mois en France, à compter de son entrée, doit avoir une carte de séjour. La loi du 17-7-1984 a institué 2 cartes de séjour valant titre unique de séjour et de travail.

Carte de séjour temporaire : d'une durée variable ne pouvant excéder 1 an, ni la durée de validité des documents ou visas obtenus par l'étranger pour entrer en France. Délivrée aux *visiteurs* (étrangers n'exerçant en France aucune activité professionnelle, ou étrangers en séjour temporaire exerçant une activité non soumise à autorisation), aux étudiants, aux étrangers exerçant à titre temporaire une activité soumise à autorisation. Doivent être respectées certaines conditions générales (entrée régulière, visa de long séjour – sauf dispense en vertu de conventions internationales –, certificat médical, ordre public) et particulières [*visiteur :* justification de ressources ; *étudiant :* justification de ressources calculée en fonction de l'allocation mensuelle de base versée par le gouvernement français à ses boursiers, couverture sociale et inscription dans un établissement d'enseignement ou de formation professionnelle ; *travailleur salarié :* autorisation de travail accordée par les services de l'emploi ; *non salarié :* autorisation accordée par l'administration compétente (commerce et artisanat, agriculture)].

Carte de résident : d'une durée de 10 ans, renouvelable de plein droit, sous réserve des dispositions relatives aux polygames et à la péremption du titre, peut être délivrée : *1°)* à la suite d'un séjour préalable d'au moins 3 ans en France, régulier et non interrompu, en tenant compte des moyens d'existence dont l'étranger peut faire état, parmi lesquels les conditions de son activité professionnelle et, le cas échéant, des faits qu'il peut invoquer à l'appui de son intention de s'établir durablement en France ; *2°)* de plein droit à certaines catégories d'étrangers justifiant d'attaches familiales et d'un séjour régulier lors de la demande [conjoint de France marié depuis plus de 1 an et justifiant d'une communauté de vie effective, à condition que le conjoint français ait conservé sa nationalité française, et, lorsque le mariage a été célébré à l'étranger, qu'il ait été retranscrit sur les registres de l'état civil français ; ascendants à charge ou descendant de moins de 21 ans à la charge de ses parents ; conjoint et enfants mineurs (ou dans l'année qui suit leur 18e anniversaire) d'un étranger titulaire d'une carte de résident autorisé à séjourner en France au titre du regroupement familial], d'une certaine ancienneté de séjour (10 ans de séjour régulier à un titre autre qu'étudiant) ou d'une situation particulière (réfugié, apatride, membres de famille de réfugié ou apatride, ancien combattant, titulaire d'une rente d'accident du travail ou de maladie professionnelle et ses ayants droit).

■ **Entrée en France.** *Attestation d'accueil :* remplace le certificat d'hébergement qui certifie que l'étranger désirant venir en France pour une visite privée sera hébergé chez la personne qui fait établir cette attestation (rendue obligatoire par la convention de Schengen, peut être obtenue auprès de la mairie de l'hébergeant ou du commissariat de police ou de la brigade de gendarmerie locale). *Motivation des refus de visas :* cas pour les membres de familles de ressortissants français ou communautaires, bénéficiaires du regroupement familial ou d'une autorisation de travail, étudiants venant en France pour y suivre des études supérieures, bénéficiaires de plein droit d'une carte de résident. *Déclaration d'entrée sur le territoire :* n'est plus obligatoire.

■ **Séjour en France.** Cartes de séjour temporaires (1 an renouvelable) : *mention « scientifique » :* permet d'accueillir dans des universités ou centres de recherches agréés l'étranger entré régulièrement sur le territoire et qui mène des travaux de recherche ou dispense un enseignement supérieur. Son conjoint a droit à un titre de séjour de même nature ; *« profession artistique et culturelle » :*

Notaire

■ **Généralités.** Officier public qui exerce dans le cadre d'une profession libérale, pour recevoir tous les actes et contrats auxquels les parties doivent ou veulent donner le caractère d'authenticité attaché aux actes de l'autorité publique, et pour en assurer la date, en conserver le dépôt, en délivrer des copies exécutoires et expéditions ; intervient également dans le domaine du droit de la famille et dans celui du droit des entreprises. *Nommé* à vie, par arrêté du garde des Sceaux, ministre de la Justice. *Pour s'établir,* le notaire doit : être français ; jouir de ses droits de citoyen et ne pas avoir encouru certaines condamnations ; être titulaire de la maîtrise en droit ou d'un diplôme reconnu équivalent (personnes ayant exercé des activités professionnelles auprès d'un notaire depuis + de 9 ans dont 6 après l'obtention du diplôme de 1er clerc de notaire peuvent se présenter à l'examen de contrôle des connaissances organisé par le CNEPN, une session par an) ; avoir fait un stage de 2, 3 ou 5 ans dont 2 au moins chez un notaire ; avoir réussi l'examen d'aptitude aux fonctions de notaire ou être titulaire du diplôme supérieur du notariat. Il lui faut alors acquérir un office ou des parts d'une société civile professionnelle dont les prix de cession varient en fonction des produits réalisés au cours des 5 ans précédant la mutation. Il ne peut changer de résidence sans l'autorisation du garde des Sceaux, ni créer une charge là où il l'entend. Pour financer son acquisition, il peut obtenir un prêt limité à 90 % du montant global de l'opération (prix de cession, droits d'enregistrement, fonds de roulement, dépôt de garantie). Le prêt, 6,65 % par an pour 15 ans maximum, est garanti par l'Association notariale de caution. Depuis le décret du 29-4-1986, les notaires peuvent exercer leurs fonctions sur l'ensemble du territoire national, à l'exclusion de Mayotte et St-Pierre-et-Miquelon. Ils ne peuvent toutefois établir, hors du ressort de la cour d'appel dans lequel leur étude est établie, ou du ressort des tribunaux de grande instance limitrophes, certains actes énumérés par ce décret. Un notaire ne peut recevoir ou faire recevoir à titre habituel ses clients par une personne à son service dans un autre local que l'étude ou un bureau annexe.

■ **Choix du notaire.** *En cas d'achat,* l'acquéreur peut choisir son notaire ; si la vente a lieu chez le notaire d'une Sté de construction ou du vendeur, il peut se faire assister par son notaire. *En cas de location,* le propriétaire choisit le notaire, le locataire pouvant se faire assister par le sien. On peut toujours changer de notaire. Plusieurs notaires peuvent intervenir dans une même affaire. Les émoluments seront partagés entre les 2 (et non multipliés).

■ **Actes notariés.** Un acte rédigé par un notaire est dit « authentique » : il ne peut être contesté que par une procédure contraignante et permet de recourir directement aux voies d'exécution. **Principaux actes :** baux à ferme, ventes, contrats de mariage ; actes de reconnaissance, reconnaissance des enfants naturels, ventes d'immeubles, adoption, donation ; testaments authentiques, partages, liquidations de successions ; prêts hypothécaires ; sociétés.

■ **Rémunération. Émoluments : a)** proportionnels (rémunérant la plupart des actes) ; **b)** fixes (rémunérant certains actes et la plupart des formalités) ; tarifs publics obligatoires pour le notaire ; si la prestation ne figure pas au tarif, le notaire doit établir un devis préalable. **Honoraires :** pour services rendus qui ne sont pas prévus par le tarif des notaires (consultations, expertises, estimations), fixés d'un commun accord entre notaire et client. Voir à l'Index. Un décret du 11-3-1986 a « détarifé » certains actes (associations, sociétés, baux commerciaux, ventes de fonds de commerce, etc.) qui sont désormais rémunérés par des honoraires fixés d'un commun accord avec les parties. Depuis 1973, les sommes détenues provisoirement pour le compte des clients sont obligatoirement déposées à la Caisse des dépôts et consignations (villes de plus de 30 000 hab.) ou dans les caisses régionales du Crédit agricole. Ces dépôts sont rémunérés à 1 %.

■ **Responsabilité.** Peut être engagée pour une erreur commise dans la rédaction d'un acte ou l'accomplissement des formalités, pour manquement au devoir de conseil. Chaque notaire doit assurer sa responsabilité auprès d'une Cie d'assurances : il existe en outre une caisse de garantie collective alimentée par les cotisations des notaires au sein d'une même chambre départementale. La caisse de garantie des notaires rembourse les sommes reçues à l'occasion des actes de leur ministère ou des opérations dont ils sont chargés en raison de leurs fonctions.

■ **Rôle du notaire.** Rédaction des actes authentiques [monopole des testaments authentiques et des donations entre époux, des transactions immobilières (il est correspondant du fichier immobilier : mutation, donation, succession)]. Pour certains actes juridiques, la concurrence des conseillers juridiques ou fiscaux et des avocats peut jouer. *Recommandé :* pour prêts, baux, promesses de vente, déclaration de succession, cessions de parts de sociétés civiles de construction. *Conseil des parties :* pour rédaction d'un acte, aux problèmes de financement.

Le notaire doit garder minute des actes qu'il reçoit, sauf pour procurations, actes de notoriété, etc. Il ne doit en délivrer des copies sous forme de copies exécutoires et expéditions qu'aux parties. Il est tenu par le secret professionnel.

■ **Sanctions.** *Peines disciplinaires* pouvant être prononcées par la Chambre de discipline : rappel à l'ordre, censure simple, censure devant la Chambre assemblée. Le tribunal de grande instance statuant disciplinairement peut prononcer ces mêmes sanctions et, également : la défense de récidiver, l'interdiction temporaire, la destitution. Tout officier public ou ministériel qui fait l'objet d'une poursuite pénale ou disciplinaire peut se voir suspendre provisoirement de l'exercice de ses fonctions.

■ **Statistiques** (au 1-1). **Notaires :** *1970 :* 6 327 ; *90 :* 7 456 dont 426 femmes ; *98 :* 7 628 (dont 5 300 associés) dont 946 femmes. *Clercs et employés :* 40 000. **Offices :** 4 623 (en 1997). **Actes** authentifiés : 4,1 millions par an. **Chiffre d'affaires** (en 1997) : 22 milliards de F dont (en %) immobilier, ventes, construction 39,3, actes de famille, succession 29,2, activités de crédit 15,5, conseils, sociétés, gérance 11,3, négociations immobilières 4,7.

délivrée à un artiste ou un auteur titulaire d'un contrat de plus de 3 mois ; « *vie privée et familiale* » : nécessaire pour appliquer l'article 8 de la Convention européenne de sauvegarde des droits de l'homme (à laquelle la France a adhéré), qui protège la vie privée et familiale. Elle concerne l'ensemble de ceux qui ont droit, en raison de liens personnels et familiaux incontestables en France, à la carte de séjour temporaire, sauf si leur présence constitue une menace pour l'ordre public.

12 catégories d'étrangers bénéficient de cette carte et ont le droit d'exercer une activité professionnelle, à condition qu'ils ne vivent pas en état de polygamie : **1°)** l'étranger mineur, ou venant d'atteindre sa majorité, dont l'un des parents au moins est titulaire de la carte de séjour temporaire, et l'étranger entré régulièrement en France dont le conjoint est titulaire d'une carte de séjour, s'ils ont été autorisés à séjourner en France au titre du regroupement familial. **2°)** L'étranger mineur, ou dans l'année qui suit son 18e anniversaire, qui justifie par tous moyens avoir sa résidence habituelle en France depuis qu'il a atteint au plus l'âge de 10 ans. **3°)** L'étranger qui justifie, par tous moyens, résider en France habituellement depuis plus de 10 ans (au lieu de 15 précédemment). **4°)** L'étranger, entré régulièrement en France, dont le conjoint est de nationalité française. La double condition d'une année de mariage et d'une communauté de vie effective est supprimée. **5°)** L'étranger, dont l'entrée en France est régulière, conjoint du titulaire de la carte portant la mention « scientifique ». **6°)** L'étranger qui est père ou mère d'un enfant français mineur de 18 ans résidant en France. Il lui suffit de justifier, soit de l'exercice même partiel de l'autorité parentale, soit qu'il subvient effectivement aux besoins de l'enfant. **7°)** L'étranger qui se prévaut directement de la protection de l'article 8 de la Convention européenne de sauvegarde des droits de l'homme et des libertés fondamentales. A titre d'exemple, le droit au séjour est accordé à des concubins de Français ou d'étrangers en situation régulière en France. Il bénéficie aussi à de jeunes adultes étrangers entrés en France pour rejoindre l'ensemble de leur famille installée de longue date. **8°)** L'étranger né en France et qui y a suivi la plus grande part de sa scolarité. **9°)** L'étranger titulaire d'une rente d'accident du travail ou de maladie professionnelle servie par un organisme français et dont le taux d'incapacité permanente est égal ou supérieur à 20 %. **10°)** L'étranger qui a obtenu le statut d'apatride ainsi que son conjoint et ses enfants mineurs. **11°)** L'étranger dont l'état de santé nécessite une prise en charge médicale indispensable en France. **12°)** L'étranger admis au bénéfice de l'asile territorial.

Accès facilité à la carte de résident (durée de 10 ans) : délivrée de plein droit à l'étranger titulaire d'une carte de séjour temporaire « vie privée et familiale », dès lors qu'il justifie de 5 années de résidence régulière ininterrompue en France et qu'il ne menace pas l'ordre public. *Création d'une carte de retraité (durée de 10 ans) :* destinée à l'étranger qui, après avoir habité en France avec une carte de résident, habite dans son pays ou désire y habiter avec la pension de retraite à laquelle il a droit. Cette carte lui permet de vivre dans son pays en continuant à bénéficier de la possibilité d'entrer à tout moment sur le territoire français pour y effectuer des séjours n'excédant pas 1 an. Bénéfice étendu au conjoint, ne donne pas droit à l'exercice d'une activité professionnelle.

Rétablissement d'une commission du titre de séjour : consultative, personne qualifiée désignée par le préfet.

Assouplissement des conditions du regroupement familial : délai de résidence régulière exigé ramené de 2 ans à 1 an. Bénéfice du regroupement étendu aux enfants nés d'un premier mariage. Conditions de ressources : l'étranger doit avoir – hors prestations familiales – des ressources au moins égales au Smic et être à même d'offrir un logement normal.

■ **Interruption du séjour.** *Motifs :* expiration de la période de séjour autorisée, décisions administratives refusant ou retirant un titre de séjour à un étranger. Si un étranger demeure irrégulièrement en France, il peut faire l'objet d'une reconduite à la frontière. Il peut aussi être expulsé, si sa présence constitue une menace pour l'ordre public. *Refus de séjour, reconduite à la frontière :* on doit quitter le territoire en général dans un délai de 1 mois. Un recours peut être déposé. Il y a reconduite à la frontière (article 14 de la loi du 24-8-1993) en cas d'entrée irrégulière ou de séjour irrégulier sur le territoire ; de condamnation définitive pour contrefaçon ou falsification d'un titre de séjour ; du retrait ou du refus de renouvellement d'un titre de séjour provisoire ; du retrait ou du refus de délivrance ou de renouvellement d'un titre de séjour, fondé sur une menace à l'ordre public. *Expulsion :* ordre émanant de l'autorité administrative, enjoignant à un étranger de quitter le territoire d'un État. En droit français, la loi prévoit les conditions, les garanties et les recours de l'expulsion. L'expulsion ne concerne que les étrangers et ne peut être motivée que par une menace grave pour l'ordre public. Les ressortissants de la Communauté européenne doivent être informés de la proposition d'expulsion par un avertissement motivé ; ils disposent de délais plus importants pour introduire un recours et pour quitter le territoire, si l'arrêté d'expulsion est confirmé. Les réfugiés bénéficient de garanties spécifiques : selon le Conseil d'État, ils doivent être regardés comme des résidents ; l'article 32-2 de la Convention de Genève protège également les réfugiés en cas d'expulsion. Ces garanties disparaissent en cas d'urgence absolue et de sûreté de l'État ou de sécurité publique. Depuis l'arrêt du Conseil d'État du 23-7-1974, celui qui a déposé un recours contre l'arrêté d'expulsion devant un tribunal administratif peut porter directement devant le Conseil d'État la demande de sursis à exécution.

Entrée d'étrangers en France : le 3-9-1986, le Conseil constitutionnel a censuré la *loi Pasqua* en expliquant que « la rétention (qu'il voulait prolonger de 3 j), même placée sous le contrôle du juge, ne saurait être prolongée, sauf urgence absolue et menace de particulière gravité pour l'ordre public, sans porter atteinte à la liberté individuelle garantie par la Constitution ». Cependant, une « retenue » des étrangers non autorisés à entrer en France, le temps qu'une place d'avion leur soit trouvée, n'est pas forcément contraire à la Constitution. Il suffit qu'elle ait lieu sous le contrôle du juge judiciaire et pour une courte période. Le *9-1-1980*, le Conseil constitutionnel, examinant la *loi Bonnet* sur la prévention de l'immigration clandestine, a affirmé que, l'art. 66 de la Constitution précisant que « l'autorité judiciaire, gardienne de la liberté individuelle, assure le respect de ce principe dans les conditions prévues par la loi », il importait que « le juge intervienne dans le plus court délai possible » pour contrôler toute mesure privative de liberté. Le *25-2-1992*, le Conseil constitutionnel avait partiellement déclaré non conforme à la Constitution l'art. 8 de la loi modifiant les conditions d'entrée des étrangers en France. Imposé par Philippe Marchand, min. de l'Intérieur, il créait des *zones de transit* où la police aurait pu retenir les étrangers non autorisés à pénétrer en France. Ce faisant, il aurait tenté de donner une base légale à la pratique consistant à considérer que les étrangers n'ayant pas réussi à franchir les contrôles de police ne sont pas formellement en France mais se trouvent dans une *zone internationale* où le droit français ne s'applique pas. Un simple inspecteur de police aurait pu retenir pendant 20 j ces étrangers, en instance de départ dans des *zones de transit*, et le Pt du tribunal administratif ne serait intervenu qu'au terme de ce délai pour éventuellement autoriser la prolongation de la retenue pour 10 j supplémentaires. La loi du *4-7-1992* permet de maintenir en zone d'attente des étrangers non admis sur le territoire français ou demandant leur admission au titre de l'asile, par décision, pour 48 h renouvelables une fois, du chef du service de contrôle aux frontières ou d'un fonctionnaire désigné par lui, titulaire au moins du grade d'inspecteur ; ce maintien peut être prolongé par décision du juge judiciaire pour 8 j au maximum (durée renouvelable 1 fois dans les mêmes conditions). Le *13-8-1993*, le Conseil constitutionnel a examiné la *loi Pasqua* (maîtrise de l'immigration, conditions d'entrée, d'accueil et de séjour des étrangers) et a précisé qu'une prolongation de la rétention administrative de 3 j ajoutés aux 7 premiers, sauf urgence absolue et menace d'une particulière gravité pour l'ordre public, même sous le contrôle du juge, était contraire à l'art. 66 de la Constitution (dès lors qu'elle était étendue à tous les étrangers sous le coup d'une expulsion ou d'une reconduite à la frontière, quand ceux-ci n'ont pas présenté de documents de voyage). La loi Reseda (relative à l'entrée et au séjour des étrangers en France et au droit d'asile) du 11-5-1998 aménage la procédure de maintien administratif des étrangers mentionnés à l'article 35 *bis* et 35 *quater* de l'ordonnance du 2-11-1945. Pour les étrangers mentionnés à l'art. 35 *bis*, 48 h après la décision de maintien, le Pt du TGI est saisi et décide soit la prolongation du maintien administratif (5 j max.), soit l'assignation à résidence. Le délai de maintien de 5 j peut être prolongé de 5 j en cas d'urgence absolue et de menace d'une particulière gravité pour l'ordre public. Pour les étrangers mentionnés à l'art. 35 *quater*, le maintien en zone d'attente est limité à 48 h. Le Pt du TGI peut prolonger le maintien jusqu'à 8 j. S'agissant de la sortie du territoire (visa de sortie), le Conseil constitutionnel a indiqué que la liberté d'aller et venir n'est pas limitée au territoire national, et comprend aussi le droit de le quitter ; en outre, il a jugé qu'en conférant à l'autorité administrative la faculté d'imposer une déclaration préalable à la sortie du territoire (appelée *visa de sortie*), le législateur n'a pas subordonné le fait de quitter le territoire français à une autorisation préalable. La loi du 11-5-1998 supprime le visa de sortie.

Travail

■ **Conditions à remplir. 1°) Par le travailleur étranger à titre permanent :** il doit avoir *avant son entrée en France* une autorisation de travail visée par la Direction des services de l'emploi. Dans la pratique, les autorisations de travail ne sont accordées qu'exceptionnellement, en particulier aux étrangers auxquels la situation de l'emploi ne peut être opposée (Vietnamiens, Cambodgiens et Laotiens, Libanais), aux étrangers pouvant se prévaloir de conventions particulières (Togolais, Gabonais), ainsi qu'aux étrangers cadres de haut niveau. Les ressortissants des États membres de l'UE et des États membres de l'Espace économique européen, les Monégasques et Andorrans ne sont pas soumis à l'autorisation de travail. L'étranger qui réside en France à un autre titre que celui de travailleur doit obtenir l'autorisation de travail des services de l'emploi, avec l'opposabilité de la situation de l'emploi.

2°) Par l'employeur : procédure d'introduction du travailleur à titre permanent qui réside encore dans son pays d'origine : dépôt du dossier (avec contrat de travail nominatif, en principe à durée indéterminée) à l'agence locale pour l'emploi qui transmet le dossier à la Direction départementale du travail, de l'emploi et de la formation professionnelle (DDTEFP) avec un avis sur la possibilité ou non de recruter un demandeur d'emploi. Si la demande est acceptée, la DDTEFP transmet le contrat de travail visé à l'Office des Migrations Internationales (OMI) qui va conduire, en liaison avec le consulat français concerné, la procédure d'introduction. Une fois le visa obtenu du consulat français, l'étranger entre en France, passe un contrôle médical puis se rend au service des étrangers de la Préfecture qui lui délivre, au vu d'un exemplaire du contrat visé par le DDTEFP, du certificat de contrôle médical et de ses documents de voyage, une carte de séjour temporaire « salarié ». *Taux* (au 1-1-2001) : salaire brut mensuel en F *jusqu'à 10 000 F :* 4 150 F (redevance forfaitaire 1 050 F) ; *de + de 10 000 F :* 8 400 F (redevance forfaitaire 1 050) ; permanents cambodgiens, laotiens, vietnamiens et libanais : 200 (redevance forfaitaire 360).

■ **Frontaliers étrangers travaillant en France.** *Demande à déposer par l'employeur pour les Suisses :* à la DDTE qui vérifie la situation de l'emploi ; *pour les ressortissants de l'UE :* à la préfecture. *Carte de circulation frontalière :* que doit posséder le travailleur suisse (ressortissants de l'UE : carte valable 5 ans).

■ **Réglementation du travail saisonnier.** *Conditions :* impossibilité de trouver la main-d'œuvre nécessaire, nécessité d'un contrat sans durée minimale (sauf pour Marocains et Tunisiens 4 mois) et 6 mois au maximum (8 en agriculture) et de 4 à 6 mois pour les Marocains et les Tunisiens ; âge : 16 ans au minimum. *Introduction :* l'employeur dépose à l'ANPE un dossier comprenant un contrat type et un engagement à verser, à l'OMI, le montant de la redevance forfaitaire. L'agence transmet le dossier à la Direction départementale du travail qui vise le contrat et à l'OMI qui recrute.

Sanctions : recrutement effectué en infraction du monopole de l'OMI pour une personne physique : amende de 20 000 F et emprisonnement de 6 mois ; doublés en cas de récidive. **Emploi d'un étranger non autorisé** à exercer une activité salariée : emprisonnement de 3 ans et amende de 30 000 F. Aux sanctions judiciaires s'ajoute une amende administrative (*contribution spéciale*) pour chaque étranger irrégulièrement employé : 18 700 F au 1-7-2000 (doublée en cas de récidive).

Les Algériens peuvent exercer une activité professionnelle salariée sous le couvert d'un certificat de résidence valable 1 an s'il porte la mention « salarié », ou de leur certificat de résidence de 10 ans.

■ **Changement de domicile.** Tout étranger séjournant en France et astreint à la possession d'un titre de séjour est tenu, lorsqu'il transfère le lieu de sa résidence effective et permanente, d'en faire la déclaration dans les 8 jours de son arrivée au commissariat de police ou à la mairie en indiquant son ancienne résidence et sa profession. Déclaration devant être faite par tous les étrangers, y compris les ressortissants de l'UE et les Algériens.

■ **Syndicats.** Les étrangers peuvent être désignés délégués syndicaux et accéder aux fonctions d'administration ou de direction d'un syndicat. Ils peuvent également être électeurs et éligibles comme délégués du personnel et membres du comité d'entreprise.

Résorption de la main-d'œuvre étrangère

☞ **L'introduction de main d'œuvre étrangère** est suspendue depuis 1974. *Exception* pour les cadres supérieurs, l'immigration humanitaire, les familles d'immigrés déjà installés et certaines catégories fixées par des textes règlementaires.

■ **Aide au retour. Rapatriement humanitaire :** tout étranger en situation de dénuement manifeste en France peut être rapatrié par l'OMI dans son pays (prise en charge des frais de retour et remise d'un pécule). **Actions de coopération et de développement** (depuis 1995) : menées par l'OMI, le ministère de la Coopération et des organisations non gouvernementales dans le cadre du « programme développement local migrations » (Sénégal, Mali, Mauritanie et depuis 1999 Roumanie). Financement de projets de réinsertion d'étrangers s'intégrant dans les plans de développement des pays d'origine. **Aide à la réinsertion des étrangers invités à quitter le territoire français** (créée 1991) : mise en œuvre par l'OMI. Aide administrative et financière dans le pays de retour. **Aide publique à la réinsertion des étrangers en situation régulière** (par décrets de 1984 et 1987) : menacés de licenciement ou chômeurs indemnisés ; indemnités de voyage et de déménagement ; aide publique de l'État ; financement d'un projet de réinsertion ; capitalisation des 2/3 de leurs droits acquis aux indemnités de chômage (Assedic).

■ Droit de vote

En France. Droit de vote accordé aux ressortissants de l'Union européenne (art. 88-3 de la Constitution). La Constitution de 1793 accordait le droit de vote aux immigrés domiciliés en France depuis plus de 1 an (de même en 1830 et 1871).

A l'étranger (droits accordés). **Allemagne :** *municipalités :* élisent des représentants dans des conseils ou des commissions qui ont un rôle consultatif. **Norvège :** *élections locales :* depuis 1983 (sont aussi éligibles). **P.-Bas :** *municipales :* depuis mai 1985 (si résident depuis plus de 5 ans). **Suède :** *communales :* depuis 1975 (si résident depuis plus de 3 ans).

ŒUVRES

☞ Pour connaître la sélection **Quid** des meilleurs sites Internet sur les œuvres, rendez-vous sur **www.quid.fr**

STATISTIQUES

FRANCE

■ **Contributions de la France** (en millions de F, 2001). Pour le HCR (Haut Commissariat des Nations unies) : 55, Unicef 49, CICR (Comité international de la Croix-Rouge à Genève) 31. Le Service de l'action humanitaire du Quai d'Orsay a consacré (en 2000) 72 millions de F aux opérations d'urgence dans une trentaine de pays dont 27 versés à des ONG françaises y agissant, 44 consacrés à Serbie, Montenegro, Kosovo.

Budget consacré aux sans-abri (en millions de F, 1993). 2 100 dont centres d'hébergement et de réadaptation 1 900, construction d'hébergements temporaires 100, subventions aux associations 55, plan pauvreté-précarité 40. **Ville de Paris :** 223 dont restructuration du centre Nicolas-Flamel 173, fonctionnement (permanences, centres d'hébergement et de réinsertion, dispensaire de vie) 50.

■ **Dons** (en milliards de F). *1990 :* 9,5 ; *93 :* 14,3 ; *94 :* 14,8 ; *96 :* 11,1 ; *2000 :* 14,9 (dont par chèque ou virement 10, de la main à la main 5). **Donateurs** 20,2 millions. **Don moyen** 600 F. **Bénéficiaires** (en %) : Églises 26, santé 24, services sociaux 15, aide internationale 9, éducation et recherche 7, sports et loisirs 5, associations civiques et droits de l'homme 4, divers 10.

■ **Principaux collecteurs de dons** (en millions de F, hors legs, 1999). AFM-Téléthon 468 (522,4 en 2000), Secours catholique 319 [1], Association des paralysés de France 180 [1], Orphelins d'Auteuil 147, Ligue contre le cancer 146 [1], Médecins du monde 221, Médecins sans frontières 140 [1] (dont 35 hors de France), Unicef 139 [1], Restos du cœur 137 [1], Handicap international 134, Sidaction 31 (300 en 1994), Secours populaire 74, Arc 56.

■ **Ressources** (en millions de F, 1999) **et,** entre parenthèses, **part des dons.** Paralysés de France [1] 2 000 (180), Secours catholique [1] 644 (605), Association française contre les myopathies 559 (413 [1]), Ligue contre le cancer [1] 430 (326), Médecins sans frontières 493 (210 [1]), Restos du cœur [1] 352 (162 [1]), Médecins du monde 334 (160 [1]), Action contre la faim [1] 260 (34), Secours populaire 307 (166 [1]), Handicap international 298 (120 [1]).

Nota. – (1) En 1996.

Taux de rendement des appels humanitaires par publipostage. *1988 :* 3 à 4 % ; *90 :* 1.

■ **Pièces jaunes.** Opération destinée à égayer la vie des enfants hospitalisés et à permettre aux parents de vivre à leurs côtés. Lancée par Bernadette Chirac (épouse de J. Chirac) Pte de la Fondation Hôpitaux de Paris-Hôpitaux de France. **Montants collectés** (en millions de F) : *2000 :* 44 ; *2001 :* 65.

■ **Bénévoles. Nombre** (en 2000) : 10 400 000 dont Secours catholique 72 000, Secours populaire 72 000, Restos du cœur 36 000. L'Église mobilise 790 000 personnes (15 % des effectifs du bénévolat) ; 30 % des étudiants et lycéens, mais 16 % seulement des retraités participent à des actions de bénévolat.

■ **Brigades d'assistance aux personnes sans abri (Bapsa).** Policiers (dits « les Bleus »). Récupèrent (24 h sur 24) clochards et sans-domicile, et les conduisent au Centre d'hébergement et d'assistance aux personnes sans abri (Chapsa) à Nanterre (Hts-de-Seine ; *créé* 1954-55). *En 1995*, ont recueilli près de 25 000 personnes.

■ **Défavorisés.** Selon un rapport de décembre 1993, 1 400 000 personnes étaient en situation de grande exclusion sociale dont : allocataires du RMI 150 000, contrats emploi-solidarité 250 000, stages d'insertion 120 000, jeunes de moins de 25 ans 300 000 (dont hors dispositifs 100 000), SDF (sans domicile fixe) 250 000, chômeurs de longue durée 300 000. Sans inclure 3 millions d'illettrés dont 1,8 million d'origine française.

Sans-abri et mal-logés en France et, entre parenthèses, **en Ile-de-France en 1990.** *Source :* SCIC (Sté centrale immobilière de la Caisse des dépôts, déc. 1992). 2 248 000 (425 000) dont exclus du logement 202 000 (35 100) [sans domicile fixe 98 000 (16 500), abris de fortune 45 000 (7 700), centres d'urgence 59 000 (10 900)]. Occupants des logements de substitution (meublés, chambres d'hôtel) 470 000 (120 800). Mal-logés 1 576 000 (269 100) [habitations mobiles 147 000 (21 700), logements « hors normes » 1 429 000]. **Établissements.** 800 offrant 33 000 lits. **Centres de réinsertion** (ouverts toute l'année), à ne pas confondre avec les foyers de jeunes travailleurs ou de type Sonacotra ; accueillent 176 000 personnes (85 % d'hommes dont 50 % de 30-49 ans, souvent immigrés). **Structures fixes d'accueil de nuit :** 5 000 lits. *Gestion :* par des associations dont 3 en gèrent environ 50 % : Armée du Salut, Emmaüs et Secours catholique et d'autres, comme à Paris l'Œuvre de la mie de pain (480 lits), le Centre d'action sociale protestante (Casp), le Centre israélite et les bureaux locaux d'aide sociale.

■ **Charte de déontologie.** Adoptée depuis 1990 par 22 organisations qui désignent un censeur chargé d'établir, chaque année, un rapport soumis à la Commission de surveillance du Comité de la Charte. Elles s'engagent à établir des documents comptables annuels, à les faire certifier par un commissaire aux comptes, et prennent l'engagement de les rendre accessibles par un commentaire simple et clair diffusé auprès des donateurs sur des principes de gestion désintéressée. *Renseignements :* Comité de la Charte de déontologie des organisations sociales et humanitaires faisant appel à la générosité du public, 133, rue St-Maur, 75541 Paris Cedex 11. *Créée* 1989 ; en 2001 : 52 membres.

☞ La loi du 7-8-1991 autorise la Cour des comptes à contrôler les comptes des organismes faisant appel à la générosité publique.

■ **Donations.** *Les fondations ou associations Rup* (reconnues d'utilité publique) sont seules autorisées à recevoir des donations (sommes importantes, titres de Sté, immeubles...) et des legs exemptés de tout droit de mutation ; elles sont subordonnées à une autorisation administrative accordée suivant leur importance par arrêté préfectoral ou décret en Conseil d'État ; demande à faire au préfet. *Une association non Rup* mais ayant pour but exclusif l'assistance et la bienfaisance, la recherche médicale ou un caractère culturel, peut recevoir des donations et des legs sous réserve d'autorisation administrative.

■ **Fiscalité.** Les versements faits par des particuliers à des œuvres ou organismes d'intérêt général (associations Rup ou non, fondations Rup) ayant un caractère philanthropique, éducatif, scientifique, social ou culturel donnent droit à une réduction d'impôts de 50 % dans la limite de 6 %, du revenu imposable. Les dons effectués au profit des organismes qui fournissent gratuitement des repas ou des soins à des personnes en difficulté ou qui contribuent à les loger donnent droit à une réduction d'impôt de 60 % dans la limite de 2 100 F (en 2000), indépendemment de la précédente.

■ **Fondation. Définition :** établissement à caractère privé, créé par une ou plusieurs personnes privées dans un but déterminé, financé par des fonds privés. **Création :** demander au ministère de l'Intérieur une autorisation expresse, qui sera accordée sous forme de décret pris après avis du Conseil d'État. La création nécessite : une déclaration de volonté du fondateur [donation par acte authentique (acte passé devant notaire) ; l'acte est exonéré de droits de mutation] et une reconnaissance d'utilité publique (accordée si le but est désintéressé et présente un caractère d'intérêt général, et si la dotation en capital est suffisante pour permettre le fonctionnement régulier de l'œuvre, minimum 5 millions de F). **Fonctionnement :** libre. L'État n'exerce de tutelle que sur statuts, règlement intérieur et opérations concernant le patrimoine de la fondation. Pas de membres, donc pas d'assemblée générale des sociétaires, mais un conseil d'administration (composition fixée par les statuts), qui se réunit au moins 2 fois par an. *Peut recevoir* legs exonérés de droits de mutation, dons, subventions publiques ou privées, *bénéficier* de droits d'entrée (visites, expositions, concerts) et des produits de la vente de publications ou reproductions, prix de journée, etc. **Fiscalité** (sous certaines conditions) : *pas d'impôt sur les sociétés* sauf s'il y a une activité lucrative. *Impôt sur le revenu :* sur le placement de la dotation (loyers, fermages, intérêts, dividendes). *Pas de TVA* sur les ventes (en principe). *Pas de taxe professionnelle. Pas de droits de mutation* sur dons et legs. *Taxe réduite pour les achats d'immeubles sociaux.*

☞ **Fondations philanthropiques aux États-Unis :** *les plus importantes :* 22 000. *Capitaux* (en milliards de $) : Ford 3,4, John D. and Catherine T. MacArthur 1,5, Robert Wood Johnson 1,2, W.K. Kellog 1,2, Pew Memorial Trust 1,2, Andrew W. Mellon 1,1, Rockefeller 1. *Dons accordés* (par an, en milliards de $) : Ford 0,26, W.K. Kellogg 0,17, Pew 0,14, J.D. and C.T. MacArthur 0,14, Lilly Endowment, 0,12.

ŒUVRES GÉNÉRALES

☞ *Abréviation :* Rup : reconnue d'utilité publique.

■ **Armée du Salut (Fondation).** 60, rue des Frères-Flavien, 75976 Paris Cedex 20. *Origine : 1864* mission chrétienne fondée par William Booth (1829-1912) prédicateur méthodiste. *1878* devient l'Armée du Salut. *1880* W. Booth se titre Gal et essaime dans le monde. Soutien moral, spirituel et matériel à toute personne en difficulté. *Social :* 41 établissements en France : hébergement d'urgence ; logement ; jeunesse ; handicap et maladie ; personnes âgées. *Évangélisation :* 34 postes en France. Chaque année, 3 500 000 repas servis, 2 000 000 de nuits d'hébergement, 5 000 lits permanents, 200 000 soupes de nuit chaque hiver. *Budget* (en 2000) : 427 millions de F. Bénévoles : 3 000. Personnel : 1 600.

■ **Cedias (Centre d'études, de documentation, d'information et d'action sociales).** *Musée social,* 5, rue Las Cases, 75007 Paris. *Fondé* 1894. Répertoire des établissements pour malades, personnes handicapées, personnes âgées, jeunes ; bibliothèque spécialisée, conférences. *Publication :* « Vie sociale ».

■ **Conseil national de la solidarité.** *Créé* 1989 par les évêques de France. Regroupe 14 organismes catholiques français. *Domaines :* urgence, développement et aide aux Églises sœurs. N'a pas de budget propre, chaque organisme opérant indépendamment.

■ **Croix-Rouge. Mouvement international de la Croix-Rouge et du Croissant-Rouge.** *Emblèmes :* croix rouge sur fond blanc, croissant rouge sur fond blanc. Institution humanitaire indépendante, de caractère privé, neutre sur le plan politique et religieux. *Composition :* Comité international de la Croix-Rouge, Fédération internationale des Stés de la Croix-Rouge et du Croissant-Rouge, Stés nationales de la Croix-Rouge et du Croissant-Rouge. *Principes fondamentaux :* humanité, impartialité, neutralité, indépendance, volontariat, unité et universalité. **Comité international de la Croix-Rouge (CICR) :** *siège :* Genève. *Fondé* 1863 par 5 Suisses, dont Henri Dunant (1828-1910), bouleversé par le sort des blessés de la bataille de Solferino le 24-6-1859, pour aider les militaires blessés ou malades lors des conflits. [Action étendue ensuite aux naufragés et blessés sur mer, prisonniers de guerre et civils]. *Organisation : Comité* citoyens suisses recrutés par cooptation (25 au maximum). Détermine l'activité générale de l'institution. *Présence :* 60 délégations dans le monde en 2000, activités dans 80 pays. *Effectifs :* 12 057 en 2000, dont 826 au siège et 11 231 sur le terrain (894 expatriés, 263 mis à disposition par les Stés nationales et 10 074 employés locaux). *Budget :* 995 millions de francs suisses en 2001. *Mandat :* organisation impartiale, neutre et indépendante, le CICR est à l'origine du Mouvement international de la *Croix-Rouge* et du *Croissant-Rouge*. Intermédiaire neutre en cas de conflits armés internationaux et non internationaux ou de troubles intérieurs, il a pour mission d'assurer de sa propre initiative, ou en se fondant sur les Conventions de Genève (voir à l'Index), protection et assistance aux victimes de la guerre et de la violence interne. Il dirige et coordonne les activités internationales de secours du Mouvement dans les situations de conflits. Il s'efforce également de prévenir la souffrance par la promotion et le renforcement du droit et des principes humanitaires universels. **Fédération internationale des Stés de la Croix-Rouge et du Croissant-Rouge :** *siège :* Genève. *Fondée* 1919. **Stés nationales de la Croix-Rouge et du Croissant-Rouge :** 176 reconnues par le CICR, indépendantes de leurs gouvernements, sont cependant leurs auxiliaires dans le domaine social et humanitaire et en temps de conflits armés.

■ **Croix-Rouge française (CRF).** 1, place Henri-Dunant, 75384 Paris Cedex 08. *Fondée* 1864 *(Rup). Pt :* Marc Gentilini (né 31-7-1929) depuis 26-6-1997. **Organisation :** *conseil d'administration :* 31 membres dont 21 élus par l'Ass. générale, 4 personnalités qualifiées, 3 représentants des organisations syndicales représentatives et 3 représentants des corps constitués. *Présidence :* 1 Pt, élu par le conseil d'administration, et agréé par les pouvoirs publics, 2 vice-Pts élus par le conseil d'administration, 103 délégations départementales et territoriales dirigées par un Pt assisté d'un conseil et 1 200 délégations locales, en métropole et dans les Dom. **Effectifs :** 60 000 bénévoles et 14 500 salariés (hospitaliers, enseignants, administratifs). Fonctions électives bénévoles. **Ressources :** dons en nature, bénévolat (300 000 h. etc). Financières (en milliards de F, 1998) : 3,9 dont 3,3 au titre du financement de ses établissements dont organismes publics 2,6 et usagers 0,7. Dons du public et produits financiers exceptionnels (postes de secours, etc.) 0,3. Excédent comptable (1998) : 0,008 ; quête annuelle : 18,7 millions de F (1998). **Activités : enseignement professionnel :** 104 écoles ou centres de formation (secteur sanitaire et social), 13 274 étudiants. **Formation :** *1ers secours* pour 200 000 personnes avec 350 médecins, 600 instructeurs, 2 500 moniteurs. *Bénévoles et grand public* (droit humanitaire, santé, sécurité domestique). **Formation professionnelle continue :** 85 centres départementaux forment 90 000 professionnels. **Action médico-sociale :** 164 établissements sanitaires (dont 12 centres médico-sociaux), 117 établissements médico-sociaux (dont 52 services de soins à domicile), 232 établissements sociaux (dont 72 services d'aide aux personnes). **Action sociale :** lieux d'accueil et d'écoute pour personnes en difficulté. Aide alimentaire. Maintien à domicile des personnes âgées et des handicapés. Lutte contre la solitude. Action en faveur des réfugiés et migrants, de l'enfance défavorisée. Lutte contre l'illettrisme. Antennes d'accueil social médicalisé gratuit. Éducation pour la santé. Prévention sida et toxicomanie. Appartements-relais pour malades. **Urgences :** *individuelle :* cas se présentant ; *collective :* participe au Plan Orsec, 30 000 secouristes actifs et 20 000 des personnels sanitaires et auxiliaires en réserve ; *internationale :* mène des projets en soutien de 40 Stés nationales sœurs, intervient en urgence lors de catastrophes naturelles (séismes au Salvador, en Inde...) ou de conflits, et relaie quelques programmes de la Fédération et CICR (versement de fonds ou détachement de personnel expatrié). **Service des recherches :** renseigne les familles séparées lors de conflits internationaux ou guerres civiles, recherche les disparus. **Équipes secouristes :** 30 000 équipiers, 60 000 postes de secours, 6 200 000 heures de bénévolat pour 160 829 personnes secourues. **Jeunesse :** dans le cadre scolaire et au sein des groupes Croix-Rouge Jeunesse : protection de la santé et de l'environnement, entraide, compréhension et amitié intern. Information sur le droit international humanitaire. **Publication :** « Croix-Rouge » (bimensuel, 60 000 ex., supplément à 500 000 ex.). **Centre de documentation :** 9, rue de Berri, 75008 Paris.

■ **Secouristes Français Croix Blanche.** *Créée* 1892. *Rup* 1898. Formations et activités de secourisme, 7, rue de Belfort, 75011 Paris.

■ **Fédération française des équipes St-Vincent.** 67, rue de Sèvres, 75006 Paris. Issue des Confréries de Charité *fondées* 1617 à Châtillon-les-Dombes par saint Vincent de Paul (1581-1660), devenues Équipes St-Vincent en 1971. *Rup* 1935. France 150 équipes, 4 000 bénévoles. 140 000 bénéficiaires, 400 000 heures de bénévolat. *Mission :* accompagner sans discrimination les personnes précarisées vers leur autonomie et leur réinsertion sociale et professionnelle par des actions de proximité. Membre de l'Association internationale des charités (AIC). 300 000 femmes bénévoles dans le monde. *Publications :* « La Revue » (trimestriel, 2 600 ex.) et « Relation » (lettre aux donateurs).

■ **Fondation Claude-Pompidou.** 42, rue du Louvre, 75001 Paris. *Fondée* 16-9-1970. *Rup.* Intervention de 1 500 bénévoles auprès de 900 familles d'enfants handicapés et dans 80 services hospitaliers ; gère 14 établissements de soins, d'hébergement et de rééducation pour personnes âgées, enfants et adultes handicapés, malades d'Alzheimer.

■ **Fondation de France.** 40, av. Hoche, 75008 Paris. *Créée* 1969. *Pts : 1969 :* Pierre Massé ; *1973 :* Maurice Schumann (1911-98) ; *1975 :* Roger Seydoux ; *1983 :* Pierre Giraudet (né 5-12-1919) ; *1991 :* Olivier Philip (né 31-8-1925) ; *1997 :* Jean Dromer (1929-98) ; *1998 :* Hubert Curien (né 30-10-1924). *Rup.* En France, seule fondation collectrice et distributrice de fonds privés en faveur de toutes les activités d'intérêt général : action sociale, culturelle, scientifique et médicale, protection de l'environnement, urgence internationale. Offre, à toute personne ou entreprise désireuse de poursuivre une activité dans ces domaines, la possibilité de créer sa propre fondation. En 1998, accueille et gère 492 fondations dont 48 pour le compte d'entreprises. *Publication :* « Fondation de France » (trimestriel).

■ **Œuvres hospitalières françaises de l'ordre de Malte (Ohfom).** 92, rue du Ranelagh, 75016 Paris. *Créées* 1927. *Rup* 1928. *Pt :* Jacques de Dumast. Membre du Comité de la Charte. *Mission :* aide aux personnes malades et aux plus démunis en France et dans le monde. *Actions en France :* 8 établissements pour personnes handicapées physiques, mentales (2 pour autistes) ou souffrant de troubles du comportement. 1 pour personnes âgées dépendantes à Nice. 1 pour parents d'enfants hospitalisés à Garches. Collecte, tri et expédition de médicaments et de matériel médical dans 87 pays. Formation d'ambulanciers (4 écoles) et de secouristes (30 unités départementales). Assistance aux SDF : partenariat avec le Samu Social, centre d'accueil de 50 places à Paris. *Activités monde :* participation à la création, à la réhabilitation, ou à la gestion et au fonctionnement d'établissements ou de dispensaires dans 30 pays. Lutte contre la lèpre. Secours d'urgence en cas de catastrophe naturelle ou de conflit. *Budget* (en 2000) : 212 millions de F. 156 000 donateurs. 5 000 bénévoles dont un millier de délégués et correspondants et 11 000 quêteurs. *Publication :* « Hospitaliers » (trimestriel, 262 000 ex.).

■ **Secours catholique-Caritas France.** 106, rue du Bac, 75341 Paris Cedex 07. *Créé* par Mgr Jean Rodhain le 8-9-1946 lors du pèlerinage à Lourdes de 100 000 anciens prisonniers et déportés. *Statut :* association (loi 1901), *Rup* 1962. Grande cause nationale 1988, 1994 (campagne Alerte) et 1998 (campagne Article 1er). Confédéré au sein de *Caritas Internationalis. Pt :* Joël Thoraval. *Secr. général :* Jean Celier. *Aumônier :* Jean-Marie Hubert. *Mission :* s'engager dans la durée auprès des plus démunis pour accompagner des actions d'intégration à la vie sociale, assurer des parcours d'insertion professionnelle, créer des lieux d'accueils adaptés aux besoins, favoriser l'épanouissement des enfants, des jeunes, des familles, en France et sur tous les continents, quelles que soient les options philosophiques ou religieuses des personnes. Siège national et 106 délégations diocésaines (métropole et outre-mer), 74 500 volontaires bénévoles (en 1999), 800 salariés. *Ressources* (en 2000) : 691 millions de F (lui ayant permis de répondre à 1 500 000 situations de pauvreté, et de soutenir 71 opérations d'urgence et 410 opérations de développement). *Publication :* « Messages » (mensuel, 800 000 ex.).

■ **Secours populaire français (SPF).** 9-11, rue Froissart, 75140 Paris Cedex 03. *Créé* 1945. *Rup* 1985, agréé d'éducation populaire 1984, grande cause nationale 1991, 1994, 1997 et 1999, agréée association complémentaire de l'Enseignement public en 2000. Membre du Comité de la Charte. *But :* solidarité aux plus défavorisés en France et dans le monde, en toute indépendance et en préservant la dignité de chacun par un partenariat fraternel. *Membres :* 902 000, animateurs bénévoles 72 000, salariés 338, permanences d'accueil et de solidarité 1 100. *Budget* (en millions de F, 1999) : 243,1 et 1 058,7 de solidarité matérielle. *Repas distribués :* 56 millions. *Projets d'aide au développement :* 100 dans 54 pays et 165 missions d'urgence depuis 1968. *Part du budget* (en %) : finançant les actions 91,2, affectée aux frais de gestion 8,8. *Publications :* « Convergence » (mensuel, 225 000 ex.), « Copain du Monde » (trim., 35 000 ex.), « Solidarité plus forte » (trim., 72 000 ex.).

Autres œuvres

■ **Accidentés du travail et handicapés. Fédération nationale.** 20, rue Tarentaize, B.P. 520, 42007 St-Étienne Cedex 1. *Fondée* 1921. *Secr. gén :* Marcel Royez. 85 groupements départementaux, 1 650 sections locales. *Adhérents :* 300 000. *Publication :* « A part entière », 300 000 ex.

■ **Accueil et reclassement féminin. Œuvre des gares** *siège :* 21, av. du Gal-Michel-Bizot, 75012 Paris. Hébergement des femmes majeures en difficulté, accompagnées de leurs enfants. Foyer pour jeunes filles mineures. Permanences d'accueil : gares de Lyon, du Nord.

■ **Adoption. Famille adoptive française (La)** 90, rue de Paris, 92100 Boulogne. **Œuvre de l'adoption** 10, rue Philibert-Delorme, 75017 Paris.

■ **Alcoolisme.** Voir à l'Index.

■ **Alphabétisation. Comité de liaison pour l'alphabétisation et la promotion (Clap)** 142, rue de Charonne, 75011 Paris.

■ **Aveugles et malvoyants. Association des donneurs de voix** *bureau nat. :* 52, rue du Mal-Foch, 66000 Perpignan. *Fondée* 1972. *Rup* par décret du 28-10-1977. 118 établissements. Enregistrement et prêt de livres sur cassettes. France 346 787 ouvrages prêtés en 2000. Bibliothèque sonore de Paris (7 300 titres ; 26 000 prêts), 12, rue Bargue, 75015 Paris. **Association nationale des parents d'enfants aveugles ou gravement déficients visuels avec ou sans handicaps associés (ANPEA)** 12 *bis*, rue de Picpus, 75012 Paris. *Fondée* 1964. *Rup* 1971. 51 délégations départementales. IME et foyers de vie (enfants et adultes multihandicapés). Informe et conseille les parents d'enfants aveugles et malvoyants de la naissance à l'entrée dans la vie active. *Publication :* « Comme les autres » (trim., en braille et en noir). **Association Valentin-Haüy pour le bien des aveugles (AVH)** 5, rue Duroc, 75007 Paris, 85 groupes et comités en province. *Fondée* 1889. *Rup* 1891. Prêts gratuits de livres (93 971 en 1996), partitions en braille et livres enregistrés sur cassettes (36 182 prêts en 1996, 6 500 titres au catalogue, 9 000 utilisateurs). Centres de formation professionnelle et d'aide par le travail. Ateliers protégés. Action sociale et culturelle. Nombreuses revues. Bibliothèque gros caractères. Centre résidentiel à Paris XIXe. *Production en braille :* pages imprimées, revues, pages de musique. Cinéma et théâtre. Cinéma (système « Audiovision »). Maison de vacances pour aveugles et leurs familles. Musée. Clubs de loisirs et activités sportives. Vente de matériels adaptés. **Auxiliaires des aveugles** 71, av. de Breteuil, 75015 Paris. *Fondée* 1963. Accompagnement de non-voyants et malvoyants dans trajets et démarches, visites à domicile, sorties pédestres et tandem, aide aux examens, enregistrements sur cassette. **Croisade des aveugles** 15, rue Mayet, 75006 Paris. *Rup.* 12 000 membres répartis en 95 groupes locaux en Fr. 12 établissements. **Croix-Rouge française** (voir p. 1677 c). **Fédération des aveugles et handicapés visuels de France** 58, av. Bosquet, 75007 Paris. *Fondée* 1917. *Rup* (décret 27-8-1921). Voir **Aveugles** à l'Index. **Groupement des intellectuels aveugles ou amblyopes (GIAA)** 5, av. Daniel-Lesueur, 75007 Paris. *Rup* 1948. 84 délégations départementales. Bibliothèque : 23 500 ouvrages et 100 périodiques en braille ou sur disquettes, cassettes ou grands caractères ; imprimerie braille informatisée, professeurs et éducateurs, réadaptation, appareillage, techniques professionnelles, pédagogie, vacances. **La Cause** 69, avenue Ernest-Jolly, 78955 Carrières-sous-Poissy. *Créée* 1920. Amicale protestante des aveugles et des malvoyants. Bibliothèque sonore : 1 900 titres ; braille : 500. *Publication :* annuaire des associations, établissements et organisations pour aveugles et malvoyants.

■ **Bénévoles. Centre national du volontariat (CNV)** 127, rue Falguière, 75015 Paris. *Fondé* 1974. Fait connaître le bénévolat et oriente les bénévoles vers les associations grâce à 75 centres de volontariat locaux. **Fondation du bénévolat** 34, av. Bugeaud, 75016 Paris. **Volontariat et soutien par l'art (VSArt)** 11, rue Chardon-Lagache, 75781 Paris Cedex 16. Objectif : aller à la rencontre des malades, des personnes âgées ou handicapées et des jeunes de quartiers défavorisés au moyen de l'art et la culture, sous la forme de concerts, de conférences ou d'ateliers. 2 000 animations (en 2000).

■ **Cancer. Association pour la recherche sur le cancer (Arc)** 9, rue Guy-Môquet, 94800 Villejuif. *Fondée* 1962. *Rup* 1966. *Pt :* Michel Lucas a succédé en juin 1996 à Jacques Crozemarie). *Publications :* « Fondamental » (trim.), « Lettre de Fondamental ». *Ressources* (en millions de F) : suite au rapport de la Cour des comptes, la nouvelle direction de l'Arc a redéfini ses modalités de fonctionnement pour assurer une meilleure transparence et augmenter le % des fonds destinés à la recherche, l'information et au soutien des malades ; *legs réalisés : 1995 :* 173 ; *99 :* 226 ; *2000 :* 191 ; *dons reçus* (du public) : *1995 :* 135 ; *96 :* 43 ; *98 :* 47 ; *99 :* 55,5 ; *2000 :* 61. **1991** Michel Lucas [inspection générale des affaires sanitaires et sociales (Igas)] dénonce dans un rapport confidentiel les dépenses de fonctionnement de l'association. **1996**-*2-1* la Cour des comptes reproche à l'Arc de ne consacrer à la recherche que 27 % des sommes collectées et saisit le parquet général de Paris. *-27-6* Jacques Crozemarie démissionne (6 mois de détention provisoire). **1999**-*25-5*/*8-7* procès de Crozemarie et de 24 coprévenus. *-19-10* 21 prévenus (dont Crozemarie) condamnés à 4 ans de prison, 1,5 million de F d'amende et l'ex-P-DG d'ID à 3 ans et 1,5 million de F ; il devait en outre, verser 87,5 millions de F de dommages et intérêts à l'Arc (300 à 500 millions de F au titre de préjudices moral et matériel avaient été réclamés). **2000**-*31-1* Crozemarie condamné à 18 mois de prison avec sursis pour fraude fiscale. *-30-6* incarcéré suite à jugement d'appel : prison ferme, amende portée à 2,5 millions de F, dommages et intérêts à 319,1 dont Crozemarie 200. **2001**-*11-7* pourvoi rejeté. **Ligue nationale contre le cancer (LNCC)** 1, av. Stephen-Pichon, 75013 Paris. *Créée* 1918. *Rup* 22-11-1920. *Pt. :* Pr. Henri Pujol. En 1995, a réparti 227 millions de F dont recherche 163, prévention et dépistage 40, aide aux malades 24. *Ressources* (en millions de F, 1995) : dons 154, legs 138, collectivités locales 12, produits financiers 29, manifestations 31, abonnements à « Vivre » 0,9. *Publication :* « Vivre » (trim.). **Vivre comme avant** 13, rue Roybet, 30700 Uzès. *Fondée* 1975. *Pte :* M.-Claude Johnston. Aide morale aux femmes ayant eu un cancer du sein.

☞ Selon la Cour des comptes, en 1993, l'Arc avait consacré à la recherche 27 % de son budget total, la LNCC 32 %, l'Association française contre la myopathie 45 %.

■ **Cardiologie. Fédération française de cardiologie** 50, rue du Rocher, 75008 Paris. *Rup. Pt. :* Pr Daniel Thomas. *Membres :* 27 associations de cardiologie régionales, plus de 150 clubs « Cœur et Santé ». *Adhérents :* 4 500. *Publication :* « Cœur et Santé » (bimestriel).

■ **Défavorisés. Action contre la faim (ACF)** 4, rue Niepce, 75014 Paris. **ATD Quart Monde** 107, av. Gal-Leclerc, 95480 Pierrelaye. Mouvement intern. du refus de la misère et pour les droits de l'homme. *Fondée* 1957 par le père Joseph Wresinski. Actions pilotes : universités populaires, clubs du savoir, bibliothèques de rue, cours aux cent métiers, cités de promotion familiale, réseaux de partage d'expérience entre professionnels et militants associatifs pour atteindre les plus pauvres. Comités Droits de l'homme avec et autour de familles dont les droits fondamentaux sont violés. *Pts : 1964-98 :* Geneviève Anthonioz-de Gaulle, *1998 :* Paul Bouchet. *Publications :* « Lettre aux amis du monde » (trim.), « Revue Quart Monde » (trim.), « Feuille de Route » (mens.), « Jeunesse Quart Monde » (mens.), « La Lettre de Tapori » (enfance, mens.). **Centre d'action sociale protestant (Casp)** 20, rue Santerre, 75012 Paris. *Créé* 1956. Membre d'Entraide Protestante. Accueil, hébergement, logement et accompagnement social pour toute personne en difficulté. Services et structures animés et gérés par plus de 200 salariés et une centaine de bénévoles. **Comité catholique contre la faim et pour le développement (CCFD)** 4, rue Jean-Lantier, 75001 Paris. *Créé* 1961. *Rup.* Grande cause nationale 1993. Association composée de 29 mouvements et services de l'Église catholique sous le patronage des évêques de Fr. 99 comités diocésains. 2 500 équipes locales. 350 000 donateurs. *Budget* (en 2000) : 200 millions de F dont 17 de cofinancement (UE, Affaires étrangères, organismes intern.). En 2000, plus de 570 actions d'aide au développement dans près de 70 pays du Sud (Afrique, Asie, Am. latine...) et de l'Europe de l'Est. *Publication :* « Faim Développement Magazine » (60 000 ex.). Revues, dossiers, audiovisuels, jeux, etc. **Emmaüs France** 179 *bis*, quai de Valmy, 75010 Paris. *Créé* 1949, révélé 1954 par l'abbé Pierre (nom de résistance de Henri Grouès, né 5-8-1912, député MRP de M.-et-M.). Plus de 200 groupes en France portant le nom Emmaüs. *Publication :* « La Lettre d'Emmaüs France » (trim.). **Association Emmaüs – Paris Ile-de-France** 32, rue des Bourdonnais, 75001 Paris. *Créée* février 1954 : accompagnement des personnes de la rue vers l'insertion ; accueil de jour, hébergement d'urgence, hôtels sociaux, centres d'hébergement et de réinsertion sociale, lutte contre l'illettrisme. *Publication :* « La Lettre de la Quinzaine ». **Fédération française des banques alimentaires (FFBA)** 15, rue du Val-de-Marne, 94257 Gentilly Cedex. *Créée* 1985. Groupe 79 banques alimentaires luttant contre la faim et le gaspillage en France. En 2000, 2 293 bénévoles ont distribué gratuitement 55 919 t de vivres (valeur : 833 millions de F), soit l'équivalent de 111 millions de repas, à 800 000 bénéficiaires par l'intermédiaire de 4 000 associations caritatives. Denrées données par industrie 30 %, UE 25, grande distribution 20, collectes 17, État 8. **Fondation Abbé-Pierre pour le logement des défavorisés** 53, bd Vincent-Auriol, B.P. 205, 75524 Paris Cedex 13. *Créée* 1988. *Rup* 1992. 25 boutiques solidarité (accueil de jour pour sans-abri). Financement de rénovations de logements. *Publications :* « Et les Autres ? » (trim.), « Fondations » (sem.). Rapport annuel sur le mal-logement. **Œuvre de la miséricorde-Aide silencieuse** 149 *bis*, rue St-Charles, 75015 Paris. *Créée* 1822. *Rup* 1921. *Pte :* Mme d'Angosse-Mieulle. Secourt les personnes ayant connu l'aisance et qui, à la suite de revers, dissimulent leur misère avec dignité. **Petits Frères des Pauvres** 64, av. Parmentier, 75011 Paris. **Restos du cœur** 75515 Paris Cedex 15. *Créés* le 14-10-1985 par Coluche. *Pte :* Véronique Colucci. *Centres et antennes* (en 2001) : 2 100 (par 40 000 bénévoles). *Repas distribués* (en millions) : *1985-86 :* 8,5 ; *93-94 :* 30 ; *96-97 :* 61 à 541 000 bénéficiaires dont les 2/3 ont des ressources inférieures au RMI ; *97-98 :* 59 à 575 000 bén. ; *98-99 :* 60 à 600 000 bén. ; *99-2000 :* 55 à 555 000 bén. *Coût global d'un repas :* 4,50 F. *Relais-accueils :* 420. *Jardins et Ateliers :* 160. *Camions du cœur :* 30. *Logements :* 1 000. *Hébergements :* 330 lits (70 000 nuitées). *Ressources* (en millions de F, 1999-2000) : 505 (dons 218,7, legs 9,8). **Sté philanthropique** 15, rue de Bellechasse, 75007 Paris. *Fondée* 1780. *Rup* 1839. *Œuvres médicales :* hôpital, dispensaire, centres pour enfants handicapés ; *d'accueil :* abri temporaire d'enfants, centres de réinsertion pour femmes sans domicile, foyers pour jeunes travailleuses, maisons pour mères et enfants, foyer d'étudiantes, maisons de retraite, foyer pour adultes handicapés. 700 logements pour familles démunies. **Sté de St-Vincent-de-Paul-Louise-de-Marillac** voir p. 527 b.

■ **Dépressifs. Solitude et prévention du suicide. La Porte ouverte.** *Siège :* 21, rue Duperré, 75009 Paris. *Accueil :* 4, rue des Prêtres-Saint-Séverin, 75005. **Fédération SOS Suicide Phénix** 36, rue de Gergovie, 75014 Paris. **SOS Amitié France** 11, rue des Immeubles industriels, 75011 Paris. *Pt :* François Turlot. Fédère 48 postes d'écoute, 5 en région parisienne dont un anglophone (SOS Help). 2 000 bénévoles se relaient au téléphone 24 h sur 24 pour écouter les personnes en détresse. 600 000 appels en 2000. **SOS Suicide** assoc. *créée* 1978. **SOS Dépression Urgences psychiatrie** 17, avenue de Clichy, 75017 Paris. *Créées* 1983 par des médecins. Standard de psychologues au téléphone 24 h sur 24. *Objet :* déplacement d'urgence de psychiatres à domicile, sur Paris et proche banlieue (petite couronne). **SOS Psy** service d'orientation et de soins psychiatriques pour les allocataires du RMI.

■ **Dons d'organes. Fédération des associations pour le don d'organes et de tissus humains (France Adot).** B.P. 35, 75462 Paris Cedex 10. *Fondée* 5-8-1969. *Adhérents :* 400 000, 95 associations. *Publication :* « Revivre » (trimestriel).

■ **Droits de l'homme. Ligue internationale des droits de l'homme** *créée* 1941. *Membres :* 41 associations dans 26 pays. *Siège :* New York. Voir à l'Index.

■ **Éducation. Aide à la scolarisation des enfants tsiganes et autres jeunes en difficulté (Aset)** *siège social :* 37 rue Gabriel-Husson, 93230 Romainville. Assoc. loi 1901 *créée* 1969. En 2000 : 30 antennes scolaires mobiles. Enfants scolarisés : plus de 4 000 par an. Enseignants : 37. **Fédération pour l'enseignement des malades à domicile et à l'hôpital (FEMDH)** 37, bd Gambetta, 92133 Issy-les-Moulineaux Cedex. 34 associations organisent gratuitement dans 32 départements un enseignement pour les jeunes malades. **Nouvelle Étoile des enfants de France (La)** 3, rue Cochin, 75005 Paris. *Rup.* Dispensaire, PMI, crèches, centres d'accueil mères/enfants, centre médico-psychologique, placements familiaux, école d'auxiliaire de puériculture. **Villages d'enfants SOS de France** 6, cité des Monthiers, 75009 Paris. **Comité français pour l'Unicef** 3, rue Duguay-Trouin, 75282 Paris Cedex 06.

■ **Enfants. Centre français de protection de l'enfance (CFPE)** 97, bd Berthier, 75017 Paris. *Budget* (en 2000) : 58 000 000 de F. *Enfants secourus* (en 2000) : 11 000. *Parrainages d'enfants du tiers-monde :* 10 000. **Comité national de l'enfance** Square Ornano, 75018 Paris. **Fondation pour l'Enfance** 17, rue Castagnary, 75015 Paris. Institution privée *créée* 1977, *Rup* et agréée d'intérêt général, à caractère humanitaire. *Pte-Fondatrice :* Anne-Aymone Giscard d'Estaing. *But :* participer à la protection de l'enfance en danger, formation, prévention, information et à l'application de la Convention internationale des droits de l'enfant.

■ **Étranger. Action d'urgence internationale (AUI)** 2, rue Belliard, 75018 Paris. *Créée* 28-3-1977. Agréée par le ministère de la Jeunesse et des Sports. Assoc. d'éducation populaire. *Spécialités :* gestion des catastrophes naturelles. Prévention-Intervention-Reconstruction. *Organisation :* 150 adhérents et 150 donateurs. Organise stages de formation et chantiers d'été. **Aide médicale internationale (AMI)** 119, rue des Amandiers, 75020 Paris. *Fondée* 1979. *Membres :* 300. *Budget :* 30 millions de F. 90 départs en mission par an, pour missions médicales en Afghanistan, Thaïlande, Timor oriental, Mali, Niger, Anjouan, Haïti, Nicaragua. *Publication :* « La Chronique d'Ami » (trim., 17 000 ex.). **Artisans de Paix** 39-41, rue du Marais, B.P. 1605, 69606 Villeurbanne Cedex. *Pt :* Laurent de Cherisey. Actions humanitaires internationales, médicaments/vêtements, réinsertion sociale et professionnelle. **Association française des volontaires du progrès (AFVP)** Le Bois-du-Faye, B.P. 207, Linas, 91311 Montlhéry Cedex. *Membres :* 550. *Budget* (en 1999) : 200 millions de F. *Pays d'intervention :* 40. *Objectifs :* participation à des projets de développement en milieu rural et urbain : agriculture, hydraulique, santé, artisanat. Appui aux PMI et PME Éducation. **Cimade** (voir p. 1680 b) soutien technique et financier à plus de 50 projets en Afrique, Amérique latine, Asie, au Moyen-Orient et dans les Caraïbes ; renforcement des sociétés civiles, action en faveur des enfants des rues, appui aux déracinés, soutien des alternatives aux cultures de la drogue dans les pays producteurs, aide aux communautés rurales des pays du Sud, développement agricole. **Frères des hommes** 9, rue de Savoie, 75006 Paris. *Fondée* 16-9-1965 par Armand Marquiset (1900-81). *Membres en France :* 300. Intervient en Asie, Afrique et Amér. latine ; présent dans 25 pays ; sans appartenance politique ni confessionnelle. *Publications :* « FDH – Témoignages et Dossiers » (trim., 20 000 ex.), « Une seule Terre » (bimensuel, 5 000 ex.). *Budget :* 15 millions de F. **Ingénieurs sans frontières** 14, passage Dubail, 75010 Paris. *Créé* 1982. *Budget :* 4,5 millions de F. *Adhérents :* 900. *Pays d'intervention :* Afrique, Amérique latine, Asie du Sud-Est. *Objectifs :* Sensibiliser aux relations Nord-Sud. Appui technique à des micro-projets de développement rural dans les pays du Sud. *Publication :* « Ingénieurs sans frontières » (trim., 2 000 ex.) ». **Médecins aux pieds nus** 222, rue de Vaugirard, 75015 Paris. *Créée* 1987. Intervient à la demande des populations, met en place un processus de développement global (pôles d'activité économique, projets agropastoraux, prévention et soins par les ressources naturelles locales). Formation à l'ethno-médecine et à la phytothérapie nécessaire (centre de formation interne). *Membres :* 500. *Publication :* « Bourgeons & Traditions » (trim.). **Médecins du monde** 62, rue Marcadet, 75018 Paris. *Créée* 1980. *Rup* 24-1-1989. *Pt :* Dr Claude Moncorgé. *Adhérents :* 2 500. *Budget* (en 1999) : 330 millions de F (dont 71 % de fonds privés). *Donateurs :* 1,4 million. *Pays d'intervention :* 56. *Centres de soins en France :* 32. *Salariés :* 309. *Bénévoles :* 1 500. *Volontaires expatriés :* 485. *Publication :* « Médecins du Monde » (4 n^{os}/an, 620 000 ex). **Médecins sans frontières** 8, rue Saint-Sabin, 75011 Paris. *Créée* 20-11-1971. *Rup* 1985. Prix Nobel de la Paix 1999. *Adhérents :* 1 000. *Budget :* 497 millions de F [84 % venant de dons privés (1,2 million de donateurs), 16 % venant de financements institutionnels]. *Pays d'intervention :* 85 et 4 programmes en France. *Sections opérationnelles :* 5 (Belgique, Espagne, France, Pays-Bas, Suisse). *Budget international :* 273 millions d'euros (2 400 000 donateurs). *Permanents sur le terrain* (en 1999) : 1 485. *Publications :* « MSF Infos » (5 n^{os}/an, 400 000 ex.) ; « Messages » (11 n^{os}/an, 6 000 ex.). **Terre des hommes (France)** 4, rue Franklin, 93200 St-Denis. *Fondée* 1963 à Paris par Edmond Kaiser (1924-2000). Soutien à des projets de développement économique et appui aux mouvements démocratiques dans 25 pays. 500 *membres.* 30 000 *donateurs,* 30 projets en Am. latine, Asie et Afrique de l'Ouest. *Publication :* « Défi Informations » (trim., 35 000 ex.).

■ **Famille. Familles de France** 28, place Saint-Georges, 75009 Paris. *Fondée :* 1947. *Adhérents :* 110 000 familles regroupées en 85 fédérations et 550 associations et comités locaux de consommateurs. *Publications :* « Familles de France » (trim., 25 000 ex.) ; « Familles de France – La Lettre » (mens., 6 000 ex.). **Fédération nationale couple et famille** 28, place St-Georges, 75009 Paris. *Créée* 1966. *Associations :* 33. *Conseillers conjugaux :* 780. *Revue :* trim. avec suppléments. **Sté de charité maternelle de Paris** 64, rue de Lisbonne 75008 Paris. *Fondée* 1784. *Rup* 25-7-1811 (la plus ancienne existante). *Pte :* Mme Lepic. Centre de cardiologie infantile et de pédiatrie aux Loges-en-Josas (Yvelines). Secours directs : par dons et prêts. Lieu d'accueil à Paris (41, avenue René-Coty, 75014) pour familles et enfants touchés par le sida, aide alimentaire et produits d'hygiène pour nouveaux-nés.

■ **Handicapés. Féd. française des assoc. d'infirmes moteurs cérébraux (FFAIMC)** 19, rue de l'Abondance, 69003 Lyon. *Pte :* Michèle Baron. 30 assoc. régionales et départementales IMC, 4 000 IMC pris en charge. *Rup. Publication :* « IMC Infos » (trim.). **Assoc. des paralysés de France (APF)** 17, bd Auguste-Blanqui, 75013 Paris. *Créée* 1933. *Pte :* Marie-Sophie Desaulle. *Rup.* 1945. *Donateurs 1998 :* 635 230 ; *99 :* 632 900 ; *2000 :* 639 080. Au 1-1-2001, 33 756 adhérents, 25 700 bénévoles, 97 délégations départementales, 82 établissements et services médico-éducatifs, 62 structures d'accueil pour adultes, 53 structures de travail adapté, 2 structures d'invention en milieu ordinaire de travail, 81 séjours de vacances et voyages organisés, 293 sessions de formation animée. *Publications :* « Faire Face » (mensuel, 30 000 ex.). « Interparents » (4 n^{os} par an, 9 000 ex.). « APF SEP » (2 n^{os} par an, 18 000 ex.). « Ensemble » (5 n^{os} par an, 480 000 ex., gratuit). **Auxilia** 102, rue d'Aguesseau, 92100 Boulogne. *Fondée* 1926. *Rup.* Réinsertion des handicapés physiques, des détenus et des chômeurs démunis ou Rmistes par l'enseignement gratuit à distance (général, du primaire au supérieur ; professionnel). *Professeurs bénévoles* 1 700. *Élèves* 3 000. **Foi et Lumière** 3, rue du Laos, 75015 Paris. *Fondée* 1971. Mouvement intern. de familles ayant un enfant handicapé mental. 1 400 communautés dans 75 pays. **Fondation John Bost** 24130 La Force. *Fondée* 1848. *Rup.* Œuvre privée protestante, sanitaire et sociale. Accueille plus de 1 000 handicapés, malades mentaux et personnes âgées. **Fraternité chrétienne des malades et handicapés** 66, rue du Garde-Chasse, B.P. 9, 93260 Les Lilas. **Groupement pour l'insertion des personnes handicapées physiques (GIHP)** 10, rue G. de Porto Riche, 75014 Paris. **Ingénierie tourisme en accessibilité et confort (Itac)** pour personnes à mobilité réduite, 68, rue de Metz, 83200 Toulon. **Office chrétien des personnes handicapées (OCH)** 90, av. de Suffren, 75738 Paris Cedex 15. *Fondé* 1963. Accueil, conférences-rencontres, soutien et aide à l'insertion. Tous handicaps. *Publication :* « Ombres et Lumière », (30 000 ex.). **Union nationale des assoc. de parents et amis de personnes handicapées mentales (Unapei)** 15, rue Coysevox, 75876 Paris Cedex 18. *Fondée* 1960. *Rup.* Grande cause nat. 1990. *Adhérents :* 62 000. Fédère plus de 750 associations en France. **Assoc. franco-américaine des volontaires au service des handicapés mentaux (Fava)** 24, rue d'Alsace-Lorraine, 75019 Paris. **Comité d'études et de soins aux polyhandicapés** 81, rue St-Lazare, 75009 Paris. *Créé* mai 1965. **Union nationale des amis et familles de malades mentaux (Unafam)** 12, villa Compoint, 75017 Paris. *Fondée* 1963. *Rup* 1968. *Adhérents :* plus de 8 500. 120 établissements de réinsertion affiliés. 90 délégations départementales. *Publication :* « Un autre regard » (trimestriel). **Réinsertion. Assoc. pour adultes et jeunes handicapés (Apajh)** 26, rue du Chemin-Vert, 75011 Paris. *Fondée* 1962. *Rup* 1974. 25 000 adhérents, 569 établissements ou services sociaux, 89 comités départementaux. *Publication :* « La Revue de l'APAJH » (trim., 30 000 ex.). **Comité national français de liaison pour la réadaptation des handicapés (CNRH)** 236 *bis,* rue de Tolbiac, 75013 Paris. *Fondé* 1961. *Rup.* 1970. *Associations adhérentes :* 65. *Publication :* « Au fil des jours » (mens.). **Association pour l'insertion sociale et professionnelle des handicapés (Ladapt)** 102, rue des Poissonniers, 75018 Paris. *Fondée* 1929. *Rup* 1934. 40 centres. 1 800 salariés. 10 000 personnes accueillies chaque année dans 40 centres. **Handicap international** 14, av. Berthelot, 69361 Lyon Cedex 07. *Fondé* 1982. *Rup* 1996. Aide d'urgence, appareillage et réinsertion. Lutte contre les mines antipersonnel. *Donateurs* (en 2000) : 332 000. *Budget* (en 2000) : 362 millions de F. *Publication :* « Declic, le magazine de la famille et du handicap ».

■ **Hôpitaux. Animation loisirs à l'hôpital (ALH)** 5, rue Barye, 75017 Paris. Réadaptation par travail et loisirs. **Fédération pour l'enseignement des malades à domicile et à l'hôpital (FEMDH)** 37, bd Gambetta, 92133 Issy-les-Moulineaux Cedex 34. *Créée* 1993. *Associations :* 34. **MSF Logistique** 14, av. de l'Argonne, 33700 Bordeaux-Mérignac. Centrale d'achats (médicaments, véhicules, matériels divers, etc.). *Principal client :* Médecins sans frontières. **Visite des malades dans les établissements hospitaliers (VMEH)** 8 *bis*, av. René-Coty, 75014 Paris. *Fondée* 1801, agréée par l'AP en 1933. *Bénévoles :* environ 8 500 qui rendent visite à plus de 50 000 malades par semaine dans 1 300 établissements publics et parapublics.

■ **Intelligence. Fondation Jérôme Lejeune pour la recherche sur les maladies de l'intelligence** 31, rue Galande, 75005 Paris. *Rup* 20-3-1998. Le Pr J. Lejeune (1926-1994) découvrit la 1re anomalie chromosomique chez l'homme : la trisomie 21 (compte rendu 6-1-1959). *Recherches :* Trisomie 21 et autres maladies de l'intelligence d'origine génétique. *Études :* troubles du métabolisme (anomalie chromosomique) ; vieillissement prématuré ; mécanisme des 1res divisions cellulaires ; comportements. Identification de gènes impliqués dans retards mentaux (Doublecortine découvert 1998). *Soins :* centre médical pour handicapés mentaux de tous âges. *Défendre :* la dignité fondamentale de toute vie humaine. *Hameau Service :* Sommières du Clain (Vienne) pour handicapés mentaux vieillissants accompagnés de parents âgés.

■ **Isolés. Œuvre Falret** (hébergement) 50, place St-Charles, 52, rue du Théâtre, 75015 Paris. **Frères du Ciel et de la Terre** 7 et 12, rue Léopold-Bellan, 75002 Paris. *Fondée* 1968 par Armand Marquiset, fondateur des Petits Frères des Pauvres.

■ **Jeunes. Les Orphelins apprentis d'Auteuil** 40, rue La Fontaine, 75781 Paris Cedex 16. *Créée* 1866 par l'abbé Louis Roussel. Développée 1923-36 par le père Daniel Brottier († 1936, béatifié 1984). Fondation d'inspiration chrétienne. *Rup* 1929. Accueille, éduque, forme et insère des jeunes en difficulté de 6 à 21 ans dans 32 maisons (40 métiers enseignés). *Nombre de jeunes en 1923 :* 145 ; *1936 :* 1 800 ; *2001 :* plus de 4 000. *Publication :* « A l'Écoute » (bimestriel, 370 000 ex.). **Les Enfants des arts** 14, rue de la Montagne, 92400 Courbevoie. **SOS Enfants sans frontières** 56, rue de Tocqueville, 75017 Paris. *Créée* 1974 par Jacqueline Bonheur. Apolitique et non confessionnelle. **Orphelinat mutualiste de la Police nationale** 44, rue Roger-Salengro, 94120 Fontenay-sous-Bois. *Créé* 1921. 654 délégués en France, 120 000 adhérents, 444 678 bienfaiteurs et donateurs. *Aides :* à 4 080 orphelins ; assistance aux veuves et membres participants. Gestion d'une Résidence Éducative et d'Animation et d'unités de vie.

■ **Justice. Bureau de la protection des victimes et de la prévention,** ministère de la Justice, 13, place Vendôme, 75042 Paris Cedex 01.

■ **Lèpre. Fondation Raoul-Follereau** 31, rue de Dantzig, 75015 Paris. *Créée* 1984, contre la lèpre et toutes les lèpres ; soutient l'aide aux lépreux dans une trentaine de pays aux enfants en détresse, aux populations éprouvées du Liban et de l'Orient. *Délégations et comités départementaux :* 85. *Quêteurs volontaires :* 40 000, à l'occasion de la Journée mondiale des lépreux (instituée 1954 par Follereau).

■ **Malades. Maison médicale Jeanne-Garnier** (Assoc. des Dames du Calvaire) 110, av. Émile-Zola, 75015 Paris.

■ **Myopathie. Association française contre les myopathies (AFM)** 1, rue de l'Internationale, B.P. 59, 91002 Évry Cedex. *Créée* 1958. *Buts :* guérir les maladies neuromusculaires et réduire les handicaps. **Téléthon** (de télévision et marathon) créé en 1987 par l'AFM (sur le modèle américain lancé, en 1963, par la comédien Jerry Lewis). En partenariat avec France-Télévision et le soutien de plus de 20 000 manifestations, 30 heures d'émission non stop permettant de collecter de l'argent pour financer les actions. *Sommes récoltées* (en millions de F) : *1987* (centré sur la myopathie de Duchenne) : 194,5 ; *88* (De la myopathie aux maladies neuromusculaires) : 186,9 ; *89* (Des maladies neuromusculaires aux maladies génétiques) : 268,5 ; *90* (Généthon, un outil de lutte contre les maladies génétiques) : 305,1 ; *91* (Recherche génétique) : 241,7 ; *92* (Le printemps de la génétique) : 314 ; *93* (Des gènes pour guérir) : 364,7 ; *94* (Parole donnée) : 377,3 ; *95* (L'audace d'y croire) : 372,3. *96* (Un combat, des résultats) : 373 ; *97* (Gènes-médicaments : un progrès pour la vie) : 34 ; *98 :* 450,9 ; *99 :* 468,5 (donateurs 1 126 193) ; *9/10-12-2000* (Vers de nouveaux pas de géant) : 522,4 dont collecte téléphone, Minitel et Internet 319,9 (1,2 million de donateurs) ; 23 000 manifestations réunissant + de 5 millions de personnes permettant de collecter 182,1 millions de F + contribution des partenaires 20,4. *Pt :* Bernard Barataud. *Utilisation des dons en 1999 :* pour 100 F employés, *missions sociales* 81,90, *frais de collecte* 8,80 ; *frais de gestion* 9,30. **Généthon :** *créé* 1990 par l'AFM pour réaliser les 1res cartes de génome humain. 1992, publie la 1re carte physique du génome humain. Jusqu'à mi-1996, mise à disposition des scientifiques de cartes (physiques, génétiques, intégrées, catalogue d'ADNc) couvrant plus de 90 % du génome ayant permis, au 24-11-1998, la localisation et l'identification de 463 gènes. *But :* depuis 1996, rechercher, développer, co-produire, distribuer des vecteurs pour transporter les gènes-médicaments. *Maladies génétiques :* gènes de maladies identifiés 800 (dont « Human Gene Mutation Database » 16-2-1999). Il existe 70 000 à 100 000 gènes dans le génome humain dont 30 000 localisés plus ou moins précisément. *Maladies neuromusculaires :* identifiées 111 ; de 30 000 à 40 000 familles touchées. *En oct. 2000 :* gènes localisés 164, identifiés 106, protéines connues 82. *Maladies neuromusculaires en France :* myopathie de Duchenne 2 000, myathénie 2 000 à 3 500, maladie de Steinert 3 000, dystrophie musculaire de Becker 700 à 1 000, dystrophie facio-scapulo-humérale 2 500 à 3 000, amyotrophie spinale infantile 2 500. *Thérapie génétique dans le monde :* essais dans le monde 425 (3 500 patients) dont de thérapie du cancer 279 (2 459), maladies monogéniques 55 (306), diverses 91 (761).

■ **Personnes âgées.** **Accueil et service-SOS 3e âge** 163, rue de Charenton, 75012 Paris. *Fondée* 1974 pour le maintien à domicile des personnes âgées et/ou handicapées. Appartiennent au même mouvement associatif : **Age et Partage ; Équinoxe** (télé-assistance de proximité) ; **Cépage** (Centre d'étude, de promotion et d'action gérontologique). **Les petits frères des Pauvres** 64, av. Parmentier, 75011 Paris. *Créée* 1946 par Armand Marquiset (29-9-1900/14-7-81). *Publication :* « Le lien ». La fondation **Bersabée** *(Rup)* en dépend et s'occupe du logement. **Les petites sœurs des Pauvres,** la Tour St-Joseph, 35190 St-Pern. **Toute entraide région parisienne personnes âgées (Terppa)** 10, rue Flatters, 75005 Paris. *Fondée* 1969. Conseils juridiques, sélection de maisons de retraite, visites d'amitié, service des majeurs protégés.

■ **Planning familial.** **Mouvement français pour le planning familial** 10, rue Vivienne, 75002 Paris.

■ **Prison.** **Association nationale des visiteurs de prison (ANVP)** 1 *bis*, rue de Paradis, 75010 Paris. *Fondée* 1932. *Rup* 1951. *Membres :* 1 300. **Auxilia** (voir à l'Index). **L'Îlot** 130, av. de la République, 75011 Paris. *Fondée* 3-10-1969. Accueille anciens détenus et personnes en grande détresse. *Gère : Centre d'hébergement et de réinsertion sociale (CHRS) : à Paris* (pour hommes seuls) : 132, av. de la République, 75011 et 54, rue du Ruisseau, 75018. *Vincennes* [pour couples non accompagnés d'enfant(s)] : « La Résidence » 6, rue Émile-Dequen, 94300. *Amiens* [pour couples ou personnes accompagnés d'enfant(s)] : 71, rue Louis-Thuillier, 80000 ; (pour hommes seuls) : 29, rue des Augustins, 80000. *Centre d'accueil et d'orientation du Val-de-Marne, Centre de retour à la vie active* (Cava) : Amiens (3 ateliers).

■ **Prostitution.** **Mouvement du Nid** 8 *bis*, rue Dagobert, B.P. 63, 92114 Clichy Cedex. *Fondé* 1937 par le père André-Marie Talvas (1907-92), 33 délégations. *Publication :* « Prostitution et Société » (trim., 8/10 000 ex.).

■ **Recherche médicale.** **Fondation pour la recherche médicale** 54, rue de Varenne, 75335 Paris Cedex 07. *Créée* 1947 par les professeurs Jean Bernard et Jean Hamburger. *Publication :* « Recherche et Santé ». **Institut Pasteur** 25, rue du Docteur-Roux, 75724 Paris Cedex 15.

■ **Réfugiés.** **Cimade, service œcuménique d'entraide,** 176, rue de Grenelle, 75007 Paris. *Créé* 1939. *Publication :* « Causes communes » (bimestriel). **France Terre d'Asile** 25, rue Ganneron, 75018 Paris. *Créée* 1971. 75 centres de demandeurs d'asiles et 28 centres de réfugiés. *Publications :* « Le Courrier » (trim.), « ProAsile » (sem.).

■ **Religion.** **Aide à l'Église en détresse (AED)** B.P. 1, 29, rue du Louvre, 78750 Mareil-Marly. **Œuvre des campagnes** 2, rue de La Planche, 75007 Paris. *Fondée* 1857. Dirigée par des laïcs chrétiens pour venir en aide au clergé rural et semi-rural. **Œuvre d'Orient** 20, rue du Regard, 75278 Paris Cedex 06. *Fondée* 4-4-1856. Soutient Église et culture française au Proche-Orient et en Terre sainte. *Pt :* amiral Bernard Louzeau. *Dir. gén. :* Mgr Jean Maksud. **Œuvre de soutien aux Églises de Fr. et aux prêtres** 11, bd Jean-Jaurès, B.P. 2203, 45012 Orléans Cedex 01. **Œuvres pontificales missionnaires (OPM), Coopération missionnaire.** Existent dans 110 pays du monde. *But :* favoriser l'échange entre Églises locales par le soutien financier (caisse de péréquation : 1 milliard de F en 1997), l'échange d'informations, de prières et de personnes (8 000 français missionnaires dans le monde en 1999). *Publications :* « Solidaires » (30 000 ex.) et « Mission de l'Église » (6 000 ex.). **Association française des œuvres pontificales missionnaires-Propagation de la Foi-St-Pierre-Apôtre** *siège social :* 12, rue Sala, 69287 Lyon Cedex 02 ; *bureau :* 5, rue Monsieur, 75007 Paris, comprenant : **Œuvre de la propagation de la foi,** *fondée* 1822 à Lyon, par Pauline Jaricot et **Œuvre de St-Pierre-Apôtre,** *fondée* 1889 à Caen par Stéphanie et Jeanne Bigard ; **Enfance missionnaire** [ex-Œuvre de la Ste-Enfance) *fondée* 1843 par Mgr de Forbin Janson (évêque de Nancy)] ; **Union pontificale missionnaire** *fondée* 1916 en Italie par le père Manna.

■ **Sauvetage.** **Société nationale de sauvetage en mer (SNSM)** 9, rue de Chaillot, 75116 Paris. *Rup* 1970. *Pt :* amiral Gazzano.

■ **Sclérose en plaques.** **Association pour la recherche sur la sclérose en plaques (Arsep)** 4, rue Chéreau, 75013 Paris. *Fondée* 1969. *Rup* 1978. *Pt :* Maurice Doublet. *Pt du comité médico-scientifique :* Pr Catherine Lubetzki. Plus de 50 millions de F attribués à la recherche. *Publication :* « La Lettre de l'Arsep » (trim.).

■ **Secourisme.** **Croix Blanche.** *Fondée* 1892. *Rup* 1898. 40 comités départementaux regroupés par la **Féd. des secouristes français Croix Blanche.**

■ **Sida.** **Association de recherche, de communication et d'action pour le traitement du sida (Arcat-Sida)** 94-102, rue de Buzenval, 75020 Paris. *Fondée* 1985. *Pt :* Emmanuel Hirsch. Programmes de prévention et d'aide aux malades. *Publication :* « Le Journal du sida et de la démocratie sanitaire » (mensuel). **Ensemble contre le sida (ECS).** Résultats du *Sidaction du 12/13 mai 2001* (sur TF1) : 23 millions de F. Depuis sa création en 1994, 660 millions de F collectés, 1 570 programmes de prévention et d'aide aux malades et 1 195 programmes et bourses de recherche ont été financés.

■ **Sourds.** **Assoc. nat. des parents d'enfants déficients auditifs (Anpeda)** 76, bd Magenta, 75010 Paris. *Fondée* 1948, *refondée* 1965. *Pt :* Jean-Louis Bosc. 140 assoc. affiliées (au 31-12-2000), 16 dispositifs régionaux d'insertion emploi-formation, 12 pôles de soutien aux étudiants sourds, 12 associations gestionnaires de services d'intégration scolaire. *Adhérents :* 3 000. *Publication :* « Entendons-nous » (trimestriel). **Bureau de coordination des associations de devenus sourds (Bucodes)** 37-39, rue St-Sébastien, 75011 Paris. **Féd. nationale des sourds de France (FNSF)** 9 *bis*, rue de l'Abbé-de-l'Épée, 75005 Paris. **Union nationale pour l'insertion sociale du déficient auditif (Unisda)** 37-39, rue St-Sébastien, 75011 Paris. *Fondée* 1974. *Publication :* « IDDA-Infos » (mensuel). **Institut national des jeunes sourds (INJS)** 254, rue St-Jacques, 75005 Paris.

■ **Tuberculose.** **Comité nat. contre la tuberculose et les maladies respiratoires** 66, bd St-Michel, 75006 Paris.

■ **Vacances.** **Assoc. interprofessionnelle de vacances (AIV)** B.P. 36, 26150 Die.

SÉCURITÉ SOCIALE

☞ Pour connaître la sélection **Quid** des meilleurs sites Internet sur la Sécurité sociale, rendez-vous sur **www.quid.fr**

☞ *Abréviations :* alloc. fam. : allocations familiales ; ass. : assurance, assurés ; cot. : cotisations ; méd. : médicaments ; prest. : prestations ; Séc. soc. : Sécurité sociale.

GÉNÉRALITÉS

■ **Origine.** **1793**-*19-3* décret de la Convention organisant des secours : « L'assistance du pauvre est une dette nationale. » -*28-6* décret définissant l'organisation des secours à accorder chaque année aux enfants, aux vieillards et aux indigents. **1813** création des caisses de secours pour les accidentés du travail ; **1850** de la Caisse nationale des retraites. **1893**-*15-7* loi sur l'assistance médicale gratuite. **1898**-*9-4* couverture des accidents du travail. **1904**-*27/30-6* loi sur l'assistance à l'enfance. **1905**-*14-7* loi sur les vieillards, infirmes et incurables. **1906**-*octobre* ministère du Travail et de la Prévoyance créé. **1910**-*5-4* retraites ouvrières et paysannes. **1918**-*29-4* Grenoble : caisse de compensation pour les allocations familiales créée à l'instigation d'Émile Romanet (1873-1962). **1930**-*30-4* loi créant les *assurances sociales,* élaborée par Pierre Laval (adoptée par 576 voix contre 30 à l'Assemblée nationale ; 255 contre 21 au Sénat). **1932**-*11-3* loi créant les allocations familiales pour les salariés ; les employeurs doivent s'affilier aux caisses d'allocations, celles-ci restant patronales. Il y avait alors environ 480 000 familles allocataires relevant déjà de caisses patronales créées à l'instigation des patrons. **1935** expression *« sécurité sociale »* utilisée pour la 1re fois aux USA : « Social Security Act » voté 14-8. **1942** plan *Beveridge* en G.-B. **1944**-*9-9* Alexandre Parodi nommé ministre du Travail et de la Sécurité sociale (travaux de Pierre Laroque). **1945**-*4-10* ordonnance créant la Sécurité sociale ; fixation d'un cadre : gestion des caisses d'allocations familiales confiée aux représentants des allocataires, intégration dans la Sécurité sociale. -*19-10* régime des assurances sociales. **1946**-*30-1* accidents du travail. -*18-6* décret fixant le nombre des administrateurs des caisses primaires (16 pour moins de 25 000 assurés cotisants ; 24 entre 25 000 et 200 000). -*22-8* prestations familiales. **1947** création par les cadres salariés de l'*Agirc* (Association générale des institutions de retraite complémentaire). **1948**-*14-1* loi créant les régimes d'assurance vieillesse des non-salariés. **1953**-*29-11* décret remplaçant le terme d'assistance par celui d'aide sociale. **1957**-*14-3* *Unirs* créée : union chargée de favoriser la mise en place des régimes complémentaires de retraite des ouvriers. **1958**-*31-12* *Unedic* créée : régime conventionnel d'assurance chômage. **1961**-*8-12* création de l'Association des régimes de retraite complémentaires des non-cadres. **1966**-*12-7* loi créant le régime d'assurance maladie des non-salariés non agricoles. **1967**-*21-8* ordonnance : gestion paritaire (50 %/50 %) du régime général ; administrateurs désignés par leurs organisations ouvrières et patronales. **1971**-*16-7* loi imposant un modèle paritaire dans les fonds d'assurance formation (Faf). **1974** système de compensations financières entre les divers régimes obligatoires de protection sociale. **1975** loi étendant la Séc. soc. : prest. en nature de l'assurance maladie et maternité (à compter du 1-7) aux jeunes en quête d'un 1er emploi ; ass. vieillesse pour tous ; prestations familiales pour toute la population résidant en France. Remboursement des contraceptifs. *30-6* loi d'orientation en faveur des handicapés. **1982**-*17-12* loi : retour au principe de la représentation majoritaire. **1983** « Livre blanc de la protection sociale » évoque l'institution d'une contribution sociale généralisée. **1987** rapport du « Comité des sages » : financement proportionnel sur tous les revenus des particuliers, sans charge supplémentaire pour les entreprises. **1988** création du *revenu minimum d'insertion (RMI).* **1991**-*1-2 contribution sociale généralisée (CSG)* créée, taux 1,1 %, non déductible ; conçue pour donner à la protection sociale une assiette plus large que les seuls salaires, frappe les revenus de remplacement et les revenus du capital, sans supporter d'exception sur les revenus d'activité. **1993**-*1-7* portée à 2,4 %. **1994** création du Fonds de solidarité vieillesse. -*5-6* et **1995**-*26-7* réformes du réseau des organismes paritaires collecteurs des fonds de la formation professionnelle. **1996**-*24-1* ordonnance créant la *contribution pour le remboursement de la dette sociale (CRDS)* pour 13 ans (jusqu'en janvier 2009, prolongée en oct. 1997 jusqu'en janv. 2014), taux 0,5 %. -*19-2* réforme de la Constitution prévoyant le vote chaque année de lois de financement de la Sécurité sociale [681 voix pour, 188 contre (PS, PCF, une partie du groupe République et liberté)]. -*24-4* ordonnances : retour aux principes de 1967. **1997**-*1-1* CSG élargie aux revenus de l'épargne, taux 3,4 %, (1 % déductible). **1998**-*1-1* 2e loi de financement. Transfert de cotisations maladie (– 4,75 %) vers CSG (+ 4,1 %). Il en existe ainsi 2 : une « contribution sociale généralisée (CSG) » de 2,4 %, non déductible, et une « cotisation sociale généralisée » de 5,1 %, déductible. -*1-3* allocations familiales sous conditions de ressources (juin supprimées, valable pour tout 1998). **1999**-*nov.* le Medef annonce son intention de quitter les instances paritaires, lance sa refondation sociale. **2000**-*juin* négociations sur la nouvelle assurance chômage entre les partenaires sociaux. -*29-6* accord Medef, CFDT, CFTC pour nouvelle convention Unedic (refus CGT, FO et CGC). -*24-7* Laurent Fabius et Martine Aubry : le gouvernement estime « ne pas pouvoir agréer » la convention Unedic et qu'une « reprise des négociations est souhaitable ».

■ **Organismes.** **Régimes :** *salariés* [3 *caisses :* maladie-maternité, invalidité-décès, accidents du travail (Caisse nationale de l'assurance maladie des travailleurs salariés) ; vieillesse (Caisse nationale d'assurance vieillesse des travailleurs salariés) ; prestations familiales (Caisse nationale des allocations familiales)]. *Agricoles. Spéciaux de salariés. Non-salariés. Organismes de retraites complémentaires.* [Caisse nationale, caisses régionales et primaires sont administrées par un conseil d'administration composé de représentants des employeurs (50 %) et des salariés (50 %), nommés pour 5 ans, renouvelables 1 fois, par leurs organisations. Des représentants des médecins, chirurgiens-dentistes, pharmaciens, de la Fédération nat. de la mutualité française et des unions d'associations familiales siègent aux conseils d'admin. des caisses régionales et des caisses de la santé et de la Séc. soc. avec voix consultative.] **Agence centrale des organismes de Sécurité sociale (Acoss)** assure la gestion de la trésorerie des risques relevant des 3 caisses. **Union pour le recouvrement des cotisations de Sécurité sociale et d'allocations familiales (Urssaf) :** 105 organismes privés chargés d'une mission de service public.

Organismes de contrôle : *Direction de l'assurance maladie et des caisses de Sécurité sociale. Direction générale de la famille, de la vieillesse et de l'action sociale. Inspection générale. Directions régionales de Sécurité sociale.*

■ **Personnes couvertes par la Sécurité sociale** (en % de la population totale). *1958 :* 58. *1964 :* 66,2. *1967 :* 98. *1976 :* 98,5. *Depuis 1978 :* environ 100. *1998 (est.) :* 100 000 à 200 000 pers. non couvertes.

■ **Carte Paris-Santé.** *Créée* 1-1-1989 par la Ville de Paris. *But :* faire bénéficier du ticket modérateur tous les Parisiens dépourvus de couverture sociale. *Bénéficiaires :* 50 000 à 80 000. *Attribuée* par le bureau d'aide sociale. **Conditions :** être Parisien, ou étranger en situation régulière résidant à Paris depuis 3 ans au moins, dossier soumis à une commission d'appréciation des ressources. *Plafond des ressources :* 4 500 F par mois (personne seule).

BUDGET SOCIAL

■ **Définition.** Appelé maintenant « état retraçant l'effort social de la nation ». Document annexe au projet de loi de finances, il couvre les prestations dont bénéficient les ménages de la part de l'État, des organismes de Sécurité sociale, d'assistance et de promotion sociales : maladie, invalidité, vieillesse, décès, maternité, logement, accidents du travail, maladies professionnelles, événements politiques et calamités naturelles (les congés payés ne sont pas pris en compte).

Comptes résumés du régime général

En milliards de F	1996	1997	1998	1999	2000	2001
Maladie						
Recettes	527,2	560	582,1	602,1	640	672,6
Dépenses	563,1	574	587	601,7	646	676,2
Variation [1]	– 35,8	– 13,9	– 4,9	+ 0,3	– 6,1	– 3,7
Accidents du travail						
Recettes	43,4	43,7	45,4	47	49	52,3
Dépenses	43,2	43,6	44,1	45	46,6	49
Variation [1]	0,1	0,1	1,2	1,9	2,4	3,2
Vieillesse						
Recettes	350,9	362,3	379,6	393,1	412,1	431,3
Dépenses	358,8	371,3	387	399,1	411,1	429,3
Variation [1]	– 7,8	– 8,9	– 7,4	– 6		
Famille						
Recettes	228,4	240,3	247,1	257,6	272,7	277,5
Dépenses	238,1	252,6	248,9	253,5	264,7	283,8
Variation [1]	– 9,6	– 12,2	– 1,8	4,1	7,9	6,4
Ensemble						
Recettes	1 150	1 206,5	1 254,3	1 299,7	1 373,7	1 440
Dépenses	1 203	1 241,6	1 267,3	1 299,3	1 368,4	1 432,1
Variation [1]	– 53,2	– 35,1	– 12,9	0,4	5,2	7,9

Nota. – (1) Du fonds de roulement. *Source :* Direction de la Sécurité sociale.

■ **Recettes de la loi de financement de la Sécurité sociale pour 2000** (en milliards de F, prévisions jusqu'à sept. 2000). Cotisations effectives : 1 050,7 ; cotisations fictives : 199,1 ; contributions publiques : 70,8 ; impôts et taxes affectés : 514,7 ; transferts reçus : 1,7 ; revenus des capitaux : 1,7 ; autres ressources : 42,2. **Total des recettes :** 1 880,9. **Dépenses.** *En 1997 :* 1 695,7. *98 :* 1 744,9. *99 :* 1 797,2. *2000 :* 1 864,2 *dont* maladies, maternité, invalidité, décès 744,4 ; accidents du travail 53,3 ; vieillesse, veuvage 802,7 ; famille 263,8. *01 :* 1 880,9 *dont* maladies, maternité, invalidité, décès 769,2 ; accidents du travail 56,2 ; vieillesse, veuvage 828,9 ; famille 277,1. **Transferts :** 468.

Dépenses et, entre parenthèses, **recettes du régime général** (en milliards de F). *1981 :* 413,9 (407,3). *82 :* 494,6 (486,9). *83 :* 550,9 (562). *84 :* 614,8 (631,5). *85 :* 657 (670,5). *86 :* 716,4 (695,5). *87 :* 679 (736). *88 :* 778. *89 :* 847,1 (847,9). *90 :* 912,7 (903,8). *91 :* 996,6 (950). *92 :* 1 018,9 (1 003,3). *93 :* 1 083,9 (1 027,5). *94 :* 1 116 (1 061,2). *95 :* 1 196,3 (1 129). *96 :* 1 203,3 (1 150). *97 :* 1 241,5 (1 203,9). *98 :* 1 261 (1 277) ; *99 :* 1 318,6 (1 318,3). **Solde.** *1981 :* – 6,6. *82 :* – 7,7. *83 :* + 11,1. *84 :* + 16,6. *85 :* + 13,4. *86 :* – 19,9. *87 :* – 4,1. *88 :* – 10,3. *89 :* – 0,4. *90 :* – 9,6. *91 :* – 16,6. *92 :* – 15,3. *93 :* – 56,4. *94 :* – 54,8. *95 :* – 67,3. *96 :* – 53,2. *97 :* – 33,8. *98 :* – 16,2. *99 :* + 0,7. *2000 :* + 5,2. *2001 (prév.) :* + 7,9.

■ **Solde du régime général** (prévision sept. 2000 pour 2001). **Recettes/dépenses** et, **variations du fonds de roulement** (entre parenthèses en milliards de F) : CNAMTS maladie : 665,82/666,83 (– 756) ; CNAMTS accidents du travail : 51,94/48,55 (3,39) ; CNAVTS : 430,61/427,74 (3,37) ; CNAF : 282,37/272,99 (9,38). **Ensemble** régime général : 1 430,79/1 415,41 (15,38).

■ **Prévisions de recettes du PLFSS hors recettes du Fonds de réserve** [*est. 2000*, 2001 (adoptées par l'Ass. nationale)]. **Cotisations effectives :** *1 050,7*, 1 085,2 (1 085,2). **Impôts et taxes affectés :** *509,3*, 546,4 (554). **Cotisations fictives :** *199,1*, 201,3 (201,3). **Contributions publiques :** *72,4*, 67,8 (67,8). **Transferts reçus :** *1,7*, 2,6 (2,6). **Revenus des capitaux :** *1,5*, 1,8 (3,2). **Autres ressources :** *34,5*, 35,1 (58,3). **Total :** *1 869,2*, 1 940,2 (1 972,4).

■ **Impôts et taxes affectés à la Sécurité sociale** (en millions de F, 2001). **Total : 553 575** dont *CNAMTS* et régimes maladie 284 935, *CNAVTS* 3 450, *Cnaf* 58 607, *autres régimes hors CSG* 48 545, *FSV* 67 440, *F2R* 5 750, *Forec* 84 638, *FCAATA* 210.

■ **Prestations de protection sociale par risque** (en milliards de F et en %, 1999) : **santé :** 853,9 (33,6) dont *maladie* 688,4, *invalidité* 124,5, *accidents du travail* 4,1 ; **vieillesse-survie :** 1 125,3 (44,1) dont *vieillesse* 971,1, *survie* 154,2 ; **maternité-famille :** 262 (10,2) dont *maternité* 31,7, *famille* 230,3 ; **emploi :** 191 (7,5) dont *chômage* 172,7, *insertion et réinsertion professionnelle* 18,3 ; **logement :** 80,8 (3,1) ; **pauvreté-exclusion sociale :** 36,9 (1,5)]. **Total :** 2 549,9.

Financement des dépenses de santé (en %, 1999) : Sécurité sociale 75,7, ménages 11,1, mutuelles 7,2, assurances 2,9, instituts de prévoyance 2,1, État et collectivités 1.

Évolution des dépenses de la médecine de ville (en %) : *1990 :* 7,2 ; *93 :* 5,7 ; *94 :* 3,2 ; *95 :* 5,6. **Évolution du prix de la consultation** (en F) : *1990 :* 90 ; *94 :* 105 ; *95 :* 110 ; *98 :* 115.

Consommation médicale des Français (en F par hab., 1998) : 12 268 dont soins de ville 3 238 (27 %), médicaments 2 346 (19,6), soins hospitaliers 5 684 (47,4), transports n.c. (1,4), autres biens (optique, prothèses, etc.) n.c. (4,6). **Prise en charge** (en %, 1998) : Sécurité sociale 75,5, mutuelles 7,1, assurances 3, instituts de prévoyance 2, État et collectivités locales 1,1, ménages 11,3.

Consommation médicale en France

En milliards de F	1990	1995	1997	1999
Soins hospitaliers	**251,4**	**328,9**	**342,8**	**339,6**
– publics	192,1	252,4	262	270,4
– privés	59,3	76,5	80,8	69,1
Soins en sections médicalisées	**5**	**9**	**10**	**11,3**
– publiques	3,9	6,7	7,3	–
– privées	1,1	2,2	2,6	–
Soins ambulatoires	**155,1**	**188,8**	**195,3**	**199,3**
– médecins	73	91,4	95	95,9
– auxiliaires médicaux	23,2	29,8	31	39,2
– dentistes	35,8	42,5	44,4	41,4
– analyses	17,5	18,9	18,8	17
– cures thermales	5,6	6,1	6,2	5,8
Transport de malades	**7,4**	**10,3**	**10,4**	**11,3**
Médicaments	**96,1**	**126,3**	**134,4**	**150,1**
Prothèses	**13,3**	**18,4**	**19,8**	**10**
Total soins et biens médicaux	**528,4**	**681,9**	**712,7**	**749,5**
Médecine préventive	**11,6**	**14,7**	**15,8**	**17,2**
Total	**540**	**696,6**	**728,5**	**766,7**

Source : Comptes nationaux.

■ **Dépense nationale de santé** (en % du PIB, 1998). USA 13,6, All. 10,6, Suisse 10,4, *France,* Canada 9,5, Belgique 8,8, Norvège, P.-Bas 8,6, Australie 8,5, Italie, Suède 8,4, Danemark, Grèce, Irlande 8,3, Autriche 8,2, Nlle-Zél. 8,1, Portugal 7,8, Japon 7,6, Rép. tchèque 7,2, Espagne 7,1, Finlande 6,9, Hongrie 6,8, G.-B. 6,7, Irlande, Pologne 6,4, Luxembourg 5,9, Corée 5, Mexique 4,7 [1], Turquie 4 [1].

Nota. – (1) En 1997.

Gestion de la Sécurité sociale

■ **Réforme.** La gestion paritaire et le système des élections des administrateurs des caisses sont modifiés, ce gouvernement nomme les membres du conseil d'administration pour 5 ans. Le patronat (CNPF et CGPME) dispose du même nombre de sièges que les syndicats dans les caisses. La CGT et FO, qui ont combattu la réforme, perdent leur place au profit des syndicats qui ont approuvé le plan Juppé (CFDT, CFTC, CGC...). Les 3 caisses nationales (ass.

Branche maladie (en milliards de F)	1998	1999	2000	2001
– Recettes en métropole	569,7	592,9	632,1	664,6
Cotisations des assurés	32,3	21,4	22	23,1
des employeurs	291,7	305,4	312	324,2
prises en charge	24,4	24,8	31,4	42,8
Impôts et taxes affectés	194,4	220	247,9	256,5
Transferts reçus d'autres régimes	5	5,2	1,4	1,4
Autres transferts reçus	3,1	2,9	0,44	0
Subventions de l'État	2,6	2,7	2,7	2,7
Recours contre tiers	3,9	4	4	4,1
Recettes diverses	2,6	2,4	3,2	2,9
Recettes dans les Dom	7,7	8,1	7,8	7,9
Cotisations	7,68	8,08	7,8	7,9
Autres ressources	0,04	0,04	0,03	0,04
– **Recettes totales**	**577,4**	**601**	**639,9**	**672,6**
– Dépenses en métropole	580,8	596,6	631,4	660,8
Prestations légales maladie	478,1	492,6	521,1	544,7
maternité	23,4	24,1	25,3	26,6
invalidité	17,7	18,4	18,9	19,5
décès	0,8	0,8	0,9	0,9
des services sociaux	8,2	8,5	9,4	9,3
Gestion administrative	27,7	28,6	28,1	29,8
Action sanitaire et sociale	1,5	1,6	1,9	2,4
Contrôle médical	3,1	3,2	3,1	3,5
Fonds de prévention	1,3	1,3	1,3	1,7
Compensations	15,8	15,3	16,6	17,5
Frais financiers	1,2	0,6		
Dépenses diverses	0,6	0,9		
– Dépenses dans les Dom	12,6	13,3	14,6	15,4
Prestations	12,5	13,2	14,5	15,2
Autres charges	0,05	0,05	0,15	0,15
– **Dépenses totales**	**593,3**	**609,9**	**646**	**676,2**
Solde	**– 15,9**	**– 8,9**	**– 6,1**	**– 3,6**

Branche vieillesse (en milliards de F)	1998	1999	2000	2001
– Recettes en métropole	380	397,9	406,3	425,3
Cotisations des assurés	117,5	123	130,4	136,9
des employeurs	156,5	165	165,1	170,8
prises en charge	18,9	18,1	6,4	5,7
Impôts et taxes affectés	4,7	5,2	3,6	3,7
Transferts reçus	81	85,3	81,8	80,6
Subventions de l'État (allocation supplémentaire d'invalidité du FSI)	0,03	0,04	0,04	0,04
Produits financiers	0,1	0,13	0,42	0,35
Recettes diverses	0,01	0,007	0,01	0,01
– Recettes dans les Dom	5,5	5,6	5,8	6
Cotisations	3,8	3,9	4,1	4,2
Autres recettes	1,6	1,7	1,7	1,7
– **Recettes totales**	**385,4**	**403,5**	**412,1**	**431,3**
– Dépenses en métropole				
Prestations légales vieillesse	344,4	357,5	368,5	383,8
veuvage	0,6	0,6	0,6	0,5
Transferts versés	27,9	28,8	28,8	31,4
Action sanitaire et sociale	2,6	2,5	2,7	2,7
Gestion administrative	5,6	5,7	5,7	5,7
Autres dépenses	0,02	0,02	0,02	0,02
– Dépenses dans les Dom	4,5	4,8	4,9	5,1
– **Dépenses totales**	**385,6**	**399,8**	**411,1**	**429,3**
Solde	**– 0,2**	**3,7**	**1**	**2**

Branche famille (en milliards de F)	1998	1999	2000	2001
– Recettes en métropole	248,8	263,5	268,6	280
Cotisations des actifs	148,9	154,5	159,6	166,9
prises en charge	13,8	12,9	16,3	19,9
Impôts et taxes affectés	54,2	58,7	58,2	59,5
Transferts des CNAMTS	0,4	0,4	0,4	0,4
Autres transferts reçus	1,1	1,2	1,2	1,2
Contributions publiques	29,5	35,2	31,7	30,9
Remboursement AAH	23,1	24,4	25,4	26,3
Remboursement API	0	4,5	4,6	4,7
Recettes diverses	0,7	0,5	0,8	0,6
– Recettes dans les Dom	3,7	3,9	4,1	3,8
– **Recettes totales**	**252,5**	**267,4**	**272,7**	**283,8**
– Dépenses en métropole	246,4	254,1	255,9	268,2
Prestations légales « famille »	156,7	161,3	163,5	169,4
AAH	23,1	24,4	25,4	26,3
transférées à l'étranger	0,2	0,1	0,2	0,2
Transferts versés	23,7	23,7	22,1	25,3
Gestion administrative	8,3	8,5	8,7	8,9
Action sociale	12,4	13,5	14,5	16,2
Autres charges techniques	21,1	21,5	20,4	20,8
Frais de tutelle	0,8	0,6	0,7	0,8
– Dépenses dans les Dom	7,8	8,5	8,8	9,3
Prestations	7,8	8,2	8,5	9
Autres dépenses	0	0,3	0,3	0,3
– **Dépenses totales**	**254,1**	**262,6**	**264,7**	**277,5**
Solde	**– 1,6**	**+ 4,8**	**+ 7,9**	**+ 6,4**

Accidents du travail (en milliards de F)	1998	1999	2000	2001
– Recettes en métropole	45,3	45,9	40,5	51,8
Cotisations des employeurs	39,3	39,1	39,9	41,7
Cotisations prises en charge	4,2	4,8	2,2	1,3
Recours contre tiers	1,6	1,8	1,8	1,8
Produits financiers	0,08	0,12	0,22	0,29
Recettes diverses	0,05	0,06	0,05	0,06
– Recettes dans les Dom	0,44	0,45	0,46	0,48
– **Recettes totales**	**45,7**	**46,3**	**49**	**52,3**
– Dépenses en métropole	43,8	45	46,2	48,7
Prestations légales	33,7	34,6	35,6	36,7
Gestion administrative	2,7	2,7	2,5	2,6
Action sanitaire et sociale	0,011	0,02	0,07	0,08
Contrôle médical	2,2	2,2	2,2	2,3
Contribution à des fonds	0,68	0,62	1,2	2,4
Transferts à d'autres régimes	4,5	4,7	4,5	4,5
Dépenses diverses	0,14	0,09	0,11	0,11
– Dépenses dans les Dom	0,33	0,29	0,34	0,36
– **Dépenses totales**	**44,2**	**45,3**	**46,6**	**49**
Solde	**+ 1,6**	**+ 1,1**	**+ 2,4**	**+ 3,2**

maladie, alloc. fam., ass. vieillesse) ont un conseil de surveillance composé de parlementaires et de membres d'associations familiales ou de retraités. Le gouvernement imposera à chaque caisse locale des objectifs de maîtrise des dépenses de santé dans sa zone géographique. Leurs directeurs sont nommés par l'État et non plus désignés par les conseils d'administration sur des critères d'appartenance à une organisation syndicale.

■ **Cotisants actifs** (au 1-7-1996). 21 277 650 dont *salariés 18 879 329* [régime général 13 815 129, régime des salariés agricoles 620 956, fonctionnaires civils et militaires 2 362 434, ouvriers d'État 83 179, collectivités locales 1 499 759, mines 24 329, SNCF 170 800 (au 1-1-2000), RATP 38 876, établissement national des invalides de la marine 43 503 (en 2000), EDF-GDF 150 859 (152 000 en 1995), CRPCEN (clercs de notaires) 40 593 (en 2000), Banque de France 16 680] *et non-salariés 2 398 321* [exploitants agricoles 876 000, indépendants non agricoles (Canam) 1 386 461 (au 1-10-1998), commerçants (Organic) 615 666, artisans (Cancava) 488 000 (au 1-4-99), professions libérales 444 020 (en 2000), cultes (Camavic) 24 186].

■ **Taux moyen de cotisations sociales** (total en %), entre parenthèses, **employeurs et,** en italique, **salariés.** *1985 :* 56,82 (42,15) *14,67 ; 93 :* 62,21 (43,36) *18,85 ; 96 :* 28,96 (22,06) *6,9 ; 97 :* 27,66 (22,06) *5,6.*

■ **Effectifs par catégorie** (1998). **Organismes nationaux :** 6 321 (dont CNAMTS 1 111 ; Cnaf 284 ; Acoss 408 ; CNAVTS 4 143 ; UCANSS 416) ; **locaux :** 173 258 [dont CPAM 76 660 ; Caf 35 778 ; Cram/Crav 27 890 ; Urssaf 12 792 ; contrôles médicaux régionaux 10 229 ; unions/fédérations 3 329 ; Cetelic, Certi, CRFP 3 023 ; CGSS (Dom) 2 980].

■ **Déficit de la Sécurité sociale (régime général). Déficit cumulé** (en milliards de F) : *1992 :* – 42 ; *93 :* – 56,4 ; *94 :* – 54,8 ; *95 :* – 67,3 ; *96 :* – 53,2 ; *97 :* – 33,8 ; *98 :* – 16,2 ; *99 :* + 0,7 ; *2000 :* 5,2 ; *01 (prév.) :* 7,9. **Raisons avancées** par le *Dr Jean Defontaine* (« Le Figaro », 25-6-1991) : *alcoolisme :* 33 % du budget de la Sécurité sociale ; les alcooliques occupent 45 % des lits des hôpitaux de médecine générale, sont responsables de 20 % des accidents du travail, 30 % des accidents de la route. *Vieillesse :* 45 % des dépenses médicales consacrées à 15 % de la population. *Sida :* lits occupés et thérapeutique lourde. *Anxiété et dépression :* cause de vente de 50 % des médicaments ; la perte de la religion chrétienne laisse les gens sans consolation ni perspective d'une vie meilleure dans l'au-delà (paradis) : le déprimé recherche le médicament qui lui procure une satisfaction facile car buccale et donc psychanalytiquement très primitive. *Hygiène de vie :* alimentation, refus de sport entraînant des accidents cardio-vasculaires. **Cotisations de Sécurité sociale non recouvrées** (en milliards de F, au 31-12-1997) : *total* 73,1 dont *1992 :* 5,4 ; *93 :* 6,9 ; *94 :* 8,1 ; *95 :* 10,7 ; *96 :* 13,1 ; *97 :* 14.

■ **Plans de redressement.** **1967**-*août* création de 3 caisses nat. autonomes (maladie, vieillesse, famille). **1970**-*juillet* branche famille excédentaire, 1 % des cotisations d'alloc. fam. versées aux 2 autres branches, marge bénéficiaire des pharmaciens réduite. **1975**-*déc. plan Durafour* réduit la TVA sur produits pharmaceutiques (de 20 à 7 %), déplafonne la part salariale de la cot. maladie. **1976**-*sept. plan Barre* exclut certains médicaments (dits de confort) du remboursement, introduit une contribution de l'État (nouvelle vignette auto). **1977**-*avril*/**1978**-*déc. plan Veil :* hausse des taux de cotisation des salariés agricoles et actifs de plus de 65 ans, cot. d'ass. maladie pour retraités, hausse du ticket modérateur (de 30 à 60 %) sur médicaments de confort. Réduction du nombre de lits et contrôle des équipements lourds, *numerus clausus* pour étudiants en médecine, création de la commission des comptes de la Séc. soc. **1979**-*janv.* mesures d'économie. -*Juillet plan Barrot :* gel des budgets des hôpitaux publics, non-revalorisation des prix de journée de cliniques, blocage des honoraires médicaux, assujettissement des retraites aux cotisations. -*Déc.* création exceptionnelle de pharmacies. **1981**-*nov. Nicole Questiaux* instaure cot. 1 % pour les chômeurs (au-dessus du Smic) et double la taxe sur l'ass. auto versée à l'ass. maladie. **1982**-*juin/sept. plan Bérégovoy :* non-revalorisation des indemnités journalières de plus de 3 mois, blocage des honoraires médicaux, taxe de 5 % sur publicité pharmaceutique, gel des prix des médicaments. Création du forfait hospitalier à la charge du malade, rabaissement de 70 % à 40 % du remboursement de 1 258 médicaments. Création du budget global généralisé des hôpitaux publics. **1983**-*mars/sept. plan Delors* crée le prélèvement exceptionnel de 1 % sur les revenus imposables et sur ceux du capital. Taxes sur tabac, alcool et publicité pharmaceutique. **1985**-*mai/juin plan Dufoix* prévoit une hausse du ticket modérateur pour certains soins et le reclassement de 379 médicaments de confort. **1986-87** *plan Séguin :* prélèvements exceptionnels sur les revenus de 1985 et 1986, limitation du nombre de personnes remboursées à 100 %, majoration du forfait hospitalier, affranchissement obligatoire du courrier adressé à la Séc. soc., hausse de 2 % du tabac. **1988**-*juin Claude Évin* revient sur de nombreuses dispositions du plan Séguin. Déremboursement des antiasthéniques, frein sur les actes biologiques. **1990** *plan Durieux :* TVA sur les médicaments abaissée de 5,5 à 2,1 %. -*Déc.* le Parlement adopte le projet de *contribution sociale généralisée* (CSG) en vigueur le 1-2-1991. Rendement estimé : *1991 :* 31,4 milliards de F, *92 :* 40,8. **1991** *Michel Rocard* crée la CSG (contribution sociale généralisée). *Plan Bianco :* baisse des marges des pharmacies, augmentation du forfait hospitalier. **1993** *plan Veil :* abaissement des taux de remboursement des soins ambulatoires ; augmentation du forfait hospitalier (de 50 à 55 F) ; élargissement du système des objectifs quantifiés. En milliards de F : *modification de la participation des assurés* 10,8 dont baisse du taux de remboursement des honoraires médicaux (70 % au lieu de 75) et des médicaments (65 % ou 35 % au lieu de 70 ou 40 %) 8,2 ; *relèvement du forfait hospitalier* 0,9 ; *mise en place d'un ordonnancier bizone* 1,7 ; *maîtrise de la dépense dans les soins de ville* 10,7 ; *dans le secteur hospitalier* 3,8 ; *pharmaceutique* 1,9 ; *nomenclature et divers* 1,1. *Total rendement 1993/94 :* 32,2. *Augmentation de la CSG de 1,3 point :* rendement (est.) 51. Balladur engage une réforme des retraites. **1994**-*7-7* Balladur renonce à l'instauration d'une « TVA sociale » pour financer la Sécurité sociale. -*25-7* loi instituant l'individualisation de la trésorerie de chacune des branches du régime général à compter du 1-1-1995. Les excédents d'une branche ne pourront être affectés au financement des déficits d'une autre. **1995**-*15-11 plan Juppé :* ajustement automatique des rémunérations des médecins en fonction du respect des objectifs ; lutte contre abus et gaspillage : généralisation du carnet médical ; contrôle parlementaire de l'équilibre financier (dépenses annuelles plafonnées par décret : juin 1996 : 2,6 %). Les syndicats de la fonction publique s'opposent à toute réforme des régimes de retraite des fonctionnaires et des salariés des entreprises publiques. Après grèves et manifestations de nov./déc. 1995, il est abandonné. A. Juppé renonce aussi à son projet de soumettre les allocations familiales à des conditions de ressources (mesure appliquée en 1998 par L. Jospin) ou de les intégrer dans les revenus imposables. La réforme des cotisations patronales, visant à en diversifier l'assiette, et le régime universel d'assurance maladie, remplaçant les 19 régimes existants est censé verser des prestations identiques à tous. Le système d'épargne-retraite : voté en février 1997, reste lettre morte (la gauche, au pouvoir en juin 1997 en gèle les décrets d'application). Enfin, faute de moyens, A. Juppé doit reporter la création d'une véritable prestation pour les personnes âgées dépendantes. Pour élargir le financement de la Sécurité sociale, le plan prévoyait une hausse de la cotisation maladie des retraités et des chômeurs indemnisés au-dessus du SMIC, et le basculement de la cotisation maladie des salariés sur la CSG. A. Juppé envisageait des sanctions financières contre les médecins libéraux dépassant l'objectif de dépenses médicales voté par le Parlement, de resserrer le contrôle de l'État sur les caisses de la Sécurité sociale, de renforcer le poids du patronat dans leurs conseils d'administration, où il aura, comme entre 1967 et 1983, autant de sièges que les salariés. Il crée 24 agences régionales de l'hospitalisation, dirigées par des « préfets sanitaires » nommés en Conseil des ministres. **1996** *plan Barrot :* limitation du déficit à 30 milliards de F en 1997 (17,5 milliards d'économies prévus : hausse des droits sur alcool et tabac, baisse de l'aide au logement et de l'allocation de parent isolé, recours facilité aux médicaments génériques, baisse des tarifs de certains actes). *Réforme Aubry :* un fonds de réserves créé pour limiter les hausses de cotisations nécessaires à l'équilibre des caisses de retraite à partir de 2005 (début 2001, pourrait gérer 15 à 20 milliards de F) ; la Cnam (Caisse nationale d'assurance maladie) peut sanctionner les médecins dont l'activité « dérape » ; seuls les médicaments à l'efficacité thérapeutique seront remboursés ; mise en réseau des hôpitaux, chaque établissement ne pouvant plus tout faire.

☞ **Exonérations de cotisations sociales dont,** entre parenthèses, **prises en charge par l'État et compensées au régime général** (en milliards de F) : *1992 :* 12,2 (6) ; *93 :* 20,1 (11,3) ; *94 :* 31,4 (18,6) ; *95 (est.) :* n.c. (24,9 dont apprentis 2,2 ; emploi des jeunes 3,3 ; exonération de cotisations d'allocations familiales 17,5 ; chômeurs de longue durée 1,8) ; **non compensées :** *1992 :* 7,71 ; *93 (est.) :* 9,22 ; *94 (est.) :* 11,25 dont embauche 1er salarié 3,24, contrats emploi-solidarité 2,76, exonération pour tierce personne (y compris associations) 1,9, chômeurs créateurs d'entreprise 1,22, temps partiel 1,23, ex-contrat d'insertion professionnelle 0,2, autres (associations intermédiaires, embauche du 2e et 3e salarié) 0,7. *Total cumulé :* 28,18.

Assurance maladie

Régime général

Généralités

■ **Affiliations.** Sont affiliées obligatoirement aux assurances sociales du régime général, quels que soient leur âge et leur nationalité et même si elles sont titulaires d'une pension, toutes les personnes, de l'un ou l'autre sexe, salariées ou travaillant en quelque lieu que ce soit, pour un ou plusieurs employeurs du secteur privé de l'industrie et du commerce, de l'artisanat, des professions libérales et des gens de maison, et quels que soient le montant et la nature de leur rémunération, la forme, la nature ou la validité de leur contrat.

■ **Immatriculation. Des salariés :** *numéro matricule :* exemple 1 08 04 06 088 046. Il s'agit d'un homme (1) (pour une femme : 2), né en 1908 (08), en avril (04), dans les A.-M. (06), commune de Nice (088), ordre d'inscription à l'Insee dans le mois (046). Les jumeaux sont inscrits selon leur heure de naissance. S'il y a plus de 999 naissances dans le mois, l'Insee crée un n° de commune fictif. **Des employeurs :** *numéro attribué par la caisse régionale* en liaison avec l'Insee (ou n° Siret) : 14 chiffres répartis en 2 composantes (depuis le 1-1-1975). *1re composante :* n° Siren à 9 chiffres attribué à chaque entreprise ; *2e :* 5 chiffres attribués même dans le cas où l'entreprise ne comporte qu'un seul établissement ; *n° d'activité principale* (code APE) de 4 chiffres, selon la nomenclature des activités économiques de 1974.

■ **Bénéficiaires des prestations.** Conjoint (seule la 1re épouse, pour laquelle un assuré musulman a fait une demande de prestations, est considérée comme ayant droit ; si elle ne réside pas en France, la 2e épouse, à condition qu'elle réside en France, peut bénéficier des prestations), enfants, ascendants, descendants, collatéraux et alliés du salarié jusqu'au 3e degré. **Ancien assuré titulaire d'une pension vieillesse :** a droit aux prestations en nature de l'assurance maladie. **Assuré titulaire d'une pension d'invalidité :** pendant son invalidité, mêmes prestations. **Travailleurs immigrés :** les étrangers ne peuvent être affiliés à un régime obligatoire de Sécurité sociale que s'ils sont en situation régulière (loi du 24-8-1993) ; mais ils ont droit aux prestations d'accidents du travail et de maladies professionnelles quelle que soit leur situation en matière de séjour ou de travail. Les droits ouverts à raison de cotisations versées avant l'entrée en vigueur des décrets restent acquis. **N'ont pas droit aux prestations en espèces,** mais peuvent avoir droit aux prestations en nature : *le conjoint légitime* sauf s'il est lui-même assuré social, ou s'il exerce une activité professionnelle pour le compte de l'assuré ou d'un tiers, ou s'il est inscrit au registre des métiers ou du commerce, ou s'il exerce une profession libérale, ou s'il bénéficie d'un régime spécial d'assurance (fonctionnaires, cheminots, EDF-GDF, mineurs, etc.) ; *les enfants non salariés* et à charge jusqu'à 16 ans, 20 ans s'ils poursuivent leurs études ou sont infirmes ; *les enfants de moins de 17 ans* à la recherche d'une première activité professionnelle, et inscrits comme demandeurs d'emploi à l'Agence nationale pour l'emploi ; *les ascendants, descendants, collatéraux et alliés* jusqu'au 3e degré s'ils vivent sous le même toit que l'assuré et se consacrent exclusivement aux travaux du ménage et à l'éducation d'au moins 2 enfants de moins de 14 ans à la charge de l'assuré ; *toute personne vivant maritalement et à la charge de l'assuré ; toute personne vivant au moins depuis 12 mois consécutifs sous le toit de l'assuré* et se trouvant à sa charge effective, totale et permanente. La personne assurée du couple doit chaque année faire une déclaration mentionnant le nom et la qualité des personnes au foyer.

Conditions d'ouverture des droits

■ **Assurance maladie. Prestations en nature :** avoir occupé un emploi salarié ou assimilé au moins 120 h au cours du trimestre civil (ou 3 mois date à date) précédant la date des soins, ou 60 h au cours du mois civil (ou de date à date la précédant). Sinon au moins 1 200 h au cours d'une année civile (A), ouvre droit aux prestations du 1-4 de l'année B au 31-3 de l'année C. Depuis 1-1-2000, la couverture maladie universelle (CMU) de base se substitue aux critères habituels d'affiliation, quand il n'y a pas de possibilité d'ouverture de droit dans un autre régime obligatoire.

Prestations en espèces les 6 premiers mois : avoir occupé un emploi salarié ou assimilé pendant au moins 200 h au cours des 3 mois précédant l'interruption de travail *ou* justifier des mêmes conditions d'h de travail au cours du trimestre civil la précédant ; **au-delà de 6 mois :** avoir été immatriculé depuis 12 mois au moins au 1er jour du mois au cours duquel est intervenue l'interruption de travail, et justifier avoir travaillé au moins 800 h au cours des 12 mois précédant l'interruption dont 200 au cours des 3 premiers mois *ou* justifier de ces mêmes conditions d'h de travail au cours des 4 trimestres civils la précédant, ou au cours du 1er de ces trimestres.

■ **Assurance maternité.** Avoir occupé un emploi salarié ou assimilé au moins 200 heures au cours des 3 mois précédant le début du 9e mois avant la date présumée de l'accouchement, ou 120 heures au cours du mois précédant *ou* justifier des mêmes conditions d'h de travail au cours du trimestre civil, ou du mois civil, précédant cette même date. Justifier en outre de 10 mois d'immatriculation à la date prévue de l'accouchement.

■ **Assurance invalidité.** Avoir été immatriculé depuis 12 mois au 1er jour du mois au cours duquel est survenue l'interruption de travail suivie d'invalidité ou la constatation médicale de l'état d'invalidité résultant de l'usure prématurée de l'organisme, et justifier avoir travaillé pendant au moins 800 h au cours des 12 mois précédant l'interruption de travail ou la constatation de l'état d'invalidité résultant de l'usure prématurée de l'organisme, dont 200 h au cours des 3 premiers *ou* justifier des mêmes conditions d'h de travail au cours des 4 trimestres civils ou au cours du 1er de ceux-ci, précédant l'interruption ou la constatation de l'état d'invalidité.

■ **Assurance décès.** Avoir occupé un emploi salarié ou assimilé pendant au moins 200 h au cours des 3 mois précédant le décès, et au moins 120 h au cours du mois la précédant *ou* justifier des mêmes conditions d'h de travail au cours du trimestre civil, ou du mois civil, précédant le décès.

Autres régimes

■ **Régimes.** Marins et inscrits maritimes [1] ; mineurs et assimilés [1] ; SNCF ; Cie générale des eaux ; Banque de France ; clercs et employés de notaires [2] ; RATP ; Caisse nat. de Sécurité sociale dans les mines ; chambre de commerce de Paris ; des chemins de fer d'intérêt général secondaire et local et des tramways [3] ; militaires de carrière. Fonctionnaires de l'État, magistrats et ouvriers de l'État ; agents EDF et GDF ; théâtres nat. (Opéra, Opéra-Comique, Comédie-Française) ; fonctionnaires départementaux et communaux ; étudiants ; grands invalides de guerre, veuves et orphelins de guerre.

Nota. – (1) Affiliés au régime général des alloc. fam. tout en ayant des caisses particulières. (2) Affiliés au régime général pour accidents du travail et prestations familiales. (3) Figurent dans les régimes spéciaux, ou particuliers selon le régime choisi par la collectivité considérée ; affiliés au régime gén. pour prestations familiales.

■ **Régime agricole.** Salariés et non-salariés des professions agricoles.

■ **Régime des professions indépendantes.** Régime d'ass. maladie-maternité fixé par le livre VI, titre I du Code de la Sécurité sociale. **Personnes assujetties à titre obligatoire : a) travailleurs non salariés :** *artisans* inscrits au répertoire des métiers ou exerçant une activité rattachée par décret aux professions artisanales ; *industriels ou commerçants* inscrits au registre du commerce, ou assujettis à une taxe professionnelle, ou exerçant une activité rattachée par décret aux professions industrielles ou commerciales ; *professions libérales :* médecin du secteur II sur option, médecin non conventionné, dentiste et sage-femme non conventionnés, pharmacien, architecte, expert-comptable, vétérinaire, notaire, avocat, huissier, syndic ou liquidateur judiciaire, courtier-juré d'assurance, greffier, expert devant les tribunaux, ingénieur-conseil, auxiliaire médical non conventionné, agent général d'assurance, *certains associés ou dirigeants de Stés* [notamment : les associés uniques d'Eurl (entreprise unipersonnelle à responsabilité limitée), les associés de Stés en nom collectif, les gérants majoritaires de SARL (Sté à responsabilité limitée) ou de Selarl (Sté d'exercice libéral à responsabilité limitée), les gérants appartenant à un collège de gérance majoritaire, les associés exerçant une activité non salariée au sein de SARL ou de Selarl, les membres de Stés en participation, les associés des Stés en commandite simple ou par actions et les associés commandités des Stés d'exercice libéral en commandite par actions (Selca)], etc. **b) Personnes ayant exercé une activité** *non salariée, non agricole et bénéficiant à ce titre d'une allocation, d'une pension de* vieillesse ou d'invalidité servie par une caisse ou organisme d'allocation vieillesse. **c) Conjoints survivants** des personnes citées en **a),** s'ils bénéficient d'une allocation ou d'une pension de réversion et sont âgés d'au moins 55 ans.

Bénéficiaires des prestations : le *conjoint* de l'assuré non couvert à titre personnel par un régime obligatoire ou la personne qui vit maritalement avec l'assuré et qui est à sa charge ; la personne liée à l'assuré par un Pacs lorsqu'elle ne bénéficie pas de la qualité d'assuré social à un autre titre ; les *enfants à charge,* légitimes, naturels, adoptifs ou recueillis de moins de 16 ans, de moins de 20 ans s'ils poursuivent des études ou s'ils sont atteints par une infirmité ou une maladie chronique les empêchant d'effectuer un travail salarié, de plus de 20 ans s'ils poursuivent leurs études après avoir dû les interrompre pour cause de maladie ; l'ascendant, le descendant, le collatéral ou l'allié vivant chez l'assuré se consacrant à son ménage et à l'éducation d'au moins 2 enfants de moins de 14 ans ; la personne qui vit depuis au moins 12 mois consécutifs sous le toit de l'assuré et se trouve à sa charge effective, totale et permanente.

☞ **Effectifs des différents régimes** (en 2000). **Nombre de cotisants et**, entre parenthèses, **de bénéficiaires** (*abréviations* : m. : maladie, d.p. : droits propres, d. : dérivés). **Salariés et assimilés :** *salariés agricoles* : 621 812 (m. 1 797 000). *Fonctionnaires civils et militaires* : 2 224 976 (d.p. 1 157 640, d. 427 728). *Caisse nat. militaire de Séc. soc. (CNMSS)* : 345 150 (1 004 460). *Fonds spécial des pensions des ouvriers des établissements industriels de l'État (FSPOEIE)* : 94 283 (d.p. 66 489, d. 41 500). *Caisse nat. de retraite des agents des collectivités locales (CNRACL)* : 1 446 365 (382 004 dont d.p. 311 209, d. 91 999). *Caisse autonome nat. de Séc. soc. dans les mines (CANSSM*, au 30-9-2000) : (m. 297 421), actifs et chômeurs (m. 21 393), actifs, chômeurs, préretraités (m. 23 602) (droits directs 237 840). *EDF-GDF* (1995) : 150 859 (d.p. 91 751, d. 42 280). *SNCF* (au 1-1-1999) : 699 600 (m. 170 400, d.p. 419 000, d. 280 600). *RATP* : 39 018 (42 245). *Établissement nat. des invalides de la marine* (*Enim*, en 1999) : 42 917 (m. 180 637). *Caisse nat. d'ass. vieillesse des travailleurs salariés. Caisse de retraite et de prévoyance des clercs et employés de notaires* (*CRPCEN*, 1999) : 44 188 (m. 94 116). *Caisse d'ass. vieillesse, invalidité et maladie des cultes (Cavimac)* : ass. vieillesse invalidité 20 278 (67 988), ass. maladie 43 290. *Banque de France* : 16 627 (m. 49 049, d.p. 10 962, d. 2 954). *Assoc. générale des institutions de retraite des cadres (Agirc)* : 3 277 478 (d.p. 1 313 153, d. 453 316). *Institution de retraite complémentaire des agents non titulaires de l'État et des collectivités publiques (Ircantec*, en 1999*)* : 1 410 000 (d.p. + d. 1 970 000). **Non-salariés :** *exploitants agricoles (Bapsa)* : m. 810 235, vieillesse 1 196 300 (5 226 742 dont m. 3 162 878, v. 2 063 864). *Caisse nat. d'ass. maladie des professions indépendantes* (*Canam*, au 1-10-2000) : cotisants actifs 1 334 187, retraités bénéficiaires 600 461 (m. 2 965 470).

Assurances personnelle et volontaire

■ **Assurance personnelle.** Supprimée depuis 1-1-2000. Remplacée par la CMU (loi du 27-7-1999) (voir ci-dessous).

■ **Assurance volontaire** (vieillesse-invalidité, travailleurs expatriés). *Cotisations :* 4 catégories. *Montant* fixé en fonction des ressources annuelles.

■ **Couverture maladie universelle (CMU).** Entrée en vigueur le 1-1-2000. *Conditions :* résider en France de façon régulière depuis plus de 3 mois et disposer de ressources inférieures à un plafond annuel, variable selon la composition de la famille. *Bénéficiaires :* allocataires du RMI ou de l'aide médicale ; sinon faire une demande auprès de sa caisse primaire et justifier résidence et ressources. *CMU de base :* gratuite si le revenu fiscal du foyer est inférieur à 43 200 F. Au-dessus, cotisation de 8 %. Donne droit aux prestations de l'assurance maladie-maternité du régime général. *CMU complémentaire :* gratuite si les ressources du foyer sont inférieures pour *1 personne* à 3 600 F/mois, *2* 5 400, *3* 6 480, *4* 7 560 et *personne supplémentaire* 1 440. Aides au logement prises en compte de façon forfaitaire : pour *1 personne* 313 F, *2* 547, *3* ou + 657. Couvre : ticket modérateur, forfait journalier hospitalier sans limite de durée, frais supplémentaires de soins et prothèses dentaires (limite 2 600 F par bénéficiaire sur 2 ans), d'optique de 358 à 1 074 F/an avant 18 ans, 358 F à 900 F au-delà, et plusieurs fois par an pour les moins de 6 ans et de prothèses auditives 1 600 F sur 2 ans. Elle donne le choix de l'organisme gestionnaire. *Personnes couvertes* (au 30 sept. 2000) : couverture de base 1,1 million, complémentaire 4,7 millions [dont 3,4 venant de l'AMG (aide médicale générale)]. Les revenus professionnels à prendre en compte pour les professions indépendantes (en plus des autres ressources) sont ceux de l'année civile précédente retenus pour le calcul de l'impôt sur le revenu avant déductions, abattements et exonérations.

Financement de la couverture de base de la CMU (en millions de F) : *prévisions lors du vote de la loi*, en 2000 (et prév. 2001) : *7 730*, 5 934 (1 530) *dont* tabacs *3 500*, 3 500 (0) ; prélèvement social *2 700*, 904 (0) ; cotisations assurés *100*, 100 (100) ; 5 % droits sur les alcools *600*, 600 (600) ; cotisations véhicules terrestres à moteur *830*, 830 (830).

Cotisations

Régime général

☞ Exonération de cotisations patronales (voir p. 1682 b).

■ **Cotisations normales.** *Plafond annuel* au 1-7 : les salaires sont retenus dans les limites suivantes (sauf pour la part « déplafonnée » d'assurance maladie) : *1962* : 9 600 F ; *70* : 18 000 ; *75* : 33 000 ; *80* : 60 120 ; *82* : 82 020 ; *93* : 149 820 ; *94* : 153 120 ; *95* : 155 940 ; *96* : 161 220 ; *97* : 164 640 ; *98* : 169 080 ; *99* : 173 640 ; *2000* : 176 400 ; *01* : 179 400 (14 950 F/mois).

■ **Charges sociales et fiscales obligatoires sur les salaires. Taux en vigueur pour les salaires versés à partir du 1-1-2001** (en %, taux employeur, entre parenthèses, salarié et, en nota, plafond). **Sécurité sociale :** assurance maladie, maternité, invalidité, décès 12,8 (0,75) [1,2] ; ass. vieillesse 8,2 (6,55) [3] ; ass. vieillesse 1,6 (0) [1] ; ass. veuvage 0 (0,1) [1] ; allocations familiales 5,4 (0) [1] ; Fonds national d'aide au logement : toutes entreprises 0,1 (0) [3], entreprises de plus de 9 salariés 0,4 (0) [1] ; **Contribution sociale généralisée** (7,5) [4]. **Remboursement de la dette sociale** (0,5) [4]. **Retraite complémentaire :** *salariés* (régime unique Arco) *tranche 1* 4,5 (3) [3], *tr. 2* 7,5 (5) [5] ; *cadres* (régime Agirc) *tranche A* 4,5 (3) [3], *tr. B* 12,5 (7,5) [5], *tr. C* 12,5 (7,5) [6] ; cadres : contribution exceptionnelle et temporaire 0,22 (0,13) [7]. **Chômage-emploi :** Assedic/assurance chômage *tr. A* 3,7 (2,1) [3], *tr. B* 3,7 (2,6) [5] ; *Fonds de garantie des salaires* 0,1 (0) [8] ; *Apec* 0,036 (0,024) [5,9]. **Participation construction :** 0,45 (0) [1], payée en une fois par an ; fonds national d'aide au logement : contribution de toutes les entreprises 0,1 [3], entreprises de + de 9 salariés 0,4 [1]. **Taxe d'apprentissage :** 0,5 [1]. **Formation professionnelle** (payée en une fois par an) : 10 salariés et plus 1,5 (0) [1] ; moins de 10 salariés 0,15 (0) [1] ; moins de 10 salariés (entreprises soumises à la taxe d'apprentissage) 0,1 (0) [1]. **Versement transports :** 2,5 (0) [1] ; en région parisienne prise en charge de 50 % des abonnements de transport.

Nota. – (1) Sur tout le salaire. (2) Alsace-Moselle : plus une cotisation supplémentaire, taux 1,8 en 2000. (3) 14 700 F. (4) Sur 95 % du salaire brut. (5) 14 700 à 58 800 F. (6) 58 800 à 117 600 F. (7) 117 600. (8) 58 800 F. (9) Payée trimestriellement. S'y ajoute un versement forfaitaire pour les cadres présents au 31-3 de 105,90 F (employeur 63,54, cadre 42,36).

■ **Cotisations particulières. Artistes du spectacle :** taux réduit à 70 % des taux normaux (plafonnés et déplafonnés). Accidents du travail 1,19 % en 2001 (1,12 % en Alsace-Lorraine). **Employés de maison :** calculées pour chaque heure de travail sur la base de la valeur horaire du Smic en vigueur le 1er jour de chaque trimestre civil. Exemple de cotisations (en F, pour 8 h de travail, au 1-1-2001) : base forfaitaire 336, employeur 103,49 (31 %), salarié 24,86 (7,4 %) ; en Alsace-Lorraine : 98,78 (29,6 %), 30,40 (9,5 %). **Stagiaires étrangers-aides familiaux :** pas de part salariée. Cotisation employeur calculée sur une base forfaitaire en multiples du Smic en vigueur au 1er jour de chaque trimestre civil. Exemples de cotisations (en F, pour un mois, au 1-1-2001) : base forfaitaire 2 353,12, ensemble des départements 729,46, Alsace-Lorraine 696,52. **Médecins à temps partiel. Colonies de vacances. Formateurs occasionnels.**

■ **Régime agricole des salariés.** *Plafond :* voir régime général. *Cotisations (depuis 1-1-1998) : sur tout le salaire :* veuvage salarié 0,1 % ; maladie, maternité, invalidité et décès employeur 11 %, salarié 0,75 % ; vieillesse employeur 1,4 % ; *sur le salaire limité au plafond :* vieillesse employeur 7,2 %, salarié 6,55 %.

■ **Régime étudiant.** *Cotisation forfaitaire 2000-01 :* 1 100 F.

■ **VRP cartes multiples.** *Cotisations patronales* (trimestrielles) : dans la limite du plafond trim. (44 850 F en 2001) ; taux : 6,49 + 0,41 % de frais de gestion = 6,9 %, sur tout le salaire 21,4 %. *Cotisations salariales* (trimestrielles) : calculées selon les taux des cotisations salariales du régime général.

☞ **Régime agricole des non-salariés. Mutualité sociale agricole (MSA) :** cotisations Amexa (assurances maladie, invalidité et maternité) calculées depuis 1998 sur le revenu professionnel.

☞ **Évaluation forfaitaire des avantages en nature** (au 1-1-2001) : *si la rémunération ne dépasse pas le plafond de la Sécurité sociale. Nourriture (par jour)* 1 repas (min. garanti × 1 = 18,70 F), 2 repas (min. garanti × 2 = 37,40). *Logement* 93,50 F par semaine. *Autres avantages* valeur réelle.

Régime des professions indépendantes

■ **Principe de calcul.** *Au 1-4-2001 :* cotisation calculée à titre provisionnel, sur les revenus 1999. *Au 1-10-2001 :* ajustée à titre provisionnel en fonction des revenus 2000. La cotisation *du 1-4-2000 au 31-3-2001* est régularisée en fonction des revenus 2000.

■ **Assiette.** *Actifs :* ensemble des revenus professionnels non salariés et non agricoles pris en compte pour le calcul de l'impôt sur le revenu avant certains abattements, déductions ou exonérations. *Retraités :* depuis le 1-1-1998, les pensions des personnes résidant fiscalement en France ne font plus l'objet d'un précompte au titre de l'assurance maladie. Les revenus venant d'une activité donnent lieu au paiement d'une cotisation.

■ **Taux et plafond** (en 2001). *Sur revenus professionnels* pour les appels du 1-4-2001 et du 1-10-2001 : 0,6 % dans la limite du plafond de la Sécurité sociale au 1-1-2001 (179 400 F) plus 5,9 % dans la limite de 5 fois le plafond de la Sécurité sociale (897 000 F). *Sur pensions et allocations* des personnes résidant fiscalement en France : néant.

■ **Cotisation minimale.** 1-4-2001 au 30-9-2001 : calculée sur la base d'un revenu égal à 40 % du plafond de la Séc. soc. en vigueur au 1-1-2001 (2 339 F pour le semestre au 1-4-2001). **Début d'activité :** à compter du 1-1-2001 : *cotisation minimale pour 2001 :* 18 fois la base mensuelle de calcul des prestations familiales, en vigueur au 1-10-2000, pour la 1re année civile d'activité soit 38 836 F, 27 fois pour la 2e soit 58 254 F ; 1er paiement à compter du 1er j du 4e mois qui suit la décision d'affiliation. Montant régularisé au 1-10-2002 selon revenus 2001 s'ils sont supérieurs aux nouvelles bases forfaitaires. Ces dispositions ne s'appliquent pas si l'activité indépendante est secondaire (6,5 % du revenu).

Depuis le 1-7-2000, les cotisations des créateurs d'entreprise sont calculées pour chacune des 2 premières années sur de nouvelles bases.

Chômeurs

■ **Cotisation.** Perçue depuis le 1-6-1982 sur les revenus de remplacement, indemnités et allocations servies aux salariés sans emploi relevant du régime général de la Séc. soc., du régime des ass. soc. agricoles et des régimes spéciaux (sauf revenus modestes). **Taux** (cotisations d'ass. maladie, maternité, invalidité, décès) : 2,8 % au 1-1-1997 sur l'ensemble des revenus de remplacement suivants : allocation de base ; spéciale allouée à la suite d'un licenciement pour motif économique ; forfaitaire versée à certains jeunes, femmes ou catégories particulières de chômeurs ; de fin de droits ; spéciale du FNE versée aux bénéficiaires d'une convention du FNE : indemnités de formation versées par les Assedic ; servies par employeurs et entreprises publiques ; spécifique et conventionnelle complémentaire de chômage partiel ; indemnités de chômage intempérie : de garantie des dockers ; alloc. de garantie de ressources versée en cas de licenciement ou démission ; conventionnelle versée aux bénéficiaires d'une convention du FNE. Revenus de remplacement versés au titre d'un contrat de solidarité, si cessation anticipée d'activité définitive ou progressive, c'est-à-dire l'alloc. conventionnelle de solidarité (ACS), conventionnelle complémentaire (ACC) et spéciale du FNE.

■ **Exonérations.** Personnes privées d'emploi, si le montant journalier des avantages versés n'excède pas 1/7 du Smic horaire × 39 h ; personnes partiellement privées d'emploi si le montant mensuel cumulé de leur rémunération d'activité et de leur revenu de remplacement n'excède pas 1/12 du Smic horaire = 2 028 h (52 sem. × 39 h).

Prestations d'assurance maladie, maternité, invalidité, décès

Généralités

■ **Prestations en nature. Honoraires médicaux : 4 secteurs : 1er)** conventionnel avec application des tarifs conventionnels ; **2e)** avec possibilité d'utilisation du droit à dépassement permanent (DP) ; **3e)** avec possibilité d'application d'honoraires libres (HL) ; **4e)** non conventionnel avec tarif d'autorité. Les personnes qui remplissent les conditions d'admission à la CMU ont droit pour 1 an renouvelable à la prise en charge du ticket modérateur.

■ **Tarifs des médecins** (métropole, en F, au 1-1-2001). *C* (consultation omnipraticien) 115. *CS* (spécialiste) 150. *CNPSY* (neuropsychiatre) 225. *V* (visite omnipraticien) 110. *VS* (spécialiste) 135. *VNPSY* (neuropsychiatre) 205. *MU* (majoration visite d'urgence) 125. Forfait annuel médecin référent 150. *VD* (majoration visite du dimanche) 125. *VN* (majoration visite de nuit) 165. *KC et KCC* (certains actes chirurgicaux) 13,70. *K* (chirurgie et spécialités) 12,60. *Z* (radiologie) : radiothérapeutes 10,95, électroradio, gastro-entéro 10,60, rhumato, pneumo-phtisio 10,10, autre 8,70. *Accouchement :* simple 1 160, gémellaire 1 220. *ID* (indemnité de déplacement) Paris, Lyon, Marseille 35, autre 25. *IK* (indemnité kilométrique) plaine 4, montagne 6. **Chirurgiens-dentistes** (métropole, en F, au 1-1-2001). *Consultation :* omnipraticien 110, spécialiste 150. *Visite :* omnipraticien 110, spécialiste 135. *SC* (soins conservateurs) 15,50, *SPR* (prothésiques) 14,10, *TO* (orthodontiques) 14,10, *D* (actes de chirurgien-dentiste) 12,60, *DC* (chirurgicaux) 13,70, *Z* (radiologie) 8,70. *Majoration de dimanche ou jour férié :* 125, *de nuit :* 165. *Indemnité forfaitaire de déplacement :* 18 ; *kilométrique :* plaine 4, montagne 6, à pied, à skis 30. **Sages-femmes** (au 1-1-2001). *C* (consultation) 95 F. *V* (visite) 95. *SF* (acte spécialisé) 17. *SFI* (soins conservateurs) 14,30. *Accouchement :* simple 1 000, gémellaire 1 100. Indemnité déplacement maternité 25. **Auxiliaires médicaux.** *AMI* (infirmiers) 17,50. *AIS* (soins) 14,30 ; indemnité déplacement 9. *AMC* et *AMK* (masseurs kinésithérapeutes) 13 ; indemnité déplacement 12. *AMO* (orthophonistes) 14,40 ; indemnité déplacement 10. *AMP* (pédicures) 4,15 ; indemnité déplacement zone A 3,30, B, C 3,10. *AMY* (orthoptistes) 15,20.

■ **Soins dentaires.** Remboursés d'après la nomenclature (l'accord de la Caisse est nécessaire pour toutes les prothèses et tous les actes d'orthopédie faciale). **Prothèses : 1°)** *appareils fonctionnels :* si le bénéficiaire a moins de 5 couples de prémolaires ou molaires en antagonisme physiologique (les dents de sagesse comptant pour 1/2 couple) ou une édentation du groupe incisivo-canin totale ou partielle. **2°)** *Thérapeutiques :* peuvent être autorisés, après avis du contrôle médical, lorsqu'un état pathologique du sujet peut être influencé par l'état de la denture, si les conditions fonctionnelles ne sont pas remplies. **3°)** *Nécessaires à l'exercice d'une profession,* après avis du contrôle médical. **Tarifs de référence** (majorables de 50 % en fonction du contexte local) : **1997-***1-7* couronne moulée métallique de 1 300 à 1 950 F. **1998-***1-7* couronne à face visible blanche 3 000 F. **1999-***1-1* couronne céramo-métallique de 2 500 à 3 700 F. Tarifs de remboursements inchangés (500 F).

Nota. – Pour l'orthopédie dentofaciale, la responsabilité de l'assurance maladie est limitée au traitement commencé avant le 16e anniversaire.

■ **Frais d'optique.** Leur prise en charge améliorée pour les moins de 16 ans s'applique jusqu'à 18 ans. *Plafonds :* entre 358 F et 1 014 F dans la limite d'1 paire de lunettes par an et sans limite pour les moins de 6 ans.

■ **Forfait journalier hospitalier.** Dû par les personnes hospitalisées (exceptions : ass. maternité, accidents du travail et maladies professionnelles, jeunes handicapés et invalides de guerre). Imputé sur le ticket modérateur : 70 F (depuis 1-1-1996).

■ Régime général

■ **Taux de remboursement sur tarif Sécurité sociale** (en %, depuis le 1-8-1993). *Médecins* 70. *Auxiliaires* médicaux 60. *Dentistes* (soins et prothèses) 70. *Pharmacie* : médicaments irremplaçables 100, pour troubles sans gravité 35, autres 65, laboratoire, analyses 60. *Hospitalisation* (établissements publics, privés, conventionnés) 80. *Actes chirurgicaux* 70. *Certains produits* pharmaceutiques (vignettes bleues) 35.

■ **Ticket modérateur.** Part des frais restant à la charge de l'assuré ou de sa mutuelle lors du remboursement (20 à 65 %). Il ne joue pas sur les hospitalisations de plus de 30 jours ou nécessitées par une intervention chirurgicale avec un coefficient au moins égal à K 50 ni pour les maladies inscrites sur une liste (30), les arrêts de plus de 3 mois, les invalides, les accidentés du travail, les pensionnés de guerre, les affections comportant un traitement prolongé et une thérapeutique coûteuse, ni pour les soins dispensés durant les 4 derniers mois de grossesse. Tiers payant chez les pharmaciens conventionnés ; pour ne payer que le ticket modérateur (35 à 65 %) : présenter carte d'immatriculation, bulletin de salaire (ou attestation d'activité ou titre de pension) et justificatif de la caisse en cas de prise en charge à 100 %.

■ **Prestations en espèces** (au 1-1-2001). *Indemnités journalières (IJ) en cas d'arrêt maladie* : 50 % du salaire de base à partir du 4e jour d'arrêt de travail. Max. 249,16 F (à compter du 7e mois 256,28). A partir du 31e j d'arrêt, pour les assurés ayant 3 enfants à charge : max. 322,22 F (341,71). Revalorisées au-delà du 3e mois et en cas d'une augmentation générale des salaires majorée à partir du 7e mois. Imposables sauf pour affection de longue durée, maternité ou accident du travail.

■ **Accidents du travail (et maladies professionnelles).** Voir p. 1694 a. **Droits de la victime : 1°)** PRESTATIONS EN NATURE (frais médicaux et pharmaceutiques remboursés à 100 %). **2°)** **INDEMNITÉS : a) journalières :** *les 28 premiers jours* : 60 % du montant du salaire soumis à cotisations (max. 897,71 F par j depuis le 1-1-2001). *A partir du 29e j* : 80 % (max. 1 196,95 F par j depuis le 1-1-2001). **b) Décès :** remboursement des frais funéraires à concurrence de 1/24 du plafond annuel de cotisations (7 475 F au 1-1-2001). **c) Incapacité permanente** (depuis le 1-1-2001) : pour une incapacité au moins égale à 10 %, rente calculée sur la totalité du salaire annuel ; entre 194 749,12 et 778 996,48 F : sur 1/3 du salaire réel. **d) Assistance d'une tierce personne :** allocation égale à 40 % du montant de la rente (min. annuel 70 574,99 F depuis le 1-1-2001). **e) Rééducation professionnelle** : *prime de fin de rééducation* (depuis le 1-1-2001) : 4 488,57 à 11 969,52 F. *Prêt d'honneur* : montant maximal 269 314,20 F (depuis le 1-1-2001) accordé pour 20 a. à 2 % remboursable par annuités égales. *Prix de journée et frais de rééducation* : variables suivant les centres et la rééducation poursuivie, pris en charge par la Caisse primaire d'assurance maladie. **Droits des ayants droit. Accident mortel** (rentes calculées en appliquant, au salaire annuel réduit, ces pourcentages) : *conjoint* : 30 % (50 % en cas d'incapacité de travail ou à partir de 55 ans). *Enfants à charge* : 1 : 15 % ; 2 : 30 % ; par enfant en plus : 10 % (20 % par enfant orphelin de père et de mère). *Ascendants* : 10 % (à défaut de conjoint et d'enfants). *Total des rentes allouées aux survivants* : maximum 85 %. *Revalorisation annuelle des rentes au 1-1-2000* : 0,5 %.

■ Autres prestations

■ **Assurance maternité. Indemnités journalières :** imposables depuis le 1-1-1997 ; pendant le congé légal de 16 semaines (6 avant, 10 après), égales à 100 % du gain journalier net de base. Indemnité journalière maximale 399,71 F (au 1-1-2001). Allongement des durées de repos à partir du 3e enfant ou en cas de grossesse multiple (26, 34, 46 semaines). *Période supplémentaire* indemnisable si la grossesse le nécessite (ne peut être reportée sur la période postnatale). **Remboursement :** examens médicaux obligatoires, frais d'accouchement.

■ **Capital décès.** *Minimum* : 1 794 F (depuis le 1-1-2001) [1 % du plafond annuel des salaires soumis aux cotisations de Séc. soc.]. *Maximum* : 44 850 F au 1-1-2001 (3 fois le plafond mensuel des cotisations de la Séc. soc.). *Montant* : 90 fois le gain journalier de base de l'assuré décédé. On a 2 ans pour en solliciter le règlement.

■ **Cures thermales.** *Participation* : au titre des prestations supplémentaires aux frais de séjour, de transport de l'assuré ou de ses ayants droit. *Conditions* (en 1993) : chiffre majoré de 50 % pour le conjoint et pour chacun des enfants, ascendants et des autres ayants droit à charge, et pour le concubin. *Plafond de ressources pour bénéficier des prestations* : assuré seul : 96 192 F en 1999 (14 700 F par mois en 1999). *Remboursements* : honoraires médicaux (forfait ; remboursement à 70 %) : médecin conventionné 420 F (arrêté du 27-3-1990) ; non conventionné 45 F. Frais de séjour (forfait ; remboursement à 65 %) : 984 F (en 2001).

■ **Pension d'invalidité.** Montants au 1-1-2001. **Invalides pouvant travailler :** *maximum* : 53 820 F (30 % du plafond cotisations). **Ne pouvant pas :** *maximum* : 89 700 F (50 % du plafond cotisations). *Minimum* : 18 021 F. *Majoration pour tierce personne* : min. annuel 70 574,99 F (depuis le 1-1-2001). Régime obligatoire d'ass. invalidité-décès : attribution, sous certaines conditions, d'un capital décès (cotisant, orphelin, retraité) par le régime des professions artisanales. Cotisation : 1,45 %. Minimum calculé sur 1/5 du plafond annuel de la Séc. soc., arrondi aux 1 000 F sup. **Cumul** possible avec pension militaire, rente AT (accident du travail), pension d'un régime spécial, d'invalidité du régime des salariés ou des exploitants agricoles dans la limite du salaire perçu par un travailleur valide de la même catégorie professionnelle (majoration pour tierce personne n'entrant pas en ligne de compte). **En cas d'hospitalisation,** indemnités journalières et pension ne sont plus réduites depuis l'instauration du forfait journalier en 1983. **Stage de rééducation professionnelle** ou de réadaptation fonctionnelle possible avec participation de la Séc. soc. aux frais du stage ou de traitement. Possibilité de maintien d'une partie de la pension pendant le stage et 3 ans après.

■ **Prestations facultatives.** *Prise en charge* éventuelle du ticket modérateur, participation aux frais de transport non pris en charge par l'ass. maladie, attribution de prestations en nature à des ayants droit non visés par le Code de la Séc. soc. *Attribution* après examen de chaque cas par le conseil d'administration de la caisse. Aucun recours en cas de refus.

■ **Secours.** Quand les conditions d'ouverture aux prestations légales ou supplémentaires ne sont pas remplies, un secours individuel est accordé après enquête.

■ Régime des professions indépendantes

■ **Taux de remboursement des prestations** (en %). Depuis 1-1-2001, les taux de remboursement du régime obligatoire d'assurance maladie des professions indépendantes sont alignés sur ceux du régime général des salariés. **Honoraires des praticiens :** 70 ; **des auxiliaires médicaux :** 60, pour le traitement d'une affection reconnue de longue durée (ALD) : 100. Traitements de radiothérapie : 100. **Frais pharmaceutiques :** médicaments à vignette bleue : 35, à vignette blanche et fournitures pharmaceutiques : 65, pour le traitement d'une ALD : 100. **Appareils d'orthopédie et prothèses, petit appareillage :** 65, pour une ALD : 100 (grand appareillage : 100), **frais d'analyses et d'examens de laboratoires :** 60, pour une ALD 100. **Hospitalisation :** 80 les 30 premiers j, 100 à compter du 31e jour ou en cas d'acte supérieur ou égal à 50 (sauf prothèses dentaires), ou pour une ALD, ou pour hospitalisation des nouveau-nés dans les 30 jours suivant la naissance ainsi que pour soins dispensés dans cette période dans les établissements de santé. **Soins et prothèses dentaires :** 70, pour une ALD : 100. **Frais d'optique :** 65 (hôpital 70), pour une ALD 100. **Frais de transport :** 65, cas particuliers du transfert inter-établissements hospitaliers (sauf maisons de repos) : 100. **Cures thermales hors hospitalisation :** forfait de surveillance médicale : 70 (pour une ALD : 100) [éventuellement : actes médicaux complémentaires : 70, pour une ALD : 100], **en hospitalisation :** 80 (pour une ALD : 100). **Soins et éducation spéciale des enfants handicapés et ALD :** 100 (nécessité d'une décision de la commission départementale d'éducation spéciale). **Diagnostic et traitement de la stérilité :** 100 (avec accord de la caisse). **Maternité :** honoraires d'accouchement, examens prénatals et postnatals obligatoires : 100, autres soins au domicile de la femme ou au cabinet dispensés par un médecin ou une sage-femme 70, par un auxiliaire médical : 60 [100 % pendant les 4 derniers mois de la grossesse pour tous les soins], hospitalisation : 100, examens obligatoires de surveillance sanitaire des enfants : 100.

■ **Assurance maternité. Prestations en espèces** (voir ci-après). **Femmes chefs d'entreprise artisanale, commerciale ou libérale. 1°) Indemnité journalière forfaitaire** d'interruption d'activité professionnelle, sans obligation de se faire remplacer, (au minimum 30 jours et au maximum 90 j) ; *montant* : moitié du plafond mensuel de la Sécurité sociale pour 30 j (au 1-1-2001 : 7 475 F). **2°) Allocation forfaitaire de repos maternel :** *montant* (au 1-1-2001) : 14 950 F, plafond mensuel de la Sécurité sociale. En cas d'adoption, diminution de moitié du montant de l'allocation de repos maternel et la durée maximale du versement de l'indemnité journalière d'interruption d'activité est de 45 j (75 j en cas d'adoptions multiples). **Conjointes collaboratrices de professions indépendantes. 1°) Allocation forfaitaire de repos maternel :** *montant* (depuis le 1-1-2001) : naissance 14 950 F, adoption 7 475 F. **2°) Indemnité de remplacement** pour compenser les frais d'engagement d'une personne remplaçant la conjointe dans ses activités professionnelles ou ses travaux ménagers ; *montant* (depuis le 1-7-2000) : 7 120 F. État pathologique causé par la grossesse 10 680 F ; naissance multiple 14 240 F ; état pathologique causé par la grossesse et naissances multiples 17 800 F ; adoption 3 560 F.

■ **Indemnités journalières des artisans et des commerçants** (affiliés au régime d'assurance vieillesse). Minimum 100 F, maximum 249 F/j. Délais de carence de 3 j en cas d'hospitalisation, 7 en cas de maladie. Versement pour 90 j par période de 12 mois pour les arrêts de travail non consécutifs. *Taux de cotisation* : 0,5 % des revenus dans la limite de 5 fois le plafond de la Sécurité sociale. Depuis le 1-7-2000, les commerçants bénéficient également des indemnités journalières.

Prestations familiales

■ Généralités

■ **Conditions générales. Résidence :** Français et étrangers résidant en France peuvent bénéficier des prestations familiales. Les étrangers doivent disposer d'un titre de séjour régulier.

Enfant à charge : les prestations sont versées aux personnes assumant la charge effective et permanente de l'enfant (charge financière, affective et éducative). Elles sont dues tant que dure l'obligation scolaire. Leur service est prolongé dès lors que l'enfant ne perçoit pas une rémunération supérieure à 55 % du Smic.

■ **Prestations gérées par la branche famille** (tous régimes, 1999). **Montants** (en milliards de F). **Socle familial :** 212,8 dont *prestations familiales* 189,3 [aide personnalisée au logement (familles) 20,4 ; de rentrée scolaire 9,1 ; à la famille pour l'emploi d'une assistante maternelle agréée 10 ; allocations familiales 75,5 ; allocation pour jeune enfant 17,7 ; parentale d'éducation 18,2 ; de logement familiale 17,6 ; de soutien familial 5,7 ; de parent isolé 4,6 ; d'éducation spéciale 2,3 ; de garde d'enfant à domicile 0,8 ; différentielle, versée en cas d'activité professionnelle à l'étranger et de résidence en France de la famille (exemple : frontaliers) 0,1 ; complément familial 9,8 ; frais de tutelle (frais de gestion supportés par la branche famille, pour les personnes placées sous tutelle) 1 ; prime protection maternité 0 ; allocation d'adoption 0,2]. **Transferts :** 22,4 (assurance vieillesse des parents au foyer 21,6 ; personnelle 0,8 ; cotisation maladie API 1). **Prestations sociales :** 90,4 [aide aux associations 0,2 ; aide personnalisée au logement (non familles) 18,7 ; allocation aux adultes handicapés 24 ; allocation de logement sociale 21,6 ; revenu minimum d'insertion 25,7]. **Total :** 303,2.

■ Cotisations

■ **Salariés :** cotisations dues par l'employeur (5,4 % du salaire brut).

■ **Employeurs et travailleurs indépendants. Exonérations : 1°)** personnes dont le revenu professionnel est inférieur au salaire de base annuel retenu pour le calcul des prestations familiales : 2 157,54 × 12 = 25 890 F au 1-1-2001 ; **2°)** travailleurs indépendants qui ont assumé la charge d'au moins 4 enfants jusqu'à 14 ans et ont au moins 65 ans (60 pour la femme veuve ou célibataire, séparée, divorcée, si elle ne vit pas maritalement). **Montant** (voir ci-dessous).

■ Prestations

■ **Aide à la scolarité.** Supprimée en septembre 1998, remplacée par les bourses nationales de collège, servies par l'établissement scolaire. Montant calculé en % de la base mensuelle des AF (rentrée 2001-2002) : de 360 F à 1 854 F (voir à l'Index).

■ **Allocation d'éducation spéciale (AES). Bénéficiaires :** handicapés jusqu'à 20 ans. Incapacité permanente au min. **1°)** de 80 %, non admis dans un établissement d'éducation spéciale ou pris en charge au titre de l'éduc. spéciale ; **2°)** de 50 %, admis dans un établissement ou pris en charge par un service d'éducation ou de soins à domicile (sauf placement en internat pris intégralement en charge par l'ass. maladie, par l'État ou par l'aide sociale). **Nombre de bénéficiaires tous régimes et DOM** (en milliers, 1999) : 111. **Montant mensuel** (au 1-1-2001) **:** 703 F + complément 1re catégorie 527 F, 2e cat. 1 581 F, 3e cat. 5 882 F.

■ **Allocations familiales (AF).** Versées à compter du 2e enfant à charge. Elles ne sont plus soumises à condition de ressources depuis le 1-1-1999. Depuis le 1-1-1997, CRDS (voir à l'Index). **Montant mensuel brut** après déduction de la CRDS (en F, au 1-1-2001) *pour 2 enfants* : 699,49 ; *3* : 1 595 ; *4* : 2 491,48 ; *5* : 3 387 ; *par enfant en +* : 896 ; *majoration pour enfant âgé de + de 11 ans* : 197 ; *de + de 16 ans* : 349. **Nombre de bénéficiaires tous régimes et DOM** (en milliers, 1999) : 4 728. **Salaire mensuel d'appoint maximal de l'enfant travailleur, étudiant ou apprenti pour ouvrir droit aux allocations familiales :** 3 906 F depuis le 1-7-2000.

Complément familial (CFAM). Bénéficiaires : ménage ou personne qui assume la charge d'au moins 3 enfants, tous âgés de 3 ans ou + dont 1 de – 5 ans, lorsque ses ressources n'excèdent pas un certain plafond. **Nombre** (tous régimes et DOM, en milliers, 1999) : 931. **Montant du complément familial par mois** pour 3 enfants ou plus de + de 3 ans : 41,65 % de la base des AF après CRDS, 910 F au 1-1-2001. *Plafond annuel jusqu'au 30-6-2001 : 1* enfant à charge : 110 049 F ; *2* : 132 059 F ; *3* : 158 471 ; *4* : 184 883 ; *par enfant supplémentaire* + 26 412 F ; plafond majoré de 35 385 F si ménage à 2 revenus.

■ **Allocation aux adultes handicapés (AAH). Bénéficiaires :** + de 20 ans, à l'incapacité permanente d'au moins 80 % (ou 50 % compte tenu du handicap) et dans l'impossibilité reconnue de se procurer un emploi et dont les ressources ne dépassent pas un certain plafond [au 1-7-2000 : *personne seule* : 43 512 F, *marié non séparé (ou vie maritale)* : 87 024 F, *en plus par enfant à charge* : 21 756 F]. **Nombre tous régimes et DOM** (en milliers, 1999) : 693 et *complément* 137. **Montant mensuel** (depuis 1-1-2001) : *taux normal* : 3 654,50 F. Complément 585 F. Voir aussi p. 167 c.

■ **Allocation pour jeune enfant (APJE).** Versée au 3e mois de grossesse ; jusqu'aux 3 ans de l'enfant avec un plafond (*jusqu'au 30-6-2001* : 110 049 F de revenu net imposable avec 1 enfant à charge, 132 059 F avec 2 enfants, 158 471 F avec 3 enfants, 184 883 F avec 4 enfants, + 26 412 F par enfant en + ; si ménage à 2 revenus ou allocataire isolé 35 385). Subordonnée à la passation des examens prénatals et postnatals. **Nombre de bénéficiaires tous régimes et Dom** (en milliers, 1999) : 1 407 dont *courte* 429, *longue* 1 061. **Montant mensuel** *par famille bénéficiaire, à compter du 1-1-2001* (45,95 % de la base de calcul des alloc. fam.) après CRDS : 1 009 F.

■ **Allocation de garde d'enfant à domicile (Aged).** Créée par la loi du 29-12-1986. *Conditions :* employer à domicile une personne assurant la garde d'au moins un enfant de – de 3 ans ; exercice d'une activité professionnelle minimale par la personne seule ou les 2 membres du couple. Depuis juillet 1992, cotisations versées directement aux Urssaf par les Caf. **Nombre de bénéficiaires tous régimes et Dom** (en milliers, 1999) : 66. **Plafonds de ressources applicables du 1-7-2001 au 30-6-2002 :** *enfant de – de 3 ans :* 50 % des cotisations sociales dues pour la garde d'enfant prise en charge par l'Aged dans la limite de 6 666 F par trimestre et 75 % si les ressources de la famille en 2000 (net catégoriel) sont inférieures à 224 317 F (limite de 9 999 F). *Enfant de 3 à 6 ans* ou *en cas de bénéfice d'une APE à taux partiel :* 50 % [limite 3 331 F (507,81 €)].

■ **Aide à la famille pour l'emploi d'une assistante maternelle agréée (Afeama).** *Condition :* salaire maximal de l'assistante 5 fois le Smic horaire par jour et enfant gardé soit 210,10 F depuis 1-7-2000. *Prise en charge des cotisations sociales :* versées directement à l'Urssaf par les Caf. **Nombre de bénéficiaires tous régimes et Dom** (en milliers, 1999) : 521. **Allocation mensuelle** après CRDS (au 1-1-2001) : pour 1 enfant de – de 3 ans : 845 F, de 3 à 6 ans : 423 F.

■ **Allocation de logement à caractère familial et social.** Servie aux personnes bénéficiant d'une prestation familiale ou ayant à charge soit un enfant qui n'ouvre pas droit aux allocations familiales, soit un ascendant de plus de 65 ans (ou de 60 ans en cas d'inaptitude au travail), soit un ascendant, descendant, collatéral infirme et ayant de faibles ressources ; aux jeunes ménages sans enfant pendant 5 ans à compter du mariage si chacun des époux a moins de 40 ans à la date du mariage ; si l'on est locataire ou sous-locataire ou accédant à la propriété de son logement ; si ce logement répond à certaines conditions de peuplement. **Nombre de bénéficiaires tous régimes et Dom** (en milliers, 1999) : *ALF* 1 220, *APL* 2 831, *ALS* 2 227. **Conditions de surfaces minimales** (en m^2) : *2 personnes :* 16 m^2 ; *3 :* 25 ; *4 :* 34 ; *5 :* 43 ; *6 :* 52 ; *7 :* 61 ; *8 et + :* 70, et de salubrité présumées remplies si l'immeuble a été construit après le 1-9-1948, et si la personne consacre à son loyer ou à ses mensualités d'accession à la propriété un certain % des ressources totales du foyer. **À caractère social :** depuis le 1-1-1993 servie à toute personne ayant une charge de logement, sous seule condition de ressources. **Conditions pour avoir droit à l'allocation :** consacrer une part minimale de ses ressources à son logement, variable selon la situation de chacun. L'alloc. de logement à caractère familial n'est pas cumulable avec celle à caractère social. Lorsque les conditions sont réunies simultanément au titre des 2 prestations, c'est l'alloc. de logement à caractère familial qui est versée. Les alloc. de logement ne sont pas cumulables avec l'aide personnalisée au logement (APL) qui est prioritaire.

■ **Allocation parentale d'éducation (APE).** Pour toute personne assumant la charge d'au moins 2 enfants dont 1 âgé de – de 3 ans, à condition de ne pas exercer d'activité professionnelle ou d'avoir une activité à temps partiel, et d'avoir travaillé au moins 2 ans au cours des 5 années précédant l'arrivée du 2e enfant au foyer. (Si 3 enfants, 2 ans dans les 10 ans.) **Nombre de bénéficiaires tous régimes et Dom** (en milliers, 1999) : 541. **Montant mensuel** après CRDS (en F, au 1-1-2001) : taux plein (si cessation de travail) 3 131 F, taux partiels : 50 % de la durée légale du travail 2 071, 50 % à 4/5e 1 566.

■ **Allocation de parent isolé (API). Bénéficiaire :** toute personne isolée résidant en France, exerçant ou non une activité professionnelle et assumant seule la charge d'au moins 1 enfant. **Nombre de bénéficiaires tous régimes et Dom** (en milliers, 1999) : 168. **Montant** (en F, depuis le 1-1-2001) : femme enceinte sans enfant à charge : 3 295 (+ 1 098 F par enfant à charge). Exonérée de CRDS.

■ **Allocation de rentrée scolaire (ARS). Bénéficiaires** (en 2001) : familles dont les ressources nettes imposables en 1999 n'ont pas dépassé 102 558 F pour 1 enfant, + 23 667 F par enfant en plus. **Nombre de bénéficiaires tous régimes et Dom** (en milliers, 1999) : 3 216. **Versement** à la rentrée scolaire, pour chaque enfant inscrit (6 à 18 ans) dans un établissement public ou privé : 1 600 F (en 2001).

■ **Allocation de soutien familial (ASF).** Pour les personnes isolées, qui ne reçoivent pas la pension alimentaire mise à charge par décision de justice ou qui ont à charge un enfant orphelin ou non reconnu par l'un ou l'autre parent. Versée à titre d'avance, la caisse étant habilitée à entreprendre les actions nécessaires en vue du recouvrement de la pension. Les Caf peuvent aussi aider tout parent titulaire d'une créance alimentaire, même s'il n'est pas isolé et ne remplit pas les conditions d'attribution de l'allocation de soutien familial. **Nombre de bénéficiaires tous régimes et Dom** (en milliers, 1999) : 626. **Montant mensuel** après CRDS (en F, au 1-1-2001) : orphelin de père et mère 659 F, de père ou de mère et enfant de mère célibataire 494 F.

■ **Allocation d'adoption.** Réformée 1-8-1996 pour les enfants arrivés au foyer à compter de cette date. Sous conditions de ressources (même montant que l'APJE) à compter du 1er jour du mois civil suivant l'arrivée au foyer, pendant 21 mois. *Cumulable* avec : APJE (à compter du 4e mois), autre allocation d'adoption pour un autre enfant (pendant 9 mois). *Non cumulable* avec : ASF, APE, CFAM. **Nombre de bénéficiaires tous régimes et Dom** (en milliers, 1999) : 2. **Montant :** voir p. 1639 c.

■ **Assurance vieillesse des parents au foyer.** Octroi : la personne isolée ou le couple doit bénéficier de l'alloc. pour jeune enfant, du complément familial ou de l'alloc. parentale d'éducation. A défaut il doit avoir à son foyer un enfant ou un adulte handicapé. Le bénéficiaire doit être isolé ou, s'il vit en couple, n'avoir exercé au cours de l'année de référence aucune activité professionnelle, ou une activité professionnelle ne lui ayant procuré qu'un revenu inférieur à 12 fois la base mensuelle de calcul des alloc. fam. applicable au 1er janvier de ladite année, soumis à condition de ressources. **Cotisation :** Cnaf les verse à la Caisse nationale d'assurance vieillesse. Aucune démarche à effectuer.

■ **Prime de déménagement. Conditions :** emménagement dans un local offrant de meilleures conditions ou mieux adapté si l'on a droit à l'allocation de logement, réservée aux familles ayant au moins 3 enfants à charge nés ou à naître, si le déménagement a lieu entre le 3e mois de grossesse et le mois précédant le 2e anniversaire de cet enfant. **Montant maximal** (en F, au 1-1-2001) : familles de 3 enfants, nés ou à naître : 5 271 ; par enfant en + : 439.

AIDE SOCIALE LÉGALE

☞ **Administrée** par la Ddass (direction départementale de l'action sanitaire et sociale), alimentée par les collectivités publiques, destinée aux non-bénéficiaires de la Séc. soc. Doit disparaître progressivement avec la généralisation de la Séc. soc. à toute la population.

■ **Aide à l'enfance.** Montant fixé dans chaque département par le conseil général.

■ **Aide à la famille.** Proportionnelle aux ressources et aux charges du demandeur. Ne peut excéder le montant des alloc. familiales versées dans la commune.

■ **Aide juridique** (voir à l'Index).

■ **Aide médicale.** Attribuable pour 1 an, renouvelable. Affiliation à la CPAM ou au Centre communal d'action sociale. *Prise en charge* des frais médicaux et pharmaceutiques, du forfait hospitalier et des frais de transport. Les personnes qui pouvaient bénéficier de l'aide médicale avant le 31-12-1999 relèvent généralement désormais de la couverture maladie universelle (CMU). Seules celles ne bénéficiant pas d'une couverture sociale, et ne remplissant pas les conditions pour accéder à la CMU peuvent obtenir l'aide médicale.

■ **Aide ménagère à domicile.** *Accordée,* dans les communes ayant des services spécialisés, aux 65 ans et + (60 si inaptitude) qui ont besoin, pour demeurer à leur domicile, d'une aide matérielle et ne disposent pas de ressources supérieures à celles prévues pour l'octroi de l'allocation simple d'aide sociale (voir à l'Index). La commission d'admission fixe, après enquête, la nature des services et leur durée (au max. 60 h par mois), ainsi que la participation horaire des assurés selon leurs ressources (au 1-1-2001 : 10 à 73 F pour ceux qui résident en métropole).

■ **Aide aux personnes âgées** (au 1-1-2001). *Allocation simple d'aide à domicile :* 18 021 F par an. *Plafond des ressources :* 44 914 F par an. *Allocations de logement social* (voir ci-dessous). *Allocations représentatives des services ménagers :* 60 % du coût des services ménagers ou 30 h d'aide ménagère par mois. *Placement en établissement :* somme mensuelle minimale laissée à la personne placée : 438 F par mois ; pension attribuée à la famille d'accueil : montant annuel fixé par le conseil général entre l'allocation d'aide à domicile et 80 % du max. de l'alloc. compensatrice aux adultes handicapés, entre 18 021 et 45 168 F au 1-1-2001. *Allocation « Ville de Paris » :* attribuée aux + de 65 ans (+ de 60 ans si inaptes au travail) résidant depuis + de 3 ans à Paris. *Plafond de ressources :* se renseigner à sa mairie.

■ **Aide sociale à l'enfance** (ex-Assistance publique). Tutelle des pupilles de l'État, protection des enfants pris en charge jusqu'à 18 ou 21 ans, PMI (protection maternelle et infantile). *Enfants confiés* (en 2000) : 111 017.

■ **Aide sociale générale.** Pour les personnes aux ressources insuffisantes. **Bénéficiaires :** malades : + de 1 000 000 ; âgés (aide médicale à domicile ou en établissement) : 270 000 ; handicapés : 200 000 ; personnes ou familles en difficulté : 100 000. *Demande :* mairie.

■ **Allocation de logement social. Bénéficiaires :** personnes ni âgées ni infirmes aux ressources inférieures à 33 065 F par an (période du 1-7-2000 au 30-6-2001).

RETRAITE

■ STATISTIQUES

■ **Age de la retraite. Dans le monde. Pour les hommes et,** entre parenthèses, **pour les femmes :** C : cumul possible retraite et travail ; B : bonification si pension retardée ; V : vérification des gains pour moduler la pension.

Albanie 60 (55), Allemagne C 65 (65), Australie 65 (60), Autriche V 65 (60), Belgique 65 (60), Bulgarie 60 (55), Canada V 65 (65), Danemark CV 65 (65), Espagne 65 (65), États-Unis V 65 (65), Finlande 65 (65), *France CB 60 (60),* Grèce 65 (60), Hongrie 60 (56), Irlande C 56 ou 55, Israël 65 (60), Italie CB 65 (60), Japon 60 (58), Luxembourg C 65 (65), Norvège 67 (67), Pays-Bas C 65 (65), Portugal 65 (62), Royaume-Uni BV 65 (60), Suède CBV 61 (61), Suisse C 65 (62), Rép. tchèque 60 (57), ex-URSS 60 (55), ex-Yougoslavie 60 (55).

Rapport démographique (cotisants/retraités) des droits directs des régimes ; **besoin de financement** (en millions de F) solde financier y compris transferts de compensation et hors résultats financiers et charges diverses ; **points de retraite**

	1998	2020	2040
CNAVTS :			
Rapport	1,7	1,2	0,9
Financement	– 23 841	– 146 508	– 392 124
Points	– 1,4	– 5	– 10,2
Arrco :			
Rapport	1,7	1,1	0,8
Financement	6 208	471	– 25 916
Points	0,3	0	– 0,6
Agirc :			
Rapport	2,4	1,4	1
Financement	– 6 008	– 22 442	– 20 989
Points	– 1,7	– 3,5	– 2,4
Fond. publique :			
Rapport	1,9	1,1	0,9
Financement	0	– 123 722	– 240 853
Points	0	– 23,3	– 31,7
CNRACL :			
Rapport	3,3	1,4	1
Financement	– 2 937	– 54 655	– 106 236
Points	– 1,6	– 19,9	– 27,8
SNCF :			
Rapport	0,9	1	1
Financement	– 13 636	– 19 226	– 27 090
Points	– 55,0	– 54,2	– 54,5
RATP :			
Rapport	1,5	1,2	1,2
Financement	– 2 647	– 4 843	– 6 707
Points	– 42,7	– 54,5	– 53,8
IEG :			
Rapport	1,7	0,9	1
Financement	0	– 10 814	– 7 951
Points	0	– 35,7	– 19,2
Organic :			
Rapport	0,9	0,9	0,9
Financement	– 5 102	– 9 693	– 18 081
Points	– 10,1	– 12,9	– 18,1
Cancava :			
Rapport	1	0,6	0,5
Financement	– 5 137	– 3 818	– 5 460
Points	– 12,9	– 6,3	– 6,7
Non-salariés agricoles :			
Rapport	0,4	0,3	0,4
Financement	– 14 139	– 15 027	– 15 873
Points	– 30,5	– 31,8	– 33,3
CNAVPL :			
Rapport	3,6	1,5	1,1
Financement	– 14	– 857	– 597

BESOINS DE FINANCEMENT

En milliards de F	1995	2000	2005	2015
Régime général				
Charges	276,2	318,4	363,8	525,8
Ressources	266,7	299,9	346,0	418,8
Besoin de financement	9,5	18,4	17,9	107,0
En points de cotisation	0,6	1,1	0,9	4,3
Fonctionnaires civils				
Charges	104,8	122,7	148,6	219,6
Ressources	101,0	106,2	114,4	139,4
Besoin de financement	3,8	16,5	34,2	80,2
En points de cotisation [1]	1,3	5,5	10,7	20,6
CNRACL				
Charges	37,3	50,3	71,2	119,2
Ressources	34,5	36,7	39,8	48,4
Besoin de financement	2,8	13,6	31,4	70,8
En points de cotisation [1]	1,7	7,8	16,7	30,8
SNCF				
Charges	26,4	25,6	25,4	27,3
Ressources	8,3	8,0	7,9	8,0
Besoin de financement	0,1	0,2	0,3	0,7
En points de cotisation [2]	0,6	0,9	1,2	3,4
Arrco				
Charges	119,8	146,1	166,3	235,3
Ressources	117,0	151,8	175,3	212,4
Besoin de financement	2,8	– 5,7	– 9,0	22,9
En points de cotisation	0,2	–	–	0,9
Agirc				
Charges	58,7	72,1	86,0	129,1
Ressources	57,8	68,6	80,3	103,9
Besoin de financement	0,9	3,5	5,7	25,2
En points de cotisation	0,3	1,1	1,5	5,2
Exploitants agricoles				
Charges	40,5	37,9	33,8	28,7
Ressources	4,7	4,3	4,0	3,4
Besoin de financement	35,8	33,6	29,8	25,3
En % d'évolution [2]	4,1	5,6	2,2	2,0

Nota. – (1) Pour fonctionnaires et collectivités locales, obtenu sur la base du taux de cotisation implicite qui équilibre les comptes de ces 2 régimes en 1993. (2) De la cotisation moyenne.

■ **Age moyen de départ à la retraite** (en 1995) : Australie : h. 61,8 (f. 57,2) ; Canada : 62,3 (58,8) ; États-Unis : 63,6 (61,6) ; Japon 66,5 (63,7) ; Allemagne : 60,5 (58,4) ; Danemark : 62,7 (59,4) ; Espagne : 61,4 (58,9) ; *France : 59,2 (58,3)* ; Islande : 69,5 (66) ; P.-Bas : 58,8 (55,3) ; Portugal : 63,6 (60,8) ; Suède : 63,3 (62,1) ; Suisse : 64,6 (60,6) ; Royaume-Uni : 62,7 (59,7).

■ **Rapport démographique** et, entre parenthèses, **nombre de cotisants/nombre de retraités du régime général** (en millions). *1956 :* 3,98 (cotisants 9/retraités 2,26) ; *60 :* 4,14 (9,7/2,34) ; *63 :* 4,40 (10,9/2,48) ; *68 :* 3,9 (11,97/3,07) ; *77 :* 2,96 (13,39/4,53) ; *80 :* 2,68 (13,35/4,98) ; *83 :* 2,44 (12,92/5,29) ; *87 :* 1,99 (12,76/6,42) ; *90 :* 1,88 (13,72/7,32) ; *95 :* 1,61 (14,05/8,75) ; *98 :* 1,53 (14,03/9,18).

■ **Montant mensuel moyen des retraites perçues** (en 1993). **Plus de 65 ans :** 5 950 F, hommes : 7 950, femmes : 4 350. Tous avantages confondus, 10 % de l'ensemble perçoivent plus de 11 250 F, 10 % – de 1 600 F. 85 % du montant des retraites correspondent à des avantages principaux de droit direct (régimes de base et complémentaires). Hors avantages complémentaires et pensions de réversion, pension de droit personnel 5 090 F (hommes 7 450 F, femmes 3 200 F, 50 % des femmes perçoivent – de 2 150 F, 50 % des hommes + de 6 500 F). **Cadre** retraité du privé 14 680 F. **Fonctionnaires** 10 115 F. *EDF-GDF* 10 916, *fonction civile ou militaire* 9 220, *RATP* 8 526, *SNCF* 7 880, *ouvrier de l'État* 7 404, *artisan* 5 543, *salarié agricole* 1 380.

■ **Rapport entre le salaire de fin de carrière** (en F) **et la retraite touchée** (en %) **selon la date de départ.** *Cadre supérieur* (600 000) départ **1996 :** 62,5 % ; **2005 :** 49,5 ; **2015 :** 42,7 ; *moyen* (300 000) 67,5 ; 51,6 ; 45,8 ; *employé* (170 000) 70,2 ; 56,8 ; 52,2.

Organisation en France de l'assurance vieillesse

Généralités

■ **Principes.** Développés à partir de **2 idées. 1°) L'idée d'assurance** qui conduit à rendre les pensions de retraite dépendantes des cotisations versées par les bénéficiaires au cours de leur vie active. **2°) L'idée de solidarité,** entre actifs et retraités, réalisée par le système de la *répartition :* les pensions versées aux retraités actuels sont financées par les cotisations des actifs actuels.

■ **Age de la retraite.** Pour le régime général, 60 ans, pas d'âge maximal.

Convention de coopération du Fonds national de l'emploi (FNE) : les salariés licenciés pour motif économique à partir de 56 ans et 2 mois (exceptionnellement 55 ans) peuvent bénéficier d'un revenu de remplacement d'un montant égal à 65 % du salaire jusqu'au plafond de la Séc. soc. et 50 % au-delà.

■ **Fonds de solidarité vieillesse (FSV).** Institué par la loi du 22-7-1993, il prend en charge les avantages d'assurance vieillesse à caractère non contributif relevant de la solidarité nationale. **Prestations versées** (en 1994) : 54,3 milliards de F [financées par le relèvement du taux de la CSG (1,3 point en 93, soit 48,8 milliards) et par divers droits sur alcools et boissons non alcoolisés (13,7 milliards)].

Après la parution en 1990 (Michel Rocard était Premier ministre) du *Livre blanc sur les retraites*, les salariés du secteur privé avaient dû accepter en 1993 une réforme portant progressivement à 160 (2003) le nombre de trimestres pour obtenir le taux de 50 % et à 25 ans (2008) le nombre d'années retenues pour calculer le salaire de base. En 1995, il était demandé aux affiliés des différents régimes spéciaux d'accepter que la pension à taux plein soit versée comme dans le secteur privé après 40 ans de cotisations en 2002, à raison d'un trimestre en plus tous les ans. Ils ont refusé malgré les avantages dont ils bénéficient : valeur de la retraite par rapport au salaire et mode de calcul préférentiels (75 % contre 50 %, et 6 mois contre 25 ans), cotisation vieillesse plus faible que celle du privé (7,85 % contre 8,65 à 12 %) ; ouverture des droits à taux pleins à 55 ans (ou moins) pour les salariés astreints à une certaine pénibilité, pensions de réversion allouées sans condition de ressources, calcul des droits à la retraite anticipée sur la base de 2 % du dernier salaire par année de travail (contre 1,33 % d'une moyenne de 25 ans dans le privé), indexation des retraites sur le salaire des actifs (celles du privé sont indexées sur les prix), possibilités de « bonification » permettant de bénéficier d'une pension à taux plein bien avant d'avoir atteint les 37,5 années de cotisations théoriquement obligatoires. Or la plupart de ces régimes sont en déséquilibre (180 000 actifs pour 340 000 retraités à la SNCF) et financés par l'impôt (14 milliards en 1994 pour la SNCF) ou les cotisations des autres salariés (plus de 4 milliards de « transferts » en 1994, pour la SNCF).

Régime général

■ **Fonctionnement.** Tous les salariés du secteur privé, sauf régimes spéciaux, bénéficient d'un régime de retraite de base (régime général de Sécurité sociale) et d'un régime de retraite complémentaire.

■ **Calcul de la pension de retraite. Formule :** salaire de base × taux × (durée d'assurance au régime gén./150). Les salariés du régime général peuvent prendre leur retraite à 60 ans en bénéficiant du « taux plein » de 50 % appliqué au salaire de base (moyenne pour les assurés nés en 1940 des 17 meilleurs salaires annuels revalorisés depuis le 1-1-1948 qui sera progressivement calculée sur la base des 25 meilleures années), à condition de faire état de 157 trimestres d'assurance au régime général et autres régimes obligatoires, et de périodes reconnues équivalentes, ou d'avoir atteint 65 ans, ou d'être reconnus inaptes au travail à la date de leur demande ; titulaires de la carte de déporté ou interné politique ou de la Résistance ; de la carte de combattant ou ancien prisonnier de guerre, à un âge déterminé en fonction de la durée de leur service militaire ou de leur captivité. Si l'assuré ne remplit aucune de ces conditions, le taux est minoré.

Le montant ainsi calculé ne peut pas dépasser celui de la retraite maximale, égale à 50 % du salaire plafond de la Sécurité sociale.

Les femmes assurées ayant élevé des enfants pendant 9 ans avant l'âge de 16 ans bénéficient de 2 ans d'assurance gratuite par enfant. Certaines situations (chômage, maladie, périodes militaires) peuvent être assimilées à des périodes d'activité professionnelle.

Taux réduit si l'assuré de moins de 65 ans ne totalise pas le nombre de trimestres exigés en fonction de son année de naissance ; on retire 1,25 % du taux de 50 % par trimestre manquant, ou par trimestre séparant l'assuré de son 65e anniversaire, selon ce qui est le plus avantageux.

Chômeurs : indemnisés ou non, ils peuvent bénéficier de la retraite à 60 ans, comme les salariés ; les périodes de chômage sont assimilées, sous certaines conditions, à des périodes d'activité.

Trimestres de cotisation : pour une même année civile, les salaires reportés au compte permettent de valider des trimestres, avec un maximum de 4 par an, quelle que soit la période de l'année à laquelle ils correspondent. Un trimestre est validé 200 h de Smic.

Montant de la pension (au 1-1-2000) : *minimum :* 40 484,61 F/an pour 150 trimestres d'assurance au régime général. *Maximum :* 89 700 F/an.

■ **Rachat de cotisations.** Depuis mai 1988, de nouveaux délais ont été ouverts pour déposer une demande de rachat de cotisation (jusqu'au 31-12-2002). La loi n° 85-1274 du 4-12-1985 permet aux rapatriés d'Algérie ou de territoires anciennement placés sous la souveraineté, la tutelle ou la protection de la Fr. d'effectuer des rachats de cotisations en bénéficiant d'une aide de l'État sous certaines conditions de ressources.

■ **Avantages complémentaires. Majoration si enfants :** 10 % de la pension. *Condition :* avoir eu ou élevé 3 enfants pendant au moins 9 ans avant le 16e anniversaire. **Pour conjoint à charge** (plus de 65 ans, 60 si inapte, non titulaire d'un droit propre en assurance vieillesse ou invalidité) : 4 000 F par an si les ressources personnelles du conjoint ne dépassent pas 39 947 F par an au 1-1-2000. **Pour tierce personne :** pour titulaire d'une pension anticipée au titre de l'inaptitude au travail, ou accordée aux anciens déportés ou internés ou anciens combattants et prisonniers de guerre ayant un état de santé nécessitant l'assistance d'une tierce personne pour les actes ordinaires de la vie (prouvé avant 65 ans), 69 055,77 F/an au 1-1-2000.

■ **Cumul d'une pension au titre de l'inaptitude et d'un emploi.** Réglementé jusqu'à 65 ans. Possible si les revenus professionnels ne dépassent pas par trimestre 50 % du Smic. Calculé sur la base de 520 h. *Montant :* 10 587 F (au 1-1-2000).

■ **Contribution solidarité. Cessation d'activité professionnelle :** la loi n° 87-39 du 27-1-1987 (art. 34) a abrogé le principe du paiement d'une contribution de solidarité en cas de cumul emploi-retraite. Toutefois, le paiement de la pension reste subordonné à la cessation d'activité professionnelle, c'est-à-dire à la rupture de tout lien professionnel avec le dernier employeur pour les salariés ou la cessation de l'activité pour les non-salariés.

■ **Retraite progressive.** Possible depuis le 1-7-1988. **Condition :** justifier du nombre de trimestres d'assurance et de périodes reconnues équivalentes pour bénéficier d'une pension au taux maximal de 50 % au titre d'un ou plusieurs régimes de retraite de base : régimes général, agricole, non-salariés. L'activité exercée au titre d'un régime spécial (EDF, SNCF, mines, etc.) n'est pas prise en compte pour déterminer la durée d'assurance. **Calcul** selon la formule habituelle : salaire de base × taux × *durée d'assurance au régime général.* **Taux :** obligatoirement 50 %. **Durée :** celle retenue au régime général dans la limite de 150 trimestres. **Montant :** peut être augmenté des compléments de la retraite : majorations pour enfants, pour conjoint à charge et pour tierce personne ; porté au minimum ; ramené au maximum. La retraite progressive ne peut être augmentée ni de la majoration de l'art. L. 814-2 du Code de la Sécurité sociale, ni de l'allocation supplémentaire.

■ **Pension de réversion.** Due au conjoint survivant non remarié ou au conjoint divorcé non remarié, âgé de 55 ans. Condition de durée du mariage : 2 ans ou moins si un enfant est issu du mariage. *Montant :* 54 % de la pension du défunt ou disparu. *Minimum annuel* (au 1-1-2001) : 18 253 F (si l'assuré totalisait 60 trimestres d'assurance au régime général). *Plafond de ressources :* montant annuel du Smic calculé pour 2 080 h à la date de la demande ou du décès, soit 87 402 F/an depuis le 1-7-2000. *Cumul avec droits propres* (jusqu'à 73 % du max. de la pension vieillesse) : 65 481 F depuis le 1-1-2001.

Mode d'évaluation des ressources : toutes les ressources doivent être déclarées, y compris avantages d'invalidité ou de vieillesse, retraites complémentaires, revenus professionnels ou autres sauf valeur des locaux d'habitation effectivement occupés ; valeur des bâtiments de l'exploitation agricole ; prestations familiales ; indemnités de soins aux tuberculeux ; majoration pour aide constante d'une tierce personne ; alloc. de compensation aveugles et grands infirmes ; retraite combattant et pension attachées aux distinctions honorifiques. *Les biens immobiliers et mobiliers actuels, ou que l'intéressé a donnés à ses descendants depuis 5 ans,* sont censés procurer 3 % de leur valeur vénale à la date de la demande. *Pour les biens donnés entre 5 et 10 ans,* ils sont évalués à 1,5 % de leur valeur. *Les biens donnés au cours des 10 années précédant la demande* à des tiers sont censés procurer une rente viagère calculée sur la base de la valeur de ces biens à la date de la demande. Les ressources prises en considération sont celles des 3 mois précédant la date d'entrée en jouissance dans certaines conditions.

■ **Minimum vieillesse. 1°)** *Montant* (depuis le 1-1-2001) pour une personne seule et, entre parenthèses, par pers. d'un ménage lorsque les 2 perçoivent le FNS : 3 654,50 (3 277,91) F par mois, soit 43 854 (39 335) F/an. Il se compose *1°)* d'un avantage de base au moins égal au montant de l'AVTS soit 1 501,75 F par mois, 18 021 F/an et constitué par une pension calculée ou une pension portée au minimum ou une allocation ; *2°)* de l'allocation supplémentaire financée par le Fonds de solidarité vieillesse soit 2 152,75 (1 776,16) F par mois, soit 25 833 (21 314) F/an, majorant la pension de base et complétant le revenu des personnes âgées disposant de faibles ressources. *Conditions :* être âgé de 65 ans ou 60 ans en cas d'inaptitude au travail, d'ancien combattant ou d'ouvrière mère de 3 enfants, résider en France ou département d'outre-mer, avoir des ressources annuelles inférieures à un montant (plafond) fixé par décret, soit, au 1-1-2001, 44 914 F pour une personne seule et 78 670 F pour un couple. **2°)** *Minimum contributif :* depuis le 1-4-1983. Conditions d'obtention : avoir au moins 60 ans, une pension calculée au taux de 50 %, soit 3 301,09 F au 1-1-2000 si 150 trimestres, sinon le minimum contributif est proratisé en 150e. Pas de conditions de ressources. Comparaison systématique lors du calcul de la retraite.

■ **Allocation aux vieux travailleurs salariés (AVTS).** Instituée en 1941 pour les anciens salariés qui n'avaient pu se constituer une retraite suffisante. Pratiquement plus attribuée aujourd'hui puisqu'il suffit maintenant d'un trimestre d'assurance pour donner droit à une pension. *Montant principal* (par an, au 1-1-2001) : 18 021 F (1 501,75 F/mois), plafond de ressources annuelles (alloc. comprise) : personne seule 44 914, ménage 78 670 F.

■ **Secours viager.** Attribué aux veufs ou veuves dont le conjoint décédé bénéficiait de l'AVTS ou de l'AVTNS (alloc. aux vieux travailleurs non salariés). Mêmes taux et plafonds que l'AVTS.

■ **Allocation aux mères de famille.** Pour les femmes ayant élevé au moins 5 enfants et n'ayant pas d'autre allocation vieillesse. Mêmes taux que l'AVTS.

■ **Allocation spéciale vieillesse.** Attribuée aux personnes non bénéficiaires d'une allocation de vieillesse. Mêmes conditions et montants que celles de l'AVTS.

■ **Prestation spécifique dépendance (PSD).** Instituée par la loi du 24-1-1997 ; en faveur des personnes âgées de 60 ans vivant à domicile ou en établissement ; payée par les conseils généraux. Les revenus mensuels du demandeur augmentés de la prestation accordée ne doivent pas dépasser 6 387 F (10 644 pour un couple) [2 083 F/mois sont déduits des ressources du ménage si le conjoint du bénéficiaire en établissement vit toujours à domicile] (au 1-1-2000). *Montant* (en fonction de l'état de dépendance et du besoin d'aide) : peut atteindre 100 % de la majoration pour tierce personne (5 882 F au 1-1-2001). *N'est pas cumulable avec :* allocation compensatrice pour tierce personne, majoration pour tierce personne, aide ménagère à domicile, aide sociale des régimes de retraite de base et la garde à domicile. *Nombre de bénéficiaires* (à fin mars 2001) : 134 000. *Sera remplacée* par l'alloc. personnalisée à l'autonomie (APA) en 2002.

☞ Sous certaines conditions, les caisses de retraite du régime général accordent des aides financières d'action sociale : aide ménagère à domicile, garde à domicile, aide à l'amélioration de l'habitat, aide au vacances.

Régimes complémentaires

■ **Définition.** L'Arrco (fédération de 79 institutions de retraites complémentaires appliquant un régime unique depuis le 1-1-1999), 44, bd de la Bastille, 75592 Paris Cedex 12. *Créée* en application de l'accord national interprofessionnel de retraite du 8-12-1961 conclu entre CNPF et syndicats. La loi de généralisation du 29-12-1972 a étendu les dispositions de cet accord à tous les salariés et anciens salariés relevant du régime général de Séc. soc. ou du régime agricole, qui sont depuis affiliés obligatoirement à une des 79 institutions membres de l'Arrco. L'Arrco assure compensation financière, harmonisation réglementaire, coordination de l'action sociale entre les institutions.

Au 31-12-1998 (en millions) : entreprises adhérentes 5,5, cotisants 17,4, retraités 9,2. A encaissé 122 milliards de F de cotisations et en a versé 126 d'allocations. L'accord paritaire du 10-2-2001 sur les retraites complémentaires prévoit la reconduction, jusqu'au 31-12-2002, du dispositif de retraite à 60 ans dans les régimes de retraite complémentaire Agirc et Arrco. Ce dispositif est financé par l'AGFF qui prend le relais de l'ASF (Association pour la structure financière). Les cotisations AGFF sont recouvrées par les caisses Agirc et Arrco et non plus par les Assedic comme c'était le cas pour les cotisations ASF. Taux non-cadres : 2 % sur tranche T1 jusqu'au plafond de Sécurité sociale (14 950 F en 2001), employeur 1,2, salarié 0,8. Cadres : 2 % sur tranche A jusqu'au plafond Sécurité sociale (14 950 F en 2001), employeur 1,2, le salarié 0,8 ; 2,2 sur tranche B entre plafond Sécurité sociale et 4 fois ce plafond (14 950 F et 59 800 F en 2001), employeur 1,3, salarié 0,9.

■ **Bénéficiaires.** Salariés et anciens salariés (notamment les cadres pour la partie de salaire inférieure au plafond de la Sécurité sociale) de l'industrie, du commerce, des services des mines et du secteur agricole. **Taux contractuel de cotisation :** 6 %, avec une part d'appel de 125 %, soit un taux réellement appelé de 7,5 %. L'assiette des cotisations est limitée à 3 fois le plafond de la Séc. soc. pour les salariés non cadres et limitée au plafond de la Séc. soc. pour les cadres.

■ **Age de départ à la retraite.** A partir de 65 ans dans les régimes de l'Arrco, dès 60 ans pour certaines catégories (inaptes au travail, anciens combattants, etc.). L'accord du 23-12-1996, valable jusqu'au 31-12-2000, permet de faire valoir ses droits entre 60 et 65 ans à condition de justifier de la durée nécessaire pour obtenir la retraite à taux plein auprès des régimes de Sécurité sociale (151 trimestres pour les personnes nées en 1934, 152 pour celles nées en 1935, 153 pour celles nées en 1936..., 160 en 2003 quelle que soit la date de naissance), les périodes accomplies en Afrique du Nord pouvant diminuer le nombre de trimestres exigibles supérieur à 150. Il faut être, au moment de la retraite, salarié en activité, chômeur indemnisé (y compris préretraité), chômeur non indemnisé mais inscrit à l'ANPE comme demandeur d'emploi depuis au moins 6 mois, artisan, titulaire d'un CES, chômeur âgé créant une entreprise, bénéficiaire du RMI ou de l'ARPE. Dans les autres cas, la retraite peut être servie par anticipation dès 60 ans (55 dans certains cas), elle est alors affectée d'un coefficient de minoration définitif. **Les droits par périodes :** prise en compte des périodes d'activité salariée accomplies depuis l'âge de 16 ans. Aux droits acquis par cotisation (les périodes de maladie ou de chômage indemnisées sont assimilées) s'ajoutent les droits correspondant aux périodes d'activité effectuées avant l'adhésion de l'entreprise ou dans une entreprise disparue. Des points sont attribués sans contrepartie de cotisation pour les périodes de maladie et chômage indemnisés (pour les bénéficiaires de l'ASS, AS-FNE ou ARP, l'attribution des droits est soumise au paiement des contributions de l'État).

■ **Montant de la retraite.** Exprimé en points. Le nombre de points acquis au cours d'une année est obtenu en divisant les cotisations de l'année par le prix d'achat du point de retraite de la même année. Le cotisant reçoit chaque année le décompte des points acquis. Le montant annuel de la retraite est égal au produit du nombre de points acquis par la valeur du point.

■ **Droits de réversion. Conditions :** si le ou la salarié(e) est décédé(e) avant le 1-7-1996 : veuve 50 ans, veuf 60 ans ou 65 ans si le règlement de l'institution le prévoit ou si la veuve ou le veuf a 2 enfants à charge au moment du décès du conjoint ou lorsqu'elle (ou il) est (ou devient) invalide. Si le ou la salarié(e) est décédé(e) à compter du 1-7-1996, veuve ou veuf 55 ans ou si la veuve ou le veuf a 2 enfants à charge au moment du décès ou lorsqu'elle ou il devient invalide. La retraite de réversion est supprimée en cas de remariage du bénéficiaire. **Montant :** *veuve ou veuf* 60 % de la retraite (sans tenir compte d'éventuels coefficients de minoration). *Orphelins* de père et de mère 50 % jusqu'à 21 ans (25 ans pour l'enfant à charge ou quel que soit l'âge pour l'orphelin invalide).

■ **Droits des divorcés.** Si le décès a eu lieu après le 1-7-1980, les ex-conjoints non remariés ont droit à une pension. Les droits du ou de la salarié(e) décédé(e) peuvent être partagés entre plusieurs bénéficiaires : la veuve (ou le veuf) et/ou le (ou les) ex-conjoint(e)s divorcé(e)s non remarié(e)s.

■ **Action sociale.** Aides aux retraités défavorisés : investissements à caractère social, amélioration du logement et aide ménagère, équipements pour personnes âgées dépendantes : maison de rééducation, section de cure. *Mapa :* une carte d'action sociale, délivrée à chaque retraité, lui permet de connaître la caisse de retraite complémentaire (caisse ayant validé la plus longue partie de sa carrière) à laquelle il doit s'adresser pour toute intervention sociale.

☞ **Renseignements :** *Cicas* (Centres d'information et de coordination de l'action sociale), 1 dans chaque département, 5 à Paris + 1 service des résidents hors de France (SRHF).

■ Retraite des cadres

■ **Définition.** Créée par la convention collective nationale du 14-3-1947. S'applique au personnel d'encadrement du secteur privé et permet d'acquérir des droits à la retraite en complément de ceux des régimes de la Sécurité sociale et de l'Arrco. L'adhésion au régime des cadres est obligatoire et doit être souscrite auprès de l'une des 35 institutions de retraite adhérentes de l'Agirc (Assoc. générale des institutions de retraite des cadres).

■ **Cotisations. Base** (au 1-1-2000) : calculées sur la *tranche B,* fraction de salaire comprise entre le plafond de la Séc. soc. et 4 fois ce plafond, et sur la *tranche C,* part de rémunération comprise entre 4 fois et 8 fois ce plafond. **Taux** (depuis le 1-1-1995 les cotisations sont appelées à 125 % mais sans effet sur le nombre de points acquis) : *à compter du 1-1-1999 :* taux unique : 16 % (salarié 6, employeur 10).

Contribution exceptionnelle et temporaire : applicable depuis le 1-1-1997 sur les rémunérations des cadres relevant de l'Agirc. Non génératrice de droits. Calculée sur une assiette maximale de 8 fois le plafond de la tranche C soit 119 600 F par mois. *Taux* (en 2001) : 0,35 % (employeur 0,22, salarié 0,13).

Cotisations au « premier franc » : affiliation des participants au régime des cadres à une institution membre de l'Arrco, 7,5 % sur la tranche A, c'est-à-dire la fraction du salaire jusqu'au plafond de la Sécurité sociale (répartition employeur/salarié selon les institutions ; le plus souvent 60/40 %).

Taux de cotisation « décès » : obligatoire. 1,5 % de la tranche A pour les cadres 4 et 4 *bis.* L'employeur en cas de décès est tenu de verser aux ayants droit du cadre décédé une somme égale à 3 fois le plafond annuel de la Sécurité sociale en vigueur lors du décès (529 200 F au 1-1-2000).

■ **Allocation annuelle de retraite.** Produit du nombre de points acquis par cotisations (ou attribués sans contrepartie de cotisation) par la valeur du point en vigueur lors du versement. Le nombre de points acquis au cours d'une année est obtenu en divisant les cotisations de l'année par le salaire de référence de la même année (en 2001 : 26,79 F).

■ **Valeur du point (Agirc)** [au 1-4-2001] : 2,4126 F. Se renseigner auprès de la caisse dont on dépend : points gratuits éventuels, cas d'inaptitude, validité de services accomplis avant le 1-4-1947, majoration pour enfants, coefficient d'anticipation.

■ **Réversion.** Si le cadre est décédé avant le 1-3-1994, pension servie à la veuve dès 50 ans, au veuf à 65 ans. Si décès après le 1-3-1994, pension versée dès 60 ans à la veuve et au veuf au taux plein ou 55 ans avec abattement à partir de 55 ans ou à taux plein, si elle (ou il) bénéficie de la pension de réversion de Sécurité sociale. Pension servie sans condition d'âge ni de date de décès aux veufs ou aux veuves invalides ou ayant 2 enfants de moins de 21 ans à charge lors du décès du conjoint. En l'absence d'un ex-conjoint divorcé non remarié, le conjoint survivant a droit à 60 % des points acquis par le cadre décédé. **Les orphelins** de père et de mère bénéficient d'une réversion de 30 % des points acquis par le cadre décédé, jusqu'à 21 ans ou au-delà s'ils sont invalides. **Les ex-conjoints divorcés non remariés** bénéficient d'allocations de réversion dans les mêmes conditions d'âge et de situation matrimoniale. La pension est calculée au prorata de la durée de chaque mariage par rapport à la durée totale des mariages.

■ **Age moyen des prises de retraite** (art. 4 et 4 *bis*). *1950 :* 68 ans 5 mois. *60 :* 66 ans 2 mois. *80 :* 65 ans 4 mois 1/2. *90 :* 62 ans 5 mois. *91 :* 62 ans 4 mois. *93 :* 62 ans 7 mois ; *94 :* 61 ans 10 mois. *97 :* 61 ans 5 mois. *2000 :* 61 ans 4 mois.

Association générale des institutions de retraite des cadres (Agirc) : 4, rue Leroux, 75116 Paris. 35 caisses professionnelles et interprofessionnelles. *Au 1-1-1999 :* cotisants 3 139 190, allocataires 1 712 708. **Résultats** (après affectation des produits financiers et solidarité Arrco/Agirc ; en milliards de F) : *2000 :* – 6,6.

■ Régimes spéciaux

■ **Origine.** Contrairement aux objectifs des ordonnances de 1945 et de la loi de mai 1946, qui prévoyaient l'institution d'une assurance vieillesse unique pour tous les Français, l'État a accepté le maintien, à titre provisoire, ou la création de régimes spéciaux sous la pression des catégories intéressées : mineurs, cheminots, fonctionnaires (qui bénéficiaient d'une assurance vieillesse privilégiée depuis 1890), marins de commerce (qui en avaient une depuis 1668), industries électriques et gazières, Banque de France, Opéra-Comique et Comédie-Française.

■ **Fonction publique.** Bénéficiaires : fonctionnaires civils soumis au statut de la fonction publique, magistrats de l'ordre judiciaire, militaires. *Cotisation :* 7,85 % du traitement. *Droit à pension :* acquis après 15 ans de services (sans condition de durée en cas d'invalidité) ; à moins de 15 ans, le fonctionnaire est rétabli dans la situation qui aurait été sienne en cas d'affiliation au régime général de Séc. soc. *Assiette de la pension :* le dernier salaire. *Taux :* nombre déterminé d'annuités liquidables, chacune donnant droit à une allocation égale à 2 % des émoluments de base. *Minimum :* traitement brut à l'indice 100 pour 25 ans de service. *Maximum :* 37,5 annuités (40 si bonification) ; *majoration :* si le titulaire a élevé 3 enfants ou plus. *Taux de remplacement* (rapport pension/dernier salaire) : 75 % (privé entre 68 et 71 %). **Fonctionnaires civils, ouvriers d'État, agents des collectivités locales : 1°) peuvent demander et obtenir** *leur admission à la retraite* à partir de 60 ans (sédentaires) ou 55 ans (actifs). La jouissance de la pension est immédiate à 60 ans (et 15 ans de services effectifs), 55 avec 15 ans au moins dans un emploi de la catégorie B (cas de nombreux enseignants ayant exercé 15 ans ou plus comme instituteurs). **2°) Limite d'âge obligatoire :** *catégorie A (sédentaires) : 1er, 2e et 3e échelons :* 70 ans ; *4e :* 67 ans ; *5e :* 65 ans. *B (actifs) : 1er échelon :* 67 ans ; *2e :* 65 ans ; *3e :* 62 ans ; *4e :* 60 ans. **Recul de limite d'âge pour chargés de famille :** 1 an par *enfant à charge* (max. catégorie A 73 ans et B 70). 1 an pour le fonctionnaire qui, à 50 ans, est père de 3 enfants vivants (ou morts pour la France), s'il continue à exercer son emploi sans cumuler cet avantage avec celui ci-dessus, ni reculer la limite au-delà de 71 ans pour la catégorie A et 68 pour la B. **Ascendants d'enfants morts pour la France :** 1 an par enfant décédé ainsi. **EDF-GDF :** 60 ans (55 après 25 ans de service). **RATP :** 60 ou 55 ans (50). **Militaires de carrière :** *officiers :* après 25 ou 30 ans de carrière ; *non-officiers :* après 15 ans de service. **Retraites complémentaires des fonctionnaires :** *système de répartition :* cotisants versent des fonds destinés à une répartition immédiate. Régimes du secteur privé : générations en activité financent la retraite des plus anciens. *Capitalisation :* consiste à cotiser pour soi-même. Phase d'épargne : l'adhérent peut déduire de son revenu brut l'intégralité des cotisations versées chaque année. Phase de retraite, même régime fiscal que les autres retraites ou pensions. Cref (complément de retraite de la fonction publique) ouvert au personnel de l'Éducation nationale, de la Culture et de la Recherche, et d'une trentaine de grandes mutuelles de la fonction publique et à leurs conjoints. Gestion reposant sur répartition pour 2/3 et capitalisation 1/3. 8 classes de cotisations. On peut passer à tout moment à une classe supérieure s'il reste au moins 10 ans de cotisations à verser. Retraite : complément versé chaque mois, revalorisé dans la même proportion que les traitements de la fonction publique. En cas de décès, si le conjoint ou le concubin est sociétaire de la Cref, les droits acquis sont transférés sur son propre compte. S'il n'est pas sociétaire, il bénéficiera d'une rente dès 55 ans. S'il n'a pas de conjoint mais des enfants à charge, ils peuvent bénéficier d'une rente d'éducation jusqu'à 28 ans. Le sociétaire qui n'a personne à charge peut choisir librement ses bénéficiaires. *Préfon :* régime géré par la caisse nationale de prévoyance de la fonction publique. Ouvert aux agents de l'État, des collectivités locales et des établissements publics, aux anciens agents et à leurs conjoints. Système de capitalisation : 11 classes de cotisations entre 1 187 et 21 366 F en 2001. On peut en changer chaque année ou suspendre ou cesser ses versements sans pénalité. On peut racheter les années de cotisations qui séparent le 16e anniversaire de l'adhésion au Préfon. Les adhérents ne sont pas contraints à une durée minimale de cotisation. Phase de retraite : épargne reversée sous forme de rente à vie. On peut avancer l'âge de son versement à 55 ans et le retarder jusqu'à 70 ans. En cas de décès avant la retraite, le conjoint survivant ou une personne désignée peut percevoir une rente dès 55 ans. Si l'adhérent n'a pas de conjoint survivant, les enfants peuvent percevoir une rente éducation jusqu'à 25 ans.

■ **Industries électriques et gazières.** Bénéficiaires : agents ayant 25 ans de services, à partir de 55 ans dans les services actifs et insalubres, à partir de 60 ans dans les services sédentaires. *Pension :* 2 % du traitement par annuité.

■ **Mines.** Bénéficiaires : mineurs de 55 ans ; l'âge d'ouverture du droit à pension, sans pouvoir être inf. à 50 ans, est abaissé d'un an par tranche de 4 ans de service au fond pour les travailleurs ayant au moins 30 ans d'affiliation. *Pension normale :* pour l'affilié justifiant de 120 trimestres de travail à la mine. *Montant :* fixé par texte réglementaire.

■ **Marins du commerce, de pêche et de plaisance.** *Concession :* dès 50 ans si le marin réunit au moins 25 annuités (25 seulement étant prises en compte), à 52,5 ans si 37,5 annuités (*suspension :* en cas de reprise de la navigation avant 55 ans, ou de services validables par la Caisse de retraite des marins), à 55 ans si 15 annuités ; *quand il devient pensionné d'un autre régime légal français* à plus de 55 ans (ou 60 ans en l'absence de pension française) pour une activité supérieure à 3 mois et inférieure à 15 ans. Pas de condition d'âge en cas d'inaptitude à la navigation et s'il réunit au moins 15 annuités. *Bases du calcul :* salaire forfaitaire ; taux de 2 % par année de service.

■ **SNCF.** Bénéficiaires : agents ayant 25 ans de service valable et 55 ans d'âge (50 ans pour certaines catégories de cheminots). *Pension :* calculée par année de services, à raison de 1/50 de la rémunération de base. Effectifs des différents régimes (au 1-1-2000) : 670 600 dont 413 400 droits propres, 257 200 dérivés.

■ Régime agricole

■ **Salariés. Prestations :** comme régime général, sauf pour détermination des périodes d'assurance valables : 1 trimestre est décompté pour tout versement de cotisations correspondant à 50 jours.

■ Régime des professions indépendantes

Professions libérales, industriels, commerçants et artisans ont créé en 1948 des caisses de retraite autonomes.

■ **Régime légal d'assurance vieillesse des artisans. Régime obligatoire pour les artisans et leurs aides familiaux :** autonome, fonctionnant en répartition, géré par la Cancava. Depuis 1973 (loi du 3-7-1972) taux de cotisation et modes de calcul alignés sur ceux du régime vieillesse des salariés pour les périodes postérieures à 1972 (pour les périodes antérieures, fonctionnement par points).

Régime de base : cotisations calculées sur le revenu professionnel de l'assuré de l'avant-dernière année, dans la limite du plafond de la Séc. soc. en vigueur au moment du versement. Taux 16,35 % au 1-1-2001. Plafond (au 1-1-2001) : 179 400 F. Cotisations (1er semestre 2001) : *minimum* 687 F ; *maximum* 14 666 F. Dispense provisoire si interruption d'activité pendant au moins 90 j consécutifs.

Régime complémentaire obligatoire pour les ressortissants du régime des professions artisanales : retraite complémentaire au taux plein dès 60 ans à partir du 1-7-1984. Taux des cotisations : 6 % (*maximum* 21 528 F, *minimum* 252 F). Plafond au 1-1-2001 : 717 600 F. Détermination de la retraite complémentaire : valeur du point de retraite (au 1-4-2001) 1,8672 F.

Régime obligatoire d'assurance invalidité-décès : garantit des pensions définitives ou temporaires aux artisans invalides, le versement de capitaux aux ayants droit de l'artisan en activité ou retraité ainsi qu'aux orphelins. Taux : 2 % du revenu professionnel (au 1-1-2001). Cotisations (1er semestre 2001) : *minimum* 360 F, *maximum* 1 794 F. Plafond au 1-1-2001 : 179 400.

Régime facultatif de retraite : assurance individuelle des artisans en retraite (créée 1987) : retraite complémentaire facultative gérée en capitalisation.

☞ Depuis le 1-1-1991, l'artisan bénéficie au même titre que le salarié de la retraite progressive. Il peut prétendre à la majoration pour tierce personne. Son conjoint peut percevoir, sous certaines conditions, les avantages de conjoint du vivant de l'artisan devenu retraité, et après son décès. Il peut obtenir une indemnité de départ et différentes formes d'aides au maintien à domicile des artisans âgés et à leur hébergement en maison de retraite.

■ **Régime légal d'assurance vieillesse des commerçants.** Géré par l'Organic. Créé en 1948. Regroupe 1,5 million de travailleurs indépendants du commerce et de l'industrie (actifs et retraités). Gère à titre obligatoire 3 couvertures et 1 assurance complémentaire facultative. *Régime de base :* cotisations basées sur revenu profes. dans la limite du plafond de la Séc. soc. (taux 16,35 %) permettent d'acquérir une retraite à 60 ans calculée depuis 1973 comme celle des salariés. Pour les cotisations versées avant 1973, retraite calculée en points. *Régime des conjoints :* cotisation (taux 2,5 % jusqu'à 59 800 F de revenu et 3,95 % entre 59 800 et 179 480 F) permet d'obtenir, sous certaines conditions, à 65 ans une majoration pour conjoint coexistant de 25 à 50 % de la retraite de l'assuré et une pension de réversion de 75 %. Le versement intégral de ce complément peut être limité si le conjoint dispose d'une pension personnelle. *Régime invalidité-décès :* cotisation annuelle 800 F (au 1-1-2001). *Régime complémentaire facultatif,* 7 classes proposées. Cotisations déductibles fiscalement du revenu professionnel. *Retraite* au taux plein à 65 ans (dès 60 ans avec minoration) ; pension de réversion égale à 60 % des droits (65 ou 60 ans avec minoration). *Autres droits :* l'Organic peut attribuer aux commerçants à faibles revenus une indemnité de départ à partir de 60 ans. Il finance différentes formes d'aide au maintien à domicile des commerçants âgés et à leur hébergement en maison de retraite.

Loi Madelin : autorise les travailleurs indépendants à déduire de leur revenu imposable les cotisations versées en vue d'une retraite complémentaire, de la prévoyance ou de la perte d'emploi. *Déduction maximale autorisée au 1-1-2001 :* 272 688 F (19 % de 8 fois le plafond de la Sécurité sociale), montant comprenant les cotisations sociales aux régimes obligatoires, déjà déduites pour les travailleurs indépendants. *Plafonds par types de garantie :* prévoyance 43 056 F (3 % de 8 fois le plafond de la Sécurité sociale), perte d'emploi 21 528 F (1,5 % du plafond). Versement d'une rente à vie au terme de la capitalisation.

Assurance vieillesse

☞ **Allocation minimale :** devenue « alloc. aux vieux travailleurs non salariés » (AVTNS), égale à l'AVTS.

■ **Artisans, industriels et commerçants. Assiette :** revenus professionnels non salariés, non agricoles, retenus pour l'assiette de l'impôt sur le revenu mais dans la limite du plafond des cotisations de Séc. soc. (179 400 F au 1-1-2001). Pour les titulaires d'une pension, rente ou allocation qui exercent une activité non salariée, l'abattement de 10 000 F prévu sur l'assiette des cotisations est supprimé pour les pensions liquidées après le 30-6-1984 ; de même que l'exonération des revenus d'activité inférieurs à 11 000 F. **Taux :** 16,35 % au 1-1-2001. **Cotisation minimale :** 1 584 F (calculée sur la base de 8 404 F, soit le taux horaire du Smic de 42,02 F × 200 fois le Smic en vigueur au 1-1-2001). Le Fonds d'action sociale des actifs peut aider les assurés en difficulté, qui le demandent, à faire face à leurs obligations.

Droits acquis : 1°) avant 1973 : *retraites calculées en points :* nombre de points acquis par cotisation (variable selon la classe de cotisation choisie) ou attribués gratuitement (reconstitution de carrière, période avant 1949). Pension de réversion pour conjoint survivant. *Valeurs du point de retraite ; avant 1973 :* régime « artisans » (au 1-1-2001) 48,8904 F, « industriels et commerçants » (au 1-7-1998) 67,51 F. Ces points font l'objet de la même revalorisation que dans le régime des salariés. **2°) Depuis 1973 :** *pension de vieillesse :* calculée sur la base du revenu professionnel moyen. A partir du 1-1-2013, on retiendra les 25 meilleures années. Entre 1994 et 2013, le nombre de revenus pris en compte passe progressivement de 10 à 25 en fonction de l'année de naissance ; même revalorisation annuelle que dans le régime général. Droit éventuel, comme dans le régime général, à : pension pour inaptitude, pension de réversion, majoration pour enfants, allocation supplémentaire du FSV, AVTNS.

■ **Professions libérales. Allocations vieillesse : cotisation forfaitaire annuelle** (en F, 2001) : agents d'assurance 16 944. Architectes, ingénieurs, techniciens, experts et conseils 11 900. Auxiliaires médicaux 9 760. Chirurgiens-dentistes 14 500. Experts-comptables, comptables agréés, commissaires aux comptes 13 930. Médecins 11 400. Musiciens, professeurs de musique, artistes, auteurs 11 236. Notaires 15 962. Officiers ministériels, officiers publics et des compagnies judiciaires 15 100. Pharmaciens 12 900. Sages-femmes 12 600. Vétérinaires 15 760. Réduction selon revenu net imposable de l'année n – 2 : de 3/4 si revenu ⩽ 58 000 ; de 1/2 si revenu ⩽ 97 600 ; de 1/4 si revenu ⩽ 136 100 F. Cotisation proportionnelle au revenu de 1,4 %, plafonné à 5 fois le plafond de la Sécurité sociale. **Allocation minimale :** mêmes taux et plafonds que l'AVTS.

Nota. – Les professions libérales sont aussi assujetties, obligatoirement, à des régimes complémentaires de retraite et de prévoyance.

■ **Allocation vieillesse aux mères de famille.** Mêmes taux et plafonds que l'AVTS.

Régime des non-salariés : exploitants agricoles (Bapsa) 1 196 300. Caisse de compensation de l'organisation autonome nat. de l'industrie et du commerce (Organic) 933 078. Caisse autonome nat. de compensation de l'ass. vieillesse artisanale (Cancava) 778 846 (au 1-1-2000). Caisse nat. autonome d'ass. vieillesse des professions libérales (CNAVPL) 15 982 (en 2000). Caisse nat. des barreaux français (CNBF) 8 476. Fonds spécial d'alloc. vieillesse (FSAV) 89 000.

☞ **Plan d'épargne-retraite (Fonds de pension).** Système complémentaire de financement des retraites fonctionnant par capitalisation à travers des fonds de pension d'entreprise. Adopté le 20-2-1997 (loi Thomas), il complète le système de retraite par répartition menacé par le déséquilibre actifs/retraités, mais les syndicats y sont hostiles. Concerne 14 millions de salariés. Souscription facultative. Aux sommes versées par les salariés peut s'ajouter l'abondement de l'entreprise limité à 4 fois celles-ci [exonéré des cotisations patronales si le montant ne dépasse pas 85 % du plafond annuel de la Sécurité sociale (139 944 F en 1997)]. L'ensemble des sommes sont défiscalisées si elles ne dépassent pas 5 % de la rémunération brute ou 20 % du plafond annuel (32 928 F en 1997).

Assurance vieillesse (métropole, caisse nationale). Nouveaux retraités (en 1998) : 545 573 dont 472 208 droits directs et 71 365 dérivés. *Age moyen au point de départ de la retraite :* 61,19 ans (femmes 62,1). *Salaire annuel moyen de base :* 109 809 F (hommes 115 248, femmes 98 675). *Montant mensuel moyen de la retraite :* 3 843,14 F (hommes 4 092,90, femmes 3 331,68). *Décès enregistrés en 1998* (toutes catégories de prestations confondues) : 338 913. *Age moyen au décès :* 79,55 ans (hommes 76,58, femmes 82,63).

Artisans actifs après 65 ans (au 31-12-2000) : 4 633 ; retraités (assurés, conjoints coexistants, conjoints survivants) : 778 846. **Montant mensuel moyen des retraites perçues pour une carrière complète dans les Ava** (au 31-12-1999) : 6 619 F.

■ Préretraite

■ **Préretraite.** *Créée* 1972. *Peuvent en bénéficier :* les salariés licenciés pour motif économique. *Conditions* [leur entreprise ayant passé une convention du FNE (Fonds national de l'emploi) avec l'État] : avoir au moins 56 ans et 2 mois (exceptionnel : 55 ans), avoir appartenu pendant 10 ans au moins à un ou plusieurs régimes de Séc. soc., justifier d'au moins 6 mois d'appartenance à l'entreprise à la date du licenciement, ne pas être chômeur saisonnier, ne pas être en mesure de bénéficier d'une pension de vieillesse pour inaptitude au travail et ne pas demander la liquidation de sa retraite. *Montant :* 65 % du salaire journalier brut de référence (salaire annuel divisé par 365) dans la limite du plafond Séc. soc., 50 % de la fraction comprise entre le plafond et 4 fois ce plafond (cette somme ne peut être cumulée avec une autre rente vieillesse). Revalorisée 2 fois par an en janv. et en juillet. *Maximum :* l'allocation ne peut dépasser 85 % du salaire journalier de référence, ni être inférieure à un minimum (155,94 F par jour au 1-1-1995). Certaines catégories de personnes ayant démissionné avant l'entrée en vigueur des nouveaux taux continuent à bénéficier du taux à 70 %. *Durée :* jusqu'à l'âge où l'on peut obtenir une retraite à taux plein, donc où l'on totalise 37,5 ans de cotisations et, au plus tard, jusqu'à 65 ans. Pas de cotisation sociale due si l'allocation perçue est inférieure au Smic. *Nombre de préretraités* (1994) *:* 352 276 dont régime général 222 692, régimes particuliers : agriculture 38 211, fonction publique 36 006, sidérurgie 35 166, charbonnages 20 201.

Décès de l'allocataire : son conjoint reçoit une somme égale à 8 mois d'allocation + 3 mois pour chaque enfant à charge.

■ **Préretraite progressive.** *Peuvent en bénéficier :* les salariés acceptant que leur emploi soit transformé en emploi à mi-temps. *Conditions :* avoir plus de 55 ans, avoir cotisé au moins 10 ans à la Séc. soc., avoir été employé au moins 6 mois dans l'entreprise, être âgé de moins de 65 ans (60 ans si 150 trimestres de cotisation à l'assurance vieillesse), ne pas faire liquider sa retraite, l'entreprise devant avoir signé un contrat de solidarité de préretraite progressive avec l'État. *Montant :* 30 % du salaire de référence calculé sur les 12 derniers mois de travail.

■ **Mesures spéciales en faveur des personnes âgées.** Réduction sur transports en commun [SNCF, avion, région parisienne (anciens combattants ou veuves de guerre 14-18)] ; installation du téléphone en priorité ; réduction dans certains musées et salles de cinéma. *Démunies de ressources :* aide en argent (minimum vieillesse), gratuité sur certains transports en commun, allocation logement ; en cas d'expulsion, le droit à être relogé dans des conditions similaires, prime de déménagement ; installation gratuite du téléphone ; exonération : de la redevance TV, des impôts locaux (taxe foncière et d'habitation), de la cotisation Sécurité sociale des employés de maison.

■ **Adresses utiles. Gérontoscope** (guide pratique d'adresses pour les problèmes du 3e âge) 68, rue de Miromesnil, 75008 Paris. **Fondation nationale de gérontologie** 49, rue de Mirabeau, 75016 Paris. **Centre de liaison, d'étude, d'information et de recherche sur les problèmes des personnes âgées (Cleirppa)** 86, av. St-Ouen, 75018 Paris. **Institut national de recherche sur la prévention du vieillissement cérébral (INRPVC)** hôpital de Bicêtre, 78, rue du Général-Leclerc, 94270 Le Kremlin-Bicêtre.

SYNDICATS

☞ Pour connaître la sélection **Quid** des meilleurs sites Internet sur les syndicats, rendez-vous sur **www.quid.fr**

☞ *Abréviations :* ab. : abonné(s) ; CE : comité d'entreprise ; entr. : entreprise(s) ; synd. : syndicat(s), syndical(e)(s)(aux).

☞ **Selon la CISL,** *syndicalistes assassinés* dans le monde *1997 :* 299 dont Colombie 156 (1 336 de 1991 à 1999) ; *98 :* 123 dont Bolivie 98 ; *99 :* 140 ; *torturés ou maltraités : 98 :* 1 650 ; *99 :* 1 511 ; *détenus 1997 :* 2 329 ; *98 :* 3 600 ; *99 :* 2 942 ; *licenciés* pour activité syndicale *1998 :* 21 427 ; 99 : 15 741.

Données générales

■ **Définition.** Association de personnes exerçant la même profession, ou des métiers similaires ou connexes, ou des métiers différents dans une même branche d'activité, et qui a exclusivement pour objet l'étude et la défense des droits et des intérêts matériels et moraux, collectifs ou individuels, de l'ensemble de ses membres. Le syndicat peut être d'entreprise ou local.

■ **Droit syndical. Adhésion :** le préambule de la Constitution de 1946, repris par celle du 4-10-1958, proclame : « Tout homme peut défendre ses droits et intérêts par l'action syndicale, adhérer au syndicat de son choix. » Nul n'est tenu d'adhérer à un synd. (ce ne fut obligatoire que durant la période d'application de la Charte du travail, de 1941 à 1944, les syndicats étant alors sous la tutelle de l'État). Un syndiqué peut se retirer du syndicat à tout instant nonobstant toute clause contraire, sans préjudice du droit, pour le syndicat, de réclamer la cotisation afférente aux 6 mois suivant le retrait. Celui qui se retire conserve le droit d'être membre des Stés de secours mutuel et de retraite pour la vieillesse à l'actif desquelles il a contribué par des cotisations ou versements de fonds. **Employeur :** *il ne peut prendre en considération l'appartenance à un syndicat* ou l'exercice d'une activité synd. pour arrêter ses décisions (exemples : pour embauchage, répartition du travail, formation professionnelle, avancement, rémunération et octroi d'avantages sociaux, mesures de discipline et de congédiement). Le chef d'entreprise ou ses représentants ne doivent exercer aucune pression pour ou contre une organisation syndicale. **Exercice du droit syndical :** reconnu dans toutes les entreprises. Dans celles d'au moins 50 salariés, les sections syndicales bénéficient d'avantages matériels. Un crédit global est alloué à la section : 10 h/an (entreprises d'au moins 500 salariés), 15 h/an (au moins 1 000). *Toute personne se réclamant de la section peut :* collecter les cotisations synd. dans l'entreprise pendant le temps et sur les lieux de travail, afficher librement les communications synd. sur lesquelles l'employeur ne dispose d'aucun droit de contrôle ni de censure préalable, diffuser tracts et publications dans l'entreprise aux heures d'entrée et de sortie du travail, inviter dans le local synd. des personnalités extérieures sans autorisation préalable de l'employeur s'il s'agit de personnalités syndicales.

Toute entrave *apportée intentionnellement* à l'exercice du droit synd., à la constitution des sections synd., à la libre désignation des délégués synd., est punie d'une amende de 25 000 F et/ou d'un emprisonnement de 1 an. En cas de récidive, les peines peuvent être doublées. Des conventions collectives, des accords d'entreprise ou des accords particuliers peuvent comporter des clauses plus favorables que la loi.

Réunion des adhérents de chaque section. 1 fois par mois dans l'enceinte de l'entreprise en dehors des heures et locaux de travail (modalités à fixer en accord avec l'employeur). Dans les entreprises de plus de 200 salariés, un local commun doit être mis à la disposition des sections ; dans celles de plus de 1 000 salariés, chacune a droit à son local. Les modalités d'aménagement et d'utilisation du local sont à fixer avec l'employeur.

☞ **Affichage des communications syndicales :** libre sur des panneaux propres à chaque section (modalités à fixer en accord avec l'employeur) et distincts de ceux affectés aux délégués du personnel et au comité d'entreprise. Un exemplaire doit être communiqué simultanément à l'employeur. **Publications et tracts syndicaux :** libre distribution dans l'entreprise aux heures d'entrée et de sortie du travail.

■ **Politique.** La loi du 28-10-1982 autorise le débat politique au sein des entreprises : le contenu des publications et tracts synd. diffusés dans l'entreprise est librement déterminé par l'organisation synd. représentative, sous la seule réserve des dispositions relatives à la presse ; des personnalités extérieures à l'entr., synd. ou non, peuvent être invitées dans l'entr. par les sections synd. ou le comité d'entr. (l'accord du chef d'entr. n'est requis que pour les personnes non synd. pour les réunions hors du local synd. ou du comité d'entreprise) ; le comité d'entr. peut organiser dans son local des réunions d'information internes au personnel sur des problèmes d'actualité, c.-à-d., le cas échéant, sans lien avec les problèmes spécifiques de l'entr. ; il s'occupe d'œuvres sociales et d'activités culturelles.

■ **Financement des syndicats. Recettes :** *cotisations* des membres (taux fixé par les statuts ou l'assemblée générale). L'employeur n'a pas le droit de prélever les cotisations synd. sur les salaires de son personnel et de les payer à la place de celui-ci. Réduction d'impôts possible (30 % du montant de ces cotisations versées aux syndicats représentatifs, dans la limite de 1 % du revenu brut). *Vente des publications syndicales et recettes publicitaires de la presse syndicale. Subventions de l'État :* au titre de la formation économique et sociale des travailleurs exerçant des responsabilités syndicales. *Aides des collectivités locales :* subventions des départements et communes aux unions départementales et locales ; locaux municipaux mis à la disposition des syndicats. *Mise à disposition de personnel :* dans les services publics et entreprises publiques ou détachement de personnel (permanents). Les aides publiques atteindraient 4 milliards de F/an. **Dépenses :** *formation :* centres spécialisés pour militants et responsables syndicaux. *Publications :* presse, affiches, tracts. *Colloques et manifestations* organisés. *Actions en justice :* défense des intérêts propres des syndicats et des intérêts collectifs de la profession. *Patrimoine immobilier :* locaux nécessaires, permanences, réunions, bibliothèques, activités sociales. *Activités sociales :* caisses de secours mutuel, de retraites. *Dépenses de fonctionnement et frais de personnel.*

☞ *Le 8-1-2000* « Le Monde » a révélé la teneur d'un rapport confidentiel de l'Inspection général des affaires sociales (Igas) mettant en cause le groupe Cri (Caisse de retraite interentreprise), un des organismes gérant les retraites complémentaires. *Faits évoqués :* gestion des dirigeants patronaux de la caisse (rémunérations élevées, notes de frais, achat de chevaux de course), rémunération pendant de nombreuses années de plusieurs permanents des 5 grandes confédérations syndicales (montant total : 34,305 millions de F).

Représentativité syndicale

■ **Salariés.** Tout syndicat affilié à une centrale syndicale représentative sur le plan national (CGT, CGT-FO, CFDT, CFTC et CGC) est, de plein droit, considéré comme représentatif dans l'entreprise, quel que soit le nombre de ses adhérents ou le nombre de ses sympathisants dans l'entreprise. Ces centrales peuvent constituer une section synd. commune à toutes les catégories de personnel, quelle que soit la taille de l'entr., désigner un (ou plusieurs) représentant synd. au comité d'entreprise, même si elles n'y ont aucun élu, désigner les candidats du 1er tour, désigner les membres du comité de groupe. Pour accéder à ce droit, les autres synd. doivent faire la preuve de leur représentativité dans l'entreprise en répondant à 5 critères (art. L. 133-2 du Code du travail ; repris par la loi du 13-11-1982) non cumulatifs (arrêt de la Cour de cassation du 5-11-1986) : effectifs (nombre d'adhérents), indépendance (vis-à-vis de l'employeur), cotisations (importance et régularité de leurs versements), expérience et ancienneté, attitude patriotique pendant l'Occupation. La jurisprudence a dégagé 2 autres critères : activité et influence réelle du syndicat. En *novembre 1998*, F. Hollande, 1er secr. du ps, a proposé de renforcer le droit d'opposition des syndicats à des accords signés par des organisations minoritaires.

■ **Employeurs.** Medef [ex-CNPF (Conseil national du patronat français)], CGPME (Confédérations générales des petites et moyennes entreprises) et organisations représentant les artisans (Cnam et Capeb, SNPM), UPA (Union professionnelle artisanale).

■ **Pouvoirs.** Seuls les synd. reconnus comme représentatifs peuvent signer les conventions de caractère national et interprofessionnel. Ils sont consultés lors de l'élaboration du Plan, représentés au Conseil économique et social, à la Commission supérieure des conventions collectives, aux prud'hommes. Ils ont seuls le droit de présenter des candidats au 1er tour des élections professionnelles.

Délégué syndical

■ **Statut.** Représentant désigné d'un syndicat auprès du chef d'entreprise. Il peut discuter et signer les accords avec celui-ci. Ses fonctions ne peuvent se substituer à celles des délégués du personnel ou membres de comités d'entreprise. Doit avoir 18 ans accomplis, n'avoir encouru aucune condamnation privative du droit de vote politique, travailler dans l'entreprise depuis 1 an au moins (4 mois en cas de création d'entreprise ou ouverture d'établissement). Dans les entreprises de moins de 50 salariés, un délégué du personnel peut faire fonction de délégué syndical. Dans celles de moins de 300 salariés, le délégué syndical est de droit représentant synd. au comité d'entreprise (CE) ; il peut être également membre de ce comité, à condition de renoncer à sa fonction de représentant synd.

Protection particulière : le délégué syndical ne peut être licencié qu'après avis conforme de l'inspecteur du travail. Sa mise à pied immédiate peut être prononcée provisoirement en cas de faute grave, mais sous peine de nullité elle doit être motivée et notifiée à l'inspecteur dans les 48 h de prise d'effet. Si l'inspecteur refuse le licenciement, la mise à pied et ses effets sont annulés. La même procédure est applicable au licenciement d'un délégué ayant exercé pendant 1 an, 1 an après sa cessation de fonction. En cas d'annulation de l'autorisation administrative de licenciement, le délégué peut réintégrer l'entreprise s'il le désire.

☞ Représentants syndicaux aux CE et aux CCE (Comité central d'entreprise) sont pris parmi les délégués syndicaux et cumulent les 2 fonctions dans les entreprises de moins de 300 salariés ; au-delà de 300 salariés, le syndicat peut désigner une autre personne. Le nombre de délégués que chaque syndicat peut désigner en fonction de l'effectif est fixé par un décret. Le syndicat peut désigner un délégué syndical supplémentaire au collège, s'il a au moins 1 élu dans ce collège. Le représentant au CCE est choisi par le syndicat parmi les représentants syndicaux au comité d'établissement ou parmi les membres élus des CE.

■ **Statistiques. Nombre de délégués** *par section syndicale :* 1 de 50 à 1 999 salariés, 2 de 1 000 à 1 999, 3 de 2 000 à 3 999, 4 de 4 000 à 9 999, 5 au-delà de 9 999. **Temps de fonction rémunérée** *par délégué :* au minimum 10 h par mois pour les entreprises de 50 à 150 sal., 15 h pour 151 à 500 sal. Au moins 20 h pour + de 500 sal. (art. L. 412-20).

■ **Salariés protégés. Nombre total :** 2 millions de mandats (17 % de la pop. active des salariés de l'ind. et du commerce) dont 1 672 950 salariés pour lesquels le licenciement ne peut intervenir qu'avec l'autorisation de l'inspecteur du travail, plus anciens représentants syndicaux (6 mois), anciens candidats aux fonctions de représentation élective du personnel (délégué du personnel 6 mois et membre de comité d'entreprise 3 mois), anciens délégués syndicaux (12 mois après cessation des fonctions), administrateurs et anciens admin. salariés des organismes de Sécurité sociale et candidats à ces fonctions (3 mois), conseillers prud'hommes et anciens conseillers (6 mois).

Statistiques

■ **Dans le monde. Taux de syndicalisation en 1995** (en %, *source :* BIT) : Suède 91,1 ; Islande 83,3 ; Danemark 80,1 ; Finlande 79,3 ; Norvège 55 [1] ; Belgique 53 [1] ; Irlande 52,4 [1] ; Luxembourg 49,7 [1] ; Italie 44,1 ; Autriche 41,2 ; Canada 37,4, Australie 35,2 ; G.-B. 32,9 ; All. 28,9 ; Portugal, P.-Bas 25,6 ; Turquie 25 ; Nlle-Zélande, Grèce 24,3, Japon 24 ; Suisse 22,5 ; Espagne 18,6 ; USA 14,2 ; *France 9,1.*

Nota. – (1) 1991.

■ **En France. Évolution** (en %) : *1949 :* 35 ; *53 :* 25,5 ; *58 :* 19,5 ; *63 :* 20,9 ; *68 :* 21,3 ; *73 :* 23,1 ; *78 :* 21,5 ; *83 :* 16,9 ; *88 :* 12,3 ; *93 :* 10,9 ; *95 :* 9,1.

Taux de syndicalisation en 1990 (en %) : *entreprises de 10 à 40 salariés (53 % de la population active) :* 6,7 ; *50 à 99 sal. :* 12 ; *100 à 499 sal. :* 8,2 ; *500 sal. et plus :* 8,1 ; *moyenne* 8,2.

Effectifs des syndicats (en milliers) **: déclarés et,** entre parenthèses, **estimés :** CGT 653 en 1997 ; FO 1 045 (350/450) ; CFDT 756,9 dont 676,9 actifs et 80 retraités en 1998 ; Fen 180 [1] (300/350) ; CFE-CGC 196 (80/100) ; CFTC 250 [1] (100/120). Autres (50/100). *Total* (1 780/2 230).

Nota. – (1) Adhérents 1990.

Élections professionnelles
(% des suffrages exprimés)

	Comités d'entreprise (1998)	Prud'homales (10-12-1997)	Fonction publique			
			de l'État (1995-96-97)	territoriale (23-11-95)	hospitalière (24-10-96)	total des 3
CGT	24,3	33,1	16,1	33,2	31,2	22,6
CFDT	21,7	25,4	14,4	25,7	28,2	19,3
CGT-FO	12,1	20,5	13,8	23,9	24,1	17,9
CFTC	4,9	7,5	2,4	5,0	3,8	3,3
CFE-CGC	5,8	5,9	1,9	0,8	0,6	1,4
Autres	7	7,4				
Abst.	34,3					
Non synd.	21,1	–				

Principaux syndicats français

Syndicats ouvriers

■ **CAT (Confédération autonome du travail).** 22, rue St-Vincent-de-Paul, 75010 Paris. **Origine :** *issue* d'une scission de la CGT en 1947, confédération fondée le 12-11-1953. **Spécificité :** proche des salariés, autonome vis-à-vis des gouvernements et de tout mouvement extérieur, notamment politique, philosophique et religieux. **Organisation :** confédération interprofessionnelle rassemblant des fédérations et syndicats autonomes de salariés du secteur privé et d'agents du secteur public (fonctionnaires d'État, territoriaux et hospitaliers). **Budget** (fédéral et confédéral en millions de F) : *1995 :* 2,45 ; *98 :* 1,8 ; *2001 :* 2,9. **Publication :** « Autonome Confédéral CAT » (bimestriel). **Pt :** Jean-Claude Geneste (né 12-5-1945). **Cotisants :** *1970 :* 34 000 ; *76 :* 76 800 ; *91 :* 48 200 ; *96 :* 32 000 ; *2001 :* 54 000.

■ **CFDT (Confédération française démocratique du travail).** 4, bd de La Villette, 75955 Paris Cedex 19. **Origine :** *issue* de la CFTC en 1964. Affiliée à la CES et à la CISL. **Secr. gén. :** *1964* Eugène Descamps (17-3-1922/9-10-1990), secr. CFTC depuis 1961). *1971* Edmond Maire (né 24-1-1931). *1989* Jean Kaspar (né 10-5-1941). *1992* (20-10) Nicole Notat (née 26-7-1947) ; *1998* (7/10-12) réélue par 77,8 % des mandats. **Budget** (1998) : *ressources* (en %) : part confédérale de la cotisation 68, reversements des 17 membres du Conseil économique et social (CES) 8, dotations (émoluments des conseillers techniques et des membres de conseils d'admin. des organismes paritaires ou nationalisés) et recettes diverses (intérêts des placements, dons, vente de documents : agenda CFDT, etc.) 24. **Ressources extérieures** (15 millions de F en 1998) : *ministère du Travail :* formation des travailleurs appelés à exercer des responsabilités syndicales ; des conseillers prud'hommes (12 500 000 F) ; *convention au titre de la formation professionnelle permanente* (14 800 000 F). En 1998, la cotisation représentait au minimum 0,75 % du salaire mensuel. **Publications :** « CFDT Magazine » (mensuel, distribué à tous les adhérents), « Syndicalisme hebdo » (44 000 ab.), « Action juridique » (bimensuel, 4 000 ab.), « Social Actualité » (4 000 ab.), « La Revue » (2 000 ab.). **Adhérents** (au 31-12) : *1965 :* 573 ; *71 :* 772 ; *81 :* 903 ; *95 :* 680 ; *99 :* 808,5 ; *2000 :* 830,6. **Militants :** 150 000 (10 000 délégués syndicaux, 50 000 dél. du personnel, 46 000 dél. au comité d'entreprise, 30 000 dél. de CHSCT, environ 40 000 élus dans la fonction publique, les représentants dans les institutions, les permanents et militants sans mandat dans les commissions de CE), 2 217 conseillers prud'hommes, 65 000 animateurs de sections.

■ **CFTC (Confédération française des travailleurs chrétiens).** 13, rue des Écluses-St-Martin, 75483 Paris Cedex 10. **Fondée** 1er et 2-11-1919. (Les 1ers synd. d'inspiration chrétienne remontent à 1887 : Seci : Synd. des employés du commerce et de l'ind.) *1920* adhère à la CISC devenue en 1968 CMT. *1940* dissoute par Vichy. *1964* abandonne la référence statutaire à la morale sociale chrétienne et crée la CFDT. Mineurs et employés refusent cet abandon. La CFTC continue. *1970-avril* un arrêt du Conseil d'État confirme son caractère représentatif au niveau national. *1990-sept.* adhère à la CES. **Spécificité :** synd. non confessionnel et indépendant du pouvoir politique ou religieux, s'inspire des principes de la morale sociale chrétienne : dignité et responsabilité de chaque être humain, défense des droits à la vie, au travail, à la propriété, à la liberté, à la vérité et devoirs correspondants. Rejette théories marxistes de lutte de classes et aspects totalitaires du libéralisme ; entend développer la force contractuelle, considère la grève comme ultime moyen de défense, préconise la médiation en cas de conflit du travail, refuse toute confusion entre responsabilités politiques et synd., défend politique familiale et participation. **Présidents :** *1919-40* Jules Zirnheld (9-11-1876/28-12-1940) ; *45* Georges Torcq ; *48* Gaston Tessier (5-6-1887/1967) ; *53* Maurice Bouladoux (1907-77) ; *61* Georges Levard (né 24-3-1912) ; *64* Joseph Sauty (1906-70) ; *70* Jacques Tessier (1914-97) ; *81* Jean Bornard (1928-96) ; *90* Guy Drilleaud (né 2-5-1933) ; *93* Alain Deleu (né 22-6-1946), réélu 1996 et 1999. **Secr. gén. :** *1919* Gaston Tessier ; *44* Gaston Tessier ; *48* Maurice Bouladoux ; *53* Georges Levard ; *61* Eugène Descamps (né 17-3-1922) ; *64* Jacques Tessier ; *70* Jean Bornard ; *81* Guy Drilleaud ; *90* Alain Deleu ; *93* Jacques Voisin (né 12-12-1950) ; *2000* Jacky Dintingen. **Publication :** « La Vie à Défendre » (mensuel, 135 000 ex.). **Organisations affiliées :** 2 142 synd., 80 synd. nationaux, 2 410 sections synd., 102 unions départementales, 22 régionales, 266 locales, 30 fédérations, 1 union nationale des ingénieurs cadres et assimilés, 1 des retraités et pensionnés (publicité *France Retraités Syndicalisme*, 60 000 ex.). *Principaux lieux d'implantation :* Snec (Syndicat national de l'enseignement chrétien), Féd. de la Santé et des Services sociaux, Féd. de la métallurgie, Féd. des cheminots. **Adhérents** (en milliers) : *1919 :* 90 ; *20 :* 150 ; *21 :* 165 ; *25 :* 115 ; *30 :* 150 ; *36 :* 200/300 ; *39 :* 380 ; *45 :* 300 ; *50 :* 330 ; *55 :* 333 ; *60 :* 422 ; *65 :* 50 ; *70 :* 160 ; *86 :* 260 ; *90 :* 250 ; *96 :* 250 ; *98 :* 250 (dont actifs 190, retraités 60). **Budget** (en millions de F) : *1992 :* 29 ; *93 :* 25 ; *98 :* 601.

■ **CGT (Confédération générale du travail).** 263, rue de Paris, 93100 Montreuil (siège inauguré 4-6-1982). **Créée 1895**-*23/24-9 Congrès de Limoges.* 75 délégués (dont 3 femmes corsetières en grève), représentant 28 fédérations, 18 bourses du travail, 126 syndicats non fédérés, créent une organisation unitaire et collective. Peuvent se confédérer directement syndicats de base, unions et fédérations. Les socialistes non guesdistes, Jean Allemane, Édouard Vaillant, Auguste Keufer jouent un rôle important. **1896** affiliation directe supprimée pour syndicats de base. **1902** Montpellier, 2e congrès se dote d'une base départementale avec les bourses du travail, et industrielle avec les fédérations sous l'impulsion de Louis Niel. **1906**-*8* au *14-10* après avoir échoué dans la grève générale, se donne comme loi la *charte d'Amiens*. **1914**-*31-7* se rallie à la défense nationale. **1920** exclut les membres des comités syndicalistes révolutionnaires (CSR) qui ont refusé de s'incliner devant la majorité.**1921**-*déc.* fondent la CGT-U. **1936**-*2 au 5-3* réunification CGT-CGT-U au congrès de Toulouse. **1939**-*25-9* la Commission administrative exclut les communistes. **1940**-*14-7* René Belin (second de Jouhaux) devient à Vichy secrétaire d'État à la Production industrielle et la Main-d'œuvre. *-16-8* CGT et CFTC dissoutes. **1943**-*17-4* réunification, accords du Perreux. **1945**-*oct. affiliée* à la FSM (la quittera en nov. 1994). **1980** la CES (Confédération européenne des syndicats) refuse l'affiliation de la CGT. **1999** *mars* affiliée à la CES. Rapprochement avec la CFDT. **Structure :** 30 fédérations, 96 unions départementales, 21 comités régionaux. **Secrétaires généraux : 1895** A. Lagaise ; **1898** M. Copigneaux ; **1900** Renaudin ; **1901** Eugène Guerard, Victor Griffuelhes (1874-1922) ; **1909**-*24-12* Louis Niel, *-28-5* démissionne ; *-12-7* Léon Jouhaux [(1-7-1879/28-4-1954), *12-7* secr. gén. de la CGT, *1919-45* vice-Pt de la FSI Féd. synd. intern., *1936* seul secr. gén. CGT, *1941* arrêté, *1943-mars* livré aux nazis et mis en résidence surveillée, *1947-54* Pt du Conseil écon., *1947-18/19-12* scission des Amis de Force ouvrière, démissionne de la CGT et participe à la création de la CGT-FO, *1948* vice-Pt de la FSM, *-14-4* Pt de la CGT-FO, *1951* Prix Nobel] ; **1947** Benoît Frachon [(13-5-1893/1-8-1975), *1926* membre du Comité du PCF, *1936-45* du bureau politique du PCF, *1936* fait partie de la délégation aux accords Matignon, *1941-44* rôle dans la Résistance, *1944* cosecr. gén. avec Jouhaux, *1947-déc.* seul secr. gén., *1967* Pt]. **1967** Georges Séguy [né 16-3-1927, CEP. Ouvrier imprimeur (1942-44). Responsable FTP. Déporté Mauthausen (1944). Ouvrier électricien SNCF (1946/70). Membre PCF (depuis 1942), du comité central (depuis 54), du bureau politique (56-82)]. **1982**-*juin* Henri Krasucki [(né 2-9-1924 à Wolomin, Pologne), pour fuir les persécutions antisémites, se réfugie à Paris avec ses parents (militants communistes) ; ouvrier, puis résistant, *1943* déporté à Auschwitz puis Buchenwald, *1945* ajusteur chez Renault, *1956* au Comité central du PCF, *1964* au Bureau politique. A dirigé La Vie ouvrière 22 ans]. **1992**-*janv.* Louis Viannet (né 4-3-1933) ancien agent des PTT. **1999**-*janv.* Bernard Thibault (né 2-1-1959), ancien cheminot. **Commission exécutive** (en 1999) : 90 membres [en 1993 : 108 communistes, 21 non-communistes (dont 5 socialistes)] + 7 m. de la Commission financière et de contrôle (CFC) participent aux réunions. **Budget** (en millions de F, 1997) : *recettes :* 60,99 dont cotisations 21,25 ; Conseil économique 4,08 ; divers 35,67. *Dettes à long terme :* 34,43. **Publications :** « L'Hebdo » 85 000 ex. ; 120 000 en comptant les hors-série [*1981 :* 400 000], « Peuple » (28 000 ex.). **Adhérents officiels** (actifs + retraités, en milliers) : *1921 :* 489 (CGTU 349) ; *26 :* 525 (431) ; *30 :* 577 (323) ; *34 :* 491 (264) ; *35 :* (CGT unie) 786 ; *37 :* 3 958 ; *46 :* 5 952 ; *48 :* 4 080 ; *51 :* 3077 ; *53 :* 2 342 ; *59 :* 1 674 ; *60 :* 1 932 ; *66 :* 1 942 ; *68 :* 2 302 ; *70 :* 2 333 ; *75 :* 2 378 ; *80 :* 1 919 (dont actifs 1 634) ; *85 :* 1 238 (actifs 990) ; *90 :* 861 (actifs 653) ; *92 :* 710 ; *94 :* 632 ; *95 :* 647 ; *96 :* 653 ; *97 :* 635 (dont actifs 492, retraités 143) ; *99 (est.) :* 700.

■ **CGT-FO (Confédération générale du travail – Force Ouvrière).** 141, av. du Maine, 75680 Paris Cedex 14. Fondée 19-12-1947. **Secr. gén. :** Marc Blondel (né 2-5-1938), réélu 1992 (78,1 % des voix), 1996 (85 %) et 2000 (97,8 %). **Représente :** 16 fédérations et 19 unions départementales. **Administration :** bureau de 14 membres et commission exécutive de 35 membres. **Recettes** (en millions de F) : *1977 :* 22,7 ; *81 :* 41,07 ; *85 :* 67,54 ; *90 :* 104,87 ; *95 :* 112 ; *97 :* 132. **Publications :** « FO Hebdo » (50 000 ex.) ; « FO Magazine » (650 000 ex.). **Effectifs** (actifs + retraités, en milliers) : estimation d'A. Bevord (*Le Monde* 14-4-92) : *1970 :* 605 ; *75 :* 450 ; *76 :* 926 ; *80 :* 1 110 ; *84 :* 1 725 ; *85 :* 483,5 ; *87 :* 1 620. *90 :* 1 428,5 ; *95 :* actifs et retraités 1 015 ; *2000 :* 1 015.

■ **CNSF-FNCR (Confédération nationale des salariés de France-Fédération nationale des chauffeurs routiers).** 3 *bis*, rue Maurice-Grandcoing, 94200 Ivry-sur-Seine. **Histoire :** *créée* 1949 par François de Saulieu (1907-87). **Secr. gén. :** Michel Caillaud (né 24-7-1948). Comprend la Féd. nat. des chauffeurs routiers et une Fédération des salariés de l'industrie, du commerce et des services publics. 8 unions régionales et 400 locales. **Cotisants :** 172 000.

■ **CSL (Confédération des syndicats libres).** 37, rue Lucien-Sampaix, 75010 Paris. Prend la suite en 1977 de la CFT (Conféd. française du Travail, **fondée** 13-12-1959 après regroupement de tendances). Souhaite l'instauration rapide d'un système de « cogestion à la française » dans les entreprises et axe prioritairement sa politique et sa pratique sur la défense de l'emploi (structure interne « chômeurs en action »). **Délégué général :** Auguste Blanc (né 8-6-1934). **Secr. gén. :** Georges Lenglet (né 22-1-1943). **Adhérents :** la CSL refuse de communiquer ce chiffre et celui de son budget tant que le droit syndical n'imposera pas la transparence. **Publications :** « CSL Magazine » (trim.), « Profil syndical » (hebdo.).

■ **FSU (Fédération syndicale unitaire de l'enseignement, de l'éducation, de la recherche et de la culture, de la formation et de l'insertion)** 3, rue de Metz, 75010 Paris. 1re fédération de la fonction publique d'État. **Créée :** 15-4-1993. **Secr. Gén. :** Gérard Aschieri. **Regroupe :** 19 syndicats d'enseignants et de personnels divers : Snes (Synd. nat. des ens. du 2e degré), Snep (éduc. phys.), Snetaa (ens. prof.), Snesup (ens. sup.), Snetap (ens. agr.), Snu-ipp (ens. 1er degré), Snasub (admin.), Snics (infirmières), Snuas-fp (assistantes sociales), Sumen (médecins scolaires), Snpes-Pjj (éducation surveillée), Snac (culture), Epa (jeunesse et sports), Unatos (agents), SNCS (chercheurs scientifiques), Snpi-cn (inspecteurs), etc. **Adhérents :** 200 000. **Publication :** « Pour ».

■ **UFT (Union française du travail).** 53, rue Vivienne, 75002 Paris. **Fondée** 1975 par réaction contre la politisation des syndicats. **Secr. gén. :** Jacques Simakis (dirigeant des synd. indépendants depuis 1949, secr. confédéral 1952), fondateur et secr. gén. de la CFT de 1959 à 1975. **Objectifs :** structure d'accueil des syndicats indépendants et autonomes, est à l'origine de la participation et des accords d'entreprise. **Structure :** 19 unions régionales, 17 fédérations professionnelles. **Budget** (1998, en millions de F) : 33,5 (dont cotisations 34,5, subventions 0,5). **Publications :** « Liberté syndicale » (50 000 ex.), « Flash infos » (commerce), « L'Indépendant » (alimentation), « L'Aéropresse » (transports et aviation), « Le Courrier des employés d'immeubles » (gardiens et concierges, 20 000 ex.). **Adhérents** (en milliers) : *1975 :* 70 ; *81 :* 150 ; *85 :* 160 ; *88 :* 250 ; *94* et *95 :* 305 ; *99 :* 350.

■ **Unsa (Union nationale des synd. autonomes).** 48, rue La Bruyère, 75009 Paris. **Créée** 1993. 157 organisations syndicales regroupées en 8 pôles d'activité. **Secr. gén. :** Alain Olive. **Adhérents :** 365 000 dont enseignants 170 000 ; fonctionnaires 130 000. Constitue la 1re organisation syndicale de la Fonction publique, tout en syndiquant également des personnels du secteur privé (services, commerce, métiers du sport...).

■ Syndicat de cadres

■ **CFE-CGC (Confédération française de l'encadrement CGC).** 59-63, rue du Rocher, 75008 Paris. **Fondée** 15-10-1944. Nouvelle dénomination depuis 21-5-1981. Le 1-1-1980, l'Union des cadres et techniciens (UCT) a fusionné avec la CGC. **Pts :** *1944* Jean Ducros ; *1955* André Malterre (1909-75) ; *1975* Yvan Charpentié ; *1979* Jean Menu (1921-87) ; *1984* Paul Marchelli (né 11-7-1933) ; *1993 :* Marc Vilbenoît (né 1936) ; *1999 :* Jean-Luc Cazettes (6-11-1943). **Secr. gén. :** Jean-Louis Walter. **Vice-Pt délégué** (créé 1999) : Claude Cambus. **Budget** (en millions de F, 2000) : 78. **Adhérents** (en milliers) : *1945 :* 79 ; *47 :* 117 ; *56 :* 120 ; *68 :* 250 ; *70 :* 300 ; *76 :* 399 ; *80 :* 349 ; *85 :* 254 ; *90 :* 180 ; *95 :* 183 ; *2000 :* 196. Les VRP sont regroupés dans la Féd. synd. nat. de la représentation commerciale (CSN-ex-FSNRC).

■ Syndicats professionnels

(liste non exhaustive)

■ **Cidunati (Confédération Intersyndicale de Défense et d'Union Nationale d'Action des Travailleurs Indépendants).** Ex-Comité Interprofessionnel d'information et de Défense de l'Union Nationale des Travailleurs Indépendants). ZA St-Clair-de-la-Tour, B.P. 715, 38 358 La Tour-du-Pin Cedex. *Déc. 1968* des commerçants et des artisans se regroupent sous des sigles différents. Dans l'Isère, le *Mouvement de La Tour-du-Pin,* fondé par Gérard Nicoud (né 5-3-1947) à La Bâtie-Montgascon, fédère ceux-ci dans le Cid (Comité d'information et de défense), devenu Cidunati. **Composition :** 2 confédérations [association loi 1901 (dissoutes 1991) et Confédération intersyndicale 1884 depuis juin 1973 (composée de 75 unions ou fédérations départementales et de 16 fédérations nationales de métiers)]. **Pt :** Henri Walbert (né 27-2-1945) ; **vices-Pts :** Roland Tempesti (né 9-9-1931) et Michel Lemaire (né 23-5-1949). **Élections professionnelles :** obtient environ 38 à 44 % des voix. *Adhérents :* 120 000. **Publication :** « Libre entreprise » (bimensuel).

■ **CTI (Confédération des travailleurs intellectuels de France).** 17, rue Rubens, 75013 Paris. **Fondée** mars 1920. **Pt :** Maurice Letulle (16-10-1923). **Secr. gén. :** Pierre-Julien Dubost. **Regroupe :** 200 organisations. **Adhérents :** 500 000.

■ **Fen (Fédération de l'Éducation nationale).** 48, rue La Bruyère, 75009 Paris. **Fondée** 1928, adhère à la CGT jusqu'en 1948, puis autonome. **1992**-*6-10* désaffiliation du Snes (second degré) 73 000 adhérents, Snep (éducation physique) 9 000, départ du Syndicat de l'enseignement technique 18 000, celui des minoritaires de l'ex-Sni-PEGC (30 000 à 40 000 à terme) et des adhérents de plusieurs autres syndicats (professeurs d'IUFM, chercheurs scientifiques, personnels de l'enseignement agr.). *1992-déc.* Congrès de Perpignan, nouveaux statuts. *1993-févr.* participe à la création de l'Union nationale des syndicats autonomes (Unsa) avec Fgat, Fat, FMC, FGSOA, SRCTA, SIA, Sapac ; 360 000 adhérents environ. **Secr. gén. :** *1991* Guy Le Néouannic (né 27-5-1942) ; *1997* Jean-Paul Roux (né 10-10-1942). **Regroupe** 26 syndicats. **Budget :** 25 millions de F. **Publications :** « L'Enseignement public » (trimestriel), « UNSA Éducation Infos » (bimensuel), « Flash » (quotidien). **Adhérents** (milliers) : *1996 :* 175 ; *97 :* 180 ; *98 :* 150 ; *99 :* 150 ; *2000 :* 150.

■ **Fgaf (Fédération générale autonome des fonctionnaires).** 96-98, rue Blanche, 75009 Paris. **Fondée** 1949 après scission avec CGT en 1948. Membre de l'UNSA. **Secr. gén. :** Gilbert Voisin (né 8-4-1943). **Budget :** 1 500 000 F. **Publications :** « Les Échos de la fonction publique » (1949, trimestriel, 35 000 ex.), « FGAF Infos » (1990, mensuel, 25 000 ex.). **Adhérents :** 50 000 dans 30 organisations dont la principale est la Féd. Autonome de la fonction publique territoriale. Institut de formation synd. (IFS-FGAF) agréé. Affilié à l'Union Nationale des Syndicats Autonomes (UNSA).

■ **Fnap (Fédération nationale autonome de la police).** 21, square St-Charles, 75012 Paris. **Fondée** 1990. **Secr. gén. :** Collège fédéral. **Regroupe** 3 syndicats majoritaires chez les commissaires, officiers, personnels administratifs et techniques, et personnels scientifiques. **Publication :** « Concordances ». **Adhérents :** 13 000.

■ **Fnar (Fédération nationale des artisans et petites entreprises en milieu rural).** 11, rue d'Uzès, 75002 Paris. **Fondée** 1887. **Pt :** William Forestier. **Regroupe** 65 organisations départementales. **Publication :** « L'Officiel de l'Artisan rural ». **Adhérents :** 2 000.

■ **FNA (Fédération nationale de l'artisanat automobile).** Immeuble Axe-Nord, 9-11, av. Michelet, 93583 St-Ouen Cedex. **Créée** 1921. **Pt :** René Rigaud. **Publication :** « L'Automobile actualité » (10 nos/an, 9 500 ex.). **Adhérents :** 10 000 entreprises.

■ **FNCRM (Fédération nationale du commerce et de la réparation des cycles et des motocycles).** Immeuble Axe-Nord, 9-11, av. Michelet, 93583 St-Ouen Cedex. **Pt :** Roger Boulinguez. **Adhérents :** 3 000 entreprises.

■ **Snigic (Syndicat indépendant des gardiens d'immeubles et concierges).** 53, rue Vivienne, 75002 Paris. **Fondé** 1960. **Publication :** « Le courrier des employés d'immeubles ». **Adhérents :** 52 000 (en 2001).

■ Organisations patronales

☞ En France, la représentativité patronale au niveau interprofessionnel (commerce, industrie, services, artisanat) est exclusivement donnée aux Medef, CGPME et UPA (voir ci-dessous). Medef, CGPME et UPA sont régis par la loi de 1901 des associations.

CGPME, Medef, UPA, UNAPL, FNSEA, représentatifs globalement sur le plan national et regroupant à eux cinq l'ensemble des chefs d'entreprises français, se rencontrent au sein du Clide (Comité de liaison des décideurs économiques).

■ **CGPME (Confédération générale des petites et moyennes entreprises).** 10, terrasse Bellini, 92806 Puteaux Cedex. **Créée** oct. 1944 par Léon Gingembre (1904-93). **Pts :** *1944* Léon Gingembre. *1978* René Bernasconi (né 12-3-1916). *1990* Lucien Rebuffel (né 10-7-1927). *2000* Jacques Freidel (né 30-8-1940). **Secr. gén. :** Jean-Christophe Gassot. **Publication :** « la Volonté des PME ». **Adhérents :** *2001 :* 400 fédérations rassemblant 80 % des professions de l'industrie, du commerce et des services, et 256 structures départementales ou régionales interprofessionnelles, 1 600 000 entreprises représentées.

■ **Medef (Mouvement des entreprises de France).** 31, av. Pierre-Ier-de-Serbie, 75116 Paris.

Histoire. ORIGINE : **1835** *Comité des industriels de l'Est.* **1840** *Union des constructeurs de machines, Comité des intérêts métallurgiques* et *Comité des houillères.* **1846** fusionnent et constituent l'*Association pour la défense du travail national.* **1864** *Comité des forges* qui exercera une influence considérable sur tous les milieux industriels jusqu'en 1936. **1901** plusieurs chambres syndicales professionnelles (telles que sidérurgie, fonderie, constructions électrique, navale et mécanique) confient leurs problèmes sociaux à l'UIMMCM (Union des industries métallurgiques, minières et de la construction mécanique). **1919** *Confédération générale de la production française (CGPF) ;* créée à l'initiative du ministre de l'Industrie et du Commerce, Étienne Clémentel (1864-1936), désireux de voir en face de la CGT une organisation patronale unifiée ; rassemble une douzaine de groupes industriels et 1 500 organisations primaires ; 1er Pt : Henry Darcy (1840-1926) puis en 1926 René Duchemin. **1936** 27 grands groupes, 4 000 organisations primaires ; lors des grèves (des milliers d'usines étant occupées), les patrons, jugeant leur droit de propriété bafoué, commencent par refuser de négocier. Le mouvement se poursuit, certains d'entre eux cèdent. Lambert-Ribot, secr. gén. du Comité des forges, rencontre Léon Blum et propose des augmentations de salaires en échange de l'évacuation des usines. Duchemin finit par autoriser ses représentants à rencontrer 8 syndicalistes en présence de 4 ministres. De ces discussions naissent les *accords de Matignon.* Le patronat fait des concessions sur libertés syndicales, conventions collectives, salaires, horaires et congés payés. La Féd. du textile et les petits patrons désavouent les signataires. *-Oct.* Duchemin démissionne ; Claude Gignoux (1890-1966), professeur et journaliste, ex-député et ministre, lui succède. La Conf. se transforme en *Confédération générale du patronat français* et se dote d'un service social. **1940**-*9-11* un décret dissout toutes les confédérations. Le gouvernement réorganise les professions dans le cadre d'une économie corporatiste. **1944**-*été* abolition de la Charte du travail. **1946**-*26-4* le gouvernement restitue aux syndicats patronaux leurs archives, leur confie la charge de répartir les matières premières, et les incite à rebâtir leur mouvement. Pierre Lacoste, ministre socialiste de l'Industrie, mandate 3 grands patrons : Pierre Ricard (polytechnicien, ingénieur des Mines, ex-Pt du Comité d'organisation de la fonderie sous Vichy), Henri Lafont (de X-Mines, financier, secr. gén. de l'Énergie jusqu'en 1942) et Henri Davezac (ex-secr. du Comité d'organisation de construction électrique). *-12-6* création et 1re assemblée générale du CNPF *(Conseil national du patronat français)* de l'après-guerre. *Pt :* **Georges Villiers** (1899-1982). **1948** la CGPME se retire du CNPF mais reste associée aux accords et conventions signés par le CNPF avec les organisations syndicales de

Quelques dates

Moyen Âge. 1res associations ouvrières connues : *confréries religieuses* qui rassemblaient maîtres et compagnons du même métier et semblent avoir existé depuis Charlemagne. **XIIe s.** *corporations patronales réglées* (une centaine en 1268, au moment où leurs statuts sont enregistrés dans les Établissements des métiers de Paris). Les corporations, surtout commerçantes (à Paris les Six-Corps : drapiers, épiciers, pelletiers, merciers, orfèvres et bonnetiers), créent un fossé entre maîtres et compagnons dont la condition sociale se dégrade. **De Philippe le Bel à Louis XI** le pouvoir royal transforme la corporation réglée en *corporation jurée* ou *jurande*, ce qui facilite leur contrôle et permet la perception de taxes pour le Trésor. Le *compagnonnage* est la réaction des ouvriers à l'autorité du pouvoir et des corporations dominées par les commerçants. Il réunit tailleurs de pierre, charpentiers, menuisiers, serruriers et professions du bâtiment. **1469** le *Tour de France* des futurs compagnons apparaît, devient obligatoire et de plus en plus difficile. **1539** grève de 4 mois des typographes lyonnais. **1571** un édit condamne toutes manières de confréries ; inappliqué. **Fin XVIIe s.** les grandes ordonnances de Colbert étendent le système des jurandes aux métiers les plus importants. L'accès de la maîtrise est soumis à des conditions strictes : origine, âge, religion, stage préparatoire de 10 ans. Cependant, le compagnonnage continue à prospérer. **Fin XVIIIe s.** il interdit l'embauche aux non-affiliés, ce qui pousse Turgot à proposer la suppression des corporations. **1791**-*2-3* la *loi d'Allarde* abolit jurandes, maîtrises et corporations. *-14-6* la *loi Le Chapelier* interdit aux ouvriers la grève, le droit d'association et de coalition ; décisions confirmées par les art. 291-92 et 414-15 du Code Napoléon. **Sous Napoléon** *mutualités* (lutte contre le chômage, accidents du travail) de plus de 10 membres. **Sous la Restauration** essor nouveau. **1830 à 1840** bagarres sanglantes entre compagnons du Devoir et compagnons du Devoir de Liberté. **1831** création de la résistance, nouvelle forme de lutte (dont le Devoir mutuel) après la révolte des canuts (nov.-déc.) à Lyon. **1832** 1re *coopérative ouvrière de production* : « Association des ouvriers bijoutiers en doré ». **1843**-*10-7* Sté typographique de Paris (créée 1839) et Ch. patronale des imprimeurs signent le 1er tarif typographique. **1848**-*21-3* réconciliation de courte durée. Des formes d'association nouvelles sont proposées (faibles résultats) : *associations coopératives de production* (450 en 1914, moins de 20 000 membres) ; *coopératives de consommation,* plus prospères, groupant plus d'employés que d'ouvriers ; *Stés de secours mutuel* regroupant des membres de toutes les professions, n'intéressent plus les ouvriers. **1849** loi du 27-11 limitant la liberté de réunion et d'association. **1860** le gouv. accorde 10 millions de F aux Stés de secours mutuel mais nomme leurs présidents. **1862** création de fait des Ch. syndicales ou syndicats, inspirés des *Trade Unions.* **1864** *Solidarité des ouvriers du bronze* de Paris. **1865** *Résistance des ferblantiers* parisiens. **1866** Ch. syndicale des cordonniers de Paris. **1867** Ch. synd. du bâtiment et du meuble, puis celles des ébénistes, typographes, orfèvres de Paris. **1868** Ch. synd. des peintres, puis des tailleurs de pierre de la Seine, mégissiers, tailleurs, mécaniciens de Paris. **1870** Paris plus de 60 Ch. synd. ouvrières. **1876**-*2/10-10* 1er congrès ouvrier à Paris. **1879** 1re fédération nat. : Sté gén. des ouvriers chapeliers de Fr. **1881** Féd. française des travailleurs du livre fondée. **1884** loi du 21-3 autorisant le *syndicat professionnel.* La plupart des syndicats adhèrent au socialisme, on les appelle *« rouges ».* Quelques patrons tentent de leur opposer des syndicats d'ouvriers dociles. **1886** Fédération nationale des syndicats. **1892** Fédération nationale des bourses du travail. **Syndicat de l'Aiguille,** créé à Paris, 1er syndicat féminin, environ 2 000 adhérentes (lingères, couturières, fleuristes, etc.), doublé d'une société de secours mutuel. Comité : 12 patronnes, 12 employées, 12 ouvrières. **1895** CGT créée. **1901**-*21-1* début d'une grève de 105 j à *Montceau-les-Mines,* fomentée par un syndicat révolutionnaire ; un syndicat non révolutionnaire se forme, arborant des insignes jaunes. *-27-12* Paul Lanoir, dissident du syndicat des cheminots, fonde à Paris une bourse du travail indépendante. **1902**-*27/29-3* 1er congrès (1 685 représentants) de l'Union des synd. jaunes (avec P. Lanoir, puis Pierre Bietry) 100 000 adhérents au maximum (CGT 500 000) ; devenue extrémiste, sera lâchée par le patronat. Les synd. socialistes n'auront plus d'autres concurrents que les Stés catholiques d'ouvriers.

salariés. **1965**-*19-1* l'assemblée générale adopte une déclaration en 14 points qui défend les notions de profit et d'autorité dans l'entreprise tout en s'élevant contre le dirigisme étatique. **1966** *Pt :* **Paul Huvelin** (1902-96). **1968**-*25-5 négociations de Grenelle :* le CNPF accepte de relever le salaire minimum et d'étendre les droits syndicaux, mais la Féd. du caoutchouc, entraînée par Michelin, fait sécession. **1968-73** accords nationaux concernant mensualisation, indemnités journalières du congé de maternité, formation professionnelle et garantie de ressources. **1972**-*déc.* **François Ceyrac** (né 12-9-1912) élu Pt. **1976**-*été* objectif du CNPF : maintien du pouvoir d'achat, mais effort de revalorisation des bas salaires. **1978** Ceyrac réélu Pt par une procédure exceptionnelle ; le gouvernement libère les prix industriels entre juin et août. **1979**-*janv.* le CNPF demande que soit reconsidéré l'ensemble du financement de la protection sociale (la Séc. soc. doit retrouver son rôle d'assurance, et ne pas être confondue avec un instrument de politique des revenus), réclame une répartition plus équitable des charges entre État et entreprises. **1980**-*1-1* libération des marges du commerce. *-Juin* enlèvement crapuleux du vice-président du CNPF, Michel Maury-Laribière (1920-90), libéré 11 j plus tard. **1981**-*mai* le patronat proteste contre les nationalisations confisquant le capital (« inutiles, coûteuses et dangereuses »), l'impôt sur les grandes fortunes s'il porte sur l'outil de travail, la loi d'amnistie qui prévoit que des entreprises pourront être obligées de réintégrer des représentants du personnel et des délégués syndicaux qui ont pris part à des affrontements directs et personnels avec des agents de maîtrise, des cadres ou des patrons. *-15-12 Pt :* **Yvon Gattaz** [(né 17-6-1925), *ingénieur* de l'École centrale ; œuvres : *Les Patrons reviennent* (1988), *le Modèle français* (1993), *Mitterand et les patrons* (1999)]. **1982**-*16-1* ordonnance imposant 39 h hebdomadaires et 5e semaine de congés. Le CNPF réclame que le financement des allocations familiales ne relève plus des seules entreprises. Il demande une réforme de la taxe professionnelle. *-Avril* il obtient du gouvernement qu'il n'impose aucune charge supplémentaire aux entreprises, ni de nouvelles réductions de la durée du travail jusqu'en juillet 1983. *-Juin* le gouv. Mauroy bloque 4 mois prix et salaires. Le CNPF proteste (la lutte contre l'inflation repose sur le contrôle du budget de l'État et du budget social de la nation) ; il demande la répercussion du coût des matières 1res et de l'énergie importées, des autorisations de fixation de prix pour les produits nouveaux ou saisonniers, l'abandon de la règle du blocage toutes taxes comprises (la TVA étant passée de 17,6 % à 18,6 % au 1-7-82, les prix bloqués imposent aux entreprises une baisse de leurs prix de vente HT). *-15-9* il obtient l'atténuation et le report des mesures de l'impôt sur les grandes fortunes. *-Nov.* il refuse toute augmentation des cotisations des entreprises et dénonce la convention de l'Unedic de déc. 1958, modifiée en mars 1979. *-14-12* il organise les « États généraux des entreprises », mobilisant plus de 20 000 chefs d'entreprise, notamment des PME de province. Il estime que l'augmentation des charges des entreprises (cumulant celles des charges sociales, des salaires et du Smic, des frais financiers et des impôts) en juin 1982 à 90 milliards de F sur 12 mois est la cause de l'« effondrement » de notre compétitivité. **1985**-*29-11 Jean-Louis Giral,* vice-Pt, démissionne. **1986**-*17-3 Yvon Chotard* (né 25-5-1921) [fondateur et Pt de 1951 à 56 de la Jeune Chambre économique française, Pt du CFPC (Centre chrétien des patrons et dirigeants d'entreprises) de 1965 à 73, Pt du Synd. nat. de l'Édition de 1975 à 79], 1er vice-Pt, démissionne. *-15-4 Guy Brana,* vice-Pt, échappe à un attentat. *-Déc.* **François Perigot** [(né 15-2-1926), Pt d'Unilever France, Pt de l'Institut de l'entreprise] élu Pt avec 70 % des voix devant Y. Chotard. Création de 2 commissions nouvelles : compétitivité internationale, progrès du management. **1988**-*13-12* Paris, 1er sommet des patronats européens. Approbation d'une Charte des entreprises européennes pour l'Europe. **1989** principales revendications du CNPF : baisse de l'impôt sur les Stés, étalement de la taxe professionnelle, extension du crédit d'impôt-recherche aux PME, amélioration du régime des droits de succession pour la transmission des entreprises, suppression du décalage des remboursements de la TVA. **1990** création de « CNPF International » pour aider les entreprises à exporter. **1994**-*14-11* le Conseil exécutif se déclare pour la candidature de Jean Gandois par 25 voix contre 10 à Jean-Louis Giral et 1 bulletin nul. *-13-12* **Jean Gandois** [(né 7-5-1930), polytechnicien, ingénieur des Ponts et Chaussées, ancien Pt de Péchiney (1986-94), Pt de Cockerill-Sambre (1987)], seul candidat, élu Pt par 395 voix de 448 votants sur 536 électeurs. **1997**-*13-10* Jean Gandois (contre le projet de loi sur les 35 h) démissionne. *-16-12* **Ernest-Antoine Seillière** [(né 20-12-1937), Éna, diplomate (1965), P-DG de la CGIP (depuis 1987)], élu Pt. **1998**-*27-10* (Convention de Strasbourg) transformation en Medef (mouvement des entreprises de France) ; nouveaux statuts.

Représente *les entreprises de toutes tailles, de tous secteurs* (industrie, commerce, services) *et statuts* (tout le secteur concurrentiel privé et public) auprès des pouvoirs publics, des syndicats et de l'opinion. Confédération de 85 *organisations professionnelles* (regroupant les entreprises d'une même profession, regroupées elles-mêmes en 600 chambres syndicales profes.) et *d'unions interprofessionnelles territoriales* (rassemblant les entreprises de professions différentes d'un même secteur géographique). Il existe 51 unions patronales locales, 88 départementales et 26 régionales. Au total, plus de 1 million d'entreprises (1 300 000 salariés). **Budget :** 100 millions de F.

Principales fédérations (classées selon les cotisations versées) : *UIMM (Union des industries métallurgiques et minières)* 15 000 entreprises. *Féd. française des Stés d'assurances* 212 entr., *Féd. nationale du bâtiment* 55 000 entr., *des travaux publics* 5 600 entr., *Union des industries chimiques* 1 500 entr., *Union des chambres syndicales des industries du pétrole* 38 entr., *Fefim (Féd. française des ind. du médicament), FIEE (Féd. des industries électriques et électroniques)* 800 entr., *Association française des banques* 400 entr., *Comité des constructeurs français d'automobiles* 8 constructeurs.

Organes dirigeants : *assemblée générale* : 591 membres dont 380 représentants des fédérations professionnelles adhérentes, 170 représentants d'unions patronales locales, 30 délégués d'organisations associées, 10 personnes qualifiées. Élue pour 3 ans (dernière élection 14-12-1993), se réunit tous les ans. *Assemblée permanente* : 235 membres dont industries et services 118, interprofessionnelles territoriales 60, commerces 32, membres associés 10, autres secteurs 5 ; se réunit 1 fois par mois. *Conseil exécutif* : 45 membres (75 % en activité) élus pour 3 ans dont le Pt, 22 délégués des fédérations professionnelles, 12 des unions patronales, 10 personnalités qualifiées. Organe décisionnel, vote le budget. *Pt :* élu par l'ass. générale pour 5 ans, renouvelable une fois pour 3 ans (âge limite : 70 ans). *16 vice-Pts* dont 1 vice-Pt trésorier, mandat de 3 ans (âge limite : 70 ans). *Comité statutaire :* 7 membres élus par l'assemblée générale ; veillent à l'application des statuts. *Assises nationales :* 2 065 membres (dont dirigeants d'entreprises 1 500, assemblée générale 565), au moins 1 fois tous les 3 ans.

■ **Unapl (Union nationale des professions libérales).** 46, bd de La-Tour-Maubourg, 75007 Paris. **Créée** 10-12-1977. **Regroupe :** 57 organisations professionnelles des secteurs santé, juridique, technique et cadre de vie. **Publication :** « L'Entreprise libérale magazine » (bimestriel).

■ **UPA (Union professionnelle artisanale).** 79, av. de Villiers, 75017 Paris. **Créée** 1975. **Composition :** 50 fédérations groupées en 3 confédérations : Capeb (artisanat du bâtiment), CNAMS (artisanat de production et de services), CGAD section artisanale (artisanat de l'alimentation). Regroupe : 115 unions professionnelles artisanales locales. **Pt :** Robert Buguet. **Secr. gén. :** Pierre Burban. **Représente :** 820 000 entreprises. 90 % des administrateurs des Ch. de métiers et des caisses d'assurance vieillesse des artisans ont été élus sur les listes UPA. Elle est gestionnaire de l'Unedic, de l'Arrco et des caisses du régime général de Sécurité sociale.

■ Autres organisations

■ **Capeb (Confédération de l'artisanat et des petites entreprises du bâtiment).** 46, av. d'Ivry, B.P. 353, 75625 Paris Cedex 13. **Créée** 1946 par Marcel Lecœur, devenue FNAB (Féd. nat. des artisans du bâtiment) en 1949 et Capeb en 1963. Membre fondateur de l'UPA. 105 syndicats départementaux. **Pt :** Jean Lardin (né 16-7-1948). **Secr. gén. :** Jean-Claude Condou. **Représente :** 320 000 entreprises. **Regroupe :** 105 syndicats départementaux et 22 unions régionales. **Publication :** « Le Bâtiment artisanal » (mensuel, 90 000 ex.). **Adhérents :** 95 000.

■ **CGAD (Confédération générale de l'alimentation en détail).** 15, rue de Rome, 75008 Paris. **Créée** 1938. **Pt :** Claude Bellot (né 15-4-1931). **Secr. gén. :** Dominique Perrot. **Regroupe :** 16 conféd., 96 sections départementales, 500 syndicats départementaux, 180 000 entreprises commerciales et 110 000 artisanales. **Publications :** « Toute l'alimentation » (mensuel) ; « Guide social du Commerçant, Guide social de l'Artisan » (annuels).

■ **CNAMS (Confédération Nationale de l'Artisanat, des Métiers et des Services).** Composante de l'UPA, 8, impasse Daunay, 75011 Paris. **Créée** 1945. **Pt :** Armand Arianer (né 12-12-1927). **Secr. gén. :** Patrick Guibaud. **Publication :** « Le Trait d'Union » (bimensuel). **Adhérents :** 60 000 entreprises ; 1 200 syndicats professionnels et 37 féd. de métiers.

■ **FNSEA (Fédération nationale des syndicats d'exploitants agricoles).** **Pt :** Luc Guyau (né 21-6-1948).

■ **Patrons indépendants-SNPMI.** 25, rue de la Boétie, 75008 Paris. **Pt :** *1988 :* Philippe Courtin. **Adhérents :** 12 000. **1936 :** Syndicat national de la petite et moyenne industrie créé. **1944** Léon Gingembre (dirigeant du SNPMI) crée la CGPME ; les 2 se rejoignent. **1977** se séparent. **1982** représentativité nationale. **1983** devient Syndicat national du patronat moderne. **1992** se transforme en Syndicat national du patronat indépendant (SNPI). **1996** nom actuel. **2000** en sommeil (difficultés financières).

■ **Unicam (Union confédérale artisanale de la mécanique).** Immeuble Axe-Nord, 9-11, av. Michelet, 93400 St-Ouen. **Créée** 6-2-1978. **Organisations :** 3 dont 2 nat. : FNCAA (Féd. nat. du commerce et de l'artisanat de l'automobile) et FNCRM (Féd. nat. du commerce et de la réparation du cycle et du motocycle) et 1 organisation régionale, CAMRN (Chambre artisanale de la mécan. gén. de la région Nord). **Pt :** René Stépho (né 21-2-1924). **Publications :** « FNCAA Actualités », « L'Officiel du Cycle et Motocycle », « FNCRM Actualités ». **Adhérents :** 12 000.

Mouvements patronaux associés

■ **EDC « Les Entrepreneurs et Dirigeants Chrétiens » (nouveau nom de l'ancien CFPC depuis mars 2000).** 24-26, rue Hamelin, 75116 Paris. Mouvement d'Église œcuménique. Ex-CFP **créé** 1926. **Pt :** Jean Brunet-Lecomte (né 9-11-1950). **Membres :** 3 000, 220 sections locales réparties dans 17 régions. **Publication :** « Professions et Entreprises ».

■ **CJD (Centre des jeunes dirigeants d'entreprise).** 19, avenue George-V, 75008 Paris. Ex-Centre des jeunes patrons, fondé en 1938. **Pte nat. :** Louise Guerre. **Secr. gén. :** Yves Pinaud. **Sections locales :** 100. **Publication :** « Dirigeant » (5 000 abonnés). **Adhérents :** 2 300.

Établissements publics

■ **Chambres de commerce et d'industrie (CCI). Origine :** XVIIe s. **Statut** (légal 9-4-1898) : 21 chambres régionales et une Assemblée des chambres françaises de commerce et d'industrie (ACFCI, 45, av. d'Iéna, 75116 Paris). 152 chambres, 9 dans les Dom-Tom, à 64 membres titulaires (sièges répartis par catégorie professionnelle), des membres associés. Établissements publics soumis à la tutelle de l'État, tirant 26 % de leurs ressources des centimes additionnels à la taxe professionnelle. Représentent les intérêts du commerce et de l'industrie auprès des pouvoirs publics. **Activités :** *consulaires* (électeurs consulaires 1 800 000, élus consulaires 4 550, salariés des CCI 26 000). *Administrent* 68 entrepôts et magasins généraux, bourses de commerce, ports (112 maritimes, 37 fluviaux, 47 de plaisance), aéroports 56, gèrent le 0,45 % logement, 400 zones d'activités, expositions, 312 établissements d'enseignement (comme HEC, Essec, 28 écoles supérieures de commerce, 50 instituts de promotion commerciale), 310 centres de formation continue formant chaque année 500 000 jeunes et adultes. 121 CCI sont concessionnaires d'aéroports et 38 de gares routières. **Personnel** (en 1995) : 600 ATC (assistants techniques au commerce), 170 ATH (assistants techn. à l'hôtellerie) et 850 ATI (assistants techn. à l'industrie), 600 travaillent au développement des échanges extérieurs du commerce français. **Financement** (en 1995) : 20,4 milliards de F de produits dont IATP ressources fiscales (imposition additionnelle à la taxe professionnelle) 6,2, contributions publiques 2,2. **Chambre de Commerce et d'Industrie de Paris. Employés :** 3 950. **Budget :** 385 millions d'euros dont les 2/3 servent à financer 12 écoles accueillant 13 000 élèves et 40 000 stagiaires en formation continue. **Ressortissants :** 304 000 (Paris, Hts-de-S., S.-St-Denis et Val-de-M.).

■ **Chambres de métiers.** Établissements publics, créés par la loi du 26-7-1925. Instituées par décret. **Nombre :** *chambres de métiers* 106, *chambres régionales* 22. **Assemblée des Pts de chambres de métiers de France (APCMF) :** *créée* 1931 ; *1966* devient l'**Assemblée permanente des chambres de métiers (APCM)** : 12, av. Marceau, 75008 Paris. *Activité :* représentent les 835 000 entreprises artisanales et assurent aide à l'installation de qualité, accompagnement économique des entreprises, centre de formalités des entreprises, répertoire des métiers, développement de l'apprentissage et centres de formalités pour les contrats d'apprentissage, formation des artisans et de leurs conjoints, promotion de l'entreprise artisanale. **Gérent :** 70 centres de formation d'apprentis (CFA) formant 140 000 apprentis. **Élections des administrateurs :** tous les 5 ans (électeurs : 950 000 ; nombre d'élus : 4 000). **Financement :** budget global 2 milliards de F. **Fiscalité :** taxe pour frais de chambre de métiers dont le montant maximal est voté chaque année dans le cadre du projet de loi de finances. **Personnel :** 9 000 collaborateurs (dont 3 000 dans les CFA).

■ **Chambres d'agriculture.** Voir à l'Index.

Centrales internationales

■ **CES (Confédération européenne des syndicats).** Bd du roi Albert-II, 5B1, 1210 Bruxelles. **Créée** 9-2-1973 par 17 organisations affiliées à la CISL. **Regroupe :** 78 organisations de 34 pays et 11 féd. synd. dont pour la France, CFDT, CFTC, CGT, FO et UNSA représentant 60 millions de salariés. **Pt :** Friedrich Verzetnitsch (né 21-1-1933 ; OGB, Autr.). **Secr. gén. :** Emilio Gabaglio (It., CISL).

■ **CESP (Conseil européen des syndicats de police).** 39 *bis*, rue de Marseille, 69007 Lyon. **Créé** 1988. **Pt :** Michel Albin (France). **Secr. gén. :** Gérard Greneron (Fr.). **Regroupe** 17 organisations syndicales autonomes de policiers européens dans 16 pays, représentant 250 000 policiers. Reconnu comme ONG au Conseil de l'Europe (habilité à déposer des réclamations collectives contre les États pour violation) et observateur à l'OIT.

■ **Confédération européenne des cadres (CEC).** rue de la Loi 81 A, 1040 Bruxelles. *Bureau européen :* 9, rond-point Schumann, Boîte 4, 1040 Bruxelles. **Pt :** M. Angelo. **Secr. gén. :** M. Cambus. **Adhérents :** organisations nationales dans 13 pays de l'UE, Norvège et pays de l'Est, et 11 fédérations professionnelles européennes.

■ **CIC (Confédération internationale des cadres).** 30, rue de Gramont, 75002 Paris. **Créée** 1951. **Pts :** *1951* Giuseppe Togni (It.) ; *69* André Malterre (Fr. 1909-75) ; *75* Costantino Bagna (It.) ; *76* Philippe Dassargues (Belg.) ; *82* Friedrich Ische (All.) ; *85* Fausto d'Elia (It.). *89* Henry Bordes-Pages (Fr.). **Secr. gén. :** Fleming Friis Larsen (Dan.).

■ **CISL (Confédération internationale des syndicats libres), ICFTU (International Confederation of Free Trade Unions).** Bd du roi Albert-II, 5 B1, 1210 Bruxelles. **Créée** 7-12-1949 après scission de la FSM. **Pt :** Fackson Shamenda (Zambie). **Secr. gén. :** Bill Jordan (G.-B., né 28-1-1936) depuis 1994. **Adhérents** (en millions) : *1951 :* 52 ; *82 :* 85 ; *95 :* 127 ; *97 :* 125 ; *98 :* 124 ; *99 :* 125 dans 221 organisations synd. de 148 pays. *2000 :* 156.

■ **CMT (Confédération mondiale du travail), WCL (World Confederation of Labour).** 33, rue de Trèves, 1040 Bruxelles, Belgique. **Créée** 1920 (Confédération intern. des syndicats chrétiens : CISC) devenue CMT en 1968. **Pt :** F. Kikongi (Congo dém.). **Secr. gén. :** Willy Thys (Belgique). **Adhérents :** 26 000 000 dans 115 pays.

■ **FSM (Fédération syndicale mondiale), WFTU (World Federation of Trade Unions).** Prague. **Créée** 1945. **Pt :** K.L. Mahendra (Inde). **Secr. gén. :** Alexander Zharikov (CEI). Conseil gén. tous les 2 ans, Conseil présidentiel (2 sessions par an). **Adhérents :** 120 millions dans 123 pays (en 2001).

■ **SPI (Secrétariats professionnels internationaux).** Groupent des synd. nationaux selon leurs professions (14).

Syndicats patronaux

■ **UIAPME (Union internat. de l'artisanat et des petites et moyennes entreprises).** 2 case postale 1215 1001 Lausanne, Suisse. **Créée** 1947. **Pt :** Mario Secca (Portugal). **Secr. gén. :** Jacques Desgraz (Suisse). **Adhérents :** 10 millions d'entreprises.

Travail

☞ Pour connaître la sélection **Quid** des meilleurs sites Internet sur le travail, rendez-vous sur **www.quid.fr**

En France

■ **Droits du salarié dans l'entreprise.** Droits fondamentaux inscrits dans le Code du travail.

Égalité professionnelle hommes/femmes. Aucune offre d'emploi ne peut, sauf raison légitime liée à la nature de l'emploi, réserver un poste à un homme ou à une femme.

Discriminations liées à la race, l'ethnie ou la nationalité. Proscrites par le Code pénal, principe rappelé dans le Code du travail.

Libertés d'opinion et d'expression. Depuis la loi Auroux (1982) s'exerce dans toutes les entreprises, quelle que soit leur taille. *Droit d'expression* sur le travail et les conditions de travail institutionnalisé. *Opinions politiques* n'ont pas à être prises en considération par l'employeur et n'ont pas à être diffusées par les salariés.

Harcèlement sexuel. Dispositions législatives destinées à y mettre fin. Doivent être affichées dans les entreprises d'au moins 20 personnes, aux lieux d'embauche.

Protection des malades et des handicapés. Le Code du travail interdit toute discrimination en raison de l'état de santé.

Convictions religieuses et choix de vie. N'ont en principe aucune incidence sur la vie professionnelle. Mais, si un employeur est tenu de respecter les convictions religieuses de son personnel, il n'est pas tenu de s'y soumettre. De même un salarié qui a signé un contrat de travail ne peut imposer par la suite à son employeur une restriction issue de sa religion.

Droits des candidats à l'embauche. Les mêmes et, en plus, tests, méthodes et questionnaire d'embauche en relation avec l'emploi proposé.

Protection du salarié. Assurée durant son contrat de travail.

■ Quelques dates

1631-*4-7* Théophraste Renaudot ouvre à Paris, rue de la Calandre, un « Bureau d'adresses », 1re « *agence de l'emploi* ». **1781** *livret ouvrier* créé. **1791**-*17-3* le décret d'Allarde supprime les *corporations* et proclame la liberté du travail. *-14* et *-17-6* la loi Le Chapelier interdit les *coalitions d'ouvriers.* **1803**-*12-4 livret ouvrier obligatoire :* tout ouvrier voyageant sans livret est réputé vagabond et condamné comme tel. Cette mesure, plusieurs fois rapportée, ne sera définitivement abolie qu'en 1890. Les ouvriers deviennent électeurs et éligibles aux conseils de prud'hommes. **1806**-*18-3* (Lyon) 1er *conseil de prud'hommes :* formés majoritairement de patrons, ils ne deviendront paritaires qu'avec la loi du 27-3-1907. **1810** les articles 414 à 416 du Code pénal interdisent les *coalitions d'ouvriers.* Les *coalitions patronales* qui visent « injustement et abusivement à l'abaissement des salaires » sont passibles de poursuites. **1813**-*3-1* décret interdisant de faire descendre dans les mines des enfants de moins de 10 ans. **1838-59** Daniel Le Grand (1783-1859), industriel des Vosges, propose une législation internationale des conditions de travail. **1840** le Dr Louis René Villermé (1782-1863) décrit les journées ouvrières de 15 h dans son *Tableau de l'état physique et moral des ouvriers dans les fabriques de coton, de laine et de soie.* **1841**-*24-3* loi fixant la *durée du travail journalier des enfants* dans les ateliers (de 12 à 16 ans : 12 h ; de 8 à 12 ans : 8 h). **1848**-*4-3* décret interdisant le marchandage et fixant la journée de travail à 10 h à Paris et à 11 h en province. *-10-5* Louis Blanc réclame en vain la création par l'Assemblée constituante d'un ministère « du Travail et du Progrès ». *-20-8* loi allongeant la *durée du travail* à 12 h. **1849**-*27-11* loi réaffirmant l'interdiction des *coalitions,* tolérées de fait après la révolution de février 1848 (sans préciser « abusivement » pour les patronales), effaçant en théorie l'inégalité des peines prévues à l'encontre des employeurs et des ouvriers ; sanctions prévues : 6 jours à 3 mois de prison (2 à 5 ans pour les meneurs) et 16 à 10 000 F d'amende. **1852**-*26-3* loi autorisant les *sociétés de secours mutuel* sous certaines conditions. **1864**-*25-5* loi supprimant le délit de coalition. **1867** loi reconnaissant les coopératives. **1874**-*19-5* loi réduisant la *durée du travail des femmes et des enfants.* Création de l'*inspection du travail.* **1884**-*21-3* loi Waldeck-Rousseau accordant la *liberté de création des syndicats.* **1886**-*1-4* loi sur les sociétés de secours mutuel. **1891** convention d'Arras entre Cies des houillères du Nord et du Pas-de-Calais. **1892**-*2-11* loi fixant la *durée du travail :* femmes et moins de 18 ans 11 h, hommes 12 h. **1893**-*12-6* loi sur les normes d'hygiène et de sécurité du travail. **1895**-*12-1* loi limitant la *saisie des salaires.* **1898**-*2-4* loi sur les *accidents du travail.* **1899** création du Conseil supérieur du travail. L'État reconnaît les délégués syndicaux.

1900-*30-3* loi limitant la durée du travail à 10 h par jour, par étapes de 2 à 4 ans. **1904**-*1-5* loi supprimant les bureaux de placement payants. **1906**-*13-7* loi sur le *repos hebdomadaire. -25-10* Clemenceau crée le *ministère du Travail, de l'Industrie et du Commerce* [1er titulaire René Viviani (voir encadré p. 678 c)]. **1909**-*28-12* loi garantissant leur emploi aux *femmes en couches.* **1910**-*5-4* loi sur les *retraites ouvrières et paysannes. -28-12* loi rassemblant la législation sous forme de *code du travail.* **1913**-*17-6* loi instituant le repos des femmes en couches. *-10-7* décret sur l'hygiène et la sécurité. **1914**-*21-3* décret interdisant certains travaux aux femmes et aux enfants. **1917**-*5-2/17-5* circulaires d'Albert Thomas instituant les *délégués ouvriers* dans les usines d'armement. **1919**-*25-3* loi accroissant l'autorité des *conventions collectives,* modifiée ultérieurement par les lois des 24-6-1936, 23-12-1946, 11-2-1950 et 13-7-1971. *-23-4* loi fixant la durée du travail à 8 h par jour. *-25-10* loi étendant aux *maladies professionnelles* le régime protecteur des accidents du travail de 1898.

1920-*12-3* loi reconnaissant aux syndicats le droit de se porter partie civile. **1924**-*août* les syndicats ont le droit de représenter les fonctionnaires ; complété 1932. **1928**-*5-4* loi instituant les *Assurances sociales.* **1932**-*11-3* loi créant les *Allocations familiales.* **1936**-*8-6 accords de Matignon* (entre CGT et patronat sous l'égide du gouvernement ; hausse des salaires de 7 à 20 %). *-20-6* lois instituant les *congés payés, -21-6* loi instituant la semaine de 40 h. *-31-12* loi rendant obligatoires les procédures de conciliation et d'arbitrage dans les conflits collectifs. **1938**-*4-3* nouvelle loi sur la conciliation et l'arbitrage. *-12-11* décrets-lois Daladier-Reynaud portant atteinte à la loi des 40 h, conventions collectives, statuts des délégués d'entreprise.

1941-*4-10* publication de la *Charte du travail.* Instauration d'un syndicat unique, obligatoire et officiel. **1945**-*22-2* ordonnance instituant les *comités d'entreprise* (dans les entreprises de plus de 100 salariés), élargie par les lois du 16-5-1946 et du 18-6-1966. *-28-5* circulaire du ministre du Travail qui définit la représentativité des organisations syndicales. *-19-10* ordonnance réorganisant les institutions de la Sécurité sociale. *-13-12 nationalisation* des Houillères. Ensuite : Air France, Banque de France, 4 banques de dépôts, gaz et électricité, assurances. **1946**-*10-2* rétablissement de la loi des 40 h. *-16-4* loi instituant les *délégués du personnel. -30-7* principe d'égalité des salaires masculins et féminins. *-11-10* loi créant la *médecine du travail. -13-10* le préambule de la Constitution garantit le *droit de grève.* Protection sociale calquée sur le modèle britannique. *-19-10* le statut général des *fonctionnaires* reconnaît leur liberté syndicale. *-30-10* loi sur les *accidents du travail.* **1947**-*14-3* institution du régime prioritaire de *retraites complémentaires* des cadres. Création de l'Agirc. **1950**-*11-2* loi sur les *conventions collectives ;* liberté de fixation des salaires ; naissance du *Smig (salaire minimum interprofessionnel garanti). 7-7* le droit de grève est accordé aux agents publics. **1952**-*8-7* l'Assemblée nationale vote l'échelle mobile des salaires. **1953**-*9-8* création de la contribution patronale de 1 % à la construction de logements. **1955**-*sept.* accord Renault liant pour la 1re fois les salaires au progrès de la production et portant à 3 semaines les congés payés. **1956**-*27-3* loi rendant obligatoires les *congés payés* de 3 semaines. Création du *Fonds national de solidarité* destiné à renforcer l'aide vieillesse. **1957**-*15-5* régime de retraites des non-cadres (Unirs). *-26-6* Smig indexé sur l'indice Insee des « 17 articles ». **1958**-*19-2* loi instituant un préavis légal de 1 mois en cas de licenciement. *-31-12* convention CNPF/syndicats créant un *régime d'assurance chômage* [Unedic (Union nationale interprofessionnelle pour l'emploi dans l'industrie et le commerce) et Assedic (Association pour l'emploi dans l'industrie et le commerce)]. **1959**-*7-1* ordonnances sur l'action en faveur des *travailleurs sans emploi* et la *participation* (facultative ; rendue obligatoire par l'ordonnance du 17-8-1967) des salariés au bénéfice des entreprises.

1961-*8-12* accord sur généralisation des *retraites des non-cadres.* Association des régimes de retraites complémentaires (Arrco). Signataires : CFDT, CFTC, CGC, CGT-FO. *-29-12* : 4 semaines de congés payés chez Renault. **1963**-*18-12* loi créant le *Fonds national de l'emploi (FNE).* **1966**-*28-11 création paritaire de l'Apec (Association pour l'emploi des cadres). -30-12* garantie de l'emploi en cas de maternité. **1967**-*13-7* création de l'*Agence nationale pour l'emploi (ANPE). -17-8* ordonnance sur la *participation* obligatoire aux fruits de l'expansion (dans les entreprises de plus de 1 000 salariés). **1968**-*21-2* accord avec NPI (nouveaux pays industrialisés) : versement aux travailleurs en chômage partiel d'une allocation complémentaire aux indemnités de l'État. Signataires : CGC, CGT, CGT-FO. *-27-5 constat de Grenelle* : hausse des salaires, engagements (tenus par la loi du 27-12) concernant la section syndicale d'entreprise, accords professionnels sur la réduction du temps de travail. *-1-6* Smig uniforme en France. *-27-12* loi relative à l'exercice du *droit syndical* dans l'entreprise (liberté de constitution de sections syndicales). **1969**-*10-2* accord national interprofessionnel sur la *sécurité de l'emploi.* Précise les modalités de saisine du comité d'entreprise avant tout *licenciement collectif* pour raisons économiques. Signataires : CFDT, CFTC, CGC, CGT, CGT-FO. *-16-5* loi généralisant les *congés payés* de 4 semaines. *-Déc. 1er contrat de progrès* signé à EDF-GDF. *Mensualisation des salaires.*

1970-*2-1* loi instituant le *Smic* (salaire minimum interprofessionnel de croissance). *-20-4* déclaration commune du patronat et des syndicats sur la *mensualisation. -2-7* accords pour une meilleure indemnisation du *congé maternité, -9-7* sur la *formation* et le *perfectionnement professionnels.* **1971**-*16-7* 3 lois sur *apprentissage, enseignement technologique* et *formation professionnelle continue. -30-11/3-12* lois réformant l'allocation de *salaire unique,* majorant les *pensions vieillesse* et la *préretraite* des travailleurs frappés d'inaptitude. **1972**-*3-1* loi sur le travail temporaire. *-27-3* accord national interprofessionnel portant *garantie de ressources* pour les chômeurs de plus de 60 ans. *-23-12* garantie de rémunération mensuelle. **1973**-*19-3* accord sur l'affiliation des jeunes aux régimes de retraites complémentaires, dès leur entrée dans l'entreprise. *-13-7* réforme du *droit de licenciement* obligeant l'employeur à fournir une explication. *-23-12* loi sur l'amélioration des conditions de travail, *le bilan social. -27-12* création de l'*Anact* (*Agence nationale pour l'amélioration des conditions de travail*). **1974**-*30-2* création du *Fonds de garantie des salaires* assurant à tous les travailleurs victimes d'une faillite le paiement de leur dû. **1975**-*3-1* et *-5-5* loi et décret sur le contrôle des *licenciements économiques. -30-6* loi d'orientation pour les handicapés. *-1-7 retraite à taux plein à 60 ans* pour les manuels et les mères de famille ayant élevé 3 enfants ou plus. Conditions : avoir accompli 5 années de travail manuel et 42 années de cotisations au régime général de la Sécurité sociale pour les hommes ou 30 années pour les mères de 3 enfants. *-4-7* loi sur la *généralisation de la Sécurité sociale. -11-7* lois définissant les droits des *travailleurs étrangers* (égalité en matière d'embauche). *-27-12* loi garantissant le versement des salaires en cas de règlement judiciaire et liquidation (complément) ; loi sur la réduction de la durée légale du travail. **1977** *1er pacte pour l'emploi des jeunes. -12-7* lois sur la *retraite des femmes à 60 ans,* le *congé parental d'éducation,* le *bilan social* de l'entreprise. *-10-12* accord national interprofessionnel sur la *mensualisation.* **1978**-*19-1* loi sur la généralisation minimale de la mensualisation. *-2-3* création des *emplois d'utilité collective. -17-7* loi interdisant toute mesure discriminatoire pour faits de grève. **1979**-*3-1* loi délimitant les *contrats à durée déterminée* (CDD). *-16-1* loi sur l'*aide aux travailleurs privés d'emploi. -18-4* accord avec CNPF relatif au versement d'une allocation supplémentaire d'attente aux salariés licenciés pour motif économique.

1980-*22-12* loi sur l'*aide à la création d'entreprise.* **1981**-*7-1* loi garantissant l'emploi après un accident du travail. *-2-10 emplois d'initiative collective* remplacés par les *emplois d'initiative locale.* **1982**-*16/17-1* ordonnances sur les *contrats de solidarité* ; fixant à *39 h la durée légale* de la semaine de travail et généralisant la *5e semaine de congés payés* ; *-5-2* sur les *contrats de travail à durée déterminée* et sur le travail temporaire ; *-26-3* sur le travail à temps partiel ; fixant l'âge de la retraite à 60 ans ; sur l'insertion des jeunes de 16 à 18 ans. *-28-5* décret sur le droit syndical dans la *fonction publique.* **Lois Auroux :** *-4-8* sur les garanties disciplinaires, le règlement intérieur et le droit d'expression directe collective, *-28-10* sur la réforme et le développement du *droit syndical, délégués du personnel, comités d'entreprise, -13-11* réglementant les conflits collectifs et la *négociation collective* annuelle, *-23-12* sur la création de *comités d'hygiène, de sécurité et des conditions de travail (CHSCT).* Abaissement de l'âge de la retraite à 60 ans au taux plein pour les assurés comptant 150 trimestres d'assurance. Droits accrus pour les fonctionnaires. **1983**-*13-7* lois sur les droits et les obligations des fonctionnaires ; loi Roudy sur *l'égalité professionnelle* des hommes et des femmes. *-26-7* loi de démocratisation du secteur public et du secteur nationalisé. Développement des institutions représentatives du personnel et clarification de leur rôle. **1984**-*10-1* accord sur la division du système d'indemnisation en un régime d'assurance et un régime de solidarité. *-11-1* loi sur le statut de la *fonction publique d'État. -24-2* loi sur la *formation professionnelle* et les congés de formation. Nouvelle répartition des rôles État-partenaires sociaux au sein de l'Unedic à partir du 1-4-1984. *-Oct.* création des *travaux d'utilité collective (TUC). -5-12* négociations sur la flexibilité du temps de travail (échec). **1985**-*20-2* mesures en faveur du *travail à temps partiel. -Avril* assouplissement des *contrats à durée déterminée* par un décret prévoyant extension de leur durée et simplification de leur mise en œuvre. **1986**-*30-12* loi abrogeant l'autorisation administrative de licenciement. **1987** *programmes d'insertion locale (PIL)* créés. *-19-6* loi sur l'*aménagement du temps de travail. -10-7* lois favorisant l'emploi des handicapés et aménageant le départ à la retraite. *-17-7* décret et arrêté d'application de l'ordonnance du 21-10-1986 sur la *participation* et l'intéressement des salariés aux résultats de l'entreprise. *-23-7* loi de réforme de l'*apprentissage.* **1988**-*30-11* loi instaurant le *RMI (revenu minimum d'insertion).* **1989**-*19-12* loi instaurant les *contrats emploi-solidarité* qui regroupent les TUC et les PIL. *-31-12* loi prévoyant la prolongation jusqu'au 31-12-1990 de l'exonération des cotisations patronales de Sécurité sociale pour l'embauche d'un 1er salarié par un travailleur indépendant. **1990**-*3-3* loi relative à l'*expression des salariés* sur le contenu, l'organisation et les conditions de travail. *-14-5* adoption en Conseil des ministres d'un projet de loi visant à modifier l'ordonnance de 1986 relative à la *participation* (régime obligatoire étendu aux entreprises de 50 à 100 salariés, à partir de l'exercice 1991). **1992**-*1-1* aide aux emplois familiaux. *-18-7* les allocations servies par l'Unedic sont fusionnées en une allocation unique dégressive.

1993-*20-12* **loi quinquennale** : *aides à la création d'emplois* : allègement des charges sociales, extension des exonérations pour les 1res embauches, chèque-service (essai avant généralisation), aide aux chômeurs créateurs d'entreprise (Accre), prêts consentis par entreprises aux salariés créateurs d'entreprise, indemnité compensatrice pour reprise d'emploi, aménagements du cumul emploi-retraite, extension des possibilités de regroupement d'employeurs, encouragement des jeunes à travailler à l'étranger, recentrage des contrats emploi-solidarité, renforcement du contrôle des demandeurs d'emploi. *Organisation du travail* : annualisation du temps de travail et du travail à temps partiel, semaine de 32 h à titre expérimental, capital de temps de formation pour les salariés, repos compensateur accru pour heures supplémentaires, réglementation du travail le dimanche, réduction du temps de longue durée indemnisé, délai de réponse de 1 mois du salarié pour accepter modification substantielle de son contrat de travail. *Droit du travail* : délégués du personnel élus pour 2 ans (et non plus 1 an), assouplissement du fonctionnement des institutions représentatives du personnel dans les PME, renforcement des sanctions du travail illégal, application des règles sociales françaises aux salariés des entreprises étrangères prestataires de services en France. *Formation et insertion professionnelle* : décentralisation de la formation professionnelle des jeunes, apprentissage (essai à 14 ans), possibilité pour les cadres d'enseigner, possibilité d'accords entre organisations consulaires et collecteurs de fonds de la formation ; Conseil supérieur de l'emploi, des revenus et des coûts remplace (1-1-1994) le Cerc (Centre d'études des revenus et des coûts).

1995-*29-6* **Plan d'urgence du gouvernement Juppé pour l'emploi. Contrat initiative-emploi (CIE)** : coût pour l'État : 21,7 milliards de F/an [14 après suppression du contrat de retour à l'emploi (CRE) et du contrat pour l'emploi des allocataires du RMI]. Le CIE prévoit, sur 2 ans, une exonération des charges sociales patronales jusqu'au niveau du Smic et une prime mensuelle de 2 000 F pour les entreprises embauchant une personne au chômage depuis au moins 12 mois. Selon Nicolas Sarkozy, le 14-5-1996, cela représente 25 milliards de F par an pour un solde de 30 000 emplois supplémentaires réellement créés par an, ce qui met l'emploi nouveau à plus de 800 000 F. Depuis le 7-8-1996, éventail des bénéficiaires plus large et prime modulée de 1 000 à 2 000 F. **Primes pour embauche** *d'un jeune en contrat d'apprentissage* : forfaitaire, de 7 000 à 10 000 F ; *d'un jeune ayant des difficultés particulières d'accès à l'emploi* (CDD de 12 mois au minimum ou CDI) : 2 000 F pendant 9 mois ; *d'un jeune diplômé au chômage depuis au moins 3 mois* : 2 000 F pendant 9 mois (3 000 F pour les jeunes recrutés pour travailler à l'étranger). **Allègement des charges sociales sur les bas salaires** : *coût pour l'État* : 19 milliards de F/an. Ristourne de cotisations sur la déclaration à l'Urssaf (800 F/mois pour un salarié au Smic, 400 F pour 1,1 fois le Smic, 0 F pour 1,2 fois le Smic). **Perspectives d'embauche :** CIE 350 000, mesures d'accès des jeunes à l'emploi 150 000, ristournes sur charges sociales 150 000, reclassement de chômeurs 50 000.

1996-*11-6* **loi Robien** (Gilles de Robien, UDF) élargit le dispositif expérimental d'incitation à l'annualisation-réduction du temps de travail. Allègement des cotisations patronales de Sécurité sociale. Si la réduction collective de la durée du travail est d'au moins 10 % : allègement de cotisations de 40 % la 1re année et de 30 % les 6 suivantes ; si dépasse 15 % : allègement de 50 % la 1re année et 40 % les 6 suivantes. *Volet offensif* (pour créer des emplois) : l'entreprise doit augmenter ses effectifs de 10 % si la durée du travail est réduite de 10 % et de 15 % si elle est réduite de 15 %, le niveau d'emploi doit être maintenu 2 ans au minimum. *Volet défensif* (pour éviter les licenciements) : une convention avec l'État précise la réduction de l'horaire collectif de travail, le nombre de licenciements évités et le niveau d'emploi maintenu pour une durée déterminée. *-9-10* circulaire excluant du champ d'application de la loi certains secteurs non concurrentiels (exemples : transports en commun de province, secteur public en situation de monopole, etc.). Dispositif abrogé par la loi 98-461 du 13-6-1998 (voir col. c). **Bilan** (au 19-1-2000) : accords 2 953 ; effectif concerné 280 000 ; engagements d'emplois créés ou préservés 33 600.

1997-*janv.* suppression de la prime liée à l'Accre (aide aux chômeurs créateurs d'emplois). RMI, minimum vieillesse et pensions vieillesse sont augmentés de 1,2 %, les allocations familiales de 1,42 %, la CSG de 1 point, les cotisations maladie diminuées de 1,3 %. Développement des formations en alternance, nouveaux emplois jeunes. *-Juillet* augmentation du Smic de 4 %, des allocations chômage versées par l'Unedic de 2,2 %, revalorisation des aides personnelles au logement. *-Sept.* majoration de la CSG de 4,1 points, réduction de la cotisation maladie salariée de 4,75 points. **1998**-*févr.* suspension de la conclusion de conventions loi Robien avec l'État. *-Avril* création de l'allocation spécifique d'attente pour les chômeurs bénéficiaires de l'ASS ou du RMI. *-13-6* publication de la **loi (Aubry) d'orientation et d'incitation à la réduction du temps de travail** fixant la durée légale à 35 h au 1-1-2000 (entreprises de plus de 20 salariés), au 1-1-2002 (autres). Les entreprises négocient les modalités d'application entre employeurs et syndicats (semaine de 4,5 j, 1 semaine sur 2 à 4 j, l'autre à 5, journées de 7 h, cycles de travail alternant périodes haute et basse...). Une aide publique est prévue pour celles définissant une baisse d'au moins 10 % et embauchant ou préservant au moins 6 % des emplois. Des accords de branche peuvent fournir un cadre à la négociation d'entreprise mais ne peuvent détailler ni l'effet sur l'emploi ni les modalités d'organisation du travail. La loi ne modifie ni la durée effective ni la durée maximale de travail (48 h/semaine) et la rémunération au Smic est maintenue. A chaque entreprise de financer la baisse des horaires. **Bilan** (au 19-1-2000) : *accords et,* entre parenthèses, *accords sollicitant l'aide incitative* : 23 269 (22 433) ; effectifs concernés 2 736 472 (1 486 477) ; engagements d'emplois créés ou préservés 159 515 (116 670). La CFDT a signé dans 95,4 % des cas, la CGC 95,2, CFTC 92,8, FO 89,6, CGT 86,5 ; financement de la baisse du temps de travail par une modulation selon les fluctuations de l'activité : 48,7 % des accords, augmentation de l'amplitude d'ouverture : 21 %, une plus longue durée d'utilisation des équipements : 18,7 %. **2000**-*janv.* **2e loi Aubry** abaisse la durée légale hebdomadaire à 35 h pour les entreprises de + de 20 salariés à partir de 2000, pour les autres 2002. Durée maximale hebdomadaire de 48 h ramenée de 46 à 44 en moyenne sur toute période de 12 semaines consécutives. Elle introduit un équivalent annuel de 1 600 h [calculé en tenant compte des congés légaux (5 semaines) et d'un nombre moyen de jours fériés tombant un jour ouvré] au-delà duquel seront comptabilisées les h supplémentaires (les accords signés après la loi Aubry I qui retiennent une durée supérieure à 1 600 h pourront toutefois être appliqués lorsqu'un accord collectif de modulation a été signé par les partenaires sociaux ou lorsque la durée du travail a été réduite par l'octroi de jours de repos sur l'année). Pour les cadres, elle prévoit des dispositions spécifiques ; certaines catégories pouvant bénéficier d'une référence de travail sur une base annuelle, en heures ou en jours de travail. Outre la catégorie des cadres dirigeants, non soumis à la réglementation sur la durée du travail, et celle des cadres dont l'organisation du travail, notamment en matière de durée, ne diffère guère de celle des autres salariés, est ainsi définie une 3e catégorie, pour laquelle des conventions individuelles de forfait peuvent être établies en jours avec plafond légal de 217 jours de travail. *Heures supplémentaires* : au-delà de 35 h hebdomadaires (et de 1 600 h dans un cadre annualisé), bonification de 25 % pour les heures entre 35 et 39 h (mais seulement 10 % en 2000) et de la 40e à la 43e incluse ; 50 % à partir de la 44e heure. En l'absence d'un accord collectif, la bonification des heures entre 35 et 39 h doit être accordée sous forme de repos compensateur d'une journée ou demi-journée pris normalement dans un délai de 2 mois.

Exposition nationale du travail. Concours *créé* en 1923 à l'initiative du journaliste Lucien Klotz. *Officialisé* par arrêté du ministre de l'Éducation nationale, le 25-5-1935. Intéresse environ 220 métiers. Titre : « Un des meilleurs ouvriers de France. » *Condition pour participer* : avoir 23 ans au minimum. Les étrangers peuvent concourir s'ils justifient de 3 ans au moins d'activité professionnelle en France. Depuis 1924, il y a eu 20 expositions et 7 585 titres décernés. 19e concours Angers (avril 1994). 20e (avril 1997) Lille ; 21e (16/26-11-2000) Strasbourg. **Renseignements :** 1, rue Descartes, 75231 Paris Cedex 05.

Définitions

Absentéisme

■ **Taux d'absentéisme en France** (en %, 1998). Hommes 2,7, femmes 3,3. **Age :** *15-24 ans* 2,7, *25-49 a.* 2,7, *50 a. et +* 4,1. **Statut :** à temps complet 3, partiel 2,9. **Activité :** agriculture, sylviculture, pêche 2,7, agroalimentaire 4,1, énergie 3, biens intermédiaires 3,3, d'équipement 2,8, de consommation 3, automobile 3,7, bâtiment, génie civil, construction 3,6, commerce 2,9, transports et télécom. 2,5, services aux entreprises 2,4, aux particuliers 2,4, location et crédits-bails immobiliers, activités immobilières 3,2, organismes financiers, activités financières 2,4, services non marchands, éducation, santé, action sociale 3,1. **Catégories :** *cadres* : fonction publique 2,2, professeurs, professions scientifiques 1,6, administratifs et commerciaux des entreprises 1,5, ingénieurs et techniciens des entreprises 1, instituteurs et assimilés 2,3. *Professions intermédiaires* : santé et travail social 2,8, entreprises administratives et commerciales 2, techniciens 2,5, contremaîtres, agents de maîtrise 2,4, employés civils et agents de service de la fonction publique 4,4, policiers et militaires 2,3, employés administratifs d'entreprises 2,6, de commerce 3,5, personnels des services directs aux particuliers 2,6. *Ouvriers qualifiés :* industriels 4,1, artisanaux 3,5, chauffeurs 3,9, manutention, magasinage et transport 3,5. *Non qualifiés :* industriels 4,4, artisanaux 3,7, ouvriers agricoles 2,5. *Source :* enquête Insee.

☞ **Absence du travail pour cause de congé de maternité** et autres d'ordre personnel et familial (en % de l'emploi féminin et, entre parenthèses, des femmes occupant un emploi et ayant 1 ou plusieurs enfants de – de 5 ans) : Danemark 4,1 (18,4), Allemagne 3,7 (19,9), Italie 3,1 (11,5), G.-B. 2,9 (13,7), Belgique 2,6 (9,7), *France 2,5 (9,7),* Espagne 1,7 (6,2), Portugal 1,7 (6,1), Pays-Bas 1,2 (6,6).

ACCIDENTS DU TRAVAIL

■ **Accidents du travail.** Survenus *par le fait ou à l'occasion du travail* à tout salarié ou travailleur, à quelque titre ou en quelque lieu que ce soit. Les travailleurs non salariés (artisans, commerçants, professions libérales, bénévoles d'œuvres ou d'organismes d'intérêt général...) ne sont pas garantis, sauf souscription d'une « assurance volontaire » par eux-mêmes ou leur employeur.

■ **Accidents de trajet.** Pendant l'aller et retour, de porte à porte, entre le lieu de travail et la résidence (ou tout autre lieu où le travailleur se rend habituellement pour des motifs d'ordre familial), le restaurant (la cantine, ou le lieu où le travailleur prend habituellement ses repas), et dans la mesure où le parcours n'a pas été interrompu ou détourné pour un motif personnel et étranger aux nécessités essentielles de la vie courante.

■ **Indemnisation.** Forfaitaire. *En cas de faute intentionnelle de l'employeur* ou de l'un de ses préposés, la responsabilité civile jouera ; la faute inexcusable de l'employeur ou de l'un de ses « substitués dans la direction » entraîne une réparation plus étendue. *Si l'accident est dû à un tiers,* la victime a un droit de recours contre celui-ci pour la partie du préjudice non réparée par la Sécurité sociale (*pretium doloris,* préjudice moral, esthétique, etc.). *Si la victime a commis une faute* « inexcusable », les réparations seront réduites ; « intentionnelle », aucune réparation au titre de la législation sur les accidents du travail.

■ **Responsabilité pénale de l'employeur.** Peut être engagée s'il y a infraction aux dispositions relatives à l'hygiène et à la sécurité, même en l'absence d'un accident (Code du travail ; art. 223-1 du Code pénal : « mise en danger de la personne », les personnes morales pouvant aussi être déclarées responsables). **Sanctions :** *amende :* 500 à 25 000 F (autant de fois qu'il y a de salariés concernés par l'infraction). *Récidive :* 2 mois à 1 an de prison ; amende : 2 000 à 60 000 F. *Non-application des mesures décidées par l'inspecteur du travail :* 2 mois à 1 an de prison ; amende : 2 000 à 20 000 F. Le cumul des peines du Code du travail et de celles du Code pénal ne peut dépasser le maximum encouru.

■ **Protection de l'emploi.** La loi du 7-1-1981 prévoit notamment la suspension du contrat du salarié accidenté du travail ou victime d'une maladie professionnelle pendant l'arrêt de travail, avec interdiction de licenciement (sauf cas exceptionnels), reclassement de l'intéressé à son retour et droit au même emploi ou à un emploi approprié en cas de diminution de ses capacités. L'ancienneté continue à courir pendant la durée de la suspension.

■ **Prévention.** Les caisses régionales d'assurance maladie peuvent inviter les employeurs à mettre en œuvre certaines mesures de prévention. En cas d'inobservation, l'employeur peut être contraint à payer une cotisation supplémentaire [1re infraction : 25 % de la cotisation accidents du travail de l'établissement, 50 % en cas de récidive dans un délai de 3 ans ou de non-réalisation des mesures prescrites dans un délai de 6 mois, 200 % en cas de non-réalisation des mesures prescrites dans l'année après l'imposition de la cotisation supplémentaire (8 mois pour les chantiers temporaires)].

STATISTIQUES

■ **Taux de fréquence [1] et,** entre parenthèses, **de gravité [2] des IT** (en 1999). Bâtiment et travaux publics 58,4 (2,85). Bois 52,8 (1,79). Transports et manutention 40 (1,93). Pierres et terres à feu 36,4 (1,52). Alimentation 33,4 (1,18). Caoutchouc, papier, carton 31,6 (1,09). Textiles 28 (1,02). Métallurgie 26,7 (0,90). Eau, gaz, électricité 19,8 (0,80). Cuirs et peaux 16,1 (0,55). Vêtement 15,8 (0,65). Interprofessionnel 15,6 (0,62). Livre 15,4 (0,62). Commerce non alimentaire 14,8 (0,60). Chimie 11,9 (0,49). **Accidents mortels** (métropole). *1977 :* 1 838 ; *80 :* 1 129 ; *86 :* 978 ; *87 :* 1 004 ; *88 :* 1 112 ; *89 :* 1 177 ; *90 :* 1 213 ; *91 :* 1 082 ; *92 :* 1 024 ; *93 :* 855 ; *94 :* 806 ; *95 :* 712 ; *96 :* 760 ; *97 :* 695 ; *98 :* 683 ; *99 :* 717 ; *2000 :* 746.

Nota. – (1) *Taux de fréquence :* nombre d'accidents avec arrêt par million d'heures travaillées. (2) *Taux de gravité :* nombre de jours perdus en IT (incapacité temporaire) par millier d'heures travaillées.

■ **Accidents de trajet** (hors DOM). **Avec arrêt de travail :** *1999 :* 87 873 dont avec IP (incapacité permanente) 9 694. **Accidents mortels :** *1977 :* 1 206 ; *80 :* 989 ; *85 :* 704 ; *90 :* 781 ; *91 :* 739 ; *92 :* 606 ; *93 :* 647 ; *94 :* 628 ; *95 :* 586 ; *96 :* 531 ; *97 :* 536 ; *98 :* 602 ; *99 : 634.*

■ **Maladies professionnelles constatées** (hors DOM). *1982 :* 4 395 ; *87 :* 3 531 ; *90 :* 4 417 ; *92 :* 6 533 ; *93 :* 6 598 ; *94 :* 7 514 ; *95 :* 8 534 ; *96 :* 9 737 ; *97 :* 11 054 ; *98 :* 13 419 ; *99 :* 16 665 (dont 6 340 avec IP), journées perdues (IT) 2 129 264 (dont affections périarticulaires 11 095, amiante 2 058, provoquées par le bruit 608, dues aux charges lourdes 429, allergies 289, affections respiratoires 271, cancers 215).

■ **Décès survenus. Avant consolidation** (fixation d'un taux d'incapacité permanente et liquidation d'une rente) : *1980 :* 44 ; *85 :* 49 ; *90 :* 49 ; *95 :* 67 ; *96 :* 96 ; *97 :* 95 ; *98 :* 93 ; *99 :* 201 (112 dus à l'amiante, 8 au bois, 47 cancers, 12 rayons X). **Après attribution de rentes :** *1985 :* 138 ; *88 :* 125 ; *95 :* 186 ; *96 :* 226 ; *97 :* 241 ; *98 :* 235 ; *99 :* 373.

Sur 20 maladies déclarées, 14 seulement sont reconnues et indemnisées au titre d'un arrêt de travail ou d'une IP : elles doivent être inscrites au tableau des maladies professionnelles qui suit, avec retard, l'apparition des pathologies déclenchées par le milieu du travail moderne. *Exemple :* les méfaits de l'amiante, dénoncés en 1935, n'ont été pris en compte en France qu'à partir de 1975. Sont exclues les atteintes psychopathologiques et sont difficilement reconnues les maladies chroniques.

Cancer : 300 à 350 facteurs chimiques, physiques ou biologiques cancérigènes recensés dont benzène, chrome, amiante, nitrosamines, rayons ultraviolets, rayonnements ionisants et aflatoxines. **Cancers professionnels les plus courants :** poumons, vessie, peau, os et sarcomes. **Facteurs allergènes :** 3 000 allergènes classés pouvant provoquer dermatoses et maladies respiratoires. **Stress psychologique et surmenage :** 30 à 50 % des travailleurs des pays industrialisés s'en plaignent. **Pertes économiques dues aux maladies professionnelles :** 10 à 15 % du PNB mondial.

■ **Coût moyen** (en F, 1999). **Accident ordinaire :** 13 970 ; **ayant entraîné une incapacité permanente** *inférieure à 10 % :* 9 143 ; *égale ou supérieure à 10 % :* 543 658. **Durée moyenne d'arrêt** (en jours). *1987 :* 33,2 ; *90 :* 34,9 ; *94 :* 38,2 ; *95 :* 39 ; *96 :* 39 ; *97 :* 39 ; *98 :* 39,8 ; *99 :* 40,1.

■ **Indemnités journalières (IJ).** 60 % du salaire ; à partir du 29e jour : 80 %. Ne peuvent dépasser le gain journalier net. **Plafond** (mensuel au 1-1-2001) : 14 950 F.

Accidents du travail dans le monde : 120 millions par an (décès : + de 220 000) pour une pop. active de 2,6 milliards. **Nouveaux cas de maladies d'origine professionnelle :** 160 millions (dont UE 10).

AGENCE NATIONALE POUR L'EMPLOI (ANPE)

■ **Siège.** 4, rue Galilée, 93160 Noisy-le-Grand. *Créée* le 13-7-1967, modifiée par le décret du 23-7-1980 et par ordonnance du 20-12-1986, placée sous l'autorité du ministère de l'Emploi et de la Solidarité. **Implantations en 2001 :** 1 000 dont 738 agences locales ; 18 200 agents.

■ **Mission. 1°) Assistance** aux personnes à la recherche d'un emploi, d'une formation ou d'un conseil professionnel ; aux employeurs pour l'embauche et le reclassement de leurs salariés. **2°) Participation à la mise en œuvre** d'actions favorisant la mobilité géographique et professionnelle et l'adaptation aux emplois ; des aides publiques destinées à faciliter l'embauche et le reclassement des salariés ainsi que des dispositifs spécialisés. L'ANPE est sollicitée environ 80 000 fois par jour, mais 60 % des entreprises n'y déposeraient pas leurs offres d'emploi.

■ **Budget** (en millions de F). *1968 :* 18 ; *71 :* 125 ; *75 :* 346 ; *80 :* 932 ; *85 :* 2 376 ; *91 :* 6 300 ; *95 :* 14 425 ; *99 :* 12 402. **Effectifs.** *1992 :* 13 990 ; *95 :* 16 000 ; *99 :* 17 700 ; *2000 :* 17 043 ; *01 :* 17 476.

■ **Offres d'emploi recueillies** (en milliers). *1997 :* 2 574 (satisfaites 2 242) ; *98 :* 2 785 (2 427) ; *99 :* 3 031 (2 638) ; *2000 :* 2 925 (2 550).

■ **Bénéficiaires du service personnalisé pour un nouveau départ vers l'emploi** (en milliers). *1998 :* 119,6 ; *99 :* 841 ; *2000 :* 1 100.

Nota. – Depuis le 1-1-1995, dans le cadre du réseau Eures *(European Employment Services)* créé en 1991 par la Commission européenne, 35 euroconseillers collaborent avec l'ANPE, l'Apec et l'Omi (Office des migrations internationales).

APPRENTISSAGE

☞ Voir **Enseignement**, p. 1303 c.

■ **Taxe d'apprentissage.** Due par les entreprises industrielles, artisanales et commerciales. **Taux :** 0,5 % de la masse salariale. **Conditions :** 40 % au moins de la taxe doivent servir au financement de l'apprentissage. Les 60 % restants peuvent être affectés librement au financement de dépenses de formation professionnelle initiale. Prime unique versée par l'État (montant minimal : 26 000 F sur 2 ans). **Bénéficiaires** (en millions de F, 1994) : établissements d'enseignement supérieur 2 680, centres de formation et d'apprentissage (CFA) 1 463, établissements publics du second degré 704 (19,5), établissements privés du second degré sous contrat 497 (12,1), établissements privés du second degré hors contrat 257 (6,2), autres bénéficiaires [Onisep (Office national d'information sur les enseignements et les professions), CIO] 18 (0,4). En 1994, moins de 21,7 % de la taxe sont réellement allés aux CFA.

■ **Coût global de l'apprentissage. Fonctionnement, équipement des CFA** (en milliards de F, 1997) : État : 4,4 (fonctionnement et exonérations sociales) ; régions : 4,06 ; entreprises : 2,4. Indemnités aux employeurs : 5,2.

Stages d'insertion et de formation à l'emploi (Sife). Formule regroupant depuis le 1-1-1994 les dispositifs AIF (actions d'insertion et de formation), FNE/FI (stages pour femmes isolées) et SRP (stages de reclassement professionnel). *Nombre d'heures minimal :* 40, *maximal :* 1 200. **Sife collectifs** (environ 141 115 en 1997) : destinés prioritairement aux demandeurs d'emploi de longue durée ou en difficulté (bénéficiaires du RMI) de plus de 26 ans. **Individuels** (31 334 en 1997) : permettent aux demandeurs d'emploi de plus de 26 ans ayant une expérience professionnelle de maintenir, d'élargir ou de moderniser leurs compétences.

Autres stages de formation sans contrat de travail. Action de formation alternée (Afa) : actions (gérées par l'État jusqu'au 1-7-1994) décentralisées en application de la loi quinquennale sur l'emploi du 20-12-1993, s'adressant aux 16-25 ans, et jeunes demandeurs d'emploi sans qualification ou avec une qualification mal adaptée au marché du travail. *Durée :* 660 h. **Stages d'accès à l'entreprise (SAE)** [36 871 en 1997] : pour les demandeurs d'emploi sans condition d'âge, dont les compétences sont proches de celles requises par une offre déposée à l'ANPE, ou pour les salariés ayant besoin d'un complément de formation pour avoir une promotion dans l'entreprise, dès lors que le poste libéré est réservé à un demandeur d'emploi. *Durée :* 40 à 500 h. **Stages FNE cadres :** permettent à des cadres inscrits à l'ANPE de se reclasser sans disqualification. *Durée :* enseignement 11 à 17 semaines, en entreprise 4 à 6.

ARTISAN

■ **Définition juridique.** Selon la loi n° 96-603 du 5-7-1996 relative au développement et à la promotion du commerce et de l'artisanat, « doivent être immatriculées au répertoire des métiers ou au registre des entreprises les personnes physiques et morales qui n'emploient pas plus de 10 salariés et qui exercent à titre principal ou secondaire une activité professionnelle indépendante de production, transformation, réparation ou prestation de services relevant de l'artisanat et figurant sur la liste établie par décret en Conseil d'État ». Le décret n° 98-247 du 2-4-1998 fixe la liste des activités relevant de l'artisanat avec leur correspondance dans les codes de la NAF (nomenclature d'activités française). Les personnes qui le souhaitent peuvent rester immatriculées au registre des métiers au-delà du seuil de 10 salariés (droit de suite). **Champ économique :** introduction de la notion d'entreprise définie par le règlement européen n° 696/93 du 15-3-1993 relatif aux unités statistiques d'observation et d'analyse du système productif dans l'Union européenne.

■ **Formes juridiques les plus courantes.** Entreprises individuelles (64 %), ou SARL (en augmentation constante ; 32 %) et EURL (entreprises unipersonnelles à responsabilité limitée) [loi du 11-7-1985] ; coopératives artisanales (lois du 23-7-1983 et du 13-7-1992).

■ **Qualification et formation.** *Stage de préparation à l'installation :* préalable à l'immatriculation au répertoire des métiers, obligatoire depuis la loi du 23-12-1982. Le titre d'artisan est attribué au chef d'entreprise ou à son conjoint collaborateur ou associé (loi du 5-7-1996) justifiant du niveau de qualification fixé par le décret n° 98-247 du 3-4-1998 (CAP, diplôme équivalent ou 6 ans d'immatriculation dans le métier). Utilisation sans droit du mot « artisan » ou de ses dérivés vis-à-vis de la clientèle : passible d'amende et de peines complémentaires éventuelles. *Maître artisan :* titre témoignant d'un niveau supérieur de qualification, attribué aux chefs d'entreprise et aux conjoints collaborateurs ou associés titulaires du brevet de maîtrise après 2 ans de pratique, ou d'un diplôme équivalent, ou d'une ancienneté de 10 ans et d'une notoriété reconnue. Les artisans et maîtres artisans peuvent utiliser des marques distinctives déposées à l'INPI (Institut national de la propriété industrielle). **Formation. Continue :** Fonds d'assurance formation (Faf) alimenté par une contribution calculée par référence au plafond de la Sécurité sociale (*2001 :* 0,29 %, 520 F).

■ **Régime fiscal. Impôt sur les Stés :** les coopératives n'y sont pas soumises. Les EURL relèvent de l'impôt sur le revenu mais peuvent opter pour l'impôt sur les sociétés. **Impôt sur les bénéfices industriels et commerciaux et TVA :** possibilité d'opter, selon le chiffre d'affaires, entre les régimes de la micro-entreprise, du réel simplifié ou du réel normal. Dans les deux derniers cas, l'adhésion à un centre de gestion agréé fait bénéficier l'entreprise d'un abattement fiscal sur le bénéfice (20 % jusqu'à 722 000 F) ; l'adhésion permet également une déduction plus importante du salaire versé au conjoint commun en biens (251 700 F).

■ **Taxe professionnelle.** Réduction de la base d'imposition si 3 salariés au plus (1/4 pour 3 ; 1/2 pour 2 ; 3/4 pour 1) ; exonération si l'artisan n'emploie pas d'ouvriers, mais seulement des apprentis. Avantages réservés aux entreprises dont plus de 50 % du chiffre d'affaires vient de la rémunération du travail, à l'exclusion de la vente de marchandises ou de l'emploi de machines. *Versements sur salaires au titre de l'effort de construction et parfois des transports :* exonération si moins de 10 salariés.

■ **Protection sociale.** Affiliation obligatoire au régime des prestations familiales et à des régimes particuliers d'assurance vieillesse-invalidité-décès et maladie-maternité.

■ **Conjoint du chef d'entreprise** (statuts de la loi du 10-7-1982). Choix entre statuts de : **1°) conjoint collaborateur :**

mentionné au répertoire des métiers, électeur et éligible à la chambre de métiers, possibilité d'acquérir des droits propres en matière d'assurance vieillesse, notamment par partage de l'assiette des cotisations. 2°) **Conjoint salarié :** déduction fiscale du salaire total si régime de séparation de biens, ou plafonnée à 251 700 F (36 fois le Smic mensuel) pour les adhérents à un centre de gestion agréé. 3°) **Conjoint associé :** si non salarié, mêmes droits que le chef d'entreprise. *La loi du 31-12-1989* établit un droit de créance en salaire différé au profit du conjoint qui a collaboré gratuitement à l'activité de l'entreprise pendant au moins 10 ans.

■ **Statistiques.** *Artisans inscrits au répertoire des métiers* (au 1-1-2001) : 835 000 (dont en % : bâtiment 37, services 32, production 18, alimentation 13). *Salariés :* 60 % des artisans en emploient. *Population active occupée dans l'artisanat et entreprises artisanales* (au 1-1-2001, inclus chefs d'entreprise et aides familiaux) : 2 289 000 soit 13 % de la population active occupée dont 2 200 000 salariés, dans les établissements de 1 à 19 salariés (+ 150 000 apprentis). *Chiffre d'affaires de l'artisanat* (en milliards de F, 1998) : 922. En 1998 : immatriculations 76 000 ; radiations 78 000 ; entreprises défaillantes 17 000.

■ **Statut des personnes inscrites** (en %, au 1-1-1996). Personnes physiques 68,6, SARL 27,4, SA 2,8, autres sociétés 0,7 autres statuts 0,5.

ASSEDIC

■ **Organisation.** Associations pour l'emploi dans l'industrie et le commerce. *Instituées* par une convention du 31-12-1958 entre CNPF et confédérations syndicales ouvrières, convention renouvelée le 24-2-1984. *Administrées* par un conseil d'administration composé en nombre égal de représentants des organisations. **Effectifs** (au 31-12-2000) : 14 460 agents (Régime d'assurance chômage). **Établissements affiliés** (au 31-12-1999) : 1 500 653. **Salariés affiliés :** 14 866 559 dont 14 530 002 relevant du régime et 336 557 exclus. Il faut y ajouter le secteur agricole : 140 073 établissements au 31-12-1999 (679 858 salariés), 32 266 collectivités territoriales (392 652 salariés), 710 900 employeurs de gens de maison relevant de l'Ircem (485 200 employés de maison au 30-6-2000).

■ **Unedic (Union nationale interprofessionnelle pour l'emploi dans l'industrie et le commerce).** 80, rue de Reuilly, 75012 Paris. *Créée* 31-12-1958. *Regroupe* 26 Assedic de métropole [plus le Garp qui collecte les contributions d'Ile-de-France] et 4 dans les DOM. *1999 :* regroupement en 31 entités. **Conseil d'administration** (avril 2001) : *représentants patronaux :* 25 (dont Medef 17, CGPME 5, UPA 3) ; *syndicaux :* 25 (dont CFDT 5, FO 5, CGT 5, CFTC 5, CFE-CGC 5). *Effectifs* (au 1-7-1999) : 13 000.

■ **Assujettis.** Tous les employeurs sont assujettis au régime d'assurance chômage (les employeurs de gens de maison depuis le 1-1-1980), sauf l'État, les entreprises publiques et les collectivités locales. Ces dernières peuvent faire bénéficier leur personnel non statutaire ou non fonctionnaire d'avantages analogues ou adhérer au régime.

■ **Cotisation** (voir p. 1710 a). **Plafond des rémunérations** supportant la cotisation Assedic : 59 800 F par mois du 1-1 au 31-12-2001. Les rémunérations des salariés de 65 ans ou plus, des personnes non liées par un contrat de travail, P-DG, administrateurs de Sté anonyme, gérants de SARL, gérants non salariés de succursales, etc., sont exclues. *Cotisation :* 5,80 % sous le plafond de Sécurité sociale (14 950 F par mois en 2001), 6,30 % de 1 à 4 fois le plafond.

Nota. – Les expatriés sont couverts par le régime. Pour certains, l'affiliation par leur employeur est obligatoire ; pour les autres, si leur employeur n'a pas demandé l'adhésion facultative ou s'ils n'ont pas adhéré eux-mêmes à titre individuel, ils peuvent prétendre à l'allocation d'insertion versée par l'État dans le cadre du régime de solidarité (60,52 F/j au 1-1-2001).

Principaux dispositifs en faveur de l'emploi	Bénéficiaires			
	Entrées juin		Solde juin	
	2001	2000	2001	2000
Secteur privé et concurrentiel :				
Exonération charges sociales pour embauche du 1er salarié	6 106	7 174	135 000	142 000
Contrats d'apprentissage	4 372	2 748	359 000	346 000
Contrats de qualification jeunes	4 962	5 720	165 000	154 000
Contrats d'adaptation	4 348	5 134	50 000	46 000
Abattement temps partiel	9 100	13 458	392 000	474 000
Contrats initiative emploi	8 796	11 912	242 000	267 000
Secteur public, collectivités locales :				
Contrats emploi solidarité	23 229	30 152	n.d.	216 744
Stages emploi-jeunes	4 067	4 176	n.d.	186 554
Stages de formation :				
Programme Trace	3 082	4 040	56 374	n.d.
Stages d'accès à l'entreprise	1 460	1 551	3,600	4 100
Action d'insertion et de formation (Sife)	6 690	8 913	28 100	37 900
Sife individuels	2 108	1 961	3 300	3 300
Convent. de conversion (Unedic) [1]	6 799	6 791	28 500	35 500

Nota. – n.d. : non disponible. (1) Mai. *Source :* Dares.

COMITÉ D'ENTREPRISE (CE)

■ **Origine.** *Créés* le 22-2-1945 par une ordonnance du Gal de Gaulle qui prévoyait que leur gestion serait confiée à une délégation élue par les salariés de l'entreprise. Le CE est obligatoire dans toutes les entreprises employant au moins 50 salariés, encouragé en deçà de ce seuil. **Peines prévues en cas d'entrave** à la constitution d'un comité, à la libre désignation de ses membres ou à son fonctionnement régulier : amende de 2 000 à 20 000 F et (ou) emprisonnement de 2 mois à 1 an ; en cas de récidive, peines de 2 ans et 40 000 F.

■ **Composition.** Chef d'entreprise ou son représentant, président du comité, et une délégation du personnel. Nombre égal de titulaires et de suppléants. Dans les entreprises de *50 à 74 salariés :* 3 membres ; *75 à 99 :* 4 ; *100 à 399 :* 5 ; *401 à 749 :* 6 ; *750 à 999 :* 7 ; *1 000 à 1 999 :* 8 ; *2 000 à 2 999 :* 9 ; *3 000 à 3 999 :* 10 ; *4 000 à 4 999 :* 11 ; *5 000 à 7 499 :* 12 ; *7 500 à 9 999 :* 13 ; *+ de 10 000 :* 15.

☞ Une directive européenne (22-9-1994, transposée par la loi du 12-11-1996) oblige les groupes de plus de 1 000 salariés, ayant dans au moins 2 États membres des implantations d'au moins 150 salariés, à créer, d'ici à 1999, un CE à l'échelle européenne.

■ **Élections. Conditions pour être électeur :** âge minimal 16 ans, ancienneté 3 mois. **Candidats :** élus pour 2 ans, 18 ans au min., ancienneté un an. Les élections, organisées par le chef d'entreprise, ont lieu par collège : *1er collège :* employés et ouvriers, *2e collège :* agents de maîtrise, techniciens, ingénieurs et cadres. S'il y a au moins 25 cadres salariés, les cadres forment un *3e collège.* Parfois, le 1er collège se divise en 2 : ouvriers et employés. Scrutin à la proportionnelle de liste à 2 tours. Au 1er tour, les listes de candidats doivent être présentées par les organisations syndicales les plus représentatives dans l'entreprise (en vertu de l'arrêté du 31-3-1966 : CGT, CFDT, CGT-FO, CFTC, CGC), soit CFT, CGSI, UCT, soit non affiliées à une confédération nationale. Il y a un 2e tour dans les 15 j en cas de carence des organisations syndicales au 1er tour ou si le nombre des votants est inférieur à la moitié des électeurs inscrits. Les électeurs peuvent alors voter pour d'autres listes non présentées par les différentes organisations syndicales ou autres.

RÉSULTATS TOUS COLLÈGES CONFONDUS

(en % des voix)	1994	1995	1996	1997	1998
CGT	24,1	19,7	23,6	20,4	24,3
CFDT	20,8	20,5	21,5	20,8	21,7
CFTC	4,3	5,1	4,5	5,1	4,9
FO	12,2	12,3	12,1	12,1	12,1
CFE-CGC	5,6	6,4	5,8	6,4	5,8
Autres syndicats	6,8	6,2	7,3	5,9	7
Non-syndiqués	26,1		25,1	29,3	24,1

Taux de participation (en %) : *1996 :* 66,3 ; *97 :* 65,8 ; *98 :* 65,7 [depuis 1968 : min. 63,8 (1991), max. 72,7 (1970)].

■ **Nombre de CE.** *1947 :* 9 200 ; *67 :* 8 618 ; *73 :* 19 663 ; *91 :* 22 982 dont 75 % dans des établissements de moins de 200 salariés ; *96 :* 25 605, la présence d'au moins 1 syndicat étant constatée dans 14 690 établissements.

■ **Rôle du CE.** Représente les intérêts des salariés. Est informé et consulté sur les questions intéressant la marche générale de l'entreprise, les modifications de son organisation économique et juridique, les mesures touchant les effectifs, les conditions de travail (durée, organisation, congés, règlement intérieur, etc.), l'introduction de nouvelles technologies, la formation, l'hygiène et la sécurité, les prix, les activités sociales. L'employeur doit présenter au comité d'entreprise ou à la commission spéciale, au moins 1 fois par an, un rapport sur la situation et l'évolution des emplois à durée déterminée et sur la durée et l'aménagement du temps de travail. **Commissions obligatoires :** formation et aide au logement. *Entreprises de 1 000 salariés et plus :* création d'une commission économique au sein du CE, comprenant 5 membres du CE dont au moins 1 cadre. Crédit de 40 h/an au maximum. Réunion 2 fois par an au minimum. *D'au moins 300 salariés :* le CE peut faire appel à des experts extérieurs payés par l'entreprise et, pour ses propres travaux, à un expert qu'il rémunère. Dans toute entreprise, possibilité de se faire assister d'un expert-comptable. **Formation économique et financière :** instituée pour les membres du CE. Stages de 5 jours ouvrables au maximum. Financée par le CE.

■ **Subvention légale de fonctionnement.** Au minimum, égale à 0,2 % de la masse salariale brute de l'entreprise. L'entreprise peut ajouter un budget socioculturel (0,2 à 3 % de la masse salariale). **Montant total des budgets des CE de France** (en 1993) : 40 milliards de F dont (en %) tourisme, sport et loisirs 47,3, cadeaux, jouets, bons d'achat 13,8, restauration 11,8, banque, assurance 9,5, alimentation 8,6, spectacle, arbres de Noël 5,1, divers 3,9.

Comités les mieux dotés. Subvention patronale (en millions de F) : *1 500 à 2 000 :* EDF, RATP. *300 à 500 :* SNCF, BNP, Elf. *200 à 300 :* Aérospatiale, Crédit agricole (estimation), Usinor-Sacilor (est.), CEA. *150 à 200 :* Renault, Sté générale, Air France, CGE (est.). *100 à 150 :* Crédit Lyonnais, Philips.

■ **Licenciement d'un représentant du personnel.** Doit être soumis au comité d'entreprise. En cas de désaccord, il ne peut intervenir que sur la décision de l'inspecteur du travail. En cas de faute grave, l'employeur peut prononcer la mise à pied immédiate en attendant la décision définitive. S'il n'y a pas de comité d'entreprise, la question est soumise à l'inspecteur du travail.

■ **Comité de groupe.** Créé au niveau de la direction des groupes d'entreprises pour permettre aux CE des filiales d'être informés de la stratégie du groupe. Doit être informé de la situation économique du groupe, de l'évolution de l'emploi, des relations financières internes, des comptes et bilans consolidés du groupe. Répartition des sièges entre les élus des collèges électoraux, proportionnellement à leur nombre d'élus. Désignation pour 2 ans par les syndicats.

■ **Comité d'hygiène, de sécurité et des conditions de travail (CHSCT)** [loi du 28-12-1982]. Obligatoire dans les établissements industriels, agricoles et commerciaux de plus de 50 salariés. **Composition :** chef d'établissement ou son représentant, délégation désignée par un collège composé des membres du CE et des délégués du personnel. **Rôle :** prévention des risques. En cas de danger immédiat, l'employeur doit procéder sur-le-champ à une enquête avec les membres du CHSCT et prendre les mesures nécessaires. A défaut d'accord, saisine immédiate de l'inspecteur du travail. Tant que persiste le danger, l'employeur ne peut demander au salarié de reprendre son travail. Aucune sanction ou retenue de salaire ne peut être prise contre le salarié qui refuse de travailler dans une situation présentant un danger grave et imminent.

CONDITIONS DE TRAVAIL DES FRANÇAIS

Agence nationale pour l'amélioration des conditions de travail (Anact), 40-41, quai Fulchiron, 69329 Lyon Cedex 05. *Créée* 1973. Établissement public sous tutelle du ministère du Travail.

■ **Chèque-vacances.** Créé par l'ordonnance du 26-3-1982. Exonéré de la taxe sur les salaires pour l'employeur et de l'impôt sur le revenu pour le salarié. **Condition :** ne pas être redevable d'une cotisation d'impôt supérieure à 1 000 F avant imputation de l'avoir fiscal, du crédit d'impôt et des prélèvements et retenues non libératoires. **Financement :** *salarié :* versements mensuels obligatoirement répartis sur au moins 8 mois, compris entre 2 et 10 % du Smic, calculé sur une base mensuelle. *Employeur :* 20 % au minimum, 80 % au plus de la valeur libératoire du chèque-vacances. *Comité d'entreprise :* contribution facultative et non limitative. Les chèques-vacances ne sont pas un droit pour le salarié mais sont laissés à l'initiative de l'employeur. Ils ne peuvent être utilisés qu'en France. **Loi** (*JO* du 6-7-1999) adoptée 29-6-1999 : *1°)* étend les chèques-vacances aux entreprises de – de 50 salariés sans comité d'entreprise et ne relevant pas d'un organisme paritaire (7,5 millions de personnes) en exonérant la contribution employeur de charges sociales [ne concerne ni la CGS (7,5 %) ni la CRDS (0,5 %)] ; *2°)* limite leur utilisation quelle que soit la taille de l'entreprise aux salariés dont le revenu fiscal de l'avant-dernière année est inférieure à 87 680 F pour la 1re part du quotient familial, majorée de 19 990 F par demi-part supplémentaire (révisé chaque année).

■ **Compte épargne-temps.** Créé par la loi sur l'amélioration de la participation dans l'entreprise (27-7-1994), il permet au salarié qui le désire d'accumuler des droits à congé rémunéré. Alimenté par le report des congés payés annuels dans la limite de 10 jours par an, ou par la conversion en jours de congé supplémentaires de primes conventionnelles ou d'intéressement, en totalité ou en partie. Une partie de l'augmentation individuelle de salaire peut aussi être affectée au compte.

■ **Distance domicile-lieu de travail** (moyenne). *1975 :* 7 km ; *82 :* 13,1 ; *90 :* 14,1 ; *95 :* 14 ; *99 :* 15,1. L'administration fiscale a porté de 30 à 40 km la limite donnant lieu à une déduction sans justification des frais de transport, en cas de déduction du montant réel des frais.

■ **Durée du travail.** Voir p. 1699 b.

■ **Grève des transports.** Une incapacité totale de déplacement peut justifier une absence (exemple : grève surprise). En cas de grève prolongée ou avec préavis, le salarié est tenu de trouver une solution même s'il doit engager des frais (essence, taxi, hôtel...) ; l'employeur n'aurait à les rembourser que si convention collective, accord d'entreprise ou contrat de travail le prévoyait.

■ **Horaires. Répartition pour un salarié** (sur 7 jours de 24 h, soit 168 h) : nombre d'heures à Paris et, entre parenthèses, en province. *Vie professionnelle :* 57,9 (56,4) dont temps de travail 45,8 (48,8), trajet domicile-travail 8,7 (6,1), temps divers sur le lieu de travail 3,4 (1,5). *Vie privée :* 100,1 (111,6) dont sommeil 54 (52,6), loisirs, enfants 16,5 (16,7), repas au domicile 12,3 (12), soins personnels 5,5, (6), information, formation 5,3 (5,5), activités domestiques 5 (4,4), divers 11,5 (14,4).

L'employeur décide de l'organisation de son entreprise : il peut changer les horaires journaliers tant qu'il ne touche ni à la durée globale du travail ni au salaire *(cass. soc. du 22-2-2000, Felmann)* ; il peut avancer le début du travail, réduire la pause-déjeuner et repousser l'heure de départ ; il peut changer la répartition des horaires au sein de la semaine et imposer un travail le samedi (jour ouvrable). En cas de refus, l'employeur pourra licencier l'employé pour faute grave, sauf circonstances atténuantes.

■ **Hygiène. Aération :** locaux fermés : il faut au moins 7 m³ d'air par personne (10 m³ dans laboratoires, cuisines, chais et magasins, boutiques et bureaux ouverts au public). **Chauffage :** doit maintenir une température convenable (pas de minimum précis) et ne donner lieu à aucune émanation délétère. **Eau potable :** optimum entre 9 et 12 °C : elle ne devrait pas dépasser 15 °C. Des boissons non alcoolisées sont obligatoires dans certains cas. **Sanitaires :** 1 lavabo eau chaude et froide pour 10 pers., 1 cabinet et 1 urinoir par fraction de 20 hommes, 1 cabinet par fraction de 20 femmes. Lorsqu'il y a plus de 50 femmes, des cabinets à siège pour femmes enceintes sont obligatoires.

■ **Lieu de travail.** *Un changement comportant un transfert de résidence* ne peut être imposé au salarié. L'intéressé qui refuse ne peut être considéré comme démissionnaire.

■ **Nature du travail.** Un employeur peut imposer de nouvelles tâches si elles correspondent à la qualification de l'employé. Il y a modification du contrat si l'employeur supprime une grande partie des responsabilités du salarié.

■ **Restauration.** Les employeurs ne sont pas tenus de contribuer aux frais de repas de leurs salariés, mais sont obligés de leur fournir un réfectoire si au moins 25 salariés le demandent, ou 1 local pour moins de 25 salariés ; s'ils emploient plus de 50 personnes, ils doivent verser au moins 2 % de la masse salariale au comité d'entreprise qui peut choisir de consacrer tout ou partie de cet argent au financement de titres-restaurant. **Titre-restaurant :** *créé* 1954 (début des années 60 en France). *Obligations :* utilisable seulement par des salariés, les jours ouvrables (un ticket par jour pour régler un repas chaud). *Financement :* valeur maximale du titre (en 1993) : 50 F. *Part de l'entreprise :* 50 à 60 % de sa valeur (exonération des charges fiscales et sociales par une ordonnance de 1967, dans la limite d'un plafond de 28 F par titre depuis 1-1-1997) et 1,5 à 5 % pour les frais d'émission. *Part du salarié :* 40 à 50 %. *Part du restaurateur :* 0,4 à 0,8 % (63 000 restaurants acceptent ce mode de paiement, qui représente 10 % du chiffre d'affaires de la restauration commerciale).

■ **Temps partiel.** Si le contrat de travail le prévoit, un employeur peut demander d'effectuer des heures complémentaires, c'est-à-dire de travailler au-delà de la durée du temps de travail prévue, dans la limite de 1/10 de la durée hebdomadaire (ou mensuelle). L'accomplissement de ces heures ne peut, en aucun cas, porter la durée du travail effectuée par le salarié à 35 h (ou 39 h).

■ **Travail sur écrans de visualisation.** Un décret du 14-5-1991 impose un examen des yeux et de la vue pour les travailleurs affectés à ce type de travail, un suivi médical régulier et des pauses ou un changement d'activité quotidiens pour ceux qui travaillent sur écran une grande partie de la journée. L'équipement doit respecter certaines normes (définition, luminance, stabilité de l'image).

■ **Travail de nuit. Législation :** était interdit aux femmes (sauf accord collectif) dans l'industrie et diverses professions entre 22 h et 5 h, et aux moins de 18 ans entre 22 h et 6 h (convention de l'OIT de 1948). La loi du 19-6-1987 introduit des dérogations à l'interdiction du travail de nuit des femmes. Mise en demeure de se conformer à la directive européenne du 9-2-1976 sur l'égalité de traitement entre hommes et femmes, la France [condamnée en 1991 pour « discrimination » par la CJCE (Cour de justice des Communautés européennes)] a dénoncé (26-2-1992) la convention de l'OIT interdisant le travail de nuit des femmes dans l'industrie. Une loi « relative à l'égalité professionnelle entre femmes et hommes » du 24-4-2001 prévoit que le recours au travail de nuit, entre 21 h et 6 h, concerne désormais à égalité femmes et hommes et doit être prévu par un accord collectif ou, à défaut, autorisé par l'inspecteur du travail ; une contrepartie doit être accordée aux salariés concernés ; des dispositions transitoires sont prévues pour tous les salariés, hommes ou femmes. **Statistiques :** *1991* : 656 000 personnes (3,5 % de la population active), dont 154 000 femmes, travaillaient de nuit ; *2000* : 3 000 000 dont 800 000 femmes.

■ **Travail dominical. Législation :** le repos obligatoire du dimanche a été institué par la *loi du 18-11-1814.* Une loi républicaine de 1880 l'abolit comme un legs clérical de la monarchie. Une *loi de 1906* interdit le travail des salariés le dimanche mais n'oblige pas les entreprises à fermer. Une *loi de déc. 1923,* toujours en vigueur, rend obligatoire la fermeture dominicale des établissements commerciaux, « sauf à prendre en compte des contraintes bien spécifiques de la vie sociale ». La liste des dérogations permanentes du Code du travail a été élargie aux services d'intérêt général par un décret du 6-8-1992 : gardes à domicile, péages, services voyageurs, soins, urgences ou dépannages, tourisme, loisirs et culture. L'ouverture des magasins le dimanche fait l'objet, depuis quelques années, de décisions de justice contradictoires. La Cour européenne de justice a estimé que seuls les gouvernements pouvaient autoriser l'ouverture dominicale, en fonction des « particularités socioculturelles nationales ou régionales ».

☞ **Salariés travaillant le dimanche en Europe** (en %, 1996) : G.-B. 37 ; Danemark 34 ; Irlande 26 ; Grèce 23 ; Pays-Bas 20 ; Belgique 19 ; Italie 18 ; Luxembourg 18 ; Allemagne 16 ; Espagne 14 ; Portugal 12 ; *France 6,7* (en 2000). **% par catégorie socioprofessionnelle en France :** cadres 4,4, professions intermédiaires 5,9, employés 9,3, ouvriers 5,6.

■ **Travail en équipe et à la chaîne. Histoire : 1785** Honoré Blanc († 1802), armurier à Vincennes, fabrique des mousquets à la chaîne. **1911** un ancien ouvrier devenu ingénieur, *Frederick W. Taylor* (1856-1915, créateur du *taylorisme*), publie *Scientific Management :* l'entreprise organise le travail de ses employés, minute leurs gestes, décompose les tâches et détermine les rémunérations en fonction des résultats. Plus les tâches sont simples et de courte durée et plus les chances sont grandes de les voir effectuées correctement. *Carl G. Barth, Henry L. Gantl, C.B. Thomson, Lilian Gilbreth,* etc., les systématisent. Le système permet d'accroître la productivité et favorise l'emploi peu qualifié. Cependant, il apparaît vite que : **1°**) l'accroissement de production ne peut être obtenu que par le surmenage ; **2°**) l'ouvrier réduit au rang de manœuvre voit sa situation intellectuelle et sociale amoindrie ; **3°**) la monotonie du travail et l'absence d'effort intellectuel sont décourageants. **1927-32** recherches d'*Elton Mayo* et de ses disciples de Harvard sur les employés de la *Western Electric* à Hawthorne. L'intérêt de développer les relations humaines dans les entreprises apparaît. **1929** un ouvrier syndicaliste et essayiste, *Hyacinthe Dubreuil,* publie *Standards,* où sont exposés les thèmes actuels d'*enrichissement des tâches,* de *décentralisation* ou d'*autogestion.* **1967** expériences se rattachant à 2 courants : **1°**) *américain* [leader : Frederick Herzberg, professeur à la Western University de Cleveland (à l'origine de différentes expériences aux USA et en G.-B.)], cherche à « enrichir les tâches » pour que le travailleur motivé puisse réaliser une œuvre utile et personnalisée ; **2°**) *britannique,* issu des travaux de l'institut Tavistock, qui a fait école en Scandinavie et s'intéresse à l'interférence des facteurs techniques et sociaux (étude sociotechnique du travail).

■ **Sida.** Aucun dépistage systématique n'est nécessaire sur le lieu de travail. Seul le médecin du travail peut vérifier que le salarié est apte au poste de travail auquel il pourrait être affecté. Interdiction de toute discrimination en fonction de l'état de santé du porteur du virus VIH, ou portant sur les moyens lui permettant de poursuivre une activité professionnelle.

Statistiques (en 1990) : *% de salariés en équipe :* 12,5 ; ouvriers 22,6 (industries de transformation 45,1, d'équipement 34,2, agroalimentaires 33). *Type du travail en équipe* (en %) [ensemble et, entre parenthèses, ouvrier] : continu (jamais d'arrêt) 21,2 (17) ; semi-continu (arrêt week-end) 26,9 (28,3) ; discontinu (arrêt nuit et week-end) 51,9 (54,7).

■ **Travail dans l'Union européenne.** Principe : libre circulation et égalité de traitement avec les nationaux. Les ressortissants de l'UE ne sont pas tenus d'obtenir une autorisation de travail ; mais s'ils séjournent plus de 3 mois en France et désirent travailler, ils doivent être titulaires d'une carte de séjour de ressortissant de l'UE. Au 1-1-1993, la fonction publique (à l'exception des « emplois de souveraineté ») et les professions libérales se sont ouvertes aux ressortissants de tous les États membres de l'UE.

■ **Uniforme.** L'employeur ne peut pas imposer une tenue ou interdire certains accessoires, sauf pour des raisons d'hygiène, de sécurité ou d'image de marque de l'entreprise ; il peut prévoir une clause dans le contrat de travail imposant le port d'une tenue si cette exigence est liée à l'intérêt de l'entreprise et que le salarié l'accepte.

■ **Vidéosurveillance.** L'employeur peut librement installer un système dans entrepôt ou locaux de rangement *dans lesquels les salariés ne travaillent pas,* et *dans les lieux de travail :* en informant préalablement les employés et en consultant le comité d'entreprise. *Entreprises ouvertes au public* (banques, ...) : il faut une autorisation préalable du préfet du département et, à Paris, du préfet de police ; ces entreprises doivent détruire les enregistrements sous 1 mois au max. et laisser accéder les salariés à ceux qui les concernent.

CONFLITS DU TRAVAIL

☞ Le conflit peut être *individuel* (réglé devant les prud'hommes) ou *collectif* (réglé en général par des voies extra-juridictionnelles). Concernant un groupement de salariés ayant la personnalité juridique (exemple : syndicat) et l'employeur, et tendant à faire reconnaître des droits pour l'ensemble des travailleurs : une procédure de médiation peut être engagée par le ministre du Travail, à la demande écrite et motivée de l'une des parties, pour tout conflit survenant à l'occasion de l'établissement, du renouvellement ou de la révision d'une convention collective. *Généralisé,* c'est-à-dire cessation collective d'activité résultant d'un mot d'ordre extérieur à l'entreprise et pouvant l'affecter (dans un ou plusieurs secteurs d'activités) au niveau national, régional ou local : journées d'action nationales, grèves plurisectorielles, grèves de branche ou de secteur d'activité dans une localité donnée.

■ **Définition de la grève.** Cessation concertée du travail pour appuyer des revendications que l'employeur ne veut pas satisfaire. Il faut : une *cessation totale du travail* (le ralentissement du travail, ou *grève perlée,* n'est pas une grève ; le caractère licite ou illicite de la grève du zèle est controversé ; les débrayages sont une grève), une *décision préalable concertée des salariés* (ils se placent volontairement hors de leur contrat de travail : l'arrêt de travail d'un seul salarié est une grève s'il se rattache à un mouvement national), une *revendication professionnelle* connue de l'employeur (salaires, conditions de travail, droits collectifs, emploi ; la grève de solidarité avec un salarié est parfois licite (uniquement si la sanction de l'employeur à l'origine du conflit n'était pas justifiée) ; la grève politique est une faute lourde ; la grève mixte peut être licite si le motif professionnel domine.

■ **Droit de grève.** Inscrit dans la Constitution, il est limité par certains principes (exemples : continuité du service public, santé et sécurité des personnes et des biens). Ainsi, une grève licite peut devenir abusive et être condamnée par les tribunaux (grève exagérément désorganisatrice, grève tournante, grève bouchon). Les *piquets de grève* sont illicites s'ils aboutissent à l'interdiction d'accès à l'entreprise. L'occupation des lieux de travail, parfois tolérée, est souvent considérée comme illicite ; le juge des référés peut ordonner l'expulsion des grévistes en se fondant sur l'atteinte à la liberté du travail, au droit de propriété et au libre exercice de l'industrie. Certains actes commis au cours de la grève constituent des délits : entraves à la liberté du travail, infractions de droit commun commises au cours des grèves (séquestration, violation de domicile, détérioration, vol, diffamation). Un salarié ne peut faire grève seul, sauf s'il obéit à un mot d'ordre formulé au plan national.

■ **Salaire et accessoires.** Suspendus pendant l'interruption de travail (sauf si la grève est motivée par une faute de l'employeur), de même pour les primes, calcul des congés payés, etc. Les non-grévistes ont droit à leur salaire.

Pour obtenir réparation du préjudice subi du fait de la grève, l'employeur doit démontrer l'existence d'un lien direct entre une faute des grévistes et un dommage particulier né de cette faute.

☞ On appelle **lock-out** la fermeture temporaire de l'entreprise par l'employeur à l'occasion d'un conflit collectif. Est en principe une faute contractuelle, mais admis en cas de force majeure, face à une grève illicite, et dans l'intérêt de l'entreprise.

■ **Grèves dans le secteur public. Jusqu'en 1940,** la grève des agents du service public est considérée comme une faute grave. **1946** et **1958** les préambules des Constitutions reconnaissent à tous le droit de grève. **Loi du 31-7-1963** (modifiée par la **loi du 19-10-1982**) institution d'un statut unique pour tous les participants à la gestion d'un service public, instauration d'un préavis de grève, interdiction des grèves tournantes. Cependant, certains agents n'ont pas le droit de grève, d'autres doivent un service minimal ou peuvent être réquisitionnés. **13-7-1983** droit de grève des fonctionnaires dans le cadre des lois le réglementant. **28-7-1987** le Conseil constitutionnel limite aux fonctionnaires de l'État l'application de l'amendement (à la loi du 19-10-1982) Lamassoure réinstituant le « trentième indivisible » : retenue d'une journée de salaire en cas de grève de courte durée (1 h ou quelques min).

QUELQUES DATES

☞ *Abréviation :* gr. : grève(s).

1822 la grève des charpentiers aboutit à une hausse des salaires pour 10 ans. **1834**-*14/19-2 Lyon,* gr. des soyeux contre une diminution des salaires ; 14 000 métiers touchés. Des spécialités non touchées par la baisse des salaires suivent, pour la 1re fois, l'ordre de grève. *-9/15-4* gr. : barricades ; *Lyon* en état de siège. **1870**-*19/21-1* gr. des métallurgistes au *Creusot* (avec l'ouvrier Assi). *-21-3/5-4* gr. des mineurs au *Creusot.* **1882**-*août* gr. à *Blanzy* et *Montceau-les-Mines ;* **1883** à *Carmaux ;* **1886** gr. à *Decazeville* (un ingénieur, Watrin, est lynché). **1888**-*nov.* le congrès de la Fédération nat. des syndicats, malgré l'opposition de Jules Guesde et des marxistes orthodoxes, approuve ce texte : « La grève partielle ne peut être qu'un moyen d'agitation et d'organisation. Seule la grève générale, c'est-à-dire la cessation complète de tout travail ou la révolution, peut entraîner les travailleurs vers leur émancipation. » **1900** nombreuses gr., parfois sanglantes. **1906**-*8/10-4* après avoir échoué dans la gr. générale, la CGT se donne comme loi la charte d'Amiens. **1908**-*2-5* gr. aux sablières de *Draveil-Vigneux :* ouvriers réclament réduction de la journée à 10 h, hausses de salaire, suppression du travail « à la tâche » et application du repos hebdomadaire. La direction, prête à négocier, refuse de reconnaître le syndicat. *-2-6* affrontements avec forces de l'ordre (2 †). *-30-7* gr. générale : manifestation de soutien organisée à Draveil (à l'appel de la CGT). La cavalerie tire (4 †, plusieurs dizaines de blessés). Victor Griffuelhes (secrétaire général CGT) et d'autres militants interpellés (amnistiés fin oct.). *-3-8* gr. générale : échec (patronat satisfaisant les principales revendications des grévistes). **1910**-*oct.* et **1920**-*févr.* échec de la gr. des cheminots. **1936**-*juin* gr. et occupations d'usines (gr. sur le tas). *Dans l'année :* 16 907 conflits, 2 423 000 grévistes. **1944**-*12-8 Paris,* gr. de la police. *-19-8 Paris,* gr. générale (insurrection contre Allemands). **1947**-*19-12* en raison des grèves, la tendance Force ouvrière quitte la CGT (constitue la CGT-FO les 12 et 13-4-1948). **1953**-*août* gr. du secteur public (métro, 21 j), arrêtée par l'ordre de reprise de la CFTC et de la CGT-FO. **1963** gr. des mineurs, commencée le 1-3 pour 48 h dure 35 j (jusqu'au 5-4), l'ordre de réquisition annoncé par le gouvernement avant le début des arrêts de travail et signé le 2-3 par le Gal de Gaulle ayant durci cette grève et entraîné des arrêts de travail d'autres catégories de salariés : mineurs de fer, cheminots, personnel de Lacq, etc. **1966** gr. de *Sochaux.* **1967** gr. de *St-Nazaire.* **1968**-*mai/juin* gr. générale avec occupation. **1971**-*18-1/2-3* gr. de *Batignolles* à Nantes, 44 j. *-24-4/24-5* gr. de *Renault* au Mans, 26 j. **1972**-*16-3/18-5* gr. du *Joint français* à St-Brieuc. **1973**-*17-4* affaire *Lip* (Besançon) : 1 280 salariés s'opposent à la liquidation de l'entreprise ; réglée le 24-1-1974 par la signature des accords de Dole (survie de l'entreprise, réemploi de la majorité des salariés). **1974** gr. des banques, de la Bourse. *-Oct./nov.* gr. des PTT, 46 j (18-10/2-12), 36 % de grévistes (Paris 50 %, province 30). **1975**-*févr./avril* gr. des usines *Renault* (9 semaines pour une augmentation d'environ 40 F par mois). **1975-77** gr. du *Parisien libéré.* **1976**-*oct./déc.* gr. de la *Caisse d'épargne de Paris.* **1980**-*24-10 :* 100 000 mineurs venus du Nord-Pas-de-Calais, d'Alsace-Lorraine et du Massif central marchent sur Paris (CGT). **1981** *Renault,* gr. des OS de Billancourt, 3 semaines. *-27/30-3 Air France,* gr. des navigants (contestent pilotage à 2 sur Boeing 737). *-15-10* banques, gr. à propos des salaires et des 35 h. *-29-10/24-11 Caisse d'épargne de Paris. -Oct./nov. Ceraver* (filiale de CGE à Tarbes), gr. de 8 semaines pour protester contre 766 licenciements. **1982**-*9/24-2* gr. à la fromagerie *Besnier d'Isigny ;* un « commando » patronal s'empare des fromages. *-22-3 :* 100 000 agriculteurs défilent à Paris de la Nation à la porte de Pantin. *-Mai/juin* gr. de 5 semaines aux usines *Citroën* d'Aulnay, Asnières, Montreuil, Levallois, St-Ouen. *-30-9* professions libérales : 50 000 pers. défilent à Paris de la place Fontenoy au Palais-Royal. **1984**-*24-1* : 3 000 ouvriers des chantiers navals à Paris. *-22-2* routiers : blocus, opérations « escargot » à Paris sur bds des Maréchaux et périphériques. *-2-3* mineurs : 15 000 manifestants (selon organisateurs) à Paris. *-13-4* : 40 000 Lorrains défilent de la Nation au Champ-de-Mars. **1986**-*déc.*/**1987**-*janv.* gr. à la SNCF, RATP et EDF, coût 20 milliards de F. *-Juin/juillet* gr. des contrôleurs aériens. **1988**-*févr./mars* gr. d'Air Inter (coût 3 millions de F par j). *-Automne* gr. des PTT, des transports [coût direct ou indirect en Ile-de-Fr. : 500 millions de F par j ; la gr. des agents de conduite de la RATP (oct.) a coûté à l'EDF 350 millions de F ; la réduction du prix de la carte orange pour les usagers du RER a coûté à la RATP 200 millions de F]. **1989**-*juin/oct.* gr. des agents des finances et des douanes (la plus importante depuis Mai 68). **1990-91** gr. des infirmières. **1992**-*févr./août* gr. des dockers (réforme du régime du travail dans les ports). **1993**-*12-10/1-11* gr. à Air France contre plan social (4 000 suppressions d'emploi). **1995**-*10-10* grève des fonctionnaires. *-29-11* paralysie SNCF, RATP (16-12 reprise progressive). **1996**-*10-1 après 33 jours de grève, les traminots marseillais* reprennent le travail. *-18-6* Paris : les infirmières abandonnent leur tente dressée le 3-10-1991, lors d'une manifestation, avenue de Ségur (prévue pour 48 heures, elle sera maintenue 1 469 jours). *-17-10* grève des fonctionnaires. **1997**-*janv.* Jérôme Meyssonnier, Pt du Crédit Foncier, séquestré.

Statistiques

Dans le monde

■ **Nombre de jours de travail perdus pour 1 000 salariés de l'industrie et des services de 1990 à 1994 et,** entre parenthèses, **de 1985 à 1989.** Grèce 3 500 (3 976) ; Espagne 492 (647) ; Turquie 253 (343) ; Italie 240 (300) ; Canada 231 (424) ; Finlande 218 (337) ; Australie 157 (227) ; Irlande 135 (292) ; Belgique 57 (52) ; Suède 57 (121) ; USA 43 (86) ; Portugal 39 (94) ; Danemark 37 (235) ; G.-B. 37 (180) ; *France 30 (57)* ; Allemagne 23 (2) ; Pays-Bas 16 (9) ; Autriche 7 (2) ; Japon 3 (5) ; Suisse 1 (0) ; moyenne OCDE 100 (145).

Journées perdues (en milliers, 1996) : USA 4 889, Italie 1 930, G.-B. 1 303, *France 448*, All. 95.

Travailleurs impliqués dans des conflits (en milliers)

	Allemagne	Espagne	*France*	Italie	Portugal	G.-B.
1990	257,2	977	*277,8*	1 634	128,9	298,2
1991	208,5	1 983,8	*408,2*	2 951,2	119,1	176,4
1992	598,4	5 192,1	*318,2*	3 178,4	131,9	144,4
1993	28,7	961,9	*257,1*	4 384,1	83,1	384,4
1994	388	5 437	*241*	2 614	94	107
1995	181	574	*1 141*	445	61	174
1996	164	1 088	*141*	1 689	51	364

En France

☞ Ensemble des conflits dans les entreprises privées et publiques nationalisées.

	J ind. non trav.	Eg	Conf.		J ind. non trav.	Eg	Conf.
1946	374	180	523	**1973**	3 015	2 246	3 731
1947	23 371	2 998	3 598	**1974**	3 380	1 563	3 381
1948	11 918	6 568	1 374	**1975**	3 869	1 827	3 888
1949	7 292	4 330	1 413	**1976**	5 011	2 023	4 348
1950	11 710	1 527	2 585	**1977**	3 665,9	1 919,19	3 302
1951	3 294	1 754	2 514	**1978**	2 200,4	704,8	3 206
1952	1 733	1 155	1 749	**1979**	3 636,6	967,2	3 104
1953	9 722	1 784	1 761	**1980**	1 674,3	500,8	2 107
1954	1 140	1 269	1 479	**1981**	1 495,6	329	2 504
1955	3 079	792	2 672	**1982**	2 327,2	467,9	3 240
1956	1 422	666	2 440	**1983**	1 483,6	617,2	2 929
1957	4 121	2 161	2 623	**1984**	1 357	555	2 612
1958	1 138	858	954	**1985**	884,9	549,1	1 957
1959	1 938	581	1 512	**1986**	1 041,6	455,7	1 469
1960	1 070	839	1 494	**1987**	969,1	359,7	1 457
1961	2 601	1 270	1 963	**1988**	1 242,1	403,2	1 898
1962	1 901	834	1 884	**1989**	904,4	298,5	1 781
1963	5 991	1 148	2 382	**1990**	693,7	277,8	1 558
1964	2 497	1 047	2 281	**1991**	665,5	408,2	1 330
1965	980	688	1 674	**1992**	490,5	318,2	1 345
1966	2 523	1 029	1 711	**1993**	533,1	257,1	1 361
1967	4 204	2 824	1 675	**1994**	521	240,7	1 468
1968	150 000	n.c.	n.c.	**1995**	2 120,5	1 141,4	1 775
1969	2 223	1 444	2 207	**1996**	447,7	141,2	1 245
1970	1 742	1 080	2 942	**1997**	455,1	155,2	1 453
1971	4 388	n.c.	4 318	**1998**	345,6	121,3	1 307
1972	3 755	2 721	3 464	**1999**	493,7	161,3	

Nota. – **J ind. non trav. :** journées individuelles non travaillées (en milliers), **Eg :** effectifs en grève (en milliers), **Conf. :** nombre de conflits résolus. **Pour 1968 :** évaluation incluant les journées perdues lors des arrêts de travail indirectement liés aux grèves (absence de moyens de transport, rupture des stocks, etc.). Les grèves ont coûté 3 % de la production non agricole, 2,4 % de la production totale d'un an. Sans compter mai et juin, il y eut 705 000 jours de grève.

■ **Conflits localisés** (moyenne annuelle). **Nombre de conflits résolus :** *1990* : 127 ; *91* : 110 ; *92* : 111 ; *93* : 113 ; *94* : 122 ; *95* : 145 ; *96* : 103 ; *97* : 120 ; *98* : 108. **Effectifs touchés** (en milliers) : *1990* : 103,4 ; *91* : 90,3 ; *92* : 69,7 ; *93* : 73 ; *94* : 64,4 ; *95* : 79,2 ; *96* : 42,1 ; *97* : 44 ; *98* : 36. *Ayant cessé le travail : 1990* : 18,5 ; *91* : 18,8 ; *92* : 16,3 ; *93* : 19,9 ; *94* : 17,9 ; *95* : 44 ; *96* : 11,3 ; *97* : 12,2 ; *98* : 10,1. **Journées non travaillées** (en milliers) : *1990* : 44 ; *91* : 41,4 ; *92* : 30 ; *93* : 42,6 ; *94* : 41,7 ; *95* : 65,3 ; *96* : 37 ; *97* : 32,8 ; *98* : 28,8 ; *99* : 54,2.

■ **Journées individuelles non travaillées dans la fonction publique** (en milliers). *1983* : 333 ; *84* : 974,9 ; *85* : 341 ; *86* : 853 ; *87* : 784,9 ; *88* : 686 ; *89* : 2 322 ; *90* : 573,9 ; *91* : 239 ; *92* : 218 ; *93* : 388,5 ; *94* : 226,6 ; *95* : 3 762,7 ; *96* : 685,9 ; *97* : 382,9 ; *98* : 683,5 ; *99* : 751,8.

Congés (régime légal)

■ **Origine.** **1936**-*11-6* loi votée par la Chambre des députés par 563 voix contre 1 ; *-17-6* par le Sénat par 295 voix contre 2. *-21-6* loi instituant un congé payé de 15 j, dont 12 ouvrables. *-1-8* décret édictant des mesures transitoires. **1936-37** Léo Lagrange, sous-secrétaire d'État à l'Organisation des loisirs et des sports, négocie avec les compagnies de chemin de fer un « billet populaire de congé annuel » (907 000 bénéficiaires en 1937). Sauf dans la région parisienne, les salariés sont en majorité restés chez eux. **1955**-*15-9* la Régie Renault accorde 3 semaines de congés. **1956**-*27-3* loi généralisant la 3e semaine (l'Assemblée nationale l'avait votée en 1re lecture le 28-2 par 452 voix contre 1). **1962**-*29-12* : 4e semaine accordée chez Renault. **1969**-*17-5* loi généralisant la 4e semaine. **1982**-*13-1* ordonnance accordant la 5e semaine.

■ **Congés annuels. Durée légale :** ordonnance du 13-1-1982. 30 jours ouvrables payés pour 12 mois de travail. Le congé est de 2 jours 1/2 ouvrables par mois de travail (ou congés payés pris) entre le 1er juin de l'année précédente et le 31 mai de l'année en cours. Sont considérés comme jours ouvrables les jours qui ne sont pas consacrés au repos hebdomadaire légal ou reconnus fériés par la loi et habituellement chômés par l'entreprise. Les *journées de grève* ne sont pas à inclure dans le temps de travail déterminant la durée du congé, mais en pratique elles le sont souvent. Un salarié *qui tombe malade* pendant ses vacances doit reprendre son travail le jour de la rentrée, s'il est guéri. Son employeur peut l'autoriser à prendre les jours de congé dont il n'a pas bénéficié, mais il n'en a pas l'obligation. Le salarié ne pourra alors bénéficier d'une indemnité compensatrice si l'impossibilité pour lui de prendre ses congés payés est due à un fait étranger à l'employeur. **Répartition :** fixée soit par convention ou accord collectif, soit par l'employeur selon les usages après consultation des délégués du personnel et du CE. *Durée maximale* d'affilée 24 jours ouvrables (soit 4 semaines), la 5e semaine devant être prise à part. *Fractionnement* possible avec l'agrément du salarié, sauf autorisation ministérielle, sans descendre en dessous de 12 jours au min. (soit 2 semaines). L'accord du salarié n'est pas nécessaire pour le fractionnement de la 5e semaine dès lors que la convention collective ne l'interdit pas.

☞ *Les moins de 21 ans* (au 30 avril de l'année précédente) ont droit à 30 j ouvrables, quelle que soit leur ancienneté (indemnisés à raison du travail effectif).

Jours ouvrables supplémentaires : sauf clauses plus favorables des conventions collectives : pour *les femmes* de moins de 21 ans au 30 avril de l'année précédente : 2 jours par enfant de moins de 15 ans à charge et vivant au foyer (1 si le congé principal n'excède pas 6 jours).

Période légale pour prendre son congé : du 1er mai au 31 oct. La période de congé doit être connue du personnel au moins 2 mois avant son ouverture. **Bonification :** de 1 à 6 jours peuvent être ajoutés (conventions collectives, accords de branche ou d'entreprise) pour ancienneté, tâches pénibles, présence au travail, etc.

☞ Un salarié ne peut percevoir une indemnité compensatrice pour congés non pris, sauf s'il en a été empêché par son employeur.

Conjoints travaillant dans une même entreprise : ont droit à un congé simultané. **Congés par anticipation :** légalement interdits. **Ordre des départs :** fixé en tenant compte de la situation de famille et de la durée des services ; obligatoirement affiché au lieu de travail, il ne peut être modifié moins d'un mois avant le départ (sauf circonstances exceptionnelles). **Rentrées de congés tardives :** peuvent justifier un licenciement. **Salariés à temps partiel :** mêmes congés que les salariés à temps complet.

Sommes perçues : soit 1/10e du salaire total perçu l'année de référence, y compris les primes ayant caractère de salaire (sauf les primes annuelles qui feraient double emploi), soit une somme égale à ce qui aurait été perçu en cas de travail, pendant le congé, selon l'horaire effectif, heures supplémentaires comprises. Le calcul le plus avantageux doit être retenu. *Si le salarié résilie son contrat avant d'avoir pu bénéficier de son congé,* il doit recevoir une indemnité correspondant au congé auquel il a droit d'après le temps passé dans l'entreprise. *Si la résiliation est provoquée par une faute lourde du salarié,* l'indemnité peut ne pas être due.

☞ **Étalement :** *% d'entreprises fermées en été ou ayant plus de 80 % de l'effectif en vacances : 1982* : 54 ; *86* : 37 ; *90* : 40 ; *92* : 41,4 (% records : habillement 76, bois 67, transport 63). **A l'étranger :** *USA* et *Allemagne :* pas de fermeture, roulement permanent de congés ; *G.-B.* : congés étalés sur juin 20 %, juillet 22, août 25, sept. 14.

■ **Autres congés. Congé d'accompagnement d'une personne en fin de vie :** 3 mois si ascendant, descendant ou personne partageant le domicile du salarié fait l'objet de soins palliatifs.

Peut être transformé en congé à temps partiel, avec l'accord de l'employeur qui doit être averti 15 j au moins avant le début du congé, par lettre recommandée avec AR. En cas d'urgence constatée par médecin, le congé peut débuter à compter de la réception par l'employeur de la lettre recommandée.

Congé d'adoption : *arrivée au foyer :* 3 j rémunérés. Lorsque les 2 conjoints assurés sociaux travaillent, l'indemnité journalière de repos versée par la Sécurité sociale en cas d'adoption est accordée à la mère ou au père adoptif ; l'autre conjoint doit alors avoir renoncé à son droit de congé. L'assuré qui adopte un enfant peut suspendre son contrat de travail plusieurs semaines. Des indemnités journalières de repos lui seront versées par la Sécurité sociale, à condition qu'il cesse tout travail salarié pendant la durée d'indemnisation : 10 semaines à compter de l'arrivée de l'enfant au foyer, en cas d'adoption simple ; 12 en cas d'adoptions multiples ; 18 et 20 si, du fait de la ou des adoptions, l'assuré, ou le ménage, assume la charge de 3 enfants au moins.

Congé de conversion : permet au salarié menacé de licenciement économique de bénéficier d'une période d'aide au reclassement et d'actions de formation sans rupture avec l'entreprise. En application dans les entreprises de plus de 50 salariés. *Durée :* 4 mois. L'employeur verse un minimum garanti (allocation de conversion).

Congé pour cure thermale : *durée :* 18 à 21 jours. Sauf dispositions conventionnelles, l'employeur n'est pas tenu d'accorder un congé, même non payé. Indemnités de Sécurité sociale (50 % du salaire).

Congé d'éducation : travailleurs et apprentis ont droit, sur leur demande, à 12 j ouvrables par an, en 1 ou 2 fois, non rémunérés, pour suivre un stage dans centre syndical ou institut agréé par ministère du Travail.

Congé d'enseignement et de recherche : 1 an au maximum. Accordé aux salariés qui veulent dispenser un enseignement technologique ou professionnel, ou exercer une activité de recherche (à condition de justifier de 2 ans d'ancienneté). *Rémunération* suspendue.

Congé de formation : 1°) Congé individuel de formation (Cif) : ouvert à tout *titulaire d'un contrat de travail.* Il faut justifier de 24 mois d'ancienneté, consécutifs ou non, dont 12 dans l'entreprise, et obtenir une autorisation d'absence de son employeur (sauf pour les salariés sous contrat à durée déterminée, la formation se déroulant en principe à l'issue du contrat ; ancienneté exigée : 24 mois au cours des 5 dernières années dont 4 mois en CDD). *Financement :* les organismes collecteurs paritaires agréés collectent la participation des employeurs. Ils peuvent prendre en charge la rémunération du salarié pendant sa formation [en totalité jusqu'à concurrence de 2 fois le Smic, 80 % (ou 90 % si l'action de formation est prioritaire) pour les rémunérations supérieures, 60 % au-delà de 1 an de formation], et tout ou partie des frais de formation, selon les règles de gestion de ces organismes]. *Durée :* 1 an à plein temps ou 1 200 heures ; au-delà, un accord est nécessaire quant au financement. *Bénéficiaires* (en 1998) : 23 957 salariés titulaires d'un CDI, 5 968 d'un CDD. **2°) Congé de formation professionnelle (CFP) :** permet aux *agents de la fonction publique,* qui justifient de 3 années de service, de suivre une formation agréée par le ministre de la Fonction publique. *Financement :* l'agent reçoit une indemnité forfaitaire correspondant à 85 % de son traitement, prise en charge par l'administration concernée. **3°) Congé de bilan de compétence :** ouvert *à tous les salariés* ayant au moins 5 ans d'ancienneté, consécutifs ou non, dont 12 mois dans l'entreprise. Pour les CDD, ancienneté exigée : 24 mois au cours des 5 dernières années dont 4 mois en CDD. *Durée :* 24 h de temps de travail, consécutives ou non, assimilées à une période de travail effectif. Une demande de prise en charge doit être adressée par le salarié à l'organisme paritaire compétent pour le Cif ou, à défaut, à l'organisme compétent. L'employeur avance la rémunération et se fait rembourser. **4°) Autres congés de formation :** congé examen, jeunes travailleurs, de formation économique, sociale et syndicale, congé cadre et animateur de jeunesse.

☞ Ce droit à la formation garantit un retour dans l'emploi à l'issue de la formation.

Congé de formation économique, sociale et syndicale : *créé* le 1-1-1986, se substitue au congé d'éducation ouvrière (*créé* le 23-7-1957). Possibilité pour un salarié de suivre un stage consacré à l'éducation ouvrière et à la formation syndicale, auprès d'un organisme habilité à dispenser des formations dans ces domaines (suivi d'enseignement et possibilité d'activités de recherche). *Durée :* 12 à 18 jours (animateurs). *Rémunération :* assurée dans les entreprises de plus de 10 salariés, jusqu'à hauteur de 0,08 ‰ du montant des salaires annuels versés dans l'entreprise.

Congé lié à des activités civiques et sociales : les salariés administrateurs d'une mutuelle peuvent bénéficier d'un congé de formation non rémunérée d'au maximum 9 jours ouvrables par an. Les salariés désignés pour représenter des associations familiales auprès de certains organismes doivent disposer du temps nécessaire pour se rendre aux réunions auxquelles ils doivent participer (dans la limite de 40 h par an). Les salariés résidant dans une zone touchée par une catastrophe naturelle peuvent bénéficier d'un congé maximal de 20 jours non rémunéré pour participer aux activités d'organismes aidant les victimes.

Congé de maternité : voir p. 1702 c.

Congé de paternité : annoncé le 11-6-2001 : 2 semaines à l'occasion de la naissance d'un enfant ou dans les mois suivants. Financé par la branche famille de la Sécurité sociale. Indemnité 80,21 % du salaire brut, dans la limite du plafond de la Sécurité sociale (14 950 F bruts ou un peu plus de 11 000 F nets), soit 5 500 F au maximum pour 15 jours). *Coût* selon Ségolène Royal, ministre déléguée à la Famille : 0,7 à 1 milliard de F si 40 % des pères seulement demandent ce congé la 1re année ; pour le Medef : 0,7 à 1,6 milliard de F.

☞ *Mise en place et durée du congé à l'étranger :* Belgique (juillet 2002) 10 j. Danemark (1983) 14 j. Espagne (1999) 10 semaines au max. Finlande (1997) 18 j. Islande (2001) 1 mois. Luxembourg (1966) 2 j. Norvège (1993) 4 sem. Portugal (1999) 5 j. *Suède (1995) 30 j.*

Congé parental d'éducation : pendant les 2 ans suivant l'expiration du congé de maternité ou d'adoption, le salarié (femme ou homme) justifiant une ancienneté minimale d'une année à la date de naissance de son enfant ou de l'arrivée au foyer d'un enfant de moins de 3 ans, confié en vue de son adoption, a le droit, sous réserve des dispositions propres aux entreprises employant moins de 100 salariés, soit de bénéficier d'un congé parental d'éducation durant lequel le contrat de travail est suspendu, soit de demander que sa durée de travail soit réduite d'au moins 1/5e de la durée légale ou conventionnelle, sans que cette activité soit inférieure à 16 h hebdomadaires. *Durée du congé parental ou de la période d'activité à mi-temps :* 1 an au plus ; il peut être prolongé 2 fois et prend fin, au plus tard, au 3e anniversaire de l'enfant ou de son arrivée au foyer, quelle que soit la date de son début. *Rémunération :* suspendue, mais indemnités prévues. *En cas de décès de l'enfant ou de diminution importante des ressources du ménage,* le bénéficiaire du congé peut reprendre son activité initiale ou exercer son activité à temps partiel ; le salarié exerçant à temps partiel pour élever son enfant peut reprendre son activité initiale. *A l'issue du congé,* le salarié retrouve son emploi précédent ou un emploi similaire, avec une rémunération au moins équivalente. Le congé entre dans l'ancienneté du salarié pour la moitié de sa durée.

Congé postnatal : *durée :* 1 an. Équivaut à une démission (contrat rompu) avec bénéfice de la dispense de préavis et priorité en cas de recrutement à l'issue. *Bénéficiaire :* salarié qui ne peut bénéficier du congé parental.

Congé de participation à un jury d'examen : *durée :* temps nécessaire. *Rémunération* maintenue.

Congé de présence parentale : *durée :* 4 mois, renouvelable 2 fois, dans la limite maximale de 12 mois, renouvellement inclus. *Bénéficiaire :* salarié dont l'enfant à charge est victime d'une maladie, d'un accident ou d'un handicap grave nécessitant la présence d'une personne à ses côtés. L'employeur doit être informé, au moins 15 j avant le début du congé, par lettre recommandée avec AR, accompagnée d'un certificat médical.

Congé pour enfant malade de – de 16 ans dont le salarié assume la charge : *durée :* 3 j ; 5 j si l'enfant a – de 1 an ou si le salarié assume la charge d'au moins 3 enfants de – de 16 ans. Non rémunéré.

Congés pour événements familiaux : la loi (et non les usages, accords ou conventions collectives) les prévoit. Des conventions peuvent prévoir des congés plus longs ou supplémentaires liés à d'autres événements. **Sans ancienneté requise, durée du congé avec maintien du salaire par l'employeur et droits à congés payés :** *mariage du salarié :* 4 j, *d'un enfant :* 1 j ; *naissance :* 3 j ; *décès du conjoint, d'un enfant ou du partenaire auquel il est lié par un Pacs :* 2 j, *du père ou de la mère :* 1 j ; *arrivée d'un enfant adopté :* 3 j. **Avec ancienneté et avec maintien du salaire et droits à congés payés :** *décès des beaux-parents, d'un frère ou d'une sœur :* 1 j.

Congé pour la création d'entreprise : *durée :* 1 an [2 ans si le salarié informe son employeur, par lettre recommandée avec AR (au moins 3 mois avant le terme de la 1re année de congé), de son intention de la prolonger]. *Conditions :* ancienneté d'au moins 36 mois dans l'entreprise. Le salarié retrouvera son emploi ou un emploi similaire avec une rémunération au moins équivalente. Dispositions particulières selon la taille de l'entreprise. Le salarié ne peut invoquer aucun droit à être réemployé avant l'expiration de son congé. *Rémunération* suspendue. Les entreprises de moins de 200 personnes peuvent le refuser pour « absence préjudiciable ».

Congé sabbatique : *durée :* minimum 6 mois, maximum 11 mois. *Conditions :* ancienneté dans l'entreprise d'au moins 36 mois et 6 années d'activité ; ne pas avoir bénéficié, au cours des 6 années précédentes dans l'entreprise, d'un congé sabbatique, d'un congé pour la création d'entreprise ou d'un congé de formation de 6 mois ou plus. *Rémunération* suspendue.

■ **Vacances. Nombre de jours dont,** entre parenthèses, **congés payés/jours fériés :** All. 40 (29/11), Belg. 38,5 (25/13,5), Esp. 38 (25/13), Lux. 37 (25/12), *Fr. 36,5 (25,5/11),* Danemark 35 (25/10), Grèce 35 (22/13), Port. 35 (22/13), Italie 33,5 (22,5/11), P.-Bas 32,5 (23,5/9), G.-B. 31 (23/8), Irlande 29 (20/9).

Contrats

☞ *Abréviations :* CDD : contrat à durée déterminée. CDI : contrat à durée indéterminée.

■ **D'accès à l'emploi.** Voir p. 1711.

■ **D'adaptation.** CDD de 6 à 12 mois permettant aux jeunes de 16 à 25 ans déjà qualifiés d'acquérir une formation complémentaire adaptée à l'emploi ; CDI obligatoire si affectation à un emploi permanent. *Formation :* 200 h. *Rémunération :* 80 % du Smic à rehausser en fin de CDD ou dès adaptation réalisée.

■ **Contrats Initiative-Emploi (CIE). Bénéficiaires :** chômeurs de longue durée ; bénéficiaires du RMI ainsi que leur conjoint ou concubin ; travailleurs handicapés ; bénéficiaires de l'allocation de solidarité ; bénéficiaires de l'allocation veuvage et les femmes isolées chargées de famille ; Français ayant perdu leur emploi à l'étranger ; personnes de plus de 50 ans en convention ou congé de conversion ; détenus libérés présentant des difficultés particulières d'accès à l'emploi ; jeunes de 18 à 26 ans : ayant abandonné leur scolarité avant l'année terminale du second cycle long de l'enseignement secondaire, ou ayant au plus achevé le second cycle court professionnel sans en avoir obtenu le diplôme ; qui n'ont pas travaillé de manière à bénéficier de l'AUD ou qui ont achevé un CES ou un contrat d'orientation dans les 3 mois précédant l'embauche sous CIE ; les jeunes, sans emploi, qui ont achevé leur service national depuis 6 à 12 mois, et qui étaient demandeurs d'emploi longue durée avant leur service ; les personnes issues d'un CES ou d'un CEC. Ce contrat est désormais destiné en priorité aux publics en difficulté. **Avantages :** *pour le bénéficiaire :* possibilité de réinsertion professionnelle ; formation liée à l'activité de l'entreprise dans certains cas. *Pour l'entreprise :* exonération des cotisations sociales patronales pendant 2 ans, au plus, sur la partie du salaire n'excédant pas le Smic. Exonération prolongée jusqu'à l'âge de la retraite, si le recruté a + de 50 ans et – de 65 ans lors de l'embauche et est soit demandeur d'emploi de longue durée justifiant de 12 mois d'inscription continue avant son embauche ou avant le contrat initial qui permet éventuellement d'ouvrir le droit à prolongation du CIE, soit handicapée, bénéficiaire du RMI depuis plus d'un an. Ces emplois sont proposés par les mairies, associations, rectorats... Ils ne peuvent pas être proposés par des particuliers ou des entreprises privées.

■ **De progrès.** Formule d'accord entre syndicats et employeurs. Ainsi, le 10-12-1969, tous les syndicats (sauf la CGT) ont signé la « convention sociale » de l'EGF (Électricité-Gaz-de-France) prenant effet au 1-1-1970 qui prévoit, pour 2 ans, une progression des salaires liée à la croissance du produit national et à la prospérité de l'entreprise, et l'engagement des syndicats de ne pas entrer en conflit sur les salaires en conservant cependant la possibilité de dénoncer la convention.

■ **De qualification.** CDD entre 6 mois et 2 ans, renouvelable une fois pour jeunes de 16 à 25 ans avec qualification inadaptée ou inexistante et demandeurs d'emploi de 26 ans et plus inscrits en principe pendant au moins 12 mois pendant les 18 mois précédant l'embauche. **Formation :** égale à 25 % de la durée du contrat, sanctionnée par un diplôme. **Rémunération :** selon âge et ancienneté, 30 à 75 % du Smic. *Aide :* exonération des cotisations patronales de Sécurité sociale (après le 31-12-1994) + 7 000 F par contrat de – de 18 mois, 10 000 F par contrat de + de 18 mois.

■ **De solidarité.** Accords conclus entre État et entreprises dans le cadre de la lutte pour l'emploi. **Objectif :** permettre aux entreprises d'embaucher grâce à une réduction de la durée du travail dans l'entreprise ou à des départs volontaires en préretraite. **Conditions de préretraite :** 55 ans ou plus sans remplir les conditions de retraite pleine, 10 ans de cotisations salariales, 1 an d'ancienneté. **Allocation :** 30 % du salaire antérieur jusqu'au plafond de Sécurité sociale, puis 25 % jusqu'au plafond Assedic.

■ **De travail** (non obligatoire). Il ne peut déroger à la convention collective, même à la demande du salarié. En général, lettre d'engagement précisant lieu, horaires, fonctions, qualification de l'emploi, rémunération, période d'essai... Peut être à durée indéterminée (CDI) ou déterminée (CDD). **A durée déterminée :** peut être renouvelé 1 fois pour la même durée ; au-delà, serait assimilé à un contrat à durée indéterminée. A son issue, l'employeur ne peut pourvoir le même poste de travail avec un nouveau CDD avant expiration d'un délai de carence égal au 1/3 de la durée du contrat, renouvellement inclus (voir Licenciement, p. 1704 b). Le salarié peut interrompre ce contrat de manière anticipée dans 3 cas : durant la période d'essai ; si l'employeur a commis une faute grave (par exemple, non-paiement des salaires) ; enfin, en cas de modification d'un élément essentiel du contrat (fonction, salaire, durée du travail). Dans les autres cas, s'il démissionne, l'employeur peut lui réclamer des dommages et intérêts.

☞ **Période d'essai** (période, au début d'un contrat de travail, pendant laquelle employeur comme salarié peuvent à tout moment le rompre, sans préavis et sans indemnités) : en l'absence d'indications dans la convention collective, salarié et employeur sont libres d'en fixer la durée à condition qu'elle soit raisonnable, claire et précise (arrêt de la Cour de cassation du 7-1-1992).

■ **D'orientation.** CDD de 9 mois maximum non renouvelable (période d'essai de 2 semaines maximum) pour les – de 22 ans ayant, au plus, achevé un 2d cycle de l'enseignement technologique ou professionnel sans obtenir le diplôme préparé, ou de 6 mois non renouvelable pour les – de 25 ans titulaires d'un Bac général ou technologique, mais non titulaires d'un diplôme de l'enseignement professionnel ni d'un BTS, DUT ou Deug. **Formation :** – *de 22 ans :* 25 % de la durée du contrat ; – *de 25 ans :* 20 %. **Rémunération :** *16-17 ans :* 30 % du Smic ; *18-19-20 ans :* 50 % ; *à partir de 21 ans :* 65 %.

■ **Emploi-Solidarité (CES).** Instauré par la loi du 19-12-1989. **Objectif :** insertion de chômeurs par le développement d'activités d'intérêt général (action sociale, environnement, activité culturelle, entretien d'équipements collectifs...) ou des départs à la retraite. **Aide :** l'État prend en charge de 65 à 95 % du salaire avec intervention d'un fonds de compensation. Les organismes signant de tels contrats (associations à but non lucratif, collectivités territoriales, établissements publics) sont exonérés des cotisations patronales dans la limite du Smic (sauf Assedic) pendant la durée du contrat (CDD de 3 à 12 mois en règle générale, 3 à 24 mois, éventuellement 36 mois pour personnes ayant des difficultés particulières d'insertion). **Bénéficiaires :** chômeurs et bénéficiaires du RMI (ainsi que conjoint ou concubin) inscrits à l'ANPE 12 mois ou plus dans les 18 mois précédents ; handicapés reconnus par la Cotorep ou concernés par la priorité d'emploi aux handicapés et mutilés ; jeunes de 18 à 25 ans titulaires au plus d'un diplôme de niveau 5 (CAP, BEP) ; chômeurs de 50 ans ou plus. **Cumul :** *possible :* après 3 mois, avec une autre activité professionnelle à temps partiel avec un autre employeur, 1 an au maximum ; *impossible :* avec les autres aides à l'emploi.

Emploi consolidé (CEC). Bénéficiaires : après un CES ou un contrat d'insertion n'ayant pas débouché sur un emploi ou une formation ; demandeurs d'emploi pendant au moins 12 mois durant les 18 mois précédant la date d'embauche ; bénéficiaires du RMI (et conjoint ou concubin), de l'allocation de solidarité, de parent isolé ou de veuvage ; personne handicapée ; jeune de – de 26 ans ; toute autre personne ayant des difficultés particulières d'accès à l'emploi. **Nature du contrat :** CDD (12 mois, renouvelable jusqu'à 60 mois au total) ou CDI, à temps plein ou partiel (30 h/semaine au min.). **Rémunération :** au minimum Smic horaire. **Renseignements :** ANPE.

■ **Emplois-jeunes. Objectif :** favoriser, dans le secteur public et associatif, le développement d'activités nouvelles à caractère d'utilité sociale, culturelle, éducative (assistants éducatifs, aides scolaires, accueil du public dans les services publics...), sportive, de proximité et répondant à des besoins nouveaux, sans pour autant concurrencer les emplois du secteur public. Ne peuvent pas être proposés par des particuliers ou des entreprises privées. Des missions spécifiques d'adjoint de sécurité auprès de la Police nationale pourront être exercées par des jeunes de 18 à – de 26 ans, pour une période maximale de 5 ans. **Bénéficiaires :** tout jeune sans emploi de 18 à – de 26 ans, y compris ceux titulaires d'un CEC ou d'un CES ; toute personne de – de 30 ans qui est handicapée ou non indemnisée (ayant moins de 4 mois d'affiliation au cours des 8 derniers mois) ou non indemnisable au titre de l'assurance chômage. **Nature du contrat :** *collectivités territoriales et autres personnes morales de droit public :* CDD, à temps plein ou, sur dérogation, à mi-temps au minimum, pour 5 ans avec une période d'essai de 1 mois, renouvelable 1 fois. *Autres employeurs :* CDD de 5 ans avec période d'essai de 1 mois (renouvelable une fois) ou CDI. *Ce contrat peut être rompu :* à tout moment par accord des parties, faute grave ou force majeure ; à l'expiration de chacune des périodes annuelles, par le salarié (avec préavis de 2 semaines) ou par l'employeur si celui-ci justifie d'une cause réelle et sérieuse. **Rémunération :** au moins égale au Smic ; aide forfaitaire de l'État pour les employeurs, correspondant à 80 % du Smic brut par emploi créé sur 5 ans au plus : 102 015 F par an au 31-7-2001. **Renseignements :** ANPE, missions locales et PAIO (permanences d'accueil, d'information et d'orientation), ou directement auprès des employeurs concernés (rectorats, mairies, associations...). **Nombre** (au 31-3-1999) : 179 765 (dont associations, collectivités locales et établissements publics 97 765, Éducation nationale 65 000, Police nationale 16 500) *dont embauches 149 184* (dont assoc. 84 164, Éduc. nat. 55 000, Police nat. 10 020).

■ **Pour l'emploi en entreprise.** Destiné aux allocataires du RMI depuis plus de 2 ans. **Durée minimale :** 6 mois. **Aide :** exonération des charges sociales patronales au régime de la Sécurité sociale et versement pendant 1 an de l'équivalent de la prestation moyenne de RMI, soit un taux de subvention à l'emploi de 41,5 % du coût total.

Convention collective

■ **Définition.** Accord relatif aux conditions de travail et aux garanties sociales, conclu entre un ou plusieurs employeurs ou organisations patronales et une ou plusieurs organisations syndicales représentatives. *Peut être étendue :* par arrêté ministériel publié au *JO*, elle s'impose à tous les employeurs et tous les salariés de la branche ou de la profession ; ou *non étendue.*

■ **Convention.** Elle a force de loi pour tout employeur de la profession intéressée s'il a signé la convention ou s'il est membre d'une organisation patronale signataire ou adhérente (même s'il a démissionné ultérieurement de cette organisation). **Durée :** peut être à durée indéterminée (dénonçable unilatéralement) ou déterminée (non dénonçable, max. 5 ans, tacite reconduction possible la rendant à durée indéterminée). Elle peut donc être renégociée, soit parce qu'elle est caduque (à terme ou dénoncée), soit parce que la convention l'a prévu. **Publicité :** l'employeur doit afficher un avis signalant l'existence de la convention, remettre un exemplaire du texte au comité d'entreprise, aux délégués syndicaux et du personnel et en tenir un à la disposition des salariés.

■ **Obligation de négocier.** Code du travail, art. L 131 à 136, L 132-27 à 132-29, R 132 à R 136. Obligation de négocier, dans la branche, sur priorités, objectifs et moyens de la formation professionnelle (art. L 933-2 de la loi du 31-12-1991). **1°) Entreprises où existe une section syndicale représentative :** négociation annuelle sur les salaires, la durée et l'aménagement du temps de travail. **2°) Au niveau des branches liées par une convention collective :** négociation sur salaires tous les ans et révision des classifications tous les 5 ans.

Droit de veto pour toute organisation syndicale ayant obtenu au moins 50 % des voix aux dernières élections du CE. *Obligation* pour l'employeur de remettre le texte de la convention collective aux membres du CE et aux délégués syndicaux et du personnel. *En cas de carence,* le ministre du Travail peut autoritairement élargir les conventions collectives d'une branche proche à la branche d'activité où il n'y a pas eu d'accord.

■ **Nouvelles clauses obligatoires.** Égalité de salaire entre Français et étrangers, entre hommes et femmes ; conditions d'emploi et rémunération des salariés à domicile ; condition d'emploi des travailleurs temporaires.

Création d'entreprise par les demandeurs d'emploi

■ **Lois du 16-10-1997, du 29-7-1998 et décret du 27-11-1998. Aides. 1°) Exonération de charges sociales** pendant 1 an (art. L 351-24 du Code du travail). Exonération totale (sauf régime de retraite complémentaire) pour les demandeurs d'emploi indemnisés par les Assedic ou susceptibles de l'être. Dans les autres cas, ne porte que sur la partie des revenus ou rémunérations ne dépassant pas 120 % du Smic. Sont prises en charge, dans les 2 cas, les cotisations correspondant à l'assurance maladie, maternité, invalidité, décès, au risque accident du travail, aux prestations familiales, à l'assurance de base vieillesse et veuvage. La CSG et la CRDS ne sont pas exonérées. **Bénéficiaires.** Demandeurs d'emploi indemnisés ou susceptibles de l'être, non indemnisés ayant été inscrits 6 mois au cours des 18 derniers mois à l'ANPE, bénéficiaires de l'API, du RMI, les personnes pouvant bénéficier d'un emploi-jeune, les salariés repreneurs de leur entreprise en difficulté. **2°) Attribution d'un chéquier-conseil :** valable 1 an (3 dans les Dom) et composé de 6 chèques d'une valeur nominale de 300 F, il permet de bénéficier d'heures de conseils, le bénéficiaire devant verser au prestataire 100 F par heure de conseil facturée. **3°) Avance remboursable et accompagnement personnalisé** pendant 3 ans dit Eden (Encouragement au développement d'entreprises nouvelles) pour ceux remplissant les conditions d'accès aux emplois-jeunes, les bénéficiaires de revenus de solidarité (RMI, ASS, API), les salariés repreneurs de leur entreprise en difficulté. *Montant maximal de l'aide :* 40 000 F (projets collectifs : 60 000 F au total ou 500 000 F s'agissant de salariés repreneurs). *Remboursable* dans un délai max. de 5 ans, avec un différé de 18 mois à compter de son versement. **Conditions.** Doivent créer ou reprendre une entreprise, quel que soit son secteur d'activité et sa forme (associations, GIE et groupements d'employeurs exclus), et en exercer effectivement le contrôle (c.-à-d., dans le cas d'une société, soit détenir plus de 50 % du capital, soit être dirigeant et détenir au moins un tiers du capital) pendant 2 ans au minimum. **Modalités.** Dossier à retirer à la Direction départementale du travail, de l'emploi et de la formation professionnelle (DDTEFP) du siège social de l'entreprise, qui dispose de 4 mois pour notifier son refus éventuel. Le défaut de réponse vaut refus. La demande d'exonération doit être formulée avant la création ou la reprise de l'entreprise.

■ **Nombre de bénéficiaires de l'Accre** (Aide aux chômeurs créant ou reprenant une entreprise). *1980 :* 13 800 ; *86 :* 71 757 ; *90 :* 49 316 ; *99 :* 38 633 ; *2000 :* 37 548 (13,8 % des entreprises immatriculées en 2000). Baisse due à l'obligation faite, depuis 1987, de soumettre un dossier économique à l'examen de l'administration.

Cumul emploi/retraite

■ **Principe.** Limité jusqu'au 31-12-1991 par l'ordonnance du 30-3-1982 prorogée en 1992. Autorisé jusqu'à 60 ans dans les cas où il est prévu. L'assuré qui demande à 60 ans la liquidation de sa pension de salarié doit cesser son activité professionnelle salariée, voire non salariée, dans la même entreprise. Ceux qui reprennent ou conservent une activité salariée et dont les pensions dépassent un certain seuil (4 fois le Smic dans l'année précédant la liquidation) doivent payer une contribution de solidarité au régime d'assurance chômage.

■ **Statistiques.** *Moins de 60 ans :* environ 250 000 cumulards (dont 75 000 militaires). *60 à 65 ans :* 200 000 (surtout retraités des régimes spéciaux). *Plus de 65 ans :* environ 300 000 (non-salariés travaillant à temps partiel et percevant de petits revenus).

Déclarations obligatoires annuelles de l'employeur

■ **1°) Le 31 janvier. Données sociales** (salaires versés l'année précédente) adressées à l'Urssaf et au centre départemental d'assiette. *Assujettis :* tous.

■ **2°) Avant le 1er février. Taxe sur les salaires :** *assujettis :* employeurs (publics ou privés) payant traitements, salaires ou indemnités (exceptions : certaines professions du régime agricole, particuliers employant du personnel domestique), sur modèle 2 460, 2 461 (rémunération supérieure à 30 000 F), 2 464 (régime agricole) ou 2 466 (personnes ayant pensions ou rentes viagères). *Taux normal :* 4,25 % des traitements ou salaires, 3 % des pensions. Majoration de 4,25 % pour la fraction annuelle comprise entre 30 000 F et 60 000 F, 9,35 % pour la fraction supérieure à 60 000 F. *Supprimée* depuis le 1-12-1968 pour les employeurs assujettis à la TVA. **Cotisations de Sécurité sociale :** déclaration nominative annuelle des salaires ; régularisation annuelle des cotisations.

■ **3°) Avant le 15 février. Handicapés employés** (priorité d'emploi) : toute entreprise de plus de 20 salariés (plus de 15 pour une exploitation agricole) âgés de plus de 18 ans doit employer, dans une proportion de 10 % de ses effectifs, des ressortissants du Code des pensions militaires d'invalidité (pensionnés de guerre, assimilés, veuves, orphelins de guerre) et des travailleurs handicapés officiellement reconnus comme tels. Sinon, redevance calculée par jour de travail effectif et bénéficiaire manquant sur la base du Smic + 25 %.

■ **4°) Avant le 5 avril. Taxe d'apprentissage :** participation au financement de la formation. *Assujettis :* employeurs ayant plus de 10 salariés, modèle 2 483.

■ **5°) Avant le 15 avril. Participation obligatoire à la construction** (1 %) : *assujettis :* employeurs occupant au minimum 10 salariés ; *exclus :* État, collectivités publiques, établissements publics administratifs et employeurs agricoles.

■ **6°) Le 15 mai. Bilan social :** adressé à l'inspecteur du travail. *Assujettis :* entreprises de 300 salariés ou plus.

Délégués du personnel

■ **Statut.** Obligatoirement élus pour 2 ans en même temps que les membres du comité d'entreprise (loi du 20-12-1993) [18 ans au minimum, un an d'ancienneté] dans tous les établissements où ont été occupées au moins 11 personnes pendant 12 mois au cours des 3 années précédentes. **2 collèges :** *1er :* ouvriers et employés ; *2e :* ingénieurs, chefs de service, techniciens, agents de maîtrise et assimilés. *Conditions pour être électeur :* 16 ans au minimum ; ancienneté : 3 mois. **Rôle :** présentation des réclamations des salariés. Dans les entreprises de plus de 50 salariés où il n'y a pas de comité d'entreprise, ils exercent les fonctions économiques et sociales de celui-ci. En l'absence de comité d'hygiène, de sécurité et des conditions de travail (CHSCT), ils en exercent les fonctions avec les mêmes moyens que celui-ci. Ils bénéficient d'un crédit d'heures supplémentaires. **Délégation unique :** dans les établissements de 50 à 199 salariés, les délégués du personnel peuvent constituer également la délégation du personnel au comité d'entreprise. En 1994, 60 % des entreprises avaient une délégation unique. *Résultats des élections de la délégation unique* (en %, 1994) : CFDT 13,2 ; CGT 11,6 ; FO 6,4 ; CFTC 3,6 ; CGC 1,9 ; divers 4,7. Participation d'autant plus forte que l'établissement est petit.

■ **Nombre** (autant de suppléants par tranche). *Entreprises de 11 à 25 salariés :* 1 ; *26 à 74 :* 2 ; *75 à 99 :* 3 ; *100 à 124 :* 4 ; *125 à 174 :* 5 ; *175 à 249 :* 6 ; *250 à 499 :* 7 ; *500 à 749 :* 8 ; *750 à 999 :* 9 ; *à partir de 1 000 salariés :* 1 titulaire et 1 suppléant en plus par tranche supplémentaire de 250 salariés. En cas d'absence de comité d'entreprise ou de CHSCT, le nombre des délégués du personnel est modifié : *50 à 99 salariés :* 4 titulaires, 4 suppléants ; *100 à 124 :* 5 titulaires, 5 suppléants.

■ **Délégués « de site »** (loi du 26-10-1982). Prévus dans les établissements occupant moins de 11 salariés mais dont l'activité s'exerce sur un site où sont employés durablement au moins 50 salariés, par exemple dans les grands magasins, pour représenter les vendeurs salariés des entreprises dont ils représentent la marque.

Durée du travail

■ **Législation en France. Évolution : 1841-*22-3*** journée de travail des enfants de moins de 11 ans dans l'industrie : 8 h ; 12 à 16 ans : 12 h ; adultes : 14 à 16 h. **1848-*mars*** 10 h à Paris, 11 en province. **1849-*9-9*** 12 h (dispenses possibles). **1892-*2-3*** loi : 10 h par j. **1900-*30-3*** loi Millerand prévoyant la réduction progressive de 12 à 10 h. **1906** institution du repos hebdomadaire. **1919-*23-4*** loi *Renaudel :* 8 h par jour (48 h/semaine). **1936-*21-6*** semaine de 40 h (durée maximale 54 h). **1966-*18-6*** durée maximale de la semaine 54 h (au lieu de 60 depuis 1946). **1971-*24-12*** durée maximale 50 ou 46 h (dérogation dans certains secteurs : 57 h). **1974-*27-12*** alignement de la durée du travail et de la rémunération des heures supplémentaires dans l'agriculture sur les règles prévues par le Code du travail pour industrie et services. **1981-*17/18-7*** accord national interprofessionnel signé par CNPF et syndicats (sauf CGT et CG PME) sur 39 h et 5e semaine de congés payés. **1982-*16-1*** ordonnance généralisant les 39 h et la 5e semaine de congés. **1993-*20-12*** loi quinquennale introduit l'annualisation du temps de travail, qui permet de faire varier sur tout ou partie de l'année la durée hebdomadaire. **1998-*13-6*** loi : durée légale du travail au 1-1-2000 : 35 h sans changer la durée maximale. **2000-*19-1*** publication de la 2e loi Aubry sur le temps de travail (en vigueur le 1-2).

■ **Loi Aubry du 19-1-2000.** La 2e loi Aubry précise que « la seule réduction du nombre d'heures stipulé au contrat de travail en application d'un accord de réduction du temps de travail ne constitue pas une modification du contrat de travail ». Selon la jurisprudence antérieure, la seule réduction du temps de travail ne devrait pas constituer une modification du contrat. Le salarié ne peut pas refuser une baisse de ses horaires, qui n'aurait pas de répercussion sur son salaire. Son refus l'exposerait à un licenciement pour faute grave. Pour les salariés rémunérés sur une base supérieure au Smic, les salaires peuvent être réduits proportionnellement à la réduction du temps de travail, les 35 h étant payées 35. Il y a souvent maintien avec revalorisation du taux horaire ou indemnité différentielle. Différence entre le montant du salaire antérieur plafonné à 169 h et le produit du Smic horaire en vigueur à la date de la réduction du temps de travail par le nombre d'h correspondant à l'horaire collectif applicable dans l'entreprise. L'indemnité est moins coûteuse pour l'employeur que la revalorisation, des primes (ancienneté ou 13e mois) n'étant assujetties que sur le salaire de base et les majorations pour les h supplémentaires n'étant calculées que sur le salaire de base.

Pour les salariés rémunérés sur la base du Smic le salaire antérieur, calculé sur la base de 39 h, ne peut être abaissé. Ne bénéficient pas de ce dispositif : salariés des entreprises nouvelles qui peuvent embaucher directement du personnel au taux horaire du Smic ; salariés nouvellement embauchés sur des postes nouveaux ou qui n'existaient pas avant dans l'entreprise ; salariés des entreprises passées aux 35 h sous la loi Robien, c'est-à-dire avant la 1re loi Aubry du 13-6-1998.

Essai pendant 3 ans : réduction du temps de travail annuel d'au moins 15 % avec diminution de salaire, l'État compensant partiellement le versement des cotisations sociales si l'entreprise s'engage à embaucher l'équivalent de 10 % de son effectif annuel pendant 3 ans.

Durée légale : hebdomadaire : 35 h à compter du 1-1-2000 pour les entreprises de plus de 20 salariés et du 1-1-2002 pour celles de 20 salariés ou moins. **Aménagements possibles :** en fonction des besoins de l'entreprise, mais aussi des attentes du personnel. *Horaires individualisés* ou variables, ou à la carte, ou flexibles : à la demande du personnel et conclus dans le cadre d'un accord d'entreprise ; *modulation de la durée du travail :* après accord collectif, moyenne hebdomadaire de 35 h au maximum sur l'année ; *travail à temps partiel :* après accord collectif ou individuel, concerne les salariés dont la durée de travail est inférieure à la durée conventionnelle applicable dans leur entreprise ; *réduction du temps de travail en deçà de 39 h sous forme de jours ou demi-journées de repos ; aménagement d'horaire pour la pratique d'un sport :* essentiellement réservé aux sportifs de haut niveau. **Heures supplémentaires :** effectuées en plus de la durée normale. *Limite :* calcul par semaine, sans report d'une semaine sur l'autre. Total : h normales + supplémentaires. La moyenne des h effectuées sur 12 semaines ne peut dépasser 44 h/semaine. Durée portable à 46 h par un décret pris après conclusion d'un accord de branche. *Paiement : régime transitoire* (en 2002, pour entreprises ayant un effectif inférieur ou égal à 20 salariés) : de la 36e à la 39e h bonification (majoration de salaire ou repos équivalent) de 10 % au profit du salarié ; au-delà de la 39e h majoration de 25 % entre la 40e et la 43e incluse, de 50 % au-delà. *Régime définitif* (depuis le 1-1-2001 pour les entreprises de plus de 20 salariés et au 1-1-2003 pour les entreprises ayant au plus 20 salariés) : de la 36e à la 39e h (4 premières h) bonification de 25 % au profit du salarié, sous forme de repos (15 minutes pour 25 % de bonification, ou 9 pour 15 %) ou (si un accord collectif le prévoit) sous forme de majoration de salaire ; au-delà de la 39e h majoration de 25 % de la 40e à la 43e incluse, 50 % au-delà. *Cadres dirigeants :* échappent à la réglementation sur le temps de travail. *Occupés selon l'horaire collectif applicable et dont la durée de temps de travail peut être prédéterminée :* bénéficient de la réglementation de la durée de temps et h supplémentaires ; leur durée de travail peut également être fixée par une nouvelle convention individuelle de forfait en h si elle dépasse 35 h de façon répétitive (englobant rémunération et h supplémentaires). *Autres cadres :* n'entrant pas dans ces catégories, doivent bénéficier d'une réduction effective de leur temps de travail.

■ **Statistiques. Nombre d'heures travaillées par personne et par an** (en 1997) : USA 1 966, Australie 1 866, Nlle-Zél. 1 838 [1], Canada 1 732,4 [1], Suisse 1 731, *France 1 656,* Irlande 1 656 [1], Allemagne 1 559,5 [1], Suède 1 552.

Nota. (1) En 1996.

■ **Durée hebdomadaire du travail en Europe** (en heures). *1850 :* 84 ; *70 :* 78 ; *90 :* 69 ; *1910 :* 60 ; *30 :* 56 ; *50 :* 48 ; *74 :* 43 ; *79 :* 41 ; *80 :* 40,8 ; *90 :* 39. **En 1998 :** G.-B. 44, Portugal 41, Grèce 40,8, Espagne 40,7, UE (à 15) 40,5, Allemagne 40,1, Autriche 40,1, Irlande 40,1, Suède 40,1, *France 39,7,* Luxembourg 39,3, Finlande 39,2, P.-Bas 39, Danemark 38,7, Belgique 38,6, Italie 38,5.

☞ Le salarié moderne subit, compte tenu des trajets, une fatigue proche de celle de l'ouvrier de 1830 habitant près de son usine, où il travaillait 73 h par semaine.

■ **Durée légale hebdomadaire.** Allemagne, Italie, P.-Bas 48 ; Portugal 44 ; Belgique, Espagne 40 ; *France 39* (35 à partir du 1-1-2000 pour les entreprises de plus de 20 salariés, du 1-1-2002 pour les autres). Pas de législation au Danemark et en G.-B.

■ **Durée de repos des Français** (en jours par an, 1990). 156 (5 mois + 3 jours) dont week-ends 104, vacances 25, jours fériés 10, absentéisme 12 (en moyenne), ponts 5 (en moyenne).

■ **Semaine de 4 jours.** Tolérée si on respecte la durée maximale par jour. Mise en place le 17-6-1991 à Peugeot Poissy : 6 300 ouvriers sur 10 000 y travaillent sous le régime des 4/10 (9 h 38 min par jour sur 4 jours, au lieu de 7 h 42 min sur 5 jours, la durée hebdomadaire restant de 38 h 30). Depuis le 13-6-1998 (loi des 35 h) : une des formes possibles de réduction du temps de travail (1 semaine sur 2 à 4 j, l'autre à 5).

■ **Temps de travail en France. Nombre d'heures par an et**, entre parenthèses, **par semaine :** *1848-1900 :* 3 075 (84). *1900-06 :* 2 850 (70). *1906-19 :* 2 800 (60). *1919-36 :* 2 375 (48). *1936-56 :* 2 200 (40). *1956-60 :* 2 075. *1960-63 :* 2 025. *1963-82 :* 1 975. *1982-99 :* 1 725 (39). *Depuis le 1-1-2000* (entreprises de plus de 20 salariés) *et au 1-1-2002* (autres) : (35). **Début d'activité** (en %) : *avant 7 h 30 :* hommes 36,4 (femmes 22,3) ; *de 7 h 30 à 8 h 30 :* 41,7 (44) ; *après 8 h 30 :* 21,9 (33,7). **Fin d'activité** (en %) : *avant 16 h 30 :* hommes 32,6 (femmes 34,7) ; *de 16 h 30 à 18 h :* 30,6 (30,3) ; *de 18 h à 19 h :* 17,6 (19,2) ; *après 19 h :* 19,3 (16,1). **Durée hebdomadaire pour les salariés à temps complet des secteurs non agricoles** (en %) [moins de 36 h/de 36 h à 39 h (de 39 h à 40 h/plus de 40 h)] : **déc. 1999** 23,1/20,7 (49,7/6,5) dont *ind. agroalimentaire :* 36,7/14,1 (42,7/6,5) ; *biens de consom. :* 26,5/22,6 (49,1/1,8) ; *automobile :* 61,5/26,9 (10,2/1,2) ; *biens d'équip. :* 18,3/44,4 (33,8/3,5) ; *biens intermédiaires :* 16,3/32 (47,1/4,6). **Fin 2000** (hors salariés au forfait) : 36,62 h (résultats de l'enquête Acemo de la Dares). Travaillent de – 36 h/semaine : 56,3 % (contre 23 en 1999). Entreprises de 500 salariés et + : 35,77 h ; entre 10 et 19 salariés : 38,84.

EMPLOYÉS DE MAISON

■ **Renseignements. Fepem (Fédération nationale des particuliers employeurs) :** 27, rue de Dunkerque, 75010 Paris. *Minitel :* 3615 Fepem.

■ **Statistiques** (en 2000). *Employeurs* 1 500 000. *Salariés* 800 000. *Heures déclarées :* 450 millions.

Chèque-service. Depuis le 1-12-1994, permet de rémunérer un employé à domicile (femme de ménage, garde d'enfant, jardinier, etc.) travaillant à temps partiel (au moins 8 h/semaine) ou à plein temps. L'activité ouvrant droit à réduction d'impôt. Ne peut être utilisé pour la garde d'un enfant à domicile qui bénéficie de l'Aged (alloc. de garde d'enfant à domicile) ou si le salarié n'est rémunéré que par des avantages en nature, ou s'il s'agit d'un étudiant étranger au pair. *Imprimé* disponible auprès de son établissement bancaire ou postal (3 semaines de délai). *Dossier* comporte une autorisation de prélèvement des cotisations sociales et un contrat de travail type, obligatoire en cas d'emploi au moins 8 h/semaine ; un chéquier emploi-service (20 formules de chèques et autant d'enveloppes préimprimées). *Paiement :* chaque mois, semaine ou quinzaine, le chèque est remis à l'employé pour le paiement du salaire (salaire net, majoré de 10 % pour les congés payés). Chaque chèque comporte un volet social à envoyer au CNTCES (Centre national de traitement du chèque emploi-service), 3 av. Émile-Loubet, 42961 St-Étienne Cedex 9. En retour, l'Urssaf envoie au salarié une attestation d'emploi justificative de son droit à la Sécurité sociale, à l'assurance chômage et à la retraite complémentaire ; à l'employeur, une attestation lui permettant de bénéficier d'une réduction d'impôt. Cotisations sociales prélevées directement sur le compte de l'employeur. *Maladie :* si l'employé a été malade le mois entier, aucun chèque ne lui sera remis. L'employeur doit, néanmoins, en informer l'Urssaf de St-Étienne par courrier. *Pas de bulletin de paie :* le salarié reçoit chaque mois une attestation établie par l'Urssaf qui tient lieu de bulletin de salaire. L'employeur doit envoyer chaque mois à l'Urssaf le volet social, sur lequel il indiquera le nombre d'heures de travail effectuées, le salaire net horaire et le montant acquitté, à la fin du mois de la prestation, ou dans les 15 j suivant le versement du salaire (à défaut, pénalité de 50 F et majoration de retard si cotisation en retard).

■ **Emplois familiaux.** *Pour la garde à domicile des enfants de moins de 3 ans :* allocation jusqu'à 9 840 F par trimestre selon le revenu des parents ; *de 3 à 6 ans ou si les parents reçoivent l'APE à taux réduit :* 50 % du montant des cotisations dues dans la limite de 3 279 F par trimestre (quel que soit le revenu des parents). *Dans tous les cas :* en 1998 réduction d'impôt égale à 50 % des dépenses engagées en 1997 (maximum 22 500 F/an/foyer fiscal). **Depuis le 1-4-1987,** *pour la garde des enfants de moins de 3 ans :* on peut bénéficier d'une allocation (12 836 F par trimestre au 1-1-1997). **Depuis le 1-1-1995** *pour la garde d'enfants de 3 à 6 ans :* allocation à taux réduit (6 418 F par trimestre au 1-1-1997). **Depuis le 1-1-1988,** *l'aide aux personnes invalides ou de plus de 70 ans* peut donner droit à l'exonération de la part patronale des cotisations de Sécurité sociale. De plus, on peut bénéficier d'une réduction d'impôt. **Depuis fin 1991,** *pour l'emploi d'un salarié :* réduction d'impôt égale à 50 % du montant des salaires et charges versés dans la limite de 45 000 F par an sur les revenus de 1997 (soit 22 500 F de réduction d'impôt au maximum, sauf pour invalides 3e catégorie et personnes ayant à charge ou à domicile un invalide 3e catégorie ou un enfant handicapé).

Classification et salaire. Horaire minimal brut (sans ancienneté) au 1-7-2001. **Débutant :** moins de 6 mois dans la profession [employé(e) de maison] 43,72 F. **Niveau 1 :** exécutant sous responsabilité de l'employeur [employé(e) de maison, repasseuse familiale] 43,72 F. **2 :** compétences acquises dans la profession, capacité d'initiative, sens des responsabilités, employeur présent ou non, diplôme reconnu par la branche professionnelle [employé(e) de maison qualifié(e), assistant(e) de vie I, dame de compagnie, garde d'enfant(s), homme et femme toutes mains, soutien scolaire] 43,72 F. **3 :** responsabilité, autonomie, qualification [assistant(e) de vie II, garde-malade de jour (sauf soins), cuisinier(ère) qualifié(e), femme et valet de chambre, lingère, repasseuse qualifiée, secrétaire particulier(ère)] 43,72 F. **4 :** responsabilité entière, autonomie totale, qualification [employé(e) de maison très qualifié(e) avec responsabilité de l'ensemble des travaux ménagers et familiaux, garde-malade de nuit (sauf soins)] 44,07 F. **5 :** hautement spécialisé [nurse, gouvernante d'enfant(s), maître d'hôtel, chauffeur, chef cuisinier] 46 F.

Convention collective nationale. Applicable dans la métropole depuis mars 2000 remplace celle du 27-6-1982. Mise en place de postes d'emploi à caractère familial (veiller au confort moral et physique d'adultes ou d'enfants) [clauses particulières en matière de durée du travail, repos hebdomadaire, garde de nuit, rémunération].

Congés payés. Ordonnance du 16-1-1982 : 2 jours 1/2 ouvrables par mois de travail accompli pendant la période de référence qui va du 1-6 au 31-5, quel que soit l'horaire hebdomadaire, l'indemnité ne pouvant être inférieure à ce qu'aurait perçu le salarié s'il avait travaillé, soit 5 semaines de 6 j ouvrables (tous les j de la semaine, sauf dimanche et j fériés chômés en application de la loi, de la convention collective ou des usages). En dehors du 1er mai, les j fériés ne sont pas obligatoirement des j chômés ; aucune majoration de salaire n'est prévue pour ce jour-là. Décidé par l'employeur, le chômage des jours fériés ordinaires tombant un jour habituellement travaillé ne peut entraîner diminution de rémunération si le salarié a 3 mois d'ancienneté, été présent le dernier j de travail qui précède le j férié et le 1er j qui fait suite, sauf absence préalablement accordée. Il est interdit à l'employé d'accepter un travail rétribué pendant son congé.

Contrat. A la fin de la période d'essai (1 mois au maximum) spécifiée par écrit, l'employeur doit remettre contrat (ou lettre d'engagement), rédigé, à l'embauche ou, au plus tard, à la fin de la période d'essai, sur papier libre, imposé par la convention collective sauf pour paiement en chèque service (voir col. a). *Mentions :* identité des parties, lieu, nature, horaire et durée de l'emploi, qualification, rémunération montant brut, montant net, ventilation entre temps de travail effectif et temps de présence responsable, jour de repos hebdomadaire pour ceux qui travaillent toute la semaine et éventuellement les jours fériés, durée du préavis, dates de vacances (délai pour poser ses congés). Préciser si l'employeur procure un logement car il est considéré comme un avantage en nature.

Démission de l'employé. Préavis : *jusqu'à 6 mois d'ancienneté :* 1 semaine ; *2 ans :* 2 semaines ; *au-delà de 2 ans :* 1 mois. **Indemnité** de congés payés : 1/10 de la rémunération totale perçue au cours de la période de référence (*pour les employés nourris et logés :* le salaire brut comprend la valeur des prestations en nature). L'employeur ne peut retenir d'indemnité compensatrice au cas où l'employé n'effectuerait pas son préavis, mais il peut en faire la demande devant les prud'hommes.

Durée du travail. 40 h par semaine. Les heures supplémentaires sont compensées par du repos ou payées avec majoration.

Immatriculation (Sécurité sociale). **EMPLOYEUR : n'ayant jamais eu d'employé de maison :** faire une demande par lettre à l'Urssaf du département (région parisienne : 3, rue Franklin, 93518 Montreuil Cedex), en indiquant nom, prénoms, qualité, adresse et date d'embauche. L'Urssaf donnera un numéro d'immatriculation et enverra une formule pour acquitter les cotisations et, à la fin de chaque trimestre civil, une formule de versement. Pour les étrangers, vérifier la validité du titre de séjour et de travail. **Si l'on engage temporairement du personnel à son lieu de résidence secondaire :** se faire immatriculer à l'Urssaf dont dépend la résidence secondaire, ou utiliser des chèques emploi-service. **SI L'EMPLOYÉ : n'est pas déjà immatriculé :** le faire immatriculer à la caisse primaire d'assurance maladie (départementale) du domicile du salarié ; demander l'imprimé 1202, ou utiliser des chèques emploi-service à demander auprès du réseau bancaire ; **refuse d'être immatriculé** parce qu'il bénéficie déjà des prestations par son conjoint assuré social : lui rappeler qu'il ne bénéficie pas par lui d'une retraite personnelle Sécurité sociale ni complémentaire (Ircem : Institution de retraite complémentaire des employés de maison), d'indemnités journalières en cas de maladie ou d'accident, ni de pension personnelle d'invalidité et d'accident du travail. Mais l'absence de déclaration n'entraînerait risques et sanctions que pour l'employeur ; **a déjà travaillé et a un numéro de Sécurité sociale :** faire connaître sa nouvelle résidence au centre de paiement de son nouveau domicile, et relever son numéro de Sécurité sociale et la caisse dont il dépend. **Sanctions pour non-déclaration.** *Pénales :* amende de 3e classe (maximum 10 000 F) par infraction constatée, infligée par le tribunal de police ; récidive : amende de 5e classe (maximum 30 000 F). *Civiles :* remboursement à la sécurité sociale par l'employeur des prestations servies par la caisse à l'assuré social.

Licenciement. L'employeur doit convoquer le salarié (par lettre recommandée ou remise en main propre) à un entretien préalable puis envoyer une lettre recommandée avec accusé de réception énonçant le motif du licenciement. En période d'essai : une lettre constatant que l'essai n'a pas été concluant, pas de délai-congé ; si l'employé a moins de 6 mois de présence : délai-congé conventionnel de 1 semaine ; de 6 mois à 2 ans : préavis de 1 mois ; plus de 2 ans : 2 mois. Les heures pour recherche d'emploi sont données aux employés à temps complet et varient avec son ancienneté : 2 h/j pendant 6 jours ouvrables si l'employé a moins de 2 ans de présence, 2 h/j pendant 10 jours ouvrables si l'employé a plus de 2 ans de présence. *L'employeur peut être condamné à des dommages et intérêts* pour rupture abusive du contrat si l'employé apporte la preuve de l'abus de l'employeur ou d'une légèreté blâmable dans son licenciement. Seuls les prud'hommes sont habilités à statuer sur les litiges concernant le licenciement abusif. **Indemnités. De licenciement :** obligatoire après 2 ans de présence. Calculée sur la base de 1/10 par année, plus 1/15 après 10 ans. Considérée comme dommages et intérêts, ne donne lieu à aucune retenue de Sécurité sociale. **Compensatrice de congés payés :** période de référence du 1er juin au 31 mai de l'année suivante ; on calcule combien de temps l'employé a travaillé entre le 1er juin précédant le licenciement (ou la démission) et la date de départ ; sauf faute lourde, l'employé a droit à la partie de congé payé acquise pendant cette période.

Maladie. L'employé doit envoyer à l'employeur (dans les 2 jours ouvrables) un certificat d'arrêt de travail signé du médecin. A la fin de celui-ci, l'employé doit reprendre son travail. Depuis le 1-1-1999, l'indemnité complémentaire aux indemnités journalières de la Sécurité sociale est prise en charge par le régime de prévoyance obligatoire géré par l'Ircem Prévoyance (261, av. des Nations-Unies, 52100 Roubaix). Indemnisation à compter de 6 mois d'ancienneté chez le même employeur à partir du 11e j en cas de maladie et du 1er en cas d'accident. **Pour être pris en charge par la Sécurité sociale en cas d'arrêt de travail :** *pendant 6 mois :* l'employé doit avoir effectué 200 h de travail dans les 3 mois précédant l'arrêt de maladie ; *au-delà de 6 mois :* justifier d'une immatriculation à la Sécurité sociale de 12 mois au 1er jour du mois précédant l'arrêt et d'au moins 800 h dans les 12 mois précédant l'arrêt, dont 200 h les 3 premiers mois. *Pour l'employé travaillant plus de 1 200 h dans l'année,* le remboursement des soins est acquis pour les 2 années suivantes. **Indemnité journalière :** employé mensuel : 50 % du Smic mensuel si les cotisations sont acquittées sur le forfait. Si les cotisations sont réglées sur le salaire réel, l'indemnité est calculée comme pour les autres salariés. Pendant un arrêt de maternité, le contrat est suspendu, l'employée perçoit de la Sécurité sociale 84 % du gain journalier établi comme pour la maladie.

Période d'essai. Ne peut dépasser 1 mois (renouvelable 1 fois, avertir le salarié par écrit).

Placement. ANPE, associations agréées type Asserdom (Association de services aux personnes, 10, rue du Mont-Thabor, 75001 Paris) et bureaux de placement privés (contrôlés par ministère du Travail, la préfecture de police à Paris ou préfecture en province). *Tarifs* (homologués par la chambre syndicale des bureaux de placement autorisés de Paris et des départements, 163, rue Saint-Honoré, 75001 Paris) à la charge de l'employeur : après 30 jours de présence de l'employé, 1/6e du salaire du 1er mois (+ TVA 23 %). Si l'employé reste moins de 30 jours, droit au prorata des jours de présence de 2,50 F par jour (+ TVA 23 %).

Prestations en nature déduites du salaire brut. Montant de la convention collective : repas 18,50 F, logement 370 F par mois. On peut, en accord avec le salarié, prévoir des montants plus élevés.

Remplacement. L'employeur qui ne peut se passer d'une aide peut prendre un(e) remplaçant(e) sous contrat à durée déterminée.

Repos hebdomadaire et jours fériés. Seul le 1er-Mai doit être chômé et payé. La convention collective fixe les autres repos. L'employé a droit à un repos hebdomadaire de 24 h consécutives, en principe le dimanche (du samedi soir au lundi matin) ; s'ajoute 1/2 journée (aménagement du temps de travail). Sinon, le mode de repos doit être établi d'un commun accord et notifié dans le contrat.

Retraite complémentaire. Assurée par l'Ircem (Institution de retraite complémentaire des employés de maison).

Suspension du contrat. En cas de : *rappel sous les drapeaux* ou *d'une période militaire ; maladie* pendant 1 semaine dès le début de la période d'essai, 2 semaines à la fin de cette période, 2 mois après 2 mois de présence ; *maternité ; accident de travail.* Si l'employé qui a dû être mis en demeure d'exécuter son préavis ne le peut du fait d'une maladie, il ne sera pas dû d'indemnité compensatrice de préavis. **Logement de fonction :** accessoire du contrat de travail. Tant que le contrat n'est pas rompu, le logement ne peut être repris ; l'employeur peut y loger un remplaçant avec l'accord du salarié. Dans ce cas, l'employeur aura la garde des affaires personnelles de l'employé.

Taxe sur les salaires. Depuis le 1-1-1995, les particuliers en sont exonérés pour un salarié à temps complet, ou plusieurs équivalant à un temps complet.

■ **Aides à domicile. Bénéficiaires :** *65 ans ou plus de 60 ans* (si inaptes au travail) avec, si leurs ressources sont inférieures au plafond de l'aide sociale (44 914 F par an pour une personne seule, en 2001), une participation fixée par le conseil général en fonction des ressources, ou, si leurs ressources sont supérieures au plafond de l'aide sociale, une aide partielle de leur caisse de retraite (part restant à charge variant de 10 F à 73 F/heure en 2001). *Plus de 70 ans, invalides ou handicapés :* exonérés sous certaines conditions de la part patronale des cotisations de Sécurité sociale s'ils sont eux-mêmes employeurs. L'emploi d'une aide à domicile donne droit à une réduction d'impôt égale à 50 % des sommes versées dans la limite de 45 000 F/an.

Associations (Paris) : *Fédération nationale des aides à domicile en activités regroupées (Fnadar),* 68, rue d'Hauteville, 75010. *Féd. nat. des associations de l'aide familiale populaire de la Confédération syndicale des familles (FNAAFP/CSF),* 53, rue Riquet, 75019. *Union nat. des associations d'aide à domicile en milieu rural (UNAADMR),* 184, rue du Fbg-St-Denis, 75010. *Union nat. des associations de soins et services à domicile (Unassad),* 108-110, rue St-Maur, 75011.

■ **Aides au pair (stagiaires-aides-familiaux). Définition :** étudiants étrangers âgés de 18 à 30 ans, devant avoir un titre de séjour et une autorisation de travail. Ils doivent justifier de la réalité de leurs études de français langue étrangère (FLE), à savoir suivre 10 h de cours hebdomadaires. Ils doivent effectuer dans les familles 30 h par semaine de travail pour les enfants en contre-partie du logement, de la nourriture, de la Sécurité sociale et d'une somme considérée comme argent de poche.

Formalités : *pour régulariser leur situation,* les stagiaires doivent présenter au service des étrangers de la préfecture de police à Paris ou de la préfecture du département où ils se trouvent, le document sous couvert duquel ils sont entrés en France et acquitter une taxe visa. L'engagement pour accueil (ou accord de placement) délivré par le directeur départemental du travail (6 mois à 1 an, non prorogeable au-delà de 18 mois) tient lieu d'autorisation de travail. Pour certaines nationalités, dans le cadre des courts séjours (1 à 3 mois), il faut un visa du directeur départemental du travail (lettre).

Sur présentation de l'accord de placement et de la justification de leurs études, on remet aux ressortissants de l'UE une autorisation provisoire de séjour (aux autres une carte de séjour temporaire gratuite, valable 1 an). En cas de scolarité mensuelle ou trimestrielle, carte de séjour temporaire gratuite valable 6 mois et renouvelable. Le séjour ne peut excéder 18 mois. Au-delà, solliciter l'acquisition du statut d'étudiant ou de travailleur salarié permanent (ressortissant de l'UE).

Assurances sociales : obligatoires. La famille d'accueil verse une cotisation égale au tiers de celle fixée pour les personnes employées dans les services domestiques. *Pour les stagiaires,* l'Accueil familial des jeunes étrangers prend à sa charge une assurance responsabilité civile.

Normes habituelles : argent de poche : *aide au pair :* aucune somme donnée ; *stagiaire :* 1 750 F par mois au minimum + carte orange Paris et région parisienne. **Congés :** journée complète hebdomadaire (dont 1 dimanche obligatoire par mois). En cas d'empêchement fortuit, accord pour 2 demi-journées dans la semaine. **Contrat :** signé entre la famille et le stagiaire, après un essai de 8 jours. Permet d'obtenir visa et permis de séjour. **Logement :** *aide au pair* ou *stagiaire :* dans l'appartement, ou dans une chambre indépendante confortable. **Travail au pair :** *aide au pair :* en général de 2 à 3 h/j, selon repas offerts et logement (en général, chambre dans l'appartement : 2 h/j ; à l'étage du personnel, chambre chauffée : 1 h 1/2 ; petit déjeuner 1/2 h). *Stagiaires :* 5 h de travail légal par jour moyennant repas, logement et argent de poche. Dans les 2 cas, pas de gros travaux ménagers. Le temps légal peut comprendre 2 ou 3 soirs par semaine pour une garde d'enfants, mais pas plus tard que minuit si la chambre est indépendante.

Quelques adresses à Paris. *Accueil familial des jeunes étrangers,* 23, rue du Cherche-Midi, 75006. *Allô maman poule,* 7, villa Murat, 75016. *Amicale culturelle internationale,* 27, rue Godot-de-Mauroy, 75009. *Bureau des élèves de l'Institut d'études politiques,* 27, rue St-Guillaume, 75007. *Centre Richelieu,* service d'entraide, 8, place de la Sorbonne, 75005. *Crous (Centres régionaux des œuvres universitaires et scolaires),* 39, avenue Georges-Bernanos, 75005. *Dépann'familles,* 23, rue La Sourdière, 75001. *Les grand-mères occasionnelles,* 48, rue des Bergers, 75015. *Institut catholique,* 21, rue d'Assas, 75006. *Inter-séjours,* 179, rue de Courcelles, 75017. *Kid services,* 17, rue Molière, 75001. *Nurse au pair placement,* 16, rue le Sueur, 75016. *Nursing-Le Relais des mamans,* 3, rue Cino-Del-Duca, 75017. *Opération biberon SOS-Étudiant médecin,* 26, rue du Fbg-St-Jacques, 75005.

■ **Baby-sitters. Définition :** étudiant(e)s venant surveiller à domicile contre rémunération les enfants quand les parents s'absentent. **Réglementation :** doivent être immatriculés à la Sécurité sociale, comme les employés de maison : les cotisations doivent être calculées dans les mêmes conditions, qu'ils soient rémunérés directement ou par chèque emploi-service. S'ils sont rémunérés par un groupement ou une association, les cotisations sont calculées dans les conditions générales. Le risque d'accident peut paraître inexistant, mais il faut noter les risques d'accidents de trajet. La responsabilité de l'étudiant peut être lourde. Plusieurs associations s'occupant du placement des étudiants chez des particuliers souscrivent des assurances de responsabilité civile pour les étudiants. Sinon, l'étudiant sera bien avisé de souscrire lui-même une assurance de responsabilité civile précisant la garantie des risques découlant de son activité.

☞ Si l'étudiant passe par un organisme, la durée minimale de la garde est généralement de 2 à 3 h. S'il y a plus d'un enfant à garder, une majoration peut être à prévoir.

■ **Travailleuses familiales. Rôle :** placées sous l'autorité d'un responsable hiérarchique, elles organisent ou réalisent, à partir du domicile, des activités de la vie quotidienne et assurent une action socio-éducative, concourant notamment aux objectifs suivants : suppléance parentale, prévention, éducation, insertion sociale et lutte contre l'exclusion.

Recrutement : sur le plan local par les associations agréées. *Formation :* il faut être titulaire du diplôme d'État de technicien de l'intervention sociale et familiale (TISF) (décret nº 99-779 du 9-9-1999 modifiant le décret nº 74-146 du 15-2-1974). Formation 18 à 24 mois. La stagiaire reçoit une bourse lui assurant le statut de salariée sur la base du Smic et souscrit un engagement de travail avec obligation d'accomplir au moins 6 000 h dans les 5 ans suivant le début de la préparation au certificat.

Rémunération : réglée par convention collective, de même que les *conditions de travail* (semaine de 39 h). Les familles y contribuent selon leurs ressources, d'après un barème établi avec les caisses d'allocations familiales ou d'assurance maladie dont elles relèvent.

Associations agréées à Paris : *Fédération nationale pour aide aux mères et familles à domicile,* 80, rue de la Roquette, 75011. *Aide à domicile en milieu rural (ADMR),* 47, rue d'Alsace, 75010. *Féd. nat. des assoc. de l'aide familiale populaire (FNAAFP),* 53, rue Riquet, 75019. *Féd. nat. aide familiale à domicile (FNAFAD),* 13, rue des Envierges, 75020. *Union nat. des assoc. familiales (Unaf),* 28, place St-Georges, 75009.

ESCLAVAGE OU TRAVAIL FORCÉ

■ **Définitions. SDN** (convention de 1926) : « L'esclavage est l'état ou condition d'un individu sur lequel s'exercent les attributs du droit de propriété ou certains d'entre eux. » A l'esclavage se rattache la servitude pour dette, le *péonage.* **OIT** (convention nº 29 de 1930) : « Travail ou service exigé d'un individu sous la menace d'une peine quelconque et pour lequel l'individu ne s'est pas offert de plein gré. » La convention concernant l'abolition du travail forcé (nº 105, adoptée par l'OIT en 1957) oblige les États qui la ratifient à ne jamais recourir au travail forcé ou obligatoire en tant que : *a)* mesure de coercition ou d'éducation politique ou comme sanction à l'égard de personnes qui ont ou expriment certaines opinions politiques ou manifestent leur opposition idéologique à l'ordre politique, social ou économique établi ; *b)* méthode de mobilisation et d'utilisation de la main-d'œuvre à des fins de développement économique ; *c)* mesure de discipline du travail ; *d)* punition pour avoir participé à des grèves ; *e)* mesure de discrimination raciale, sociale ou religieuse.

■ **Quelques dates. 1415** les musulmans expulsés d'Espagne se réfugient en Afrique. Les Portugais en font des prisonniers et les vendent à Lisbonne comme esclaves. Les parents des captifs offrent en rançon des esclaves noirs. **1498** selon la bulle du pape Alexandre VI, « la Terre appartient au Christ et le vicaire du Christ a le droit de disposer de tout ce qui n'est pas occupé par les chrétiens. Les infidèles ne sauraient être possesseurs d'aucune partie de la Terre. » **1512** Isabelle la Catholique puis Ferdinand ne permettent de réduire en esclavage que les cannibales. **1517** Charles Quint autorise le recrutement d'esclaves en Afrique en se prévalant de la thèse du dominicain Las Casas : « afin que leur service aux mines et dans les champs permette de rendre moins dur celui des Indiens ». Madrid confie leur transport aux marchands flamands. **1537** les papes Paul III, **1568** Pie V, **1639** Urbain VIII condamnent l'esclavage. **1640** accords roi d'Espagne/marchands de Lisbonne. **1685** « Code noir » de Louis XIV (1re protection des esclaves). **1741** le pape Benoît XIV le condamne. **1770** Nlle-Angleterre : les quakers s'interdisent la possession d'esclaves. **1774** Rhode Island (USA) abolit la traite. **1777** Vermont (USA) : abolition graduelle (l'esclave doit se racheter en travaillant jusqu'à 21 ans). **1780** Pennsylvanie (USA) : abolition graduelle (28 ans). **1783** Massachusetts (USA) : esclavage proscrit (jugement). **1787** Constitution américaine : discussions sur la traite reportées à 20 ans. **1788**-*févr.* Sté « Amis des Noirs » créée par Brissot, Condorcet, La Rochefoucauld, Trudaine, Mirabeau, Soufflot, La Fayette, Molier, Pétion, l'abbé Grégoire... **1789**-*31-8* : 1re insurrection d'esclaves en Martinique. **1791**-*12/13-8* insurrection d'esclaves au nord de St-Domingue. **1792** New Hampshire (USA) abolition de la traite. -*Mars* le Danemark abolit la traite avec effet dans 10 ans. -*4-4* la France établit l'égalité des « hommes de couleur et Noirs libres ». **1793**-*29-8* et -*21-9* St-Domingue abolit l'esclavage. **1794**-*4-2* (16 pluviôse an II) sur l'initiative de l'abbé Grégoire, la France abolit l'esclavage : « Les nègres dans les colonies, tous les hommes, sans distinction de couleur, domiciliés dans les colonies, sont citoyens français et jouissent de tous les droits assurés par la Constitution. » -*7-6* Guadeloupe : esclavage aboli. -*14-6* Guyane française : esclavage aboli. **1799** New York : abolition graduelle. **1802**-*12-5* (30 floréal an X) Bonaparte, Premier consul, rétablit la traite et l'esclavage (loi promulguée 20-5). -*16-7* Guadeloupe : esclavage rétabli. -*28-9* Réunion : esclavage rétabli. -*Nov.* Guyane française : esclavage rétabli. **1803** Canada puis **1807** USA abolissent la traite (entrée en vigueur 1-1-1808). -*25-3* Angleterre : esclavage aboli (entrée en vigueur 1-1-1808). **1811** Chili interdit la traite ; abolition graduelle. **1813** Argentine : abolition graduelle. **1815** congrès de Vienne : Angleterre, Autriche, France, Portugal, Russie, Espagne et Suède abolissent la traite, assimilée à la piraterie. Navires de guerre français et anglais ont le droit de visite. Le navire, confisqué, peut être brûlé. Mère Anne-Marie Javouhey (1778-1851, béatifiée 1950) démontre que l'abolition de l'esclavage est possible dans les colonies françaises. -*28-3* Cent-Jours : la traite est abolie. -*Juillet* Louis XVIII confirme l'abolition (elle ne sera pas appliquée malgré une ordonnance du 8-11-1817 et la loi du 15-4-1818). **1817** traité anglo-espagnol : traite abolie (non appliqué). **1821** Pérou : traite abolie (graduellement). -*13-10* Mexique : abolie (pour ceux nés au Mexique). **1830** Uruguay : abolie. **1831** Bolivie : abolie. **1833** Angleterre : abolie (entrée en vigueur août 1834). **1838** les colons anglais abolissent l'esclavage. **1839** encyclique de Grégoire XVI condamnant l'esclavage. **1842** Paraguay : abolition graduelle. **1845** France : loi Mackau d'« adoucissement » de l'esclavage. **1846** Tunisie : esclavage aboli. **1848**-*27-4* France (IIe République), Victor Schœlcher (1804-93), sous-secrétaire aux Colonies, signe l'abolition de l'esclavage. **1849** France : loi d'indemnisation des colons : 1 200 F (puis 500 F) par esclave (alors 249 000) offerts aux propriétaires. Esclaves libérés installés à Libreville (Gabon). **1851** Colombie : esclavage aboli définitivement. **1853** Argentine. **1854** Venezuela. **1856** Brésil : 1ers affranchissements. **1862**-*22-9* USA : émancipation des Noirs proclamée par Lincoln. **1863** Suriname et Curaçao : esclavage aboli. **1865** USA : aboli. **1873** Porto Rico : aboli. **1880-86** Cuba : esclavage aboli (396 000 esclaves en 1874). **1888** Brésil (qui absorbait 100 000 esclaves par an) : aboli. **1926** convention de la SDN condamnant l'esclavage ratifiée par 44 pays. **1930** et **1957** convention de l'OIT sur l'abolition du travail forcé. **1999**-*févr.* France : loi votée par Assemblée nationale (et Sénat en mars 2000) reconnaissant qu'esclavage et traite des noirs sont des crimes contre l'humanité.

La conférence mondiale sur les réparations à l'Afrique et aux Africains de la diaspora, organisée en déc. 1990 à Lagos (Nigéria), a estimé à 25 milliards de $ le montant des réparations dues au continent noir pour 5 siècles d'esclavage. Elle a suggéré que l'annulation des dettes africaines soit considérée comme une partie de ces réparations.

■ **Esclavage des mineurs.** *Convention sur les pires formes de travail des enfants :* approuvée par OIT. Comprend : toutes formes d'esclavage ou pratiques telles que vente et traite des enfants, servitude pour dettes et servage, travail forcé ou obligatoire, y compris recrutement forcé ou obligatoire des enfants en vue de leur utilisation dans des conflits armés (...). D'après le Protocole pour prévenir, réprimer et sanctionner la traite, en particulier des femmes et des enfants, adopté 2000, « la "traite des personnes" désigne recrutement, transport, transfert, hébergement ou accueil de personnes, par menace de recours ou recours à la force ou à d'autres formes de contrainte, par enlèvement, fraude, tromperie, abus d'autorité ou d'une situation de vulnérabilité, ou par offre ou acceptation de paiements ou d'avantages pour obtenir le consentement d'une personne ayant autorité sur une autre aux fins d'exploitation. L'exploitation comprend prostitution d'autrui ou autres formes d'exploitation sexuelle, travail ou services forcés, esclavage ou pratiques analogues, servitude ou prélèvement d'organes (...). Le terme "enfant" désigne toute personne âgée de – 18 ans. »

■ **Statistiques. Du VIIe s. au XXe s.** traite opérée par les musulmans : plusieurs dizaines de millions d'esclaves. **De 1511 à 1789** 4 à 5 millions de Noirs déplacés (on parle de « bois d'ébène », « mulets », « ballots »). **1787** traite annuelle : 100 000 Noirs (transports par : Angleterre 38 000, *France 31 000,* Portugal 25 000, Hollande 4 000, Danemark 2 000). **ESCLAVAGES OU TRAVAIL FORCÉS OFFICIELLEMENT ABOLI DANS TOUS LES PAYS : adultes :** 200 millions dont Inde plus de 55, Pakistan 25, Chine 10 à 16, USA, Europe occidentale plusieurs milliers (immigrés clandestins) ; **enfants au travail** (– de 15 ans) : 250 millions (dont 120 à plein temps). **% d'enfants de 10 à 14 ans au travail** (estimation du BIT, 1995-96) : Bhoutan 55,1 ; Mali 54,5 ; Burkina 51,1 ; Burundi 49 ; Ouganda 45,3 ; Népal 45,2 ; Niger 45,2 ; Éthiopie 42,3 ; Kenya 41,3 ; Érythrée 39,6 ; Tanzanie 39,5 ; Comores 39,3 ; Madagascar 35,8 ; Malawi 35,2 ; Guinée 34 ; Rép. centrafricaine 31,2 ; Bangladesh 30,1 ; Zimbabwe 29,4 ; Bénin 27,5 ; Nigéria 25,8 ; Cameroun 25,3 ; Haïti 25,3 ; Turquie 24 ; Namibie 21,7 ; Côte d'Ivoire 20,5 ; Pakistan 17,7 ; Zambie 16,3 ; Brésil 16,1 ; Inde 14,4 ; Cap-Vert 14,2 ; Swaziland 13,7 ; Ghana 13,3 ; Chine 11,5 ; Égypte 11,2 ; Viet Nam 9,1 ; Maroc 5,6 ; Iran 4,7 ; Argentine 4,5 ; Malaisie 4,5 ; Maurice 3 ; Algérie 1,6.

■ **Pays pratiquant encore l'esclavage** (*source :* rapport de l'OIT, 2001). **Afr. du Sud :** Mozambicaines vendues après fausses promesses de mariage. Exploitées financièrement et sexuellement. **Bénin, Côte d'Ivoire, Ghana, Togo :** enfants de paysans pauvres donnés ou vendus à des citadines ; non rémunérés, ils travaillent sous la menace. **Brésil :** paysans sans terre, endettés, recrutés par les *gatos* (chats) [travail forcé pour défrichage des forêts, abattus en cas de fuite]. **Cameroun** et **Nigéria :** systèmes des *lamidos,* seigneurs féodaux ayant droit de vie et de mort sur leurs sujets. **Chine :** millions d'internés dans camps de rééducation fabriquent des biens d'exportation. **Rép. dominicaine :** système d'extorsion, *macuteo,* nombreux sujets retenus dans plantations. **Golfe, Iraq, Liban :** plus de 1 million de Philippins, Pakistanais et Sierra-Léonais émigrés ; ouvriers ou domestiques, deviennent esclaves, brutalisés. **G.-B. :** milliers de domestiques asiatiques asservis par des résidents du Golfe ; privés de papiers et de liberté. **Haïti :** 100 000 *restavek,* enfants de ruraux vendus à des citadins, asservis. **Inde, Pakistan, Népal, Bangladesh, Sri Lanka :** dizaines de millions depuis plusieurs générations : servitude pour dettes dans les industries. **Mauritanie :** aboli en 1980 mais 700 000 *harratin* affranchis sans moyens ; enlèvements d'enfants. **Myanmar :** membres des tribus Karen, Kachin, Mon, musulmans d'Arakan, enrôlés de force par l'armée comme porteurs. **Pérou :** minorités ethniques asservies pour dettes, *enganche* dans mines d'or et exploitations forestières. **Philippines :** milliers de familles negritos Aeta et Dugamat asservies pour dettes par système *tabong*. **Portugal :** travail clandestin d'enfants dans les industries. **Soudan :** esclavage des Dinkas, milices en guerre enlèvent des esclaves comme butin, familles pauvres vendent leurs enfants. **Thaïlande :** Nord-Est et pays voisins, enfants et adolescents, achetés par rabatteurs et vendus comme domestiques ou prostitués dans les *sweat-shows*, travail forcé. RAISONS. Effort des pays en développement pour exporter à bas prix ; demande des pays occidentaux de produits de qualité bon marché. Explosion démographique. Pauvreté. Traditions.

☞ Prix : en Afrique, un esclave, homme adulte et en bonne santé, est estimé à 10 chameaux. Une femme, en général le double (les enfants appartiennent au propriétaire de la mère et jamais à celui du père, même lorsqu'ils sont issus d'un mariage et que le père est libre).

ÉTUDIANTS

■ **Allocations familiales. Travail rémunéré :** l'activité rémunérée de l'étudiant fait perdre à ses parents le bénéfice des allocations, sauf s'il a 20 ans au maximum et poursuit ses études, dans certains cas ; exemples : leçons et répétitions particulières et autres travaux d'enseignement ; emplois à temps partiel ; activités ayant un caractère de formation ; emplois trouvés par l'intermédiaire des organismes universitaires [Onisep (Office national d'information sur les enseignements et les professions)] et des associations d'étudiants, présentant certaines garanties (en période de vacances, la tolérance est plus large, notamment pour travaux agricoles, colonies de vacances, activités ayant un caractère culturel ou touristique, exemple : guide ou accompagnateur). La rémunération procurée ne doit pas dépasser 55 % du Smic par mois (somme calculée en faisant une moyenne sur 6 mois). Pour les moins de 16 ans (âge minimal de fin de la scolarité) et les moins de 18 ans, l'activité salariée est admise le trimestre d'été et la rémunération ne doit pas dépasser 3 fois le salaire mensuel de référence servant de base au calcul des prestations familiales. **Bourses d'études :** cumul généralement accepté pour un emploi à temps partiel. Conditions particulières pour les emplois liés à l'enseignement (enseignants contractuels, surveillants et maîtres d'internat...).

■ **Impôts.** Si un enfant majeur a moins de 25 ans, ses parents peuvent toujours le considérer comme à leur charge à la condition de faire figurer sur leur déclaration personnelle les rémunérations en espèces reçues par leur enfant, augmentées de la valeur de la nourriture. **Étudiants se livrant occasionnellement à un travail rémunéré :** imposables. Si l'étudiant est à charge de ses parents, ils doivent faire figurer ses rémunérations sur leur déclaration. *Étudiants au pair* dans des colonies de vacances ou au sein d'une famille (sans rémunération en espèces ni allocation représentative de frais) : la valeur des avantages en nature ne compte pas. **Étudiants et élèves des écoles techniques effectuant des stages dans des entreprises industrielles ou commerciales :** non imposables si les stages font partie intégrante du programme de l'école ou des études, s'ils présentent un caractère obligatoire et si leur durée n'excède pas 3 mois. **Bourses d'études :** *pour poursuivre leurs études personnelles :* en général, regardées comme de simples secours non imposables. *Pour des travaux de recherches :* imposables. **Élèves des grandes écoles** (St-Cyr, Polytechnique, etc.) : solde, traitement et avantages en nature sont imposables.

■ **Sécurité sociale.** ÉTUDIANT NON SALARIÉ. **Assurance obligatoire :** *conditions :* avoir moins de 26 ans au 1er oct. de l'année universitaire (prolongation possible : service militaire, interruption des études par suite de maladie, préparation de certains diplômes, etc.) ; être élève d'un établissement d'enseignement supérieur, d'une école technique supérieure, d'une grande école ou d'une classe préparatoire à ces écoles ; être français, ressortissant d'un pays étranger ayant passé une convention de Sécurité sociale avec la France ou réfugié bénéficiaire de la convention de Genève du 28-7-1951. L'étranger doit être immatriculé auprès de la caisse primaire dont dépend son établissement, par l'intermédiaire de celui-ci, dans les 8 jours de son inscription. **Immatriculation :** faite durant le 1er trimestre de scolarité, elle rétroagit au 1er oct. (pour les élèves des classes supérieures des lycées, au jour de l'ouverture de l'établissement, donc éventuellement avant le 1er oct.). Elle ouvre droit aux prestations pour l'année universitaire jusqu'au 30 sept. (pour ceux qui subissent leurs examens aux sessions d'oct. et nov., jusqu'à la publication des résultats). **Cotisation forfaitaire :** 1 100 F pour l'année universitaire 2000-2001 (les étudiants recevant une aide pécuniaire de l'État sont exonérés). **Prestations :** assurées par des mutuelles d'étudiants moyennant une cotisation supplémentaire pour les risques d'accidents survenant du fait ou à l'occasion de la scolarité, et la responsabilité civile. Pas de délai minimal d'immatriculation pour avoir droit au remboursement des soins. Pour l'assurance maternité, l'étudiante doit justifier de son affiliation à la date soit du début de grossesse, soit du repos.

ÉTUDIANT AYANT UN SALAIRE : il doit être déclaré à la Sécurité sociale par l'employeur et a droit aux prestations du régime s'il satisfait aux conditions d'ouverture des droits (120 h de travail ou assimilées dans le mois précédant la date des soins ou l'arrêt de travail, ou 200 h dans le trimestre, 1 jour d'inscription à la Sécurité sociale étudiante, 6 h de travail salarié). Ceux qui n'étaient pas inscrits avant à la Sécurité sociale étudiante bénéficient des dispositions en faveur des assurés nouvellement immatriculés et âgés de moins de 25 ans [pour les prestations en nature, remboursement des soins : 60 h de travail salarié ou assimilé à la date des soins ; prestations en espèces, indemnités journalières : le minimum de 200 h d'emploi se calcule en tenant compte du temps de travail effectué par l'assuré dont l'étudiant était ayant-droit (parents, conjoint assuré social)]. **L'étudiant qui était déjà à la Sécurité sociale étudiante** bénéficie sans délai des prestations en nature de l'assurance maladie, étant couvert soit par le régime étudiant, ou par le régime salarié ; pour les prestations en espèces, le délai minimal de 200 h s'applique, mais chaque journée d'inscription à la Sécurité sociale étudiante est considérée comme équivalant à 6 h de travail salarié pour l'ouverture des droits aux prestations (interprétation variable suivant les caisses). Si l'activité salariée de l'étudiant apparaît comme définitive, la section locale déclenche le transfert du dossier au bénéfice du centre de Sécurité sociale du domicile de l'étudiant salarié. **En cas d'accident du travail :** l'étudiant salarié bénéficie des prestations en espèces comme les autres salariés : si l'accident a eu lieu à l'occasion d'un emploi temporaire pendant les vacances d'été et si l'incapacité totale de travailler se poursuit après la rentrée scolaire, il continue à en bénéficier.

ÉTUDIANT ASSURÉ VOLONTAIRE : exemples : étudiant de plus de 26 ans au 1er oct. de la nouvelle année scolaire et n'ayant pas de prolongation de la limite d'âge ; élève des classes terminales des lycées et collèges ayant plus de 20 ans et ne bénéficiant plus de la Sécurité sociale de ses parents.

STAGIAIRE : **en entreprise, dans le cadre d'une initiation au milieu professionnel :** les stagiaires n'ayant pas de contrat de travail ne sont pas salariés et conservent leur statut d'étudiant (et notamment la Sécurité sociale). *Stages obligatoires :* ne sont pas rémunérés ou par une faible gratification. Au-delà de 30 % du Smic (1 874,89 F par mois), l'entreprise est soumise aux cotisations patronales et salariales de Sécurité sociale, à la CSG et à la CRDS. La couverture accident est assurée par l'école ou l'entreprise. *Stages facultatifs :* jusqu'à 25 % du Smic (1 562 F par mois), et même si l'étudiant ne perçoit rien, l'entreprise paie des cotisations patronales forfaitaires. Au-delà de 25 % du Smic, l'entreprise supporte intégralement cotisations de Sécurité sociale, CSG et CRDS. La couverture accident du travail est assurée par l'entreprise puisque celle-ci a toujours l'obligation de cotiser un minimum. **En formation professionnelle continue :** cotisations ouvrières et patronales dues par l'État pour les stagiaires rémunérés par l'État ou non, fixées au 1-1 par assiette horaire forfaitaire des taux de droit commun du régime général de la Sécurité sociale.

■ **Quelques adresses à Paris. Petits travaux temporaires :** *Crous (Centres régionaux des œuvres universitaires et scolaires),* 39, avenue Georges-Bernanos, 75005. Agence ANPE du *CIDJ (Centre d'information et de documentation jeunesse),* 101, quai Branly, 75015. **Marketing :** *Syndicat national pour la vente et le service à domicile,* 42, rue Laugier, 75017. **Travail temporaire :** 2 syndicats professionnels : *Promatt,* 6, boulevard des Capucines, 75009. *Unett,* 9, rue du Mt-Thabor, 75001.

☞ L'indemnité de fin de contrat n'est pas due si le contrat porte sur une période comprise dans les vacances universitaires.

Étudiant. Au pair : il faut le déclarer à la Sécurité sociale pour le faire bénéficier des prestations accidents (le régime étudiant ne comporte que des prestations maladie). Sinon, la Sécurité sociale pourra aller jusqu'à réclamer à l'employeur les prestations maladie versées pour un accident du travail. D'autre part, le chef de famille employeur sera présumé responsable de tout dommage causé par l'étudiant aux tiers. **Donnant des répétitions :** l'inscription à la Sécurité sociale est aussi nécessaire.

FARDEAUX (LIMITES)

■ **Charge maximale portable dans le monde** (en kg). **Par un homme adulte :** *norme de l'OIT (en 1967) : 55 kg.* Grèce (secteur de la viande) 100. Inde (dockers) 100 (non-syndiqués : 115 à 135). Bangladesh, Pakistan 90. Chine 80. Mexique 56. *France* (plus de 18 ans) *105* (charges exceptionnelles), *55* (habituelles), *plus* (si travailleur reconnu apte par médecin du travail). Colombie (construction) 50. Finlande (emballage) 40. Corée (riziculture) 40. **Par une femme :** Japon 30 (travail intermittent), 20 (travail continu). Thaïlande 30. Philippines 25. Pakistan 23. Ex-Tchécoslovaquie, ex-URSS 15. Allemagne 15 (charges occasionnelles), 10 (travail continu).

Charges [1] (en kg)	Jeunes gens 14-16	Jeunes gens 16-18	Jeunes filles et femmes 14-16	Jeunes filles et femmes 16-18	Jeunes filles et femmes 18 et +
Portées	15	20	8	10	25
Brouette	40	40	0	0	40
3 ou 4-roues	60	60	35	35	60
2-roues	130	130	0	0	30
Tricycle à pédales	50	75	0	0	0

Nota. – (1) Véhicule compris.

FEMMES

■ **Femmes enceintes. Congé de maternité** (assimilé à une période de travail effectif pour le calcul des congés payés et droits liés à l'ancienneté). DURÉE : *pour le 1er ou 2e enfant :* 6 semaines avant la date prévue pour l'accouchement et 10 après. *Pour le 3e et au-delà :* 8 sem. avant, 18 après (on peut majorer de 2 sem. le congé prénatal sous réserve de réduire de 2 sem. la durée du congé postnatal). *Prolongation sur certificat médical :* de 2 sem. à partir de la déclaration de grossesse et avant le début du congé ; de 4 sem. après la fin du congé. *Naissances multiples :* pour les jumeaux 34 semaines, triplés et plus 46). Quel que soit le nombre d'enfants : 6 semaines obligatoires après l'accouchement et 8 au total. La salariée bénéficie d'autorisations d'absence sans diminution de salaire pour se rendre aux examens médicaux obligatoires. **Aménagement d'horaire sans solde pour allaiter :** 1 h par jour pendant un an à compter de la naissance, en principe non rémunérée, mais le salaire peut être maintenu par la convention collective. **Pour élever son enfant :** congé parental d'éducation pour le salarié ayant au moins un an d'ancienneté dans l'entreprise à la date de la naissance de l'enfant. Possibilité de travailler à temps partiel (voir p. 1697 a). Depuis le 1-1-1995, l'entreprise (quel que soit son effectif) ne peut plus refuser ces droits.

Démission : dès qu'elle est en état de grossesse apparente, une femme peut donner sa démission sans préavis. À la suite de son congé de maternité, elle peut rompre son contrat de travail sans préavis, à condition d'avertir son employeur au moins 15 jours avant la fin du congé de maternité par lettre recommandée avec accusé de réception, et dispose ensuite d'une *priorité de réembauchage* pendant un certain temps.

Embauche : une femme n'est pas tenue d'avertir son futur employeur qu'elle est enceinte, et elle est fondée à ne pas répondre aux questions de celui-ci concernant son éventuel état de grossesse.

Indemnité journalière : 100 % du salaire brut plafonné, déduction faite des cotisations sociales et de la CSG, pendant le congé de maternité et éventuellement pendant les 2 semaines supplémentaires accordées sur certificat médical ; 50 % du brut plafonné pendant les 4 semaines supplémentaires accordées sur certificat médical.

Licenciement : une femme ne peut être licenciée pendant une grossesse et les 4 semaines qui suivent le congé de maternité, sauf faute grave ou impossibilité de maintenir le contrat non liée à la grossesse. Quel que soit le motif, elle ne peut être licenciée pendant le congé de maternité.

Mutation : sur présentation d'un certificat médical, la salariée enceinte peut obtenir un changement temporaire d'affectation. L'employeur peut proposer un changement d'affectation avec l'accord du médecin du travail. Le salaire est maintenu.

■ **Harcèlement sexuel.** Selon un sondage CFDT, 8 % des Françaises auraient été harcelées sur leur lieu de travail en 1990. Il est interdit par le Code du travail de sanctionner un salarié ayant subi ou refusé un harcèlement sexuel et en ayant témoigné. Le Code pénal considère désormais comme un délit « le fait de harceler autrui en usant d'ordres, de menaces ou de contraintes, dans le but d'obtenir des faveurs de nature sexuelle, par une personne abusant de l'autorité que lui confèrent ses fonctions ». *Sanctions :* 1 an d'emprisonnement et 100 000 F d'amende.

■ **Rémunération.** En principe égale à celle des hommes pour un travail égal ou de valeur égale (loi Roudy du 13-7-1983). Voir **Salaires** à l'Index.

■ **Repos. Hebdomadaire :** au minimum 24 h et en principe le dimanche sauf exceptions. **Fêtes légales :** travail interdit le 1er Mai (sauf pour certains établissements ou services en raison de leur activité). Le repos lors des autres jours fériés n'est obligatoire (comme pour les hommes) que pour jeunes travailleuses et apprenties de moins de 18 ans (sauf exception).

■ **Travail. Durée hebdomadaire maximale :** *+ de 18 ans :* 48 h au cours d'une même semaine ou 44 h en moyenne au cours d'une période quelconque de 12 semaines consécutives ; *– de 18 ans :* 35 h ; **journalière maximale :** *+ de 18 ans :* 10 h avec une pause de 20 min après 6 h consécutives ; *– de 18 ans :* 8 h avec un max. de

FEMMES DANS LA POPULATION ACTIVE

■ **France. Nombre de femmes actives** (en millions) **et, entre parenthèses, en % de la population totale des femmes :** *1901 :* 7 (36) ; *21 :* 7,2 (35,6) ; *46 :* 6,9 (32,9) ; *62 :* 6,58 (29,6) ; *82 :* 9,58 (34,5) ; *91 :* 10,6 (37,9) ; *98 :* 12,6 (47,6) ; *99 :* 12,17 (40,4). **% de femmes dans la population active :** *1962 :* 34 ; *75 :* 37,1 ; *85 :* 41,6 ; *88 :* 41,5 ; *90 :* 42,5 ; *91 :* 42,9 ; *94 :* 44,2 ; *98 :* 47,6 ; *99 :* 46 ; *2010 (prév.) :* 45,5.

■ **Taux d'activité hommes/femmes, population 15-64 ans** (en %, 1999) : Danemark 85/76,1, Suède 78,8/74, Finlande 78,9/73,9, G.-B. 82,8/67,3, P.-Bas 82,6/64,4, Portugal 79,1/63, Allemagne 79,3/62,9, Autriche 80,5/62,7, France 75,5/62,2 (en 2000, 25 à 39 ans : 94,6/78,8), Belgique 73/56, Irlande 78,3/54,4, Luxembourg 75,8/50,2, Grèce 77,2/48,5, Espagne 76,2/48,5, Italie 73,7/45,6.

4 h 30 consécutives. *Dérogations à la durée maximale* (journalière et hebdomadaire) possibles sous certaines conditions. **De nuit :** voir p. 1696 a.

Nota. - Magasins de vente et locaux de travail doivent être munis de sièges.

☞ **Mesures pour personnes en difficulté** [seules ou avec enfant(s) à charge] : stages d'insertion professionnelle et de formation à l'emploi (Sife) ; RMI [pour les plus de 25 ans ou celles qui ont un enfant (né ou à naître) à charge et dont les ressources n'excèdent pas un plafond déterminé] ; allocation de parent isolé versée par la caisse d'allocations familiales pour personne vivant seule et ayant un enfant à charge ou à naître, sous condition de ressources.

Fêtes légales

■ **En France. Liste des jours fériés légaux :** *dimanches* (loi du 18 germinal an X, art. 57) ; *Ascension, Assomption, Toussaint, Noël* (arrêté du 29 germinal an X) ; *1er janvier* (avis du Conseil d'État, 23-3-1810) ; *14 juillet* (loi du 6-7-1880) ; *lundis de Pâques et de Pentecôte* (loi du 8-3-1886) ; *11 novembre* (anniversaire de l'armistice de 1918) [loi du 24-10-1922] ; *1er mai* (fête du Travail) [loi du 30-4-1947, modifiée par celle du 29-4-1948] ; *8 mai* (jour anniversaire de la victoire de 1945) [loi du 2-10-1981. La reddition des armées allemandes à Eisenhower ayant eu lieu le 7-5, et sa ratification dans la nuit du 8 au 9, le 8-5 ne correspond à aucun événement précis. La loi du 7-5-1946 fixa la commémoration de la victoire au 8 si c'était un dimanche ; sinon au 1er dimanche qui suivait. En 1951, le ministre de l'Intérieur, Henri Queuille, décida de la fixer le 8-5 (un mardi). La loi du 20-3-1953 précisa que la République française célébrait annuellement l'*armistice* et que le 8-5 était jour férié. Celui-ci fut supprimé par de Gaulle en 1961. Jusqu'en 1968, la commémoration eut lieu le 2e dimanche du mois (sauf en 1965 pour le 20e anniversaire). En 1975, Giscard d'Estaing supprima toute commémoration. Elle fut rétablie en 1981, ainsi que le jour férié, par le gouvernement Mauroy].

Le 1er mai

■ **Origine. 1884**-*nov.* à Chicago (USA), IVe congrès des *Trade Unions* qui décide qu'à partir du 1-5-1886, la journée normale de travail sera fixée à 8 h et que toutes les organisations ouvrières se prépareront à cet effet. En Pennsylvanie et dans l'État de New York, le 1er mai était alors le *Moving-Day* (jour du début de l'année pour les transactions économiques et engagements de travail). **1886**-*1-5* aux USA, manifestation des syndicats fédérés pour obtenir la journée de 8 h (environ 5 000 grèves et 340 000 grévistes). **1886-89** aux USA, grèves les 1er mai.

■ **Internationalisation. 1889**-*14/20-7* le Congrès international socialiste de Paris adopte le 1-5 comme jour de revendication des travailleurs. Sur proposition de Raymond Lavigne (né 17-2-1851), le Congrès décide d'organiser une manifestation internationale à date fixe pour que le même jour les ouvriers demandent la journée de 8 h. Le 1-5 est choisi, l'*American Federation of Labor* l'ayant déjà adopté. **1890**-*1-5* en France, dans les tracts appelant à la manifestation, l'idée d'une fête du travail est souvent associée à la revendication pour les 8 h (sans doute pour entraîner plus de monde). Importantes manifestations à Paris, dans 138 villes de province et dans le monde (All., Autriche-Hongrie, Roumanie, Belgique, Hollande, Italie, Pologne, Espagne, G.-B., Suède, Norvège, Danemark, USA). Plusieurs congrès nationaux conseillent que cette manifestation soit renouvelée : Scandinavie et Espagne (août), France et All. (oct.), Italie (nov.), Hongrie (déc.), Portugal et Suisse (janv.). **1891**-*1-5* manifestations à l'étranger ; en France, à Fourmies (Nord), l'armée tire (10 †). -*16/22-8* le Congrès international socialiste de Bruxelles donne au 1-5 son caractère annuel et international. Il sera célébré chaque année à partir de 1892. **1906**-*1-5* en France, manifestation violente pour obtenir la journée de 8 h. A Paris, 800 arrestations et nombreux blessés. **1919**-*25-4* loi rendant obligatoire la journée de 8 h. -*1-5* pour fêter ces 8 h, manifestation importante à Paris, nombreux blessés. **1937**-*1-5* Front populaire, grande manifestation.

■ **Le muguet du 1er mai. 1890**-*1-5* les manifestants portent un petit triangle rouge, symbole de la division de la journée de travail en « trois huit » (travail, sommeil, loisirs). Plus tard, ils fleuriront leurs boutonnières d'églantines, symbole de la foi en la Révolution et fleur traditionnelle du nord de la France (d'où le surnom donné aux socialistes vers 1900 : les « églantinards »). **1907**-*1-5* le muguet, fleur traditionnelle de l'Ile-de-France (Chaville, Meudon), apparaît. **1936**-*1-5* on vend des bouquets de muguet cravatés de rouge.

■ **Fête du Travail. 1793**-*24-10* dans son rapport sur le calendrier lu à la Convention, Fabre d'Églantine institue une fête du Travail le 19-9. Saint-Just, dans les *Institutions républicaines,* établit des fêtes publiques le 1er de chaque mois ; la fête du Travail aura lieu le 1er pluviôse (20 ou 31 janv.). **1848** la Constitution institue une fête du Travail dans les colonies pour effacer les dégradations dues à l'esclavage ; fixée au 4-3 (abolition de l'esclavage en France et dans les colonies). **1941**-*12-4* loi consacrant le 1er mai comme *fête du Travail et de la Concorde sociale* (chômé, sans perte de salaire, mais 50 % de celui-ci sera versé au Secours national). **1947**-*29-4* 1er mai : jour chômé et payé (donc légalement il n'existe pas de fête du Travail en France, mais un jour férié).

Pour les mineurs : *Ste-Barbe* (4-12) : chômée et fériée (loi du 20-3-1951). **Métallurgistes du Nord :** *St-Éloi* (1-12). **A la Bourse :** *vendredi saint :* jour chômé. **Alsace-Lorraine :** *vendredi saint* : jour férié dans les localités où il existe un temple protestant ou une église mixte. *St-Étienne* (26-12) : jour férié. **Dom :** jour de l'abolition de l'esclavage (loi du 30-6-1983 et décret du 23-11-1983).

■ **Repos obligatoire.** *En dehors des conventions collectives, le 1er Mai est le seul jour férié pour lequel le repos est légalement obligatoire,* excepté pour certaines activités : transports, usines à feu continu, hôtels, hôpitaux, etc. (Code du travail, art. L. 222-7). Les autres jours fériés, le repos n'est obligatoire *que pour les jeunes* travailleurs et apprentis (moins de 18 ans) employés dans l'industrie (la loi ne s'oppose pas à ce que les jeunes hommes travaillent dans les usines à feu continu).

■ **Paiement. 1er Mai :** payé à tout le monde (mais s'il tombe un dimanche, il n'y a pas d'indemnisation pour ceux qui ont travaillé le 1er Mai) : indemnité égale au montant du salaire. **Autres jours fériés :** *personnel payé au mois* avant la loi de 1978 (arrêté du 31-5-1946) : salaire habituel, sans compter les heures supplémentaires éventuelles effectuées le jour chômé. *Salariés mensualisés* (loi du 19-1-1978) : paiement de l'intégralité du salaire (y compris les heures supplémentaires qui auraient été accomplies le jour chômé) si le salarié a 3 mois d'ancienneté dans l'entreprise, a accompli 200 h de travail au cours des 2 mois précédant le jour férié et s'est présenté le dernier jour de travail précédant le jour férié et le 1er jour de travail qui lui fait suite, sauf autorisation d'absence préalablement accordée. Sont exclus de la loi de 1978 : salariés agricoles, des entreprises publiques bénéficiant d'un statut législatif ou réglementaire ; travailleurs à domicile, temporaires, saisonniers, intermittents. *Personnel payé à l'heure :* heures chômées : non rémunérées ; heures de travail accomplies le jour férié : payées au tarif normal. Si la convention collective admet le travail un jour chômé dans certaines circonstances (commande exceptionnelle par exemple), une indemnisation spécifique ou un repos compensateur est prévu.

■ **Récupération des jours fériés.** Interdite depuis l'ordonnance du 16-1-1982. **« Ponts » :** il n'y a aucune obligation. Il faut un accord entre employeur et personnel. L'employeur doit demander l'avis du comité d'entreprise, afficher le nouvel horaire et le notifier à l'inspecteur du travail. La récupération (qui s'impose aux salariés) ne peut avoir lieu, en principe, avant le jour du pont. Seules les heures perdues au-dessous de 35 h (ou 39) sont récupérables dans les 12 mois précédant ou suivant le pont ; elles sont rémunérées au taux normal sans majoration.

Formation professionnelle continue

■ **Définition** (Livre IX du Code du travail, loi du 21-12-1993). Fait partie de l'éducation permanente. Permet l'adaptation des travailleurs aux changements des techniques et des conditions de travail, favorise leur promotion sociale par l'accès aux différents niveaux de la culture et de la qualification professionnelle. Assurée par État, collectivités locales, établissements publics et d'enseignement public et privé, associations, organisations professionnelles, syndicales et familiales, entreprises.

■ **Types d'actions.** Préparation à la vie professionnelle ; adaptation ; promotion ; conversion ; acquisition, entretien ou perfectionnement des connaissances ; bilan de compétences professionnelles et personnelles ; prévention.

■ **Publics bénéficiaires.** Toutes les personnes engagées dans la vie active : salariés d'entreprises, agents du secteur public (réglementation spéciale), demandeurs d'emploi, jeunes, contrats d'orientation, de qualification... Mesures spéciales en faveur de l'insertion professionnelle des 16 à 25 ans (contrats d'orientation, de qualification, d'adaptation) et des demandeurs d'emploi de longue durée.

■ **Participation de l'État.** Il met en place des actions de formation, finance la rémunération des stagiaires demandeurs d'emploi, propose des aides financières aux branches professionnelles et aux entreprises. **Financement** (en milliards de F, 1998) : État 56,6, collectivités locales 13,5, autres administrations publiques 12, Unedic 8,7 (en 1996), entreprises et OPCA 56, ménages 3. *Total :* 141. FSE (est. 1998) : 2.

■ **Participation des Régions.** Elles ont, depuis 1983, une compétence générale. Depuis le 1-7-1994, décentralisation progressive du dispositif de formation continue destiné aux 16/25 ans. Totale depuis le 1-1-1999.

■ **Participation des entreprises au financement.** Obligatoire à l'exception de celles de l'État, des collectivités locales et de leurs établissements publics à caractère administratif. **Montant minimal fixé chaque année par la loi de finances :** 0,15 % pour les - de 10 salariés, 1,5 % des salaires bruts payés durant l'année pour les entreprises de 10 salariés et plus. **Exonération :** possible si l'on finance des actions de formation à l'intérieur de l'entreprise ou des conventions de formation à l'extérieur.

☞ Voir **Enseignement** p. 1308 a.

■ **Rémunération des stagiaires. Salariés :** *dans le cadre du plan de formation de l'entreprise :* maintien du salaire habituel ; *du congé individuel de formation (Cif)* [voir p. 1697 c] : montant décidé par organisme paritaire agréé au titre du Cif. **Demandeurs d'emploi :** les bénéficiaires de l'allocation d'assurance chômage perçoivent (sous certaines conditions) l'allocation de formation reclassement (AFR). Les autres perçoivent de l'État ou de la Région une rémunération forfaitaire (sous certaines conditions).

■ **Participation des entreprises à la formation professionnelle continue** (en 1998). **Adhérents** (entreprises de + de 10 salariés) : 1 143 307. **Dépenses rapportées à la masse salariale : 3,23 %. Durée moyenne des stages :** 50 h.

■ **Dépenses pour la formation professionnelle** (en 1998). **Montant :** 141 milliards de F dont (en %) frais pédagogiques 58, rémunération des stagiaires 51. *Financement de l'État :* 40 %. *Participation des entreprises de + de 10 salariés :* 39,7 % (20 % consacrés à la formation des jeunes en apprentissage ou en alternance, 80 % à la formation des autres salariés dans le cadre du plan de formation ou du congé individuel de formation). **Répartition des dépenses** (en 1997) : 23,1 % ont servi au financement des actions en faveur des jeunes en première insertion, 18 % à celles destinées aux demandeurs d'emploi et aux publics éprouvant des difficultés particulières sur le marché du travail, et 59 % à la formation des actifs occupés (dont 20 % pour les agents de la fonction publique).

■ **Statistiques. Stagiaires** (en 1998) : 3 739 930 (entreprises privées uniquement) dont (en 1997) demandeurs d'emploi 812 209, autres actions (jeunes) 764 884. **Nombre total d'heures de stage** (en millions) : *1995 :* 350 ; *96 :* 754 ; *97 :* 800 ; *98 :* 892. *Reproches :* stages inutiles, conflits d'intérêts, surfacturation des prestations, abus de contrats de qualification, fraudes aux crédits d'impôts, rémunération de « rabatteurs » et rétrocession de commissions occultes (pour récupérer la taxe d'apprentissage, certaines écoles versent des commissions de 50 %), financement de permanents patronaux, thésaurisation des fonds, mauvaise répartition, frais de gestion élevés (théoriquement limités à 12 % de la collecte, peuvent atteindre 29 %). **Actifs ayant participé à des formations professionnelles continues** (en 1998) : 12 millions (hors fonction publique), près d'un actif sur 3.

☞ **Renseignements :** *centre Inffo* (ouvert aux entreprises, établissements publics, associations diverses, etc.), 33, place des Corolles, 92049 Paris La Défense.

Handicapés

■ **Législation.** Depuis le 1-1-1991, les entreprises publiques et privées de plus de 20 salariés doivent employer au moins 6 % de handicapés. **Modalités de substitution : 1°)** *conclusion d'un accord* de branche, d'entreprise ou d'établissement ; **2°)** *passation d'un contrat de sous-traitance* avec un établissement de travail protégé agréé (exonération partielle jusqu'à 50 %) ; **3°)** *versement,* pour chaque emploi non pourvu, *d'une contribution* au Fonds de développement pour l'insertion professionnelle des travailleurs handicapés. **Rémunération :** légalement 20 % max. au-dessous du salaire normal avec garantie de ressources et complément de rémunération ne pouvant excéder 20 % du Smic ni porter les ressources garanties à un niveau supérieur à 130 % du Smic. La garantie de ressources des handicapés occupant un emploi en milieu protégé dans une entreprise (50 % du salaire normal) est par ailleurs égale à 100 % du Smic. **Déclaration obligatoire** annuelle (au 15 févr.) des effectifs de handicapés employés.

■ **Statistiques.** En 1998, 219 778 handicapés dans 424 établissements de 20 salariés et plus assujettis à l'obligation d'emploi. En 2000, 112 811 en milieu protégé. **Taux d'emploi effectif** (en 1998) : 4,03 %. **Demandeurs d'emploi** catégorie 1 (déc. 2000) : 135 131. **% moyen de travailleurs handicapés** (en 1998) : entreprises privées 4,03, fonction publique d'État 4,01, hospitalière 4,49, territoriale 5,12. **Taux d'emploi par secteur d'activité :** agriculture 4,17, industrie (sauf bâtiment) 4,44, construction 5,22, tertiaire 3,58, administration 4,32.

Quota applicable aux travailleurs handicapés dans l'UE (en %) : Italie 15, *France* et All. 6, Irlande (secteur bénévole et public) et P.-Bas 3,7, G.-B. 3, Espagne et Grèce (fonction publique) 2.

☞ **Le Fonds pour l'insertion professionnelle des personnes handicapées (Agefiph)** a collecté en 2000, 2 150 millions de F et en a dépensé 2 565 au profit de 164 000 bénéficiaires. *Renseignements :* Minitel : 3614 Fiph.

Inspection du travail

■ **Origine. 1841** création d'inspecteurs du travail bénévoles, par une loi relative à la protection des enfants. **1874** création d'un système d'inspection du travail, composé d'inspecteurs divisionnaires recrutés par l'État et d'inspecteurs départementaux recrutés par les conseils généraux dans une vingtaine de départements, pour contrôler l'application des règles relatives aux conditions de travail dans les entreprises. **1892** création d'un corps unique d'inspecteurs du travail d'État par une loi relative au travail des enfants, des jeunes et des femmes dans les établissements industriels. Les inspecteurs du travail sont rattachés au ministère du Commerce. **1906** création du ministère du Travail. **Depuis 1945,** mais surtout depuis les années 1970-1980, les directions départementales et régionales ont constitué d'importants services spécialisés dans la mobilité de la main d'œuvre jusqu'à la création de l'ANPE (1967), puis dans le contrôle et le conventionnement des actions de formation professionnelle ou de promotion de l'emploi jusqu'à la création du Fonds national de l'emploi (1963). Elles ont également intégré les Cotorep (Commissions de reclassement des personnes handicapées). **1975** le corps de l'inspection du travail devient interministériel (Travail, Transports, Agriculture). **2000** statut refondu offrant des possibilités de carrières spécialisées sur les questions de l'emploi et de la formation professionnelle parallèlement aux carrières classiques en sections d'inspection.

Services déconcentrés du travail et de l'emploi : relèvent du ministère chargé du Travail. 23 directions régionales, 101 départementales et 440 sections d'inspecteurs du travail. *Composition d'une section :* membres du corps de l'inspection du travail, contrôleurs du travail assistés d'un secrétariat, 2 agents d'exécution, spécialistes divers (médecins-inspecteurs, ingénieurs de prévention, économistes, statisticiens). *Effectifs :* 9 360 agents.

■ **Statut et rôle des inspecteurs du travail.** Fonctionnaires *1°) dépendant des directions départementales et régionales du travail, de l'emploi et de la formation professionnelle,* en relation directe avec les entreprises dans lesquelles ils sont chargés de contrôler l'application de la législation du travail ; exclusivement compétents dans les entreprises situées dans leur secteur d'inspection ; *2°) des services de l'inspection du travail, de l'emploi et de la politique sociale agricole ; 3°) des services de l'inspection du travail des transports.* Sont chargés de contrôler les contrats de travail, les horaires de travail, congés, rémunérations, mesures d'hygiène et de sécurité, règlement intérieur, conditions d'emploi des femmes, des enfants, des travailleurs étrangers, application des conventions collectives étendues, mise en place et fonctionnement des représentants du personnel, et remplissent d'autres fonctions : autorisation des heures supplémentaires, du licenciement des salariés protégés, conciliation dans le règlement des conflits collectifs du travail et information des employeurs et des salariés sur les dispositions en vigueur.

Sanctions possibles en cas de violation de la législation dans l'entreprise : procès-verbal constatant l'infraction adressé à la direction départementale du travail qui le transmet éventuellement au Parquet, aux fins de poursuites ; mise en demeure du chef d'entreprise, lui ordonnant de se mettre en conformité avec la réglementation ; saisine du juge des référés lorsqu'un travailleur est exposé à un risque corporel sérieux afin d'obtenir, par exemple, la mise hors service d'une machine ou l'arrêt du chantier.

■ **Statistiques** (au 31-12-1998). **Agents** des services déconcentrés du ministère du Travail : 8 031 dont 988 de niveau A (750 directeurs et inspecteurs, 28 médecins-inspecteurs, 11 ingénieurs de sécurité, 191 économistes, attachés, chargés de mission ou d'études) ; 2 188 de niveau B (contrôleurs, chefs de section ou de centre) ; autres catégories 4 855. **Visites de contrôle : établissements et,** entre parenthèses, **salariés occupés :** *1998 :* assujettis 1 445 000 (13 532 000) ; visites 113 406 (5 441 583). **Total des interventions :** *1998 :* 264 528. **Nombre d'infractions :** *1987 :* 1 179 575 ; *98 :* 781 505 dont observations et mises en demeure 751 174 ; relevées par procès-verbaux 30 316 (manquements à la réglementation du travail 61 %, aux règles sur la santé et sécurité au travail 18 %, dispositions concernant l'emploi 10 %) ; référés 15. **Suites données aux procès-verbaux :** *1998 :* condamnations personnes physiques et morales 2 130, non-lieux et relaxes 322. **Peines d'emprisonnement** (fermes ou assorties de sursis) : *1984 :* 148 ; *89 :* 516 ; *93 :* 561 ; *98 :* 338.

Jeunes

☞ Une réglementation spécifique concerne les jeunes jusqu'à 18 ans.

■ **Age minimal pour travailler.** Celui où cesse l'obligation scolaire : en principe 16 ans ; exceptions : apprentissage, professions ambulantes, enfants employés occasionnellement pour les spectacles ou travaillant sous l'autorité du père, de la mère ou du tuteur. **Mannequins :** environ 2 000 enfants de 6 mois à 16 ans sont employés par des agences. Une loi du 12-7-1990 assure leur protection (obligation d'une licence pour les agences et d'un agrément pour l'emploi de mineurs, contrôles plus fréquents). Voir p. 1707 a, travail pendant les vacances.

■ **Capacité dans l'entreprise.** *Adhésion à un syndicat* possible à 16 ans (sauf opposition du père, de la mère ou du tuteur). *Électeurs* (comité d'entreprise, délégués du personnel) : 16 ans (et 6 mois d'ancienneté). *Éligibles :* 18 ans. Le mineur peut saisir l'inspection du travail mais seul son représentant légal peut agir devant les prud'hommes.

■ **Congés.** Les moins de 22 ans ont droit, sur leur demande, à 30 jours ouvrables quelle que soit la durée de leur travail effectif pendant la période de référence précédente (jours non acquis par le travail non rémunérés).

■ **Durée du travail. 1841**-*22-3* loi interdisant de faire travailler des enfants de moins de 8 ans ; durée : 8 h de 8 à 11 ans ; 12 h de 12 à 16 ; travail de nuit et le dimanche interdits. **1874**-*19-3* âge minimal : 12 ans ; durée maximale : 12 h ; exception : de 10 à 12 ans les enfants peuvent travailler 6 h. **Actuellement :** 39 h, dérogation exceptionnelle de l'inspecteur du travail pour les heures supplémentaires.

■ **Étudiants.** Voir p. 1702 a.

■ **Fardeaux.** Voir p. 1702 b.

■ **Fêtes légales.** Travail interdit, même pour rangement d'atelier, dans usines, manufactures, chantiers, etc. (exception, avec jour de repos compensateur, dans usines à feu continu).

■ **Repos de nuit.** 12 h au minimum, travail de nuit interdit entre 22 h et 6 h, sauf dérogation.

■ **Salaire.** S'il n'y a pas de contrat d'apprentissage écrit, le jeune doit être payé au moins sur la base du Smic (abattement de 20 % avant 17 ans, de 10 % entre 17 et 18 ans sauf s'il a 6 mois de pratique professionnelle). Celui qui travaille au rendement ou aux pièces ne doit pas subir ces abattements.

■ **Stages de formation.** Jeunes de 16 à 18 ans, sortant de l'école sans formation professionnelle. **Formation alternée de qualification :** générale et théorique par un organisme de formation, et pratique en milieu de travail. **D'insertion :** jeunes rencontrant des difficultés (échec scolaire, difficultés personnelles) ; durée maximale 10 mois (dont 50 % en entreprise), indemnité forfaitaire (comme ci-dessus). **Orientation collective approfondie :** 4 à 6 semaines (dont 50 % au plus en entreprise), indemnité forfaitaire 535 F par mois.

■ **Travaux dangereux ou immoraux.** Interdits aux mineurs.

Libertés dans l'entreprise (loi du 4-8-1982)

■ **Règlement intérieur.** Obligatoire dans toute entreprise à partir de 20 salariés. Sous peine de nullité, il doit être soumis à titre consultatif au comité d'entreprise (ou aux délégués du personnel) et au comité d'hygiène, de sécurité et des conditions de travail, puis à l'inspecteur du travail. Il ne peut contenir de dispositions contraires aux libertés individuelles (interdits : alcootest et fouille sauf cas très précis, ouverture du courrier personnel, journaux, etc.). Il doit contenir les prescriptions d'hygiène et de sécurité du travail, les règles de discipline du travail (avec sanctions, mais aussi droits de la défense).

■ **Droit d'expression des salariés.** Introduit par la loi Auroux. L'employeur doit discuter ses modalités d'exercice avec sections syndicales, comité d'entreprise et délégués du personnel. En l'absence d'accord durable, la négociation doit être reprise tous les ans. L'application des accords doit être examinée tous les 3 ans avec les organisations syndicales. *Début 1991 :* plus de 25 000 établissements (2,7 millions de salariés) étaient couverts par un accord sur le droit d'expression.

Licenciement

En France

■ **Motifs de licenciement. Cause personnelle :** il faut une *cause réelle et sérieuse* (exemples : inaptitude physique à l'emploi, absences répétées, perte de confiance ou insuffisance appuyée sur des faits objectifs). Aucun fait fautif ne peut être sanctionné au-delà d'un délai de 2 mois à compter du jour où l'employeur en a eu connaissance, sauf poursuites pénales. **Cause économique :** difficultés économiques (pouvant déboucher sur une cessation d'activité), mutations technologiques, réorganisation indispensable à la sauvegarde de la compétitivité de l'entreprise, cessation d'activité. La procédure varie selon que le licenciement est individuel ou collectif (2 à 9 salariés ou plus de 9 salariés sur 30 jours).

■ **Formalités. Le patron qui veut licencier un salarié doit : 1°) le convoquer** à un entretien préalable par lettre recommandée [1] précisant l'objet de l'entretien (licenciement *envisagé* pour motif économique ou personnel) [sauf cas de licenciement économique de 10 salariés et plus sur 30 jours] ; le salarié peut se faire assister par une personne inscrite sur la liste de la Direction du travail. **2°) Lui envoyer** une lettre recommandée avec accusé de réception [1] 1 jour franc au moins après la conciliation, notifiant la décision avec ses motifs (en cas de licenciement économique : au plus tôt 7 j à compter de la date fixée pour l'entretien préalable ou 15 j s'agissant d'un membre du personnel d'encadrement). **3°) Respecter** le délai de préavis et les garanties éventuellement imposées par la convention collective. **4°) Aviser** l'autorité administrative. **5°) Aviser** le comité d'entreprise (en cas de licenciement collectif). **6°) Demander** les autorisations préalables (licenciement d'un salarié élu, ancien élu ou candidat). **7°) Remettre** un certificat de travail contenant exclusivement la date d'entrée, de sortie et la nature de l'emploi ou, le cas échéant, des emplois successivement occupés, ainsi que les périodes pendant lesquelles ces emplois ont été tenus. Si le salarié réclame des dommages et intérêts pour retard dans la remise de cette pièce, il doit justifier qu'il l'a réclamée et qu'il s'est heurté au refus ou à l'inertie de son employeur. L'employeur peut ajouter des mentions élogieuses mais ne peut indiquer aucun renseignement susceptible de nuire au salarié. **8°) Payer** salaires dus et indemnités de rupture : congés payés, préavis (en cas de brusque rupture), éventuellement indemnité légale (ou conventionnelle) de licenciement. **9°) Faire figurer** sur le reçu *pour solde de tout compte* la mention du délai de dénonciation de 2 mois (le reçu peut être dénoncé dans les 2 mois de la signature par lettre recommandée dûment motivée) ; après ce délai, la forclusion ne peut être opposée à l'employé que si la mention « pour solde de tout compte » est écrite de sa main et suivie de sa signature, et si le reçu, rédigé en double exemplaire dont 1 remis à l'employé, mentionne le délai de forclusion de 2 mois. **Dans les 10 jours de son départ, le salarié peut demander** (par lettre recommandée avec accusé de réception) les causes « réelles et sérieuses » de son licenciement ; l'employeur doit répondre dans le même délai et dans les mêmes formes. Une contribution forfaitaire pour frais de dossier, à la charge de l'employeur, a été instituée à compter du 1-1-1992 pour toute rupture d'un contrat de travail d'une durée supérieure à 6 mois ouvrant droit au versement de l'allocation de base.

Nota. – (1) Ou lettre remise en main propre contre décharge du salarié. S'il refuse sa lettre ou ne va pas la chercher à la poste, le délai-congé part de la date de la 1re présentation de la lettre à son domicile.

☞ Un salarié licencié dans une entreprise sans représentants du personnel est autorisé à se faire assister, lors de l'entretien individuel avec son employeur, par un conseiller extérieur choisi sur une liste établie par le préfet.

■ **Licenciement d'un salarié inapte.** Un salarié ne peut être sanctionné ou licencié en raison de son état de santé ou handicap, sauf inaptitude à l'emploi constatée par le médecin du travail, le chef d'entreprise étant tenu de faire connaître les motifs s'opposant aux propositions de reclassement du salarié faites par le médecin. L'employeur doit alors verser l'indemnité légale de licenciement ou l'indemnité conventionnelle.

■ **Licenciement abusif.** En cas de litige, le juge apprécie la régularité de la procédure et la valeur des motifs invoqués par l'employeur. *Si seules les formalités de licenciement n'ont pas été respectées,* l'employeur se voit imposer le respect de cette procédure et une indemnité à verser au salarié, variable selon son ancienneté et l'effectif de l'entreprise (environ 1 mois de salaire). *Si le motif du licenciement n'est « ni réel ni sérieux »,* le tribunal peut prononcer la réintégration du salarié, ou, à défaut, fixer une indemnité (au min. égale aux 6 derniers mois de salaire si le salarié a plus de 2 ans d'ancienneté dans une entreprise de plus de 10 salariés), ou ordonner le remboursement à l'Assedic des allocations de chômage.

■ **Licenciements économiques. Dispositions spécifiques. Prévention :** l'employeur doit rechercher avant licenciement le *reclassement* interne (entreprise ou groupe) ou externe du salarié ; des dispositions complémentaires sont prises pour les licenciements collectifs. **Convention de conversion :** proposée impérativement pour tout licenciement économique aux salariés de moins de 56 ans et 2 mois ayant au moins 2 ans d'ancienneté, elle ouvre des possibilités de formation et une meilleure indemnisation financée par l'État et l'Assedic (83,4 % du salaire pendant 61 jours, puis 70,4 % jusqu'au terme). *Délai d'acceptation :* 21 jours ; si le salarié l'accepte, le licenciement s'analyse comme une rupture d'un commun accord, avec indemnité de licenciement et dispense de préavis, l'indemnité compensatrice étant versée à l'Assedic. *Sanction contre l'employeur pour non-proposition :* 1 mois de salaire à l'Assedic plus responsabilité du préjudice subi par le salarié. A partir du 1-7-2001, le principe des conventions de conversion disparaît. **Priorité de réembauchage :** notifiée dans la lettre de licenciement, pour le cas où un poste correspondant aux qualifications du salarié serait ouvert. **Licenciement de 2 à 9 salariés sur 30 jours :** établissement de l'ordre des licenciements selon les critères de la convention applicable. Information et consultation du comité d'entreprise ou des délégués du personnel sur le projet. Convocation du salarié à un entretien préalable. Notification du licenciement au salarié. Information de l'autorité administrative. **Licenciement de 10 salariés ou plus** (entreprises de 50 salariés ou plus) : même procédure que pour 2 à 9 salariés, avec en outre présentation d'un *plan social* obligatoire avant décision (à défaut, la procédure de licenciement est sans effet) au cours d'une 1re réunion du CE, des contre-propositions pouvant être présentées puis examinées au cours d'une 2e réunion (délai de 14 à 28 jours selon l'effectif licencié).

■ **Droits du salarié. Indemnité légale :** due à partir de 2 ans d'ancienneté. Ne peut être inférieure à une somme calculée sur la base soit de 20 h de salaire (personnel horaire), soit de 1/10 du mois (personnel mensuel) par année de service dans l'entreprise (calculé sur le salaire moyen des 3 derniers mois) + 1/15 par année au-dessus de 10 ans. Le droit à cette indemnité part de la date de notification du congédiement mais son exigibilité est reportée à la fin du préavis et n'est pas soumise aux cotisations sociales ni à l'impôt sur le revenu. **L'indemnité prévue par convention collective** est due si elle est supérieure à l'indemnité légale (sinon, indemnité légale). **Préavis :** *à partir de 6 mois d'ancienneté :* 1 mois au min. *Après 2 ans :* 2 mois ou 1 accompagné d'une indemnité légale de licenciement, au choix de l'employeur. *Cadres :* souvent 3 mois (d'après les conventions). *Au-dessous de 6 mois :* dépend des usages ou des conventions (en général 1 mois pour les mensuels, 1 semaine pour les autres). Pendant le préavis, le salarié peut s'absenter tous les jours pour trouver un nouvel emploi tant qu'il n'en a pas trouvé (en général 2 h par j, rémunérées suivant usages ou conventions). Le droit de s'absenter est également valable en cas de démission du salarié (il cesse dès que celui-ci a trouvé un emploi). *Licenciement sans préavis :* le salarié a droit à une **indemnité de brusque rupture** égale au salaire qu'il aurait gagné pendant la durée du préavis y compris les heures supplémentaires. Une **faute grave** (négligence entraînant des conséquences graves, vol, coups, blessures et rixe au cours du travail, refus d'obéissance non justifié, absence non autorisée sans justification, retards répétés) commise ou découverte pendant le préavis en interrompt l'exécution mais l'indemnité compensatrice est désormais maintenue (Cass. soc. 9-5-2000). Une **faute lourde** fait perdre le droit à l'indemnité de préavis et de congés payés.

Total des licenciements (en milliers) **dont,** entre parenthèses, **économiques.** *1981* : 365,1 ; *83* : 366,2 ; *85* : 438,3 ; *91* : 865,8 (473,6) ; *92* : 940 (534,3) ; *2000* : 619,9 (196,7). **Licenciement de représentants du personnel. Nombre de demandes et,** entre parenthèses, **autorisations accordées :** *1990* : 10 816 (9 299) ; *91* : 13 822 dont 11 333 pour motifs économiques (12 086 dont 10 242 motifs économiques) ; *92* : 16 750 dont 13 802 motifs économiques ; *93* : 18 800 ; *94* : 14 750 ; *95* : 13 510 ; *96* : 14 066 dont 11 184 motifs économiques ; *97* : 15 921 dont 12 430 motifs économiques (13 521 dont 10 990 motifs économiques) ; *98* : 12 680 dont 8 490 motifs économiques (10 953 dont 7 492 motifs économiques). **Répartition des licenciements autorisés selon les syndicats** (en 1998). CGT 1 358, CFDT 915, FO 529, CGC 330, CFTC 242, autres syndicats 209, non-syndiqués 7 307, inconnus 63.

Le CE peut se faire assister d'un expert-comptable. Le délai de notification varie de 30 à 60 jours selon l'effectif licencié. **Licenciement des plus de 55 ans :** (loi du 10-7-1987) : les employeurs doivent verser au régime d'assurance chômage une contribution supplémentaire égale à 3 mois de salaire brut pour chacun des salariés licenciés. *Exonération* s'ils ont passé une convention spéciale du FNE (Fonds national de l'emploi) avec l'État, et l'ont proposée aux salariés. **Sanctions. Civiles :** en cas de licenciement économique irrégulier et/ou abusif, l'employeur peut être condamné à verser au salarié : une indemnité inférieure ou égale à un mois de salaire en cas de non-respect de la procédure individuelle ; une indemnité calculée en fonction du préjudice subi en cas de non-respect des procédures applicables aux licenciements collectifs pour motifs économiques ; une indemnité supérieure ou égale à 6 mois de salaire en l'absence de motif économique réel et sérieux. **Pénales :** en cas de licenciement de 10 salariés et plus sur 30 jours, amende possible de 1 000 à 15 000 F, prononcée autant de fois qu'il y a de salariés inclus dans le licenciement.

En cas de règlement judiciaire ou liquidation des biens : information préalable de l'autorité administrative pour les entreprises de 1 à 10 salariés, des représentants du personnel pour celles de plus de 10 salariés.

Des dommages et intérêts peuvent être réclamés par le salarié (en plus des indemnités légales) si l'employeur n'a pas demandé l'autorisation à l'administration ou attendu que son délai de réponse soit écoulé ; montant fixé par le juge.

Couverture sociale : les salariés qui la perçoivent bénéficient des *prestations* en nature et en espèces, du régime obligatoire d'*assurance maladie, maternité, invalidité et décès,* de la *validité de la durée* du bénéfice de cette allocation au titre de l'*assurance vieillesse,* de la protection contre les *accidents du travail* « survenus par le fait ou à l'occasion des actions favorisant leur conversion », du *superprivilège* des salaires concernant la contribution de l'employeur à l'*allocation de conversion.*

PRUD'HOMMES

■ **Historique. 1806**-*18-3* créés sous forme d'instance de conciliation. **1848**-*27-5 loi :* vote de tous les ouvriers et parité entre employeurs et salariés. **IId Empire** conditions restrictives d'âge et d'ancienneté pour l'électorat ; président et vice-président désignés par l'administration (jusqu'en 1880). **1907** *loi :* présidence assurée alternativement par un employeur et un salarié ; droit de vote et éligibilité étendus aux femmes ; assistance judiciaire possible. **1979** *loi :* généralise les conseils ; étend leurs compétences à l'ensemble des différends individuels nés du contrat de travail ; crée une section encadrement ; modifie le mode de scrutin ; consacre le principe de juridiction élective, paritaire, avec alternance employeurs/salariés aux présidences et vice-présidences. Le greffe est assuré par des fonctionnaires du ministère de la Justice. Les dépenses de fonctionnement transférées à l'État sont gérées par le greffier en chef. **1982**-*6-5 loi :* achève la généralisation territoriale et professionnelle des conseils ; réduit les mandats de 6 à 5 ans ; crée un Conseil supérieur de la prud'homie.

■ **Organisation des conseils.** 5 sections autonomes (encadrement, industrie, commerce, agriculture, activités diverses) qui peuvent être divisées en chambres. Chaque section ou chambre comprend au moins 4 conseillers employeurs et 4 conseillers salariés, et est alternativement présidée par un employeur et un salarié. Une chambre est spécialisée en matière de licenciements économiques. Une formation de référé est commune à l'ensemble des sections. **Élection des conseillers :** pour 5 ans (rééligibles) ; listes électorales établies par le maire assisté d'une commission électorale, d'après les déclarations nominatives fournies par les entreprises exerçant leur activité dans la commune ; scrutin de liste à la représentation proportionnelle, suivant la règle de la plus forte moyenne, par collège (employeurs, salariés) et par section avec un minimum de 8 conseillers dans chaque section (sauf agricole, souvent 6), soit au minimum 19 salariés et 19 employeurs par conseil ; vote à bulletin secret pendant le temps de travail. Il faut, *pour être électeur :* avoir plus de 16 ans, exercer une activité professionnelle, ne pas être frappé d'incapacité électorale et être inscrit sur les listes électorales prud'homales ; *éligible :* avoir au moins 21 ans, être français, remplir les mêmes conditions que pour être électeur, être inscrit sur les listes électorales prud'homales ou avoir été inscrit sur ces listes pendant 3 ans au moins, et avoir exercé l'activité professionnelle qui justifie l'inscription depuis moins de 10 ans. **Statut :** l'État finance la formation des conseillers dispensée par les syndicats. Les employeurs sont tenus d'autoriser, dans la limite de 6 semaines par mandat, les absences pour formation prud'homale. Ils doivent maintenir les salaires des conseillers salariés absents pour l'exercice de leurs fonctions (l'État les remboursera).

■ **Compétence.** Exclusive pour les litiges individuels de travail entre un salarié et un employeur. Étendue à la métropole et aux Dom, et à toutes les professions. Compétent à charge d'appel quel que soit le chiffre de la demande si l'un des chefs dépasse 22 500 F (décret n° 99-1149 du 28-12-1999, taux fixé annuellement, art. D. 517-1 du Code du travail). Le conseil compétent est celui du lieu de l'entreprise ou, si le travail est effectué hors d'une entreprise, celui du domicile du salarié (travailleur à domicile). Le salarié peut s'adresser soit au conseil du lieu où il a été engagé, soit au conseil du siège social de l'entreprise. Les affaires sont traitées par la section correspondant à l'activité *principale* de l'employeur, sauf pour le personnel d'encadrement et les VRP, qui dépendent de la section de l'encadrement. En cas de litige sur l'attribution de l'affaire à une section, le Pt du conseil, après avis du vice-Pt, désigne la section compétente par ordonnance. Les décisions d'attribution à une section sont des mesures d'administration judiciaire non susceptibles de recours (art. L. 515-4 du Code du travail). *La loi du 30-12-1986* prévoit que toute section ayant plusieurs chambres doit en avoir une compétente en matière de licenciement économique, et étend la compétence aux conventions de conversion (art. L. 516-5 du Code du travail). Lorsque le ressort d'un tribunal de grande instance a plusieurs conseils de prud'hommes, il est constitué une section agricole unique rattachée à l'un d'eux. Les TGI sont incompétents en matière de litige individuel né d'un contrat de travail (sont seuls compétents pour les conflits collectifs du travail).

☞ **Délais pour agir :** 5 ans pour réclamer le paiement de salaires ou de toute autre somme payable par année ou à des termes périodiques plus courts ; 30 ans pour les sommes payables en une seule fois ou selon des périodicités supérieures à 1 an (indemnité de licenciement, allocation de fin de carrière). Si l'on a signé un reçu pour solde de tout compte, passé 2 mois on ne peut plus contester les éléments figurant dans le reçu.

■ **Instance.** En 2 phases. **1°) Convocation :** faite par le secrétariat-greffe du conseil de prud'hommes, par lettre simple adressée au demandeur et par lettre recommandée avec accusé de réception au défendeur. **Tentative de conciliation obligatoire :** demande de conciliation : présence d'un conseiller employeur et d'un conseiller salarié. Les parties doivent comparaître en personne et peuvent se faire assister par salarié ou employeur de la même branche, avocat, délégué syndical ou conjoint. Elles peuvent se faire représenter par ces personnes si elles justifient de motifs légitimes (exemple : maladie). La séance n'est pas publique. Si les 2 parties comparaissent, le bureau entend leurs explications et essaie de les concilier directement, ou en désignant un expert (nomination rare sauf pour la section encadrement) ou 1 ou 2 conseillers rapporteurs qui mettent l'affaire en état d'être jugée ; si la demande n'est pas sérieusement contestable, le bureau de conciliation peut ordonner des mesures conservatoires ou provisionnelles, par exemple le versement d'une provision sur salaire, sur indemnité de préavis, etc. **2°) En cas de non-conciliation,** l'affaire est renvoyée à la prochaine audience du bureau de jugement (audience publique), devant 2 conseillers employeurs et 2 salariés. En cas de partage des voix, un juge du tribunal d'instance tranche. *Appel :* si le montant demandé dépasse 23 500 F par nature de créance ou est indéterminé, les parties peuvent faire appel dans le mois qui suit la notification ou la signification du jugement. Sinon, elles ne peuvent que se pourvoir en cassation dans les 2 mois qui suivent. En cas de jugement ne portant que sur la compétence, seule la procédure du contredit est permise dans les 15 jours du prononcé du jugement, quel que soit le montant des chefs de la demande. L'avocat n'est obligatoire ni devant les prud'hommes, ni devant la cour d'appel, ni devant la Cour de cassation. **Frais du procès** (huissier, expert, indemnités des témoins...) : à la charge du perdant sauf si le conseil de prud'hommes les met totalement ou partiellement à la charge de l'autre partie par décision motivée (art. 696 du nouveau Code de procédure civile). S'il paraît inéquitable de laisser à la charge d'une partie des sommes exposées par elle et non comprises dans les dépens, le juge peut condamner son adversaire à lui payer le montant qu'il détermine (art. 700 du nouveau Code de procédure civile). Ce texte permet de se faire rembourser (partiellement, la plupart du temps) les honoraires d'avocat, les frais de déplacement, la rémunération du temps de travail perdu, etc. **Exécution du jugement :** le greffe du conseil de prud'hommes notifie le jugement en adressant une expédition certifiée conforme du jugement aux parties par lettre recommandée avec avis de réception. Si une partie n'exécute pas spontanément la décision, l'autre peut remettre une expédition du jugement revêtue de la formule exécutoire à un huissier de justice afin qu'il en obtienne l'exécution, au besoin avec l'aide de la force publique (la police ou la gendarmerie). **Droits de l'Assedic :** si la juridiction (conseil de prud'hommes ou cour d'appel) reconnaît que le licenciement est sans cause réelle et sérieuse, l'employeur sera condamné d'office à rembourser à l'Assedic le montant des allocations versées dans la limite maximale de 6 mois. **Décret du 29-6-1987 :** dispositions particulières relatives aux litiges en matière de licenciement économique (art. R 516-45 du Code du travail) : l'employeur doit fournir des informations dans les 8 jours suivant la convocation à la conciliation. L'art. R 516-46 dispose que la séance de conciliation prévue doit avoir lieu dans le mois de la saisine du conseil.

Procédures particulières : exemple : *loi du 25-1-1985 relative au redressement et à la liquidation des entreprises :* dès qu'un administrateur au redressement judiciaire ou un mandataire liquidateur est nommé, l'affaire doit être inscrite directement devant le bureau de jugement, et l'Association pour la gestion du régime de garantie des créances des salariés (AGS-CGEA, centre de gestion et d'études AGS) sera mise en cause. *Référé prud'homal du Code du travail :* la formation de référé statue dans les cas d'urgence et peut ordonner toutes les mesures qui ne se heurtent à aucune contestation sérieuse. *Désignation de 1 ou 2 conseillers rapporteurs :* si l'affaire n'est pas en état d'être jugée, la formation de conciliation ou de jugement peut désigner 1 ou 2 conseillers rapporteurs qui mèneront une enquête et établiront un rapport. *Départage :* si aucune majorité ne peut émerger au sein d'une formation, celle-ci se déclare en partage de voix et renvoie l'affaire à une autre audience de la même composition et présidée par un juge départiteur (juge d'instance, dans le ressort du siège du conseil).

■ **Statistiques. Nombre** (décret du 9-7-1994) : conseils de prud'hommes en métropole et Dom-Tom : 271. Conseillers 14 646. **Demandes introduites** (en 1999) : 165 977 (dont commerce 62 861, industrie 43 641, activités diverses 32 568, encadrement 23 573, agriculture 3 334). **Affaires terminées :** 172 369 (dont 92 511 décisions au fond). **Référés :** 47 303. **Durée moyenne d'attente avant un 1er jugement** (en mois) : *1985* : 11,4 ; *90* : 9,5 ; *95* : 10,1 ; *97* : 9,6 ; *98* : 9,7 ; *99* : 10,3.

Élections du 10-12-1997	1987	Total 1997		Cadres 1997	
	% [2]	% [2]	sièges	% [2]	sièges
CGT	36,35	33,11	2 574	16,22	216
CFDT	23,06	25,34	2 188	31,52	545
FO	20,50	20,55	1 548	10,36	121
CFTC	8,30	7,52	254	9,94	98
CFE-CGC	7,44	5,92	423	21,88	392
CSL [1]	2,30	4,22	69	3,42	5
UNSA	0,21	0,72	26	2,05	3
Groupe des dix	–	0,31	7	0,41	1
UFT, CFNT, divers	1,84	2,26	80	4,16	28
Votants		*34,40*		*33,62*	
Exprimés		*33,04*		*32,97*	
Pourvus			*7 169*		*1 411*

Nota. – (1) Confédération des syndicats libres. (2) % des voix. **Électeurs inscrits :** 14 568 771.

TRAVAIL A DOMICILE

■ **Statut et droits.** Déterminés par les art. L. 721-1 et suivants du Code du travail. *Travailleurs à domicile :* ceux qui travaillent pour le compte et sous les directives d'une ou plusieurs entreprises, sont rémunérés forfaitairement sur la base de tarifs fixes et déterminés à l'avance (à la pièce, à l'heure) et travaillent chez eux seuls ou avec l'aide exclusive de leur conjoint, de leurs enfants ou d'un auxiliaire. Ne sont pas considérés comme travailleurs à domicile les salariés travaillant chez eux à des tâches de conception, réflexion, maintenance, ou ne pouvant par nature être rémunérées forfaitairement.

■ **Rémunération.** Au minimum le Smic. Si les délais fixés pour la remise du travail imposent plus de 8 h par jour ouvrable, majoration de 25 % au min. pour les 2 premières heures faites, 50 % au min. pour les heures suivantes ; majoration pour les travaux des *jours fériés.* **Congés payés :** allocation de 10 % (ou selon la convention collective) de la rémunération brute, déduction des frais d'atelier (arrêté du 18-2-1982) ; versée avec la rémunération.

■ **Sécurité sociale.** Inscription obligatoire ; mêmes prestations que pour les autres salariés ; allocations d'aide publique si le travailleur a accompli 1 000 h de travail salarié au cours des 12 mois précédant l'inscription comme demandeur d'emploi ; allocations Assedic.

■ **Plainte.** *Exemple de motif :* travail très différent de celui annoncé, ou absence de paiement. *S'adresser* à l'inspecteur du travail qui engagera les poursuites devant les tribunaux (procédure gratuite).

■ **Statistiques.** *1900 :* plus de 1 million de femmes ; *60 :* 116 000 dont 101 000 femmes ; *80 :* 34 061 dont 29 746 femmes ; *86 :* 42 000 dont 33 600 femmes. **Groupes professionnels :** *ouvriers :* 27 970 femmes, 3 894 hommes. *Employés :* 1 776 femmes, 421 hommes. **Principaux secteurs :** textile et habillement, jouet, cuir et chaussure, ameublement, pêche, transformation des matières plastiques, coutellerie, horlogerie.

■ **Télétravail.** S'effectue à distance, en dehors de toute possibilité physique pour le donneur d'ordre de surveiller l'exécution de la prestation par le télétravailleur, au moyen de l'outil informatique et/ou des outils de télécommunications et impliquant nécessairement la transmission au moyen d'une ou de plusieurs techniques de télécommunications : téléconseil, télétraduction, téléimpression, télésecrétariat, téléarchivage, télésaisie, télécomptabilité, téléPAO. **Régimes juridiques possibles :** travail indépendant, travail à domicile ou salariat normal. Le télétravail est en principe soumis à la réglementation concernant la prévention des risques liés au travail sur des équipements avec écrans de visualisation. **Télétravailleurs :** *1993* : 16 000 ; *vers 2003 (prév.)* : 300 00 à 500 000.

TRAVAIL ILLÉGAL

■ **Infractions.** Travail dissimulé ; trafic de main d'œuvre étrangère ; marchandage et prêt illicite de personnel ; faux travail indépendant ; emploi non déclaré ; certaines formes interdites de cumuls d'emplois ; fraude aux Assedic, à l'intervention des entreprises étrangères.

■ **Formes. Travaux exécutés par des salariés : 1°)** *en dehors des horaires normaux,* sans inscription au registre des métiers ou du commerce. **2°)** *Cumul d'emplois au-delà de la durée maximale du travail ;* les heures supplémentaires ne sont pas autorisées au-delà de 54 h pour une période de 12 semaines consécutives (mais en aucun cas plus de 60 h par semaine). **3°)** *Pendant les congés payés.* **4°)** *Pendant les suspensions de travail pour maladie,* sauf avis du médecin traitant pour la maladie et du médecin-conseil de la caisse primaire pour l'accident du travail. **5°)** *Pendant les périodes de chômage* (même de courte durée) sans déclaration à l'ANPE (le chômeur perdra les droits à l'indemnisation). **6°)** *Accompli à l'insu de l'employeur.*

Nota. – Activité privée rémunérée interdite à tout *fonctionnaire* ou *assimilé* (agents des offices, établissements ou entreprises publics à caractère commercial ; liste au *JO* des 20-8 et 13-9-1964).

☞ **Pour être en règle,** il faut en particulier : **1°)** *s'immatriculer au répertoire des métiers ou au registre du commerce* lorsque cette inscription est requise. **2°)** *S'acquitter des charges fiscales :* TVA, impôt sur les bénéfices, taxe complémentaire de 6 % (si on emploie soi-même des salariés), patente, taxes diverses (apprentissage, etc.) ; *sociales et personnelles :* allocations familiales, Sécurité sociale.

> **Dérogations. 1°) Travaux d'ordre scientifique, littéraire ou artistique** et concours apportés aux œuvres d'intérêt général, notamment d'enseignement, d'éducation ou de bienfaisance. **2°) Travaux effectués pour son propre compte ou à titre gratuit** sous forme d'une entraide bénévole (exemple : travaux agricoles saisonniers). **3°) Travaux d'extrême urgence** pour prévenir des accidents imminents ou organiser des mesures de sauvetage.

■ **Obligations de l'employeur.** *Déclaration nominative préalable* à la Sécurité sociale entraînant la suppression de l'attestation d'embauche (1-7-1993). *Pour tout contrat de plus de 20 000 F,* vérifier (sous peine d'être coresponsable) que le cocontractant est en règle (impôts, taxes, charges sociales, etc.).

■ **Statistiques. En France. Population concernée :** plus de 500 000 personnes. **Sommes échappant au fisc** (en milliards de F, 1995) **: 290** dont *dissimulation d'activités d'entreprises légalement installées :* 200 (dont non-déclaration des recettes 150, non-paiement de TVA, cotisations sociales ou impôts 50. *Répartition :* commerce 70, services 35, bâtiment 35, restauration 25, agriculture 10, réparation auto 9, autres 16) ; *travail clandestin :* 70 (dont bâtiment 25, services et commerce 20, réparation auto 10, agriculture 6, autres 9) ; *pourboires et avantages :* 15 à 18 [normalement fiscalisables (l'été dans les stations balnéaires, et l'hiver dans les stations de ski, les pourboires représentent 3 à 4 fois la masse des salaires déclarés)]. **Infractions relevées et,** entre parenthèses, **procès-verbaux :** *1987 :* 3 215 (1 301) ; *90 :* 11 687 (7 187) ; *91 :* 12 558 (7 706) ; *94 :* 18 900 (9 100) ; *95 :* 10 100 ; la libre circulation à l'intérieur de l'UE (depuis le 1-1-1992) entraîne la suppression des infractions concernant Espagnols et Portugais.

Répression du travail illégal en France en 1997 et, entre parenthèses, **en 1990. Condamnations :** 10 039 (5 644) dont travail dissimulé 7 891 (3 033), emploi d'étranger sans titre de travail 348 (1 137), prêt illicite de main d'œuvre, marchandage 208 (188), absence de déclaration préalable à l'organisme social 395 (0), exercice illégal du métier de transporteur routier 357 (193), entrave à l'exercice des fonctions d'inspecteur du travail 244 (482), infractions au travail temporaire 32 (138), fraude aux Assedic 465 (384), cumul d'emplois 42 (12), infractions diverses 57 (77). **Nationalité des condamnés :** Français 7 235 (3 664), Maghreb 751 (697), Union européenne 533 (360), Turquie 435 (251), non déclarés, apatrides 424 (297), autres pays d'Asie et Océanie 344 (158), Afrique 235 (147), autres pays d'Europe 54 (47), Amérique 28 (23). **Peines prononcées :** emprisonnement 3 524 (1 630) [ferme 427 (309), sursis partiel 170 (44), total 2 927 (1 277)] ; amende 5 846 (3 788) [ferme 4 440 (3 332), sursis partiel 240 (91), total 1 166 (365)] ; peine de substitution 371 (65) ; dispense de peine 298 (161). **Infractions pour travail illégal par secteur d'activité** (en %, 1997) : BTP 24, commerce 21, autres services 20, hôtels, cafés, restaurants 15, agriculture 7, transport 6, artisanat, automobile 6, confection 4, autres industries 3.

A l'étranger [étude de l'université de Linz (Autriche) en 1998]. **% du PIB venant du travail au noir :** Grèce 29, Italie 27,8, Espagne 23,4, Belgique 22,6, Suède 20, Norvège 19,7, Danemark 18,4, Canada 15, *France 14,9,* Allemagne 14,7, Australie 14,1, P.-Bas 13,6.

SANCTIONS

■ **D'une façon générale.** 2 000 à 200 000 F d'amende et/ou 2 mois à 4 ans de prison.

■ **Infractions. A la réglementation du travail. a) Non-inscription au répertoire des métiers ou au registre du commerce :** amende de 1 200 à 3 000 F. Si les travailleurs se qualifient eux-mêmes d'artisans, il y a circonstance aggravante. **b) Congés payés :** l'action ne peut être intentée que par le maire ou le préfet dans le cas où le travail a causé un préjudice aux chômeurs de la localité. L'employeur peut toujours faire la preuve de sa bonne foi, mais celle-ci n'est pas présumée. Les dommages et intérêts ne pourront être inférieurs au montant de l'indemnité due au travailleur pour son congé payé. **c) Cumul d'occupations :** amendes de 3 à 54 F et, en cas de récidive, de 21 à 54 F pour chaque journée. L'employeur peut justifier de sa bonne foi s'il produit une déclaration du salarié préalable à son embauchage attestant qu'il n'effectue pas un travail supplémentaire. **d) Travail à l'insu de l'employeur :** peut être considéré comme une faute grave justifiant le licenciement sans préavis et permettant une demande en dommages et intérêts de l'employeur.

A la réglementation de la Sécurité sociale. Pour l'employeur : défaut d'immatriculation : les *salariés* non immatriculés travaillant pour plusieurs patrons ou de façon occasionnelle sont responsables de leur immatriculation. L'*employeur* est passible d'une amende de 18 à 54 F et du paiement des majorations de retard. L'amende (appliquée autant de fois qu'il y a de personnes employées ainsi) ne peut dépasser 4 500 F. *En cas de récidive* (quand la 1re condamnation est devenue définitive dans les 12 mois antérieurs à la nouvelle infraction) : amende de 60 à 450 F avec plafond de 30 000 F. **Bulletin de paie inexact :** constitue une fraude.

Sanctions civiles : *recours de la Sécurité sociale contre l'employeur.* Celui-ci doit rembourser les prestations servies jusqu'à l'acquittement des cotisations arriérées pour le personnel concerné (suivant la situation du débiteur, la créance peut être réduite). *Autres sanctions :* majorations de retard de 10 % à partir de la date d'exigibilité des cotisations, plus 3 % par trimestre ou fraction de trimestre écoulé après l'expiration d'un délai de 3 mois ; la Sécurité sociale dispose d'un privilège sur les biens meubles et immeubles du débiteur. *Le salarié,* s'il n'est pas immatriculé par faute de son employeur, peut se retourner contre ce dernier si la Sécurité sociale ne le prend pas en charge (exemples : maladie de longue durée, maternité ou invalidité). *Des tiers blessés par un salarié* peuvent se retourner contre l'employeur. **Sanctions pénales** (pouvant être évitées si l'on respecte avertissement ou mise en demeure de la Sécurité sociale) : **a) pour le salarié :** risque de se voir réduire (cotisations insuffisantes) ou supprimer totalement (absence de cotisations) toute prestation. En cas de fraude, amende de 360 à 7 200 F. Le tribunal doit établir l'existence de l'intention frauduleuse ; **b) pour le travailleur indépendant** (non immatriculé à l'assurance maladie-maternité) : majorations de retard, pas de remboursement de prestations ; parfois sanctions pénales (travailleur non affilié aux régimes obligatoires de vieillesse) : en général paiement rétroactif avec majorations de retard.

A la réglementation fiscale. *Amendes :* les donneurs d'ouvrage sont solidairement responsables du paiement de la taxe complémentaire (taux 15 %).

■ **Peines complémentaires.** Confiscation des outils, machines, véhicules, etc. ayant servi à commettre l'infraction, et éventuellement de tout produit appartenant au condamné et provenant directement ou indirectement du travail clandestin. Interdiction d'exercer pour une durée maximale de 5 ans. Interdiction du territoire français pour les travailleurs clandestins étrangers : durée maximale 5 ans. Exclusion des marchés publics : 5 ans au maximum.

☞ En 1995, un arrêt de la Cour de cassation a reconnu que le ministère des Transports avait employé pendant environ 15 ans des centaines de médecins siégeant dans les 95 commissions départementales du permis de conduire sans verser de charges sociales. Nommés pour 2 ans, ils étaient jusqu'au 21-10-1993 considérés comme de simples experts à qui l'on versait des honoraires. La Cour de cassation ayant estimé qu'il s'agissait en fait de salariés, l'État aurait dû acquitter les cotisations sociales. De même, la Sécurité sociale a employé des dizaines de médecins dans les commissions régionales d'invalidité et à la Cour nationale de l'invalidité que la Cour de cassation a considérés comme des salariés.

> **DISSIMULATION**
>
> La loi du 11-3-1997 distingue la *dissimulation d'activité* (pas d'immatriculation aux registres du commerce et des sociétés et au répertoire des métiers ; pas de déclaration fiscale et sociale) de la *dissimulation de salariés* (exemple : nombre d'heures de travail déclaré sur le bulletin de paie inférieur à celui réellement effectué). Les mentions portées sur le registre unique du personnel doivent être indiquées de façon indélébile.
>
> **Sanctions :** en cas d'omission de l'employeur, lors d'un recrutement, de la déclaration préalable à l'embauche, une amende [égale à 300 fois le minimum garanti] devra être versée par celui-ci à l'Urssaf. *En cas de délit,* si l'employeur a voulu se soustraire à ses obligations déclaratives : 2 ans d'emprisonnement et 200 000 F d'amende se cumulant avec la pénalité. *Lorsqu'une infraction de travail illégal a été constatée :* l'employeur peut, pendant au maximum 5 ans, être privé des aides publiques à l'emploi ou à la formation professionnelle. Les candidats à l'obtention des marchés publics devront attester de la non-condamnation au cours des 5 dernières années au titre du travail illégal. *Le salarié employé clandestinement a droit,* en cas de rupture de la relation de travail, à une indemnité versée par son employeur au moins égale à 6 mois de salaire (auparavant, 1 mois). De plus, perte des droits civiques, civils et de famille.

TRAVAIL A TEMPS PARTIEL

☞ Voir aussi **chômage partiel,** p. 1709 c.

■ **Définition.** Tout horaire inférieur aux 4/5 de la durée légale hebdomadaire du travail (39 h/35 h à partir de 2000) soit moins de 136 h par mois. L'employeur peut proposer des horaires à temps partiel (avec l'accord du comité d'entreprise ou des délégués du personnel). Ils devront être transmis à l'inspection du travail. **Évolution.** Jusqu'en 1992, le travail à temps partiel coûtait en proportion plus cher que le plein temps, en raison des coûts fixes et du plafonnement de certaines cotisations. La loi du 31-12-1992 a pour but d'inciter au temps partiel en réduisant son coût relatif par des abattements de charges (30 % sur la Sécurité sociale), tout en garantissant mieux les droits des salariés.

■ **Droits du travailleur.** *Salaire* calculé sur la base du nombre d'heures travaillées, ne peut être inférieur au Smic. *Congé :* droit ouvert après un mois de travail effectif, quel que soit l'horaire hebdomadaire, et calculé, comme pour les salariés à plein temps, sur la rémunération effectivement perçue. Avantages liés à *l'ancienneté* maintenus. En cas de création ou d'aménagement de postes à temps partiel dans l'entreprise, priorité est donnée aux volontaires déjà en place. Ils ont le droit de revenir du temps partiel au temps complet (loi du 28-1-1981). *Travail intermittent* (sur l'année, cycles de périodes travaillées et chômées) [loi du 11-8-1986] : contrat de travail écrit mentionnant durée hebdomadaire, conditions de sa répartition et limites des heures complémentaires. Un salarié ne peut imposer à son employeur de passer du temps plein au temps partiel, sauf dans le cadre du congé parental d'éducation.

■ **Aide au temps partiel. Montant :** 40 % des cotisations sociales patronales la 1re année, 30 % les 2 années suivantes pour les contrats signés avant le 31-12-1996. **Conditions :** réduire d'au moins 15 % la durée légale ou conventionnelle de travail du salarié concerné ; compenser par des embauches représentant au moins 10 % de l'effectif permanent.

■ **Part du temps partiel dans l'emploi** (en % de l'emploi total, 1998). P.-Bas 30, G.-B. 23, Danemark 17, All. 16,6, Belgique 16,3, *France 14,8,* Suède 13,5, Luxembourg 12,8, Italie 11,8, Portugal 9,9, Espagne 7,7. Moyenne UE 16. **Professions aux plus forts taux d'emplois à temps partiel** (en %, mars 1997). Services directs aux particuliers 42,1, éducation, santé, action sociale 25,8, activités immobilières 19,7, administration 18,9, commerce 18,7, service aux entreprises 16,9, agriculture, sylviculture, pêche 15,1.

TRAVAIL TEMPORAIRE

■ **Législation.** La loi du 12-7-1990 permet d'y recourir pour : *remplacement :* absence ou suspension du contrat de travail d'un salarié ; attente de l'entrée en service effective d'un salarié en contrat à durée indéterminée appelé à remplacer un salarié dont le contrat a pris fin ; remplacement d'un salarié en cas de départ définitif précédant la suppression de son poste de travail. *Surcroît momentané d'activité :* accroissement temporaire ; tâche occasionnelle précisément définie et non durable ; survenance d'une commande exceptionnelle à l'exportation ; travaux urgents nécessités par des mesures de sécurité. *Travaux temporaires par nature :* emplois à caractère saisonnier et emplois dits d'« usage constant » limités à certains secteurs. **Formalités :** contrat de travail et contrat de mise à disposition doivent mentionner le motif, et non le cas, pour lequel on fait appel à un salarié temporaire. Ce motif doit être assorti de justifications précises telles que le nom et la qualification du salarié remplacé. Lorsque le contrat est conclu pour remplacer un salarié temporairement absent ou dont le contrat de travail est suspendu dans l'attente du recrutement d'un salarié sous CDI, pour des emplois à caractère saisonnier ou, enfin, pour lesquels il est d'usage constant de ne pas recourir au CDI, le contrat peut ne pas comporter de terme précis ; il est alors conclu pour une durée minimale et a pour terme la fin de l'absence du salarié ou la réalisation de l'objet pour lequel il est conclu.

Contrat : *entre l'entreprise de travail temporaire (ETT) et l'entreprise utilisatrice :* il doit être rédigé pour chaque salarié employé et, au plus tard, signé dans les 2 jours ouvrables suivant la mise à disposition. *Entre l'ETT et le salarié :* mêmes obligations ; le contrat doit mentionner la qualification du salarié, les modalités de sa rémunération, les conditions d'une éventuelle période d'essai, la possibilité d'embauche du salarié par l'utilisateur à la fin de la mission et une clause de rapatriement dans le cas de mission hors du territoire métropolitain.

Mise à disposition anticipée : possible si l'on doit remplacer un salarié temporairement absent, afin de procéder à une mise au courant préalable.

Durée de la mission : *maximale :* 6 à 24 mois selon les cas. Un seul renouvellement possible. Le terme peut être reporté jusqu'au surlendemain du jour où le salarié de l'entreprise utilisatrice reprend son emploi. Le Code du travail interdit le recours à des contrats temporaires successifs sur un même poste sans respecter le délai du « tiers temps » (égal au tiers de la durée du contrat, renouvellement compris).

Calcul de l'effectif dans l'entreprise utilisatrice : les travailleurs temporaires sont pris en compte au prorata de leur temps de présence dans l'entreprise au cours des

Total des licenciements (en milliers) **dont,** entre parenthèses, **économiques.** *1981 :* 365,1 ; *83 :* 366,2 ; *85 :* 438,3 ; *91 :* 865,8 (473,6) ; *92 :* 940 (534,3) ; *2000 :* 619,9 (196,7). **Licenciement de représentants du personnel. Nombre de demandes et,** entre parenthèses, **autorisations accordées :** *1990 :* 10 816 (9 299) ; *91 :* 13 822 dont 11 333 pour motifs économiques (12 086 dont 10 242 motifs économiques) ; *92 :* 16 750 dont 13 802 motifs économiques ; *93 :* 18 800 ; *94 :* 14 750 ; *95 :* 13 510 ; *96 :* 14 066 dont 11 184 motifs économiques ; *97 :* 15 921 dont 12 430 motifs économiques (13 521 dont 10 990 motifs économiques) ; *98 :* 12 680 dont 8 490 motifs économiques (10 953 dont 7 492 motifs économiques). **Répartition des licenciements autorisés selon les syndicats** (en 1998). CGT 1 358, CFDT 915, FO 529, CGC 330, CFTC 242, autres syndicats 209, non-syndiqués 7 307, inconnus 63.

Le CE peut se faire assister d'un expert-comptable. Le délai de notification varie de 30 à 60 jours selon l'effectif licencié. **Licenciement des plus de 55 ans :** (loi du 10-7-1987) : les employeurs doivent verser au régime d'assurance chômage une contribution supplémentaire égale à 3 mois de salaire brut pour chacun des salariés licenciés. *Exonération* s'ils ont passé une convention spéciale du FNE (Fonds national de l'emploi) avec l'État, et l'ont proposée aux salariés. **Sanctions. Civiles :** en cas de licenciement économique irrégulier et/ou abusif, l'employeur peut être condamné à verser au salarié : une indemnité inférieure ou égale à un mois de salaire en cas de non-respect de la procédure individuelle ; une indemnité calculée en fonction du préjudice subi en cas de non-respect des procédures applicables aux licenciements collectifs pour motifs économiques ; une indemnité supérieure ou égale à 6 mois de salaire en l'absence de motif économique réel et sérieux. **Pénales :** en cas de licenciement de 10 salariés et plus sur 30 jours, amende possible de 1 000 à 15 000 F, prononcée autant de fois qu'il y a de salariés inclus dans le licenciement.

En cas de règlement judiciaire ou liquidation des biens : information préalable de l'autorité administrative pour les entreprises de 1 à 10 salariés, des représentants du personnel pour celles de plus de 10 salariés.

Des dommages et intérêts peuvent être réclamés par le salarié (en plus des indemnités légales) si l'employeur n'a pas demandé l'autorisation à l'administration ou attendu que son délai de réponse soit écoulé ; montant fixé par le juge.

Couverture sociale : les salariés qui la perçoivent bénéficient des *prestations* en nature et en espèces, du régime obligatoire d'*assurance maladie, maternité, invalidité et décès,* de la *validité de la durée* du bénéfice de cette allocation au titre de l'*assurance vieillesse,* de la protection contre les *accidents du travail* « survenus par le fait ou à l'occasion des actions favorisant leur conversion », du *superprivilège* des salaires concernant la contribution de l'employeur à l'*allocation de conversion.*

PRUD'HOMMES

■ **Historique. 1806**-*18-3* créés sous forme d'instance de conciliation. **1848**-*27-5 loi :* vote de tous les ouvriers et parité entre employeurs et salariés. **II^d^ Empire** conditions restrictives d'âge et d'ancienneté pour l'électorat ; président et vice-président désignés par l'administration (jusqu'en 1880). **1907** *loi :* présidence assurée alternativement par un employeur et un salarié ; droit de vote et éligibilité étendus aux femmes ; assistance judiciaire possible. **1979** *loi :* généralise les conseils ; étend leurs compétences à l'ensemble des différends individuels nés du contrat de travail ; crée une section encadrement ; modifie le mode de scrutin ; consacre le principe de juridiction élective, paritaire, avec alternance employeurs/salariés aux présidences et vice-présidences. Le greffe est assuré par des fonctionnaires du ministère de la Justice. Les dépenses de fonctionnement transférées à l'État sont gérées par le greffier en chef. **1982**-*6-5 loi :* achève la généralisation territoriale et professionnelle des conseils ; réduit les mandats de 6 à 5 ans ; crée un Conseil supérieur de la prud'homie.

■ **Organisation des conseils.** 5 sections autonomes (encadrement, industrie, commerce, agriculture, activités diverses) qui peuvent être divisées en chambres. Chaque section ou chambre comprend au moins 4 conseillers employeurs et 4 conseillers salariés, et est alternativement présidée par un employeur et un salarié. Une chambre est spécialisée en matière de licenciements économiques. Une formation de référé est commune à l'ensemble des sections. **Élection des conseillers :** pour 5 ans (rééligibles) ; listes électorales établies par le maire assisté d'une commission électorale, d'après les déclarations nominatives fournies par les entreprises exerçant leur activité dans la commune ; scrutin de liste à la représentation proportionnelle, suivant la règle de la plus forte moyenne, par collège (employeurs, salariés) et par section avec un minimum de 8 conseillers dans chaque section (sauf agricole, souvent 6), soit au minimum 19 salariés et 19 employeurs par conseil ; vote à bulletin secret pendant le temps de travail. Il faut, *pour être électeur :* avoir plus de 16 ans, exercer une activité professionnelle, ne pas être frappé d'incapacité électorale et être inscrit sur les listes électorales prud'homales ; *éligible :* avoir au moins 21 ans, être français, remplir les mêmes conditions que pour être électeur, être inscrit sur les listes électorales prud'homales ou avoir été inscrit sur ces listes pendant 3 ans au moins, et avoir exercé l'activité professionnelle qui justifie l'inscription depuis moins de 10 ans. **Statut :** l'État finance la formation des conseillers dispensée par les syndicats. Les employeurs sont tenus d'autoriser, dans la limite de 6 semaines par mandat, les absences pour formation prud'homale. Ils doivent maintenir les salaires des conseillers salariés absents pour l'exercice de leurs fonctions (l'État les remboursera).

■ **Compétence.** Exclusive pour les litiges individuels de travail entre un salarié et un employeur. Étendue à la métropole et aux Dom, et à toutes les professions. Compétent à charge d'appel quel que soit le chiffre de la demande si l'un des chefs dépasse 22 500 F (décret n° 99-1149 du 28-12-1999, taux fixé annuellement, art. D. 517-1 du Code du travail). Le conseil compétent est celui du lieu de l'entreprise ou, si le travail est effectué hors d'une entreprise, celui du domicile du salarié (travailleur à domicile). Le salarié peut s'adresser soit au conseil du lieu où il a été engagé, soit au conseil du siège social de l'entreprise. Les affaires sont traitées par la section correspondant à l'activité *principale* de l'employeur, sauf pour le personnel d'encadrement et les VRP, qui dépendent de la section de l'encadrement. En cas de litige sur l'attribution de l'affaire à une section, le Pt du conseil, après avis du vice-Pt, désigne la section compétente par ordonnance. Les décisions d'attribution à une section sont des mesures d'administration judiciaire non susceptibles de recours (art. L. 515-4 du Code du travail). *La loi du 30-12-1986* prévoit que toute section ayant plusieurs chambres doit en avoir une compétente en matière de licenciement économique, et étend la compétence aux conventions de conversion (art. L. 516-5 du Code du travail). Lorsque le ressort d'un tribunal de grande instance a plusieurs conseils de prud'hommes, il est constitué une section agricole unique rattachée à l'un d'eux. Les TGI sont incompétents en matière de litige individuel né d'un contrat de travail (sont seuls compétents pour les conflits collectifs du travail).

☞ **Délais pour agir :** 5 ans pour réclamer le paiement de salaires ou de toute autre somme payable par année ou à des termes périodiques plus courts ; 30 ans pour les sommes payables en une seule fois ou selon des périodicités supérieures à 1 an (indemnité de licenciement, allocation de fin de carrière). Si l'on a signé un reçu pour solde de tout compte, passé 2 mois on ne peut plus contester les éléments figurant dans le reçu.

■ **Instance.** En 2 phases. **1°) Convocation :** faite par le secrétariat-greffe du conseil de prud'hommes, par lettre simple adressée au demandeur et par lettre recommandée avec accusé de réception au défendeur. **Tentative de conciliation obligatoire :** demande de conciliation : présence d'un conseiller employeur et d'un conseiller salarié. Les parties doivent comparaître en personne et peuvent se faire assister par salarié ou employeur de la même branche, avocat, délégué syndical ou conjoint. Elles peuvent se faire représenter par ces personnes si elles justifient de motifs légitimes (exemple : maladie). La séance n'est pas publique. Si les 2 parties comparaissent, le bureau entend leurs explications et essaie de les concilier directement, ou en désignant un expert (nomination rare sauf pour la section encadrement) ou 1 ou 2 conseillers rapporteurs qui mettent l'affaire en état d'être jugée ; si la demande n'est pas sérieusement contestable, le bureau de conciliation peut ordonner des mesures conservatoires ou provisionnelles, par exemple le versement d'une provision sur salaire, sur indemnité de préavis, etc. **2°) En cas de non-conciliation,** l'affaire est renvoyée à la prochaine audience du bureau de jugement (audience publique), devant 2 conseillers employeurs et 2 salariés. En cas de partage des voix, un juge du tribunal d'instance tranche. *Appel :* si le montant demandé dépasse 23 500 F par nature de créance ou est indéterminé, les parties peuvent faire appel dans le mois qui suit la notification ou la signification du jugement. Sinon, elles ne peuvent que se pourvoir en cassation dans les 2 mois qui suivent. En cas de jugement ne portant que sur la compétence, seule la procédure du contredit est permise dans les 15 jours du prononcé du jugement, quel que soit le montant des chefs de la demande. L'avocat n'est obligatoire ni devant les prud'hommes, ni devant la cour d'appel, ni devant la Cour de cassation. **Frais du procès** (huissier, expert, indemnités des témoins...) : à la charge du perdant sauf si le conseil de prud'hommes les met totalement ou partiellement à la charge de l'autre partie par décision motivée (art. 696 du nouveau Code de procédure civile). S'il paraît inéquitable de laisser à la charge d'une partie des sommes exposées par elle et non comprises dans les dépens, le juge peut condamner son adversaire à lui payer le montant qu'il détermine (art. 700 du nouveau Code de procédure civile). Ce texte permet de se faire rembourser (partiellement, la plupart du temps) les honoraires d'avocat, les frais de déplacement, la rémunération du temps de travail perdu, etc. **Exécution du jugement :** le greffe du conseil de prud'hommes notifie le jugement en adressant une expédition certifiée conforme du jugement aux parties par lettre recommandée avec avis de réception. Si une partie n'exécute pas spontanément la décision, l'autre peut remettre une expédition du jugement revêtue de la formule exécutoire à un huissier de justice afin qu'il en obtienne l'exécution, au besoin avec l'aide de la force publique (la police ou la gendarmerie). **Droits de l'Assedic :** si la juridiction (conseil de prud'hommes ou cour d'appel) reconnaît que le licenciement est sans cause réelle et sérieuse, l'employeur sera condamné d'office à rembourser à l'Assedic le montant des allocations versées dans la limite maximale de 6 mois. **Décret du 29-6-1987 :** dispositions particulières relatives aux litiges en matière de licenciement économique (art. R 516-45 du Code du travail) : l'employeur doit fournir des informations dans les 8 jours suivant la convocation à la conciliation. L'art. R 516-46 dispose que la séance de conciliation prévue doit avoir lieu dans le mois de la saisine du conseil.

Procédures particulières : exemple : *loi du 25-1-1985 relative au redressement et à la liquidation des entreprises :* dès qu'un administrateur au redressement judiciaire ou un mandataire liquidateur est nommé, l'affaire doit être inscrite directement devant le bureau de jugement, et l'Association pour la gestion du régime de garantie des créances des salariés (AGS-CGEA, centre de gestion et d'études AGS) sera mise en cause. *Référé prud'homal du Code du travail :* la formation de référé statue dans les cas d'urgence et peut ordonner toutes les mesures qui ne se heurtent à aucune contestation sérieuse. *Désignation de 1 ou 2 conseillers rapporteurs :* si l'affaire n'est pas en état d'être jugée, la formation de conciliation ou de jugement peut désigner 1 ou 2 conseillers rapporteurs qui mèneront une enquête et établiront un rapport. *Départage :* si aucune majorité ne peut émerger au sein d'une formation, celle-ci se déclare en partage de voix et renvoie l'affaire à une autre audience de la même composition et présidée par un juge départiteur (juge d'instance, dans le ressort du siège du conseil).

■ **Statistiques. Nombre** (décret du 9-7-1994) : conseils de prud'hommes en métropole et Dom-Tom : 271. Conseillers 14 646. **Demandes introduites** (en 1999) : 165 977 (dont commerce 62 861, industrie 43 641, activités diverses 32 568, encadrement 23 573, agriculture 3 334). **Affaires terminées :** 172 369 (dont 92 511 décisions au fond). **Référés :** 47 303. **Durée moyenne d'attente avant un 1er jugement** (en mois) : *1985 :* 11,4 ; *90 :* 9,5 ; *95 :* 10,1 ; *97 :* 9,6 ; *98 :* 9,7 ; *99 :* 10,3.

Élections du 10-12-1997	1987	Total 1997		Cadres 1997	
	% ²	% ²	sièges	% ²	sièges
CGT	36,35	33,11	2 574	16,22	216
CFDT	23,06	25,34	2 188	31,52	545
FO	20,50	20,55	1 548	10,36	121
CFTC	8,30	7,52	254	9,94	98
CFE-CGC	7,44	5,92	423	21,88	392
CSL ¹	2,30	4,22	69	3,42	5
UNSA	0,21	0,72	26	2,05	3
Groupe des dix	–	0,31	7	0,41	1
UFT, CFNT, divers	1,84	2,26	80	4,16	28
Votants		*34,40*		*33,62*	
Exprimés		*33,04*		*32,97*	
Pourvus			*7 169*		*1 411*

Nota. – (1) Confédération des syndicats libres. (2) % des voix. **Électeurs inscrits :** 14 568 771.

TRAVAIL A DOMICILE

■ **Statut et droits.** Déterminés par les art. L. 721-1 et suivants du Code du travail. *Travailleurs à domicile :* ceux qui travaillent pour le compte et sous les directives d'une ou plusieurs entreprises, sont rémunérés forfaitairement sur la base de tarifs fixes et déterminés à l'avance (à la pièce, à l'heure) et travaillent chez eux seuls ou avec l'aide exclusive de leur conjoint, de leurs enfants ou d'un auxiliaire. Ne sont pas considérés comme travailleurs à domicile les salariés travaillant chez eux à des tâches de conception, réflexion, maintenance, ou ne pouvant par nature être rémunérées forfaitairement.

■ **Rémunération.** Au minimum le Smic. Si les délais fixés pour la remise du travail imposent plus de 8 h par jour ouvrable, majoration de 25 % au min. pour les 2 premières heures faites, 50 % au min. pour les heures suivantes ; majoration pour les travaux des *jours fériés.* **Congés payés :** allocation de 10 % (ou selon la convention collective) de la rémunération brute, déduction des frais d'atelier (arrêté du 18-2-1982) ; versée avec la rémunération.

■ **Sécurité sociale.** Inscription obligatoire ; mêmes prestations que pour les autres salariés ; allocations d'aide publique si le travailleur a accompli 1 000 h de travail salarié au cours des 12 mois précédant l'inscription comme demandeur d'emploi ; allocations Assedic.

■ **Plainte.** *Exemple de motif :* travail très différent de celui annoncé, ou absence de paiement. *S'adresser* à l'inspecteur du travail qui engagera les poursuites devant les tribunaux (procédure gratuite).

■ **Statistiques.** *1900 :* plus de 1 million de femmes ; *60 :* 116 000 dont 101 000 femmes ; *80 :* 34 061 dont 29 746 femmes ; *86 :* 42 000 dont 33 600 femmes. **Groupes professionnels :** *ouvriers :* 27 970 femmes, 3 894 hommes. *Employés :* 1 776 femmes, 421 hommes. **Principaux secteurs :** textile et habillement, jouet, cuir et chaussure, ameublement, pêche, transformation des matières plastiques, coutellerie, horlogerie.

■ **Télétravail.** S'effectue à distance, en dehors de toute possibilité physique pour le donneur d'ordre de surveiller l'exécution de la prestation par le télétravailleur, au moyen de l'outil informatique et/ou des outils de télécommunications et impliquant nécessairement la transmission au moyen d'une ou de plusieurs techniques de télécommunications : téléconseil, télétraduction, téléimpression, télésecrétariat, téléarchivage, télésaisie, télécomptabilité, téléPAO. **Régimes juridiques possibles :** travail indépendant, travail à domicile ou salariat normal. Le télétravail est en principe soumis à la réglementation concernant la prévention des risques liés au travail sur des équipements avec écrans de visualisation. **Télétravailleurs :** *1993 :* 16 000 ; *vers 2003 (prév.) :* 300 00 à 500 000.

TRAVAIL ILLÉGAL

■ **Infractions.** Travail dissimulé ; trafic de main d'œuvre étrangère ; marchandage et prêt illicite de personnel ; faux travail indépendant ; emploi non déclaré ; certaines formes interdites de cumuls d'emplois ; fraude aux Assedic, à l'intervention des entreprises étrangères.

■ **Formes. Travaux exécutés par des salariés : 1°)** *en dehors des horaires normaux,* sans inscription au registre des métiers ou du commerce. **2°)** *Cumul d'emplois au-delà de la durée maximale du travail ;* les heures supplémentaires ne sont pas autorisées au-delà de 54 h pour une période de 12 semaines consécutives (mais en aucun cas plus de 60 h par semaine). **3°)** *Pendant les congés payés.* **4°)** *Pendant les suspensions de travail pour maladie,* sauf avis du médecin traitant pour la maladie et du médecin-conseil de la caisse primaire pour l'accident du travail. **5°)** *Pendant les périodes de chômage* (même de courte durée) sans déclaration à l'ANPE (le chômeur perdra les droits à l'indemnisation). **6°)** *Accompli à l'insu de l'employeur.*

Nota. – Activité privée rémunérée interdite à tout *fonctionnaire* ou *assimilé* (agents des offices, établissements ou entreprises publics à caractère commercial ; liste au *JO* des 20-8 et 13-9-1964).

☞ **Pour être en règle,** il faut en particulier : **1°)** *s'immatriculer au répertoire des métiers ou au registre du commerce* lorsque cette inscription est requise. **2°)** *S'acquitter des charges fiscales :* TVA, impôt sur les bénéfices, taxe complémentaire de 6 % (si on emploie soi-même des salariés), patente, taxes diverses (apprentissage, etc.) ; *sociales et personnelles :* allocations familiales, Sécurité sociale.

> **Dérogations. 1°) Travaux d'ordre scientifique, littéraire ou artistique** et concours apportés aux œuvres d'intérêt général, notamment d'enseignement, d'éducation ou de bienfaisance. **2°) Travaux effectués pour son propre compte ou à titre gratuit** sous forme d'une entraide bénévole (exemple : travaux agricoles saisonniers). **3°) Travaux d'extrême urgence** pour prévenir des accidents imminents ou organiser des mesures de sauvetage.

■ **Obligations de l'employeur.** *Déclaration nominative préalable* à la Sécurité sociale entraînant la suppression de l'attestation d'embauche (1-7-1993). *Pour tout contrat de plus de 20 000 F,* vérifier (sous peine d'être coresponsable) que le cocontractant est en règle (impôts, taxes, charges sociales, etc.).

■ **Statistiques. En France. Population concernée :** plus de 500 000 personnes. **Sommes échappant au fisc** (en milliards de F, 1995) : **290** dont *dissimulation d'activités d'entreprises légalement installées :* 200 (dont non-déclaration des recettes 150, non-paiement de TVA, cotisations sociales ou impôts 50. *Répartition :* commerce 70, services 35, bâtiment 35, restauration 25, agriculture 10, réparation auto 9, autres 16) ; *travail clandestin :* 70 (dont bâtiment 25, services et commerce 20, réparation auto 10, agriculture 6, autres 9) ; *pourboires et avantages :* 15 à 18 [normalement fiscalisables (l'été dans les stations balnéaires, et l'hiver dans les stations de ski, les pourboires représentent 3 à 4 fois la masse des salaires déclarés)]. **Infractions relevées et,** entre parenthèses, **procès-verbaux :** *1987 :* 3 215 (1 301) ; *90 :* 11 687 (7 187) ; *91 :* 12 558 (7 706) ; *94 :* 18 900 (9 100) ; *95 :* 10 100 ; la libre circulation à l'intérieur de l'UE (depuis le 1-1-1992) entraîne la suppression des infractions concernant Espagnols et Portugais.

Répression du travail illégal en France en 1997 et, entre parenthèses, **en 1990. Condamnations :** 10 039 (5 644) dont travail dissimulé 7 891 (3 033), emploi d'étranger sans titre de travail 348 (1 137), prêt illicite de main d'œuvre, marchandage 208 (188), absence de déclaration préalable à l'organisme social 395 (0), exercice illégal du métier de transporteur routier 357 (193), entrave à l'exercice des fonctions d'inspecteur du travail 244 (482), infractions au travail temporaire 32 (138), fraude aux Assedic 465 (384), cumul d'emplois 42 (12), infractions diverses 57 (77). **Nationalité des condamnés :** Français 7 235 (3 664), Maghreb 751 (697), Union européenne 533 (360), Turquie 435 (251), non déclarés, apatrides 424 (297), autres pays d'Asie et Océanie 344 (158), Afrique 235 (147), autres pays d'Europe 54 (47), Amérique 28 (23). **Peines prononcées :** emprisonnement 3 524 (1 630) [ferme 427 (309), sursis partiel 170 (44), total 2 927 (1 277)] ; amende 5 846 (3 788) [ferme 4 440 (3 332), sursis partiel 240 (91), total 1 166 (365)] ; peine de substitution 371 (65) ; dispense de peine 298 (161). **Infractions pour travail illégal par secteur d'activité** (en %, 1997) : BTP 24, commerce 21, autres services 20, hôtels, cafés, restaurants 15, agriculture 7, transport 6, artisanat, automobile 6, confection 4, autres industries 3.

A l'étranger [étude de l'université de Linz (Autriche) en 1998]. **% du PIB venant du travail au noir :** Grèce 29, Italie 27,8, Espagne 23,4, Belgique 22,6, Suède 20, Norvège 19,7, Danemark 18,4, Canada 15, *France 14,9,* Allemagne 14,7, Australie 14,1, P.-Bas 13,6.

SANCTIONS

■ **D'une façon générale.** 2 000 à 200 000 F d'amende et/ou 2 mois à 4 ans de prison.

■ **Infractions. A la réglementation du travail. a) Non-inscription au répertoire des métiers ou au registre du commerce :** amende de 1 200 à 3 000 F. Si les travailleurs se qualifient eux-mêmes d'artisans, il y a circonstance aggravante. **b) Congés payés :** l'action ne peut être intentée que par le maire ou le préfet dans le cas où le travail a causé un préjudice aux chômeurs de la localité. L'employeur peut toujours faire la preuve de sa bonne foi, mais celle-ci n'est pas présumée. Les dommages et intérêts ne pourront être inférieurs au montant de l'indemnité due au travailleur pour son congé payé. **c) Cumul d'occupations :** amendes de 3 à 54 F et, en cas de récidive, de 21 à 54 F pour chaque journée. L'employeur peut justifier de sa bonne foi s'il produit une déclaration du salarié préalable à son embauchage attestant qu'il n'effectue pas un travail supplémentaire. **d) Travail à l'insu de l'employeur :** peut être considéré comme une faute grave justifiant le licenciement sans préavis et permettant une demande en dommages et intérêts de l'employeur.

A la réglementation de la Sécurité sociale. Pour l'employeur : défaut d'immatriculation : les *salariés* non immatriculés travaillant pour plusieurs patrons ou de façon occasionnelle sont responsables de leur immatriculation. L'*employeur* est passible d'une amende de 18 à 54 F et du paiement des majorations de retard. L'amende (appliquée autant de fois qu'il y a de personnes employées ainsi) ne peut dépasser 4 500 F. *En cas de récidive* (quand la 1re condamnation est devenue définitive dans les 12 mois antérieurs à la nouvelle infraction) : amende de 60 à 450 F avec plafond de 30 000 F. **Bulletin de paie inexact :** constitue une fraude.

Sanctions civiles : *recours de la Sécurité sociale contre l'employeur.* Celui-ci doit rembourser les prestations servies jusqu'à l'acquittement des cotisations arriérées pour le personnel concerné (suivant la situation du débiteur, la créance peut être réduite). *Autres sanctions :* majorations de retard de 10 % à partir de la date d'exigibilité des cotisations, plus 3 % par trimestre ou fraction de trimestre écoulé après l'expiration d'un délai de 3 mois ; la Sécurité sociale dispose d'un privilège sur les biens meubles et immeubles du débiteur. *Le salarié,* s'il n'est pas immatriculé par faute de son employeur, peut se retourner contre ce dernier si la Sécurité sociale ne le prend pas en charge (exemples : maladie de longue durée, maternité ou invalidité). *Des tiers blessés par un salarié* peuvent se retourner contre l'employeur. **Sanctions pénales** (pouvant être évitées si l'on respecte avertissement ou mise en demeure de la Sécurité sociale) : **a) pour le salarié :** risque de se voir réduire (cotisations insuffisantes) ou supprimer totalement (absence de cotisations) toute prestation. En cas de fraude, amende de 360 à 7 200 F. Le tribunal doit établir l'existence de l'intention frauduleuse ; **b) pour le travailleur indépendant** (non immatriculé à l'assurance maladie-maternité) : majorations de retard, pas de remboursement de prestations ; parfois sanctions pénales (travailleur non affilié aux régimes obligatoires de vieillesse) : en général paiement rétroactif avec majorations de retard.

A la réglementation fiscale. *Amendes :* les donneurs d'ouvrage sont solidairement responsables du paiement de la taxe complémentaire (taux 15 %).

■ **Peines complémentaires.** Confiscation des outils, machines, véhicules, etc. ayant servi à commettre l'infraction, et éventuellement de tout produit appartenant au condamné et provenant directement ou indirectement du travail clandestin. Interdiction d'exercer pour une durée maximale de 5 ans. Interdiction du territoire français pour les travailleurs clandestins étrangers : durée maximale 5 ans. Exclusion des marchés publics : 5 ans au maximum.

☞ En 1995, un arrêt de la Cour de cassation a reconnu que le ministère des Transports avait employé pendant environ 15 ans des centaines de médecins siégeant dans les 95 commissions départementales du permis de conduire sans verser de charges sociales. Nommés pour 2 ans, ils étaient jusqu'au 21-10-1993 considérés comme de simples experts à qui l'on versait des honoraires. La Cour de cassation ayant estimé qu'il s'agissait en fait de salariés, l'État aurait dû acquitter les cotisations sociales. De même, la Sécurité sociale a employé des dizaines de médecins dans les commissions régionales d'invalidité et à la Cour nationale de l'invalidité que la Cour de cassation a considérés comme des salariés.

> **DISSIMULATION**
>
> La loi du 11-3-1997 distingue la *dissimulation d'activité* (pas d'immatriculation aux registres du commerce et des sociétés et au répertoire des métiers ; pas de déclaration fiscale et sociale) de la *dissimulation de salariés* (exemple : nombre d'heures de travail déclaré sur le bulletin de paie inférieur à celui réellement effectué). Les mentions portées sur le registre unique du personnel doivent être indiquées de façon indélébile.
>
> **Sanctions :** en cas d'omission de l'employeur, lors d'un recrutement, de la déclaration préalable à l'embauche, une amende [égale à 300 fois le minimum garanti] devra être versée par celui-ci à l'Urssaf. *En cas de délit,* si l'employeur a voulu se soustraire à ses obligations déclaratives : 2 ans d'emprisonnement et 200 000 F d'amende se cumulant avec la pénalité. *Lorsqu'une infraction de travail illégal a été constatée :* l'employeur peut, pendant au maximum 5 ans, être privé des aides publiques à l'emploi ou à la formation professionnelle. Les candidats à l'obtention des marchés publics devront attester de la non-condamnation au cours des 5 dernières années au titre du travail illégal. *Le salarié employé clandestinement a droit,* en cas de rupture de la relation de travail, à une indemnité versée par son employeur au moins égale à 6 mois de salaire (auparavant, 1 mois). De plus, perte des droits civiques, civils et de famille.

TRAVAIL A TEMPS PARTIEL

☞ Voir aussi **chômage partiel,** p. 1709 c.

■ **Définition.** Tout horaire inférieur aux 4/5 de la durée légale hebdomadaire du travail (39 h/35 h à partir de 2000) soit moins de 136 h par mois. L'employeur peut proposer des horaires à temps partiel (avec l'accord du comité d'entreprise ou des délégués du personnel). Ils devront être transmis à l'inspection du travail. **Évolution.** Jusqu'en 1992, le travail à temps partiel coûtait en proportion plus cher que le plein temps, en raison des coûts fixes et du plafonnement de certaines cotisations. La loi du 31-12-1992 a pour but d'inciter au temps partiel en réduisant son coût relatif par des abattements de charges (30 % sur la Sécurité sociale), tout en garantissant mieux les droits des salariés.

■ **Droits du travailleur.** *Salaire* calculé sur la base du nombre d'heures travaillées, ne peut être inférieur au Smic. *Congé :* droit ouvert après un mois de travail effectif, quel que soit l'horaire hebdomadaire, et calculé, comme pour les salariés à plein temps, sur la rémunération effectivement perçue. Avantages liés à *l'ancienneté* maintenus. En cas de création ou d'aménagement de postes à temps partiel dans l'entreprise, priorité est donnée aux volontaires déjà en place. Ils ont le droit de revenir du temps partiel au temps complet (loi du 28-1-1981). *Travail intermittent* (sur l'année, cycles de périodes travaillées et chômées) [loi du 11-8-1986] : contrat de travail écrit mentionnant durée hebdomadaire, conditions de sa répartition et limites des heures complémentaires. Un salarié ne peut imposer à son employeur de passer du temps plein au temps partiel, sauf dans le cadre du congé parental d'éducation.

■ **Aide au temps partiel. Montant :** 40 % des cotisations sociales patronales la 1re année, 30 % les 2 années suivantes pour les contrats signés avant le 31-12-1996. **Conditions :** réduire d'au moins 15 % la durée légale ou conventionnelle de travail du salarié concerné ; compenser par des embauches représentant au moins 10 % de l'effectif permanent.

■ **Part du temps partiel dans l'emploi** (en % de l'emploi total, 1998). P.-Bas 30, G.-B. 23, Danemark 17, All. 16,6, Belgique 16,3, *France 14,8,* Suède 13,5, Luxembourg 12,8, Italie 11,8, Portugal 9,9, Espagne 7,7. Moyenne UE 16. **Professions aux plus forts taux d'emplois à temps partiel** (en %, mars 1997). Services directs aux particuliers 42,1, éducation, santé, action sociale 25,8, activités immobilières 19,7, administration 18,9, commerce 18,7, service aux entreprises 16,9, agriculture, sylviculture, pêche 15,1.

TRAVAIL TEMPORAIRE

■ **Législation.** La loi du 12-7-1990 permet d'y recourir pour : *remplacement :* absence ou suspension du contrat de travail d'un salarié ; attente de l'entrée en service effective d'un salarié en contrat à durée indéterminée appelé à remplacer un salarié dont le contrat a pris fin ; remplacement d'un salarié en cas de départ définitif précédant la suppression de son poste de travail. *Surcroît momentané d'activité :* accroissement temporaire ; tâche occasionnelle précisément définie et non durable ; survenance d'une commande exceptionnelle à l'exportation ; travaux urgents nécessités par des mesures de sécurité. *Travaux temporaires par nature :* emplois à caractère saisonnier et emplois dits d'« usage constant » limités à certains secteurs. **Formalités :** contrat de travail et contrat de mise à disposition doivent mentionner le motif, et non le cas, pour lequel on fait appel à un salarié temporaire. Ce motif doit être assorti de justifications précises telles que le nom et la qualification du salarié remplacé. Lorsque le contrat est conclu pour remplacer un salarié temporairement absent ou dont le contrat de travail est suspendu dans l'attente du recrutement d'un salarié sous CDI, pour des emplois à caractère saisonnier ou, enfin, pour lesquels il est d'usage constant de ne pas recourir au CDI, le contrat peut ne pas comporter de terme précis ; il est alors conclu pour une durée minimale et a pour terme la fin de l'absence du salarié ou la réalisation de l'objet pour lequel il est conclu.

Contrat : *entre l'entreprise de travail temporaire (ETT) et l'entreprise utilisatrice :* il doit être rédigé pour chaque salarié employé et, au plus tard, signé dans les 2 jours ouvrables suivant la mise à disposition. *Entre l'ETT et le salarié :* mêmes obligations ; le contrat doit mentionner la qualification du salarié, les modalités de sa rémunération, les conditions d'une éventuelle période d'essai, la possibilité d'embauche du salarié par l'utilisateur à la fin de la mission et une clause de rapatriement dans le cas de mission hors du territoire métropolitain.

Mise à disposition anticipée : possible si l'on doit remplacer un salarié temporairement absent, afin de procéder à une mise au courant préalable.

Durée de la mission : *maximale :* 6 à 24 mois selon les cas. Un seul renouvellement possible. Le terme peut être reporté jusqu'au surlendemain du jour où le salarié de l'entreprise utilisatrice reprend son emploi. Le Code du travail interdit le recours à des contrats temporaires successifs sur un même poste sans respecter le délai du « tiers temps » (égal au tiers de la durée du contrat, renouvellement compris).

Calcul de l'effectif dans l'entreprise utilisatrice : les travailleurs temporaires sont pris en compte au prorata de leur temps de présence dans l'entreprise au cours des

En France

Définitions

■ **Catégories. 1°) Chômeurs selon la définition du BIT** (adoptée en 1982) : un chômeur est une personne en âge de travailler (15 ans ou plus) qui (a) recherche un emploi avec démarches effectives, est disponible, et qui n'a pas eu d'occupation professionnelle au cours de la semaine de référence [ces chômeurs constituent la population sans emploi à la recherche d'un emploi (PSRE)] ; ou qui (b) est disponible et a trouvé un emploi qui commence plus tard. **2°) Chômeurs selon la définition de l'ANPE :** personnes sans emploi et disponibles pour en occuper un, qui ont fait la démarche de s'inscrire à l'ANPE. **3°) Chômeurs « PSRE » :** population sans emploi à la recherche d'un emploi, composée de personnes satisfaisant aux 1ers critères de la définition du BIT. **4°) Chômeurs secourus :** travailleurs qui, ayant perdu un emploi, n'en ont pas encore retrouvé un, ainsi que, sous certaines conditions, détenus libérés, victimes d'accidents du travail ou de maladies professionnelles, apatrides, réfugiés, salariés expatriés.

■ **Chômeurs conjoncturels. 1°)** Licenciés économiques. **2°)** Plus de 50 ou 60 ans. **3°)** Handicapés inscrits à l'ANPE. **4°)** Saisonniers. **5°)** Femmes (32 à 40 ans) revenant sur le marché du travail quand leur enfant va à l'école. **6°)** Personnes en transit. **7°)** Asociaux. **8°)** Jeunes.

■ **Le taux de chômage** est le nombre des chômeurs au sens du BIT rapporté à la population active totale (salariés y compris contingent, non-salariés, chômeurs).

Statistiques

☞ *Légende :* CVS corrigé des variations saisonnières.

■ **Évolution. 1946-48** pénurie de main-d'œuvre. Demandes d'emploi 35 000 à 70 000. Offres d'emploi 30 000 à 65 000. Chômeurs secourus 12 000. **1949-55** demandes 100 000 à – de 250 000 (1954). Offres 30 000 (6 500 en 1953). Chômeurs secourus 50 000 à 60 000. **1956-64** équilibre sauf 1958-59 (crise dans le textile). Demandes – de 10 000 (sauf 1959 et 1960). Offres + de 40 000 (sauf début 1959 : 8 000). Chômeurs secourus 20 000 à 25 000 (sauf 1959 et 1960 : 43 000 et 41 000). **1965-68** demandes 100 000 à 250 000 (fin 1967). Offres 35 000 à 24 000 (fin 1967). Chômeurs secourus 36 000 (1965) à 63 000 (1967). Chômage des cadres (fusions ou concentrations), puis d'ouvriers et de jeunes. **1968** augmentation de l'emploi (230 000 actifs supplémentaires chaque année), ralentie depuis [scolarité plus longue, départ en retraite plus précoce (100 000 à 150 000 personnes en moins chaque année pour le marché du travail)]. **A partir de 1975,** les créations d'emploi ne suffisent plus. **1990-93** accroissement du chômage, baisse de la durée du travail (390 j en mai 1990 ; 339 en févr. 1993). **1994-95** légère baisse du chômage et ralentissement des licenciements économiques. **1997 à 2000** voir tableau col. b.

■ **Prévisions.** Selon l'Insee, il y aura un manque de main-d'œuvre après 2025, en raison du ralentissement de la croissance du nombre d'actifs. Le chômage cependant ne disparaîtra pas à cause du ralentissement de l'activité économique et de l'inadéquation entre structure de l'offre et demande de travail. *Remèdes :* 1°) recul de 2,5 ans de l'âge de la retraite ; 2°) relèvement du taux de l'activité féminine ; 3°) accueil de 100 000 immigrants par an en moyenne entre 2000 et 2040.

■ **Marché du travail. Demandeur d'emploi :** *Catégorie 1 :* immédiatement disponible, à la recherche d'un emploi à durée indéterminée, à plein temps ; *2 :* à temps partiel ; *3 :* à durée déterminée, temporaire ou saisonnier à temps plein ou partiel ; *4 :* non immédiatement disponible ; *5 :* occupe un emploi mais en cherche un autre ; *6 :* non immédiatement disponible, à la recherche d'un autre emploi, à durée indéterminée, à plein temps ; *7 :* à temps partiel ; *8 :* à durée déterminée, temporaire ou saisonnier, y compris de très courte durée.

■ **Demandes d'emploi** (en milliers, juin 2001) : **catégorie 1 :** 2 077,1, valeur CVS 1 993,2 dont moins de 25 ans hommes 163,3/femmes 178,9 ; 25 à 49 ans 669,3/729,8 ; 50 ans et plus 185/150,8. **2 :** 430,8. **3 :** 190,2. **4 :** 160,6. **5 :** 130. **6 :** 454,9. **7 :** 91,8. **8 :** 84,5. *Total :* 3 202,6. *Demandes* (févr. 2001) : 266,3 dont licenciements économiques 14,5, fin de convention de conversion 2,9, autres licenciements 35,5, démissions 19,9, fin de CDD 71,1, fin d'intérim 28,1, 1re entrée 17,8, reprise d'activité 7,2, divers 87,1. *Sorties :* 319,5. **Offres en 2000** (emplois durables, temporaires et occasionnels) : 527 100.

■ **Durée du travail** (en heures par semaine) **et,** entre parenthèses, **taux de chômage** (en % de la population active). *1960 :* 46,25 (1,4) ; *70 :* 45,53 (2,5) ; *75 :* 42,1 (4,1) ; *80 :* 40,8 (6,4) ; *85 :* 38,93 (10,2) ; *90 :* 38,99 (8,9) ; *95 :* 38,95 (11,7) ; *2000 :* 36,76 (9,2).

■ **Chômeurs** (en milliers CVS) **et,** entre parenthèses, **taux de chômage** (au sens du BIT). *1960 :* 276,4 (1,4) ; *65 :* 316,68 (1,5) ; *70 :* 529,7 (2,5) ; *80 :* 1 451 (6,3) ; *90 :* 2 504,7 (9,1) ; *95 (juin) :* 3 233,5 (11,5) ; *96 (juin) :* 3 152 (12,4) ; *97 (juin) :* 3 232 (12,6) ; *98 (mars) :* 3 052 (11,9) ; *99 (juin) :* 2 932 (11,3) ; *2000 (avril) :* 2 371,3 (9,8) ; *2001 (juin) :* 2 339 (8,8).

■ **Demandes d'emploi selon la région** (en milliers, mars 2001). Alsace 37,6. Aquitaine 108. Auvergne 42,2. Basse-Normandie 48,1. Bourgogne 47. Bretagne 82,5. Centre

Chômage [1]	Mars 1997	Mars 1998	Janvier 1999	Mars 2000	Mars 2001
Chômeurs (en milliers)					
Ensemble	**3 105**	**3 007**	**3 014**	**2 590**	**2 285**
Hommes	1 496	1 411	1 425	1 185	1 004
Femmes	1 609	1 596	1 590	1 405	1 281
Taux de chômage selon le sexe et l'âge (en %)					
Ensemble	**12,3**	**11,8**	**11,7**	**10,0**	**8,8**
15-24 ans	28,1	25,4	26,5	20,7	18,7
25-49 ans	11,5	11,2	11,0	9,5	8,4
50 ans et plus	8,5	8,4	8,5	7,4	6,1
Hommes	**10,8**	**10,1**	**10,2**	**8,4**	**7,1**
15-24 ans	24,5	21,8	24,2	18,4	16,2
25-49 ans	9,9	9,5	9,2	7,7	6,6
50 ans et plus	8,0	7,7	8,0	6,7	5,1
Femmes	**14,1**	**13,8**	**13,6**	**11,9**	**10,7**
15-24 ans	32,8	30,0	29,7	23,7	21,8
25-49 ans	13,3	13,3	13,1	11,6	10,5
50 ans et plus	9,2	9,2	9,1	8,3	7,2
Taux de chômage selon le diplôme (en %)					
Sans diplôme ou CEP	17,5	17,3	17,9	16,2	14,1
BEPC, CAP, BEP	11,4	11,0	11,1	9,4	8,4
Baccalauréat	11,4	11,0	10,7	8,9	7,8
Bac + 2	8,2	7,5	7,1	5,3	5,2
Diplôme supérieur	7,3	6,7	6,3	5,6	4,9
Taux de chômage de quelques catégories sociales (en %)					
Cadres, prof. intel. sup.	5,1	4,5	4,5	3,7	3,1
Prof. intermédiaires	7,0	6,8	6,3	5,5	4,7
Employés	14,4	14,4	14,1	12,4	11,0
Ouvriers	15,8	14,6	15,1	12,4	10,9
Ancienneté moyenne de chômage (en mois)					
Ensemble	**15,0**	**16,0**	**14,9**	**15,9**	**14,5**
Hommes	14,4	15,5	14,4	15,4	14,7
Femmes	15,6	16,4	15,2	16,3	14,3
Proportion de personnes au chômage depuis 1 an ou plus (en %)					
Ensemble	**39,0**	**41,2**	**38,2**	**40,1**	**35,3**
Hommes	**37,0**	**40,2**	**37,1**	**38,9**	**35,0**
15-24 ans	20,2	21,4	17,9	18,4	15,5
25-49 ans	37,0	40,5	37,4	38,6	34,4
50 ans et plus	58,9	60,3	59,8	62,7	62,5
Femmes	**40,9**	**42,1**	**39,2**	**41,2**	**35,6**
15-24 ans	22,6	20,1	20,3	20,2	15,6
25-49 ans	42,2	43,8	39,9	41,7	35,6
50 ans et plus	60,8	61,7	58,3	61,4	58,3
Répartition des chômeurs selon les circonstances de la recherche (en %)					
Fin d'emploi à durée limitée	37,9	38,8	40,7	40,4	40,4
Licenciement	29,8	28,7	26,5	25,3	25,0
Démission	5,5	5,7	6,0	6,7	7,5
Fin d'études	9,2	9,4	9,6	9,0	8,3
Fin de service national	2,5	1,9	1,9	1,1	0,5
Reprise d'activité	9,2	9,3	9,8	9,9	11,2
Autres circonstances	5,9	6,2	5,4	7,6	7,0

Nota. – (1) Au sens du BIT (voir **Définitions** col. a).
Source : Enquêtes Emploi, Insee.

68,4. Champagne-Ardenne 47,5. Corse 12,2. Franche-Comté 25,4. Haute-Normandie 69,8. Ile-de-France 399,2. Languedoc-Roussillon 113,2. Limousin 16,9. Lorraine 67,7. Midi-Pyrénées 97,9. Nord-Pas-de-Calais 189,2. Pays de la Loire 95. Picardie 76,7. Poitou-Charentes 56,8. Provence-Alpes-Côte-d'Azur 218,9. Rhône-Alpes 163,6. *Ensemble 2 083,8.*

■ **Taux de chômage CVS selon les régions** (en %, mars 2001 et, entre parenthèses, déc. 1997). Alsace 4,9 (7,7), Aquitaine 9,2 (13,2), Auvergne 8,3 (10,8), Bourgogne 7,9 (11,5), Bretagne 8 (11,4), Centre 7,2 (11,4), Champagne-Ardenne 8,9 (12,2), Corse 10,2 (13,1), Franche-Comté 6 (10), Ile-de-France 7,6 (10,8), Languedoc-Roussillon 12,4 (16,9), Limousin 6,3 (9,6), Lorraine 7,8 (11,4), Midi-Pyrénées 9,6 (12,3), Nord-Pas-de-Calais 12,5 (16,1), Basse-Normandie 8,3 (11,9), Haute-Normandie 10,5 (14,5), Pays de la Loire 8 (12,3), Picardie 10,4 (13,5), Poitou-Charentes 9,5 (13,1), Provence-Alpes-Côte-d'Azur 12 (15,6), Rhône-Alpes 7,2 (10,8), *France (métropole) 8,7 (12,3).*

■ **Demandes d'emploi en fin de mois selon la qualification** (en milliers, mars 2001). 2 083,8 dont employés qualifiés 784,1, non qualifiés 390,4, ouvriers qualifiés 291,1, spécialisés 213,9, agents de maîtrise, techniciens 152,8, cadres 147,6, manœuvres 71, demandes non ventilées 32,9.

■ **Ancienneté moyenne des demandes en fin de mois** (en jours). *2000* (mars) : 428 ; *2001* (mars) : 392. **Demandeurs d'emploi (cat. 1) d'un an d'ancienneté ou +** (en milliers CVS) : *2000* (mars) : 896,3 ; *2001* (mars) : 672,1. **Part dans l'ensemble des demandeurs d'emploi (cat. 1)** [en %] : *2000* (mars) : 36,5 ; *2001* (mars) : 32,3.

■ **Chômage partiel indemnisable** (en milliers, mars 2001). Données brutes 203,4, valeurs CVS 145,4.

■ **Sorties de l'ANPE (cat. 1)** [en milliers, mars 2001]. **Ensemble 347,9** dont : reprise d'emploi 96,9, entrée en stage 29,4, arrêt de recherche 32,2, absence au contrôle 134,7, radiation administrative 19,8.

■ **Principaux dispositifs en faveur de l'emploi** (solde mars 2001). **Secteur privé et concurrentiel :** exonération charges sociales pour embauche du 1er salarié 141 000 ; contrats d'apprentissage 372 000, de qualification jeunes 167 000, d'adaptation 49 000 ; abattement temps partiel 407 000 ; contrats initiative emploi 251 000. **Secteur public, collectivités locales :** contrats emploi solidarité 172 000 ; stages emploi-jeunes n.d. **Stages de formation :** programme Trace 60 217 ; stages d'accès à l'entreprise 4 200 ; action d'insertion et de formation (Sife) 23 800, Sife individuels 3 800. **Convention de conversion (Unedic)** 26 200.

■ **Unedic.** Indemnise plus de 43,9 % des chômeurs fin 2000 (*fin 1992 :* 52,6 % ; *fin 1997 :* 42,3) et le régime de solidarité 12 % (12,3 % fin 1997), soit 55,9 % au total (55,6 % en octobre 1995, 53,6 % fin 1997 et 53,6 fin 1999).

■ **Passifs. Personnes inscrites à l'ANPE et déclarées n'effectuant pas de démarches pour trouver du travail :** *1983 :* 56 000 ; *86 :* 71 000 ; *89 :* 69 000 ; *90 :* 296 000 ; *92 :* 354 000 ; **n'effectuant aucune démarche (donc classées inactives) :** 75 % des 60 ans ou plus, 59 % des 55-60 ans, 44 % des 50-55 ans, 29 à 33 % des moins de 50 ans. Le chômeur inscrit à l'ANPE qui n'accomplit pas d'« actes positifs de recherche d'emploi » peut être radié pour 2 à 6 mois. 427 000 chômeurs seraient dans ce cas (la plupart des plus de 50 ans). **Chômeurs radiés :** *1990 :* 44 521 ; *92 :* 101 567 ; *93 :* 83 805 ; *96 :* 85 349. *Motifs* (en %) : refus de répondre aux convocations 73,4, de suivre un stage de formation 1,4, de chercher du travail 6 ; 1 000 radiations/mois pour déclaration frauduleuse.

■ **Créations d'emplois salariés.** *1989 :* 233 000 ; *91 :* 51 000 ; *92 :* 308 000 ; *de mars 97 à mars 98 :* 338 000 dont 151 000 en CDD, 134 000 en CDI et 52 000 salariés de l'État ; *99 :* 470 000 ; *2000 :* 632 883 [total déc. 1996-déc. 2000 : 1 740 000].

■ **Allocataires privés d'emploi** (en milliers, mars 2001). **Bénéficiaires d'aides (fin de mois) 1 490,5 :** régime d'assurance chômage 1 310,6 dont allocation unique dégressive (AUD) 68,9, allocation formation reclassement 96,2 ; allocation de remplacement pour l'emploi (Arpe) 24,2 ; régime AGCC alloc. spécifique de conversion 3,1 ; rémunération stagiaires régime public 411,9 ; régime de solidarité 29,6 dont allocation d'insertion 388,3, allocation solidarité spécifique 95,5 ; régime préretraite État 55,7 dont allocation spéciale FNE, préretraite progressive 39,3 ; allocation de remplacement pour l'emploi 2 400,9. **Total bénéficiaires** (FNA) 2 371,2 (valeurs CVS 2 096,1) dont chômeurs 2 083,3 (valeurs CVS 350) chômeurs dispensés de recherche d'emploi 193,2, préretraités 111,6, en formation ou en conversion (AFR, RSP, ASC) 94,7.

■ **Demandeurs d'emploi non indemnisés** (au 31-3-2000). 1 894 687 (39,6 % hommes et 60,4 % femmes) dont **1°) non-demandeurs d'allocations :** chômeurs inscrits à l'ANPE, mais qui n'ont pas renvoyé de demande d'allocations à l'Assedic 120 206. **2°) Demandeurs rejetés :** ne remplissant pas les conditions d'ouverture de droits à l'assurance chômage, ni à l'allocation d'insertion 1 114 611. *Motif de rejet :* affiliation insuffisante pour assurance chômage. **3°) Demandeurs classés sans suite :** 14 320. **4°) Acceptés en indemnisation mais en situation de carence :** 109 837. **5°) Chômeurs ayant épuisé leurs droits à l'indemnisation :** 199 619. **6°) Chômeurs en interruption momentanée d'indemnisation :** 196 788. **7°) Situations indéterminées :** 139 406.

■ **Dépenses pour l'emploi** (en milliards de F). *1973 :* 10,17 ; *80 :* 64,78 ; *90 :* 219,33 ; *94 :* 293,9 ; *95 :* 289,4 ; *96 :* 307,1 ; *97 :* 317,5 ; *98 :* 326,9 dont *dépenses passives : 160,6* (dont indemnisation du chômage 132,2, incitation au retrait d'activité 28,4) ; *dépenses actives : 166,3* (dont formation professionnelle 84,2, promotion de l'emploi 55,1, autres 27). **En % du PIB :** *1994 :* 3,98 ; *95 :* 3,78 ; *96 :* 3,9 ; *97 :* 3,91 ; *98 :* 3,83.

Données pratiques

■ **Chômage partiel. Aide publique :** allocation « spécifique » par heure de travail perdue au-dessous de la durée légale, depuis le 1-7-1997. *Durée :* 600 h indemnisables en 2000 quelle que soit la branche professionnelle. Le salaire hebdomadaire ne doit pas être inférieur à 18 fois le Smic, soit 786,96 F depuis le 1-7-2001. Régime modifié le 29-6-2001 pour répondre à la loi Aubry du 19-1-2000 (applicable 28-6-2001) concernant la réduction du temps de travail : à compter du 1-7-2001, les indemnités horaires varient en fonction de la taille de l'entreprise : 16 F (– 250 salariés), 14 F (+ 250). *Durée :* inchangée en 2001. *Particularités :* en cas de modernisation des installations de l'entreprise, le salarié perçoit des indemnités horaires durant 4 semaines. En cas de réduction de l'horaire du travail, les cadres en forfait annuel ne peuvent bénéficier des allocations spécifiques de chômage partiel.

Indemnisation complémentaire : indemnité horaire égale à 50 % de la rémunération horaire brute, allocation

■ **Cotisations ASSEDIC** (en % du salaire brut). **Assiette mensuelle** [1] **employeur (salarié)** [2] **:** *assurance chômage :* tranche A : 3,7 (2,1), B : 3,7 (2,6) ; *structure financière* [3] *:* A : 1,16 (0,8), B : 1,29 (0,89).

Nota. – (1) En 2001, *tranche* A : jusqu'à 14 950 F ; *B :* de 14 950 F à 59 800 F. (2) 1-7-2001 : suppression de la contribution supplémentaire de 0,5 % sur la tranche B. (3) Association pour la structure financière : créée 1983 pour prendre en charge les garanties de ressources (préretraite) et le surcoût de l'abaissement de l'âge de la retraite pour les régimes de retraite complémentaire.

publique comprise, avec plancher de 29 F depuis le 1-2-1993 (accord national interprofessionnel du 21-2-1968, avenant du 21-1-1993). *Taux maximal* de prise en charge par l'État : 100 % pour conventions conclues entre 1-1 et 31-3-2000 (en particulier à cause des tempêtes de fin 1999) et 80 % pour celles conclues entre le 1-4 et 31-12-2000 et entre le 1-1 et le 30-6-2001.

☞ La Cour de cassation interdit la mise au chômage partiel d'un seul salarié (arrêté du 19-7-1995).

■ **Chômage total (indemnisation). Régime d'assurance-chômage (Rac). Financement :** par entreprises et salariés. Destiné au chômeurs ayant travaillé suffisamment auparavant. Modifié plusieurs fois depuis 1984 et, en particulier, par le protocole d'accord du 18-7-1992 créant l'allocation unique dégressive (AUD) et par les accords du 19-12-1996. Nouvelle convention applicable 1-7-2001 à 31-12-2003 : les demandeurs d'emploi pris en charge avant le 1-7-2001 sont soumis à la convention de 1997 mais peuvent opter pour le Parel (Plan d'aide au retour à l'emploi).

Champs d'application : *secteur privé :* métropole et DOM (après adaptations). Géré par les Assedic fédérées dans l'Unedic. *Secteur public :* allocations du régime d'assurance servies par l'organisme employeur, ou par l'intermédiaire des Assedic (convention de gestion). Les organismes publics peuvent aussi adhérer au régime d'assurance (sauf État, collectivités publiques et établissements publics administratifs de l'État, qui garantissent les mêmes allocations à leurs agents non titulaires en cas de perte involontaire d'emploi).

Contributions : *Assiette et plafond :* rémunérations brutes définies comme pour la Sécurité sociale, limitées à 4 fois le plafond des cotisations de Sécurité sociale.

☞ En cas de rupture du contrat de travail d'un salarié de 50 ans et + ouvrant droit à l'AUD, l'employeur doit une contribution supplémentaire calculée en mois de salaire brut. *50 ans :* 2 mois ; *51 a. :* 3 ; *52 a. :* 5 ; *53 a. :* 6 ; *54 a. :* 8 ; *55 a. :* 10 ; *56 et 57 a. :* 12 ; *58 a. :* 10 ; *59 a. et + :* 8.

Allocation unique dégressive (AUD). Inscription : après licenciement (ordinaire ou économique), fin de contrat à durée déterminée ou démission pour motif reconnu légitime par la Commission paritaire nationale de l'Unedic. Il faut être inscrit aux Assedic comme demandeur d'emploi, physiquement apte et avoir moins de 60 ans (ou plus tant qu'on n'est pas réuni le nombre de trimestres d'assurance vieillesse nécessaire pour bénéficier de la retraite à taux plein, mais 65 ans au plus), avoir été employé au min. 122 j au cours des 18 précédents.

Durée d'indemnisation selon la durée d'affiliation et dégressivité : taux normal et, entre parenthèses, **taux dégressif par période de 6 mois :** *4 mois au cours des 8 derniers :* 4. ; *6 mois au cours des 12 derniers mois :* 4 (3, – 15 %) ; *8 mois au cours des 12 derniers mois : – de 50 ans :* 4 (11, – 17 %), *50 a. et + :* 7 (14, – 15 %) ; *14 mois au cours des 24 derniers mois : – 50 ans :* 9 (21, – 17 %), *50 a. et + :* 15 (30, – 15 %) ; *27 mois au cours des 36 derniers mois 50-54 ans :* 20 (25, – 15 %), *55 a. et + :* 27 (33, – 8 %). *Bénéficiaires* (en milliers, déc. 2000) : 1 352,2.

Retraite : AUD est maintenue sans dégressivité jusqu'à ouverture des droits à une retraite à taux plein pour les allocataires de 59 ans et 6 mois (ayant 1 an d'indemnisation et 12 ans d'activité salariée dont 1 continu ou 2 discontinus dans les 5 dernières années de travail) et jusqu'à 60 ans pour les allocataires ayant validé 160 trimestres à l'assurance vieillesse sans limite d'âge inférieure.

Différé d'indemnisation : 7 jours pour toutes admissions et réadmissions en AUD pour les fins de contrat de travail. Versée à expiration du nombre de jours calendaires correspondant à l'indemnité compensatrice de congés payés.

Carence d'indemnisation spécifique : se substitue au différé de 20 j en cas de rupture négociée du contrat de travail. Pour les licenciements notifiés depuis le 1-8-1993, la carence est calculée en divisant la moitié des indemnités de rupture supérieures à l'indemnité légale de licenciement par le montant du salaire journalier de référence. Maximum : 75 jours.

Un accord signé le 23-7-1993 par le CNPF, la CGPME et 4 autres syndicats (CFDT, CFTC, FO, CGC) garantit un financement de 30 milliards de F supplémentaires par an pendant 10 ans (État 10, entreprises 9,35, salariés 6,08, chômeurs 4,6). *En 2003,* l'Unedic retrouvera l'équilibre financier et aura remboursé toute sa dette, malgré un nombre de demandeurs d'emploi qui restera constamment à 3 600 000 à partir de 1996. Après un protocole d'accord le 19-12-1996, le CNPF, la CGPME et les syndicats CFDT, CFTC, CGC, CGT et CGT-FO ont signé le 1-1-1997 une nouvelle convention chômage (Rac) pour 1997, 1998 et 1999. Le financement est assuré par les contributions des entreprises et des salariés du secteur privé. Les ressources sont destinées à l'indemnisation de l'allocation unique dégressive (AUD) des chômeurs ayant travaillé suffisamment longtemps et, depuis 1997, à l'allocation chômeurs âgés (Aca).

Allocation d'aide au retour à l'emploi (Are). Salaire de référence : rémunération soumise à cotisations les 12 mois civils précédant le dernier jour de travail payé, y compris la fraction afférente des primes ou avantages annuels, dans la limite de 4 fois le plafond de la Sécurité sociale (soit, par mois : 59 800 F en 2001). L'allocation est calculée pour partie d'après le salaire journalier de référence, quotient du salaire de référence par le nombre de jours d'appartenance (ouvrables et non ouvrables) au titre desquels ces salaires ont été perçus. Revalorisée de 2,4 % depuis 1-7-2001.

Montant normal : partie proportionnelle égale à 40,4 % du salaire journalier de référence + partie fixe (64,24 F), soit 57,4 % du salaire journalier si cela est plus avantageux. *Minimum :* 156,61 F, *maximum :* 75 % du salaire journalier de référence. *Précompte* de 1,2 % (participation au financement des retraites complémentaires) prélevé sur l'allocation, sauf en cas d'AUD minimale. *Cotisation d'assurance-maladie :* supprimée depuis le 1-1-1998. *CSG :* 6,2 % des allocations × 0,95 et 3,8 % pour les personnes non imposables au revenu fiscal supérieur aux seuils d'allègement de la taxe d'habitation. *CRDS :* 0,5 % × 0,95. **Montant dégressif :** coefficient de dégressivité par période de 6 mois. *Exceptions :* allocataires âgés et bénéficiaires de l'allocation formation-reclassement (AFR). Même affectée d'une dégressivité, *AUD journalière minimale :* 112,21 F (depuis le 1-7-2001) ou 140,72 F pour certains chômeurs âgés ; *maximale :* 75 % du salaire journalier de référence.

☞ **Allocation chômeurs âgés (Aca) :** instituée le 1-1-1997 pour chômeurs de – de 60 ans justifiant de 160 trimestres ou plus validés pour l'assurance vieillesse. *Conditions :* celles de l'AUD ou de l'Are, mais âge minimal de dispense de recherche d'emploi porté à 55 ans depuis le 11-6-1999. *Indemnisation :* taux plein de l'AUD, sans dégressivité, jusqu'à 60 ans même si l'allocataire obtient ses 160 trimestres pendant une période d'indemnisation en AUD à un taux réduit par la dégressivité. *Bénéficiaires* (déc. 1997) : 50 300. *Montant minimal* par jour au 1-7-2001 : 156,61 F.

Allocation spécifique de conversion (ASC). Population concernée : salariés ayant perdu leur emploi pour motif économique après 2 ans d'ancienneté dans l'emploi, qui ont moins de 57 ans et dont l'employeur a signé une convention de conversion. **Montant de l'indemnisation :** 83,4 % du salaire de référence pendant les deux premiers mois, 70,4 % du salaire de référence pendant les quatre mois suivants. *Allocation minimale* au 1-7-2001 : 156,61 F par jour. **Durée maximale :** 6 mois de date à date, à compter du lendemain de la fin du contrat. **Observations :** pas de prolongation possible. Suppression des allocations en cas de reprise d'activité professionnelle, de perception de prestations en espèces de la Sécurité sociale ou de rupture des obligations liées à la convention. *Bénéficiaires* (déc. 2000) : 22 800.

Allocation formation reclassement (AFR). Population concernée : salariés non ou peu qualifiés, ou nécessitant une nouvelle qualification : salariés bénéficiant de l'allocation unique dégressive ; salariés suivant une action de formation. **Montant de l'indemnisation :** celui de l'AUD dû la veille de l'entrée en stage. *Allocation minimale* (au 1-7-2001) : 159,74 F par jour pour une activité salariée antérieure à temps plein (limite 75 % du salaire journalier). Indemnité de transport : 8,85 F par jour (distance comprise entre 15 et 250 km) et 14,32 F (+ 250 km). **Durée d'affiliation :** 182 jours au cours des 12 derniers mois ; 243 jours au cours des 12 derniers mois ; 426 j au cours des 24 derniers mois ; 821 j au cours des 26 derniers mois. *Bénéficiaires* (au 31-12-2000) : 63 300. **Observations :** suppression de l'allocation en cas de reprise d'activité professionnelle, de perception de prestations en espèces de la Sécurité sociale ou d'abandon de l'action de formation.

Rémunération des stagiaires du régime public (RSP). Montant de l'indemnisation : forfait mensuel de 4 070,40 F depuis le 1-7-1993. **Durée d'affiliation :** 6 mois d'activité salariée dans une période de 12 mois ou 12 mois dans une période de 24 mois. **Durée maximale :** durée du stage. **Observations :** réservée aux chômeurs qui ne relèvent pas du régime conventionnel et sont en stage agréé.

Allocation de fin de stage. Population concernée : chômeurs bénéficiaires de l'AFR qui, au cours de leur formation, ont épuisé leurs droits en allocation unique dégressive. **Montant de l'indemnisation :** identique à celui de l'AFR. **Durée maximale :** variable selon la durée du stage entrepris. **Observations :** suppression de l'allocation en cas de reprise d'activité professionnelle, de perception de prestations en espèces de la Sécurité sociale ou d'abandon de l'action de formation.

Travail légal des chômeurs. Conditions pour toucher des indemnités de chômage tout en exerçant une activité à temps partiel : **1°)** *le revenu brut procuré par cette activité doit être inférieur à 70 % du salaire* de référence (rémunération moyenne mensuelle brute perçue par le chômeur avant son licenciement) ; **2°)** *le travail ne doit pas excéder 136 h dans le mois.* Les indemnités Assedic perçues seront réduites en proportion du salaire touché par le chômeur pour son activité. En juillet 1997, 161 660 demandeurs d'emploi déclaraient une activité réduite, dont 55 745 non indemnisables.

■ **Mesures spécifiques. Conventions de coopération de l'assurance chômage conclues au niveau local.** Accord du 8-6-1994, modifié 6-7-1995 et 19-12-1996. **Principe :** embauche de demandeurs d'emploi indemnisés par l'Assedic, au chômage depuis plus de 8 mois. Contrat de travail à durée indéterminée (CDI) ou à durée déterminée (CDD) d'au moins 6 mois, dans le cadre d'une convention de coopération conclue localement entre l'Assedic, l'ANPE, la DDTEFP et un organisme de reclassement. Contrepartie pour l'employeur : aide de l'Assedic calculée sur la base des allocations du salarié embauché. **Financement** par le Rac. *Durée :* la plus faible des 3 durées suivantes : 12 mois, celle de l'indemnisation restant due au chômeur, celle du CDD, si CDD il y a.

■ **Régime de solidarité.** Les collectivités publiques prennent en charge les exclus du régime d'assurance, les préretraites qui engagent l'État, les chômeurs en formation et les chômeurs créateurs d'entreprises.

Allocation d'insertion (AI). Destinée à certains demandeurs d'emploi qui n'ont pu acquérir un droit d'indemnisation supérieur à 3 mois au titre de l'assurance chômage. **Principaux bénéficiaires : 1°** *détenus libérés* (sauf condamnés pour proxénétisme, stupéfiants...) dans les 12 mois suivant une détention d'au moins 2 mois ; **2°** *victimes d'accident de travail ou maladie professionnelle* en attente de réinsertion ou de reclassement ; **3°** *rapatriés, apatrides ou réfugiés* dans les 12 mois du rapatriement, de la demande d'asile ou de la délivrance de la carte de réfugié ; **4°** *certains salariés expatriés,* hors du régime d'assurance. **Ressources mensuelles :** inférieures à 90 fois le montant de l'allocation pour une personne seule (5 446,80 F) et 180 fois pour un couple (10 893,60 F). **Montant journalier** (au 1-1-2001) : 60,52 F ; prime exceptionnelle de 1 000 F. **Durée :** 1 an au maximum, par périodes de 6 mois (fractionnables) renouvelables après contrôle.

Allocation à la solidarité nationale. Indemnise salariés en préretraite, chômeurs de longue durée n'ayant plus droit aux allocations d'assurance, détenus sortant de prison.

Aide à la reprise d'activité des femmes (Arap). Pour toute femme à la recherche d'un emploi inscrite à l'ANPE mais non indemnisée ; ou bénéficiaire de l'allocation de solidarité spécifique ou de l'allocation d'insertion et qui a un ou plusieurs enfants de – de 6 ans qu'elle a gardé(s) personnellement avant la reprise d'activité. L'aide ne s'adresse pas aux femmes qui faisaient garder leur enfant en crèche ou par une assistante maternelle avant la reprise d'activité. L'aide ne peut être attribuée qu'une seule fois par période de 12 mois. **Conditions :** prendre ou reprendre un emploi d'au moins 2 mois avec une rémunération brute mensuelle maximale de 8 500 F ; suivre une formation professionnelle de plus de 40 h ; créer sa propre entreprise ; exercer une profession non salariée. **Montant :** 2 000 F si enfant scolarisé, si non 3 000 F.

Allocation de solidarité spécifique (ASS). Pour certains chômeurs de longue durée ayant épuisé leurs droits aux allocations d'assurance. **Conditions :** 5 ans d'*activité salariée* (– 1 an par enfant à charge ou élevé dans la limite de 3 ans) dans les 10 ans précédant la rupture du contrat de travail. *Ressources mensuelles* (allocation de solidarité comprise, prestations familiales non comprises) inférieures à 6 013,70 F pour une personne seule (70 fois le montant de l'allocation) et 9 450,10 F pour un couple (110 fois le montant). L'allocation peut être versée sous forme différentielle. *Être à la recherche d'un emploi* (sauf dispense accordée aux plus de 50 ans). **Montant journalier** (au 1-1-2001) : 85,91 F (123,40 F pour allocataires de 55 à 57,5 ans après 20 ans d'activité salariée ou 57,5 ans et + (et 10 ans d'activité) [durée réduite pour femmes assurées sociales (2 ans par enfant élevé) ou bénéficiaires d'un congé parental (durée du congé) dans les limites de 6 ans (pour 10 ans d'activité) et de 12 ans (pour 20 ans)]. Au 1-1-2001, prime exceptionnelle de 1 000 F pour bénéficiaires de l'ASS au taux simple et de 1 440 F au taux majoré. **Durée :** allocation versée par périodes de 6 mois renouvelables (pour une durée indéterminée, tant que les autres conditions sont remplies, en cas de dispense de recherche d'emploi). **Âge limite :** 60 ans et droit à la retraite à taux plein (max. 65 ans ou durée d'assurance vieillesse ouvrant droit au taux plein). *Bénéficiaires* (déc. 2000) : 394 500.

Aides aux demandeurs d'emploi. L'ANPE peut attribuer des aides à la mobilité géographique en cas de déplacements pour : convocation ANPE ou DDTE, bénéfice d'une prestation prescrite par l'ANPE, mise en relation avec un organisme de formation, entretien d'embauche avec un employeur. **Demandeurs d'emploi** (catégories 1-2-3-4) ; bénéficiaires d'un CES (catégorie 5) ; salariés à la recherche d'un autre emploi et dont l'entreprise a une convention de coopération avec l'ANPE : **1°)** *frais de déplacement :* au-delà de 50 km de la résidence (rendez-vous d'embauche) ou de 25 km (convocation de l'ANPE ou de la DDTE) : 10 F par tranche de 10 km, payables d'avance dans une perception. Supprimés à partir du 1-7-2001 ; une aide à la mobilité géographique sera octroyée en cas d'acceptation d'un emploi dans un autre bassin d'emploi que sa région. **2°)** *De séjour* (à partir de 50 km) : 150 F/jour à partir du 2e j (15 j au maximum). **Salariés adhérents à une convention de conversion :** *frais de déplacement* à partir de 15 km ; *de séjour* sans plafond de distance, pour la durée de la prestation ou de la formation. **Chômeurs de longue durée : 1°)** *aide forfaitaire aux déplacements quotidiens :* 1 000 F ; **2°)** *au déménagement :* 5 000 à 7 000 F.

Allocation spécifique d'attente (Asa). Créée 1-6-1998 en complément pour les chômeurs âgés percevant l'allocation de solidarité spécifique (ASS) ou le revenu minimum d'insertion (RMI). **Bénéficiaires :** – de 60 ans, justifiant d'au moins 160 trimestres validés à l'assurance vieillesse, percevant l'ASS ou le RMI. **Montant :** 1 750 F bruts/mois, soit 1 741,69 après CRDS (non pris en compte pour le calcul de l'ASS ou du RMI). **Plancher :** le total des ressources des bénéficiaires de l'Asa ne peut être inférieur à 5 000 F/mois. **Durée :** cesse d'être versée en cas d'interruption du versement de l'ASS, d'interruption ou de suspension du RMI, de la fin du droit au RMI et, définitivement, lorsque l'allocataire remplit les conditions requises pour l'ouverture de son droit à une pension de vieillesse à taux plein.

Plan d'aide au retour à l'emploi (Pare). Entrée en vigueur 1-1-2001. **Bénéficiaires** (au 1-7-2001) : tout demandeur d'emploi pouvant bénéficier d'une indemnisation du régime d'assurance chômage. **Rôle :** mesures mises en place ; entretien approfondi avec ANPE dans le mois suivant le contrat. Pap (projet d'action personnalisé) : définit les mesures d'accompagnement individualisées envisageables, détermine les catégories d'emploi correspondant à ses qualifications, ses capacités professionnelles, mais aussi les emplois vers lesquels le chômeur souhaite se reconvertir. **Suivi dans le temps :** actualisation du Pap prévue au bout de 6 mois si l'allocataire n'a pas retrouvé d'emploi ou si aucune proposition d'embauche correspondant aux critères fixés dans le Pap n'a été faite. Au bout de 12 mois sans travail, les efforts de reclassement ou d'insertion professionnelle seront accentués. **Obligations du chômeur :** rechercher activement et personnellement un emploi ; répondre aux offres d'emploi ; s'impliquer dans les actions mises en place dans le Pare s'il souhaite percevoir l'allocation de retour à l'emploi. A défaut : suspension provisoire des allocations, voire totale.

Aides pour les signataires d'un Pare : l'allocation d'aide au retour à l'emploi : montant correspondant à l'AUD à taux plein. Aide à la mobilité géographique au bénéficiaire de l'Are qui accepte un emploi dans un autre bassin d'emploi que sa région. Aide à la formation (prise en charge des frais de formation, de dossier et d'inscription, de transport et d'hébergement) pour celui qui suivra une action de formation. Contrats de qualification adultes. Aide dégressive, de 1 à 3 ans, pourra être accordée à l'employeur qui embauche un demandeur d'emploi n'ayant pas trouvé de travail alors qu'il a signé un Pare depuis plus d'1 an.

Conséquences : à partir du 1-7-2001, l'AUD est remplacée par une allocation d'aide au retour à l'emploi. Il n'est plus admis de nouveaux bénéficiaires dans le cadre de l'allocation de formation reclassement, du régime d'assurance conversion ; les indemnités de transport et d'hébergement versées par l'ANPE sont supprimées ; le dispositif de convention de coopération disparaît. A partir du 1-1-2002 : il ne sera plus admis de nouveaux bénéficiaires au titre de l'allocation chômeurs âgés (Aca).

Préretraite. Allocation de préretraite progressive (PRP) : remplace l'allocation spéciale du Fonds national pour l'emploi pour une préretraite à mi-temps (dite Fnemi) et l'Allocation de préretraite progressive (APP) de 1984, continuatrice de l'Allocation conventionnelle complémentaire (ACC) de 1981. **Montant :** 30 % du salaire de référence dans la limite du plafond de Sécurité sociale et 25 % pour la part entre une et deux fois ce plafond. *Allocation minimale* (au 1-1-2001) : 85 F. **Bénéficiaires :** salariés de 55 ans ou plus dont l'emploi à temps plein est transformé en mi-temps dans le cadre d'une convention FNE. **Durée de l'allocation :** jusqu'à la retraite à taux plein. **Statistiques :** *préretraites FNE* (au 31-12) : *1995* : 154 349 ; *96* : 130 252 ; *97 (est.)* : 112 100. *Préretraites progressives : 1995* : 55 963 ; *96* : 57 231 ; *2000* : 40 700.

Allocation de remplacement pour l'emploi (Arpe) : créée par l'accord du 6-9-1995, en vigueur le 1-10-1995. *Principe :* en contrepartie d'un nombre d'embauches équivalentes par l'entreprise qui les emploie, les salariés peuvent, sous certaines conditions et avec l'accord de l'employeur, cesser leur activité et bénéficier jusqu'à leur 60e anniversaire d'une allocation de remplacement égale à 65 % du salaire brut. *Montant minimal* (au 1-1-2001) : 170 F. *Bénéficiaires :* salariés nés en 1942 ou avant justifiant de 160 trimestres ou plus d'assurance vieillesse. Ils doivent justifier de 12 années d'affiliation au Rac, avoir au moins un an d'ancienneté chez le dernier employeur et ne pas percevoir un complément de ressources au titre d'un dispositif de cessation anticipée d'activité, quel qu'il soit, à l'exclusion des préretraites progressives. *Financement :* Fonds paritaire d'intervention en faveur de l'emploi. *Bénéficiaires* (déc. 2000) : 86 700.

Fonds paritaire d'intervention en faveur de l'emploi (depuis le 6-9-1995).

RMI. Voir à l'Index.

■ **Aides à l'emploi.** ALLÈGEMENT DE CHARGES SOCIALES PATRONALES. **Réduction unique dégressive** des cotisations patronales de Sécurité sociale : sur salaires mensuels compris entre 1 Smic et 1,30 fois le Smic, versés à compter du 1-1-1998. **Plafond** de rémunération : 9 605,28 F/mois. **Calcul de la réduction R :** *salaire inf. au Smic mensuel :* R = salaire soumis à cotisations × 0,182 ; *entre Smic et 130 % Smic mensuel :* R = (1,30 Smic – salaire soumis à cotisations) × 0,607. Réductions majorées de 10 % pour entreprises relevant d'une caisse de congés payés. Proratisation en cas de travail à temps partiel. **Réduction maximale :** 1 292,45 F pour un salarié rémunéré au Smic à temps plein (1 421,70 F si cotisation à 1 caisse de congés payés). Non-cumul avec autre exonération totale ou partielle de cotisations patronales ou avec application des taux ou montant cotisations spécifiques, sauf avec abattement des cotisations temps partiel et avec allègement ARTT. **Bulletin de paie :** indiquer le montant de la réduction. Calcul direct par l'employeur et déduction des versements à l'Urssaf. Un barème d'allègement de cotisations patronales de Sécurité sociale dégressif jusqu'à 1,8 du Smic et, au-delà, un abattement forfaitaire de 4 000 F/an/salarié, s'appliquera dans les entreprises passées aux 35 h. Il englobera la ristourne dégressive jusqu'à 1,3 Smic. Les modalités d'application de cet allègement doivent être précisées.

■ **Contrat d'accès à l'emploi (CAE).** CDI ou CDD de 12 à 24 mois renouvelable dans cette limite totale de 24 mois, sans les avantages pour l'employeur, minimum 16 h/semaine. **Bénéficiaires :** demandeurs d'emploi de plus de 12 mois, Rmistes, bénéficiaires de l'allocation spécifique de solidarité, handicapés, moins de 26 ans sans emploi, non indemnisés et sans diplômes, détenus sortant de prison. **Rénumérations :** an minimum le Smic. **Avantages :** *pour l'entreprise :* exonération des cotisations patronales pendant 2 ans ; aide forfaitaire de 1 000 ou 2 000 F, aide pour les formations (200 h au minimum) : 50 F/h, exclusion de l'effectif pendant 2 ans (ou durée du CDD).

ALLOCATION DE PRÉSENCE PARENTALE

Bénéficiaires : salarié ou non qui réduit ou interrompt son activité professionnelle quand l'enfant dont il a la charge est victime d'un accident, de maladie ou d'un handicap grave nécessitant une présence soutenue ou des soins contraignants, attestés par un certificat médical établi par un médecin, pendant au moins 4 mois (2 mois si affection périnatale). **Conditions :** *salariés :* cette allocation est liée à l'obtention du **congé de présence parentale** (congé ou activité réduite, d'au moins 20 % du temps plein de l'entreprise, accordé sur remise d'un certificat médical à l'employeur). *Autres :* sur déclaration d'honneur de la cessation totale d'activité. **Durée :** 4 mois renouvelable. **Montants** (au 1-1-2001) : *couples :* taux plein 3 131 F, partiel > 50 % du temps plein 2 071 F, < 50 % du temps plein 1 566 F ; *personne isolée :* taux plein 4 141 F, partiel 2 733 F ou 2 071 F.

Montant moyen de l'allocation d'assurance chômage (en 1998). 4 361,10 F/mois (indemnité brute).

Aides en direction de publics prioritaires (projet de loi de finances 1998, en milliards de F). 68 dont insertion professionnelle des jeunes 25,2 (non qualifiés 5,1, en alternance 12,1, emplois-jeunes 8), action en faveur des demandeurs d'emploi 37,1 [aide à l'insertion dans le secteur non marchand 15,2 (dont emplois-ville 0,41, CEC 3,1, CES 11,6), secteur marchand 18, autres rémunérations 3,9], dispositifs spécifiques 5,7.

Allègement du coût du travail (en milliards de F, 1998) : 43,8 dont 1er au 50e salarié 0,35, zones franches 0,35, autres exonérations 0,16, exonérations des cotisations familiales 0,527, ristourne dégressive de cotisations sociales 41,8, fonds DOM 0,7.

☞ **Intempéries (indemnités).** Pour les travailleurs du bâtiment et des travaux publics. Versées pour chaque heure perdue à partir de la 2e au cours de la même semaine, dans la limite de 9 h/j. **Montant :** les 3/4 de la fraction de salaire inférieur à 120 % du plafond de la Sécurité sociale.

USAGES

☞ Pour connaître la sélection **Quid** des meilleurs sites Internet sur les usages, rendez-vous sur **www.quid.fr**

CORRESPONDANCE

Définitions. Appel : titre du destinataire, utilisé au début d'une phrase (exemple : Sire, Monseigneur, Monsieur l'Ambassadeur). **Réclame :** indication, en tête de lettre, des nom et titre(s) du destinataire. Parfois placée en bas et à gauche. **Suscription :** reproduction de la réclame sur l'enveloppe. **Traitement :** titre utilisé dans le corps d'une phrase à la place du pronom (il ou elle) quand on utilise la 3e personne (exemple : Votre Majesté, Votre Excellence). On ne l'utilise pas à la 2e personne ; ainsi il ne faut pas dire : « Comment allez-vous, Excellence ? » mais : « Comment allez-vous, Monsieur l'Ambassadeur ? » ou : « Monsieur l'Ambassadeur, comment va Votre Excellence ? ». **Date :** se place ordinairement en haut et à droite en tête de la lettre ; dans une correspondance plus solennelle, on peut la placer en bas et à gauche, après la signature. **Courtoisie :** formule de politesse à la fin d'une lettre. **Souscription :** indication sous la signature des nom et titre de l'expéditeur. Pour un homme : prénom (ou initiale) et nom ; chef de famille, il peut signer du nom seul. La particule ne se met que précédée du prénom ou de l'initiale. Pour une femme mariée : nom de famille suivi du nom de son mari, ou prénom (ou initiale) suivi des prénom (ou itiniale) et nom de son mari.

☞ **Enveloppe :** voir cas particuliers ci-dessous, sinon : Monsieur X..., Madame X... (certains continuent à répéter sur 2 lignes Monsieur X, Madame X). On ajoute souvent le titre sous le nom, exemple : Monsieur X, ministre de... – ancien ministre – ministre plénipotentiaire – président de... – de l'Académie française – membre de l'Institut – préfet du... – préfet honoraire.

Nota. – On n'abrège, en France, ni les appellations ni les titres.

FORMULES PARTICULIÈRES

☞ Il est devenu courant d'appeler les femmes exerçant des fonctions autrefois réservées aux hommes : Madame le ou la Ministre (et non ... la Ministresse), l'Ambassadeur (et non l'Ambassadrice), etc. Dans le passé, la charge du mari était rappelée quand on écrivait à sa femme : Madame la chancelière, l'intendante, la première présidente du Parlement, etc.

Académicien. *Appel :* Maître. *Enveloppe :* Maître X... *En-tête :* Maître, Cher Maître.

Ambassadeur. *Appel :* Monsieur l'Ambassadeur ou Madame l'Ambassadeur. *Enveloppe :* à Son Excellence Monsieur X... (ou Monsieur le Comte...), ambassadeur de... (en...) ; S.E. Monsieur X..., ambassadeur de... (en...) et Madame X ; ou S.E. Monsieur l'Ambassadeur de... et Madame X. *En-tête :* Monsieur l'Ambassadeur. *Traitement dans la lettre* (homme ou femme) : Votre Excellence. *Fin :* Veuillez agréer, Monsieur l'Ambassadeur, les assurances de ma (très) haute considération. Une femme terminera : Recevez (ou acceptez), Monsieur l'Ambassadeur, l'expression de mes sentiments distingués. **Femme ambassadeur :** Madame l'Ambassadeur. **Épouse d'ambassadeur :** *appel :* Madame l'Ambassadrice. *Traitement :* néant. **Aux USA :** *appel :* Sir ou Madam ; Dear Mr. ou Madam Ambassador pour un Américain. Excellency ; Dear Mr. ou Madam Ambassador à un ambassadeur étranger. *Enveloppe :* The Hon. (Honorable) suivi des prénom et nom, American Ambassador ou Ambassador of...

Archevêque et évêque. *Appel :* Monseigneur. *Enveloppe :* A Son Excellence Monseigneur X..., évêque de V... ou A Son Excellence Monseigneur X..., auxiliaire de Son Éminence le cardinal-archevêque de Z. *En-tête :* Monseigneur. *Dans la lettre :* Votre Excellence. *Fin :* Daigne Votre Excellence recevoir mon plus profond respect, l'assurance de ma plus haute considération (ou très, ou plus, respectueuse considération) ou J'ai l'honneur de présenter à Votre Excellence ou Veuillez agréer, Monseigneur, l'expression de ma respectueuse considération. Depuis 1967, l'usage s'est instauré de dire Père au lieu d'Excellence [appellation qui date de Pie XI (31-12-1930), auparavant on disait Sa Grandeur].

Artiste. *Appel :* Maître.

Avocat. *Enveloppe :* Maître X... *En-tête :* Maître, Cher Maître, Monsieur le Bâtonnier.

Cardinal. *Enveloppe :* A Son Éminence (Révérendissime) Monseigneur le Cardinal X..., archevêque (ou évêque) de... ; ou Son Éminence le Cardinal X. *Appel, en-tête :* Éminentissime Seigneur ou Éminence. *Dans la lettre :* Votre Éminence. *Fin :* Daigne, Éminentissime Seigneur, Votre Éminence agréer l'hommage de mon profond respect. Une femme dira : Je prie Votre Éminence d'accepter l'expression de mes sentiments de profond respect. Depuis 1967, il est d'usage de dire seulement Monsieur le Cardinal.

Clergé. *Enveloppe :* pour un curé : Monsieur X..., Monsieur l'abbé X... (ou le chanoine X...), curé de Ste-Clotilde. Monsieur le chanoine X... curé archiprêtre de St-Vincent. Pour un vicaire : Monsieur l'abbé X... *Début de lettre :* Monsieur le Curé, Monsieur l'Abbé. *Fin :* Agréez ou Recevez, Monsieur, l'assurance de ma considération distinguée (ou de mes sentiments très respectueux).

Commissaire-priseur. *Appel :* Maître.

Député. *Enveloppe :* Monsieur X... député de... *En-tête :* Monsieur le député. **Aux USA : Chambre des représentants :** *enveloppe :* The Hon. ou Rep. (Representative) suivi des prénom et nom. *Appel :* Dear Mr. ou Madam X... ; **au président :** *enveloppe :* The Hon. Speaker of the House of Representatives. *Appel :* Dear Mr. ou Madam Speaker.

Écrivain célèbre. *Enveloppe :* Maître. *En-tête :* Maître, Cher Maître.

Évêque. Voir Archevêque.

Gouverneur. *Appel :* Monsieur le gouverneur (général). **Aux USA :** *enveloppe :* The Hon. suivi des prénom et nom, Governor of... Dans certains États : His ou Her Excellency, the Governor of... *Appel :* Sir ou Madam ; Dear Governor X...

Grand-duc de Luxembourg. *Enveloppe :* A son Altesse royale le... *Appel :* Monseigneur. *Traitement :* Votre Altesse royale. *Fin :* voir Rois.

Grande-duchesse. *Enveloppe :* A Son Altesse la... *Appel :* Madame. *Traitement :* Votre Altesse royale. *Fin :* Daigne Votre Altesse royale agréer l'hommage de mon profond respect.

Grand maître de l'ordre souverain de Malte. *Enveloppe :* A Son Altesse éminentissime, Monseigneur le Grand Maître de... *Appel :* Monseigneur. *Traitement :* Votre Altesse éminentissime. *Fin :* voir Rois.

Magistrat. *Enveloppe :* Monsieur X... Premier Président de la Cour des comptes. Monsieur le Conseiller. Monsieur le Professeur. *En-tête :* Monsieur le Premier Président... *Fin :* Veuillez agréer, Monsieur le..., les assurances de ma haute considération ou de ma considération la plus distinguée (ou très distinguée). **Aux USA : Cour suprême :** *Président : enveloppe :* The Hon. suivi des prénom et nom, Chief Justice of the US, The Supreme Court. *Appel :* Dear Sir ou Madam ; Dear Mr. ou Madam Chief Justice. *Membres : enveloppe :* Mr. Justice X..., The Supreme Court. *Appel :* Dear Sir ou Madam ; Dear Justice X.... **Juge :** *enveloppe :* The Hon. suivi des prénom et nom, Associate Judge, US District Court. *Appel :* Dear Judge X... **Procureur général :** *enveloppe :* The Hon. suivi des prénom et nom, Attorney General. *Appel :* Dear Sir ou Madam ; Dear Mr. ou Mrs Attorney General.

Maire. *Enveloppe :* Monsieur X..., maire de... *En-tête :* Monsieur le Maire. **Aux USA :** *enveloppe :* The Hon. suivi des prénom et nom, Mayor of... *Appel :* Sir ou Madam ; Dear Mayor X...

Médecin. *En-tête :* Monsieur le Docteur, Docteur, Madame le Docteur.

Militaire. **Armées de terre et de l'air :** *enveloppe :* Monsieur le Colonel X... ou Madame le Colonel, Monsieur le Colonel et Madame X..., Monsieur le Colonel et Baronne de X... Pour un général titré : Général-Comte de – et Comtesse de, sinon Colonel X et Comtesse de... *En-tête :* à un maréchal : Monsieur le Maréchal, sinon, mon Général, mon Colonel, etc. Les dames écriront : Monsieur jusqu'au grade de capitaine ; au-dessus, elles diront : Commandant, Colonel, Général ou Monsieur le Maréchal. **Marine :** *en-tête :* Amiral ; aux officiers supérieurs : Commandant. Pour les autres grades : Monsieur. **Épouse :** Madame la Maréchale, sinon : Madame. **Aux USA :** *enveloppe :* rang éventuellement en abrégé suivi du nom entier, arme en abrégé. *Appel :* Dear suivi du rang et du nom.

Ministre plénipotentiaire. *Enveloppe :* Monsieur X... (ou titre nobiliaire), Ministre plénipotentiaire. Monsieur le Ministre et la Comtesse de X... *Appel :* Monsieur le Ministre. *Traitement :* néant (Excellence est toléré). *En-tête :* Monsieur le Ministre.

Ministre. *Enveloppe :* Monsieur (Madame)... Ministre de... *Appel, en-tête :* Monsieur (Madame) le Ministre (min. de la Justice : Monsieur le Garde des Sceaux). *Fin :* Veuillez agréer, Monsieur (Madame) le (la) Ministre, l'assurance de ma haute considération. **Ancien ministre :** *enveloppe :* Monsieur... *En-tête :* Monsieur le Ministre. *Appel :* Monsieur le Ministre. **Ministre étranger :** *traitement :* Votre Excellence.

Nobles titrés. *Enveloppe* (noble titré qui n'est pas de sang royal) : Monsieur le Duc et Madame la Duchesse de X..., le Prince de X..., Madame la Princesse de X..., Prince et Princesse de X..., Marquis et Marquise de X..., Madame la Comtesse de Y..., Vicomte de X... Pour une femme titrée, il est plus courtois de faire précéder le titre de Madame. *Dans le corps de la lettre à un duc :* Monsieur le Duc (Madame la Duchesse), *à un prince* (non de sang royal) : Prince (Princesse), *autres titres :* simplement Monsieur ou Madame (suivi du titre sur l'enveloppe). **En Angleterre :** *enveloppe : duc :* His Grace the Duke of... ; *marquis :* The Most Hon. the Marquess of... ; *earl, viscount :* The Right Honorable the... suivi du titre suivi du nom ; *baron :* Lord, Lady ; *baronet, knight :* Sir suivi obligatoirement du prénom et du nom ; *bourgeois :* John Smith Esq. (Esquire), Mrs Smith. *Appel : duc :* Your Grace ; autres pairs : Mylord ; *knight : Sir.*

Nonce apostolique. *Enveloppe :* A Son Excellence Monseigneur X..., nonce apostolique. *En-tête :* Monsieur le Nonce, ou Monseigneur. *Traitement :* Votre Excellence. *Fin :* J'ai l'honneur, Monseigneur (ou Monsieur le Nonce), de présenter à Votre Excellence l'assurance de ma très haute considération (ou de ma respectueuse considération).

Notaire. *Appel :* Maître.

Officier ministériel. *Enveloppe :* Maître X... *En-tête :* Maître, Cher Maître.

Pape. *Enveloppe :* A Sa Sainteté le Pape X... *Pour les catholiques, commencer la lettre :* Très Saint-Père [humblement prosterné aux pieds de Votre Sainteté et implorant la faveur de la bénédiction apostolique...], puis exposer la requête. *Fin de la lettre :* Et que Dieu... (avec des points de suspension) ou J'ai l'honneur d'être avec le plus profond respect, de Votre Sainteté, le (ou la) très humble et dévoué serviteur (ou servante). *Pour les non-catholiques :* utiliser la même formule finale que pour un souverain temporel, en donnant appel et traitement appropriés.

Pasteur. *Enveloppe* ou *en-tête :* Monsieur le Pasteur... **Aux USA :** *enveloppe :* The Reverend suivi des prénom et nom. *Appel :* Dear Mr. ou Mr. X.

Patriarche œcuménique de Constantinople. *Enveloppe :* A Sa Sainteté le Patriarche... *Appel :* Très Saint-Père. *Traitement :* Votre Sainteté. *Fin :* Daigne, Très Saint-Père, Votre Sainteté agréer l'hommage de mes sentiments de très profond respect.

Patriarche (autre). *Enveloppe :* A Sa Béatitude Monseigneur X..., Patriarche de... *Appel :* Monseigneur. *Traitement :* Votre Béatitude (pour les patriarches cardinaux : Votre Béatitude Éminentissime). *Fin :* Daigne, Votre Béatitude, agréer l'expression de ma très respectueuse considération.

Personne non titrée. Monsieur X..., Madame X... Pour une femme mariée : les prénom et nom de son mari seront précédés de Madame ; femme divorcée : Madame suivi du prénom et du nom de jeune fille ; exerçant une profession : on écrit souvent le titre au masculin : Madame Jeanne Dupont, avocat à la Cour. *En-tête : d'un homme à une femme :* Madame, de préférence à Chère Madame. *A un autre homme :* Monsieur ou Cher Monsieur. *D'une femme à une femme :* Chère Madame. *Pour marquer l'amitié et la déférence :* Cher Monsieur et Ami.

Préfet, sous-préfet. *Enveloppe :* Monsieur X..., préfet de... ; sous-préfet de... *Appel :* Monsieur le Préfet, le Sous-Préfet.

Prélat. *Enveloppe :* Monseigneur, suivi du titre, s'il y a lieu : Monseigneur X, doyen de la Faculté catholique de... *Appel :* Monseigneur. *Fin :* Daignez agréer, Monseigneur, mes sentiments très respectueux (ou l'assurance de ma très haute considération).

Premier ministre. *Enveloppe :* Monsieur le Premier Ministre. *En-tête :* Monsieur le Premier Ministre. *Fin :* Veuillez agréer, Monsieur le Premier Ministre, l'assurance de ma haute (ou très respectueuse) considération. *Appel :* Monsieur le Premier Ministre. **Ancien Premier ministre :** *en-tête, fin* et *appel :* idem. **Premier ministre étranger :** *traitement :* Votre Excellence.

Président de la République. **France :** *enveloppe :* A son Excellence, Monsieur le Président de la République. *Appel :* Monsieur le Président. *En-tête :* Monsieur le Président de la République. *Fin :* Daignez agréer, Monsieur le Président, l'expression de ma très haute considération ou J'ai l'honneur, Monsieur le Président, de vous prier d'agréer l'expression de ma très haute considération. *On n'écrit pas, en principe, au Président de la République mais au directeur du cabinet civil ou au secrétaire général de l'Élysée.* Il fut d'usage, dans les chancelleries, d'écrire : A Son Altesse Monseigneur.... **Étranger :** *appel :* Son Excellence Monsieur le Président. *Traitement :* Votre Excellence. **Aux USA :** *enveloppe :* The President. *Appel :* Dear Sir (Madam), Mr. (Madam) President ; Dear Mr. (Madam) President. Idem avec Vice-President.

Président du Conseil (ancien). *Appel, en-tête :* Monsieur le Président. *Fin :* voir Premier ministre.

Président, directeur ou administrateur de société. Les membres de la Sté peuvent écrire *en tête :* Monsieur le Président, l'Administrateur, le Directeur, etc.

Prétendant au trône. *Enveloppe :* A Monseigneur le Comte de (ou le Duc ou autre titre). *Appel :* Monseigneur. *Traitement :* le Prince. *Fin :* J'ai l'honneur de me déclarer, Monseigneur, du Prince le très dévoué et obéissant serviteur (ou Daigne, Monseigneur, le Prince agréer l'expression de ma très respectueuse considération). **Son épouse :** *appel :* Madame. *Traitement :* la Princesse.

Prince et princesse de maison souveraine. *Enveloppe :* A Son Altesse (impériale, royale ou sérénissime) Monseigneur (ou Madame), le Prince (ou la Princesse) X (prénom) de... On n'emploie pas sur l'enveloppe le titre en abrégé : SAR, SAS, SA, LLAARR (Leurs Altesses Royales pour les princes du sang). *Appel :* Monseigneur ou Madame (prince et princesse pour les maisons non régnantes). *Traitement :* Votre Altesse (impériale, royale ou sérénissime). *Fin :* Daigne, Monseigneur, Votre Altesse agréer l'hommage de mon profond et respectueux dévouement ou Je prie Votre Altesse (impériale, royale ou sérénissime) d'agréer l'assurance de ma (plus) respectueuse considération (ou de mon profond respect, ou l'hommage de mon respect, pour une princesse). Les dames peuvent terminer : Je suis, Monseigneur (ou j'ai l'honneur d'être, Madame), de Votre Altesse impériale (ou royale) la très respectueusement dévouée. Princes de Liechtenstein et de Monaco : Altesse sérénissime.

Professeur de faculté. Monsieur le Professeur.

Rabbin. *Enveloppe, en-tête :* Monsieur le Grand Rabbin ou Monsieur le Rabbin. *Fin :* Veuillez agréer, Monsieur le..., l'assurance de ma haute considération. **Aux USA :** *enveloppe :* Rabbi suivi des prénom et nom. *Appel :* Dear Rabbi X.

Religieux. **Supérieur :** *abbé mitré :* Au Révérendissime Père X... abbé de... *Chartreux :* Ministre général. *Directeur de collège religieux :* Monsieur le Supérieur. *Dominicain :* Maître général. *Frère des Écoles chrétiennes :* Supérieur général. *Frère prêcheur :* Préposé général. *Jésuite :* Préposé général. *Lazariste :* Monsieur. *Oratorien :* Supérieur général. *Sulpicien :* Monsieur le Supérieur. *Trappiste :* Abbé général. **Supérieur d'un couvent ou religieux profès :** *enveloppe :* Au Révérendissime Père X... ou Très Révérend Père X... *En-tête :* Mon très Révérend Père ou Révérendissime Père. *Traitement :* Révérendissime Père ou Mon Très Révérend Père. *Fin :* Veuillez agréer, Mon Très Révérend Père, l'assurance de ma haute considération. **Frère :** *enveloppe :* Le Très Honoré Frère X... (ou Le Très Cher Frère). *En-tête :* Très Honoré Frère (ou Très Cher Frère). *Fin :* Veuillez agréer, Mon Frère (ou Mon Très Honoré Frère), mes respectueux sentiments.

Religieuse. **Abbesse :** *enveloppe :* Révérendissime Mère X... Abbesse de... *En-tête :* Révérendissime Mère. *Fin :* Veuillez agréer, Révérendissime Mère, mes très respectueux sentiments. **Supérieure d'un ordre :** Ma Très Révérende Mère. **Autre religieuse :** Ma Mère ou Ma Sœur.

Roi, reine, empereur, impératrice. *Enveloppe :* A Sa Majesté (impériale et royale pour un empereur) le Roi (ou l'Empereur) de... *En-tête* (appel) : Sire (ou Madame). *Dans la lettre* (traitement) : employer la 3e personne avec Votre Majesté. *Fin :* C'est avec un profond respect que j'ai l'honneur de me déclarer, Sire, de Votre Majesté le (la) très humble et obéissant(e) serviteur (servante) et sujet(te). **Aux USA :** *enveloppe :* His (Her) Majesty, King (Queen) of Y. *Appel :* Sir (Madam) ou May it please Your Majesty.

Secrétaire d'État. *Enveloppe :* Monsieur X..., Secrétaire d'État aux (Beaux-Arts) et Madame X... *Traitement :* Monsieur le Ministre. *Fin :* voir Ministre.

Secrétaire général. *Appel :* Monsieur le Secrétaire général.

Sénateur (voir Député). **Aux USA :** *enveloppe :* The Hon. ou Sen. suivi des prénom et nom ; *appel :* Dear Mr. ou Madam Senator, ou Dear Mr. ou Mrs X...

FORMULES DE FIN DE LETTRE

La formule de politesse finale reprend la formule d'appel.

Entre égaux. **Si vous entretenez déjà des relations :** Veuillez trouver ici l'assurance de mon amitié (l'assurance de ma cordiale sympathie). Je vous adresse mon meilleur souvenir. Veuillez recevoir l'expression de mes meilleurs souvenirs ; de mon amical souvenir ; de mon fidèle souvenir. **Si vous ne vous connaissez que peu ou pas :** Veuillez recevoir, agréer ; *ou :* Daignez agréer ; Je vous prie d'agréer, Monsieur, l'assurance ; l'expression de ma considération distinguée ; de mes sentiments les meilleurs ; de mes sentiments distingués ; de ma (très) haute considération ; de ma respectueuse sympathie, de ma parfaite considération.

A un supérieur. Je vous prie d'agréer, Monsieur, l'assurance de mon profond respect. Veuillez agréer, Monsieur, l'assurance de mon profond respect. Daignez agréer, Monsieur, l'expression de mes respectueux sentiments. Veuillez recevoir, Monsieur, l'expression de mes respectueux sentiments ; de mon respectueux dévouement. Veuillez croire, Monsieur, à mon entier dévouement.

A une dame. Veuillez agréer (ou recevoir), Madame, mes hommages ou mes respectueux hommages.

A une jeune fille que l'on ne connaît pas. Veuillez recevoir, Mademoiselle, l'expression de mes respectueux sentiments.

A un homme. Une femme écrit : Recevez, Monsieur, mon meilleur souvenir.

A une personne âgée. Respectueuse considération.

Entre femmes. Veuillez agréer mes sentiments respectueux ou distingués ou les meilleurs, ou sentiments affectueux.

Suivra la souscription qui, sous la signature, est l'indication des nom et titre de l'expéditeur.

DANS LA CONVERSATION

Armée. **Entre militaires :** *de subalterne ou subordonné à supérieur :* mon général, mon capitaine, mon lieutenant. Pour les aspirants : mon lieutenant. Adjudant de cavalerie : mon lieutenant. *De supérieur à subalterne ou subordonné :* capitaine, lieutenant (sans le *mon*).

De civils à militaires : mon général, mon colonel, mon commandant. Pratiquement, les civils ne donnent leur grade aux militaires qu'à partir de commandant. A un lieutenant-colonel, on dit « mon colonel ». *Femme de militaire :* maréchal : « madame la maréchale » ; sinon, « madame ».

Artiste réputé. Maître.

Membres du corps diplomatique. *Ambassadeur :* excellence, monsieur l'ambassadeur. *Ministre plénipotentiaire :* monsieur le ministre. *Consul :* monsieur le consul.

Ecclésiastique. *Pape :* Très Saint Père. *Cardinal :* Éminence. *Évêque :* Excellence. *Prélat :* Monseigneur. *Curé :* monsieur le curé, monsieur le doyen, monsieur le chanoine (suivant les cas), monsieur le recteur. *Général d'un ordre :* mon révérendissime père, monsieur l'abbé, mon père (religieux prêtre), mon frère (religieux non prêtre). *Supérieure d'un ordre :* ma mère ou ma sœur. *Religieuse :* ma mère ou ma sœur. *Pasteur, rabbin :* monsieur le pasteur, monsieur le (grand) rabbin.

Femme exerçant une fonction officielle. Madame l'ambassadeur, le (la) ministre, le (la) député, le (la) président(e), le docteur, la docteresse, etc.

Homme de loi (avocat, avoué, notaire, huissier, agréé). Maître ou cher maître.

Marine. *De civil à marin :* amiral, contre-amiral et vice-amiral : dire « amiral ». Capitaine de vaisseau, de frégate, de corvette : dire « commandant ». Lieutenant de vaisseau : dire « capitaine ». Enseigne de vaisseau : dire « lieutenant ». On dira « commandant », à leur bord, aux lieutenants de vaisseau et enseignes, s'ils commandent un bâtiment.

Personnes titrées. *Empereur ou roi :* sire, Votre Majesté. *Impératrice ou reine :* madame. *Prince de Monaco :* monseigneur. *Princes du sang :* monseigneur, Votre Altesse royale (ou impériale). *Princesses du sang :* madame, Votre Altesse royale ou impériale. *Duc et duchesse :* monsieur le duc et madame la duchesse. *Prince et princesse :* prince, princesse. Le titre ne se donne pas aux autres gens titrés.

Président de la République, du Sénat, de la Chambre, du Conseil. Monsieur le président.

Professeur de l'enseignement supérieur. Monsieur le professeur, maître.

Autres fonctions publiques. Les personnes appartenant au même corps de l'État donnent le titre ; exemple : monsieur le premier président, monsieur le conseiller. Les autres donnent le titre suivant les circonstances ; exemple : monsieur le préfet. Ministre ou ancien ministre : monsieur le ministre.

INVITATIONS

Le 1er faire-part de décès date de 1625. En Belgique, au XVIIIe s., les cartes de visite étaient de vieilles cartes à jouer sur le dos desquelles le visiteur inscrivait son nom.

Une invitation d'ordre privé peut être faite par carte de visite imprimée, par lettre ou verbalement. Dans ce dernier cas, il convient de la confirmer par une carte portant la mention « pour mémoire ». L'invitation indique la nature, le lieu, le jour, la tenue (de soirée : habit, cravate noire, smoking) ; elle est adressée 3 semaines à l'avance. Répondre rapidement.

PRÉSÉANCES

ORDRE OFFICIEL

Fixé par les décrets des 21-6 et 13-9-1995 [origine : décrets des 24 messidor an XII (13-7-1804), 16-6 et 5-10-1907 pour l'Algérie, 10-12-1912 (colonies), 30-1-1926 et 20-11-1944].

■ Art. Ier. **Pour les cérémonies publiques organisées sur ordre du gouvernement ou à l'initiative d'une autorité publique.**

■ Art. II. **A Paris** lorsque les membres des corps et les autorités assistent aux cérémonies publiques. 1. Pt de la République. 2. Premier ministre. 3. Pt du Sénat. 4. Pt de l'Assemblée nationale. 5. Anciens Pts de la Rép. dans l'ordre de préséance déterminé par l'ancienneté de leur prise de fonctions. 6. Gouvernement dans l'ordre de préséance arrêté par le Pt de la Rép. 7. Anciens Pts du Conseil et anciens Premiers ministres dans l'ordre de préséance déterminé par l'ancienneté de leur prise de fonctions. 8. Pt du Conseil constitutionnel. 9. Vice-Pt du Conseil d'État. 10. Pt du Conseil économique et social. 11. Députés. 12. Sénateurs. 12 *bis.* Ambassadeurs étrangers en France. 13. Premier Pt de la Cour de cassation et Procureur général près cette Cour. 14. Premier Pt de la Cour des comptes et procureur général près cette Cour. 15. Grand chancelier de la Légion d'honneur, chancelier de l'ordre nat. du Mérite et membres des conseils de ces ordres. 16. Chancelier de l'ordre de la Libération et membres du conseil de l'ordre. 16 *bis.* Pt de la Cour de justice. 17. Chef d'état-major des armées. 18. Médiateur de la Rép. 19. Préfet de la région d'Ile-de-France, de Paris. 20. Préfet de police, de la zone de défense de Paris. 21. Maire de Paris, Pt du conseil de Paris. 22. Pt du conseil régional d'Ile-de-France. 23. Représentants au Parlement européen. 24. Chancelier de l'Institut de France, secrétaires perpétuels de l'Académie française, de l'Académie des inscriptions et belles lettres, des sciences, des beaux-arts et des sciences morales et politiques. 25. Gouverneur de la Banque de France, directeur général de la Caisse des dépôts et consignations, gouverneur du Crédit foncier de France. 26. Secrétaire général du gouvernement, secr. général de la Défense nat., secr. général du min. des Aff. étrangères. 27. Pt de la cour administrative d'appel de Paris, premier Pt de la cour d'appel de Paris et procureur général près cette cour. 28. Délégué général pour l'armement, secrétaire général pour l'administration du min. de la Défense, chef d'état-major de l'armée de terre, chef d'état-major de la marine, chef d'état-major de l'armée de l'air, gouverneur militaire de Paris, commandant militaire de l'Ile-de-France. 29. Pt du Conseil supérieur de l'audiovisuel. 30. Pt de la Commission nat. de l'informatique et des libertés. 31. Pt du Conseil de la concurrence. 32. Pt de la Commission des opérations de bourse. 33. Recteur de l'académie de Paris, chancelier des universités de Paris. 34. Hauts-commissaires, commissaires généraux, commissaires, délégués généraux, délégués, secr. généraux, directeurs de cabinet, directeur général de la gendarmerie nat., directeurs généraux et directeur d'administration centrale dans l'ordre de préséance des ministères déterminé par l'ordre protocolaire du gouvernement et, au sein de chaque ministère, dans l'ordre de préséance déterminé par leur fonction ou leur grade. 35. Pt du tribunal administratif de Paris, Pt du tribunal de grande instance de Paris et procureur de la Rép. près ce tribunal, Pt de la chambre régionale des comptes d'Ile-de-France. 36. Préfet, secr. général de la préfecture de la région d'Ile-de-France, préfet, dir. du cabinet du préfet de police, préfet, secr. général de la préfecture de Paris, préfet, secr. général de l'administration de la police, préfet, secrétaire général de la zone de défense. 37. Membres du conseil de Paris, membre du conseil régional d'Ile-de-France. 38. Chef du Contrôle général des armées, général de division ayant rang et appellation de général d'armée, vice-amiral ayant rang et appellation d'amiral, général de division aérienne ayant rang et appellation de général d'armée aérienne, général de division ayant rang et appellation de général de corps d'armée, les vice-amiraux ayant rang et appellation de vice-amiral d'escadre, général de division aérienne ayant rang et appellation de général de corps aérien. 39. Pts des universités de Paris, directeurs des grandes écoles nat., directeur des grands établissements nat. de recherche. 40. Pt du tribunal de commerce de Paris. 41. Pt du conseil de prud'hommes de Paris. 42. Secr. général de la Ville de Paris. 43. Directeur général des services administratifs de la région d'Ile-de-France. 44. Pts et secrétaires perpétuels des académies créées ou reconnues par une loi ou un décret. 45. Pt du Comité économique et social d'Ile-de-France. 46. Chefs des services déconcentrés de l'État en Ile-de-France et dans le département de Paris dans l'ordre de préséance attribué aux départements ministériels dont ils relèvent et les directeurs généraux et directeur de la préfecture de région, de la préfecture de Paris et de la préfecture de police. 47. Pt de l'Assemblée permanente des chambres de commerce et d'industrie, Pt de l'Assemblée permanente des chambres d'agriculture, Pt de l'Assemblée permanente des chambres de métiers. 48. Pt de la chambre de commerce et d'industrie de Paris, Pt de la chambre régionale de commerce et d'industrie d'Ile-de-France. 49. Pt de la chambre régionale d'agriculture d'Ile-de-France, Pt de la chambre interdépartementale d'agriculture d'Ile-de-France. 50. Pt de la chambre départementale de métiers de Paris. 51. Pt du conseil de l'ordre des avocats au Conseil d'État et à la Cour de cassation. 52. Bâtonnier de l'ordre des avocats au barreau de Paris et Pt de la conférence des bâtonniers. 53. Pts des conseils nat. des ordres professionnels. 54. Directeurs des services de la Ville de Paris dans l'ordre de leur nomination. 55. Commissaires de police, officiers de gendarmerie et officiers de la brigade de sapeurs-pompiers de Paris. 56. Pt de la chambre nat. des avoués près les cours d'appel. 57. Pt du Conseil supérieur du notariat. 58. Pt de la chambre nat. des commissaires-priseurs. 59. Pt de la chambre nat. des huissiers de justice. 60. Pt de la compagnie nat. des commissaires aux comptes.

■ Art. III. **Dans les autres départements, St-Pierre-et-Miquelon et Mayotte.** 1. Préfet, représentant de l'État dans le département ou la collectivité. 2. Députés. 3. Sénateurs. 4. Pt du conseil régional ou, dans les départements de Corse-du-Sud et de Hte-Corse, Pt de l'assemblée de Corse. 5. Pt du conseil général. 6. Maire de la commune dans laquelle se déroule la cérémonie. 7. Représentants au Parlement européen. 8. Général commandant la région militaire, amiral commandant la région maritime, général commandant la région aérienne, général commandant la région de gendarmerie. 9. Pt de la cour administrative d'appel, premier Pt de la cour d'appel et procureur général près ladite cour ou, à St-Pierre-et-Miquelon et à Mayotte, Pt et procureur général du tribunal supérieur d'appel. 10. Général commandant la circonscription militaire de défense, amiral commandant l'arrondissement maritime, général commandant la circonscription de gendarmerie. Dans les dép. et les collectivités territoriales d'outre-mer, l'autorité militaire exerçant le commandement supérieur des forces armées. 11. Dignitaires de la Légion d'honneur, compagnons de la Libération et dignitaires de l'ordre nat. du Mérite. 12. Pt du comité écon. et social de la région ou, en Corse-du-Sud et Hte-Corse, Pt du conseil économique et social de la région Corse, Corse-du-Sud et Hte-Corse, Pt du Conseil de la culture, de l'éducation et du cadre de vie. Dans les DOM, Pt du Comité de la culture, de l'éducation et de l'environnement. 13. Pt du tribunal administratif, Pt du tribunal de grande instance et procureur de la Rép. près ledit tribunal ou, à St-Pierre-et-Miquelon et à Mayotte, Pt du tribunal de 1re instance et le procureur de la Rép. près ledit tribunal, Pt de la chambre régionale des comptes. 14. Membres du conseil régional ou, en Corse-du-Sud et en Hte-Corse, membres de l'assemblée de Corse. 15. Membres du conseil général. 16. Membres du conseil économique et social. 17. Recteur d'académie, chancelier des universités. 18. Bas-Rhin, Haut-Rhin et Moselle : évêque, Pt du directoire de l'Église de la confession d'Augsbourg d'Alsace et de Lorraine, Pt du synode de l'Église réformée d'Alsace-Lorraine, grand rabbin, Pt du consistoire israélite. 19. Préfet adjoint pour la sécurité, préfet délégué pour la sécurité et la défense. 20. Sous-préfet dans son arrondissement, secr. général de la préfecture ou secr. général pour les affaires régionales et secr. général pour l'administration de la police, directeur du cabinet du préfet du département. 21. Officiers généraux exerçant un commandement. 22. Chefs des services déconcentrés des administrations civiles de l'État dans la région et dans le département, dans l'ordre de préséance attribué aux départements ministériels dont ils relèvent, l'officier supérieur délégué militaire départemental, l'officier supérieur commandant le groupement de gendarmerie départementale. 23. Pts des universités, directeurs des grandes écoles nat. ayant leur siège dans le département, directeur des grands établissements de recherche ayant leur siège dans le dép. 24. Directeur général des services de la région. 25. Directeur général des services du département. 26. Conseillers municipaux de la commune dans laquelle se déroule la cérémonie. 27. Secrétaire général de la commune dans laquelle se déroule la cérémonie. 28. Pt du tribunal de commerce. 29. Pt du conseil de prud'hommes. 30. Pt du tribunal paritaire des baux ruraux. 31. Pt de la chambre régionale de commerce et d'industrie, Pt de la chambre régionale d'agriculture, Pt de la chambre ou de la conférence régionale des métiers, Pt de la chambre départementale de commerce et d'industrie, Pt de la chambre départementale d'agriculture, Pt de la chambre départementale des métiers. 32. Bâtonnier de l'ordre des avocats, Pts des conseils régionaux et départementaux des ordres professionnels. 33. Secrétaire de mairie.

☞ **Art. IV, V, VI.** Nouvelle-Calédonie, Polynésie, Wallis-et-Futuna : dispositions particulières.

■ Art. VII. **Lorsque les corps sont convoqués ensemble :** leurs délégations prennent place dans l'ordre de préséance des autorités qui assurent leur présidence. Les dignitaires de la Légion d'honneur et du Mérite, les compagnons de la Libération, et les membres de l'Institut prennent place respectivement avec le grand chancelier de la Légion d'honneur et de l'ordre national du Mérite, le chancelier de l'ordre de la Libération, le chancelier de l'Institut de France. Les membres du conseil de l'ordre des avocats et de la conférence des bâtonniers prennent place avec le bâtonnier. **Lorsqu'ils sont convoqués ensemble à Paris :** les conseils de l'ordre de la Légion d'honneur, de l'ordre de la Libération et de l'ordre du Mérite prennent place, dans cet ordre, immédiatement après députés et sénateurs ; les membres du Conseil supérieur de la magistrature immédiatement avant ceux de la Cour de cassation ; le Collège de France immédiatement après le recteur de l'académie de Paris ; les membres du Conseil économique et social immédiatement après les représentants au Parlement européen.

■ Art. VIII. **Ailleurs qu'à Paris :** si la cérémonie est présidée par le Pt de la Rép. ou le Premier ministre, le corps et autorités mentionnés aux 1° et 18° de l'art. II prennent place en tête, dans l'ordre des préséances observées à Paris. Les corps et autorités mentionnés aux 1° et 7° de l'art. III prennent place après les corps et autorités mentionnés à l'alinéa précédent, dans l'ordre de préséance fixé par les art., sauf le représentant de l'État dans le département qui accompagne l'autorité présidant la cérémonie. Les corps et autorités mentionnés aux 24° à 28°, 31°, 32°, 34°, 35° et 38° de l'art. II prennent place dans l'ordre fixé par cet article, après les corps et autorités mentionnés à l'alinéa précédent et avant les autres corps mentionnés aux art. III, IV, V, VI, qui se placent dans l'ordre de préséance fixé par ces articles.

■ Art. IX. **Dans les cérémonies publiques non prescrites par ordre du gouvernement :** l'autorité invitante occupe le 2e rang après le représentant de l'État. Lorsque l'invitation émane d'un corps, les dispositions de l'alinéa précédent s'appliquent au seul chef de corps. Les membres du corps invitant et les autorités invitées gardent entre eux les rangs assignés par les art. II et III.

■ Art. X. **A Paris, en l'absence du Pt de la Rép. et de membres du gouvernement :** le préfet de la région d'Ile-de-France prend rang après le Pt de l'Ass. nat.

■ Art. XI. **Dans les arrondissements, en l'absence d'un ministre ou du préfet :** les sous-préfets occupent le rang du représentant de l'État dans le département.

■ Art. XII. **En mer et dans l'emprise des bases navales :** le préfet maritime occupe le 1er rang, accompagné le cas échéant du préfet du département ou du sous-préfet.

■ Art. XIII. **Rangs et préséances ne se délèguent pas :** à l'exception des représentants de la Rép., les représentants des autorités qui assistent à une cérémonie occupent le rang correspondant à leur grade ou fonction et non pas le rang de l'autorité qu'ils représentent. Les autorités qui exercent des fonctions à titre intérimaire ou dans le cadre d'une suppléance statutaire ont droit au rang de préséance normalement occupé par le titulaire desdites fonctions.

■ Art. XIV. **Sous réserve de cette exception,** en l'absence du Premier ministre, les membres du gouvernement le représentant occupent le 1er rang. Les autres autorités sont placées à Paris dans l'ordre déterminé par l'art. II, ailleurs dans l'ordre déterminé par l'art. VIII. Par exception, un vice-Pt de l'Assemblée nat., du Conseil économique et social, d'un conseil régional ou général représentant le Pt de l'une de ces assemblées et un adjoint représentant un maire occupent le rang de préséance de l'autorité qu'ils représentent. Un vice-président représentant le Pt du Sénat vient après le Pt de l'Assemblée nat. Un membre du Conseil constitutionnel représentant le Pt dudit Conseil, un Pt de section représentant le vice-Pt du Conseil d'État, un Pt de chambre représentant le premier Pt de la Cour de cassation, un Pt de chambre représentant le premier Pt de la Cour des comptes occupent le rang de l'autorité qu'ils représentent.

■ Art. XV. **En l'absence d'un membre du gouvernement :** le préfet du département a seul qualité pour représenter le gouvernement dans les cérémonies publiques. Les membres des cabinets ministériels et les fonctionnaires des administrations centrales peuvent participer aux cérémonies publiques aux côtés du préfet, lorsque l'objet de la cérémonie le justifie. Le préfet de région, en dehors du département chef-lieu de région, n'a pas préséance sur le préfet du département.

■ Art. XVI. **Lorsque les autorités sont placées côte à côte :** l'autorité à laquelle la préséance est due se tient au centre. Les autres autorités sont placées alternativement à sa droite puis à sa gauche, du centre vers l'extérieur, dans l'ordre décroissant des préséances. **Lorsque les autorités sont placées en rangs successifs** de part et d'autre d'une allée centrale, l'autorité à laquelle la préséance est due se tient à la gauche de la travée de droite. L'autorité occupant le 2e rang se tient à la droite de la travée de gauche. Les autres sont placées, dans l'ordre décroissant des préséances, rangée par rangée et, pour une même rangée, alternativement dans la travée de droite, puis dans la travée de gauche, du centre vers l'extérieur. **Lorsque l'objet de la cérémonie et le nombre important d'autorités militaires présentes le justifient :** les autorités peuvent être scindées en 2 groupes, les civiles étant placées à droite et les militaires à gauche. Dans chaque groupe, les autorités sont placées dans l'ordre décroissant des préséances du centre vers l'extérieur et de l'avant vers l'arrière.

■ **Art. XVII. Les ambassadeurs étrangers** prennent place, à Paris, immédiatement après le gouv. et, dans les départements, après les représentants de l'État.

■ **Art. XVIII. Des personnalités françaises ou étrangères,** notamment de l'UE, qui ne sont pas au nombre des autorités mentionnées dans les art. II à VI du décret, peuvent, en fonction de leur qualité et selon l'appréciation du gouvernement ou de l'autorité invitante, prendre place parmi les autorités.

■ **Art. XIX. Les cérémonies publiques ne commencent** que lorsque l'autorité qui occupe le 1er rang a rejoint sa place. Cette autorité arrive la dernière et se retire la première. Les allocutions sont prononcées dans l'ordre inverse des préséances.

Honneurs civils (articles XXI à XXIX) : se rapportent essentiellement aux conditions d'accueil du Pt de la République et des membres du gouvernement, et aux égards dont ils sont l'objet à leur départ de la part des autorités locales. *Honneurs militaires :* autorités civiles qui y ont droit (art. XXXI) : Pt de la République ; Premier ministre ; Pt du Sénat ; Pt de l'Assemblée nat. ; ministre chargé des Armées ou le membre du gouvernement délégué auprès de lui ; autres membres du gouvernement ; Pt du Conseil constitutionnel ; préfets et les représentants de l'État dans les TOM, autres autorités civiles de l'État dans l'exercice de leurs fonctions lorsque des circonstances particulières le justifient ; officiers généraux et commandants d'armes (art. XXXII).

Concernant : *droit au salut.* Préfet ou haut-commissaire de la Rép. en uniforme ont droit au salut des militaires et marins de tous grades. Sous-préfet et secrétaire général de la préfecture en uniforme doivent le salut aux officiers généraux. Ils ont droit au salut de tous les officiers, militaires ou marins ; *exécution de l'hymne national et de diverses sonneries ; prérogatives d'escortes. Cocardes.* (art. L, relatif à l'utilisation de cocardes et insignes particuliers aux couleurs nationales sur les véhicules automobiles, aéronefs et vedettes maritimes ou fluviales) : membres du Parlement, membres du gouvernement, préfets régionaux dans la limite de leur région, préfets départementaux et préfets délégués dans leur département, président du Conseil constitutionnel, vice-Pt du Conseil d'État et Pt du Conseil économique et social.

PRÉSÉANCES A TABLE

Place d'honneur à droite de la maîtresse de maison. Le protocole des déjeuners et des dîners date du XVIIIe s. **Autorités religieuses :** dans de nombreuses familles, le ministre du culte (même un simple prêtre) est mis à la 1re place. **Autorités étrangères :** chefs d'État, représentants des maisons souveraines, ambassadeurs en poste (ordre d'après leur prise de fonctions, sauf pour le nonce qui passe avant tous les autres), simples étrangers méritant des égards particuliers ou invités pour la 1re fois. **Noblesse :** chefs de familles ayant régné sur la France, sinon seuls princes et ducs ont droit à une place particulière. Les ducs français ont en France la préséance sur les princes des maisons non souveraines. **Anciens Pts d'assemblée, chefs de gouvernement, ministres, hauts fonctionnaires :** en principe immédiatement après leurs homologues en activité. A rang égal, fonctionnaires et officiers sont placés par ordre d'ancienneté.

☞ **Dans les dîners privés ou semi-officiels,** on tient compte de l'âge, de la notoriété (militaire, scientifique, artistique, littéraire, économique). Les présidents de table peuvent être au centre (à la française) ou en bout de table (à l'anglaise). Si l'on veut honorer simultanément plusieurs personnalités, on peut organiser un repas par petites tables ou une présidence en croix. Pour un repas composé d'autant d'hommes que de femmes, si le nombre des invités est un multiple de 4, la table est présidée par 2 hommes ou 2 femmes ; s'il est un multiple de 4 + 2, la table est présidée par 1 homme et 1 femme.

POSTES, TÉLÉCOMMUNICATIONS

☞ Pour connaître la sélection **Quid** des meilleurs sites Internet sur les postes, télécommunications, rendez-vous sur **www.quid.fr**

POSTES

■ **Origine du mot.** Les relais où les chevaucheurs de l'Écurie royale changeaient de monture qui étaient placés (*positi* en latin, puis *posta* en italien) dans des lieux choisis pour permettre un acheminement rapide des dépêches. Le mot désignera bientôt le lieu, le relais et le service, puis la distance entre 2 relais [7 lieues (environ 28 km)] d'où les bottes de 7 lieues du conte de Perrault.

☞ *Abréviation :* ex. : exemplaire(s).

QUELQUES DATES

Antiquité : Chine services postaux créés vers 4 000 av. J.-C. **Perse** Cyrus avait, selon Hérodote, inventé la poste. **Empire romain** l'empereur Auguste crée une poste d'État : des messagers porteurs de documents officiels ont le droit d'utiliser les relais militaires sur les routes romaines. **Moyen Age** des messagers *intra muros* portent les messages et convocations de communes. **XIIIe s.** l'Université de Paris utilise des *messagers volants* pour permettre aux écoliers provinciaux et étrangers de correspondre avec leur famille (1re mention, 1296). **1455** l'empereur Frédéric III charge Roger Della Torre, transitaire de Bergame, d'organiser un réseau postal. Anobli Bon de Thurn und Taxis, puis Pce. Ses descendants vendront 3 millions de thalers leur monopole à la Prusse en 1867. **1463** les maisons du pont Notre-Dame à Paris reçoivent des numéros. **1470-80** Louis XI crée la charge de contrôleur des chevaucheurs de l'Écurie du Roi (1479), ancêtre du surintendant général des Postes, et un service des relais. La Poste est alors un instrument du pouvoir royal à l'usage exclusif du prince. Des services parallèles fonctionneront encore de nombreuses années (messageries de villes, de métiers, d'universités...). **1506** Louis XII met le service des relais à la disposition des voyageurs. **1576**-*nov.* Henri III crée les *Messageries royales* chargées, à l'instar des messageries universitaires, du transport des lettres et des voyageurs.

Sous Henri IV organisation de la *Poste aux lettres.* **1627** *1er tarif postal* (règlement de Pierre d'Almeras) en France entre Paris et quelques grandes villes. **1630** création de la surintendance générale des Postes qui réglemente et contrôle l'activité des « maîtres des Postes », des « maîtres des courriers », des courriers et des commis. **1653** Renouard de Villayer crée la *Petite Poste.* Les lettres de Paris pour Paris, déposées dans une boîte et munies d'un billet de port payé que l'on se procurait au siège de l'organisation, étaient distribuées (3 fois par jour) par des facteurs. Expérience éphémère, reprise en 1759 et étendue à plusieurs villes du royaume. **1672** avec Louvois, le service des Postes fait l'objet d'un bail applicable à tout le territoire : *la ferme générale des Postes.* Ainsi apparaissent 2 niveaux d'autorité : un niveau politique et administratif, celui du surintendant qui a pour mission de fixer les tarifs, de signer les traités internationaux et de veiller à l'application des règlements, et un niveau opérationnel, celui du fermier qui doit organiser et exploiter à son profit le service des Postes. **1708** 1re édition du Livre de Poste renseignant les voyageurs sur les routes en service ; fixe le nombre de postes entre 2 établissements et fournit les bases du paiement dû par les voyageurs. **1719** le fermier général des Postes est subrogé aux droits des messagers universitaires contre le versement d'1/28e du prix de son bail. Le privilège d'exploitation du fermier général des Postes devient exclusif. **1760** Piarron de Chamousset réinvente la Petite Poste de Paris et installe chez des commerçants des *boîtes* servant au dépôt du courrier et dont seul le facteur possède la clé. **1792** 1re instruction générale sur le service des Postes. Un décret crée la Régie nationale des Postes et place Postes et Messageries sous l'autorité d'un directoire, élu par la Convention nationale. **1801** un *arrêté* attribue définitivement à l'État le *monopole du transport des lettres.* **1804** Frochot crée à Paris un *numérotage régulier.* **1817** création du service des *mandats postaux.* **1818** (Sardaigne) *carta postale bollata* (feuille postale timbrée) avec timbre, représentant un cavalier sonnant de la trompe, prouvant que la taxe a été acquittée pour cette feuille. **1819** Almanach du commerce de *Sébastien Bottin* 17-12-1764/28-3-1852 reprenant l'Almanach du commerce de 1797 par Latynna ; (fusionné 1857 pour sa 60e édition avec l'Annuaire général du commerce de Firmin et Didot, 19e édition). **1823** Paris, les facteurs à pied sont remplacés par des facteurs à cheval : les lettres des départements et de l'étranger sont distribuées avant midi. **1828** les correspondances sont frappées d'un *timbre à date* au départ et à l'arrivée. Le service postal devient journalier. Les bureaux de poste forment des dépêches quotidiennement. **1829** création du service des *lettres recommandées* et organisation du service de la *distribution à domicile* dans les communes rurales à partir du 1-4-1830 (le facteur devait savoir lire, était payé 4 centimes le km à pied, tournée moyenne 30 km) et du *relevage des correspondances* dans toutes les communes de Fr. **1837**-*2-5* une loi pose les bases du *monopole des télécom.* interdisant à quiconque la transmission des signaux. **1838** Australie, Nlle-Galles du Sud : vente de feuilles portant le sceau de la colonie et un signe indiquant que le paiement a été fait sur place. **1840**-*10-1* G.-B. affranchissement uniforme de 1 penny (sur proposition de Rowland Hill, auteur de « la réforme de la Poste » en 1837). *-6-5* mise en service de la 1re lettre-enveloppe de 1 penny (dessinée par William Mulready) vendue par les bureaux de poste. **1841**-*janv.* enveloppe gaufrée de 1 penny rose puis *-avril* de 2 pence (remplacent les Mulready). 1res à voyager par la poste. **1848** décret-loi du 24-8 (promulgué 30-8) : la IIe République supprime les tarifs proportionnels aux distances ; 3 timbres-poste seront créés : 20 c (lettre jusqu'à 7,5 g), 40 c (15 g), 1 F (100 g) [loi du 30-8-1848 autorisant l'administration des Postes à vendre 0,20 F, 0,40 F et 1 F les timbres ou cachets devant servir à l'affranchissement. Avant, l'administration apposait un timbre humide imprimant la somme à percevoir, ou « Franco » si le port était payé d'avance (affranchir d'avance une lettre paraissant une impolitesse pour le destinataire)], et le tarif unique pour la lettre simple de bureau à bureau. Liaison par câble avec la Corse. *Timbres-poste :* vente obligatoire dans les bureaux de tabac. **1849** impression des timbres confiée à la Commission des monnaies et médailles. Sur 158 268 000 lettres expédiées en 1849, il n'y en eut que 23 740 200 affranchies au moyen de timbres-poste. **1854** loi créant une surtaxe sur les lettres non affranchies. **1855** l'administration des Postes autorise officiellement les facteurs à distribuer les calendriers. **1859**-*1-6* création de chiffres-taxe mobiles, le % des lettres non affranchies (plus de 40 % en 1854) tombe à 10 % environ en 1860. **1861** Londres, essai de transport de dépêches par tube atmosphérique (exploité 1873). **1866** essai à Paris (1 050 m à ciel ouvert entre la Bourse et le Gd Hôtel) pour dépêches. Paris, *poste pneumatique* jusqu'au 30-3-1984 (17 h). **1869**-*1-10*, *1re carte postale :* Autriche. **1870** pendant la guerre, des *dépêches microfilmées (pigeongrammes)* sont transportées par des *pigeons* [1 tube de plume de 5 cm (moins de 1 g), fixé à l'une des plumes de la queue, pouvait contenir 12 pellicules, soit 30 000 dépêches]. 57 pigeons sur 300 rapportèrent 150 000 dépêches officielles et 1 000 000 privées. *Boules de Moulins* (imaginées par Robert et Delort) : des lettres (500 à 1 000 par boule) à destination de Paris assiégé sont enfermées à Moulins (Allier) dans des sphères métalliques de 20 cm, munies d'ailettes et immergées dans la Seine. 55, immergées à Bray-sur-Seine, Thomery et Sannois, entre le 4 et le 31-1-1871 (soit de 37 500 à 65 000 lettres) se perdirent. [Depuis, une bonne moitié a été repêchée lors de dragages, notamment en 1882, 1910, 20, 51, 52, 68 (St-Wandrille), 82 (Vatteville-la-Rue, S.-M.). Si l'administration n'a pu trouver les descendants éventuels, elle a confié les lettres recueillies au musée de la Poste]. A Metz, les armées françaises assiégées utilisent de petits aérostats non montés qui transportent des plis légers (les *papillons de Metz*). *Ballons montés :* 67 partis de Paris le 23-9-1870. Le *Neptune :* 103 kg de lettres jusqu'au 28-1-1871. *Gal Cambronne :* 253 kg de lettres, dont 56 transportèrent 3 millions de lettres. Le *13-1* le *Gal Faidherbe* emporta 5 chiens habitués à conduire dans Paris les bœufs qui vont à l'abattoir ; on leur mit des colliers dont l'intérieur était bourré de dépêches, aucun n'arriva. **1871**-*juin* Canada, 1re carte postale vendue. **1872**-*20-12* loi sur la correspondance à découvert (1res cartes postales vendues par la poste) ; certaines seront utilisées en cartes-

Andorre est le seul pays qui dispose de 2 administrations postales (française et espagnole). Les timbres-poste ont leur valeur faciale en pesetas et en francs. Depuis 1972 (timbres émis par l'Espagne) et 1978 (timbres émis par la France), la définition de la figurine est en catalan. Seule l'indication *La Poste* subsiste du côté français. Il y a parité entre les 2 administrations (accords de 1930). L'Espagne a ouvert le 1er bureau à Andorra-la-Vella le 1-1-1928, la France le 16-6-1931. A chaque recette principale sont rattachées 7 agences.

Andorre et le Groenland sont les 2 seuls pays où le courrier local est gratuit.

Vanuatu (ex-Nouvelles-Hébrides, alors condominium franco-britannique) seul pays ayant eu un double système de timbres émis par 2 administrations, avec des motifs identiques mais des langues différentes.

Musées de la Poste : *Amélie-les-Bains* (Pyr.-Or.). *Amboise* (I.-et-L.). *Amiens* (Somme). *Caen* (Calvados). *Marcq-en-Barœul* (Nord). *Le Luc-en-Provence* (Var). *Lyon* (Rhône). *Nancy* (Meurthe-et-Moselle). *Nantes* (L.-A.). *Paris :* 34, bd de Vaugirard (XVe) et 5, rue du Gal-Sarrail (XVIe). *Riquewihr* (Ht-Rhin). *St-Flour* (Cantal). *St-Macaire* (Gironde). *Toulouse* (Hte-Garonne).

Calendriers des Postes : *1762* le plus ancien calendrier connu. *1855-17-8* l'administration des Postes légalise la coutume adoptée par les facteurs de distribuer des calendriers à leur profit. Marie Dupuis imprime le 1er calendrier des Postes, sous sa forme actuelle, en noir et blanc. *1860* François-Charles Oberthur reçoit le monopole de la fabrication des almanachs des Postes pour 10 ans. **Principaux éditeurs :** Oberthur, Oller, Jean Lavigne, Jean Cartier Bresson. **Marché** (en 1996) : 18 millions d'exemplaires facturés de 7 à 11 F pièce au facteur (revendus 50 F en moyenne).

annonces publicitaires jusqu'au 1-2-1874. **1874** création de l'*Union générale des Postes.* Deviendra en 1878 *Union postale universelle.* **1875**-*7-10* arrêté autorisant l'industrie privée à fabriquer des cartes postales. **1879** ministère des Postes et Télégraphes créé. **1881** Caisse nationale d'Épargne créée. Carte postale illustrée. Service des colis postaux en France. **1889** l'État prend le *monopole du téléphone,* exploité dès 1880 par des sociétés privées. Une loi consacre l'appellation de « ministère des Postes, Télégraphes et Téléphone ». **1895** la bicyclette est autorisée pour la distribution télégraphique (avec indemnités pour achat et entretien). **1899** grève des facteurs, naissance du syndicalisme dans les services postaux. -*31-12* loi accordant la franchise postale aux militaires pour 2 lettres par mois (surcharge FM sur les timbres ordinaires). **1900** loi accordant la franchise postale aux militaires et aux marins pour 2 lettres par mois. **1908**-*31-3* Paris, 1er distributeur automatique de timbres-poste à l'Hôtel des postes de la rue du Louvre. **1909** 1res automobiles pour transport dépêches à Paris. **1911** 1er transport de courrier par avion par le Français *Henri Pequet* (né 1888) aux Indes. **1912** *1er vol postal officiel* Nancy/Lunéville. **1913** le Lt Ronin convoie à bord d'un Morane-Saulnier le courrier à destination de l'Amér. du Sud entre Villacoublay et Pauillac. **1914** création de cartes postales en franchise pour militaires et marins. **1918** création du service des *chèques postaux.* **1919** exploitation de la ligne Toulouse-Rabat par Pierre Latécoère (1883-1943). -*11-11* ligne postale aérienne Paris/Londres. **1923** création du budget annexe des PTT. **1927** *1er courrier postal aérien* entre USA et France sur l'avion America. Création de la Cie générale aéropostale. *1ers circuits de poste automobile rurale* (transport courrier et passagers). **1928**-*1-3* service commercial régulier avec Amér. du Sud. **1933** *1er aérogramme* pour Iraq. **1935** création du réseau postal aérien intérieur. **1939**-*10-5, 1er vol postal de nuit :* 2 Caudron-Goéland d'Air Bleu (l'un fait Paris-Bordeaux-Pau, l'autre Pau-Bordeaux-Paris). **1941** suppression de la distribution du courrier le dimanche. Affiliation des CCP aux chambres de compensation des banques. Bordeaux, distribution par Juva 4 Renault. **1942** création de 2 directions distinctes, « Postes » et « Télécommunications », sous la tutelle d'un ministère unique. **1945** *bilan de la guerre :* 860 établissements postaux (soit 25 %) dont 57 % des centres de tri détruits ou endommagés ; 360 wagons (48 %) perdus ; 220 voitures de Paris (76 %) perdues ; 600 000 sacs postaux (40 %) détruits ou perdus. **1951** Bordeaux, *électrotrieuse Schaudel* pour trier les paquets-poste (1 200 paquets/heure). **1953** Bordeaux, *1re machine électromécanique à trier les lettres.* **1957** création du corps des *préposés.* **1959** le ministère prend le titre de « Postes et Télécommunications », le sigle « PTT » est maintenu. **1960** introduction de la mécanisation du tri (machines électromécaniques). **1962** adoption du *jaune* (avant, bleu) pour boîtes aux lettres et véhicules postaux. **1964** début du *codage* des adresses postales. **1965** les cachets à date retrouvent le no minéralogique du départ, supprimé en 1875 (2 chiffres). **1966** *1er bureau cedex* Paris Brune. **1969** *courrier à 2 vitesses :* normal et urgent. **1972** lancement du *code postal* à 5 chiffres. Suppression de la FM (franchise militaire). **1973** automatisation du tri (lecture optique des adresses, tri automatique). **1984** TGV postal Paris-Lyon. **1987** les bureaux de poste de Paris changent de nom. Le no du bureau est remplacé par le nom du quartier ou de la rue. **1989** attribution du code postal du bureau distributeur à la commune dans la rédaction des adresses postales. **1991**-*1-1* La Poste et France Télécom passent du statut d'administration à celui d'exploitant autonome de droit public contrôlé par le ministère de tutelle. Soumises à partir de 1994 à une fiscalité proche du droit commun, elles peuvent conclure des contrats avec des clients, investir à l'étranger, fixer leurs tarifs, etc. Le personnel, toujours fonctionnaire, n'est plus soumis aux catégories de grilles de la fonction publique. Un groupement d'intérêt public (GIP) gère services communs (automobiles) et œuvres sociales. **1992**-*sept.* mise en service du Hub (plate-forme d'échanges de fret postal à Roissy-CDG et Lyon-Satolas). **1994**-*oct.* nouveau réseau de messagerie : plate-forme de Bordeaux-Bègles. 1er contrat de plan complet avec l'État. **1995** fermeture du service des ambulants. **1996**-*1-1* suppression des franchises.

TIMBRES

PREMIERS TIMBRES

■ **Origine.** **1819**-*3-6* les postes sardes émettent un papier postal timbré (les « Cavallini » à 3 sols, 5 sols ou 10 sols). **1840**-*1-5,* 1 penny noir et 2 pence bleu mis en vente ; affranchis 6-5 (112 000 lettres postées ce jour-là). 1 penny noir affranchi le 2-5 a été vendu le 23-3-1991 à Lugano (Suisse) par Harmers 3 400 000 F suisses (13 430 000 FF). Le *timbre-poste* (1 penny noir) est adopté en Angleterre sur l'initiative de sir Rowland Hill (1795-1879), plus tard dir. des Postes. Son projet remontait à 1837, mais James Chalmers, libraire imprimeur, en avait eu l'idée et avait tiré quelques spécimens de timbres (1834-38). **1842-45** *1ers timbres représentant un nom de pays :* émis par le City Despatch Post de New York ; portant la mention « États-Unis », ils n'étaient valables qu'à New York. **1843** Brésil (dits œils-de-bœuf) ; Suisse (cantons de Zurich, de Genève et de Vaud). **1847** Trinité, USA, Maurice. **1849** France (1-1) ; Belgique (7-7) ; Bavière (1-11). **1850** Autriche, Hanovre, Prusse, Saxe, Schleswig-Holstein, Espagne, Suisse, etc. *1ers timbres trapézoïdaux :* émis par la Malaisie pour le centenaire de Malacca. **1968**-*oct. timbres polygonaux irréguliers :* émis par Malte.

■ **En France.** **1ers timbres de type Cérès** [déesse de l'agriculture et des moissons, gravée par Jacques-Jean Barre (1793-1855)]. **1 F vermillon** (1-1-1849) tiré à 1 020 000 ex., retiré de la vente le 1-12 pour éviter des confusions avec le 40 c orange que l'on allait mettre en service. *Estimation :* vermillon vif neuf 500 000 F, oblitéré 150 000 F, vermillon neuf 375/500 000 F, oblitéré 120 000 F. **20 c noir** (1-1-1849) tiré à 41 600 000 ex., supprimé 1-7-1850. Estimé neuf 2 500 à 20 000 F, oblitéré 350 à 4 500 F selon les nuances des couleurs. **20 c bleu,** non émis (il fut tiré du 7-4-1849 au 20-5-1850 à 22 995 000 ex. pour remplacer le 20 c noir sur lequel les oblitérations se voyaient mal, mais la loi du 15-5-1850, modifiant le tarif, le rendit inutile ; on envisagea alors de vendre à 25 c les timbres-poste bleus imprimés à 20 c et inutilisés, mais le min. des Finances s'y refusa). Le stock des 20 c, y compris les surchargés, fut incinéré, sauf quelques feuilles ; le non-surchargé est estimé à 20 000 F et le surchargé à 100 000 F. **25 c** (1-7-1850) tiré à 45 218 000 ex. **1er timbre tiré à plus de 100 millions d'ex. :** 1 c vert olive émis 1-11-1860 et supprimé 15-10-1862 (170 000 000 d'ex.). **A plus de 1 milliard d'ex. :** 20 c bleu émis le 1-7-1854 et supprimé en oct. 1862. **1re contrefaçon connue :** 4-5-1849. **1er timbre dentelé :** 1862. **1ers cachets :** janv. 1849 ; certains bureaux, dans l'attente de la grille oblitérante officielle, utilisèrent des cachets provisoires de confection locale (croix de Troyes, estimée 200 000 F sur 1 lettre, croix de La Rochelle, rectangle de Béziers, barre de Cherbourg, crochets d'Autun, etc.). **1er timbre en hélio :** 1931 (Expo. coloniale de Paris) ; **en taille douce :** 1931 « le Pont du Gard » (Henry Cheffer 1880-1994) ; **carré :** 1976, série « Europa » ; **gaufré :** 1977, « Au Gal de Gaulle/mémorial 5e anniversaire, 1 F ; **panoramique** (format double) : 1983 ; **en braille :** 30-1-1989 « pour le bien des aveugles », hommage à Valentin Haüy, 2,20 F ; **sans valeur faciale :** 1993. **1er carnet de timbres autocollants :** février 1990, « Marianne du Bicentenaire » de Briat, 2,30 F. **Timbres perforés par le public :** réglementés par décision ministérielle le 15-11-1876, interdits depuis loi du 6-12-1954. **1er timbre rond :** 28-2-1998 « Coupe du monde de football », Briat ; **en forme de cœur :** 6-2-1999, Baras ; **à hologramme :** 2-7-1999. **Dernier timbre uniquement en F :** 2/3-7-1999, 6,70 F. **1er timbre à double affichage euros/francs :** 5-7-1999. **Timbre Tour Eiffel argenté à chaud :** 7/8-12-2000.

COLLECTIONS

■ **Timbres.** **1res collections :** 1841-42. **1ers catalogues :** 1861 (*Timbres-poste,* d'Oscar Berger-Levrault, et *Catalogue des timbres-poste créés dans divers États du Globe,* d'Alfred Potiquet). **1er album :** 1862 à Paris. **1ers catalogues avec prix :** Zschiesche et Koder de Leipzig (juillet 1863) ; Arthur Maury (fin 1863). *En France : 1896,* 1er catalogue Yvert et Tellier. *1942,* 1er catalogue Cérès. **1er marchand de timbres :** Jean-Baptiste Moens (1833-1908). **1re vente aux enchères :** 29-12-1865 à l'Hôtel Drouot. **Collectionneurs.** USA 20 000 000, URSS 12 000 000, All. féd. 10 000 000, France (plus de 18 ans, en 1988) occasionnels 2 400 000 (permanents 540 000) dont 17 % dépensent plus de 1 000 F/an. **Collections privées célèbres :** Thomas Keay Tapling ; Frederik Breitfuss ; Pce Rainier de Monaco ; Cte Philippe Arnold de La Rénotière von Ferrari († 20-5-1917, fils du duc de Galliera) vendue 23 286 805 F de l'époque entre 1921 et 1925 ; reine d'Angleterre ; Saul Newbury (Chicago) ; Pce de Liechtenstein ; Steinway (New York) ; Caspary (New York, vendue 2 895 148 $ entre 1955 et 1958) ; Burrus (vendue 1 272 699 £ entre 1962 et 1964) ; Lilly (vendue 3 000 000 $, en 1968) ; Dubus (vendue les 5 et 6-10-1989). **Publiques :** *Londres,* collection Tapling au British Museum ; *Washington,* Smithsonian Institute ; *Berlin ; La Haye ; Stockholm,* Musée suédois ; *Paris,* musée de la Poste. **Coût d'une année complète** (somme des valeurs faciales des timbres et carnets émis, en F). *1995 :* 313,1 ; *96 :* 262,5.

■ **Commission des programmes philatéliques.** Composée de 20 membres environ (fonctionnaires de la Poste, artistes, représentants de la philatélie, du min. de la Culture, de la presse, du négoce et des usagers) nommés par arrêté ministériel. Elle se réunit 2 fois par an et prépare 2 ans à l'avance les programmes philatéliques.

■ **Document philatélique.** Créé 19-12-1973 à l'initiative du musée de la Poste. Mis en vente avec l'émission du timbre pendant 1 an. Il comporte le texte de la notice officielle, l'impression du poinçon original, une illustration gravée, 1 timbre collé et oblitéré du cachet du 1er jour, une codification et le millésime.

■ **Flammes.** Partie allongée qui accompagne le cachet à date des oblitérations mécaniques. Originellement en forme de drapeau, d'où son nom. À l'origine, le bloc dateur était situé à droite ; puis à gauche, pour que la date soit plus lisible, puis à droite, la date étant répétée sous la flamme. Comporte des lignes ondulées (flamme muette), un texte ou une illustration. Environ 1 500 mises en service chaque année en France. **Machines à oblitérer :** Daguin, Flier, Krag, RBV, Secap, Pitney-Bowes, Chambon, Klein, Klüssendorf, ACM-Mégras, HB, Nec, machines allemandes en Alsace-Lorraine. Actuellement, les plus utilisées : Secap et Toshiba (toujours muettes). *Collections* par régions ou par thèmes. *Cote :* 300/500 F en moyenne pour 1 000 flammes sur enveloppes. Jeux Olympiques de Paris 1924 : de 300 à 10 000 F la flamme (Colombes 6 000).

■ **Mise en vente anticipée « Premier Jour ».** 1er timbre : 20 c Rouget de l'Isle, à Lons-le-Saunier et à Paris, le 27-6-1936. Courante depuis 1950, avec oblitération spéciale « Premier Jour » à partir de 1951 ; modèle standard d'oblitération adopté en 1966.

COURS DES TIMBRES

☞ A poids égal, aucune matière au monde n'a atteint la valeur des timbres.

Quelques cotes *Source :* Yvert et Tellier	1955	1970	2001
France			
40 c Empire non dentelé oblitéré .	0,15	15	100
30 c Mouchon retouché	7,50	275	3 700
80 c Semeuse lignée	0,20	32,50	350
10 c Minéraline	8,50	250	3 500
Colombe de la Paix (oblitéré)	0,75	55	110
2 F Rivière bretonne	2,25	65	480
3,50 F St-Trophime	1,80	60	420
12 F Maréchal Leclerc	0,18	5,50	24
Série des jeux Olympiques 1956	2,60	50	580
Série Napoléon	3	65	380
Série Paul Valéry	2,75	110	1 000
1 F (+ 3 F) Philatec 1964 ...	–	32,50	220
Laos.			
50 Pi Sisavang Poste aérienne	0,75	250	1 200
Sarre. 15 + 5 Diligence	0,30	110	600
Viêt Nam. Série Bao Long ..	25	300	250

■ **Timbres les plus rares. Étrangers. Timbres connus à 1 seul exemplaire.** **Guyane britannique :** *One cent magenta d'avril 1856,* acheté en 1922, 35 000 £ (environ 100 000 F-or) et en 1943, 45 000 $; il appartenait à J. et H. Slotow (New York), fut vendu, le 24-3-1970, 1 550 000 F à J. Weinberg, et, le 5-4-1980, 850 000 $ (3 845 000 F) à un acheteur anonyme. **Côte du Niger :** *20 shillings* surcharge noire « Oil Rivers ». **Togo allemand :** *1 mark carmin* surchargé en 1915 lors de l'arrivée des troupes franco-anglaises. **USA :** *5 c noir sur bleuté d'Alexandria (Virginie)* appelé *Blue Boy,* vendu 1 million de $ par la maison Feldman de Genève en 1982. **Connus à 2 ex.** **Hawaii :** *2 cents bleu de 1851 :* 1 500 000 F. **Nlle-Zélande :** *3 pence lilas de 1862.* **USA :** *Z Grill :* vendu 2 874 300 F en nov. 1986. **Autres cours exceptionnels.** **Bade :** *9 k noir sur vert* erreur de couleur, vendu en 1985 dans la vente de Boker 800 000 F. Tirage probable : 25, presque tous disparus (3 en collection dont 1 sur correspondance, seul connu). **Chine :** (1878-83) *feuille de 25 exemplaires du 4 mandarins,* vendue + de 4 millions en sept. 1991. **G.-B. :** *(2-5-1840) Penny black sur enveloppe « Mulready » :* 13 430 000 F le 23-3-1991. (1867-82) *filigrane ancre, papier bleuté gris, 10 shillings,* neuf 180 000 F. **Grèce :** (1861-62) *bloc de 8 du 5 lepta vert :* + de 100 000 F. **Ile Maurice :** (1847) « Post Office » 3 000 000 F ; *One penny vermillon* 6 500 000 F ; *2 pence bleu* 6 970 000 F. **Suède :** (1855) *3 skilling jaune* au lieu de vert (seule variété de couleur connue) : plus de 7 millions de F en mai 1990. **Suisse :** lettre recommandée de 1843 affranchie d'une paire du 6 rappen et d'un 4 rappen : 805 000 FS (nov. 1991).

Français. *1849 :* 1 F vermillon terne, 275 000 F ; 1 F vermillon vif, 500 000 F, bloc de 4, 2 500 000 F ; 1 F carmin, neuf, bloc de 4, 325 000 F ; 10 c bistre jaune, tête-bêche 375 000 F ; 10 c bistre verdâtre 525 000 F. *1850 :* 15 c vert neuf 125 000 F, bloc de 4, 625 000 F ; 15 c vert tête-bêche sur lettre 1 200 000 F. *1869 :* 5 F empire 40 000 F. *1880 :* 1 c noir sur bleu de Prusse 85 000 F neuf. *1932 :* 20 F chaudron clair, Pont-du-Gard dentelé 11, 8 000 F. *Poste aérienne 1928 :* 10 F sur 1,50 F bleu 60 000 F. *Taxe 1859 :* 10 c noir lithographié 130 000 F neuf.

☞ Lettre de Paris du 18-11-1870 par ballon monté, affranchie à 80 c, adressée en Chine via l'achemineur Degenaer de Hong Kong, vendue 390 000 F chez Italphil le 28-11-1990.

Bureau des oblitérations philatéliques : 61, rue de Douai, 75436 Paris Cedex 09. Des bureaux temporaires peuvent être installés sur demande à l'occasion d'une manifestation (exemples : Roland-Garros, Armada de Rouen).

■ **Timbre ayant la plus haute valeur faciale** (valeur d'affranchissement indiquée). 50 milliards de marks, Allemagne en 1923 (inflation), et 100 £ au Kenya en 1925-27. **La plus faible.** 1/10 de centime, Indochine française, 1922-39. **Aucune.** Timbres à validité permanente émis en URSS en 1922 (inflation), USA en 1975 (changement de tarif imminent), France en 1993.

■ **Vente de timbres-poste.** *Dans les bureaux de poste :* vente directe ou réservation gratuite des timbres d'usage courant et du programme philatélique. *Dans les points philatélie* (210 en métropole et Dom) : vente directe et réservation gratuite. Outre les timbres précédents, timbres France de l'Unesco, du Conseil de l'Europe, d'Andorre (Poste française), Monaco et St-Pierre-et-Miquelon, et produits philatéliques de La Poste. *Service philatélique de La Poste* 18, rue François-Bonvin, 75758 Paris Cedex 15 : créé 1-1-1983. Abonnés et acheteurs : 120 000, par correspondance 59 000. *Marchés aux timbres : carré Marigny* (depuis 1874), à Paris (jeudi après-midi, samedi et dimanche toute la journée), *place Bellecour* à Lyon (dimanche matin), Marseille et Nice (dimanche matin). *Bourses aux timbres à l'occasion de manifestations philatéliques nationales* (journées du Timbre, Paris et province, etc.). *Marchés spécialisés. Hôtel des ventes.*

☞ **Renseignements :** *Fédération française des associations philatéliques :* 47, rue de Maubeuge, 75009 Paris ; *Chambre syndicale française des négociants et experts en philatélie (Cnep) :* 4, rue Drouot, 75009 Paris.

Lettre la plus chère du monde : Ile Maurice : datée 4-10-1847, adressée à un marchand de vin de Bordeaux. Affranchie avec 1 penny (orange) et 2 pence (bleu) [timbres gravés sur place par l'horloger John Osmond Barnard (émis en 1847, série 1 000 dont 21 ex. connus avec certitude)]. Seule lettre connue affranchie avec les 2 ensemble. Découverte en 1902, vendue 40 000 F en 1903, puis 45 000 F ; rachetée 5 000 £ en 1934 ; 28 000 £ en 1963 ; 750 000 $ en 1971 et 3,8 millions de $ en 1988 ; elle a été adjugée (23 230 000 FF) le 3-11-1993 à Zürich, Hotel International (vente Feldman). **Plus haute enchère pour un timbre isolé : 3 skilling banco** jaune (Suède, 1855) : 1 357 140 $ (en 1990).

Fabrication

■ **Dimensions.** De 1 cm² [Colombie, timbre de 10 cents et 1 peso de Bolívar 1863 (9,5 × 8 mm)] à 30 cm² (USA, timbre pour journaux).

■ **Erreurs historiques. Allemagne (ex-RDA) :** *partition de Schubert* servant de toile de fond au buste de Schumann (centenaire en 1956). **Autriche :** *oreilles à l'envers* du paysan (en 1935). **Belgique :** *avion belge* avec immatriculation italienne IB au lieu de OB. **Bolivie :** 2 escrimeurs *dépourvus du masque* de protection (1951). **Cameroun :** *timbre commémorant la visite de Mitterrand en 1983* (nom avec un seul *r*). **Canada :** *écailles, au lieu de poils,* sur queue des castors (1851, 52 et 57). **France :** *pont du Gard auquel il manque 1 arche sur 2* à la partie supérieure (1929-31). *Publicité gratuite,* sur le 30 F Fides AOF, pour un bulldozer américain. *Semeuse* lançant son grain contre le vent et éclairée à l'envers par le soleil (1903). *Descartes* avec le « Discours sur la méthode » (au lieu de « de » ; 1937). *Cuirassé* Clémenceau (au lieu de ç ; 1939). *1 francs 50* (avec un *s* à franc) sur un timbre rouge de la 1re série Arc-de-Triomphe (imprimée aux USA, 1945). *Amitié franco-américaine :* drapeau américain avec 48 étoiles en 8 rangées (au lieu de 6 rangées de 8 étoiles ; 1949). *50e anniversaire de la victoire de la Marne* (les soldats portent l'arme à gauche au lieu de la droite ; 1965). *Gros Horloge :* de Rouen (1 aiguille au lieu de 2 ; 1976). *2,10 F-St-Valentin* sans valeur faciale, acheté à la Poste 2,50 F [cote actuelle 100 000 F, 18 exemplaires connus (1985)]. *0,80 F Picasso* sans valeur faciale (1975). **Grèce :** *Parthénon* façade avec 7 colonnes (au lieu de 8 ; 1961). **Haïti :** *Miss Haïti* (1960), valeur faciale 1 gourde (monnaie locale). **Hongrie :** *croix inclinée* sur la couronne que porte St Étienne vers 1030, or la couronne ne fut endommagée qu'en 1526. **Monaco :** *Th. Roosevelt avec 6 doigts* (1942). **St-Christophe** (1903 et 1920) *longue-vue* (inventée en 1611) *de Christophe Colomb* (1492). **USA :** *1ers émigrants norvégiens* figurent avec drapeau étoilé (datant de 1877). *Christophe Colomb* (série Colombus), au moment où il découvre la Terre, est rasé sur le 1 cent et avec barbe sur le 2 cents.

■ **Incidents. Diplomatiques :** *Rép. dominicaine, Guatemala, Nicaragua :* timbre portant chacun une carte de ces pays, annexant l'un une partie de Haïti, l'autre le Honduras britannique, le 3e une partie du Honduras. *Iles Falkland* (revendiquées par Argentine et Chili) : figurent sur timbres anglais et argentins. *Paraguay, Argentine :* la même partie du Chaco est représentée sur les 2 timbres. *Commémorant la bataille d'Angleterre :* croix de fer et croix gammée sous l'effigie de la reine. *Guernesey :* l'île est placée au niveau de l'Espagne. *Polynésie française :* timbres dédiés aux Maoris englobent l'île de Pâques (retirés à la demande du gouv. chilien).

■ **Graveurs français célèbres.** *Albert Decaris* (1901-88), membre de l'Institut : timbre sur le Pont-Neuf (1978), Marianne de Cocteau (1982), etc. *Claude Durrens* (né 22-8-1921), 1er Grand Prix de Rome de gravure. *Pierre Bequet* (né 27-10-1932). *Jacques Gauthier* (né 16-12-1931). *Pierre Gandon* (1899-1990) de 1941 à 1989 : Marianne 1945-54, « La Liberté guidant le peuple », 1982-89, etc. *Jacques Jubert* (né 18-4-1940). *Henry Cheffer* (1880-1957) : Pont du Gard, Port de la Rochelle (1927), [1er imprimé en taille-douce rotative], Marianne (présentée 1954, gravée par Claude Durrens en 1967).

■ **Faussaires.** *Paul-Élie Joseph* (1880-1953), ancien élève des Beaux-Arts de Toulouse ; *Jean de Spérati,* Italien (1884-1957) ; *Émile Conry.* **Faux célèbres.** *Type Semeuse* (10 c ligné de 1903, 10 c Semeuse camée de 1906 imité à Paris et Marseille en 1913, 25 c bleu à Paris, 25 c courant diffusé par millions d'exemplaires en Provence de 1922 à 1924, 50 c ligné de Marseille en 1924). *Pétain* (imprimés par les services secrets britanniques pour leurs agents opérant en France, ou fabriqués en janvier 1944 par l'imprimerie clandestine Défense de la France).

■ **Français les plus représentés sur les timbres étrangers.** *De Gaulle* (Afr. noire francophone, All., Brésil, Équateur, Iran, Jordanie, Madagascar, Mexique, Paraguay, Philippines, Turquie, Uruguay). *Albert Schweitzer,* prix Nobel de la paix 1952. *Pierre de Coubertin,* rénovateur des jeux Olympiques.

☞ Bien qu'il soit **d'usage, en France, de ne pas représenter une personne vivante sur un timbre,** le graveur Pierre Gandon prit sa femme comme modèle pour sa Marianne (1945-1954), et lui-même (faute de modèle) pour un timbre représentant Jacques Cartier (1934). Dulac prit pour une autre Marianne Léa Rixens (1885-1985, femme du peintre toulousain Émile Rixens). En 2000, Jean-Claude Killy et Carl Lewis ont eu un timbre à leur effigie.

■ **Matériau utilisé.** *Papier aluminisé :* Hongrie (1955). *Cire :* no 1 B des Indes anglaises dans lequel sont frappées les armoiries du district de Scinde. *Or :* Gabon (1965). *Soie :* Pologne (1958). *Acier :* Bhoutan (1969). *Bois :* Djibouti (1983) BF no 2.

■ **Réimpression.** Certains timbres qui n'étaient plus en cours ont parfois été tirés de nouveau à l'occasion d'une exposition, ou pour un collectionneur bien en cour. Les timbres du type Sage furent réimprimés en 1877-79 (émission des Régents), puis en 1887 (réimpression Granet).

■ **Tête-bêche.** Erreur typographique : à l'intérieur d'une feuille de timbres, une figurine est en sens inversé par rapport aux autres.

Statistiques

■ **Dans le monde. Espèces de timbres :** *1840-49 :* 47. *1850-59 :* 778. *1860-69 :* 1 851. *1870-79 :* 2 616. *1880-89 :* 4 000. *1890-99 :* 6 875. *1900-09 :* 10 618. *1990 :* 850 000. **Nouveaux timbres émis chaque année :** 7 000 (en France : 40 à 50 en moyenne). Beaucoup d'administrations postales destinent une grande partie de leurs productions à des firmes privées, qui ont le monopole des ventes (exemple : vignettes postales de certains émirats). **France. Consommation** (en milliards) : *1844 :* 0,052 ; *1859 :* 0,226 ; *1869 :* 0,515 ; *1889 :* 1,300 ; *1909 :* 3 ; *1973 :* 6,158 ; *1982 :* 7 ; *1993 :* 5,5 ; *1997 :* 3,71 dont philatélistes 0,455. **Ventes** (en 1997) : *la plus forte :* 17 227 298 timbres « Mitterrand 1916-96 » ; *la plus faible :* 1 275 252 « Cape et épée : Pardaillan ».

☞ *Timbres ronds :* Coupe du Monde 1998 : 115 millions vendus ; Champion du Monde-France : 12,5. *Ovales :* Coupe du Monde de rugby 1999 : 40 millions. Acheteurs réguliers 2 000 000. Abonnés 150 000. Réservataires en bureaux de poste 505 000. Points Philatélie 225.

Imprimerie des timbres-poste et des valeurs fiduciaires (ITVF) : *créée* 1880, installée à l'origine rue d'Hauteville, puis 103, bd Brune, à Paris, a été transférée à Périgueux en 1970. Travaille aussi pour l'étranger. **Quelques chiffres** (en 2000) : 26 418 m² ; 40 rotatives, presses et équipements de façonnage ; 627 employés ; consommation : papier 4 600 t, encre 75 t. *Principales productions annuelles de timbres* (en millions) : Marianne en feuilles 1 000, Marianne en carnets adhésifs 1 427, autres Marianne 122, timbres de collection 500, timbres hors métropole 48, vignettes d'affranchissement 175, timbres fiscaux 59. *Prêt à poster* (en millions) : enveloppes timbrées 290, festives 45, poste-livres 36, distingo 9,6. *Valeurs fiduciaires* (en millions) : chèques 121, lettres-chèques 12, produits philatéliques environ 3 000.

☞ **Passage à l'euro :** chaque pays aura ses propres timbres en euros.

Timbres-monnaie

■ **Origine.** Émis par des firmes privées, pour pallier (en général, en temps de crise) un manque de métaux (argent, cuivre) ayant entraîné la disparition des pièces de monnaie. *1re émission* (?) *1862* aux USA : capsule de cuivre où était enfermé un timbre, obturée par une feuille de mica. *1915* Russie : timbre-poste imprimé sur papier très épais. *1920-23* France : pour les protéger, on les mit en pochette en papier, puis dans des carnets (commerçants et banques en profitèrent pour faire leur publicité). *1920-29-3* brevet d'invention pour un timbre serti dans un jeton circulaire de métal estampé ou imprimé, recouvert par un disque en mica transparent ou en Cellophane.

■ **Les plus communs.** Crédit lyonnais, dentifrice de Botot de Levallois-Perret. **Les plus rares.** Messager, Galeries Lafayette.

Courrier

■ **Statistiques.** 450 milliards de lettres sont triées et distribuées chaque année dans le monde par 6,2 millions de postiers. 700 000 bureaux de poste, 600 000 véhicules.

Productivité comparée en France et, entre parenthèses, **aux USA :** *habitants desservis* par un préposé : 600 (1 282), *objets par tournée* (par an) : 161 922 (606 860), *volume d'objets par habitant* 212 (473), *productivité de la distribution :* 1 (3,75).

Renseignements pratiques

■ **Affranchissement** (en F) **d'une lettre de 20 g en Europe.** Suisse 5,47 ; Suède 5,45 ; Norvège 4,76 ; Islande 4,33 ; Italie 4,07 ; Danemark 3,96 ; G.-B. 3,73 ; Allemagne 3,69 ; Belgique 3,41 ; Autriche 3,34 ; Grèce 3,31 ; P.-Bas 3,27 ; Portugal 3,27 ; *France 3* ; Espagne 2,76 ; Irlande 2,67.

■ **Boîte postale.** Permet à une personne physique ou morale ayant un établissement dans la circonscription d'un bureau distributeur d'y retirer son courrier. Une clé est remise à l'abonné. Le courrier doit comporter nom ou raison sociale de l'abonné, No de la boîte, code postal suivi du nom du bureau distributeur.

■ **Cartes postales. Tarifs :** *régime intérieur :* carte postale urgente 3 F (0,46 €) ; carte postale service économique 2,70 F (0,41 €). *Régime international :* même tarif que pour un envoi en service *prioritaire.*

■ **CEDEX.** Courrier d'Entreprise à Distribution EXceptionnelle. Codification permettant de traiter séparément le courrier des entreprises par l'organisation de la distribution. Mise à disposition du courrier en boîte postale ou à domicile dans le cadre de tournée de remise matinale.

Enveloppe de correspondance. Apparue au XVIIe s. Avant, la lettre était seulement pliée, entourée d'un fil de soie fixée par un cachet. *1676* un édit impose une taxe particulière à la lettre sous enveloppe, qui, à cette époque, est coupée sur mesure, à la main. *XIXe (début)* l'enveloppe se généralise et sa fabrication devient industrielle. **Carte-lettre.** Inventée par Auguste Maquet, sous le second Empire.

■ **Prêt à poster. Lettres :** *enveloppe prétimbrée :* à validité permanente, lettre jusqu'à 20 g ; formats : carré 114 × 162 mm et américain 110 × 220 mm. A fenêtre : format rectangulaire par lot de 100. *Tarifs : 0,61 €, par 10 :* 5,34 €, *100 :* 52,49 €, *à partir de 1 000 :* 51,83 € par lot de 100. *Illustrée :* accompagnée d'une carte de correspondance (séries Noël, Meilleurs Vœux, Joyeux anniversaire, Bonne Fête). Enveloppe prétimbrée 100 g et 500 g métropole et Dom. Distingo : préaffranchie en Tyvek, indéchirable et imperméable ; formats 162 × 229 mm et 324 × 229 mm. **Poste Livre :** enveloppe indéchirable et imperméable décorée ; formats 176 × 270 mm et 250 × 350 mm. **Postexport :** *100 g :* 162 × 229 mm ; *500 g :* 248 × 328 mm ; *2 kg enveloppe :* 330 × 450 mm ; *2 kg emballage :* 250 × 170 × 95 mm. Destinations : UE et Suisse ; Europe et Afrique ; Amérique, Asie et Océanie. Tarifs unitaires : UE et Suisse : *100 g :* 1,52 € ; *500 g :* 5,03 € ; *2 kg :* 10,21 €. Europe et Afrique : *100 g :* 1,83 € ; *500 g :* 5,34 € ; *2 kg :* 11,43 €. Amérique, Asie et Océanie : *100 g :* 2,29 € ; *500 g :* 16,77 € ; *2 kg :* 110,00 F. **Enveloppe internationale :** jusqu'à 20 g 110 × 220 mm. Destination : monde entier. Tarif unitaire : 0,69 €.

■ **CIDEX.** Courrier Individuel à Distribution EXceptionnelle. Mis en place en zone rurale, suburbaine et estivale ; les boîtes aux lettres de grande contenance fournies gratuitement aux clients sont regroupées en batteries et installées en des endroits faciles d'accès (bordure de chemin, place du village, etc.). N'est pas obligatoire. 910 606 boîtes au 31-12-1999.

■ **Code postal.** A 5 chiffres (mis en application depuis le 23-5-1972) : les 2 premiers représentent le no d'ordre alphabétique du département, les 3 autres le bureau distributeur (6 300 codes postaux généraux, 21 987 codes postaux CEDEX en mars 2000). Depuis 1-3-1989, La Poste a simplifié l'adresse postale. Sur la dernière ligne d'adresse, les 5 chiffres du code postal sont suivis du nom de la commune de destination, siège ou non d'un bureau de distribution ; pour les lieux-dits, la rédaction est maintenue sur 2 lignes. Pour le tri mécanique des plis de moins de 30 g « mécanisables », indexation à droite, le code postal est représenté par 20 bâtonnets verticaux fluorescents roses lisibles par les têtes de lecture électronique. Une autre indexation peut figurer sur l'enveloppe, à gauche de l'indexation acheminement. 19 bâtonnets verticaux traduisent le nom de la voie et le numéro dans la voie, pour un tri automatique préparatoire à la distribution.

☞ **Service national de l'adresse (SNA) :** *créé* 1996 pour optimiser l'utilisation de l'adresse en rendant attractif et performant le média courrier.

■ **Colis postal en régime international.** *Poids maximal :* 30 kg selon pays. *Services prioritaire et économique.* Peuvent être expédiés avec avis de réception, en contre-remboursement, francs de taxes et de droits, valeur déclarée.

■ **Courrier électronique.** Avec **Mailev@**, on peut envoyer directement depuis un ordinateur connecté à Internet des lettres papier, lettres recommandées ou télécopies. Maileva imprime les documents, les enveloppes, la liasse LIRE pour les recommandés, les met sous pli, les affranchit, les remet en Poste, émet les télécopies, et informe l'utilisateur du traitement des envois.

■ **Datapost.** *Créé* 1994. Création et production de courrier informatique.

Monopole. Régi par l'art. 19 de la loi du 25-6-1999 sur l'aménagement et le développement durable du territoire, modifiant la loi du 4-2-1995. Concerne services nationaux et transfrontières d'envois de correspondance, par courrier accéléré ou non, y compris publipostage, de – de 350 g et au prix inférieur à 5 fois le tarif applicable à un envoi de correspondance du 1er échelon de poids de la catégorie normalisée la plus rapide. **Part du courrier sous monopole dans le CA :** *1997 :* 66 % ; *2003 (prév.) :* 33 %.

Responsabilité de La Poste. Engagée pour perte, détérioration, spoliation d'objets recommandés. Voir Recommandations p. 1649 a. Non engagée en cas de retard ou de perte de courrier ordinaire. Un postier est passible de sanctions pénales (tribunal correctionnel) en cas de révélation du secret professionnel, même involontaire ou sans l'intention de nuire. Ce délit est distinct de la *violation des correspondances,* sanctionnée par des textes différents.

Transporteurs privés. Chiffre d'affaires (en milliards de F, 1995) **et,** entre parenthèses, **effectifs/avions :** UPS (United Parcel Service, créée 1907) 115 (189,7 en 1999) (337 000/488), Federal Express 52 (105 en 1999) (122 000/559), DHL (Dalsay, Hillblon et Lynn) 16 (33 en 1999) (20 000/110), TNT (Australie) 11,5 (55,6 en 1999) (18 avions, 370 entrepôts, 6 000 véhicules), GDEW [Global Delivery Express Worldwide, « joint-venture » *fondée* 18-3-1992 par 5 postes (Fr., All., P.-Bas, Suède, Canada) et TNT], Chronopost (3,5 en 1999). *Moyens :* points de vente des postes et moyens logistiques de TNT.

La Poste

■ **Statut.** Établissement autonome de droit public depuis 1-1-1991.

■ **Budget** (en milliards de F et, à partir de 2000, en milliards d'euros). **Chiffre d'affaires :** *1987 :* 63,1 ; *88 :* 63,6 ; *89 :* 67,4 ; *90 :* 69,1 ; *91 :* 72 ; *92 :* 75,8 ; *93 :* 79,4 ; *94 :* 83,5 ; *95 :* 84,1 ; *96 :* 86,7 ; *97 :* 86,6 ; *98 :* 93,4 ; *99 :* 100,5 ; *2000 :* 16,02 (distribution courrier 9,9, colis et logistique 2,25, services financiers 3,8). **Charge de la dette :** *1990 :* 3,5 ; *91 :* 4 ; *92 :* 3,7 ; *93 :* 3,6 ; *96 :* 2,4. **Endettement** (à long terme) : *1987 :* 39,3 ; *90 :* 34 ; *91 :* 37,2 ; *92 :* 36,2 ; *93 :* 36 ; *94 :* 33,2 ; *95 :* 31,1 ; *96 :* 29,4 ; *97 :* 26,3 ; *2000 :* 4,07. **Dettes financières :** *1996 :* 36,3 ; *97 :* 32,5. **Résultat net :** *1987 :* 2,5 ; *88 :* 1,4 ; *89 :* 1,6 ; *90 :* 0 ; *91 :* 0,3 ; *92 :* 0,06 ; *93 :* – 1,235 ; *94 :* 0,195 ; *95 :* – 1,125 ; *96 :* – 0,614 ; *97 :* 0,058 ; *98 :* 0,337 ; *2000 :* 0,139. **Investissements :** *1998 :* 3,7. [*Programmes de maintien :* 1,1 ; *de productivité :* 1,1 dont services courrier 0,4, financiers 0,2, réseau 0,3, services administratifs 0,2, réseau multiservices de transmission de données de La Poste (projet Muse) 0,06 ; *stratégiques :* 1,1 dont présence postale 0,5, extension de la gamme de produits 0,3, recherche et développement 0,2, communication, formation 0,7, plan informatique du courrier 0,4] ; *2000 :* 7.

■ **Marchés de La Poste** (chiffre d'affaires en milliards de F, 1997). *Courrier* (hors filiales) : 59,6 dont (en %) grands comptes 51, entreprises 25, grand public et professionnels 24. *Colis* (hors filiales) : 6 dont (en %) VPC 65, grand public 14, international 12, entreprise à entreprise 9. *Encours de collecte :* 1 017,5.

■ **Effectifs** (en milliers). *1987 :* 304 ; *89 :* 297,4 ; *90 :* 300,4 ; *95 :* 285 ; *97 :* 306,58 ; *98 :* 236,4 ; *2001 :* 322,4 (femmes 156,2, hommes 166,2). *Contractuels :* 71 710 (f. 50 457, h. 21 253). *Temps partiel :* 75 313. *Postiers à la retraite : 1997 :* 145 000 ; *2015 :* 245 000.

Il n'y avait que des facteurs hommes jusqu'en 1976 en raison du poids des sacoches à transporter, 25 à 30 kg, le plus souvent à pied. En 1999, 90 000 préposés (dont femmes 40 %, à Paris 53 %) : 8 000 font leur tournée à pied, 27 000 à bicyclette et 55 000 en moto ou en voiture.

■ **Patrimoine immobilier.** 4 500 immeubles (4 998 000 m²). *Valeur comptable* (en 1999) : 23,7 milliards de F. La Poste est aussi locataire de 13 200 immeubles (3 165 000 m²). **Bureaux de poste** (en 1999, y compris agences postales, correspondants postaux et guichets annexes fixes et mobiles) : 16 839 dont établissements principaux 12 101.

■ **Filiales** (en 2000). **Chiffre d'affaires consolidé** (en millions d'euros) :

COURRIER : **Sofipost :** holding des filiales dans le domaine du courrier et des NTIC. *CA :* 406, 3 000 salariés (groupe). **Brokers Worldwide :** services aux grands émetteurs américains de courrier international. Détention : 40 % Sofipost et 60 % les fondateurs. 300 personnes. *CA :* 59,1. **Dynapost :** traitement intégré du courrier d'entreprise, conseil. Détention : 65 % Sofipost et 35 % Néopost. 917 pers. *CA :* 47,6. **Europe Airpost :** issue de l'Aéropostale, créée sept. 2000. Détention : 100 % Sofipost. 240 pers. *CA :* 70,6. **Insa :** distribution internationale de presse. Détention : 100 % Sofipost. 68 pers. *CA :* 12,5. **Médiapost :** n° 1 de la Publicité en boîte aux lettres. Détention : 95 % Sofipost et 5 % GMF. 284 pers. *CA :* 74,4. **STP :** traitement de la presse abonnée. Détention : 100 % Sofipost. 800 salariés. *CA :* 48,8.

E-SERVICES : **CertiNomis :** autorité de certification pour échanges électroniques (signature électronique, authentification...). Détention : 50 % Sofipost, 50 % Sagem. Créée 2000. **Datapost :** production et gestion du « courrier industriel ». Détention : 100 % Sofipost. 450 pers. *CA :* 16. **Esipost :** e-commerce. Détention : 100 % Sofipost. Créé 2000. **L'@nnuaire de La Poste :** Détention : 100 % Sofipost. 30 pers. *CA :* 0,38. **Post@xess :** facturation dématérialisée et règlements électroniques. Détention : 100 % Sofipost. 35 pers. *CA :* 3. **Seres :** exploitation de réseaux à valeur ajoutée et de services dans échanges électroniques professionnels (EDI et EFI). Détention : 66 % Sofipost et 34 % Bull. 35 pers. (avec Seres Espagne). *CA :* 4,6. **Somepost :** Services et ingénierie dans courrier électronique, des téléprocédures télé-déclarations. Détention : 100 % Sofipost. 420 pers. *CA :* 49.

France Télécom

■ **Statut. 1991**-*janvier* créée à partir de l'administration des PTT. Établissement public à gestion autonome. **1993**-*juillet* rapport de Marc Dandelot recommandant la transformation en Sté anonyme. -*Octobre* grève du personnel contre la réforme et pour le maintien du statut de fonctionnaire. **1995** grèves contre le projet (mai et octobre). **1996**-*18-3* gouvernement entame la réforme du statut. -*Avril* grève : échec. -*29-5* projet de loi transformant France Télécom en Sté anonyme, l'État pouvant vendre un maximum de 49 % du capital. -*29-6* adopté par les députés. -*31-12* France Télécom devient officiellement Sté anonyme. **1997**-*19-3* vente d'une partie du capital prévue du 27-5 au 3-6 : 30 à 50 milliards de F. -*22-4* reportée (campagne électorale) au 24-6/1-7. -*3-6* suspendue après la victoire de la gauche. -*2-9* rapport de Michel Delebarre préconisant une privatisation du capital. -*Oct./nov.* lancement de la procédure de mise sur le marché d'une part du capital. **1998**-*1-1* libéralisation de la téléphonie vocale et de la fourniture d'infrastructures de télécommunication dans l'Union européenne donc en France (dérogation jusqu'en 2003 pour Espagne, Irlande, Grèce et Portugal).

Services ouverts à la concurrence : *communications de données non vocales :* depuis 1990 ; *téléphonie vocale pour les communications d'entreprise :* depuis 1990 ; *communications par satellite :* depuis 1994 ; *mobiles :* en cours ; *téléphonie vocale publique :* 1-1-1998 ; *ligne fixe :* 1-1-2001.

■ **Budget** (en milliards de F). **Chiffre d'affaires :** *1987 :* 95,5 ; *88 :* 88,2 ; *89 :* 95,1 ; *90 :* 108,4 (à assiette *1991*) ; *91 :* 115,8 ; *92 :* 122,6 ; *93 :* 127 ; *94 :* 129,3 ; *95 :* 133 ; *96 :* 151,3 ; *97 :* 156,7 ; *99 :* 178,6 ; *2000 :* 220,9. **Avec Cogecom :** *1994 :* 142,6 ; *95 :* 147,8 ; *96 :* 151,3 ; *97 :* 156,73 ; *98 :* 161,7 dont téléphonie fixe 93,5 [dont en 97, trafic national 36,7, local 22,1, abonnements 21,5, trafic international 14,9, divers (cabines, cartes) 6,7], liaisons louées et transmissions de données 15,7, télécommunications mobiles 24,5, ventes et locations d'équipements 7,7, services d'information 8,1, télédiffusion et télévision par câble 8, autres 3,8. **Chiffre d'affaires consolidé hors de France :** *1996 :* 4,7 ; *97 :* 9,6 (18,7 en comptant les participations mises en équivalence) ; *98 :* 15 ; *99 :* 22,8. **Résultat opérationnel courant :** *1997 :* 26,4 ; *98 :* 25,5 ; *99 :* 28,6 ; *net comptable : 1997 :* 14,9 ; *98 :* 15 ; *99 :* 17 ; *net part du groupe : 1997 :* 14,9 ; *98 :* 15,1 ; *99 :* 18,2. **Endettement net :** *1994 :* 94,3 ; *95 :* 85 ; *96 :* 106,6 ; *97 :* 101 ; *98 :* 85,7 ; *99 :* 96.

☞ France Télécom est assujetti depuis le 1-1-1994 à la fiscalité de droit commun. Les impôts locaux et impôts sur les bénéfices se sont substitués au prélèvement versé au budget de l'État. Une partie du résultat net a été versée à l'État.

Chiffre d'affaires (en milliards d'euros, 2000) : 33,67 dont (en %) téléphone fixe en France 39, Orange (mobiles) 29,5, Global One (service aux entreprises) 10, téléphone fixe à l'international 7, Wanadoo (internet et annuaires) 5,5, divers 9. **Excédent brut d'exploitation :** 10,81. **Résultat net :** 3,66. **Endettement :** 60,3. **Actionnariat** (en 2000, en %) : État 55,7, bourse 28,3, Vodafone 9,9, salariés 3 ; Deutsche Telekom 1,8, divers 1,3. **Effectifs** (en milliers) : *1985 :* 170 ; *90 :* 154 ; *92 :* 155,3 ; *98 :* 169 ; *2000 :* 188,8.

■ **Cogecom** (holding gérant les filiales). **Chiffre d'affaires** (en milliards de F) : *1991 :* 13,4 ; *92 :* 15,4 ; *93 :* 16,7 ; *94 :* 20,2. *Résultat net : 1991 :* 0,318 ; *92 :* 0,367 ; *93 :* 0,285 ; *94 :* 0,21. **Effectifs** (en 1994) : 167 882.

Syndicats

Élections. La Poste (élections du 24-10-2000) : inscrits 302 235, votants 243 792, exprimés 225 198, participation 80,66 %. *En % :* CGT 33,44, CFDT 17,42, FO 17,53, SUD 18,72, CFTC 4,73, CSL 2,61, FNSA 2,79, CGC 1,67, UNSA 1,09. **France Télécom** (en %, 2000) : CGT 29,1, SUD 25,8, CFDT 17,8, FO 14, CFTC 5,3, divers 8.

■ **Autorité de régulation des télécommunications (ART).** *Créée* 5-1-1997. *Pt :* Jean-Michel Hubert. Dirigée par un collège de 5 membres nommés par le Pt de la République 3, de l'Assemblée nationale 1, du Sénat 1 pour 6 ans, irrévocables et non renouvelables. *Effectifs :* 140 pers. *Budget* (en 2001) : 100 millions de F. *Missions :* instruire les demandes de licences, attribuer les ressources (fréquences, numéros), approuver les tarifs d'interconnexion, évaluer le coût du service universel (service public), contrôler le respect des licences et arbitrer les litiges.

■ **Cnet (Centre national d'études des télécommunications).** 38-40, rue du Général-Leclerc, 92131 Issy-les-Moulineaux Cedex. *Créé* le 29-1-1945. *Effectifs :* 4 500 (ingénieurs, chercheurs et employés).

■ **Dimensions des envois. Cartes postales et plis non urgents :** À DÉCOUVERT : *minimum* 14 × 9 cm, *maximum* 15 × 10,7 cm. SOUS ENVELOPPE OU POCHETTE : *min.* 14 × 9 cm, *max.* long. + larg. + hauteur = 100 cm (long. max. 60 cm). **Paquets :** RÉGIME INTÉRIEUR : *min.* une face au moins égale à 14 × 9 cm, *max.* long. + larg. + haut. = 100 cm (long. max. 60 cm). INTERNATIONAL : *min.* une face au moins égale à 14 × 9 cm, *max.* long. + larg. + haut. = 90 cm (long. max. 60 cm). **Rouleaux :** *min.* long. + 2 diamètres 17 cm (long. min. 10 cm), *max.* 104 cm (long. max. 90 cm).

■ **Franchise.** Créées pour le service du roi (1477), les Postes transportent le courrier en franchise. Puis, la franchise qui ne concernait alors que les échanges entre fonctionnaires sera après 1935 étendue aux avis et avertissements des administrations financières adressés aux contribuables puis de 1945 à 1987, au courrier échangé entre Sécurité sociale et assujettis. Supprimée par décret du 19-3-1996. Exceptions : correspondances ordinaires adressées au Pt de la République et celles pour lesquelles des traités ou des lois le prévoient ce régime (exemples : magistrats, fonctionnaires, etc...). Les ministres ne bénéficient plus de franchise. *Cécogrammes* (impressions en braille sur des supports papier ou métal), enregistrements sonores pour aveugles, et courier des prisonniers de guerre en bénéficient.

■ **Lettres.** Tous envois à découvert ou sous enveloppe contenant de la correspondance ou des papiers pouvant en tenir lieu. *Poids max. :* 3 kg. *Étiquette ou mention « lettre »* obligatoire au-dessus de 20 g pour lettres ordinaires. *Rouleaux* non admis.

Régime intérieur. Tarifs (en 2001) : *jusqu'à 20 g :* 3 F (0,46 €) ; *50 g :* 4,50 (0,69) ; *100 g :* 6,70 (1,02) ; *250 g :* 11,50 (1,75) ; *350 g :* 14 (2,13) ; *500 g :* 16 (2,44) ; *1 kg :* 21 (3,20) ; *2 kg :* 28 (4,27) ; *3 kg :* 33 (5,03). *Relations avec* DOM-TOM : lettres et cartes postales urgentes affranchies à 3 F (0,46 €) bénéficient du service rapide avion ; au-dessus de 20 g pour service rapide avion, complément applicable sur poids total (dès le 1er g) : Guadeloupe, Guyane, Martinique, Réunion, St-Pierre-et-Miquelon, Mayotte : 0,30 F (0,05 €) par 10 g ; Nlle-Calédonie, Polynésie, Terres australes et antarctiques, Wallis-et-Futuna : 0,70 F (0,11 €) par 10 g.

☞ Le 19-4-1993, commercialisation d'un timbre à validité permanente (même après le passage à l'euro) qui permet d'affranchir les lettres urgentes de moins de 20 g quel que soit le tarif en vigueur (timbre sans valeur affichée, Marianne rouge, Euro).

Écopli : correspondance de toute nature présentée sous enveloppe, sous bande ou à découvert pour laquelle l'expéditeur choisit un acheminement moins rapide que celui des lettres. *Poids maximal :* 250 g. **Tarifs** (en 2001) : *jusqu'à 20 g :* 2,70 F (0,41 €) ; *50 g :* 3,50 F (0,53 €) ; *100 g :* 4,20 F (0,64 €) ; *250 g :* 8 F (1,22 €).

Régime international. *Prioritaire* ou *économique* pour envois de documents ou marchandises, de 0 à 30 kg selon destination. En service prioritaire : transportés par la voie la plus rapide.

■ **Machines à affranchir.** Usage autorisé depuis 1923. En 1999, il y a 270 000 machines en service (4,8 milliards d'euros d'affranchissements). Distribuées par 4 Stés agréées par La Poste. Au 1-1-2002, elles devront affranchir en euros.

■ **Principaux pays par zone.** *Zone 1 :* Allemagne, Autriche, Belgique, Danemark, Espagne, G.-B., Grèce, Gibraltar, Irlande, Italie (+ Saint Marin), Liechtenstein, Luxembourg, Pays-Bas, Portugal, Suisse, Vatican. *2 :* autres pays d'Europe, Maroc, Tunisie, Algérie. *3 :* autres pays d'Afrique. *4 :* Amérique du Nord, Proche-Orient, Moyen-Orient, Asie centrale. *5 :* Amérique centrale, Caraïbes, Amérique du Sud, Asie. *6 :* Océanie.

■ **Père Noël.** Lancé par Michel Maurice-Bokanovski (ministre des PTT du 5-2-1960 au 14-4-1962), mis en pratique par son successeur Jacques Marette en 1962. La Poste répond à chaque lettre au Père Noël par une carte. *En 2000 :* 812 000 lettres reçues dont 768 000 individuelles, 23 800 lettres d'écoles, 20 200 du Web Père Noël.

■ **Poste aux Armées.** Poste militaire créée en 1870 par décret. *1921* autonomie effective. *12-9-1973* fusion Poste militaire et navale. Nombre d'établissements : métropole 26, Allemagne 3, embarqués 1 et outre-mer 4, opérations extérieures 9. Direction centrale au Fort-Neuf de Vincennes. Les adresses conventionnelles sont remplacées par des secteurs postaux sans mention de lieu géographique suivis d'un code postal « Armées » (plus de 1 000 secteurs postaux sont desservis hors territoire national). Pour la marine : nom du bâtiment, suivi d'un code spécifique et « Armées ».

■ **Postéclair.** *Créé* 1982. Service postal de télécopie. Relie 4 500 bureaux de poste, les DOM-TOM et plus de 60 pays étrangers. En France, les documents sont remis aux destinataires, au bureau de poste, à domicile ou sur télécopieur privé. *Tarifs :* métropole : 15 F la 1re page, 13 F les suivantes.

■ **Poste restante.** Offre la faculté de se faire adresser le courrier dans un bureau de poste de son choix où il sera retiré au guichet pour 2,80 F par objet (journaux 1,40 F), sur présentation d'une pièce d'identité. Les mineurs doivent présenter une autorisation parentale. Courrier gardé 15 j par le bureau de poste.

■ **Pneumatiques.** Supprimés depuis 30-3-1984. Permettaient en région parisienne l'acheminement de plis par air comprimé grâce à un réseau souterrain de tubes reliant les bureaux.

■ **Rebuts (Services des).** Créé *20-12-1748*. *12-1-1792*, ordonnance royale permettant d'ouvrir les plis. *1967* devient **Centre des Recherches du Courrier.** *1994* relève du **Service Client Courrier** (SCC) implanté 15, avenue François-Mauriac, 33500 Libourne. Seul service autorisé à ouvrir lettres et colis non distribuables (adresse erronée, destinataire n'habitant pas à l'adresse indiquée, pas d'adresse d'expéditeur). *Rebuts traités :* plus de 8 millions par an, dont 1/3 réexpédié au destinataire ou à l'expéditeur. *Délai de garde des objets de valeur non renvoyés :* 3 mois à 1 an dans l'attente d'une réclamation à déposer dans un bureau de Poste (le SCC traite 250 000 réclamations par an).

■ **Recommandation.** *Garantie :* preuve de dépôt et de distribution des lettres et paquets, indemnisation en cas de perte ou détérioration, selon le taux choisi. **Tarifs régime intérieur** (en sus de l'affranchissement, en F) : *R 1 :* 18,50 (2,36 €) ; *R 2 :* 22 (2,90 €) ; *R 3 :* 27 (3,66 €). **Indemnité forfaitaire en cas de perte, détérioration ou spoliation :** lettres R 1 : 100 F (7,62 €) ; R 2 : 1 000 F (152,45 €) ; R 3 : 3 000 F (457,35 €).

■ **Réexpédition.** Lors d'un changement d'adresse définitif [140 F (21,34 €)] ou temporaire pour des absences d'au moins 15 jours [110 F (16,77 €) de 15 j à 1 mois ; 120 F (18,29 €) de 2 à 6 mois ; au-delà, 120 F (18,29 €) + 20 F (3,05 €) par mois supplémentaire]. Les enveloppes sont payantes [5 à 7 F (0,76 à 1,07 €)] depuis 1999.

■ **Régime intérieur et assimilé. Régime intérieur :** France métropolitaine, Guadeloupe, Guyane française, Martinique, Réunion, St-Pierre-et-Miquelon, Mayotte, Andorre, Monaco, postes militaire et navale. **Assimilé :** Nlle-Calédonie, Polynésie française, Terres australes et antarctiques françaises, Wallis-et-Futuna.

■ **Repostage.** Dépôt du courrier dans un pays différent de celui d'origine, afin de bénéficier de tarifs postaux plus avantageux. Pour remédier à ce détournement de trafic, l'Union postale universelle a adopté un nouveau système de tarification des frais terminaux : augmentation de la part du pays de destination et diminution de celle du pays « reposteur ».

■ **Suppression de correspondance.** Délit réprimé par l'art. 432-15 du Nouveau Code pénal. Les prospectus anonymes ne sont pas assimilés à de la correspondance.

■ **Top chrono** [avant : Courses urbaines ; Allo Postexpress, *créée* 1984 ; filiale de Chronopost en 1995] créée 1-10-1996. Coursiers : moto ou auto, en Ile-de-France. *Livraison* en quelques heures. *Tarifs :* selon distances et délais.

☞ **Statut des postes européennes :** *Allemagne :* SA détenue (État 71 %) par le biais d'un établissement de droit public ; *Autriche :* SA détenue à 100 % par l'État ; *Belgique :* SA détenue à 100 % par l'État ; *Danemark :* SA détenue à 100 % par l'État ; *Espagne :* SA détenue à 100 % par l'État ; *Finlande :* SA détenue à 100 % par l'État ; *France :* exploitant public (personne morale de droit public) ; *G.-B. :* SA détenue à 100 % par l'État ; *Grèce :* SA détenue à 100 % par l'État ; *Irlande :* SA détenue à 100 % par l'État ; *Italie :* SA détenue à 100 % par l'État ; *Luxembourg :* établissement public ; *Pays-Bas :* filiale d'une holding de droit privé dont l'État détient 87 % ; *Portugal :* SA détenue à 100 % par l'État ; *Suède :* SARL détenue à 100 % par l'État.

Nota. – SA : Société anonyme.

■ QUELQUES STATISTIQUES

■ **Aviation postale. 1913**-15-10 *1er essai officiel* (10 kg de lettres convoyées entre Villacoublay et Pauillac). **1939**-mai réseau postal aérien intérieur de nuit créé par Didier Daurat (1891-1969), interrompu pendant la guerre. **1945**-oct. rétabli **1991**-févr. *Sté d'exploitation aéropostale* créée par La Poste, Air France, Air Inter et la TAT (qui s'est retirée en 1995). Transport de courrier ou fret la nuit, de passagers le jour, pour le compte des compagnies actionnaires. **2000**-oct. assuré par Europe Airpost, filiale à 100 % du Groupe La Poste. *CA* (2000) : 1 milliard de F, 140 000 t acheminées par an, *flotte :* 31 avions (3 Airbus, 16 B 737, 4 ATR opérés sur le réseau français et 8 Fokkers loués en Italie).

■ **Points de contact** (en 2000). 17 065 dont 12 221 bureaux de poste, 1 743 guichets de proximité, 2 910 agences postales (rattachées à un bureau de poste mais tenues par des personnes extérieures à La Poste sous contrat avec elle), 191 bureaux jumelés. 83 % sont dans des communes de moins de 10 000 hab. où habitent 49 % des Français. L'inspection générale des Finances évalue à 4 milliards de F par an le coût de la présence postale en milieu rural.

■ **Bureaux de tabac. Nombre :** 33 000. **Remise sur les timbres :** *1810 :* 1 %, *1871 :* 1,5 %, *1983 (mars) :* 2 % [ont fait grève pour la 1re fois (du 4 au 15-3-1983) pour une remise plus forte]. *Depuis 1985 :* 3 %.

■ **Centres de tri.** 115 automatisés, traitant chaque jour 60 millions d'objets dont environ 30 millions de plis urgents. Traitent exclusivement courrier et presse, les colis étant transportés par un réseau spécifique. Équipement : préparatrices 28, trieuses pour plis de petit format 285 (dont avec lecteur 175), grand format 45, postes de vidéocodage 523.

Pour être reconnu par les machines automatiques de tri, le courrier doit respecter plusieurs normes : plis et cartes uniformément plats de 35 g maximum ; épaisseur : 5 mm maximum ; exceptions : couleurs vives (adresse illisible par la machine), plis en mauvais état, courrier pour l'étranger, mention au bas du courrier (empêchant l'indication de la destination de l'objet), objets spéciaux (mandats, recommandés), courrier en retour, réexpédié ou en fausse direction.

■ **Distribution.** *Nombre de tournées* (en 2000) : 72 430 *Nombre moyen de points de remise visités par tournée :* 378 ; *d'objets distribués par tournée :* 785. **Boîtes aux lettres :** 25 000 000 environ, dont boîtes aux lettres normalisées (normes Afnor 26 × 26 × 36 cm) 14 688 057. **Délais** (en 2000) : *1 jour :* 77,3 %.

■ **Services courrier, trafic** (en F, 2000). 25 milliards d'objets traités 27,4 millions de points de remise.

■ COLIS-LOGISTIQUE

■ **Coliposte.** Transport et livraison rapide de colis de - de 30 kg à destination des particuliers. *CA* (en 2000) : 823 millions d'euros. Colis : 256 millions. **Rapide :** *Colissimo :* délai J+2 (Fr. métropolitaine). *Colissimo suivi :* suivi des envois, assurance standard ou optionnelle, preuve de dépôt. *Pré-payés ColiPoste :* 9 formats d'emballages comprenant frais de port. **Économique :** *Coliéco :* délai J+3/J+5 (France métropolitaine). **International/outre-mer :** *colis postal en régime international :* prioritaire et économique – poids max. 30 kg (selon pays) – documents douaniers obligatoires. A destination des DOM TOM et des secteurs postaux de La Poste aux armées. Colis DOM (0 à 30 kg, L + l + h < 150 cm), TOM (0 à 10 kg, L + l +h < 100 cm) prioritaire, économique ou maritime, documents douaniers obligatoires. *Colissimo Suivi Europe.*

En 1996	Nombre moyen d'hab. desservis par un bureau sédentaire	Nombre d'envois de la poste (en millions)			Nombre moyen d'envois déposés (par hab.)	Nombre d'envois LC (en millions)	
Pays		Service intérieur	Service international			Intérieur (déposés)	International (envoyés)
			Envois	Réceptions			
Allemagne	5 065	19 638	487	573 [2]	246	8 938	434
Australie	4 622	3 125	183 [2]	189 [2]	242 [2]	3 932	159 [2]
Autriche	3 128	2 462	146	143	322	679	94
Belgique	6 206	3 125	217	229	329	1 211	121
Canada	1 531 [1]	10 251 [1]	–	–	359 [1]	4 478 [1]	–
Danemark	4 218	1 668	130 [2]	78 [2]	335 [2]	933	119 [2]
Espagne	6 712 [2]	4 067	173	158	108	2 823	141
Finlande	2 853 [2]	1 910	32	50	379	778	27
France	*3 420*	*23 914*	*395*	*453*	*416*	*6 124*	*351*
G.-B.	3 040	17 296	863	480	312	6 458	863
Grèce	8 173	392	68 [1]	44 [1]	40 [1]	107	73
Irlande	1 832	464	63	114	150	464	63
Islande	2 872	65	4	5	255	65	3
Israël	8 824	509	29	29	94	400	25
Italie	4 052 [2]	6 237	147	201	111	4 016	121
Japon	5 107	24 971	120	294	200	21 698	86
Luxembourg	3 962	98	34	23	315	98	34
Norvège	2 095	2 260	38	81	525	780	32
Pays-Bas	7 690 [2]	–	–	–	–	6 415	245
Portugal	2 701	1 000	51	46	107	34	1
Suède	5 140	4 360	86	125	503	1 480	66
Suisse	1 948	3 876 [1]	199 [1]	155 [1]	592 [1]	2 702 [1]	167 [1]
USA	6 976	182 661	999	660	689	98 717	894

Nota. – (1) En 1992. (2) En 1995.

Envois interdits : objets pouvant représenter un danger pour les agents, salir ou détériorer les correspondances, matières explosives, inflammables, radioactives et dangereuses, animaux morts non naturalisés (ex : gibier), vivants (sauf sangsues, abeilles, vers à soie adressés au Muséum), stupéfiants, billets de banque, objets exhalant une odeur fétide.

■ **TAT EXPRESS.** Transport express industriel Europe et monde.

Directatex : PME et PMI. Livraison à domicile avant 12 h (France), le lendemain (principaux centres économiques européens) et jours ouvrés suivants (reste de l'Europe).

Eurotatex : adapté aux grandes entreprises. Express Optimum, Nuit, Programmé. *Délais de livraison :* à domicile le lendemain (principaux centres économiques européens), avant 12 h en France (avant 8 h sur étude). Livraison domicile-domicile et domicile-aéroport dans plus de 150 pays, en 48 h et plus selon destination. **Poids maximal :** France : 140 kg. Monde : 70 kg. **Datatex :** solution informatique mise en place chez le client pour préparer expéditions. **E-Link :** service on-line dédié aux sites marchands. Permet la traçabilité en ligne de la commande. *CA* (2000) : 165 millions d'euros.

■ **Geopost logistics** (intégrateur de services logistiques). *Eurodispatch* et *Publi-trans :* gestion de stocks, prise de commandes, préparation de commande, conditionnement, transport, gestion des paiements set du SAV client. 8 millions de commandes traitées chaque année, plus de 310 000 références gérées. Sites en France : 13. Surface d'exploitation : 175 000 m². 800 personnes. *CA* (2000) : 104,58 millions d'euros.

■ **Dilipack.** Réseau ouvert 3-3-1997. Monocolis rapide d'entreprise à entreprise (0 à 30 kg en 24-48 h). *CA* (2000) : 808 millions de F. *Trafic* (2000) : 28 millions de colis. Dessert la France métropolitaine et 19 pays européens. *Délais :* 24-48 h en France, 2 à 4 j sur l'Europe.

■ **Chronopost international.** Filiale de droit privé créée 1986, détenue à 100 % par La Poste. Transport express jusqu'à 30 kg. Livraison à domicile en France et dans plus de 220 pays et territoires. *Ventes* (en 2000) : 686 millions d'euros. *Objets livrés* (en 2000) : 60 millions. *Délais de livraison :* national : le lendemain matin ; international : de 1 à 3 j pour grands centres économiques.

Tarifs publics (TTC, en 2001, pour livraison en France le lendemain avant midi) : *0 à 2 kg :* 175 F ; *2 à 5 :* 209,50 F ; *en compte :* selon trafic (minimum 800 F HT en moyenne par mois).

Couverture contractuelle : comprise dans le prix du transport, jusqu'à 440 euros par objet si perte ou avarie. Préjudice matériel direct couvert : coût de reproduction ou de reconstitution des documents, valeur d'origine ou coût de réparation des documents, valeur d'origine ou coût de réparation des marchandises. Assurance optionnelle : jusqu'à 100 000 F HT par colis (prime : 0,6 % de la valeur assurée HT).

Services Prêt-à-Expédier : Chronopass, pour France et international : *enveloppies, boites, pochette gonflable.*

■ SERVICES FINANCIERS

☞ Chèques postaux, Caisse nationale d'épargne : voir le chapitre **Finances.**

■ **Mandats.** Permet d'approvisionner un compte courant postal, de régler en espèces, à domicile (si < à 5 000 F) ou aux guichets des bureaux de poste. **Approvisionnement du CCP d'un tiers :** *mandat-compte :* la somme déposée est portée au crédit du compte du bénéficiaire. Des références peuvent également être transmises. **Paiement en espèces :** *mandat cash :* émis en contrepartie d'espèces et remis à l'expéditeur qui se charge de le faire parvenir au destinataire. Paiement en espèces dans tous les bureaux de poste dès le lendemain. Limité à 1 524,49 €. *Mandat cash urgent :* émis en contrepartie d'espèces. Un code confidentiel est donné à l'expéditeur. Paiement immédiat dans les bureaux de Poste informatisés. Limité à 1 524,49 €.

■ **Encaissement à domicile.** Valeurs à recouvrer et cartes-remboursement : permettent de recouvrir des créances (tarif : se renseigner au guichet).

■ **Autres services.** TIP et autres titres optiques remis par un organisme au débiteur et réglé par celui-ci en espèces aux guichets des bureaux de poste.

■ **Tarifs. Régime intérieur. Mandat-compte :** ORDINAIRE : *jusqu'à 1 000 F :* 19 F, *de 1 000,01 à 3 000 F :* 25 F, *de 3 000,01 à 6 000 F :* 32 F, *de 6 000,01 à 10 000 F :* 42 F, *de 10 000,01 à 15 000 F :* 63 F, *plus de 15 000 F :* 4 F par fraction de 5 000 F ; URGENT : + 100 F. **Mandat-cash :** ORDINAIRE : *jusqu'à 1 000 F :* 34 F, *de 1 000,01 à 2 000 F :* 38 F, *de 2 000,01 à 3 000 F :* 44 F, *de 3 000,01 à 6 000 F :* 55 F, *de 6 000,01 à 10 000 F :* 66 F ; URGENT : + 40 F. **Régime international. Mandat-carte :** ORDINAIRE : *jusqu'à 1 000 F :* 40 F, *de 1 000,01 à 2 000 F :* 60 F, *de 2 000,01 à 5 000 F :* 80 F, *plus de 5 000 F :* 90 F. **TIP et autres titres optiques :** *réglés en espèces aux guichets :* 16 F quel que soit le montant.

TÉLÉCOMMUNICATIONS

■ **Quelques dates. 1837** l'Américain Page constate le 1er phénomène acoustique d'origine électrique. **1854** découverte des principes du téléphone par le Français Charles Bourseul (1829-1912). **1876**-*24-2* Washington, 14 h : Graham Bell (1847-1922, Américain né à Édimbourg) dépose une demande de brevet de téléphone. 16 h : Elisha Gray dépose un *caveat* (mémoire manuscrit indiquant les caractères distinctifs de l'invention, en demandant protection pour son droit, jusqu'à ce qu'il ait mûri sa découverte) ; *-10-3* la 1re conversation téléphonique a lieu entre Bell et son assistant Watson à Boston (USA). **1877** 1re ligne privée. *-9-7* création de la Bell Telephone Company suivie par l'American Speaking Telephone Company (filiale de la Western Union Telegraph Company où Edison travaille). **1878** Hughes (Angl.) invente le microphone. **1880** poste téléphonique à microphone de Clément Ader. **1881** Paris, réseau urbain : 1 602 abonnés. **1884** 1res cabines dans bureaux de poste de Paris et certaines villes de province. **1889** nationalisation du téléphone en France. **1900** Fr. : abonnement 400 F par an. **1903**-*25-5* : 1re liaison téléphonique Paris-Rome. **1905**-*1-4* : 1re Paris-Berlin (6,25 F les 3 min). **1908**-*20-9* Paris, incendie de l'Hôtel des téléphones : 19 000 abonnés lésés. **1928**-*2-4* Paris, service téléphonique Danton police, précurseur de Police Secours. **1934**-*31-8* : 1re liaison téléphonique Paris-Moscou. **1938** Fr., automatique pour 45,6 % d'abonnés (All. 84,9, G.-B. 54). **1939** Paris entièrement raccordé à l'automatique (banlieue partiellement). Automatisation de toute la région parisienne achevée 1975. **1940-41** *Direction des Télécommunications* créée : télégraphe-télex (Telegraph Exchange), téléphone et liaisons radio rassemblées. **1946** service télex public créé. **1947** télex : 32 abonnés privés et moins de 60 postes en service. **1948** 1er câble coaxial souterrain mis en service (posé en 1939 sur Paris-Toulouse). **1951** 1re liaison par faisceau hertzien (future liaison Paris-Lille). **1968** commutation électronique spatiale avec opération *« Platon »* (prototype lannionnais d'autocommutateur temporel à organisation numérique). Réseau Caducée, 1er spécialisé pour la téléinformatique (ouvert au public 1972). **1972** Lannion, *1er central électronique* français (1er commutateur électronique temporel du monde). **1973** *radiotéléphone sur auto,* péniche ou navire en mer accessible à tous. **1978** *Transmic,* 1er réseau de liaisons spécialisées numériques et support du service Transfix. **1979** dernier central téléphonique de type Strowger (1913-31) démonté. Dernière opératrice ; réseau français entièrement automatisé. *Transpac,* 1er réseau au monde de transmission de données par paquets. **1980** expérience d'annuaire électronique à St-Malo et Rennes. **1981** expérience *Télétel* (téléphone-TV) à Vélizy ; débouchera sur le Minitel. **1982** 1re *vidéotransmission* par *fibre optique.* Mise à disposition du public des terminaux Minitel 10. **1984** Ariane lance satellite *Télécom* (voir à l'Index). **1985**-*25-10* (23 h) : 23 000 000 d'abonnés au téléphone changent de nos, désormais à 8 chiffres (dont les 6 ou 7 de l'ancien no). **1988**-*1-1* la Dir. gén. des télécoms prend le nom de *France Télécom. Numeris* RNIS (Réseau universel numérique à intégration de services) s'ouvre en région parisienne. Télécom IC. *-16-5* directive instaurant la concurrence pour les terminaux (dont postes téléphoniques). **1990** offert partout en France. *-28-6* directives « ONP » et « services » instaurant la concurrence pour services de télécommunications, hors service téléphonique. **1991**-*17-9* USA : une panne dans un central de Manhattan conduit à l'effondrement du système téléphonique (fermeture des 3 aéroports de New York). **1993**-*1-1* concurrence sur les services de transmission de données. **1996**-*16-1* directive instaurant la concurrence sur les services mobiles. *-1-7* concurrence sur les infrastructures alternatives. *-18-10* tous les numéros sont à 10 chiffres au lieu de 8. La France est divisée en 5 zones de 8 chiffres ; un préfixe de 2 chiffres (de 01 à 05) s'ajoute aux nos existants et remplace le 16 (exemples : pour appeler Paris : 01 + no ; l'étranger : 00). Le 112, no européen, remplace le 15 (Samu), le 17 (police), le 18 (pompiers). L'arrivée de Bouygues Télécom et du « pack » avec forfait stimulent le marché du mobile. **1997**-*1-1* France Télécom, évaluée à 147 milliards de F, devient société anonyme ; *-20-10* entre en Bourse. **1998**-*1-1* ouverture du marché français à la concurrence. **1999**-*fin oct.* la France compte 17 millions de téléphones mobiles (28,5 % de la pop. équipés). 1,9 million d'abonnés à Internet. L'action France Télécom a progressé de 300 % depuis son introduction. **2001**-*30-6* 33,123 millions de mobiles en France (55,1 %).

RÉSEAUX

■ **Câbles à âmes conductrices métalliques. 1°) De réseaux urbains :** posés en conduite dans les villes, relient les centraux entre eux ou aux abonnés. **2°) Suburbains :** relient, aux centraux, les têtes de lignes venant d'autres villes. **3°) A grandes distances :** relient les villes entre elles ; utilisent, entre autres, les câbles coaxiaux pour grande et très grande distance. **Câble coaxial.** Comprend un conducteur central en cuivre, un isolant en polyéthylène et un conducteur extérieur concentrique en cuivre ou en aluminium. Il forme un guide d'ondes qui transmet un signal électrique. **Câbles à fibres optiques.** Utilisés pour la transmission à large bande passante, à longue distance et à débit élevé, et pour les réseaux de télécommunications à intégration de services. **Fibre optique :** fil de verre (ou de plastique) très fin dans lequel passent des signaux lumineux émis par un laser et reçus par une cellule photoélectrique. *Une fibre comprend :* un cœur (où se propagent les ondes optiques), une gaine optique (qui confine les ondes optiques dans le cœur) et un revêtement de protection. Les fibres sont placées dans des joncs ou tubes qui sont réunis en câble de 6 à 70 fibres et plus. *Avantages :* avec un poids, un encombrement et un diamètre (5 à 80 microns) réduits, la fibre optique transporte (avec une faible atténuation) plus d'informations qu'un coaxial ; non métallique, elle est insensible aux perturbations électromagnétiques ou électrostatiques et ne peut être ni piratée ni parasitée ; associée à une structure en étoile, elle permet l'interactivité (questions-réponses), la connexion à des médiathèques, l'utilisation des services de la télématique. *Inconvénient :* coût élevé. **En France. Principaux fabricants français :** FOI (Fibres optiques industries) et CLTO (Cie lyonnaise de transmissions optiques), du groupe Alcatel. **Production de fibres optiques** (au 30-6-1998) : 1 800 000 km. **Budget** (en milliards de F, 1988) : *chiffre d'affaires :* 88,1. *Résultat net :* 1,8 (1er exercice avec assujettissement à la TVA en année pleine). *Capacité d'autofinancement* (bilan annuel) : 26,77. *Valeur ajoutée :* 78,2. *Investissement :* 29,2 (2,2 % à la FBCF nationale). **Boucles locales radio (BLR).** Relient l'abonné au central par voie hertzienne. Faible coût d'installation, hauts débits (jusqu'à 2 Mbits/s). 54 licences accordées par l'ART au 11-7-2000. Début 2001, mettront fin au monopole de France Télécom sur les télécommunications locales.

■ **Comparaisons câble/satellite.** Un satellite est garanti pour 10 ans, un câble pour 25 ans (la silice vieillit). Les câbles sous-marins (assez souples pour être relevés sans dommage 3 ou 4 fois dans leur vie) doivent en zone côtière (risque d'accrochage avec chalut) être enterrés.

■ **Réseaux. Quelques dates : 1927** câble sous-marin téléphonique France-G.-B. **1946** 1er câble sous-marin (Toulon-Ajaccio) de fabrication française (1 voie). **1956**-*24-9* TAT 1 : 1er coaxial transatlantique Écosse-Terre-Neuve, 3 600 km, permet 36 communications simultanées. **1958** Marseille-Alger. **1959** TAT 2. France-USA. **1968** projet ITT (G.-B.) : transmission de signaux lumineux sur fibre de verre. **1970** 1re fibre optique Corning Glass Works (USA). **1972** câble prototype sous-marin (Cagnes-sur-Mer/Juan-les-Pins). **1980** câble (loch Fyne, Écosse) ; *août :* France, 1re liaison, 7 km, entre 2 centraux téléphoniques (« les Tuileries » et « Philippe-Auguste »). **1982** *câble :* 1er réseau commercial par fibres optiques (3 268 km) créé en Saskatchewan (Canada). *Câble optique sous-marin* expérimenté (Juan-les-Pins/Cagnes-sur-Mer). **1984** câble de 80 km sur fonds de plus de 1 200 m Antibes/Port-Grimaud. Ligne expérimentale sous-marine, 8 km (Portsmouth-île de Wight). **1985** France, 1er réseau expérimental urbain (Biarritz ; câbles de 70 fibres) ; Japon 38 km (Hokkaido-Honshu). **1986** SEA ME WE 1 (South East Asia, Middle East, Western Europe). Marseille-Singapour (15 000 km). **1986-87** 2e réseau français (Montpellier). **1987** liaison optique Le Mans-La Flèche ; 1er câble optique sous-marin commercial Marseille/Ajaccio (le plus long du monde : 390 km, sur fonds de 2 500 m) prolongé 1990, vers Sicile, Grèce, Turquie, Israël. **1988** TAT 8 de Tuckerton (New Jersey, USA) à Penmarc'h (France) et Widemouth (G.-B.) ; 6 400 km, capacité 7 560 circuits numériques (dont branche française 3 760) à 64 kilobits par seconde. 80 000 communications simultanées, coût 361 millions de F ; appartient à un consortium (dont AT&T 34,1 %, British Telecom 15,5, France Télécom 9,8). **1989** TPC 3 USA-Japon 13 235 km ; coût 4,5 milliards de F. **1988-90** Paris-Nantes. **1990** câbles (silice) reliés à des équipements collectifs captant des signaux de satellites. **1992** TAT 9 Canada-USA/G.-B.-France-Espagne. MAT 2 (Espagne-Italie, 950 km), EURAFRICA (Maroc-Portugal-France-Madère, 3 200 km), SAT 2 (Madère-Canaries-Afr. du Sud, 9 150 km), BAR-MAR (Barcelone-Marseille pour les JO, 350 km). **1993** TAT 11 (USA-G.-B.-France, 7 000 km). FLAG (Fibroptic Link Around the Globe) G.-B.-Japon 24 000 km (fibre optique), 120 circuits, 600 000 communications simultanées. **1994** SEA ME WE 2 (Singapour-Indonésie-Inde-Arabie-Égypte-Turquie-Sicile-Tunisie-Algérie-France-Sri Lanka-Djibouti-Chypre, 17 800 km), fibre optique ; *débit* 560 Mbits/s ; 60 000 communications simultanées ; *coût :* 3,8 milliards de F. **1995-96** TAT 12 et 13 (USA-G.-B, P.-Bas-All.-France). TAGIDE 2 (France-Portugal). Cc 5 (Corse-continent) 309 km (sans répéteur). **1997** FLAG. **1998** SEA ME WE 3. **1999** plus long câble sous-marin du monde, installé par France Télécom entre Europe, Afr., Asie et Australie : 40 000 km de fibres optiques pouvant absorber plusieurs centaines de milliers de télécommunications simultanément.

■ **Offres alternatives de trafic international.** 3 systèmes : **1°) Reroutage** (ou « déport de trafic ») : le client dispose d'une liaison spécialisée France Télécom entre son standard et la Sté de reroutage qui se charge d'acheminer des communications internationales « compressées » vers Londres par exemple. De là, le client peut appeler toutes les destinations au tarif britannique. **2°) « Call back »** (ou « rappel automatique ») : système autorisé par le décret no 90-1017 du 30-12-1990. Permet d'appeler un numéro en passant par un prestataire de services. On compose le no affecté à la ligne ; on entend sonner et on raccroche (manipulation gratuite) ; aussitôt le téléphone sonne, en décrochant on obtient une tonalité américaine ; on compose alors le no désiré, comme si l'on appelait des États-Unis ; on peut enchaîner différents appels en appuyant sur la touche # sans avoir à recommencer la procédure. *Avantages :* économie sur les appels internationaux. Fonctionne aussi pour télécopies et modems. **3°) Présélection :** permet d'utiliser un opérateur sans avoir à composer son préfixe.

TÉLÉPHONE EN FRANCE

■ MARCHÉ DES SERVICES DE TÉLÉCOMMUNICATION EN FRANCE

(*Source :* ART)

■ **Opérateurs. Titulaires d'une licence :** plus de 120 (au 1-3-2001) pour exploiter des infrastructures (L. 33-1), proposer des services au public (L. 34-1), ou faire les deux (L. 33-1 et 34-1). *Téléphonie fixe :* 10 opérateurs en boucle locale fournissant des services téléphoniques ou autres aux clients qu'ils raccordent, 38 à longue distance (nationaux ou internationaux) et 6 de capacité de transmission de voix ou de données louant leurs réseaux aux autres opérateurs. *Téléphonie mobile :* 8 opérateurs terrestres (3 nationaux et 5 locaux), 2 par satellites et 3 de radiomessagerie. **Non titulaires d'une licence** (mais dont l'activité principale est dans les télécoms) : environ 1 530. Fournisseurs d'accès à Internet environ 600, transporteurs de données 4, fournisseurs de cartes téléphoniques environ 15 et de commercialisation de services 9.

■ **Services des télécommunications** (en 2000). **Effectifs :** 156 676. **Chiffre d'affaires** (en milliards de F) **global :** 238,9. **Services des télécommunications :** 298,3 dont téléphonie fixe (hors Internet) 96,5, frais d'accès, abonnements et services supplémentaires 33,7, communications 62,7, services mobiles (y compris les SMS) 55,1, Internet (accès et communications) 4,7 (accès 0,8, communications 3,9), liaisons louées et transport de données 16,9 (liaisons louées 11,3, transport de données 3,6), autres services 25,3, services avancés 11,4, renseignement et recettes accessoires 2,6, ventes et locations de terminaux 10,5, hébergement et centres d'appel 0,7. **Marché intermédiaire des services d'interconnexion :** 40,5 dont opérateurs fixes 19,4, opérateurs mobiles 21,1. Trafic international entrant 5,8 dont opérateurs fixes 4,5, opérateurs mobiles 1,2.

■ **Volume** (en millions de minutes, 2000). Téléphonie fixe (hors Internet) 118 661, services mobiles 35 335, communications d'accès à Internet 33 061, services avancés 9 520. Services d'interconnexion 77 560 dont trafic international entrant 7 014.

■ **Consommation des ménages** (en milliards de F). *1990 :* 55,1 ; *91 :* 98 ; *92 :* 60,4 ; *93 :* 63 ; *94 :* 66 ; *95 :* 68,2 ; *96 :* 70,6 ; *97 :* 72,2 ; *98 :* 75,3. *Équipement* (en %, 1998). Téléphone fixe 94,8, mobile 16,3, accès Internet payant 2,1. *Facture moyenne mensuelle* (en F, 1998) : 249 dont abonnement 68, communications locales 67, de voisinage 19, nationales 39, vers mobiles 14, internationales 14, Minitel 9, audiotel 9, divers 10.

■ TÉLÉPHONE FIXE

■ **Nombre de lignes principales** (en millions, au 31-12) : *1950 :* 1,4 ; *60 :* 2,2 ; *75 :* 7,1 ; *80 :* 15,9 ; *85 :* 23,03 (dont équipement électronique 56,3 %) ; *89 :* 26, 94 (82 %) ; *91 :* 29 (90 %) ; *95 :* 32,4 ; *2000 :* 34,7 ; *2004 (prév.) :* 36. **Densité pour 100 habitants :** *1950 :* 3,4 ; *60 :* 4,8 ; *70 :* 8,4 ; *75 :* 13,4 ; *80 :* 29,6 ; *85 :* 42 ; *91 :* 49,9 ; *96 :* 56,5 ; *98 :* 56,9.

■ **Opérateurs.** Jusqu'au 31-12-1997, France Télécom détenait le monopole du téléphone fixe. Depuis le 1-1-1998, France Télécom garde le monopole des communications locales (car le réseau lui appartient) mais libre choix de l'opérateur pour les communications nationales d'un département à l'autre. Exceptions : Paris, Hts-de-Seine, Seine-St-Denis et Val-de-Marne qui forment un seul secteur comme les 2 départements de Corse. Depuis le 1-1-2001, France Télécom a perdu le monopole des appels locaux.

Si on change d'opérateur, on remplace le 0 par le numéro de l'opérateur. On souscrit un contrat avec l'opérateur de son choix, l'abonnement à France Télécom restant obligatoire et on reçoit 2 factures. **Numérotations :** *0 :* France Télécom. *1 :* numéros d'urgence. *2 :* Siris (entreprise rachetée par Deutsche Telekom). *3 :* nos courts (audiotel, Minitel). *4 :* TELE2 (groupe suédois Kinnevik). *5 :* GTS-Omnicom. *6 :* entreprises. *7 :* Cegetel (Vivendi). *8 :* France Télécom. *9 :* Télécom réseau, racheté par Telecom Italia. *16 16 :* AXS Télécom. *16 30 :* Kertel, groupe PPR, boîtier (Kerbox) entre le téléphone et la prise murale qui oriente les communications automatiquement vers Kertel ou France Télécom. *30 39 :* First Télécom.

■ **Débits.** Téléphone fixe (en kilobits par s, prév. 2003). Modem (V90) 56 ; RNIS 128 ; ADSI 1 000 (mobile GSM 9 ; GPRS/Edge 177, UMTS 384 jusqu'à 2 000 en mobilité restreinte).

■ **Coût** (en F par minute) **en heures creuses et,** entre parenthèses, **heures pleines, selon les opérateurs, des communications nationales (N), vers un Mobile (M) (SFR ou Itinéris/Bouygues) et Internationales (I) (USA et G.-B./Maroc)** [en juin 2001]. **9 Télécom** (le 9) : **N** 0,23 *(0,23)* ; **M** 0,85/1,15 *(1,95/2,20)* ; **I** 0,49/2,23 *(0,49/2,34)*. **Atlantic Télécom** (Atlantic) : **N** 0,23 *(0,37)* ; **M** 1,10 *(2)* ; **I** 0,50/1,76 *(0,55/1,99)*. **Cegetel** (le 7) : **N** 0,27 *(0,27)* ; **M** 0,85/1,10 *(1,80/2,20)* ; **I** 0,55/2,20 *(0,55/2,20)*. **Cofinoga Ciallo : N** 0,25 *(0,32)* ; **M** 0,95/1,12 *(1,89/2,16)* ; **I** 0,53/1,80

(1,20/2,70). **France Télécom** (résidentiel) : **N** 0,40 *(0,60)* ; **M** 1/1,15 *(1,99/2,31)* ; **I** 0,80/2,28 *(1,50/3,22)*. **France Télécom** (primaliste) : **N** 0,30 *(0,45)* ; **M** 1/1,15 *(1,99/2,31)* ; **I** 0,60/1,71 *(1,13/2,42)*. **Kertel** (Kerbox-Super, prix en international) : **N** 0,39 *(0,39)* ; **M** 0,98 *(1,97)* ; **I** 0,65/0,60/1,80 *(1,13/2,42)*. **Kertel** (en national) : **N** 0,23 *(0,23)* ; **M** 0,98 *(1,97)* ; **I** 1/2,35 *(1,50 [1]/1,40 [2]/2,64)*. **NET-net** (Home Elite) : **N** 0,24 *(0,24)* ; **M** 1,90 *(1,90)* ; **I** 0,66/2,33 *(0,66/2,33)*. **One Tel** (particulier) : **N** 0,19 *(0,19)* ; **M** 1/1,39 *(2/2,19)* ; **I** 0,48/0,39/1,98 *(0,48/0,39/1,98)*. **Primus Global Access** (Global Access +) : **N** 0,32 *(0,32)* ; **M** 1,70 *(1,95)* ; **I** 0,60/0,46/2,88 *(0,60/0,46/2,88)*. **Tele 2** (le 4) : **N** 0,22 *(0,22)* ; **M** 0,90/1,94 *(1,80/2,19)* ; **I** 0,55/2 *(0,55/2)*. **Téléconnect Télécom** (Téléconnect) : **N** 0,20 *(0,20)* ; **M** 1,99 *(1,99)* ; **I** 0,44 [1]/0,49 [2]/2,99 *(0,44 [1]/0,37 [2]/2,99)*. **Tiscali** (le a) : **N** 0,25 *(0,32)* ; **M** 1,07 *(2,12)* ; **I** 0,85/1,92 *(0,85/2,60)*. **World Télécom** (Easy Phone) : **N** 0,33 *(0,50)* ; **M** 1,67 *(1,67)* ; **I** 0,44/2,29 *(0,44/2,29)*.

Nota. – (1) USA. (2) G.-B.

■ **Coût de 15 minutes de communication de l'opérateur le moins cher à l'opérateur le plus cher. National** de 3,63 F [1,2] (Téléconnect Télécom) à 9,35 F [2] (France Télécome Résidentiel) : **Mobile** avec SFR ou *Itineris* de 14,27 F [1] (Cégétel) à 30,99 F [2] (One Tel), *Bouygues* de 15,69 [1] (Kertel) à 34,65 F [2] (France Télécom). **International** avec USA de 6,60 F [1,2] (World Télécom) à 22,87 F [2] (France Télécom Résidentiel), G.-B. de 6,55 F [1,2] (One Tel) à 22,87 F [2] (France Télécom Résidentiel), Maroc de 25,81 F [1] (France Télécom Primaliste) à 48,33 F [2] (France Télécom Résidentiel).

Nota. – (1) Heures creuses. (2) Heures pleines.

■ **Prix** (en F, en juin 2001) **d'une communication locale selon la durée, en heures pleines et,** entre parenthèses, **heures creuses chez France Télécom et,** en italiques, **Cegetel. 30 sec ou 1 min :** 0,60 (0,60) *0,80* ; **2 min :** 0,82 (0,72) *0,91* ; **3 min :** 1,04 (0,84) *1,02* ; **5 min :** 1,70 (1,20) *1,35* ; **8 min :** 2,36 (1,56) *1,68* ; **10 min :** 2,80 (1,80) *1,90* ; **15 min :** 3,90 (2,40) *2,45*.

■ **Coût d'un appel de 15 s et,** entre parenthèses, **de 1 min 45, vers les USA (heures pleines/heures creuses)** (en juin 2001). *France Télécom Primalist :* 0,56/0,56 (2,24/1,46). *Tele 2 :* 0,72/0,72 (1,55/155). *Cegetel :* 0,84/0,84 (1,66/1,66). *9 Télécom :* 0,84/0,84 (1,58/1,58). *Télécom Résidentiel :* 0,74/0,74 (2,99/1,94). *One-Tel :* 1,18/1,18 (1,66/1,66).

☞ Leneuf contre le 9 : 49 familles ont assigné en référé, devant le tribunal de grande instance de Nanterre l'opérateur de téléphonie mobile 9 Telecom et son agence de publicité, Ogilvy & Maher, dans des spots publicitaires, présentaient un M. Leneuf constamment dérangé par des gens croyant appeler l'opérateur. Ses déboires diffusés à des heures de grande écoute depuis juin 1999 avaient inspiré des plaisantins qui harcelaient des « vrais » Leneuf au téléphone.

Ventes des licences UMTS (situation en juin 2001)

Pays	Nombre de licences	Durée (en années)	Attribution (mode)	Dates	Opérateurs choisis	Argent récolté par l'État (en milliards d'euros)
Allemagne	6	20	enchères	31-7 à 17-8-2000	– T-Mobile – Consortium E-Plus – Viag InterKom – Vodafone – Consortium 3 G – Mobile com + France Télécom	50,5
Autriche	6		enchères		– Max Mobile – Connect Austria – Mannesmann – Mobile Kom – Hutschison 3 G Austria – 3 G Mobile	0,7 0,832
Belgique	4 ou 3		enchères	Début 7-3-2001		0,450 au 10-2-2001 2 candidats
Danemark	4		enchères	automne 2001	non attribuées	
Espagne	4	20 + 10 possible	soumission comparative	15-3-2000	– Airtel – Telefonica Moviles – Amena – Xfera Moviles	0,520
Finlande	4		dossier	1999	– Sonera – Radiolinga – Telia	0
France	4	15	soumission comparative	dépôt dossiers 31-1-2001	– France Télécom et SFR acceptés 31-5-2001	Prévu : 4,95 par licence (ticket d'entrée) en 2001 [4]
G.-B.	5	20	enchères	27-4-2000 [1]	– Vodafone – British Telecom – One 2 One – Orange – Consortium TIW + Hutschison	38,5
Irlande	4		dossier		non attribuées	
Italie	5	15	enchères	20-10-2000 [2]	– Ipse – Omnitel – TIM – Wind – Andola	12,5
Luxembourg	4		dossier		non attribuées	
Norvège	4		dossier	nov. 2000	– Telenoz – Telia – Tele Z – Sonera-Onitel	droit d'entrée + redevance annuelle 12,5 millions d'€ + 2,5/an
P.-Bas	5	20	enchères	6 au 24-7-2000 [3]	– Libertel – KPN Mobiles – Dutch fone – Telefort – Consortium 3 G Blue	2,67
Pologne	5			2-10-2000		
Portugal	4		soumission comparative	sept. 2000		0,400
Suède	4	15	dossier	déc. 2000	– Surprise – Telia – Europolitan – Hutschison + Whampoa + Ivestor	0,15 % du CA
Suisse	4		enchères	déc. 2000	– Swisscom – Orange – dSpeed – Team 3 G	0,135
USA	422		enchères	12 au 26-12-2000		17 milliards de $
Grèce	4		enchères		non attribuées	

Nota. – (1) attribué au 150e round des enchères (13 cancidats). (2) sans suite. (3) 5 candidats. (4) Désistement Bouygues et Suez. 2e attribution en 2002.

■ Téléphone mobile

■ **Origine. Radiotéléphone : 1956 :** 1er téléphone de voiture. **1989** (avril) : création d'un réseau privé de téléphonie de la « Générale » sur la région parisienne, Lille, Lyon.

■ **Technologies.** *Analogique, numérique, CT2.* La norme européenne numérique GSM (Global System for Mobile Communications), adoptée en 1987, a supplanté le système analogique ; fonctionnant dans la bande des 900 ou 1 800 MHz, elle permet de disposer d'un téléphone miniaturisé [alliant rapidité et confidentialité (codage, sans risque d'interférence avec d'autres utilisateurs)], d'émettre et de recevoir dans 23 pays signataires de l'accord d'itinérance ; facturation liée à l'abonné grâce à une carte à puce utilisable dans n'importe quel mobile : code confidentiel à 4 chiffres. Vitesse limitée à 9,6 kbits/s (prév. 2003). *GPRS (Global Packet Radio Services) :* extension de GSM, technologie permettant de transmettre des informations par paquets comme sur Internet ; en service à partir de 2001, vitesse : 115 kbits/s. *Edge (Enhanced Data for GSM Evolution) :* technologie intermédiaire entre le GSM et l'UMTS, qui offrira un accès rapide à Internet à partir d'un mobile sans obliger les opérateurs téléphoniques à moderniser leurs réseaux. GPRS/EDGE : vitesse 177 kbits/s. *UMTS (Universal Mobile Telecommunications System)* (voir ci-dessous) : nouvelle génération permettant le mariage de la téléphonie mobile et de l'accès Internet à haut débit. Mais les constructeurs n'ont pas réussi à se mettre d'accord sur une norme universelle, Europe et Japon devraient adopter le standard W-CDMA, USA utiliseront le CDMA 2000. *WAP (Wireless Application Protocol) :* standard mis au point pour traduire les pages Internet dans un format lisible sur un écran de téléphone mobile ; *prix* (juin 2000) : 1 500 à 4 000 F. *Waplock :* consiste pour un opérateur à verrouiller les mobiles WAP, afin qu'ils ne puissent pas accéder aux services WAP par un autre portail. Cette pratique étant jugée anticoncurrentielle, les opérateurs doivent indiquer la procédure pour « déwaplocker » leur mobile. *Carte SIM (Subscriber Identification Module) :* puce électronique insérée à l'intérieur du téléphone mobile pour identifier l'utilisateur. Cette carte reste la propriété de l'opérateur.

■ **Quelques précisions.** *Bi-bande :* les téléphones bi-bandes fonctionnent sur 2 fréquences utilisées par les opérateurs (900 et 1 800 MHz). En cas d'encombrement sur un réseau, le bi-bande bascule sur l'autre. Il existe des tri-bandes fonctionnant sur une 3e fréquence (le 1 900 MHz) en Amérique du Nord et en Asie.

Bluetooth : nouvelle technologie développée par Ericsson, IBM, Intel, Nokia et Toshiba, permettant, à partir du mobile, de relier plusieurs appareils électroniques entre eux grâce à une liaison radio. Transmettre des données à une imprimante, une chaîne hi-fi, un système de chauffage ou un réfrigérateur *via* un mobile, devrait être possible d'ici quelques années.

SMS (Short Message Service) : permet d'envoyer des messages courts écrits à partir de son mobile.

Modem Data Fax : les mobiles qui disposent d'un modem Data Fax intégré peuvent être connectés à un ordinateur, par câble ou liaison infrarouge. Sinon, il faut un modem extérieur pour établir cette connexion.

PIN (Personal Identification Number) : un code à 4 chiffres servant à protéger le portable de toute utilisation frauduleuse. Si vous entrez trois fois un code PIN erroné, le téléphone est bloqué.

DHR/EFR (Digital Haute Résolution) : technologie utilisée par Bouygues pour améliorer la qualité du son. Elle est exploitée par les autres opérateurs sous le nom de *EFR (Enhanced Full Rate)*.

Batterie : 3 types : *les nickel metal hydrure* (Ni-Mh), plus performantes que les nickel cadmium des 1ers portables ; les *lithium ion* (Li-Ion) moins volumineuses et les *Li-Polymer* encore plus légères, à performances équivalentes. L'autonomie en conversation varie, selon technologie et utilisation, de 2 à 5 h environ.

■ **Préfixes à 4 chiffres.** *1617* Infotel. *1618* World Com. *1630* Kertel (PPR). *1659* Belgacom. *1661* RSLCom (créé par Ronald S. Lauder en 1990, domaine de la voix). *1690* Colt Telecom (a notamment déployé une boucle locale optique à Paris et en région parisienne pour des services à très hauts débits (jusqu'à 155 Mbits/s).

■ **Tarifs internationaux. Destinations comparées** (en F/min), **heures pleines et,** entre parenthèses, **heures creuses : Grande-Bretagne :** France Télécom 2,1 (1,65), avec Primaliste 1,68 (1,32), Cegetel 1,59 (1,27), Auchan 1,8 (1,5), Écophone 1,75 (1,75), Lyonnaise Câble 1,78 (1,40). **Italie :** France Télécom 2,1 (1,65), avec Primaliste 1,68 (1,32), Cegetel 1,78 (1,42), Auchan 2 (1,6), Écophone (call-back) 2,61 (2,61), Lyonnaise Câble 1,78 (1,4). **Japon :** France Télécom 5,9 (4,7), avec Primaliste 4,72 (3,76), Cegetel 5,19 (4,15), Auchan 3,7 (3,6), Écophone (call-back) 2,94 (2,94), Lyonnaise Câble 5,01 (3,99). **USA :** France Télécom 2 (1), avec Primaliste 1,8 (1,44), Cegetel 1,8 (1,44), Auchan 2 (1,5), Écophone (call-back) 1,66 (1,66), Lyonnaise Câble 1,91 (1,53).

Prépayé : formule sans abonnement, fonctionnant avec des recharges qui doivent être consommées dans un temps limité.

Vibreur : avec ce procédé, le téléphone vibre au lieu de sonner. Mais le vibreur est aussi plus gourmand en énergie.

UMTS (Universal Mobile Telecommunications System). Performances : 2 mégabits/s à l'arrêt et 384 kbits/s en mouvement (contre 9,6 kbits/s pour GSM qui pourrait offrir, cependant, une solution transitoire grâce à des technologies nouvelles comme GPRS ou Edge). **Candidatures :** à déposer avant fin 2000.

Licences : en France, un appel à candidature a été lancé le 18-8-2000 pour 4 licences UMTS. 30-1-2001, France Télécom Mobiles et SFR ont présenté leurs offres qui ont été retenues par l'ART le 31-5-2001.

■ **Principaux opérateurs européens de téléphonie mobile. Nombre d'abonnés** (en millions, au 1-4-2000) : *Vodafone* (G.-B.) : 37,6 dont Omnitel Pronto (It.) 11,5 ; Mannesmann D2 (All.) 10 ; Vodafone UK (G.-B.) 8,6 ; Libertel (P.-Bas) 2,4 ; Telecel (Port.) 1,9 ; Panafon (Grèce) 1,7 ; Europolitan (Suède) 0,9 ; *France Télécom* (France) : 20,3 dont Itineris (Fr.) 11 ; Orange (G.-B.) 6 ; Mobistar (Belgique) 1,3 ; MobilRom (Roumanie) 0,7 ; Dutchtone (P.-Bas) 0,5 ; Mobilix (Danemark) 0,4 ; Globtel (Slovaquie) 0,4 ; Telecom Italia (TIM, It.) : 19,3 ; Deutsche Telekom (All.) : 17 dont T-Mobil (All.) 10,3 ; One 2 One (G.-B.) 5 ; Maxmobil (Autriche) 1,7 ; *Telefonica* (Telefonica moviles, Esp.) : 10,2 ; *Cegetel* (SFR, Fr.) : 8,2 ; *Vivendi* (Fr.) : 8,7 ; KPN (P.-Bas) : 8 dont E-Plus (All. 4,2 ; KPN mobile (P.-Bas) 3,8 ; British Telecom (Cellnet, G.-B.) : 7,4. (Ne sont comptabilisées que les filiales détenues à plus de 50 %.) **Capitalisation boursière** (sur la base d'une valeur par abonné de 6,741 euros, en milliards d'euros, au 30-5-2000) **et part du mobile dans la capitalisation** (en %) : *Vodafone :* 298,8 (85,7) ; *France Télécom :* 170,8 (83,3) ; *Telecom Italia :* 92,7 (78,4) ; *Deutsche Telekom :* 195,5 (62,4) ; *Telefonica :* 73,7 (93,3) ; *BT :* 101,4 (57,8) ; *Vivendi* (Fr.) : 66,8 (38,6) ; *KPN :* 47,2 (98). **Poids** (en %) **dans l'indice Stoxx 50** (regroupant les 50 plus grandes Stés européennes) : *Vodafone* 7,6 ; *Deutsche Telekom* 5,6 ; *France Télécom* 4,3 ; *British Telecom* 3,1 ; *Telefonica* 2 ; *Telecom Italia* 1,9 ; *KPN* 1,3.

■ **Nombre de mobiles en France** (en milliers, au 31-12). *1989 :* 178 ; *90 :* 283 ; *91 :* 375 ; *92 :* 437 ; *93 :* 572 ; *94 :* 883 ; *95 :* 1 302 ; *96 :* 2 463 ; *97 :* 5 817 ; *98 :* 11 210 ; *99 :* 20 600 ; *2000 :* 29 681 dont France Télécom 48,2 %, SFR 34,2 %, Bouygues 17,6 % ; *2004 (prév.) :* 44 400. **Densité pour 100 hab. :** *1989 :* 0,32 ; *90 :* 0,50 ; *95 :* 2,24 ; *96 :* 4,22 ; *97 :* 9,85 ; *98 :* 18,78.

Parc au 30-6-2001. 33 122 600 dont France Télécom 15 926 400 (Itinéris-Ola 15 410 000 dont cartes prépayées 7 930 500, Améris 452 100 dont cartes prépayées 235 500, Itinéris La Réunion 64 300 dont cartes prépayées 46 800), Cegetel 11 224 300 (SFR GSM 10 931 200 dont cartes prépayées 5 *55 000, St Réunionaise de Radiotéléphone 293 100 dont cartes prépayées 159 300), Bouygues 5 971 900 (Bouygues Télécom 5 897 600 dont cartes prépayées 3 034 600, Bouygues télécom Caraïbes 74 300 dont cartes prépayées 26 200). **Taux de pénétration : 55,1 %.**

☞ **Vols :** à Paris en 1999, 400 portables par mois.

■ **Prévisions de la téléphonie mobile. Nombre d'abonnés,** en millions **et,** entre parenthèses, **utilisateurs de l'Internet sur le mobile,** en 2000 [entre crochets en 2004] : Allemagne 22,9 (1) [46,8 (25,4)] ; Italie 32,4 (1,2) [41,3 (21,1)] ; G.-B. 23,1 (0,8) [37,9 (2)] ; *France 20,8 (0,9) [34,6 (19,1)]* ; Espagne 14,6 (0,3) [24,6 (12,7)].

■ **Bi-Bop.** Destiné aux citadins ; 42 640 abonnés au 1-1-1998, *supprimé* le 30-9-1998. *Combiné :* 185 g. Fonctionnait dans un rayon de 300 m d'une borne, à Strasbourg [1992 (330 bornes)], Paris [avril 1993 (7 000 bornes)], Ile-de-France (4 000 bornes), agglomération lilloise [déc. 1994 (900 bornes)], dans la plupart des gares TGV et aéroports des grandes villes. *Abonnés : 1994 (fin) :* 75 000 (on en espérait 450 000) ; *96 (29-2) :* 93 500 ; *98 (1-1) :* 42 640.

■ **Parts de marché des opérateurs** (en %, au 31-3-2001). Itinéris orange 48 % des abonnés, SFR 34, Bouygues 18.

■ **France Télécom. Itinéris** (réseau numérique) : *investissement* (en 1995) : 2,6 milliards de F. *Effectifs :* 2 200 personnes. *Norme :* GSM (DCS 1800 : en expérimentation à Toulouse). *Chiffre d'affaires* (en 1995) : 5,1 milliards de F. *Nombre d'abonnés en janvier 1998 :* 3 140 000 ; *au 1-4-2000 :* 11. *Taux de couverture :* 90 % de la population. Ouvert depuis le 1-7-1992.

■ **Cegetel SFR.** Filiale de Cegetel. *Investissement* (en 1995) : 3,5 milliards de F. *Effectifs :* 1 300 personnes. *Norme :* GSM (DCS 1800 : en expérimentation à Strasbourg). *Chiffre d'affaires* (en 1996) : 5,2 milliards de F. *Taux de couverture :* 75 % de la population.

■ **Bouygues Télécom.** *Investissement* (sur 10 ans) : 15 milliards de F. *Effectifs :* 550 personnes. *Norme :* DCS 1800. *Ouverture :* 1er semestre 1996. *Taux de couverture :* 15 % de la population à l'ouverture, 25 % un an plus tard. *Nombre d'abonnés en mars 1997 :* 125 000 ; *au 31-12-1997 :* 502 000. *Chiffre d'affaires (et résultat)* [en millions de F] : *1996 :* 236 (– 347) ; *97 :* 1 288 (– 1 247) ; *98 :* 3 892 (– 2 585) ; *99 :* 8 368 (– 3 542) ; *2000 (prév.) :* 15 000.

☞ **Dangers des micro-ondes** ou **ondes électromagnétiques** qui permettent aux antennes relais et aux téléphones portables de fonctionner. Elles sont absorbées par les tissus et s'y dégradent en chaleur (d'où élévation de la température du cerveau). On étudie leur influence sur la barrière hémato-encéphalique qui isole le système nerveux du flux sanguins et conseille un usage le plus bref possible (surtout si la communication est mauvaise,

■ COMPARAISONS

☞ *Source :* Union Internationale des Télécommunications (UIT).

■ **Marché mondial des télécommunications** (en milliards de $). **Marché total et,** entre parenthèses, **services/équipement :** *1990 :* 508 (396/112) ; **95 :** 797 (615/182) ; **96 :** 885 (673/213) ; **97 :** 939 (702/237) ; **98 :** 1 004 (744/260) ; **99 :** 1 082 (792/290) ; **2000 (est.) :** 1 160 (840/320) ; **2002 (est.) :** 1 300 (925/375).

■ **Principaux opérateurs. Chiffre d'affaires** (en milliards de $) **et,** entre parenthèses, **employés** (en milliers, 1998) : NTT (Japon) 81,6 (226). AT&T (USA) 53,2 (107,8). Deutsche Telekom (All.) 41,8 (216). Bell Atlantic (USA) 31,5 (62,6). MCI Worldcom (USA) 30,4 (77). British Telecom (G.-B.) 29,3 (124,7). *France Télécom (France) 28,7 (169,1).* SBC (USA) 28,7 (129,9). Telecom Italia (Italie) 27,5 (124). GTE (USA) 25,4 (120). China Telecom (Chine) 24 (444,5). BellSouth (USA) 23,1 (88,5). Telefonica (Espagne) 20,3 (92,2). Ameritech (USA) 17,1 (70,5). Sprint (USA) 17,1 (49). US West (USA) 12,3 (54,5). Telstra (Autriche) 10,7 (57,2). KPN (Pays-Bas) 9,3 (32,5). DDI (Japon) 8,9 (2,9). Telmex (Mexique) 7,9 (63,1). **Chiffre d'affaires** (en milliards de F, 1999) : NTT (Japon) 93,1, ATetT (USA) 62,4, SBC (USA) 49,5, Deutsche Telekom (All.) 37,8, MCI World Com (USA) 37,4, Bell Atlantic (USA) 33,2, British Telecom (G.-B.) 30,2, China Telecom (Chine) 29,8, France Télécom (France) 29, Telecom Italia (Italie) 27,9.

■ **Principaux vendeurs d'équipement** (en milliards de $, 1998). Lucent (USA) 26,8. Ericsson (Suède) 21,5. *Alcatel (France) 20,9.* Motorola (USA) 20,5. Nortel (Canada) 17,3. Siemens (All.) 16,8. Nokia (Finlande) 14,7. NEC (Japon) 12,6. Cisco (USA) 8,4. Hughes (USA) 5,7. Fujitsu (Japon) 5,7. Samsung Elec. (Corée) 5,5. 3Com (USA) 5,4. IBM (USA) 5,1. Matsushita Comm. (Japon) 4,3. HP (USA) 3,2. GEC (G.-B.) 3,1. Qualcomm. (USA) 2,9. Bosch (All.) 2,8. Itatel (Italie) 2,2. **Part du marché mondial** (en %, juin 1999) : Lucent 16,6, Ericsson 10,7, Nortel 10,3, Nec 9,8, *Alcatel 8,3*, Siemens 6,9, Fujitsu 4,9, Motorola 4,6, Nokia 4,5, Cisco 3, divers 20,4.

■ **Téléphone dans le monde. Nombre de lignes principales** (en millions) : *1990 :* 520 ; *91 :* 546 ; *92 :* 574 ; *93 :* 606 ; *94 :* 644 ; *95 :* 691 ; *98 :* 844 ; *2000 (est.) :* 970 ; *2002 (est.) :* 1 115. **Lignes principales** (en millions) **et,** entre parenthèses, **pour 100 hab. en 1999 :** *monde : 885 (14,88). Afrique : 17,6 (2,34)* dont Afr. du S. [1] 5 (12,47). Égypte [1] 3,9 (6,02), Maroc 1,8 (6,61), Algérie 1,6 (5,2), Tunisie 0,8 (8,99), Libye [1] 0,5 (9,07), Nigéria [1] 0,4 (0,38), Kenya [1] 0,28 (0,99), Maurice 0,25 (22,36). *Amérique : 266,4 (32,75)* dont USA [1] 179,8 (66,1), Brésil 24,9 (14,87), Canada [1] 19,2 (63,5), Mexique 10,9 (11,22), Argentine 7,3 (20,11), Colombie 6,6 (16,04), Chili 3,1 (20,7), Venezuela 2,5 (10,9), Pérou 1,6 (6,69), Porto Rico [1] 1,2 (32,69). *Asie : 284 (8,01)* dont Chine 108,8 (8,59), Japon 62,4 (49,4), Inde [1] 21,5 (2,20), Corée du S. 21,2 (45,72), Taïwan 12 (54,42), Iran 8,3 (12,53), Indonésie 6 (2,91), Thaïlande [1] 5 (8,35), Malaisie 4,4 (20,31), Hong Kong 3,8 (56,2). *Europe : 304,6 (38,13)* dont All. 48,3 (58,13), *France 34,1 (57,91)*, G.-B. [1] 32,8 (55,69), Russie [1] 29 (19,71), Italie 26,5 (46,21), Turquie 18 (26,47), Espagne 16,4 (41,81), Pologne 10 (25,99), Pays-Bas 9,6 (60,64), Ukraine [1] 9,6 (19,07), Suède 5,8 (66,46), Grèce 5,6 (52,81), Belgique [1] 5 (50,02). *Océanie : 12 (41,09)* dont Australie 9,8 (52,12), Nouvelle-Zélande 1,8 (49,03).

■ **Fabricants de téléphones mobiles en 2000. Part de marché en % et,** entre parenthèses, **nombre d'appareils vendus en milliers :** Nokia (Finlande) 30,6 % (126 369), Motorola (USA) 14,6 (60 094), Ericson (Suède) 10 (41 467), Siemens (All.) 6,5 (26 989), Pansonic (Japon) 5,2 (21 511), Samsung (Corée du Sud) 5 (20 639), Alcatel (France) 4,7, Mitsubishi (Japon) 2,9, NEC (Japon) 2,9, Toshiba (Japon) 2, Sony (Japon) 0,2, divers 14,8, *monde (412 731).*

■ **Principaux opérateurs de téléphones mobiles dans le monde en 1999. Nombre d'abonnés** (en millions) **et,** entre parenthèses, **revenus** (en milliards de $). China Telecom (Chine) 39 (7,9), NTT DoCoMo (Japon) 30,8 (35), TIM (It.) 18,5 (7,4), SBC (USA) 11,1 (5,8), Omnitel (It.) 10,4 (3,7), Air Touch (USA) 10 (4), SK Telecom (Corée S.) 10 (3,7), France Télécom (France) 10 (3,9), ATetT (USA) 9,6 (7,6), DDI Group (Japon) 9,5 (8,5), Mannesmann (All.) 9,5 (5,1), Deutsche Telekom (All.) 9,2 (3,9), Telefonica (Esp.) 9 (3,7), Vadafone (G.-B.) 8,7 (4,6), Bell Atlantic Mobile (USA) 7,7 (4,5), BT Cellnet (G.-B.) 7,4 (3,4), SFR (France) 7,2 (3,1), GTE (USA) 7,1 (3,7), Sprint PCS (USA) 5,7 (3,1), Turkcell (Turquie) 5,4 (1,5).

■ **Nombre de téléphones mobiles** (en millions) : *1990 :* 11 ; *91 :* 16 ; *92 :* 23 ; *93 :* 34 ; *94 :* 55 ; *95 :* 91 ; *96 :* 145 ; *97 :* 214 ; *98 :* 319 ; *99 :* 472 ; *2000 :* 650 ; *2002 (est.) :* 1 000 ; *2004 (est.) :* 1 220. **Nombre de mobiles, est. 1999** (en millions) **et,** entre parenthèses, **pour 100 hab. :** *monde : 477 (8,11). Afrique : 3,8 (0,55)* dont Afr. du S. [1] 2,5 (6,14), Côte d'Ivoire 0,25 (1,77), Maroc [1] 0,11 (0,42), Maurice 0,1 (8,88). *Amérique 134,1 (16,4)* dont USA 86 (31,15), Brésil 15 (8,95), Mexique 7,6 (7,83), Argentine 4,4 (12,12), Colombie 3,1 (7,54), Chili 2,2 (15,05). *Asie : 157,3 (4,44)* dont Japon 56,8 (44,94), Chine 43,2 (3,41), Corée du S. 23,4 (50,44), Hong Kong 3,9 (57,71), Malaisie [1] 2,2 (10,11), Indonésie 2,2 (1,06), Philippines [1] 1,7 (2,38), Singapour 1,5 (47,50), Taïwan 1,1 (52,14), Inde [1] 1,1 (0,12). *Océanie : 7,4 (29,89)* dont Australie 6,5 (34,38), Nlle-Zélande 0,88 (23,01).

Nota. – (1) En 1998.

■ **Mobiles en Europe de l'Ouest** (en millions, au 1-1-2001). 243,9 dont Allemagne 48,2, Italie 42,4, G.-B. 40, *France 29*, Espagne 24,2, Pays-Bas 10,5, Suède 6,5, Autriche 6,3, Portugal 6,3, Grèce 5,9, Belgique 5,5, Suisse 4,5, Finlande 4, Danemark 3,4, Norvège 3,2, Irlande 2,3, Luxembourg 0,28, Islande 0,21, Chypre 0,19, Malte 0,1, Jersey 0,04, Liechstenstein 0,02, Ile de Man 0,02, Guernesey 0,01, Gibraltar 0,005. **Système utilisés :** GSM 242,1 dont GSM 900 157,3, GSM 1800 50,8, GSM 900/1800 33,8, autres 1,7 dont TACS 1,4, NMT 0,38.

Abonnés (est. 2001 pour 100 habitants) : P.-Bas 82,3 ; Italie 81,3 ; Finlande 80,1 ; G.-B. 76,7 ; Espagne 74,9 ; All. 72,6 ; *France 64,9.*

■ **Trafic téléphonique international** (en milliards de minutes). *1990 :* 33 ; *91 :* 38 ; *92 :* 43 ; *93 :* 48 ; *94 :* 56 ; *95 :* 62 ; *96 :* 71 ; *97 :* 80 ; *98 :* 90 ; *99 :* 100 ; *2000 (est.) :* 110 ; *2002 (est.) :* 130.

■ **Prix de l'unité d'un appel local** (en centimes, 1997). Australie 89,9, Belgique 79,1, G.-B. 79,1, Allemagne 77,1, *France 60,3,* Suède 60,3, P.-Bas 49,4, Italie 43,5, USA 40,5.

■ **Prix d'une communication locale de 1 minute** (en centimes, HT, en heure pleine, 2000). G.-B. 36, *France 24* (au-delà du crédit de 3 min), Suède 24, P.-Bas 24, Danemark 23, All. 23, Italie 22, Espagne 17.

■ **Appel international** (unité, pour un appel de 3 min en F). Australie 12,06, Allemagne 11,17, USA 10,08, Italie 9,29, Belgique 9,09, Pays-Bas 7,91, Suède 7,81, Canada 6,42, *France 5,14,* G.-B. 3,9.

■ **Appel national** pour un appel au-delà de 200 km. Allemagne 5,51, Italie 3,88, USA 3,30, Belgique 2,85, Australie 2,84, *France 2,77,* Canada 2,53, Pays-Bas 1,51, G.-B. 1,41, Suède 1,12.

EN FRANCE

■ **Chiffre d'affaires. Exploitants** (en milliards de F) : *1990 :* 24,4 ; *91 :* 25 ; *92 :* 25,8 ; *93 :* 25,4 ; *94 :* 28. **Exportations :** *1990 :* 4,5 ; *91 :* 5,4 ; *92 :* 6,3 ; *93 :* 7,2 ; *94 :* 8,7. **Importations :** *1990 :* 2,2 ; *91 :* 2,5 ; *92 :* 2,9.

Fabricants. Alcatel : *1993 :* 156,3 ; *94 :* 167,6 ; *95 :* 160,4 ; *96 :* 162,9 ; *97 :* 185,9. *Résultat net consolidé : 1993 :* 7,06, *94 :* 3,62 ; *95 :* – 25,6 ; *96 :* 2,7 ; *97 :* 4,7. *Résultats par secteur* (en %) : télécommunications 43, câbles et composants 25, GEC Alsthom 18, ingénierie et systèmes 14 ; *par région du monde* (en %) : Europe 62, Asie 13, Amérique du Nord 13, autre 13. **Groupe Sagem** (Sagem, Sat, Silec) : *1997 :* 16,8 (télécommunications 8,8 ; automobiles et câbles 4,3 ; défense 3,7). **Matra communication :** *1993 :* 6,49 (dont Europe 90 % ; effectifs 9 300). **GEC Alsthom :** 73 dont (en %) : énergie 32, transport ferroviaire 27, transport et distribution d'énergie 22, industriel et construction navale 19. **Cegelec** (ingénierie électrique) : *1993 :* 16 (effectifs 24 700). **SAFT** (accumulateurs) : *1993 :* 3,7 (effectifs 5 900). **Générale occidentale** (services) : *1993 :* 7,6 (effectifs 6 900).

■ **Répartition** (en %). **Par domaine d'activité :** télécommunications 48,2, câbles de télécommunications et d'énergie 19,4, énergie, transport 16,2, ingénierie électrique 9,8, services 4,2, accumulateurs 2,2. **Par pays de destination :** *France 29,5,* Allemagne 15,7, Amér. du Nord 6,9, Italie 4,9, Espagne 4,8, G.-B. 4,3, Belgique 3,3, autres 31,1.

l'appareil fonctionnant à sa puissance maximum), limiter pour les – de 16 ans (cerveau plus vulnérable), choisir des appareils dont le Débit d'Absorption Spécifique (DAS) est le plus bas possible, utiliser un kit « piétons » (oreillettes) ce qui diminue le DAS, ne pas téléphoner en conduisant, l'art. R 3-1 du code de la route prévoit que le conducteur doit à tout moment exécuter la manœuvre nécessaire ; contravention de 2e classe, amende de 230 F réduite à 150 F en cas de paiement immédiat). **Antennes relais** (35 000 en France en 2001), émettent et reçoivent des micro-ondes. Placées sur des mâts ou des bâtiments. Ont 1 à 2 m de haut. En ville, à cause de la forte utilisation des portables, il faut un maillage serré (1 tous les 300 m).

Statistiques (France Télécom)

■ **Cabines téléphoniques.** *1977 :* 39 000 ; *80 :* 102 000 ; *95 :* 158 500 ; *97 :* 226 000 ; *98 :* 241 000 (88 % à carte) ; points-phones : 60 000 fin 1991. *Taux moyen de dérangement (publiphones) :* 0,9 %. *Vandalisme :* cabines endommagées : *1989 :* 110 000 (30 000 à remplacer) ; l'adoption des publiphones à cartes a fait diminuer le vandalisme. *Messagerie vocale :* permet d'envoyer, à partir d'un publiphone, un message en différé à un correspondant occupé ou absent. *Publifax* (télécopie libre service) : 200 terminaux (gares, aéroports, stations-service sur autoroute, centres commerciaux, centre de congrès). Paiement par télécarte, carte France Télécom, et bientôt carte bancaire. **Uniphone** [appel gratuit des nos d'urgence et du 3610 (carte France Télécom)] : dans zones peu peuplées. **Téléséjour :** depuis 1992, service de téléphone destiné aux résidences de vacances.

■ **Circuits interurbains** (fin 1990). 668 000. **Internationaux.** 38 400.

■ **Demandes en instance** (au 31-12, en milliers). *1977 :* 1 582 ; *80 :* 936 ; *81 :* 799 ; *82 :* 516 ; *83 :* 276 ; *84 :* 184 ; *85 :* 144 ; *87 :* 105 ; *89 :* 113 ; *90 :* 48,3 ; *91 :* 3,44 de plus de 2 mois.

■ **Impayés de l'État.** *Au 31-8-1993 :* 2,38 milliards de F dont : ministère de l'Intérieur 0,750, Équipement 0,420, Éducation nat. 0,175, Aff. étrangères 0,115. *Au 30-6-1994 :* 2,2 milliards de F dont : préfecture de police de Paris 0,374, Défense 0,280, Aff. étrangères 0,260 (Éducation nat. 0,715, Économie et Finances 0,321, Santé 0,320, Équipement 0,274, Travail 0,240, Industrie 0,197).

■ **Liste rouge.** 5 300 000 abonnés.

■ **Raccordement (délai).** *1974 :* 16 mois ; *75 :* 11 ; *76 :* 10 ; *77 :* 9 ; *78 :* 7 ; *79 :* 5 ; *80 :* 4 ; *81 :* 3 ; *82 :* 2 ; *fin 83 :* 1 ; *84 :* 20,5 j ; *85 :* 15,5 j ; *86 :* 12,5 j ; *90 :* 9,5 j ; *91 :* 91,5 % en moins de 15 j.

■ **Taux d'équipement. En 1998 :** 98 %.

■ **Temps passé au téléphone** (en minutes). Répartition en % (en 1993) : *moins de 1 :* 39,3 ; *1 à 2 :* 21,8 ; *2 à 3 :* 11,4 ; *plus de 3 :* 27,5.

■ **Trafic téléphonique** (en milliards d'unités Télécom, au 31-12). *1970 :* 15,6 ; *80 :* 56,5 ; *88 :* 98,5 ; *89 :* 105,8 ; *90 :* 114 ; *91 :* 128 ; *92 :* 127 ; *97 :* 137,7 ; *98 :* 138,3.

☞ Le 1er janvier, le réseau téléphonique est saturé entre minuit et 2 h du matin : sur 3 à 4 millions d'appels, 1,3 est possible (un dimanche ordinaire, il y a 325 000 communications à l'heure).

Services du téléphone

■ **Abonnement social.** *Destiné* aux Rmistes, allocataires adultes handicapés, bénéficiaires de l'allocation spéciale de solidarité, chômeurs en fin de droits, invalides de Guerre (environ 2 500 000 personnes). *Disponible* depuis le 1-7-2000. Prévu par la loi de 1996 sur les télécommunications. *Montant* (en 2001) : 27,60 F.

■ **Allofact.** Serveur vocal par téléphone, accessible via le 36 53. Permet de connaître le montant des communications au fil des jours. *Prix :* 0,74 F TTC.

■ **Annuaire du téléphone. Histoire : 1819 :** Sébastien Bottin (1764-1853) dresse une liste des commerçants de Paris. **1857 :** sa veuve fusionne l'affaire avec Firmin-Didot qui éditait depuis 1838 l'Annuaire général du commerce (actuellement Annuaire-Almanach du commerce et de l'industrie Didot-Bottin). **1889 :** la Sté générale des téléphones publie une 1re liste : 6 425 abonnés (Paris/banlieue). La Direction des Postes et Télégraphes confie ensuite au privé la publication de cette « liste » qui devra être remise gratuitement à chaque abonné le 15 oct. tous les ans (un bulletin mensuel, gratuit, la tient à jour). **1925 :** édition confiée à l'Imprimerie nationale. **1926 :** 1er annuaire par département (*1936 :* celui du Gers ou de la Corrèze ne compte que 8 pages). **1979**-*26-6* suppression des titres nobiliaires, universitaires, religieux, etc. **1983**-*24-6* l'inscription d'un abonné peut comporter à titre gratuit une mention complémentaire désignant notamment une profession, une catégorie socioprofessionnelle, une fonction élective, un titre ou un grade. L'abonné peut faire inscrire le prénom du conjoint. **1994 :** format 250 × 200 mm adopté.

Statistiques (en 1998) : pages jaunes 25 millions d'ex., pages blanches 21. Chiffre d'affaires de la publicité dans l'annuaire 5,6 milliards de francs.

Disques Télécom : CD Rom regroupant l'intégralité des abonnés hors liste rouge (25 millions de données sur disque équivalent à 128 500 pages, 165 kg d'annuaires.

Principales sociétés éditrices. Principale régie publicitaire. Oda : *filiale* de France Télécom (100 %). *Effectifs* (en 1999) : 2 330 personnes (y compris 1 220 commerciaux). *Chiffre d'affaires* (en milliards de F) : *1999 :* 4,4. *Annonceurs : 1999 :* 532 000. Principales filiales : Kompass, Mediatel. **Annuaire Soleil :** *créé* 1991 par Alain Bloch (Communication Media Service). Détenu à 35,5 % par Bouygues, racheté 20-3-1997 après dépôt de bilan (le 31-1-1997), revendu en juin 1998 à Telenor Media (Norvège). *Chiffre d'affaires* (en millions de F) : *1991 :* 15 ; *92 :* 50 ; *93 :* 60 ; *94 :* 70 ; *95 :* 60 ; *96 :* 60 ; *97 :* 50 ; *98 :* 38 ; *99 :* 32 ; *2000 :* 36.

☞ La cour d'appel de Paris (7-2-1994) a reconnu à CMS l'accès aux données de la liste orange de France Télécom sur la base du traité de Rome (art. 86 et 90 sur les positions dominantes).

■ **Audiphone.** Permet à toute personne disposant d'un poste téléphonique d'écouter un message préalablement enregistré par une autre personne. Ouvert en oct. 1983. **Nombre d'appels enregistrés** (en millions) : *1984 :* 32,94 ; *85 :* 73,76 ; *88 :* 124 ; *93 :* 82,5.

■ **Carte France Télécom.** Lancée mai 1993, ouvre l'accès au réseau téléphonique et à différents services de télécom. Prix des appels débité en différé sur le compte du titulaire ou sur celui de son entreprise. **Parc :** 2 500 000 en 1997. Avance sur consommation : 81 F/an.

Télécarte. *Mai 1980 :* 1res cartes holographiques mises en service gare Montparnasse. *-Juin* Cité internationale universitaire. *-Nov.* cartes magnétiques émises à Courchevel, Les Menuires, Val-Thorens. *1985 :* carte à puce (« pyjama », bleu rayé blanc) fabriquée jusqu'à fin 1988. *1986 :* création de Régie-T, filiale de France Télécom (51 % des parts) et du groupe Publicis (49 %), pour gérer la télécarte en tant que support publicitaire. *1987 :* Le Cordon (carte d'usage courant, représentant le cordon spiralé rattaché au combiné). *1991 :* création du Bureau national de vente à Nancy. **Télécarte personnalisée :** de 5 unités pour cadeaux d'entreprises ou de 50 à 120 unités avec visuel personnalisable par l'acheteur.

Ventes des cartes à puce (en millions) : *1985 :* 2 ; *86 :* 8 ; *87 :* 17 ; *88 :* 29 ; *89 :* 43 ; *91 :* 72 ; *96 :* 112 ; *97 :* 115.

☞ **Collectionneurs :** cartes recherchées à tirage restreint (1 000 ex. au maximum), distribuées par un annonceur à ses clients. *Cote :* 100 à 4 000 F en moyenne. *Records :* « Longuet-Schlumberger », 33 500 F (tirée à 80 ex. à l'occasion d'une visite du ministre Gérard Longuet dans une usine Schlumberger) ; Frantel 24 500 F ; de vœux (tirées par France Télécom, déc. 1986) chacune à 380 ex. dont 150 numérotées et signées par l'artiste (de *Soler* bleu nuit ou marron, 20/22 000 F ; avec les « Deux Femmes voilées », 30 000. De *Toffe* « Ecce Homo Dial », 20 000. *Akhras,* 25/28 000. *Le Cloarec,* 20 000). *Autres cartes :* chocolat Poulain 720 F, William Saurin 380 F. Une carte neuve vaut plus cher qu'une usagée.

■ **Paiement par carte bancaire** (Bleue, Visa Premier, Eurocard/Mastercard...). Possible dans tous les publiphones français. Le coût global des communications ne peut dépasser 600 F par période de 30 j (calculée à partir du 1er j d'utilisation). *Coût maximal d'une communication :* 100 F (125 unités Télécom). Facturation d'un minimum forfaitaire de 20 F si le total des unités dépensées par période de 30 j est inférieur à ce seuil.

■ **Facture. Facturation** *détaillée* gratuite depuis le 1-10-1997 ; possible pour communications tarifées à la durée sur les lignes rattachées à un central électronique. *D'après l'arrêté du 9-2-1983 :* fournit identité, adresse et no de téléphone du destinataire de la facture, date et heure de l'appel, 6 premiers chiffres du no composé (no complet sur demande écrite), destination géographique de l'appel, durée de communication et tarification. *Réclamations :* les services compétents de France Télécom peuvent communiquer au destinataire de la facture, ou à son mandataire détenteur d'un mandat spécial, toutes les informations énumérées à l'art. 2 qui sont conservées jusqu'à la fin du délai de prescription. En 1997, 6 400 000 clients recevaient la facturation détaillée. **Factures non payées** *contestation et paiement :* pas de coupure, conciliation avec le service consommateur, paiement de la moyenne des 3 dernières factures. *Non-paiement pour la 1re fois :* pas de coupure mais service restreint, conciliation. *Bon payeur depuis 1 an ayant un retard :* si on dépasse les 15 j prévus pour le paiement et le rappel au bout de 23 j, sursis supplémentaire et service restreint. *Difficulté :* appeler le 36 58 pour obtenir un délai. **Délais de paiement** à compter de la date portée sur la facture (soit 15 j après la date d'envoi). La date limite de paiement est celle de l'encaissement du chèque (et non de son expédition). **Taux de contestation** (en 1997) : moins de 1 réclamation pour 5 000 factures.

■ **Handicapés. Auditifs :** combiné téléphonique à écoute amplifiée réglable de 15 décibels (location entretien : 20 F/mois). Flash lumineux accompagnant la sonnerie du téléphone (location-entretien : 15 F/mois). **Visuels et moteurs :** Celesta, poste téléphonique à larges touches pour une lisibilité renforcée. **Moteurs :** poste téléphonique comportant 4 numéros préenregistrés pour appels d'urgence. Peut convenir aux personnes ayant des difficultés à numéroter (location entretien : 35 F/mois). **Ouïe et parole :** le boîtier 1 dialogue avec son flash (voir **Vidéotex-Minitel** col. c).

■ **Horloge parlante.** Voir p. 256 b.

■ **Hôtel, café, bar, restaurant (téléphone à partir d'un).** Tarifs libérés (avant, limité à 1 F/impulsion).

■ **Kiosque téléphonique.** Permet avec un téléphone d'avoir accès à 5 775 services télématiques interactifs ou d'informations téléphonées pour météo, Bourse, jeux, services bancaires ou résultats sportifs. Services développés et exploités par des fournisseurs de services ou des centres serveurs, indépendants. France Télécom assure le recouvrement des coûts de communication dus par les utilisateurs (transport de l'information, gestion de facture et d'utilisation du service), et reverse aux fournisseurs les sommes correspondant à l'utilisation de leurs services. *En 1994 :* 18 millions d'heures de connexion. Voir p. 1655 a.

■ **Mémophone.** Appeler le 36 72, de tout poste à touches ou des cabines publiques, permet sans abonnement de communiquer 24 h sur 24 des messages vocaux. *Coût :* 1 UT/20 sec. **Messagerie vocale** (voir **Audiotel** ci-dessous). **Numéro d'appel (changement de).** 95 F. **PCV (à percevoir).** Depuis le 1-9-1985, en vigueur seulement pour l'international. **Radiotéléphone.** Voir p. 1651 b. **Relevé de compte partiel.** 95 F.

■ **Renseignements téléphoniques.** *A partir d'un poste d'abonné :* 4,50 F (TTC) ; *à partir des cabines publiques :* payant. *Recherche d'identité par le numéro de téléphone :* par le 12 (18,30 F), ou par le 3617 Annu (5,57 F/min).

■ **Répondeurs téléphoniques.** *Prix :* de 150 à 3 000 F. **Répondeur centralisé.** Via son téléphone, le souscripteur enregistre son message d'accueil qui est stocké dans le commutateur auquel il est rattaché et vers lequel ses correspondants sont orientés en son absence ; le souscripteur écoute les messages en appelant de chez lui ou d'un autre poste. *Coût :* 22 F par mois (appel au commutateur gratuit).

■ **Services « class ». Transfert d'appel :** *1997 :* 2 200 000 abonnés. La commande du transfert d'appel coûte 1 UT ; la communication, renvoyée du poste de l'abonné vers un autre numéro, est à la charge de celui-ci. **Signal d'appel** pour avertir d'un autre appel quand on est en ligne : 1 600 000 usagers en 1997. **Conversation à 3 sur la même ligne :** 160 000 usagers en 1997. **Mémo-appel :** 3,65 F par appel. **Facturation détaillée :** gratuite. **Présentation du numéro :** affichage du numéro du correspondant dès la première sonnerie. Location du boîtier et abonnement : 240 F/an. Accès sélectif modulable.

■ **Téléphone sans fil.** Jusqu'à 300 m de portée entre base et combiné (en champ libre et en zone non perturbée).

■ **Utilisation de téléphones non agréés. Filaire :** 1 300 à 3 000 F d'amende et (ou) emprisonnement de 5 jours ou plus. **Radioélectrique** (exemple : sans cordon) : 2 000 à 200 000 F d'amende et (ou) emprisonnement de 1 à 3 mois (en cas de brouillage, peines doublées). Les agents assermentés de France Télécom peuvent dresser des procès-verbaux dans les locaux professionnels entre 8 et 20 h. Les officiers de police judiciaire peuvent dresser des procès-verbaux et saisir le matériel sans condition de temps ou de lieu. Le juge peut confisquer les appareils saisis.

■ Vidéotex et Audiotel

☞ **Évolution : 1980**-*juillet* 55 hab. de St-Malo équipés. **1981**-*juillet* Vélizy Télétel : 2 500. **1982**-*oct.* 1er accès professionnel (3613) Gretel (Dernières Nouvelles d'Alsace), messageries en direct. **1984** kiosque réservé à la presse. **1985**-*mai* annuaire électronique nat. *-Sept.* le 3615 couvre toute la Fr. **1987** ouverture 3616 et 3617. **1992**-*mai* ouverture d'Audiotel.

■ **Annuaire électronique.** 3611 accessible 24h/24, et mis à jour en permanence. **Tarif :** gratuit les 3 premières min et 1 unité Télécom toutes les 2 min (21,90 F l'heure) ; tarifs réduits aux mêmes heures que le téléphone.

■ **Audiotel.** Service d'accès à diverses informations (météo, compte bancaire, circulation automobile) basé sur le principe de la reconnaissance vocale. Ne nécessite qu'un téléphone à touches. *Numéros disponibles en 1993 :* 3 000, *1994 (juillet) :* 5 000 ; *1998 (juin) :* 7 700. **Chiffre d'affaires :** *1998 :* 3,9 milliards de F. **Nombre d'appels :** *1998 :* 656 millions. Accès sans abonnement en composant un numéro à 10 chiffres. Tarification en fonction de ces numéros. Téléchargement de fichiers possibles. Ouverture à Internet.

Jeton sécurisé : boîte ronde (5 cm) comprenant un microprocesseur, que l'on applique sur le combiné téléphonique, un signal sonore aléatoire et crypté permettant alors d'identifier l'utilisateur sans risque de fraude.

Microcommutateur : branché sur l'arrivée des lignes téléphoniques, il peut accueillir jusqu'à 6 « terminaux » (téléphone, télécopieur, répondeur, Minitel, micro-ordinateur avec modem).

■ **Minitel.** Marque déposée. Créé 1980. Nom de la gamme de terminaux commercialisés par France Télécom permettant d'accéder à l'annuaire électronique et aux services Télétel. Pour les brancher, il suffit d'une prise électrique 220 V et d'une prise téléphone. **Modèles proposés :** *Minitel 1 :* sans supplément d'abonnement, en remplacement des pages blanches de l'annuaire papier. *2 :* bistandard, répertoire de 10 services, numéroteur intégré permettant l'appel simplifié des services Télétel, et un mot de passe pour verrouiller (22 F par mois au 1-1-2000). *1 Dialogue :* permet conversation par écrit de Minitel à Minitel (10 F par mois au 1-1-1996). *10 :*

intègre les fonctions d'un poste téléphonique moderne et un répertoire de 20 n^{os} (66 F par mois au 1-1-1996). *M 5* : à écran plat, portatif. *12* : bistandard et multifonctions ; répertoire de 51 n^{os}, accès automatique aux services Télétel, répondeur-enregistreur de messages écrits, verrouillage sélectif par mot de passe (86,44 F par mois au 1-1-2000). *« Magis »* : équipé d'un lecteur de carte à puce, il permet les achats à distance par carte bancaire ; verrouillage par mot de passe ; possibilité d'interrompre une consultation télématique pour prendre un autre appel. Location : 24 F/mois. *« Sillage » : Prix (TTC) : « Sillage 1000 »* (téléphone-Minitel) : 1 790 F (location : 55 F/mois) ; *« 2000 »* (téléphone-Minitel-répondeur) : 2 190 ; *location Magis Club* (accès au service Télétel Vitesse Rapide) : 40 F HT/mois. Depuis 1991, France Télécom commercialise un fax qui peut se connecter au Minitel et permet d'imprimer ses écrans. **Émulateurs :** cartes donnant aux ordinateurs un accès aux services. *Nombre en 1994 :* 600 000, correspondant à 810 000 utilisateurs. **Téléphone-Minitel-Internet :** faisant office de téléphone, fax, répondeur, Minitel. Écran tactile et lecteur de carte à puce. *Prix :* moins de 3 000 F.

Nombre de Minitel en service (en millions) : *1982 :* 0,01 ; *85 :* 1,3 ; *88 :* 4,23 ; *95 :* 6,5 ; *96 :* 7,2 ; *97 :* 5,8 ; *2000 :* 5,11.

Nombre d'heures dont, entre parenthèses, **annuaire téléphonique** (en millions) : *1986 :* 37,5 (7,2) ; *87 :* 62,4 (8,9) ; *88 :* 73,7 (13) ; *89 :* 86,5 ; *90 :* 98 (20) ; *91 :* 105 (22) ; *92 :* 100 (23) ; *93 :* 112 ; *94 :* 110 ; *96 :* 106 (16,2) ; *97 :* 83 (22). **Durée moyenne par Minitel et par mois** (en min) : *1986 :* 105,9 ; *87 :* 111,3 ; *88 :* 97 ; *89 :* 93 ; *90 :* 92 ; *91 :* 90 pour 23,8 appels ; *92 :* 89,4 pour 24 appels ; *97 :* 83. **Nombre d'appels** (en millions) : *1990 :* 862 ; *92 :* 1 014 ; *93 :* 1 870 ; *94 :* 1 913 ; *97 :* 1 157. **Nombre de services** (en 1997) : 25 260.

Sommes reversées par France Télécom aux fournisseurs de services accessibles sur les kiosques (3615, 3616, 3617, en millions de F) : *1988 :* 1,126 ; *89 :* 1,492 ; *90 :* 1,918 ; *91 :* 2,239 ; *92 :* 2,5 ; *94 :* 3,1 ; *96 :* 4,7 ; *97 :* 3,4 ; *2000 :* 2,9.

Bilan 1997 : *Trafic :* 107 millions d'h/an. *Chiffre d'affaires services en ligne :* 3,9 milliards de F.

■ **Minitel. Tarifs en 2001 [service,** numéro téléphonique et, entre parenthèses, tarifs en F (TTC) à la minute] : **annuaire** 3611 (0,37 [1]) ; **numéro vert Télétel** 08 36 05 [2] (gratuit [3]) ; **Télétel 1*** 3613 + code (0,13 [4] ou 0,25) ; **2*** 3614 + code (0,37 [4]) ; **3** (kiosque)* 3615 + code (0,37 ou 0,45), 3625 [2] (0,85 ; 1,01 ; 1,29 ; 2,23) ; **3 Professionnel** (kiosque)* 3616 + code (0,37), 3636 [2] (1,01 ; 1,29) ; **4** (kiosque)* 3617 + code (0,37) ; 3627 [2] (2,23 ; 3,48 ; 5,57). Pour les 3614, 3615, 3616, 3617, en tapant sommaire, le coût s'affiche sur l'écran.

Nota. – * Pour les services payants, un coût fixe de connexion de 12 centimes est appliqué sur la première UT. (1) Les 3 premières minutes sont gratuites. (2) Numéros à 8 chiffres donnant directement accès au service. (3) Coût de la communication pris en charge par le service appelé. (4) Mêmes tarifs réduits que pour le téléphone.

Services : Pagesm : guide des services Minitel. Coût : 1 UT toutes les 2 minutes (avec modulation horaire), quel que soit « l'accueil » sur lequel ont tape le code PAGESM. **3612 Minicom :** permet d'échanger des messages par Minitel, via des « boîtes aux lettres » protégées par un mot de passe. **3615 Minitelnet :** permet de créer une adresse e-mail, d'envoyer et de recevoir des messages sur Internet et avec tout utilisateur de Minitelnet. **3618 :** permet à 2 utilisateurs de communiquer en direct avec leur Minitel. **3619 :** Télétel international, notamment SIRIEL (annuaires étrangers), permet d'accéder à des services à l'étranger). **3623 :** Minitel vitesse rapide avec photo, accessible à partir d'un Magis Club. **3628 XX XX et 3629 XX XX** (numéros à 8 chiffres), consultation des banques de données à très haute valeur ajoutée. **i-minitel :** accès rapide et facile à tous les services Minitel depuis un micro-ordinateur service Minitel (site Internet : www.minitel.fr ou info@-minitel.fr). **4 TML :** le Minitel 1 est fourni sans supplément d'abonnement à la place de l'annuaire papier. **Location mensuelle (TTC) :** Minitel dialogue gratuit, Minitel 2 25 F, Magis 38 F.

■ **Minicom.** 3612, service de correspondance qui permet l'échange de messages par Minitel.

■ **Minitélex.** Télex par Minitel sans équipement supplémentaire, permet de recevoir et d'expédier des télex dans le monde entier (abonnement 61,01 F/mois).

■ **Point-phone Minitel.** Association d'un point-phone et d'un Minitel 2, permet l'accès public aux services Minitel.

■ **Télétel.** Donne accès à plusieurs services (banque, VPC, horaires, météo, vie pratique, etc.) par le réseau téléphonique habituel et le service Télétel qui, grâce au réseau Transpac joint au réseau téléphonique, offre des tarifs indépendants de la distance. **Accès : 3605 :** numéro vert Télétel, appel gratuit, communication offerte par le fournisseur de services. **3613 :** services professionnels à usage interne, 0,13 ou 0,25 F/min, bénéficie de la modulation horaire. **3614 et 3624 :** services professionnels et services à destination du grand public, 0,37 F/min avec modulation horaire. **3615 et 3625 :** kiosque des services tout public. 5 paliers horaires (F/min) 0,37, 0,45, 0,85, 1,01, 1,29 et 2,23. **3616, 3626, 3617** et **3627 :** kiosques des services professionnels et d'informations spécialisées, tarif *3616, 3626 :* 0,37, 1,01 et 1,29 ; palier tarifaire du *3617, 3627 :* 0,37, 2,23, 3,48 et 5,57. **3628, 3629 :** kiosques des services d'informations professionnelles. Deux tarifs : 5,57 et 9,21. **3623 :** Télétel Vitesse Rapide, 0,37 à 9,21. **3619 :** Télétel Accès International, 0,37 à 9,21. **3601 :** kiosque micro : accès Internet, *13 13 :* 0,25 ; *14 14 :* 0,37 ; *15 15 et 16 16 :* 1,29 ; *17 17 :* 2,23 ; *28 28 :* 5,57 ; *29 29 :* 9,21.

☞ **Services télématiques disponibles :** *1987 :* 7 372 ; *93 :* 23 227 ; *94 :* 29 500. 74 services indélicats (fausses annonces, etc.) ont été résiliés en 1994 par France Télécom, qui a aussi dressé 1 266 procès-verbaux contre des messageries Télétel ou Audiotel.

■ **Visiophone.** Permet de voir le correspondant qui doit être muni du même appareil. **Coût** (au 1-1-1994) : 9 490 F l'appareil (18 980 F les deux).

■ **Wanadoo.** Passerelle pour faciliter l'accès à Internet : simplification des démarches de connexion, usage du français partout où c'est possible et harmonisation de l'accès à la plupart des services en ligne utilisés en France et particulièrement aux services Minitel. **Coût** (TTC) : *frais d'inscription :* 190 F ; *abonnement mensuel :* 55 F pour 3 heures de connexion (par heure supplémentaire : 19 F) ou 110 F pour 15 heures de connexion (par heure supplémentaire : 19 F). *Appels au tarif local :* 0,74 F toutes les 3 minutes.

Réunions à distance

■ **Audioconférence.** Permet des échanges d'informations sonores de haute qualité (bande passante 7 kHz) à partir de terminaux spécifiques raccordés au réseau Numéris (2 à 4 groupes). *2 types de services :* service point à point obtenu par numérotation directe sur le terminal (tarif Numéris), un service multipoint permet la mise en relation de 3 à 4 terminaux.

■ **Réunion par téléphone.** Permet de réunir 2 à 20 personnes par téléphone, à partir d'un simple poste téléphonique. Ne nécessite pas d'équipement téléphonique spécifique. **Tarifs :** utilisation 75 F/h/personne ; abonnement mensuel pour un numéro attribué 200 F, donne droit à 30 % de réduction au-delà de 2 300 F HT d'achat mensuel. **Nombre de réunions :** *1987 :* 16 600 ; *90 :* 37 161 ; *92 :* 50 000.

■ **Visioconférence.** Permet à 2 à 5 groupes de dialoguer, de se voir, de se montrer des documents, à l'aide de terminaux mobiles raccordés à Numéris. Possible sur PC (Sat, Matra, Intel).

■ Communication de l'écrit

■ **Télécopieur (fax). Principe :** raccordé à une ligne téléphonique ordinaire, il transmet un document. La réception sur le télécopieur du destinataire s'effectue automatiquement. **Vitesse de transmission** d'un document A4 4 lignes mm : *groupe 1 :* 6 min, *2 :* 3 min, *3 :* 1 min au maximum, *4* (numérique ; possibilité A4 16 lignes mm, en 5 à 6 s).

Origine : 1843-*27-5* Alexander Bain (horloger écossais, 1810-77) dépose un brevet : *automatic electrochemical recording telegraph.* Peu après, Frédéric Bakewell (électricien anglais) : *copying telegraph.* **1856-63** l'abbé Giovanni Caselli (1815-91), professeur de physique à l'université de Florence, met au point à Paris le *pantélégraphe* qu'il a construit à Florence avec Gustave Froment. **1861** après la réforme tarifaire, la taxation du télégraphe devient indépendante de la distance. Un message de 15 mots coûte 1 F-or à l'intérieur du département et 2 F-or à l'extérieur du département. **1862** prototype expérimental entre Paris et Amiens. **1863**-*27-5* décret fixant les conditions d'exploitation. Desservira Lyon (1865-16-2 service ouvert ; 4 860 dépêches échangées en 1866 dont 4 853 ordres de Bourse ; pouvait transmettre en 10 min un message écrit sur un papier de 120 cm^2 au max.), Le Havre, Marseille. **1867** tombe en désuétude. Les utilisateurs au bureau du télégraphe écrivaient leur message avec une encre ordinaire, épaisse (non conductrice) sur un papier d'étain (conducteur) fixé sur un plateau métallique courbe, et la machine se mettait en branle. Le pantélégraphe émetteur « lisait » le message, ligne après ligne. Suivant que le stylet courait sur l'encre ou l'étain, il intervenait différemment dans les circuits du télégraphe électrique. L'appareil récepteur était garni d'un papier « trempé d'avance dans une dissolution de cyanoferrure de potassium et de fer ». Lorsque le stylet récepteur (en platine) recevait le signal déclenché par le passage du stylet émetteur sur l'encre du message, il décomposait la dissolution et faisait sur le papier chimique un petit trait bleu de Prusse (cyanure de fer). **1870**-*27-10* siège de Paris : la ligne est interrompue. *Coût :* 20 centimes-or par cm^2, soit 24 F-or (*1995 :* 468 F) pour 120 cm^2. Les messages transmis par le télégraphe Morse coûtaient alors 2 F-or les 20 mots. **1907** *bélinographe* d'Édouard Belin (1876-1963).

Prix. Accès au réseau : 250 F (forfaitaires) + coût des communications téléphoniques. **Télécopieur :** 1 000 à 20 000 F.

Fax recommandés. Proposés par une société privée. La télécopie transite par un serveur informatique central qui se charge de l'envoyer au destinataire en enregistrant date, heure d'émission et contenu du fax. Les documents, conservés 10 ans sous contrôle d'huissier, peuvent constituer une preuve en droit commercial.

Statistiques. Nombre de télécopieurs (en milliers) : *1975 :* 2 ; *80 :* 10 ; *86 :* 20 ; *89 :* 175 ; *90 :* 600 ; *91 :* 800 ; *92 :* 1 100 ; *94 :* 3 700 (380 000 vendus, dont 240 000 à usage personnel). **Nombres de télécopies envoyées :** 2 milliards par an dont 55 % de missives qui ne transiteraient pas par la poste (notes, brouillons, esquisses, annonces de réunions internes), 15 % doublés par courrier classique (devis, notes, factures). 30 % empiètent sur le marché du courrier (3,6 milliards de lettres professionnelles). Manque à gagner pour La Poste : 4 milliards de F.

Projets de satellites

■ **Histoire. 1978** grâce à ses 5 satellites géostationnaires [3 *Marisat* (Maritim Satellite) américains et 2 *Marecs* (Maritim European Communication Satellite)], *Inmarsat* (International Maritim Satellite) devient le 1er opérateur de télécommunications maritimes pour téléphone, transmission de données, télex et fax. **1985** services étendus à l'aéronautique. **Début années 1990** mobiles terrestres bénéficiant aux USA d'un service de messagerie et de localisation (navigation) grâce à l'opérateur privé Qualcomm. Europe (Eutelsat), Australie (Aussat B) assurent les mêmes services. Mais les télécommunications vers les individus restent l'apanage des réseaux terrestres. **1997** 1ers Iridium. Pour communiquer avec des mobiles petits et limités en dimension d'antenne, autonomie et puissance de réception, on doit utiliser des satellites à défilement moins éloignés (en orbites basses) que les satellites géostationnaires. Il faut en constituer une constellation permettant d'avoir toujours au moins un satellite en visibilité. **Catégories :** *Little Leo* (Low Earth Orbit) : petits satellites en orbites, basses pour communications avec petits mobiles. *Big Leo :* satellites de masse intermédiaire en orbites plutôt moyennes pour communications avec mobiles plus gros et disposant de moyens de réception plus importants.

■ **Little Leo. Coût de l'investissement** (en milliards de $) : Celestri [1] 12,9 ; Teledesic [1] 9 ; Skybridge [1] 3,5 ; Iridium [2] 3,4 ; ICO [2] 3 ; Odyssey [2] 3 ; Globalstar [2] 2,5.

Nota. – (1) Multimédia. (2) Téléphonie.

■ **Consortiums. Globalstar.** *Satellites :* 48 de 450 kg en orbite basse (1 410 km). 8 de rechange en orbite intermédiaire. 1er lancé le 14-2-1998 de Cap Canaveral. *Stations au sol :* 100. *Acteurs :* Loral (USA), partenaire majoritaire (31 % du capital) ; Alcatel ; France Télécom ; Finmeccanica (Italie) ; Dasa (Allemagne) ; Hyundai, DaCom (Corée du Sud) ; Air Touch (USA) ; Vodafone (G.-B.). *Coût total :* 3,3 milliards de $, *prix de la communication* (communication terrestre) : plus de 3 F/minute). *Inconvénient :* dépend des opérateurs locaux et des autorités nationales avec lesquelles il faut négocier pour l'installation de chaque station au sol. **Iridium.** *Satellites :* 66 de 689 kg en orbite basse (780 km). *Durée de vie :* 5 à 8 ans. 20 de rechange en orbite intermédiaire. 1er lancé mai 1997 (*lancés au 30-3-1998 :* 58 dont 56 opérationnels). *Stations au sol :* 20 chargées des connexions aux réseaux terrestres et de la gestion des abonnés. *Acteurs :* Iridium Inc : 7,8 milliards de F de capitaux. *Chef de file :* Motorola (16 %). *Coût total :* 5 milliards de $. *Avantage :* réseau autonome, indépendant des réseaux terrestres. *Inconvénient :* prix de la communication élevé (en moyenne 15 F/minute). Faillite prononcée 17-3-2000. **ICO.** *Satellites :* 10 en orbite moyenne (10 355 km), 2 en réserve. Prévus en 2000. *Stations au sol :* 12. *Acteurs :* Inmarsat (15 % du capital) ; Hughes Electronics (USA). *Coût total :* 4,7 milliards de $. *Avantage :* prix de la communication 5 à 10 F/minute. **Odyssey.** *Satellites :* 12 en orbite moyenne (10 000 km). *Stations au sol :* 7. *Acteurs :* TRW (USA) ; Teleglobe (Canada). *Coût total :* 12,5 milliards de F. *Avantage :* prix de la communication : 5 F/minute. **Teledesic.** *Satellites :* 288 en orbite basse (1 400 km) et stations au sol. Prévus 2 002. *Acteurs :* Microsoft, McCaw Cellular et AT&T (USA). *Coût total :* 45 milliards de F. *Avantage :* projet standard mondial pour les services multimédias par satellite. *Inconvénient :* financement.

■ **Lanceurs sélectionnés.** *McDonnell-Douglas (USA) :* fusée Delta II pour Globalstar 2 (8 satellites). *NPO Yuzhnoye (Ukraine) :* fusée Zenit II pour Globalstar 3 (36 satellites). *Khzunichev (Russie) :* fusée Proton pour Iridium 3 (21 satellites). *China Great Wall Industry (Chine) :* fusée Long March 2C/SD pour Globalstar 1 (12 satellites).

■ **Constellation ou système. Opérateurs** (entre parenthèses, date du 1er lancement et altitude des orbites) **et nombre de satellites type Leo :** *E-Sat/Echostar Communications Corp.* (non déterminée, 1 260 km) 6 ; *Faisat/Final Analysis Inc.* (1995, 1 000 km) 26 ; *GE Americom* (non déterminée, 800 km) 24 ; *Gemnet/CTA Inc.* (non déterminée, 1 000 km) 32 ; *Gonets/Somesat-Russie* (1992, 1 410 km) 36 ; *Kitcomm/Kennett Int. Techno-Australie* (1997, non déterminée) 1 à 4 ; *Leo One USA* (non déterminée, 950 km) 48 ; *Orbcomm/Orbcomm Global LP* (1995, 775 km) 36 ; *Sextet/Russie* (1985, 1 412 × 1 398 km) supérieur à 100 ; *Vitasat 1R/Volunteers in Technical Assistance (VITA)* (1997, 670 km) 3. **Type Big Leo :** *Iridium* (mai 1997, 780 km) 66 ; *Globalstar* (1998, 1 400 km) 48 ; *ICO/ICO Global Communications Ltd. England* (1998, 10 400 km) 10 ; *Odyssey* (1998, 10 400 km) 12 ; *Ellipso/Mobile Communications Holdings Inc.* (non déterminée, 7 846 × 820 km et 8 063 km) jusqu'à 18 ; *Ecco/Constellations Communications Inc.* (1999, 2 000 km) 46 ; *Skybridge/Alcatel Espace* (2001, 1 450 km) 64 ; *M-Star/Motorola* (2002, 1 400 km) 72.

■ **Télécourrier.** **Tarifs :** *abonnement :* 20 F par mois. Message à acheminement normal à destination de la France (métropole et DOM) 6 F, accéléré (métropole, DOM et étranger) 40 à 120 F. **Fonctionnement :** tout détenteur du Minitel peut s'attribuer une boîte aux lettres électronique qui lui permet, grâce à une clé et un mot de passe personnalisé, de consulter les messages écrits déposés. Une lettre tapée sur le clavier du Minitel avant 19 h (code TLCOR), sera imprimée, mise sous enveloppe et distribuée le lendemain matin. Pour Paris, une lettre expédiée avant 11 h sera distribuée l'après-midi. Un correspondant abonné au télécourrier peut laisser un message dans sa boîte aux lettres électronique. Une copie lui sera remise le lendemain matin par le facteur.

Nombre de terminaux *en 1986 :* 100 000 ; *88 :* 320 000 ; *89 :* 580 000 ; *91 (février) :* 1 000 000.

Prix moyen (en F) : *1986 :* 38 500 ; *88 :* 36 000 ; *90 :* 17 000.

■ **Téléimpression.** Mise en service en 1988. Permet le tri, l'acheminement électronique, la confection, la mise sous pli et la distribution par la poste du courrier déposé sous forme numérique (remis par bande ou par disquette magnétique, ou par accès télétex). Accès possible par télétransmission.

■ **Télex.** **Origine :** de l'anglais *telegraph exchange,* « échange de communications télégraphiques ». **1860** *1er téléscripteur imprimant directement les caractères à la réception* réalisé à Paris par l'Américain Hughes qui n'avait pu trouver d'appui dans son pays. **1875** *Multiplex à impulsions codées (MIC)* d'Émile Baudot, opérant selon le principe de la numérotation binaire des signaux, tous formés de 5 impulsions successives d'égale durée (moments). Conçu surtout pour partager la même ligne entre plusieurs opérateurs, ce système était encore exploité avant 1939. **1914-18** *téléimprimeur arythmique* aux USA, associe moteur électrique, clavier, codeur, émetteur, enregistreur et traducteur imprimant.

Nombre d'abonnés (en millions, en France au 31-12) : *1950 :* 0,2 ; *60 :* 4,5 ; *65 :* 9 ; *70 :* 25,2 ; *75 :* 53,7 ; *80 :* 83,2 ; *85 :* 124,5 (1 700 dans le monde) ; *88 :* 150 ; *89 :* 148,5 ; *90 :* 140 ; *91 :* 141 ; *92 :* 96 000 terminaux.

Tarifs (HT) : *frais initiaux :* accès au réseau 305,06 F (ou 150 F si on reprend une installation en service ou interrompue depuis 1 mois au maximum) ; installation 273 F. *Redevances mensuelles :* abonnement 176,93 F ; location-entretien : selon le type d'appareil. **Communications à partir d'un poste d'abonnement** (France métropolitaine) : *entre abonnés d'une même circonscription tarifaire télex :* 0,658 F toutes les 28 s (tarif normal) ou les 56 s (réduit : de 12 h 30 à 14 h et de 18 h à 8 h, dimanches et jours fériés toute la journée), *entre abonnés de circonscriptions différentes :* 0,658 F toutes les 18 s (tarif normal) ou les 36 s (tarif réduit). **Contrats professionnels :** demander à France Télécom.

■ Radiomessagerie

Permet de recevoir des messages en toutes lettres, en chiffres ou en signal sonore sur un récepteur de poche sans être dérangé. Différents services possibles.

■ **Euteltracs.** Exploité depuis juillet 1991. Service de radiomessagerie bilatérale et de localisation de véhicules par satellite couvrant Europe, Afrique du Nord, Moyen-Orient et permettant aux véhicules d'envoyer ou de recevoir des messages en caractères, afin d'être localisé avec une précision de 100 mètres. Relie l'entreprise à chacun de ses véhicules équipés. **Coût mensuel** (terminal compris) : environ 1 000 F (HT).

■ Divers

■ **Inmarsat.** Service de France Télécom utilisant 4 satellites géostationnaires Inmarsat offrant une couverture mondiale pour mobiles maritimes, terrestres ou aéronautiques. Liaisons avec stations de Pleumeur-Bodou et d'Aussaguel. *Inmarsat-A* (terminaux transportables) : téléphone, télécopie, transmission de données jusqu'à 64 kbits/s (HSD). *-B* (terminaux transportables) : version numérique d'Inmarsat-A. *-C* (terminaux portables) : transmission bilatérale de messages jusqu'à 32 000 caractères ou de données alphanumériques à 600 kbits/s ; abonnements spécifiques pour appel de flottes, collecte et stockage de données, localisation. *-M* (terminaux portables) : téléphone, télécopie, transmission de données à 2 400 kbits/s. Service mobiles aéronautiques (satellite Aircom, messagerie Inmarsat Aéro-C).

■ **Praxiphone/Heliophone.** Services de radiotéléphonie professionnelle à couverture régionale de France Télécom, destinés aux entreprises. Réseaux radioélectriques à ressources partagées (3RP), adaptés aux communications courtes et intenses au sein de flottes privées. Réseau repris par Dolphin Télécom. **Praxiphone :** régions de Provence, Rhône-Alpes, Ile-de-France, Alsace, Bretagne, Nord-Pas-de-Calais. **Héliophone :** régions Côte d'Azur, Languedoc, Midi-Pyrénées, Aquitaine, Normandie et Aéroports de Paris. **Tarifs** (HT) : abonnements mensuels forfaitaires régionaux ou locaux de 200 à 390 F. Communications gratuites.

■ **Téléphone détecteur de mensonge (« Truth Phone »).** D'invention américaine : équipé d'un dispositif électronique (*Voice Stress Analyzer* ou *VSA*) qui reconnaît les microtremblements de la voix causés par des altérations psychologiques. Les données apparaissent en instantané. *Coût :* environ 4 000 $.

■ **Écoutes téléphoniques.** Courantes dans la plupart des pays. En France, ne sont légales que si elles sont ordonnées par commission rogatoire d'un juge d'instruction, voir p. 912 b. Faciles à réaliser (les fils du téléphone à surveiller sont connectés avec un réseau de câbles qui relient les centraux téléphoniques aux centres d'enregistrement et les magnétophones entrent en fonction dès que l'on soulève l'écouteur). Forme la plus difficile à détecter : pose de micros (par exemple sous le plancher) branchés à un dispositif d'écoute par des fils.

■ **Secret des communications.** Cryptage possible sous l'autorité de la délégation interministérielle pour la sécurité des systèmes d'information.

■ **Liaisons louées.** Liens permanents disponibles 24 h sur 24, qui relient 2 sites ou plus. Réservée à l'usage exclusif de l'utilisateur, chaque liaison présente des avantages de disponibilité, de sécurité et de confidentialité, pour acheminer des communications téléphoniques, des données ou des images. **Parc** (en 1998) : 292 000 lignes en service (analogiques 175 000, numériques 117 000).

■ **Numéro Azur.** L'abonné appelant paie sa communication (quelle que soit la distance) le prix d'un appel local. L'abonné appelé prend à sa charge le prix de la communication diminuée d'une UT. **Nombre d'abonnés :** 2 200.

■ **Numéro Indigo.** *Créé* 1996. L'abonné appelant joint l'entreprise pour un prix unique quels que soient la distance et l'heure d'appel en France. Coût de la communication à la charge de l'appelant. **Nombre d'abonnés :** 3 200.

■ **Numéro vert.** *Créé* 1984. Gratuit pour celui qui l'appelle, utilisé pour communications internes à une société ou par le public. **Nombre d'abonnés :** 25 000 entreprises.

■ **Réseaux spécialisés.** **Transpac** (1997) : véhicule chaque mois environ 220 milliards de caractères dont 43 % issus de Télétel. **Nombre d'abonnés :** 108 000.

Colisée Numéris et International : offre de réseau privé virtuel (RPV), 45 réseaux d'entreprises dont 10 internationaux ; sites en France 1 500 et l'étranger 800. **Numéris** ou **RNIS** (réseau numérique à intégration de services) : *1987* expérimental à St-Brieuc (Côtes-d'Armor). *1988* Paris. *1990* France couverte. *1991 :* 1re application du visiophone professionnel. *1993* clients 50 000, accès de base 90 000, accès primaire 12 000 service numérique (64 kbits/s) adapté à la transmission de données, garantit l'intégrité de la fréquence numérique. Service téléphonique, permet la transmission de signaux 300-3 400 Hz comme les voies téléphoniques ou les signaux de modems. *Télécopie :* 64 kbits-groupe 4 permet de transmettre une page A4 en quelques secondes avec la qualité du courrier. *Vidéotex photographique :* affiche rapidement des images fixes, de qualité vidéo, avec des commentaires sonores ; transmission à partir d'une prise unique, de textes, voix, données, images. Frais (en F HT) d'accès au réseau au 1-1-1992 : 750. *Abonnement de base* (au 1-1-1996) : 150 F. *Prix d'un canal Numéris* (au 1-9-1996) : 75 F (HT). *Nombre de canaux* (1997) : 2 128 000. *Nombre d'accès de base* (fin 1992) : 56 000. *Nombre d'accès primaires* (fin 1992) : 7 900.

Transveil : destiné aux applications de téléaction : télésurveillance, télégestion, monétique. Permet la mise en place d'un réseau de communication entre un prestataire de services et chacun de ses clients avec un haut niveau de sécurité. Utilise réseau téléphonique et Transpac.

■ **Téléphone dans les transports.** **TGV :** service France Télécom ouvert en 1987. **Communications aéronautiques :** *Satellite Aircom.* Consortium : France Télécom, Sita, Téléglobe (Canada), Telstra (Australie). Les vols long-courriers et intercontinentaux utilisent les satellites Inmarsat. Services complémentaires : télécopie et transmission de données sur Air France. *TFTS (Terrestrial Flight Telephone System) :* service pan-européen de téléphonie numérique par liaison directe air-sol pour les moyens-courriers (survol continental). Services complémentaires : télécopie, radiomessagerie et transmission de données. Commercialisé par Jetphone, société commune à France Télécom et BT. *Inmarsat aéro-C :* service France Télécom permettant aux passagers d'envoyer des messages jusqu'à 32 000 caractères.

☞ **Association française des utilisateurs des télécommunications (Afut) :** BP 1, 92430 Marnes-la-Coquette.

■ Télégraphe

■ **Quelques dates.** **1782**-*1-6* dom *Gauthey,* un jeune moine, soumet un projet à l'Académie des sciences : poser des tubes enchâssés les uns dans les autres, de manière à former un tuyau non interrompu ; prétend, avec 300 tuyaux de 1 000 toises chacun, faire passer, en moins d'1 heure, des dépêches à 50 lieues (expérience jugée onéreuse et abandonnée). **1791**-*2-3* expérience publique de *Claude Chappe* [né 1763 ; prêtre et ingénieur ; atteint d'un cancer à l'oreille, se suicide en se jetant dans le puits de l'hôtel de Villeroy à Paris le 23-1-1805] entre Parée et le château de Brûlon (15 km). **1793**-*12-7* expérience de Chappe, Lakanal et Arbogast devant les commissaires de la Convention entre le lac St-Gargeau et St-Martin-du-Tertre (33 km). *-25-7* la Convention adopte officiellement le télégraphe Chappe. **1794**-*15-8 (28 thermidor an II)* 1re dépêche télégraphique (transmission aux Parisiens de la nouvelle de la prise du Quesnoy par les troupes françaises) par le *télégraphe aérien* (baptisé sémaphore « porteur de signes ») *Paris-Lille* de Claude Chappe [Béthancourt (ingénieur) et Louis Breguet (physicien) lui disputèrent l'antériorité de sa découverte]. La ligne (230 km) comporte des tours éloignées les unes des autres de 5 à 10 km avec un mât vertical surmonté d'une poutre horizontale de 4,62 m de long sur 0,35 m de large (le régulateur) qui peut tourner dans tous les sens selon plusieurs axes de rotation ; à chaque extrémité du régulateur se trouve un bras mobile (l'indicateur ou aile de 2 m avec des contrepoids) ; régulateur et indicateurs sont orientés avec des cordes et peuvent prendre 7 positions différentes selon que le régulateur se place en horizontal, vertical ou oblique vers la gauche ou vers la droite, transmettant jusqu'à 196 signaux ; la nouvelle parvient en 20 minutes avec une moyenne de 3 signaux par minute (à chaque figure géométrique formée par l'appareil correspond un nombre qui renvoyait à la page et à la ligne d'un code de 45 000 signaux) ; la France a plus de 550 postes de sémaphore couvrant 4 800 km ; inconvénients : on ne peut pas, par exemple, l'utiliser la nuit ou par temps de brouillard : il aurait fallu un personnel spécialisé et un entretien coûteux et difficile. Réservé aux communications officielles. L'invention de Chappe est reconnue et adoptée en Russie, Chine, Égypte ; l'Amirauté britannique fait installer le 1er télégraphe optique concurrent de celui de Chappe [6 lattes mobiles et des relais installés sur des promontoires que l'on reconnaît encore aujourd'hui sur les cartes, les « Telegraph Hills » (collines du télégraphe) en 1850] entre Londres et la côte Sud. **1837**-*12-7* 1re expérience de télégraphie électrique par 2 Britanniques : Cooke et Wheatsone. **1838**-*janv.* Samuel Morse (1791-1872), utilisant les travaux de Volta et d'Ampère, expédie de Morristown (New Jersey) le 1er message télégraphié (télégraphe électrique Morse). **1844** *transport de courrier par chemin de fer :* 1ers essais sur la ligne Paris-Rouen. **1845** création de 2 bureaux ambulants entre Paris et Rouen. Le télégraphe *Morse* équipe la ligne *Paris-Rouen,* **1846** *Paris-Lille ;* puis en 1851, il est mis à la disposition du public. **1850-5** *câbles télégraphiques sous-marins* Angleterre/France. **1851**-*1-3* télégraphe électrique mis à la disposition du public. **1852** réseau Chappe de 556 stations couvrant 4 800 km en France. **1858**-*5-8 : 1er câble transatlantique,* cesse de fonctionner en sept. **1861** *câble* France/Algérie. **1862** *câble* Angleterre/Inde. **1865** Hughes (Américain) invente un nouveau code de transmission pour télégraphe. **1866**-*27-7 : 1er câble* transatlantique Nord posé par le *Great Eastern* (G.-B.). **1876** mise au point en France du télégraphe Émile Baudot (1845-1903) [en service jusqu'en 1950]. **1879**-*5-2* création du ministère des Postes et Télégraphes. **1887** l'Allemand Henri Hertz (1857-94) révèle les *ondes radioélectriques* qui offrent à la voix humaine un autre support, mais ne se transmettent qu'en ligne droite et en visibilité directe. **1895** en Russie, *Alexandre Popov* (1859-1906) crée l'antenne et envoie le 1er message radio. **1896** l'Italien Guglielmo Marconi (1874-1937), utilisant les travaux du Français Édouard Branly (1844-1940) sur le révélateur d'ondes, met au point la télégraphie sans fil, ou TSF (voir Index). **1954-61** 18 *centres automatiques* installés : automatisation entière du réseau. **1974** la *commutation électronique de messages* apparaît en France au Bureau télégraphique international ; mars 1979 Paris Bourse pour France-Nord ; sept. 1980 : Marseille Le Canet pour France-Sud.

■ **Télégrammes transmis** (en millions). *1979 :* 13,23 ; *80 :* 11,15 ; *81 :* 10,4 ; *82 :* 8,57 ; *83 :* 10,6 ; *84 :* 10,63 ; *85 :* 10,89 ; *89 :* 10,67 ; *93 :* 5,41 ; *97 :* 2,6.

■ **Tarifs des télégrammes.** *Déposés* par télex au format, par Minitel ou par transfert de fichiers : minimum de perception 25 mots (adresse gratuite) 65 F, par fraction supplémentaire de 10 mots 12,20 F. *Dont le dépôt requiert l'intervention d'un agent :* 65 F et 12,20 F par fraction supplémentaire de 10 mots. *Spéciaux :* déposés à l'avance : dans les 10 jours ouvrables précédant la date de remise et au plus tard l'avant-veille 26 F (min. 25 mots) et par fraction de 10 mots supplémentaires 5,50 F. *Illustrés :* surtaxe par télégramme 10,17 F.

LOGEMENT

☞ Pour connaître la sélection **Quid** des meilleurs sites Internet sur le logement, rendez-vous sur **www.quid.fr**

DANS LE MONDE

	A	B	C	D	E	F
Allemagne	5,7 [5]	6,5	72 [3]	2,4 [3]	4,5 [3]	86 [3]
Belgique	4,7	5,3	27 [3]	2,4 [3]	4,9 [3]	82 [3]
Canada	6	6,1	–	–	–	–
Danemark	5,3	2,9	39 [3]	2,1 [3]	3,2 [3]	107 [3]
Espagne	5,3	4,3 [5]	–	2,4 [1]	4,7 [1]	90 [1]
France	*4,4*	*4,8*	*44* [5]	*2,5* [5]	*4* [5]	*86* [5]
G.-B.	3,5	2,8	20 [4]	2,6 [4]	4,6 [4]	75 [4]
Grèce	–	4,8	8 [1]	3,2 [1]	3,8 [1]	–
Irlande	6	3,8 [5]	8 à 10 [2]	3,5 [2]	5 [2]	–
Italie	3,7 [5]	5,3 [5]	–	2,8 [2]	4,2 [2]	74 [4]
Luxembourg	7,6 [5]	–	23 [2]	3,9 [2]	–	–
Pays-Bas	5,5	4,8	30 [4]	2,6 [4]	4,1 [4]	88 [4]
Portugal	5,6 [5]	–	40 [4]	3,3 [4]	3,3 [4]	82 [4]
USA	4,6	4	–	–	–	–

Nota. – *A :* construits pour 1 000 hab. en 1993. *B :* investissement dans le logement (en % du PIB, 1993). *C :* % de logements en immeubles collectifs. *D :* nombre de personnes par logement. *E :* nombre de pièces par logement. *F :* surface moyenne en m². – (1) 1980. (2) 1981. (3) 1989. (4) 1990. (5) 1992.

EN FRANCE

☞ *Abréviations* : coll. collectif ; cop. : copropriétaire(s) ; enf. : enfant(s) ; indiv. : individuel ; princ. : principale(s) ; rés. : résidence(s) ; sec. : secondaire(s) ; surf. : surface.

STATISTIQUES GLOBALES

■ **Parc** [en millions (dont résidences secondaires)]. *1881 :* 10,73 ; *1901 :* 11,65 ; *46 :* 13,94 (0,22) ; *54 :* 14,4 (0,45) ; *62 :* 16,39 (0,97) ; *68 :* 18,26 (1,23) ; *75 :* 21,07 (1,69) ; *82 :* 23,7 (2,27) ; *96 :* 23,3.

■ **Enquêtes Insee. Parc total** (en milliers) : *1984 :* 24 576 ; *92 :* 26 976 ; *99 :* 28 702. **Dont** *résidences principales : 1984 :* 20 364 ; *92 :* 22 131 ; *96 :* 23 286 ; *99 : 23 810* ; *logements vacants : 1984 :* 1 919 ; *92 :* 1 997 ; *96 :* 2 231 ; *99 :* 1 989 ; *logements occasionnels et résidences secondaires : 1984 :* 2 293 ; *88 :* 2 297 ; *92 :* occ. 304, sec. 2 544 ; *96 :* occ. 252, sec. 2 452 ; *99 :* occ. et sec. 2 912.

Résidence principale selon le statut d'occupation (en milliers), **en 1999 et,** entre parenthèses, **en 1996 : propriétaires** 12 645 soit 54,7 % (10 323) dont sans emprunt en cours 7 465 (5 360), accédants 5 180 (4 963). **Locataires** (40,7 %) **d'un local loué vide** 8 877 (7 933) dont HLM 3 657 (2 978), autre logement social 434 (384), loi de 1948 337 (708), secteur libre 4 449 (3 862). **Autres statuts** 1 764 (2 109) dont meublés et sous-locataires 370 (380), fermiers et métayers 44 (124), logés gratuitement 1 350 soit 4,6 % (1 605). **Situation** (en %, 1990) : agglomérations de plus de 100 000 hab. : 46,4 ; communes rurales : 24,9 ; rurales en ZPIU : 59,3.

Époque d'achèvement de l'immeuble (en % de l'ensemble des ménages, 1999) : *avant 1949 :* 34,9 ; *1949-74 :* 31,4 ; *1975-81 :* 12,4 ; *1982-89 :* 11 ; *à partir de 1990 :* 10,3 soit 28 702 012 logements.

Logements ordinaires commencés en 1999 selon le maître d'ouvrage et le type de construction : *particulier* 163 327 (dont collectif 11 257), *HLM et SEM* 35 840 (24 181), *Stés vouées à la construction* 83 125 (67 605), *autres personnes morales* 26 708 (18 842), *ensemble* 309 060 (121 885). **Selon le nombre de pièces dont,** entre parenthèses, **logements collectifs :** *1 pièce :* 14 331 soit 6 % (10 854), *2 :* 39 470 soit 12 % (32 266), *3 :* 62 623 soit 22 % (40 889), *4 :* 83 840 soit 27 % (23 623), *5 et plus :* 121 523 soit 31 % (7 627), *ensemble* 322 217 (115 444).

Peuplement normal (selon l'Insee) : *1 personne :* 1 pièce ; *2 pers. :* 2-3 pièces ; *1 ménage avec 1 enfant :* 3 pièces ; *2 enf. :* 3, 4 ou 5 pièces ; *3 enf. :* 4-5 pièces ; *4 enf. :* 4, 5 ou 6 pièces ; *5 enf. :* 6-7 pièces.

Taille des résidences principales en 2000 : *surface moyenne en m² :* 84,5 ; habitat individuel 106 ; collectif 63 ; *nombre moyen de pièces* (en 1999) : 4 ; *de personnes :* 2,4.

Logements dépourvus du confort standard (W.-C.-douche) : *1970 :* 50 % ; *1988 :* 10 % ; *96 :* 4 %. **Résidences principales inconfortables** (en milliers) : pas d'eau chaude courante 647, pas d'eau courante 33, pas de W.-C. dans le logement 918 (ni dans l'immeuble ou la propriété 147) ni douche ni baignoire 1 105, dont pas de lavabo distinct de l'évier de cuisine 866, pas de chauffage central 4 602, dont aucun équipement de chauffage 45. **Part de la population** (en %) **sans :** eau courante 0,1, eau chaude courante 1,6, W.-C. dans le logement 1,1, douche ou baignoire 3,2, chauffage central 0,1. **Mauvaises conditions de logement :** ménages (en milliers) : 221 dont privés de sanitaires 137, de chauffage central 40, habitant un logement surpeuplé 28, se plaignant du bruit 29.

Mode de chauffage des résidences principales selon le type de chauffage central (en %, 1999) : collectif 19, individuel 64, sans chauffage central 15.

	Chauffage (en milliers)		
	individuel	collectif	autre que chauffage central
Fioul domestique	2 845,3	2 080	452,5
Gaz de ville	4 342,8	1 689,1	320,4
Butane-propane (bouteille, citerne)	427,7	37,6	85,7
Électricité	4 994,1	217,1	1 573,8
Charbon ou bois	513,6	98	1 567,9
Urbain	–	657	–
Autre énergie	7,2	159	16,9

Construction de logements			
	Autorisés	Commencés	Terminés
1980	500 700	397 350	378 300
1985	349 818	295 500	254 686
1990	387 700	309 500	259 900
1995	308 300	277 100	nd [4]
1996	301 600	264 000	nd [4]
1997	299 400	260 700	nd [4]
1998	375 100	282 900	nd [4]
1999	341 700	317 100	nd [4]
2000	360 800 [1]	311 100 [2]	nd [4]
2001		307 000 [3]	

Nota. – (1) Dont (en milliers) ordinaires 347,8 [individuel 218,9, collectif 128,9]. (2) Ordinaires 302,7 [individuel 199, collectif 103,7]. (3) Ind. ⩽ 200, coll. 120. (4) Chiffre non diffusé (nouveau système Sitadel).

■ **Destructions dues à la guerre. 1914-18** habitations détruites : 368 000 ; devenues inhabitables : 559 000. **1939-45** habitations détruites : 432 000 ; inhabitables : 890 000. **Reconstruction** achevée en 1964 (60 milliards de nouveaux francs de l'époque avaient été versés aux sinistrés).

■ **Besoins annuels en logements** (en milliers). *1990-95 :* 330 ; *1995-2000 :* 320 à 370. **Nouveaux ménages :** *1995-2000 :* 210 ; *2000-2005 :* 185 ; *2005-2010 :* 166 ; *2010-2015 :* 142 ; *2015-2030 :* 138.

■ **Résidences secondaires. Propriétaires** (en %) : cadres supérieurs et professions intellectuelles 24,1, artisans, commerçants, patrons 16,1, cadres moyens 10,7, retraités 10,3, employés 7,1, ouvriers 4,7, agriculteurs 4,2. 84,9 % des ménages sont propriétaires, 6,1 locataires, 4,5 en multipropriété. **Coût annuel :** 18 564 F dont loyer ou remboursement de crédit 7 108, électricité, eau, chauffage 6 963, travaux 4 493 ; avec piscine : 22 800 F.

■ **Secteur locatif social. Nombre d'opérations financées** (en milliers). **Prêts locatifs aidés (PLA), PLUS (Prêts locatifs à usage social)** [1] **puis PLS (Prêts pour la location sociale) :** *1985 :* 82,3 ; *90 :* 62,6 ; *94 :* 78,4 ; *95 :* 51,4 *96 :* 48,5 ; *97 :* 49,1 ; *98 :* 51,1 ; *99 :* 47,6 ; *2000 :* 42,6 (dont neuf 33,9 ; ancien 8,7). **Prêts d'accession à la propriété (PAP) :** *1985 :* 117,1 ; *90 :* 38,7 ; *94 :* 53,7 ; *95 :* 34,5 [1] (voir p. 1732 b). **Ensemble :** *1985 :* 291,1 ; *90 :* 141,2 ; *91 :* 135 ; *92 :* 140 ; *93 :* 128,5 ; *94 :* 132,1 ; *95 :* non significatif en raison de la mise en place du prêt à taux zéro. **Prêts à taux zéro, offres de prêts acceptées** (en milliers) **dont,** entre parenthèses, **logements neufs :** *1995 :* 31,1 ; *96 :* 145,3 (96,5) ; *97 :* 122,1 (100,8) ; *98 :* 111,1 (92,5) ; *99 :* 126,7 (108,2) ; *2000 :* 112,5 (95,1).

Nota. – (1) Neuf plus acquisition amélioration. Non compris les PLA insertion et prêts conventionnés sans obligation de travaux.

Région parisienne : logements mis en chantier (en milliers) : *1970-74 par an :* 111 ; *73 :* 120 ; *81 :* 49 ; *82 :* 43 ; *83 :* 42 ; *84 :* 40 ; *85 :* 45 ; *86 :* 48 ; *87 :* 54 ; *88 :* 53 ; *89 :* 55 ; *90 :* 51 ; *91 :* 55 ; *92 :* 43,2 ; *93 :* 39,1 ; *94 ;* 47,9. *95 :* 48 ; *96 :* 40,3 ; *97* 37,1 ; *98 :* 41,3 ; *99 :* 36.

1 % logement : contribution patronale (en fait 0,45 %) destinée à financer la construction à usage locatif. 176 000 logements ainsi financés en 1993, dont : HLM 90,4 %, logements construits et/ou améliorés par des Stés d'écono-

■ **Professionnels de l'immobilier. Agence nationale pour l'amélioration de l'habitat (Anah),** 17, rue de la Paix, 75002. **Agence qualité construction,** 9, bd Malesherbes, 75008 Paris. **Association française de normalisation (Afnor),** Tour Europe, 92049 Paris-La Défense Cedex. **-diagnostic immobilier par architecte (Adia),** 134, av. du Général-de-Gaulle, 37230 Fondettes. **-nat. de la copropriété coopérative (ANCC),** 13, rue Littré, 75006. **-nat. pour l'information sur le logement (Anil)** (59 agences départementales : Adil). **-pour l'information sur le logement (Adil de Paris),** 46 *bis*, bd Edgar-Quinet, 75014. **-pour le logement des jeunes travailleurs (ALJT),** 15, rue Ferrus, 75014. **-pour la promotion de la qualité et la sécurité dans les installations électriques d'immeubles (Promotelec),** Espace Elec, Cnit, 2, place de La Défense, BP 9, 92053 Paris-La Défense. **-Qualitel,** 136, bd Saint-Germain, 75006. **-des responsables de copropriété (Arc),** 29, rue Joseph-Python 75020. **Centre régional des œuvres universitaires et scolaires (Crous),** 39, av. Georges-Bernanos, 75231 Paris Cedex 05 ; 70, av. du G[al]-de-Gaulle, 94010 Créteil Cedex ; BP 563, 145 *bis,* bd de la Reine, 78005 Versailles Cedex. 150 000 places en résidences universitaires dans la France entière. Les 3 Crous de la Région parisienne gèrent 14 200 chambres (810 F pour une chambre, 1 100 à 3 000 F pour un F1-F2 en 2000-01). *Demandes avant le 30-4* (élèves et étudiants de l'enseignement sup. exclusivement). **Centre scientifique et technique du bâtiment (CSTB),** 4, av. Recteur-Poincaré, 75782 Paris Cedex 16. **Centre technique du bois et de l'ameublement (CTBA),** 10, av. de Saint-Mandé, 75012. **Chambre syndicale du déménagement,** 77, av. Jean-Lolive, 93100 Montreuil. **Cité internationale de l'Université de Paris,** 19, bd Jourdan, 75014 (5 500 lits). **Commission des opérations de Bourse (Cob),** 17, place de la Bourse, 75082 Paris Cedex 02. **Confédération générale du logement (CGL),** 6-8, villa Gagliardini, 75020. **-nat. des administrateurs de biens (Cnab),** créée 1945, remplace l'Amicale parisienne des administrateurs de biens, créée 1918, 1 000 adhérents, gère 3,5 millions de lots [dont en copropriété (syndic) 1,8, en locatif (administrateurs de biens) 1,7], 53, rue du Rocher, 75008. **-du logement (CNL),** 62, bd Richard-Lenoir, 75011. **Conseil d'architecture, d'urbanisme et de l'environnement (CAUE),** 32, bd Sébastopol, 75004. **-national de l'ordre des architectes,** 9, rue Borromée, 75015. **-sup. du notariat,** 31, rue du Général-Foy, 75008. **Droit au logement (Dal),** 8, rue des Francs-Bourgeois, 75003. **Fédération de défense des copropriétaires. Consommation logement cadre de vie (FEDECO-CLCV),** 13, rue Niepce, 75014. **-française des associations de propriétaires immobiliers (FFAPI),** 274, bd Saint-Germain, 75007. **-internationale des professions immobilières (Fiabci),** 23, av. Bosquet, 75007. **-nationale de l'immobilier [Fnaim :** créée 1946, 7 300 adhérents dont 6 100 transactionnaires, 4 000 administrateurs de biens, 1 300 marchands de biens, 600 experts, 1 300 spécialistes immobilier de loisir, 1 300 mandataires en vente fonds de commerce, 200 conseils en immobilier d'entreprise, 4 500 000 lots gérés, 1 500 000 locations par an, 5,4 milliards de F de CA (administration de biens, gestion de copropriétés)], 129, rue du Fg-St-Honoré, 75008. **-nationale des promoteurs-constructeurs (FNPC),** 370 adhérents et 32 correspondants (au 1-1-2001), 106, rue de l'Université, 75007. **Mutuelle de logement pour les jeunes :** *créée* par l'UFJT. Avance les sommes nécessaires à une 1re installation (caution, loyer d'avance, etc.) à Paris (21, rue des Malmaisons, 75013), Nantes (Foyer CAP, 16, rue du Capitaine-Corumel), Clermont-Ferrand (Foyer St-Jean, 17, rue Gaultier-de-Biauzat). **Observatoire des loyers de l'agglomération parisienne (Olap),** 21, rue Miollis, 75015. **Ordre des géomètres-experts,** 40, av. Hoche, 75008. **Protection amélioration conservation transformation-Association de restauration immobilière (Pact-Arim),** 27, rue La Rochefoucauld, 75009. **Qualibat,** 55, av. Kléber, 75784 Paris Cedex 16. **Salle des ventes des Domaines,** 17, rue Scribe, 75009. **Service info-logement,** Grande Arche de La Défense, 92055 Paris-La Défense Cedex 04. **Sonacotra,** 42, rue Cambronne, 75740 Paris Cedex 15, s'occupe des migrants sans limite d'âge. **Syndicat national des architectes d'intérieur (SNAI),** 57, bd Richard-Lenoir, 75011. **-de défense des expropriés (SNDE),** 25, rue Saulnier, 75009. **-des professionnels immobiliers (SNPI** 6 000 adhérents*)*, 26, av. Victor-Hugo, 75116. **-des Stés immobilières françaises (SSIF),** 37, rue de Rome, 75008. **Tribune des architectes d'intérieur-conseils. Union nat. des constructeurs de maisons individuelles (UNCMI),** 3, av. du Président-Wilson, 75116. **-des foyers et services pour jeunes travailleurs (UFJT),** 12, av. du G[al]-de-Gaulle, 94307 Vincennes Cedex. Accueil des 16 à 25 ans. 55 000 places presque toutes en chambres individuelles. Coût moyen 1 800 F. **-nationale de l'immobilier (Unit),** 4, rue de Stockholm, 75008. Regroupe administrateurs de biens, agents immobiliers, mandataires en vente de fonds de commerce et marchands de biens. **-nationale de la propriété immobilière (UNPI)** créée 1893, 11, quai Anatole-France, 75007. **-des techniciens et économistes de la construction (Untec),** 8, av. Percier, 75008.

■ **Urbanisme. Paris :** 17, bd Morland, 75004. **Préfecture de Paris :** Direction de l'urbanisme, du logement et de l'équipement. **Ville de Paris :** Direction de l'aménagement urbain et de la construction. **SOS Paris :** 103, rue de Vaugirard, 75006 ; **province :** Directions départementales de l'équipement.

mie mixte 7,4 %, ou par des Stés immobilières filiales d'organismes collectifs 2,2. **Prêts** (voir p. 1732 b).

■ **Droit au logement.** Une ordonnance du 11-10-1945 autorise l'État, « en cas de crise grave du logement », à réquisitionner et attribuer d'office les logements vacants, inoccupés ou insuffisamment occupés, y compris résidences secondaires et locaux professionnels. Dans la Seine, 45 000 attributions eurent lieu (de 1945 à 1960). Un maire peut aussi « réquisitionner » ou « attribuer d'office » dans les situations d'urgence (incendie, explosion, catastrophe naturelle). Les associations, dont le Dal (Droit au logement), ont invoqué le danger de mort par le froid pour réclamer l'application de cette loi de réquisition. *La loi de juillet 1991* autorise l'Administration à expulser d'office les personnes qui se sont « introduites par voies de fait » dans des logements (squatters). **Nombre de sans-logis et de mal-logés** (en milliers, est. 1990) : sans-logis 2 248, SDF (sans domicile fixe) 98, abris de fortune 45, centres d'urgence 59, mal-logés occupant des logements de substitution : meublés, chambres d'hôtel 470, habitations mobiles 1 576, non pris en compte 147, foyers de travailleurs 176, hébergés par parents ou amis 2 800, logements « hors normes » 1 429. **Places pour les sans-abris :** *1994-95* : 48 500 ; *1995-96* : 62 500. **Logements réquisitionnés** (par le ministre du Logement) : *1995-août* : 500 ; *1996-janv.* : 700.

☞ Le 18-12-1995, le Dal avait investi 7, rue du Dragon, un immeuble de la Cogedim. Après 13 mois d'occupation, il a été évacué le 30-1-1996, 136 personnes étant relogées.

■ **Logements vacants. Nombre** (recensement de 1990) : 1 900 000, Ile-de-France 311 500, Paris 118 500 (en 1999, 137 570 ; selon EDF 78 700, soit 5,6 % du parc ; selon le registre de la taxe d'habitation 155 000). 22 % étaient déjà attribués et en instance d'occupation, 42 % proposés à la vente et la location, 11 % réservés (enfants, futurs étudiants), 10 % en ruine ou en cours de démolition, 10 % destinés à un autre usage que l'habitation, 14 % sans affectation. En 1997, 1 997 000. Au 1-1-1999, taxe sur les logements vacants depuis 2 ans : 133 000 avis en 1999.

DÉFINITIONS

■ **Agents immobiliers.** Profession réglementée par la loi Hoguet du 2-1-1970 et le décret du 20-7-1972. **Nombre :** 20 000 selon l'Insee dont environ 1/3 appartiennent à une organisation professionnelle. **Principaux réseaux** (nombre d'agences et actionnaires) : *Fnaim* : 6 700 (fédération professionnelle). *Orpi* : 865 (actionnaires indépendants réunis en GIE). *Century 21* : 360 en France (Banque La Hénin, Victoire). *Agences N° 1* : 292 (Gan). *Avis* : 100 (Gan). Plus ancienne agence de Paris : John Arthur et Tiffen, créée 1818 par Alexander Arthur. **Précautions à prendre** *avant de traiter avec un agent immobilier* : vérifier qu'il est déclaré à la préfecture, affilié à un syndicat professionnel, inscrit à une caisse de caution mutuelle (garantie financière de 750 000 F au minimum) garantissant sa responsabilité professionnelle ; qu'il a reçu un mandat écrit régulier du propriétaire actuel du logement ; doivent être affichés n° et lieu de délivrance de la carte professionnelle, montant de la garantie, nom et adresse du garant, montant des rémunérations. Se méfier des faux « particuliers », des « clubs de locataires » ou marchands de listes et autres « associations ». Ne pas verser d'argent (surtout commission) avant la signature d'un contrat de location. **Marchands de listes :** soumis depuis le 1-7-1995 à la loi Hoguet (art. 1er modifié par la loi du 21-7-1994, art. 46) ; doit justifier d'une carte professionnelle. Peut percevoir une rémunération à la condition d'avoir préalablement conclu une convention écrite précisant : caractéristiques recherchées, nature de la prestation, montant de la rémunération et conditions de remboursement si prestation non fournie dans les délais prévus.

Rémunération. Depuis le 1-1-1987 (ordonnance du 1-12-1986), libre : chaque agence établit son barème et doit l'afficher à la vue de la clientèle. **HONORAIRES PRATIQUÉS AVANT 1987. Ventes :** 8 % jusqu'à 50 000 F, 7 % de 50 001 F à 100 000 F, 6 % de 100 001 F à 150 000 F, 5 % de 150 001 F à 350 000 F, 4 % de 350 001 F à 700 000 F, libres à partir de 700 000 F. **Locations inférieures à 1 an :** 10 % du loyer net de charges de la période couverte par le contrat de location ; *si le loyer mensuel excède 1 000 F, taux maximal applicable* : 10 % jusqu'à 1 000 F, 9 % de 1 001 F à 1 500 F, 8 % de 1 501 F à 2 000 F, 7 % à partir de 2 001 F. **Supérieures ou égales à 1 an :** 10 % du loyer net de charges de la 1re année + 1 % par année supplémentaire de durée du bail ; *si le loyer excède 12 000 F, taux applicable au loyer de la 1re année* : 10 % jusqu'à 12 000 F, 9 % de 12 001 à 18 000 F, 8 % de 18 001 F à 24 000 F, 7 % à partir de 24 001 F. **Gestion locative :** 2 à 8 % pour immeubles, 5 à 10 % pour lots isolés.

■ **Amodiation.** Concession d'une terre moyennant des prestations périodiques payées au concédant, originairement en nature, puis aussi en argent. Aujourd'hui recouvre fermage, métayage, emphytéose, cheptel simple, etc., qui impliquent que l'entreprise est conduite par un autre que le propriétaire lui-même.

■ **Architectes. Nombre :** *2001* : inscrits à l'Ordre 27 080 (dont 24 610 titulaires d'un diplôme, 1 844 agréés en architecture, 1 627 architectes étrangers). **Travaux annuels** (en %) : en commande privée 60, publique 4 ; dans le neuf 70, de réhabilitation 30 ; dans le non-résidentiel 60, pour le logement 40. *Montant total* : 140 milliards de F. **Chiffre d'affaires :** 22 milliards de F. **Honoraires :** se négocient librement depuis l'ordonnance n° 86-1243 du 1-12-1986, en fonction du contenu et de l'étendue de la mission, de la complexité de l'opération et de l'importance de l'ouvrage. **Recours à l'architecte :** obligatoire pour établir un projet architectural faisant l'objet d'une demande de permis de construire, sauf pour ceux voulant édifier ou modifier pour eux-mêmes une construction de moins de 170 m² de surface de plancher hors œuvre nette, une construction à usage agricole dont la surface de plancher hors œuvre brute n'excède pas 800 m², des serres de production dont le pied droit a une hauteur inférieure à 4 m et dont la surface de plancher hors œuvre brute n'excède pas 2 000 m². **Responsabilité :** l'architecte doit être couvert par une assurance garantissant ses actes professionnels et ceux de ses salariés. Le maître d'ouvrage doit prendre une assurance dommages-ouvrages.

■ **Bureau des hypothèques.** Depuis 1955, toute mutation de biens immobiliers doit être publiée par acte notarié ou administratif au bureau des hypothèques du lieu de ces biens.

■ **Cadastre.** Cadastre parcellaire créé par Napoléon Ier (loi du 15-9-1807). *Révision* : loi du 16-4-1930. *Conservation du cadastre et publicité foncière* : entrée en vigueur le 1-1-1956. Les travaux de rénovation sont achevés en France et dans les DOM-TOM. Remaniement entrepris dans les zones sensibles (agglomérations nouvelles) par des procédés photogrammétriques. *Échelle du plan* : de 1/500 (5 m sur le terrain correspondent à 1 cm sur plan) pour les parties urbaines les plus denses au 1/5 000 (50 m sur le terrain correspondent à 1 cm sur le plan). Les 600 000 feuilles cadastrales seront numérisées en 2001/2003.

■ **Certificat d'urbanisme.** Délivré dans un délai de 2 mois par le maire ou le préfet (directeur départemental de l'Équipement, par délégation) à la demande du propriétaire du terrain ou d'une autre personne. Il indique les dispositions d'urbanisme applicables au terrain, les limitations administratives au droit de propriété (servitudes d'utilité publique et installations d'intérêt général), la desserte du terrain par les équipements publics existants ou prévus (notamment réseaux d'eau et d'électricité), et le régime des taxes et participations d'urbanisme. Il informe le demandeur sur la constructibilité du terrain ou sur les possibilités d'y réaliser une opération déterminée. *Validité* : 1 an (prorogeable par périodes annuelles, sur demande formulée 2 mois avant l'expiration), délai pendant lequel ces dispositions ne peuvent être remises en cause. **Note de renseignement d'urbanisme :** document administratif nécessaire à tout acte de vente ou de succession. Indique pour tout immeuble bâti ou non bâti : plan d'urbanisme applicable, alignement à respecter, situation au regard du droit de préemption urbain « simple » ou « renforcé », réserves, servitudes, opérations publiques d'aménagement existantes ou à venir, observations et prescriptions particulières. Cette information n'a de valeur qu'au moment où elle est délivrée.

■ **Conseils départementaux de l'habitat.** Créés par loi du 7-1-1983 sur la décentralisation et décret du 30-6-1984. Remplacent les commissions départementales (sauf CDRL et celles de l'Anah). Consultatifs (sauf pour aide publique au logement) ; avis sur situation du logement, programmation annuelle des aides de l'État, financements, logement des immigrés, etc. *Composition* : 1/3 élus, 1/3 professionnels, 1/3 usagers et gestionnaires.

■ **Construction. Contrat de construction, maison individuelle. Avec fourniture du plan** [loi du 19-12-1990 modifiée par la loi SRU (solidarité renouvellement urbain) du 13-12-2000 (*JO* du 14-12-2000)]. **Garanties :** *point de départ* : la réception de l'immeuble [acte par lequel le maître de l'ouvrage (l'acquéreur) déclare accepter l'ouvrage avec ou sans réserves]. Pour une réception légalement valable, tous les comptes doivent être soldés, après acceptation des comptes par les exécutants. *Garantie de parfait achèvement* : couvre 1 an les malfaçons ayant fait l'objet de réserves à la réception ou survenues postérieurement. Les prescriptions administratives pour isolation phonique en relèvent. *Garantie de bon fonctionnement* : couvre 2 ans les éléments d'équipements démontables (sans détériorer leur support) que l'on a dissociés de l'immeuble (chaudière, ascenseur, installation électrique...). *Garantie décennale* : couvre 10 ans les malfaçons qui compromettent la solidité de l'immeuble et de ses éléments d'équipements indissociables, (art. 1792-2 du Code civil) ou le rendent impropre à sa destination, même si un vice du sol en est la cause. Le système de l'assurance construction permet d'obtenir la réparation du dommage lors d'une action en justice. **Garantie trentenaire :** pour responsabilité personnelle des exécutants ou maîtres d'œuvre (art. 1386 et 2262 du Code civil et pour vices cachés (art. 1641 à 1648 du Code civil). Une attaque sur la décennale éteint la trentenaire (Cour de cassation, 1923). **Assurance dommages ouvrages :** à souscrire lors de la construction d'un immeuble par le maître d'ouvrage (particulier ou entrepreneur) : *coût* : de 1,5 à 7 % du coût de la construction selon options (facultatives : garanties de biens d'équip. tels que chauffage, volets roulants, etc.) ; *bénéficiaire* : le propriétaire du logement construit. En cas de vente d'un logement de moins de 10 ans, l'acte notarié doit être accompagné de cette garantie dommages ouvrages. Système de garantie de livraison sécurisé (lorsque le garant est un établissement de crédit) par la loi n° 99-352 du 25-6-1999. Le décret d'application n° 99-776 du 8-9-1999 précise que les engagements de caution sont couverts par le mécanisme de garantie des cautions. L'arrêté du 8-9-1999 homologue le règlement n° 99-12 du 9-7-1999 relatif aux modalités et aux délais d'indemnisation par le mécanisme des cautions.

■ **Copropriété. Règlement** [loi du 10-7-1965 modifiée par le décret du 17-3-1967, la loi Bonnemaison du 31-12-1985 et la loi du 21-7-1994 et la loi SRU (solidarité renouvellement urbain) du 13-12-2000] : vaut comme un contrat à l'égard de chaque copropriétaire. **Vote dans les assemblées générales :** les décisions sont prises à des majorités différentes selon la nature des décisions à prendre. Il faut : *1°) la majorité des voix exprimées (en tantièmes) des présents et représentés* (les abstentions ne comptent plus) pour l'exécution de travaux d'entretien courant ou la simple administration de l'immeuble [exemples : ravalement non obligatoire de l'immeuble (assimilable à un entretien) ; réfection d'une toiture ; remplacement à l'identique d'une chaudière]. Si la délibération n'a pas recueilli la majorité absolue, mais a réuni 33 % de votes favorables, le Pt de séance peut organiser immédiatement un 2e vote. *2°) La majorité des voix (en tantièmes) de tous les copropriétaires,* pour désignation ou révocation du syndic et des membres du conseil syndical, modalités d'exécution de travaux obligatoires (ravalements) ; travaux d'économie d'énergie amortissables en moins de 10 ans ; de mise en conformité aux normes d'habitabilité ; d'accessibilité de l'immeuble ; d'installation d'antennes collectives de radiodiffusion ou de raccordement à un réseau câblé ; entrepris avec l'autorisation de l'assemblée générale et à leurs frais sur les parties communes par un ou plusieurs copropriétaires ; à défaut, une 2e assemblée gén. peut statuer à la majorité (en tantièmes) des présents et représentés. *3°) La double majorité* [majorité des copropriétaires (personnes) représentant au moins les 2/3 des voix (en tantièmes)] pour décider de vendre une partie commune à condition que la conservation de celle-ci ne soit pas nécessaire à la destination de l'immeuble, pour modifier les clauses du règlement relatives à la jouissance, l'usage et l'administration des parties communes, pour les travaux d'amélioration (exemples : pose d'un interphone, d'un digicode ; installation d'un ascenseur, de boîtes aux lettres, d'un vide-ordures ; transformation d'une porte d'entrée ; création d'un parking sur les parties communes ; remplacement d'un chauffage collectif par des chauffages individuels si l'installation collective ne permet plus d'assurer un service normal, quelle que soit l'importance des travaux qui pourraient être engagés ; création d'une salle de réunion) ; à défaut, pour les travaux d'amélioration, une 2e assemblée générale peut statuer à la majorité des copropriétaires représentant les 2/3 des voix des présents et représentés. *4°) L'unanimité* pour modifications du règlement portant sur des points non indiqués au 3°, pour la vente de parties communes nécessaires au respect de la destination de l'immeuble (pour les autres parties communes, la majorité des 2/3 suffit), pour modifier la répartition des charges, la destination des parties privatives ou les modalités de leur jouissance. *En cas de retard à l'assemblée* ou de départ avant la fin, mentionner sur la feuille de présence son retard ou son départ avant la fin pour ne pas se trouver mis devant le fait accompli. **Exécution :** *les décisions de l'assemblée sont immédiatement exécutoires* ; par exception, l'exécution des travaux obtenus aux art. 25 et 26 de la loi est suspendue 2 mois. Si l'assemblée a statué dans les limites de ses compétences et respecte certaines formalités (question inscrite à l'ordre du jour, votée explicitement, lors d'une assemblée générale convoquée régulièrement ; les copropriétaires susceptibles d'agir en justice, avertis de la décision prise par une notification régulière du procès-verbal), sinon délai de 10 ans. *En cas de désaccord sur une décision prise par l'assemblée,* seuls les copropriétaires qui ont voté contre et les défaillants (absents et non-représentés à l'assemblée) peuvent contester (ceux qui ont voté pour la décision et les abstentionnistes sans réserves mentionnées au procès-verbal ne le peuvent pas). Après les 2 mois, les décisions même irrégulières deviennent définitives. Ils peuvent exercer un recours devant le tribunal de grande instance du lieu de situation de l'immeuble qui doit être dirigé contre le syndicat des copropriétaires, représenté par le syndic.

Mandat : on ne peut pas en donner au syndic, ni à son conjoint et à leurs préposés, ni au copropriétaire qui assure les fonctions de syndic non professionnel. Mais on peut le donner au Pt du conseil syndical. Nul ne peut détenir plus de 3 mandats en assemblée générale, sauf si les tantièmes détenus au titre du ou des mandats reçus et ceux détenus personnellement par le copropriétaire, bénéficiaire du ou des mandats, n'excèdent pas 5 % de tous les tantièmes généraux. *Si l'on a donné son mandat,* on ne pourra *contester* la décision prise que si le mandataire a voté *contre*. Il est prudent de donner des instructions précises au mandataire, résolution par résolution.

Comptes de la copropriété : *budget prévisionnel obligatoire* : les travaux importants et les modalités de provisions doivent faire l'objet d'un vote spécifique en assemblée générale. La liste des dépenses est fixée par décret en Conseil d'État. *Plan comptable obligatoire* : au 1-1-2004 la présentation des comptes des copropriétés (budget prévisionnel, charges et produits de l'exercice, situation de trésorerie, annexes) devra respecter un plan comptable type, permettant un rapprochement avec les derniers comptes approuvés. **Organisation :** le retrait d'un ou de plusieurs bâtiments d'une copropriété est possible par un vote à la majorité absolue. En cas *d'impayés,* et après mise en demeure infructueuse, le syndic peut mettre à la charge du copropriétaire défaillant le coût des démarches de recouvrement, à condition : que les démarches entreprises soient nécessaires ; que la créance réclamée soit justifiée.

Gestion de la copropriété : au titre de sa gestion courante, le syndic doit tenir à jour un carnet d'entretien de la copropriété, indiquant (décret du 30-5-2001) contrats d'assurance, travaux importants réalisés, contrats d'assurance dommages-ouvrage, d'entretien et échéancier. La mise en copropriété d'un immeuble de plus de 15 ans doit être précédée d'un diagnostic technique. La division d'un immeuble est interdite si les logements ne sont pas équipés d'une alimentation en eau potable et électricité. **Protection de l'acquéreur :** depuis le 1-6-2001, tout acheteur d'un lot ou partie de lot d'une copropriété à accès, à sa demande, au carnet d'entretien (voir ci-dessus) et, le cas échéant, au diagnostic technique de l'immeuble. Tout acquéreur non professionnel dispose d'un délai de rétractation de 7 jours pour l'acquisition d'un immeuble à usage d'habitation neuf (10 j depuis 1-6-2001 pour l'ancien), pendant lequel il est interdit de signer l'acte authentique. La faculté de rétractation s'exerce par lettre recommandée avec accusé de réception. Cette disposition n'est donc pas opposable pour l'acquisition d'une annexe au logement (garage), d'un terrain nu, d'un immeuble à usage professionnel, ni aux SCI qui peuvent être considérées comme « professionnelles » en raison du libellé de leur objet social. Le dépôt d'argent avant expiration de ce délai de rétractation est interdit sauf exceptions légales.

Une fois le délai expiré, l'achat s'effectue sous la condition suspensive de la remise de la somme à la date convenue. Si le contrat est conclu par un intermédiaire professionnel dûment mandaté, muni d'une garantie financière affectée au remboursement des fonds déposés, ce professionnel peut recevoir un versement. Si l'acquéreur exerce sa faculté de rétractation, le professionnel doit rendre les fonds dans un délai de *21 jours à compter du lendemain de la date de rétractation.* Le copropriétaire bailleur n'est pas tenu de mentionner la superficie du logement dans le congé pour vendre qu'il délivre à son locataire.

Copropriété coopérative : consiste à confier les pouvoirs du syndic soit à un copropriétaire syndic-bénévole, soit au conseil syndical (syndicat coopératif). Ceux-ci peuvent se faire assister de professionnels pour certaines tâches (pour comptabilité, appels de charges, secrétariat, contrôle d'un chantier...).

Charges : *entraînées par les services collectifs et les éléments d'équipement commun* (ascenseur, chauffage notamment) : répartition en fonction de l'utilité (appréciée par rapport au lot et non par rapport à l'usage fait réellement par chaque copropriétaire des services collectifs et des éléments d'équipement commun). *Charges relatives à la conservation, à l'entretien et à l'administration des parties communes :* répartition proportionnelle aux tantièmes.

Conseil syndical : élu par l'assemblée générale des copropriétaires. Au min., 3 membres. Contrôle la gestion et assiste le syndic. Il désigne son président. *Mandat :* au max. de 3 ans renouvelables. **Syndics :** *nommés* par l'assemblée générale des copropriétaires (pour 3 ans et renouvelables, par l'assemblée à la majorité absolue des voix des copropriétaires), ou le Pt du tribunal, ou le règlement de copropriété. *Activités principales :* exécute les décisions du syndicat des copropriétaires prises en assemblée générale (éventuellement sous le contrôle d'un conseil syndical) ; mandataire du syndicat et seul responsable de sa gestion, de la garde de l'immeuble et du fonctionnement des équipements collectifs, il représente le syndicat dans tous les actes civils et en justice, a des pouvoirs d'initiative et, en cas d'urgence, peut faire exécuter tous travaux nécessaires à la sauvegarde de l'immeuble ; doit rendre des comptes 1 fois par an. Profession *réglementée* par la loi du 2-1-1970 et le décret du 20-7-1972 modifié, sauf si le syndic est non-professionnel (copropriétaire dans l'immeuble). *Honoraires :* libres (ordonnance du 1-12-1986) contractuellement définis lors de sa nomination par l'assemblée des copropriétaires. 10 000 à 12 000 F/an pour un petit immeuble de 5 copropriétaires, 20 000 à 22 000 F pour 15 copropriétaires. On peut défrayer le syndic bénévole (honoraires à déclarer au fisc). *S'il n'y a pas de syndic* (absence de désignation, démission, décès), l'assemblée générale doit être convoquée. Tout intéressé (copropriétaire, entreprise à laquelle le syndicat des copropriétaires doit de l'argent) peut demander au Pt du tribunal de grande instance de désigner un administrateur provisoire. *En cas de carence du syndic,* le Pt du conseil syndical peut mettre en demeure le syndic de réunir l'assemblée sous 8 j et, si le syndic fait défaut, il peut lui-même convoquer l'assemblée. Tout copropriétaire peut mettre en demeure le syndic (ou le Pt du conseil syndical) de convoquer l'assemblée. S'ils n'obtempèrent pas dans les 8 j, il peut saisir le Pt du tribunal de grande instance qui, statuant en référé (procédure d'urgence), l'habilitera à convoquer l'assemblée ou désignera un mandataire de justice pour le faire. Un copropriétaire qui ne peut consulter les pièces justificatives des charges à l'endroit ou au jour indiqué par le syndic peut demander au juge des référés de fixer le jour et l'heure où il pourra exercer son droit de consultation. *Privilège :* depuis le 1-1-1995, en cas de vente d'un logement faisant partie de la copropriété, le syndic est un créancier privilégié en matière de récupération de créances afférentes aux charges et travaux de l'année courante et des 2 dernières années échues. *Statistiques :* logements en copropriété : 5,7 millions. Titulaires de la carte de syndic : 8 000.

☞ Certains syndics décalent le paiement de factures ; ils bénéficient ainsi pendant ce temps des intérêts versés sur les sommes encaissées, les copropriétaires supportant pendant le même temps les agios. Bien que la *loi Hoguet* (2-1-1970) interdise aux syndics de percevoir, pour leur compte, des ristournes sur les opérations dont ils sont chargés par les copropriétaires, un bon nombre semble ne pas en tenir compte.

■ **Cos (coefficient d'occupation des sols).** Rapport exprimant [sous réserve des autres règles d'urbanisme (hauteur, emprise, prospects, etc.) et des servitudes grevant l'utilisation du sol] le nombre de m² de planchers hors œuvre nette susceptible d'être construit par m² de sol selon l'affectation des locaux. Le Cos varie selon les zones figurant dans les documents d'urbanisme. Pour favoriser un regroupement des constructions dans une zone à protéger en raison de la qualité de ses paysages, le Cos peut être dépassé dans certains secteurs de cette zone, par transfert des possibilités de construction d'autres terrains devenant inconstructibles.

■ **Dat (Déclaration d'achèvement des travaux).** A adresser à la mairie par le bénéficiaire d'un permis de construire dans les 30 j qui suivent la clôture du chantier.

■ **DPU (Droit de préemption urbain).** A remplacé les Zif. Le **DPUR (renforcé)** modifie la liste des biens soumis à déclaration d'intention d'aliéner, s'applique à l'intérieur de périmètres approuvés par le conseil municipal.

■ **Espaces naturels sensibles des départements.** Les lois nº 85-729 du 18-7-1985 et 95-101 du 2-2-1995 ont affirmé la compétence du département pour élaborer et mettre en œuvre une politique de protection, de gestion et d'ouverture au public de ces espaces, boisés ou non. Le département peut instituer une taxe perçue sur tout le département et affectée à l'acquisition des terrains, leur aménagement et leur entretien en vue de leur ouverture au public. Le conseil général peut créer des zones de préemption dans lesquelles le département peut acquérir des terrains. Le Conservatoire de l'espace littoral et des rivages lacustres, les communes ou l'établissement public chargé d'un parc national ou d'un parc naturel régional peuvent se substituer au département ou recevoir délégation pour exercer ce droit de préemption.

■ **Hypothèque.** Affectation d'un immeuble à la garantie d'une dette (garantie sans dessaisissement). Droit réel accessoire donnant au créancier non payé à l'échéance le droit de saisir l'immeuble, en quelque main qu'il se trouve (droit de suite), et de se faire payer par priorité sur le prix (droit de préférence). *Constitution :* l'hypothèque conventionnelle doit être passée par acte authentique (art. 2127 du Code civil). Transmission par décès d'un bien immobilier : elle donne lieu à une attestation immobilière établie par notaire et publiée au fichier de publicité foncière tenu à la conservation des hypothèques.

Prêts immobiliers : ÉMOLUMENTS DU NOTAIRE (en %) PAR TRANCHE POUR LA SOMME EMPRUNTÉE ET, entre parenthèses, POUR LES PRÊTS CONVENTIONNÉS ET PRÊTS ÉPARGNE-LOGEMENT : *de 0 à 20 000 F :* 3,33 (2,5). *20 001 à 40 000 :* + 2,2 (+ 1,65). *40 001 à 110 000 :* + 1,1 (+ 1,1). *110 001 et au-delà :* + 0,55 *(110 001 à 800 000 :* + 0,55 ; *800 000 et au-delà :* + 0,3). *TVA :* 19,6 % (19,6 %). *Prêt PAP et HLM :* les émoluments représentent les 2/3 des tarifs ci-dessus. FRAIS DIVERS : coût de la copie exécutoire, du bordereau et salaire du conservateur des hypothèques : 0,05 % des sommes garanties. TAXE DE PUBLICITÉ FONCIÈRE : 0,6 % de la somme garantie. Prêts à taux 0, HLM, prêts conventionnés et épargne-logement sont exonérés. **Frais de mainlevée d'hypothèque :** ÉMOLUMENTS DU NOTAIRE (mêmes tranches que ci-dessus) : 1,1 % ; 0,825 ; 0,55 ; 0,275 (pour toutes catégories de prêts). FRAIS DIVERS : timbres fiscaux, expédition au bureau des hypothèques, salaire du conservateur : 0,1 % sur les sommes faisant l'objet de la radiation. DROIT D'ENREGISTREMENT : forfaitaire : 500 F.

■ **Immeuble.** Toute construction ou ensemble de constructions à usage d'habitation ou non.

■ **Lotissement.** Division d'une propriété foncière, en vue de l'implantation de bâtiments, lorsque cette division a pour effet de porter à plus de 2 le nombre de terrains qui en seront issus, dans les 10 ans à venir.

■ **Multipropriété.** Droit de séjour de 1 ou plusieurs semaines prises à des périodes fixes, dans une résidence meublée, équipée et prête à l'usage. Le prix varie en fonction de la période d'utilisation. Une directive européenne prévoit un délai de rétractation pour les ventes de périodes d'au moins 7 j et les contrats d'au moins 3 ans. *Nombre de multipropriétaires :* environ 80 000.

■ **Frais annexes en cas d'achat. 1º) Droits d'enregistrement** (taxe de publicité foncière) : perçus par le notaire et reversés par lui à l'administration fiscale. *Droit départemental d'enregistrement* (ou taxe départementale de publicité foncière modifiable par les conseils régionaux entre 1 et 3,6 %), taux moyen actuel 2,7/2,8 % ; sur le montant des droits ainsi déterminé, l'État prélève en plus 2,5 %. *Taxe communale* de 1,2 %. Pour un immeuble achevé depuis moins de 5 ans, mutation en principe soumise à la TVA (19,6 %), à la charge du vendeur, qui peut déduire de la TVA due celle payée « en amont » sur les travaux précédemment effectués. *Taxe de publicité foncière :* 0,615 % sur la valeur de l'immeuble. **2º) Émoluments ou honoraires du notaire** (fixés par décret) : *de 0 à 20 000 F (prix d'achat) :* 5 %. *20 001 à 40 000 :* +3,3. *40 001 à 110 000 :* + 1,65. *110 001 et + :* + 0,825. *TVA :* 19,6 % ; frais annexes : frais de copie, etc. *Baux d'habitation :* tranche de : 0 à 20 000 F : 1,87 % HT ; 20 001 à 40 000 : 1,4025 % HT ; 40 001 à 110 000 : 0,935 % HT ; voir ci-dessus : 0,4675 % HT. *Prêts immobiliers :* voir p. 1732 b. **3º) Salaire du conservateur des hypothèques :** pour la vente 0,1 %. **4º) Honoraires de copies et particuliers :** pour les diverses formalités antérieures et postérieures à la vente : très variables. **5º) Droits de timbre :** 20 F la page. **6º) Notaire intermédiaire de transactions :** *honoraires de négociation* s'ajoutent aux frais notariés. *De 0 à 300 000 F :* 5 % HT du prix de vente (neuf 5,88) ; au-dessus : 2,5 % HT (neuf 2,94) + TVA au taux de 19,6 %. *Honoraires relatifs aux actes de Stés et aux ventes de fonds de commerce libres. :* n.c.

☞ Les récentes garanties accordées à l'acquéreur multipliant le nombre de pages de l'acte de vente (timbre fiscal 20 F/page).

■ **Notaire.** Officier public et ministériel. Rédacteur des conventions des parties, il authentifie leur accord, leur donne force de loi et date certaine. Tiers témoin de l'équilibre des contrats, il effectue les formalités administratives nécessaires à la régularité et perçoit pour le compte de l'État les droits de mutation. Le vendeur peut faire appel au notaire de son choix ; l'acheteur peut en faire intervenir un 2ᵉ qui assistera le 1ᵉʳ. Ils partageront leurs honoraires sans supplément pour l'acheteur.

■ **Paz (plan d'aménagement de zone)** (article L. 311-4 du Code de l'urbanisme). Lorsque, pour la réalisation d'une Zac, les dispositions du Pos ne sont pas maintenues en vigueur, un Paz compatible avec le schéma directeur ou le schéma de secteur est établi. En l'absence de ces schémas, les Paz doivent être compatibles avec un certain nombre d'autres dispositions.

■ **Pièces (décompte).** Inclut pièces à usage d'habitation, cuisines de plus de 12 m² et pièces indépendantes occupées par un membre du ménage ; exclut couloirs, salles de bains en alcôve, W.-C., buanderie, etc.

■ **Permis de construire** (article L. 421-1 et suivants du Code de l'urbanisme). **Définition :** acte administratif individuel qui autorise l'exercice du droit de construire attaché à la propriété du sol. Il est délivré, dans les communes dotées d'un Pos approuvé, en général, par le maire agissant au nom de la commune (sauf les hypothèses exceptionnelles énumérées à l'art. L. 421-2-1 du Code de l'urbanisme où le permis reste de la compétence de l'État) ; dans les autres communes, par le maire ou le préfet, agissant au nom de l'État, ou par le ministre. Nécessaire pour tous les travaux de construction (à usage d'habitation ou non, même ne comportant pas de fondations) ou modifiant une construction existante (lorsque ces travaux en changent la destination, en modifient l'aspect extérieur ou le volume ou créent des niveaux supplémentaires). Doit être obtenu avant le début des travaux. Depuis la loi du 6-1-1986 et le décret du 14-3-1986, certains travaux sont seulement soumis à la déclaration préalable (réfection d'un toit à l'identique, ravalement, adjonction d'une terrasse de plus de 0,60 m de haut ou d'un abri de jardin). **Demande :** l'adresser au maire de la commune (en 4 exemplaires). Dans les 15 j suivants, le maire ou le directeur départemental de l'Équipement doit adresser une lettre recommandée au demandeur l'informant que son dossier est complet ou l'invitant à le compléter, et lui indiquant la date avant laquelle la décision devra lui être notifiée. Si aucune décision n'a été prise avant la date fixée, la lettre du maire notifiant les délais d'instruction vaut permis de construire pour le projet déposé. Toutefois, le mécanisme de la décision tacite est supprimé dans certains cas énumérés à l'article R. 421-19 du Code de l'urbanisme (projets soumis à une autorisation de changement de destination dans le cadre de l'article L. 631-7 du Code de la construction et de l'habitation, projets soumis à des règles spéciales du fait de la législation des monuments historiques et des sites, projets situés dans une ZPPAU ou dans une réserve naturelle, projets soumis à enquêtes publiques). Ce permis est valable 2 ans, les travaux ne devant pas être arrêtés plus de 1 an. Il peut être prorogé 1 an (demande par lettre recommandée, 2 mois avant l'expiration du délai de validité). Cessible avec le terrain sous réserve du transfert du bénéfice de l'autorisation au nouvel acquéreur.

Volet paysager (article R. 421-2 modifié du Code de l'urbanisme) : vise à appréhender « l'insertion dans l'environnement et l'impact visuel des bâtiments ». Le dossier doit comporter le plan de situation du terrain, le plan masse des constructions à édifier ou modifier, les plans des façades, une ou des vues en coupe (implantation par rapport au terrain naturel), 2 photographies au moins situant le terrain dans le paysage proche et lointain, un document graphique (futur bâtiment dans le paysage), une notice permettant d'apprécier l'impact visuel du projet et l'étude d'impact si nécessaire. Ces documents doivent être suffisamment précis pour permettre une bonne appréciation de l'impact visuel et de l'insertion dans son environnement du projet de construction considéré dans son ensemble.

Constructions ou travaux entrant dans le champ du permis de construire : 1º) *constructions soumises à permis de construire (art. L. 421-1, L. 422-4 et R. 422-2 du Code de l'urbanisme) :* constructions nouvelles à usage d'habitation ou non, même sans fondations ; travaux sur constructions existantes modifiant le volume (extension, surélévation), l'aspect extérieur (nombre ou forme des ouvertures, des balcons), création d'un ou plusieurs niveaux supplémentaires à l'intérieur du volume existant, changement de la destination des constructions ; tous travaux concernant les immeubles inscrits à l'inventaire supplémentaire des monuments historiques. **2º)** *Constructions ou travaux soumis à déclaration (art. L. 422-1, L. 422-2, R. 422-1 alinéa 2, R. 422-2, R. 422-3 du Code de l'urbanisme) :* ravalement des façades existantes sans modification notable de l'aspect extérieur (couleur) ; réparation ou reconstruction des édifices classés ; installations techniques pour fonctionnement des services publics ; classes démontables ; habitations légères de loisirs (soit implantation de moins de 35 m² hors œuvre nette dans terrains autorisés, soit remplacement par une nouvelle de superficie égale ou inférieure) ; piscines non couvertes ; châssis et serres (hauteur de 1,50 à 4 m, surface hors œuvre brute de moins de 2 000 m²) ; autres constructions ou travaux de faible importance (sans changement de destination ni création de surface de plancher nouvelle, ni création sur terrain comportant déjà un bâtiment d'une surface de plancher hors œuvre brute de plus de 20 m²).

Constructions et ouvrages exclus : *art. L. 421-1 et R. 421-1 du Code de l'urbanisme* enseigne ou préenseigne de publicité (soumis à autorisation préalable à Paris) ; travaux souterrains (stockage de gaz, réservoirs de liquides inflammables, canalisations, câbles ou lignes) ; ouvrages d'infrastructure des voies de communication ; installations temporaires (sur chantiers ou liées à la commercialisation d'un bâtiment en cours de construction) ; constructions temporaires de foires-expositions ; mobilier urbain sur le domaine public (cabines téléphoniques, Abribus, Sanisettes, panneaux indicateurs) ; statues, monuments et œuvres d'art (hauteur jusqu'à 12 m), antennes paraboliques dont la dimension du réflecteur est inférieure à 1 m, et antennes dont aucune dimension n'excède 4 m ; murs de moins de 2 m de hauteur ; ouvrages de moins de 2 m² et de 1,50 m de hauteur.

Permis de démolir (articles L. 430-1 à L. 430-9 du Code de l'urbanisme) : exigé dès qu'un bâtiment doit être démoli, même partiellement, ou lorsque des travaux rendent l'utilisation de locaux impossible ou dangereuse. A Paris et dans un rayon de 50 km ; dans les ZPPAUP (voir p. 1729 a) et pour tous les bâtiments qui bénéficient d'une protection particulière au titre des monuments historiques, y compris ceux qui se trouvent dans le champ de visibilité du monument ; dans secteurs sauvegardés, périmètres de restauration immobilière, zones d'environnement protégé et toutes zones de protection définies dans le Pos.

Sursis à statuer : décision par laquelle l'autorité compétente refuse de se prononcer immédiatement sur des demandes d'autorisation de travaux de nature à compromettre ou à rendre plus onéreuse l'exécution d'un plan d'occupation des sols, d'un secteur sauvegardé délimité, d'une opération d'aménagement, d'une zone d'aménagement concertée ou d'un projet de travaux publics en cours d'élaboration. La décision de sursis à statuer doit être motivée et fondée sur une incompatibilité évidente du projet avec les options du futur plan ou de l'opération envisagée. Le sursis ne peut en principe excéder 2 ans. A l'expiration de ce délai, l'autorité administrative doit prendre une décision définitive sur simple confirmation de sa demande par l'intéressé. Un nouveau sursis ne peut être opposé que sur le fondement d'une disposition autre que celle qui a servi à fonder le premier sursis. Dans cette hypothèse, le cumul des deux sursis ne peut excéder 3 ans.

Refus de permis : le demandeur peut s'adresser à l'autorité compétente (maire ou préfet) pour lui demander de revenir sur sa décision avant de former un recours devant le tribunal administratif dans le délai de 2 mois à compter de la notification de la décision. Pour un lotissement, un permis de construire ne peut être refusé pendant 5 ans à compter de l'achèvement du lotissement, dès lors que la construction projetée respecte les dispositions d'urbanisme applicables au jour de l'autorisation du lotissement.

Recours des tiers : ils disposent d'un délai de 2 mois à compter du 1er jour de l'affichage le plus tardif de la décision d'octroi du permis en mairie ou sur le terrain, pour introduire un recours auprès de l'auteur de la décision et, faute d'avoir pu obtenir le retrait de l'acte administratif, ou sans recourir aux voies de l'action gracieuse, peuvent saisir le juge administratif d'une requête en annulation du permis.

☞ Depuis le 3-6-2000, la procédure de sursis à exécution est remplacée par 3 types de référés dont peut être saisi le juge des référés : *suspension* (art. L. 521-1 du Code de justice administrative), *liberté* suivant lequel le juge doit se prononcer dans un délai de 48 h (art. L. 521-2), *injonction* (art. L. 521-3).

■ **Plan d'exposition. Aux bruits des aérodromes** (prescriptions spéciales, prévues aux articles L. 147-1 à 6 du Code de l'urbanisme) : zones A et B (bruit très fort), et C (modéré). Aucune habitation nouvelle n'est admise dans ces 3 zones. **Aux risques naturels prévisibles (Pern) :** la loi du 13-7-1982 a institué des plans de prévention pour ces risques (inondations, mouvements de terrain, avalanches, incendies de forêt, séismes, éruptions volcaniques, tempêtes, cyclones) et une indemnisation automatique des victimes [garantie obligatoire dans tous les contrats d'assurance de biens (auto, maison...)]. Les préfets doivent en collaboration avec les communes établir des plans délimitant les zones très exposées (zones rouges) où les constructions à venir sont interdites, exposées à des risques moindres (bleues) et sans risque (blanches).

■ **Loi de solidarité et de renouvellement urbain (SRU)** du 13-12-2000. Impose aux communes un minimum de 20 % de logements sociaux. A partir du 1-1-2002, les villes de + de 1 500 hab. (3 500 en province) situées dans des agglomérations de + de 50 000 hab. et ayant moins de 20 % de logements sociaux devront acquitter une taxe de 1 000 F par logement manquant et par an. Après 3 ans, la taxe passera à 2 000 F et le préfet pourra par arrêté ordonner des constructions.

Le propriétaire d'un immeuble frappé d'un arrêté de péril ou d'insalubrité devra reloger ses locataires.

Nota. – La loi concerne 1 006 communes dont Paris 75 322 logements manquants (coût estimé 65,7 millions de F la 1re année), Nice 16 420, Lyon 12 461, Bordeaux 9 497, St-Maur-des-Fossés 5 570, Boulogne-Billancourt 5 266, Neuilly/Seine 5 134, Versailles 2 058, St-Mandé 1 326, Le Chesnay 1 248, Nogent 1 209, Orsay 1 013.

■ **PLD (plafond légal de densité de construction).** Instauré en 1975 (loi Galley). Limite au-delà de laquelle le bénéficiaire de l'autorisation de construire doit verser une somme égale à la valeur du terrain dont l'acquisition serait nécessaire pour que la densité de la construction n'excède pas le plafond. Depuis la loi Méhaignerie n° 86-1290 du 23-12-1986, les communes sont libres d'instaurer, supprimer ou modifier le PLD. Toutefois, la limite de densité ne peut être supérieure à 1, et pour Paris à 1,5. Les communes peuvent décider que le versement pour dépassement du PLD n'est pas applicable aux immeubles ou parties d'immeubles affectés à l'habitation, et, dans le cadre d'une Zac, à toute construction quelle que soit son affectation.

Nombre de collectivités ayant instauré un PLD (au 19-12-1988) : 2 242 (soit 6 % des communes regroupant 25 % de la population, dont 190 ont fixé un niveau supérieur à 1) ; 82 communes en ont exempté les habitations.

■ **Plu (plan local d'urbanisme)** [Anciennement Pos (plan d'occupation des sols)]. Art. 4 de la loi SRU (13-12-2000). Fixe à moyen terme (dans le cadre des orientations du schéma directeur ou de secteur, s'il en existe) les règles générales et les servitudes d'utilisation des sols applicables aux parcelles de terrain. Élaboré à l'initiative des communes en association avec l'État et un certain nombre de personnes. Comprend un rapport de présentation, un ou plusieurs documents graphiques, un règlement et des annexes. Il divise le territoire communal en : 1°) *zones urbaines (U)* où les capacités des équipements publics existants ou en cours de réalisation permettent d'admettre immédiatement des constructions. 2°) *Zones naturelles (N)* comprenant si besoin est : *zones d'urbanisation future (NA)* : non équipées en l'état actuel, qui pourront être urbanisées par des opérations d'aménagement d'ensemble, *zones NB* : où les constructions peuvent être autorisées en fonction des équipements existants, sans renforcement de leurs capacités, *zones de richesses naturelles (NC)* : à protéger en raison de la valeur agricole des terres ou de la richesse du sol ou du sous-sol ; n'y sont autorisées que les installations liées aux activités correspondantes, *zones ND* : à protéger en raison de la qualité des sites, des milieux naturels et des paysages, ou de l'existence de risques (éboulements, avalanches...).

Publication : le Pos est arrêté par délibération du conseil municipal, soumis à l'avis des personnes associées, puis éventuellement modifié, est rendu public par arrêté du maire puis, après enquête publique (1 mois au moins), est approuvé par délibération du conseil municipal. Il est « opposable aux tiers » dès qu'il a été rendu public (les demandes d'autorisation d'occuper ou d'utiliser le sol doivent être conformes aux dispositions du plan). *En l'absence de Pos* le « Règlement national d'urbanisme » (RNU) est opposable ; depuis le 1-10-1984, seules sont autorisées les constructions à édifier dans les parties déjà urbanisées de la commune (sauf si le conseil municipal et l'administration sont convenus de « modalités d'application du RNU » spécifiques à la commune : ces modalités sont alors applicables pendant 4 ans au maximum).

Situation des Pos (au 1-1-1995) : sur 36 551 *communes métropolitaines,* 17 735 ont élaboré un Pos (Pos approuvés 14 304, publiés 375, prescrits 3 056). *Populations concernées :* 51 millions d'hab. (Pos approuvés 47,2, publiés 1,2, prescrits 2,5). *Superficies couvertes* (en milliers de km²) : 304,5 (Pos approuvés 249,7, publiés 5,3, prescrits 49,6).

■ **Promoteurs-constructeurs.** Personnes physiques ou morales dont la profession ou l'objet est de prendre, de façon habituelle et dans le cadre d'une organisation permanente, l'initiative de réalisations immobilières et d'assumer la responsabilité de la coordination des opérations intervenant pour l'étude, l'exécution et la mise à disposition des usagers de programmes de construction. **Fédération nationale :** 106, rue de l'Université, 75007 Paris.

■ **Schéma directeur.** Art. L. 122-1 et suivants, R. 122-1 et suivants du Code de l'urbanisme. Fixe à moyen et long terme les orientations de l'aménagement des agglomérations ou des ensembles de communes présentant une communauté d'intérêts économiques et sociaux. Peut être complété par un schéma de secteur qui en détaille et précise le contenu. Élaboré à l'initiative des communes par un groupement de communes. Le représentant de l'État et, sur leur demande, la région, le département, les chambres de commerce, des métiers et d'agriculture y sont associés. *Le schéma directeur* (ou *le schéma de secteur*), arrêté après avis des conseils municipaux, des administrations et organismes associés à son élaboration, est mis à la disposition du public pendant 1 mois pour recueillir ses observations, puis est approuvé par le groupement des communes. Les Pos et les grands travaux d'équipements doivent être compatibles avec les dispositions du schéma directeur. **Nombre** (au 1-7-1995) : approuvés 198, délimités 40, en cours de révision 98. *Communes :* 11 000 (6 000). *Surface* (en km²) : 150 000 (75 000). *Population concernée* (en millions d'hab.) : 42 (23).

■ **Surfaces. Sha (Surface habitable) :** surface construite (pièces d'habitation, de service et de circulation), déduction faite de l'espace occupé par murs, cloisons, emmarchements et trémies d'escaliers, gaines, embrasures de portes et fenêtres n'excédant pas 0,30 m de profondeur, cave, sous-sol, remise, garage, véranda, loggia et balcon. **Shob (Surface hors œuvre brute) :** somme des surfaces de plancher de chaque niveau, surface hors tout, incluant l'épaisseur des murs, mezzanines, balcons, loggias, combles, sous-sol, toitures-terrasses ; ne sont pas à prendre en compte les terrasses non couvertes de plain-pied, les modénatures (acrotères, marquises, bandeaux, corniches), les trémies d'escalier, cages d'ascenseur. Mais leur emprise au niveau du sol est comptabilisée. **Shon (Surface hors œuvre nette) :** obtenue après avoir déduit de la Shob les superficies dont la hauteur sous plafond est inférieure à 1,80 m, combles et sous-sols non aménageables, balcons, loggias, toits-terrasses et surfaces non closes, aires de stationnement... **Surface pondérée :** Sha majorée d'une partie de la surface des annexes. Ainsi, un balcon sera pris en compte pour la moitié de sa superficie réelle.

Loi Carrez (loi n° 96-1107 du 18-12-1996, décret du 23-5-1997). Depuis le 19-6-1997, promesses, compromis et actes de vente d'un lot de copropriété (habitation, professionnel, commercial...) doivent obligatoirement mentionner la superficie privative (superficie des planchers des locaux clos et couverts, de 1,80 m de hauteur et plus, après déduction des surfaces occupées par murs, cloisons, marches et cages d'escaliers, gaines, embrasures de portes et de fenêtres. Il n'est pas tenu compte de la superficie des caves, garages, terrasses, balcons ni des lots de moins de 8 m². 1°) L'acquéreur peut intenter une action en nullité dans le délai de 1 mois si la superficie privative n'est pas mentionnée ; 2°) il peut dans un délai de moins de 1 an intenter une action en diminution du prix au prorata de m² fictifs si la superficie indiquée est de plus de 5 % supérieure à la superficie « Carrez ». La loi s'applique aussi aux maisons individuelles si elles sont en copropriété « horizontale » sur un terrain où la propriété du sol est indivise. Elle concerne tous les types de vente, sauf les immeubles en construction, donations, échanges et ventes entre indivisaires (sauf le congé pour vendre donné à un locataire). *Coût de la mesure :* studio 700 F HT, deux pièces 800 ; fourniture de 1 plan 300 à 400. *Maison des géomètres-experts :* 103, rue Jouffroy-d'Abbans, 75017 Paris.

■ **Viager.** *Vente par contrat devant notaire.* Le *propriétaire,* dit *crédirentier,* vend son bien à un *acheteur,* dit *débirentier,* contre versement à la signature d'un capital *bouquet* et à vie d'une rente (arrérages). Il peut n'y avoir qu'une *rente versée jusqu'à sa mort* sur sa tête ou celle d'un tiers (famille, ami...). Si la rente est versée à un couple, elle s'éteindra au décès du dernier survivant ; en totalité si elle est réversible, sinon réduite de moitié. La vente en viager par des parents à l'un de leurs enfants sans le consentement des autres sera considérée comme une donation déguisée (art. 908 du Code civil) ; le jour où la succession sera ouverte, la valeur du bien immobilier devra s'imputer sur la quotité disponible (part dont les parents peuvent librement disposer). *Montant et indexation de la rente :* à défaut de précision contraire, la rente est indexée annuellement selon un barème remis à jour chaque année à l'occasion de la loi de finances, mais le crédirentier peut prévoir dans le contrat un autre indice (art. 4 de la loi du 13-7-1963) comme l'indice général des prix ou des salaires. Si la rente viagère devient trop faible (par exemple à cause de l'indice), le vendeur peut saisir le tribunal, mais une seule fois pendant la durée du contrat. *Privilège du vendeur :* le vendeur doit être payé en priorité en cas de vente du bien. L'acte notarié doit mentionner une clause visant l'action résolutoire en cas de non-paiement de la rente par l'acheteur. Si le bien doit être vendu, un capital doit être constitué, dans une banque par exemple, pour garantir le paiement régulier de la rente, ou pour verser la rente directement. *Si le débirentier décède :* ses héritiers doivent assumer les obligations contractées. L'acquéreur règle les charges incombant au propriétaire : taxes foncières et grosses réparations (art. 605 du Code civil). *Si l'acheteur ne paie plus les rentes :* le vendeur peut vendre son bien aux enchères et se rembourser sur le prix de vente (art. 1978 du Code civil). En pratique, il est préférable que le crédirentier fasse figurer à l'acte notarié une clause l'autorisant à exercer une « action résolutoire » si l'acheteur ne paye plus ses rentes. Le vendeur doit occuper paisiblement le bien vendu, délivrer la chose vendue libre de charges et d'hypothèques et doit assumer les travaux d'entretien. **Droit du crédirentier :** le vendeur peut, par contrat, conserver l'usufruit [comportant l'« usus » (droit à l'usage) et le « fructus » (droit de récolter les fruits, droit de jouissance)]. En pratique, peut habiter le bien vendu s'il en a conservé l'usufruit ou peut le mettre en location ; s'il n'a conservé que le droit de jouissance, il ne peut que l'habiter à titre personnel. La réversion de rente viagère avec usufruit entre époux est soumise au droit de mutation en cas de décès. Le viager, avec réserve d'usufruit au profit d'un héritier, sera soumis aux droits de succession au jour du décès du vendeur. **Montant de la rente :** fixé librement entre les parties. Généralement indexé sur l'indice du coût de la vie en prenant comme modèle de départ celui du dernier mois précédant les signatures du contrat. **Annulation :** possible lorsque le taux de la rente est inférieur au taux d'intérêt légal ; lorsque le contrat a été créé sur la tête d'une personne déjà morte au j de sa conclusion ou atteinte d'une maladie dont elle est décédée dans les 20 j de la conclusion du contrat, ou si le crédirentier était, lors du contrat, d'un âge avancé et atteint d'une maladie grave devant amener la mort à brève échéance. Si le crédirentier se réserve un droit d'usufruit ou un droit d'usage et d'habitation, il doit payer réparations locatives, entretien, charges de jouissance, le débirentier payant le gros entretien, sauf stipulation contraire (les travaux de ravalement sont considérés comme réparation d'entretien, les impôts locaux comme charge de jouissance). En mai 1965, Me André-François Raffarin, notaire à Arles, achète en viager à Jeanne Calment (90 ans) un appartement contre une rente mensuelle de 2 500 F. Il mourra le 25-2-1995 à 77 ans ayant versé environ 920 000 F. Entre-temps Jeanne Calment (née le 21-2-1875), qui avait dépassé 122 ans, était devenue la doyenne de l'humanité.

■ **Zac (Zone d'aménagement concerté).** Art. L. 311-1 et suivants, R. 311-1 et suivants du Code de l'urbanisme. Zone à l'intérieur de laquelle l'État, une collectivité locale ou certains établissements publics décident d'intervenir pour réaliser ou faire réaliser l'aménagement et

Pour un bien de 100 000 F
Montant de la rente

Age	Femme	Homme	Couple
50	5 428	6 214	5 057
55	5 962	6 982	5 485
60	6 706	8 040	6 072
65	7 514	9 163	6 694
70	8 729	10 746	7 596
75	10 581	12 989	8 917
80	13 368	16 171	10 836

Valeur du droit d'usage et d'habitation
(Taux supposé de rendement du bien : 3,5 % l'an)

Age	Femme	Homme	Couple
50	64 481	56 324	69 216
55	58 702	50 126	63 812
60	52 194	43 531	57 643
65	46 578	38 195	52 283
70	40 098	32 571	46 074
75	33 080	26 947	39 248
80	26 181	21 644	32 301

l'équipement de terrains en vue d'y implanter des constructions à usage d'habitation, de commerce, d'industrie, de services et des installations et équipements collectifs. L'aménagement peut être conduit par la collectivité, ou être concédé à un établissement public ou à une Sté d'économie mixte, ou être confié, par convention, à une personne privée ou publique. La Zac fait l'objet d'un *dossier de création* (délimitation du périmètre, choix du mode de réalisation), et d'un *dossier de réalisation* [comportant un plan d'aménagement de zone (Paz)]. Si, à l'intérieur de la Zac, les dispositions du Pos publié ou approuvé sont maintenues, le Pos tient lieu de Paz. La Zac et son Paz doivent être compatibles avec un certain nombre d'autres dispositions. Selon la loi SRU (art. 7), le projet de la Zac sera inclus dans le plan local d'urbanisme (Plu).

■ **Zad (Zone d'aménagement différé).** Art. L. 212-1 et suivants, R. 212-1 et suivants du Code de l'urbanisme. Périmètre à l'intérieur duquel l'État, une collectivité locale, certains établissements ou offices publics bénéficient, pendant 14 ans à partir de son institution, d'un droit de préemption à l'occasion d'aliénations volontaires à titre onéreux de tout immeuble, bâti ou non bâti. Créées en vue notamment de la création ou de la rénovation de secteurs urbains, de la création de zones d'activités ou de la constitution de réserves foncières. Préalablement à la vente d'un terrain, le propriétaire doit déclarer son intention d'aliéner son bien au bénéficiaire du droit de préemption. Si ce dernier n'a pas notifié sa décision au propriétaire dans les 2 mois, son silence vaut renonciation à l'exercice du droit de préemption. *Situation cumulée au 1-1-1986* : 6 605 Zad couvrant 644 890 ha.

■ **Zep (Zone d'environnement protégé).** Instituées par le décret nº 77-754 du 7-7-1977 pour la protection de l'espace rural, des activités agricoles ou des paysages sur le territoire d'une ou plusieurs communes. Supprimées par la loi nº 83-8 du 7-1-1983. Auraient cessé de produire leurs effets le 1-10-1986 si elles n'avaient pas été remplacées, à cette date, par des plans d'occupation des sols (Pos). Au 1-10-1984, 347 communes étaient dotées de Zep.

■ **Zif (Zone d'intervention foncière).** Voir Quid 1991 p. 1409 b. Remplacé par DPU.

■ **ZPIU (Zone de peuplement industriel et urbain).**

■ **ZPPAUP (Zone de protection du patrimoine architectural urbain et paysagé).** Créée par la loi du 7-1-1983. 34 ZPPAU créées fin 1991. ZPPAU devenue ZPPAUP (*JO* du 9-1-1993).

■ **Zup (Zone à urbaniser en priorité).** Formule créée en 1958 (dernière Zup créée 1969). Remplacée par la Zac. La loi d'orientation pour la ville (13-7-1991) a officialisé leur suppression, à compter du 1-10-1991, et intègre aux Pos les dispositions qui leur étaient propres.

☞ Pos ou Paz doivent être compatibles, s'il y en a, avec schémas directeurs et schémas de secteur, ou directives territoriales d'aménagement (DTA) ou avec les lois d'aménagement et d'urbanisme. Schémas directeurs, schémas de secteur doivent être compatibles, s'il y en a, avec les DTA sinon avec les lois d'aménagement et d'urbanisme.

Propriété

■ **Droit de propriété.** Droit réel (il porte directement sur une chose) exclusif (opposable à tous), perpétuel (dure autant que la chose et ne s'éteint pas par le non-usage). Ce droit peut être attaché à un bien qui est une abstraction : droits d'auteur, de créance, action en dommages et intérêts, action en revendication, etc. **Éléments : 1º)** *l'usus* (jouissance) : droit qu'a le propriétaire de profiter personnellement de l'utilité d'une chose. **2º)** *Le fructus* (fruit) : droit pour le propriétaire de percevoir des revenus sur son bien. **3º)** *L'abusus* (abus) : le propriétaire peut disposer comme il l'entend de la chose, la consommer si elle est consommable, la détruire, la vendre ou la donner. Il peut faire de la chose tout ce qui n'est pas contraire aux lois et aux règlements. **Limitations :** le propriétaire ne doit pas porter atteinte à la propriété d'autrui. D'où servitudes publiques ou privées de vues, régime des eaux (écoulement, irrigation, drainage), de bornage et de clôture.

■ **Définition des biens. Biens corporels** (visibles et palpables) : *immeubles :* fixes, on ne peut les déplacer (terre, maison, etc.) ; *par destination :* bétail dans une ferme, fruits tant qu'ils ne sont pas cueillis, glace scellée dans un mur. *Meubles :* ne sont pas fixes (automobile, tapis, bijoux, argent en espèces, gaz, courant électrique, etc.). **Biens incorporels** : représentent des droits (droits d'auteur, de créance, pension, rente, etc.).

Propriété du sol et du sous-sol (art. 552 du Code civil) : la propriété du sol emporte la propriété du dessus et du dessous. Le propriétaire peut faire au-dessus toutes plantations et constructions qu'il juge à propos, sauf les exceptions établies au titre des servitudes ou services fonciers. Il peut faire au-dessous toutes constructions et fouilles qu'il jugera à propos, et tirer de ces fouilles les produits qu'elles peuvent fournir, sauf les modifications résultant des lois et règlements de police. Art. 21 du Code minier : les mines peuvent être exploitées par le propriétaire de la surface (en vertu d'une concession ou d'un permis d'exploitation), ou par l'État.

■ **On devient propriétaire. Par convention.** Vente, échange, donation. Dès qu'il y a accord des parties sur la chose et sur le prix, il y a transfert de propriété ; mais ce transfert peut être retardé ou soumis à la réalisation de conditions si le contrat le spécifie. Pour donner une validité, à l'égard des tiers, il faut remplir certaines formalités. Ainsi la vente ou l'échange d'un bien immobilier nécessite un acte notarié, une inscription hypothécaire ; la vente d'une auto, le changement de la carte grise, etc.

En vertu de la loi. Par accession : le propriétaire d'un terrain devient propriétaire des constructions élevées sur son terrain par une autre personne, le locataire, par exemple, dès que cessent les droits de la personne qui a construit (fin de bail par exemple). Certains meubles n'ont pas de propriétaire : produits de la chasse, de la pêche, chose abandonnée (bijoux perdus du propriétaire par exemple), trésor (un trésor appartient à celui qui le trouve dans son propre fonds ; s'il est trouvé dans le fonds d'autrui, il appartient, pour moitié, à celui qui l'a découvert et, pour l'autre moitié, au propriétaire du fonds). **Par possession prolongée :** permet de se substituer au précédent propriétaire de la chose. **Prescription acquisitive :** il faut que la possession de la chose soit continue, paisible, publique (connue), non équivoque et assurée à titre de propriétaire ; que le possesseur ait entretenu et administré la chose comme l'aurait fait le propriétaire lui-même ; que la possession n'ait pas commencé par une possession pour le compte d'autrui ; qu'elle n'ait pas été interrompue (jouissance de la chose par l'ancien propriétaire ou par un tiers) ; que le possesseur n'ait pas reçu, avant la prescription, une citation en justice, un commandement ou une saisie émanant de l'ancien propriétaire et relative au droit de propriété ; que le possesseur n'ait pas reconnu les droits de l'ancien propriétaire (lettres, paiement d'intérêts) ; que l'ancien propriétaire ne soit pas un mineur non émancipé ou un majeur en tutelle, ni l'un des époux ; cependant la prescription court contre la femme mariée, à l'égard des biens dont le mari a l'administration. *Durée* 30 ans ; 10 ans pour celui qui achète de bonne foi un immeuble, alors qu'en fait il appartient à quelqu'un d'autre que le vendeur, si le propriétaire véritable habite dans le ressort de la cour d'appel du lieu de l'immeuble (sinon 20 ans). **Pour les meubles :** art. 2279 du Code civil : « Possession vaut titre » : il suffit de les posséder pour être considéré comme leur propriétaire. En cas de vol ou de perte : revendication pendant 3 ans à compter du jour de la perte ou du vol. Celui qui a acheté, dans une foire, un marché, une vente publique ou un magasin, un objet perdu ou volé ne peut être obligé de le rendre à son vrai propriétaire que si celui-ci le lui paye au prix coûtant.

■ **Démembrement de la propriété** (voir **Servitudes** p. 1730 a et **Usufruit** à l'Index). **Droit d'usage et d'habitation,** utilisé parfois pour les résidences-retraites. Les investisseurs gardent la nue-propriété et cèdent le droit d'habitation à des retraités qui peuvent ainsi acquérir moins cher l'usage, leur vie durant, de leur appartement.

■ **Expropriation. Peuvent exproprier :** État, collectivités territoriales, établissements publics (EDF, chambre de commerce, etc.), concessionnaires d'un service public, certains particuliers (propriétaires de sources thermales, Cie nationale du Rhône, Sté chargée de la construction d'usines de fabrication de carburants synthétiques pour l'édification des usines, etc.), Stés d'État.

Biens expropriables : immeubles, terrains ou bâtiments. Les meubles ne peuvent qu'être réquisitionnés (brevets d'invention intéressant la défense nationale, objets et approvisionnements indispensables au fonctionnement d'une usine de guerre). **Formalités :** *pour exproprier* il faut : *une enquête d'utilité publique* permettant à tout intéressé de faire des objections, et à l'Administration de connaître les biens qu'elle veut exproprier, *une déclaration d'utilité publique ;* le juge des expropriations, juge spécialisé du tribunal de grande instance, vérifie la régularité des opérations qui précèdent et rend *une ordonnance d'expropriation* (à moins d'accord amiable avec l'Administration expropriante). L'ordonnance transfère la propriété, même si une procédure doit suivre pour la fixation des indemnités ; elle peut faire l'objet d'un pourvoi en cassation. **Indemnisation :** nul exproprié ne peut être dépossédé sans avoir reçu une juste et préalable indemnité. Le jugement de l'expropriation fixe les indemnités et peut faire l'objet d'un appel devant une chambre spéciale de la cour d'appel dans les 15 j qui suivent la notification de l'expropriation. Celle-ci est évaluée selon *le préjudice direct : matériel (le préjudice moral est exclu).* Elle est fixée selon la valeur du bien au jour de la décision de 1re instance. *Indemnités accessoires :* frais de déménagement, transport, aménagement, coût des installations à réaliser, dépréciation du reste de la propriété si seulement une partie est expropriée, etc. *Indemnité de remploi* pour rembourser les frais que coûte le remploi de l'indemnité (souvent 20 à 30 % de l'indemnité principale). La valeur, donnée par le juge aux biens expropriés, ne peut excéder l'estimation faite lors de leur plus récente mutation (vente, donation, succession), lorsque celle-ci est antérieure de – de 5 ans à la date de l'ordonnance d'expropriation. **Statistiques :** *nombre d'expropriations par an :* 35 000 à 50 000. *Contestation de l'indemnité proposée en justice :* 10 %. Les propriétaires réclament de 2 à 4 fois le prix évalué par les domaines et obtiennent finalement 10 à 30 % de plus.

■ **Limites. Bornage :** fixe la limite séparative de 2 terrains contigus. Chaque propriétaire peut procéder au bornage à l'amiable avec son voisin par un géomètre-expert, ou l'y obliger par décision du tribunal d'instance qui nomme un géomètre-expert (dont il confirme ou modifie les conclusions) et fixe la répartition des frais. Le procès-verbal de bornage doit être daté et signé par le géomètre et les 2 parties. Il est prudent (pour éviter toute contestation) de le poser devant notaire et de prévoir une inscription à la conservation des hypothèques (coût : 1 000 à 1 500 F). Peuvent également demander le bornage : l'usufruitier, le nu-propriétaire, l'usager (qui possède un droit d'usage et d'habitation), le copropriétaire indivis et le titulaire d'un bail emphytéotique. Un bornage unilatéral n'est pas opposable au voisin qui n'y a pas pris part. Si un bornage a été fait contradictoirement, il n'est plus possible de le remettre en cause tant que les bornes subsistent ou qu'elles n'ont pas été déplacées. S'il y a contestation sur la propriété du terrain (une parcelle est revendiquée par le voisin), le litige doit être porté devant le tribunal de grande instance du lieu. Si un voisin déplace une borne, le propriétaire, lésé, peut exercer contre son voisin une action possessoire, dite « complainte », devant le tribunal d'instance, ou déposer une plainte auprès du procureur de la Rép. pour « déplacement » ou « suppression de bornes » (délit passible de peines correctionnelles). *Bornage du côté du domaine public :* il existe une procédure particulière de délimitation, *« l'alignement ».* **Empiétement :** *sans construction :* par exemple, clôture établie par un propriétaire ; la victime, lésée, dispose de l'action en « complainte », action possessoire (c.-à-d. destinée à protéger sa possession) devant le tribunal d'instance (dans l'année des faits). *Avec construction :* recourir au tribunal de grande instance. La victime peut se référer au Code civil (art. 545 : « Nul ne peut être contraint de céder sa propriété ») et demander la démolition de la partie de la construction qui dépasse la limite séparative, ou des dommages et intérêts (10 cm sur la propriété voisine suffisent pour demander la démolition). *Si la construction est élevée entièrement sur le terrain d'autrui* (art. 555 du Code civil) : le propriétaire du terrain devient, par « accession », propriétaire de la construction élevée chez lui sans son accord, mais à charge pour lui d'indemniser le propriétaire de cette construction. En cas de mauvaise foi de ce dernier, il peut exiger la suppression de la construction à la diligence et aux frais du responsable. *Coût :* délimitation rectiligne sur des limites antérieures : environ 1 000 F (plus pour bornes : 1 500 à 2 000 F), terrains plus difficiles (exemple boisés) et contestation sur des limites exactes de propriété : de 4 500 à 10 000 F.

Renseignements : Ordre national des géomètres-experts, 40, avenue Hoche, 75008 Paris.

☞ *Le procès-verbal de bornage* est plus complet qu'un document d'arpentage, simple plan établi par un géomètre expert et signé par les parties intéressées. *Les plans cadastraux* ont une portée essentiellement fiscale : établis par l'administration des finances pour établir l'assiette de l'imposition foncière, ne constituent qu'un élément de présomption de propriété. La loi SRU du 13-12-2000 a prévu qu'une promesse de vente ou un contrat de vente d'un terrain, indiquant l'intention de l'acquéreur de construire un immeuble d'habitation, doit mentionner si le descriptif résulte d'un bornage. A défaut, l'acquéreur peut intenter une action en nullité de la vente dans le mois suivant.

Déplacement ou enlèvement des bornes : *destruction ou détérioration volontaire d'un bien appartenant à autrui :* 3 ans d'emprisonnement et 200 000 F d'amende, sauf en cas de dommage léger (art. 322-1 du Code pénal). *Dommage léger :* contravention de 5e classe (max. 10 000 F, art. R. 635-1 et 131-13 du Code pénal). On peut déposer plainte contre X auprès du procureur de la République (au tribunal de grande instance).

Clôtures : libre : *tout propriétaire peut clore son héritage,* mais si son voisin est enclavé, et donc bénéficie d'une servitude de passage, il ne peut rien faire qui tende à en diminuer l'usage ou à la rendre plus incommode. **Forcée :** dans les villes et faubourgs, chacun peut obliger son voisin à participer à la construction d'une clôture destinée à séparer « maisons, cours et jardins », et à participer aux éventuelles réparations. Cette règle ne s'applique pas à la campagne, sauf dans un village ou un hameau ; elle ne joue que pour les terrains dépendant d'habitations. Le mur sera édifié à cheval sur la limite séparative et aura la nature de mur mitoyen. Les frais seront partagés par moitié, sauf si les 2 terrains sont à des niveaux différents. Le voisin peut se soustraire à l'obligation de participer aux frais en abandonnant à l'autre propriétaire la bande de terrain correspondant à la moitié du mur. On ne peut forcer son voisin à participer au coût du mur de clôture que si celui-ci n'est pas encore construit, et non après coup. Si l'on édifie un mur à cheval sur la ligne séparative sans accord du voisin, celui-ci peut en demander la démolition ou réclamer d'en acquérir la moitié. Si le voisin refuse de participer, le tribunal d'instance tranchera le différend. *Hauteur* fixée suivant usages du lieu et règlements particuliers et, à défaut, à une haut. minimale de 3,30 m dans les villes de

50 000 hab. et plus, et de 2,60 m dans les autres villes. Demander les règlements (mairie, direction départementale de l'Équipement). *En cas de « vaine pâture » :* si celle-ci profite à tous les habitants de la commune (titre ou usage ancien), le propriétaire peut, néanmoins, se clore et son terrain cesse d'être soumis à la vaine pâture ; si celle-ci résulte d'un titre (contrat, jugement), le propriétaire doit respecter ce titre, mais il peut s'en affranchir contre indemnité.

Terrain clos : est réputé clos tout terrain entouré par haie vive, mur, palissade, treillage, ou haie sèche (faite de branches sèches) de 1 m au moins, ou par un fossé de 1,20 m à l'ouverture et de 50 cm de profondeur, ou par des traverses en bois ou des fils métalliques distants entre eux de 33 cm au plus s'élevant à 1 m de hauteur, ou par toute autre clôture continue et équivalente et faisant obstacle à l'introduction des animaux (art. 192 du Code rural).

Dégradation de clôture : punissable pénalement de 10 000 F d'amende au maximum (art. R. 635-1 et 113-13 du Code pénal). **Destruction :** passible de 2 ans de prison et de 200 000 F d'amende (art. 322-1 du Nouveau Code pénal).

■ **Mitoyenneté. Mur mitoyen :** est mitoyen un mur construit à frais commun, par 2 voisins. On peut acquérir la mitoyenneté (c'est un droit absolu et imprescriptible) si on le désire, mais on ne peut y contraindre son voisin. On peut, si on le désire, acquérir la mitoyenneté par prescription à condition que le propriétaire ait agi comme si le mur était mitoyen, d'une façon paisible, continue, sans équivoque, pendant 30 ans. On peut bâtir contre un mur mitoyen, placer poutres et solives dans toute son épaisseur (à 54 cm près), et l'exhausser. **Preuve de la mitoyenneté :** peut résulter d'un titre, acte, contrat constatant la construction à frais communs d'un mur sur la ligne séparative. Souvent les titres de propriété ne donnent pas de renseignements. Aussi la loi précise-t-elle que dans les villes et les campagnes, tout mur servant de séparation entre bâtiments jusqu'à l'héberge, ou entre cours et jardins et entre enclos dans les champs, est présumé mitoyen s'il n'y a pas titre ni marque contraires.

■ **Obligations diverses** (exemples). **Cession gratuite :** le propriétaire d'un terrain, qui construit ou lotit, peut être obligé d'en céder gratuitement une partie (art. R. 332-15 du Code de l'urbanisme). Une circulaire du ministère de l'Équipement du 4-7-1973 (*BO* du ministère, n° 535-0) fixe les limites. Lorsqu'un permis de construire est nécessaire, la cession gratuite de terrain ne peut être imposée que si la demande porte sur la construction du bâtiment, sauf s'il s'agit d'un bâtiment agricole autre qu'à usage d'habitation. Le maire peut imposer la cession gratuite pour l'aménagement réel d'une voie publique (un chemin rural n'a pas le caractère d'une voie publique) et non pour une opération hypothétique. Une cession gratuite imposée illégalement peut faire l'objet d'une annulation contentieuse de la clause correspondante sans affecter pour autant la validité du permis. Si le terrain est clôturé, la démolition de la clôture et sa reconstruction en retrait sont à la charge de la collectivité bénéficiaire de la cession. Si le propriétaire vend son bien, il en avertit l'acquéreur et est tenu de la garantie en cas d'éviction partielle. **Débroussaillement :** *surfaces soumises* (art. L. 322-3 du Code forestier) : terrains situés dans une zone urbaine délimitée par le Plu (art. 14 de la loi SRU) ; inscrits dans le périmètre d'une Zac, d'un lotissement approuvé, d'une association foncière urbaine (Afu). Abords de constructions, de chantiers, travaux et installations de toute nature : distance autour de l'installation 50 m (le maire peut la porter à 100 m). *Personnes soumises :* propriétaire et ses ayants droit ou occupant. Si le voisin n'a pas l'obligation de débroussailler parce qu'il n'y a aucune installation sur son terrain, le propriétaire ou l'occupant de la maison doit supporter seul la charge des travaux. *Sanction :* amende de 10 000 F. *Coût des travaux :* 1 à 8 F le m² ; *des travaux d'entretien ultérieurs* (tous les 3 ans) : 1 à 4 F. **Neige et verglas à Paris** (arrêté du 6-1-1981) : les riverains des voies publiques sont tenus de balayer la neige, au besoin après grattage, sur toute la longueur de leur propriété sur une largeur d'au moins 4 m. En cas de verglas, ils doivent jeter au droit de leurs habitations de la sciure, du sable ou du mâchefer. L'emploi de sel sur les trottoirs plantés d'arbres est interdit.

■ **Servitudes.** Charge imposée à un immeuble bâti ou non (fond servant), au profit d'un autre immeuble appartenant à un autre propriétaire (fond dominant) pour permettre à ce dernier un certain usage du terrain frappé de la servitude. Les servitudes peuvent être faites dans l'intérêt d'un particulier ou d'une administration (dans l'intérêt public). Certaines sont imposées par la loi (exemple : servitude de passage au profit d'un terrain enclavé). D'autres sont conventionnelles : par exemple, 2 voisins s'interdisent réciproquement d'utiliser leur terrain pour la construction, ou au contraire s'y obligent.

Servitudes de passage : *de plein droit* (par l'effet de la loi), si le fonds est enclavé. *Résultant d'un titre* (contrat, écrit, acte notarié, etc. qui donne ou confirme ce droit) ou *de la destination du père de famille* [lors d'un partage entre ses descendants, un propriétaire a prévu ce droit de passage pour ceux de ses enfants qui n'ont pas accès directement sur la voie publique ; souvent ce droit est inscrit dans une donation, un testament ; mais il est également admis que l'on peut prouver ce droit de passage s'il est révélé par un signe apparent (qui ne peut avoir été réalisé que pour assurer ce droit de passage qui se transmet à tous les propriétaires successifs)].

Passage des eaux et canalisations : servitude légale pour les eaux pluviales ou de source. Les eaux domestiques (ménagères ou pluviales s'écoulant du toit) doivent être évacuées sur la voie publique ou sur le terrain du propriétaire.

Servitudes de halage (9,75 m) et **de marchepied** (3,25 m) : interdisant aux riverains de planter des arbres et de se clore au moyen de haies le long même des cours d'eau (art. 15 du Code du domaine public fluvial).

Servitude du tour d'échelle : pour des travaux indispensables à l'entretien d'un bâtiment ou d'un mur construit sur la limite d'une propriété, on peut passer chez le voisin et établir en bordure des échafaudages (c'est la servitude dite du *tour d'échelle*). Si l'on ne peut s'entendre à l'amiable avec le voisin, en cas d'urgence, le juge des référés peut autoriser une occupation provisoire.

Servitude de vue : sauf prescription trentenaire, le Code civil interdit d'avoir des « vues droites » sur la propriété voisine à moins de 1,90 m de la limite (interdiction d'ouvrir une fenêtre, de construire une terrasse, un escalier extérieur, etc.), et des « vues obliques » à moins de 60 cm. *Jours de souffrance :* autorisés dans un mur en limite de propriété, à condition qu'il ne soit pas mitoyen à 2,60 m du plancher au rez-de-chaussée, à 1,90 m aux autres étages (art. 677 du Code civil) ; montés sur chassis fixe et garnis d'un treillis de fer (art. 676) ; translucides non transparents (cassation 1re ch. civile, 6-12-1953).

Servitude de voisinage : les branches d'arbres ne doivent pas déborder sur une voie de circulation. *Plantations :* règlements variables suivant chaque Pos, ou usages locaux. En général, au minimum à 2 m de la limite, si la hauteur des arbres et arbustes dépasse 2 m (sinon à 0,50 m). Le voisin peut exiger l'arrachage s'ils sont à moins de 0,50 m, ou leur coupe à hauteur s'ils sont entre 0,50 m et 2 m et dépassent en hauteur 2 m. Il peut demander l'élagage (droit imprescriptible) sauf en cas de prescription trentenaire (délai de prescription décompté à partir du moment où l'arbre a dépassé la hauteur autorisée), de titres (écrits) ou de destination du père de famille. On peut couper soi-même racines, ronces et brindilles avançant sur son terrain. A Paris et dans la région parisienne, on plante jusqu'à l'extrême limite, le voisin peut demander l'élagage. S'il y a un mur, il suffit que les arbres ne dépassent pas la crête du mur. Le tribunal d'instance est compétent.

Troubles anormaux du voisinage : il n'y a pas de définition légale. *Bruit :* tout bruit excessif est répréhensible (un bruit nocturne sera considéré plus facilement comme anormal par les tribunaux, mais il est faux de croire que chacun a le droit de faire du bruit jusqu'à 22 h, ou qu'il existe une tolérance le samedi soir). Voir à l'Index.

Cimetières de voitures : doivent être camouflés par des plantations d'arbres à feuilles persistantes ou par des murs ou des clôtures opaques de 2 m de hauteur au moins.

Domaine de l'État

■ **Domaine privé.** Soumis aux règles du Code civil (les litiges relèvent des tribunaux judiciaires).

■ **Domaine public. Composition :** *domaine naturel :* domaine maritime (voir ci-dessous), cours d'eau navigables et flottables figurant sur une nomenclature, cours d'eau d'alimentation, eaux intérieures dans les départements d'outre-mer. *Domaine artificiel :* ports maritimes et fluviaux ne relevant pas de la compétence des collectivités locales, voirie routière, installations ferroviaires, aérodromes, édifices publics (musées, tribunaux, établissements scolaires, préfectures). L'État possède 10 088 884 ha dont 9 267 257 ha de forêts domaniales (7 497 376 ha pour la forêt guyanaise). *Comprend :* tous les biens et droits immobiliers appartenant à l'État et non susceptibles de propriété privée en raison de leur nature ou de leur destination. Résulte soit de textes particuliers, soit de la simple affectation matérielle des biens à l'usage du public ou à un service public. **Régime :** le domaine public est inaliénable (sauf décision préalable formelle de déclassement), imprescriptible. Il bénéficie de servitudes et fait l'objet d'une protection pénale. Les particuliers peuvent en user librement et en principe gratuitement dans la limite des droits appartenant à tous. L'État peut autoriser, à titre temporaire et moyennant le paiement d'une redevance, certaines occupations privatives compatibles avec la destination du domaine. Ces autorisations sont unilatérales ou contractuelles (permis de stationnement, permission de voirie ou concessions). Elles sont précaires, révocables sans indemnité et ne confèrent aucun droit réel à leur titulaire. Les litiges relèvent des juridictions administratives.

■ **Domaine maritime public. Étendue :** *rivages* (le plus grand flot de l'année en définit la limite), *lais et relais de la mer, ports, havres, rades. Sol et sous-sol des eaux territoriales* (sur 12 milles) ; les eaux territoriales elles-mêmes ne sont pas propriété de l'État. *Lais et relais de la mer :* constitués après 1963 et ceux constitués avant 1963 et dépendant du domaine privé peuvent être incorporés au domaine public maritime par arrêté préfectoral. La délimitation côté terre est faite, après enquête, par décret du Conseil d'État rendu sur le rapport du ministre chargé du domaine public maritime ; s'il n'y a pas d'opposition manifestée pendant l'enquête, la délimitation est approuvée par arrêté préfectoral. Lorsqu'ils ne sont pas utiles à la satisfaction des besoins d'intérêt public, ils peuvent être déclassés. *Étangs salés :* baies communiquant avec la mer avec une issue plus ou moins étroite et qui en sont une prolongation et une partie intégrante formée des mêmes eaux et peuplée des mêmes poissons. *Terrains privés ayant fait l'objet d'une réserve :* si la procédure de création de réserve est appliquée, les terrains acquis par l'État sont incorporés au domaine public maritime. *Ports, havres et rades :* le préfet procède à la délimitation des ports maritimes du côté de la mer ou du côté des côtes. *Terrains artificiellement soustraits à l'action du flot :* sauf dispositions contraires d'actes de concession. La zone des « 50 pas géométriques » dans les Dom.

Mode d'occupation : l'État donne des autorisations ; exemples : *exploitation* des gisements marins et sous-marins, cultures marines ; *concessions* de plages naturelles, travaux tels que escaliers, digues, etc. ; *travaux immobiliers* (outillages publics dans les ports), services ou travaux publics (port de plaisance, plage artificielle, exploitation de la force motrice des marées, endigage).

■ **Domaine maritime privé de l'État.** *Lais et relais de l'État antérieurs à 1963,* lorsqu'ils ne sont pas incorporés au domaine public maritime. *Lais et relais incorporés au domaine public maritime, puis ultérieurement déclassés, îles, îlots, forts, châteaux forts et batteries du littoral* ayant fait l'objet d'un usage militaire et déclassés, *étangs salés isolés* de toutes communications avec la mer et sous réserve des droits des particuliers.

■ **Propriétés privées.** Délimitées côté mer par des opérations de délimitation du domaine public maritime, notamment lorsqu'il y a création de lais et relais. Peuvent être frappées de réserve sur une bande de 20 m pour les terrains clos ou construits.

Sont frappées d'une *servitude de passage de piétons* sur 3 m de large à partir des limites du domaine public maritime et sur les chemins perpendiculaires au rivage, à l'exception des terrains situés à moins de 15 m de bâtiments à usage d'habitation et clos de murs édifiés avant le 1-1-1976. Cette distance peut être réduite dans la mesure où la servitude est le seul moyen d'assurer le libre accès des piétons au rivage de la mer. La servitude peut être suspendue après enquête (exemples : si elle fait obstacle au fonctionnement d'un service public, d'un établissement de pêche bénéficiaire d'une concession, d'une entreprise de construction ou de réparation navale à l'intérieur d'un port maritime proche d'installations utilisées pour les besoins de la défense nationale, si elle peut compromettre la conservation d'un site à protéger pour des raisons d'ordre écologique ou archéologique, ou la stabilité des sols). Les riverains du domaine public maritime n'ont ni droit d'accès, ni droit de vue, le domaine public maritime ne pouvant être l'objet de servitudes.

Ventes d'immeubles aux enchères

☞ *Vente à la bougie :* au début de la séance, on allume une chandelle. Lorsque les enchères s'essoufflent, on utilise des mèches. Après l'extinction de 2 feux successifs, sans nouvelle enchère, l'adjudication est prononcée.

■ **Ventes judiciaires. Circonstances :** le plus souvent pratiquées sur saisie immobilière ou liquidation des biens d'un débiteur insolvable, réalisées devant le tribunal de grande instance. Un avocat poursuivant demande au tribunal d'ordonner la vente. Si des irrégularités ont été commises au cours de la procédure, le jugement d'adjudication peut être frappé d'un pourvoi devant la Cour de cassation (il n'y a pas d'appel). **Mise à prix :** fixée par le créancier en fonction de la somme qu'il veut récupérer. **Pour enchérir :** on doit prendre un avocat inscrit au barreau du tribunal du lieu de la vente. Il prendra notamment connaissance du cahier des charges. *Avant la vente,* on doit remettre un chèque certifié couvrant les frais préalables à la vente (environ 15 % de la mise à prix), et une partie de la mise à prix (environ 10 %). Si l'on n'est pas déclaré adjudicataire, l'avocat peut cependant demander des honoraires correspondant à son déplacement pour assister à la vente, aux conseils donnés quant au cahier des charges. **Surenchère :** on peut, dans les 10 j (fériés en plus) suivant la vente, faire présenter au greffe (par l'avocat) une déclaration de surenchère par laquelle on offre d'acheter au prix d'adjudication augmenté de 10 %. Une nouvelle séance d'adjudication aura lieu, à partir du prix proposé : si aucun autre amateur ne se présente, on devient propriétaire ; sinon, le plus offrant l'emporte. On ne peut surenchérir qu'une fois. **Règlement :** dans les 45 jours, si l'adjudicataire, ne peut pas payer le prix dans les délais fixés par le cahier des charges, la vente sera reprise sur *folle enchère* et recommencera à la mise à prix initiale. On devra régler les frais de la 1re vente faite inutilement et, si la 2e adjudication est inférieure à la 1re, la différence entre les deux. **Émoluments des notaires et des avocats :** de 1,65 (bien > 110 000 F) à 10 % (< à 20 000 F). A la charge de l'adjudicataire. Débours du notaire (4 000 F environ) et, dans certains cas, honoraires de l'avocat (500 à 1 500 F). **Frais annexes :** *préalables :* frais de poursuite, de publicité (indiqués au cahier des charges). *Postérieurs :* dus aux avocats (3/4 vont à l'avocat du vendeur, 1/4 à l'avocat de l'acheteur). *A Paris : 0 à 17 500 F :* 10 % ; *17 501 à 36 500 F :* 6,6 % ; *36 501 à 102 000 F :* 3,3 % ; *102 001 F et plus :* 1,65 %. Autres émoluments à taux fixe : exemple, signification du jugement : 50,80 F, ou variable (rédaction des bordereaux). Droit de timbre et frais de publicité... Frais des quittances notariés. *Entrée en jouissance :* dès le délai de surenchère expiré (c'est-à-dire le 11e j après la vente, ou immédiatement si celle-ci est consécutive à une surenchère).

■ **Ventes par adjudication devant notaires. Lieu :** *Paris :* Chambre des notaires de Paris, 12, av. Victoria, 75001. *Province :* chambres régionales des notaires. **Annonces.** Programme officiel des ventes du Châtelet, Programme du marché immobilier du notaire. On peut enchérir directement. **Mise à prix :** fixée par le notaire et le vendeur (souvent prix d'estimation diminué de 35 %). Pour participer à la vente, consigner, auprès du notaire vendeur, un chèque certifié du montant indiqué au programme des ventes (environ 20 % de la mise à prix). **Surenchère :** possible comme pour les ventes judiciaires. **Règlement :** dans les 45 j. **Frais annexes :** partie des frais de publicité, frais du cahier des charges et partie des honoraires du notaire vendeur.

■ **Ventes des Domaines. Lieu :** *Paris :* salle des ventes des Domaines, 17, rue Scribe, 75009 ; *province :* direction des services fiscaux. **Annonces :** dans le Bulletin officiel des annonces des Domaines. **Mise à prix :** fixe le montant du cautionnement à verser pour être admis à enchérir. On peut enchérir directement. **Règlement :** dans le mois jusqu'à 100 000 F ; en 2 fractions égales, 1 dans le mois, l'autre dans 2 mois : de 100 000 à 500 000 F ; au-delà, consulter le cahier des charges, mais intérêt au taux légal (3,36 %) à partir du 11e jour. **Frais annexes :** les frais préalables à la vente sont à la charge de l'État : l'acheteur ne verse que les taxes de publicité et droit de timbre du procès-verbal d'adjudication (500 à 800 F).

☞ **Droits dus dans les trois types de vente :** *enregistrement :* 5,6 %. *Taxe additionnelle communale* 1,2 %. *Prélèvement opéré par l'État* 2,5 % sur le montant des droits et taxes.

Achat de terrains à bâtir

☞ **Précautions :** certificat d'urbanisme. Servitudes. Contraintes imposées par le terrain (demander l'avis d'un puisatier, ou expert agricole et foncier). Achat dans un lotissement (consulter le cahier des charges). Vérifier les mentions de bornage.

■ **Frais à prévoir pour l'achat d'un terrain à bâtir.** *Équipement du terrain :* frais d'arpentage et de bornage (demander un devis préalable), expertise du sol, frais de voirie (par exemple, établissement d'une servitude de passage), frais d'adduction d'eau, de branchement au réseau, électricité, gaz, téléphone ; *commission de l'intermédiaire* (agent immobilier, géomètre, notaire) ; *promesse de vente ou compromis* (possibilité de droit d'enregistrement, d'honoraires de rédaction d'acte) ; *frais d'achat :* honoraires du notaire, droits de mutation (TVA ou droits d'enregistrement, timbres, etc.), taxe locale d'équipement.

Si les travaux de construction ne sont pas terminés au bout de 4 ans (délai éventuellement prorogeable), et sauf cas de force majeure, l'acquéreur doit acquitter les droits d'enregistrement et une amende de 6 % même s'il n'est pas propriétaire du terrain.

■ **Prix des terrains en périphérie** (en milliers de F, 2001). Amiens (500/600 m²) 230 à 350, Bordeaux (500/700 m²) 350 à 750, Grenoble (1 000 m²) 550 à 800, Lille (400/500 m²) 300 à 550, Lyon (900/1 500 m²) 450 à 850, Orléans (700 m²) 300 à 380, Rouen (800/2 000 m²) 250 à 500, Toulouse (500/700 m²) 250 à 600.

Achat de logements

■ **Prix moyen du m²** (en F, 2000). **Appartements et,** entre parenthèses, **maisons, anciens :** Alsace 9 179 (8 769), Aquitaine 9 172 (6 796), Auvergne 5 814 (5 277), Bourgogne 5 961 (5 794), Bretagne 7 419 (6 780), Centre 7 374 (6 795), Champagne-Ardenne 7 093 (5 415), Corse 8 451 (9 577), Franche-Comté 7 065 (6 863), Ile-de-France 13 119 (9 913), Languedoc-Roussillon 6 624 (6 845), Limousin 5 268 (4 443), Lorraine 6 988 (6 062), Midi-Pyrénées 7 003 (6 427), Basse-Normandie 6 049 (5 592), Haute-Normandie 7 575 (6 939), Nord-Pas-de-Calais 6 815 (6 907), Pays de la Loire 8 218 (6 952), Picardie 7 081 (7 041), Poitou-Charentes 7 054 (5 952), Paca 10 784 (11 005), Rhône-Alpes 7 874 (8 151), *France entière 9 443 (2 000) maisons et anciens confondus.*

Prix moyens observés (en F/m², France entière). **Appartements et,** entre parenthèses, **maisons :** *1995 : 9 253 (6 113) ; 96 :* 9 003 (6 134) ; *97 :* 9 025 (6 201) ; *98 :* 9 266 (6 507). *Sources :* Fnaim et ministère de l'Équipement.

Selon la surface (surface en m² et, entre parenthèses, prix en F/m², 1999). **Appartements :** studio 27,90 (10 261), 2 pièces 45,70 (10 207), 3 pièces 67,60 (9 455), 4 pièces 85,10 (8 942), 5 pièces et plus 118,40 (9 636). **Maisons :** jusqu'à 4 pièces 78,80 (7 304), 5 pièces 111,50 (7 469), 6 pièces et plus 165 (7 314).

Paris et Ile-de-France

■ **Parc immobilier.** *Immeubles :* 120 000. *Surface totale :* 100 millions de m² dont habitation 67 [soit 1 280 000 appartements (dont 1 ou 2 pièces : 18 %, plus de 4 : 18 %) dont 30 % n'ont pas le confort sanitaire normal]. *Construits avant 1949 :* 75 % ; *depuis 1975 :* 7 %.

■ **Propriétaires.** Copropriétés 57 735 immeubles, un seul propriétaire 38 042 (dont particuliers 50 % ; institutionnels banques et assurances, organismes de retraite, Stés foncières cotées en Bourse : 15 %).

■ **Nombre de ventes immobilières à Paris** (en 2000). 18 878 dont appartements anciens 36 932, boutiques 2 296, appartements neufs 1 639 (973 en 1991), parkings 981, bureaux 528, immeubles 464, terrains 241, ateliers 193, locaux professionnels 177, pavillons 106, hôtels particuliers 67, volumes 36, divers dont biens exceptionnels 101. **Nombre d'appartements anciens** (de + de 5 ans) **vendus libres à Paris :** *1982 :* 31 000 ; *83 :* 34 450 ; *84 :* 32 000 ; *85 :* 38 280 ; *86 :* 38 280 ; *87 :* 42 575 ; *88 :* 40 220 ; *89 :* 40 300 ; *90 :* 36 964 ; *91 :* 26 890 ; *92 :* 24 446 ; *93 :* 24 880 (pour 24,8 milliards de F) ; *94 :* 30 193 ; *99 :* 45 000.

■ **Marché immobilier des notaires à Paris. Surface moyenne des logements anciens vendus libres à Paris :** *1989 :* 51,65 ; *90 :* 49,95 ; *91 :* 52,40 ; *92 :* 51,50 ; *93 :* 53,70 (superficie moyenne du parc 54,20 m² pour 2,6 pièces).

■ **Prix moyen du m² à Paris** (en milliers de F). **Appartements neufs :** *1965 :* 2,68 ; *70 :* 2,98 ; *75 :* 5,66 ; *79 :* 8,6 ; *90 :* 25,3 ; *95 :* 27,6 ; *2000 :* 33 ; **anciens :** *1990 :* 13,9 ; *91 :* 17 ; *92 :* 15,8 ; *93 :* 14,6 ; *94 :* 14 ; *96 (déc.) :* 15,4 ; *97 :* 15,3 ; *98 :* 15,9 ; *99 (1er trim.) :* 16,2 ; *2000 :* 19,2. **Prix du m² construit neuf dans le XVIe** (en milliers de F et, entre parenthèses, en %, 1990) : total 40. TVA 6 (15), marge nette du promoteur 4 (10), frais de gestion du promoteur 2 (5), frais de commercialisation 2 (5), frais financiers 4 (10), coût de la construction 10 dont construction 7,5, honoraires architectes et bureaux d'études 2,5 (25).

■ **Prix moyen au m² des appartements anciens vendus libres** (en milliers de F, depuis juin 1979) : *1979 :* 4 570 ; *82 :* 7 022 ; *83 :* 7 605 ; *84 :* 8 253 ; *85 :* 9 350 ; *86 :* 10 669 ; *87 :* 12 409 ; *88 :* 15 581 ; *89 :* 18 847 ; *90 :* 22 198 ; *91 :* 21 995 ; *92 :* 19 560 ; *93 :* 18 456 ; *94 :* 18 211 ; *95 :* 17 254 ; *96 :* 15 652 ; *97 :* 14 877 ; *98 :* 15 773 ; *99 (4e trim.) :* 17 028 ; *2000 (4e trim.) :* 19 221 ; *2001 (mars) :* 19 653.

Prix de vente (en milliers de F/m², 2000) **appartement neuf et,** entre parenthèses, **ancien et récent en état courant, situé en centre ville ou dans des secteurs recherchés.** *Source :* Crédit foncier de France. **Paris. Ier, IVe, V^e^, VIIIe :** 40/50 (18/50). **IIe, IIIe :** n.s. (14/35). **VIe, VIIe :** 42/60 (22/55). **IXe, XIe, XIIe, XIIIe, XVIIe Nord :** 22/32 (13/25). **XIVe, XVe :** 25/36 (16/32). **XVIe, XVIIe Sud :** 33/55 (19/40). **X^e^, XVIIIe, XIXe, XXe :** 18/27 (10/23). **Hts-de-Seine : Antony** 17/23 (8,5/19). **Boulogne** 21/35 (12/30). **Nanterre** 10/14,5 (7/13). **Neuilly** 30/50 (18/40). **Levallois-Perret** 21/30 (12/22). **Seine-St-Denis : Bobigny** 10/12 (11/6). **Montreuil** 12/16 (7/12). **St-Denis** 11/15,5 (5/12). **Val-de-Marne : Créteil** 9/14 (6,5/12). **St-Maur** 15/30 (9/19). **St-Mandé/Vincennes** 22/30 (14/27). **Seine-et-Marne : Fontainebleau** zone centrale 14/17,5 (n.s.). **Meaux** zone centrale 12/15 (8/11). **Marne-la-Vallée** 9/16 (5/10). **Sénart** 9,5/12 (6/9). **Yvelines : St-Germain-en-Laye** 19,5/29 (11/24). **St-Quentin** 9,5/16 (5/13). **Versailles** 19/28 (13,5/23,5). **Essonne : Évry** n.s. (3,5/7,5). **Massy-Palaiseau** 11/16 (6/11). **Vallées de la Bièvre et de l'Yvette** 14/16 (10/16). **Val d'Yerres** 11/15 (8/10). **Val-d'Oise : Argenteuil** 8,5/13,5 (5/8). **Cergy-Pontoise** 10/12,5 (6/11). **Enghien/Montmorency** 15/23 (11/12).

Chambres de service (prix moyen en F) : Hauts-de-Seine 176 014, Paris 148 558 (*1996 :* 145 870 ; *97 :* 135 379 ; *98 :* 134 394 ; *99 :* 137 655), Seine-St-Denis 138 275, Val-de-Marne 136 219. **Nombre de chambres vendues :** Paris 2 054, Hauts-de-Seine 405.

Appartements anciens

Arr.	Prix moyen du m² en F				% d'évolution en moyenne annuelle			
	1er trim. 1998	1er trim. 1999	1er trim. 2000	1er trim. 2001	1991 et 1999		1986 et 1999	
					F [1]	F [2]	F [1]	F [2]
Ier	18 363	19 481	21 757	24 034	– 18,53	– 25,25	86,03	46,48
IIe	14 121	14 989	16 808	19 527	– 13,39	– 20,54	70,26	34,06
IIIe	14 651	16 573	19 017	21 557	– 18,38	– 25,12	53,85	21,14
IVe	20 289	21 966	22 178	25 094	– 23,35	– 29,68	48,85	17,20
V^e^	19 710	21 371	23 556	26 783	– 17,34	– 24,17	75,59	38,26
VIe	23 000	25 162	27 858	32 763	– 2,53	– 10,57	71,96	35,40
VIIe	22 816	25 544	28 275	31 699	– 25,56	– 31,71	73,32	36,47
VIIIe	19 339	21 199	22 338	24 389	– 38,12	– 43,23	3,12	– 18,81
IXe	13 745	14 855	16 272	18 755	– 12,53	– 19,75	66,61	31,19
X^e^	11 506	11 869	12 800	14 332	– 17,35	– 24,17	71,90	35,35
XIe	12 789	13 513	15 219	17 239	– 14,52	– 21,58	67,41	31,82
XIIe	13 708	14 494	15 970	17 981	– 15,66	– 22,62	48,99	17,32
XIIIe	14 255	14 585	15 815	18 152	– 20,72	– 27,27	58,46	24,77
XIVe	16 444	16 437	18 920	20 557	– 16,35	– 23,26	55,33	22,30
XVe	16 624	17 466	19 574	21 453	– 26,15	– 32,25	45,62	14,66
XVIe	19 711	20 449	23 223	26 127	– 29,13	– 34,98	25,45	– 1,22
XVIIe	15 086	15 934	17 707	20 049	– 22,62	– 29,01	45,76	14,78
XVIIIe	11 458	12 061	12 694	14 010	– 23,38	– 29,71	86,60	46,93
XIXe	11 158	11 380	12 346	13 648	– 20,02	– 26,62	69,38	33,37
XXe	11 661	11 669	13 164	14 414	– 19,00	– 25,69	57,46	23,98

Nota. – (1) En F courants. (2) En F constants.
Source : Chambre des notaires de Paris.

■ **Achat d'un logement dans un immeuble en copropriété. Indication de surface :** voir p. 1728 b. **Protection des emprunteurs :** loi du 13-7-1979 ; l'acte d'achat doit être signé au maximum 4 mois après l'acceptation de l'offre de prêt ; le contrat d'achat n'est définitif que si les prêts sont obtenus. Les emprunts en cours de remboursement peuvent être transférés (le prêteur peut ne pas accepter une telle convention) ; le *remboursement anticipé est autorisé.* L'établissement prêteur peut exiger une indemnité représentant 6 mois d'intérêts au taux moyen du prêt dans la limite de 3 % du capital restant dû. **Délais pour agir :** *1 an :* garantie de parfait achèvement ; *2 ans :* garantie biennale concernant les éléments d'équipement ; *10 ans :* garantie décennale concernant principalement les vices cachés du gros œuvre ; *30 ans :* défauts de conformité.

■ **Préemption de la commune. Si elle préempte** à un prix inférieur à celui demandé par le vendeur, on peut saisir le juge de l'expropriation. Dans les 3 mois suivants, la commune doit consigner à la Caisse des dépôts et consignations 15 % du prix estimé par les services fiscaux. Si le prix fixé par le juge paraît trop faible ou si la commune le trouve trop élevé, chacun peut renoncer à la transaction dans les 2 mois suivant expiration des délais de recours (15 j pour faire appel, 2 mois pour aller en cassation).

■ **Promesse de vente. Unilatérale :** elle engage le vendeur à céder son bien à un prix fixé durant un temps donné. Il ne peut se dédire ni pour garder son logement, ni pour le revendre à un acquéreur mieux disant. La Cour de cassation a cependant validé, le 15-12-1993, une rétractation avant la levée de l'option, avec paiement éventuel d'une indemnité à l'acquéreur. **Réciproque** ou **synallagmatique (compromis de vente) :** équivaut à un engagement définitif de vente. « Pour diverses raisons, en particulier d'assurance, le transfert de propriété est le plus souvent retardé au jour de la signature de l'acte authentique. » (Fnaim). Les compromis de vente ne doivent pas être enregistrés à la recette des impôts. **Clauses essentielles de la promesse synallagmatique :** la promesse doit comporter : description du bien, son emplacement, sa superficie (impérative pour un logement dans un immeuble en copropriété), prix fixé, commission de l'intermédiaire, date de signature du contrat de vente et de prise de possession. L'acheteur doit verser une indemnité d'immobilisation : 10 % dans le cas d'une promesse unilatérale, moins en cas de compromis de vente. Il est recommandé de consigner toute somme versée chez un séquestre choisi en commun.

■ **Droits perçus** (taxes, droits, frais de publicité foncière, honoraires de notaire et d'agents immobiliers). **TVA** (immeubles neufs et terrains à bâtir, sauf ceux acquis par les particuliers en vue de la construction d'un logement) : 20,2 % dont TVA 19,6, publicité foncière 0,6. **Droits d'enregistrement :** *1°)* immeubles anciens d'habitation, dépendances (cave, garage et place de parking), ou immeubles anciens en général (abattement possible par conseils généraux de 50 000 à 300 000 F) : 4,89 % dont *droit de mutation (selon département)* 3,6, *frais d'assiette* (prélèvement de 2,5 % sur le droit départemental) 0,09, *taxe communale* 1,2 ; *2°)* 1re cession à titre onéreux d'un immeuble acquis entre 1-6-1993 et 21-12-1994, neuf ou en l'état futur d'achèvement (avant 1-7-1994), affecté à l'habitation principale au moins 5 ans : l'acquéreur peut bénéficier d'un abattement de 600 000 F ; *3°)* immeubles à usage commercial, industriel, professionnel ou agricole : 4,89 % dont *droit départemental* (les conseils généraux peuvent instituer un taux réduit d'au minimum 1 %) 3,6, *frais d'assiette* 0,09, *taxe communale* 1,2 ; *4°)* régime particulier pour acquisitions faites par jeunes agriculteurs (dans les territoires ruraux de développement prioritaire pour la fraction du prix n'excédant pas 650 000 F) et fermiers : *taxe de publicité foncière* 0,6 % ; *5°)* terrain à bâtir acquis par particuliers en vue de la construction d'un logement : *total* 4,89 % dont *droit départemental* (voir *3°*) ; en l'absence de construction, droits identiques ; en cas d'un autre usage que l'habitation, TVA de 19,6 %, déduction faite des droits de 4,89 %) 3,6, *frais d'assiette* 0,09, *taxe communale* 1,2. **Promesse unilatérale d'achat ou de vente :** *d'achat* exempte ; *unilatérale de vente* enregistrement dans les 10 j sous peine de nullité 500 F. **Publicité foncière :** *salaire du conservateur des hypothèques,* 0,1 %, minimum 50 à 100 F ; *taxe de publicité foncière :* voir chiffres précédents ; acquisitions soumises à la TVA et donations, tarifs fixes 100, 500 ou 1 500 F, minimum perçu 100 F.

■ **Hypothèques et autres inscriptions. Hypothèque :** *inscription* publicité foncière 0,6 % ; *prêts spéciaux à la construction* exonération ; *radiation, réduction, subrogation (acte notarié)* 500 F ; *minimum de perception* 100 F. **Salaire du conservateur des hypothèques :** *inscription d'hypothèque* 0,05 % ; *cession d'hypothèque* 0,05 % ; *radiation d'hypothèque* 0,1 % ; *minimum perçu* 100 F.

■ **Bureaux en Ile-de-France** (100 m²), **locaux commerciaux** (2 500 m² et +) **et de stockage** (5 000 m² et +). **Taxe annuelle :** acquittable avant le 1-3. **Tarifs :** *bureaux :* 74 F/m² (Paris Ier, IIe, IIIe, IVe, VIe, VIIe, VIIIe, IXe, XIVe, XVe, XVIe, XVIIe et Nanterre et Boulogne-Billancourt ; 44 F/m² (autres arrondissements, Antony, Seine-St-Denis et Val-de-Marne). *Locaux commerciaux :* 12 F/m², *de stockage :* 6 F/m². *Exonération :* locaux en zone de redynamisation urbaine, en zone franche, ou appartenant à des associations d'utilité publique.

■ **Constructions neuves. Taxe locale d'équipement :** taux : de 1 à 5 % ; base d'imposition : le taux fixé s'applique à une valeur forfaitaire par m² de plancher hors œuvre fixée en fonction des catégories d'immeubles retenues.

■ **Droits de mutation (impôts et taxes) sur les ventes de logements anciens hors frais annexes** (France, frais de notaire de près de 1 %, autres pays rémunérations d'intermédiaires) [en %, 1999]. All. 4,8 ; Autriche 3,5 (parents proches 2) ; Belgique 6 ; Danemark 1re mutation 5 (suivantes 0,6) ; Espagne 6 ; Finlande 6 à 4 selon montant ; *France 4,8 depuis 15-9-1999* ; G.-B. 0 à 3,5 selon valeur ; Grèce 11 à 13 ; Irlande 0 à 6 selon valeur ; Italie 4 (immeubles de luxe 8) ; Luxembourg 10 ; P.-Bas 6 ; Portugal 0 à 10 selon valeur ; Suède 1,5.

Parkings : Paris *1992 :* 149 133 ; *1999 :* 114 030, Hauts-de-Seine 75 255, Seine-St-Denis 41 909, Val-de-Marne 57 926. Province : 20 000 à 150 000. **Parkings publics :** *concession de 75 ans :* 145 000 à 185 000 mais certains n'ayant que 10 ans à courir se revendent 40 000 F à la Bourse. **Location** (par mois) : *Paris :* 500 à 2 200 F.

Province

■ **Prix de vente** (en milliers de F/m², 2000) **appartement neuf et,** entre parenthèses, **récent et,** en italique, **ancien de plus de 20 ans, bon standing, centre ville/secteurs recherchés.** *Source :* Crédit foncier de France. **Aix-en-Pr.** 13/15 (12/14) *10/12.* **Albi** 9/11 (6,5/7,5) *5/6.* **Amiens** 10,5/12,5 (8,5/10) *5,5/7.* **Angers** n.s. (6,5/8,5) *5/6,5.* **Angoulême** 11/12 (5/6) *n.s.* **Annecy** 12/14 (9/11) *8/9.* **Arras** 10/11 (6/6,8) *4,5/5,3.* **Auxerre** 9/11 (6/8) *5,5/6,5.* **Avignon** n.s. (7,5/9,5) *6/7,5.* **Bayonne** 8/9,5 (4,5/6,5) *3,5/5.* **Beauvais** n.s. (6/8,5) *4,5/7.* **Belfort** 8,5/9,5 (7/8) *5/6.* **Besançon** 9,2/9,8 (7,5/8,5) *6,2/7,4.* **Bordeaux** 8/12 (4,7/7,5) *2/4.* **Bourges** 9,5/11 (7/8,5) *5,5/7.* **Brest** n.s. (3,8/5) *3/4.* **Caen** 11/12 (8/9) *7/8.* **Calais** n.s. (n.s.) *4/5.* **Cannes/Grasse/Antibes** n.s. (n.s.) *n.s.* **Carcassonne** 7,5/10,5 (4,5/5,3) *3,5/4,5.* **Chambéry** 9,5/11 (5/6,5) *4/6,5.* **Charleville-Mézières** n.s. (n.s.) *n.s.* **Chartres** 12/13 (8,5/10) *5/6.* **Cherbourg** n.s. (6/8) *5/7.* **Clermont-Ferrand** 9/11 (6,5/8,5) *3/5.* **Colmar** 9,5/12 (7,5/10) *4,5/7,5.* **Compiègne** 9,5/11,5 (8,5/9,5) *7,5/8.* **Dijon** 9/10 (7,5/9,5) *6,5/7,4.* **Évreux** n.s. (n.s.) *n.s.* **Grenoble** 9,5/10,5 (7/8) *6/7,5.* **La Rochelle** 12/13 (6/7,5) *n.s.* **Le Havre** n.s. (7/8) *5/6.* **Le Mans** 9,2/10,2 (5,5/6,5) *n.s.* **Lille** 11,5/12,5 (6/8) *5/8.* **Limoges** 7,5/10 (6/7,5) *3/4,5.* **Mâcon** n.s. (6/6,5) *3/6.* **Marseille** 11/12,5 (7/10) *6/8.* **Metz** 10/13 (6/8,6) *5/7.* **Montauban** 7,5/9 (5,5/6,5) *4/5.* **Montpellier** 10/12 (n.s.) *n.s.* **Mulhouse** 9/11 (7/9,5) *4/7,5.* **Nancy** n.s. (5,8/9) *4,5/6,5.* **Nantes** 10/13 (7,5/10) *6/8,5.* **Nevers** n.s. (5/7) *5/6,7.* **Nice** 9,5/20 (n.s.) *n.s.* **Nîmes** n.s. (6/7,5) *5/6.* **Orléans** 9,5/11 (6/8) *5/7.* **Pau** 9/11 (7/8) *2,5/3,5.* **Perpignan** 7/10 (4/6) *4/6.* **Poitiers** 11,5/12,5 (5,5/6,5) *4/5,5.* **Quimper** 10,5/11,5 (n.s.) *5,5/6,5.* **Reims** 10/11 (8/9,5) *7/9.* **Rennes** 9,5/12,5 (6,5/8,5) *5/8.* **Rouen** 12/13 (7/8) *6,5/7.* **St-Brieuc** n.s. (5,5/7,5) *4,1/5,5.* **St-Étienne** 9,5/10,5 (4/6) *4/6.* **Strasbourg** 13/18 (7/11) *5/9.* **Tarbes** n.s. (n.s.) *3/4,5.* **Toulon** n.s. (n.s.) *n.s.* **Toulouse** 11/13 (8/9) *5/6,5.* **Tours** 10,5/12,5 (6,5/8,5) *5/7.* **Troyes** n.s. (n.s.) *5/7.* **Valence** 9,5/10,5 (4/6) *4/6.* **Vannes** 10/12 (6/7,5) *6,2/7,2.* **Vichy** 7,5/9 (6/7) *6/7.*

■ **Montagne. Prix moyen du m²** (en milliers de F, 1996, neuf et, entre parenthèses, occasion) : L'Alpe-d'Huez n.c. (8-12), Les Arcs 15-25 (8-14), Avoriaz 15-18 (10-15), Chamonix 15-30 (10-20), Courchevel 25-40 (20-25), Les Deux-Alpes n.c. (8-12), Megève 20-30 (13-20), Méribel 20-30 (8-15), La Plagne 15-25 (8-15), Tignes n.c. (8-15), Val-d'Isère 25-35 (15-25).

■ « Résidences-services »

■ **Prix des deux pièces** (en milliers de F). **Région parisienne :** *Charenton Les Sérianes* (42 m²) : 1 100. *Paris XIIe Les Hespérides* (45/66 m²) : 1 617/3 243. *Vincennes Les Jardins d'Arcadie* (42/59 m²) : 1 309. *Les Thébaïdes* (43/57 m²) : 1 310/1 713. **Province :** *Antibes-Juan-les-Pins Les Thébaïdes* (42/53 m²) : 965/1 445. *Bordeaux Les Sérianes* (48/54 m²) : 520. *Lyon Les Hespérides* (42/54 m²) : 792/1 287. *Nantes Les Renaissances* (40/62 m²) : 751/1 075. *Pau Les Hespérides* (42/63 m²) : 712/1 248. *Quimper Les Jardins d'Arcadie* (43/48 m²) : 376/515. *Toulouse Les Renaissances* (46/51 m²) : 787/948.

■ Secteur aidé

■ **Effort de la nation en faveur du logement** (en milliards de F, 2000). 192,7 dont dépenses budgétaires 64,8 (secrétariat d'État au Logement 48,2, autres 16,6) ; fiscales 61,6 ; publiques non financées par l'État 66,2 (régimes sociaux 41,2, employeurs 25).

Investissement locatif social financé par PLA et, entre parenthèses, **PLA financés/mis en chantier :** *1993 :* 101 000 (92 868/72 000) ; *98 :* 80 000 (51 415/44 000) ; *2000 :* 70 000.

Réhabilitation du parc social (Palulos). Crédits consommés (en millions de F) et, entre parenthèses, **logements réhabilités/coût moyen** (en F) : *1993 :* 2 704,8 millions de F (167 391/16 159 F) ; *97 :* 2 109,7 (156 073/13 517) ; *98 :* 1 091,3 [diminution s'expliquant par l'application du taux réduit de TVA sur les gros travaux] (139 531/7 821).

Nombre de logements vacants dans le parc social : *1993 :* 65 592 (1,8 %) ; *94 :* 67 708 (1,9) ; *98 :* 119 896 (3). **Taxe sur les logements vacants :** *art. 51 de la loi n° 98-657 du 29-7-1998 :* à compter du 1-1-1999, taxe annuelle sur logements vacants depuis au moins 2 ans consécutifs dans les agglomérations de + de 100 000 hab. Liste (décret n°98-1249 du 29-12-1998) : communes des agglomérations de Paris, Lille, Bordeaux, Toulouse, Lyon, Montpellier, Nice et Cannes-Grasse-Antibes. Taxe due sauf pour logements détenus par les bailleurs sociaux. *Assiette :* valeur locative du logement ; taux 10 % la 1re année d'imposition, 12,5 la 2e et 15 à partir de la 3e. *Produit :* affecté à l'Anah. En 1999, 133 000 avis d'imposition mais les difficultés de définition risquent de se traduire par un contentieux important et le produit attendu n'est que de 1 million de F en 1999.

■ **Aides à la personne. Allocation de logement à caractère familial (ALF).** *Créée* par la loi du 1-9-1948. *Bénéficiaires 1998 :* 1 200 691 ménages pour 16,8 milliards de F.

Allocation de logement à caractère social (ALS). *Créée* par la loi du 16-7-1971 pour personnes aux ressources modestes (personnes âgées, handicapés, travailleurs salariés de – de 25 ans). Depuis le 1-1-1993, toute personne qui n'entre pas dans les conditions fixées pour bénéficier de l'APL ou de l'ALF peut bénéficier de l'ALS sous seule condition de ressources. *Bénéficiaires 1998 :* 2 234 917 ménages (dont 557 000 étudiants) pour 21,7 milliards de F.

Aide personnalisée au logement (APL). *Créée* par la loi du 3-1-1977, s'applique à un parc de logements déterminés, quelles que soient les caractéristiques familiales des occupants, qui comprend : *en accession à la propriété* les logements financés avec des prêts aidés par l'État (PAP ou PC) ; *en secteur locatif* les logements conventionnés, financés avec des PLA ou des PC locatifs, ou conventionnés avec des subventions à l'amélioration (Palulos ou Anah), ainsi que les logements existants, conventionnés sans travaux, appartenant à des organismes d'HLM ou des Stés d'économie mixte ou appartenant à d'autres bailleurs, lorsque ces logements ont bénéficié avant 1977 des anciennes aides de l'État. *Bénéficiaires 1997 :* 2 867 822 ménages pour 38,6 milliards de F. *Nombre de bénéficiaires en 1998 et,* entre parenthèses, *en 1990 : ALF :* 1 201 (1 155) ; *ALS :* 2 235 (1 043) ; *APL :* 2 867 (2 380). *Total :* 6 303 (4 578). **Prestations des aides personnelles au logement** (en milliards de F) **en 1998 et,** entre parenthèses, **en 1990 :** *ALF :* 16,8 (12,3) ; *ALS :* 21,7 (9,5) ; *APL :* 38,6 (28,2). *Total :* 77,2 (50,6). **Montant des plafonds de loyer en location (LP), au 1-7-2000** (en F) [zone I (II) *III]:* bénéficiaire isolé 1 577 (1 385) *1 298 ;* ménage *sans personne à charge* 1 902 (1 696) *1 574 ; avec 1 pers. à charge* 2 139 (1 908) *1 765 ; avec 2 pers. à charge* 2 449 (2 186) *2 018 ; avec 3 pers. à charge* 2 759 (2 464) *2 271 ; par pers. en plus* 310 (278) *253.* **En « colocation » :** 75 % du plafond location.

Revenu minimal réel ou évalué forfaitairement (après déduction d'éventuels abattements, charges, déficit) : *pour 1 personne isolée sans personne à charge* 8 500 F, *autres* 10 500 F.

Formule de calcul : APL = L (loyer mensuel plafonné) + C (montant forfaitaire des charges) – PP (participation personnelle du bénéficiaire, exprimée en F pour 10 000 F de ressources). *Taux selon la taille de famille :* TF, *le loyer :* TL, *les ressources :* TR, *représentant l'assiette de ressources portée le cas échéant au revenu minimal :* R. **Renseignements et démarches :** s'adresser à la Caisse d'allocations familiales, ou de mutualité sociale agricole de sa résidence.

■ **Aide financière à l'habitat autonome des jeunes agriculteurs.** S'adresser au ministère de l'Agriculture.

■ **Allocation logement.** *Secteur social.* Allocation de logement aux + de 65 ans et, dans certains cas d'inaptitude au travail, aux + de 60 ans ; aux infirmes ; aux travailleurs manuels admis à la retraite anticipée de 60 à 65 ans ; aux jeunes travailleurs salariés de – de 25 ans ; aux époux (de – de 40 ans au moment de leur mariage) mariés depuis – de 5 ans ; aux familles ayant 1 enfant à charge ou 1 ascendant de plus de 65 ans (ou 60 s'il est bénéficiaire d'une retraite anticipée) ou 1 parent proche infirme (au moins à 80 % ou inapte au travail) ; aux personnes touchant déjà une allocation familiale, aux bénéficiaires du revenu minimal d'insertion ; aux habitants des villes de plus de 100 000 habitants. S'adresser à la Caisse d'allocations familiales de sa résidence.

■ **Prêts. Prêt à taux 0.** *Créé* le 1-10-1995 pour remplacer le prêt aidé pour l'accession à la propriété (PAP). Plus de 380 000 « mis en force » (expression consacrée) depuis 1996 dont plus de 70 000 dans l'ancien. **Conditions :** personnes physiques n'ayant pas été propriétaires de leur résidence principale au cours des 2 dernières années précédant le prêt, plafond de ressources. Pour résidence principale : achat d'un terrain et construction d'une maison individuelle ; achat d'un logement neuf, ancien (+ de 20 ans) nécessitant des travaux (au minimum 54 % du prix d'achat) ou aménagement à usage de logement de locaux non destinés à l'habitation. *Travaux :* doivent mettre le logement de + de 20 ans en conformité avec les normes minimales d'habitabilité et atteindre 35 % du coût total de l'opération (prix d'acquisition + coût des travaux + dépenses annexes d'acquisition) ; conduire à une création de surface habitable d'au moins 14 m² (agrandissement, aménagement) ; surface habitable minimale à respecter selon la situation de famille. Autorisation préalable de la DDE. N'ouvre droit ni à l'APL, ni à l'allocation logement. **Plafond de ressources/avance maximum depuis le 1-10-1995 en Ile-de-France et,** entre parenthèses, **en province :** *1 personne :* 145/100 (124,3/70) ; *2 :* 186,4/140 (165,7/100) ; *3 :* 207,1/150 (186,4/110) ; *4 :* 227,8/160 (207,1/120) ; *5 :* 248,5/170 (227,8/130) ; *6 et + :* 248,5/180 (227,8/140). **Nombre « mis en force » et,** entre parenthèses, **montant moyen** (en F) : *1996 :* 117 900 (98 179) ; *97 :* 129 150 (102 370) ; *98 :* 109 200 (102 940) ; *99 (1er semestre) :* 30 500 (104 210).

Prêts conventionnés (PC) [depuis le 22-11-1977]. **Conditions :** résidence principale, achat d'un logement neuf, construction d'une maison, achat d'un logement ancien avec ou sans travaux, travaux d'amélioration ou d'économie d'énergie, investissement locatif (pour résidence principale du locataire). Agrandissement d'un logement existant, aménagement de locaux en logement. Pas de plafond de revenus. *Demande :* accordés par les banques et établissements financiers qui s'engagent à ne pas dépasser un taux d'intérêt maximal, déterminé par le Crédit foncier de France, à partir d'un taux de référence auquel s'ajoutent 2,3 % pour les PC à taux fixe d'une durée égale ou inférieure à 12 ans et pour les PC à taux révisable, 2,5 % pour les PC à taux fixe d'une durée de + de 12 ans et égale ou inférieure à 15 ans, 2,65 % pour les PC à taux fixe d'une durée de plus de 15 ans et égale ou inférieure à 20 ans, 2,75 % pour une durée de plus de 20 ans. *Cumulable* avec prêt à taux 0, épargne-logement, prêt complémentaire aux fonctionnaires, prêts à caractère social dont le taux d'intérêt n'excède pas en général 5 %. Ouvre droit à l'APL. Prix plafonds modifiés en sept. 1993. *Montant du prêt conventionné :* jusqu'à 90 % du coût total. *Durée maximale :* 25 ans (pour acheter ou construire). Respect d'un prix de revient ou d'un prix de vente, maximum 5 à 15 ans, pour les travaux d'amélioration.

Prêt d'accession sociale (PAS). *Créé* 1993. Prêt conventionné qui bénéficie d'une garantie de l'État par l'intermédiaire du Fonds de garantie de l'accession sociale (FGAS). Mêmes conditions d'obtention que PC mais plafond de ressources et pas d'opération locative possible, versement d'une cotisation (répercutée sur l'emprunteur). Ouvre droit à l'aide personnalisée au logement (APL) dans la limite d'un maximum réglementé inférieur de 0,6 % à celui du prêt conventionné. **Taux fixes maxima des PC** (en %, au 1-1-2000) **et,** entre parenthèses, **du PAS :** accession à la propriété et régime locatif : *prêts jusqu'à 12 ans :* 7,6 (7) ; *+ de 12 à 15 ans :* 7,8 (7,2) ; *+ de 15 à 20 ans :* 7,95 (7,35) ; *+ de 20 ans :* 8,05 (7,45). **Révisables :** 7,6 (7). **Nombre « mis en force » et,** entre parenthèses, **montant moyen** (en milliers de F) : *1994 :* 39 860 (259) ; *98 :* 66 400 (347).

Prêt d'épargne-logement. Accordé après une phase d'épargne sur un livret ou un plan d'épargne logement (PEL). Montant variable en fonction des intérêts acquis pendant la période d'épargne et de la durée du prêt, dans la limite d'un plafond. Taux réglementé. **Nombre** (au 31-12-1999) : plans 15 589 812, comptes 8 145 066.

Prêts des Caisses d'allocations familiales et Caisses de mutualité sociale agricole. *Aux jeunes ménages :* équipement mobilier ou ménager, location ou achat d'un logement. L'âge cumulé des époux ne doit pas dépasser 52 ans, dépend aussi des ressources. *A la construction :* personnes à faibles ressources bénéficiant d'un prêt conventionné ou d'une Sté de crédit HLM, ayant sollicité un prêt au titre du 0,45 % construction. *A l'amélioration de l'habitat :* réparation, assainissement, amélioration, mise en état (exceptionnellement équipement ménager, achèvement de construction, d'entretien). *Complémentaires* à un prêt principal (sans intérêt) pour l'acquisition, la construction ou l'amélioration d'une maison d'habitation par le propriétaire.

PLS (prêt pour la location sociale) du Crédit foncier. *Remplace* le PLA ; avec conditions de loyers et de ressources pour le locataire, logements étudiants, foyers pour personnes âgées, handicapés, résidences sociales. TVA à 5,5 %. Exonération possible de la taxe foncière durant 15 ans.

PLI (prêt locatif intermédiaire). Créé 1987 pour financer des logements dans des zones au marché locatif tendu. Les emprunteurs s'engagent à affecter les logements financés à la location pendant une période minimale (durée du prêt lui-même pour les bailleurs sociaux, 12 ans en règle générale pour les bailleurs privés). *Établissements prêteurs :* Caisse des dépôts et consignations, Crédit foncier de France et Comptoir des entrepreneurs. En 1999, prêt à taux fixe de 5,5 % dont la durée n'excède pas 25 ans. **Total des PLI distribués en 1998 et,** entre parenthèses, **en 1993 :** 5 600 (8 100).

Prêt au titre de la participation des employeurs à l'effort de construction (0,45 % de la masse salariale). *But :* favoriser la mobilité professionnelle. Entreprises de plus de 10 personnes. Pour construction ou achat d'un logement neuf ou achat d'un logement ancien sans travaux (pour les personnes qui accèdent pour la 1re fois à la propriété et qui ont des ressources inférieures à des plafonds ; pour les personnes tenues de changer de résidence principale pour des raisons de mobilité professionnelle) ou acquisition-amélioration (avec travaux pour mise en conformité du logement devant représenter au moins 20 % du prix de revient final de l'opération pour logements de plus de 20 ans). *Montant maximal :* en fonction des ressources du salarié, jusqu'à 60 % du coût de l'opération avec un maximum de 70 000 à 110 000 F selon revenus, situation de famille et région. *Taux :* 2 %, 3 % si prêt attribué directement par l'employeur.

Autres prêts. Prêts du Crédit agricole (s'adresser au Crédit agricole). **Caisses de retraite** (s'adresser à ces organismes). Complémentaires aux fonctionnaires (s'adresser au Crédit foncier). **Hypothécaires** (s'adresser aux établissements financiers). **Caisses d'épargne** [prêts personnels : *montant maximal* 300 000 F en zones I et II, 250 000 F en zone III (rurale)]. **Crédit foncier** (prêts immobiliers du secteur concurrentiel, notamment prêt à 0 %, ouverture de crédit hypothécaire pour résidences principales et secondaires, prêts conventionnés dont prêts à l'accession sociale). Financement des collectivités locales, crédit-bail, prêts pour investissement locatif (s'adresser au Crédit foncier). **Crédit mutuel** (prêts conventionnés, aux prêts du Crédit foncier ou aux prêts d'une Sté de crédit immobilier ; prêts classiques au logement pouvant atteindre 2 ans). **Caisses départementales d'aide au logement** (*les ressources* ne doivent pas dépasser le plafond I). **Mutuelles et caisses de retraite :** se renseigner auprès de l'organisme auquel l'emprunteur est affilié.

SCI, HLM (PAP, prêts destinés à l'amélioration ou à l'agrandissement des logements. S'adresser aux offices d'HLM).

■ **Primes. Prime** (depuis 1988 subvention) **à l'amélioration des logements à usage locatif et à occupation sociale (Palulos). Bénéficiaires :** réservée d'abord aux organismes de HLM et aux SEM, peut désormais être attribuée à des organismes ou associations à vocation sociale. Plafond de revenus à ne pas dépasser. Logement de + de 20 ans : montant 20 % du coût des travaux dans la limite de 14 000 F par logement si travaux de mise en conformité aux normes min. d'habitabilité.

Prime à l'amélioration de l'habitat (PAH). Subvention réservée aux propriétaires occupants dont les ressources ne dépassent pas 70 % des plafonds de ressources des anciens PAP. *Taux de base :* 20 %, majoré à 35 % quand les ressources sont inférieures à 50 % des plafonds PAP. **Bilan depuis 1990 : nombre de primes accordées (pour montant total** en millions de F/**moyen unitaire** en F) : *1990:* 49 663 (505,5/10 179) ; *98 :* 69 419 (761,8/10 974).

Subvention pour la lutte contre l'insalubrité. Prime cumulable avec les autres, sauf celles accordées par le ministère de l'Agriculture, et un prêt aidé pour l'accession à la propriété. **Bénéficiaires :** propriétaires occupant depuis plus de 2 ans à titre de résidence principale, ressources inférieures à des plafonds. **Travaux :** stabilité et étanchéité à l'air des murs ; stabilité des planchers, escaliers, charpentes ; étanchéité des toitures ; lutte contre l'humidité ; W.-C., égouts, eau, gaz, électricité ; ventilation et conduits de fumée ; isolation thermique ; démolition de bâtiments annexes facteurs d'insalubrité. Il faut habiter le logement plus de 15 ans, sinon remboursement de la prime. S'adresser à la DDE.

■ **Autres subventions.** **Surcoûts architecturaux** (travaux sur immeuble classé ou inscrit, situé en secteur sauvegardé ou en site ; demande : à la DDE). **Aide des collectivités territoriales** demande : Secrétariat du conseil général de chaque département. **Aides d'organismes sociaux** (retraités du régime de la Séc. soc., Caisses d'allocations familiales, subventions aux familles relevant de cas sociaux, demande à la Caisse d'allocations familiales ou à la mutuelle soc. agricole). **Chauffe-eau solaire** (*prêt forfaitaire :* à la DDE). **Économies d'énergie** (demander à Ademe : 91168 Longjumeau Cedex).

Anah (Agence nationale pour l'amélioration de l'habitat) 17, rue de la Paix, 75002 Paris ou Délégation départementale de l'Anah à la DDE. Établissement public créé 1971, sous tutelle du ministère de l'Équipement et du ministère de l'Économie et des Finances. **Ressources :** subvention de l'État ; en 2001 : 3 milliards de F. **Bénéficiaires :** propriétaires réalisant des travaux d'amélioration dans les logements qu'ils occupent ou qu'ils louent. L'immeuble doit avoir été achevé depuis plus de 15 ans. **Logements subventionnés :** *1990:* 49 663 ; *95:* 126 500 ; *99:* 118 400 ; *2000:* 135 500. **Dossiers de travaux agréés :** *1992:* 46 640 ; *95 :* 52 210 ; *98 :* 50 600 ; *99 :* 54 250 ; *2000 :* 59 770.

Fonds de solidarité pour le logement (FSL) : la loi du 31-5-1990 impose aux conseils généraux une participation au moins égale à celle de l'État. Aides de maintien, aides à l'accès (paiement des dépôts d'entrée et frais d'installation), mise en jeu de garanties consécutives à des impayés. **Principaux financeurs :** État, Caisses d'allocations familiales, organismes HLM, communes. Dotation de l'État : 28 770 (1999).

■ **Apport personnel.** Certains prêts peuvent en tenir lieu. Prêt à taux 0. *Comptes et plans d'épargne-logement. 1 % patronal :* taux 0 à 3 ou 4 %, durée 1 à 20 ans. Montant : 70 000 à 110 000 F (renseignements : entreprise, Unil, 72, rue St-Charles, 75015 Paris). Si changement de résidence principale pour raisons professionnelles, montant maximum du prêt majoré de 10 000 F à 30 000 F ailleurs. *Prêt complémentaire du Crédit foncier de France aux fonctionnaires.*

LOGEMENTS LOUÉS

■ RÉGLEMENTATION

■ **Animaux.** Un propriétaire ne peut interdire à son locataire d'avoir un animal familier si cet animal ne cause aucun dégât à l'immeuble, ni aucun trouble de jouissance aux occupants de celui-ci.

■ **Associations de locataires** (délégués des). Créées par la loi Quilliot : consultés sur leur demande, au moins 1 fois par semestre, sur la gestion du bâtiment.

■ **Bail.** Définit les rapports entre le bailleur (propriétaire ou usufruitier, ou leur mandataire) et le preneur. **Formes :** il peut être verbal, écrit sous seing privé [l'enregistrement (non obligatoire) lui donne une date certaine (coût 100 F)], ou notarié (obligatoire pour les baux de 12 ans et plus).

Droit commun. Régit les locations qui ne sont pas visées par un régime particulier tel que : loyer taxé (loi de 1948) réglementé HLM, conventionné, plafonné. Jusqu'à la loi Quilliot (22-6-1982), droit commun régi par les articles du Code civil concernant le « louage des choses » ; laissait la possibilité aux parties de déroger à la plupart des articles. Les lois du 22-6-1982, du 23-12-1986, du 6-7-1989 et du 21-7-1994 ont instauré un régime d'ordre public auquel il n'est pas permis d'échapper par dérogation contractuelle (le Code civil ne vise plus qu'un domaine résiduel supplétif). **Loi Mermaz-Malandain du 6-7-1989 (champ d'application) :** dispositions d'ordre public (remplacent celles de la loi du 23-12-1986 en partie abrogée ; les contrats en cours restent en vigueur jusqu'à leur terme) : *locaux neufs et anciens :* à usage d'habitation principale ; usage mixte professionnel et habitation principale ; garages, places de stationnement, jardins et autres locaux, loués accessoirement au local principal par le même bailleur. Un décret d'encadrement des loyers peut être pris, pour un an, dans les zones géographiques où l'évolution des loyers révèle une situation anormale du marché locatif (exemple : agglomération parisienne). *Logements exclus :* meublés, logements-foyers, logements attribués ou loués au titre d'une fonction ou de l'occupation d'un emploi, locations à caractère saisonnier [bailleurs cependant tenus de remettre un logement décent (loi du 6-7-1989, art. 6/SRU, art. 187)] ; immeubles ruraux, locaux commerciaux et professionnels, pour lesquels la loi du 6-7-1989 a instauré une réglementation minimale : contrat écrit obligatoire, durée minimale 6 ans, possibilité de donner congé avec préavis de 6 mois (dans certains cas, 1 mois), à tout moment pour le locataire, en fin de bail seulement pour le bailleur (loi du 23-12-1986 modifiée, art. 57-a). La loi s'applique aux locaux à usage d'habitation principale, excluant les résidences secondaires ; n'exclut pas les locations en contrat de location-vente ou d'accession à la propriété (cas régi par la loi du 12-7-1984). *Locations partiellement dans le champ d'application de la loi :* HLM (art. 40-I) ; à loyer taxé (art. 40-II), plafonné (art. 40-IV et VI), conventionné (art. 40-III et VI) ; consenties à titre exceptionnel et transitoire par les collectivités locales (art. 40-V).

Bail emphytéotique. Confère au preneur un droit réel susceptible d'hypothèque. *Durée :* + de 18 ans et maximum de 99 ans. *Assujetti* à la taxe de publicité foncière au taux de 0,6 %, au droit de bail au taux de 2,5 % et à la taxe additionnelle. Les mutations ayant pour objet le droit du preneur ou du bailleur sont soumises aux droits de vente d'immeuble dans la mesure où elles n'entrent pas dans le champ d'application de la TVA. Si un bail emphytéotique concourt à la production d'immeubles, il peut être assujetti sur option à la TVA selon les règles applicables au bail à la construction. Il est alors exonéré du droit de bail et de la taxe de publicité foncière.

Bail notarié. *Avantages :* le bailleur peut, à défaut de paiement des loyers ou d'exécution d'une clause de bail, demander directement à un huissier de procéder, après un commandement demeuré infructueux, à des saisies conservatoires. *Inconvénients :* coût (exemple : 7 500 F pour un loyer mensuel de 5 000 F) partagé entre bailleur et vendeur.

Le bail sous seing privé permet de recourir à une saisie « conservatoire » sur comptes en banque ou meubles du locataire (mais pas sur son salaire), sans autorisation judiciaire (art. 68 de la loi du 9-7-1991). Pour transformer cette mesure conservatoire en saisie « exécutoire », il faut obtenir au préalable l'intervention du tribunal d'instance (un avocat n'est pas obligatoire), un jugement ou une « injonction de payer ». CONSEIL : si le locataire ne paie pas son loyer : engager une action en paiement et demander simultanément la résiliation du bail et l'expulsion du locataire. Un bail sous seing privé contenant une « clause résolutoire » le permet.

Bail commercial. Régi par le décret du 30-9-1953. **Durée de location :** minimum 9 ans, au bout desquels le locataire a droit au renouvellement ou à une indemnité d'éviction. Le bail précise obligatoirement la destination des locaux (le type d'activité qui peut y être exercé). **Loyer :** la fixation du loyer initial est libre. On peut introduire une clause prévoyant l'indexation annuelle du loyer, sinon les loyers sont réévalués tous les 3 ans. **Révision :** tous les 3 ans, la variation ne peut excéder celle de l'indice trimestriel du coût de la construction intervenue depuis la fixation du loyer ou de la dernière révision. *Exceptions :* en cas de modification des « facteurs locaux de commercialisation » (exemple : amélioration des transports en commun), ayant entraîné une variation de plus de 10 % de la valeur locative ; si le locataire a bénéficié, avec l'accord du propriétaire, d'une « déspécialisation » ; s'il a ajouté des activités connexes ou complémentaires, le propriétaire peut demander une augmentation déplafonnée lors de la révision triennale suivante. Si la déspécialisation est totale (activités totalement différentes), le déplafonnement peut avoir lieu avant la révision. Clause d'indexation (ou d'échelle mobile) fixe le loyer en fonction de la variation de l'indice retenu (en général, indice Insee du coût de la construction), le locataire peut demander la révision judiciaire du loyer, si le montant se trouve augmenté (ou diminué) de plus d'un quart par rapport au prix précédemment fixé. Dans les centres commerciaux, le loyer peut être indexé pour partie sur le chiffre d'affaires du locataire (clause-recettes régie par le contrat).

Loyer du bail renouvelé : le prix ne peut normalement excéder la variation de l'indice Insee du coût de la construction intervenue depuis la fixation du loyer du bail expiré. Cette règle peut être écartée si le bail a été conclu dès l'origine ou renouvelé pour plus de 9 ans ; ou si le bail expiré s'est poursuivi par tacite reconduction au-delà de 12 ans après son point de départ ; ou s'il y a eu, en cours de bail, une modification notable des facteurs locaux de commercialité, des caractéristiques du local, de sa destination ou des obligations des parties, le bailleur n'a pas à apporter la preuve que ces modifications ont entraîné une hausse de + de 10 % de la valeur locative. **Droit au bail :** un locataire qui ne peut trouver un preneur pour son fonds de commerce peut vendre son droit au bail, c'est-à-dire le droit au renouvellement du bail pour les activités prévues. **Fonds de commerce :** il comprend des éléments matériels (mobilier, matériel, stock) et incorporels (clientèle, enseigne et droit au bail). La plupart des commerçants qui s'installent ne souhaitent pas acheter les murs et acquièrent soit un fonds de commerce, soit le seul droit au bail. **Pas-de-porte :** somme demandée au locataire lors de son entrée dans les lieux, en sus du loyer, du fait de la primauté de l'emplacement (tend à disparaître). **Honoraires de baux commerciaux :** en général, libres, sous réserve de l'encadrement des prix.

Honoraires de rédaction : libres depuis le 1-1-1987. EXEMPLES : *taux :* 2 % sur la part de loyer annuel, net de charges, compris entre 0 et 7 000 F TTC ; 1,5 % de 7 001 F à 15 000 F ; 1 % de 15 001 F à 30 000 F ; 0,5 % au-delà. EXEMPLE : *rédaction des baux :* d'au moins 6 ans (article 3 *bis,* 3 *ter,* 3 *quater,* 3 *quinquies* de la loi du 1-9-1948 modifiée), les honoraires déterminés par application de l'article 1er peuvent être majorés dans la limite de 10 %.

Loi Besson. Applicable depuis le 1-1-1999 pour logements neufs ou anciens. **Amortissement** total déductible : *logement neuf* 8 % du montant du bien les 5 premières années, 2,5 % les suivantes (65 % en 15 ans ou 50 % en 9 ans) ; **déduction forfaitaire sur les loyers :** 6 % (logement ancien 25 %) ; *déficit foncier* imputable sur le revenu global : 70 000 F/an ; **durée min. de location :** 6 ans ; **loyer** (hors charges) plafonné pendant 6 ans : agglomération de – de 100 000 hab. : neuf 45 F, ancien 30 F ; de + de 100 000 ; neuf 50 F, ancien 35 F ; région parisienne : neuf 65 F, ancien 55 F ; Paris neuf 75 F, ancien 65 F. **Surface prise en compte :** surface habitable définie dans le Code de la construction + 50 % de la surface des annexes, balcon, caves, celliers dans la limite de 8 m^2. **Conditions de ressources du locataire** (plafond variable suivant les régions et le nombre d'enfants). Pas louable en famille. Pas valable pour une résidence secondaire.

Plafonds de ressources annuelles (en F) **pour les baux conclus en 2001 en Ile-de-France et,** entre parenthèses, **en province :** *1 pers. seule :* 120 150 (100 310) ; *couple marié :* 197 460 (153 590) ; *1 pers. seule ou couple ayant la charge de 1 pers. :* 237 170 (183 880), *de 2 :* 283 130 (222 540), *de 3 :* 335 380 (261 200), *de 4 :* 377 160 (285 510), *par pers. supplémentaire :* 42 840 (33 440). **Plafonds de foyer (en F/m^2) pour les baux conclus en 2001 pour les logements neufs et,** entre parenthèses, **anciens :** *Paris et zone I bis :* 77 (67) ; *zone I :* 67 (57) ; *zone II :* 52 (37) ; *zone III :* 47 (32).

Loi Périssol. *Créée* 1996, valable jusqu'au 31-8-1999 pour un logement neuf livrable avant le 31-12-2000. **Amortissement** total déductible 80 % sur 24 ans (10 % les 4 premières années, 2 % les suivantes) ; **déduction forfaitaire** sur les revenus fonciers, **déficit foncier** imputable sur le revenu global 100 000 F/an. **Durée minimale de location :** 9 ans. *Loyer* non plafonné. **Pas de condition de ressources** du locataire. Possibilité d'acquérir une résidence secondaire.

Loi Pons (concerne les DOM-TOM). **Immobilier locatif :** pour l'achat d'un logement neuf avant le 31-12-2001 : *réduction d'impôt :* 45 % de l'investissement (10 % les 4 premières années, 5 % la 5e), location obligatoire pendant 6 ans, condition de ressources du locataire et loyer plafonné. **Immobilier hôtelier :** possibilité de déduire du revenu net global tout l'investissement la 1re année.

■ **Contrat.** Doit être établi par écrit [règles traditionnelles de conclusion s'appliquent (art. 1317 et suiv. du Code civil)] : par acte authentique [avec le concours d'un officier ministériel, notaire par exemple (la rémunération de l'intermédiaire est partagée à moitié par le bailleur et le locataire)] ou sous seing privé. Doit préciser : nom ou domiciliation, et domicile ou siège social du bailleur, et, le cas échéant, de son mandataire (lois du 6-7-1989, art. 3/du 21-7-1994, art. 10) ; date ; durée ; description des locaux ; destination (habitation, usage professionnel et d'habitation) ; désignation des locaux et équipements d'usage privatif exclusif et éventuellement d'usage commun ; montant du loyer, modalités de paiement, règles de révision éventuelle (article 17-d) avec mention obligatoire du trim. de référence de l'indice Insee ; montant du dépôt de garantie si prévu ; si conclu pour une durée inférieure à 3 ans : raisons professionnelles ou familiales et événement précis qui justifient la reprise ; si clause expresse pour travaux d'amélioration que le bailleur fera exécuter, le bail ou un avenant précise le cas échéant la majoration du loyer consécutive.

ANNEXES AU CONTRAT : *état des lieux :* établi contradictoirement par les parties lors de la remise ou de la restitution des clés. A défaut, établi par huissier : frais partagés par moitié entre propriétaire et locataire. En l'absence d'état des lieux, la partie qui a fait obstacle à son établissement ne peut se prévaloir de la présomption de bon état édictée à l'article 1731 du Code civil. *Extraits du règlement de copropriété :* le copropriétaire bailleur doit communiquer au locataire ceux concernant la destination de l'immeuble, la jouissance et l'usage des parties privatives et communes et précisant la quote-part afférente au logement dans chacune des catégories de charges. *Références de loyer le cas échéant.*

CLAUSES INTERDITES (réputées non écrites) : obligeant le locataire en vue de la vente ou de la location à laisser visiter les jours fériés ou plus de 2 h les jours ouvrables ; à souscrire une assurance auprès d'une compagnie choisie par le bailleur ; imposant l'ordre de prélèvement automatique sur le compte courant du locataire ou la signature par avance de traites ou billets à ordre ; autorisant le bailleur à prélever ou à faire prélever les loyers directement sur son salaire dans la limite cessible ; prévoyant la responsabilité collective des locataires en cas de dégradation d'un élément commun de la chose louée ; engageant par avance le locataire à des remboursements sur la base d'une estimation faite unilatéralement par le bailleur au titre de réparations locatives ; prévoyant la résiliation de plein droit du contrat en cas d'inexécution des obligations du locataire pour un motif autre que le non-paiement du loyer, des charges, du dépôt de garantie, la non-souscription d'une assurance des risques locatifs ; autorisant le bailleur à supprimer, sans contrepartie équivalente, des prestations stipulées au contrat ; autorisant le bailleur à percevoir des amendes en cas d'infraction aux clauses d'un contrat de location ou d'un règlement intérieur à l'immeuble ; interdisant au locataire l'exercice d'une activité politique, syndicale, associative ou confessionnelle.

Durée du contrat. Loi du 6-7-1989, art. 11 et 13. **Bailleur personne physique** ou **Sté civile** (constituée exclusivement entre parents et alliés jusqu'au 4e degré) : 3 ans au minimum. Peut sous certaines conditions proposer un contrat de moins de 3 ans, mais de plus de 1 an, s'il doit reprendre le logement pour des raisons professionnelles ou familiales. 2 mois au moins avant le terme du contrat, le bailleur doit : soit confirmer la réalisation de l'événement (événement produit : locataire déchu de plein droit de tout titre d'occupation au terme prévu dans le contrat) ; soit proposer le report du terme du contrat, si la réalisation de l'événement est différé (peut le faire une seule fois) ; s'il ne s'est pas produit ou n'est pas confirmé, le contrat est réputé être de 3 ans. **Personne morale** (sauf s'il s'agit d'une Sté civile entre parents et alliés jusqu'au 4e degré) : 6 ans au minimum. **Collectivité locale :** durée et conditions de renouvellement non réglementées ; n'est pas tenue de motiver le congé, mais doit respecter les conditions de préavis.

Obligations des parties. Bailleur : remettre un logement décent ne laissant pas apparaître de risques manifestes pouvant porter atteinte à la sécurité physique et doté des éléments le rendant conforme à l'usage d'habitation (loi du 6-7-1989, art. 6/SRU, art. 187). La notion de décence sera définie par décret en Conseil d'État. Cette obligation impérative vise les locaux soumis à la loi de 1989, ainsi que locaux meublés, logements-foyers, logement attribués au titre d'une fonction ou d'un emploi, et ceux consentis aux travailleurs saisonniers. Si nécessaire, le locataire peut demander au propriétaire la mise en conformité, sans porter atteinte à la validité du contrat en cours. À défaut d'accord, le juge détermine la nature des travaux à réaliser et le délai de leur exécution ; il peut réduire le montant du loyer si non-mise en conformité. **Délivrer le logement en bon état** d'usage et de réparation, ainsi que les équipements, mentionnés au contrat en bon état de fonctionnement. Sinon, les parties peuvent convenir par une clause expresse des travaux que le locataire exécutera ou fera exécuter et des modalités de leur imputation sur le loyer ; cette clause prévoit la durée de leur imputation, et en cas de départ anticipé du locataire, les modalités de son dédommagement sur justification des dépenses effectuées. Les parties fixent immédiatement le montant et la durée de la déduction : elle est alors forfaitaire et ne peut être remise en cause quel que soit le montant réel des travaux. Nature des travaux : ne peut concerner que des logements répondant aux normes minimales de confort et d'habitabilité fixées par décret (6-3-1987). **Assurer au locataire la jouissance paisible** du logement. Le garantir des vices ou défauts de nature à y faire obstacle hormis ceux qui, consignés dans l'état des lieux, auraient fait l'objet de la clause expresse des travaux. **Entretenir les locaux en bon état de servir à l'usage prévu** par le contrat et y faire toutes les réparations, autres que locatives, nécessaires au maintien en état et à l'entretien normal des locaux loués. Ne pas s'opposer aux aménagements réalisés par le locataire, dès lors que ceux-ci ne constituent pas une transformation de la chose louée. **Informer le locataire sur la situation de l'immeuble au regard du plan d'exposition au bruit** (Code de l'urbanisme, art. L. 147-5/loi du 12-7-1999) : obligatoire dans les zones d'aérodromes (catégories A, B, C) ainsi que ceux assurant un service de défense et de l'aviation civile. Zone D : constructions autorisées mais avec mesures d'isolation acoustique.

Locataire : payer le loyer et les charges récupérables aux termes convenus (le paiement mensuel est de droit s'il le demande). **User paisiblement des locaux loués** suivant la destination qui leur a été donnée pendant la durée du contrat dans les locaux dont il a la jouissance exclusive, à moins qu'il ne prouve un cas de force majeure, la faute du bailleur ou le fait d'un tiers qu'il n'a pas introduit dans le logement. **Répondre des dégradations et pertes** survenues pendant la durée du contrat dans les locaux dont il a la jouissance exclusive (sauf cas de force majeure du fait du bailleur ou d'un tiers qu'il n'a pas introduit dans le logement). **Prendre à sa charge** l'entretien courant du logement, des équipements mentionnés au contrat et les menues réparations locatives définies par décret, sauf si elles sont occasionnées par vétusté, malfaçon, vice de construction, cas fortuit ou force majeure. **Laisser exécuter dans les lieux loués les travaux d'amélioration** des parties communes ou privatives et les travaux nécessaires au maintien en état et à l'entretien normal des locaux loués ; le préjudice éventuel résultant des travaux peut être compensé (art. 1724, al. 2 et 3 du Code civil). **Ne pas transformer les locaux** et équipements loués sans l'accord écrit du propriétaire ; à défaut, ce dernier peut exiger du locataire, à son départ des lieux, leur remise en état ou conserver à son bénéfice les transformations effectuées sans que le locataire puisse réclamer une indemnisation des frais engagés (le bailleur peut exiger la remise en état immédiate par le locataire si les transformations mettent en péril le bon fonctionnement des équipements ou la sécurité du local). **S'assurer contre les risques** dont il doit répondre en sa qualité de locataire et en justifier lors de la remise des clés, puis chaque année à la demande du bailleur.

Caution (loi du 6-7-1989, art. 22-I/loi du 21-7-1994, art. 23). La personne doit recevoir un exemplaire du bail. L'acte doit comporter, écrits de la main de la caution, le montant du loyer et les conditions de sa révision qui figurent dans le bail ; mention explicite et non équivoque de la nature et de l'étendue de son obligation ; reproduction de l'art. 22-I, al. 1er ; sa signature. Le non-respect de ces formalités entraîne la nullité de l'engagement (sauf pour ceux consentis avant le 1-9-1994). Lorsque le cautionnement des obligations du locataire ne comporte aucune précision de durée ou lorsque la durée du cautionnement est stipulée indéterminée, la caution peut le résilier unilatéralement. La résiliation prend effet au terme du contrat de location en cours, qu'il s'agisse du contrat initial, du contrat reconduit ou renouvelé. Les cautionnements indéfinis contractés par les personnes physiques (loi du 27-7-1998, art. 101). La caution doit être informée par le bailleur chaque année au moins, à une date convenue entre les parties ou à défaut à la date anniversaire du contrat, de l'évolution du montant de la créance garantie et de ses accessoires. Si le bailleur ne respecte pas cette obligation, la caution ne sera pas tenue du paiement des accessoires de la dette, ni des frais et pénalités (art. 2016 du Code civil). **Défaut de paiement du locataire :** lui envoyer un commandement de payer, puis, dans les 15 jours qui suivent, faire signifier par huissier à la caution qu'un commandement de payer a été adressé au locataire. S'il dépasse ce délai, le propriétaire ne pourra réclamer à la caution que le paiement du loyer et des charges, mais les pénalités de retard éventuellement prévues par le bail ne pourront être demandées qu'à partir de la signification. La caution appelée en garantie, qui a payé la dette du locataire, peut se retourner contre lui pour récupérer la somme déboursée.

Caution bancaire. La banque s'engage à payer les sommes dues par le locataire (elle demande pour cela de 0,5 à 1,5 % du montant annuel du loyer). Généralement limitée à 6 mois ou 1 an, reconductible.

Garantie à première demande. Le garant, généralement une banque, s'engage à payer au bailleur, à sa 1re demande, la dette du locataire. La banque reçoit une commission en échange de sa signature, et, dès qu'elle a payé la dette du locataire, peut se retourner contre lui pour recouvrer la somme avancée. Ce système permet d'éviter que le garant conteste la validité de son engagement de caution, invoque la nullité du contrat de bail ou l'inexécution par le propriétaire de ses obligations.

Cession du bail. Interdite sauf accord écrit du bailleur.

Transfert du bail. Loi du 6-7-1989, art. 14. **Abandon de domicile :** départ brusque et imprévisible non concerté à l'avance. Le contrat continue au profit du conjoint, sans préjudice de l'art. 1751 du Code civil, et au profit des descendants qui vivaient avec lui depuis au moins 1 an à la date de l'abandon et du partenaire lié par un Pacs. **Décès du locataire :** *id.* Si plusieurs bénéficiaires se manifestent, le juge tranchera ; à défaut de personne remplissant les conditions prévues, le contrat est résilié de plein droit.

Concubinage : en cas de décès du locataire en titre (le signataire du bail) d'un logement soumis à la loi du 6-7-1989, le contrat de location continue au profit de son concubin notoire [vivant avec le défunt depuis au moins 1 an au moment du décès (art. 14 de la loi du 6-7-1989)]. Il en est de même en cas d'abandon de domicile par le locataire (départ brusque et imprévisible). En HLM, le concubin doit remplir les conditions d'attribution du logement HLM (ne pas dépasser les plafonds de ressources).

■ **Chambre de service. Normes classiques d'habitabilité :** surface minimale de 10 m², hauteur sous plafond de 2,50 m, ouverture donnant à l'air libre, lavabo avec eau courante, dispositif permettant le chauffage, usage d'un W.-C. collectif à l'étage ou à demi-palier et desservant au plus 5 chambres.

■ **Charges. Récupérables :** services rendus liés à l'usage ; dépenses d'entretien courant et menues réparations sur les éléments d'usage commun ; droit de bail et impositions qui correspondent à des services dont le locataire profite directement. Liste fixée par décret en Conseil d'État. **Paiement :** sur justification, les charges peuvent donner lieu à des provisions (délai de prescription : 5 ans). **Régularisation :** au moins annuelle ; durant un mois à compter de l'envoi de ce décompte, les justificatifs sont à disposition des locataires.

Charges récupérables (décret du 26-8-1987 pour contrats soumis à la loi Méhaignerie du 23-12-1986). **Ascenseurs et monte-charges :** électricité, visites périodiques d'entretien, dépannage sans réparation ni pièces, produits, petits matériels (chiffons, graisse, huile) et lampes de cabine, petites réparations de cabine et palier, balai du moteur et fusibles. **Eau et chauffage :** eau froide et chaude et taxes correspondantes, produits d'entretien de l'eau, électricité et combustible, exploitation et entretien courant (graissage, petits matériels, vérification, frais de contrôle, mise en repos...), menues réparations sur parties communes et éléments communs (réfection des joints, presse-étoupe, clapets, recharge de pompes à chaleur...). **Installations individuelles :** chauffage et eau chaude : combustible, exploitation, entretien courant et menues réparations (contrôles...), remplacement des joints, clapets. **Parties communes :** électricité, fournitures consommables (produits d'entretien, balais...), entretien de la minuterie, des tapis, des appareils de propreté ; frais de personnel (salaire et charges hors avantages en nature) en totalité pour un employé d'immeuble, aux 3/4 pour un concierge ou gardien ; opérations d'entretien et menues réparations dans les jardins, allées, bassins, massifs, bacs à sable... **Hygiène :** dépenses de consommables, sacs de déchets, produits de désinfection et désinsectisation, entretien courant et exploitation des fosses de vidange, vide-ordures. **Équipements divers :** énergie de ventilation mécanique, ramonage, entretien codes, interphones et nacelles de nettoyage des façades vitrées, abonnement des téléphones communs. **Impôts :** droit de bail, taxe et redevance des ordures, taxe de balayage. En 2000, les locataires dont les revenus n'excédent pas 30 000 F/an sont exonérés du droit de bail.

Niveau moyen des charges en 1999 en F/m²/an. Ensemble des charges : *A 1* (immeubles sans confort collectif construits avant 1948) : 127,4 ; *A 2* [dotés du confort collectif (chauffage + ascenseurs) construits avant 1948] : 174,5 ; *B 1* (construits entre 1948 et 1970) : 152,7 ; *B 2* (construits entre 1970 et 1976) : 174,4 ; *B 3* (construits de 1976 à nos jours) : 179,9 ; *IGH* (immeubles de grande hauteur) : 245,7. **Détails pour un A 2 et un IGH** (en 1998) : ascenseurs 10,1 (13,9), assurances générales 7,3 (10,2), chauffage + ECS (entretien) 6,7 (13,5), + ECS (fluide) 36,3 (48,3), consommation électrique 2,2 (5,6), espaces verts 0,4 (1,5), eau froide 19 (23,7), fourniture/entretien 1,8 (1,8), frais de personnel 52,2 (61,6), impôts locaux 3,5 (1,2), Stés extérieures 2,1 (12,7), syndic (honoraires) 13,2 (12,7), travaux d'entretien 15,4 (34,5), autres charges 4,3 (4,6).

■ **Commissions. Commission départementale de conciliation** (loi du 6-7-1989, art. 20/SRU, art. 188) dont la compétence porte sur les litiges nés de la fixation dans le parc privé d'un loyer ou d'une hausse de loyer lors d'un renouvellement de bail (loi du 6-7-1989, art. 17-c), d'une hausse de loyer dans le cadre d'un bail de sortie d'un logement classé en II B ou II C (art. 30 et 31 de la loi du 23-12-1986). **Commission nationale de concertation** (loi du 23-12-1986, art. 41) : représentants des organisations représentatives au plan national de bailleurs, locataires et gestionnaires. Composition, mode de désignation des membres, organisation et règles de fonctionnement fixés par décret en Conseil d'État.

■ **Congé. Donné par le bailleur.** Loi du 6-7-1989, art. 10, 12 et 15. **En cours de bail,** le bailleur ne peut pas donner congé (à moins que le locataire ne respecte pas ses obligations). **A l'expiration du bail,** il peut donner congé s'il est motivé : *1°) par la reprise du logement* [pour lui-même, son conjoint, son concubin notoire (nouvelle définition, art. 515-8 du Code civil) depuis au moins 1 an à la date du congé, son partenaire auquel il est lié par un Pacs enregistré à la date du congé, ses ascendants, descendants ou ceux de son conjoint ou concubin notoire ou de son partenaire lié par un Pacs enregistré à la date du congé] ; ce congé doit être donné avec un préavis de 6 mois au minimum indiquant le motif et les nom et adresse du bénéficiaire de la reprise. *2°) Par la vente du logement* (voir **Vente** p. 1736 c). *3°) Pour motif légitime et sérieux :* préavis minimum de 6 mois si le locataire n'exécute pas des obligations lui incombant (exemple : un locataire payant systématiquement son loyer et ses charges avec retard alors qu'une clause de bail fixe précisément l'échéance des paiements).

A défaut de congé, le contrat de location parvenu à son terme est reconduit tacitement pour 3 ans lorsque le bailleur est un particulier, 6 ans lorsqu'il est une personne morale (société).

☞ *Locataire de plus de 70 ans aux ressources inférieures à une fois et demie le montant annuel du Smic :* si le bailleur a moins de 60 ans ou si ses ressources annuelles sont supérieures à une fois et demie le montant annuel du Smic, il doit fournir au locataire un logement correspondant à ses besoins et possibilités et situé dans : le même arrondissement ou arrondissements limitrophes ou communes limitrophes de l'arr. où se trouve le local, objet de la reprise, si celui-ci est situé dans une commune divisée en arr. ; le même canton ou les cantons limitrophes de ce canton inclus dans la même commune ou dans les communes limitrophes de ce canton, si la commune est divisée en cantons ; sinon sur le territoire de la commune ou d'une commune limitrophe, sans pouvoir être éloigné à plus de 5 km. L'âge du locataire et du bailleur sont appréciés à la date d'échéance du contrat, le montant de leurs ressources à la date de notification du congé.

Donné par le locataire. Loi du 6-7-1989, art. 12 et 15/loi du 21-7-1994, art. 14-III. Le locataire peut donner congé à tout moment, avec un préavis de 3 mois (1 mois en cas de mutation, de perte d'emploi ou de nouvel emploi suite à une perte d'emploi, ou si le locataire bénéficie du RMI ou a plus de 60 ans et que son état de santé justifie un changement de domicile). **Forme des congés :** lettre recommandée avec demande d'avis de réception ou signifiés par acte d'huissier ; délai de préavis courant à compter du j de réception de la lettre ou de la signification de l'acte. Notification opposable de plein droit au conjoint du locataire (s'il ne s'est pas fait connaître au bailleur), au partenaire lié par un Pacs (id.).

Décès. Bail résilié automatiquement sauf si l'un des proches remplit les conditions légales pour se maintenir dans le logement. Exemples : **colocataire, conjoint,** même s'il n'a pas signé le bail (ch. civile, 3-7-1992). En principe, il peut s'attribuer prioritairement le logement par rapport aux héritiers ; le juge tranchera en cas de litige. **Concubin :** en principe, n'a pas de droit s'il n'a pas signé le bail. Mais il peut prétendre au logement à condition d'y avoir vécu au moins un an au moment du décès. Ses relations avec le locataire décédé doivent avoir été continues, stables et connues. Elles peuvent être prouvées par tous moyens. **Pacs :** peut également prétendre au bail, même si le Pacs a été conclu en cours de bail. **Parents :** descendants, ascendants et personnes à charge à condition d'avoir vécu au moins un an avec le décédé jusqu'à la date du décès. La cohabitation doit être habituelle, effective et continue. *Logements soumis à la loi de 1948 :* enfants mineurs (jusqu'à leur majorité), ascendants et personnes handicapées ayant vécu effectivement pendant un an avec le locataire ; héritiers (cass. civ., 26-6-1996) à condition d'avoir vécu avec le locataire au moins 6 mois au jour du décès. La loi de 1948 n'autorise pas le concubin du défunt à rester.

■ **Défauts de paiement.** S'assurer que le bail contient une clause résolutoire précisant que le défaut de paiement des loyers (ou des charges) entraîne, de plein droit, la résolution du bail 2 mois après la délivrance, par huissier, d'un commandement de payer demeuré infructueux. Si le locataire ne s'exécute pas et si l'on saisit le tribunal pour une action en résiliation, le juge peut octroyer des délais de paiement et suspendre les clauses résolutoires. Le jugement rendu est valable 30 ans. Si le locataire est parti sans laisser d'adresse, le tribunal rendra un jugement par défaut. Le bailleur pourra demander au procureur de la République de l'aider à le retrouver, ainsi que sa banque et son employeur. *Injonction de payer :* écrire, preuves à l'appui, au Pt du tribunal d'instance du domicile de son locataire ou déposer une requête auprès du greffe. En cas de non-paiement (total ou partiel) du loyer pendant 2 mois consécutifs, on peut obtenir directement le versement de l'aide au logement (allocation ou APL) perçue par le locataire ; faire la demande auprès de la Caisse d'allocations familiales ; l'allocation ne couvre pratiquement jamais tout le loyer. *Précautions lors de la signature du bail :* s'informer du numéro d'allocataire et de l'adresse de la caisse du locataire.

■ **Dépôt de garantie.** Loi du 6-7-1989, art. 22. Aucun ne peut être demandé si le loyer est payable d'avance pour une période supérieure à 2 mois. En revanche, pourra être exigé si le locataire demande un paiement mensuel pendant le cours du bail. *Montant maximal :* 2 mois de loyer principal ; ne porte pas intérêt au bénéfice du locataire ; ne doit pas être révisé durant l'exécution du contrat, ni au moment du renouvellement. *Restitution :* dans les 2 mois à compter de la remise des clés par le locataire, déduction faite le cas échéant des sommes restant dues au bailleur et des sommes dont celui-ci pourrait être tenu, au lieu et place du locataire. A défaut, le solde dû au locataire produit intérêt au taux légal (4,26 % en 2001).

■ **Droit de bail.** L'art. 12 de la loi de finances rectificative pour 1999 a substitué au droit de bail et à la taxe additionnelle (TADB) une contribution annuelle représentative du droit de bail (CRDB) et une contribution additionnelle (CACRDB) à cette contribution de même montant (2,5 % chacune). Sont imposés les loyers perçus. Ces 2 contributions dues par le bailleur doivent être déclarées et payées dans les mêmes conditions que l'impôt sur le revenu. La CRDB est à la charge du locataire ; la CACRDB est à celle du bailleur. Pour l'imposition des revenus de l'année 2000 (déclarés en 2001), la CRDB est supprimée pour les biens dont les loyers versés en 1999 n'ont pas excédé 36 000 F et, à compter de l'imposition des revenus de 2001 (déclarés en 2002), pour l'ensemble des locations. Ce seuil de 36 000 F s'apprécie sans appliquer de *prorata temporis.* La CACRDB continue d'être applicable aux revenus tirés des locations de locaux situés dans les immeubles achevés depuis 15 ans au moins au 1-1 de l'année d'imposition, et dont le montant annuel est supérieur à 12 000 F, ce seuil s'appréciant sans application d'un *prorata temporis. Locations qui n'y sont pas soumises :* celles au loyer annuel inférieur à 36 000 F ; soumises à la TVA (parking, meublé, fonds de commerce, local industriel équipé ou locations pour lesquelles le bailleur a opté pour la TVA), les locations consenties à l'État, les baux ruraux et les locations liées à un contrat de travail.

■ **Échange de logement.** Possible entre 2 locataires occupant 2 logements appartenant au même propriétaire et situés dans le même ensemble immobilier quand l'un a au moins 3 enfants et que l'échange permet d'accroître la surface du logement occupé par la famille la plus nombreuse. Chaque locataire se substitue alors de plein droit à celui auquel il succède pour la durée restant à courir ; il ne peut être considéré comme un nouvel entrant. Ces dispositions ne sont pas applicables lorsque l'un ou les deux logements sont soumis à la loi du 1-9-1948.

■ **État des lieux.** S'il est fait par un huissier de justice, les frais sont partagés par moitié entre bailleur et locataire (décret du 12-12-1996).

■ **État locataire.** Les baux souscrits par l'État (représenté par le service des Domaines) pour loger ses services sont, en général, des baux civils ne relevant pas du statut des baux commerciaux. Les obligations réciproques du bailleur privé et de son locataire sont soumises à l'art. 1134 du Code civil (« les conventions légalement formées... ne peuvent être révoquées que de leur consentement mutuel »). En cas de non-paiement du loyer, le remboursement de la dette peut se voir opposer des prescriptions [quadriennale, propre aux créances sur les collectivités publiques, ou quinquennale (art. 2277 du Code civil), spécifique aux créances périodiques].

■ **Étudiants.** Locations et sous-locations en meublé à un prix raisonnable à des étudiants et à des jeunes travailleurs portant sur une partie des locaux de la résidence principale du loueur, sont *exonérées de patente, d'impôt sur le revenu, de TVA* (revenu annuel maximal 5 000 F).

Logement des étudiants (en %) : chez leurs parents 31, en résidence, cité U ou foyer 13,2, en chambre seule 3,9, chez l'habitant 1,8, en studio 16, en appartement ou maison 29. **Loyer moyen** (en F/mois) : *légende :* C : cité U ; F : foyer étudiant ; CH : chambre (9/20 m²) ; S : studio. **Paris-Ile-de-France :** C : 810 ; F : 2 000/3 000 ; CH : 1 500/2 500 ; S : 2 500/3 000. **Province :** C : de 740 (Montpellier) à 780 (Lyon) ; F : de 1 300 (Lille) à 2 800 (Bordeaux) ; CH : de 800 (Toulouse) à 1 000/1 800 (Aix-en-Provence) ; S : de 1 500 (Nice) à 2 800 (Lille).

■ **Exonération fiscale.** Les bailleurs privés qui louent ou sous-louent un logement nu ou meublé à des personnes à faible revenu (bénéficiaires du RMI, étudiants boursiers) ou les associations qui mettent un logement à la disposition de personnes défavorisées bénéficient d'une exonération de l'impôt sur le revenu foncier les 3 premières années de location (prorogée par période de 3 ans) si le montant du loyer est inférieur à 29 F/an/m² habitable en Ile-de-France (autres régions : 24 F). **Locatif neuf :** réduction d'impôt sur le revenu égale à 10 ou 15 % du montant de l'investissement pris en compte dans certaines limites et majoration de l'abattement forfaitaire sur les revenus fonciers (25 % au lieu de 10 %). La réduction de 10 % est accordée aux contribuables logeant un ascendant ou un descendant. *Conditions pour bénéficier de cette réduction* (valable jusqu'au 31-12-1997) : louer le logement pendant 6 ans et respecter les plafonds de loyer et de ressources des locataires.

Plafonds pour réduction d'impôt de 15 % (en 1998) : *loyer (an/m²) :* Ile-de-France 843 F, autres régions 600. *Bénéficiaires du RMI, étudiants boursiers, personnes défavorisées :* Ile-de-Fr. 336 F ; autres régions 279 F. *Ressources du locataire :* Ile-de-Fr. 161 430 F ; autres régions 124 860.

■ **Expulsion. Cas possibles :** le bailleur peut demander au juge du tribunal d'instance d'ordonner l'expulsion d'un locataire qui ne respecte pas le contrat (loyers impayés), ne quitte pas les lieux après avoir reçu légalement son congé, ou quand le bail arrive à expiration. Le juge de l'exécution peut accorder des délais aux occupants (de 3 mois à 3 ans).

Procédure (loi du 9-7-1991 et décret du 31-7-1992) : une décision de justice ou un procès-verbal de conciliation exécutoire est nécessaire ; un commandement à libérer les lieux doit être adressé à la personne expulsée. Ce commandement ne se substitue pas au commandement de payer qui demeure en cas d'impayé de loyer en préalable à toute décision de justice. Forme : acte d'huissier de justice signifié à la personne expulsée contenant toutes précisions. Le commandement peut être délivré dans l'acte de signification du jugement d'expulsion. Une copie est adressée par l'huissier par lettre recommandée avec accusé de réception au préfet ; il lui communique tous renseignements relatifs à l'expulsé et personnes vivant habituellement avec lui.

Délais : au minimum 2 mois après le commandement. Peut être réduit par le juge s'il s'agit de personnes entrées dans le local par voie de fait. Peut être rallongé de 3 mois si l'expulsion a pour l'expulsé des conséquences d'exceptionnelle dureté (période de l'année, mauvais temps). Ces modifications ne remettent pas en cause les délais que l'occupant peut obtenir par le jeu des art. L. 613-1 à L. 613-5 (3 mois à 3 ans). Le juge de l'exécution tient compte de la bonne volonté de l'occupant (exécution de ses obligations, diligence pour se reloger), de sa situation matérielle et de sa santé et de celles du propriétaire. **Exécution :** à l'issue des délais, l'expulsion peut être faite par l'huissier. En l'absence de l'occupant du local ou s'il en refuse l'accès, l'huissier ne peut y pénétrer qu'en présence du maire de la commune, d'un conseiller municipal ou d'un fonctionnaire municipal délégué, d'une autorité de police ou de gendarmerie, requis pour assister au déroulement de la procédure ou, à défaut, de 2 témoins majeurs qui ne sont au service ni du créancier, ni de l'huissier. Dans les mêmes conditions, les meubles peuvent être ouverts. L'huissier peut requérir le concours de la force publique. L'État est tenu de prêter son concours à l'exécution des jugements et des autres titres exécutoires. Son refus ouvre droit à réparation. **Dates :** on ne peut exécuter une mesure d'expulsion du 1er nov. au 15 mars, sauf si le relogement est assuré dans des conditions normales, s'il y a un arrêté de péril, s'il s'agit de logements pour étudiants ayant cessé de satisfaire aux conditions (loi du 3-5-1990, art. 21) ou s'il s'agit de « squatters ».

Statistiques (en 1997). Demandes en paiement des loyers et/ou résiliation expulsion 113 433, abandons de procédure 20 147, expulsions 87 717, demandes de sursis à l'exécution de la mesure d'expulsion 584, commandements d'avoir à libérer les locaux 47 821, demandes de sursis à la décision d'expulsion formée devant le juge d'exécution des peines 3 038, demandes de concours de la force publique 32 294, décisions accordant ce concours 14 473, interventions effectives 4 753. *Refus de concours :* 17 821 occupants maintenus dans les locaux malgré la résiliation de leur bail. *Indemnités versées aux bailleurs à ce titre :* 301,6 millions de F.

■ **Habitabilité** (normes minimales). Définies par le décret du 6-3-1987. **État :** gros œuvre étanche et en bon état d'entretien, parties communes en bon état d'entretien, canalisations d'eau conformes au règlement sanitaire en vigueur et suffisantes pour une distribution permanente avec un débit correct. **Pièces :** au minimum 1 pièce principale, 1 pièce de service (salle d'eau, W.-C.) et un coin cuisine. *Surface habitable minimale :* 16 m² pour une surface moyenne des pièces habitables d'au moins 9 m² (minimum par pièce 7 m²). *Hauteur sous plafond minimale :* 2,20 m. *Aération :* pièces principales : une ouverture donnant à l'air libre ; autres pièces, une ventilation suffisante. *Cuisine et coin cuisine :* évier avec siphon alimenté en eau potable chaude et froide ; il doit être possible d'installer un appareil de cuisson. Installations de gaz et d'électricité suffisantes et conformes aux règlements.

Équipement sanitaire : *logements de plus de 2 pièces principales,* 1 W.-C. séparé de la cuisine et de la pièce principale par un sas, 1 salle d'eau avec lavabo, baignoire ou douche, alimentés en eau chaude et froide ; *de 1 ou 2 pièces principales,* 1 pièce avec W.-C. ne communiquant pas directement avec la cuisine et 1 lavabo avec eau chaude et froide, ou 1 salle d'eau ou 1 coin douche, le W.-C. à usage privatif étant à l'étage ou à un demi-palier de distance.

Chauffage : dispositif de réglage automatique de température. S'il n'existe pas de chauffage central, pour un logement de *3 pièces principales :* 1 appareil fixe, poêle ou radiateur à gaz ou électrique ; *de 3 ou 4 pièces :* 2 appareils ; *de 5 pièces ou + :* au moins 3 appareils.

■ **Hébergement gratuit.** Un locataire peut héberger gratuitement un tiers. Le bailleur ne peut lui reprocher de pratiquer une sous-location interdite par le contrat car celle-ci suppose le paiement d'un loyer ou la fourniture d'une contrepartie.

■ **Information et consultation des locataires.** Loi du 23-12-1986, art. 44/SRU, art. 193. Chaque association qui, dans un immeuble ou groupe d'immeubles, représente au moins 10 % des locataires ou est affiliée à une organisation siégeant à la Commission nat. de concertation, désigne au bailleur, et le cas échéant, au syndic de copropriété, par lettre recommandée avec demande d'avis de réception, le nom de 3 au plus de ses représentants choisis parmi les locataires de l'immeuble ou du groupe d'immeubles. Ils ont accès aux différents documents concernant la détermination et l'évolution des charges locatives. Dans les immeubles en copropriété, les représentants peuvent assister à l'assemblée générale de copropriété et formuler des observations sur les questions inscrites à l'ordre du jour.

■ **Litiges** (relatifs au montant du loyer). Ils demeurent soumis aux principes antérieurs (saisine de la commission départementale de conciliation ou, à défaut d'accord, du juge). La loi du 13-1-1989 et le décret du 15-2-1989 prévoient l'étalement sur 6 ans des hausses de loyer supérieures à 10 %, la nullité de toute hausse non accompagnée de références (3 en province, 6 à Paris) dont 1/3 seulement pourra concerner des locations récentes (locataire entré dans les lieux depuis moins de 3 ans).

■ **Locations saisonnières. Réservation :** par l'intermédiaire d'un agent, montant réclamé au moment de la réservation : au maximum 25 % du prix de la location y compris le dépôt de garantie, ne peut être exigé plus de 6 mois avant le début de la location, solde versé à la remise des clés (commission de l'agent, libre) ; location sans intermédiaire, somme versée à titre de réservation peut être fixée librement. **Annulation :** *s'il s'agit d'acompte,* l'engagement des parties est ferme et définitif (si le locataire ne donne pas suite, le propriétaire peut lui demander la totalité du prix) ; *s'il s'agit d'arrhes,* les 2 parties pourront annuler la réservation, le locataire en abandonnant les arrhes, le propriétaire en restituant le double de la somme versée. *Caution :* libre ; 20 % du loyer au maximum ; versée à l'entrée dans les lieux. *Prix :* libre. **Régime fiscal :** bénéfices industriels et commerciaux (abattement forfaitaire de 50 % sur loyers n'excédant pas 100 000 F par an) ; *taxe professionnelle :* payée par le bailleur, exigible si le logement est loué périodiquement chaque année ; exonération de la taxe prévue lorsque le logement fait partie de la résidence du bailleur (y compris les chambres de service) et pour certains gîtes ruraux. *Taxe de séjour :* 1 à 7 F par personne ; montant fixé par le conseil municipal, demandé au locataire en plus du loyer. *TVA :* depuis le 1-1-1991, les locations saisonnières de logements meublés en sont en principe exonérées.

■ **Loi du 1-9-1948.** Possibilité restreinte de transformer les baux soumis à la loi de 1948, accordée aux logements classés II B ou II C, en contrats de location de 8 ans avec un nouveau loyer fixé en fonction de ceux pratiqués dans le voisinage. Les locataires aux ressources inférieures au plafond légal peuvent s'opposer à cette transformation. **Loi Quilliot (22-6-1982) :** abrogée par la loi Méhaignerie. S'appliquait aux locaux à usage d'habitation et à usage mixte (habitation et professionnel). Étaient exclus les locaux loués par des professionnels, logements de fonction, logements-foyers, locations-accessions, chambres meublées, locaux à caractère saisonnier (art. 2), résidences secondaires (Cour de cass. 29-11-1983). **Loi Méhaignerie (23-12-1986) :** s'appliquait aux locations à usage d'habitation principale ou à usage mixte (professionnel et d'habitation principale). Ne concernait ni les résidences secondaires, ni les locations saisonnières, ni les locations meublées. **Loi Mermaz-Malandain (6-7-1989) :** voir **Bail** p. 1733 a. **Loi du 21-7-1994 :** complète la législation de 1989 sur les loyers.

■ **Loyer.** Loi du 6-7-1989, art. 17. **Fixation initiale :** *librement* entre les parties pour un logement neuf ou vacant ayant fait l'objet de travaux de mise ou de remise aux normes définies par décret ; ou faisant l'objet d'une 1re location et conforme aux normes ; ou vacant et aux normes, ayant fait l'objet depuis moins de 6 mois d'amélioration des parties privatives ou communes, d'un montant au moins égal à une année de loyer antérieur. **Révision annuelle :** pendant le contrat, s'il y a une clause expresse de révision, l'augmentation ne peut excéder la variation annuelle de la moyenne des indices de la construction des 4 derniers trimestres publiés par l'Insee. **Fixation au moment du renouvellement :** loyer révisé en fonction de l'indice Insee. S'il est manifestement sous-évalué, il peut être réévalué par référence aux loyers habituels du voisinage ; dans ce cas, le bailleur peut, au moins 6 mois avant le terme, proposer au locataire de renouveler le contrat avec un nouveau loyer fixé par référence aux loyers du voisinage pour des logements comparables (cette proposition ne peut être assortie d'un congé). *Majoration :* les parties peuvent convenir d'une majoration spéciale en cas de travaux d'amélioration réalisés par le bailleur (une clause expresse doit figurer dans le contrat et définir les travaux à effectuer et fixer la majoration consécutive à ceux-ci). **Paiement du loyer et quittance :** le bailleur est tenu de remettre gratuitement au locataire qui en fait la demande une quittance distinguant loyer, droit de bail, charges ; si le locataire effectue un paiement partiel, le bailleur est tenu de délivrer un reçu. **Loyers impayés :** si la demande est justifiée, le propriétaire peut les réclamer jusqu'à 5 ans après leurs échéances.

■ **Maintien dans les lieux** (droit). Existe dans les logements soumis à la loi de 1948 et à loyer réglementé (HLM) sauf pour les sous-locations partielles (le *sous-locataire* a droit au maintien dans les lieux à l'encontre du *locataire* principal, sauf droit de reprise de ce dernier, mais pas à l'encontre du propriétaire de l'immeuble lorsque le locataire principal quitte les lieux, renonce ou est déchu du droit au maintien en possession). Ont droit au maintien dans les lieux les locataires ou occupants de bonne foi : *l'étudiant* (dans les mêmes conditions qu'un autre locataire), *le fonctionnaire* détaché hors de France. En cas d'abandon ou de décès de l'occupant de bonne foi : le conjoint, et, lorsqu'ils vivaient effectivement avec lui depuis plus d'un an, les ascendants, les handicapés et les enfants mineurs jusqu'à leur majorité. *L'occupant d'un logement accessoire* (de fonction) n'a pas droit au maintien dans les lieux. LE DROIT AU MAINTIEN DANS LES LIEUX NE PEUT ÊTRE OPPOSÉ : 1°) *Au propriétaire qui a obtenu l'autorisation de démolir* un immeuble pour en construire un autre dont la surface habitable sera supérieure, *ou l'autorisation d'effectuer des travaux ayant pour objet d'augmenter la surface habitable*, le nombre de logements, le confort de l'immeuble. Le propriétaire doit donner un préavis de 6 mois et commencer les travaux de reconstruction dans les 3 mois du départ du dernier occupant. Souvent, l'administration subordonne l'autorisation de démolir au relogement des occupants évincés. Les occupants évincés ont un *droit de réintégration* dans les locaux reconstruits ou aménagés quand ils ne sont pas relogés dans un local ayant au moins les mêmes conditions d'hygiène. 2°) *Au propriétaire qui exerce son droit de reprise pour occuper lui-même son logement ou le faire occuper par un membre de sa famille.* L'exercice du droit de reprise par le propriétaire peut entraîner pour lui l'obligation de reloger le locataire.

■ **Meublé.** **Durée :** librement déterminée par les parties ; en l'absence de stipulations précises, le bail d'un appartement meublé est censé être fait à l'année, au mois, au jour, en fonction de la périodicité des paiements (ch. civile, art. 1758) ; si elle est indéterminée, on peut donner congé au locataire à tout moment en respectant le préavis en usage localement (art. 1736 du Code civil) : en général, 1 mois. **Mobilier :** la location meublée est acquise si le logement est équipé (penderie, appareil de chauffage électrique, 1 table, 2 chaises, 1 sommier avec matelas, réfrigérateur et différents meubles et mobiliers tels rideaux, lustre, table, lampe de chevet, buffet). **Prix du loyer :** fixé de gré à gré, peut être révisé ; renégociable à chaque renouvellement de bail ou changement de locataire. **Location par un non-professionnel :** secteur libre : loyer libre. Locaux soumis à la loi du 1-9-1948 : loyer fixé selon la surface corrigée (forfaitairement), majoré du prix de location des meubles qui ne peut dépasser le montant du loyer principal (art. 43). **Par les professionnels** (hôtels meublés, pensions de famille...) : loyer libre depuis le 1-1-1987. Sont considérées comme loueurs professionnels les personnes inscrites en tant que telles au registre du commerce et des sociétés et qui réalisent + de 150 000 F de recettes annuelles ou retirent de cette activité + de 50 % de leur revenu global. Les revenus sont des bénéfices industriels et commerciaux. Après 5 ans, exonération des plus-values. Exonération possible de l'ISF. Elles sont redevables de la TVA (taux à 18,6 % sur les services annexes éventuels, petit déjeuner, blanchissage). Leurs bénéfices sont imposables au régime du forfait (recettes inférieures à 150 000 F) ou au régime du bénéfice réel, normal ou simplifié. Sont exonérés de droit de bail et dispensés de l'obligation d'enregistrement les meublés au montant annuel maximal de 12 000 F. *Droit au bail* si loyer annuel de plus de 12 000 F. Exonérés de la TVA depuis le 1-1-1991 pour les meublés d'habitation.

Taxe professionnelle : tous les loueurs en meublé y sont soumis, sauf les loueurs accidentels (et sans caractère périodique) d'une partie de leur habitation principale ou les loueurs même à titre habituel d'une partie de cette même habitation, qui sont exonérés de toute autre imposition ; les loueurs saisonniers d'une partie de leur habitation, à titre de gîte rural pour les vacances, d'une partie de leur résidence principale ou secondaire, à la semaine et pour un nombre de semaines n'excédant pas 12.

■ **Personnes âgées.** *Location régie par la loi du 1-9-1948 :* maintien dans les lieux possible pour : les plus de 70 ans, ne disposant pas de revenus suffisants (maximum : 1 fois 1/2 le montant annuel du Smic), si leur relogement n'est pas assuré et si le bénéficiaire de la reprise a moins de 65 ans ; et les plus de 65 ans (60 en cas d'inaptitude au travail), occupant un logement II A, s'ils n'ont pas un revenu annuel imposable au maximum de 39 000 F (Ile-de-Fr.), 24 000 F (autres régions) [décret du 26-8-1975].

■ **Prêts.** L'art. 1875 du Code civil définit le *prêt à usage* (ou *commodat*) comme un « contrat par lequel l'une des parties (le prêteur) livre une chose (l'appartement) à l'autre (l'emprunteur) pour s'en servir (détention), à charge par le preneur de la rendre après s'en être servi ». Selon l'art. 1888, la chose ne peut être retirée qu'après avoir servi à l'usage pour lequel elle a été empruntée, ou, à défaut de convention (absence d'écrit), qu'après que le besoin de l'emprunteur a cessé.

Lorsque le prêt n'est pas gratuit, la réglementation du prêt à usage cesse en principe d'être applicable (le louage suppose la stipulation d'un loyer). La gratuité du contrat ne dispense pas l'emprunteur de supporter les frais d'entretien de la chose, de rembourser les charges, impôts de consommation d'eau et d'électricité au prêteur. L'emprunteur ne peut ni céder son droit, ni sous-prêter.

■ **Propriétaire.** **Obligations :** le propriétaire est garant : **1°)** *des vices ou défauts* de la chose louée qui en empêchent l'usage, quand même il ne les aurait pas connus lors du bail (cheminées qui fument ou qui ne permettent pas d'y faire du feu, humidité due à l'insuffisance de l'épaisseur des murs, infiltrations d'eau tenant à la mauvaise construction de l'immeuble ou à la nature du sol) ; **2°)** *des troubles apportés à la jouissance* de la chose louée, troubles venant de son fait, du fait du concierge ou des locataires (en cas de défaut d'entretien, le preneur a droit à une réduction du loyer si l'étendue de sa jouissance est diminuée) ; **3°)** *des vols* commis dans les locaux loués s'ils sont la conséquence d'une négligence grave du concierge. Exemple : concierge travaillant à l'extérieur laissant la loge à l'abandon, sans que le propriétaire informé de cette situation n'ait rien fait pour y remédier. **Grosses réparations :** elles lui incombent normalement (sauf conventions contraires) si elles excèdent le cadre de l'entretien courant : travaux de ravalement, réparations extérieures, murs, toitures, escaliers en mauvais état, balcons, barres des fenêtres, ascenseurs. Ni le cas fortuit, ni la force majeure, ni la vétusté, la malfaçon ou le vice de construction ne peuvent l'exonérer de cette obligation. **En cas de perte** totale ou partielle de l'immeuble, il n'est pas obligé de reconstruire. **Il n'est pas** tenu de délivrer un certificat de domicile à un locataire, mais doit lui délivrer une quittance de loyer si celui-ci en fait la demande. **Il ne peut : 1°)** s'opposer à l'installation par le locataire du gaz et de l'électricité ; **2°)** interdire au locataire d'avoir un animal familier dans son logement. Le propriétaire qui loue un local avec une ligne téléphonique lui appartenant doit prévoir une clause spéciale.

■ **Ravalement à Paris.** Obligation prévue par le Code de la construction et de l'habitation (art. L. 132-1 à 5) de remettre en bon état de propreté les immeubles au moins 1 fois tous les 10 ans. Concerne façades, murs-pignons, cours et parties communes. A Paris, les services municipaux contrôlent en permanence la propreté de tous les immeubles, quels qu'ils soient, situés sur le territoire de la commune. Un bâtiment ravalé depuis 10 ans ne fait pas systématiquement l'objet d'une invitation au ravalement. Le Service technique de l'habitat (Direction du logement et de l'habitat) de la mairie de Paris (17, bd Morland, 75004 Paris) repère les immeubles sales ou dégradés et informe leurs propriétaires. Si, à la suite de cet avertissement, matérialisé par un arrêté municipal d'injonction, puis de sommation, les travaux ne sont pas effectués dans les délais impartis, amende de 25 000 F, 50 000 F en cas de récidive (art. L. 152-11). Si le propriétaire ne fait pas faire les travaux après qu'un arrêté lui a été notifié, la Ville peut se substituer à lui et les faire exécuter d'office à ses frais, après autorisation du tribunal de grande instance. *Aspects fiscaux :* variables chaque année selon la loi de finances. Un propriétaire bailleur peut déduire de ses revenus fonciers la totalité correspondant aux appartements qu'il loue, mais ne peut récupérer cette dépense sur ses locataires.

■ **Renouvellement du contrat.** **Tacite :** à défaut de congé dans les formes légales, pour sa durée initiale avec minimum de 3 ans pour une personne physique et de 6 ans pour une personne morale (art. 10, loi du 6-7-1989/loi du 21-7-1994, art. 14-I et II). Le loyer est éventuellement révisé selon l'indice Insee.

Renouvellement pour moins de 3 ans : possible si un événement justifie que le bailleur ait à reprendre le logement. Proposition à faire au moins 6 mois avant le terme du contrat par lettre recommandée avec AR ou par signification d'huissier. Le nouveau loyer ne peut être supérieur à l'ancien, éventuellement révisé selon l'indice Insee.

Renouvellement avec nouveau loyer *en cas de loyer manifestement sous-évalué :* le bailleur peut proposer le nouveau loyer fixé par référence aux loyers du voisinage pour des logements comparables. Doit faire connaître au locataire sa proposition par lettre recommandée avec AR ou par acte d'huissier au moins 6 mois avant le terme. Si le locataire est d'accord, il a intérêt à manifester son accord au bailleur par écrit (le bail se renouvelle pour 3 ou 6 ans selon la nature du bailleur) ; s'il manifeste son désaccord par écrit ou ne répond pas 4 mois avant le terme, le bailleur, s'il désire appliquer sa proposition de nouveau loyer, doit saisir la commission départementale de conciliation. A défaut de saisine, le contrat est reconduit de plein droit aux conditions antérieures du loyer éventuellement révisé. Si les parties ne peuvent se mettre d'accord devant la commission, le bailleur doit, avant le terme du contrat de location, saisir le juge d'instance qui tranche à partir des éléments fournis par les parties (attestations d'agents immobiliers, relevés de petites annonces, attestations de propriétaires ou de locataires). Le juge peut demander une expertise [frais avancés par le demandeur ; à l'issue du procès, feront partie des dépens (en général à la charge du perdant)]. La hausse fixée judiciairement s'applique rétroactivement, par tiers ou par sixième selon la durée du contrat, à la date d'effet du bail renouvelé. Dès le début de l'instance judiciaire, le juge fixe un loyer provisionnel. En cas de désaccord écrit du locataire, ou de son silence 4 mois avant le terme du contrat, si le bailleur n'a pas saisi le juge avant le terme du contrat, celui-ci est réputé se renouveler de plein droit avec l'ancien loyer révisé en fonction de l'indice Insee. *Étalement du nouveau loyer* par tiers ou par sixième selon la durée du contrat. En cas de renouvellement inférieur à 6 ans, si la hausse est supérieure à 10 %, elle s'applique par sixième annuel au contrat renouvelé, puis lors du renouvellement ultérieur. Si le bailleur est une personne morale, la hausse quel que soit son taux doit être étalée sur 6 ans.

☞ Si le bailleur a fait une proposition de renouvellement avec une réévaluation de loyer, il ne peut pas donner congé pour la même échéance du bail.

■ **Réparations locatives** (décret du 26-8-1987). **Extérieur :** entretien courant des jardins, dégorgement des conduits, démoussage. **Ouvertures :** graissages, menues réparations, remplacement des boulons, clavettes et targettes, réfection des mastics, remplacement des vitres, graissage des stores, remplacement des cordes, graissage et petites pièces des serrures et grilles. **Intérieur :** *plafonds et murs :* nettoyage, menus raccords de peinture et tapisserie, remplacement de quelques éléments (faïences...), rebouchage des trous ; *sols :* encaustiquage des parquets, remplacement de quelques lames, raccords de moquette ; *placards :* remplacement des tablettes et tasseaux et réparation des fermetures. **Plomberie :** *eau :* dégorgement, remplacement des joints et colliers ; *gaz :* entretien des robinets, siphons, remplacement des tuyaux souples, vidange des fosses ; *chauffage :* remplacement des bilames, pistons, membranes, boîtes à eau, clapets, joints, rinçage et nettoyage des corps de chauffe et tuyaux, joints, clapets, presse-étoupe ; *éviers :* nettoyage des dépôts calcaires, remplacement des tuyaux flexibles. **Électricité :** remplacement des interrupteurs, prises, coupe-circuit, fusibles, ampoules, tubes, baguettes et gaines. **Autres équipements mentionnés dans le bail :** entretien courant et menues réparations (réfrigérateur, machine à laver, pompe à chaleur, cheminées...), dépose des bourrelets, graissage, remplacement des joints, ramonage.

■ **Reprise par le propriétaire** (voir **Bail** p. 1733 a).

■ **Résiliation de contrat.** **Par le juge** (loi du 6-7-1989, art. 24/SRU, art. 188/Code civil, art. 1184) : si l'une des parties ne respecte pas ses obligations, l'autre peut toujours exercer une action en justice auprès du tribunal d'instance pour la forcer à exécuter son obligation lorsque c'est possible ou pour demander la résiliation du contrat avec dommages et intérêts. **Clause résolutoire de plein droit :** met fin automatiquement au contrat en cas d'inexécution d'une obligation et le juge ne peut en tempérer les effets ; le contrat peut le prévoir dans 4 cas : non-paiement du loyer ou des charges ou du dépôt de garantie aux termes convenus ; ou défaut d'assurance du locataire. La clause ne peut produire d'effet que 2 mois après que le locataire a reçu un commandement de payer demeuré infructueux. Le commandement doit, pour être valable, reproduire les dispositions des alinéas 1er à 5 de l'art. 24 de la loi de 1989 et celles de l'alinéa 1er de l'art. 6 de la loi du 31-3-1990 instituant le Fonds de solidarité pour le logement (FSL). Le locataire a 2 mois à compter du commandement pour régler sa dette ou saisir le juge des référés (qui ne peut accorder de délai de paiement excédant 2 ans). **Clause résolutoire pour défaut d'assurance :** prend effet après un commandement demeuré infructueux 1 mois. Ce commandement doit, pour être valable, reproduire les dispositions du dernier alinéa de l'art. 7. Si, après 1 mois, le locataire n'a pas souscrit d'assurance, il est déchu de ses droits. Aucun délai supplémentaire ne peut lui être accordé par le juge au titre de l'art. 1244-1 du Code civil.

■ **Vente et droit de préemption.** Si la vente s'effectue en cours de bail, c.-à-d. sans qu'un congé puisse être délivré, aucun droit de préemption ne peut être invoqué, sauf celui applicable dans le cadre de la loi du 31-12-1975. Si le bailleur donne congé pour vendre le logement, le congé vaut offre de vente au profit du locataire. Valable 2 mois, + 2 mois pour réaliser l'acte de vente si le locataire accepte l'offre (4 mois s'il recourt à un prêt). Si, après refus du locataire, le logement est proposé à un tiers à des conditions plus avantageuses, le locataire a un second droit de préemption.

Le locataire ne peut, dans certains cas, bénéficier du droit de préemption prévu par la loi du 31-12-1975. Si le local est à usage mixte d'habitation et professionnel et si le locataire ou occupant de bonne foi occupe effectivement les lieux, l'immeuble est divisé ou subdivisé par lots ; le logement est vendu pour la 1re fois suite à la division ou subdivision de l'immeuble. **Le droit de préemption ne s'applique pas aux :** ventes ultérieures à la 1re vente du local ; actes intervenant entre parents et alliés jusqu'au 4e degré inclus ; portant sur un bâtiment entier ou un ensemble de locaux à usage d'habitation ou à usage mixte ; portant sur un local situé dans un immeuble frappé d'une interdiction d'habiter ou d'un arrêté de péril, déclaré insalubre ou comportant pour 1/4 au moins de sa superficie totale des logements loués ou occupés classés dans la catégorie IV visée par la loi du 1-9-1948. Le locataire a 2 mois à compter de la réception de l'offre de vente pour y répondre. L'absence de réponse dans ce délai équivaut à un refus. S'il accepte l'offre, il a, à compter de la date d'envoi de sa réponse au bailleur, 2 mois pour la réalisation de l'acte de vente et 4 mois s'il a l'intention de recourir à un prêt.

Vente conclue avec un tiers : *droit de substitution* ; le locataire évincé peut se substituer au tiers acquéreur dans 2 cas : la vente est conclue avec un tiers sans qu'il ait été informé ; il n'a pas accepté l'offre du bailleur dans le délai de 1 mois, la vente a été conclue avec un tiers dans des conditions plus avantageuses (pour permettre l'exercice du droit de substitution, le notaire qui reçoit l'acte doit notifier la vente au locataire évincé par lettre recommandée avec demande d'avis de réception ; cette notification doit reproduire sous peine de nullité les dispositions des 5 premiers alinéas de l'art. 10 de la loi du 31-12-1975). *Si le logement a plusieurs locataires ou occupants de bonne foi,* chacun bénéficie à titre individuel du droit de préemption. *Il en est de même lorsqu'il s'agit d'époux,* quel que soit le régime matrimonial et même lorsque le bail a été conclu avant le mariage au profit d'un seul des 2 conjoints.

Vente par adjudication volontaire ou forcée : une convocation doit être adressée au locataire ou à l'occupant de bonne foi, à la diligence du vendeur, du poursuivant ou de leur mandataire, par lettre recommandée avec demande d'avis de réception, 1 mois avant l'adjudication. Tout jugement ou procès-verbal d'adjudication doit être notifié au locataire ou occupant de bonne foi, à la diligence du greffier du tribunal ou du notaire devant lequel l'adjudication a été prononcée, entre le 10e et le 15e j suivant l'adjudication. A défaut de convocation et dans le délai de 1 mois à compter de la réception de la notification prévue au 2e paragraphe, le locataire ou occupant de bonne foi peut déclarer se substituer à l'adjudicataire, aux prix et conditions de l'adjudication.

■ **Sous-location.** En principe interdite, mais peut être autorisée *à des œuvres à caractère social :* sans but lucratif. *Aux personnes en difficulté relevant de la loi Besson :* le sous-locataire est assimilé juridiquement au locataire, ainsi que pour le bénéfice de l'AL ou de l'APL. Un contrat doit être établi par écrit et comprendre certaines mentions obligatoires (voir p. 1733 c) ; un état des lieux y est joint. *A des jeunes de moins de 30 ans :* le sous-locataire est assimilé au locataire pour le bénéfice de l'AL ou de l'APL. *A des personnes âgées ou handicapées adultes dans le cadre de l'accueil des particuliers au domicile. A des personnes âgées ou handicapées.* **Congé du sous-locataire :** à tout moment avec un préavis de 3 mois (1 mois dans certaines situations limitativement énumérées). Dans la loi du 6-7-1989, lorsque le logement est soumis à cette législation, la sous-location en relève aussi.

■ **Taxe.** **Additionnelle au droit de bail :** 2,5 % pour le droit au bail et 2,5 % pour la taxe additionnelle. **Foncière :** elle ne peut être récupérée sur le locataire.

■ **Ventes** (voir **Bail** p. 1733 a).

HLM (Habitations a loyer modéré)

☞ Habitations à bon marché (HBM). Créées par la loi Siegfried, en 1894, pour favoriser l'accès au logement des ouvriers et employés. *1928-28-6* projet de loi du min. du Travail, Louis Loucheur (1872-1931) : 260 000 logements en 5 ans ; *-3-7* adoptée par 590 voix contre 9. Apport fixe du bénéficiaire : 4 000 F [pouvant être réduit ou supprimé (pensionnés ou invalides du travail à partir de 50 %, veuves de guerre non remariées et chargées de famille)] ; subvention aux pères de 3 enfants : don de l'État. 200 000 maisons furent bâties « à l'ancienne ».

■ **Organismes fédérés.** L'Union nat. HLM regroupe 5 fédérations : Féd. nat. des OPHLM et Opac ; Féd. des Stés anonymes et fondations d'HLM ; Féd. des Stés coop. d'HLM ; Chambre syndicale des Stés de crédit immobilier de France ; Féd. des assoc. régionales d'HLM.

Offices publics d'aménagement et de construction (Opac) : établissements publics à caractère industriel et commercial. *Créés* par décret du 22-10-1973 pris en Conseil d'État, par transformation d'offices publics d'HLM existants. Assurent construction et gestion d'HLM, peuvent réaliser les mêmes opérations que les offices publics (restauration immobilière, prestations de services, opérations prévues avec le concours de primes à la construction).

Offices publics d'habitations à loyer modéré (OPHLM) : établissements publics à caractère administratif *institués* par la loi du 23-12-1912. *Créés* sur l'initiative du département, d'une commune ou d'un syndicat de communes, par décret pris en Conseil d'État, et gérés par un conseil d'administration (15 m. dont les fonctions sont gratuites).

Stés anonymes d'HLM : *instituées* par la loi du 12-4-1906. Soumises à la législation sur les Stés par actions et aux dispositions prévues par la législation sur les HLM. *Créées* sur l'initiative privée par des institutions sociales (Caisse d'allocations familiales, Caisse d'épargne ou autres organismes du même type) ou par des groupements professionnels intéressés au logement de leur personnel. Réalisent des programmes locatifs pour des personnes de revenus modestes (conditions de location et calcul des loyers identiques à ceux des offices publics), ou des opérations d'accession à la propriété. Bénéficient de prêts de la Caisse des dépôts et consignations dans les mêmes conditions que les offices publics. Les attributions sont faites par la commission d'attribution de l'organisme en tenant compte des priorités définies par la loi, la réglementation et les engagements contractuels nationaux et locaux.

Stés coopératives d'HLM : Stés par actions, à forme coopérative, soumises à la réglementation sur les HLM, *instituées* par la loi du 16-7-1971. Spécialistes de l'accession sociale à la propriété, elles peuvent intervenir en locatif. Elles assurent des fonctions de syndic de copropriété et sont prestataires de services au profit d'organismes du secteur de l'économie sociale.

Stés de crédit immobilier : *instituées* par la loi du 10-4-1908. Stés anonymes par actions, constituées sur l'initiative privée, soumises à la législation des Stés par actions, aux dispositions de la législation sur les HLM, de la loi bancaire (mandat des administrateurs gratuit) et de la loi du 15-5-1991 constituant le réseau des Saci. Elles favorisent, par des prêts, l'accession à la propriété de familles de revenus modestes ; réalisent, par l'intermédiaire des Stés de droit commun, prêts, constructions et prestations de services liées à la propriété de l'habitat.

☞ **Activités nouvelles :** les organismes d'HLM peuvent intervenir également sous certaines conditions dans les secteurs de l'aménagement, de la réhabilitation de l'habitat et de la restructuration urbaine.

Statistiques

■ **Organismes** (en 2000). Environ 850 organismes HLM, 292 OPHLM (dont 95 Opac), 324 Stés anonymes, 66 Stés de crédit immobilier, 153 Stés coopératives d'HLM gérées par environ 13 000 administrateurs bénévoles, 65 000 agents salariés assurant la maîtrise d'ouvrage des programmes et la gestion des organismes et des patrimoines HLM.

■ **Construction** (en 1999). **% des HLM dans la construction globale :** plus de 20. **Logements construits par les HLM :** *1996 :* 50 000 ; *97 :* 44 438 ; *98 :* 44 100 ; *99 :* 43 000. **Pourcentage de logements réalisés par les organismes d'HLM** (1996) : *locatifs :* collectifs 87,5, individuels 12,5. *Accession :* collectifs 25, individuels 75. **Constructions** *(depuis 1945) :* 4 600 000 logements collectifs et individuels réalisés à plus de 90 %, dont : 3 545 000 locatifs, 1 400 000 en accession à la propriété. *En 1995 :* locatifs 50 000 ; accession aidée 5 500 (+ 48 431 prêts aux familles désireuses d'acheter ou d'améliorer leur logement). **Poids économique** (en milliards de F, 1999) : investissement construction neuve HLM (terrain compris) 18,5, travaux d'amélioration et entretien 21,5, loyers gérés, charges locatives. Les organismes d'HLM ont géré 76 milliards de F de loyers, 23 de charges locatives.

■ **Usagers logés par HLM.** Environ 13 millions (dont locataires 9, accédants à la propriété 4). 58 % des locataires sont ouvriers ou employés, 13 % sont cadres ou de professions intermédiaires, 2 % sont des agriculteurs, commerçants ou artisans, 27 % des retraités ou inactifs. Étrangers 12 % (ensemble de la population 6,7 %). 59 % des ménages logés en HLM ont des revenus inférieurs à 60 % des plafonds de ressources.

■ **Surloyer.** *Créé* par décret du 31-12-1958. 1968 les organismes obtiennent le droit de demander l'expulsion, par voie judiciaire, des locataires dont les revenus excèdent les plafonds. 1986 la décision de faire payer un surloyer dépend des organismes d'HLM, libres de l'instituer ou non [obligatoire, si les revenus dépassent de + de 60 % les plafonds de ressources (loi SRU 2000)]. *Montant global des ressources des surloyers* (1999) : environ 380 millions de F (3 % des locataires concernés).

Conditions d'attribution des logements

■ **Location.** S'adresser à la préfecture, à la mairie du domicile ou directement à un organisme d'HLM. **Plafond des ressources annuelles en secteur aidé** (en F, 2001, à Paris et communes limitrophes) : *1 personne seule :* 93 875 ; *3 pers. :* 183 918 ; *6 pers. :* 293 981.

■ **Accession à la propriété.** S'adresser aux Stés de crédit immobilier, Stés anonymes d'HLM, Stés coopératives d'HLM (adresses communiquées par les directions départementales de l'Équipement, la mairie du domicile et les centres d'information sur l'habitat agréés par l'Anil). **Vente des logements locatifs HLM :** une HLM occupée ne peut être vendue qu'à son locataire ou, à sa demande, à son conjoint, ses ascendants ou descendants.

■ Loyers

■ **Régime** (voir **Bail** p. 1733 a).

☞ Le loyer est fixé librement s'il s'agit : d'un logement neuf ou faisant l'objet d'une 1re location, conforme aux normes réglementaires d'habitabilité (fixées par le décret no 87-149 du 6-3-1987) ; d'un logement vacant ayant fait l'objet de travaux de mise (ou de remise) aux normes ; d'un logement vacant depuis moins de 6 mois, qui a bénéficié de travaux d'amélioration (portant sur les parties privatives ou communes) pour un montant au moins égal à une année du loyer précédemment consenti. Depuis le 1-8-1997, la fixation du loyer est libre pour les logements vacants, ou faisant l'objet d'une 1re location, sans être conformes aux normes de confort et d'habitabilité (art. 17-b de la loi du 6-7-1989).

Locaux soumis à la loi du 1-9-1948. Loyers forfaitaires. Aux termes du décret du 28-6-1991, à compter du 1-7-1998. A compter du 1-7-1997, augmentation de 3 % pour les locaux des catégories III A et III B, II A, II B et II C. En 1999, augmentation de 4 % à Paris et 2 % en province pour locaux de catégorie II A, II B, II C, III A, III B. Les locaux de cat. IV ne peuvent subir aucune majoration annuelle de loyer. Depuis le décret du 26-8-1975, libération des II A sauf pour les handicapés et les + de 65 ans. Le loyer d'un logement antérieurement loué sous le régime de la loi de 1948 et devenu vacant peut être fixé librement dès lors que le logement a fait l'objet de travaux de mise ou de remise aux normes définies par le décret du 23-12-1986.

Valeur locative mensuelle (en F, à compter du 1-7-2000 : prix de base de chacun des 10 premiers m^2 de surface corrigée/chacun des m^2 suivants à Paris et, entre parenthèses, hors Paris). **Catégories II A :** 47,36/28,21 (44,67/26,57), **II B :** 32,67/17,65 (30,83/16,66), **II C :** 24,99/13,45 (23,55/12,73), **III A :** 15,15/8,13 (14,30/7,67), **III B :** 9,05/4,72 (8,53/4,46), **IV :** 1,70/0,80 (1,70/0,80).

■ **Loyer mensuel par m^2** (hors charges, en F). **Moyenne française :** *1981 :* 20,90 ; *85-86 :* 26,30 ; *87-88 :* 30 ; *89 :* 25,30 ; *95 :* 36,50 ; *98 :* 32,10 ; *2000 (janv.) :* France entière 33,70/aggl. parisienne 46,10 [HLM 24,90/29,20 ; loi de 1948 25,90/31,30 ; secteur libre 42,60/67,90 (*construit avant 1949* 25,90/73, *après 1948* 42,60/63,10)]. **Paris.** **Ier, IVe, Ve, VIIIe :** 120 ; **IIe, IIIe :** 100 ; **VIe, VIIe :** 125 ; **IXe, XIe, XIIe, XIIIe, XVIIe Nord :** 95 ; **XIVe, XVe :** 110 ; **XVIe, XVIIe Sud :** 120 ; **Xe, XVIIIe, XIXe, XXe :** 90. **Ile-de-France** (en milliers de F, pour un studio et, entre parenthèses, un 4 pièces). **Hauts-de-Seine : Anthony** 3 (7,5). **Boulogne** 3,2 (9). **Levallois-Perret** 3 (8,5). **Nanterre** 3 (6,5). **Neuilly** 3,5 (10,5). **Seine-St-Denis : Bobigny** 2,6 (4,2). **Montreuil** 3 (5). **St-Denis** 2,8 (4,8). **Val-de-Marne : Créteil** 2,8 (5,5). **St-Mandé/Vincennes** 2,9 (8). **St-Maur** 2,8 (6). **Seine-et-Marne : Fontainebleau** 2,3 (5,4). **Marne-la-Vallée** 2,8 (6). **Meaux** 2,8 (4,8). **Sénart** 2,4 (4,5). **Yvelines : St-Germain-en-Laye** 2,8 (7). **St-Quentin** 2,7 (4,5). **Versailles** 2,6 (6,1). **Essonne : Évry** 2 (3,3). **Massy-Palaiseau** 2,7 (6,4). **Vallées de la Bièvre et de l'Yvette** 3 (6). **Val d'Yerres** 2,6 (5). **Val-d'Oise : Argenteuil** 2,3 (4,2). **Cergy-Pontoise** 2,6 (5). **Enghien/Montmorency** 2,9 (5,3). **Province** (en milliers de F, pour un studio neuf et, entre parenthèses, un 4 pièces). **Aix-en-Pr.** 2,6 (6,2). **Albi** 1,9 (3,5). **Amiens** 2,1 (4,5). **Angers** 1,8 (3,6). **Angoulême** 2 (4,2). **Annecy** 2,6 (6,5). **Arras** 2,3 (4,9). **Auxerre** 2,4 (4,5). **Avignon** 2,4 (5). **Bayonne** 1,7 (3,6). **Beauvais** 2 (4,5). **Belfort** 2 (4,2). **Besançon** 2,5 (4,5). **Bordeaux** 1,8 (5,5). **Bourges** 1,9 (4,4). **Brest** 1,78 (3,25). **Brive** 1,8 (3,8). **Caen** 1,85 (4). **Calais** 2,2 (4,3). **Cannes/Grasse/Antibes** 2,6 (7,5). **Carcassonne** 1,8 (3,5). **Chambéry** 2,3 (4,5). **Charleville-Mézières** 1,7 (3,2). **Chartres** n.s. (4,5). **Cherbourg** n.s. (n.s.). **Clermont-Ferrand** 1,8 (3,8). **Colmar** 1,8 (5,5). **Compiègne** 2,3 (6,2). **Dijon** 2,5 (4,2). **Évreux** 2 (4,25). **Grenoble** 2,4 (5). **La Rochelle** 2,1 (5). **le Havre** 1,9 (4,25). **Le Mans** 1,8 (3,82). **Lille** 2,5 (5). **Limoges** 1,8 (3,8). **Lyon** 2,5 (5,2). **Mâcon** 2,2 (1,8). **Marseille** 2,5 (5). **Metz** 2,3 (4,5). **Montauban** 1,8 (3,65). **Montpellier** 1,9 (4,5). **Mulhouse** 1,8 (5). **Nancy** 2,4 (4,2). **Nantes** 1,9 (4). **Nevers** 2,3 (4,4). **Nice** 2,8 (6,3). **Nîmes** 1,8 (4). **Orléans** 2 (4,4). **Pau** 1,4 (3,4). **Perpignan** 1,8 (3,6). **Poitiers** 2,3 (5,5). **Quimper** 1,92 (4). **Reims** 2 (4,2). **Rennes** 2,1 (4,9). **Rouen** 1,8 (4,25). **St-Brieuc** 1,6 (3,8). **St-Étienne** 1,4 (3,7). **Strasbourg** 2,6 (6,5). **Tarbes** n.s. (n.s.). **Toulon** 2 (5). **Toulouse** 2,5 (4,8). **Tours** 2 (4,5). **Troyes** 1,8 (4). **Valence** 1,8 (3,2). **Vannes** 1,4 (3,7). **Vichy** 1,4 (3,5).

■ Indices du coût de la construction

■ **Indices du coût de la construction publiés par l'Insee depuis 1986** (base 100 au 4e trimestre 1953). **1990** **Ier** 939, **IIe** 951, **IIIe** 956, **IVe** 952. **91** **Ier** 972, **IIe** 992, **IIIe** 996, **IVe** 1 002. **92** **Ier** 1 006, **IIe** 1 002, **IIIe** 1 008, **IVe** 1 005. **93** **Ier** 1 022, **IIe** 1 012, **IIIe** 1 017, **IVe** 1 016. **94** **Ier** 1 016, **IIe** 1 018, **IIIe** 1 020, **IVe** 1 019. **95** **Ier** 1 011, **IIe** 1 023, **IIIe** 1 024, **IVe** 1 013. **96** **Ier** 1 038, **IIe** 1 029, **IIIe** 1 030, **IVe** 1 046. **97** **Ier** 1 047. **IIe** 1 060, **IIIe** 1 067, **IVe** 1 068. **98** **Ier** 1 058, **IIe** 1 058, **IIIe** 1 057, **IVe** 1 074. **99** **Ier** 1 071, **IIe** 1 074, **IIIe** 1 080, **IVe** 1 065. **2000** **Ier** 1 083, **IIe** 1 089, **IIIe** 1 093, **IVe** 1 127. **2001** **Ier** 1 125.

■ **Indices de la Fédération française du bâtiment (FFB) depuis 1986** (base 1 au 1-1-1941, Paris et petite couronne). **1990** **Ier** 432,4, **IIe** 431,4, **IIIe** 436,4, **IVe** 444. **91** **Ier** 452,3, **IIe** 453, **IIIe** 458,1, **IVe** 463,5. **92** **Ier** 462,5, **IIe** 467,5, **IIIe** 471,4, **IVe** 469,3. **93** **Ier** 481,5, **IIe** 486,4, **IIIe** 490,8, **IVe** 491,7. **94** **Ier** 498,2, **IIe** 502, **IIIe** 505,8, **IVe** 506,1. **95** **Ier** 516,3, **IIe** 520,7, **IIIe** 524,4, **IVe** 526,3. **96** **Ier** 530,6, **IIe** 533, **IIIe** 537,5, **IVe** 537,7. **97** **Ier** 538,2, **IIe** 541,5, **IIIe** 543,7, **IVe** 546,7. **98** **Ier** 551,4, **IIe** 552,2, **IIIe** 553,4, **IVe** 554,9. **99** **Ier** 557, **IIe** 559, **IIIe** 562,2, **IVe** 567,3. **2000** **Ier** 574,8. **IIe** 581,4, **IIIe** 584,2, **IVe** 589,9. **2001** **Ier** 593,8.

■ **Indices BT 01 depuis 1986.** A remplacé, en juillet 1977, sous certaines conditions, l'indice pondéré départemental (base 100 en janv. 1974). Au 1-1 : **1987** 405,8. **88** 419,5. **89** 440,6. **90** 452,5. **91** 463, 8. **92** 475. **93** 488,6. **94** 506,4. **95** 525,6. **96** 531,2. **97** 538,3. **98** 551,3. **99** 550,9. **2000** 570,6. **2001** 587,2.

■ **Indices SCA depuis 1986 publiés par l'Académie d'architecture.** IMMEUBLES À PARIS : **base 1 en 1914**, au 1er trimestre : *1986 :* 4 160. *87 :* 4 321. *88 :* 4 462. *89 :* 4 651. *90 :* 4 779. *95 :* 5 611. *99 :* 6 104 (déc. 6 163). **Base 1 au 1-1-1941 :** voir indices FFB ci-dessus.

■ Bureaux en Ile-de-France

☞ *Source :* Bourdais, département Études.

■ **Vente.** **Prix de vente record à Paris :** un hôtel des Maréchaux (rue de Presbourg) vendu 160 000 F le m^2 par la famille Lanvin au japonais Mitsukoshi en 1990.

Prix du m^2 (en milliers de F, en janv. 2001 et, entre parenthèses, en 1990) : *bureaux neufs :* Paris *meilleurs quartiers* 60 (90,5) ; La Défense 44 (52) ; Est 30 (40).

■ **Valeur locative** (en milliers de F/m^2/an). **Ancien et,** entre parenthèses, **neuf ou restructuré ou rénové** (au 1-1-2001) : **Paris : Ier :** 2,2/2,8 (3,5/4,5). **IIe :** 1,6/2,4 (3,2/4,2). **IIIe-IVe :** 1,5/2,2 (2,8/3,5). **Ve-VIe :** 1,8/2,5 (3/3,8). **VIIe :** 2/2,6 (3,4/4,4). **VIIIe Ouest :** 2,4/3,2 (3,8/5) ; **Est-Europe :** 1,8/2,5 (3/3,8). **IXe (Madeleine Opéra) :** 2,2/3,2 (3,8/4,5). **IXe (sauf Opéra) :** 1,8/2,4 (3,4/4,2). **Xe :** 1,3/1,9 (2,2/2,5). **XIe :** 1,2/1,4 (1,6/2). **XIIe Gare de Lyon :** 1,6/2 (2,7/3,5) ; **autres secteurs :** 1,4/1,8 (n.s.). **XIIIe (sauf Paris rive gauche) :** 1/1,4 (1,6/2,2). **XIVe :** 1,05/1,4 (1,5/2,5). **Montparnasse :** 1,8/2,8 (3,2/3,8). **XVe :** 1,8/2,5 (2,6/3,2). **XVIe Sud :** 2/2,8 (2,8/3,5) ; **Nord-XVIIe Sud :** 2,4/3 (3,8/4,8). **XVIIe Centre :** 2/2,6 (2,8/3,8). **XVIIe Est-XVIIIe :** 1/1,4 (1,6/2). **XIXe :** 1,2/1,5 (1,5/1,8). **XXe :** 1,2/1,5 (1,5/1,8). **Banlieue.** Asnières/Gennevilliers 0,9/1,3 (1,4/1,8) ; Boulogne-Billancourt 2,4/2,8 (2,6/3,1) ; Cergy-Pontoise 0,6/0,8 ; Clichy 1,1/1,3 (1,5/1,9) ; Évry 0,6/0,7 ; Issy-les-Moulineaux 1,3/2 (1,8/2,8) ; La Défense quartier d'affaires 2,7/3,2 (3,5/4) ; Levallois-Perret 2,5/2,8 (3/3,3) ; Marne-la-Vallée 0,5/0,7 ; Montrouge 1,1/1,4 (1,5/2,25) ; Nanterre (hors Défense) 0,7/1,2 (1,6/2,5) ; Neuilly 2,8/3 (3,5/4) ; Rueil-Malmaison 0,8/1,3 (1,5/2,5) ; St-Cloud/Sèvres 0,8/1,2 (1,3/2) ; Suresnes 0,8/1,5 (2/2,3) ; Vanves/Malakoff 0,8/1,15 (1,15/1,75) ; Versailles/St-Germain 1/1,1 (1,1/1,2) ; Vincennes/St-Mandé 1,2/1,4 (1,6/2).

Prix moyen (en milliers de F/m^2/an) **en location, neuf, en province** (au 1-1-2001). Bordeaux 0,65/0,8, Lille 0,65/1, Lyon 0,5/1,25, Marseille 0,6/1, Montpellier 0,78/0,82, Nantes 0,68/0,9, Orléans 0,8/0,85, Rennes 0,79/0,9, Strasbourg 0,68/1,15, Toulouse 0,65/0,85.

☞ **Locaux d'activité : loyers** (en F, HT HC au m^2 par an, au 1-1-2001) : entrepôts 250 à 550, locaux PME-PMI et mixtes 330 à 1 100. **En millions de m^2 : demandes :** *1984 :* 4,1, *90 :* 3,8, *91 :* 2,65, *98 :* 1,35 ; *99 :* 1,45 ; *2000 :* 2,92 ; **disponibles de suite** (au 1-1-2001) : entrepôts 0,85, locaux PME-PMI et mixtes 1,35 ; **mises en chantier :** *entrepôts 1987 :* 0,684 ; *91 :* 1 ; *98 :* 0,4 ; *99 :* 0,47 ; *2000 :* 1,2 ; *locaux industriels 1987 :* 0,763 ; *91 :* 0,98 ; *98 :* 0,2 ; *99 :* 0,447 ; *2000 :* 0,660.

■ **Magasins. Prix de location du m^2** (en milliers de F, par an) : **Paris :** *haut de gamme :* av. des Champs-Élysées :

PRIX DE LOCATION (en milliers de F/m²/an)

Années (au 31-12)	Paris Ouest		Paris Est	
	Ancien en l'état (A)	Neuf, récent restructuré (N)	A	N
1974	0,5/0,7	0,6/0,9	0,3/0,4	0,4/0,5
1980	0,6/1	0,9/1,6	0,3/0,6	0,4/0,9
1985	1/2	1,3/2,8	0,5/1,9	0,7/1,7
1990	2/3,6	2,4/5	1/1,8	1,5/3
1991	2/3,4	2,4/4,5	1,1/1,8	1,6/3
1992	1,6/2,7	2/4,3	1/1,6	1,4/2,7
1993	1,5/2,6	2/3,6	1/1,6	1,4/2,6
1994	1,1/1,8	1,8/3,2	0,9/1,2	1,2/1,8
1995	1/1,7	1,6/3	0,85/1,2	1,2/1,8
1996	1/1,8	1,6/3	0,7/1,2	1,2/1,8
1997	1/1,8	1,6/3,15	0,8/1,2	1,2/1,8
1998	1/1,8	1,6/3,3	0,8/1,3	1,2/2
1999	1,3/2,1	1,9/3,5	1/1,3	1,2/2,45
2000	1,8/3,2	2,8/5	1,2/2	1,5/3,5

côté pair 30/60, impair 15/30 ; rue de Rivoli : 8/15 (Hôtel de Ville) à 15/25 (Louvre) ; rue de Rennes : 7/9 (rue d'Assas) à 20/25 (Montparnasse) ; rue de Passy 10/20. *Secondaires :* rue du Commerce : 5/9 ; fg-St-Antoine 4/6 ; av. de Clichy : 3/4. **Prix de vente** (en milliers de F, par m²) : Paris VIIIe : 10 à 50. Lyon : 30 à 43 (Herriot). Marseille 30 à 40 (St-Ferréol).

Estimation du loyer supportable par rapport au chiffre d'affaires (en %) : commerces de bouche (boulangeries, boucheries, charcuteries, etc.) : 1,5 ou 2. Équipement de la maison (mobilier, vaisselle, etc.) : 5. Services (banques, pharmacies, coiffeurs, photocopies rapides, etc.) : 5 à 6. Équipement de la personne (prêt-à-porter, chausseurs, opticiens) : 6 à 7. Produits bruns (hi-fi, télévision) : 7. Restauration : jusqu'à 10.

■ **Taxe annuelle par m²** (en F, 2001). **Tarif normal et**, entre parenthèses, **réduit :** BUREAUX : *zone I* (Paris Ier arrondissement, IIe, IIIe, IVe, VIe, VIIe, VIIIe, IXe, XIVe, XVe, XVIe, XVIIe, Nanterre, Boulogne-Billancourt) : 74 (37). *II* (Ve, Xe, XIe, XIIe, XIIIe, XVIIIe, XIXe, XXe, Seine-St-Denis, Val-de-Marne, Antony) : 44 (26). *III* (Yvelines, Essonne, Val-d'Oise) : 21 (19). *Tarif réduit :* applicable aux locaux détenus par État, collectivités territoriales, organismes ou établissements publics sans caractère industriel ou commercial, organismes professionnels et associations ou organismes privés sans but lucratif à caractère sanitaire, social, éducatif, sportif ou culturel. LOCAUX COMMERCIAUX : *de + de 2 500 m² :* 12 F ; **de stockage :** *de + de 5 000 m² :* 6 F. Sont exonérés bureaux de – de 100 m² et locaux des zones de redynamisation urbaine ou zones franches urbaines.

☞ *A compter du 14-12-2000,* les communes des départements 92, 93 et 94 éligibles à la DSU (dotation de solidarité urbaine) sont soumises aux taux de la 3e circonscription, par dérogation au droit commun. 60 communes concernées dont Colombes, Gennevilliers, Malakoff, Nanterre, Aubervilliers, Bagnolet, Montreuil, St-Denis, St-Ouen, Gentilly et Ivry-sur-Seine (art. 49 de la loi SRU no 2000-1208 du 13-12-2000).

■ **Offre. Stock disponible à moins d'un an** (au 1-1-2001) : 1 600 000 m². **Offre neuve ou restructurée disponible immédiatement** (au 1-1-2001) : 118 200 m² soit 12 % du stock disponible.

■ **Taux de vacance** (en %, au 1-1-2001). 2,3 dont Paris 1,2, proche périphérie 2,5, reste de la région 3,7.

■ **Transformation de bureaux et locaux d'activité en logements :** *1999 :* 105 000 m².

■ **Investissements dans l'immobilier d'entreprise France entière** (en milliards de F) **étrangers et**, entre parenthèses, **français.** *1988 :* 4,3 (19,8) ; *89 :* 11,8 (16,5) ; *90 :* 6,1 (21,7) ; *91 :* 1,7 (13,9) ; *92 :* 1,4 (8,4) ; *93 :* 0,9 (5,1) ; *94 :* 4,7 (5,8) ; *95 :* 1,7 (1,5) ; *96 :* 9,7 (0,8) ; *97 :* 15,2 (7,8) ; *98 :* 22,8 (11,2) ; *99 :* 48 (25) ; *2000 :* 34 (24).

■ **Cessions de créances immobilières.** Par banques et Stés de cantonnement (defeasance) françaises en *1998 :* 0,7 milliards de F ; *99 :* 0,8 ; *2000 :* 4,8.

■ **Ile-de-France** (en millions de m²). **Parc total de bureaux :** *1-1-1985 :* 29,02 (dont Paris 9,36), *1-1-92 :* 41,37 (10,39) ; *1-1-98 :* 42,5 (14,9) ; *1-1-2001 :* 44 (15). **Construction :** *1985 :* 1,1, (0,05), *87 :* 2,48 (0,09), *89 :* 2,8 (0,19), *90 :* 2,3 (0,19), *91 :* 3,1 (0,34), *93 :* 3,4 (1,2). *94 :* 1,2 (0,1).

ESTIMATION DES FONDS DE COMMERCE

☞ *Abréviation :* CA : chiffre d'affaires annuel. *Barème* généralement admis par l'administration fiscale.

Accessoires automobiles : 15 à 35 % du CA. **Administrateur de biens :** Paris et région parisienne 1,5 à 2 fois les honoraires de la dernière année. Consultations, baux, etc. 0,5 % des honoraires annuels (moyenne sur 3 ans). **Agent d'assurances :** 3 fois le CA (– assurances vie). **Agent immobilier et mandataire en vente de fonds de commerce :** 2 fois le bénéfice réel net moyen des 3 dernières années. **Alimentation générale :** 3 à 4 fois le bénéfice annuel, ou 40 à 85 fois la recette journalière. **Ameublement :** 20 à 28 % du CA si inférieur ou égal à 2,5 millions de F ; 10 à 15 % si supérieur à 3 millions. **Antiquaire :** 100 à 150 % du CA sans que la valeur du fonds puisse être inférieure à celle du pas-de-porte. Bénéfice brut de 40 à 50 % du CA, net de 25 à 35 %. **Architecte avec gérance d'immeubles :** 3 fois le bénéfice réel annuel, ou 2 fois le CA. **Armurier :** de 40 à 60 % du CA. Bénéfice brut de 20 à 30 % du CA, net de 12 à 15 % des commerces sans personnel salarié (5 à 10 % avec). **Articles de pêche :** 80 % du CA. **Articles de bureau :** de 30 à 60 % du CA. **Articles de sport :** raquettes, skis, ballons, patins, etc. 50 % de la branche d'activité. Habillement et bonneterie 50 % du CA, camping 30 à 40 % du CA réel de la branche, location de skis 2 fois le montant des locations encaissées dans l'année. Bénéfice brut de 10 à 50 % suivant les articles, net de 12 à 18 % du CA (commerces ordinaires), de 5 à 12 % (entreprises moyennes), de 5 à 15 % (importantes).

Bains : 2 à 3 fois le CA. **Bazars** (grands magasins, supermarchés) : 50 % du CA. **Bijouterie fantaisie** (fabricant) : 1 fois 1/2 à 2 fois 1/2 le bénéfice réel, + le matériel. **Bijouterie, horlogerie :** de 35 à 70 % du CA jusqu'à 2,5 millions de F ; de 25 à 30 % au-delà. **Blanchisserie :** de 40 à 50 % du CA avec matériel en bon état. **Bois et charbon :** de 30 à 50 % du CA ou de 60 à 80 F la tonne de charbon ou de fuel vendue par an, + le matériel. **Bonneterie, confection, lingerie :** de 50 à 70 % du CA. **Boucherie :** de 10 à 15 fois la recette hebdomadaire ou de 25 à 40 % du CA selon agencement. **Boucherie chevaline :** 15 à 20 fois la recette hebdomadaire ou 30 à 40 % du CA. **Boulangerie :** 90 à 100 % du CA avec moins de 40 quintaux par mois. Les pains vendus à des collectivités ne doivent pas être comptés plus de 10 %. **Boulangerie-pâtisserie :** ajouter le CA de la pâtisserie. **Brasserie-restaurant :** 1 fois 1/2 le CA ; restaurant : 60 à 120 % du CA. **Brevets d'invention :** 6 à 10 fois la redevance annuelle suivant l'âge du crédirentier.

Café : 250 à 400 fois la recette journalière (centres-villes 500). **Café-tabac :** 400 à 600 fois la recette journalière + tabletterie 100 % du CA + 3 ans de remise nette. **Charcuterie :** 45 à 65 % du CA selon l'importance du matériel. **Chaussures :** 30 à 55 % du CA. **Cinéma :** 50 à 70 fois la recette moyenne hebdomadaire taxable (salles d'exclusivité à Paris 80). **Coiffure :** hommes 75 à 115 % du CA, femmes 65 à 120 % du CA. **Confiserie :** CA. **Couleurs et vernis :** 70 % du CA. **Crémerie :** 3 à 4 fois la moyenne des 3 dernières années de bénéfice net. 60 à 80 fois la recette journalière en négligeant la recette du lait.

Dancing : de 200 à 300 fois la place autorisée par la préfecture. **Dépôt de vins :** 150 fois la recette journalière. **Électricité générale :** de 20 à 30 % du CA. **Épicerie en gros :** 3 fois le bénéfice réel annuel plus le matériel. **Entreprise de peinture :** 20 % du CA plus le matériel. **Fleuriste :** ordinaire de 70 à 90 % du CA réel non compris celui réalisé par Interflora. **Garage :** *station-service* Paris et grandes villes : de 50 à 70 % du CA annuel ; autres : de 40 à 50 % du CA. *Atelier de réparation :* de 50 à 60 % du CA. *Pièces détachées :* de 40 à 50 % (concessionnaires), de 24 à 35 % (agents). *Garage-hôtel :* de 3 000 à 9 000 F la place suivant situation (à Paris) ; de 1 500 à 4 000 F (en province).

Hôtel, maison meublée : 3 à 5 fois le CA matériel compris, ou valeur du matériel s'il est récent – 3 à 5 fois le bénéfice net annuel, ou valeur unitaire de la chambre multipliée par leur nombre (10 000 à 40 000 F suivant catégorie). **Imprimerie :** valeur du pas-de-porte. **Laboratoire :** 50 à 60 % du CA ou 5 à 6 fois les BIC à 10 % du CA moyen. **Laverie automatique :** 50 % du CA mensuel moyen de l'année. **Librairie-papeterie :** *sans vente de journaux* Paris 80 à 100 % du CA, *avec* 60 % du CA sans logement, 80 % avec logement, 100 % avec logement et agencement neufs. Province 50 à 60 % du CA sans logement, 70 à 90 % avec, 90 % avec logement et agencement neufs. **Libre-service :** 30 à 35 % du CA **Lingerie-mercerie :** 50 à 70 % du CA ou 3 fois le bénéfice réel annuel.

Maisons meublées : de 3 à 4 fois le CA moyen à 50 % du coefficient d'occupation si l'exploitation est réputée marginale. **Maroquinerie :** de 50 à 80 % du CA. **Marques de fabrique :** de 5 à 6 fois la redevance. **Nouveautés-confections :** de 50 à 60 % du CA. **Optique :** ville *importante* 1 an de CA, *petite* de 80 à 90 % du CA. **Orfèvrerie :** de 70 à 80 % du CA.

Papeterie : 70 à 80 % du CA, ou 3 à 4 fois le bénéfice annuel. **Parfumerie :** 70 à 80 % du CA moyen des 3 dernières années. **Pâtisserie :** 1 an de CA (moyenne des 3 dernières années) ou 65 à 100 % du CA. **Pension de famille :** 4 fois le CA moyen. **Pharmacie :** Paris : 100 à 145 % du CA, ville 90 à 120 %, campagne 80 à 100 %. **Plomberie-couverture :** 10 % du CA, ou 4 à 5 fois le bénéfice réel annuel. **Poissonnerie :** 30 à 45 % du CA + 30 % pour les tournées. **Primeurs :** 3 fois le bénéfice réel annuel.

Quincaillerie : 40 % du CA ou 2 fois le bénéfice net moyen sur 3 ans. **Restaurant :** artisan 70 à 80 % du CA, luxe 70 à 100 %, moyen 80 à 100 %. **Rôtisserie :** 100 fois la recette journalière. **Tabac :** Paris 3 à 5 ans de remise nette tabac + 100 % du CA tabletterie. **Taxis :** Paris 90 000 à 100 000 F l'emplacement ; province 40 000 à 45 000 F. **Teinturerie :** CA.

PRIX DE L'IMMOBILIER A L'ÉTRANGER

IMMOBILIER RÉSIDENTIEL

■ **Vente. Prix moyen au m²** (en euros, 1999), environ 100 m² de standing moyen, en bon état, hors centre ville) : Rome 3 600, *Paris 2 620,* Dublin 2 390, Amsterdam 2 145, Oslo 2 000, Vienne 1 855, Helsinki 1 682, Berlin 1 660, Copenhague 1 612, Stockholm 1 510, Madrid 1 501, Lisbonne, Bruxelles 1 200.

■ **Location.** Voir à l'Index.

BUREAUX

■ **Loyers par m² et par an** (en $, 1999). Tokyo 1 469, Londres 1 261, Bombay (Mumbai) 755, Hong Kong 652, Séoul 613, *Paris 600,* Moscou 584, Zurich 581, Édimbourg, Francfort 553, San Francisco 545, Boston 543, New York 528, Athènes 523.

SÉCURITÉ CIVILE

☞ Pour connaître la sélection **Quid** des meilleurs sites Internet sur la sécurité civile, rendez-vous sur **www.quid.fr**

☞ **Risques naturels majeurs :** selon la Délégation aux risques majeurs (DRM), plus de 10 000 communes seraient menacées, par inondations 7 500, mouvements de terrains 3 000, séismes 1 400.

SÉCURITÉ CIVILE

■ **Historique. 1951** création du Service national de la protection civile. **1959**-*7-1* organisation générale de la défense civile. **1975** restructuration du service qui devient la Direction de la sécurité civile. **1987**-*22-7* loi d'organisation de la sécurité civile. **1992**-*6-2* départementalisation de la gestion des centres d'incendie et de secours. *-18-2* la Commission nationale informatique et libertés (Cnil) autorise les sapeurs-pompiers à identifier leurs correspondants téléphoniques pour dissuader les fausses alertes.

■ **Mission.** Prévention et évaluation des risques. Préparation des mesures de sauvegarde et organisation des secours. Protection des personnes, des biens et de l'environnement. Secours d'urgence aux victimes de sinistres ou de catastrophes, évacuation.

■ **Budget** (en millions de F, 2000). *Titre III :* 1 081,9 dont personnel 470,9, fonctionnement 269,3. *Titre IV :* 269,3. Total des dépenses ordinaires 1 351,2. Équipement immobilier 50,1. Équipement matériel 293,9. Informatique 7,4. Total des dépenses en capital 351,4. *Total :* 1 702,6.

■ **Organisation. Direction de la sécurité civile (DSC) :** rattachée au ministère de l'Intérieur. Le centre opérationnel de la Direction de la sécurité civile [Codisc (vocation interministérielle)] assure 24 h sur 24 la coordination au niveau national des opérations de secours de grande ampleur, en France et à l'étranger. **Centres interrégionaux de coordination opérationnelle de la sécurité civile (Circosc) :** Valabre (B.-du-Rh.), Lyon, Rennes, Bordeaux et Metz. **Niveau départemental :** le maire, dans chaque commune, et le préfet déclenchent le *plan Orsec* (organisation générale des secours publics et privés) ou tout plan de secours (le *plan rouge* mettant en œuvre la chaîne médicale des secours en cas de nombreuses victimes). Le préfet dispose du Service interministériel des affaires civiles et économiques de défense et de la protection civile (SIDPC).

■ **Moyens d'intervention. Alerte aux populations :** bureaux généraux d'alerte 6 ; de diffusion d'alerte 42 ; sirènes 4 500 ; équipes de contrôle de la radioactivité 600 ; détecteurs fixes d'alarme de la radioactivité 2 500. **Établissement de soutien opérationnel et logistique (Ésol) :** 4 (121 personnes). **Groupement hélicoptères :** 35 hélicoptères répartis sur 20 bases pour secours médicalisés d'urgence et sauvetages divers (26 Alouette III, 4 Dauphin, 5 Écureuil) ; 28 bombardiers d'eau regroupés à Marignane contre feux de forêts et pollutions par hydrocarbures (11 Canadair, 13 Tracker, 2 Fokker 27 et 2 Hercule C-130 loués pour la saison). **Institut nat. d'études de la sécurité civile (Inesc)** à Nainville-les-Roches, Essonne : regroupe l'*École nationale supérieure des sapeurs-pompiers* et le *Centre nat. d'instruction de la protection contre l'incendie.*

Déminage : selon l'article 60 de la loi du 17-4-1919 sur la réparation des dommages de guerre, les frais de recherche et d'enlèvement de projectiles non éclatés sont à la charge de l'État. Le *21-2-1945*, l'ordonnance n° 45-271 a créé une Direction du déminage sous l'autorité du ministre de la Reconstruction et de l'Urbanisme. Le *1-10-1946*, le service du déminage a en charge « désobuage » et « débombage ». *Fin 1947*, les travaux de déminage étaient considérés comme achevés. *Bilan :* 12 999 440 mines neutralisées, 16 194 000 obus et engins divers traités, 475 680 ha déminés. *Pertes :* 500 morts et 800 blessés parmi les 3 200 démineurs. *Statistiques :* 18 centres ; 139 démineurs. En 1993, plus de 11 000 demandes d'intervention, neutralisation de 528 t d'objets explosifs (1995 : 519) ; interventions : 1 571 pour 21 787 engins traités dont 1 000 réels. Missions de détection et surveillance (voyages officiels de personnalités) : 420.

Unités d'instruction et d'intervention de la sécurité civile (UIISC) : sous un commandement unique : n° 1 à Nogent-le-Rotrou (E.-et-L.) ; n° 4 à Rochefort (Charente-Maritime) ; n° 5 à Corte (Hte-Corse) ; n° 7 à Brignoles (Var). *Effectifs :* 1 771 (au 1-2-1996).

■ **Personnels de la Direction de la sécurité civile.** 2 876 dont 1 881 militaires (1 427 appelés), 93 officiers et sous-officiers de sapeurs-pompiers, 195 sur les bases d'hélicoptères, 150 sur la base aérienne de Marignane, 55 aux Circosc, 389 à la Direction de la sécurité civile (Levallois-Perret), 95 à Nainville, 11 à Valabre, 20 à Chaptal.

SAPEURS-POMPIERS

■ **En France. Effectifs** (au 1-1-1998) : *sapeurs-pompiers civils* 235 300 dont volontaires 198 250, professionnels 28 050, service de santé (médecins, pharmaciens, infirmiers, kinésithérapeutes, vétérinaires) 8 250, permanents 50, auxiliaires (service national civil) 700 ; *militaires* 9 091 dont engagés 7 568, appelés 1 434, service de santé 89 [BSPP (voir col. b) 7 330, BMPM (voir col. b) 1 761]. **Nombre de sapeurs-pompiers pour 1 000 habitants :** 1,8 (Essonne), 7,35 (Cantal), 13,43 (Aube). **Centres de secours.** 8 282 dont corps de première intervention 5 042, centres de secours 2 722, centres de secours principaux 513, communautés urbaines 5. **Véhicules** (au 1-1-1998). Secours routier 1 347, secours aux asphyxiés et aux blessés 5 572, fourgons-pompes tonne 3 249, fourgons-pompes tonne de grande puissance 320, échelles et camions bras élévateur articulé 960, camions citernes feux de forêt 4 197. **Interventions** (en 1997). 2 740 895 (7 509 par jour, soit 1 toutes les 11,5 s) dont secours à victimes 1 020 279, accidents de la circulation 367 219, incendies 298 358, opérations liées à l'environnement 104 339, sorties pour prévenir un accident 539 509, interventions diverses 411 191. **Personnes secourues** (en 1997) : sauvées 144 439, blessées légèrement 666 575, gravement 116 628, décédées 29 191. **Sapeurs-pompiers accidentés** (en 1997) : blessés légers 4 084, graves 942, décédés 21.

■ **BSPP : Brigade de sapeurs-pompiers de Paris** (Paris, Hts-de-Seine, Seine-St-Denis, Val-de-Marne). **Origine :** Du Mouriez du Périer († 21-6-1723, sociétaire de la Comédie française de 1686 à 1705) introduit la pompe à incendie. *1716* directeur des pompes de la Ville de Paris. *1722* 1re Cie de gardes-pompes. *1811-18-9* du bataillon de sapeurs-pompiers de la Ville de Paris suite à un incendie à l'ambassade d'Autriche (1-7-1810). *1867* devient régiment. *1965* intégré dans l'arme du génie de l'armée de terre. *1967* devient brigade de sapeurs-pompiers de Paris. *1984* Police-secours est repris par les pompiers. **Effectifs** (au 1-1-2000) : 6 840 (dont 235 officiers, 52 médecins, 1 255 sous-officiers, 5 318 militaires du rang). *Casernes :* 78. **Budget** (en millions de F, 2000) : fonctionnement 1 214, investissement 58, infrastructures 209. **Interventions en 1980 et,** entre parenthèses, **en 1999, à Paris :** incendies 15 758 (18 920), circulation 13 478 (38 851 dont *blessés légers : 31 047, graves :* 1 422, *décédés :* 154), secours à victimes 35 287 [270 042 dont 117 686 personnes prises de malaise, 19 707 personnes en état d'ébriété, 232 naissances, 4 788 assistances à femmes en couches, 89 personnes tombées sur la voie du métro ou du RER, 8 tombées dans une gaine (ascenseur)], assistance à personnes 13 229 (21 266 dont personnes ayant égaré leurs clefs 2 928, menaçant de se jeter dans le vide 54), faits d'animaux 11 395 (2 030, n'assure plus la neutralisation des essaims de guêpes ou abeilles, confiée à des Stés prestataires), eau, gaz, électricité, air comprimé 33 906 (27 734), protection des biens et pollution 11 745 (25 791), reconnaissances et recherches 13 163 (4 702), fausses alertes 8 501 (5 854). *Total* (hors tempête) : 156 532 (428 817, *en 2000 :* 430 764). *Moyenne journalière :* 429 (1 175). *Total avec tempête :* 452 550.

■ **BMPM : Bataillon de marins-pompiers de Marseille. Origine :** *1719-août* ordonnance royale confie au préposé de l'arsenal de Marseille la garde de 4 pompes « à la hollandaise ». *1939-29-7* décret-loi créant le bataillon de marins-pompiers de Marseille, unité de la Marine nationale, à la suite de l'incendie des Nouvelles Galeries d'oct. 1938 qui fit 150 †. **Découpage :** 7 secteurs opérationnels (dont 5 sur la commune de Marseille) représentant 22 casernes et postes. **Effectifs** (au 1-1-2001) : 2 000 dont 100 officiers (35 médecins), 300 volontaires du service armé, 60 réservistes en renfort l'été. **Moyens :** 475 véhicules, 15 bateaux, 7 casernes, 14 postes de premiers secours, 1 caserne état-major, 1 école des marins-pompiers de la Marine, 3 centres d'instruction, 1 centre technique et logistique. **Activité** (en 2000) : 120 000 sorties (1 toutes les 4 minutes). Interventions (en %) : secours de victimes 62, incendies 7, divers 31.

■ **Pompiers communaux et départementaux. Origine :** *1815* organisation souhaitée dans chaque commune d'un service de secours contre incendies et pour sauver personnes et effets. *1831* création au sein de la garde nationale des compagnies de sapeurs-pompiers, qui peuvent recevoir des armes pour concourir au maintien de l'ordre. *1852* un décret maintient l'incorporation dans la garde nationale. Les sapeurs-pompiers sont chargés des incendies, du service d'ordre et de la sécurité. *1871* suppression des gardes nationaux. Organisation spécifique des corps des sapeurs-pompiers. *1903* nouvelle organisation. *1925* les dépenses du service d'incendie, rendues obligatoires, sont à la charge des communes. *1953* organisation départementale avec centres de secours et corps de 1re intervention. *1982* loi de décentralisation. Les conseils généraux prennent une place importante dans la gestion des directions départementales des services d'incendie et de secours. *1996*-3-5 loi sur la départementalisation des services incendie et secours et sur le volontariat. **Effectifs** (au 1-1-1998) : 235 300 placés sous l'autorité des collectivités territoriales. **Services d'incendie et de secours (SIS).** Loi du 3-5-1996. Seront transformés en établissements publics et dotés d'un corps départemental. **Sapeurs forestiers.** Salariés de l'Office national des forêts ou d'un département. *Nombre :* 700 dont Alpes-Mar. 179, Ardèche 24, Bouches-du-Rh. 120, Corse-du-Sud 96, Hte-Corse 98, Hérault 120, Var 72.

☞ **Conditions pour être pompier volontaire :** *âge :* 16 à 55 ans ; *taille minimale :* hommes 1,60 m, femmes 1,55 m. Aptitude physique (examen médical et épreuves sportives). Jouir de ses droits civiques. Décision prise sur dossier, après avis du médecin et du chef de centre, par le conseil d'administration du département. Formation de 10 jours. Période probatoire d'un an.

■ **Signification des sirènes. Appel des sapeurs-pompiers :** code fixé par arrêté préfectoral. **Code national d'alerte :** *signal modulé par fractions de 7 s d'une durée de 1 min :* mise à l'abri immédiate ; *signal continu de 30 s :* fin d'alerte. **Essais :** 1ers mercredis de chaque mois (1er de chaque mois pair pour Paris, Hts-de-Seine, Seine-St-Denis, Val-de-Marne), à 12 h, signal modulé d'une minute par fractions de 7 s, à 12 h 10, signal continu de 30 s. **Alerte de danger aérien :** 5 modulations (1 minute). *Fin d'alerte :* signal continu de 30 s.

■ **Incendies** (en 1991). **Nombre :** immeubles 8 202 (44 %), transports 3 842 (20,6), établissements publics 1 321 (7,1), agriculture 464 (2,5), industries 371 (2), entrepôts 138 (0,7), divers 4 264 (22,9). **Causes** (en %) : sources de chaleur diverses 55,89, flammes et foyers découverts 20,99, énergie électrique 10,03, appareils de chauffage non électriques 7,5, moteurs thermiques, véhicules, machines diverses 5,16, gaines et conduites 0,3, explosions 0,05, combustion spontanée de certains produits 0,02, manipulations dangereuses 0,02. Les incendies se produisent surtout entre 12 h et 23 h, max. entre 17 h et 21 h.

■ **Monde. Morts par incendie** (moyenne par million d'habitants, au 1-1-1998) : USA 28,9. Canada 28,7. Japon 15,5. Autriche 8,7. Pays-Bas 5,9. *France 4,2.*

☞ **1re pompe à incendie : 1518** Augsbourg, construite par le forgeron August Blatner. **1er extincteur : 1734** par l'Allemand Fuchès. Ballon de verre rempli d'une solution saline.

TOURISME

☞ Pour découvrir la sélection **Quid** des meilleurs sites Internet sur le tourisme, rendez-vous sur **www.quid.fr**

PRINCIPALES FÊTES ET MANIFESTATIONS

■ **Janvier. Afrique du Sud :** carnaval à Cape Minestrel, Cape Town, Western Cape. **Espagne :** fête des rois (Épiphanie) : échange de cadeaux (pas de cadeaux à Noël), *tamborrada* de San Sebastián. **Inde :** « Republic Day Parade » à New Delhi. **Mexique :** jour des Rois.

■ **Février. Allemagne :** carnavals de Hesse, Munich, Rhénanie. **Belgique :** de Binche (gilles avec chapeaux à plume lançant des oranges), des Bommels à Ronse. **Bolivie :** carnaval d'Oruro ; festival de « Puyllay » (sucre) à Tarobuco. **Brésil :** carnavals de Bahia, Belém, Rio de Janeiro. **Chypre :** de Limassol. **Colombie :** de Baranquilla. **France :** de Nice (corso fleuri). **Guatemala :** procession de la St-Jean à San Juan de Sacatapéquez. **Haïti :** carnaval de Port-au-Prince. **Hong Kong :** nouvel an chinois. **Iran :** fête de la Révolution. **Italie :** carnaval de Venise. **Pays-Bas :** mardi gras de Maastricht. **Pérou :** semaine de la Vierge. **Suisse :** fifres de Bâle.

■ **Mars. Allemagne :** cortèges du lundi gras à Aix-la-Chapelle, Bonn, Cologne, Düsseldorf. **Égypte :** Petit Bayram. **Espagne :** semaine sainte à Séville ; *fallas* (feux) de St-Joseph. **Inde :** fête de Holi. **Indonésie :** de Sekaten à Yogyakarta et Surakarta. **Iran :** du nouvel an (*Norouz* plus *Cizdebedar*). **USA :** de la St-Patrick à New York.

■ **Avril. Égypte :** fêtes du Sinaï, du Printemps. **Inde :** de Trichur. **Népal :** nouvel an à Bhadgaon. **Sri Lanka :** à Colombo.

■ **Mai. Allemagne :** danse des bergers à Rothenbourg. **Belgique :** fête de la crevette à Oosduinkerke. **Bolivie :** fête du « Gram Poder » à La Paz. **Égypte :** fête du travail, Grand Bayram. **Espagne :** foire de Séville. **Maroc :** fête des roses à El Kelaa Des Mgouna. **Mexique :** fête de la San Isidro. **Sardaigne :** carnaval sarde à Sassari. **Suisse :** commémoration de Morat.

■ **Juin. Allemagne :** festival historique « la Maîtresse Rasade » à Rothenbourg. **Belgique :** procession du Char d'or à Mons. **Bolivie :** solstice d'hiver à Tiahuanaco (La Paz). **Danemark :** festival viking à Frederiksund. **Égypte :** 1-6, nouvel an islamique (*Hydjra*), fête de la Libération. **Espagne :** « Romania del Rocio » (pèlerinage). **Estonie :** danse des écoliers à Tallin. **Finlande :** veillée de la St-Jean à Helsinki. **France :** fête de la musique, feux de la St-Jean. **G.-B. :** « Trooping the Colours » à Londres. **Indonésie :** ballet du Ramayana à Prambanan. **Irlande :** marche à Castlebar. **Italie :** fête des fleurs à Genzano, joute du pont à Pise. **Kenya :** « Madaraka Day ». **Luxembourg :** fête du genêt à Wiltz. **Maroc :** *moussem* de Goulimine à Asrir ; festival du folklore de Marrakech. **Pays-Bas :** fête des tondeurs de moutons à Ede. **Pérou :** spectacle inca à Cuzco. **Portugal :** fête des saints à Lisbonne. **Seychelles :** jour de la Libération. **Suède :** veillée de la St-Jean. **Suisse :** fête des enfants à St-Gall. **Tahiti :** de l'Autonomie interne. **Tchéquie :** festival de Straznice. **Turquie :** concours de lutte à Edirne. **USA :** country-music à Nashville.

■ **Juillet. Afrique du Sud :** festival du Standard Bank National Arts à Grahams-Fowun-Eastern Cape. **Belgique :** cortège des sorcières à Besslare, festival des jumeaux à Barvaux, procession historique à Gistel. **Croatie :** festival de Dubrovnik, de musique légère à Split. **Danemark :** festival Andersen à Odense. **Égypte :** (23-7) fête nationale. **Espagne :** fête de la Saint-Firmin à Pampelune (depuis 1591 ; *encierro :* lâcher de taureaux dans les rues). **Finlande :** championnats des chercheurs d'or à Tankavaara, des flotteurs de bois à Porttikoski. **France :** (14-7) fête nationale. **Grèce :** festival d'Athènes. **Hongrie :** journée des bergers de Kiskunsag. **Irlande :** festival de danses populaires à Cobh. **Italie :** course de chevaux du Palio delle Contrade à Sienne. **Pays-Bas :** festival des métiers anciens à Meijel. **Portugal :** foire de St-Jacques à Covilha. **Tunisie :** festival de Tabarka. **USA :** fête de l'Indépendance.

■ **Août. Allemagne :** festival du Rhin en flammes de Braubach à Coblence. **Belgique :** fête des géants à Ath. **Bolivie :** fête de la Vierge de Copacabana à La Paz. **Égypte :** naissance du Prophète. **Grèce :** festival d'Épidaure et d'Athènes, pèlerinage de Tinos. **Hongrie :** festival de danses folkloriques à Debrecen. **Irlande :** foire annuelle aux chevaux à Dublin. **Luxembourg :** festival de théâtre et de musique en plein air à Wiltz. **Maroc :** *moussem* de Moulay Abdallah à Jdida ; *moussem* culturel d'Asilah. **Mexique :** fête de l'Assomption. **Norvège :** fête des pêcheurs de harengs à Söderhamn, fêtes d'Or. **Nouvelle-Guinée :** show de Mount Hagen. **Portugal :** fêtes de Gualterianas à Guimaraès. **Russie :** festival de la chanson à Moscou. **Sri Lanka :** festival de Kataragama, de Perahera à Kandy. **Suisse :** fête des bergers à Daubensee. **Tahiti :** fête nationale. **Trinité :** festival folklorique de « San Ignacio de Moxos » (*Beni*). **Turquie :** foire internationale d'Izmir.

■ **Septembre. Allemagne :** fête de la bière à Munich. **Bolivie :** foire à Santa Cruz. **Chypre :** fête du vin à Limassol. **Croatie :** jeux hippiques (*moreška*) du XVIe s. à Korčula. **Grèce :** festival du vin à Dalphni. **Italie :** joute du sarrazin à Arezzo. **Maroc :** *moussem* des fiançailles à Imilchil. **Pays-Bas :** fête des moulins. **Portugal :** fête des vendanges à Palmela. **Russie :** festival de musique à Sotchi.

■ **Octobre. Afghanistan :** *bouskachi* royal à Kaboul. **Belgique :** fête des hurlus à Mouscron. **Égypte :** fête de l'armée. **Kenya :** « Moi Day », « Kenyatta » Day. **Maroc :** *moussem* de Mouley Idriss ; fête des dattes à Erfoud. **Turquie :** fête de l'Avènement de la République.

☞ **Halloween (31-10) :** fête d'origine celtique (nommée *samhain* ou *samain*) ; christianisée, devient Halloween ou AU Hallows Eve : soirée inaugurant Hallowtide (de la vigile de la fête de la Toussaint au jour des morts) ; accessoires : citrouilles décorées, masques de sorcières.

■ **Novembre.** **Guatemala :** fête des morts (*Todos los Santos*). **Inde :** foire aux chameaux de Pushkar. **Pérou :** fête de l'empire inca à Puno. **Thaïlande :** fête des éléphants à Surin.

■ **Décembre.** **Bolivie :** fête de la Vierge de Cotoca à Santa Cruz. **Égypte :** fête de la Victoire. **Guatemala :** St-Thomas à Chichicastenango. **Italie :** Noël : une vieille femme en noir au visage barbouillé de suie, la *Befana* (guenon, fantôme) descend par la cheminée apporter des sucreries aux enfants sages et châtier les méchants avec sa longue baguette. **Mexique :** fête de N.-D.-de-Guadalupe à Mexico. **Philippines :** Noël. **Seychelles :** festival Kreol. **Turquie :** fête des derviches tourneurs à Konya.

☞ *A la Ronde européenne de Steenvoorde,* le 25-4-1993, 104 géants (de 6 pays) ont défilé ; à *Amatadepera* (Catalogne) : il y en avait 206 en 1982 et 600 en 1992.

Statistiques

☞ *Source :* OMT (Organisation mondiale du tourisme).

Arrivées aux frontières (en millions). *1950 : 25,3 ; 60 :* 69,3 ; *70 :* 165,7 ; *80 :* 286,2 ; *85 :* 329,5 ; *90 :* 459,2 ; *95 :* 563,4 ; *96 :* 596,5 ; *97 :* 618,3 ; *98 :* 626,7 ; *99 :* 650,2 ; *2000 :* 697,6 ; *France 75,5,* USA 50,9, Espagne 48,2, Italie 41,2, Chine 31,2, G.-B. 25,3, Russie 21,2, Mexique 20,6, Canada 20,4, Allemagne 18,9, Autriche 17,9, Pologne 17,4, Hongrie 15,6, Hong Kong 13, Grèce 12,5, Portugal 12, Suisse 11,4, Malaisie, P.-Bas 10,2, Turquie 9,6, Thaïlande 9,5, Irlande, Macao 6,7, Afrique du Sud 6, Croatie 5,8, Rép. tchèque 5,7, Brésil 5,3, Rép. coréenne 5,3, Égypte, Indonésie, Tunisie 5,1, Australie 4,9, Japon 4,8, Maroc 4,1, Argentine 2,9 ; *2020 (prév.) :* Chine 130, *France 106,1,* USA 102,4, Espagne 73,9, Hong Kong 56,6, G.-B. 53,8, Italie 52,5, Mexique 48,9, Russie 48, Rép. tchèque 44.

Nuits en hébergement (en millions, 1998). USA 652,1 ; *France 497,4 ;* G.-B. 222,5 ; Espagne 117,7 ; Italie 113 ; Fédération de Russie 107,4 ; Canada 96,6 ; Mexique 93,2 ; Autriche 80,5 ; Australie 78,5 ; Inde 70,7 ; Thaïlande 60,1 ; Indonésie 54,7 ; Chine 53,2 ; Grèce 39,9 ; Allemagne 36,3 ; Turquie 36,1 ; Suisse 31,3 ; Brésil 31,2 ; Nlle-Zélande 28,4 ; Tunisie 27,6 ; Égypte 26,5 ; Croatie 24,6 ; Portugal 22,6 ; P.-Bas 21,4 ; Maroc 19,6 ; Rép. dominicaine 18,1 ; Irlande 17,4 ; Taïwan (Chine) 15,1.

Dépenses (en milliards de $). *1985 :* 98,6 ; *87 :* 147,8 ; *90 :* 243,2 ; *91 :* 243 ; *92 :* 277,7 ; *93 :* 270,1 ; *95 :* 405 ; *98 :* 439 dont USA 51,2, Allemagne 46,2, Japon 33, G.-B. 27,7, Italie 16,6, *France 16,5.*

Recettes (en milliards de $, transport exclu). *1950 :* 2,1 ; *60 :* 6,9 ; *70 :* 17,9 ; *80 :* 105,3 ; *85 :* 118,4 ; *90 :* 263,4 ; *93 :* 321 ; *94 :* 352,6 ; *95 :* 406,2 ; *96 :* 437,6 ; *97 :* 443,3 ; *98 :* 442,4 ; *99 :* 455,1 ; *2000 :* 477,3 ; USA 85,1, Espagne 31, *France 29,9,* Italie 27,4, G.-B. 19,5, Allemagne 17,8, Chine 16,2, Autriche 11,4, Grèce 9,3, Australie 8,4, Mexique 8,3, Hong Kong 7,9, Suisse 7,3, Thaïlande 7,1, P.-Bas 6,9, Rép. coréenne 6,6, Singapour 6,4, Pologne 6.

Touristes par pays

■ **Touristes.** **Visiteurs passant 1 nuit ou plus** (en milliers, en 2000). [*Source :* OMT.]

Afghanistan 4 [1]. **Afrique du Sud** 6 001. **Albanie** 39 [1]. **Algérie** 859. **Allemagne** 18 983. **Andorre** 2 347 [1]. **Anguilla** 44. **Antigua et Barbuda** 207. **Arabie saoudite** 3 700 [1]. **Angola** 45 [1]. **Argentine** 2 991. **Arménie** 30. **Aruba** 721. **Australie** 4 882. **Autriche** 17 982. **Azerbaïdjan** 603. **Bahamas** 1 577 [1]. **Bahreïn** 1 991 [1]. **Bangladesh** 200. **Barbade** 556. **Belgique** 6 369 [1]. **Bélize** 181 [1]. **Bénin** 152 [2]. **Bermudes** 328. **Bhoutan** 7 [1]. **Biélorussie** 355 [1]. **Bolivie** 342 [1]. **Bonaire** 51. **Bosnie** 110. **Botswana** 750. **Brésil** 5 313. **Brunéi** 964 [1]. **Bulgarie** 2 785. **Burkina Faso** 218. **Burundi** 30. **Caiman (îles)** 407. **Cambodge** 265. **Cameroun** 135 [1]. **Canada** 20 423. **Cap-Vert** 74. **Centrafricaine (Rép.)** 10 [1]. **Chili** 1 622 [1]. **Chine** 31 229. **Chypre** 2 686. **Colombie** 530. **Comores** 24 [1]. **Congo** 26. **Congo (Rép. dém.)** 53 [1]. **Cook (îles)** 73. **Corée du Sud** 5 322. **Corée du Nord** 130 [1]. **Costa Rica** 1 106. **Côte d'Ivoire** 301 [1]. **Croatie** 5 831. **Cuba** 1 700. **Curaçao** 191. **Danemark** 2 088. **Djibouti** 21 [1]. **Dominicaine (Rép.)** 2 977. **Dominique** 74 [1]. **Égypte** 5 116. **Équateur** 615. **Émirats** 2 481. **Érythrée** 70. **Espagne** 48 201. **Estonie** 1 100. **États-Unis** 50 891. **Éthiopie** 125. **Fidji (îles)** 294. **Finlande** 2 700. **France** 75 500, voir p. 1742 a.

Gabon 175 [1]. **Gambie** 91 [1]. **Géorgie** 384 [1]. **Ghana** 373 [1]. **Gibraltar** 74. **G.-B.** 25 320. **Grèce** 12 500. **Grenade** 129. **Guadeloupe** 623. **Guam** 1 288. **Guatemala** 826. **Guinée** 33. **Guyane** 75 [1]. **Haïti** 143 [1]. **Honduras** 408. **Hongrie** 15 571. **Hong Kong** (Chine) 13 059. **Inde** 2 641. **Indonésie** 5 064. **Iran** 1 700. **Iraq** 51 [1]. **Irlande** 6 728. **Islande** 303. **Israël** 2 400. **Italie** 41 182. **Jamaïque** 1 323. **Japon** 4 757. **Jordanie** 1 427. **Kenya** 943 [1]. **Kirghizistan** 69 [1]. **Kiribati** 1. **Koweït** 77 [1]. **Laos** 300. **Lesotho** 186. **Lettonie** 490 [1]. **Liban** 742. **Libye** 40 [1]. **Liechtenstein** 61. **Lituanie** 1 226. **Luxembourg** 834 [1]. **Macao** 6 682. **Macédoine** 224. **Madagascar** 160. **Malaisie** 10 221. **Malawi** 228. **Maldives (îles)** 467. **Mali** 91. **Malte** 1 216. **Mariannes (îles)** 524. **Maroc** 4 100. **Marshall (îles)** 5. **Martinique** 526. **Maurice (île)** 656. **Mexique** 20 643. **Moldavie** 17. **Monaco** 300. **Mongolie** 158. **Montserrat** 10. **Myanmar** 208. **Namibie** 614 [2]. **Népal** 451. **Nicaragua** 486. **Niger** 50. **Nigéria** 739 [1]. **Norvège** 4 481 [1]. **Nlle-Calédonie** 108. **Nlle-Zélande** 1 787. **Oman** 502 [1]. **Ouganda** 238 [1]. **Ouzbékistan** 272 [1].

Pakistan 543. **Palau** 55 [1]. **Panamá** 479. **Papouasie-Nlle-Guinée** 58. **Paraguay** 221. **P.-Bas** 10 200. **Pérou** 1 027. **Philippines** 2 171 [1]. **Pologne** 17 400. **Polynésie française** 252. **Porto-Rico** 3 024 [1]. **Portugal** 12 037. **Qatar** 451. **Réunion** 394 [1]. **Roumanie** 3 274. **Royaume-Uni** 25 320. **Russie** 21 169. **Rwanda** 2. **Saba** 9. **St-Kitts et Nevis** 84 [1]. **St-Eustache** 19. **Ste-Lucie** 259. **St-Marin** 532 [1]. **St-Martin** 445 [1]. **St-Vincent et les Grenadines** 73. **Salomon (îles)** 21. **Salvador** 795. **Samoa** 88. **São Tomé** 5 [1]. **Sénégal** 369 [1]. **Seychelles** 130. **Singapour** 6 258 [1]. **Slovaquie** 1 053. **Slovénie** 1 090. **Somalie** 10 [1]. **Soudan** 50. **Sri Lanka** 400. **Suède** 2 595. **Suisse** 11 400. **Suriname** 57. **Swaziland** 319 [1]. **Syrie** 1 386. **Tadjikistan** 511 [1]. **Taïwan** 2 624. **Tanzanie** 450 [2]. **Tchad** 40. **Tchèque (Rép.)** 15 700. **Thaïlande** 9 509. **Togo** 60. **Tonga** 35. **Trinité et Tobago** 336 [1]. **Tunisie** 5 057. **Turkménistan** 300 [2]. **Turquie** 9 587. **Ukraine** 4 232 [1]. **Uruguay** 1 968. **Vanuatu** 57. **Venezuela** 587 [1]. **Vierges (îles) amér.** 565, **brit.** 286. **Viêt Nam** 2 140. **Yémen** 88 [2]. **Yougoslavie** 152 [1]. **Zambie** 574. **Zimbabwe** 1 868.

Nota. – (1) En 1999. (2) En 1998.

Budget touristique	Recettes		Dépenses	
	A	A′	B	B′
Allemagne	17,812	543,29	48,16	471,48
Australie	8,442	56,08[1]	5,79	69,16[1]
Autriche	11,44	62,75	9,2	68,19
Belgique	7,039[1]	177,66	8,84[2]	162,21
Brésil	4,228	51,12	3,06	65
Canada	10,171[1]	238,42[1]	11,35	214,79[1]
Danemark	4,025	47,34	5,08	45,33
Chine	16,231	195,15[1]	10,86	165,79[1]
Égypte	4,345	3,13	1,15[2]	16,17[1]
Espagne	31	109,23	5,62	133,15
G.-B.	19,518	271,85	32,27[2]	314,03
Finlande	1,401	42,96	1,94	32,3
France	*29,9*	*305,49*	*17,73*	*286,85*
Grèce	9,29	8,66	3,99	27,72
Hongrie	3,424	22,96	1,19	25,6
Irlande	3,571	64,42	2,37[2]	44,56
Inde	3,296	33,66	1,71[2]	42,76
Islande	0,227	2,05	0,4[2]	2,49
Indonésie	5,046	48,67[1]	2,35	24[1]
Israël	3,1	22,99	2,6	29,34
Italie	27,439	242,15	16,91	215,72
Japon	3,374	417,62[1]	32,81	310[1]
Jordanie	0,722	1,8	0,36	3,84
Maroc	2,037	7,27	0,46	10,28
Mexique	8,295	136,7[1]	4,54	142,06[1]
Norvège	2,229[1]	39,65	4,75	36,2
Nlle-Zélande	2,068	12,46[1]	1,49	14,3[1]
Pakistan	0,086	8,5	0,35[2]	9,31
P.-Bas	6,951	201,36	11,37	187,73
Pologne	6	27,19	3,6	46,49
Portugal	5,206	24,22	2,29	37,05
Roumanie	0,364	8,3	0,4	11,82
Russie	7,51[1]	74,66[1]	7,43	40,43[1]
Suède	3,894[1]	84,94	7,56	68,42
Suisse	7,303	75,44	6,96	73,88
Syrie	1,36[1]	2,89	0,63	3,89
Tchèquie	2,869	26,41	1,47	28,8
Turquie	7,636	25,94	1,47	45,37
Tunisie	1,56[1]	5,75	0,24[2]	8,34
USA	85,153	702,1[1]	59,35	1 059,43[1]

Nota. – En milliards de $: recettes en 2000 (A), dépenses en 1998 (B), exportations en 1999 (A') et importations en 1998 (B'). (1) 1999. (2) 1998.

Quels pays visitent-ils ?

☞ *Légende :* **Nombre en milliers** (sauf indication contraire). (1) Arrivées dans les hôtels. (2) Arrivées dans les moyens d'hébergement. (3) Nuitées dans les moyens d'hébergement. (4) Arrivées aux frontières. (5) Arrivées des vols en provenance du pays de résidence. (6) 1982. (7) 1983. (8) 1985. (9) 1986. (10) 1987. (11) 1988. (12) 1989. (13) 1990. (14) 1991. (15) 1992. (16) 1993. (17) 1994. (18) 1995. (19) 1996. (20) 1997. (21) 1998. (22) 1999. (23) Estimation.

Allemands [20]. Espagne 7 800. Italie 7 500. Autriche 6 600. *France 3 700.* Pays-Bas 3 100.

Américains [5,20]. Mexique 17 700. Canada 13 401. G.-B. 3 570. *France 2 098.* Allemagne 1 796. Italie 1 471. Jamaïque 1 341. Japon 1 082. Bahamas 1 017.

Australiens [4,12]. G.-B. 456. Singapour 291. Hong Kong 253. Nlle-Zélande 251. USA 231. Indonésie 107. Allemagne 91 [1,6]. Canada 68. Macao 58. Japon 57. Philippines 50.

Autrichiens. Italie 15, Grèce 11, Espagne 8, Croatie 4, USA 4, Turquie 3.

Belges [18]. *France 1 450.* Italie 419. Espagne 305. Autriche 103.

Britanniques [22]. *France 11 946.* Espagne 10 373. Irlande 4 233. USA 4 058. Grèce 2 444. Italie 2 114. Allemagne 2 101. Pays-Bas 1 943. Belgique-Luxembourg 1 695.

Canadiens [3,19]. USA 108 673. G.-B. 10 037. *France 4 843.* Mexique 4 682. Hong Kong 3 657. Allemagne 2 519. Italie 2 099. Espagne 1 633. Pays-Bas 1 446. Japon 1 177. Rép. dominicaine 1 027. Suisse 966. Cuba 130.

Espagnols [21]. *France 3 025* [21]. G.-B. 896. Allemagne 840. Maroc 227.

Français. Voir encadré p. 1741.

Hong Kong (Chine) [20]. Thaïlande 521. Japon 457. Taïwan 363. USA 227. Canada 217. G.-B. 197. Australie 194.

Italiens [17]. *France 6 874.* Espagne 2 819. Autriche 942. Allemagne 772. Grèce 628. Suisse 570. USA 548. Hongrie 392. Croatie 259. Pays-Pas 247. Tunisie 237.

Japonais [21]. USA 4 951. Corée 1 899. Chine 1 002. Thaïlande 778. Taïwan 766. Australie 727. Hong Kong 651. Singapour 556. Italie 489. G.-B. 399. *France 371.* Canada 350. Mariannes du Nord 331. Indonésie 286.

Néerlandais [21]. 13 550 dont *France 2 640.* Allemagne 1 560. Espagne 1 530. Belgique 1 500. Autriche 970. G.-B. 720. Italie 610. Grèce 520. Suisse 360. USA 330.

Polonais [12]. All. dém. 1 257. Tchéc. 1 003. Hongrie 837. URSS 456. All. féd. 409. *France 63.*

Roumains [18]. Hongrie 2 659. Ex-Yougoslavie 1 266. Turquie 537. Bulgarie 478. Allemagne 138. Moldavie 113. Ukraine 95. Autriche 86. Israël 49. Pologne 49. Italie 44. *France 36.*

Soviétiques [13]. Pologne 931 [8]. Roumanie 565 [4]. Tchéc. 397 [4]. Hongrie 330 [8]. Finlande 246 [3]. Yougoslavie 211 [4]. Espagne 166 [4]. All. 38 [1,6]. Cuba 22 [4]. Turquie 16. Autriche 10 [2]. Japon 7 [4].

Suisses [23]. *France 3 566* [4]. Espagne 1 447 [4]. Italie 1 382 [2]. Allemagne 988 [2]. Autriche 697 [2]. G.-B. 603 [4]. USA 406 [4]. Grèce 308 [4]. Hongrie 154 [4]. Pays-Bas 153 [2]. Tunisie 110 [4]. Thaïlande 109 [4]. Portugal 108 [4]. Canada 101 [4].

Tchèques [11]. All. dém. 2 522. Hongrie 1 906. Pologne 885. URSS 414. Yougoslavie 362. Bulgarie 334. All. féd. 248. Autriche 136. Roumanie 131. Italie 46. Belg.-Holl.-Lux. 41. Suisse 38. *France 35.* G.-B., Grèce 20. Irlande 20. Danemark, Suède 18. Espagne, Portugal 12. USA 9. Canada 6.

Tunisiens [4,19]. Libye 768. *France 339.* Italie 79. Allemagne 45. Arabie saoudite 36. Algérie 33. Maroc 24. Turquie 17. Suisse 16. Belgique 11. Égypte 9.

Turcs [12]. Bulgarie 2 743. Allemagne 210 [3,6]. Italie 200 [1]. Syrie 136. Yougoslavie 120. Jordanie 108. Grèce 43 [4]. Suisse 37 [2]. Autriche 24. G.-B. 19. Espagne 13. Iran 12.

En France

■ **Budget de l'État consacré au tourisme** (millions de F). *1990 :* 382,9 ; *91 :* 396,7 ; *93 :* 389 ; *94 :* 378 ; *95 :* 393 ; *96 :* 398,6 ; *97 :* 335,2 ; *98 :* 347,1 ; *99 :* 423,4 ; *2001 :* 473,6.

■ **Produit de la taxe de séjour et de la taxe forfaitaire** (en 1998) : 637,97 millions de F (dont taxe de séjour 431,82, forfaitaire 206,16).

■ **Bilan financier du tourisme avec l'étranger.** **Solde et,** entre parenthèses, **recettes/dépenses** (en milliards de F) : *1984 :* 29,1 (66,4/37,3) ; *85 :* 30,4 (71,3/40,9) ; *86 :* 22,2 (67,3/45,1) ; *87 :* 20,3 (71,3/51) ; *88 :* 24,2 (82,1/57,9) ; *89 :* 39,6 (103,6/64) ; *90 :* 42,3 (109,9/67,7) ; *91 :* 51 (120,5/69,5) ; *92 :* 59 (132,6/73,7) ; *93 :* 60,7 (133,4/72,7) ; *94 :* 60,5 (137/76,5) ; *95 :* 55,9 (137,4/81,5) ; *96 :* 54,3 (145,1/90,8) ; *97 :* 66,7 (163,5/96,8) ; *98 :* 71,6 (176,6/104,9) ; *99 :* 91,4 (200/108,6).

■ **Dépenses des touristes étrangers en France** (en milliards de F, 1999). 200 dont UE 102,2, Suisse 37,4, USA et Canada 32,7, Japon 5,1, reste du monde 22,6.

☞ Chaque touriste non-résident entrant en France en 1999 y a dépensé environ 413 F pour une nuitée.

■ **Consommation touristique intérieure** (en milliards de F). *1980 :* 201,9 ; *85 :* 347 ; *90 :* 492,4 ; *95 :* 579,7 ; *98 :* 611,4 ; *99 :* 605,4 dont consommation liée aux séjours 447,2, transport domicile/séjour dont voiture 122,5, autres dépenses (préalables aux voyages, foires et salons) 22, consommation non marchande (fonctionnement des communes touristiques, accueil ou promotion des collectivités locales) 13,7.

■ **Consommation liée aux séjours en France** (en milliards de F, 1999). *Total :* 447,2 dont hébergements marchands 92,6, achats et autres prestations 89,6, restaurants, cafés 60,6, alimentation 54,4, loyers fictifs (qu'auraient payés les touristes s'ils avaient logé en hébergement marchand au lieu de séjourner dans leur résidence secondaire ou chez des parents ou amis) 52,9, forfait (pour non-résidents) 38,5, dépenses auprès des services de loisirs 35,2, non ventilée (effectuée auprès des entreprises françaises par Français se rendant à l'étranger) 23,4.

■ **Consommation touristique intérieure et para-touristique** (en milliards de F). *1990 :* 596,1 ; *91 :* 640,9 ; *92 :* 670,4 ; *93 :* 672,1 ; *94 :* 701,4 ; *95 :* 711,7 ; *96 :* 724,4 ; *97 :* 735 ; *98 :* 759,6 ; *99 :* 765. **Chiffre d'affaires** hors TVA (en milliards de F, 1998) et, entre parenthèses, **nombre d'entreprises :** hôtels, cafés et restaurants 288,6 (176 519) [dont restaurants, cafés-restaurants 134,2 (90 797), cafés, débits de boissons 34,7 (52 639), hôtels-restaurants 86,8 (29 828)], agences de voyages 63,3 (3 928).

■ **Nuitées touristiques françaises** (en millions, 1999). *En France* 317 dont résidents 850 ; vacances d'été 560,9 ; séjours personnels 153,7 ; courts séjours 84,2, d'agrément 25 ; longs séjours 76,8 ; séjours professionnels 7,2.

■ **Effectifs salariés dans le tourisme.** **Métropole et Monaco** (est. Unedic, au 1-12-1998 : données provisoires) :

■ Parcs de loisirs

☞ *Abréviations :* CA : chiffre d'affaires ; M : million(s) ; Md : milliard(s) ; vis. : visiteurs.

■ **Quelques dates. 1843** *Tivoli* (Copenhague, Danemark) sur 5 ha, puis 8,3 ha. **1895** *Sea Lion Park* (Coney Island, New York, USA) 1er parc d'attractions amér. **1904** *Luna Park* (Coney Island) propose une balade sur la Lune. **1909** *Luna Park* de Gaston Akoun à Paris (fermé en 1948). **1919** il y a 1 500 parcs aux USA. **1936** il en reste 500. **1950** *Madurodam* (P.-Bas) ville miniature (3 ha). **1951** *Efteling* (P.-Bas, 68/270 ha, 2 millions de vis.). **1955** (17-7) *Disneyland* (Anaheim, Californie) 1er parc à thème (11,6 millions de vis.). **1963** *Mer de sable* (Ermenonville). **1967** *Phantasialand* (Brühl, All.). **1971** (15-10) *Walt Disney World* (à 32 km d'Orlando, Floride, 11 332 ha) avec Epcot Center, Disney MGM Studios, Magic Kingdom (28 millions de vis. ; coût : 2,4 MdF), Animal Kingdom (23-4-1998 ; 200 ha ; *coût :* 5 MdF). **1973** *Thorpe Park* (G.-B.) 300 ha. **1974** *Alton Tower* (G.-B., Stoke-on-Trent) 450 ha ; 2 millions de vis. **1975** *Gardaland* (Italie) 60 ha ; 1,3 millions de vis. (12-7) *Europa Park* (Rust, All.). **1983** (15-4) *Tokyo Disneyland,* 82,6 ha (parc 46, parking 25, services 11,6), investissements 1,4 Md$ (17,46 millions de vis. en 1999). **1989** *Lotte World Adventure* (Séoul, Corée du Sud). *Parc océanique Cousteau* (Paris, Forum des Halles), dépôt de bilan 16-7-1991, fermé nov. 1992. *Coût :* 120 MF. 460 000 vis. (il en aurait fallu 800 000). *Parc Astérix* (voir ci-dessous). **1990** *Middle Kingdom* (Hong Kong). **1992** *Euro Disney* (voir **Disneyland Paris** ci-dessous). **1995** *Port Aventura* (Salou, près de Tarragone, Esp.) ; *coût :* 2 MdF. Repris 1998 par Universal ; 3 millions de vis. **1999**-*mai Vinopolis* (Londres) 1 ha de caves ; *coût :* 18 M£. **2000**-*juillet Terra Mítica* (Benidorm, Esp.) ; *coût :* 300 M€. **2001** California Adventure (Disney) ; *coût :* 1,4 Md$. **2002** (prév.) parc sur le thème du cinéma, de Time Warner (à 20 km de Madrid) ; *coût :* 180 M d'euros.

☞ **Cité de la Lune :** projet de la Sté japonaise Oboyashi : accueil de 10 000 touristes, prévu 2050.

Parcs à thème

■ **Attractions et parcs à thèmes les plus visités dans le monde en 1996** (visiteurs en millions). Tokyo Disneyland (Tokyo, Japon) 16,98. Disneyland (Anaheim, California, USA) 15. Magic Kingdom (au Walt Disney World, Lake Buena Vista, Florida, USA) 13,8. Disneyland Paris 11,7. Epcot (Walt Disney World) 11,2. Disney-MGM Studio Theme Park (Walt Disney World) 9,97. Universal Studios Florida (Orlando, Florida, USA) 8,4. Everland, Kyonggi-Do (Corée du Sud) 8. Blackpool Pleasure Beach (Blackpool, G.-B.) 7,5. Yokohama Hakkeijima Sea Paradise (Japon) 6,9. **En Europe.** Disneyland Paris 11,7. Blackpool Pleasure Beach (Blackpool, G.-B.) 7,5. Tivoli Gardens (Copenhague, Danemark) 3,1. De Efteling (Kaatsheuvel, P.-Bas) 3. Alton Towers (Staffordshire, G.-B.) 2,7. Port Aventura (Salou, Esp.) 2,7. Europa Park (Rust, All.) 2,5 (3 en 1999). Gardaland (Castelnuovo Del Garda, It.) 2,4. Liseberg (Göteborg, Suède) 2,4. Bakken (Klampenborg, Danemark) 2,1.

En France. Astérix (Plailly, Oise). **Ouverture :** 1989. **Coût :** 900 MF. **Superficie :** 150 ha (dont parc de loisirs, zones paysagères 40). **Attractions :** 28 (6 grands spectacles, 10 animations permanentes). **Capital** (en %, au 26-4-2000) : Caisse des dépôts développement 20, management 6,5, Accor 6, Picardie investissement 2,2, institutionnels 46,3, personnes privées 19. **Fonds propres** (en 1999) : 596. **Dettes financières** (en 1999) : 100. **CA** (en MF) : *1991 :* 234 ; *92 :* 164 ; *93 :* 194 ; *94 :* 259 ; *95 :* 308 ; *96 :* 304 (résultat net 15,5) ; *97 :* 340 (35,2) ; *98 :* 352,4 (35) ; *99 :* 459 (51) ; *2000 :* 500 (35). **Prix d'entrée :** enfant (3 à 11 ans) 135 F, adulte 185 F. **Employés :** 180 permanents, 1 000 saisonniers et vacataires (avril-oct.). **Visiteurs** (en millions) : *1989 :* 1,35 ; *90 :* 1,45 ; *91 :* 1,4 ; *92 :* 0,99 ; *93 :* 1,18 ; *94 :* 1,55 ; *95 :* 1,8 ; *96 :* 1,7 ; *97 :* 1,9 ; *98 :* 1,71 ; *99 :* 2 ; *2000 :* 1,8. *Taux de revisite :* 50 %. **Bagatelle** (Merlimont, P.-de-C.). **Ouverture :** 1956. 30 ha. **Coût :** 90 MF. **Attractions :** 44. **Visiteurs** (en 2000) : 345 000. **Disneyland Paris** (Marne-la-Vallée, S.-et-M.). Situé à 32 km de Paris. **Ouverture :** 12-4-1992 sous le nom d'*Euro Disney* (rebaptisé en 1995). **Superficie :** 600 ha [*prévue* (en 2017) : 1 943 ha (dont 1 742 aménageables) dont domaine paysager (450 000 arbres et arbustes plantés), pièces d'eau, piscines, tennis, golf 27 trous, 7 hôtels à la périphérie du parc (5 700 ch., 18 000 prévues), centre de divertissements de 18 000 m²] dont parc 56 ha. **Attractions :** 42 (60 en Californie, 50 en Floride). *5 pays à thèmes : Main Street USA* (rue principale) ; *Frontierland* (dont Big Thunder Montain et Phantom Manor) ; *Adventureland* (dont Pirates des Caraïbes, Indiana Jones et le Temple du péril) ; *Fantasyland* (dont le château de la Belle au Bois dormant, 43 m de haut, inspiré de l'abbaye du Mont-St-Michel, des enluminures des Très Riches Heures du duc de Berry et des tapisseries médiévales) ; *Discoveryland,* inspiré des découvertes de Léonard de Vinci et de Jules Verne [dont *Hypérion,* dirigeable de 35 m de long, *Space Mountain,* inspirée de *De la Terre à la Lune* (1995 ; coût 600 MF)] ; *Chérie, j'ai rétréci le public !* (depuis avril 1999 ; *coût :* 100 MF). **Deux centres de congrès :** 10 500 m², 1 131 événements organisés de 1EL à 3 000 personnes générant 152 000 unités. **En projet : 2e parc** (les studios Disney) : *thèmes :* cinéma, dessins animés, TV et nouvelles technologies. *Ouverture prévue :* printemps 2002. **Emplois :** directs 11 000, indirects 32 000. **Financement :** *phase 1 :* 25,7 MdF. *Offre publique de souscription oct. 1989 :* 86 millions d'actions ; *augmentation de capital en juin 1994 :* 5,95 MdF. Euro Disney SCA a bénéficié d'un prêt de 4,4 MdF à 7,85 % sur 20 ans. *Investissement public :* 2,7 milliards de F. **Engagements pris par les parties publiques** (État, région Ile-de-Fr., département de Seine-et-Marne, RATP, Établissement public d'aménagement ; en MdF) : prolongement du RER 928 (dont Euro Disney SCA 250, État 35, région 30), voirie primaire 280 dont 100 financés par le département en 1989. **Capital** (en %, 2000) : Walt Disney 39,1, Pce Al-Waleed 17,3, autres 43,6. **Visiteurs** (en millions) : *1991-92 :* 6,8 ; *92-93 :* 9,8 ; *93-94 :* 8,8 ; *94-95 :* 10,7 ; *96 :* 11,7 ; *97 :* 12,6 ; *98 :* 12,5 ; *99 :* 12,5 ; *2000 :* 12 dont (en %) Français 40, Belges/Luxembourgeois 18, Britanniques 15, Allemands 8, Espagnols 5, Italiens 3, autres 11. Le Parc peut recevoir de 50 000 à 70 000 pers./j (record 92 500). *Taux de revisite en 1999 :* 40 %. *Dépense moyenne/vis. : 2000 :* 277 F. **Taux d'occupation des hôtels** (en %) : *1993 :* 55 ; *95 :* 68,5 ; *98 :* 80,9 ; *99 :* 82,6 ; *2000 :* 82,9. **CA** (parcs et hôtels, en MdF) : *1992 :* 3,8 (résultat : – 0,19) ; *93 :* 4,87 (– 5,34) ; *94 :* 4,15 (– 1,8) ; *95 :* 4,57 (0,11) ; *96 :* 4,9 (0,2) ; *97 :* 5,48 (0,22) ; *98 :* 5,89 (0,29) ; *99 :* 6,04 (0,16) ; *2000 :* 6,29. **Fonds propres** (en MdF, 2000) : 9. **Dette :** totale 15,6 en 2000 (13,9 en 1995/96). **Royalties payées à Disney** (en MF) : *1993 :* 280 ; *94 à 98 :* 0 ; *99 :* 203. **Prix d'entrée :** enfant 140 à 184 F, adulte 170 à 236 F.

France miniature (Élancourt, Yvelines). 137 monuments français à l'échelle 1/30e sur une carte de France de 3,5 ha. **Ouverture :** mai 1991. 5 à 20 ha. **Coût :** 100 MF. **Visiteurs :** 350 000. **Futuroscope.** Voir col. c.

Jardin d'acclimatation (Paris). **Ouverture :** 1860, 19 ha. **Visiteurs :** 1 300 000. **Thèmes :** animaux de la campagne, ours, manèges, cirque, terrains de jeux, guignol, jardinage.

Mer de sable (Ermenonville, Oise). **Ouverture :** 1963, 55 ha. Parc d'attraction. **Thèmes :** western et dépaysement. **Visiteurs** (en 2000) : 450 000. **CA** (en 2000) : 41 MF.

Nigloland (Dolancourt, Aube). 15 ha. **Ouverture :** 1987 par les frères Patrice et Philippe Gélis. **Visiteurs :** *1995 :* 470 000 ; *96 :* 450 000 ; *97 :* 480 000 ; *98 :* 450 000 ; *99 :* 479 000 ; *2000 :* 455 000. **CA** (en 2000) : 55 MF. **Superficie :** 30 ha. **Attractions :** environ 30. **Effectifs** (en 2000) : *permanents :* 29, *saisonniers :* jusqu'à 300.

OK Corral (1963, Cuges-les-Pins, B.-du-Rh.). Parc d'attractions à thème western possédant sa propre résidence de vacances. **Superficie :** 14 ha. **Visiteurs** (en 2000) : 450 000.

Le Pal (Dompierre-sur-Besbre, Allier). Parc d'attractions (25 attractions sur 25 ha) et animalier (100 espèces sauvages). **Visiteurs** (en 2000) : 310 000.

Naturospace (Honfleur, Calvados). **Ouverture :** juillet 1999. **Visiteurs** (en 2000) : 35 000. **CA** (en 2000) : 3 MF.

St-Vrain (Essonne). Fermé pour travaux. **Thoiry** (Yvelines). Parc animalier (voir p. 206 c).

Walibi. 3e européen. Racheté début 1998 par Parks. **CA** du groupe (1997) : 420 MF (bénéfice d'exploitation 120 MF). **Visiteurs** (en 1997) : 3 600 000. **Valeur investie :** 1,1 MdF. **Emplois :** *fixes* 400, *saisonniers* 1 700. **Walibi-Wavre** (Belg., ouvert 1975, parc belge de la BD depuis 1998). **CA** (1996) : 125 MF. 60 ha, 47 attractions et un parc tropical. **Visiteurs** (en 1997) : 1 000 000. **Aqualibi** (ouvert 1987 près du parc de Wavre). **Bellewaerde** (près d'Ypres, Belg., 1969, intégré à Walibi en 1991), 54 ha, 30 attractions, parc naturel. **Visiteurs** (en 1997) : 700 000. **CA** (1997) : 77 MF. **Walibi Rhône-Alpes** (Les Avenières, Isère, ex-*Avenir Land* ouvert 1979, repris 1989, 35 ha, 30 attractions et 2 shows). **Emplois :** 300. **Visiteurs** (en 1997) : 400 000. **CA** (en 1997) : 56 MF. **Walibi Schtroumpf** (Maizières-lès-Metz, Moselle. **Origine :** *Big Bang Schtroumpf,* créé 1989 pour 720 MF. Repris 1991. *Visiteurs* (en milliers) : *1989 :* 400 (attendus : 1 800) ; *91 :* 380. *CA* (1989) : 139 MF (passif 35 MF)]. *Repris* fin 1990 par Walibi pour 55 MF, investissement 81 MF. *Rouvert* 1991. *Repris* 1998 par Premier Parks, groupe américain. *CA 1991 :* 45 MF (passif 0,8) ; *92 :* 47 ; *94 :* 51 ; *96 :* 49 ; *97 :* 54,7. **Superficie :** disponible 162 ha, exploitée 42. **Employés :** jusqu'à 250. **Attractions :** 19 dont *l'Anaconda* (grand-huit, longueur 1 200 m, hauteur 35 m, vitesse 110 km/h). **Visiteurs** (en 1997) : 365 000. **Walibi Aquitaine** (Roquefort, Lot-et-Garonne, 30 ha). **Ouverture :** 24-4-1992. **Coût :** 120 MF. **Visiteurs** (en 2000) : 235 000. **Attractions :** 16, et 2 spectacles. **CA** (en 2000) : 30 MF. **Walibi Flevo** (Pays-Bas). **Ouverture :** 1994. **Superficie :** 101 ha. **Attractions :** 38. **CA** (1997) : 53 MF. **Visiteurs :** 450 000.

Mini-Europe (Bruxelles, Belgique). **Ouverture :** 1989. 2,5 ha représentant plus de 350 bâtiments de l'UE (1/25e). **CA** (en 1997) : 17 MF. **Visiteurs** (en 1997) : 300 000.

■ **Parcs fermés. Mirapolis** (Cergy-Pontoise, Val-d'Oise). *Ouverture :* 20-5-1987 sur 48 ha. *Coût :* 0,7 MdF. *Visiteurs attendus* (en millions) : 2 [*venus en 1987 :* 0,6 ; *88 :* 1 ; *89 :* 0,6 ; *91 :* 0,4. Dépose son bilan 22-1-1990 (passif 0,35 MdF dont 0,285 de charges d'emprunt)]. *Rouvert* 4-4-1990 par les forains (GIE Mira'fêt) déjà associés à l'exploitation. *Fermé* 1-1-1993 (autorisation de démolir obtenue en octobre). **La Toison d'or** (Dijon, Côte-d'Or, 12 ha). *Ouverture :* 1990. *Coût :* 155 MF. *Visiteurs :* 300 000, *fermé* 1993 (pertes en 3 ans : 162,5 MF pour un CA de 17 MF). **Zigofolies** (Nice, Alpes-Maritimes, 25 ha). *Ouverture :* juillet 1987. *Coût :* 420 MF. *Visiteurs* (en milliers) : *1988 :* 308 ; *89 :* 350. Mis en liquidation 31-1-1988 ; racheté par Belise loisirs 53 MF (nouveau nom : *Zygo Park*). *Fermé* 1991.

Parcs aquatiques

■ **Aquaboulevard** (*Paris XVe,* 1989), 7 ha. Centre de loisirs et de sport. **Visiteurs** (en 2000) : 2 500 000. Comprend le parc aquatique sur 11 000 m² (800 000 vis.). **Aquacity** *Gujan-Mestras* (Gironde, 1985) ; *Les Pennes Mirabeau* (B.-du-Rh., 1985). **Aqualand** *Cap d'Agde* (Hérault, 1983) ; *Marquenterre* (Somme, 1985) ; *Gujan-Mestras* (Gironde) ; *Saint-Cyprien* (Pyr.-Or.) : 185 554 visiteurs en 1999. **Aqualud** *Le Touquet* (P.-de-C., 1985). **Aquarium de La Rochelle** (voir p. 209 c). **Aquatica** *Fréjus* (Var, 1986). **Marineland** *Antibes* (A.-M. 1970). **Visiteurs** (en 1998) : 1 200 000. **Nauticlub** *Marcq-en-Barœul* (Nord, 1986). **Nausicaa** *Boulogne-sur-Mer* (P.-de-C., 1991. *Coût :* 160 MF, voir p. 209 c). **Nautiland** *Haguenau* (Bas-Rhin, 1984). **Océade** *Bruxelles* (Belgique) : entré dans le groupe Walibi en 1992. **CA** (en 1997) : 12 MF. **Visiteurs** (en 1997) : 170 000. **Océanopolis** (Brest, voir p. 209 c).

Parcs à thème scientifique

Dino-Zoo (Charbonnières-les-Sapins, Doubs). **Ouverture :** 1992. **Superficie :** 12 ha. **CA** (en 1999) : 3 MF (bénéfice 0,25 MF). **Visiteurs** (en 1999) : 85 000. **Attractions :** 77 animaux préhistoriques grandeur nature. **Cité des sciences** (Paris ; voir p. 846 c). **Coupole** (St-Omer, Nord). **Futuroscope** (Poitiers). Projet lancé par René Monory (Pt du conseil général de la Vienne). **Ouverture :** 31-5-1987. En mars 2000, le groupe Amaury a racheté les 70 % détenus par le conseil général pour 277 millions de F. **Superficie :** 60 ha. **Coût :** 1,5 MdF. **CA** (en 2000) : 626 MF (bénéfice net 23 MF). **Effectifs :** permanents 1 200, saisonniers 300. **Visiteurs** (en milliers) : *1987 :* 225 ; *89 :* 750 ; *91 :* 1 000 ; *92 :* 1 300 ; *93 :* 1 950 ; *94 :* 2 500 ; *95 :* 2 800 ; *96 :* 2 800 ; *97 :* 2 900 ; *98 :* 2 650 ; *99 :* 2 350 (dont 14 % d'étrangers) ; *2000 :* 2 350. **Attractions :** 21 comprenant *Kinémax :* en forme de cristal de roche, haut. 35 m, écran plat de 600 m². *Omnimax :* écran hémisphérique de 900 m². *Cinéma 360° :* diamètre 21 m, écran haut de 6,30 m. *Pavillon de la Vienne :* écran hémisphérique de 900 m² et simulateur. *Tapis magique :* 2 écrans de 700 m² (1 horizontal, 1 vertical). *Solido :* écran hémisphérique de 900 m² et lunettes à cristaux liquides (effet 3D). *Images Studio :* parcours en nacelle d'un studio de cinéma de 1 600 m². *Imax 3D :* écran plat de 540 m², images en relief restituées par lunettes polarisées. *Cyber Avenue :* multimédia. *Imax 3D dynamique :* écran hémisphérique de 990 m². *Cinéma dynamique. Cinéma haute résolution :* 60 images/seconde. *Cinéma en relief. Spectacle nocturne :* sur bassin de 6 000 m³. *Imagic :* illusionnisme. *Ciné-jeu :* jeu vidéo interactif. **Gyrotour :** tour panoramique de 45 m. Parcours scénographique et atelier sur le goût. Exposition d'hologrammes. **Divers :** Palais des congrès. Gare TGV sur le site (coût prévu : 172 MF ; ouvert 1-6-2000). **Micropolis** (St-Léons, Aveyron). **Ouverture :** 1-6-2000. **Superficie :** 2 400 m². **Coût :** 70 MF. **Attractions :** 11 espaces scénographiques sur les insectes et la botanique. 2 salles d'exposition temporaire, 1 de projection. **Musée des Télécom** (Pleumer-Bodou, C.-d'A.). **Nutripolis** (St-Brieuc). **Observatoire du pic du Midi** (Htes-Pyr.).

En projet (année d'ouverture et nombre de visiteurs attendus) : *Vulcania,* Auvergne, volcanisme (2002, voir *St-Ours-les-Roches* p. 820 c), 500 000 vis. *Bioscope,* Ungersheim (Ht-Rhin) sciences de la vie (2004) ; *coût :* 400 MF. *Parc du Vivant,* Lille, santé et sciences de la vie, 600 000 vis. *Jardin virtuel,* Calais, nature et jardin, 750 000 vis. ; *coût :* 500 MF. *Parc de l'Aéronautique,* Toulouse, n.c. *Escale atlantique,* St-Nazaire, n.c.

624 370 dont restauration traditionnelle 244 346, hôtels avec restaurant 138 549, restauration rapide 80 167, agences de voyages et offices de tourisme 39 044, autres hébergements touristiques 29 461, débits de boissons 28 685, hôtels de tourisme sans restaurant 20 711, cafés-tabacs 11 585, téléphériques et remontées mécaniques 11 475, activité thermale et thalassothérapie 7 136, exploitation de terrains de camping 6 878, hôtels de préfecture 5 378, auberges de jeunesse et refuges 955. Locations immobilières 24 147.

■ **Hébergement** (en 2000). **Nombre de lits touristiques** (en milliers) : 18 472 dont résidences secondaires (nombre de résidences secondaires au sens strict × 5) 13 210, campings (nombre d'emplacements × 3) 2 700, hôtels homologués (nombre de chambres × 2) 1 167, meublés touristiques (gérés par les agences immobilières) 450, gîtes et chambres d'hôtes (nombre de gîtes × 4) 350, résidences de tourisme 319, villages de vacances 261, auberges de jeunesse 15.

Villages de vacances 892 (260 571 lits) dont agréés 518 (171 964 lits). **Auberges de jeunesse** 215 (15 313 lits). **Gîtes** *ruraux* 38 053, *communaux* 3 436, *d'étapes et de groupes* 1 597, *enfants* 344. **Chalets loisirs** 485. **Chambres d'hôtes** 22 987 dont avec tables 9 908, sans tables 13 079. **Campings à la ferme** 904. **Locations Clévacances** 19 834.

■ **Résidences secondaires. Nombre** (recensement de mars 1999, résultats provisoires de mai 2000) : au sens strict 2 642 071, au sens large 2 912 121.

■ **Touristes étrangers. Arrivées aux frontières** (en millions) : *1980* : 30,1 ; *87* : 37 ; *88* : 38 ; *89* : 43 ; *90* : 53 ; *91* : 52 ; *92* : 58,5 ; *93* : 60 ; *94* : 61,3 ; *95* : 59,9 ; *96* : 62,4 ; *97* : 67,3 ; *98* : 70 ; *99* : 69 dont Europe 63,1 (dont de l'Ouest 39,6, du Nord 13, du Sud 10,4), Amérique du Nord 3,5 (dont USA 2,9), Asie et Océanie 2,5 (dont Japon 0,637). **Durée moyenne des séjours** (en nuitées) : *1998* : 7,31 ; *99* : 7,37.

■ **Touristes américains** (en millions). *1984* (40e anniversaire du Débarquement) : 2,5 ; *85* : 2,8 ; *86* (plusieurs attentats en Fr.) : 1,6 ; *87* : 1,8 ; *88* : 1,9 ; *89* : 2,3 ; *90* : 2,4 ; *91* : 1,9 ; *92* (JO d'hiver, ouverture Euro Disney) : 2,3 ; *94* : 2,3 ; *97* : 2,7.

■ **Régions françaises d'accueil. Touristes** (en millions de nuitées, 1998) : Provence-Alpes-Côte d'Azur 102 ; Rhône-Alpes 88,6 ; Languedoc-Roussillon 73,2 ; Bretagne 64,8 ; Aquitaine 62 ; Pays de la Loire 57,6 ; Midi-Pyrénées 47,4 ; Ile-de-France 43,3 ; Centre 29,5 ; Basse-Normandie 26,9 ; Auvergne 21,9 ; Nord-Pas-de-Calais 21,7 ; Bourgogne 21 ; Lorraine 17,3 ; Franche-Comté 13,7 ; Picardie 13,6 ; Corse 12,5 ; Hte-Normandie 12,5 ; Alsace 11,9 ; Limousin 11,1 ; Champagne-Ardenne 9,5 ; Poitou-Charentes 3,6.

■ **Tourisme industriel et technique. Nombre d'entreprises ouvertes à la visite** : *1982* : 300 ; *98* : 450. **Nombre de visiteurs** (en milliers, 1998) : 12 000 dont usine marémotrice de la Rance 361 [1] ; station Météo France du mont Aigoual 164 ; caves : Byrrh (Thuir) 159 ; Roquefort (Sté) 155 ; Bénédictine (Fécamp) 152 ; parfums Molinaud 150 ; la Chartreuse 150 ; Aérospatiale (Toulouse) 74,5 ; Perrier (Vergèze) 60 ; Kronenbourg 50 [1] ; Évian (Thonon-les-Bains) 30 [1] ; Peugeot (Mulhouse) 20 [1] ; Nestlé-France (Marseille) 6,8 [1].

Nota. – (1) En 1997.

■ **Tourisme culturel.** Voir **Arts divers** p. 454.

> **Bicentenaire de la Révolution française** (1989). *Coût* : 430 millions de F. *Recettes* : 2 milliards de F. *Nuitées d'étrangers à Paris en juillet* : 2,5 millions (environ 1 million les autres années).

Renseignements pratiques

Adresses utiles

☞ **Itinéraires** : 3615 TF1, 3615 Michelin ; Bison futé : 3615 Route. **Plages** : 3615 Idéal. **Vols et séjours à prix réduits** : 3615 DT ou Reductour. **Indications du temps, et des marées** : 3615 Météo. Voir aussi sur Internet.

■ **Ambassades, consulats et offices de tourisme étrangers. A Paris :** consulter les pages jaunes de l'annuaire France Télécom. **A l'étranger : Barbade** av. du Prince-d'Orange, 24, 1180 Bruxelles. **Bélize** 10 Harcourt House, 19 A Cavendish Square, Londres W1M9AD. **Fidji** av. Cortenberg, 66, Boîte 7, 1040 Bruxelles. **Grenade A** rue des Aduatiques, 100, 1040 Bruxelles. **Guyana** 3, Palace Court, Bayswater Road, Londres W2-4LP. **Jamaïque** av. Palmerston 2, 1040 Bruxelles. **Lesotho** Godesberger Allee 50, 5300 Bonn 2 (All.). **Lichtenstein** mêmes formalités que pour la Suisse. **Madère** voir Portugal. **Ste-Lucie, St-Vincent et les Grenadines** Kensington Court, 10 Londres W8. **St-Thomas et Prince** av. Brugmann, 42, 1060 Bruxelles. **Samoa occidentales** av. Franklin-Roosevelt, 123, 1050 Bruxelles. **Sierra Leone A** av. Tervueren, 410, 1150 Bruxelles. **Suriname** av. Louise, 379, Boîte 20, 1050 Bruxelles. **Swaziland** rue Joseph-II, 71, 1040 Bruxelles. **Tonga** NZ House, Haymarket, Londres SW1 Y4 TE. **Trinité et Tobago A** 42, Belgrave Square, Londres SW1 X8 NT. **Vanuatu** Port-Villa, Vanuatu.

☞ **Association des offices nationaux étrangers de tourisme (Adonet)** : à l'Office du tourisme de Belgique.

■ **Auberges de France** (voir **Logis de France**, col. c).

■ **Auberges de jeunesse. Origine** : *Allemagne : 1910* créées par Richard Schirrmann. *France : 1929* : 1re auberge de jeunesse fondée par Marc Sangnier, à Bierville (près de Boissy-la-Rivière, Seine-et-Marne). *1930 (28-8)* **Ligue française pour les auberges de la jeunesse (LFAJ)** créée 38, bd Raspail, 75007 Paris. *1934* Centre laïque des auberges de jeunesse (CLAJ) créé. *1956 (6-4)* **Fédération unie des auberges de jeunesse (FUAJ)** créée 27, rue Pajol, 75018 Paris. *Agréée* 3-7-1959. *Affiliée* à la Féd. internationale (IYHF). **Pt** : Serge Goupil. **Secr. générale** : Édith Arnoult-Brill. **Adhérents** : 130 000 pouvant utiliser les 167 AJ et étrangères (dans 63 pays). **Carte FUAJ** (internationale) : cotisation annuelle : *– de 26 ans* 70 F, *+ de 26 ans* 100 F. Tarif hébergement (45 à 74 F selon catégorie). Certaines auberges assurent les repas : petit déjeuner 19 F ; repas 50 F. **Activités** : séjours ; *hiver* (18 centres) : stages de ski ; *été* (25 centres) : stages d'activités de pleine nature, d'activités culturelles et artisanales. Chantiers-rencontres internationaux.

■ **Bourses de voyage.** Remises par l'association **Guilde européenne du raid** (11, rue de Vaugirard, 75006 Paris ; tel. 01 43 26 97 52) : **Bourses de l'aventure de la mairie de Paris** (10 000 à 100 000 F), *âge* : 18 à 25 ans, remise des dossiers pour le 15 mars de chaque année ; **Dotations des solidarités Nord-Sud** (10 000 à 100 000 F) attribuées au forum des solidarités Nord-Sud d'Agen, au titre du min. des Affaires étrangères, Raoul Follereau, UPSA, EDF, Madame Figaro... Remise des dossiers pour le 1er septembre de chaque année ; **Bourses solidarités étudiantes**, pour projets et stages d'étudiants (5 000 F en moyenne). Remise des dossiers pour le 15 avril. **Bourse Défi jeunes** : pour les 15-28 ans ; min. de la Jeunesse et des Sports. **Bourse Zellidja** : 5 *bis*, cité Popincourt, 75011 Paris. *Créées* 1947. 1 000 euros au maximum pour un voyage de 4 semaines au minimum à faire seul avec thème d'étude librement choisi. Dépôt des projets pour le 15 mars, *âge* : 16-20 ans. Faire un rapport au retour ; s'il est jugé bon, possibilité de 2e bourse (1 300 euros max.), à la remise du 2d rapport attribution du titre de lauréat Zellidja plus possibilité de prix. **Prix Robert Guillain** : *créé* 1994 par l'association de presse France-Japon, 101 *bis*, quai Branly, 75740 Paris Cedex 15 (créée en 1963) : séjour au Japon en été, billet avion A/R, avec bourse, pour jeunes journalistes et étudiants d'écoles de journalisme de moins de 35 ans. **Programme Office franco-allemand pour la jeunesse (en individuel)** : 51, rue de l'Amiral-Mouchez, 75013 Paris. Remboursement forfaitaire des frais de voyage, frais de séjour 200 à 300 euros selon durée. Informations : sur Internet. **Programme Office franco-québécois pour la jeunesse** : 11, passage de l'Aqueduc, 93200 St-Denis. Séjours professionnels au Québec pour les 18-35 ans.

■ **Canoë-kayak et raft. Fédération française de canoë-kayak et de raft** 87, quai de la Marne, 94340 Joinville-le-Pont. **AN Rafting** 42-46, rue Médéric, 92110 Clichy.

■ **Cap France. Fédération nationale des maisons, villages et gîtes familiaux de vacances** 28, place St-Georges, 75009 Paris. *Créée* 1949. Regroupe 104 villages (13 500 lits). Accueille familles (tarif dégressif pour les enfants), retraités, classes et groupes hors vacances scolaires, séminaires et congrès.

■ **Colonies de vacances. Origine : 1876** Wilhem Bion (pasteur zurichois), envoie 68 enfants de familles pauvres à la montagne. **1881** le pasteur Lorriaux et sa femme fondent en France l'Œuvre des 3 semaines. **1882** placent 79 enfants dans des familles de l'Oise. **1887** Espagne, G.-B., colonies à vocation pédagogique. **Renseignements** : mairies, établissements scolaires.

■ **Croisières fluviales. Voies navigables de France (VNF)** rue Ludovic Boutleux, BP 820, 62408 Béthune.

■ **Gîtes ruraux (Fédération nat. des gîtes de France).** 59, rue St-Lazare, 75009 Paris. *Lancés* 1951 par Émile Aubert (sénateur des Basses-Alpes, actuelles Alpes-de-Hte-Pr.) 43 000 gîtes ruraux, 24 000 chambres d'hôtes, 3 000 tables d'hôtes, 300 gîtes d'enfants, 850 campings, 1 600 gîtes d'étape et de séjour, 435 gîtes de pêche, 777 adresses de séjours à la neige, 627 gîtes accessibles aux personnes handicapées, 367 chalets-loisirs, 190 adresses de séjours en vignoble ; décerne un label. *Gîtes Panda* : situés dans les Parcs naturels nationaux et régionaux et contrôlés par le WWF.

■ **Handicapés (vacances pour). Antenne Handicap** Galerie commerciale d'Aime 2000, 73210 Aime. Séjours à La Plagne : école de ski utilisant le fauteuil articulé APF « piloté » (par une personne valide) ou dual-ski autonome (pour handicapés légers). **Association des paralysés de France (APF)** 17, bd Auguste-Blanqui, 75013 Paris. Édite un catalogue de séjours « APF Évasion ». **Fédération des aveugles de France** 58, av. Bosquet, 75007 Paris. **Comité nat. français de liaison pour la réadaptation des handicapés (CNRH)** 236 *bis*, rue de Tolbiac, 75013 Paris. **Éclaireurs et Éclaireuses de France** 12, place Georges-Pompidou, 93160 Noisy-le-Grand. **Groupement des intellectuels aveugles ou amblyopes (GIAA)** 5, avenue Daniel-Lesueur, 75007 Paris. **Handi Cap Évasion** chemin La Creuzette, 69270 Fontaines-sur-Saône. Organise des randonnées en montagne avec handicapés en fauteuil spécial « Joëlette » et accompagnateurs bénévoles. **I. care** 220, bd Jean-Jaurès 92100 Boulogne. Agence de voyages spécialisée. **Scouts de France** 54, av. Jean-Jaurès, 75019 Paris. **Soleil pour tous** 7, rue Chumeau, 49400 Bagneux. Pour tout handicap et valides. **Sud Vacances** 54, rue Vasco-de-Gama, 75015 Paris. Association de tourisme adapté. **Union fr. des centres de vacances et de loisirs** 7, rue Georges-Maertens 59000 Lille (vacances pour handicapés du CIDJ). **Vita-Vie** 131, impasse des Palmiers, 30100 Alès. Randonnées en quad, en jet marine et croisière en catamaran (en Camargue).

■ **Logis de France (Fédération nat. des).** 83, av. d'Italie, 75013 Paris. *Créée* 1949. *Guide* : 3 650 hôtels-restaurants (garantis par signature d'une charte de qualité).

■ **Loisirs de France Jeunes.** 30, rue Godot-de-Mauroy, 75009 Paris. *Créé* 1966. Colonies de vacances pour enfants (6 à 12 ans), centres pour adolescents (13 à 17 ans), classes de neige, de mer, de découvertes, camps itinérants, hôtels d'association pour adultes.

■ **Loisirs Vacances Tourisme.** 68, rue d'Hauteville, 75010 Paris. Fédération *créée* nov. 1974 et agréée par le ministère du Tourisme. 72 associations (dont 12 de voyages) gérant 58 villages de vacances, maisons familiales et gîtes, représentant plus de 1 736 300 journées-vacances. Voyages, vacances familiales, séjours thématiques, séjours jeunes, classes d'environnement, en France et à l'étranger.

■ **« Maisons » régionales à Paris. Alpes-Dauphiné-Isère** 2, place André-Malraux, Ier. **Alsace** 39, av. des Champs-Élysées, VIIIe. **Auvergne** 194 *bis*, rue de Rivoli, Ier. **Aveyron** 46, rue Berger, Ier. **Bretagne** 203, bd St-Germain, VIIe. **Franche-Comté** 2, bd de la Madeleine, IXe. **Htes-Alpes** 4, av. de l'Opéra, Ier. **Limousin** 30, rue Caumartin, IXe. **Lorraine** 2, rue de l'Échelle, Ier. **Lozère** 4, rue Hautefeuille, VIe. **Nord-Pas-de-Calais** 25, rue Bleue, IXe. **Nouvelle-Calédonie** 7, rue du Gal-Bertrand, VIIe. **Poitou-Charentes** 68, rue du Cherche-Midi, VIe. **Polynésie française** 28, bd St-Germain, Ve. **Pyrénées** 15, rue St-Augustin, IIe. **Savoie** 31, av. de l'Opéra, Ier. **Tarn** 111, rue Réaumur IIe.

☞ **Association des maisons régionales à Paris** : siège à la Maison du Limousin.

■ **Meublés. Fédération nationale des agents immobiliers** 129, rue du Faubourg-St-Honoré, Paris VIIIe ; brochure : « Allô Vacances ». **Bertrand** (11, rue du Louvre, 75001 Paris) publie des indicateurs « Vacances », « Locations de vacances », « Vacances-hiver » (octobre). **Lagrange** (9, rue Le Châtelier, 75017 Paris) catalogue.

☞ Voir **Logement** p. 1736 a.

■ **Offices de tourisme-syndicats d'initiative (Fédération nationale).** 280, bd St-Germain 75007 Paris. **Origine** : 1er synd. d'initiative 1889 Grenoble. **Organisation** : 3 613 Ot et Si (métropole et Dom) regroupés en 100 unions départementales et 23 fédérations régionales, 70 millions de touristes accueillis dans les Ot et Si. **Commissions principales** : accueil, force de vente, information, animation.

■ **Parcs naturels (Fédération de France).** 4, rue de Stockholm, 75008 Paris.

■ **Raids (organismes). Club Aventure** 18, rue Séguier, 75006 Paris. **Nouvelles Frontières** 87, bd de Grenelle, 75015 Paris. **Explorator** 16, rue Banque, 75002 Paris. **Terres d'aventure** 6, rue St-Victor, 75005 Paris. **Visages du monde** 5, rue J.-du-Bellay, 75004 Paris. **Arvel** 31, cours Émile-Zola, 69100 Villeurbanne. **Guilde européenne du raid** 11, rue de Vaugirard, 75006 Paris. Manifestations, raids, missions humanitaires, bourses, édition. **Sté des explorateurs français (Club des explorateurs)** 184, bd St-Germain, 75006 Paris. Parrainages et patronage d'expéditions. Conférences.

■ **Randonnée. A cheval** : *Fédération française d'équitation (FFE)* 9, bd Macdonald, 75019 Paris. **A pied** : *Fédération française de la randonnée pédestre (FFRP)* 14, rue Riquet, 75019 Paris ; Minitel : 3615 Rando. *Fédération européenne de la randonnée pédestre* Reich Strasse no 4, 66111 Saarbrucken (Allemagne). **En roulotte** : *Fédération des parcs naturels régionaux de France* 4, rue de Stockholm, 75008 Paris. **A vélo** : *Fédération française de cyclotourisme (FFCT)* 8, rue Jean-Marie Jego, 75013 Paris.

■ **Séjours linguistiques. Unosel (Union des organisations de séjours linguistiques)** 19, rue des Mathurins, 75009 Paris.

■ **Stations vertes de vacances et villages de neige (Fédération française des).** BP 71698, 21016 Dijon Cedex. Regroupe 858 communes labellisées de 85 départements (dont l'île de la Réunion), possédant au minimum : 1 prestation de type hôtelier (hôtel, chambre d'hôte...), des meublés, 1 camping 2 étoiles « tourisme », 1 lieu de baignade surveillée (étang, rivière aménagée), des espaces

Vacances des Français en 1999

■ **Taux de départs en vacances** (en %). **Année (été/hiver)** : *1964* : 43,6 (39,1/10,1) ; *75* : 52,5 (50,2/17,1) ; *80* : 56,2 (53,3/22,7) ; *85* : 57,5 (53,8/24,9) ; *99* : 62 (57/28). **Séjours de vacances** (en millions). *1964* : 31,2 (dont à l'étranger 3,8) ; *75* : 41,7 (6,5) ; *80* : 52,8 (8) ; *85* : 57,7 (8,9) ; *99* : 75,7 (13,9). **Journées de vacances** (en millions). *1964* : 611 (dont à l'étranger 71) ; *75* : 785 (136) ; *80* : 866 (148) ; *85* : 915 (168) ; *89* : 928 (199) ; *94* : 948 (206) ; *99* : 912 (230).

Nombre de séjours (en millions) : *selon la durée* : ensemble 154,2 dont courts 79,8, longs 74,3 ; *selon le mode de transport principal* : voiture particulière 115,5, de location 1,1, minibus, camping-car 1,7, avion 10,7, train 18,7, autocar 3,8, autres 2,6.

■ **Répartition des séjours** (en %, 1999). **Été** : mer 43, campagne 25, ville 12, montagne sans sports d'hiver 11, circuit 8, sports d'hiver 1. **Hiver** : sports d'hiver 26, mer 22, campagne 21, ville 19, montagne sans sports d'hiver 6, circuit 6.

Nombre de nuitées (en millions) **et**, entre parenthèses, **durée moyenne des séjours** (en nuitées) **en France** : 778,8 (5,6) *dont* Alsace 10,5 (4,9), Aquitaine 61,3 (6,9), Auvergne 21,8 (5,6), Basse-Normandie 26 (4,9), Bourgogne 19,1 (4,1), Bretagne 63,9 (6,7), Centre 28,2 (4,1), Champagne-Ardenne 9,5 (3,2), Corse 12,5 (9,8), Franche-Comté 13,1 (5,1), Hte-Normandie 10,9 (3,8), Ile-de-France 37,6 (3,4), Languedoc-Roussillon 72,3 (7,6), Limousin 10,9 (5,4), Lorraine 16,9 (4,1), Midi-Pyrénées 45,9 (5,9), Nord-Pas-de-Calais 20,3 (4,2), Pays de la Loire 55,2 (5,5), Picardie 13,1 (4,1), Poitou-Charentes 34 (5,6), Paca 99,4 (7,2), Rhône-Alpes 86,4 (5,6), Dom-Tom 9,6 (12,3). **Selon le mode d'hébergement** : 897,4 (5,8) *dont* hébergement marchand 380,2 (6,7) [dont hôtel et pension de famille 105,6 (4,5), camping 79,5 (9), location 84 (10,5), gîte, chambre d'hôte 27,7 (6,4), résidence de tourisme 16,1 (9,1), autre 67,7 (6,7)], hébergement non marchand 517,3 (5,3) [dont résidence secondaire 155,6 (8,9), famille/amis 361,7 (4,5)]. **Selon le type d'espace** : mer 38,9 (8,2), montagne 19,5 (7,5), campagne 32,8 (5,3), lac 5,1 (7,3), ville 27,1 (4,7), autre 2,3 (5,8). **A l'étranger** : 118,7 (8,1) *dont* Europe 68 (6,9) [dont Allemagne 4,6 (6,2), Belgique, Luxembourg 2,7 (3,7), Espagne 22,1 (8,6), G.-B., Irlande 5,3 (5,6), Italie 11,5 (6,4)], Afrique 22,1 (8,9), Amérique 18,4 (12,2), Asie, Océanie 9,6 (12,5).

de jeux (dont 1 pour enfants), un réseau de randonnées pédestres, VTT et/ou équestres, une organisation pour la pratique de la pêche, un office de tourisme, des commerces et des animations. *Au total:* 72 506 lits en hôtel, 245 421 lits en camping, 5 246 lits en habitat léger de loisirs, 102 684 en meublé, 6 500 en chambre d'hôtes, 24 406 en village de vacances labellisé Loisirs de France et 46 789 en hébergement collectif, soit 503 552 lits marchands. **Villages de neige :** 25 communes de moyenne montagne.

■ **Travail en vacances.** **Cotravaux, Coordination pour le travail volontaire des jeunes** 11, rue de Clichy, 75009 Paris. *Créé* en 1959, sous le patronage du Haut Comité de la jeunesse. Regroupe 13 associations qui organisent des chantiers, en France et à l'étranger. Aménagement de lieux collectifs (socio-culturels, touristiques...), protection de l'environnement et du patrimoine. Associations membres : **Alpes de Lumière** Maison du patrimoine, 04300 Mane. **Action d'Urgence Internationale (AUI)** 2, rue Belliard, 75018 Paris. **Echel** La Louvière, 25330 Nans-sous-Ste-Anne. **Les Compagnons Bâtisseurs** Sud-Ouest Résidence, 2, rue Claude-Bertholet, 81100 Castres. **Concordia** 1, rue de Metz, 75010 Paris. **FUAJ** 27, rue Pajol, 75018 Paris. **Jeunesse et Reconstruction** 10, rue de Trévise, 75009 Paris. **Neige et Merveilles** La Minière de Valauria, 06430 St-Dalmas-de-Tende. **Service civil international** 2, rue Camille-Flammarion, 75018 Paris. **Solidarités Jeunesses** 38, rue du Fg-St-Denis, 75010 Paris. **Unarec** 33, rue Campagne-Première, 75014 Paris. **Union Rempart** 1, rue des Guillemites, 75004 Paris.

■ **Vacances pour Tous** **(service Vacances de la Ligue française de l'enseignement et de l'éducation permanente).** 21, rue St-Fargeau, 75989 Paris Cedex 20. 1er opérateur du tourisme associatif. **Nombre de centres** (en France) : 335.

■ **Autres associations.** **Assoc. Lou Valat** Vernet, 48370 St-Germain-de-Calberte. **Assoc. de mise en valeur du château de Coucy** 7, rue du Pot-d'Étain, 02380 Coucy-le-Château. **Assoc. de sauvegarde de l'Abbaye de Lieu restaurée** 60123 Bonneuil-en-Valois. **Centre d'archéologie historique des musées de Grenoble et de l'Isère** 11, montée de Chalemont, 38000 Grenoble. **Centre culturel scientifique et technique** 1, place St-Laurent, 38000 Grenoble. **Centre de recherches archéologiques de l'Oise** 21, rue des Cordeliers, 60200 Compiègne. **Centre nat. de la recherche scientifique** 1, place A.-Briand, 92190 Meudon. **Chantiers de jeunes Provence-Côte d'Azur (CJPCA)** La ferme Giaume, 7, av. Pierre-de-Coubertin, 06150 Cannes. **Club du Vieux-Manoir** 10, rue de la Cossonnerie, 75001 Paris. **Institut Dolomieu** Géologie et minéralogie, Université 1 de Grenoble, rue M.-Gignoux, 38031 Grenoble. **Maison de la jeunesse** 12, place de la Résistance, 93200 St-Denis.

■ **À l'étranger.** **Comité de coordination du service volontaire international (CCSVI)** Unesco, 1, rue Miollis, 75732 Paris Cedex 15. *Créé* 1948. 142 organisations membres actives dans le domaine du volontariat dans 92 pays. **Allemagne :** *Office franco-allemand pour la jeunesse (OFAJ),* section de Paris, 51, rue de l'Amiral-Mouchez, 75013 Paris. **Espagne :** *Bolsa Universitaria del Trabajo SEU,* Glorieta de Quevedo, 8, Madrid-10. **Italie :** *Centre international de coordination culturelle,* Via Cassia 00123 la Storta (Rome).

■ **Villages de vacances.** **Club Méditerranée** 25, rue Vivienne, 75002 Paris. *Séjours :* 730 400. Voir col. b.

Touring Club de France port des Champs-Élysées, 75008 Paris. Voir Quid 83. Sté en liquidation le 28-3-1983.

Villages Vacances Familles (VVF). 172, bd de La Villette, 75019 Paris. *Renseignements, réservations :* BP 101, 91415 Dourdan Cedex. *Créée* 1959 par André Guignand (Pt d'honneur). *Pt :* Pierre-Louis Boutonnat. *Groupe VVF Vacances :* SA VVF Patrimoine (Sté propriétaire du patrimoine et actionnaire unique) et SA VVF Vacances (Sté d'exploitation du groupe) qui propose 6 formules : Touring-Hôtel (chaîne d'hôtels de loisirs), Okaya (22 séjours, vacances d'enfants et de jeunes sans leurs parents), Villagium (15 villages de vacances en pension complète ou demi-pension), Canterelle (14 résidences locatives avec services), Gîte Clair (25 gîtes familiaux en location), Planéos (séjours et circuits dans le monde). Gère 121 villages dans 55 départements et 30 destinations dans le monde (700 000 personnes accueillies). *Effectifs :* 2 024. *Chiffre d'affaires* (en 2000) : 1 021 millions de F.

Renseignements : *CIDJ,* 101, quai Branly, 75754 Paris, Cedex 15. *Centre d'étude et d'information du volontariat,* 130, rue des Poissonniers, 75018.

Agences de voyages

Renseignements pratiques

■ **Responsabilité.** Toute vente de prestations de séjours ou de voyages donne lieu à la remise d'une information préalable précisant les conditions générales de vente, et d'un bulletin d'inscription (ou contrat de vente) reprenant tous les éléments de la prestation vendue, signé par le client et le vendeur (loi du 13-7-1992 et décret du 15-6-1994). L'agence n'est pas responsable en cas de retard de l'avion, grève, catastrophe, impératifs de sécurité ou événement de force majeure, mais il lui incombe alors d'assurer la restauration et l'hébergement des clients, dans toute la mesure du possible. Pour les réservations de places dans les hôtels, l'organisation de la visite des musées et des monuments, la location de places à des entreprises de transports qu'elles n'utilisent pas de façon exclusive, etc., les agences agissent comme mandataires, mais sont responsables de plein droit de la bonne exécution des prestations vendues, à charge pour elles de se retourner contre le prestataire défaillant. **Accident :** les agences sont responsables des accidents survenant à leurs clients, même s'ils sont le fait d'un sous-traitant local (loi du 13-7-1992, article 23), à moins de prouver une faute de la victime, un cas de force majeure ou l'intervention d'un tiers. **Bagages :** les conditions générales prévues comportent la plupart du temps une clause déclinant toute responsabilité en cas de perte, de vol ou d'avarie des bagages. Cette clause n'est valable que pour les bagages, bijoux ou vêtements que les voyageurs conservent auprès d'eux pendant la durée du voyage. Il est en général proposé une assurance bagages facultative. **Santé :** une directive européenne du 13-6-1990 oblige l'agence à fournir au consommateur les informations concernant la santé *avant* toute réservation (vaccinations, éventuelles consultations pour avis médical adapté à l'individu en fonction de la destination, etc.).

Plaintes : le client peut se plaindre en cas de *tromperie* (exemple : l'hôtel n'est pas de la catégorie promise), *dol* (exemple : les excursions sont en supplément alors qu'elles sont comprises sur la brochure), *« surbooking »* (pour pallier les défaillances éventuelles, l'agence vend plus de billets qu'elle n'a de places). *Règlement à l'amiable :* envoyer un courrier (recommandé avec AR) exposant les faits, soulignant le préjudice et fixant un montant d'indemnisation (obtenu en rapportant le nombre de jours gâchés au prix journalier du séjour : en moyenne, 1 000 F/j) ; en adresser une copie au *Syndicat nat. des agences de voyages (SNAV),* 6, rue Villaret-de-Joyeuse, 75017 Paris. Si faillite de l'agence : *Association professionnelle de solidarité* (même adresse).

On peut souscrire une assurance individuelle garantissant contre tout dommage matériel ou corporel survenu au cours du voyage (voir **Assurances** p. 1608).

■ **Voyage annulé.** **Du fait du client :** il est pénalisé selon un barème indiqué dans les conditions de vente. En général, il s'agit d'une somme égale au versement de l'acompte si l'annulation intervient plus de 30 j avant le départ, à 50 % du prix par personne si elle intervient avant 10 j et à 100 % la veille ou le jour du départ. Le client peut souscrire une *assurance annulation* (la plupart ne jouent qu'en cas d'annulation pour raison de santé ou pour motif familial). Il peut aussi céder son contrat à quelqu'un qui remplit les mêmes conditions (en informer l'agence au plus tard 7 jours avant le départ par lettre recommandée avec AR) ; peut engendrer des frais. **Du fait de l'agence :** elle doit avertir le client par courrier recommandé avec AR, rembourser immédiatement les sommes versées par son client, lui payer une indemnité au moins égale à celle qu'il aurait dû verser si l'annulation lui était imputable (décret du 15-6-1994, art. 102). L'indemnité n'est pas due lorsque l'annulation est imposée pour force majeure, la sécurité des voyageurs ou l'insuffisance du nombre des participants, tel que précisé dans le contrat. Dans ce dernier cas, l'agence doit avertir le client au moins 21 jours avant le départ.

■ **Modification du voyage ou séjour.** **Avant le départ :** *si l'agence modifie un voyage ou un séjour sur des éléments essentiels* le client choisira : mettre fin à sa réservation et se faire rembourser les sommes déjà versées et la pénalité prévue au contrat, ou accepter le changement en signant un avenant au contrat décrivant les prestations de substitution. Tout supplément de prix sera à la charge de l'agent de voyages ; les trop-perçus devront être restitués au vacancier. **En cours de voyage :** le client peut à son retour demander le remboursement des prestations non effectuées et non remplacées. Il ne peut modifier séjour ou voyage qu'avec l'accord préalable de l'organisateur.

Statistiques

■ **Premiers voyagistes (tour-opérateurs) européens.** **Chiffre d'affaires** (en milliards de F, 2000) : Preussag [1] (dont TUI) 66,4, Rewe [1] (dont LTU) 49, Condor & Neckermann [1] (avec Havas) 39, Airtours [2] 38, First Choice [2] 17, Kuoni [3] 16, Accor Loisirs [4] 12, Club Méditerranée [4] 11, Nouvelles Frontières [4] 10, Thomas Cook [2] 9.

Nota. – (1) Allemagne. (2) G.-B. (3) Suisse. *(4) France.*

■ **En France.** **Agences de voyages** (en 1994) : *points de vente :* 4 719 dont distributeurs 3 732, sièges de tour-opérateurs 521, points de vente tour-opérateurs 211, réceptifs 153, bureaux tour-opérateurs 102. *Chiffre d'affaires 1998 :* 53,5 milliards de F dont (en %, 1994) : tour-opérateurs 30, distribution 60, réceptif 10. **Billetterie :** 71 % du chiffre d'aff. **Voyages à forfaits vendus** (en 1992) : 5 900 000.

Principaux réseaux. **Chiffre d'affaires** (en milliards de F) **et,** entre parenthèses, **nombre d'agences** (en 1999) : Havas-Voyages-American Express 10,7 (220), Carlson Wagonlit Travel 8,5 (315), Gie Manor 8,2 (415), Sélectour 7,2 (473), Havas Voyages-C&N 6,1 (285), Afat Voyages 5 (409), Tourcom 4,8 (226) [en 2000 : 5,5 (291)].

Quelques noms

Club Méditerranée. **Histoire :** Gérard Blitz (1912-90), diamantaire anversois et champion de water-polo, imagine un club où les clients pourront faire « ce qu'ils voudront, quand ils voudront, comme ils voudront ». Crée une association sans but lucratif. L'entreprise « Trigano père et fils » d'articles de camping, créée par le père et le frère de Gilbert, lui loue tentes et matériels de couchage. *1950* « 1er village » à Alcudia à Majorque ; 2 200 clients accueillis la 1re année. *1953* association Trigano (28-7-1920/3-2-2001)/Blitz. Devient une Sté commerciale ; formule tout compris dans un village brassant les classes sociales, tutoiement de rigueur entre clients « gentils membres » (GM) et employés « gentils organisateurs » (GO). *1956* à Corfou, les *faré* (cases) remplacent les tentes. *1957* Sté anonyme à capital variable. *1962* Sté anonyme. *1960* près du dépôt de bilan mais Edmond de Rotschild en achète 35 % pour 10 millions de $. *1969* Blitz laisse les commandes à Gilbert Trigano. *1960-79* les « GM » passent de 250 000 à 700 000. *1991* 1res pertes. *1992* un avion affrété pour le Club s'écrase au cap Skirring (Sénégal) : 39 †. *1993* Gilbert (73 ans) passe la main à son fils Serge (né 24-5-1945), dir. gén. depuis 1987. *1997-février* la famille Agnelli, actionnaire de référence, met Serge en minorité, Philippe Bourguignon (né 11-1-1948) dir. gén. *1997-juillet* Gilbert et Serge quittent définitivement le Club. **Hébergement** (à mi-2001) : 120 villages Club Med, 11 villas, 1 bateau à voile de croisière, 22 Eldoradors (Jet Tours). **CA et,** entre parenthèses, **résultat net part du groupe** (en milliards de F) : *1989-90 :* 8,18 (0,335) ; *90-91 :* 7,84 (– 0,017) ; *91-92 :* 8,25 (0,161) ; *92-93 :* 8,15 (– 0,296) ; *93-94 :* 8,77 (0,094) ; *94-95 :* 8,87 (0,169) ; *95-96 :* 8 (– 0,743) ; *97-98 :* 8,38 (0,171) ; *98-99 :* 9,69 (0,253) ; *99-2000 :* 9,69 (0,256) ; *2000-01 :* 12,4 (0,387). **Endettement** (en millions de F) : *1994-95 :* 2,4 ; *95-96 :* 2,2 ; *2000-01 :* 2,8. **Clients :** *1994-95 :* 1 369 100 ; *95-96 :* 1 400 500 ; *97-98 :* 1 474 000 ; *98-99 :* 1 547 000 ; *99-2000 :* 1 570 000 ; *2000-01 :* 1 710 000.

Dégriftour. *Créé* 1991 par Francis Reversé. Propose par Minitel et sur Internet (depuis 1996) à 15 j du départ, des voyages soldés (au minimum 35 % de réduction). *Passagers 1993-94 :* 90 000 ; *99 :* 250 000. **Chiffre d'affaires** (en millions de F) : *1995 :* 273 ; *99 :* 580 (résultat net 2,5) [en millions d'euros (31-3-1999/31-3-2000) 83, marge brute 15, résultat net 0,38]. **Fournisseurs :** 1 300 (dont tour-opérateurs 150). Racheté (en 2000) 98 millions d'euros par Lastminute.com.

E. Leclerc Voyages. *Créée* 1992. **Agences :** 110 en 2001. **Chiffre d'affaires** (en milliards de F) : *1995 :* 0,388 ; *96 :* 0,531 ; *97 :* 0,661 ; *98 :* 0,828 ; *99 :* 1 ; *2001 :* 1,4.

Fram. *Créé* 1949 : Fer, route, air, mer. **Chiffre d'affaires consolidé et,** entre parenthèses, **résultat net** (en milliards de F) : *1998 :* 2,44 (0,102) ; *99 :* 2,6 (0,092) ; *2000 :* 3,5 (0,067). **Effectifs** (en 2000) : 3 300. **Clients** (en 2000) : 611 000.

Jet Tours. *Issu* en 1993 de la fusion de Sotair, filiale d'Air France, avec Chorus (filiale du groupe allemand TUI). *1998-mai* racheté par Jet Tours Holding, détenu (en %) par Sté civile des salariés 30, Teker (maison mère de Pacha Tours) 34, TCR Europe 36. *1999-juin* racheté 485 millions de F par le Club Méditerranée. **Chiffre d'affaires et,** entre parenthèses, **résultat net** (en milliards de F) : *1995-96 :* 1,9 (– 0,227) ; *97 :* 1,6 (0,031) ; *98-99 :* 1,6 (0,033) ; *99-2000 :* 1,8. **Clients :** *1993 :* 549 000 ; *94 :* 420 000 ; *95 :* moins de 400 000 ; *98 :* 300 000 ; *2000 :* 311 000.

Look Voyages. *Créé* sept. 1989 sous le nom de « Charters et Compagnies ». Contrôlé par le groupe canadien Air Transat depuis avril 1996. **Passagers** (en milliers) : *1990-91 :* 134,2 ; *91-92 :* 260 ; *92-93 :* 502 ; *93-94 :* 722,8 ; *94-95 :* 988,8 ; *95-96 :* 856,7 ; *96-97 :* 748,5 ; *97-98 :* 677,2 ; *98-99 :* 762,9 ; *99-2000 :* 884,9. **Chiffre d'affaires** (en milliards de F) : *1990-91 :* 0,4 ; *94-95 :* 2,1 ; *95-96 :* 1,7 ; *96-97 :* 1,5 ; *97-98 :* 1,4 ; *98-99 :* 1,6 ; *99-2000 :* 2 (résultat net 0,02).

Nouvelles Frontières. *Créé 1967* par Jacques Maillot. 1986 crée hôtel Palladiens. *1989* rachète Corsair (en 1999 : exploite 12 avions ; CA : 351 millions d'euros). Alliance avec Club Med (échec). *1997* lance des croisières. *2000-27-7* accord avec Preussag qui rachètera 34 % du capital en 18 mois. **Effectifs :** 6 500. **Chiffre d'affaires et,** entre parenthèses, **résultat d'exploitation** (en milliards de F) : *1989-90 :* 3,9 (0,07) ; *94-95 :* 7,2 (0,16) ; *95-96 :* 7,8 (0,02) ; *96-97 :* 8,8 (– 0,122) ; *97-98 :* 9,2 (0,122) dont (en %) tour-opérateur 58,7, distribution 30,4, aérien 3,7, hôtellerie 2,7, divers 4,5 ; *98-99 :* 1 (0,037). **Clients** (en 1998) : 2 721 147. **Agences :** 236.

Thomas Cook. Angl. 1802-92, ancien missionnaire baptiste. **1841**-*5-7 :* 1er voyage organisé [Leicester-Lougborough pour 1 shilling, 570 participants à une réunion de la Sté de totale abstinence (antialcoolique, Cook en est le secrétaire) 1 journée]. **1855** change au détail. Circuit organisé sur le continent (Bruxelles, Cologne, Paris). **1872**-*1-1* John Cook (1834-89), son fils, dirige l'agence Thomas Cook & Son. 12 personnes embarquent sur l'*Océanic* pour le 1er tour du monde (222 j). **1873** *Cook's circular notes,* ancêtres des traveller's cheques. **1877** hôtel à Louxor. **1923** Sté anonyme. **1927** 1er charter New York/Chicago (pour le match de boxe Dempsey/Tunney). **1928** contrôlé par la Cie intern. des wagons-lits. **1946** 67 wagons-lits Cook (nationalisés 1948). **1972** rachat par le Midland Bank Group, **1992** par la West LB (Westdeutsche Lendesbank). **1994**-*11-8* achète le groupe Interpayment Service Ltd. **1996** accords avec America Automobile Association (AAA), avec Money Gram (sur les transferts de fonds à l'étranger). **1998**-*déc.* Preussag rachète 24,9 % ; annonce fusion avec Carlson UK. **Groupe :** 3 000 succursales dans plus de 100 pays. **CA du groupe** (en millions de £) : *1990 :* 405 ; *94 :* 657 ; *96 :* 873. **Clients :** environ 20 millions par an. **Employés :** environ 13 000, 20 000 après fusion. **2000**-*déc.* Condor et Neckerman rachètent l'activité voyage, Travelex l'activité services financiers (bureaux de change, transferts internationaux d'argent). En France, seule existe l'activité services financiers. Thomas Cook a 25 points de vente.

FORMALITÉS

CHANGE

☞ Le contrôle des changes a été levé le 29-12-1989.

☞ La mise en place du grand marché intérieur depuis le 1-1-1993 permet la libre circulation des personnes, des marchandises, des capitaux et des services entre les 15 États membres de l'Union européenne [(UE) Allemagne, Autriche, Belgique, Danemark, Espagne, Finlande, France, Grèce, Irlande, Italie, Luxembourg, Pays-Bas, Portugal, Royaume-Uni, Suède].

■ **Importation et exportation de moyens de paiement.** Montant illimité ; obligation de déclaration à partir de 50 000 F sauf si le transfert a lieu par une banque. Pour **États hors UE :** déposer une déclaration auprès du service des douanes lors du franchissement de la frontière. **Pour États de l'UE :** l'adresser (en 3 exemplaires, avec enveloppe timbrée pour réponse) au Setice *(Service des titres du commerce extérieur)* 8, rue de la Tour-des-Dames, 75009 Paris, au minimum 15 j avant la date du voyage (passé ce délai, à la sortie de France, dans un bureau de douane ou à un agent des douanes présent à la frontière) et à l'entrée en France, à un agent des douanes présent à la frontière. **Infractions. Nombre des saisies :** *1993* : 642 ; *95* : 963 ; *96* : 938 ; *97* : 1 200 ; *98* : 1 223 ; *99* : 1 164 ; *2000* : 1 372. **Montant des saisies** (en millions de F) : *1993* : 530,9 ; *94* : 1 032 ; *96* : 324 ; *97* : 744 ; *98* : 1 168 ; *99* : 692 ; *2000* : 915.

☞ **Amendes record :** Jean-Baptiste Doumeng (1983) : 18,4 millions de F ; Thierry Isaïa (11-12-1996) : 153 351 150 F.

☞ **Évolution des allocations touristiques (accordées) en devises et,** entre parenthèses, **en F :** *1957* : 200 (200) ; *1959-1-6* : 1 000 ; *-29-10* : 1 500 (200) ; *60* : 1 500 (500) ; *61* : 2 500 (500) ; *62-63* : 3 500 par voyage (illimité) ; *64-65* : 5 000 par voy. (ill.) ; *67* : ill. (ill.) ; *68* : *du 29-5 au 4-9* 1 000 (200) et *après le 24-11* 500 (200) ; *69* : 1 000 (200) ; *70* : 1 500 (200 puis 500) ; *71* : 2 000 (500) ; *72-73* : 3 500 (500) ; *73* (10-8) : 5 000 (5 000) ; *83* (28-3) : 2 000 (1 000) ; *84* : 5 000 (5 000) par voy. ; *85* : 12 000 (ill.) ; *depuis 1987* : illimité.

DOUANE

■ **Missions de la direction générale des douanes et droits indirects. Mission fiscale :** en 2000, a recouvré 381,1 MdF de droits et taxes dont au profit de l'État 275,8 (14,8 % des recettes fiscales brutes, dont au profit des collectivités publiques 93,5, de l'Union européenne 11,8. **Lutte contre la fraude, le banditisme et le terrorisme** (exemple : Vigipirate) : contrôle les produits à caractère stratégique ou les matériels de guerre ; **la drogue et la toxicomanie ; les contrefaçons :** délit douanier depuis la loi du 5-2-1994. **Participation au contrôle de l'immigration et à la lutte contre le travail clandestin. Missions spécifiques en mer. Mission économique :** *dédouanement* (procédures adaptées aux besoins des entreprises) ; *réglementation* (application uniforme par tous les États membres de la CE) ; *limitation des interventions administratives* aux seules nécessités du contrôle.

Moyens : au 1-6-1999, la douane employait 20 005 agents, utilisait 23 avions, 8 hélicoptères, 68 bateaux, 2 216 véhicules dont 257 motos, 7 véhicules à rayons X, 2 camions de surveillance radar, 262 équipes « maître-chien » pour la détection des stupéfiants et des explosifs. **Contrôles d'immigration :** 170 des 245 points de passage autorisés sont contrôlés par la douane en coordination avec la Diccilec (voir à l'Index). *Observatoires* sur les points de passage importants des frontières intracommunautaires : 35. *Bureaux* pour les opérateurs de dédouanement : 286. *Services des contributions indirectes* (notamment compétents en matière d'alcools et de tabac) : 739. *Laboratoires* : 10.

☞ **Centres de renseignements douaniers :** *Paris* : 84, rue d'Hauteville, 75010. *Bordeaux* : 1, quai de la Douane. *Lyon* : 41, rue Sala. *Marseille* : 48, av. Robert-Schumann. *Nantes* : 9, bd St-Aignan. *Strasbourg* : Maison du commerce international, 4, quai Kléber.

QUELQUES CHIFFRES

■ **Marchandises** (en millions de t et, entre parenthèses, en milliards de F). **Importations :** *1985* : 239,9 (930,9) ; *90* : 283,4 (1 266,5) ; *94* : 286,7 (1 263,6) ; *96* : 296,6 (1 435,1) ; *97* : 305,7 (1 559,7). **Exportations :** *1985* : 145,3 (906,8) ; *90* : 162,2 (1 141,2) ; *94* : 163,5 (1 290,8) ; *96* : 167,7 (1 459,4) ; *97* : 179,5 (1 660,6).

■ **Voyageurs contrôlés** (en 1998). 30 698 personnes interpellées pour trafic de stupéfiants, 4 353 pour immigration clandestine (dont 73 passeurs).

■ **Contrebande traditionnelle** (saisies en 1999). **Alcools :** 171 255 litres de boissons alcoolisées, essentiellement vers G.-B., Scandinavie et pays Baltes. **Tabac :** grande contrebande internationale alimentant les marchés clandestins britannique, espagnol, irlandais : 219 t dont 989 805 cartouches de cigarettes, 389 291 paquets de tabac à fumer et plus d'une tonne de tabac en vrac. **Bijoux, pierres précieuses, or** (en 1997) : 33 834 pièces (valeur globale 14 millions de F). **Constatations réalisées :** 848 (dont 150 importantes).

■ **Contrebande et trafics divers** (en 2000). **Nombre d'affaires :** *biens culturels* : 893 ; *produits animaux/végétaux* protégés par la convention de Washington (Cites : voir p. 200 a) : 659 animaux vivants, 79 naturalisés (coquillages et coraux inclus) ; 370,5 kg d'*ivoire* ; 1 484 articles et produits issus d'espèces animales protégées. *Trafic et détention d'armes, de munitions et d'explosifs* : 3 050 armes, 24 829 munitions, 83 engins explosifs, 8 dispositifs de mise à feu.

■ **Contrefaçons. Constatations** (en 1999) : 3 582. **Articles saisis :** 4 933 543 dont articles Pokémon 2 058 445, cigarettes 1 376 300, stylos à bille 375 000, textile 244 549, jeux et jouets 244 445, lunettes 96 931, chaussures 87 388, maroquinerie 22 345, bijouterie 21 783.

☞ 568 407 articles liés à la Coupe du monde de football ont été saisis en 1997-98.

■ **Véhicules saisis** (en 1998). 236 dont (en %) voitures 83,9, deux-roues motorisés 1,1 ; infractions relevées à l'exportation 75,5 (surtout à Marseille) ; véhicules volés en France 64,5, destinés aux pays du Maghreb 80. *En 2000* : 263.

■ **Drogues. Saisies** (en 2000) : 43 t (dont cannabis 41) ; *personnes interpellées* au titre de la lutte contre les trafics de stupéfiants 27 314 (en 2000).

■ **Infractions constatées** (en 1998). Environ 110 000 dont commerce international 36 250, contributions indirectes 12 452, stupéfiants, contrebande, obligations déclaratives 37 748, autres administrations 17 505.

Droits antidumping : institués par le Conseil pour lutter contre les distorsions du marché et la concurrence déloyale. S'appliquent à des couples pays/produits (fours à micro-ondes chinois 12,1 %, téléviseurs coréens 17,9 %). *En 1998* : 814,5 millions de F de droits antidumping perçus. L'intérêt à la fraude consiste à éluder ou à minorer le montant de ces droits en ayant recours à des fausses déclarations d'espèce, de valeur ou d'origine.

■ **Fraudes à la politique agricole commune (Pac). 3 grandes catégories :** celles qui mettent en jeu des ressources propres du budget de l'UE (droits de douane, prélèvements) ; celles qui permettent à leurs auteurs de bénéficier indûment d'aides versées par le Feoga-Garantie (restitutions à l'exportation de produits agricoles vers les pays tiers, aides à la production et soutien du marché intérieur) ; celles qui ont pour but d'exporter, d'importer ou d'écouler sur le marché intérieur de manière irrégulière des marchandises soumises à prohibition (viande bovine britannique). *1998* : 3 008 infractions relevées, portant sur 627,1 millions de F dont 24,3 millions de F de restitutions à l'exportation remis en cause.

Principales fraudes : les importations sans déclarations ou en contrebande après soustraction frauduleuse sous le régime du transit ont beaucoup baissé. Elles s'accompagnent le plus souvent de l'apurement des titres de transit avec de faux cachets, les marchandises irrégulièrement importées éludant ainsi le paiement des droits de douane. Elles sont parfois réexportées en bénéficiant indûment de restitutions. Les fraudes consistent surtout : *à l'importation* : en fausses déclarations d'espèce ou de valeur ; *à l'exportation* : en fausses déclarations de quantités, de destination, de composition ou d'espèce. *Sur le marché intérieur* : dans le maquillage documentaire d'opérations fictives ou inéligibles en opérations régulières. **Secteurs concernés :** principalement céréales et produits laitiers. **Secteurs ayant fait l'objet de surveillance particulière à l'importation** (en 1998) : produits de la mer.

■ **Produits industriels.** Importations sans déclaration, fausses déclarations de valeur, d'espèce ou d'origine, ayant pour but d'éluder des droits de douane ou des droits antidumping ou de contourner des mesures de contingentement.

RÉGLEMENTATION

■ **Contrôles douaniers.** Les marchandises importées directement des pays non membres de l'UE font l'objet d'un contrôle lors de leur introduction sur le territoire douanier. Les agents des douanes peuvent, en vue de la recherche de la fraude, visiter marchandises, moyens de transport et personnes. On est donc tenu d'ouvrir ses bagages, les coffres de son véhicule et de permettre aux agents des douanes d'examiner son moyen de transport. On peut être contrôlé plusieurs fois à la circulation.

Visites domiciliaires : pour la recherche et la constatation de délits douaniers, les agents des douanes peuvent procéder à des visites domiciliaires, en tous lieux, même privés, où marchandises et documents sont susceptibles de se trouver. Ils sont accompagnés d'un officier de police judiciaire sauf en cas de poursuite à vue. Sauf dans le cas du flagrant délit, la visite domiciliaire doit être autorisée par une ordonnance du Pt du tribunal de grande instance. Les visites ne peuvent avoir lieu la nuit. Si l'on refuse d'ouvrir la porte, les agents des douanes peuvent la faire ouvrir, par exemple par un serrurier, mais en présence d'un officier de police judiciaire.

Accès aux locaux professionnels : pour la recherche des infractions prévues par le Code des douanes, les agents des douanes ayant au moins le grade de contrôleur peuvent accéder aux lieux et locaux à usage professionnel où sont susceptibles d'être détenus les marchandises et documents relatifs à une éventuelle fraude. Avant tout accès, le procureur de la République doit être informé. Les agents des douanes disposent, dans le cadre de ce pouvoir, de la possibilité de prélever des échantillons. Ils rédigent un procès-verbal qu'ils communiquent à l'intéressé et au procureur de la République. Sont exclus de l'application de ce pouvoir les locaux ou lieux occupés à titre privé.

FRANCHISES

■ **Dans l'UE.** On peut rapporter, *sans limitation* de quantité et de valeur, des biens destinés à un usage personnel *sauf* **tabacs :** 800 cigarettes ou 400 cigarillos ou 200 cigares ou 1 kg de tabac ; **alcools :** 10 litres de spiritueux (whisky, gin, vodka...), 20 litres de boissons intermédiaires (vermouth, porto...), 90 litres de vin (dont au maximum 60 litres de mousseux) et 110 litres de bière.

■ **A l'entrée ou à la sortie de l'UE.** Les marchandises transportées par les voyageurs peuvent être contrôlées par la douane. Certains produits sont soumis à des réglementations spécifiques lors de leur exportation (armes, œuvres d'art...) ou à des taxes particulières (taxe et contribution pour le remboursement de la dette sociale sur métaux précieux, bijoux, objets d'art et de collection, et antiquités). De même, les biens acquis par un voyageur dans un pays tiers à l'UE doivent être déclarés et assujettis aux droits et taxes normalement exigibles à l'importation, sauf exception : on peut importer jusqu'à 1 200 F de marchandises hors taxes (600 pour les moins de 15 ans). Certains biens sont soumis à des seuils quantitatifs non cumulables entre eux ni entre plusieurs personnes. **Tabacs :** 200 cigarettes ou 100 cigarillos, ou 50 cigares ou 250 g de tabac à fumer. **Alcools :** 2 l de vin non mousseux et 2 l de boissons titrant 22° ou moins ou 2 l de vin non mousseux et 1 l de boisson titrant plus de 22°. **Thé :** 100 g de thé ou 40 g d'extraits et essences. **Café :** 500 g de café ou 200 g d'extraits et essences. **Eaux de toilette :** 1/4 de litre. **Parfums :** 50 g.

☞ Les voyageurs (et frontaliers) de moins de 17 ans ne peuvent importer en franchise ni tabacs ni boissons alcoolisées.

■ **Frontaliers, travailleurs frontaliers, personnels des transports internationaux.** Franchise réduite à 300 F par adulte et à 150 F pour les moins de 15 ans ; tabacs : 40 cigarettes ou 20 cigarillos ou 10 cigares ou 50 g de tabac à fumer ; boissons alcoolisées : vin non mousseux : 0,5 litre et soit 0,25 l de boissons titrant plus de 22°, soit 0,5 l de boissons titrant 22° ou moins ; parfums : 7,5 g ; eaux de toilette : 3,75 cl ; cafés : 100 g ou extraits et essences de café : 40 g ; thé : 20 g ou extraits et essences de thé : 8 g.

■ **Marchandises rapportées. Des îles anglo-normandes :** régime spécifique. **St-Barthélemy et St-Martin** (partie française) : régime spécifique. *Renseignements* : Dir. régionale des douanes de Guadeloupe, chemin du stade Gouverneur général Félix-Éboué, 97109 Basse-Terre. **Andorre :** régime particulier. *Renseignements* : Dir. régionale des douanes de Midi-Pyrénées, Hôtel des douanes, 7, place Alphonse-Jourdain, B.P. 825, 31080 Toulouse Cedex, ou de Perpignan, 7, avenue Pierre-Cambres, B.P. 1069, 66102 Perpignan Cedex.

FORMALITÉS PARTICULIÈRES

■ **Alcools et boissons alcoolisées** (eaux-de-vie, apéritifs, liqueurs, vermouth, vins, cidres...). Se procurer auprès du service des Douanes (recettes locales, correspondants locaux) un « titre de mouvement ». Les spiritueux anisés non conformes à la législation française sont interdits. *Franchises* (voir ci-dessus).

■ **Animaux. Chiens et chats :** *de moins de 3 mois* : entrée en France interdite ; *plus de 3 mois* : admise (au maximum 3 animaux dont au plus un animal âgé de 3 à 6 mois), sur présentation d'un certificat de vaccination antirabique ou d'un certificat attestant qu'ils sont originaires d'un pays indemne de la rage depuis 3 ans, et qu'ils ont séjourné dans ce pays depuis plus de 6 mois ou depuis leur naissance. **Autres animaux :** formalités particulières. Se renseigner auprès de la sous-direction de la Santé et de la Protection animale, ministère de l'Agriculture, de la Pêche et de l'Alimentation, 251, rue de Vaugirard, 75732 Paris Cedex 15. **Gibier mort :** on peut en rapporter pendant la période d'ouverture de la chasse en France sauf certains gibiers de montagne, des oiseaux migrateurs et certaines espèces d'oiseaux. *Renseignements* : Dir. de la nature et des paysages (service chasse, faune et flore), ministère de l'Aménagement du territoire et de l'Environnement, 20, av. de Ségur, 75302 Paris. **Produits de la mer et d'eau douce :** *se renseigner* : sous-direction de l'Hygiène alimentaire, 251, rue de Vaugirard, 75732 Paris Cedex 15.

■ **Armes et munitions.** *1re catégorie* : armes à feu de guerre ; *4e* : à feu de défense ; *5e* : de chasse ; *6e* : blanches ; *7e* : de tir, foire ou salon ; *8e* : historiques et de collection. **Échanges France/pays extérieurs à l'UE :** il FAUT PRODUIRE A LA SORTIE : *1re et 4e cat.* : autorisation de détention ; *5e, 7e et 8e cat.* : carte de libre circulation établie dans un bureau de douane. A L'ENTRÉE : *1°) arme initialement sortie de la 1re et 4e cat.* : autorisation de détention ; *d'une autre cat.* : néant. *2°) arme introduite pour la 1re fois en France ; 1re et 4e cat.* : autorisation d'acquisition et de détention à demander à la préfecture du département du lieu du domicile et autorisation d'importation délivrée par la Direction gén. des douanes ; *5e et 6e cat.* : autorisation d'importation délivrée par le dir. gén. des douanes ; *7e cat.* : néant ; *8e cat.* : arme dédouanée à Bourges (si fabriquée avant 1892 et d'un modèle antérieur au 1-1-1870), ou St-Étienne (si rendue inapte au tir).

A la sortie comme au retour, on doit soit pouvoir justifier que l'arme a été acquise en France ou régulièrement introduite (facture, quittance de droits et taxes ou carte de libre circulation), soit acquitter droits et taxes éventuellement exigibles. Demander, le cas échéant, une carte de libre circulation.

Échanges France/pays de l'UE : A LA SORTIE : toutes catégories, la carte européenne d'armes à feu est délivrée par la préfecture du lieu du domicile complétée par l'accord préalable du pays de destination, si ce pays l'estime nécessaire. La carte sert de justificatif pour le retour des armes en France. A l'entrée : l'entrée en France d'une arme à feu détenue par un résident d'un autre État membre est soumise à autorisation du préfet (du lieu d'entrée en France en cas de transit, sinon du lieu de destination). Cette autorisation est inscrite sur la carte européenne d'armes à feu délivrée par l'État membre de la résidence. Armes achetées dans l'UE : doivent être accompagnées d'un permis (émis par l'État membre de sortie) dont la délivrance est subordonnée à l'obtention, pour les armes de 1re, 4e, 5e cat., d'un accord préalable au transfert délivré par la Direction générale des douanes. L'autorisation de la préfecture est, en outre, exigée pour les armes de 1re et 4e catégorie.

■ **Contrefaçons.** *Loi du 5-2-1994 :* importation, exportation, transit et simple détention de produit(s) contrefaisant une (des) marque(s), constituent un délit de contrebande. **Sanctions douanières :** confiscation du ou des produits contrefaisants, des moyens de transport (exemple : voiture) ou des objets ayant servi à masquer la fraude (valise) ; amende (1 à 2 fois la valeur de la marchandise authentique). **Sanctions pénales :** peuvent être requises par le parquet ou par la marque. *Peine maximale :* 2 ans de prison (4 si récidive). *Amendes :* jusqu'à 1 million de F (le double si récidive), privation des droits d'éligibilité et d'élection aux tribunaux commerciaux.

■ **Moyens de transport personnels** (autos, motos, bateaux, avions privés, etc.). **Réparations effectuées dans l'UE :** pas de double imposition à la TVA ; **hors UE :** taxation sauf s'il s'agit de réparations après accident ou panne.

■ **Œuvres d'art originales importées.** Exonérées des droits de douane ; TVA 5,5 %.

■ **Objets de collection ou d'antiquité importés.** Exonérés des droits de douane ; TVA 5,5 %.

■ **Exportations de biens culturels.** Sur le plan national, la réglementation a pour but d'éviter la sortie définitive des *trésors nationaux* et de contrôler la sortie définitive ou temporaire des *biens culturels* (soumise à une autorisation de sortie temporaire ou à un certificat délivrés par le ministère de la Culture). **Renseignements :** direction des Musées de France, bureau du mouvement des œuvres et de l'inventaire, 6, rue des Pyramides, 75001 Paris. DGDDI : bureau E/3, 23 *bis,* rue de l'Université, 75700 Paris 07 SP. Setice, 8, rue de la Tour-des-Dames, 75436 Paris Cedex 09.

■ **Or et matières d'or.** Importations ou exportations non soumises à autorisation mais à déclarer à la douane.

■ **Ouvrages.** Achetés à l'étranger et contenant des métaux précieux (or, argent, platine) : donnent lieu au paiement des droits et taxes s'ils font plus de 500 g : présenter ces ouvrages à la garantie au service des Douanes de son entrée en France si l'on revient d'un pays tiers (extérieur à la Communauté), ou au service des douanes proche du domicile en France si l'on revient d'un pays membre.

■ **Produits industriels.** Pour l'importation (sauf à usage personnel de particuliers), doivent respecter les réglementations nationales ou communautaires, notamment de sécurité ou de qualité (exemple : normes).

■ **Médicaments. A usage humain :** autorisation à demander (sauf si usage personnel par des particuliers qui les transportent personnellement) à l'*Agence du médicament,* 143-145, bd Anatole-France, 93200 St-Denis. **A usage vétérinaire :** autorisation de l'Agence nationale du médicament vétérinaire, BP 203, 35302 Fougères Cedex.

■ **Végétaux et produits végétaux.** Certains sont prohibés. *Renseignements :* sous-direction de la protection des végétaux, 251, rue de Vaugirard, 75732 Paris Cedex 15.

■ **Espèces de faune et de flore sauvages menacées d'extinction et produits issus de ces espèces (convention de Washington).** *Renseignements :* Direction de la nature et des paysages (DNP), 20, av. de Ségur, 75302 Paris 07 SP.

■ Pièces nécessaires

☞ **Renseignements :** consulat du pays, agence de voyage, compagnie délivrant le billet. Ces données peuvent changer en cours d'année. Voir également **Assurances** à l'Index.

■ **Autorisation de sortie du territoire.** Pour tout mineur non accompagné de l'un de ses parents et sans passeport personnel valide. *A la préfecture :* parent présent avec pièce d'identité, livret de famille, carte d'identité du mineur, justificatif de domicile. *Obtention :* immédiate ou dans les 24 h. *Validité :* jusqu'à 5 ans.

■ **Cartes internationales d'étudiants.** Nombreuses réductions à l'étranger (avions, trains, bateaux, musées, théâtres, cités universitaires, etc.) et mêmes droits que les étudiants du pays étranger. ISIC (International Student Identity Card), UIC (Union intern. des étudiants pour les pays de l'Est), carte franco-allemande ; carte Fiyto (Féd. intern. des organisations de voyages pour jeunes). Nombreuses réductions. *S'adresser à :* Otu, 39, av. Georges-Bernanos, 75005 Paris, ou au Crous.

■ **Carte d'adhésion internationale des Auberges de la jeunesse** (voir p. 1742 b).

■ **Passeport. Délivrance :** se présenter personnellement (ou déléguer un membre de sa famille qui devra justifier de son lien de parenté). Paris : préfecture de police de l'arrondissement ; *autres départements :* mairie, préfecture ou sous-préfecture (si impossibilité ou urgence). Fournir carte d'identité ou passeport (valide ou périmé depuis moins de 2 ans), sinon extraits d'acte d'état civil ; 2 justificatifs de domicile (quittance de loyer ou facture EDF) ; timbre fiscal (dans les bureaux de tabac) de 400 F (mineurs : 200 F) ; 2 photos de face récentes et identiques. **Renouvellement :** fournir l'ancien passeport, 2 justificatifs de domicile, 2 photographies d'identité. **Délai d'obtention :** 10 jours à 3 semaines (Paris et certaines grandes villes : immédiat). **Validité :** 10 ans (depuis le 1-3-2001) ; mineurs de moins de 15 ans : 5 ans. Jugement du divorce pour le parent investi du droit de garde. **Inscription d'enfant (de moins de 15 ans) sur un passeport.** Le père ou la mère (ou le tuteur) doit remplir une formule spéciale demandant l'inscription de l'enfant sur leur passeport ou celui d'un ascendant, d'un frère ou d'une sœur (Français, il peut avoir moins de 18 ans). Présenter le passeport, le livret de famille. Joindre 2 photographies par enfant âgé de plus de 7 ans. Gratuit. Si l'enfant ne voyage pas avec ses parents, il doit avoir une autorisation de sortie du territoire. **Passeport collectif.** Les mineurs voyageant en groupe (de 5 à 50 personnes) peuvent obtenir un passeport collectif (mais ils doivent avoir, faute de passeport personnel, une autorisation de sortie du territoire (validité : 5 ans, ou 6 mois sur demande des parents). Le chef de groupe doit se présenter personnellement muni de son passeport (valide). Pour chaque enfant, présenter une pièce d'identité avec photographie établissant son identité et sa nationalité française (carte d'identité nationale, carte famille nombreuse SNCF...).

☞ **Le passeport est propriété de l'État :** pour garder son passeport périmé, le faire « annuler » par l'apposition d'un tampon. *En cas de perte, vol ou détérioration :* mêmes formalités et frais que pour un premier passeport. Présenter en sus, selon le cas, le récépissé de déclaration de perte ou du vol, ou le passeport abîmé (remplace la carte d'identité).

1724 Les vagabonds doivent détenir un passeport spécial **1765**-*19-11* pour protéger les secrets des fabrications françaises, les artisans ne peuvent sortir du royaume sans passeport (supprimé sous Louis XVI). **1792**-*1-2* (décret de l'Assemblée législative) : passeport pour se déplacer à l'intérieur du royaume. Lois du 10 vendémiaire et 17 ventôse an IV : pour toute personne voyageant hors des limites du canton. Était délivré aux citoyens ayant prêté serment civique pour mission de l'État, nécessité du commerce, décès et mariage d'un proche parent, exploitation d'un héritage, cure thermale, représentation nationale. A l'arrivée, le passeport devait être visé par le comité de section le plus proche. Décrets des *18-9*-**1807** et *11-7*-**1810** délivré par les maires et dans les villes de plus de 40 000 hab. par préfets et sous-préfets (après 1807). **Vers 1860** passeports intérieurs tombant en désuétude sans avoir été officiellement supprimés.

■ **Sécurité sociale** (voir p. 1680).

■ **Vaccins.** Voir **Vaccination** p 181 c. **Choléra :** vaccination supprimée. **Fièvre jaune :** au plus tard 10 j avant le départ pour tout voyage entrepris dans des pays où la fièvre jaune est endémique. *Efficacité :* 10 jours après vaccination et pendant 10 ans. **Hépatite B, A :** utile dans les régions hyperendémiques. **Méningite :** le vaccin peut être recommandé. **Diphtérie, tétanos et poliomyélite :** mise à jour conseillée en association (DTP) avec rappel tous les 10 ans. **Typhoïde :** vaccin parfois utile dans une région hyperendémique. **Variole :** vaccination supprimée. **Certificats internationaux. Carnet international de vaccination :** exigé pour les voyages internationaux et dans les zones d'endémie de fièvre jaune. **Fièvre jaune :** par les centres agréés par le ministre chargé de la Santé (liste publiée au *JO* du 17-5-1991). **Paludisme :** par le médecin traitant (peut prescrire un traitement par voie orale).

Les vaccins ne sont parfois exigés que pour un séjour d'une certaine durée (exemple : de 15 j). Cela ne signifie pas que le risque n'apparaît qu'après cette période mais cela correspond souvent à la période d'incubation de la maladie : les autorités du pays savent que la maladie ne se déclarera qu'après le départ du voyageur. Il faut donc toujours se faire vacciner dans ce cas. *S'adresser* à l'un des centres de vaccination internationale à moins de 100 km du domicile ; ils sont souvent situés dans les CHU, certains services hospitaliers spécialisés (Pasteur, Claude-Bernard...) et dans les centres de vaccination des grandes compagnies aériennes.

☞ **Paludisme (malaria) :** risques dans la plupart des pays d'Amérique centrale, Amérique du Sud, Afrique et Asie ; un séjour très bref, une escale peuvent suffire pour contracter la maladie. Il est fortement conseillé de prendre des médicaments anti-malaria (Ninequine, Savarine ou Lariam) *avant, pendant et après* le voyage. *Protection :* éviter la piqûre des moustiques infestants [moustiquaire, pommades aromatiques répulsives dites aussi *repellantes* (de l'anglais)] ; prise régulière d'un médicament protecteur : dès l'arrivée en zone infestée, puis pendant tout le séjour et les 4 semaines suivant le retour en zone indemne et éventuellement 1 fois/semaine jusqu'à 10 jours *avant* le départ pour certains médicaments.

■ **Visa.** Tampon apposé sur un passeport en cours de validité, prouvant l'autorisation d'entrer dans le pays. Obligatoire pour certains pays ; s'obtient au consulat à Paris, par correspondance ou parfois à la frontière (souvent plus cher). *Pièces à fournir :* passeport, 3 photos d'identité, billet aller et retour. **Visa de transit** (simple passage dans le pays) **ou de double transit :** 2 passages ; **de tourisme :** valable de 15 j à 3 mois, peut être prolongé au service d'immigration ou de douane du pays. *Prix :* variable selon les pays, de 50 à 700 F. *Délai d'obtention :* 1 j à 1 semaine, parfois plus.

■ Hôtellerie dans le monde

■ **Nombre de lits disponibles** (en milliers, 1998). **Dans les hôtels et établissements assimilés** [*source :* OMT] : Algérie 65,7 ; Allemagne 1 590,9 ; Arabie saoudite 49,5 [2] ; Argentine 428,9 ; Australie 559,7 [1] ; Autriche 648,4 ; Bahamas 28,5 ; Belgique 155,9 ; Brésil 425,2 [2] ; Bulgarie 110,2 ; Canada n.c. ; Chine 1 769,8 [1] ; Cuba 71,8 ; Danemark 99,8 ; Égypte 166,8 ; Espagne 1 121,2 ; Finlande 121,4 ; *France 1 173,9 ;* Grèce 576,9 ; Hong Kong n.c. ; Hongrie 136,4 ; Inde 133 ; Indonésie 415,7 ; Iran 55,4 ; Islande 12 ; Israël 89,9 ; Italie 1 173,9 ; Jamaïque 39,4 ; Japon n.c. ; Kenya 21,9 ; Malaisie n.c. ; Malte 38,9 ; Maroc 123,7 ; Mexique 829,2 [1] ; Myanmar 20,6 ; Népal 28,9 ; Norvège 135,6 [2] ; Papouasie 5,3 [3] ; Pakistan 46 ; Pays-Bas 169 ; Pologne 120,6 ; Polynésie 6 ; Portugal 215,6 ; Roumanie 202,9 ; Russie 358,1 [1] ; Seychelles 4,7 ; Suède 184,5 ; Suisse 260,3 ; Sri Lanka 28,6 ; Rép. tchèque 228,5 ; Thaïlande n.c. ; Tunisie 184,6 ; Turquie 308.

Nota. – (1) 1999. (2) 1997. (3) 1995.

■ **Personnes employées dans l'hôtellerie** (en milliers). Allemagne [1,3] 774, Autriche [1] 131, Belgique [2] 13, Canada [2] 168, Finlande [1] 73, G.-B. 308, Norvège [1,3] 57, Suède [1] 98, Turquie [1] 146.

Nota. – (1) Hôtellerie/restauration. (2) 1989. (3) 1990.

■ **Grands groupes mondiaux. Nombre de chambres et,** entre parenthèses, **d'hôtels** (au 1-1-2001) : Cendant (ex-HFS : Days Inn, Ramada, Super 8 Motel, Howard Johnson, Travelodge) [1] 539 919 (6 442), Bass Hotels & Resorts (Inter-Continental, Holiday Inn, Express by Holiday Inn, Crowne Plaza) [2] 497 889 (3 112), Accor (Novotel, Sofitel, Mercure, Motel 6, Formule 1, Ibis) [3] 389 437 (3 488), Marriott International (Marriott Hotels, Courtyard, Residence Inn, Fairfield) [1] 383 200 (2 043), Choice Hotels International (Comfort, Quality, Econolodge, Sleep Hotels) [1] 350 349 (4 392), Hilton Hotels Corporation [1] 322 748 (1 904), Starwood Lodging [1] 228 382 (738), Carlson Hospitality Worldwide (Radisson Hotels, Country Inns and Suites) [1] 126 994 (707), Hyatt Hotels Corp. [1] 83 323 (200), Sol Melia [4] 82 188 (333), Société du Louvre [3] 68 652 (946), Hilton International [2] 65 572 (226), Wyndham International [1] 62 262 (242), Granada/Forte [2] 62 361 (463), Pegasus [1] 47 335 (391).

Nota. – (1) USA. (2) G.-B. (3) France. (4) Espagne. *Source :* MKG Conseil (mai 2001).

■ **Hôtellerie européenne. Chiffres d'affaires (et bénéfices)** (en millions d'euros, 2000). Marriot INTL INC [1] 12 541 (554), Bass O [2] 8 392 (888), Accor [3] 7 009 (447), Hilton Group [2] 6 430 (327), Whitbread [2] 4 043 (418), Hilton Hotels Corp [1] 3 922 (302), Sol Melia [4] 892 (113), Louvre (Sté du) [3] 722 (65), NH Hoteles Cofir [4] 545 (91).

Nota. – (1) USA. (2) G.-B. (3) France. (4) Espagne.

■ **Hôtels les plus grands. Dans le monde :** *MGM Grand* (Las Vegas, USA) inauguré 17-12-1993 : 4 tours de 30 étages, 5 005 ch., 18 000 portes, 93 ascenseurs. Coût : 1 milliard de $. *Hôtel-Casino Excalibur* (Nevada, USA) ouvert avril 1990 : 4 032 ch., 7 restaurants (47,3 ha). *Rossia* (Moscou, 1967) : 3 200 ch. *Hilton* de Las Vegas (1981) : 3 174 ch., 12 restaurants, 3 600 employés, terrasse 24 700 m^2 et salle de conférence 11 600 m^2. *Le Bellagis* (Las Vegas, USA) hôtel-casino ouvert 15-10-1998 : 3 000 ch. *Westin Stamford* (Singapour) hauteur 226 m (73 étages). *Hall Hyatt Regency* (San Francisco) longueur 107 m, largeur 49 m, hauteur 52 m. **En France :** *Hôtel Newport Bay Club* (Disneyland Paris) 1 100 ch. *Le Méridien* (Paris, 1972) : 1 025 ch. (9 étages). *Pullman Part-Dieu* (Lyon) longueur 145 à 165 m (9 derniers étages de la tour du Crédit Lyonnais). **Les plus luxueux du monde. Antibes** Eden Roc. **Amsterdam** Krasnopolsky. **Bangkok** Oriental. **Berlin** Adleon (1, av. Unter den Linden, ouvert 23-10-1907, détruit 1945, rouvert 1997). **Biarritz** Palais. **Bombay** Taj Mahal. **Bruxelles** Métropole. **Budapest** Gellert. **Buenos Aires** Alvear Palace. **Calcutta** Oberoi Grand. **Cannes** Carlton, Majestic Martinez. **Chicago** Hilton And Towers, Palmier House. **Colombo** Galle Face. **Douvres** Le Royal (1913). **Doubaï** Burj Al Arab (202 suites de 170 à 780 m^2, 6 600 à 140 000 F la suite). **Hambourg** Vier Jahreszeiten. **Hô Chi Minh-Ville** Continental. **Hong Kong** Mandarin, Peninsula, Regent. **Istanbul** Pera Palace. **Jaïpur** Rambagh Palace. **Jérusalem** American Colony, King David. **La Nouvelle-Orléans** Fairmont. **Las Vegas** Bellagio Venettan (copie partie de Venise). **Le Caire** Marriott. **Londres** Berkeley, Claridge's, Connaught, Dorchester, Ritz, Savoy (202 ch. dont 48 suites). **Los Angeles** Beverly Hills, Château Marmont, Hollywood Roosevelt. **Madrid** Ritz. **Manille** Manila. **Marrâkech** Mamounia. **Maurice (île)** Royal Palm (84 ch. dont 27 suites à partir de 4 800 F la nuit). **Miami** Park Central. **Moscou** Metropol. **Munich** Quatre Saisons. **New York** Carlyle, Pierre, Plaza, Waldorf Astoria. **Paris** *Bristol* (détenu par la famille allemande Oetker, 195 ch.). *California* (173 ch.). *Claridge* (1914). *Crillon* [groupe du Louvre, 163 ch., suite rouge de 113 m^2 (34 750 F la nuit)]. *George-V* (ouvert 1928, 245 ch., 61 suites dont 1 de 330 m^2 à 40 000 F la nuit, racheté 950 millions de F par le Pce saoudien Al-Waleed à Granada en déc. 1996, fermé oct. 1997 et mobilier vendu, rouvert fin déc. 1999 après 780 millions de F de travaux). *Grand Hôtel-International* (ouvert 1862, propriété de la famille Tsutsumi, 514 ch.). *Mariott Meurice* [179 ch., bâti 1817, reconstruit 1906, acheté par Ciga 380 millions de F en 1988, revendu 500 (?) en 1997 au sultan de Brunei (Andley Groupe]. *Plaza Athénée* (ouvert 1911, 206 ch., 42 appartements, fonds racheté par Pce Jefri frère du sultan de Brunei 415 millions de F en 1997 à Granada ; CA en 2000 : 300 MF). *Prince-de-Galles* (ouvert 1928, détenu par le cheik Ali, 171 ch.). *Royal*

Monceau (ouvert 1911, 219 ch.). *Scribe* (217 ch.). *Marriott* Champs-Élysées (192 ch.). *Ritz* [créé par César Ritz (né 1850, † 1918 dans l'hôtel de Gramont, place Vendôme, acheté 13-7-1891), inauguré 1-6-1898, racheté 1979 par Mohammed al-Fayed, 187 ch. (suite géante 240 m², 49 000 F la nuit), 450 employés]. **Prague** Europa. **Québec** Château Frontenac, Château Montebello. **Rio de Janeiro** Copacabana Palace. **Rome** Hassler Villa Médicis. **San Diego** Del Coronado. **San Francisco** Marks Hopkins, Saint-Francis, Stanford Court. **Shanghaï** Hôtel de la Paix (1929). Grand Hyatt Shangai (ouvert début 2000, 555 ch.). **Singapour** Goodwood Park, Raffles (ouvert 1887), Shangri La. **Sydney** Regent. **Taïpei** Grand Hotel. **Tanger** Al Minzah. **Taormine** San Domenico. **Tokyo** Okura. **Udaipur** Lake Palace. **Venise** Cipriani, Danieli, des Bains, Gritti. **Versailles** Trianon Palace. **Vienne** Sacher. **Washington** Four Seasons. **Zurich** Dolder Grand.

■ **En Europe** (au 1-1-2001 ; *source : La Revue-Coach Omnium*). **Total du parc hôtelier homologué** (12 pays) : 127 217 h. (3 680 202 ch.) *dont 55,8 % de catégorie économique,* **dont** Italie [1] 33 540 (949 805) *51,3,* G.-B. 22 075 (457 200) *n.c.,* Allemagne [1] 19 100 (418 600) *n.c., France* 18 563 (583 578) *78,6,* Autriche 15 378 (301 990) *51,9,* Espagne 6 039 (619 727) *55,* Suisse 5 800 (119 898) *32,* Pays-Bas 2 243 (73 917) *51,* Belgique 1 767 (35 651) *47,7,* Portugal [1] 1 593 (79 620) *37,* Irlande 793 (32 655) *47,6,* Luxembourg 326 (7 561) *22.*

Nota. – (1) Estimation.

Principales enseignes : Accor : 1 699 h. *(Etap Hotel, Formule 1, Ibis, Mercure, Novotel, Sofitel)* ; **Sté du Louvre :** 922 h. *(Balladins, Bleu Marine, Campanile, Clarine, Climat de France, Concorde, Kyriad, Nuit d'Hôtel, Première Classe)* ; **Granada :** 356 h. *(Travelodge, Posthouse, Forte Heritage, Le Méridien)* ; **Choice :** 347 h. *(Clarion, Comfort, Quality)* ; **Bass :** 343 h. *(Crowne Plaza, Express by Holiday Inn, Inter Continental, Holiday Inn)* ; **Pegasus :** 333 h *(Golden Tulip, Sterling, Summit).*

Chaînes intégrées. Enseignes : 91. **Hôtels :** 6 496 (741 137 ch.) *dont France 2 714 h. (213 684),* G.-B. 1 251 (144 675), All. 892 (139 509), Esp. 697 (115 462), Italie 259 (36 612), P.-Bas 240 (27 749), Belg. 117 (15 675), Autr. 115 (19 028), Suisse 86 (11 987), Port. 80 (11 923), Irl. 34 (3 383), Lux. 11 (1 450).

■ **Center Parcs.** *Concept :* cottages dans un domaine forestier doté d'un « paradis aquatique tropical » sous un dôme de verre et d'équipements de détente et de loisirs pour de courts séjours. *Origine :* Sté néerlandaise contrôlée depuis 1989 par Scottish and Newcastle (brasseur écossais). *2001* racheté par Pierre et Vacances et la Deutsche Bank Capital pour 4,4 milliards de F (50/50). *Villages :* 13 (dont P.-Bas 5, G.-B. 3, Belgique 2, France 2, Allemagne 1). *Cottages :* 8 647. *Effectifs :* 9 000 (dont France 1 093). *Chiffre d'affaires 1999 :* 549 millions d'euros. **France : 1er** domaine : *« Bois Francs »* (Verneuil-sur-Avre, Eure) : ouvert juillet 1988, coût 650 millions de F, taux d'occupation 90 % dans 650 cottages. 2e : *Chaumont-sur-Tharonne* (L.-et-C.) : ouvert juillet 1993, 110 ha, 704 cottages, plans d'eau 17 ha, coût 850 millions de F.

☞ **1er motel :** le Motel Inn à San Luis Obispo (Californie), ouvert le 12-12-1925.

HÔTELLERIE EN FRANCE

☞ *Renseignements sur les droits :* **Direction générale du tourisme** (dépend du ministère du Tourisme). *Syndicats professionnels :* **Confédération française des hôteliers, restaurateurs, cafetiers, discothèques** 2-4, rue Barye, 75017 Paris. **Fédération de l'hôtellerie saisonnière (FAGIHT)** 221, av. de Lyon, BP 448, 73004 Chambéry. **Syndicat national des restaurateurs limonadiers et hôteliers** 4, rue Gramont, 75002 Paris. **Union des métiers de l'industrie hôtelière (UMIH)** 22, rue d'Anjou, 75008 Paris.

RENSEIGNEMENTS PRATIQUES

■ **Chambre (réservation).** *1 nuit :* un appel téléphonique suffit, confirmer par écrit pour éviter toute contestation et prévenir éventuellement d'une arrivée tardive (sans dépôt d'arrhes, réservation assurée jusqu'à 19 h : Code des usages de l'hôtellerie, art. 3, al. 1er) ; *plus d'1 semaine :* envoyer une lettre signée précisant dates, éléments de confort, situation de la chambre ; l'hôtelier doit confirmer son accord par écrit et fixer le montant des arrhes ou acomptes. Un hôtelier n'a pas le droit de subordonner la location d'une chambre à la durée de séjour ni de refuser une chambre à une personne seule, sauf motif légitime. L'hôtelier qui ne fournit pas la chambre réservée est responsable vis-à-vis du voyageur. En revanche, celui-ci devra réparer le préjudice causé à l'hôtelier s'il ne prend pas possession de la chambre retenue, s'il vient avec moins de personnes qu'il n'en a indiqué ou s'il quitte l'hôtel sans motif légitime avant l'expiration de la durée prévue du séjour. L'hôtelier ne peut lier l'hébergement à un repas lorsqu'il dispose d'un nombre de chambres suffisant pour répondre normalement aux demandes d'hébergement simple, sous peine du délit de ventes jumelées (ordonnance du 30-6-1945). **Versement à la réservation. Arrhes :** *en cas d'annulation par le client :* les arrhes versées seront perdues (l'hôtelier ne peut rien demander de plus) ; *par l'hôtelier :* celui-ci doit verser au client le double des arrhes. **Acomptes** (engagent définitivement) : le client qui annule peut avoir à régler la totalité de la réservation ; si c'est l'hôtelier, il devra indemniser le client pour préjudice subi. **Montant :** il est *d'usage* de demander 2 nuits d'avance/3 pension complète (3/4 en basse saison) ; séjours de + de 15 jours : 3 nuits/5 pension complète (haute saison).

■ **Fiche d'accueil.** Destinée à faciliter l'exploitation de l'établissement. Non obligatoire. **Fiche individuelle de police :** *pour les ressortissants français :* supprimée 20-5-1975. Les hôteliers ne peuvent pas refuser une chambre à une personne ne voulant pas donner son identité ; ils doivent établir pour chaque client une note avec son identité, mais ne peuvent exiger pour cela une pièce d'identité. La fiche peut donc comporter un nom d'emprunt. *Ressortissants de l'UE* (et de l'Espace économique européen) *et autres étrangers :* l'hôtelier doit remettre chaque jour à la police une fiche : nom et prénom, date de naissance, lieu de naissance, domicile habituel, profession, nationalité, date d'entrée en France, date probable de sortie (de l'hôtel, camping, etc.) signée par l'intéressé, qui doit en outre justifier de son identité par la production d'un document d'identité (circulaire du 4-7-1995).

■ **Prix.** *Doivent être affichés :* à la réception et dans chaque chambre, les prix (taxes et service compris) des chambres, du petit déjeuner, de la demi-pension et de la pension ; à l'extérieur de l'établissement, les prix minima et maxima des différentes catégories de chambres. En cas de non-paiement intégral, l'hôtelier peut garder en gage les bagages ou la voiture. Il peut exiger le paiement d'avance si le client arrive tard, sans bagages ni réservation.

■ **Responsabilité des hôteliers.** Aubergistes et hôteliers répondent, comme dépositaires, des vêtements, bagages et objets divers apportés par celui qui loge chez eux (et qui n'est pas venu seulement prendre un repas) ; cela s'applique à des bagages déposés dans le hall de l'hôtel et aux objets laissés dans les véhicules stationnés sur les lieux dont aubergistes ou hôteliers ont la jouissance privative, à concurrence de 100 fois (Cour de cass., arrêt du 22-2-2000) le prix de location du logement par journée ; ils peuvent appliquer un coefficient de vétusté pour le calcul du dédommagement. *Leur responsabilité est illimitée* nonobstant toute clause contraire, en cas de vol ou de détérioration des objets déposés entre leurs mains ou qu'ils ont refusé de recevoir sans motif légitime ou, en cas de faute de l'hôtelier ou des personnes dont il doit répondre (article 1953 du Code civil) pour les objets non spécialement confiés à leur garde (*exemples :* serrure défectueuse, chambre laissée ouverte après le ménage) ; la preuve incombe au client. Sinon, les dommages et intérêts dus au voyageur sont, sauf limitation conventionnelle inférieure, limités à l'équivalent de 100 fois le prix de location par journée.

☞ Les panneaux avertissant que le parking n'est pas gardé n'écartent pas la responsabilité de l'hôtelier.

■ **Types d'hôtel. Hôtels de tourisme :** homologués par l'autorité de tutelle (Tourisme). *Sans étoile* (hôtel de 5 chambres au moins) : chauffage, équipement sanitaire (eau chaude et froide à toute heure), isolation (sol, murs). 1 salle de bains ou douches pour 30 personnes, 1 W.-C. commun pour 20 (au moins 1 par étage). Surface min. : 7 m² pour 1 pers., 8 pour 2. 1 cabine téléphonique fermée et insonorisée , hall de réception. *1 étoile* (7 ch. au moins) : en plus, équipement sanitaire en parfait état de marche, bains ou douche et W.-C. (individuel clos) dans 20 % des chambres, mobilier, tapis de bonne qualité. Surface minimale : 8 m² pour 1 pers., 9 m² pour 2. 1 siège par occupant. Dans l'hôtel : 1 cabine téléphonique, 1 poste téléphonique par étage, salon ou hall d'entrée aménagé de 9 à 25 m², 1 salle de bains commune pour 15 chambres et 1 W.-C. pour 10 ch., par étage. *2 étoiles* (7 ch. au moins) : en plus, téléphone intérieur dans la ch., tél. relié au réseau, ascenseur à partir de 4 étages, 1 salle de bains commune pour 20 pers., par étage, 40 % des ch. doivent avoir douche ou baignoire, hall de 20 à 40 m² et W.-C. (1,75 m² au moins). Personnel de réception et du hall parlant 1 langue étrangère. *3 étoiles* (10 ch. au moins) : ch. d'au moins 9 m² pour 1 pers., 10 m² pour 2 dont 4 sur 10 avec salle d'eau (2,5 m² au moins), 8 sur 10 avec W.-C. privé, 2 W.-C. communs et lavabos au rez-de-chaussée, hall de 30 à 80 m². Ascenseur à partir de 2 étages. Téléphone relié au réseau. Petit déjeuner. Personnel parlant 2 langues étrangères dont l'anglais. *4 étoiles* (10 ch. au moins) : ch. plus grande (10 m² pour 1, 12 m² pour 2) avec salle de bains ou de douche (3 m² au moins) dans chaque et W.-C. dans 9 sur 10, 1 W.-C. commun pour 20. Hall d'entrée de 30 à 120 m². Ascenseur à partir de 2 ét. Restauration. *4 étoiles luxe* (palaces) : hall et salon de plus de 160 m², ch. de 10 à 14 m². W.-C. dans toutes les chambres. Ascenseur pour le 1er étage.

☞ On parlait aussi, autrefois, d'*hôtels de préfecture,* sans relations avec le secrétariat d'État, mais avec les services des préfectures (classement de F à M par ordre décroissant) ; confort moins élevé et prix modestes.

■ **Taxe de séjour.** Articles L. 2333-26 à L. 2333-46 et R. 2333-43 à R. 2333-69 du Code général des collectivités territoriales : toute commune entreprenant des actions de promotion touristique peut instituer une taxe de séjour ou une taxe de séjour forfaitaire, fixée, pour chaque nature et pour chaque catégorie d'hébergement, par personne et par nuitée (taxe de séjour), ou basée selon la capacité d'accueil et le nombre de nuitées comprises à la fois dans la période d'ouverture de l'établissement et la période de perception de la taxe (taxe forfaitaire). **À Paris :** votée 18-10-1994 par le conseil de Paris (à la majorité). *Lieux concernés :* hôtels (environ 2 500), résidences de tourisme, meublés, terrains de camping et toutes formes d'hébergement. *Tarifs/nuit/personne* (exemples) : terrains de camping 1 F, hôtel 2 étoiles 5 F, 4 étoiles 7 F, calculés sur taux de remplissage de 52 %. *Gain espéré :* 100 millions de F/an.

STATISTIQUES

☞ *Abréviations :* ch. : chambre, h. : hôtel. *Source : La Revue-Coach Omnium.*

■ **Parc hôtelier homologué français** (au 1-1-1999). 19 723 h. (606 495 ch.) dont (en %) indépendants 56,8 (40,4), indépendants adhérant à une chaîne volontaire 29,1 (23,5) chaînes intégrées (filiales ou franchisés d'un siège central) 14,1 (36,1). **Taux moyen d'occupation des chambres** (en %). *1990 :* 67,4 ; *91 :* 63,2 ; *92 :* 62,7 ; *93 :* 57,9 ; *94 :* 60,1 ; *95 :* 59,7 ; *96 :* 60,15 ; *0 et 1 étoile :* 66,5 ; *2 étoiles :* 58,9 ; *3 étoiles :* 58,2 ; 4 et 5 étoiles : 57. **Chiffre d'affaires des chaînes hôtelières** (fin mai 1997, en milliards de F) : *0 étoile :* 0,42 ; *1 étoile :* 0,28 ; *2 étoiles :* 2,12 ; *3 étoiles :* 2,09 ; *4 étoiles :* 2,66. **% de la clientèle étrangère** (en 1998) : chaînes intégrées 28, volontaires 47. **Nombre d'arrivées et de nuitées** (en millions, 2000) **par région :** Alsace 3,5 (1,5)/5,9 (2,6), Aquitaine 4,4 (0,8)/8,1 (1,6), Auvergne 1,9 (0,3)/3,6 (0,4), B.-Normandie 2,4 (0,8)/3,9 (1,4), Bourgogne 3,1 (1,2)/4,1 (1,6), Bretagne 3,5 (0,7)/6,4 (1,4), Centre 4,1 (1,2)/5,9 (1,7), Champagne-Ardenne 1,7 (0,6)/2,3 (0,8), Corse 1,1 (0,3)/2,7 (0,9), Franche-Comté 1,4 (0,3)/2,1 (0,4), Hte-Normandie 1,7 (0,5)/2,6 (0,8), Ile-de-France 25,7 (14)/55,4 (33,9), Languedoc-Roussillon 3,9 (0,9)/7,2 (1,7), Limousin 0,9 (0,1)/1,3 (0,2), Lorraine 2,2 (0,7)/3,5 (1,1), Midi-Pyrénées 4,6 (1,5)/9,7 (3,6), Nord-Pas-de-Calais 3,5 (1,1)/5,8 (1,8), Pays de la Loire 3,2 (0,4)/5,1 (0,7), Picardie 1,6 (0,5)/2,3 (0,7), Poitou-Charentes 2,9 (0,3)/4,9 (0,6), Provence-Alpes-Côte d'Azur 11,5 (4,8)/23,2 (10,6), Rhône-Alpes 9,2 (2,6)/18,2 (5,6) ; **selon la catégorie et,** en italique, **durée moyenne de séjour :** *total* 98,1 arrivées (dont étrangers 35,2)/184,5 nuitées (dont étrangers 74,2) *1,9 (dont étrangers 2,1)* dont *0 étoile :* 11,7 (2,7)/19,3 (4,7) *1,6 (1,7) ; 1 ét. :* 5,3 (1,1)/10 (2,3) *1,9 (2) ; 2 ét. :* 45,7 (12,9)/84 (26,6) *1,8 (2,1) ; 3 ét. :* 26,7 (12,5)/53,4 (27,9) *2 (2,2) ; 4 ét. et 4 ét.-luxe :* 8,7 (5,9)/17,8 (12,7) *2 (2,1) ;* **par pays de résidence :** *total étranger* 35,2 arrivées/74,2 nuitées *dont* Algérie, Maroc, Tunisie 0,2/0,4, Allemagne 4,1/8,2, Amérique centrale et du Sud 0,5/1,3, Asie, Océanie 0,9/1,6, autres pays d'Afrique (sauf Égypte) 0,2/0,4, autres pays d'Europe 0,4/0,9, Autriche 0,2/0,4, Belgique 2,4/4,9, Canada 0,3/0,7, Danemark 0,2/0,6, Espagne 1,9/3,9, États-Unis 4,3/9,7, Finlande 0,08/0,2, Grèce 0,08/0,2, Hongrie 0,02/0,04, Irlande 0,1/0,5, Islande 0,01/0,03, Italie 3,5/7,7, Japon 1,7/3,4, Luxembourg 0,06/0,1, Norvège 0,2/0,4, P.-Bas 2,1/3,9, Pologne 0,1/0,2, Portugal 0,2/0,5, Proche et Moyen-Orient (y.c. Égypte) 0,5/1,4, R.-U. 7,7/15,4, Russie 0,2/0,5, Slovaquie 0,01/0,03, Suède 0,3/0,7, Suisse 1,5/3,05, Rép. tchèque 0,03/0,05, Turquie 0,05/0,1, indéterminé 1,3/2,5.

■ **Chaînes intégrées. Principaux groupes animant les chaînes intégrées** (au 1-1-1999). **Accor :** Ibis, Novotel, Mercure, Sofitel, Formule 1, Etap Hotel, Jardins de Paris (1 077 hôtels). **Envergure :** Société du Louvre, Concorde, Campanile, Bleu Marine, Clarine, Première Classe. **Hotels et Compagnie :** Climat de France, Nuit d'Hôtel, Balladins, Relais bleus, Tradition de France (342 h.). **Choice Hotels :** Comfort Inn and Hotels, Quality Inn and Hôtels, Clarion (124 h.).

Nombre d'enseignes (au 1-1-2001 ; *source : La Revue-Coach Omnium*) : 59. **Nombre d'hôtels et,** entre parenthèses, **de chambres** (au 1-1-2001) : 2 714 (213 684) dont Campanile 323 (19 253), Ibis 309 (27 472), Mercure International 290 (26 230), Formule 1 283 (20 723), Première Classe 168 (11 844), Kyriad 162 (9 786), Etap Hotel 146 (10 676), Novotel Worldwide 116 (14 108), Comfort Hotels & Inn 108 (5 408), B & B 81 (5 196), Balladins 63 (2 953), Holiday Inn 50 (5 270), Nuit d'Hôtel 40 (2 469), Villages Hôtel 40 (2 960), Sofitel 36 (6 487), Climat de France 35 (1 626), Concorde Hôtels 32 (4 972), Golden Tulip 30 (2 064), Marmotte 28 (1 125), Quality Hotels & Inn 27 (1 865), Akéna 25 (1 300), Mister Bed 25 (1 900), Quick Palace 24 (1 080).

Répartition par niveau de confort des hôtels et, entre parenthèses, **des chambres** (en %, au 1-1-1999) : *0 et 1 étoile :* 29 (27) ; *2 étoiles :* 32 (33) ; *3 étoiles :* 22,5 (24) ; *4 étoiles :* 65 (6). **Taux d'occupation** (en %, 2000) : 71,4 ; *sans étoile et 1 étoile :* 77,7 ; *2 étoiles :* 69,7 ; *3 étoiles :* 66,2 ; *4 étoiles :* 71,3.

Volume d'affaires (en milliards de F, 2000). 31,6 dont hébergement 22, restauration 4,9, petits déjeuners 2,1, autres 2,6.

Premières chaînes françaises exportatrices. Nombre d'hôtels à l'international (au 1-1-1997). Novotel [1] 189, Mercure [1] 172, Ibis [1] 126, Sofitel [1] 73, Concorde [2] 39, Etap Hotel [1] 38, Campanile [3] 37, Formule 1 [1] 35.

Nota. – (1) Accor. (2) Sté du Louvre. (3) Envergure.

■ **Chaînes volontaires. Nombre d'enseignes** (au 1-1-2001) : 25. **Nombre d'hôtels et,** entre parenthèses, **de chambres** (au 1-1-2001) : 5 891 (150 895) dont Logis de France (*créé 1949*) 3 581 (65 061), Châteaux et Hôtels de France (*1975*) 509 (9 897), InterHôtel (*1967*) 235 (9 581), Best Western (USA, *1946*) 201 (11 100), Relais du Silence (*1968*) 158 (3 722), Eurostars Hotusa (Espagne, *1977*) 156 (10 710) ; Châteaux et Demeures de tradition (*1974*) 140 (4 205), Citotel (*1994*) 122 (3 966), Relais & Châteaux (*1954*) 118 (2 900), Arcantis (*1988*) 104 (5 550), Hôtels Unis (*1994*) 102 (4 590), Élysées West Hotel (*1992*) 88 (3 549), Esprit de France (*1999*) 63 (2 381), Les Pieds dans l'eau (*1993*) 63 (1 968), Fasthotel (*1988*) 54 (2 676), Small Luxury Hotels (G.-B., *1991*) 36 (1 230), Ilotel Corsica (*1989*) 31 (974), Les Hôtels de centre-ville (*1998*) 24 (965), Ila (Belg., *1985*) 22 (550), The Leading Hotels (USA, *1928*) 22 (3 500), Romantik Hotels (All., *1972*) 20 (554), Moulin

Étape (*1982*) 18 (282), Roussil'Hotel (*1983*) 10 (362), Grand Héritage (USA, *1989*) 8 (264), Swiss International (Suisse, *1980*) 6 (358).

■ **Nombre d'hôtels homologués,** et entre parenthèses, **de chambres par région** (au 1-1-2000). **Total :** 18 563 (583 578) dont Alsace 581 (18 188), Aquitaine 1 264 (30 664), Auvergne 749 (17 904), Bourgogne 554 (13 698), Bretagne 958 (24 522), Centre 750 (19 401), Champagne-Ardenne 290 (7 946), Corse 348 (10 408), Franche-Comté 350 (7 818), Ile-de-France 2 159 (125 038), Languedoc-Roussillon 964 (26 168), Limousin 258 (5 341), Lorraine 463 (12 994), Midi-Pyrénées 1 360 (41 187), Nord-Pas-de-Calais 410 (15 873), Basse-Normandie 554 (13 625), Haute-Normandie 314 (8 859), Pays de la Loire 691 (19 686), Picardie 247 (7 248), Poitou-Charentes 545 (16 373), Provence-Alpes-Côte d'Azur 2 214 (68 405), Rhône-Alpes 2 540 (72 232).

■ **Nombre de résidences de tourisme et de type hôtelier,** et entre parenthèses, **de chambres par région** (au 1-1-2000). **Total :** 816 (318 707) dont Alsace 8 (1 336), Aquitaine 73 (29 713), Auvergne 2 (217), Bourgogne 3 (671), Bretagne 30 (9 268), Centre 4 (4 520), Champagne-Ardenne *n.c.* (*n.c.*), Corse 24 (4 286), Franche-Comté 2 (324), Ile-de-France 71 (15 919), Languedoc-Roussillon 100 (31 920), Limousin *n.c.* (*n.c.*), Lorraine 2 (305), Midi-Pyrénées 10 (2 934), Nord-Pas-de-Calais 6 (1 768), Basse-Normandie 16 (3 820), Haute-Normandie 3 (3 964), Pays de la Loire 41 (10 996), Picardie 1 (1 528), Poitou-Charentes 20 (3 741), Provence-Alpes-Côte d'Azur 209 (92 198), Rhône-Alpes 191 (99 279).

■ **Prix des hôtels en France. Prix moyen d'une chambre** (en 1998). *0 étoile :* 143 F (Formule 1, 1re Classe) ; *1 étoile :* 182 F (Etap Hotel, Balladins) ; *2 étoiles :* 280 F (Campanile, Ibis, Primevère) ; *3 étoiles :* 411 F (Mercure, Novotel, Holiday Inn) ; *4 étoiles :* 871 F (Sofitel, Concorde, Hilton) ; *4 étoiles luxe :* 1 900 F [en 1996] (Intercontinental, Bristol, Westin Demeures).

■ **Prix les plus élevés. Paris :** Crillon (appartement) 80 000 F. Ritz suite impériale (2 chambres 1 salon) 49 500. **Cannes :** Carlton (chambre) 45 000.

■ **Principales sociétés propriétaires d'hôtels. Nombre d'hôtels et de chambres, chiffre d'affaires (CA), en milliards de F (MdF)** [h. : hôtel(s) ; ch. : chambres] : **Accor. Origine : 1983** (fusion de Novotel SIEH et Jacques Borel International). **1991** OPA sur *Wagons-lits.* **1999**-*juillet* OPA sur Red Roof Inns. **Activités :** *hôtellerie :* chambres (au 31-12-1999) : 354 652 dont Motel 6 : 86 228, Mercure 60 236, Ibis 51 430, Novotel 49 214, Red Roof Inns 37 325, Sofitel 24 186, Formule 1 : 23 460, Etap Hotel 14 839, autres 7 634. 3 500 hôtels, dont 85 % gérés en direct ; *titres de service :* 45 % de parts de marché (12 millions d'utilisateurs) ; *agences de voyages :* 50 % de Carlson Wagonlit Travel ; *restauration :* 41 boutiques Lenôtre, restauration collective (au Brésil et en Italie), ferroviaire (Cie des Wagons-Lits), 13 casinos. **CA et,** entre parenthèses, **résultat net consolidé en MdF :** *1990 :* 22,8 (1) ; *91 :* 22,4 (0,95) ; *92 :* 30,57 (0,802) ; *93 :* 32,8 (0,615) ; *94 :* 33,5 (0,711) ; *95 :* 31 (0,923) ; *96 :* 28,3 (1,058) ; *97 :* 31,78 (1,508) ; *98 :* 36,9 (1,951) ; *99 :* 40 (2,306) ; *2000 :* 46 (2,933) [dont hôtellerie affaires et loisirs 36 % ; économique Europe 13 %, USA 19 %]. **Endettement** *1993 :* 23,5 ; *94 :* 21,3 ; *95 :* 19,4 ; *96 :* 17,5 ; *97 :* 17,35 ; *98 :* 12 ; *99 :* 17,48 ; *2000 :* 16,71. **Salariés :** 145 000. **Volume d'activité** (en milliards de F, 2000) : 136,22 dont hôtellerie 40,4, service 45,6.

Alliance Hospitality. 80 h. en Europe, 9 000 ch. sous les enseignes *Express by Holiday Inn, Crowne Plaza, Ibis, Mercure.* **CA** (en 2000) : 1,2 million de F.

Six Continents Hotels (G.-B. : ex-Bass Hotels & Resorts avant juillet 2001). *Hôtels :* 3 200 dans le monde dont 66 en France. *Ch. :* 500 000 (dans 100 pays). Marques : *Inter-Continental, Crowne Plaza, Holiday Inn, Express by Holiday Inn* et *Staybridge Suites by Holiday Inn. Visiteurs par an :* plus de 150 millions.

Choice Hotels Europe. Groupe d'origine américaine. Plus de 5 000 h. dont 500 en Europe, en France 160 sous les marques *Clarion, Comfort* et *Quality.*

La Compagnie hôtelière. 44 h. dont *Anchorage* (23 h.) et *Mister Bed* (21 h.).

Concorde. Créé 1973, Sté du Louvre (Taittinger). 72 h. dont 10 en exploitation directe (dont Paris : *Ambassador, Concorde La Fayette, Crillon, Lutétia, Louvre, Concorde St-Lazare, Château Hôtel Mont-Royal* ; Cannes : *Martinez*), 13 195 ch. [dont *France* 32 h. (4 étoiles), 4 952 ch.]. **CA** (en 1999) : 1,5 MdF.

Crowne Plaza Hotels & Resorts (Six Continents Hotels : voir ci-dessus). **Créé** 1994. 152 h. dans 40 pays.

Envergure. Créé 1976, Sté du Louvre (Taittinger), 910 h., 52 498 ch. *Campanile :* 368 h.-restaurants, 22 442 ch. *Première Classe :* 173 h., 12 150 ch. *Côte à côte :* 33 restaurants. *Bleu Marine :* 18 h.-restaurants 1 310 ch. *Clarine :* 11 h.-restaurants, 561 ch. *Climat de France :* 35 h.-restaurants, 1 706 ch. *Balladins :* 65 h.-restaurants, 2 957 ch. *Nuit d'hôtel :* 37 h., 2 282 ch. *Kyriad :* 170 h.-restaurants, 9 090 ch. **CA** (en 2000) : 1,8 MdF.

Express by Holiday Inn (Six Continents Hotels : voir ci-dessus). **Créé** 1991. 1 173 h. dans le monde.

Frantour. Créé 1997. Détenu à 65 % par la SNCF via la Sceta. **1999**-*févr.* cession des 65 % au groupe Accor. 34 h., 4 441 ch. (dont à l'étranger 1 h., 101 ch.). **Résidences de vacances :** 6 h., 3 890 lits. **CA** (en 1997) : 1,75 MdF.

Hilton International. Créé 1949. 106 h., 51 772 ch. dont à l'étranger 155 h., 50 100 ch.

Holiday Inn Hotels & Resorts (Six Continents Hotels : voir ci-dessus). **Créé** 1952. 1 540 h.

Inter-Continental Hotels and Resorts (Six Continents Hotels : voir ci-dessus). **Créé** 1946. 134 h. Racheté 1981 par Grand Metropolitan (G.-B.), 1988 par Seibu Saison (Japon), 1998 par Bass plc.

Groupe Forte. Créé 1936 par Charles Forte (qui avait ouvert un « milkshake bar » à Regent Street, puis acquis le Café Royal et le Waldorf Hotel). *1970* fusion avec Trusthouse, devient l'une des plus grandes chaînes hôtelières du monde [de la restauration de masse aux palaces (Plaza Athénée à New York ; Ritz à Madrid ; Grosvenor House à Londres)]. *1994* rachète à Air France les hôtels Méridien. **CA** (en 1995) : 15,2 MdF (résultat d'exploitation 2,2). **Chambres :** 97 000. *Pt :* Rocco Forte. **Implantation :** dans 37 pays. **Hôtels :** 853. **Restaurants :** 747. **Salariés :** 55 000. **En France :** possédait 3 hôtels de luxe depuis 1968 *(George-V, Plaza Athénée, Hôtel de La Trémoille),* contrôlait 40 % du marché de la restauration autoroutière (enseigne *Relais*). En 1995 *Granada* **CA** (1995) : 68 milliards de F (résultat d'exploitation : 3,3). **Salariés :** 42 878. **Boutiques de location de téléviseurs :** 635. **Chambres d'hôtel :** 1 424. **Chaîne BskyB :** 21 %. *Pt :* Gerry Robinson ; lance une *OPA* de 3,9 milliards de livres (29,6 milliards de F) sur Forte. Gerry Robinson se débarrassera des palaces du groupe, cédera la chaîne « Exclusive » (18 établissements : 3 600 chambres) et la chaîne Forte-Méridien (85 hôtels et 23 400 chambres). *1996* acquisition de Forte Plc par Granada Plc, 4 marques hôtelières (Le Méridien, Heritage Hotel, Posthouse et Travelodge, plus 6 grands hôtels londoniens). *Pt* (du groupe Forte) : Antoine Cau depuis 1998. *2000* fusion Compass-Granada. *2001* vente branche hôtelière Forte : Heritage Hotel (48 hôtels-manoirs) racheté par Macdonald Hotels et Bank of Scotland, Le Méridien par le groupe japonais Nomura. *Le Méridien :* **CA** (en 2000) : plus de 1 Md de £. **Hôtels :** 125. **Chambres :** 33 134. **Restaurants :** 405. **Employés :** 35 000.

Congrès internationaux

Nombre de réunions dont, entre parenthèses, **réunions d'organisations internationales** (en 1994). Paris 358 (229), Londres 205 (153), Vienne 203 (179), Bruxelles 182 (169), Genève 124 (119), Singapour 118 (68), Amsterdam 112 (89), Berlin 106 (80), Copenhague 100 (93), New York 97 (95), Strasbourg 97 (89), Washington 95 (82), Hong Kong 91 (45), Madrid 89 (64), Budapest 78 (70), Rome 78 (66), Bangkok 69 (55), Helsinki 66 (63), Prague 66 (62), Lisbonne 65 (65), Barcelone 61 (57), Stockholm 61 (41), Oslo 60 (45), Munich 60 (27), Jérusalem 56 (36), Séoul 55 (48), Tökyô 55 (45), Pékin 53 (44), Montréal 49 (41).

Palais des Congrès

Légende : date d'ouverture ; investissement (en MF : millions de F) ; capacité (en places) : auditorium, salles (s.), surface d'exposition.

Nombre en France. Plus de 70. **Principaux. Paris :** Palais des Congrès : inauguré 28-2-1974 ; 210 MF (+ 145 depuis 1975) ; 4 amphithéâtres (400, 650, 826 et 3 723 pl. ; 22 s. (100 à 400 pl.), 19 460 m² d'exposition. Reçoit 1 000 manifestations par an dont 250 internationales (875 000 participants). *Chiffre d'affaires* (1996) : 150 millions de F. **Strasbourg :** Palais des congrès : 1975/89 ; 700 MF ; 2 auditoriums (2 000 et 1 100 pl.), 26 s. (15 à 500 pl.), 8 000 m². Reçoit 350 manifestations par an dont 50 internationales. **Cannes :** Palais des festivals : 1982 ; 700 MF ; extension Riviera (1999) ; 200 MF ; grand auditorium (2 300 pl.) ; théâtre (1 000 pl.), 24 s. (35 à 460 pl.), 24 000 m². **Nice :** Acropolis : 1985 ; 680 MF, 10 000 m² d'exposition commercialisables ; 4 auditoriums (250, 300, 750 et 2 500 pl.), 40 s. (30 à 800 pl.) ; Acropolis expositions (contigu) : 1957 ; 17 000 m² ; 1 auditorium (250 pl.) ; 12 s. (24 à 70). **Lyon :** ouvert 5-10-1995 (conçu par Renzo Piano, architecte de Beaubourg) ; 420 MF ; 2 auditoriums (900 et 300 pl.) ; 20 s. (30 à 300 pl.) ; 3 000 m². **Montpellier :** Le Corum : 1989 ; 700 MF ; 3 auditoriums (Opéra Berlioz 2 010 pl., Pasteur 745 pl., Einstein 318 pl.), 25 s. de commission (20 à 200 pl.), 6 000 m². **Deauville :** Le Cid : 1992 ; 265 MF ; auditorium (1 450 pl.), 15 s. de commissions, 7 240 m². **Nantes :** Cité des congrès de Nantes. Atlantique : 1992 ; 840 MF ; auditorium (2 000 pl.), 25 s. (30 à 800 pl.), 3 000 m². **Tours :** Vinci (de Jean Nouvel) : sept. 1993 ; 450 MF ; 3 auditoriums (2 000, 700 et 350 pl.), 22 s., 3 800 m². **Lille :** Grand Palais : 1994 ; 410 MF ; 3 amphithéâtres (1 500, 500 et 350 pl.) ; 12 s. + 1 s. de spectacles, 22 000 m². **Reims :** Reims-Champagne Congrès : 1994 ; 2 amphithéâtres (700 et 350 pl.), 13 s. (20 à 180 pl.), 2 500 m².

Camping-caravaning

■ **Réglementation** (art. R. 443-4, 443-6-4, 443-7e du Code de l'urbanisme). **Camping libre :** possible avec l'accord de celui qui a la jouissance du sol, du propriétaire. Interdit sur routes et voies publiques, rivage de la mer, dans sites classés et inscrits, certaines zones de protection du patrimoine, réserves naturelles et périmètres des points d'eau captés pour la consommation. Des arrêtés motivés pris par les maires peuvent aussi l'interdire en certains lieux. Dans ce cas, les interdictions doivent être signalées par des panneaux réglementaires. Par ailleurs, un propriétaire ou la personne qui a la jouissance du sol peut recevoir sur son terrain jusqu'à 20 personnes dans 6 abris de camping (tentes ou caravanes) de manière habituelle, à condition d'en faire la déclaration auprès du maire de la commune. **Camping en forêt domaniale :** autorisation possible dans un endroit déterminé sur présentation d'une carte de club de camping ou d'une attestation d'assurance en responsabilité civile incendie. **Campings aménagés :** classés de 1 à 4 étoiles (normes fixées par l'arrêté du 11-1-1993). Emplacements délimités en 2, 3 et 4 étoiles, 70 m² au minimum en 1 et 2 ét., 80 m² délimités par de la végétation en 3 ou 4 ét. Les emplacements alimentés en eau et électricité, reliés au réseau d'évacuation des eaux ménagères sont dénommés « Confort caravanes ». **Caravane :** ne peut stationner plus de 3 mois par an, consécutifs ou non, sans autorisation du maire, excepté sur terrains de camping classés, dans jardin, remise ou garage de la résidence de l'utilisateur.

■ **Statistiques** (en 2001). **Nombre de terrains de camping** (classés par arrêté préfectoral) **et,** entre parenthèses, **d'emplacements :** *1 étoile :* 1 451 (80 001) ; *2 étoiles :* 3 872 (334 541) ; *3 étoiles :* 2 141 (300 088) ; *4 étoiles :* 667 (153 557). 1 500 terrains partenaires de la Féd. française camping-caravaning. **Terrains déclarés en mairie :** 789 (4 734). **Aires naturelles de camping :** total 1 097 (27 425). **Nombre d'arrivées et de nuitées** (en millions, 2000) **par région :** Alsace 0,2 (0,2)/0,9 (0,5), Aquitaine 1,7 (0,5)/12,4 (4,2), Auvergne 0,4 (0,1)/1,9 (0,5), B.-Normandie 0,6 (0,2)/2,5 (0,8), Bourgogne 0,5 (0,4)/1,3 (0,8), Bretagne 1,3 (0,4)/8,1 (2,2), Centre 0,5 (0,3)/1,6 (0,7), Champagne-Ardenne 0,3 (0,2)/0,7 (0,4), Corse 0,7 (0,3)/3,2 (1,6), Franche-Comté 0,3 (0,2)/1,2 (0,7), Hte-Normandie 0,2 (0,1)/0,6 (0,2), Ile-de-France 0,3 (0,3)/1,1 (0,9), Languedoc-Roussillon 2,2 (0,7)/16,7 (5,1), Limousin 0,2 (0,1)/0,9 (0,3), Lorraine 0,3 (0,2)/1 (0,6), Midi-Pyrénées 0,8 (0,2)/4,3 (0,9), Nord-Pas-de-Calais 0,2 (0,1)/0,9 (0,2), Pays de la Loire 1,1 (0,3)/7,9 (2,1), Picardie 0,2 (0,1)/0,7 (0,2), Poitou-Charentes 0,9 (0,2)/6,4 (1,1), Provence-Alpes-Côte d'Azur 1,9 (0,9)/12,3 (5,3), Rhône-Alpes 1,3 (0,6)/7,2 (3,1) ; **selon la catégorie et,** en italique, **durée moyenne de séjour :** *total* 16,2 arrivées (dont étrangers 6,7)/93,6 nuitées (dont étrangers 32,7) *5,8 (dont étrangers 4,9)* dont *1 étoile :* 1,1 (0,4)/4,7 (1,5) *4,4 (3,5)* ; *2 ét. :* 5,8 (1,9)/29,4 (7,1) *5,1 (3,7)* ; *3 ét. :* 6,1 (2,5)/35,5 (11,6) *5,8 (4,6)* ; *4 ét. :* 3,3 (1,8)/23,9 (12,5) *7,3 (6,9)* ; **par pays de résidence :** *total étranger* 6,7 arrivées/32,7 nuitées *dont* Allemagne 1,4/6,4, Belgique, Luxembourg 0,5/2,8, Pays-Bas 2,5/13,2, Grande-Bretagne, Irlande 1,1/5,7, Espagne 0,1/0,4, Portugal 0,02/0,1, Italie 0,4/1,3, Grèce 0,004/0,02, Danemark 0,2/0,7, Suisse 0,2/1,03, Autriche, Suède, Norvège, Finlande, Islande 0,1/0,3, Russie et autres pays d'Europe 0,04/0,1, autres pays 0,2/0,5.

■ **Adresses. Fédération française de camping et de caravaning (FFCC)** 78, rue de Rivoli, 75004 Paris ; publie un guide. **Féd. nat. de l'hôtellerie de plein air (FNHPA)** 105, rue La Fayette, 75010 Paris. **Clubs de caravaniers. Autocaravaning et camping-car Club de Fr. (ACCCF)** 37, rue d'Hauteville, 75010 Paris. **Camping-Club de Fr. Caravane Club** 5 *bis*, rue Maurice-Rouvier, 75014 Paris. **Euro Camping France (ECF)** 78, rue de Rivoli, 75004 Paris. **Syndicat des constructeurs de véhicules de loisirs (Sicverl)** 3, rue des Cordelières, 75013 Paris.

Écologie, nature, environnement

■ **Espaces pour demain.** 20, avenue Mac-Mahon, 75017 Paris. **Pt :** Pierre Delaporte. Association *créée* en 1976. Reconnue d'utilité publique 1979. **But :** soutien des actions de protection de l'environnement et d'amélioration de la qualité de la vie, organisation du dialogue entre aménageurs et défenseurs de l'environnement. **Adhérents :** 2 800 (22 délégués régionaux, 95 départementaux) dont 40 entreprises partenaires. **Publications :** magazine bimestriel, actes de colloques, rapports d'études. **Campagnes d'actions :** rivières, entrées de villages, etc.

■ **Fédération française de la randonnée pédestre.** 14, rue Riquet, 75019 Paris. *Créée* 1947. **Pt :** Maurice Bruzek. **Adhérents :** 130 000 dans 2 300 clubs affiliés. **Sentiers :** *aménagement et entretien* de 180 000 km de sentiers balisés. *Sentiers grande randonnée* (marques blanches et rouges, et jaunes et rouges), *petite randonnée* (marques jaunes). **Revues :** Topo-guides (200 titres). *Passion-Rando,* Charte officielle du balisage.

■ **Maison de la Nature.** BP 18, St-Paul-en-Jarez, 42740. **Créée** 1955. Réseau de clubs et d'associations affiliées, 8 fédérations régionales et départementales. Intervention en milieux scolaires et extrascolaires. Chantiers, séjours découvertes et naturalistes. Gestion et coordination pour la France de l'opération annuelle *« Nettoyons la Nature ».* 108 000 participants en 2000. Publication : *JPN mag* (trimestriel).

Naturisme

■ **Histoire. 1903** 1er centre gymnique créé par Paul Zimmermann en Allemagne à Klingberg. **1904** S. Gay crée en France, au Bois-Fourgon, une colonie naturiste. **1907** l'abbé Legree, avec l'accord de ses supérieurs, emmène ses élèves se baigner sans maillot. **1922** Jacques Demarquette fonde un camp naturiste à Chevreuse. **1926** Marcel Kienné de Mongeot († 1977), journaliste, crée le *Sparta Club,* 1er grand club naturiste, et lance la revue *Vivre intégralement.* **1930** 2 médecins, André et Gaston Durville, ouvrent un centre à Villennes *(Physiopolis)* ; 1er congrès nudiste. **1931** l'île du Levant devient lieu de rassemblement. **1936** Léo Lagrange (1er sous-secr. d'État aux Sports et Loisirs) reconnaît officiellement l'utilité du mouvement naturiste. **1944** Albert Lecocq crée le *Club du Soleil.* **1950** Féd. française de naturisme créée, *agréée* 1983 en tant qu'association nationale de jeunesse et d'éducation populaire, 26 clubs affiliés. **1953** Féd. naturiste internationale (FNI) créée. **1993** la Maison du naturisme ouvre à Paris.

■ **Législation.** L'art. 222-32 du Nouveau Code pénal (remplace l'ancien art. 330) punit lourdement l'exhibitionnisme de caractère sexuel imposé à la vue d'autrui et exclut de poursuites la pratique normale du naturisme dans les lieux autorisés.

■ **Statistiques en France.** La Fédération française de naturisme (FFN, 65, rue de Tocqueville, 75017 Paris) rassemble 160 associations et sections, et 85 centres de vacances. **Adhérents :** *1965 :* 6 672 ; *66 :* 17 492 ; *76 :* 59 820 ; *83 :* 84 500 ; *90, 97 :* 78 000. **Saisonniers** (non inscrits dans les associations) : plus de 500 000 dont les familles, avec enfants de moins de 15 ans, représentent 80 %. *Age moyen :* hommes 39 ans, femmes 34. *Catégories* (en %) : cadres moyens 34, cadres sup., professions libérales 19, non-actifs 14, employés 11, patrons de l'ind. et du commerce 8, ouvriers 6, autres 5, personnel de service 2, agriculteurs 1. *Étrangers* dans les camps français : 300 000 (Allemands 49 %, Néerlandais 19, Belges 13, Anglais 9, Suisses 7). **Structures d'accueil et de loisirs :** 19 500 emplacements pour tentes et caravanes, 3 600 bungalows, 70 piscines, 28 plages, 35 restaurants. **Nombre de lits :** 49 500. **Chiffre d'affaires** (en millions de F) : *pôle touristique :* 700 ; *associatif :* 10.

■ **Principaux villages naturistes en France. Aude :** *Centre Aphrodite* (1975) : 546 villas. **Corse :** *Bagheera :* 100 ha. *Riva Bella :* 70 ha. *Villata :* 70 ha. *U'Furu :* 30 ha. **Gard :** *La Genèse :* 26 ha. *Le Bois de la Sablière :* 60 ha. **Gironde :** *Montalivet* centre héliomarin (CHM), *créé* 1949, 170 ha clos (+ 20 ha de plage), capacité d'accueil plus de 8 000 personnes. *Euronat* Grayan-et-l'Hôpital, 335 ha, 550 bungalows, 800 emplacements de camping, thalassothérapie. *Village la Jenny :* 100 ha. **Hérault :** *Cap d'Agde :* camping *créé* 1966, complexe naturiste (1971-74) 38 ha. **Provence :** *Bélezy :* 25 ha.

☞ Selon l'Ifop, en 1993, 5,5 millions de Français avaient déjà pratiqué le naturisme et 11 millions étaient prêts à tenter une expérience naturiste.

PLAGES

■ **Naturisme.** Plages réservées (par arrêté municipal ou préfectoral). Ailleurs, infractions passibles de 3 mois à 2 ans de prison et de 500 à 4 500 F d'amende. Les 2-pièces et maillots sont parfois interdits hors de la plage par les municipalités.

■ **Plages. Payantes :** gérées par une commune ou un particulier (l'État ne peut en concéder que 30 % sur les plages naturelles et 75 % sur les artificielles). Leur accès est libre (pas de droit d'entrée) mais différents services payants sont offerts (parasols, cabines...), parfois obligatoires pour l'usager qui veut stationner. **Privées :** les écriteaux « plage privée » sont illégaux : jusqu'au niveau atteint par la mer aux marées hautes + 3 m, elles sont domaine public ; murs et grillages élevés par des riverains empêchant la circulation sur le rivage sont interdits. Les rochers tombant directement dans la mer peuvent être privés et entourés de murs ou grillages.

■ **Pollution** (voir à l'Index).

■ **Sécurité.** La commune peut être responsable des accidents. Les vacanciers doivent respecter les différentes consignes de sécurité : pavillon **vert :** baignade surveillée non dangereuse ; **jaune :** baignade surveillée dangereuse ; **rouge :** baignade interdite.

■ **Vacanciers par km de plage.** En Provence-Côte d'Azur 12 000, Languedoc-Roussillon 3 500.

RESTAURANTS

☞ **Plaintes :** Directions départementales de la concurrence, de la consommation et de la répression des fraudes ; de l'action sanitaire et sociale de la région. *Au pénal :* écrire au procureur de la République du tribunal de grande instance le plus proche du domicile. *Au civil :* s'adresser au tribunal d'instance ou de grande instance (au-dessus de 50 000 F) : dans ce cas, le concours d'un avocat est obligatoire. *Renseignements :* LEGICHR, 28, rue Beaurepaire, 75010 Paris. Édition annuelle de la législation et de la réglementation des cafés, hôtels et restaurants. *Union des métiers de l'industrie hôtelière (UMIH),* 22, rue d'Anjou, 75008 Paris. *Service de l'hôtellerie, Direction des industries touristiques, ministère du Tourisme* 2, rue Linois, 75740 Paris.

☞ *Convention collective :* 1re signée le 30-4-1997, applicable depuis le 8-12-1997 (*JO* du 6-12-1997).

RÉGLEMENTATION

■ **Accidents.** Obligation de sécurité du restaurateur admise pour incidents liés au service, à l'état du matériel, aux objets insolites qui provoquent une chute dans les lieux ouverts au public (exemples : toilettes, cabines téléphoniques, pistes de danse), traumatisme dentaire, intoxication. Si le responsable du dommage est un tiers (exemple : voisin de table), demander réparation à celui-ci.

■ **Affichage.** Déterminé par les arrêtés des 27-3-1987 et 29-6-1990. Dans les établissements servant des repas, les menus ou cartes du jour, une carte comportant au minimum les prix de 5 vins ou, à défaut, les prix des vins s'il en est servi moins de 5, doivent être affichés de manière visible et lisible de l'extérieur pendant la durée du service et au moins à partir de 11 h 30 pour le déjeuner et de 18 h pour le dîner. Si certains menus ne sont servis qu'à certaines heures de la journée, cette particularité doit être clairement mentionnée dans le document affiché. Dans les établissements ne servant pas de vin sera affichée une carte comportant au minimum la nature et les prix de 5 boissons couramment servies. Des menus ou cartes identiques à ceux affichés à l'extérieur doivent être mis à la disposition de la clientèle à l'intérieur.

Prix. Libres (ordonnance n° 86-1243 du 1-12-1986). Les prix affichés s'entendent prix service compris avec mention du taux pratiqué, ou prix nets. Les changements éventuels (au bar ou en salle, menu d'appel non servi après 19 h et le week-end) doivent être clairement indiqués, ainsi que les éventuelles majorations survenant après 22 h (arrêté du 27-3-1987). TVA : 19,6 % pour les fournitures de repas, d'aliments solides ou de boissons à consommer sur place, et depuis 1-10-2000 pour le service ; 5,5 % pour les fournitures emportées (*exemple :* un sandwich acheté chez un boulanger ou un charcutier).

■ **Boissons.** Le restaurateur doit vous apporter de l'eau si vous le désirez. La fourniture gratuite d'un verre ou d'une carafe d'eau est *d'usage* en accompagnement d'un repas. Cartes et menus doivent comporter, pour chaque prestation : le prix, la mention « boisson comprise » ou « non comprise » et, dans tous les cas, indiquer pour les boissons la nature et la contenance offertes (arrêté du 27-3-1987). L'article 40 du règlement CCE du 24-7-1989 exige que la carte des vins sépare les vins selon les types (vins de table, AO), utilise les dénominations de vente réglementaires, précise le volume net (75 cl, 37,5 cl) en regard du prix, indique qu'un vin cité n'est plus disponible. Le restaurateur (même dans un bar à vins) ne peut obliger un client à consommer de l'alcool.

■ **Fraude sur la nature ou l'origine d'un produit.** Punie d'amende et de dommages et intérêts. Pas d'obligation d'informer (conserves, surgelés) mais ne pas induire en erreur (« frais », « du jour »).

■ **Grivèlerie.** Filouterie. Cas du consommateur n'ayant pas les moyens de payer ce qu'il a commandé (art. 313-5 du Nouveau Code pénal). Passible de 6 mois de prison et 50 000 F d'amende.

■ **Non-fumeurs.** Depuis le 1-1-1992, le restaurateur doit délimiter une zone fumeurs et non-fumeurs à l'aide d'une signalisation.

■ **Note.** On est tenu de vous remettre une note datée, indiquant nom et adresse (ou raison sociale) de l'établissement, le prix de chaque prestation servie, montant du service, total des sommes dues et ce, quel que soit le montant (arrêté 25-361 du 5-6-1967). Dans les cafés ou établissements servant des boissons, elle est obligatoire au-dessus de 100 F ou à la demande du consommateur. **Répartition du coût d'un repas de 200 F pris au restaurant :** TVA 40, service 30, charges sur le service (y compris congés payés) 30, amortissement de la cuisine, loyer, salaire du chef 40, marchandise 20.

■ **Pain, couvert.** Il est d'usage de ne pas facturer pain et couvert sauf dans les cafétérias.

■ **Refus de vente.** L'article L. 122-1 du Code de la consommation punit d'amende « le refus de vente et de prestation de service sans motif légitime ». L'art. 416 du Code pénal interdit tout refus de servir pour des motifs « de sexe, de race, de religion ». Les tribunaux ont ajouté : « pas de discrimination se rapportant au nombre ou à l'âge ». Refuser un client solitaire sous prétexte qu'il n'y a que des tables pour plusieurs personnes est interdit mais celui-ci doit accepter la place désignée (bar, table d'hôte). Le restaurateur n'est pas obligé de servir aux enfants des mini-repas à mini-prix. Il peut refuser les chiens. Lorsque l'on est nombreux à table, tout le monde n'est pas tenu de consommer. Le restaurateur doit vendre précisément la marque du produit souhaité et ne pas imposer une marque de substitution s'il ne l'a pas.

■ **Téléphone.** Depuis le décret 94-946 du 31-10-1994, prix libre (doit être affiché près de l'appareil).

■ **Tenue.** Le restaurateur peut ne pas accepter un client dont la tenue est incorrecte, voire indécente. Les tribunaux apprécient en fonction du lieu, du standing de l'établissement et de la mode.

■ **Vol de vêtements et autres affaires du client** (ordinateur, téléphone portable, etc.). *Remis au restaurateur :* celui-ci est responsable sans que la victime ait à prouver une faute. *Sinon :* le client doit démontrer la faute du restaurateur (absence de mise en garde, défaut de surveillance) pour être indemnisé. Le juge peut tenir compte d'un éventuel écriteau fixé au-dessus du portemanteau, prévenant que l'établissement n'assume pas la garde des vêtements, et refuser l'indemnisation.

■ **Course des serveuses et garçons de café Paris.** *Organisée* par la Mairie de Paris et certains syndicats professionnels. **25-6-2000 :** *participants :* environ 300 serveuses et garçons avec un plateau à la main portant 3 verres et 1 bouteille (parcours de 8,450 km au pas de course à travers Paris). *Vainqueurs : homme :* Marc Fabre (La Cote à Paris) ; *femme :* Sylvie Guyomard (L'Agio à Paris). **23-6-2000 :** annulée.

GUIDES

Baedeker. **Créé** 1827 par Karl Baedeker (All., 1801-59), traduit et diffusé en France de 1832 à 1939.

Bottin gourmand (Le). Succède au guide Kléber (1954-82). **Créé** 1982 par Jean Didier, repris 1996 par les éditions du tourisme. **Parution :** début nov. **Tirage :** 70 000 ex. **Classification :** *4 étoiles :* 26 ; *3 étoiles :* 57 ; *2 étoiles :* 230 ; *1 étoile :* 731. **Cite** (en 2001) 5 386 établissements dont 3 814 restaurants. Voir liste p. 1749 a. **Bottin gourmand Auvergne-Limousin.** **Lancé** 2000. **Bottin gourmand de la Bretagne.** **Lancé** 1999. **Bottin gourmand de la chasse.** **Lancé** 1998. **Bottin gourmand de la mer.** **Lancé** 2000. **Bottin gourmand de Paris** (versions française et anglaise). **Lancé** 1998. **Bottin gourmand de la pêche.** **Lancé** 1999. **Cite** 500 hôtels et restaurants. **Les 1 000 meilleures tables de France.** Lancé 1999. **1 000 vins pour réussir votre cave.** Lancé 1999. **Les Étoiles de la gastronomie Française.** Lancé 1998. **L'Almanach du gastronome.** Lancé 1998. **Le Rungis de Lambourg.** Lancé 1999. **L'Olivier.** Lancé 1999.

Champérard (Guide). **Créé** 1982. **Parution :** octobre. **Tirage** (en 2001) : 400 000 ex. **Cite** 4 800 restaurants, 4 200 artisans, commerçants, producteurs et 300 viticulteurs en France.

Châteaux et Hôtels indépendants. **Tirage :** 510 000 ex.

Fodor. **Fondé** par Eugène Fodor (Amér. d'origine hongroise, 1905-91). *Le plus célèbre :* « On the Continent » (1936), destiné aux Britanniques. **Titres :** 140. *Ventes :* 200 millions d'ex./an.

Gallimard (Guides). **Créés** juillet 1992. **Titres :** 120. **Tirage :** environ 10 000 ex./titre. **Bibliothèque du voyageur.** 120 titres. **Aller & Retour.** 19 titres. **Cartoville.** 12 titres. **Spiral.** 12 titres.

GaultMillau France. **Créé** 1972 par Henri Gault (1929-2000) et Christian Millau (né 1929). **Parution :** novembre. **Tirage** *(en 1998) :* 180 000 ex. **Classification** (2001) : 20 toques à 19 ; 24 toques à 18. **Cite** (en 2001) 6 703 établissements dont 3 975 restaurants, répartis depuis 1999 en 3 catégories (voir liste p. 1749 a.). **GaultMillau Paris.** **Créé** 1972. **Tirage** (en 2001) : 50 000 ex. 1 700 établissements (hôtels, restaurants, produits et traiteurs) cités à Paris et banlieues. **Guide pratique du Vin.** **Créé** 1989. **Tirage** (en 1996) : 25 000 ex. 2 000 vins recommandés, 850 adresses.

Hachette Guides bleus. **Créés** 1841 par Adolphe Joanne (1813-81) [1er : itinéraire descriptif et historique de la Suisse], puis Louis Hachette et Joanne (en 1860), inspirés du Baedeker (rouge), devenus Guides bleus 1916. **Titres :** *1860 :* 120 ; *1916 :* 2 000 ; *2001 :* Guides bleus par pays 30, régions de France 18. **Tirage :** 30 000 à 50 000 ex./titre. **Guide bleus Évasion** (ex-Guides Visa) : 66 titres. **Tirage :** 30 000 à 50 000 ex./titre. **Guide du routard.** Voir p. 1749 a. **Guides Voir.** 46 titres. **Guides Un été en** et **Hachette Vacances.** Lancés 1998.

Hubert. **Fondé** 1978. France Sud et Paris. **Répertorie** 2 500 tables et 400 vins.

Lebey (Guide). Restaurants de Paris. **Créé** 1988 par Claude Lebey. **Cite** 630 restaurants parisiens et (depuis 1999) des aéroports parisiens. **Décerne** des « tours Eiffel ». **Tirage** (en 2000) : 12 000 ex. **Petit Lebey des bistrots parisiens.** **Créé** 1987. **Cite** 260 établissements. **Décerne** des « Cocottes ». **Tirage** (en 2000) : 10 000 ex.

Lonely Planet. **Origine** australienne. **Lancé** avril 1973 en Australie par Maureen et Tony Wheeler (G.-B.) en anglais et 1993 en français. **Titres :** en anglais 500, français 55. **Tirage** (en 2000) : en anglais 5 000 000 d'ex., français 350 000 ex. **Resto Guide.** **Lancé** 2000. Édition 2001 : 500 restaurants et bars à Paris. **Lancés** 2001 en français : 2 guides de plongée, *Tahiti et la Polynésie française* et *Mer Rouge,* et 2 guides de randonnée *Itinéraires de marche en France* et *Itinéraires à vélo en France.*

Michelin. **Créé** 1900 par La Manufacture française Michelin [*créée* 1889 par les frères Édouard (1859-1940) et André (1853-1931) Michelin. Publie les **Guides Rouges** (sélection d'hôtels, restaurants, plans de villes) ; 12 titres dont le Guide Rouge France] ; *1900* offert gratuitement aux chauffeurs (30 000 ex.), puis vendu à partir de 1920. *1921* ne paraît pas. *1926* indique les meilleurs restaurants. *1931* création de 2 et 3 étoiles en province. *1933* à Paris. *1984* photos couleur. *1986* 20 000 000e ex. vendu. *1996* nouvelle maquette. *2000* devient **Le Guide Rouge.** **Parution :** mars. **Tirage** (en 2001) : 550 000. **Classification** *(en 2001) :* établissements cités 9 781 dont 5 665 hôtels : 30 grand luxe, 199 grand confort, 976 très confortables, 1 978 de bon confort, 2 307 assez confortables, 175 simples mais convenables, et 4 116 restaurants dont 21 *« 3 étoiles »* (« une des meilleures tables de France, vaut le voyage », créé 1931 : Paul Bocuse depuis 1965, Haeberlin 1967, Troisgros 1968), 74 *« 2 étoiles »* (« table excellente, mérite le détour », créé 1931), 410 *« 1 étoile »* (« très bonne table dans sa catégorie », créé 1926). 4 371 localités. *« Bib gourmand »* (« Repas soigné à prix modéré ») : 481 en 2001. Voir liste p. 1749 a). **Guide Camping-Caravaning.** **Cite** (en 2001) 3 020 terrains. **Guides Verts.** 66 titres en français. **Escapade. Neos** (en 2001) : 14 titres. Cart. **Cartes routières.** Échelle entre 1/10 000 et 1/4 000 000, 1res au 1/200 000 de 1910-13 France en 47 feuilles. **Ventes dans le monde** (en millions d'unités, 2000) : cartes 14, guides touristiques 4, Le Guide Rouge 1,4.

Petit Futé. **Créé** 1976 par Dominique Auzias et Jean-Paul Labourdette à Nancy. **Titres :** environ 350. **Ventes** *(en 2000) :* plus de 2 millions d'ex. dont *City guides* 680 000, *Country guides* 900 000, guides départementaux et régionaux 556 000. En 2000, a lancé des versions anglaises de ses guides régionaux. En 2001, nouvelle collection *Tourisme et Vignoble* et développement des thématiques : Paris Thématique, 101 meilleurs...

Le Pudlo France. Cite (en 2001) : 3 300 hôtels et 3 300 restaurants. **Le Pudlo de Paris gourmand. Créé** 1990 par Gilles Pudlowski. Restaurants, boutiques et lieux de rendez-vous (bistrots à vin, bière, salons de thé, boutiques). **Cite** 2 480 établissements, (dont 1 350 restaurants). **Classification :** 151 tables dont 10 *« 3 assiettes », 29 « 2 assiettes »,* 119 *« 1 assiette ».* **Le Pudlo Week-ends.**

Relais & Châteaux. Créé 1954. **Cite** *en 2001 :* 452 maisons dans 47 pays (dont 142 Relais Gourmands). Guide unilingue diffusé en français, anglais, allemand, espagnol (1,2 million d'ex.).

Relais routiers (Guide des). Créé 1934. **Parution :** le 1er janvier. **Tirage : 50 000 ex. Cite** 1 500 établissements titulaires d'un logo « bleu & rouge ». Repas entre 55 et 65 F.

Routard (Guide du). Créé avril 1973 par Philippe Gloaguen. **Titres :** en français 106 dont **Hôtels et restos de France :** 4 200 adresses dont 650 nouvelles ; en espagnol, anglais, néerlandais et italien : une dizaine. **Ventes :** 3 millions d'ex./an.

Zagat (Guides). Origine américaine. **Créés** par Tim Zagat. Fondés sur les réponses de consommateurs à des questionnaires. **USA :** 500 000 ex./an. **Paris :** *lancé* juin 1998, *cite* 825 adresses ; les 1 700 personnes ayant répondu sont allées au restaurant 3,7 fois par semaine ; 96 % des participants sont français, 29 % sont des femmes, 71 % des hommes. *Restaurants parisiens préférés* (dans l'ordre) : Taillevent, L'Arpège, L'Ambroisie, le Grand Véfour, Alain Ducasse, La Tour d'Argent, Guy Savoy, Le Carré des Feuillants, Apicius, Pierre Gagnaire, Michel Rostang, Les Ambassadeurs, Jules Verne, Lasserre.

■ RESTAURANTS LES PLUS COTÉS

Légende : B : Bottin gourmand (2001), nombre d'étoiles. G : GaultMillau (2001), Catégorie (C : classique, P : Prestige, A : auberge, brasserie) et note (sur 20 ou ? si notation différée). M : Michelin (2001), nombre d'étoiles. CA : chiffre d'affaires.

Alain Ducasse (né 12-9-1956) qui possédait 14 établissements dans le monde, a été le 1er à détenir 2 trois étoiles dans le guide Michelin : le Louis XV, Hôtel de Paris à Monte Carlo (depuis 1990 1er restaurant d'hôtel à avoir 3 ét.), le Alain Ducasse à Paris (1997). Marc Veyrat (né 8-5-1950) a été le 2e : l'Éridan, Annecy (1995), la Ferme de mon père, Mégève (2001).

■ **Paris. Ier arrondissement.** *Armand au Palais-Royal* B1 ; *Carré des Feuillants* (Alain Dutournier) B4, GP-18, M2 ; *Chez Pauline* B1, GC-14 ; *Les Cartes Postales* GC-15 ; *Gérard Besson* B2, GC-15, M2 ; *Goumard-Prunier* B1, GP-?, M1 ; *Il Cortille* B1, GC-15 ; *Le Grand Véfour* [fondé 1760 (café de Chartres). En 1820 Jean Véfour (né 5-5-1784-?) lui donne son nom actuel] B4, GP-19, M3 (3 de 1953 à 1982) ; *A la Grille St-Honoré* B1 ; *Saudade* B1, GC-13 ; *Le Meurice* B1, GP-15, M1 ; *Le Ritz Espadon* (Guy Legay) GP-17, M1 ; *Pierre au Palais-Royal* B1, GC-14. **IIe.** *Le Céladon* B1, GC-15, M1 ; *Drouant* [Éric Briffard (avant : Louis Grondard)] B2, GC-14, M1 ; *Isse* B2, GC-15. **IIIe.** *L'Ami Louis* GA-17 ; *L'Ambassade d'Auvergne* B1, GA-14. **IVe.** *L'Ambroisie* (Pacaud) B4, GP-19, M3 ; *Benoît* GA-16, M1 ; *L'Osteria* GC-15. **Ve.** *Mavrommatis* B1, GC-13 ; *Au Pactole* GA-13 ; *La Tour d'Argent* [1] Bernard Guilhaudin depuis 1-5-1996 (avant : Manuel Martinez) B2, GP-16 (en 1996), M2 (3 de 1933 à 1951, puis de 1953 à 1995), racheté par Frédéric Delair (spécialité : canard au sang, servi numéroté depuis 1890 : *1890* canard no 328, servi au prince de Galles, futur Edouard VII ; *1900* no 6 043 au grand-duc Vladimir de Russie ; *1914* no 40 362 à Alphonse XIII ; *1929* no 112 151 à Franklin Roosevelt ; *1948* no 185 397 à la Pcesse Elizabeth ; *1976-17-3* 500 000e canard, lâché du toit avec, à la patte, une invitation pour 2 pers. ; Claude Terrail (4-12-1917) ; **VIe.** *Jacques Cagna* B2, GP-?, M1 ; *Hélène Darroze* B1, GC-15 ; *Le Paris* B2, GP-14, M1 ; *Relais Louis XIII* B2, M2 ; *La Rôtisserie d'en face* (Jacques Cagna) GA-12. **VIIe.** *Arpège* (Passard) B4, GP-18, M3 ; *Le Bamboche* B2, GC-15 ; *Bellecour* B2, GC-14, M1 ; *Le Bourdonnais-La Cantine des Gourmets* B1, GC-17 depuis 1986, M1 ; *Le Divellec* B2, GC-17, M2 ; *La Ferme Saint-Simon* B1, GC-13 ; *Jules Verne* (2e tour Eiffel, alt. 125 m) B3, GP-15, M1 ; *Le Violon d'Ingres* B2, GC-16, M1 ; *Petrossian* GC-16 ; *Le Récamier* GC-14, M1 ; *Paul Minchelli* B2, GC-17, M1. **VIIIe.** *L'Astor* GP-17, M2 ; *Les Ambassadeurs* (Hôtel de Crillon, D. Bouchet) B3, GP-16, M2 ; *Bristol* B3, GP-17, M2 ; *Chiberta* B2, GC-15, M1 ; *Le Cinq-Four Seasons George V* B2, GP-15, M2 ; *Le Clovis-Pullman Windsor* B2, GC-15 ; *Le Copenhague* B1, M1 ; *Les Élysées du Vernet*, B3, GP-18, M2 ; *Fouquet's* GC-11 ; *Le Grenadin* B1, GC-14 ; *Lasserre* (René Lasserre) B3, GP-15, M2 ; *Laurent* B3, GP-18, M2 ; *Ledoyen* B3, GP-18, M2 ; *Lucas-Carton* (Alain Senderens) B3, GP-17, M3 ; *La Luna* B2, M1 ; *Maison Blanche* B2, GC-16 ; *La Marée* B2, GP-15, M1 ; *Marius et Janette* B1, GC-15, M1 ; *Maxim's* (fin XVIIIe s. glacier Imoda ; *1890-14-7* saccagé car drapeau allemand, parmi d'autres, sur la façade ; Maxime Gaillard et Georges Evernaert le rachètent ; *1893 Maxim's et Georges* ouvre, le succès tarde, Georges se retire ; *1895* Maxime † ; repris par Cornuché et Chauveau) B2, GP-14 ; *Pierre Gagnaire* B3, GP-19, M3 ; *Plaza Athénée* (Alain Ducasse) B4, GP-?, M3 ; *Royal Monceau-Le Jardin* B2, GP-17, M1 ; *Stella Maris* B2, GC-16 ; *Taillevent* (J.-C. Vrinat, fondé 1946, *CA* 33 millions de F, cave 300 000 bouteilles) B4, GP-19, M3 depuis 1973 ; *Yvan* GC-12. **IXe.** *La Table d'Anvers* B1, GC-15, M1 ; *L'Œnothèque* B1, GA-13 ; *Opéra Restaurant* M1 ; *Les Muses* B1, GC-14, M1. **XIe.** *L'Aiguière* B1, GC-13 ; *A Sousceyrac* B1, GA-13. **XIIe.** *L'Oulette* B1, GC-15 ; *Au Pressoir* B2, GC-13, M1 ; *La Gourmandise* GC-12 ; *Au Trou Gascon* B2, GC-15, M1. **XIIIe.** *Le Petit Marguery* B1, GA-13. **XIVe.** *L'Assiette* GA-14 ; *La Cagouille* B1, GA-13 ; *La Régalade* B2, GA-15 ; *Le Dôme* GC-15 ; *Le Duc* B1, GC-17, M1 ; *L'O à la Bouche* B1, GC-13 ; *Montparnasse 25* B2, GP-15, M1 ; *Le Pavillon Montsouris* GC-13. **XVe.** *Benkay* B2, GC-14 ; *Bistro d'Hubert* GA-14 ; *Les Célébrités* B2, GP-15, M1 ; *Chen* M1 ; *Clos Morillons* B1, GC-15 ; *Morot-Gaudry* B2 ; *Le Relais de Sèvres* B1, GC-?. **XVIe.** *Conti* B1, GC-15 ; *Faugeron* (Henri Faugeron) B3, GP-17, M2 ; *La Fontaine d'Auteuil* B1, GC-12 ; *La Grande Cascade* B2, GP-17, M1 ; *Jamin* B3, GP-17, M2 ; *Le Pergolèse* B2, GC-13, M1 ; *La Petite Tour* B1 ; *Le Pré Catelan* B4, GP-18, M2 ; *Port-Alma* B1, GC-15, M1 ; *Le Relais d'Auteuil* B2, GC-16, M2 ; *Tang* M1. **XVIIe.** *Amphyclès* B2, GC-16 ; *Apicius* B3, GC-17, M2 ; *Les Béatilles* B2, GC-16 ; *La Braisière* B1, GC-13, M1 ; *Augusta* GA-13 ; *Faucher* B2, GC-15, M1 ; *Graindorge* B2, GC-15 ; *Guy Savoy* B4, GP-19, M2 ; *Paolo Petrini* B1, GA-15 ; *Petrus* GC-13 ; *Michel Rostang* B3, GP-18, M2 ; *Le Petit Colombier* B1, GC-15 ; *Le Sormani* B2, GC-15, M1 ; *Taïra* B1, GC-15 ; *La Toque* B1, GC-13 ; *Le Timgad* GC-13, M1. **XVIIIe.** *Beauvilliers* (Édouard Carlier) B2, GP-14, M1 ; *Le Cottage Marcadet* B1, GC-13. **XIXe.** *Pavillon Puebla* (Christian Vergès) B1, GC-13.

■ **Banlieue et province. Agde** (Hérault) *La Tamarissière* B2, GC-14. **Agen** (L.-et-G.) *L'Aubergade* (à Puymirol) B3, GP-16, M2. **Aïnhoa** (Pyr.-Atl.) *Ithurria* B1, GP-15, M1. **Aix-en-Provence** (B.-du-Rh.) *Clos de la Violette* B2, GC-16, M2. **Ajaccio** (Corse) *La Toque impériale-Éden Roc* B2. **Albertville** (Savoie) *Million* GC-15. **Amboise** (I.-et-L.) *Le Choiseul* B1, GC-16, M1. **Ammerschwihr** (Ht-Rh.) *Aux Armes de France* B1, GP-14, M1. **Ampus** (Var) *Fontaine d'Ampus* B1, GC-14, M1. **Andelys (Les)** (Eure) *Chaîne d'or* B1, GC-12, M1. **Annecy** (Hte-Savoie) *L'Atelier gourmand* B1, GC-16, M1 ; *Le Belvédère* GC-14; *Le Clos des Sens* B2, GC-15, M1 ; *Auberge de L'Éridan* à Veyrier-du-Lac (Marc Veyrat) B4, GP-19, M3 ; *l'Amandier* GC-14. **Annemasse** (Hte-Savoie) *Le Refuge des Gourmets* B2. **Antibes** (A.-M.) *Bacon* B2, M1. **Arbois** (Jura) *Jean-Paul Jeunet* B2, GC-16, M2. **Arras** (P.-de-C.) *La Faisanderie* B1, GC-15. **Asnières-sur-Seine** (Hts-de-S.) *Le Van Gogh* B2, GC-14. **Auch** (Gers) *Restaurant gourmand du terroir* [Roland Garreau, ex-*Hôtel de France* (André Daguin)] GC-14. **Aumont-Aubrac** (Lozère) *Prouhèze* B1, GC-15, M1. **Auray** (Morbihan) *La Closerie de Kerdrain* B2, GC-16. **Auxerre** (Yonne) *Jean-Luc Barnabet* B2, GC-15, M1 ; *La Chamaille* (à Chevannes) GC-14. **Avignon** (Vaucluse) *L'Europe-La Vieille Fontaine* B1, GC-15, M1 ; *Le Grangousier* GC-14 ; *La Mirande* GC-16, M1 ; *Brunel* GC-14 ; *Hiély-Lucullus* B1, GC-15 ; *L'Isle sonnante* B1, GC-13, M1 ; *Christian Étienne* B2, GP-16, M1 ; *Auberge de Cassagne* (au Pontet) B2, GP-15, M1 ; *Le Jardin des Frênes* (à Montfavet) B1, GC-14. **Baerenthal** (Moselle) *L'Arnsbourg* B3, GC-16, M2. **Bagnols/Cèze** (Gard) *Jardin de Montcaud* GC-15. **Balleroy** (Calvados) *Manoir de la Drôme* M1. **Barbizon** (S.-et-M.) *Le Bas-Bréau* GP-15. **Baule (La)** (L.-A.) *Castel Marie-Louise* B1, GC-14, M1. **Baux-de-Provence (Les)** (B.-du-Rh.) *La Cabro d'or* B2, GC-15, M1 ; *La Riboto de Taven* B1 ; *Oustaù de Baumanière* [Raymond Thuillier (1897/20-6-1993), Jean-André Charial, son petit-fils] B4, GP-16, M2. **Bayeux** (Calvados) *Le Lion d'Or* GC-12. *Château de Sully* (à Audrieu) M1. **Bayonne** (Pyr.-Atl.) *Le Cheval Blanc* B1, GC-16, M1 ; *François Miura* B1, GC-15. **Beaulieu-sur-Mer** (A.-M.) *Le Métropole* B1, GC-14 ; *La Réserve de Beaulieu* B2, GP-16, M2. **Beaune** (C.-d'Or) *Bernard Morillon* B1 ; *Ermitage Corton* (à Chorey-lès-Baume) GC-15 ; *Hostellerie de Levernois* (à Levernois) B2, M1 ; *Jardin des remparts* B1, GC-16, M1. **Belcastel** (Aveyron) *Le Vieux Pont* B2, GC-16, M1. **Belfort** *Hostellerie du Château Servin* B1 ; *Le Sabot d'Annie* (à Offemont) B1, GC-13, M1. **Belle-Église** (Oise) *La Grange de Belle-Église* B2, GC-15, M1. **Bénodet** (Finistère) *Ferme du Letty* M1. **Besançon** (Doubs) *Mungo-Park* B2, GC-17, M1. **Béthune** (P.-de-C.) *Meurin* B3, GP-17, M2. **Béziers** (Hérault) *Château de Lignan* M1 ; *Le Framboisier* B1, GC-12. **Biarritz** (Pyr.-Atl.) *Café de Paris* B2, GC-16, M1 ; *Villa Eugénie* B2, GP-17 ; *Le Relais de Miramar* B2, GC-16 ; *Les Platanes* B1, GC-16, M1. **Bidart** (Pyr.-Atl.) *Les Frères Ibarboure* B2, GC-16, M1. **Billiers** (Morbihan) *Domaine de Rochevilaine* B1, GP-16, M1. **Biot** (A.-M.). *Auberge du Jarrier* B1, GA-13 ; *Les Terraillers* B1, GC-15. **Blois** (L.-et-C.) *L'Orangerie du Château* B1, GC-15, M1 ; *Au Rendez-vous des Pêcheurs* B1, GA-14. **Boismorand** Les Bézards (Loiret) *Auberge des Templiers* (Philippe Dépée) B3, GP-16, M1. **Bonlieu** (Jura) *La Poutre* B1, GA-13. **Bordeaux** (Gironde) *Le Chapon fin* (Francis Garcia) B2, GP-16, M1 ; *Jean Ramet* B3, GC-16, M1 ; *Les Plaisirs d'Ausone* B2, GC-15, M1 ; *Pavillon des Boulevards* B2, GC-17, M1 ; *Didier Gelineau* B2, GC-15, M1 ; *Le Vieux Bordeaux* B1, GC-15 ; *Marc Demund* (à Carbon-Blanc) B2, GC-14 ; *Amat* (Jean-Marie Amat) M1. **Bouilland** (C.-d'Or) *Le Vieux Moulin* B2, GC-16, M1. **Boulogne-Billancourt** (Hts-de-S.) *Au Comte de Gascogne* B2, GC-16, M1. **Boulogne-sur-Mer** (P.-de-C.) *La Matelote* B1, GC-15, M1. **Bourbon-Lancy** (S.-et-L.) *Le Manoir de Sornat* B2, GC-15, M1. **Bourbon-L'Archambault** (Allier) *Les Thermes* B1. **Bourges** (Cher) *Philippe Larmat* B2, GC-16 ; *L'Abbaye Saint-Ambroix* B1, GC-15, M1 ; *Le Jardin Gourmand* B1, GC-14. **Bourget-du-Lac (Le)** (Savoie) *Lamartine* GC-14, M1 ; *La Grange à sel* B1, GC-14, M1 ; *Le Bateau ivre* B3, GC-16, M2. **Bourgoin-Jallieu** (Isère) *Chavancy* B1, GC-13 ; *Laurent Thomas* B3, GC-16, M1. **Bracieux** (L.-et-C.) *Bernard Robin* B1, GP-17, M2. **Brantôme** (Dord.) *Moulin de l'Abbaye* B3, GC-16, M1. **Brinon-sur-Sauldre** (Cher) *Solognote* B1, GC-13. **Briollay** (M.-et-L.) *Château de Noirieux* B2, GP-16, M1. **Brive-la-Gaillarde** (Corrèze) *Château de Castel Novel* (à Varetz) B1 ; *La Crémaillère* GC-12. **Caen** (Calvados) *La Bourride* B3, GC-16, M2 ; *Le Pressoir* B2, GC-14. **Cagnes-sur-Mer** (A.-M.) *Le Cagnard* B1, GC-16, M1 ; *Josy-Jo* GC-14, M1 ; *Entre cour et jardin* GC-13 ; *La Table d'Yves* B1, GA-15 ; *Réserve « Loulou »* GC-16, M1. **Cahors** (Lot) *Le Balandre* B2, GC-16, M1 ; *Château de Mercuès* (à Mercuès) B1, GP-14 ; *Marco* (à Lamagdelaine) B2, GC-16, M1. **Callas** (Var) *Les Gorges de Pennafort* B1, GP-16, M1. **Calvi** (Corse) *La Villa* B3, GC-15. **Calvinet** (Cantal) *Le Beauséjour-Louis Bernard Puech* B1, GC-14, M1. **Cancale** (I.-et-V.) *Maison de Bricourt* (Olivier Rœllinger) B4, GP-19, M2. **Cannes** (A.-M.) *La Palme d'Or* (hôtel Martinez) B3, GP-17, M2 ; *Le Royal Gray* GC-14 ; *La Belle Otéro* B2, GP-17, M2 ; *Villa des Lys* (hôtel Majestic) B1, GP-18, M1. **Carcassonne** (Aude) *La Barbacane-Hôtel de la Cité* B2, GC-17 ; *Le Domaine d'Auriac* B1, GC-14, M1. **Carry-le-Rouet** (B.-du-Rh.) *L'Escale* B1, GC-14, M1. **Cavaillon** (Vaucluse) *Nicolet* GC-14 ; *Préxot* B1, GC-14. **Céret** (Pyr.-Or.) *Terrasse au Soleil-La Cerisaie*. **Cernay-la-Ville** (Yv.) *La Table du prieur – Abbaye des Vaux de Cernay* GP-13. **Chablis** (Yonne) *Hostellerie des Clos* B2, GC-16, M1. **Chagny** (S.-et-L.) *Lameloise* (Jacques Lameloise) B4, GP-19, M3. **Châlons-en-Champagne** (Marne) *Jacky Michel-Hôtel d'Angleterre* B2, GC-15, M1. *Aux Armes de Champagne* (à l'Épine) B1, GC-15. **Chalon-sur-Saône** (S.-et-L.) *Le Moulin de Martorey* B1, GC-16, M1 ; *Saint-Georges* B2, M1 ; *Jean Bouthenet* B1. **Chambéry** (Savoie) *L'Essentiel* B1, GC-15. **Chamonix** (Hte-Savoie) *Albert Ier* B2, GC-18, M2. **Champtoceaux** (M.-et-L.) *Jardins de la Forge* B2, GC-16, M1. **Château-Arnoux** (A.-Hte-Pr.) *La Bonne Étape* (Pierre Gleize) B3, GC-16, M1. **Châteaumeillant** (Cher) *Piet à Terre* B1, GC-14, M1. **Chauny** (Aisne) *Toque Blanche* GC-15, M1. **Chinon** (I.-et-L.) *Au Plaisir Gourmand* B2, GC-16, M1 ; *Château de Marçay* (à Marçay) GC-16. **Clermont-Ferrand** (P.-de-D.) *Clavé* B1, GC-16 ; *Gérard Anglard* B1, GC-15 ; *Hôtel Radio* (à Chamalières) B2, GC-15, M1 ; *Bernard Andrieux* (à Durtol) B2, GC-16, M1. **Clisson** (L.-A.) *La Bonne Auberge* B1, GC-14, M1. **Colmar** (Ht-Rhin) *Au Fer rouge* B3, GC-15, M1 ; *Rendez-vous de chasse* GC-13, M1. **Colroy-la-Roche** (Bas-Rhin) *Les Princes de Salm* B2, GC-14, M1. **Commentry** (Allier) *Michel Rubod* B2, GC-15. **Compiègne** (Oise) *Alain Blot* B1, GC-15, M1. **Cordes** (Tarn) *Le Grand Écuyer* B2, GC-14, M1. **Cormeilles-en-Vexin** (V.-d'O.) *Relais Ste-Jeanne* (Gérard Cagna) B3, GC-16, M2. **Cosne-Cours-sur-Loire** (Nièvre) *Le Sévigné* B1. **Couilly-Pont-aux-Dames** (S.-et-M.) *Auberge de la Brie* GC-13, M1. **Courchevel** (Savoie) *Chabichou* B2, GC-18, M2 ; *Le Bateau ivre* B3, GC-16, M2. **Courtenay** (Loiret) *Le Gamin* (à Ervauville) GC-15, M1 ; *La Clé des champs* B1, M1. **Croisic (Le)** (L.A.) *Le Fort de l'Océan* B2, GC-15. **Deauville** (Calvados) *Le Ciro's* B1, GC-14 ; *Normandy-La Belle Époque* GC-14 ; *Le Spinnaker* GC-14. **Deux-Alpes (Les)** (Isère) *La Bérangère* GC-14 ; *Le P'tit Polyte* GC-14. **Dieppe** (S.-M.) *La Mélie* B1, GC-13. **Digne-les-Bains** (A.-Hte-Pr.) *Le Grand Paris* B1, GC-14. **Dijon** (C.-d'Or) *Billoux* B2, GP-18, M1 ; *Thibert* B3, GP-17, M1. **Dinan** (C.-d'A.) *la Caravelle* B2, GC-15. **Divonne-les-Bains** (Ain) *Grand Hôtel du domaine de Divonne-La Terrasse* B2, GC-15 ; *Château de Divonne* B2, GC-14, M1. **Épernay** (Marne) *Les Berceaux* B1, GC-15, M1 ; *La Briqueterie* (à Vinay) B1, GC-15, M1 ; *Royal Champagne* (à Champillon) B1, GP-15. **Épinal** (Vosges) *Les Ducs de Lorraine* B1, GC-16, M1. **Eugénie-les-Bains** (Landes) *Les Prés d'Eugénie* (Michel Guérard) B4, GP-19, M3 ; *La Ferme aux Grives* B1, GC-15. **Évian** (Hte-Savoie) *Café royal* B1, GC-15 ; *Le Gourmandin* B1, GC-14 ; *Les Prés Fleuris sur Évian* B1. **Eygalières** (B.-du-Rh.) *Bistrot d'Eygalières* B1, GC-15, M1. **Eyzies-de-Tayac (Les)** (Dord.) *Le Centenaire* B3, GP-17, M2. **Èze** (A.-M.) *Château Eza* B1, GP-14 ; *La Chèvre d'Or* B2, GP-17, M2. **Fère en-Tardenois** (Aisne) *Château de Fère* B1, GP-15. **Fleurie** (Rhône) *Auberge du Cep* B1, GA-13, M1. **Fleurines** (Oise) *Le Vieux Logis* GC-12. **Fontainebleau** (S.-et-M.) *L'Aigle noir-Le Beauharnais* B1. **Fontevraud-l'Abbaye** (M.-et-L.) *La Licorne* B2, GC-15. **Fontjoncouse** (Aude) *Auberge du Vieux Puits* B2, GC-16, M2. **Fontvieille** (B.-du-Rh.) *La Régalido* B1, GA-13, M1. **Forbach** (Moselle) *La Bonne Auberge* B3, GC-16, M1. **Fouillade (La)** [Aveyron] *Longcol* B2, GP-17. **Fougerolles** (Hte-Saône) *Au père Rota* B1, GC-16, M1. **Garenne-Colombes (La)** (Hts-de-S.) *Auberge du 14-Juillet* B1, GC-13. **Gérardmer** (Vosges) *Bas-Rupts* (hôtel *Chalet fleuri*) B2, GC-16, M1. **Gevrey-Chambertin** (C.-d'Or) *Les Millésimes* B2, GC-15, M1 ; *Rôtisserie du Chambertin* (Pierre Menneveau) GC-16. **Gien** (Loiret) *Le Rivage* B1, GC-14, M1. **Gordes** (Vaucluse) *Le Mas Tourteron* B1, GC-14. *Les Bories* GC-15, M1 ; *Le Mas des herbes blanches* (à Joucas) B2, GC-16 ; *Le Phébus* B1, GC-15. **Gouesnière (La)** (I.-et-V.) *Hôtel Tirel-Guérin* B2, GC-14, M1. **Gramat** (Lot) *Le Lion d'Or* B1, GC-14. **Grande-Motte (La)** [Hérault] *Alexandre* B1, GC-14. **Grasse** (A.-M.) *Bastide St-Antoine* B3, GP-17, M2. **Grau du Roi (Le)** (Gard) *Le Spinnaker* B2, GC-15. **Grenade-sur-l'Adour** (Landes) *Pain, Adour et Fantaisie* B1, GC-15, M1. **Grenoble** (Isère) *Pique-Pierre* (à St-Martin-le Vinoux) B1, GC-15 ; (à Uriage) *Les Terrasses d'Uriage* B2; GP-17. **Grimaud** (Var) *Les Santons* B1, M1. **Hendaye** (Pyr.-Atl.) *Le Bidassoa* (Thalasso Serge Blanco) GC-15 ; *Bakéa* (à Biriatou) B2, GC-15, M1. **Hennebont** (Morbihan) *Château de Locguénolé* B1, GP-17, M1. **Honfleur** (Calvados) *La Ferme St-Siméon* B2, GP-16, M1 ; *L'Assiette gourmande* B2, GC-16, M1. **Igé** (Saône-et-Loire) *Château d'Igé* GC-13, M1. **Ile de Ré** (Ch.-M.) *Le Richelieu* (à La Flotte-en-Ré) B1, GC-15, M1. **Illhaeusern** (Ht-Rh.) *Auberge de l'Ill* (Paul et Marc Haeberlin) B4, GP-17, M3. **Isle-Jourdain (L')** (Gers) *Puits St-Jacques* M1. **Isle-sur-la-Sorgue (L')** (Vaucluse) *La Prévôté* B1, GC-14, M1. **Issoudun** (Indre) *La Cognette* B2, GC-16, M1. **Jarnac** (Charente) *Restaurant du Château* B1, GC-15 ; *La Ribaudière* (à Bourg-Charente) B2, GC-15, M1. **Joigny** (Yonne) *A la Côte Saint-Jacques* (Michel Lorain) B4, GP-18, M2. **Juan-les-Pins** (A.-M.) *La Terrasse* (C. Morisset) B2, GP-18, M2 ; *Belles-Rives* B1, GC-16. **Kaysersberg** (Ht-Rh.) *Chambard* B2, GC-13. **Lacave** (Lot) *Château de la Treyne* GC-14, M1 ; *Le Pont de l'Ouysse*

Restauration collective, fast-foods et traiteurs

En Europe

■ **Principaux groupes de restauration collective. Chiffre d'affaires** (en milliards de F HT, 1996) : Sodexho [1] 19,21, Compass Groupe [2,6] 15, Bercy Management [1] 6,14, Granada [2,6] 4,8, Aramark [3,6] 3,2, SHRM (SHR) [1] 2,07, SV Services [4] 1,76, Pedus [5] 1,57, Groupe Apetito [5,6] 1,3, Sogeres [1] 1,23.

Nota. – (1) France. (2) G.-B. (3) USA. (4) Suisse. (5) Allemagne. (6) Estimation. *Source :* NRM.

En France

■ **Débits de boissons** (cafés, bistrots, en milliers). *1910 :* 510 ; *60 :* 200 ; *80 :* 107 ; *90 :* 70 ; *92 :* 57. **Restauration hors foyer. Nombre de repas servis par an :** 6,3 milliards. **Nombre d'établissements par secteur et,** entre parenthèses, **nombre de repas/an** (en millions) : restaurants et cafés-restaurants 97 049 (912), enseignement 61 259 (1 086), travail 40 493 (496), hôtels-restaurants 34 028 (542), santé, social 10 787 (1 004), restauration rapide 1 730 (260), cafétérias 900 (226), divers (453).

■ **Restauration collective. Chiffres d'affaires** (en millions d'euros, 2000) **et,** entre parenthèses, **nombre de restaurants.** Sodexho 1 400 (4 957), Avenance 1 000 (3 110), Compass 900 (2 911), Score 94 (285), Api 65 (448), LRP 61 (126), Alsacienne de restauration 46 (215), Ansemble 44 (201), Dupont restauration 41 (230), Multi restaurants services 22 (69).

■ **Restauration commerciale en France. Chiffres d'affaires** (en millions d'euros, 2000) **et,** entre parenthèses, **groupe.** McDonald's (McDonald's) 1 753, Quick (GIB), Agapes restauration (Auchan) 486, Eliance (Elior) 465, Servair 450, Groupe Flo (Flo) 386, Groupe Buffalo Grill (Buffalo Grill) 341, Casino cafétérias (Casino) 293, Groupe Leduff (Leduff) 240, Groupe Holder (Holder) 184.

■ **Répartition par type de collectivité. Nombre d'établissements et,** entre parenthèses, **% de repas principaux/petits déjeuners servis** (en 1998) : 65 000 dont enseignement 28 400 (37,8/10,49), santé/social 11 300 (34,89/69,01), autres 10 300 (8,9/19,34).

☞ **Sodexho. Chiffres d'affaires et résultat net** (en milliards de F) : *1990-91 :* 8,91 (0,2) ; *95-96 :* 24,96 (0,6) ; *96-97 :* 29,5 (0,5) ; *97-98* (consolidé) : 41,1 (0,55) ; *98-99* (est.) : 58,5 (0,86) ; *99-2000 :* 68,9 (0,99). **Répartition par activités** (en %) : restauration et services 97 (y compris la gestion de bases-vie), chèques et cartes de services 2, tourisme fluvial et portuaire 1. **Par zones géographiques** (en %) : Amérique du Nord 48, G.-B. et Irlande 16, *France 12,* Amérique latine 4, reste du monde (Afrique, Asie, Océanie) 3, autres pays d'Europe 17. **Effectifs :** 286 000 personnes de 90 cultures différentes.

■ **Chaînes de restaurants. Nombre de chaînes** (en 1996) : 79 dont *ayant moins de 10 restaurants :* 31 ; *de 11 à 50 :* 31 ; *de 51 à 100 :* 8 ; *plus de 101 :* 9. **Nombre de restaurants** (en 2000) : 4 458. **Chiffre d'affaires des principales chaînes** (en milliards de F, 1997 ; *source :* Gira SIC) : McDonald's 7,99, Quick 2,93, Casino-Marest 2,3, Flunch 1,8, Buffalo Grill 1,5, Taverne de Maître Kanter 0,67, Bistro Romain 0,62, Arche 0,57, Cora 0,56, Paul 0,55. **Part de marché en nombre de restaurants et,** entre parenthèses, **en chiffre d'affaires** (en %, 1998) : restauration rapide à la française 31,2 (10,1), avec service à table 26,6 (26,8), rapide anglo-saxonne 26,2 (42,8), self service 16 (20,3).

■ **Restauration à thème. Nombre de restaurants** (en 2000) : **Buffalo Grill :** 217 (détient aussi Bistrot d'Augustin et Victoria Pub) ; **groupe Flo** Hippopotamus 42, restaurant Flo 33 (détient aussi les brasseries Petit Bofinger et « Les adresses Jean-Paul Bucher », le traiteur Raynier et Marchetti et 12 Café Flo à Londres) ; **Léon de Bruxelles :** 35 (dont 4 en franchise).

■ **Fast-food (restauration rapide). Tricon (Pizza Hut, Kentucky Fried Chicken, Taco Bell) :** 30 417 restaurants dans 102 pays dont Pizza Hut 12 084, KFC 11 338, Taco 6 995. *Chiffre d'affaires (en 2000) :* 22 milliards de $. **McDonald's :** *1937* drive-in de hamburgers ouvert à San Bernardino (près de Pasadena, Californie) par 2 frères, Maurice (dit Mac, † 1971) et Richard (dit Dick, 1909-98) MacDonald. *1948* devient « speeder service system ». *1962* vendu à Ray Kroc. *1er restaurant ouvert : 1955* (15-4) à Des Plaines (USA, près de Chicago) par Ray Kroc ; *1979* en France (Strasbourg). *25 000e :* le 19-8-1999. *Chiffre d'affaires ventes (en 2000) :* 300 milliards de F dont hors USA 49 %. *Restaurants (au 31-12-1999) :* USA 12 500, reste du monde 14 300 [dont Japon 3 000, Canada 1 200, Allemagne 1 000, G.-B. 900, France 791 (dont 658 franchisés), Australie 700, Brésil 700, autres 6 009]. *Employés :* 30 000 en France. *Clients :* 45 millions/j. **Accor** (voir p. 1747 a). **Casino Cafétéria :** 232 restaurants. *Chiffre d'affaires (en 2000) :* 1,83 milliard de F. **Quick :** *créé* 1971 en Belgique, 1980 Aix-en-Provence. A racheté O'Kitch en 1986 et Free Time en 1988. *2000 :* 426 restaurants dans 6 pays ; 2e en France avec 311 restaurants. *Chiffre d'affaires : 2000 :* 4,3 milliards de F ; *2000 :* 3,4 en France. *Employés :* 16 000 (dont France 12 000). **Burger King :** *créé* 1954 en Floride, 1980 à Paris ; 10 260 restaurants dans 54 pays. *1996 :* 3e en France ; *fin 1997* ferme tous ses restaurants en France. *Chiffre d'affaires (en 1998) :* 58 millions de F. **Buffalo Grill :** 217 restaurants en France et en Europe. *Chiffre d'affaires (en 2000) :* 2,45 milliards de F. **Flunch/Miami/Rondo/Mélodine :** 155 restaurants en France. *Chiffre d'affaires (en 2000) :* 2,4 milliards de F. **Boulangeries Paul :** *créées* à Lille par Francis Holder (Pt), 250 boutiques en France (dont 80 avec restauration) et 30 à l'étranger. *Chiffre d'affaires (en 2000) :* 1,47 milliard de F.

☞ Le *hamburger* viendrait du steak de bœuf haché à la hambourgeoise (plat servi à bord des navires de la Hapag reliant Hambourg aux USA à la fin du XIXe s.). On en aurait vendu la 1re fois en 1904, lors d'une exposition en Louisiane (*1920* 1res boutiques spécialisées au Texas). Le *sandwich* vient du nom de l'amiral anglais John Montagu, comte de Sandwich (1718-92).

En 1997, les Français ont consommé 8 fois plus de sandwiches que de hamburgers et pris 1 repas sur 4 dans une chaîne de restauration (USA : 3 sur 4).

■ **Traiteurs. Nombre :** 10 000. **Plus gros chiffres d'affaires** (en millions de F, 1992) : Lenôtre 250 (*1995 :* 435) ; Potel et Chabot 167,5 ; Raynier-Marchetti 122 ; Saint Clair 75,6 ; Dalloyau 69,5 ; Duval Traiteur 41 ; Noël Traiteur 36 ; Riem-Becker 32,6 ; Scott 26.

■ **Quelques dates.** L'*Hôtel de la Couronne* (1345) à Rouen et l'*Hostellerie de la Croix d'or* (XIIIe s.) à Provins se disent les plus anciennes auberges de France. **1450** *la Tour d'Argent place de la Bastille :* taverne proche de la tour du Trésor de la forteresse. Comprise dans le grand chantier de l'Opéra-Bastille, elle fut reconstruite, mais, en 1989, par décision de justice, fut obligée de changer de nom et prit celui des « Grandes Marches ». **1582** *La Tour d'Argent* du quai de la Tournelle : hôtellerie où couchaient les voyageurs arrivés trop tard pour pénétrer dans Paris (les portes étaient fermées au coucher du Soleil). **1623** apparition du terme « gastronomie » dans la traduction d'un poème épicurien ; celui de « gourmandise » l'emporte cependant. **1686** *Le Procope :* 1er débit de café, ouvert par Francesco Procopio dei Cottelli. **Fin XVIIe s.** succès des guinguettes, de *ginguer,* « sauter », « danser », donne *guinguet,* « petit vin, aigre et suret ». **Vers 1765-1776** Boulanger (dit Champ d'Oiseau) ouvre à Paris rue des Poulies (rue du Louvre) le 1er établissement où l'on n'accepte que des dîneurs : il donne le nom de « restaurat » à ses bouillons chauds (restaurat signifiant aliment d'appétit). Restaurat et restaurant se confondirent. Plat favori : pieds de mouton à la poulette. Auparavant, cabarets et tavernes cuisinaient les victuailles que le client apportait, ou bien il fallait commander le dîner à l'avance. Rôtisseries et traiteurs étaient mal fréquentés et servaient une cuisine infecte. **1801** le terme « gastronomie » réapparaît et s'impose durablement (1803 : « gastronome »). **2de moitié du XIXe s.** « bouillons » inventés par Pierre-Louis Duval († 1870), boucher aux Halles (on n'y débitait que des bas morceaux de bœuf et leurs bouillons à petit prix) pour réchauffer et nourrir les travailleurs de la nuit et du petit matin. À sa mort, laisse à son fils Alexandre une véritable industrie (1re chaîne de restaurants en plein essor). *Imitateurs :* nombreux (dont Chartier). **1864** *Bofinger Paris :* la plus vieille brasserie (classée 1989). **1893** *Maxim's.* **Fin XIXe s.** Louis Fouquet achète un estaminet, *le Criterion,* et, imitant Maxime Gaillard (qui avait anglicisé son prénom en créant Maxim's), le baptise *Fouquet's.* **1901** *Train Bleu :* gare de Lyon.

■ **Quelques cuisiniers et gourmets célèbres, ouvrages** en italique. **Beeton** Isabella (Angl., 1836-65) : *Household Management* (1860). **Brazier (La mère)** (1895-1977). **Briffault** Eugène (1799-1854) : *Paris à table* (1846). **Brillat-Savarin** Jean-Anthelme (2-4-1755/2-2-1826, magistrat) : *la Physiologie du goût* (1825). Son nom fut donné à un fromage par Henri Andromet, fait à Forges-les-Eaux. **Brisse** (baron, 1813-76). **Caillat** Apollon (1857-n.c.) : *150 Manières d'accommoder les sardines* (1898). **Carême** Antonin (1783-1833) : *l'Art du cuisinier* (1814), *le Pâtissier royal* (1815), *le Pâtissier pittoresque* (1815), *le Maître d'hôtel français ou Parallèle de la cuisine ancienne et moderne* (1822), *le Cuisinier prussien* (1828). **Curnonsky** (Maurice-Edmond Saillant, dit ; Angers 12-10-1872/22-7-1956, tombé par la fenêtre rue Laborde) : élu « prince des gastronomes » en mai 1927 (référendum organisé par Paris-Midi, 8 000 réponses) ; fonda l'Académie des gastronomes le 23-3-1928. **Delaveyne** Jean (1917-96). **Dubois** Urbain et **Bernard** Émile : *la Cuisine classique* (1856). **Dugléré** Alphonse (1805-84). **Dumas** Alexandre, père (1802-70) : *Grand Dictionnaire de cuisine.* **Escoffier** Auguste (28-10-1846/1935) : *le Livre des menus* (1912), avec **Gilbert et Caillat :** *Guide culinaire.* **Farmer** Fannie (USA, 1857-1915) : *The Boston Cooking School Cook Book.* **Favre** Joseph (1849-1903). **Gilbert** Philéas (1857-1943). **Glasse** Hannah (1708-70) : *The Art of Cookery Made Plain and Easy* (1747). **Gouffé** Jules (1807-77). **Grimod de La Reynière** Alexandre (1758-1837) : *Almanach des gourmands* (1802). **Guillot** André (1908-93) : *la Grande Cuisine bourgeoise* (1976), *la Vraie Cuisine légère* (1981). **La Varenne (de)** Pierre François (vers 1615-78) : *le Cuisinier françois* (1651). **Leonardi** Francesco (It., travaille 1750-90) : *L'Apicio moderno* (1790). **Martino** (It., travaille vers 1450-75) : *De honesta voluptate et valetudine.* **Menon** (travaille vers 1740-55) : *la Cuisinière bourgeoise* (1746). **Monselet** Charles, relanceur de l'*Almanach des gourmands* de 1860 à 1864. **Montagné** Prosper (1865-1948). **Nignon** Édouard (1865-1935) : *les Éloges de la cuisine française, l'Heptaméron des gourmets ou les Délices de la table.* **Oliver** Raymond (1909-90) : chef du Grand Véfour ; émission télévisée avec Catherine Langeais. **Pic** André (1893-1992). **Poulard (La mère) :** auberge ouverte 1888 : « St-Michel Tête d'Or ». *Successeur :* Éric Vannier. **Scappi** Bartolomeo (travaille vers 1540-70) : *Opera.* **Simmons** Amelia (USA, travaille 1796) : *American Cookery* (1796). **Soyer** Alexis (Angl., 1809-58) : *A Shilling Cookery for the People.* **Taillevent** (Fr., vers 1312-95). **Vatel** François [14-6-1631/24-4-1671 s'est suicidé d'un coup d'épée au château de Chantilly, chez le Pce de Condé ; maître d'hôtel, il n'avait pas prévu assez large pour le dîner (une table avait manqué de rôti) et crut que le lendemain il manquerait de poisson].

☞ Voir aussi **Confréries gastronomiques** à l'Index.

■ **Écoles de gastronomie. Le Cordon bleu :** école de cuisine et de pâtisserie françaises fondée à Paris en 1895 par Mlle Marthe Distel. *Origine du nom :* Louis XV, invité par la Du Barry, demande à voir le cuisinier pour le complimenter. Mme du Barry répond : « C'est une cuisinière, et vous devriez la faire Cordon-Bleu ! » (nom donné aux membres de l'ordre du St-Esprit en 1578). 18 écoles dans 11 pays, à Paris, Londres depuis 1933, Tokyo (1991), en Amérique du Nord (1988), en Australie (1996), au Brésil, Mexique, etc. 80 chefs permanents pour la plupart issus de restaurants étoilés, 50 nationalités différentes, environ 170 amateurs et professionnels (Grand Diplôme) formés chaque trimestre. Des milliers d'amateurs et de touristes inscrits aux cours gourmets. Cours ouverts au public, initiation à l'œnologie. Ligne de produits d'épicerie fine et de cadeaux. Publication d'ouvrages culinaires multilingues pour amateurs et professionnels. Festivals annuels gastronomiques dans le monde. Réseau de restaurants et boulangeries et nombreux accords de licence. **École de gastronomie Ritz-Escoffier :** créée par le chef Auguste Escoffier (voir ci-dessus), engagé en 1880 par César Ritz (voir p. 1746 a).

B1, GP-16, M1. **Laguiole** (Aveyron) *Michel Bras* B3, GP-19, M3. **Langon** (Gironde) *Claude Darroze* B3, GC-15, M1. **Lannion** (C.-d'A.) *Ville blanche* B1, GC-15, M1. **Laval** (Mayenne) *Bistro de Paris* B2, GC-16, M1. **Lembach** (Bas-Rh.) *Auberge du Cheval blanc* B3, GC-16, M2 ; *Le Château de Ligny* B1, GC-16. **Lille** (Nord) *Le Sébastopol* B2, GP-16. *A l'Huîtrière* B2, GP-16, M1 ; *La Laiterie* (à Lambersart) B1, GP-15. **Limoges** (Hte-Vienne) *Philippe Redon* B2, GC-15. **Lons-le-Saunier** (Jura) *Auberge de Chavannes* (à Courlans) B2, GC-16, M1. **Lorgues** (Var) *Chez Bruno* B1, GC-16, M1. **Lorient** (Morbihan) *L'Amphitryon* (à Keryado ; Jean-Paul Abadie) B2, GC-17, M1. **Lourmarin** (Vaucluse) *La Fenière* B2, GC-17, M1. *Le Moulin* B2, GC-17, M2. **Lumbres** (P.-de-C.) *Moulin de Mombreux* B2, GC-14. **Lunéville** (M.-et-M.) *Château d'Adoménil* (à Rehainviller) B2, GC-16, M1. **Lyon** (Rhône) *Christian Têtedoie* GC-15, M1 ; *Le Fedora* B1, GC-15 ; *Léon de Lyon* B3, GP-18, M2 ; *La Mère Brazier* (ouvert 10-4-1921 par Eugénie Brazier) B1, GC-14, M1 ; *Pierre Orsi* B3, GC-16, M1 ; *Le Passage* GC-13 ; *La Romanée* B1, GA-13 ; *La Tour rose* B2, GP-16, M1 ; *L'Alexandrin* B2, GC-15, M1 ; *Auberge de l'île* B1, GC-14, M1 ; *L'Auberge de Fond-Rose* (à Caluire-et-Cuire) GC-13 ; *Guy Lassausaie* (à Chasselay) B2, GC-16, M1 ; *Bocuse* (à Collonges-au-Mont-d'Or, Paul Bocuse) B3, GP-*, M3 ; *Larivoire* (à Rillieux-la-Pape) B2, GC-15, M1 ; *La Rotonde* (à La Tour-de-Salvagny) B3, GP-17, M2. **Mâcon** (Saône-et-Loire) *Pierre* B1, GC-13, M1. **Magescq** (Landes) *Relais de la Poste* B3, GC-16, M2. **Maisons-Laffitte** (Yv.) *Le Tastevin* B2, GC-16, M1. **Mandelieu-la-Napoule** (A.-M.) *L'Oasis* B3, GC-16, M2. **Manosque** (A. Hte-Pr.) *Dominique Bucaille* B2, GC-15 ; *Hostellerie de la Fuste* (à La Fuste) B2, GC-14, M1. **Le Mans** (Sarthe) *Auberge des Mafeux* B2, GC-15. **Marlenheim** (Bas-Rh.) *Le Cerf* B3, GC-17, M2. **Marsannay-la-Côte** (C.-d'Or) *Les Gourmets* B2, GC-16, M1. **Marseille** (B.-du-Rh.) *René Alloin* GC-13 ; *Passédat* B3, GC-15, M2 ; *Le Miramar* GC-14, M1 ; *Michel-les-Catalans* B1, GC-13, M1 ; *Patalain* GC-12 ; *Les Trois Forts* (au Sofitel) GC-16. **Megève** (Hte-Savoie) *Les Fermes de Marie* GC-17 ; *La ferme de mon père* (Marc Veyrat) M3 ; *Chalet du Mont d'Arbois* B2, GP-16 ; *Flocons de sel* M1. **Mercurey** (S.-et-L.) *Hôtellerie du val d'Or* B1, GC-13, M1. **Mesnuls (Les)** (Yv.) *La Toque blanche* B2. **Metz** (Moselle) *La Dinanderie* B1, GC-14 ; *Le Jardin de Bellevue* GC-13 ; *Pampre d'Or* B1, GC-13, M1. **Mimizan** (Landes) *Au Bon Coin du Lac* B1, GC-15, M1. **Mionnay** (Ain) *Alain Chapel* B3, GP-18, M2. **Moissac** (T.-et-G.) *Le Pont Napoléon* B2, GC-14. **Molitg-les-Bains** (Pyr.-Or.) *Château de Riell* B1, GP-14. **Montargis** (Loiret) *La Gloire* B1, GC-14, M1. **Montbazon** (I.-et-L.) *Château d'Artigny* B1, GP-16 ; *La Chancelière* B2, GP-15. **Monte-Carlo** *Bar et Bœuf* GC-15, M1 ; *Louis XV-Alain Ducasse* B4, GP-19, M3 ; *La Coupole* (hôtel Mirabeau) B2, GC-15 ; *Le Grill de l'Hôtel de Paris* B1, M1 ; *Le Vitamar* B2, GC-16. **Montfort-l'Amaury** (Yv.) *L'Arrivée.* **Montignac** (Dord.) *Château de Puy-Robert* B1, GC-15, M1. **Montpellier** (Hérault) *Le Jardin des Sens* B2, GP-18, M3 ; *Le Chandelier* B2, GC-12 ; *L'Olivier* B1, GC-13, M1. **Montreuil** (P.-de-C.) *La Grenouillère* B2, GC-16, M1 ; *Château de Montreuil* B2, GC-16, M1. **Montrond-les-Bains** (Loire) *Hostellerie La Poularde* (Gilles Étéocle) B3, GC-16, M2. **Morteau** (Doubs) *La Roche* (à Grand'Combe-Chateleu) B1, GC-14, M1. **Moudeyres** (Hte-Loire) *Le Pré Bossu* B1, GC-15. **Mougins** (A.-M.) *Le Moulin de Mougins* (Roger Vergé) B2, GP-14. **Moulins** (Allier) *Jacquemart* B2, GC-14. **Moustiers-Ste-Marie** (A.-Hte-Pr.) *La Bastide de Moustiers* B2, GP-15 ; *Les Santons*

B1, GC-14, M1. **Mulhouse** (Ht-Rhin) *La Tonnelle* M1 et *La Poste Kieny* (à Riedisheim) B1, GC-15, M1 ; *Manoir* (à Rixheim) B1, GC-14, M1 ; *Paulus* (à Landser) B1, M1. **Mur-de-Bretagne** (C.-d'A.) *Auberge Grand'Maison* B2, GC-16, M1. **Nancy** (M.-et-M.) *Le Prieuré* (à Flavigny-sur-Moselle) B1, GC-16, M1. **Nancy** (M.-et-M.) *Le Capucin Gourmand* B1, GC-13. **Nantes** (L.-A.) *L'Atlantide* B2, GC-16, M1 ; *Villa mon rêve* (à Basse-Goulaine) B1, GC-15 ; *Le Manoir de la Comète* (à St-Sébastien) B1, GC-15, M1 ; *La Châtaigneraie* (à Sucé-sur-Erdre ; J. et J. Delphin) B2, GC-13, M1. **Narbonne** (Aude) *David Moreno* B1, GP-17 ; *Table St-Crescent* (Claude Giraud) B2, GC-16, M1. **Neuilly-sur-Seine** (Hts-de-S.) *Truffe noire* B1, GC-12, M1. **Nevers** (Nièvre) *Jean-Michel Couron* B1, GC-16, M1 ; *La Renaissance* (à Magny-Cours) B1, GC-15. **Nice** (A.-M.) *Chantecler* (Dominique Le Stanc) B3, GP-17, M2 ; *Le Don Camillo* B1, GC-13 ; *L'Univers* B2, GC-15, M1. **Nieuil** (Charente) *Château de Nieuil* B2, GC-16, M1. **Nîmes** (Gard) *Alexandre* (à Garons) B2, GP-17, M1. **Noves** (B.-du-Rh.) *Auberge de Noves* B2, GC-15, M1. **Obernai** (Bas-Rh.) *La Fourchette des Ducs* B2, GC-13. **Onzain** (L.et-C.) *Domaine des Hauts de Loire* B3, GP-17, M2. **Orléans** (Loiret) *Les Antiquaires* B1, GC-15, M1. **Orly** (V.-de-M.) *Maxim's* B1, GC-13. **Pau** (Pyr.-Atl.) *Chez Pierre* GC-14 ; *Le Viking* GC-13. **Pauillac** (Gir.) *Château Cordeillan-Bages* B2, GC-17, M2. **Périgueux** (Dord.) *Château des Reynats-L'Oison* (à Chancelade) B1, GP-15. **Petit-Pressigny (Le)** [I-et-L.] *La Promenade* (Jacky Dallais) B3, GC-17, M1. **Phalsbourg** (Moselle) *Au Soldat de l'An II* B2, GC-16, M1. **Plancoët** (C.-d'A.) *Chez Crouzil* (J.-P. Crouzil) B3, GC-16, M2. **Poitiers** (Vienne) *Les 3 Piliers* B2, GC-13, M1 ; *Chalet de Venise* (à St-Benoît) B2, GC-13. **Pons** (Ch.-M.) *Auberge Pontoise* GC-14 ; *Moulin de Marcouze* (à Mosnac) GC-15. **Pont-Aven** (Finistère) *La Taupinière* B1, GC-17, M1 ; *Le Moulin de Rosmadec* B2, GC-14, M1 ; **Porquerolles** (Var) *Mas du Langoustier* B2, GP-16, M1 ; **Port Lesney** (Jura) *Château de Germigney* B2, GC-15, M1. **Porto-Vecchio** (Corse) *Belvédère* B1, GC-15, M1 ; *Grand Hôtel de Cala Rossa* (à Cala Rossa) B3, GC-16, M1. **Pré-St-Gervais (Le)** (S.-St-D.) *Pouilly-Reuilly* B2, GA-13. **Quarré-les-Tombes** (Yonne) *L'Auberge de l'Atre* B1, GC-14, M1. **Questembert** (Morbihan) *Le Bretagne* (Georges Paineau) B3, GC-16, M2. **Quimper** (Finistère) *Le Capucin gourmand* GC-14 ; *L'Ambroisie* B1, GC-14, M1. **Reims** (Marne) *L'Assiette champenoise* (à Tinqueux) B2, GC-14 ; *Boyer-Les Crayères* (Gérard et E. Boyer) B4, GP-19, M3 ; *Le Foch* GC-16 ; *La Vigneraie* GC-14 ; *L'Auberge du Grand Cerf* (à Montchenot) B1, GC-15, M1. **Rennes** (I. et-V.) *Le Corsaire* B1, GC-14 ; *La Fontaine aux perles* B2, GC-14, M1 ; *L'Escu de Runfao* B2, GC-16. **Riquewihr** (Ht-Rh.) *La Table du gourmet* B1, GC-16, M1 ; *Maximilien* B1, M1 ; *Auberge du Schoenenbourg* B1, GC-14, M1. **Roanne** (Loire) *Troisgros (Les)* [Pierre (né 1928) et Michel Troisgros] B4, GP-19, M3. **Roche-Bernard (La)** [Morbihan] *Auberge bretonne* B3, GP-18, M2. **Rochelle (La)** (Ch.-M.) *Richard Coutanceau* B3, GC-16, M2. **Romans-sur-Isère** (Drôme) *Les Cèdres* (à Granges-lès-Beaumont) B2, GC-16, M1. **Romorantin** (L.-et-C.) *Grand hôtel du Lion d'Or* B3, GP-17, M2 ; *Lanthenay* B1, GC-13, M1. **Roscoff** (Finistère) *Le temps de vivre* B3, GC-17, M1. **Rosiers-sur-Loire (Les)** (M.-et-L.) *Auberge Jeanne-de-Laval* B2, GC-15. **Rouen** (S.-M.) *Le Beffroy* B1, M1 ; *Gill* B2, GC-17, M2 ; *La Butte* (à Bousecours) GC-14; M1 ; *L'Écaille* GC-14, M1 ; *Les Nymphéas* B1, M1. **Rouffach** *(Haut-Rhin) Ph. Bohrer-A la ville de Lyon* B1, GC-15. **Rousses (Les)** (Jura) *Le France* B1, GC-15. **Roye** (Somme) *La Flamiche* B2, GC-16, M1. **Sables-d'Olonne (Les)** (Vendée) *Le Beau Rivage* GC-16, M1. **St-Bonnet-le-Froid** (Hte-Loire) *Auberge des Cimes* B2, GC-19. **St-Brieuc** (C.-d'A.) *La Vieille Tour* (à Plérin-sous-la-Tour) B1, GC-14. **St-Céré** (Lot) *Les Trois Soleils de Montal* B1, GC-?, M1. **St-Cyprien** (Pyr.-Or.) *L'Almandin* B2, GP-16, M1. **St-Émilion** (Gironde) *Château Gd-Barreail* B1, GC-16. **St-Félix-Lauragais** (Hte-G.) *Auberge du Poids public* B1, GC-16, M1. **St-Jean-Cap-Ferrat** (A.-M.) *La Voile d'Or* B1, GP-16 ; *Le Cap-Gd Hôtel Cap-Ferrat* B2, GP-16. **St-Jean-Pied-de-Port** (Pyr.-Atl.) *Les Pyrénées* B3, GC-18, M1. **St-Julien-en-Genevois** (Hte-Savoie) *La Diligence* B2 ; *L'Hospital* M1. **St-Léonard de Noblat** (Hte-Vienne) *Le Grand St-Léonard* B1, GC-13, M1. **St-Malo** (I.-et-V.) *Le Chalut* B1, GC-14, M1 ; *Le Clos du Chanoine* B2, GC-15 ; *Grand Hôtel Les Thermes-Le Cap Horn* B1, GC-14 ; *A la Duchesse Anne* GA-14, M1. **St-Martin-de-Londres** (Hérault) *Les Muscardins* B2, GC-16. **St-Martin-du-Var** (A.-M.) *Jean-François Issautier* B2, GC-16, M2. **St-Médard** (Lot) *Le Gindreau* B2, GP-17, M1. **St-Raphaël** (Var) *L'Arbousier* B1, GC-15. **St-Rémy-de-Provence** (B.-du-Rh.) *La Maison Jaune* B1, GC-15 ; *Le Vallon de Valrugues* B1, GC-15 ; *Croque-Chou* (à Verquières) B1, GA-12, M1. **St-Tropez** (Var) *L'Olivier* GP-14 ; *Résidence de la Pinède* B2, GP-16, M1 ; *Château de la Messardière* B1, GP-15 ; *Leï Mouscardins* B2, GP-17, M2. **St-Vallier** (Drôme) *Terminus A-Lecomte* B1, GC-15. **St-Yrieix-La-Perche** (Hte-Vienne) *Au Moulin de la Gorce* (à La Roche-l'Abeille) B1, M1. **Ste-Anne-la-Palud** (Finistère) *La Plage* GC-13, M1. **Salon-de-Provence** (B.-du-Rh.) *L'Abbaye de Ste-Croix* B1, GP-16, M1. **Sarrebourg** (Moselle) *Mathis* B2, GC-14, M1. **Sarreguemines** (Moselle) *Auberge St-Walfrid* B2, GC-14, M1. **Saulieu** (C.-d'Or) *La Côte-d'Or* (Bernard Loiseau) B4, GP-19, M3. **Saumur** (M.-et-L.) *Le Prieuré* (à Chênehutte-les-Tuffeaux) B2. **Sauveterre-de-Rouergue** (Aveyron) *Le Sénéchal* B1, GC-14, M1. **Sauxillanges** (P.-de-D.) *La Bergerie de Sarpoil* (à St-Jean-en-Val) B2. **Sélestat** (B.-Rh.) *La Couronne* M1 ; *Jean-Frédéric Edel* B1, GC-13, M1. **Sens** (Yonne) *La Madeleine* B1, GC-14, M1. **Strasbourg** (B.-Rhin) *Au Crocodile* (Émile Jung) B4, GP-16, M3 ; *Buerehiesel* (Antoine Westermann) B4, GP-19, M3 ; *Julien* GC-14, M1 ; *La Vieille Enseigne* B2, GC-14, M1. **Talloires** (Hte-Savoie) *Auberge du père Bise* B2, GC-16, M1. **Tarare** (Rhône) *Jean Brouilly* B2, GC-16, M1. **Tence** (Hte-Loire) *Grand Hôtel Placide* B2, GC-15. **Terrasson** (Dord.) *L'Imaginaire* B1, GC-15. **Thionville** (Moselle) *Le Concorde* B1. **Thoiry** (Ain) *Les Cépages* B2, GC-15, M1. **Thoissey** (Ain) *Paul Blanc* (hôtel *Au Chapon fin ;* chef Bruno Maringue) B2, GC-15. **Toul** (M.-et-M.) *Le Dauphin* B2, GC-17, M1. **Toulon** (Var) *La Chamade* GC-15, M1 ; *Le Lingousto* (à Cuers) B1, GC-16. **Toulouse** (Hte-G.) *Jardins de l'Opéra* B3, GP-16, M1 ; *Michel Sarran* B2, GC-17, M1 ; *Le Pastel* B2, GC-17, M1. **Touquet (Le)** (P.-de-C.) *Flavio* B2, GC-14. **Tournus** (S.-et-L.) *Restaurant Greuze* B3, GC-18 ; *Le Rempart* B1, GC-14. *Aux Terrasses* GC-13, M1. **Tours** (I.-et-L.) *Jean Bardet* B3, GP-18, M2 ; *Charles Barrier* B1, GP-15, M1 ; *La Roche Le Roy* B1, GC-15, M1. **Tourtour** (Var) *Les Chênes verts* B2, GC-16, M1. **Tourville-La-Rivière** (S.-M.) *Le Tourville* B1, GC-15, M1. **Trébeurden** (C.-d'A.) *Manoir de Lan Kerellec* B2, GC-15. **Tremblay-sur-Mauldre** (Yv.) *La Gentilhommière* B1, GC-15, M1. **Trémolat** (Dord.) *Le Vieux Logis* B1, GC-16. **Trinité-sur-Mer (La)** (Morbihan) *L'Azimut* B1, GC-15, M1. **Troyes** (Aube) *Auberge de Ste-Maure* (à Ste-Maure) B1, GC-13, M1 ; *Le Bourgogne* B1, GC-13, M1 ; *Le Clos Juillet* B1, GC-15, M1. **Urt** (Pyr.-Atl.) *Auberge de La Galupe* B3, GP-18, M2. **Valençay** (Indre) *Auberge Saint-Fiacre* GP-13. **Valence** (Drôme) *Pic* [Alain fils de Jacques Pic († 1992)] B4, GP-16, M2 ; *Michel Chabran* (à Pont-de-l'Isère) B2, GC-17, M1. **Vannes** (Morbihan) *Le Pressoir* (à Saint-Avé) B2, GC-16, M1 ; *Régis Mahé* B2, GC-16, M1. **Vence** (A.-M.) *Château du domaine Saint-Martin* B2, GC-14, M1 ; *Jacques Maximin* B2, GC-17, M2. **Versailles** (Yv.) *Le Potager du Roy* B1, GC-13 ; *Les Trois Marches* (Gérard Vié) B3, GP-18, M2. **Vézelay** (Yonne) *L'Espérance* (à Saint-Père ; Marc Meneau) B4, GP-19, M2. **Vialas** (Lozère) *Chantoiseau* B1. **Vienne** (Isère) *Clairefontaine* (à Chonas-l'Amballan) B1, GC-14, M1 ; *La Pyramide* B3, GP-19, M2. **Villefranche-sur-Saône** (Rhône) *Château de Bagnols* (à Bagnols) B2, GP-15, M1. **Villeneuve-lès-Avignon** (Gard) *Le Prieuré* B2, GP-16, M1 ; *Aubertin* GC-16. **Villeneuve-sur-Lot** (L.-et-G.) *La Toque blanche* (à Pujols) B2, GP-16, M1. **Villers-le-Lac** (Doubs) *Hôtel de France* B1, GC-16, M1. **Viry-Châtillon** (Essonne) *La Dariole de Viry* B1, GC-13. **Vonnas-sur-Veyle** (Ain) *Georges Blanc* (*CA* 37 millions de F en 1992 ; effectifs 60 ; repas par j 180) B4, GP-19, M3. **Wantzenau (La)** (B.-Rh.) *A la Barrière* B2.

Nota. – * « Il est interdit (...) de porter sur la copie de Zeus une note sur 20 points ».

☞ **Prix culinaire international Pierre-Taittinger.** *Créé* 1967 par Claude Taittinger (fils de Pierre). *2000 :* Fabien Lefebvre de l'hôtel Bristol, Paris-VIIIe.

NOCIVITÉ ÉLECTROMAGNÉTIQUE

On sait depuis plus d'un siècle que les ondes électromagnétiques sont absorbées par les tissus vivants, et s'y dégradent en chaleur mais ce n'est que depuis une dizaine d'années que le lien apparaît entre la quantité d'énergie et différents facteurs comme la fréquence des champs, leur puissance, la géométrie et la structure des tissus, etc.

Quand on est exposé à un rayonnement électromagnétique, de 900 MHz pour prendre l'exemple du GSM, on se retrouve soumis à l'action d'un champ induit, magnétique et électrique. Il en résulte, à l'échelle microscopique, 2 processus à l'intérieur des tissus : l'oscillation et le déplacement des charges libres d'une part, la rotation des molécules polaires d'autre part. Une rotation se déroule à la féquence de 900 MHz, pour reprendre l'exemple du GSM. Ce sont ces résultats que l'on nomme effets athermiques.

■ **Micro-ondes. Champ magnétique :** 0-2 μT [microtesla (unité d'induction magnétique)] à 120 cm contre 10-30 μT à 2,5 cm. On vérifie l'étanchéité en plaçant contre sa porte une feuille d'aluminium. En cas de petits bruits la porte n'est pas étanche.

■ **Portables.** Une partie des ondes émises est absorbée par le corps : de 75 à 98 % pour un téléphone muni d'une antenne extérieure, et de 20 à 85 % si l'antenne est intégrée.

La quantité de radiations absorbées varie d'un individu à l'aute : « la corpulence de l'utilisateur, l'humidité de sa peau, la présence de plombage dentaires ou de lunettes à monture métallique ont une influence. » Pour diminuer fortement les radiations reçues, il suffit en effet de le prendre dans sa partie basse sans le recouvrir de la main et de l'éloigner légèrement de l'oreille.

La troisième génération de mobiles (UMTS) émettra dans la gamme 2 000-2 700 Mhz (comme les fours micro-ondes qui utilisent des radiations de 2 450 MHz pour exciter les molécules d'eau et réchauffer les aliments).

Si les fréquences sont du même ordre, les puissances diffèrent : environ 1 000 watts dans les fours, contre un maximum de 2 pour les portables des réseaux GSM et 1 pour ceux de Bouygues. *Puissances maximales :* toutes les 60 millisecondes, le portable est informé de la bonne réception de son signal par le relais. Il diminue alors sa puissance d'un tiers, jusqu'à ce qu'il atteigne le seuil de qualité requis. Dans de très bonnes conditions, la puissance effective du téléphone peut ainsi ne pas dépasser 0,1 watt. Destiné à prolonger l'autonomie des batteries, ce système diminue aussi, de fait, l'exposition du corps aux radiations.

■ **Téléviseur. Champ magnétique : de 0 à 0,4** μT à 120 cm et 2μT à 30 cm. *Attention :* les ondes traversent les murs. Il faut donc éviter de placer un lit derrière une télévision, même si une cloison les sépare.

Antennes-relais : *en Suisse* ces réémetteurs doivent être situés au moins à 20 mètres des habitations et, *en Italie*, à 100 mètres.

PRODUIT INTÉRIEUR BRUT DES RÉGIONS

Régions	PIB 1990 (millions de francs courants)	PIB 2000 [1] (millions de francs courants)	Part dans le PIB national en 2000 (%)	PIB par habitant en 2000		PIB par emploi en 2000	
				Francs courants	Métropole = 100	Francs courants	Métropole = 100
Alsace	188 055	273 335	3,0	155 966	101,2	389 322	100,3
Aquitaine	289 955	401 864	4,4	137 047	88,9	350 902	90,4
Auvergne	120 860	168 749	1,8	128 915	83,6	338 447	87,2
Basse-Normandie	129 856	182 922	2,0	128 052	83,1	318 872	82,2
Bourgogne	168 500	221 865	2,4	137 580	89,3	351 282	90,5
Bretagne	261 033	371 872	4,0	126 896	82,3	328 921	84,8
Centre	256 983	331 558	3,6	135 148	87,7	348 199	89,7
Champagne-Ardenne	152 083	191 862	2,1	142 975	92,8	363 840	93,8
Corse	21 933	31 890	0,3	121 680	78,9	326 167	84,1
Franche-Comté	109 960	149 000	1,6	132 901	86,2	346 525	89,3
Haute-Normandie	178 046	268 533	2,9	150 274	97,5	392 592	101,2
Île-de-France	1 858 980	2 592 529	28,1	235 792	153,0	498 691	128,5
Languedoc-Roussillon	187 863	272 526	3,0	116 937	75,9	341 318	88,0
Limousin	65 634	87 899	1,0	123 708	80,3	312 740	80,6
Lorraine	224 492	290 636	3,2	125 794	81,6	353 104	91,0
Midi-Pyrénées	246 005	341 406	3,7	132 486	86,0	336 064	86,6
Nord - Pas-de-Calais	353 015	498 357	5,4	124 515	80,8	353 874	91,2
Pays de la Loire	297 575	436 185	4,7	134 060	87,0	340 055	87,6
Picardie	176 464	232 852	2,5	124 832	81,0	351 951	90,7
Poitou-Charentes	145 616	199 796	2,2	121 052	78,5	329 226	84,9
Provence-Alpes-Côte d'Azur	468 707	627 585	6,8	137 884	89,5	387 856	100,0
Rhône-Alpes	621 863	900 983	9,8	158 173	102,6	388 550	100,1
Métropole	**6 523 478**	**9 074 204**	**98,5**	**154 130**	**100,0**	**388 009**	**100,0**
Dom	92 348	135 416	1,5	77 180	50,1	286 683	73,9
Hors territoire [2]	5 041	5 100	0,1				
France	**6 620 867**	**9 214 720**	**100,0**	**151 987**	**98,6**	**386 217**	**99,5**

Nota. – (1) Données provisoires. (2) Agents de l'administration française travaillant à l'étranger.

L'ÉCONOMIE

PRINCIPAUX SECTEURS ÉCONOMIQUES

☞ Pour connaître la sélection **Quid** des meilleurs sites Internet sur les secteurs économiques, rendez-vous sur **www.quid.fr**

AMEUBLEMENT

☞ Voir aussi **Arts divers** (mobilier) p. 461 b.

■ **Commerce extérieur de l'Union européenne** (en milliards d'euros, 2000). **Exportations :** 26,3 dont Italie 8,9, Allemagne 4,8, Danemark 4,8, *France 2,3,* Belg.-Lux. 1,7, Espagne 1,4, G.-B. 1,4, Suède 1,3, Autriche 1,2. **Importations :** 23,6 dont Allemagne 6,4, *France 3,7,* G.-B. 3,5, Belg.-Lux. 2,1, P.-Bas 1,8, Autriche 1,6, Suède 1, Espagne 0,9, Italie 0,9.

☞ **Ikea. Chiffre d'affaires** (en milliards d'euros) : *1964 :* 0,03 ; *74 :* 0,17 ; *84 :* 1,22 ; *94 :* 3,82 ; *97 :* 5,39 ; *99 :* 7,67 dont (en %) : All. 23,6, G.-B. 11,5, EU 10,5, *France 8,4.*

■ **France. Marché français des meubles neufs** (en 2000) : *nombre* 34,3 millions ; *ménages acheteurs* 7,3 millions ; *budget moyen :* 8 150 F (TTC). **Entreprises :** 682 de + de 20 salariés. *Salariés :* 99 197. *CA :* 60,7 milliards de F dont 41,2 de production de mobilier (hors sièges pour auto et aéronautique). *Production de mobilier* (en 2000) : 43,5 milliards de F (HT) dont (en %) : meubles de bureau et fonctionnels 17, sièges 23, meubles d'intérieur 20, cuisines 11, literie 10, meubles de complément 18, jardin et extérieur 1.

Consommation de mobilier [en milliards de F (TTC) inclus domestique, bureau, collectivité, accessoires, divers meubles, occasion, en 2000] : 89 dont *consommation domestique* meubles neufs 59,5 (en % : meuble d'intérieur 43, siège rembourré 23, cuisine 19, literie 10, salle de bains 3, jardin 2) ; *mobilier de bureau* 11,1.

Commerce extérieur (en millions d'euros HT, 1999). **Exportations :** 2 135 *vers* Allemagne 344, Belgique-Lux. 268, G.-B. 243, Espagne 220, USA 154, P.-Bas 145, Italie 143, Portugal 45. **Importations :** 3 439 *d'*Italie 937, Allemagne 474, Belgique-Lux. 424, Espagne 306, G.-B. 119, Danemark 82, Portugal 103, Suisse 99, Chine 96, P.-Bas 90, Roumanie 78.

BIJOUTERIE, JOAILLERIE, ORFÈVRERIE

BIJOUTERIE, JOAILLERIE

■ **Bijouterie en or. Titre utilisé :** *en France :* sous l'Ancien Régime, le métal d'un alliage était divisé en 24 parties et l'on exprimait en carats le nombre de parties d'or fin qu'il contenait : 18 carats égalent 18 parties d'or fin sur 24 parties, soit 750 millièmes sur 1 000. Ce « carat » désigne donc un rapport (celui utilisé pour les pierres précieuses désigne un poids : 0,20 g). **En plaqué or.** Alliage à base de cuivre recouvert d'or par laminage (plaqué or laminé) ou par électrolyse (plaqué or galvanique). *Épaisseur moyenne minimale d'or :* bijouterie 3 μm, horlogerie 5 μm. L'appellation « plaqué or » est également subordon-

TITRES DE L'OR ET CONTRÔLES LÉGAUX

‰ d'or	916,66	833	750	585	500	375	333	Contrôles	
Titre en carats	22	20	18	14	12	9	8	*a priori*	*a posteriori*
Allemagne			*	*		*	*		*
Belgique		*	*	*					*
Danemark			*	*			*		*
Espagne			*	*				*	
France	* 1		*	* 4		3,4		*	
G.-B.	*		*	*		*		*	
Grèce	*		*	*	*	*			*
Irlande	*		*	*		*	*	*	
Italie			*	*	*		*		*
Luxembourg		*	*	*				*	
Pays-Bas	*	*	*	*				*	
Portugal				* 2				*	

Nota. – (1) 916 ‰. (2) 800 ‰.
(3) A partir de 1993 (*source :* syndicat St-Éloi).
(4) Titres légaux des ouvrages contenant de l'or, appelés « alliage d'or », fixés par la loi n° 94-6 du 4-1-1994.

Abréviation : BJO : bijouterie-joaillerie-orfèvrerie.

☞ **Cours moyen de l'or** (en 1999) : barre de 12 kg (poids d'or fin : 995 g) : 54 811 F/kg.

■ **Chiffres d'affaires BJO, HT dont,** entre parenthèses, **exportations** (en millions de F, 1999). **Total :** 12 967,6. Dont *bijouterie-joaillerie :* 9 678,3 (2 840,2) ; *pierres et perles* (taille) : 852,1 (324,6) ; *médailles en métaux précieux :* 262,4 (42,3) ; *bijouterie fantaisie :* 1 336,8 (222,1) ; *orfèvrerie et couverts de table en métaux précieux ou en plaqué :* 621,3 (289,6) ; *orfèvrerie en autres matières (étain...) :* 216,7 (185,4).

■ **Entreprises et,** entre parenthèses, **effectifs de la BJO** (en 1999). **Total :** 4 317 (15 854). **Bijouterie-joaillerie :** 3 043 (10 618). **Pierres et perles** (taille) : 87 (664). **Médailles en métaux précieux :** 12 (404). **Bijouterie fantaisie :** 1 096 (2 560). **Orfèvrerie et couverts de table en métaux précieux ou en plaqué :** 56 (1 199). **En autres matières (étain...) :** 23 (409).

■ **Production en 1999 et,** entre parenthèses, **exportations/importations en 2000 du secteur horlogerie-bijouterie-joaillerie** (en milliards de F, HT). **Horlogerie :** 3,406 (3,907/5,43) dont *montres* 1,298 (1,527/3,772). **Bijouterie-joaillerie :** 10,793 (5,601/7,958) dont *bijoux or* 7,896 (3,996/3,732). **Chiffre d'affaires [1].** 35,5 milliards de F, TTC, en 2000 dont en % : bijoux or 59, argent plaqué, fantaisie, autres rayons 23, montres 18.

Nota. – (1) Inclut tous les bijoux précieux ou non, montres, autres produits : horlogerie, réparations et autres prestations, et ceux vendus par les magasins spécialisés bijouterie ou horlogerie (accessoires et orfèvrerie notamment).

Montres (en 2000). **Chiffre d'affaires [1] :** 6,3 milliards de F. **Ventes** (en %) : *distribution spécialisée et sélective :* 82 (prix moyen 1 000 F) ; *grande diffusion :* 18 (< 200 F).

Nota. – (1) Inclut montres vendues en France par tous les circuits de distribution, achetées par Français ou étrangers. Exclut autres produits horlogerie, réparations et autres prestations, et distribution gratuite.

■ **Marché français dont fabrication française** (poinçons intérieurs)/**importations** (en t, 1999, *et nombre d'objets neufs marqués en milliers*). **Bijoux précieux et orfèvrerie :** 147,3 (82,09/65,21) *26 554 (14 071/12 483).* **Objets en or** (bijoux principalement) : 72,68 (41,50/31,18) *20 425 (11 420/9 000).* **En argent** (bijoux et orfèvrerie) : 73,43 (40/33,43) *5 642 (2 484/3 157).* **En kg : en platine :** 213,35 (152,6/60,75) *33,48 (27/6,48).* **En alliage d'or 9 carats :** 927,83 (411,07/516,76) *436,3 (134,04/302,26).* **Alliage d'or 14 carats :** 49,3 (27,55/49,3) *18,32 (5,81/12,51).* **En t : bijoux précieux** (en toutes matières) : 141 002 (76 345/64 657) *26 448 (13 977/12 471).* **Orfèvrerie** (d'argent principalement) : 6 295,95 (5 745,22/550,74) *106,71 (94,96/11,75).*

Ventes de bijoux or par circuit en % d'unités et, entre parenthèses, **% valeur** (en 2000). **Bijouteries de ville :** 44,5 (51,5) ; **de centre commercial :** 17,5 (13,5). **Artisans et ventes directes :** 3 (12,5). **Grandes surfaces :** 29 (14). **VAD Vendôme GM et autres :** 6 (8,5).

■ **Destinataires. Occasions d'achat : des bijoux précieux achetés en % des quantités et,** entre parenthèses, **de la valeur** (en 1999). Soi-même 32,8 (41,9) ; conjoint(e) 24,6 (32,4) ; autre membre de la famille 28 (17,7) ; autre 14,6 (18) ; anniversaire 25,3 (26,8) ; sans occasion spéciale 20,1 (16,3) ; fête des mères 5,4 (5,3) ; Noël 23,2 (18,5) ; St-Valentin 1,9 (2,8) ; autres occasions 24,1 (30,3).

Commerce extérieur bijouterie-joaillerie (en millions de F, 2000). **Exportations/importations :** 4 418,6/4 168,2 dont *or ou platine* 3 996,2/3 731,8 ; *argent massif et vermeil* 166,9/364,7 ; *plaqué or* 255,4/71,6. **Principaux clients** (en millions de F, 2000). **Suisse :** 1 273,5 (1 263 [1]). **G.-B. :** 713,4 (691,2 [1], 18,7 [2]). **Japon :** 511 (479,5 [1], 31,1 [2]). **USA :** 494,8 (474,7 [1]/18,4 [2]). **Bénin :** 190,1 (189,8 [3]). **Italie :** 175,9 (167,8 [1]). **Maurice :** 134,5. **Chine :** 124. **Belgique :** 123,2 (11,8 [2], 16,2 [3]). **Espagne :** 91,7. **Tunisie :** 17,7 [2]. **Cameroun :** 6,5 [3]. **Allemagne :** 6 [3]. **Côte d'Ivoire :** 4,1 [3]. **Principaux fournisseurs** (en millions de F, 2000). **Italie :** 1 481,8 (1 397,6 [1], 76,5 [2], 7,7 [3]). **Thaïlande :** 396,4 (291,5 [1], 104,3 [2]). **G.-B. :** 350,1 (336,5 [1], 5,6 [3]). **Suisse :** 343,4 (341,5 [1]). **Chine :** 277,7 (250,2 [1], 27,2 [2]). **Espagne :** 193 (19,2 [2], 38,8 [3]). **Tunisie :** 19,5 [2]. **Belgique :** 6,5 [3]. **Allemagne :** 4,9 [3]. **RÉIMPORTATIONS : Viêt Nam :** 170,1. **Maurice :** 162,3. **USA :** 106.

Nota. – (1) Bijouterie-joaillerie or et platine. (2) Argent massif et vermeil. (3) Plaqué or.

■ **Pierres et perles. Définitions :** pierres gemmes (précieuses et fines) ou synthétiques, perles fines ou de culture, taillées et destinées à la joaillerie. Ouvrages en pierres et perles ne contenant pas de métaux précieux (exemple : collier de perles).

Exportations/importations (en millions de F, 2000). **Pierres et perles :** 1 182,7/3 789,4 dont *diamants* 695/2 678,6 ; *rubis, saphirs et émeraudes* 220,5/708,9 ; *pierres fines* 10,5/65,8 ; *synthétiques ou reconstituées* 125,9/55,6. **Perles fines ou de culture** /157,2 ; *ouvrages* /123,3.

Diamants (en millions de F, 2000). **Clients :** Suisse 314 ; USA 88,5 ; Belgique 71,2 ; G.-B. 63,8 ; Israël 43,2 ; Espagne 31,5. **Fournisseurs :** Belgique 903,8 ; Suisse 882,9 ; G.-B. 244,7 ; Israël 196,5 ; USA 190,4 ; Inde 169,4.

Rubis, saphirs, émeraudes (en millions de F, 2000). **Clients :** Suisse 151,9 ; Hong Kong 12,2 ; USA 11,8 ; Italie 11,6 ; G.-B. 9 ; Viêt Nam 5,6 ; Singapour 4,4. **Fournisseurs :** Suisse 449,1 ; Thaïlande 70,9 ; Belgique 40,6 ; USA 27,8 ; G.-B. 24,5 ; Hong Kong 23,4 ; Sri Lanka 17,2.

Pierres fines (en millions de F, 2000). **Clients :** Italie 2,2 ; Suisse 2 ; Thaïlande 1,6 ; USA 1,1 ; Viêt Nam 0,7 ; Allemagne 0,6 ; G.-B. 0,5. **Fournisseurs :** Allemagne 14,6 ; Inde 12,9 ; Suisse 8 ; Hong Kong 7,6 ; Brésil 6,3 ; Thaïlande 6,2 ; Belgique 2,4.

Pierres synthétiques ou reconstituées (en millions de F, 2000). **Clients :** Suisse 62,4 ; Allemagne 13,3 ; USA 9,8 ; Maurice 8 ; Italie 5,1 ; Hong Kong 4,9 ; Thaïlande 3,1. **Fournisseurs :** Suisse 29,4 ; Maurice 8,7 ; Rép. tchèque 6,2 ; Allemagne 1,9 ; G.-B. 1,5 ; Chine 1,3 ; Philippines 1,2.

Perles fines et de culture (en millions de F, 2000). **Clients :** Suisse 15,6 ; USA 12,9 ; Hong Kong 11,8 ; Australie 3,5 ; Belgique 2,3 ; G.-B. 2,2 ; Liban 1,6. **Fournisseurs :** Japon 44,8 ; Suisse 32,8 ; Hong Kong 31,3 ; Australie 21,8 ; Polynésie fr. 13,5 ; USA 3,6 ; Belgique 1,7.

Ouvrages en perles fines ou de culture, en pierres gemmes ou synthétiques (en millions de F, 2000). **Clients :** Suisse 49 ; Belgique 12,2 ; Allemagne 2,1 ; USA 2 ; Espagne 2 ; Maurice 1,3 ; G.-B. 1,2. **Fournisseurs :** Thaïlande 41 ; Chine 31,7 ; Hong Kong 11,9 ; Italie 5,7 ; Espagne 4,3 ; USA 3,6 ; Taïwan 3,3.

■ **Commerce de l'orfèvrerie et couverts de table** (en millions de F, 2000). **Exportations** (y compris réexportations)/**importations :** total 239,2/47,7 dont *argent massif et vermeil* 61,5/20,5, *or* 9,7/2,4, *plaqué (dont métal argenté)* 168/24,8, *orfèvrerie* 47,1/7,6, *couverts de table sauf couteaux* 121/17,3. **EN MÉTAUX PRÉCIEUX OU EN PLAQUÉ : clients :** USA 116,5 ; Japon 16,4 ; Belgique 12,4 ; Suisse 12,4 ; Allemagne 7,3 ; Liban 7,1. **Fournisseurs :** Allemagne 9,9 ; Chine 8,1 ; **RÉIMPORTATIONS :** 5,2 ; Italie 5 ; Belgique 3,6 ; Brésil 2,6.

■ **Commerce bijouterie fantaisie** (en millions de F, 2000). **Exportations/importations :** 731,6/1 007,9. **Clients :** Japon 141,8 ; Bénin 72,2 ; Espagne 65,5 ; USA 55,4 ; Italie 45,7. **Fournisseurs :** Chine 284,6 ; Autriche 152,4 ; Italie 80 ; Corée du Sud 67,7 ; Allemagne 50,3.

■ **Fabrication française par catégories d'articles** (en millions de F, 1999). **Bijouterie-joaillerie :** 8 842,1 dont *or et platine* 7 896,1 ; *plaqué or* (3 μ au minimum) : 603,7 ; *argent massif et vermeil :* 342,3. **Pierres et perles :** 879,6 dont *total pierres* 748,2 ; *diamants* 544 ; *autres pierres gemmes* 96,4 (rubis, saphirs, émeraudes 84,9, pierres fines 84,9) ; *pierres synthétiques* 107,8 ; *perles fines et de culture* 118,5 ; *ouvrages en perles ou pierres* 12,9. **Médailles en métaux précieux :** 223,4 dont *à porter sur la personne :* 222,1 ; *non portables :* 1,3 (argent 1,1, or et platine 0,05, plaqué 0,15). **Bijouterie fantaisie :** 1 298,3 dont *boutons de manchette* 45,6 ; *bijoux en métaux communs* 1 120,9 (comprenant dits 1 016,2, médailles à porter 104,7) ; *en autres matières :* 131,7. **Orfèvrerie et couverts de table en métaux précieux ou en plaqué :** 607,4 dont *métaux précieux* 80,5 (argent massif 78,7, or 1,8) ; *métal argenté* 526,9 (orfèvrerie 229, couverts 297,9). **En autres matières :** 240,1 dont *en cuivre* 21,1 ; *articles d'ornement :* 52,2 (argentés ou dorés 4,8, médailles non portables 47,4) ; *orfèvrerie et poterie d'étain :* 166,8. **Travaux à façon** (réparation, entretien et transformation d'articles avec les matières premières du donneur d'ouvrages) : 876,6.

Statistiques de la garantie (Direction nationale de la garantie et des services industriels).

Les bases de la Garantie actuelle, issues d'une tradition du XIIIe s., ont été fixées par la loi du 19 brumaire an VI (9-11-1797). Les services de la Direction générale des douanes et des droits indirects, en charge de la règlementation des ouvrages en métaux précieux, contrôlent l'activité des personnes morales et physiques assujetties à la réglementation de la garantie des métaux précieux (fondeurs, fabricants, détaillants, importateurs, exportateurs, antiquaires et ventes publiques). Les ouvrages importés et ceux fabriqués en France destinés à être mis sur le marché doivent être revêtus des *poinçons : du fabricant,* apposé par celui-ci (ou poinçon d'importateur pour les articles étrangers) ; *de garantie* d'État, apposé par les bureaux de garantie après vérification du titre des objets en métal précieux (minimum, en millièmes : platine 850, argent 800, or 750) [pour les ouvrages fabriqués en France, apposé aussi par les fabricants habilités par convention avec l'administration] ; *de garantie publique,* apposé après essai par un organisme de contrôle agréé pat l'État (actuellement la Direction nationale de la garantie et des services industriels, le Centre technique de l'industrie horlogère et le laboratoire Pourquery) pour les ouvrages contenant de l'or (585 et 375 millièmes). Sont dispensés du poinçon de garantie les ouvrages introduits en France venant d'un autre État portant un poinçon de fabricant et un poinçon de titre enregistrés dans ces États, le poinçon de fabricant ayant été déposé auprès de l'administration française, et le poinçon de titre reconnu par celle-ci dans le cadre d'une reconnaissance mutuelle des poinçons de titre (Suisse, P.-Bas).

née aux conditions de titre du revêtement en métal précieux (titre au moins égal à 500 millièmes) et aux autres conditions d'épaisseur du revêtement (persistance d'une ou plusieurs coquilles homogènes de métal précieux gardant les formes de l'objet après dissolution du métal commun). La loi 94-6 du 4-1-1994 a modifié les titres légaux des métaux précieux : *ouvrages en or :* 916 et 750 millièmes (suppression du 840 ‰) ; *ouvrages contenant de l'or* ou *« alliages d'or » :* 585 ‰, ou 14 carats, et 375 ‰ ou 9 carats (pour adapter la réglementation française au contexte communautaire). Depuis le 1-1-1995 (arrêté du 4-5-1993), abandon de la notion de carat au profit de l'expression en millième du pourcentage d'or contenu dans un alliage (exemple : 750 ‰ pour 18 carats). **En argent.** *Titre utilisé :* 800 ou 925 ‰. **Fantaisie.** Utilise des matières non précieuses aux revêtements divers.

■ **Joaillerie.** **Utilise** *pierres précieuses* (diamant, rubis, saphir et émeraude), *pierres fines* (améthyste, turquoise, topaze...), *perles fines* et *de culture,* et métal précieux comme support.

■ **Principaux joailliers français.** **Boucheron** *fondé* 1858 par Fréderic Boucheron (1830-1903), en 1893 s'installe place Vendôme ; *chiffre d'affaires* (1998, en millions de F HT) : 500 dont en (%) Europe 28,8, Moyen-Orient 23,2, Japon-Extrême-Orient 20,8, *France 14,2.* **Cartier** *fondé* 1847 par Louis-François Cartier (1819-1904), apprenti joaillier chez Me Picard ; s'installe 13 rue de la Paix en 1899 ; *1904* montres Santos, *1906* Tonneau, *1918* Tank, *1972* Alain-Dominique Perrin, P-DG, lance les « Must », *1981* parfums « Must », *1988* rachète Baume et Mercier, *1989* Piaget. *Chiffre d'affaires 1991-92* consolidé (Cartier, Piaget et Baume-Mercier) : 6,65 milliards de F dont (en %) horlogerie 48, joaillerie 23, accessoires et « Must » 12, cuir 10, parfum 7, etc. **Chaumet** *fondé* 1780 par Marie-Étienne Nitot rue St-Honoré ; son fils, François-Regnault, lui succède, puis vend l'affaire à son chef d'atelier Fossin, remplacé ensuite par Prosper Morel ; Marie Morel, sa fille, épouse en 1875 Joseph Chaumet qui reprend l'affaire ; *1907* s'installe place Vendôme, *1987* faillite et rachat pour 37 millions de F par Investcorp (basé à Bahreïn). *1999* LVMH rachète Chaumet. **Fred Mauboussin** *fondé* 1827 par M. Rocher ; *1850* Jean-Baptiste Noury directeur, *1923* Georges Mauboussin (son neveu) crée la maison actuelle. *1998* Patrick Mauboussin rachète les parts de son frère Alain. *Facturation* (1998) : 250 millions de F. **Mellerio** (dit *Meller*) *1515* famille d'orfèvres ou joailliers venus du Val Vigezzo (Lombardie), fournisseurs de la Cour *sous Louis XIII,* appelés Meller par Marie de Médicis, installés rue de la Paix *à la Restauration.* **Van Cleef & Arpels** *maison ouverte* 22 place Vendôme en *1906* par Charles (20-7-1880/1-4-1951) et Julien Arpels (29-12-1884/8-4-1964) et leur beau-frère Alfred Van Cleef (13-12-1872/11-6-1938) ; *en 1930,* inventent la Minaudière (sac du soir).

☞ *Harry Winston* (1896-1978) : sté établie à New York en 1932, a eu en sa possession 60 des 303 plus gros diamants répertoriés.

■ **Localisation (France).** **Bijouterie or :** Paris, Lyon, Valence, Bordeaux, Angoulême, Saint-Amand (Cher), Strasbourg, Marseille, Nice, Lille, Besançon, Clermont-Ferrand et Brioude. **Argent, plaqué or :** région parisienne, Maine-et-Loire (Saumur), Ardèche, Haute-Savoie (bracelets-montres). **Fantaisie :** région parisienne, Hte-Savoie, région lyonnaise. **Tailleurs de diamants** (diamantaires) **ou de pierres de couleur** (lapidaires) : Jura et Paris.

Orfèvrerie

■ **Définition.** Fabrication des objets destinés au service et à l'*ornementation de la table :* couverts, plats, services divers, etc. ; à la *décoration intérieure :* candélabres, coupes, cendriers, etc. ; ou à l'*exercice du culte :* ciboires, calices, etc. Seules les fabrications de couverts sont très industrialisées.

■ **Métaux utilisés.** **Argent massif** (titre en France : 925 millièmes). **Métal argenté** (alliage de cuivre, zinc, nickel appelé maillechort, qui est recouvert d'argent fin par électrolyse, satisfaisant à la norme NF D 29004) [titre de la couche d'argent au moins égal à 500 millièmes ; épaisseur (en µ) : couverts d'usage fréquent : qualité I : 33 (II : 20) ; occasionnel : 19 (12) ; articles d'orfèvrerie au contact des aliments : 15 (9) ; décoratifs : 10 (6) ; s'ils sont fabriqués en France ou Union européenne, poinçon carré ; autres pays, poinçon borne (carré surmonté d'un demi-cercle)]. **Ruoltz** [alliage (cuivre 35 à 40 %, nickel 25 à 40, argent 25) inventé en 1840 par le Cte Henri de Ruoltz (Français, 1807-87) avec George Elkington (Anglais, 1801-65)]. **Étain** (poteries, timbales, plats). **Acier inoxydable** (couverts et platerie). L'*orfèvrerie de fantaisie* recouvre des productions diverses (nécessaires de toilette, poudriers, étuis de rouge à lèvres, briquets, etc.).

■ **Chiffre d'affaires** (en millions d'euros, 1999). Guy Degrenne (France) 90 (y compris acquisition), WMF (Allemagne) 80, Christofle (France) 70, Amefa (P.-Bas) 45, Pinti (Italie) 40, Couzon (France) 25.

Caoutchouc

Quelques dates

■ **Caoutchouc naturel.** **Origine : 1735** Charles Marie de La Condamine (Français, 1701-74), parti en Amérique du Sud mesurer le méridien, rapporte des échantillons de latex [*Hevea brasiliensis* ; son utilisation se heurte à sa sensibilité au froid (il se fige) et à la chaleur (il devient visqueux)]. **1770** invention de la gomme à effacer. **XVIIIe s. en France :** 1res études à caractère scientifique de La Condamine et François Fresneau (1762). Macquer et Hérissant dissolvent avec de l'éther ou de l'essence de térébenthine le caoutchouc coagulé pour fabriquer des soudes médicinales. **1811** J.N. Reithoffer fabrique quelques produits à Vienne. **1820** Thomas Hancock (Angl.) découvre les effets de la mastication du caoutchouc, qui augmente sa plasticité et facilite sa mise en forme. **1841** Charles Goodyear (Amér., 1800-60) et **1843** Thomas Hancock découvrent la *vulcanisation* du caoutchouc (moyen de le faire passer, sous l'action combinée du soufre et de la chaleur, d'un état plastique à un état élastique irréversible). **1845**-*10-12* roue aérienne : brevet du 1er pneumatique de Robert William Thomson (Écossais, 1882-1973) : tube de caoutchouc vulcanisé et recouvert de cuir ; à l'intérieur, 9 petits tubes de section inférieure sont gonflés à des pressions différentes ; Thomson ne peut installer son pneu sur un chariot trop lourd et son brevet tombe dans l'oubli. **1853** Hiram Hutchinson (USA 1808-69) achète les brevets de Goodyear pour bottes et chaussons ; **1854** ouvre la 1re usine en France à Langlée (Loiret). **1868** pneus pleins pour vélocipèdes. **1876** des graines recueillies au Brésil donnent naissance aux 1ers hévéas implantés à Ceylan et qui sont à l'origine des plantations. Des essais avaient été tentés avec d'autres plantes, notamment avec le *koksaghyz* (sorte de pissenlit), mais les rendements à l'ha furent 10 fois inférieurs à ceux des hévéas. **1887** Belfast, John Boyd Dunlop (1840-1921, vétérinaire écossais) observant son neveu pédaler durement sur son tricycle à pneus pleins, imagine un tube souple gonflé à l'air comprimé ; **1888**-*23-7* il prend un brevet ; **1895** perd son procès contre les héritiers de Thomson. **Vers 1980-83** recherches sur le *gayule*, arbuste d'origine mexicaine dont l'exploitation serait mécanisable (le rendement est encore le tiers de celui de l'hévéa).

■ **Caoutchoucs synthétiques.** **1909** 1re synthèse. **1915-18** l'Allemagne en produit environ 2 500 t. **1939** Allemagne et USA intensifient leurs recherches (l'All. étant soumise au blocus et les USA se voyant privés par le Japon du caoutchouc naturel d'Extrême-Orient). **1958** la France commence à produire des caoutchoucs synthétiques.

Classification

■ **Caoutchoucs à usages généraux. 1°) Caoutchouc naturel.** De l'indien : *cao,* bois et *ochu,* pleurer. Quand on pratique une incision (saignée) dans l'écorce de l'*hévéa,* un liquide laiteux *(latex)* s'écoule goutte à goutte, composé de 2/3 d'eau et 1/3 de caoutchouc. En acidifiant légèrement, le latex coagule, libérant sous forme solide le caoutchouc qu'il renferme en suspension. *Rendement des hévéas* (en kg/ha/an) : de semis tout-venant 600, sélectionnés 2 000 à 2 500, quelques espèces expérimentales 3 000. *Traitement :* le latex est filtré puis coagulé. Après laminage, les feuilles de caoutchouc sont séchées et fumées au feu de bois pour leur assurer une bonne conservation. Les feuilles sont pressées en balles constituant la matière première utilisée. Certaines qualités sont séchées à l'air après granulation. **2°) Caoutchoucs synthétiques.** *Polyisoprène :* même composition chimique et caractéristiques voisines de celles du caoutchouc naturel. *Polybutadiène :* souvent mélangé au caoutchouc naturel ou synthétique d'usage général ; améliore la résistance à l'usure. *Polybutadiène-styrène :* le plus utilisé, notamment dans les pneumatiques.

■ **Caoutchoucs spéciaux.** Synthétiques obtenus par polymérisation ou copolymérisation de monomères variés conférant des propriétés particulières. **Polychloroprène :** bonne résistance à la chaleur, aux acides, bases et oxydants, bonne tenue à l'huile ; souvent utilisé dans l'industrie chimique, pour les pièces exposées aux intempéries, par suite de sa bonne tenue à l'ozone et au soleil. **Polybutadiène-nitrile acrylique :** excellente résistance à l'essence et aux huiles, surtout pour les teneurs élevées en nitrile acrylique. **Polyisobutylène-isoprène** ou **caoutchouc butyl :** grande résistance au vieillissement ; inertie chimique ; très bonne imperméabilité aux gaz, d'où son emploi dans les chambres à air de pneumatiques. **Copolymère** et **terpolymère d'éthylène-propylène :** acceptent des taux élevés de charges et de plastifiants ; excellente tenue au vieillissement. **Polyéthylène chlorosulfoné :** bonne tenue au vieillissement ; enduction des tissus, notamment de couleur claire.

■ **Caoutchoucs très spéciaux.** Réservés à des emplois particuliers (prix élevé ou difficulté de mise en œuvre). **Fluorés, acryliques et siliconés :** très bonne tenue à la chaleur ; vieillissement excellent ; utilisés dans certains joints. **Polysulfures :** très bonne résistance aux huiles et aux solvants, notamment le benzène. **Polyuréthannes :** très bonnes propriétés physiques. **Thermoplastiques :** possèdent élasticité des caoutchoucs (sans passer par le stade de la vulcanisation) et thermoplasticité (caractère réversible) des plastiques, souples et rigides. **Modes principaux de production des caoutchoucs thermoplastiques :** *synthèse de copolymères* à structure séquencée ou à blocs (séquences souples apportant l'élasticité et séquences rigides thermoplastiques) ; *mélanges physiques de polymères* ou alliages ou associations (phase élastomère pour l'élasticité et phase plastique pour la rigidité et la thermoplasticité). *Types :* polyuréthanes thermoplastiques, SBS, SEBS, alliages à base de PP et d'un caoutchouc réticulé ou non, polyétheresters, polyéther, etc.

Statistiques

☞ *Source :* Syndicat national du caoutchouc et des polymères.

Dans le monde

■ **Consommation.** **De caoutchouc brut** (y compris industries des câbles électriques, papier, peintures, semelles crêpes ; en millions de t) : *1955 :* 3,4 ; *60 :* 4,5 ; *70 :* 8,6 ; *75 :* 10,4 ; *80 :* 12,6 ; *83 :* 12,2 ; *93* : 14,3 ; *95 :* 15,2 ; *98 :* 16,5 ; *99 :* 16,9 ; *2000 :* 17,9 [dont (en %) : USA 21,3, Japon 11,1, Chine 11,2, All. 4,7, Inde : 4,4, *France : 4,1* autres 40,6] ; *97 :* 16 dont **caoutchouc naturel :** *1993 :* 5,49 ; *95 :* 5,92 ; *98 :* 6,6 ; *99 :* 6,7 ; *2000 :* 7,2.

■ **Production** (en millions de t). **Caoutchouc naturel :** *1955 :* 1,95 ; *60 :* 2,03 ; *70 :* 3,1 ; *80 :* 3,84 ; *90 :* 5,15 ; *95 :* 5,99 ; *96 :* 6,35 ; *97 :* 6,5 ; *98 :* 6,8 ; *99 :* 6,8 ; *2000 :* 6,65 (dont Thaïlande 2,23, Indonésie 1,69, Malaisie 0,77, Inde 0,55, Chine 0,5, Viêt-Nam 0,21, Côte d'Ivoire 0,12, Nigeria 0,11). **Synthétique :** *1938 :* 0,02 ; *55 :* 1,54 ; *60 :* 2,45 ; *70 :* 5,89 ; *75 :* 6,85 ; *80 :* 8,69 ; *93 :* 8,6 ; *95 :* 9,5 ; *96 :* 9,7 ; *97 :* 10 ; *98 :* 9,9 ; *99 :* 10,3 ; *2000 :* 10,8 (dont USA 2,4, Japon 1,6, *France 0,8,* Russie 0,8, Chine 0,8, Allemagne 0,8, Corée du Sud 0,7.

■ **Pneumatiques.** **Production** (en millions d'unités, 1999) : USA 268, Japon 161,4, Chine 108,8 [1], *France 66,9,* Corée 66,7, Allemagne 59,4, Canada 36,5, Brésil n.c. (33,2 en 1997), G.-B. 34,5 (en 98), Italie 32,6, Russie 24,2, Indonésie 17, Pologne 14,6, Inde 13, Thaïlande 12, Malaisie 8,5. **Chiffres d'affaires** (en milliards de $, 1999) : Michelin [1] 13,5, Bridgestone [2] 13,5, Goodyear [3] 11,52, Continental [4] 4,9, Sumitomo [2] 3,41, Pirelli [5] 2,73, Yokohama [2] 2,41, Cooper [3] 1,56, Toyo [2] 1,26, Kumho [6] 1,2. **Parts de marché** (en %, 1999) : Good Year + Sumitomo 21,5, Bridgestone 19,4, Michelin 19,4, Continental 7,1, Pirelli 3,9, Yokohama 3,5, autres 25,2. **Marché mondial :** 71 milliards de $ dont (en %) voitures et camionnettes 60,2, poids lourds 26,3, matériels de travaux publics 5,6, vélos 4,6, matériels agricoles 2,8, avions 0,5.

■ **Grandes firmes. Michelin.** *Fin XIXe s.* Clermont-Ferrand, André Michelin (1853-1931) cartographe au ministère de l'Intérieur, et son frère Édouard (1859-1940), peintre, reprennent l'usine de leurs parents fabriquant outillage agricole, jouets, courroies, tuyaux en caoutchouc. *1891* 1er pneu démontable (bicyclette). *1894* pour voitures à chevaux. *1895* pour automobiles. O'Galop, pseudonyme de Marius Rossillon (1867-1946, dessinateur), utilise la *formule d'Horace* (« nunc est bibendum » : c'est maintenant qu'il faut boire) dans une affiche pour une bière représentant Gambrinus, un buveur au verre énorme ; André Michelin lui fait transformer son personnage en bon-

Matières premières utilisées. *Caoutchoucs bruts,* naturels ou synthétiques ; *noirs de carbone* (carbon black), obtenus par combustion ou décomposition thermique de gaz naturels ou d'hydrocarbures ; la finesse des particules (15 à 200 nanomètres suivant qualités) a une influence déterminante sur leur action (donnent aux mélanges des propriétés mécaniques exceptionnelles qui ont permis notamment d'améliorer la résistance des pneumatiques à l'usure) [*principaux producteurs :* Cabot France (Berre-l'Étang). Degussa (Ambès)] ; *charges minérales de couleur claire* (silices précipitées, kaolins, craies) ; *produits chimiques autres que caoutchouc* (agents vulcanisants, accélérateurs de vulcanisation, antioxygènes, plastifiants, stabilisants, mouillants, gonflants pour la préparation des caoutchoucs cellulaires, pigments, charges renforçantes, solvants, etc.) ; *textiles et métaux ferreux* pour armatures.

Nota. – La mise au point du pneu « vert » est liée au remplacement du noir de carbone par des silices amorphes précipitées renforçantes, étudiées spécifiquement (remplacement partiel).

homme composé de pneus superposés (le pneu Michelin « boit » l'obstacle) ; le nombre d'anneaux diminua en 1923 avec le pneu à basse pression. *1900* 1er guide Michelin. *1906* 1er pneu à jante amovible. *1910* 1res cartes Michelin. *1913* 1re borne Michelin. *1923* pneu Confort basse pression. *1930* pneu sans chambre. *1932* pneu Super Confort très basse pression. *1934* Pierre Michelin (1903-37, fils d'Édouard) devient Pt de Citroën. Regroupe les principaux créanciers de Citroën. *1937* pneu Métalic (1er pneu à carcasse d'acier). *1946* (4-6 brevet) pneu radial, pneu X pour automobile ; devient en *1967* le pneu ZX. *1952* 1er radial poids lourds. *1959* 1er radial pour engins de génie civil. *1981* 1er radial avion. Contrôle directement Kleber. *1987* 1er radial moto. *1989-22-9* rachète Uniroyal Goodrich (1,5 milliard de $, 9 usines). *1994* pneu vert basse résistance au roulement. *1998* pneu à accrochage vertical (Pax System) indéjantable ; capteur dans la jante relié au tableau de bord ; appui central pouvant supporter le poids du véhicule. Permet, en cas de crevaison de rouler 200 km à 80 km/h. **Production dans le monde** (par jour) : pneus [du vélo (200 g) au génie civil (+ de 5 t)] 844 000, roues 96 000, chambres à air 61 000, cartes ou guides 75 000 ; câbles + de 4 millions de km. **Sites de production :** près de 80 dans 17 pays dont 21 en France (Clermont-Ferrand 5), Europe occidentale 44, USA 15, Canada 4, Brésil 2, Afrique 2, Asie 6 (Chine, Japon, Thaïlande). **Principales marques du groupe :** Michelin, Kleber, BFGoodrich, Pneu Laurent, Wolber, Uniroyal, Riken, Stomil, Taurus... **Réseau commercial** dans plus de 170 pays ; centres de technologies en Europe, USA, Japon (recherche, développement, expérimentation). **Effectifs :** *1990 :* 140 826 ; *93 :* 120 000 ; *95 :* 114 397 ; *99 :* 130 434 ; *2000 :* 128 122. **Chiffre d'affaires** (en milliards de F) : *1990 :* 62,7 ; *95 :* 66,11 ; *96 :* 71,25 ; *97 :* 79,69 ; *98 :* 81,9 ; *99 :* 90,28 ; *2000 :* 101,02 ; *01* (au 30-6) : 50,5. *Résultat* (net part du groupe) : *1990 :* – 4,81 ; *95 :* 2,79 ; *96 :* 2,84 ; *97 :* 3,88 ; *98 :* 3,51 ; *99 :* 1,01 ; *2000 :* 2,6. *Endettement net : 1995 :* 36,9 ; *96 :* 22,8 ; *97 : 16,7 ; 98 :* 18,05 ; *99 :* 24,9 ; *2000 :* 32,3 (119 % par rapport aux fonds propres).

Dunlop. *1888* John Boyd Dunlop (1840-1921), chirurgien-vétérinaire de Belfast, dépose le brevet du pneumatique. *1893* installation en France et en Allemagne. *1909* au Japon. *1920* aux USA. *1984* Sumitomo Rubber Industries prend le contrôle de Dunlop France, du secteur pneu de Dunlop Angleterre et Dunlop Allemagne, et des Stés de vente en Europe. *1986* création de Dunlop USA.

Bridgestone-Firestone. *1900* Firestone créée par l'Américain Harvey Firestone. *1922* pneu « ballon » basse pression. *1930* pneu agraire. *1955 tubeless. 1988* racheté 2,6 milliards de $ par Bridgestone (Sté japonaise créée par Shojiro Ishibashi en 1931). *2000* rappelle 6 500 000 pneus [équipant surtout des 4 × 4 Ford Explorer. Auraient, en éclatant, tué 199 personnes aux USA ; coût : 900 millions de $ (rappel 350, provision pour éventuels dommages et intérêts 450)]. **Usines :** 92 dont 45 de pneus (1 en France). **Effectifs :** 97 767. **Chiffre d'affaires** (en milliards d'euros, 1999) : 19, *résultat net* 0,87.

Goodyear. *Fondé 1898.* **Effectifs** 106 000. **Chiffre d'affaires mondial** (en 2000) : 14,417 milliards de $, *résultat :* 40. **Usines :** 96 dans 28 pays. **En France** (en 2000) : **effectifs :** 1 850. **Chiffre d'affaires :** 2,5 milliards de F (pneus). **Usine :** Amiens.

Pirelli. *1872* fondé à Milan par Giovanni Battista Pirelli. *1899 :* 1ers pneus pour autos. *1907* victoire raid Pékin-Paris sur Itala. *1951* Cinturato, 1er pneu radial Pirelli. *1959* bande de roulement séparée en 3 anneaux. *1974 :* 1er pneu taille basse, le *P7.* 1er pneu radial pour moto, le MP7. *1995 :* le P6000. **Usines :** 87 dans 11 pays. **Effectifs :** 40 103. **Chiffre d'affaires** (en 2000) : 7,5 milliards d'euros, résultat net 3,62, dont (en %) : pneus 39, câbles et systèmes 59,8, autres 1,2.

Continental. *1871 fondé* à Hanovre. *1987* rachète General Tire. **Usines :** 52 dans 16 pays. **Effectifs :** 44 800. **Chiffre d'affaires et,** entre parenthèses, **résultat net** (en 1999) : 9,1 milliards d'euros (0,23), dont (en %) : pneus 72, caoutchouc industriel 28. 4e rang dans le monde.

☞ **MIRS (Modular Integrated Robotized System) :** nouveau concept d'usine qui permet de produire un pneu en 72 min (contre 6 j avec un procédé classique) avec des effectifs réduits de 80 %, des surfaces utiles divisées par 5 et un coût de production diminué de 25 %

En France

■ **Structures. Pneumatiques :** 8 entreprises, 20 établissements : *Sicup (Continental-Uniroyal) :* Sarreguemines ; Clavroix, *Dunlop :* Amiens, Montluçon ; *Bridgestone/Firestone France :* Béthune ; *Goodyear :* Amiens ; *Hutchinson :* Montargis, Persan ; *Kléber pneumatiques :* Toul, Troyes ; *Michelin :* Bourges, Clermont-Ferrand, Cholet, Épinal, Joué-lès-Tours, Montceau-les-Mines, Poitiers, Le Puy, Roanne, La Roche-sur-Yon, Roubaix, Vannes ; entreprises de rechapage. **« Caoutchouc industriel » :** 250 établissements (80 % dans moitié nord de la France).

■ **Chiffre d'affaires** (en milliards de F). *1980 :* 20,6 ; *83 :* 25,5 ; *93 :* 35,6 ; *94 :* 36,9 ; *95 :* 39,8 ; *96 :* 40,6 ; *97 :* 44,3 ; *98 :* 47,3 ; *99 :* 47,7 ; *2000 :* 48,2 (pneus 27,6, caoutchouc industriel 20,6). **Commerce** (en milliards de F) : *1980 :* import. 4 (export. 7,8) ; *94 :* 12,56 ; *95 :* 13,5 ; *96 :* 13,5 ; *97 :* 15 (24,4) ; *98 :* 17,2 (26,2) ; *99 :* 18,0 (26,0) ; *2000 :* 19,2 dont pneus 9, caoutchouc industriel 10,2 (27,7 dont pneus 16,2, caoutchoucs industriels 11,5).

■ **Matières premières. Consommation** (en milliers de t) : *caoutchouc naturel : 1995 :* 182,2 ; *98 :* 205,7 ; *2000 :* 227,3 ; *synthétique : 1995 :* 259,4 ; *98 :* 300,8 ; *2000 :* 316,5. *Noirs de carbone : 1995 :* 223,8 ; *98 :* 248 ; *2000 :* 259,1.

■ **Production** (en milliers de t). **Pneus neufs :** *1995 :* 714,5 ; *96 :* 725,1 ; *98 :* 812,5 ; *2000 :* 832,8 (dont exportés 668,1) dont tourisme 457,5, camionnettes + poids lourds 256,6, agraires (RMT + RDT) + génie civil 105,5, total deux-roues 8,1, autres 5,1. **Caoutchouc industriel :** *1995 :* 363,5 ; *96 :* 325,8 ; *98 :* 393,4 ; *2000 :* 445,0 (dont exportés 250,3) dont mélanges vendus en l'état 89,9, profilés 36,6, pièces adhérisées (sauf pour voiture) 35,7, tubes et tuyaux 27,3, joints 29,5, raccords pour véhicules 16,7, bandes transporteuses et courroies 19,7, plaques 17,3, pièces adhérisées pour voiture 16,9, tapis et revêtements de sol 7,5, rubans adhésifs autres que médicaux 7,5, hygiène et pharmacie 7,1, tissus enduits 8,4, autres pièces moulées pour voiture 6,2, garnissage de cylindres 4,7, gants et caoutchouc 2,4, autres articles en caoutchouc vulcanisé 33,5. **Pneus rechapés** (en milliers d'unités) : *1995 :* 3 563,6 ; *2000 :* 2 426 dont enveloppes tourisme 1 283, poids lourds 953, camionnettes 164, agraires 19, autres non routiers 6.

■ **Consommation. Pneus :** 35 à 36 millions soit 445 000 t (voitures de tourisme 170, poids lourds 140, camionnettes 40, engins agricoles 35, de génie civil, avions 20, chambres à air 20, pneus défectueux 15, procédés de recyclage 5. **Récupération** (en milliers de t) : 124 dont rechapage 72, poudre pour chaussée 16, construction 9, divers 12.

■ **Effectifs.** *1980 :* 98 400 ; *93 :* 58 784 ; *96 :* 60 258 ; *98 :* 60 098 ; *2000 :* 59 232 (pneus 27 687, industriel 29 733, rechapés 1 812).

Chimie

Sources : Fédération chimique nat. et Cefic (European Chemical Industry Council), Union des industries chimiques, Syndicat nat. de l'ind. des engrais, Fédération française des ind. transformatrices de plastique, Syndicat professionnel des producteurs de matières plastiques, Féd. de la plasturgie, Ucaplast (Union des ind. et de la distribution des plastiques et du caoutchouc).

Généralités

Quelques dates

1766 *production de l'acide sulfurique* (procédé des chambres de plomb). **1791** *fabrication de la soude* (procédé *Leblanc*). **1868** *fabrication de la soude caustique* par le procédé à l'ammoniaque *Solvay.* Puis production industrielle de l'*acide sulfurique* et de la *soude* par *Kuhlmann.* **1900** *synthèse de l'acide sulfurique* par le procédé de contact (on fait passer de l'anhydride sulfureux à l'état d'anhydride sulfurique en l'oxydant au moyen de l'oxygène en présence d'une masse platinée ou imprégnée d'oxyde de vanadium). **1914** *synthèse de l'ammoniac* par les Allemands Haber et Bosch à partir de l'azote atmosphérique et de l'hydrogène venant du gaz à l'eau, du gaz de cokerie ou de l'électrolyse de l'eau. Procédé perfectionné par divers savants, dont le Français Georges Claude (1870-1960) en 1918. **1925** *synthèse des hydrocarbures* (rendant possible la fabrication des huiles de graissage et des corps gras alimentaires du type margarine, de l'alcool méthylique et du caoutchouc GRS). **Depuis 1925** polymères avec nombreuses applications (matières plastiques, fibres textiles, caoutchouc synthétique, etc.). Exemples : *1928* polyéthylène, *1931* polychlorure de vinyle (PVC), *1937* polyamide (Nylon), *1938* polystyrène, *1939* polytétrafluoroéthylène (Téflon), *1940* fibre polyester, *1954* résine polypropylène.

☞ *Autres synthèses* (médicaments, etc.) : *1943* streptomycine, *1959* tranquillisants, *1973* pyréthrinoïdes.

Éléments naturels de base

■ **Chimie minérale.** *Soufre* et son dérivé l'acide sulfurique. *Eau de mer* et *sel de carrière* dont on extrait le chlorure de sodium pour produire soude et chlore. *Air* dont on extrait les composants. *Charbon, pétrole* et gaz naturel. *Calcaire* et phosphates. *Minerais métalliques.*

■ **Chimie organique (chimie du carbone, pétrole, gaz naturel).** *Acétylène, éthylène, propène, phénol, butène, méthylpropène, butadiène, méthanol de synthèse.* Avec ces produits seront fabriqués : matières plastiques, textiles artificiels, caoutchouc, produits pharmaceutiques, solvants, peintures, détergents, insecticides, etc.

La chimie dans le monde

■ **Principaux pays exportateurs** (en millions d'euros, 2000). USA 86,7 ; Allemagne 74,4 ; *France 47,9 ;* G.-B. 40,9 ; Belgique 47,0 ; Japon 37,4 ; Pays-Bas 36,1 ; Irlande 24,8 ; Italie 24,5 ; Suisse 23. **Importateurs.** USA 79,9 ; Allemagne 49,7 ; *France 38,8 ;* Belgique 35,9 ; G.-B. 34,9 ; Italie 32,3 ; Japon 28,7 ; Pays-Bas 23,9 ; Canada 20 ; Espagne 18,4.

■ **Principaux pays employeurs** (en milliers, 1999). USA 1 034,7 ; Allemagne 477,6 ; G.-B. 257,8 ; *France 235,8 ;* Italie 186,7 ; Espagne 124 ; Belgique-Lux. 97,2 ; Pays-Bas 79,1 ; Suisse 67,9.

■ **Principaux groupes de chimie de spécialité. Chiffres d'affaires** (en milliards d'euros, 2000) : Merck 30,6, BASF 29,4, Bayer 27,2, Du Pont 25,2, Aventis 20,4, Novartis 20,1, Dow 17,7, AstraZeneca 17,2, Roche 17,1, ExxonMobil 14,9, Pfizer 13,9, Mitsubishi Chemical 13,7, Degussa-Hüls 13.

La chimie en France

■ **Données globales. Chiffre d'affaires** (en milliards de F, hors taxes) : *1980 :* 159,4 ; *85 :* 285,8 ; *90 :* 359 ; *91 :* 362 ; *92 :* 364,8 ; *93 :* 370,9 ; *94 :* 394,1 ; *95 :* 422,1 ; *96 :* 430,2 ; *98 :* 465 ; *99 :* 478 ; *2000 :* 520 (dont médicaments 164,9 ; chimie de base 172,5 ; parachimie 86,7 ; savons, parfums, produits d'entretien 81,2 ; produits pharmaceutiques de base 15,1). **Investissements** (en milliards de F) : *1990 :* 24,9 ; *91 :* 22,4 ; *92 :* 21,4 ; *93 :* 17,9 ; *94 :* 15,9 ; *95 :* 17,3 ; *96 :* 18,5 ; *97 :* 22 ; *99 :* 23,2 ; *2000 :* 25,1. **Main-d'œuvre :** *1981 :* 285 060 ; *90 :* 266 400 ; *95 :* 246 310 ; *98 :* 236 500 ; *99 :* 238 500 ; *2000 :* 241 300.

☞ *Légende :* facturations (F) et, entre parenthèses, exportations (E)/importations (I), en millions de F (MF), en 2000. Production (P), en 2000.

■ **Fibres artificielles ou synthétiques** (moyenne annuelle en 2000). *Fibres artificielles ou synthétiques :* facturations 4 296 MF (exportations 4 380/importations 7 704) ; production 222 684 kt.

■ **Industrie chimique de base.** *Caoutchouc synthétique :* F 572,4 (E 4 344/I 310,8) ; caoutchouc synthétique P (kt) 669,6. *Colorants et pigments :* F 7 536 (E 7 944/I 7 452) ; P (kt) colorants organiques 58,8. *Gaz industriels* F 7 776 (E 516/I 636) ; P (million de m^3) hydrogène 598,8, azote 3 110,4, oxygène 2 850. *Produits azotés et engrais :* (E 1 656/I 7 980) ; P (kt) ammoniac en N 1 527,6, chlorure de potassium en K_2O 307,2, superphosphates 427,2, phosphates divers 2 179,2, contenance des engrais en P_2O_5 356,7, engrais composés 3 770,1. *Produits chimiques inorganiques de base :* F 14 292 (E 9 936/I 9 480) ; P (kt) chlore (total ou gazeux) 1 582,8, noirs de carbone 262,8, acide chlorhydrique 270, sulfurique 2 168,4, hydroxyde de sodium 1 682,4. *Organiques de base :* F 75 060 (E 54 528/I 51 108) ; P (kt) éthylène 3 074,4, propylène 2 262, butène et ses isomères 265,2, butadiène 396, benzène 946,8, toluène 98,4, formol 110,4. *Matières plastiques de base :* F 52 092 (E 40 860/I 35 100) ; P (kt) polyéthylène basse densité 759,6, haute densité 532,8 ; polychlorure de vynile 1 249,2 ; polyesters non saturés 216 ; polypropylène 1 041,6 ; polymères acryliques 398,4 ; matières plastiques en mélange 608,4 ; résines uréiques et mélaminiques 234, phénoliques 69,6, de pétrole, de coumarone et polyterpènes 120.

■ **Parachimie.** *Colles et gélatines :* F 5 496 (E 2 592/I 1 752) ; P (kt) colles 613,7 dont colles-ciments et colles-mortiers 342,74. *Huiles essentielles :* F 6,240 (E 7 932/I 7 200). *Peintures et vernis :* F 22 368 (E 6 948/I 7 320) ; P (kt) peintures en films 871,1, enduits et mastics 194,91, encres d'imprimerie 93,8. *Produits agrochimiques :* F 19 212 dont insecticides 3 396, herbicides 7 596, désinfectants 840, fongicides 5 520, autres 544 (E 10 680/I 9 528). *Produits explosifs :* F 430,8 (E 481,2/I 268,8) ; P (kt) explosifs encartouchés 19,52, en vrac 21,7, cordeaux détonants souples (km) 16,58. *Produits chimiques à usage industriel :* F 23 856 (E 22 272, I 17 724) ; P (kt) auxiliaires pour carburation et lubrification 695,72. *Produits chimiques pour la photographie :* F 5 316 (E 7 524, I 8 028). *Support de données :* (E 2 892/I 2 532).

■ **Pharmacie.** *Médicaments :* F 165 132 dont spécialités à usage humain 93 672, vétérinaire 2 820, travaux à façon de spécialités vendues en France 22 620, spécialités et travaux à façon en exportation directe 46 020 (E 62 952/I 39 648). *Produits de base pour pharmacie :* F 15 012 (E 19 620/I 27 900). *Autres :* F 3 528 (E 2 124/I 2 928).

■ **Produits d'entretien-parfumerie.** *Parfums et produits pour la toilette :* F 70 152 (E 39 852/I 7 500) ; P parfums 51,96 (en milliers de l), eaux de toilette, lotions avant et après rasage 36 036 (en millions de l), poudres et produits de maquillage 54,072, autres 875 688, shampooings liquides 188,32 ; produits capillaires divers 418 416, autres 688 800. *Savons, détergents et produits d'entretien :* F 14 868 (E 6 912/I 8 280) ; P (kt) glycérine 52,7 ; agents de surface anioniques 181,88, cationiques 51,02, savons toilette et parfumerie 36,97 ; détergents poudre 365,59, liquides et pâte 785,83. **Balance commerciale** (en milliards de F) : *1996 :* 46,65 (*export.* 210,78/*import.* 164,1) ; *97 :* 56,86 (249,43/182,56) ; *98 :* 51,5 (252/200,5) ; *99 :* 53

■ **Colles. Traditionnelle :** à partir de substances naturelles végétales, animales ou minérales ; obtenue sous forme liquide, après avoir fait bouillir, par exemple, des arêtes de poisson *(Sécotine),* des os d'animaux, de l'amidon de maïs ou des fécules de pommes de terre *(dextrines).* **Modernes** ou **produits adhésifs de synthèse :** souvent dérivés de produits pétroliers. 2 formes : colles prenant par simple échauffement *(Néoprène),* colles n'adhérant que par l'intermédiaire de réactions chimiques. Ex. : *colles polymérisées* qui se durcissent au contact de l'humidité en provoquant une modification structurale des molécules, ou les *époxy,* prenant grâce à un durcisseur (utilisées pour le collage en aéronautique). On peut, avec les *colles acryliques,* provoquer l'adhésion des matériaux sous l'eau. Les *colles cyano-acrylates* remplacent les points de suture en chirurgie (application plus rapide, cicatrices plus discrètes).

(264/211) ; *2000 :* 59 (314/255). **Par zones :** *UE* 167,1/146,8 (Allemagne 40,4/42, G.-B. 29,3/26,6, Italie 24,4/13,8, Belg.-Lux. 19,7/20,4, Espagne 16,9/8, P.-Bas 14,8/16,8, Suède 6,3/3,8) ; autres pays 97/64,3 (USA 18,6/26,1, Suisse 10,6/14,6, Japon 4,9/5,6).

ENGRAIS

■ **Engrais azotés. Minéraux :** surtout fabriqués à partir de la synthèse de l'ammoniac, obtenu par la combinaison de l'azote, extrait de l'air, et de l'hydrogène provenant du gaz naturel. On distingue : les engrais *ammoniacaux* (sulfate d'ammoniaque et urée), *nitriques* et surtout *ammoniaco-nitriques* (ammonitrates et solutions azotées). **Organiques** [d'origine animale : *guano* du Pérou (excréments d'oiseaux et débris de poissons), déchets industriels (corne, laine, poissons, etc.) ou d'origine végétale] : utilisés surtout sur cultures maraîchères, vignes, arbres fruitiers. Ils entrent aussi dans la fabrication d'engrais organo-minéraux. **Production d'azote** (en milliers de t, 1997-98) : Chine 20 245, USA 15 372, Inde 10 083, Russie 4 292, Canada 4 122, Indonésie 3 059, Ukraine 2 022, P.-Bas 1 848, Pakistan 1 660, Pologne 1 546, *France 1 445, Monde 90 210.*

■ **Engrais phosphatés.** Ils proviennent : 1°) **des phosphates naturels :** soit employés directement après avoir été finement broyés, soit solubilisés par un acide (chlorhydrique, sulfurique, phosphorique) pour produire notamment les superphosphates. 2°) **Des scories de déphosphoration** (por de faibles quantités) : sous-produits de la fabrication de l'acier. **Production** (en milliers de t). **Anhydride phosphorique [P_2O_5]** (en 1997-98) : USA 10 765, Chine 6 405, Inde 3 079, Russie 1 777, Brésil 1 353, Maroc 921, *France 687, Monde 34 915.* **Phosphates naturels** (en 1999) : USA 40 866, Chine 29 000, Maroc 21 896, Russie 11 218. Tunisie 8 006, Jordanie 6 013, Brésil 4 343, Afrique du Sud 2 940, Syrie 2 084.

■ **Engrais potassiques.** Obtenus à partir de minerais naturels (sylvinite, kaïnite, carnalithe, etc.) constitués de sels de potassium, de sodium et parfois de magnésium. *Principaux :* chlorure de potassium (séparé par procédés physiques), sulfate de potassium. **Production** [en milliers de t de potasse (K_2O), 1997-98] : Canada 9 029, Allemagne 3 423, Russie 3 403, Biélorussie 3 247, Israël 1 488, USA 883, Jordanie 849, *France 665, Monde 24 947.*

■ **Engrais composés.** Ils apportent 2 ou 3 éléments majeurs (azote, anhydride phosphorique, potasse). On distingue : *les engrais obtenus par mélange mécanique* de matières premières simples solides et se présentant sous forme pulvérulente ou granulée : il s'agit surtout d'engrais binaires PK ; *produits directement par action chimique (engrais complexes)* entre des matières premières et des produits intermédiaires (phosphates naturels, ammoniac, acide nitrique, sulfurique, phosphorique, chlorure de potassium, etc.) : engrais complexes ternaires NPK, binaires NP ou NK ; *fluides :* liquides ou en suspension.

■ **Consommation mondiale d'engrais** (en milliers de t d'éléments fertilisants N, P_2O_5, K_2O) : *1989-90 :* 143 ; *92-93 :* 126 ; *94-95 :* 123 ; *95-96 :* 129 ; *97-98 :* 137 ; *98-99 :* 138. **Utilisation** (en kg par ha cultivé, 1997-98) : P.-Bas 270, Belgique 228, G.-B. 214, Irlande 195, *France 188* [dont azote (N) 94, anhydride phosphorique (P_2O_5) 39, potasse (K_2O) 54], Allemagne 173, Danemark 162, Finlande 153, Autriche 151, Portugal 149, Grèce 145, Espagne 144, Italie 132, Suède 124.

■ **Principales sociétés en France.** Grande Paroisse SA, Hydro-Agri-France, Sté commerciale des potasses et de l'azote (filiale d'EMC-Entreprise minière et chimique), Cedest Engrais, Groupe Roullier.

PLASTURGIE

GÉNÉRALITÉS

■ **Définitions. Matières plastiques :** matières modelables ou moulables. De nos jours, désigne de hauts polymères de synthèse susceptibles ou non de se ramollir par élévation de la température. **Plasturgie :** rassemble les techniques de transformation des matières plastiques (matière première) en un produit fini ou en un semi-produit.

■ **Quelques dates. Jusqu'au milieu du XIXe s.** tirées de *substances naturelles travaillées à la température normale* (glaise, cire, mastic) *ou après chauffage* (corne, écaille, gomme-laque, ambre, etc.). **1866** *Parkesine* (nitrocellulose, camphre et alcool) créée par Alexander Parkes à Londres. **1869**-*15-6 Celluloïd* (nitrate de cellulose et camphre) créé par l'Américain John Wesley Hyatt (1re firme productrice : Albany Dental Plate ; USA). **1884** *1er brevet de fil en matière artificielle* (nitrocellulose) par le Cte Hilaire de Chardonnet (Fr.). **1900** *Galalithe* (pierre de lait, produite en faisant agir le formol sur la caséine du lait convenablement hydratée ; All.). **1905** *acétate de cellulose* (Bayer ; All.). **1909** *Bakélite* (phénoplaste) créée par le Belge Baekeland (on obtient, à partir du formol et du phénol chauffés en autoclave, une résine synthétique) : General Bakelite ; USA. **1915** *Cellophane* (cellulose régénérée) créée par Brandenberger (La Cellophane ; Fr.). **1926** *Alkyde* (General Electric ; USA). **1927** *Plexiglas* (PMMA : polyméthacrylate de méthyle) créé par Wulff (Röhm et Hass ; All.). **1928** *Pollopas* (aminoplaste) créé par Pollak (USA). **1930** *polystyrène* créé par Staudinger (I.G. Farben ; All.). **1931** *polyvinyle* créé par Ostromyslenski Klatte et Zacharias (I.G. Farben ; All.). **1937** *polyéthylène* (basse densité, haute pression) créé par Fawcett et Gibson (ICI ; G.-B.). *Polyuréthane* (Otto Bayer, All.). **1940** *Saran* (polyvinyldène) [Dow ; USA]. **1941** *Nylon* (polyamide 66) créé par Carothers (Du Pont de Nemours ; USA). *Silicone* (Dow Corning ; USA). **1942** *polyester insaturé* (résines) créé par Foster (Pittsburgh Glass ; USA). **1943** *Téflon* (polyfluoré) créé par Plunkett, Rebock (Du Pont de Nemours ; USA). **1946** *ABS* créé par Daly, Calvert (Marbon ; USA). *Rilsan* (polyamide – 11) créé par Zelner et Genas (Organico ; Fr.). **1947** *Araldite* (époxyde) créé par Castan (Ciba ; Suisse). **1950** *moltopren* (polyuréthane) créé par Otto Bayer (Bayer ; All.). **1951** *styropor* (polystyrène expansé) [BASF ; All.]. **1953** *delrin* (polyacétal) créé par Mac Donald (Du Pont de Nemours ; USA). **1955** *polyéthylène haute densité* (haute densité, basse densité) créé par Ziegler (Hoechst ; All.). **1957** *polypropylène* créé par Natta (Montecatini ; Italie). *Makrolon* (polycarbonate) créé par Schnell (Bayer ; All. et General Electric ; USA). **1964** *noryl* (polyphénylène) créé par Hay (General Electric ; USA). *Polyimide* (Du Pont de Nemours ; USA). **1965** *polysulfone* (Union Carbide ; USA). *Surlyn* (ionomère) [Du Pont de Nemours ; USA]. **1970** *kinel-vespel* (polyimide) [Du Pont de Nemours ; USA, Rhône-Poulenc ; Fr.]. *Ryton* (polyphénylène sulfone) [Philips Petroleum ; USA].

■ **Classification. 1°) Matières thermoplastiques :** soumises à l'action de la chaleur, subissent un ramollissement et redeviennent pâteuses ; refroidies, elles retrouvent l'état solide initial. Elles sont théoriquement réutilisables indéfiniment. Résistantes à l'action de nombreux agents chimiques. *Polychlorure de vinyle (PVC) :* fabriqué à partir de chlorure de vinyle, peut être souple ou rigide, opaque ou transparent. Utilisation : emballages, canalisations d'eau et téléphone, industrie chimique, huisseries, câbleries électriques, électronique. *Polyéthylènes :* matière première l'éthylène ; flexibles, translucides, résistants aux agents chimiques. Utilisation : articles ménagers, récipients (exemple : Tupperware, créé 1942 par Earl Tupper), jouets, emballages, sacs, sachets, films agricoles, BTP. *Polypropylène :* matière première le propylène ; bonne résistance à la température et aux chocs. Utilisation : cordages, automobiles, articles ménagers, emballages. *Polystyrène et copolymères de styrène :* fabriqués à partir du styrène ; mise en œuvre facile, aspect esthétique. Utilisation : emballages, jouets, articles ménagers, films photo, isolants dans le bâtiment (sous forme alvéolaire). *Polyamides :* matières premières diacides et diamines ; diélectriques, propriétés mécaniques excellentes (bonnes propriétés thermiques, résistance à l'usure). Utilisation : textiles, pièces mécaniques industrielles. *Résines acryliques* (plexiglas, altuglas) : fabriquées à partir de l'acide méthacrylique ; transparentes, coloris variés. Utilisation : automobile, cockpits d'avion, enseignes, mobilier. 2°) **Matières thermodurcissables :** soumises à l'action de la chaleur, deviennent dures et ne se ramollissent plus par la suite, les chaînes tridimensionnelles s'opposant à toute mobilité thermique. Se solidifient sous l'action combinée de catalyseurs, de durcisseurs et de la chaleur. Généralement insensibles aux agents chimiques et notamment aux solvants. *Polyesters :* fabriqués à partir de glycols, styrène, d'anhydrides phtalique et maléique ; combinés à la fibre de verre, leur résistance mécanique est plus élevée. Utilisation : coques de bateaux, carrosseries automobiles, cuves, éléments de bâtiment, cannes à pêche. *Polyépoxydes :* fabriqués à partir de bis-phénol A, de chlorhydrine et d'amines. Mêmes utilisations que les polyesters, mais avec des applications où une plus grande résistance est demandée. *Résines glycérophtaliques :* matières premières : glycérol, anhydride phtalique et acides gras ; utilisation : peintures, vernis. *Aminoplastes :* urée ou mélamine et formol, dureté de surface, diélectriques, aspect esthétique. Utilisation : ind. électrique, articles ménagers, plaques stratifiées. *Phénoplastes :* fabriqués à partir du phénol et du formol ; diélectriques, résistent à l'abrasion, aux chocs et au feu. Utilisation : industrie électrique, abrasifs. **Les matériaux composites** (nés dans les années 1950) sont des thermoplastiques ou des thermodurcissables aussi solides que les alliages métalliques, mais plus légers. Voir col. c

■ **Techniques de transformation.** Différentes suivant la nature des plastiques. *Thermoplastiques :* matière chauffée, comprimée puis forcée dans une filière pour l'extrusion et l'extrusion-soufflage, moule pour injection ; autres méthodes : calandrage, enduction, rotomoulage ou thermoformage. *Thermodurcissables :* procédé « au contact », projection simultanée, compression à froid ou à chaud, moulage en continu. Dans le *moulage par injection,* la matière est chauffée et ramollie avant d'être introduite sous pression dans le moule. Après solidification, la pièce moulée est éjectée hors du moule. Films, feuilles et profilés sont obtenus par extrusion de la matière ramollie à travers une filière. Bouteilles et corps creux sont soufflés dans un moule à l'état pâteux. Les grands corps creux peuvent être fabriqués par rotomoulage (moule chauffé tournant à faible vitesse). Production de certaines pièces par formage à partir de feuilles ramollies et pressées dans un moule. Des pièces simples peuvent être usinées à partir de semi-produits (feuilles, planches, rondins).

Procédés spéciaux avec les résines polyesters et polyépoxydes liquides. Ainsi, les résines polyesters mélangées à de la fibre de verre peuvent être moulées à froid, par contact (coques de bateaux).

■ **Dégradation. Biodégradation :** seuls les matériaux cellulosiques et certains polymères spéciaux, sensibles à l'eau, peuvent être détruits facilement par les micro-organismes. **Photodégradation :** destruction par les agents naturels possible pour certains polymères, surtout appliquée dans le domaine agricole (films de paillage par exemple).

■ **Matières plastiques et énergie.** Grâce à leurs caractéristiques (légèreté, facilité d'entretien, souplesse de conception des pièces, etc.), les matières plastiques présentent pour une même unité d'usage un bilan énergétique total plus favorable que celui d'autres matériaux. D'où leur développement dans l'automobile (réduction de la consommation grâce à l'allègement des véhicules), l'isolation thermique, les cultures sous abri, etc.

■ **Matériaux composites.** Constitués de couches de **fibres :** de verre, de carbone (ou de graphite), de bore, de borsic (fibres de bore enrobées de carbure de silicium), ou organiques (Kevlar 49 ; fibres naturelles : céréales, chanvre, lin, paille, sisal). Les fibres sont noyées dans une matrice de **résine** (polyester, époxy, polyimide) ou parfois métallique (aluminium, magnésium, titane) qui résiste mieux aux hautes températures. Les matériaux composites permettent une économie de poids lors de l'usinage de matière ; *technique RTM (Resine Transfer Moulding) :* diminue le coût de fabrication de 30 %. *Marché : mondial* (1998) : 5 500 000 t, 180 milliards de F ; *européen* (en %, 1997) : transports 33, bâtiment 25, matériel industriel 10, biens de consommations 8, sports et loisirs 8, électricité-électronique 6, travaux publics 6, aéronautique militaire 0,5, autres 3,5.

STATISTIQUES (PLASTIQUES)

■ **Dans le monde. Production** (en millions de t) : *1970 :* 30 ; *80 :* 48 ; *90 :* 92 ; *95 :* 122 ; *98 :* 134 ; *99 :* 140 ; *2000 :* 147 (dont USA 46,6, Japon 14,7, All. 11,4, *France 6,5,* Chine 5,2, Canada 3,52, G.-B. 3,1, Espagne 2,8, P.-Bas 1,25, Australie 1,2, Afr. du Sud 0,8). **Consommation** (en milliers de t, 1998) : USA 42 000, Japon 13 000, Italie 5 410 [1], *France 3 705,* G.-B. 4 277 [1], Esp. 2 904. **Par habitant** (en kg, 1997) : USA 157, Europe de l'Ouest 105 (dont *France 83*), Japon 94, Canada 93, Afrique 2, *moyenne mondiale 23.*

Nota. – (1) 1996.

■ **En France. Plasturgie :** *chiffre d'affaires* (en milliards de F, 2000) : 153 ; *exportations :* 45,5 (4e rang mondial) ; *production :* 4 067 000 t ; *établissements :* 4 234 ; *effectifs* (en 1999) : 156 000 personnes dans 1 280 entreprises de 20 salariés et plus. **Production** (en milliers de t, 2000). 6 500 (dont thermoplastiques 77 %, thermodurcissables 8, divers 15) dont phénoplastes 76, aminoplastes 220, alkydes 34, polyesters insaturés 158, polyéthylènes BDR 718, p. BDL 461, p. HD 511, polypropylène 1 389, polystyrène 395, expansible 178, PVC 1 260, polymeth-acryliques 200, divers 775. **Consommation** (en milliers de t, 2000). 5 186 dont phénoplastes 70, aminoplastes 380, alkydes 48, polyesters insaturés 86, polyéthylène BDR 565, p. BDL 287, p. HD 632, polypropylène 850, polystyrène 290, p. expansible 121, PVC 751, vinyliques 66, polymeth-acryliques 120, PET 330, divers 6. **Commerce extérieur** (en milliers de t, 2000). **Importations :** 3 880. **Exportations :** 5 183. **Utilisations principales** (en milliers de t, 2000). *Emballages* 2 011. *Bâtiment* 1 300. *Transports* 682. *Électricité-électronique* 365. Sports et loisirs 278. Mobilier 210. Santé 69. *Divers* 461.

Source : Syndicat des producteurs de matières plastiques (SPMP). Fédération de la plasturgie.

SAVONS ET DÉTERGENTS
Hygiène corporelle (gels, déodorants)

EN FRANCE

■ **Production** (en millions de t, 2000). **Savons :** 0,087. **Détergents :** en poudre 0,556, liquides 0,676. Produits savonniers et produits détergents (1995). Produits pour lavage du linge ou vaisselle 1,07, de sols ou murs 0,33. Savons de toilette et parfumerie 0,05, de ménage et divers 0,04. **Parfums et produits de toilette :** parfums 0,11, eaux de toilette, cologne, lavande, lotions avant et après rasage 34,71, pour maquillage 271,52, autres produits de beauté et de soins 91,16, shampooings 91,16, autres préparations capillaires 326,65, autres produits de parfumerie, toilette, déodorants, dentifrices 639,21.

■ **Consommation par an et par habitant** (en g, 2000). **Savons :** 1 734, de toilette 540, de ménage 408, autres savons 786 (dont en 1993 produits spéciaux pour les mains des mécaniciens 413, liquides 488, industriels 56, paillettes et copeaux ménagers 50, mous 21). **Détergents :** 23 608 dont poudre 8 859.

PRINCIPAUX GROUPES

■ **Colgate Palmolive.** Filiale de Colgate Palmolive Co. (New York). **Chiffre d'affaires mondial et revenu net avant impôt** (en milliards de $) : *1999 :* 9,12 (1,39) ; *2000 :* 9,36 (1,06). **Chiffre d'affaires** (en France, 1998) : 4,6 milliards de F. **Effectifs :** 1 514. **Filiales** *rattachées à la France :* Cotelle SA, Maroc, Côte d'Ivoire, Sénégal, Cameroun, Gabon, Réunion. **Détergents linge :** Axion, Gama, Génie, Paic. **Adoucissants textiles :** Soupline. **Détergents vaisselle :** Palmolive, Paic. **Détergents lave-vaisselle :** Paic System. **Produits d'entretien :** Ajax, Javel La Croix. **Savons, gels douche et bains :** Cadum [créé 1912. Michaël Winburn, homme d'affaires et publicitaire, propriétaire de l'*Omega Chemical Company* (USA), pour lancer en France le savon fabriqué à Courbevoie, demande à Arsène-Marie Le Feuvre (peintre) l'image d'un bébé. Le Feuvre prit pour modèle une photo de son fils en bas âge ou s'inspira de Charles (2 ans), fils d'Herbert Michaelis, directeur commercial de Cadum, ou de Patrick Duncan (2 ans), fils d'Isadora Duncan, danseuse célèbre, et de Paris Singer ; en 1913, Patrick et son frère mourront noyés dans la Seine, à bord d'une voiture dont le chauffeur avait oublié

Savon

■ **Quelques dates. Antiquité** lessives faites de cendres et de graisses, plantes (saponaire), argile à foulon et détergents minéraux. *Savon,* du mot latin désignant la préparation moussante utilisée par Germains et Celtes : mixture à base de graisse de chèvre ou de suif et de cendres de bouleau. **Moyen Age** savon produit d'un alcali (d'origine arabe, *alkali* désigne la plante maritime que nous appelons soude, d'où l'on tirait jusqu'à la fin du XVIIIe s. le produit du même nom) sur un corps gras, vraisemblablement introduit en Europe par les croisés. **XIIe s.** 1res fabriques renommées en Espagne et Italie : savon de Naples, Alicante, Gênes, Bologne, Venise. **Milieu XVe s.** savonneries à Marseille (46 à la fin du XVIIe s.). *Évolution :* utilisation des corps gras végétaux pour remplacer les corps gras animaux, emploi de la chaux pour transformer les carbonates alcalins en potasse et en soude. Un savon est mou si on utilise de la potasse, dur si on emploie de la soude. **1791** Nicolas Leblanc invente la *soude caustique* et fonde la « Franciade », 1re soudière. **XIXe s.** 1ers savons sous marque et emballage. **1930** détergents ménagers, généralisés **après 1950 :** le savon est remplacé par des tensioactifs de synthèse. **Depuis 1960** diversification : produits liquides et produits concentrés.

■ **Procédés utilisés. Savon :** obtenu par traitement à chaud de matières grasses animales (suif) ou végétales (palme, coprah) par un produit alcalin (soude en général). L'opération de relargage sépare la glycérine, sous-produit de réaction. La pâte de savon concentrée est ensuite coulée et découpée (savon de Marseille) ou séchée sous forme de copeaux, additionnée de divers adjuvants, homogénéisée par boudinage, découpée et conditionnée automatiquement (savons de toilette, de parfumerie, etc.). **Détergent** (nommé **lessive** pour certains emplois) : produit fini obtenu par mélange de divers composants laissés en l'état (poudres cristallines), mis en solution (produits liquides) ou en partie séchés par atomisation d'une pâte. Certaines fabrications comportent une étape préliminaire de synthèse de certains tensioactifs à partir de matières premières d'origine pétrolière, animale ou végétale. En France, du XVIIe s. à l'époque moderne, on fabriquait le savon blanc (dit de Marseille) *« à la petite chaudière »* : pâte cuite et brassée sans épuration, produit médiocre ; *« à la grande chaudière » : 1°) empâtage :* mélange du corps gras et d'une lessive de soude, solution aqueuse d'un alcali, porté et maintenu un certain temps en ébullition ; *2°) relargage :* on ajoute à la pâte obtenue une lessive de cuite liquide qui sépare la glycérine dont l'excès gênerait le séchage du savon ; *3°) cuite :* pâte de savon obtenue après relargage et additionnée d'une lessive salée, puis portée à ébullition plusieurs heures ; lessive utilisée soutirée par un robinet à la base de la chaudière ; *4°) façonnage :* la pâte de savon prête à l'emploi est séchée à l'air dans de gros moules ou « mises » en attendant d'être assez dure pour être façonnée et marquée ; du XVIIe s. au milieu XIXe s., on coupait les blocs de savon au fil et on les marquait à la main.

Le savon issu de ces opérations peut être blanc si la soude est pure ou coloré si elle ne l'est pas. A partir du savon en copeaux, on prépare les savons de toilette et savonnettes en ajoutant au savon broyé des parfums et des corps adoucissants ; le façonnage se fait à la presse.

Composants

■ **Tensioactifs** (ou agents de surface). Donnent aux détergents leur pouvoir mouillant (décollage de la saleté) et émulsionnant (mise en suspension des particules solides ou grasses). On distingue les tensioactifs *anioniques* (exemples : savon lui-même, alkylbenzènesulfonate de soude linéaire ou LAS et alcools gras sulfatés) et *non ioniques* (exemple : alcools gras polyéthoxylés) dont la biodégradabilité doit être supérieure en moyenne à 90 % selon les méthodes officielles. Les *cationiques* (exemple : ammoniums quaternaires) sont principalement utilisés dans les assouplissants textiles.

■ **Anticalcaires** (adoucissants de l'eau). Neutralisent l'effet néfaste sur le nettoyage des sels calcaires présents dans l'eau. *Tripolyphosphate* (complexant des ions calcium et magnésium) ; utile par son alcalinité et son action émulsionnante, peut contribuer à l'eutrophisation de certaines eaux. *Zéolite* (silico-aluminate) agissant par échange d'ions. Action souvent complétée par l'adjonction de faibles quantités de *polycarboxylates* (dispersant des savons calcaires insolubles). Le *NTA (acide nitrilotriacétique)* n'est pas utilisé en France dans les détergents ménagers. Les *citrates* sont peu utilisés car peu efficaces pour leur coût.

■ **Détachants. 1°) Par oxydation** (blanchiment par le *perborate* ou le *percarbonate*). Leur efficacité à basse température est assurée par des activateurs (exemple : TAED) et protégée contre les traces de métaux lourds par des chélatants comme les phosphonates. **2°) Par hydrolyse** sous l'action d'*enzymes, protéases* sur les taches et salissures protéiniques (sang, sauces, œuf...), *lipases* sur les matières grasses, *amylases* sur les matières glucidiques (amidons des féculents, pommes de terre...). Très efficaces à faibles doses, agissent à froid et pendant l'étape de chauffage de l'eau en machine (jusque 60 °C).

■ **Adjuvants et auxiliaires** multiples. Silicates qui préviennent la corrosion des surfaces métalliques, azurants optiques qui compensent le jaunissement progressif des tissus et accroissent leur luminosité, dépresseurs ou stabilisateurs de mousse selon les produits, notes de parfums, solvants (alcool) pour certains liquides, fluidifiant et antimottant pour les produits pulvérulents, etc.

☞ En sept. 1991, *Que choisir ?* a appelé au boycott des lessives phosphatées, les tests démontrant, à son avis, que les phosphates n'étaient plus nécessaires pour laver correctement le linge. Sur 22 lessives sans phosphates, 3 contenaient des substances indésirables et les moins polluantes lavaient le moins bien.

Lessive Saint-Marc. Créée 1902 par Raoul Saint-Marc. Savon-résine fabriqué à partir de dérivés terpéniques (produits que l'on trouve dans les essences naturelles extraites du pin) : les cristaux de décahydrate de carbonate de sodium saponifient les taches de graisse, les solubilisent et donc les éliminent, le savon de résine aide à la dissolution des corps gras et parfume le produit. Utilisée pour lessivage des murs avant peinture, nettoyage du matériel des peintres, entretien de la maison, lavage du linge.

de serrer les freins]. Sté fusionnée avec Palmolive 1952, Palmolive, Donge, Cléopatra, Tahiti. **Dentifrices :** Colgate, Ultra-Brite, Tonigencyl. **Mousses à raser et shampooings :** Palmolive, shampooings Respons, Prairial. **Déodorant :** Oé, Tahiti. **Talc :** Cadum. **Emballages ménagers :** Scel'O'Frais. **Détergents** pour professionnels.

■ **Henkel. Chiffre d'affaires mondial** (en 2000) : 12,8 milliards d'euros dont (en %) prod. chim. 23, colles et adhésifs 23, détergents et prod. d'entretien 22, cosmétiques 16, hygiène et nettoyage industriels 15, technologie des surfaces 1. **Henkel France.** Filiale de Henkel KGaA (Düsseldorf). **Chiffre d'affaires** (en 2000) : 854 millions d'euros. **Effectifs** (en 2000) : 1 350. **Détergents et produits d'entretien :** Bref, Le Chat, Minidou, Mir, Somat, Super Croix, Svit, X-Tra. **Cosmétiques :** Diadermine, Denivit, Fa, Mont St Michel, Taft, Teraxyl, Scorpio, Vademecum. **Colles et adhésifs grand public, professionnelles et industrielles :** Duck, Pritt, Pattex, Rubson, Super Glue, Perfax, Metylan, Ovalit, Tangit, Frameto, Liofol, Euromelt, Technomelt.

■ **Lever.** Filiale d'Unilever. **Origine :** groupe anglo néerlandais né en 1929 de la fusion de Margarine Unie (P.-Bas) et de Lever Brothers Limited (G.-B.) spécialisés dans le commerce d'huiles et corps gras. **Chiffre d'affaires mondial** (en milliards de F, 1999) : 268,8. **Répartition par produits** (en %) : *alimentaire* (Lipton, Magnum, Benedicta, Boursin) 50, *hygiène* (Lux, Dove, Calvin Klein) 26, *entretien* (Sun, Skip, Cif) 22, *autres* 2. **Effectifs :** 255 000 (dans 150 pays). **Chiffre d'affaires et,** entre parenthèses, **résultat net** (en milliards de $) : *1992 :* 29,4 (1,9) ; *93 :* 30,4 (– 0,6) ; *94 :* 30,3 (2,2) ; *95 :* 33,4 (2,6) ; *96 :* 36,5 ; *97 :* 33,2 (1,4) ; *98 :* 38,7 (2,82) ; *99 :* 39,5 (2,7). **Répartition** (en %, 1999) : Europe 45,9, Amérique du Nord 21,5, Asie et Pacifique 16,4, Amérique du Sud 10,6, Afrique 5,6. **Unilever en France. Chiffre d'affaires** (en milliards de F, 1999) : 20,5 (dont 2,5 exportés). **Effectifs :** 9 750. **Investissements publicitaires** (en 1999) : 1 293 millions de F (dont télévision 1 049, presse 129, affichage 99, cinéma 11, radio 5).

■ **Procter & Gamble Services France SAS.** Filiale de The Procter & Gamble Co. [créé 1837, Cincinnati, Ohio]. **Chiffre d'affaires mondial (et résultat net)** [en milliards de $] : *1994-95 :* 33,5 (2,6) ; *95-96 :* 35,3 (3) ; *96-97 :* 35,8 (3,4) ; *97-98 :* 37,2 (3,8) ; *98-99 :* 38,1 (3,8) ; *99-2000 :* 39,9 (3,5). **Effectifs :** 110 000. **Chiffre d'affaires consolidé en France** (en 1999-2000) : 8,1 milliards de F. **Marques :** Tide, Ariel, Pampers, Always, Pantène, Olay, Crest. **Effectifs :** 2 150. **A travers les filiales : Procter & Gamble France SNC :** *lessives :* Ariel, Bonux, Dash, Vizir ; *Additif de lavage :* Ace Délicat ; *Soins pour textiles délicats :* Dryel, *Assainissant textile :* Febreze, *Nettoyants ménagers :* Mr Propre, Antikal ; *Attrape-Poussière :* Swiffer ; *Couches-culottes : Lingettes pour bébé :* Pampers ; *Protections féminines :* Alldays, Always, Tampax ; *Produits capillaires :* Head & Shoulders, Pantene Pro-V ; *Produits pour la peau :* Oil of Olaz ; *Soins dentaires :* Fixodent ; *Snacks :* Pringles ; *Boissons rafraîchissantes sans alcool :* Sunny Delight ; *Parfums :* Giorgio Beverly Hills, Herve Leger, Hugo Boss, Laura Biagiotti, Helmut Lang. **Laboratoire Lachartre SNC :** Vicks ; **Procter & Gamble Pharmaceuticals :** médicaments sur prescription.

Peintures et encres d'imprimerie

■ **Généralités.** A l'industrie des peintures sont traditionnellement rattachés les vernis, mastics, enduits, encres et produits bitumineux. 3 constituants principaux : **liant** qui donnera après séchage le film (ou « feuil ») protecteur. On distingue plus de 150 types de peintures en fonction des liants qui les composent. *Types de liants :* caoutchoucs chlorés et cyclisés ; résines vinyliques (acétates et acétochlorures de polyvinyle, butyrals polyvinyliques, copolymères styrène-butadiène...) ; acryliques (polyméthacrylates, polyacrylates...) ; alkydes (glycérophtaliques modifiées par des huiles). Les plus utilisées sont à base d'anhydride phtalique, époxydes, polyuréthanes, polyesters, acryliques... ; huiles siccatives (huile de lin) : en voie de disparition. Peintures cellulosiques et peintures à l'huile et à l'eau (badigeons) sont d'un emploi restreint. Des peintures en poudre thermodurcissables, sans solvant, se développent. **Solvant :** permet de dissoudre ou de disperser le liant. S'évapore lors du séchage. Mélanges d'hydrocarbures, d'alcools, d'esters, d'éthers ou de cétones. Eau : pour peintures en émulsion (62 % du marché des peintures pour bâtiment et particuliers) ; en peintures industrielles pour la cataphorèse. **Pigments :** substances pulvérulentes d'origine minérale ou organique, insolubles, qui confèrent à la peinture des propriétés d'anticorrosion (phosphates de zinc, poussière de zinc), d'opacité, d'étanchéité, de tenue mécanique du film, et lui donnent sa coloration. *Blanc :* dioxyde de titane, oxyde de zinc (75 % des 1,1 million de t de pigments utilisés dans l'industrie des peintures) ; *jaune :* chromate de plomb (en forte diminution), oxydes de fer (en forte croissance), produits organiques ; *vert :* oxyde de chrome (en forte diminution), produits organiques (vert de phtalocyanine) ; *rouge :* oxyde de fer, produits organiques ; *bleu :* produits organiques (bleu de phtalocyanine) ; *noir :* noir de carbone, graphite. Des *charges* diverses (carbonate de calcium ou kaolin, mica, verre, silice, alumine...) et des *adjuvants* (plastifiants, siccatifs, agents de mouillage...) sont souvent ajoutés.

☞ *Ripolin :* peinture à l'huile créée 1888 par le Hollandais *Riep, ol* (du néerlandais *olie :* huile) et le suffixe *in*.

☞ *Quantités nécessaires :* pour un pétrolier de 125 000 t : 65 t de peinture ; un Airbus : 1 t (après séchage : 200 à 300 kg) ; une voiture voyageurs de la SNCF : 800 kg ; un appartement de 3 pièces : 50 à 70 kg.

■ **En France. Production en milliers de t et,** entre parenthèses, **en millions de F :** *1997 :* 855 (15 402) ; *98 :* 975 (16 061) ; *99 :* 1 001 (15 999) ; *2000 :* 1 064 (18 041) [dont peintures et vernis en milieu aqueux acryliques ou vinyliques 266 (2 992), autres 97 (1 475) ; peintures et vernis solvantés à base de polyesters contenant *50 % ou +* de solvant 105 (2 156), *– de 50 %* 109 (2 274), acryliques ou vinyliques contenant *50 % ou +* 37 (1 242), *– de 50 %* 36 (424), autres contenant *+ de 50 %* 3 (70) ; à polymères synthétiques 172 (4 409) ; peintures et vernis à l'huile 3 (82) ; mastics 51 (1 216) ; enduits utilisés en peinture 115 (679) ; solvants et diluants à base d'acétate de butyle 40 (417) ; autres (y compris décapants) 21 (213)] ; *bitumeux* 14 (98) ; *couleurs pour la peinture artistique* 11 (363) ; *encres d'imprimerie* (y compris adjuvants) 78 (2 421) ; *colles* 538 (4 291) ; *total :* 1 705 (25 214).

Industrie pharmaceutique

Dans le monde

☞ *Abréviations :* labo. : laboratoire(s). *Source :* IMS.

■ **Coût de développement d'un médicament traditionnel (par produit commercialisé/coût des échecs)** (en millions de $). *Phase de découverte* 250 (–/250) ; *préclinique* (6,5 ans), essais sur animaux (2 espèces) 80 (10/70) ; *Ph. I* (1,5 ans), 20 à 80 volontaires sains 60 (20/40) ; *II* (2 ans) ; quelques centaines de patients 50 (20/30) ; *III* (3,5 ans) ; quelques milliers de patients 180 (120/6) ; *IV* (demande d'une autorisation de mise sur le marché) 50 (20/30). Sur 12 000 molécules retenues lors des 1res sélections, 10 seulement sont présentées sur le marché et 1 seule est un succès commercial.

■ **Nombre de présentations** (en 1989). **Étranger :** All. féd. 22 700, Italie 10 300, Esp. 9 500, G.-B. 6 000. **France :** *1930 :* 25 000 ; *59 :* 20 000 ; *89 (est.) :* 8 500 pour 4 200 produits et 3 000 principes actifs de base ; *98 :* 4 050 produits et 7 860 présentations.

■ **Production** (en milliards de $, 1993). USA 73,2 ; Japon 47,6 ; All. 15,3 ; *France 14,1 ;* Italie 9,9 ; G.-B. 6,4 ; Chine 5,8 ; Esp. 5,1 ; Canada 4,3 ; Brésil 4,2.

■ **Ventes.** *1999 :* 337,2 milliards de $ dont (en %) : USA 39 ; Japon 16 ; All. 5,5 ; France 5,3 ; Italie 3,4 ; G.-B. 3,3 ; Espagne 2 ; Brésil 1,9 ; Chine 1,8 ; Canada 1,6.

■ **Dépenses totales en produits pharmaceutiques** (en $, par personne en parité de pouvoir d'achat, 1997) : USA 408, *France 352,* Belgique 325, Italie 313, Portugal 308, Canada 299, Allemagne 292, Autriche 288, Espagne 244, G.-B. 236, Finlande 227, Suède 224, P.-Bas 210, Danemark 178.

■ **Chiffre d'affaires et,** entre parenthèses, **bénéfice net** (en milliards d'euros, 2000). Pfizer [1] 33,75 (7,03), Glaxosmithkline Pic [2] 28,28 (5,96), Novartis R [4] 23,22 (4,27), Bristol Myers Squibb [1] 22,87 (4,92), Aventis [3] 20,63 (1,13), Roche PC [4] 18,6 (3,26), Astrazeneca [2] 17,01 (3,26), Sanofi Synthélabo [3] 5,96 (0,99).

Nota. – (1) Groupe européen. (2) G.-B. (3) France. (4) Suisse.

■ **Principaux rapprochements et,** entre parenthèses, **montant de l'opération** (en milliards de $). **1996**-*mars* Sandoz/Ciba (Suisse) au sein de Novartis (27), **1997**-*mai* Roche (Suisse)/Boerhinger Mannheim (Allemagne) (10,2), **1998**-*déc.* Sanofi (France)/Synthélabo (France) (10,3), **1999**-*avril* Astra (Suède)/Zeneca (37,7), -*déc.* Rhône-Poulenc (France)/Hoechst (Allemagne) au sein d'Aventis (26), **2000**-*juin* Glaxo Wellcome (G.-B.)/Smithkline Beecham (G.-B.) (–), -*mars* Pharmacia Upjohn (Suède/USA)/Monsanto (USA) au sein de Pharmacia (40), -*juin* Warner-Lambert (USA)/Pfizer (USA) (105).

■ **Budget de la recherche et développement** (en milliards de $, 1999). Pfizer [1] 2,7 ; Aventis [2] 2,3 ; Astra Zeneca [5] 2,1 ; Glaxo Wellcome [3] 2,1 ; Merck [1] 2,06 ; Bristol Myers'Squibb [1] 1,7 ; Lilly [1] 1,7 ; Johnson & Johnson [1] 1,6 ; Novartis [4] 1,6 ; Smithkline Beecham [3] 1,6.

■ **Maladies de l'an 2000** (marché estimé en milliards de F). Cardio-vasculaires 270, du système nerveux (Alzheimer, dépressions, psychoses) 160, rhumatismales 120, infectieuses (sida, herpès, hépatites) 75, cancéreuses 65.

■ **Exportations de médicaments** (à l'exclusion des sérums et vaccins, en milliards de F, 1997). All. 43,3 ; G.-B. 41,7 ; *France 33,7* ; Suisse 31,3 ; Belgique-Lux. 18,4 ; Italie 17,3 ; Suède 16,2 ; Irlande 14,7 ; USA 13,9 ; P.-Bas 10,7 ; Danemark 9,3 ; Japon 4,9.

■ **Grandes classes thérapeutiques** (en milliards de F, 1999). Maladies cardio-vasculaires 440,9, digestives et du métabolisme 32,5, du système nerveux central 31,3, du système anti-infectieux 21,5, respiratoires 19,2, pathologies osseuses 11,4, urologie-gynécologie 11,3.

■ **Médicaments les plus vendus dans le monde. Ventes mondiales** (date d'expiration du brevet et laboratoire détenant le brevet ; en milliards de $, 1999) : *Lipitox* Pfizer (USA) 3,7. *Zantac* : juillet 1997 Glaxo (G.-B.) 3,56. *Norvax* Pfizer (USA) 3,3. *Prilosec* : août 2002 Astra (Suède) 4,2. *Vasotec* : févr. 2000 Merck (USA) 2,4. *Prozac* : févr. 2001 Eli Lilly (USA) 2,2. *Zoloft* Pfizer (USA) 2,03. *Zocor* : déc. 2005 Merck (USA) 2,3. *Capoten* : févr. 1996 Squibb (USA) 1,5. *Celebrex* Pfizer (USA) 2,03. *Zovirax* : avril 1997 Glaxo (G.-B.) 1,35. *Augmentin* 2002 SmithKline (G.-B.) 1,3. *Zithromax* Pfizer (USA) 1,3. *Voltarène* : juillet 1993 Novartis (Suisse) 1,28. *Norvasc* : mars 2007 Pfizer (USA) 1,27. *Viagra* Pfizer (USA) 1,03.

☞ **Aspirine (acide acétylsalicylique) : 1899**-*6-3* acide acétyl-salicylique breveté par Bayer (découvert par Arthur Eichengrun ou Felix Hoffmann). **1903** la Friedrich Bayer & Cie lance un analgésique breveté (« Aspirin ») d'acétyl (« A ») et d'acide spirique, extrait des feuilles de saule (salix) et d'une fleur, la spirée (ou reine-des-prés). *Production* : 34 000 t (dont 1 500 t en France) ; *ventes mondiales* : 11 milliards de F. *Consommation par an dans le monde* : 75 milliards de comprimés (soit 15 par personne). **Gardénal** : phényléthylmalonylurée employé contre les insomnies nerveuses, appelé Luminal par Bayer et Gardénal par Poulenc-Frères à partir de 1920. **Pastille Valda** : inventée 1904 par Henri Canonne à Paris. **Pastille Vichy** : inventée 1825 par M. Darcet (qui extrait par évaporation les principes actifs de l'eau de Vichy et en fait des pastilles aromatisées aux essences naturelles), forme octogonale en 1834 ; 3 000 t produites/an. **Jouvence de l'abbé Souris** : créée 1745 par Gilbert Souris (abbé normand, 1732-1810), faite de 11 plantes médicinales (dont hamamélis et viburnum) et destinée à améliorer la circulation sanguine. Au XIXe s. son arrière-petit-neveu, Magloire Dumontier, la commercialisa. **Mercurochrome** : composé organique mercuriel contenant de la mercurescéine, inventé en 1917 aux USA.

En France

■ **Chiffre d'affaires. France et exportations** (en milliards de F) : *1991* : *85* ; *95* : 114 ; *96* : 120,7 ; *97* : 130,2 ; *98* : 143,2 ; *99* : 156,5 ; *2000* : *175,9*. **Résultat net** comptable (en % du chiffre d'affaires) : *1999* : 3,7 %.

■ **Produits de base pour la pharmacie** (en milliards de F, 1995). Antibiotiques 1,2, alcaloïdes 1,5, hormones 1,5, vitamines 1,8. **Spécialités pharmaceutiques** : 117,1 dont médecine humaine 112, vétérinaire 5.

■ **Commerce extérieur** (en milliards de F). **Médicaments humains et vétérinaires** (à l'exclusion des sérums et vaccins). **Exportations** : *1970* : 0,9 ; *80* : 4,8 ; *85* : 10,1 ; *90* : 14,5 ; *96* : 28,8 ; *99* : 51,2 ; *2000* : 63,1 (*vers* G.-B. 6,3 ; All. 6,2 ; Belg.-Lux. 4,6 ; Italie 4 ; Espagne 3 ; Suisse 2,3 ; Algérie 2,2 ; P.-Bas 2,1). **Importations** : *1970* : 0,03 ; *80* : 0,05 ; *85* : 2,1 ; *90* : 7,5 ; *96* : 17,7 ; *99* : 34 ; *2000* : 39,5.

Sérums et vaccins humains et vétérinaires. Exportations : *1970* : 0,04 ; *80* : 0,2 ; *90* : 1,4 ; *93* : 2,5 ; *94* : 2,4 ; *95* : 2,6 ; *97* : 3,5 ; *98* : 4 ; *2000* : 5,7. **Importations** : *1970* : 0,01 ; *80* : 0,04 ; *90* : 0,4 ; *93* : 1 ; *94* : 1 ; *95* : 1,7 ; *97* : 1,7 ; *98* : 2,4 ; *2000* : 2,4.

Produits chimiques à usage pharmaceutique. Exportations : *1970* : 0,4 ; *80* : 0,6 ; *88* : 5,7 ; *94* : 5,1 ; *96* : 5,8 ; *98* : 6,1 ; *99* : 13,5. **Importations** : *1970* : 1,1 ; *80* : 3 ; *88* : 8,5 ; *94* : 8,8 ; *96* : 8,4 ; *98* : 9,6 ; *99* : 18,9. **Solde net** : *1970* : – 0,6 ; *80* : – 1,1 ; *88* : – 2,2 ; *89 à 92* : n.c. ; *94* : – 3,7 ; *96* : 2,6 ; *98* : – 3,4 ; *99* : – 5,4.

■ **Échanges techniques (produits pharmaceutiques, brevets et licences). Dépenses** : *1970* : 0,1 ; *80* : 0,3 ; *85* : 0,5 ; *93* : 1,4 ; *95* : 2,3 ; *97* : 2,6 ; *99* : 3,2. **Recettes** : *1970* : 0,09 ; *80* : 0,2 ; *85* : 0,6 ; *93* : 1 ; *95* : 1,2 ; *97* : 1,5 ; *99* : 3,4.

■ **Balance des échanges commerciaux de médicaments, sérums et vaccins à usage humain et vétérinaire.** *1970* : + 0,9 ; *80* : + 4,5 ; *85* : + 8,6 ; *90* : + 8 ; *97* : + 15,3 ; *99* : + 19,7.

■ **Laboratoires. Nombre** : *1950* : 1 960 ; *70* : 507 ; *80* : 392 ; *90* : 362 ; *95* : 345 ; *97* : 318 ; *98* : 306 ; *2000* : 302. **Effectifs** (en 1999) : 92 200 dont (en %) commercialisation et diffusion 33 ; production 35 ; administration et autres 17 ; recherche développement 15.

■ **Recherche** (1999, est.). 13 % du chiffre d'affaires. *Effectifs* : 18 176. La France, 3e rang derrière USA et Japon en 1975-94 pour la découverte de nouveaux principes actifs ayant abouti à des médicaments, a perdu de sa capacité d'innovation (notamment pour l'originalité des molécules).

Mise en exploitation d'un médicament : *recherche* : 1 à 4 ans ; *développement* : 7 à 10 ; *essais animaux* : 1 à 2 ; *phase I* : tolérance sur volontaires sains, 2 à 3 ; *II* : posologie sur malades, 2 à 3 ; *III* : grande échelle, 2 à 3 ans ; *autorisation de mise sur le marché* : de 6 mois à 2 ans ; *durée du brevet* : 4 à 10 ans (extension possible 5 ans).

■ **Médicaments génériques.** Produits dont le brevet est tombé dans le domaine public et pour lesquels il faut que le principe actif soit le même mais aussi la composition, la forme galénique (comprimé, gélule, etc.) et la « bio-équivalence » (vitesse de diffusion dans le corps). Ils sont soumis à une autorisation de mise sur le marché (AMM). **Part de marché des génériques** (en volume, en %) : Danemark 60, USA 50, P.-Bas 48, G.-B. 43 (19 en valeur), Allemagne 35 (16 en valeur), *France 5* (2 en valeur) soit 1,9 milliard de F de mai 1996 à mai 1997. **1ers génériques en France** (marché en %) : Biogalénique (Aventis) 14,3 ; Irex (Sanofi-Synthélabo) 10,6 ; Merck génériques (Merck AG/Lipha) 8 ; Bouchara 7,7 ; Fornet 6,9 ; Parkedavis (Warner-Lambert) 6 ; Bayer classics (Bayer) 5 ; Biogaran (Servier) 4 ; Ratiopharm (Merckle) 3,5 ; GNR Pharma (BASF) 3,3.

Spécialités médicales : elles ne peuvent faire l'objet de publicité directe auprès du public, seule l'information des praticiens est permise dans des conditions définies par décret. Certaines ne peuvent être vendues que sur prescription médicale (ordonnance) ; l'ordonnance des stupéfiants doit être établie sur un carnet à souche spécial. **Spécialités médicales grand public** : peuvent faire l'objet, après visa du ministère de la Santé, d'une publicité directe auprès du public ; non remboursées par la Sécurité sociale. Représentent 7,4 % du chiffre d'affaires de l'ind. pharmaceutique.

■ **Principales molécules tombant dans le domaine public. 2001**-*févr.* Simvastatine (contre hypercholestérolémie), Tamsulosine (contre hypertrophie bénigne de la prostate) ; -*mai* Clarithromycine (anti-infectieux) ; -*août* Ciprofloxacine (antibactérien) ; -*oct.* Zolpidem (contre l'insomnie). **2002**-*févr.* Cetirizine (antiallergique).

■ **Consommation pharmaceutique des ménages. Montant** (en milliards de F) : *1970* : 10,7 ; *75* : 20,3 ; *80* : 33,7 ; *85* : 64,2 ; *90* : 96,1 ; *98* : 142 ; *99* : 150,1. *Par personne* (en F) : *1970* : 211 ; *80* : 625 ; *90* : 1 694 ; *98* : 2 346 ; *99* : 2 560. **Facteurs principaux** : *âge* (enfants en bas âge et personnes âgées), *socioculturel* (consommation plus importante en ville qu'à la campagne, chez les cadres que chez les fonctionnaires, employés, ouvriers et salariés agricoles). **Selon la classe thérapeutique** (% du marché total, 1999) : thérapeutiques cardio-vasculaires 26,2, digestives 15,2, du système nerveux central 14,9 (dont psychotropes et psychoanaleptiques 6,9), de l'appareil respiratoire 9,4, antibiotiques 6,9.

Prix public d'un médicament (en %, 2000) : part des industriels 64,4, marge des pharmaciens 26,1, marge des grossistes 3,4, État 6,2.

■ **Distribution.** En 1990, environ 18 Stés de répartition, 228 points de vente, 22 590 officines (en 1998) [72 pharmacies mutualistes et 70 pharmacies minières]. Les grossistes-répartiteurs doivent avoir en stock 2/3 des produits et en valeur un mois de stock, et être en mesure de les livrer au plus tard dans les 24 h. **Chiffre d'affaires moyen des pharmacies** (en millions de F HT, 1994) : – *de 2,4 millions de F* : 5 % ; *2,4 à 4* : 20 ; *4 à 5,5* : 30 ; *5,5 à 6,7* : 20 ; *6,7 à 7,7* : 10 ; *7,7 à 10* : 10 ; + *de 10* : 5. **% du chiffre d'affaires HT par catégorie de produits** : spécialités normales 81, publiques 6, pansements 2,2, parfumerie 3, laits 2,4, produits diététiques (sauf laits) 2,2, accessoires 1,7, droguerie, conditionnés 1, analyses, locations 0,3, récipients 0,2. [*Source* : Le Pharmacien de France.]

Parapharmacie en France : produits de soins dermatologiques, de diététique et d'hygiène corporelle. *Distribution* : pharmacies et 260 points de vente hors pharmacie. *Chiffre d'affaires annuel* : environ 35 milliards de F. *Principaux groupes* : SED 239,7, Beirsdorf 233,6, Nutrition et Santé 182, Santé Beauté 97,1, Distifrance 89,3.

Principaux groupes

■ **Aventis (ex-Rhône-Poulenc).** Fondé 1999 après fusion avec Hoechst. **Pt** : Jürgen Dormann. **Vice-Pt** : Jean-René Fourtou. **Chiffre d'affaires** (en millions d'euros, 2000) 22 304 dont pharmacie 16 091, agriculture 4 606, activités industrielles 1 681, autres – 76. *Recherche et développement* (en millions d'euros, 2000) : 3 291. **Résultat net** (en millions d'euros, 2000) : 1 126. **Effectifs** (au 1-1-2001) : 92 445 (dont *par secteur* (en %) : *pharma 80,2, agriculture 18,7, autres 1,1* ; *par région* (en %) : *Europe* 52,7, *Amérique du Nord* 21,1, *Asie-Pacifique* 14,3, *Amérique Centrale/du Sud* 8,3, *Afrique* 3,6. **Activités** : *pharmacie* : Pharma AG, Pasteur, Behring ; *agriculture* : CropScience, nutrition animale.

■ **Clariant.** Groupe issu de la séparation le 1-7-1995 du secteur chimie du groupe Sandoz auquel s'est ajoutée en juillet 1997 la division spécialités chimiques du groupe Hoechst ; siège social à Muttenz (Suisse). **Chiffre d'affaires** (en 1999) : 9,3 milliards de CHF. **Effectifs** : 29 000. **Usines** : dans 60 pays. **Filiale française** : Clariant France SA, *créée* 31-12-1997. **Chiffre d'affaires** (en 1999) : 1,96 milliards de F (60 % des produits exportés). **Effectifs** : 1 075.

■ **Poudres et explosifs. Histoire** : *1336* Philippe VI octroie une charte aux fabricants de poudre, placés sous l'autorité du grand maître des arbalétriers. *1540* François Ier interdit l'exportation du salpêtre. *1547* Henri II impose les collectivités pour la fourniture du salpêtre. *1582* corps de commissaires et contrôleurs des poudres créé. *1665* Ferme des poudres et salpêtres créée. *1775* remplacée par la Régie royale des poudres. *1791* Agence des poudres et salpêtres créée. *1797* loi du 13 fructidor an V : monopole d'État sur la fabrication des poudres. *1816* organisation du Service des poudres. *1875* autorisation donnée au secteur privé de fabriquer dynamite et poudres à base de nitroglycérine. *1970-3-7* réforme du régime des poudres et substances explosives. *1971-8-3* SNPE créée.

Sté nationale des poudres et explosifs (SNPE). Chiffre d'affaires (en 2000) : 822 millions d'euros (résultat net 6) dont (en %) matériaux énergétiques 39, chimie fine 61, marché français/étranger 49/51. **Effectifs** (en 2000) : 5 373.

■ **Novartis. Chiffre d'affaires** (en milliards de F suisses) : *1999* : 32,5 ; *2000* : 35,8. **Résultat net/d'exploitation** (en milliards de F suisses) : *1999* : 6,66/7,34 ; *2000* : 7,21/7,88.

■ **Roche. Chiffre d'affaires** (en milliards de F suisses) : *1999* : 27,6 ; *2000* : 28,7. **Résultat net/d'exploitation** : *1999* : 5,76/4,73 ; **2000** : 8,65/3,23.

■ **Sanofi-Synthélabo. Chiffre d'affaires consolidé** (en milliards d'euros) : *1999* : 5,35 (résultat net 0,62) ; *2000* : 5,96 (0,96) dont produits pharmaceutiques 5,5. Répartition du CA consolidé par domaine thérapeutique (en %) : cardio-vasculaire/thrombose 38, système nerveux central 27, médecine interne 22, oncologie 3, OTC 5, génériques 3, divers 2. **Effectifs** (par activité, en 2000) : production 8 288, force de vente 8 636, recherche et développement 6 203, autres 6 073.

■ **Autres laboratoires. Servier** (français) comprenant laboratoires Servier, Biopharma et Euthérapie. **MSD-Chibret** (USA) filiale de Merck Sharp et Dohme. **Ciba-Geigy** (Suisse) ; *chiffre d'affaires* (en 1993) : 85 milliards de F. **Smith-Kline Beecham** (USA) comprenant laboratoires SKF, Allergan, Dulcis. **Lipha** (français) avec filiales Lipha, Anphar-Rolland, Aron, Medicia, Oberval, Pharminter et Ceprophar. **Hoffman-Laroche. Sandoz. Pierre Fabre** comprenant Klorane, Galénic, Avène.

Biotechnologie

■ **Définition.** *Met en jeu* les phénomènes propres aux organismes vivants : réactions enzymatiques, fermentation, oxydation, photosynthèse, synthèse des protéines et de diverses autres substances indispensables à la vie (vitamines, enzymes, etc.). *Substrats* : micro-organismes (bactéries, moisissures, levures), certains de leurs constituants intracellulaires (enzymes), cellules végétales et animales en culture *in vitro*. **Technique.** *Par fermentation discontinue* : dans un bioréacteur rempli de milieu nutritif et micro-organismes ; après un certain temps, la réaction est interrompue ; le fermentateur est nettoyé, stérilisé, et enfin rechargé. *Continue* : les matériaux de base de la réaction sont introduits sans interruption dans le fermentateur, et la récupération des produits est permanente ; les étapes de la transformation s'effectuant simultanément et à la même vitesse.

■ **Génie génétique.** On insère de l'ADN étranger sur le génome d'une espèce donnée pour obtenir, dans cette espèce, un caractère héréditaire codé par l'ADN greffé. **Définitions** : *thérapie génique* : basée sur l'étude du génome des êtres vivants, elle vise à décoder, identifier et réguler les gènes déficients à l'origine de maladies héréditaires ou acquises. L'ADN, responsable de maladies, devient médicament. *Chimie combinatoire* : permet de créer de nouvelles molécules en associant différents groupes chimiques autour d'une structure centrale. Repose sur la loi des grands nombres permettant de constituer une « bibliothèque » de dizaines de milliers de molécules par jour. **Historique : 1953** James Watson (USA) et Francis Crick (G.-B.) découvrent la structure de l'ADN (double hélice). **1973** 1res expériences (transfert de gène). **1980** 1re expérience de thérapie génique par Cline (USA). Échec. **1982** 1er animal transgénique (USA) : souris géantes par injection d'un gène d'origine humaine. **1983** 1res plantes transgéniques en laboratoire : plants de tabac. **1987** essais en plein champ de plantes transgéniques. **1988** Myc Mice, souris transgénique brevetée aux USA. **1989** programme génome humain aux USA (1,2 milliard de F/an). **1990** 1er essai de thérapie génique autorisé aux USA sur 2 petites filles atteintes d'une maladie héréditaire. **1991** Allemagne, Hollande : des écologistes sabotent les cultures de plantes génétiquement modifiées. **1992** l'Office des brevets américains refuse de reconnaître des séquences d'ADN. **1993** 1re carte du génome humain publiée par Daniel Cohen et son équipe.

■ **Capitalisations boursières des sociétés de biotechnologie** (en milliards de $, au 23-8-2000). Amgen [1] 72,6, Genentech [1] 44,9, Immunex [1] 22,3, Serono [2] 19,4, Elan [3] 16,3, Medimmune [1] 15, Millennium [1] 11,7, Biogen [1] 10,5, Chiron [1] 8,7, Human Genome Sciences [1] 7,5.

Nota. – (1) USA. (2) Suisse. (3) Irlande.

Ciment

Généralités

Quelques dates

1817 le Français Louis Vicat (1786-1861) explique que l'aptitude de certaines chaux maigres à durcir sous l'eau vient de la présence d'argile dans les calcaires traités (« hydraulicité »). **1824** l'Écossais John Aspdin pousse la température de cuisson du mélange calcaire-argile jusqu'au début de fusion et obtient une sorte de roche dénommée *clinker* qui, par broyage, donne le ciment appelé *portland* parce qu'il a la même couleur grise que la pierre extraite des carrières de la presqu'île de Portland, dans le Dorset. **1855** François Coignet (Fr., 1814-88) : brevet de procédé pour améliorer les bétons agglomérés grâce à des liants hydrauliques. **1856** début de l'industrie du ciment en France.

Techniques de fabrication

■ **Matériaux. Ciment :** vient du latin *cementum* (aggloméré de moellons et de pierres utilisé avec des mortiers de chaux et de pouzzolane dans la maçonnerie). Dans l'Antiquité, on utilisait comme « liants » des pâtes d'argile ou de la chaux, employées pures ou en mélange avec du sable ou de la *pouzzolane* (de la ville italienne Pouzzoles ; roche volcanique se présentant sous la forme de scories et de cendres, elle donne avec la chaux un composé stable à l'eau). La chaux pouvait être facilement obtenue par la cuisson de calcaire à une température relativement peu élevée, suivie de l'« extinction » de la *chaux vive* résultant de cette opération. La chaux *« grasse »* fut ainsi pratiquement le seul liant utilisé, avec le plâtre, jusqu'au début du XIXe s. *Ciments naturels :* réalisés à partir de roches où argiles et calcaires sont déjà naturellement mélangés. *Ciments artificiels* (presque toute la production) : obtenus par la cuisson à haute température d'un mélange de calcaire (80 %) et d'argile (20 %).

■ **Procédés.** Dépendent du matériel existant, du degré d'humidité de la matière et de la consommation d'énergie.

Voie sèche (majorité des cimenteries françaises) : les constituants argileux et calcaires sont concassés, broyés, séchés et dosés avant d'être homogénéisés pour assurer une régularité de composition du mélange cru. **Semi-sèche :** la poudre obtenue est humidifiée et agglomérée sous forme de granules, qui sont introduits dans une installation de cuisson comprenant une grille mobile de décarbonation et un four rotatif court.

Voie humide : les matières premières sont broyées avec de l'eau (environ 40 %) ou délayées dans des bassins ; les corrections de composition sont effectuées dans des cuves où l'homogénéisation est réalisée par air comprimé ou agitation mécanique. **Semi-humide :** la pâte crue, obtenue comme en voie humide, est essorée avec des filtres-presses jusqu'à 20 % d'eau, puis extrudée en bâtonnets de 2 cm de diamètre qui sont ensuite introduits dans une installation de cuisson à grille comme pour la voie semi-sèche.

Cuisson : en général dans des fours rotatifs avec charbon, fuel ou résidus industriels (bitumes, huiles usées, pneus usagés, farines animales, etc.), anciennement dans des fours verticaux avec du charbon. Le mélange de calcaire et d'argile subit, vers 1 450 °C, un commencement de fusion et de vitrification et se présente à la sortie du four en granules, le *clinker,* qui, très finement broyé avec addition d'un peu de gypse, donne le ciment. Une précalcination peut avoir lieu dans un calcinateur en amont du four, à la base du préchauffeur. Laitier de haut fourneau, cendres volantes de centrales thermiques, pouzzolanes peuvent être ajoutés lors du broyage pour donner différentes qualités de ciment (une centaine de ciments différents, tous normalisés, sont produits en France).

Production

■ **Dans le monde. Principaux producteurs** (en millions de t, 1999) : *total 1 550,* dont Chine 573, Inde 98,9, USA 85,9, Japon 83,5, Corée 49,5, Brésil 40,3, Italie 37,4, Allemagne 36,2, Espagne 35,8, Turquie 34,8, Thaïlande 34,7, Mexique 31,3, Indonésie 27,9, Russie 25,5, Iran 22,1, Égypte 22, *France 20,3,* Taïwan 18,2. Source : Cembureau.

Principales Stés : chiffre d'affaires et, entre parenthèses, **résultat net par part de groupe** (en milliards de F) : Ciments français : *1998 :* 13,68 (0,9) ; *99 :* 15,55 (1,16) ; *2000 :* 17,34 (1,17). Lafarge (créé 1823) : *1998 :* 64,3 (3,06) ; *99 :* 70,2 (3,67) ; *2000 :* 80,1 (4,76). **Capacités** (en millions de t, estim. 2000) : Holcim (Suisse) 130, Lafarge (France) 115, Heidelberger (All.) 80, Cemex (Mexique) 70, Taiheiyo Cement corporation (Japon) 60, Italcementi (Italie) 50.

■ **En France** (en 2000). **Production :** 19,7 millions de t. **Effectifs :** 5 270. **Chiffre d'affaires :** 12,1 milliards de F. **Consommation :** 20,6 millions de t. **Exportations/importations** (en milliers de t) : *de ciment : 1998 :* 1 290/1 607 ; *99 :* 1 104/1 835 ; *2000 :* 1 017/2 077 ; *de clinker : 1998 :* 1 036/90 ; *99 :* 764/106 ; *2000 :* 471/164.

Principales sociétés et, entre parenthèses, **nombre de sites industriels** (en 2000) : Ciments de l'Adour (1), Calcia (10), Lafarge Ciments (12), Lafarge Aluminates (3), Origny (6), Vicat (8).

Constructions électrique, électronique et mécanique

Sources : Fédérations syndicales.

Électrique, électronique

Dans le monde

■ **Principaux exportateurs. Part de marché** (en %, 1996). **Matériel électrique :** Jap. 14,5, All. 13,8, USA 12,9, *Fr. 6,* G.-B. 5,2, Mexique 4,8, Chine 4,1, It. 4,1, Taïwan 3,8, Corée du S. 2,9. **Composants électroniques :** Jap. 20,7, USA 16,7, Corée du S. 9,5, Malaisie 8,3, Singapour 6,9, Taïwan 5,3, All. 4,1, P.-Bas 4,1, G.-B. 4, *Fr. 3,8.* **Équipements mécaniques :** USA 17,3, Jap. 15,4, All. 15, It. 7,8, *Fr. 7,1,* G.-B. 6,2. **Machines d'usage général :** USA 16,9, Jap. 15,1, All. 14,8, G.-B. 7,6, It. 6,7, *Fr. 6,3 ;* **spécifique :** All. 22,6, Jap. 14,4, USA 12,4, It. 12,4, Suis. 5,4, *Fr. 4,4 ;* **-outils :** Jap. 20,9, All. 18,7, It. 12, USA 11,4, Sui. 6,3, Taïwan 5,1 ; **de bureau :** USA 14,8, Jap. 12,1, Singapour 11,4, Taïwan 8,5, G.-B. 8,4, P.-Bas 5,1, All. 4,8, Malaisie 4,3, Irl. 4, *Fr. 3,6.* **Moteurs, génératrices, transformateurs électriques :** Jap. 11,9, All. 11,7, USA 10,8, Chine 7,4, *Fr. 5,2,* Mexique 4,8, G.-B. 4,7, Taïwan 4,4, It. 4,1. **Appareils d'émission et de transmission :** USA 15,2, Jap. 11,9, All. 7,9, Suè. 7,4, G.-B. 7, Chine 4,3, *France 4,2,* Singapour 3,6, Corée du S. 3,6, Malaisie 3,5.

■ **Principaux groupes électroniques. Chiffres d'affaires** (en milliards de dollars) **et,** entre parenthèses, **parts de marché :** Intel (USA) 29,7 (13,4), Toshiba (Japon) 11,2 (5), NEC (Japon) 11 (5), Samsung (Corée) 10,8 (4,9), Texas Instruments (EU) 9,1 (4,1), Motorola (USA) 8 (3,6), St Micro 2lectronics 7,9 (3,6), Hitachi (Japon) 7,2 (3,3), Hyundai (Corée) 6,8 (3,1), Infineon Technologies (All.) 6,7 (3).

☞ **Thalès (ex-Thomson-CSF)** (en 2000). **Actionnariat au 31-12-1999** (en %) : public 34,4, État français 33,4, Thalès 1,2, Alcatel 25,3, GIMD (Groupe Industriel Marcel Dassault 5,8. **Chiffre d'affaires** (en millions d'euros) : *1997 :* 5 874 ; *98 :* 6 175 ; *99 :* 6 889 ; *2000 :* 8 580 dont en % défense 57, technologies de l'information et services 25, aéronautique 18. **Carnet de commandes** (en millions d'euros, au 31-12). *1997 :* 11 105 ; *98 :* 13 403 ; *99 :* 15 429 dont en % défense 82,5, aéronautique 11,7, technologies de l'information et services 5,4 ; *2000 :* 18 366. **Effectifs** (au 31-12-2000) : 64 000 (dont défense 30 000, aéronautique 10 000, technologies de l'information et services 19 000) dont France 57 %, G.-B. 20 %, autres Europe 14 %, reste du monde 9 %. **Principaux événements 2000/2001 :** acquisition du groupe britannique Racal Electronics, changement de dénomination le 5 décembre 2000 (changement juridique le 16 mai 2001), constitution avec l'américain Raytheon d'une joint venture (Thales Ratheon Systems) dans le domaine des centres d'opération de défense aérienne et des radars au sol, contrat d'Airbus pour la fourniture de l'avionique modulaire intégrée de l'A380.

En France

■ **Chiffre d'affaires** (en milliards de F). *1985 :* 233 ; *90 :* 302 ; *93 :* 287 ; *94 :* 296 ; *96 :* 326,9 ; *98 :* 388,9 ; *99 :* 431,6 dont biens d'équipement 273,5 (électriques 64,9, électroniques 208,6), de consommation 74,1 (électriques 8,5, électroniques 40,7, électroménager 64,9), intermédiaires 83,9 (électriques 34,1, électroniques 49,8). **Nombre d'entreprises** (en 1990) : 1 500. **Effectifs** (en milliers) : *1985 :* 453 ; *90 :* 390 ; *98 :* 323,1 dont (en %) ingénieurs et cadres 28, administratifs, techniciens et maîtrise 34, ouvriers 38 (49 en 1982) ; *99 :* 320 (dont ingénieurs, cadres et techniciens 52 %). **Commerce extérieur** (en milliards d'euros, 1999). **Exportations :** 32,2 *vers* Allemagne 6,2, G.-B. 4,6, Italie 3,4, Espagne 2,9, USA 2,9, P.-Bas 2,4. **Importations :** 36,6 *de* USA 6,2, Allemagne 6,2, G.-B. 4,1, Japon 3,3, Italie 3,0, Chine 1,9, P.-Bas 1,5.

■ **Construction électrique française. Chiffre d'affaires** (en milliards de F) : *1985 :* 31,8 ; *90 :* 44,6 ; *92 :* 46,5 ; *93 :* 45,2 ; *95 :* 47,7 ; *96 :* 46,5 ; *99 :* 56 (dont en % : construction 37, énergie 33, industrie 27, autres 2). **Effectifs** (en 1996) : 61 000 salariés.

■ **Électronique grand public** (en milliards de F, 1997). **Importations et,** entre parenthèses, **exportations :** produits vidéo (TV, magnétoscopes, Caméscopes, jeux vidéo) 11,7 (7), haute-fidélité 2,8 (0,79), produits audio 2,71 (0,8). autoradios 1,2 (1,71), *Total :* 21,3 (13,2). **Électronique professionnelle. Marché français** (en milliards de F) : *1991 :* 34 ; *93 :* 28,2 ; *97 :* 38 ; *2000 :* 43. **Livraisons** (en milliers d'exemplaires) **en 2000 et,** entre parenthèses, **en 1999 :** *vidéo :* téléviseurs couleur 4 000 (4 000), magnétoscopes 2 800 (2 700), Caméscopes 600 (580), lecteurs DVD 830 ; *hi-fi et compacts :* total chaînes (hi-fi éléments) 1 950 (1 980) ; *audio* [en 1997 et (1996)] : 7 770 (7 330) ; radio-cassettes 2 300 (1 980 en 1996) [avec CD 1 800 (1 260 en 1996), sans CD (en 1997 et 1996) 650 (720)], et [en 1997 et (1996)] : radios-réveils 1 600 (1 500), baladeurs 2 200 (2 100), CD portables 600 (460) ; *autoradios :* 3 920 (3 750).

■ **Matériels** (en 1999). **D'équipement électrique et de l'électronique industrielle associée.** *Chiffre d'affaires* (en milliards de F) *et,* entre parenthèses, *montant des exportations/importations :* 53 (43/24) ; *effectifs :* 61 000. **Lampes et matériels d'éclairage :** 7,2 dont *lampes* 2,3, *luminaires* 4,9 (5,9/5,9) ; *effectifs :* 10 002. **Batteries :** 4,02 (1,65/0,99) ; *effectifs :* 4 032. **Câbles électriques et à fibres optiques :** 12,4 (61,9 % exportés) ; *effectifs :* 12 083. **Des technologies médicales.** 29,9 (10,2/36,4) ; *effectifs :* 20 000. **Télécommunications et électronique professionnelle.** 112,8 dont *clients civils* 83,3, *militaires* 29,5 (54,6/22,6) ; *effectifs :* 70 700. **Technologies de l'information (TI). Équipements :** 82,8 (*informatiques :* 63,9, *bureautiques :* 11,7, *datacoms :* 7,2) ; **produits logiciels :** 36,9 ; **services :** 106,4. **Total logiciels et services :** 143,3. **Total TI :** 226,2. **Mesure.** 6,9 (6,43/6,0). **Matériels audiovisuels électroniques.** 40. **Appareils d'équipement ménager.** 23,7 (17,4/17,5). **Appareillage électrique d'installation.** 6,3 (excédent commercial : 2,6). **Appareils électriques autonomes de sécurité.** 0,63 (0,16). **Réparation et maintenance électrotechnique.** 1,16 (réparation). **Composants électroniques passifs.** 17,8 (12,5/15,3) ; *effectifs :* 20 000. **Tubes électroniques et de semiconducteurs.** Tubes électroniques : 5, semiconducteurs discrets : 3,7, circuits intégrés : 15,1. (44,1/38,9) ; *effectifs :* 20 406.

■ **Part mondiale de la France dans les technologies clefs** (en %). *7,2 ;* transports 12,1 ; environnement 12,1 ; matériaux 7,8 ; instrumentation 7,2 ; produits pharmaceutiques 6,6 ; procédés industriels 6,5 ; biotechnologies 6,4 ; BTP 5,8 ; audiovisuel télécommunication 5,3 ; composants électriques et électroniques 5 ; informatique 4,9.

Industries mécaniques et transformatrices des métaux

Statistiques globales

■ **Champ couvert.** Professions produisant biens d'équipement, pièces, organes ou éléments mécaniques destinés à la consommation intermédiaire des autres industries et à la consommation finale des ménages, à l'exclusion de la construction électrique, automobile, navale et aéronautique. Les productions vont de la centrale nucléaire au roulement à billes, de la machine-outil commandée par ordinateur au microscope, du robot au moteur Diesel.

■ **Dans le monde. Production** (en milliards d'euros, 1999) : USA 347,7 ; All. 196 ; Japon 195,6 ; Italie 95,5 ; *France 80 ;* G.-B. 57,2. **Exportations :** All. 80,4 ; USA 75,9 ; Japon 57,5 ; Italie 52,6 ; G.-B. 36,1 ; *France 35.*

■ **En France** (en milliards de F). **Facturations :** *1990 :* 315,6 ; *93 :* 270,4 ; *95 :* 314,2 ; *96 :* 324,9 ; *97 :* 342,7 ; *98 :* 363,7 ; *99 :* 373,1 ; *2000 :* 398,4. **Répartition par activité** (en %, 2000) **et,** entre parenthèses, **exportations/importations :** travail des métaux : 48,2 (14/15,8) ; équipement mécanique : 44,2 (70,6/66,3) ; matériels de précision : 7,6 (15,5/17,8). **Exportations** (en %, 2000) : UE (15) 57,4 ; autres pays d'Europe 9 ; Afrique 7 ; Amér. du Nord 11,7 ; Amér. du Sud 2,3 ; Moyen Orient 3,2 ; Asie et Océanie 9,5. **Nombre d'entreprises** (en %, 1999) : *de 20 à 100 salariés :* 80,8 ; *de 100 à 500 :* 15,9 ; *500 et plus :* 3,3. **Effectifs** (en milliers) : *1980 :* 577,4 ; *90 :* 517,2 ; *95 :* 460,2 ; *99 :* 490,3 ; *2000 :* 497.

Machines-outils

■ **Quelques dates. XVIIIe s.** 1res machines-outils françaises. **1751** machine à raboter de Focq. **1760** perceuse et tour à charioter. **1795** tour à fileter. **Milieu XVIIIe s.** 1res machines (tours, fraiseuses, aléseuses) adaptées pour travail des métaux. **1840** 1re organisation professionnelle : Union des constructeurs. **1847** 1er catalogue de machines-outils françaises. **1850** 5 000 machines à vapeur en service. **1914** 1ers producteurs : USA et Allemagne. France au 7e rang. **1994** 1ers producteurs. *Machines à métaux :* Japon, All., USA, *France* (9e rang) ; *à bois :* All., Italie, USA, *France* (10e rang).

■ **Statistiques (France). Production** (en milliards de F, 2000) : 7,8. **Exportations :** 3,9. **Effectifs :** 7 650.

Électroménager

En Europe

■ **Principales sociétés.** Voir p. 1806.

■ **Chiffre d'affaires** (en milliards d'euros, 1999). Whirlpool (Whirlpool, Bauknecht, Laden, Ignis, KitchenAid) 10,5, Electrolux (Arthur Martin, Zanussi, AEG, Faure, Frigidaire) 10,1, General Electric (General Electric) 5,6, Bosch Siemens (Bosh, Siemens, Neff, Gaggenau) 5,5, El-Fi + Moulinex (Brandt, Vedette, Thomson, Ghermor, Sauter, Moulinex, Krups) 2,6, Merloni (Ariston, Indestit, Scholtès) 1,4.

En France

■ **Chiffre d'affaires** (en milliards de F). **Production** *1990 :* 17,8 ; *96 :* 21,9 ; *97 :* 22,9 ; *98 :* 23,6 ; *99 :* 24 ; *2000 :* 24,2. **Exportations et,** entre parenthèses, **importations** (en milliards de F) : *1990 :* 9,9 (14,6) ; *96 :* 15 (15,4) ; *97 :* 16,1 (16,2) ; *98 :* 17,4 (17,5) ; *99 :* 17,6 (18,5) ; *2000 :* 18,6 (20). **Marché français :** *1990 :* 22,2 ; *95 :* 22,8 ; *96 :* 22,4 ; *97 :* 23 ; *98 :* 23,7 ; *99 :* 24,9 ; *2000 :* 25,6. **Effectifs** (en 1994) : 34 000.

■ **Marché français** (en milliers d'appareils, 2000). **Produits blancs** (12,1 milliards de F) : réfrigérateurs 2 370, lave-linge 2 290, micro-ondes 1 580, tables de cuisson 1 155, cuisinières 930, lave-vaisselle 1 000, hottes 900, congélateurs 765, fours à encastrer 858, sèche-linge 540. **Petit électroménager** (7,2 milliards de F) : 325 millions d'appareils en 2000 dont cafetières électriques 4 380 (en 1999), fers à vapeur 3 065, aspirateurs 3 150, sèche-cheveux pistolets 2 170, grille-pain 1 710 (en 1999), rasoirs pour hommes 1 110, bouilloires électriques 1 370, friteuses électriques 930 (en 1999), épilateurs 640. **Appareils de chauffage** (en 2000) : convecteurs fixes et panneaux rayonnants 2 390, chauffe-eau électriques 1 090, radiateurs électriques mobiles 940, appareils de chauffage à combustibles solides liquides et gazeux 410.

■ **Commerce** (en 1998). **Importations** (en % du total importé) : gros appareils 68, petits 27, appareils de chauffage 5. **Exportations** (en milliers d'appareils, 1999) : robots ménagers 6 000, fers à repasser 4 760, bouilloires électriques 3 560, friteuses électriques 2 940, fours à micro-ondes 2 220, cafetières électriques 2 010, lave-linge 830, sèche-linge 510, tables de cuisson 300.

■ **Taux d'équipement des ménages** (en %, 2000). Réfrigérateurs 99, fers à repasser 97, aspirateurs 94, lave-linge

97, cuisinières 87, sèche-cheveux 77, cafetières filtres 69, mixeurs plongeants 48, grille-pain 66, couteaux électriques 58 (en 93), mixeurs batteurs 48, moulins à café 58 (en 93), congélateurs 48, rasoirs pour homme 28, hottes aspirantes 53, fours à micro-ondes 63, préparateurs culinaires 46 (en 96), robots multifonctions 49, grille-viande 45 (en 93), appareils à raclettes 42 (en 96), mini-fours 41 (en 96), lave-vaisselle 37, friteuses 23, tables de cuisson 43, fours à encastrer 30, cafetières expressos 16, presse-agrumes et centrifugeuses 26 (en 93), sèche-linge 24, brosses à dents électriques 13, centrales à vapeur 15.

■ **Principales sociétés.** Sur 150 fabricants, 20 réalisent 85 % du chiffre d'affaires total.

Gros appareils ménagers. 3 groupes réalisent 70 % du marché. 1°) **Groupe Brandt :** filiale du groupe El.Fi (Italie) : 30 % du marché français des gros appareils ménagers (lave-linge, sèche-linge, laveuses-sécheuses, réfrigérateurs, congélateurs, lave-vaisselle, caves à vin, cuisinières, fours, tables de cuisson, table à induction, micro-ondes, groupes d'aspiration). *2000* fusion avec Moulinex. *Chiffre d'affaires* (en 2000) : 9,274 milliards de F (résultat net 584 millions de F). *Marques :* Brandt, De Dietrich, Sauter, Thermor, Thomson, Vedette, Blomberg, Elektra Bregenz, Ocean, San Giorgio, Samet. *Effectifs* (en 2001) : 11 944.

2°) **Groupe Whirlpool France SA** (marques commercialisées en France : Whirlpool, Bauknecht, Laden) : 15 % du marché électroménager français. Filiale de Whirlpool corporation. *Chiffre d'affaires* (en 2000) : 3,65 milliards de F. *Effectifs :* 1 200.

3°) **Groupe Electrolux-France :** *produits blancs* (Arthur Martin, Electrolux, Faure, Zanussi, AEG, Frigidaire). *Aspirateurs :* Tornado, Progress. *Chiffre d'affaires en France* (en 1999) : 5,5 milliards de F. *Parts du marché* (France, en %, 1995) : aspirateurs 22, cuisinières 21, fours 19, machines à laver 15. *Chiffre d'affaires mondial* (en milliards d'euros) : *1996 :* 12,6 (résultat net 0,46) ; *2000 :* 14,3 (0,51). *Effectifs* (en 1999) : 3 000 en France.

Petit électroménager. 1°) **Groupe SEB :** marques Calor, Rowenta, Seb, Téfal, Arno. 1er mondial pour articles culinaires, antiadhésifs, fers vapeur, autocuiseurs et bouilloires électriques. *Chiffre d'affaires* (en milliards de F) : *1991 :* 8,07 ; *95 :* 9,1 ; *96 :* 9,9 ; *97 :* 11,8 ; *98 :* 11,6 (dont 75 % hors de France) ; *99 :* 11,1 ; *2000 :* 11,3 ; *résultat net : 1995 :* 0,45 ; *96 :* 0,48 ; *97 :* 0,52 ; *98 :* 0,05 ; *99 :* 0,2 ; *2000 :* 0,3. *Filiales commerciales à l'étranger :* 30. *Effectifs* (au 31-12-2000) : 12 474. 2°) **Moulinex :** marques Moulinex, Krups ; *fondé par* Jean Mantelet (1900-91 ; Pt de 1934 à déc. 1990). [*1932* lance le 1er moulin à légumes à Bagnolet (Sté Moulin-légumes) ; *1937* usine à Alençon ; *1954* nom : Moulinex (Légumex en 1953) ; *1988* rachat de Swan ; *1991* de Krups] ; *2000-31-12 :* fusion avec Brandt. *Chiffre d'affaires* (en milliards de F) : *1991 :* 8,36 ; *92 :* 8,2 ; *93 :* 8,3 ; *94 :* 7,7 ; *95 :* 7 ; *96 :* 7,75 ; *97 :* 7,74 ; *98 :* 7,56 ; *99 :* 7,68 ; *2000 :* 16,96. *Résultat net : 1993 :* – 0,41 ; *94 :* – 0,6 ; *95 :* – 0,22 ; *96 :* + 0,03 ; *97 :* 0,03 ; *98 :* – 0,38 ; *99 :* – 0,82 ; *2000 :* – 0,69. *Effectifs : 1992 :* 14 400 (dont 8 784 en France) ; *99 :* 9 968 (5 331) ; *2000* (1-4) : 9 979. *Usines :* 18 dont *France 9, Brésil 2,* Espagne 2, Irlande 1, Mexique 1, Allemagne 1, Égypte 1, Chine 1.

☞ Voir également **Économie ménagère,** p. 1622.

Horlogerie

☞ **Histoire de l'horlogerie** (voir p. 255).

Dans le monde

■ **Production de montres et mouvements** (en millions de pièces). *1970 :* 200 ; *82 :* 370 (quartz digital 153, analogique 67, mécanique 150) ; *91 :* 828 ; *92 :* 877 ; *93 :* 940 ; *99 :* 1 240 (quartz analogique 846, digital 364, mécanique 30) ; *2000 :* 1 500. **Exportations de montres complètes** (en millions de FS, 2000) : Suisse 9 319, Allemagne 566 (estimation), Japon 371, *France 363,* G.-B. 280, Hong Kong 205. **Prix moyens à l'exportation de montres complètes** (en FS, 2000) : Suisse 312, All. 94 (est.), *France 67,* G.-B. 51, Japon 42, Hong Kong 10.

■ **Industrie horlogère suisse.** Groupée en majorité en Suisse romande et surtout au pied du Jura (dont La Chaux-de-Fonds, Le Locle, Bienne, Neuchâtel, Soleure, Granges, Porrentruy : environ 35 000 employés dans 600 entreprises). Plusieurs millions de fausses montres suisses sont fabriquées dans le monde chaque année. Préjudice : entre 500 et 750 millions de F suisses. Pour porter le nom suisse, une montre doit posséder un mouvement suisse. L'emboîtage et le contrôle final doivent être effectués en Suisse. **Production** (en 2000). **Pièces** (en millions d'unités) **et,** entre parenthèses, **valeur** (en millions de FS) : 31,4 (10 138) *dont* mécanique 2,7 (4 826), quartz analogique 27,9 (5 248), quartz digital 0,8 (64). **Exportations** (en millions de FS) : 10 297,2 *dont vers* USA 1 847, Hong Kong 1 423,2, Japon 928,4, Italie 883,3, All. 716,2, *France 652,9,* G.-B. 429,4.

Bulgari : Daniel Roth.

Gucci Group : Bedat, Boucheron, Di Modolo, Gucci Timepieces.

LVMH : Chaumet, Dior/Favre Leuba, Ebel, Tag Heuer, Zenith.

Richemont : a racheté le 21-7-2000 3,08 milliards de FS le pôle de montres de Mannesmann : LMH (Les manufactures horlogères) ; Baume & Mercier, Cartier, Dunhill, IWC, Jaeger-LeCoultre, Lange & Söhne, Montblanc, Piaget, Vacheron Constantin.

☞ **Swatch Group** (de Swiss Watch) : créée en 1983 par la SMH Sté de micro-électronique et d'horlogerie (voir ci-dessous) par Nicolas Hayek, Ernest Tomke et Jacques Müller. Plus de 250 millions de Swatch vendues (fin 2000).

SMH : Balmain, Blancpain, Bréguet, Calvin Klein Watches, Certina, Endura, Flik Flak, Frédéric Piguet, Hamilton, Lanco, Lemania, Longines (créée 1832), Mido (créée 1918), Omega (fondée 1848 par Louis Brandt), Rado, Swatch, Tissot. *Chiffre d'affaires* (en milliards de F suisses) : *1991 :* 2,3 ; *95 :* 2,6 ; *96 :* 2,8 ; *97 :* 3 ; *98 :* 3,3 ; *99 :* 3,6 ; *2000 :* 4,3.

Tissot : *fondé* 1853 par Charles-Félicien Tissot (1804-73) et son fils Charles-Émile (1830-1910). **Patek Philippe :** *créé* 1839 par Adrien Philippe et le Cte Antoine de Patek. *1924* racheté par famille Stern. *Chiffre d'affaires* (en 1994) : 850 millions de F. *Ventes :* 20 000 montres (dont France 400). **Rolex :** *créé* 1905. *Chiffre d'affaires* (en 1994) : n.c. (en France : 245 millions de F). *Montres vendues* (en 1987) : 500 000 (dont France 12 000). Montre la plus chère 645 000 F. **Bréguet :** *créé* 1775 par Abraham-Louis. *Chiffre d'affaires* (en 1993) : 439 millions de F. *Montres vendues :* 4 000 (dont France 300). **Blancpain :** *créé* 1735. *Chiffre d'affaires* (en 1994) : 200 millions de F. *Montres vendues :* 6 000 (dont France 340).

■ **Chiffres d'affaires des montres précieuses.** 5 milliards d'euros en 2000 (sur 25 pour la joaillerie de luxe). **Principales entreprises :** Cartier, Tiffany (USA) 1,876 milliards d'euros, Bulgari (Italie) 705 millions d'euros. Boucheron, Chaumont, Mauboussin : environ 45,73 millions d'euros.

☞ **Musée international d'horlogerie :** La Chaux-de-Fonds (Suisse). *Fondé* 1902.

■ **Indépendants :** Audemars Piguet, Breitling (Kelek), Chopard, Patek Philippe, Rolex.

France

■ **Branches de l'industrie horlogère. Petit volume** (montres et composants). Principalement dans le Doubs. La plupart des entreprises achètent les pièces détachées (mouvements et habillage) et vendent le produit fini sous leur marque (Akteo, Ambre, Aurore, Beuchat, Chipie, Charpier Rième, Christian Bernard, Claude Hélier, Clyda, Fontenay Paris, Michel Herbelin, Péquignet, Pierre Lannier, René Attias, Saint-Honoré Paris, Tam-Time, Vuillemin Régnier, Yéma, Yonger et Bresson) ou celle de couturiers ou de grossistes distributeurs. Les deux fabricants de mouvements (France-Ébauches et Isa-France) fabriquent des mouvements électroniques (montres à quartz analogiques/à aiguilles). **Composants de l'habillage :** boîtes, cadrans, couronnes, verres, aiguilles, bracelets. **Gros volume. Horlogerie domestique :** réveils, pendulettes, pendules et horloges de distribution de l'heure, mouvements d'horlogerie terminés. **Horlogerie technique :** enregistreurs de présence, compteurs de temps, interrupteurs horaires, horloges de commutation, etc. ; plus répartie (région parisienne, Alsace, Hte-Normandie, Pays de la Loire, Franche-Comté, Rhône-Alpes et Poitou-Charentes) ; entreprises intégrées : Bodet (Trémentines), Odo (Morbier), Lambert (St-Nicolas-d'Aliermont), Schlumberger (Chasseneuil-sur-Poitou et Besançon), etc.

■ **Chiffre d'affaires** (HT en millions de F, 2000). **Fabricants :** *petit volume :* 2 306 dont fabricants de montres 1 186 (dont export. 412), de composants 1 395 (export. 1 081) ; *gros volume :* 587 (export. 194) ; *bracelets :* 257 (export. 135). *Total :* 3 150. **Produits :** horlogerie domestique 178 [1], technique 343. **Effectifs** (au 31-12-2000). 6 278 personnes.

Nota. – (1) Y compris les articles produits par les fabricants de montres ou de composants.

■ **Montres et mouvements** (en millions de pièces). **Production globale :** *1963 :* 6 ; *70 :* 14,6 ; *75 :* 16,7 ; *80 :* 21,6 (dont à quartz [1] 1,9) ; *85 :* 20,1 (11,7) ; *90 :* 23,1 (22,3) ; *95 :* 20,9 (20,9) ; *98 :* 16,2 (16,2) ; *99 :* 14,2 (14,2) ; *2000 :* 5,3 (4,9). **Importations** [2] : *1965 :* 0,4 ; *70 :* 0,8 ; *75 :* 2,7 ; *80 :* 13,3 ; *85 :* 25,1 (dont électrique ou électronique 23) ; *88 :* 51,3 (49,6) ; *90 :* 40,4 (38,3) ; *95 :* 35,4 (34,8) ; *98 :* 39,8 (39,1) ; *99 :* 40,7 (40,1). **Exportations** [2] : *1965 :* 1,9 ; *70 :* 5 ; *75 :* 10,1 ; *85 :* 6,2 (dont à quartz 4,4) ; *90 :* 6 (5,6) ; *95 :* 7,8 (7,2) ; *96 :* 8,9 (8,5) ; *97 :* 4,08 (4,1) ; *98 :* 5,6 (5,2) ; *99 :* 6,2 (5,7). **Mise à la consommation en France :** *1975 :* 9,2 ; *80 :* 13,3 ; *85 :* 25,7 ; *88 :* 45 ; *93 :* 33,1 ; *95 :* 31,5 ; *97 :* 31,8 ; *98 :* 37,1 ; *99 :* 38,1 (dont quartz analogiques 30, numériques double affichage 8, mécaniques 0,1).

Nota. – En 1998, 46 % des montres mises à la consommation étaient des cadeaux publicitaires. (1) A partir de 1980, montres essentiellement analogiques. (2) Non compris colis postaux.

☞ **Affaire Lip :** *1867* Sté fondée. *1939* reprise par Fred Lipmann (1905-96). *1958* 1re montre électronique. *1971* Elnucles SA (Suisse) dans le capital. *1972* 1re montre à quartz. *1973-mai* faillite. *-18-6* Usine Lip à Besançon : Christian Piaget (CFDT) organise l'autogestion. *-31-7* liquidation ordonnée par le tribunal. *-14-8* la police fait évacuer l'usine. *-15/16/17-8* affrontements nocturnes. *1974* relance (échec avec Claude Neuschwander). *1976-3-6* mise en liquidation. *1984* marque rachetée par Kiplé la Scop (Sté coopérative ouvrière de production). *1990-21-5* Kiplé en liquidation judiciaire. *1991-juin* reprise par J.-Claude Sensemat (Lip France).

Piles et accumulateurs

■ **Accumulateurs. Types :** *accumulateurs non alcalins :* plomb, bioxyde de plomb (électrolyte à base d'acide sulfurique), inventés en 1859 par Planté. *Alcalins :* nickel / cadmium, nickel / fer, argent / zinc (nickel métalhydrure lithium ions ; électrolyte à base de potasse), fabrication inspirée des inventions d'Edison et de Jungner, apparut en 1910. **Débouchés :** démarrage de moteurs, traction électrique ; transport ferroviaire et aérien (démarrage et sécurité) ; équipement militaire ; télécom. ; informatique-bureautique ; équip. de sécurité (éclairage-secours de process) ; équip. autonomes électroportables (électroménager, jardinage, bricolage, jouets...). **Chiffre d'affaires** (en millions de F, 1998) : accumulateurs non alcalins + alcalins 5 470. **Fabricants :** *accumulateurs non alcalins :* CEAC (Cie européenne d'accumulateurs électriques) : marques Fulmen, Dinin et Tudor ; CFEC (Cie française d'électrochimie) : marques Steco, Accumulateurs Huitric, Delphi-France, Hoppecke et Oldham-VB Autobatterie, filiale de Varta. *Alcalins :* Saft, filiale d'Alcatel (95 % du marché), Aglo.

■ **Piles électriques. 1799** inventées par le Cte Alessandro Volta (Italien, 1745-1827). Vers **1860** diffusées après les travaux de Georges Leclanché (Fr. 1839-82) sur la pile saline au bioxyde de manganèse. **1914** M. et Mme Courtecuisse créent, au 6 rue Marcadet, Paris 18e, des piles électriques. L'armée britannique en France passe une commande (*Wonderful :* « merveilleuse » d'où Wonder). **1956** version alcaline de la pile zinc/bioxyde de manganèse (capacité environ 2 fois supérieure à la pile saline). En association avec l'anode de zinc, des versions utilisant oxyde d'argent, oxyde mercurique ou oxygène de l'atmosphère sont également largement utilisées. **1960-70** nombreux couples utilisant la plupart du temps le lithium. Ces piles, dont les tensions sont soit égales, soit environ le double de celles des piles classiques, se conservent plus longtemps que ces dernières et résistent aux températures extrêmes. En les associant avec le magnésium, les piles utilisant un halogénure d'argent ou de cuivre trouvent un emploi dans le sauvetage en mer (entrent en fonctionnement par immersion dans l'eau). **Chiffre d'affaires** (en 1998) : piles 780 millions de F. **Fabricants français :** RESF ; Piles Wonder ; Energizer et Mazda ; Saft (industrielles) ; Piles Varta (groupe allemand). **Marques étrangères :** Duracell (USA) ; National (Japon) ; Philips ; Kodak ; Panasonic ; Sanyo ; Rayovac.

■ **Environnement.** *Piles :* la teneur en mercure tend vers zéro. *Salines et alcalines :* mercure éliminé. Piles à l'oxyde de mercure : teneur 30 % de mercure. Piles à l'oxyde d'argent : environ 0,5 à 1 %. *Accumulateurs nickel-cadmium :* forte teneur en cadmium.

Robotique

■ **Nom. 1939** emprunté au tchèque *robota* (travail, corvée) par Karel Čapek (écrivain) dans sa pièce *RUR (Les Robots universels de Rossum),* jouée en 1921 (des automates de forme humaine se rebellent contre leurs inventeurs et dominent le monde). **Définition.** Un **robot industriel** est un manipulateur reprogrammable et multifonctionnel, capable de manipuler des outils, pièces, matériaux et dispositifs spécialisés au cours de mouvements variables et programmés pour une variété de tâches, à la différence des machines qui ne peuvent en exécuter qu'un seul type. C'est un automate qui possède au moins 3 degrés de liberté. **1re génération :** robots programmables et asservis à trajectoire continue ou point à point, dont le cycle de travail se répète sans modification (exemples : robot vertical, horizontal, portique, scara...). **2e :** manipulateurs automatiques programmables capables d'analyser les modifications de leur environnement et de réagir en conséquence. Il peut en résulter une modification partielle du cycle opératoire (exemples : manipulation avec reconnaissance de forme, assemblage avec contrôle d'effort, soudage avec suivi de joint...). **3e :** robots utilisant des ressources comme celles de l'intelligence artificielle pour assimiler des instructions globales proches du langage naturel, capables d'une interprétation exhaustive de leur environnement et de prendre des décisions d'action en conséquence (exemples : robots d'intervention en milieux hostiles, robots autonomes multiservices...).

■ **Robots installés. Dans le monde** (en unités, 1994). 680 000 (en 1996) dont Japon 377 073. Ex-URSS 65 000 (en 1993). USA 57 000. All. 48 840. Italie 22 000. *France 14 376* (en 1995). G.-B. 8 189. Ex-Tchécoslovaquie 6 700. Corée 6 000. Suède 5 450. Espagne 4 516. Singapour 3 841. Benelux 3 000. Taïwan 2 739. Suisse 2 500. Autriche 1 908. Australie 1 907. Finlande 1 160. **Marché mondial :** 5,3 milliards de $ en 1997.

En France (fin 1995). **Par secteur :** 14 376 dont véhicules à moteur 5 334, mécaniques (sauf électriques) 1 954, équipementiers pour véhicules 1 949, industrie plastique 1 811. **Type d'applications :** soudage par points 2 601, manutention de pièces 2 001, soudage à l'arc 1 961, service machine injection plastique 1 501, chargement-déchargement de machines 1 249, assemblage par fixation mécanique 810, palettisation-emballage 561. *Nombre selon leur coût :* < 200 000 F : 139 ; de 210 à 350 000 F : 2 185 ; de 350 à 500 000 F : 5 084 ; > 500 000 F : 5 584. **Origine** (fin 1993) : *France 6 791,* Europe (hors France) 3 618, USA 1 199, Japon 1 386.

Couture et mode

Source : Chambre syndicale de la couture parisienne.

Quelques dates

Pantalon : de St Pantaléon, médecin de Bithynie (Asie Mineure), martyrisé au IVe s., populaire à Venise (les Italiens appellaient *Pantaloni* les Vénitiens). *Pantalon* devint un personnage de la *commedia dell'arte :* barbon avare, libidineux et beau parleur qui portait une culotte longue.

■ **Évolution de la mode.** **Gaulois** portent des *braies* (sorte de pantalon). **Vers 1350** *pourpoint* et *chausses* [séparés au XVIe s. en hauts de chausses (short), bas de chausses (bas)] pour homme, robe longue pour femme. Sous Louis le Gros, habits traînants, serrés avec de larges manches, souliers (*pigaces,* puis *à la poulaine* finissant en pointes droites ou recourbées, longueur pour princes et grands seigneurs 2 pieds, riches 1 pied, gens du commun 1/2 pied, d'où l'expression : « sur quel pied est-il ? »). **1461**-*17-3* texte le plus ancien mentionnant le béret. **1630** *perruques,* calotte avec peu de cheveux à l'entour ; seront très abondantes sous Louis XIV, comme celles fournies par Birette (coiffeur du roi). Une belle perruque vaut 1 000 écus. **1637** 1re mention du *parapluie* dans les effets de Louis XIII. **1675** ordonnance de Louis XIV accordant aux maîtresses-couturières, avec quelques restrictions, le droit d'habiller les femmes. **1710**-*1-1 parapluie pliant* de Marius. **1789** la *carmagnole,* veste courte et cintrée, à double rangée de boutons, originaire de Carmagnola en Italie, passe en Provence avec les ouvriers piémontais, les fédérés marseillais en introduisent l'usage à Paris, donne son nom au chant révolutionnaire. Les *sans-culottes* adoptent le pantalon. Décret de l'an II (toujours en vigueur) interdisant à une femme de porter un costume d'homme (sauf dérogation accordée par le préfet de police). **1796** lord Georges John *Spencer* (1758-1834) raccourcit son vêtement de soirée en coupant les basques brûlées près d'une cheminée. La mode prendra. **1797** John Hetherington invente le haut-de-forme (plus tard surnommé « tuyau de poêle »). **Début XIXe s.** influence de Leroy, ancien coiffeur (1763-1814) surnommé le Michel-Ange de la mode. **1801** *riflard,* du nom d'un personnage de la comédie *La Petite Ville,* de Louis Picard, paraissant en scène avec un énorme parapluie. **1807** pièce *Romainville ou la promenade du dimanche :* « Pépin » nom d'un personnage portant un parapluie vert. **1816** Antoine Doucet (1795-1866) fonde la maison Doucet, installée 21, rue de la Paix (dernières créations en 1924). **1820** le Sentier devient à Paris le centre d'ateliers fournissant les grands magasins. **1823** brevet de Charles *Mackintosh* († 1843) pour un tissu imperméabilisé. **1830** le pantalon s'impose. **1831-40** vogue du *bibi* (petit chapeau) qui reviendra (années 1870 et 1939-41). **1833** chapeaux Mossant. **1834** *Gibus* met au point un système d'articulation permettant d'obtenir un haut-de-forme. **1836** Christophe Charvet fonde une maison de chemises sur mesure. **1841** Alexis Lavigne fonde un cours de couture (actuellement *Esmod*). **1849** Thomas et William Bowler créent le chapeau melon à Londres *(bowler hat).* **1850** la *crinoline* en tissu (de crin de cheval mélangé à du coton et du lin) est remplacée par une crinoline en jupons cerclés. **1852** lord Fitzroy *Raglan* (1788-† 1855 du choléra à Sébastopol) lance un manteau-pelisse qu'il porte en Crimée. **1854** James Brudnell (lord *Cardigan*) part pour la guerre de Crimée [responsable de la charge de la brigade légère (25-10)] avec une veste en laine sans col ni revers qui sera à la mode en 1868. **1856** Thomas *Burberry* lance la gabardine (guerre de 1914-18, appelée *trench-coat,* doublure beige, noir, rouge, lancée 1920). **1857** Giuseppe *Borsalino* crée un chapeau de feutre (à Alexandrie, Italie). **1858** Charles Frederick *Worth* (1825-95), Anglais fixé à Paris, fonde la maison Worth (7, rue de la Paix, 1re maison de couture). 1er à présenter les modèles créés sur des mannequins vivants. La crinoline atteint son envergure maximale ; les pantalons féminins de dessous se généralisent. **1859** le *macfarlane* [manteau sans manche à grand collet, en anglais *Inverness cape* (ville d'Écosse)] est lancé. **1860** début de Caroline Reboux (née 1840, modiste). **1862** la crinoline s'aplatit sur le devant et se développe en long par-derrière. **1865** John *Stetson* ouvre une fabrique de chapeaux à Philadelphie (USA). **1866** la *jupe-jupon* à large ruche dans le bas, sans arceau, remplace la crinoline. **1875** des peintres portent la *lavallière* (cravate à large nœud formant 2 coques) autrefois portée par la Dchesse de La Vallière (1644-1710). **1880** la taille s'allonge progressivement. Les corsages moulent le buste. **1884** la maison Rouff s'installe 13, bd Hausmann. **1885** la jupe à plis verticaux concurrence la jupe drapée. **1888** 4 sœurs (Marie Gerber, † 1927, Marthe, Régina et Joséphine) fondent la maison *Callot sœurs,* spécialisée dans lingerie et parures de dentelles. **1889** Herminie Cadolle coupe le bas de son corset, conserve le haut qu'elle nomme *corselet-gorge* puis *soutien-gorge*. Arthur Liberty (qui vend des textiles dans sa boutique, fondée 1875, Regent Street à Londres) arrive à Paris avec son style *Liberté* (motifs floraux orientaux). **1890** *Jeanne Lanvin* (1867-1946) crée des chapeaux (certains atteignent 1,87 m d'envergure) ; (1909) maison de couture (22, rue du Fbg-St-Honoré, Paris VIIIe). [1925 parfums « My Sin » ; 1926 mode masculine ; 1927 parfum « Arpège ». Sa fille Marguerite (future Marie-Blanche de Polignac, cantatrice) dirige la maison de 1946 à 1958. Depuis 1993, recentrée sur prêt-à-porter de luxe, accessoires et parfums]. Withecomb Judson (USA) invente la fermeture Éclair. **1891** *Jeanne Paquin* (1869-1936, née Becker), avec son mari Isidore Paquin, homme d'affaires, monte sa maison 3, rue de la Paix (fermera le 1-7-1956). Les manches gonflent. **1892** manufacture Albert Weill. **1895** la maison Callot, 24, rue Taitbout (reprise en 1913 par Marie Gerber) devient une véritable maison de couture. **1897** petites manches bouffantes pour la soirée et jaquettes longues genre Directoire. **1898** *Jacques Doucet* (19-2-1853-1929) hérite de son père ; la maison date de 1875 et se distingue par dentelles, fins plissés et broderies délicates. Jupe cloche. **1900** Paris devient le centre de la mode. Costume tailleur. **1904** *Paul Poiret* (1879/28-4-1944) fonde sa maison 5, rue Auber puis la transfère 37, rue Pasquier. Gaine de Poiret (non élastique). Robe à porter sans corset. **1907** Bertel Sanders (Dan.) invente le bouton pression. **1908** 107, rue du Fbg-St-Honoré, *Mariano Fortuny* (1871-1949) crée la robe « Delphos ». **1909** Poiret, installé avenue d'Antin (F. Roosevelt), crée la « ligne assouplie » avec taille sous la poitrine. **1910** la ligne cintrée disparaît, retour à taille haute, robes entravées, apparition du *porte-jarretelles. Chanel* crée le tailleur. **1911** *Nicole Groult* (1887-1967, sœur de Poiret, mère des romancières Benoîte et Flora), ouvre sa maison de couture (faillite en 1935). *Rosine* de Paul Poiret, 1er *parfum « couture ». Sulka,* 2e boutique de chemises et prêt-à-porter masculin (1re créée en 1895 par Amis Sulka et Léon Wormser à New York). **1913** *Paquin,* 1re couturière à recevoir la Légion d'honneur et à faire des défilés de mode « shows ». **1914**-*2-8* 1re collection *Jean Patou* (1887-1936). **1914-18** vêtements courts et vagues. Coupe en biais de *Madeleine Vionnet* (1876-1975, maison créée en 1912). Apparition du manteau. Étienne Valton crée à Troyes la *culotte Petit Bateau.* **1919** 1er costume de sport. *Edward Molyneux* (Irlandais, 1891-1974) s'installe 14, rue Royale (fermera en 1977). *Pierre et Rémy Richard-Ponvert* créent le Paraboot (cuir et caoutchouc) à Izeaux (Isère). **1920** la robe est un tuyau. *Étienne Valton* crée à Troyes la culotte *Petit Bateau.* **1921** Robert Toboul (né 1888) fonde la maison *Cyber* (faillite en 1930). **1922** *Guccio Gucci* (1881-1953) fonde une maison de maroquinerie (sacs, mocassins, prêt-à-porter en 1978). **1923** mode égyptienne après la découverte du tombeau de Toutankhamon (17-12-1922). **1923-24** *Norman Hartnell* (1901-79) ouvre à Londres. Marque de chaussettes *Burlington* créée. *Lucien Lelong* (1889-1952) s'installe 16, av. Matignon (1927 épouse Natalie Paley, fille du Gd-duc Paul). **1925** taille sur les hanches avec jupe très courte, perles et paillettes ; décolleté très bas dans le dos. Chapeaux cloches sur cheveux coupés très courts. **1926** *Arturo Cifonelli* (1893-1971), tailleur romain, s'installe à Paris. *Jeanne Lanvin :* 1re maison de couture. **1928** *Elsa Schiaparelli* (1890-1973) commence le « sportswear ». 1ers vêtements de cuir *Hermès.* **1929** Maggy Besançon de Wagner (1896-1971) fonde *Maggy Rouff* (fermera en 1965). **1929** les jupes rallongent avec pans sur côtés ou traînes. **Années 1930** *bermuda* (la police des Bermudes porte le short anglais, les touristes américains l'imitent). *Knickerbockers* [de Washington Irving, pseudonyme de Dietrich Knickerbocker, auteur d'une *Histoire de New York* (1809) avec personnages illustrés portant des culottes amples et serrées sous le genou] : pantalons de golf resserrés sur les mollets, bouffants, portés à l'origine par les pionniers hollandais de New York. **1931** *Jacques Heim* 1re grande collection de robes. **1932** *Nina Ricci* s'installe 20, rue des Capucines. **1933** *gaine* (élastique) *Scandale* de Robert Perrier qui fabriquait des ceintures orthopédiques depuis les années 20 (nom d'un parfum dont il aurait vu la réclame). **1934** *Germaine Czerefkov* (Alix Barton), née Krebs (1903-93), fonde la maison *Alix,* 83, rue St-Honoré. Maison *Vera Borea* à Paris [Vera Pecile (1889-1985) épouse du Cte Borea]. **1935** *Schiaparelli,* 21, place Vendôme, crée une des 1res « boutiques ». *L'anorak* (de anoré « vent » en inuktitut) introduit par Paul-Émile Victor (à la mode à partir de 1945). **1937** Création de *Carven. -Août Cristobal Balenciaga* (Espagnol, 1895-1972, 1re maison ouverte en 1919 à Saint-Sébastien) s'installe 10, av. George-V. *Jacques Fath* (1912-54) présente sa 1re collection au public. 1er *carré Hermès* (casques et plumets) 90 × 90 cm ; 75 g. **1938** création du *bas nylon* aux États-Unis (Dupont de Nemours, en Europe en 1945). Charles James (1906-78) crée la Sirène. **1940** *Charles Montaigne* (1900-89) fonde sa maison 23, rue Royale (fermera en 1973). **1941** *Jacques Griffe* (1917-1996) fonde sa maison rue Gaillon. **1941** *Germaine Czerefkov* (1903-93) s'installe 1, rue de la Paix ; *1942* prend le nom de *Grès,* anagramme du prénom de son mari, le peintre Serge Cezrefkov (maison rachetée 1984 par B. Tapie, liquidée 1987). **1942**-*19-5* par économie, suppression des revers, martingales, soufflets des vestons, rabats des pantalons, des culottes de golf pour adultes. **1943** *tee-shirt* (forme en T) porté par les soldats américains. Bustier de *Marcel Rochas.* **1944**-*17-4* Jacques Fath s'installe 39 av. Pierre-Ier-de-Serbie. **1945** *Madame Carven* (Carmen De Tommaso, veuve de René Grog, née 31-8-1909, 1,55 m) lance sa maison de couture. *Albert Lempereur* (né 1902) se consacre au « prêt-à-porter ». *Pierre Balmain* ouvre sa maison. Guêpière de Marcel Rochas. **1946** *Hardy Amies* (1909) crée à Londres sa maison de couture ; fournisseur de la Couronne à partir de 1955. *-3-6 Louis Réard* (1896-1984) présente à la piscine Molitor un maillot 2 pièces. Le *7-7,* il en dépose la marque sous le nom de *bikini* (18 j après l'explosion expérimentale atomique sur cet atoll des îles Marshall). Mort de Jeanne Lanvin. **1947** Lucien Lelong (1889-1952) ferme. *Christian Dior* ouvre sa maison 30, av. Montaigne. **1949** *Ted Lapidus* ouvre sa maison. **1950-60** le *jean* s'impose (voir encadré p. 1761 a), mode du *twin-set* (chandail et veste coordonnés). **1950** *Jacques Griffe* succède à Molyneux 5, rue Royale. *Robe-sac* de Balenciaga. *Pierre Cardin* (né 2-7-1922) fonde sa maison 118, r. du Fbg-St-Honoré (1re collection : 1951). *Castillo* (Antonio Canovas del, 1908-84) dirige la haute couture de Lanvin. *Émilie Pucci* (1914-1993) crée sa marque de prêt-à-porter en Italie. **1951** Achille Maramotti fonde Max Mara qui sera le 1er groupe italien du prêt-à-porter féminin. **1952**-*2-2 Hubert de Givenchy* ouvre sa maison. **1952** *Guy Laroche* ouvre sa maison (s'arrêtera début 1996, passant au prêt-à-porter). Fred et Marcel Salem ouvrent une boutique de mode rue de Sèvres. *Valentino* (Valentino Garavani, né 11-5-1932) fonde sa maison. **1953** thermolactyl *Damart* en chlorofibre lancé par les frères Joseph, Paul et Jules Despature à Roubaix. Paquin rachète Worth. **1954** Elsa Schiaparelli se retire. Coco Chanel (71 ans), tailleur tweed avec blouse. « Robe-bulle » de Pierre Cardin. « Ligne H » de Dior. *Talons aiguille* (Roger Vivier, 1908-99). **1955** « Robe-tunique » de Balenciaga. Mme Carven crée *Carven Junior. Bas sans couture.* « Ligne Y » de Dior. *Mary Quant* (née 11-2-1934) ouvre une boutique *(Bazaar)* sur King's Road, Londres. **1955-60** *duffle-coat,* manteau en gros drap rugueux, souvent muni d'un capuchon, fermé par des brandebourgs et des boutons en forme d'olives, à l'origine destiné à des marins et fabriqué à Duffel, près d'Anvers. **1956** la maison Caroline Reboux ferme. *-1-7* Paquin-Worth ferme. **1957**-*29-10* Christian Dior meurt. *Yves Saint Laurent* lui succède. *Guy Laroche* (1921-89) s'installe avenue Montaigne. Cardin révolutionne la mode masculine. Balenciaga lance la *« ligne haricot ».* **1958** Charles-Henri Martin (1917-74) fonde la maison *Jacques Esterel* (en 1994, s'orientera vers la vente par correspondance). **1958**-*30-1* 1re collection *Yves Saint Laurent* chez Dior : 1er tailleur ligne trapèze. Invention du collant. **1959** Valentino Garavani (né 1932) fonde *Valentino* à Florence. **1960**-*26-2* 1re collection masculine Cardin présentée au Crillon par des étudiants. *Louis Féraud* (13-2-1920/25-12-1999) 88, r. du Fbg-Saint-Honoré. Révolution avec tissus synthétiques. Jupe courte, coupe *Mary Quant.* **1961** Saint Laurent s'installe rue La Boétie. 1re collection *Jean-Louis Scherrer. Laura Ashley* (1925-85) crée sa 1re robe (1re boutique à Londres 1967). Rosette Mett (sœur de Ted Lapidus) crée *Torrente.* **1962**-*29-1* 1re collection de Saint Laurent. Jacqueline (née 11-8-1928) et Élie (né 1925) Jacobson ouvrent *Dorothée Bis* rue de Seine (après Dorothée en 1958). *Philippe Venet* (né 22-5-1931) fonde sa maison. *Sam Rykiel* fonde une boutique de prêt-à-porter (*Sonia* y vend ses 1res collections). **1963** *Jean Bousquet* dit *Cacharel* (né 30-3-1932) fonde sa Sté, ainsi que *Daniel Hechter.* Boutique White House *Renoma* du tailleur Simon Cressy s'installe 129 *bis,* rue de la Pompe. **1964** *Dim* universalise le collant grâce à la couleur. [Dim venait des bas Dimanche, créés en 1953 par Gilbert Gilberstein († 1976) à Troyes.] Rudi Gernreich (Autrichien) crée le *monokini.* **1965** 1re collection *André Courrèges* (né 9-3-1923), minijupe (lancée par Mary Quant) et pantalon. *Paco Rabanne* (né 1934) crée des robes en rondelles de plastique. *Kenzo* (né 1940), 1er créateur japonais à Paris, s'installe. *Léon Duhamel* (né 14-8-1935) lance l'« En-cas » (de pluie) qui devient le *K-Way. Emmanuel Ungaro* (né 1933) ouvre sa maison. **1966** robes en papier jetables (imaginées en 1962 pour femmes astronautes). **1967** 1re boutique *Chipie* (Carcassonne) ouverte par *Jean-Michel Singnoles. Serge Lepage* (né 1936) installe sa maison. Chemisiers en liberty de Cacharel. Jacques Jaunet lance *New Man. Pierre Cardin* lance la cardine, robe produite au moule en fibres synthétiques agglomérées. *Paco Rabanne :* robe en papier. **1968** Dim popularise le collant (boîte cube). *Courrèges* présente le 1er collant-maille devenu body. Reviendra dans les années 80 avec Marc Audibet, Issey Miyake et Karl Lagerfeld. *-5-5 Sonia Rykiel* (née 25-5-1930) ouvre une boutique, rue de Grenelle. 1re collection de *Chantal Thomass* (née 5-9-1947). Balenciaga ferme. *Louis Azarro* (né en Tunisie) crée sa marque de prêt-à-porter. 1re collection *Nino Cerruti.* **1969** retour à l'artisanat : vêtements anticonformistes. **1970** 1er défilé de *Kenzo* Takada (boutique Jungle Jap, galerie Vivienne ; 1985 deviendra Kenzo SA ; 1993 dans le groupe *LVMH*). Collection unisexe de *Jacques Esterel.* **1972** *Gianfranco Ferré :* lignes Ketch. **1973** 1res collections *Issey Miyake* (Japonais, né à Hiroshima 22-4-1939) à Paris et de *Thierry Mugler* (né 1948, ancien danseur de l'Opéra du Rhin). Gérard (né 1952) et Patrick (né 1955) Pariente créent la marque *Naf-Naf.* **1974** 1re boutique d'*Anne-Marie Beretta* (née 1936). Prêt-à-porter *Armani* (Giorgio, né 1934) créé en Italie. Bikini *string* apparaît sur la plage Ipanema (Rio de Janeiro, Brésil). *Gianni Versace* (2-12-1946/Miami 1-5-1997 assassiné) crée sa marque. **1975** accent mis sur la silhouette, retour vers le classique. *Vivienne Westwood* (née 1941, Angl.) lance les Punks (puis 1980 collection Pirate). **1976** 1re collection de *Jean-Paul Gaultier* (né 24-4-1952). **1977** *Angelo Tarlazzi* crée sa propre maison. 1re boutique d'*Agnès Bourgois* sous le nom d'*Agnès B.* **1978** *Per Spook* (Norvégien, né 1939) fonde sa maison. *Gianni Versace* (1946-97) crée *Prêt-à-porter.* **1979** Cardin : 1er défilé de mode à Pékin. *Guy Azoulay* (né 1957) crée la marque *Charles Chevignon :* blousons de cuir, etc. **1983** Josiane (née 1954) et Joseph Pividal fondent *Lolita Lempicka* (prêt-à-porter). *Karl Lagerfeld* (né 1938) directeur artistique de Chanel. **1984** *Marc Audibet* utilise le *Lycra* (fibre élastique) pour des robes. **1985** Cardin : veste « espace ». Jack Lang à l'Assemblée nationale dans un costume de Thierry Mugler avec « col Mao ». **1986** vêtement ample, veste à large carrure, jupe raccourcie, superposition de différents styles de vêtements. La mode masculine se féminise (col châle, pinces...). **1987** *Christian Lacroix* (né 1951) 1re collection. **1989** *Olivier Lapidus* (né 2-6-1958 à Neuilly) crée sa 1re collection de haute-couture. **1992-93** style *grunge,* vague musicale devenue mode vestimentaire : chemises à carreaux, superpositions mal assorties, robes pendouillantes. **1993**-*8-7 Lanvin* suspend son activité haute couture. Soutien-gorge ampliforme *Wonderbra ;* gonflable *Top Secret* (Cole). **1994** *piercing* (de percer) : vêtements déchirés tenus par épingles de nourrice ; narines ornées de croix, clous, anneaux. **1995** *Philippe Venet* arrête la haute couture. **1997**

■ **Blue-jean** [de *Genoese* (génois, en anglais)] tissu de coton, appelé aussi Dencan (fabriqué à Nîmes au XIXe pour des toiles de bâche). *1853*, Oscar Levi-Strauss (1829-1902), Bavarois, taille un pantalon dans la toile de tente qu'il vendait aux chercheurs d'or de Californie. *1860*, Levi's affiche son nom (pièce de tissu huilée). *Logo* : 2 chevaux écartelant un jean. *1870*, Jacob Davis, tailleur du Nevada, renforce les poches avec des rivets de cuivre. *1873*, 1ers « 501 » avec poches renforcées par des rivets et braguette à boutons. *1874*, Davis et Levi-Strauss en déposent le brevet. Le tissu de coton, le « Denim », venait de Nîmes. Teint jusqu'à 13 fois dans de l'indigo (*blue* = bleu), il habillait les marins de Gênes. *1890*, encoche pour la montre en haut de la poche droite. *1905*, poches arrière. *1922*, passants de ceinture. *1936*, étiquette rouge, le « red tab ».

Ventes mondiales : *1995* : 7,6 milliards (dont 3,2 pour femmes). **Part de Levi's** *1990* : 48,2 % du marché mondial ; *98* : 25. **Jeans vendus en France** : *1998* : 45 millions [7,8 milliards de F dont (en %) Levi's 18,1, marques de distributeur 5,5, Lee Cooper 4,1, Complices 4,1, Lee 1,5, Wrangler 0,3]. **Chiffre d'affaires (et bénéfice) de Levi Strauss** (en milliards de $) : *1997* : 6,9 (0,41) ; *99* : 5,1 (0,005).

Faux « 501 ». *En 1993*, environ 2 millions saisis dans le monde (dont Europe 500 000). Vérifier que le bouton de ceinture comporte bien un numéro à 3 chiffres et que « Levi's » sur l'étiquette rouge est tissé et pas imprimé.

■ **Chemises Lacoste**. *René Lacoste* (1904-96) champion de tennis surnommé aux USA le Crocodile (à la suite d'un pari avec Pierre Guillou, capitaine de l'équipe de France de tennis, Lacoste avait gagné une valise en croco) dépose en 1933 sa marque [polo, chemisette de tennis à double maille piquée, mis au point par le bonnetier André Gillier ; label crocodile dessiné par Robert George, ami de Lacoste ; chaque chemise (poids 230 g, crocodile 0,3 g) utilise 20 km de fibres de coton, 230 g en couleur depuis 1951]. **Groupe Lacoste** : holding de 80 personnes. Anime 25 000 licenciés fabricants et/ou distributeurs. *Chiffre d'affaires* : 650 millions de $. *Articles* : 25 millions (dont 6 de chemises) vendus chaque année.

fermeture de Karl Lagerfeld SA. **1998** *Thierry Mugler* expérimente le défilé virtuel (image de synthèse). *Valentino* vendu 1,8 milliard de F. **2001** Alexander McQueen qui a succédé Hubert de Givenchy en 1996, quitte LVMH pour Gucci.

☞ **Sens du boutonnage** : *hommes* : boutons cousus à droite ; l'homme ouvre son vêtement à gauche et peut ainsi dégainer. *Femmes* : bouton à gauche ; elles portent plus volontiers leur enfant à droite, facile pour allaiter.

Statistiques

■ **Chiffre d'affaires mondial de l'habillement** (en milliards de F, 1998). USA 250, Italie 124,7, *France 68,8*, G.-B. 47,5, Espagne 30,2.

■ **Principales marques-enseignes d'habillement.** **Chiffre d'affaires** (en milliards d'euros, 2000) : Gap (1) 14,6, Marks & Spencers (2) 8, C & A (3) 4,2, H & M (4) 3,44, Inditex-Zara (5) 2,61, Next (2) 2,45, Benetton (6) 2,02, Pimkie-Orsay (7) 1,1, Etam (7) 1,03, Esprit (1) 0,99, Groupe André (7) 0,82, Mango (5) 0,78, Kiabi (7) 0,64, Promod (7) 0,32, Camaïeu femmes (7) 0,26.

Nota. – (1) USA. (2) G.-B. (3) P.-Bas. (4) Suède. (5) Espagne. (6) Italie. (7) France.

■ **En France. Marché de la mode** (en milliards de F, 2000) : prêt-à-porter féminin 72, chaussures 51,4, mode enfant 30, lingerie 16,4, maroquinerie 13 à 15, sportswear 6, bijoux 1,33. **Chiffre d'affaires du prêt-à-porter femmes et fillettes et,** entre parenthèses, **exportations/importations** (en milliards de F) : *1990* : 27,59 (11/9,4) ; *95* : 29,2 (10,4/11) ; *2000* : 33,81 (13,1/18,9). **Effectifs prêt-à-porter féminin/habillement** (fabrication de vêtements en cuir, de travail, sur mesure, vêtement de dessus pour hommes et garçonnets, femmes et fillettes, vêtements de dessous, autres vêtements et accessoires, fourrures) : *1990* : 45 650/188 758 ; *1999* : 40 600/100 932.

■ **Mode enfantine. Chiffre d'affaires** (en millions de F, est. 1999) : groupe Zannier 2 295,8 ; Petit Bateau 990,5 ; Du pareil au même 879 ; Petit Boy 186,9 ; groupe Decant-Jullien 260, Clayeux 105.

■ **Fédération française de couture, du prêt-à-porter des couturiers et des créateurs de mode.** Constituée 1973. Regroupe 3 *Chambres syndicales de la couture parisienne* (créée 1868) à laquelle adhèrent Maisons de haute couture (20 ont présenté des collections en 2000) et entreprises de couture sur mesure de la région parisienne ; *du prêt-à-porter des couturiers et des créateurs de mode* (créée 1973) ; *de la mode masculine* (créée 1973) et l'*Union nationale artisanale de la couture et des activités connexes*.

■ **Haute couture et couture-création.** Appellations juridiquement protégées par la réglementation de 1945, actualisée en 1992. Un arrêté du ministère de l'Industrie en publie la liste chaque année. **Haute couture.** *Conditions pour maisons de couture existantes* : employer au minimum 20 personnes à la production dans leurs propres ateliers ; présenter à Paris chaque saison en janvier (printemps-été) et en juillet (automne-hiver) à la presse une collection d'au moins 50 passages composés de modèles de jour et du soir ; présenter cette collection à la clientèle à l'intérieur de la maison de couture ou dans des lieux spécialement aménagés. *Maisons nouvellement créées (pendant une période transitoire de 2 ans)* : employer au minimum 10 pers. à la production, présenter une collection de 25 passages. *Maisons de mode existantes, mais souhaitant se lancer dans la haute couture (pendant une période transitoire de 2 ans)* : employer au minimum 15 pers. à la production, présenter une collection d'au moins 35 passages.

Quelques noms : Balenciaga : *fondée 1937* par Cristobal Balenciaga (né 1895 à Guetaria en pays basque). *1915* 1re maison de couture à San Sebastian. *1920* 2e à Madrid. *1937*-août s'installe à Paris, (10, avenue George V). *1947* 1er parfum le *« Dix »*. *1951* dégagement du cou, épaules élargies, plus de taille. *1998* Nicolas Ghesquière directeur artistique. **Balmain** : *fondée 1945* par Pierre Balmain (10-5-1914/1982), 45, rue François-Ier. *12-10-1945* 1re collection. *1970* vendue à un industriel de la maille. *Sept. 1982* 1re collection de prêt-à-porter. *1982* Erick Mortensen responsable de la haute couture. *1986* rachetée par Groupe Zanimob, *sept. 1989* par Alain Chevalier (550 millions de F), *1991* revendue à Zanimob (50 millions de F). *1991* Hervé Pierre créateur de la haute couture et du prêt-à-porter, *1992* Oscar de la Renta (né à St-Domingue). *1995* rachetée à Sté PPCU par GF Vendôme. *2000* Groupe Balmain, *Pt du Directoire* : Alain Hivelin (né 8-8-1943) ; *activités* : haute couture, prêt-à-porter, accessoires de mode, parfums et cosmétiques ; *directeur artistique de la haute couture* : Oscar de la Renta. **Chanel** : Gabrielle Chanel (10-8-1883/hôtel Ritz 10-1-1971) (dite Coco : vers 1902 chante dans un café une complainte « J'ai perdu mon pauvre coco » d'où son surnom). *1909* 160, bd Malesherbes dans une garçonnière mise à sa disposition par Étienne Balsan, fabrique des chapeaux. *1910* 21, rue Cambon (1919 au 31) financée par Arthur Capel (dit Boy). *1915* maison de couture à Biarritz. *1916* utilise le jersey. *1921*-5-5 parfum Chanel 5 lancé. *1924* Sté française Chanel fondée par Coco Chanel et la famille Wertheimer. *1930-39* concurrence d'Elsa Schiaparelli. *1939-53* ferme sa maison. *1940-44* proche de Hans-Günther von Diklage (diplomate all.). *1978* département de prêt-à-porter dirigé par Philippe Guibourgé. *1983* Karl Lagerfeld (né 1938) directeur de la haute couture, du prêt-à-porter et des accessoires. **Christian Dior** : *fondée 16-12-1946* par Christian Dior (21-1-1905/29-10-1957) qui reprend grâce à Marcel Boussac le 30, avenue Montaigne. *12-2-1947* 1re collection : « New-look » (terme employé par Carmel Snow du Harper's Bazaar) : épaules arrondies, buste mis en valeur par des guêpières, taille fine, hanches accentuées, jupes rallongées et larges, soutenues par des jupons de tulle. *1957-60* remplacé par Yves Saint Laurent, *1960-89* Marc Bohan (né 22-8-1926), *1989-96* Gianfranco Ferré (né 15-8-1944). *Depuis 1996* John Galliano (né Gibraltar 28-11-1960). Depuis 1984, dépend de la Financière Agache. *Chiffre d'affaires* (couture, en 1999) : 1 444 milions de F. **Christian Lacroix** : *fondée 1987* par Christian Lacroix (né 16-5-1951) grâce à l'appui de Bernard Arnault, P-DG de LVMH, 73, r. du Fbg-Saint-Honoré. *26-7-1987* première collection. *1988* prêt-à-porter. Chiffre d'affaires (en millions de F) : *1993* 170 (pertes 40) ; *95* 320 (pertes 10). **Emmanuel Ungaro** : *fondée 1965* par Emmanuel Ungaro (né 18-3-1933). **Givenchy** : *fondée 2-2-1952* par Hubert de Givenchy (né 20-2-1927 ; 1,96 m), 8, rue Alfred-de-Vigny. *1988* achetée par LVMH. *1995* Givenchy s'arrête et est remplacé par John Galliano. *1996*-97 par Alexander McQueen. *Chiffre d'affaires* (en 1995) : 2 millions de F. **Hanae Mori** : *fondée 1977* par Hanae Mori (Japonaise, née 1926). *1989* Dominique Sirop dirige la création. **Jean-Louis Scherrer** : *fondée 1971 par Jean-Louis Scherrer (né 19-2-1936)*. *1990* appartient à Seibu via Ilona. *1992* Scherrer remplacé par Erik Mortensen. **Jean-Paul Gaultier** : *fondée 1976*. **Lapidus** : *fondée 1949* par Ted Lapidus (né 23-6-1929). *1986* rachetée par le groupe canadien Zanimob, *1984* par le groupe Paris-Eco, *1990* par Alain Mallard, *1993* par une filiale du Crédit Lyonnais, *automne 1995* par Jacques Konckier, propriétaire du groupe de parfumerie Jacques Bogart. En 1989, Olivier Lapidus (né 9-6-1958), fils de Ted, a pris la direction de la création. **Lecoanet-Hemant** : *fondée 1981* par Didier Lecoanet (né 8-4-1955) et Hemant Sagar (New Delhi, né 26-9-1957), rue du Fbg-St-Honoré. **Louis Féraud** : *fondée 1958* par Louis Féraud (13-2-1920/28-12-1999). *1960* prêt-à-porter ; *1997* racheté par groupe Secon (P.-Bas) prêt-à-porter (1999, couture). *2001* 45 % revendu à Escada (All.). Peter Brock dir. général. **Nina Ricci** : *fondée 1932*, 20, rue des Capucines par Nina Ricci (Maria Nielli, 16-1-1882/1970), son fils Robert (29-7-1905/8-8-1988) lui succède ; *1989* appartient à Sanofi ; *1998* rachetée par Puig (groupe espagnol) et fermeture des ateliers haute couture. **Paco Rabanne** [pseudonyme de Francisco de Rabaneda Cuervo (né à San-Sebastian, Esp., 18-2-1934)] : *fondée 1967, 1986* appartient au groupe Puig. **Thierry Mugler** : *fondée 1974*. *1997* le groupe Clarins acquiert la majorité. **Torrente** : *fondée 1969* par Rosette Mett, sœur de Ted Lapidus. **Valentino** : *fondée 1959*. *1970* 1re collection prêt-à-porter. *1989* 1er défilé de la collection couture à Paris. *1998* rachetée par le groupe H.d.P (holding di Partecipazioni Industriali). **Yves Saint Laurent** : *fondée juillet 1961* par Yves Mathieu Saint Laurent (né 1-8-1936). *Juillet 1989* introduite à la Bourse de Paris. *1993-17-5* achetée par Sanofi. *1999-nov.* par Gucci qui nomme à la tête Tom Ford ; Pierre Bergé (né 14-11-1930) gardant le contrôle de la haute couture.

■ **Nombre d'heures de travail pour** : une robe 35 à 80 h, un tailleur 40 à 60, une robe longue brodée 150 à 200, un manteau de fourrure : 200.

■ **Dé d'or.** *Créé* 1976 par le journaliste Pierre-Yves Guillen. Récompense la meilleure collection de haute couture de la saison. D'abord sponsorisé par Cartier, puis par Helena Rubenstein, rebaptisé, en 1993, Dé d'Or européen de la Mode et parrainé par Italseta. *Dé d'or Haute Couture française* (janvier et juillet) : *1976* : Madame Grès ; *1977* : Cardin ; Jules-François Crahay (Lanvin) ; *1978* : Louis Féraud ; Givenchy ; *1979* : Cardin ; Per Spook ; *1980* : Ungaro ; Scherrer ; *1981* : Jules-François Crahay (Lanvin) ; Ungaro ; *1982* : Cardin ; *1983* : Marc Bohan (Dior) ; Erik Mortensen (Balmain) ; *1984* : Féraud ; Jules-François Crahay (Lanvin) ; *1985* : Philippe Venet ; Laroche ; *1986* : Christian Lacroix (Patou) ; Karl Lagerfeld (Chanel) ; *1987* : Gérard Pipart (Nina Ricci) ; Erik Mortensen (Balmain) ; *1988* : Christian Lacroix ; Marc Bohan (Dior) ; *1989* : Guy Laroche ; Gianfranco Ferré (Dior) ; *1990* : Paco Rabanne ; Claude Montana (Lanvin) ; *1991* : Claude Montana (Lanvin) ; *1994* : Olivier Lapidus. *Dé d'or européen de la mode* : *1993* : Yves Saint Laurent/Per Spook ; *1994* : Erik Mortensen (Jean-Louis Scherrer)/Lecoanet-Hemant.

■ **Robes de collection** (en vente publique, en déc. 1990). Robe du soir de Charles James (de 1948) 190 000 F, de bal de Chanel (de 1957-58) 60 000 F.

Prêt-à-porter des couturiers et des créateurs de mode. Réunit les maisons de couture et (depuis 1973) les créateurs de mode (activité exclusive de prêt-à-porter). *Agnès B. Angelo Tarlazzi. Anne-Marie Beretta* (née 4-4-1936). *Balenciaga. Cacharel. Carven. Céline. Cerruti 1881* (fondée en 1967 par Nino Cerruti). *Chloé* (fondée 1952 par Jacques Lenoir et Gaby Aghion). *Christophe Lemaire. Courrèges. Éric Bergère. Façonnable. Francesco Smalto. Gaspard Yurkievich. Grès. Guy Laroche. Hermès. Hervé Léger. Jacques Fath. Jean-Charles de Castelbajac. John Galliano. Jean-Paul Gaultier. Kenzo* (Kenzo Takada, Japonais né 27-1-1939), en oct. 1999 laisse la direction à Gilles Rosier (mode féminine) et Krej Berg (Danois, mode masculine). *Lanvin. Lapidus. Léonard. Sonia Rykiel. Rochas. Thierry Mugler.* En plus, 11 membres associés : *Akris, Comme des Garçons, Issey Miyake* (Japonais, né 22-4-1939, fondée 1971), *Kostas Murkudis, Valentino, Dries Van Noten, Dirk Van Saene, Vivienne Westwood, Bernhard Willhelm, Yohji Yamamoto, Zucca.*

Quelques chiffres. Chiffre d'affaires (en %, par secteur d'activité) : accessoires 37, prêt-à-porter féminin 47, masculin 13, haute couture 3. **Effectifs et,** entre parenthèses, **nombre de maisons de couture** : *1945* : 12 000 (106) ; *95* : 2 400 (16). **Clientes** : *vers 1938* : 300 000 ; *1945* : 20 000 ; *vers 1970* : 20 000 ; *1995* : 200 à 1 000 ; *2000* : 2 000.

Cuir

Technique

■ **Généralités. Caractères de la peau brute** : peau séparée du corps de l'animal (opération de dépouillage), face externe ou côté « poil » (côté fleur du cuir) constituée par l'épiderme et ses productions (poil, laine, écailles, plumes...), face interne (côté chair du cuir) constituée par le derme. Derme et épiderme sont séparés par la membrane « hyaline » ou vitrée qui constitue la « fleur » sur le cuir tanné. Le derme : feutrage de fibres (les cellules conjonctives se détruisant rapidement après la mort de l'animal) ; les fibres blanches sont faites de collagène, substance se transformant en colle sous l'action de l'eau bouillante, et gonflent sous l'action des acides minéraux et organiques dilués ou des alcalis caustiques ; les fibres jaunes ou élastiques, composées d'élastine, résistent à l'action de l'eau bouillante et se dissolvent sous l'action des enzymes du suc pancréatique. Elles donnent au cuir fermeté et nervosité. **Conservation des peaux** : en les séchant, ou en les salant et en les refroidissant. **Travail de rivière** : s'effectuait autrefois au bord et dans les cours d'eau. *Reverdissage* ou *trempe* en bassin (actuellement, au tonneau) : nettoyage des peaux brutes, réhydratation avec adjonction de produits dégraissants et mouillants. *Pelanage* : épilation des peaux avec des produits solubilisant la racine du poil et provoquant un gonflement qui permettra une plus grande fixation des produits tannants. Agents utilisés : surtout chaux et sulfure de sodium. On peut pelaner en pelains, au tonneau, et par enchaucenage. Après le pelanage, les peaux sont nettoyées sur la *face externe (fleur)* par *ébourrage* (mécanique ou réalisé par un simple rinçage au tonneau) et par un ou plusieurs façonnages (à la main ou mécaniques) ; *interne (chair)* par écharnage (autrefois à la main, aujourd'hui à la machine ; élimine chairs et graisses adhérentes). Les peaux, dites *en tripe*, sont *déchaulées* avec des agents chimiques acides qui agissent comme neutralisants. Le déchaulage peut être accompagné d'opérations de *prétannage*, de *picklage*, de *confitage* se rattachant directement aux opérations de tannage. Les peaux peuvent ensuite être *refendues en tripe* (1er égalisage de l'épaisseur avant le tannage). Ces opérations peuvent être automatisées.

■ **Tannage.** Le cuir est recouvert d'un *tanin* qui le rend imputrescible ; l'eau chaude ne l'altère qu'au-dessus de 90 °C. La peau de bélier ou de mouton tannée est appelée *basane*. **Végétal** : utilisé pour les cuirs à semelles, bourrellerie, sellerie, maroquinerie, etc. Réalisé en bassin (basserie), en foulons, en fosses. Dure de 1 ou 2 j à plusieurs mois : en fosse avec écorce de chêne (le tan) ; en basserie et au foulon, avec des extraits tannants végétaux concentrés (châtaignier, quebracho, mimosa, etc.). On utilise maintenant des procédés dits *en bain de court* et *à sec*. **Aux sels**

minéraux : chrome (pour cuirs et dessus de chaussures : vachette box et boxcalf ; maroquinerie, vêtements, ganterie et articles de protection), formol, fer, silice, zirconium, tanins synthétiques. Le tannage se fait au foulon, au chrome pur (bichromates, sulfates de chrome, etc.) ou combiné (chrome synthétique ou végétal). Souvent précédé d'un prétannage ou d'un picklage. La fixation est rapide. Matériel de plus en plus automatisé. **Combinés** (dits double et triple tannage) : pour certaines peaux, surtout celles destinées à l'équipement et l'ameublement. Se fait avec extraits tannants végétaux, composés minéraux, huiles animales ou minérales. *Hongroyage* (à la manière des cuirs dits « de Hongrie ») : à l'alun et au gros sel puis imbibé de suif. En mégisserie, on utilise le *chamoisage* (traitement à l'huile de poisson sur des peaux non tannées au préalable) ou le tannage à l'alun pour doublures, vêtements, ganterie, etc.

■ **Mégisserie.** De *mégier* (anc. fr.), soigner. Travail des petites peaux (ovins, caprins, reptiles, poissons). Les étapes de transformation des peaux sont les mêmes mais les produits employés diffèrent : passage des peaux dans un confit composé autrefois de crottes de chien, aujourd'hui d'un ferment. Tannage à l'alun (mélange d'alun, de farine et de jaunes d'œufs salés), au chrome, sumac, gombie, huile de poisson. Mordançage au moyen de sels ammoniacaux effectué avant la teinture. **Finissage : EN HUMIDE :** tannage complémentaire (*neutralisation* : cuirs au chrome, *retannage, teinture, nourriture*) : au foulon ; mécaniques (*sciage, dérayage, contre-écharnage*, et en général toutes opérations dites de *mise au vent* et de *corroyage* c.à.d d'assouplissement). *A l'eau* pour resserrer les fibres du cuir, rendre la fleur plus lisse et lui donner fermeté et imperméabilité ou *en gros* par incorporation de matières grasses. Les chutes de sciage sont dénommées *croûtes :* finies ensuite comme les fleurs, en lisse, imprimé, velours ou verni. **A SEC :** *cuirs à semelles :* terminaison du corroyage effectué au stade humide avec mise au vent et retenage, et, après triage, du battage et du cylindrage. *Autres cuirs :* teinture et laquage à la brosse, à la machine à rideau et par pulvérisation ; travaux sur machines dits blanchissage, lissage, satinage, impression, liégeage, palissonnage, glaçage, lustrage, brossage, etc. Les cuirs sont finis à la fois sur fleur et sur chair. La fleur est présentée mate, demi-mate ou brillante, lisse ou imprimée, voire glacée (chevreau glacé). Finitions spéciales : finissages crispé, fripé, froissé, etc. Fabrications : velours, nappa et nubuck. Vernis : à base de vernis naturels, laque polyuréthane ou plaquage vinyle. Les cuirs se présentent ou en pleine fleur lisse ou imprimée (grainée), ou en fleur dite *corrigée*, après. **Séchage :** à l'air ou dans des tunnels ventilés et chauffés. Peaux à dessus : cadrage, séchage sur glaces et sous vide. En général, on procède à une 1re sèche, puis à une réhumidification et enfin à un séchage de fond.

■ **Maroquinerie.** A l'origine, au XVe s. on importait le maroquin ou cuir du Maroc, cuir fin, et mou, teint (du côté de la fleur avec de la noix de galle) mais non verni, fabriqué avec des peaux de boucs ou de chèvres.

Le cuir en France

■ **Commerce extérieur** (cuir et articles manufacturés en millions de F, 2000). **Importations et,** entre parenthèses, **exportations :** *cuirs et peaux bruts :* 717 (2 358) *d'*Europe 465 ; Asie-Océanie 83 ; Amériques 128 ; Afrique 41 (*vers* Eur. 2 264 ; Asie-Oc. 85 ; Afr. 1 ; Amér. 8) ; *simplement tannés :* 407 *d'*Eur. 204 ; Afr. 47 ; Amér. 63 ; Asie-Oc. 93 (215 *vers* Eur. 174 ; Afr. 16 ; Asie-Oc. 21 ; Amér. 4) ; *finis* 2 526 *d'*Eur. 2 226 ; Asie-Oc. 164 ; Amér. 81 ; Afr. 55 (2 031 *vers* Eur. 1 123 ; Asie-Oc. 275 ; Afr. 513 ; Amér. 120). *Chaussures* (hors pantoufles) : 17 721 *d'*Eur. 9 913 ; Asie-Oc. 7 010 ; Amér. 201 ; Afr. 597 (5 582 *vers* Eur. 3 961 ; Asie-Oc. 561 ; Amér. 777 ; Afr. 283). *Pantoufles :* 640 *d'*Asie-Oc. 339 ; Eur. 259 ; Afr. 23 ; Amér. 19 (239 *vers* Eur. 221 ; Afr. 1 ; Asie-Oc. 9 ; Amér. 8). *Maroquinerie :* 7 170 *d'*Asie-Oc. 4 276 ; Eur. 2 552 ; Afr. 222 ; Amér. 120 (11 036 *vers* Asie-Oc. 6 338 ; Eur. 3 282 ; Amér. 1 288, Afr. 128). *Ganterie :* 469 *d'*Asie-Oc. 324 ; Eur. 82 ; Afr. 62 ; Amér. 1 (78 *vers* Eur. 60 ; Afr. 9 ; Asie-Oc. 5 ; Amér. 4). *Vêtements de cuir :* 1 538 *d'*Europe 579 ; Asie-Oc. 920, Afr. 24, Amér. 15 (629 *vers* Europe 506, Asie-Oc. 59, Amér. 57, Afr. 7). *Sièges en cuir* (en 1992) : 2 659 *d'*Italie 1 769,3 ; ex-All. féd. 167,8 ; Belg.-Lux. 152,2 (275 *vers* Italie 76,8 ; Suisse 41 ; All. 36,1 ; Belg.-Lux. 31,4).

■ **Production** (en 2000). 138 130 t de cuirs et peaux bruts, 115 millions de paires d'articles chaussants (y compris pantoufles) ; 7 790 t de cuirs finis de bovins, veaux, équidés ; 7 145 000 peaux mégies ; 4,1 millions de paires de gants en cuir (ville, protection) ; 6 millions de sacs à main (dont 42 % en cuir en 1999). **Fabrication de vêtements de cuir** (en millions de F, 1998) : façonniers 22, donneurs d'ordres 245, comptes propres 212.

En 1999	CA en millions de F	Entreprises	Effectifs
Négoce du cuir	2 651	48	688
Tannerie	1 303	26	1 503
Mégisserie	828	58	1 080
Chaussure	12 725	199	21 178
Ganterie	293	21	543
Maroquinerie (en 1999)	5 711	224	10 809

■ **Abattages contrôlés** (en millions de têtes, 1999). Porcins 26,2 ; ovins 6 ; gros bovins 3,7 ; veaux 1,9 ; caprins 0,4 ; équidés 0,03.

■ **Maroquinerie** (production annuelle en 1999, en milliers de pièces). Sacs 2 482, sellerie 1 549, petite maroquinerie (portefeuilles, etc.) 5 701, malles, valises, vanity-cases 10, serviettes, cartables 415,9. **Importations** (en 2000) : sacs (en cuir) 2 491, serviettes, cartables 1 080. **Exportations** (en 2000) : sacs 2 740, serviettes, cartables 218. **Principaux clients** (en millions de F, 1998) : Chine 2 703, Italie 729, Espagne 336, Belg.-Lux. 252, Thaïlande 179, Viêt Nam 177 et **fournisseurs :** Japon 2 351, Hong Kong 1 167, USA 667, Belg.-Lux. 443, Suisse 435, Italie 405.

Entreprises (et effectifs) [en 1998] : 144 (12 024). **Les principales :** Arco, Bourjois, Delsey, Christian Dior Couture, Hermès, Lonchamp, Samsonite, Texier, Maroquinerie Auguste Thomas, Sté des Ateliers Louis Vuitton.

■ **Mégisserie. Production** (en milliers de peaux, 2000) : *ovins* 5 359 dont peaux pour vêtements 2 860, doublure 1 291. *Caprins* 960 dont peaux dessus chaussure 134, doublure 356. *Porcins* 512. *Reptiles et autres peaux* 314. **Importations/exportations** (en milliers de m^2, 2000) : porcins 2 318/896, ovins 1 275/661, caprins 910. **Exportations** (en milliers de m^2, 2000) : ovins 3 801, porcins 896, caprins 661.

■ **Cuirs et peaux bruts** (en t, 2000). Bovins 102 927, veaux 18 425, ovins 16 047, équidés 706, caprins 25. **Importations** (en 2000) 39 948. **Exportations** (en 2000) : 161 787.

■ **Tannerie-Corroierie. Production** (en t, 2000). Bovins 6 264 dont cuirs à semelle 165, vendus au poids 58, vendus à la surface 4 087 milliers de m^2, veaux 1 527. **Exportations** *de cuirs tannés finis* (en 2000) : bovins 8 884, veaux 1 312. **Importations** *de cuirs finis* (en 2000) : bovins 14 565, veaux 568.

☞ **La peau d'autruche** est le cuir le plus cher du monde après celui de crocodile : 2 300 F le m^2 (le veau : 450 F).

Chaussures

☞ *Abréviation :* ch. : chaussure(s).

■ **Origine. Antiquité** sandales avec semelles de cuir ou de bois tenues par des lanières (bas-reliefs et papyrus de l'ancienne Égypte) ; bottines de cuir (Mèdes, Perses) ; cothurnes (Syriens) ; brodequins lacés (Lydiens, Phrygiens) ; bottes au mollet (Chinois). Grecs et Romains réalisèrent toutes sortes de chaussures. **Xe s.** (France) : la chaussure se généralise avec la profession de *cordouannier* (travaillant le cuir de Cordoue ; autrefois sueur, carreleur ou corvasier). **XIIIe s.** matières employées : velours, soie, taffetas, etc. **Sous Henri IV** construction enveloppante avec semelle rigide pouvant recevoir un talon indépendant. **1809** invention de la machine à clouer. **1829** 1re machine à coudre à point de chaînette par *Barthelemy Thimonnier* (1793-1857). **1850** 1re usine mécanique. **1858** machine à monter les semelles directement à la tige (Lyman Blacke). **1893** l'industriel Alexis *Godillot* (1816-93 ou 1903) donne son nom à une forme de chaussure utilisée par l'armée. **1920** *André Pérugia* ouvre son 1er magasin, rue du Fbg-St-Honoré. **1923** maison *Prade* fondée. **1935** *Salvatore Ferragamo* lance à Florence une marque. **1952** vulcanisation et soudé liant semelle et chaussure. **1954** talon aiguille de Roger Vivier (1913-98). **1962-65** collabore avec Charles Jourdan.

■ **Matériaux. Cuirs et peaux** (bovins, caprins, ovins, équidés, peaux diverses telles que phoques, reptiles...) : à dessus, dessous et pour doublures. Cuirs bruts de bovins et veaux traités par les tanneurs ; peaux d'ovins et de caprins traités dans les mégisseries et venant d'Australie, Nlle-Zélande, Argentine, Afrique du Sud en peaux épilées (sous forme de *cuirots* ou doublures) ou lainées (à délainer à Mazamet). **Textiles :** tissus pour dessus et doublures, feutres pour pantoufles, cordes de jute ou sisal pour espadrilles. **Caoutchouc et plastique :** du naphta et du benzène on obtient PVC, polyuréthane, caoutchouc synthétique livrés en plaques à découper et en granulés, fibres acryliques. **Fournitures :** fils, talons, contreforts, bouts en cuir, carton, clous, colles, produits de finissage. **Accessoires :** lacets, œillets, crochets, boucles, ornements.

■ **Techniques.** *Cousu* (tige et semelle), *soudé* (semelle fixée par collage sur la tige), *vulcanisé* (semelage obtenu à partir d'un granulé de caoutchouc, moulé et fixé à la tige par la vulcanisation), *injecté* (semelage ou chaussure entière obtenu par introduction sous pression dans un moule d'un produit fluide ou préalablement plastifié par chauffage).

■ **Lexique. Balmoral :** bottine dont l'empeigne est piquée sur les quartiers (partie de la tige sur les côtés). **Charles IX :** chaussure féminine dont la tige possède une bride passant sur le cou-de-pied. **Claque** ou **empeigne :** à l'avant de la tige, depuis le cou-de-pied jusqu'à la pointe. **Derby :** chaussure dont les quartiers sont piqués sur l'empeigne. **Opanque :** sandale des Balkans à bouts relevés en pointe. **Richelieu :** claque piquée sur les quartiers, contraire des derbys. **Salomé :** chaussure féminine avec une bride passant dans un tirant venant de l'empeigne.

La chaussure dans le monde

■ **Chausseurs italiens.** Salvatore Ferragamo [à Hollywood 1923, Florence 1927 ; chaussures : 44 % du CA (3,46 milliards de F en 1997)] ; Tod's ; Bruno Magli ; Sergio Rossi ; Fratelli Rossetti.

■ **Chaussure de sport. Marché mondial** (en %) : Nike 33,3, Adidas 15,7, Reebok 9,8, Asics 3,4, Fila 3,2, Puma 1,9. **Chiffre d'affaires** (en milliards de F, 1999) : Nike 60, Adidas-Salomon 35, Reebok 19,8, Mizuno 14,8 (en 1998), Asics 6,9 (en 1998). **Ventes :** Nike *2000* 9 milliards de $ (dont aux USA 4,732) ; Adidas *2000* 5,8 milliards d'euros (1,906) ; Reebok *1999* 2,86 (0,08), *2000* 2,89 (0,01). **Paires de basket vendues** (en millions, 1997) : Nike 140, Reebok 100, Adidas 80, New Balance 30 (dans 63 pays en 1999). **Types vendus en France** (en %) : jogging, running 27,3, tennis 23,9, cross-training 19,4, football, rugby 12, basket 10,6, autres 6,8.

La chaussure en France

■ **Chiffre d'affaires** (en milliards de F). *1985 :* 18 ; *90 :* 16,9 ; *91 :* 17,4 ; *95 :* 14,1 ; *98 :* 13,8 ; *99 :* 13,4 ; *2000 :* 12,7 (dont [en %] : Pays de la Loire 35,9, Rhône-Alpes 15,6, Aquitaine 11,7 Lorraine 11,1, Poitou-Charentes 5,2).

■ **Entreprises.** *1985 :* 405 ; *90 :* 328 ; *95 :* 257 ; *2000 :* 199 dont 110 ont – de 50 ouvriers. **Effectifs :** *1998 :* 24 755 dont ouvriers 19 837 (77 994 salariés en 1971) ; *99 :* 21 660 ; *2000 :* 21 178 dont ouvriers 16 708. **Principales entreprises :** Allemand Industrie, Bata Hellocourt, Chupin Batardière, MFC Eram, La Fourmi, Jallate, Méphisto, Noël France, Salomon, Cie Vosgienne de la chaussure.

■ **Production** (en millions de paires). **Chaussures :** *1980 :* 155 ; *90 :* 124 ; *95 :* 100 ; *96 :* 90 ; *97 :* 87 ; *98 :* 82 ; *99 :* 75 ; *2000 :* 66. **Pantoufles :** *1980 :* 51 ; *90 :* 53 ; *95 :* 52,1 ; *96 :* 49 ; *97 :* 48 ; *98 :* 44 ; *99 :* 39,4 ; *2000 :* 34,2.

■ **Commerce** (en millions de paires). **Importations :** *1996 :* 236 ; *97 :* 246 ; *99 :* 254 ; *2000 :* 280 de Chine 73, Italie 43, Viêt Nam 39, Espagne 24, Portugal 17, Indonésie 11, Thaïlande 9, Maroc 7, Taïwan 3, Allemagne 3. **Exportations :** *1996 :* 57 ; *97 :* 56 ; *99 :* 53 ; *2000 :* 50 vers All. 9, Benelux 8, Espagne 4, G.-B. 4, Italie 3, Suisse 3. **Balance commerciale** (en milliards de F) : *1980 :* – 1,19 ; *85 :* –2,69 ; *90 :* – 6,8 ; *96 :* – 7,3 ; *2000 :* – 12,5. **Consommation** (en 2000) : 325 millions de paires, soit 51,4 milliards de F.

■ **Localisation.** *Cholet :* gamme étendue. *Alsace :* chaussures lourdes ; se diversifie. *Région parisienne :* ch. de luxe. *Fougères :* ch. de femmes et de confort. *Romans :* articles de qualité. *Midi pyrénéen :* ch. d'enfants, espadrilles. *Poitou-Charentes, Niort, Limousin, Périgueux :* pantoufles, ch. de femmes et articles d'été. *Isère :* ch. de montagne et après-ski.

■ **Marques (principales)** [*CA :* chiffre d'affaires, en milliards de F]. **Adidas-Salomon** [*fondée* 1948 par Adolf (dit Adi, 1900-1978) et Rudolf Dassler, cordonniers à Herzo Genaurach, Bavière (Rudolf fondera Puma). *1987*-10-4 mort de Horst (fils d'Adi) qui avait lancé Adidas en France en 1959. *1990*-juillet groupe repris par Bernard Tapie. *1992*-juillet accord pour céder Adidas au Britannique Pentland, mais ce dernier se rétracte en oct. 1993. *1995* repris par Crédit Lyonnais, AGF et Robert-Louis Dreyfus. *1997* rachète Salomon. *CA* (Md F) *et,* entre parenthèses, *revenu net : 1988 :* 10,8 ; *93 :* 8,71 (0,048) ; *94 :* 11 (0,4) ; *95 :* 12,13 (0,77) ; *96 :* 15,75 (1) ; en Md d'euros : *1997 :* 3,4 (0,238) ; *98 :* 5,1 (– 0,165) ; *99 :* 5,3 (0,228) ; *2000 :* 5,8 (0,182). *Effectifs :* 5 096 dont 481 en France. *Points de vente dans le monde :* 45 000 environ dont 4 000 en France. *Ventes en millions de paires de chaussures : 42 (22 en 1993, 85 en 1998), articles textile 31 (22 en 1993, 150 en 1998), ballons 3. Valeur d'Adidas* (en milliards de F) : *1990 :* 2 ; *93* (févr.) : 2,8 ; *94* (déc.) : 4,4 ; *95* (nov., introduction en bourse) : 11 ; *96* (mars) : 14 ; *97* (déc.) : 36]. **Aigle** [*créé* 1853 par Hiram Hutchinson (exploitant de caoutchouc) ; marque installée à Orléans, Châtellerault, puis dans la Vienne ; appelée *A l'aigle* en hommage à l'aigle du drapeau américain ; bottes fabriquées par *vulcanisation* (cuisson spéciale de la sève d'hévéa qui incorpore du soufre améliorant la résistance du caoutchouc) ; *CA 1997 :* 0,5 dont bottes 0,2]. **André** [*fondé* 1896 par André Lévy. *CA : 1960 :* 0,16 ; *95 :* 10,37 ; *96 :* 10,32 ; *97 :* 9,89 ; *98 :* 10,3 ; *99 :* 1,71 Md d'euros. *Résultat net : part du groupe : 1994 :* – 0,146 ; *95 :* – 0,029 ; *96 :* – 0,918 ; *97 :* 0,197 ; *98 :* 0,296 ; *99 :* 47 millions d'euros. *Effectifs :* 14 000. *Nombre de points de vente :* 2 358, *chaussures* (62 % de l'activité) : Halles aux chaussures 525, André 348, Minelli 73, Orcade 73, Chaussland 59, Pinet 7, divers 9 ; *vêtements :* Halles aux vêtements 176, Kookaï 164, Caroll 161, Spot 60, Creeks 18, Adolphe Lafont 11, Vestland 7, Megal 1, divers 11]. **Asics** [USA *CA 1995* 4,2]. **Babybotte-Le Loup Blanc. Bally** [*créé* 1851 par le suisse Carl-Franz Bally, dépôt de bilan en France (août 1996), usines de Moulins et Villeurbanne reprises en 1997 et 1998]. **Bata** [*créé* 24-8-1894 à Zlin (Tchécoslovaquie) par Thomas Bata († 1932), après 1945 Bata est nationalisé en Tchécoslovaquie mais Thomas Bata II reprend le contrôle des usines Bata de l'étranger et, en 1962, installe le siège à Toronto. 660 magasins dans 90 pays, 67 000 salariés. *Ventes :* 1 000 000 de paires de chaussures/j. *CA* (en Md F, France) *et,* entre parenthèses, *résultat net : 1997 :* 0,242 (– 0,035) ; *99 :* 0,204 (– 0,035). Bataville (Moussey-Lorraine). 1987 : achète Myrys (dépôt de bilan 3-4-1996). 13-7-2001, en redressement judiciaire. *Production :* 17 000 paires/j ; 20 millions/an (20 % Europe). *Salariés :* 1 500. *Domaine :* 580 ha.] **Clarks** [a lancé le *Desert boot* (1950)]. *CA* (en Md $). *1999 :* 1,31. **Eram** [*CA* 6]. **Fila** [*It.]*. **Gep-Gepy. Jourdan-Christian Dior. Kickers** [Jeans Boot, *créé* 1970 par Daniel Raufast, 1978 rachetés par Toledano, 1988 par Zannier, 1995 Flavio Briatore, 1997 Zannier]. **Labelle-Ted Lapidus. Méphisto** [*CA* (en Md $). *1999 :* 0,16]. **Mizuno** (Jap.). **Mod'8. Nike** [*créé* 1964 par Bill Bowerman († 25-12-1999 à 88 ans), entraîneur de coureurs à l'Université d'Oregon, et par Phil Knight (ancien coureur demi-fond). « Nike » est une allusion à Niké, déesse grecque de la victoire]. *CA et,* entre parenthèses, *résultat* (en Md $) : *1996 :* 6,47 (0,55) ; *97 :* 9,19 (0,8) ; *98 :* 9,55 (0,4) ; *99 :* 8,78 (0,45). *Effectifs :* 17 000 dont 268 en France. *Points de vente dans le monde :* 55 000 (dont 3 000 en France)]. **Noël. Palladium. Puma** [*créé* 1924 par le frère du fondateur d'Adidas. *CA :* 4,5]. **Reebok** [*créé* 1958 (G.-B.) par Joseph William Foster. Nom dérivé de celui d'une gazelle, *reed-book*. Licence d'exploitation pour Amérique du Nord obtenue en 1979 par Paul Fireman (agent commercial américain qui a lancé en *1984* « the pump » (gonflement pour doper la chaussure). *CA* (en Md F) : *1989 :* 12,3 ; *93 :* 30 ; *99 :* 19,8 (dont 1,1 en France). *Effectifs :* 5 206 (dont 190 en France). *Points de vente dans le monde :* 50 000 dont 2 200 en France. *Marchés :* américain 25 %, européen 20 %]. **Solaria. Stephane Kelian. Clergerie. Jeva. Semelflex.**

■ **Nombre de paires consommées par habitant et par an.** *1960 :* 3,7 ; *70 :* 3,7 ; *75 :* 4,6 ; *80 :* 5,1 ; *85 :* 5,3 ; *91 :* 6,04 (All. 5,43, G.-B. 5,26, Esp. 3,73, Italie 2,53) ; *93 :* 6 (800 F) ; *94 :* 6 (800 F) ; *99 :* 5,5 (835 F) ; *2000 :* 5,5 (900 F).

■ **Prix d'une chaussure classique.** *Prix de revient du fabricant* (en %) matières premières 40, main-d'œuvre directe et charges sociales 30, frais généraux 18, commercialisation 9, marge nette 3, coefficient prix de vente au détail 2,1.

■ **Mesures.** La pointure française se réfère au point de Paris (0,666 cm) ; anglaise au tiers de pouce (8,466 cm) ; un 40 français (26,6 cm) = 6 1/2 anglais.

All American distributeur : exclusif France. *Chiffre d'affaires* (en 1996) : 184 milliards de F. **Groupe Caterpillar monde (USA) :** *chiffre d'affaires* (en 1999) : 312 millions de $. **Camper** (paysan, en calalan) : créée 1975 par Lorenzo Fluxa à Majorque. *Paires vendues en France. 1998* 220 000 ; *99* 350 000 ; *2000* 550 000 (dont le modèle *pelotas* 40 %). **Charentaise :** apparue sous Louis XIV à La Rochefoucauld, en feutre, découpée dans les chutes de tissu des pèlerines de la Marine royale. Semelle : feutre (récupéré des papeteries où il servait pour sécher la pâte à papier), cuir (en 1850), caoutchouc (en 1933). 50 millions de paires produites en 1996. **Church's :** créée en 1873 par les 3 frères Alfred, William et Thomas Church, 1re chaussure avec couture de la semelle. Modèle le plus vendu : Wesbury. **Doc Martens :** créé après 1945 pour le Dr Klaus Martens de Munich, brevet acheté 1959 par Griggs (G.-B.), modèle 460 réalisé le 1-4-1960, mis à la mode vers 1990 avec la mode grunge, ventes 1 million de paires par an (dont 0,8 en *France*). *Chiffre d'affaires* (en 1999) : 560 millions de $. **Paraboot :** vers 1920, chausse les forts des Halles puis les pompiers, agents d'EDF-GDF, soldats, bûcherons et facteurs. *Créée* 1919 par Rémy Richard-Pontvert avec du caoutchouc importé de Para (Brésil). *Chiffre d'affaires* (en 1997) : 140 millions de F. *Modèles* Michaël, Chambord. **Pataugas :** inventée 1945 par René Elissabide à Mauléon-Soule (Pyr.-Atl.). A l'origine, toile kaki, semelle en caoutchouc cranté. **Richelieu** (du duc, petit-neveu du cardinal) : chaussure basse à lacets, nom apparu après 1930. **Timberland :** dans le Grand Nord américain par Nathan Swartz. 1978 1[re] botte en cuir garantie étanche. *Chiffre d'affaires* (en 1998) : 652 Md$; *France* (en 1995) : 220 000 paires vendues. **J. M. Weston :** nom inventé par Eugène Blanchard (bottier à Limoges, en 1924), 1er magasin à Paris en 1927. En 1944, 10 magasins (*France* 7, Genève, New York, Tokyo). La fabrication d'une paire nécessite plus de 200 opérations manuelles et près de 2 h de main-d'œuvre (contre 6 min pour des chaussures bas de gamme).

GANTERIE DE PEAU

■ **Origine.** Les 1res corporations de gantiers (datant de 1342) s'installèrent surtout dans des régions où se pratiquait l'élevage intensif de chevreaux et de moutons, et où les rivières possédaient une eau pure propre au tannage : Dauphiné, sud de la Champagne, Massif central (autour de Millau et de St-Junien).

■ **Peaux utilisées.** Veau, chevreuil, renne, antilope, phoque, singe, chien, pécari, chèvre, chevreau, mouton, agneau, dinde (que l'on utilisait au Moyen Age sous le nom de « cuir de poule »), outarde, pingouin, autruche, etc. Coupé avec un outil à main et aux ciseaux, le gant de ville nécessite la participation de 15 personnes différentes de la coupe à la finition définitive (le gant de protection coupé au bloc ne nécessite pas une main-d'œuvre aussi qualifiée).

DENTELLE

CATÉGORIES

■ **Généralités.** Issue de la broderie blanche (à fils tirés et à points coupés). **1540** en vogue sur les costumes (fraise, manchette...) et en ameublement (lit, carrosses...). **1629-39** 4 édits limitent l'usage des dentelles. Le parlement de Toulouse dont dépend alors le Velay en interdit totalement l'usage. Les dentellières du Puy consultèrent le père Jean François Régis des Plats, jésuite, qui fit rapporter l'arrêt du parlement de Toulouse en 1640 ; les jésuites firent ouvrir le marché de la dentelle vers l'Espagne et l'Amérique du Sud. Le père Jean-François Régis, canonisé en 1732, deviendra le saint patron des dentellières. **1665**-*12-8* Colbert crée des manufactures à Arras, Le Quesnoy, Reims, Sedan, Château-Thierry, Loudun, Aurillac, Alençon. **XVIIIe s.** vogue. **1755** Le Puy : dentelle blonde (avec de la soie). **Révolution** arrêt de la fabrication. **XIXe s.** Napoléon la relance. **1838** Le Puy : 1re école pratique de dentelle. **1893** Eure : 1er métier à dentelle mécanique. **1903**-*5-7* loi organisant l'apprentissage. **1934** suppression de l'enseignement. La tradition continue. **1989** création du CAP « Arts de la dentelle » – fuseau et aiguille – (préparation en 2 ans).

■ **Dentelle à l'aiguille. Principales :** points de Venise, d'Argentan, d'Alençon, de France, de Bruxelles, de Sedan, d'Angleterre et dentelle Reticella. **Point d'Alençon :** le dessin fait à l'encre sur papier est reporté sur un parchemin par *piquage* à la main (les trous suivent le tracé du dessin). Ce parchemin (teinté en vert pour le repos des yeux), placé sur un support de toile, permettra de faire la *trace* à l'aide de 2 aiguilles travaillant simultanément. Le *réseau* est une sorte de tulle fait à l'aiguille (une minuscule aiguille à coudre), avec un fil de lin très ténu. Fleurs, volutes et bordures sont réalisées en *rempli* (mailles tortillées beaucoup plus serrées). Pour les *modes,* l'ouvrière dessine avec son aiguille. Elle tend des fils, les festonne, les garnit de picots, eux-mêmes festonnés. La *brode,* ou petit feston qui sertit le motif, repasse sur tous les contours du dessin (simple à l'intérieur du motif, picotée pour les bords extérieurs). Dernières opérations : levage, régalage, assemblage et luchage (pour libérer la dentelle du parchemin, la mettre au net et la débarrasser des fils brisés par le rasoir), assembler de manière invisible et solide les parties, incruster les motifs sur napperon ou mouchoir, ou faire le montage sous cadre.

■ **Dentelle aux fuseaux.** La plus ancienne (au musée des Tissus de Lyon, dentelles découvertes à Memphis en 2000 av. J.-C.). Technique transmise par les Arabes. Sur un *métier* ou *carreau* (coussin, pupitre, boule) on pose une carte lyonnaise dont les perforations ont suivi le tracé d'un dessin, puis on fixe les fils avec des épingles et on entrecroise les fils des différents fuseaux (en buis, if, prunier, poirier, merisier, os, formes diverses). Les points sont retenus par des épingles que la dentellière change de place chaque fois que le travail avance. **Principales :** Chantilly noir, Valenciennes (800 fuseaux), Gênes, Flandres, Malines, Bruxelles, Auvergne (dont Le Puy-en-Velay), Bayeux.

■ **Diverses. Au crochet :** avec du fil de coton. *Principales :* d'Irlande, d'art. **A la navette** (ou frivolité) : en utilisant ses doigts et 1 ou 2 navettes. **Au métier** (ou Ténériffe) : on tend des fils sur les dents d'un métier en métal, puis on les relie par des points de reprise et des nœuds. **Brodée :** sur fond ou filet. **Macramé :** succession de nœuds faits à la main.

FABRICATION

■ **Mécanique.** Métiers inventés à Nottingham (Angl.) en 1767. Quiconque tente alors d'en importer en France est passible de la peine de mort, mais des producteurs anglais en font contrebande en pièces détachées et s'installent dans la ville française la plus proche, St-Pierre-lès-Calais. Les métiers ont d'abord reproduit le réseau ou tulle sur lequel on appliquait des motifs, puis (2de moitié du XIXe s.), dans leur fonctionnement, en le multipliant, le mouvement des fils que la dentellière aux fuseaux fait sur son carreau. **Types de métiers :** *métiers Leavers :* dentelles de Calais (métiers à chariots et bobines) ; *à fuseaux mécaniques :* Le Puy. *Autres métiers :* Rachel, Jacquartonic, Textronic. **Principaux centres :** *France :* Calais, Caudry (Nord), Lyon, Le Puy-en-Velay. *G.-B. :* Nottingham (en 1767). *Italie :* Milan et sa région. *Espagne :* Barcelone. *USA :* Providence (Rhode Island). **Fédération française des dentelles et broderies,** 24, rue de Clichy, 75009 Paris. 100 entreprises, 3 800 salariés.

■ **A la main. Régions :** *nord de la France :* Arras (depuis Charles Quint), Bailleul (depuis XVIIe s.), Lille (vers 1582), Valenciennes (XVe s.). *Normandie :* Bayeux, Le Havre, Honfleur, Bolbec, Eu, Fécamp, Dieppe, Alençon (vers 1650), Argentan. *Bretagne :* St-Malo (depuis Colbert). *Massif central :* Hte-Loire (en particulier Le Puy-en-Velay), Ardèche, Puy-de-Dôme, Loire. **Étranger :** *Allemagne* (Saxe, Bavière, Hesse, Bohême, Berlin, Erzgebirge, Harz). *Belgique* (Bruxelles, Bruges, Malines, Gand, Anvers, Ypres, Binche, Audenarde, Alost, Termonde). *Russie. Mexique. Canada. Chili. Brésil. Angleterre. Danemark. Espagne. Pays-Bas. Hongrie. Italie. Suède. Rép. tchèque. Turquie. Finlande. Suisse. Espagne.*

■ **Ateliers actuels.** *Centre de formation « Métiers d'art »,* 12, rue du Gal Giraud 61200 Argentan. **A l'aiguille :** POINT D'ALENÇON : *Atelier national* (fabrication et restauration), rue Jullien ou rue Camille-Vidant, 61000 Alençon. *Maison du point d'Argentan,* rue de la Noë 61200 Argentan (fabrication et réparation). **Au fuseau :** *Atelier Conservatoire nat.* (fabrication, restauration) : 2, rue Du Guesclin, 43000 Le Puy-en-Velay ; *Centre d'enseignement de la dentelle au fuseau :* 38-40, rue Raphaël, 43000 Le Puy-en-Velay. *Centre normand de la dentelle au fuseau-main :* hôtel du Doyen, rue Rambert-Leforestier, 14400 Bayeux.

DISQUES

GRANDES DATES

1807 *Thomas Young* (1773-1829, Angl.) présente un cylindre animé d'un mouvement rotatif et enduit de noir de fumée qui inscrit les vibrations d'un corps sonore. **1857** *Édouard Léon Scott de Martainville* (25-4-1817/26-4-1879, Fr.) invente le *phonautographe* qui enregistre sur du noir de fumée des vibrations acoustiques, mais ne peut les reproduire. **1876** *Graham Bell* (1847-1922, Amér.) et *Manuel* construisent le 1er microphone. **1877**-*16-4* le poète *Charles Cros* (1842-88, Fr.) envoie à l'Académie des sciences de Paris la description du *paléophone* à cylindre et à disque. *Thomas Edison* (1847-1931, Amér.) invente en Amérique un système qui permet simultanément d'enregistrer et de reproduire les sons. *-10-10* l'abbé *Lenoir* propose à Cros le terme de *phonographe. -10-12 Werner von Siemens* (1816-92, All.) obtient le brevet du haut-parleur électronique. **1878**-*19-2 Charles Cros* obtient le brevet du phonographe. *-1-5 Cros* dépose le brevet d'un cylindre à sillon hélicoïdal, du disque à sillon spiralé, de la gravure verticale ou latérale des sillons et d'un nouveau système électrique d'enregistrement et de reproduction. **1881** *Edison* réalise un appareil commercial enregistrant et lisant des cylindres de cire. **1886**-*4-5 Graham* et *Chichester Bell* (Amér.) obtiennent le brevet du graphophone à cylindre de cire, gravure par outil tranchant, conduits acoustiques de lecture et pavillon. **1888** *Émile Berliner* (1851-1929, All.) invente et réalise aux USA le 1er *disque* [flan de zinc de 30 cm de diamètre enduit de cire (78 tours/minute)] ; il fonde la Deutsche Grammophon Gesellschaft. **1889** 1er juke-box par *Louis Glas* à San Francisco. **1893** 1ers *disques duplicatés par pressage* (17,70 cm, 70 tours/min) mis en vente par la Deutsche Grammophon. *Émile Lioret* (1848-1938, Fr.) invente le moulage de cylindres incassables, et crée la 1re usine d'appareils en Fr. **1894** les frères *Pathé* [Fr. ; Émile (1860-1937) et Charles (1863-1957)] créent la 1re grande Sté fr. de phonographes. **1897** *Eldridge Johnson* (1867-1945, Amér.) perfectionne le Gramophone par un moteur à ressort, une aiguille lectrice, un diaphragme et un pavillon acoustique. **1898** *Valdemar Poulsen* (1869-1942, Danois) invente l'enregistrement sur fil magnétique (télégraphone : principe développé par l'Anglais Oberlin Smith en 1888). **1895-1900** création de l'*industrie phonographique* en Amérique et Europe. **1899** The Gramophon Company acquiert un tableau de Francis Barraud représentant un chien, Nipper, qui pleure en écoutant la voix de son maître devant le cornet d'un Gramophone. **1902-06** le disque l'emporte sur le cylindre. **1911** fondation des *Archives de la parole* qui deviendront la *Phonothèque nationale* en 1938. **1919** débuts de la Radiodiffusion. **1925** disque 78 t/min créé. **1926** la firme Victor adopte la *gravure électrique :* disque de 30 cm de diamètre, 34 spires au cm et vitesse de 78 tours/min ; 4 min (au lieu de 2) d'audition par face. **1927** vidéodisque (voir à l'Index). **1928** *Fritz Pfleuner* invente en All. la *bande magnétique*. **1928-36** disques de *longue durée* de plus de 30 cm de diamètre à sillon large (33 t/min. Usage professionnel). **1929** sir Lewis (G.-B.) crée la firme *Decca* qui commercialise le 1er Gramophone portable. **1931** 1re tentative de microsillon chez Victor, échec. *Blumlein* (G.-B.) réalise l'enregistrement stéréo. **1932-35** BASF invente les bandes en plastique. **1933** 1ers *disques stéréophoniques* d'EMI (Electric and Musical Industries) ; lancement grand public en 1958. **1935** AEG (constructeur allemand) lance le 1er *magnétophone.* **1940**-*oct.* Walter Weber et von Braunmühl (All.) inventent l'effacement et la polarisation par haute fréquence. **1944** *haute-fidélité* (lancée en G.-B. : Full Frequency Range Recording). **1945** remplacement de la cire par une laque (brevet français) enduisant un flan en aluminium. **1946**-*21-6* USA, apparition du *microsillon* (Columbia) : inventé en 1944 par *René Snepvangers* (Belge) et *Peter Goldenmark* (33 t/min ; 1ers : *Concerto pour violon* de Mendelssohn, la *4e Symphonie* de Tchaïkovski et *South Pacific*). **1947** 1ers magnétophones dans studios. **1949** nouveau disque 17 cm de diamètre à 45 t/min (RCA). **1951** 1er 45 t vinyle pressé en France à l'usine Pathé à Chatou (Yvelines). **1952** magnétophone autonome Nagra I inventé par Stefan Kudelski (Pol.) [II (1953), III (1958), IV mono et IV-S stéréo (1968), D et Ares-C]. **1957** enregistrement stéréophonique commercialisé. Le disque 78 t/min est abandonné. **1963** 1er *magnétophone* à cassettes (E1 3 300 Philips). **1968** généralisation de la stéréophonie aux disques 33 1/3 t/min pour être utilisable sur les appareils monophoniques (disques *stéréocompatibles ou gravure universelle*). **1970** *tétraphonie* (4 canaux) aux USA. **1976** *Thomas G. Stockham* junior améliore le repiquage des anciens enregistrements par ordinateur ; la mise en mémoire du son commence à remplacer l'enregistrement classique sur bande magnétique (USA, Japon). **1979** *1er Walkman* (Sony ; imaginé par Akio Morita, Pt de Sony, pour écouter de la musique en jouant au golf). **1983** disque compact (audionumérique) commercialisé en Fr. (voir p. 1764 a). **1987** cassette audionumérique (DAT) commercialisée au Japon. **1990** développement du *karaoké* (du japonais *kara,* vide et *ôkesutora,* orchestre) : juke-box permettant de chanter sur un air préenregistré. **1992** lancement du minidisc. **1993**-*3-5* fabrication du 45 tours abandonnée. **1998** vidéodisque numérique (DVD) commercialisé en Fr. (voir p. 1764 a). **2001** essor du baladeur MP 3 : se branche sur ordinateur et y télécharge les musiques qui y sont stockées au format MP 3 (Moving Picture Expert Group Audio Layer 3), compactées jusqu'à 10 fois par rapport à leur taille d'origine.

TYPES DE DISQUES

■ **78 tours/min** (abandonné). *Diamètre :* 25 et 30 cm. *Lecture* avec des pointes en acier (anciens lecteurs), ou en saphir ou diamant de 75 microns (lecteurs modernes). *Durée d'une face de 30 cm :* 4 min 30 s. *Sillon* (largeur) : 100 à 150 microns. *Nombre de spires par cm :* 36.

■ **Microsillons** (abandonnés 1993). *Diamètre :* 17 cm (45 tours/min), 25 ou 30 cm (33 tours/min). *Durée d'une face de 30 cm :* 25 à 30 min ; *de 17 cm :* 6 à 10 min. *Pointe de lecture :* 13 à 18 microns. *Sillon* (largeur) : 50 à 110 microns.

■ **Disque compact (audionumérique). CD (Compact Disc).** **1969** la Nasa remplace le système d'enregistrement classique des sons par le système numérique. **1979** entente (Philips, Sony, Hitachi, JVC) pour standard unique. **1982**-*oct.* lancé au Japon. **1983**-*mars* en Europe. *Diamètre* 12 cm, protégé par une couche de plastique transparent. *Vitesse linéaire de lecture* 1,3 m/s. *Capacité sur une face :* jusqu'à 1 h 16 min d'enregistrement. **Avantages :** qualité sonore, bande passante exceptionnelle, élimination des perturbations dues à la rotation du disque (pleurage et scintillement), dynamique (rapport entre le son le plus fort et le plus faible) élevée. Rapport signal sur bruit de + de 90 dB [meilleurs disques non compacts (analogiques) au max. 45 dB]. Absence de distorsion (inférieure à 0,005 % à 0 dB). Usure nulle en lecture. Sensibilité quasi nulle à la poussière ou aux traces de doigts. **Principes :** dans un disque ordinaire, les vibrations (variations de pression) sont inscrites de manière analogique, les ondulations du sillon suivant exactement les variations de la pression sonore. Les ondes gravées ainsi sur le disque sont transformées en ondes électriques par le phonolecteur, puis en ondes sonores par le haut-parleur. *Dans le disque compact,* on ne transmet plus le contour entier de l'onde, mais on échantillonne (code) l'onde sonore à une cadence de 44 100 fois par seconde sous forme d'impulsion binaire (en anglais PCM : *pulse coded modulation*) dont la valeur caractérise l'amplitude de l'onde à cet instant ; ces impulsions sont décodées de façon optique par le faisceau lumineux d'un laser. Un générateur électrique fabrique à la même fréquence une tension électrique proportionnelle à cette suite de nombres. A la réception, on reconvertit le nombre en tension électrique pour retrouver une onde aussi pure qu'au départ. Un disque compact peut contenir l'équivalent de 600 millions de caractères.

Types. CD-A (Compact Disc Audio) inventé par Philips et Sony, commercialisé 1982, disque 8 et 12 cm de diamètre ; capacité audio 74 min de son numérique. **CD-I (Interactif)** lecteur Philips commercialisé en 1989, se branche sur le téléviseur, peut être relié à une chaîne hi-fi. Une télécommande pilote les programmes. Le lecteur peut lire des disques compacts audio, des disques compacts photo et des films en rajoutant une cartouche Digital Video. Disque 12 cm, capacité 250 000 pages dactylographiées ou 72 min de film. **Data-Discman ou livre électronique** Sony (705 g, écran 6,7 cm sur 5,6, 10 lignes de 30 caractères), peut afficher des textes, des graphiques en noir et blanc, clavier 26 lettres de l'alphabet et quelques touches de fonction, logiciel de recherches par mots clés ou menus, peut lire des disques compacts audio de 8 cm de diamètre (capacité 100 000 pages dactylographiées) et être relié à un poste de télévision. **CD-E (effaçable)** [par exemple, MOD : Magneto Optical Disc, de Thomson)] dont **CD-R (« recordable » à enregistrement unique,** lancé 1996), **CDU** (lancé 1995 par Sony), peuvent être lus par lecteur CD-Rom, mais exigent enregistreur spécifique **et CD-RW (rewritable, ou réenregistrable)** lancé 1998 par Philips, n'est pas lisible sur les autres lecteurs. **CD-Photo** lancé 1992 par Kodak, stocke des photographies. Le lecteur se branche sur le téléviseur, peut se connecter sur un micro-ordinateur et lire des CD-Audio. **CD-Rom (Read Only Memory,** à lecture seulement, 1985). 650 Mo de données numériques lisibles par un ordinateur. **CD-Rom-XA** extension permettant compatibilité avec autres CD et lecture sur téléviseur. **CD-V (vidéo-disque,** 1987 ; rebaptisé Laser Disc) : *clip* (12 cm de diamètre pour 6 min d'images + 20 min de son) ; *20* (20 cm, 2 fois 20 min d'images et de son) ; *30* (30 cm, 2 fois 1 h d'images et de son). **DAT (Digital Audio Tape)** inventé 1987 par Matsushita, cassette audionumérique (durée 120 min), son format rend son lecteur incompatible avec des cassettes traditionnelles. **DCC (Digital Compact Cassette)** lancée 1992 par Philips (durée en auto-reverse 60, 90 ou 120 min), le lecteur affiche un texte d'informations sur chaque plage en cours de diffusion d'une DCC préenregistrée ; accès au contenu lent. **DVD (Digital Versatile Disc :** disque numérique à usages multiples) par Philips-Sony [fruit d'un accord entre les tenants du Super Disc (SD) et du Multimedia CD (MMCD)], monoface, diamètre 12 cm, capacité 4,7 à 17 Go (soit de 6 à 26 CD-Rom), 6 canaux sonores, dont 5 de qualité musicale (pentaphonie) et 1 dédié aux effets spéciaux (basses fréquences) ; capacité audio : 10 h, vidéo 133 à 480 min avec la norme MPEG-2. **DVD-Ram** lancé 1998, enregistrable, destiné aux ordinateurs multimédias contenant 2,6 Go d'information (+ **RW** 3 Go). **DVD-Rom** lancé 1997, équivalent du CD-Rom, capacité 8 à 25 fois plus grande. **DVD (Digital Video-Disc)** vidéodisque numérique lancé 1997, 12 cm. **SD** (Super Density Disc) par Toshiba et Time-Warner, disque double face, diamètre 12 cm, capacité 4,8 Go par face, stockage maximal 2 h 15, 8 canaux de son simultanés, 32 sous-titrages différents. **MD (Mini Disc)** lancé 1992 par Sony, disquette de 68 × 72 millimètres, effaçable et enregistrable selon le principe magnéto-optique inventé en 1976. *Durée :* 74 min. **MD-Data** lancé 1995 par Sony, 6 cm, enregistre jusqu'à 140 mégaoctets (25 % d'un CD-Rom).

PD (Phase Change Disc) lancé 1995 par Panasonic, disque à changement de phase, utilisé comme CD-Rom (vitesse 2 à 4 fois supérieure) ou pour enregistrer (par source laser, maximum : 500 000 à 1 000 000 de fois). **DDD :** enregistrement, mixage/montage et gravure numériques (« digital » en anglais). **AAD :** repiquage sur CD d'un enregistrement. **ADD :** enregistrement analogique après numérisation enregistrée.

■ **Coût d'un CD-Rom.** Avec contenu inédit et applications informatiques et multimédia : 1 à 2,5 millions de F (seuil de rentabilité : 20 000 disques vendus). Parc d'environ 55 000 ordinateurs capables de lire les DVD-Rom. Coût de production d'un DVD : 3,5 à 4 millions de F.

■ **Vidéodisques. Disque laser :** *dimension :* diam. 30 cm ; son numérique, images analogiques. **Résolution horizontale :** CD vidéo 240 lignes, laserdisc 440, DVD 480. **Cassettes vidéo VHS :** *dimensions :* 18 × 2,4 × 10 cm ; *capacité :* jusqu'à 540 min. ; analogique.

Fabrication d'un disque

Étapes

■ **Enregistrement.** En studio. Sur plusieurs pistes (16 à 32), qui sont ensuite « mixées » sur un pupitre de mélange permettant des corrections de timbre et des adjonctions de réverbération artificielle (en assurant un bon équilibrage entre les instruments), et donnent 2 pistes sonores : voix gauche et droite d'un disque stéréophonique (ou additionnées pour un disque monophonique). On peut enregistrer en plusieurs séances : par exemple, batterie et cuivres, puis autres instrumentistes qui joueront en écoutant au casque l'enregistrement précédent, enfin le soliste. Presque toujours en tétraphonie.

■ **Gravure ou transcription.** Sur disque d'aluminium recouvert de triacétate de cellulose (dit acétate) posé sur une platine lourde percée de nombreux orifices. Le burin (rubis taillé) trace dans l'acétate un sillon de 20 à 50 microns pour un disque stéréophonique. Les vibrations sonores déplacent le burin (amplitude 1 micron). La bande magnétique est lue successivement par 2 têtes, séparées par une distance correspondant à environ un demi-tour de disque (la 1re lecture renseignant sur l'intensité sonore de ce qu'on devra graver). Une bobine convertit en force magnétique les variations de courant venant de la lecture. L'acétate gravé est recouvert par galvanoplastie d'une fine couche d'argent conductrice. On obtient ensuite par électrolyse un négatif, le *père,* où une ligne en relief remplace le sillon. Une nouvelle électrolyse fait passer du *père* à la *mère* qui est en creux et peut être lue pour un contrôle. Une autre donnera la *matrice* qui servira au pressage. Un acétate donne un seul *père,* un *père* donne jusqu'à 10 *mères* qui produiront chacune de 10 à 50 *matrices.* Une matrice presse 500 disques de haute-fidélité et 8 000 à 10 000 de variétés.

Gravure stéréo : la tête de lecture d'un pick-up peut se déplacer verticalement et horizontalement. La *gravure stéréo* utilise ces 2 possibilités pour graver 2 informations différentes. Pour que le disque puisse être lu par une *tête monophonique* (sensible aux seuls déplacements horizontaux), on grave horizontalement la somme des signaux gauche et droite, et verticalement leur différence. Pour la *quadriphonie* – ou *tétraphonie* – on utilisait 4 sources sonores : avant gauche, avant droite, arrière gauche, arrière droite, simultanément gravées.

Système à modulation : on grave en stéréo normale la somme des 2 signaux de gauche et celle des 2 signaux de droite. Les différences correspondantes sont « modulées » avant d'être gravées : leurs sons audibles sont transformés en ultrasons. A la lecture, des filtres sépareront ces ultrasons qui seront transformés en sons audibles et recombinés. La gravure des ultrasons est difficile.

■ **Pressage. 1°) Par compression** (environ 200 atmosphères) entre 2 matrices d'une boule de chlorure et d'acétate de vinyle colorée en noir (la gravure sera plus visible) et chauffée pour qu'elle soit plus fluide. **2°) Par injection** dans un moule dont les matrices forment les 2 flans. On évite ainsi les pertes de matière par les bords et l'on gagne du temps (15 s au lieu de 25), mais la reproduction est moins bonne.

☞ **MPO International :** 2 000 salariés, 8 unités de fabrication ; *siège :* Vilaine-la-Trehel (Mayenne). 1er presseur de disques indépendant au monde.

■ **Défauts.** L'enregistrement magnétique introduit un bruit de souffle et un certain type de distorsion, la fabrication du disque introduit d'autres bruits, claquements, grésillements, souffle ; et la lecture, des distorsions.

Chaîne électronique

■ **Chaîne « Hi-Fi »** (de l'anglais *High Fidelity*). **Composition : 1°)** *1 platine tourne-disque* (avec tête de lecture) : comprend une pointe (qui suit les déformations gravées dans le sillon du disque) caractérisée par le rapport signal sur bruit (bonne suspension, notamment systèmes à contre-platine), isolation du moteur (à entraînement direct, par courroie) ; éviter les cellules légères sur bras lourds (25 à 30 g) ; peut être complétée par un lecteur de disque audionumérique. Actuellement, cette platine est complétée ou remplacée par un *lecteur de « compact disques ».* **2°)** *1 platine cassette* (avec dispositif de lecture) ou 1 platine double-cassette, comportant un dispositif de lecture et un dispositif d'enregistrement-lecture sur bande magnétique. L'information est stockée. **3°)** *1 tuner radiophonique :* une antenne reçoit les ondes émises par les émetteurs, caractérisée par sa sensibilité (capacité à capter des émissions), le rapport signal sur bruit (élimination du bruit de fond), sa sélectivité (rapport de capture, réjections de « canal adjacent », de « fréquence image », de « modulations d'amplitude » contre les parasites), le taux de distorsion, la bande passante (intensité égale des aigus et graves). **4°)** *1 microphone.* **5°)** *1 amplificateur.* **6°)** *Des enceintes,* en général 2, contenant souvent 3 haut-parleurs. La bande passante d'une bonne chaîne Hi-Fi doit contenir le domaine 20-16 000 Hz. **Généralisation :** de nombreuses chaînes électroniques comprennent : un capteur dans le bloc fonctionnel d'entrée, un dispositif électronique avec l'amplificateur, un organe de sortie (haut-parleur, voyant lumineux).

Édition phonographique

Dans le monde

■ **Ventes. Phonogrammes. En millions de $.** *1998 :* 38 662 dont USA 13 193 ; Japon 6 521 ; G.-B. 2 856 ; Allemagne 2 833 ; *France 2 135 ;* Brésil 1 056 ; Canada 969 ; Espagne 681 ; Australie 607 ; Italie 598 ; Pays-Bas 561 ; Mexique 543 ; Suède 393 ; Belgique 368 ; Autriche 347 ; Suisse 329 ; Taïwan 320 ; Argentine 316 ; Inde 299 ; Norvège 276 ; Danemark 262 ; Chine 256 ; Russie 207 ; Afrique du Sud 196 ; Portugal 183 ; Colombie 158 ; Corée du Sud 153 ; Finlande 139 ; Turquie 127 ; Hong Kong 118 ; Grèce 115 ; Thaïlande 115 ; Nouvelle-Zélande 100 ; Indonésie 63,9 ; Arabie 55,3 ; *1999 :* 38 500. **En millions d'unités (en 1998). Formats courts (singles) :** 455 dont Japon 144 ; USA 87,7 ; G.-B. 79,4 ; Allemagne 51,8 ; *France 40,9 ;* Australie 10,5 ; Pays-Bas 6,6. **Formats longs : 33 tours** 16,2 dont Japon 8,4 ; USA 3,4. **Cassettes :** 1 265 dont Inde 414,7 ; USA 158,7 ; Chine 144,5 ; Russie 80 ; Turquie 44,2 ; Thaïlande 44 ; G.-B. 32 ; Mexique 26,7 ; Allemagne 25 ; Pologne 21,2 ; Corée du Sud 15,9 ; Arabie 15,6 ; Taïwan 11,8 ; Émirats arabes 4,4 ; **CD** 2 361,6 dont USA 846,1 ; Japon 286,1 ; Allemagne 193,3 ; G.-B. 175,7 ; *France 108,9 ;* Brésil 105,1 ; Canada 77,2 ; Espagne 50,2 ; Mexique 45,1 ; Australie 41,4 ; Pays-Bas 34,2.

■ **Principales Stés** (part du marché mondial en %, 1999). USA 37. Japon 16,7. G.-B. 7,5. All. 7,4. *France 5,1.* Canada 2,3, Brésil 1,8, Australie 1,7, Espagne 1,7, Mexique 1,6, autres 17,2. **Chiffre d'affaires** (en milliards de F) : Sony 24,2 ; PolyGram 23,7 ; EMI Music 21,6 ; Warner 21 ; BMG 19. **Principaux labels :** Sony (Columbia, Epic) ; PolyGram (Polydor, A&M, Island, Motown, Decca) ; EMI Music (EMI, Virgin, Chrysalis, Capitol) ; Warner (Atlantic, Warner Bros, Elektra, Maverick) ; BMG (Ariola, Arista, RCA).

■ **Taux de la TVA** (en %) [audio-disques et bandes, vidéo vente et location (V et VL)]. Danemark 25. Suède 25. Norvège 23. Finlande 22 (V 16). Belgique 21 (VL 19). Irlande 21. Australie 20. Autriche 20. Nlle-Zélande (audio 20, vidéo 30). Italie 20. *France 19,6.* Grèce 18. G.-B. 17,5. P.-Bas 17,5. Portugal 17. Allemagne 16. Espagne 16 (VL 4). Lux. 15. Suisse 9,3 (sur prix de gros), 6,5 (détail). USA (les taxes sur le prix de vente varient selon les États).

■ **Enregistrements pirates. Nombre de copies pirates** (est. 1999) : 500 millions dont de graveurs de particuliers (CD-R) 10 %, de 60 usines clandestines de pressage 90 %. 1 enregistrement sur 3 dans le monde serait piraté : *duplications* d'enregistrements originaux, souvent vendues sous forme de compilations, *prestations en public* reproduites sans autorisation (*bootlegs*), *contrefaçons* (faux ou copies du commerce). **Pays producteurs de disques piratés :** Taïwan, Hong Kong (Chine) ; Chine 90 % du marché, Russie 70 %, Grèce 45 %, Italie 25 %. Vente totale d'enregistrements audio piratés (en millions d'unités) : *1993 :* 786 ; *94 :* 1 061 ; *95 :* 954 (2,1 milliards de $) ; *98 :* n.c. (4,5 milliards de $) dont **cassettes :** *1992 :* 680 ; *93 :* 675 ; *94 :* 946 ; *95 :* 866 ; **CD :** *1990 :* 9 ; *91 :* 20 ; *92 :* 38 à 40 ; *93 :* 75 ; *94 :* 90 ; *95 :* 84 ; *98 :* 400. **Ventes pirates** (en millions de $, 1998) : Russie 310, Brésil 240, Chine 240, Italie 110, Inde 100 (en 1996), Mexique 80, Argentine 65 (en 1996), Malaisie 40, Arabie saoudite 35 (en 1996), Grèce 20. **En % des ventes unitaires :** Russie 70, Malaisie 70, Chine 60, Brésil 45, Mexique 45, Grèce 25, Italie 25.

En France

■ **Ventes de phonogrammes. En millions de F :** *1991 :* 5 604,7 dont singles 295 (dont 45 t 194,5) ; albums 5 191,6 (dont CD-LP 3 777,1) ; *92 :* 5 941,8 ; *93 :* 6 249,5 ; *94 :* 6 607 ; *95 :* 6 888,4 ; *96 :* 6 882,1 ; *97 :* 7 364,8 ; *98 :* 7 646,5 ; *99 :* 7 453,2 ; *2000 :* 7 379,5 (dont variétés nationales 56,6 %, internationales 37,2 %, classique 6,2 %) dont albums 6 311,3, singles 816,9, vidéo 157,9, tous supports + livres-enfants et ventes kiosques 89,2, nouveaux supports (CDI, CD +, CD-Rom) 4,2. **En millions d'unités :** *1991 :* 125 dont singles 19,4 (dont 45 t 14,4) ; albums 104,1 (dont CD-LP 65,4) ; *95 :* 138,8 ; *96 :* 146,5 ; *97 :* 159,04 dont variétés nationales 49,1, internationales 43,6, classique 7,3 ; *98 :* 163,2 ; *99 :* 155,1 ; *2000 :* 154,3 (dont albums 113,7, singles 36,8, tous supports + livres-enfants et ventes kiosques 1,9, vidéo 1,8, nouveaux supports 0,1). **Ventes audio-vidéo tous supports confondus** (en millions de F et, entre parenthèses, en %) : variété nationale 4 177 (56,61) ; internationale 2 744 (37,18) ; classique 0,459 (6,21) ; jazz 0,196 (2,65). **Total :** 7 379. **Ventes de graveurs de CD-Rom** (en 1998) : 130 000. **Parc DVD** (en 2000) : lecteurs 1 200 000, titres 2 000, disques 12 400 000, cassettes vidéo enregistrées 40 000 000.

■ **Prix de gros d'un CD** (en %, 1998). Distribution 21. Redevance d'artistes 18. Publicité et promotion 14. Fabrication 14. Frais généraux 10. Droits d'auteur 9. Frais d'enregistrement 3. Impôts divers 3.

■ **Principales Stés** (en %, 2000). Universal 35, Sony 24,4, Virgin + Delabel 12,4, Warner + East West 9,5, EMI 7,8, BMG 7,4, autres 3,5.

■ **Disques d'or** (certifications du Syndicat national de l'édition phonographique). **Seuils de ventes** (en milliers, au 1-1-2001). **Single :** *argent* (créé 1985) 125 ; *or* (créé 1973) 250 ; *platine* (créé 1980) 500 ; *diamant* (créé 1996) 750. **Album :** *argent* (créé 1999) 50 ; *or* 100 ; *double or* (créé 1988) 200 ; *platine* 300 ; *double platine* (créé 1988) 600 ; *triple platine* (créé 1988) 900 ; *diamant* (créé 1988) 1 000. **Vidéomusique :** *or* (créé 1989) 10 ; *platine* (créé 1989) 20 ; *double platine* 40 ; *triple platine* 60 ; *diamant* (créé 1991) 100. On ne compte pas les rééditions en série économique ni les ventes à l'exportation ; le nombre de cassettes vendues peut être cumulé avec les ventes de 33-t correspondantes ; en cas de double album, on compte le nombre d'albums et non pas de disques. Si la vente correspondante en cassettes se fait sous la forme de 2 cassettes séparées, le nombre de ces cassettes est divisé par 2.

Nombre décerné en 2000. Single : *argent* 38, *or* 25, *platine* 8, *diamant* 5. **Album :** *argent* 11, *or* 107, *double album or* 56, *platine* 34, *double platine* 17, *triple platine* 3 ; *diamant* 3. **Vidéomusique :** *or* 6, *platine* 2, *double platine* 1, *triple platine* 2, *diamant* 1.

☞ **Interprètes ayant reçu un single diamant en 2000 :** Alizée : *Moi Lolita ;* Daniel Levi : *L'Envie d'aimer ;* Damien Sargue et Cecila Cara : *Aimer ;* Grégori Baquet, Damien Sargue et Philippe d'Avilla : *Les Rois du monde ;* Yannick : *Ces soirées-là*.

■ **Hit-Parade.** D'oct. 1968 à déc. 1977, le *Hit-Parade national* du disque des sociétés membres du Snep ne concernait que les disques de variétés. 30 disques étaient classés selon les ventes déclarées par les éditeurs et vérifiés par un expert-comptable. Sur 225 disques classés en 1976, 1 disque avait totalisé plus de 800 000 exemplaires vendus, 4 entre 700 000 et 800 000, 7 entre 600 000 et 700 000, 5 entre 500 000 et 600 000, 10 entre 400 000 et 500 000.

■ **Meilleures ventes en France pour l'année 2000. Single :** Yannick : *Ces soirées-là*. **Album :** Roméo et Juliette : *De la haine à l'amour*. **Compilation :** The Beatles : *One*.

■ **Meilleures ventes de disques dans le monde** (en millions). Elton John : *Candle In The Wind* (single) 33. Bing Crosby : *White Christmas* 30. Bill Haley & The Comets : *Rock Around The Clock* 25. The Beatles : *I Want To Hold Your Hand* 12. Elvis Presley : *It's Now Or Never* 10. Whitney Houston : *I Will Always Love You* 10. Elvis Presley : *Hound Dog, Don't Be Cruel* 9. Paul Anka : *Diana* 8 ; The Beatles : *Hey Jude* 8. The Monkees : *I'm A Believer* 8. The Beatles : *Can't Buy Me Love* 7. Band Aid : *Do They Know It's Christmas* 7. USA For Africa : *We Are The World* 7. Spice Girls : *Wannabee* 3,2. Andrea Bocelli : *Con te partiro* 3.

■ **Meilleures ventes d'albums dans le monde** (en millions). Michael Jackson : *Thriller* 50 (sortie 1982). Alanis Morissette : *Jagged Little Pill* 28. Soundtrack : *The Bodyguard* 26. Soundtrack : *Saturday Night Fever* 25. The Beatles : *Sgt Pepper's Lonely Hearts Club Band* 24. Carole King : *Tapestry* 22. Céline Dion : *D'Eux* 5.

■ **Top 100 des artistes de 1955-99.** Publié en 2000 par le *Billboard* (USA). **Classement des 10 meilleurs scores :** Elvis Presley 8 067 points, The Beatles 4 703, Elton John 4 473, Madonna 3 717, Stevie Wonder 3 707, Michael Jackson 3 316, The Rolling Stones 3 138, Paul McCartney/Wings 2 983, Mariah Carey 2 909, Aretha Franklin 2 845. **Plus grand nombre de singles classés :** Elvis Presley 114, Elton John 59, The Beatles 52, Stevie Wonder 46, Aretha Franklin 45, James Brown 44, The Rolling Stones 41, Madonna 40, Marvin Gaye 40, Pat Boone 38.

■ **Top 50.** Créé 1983 par Europe 1 (et nov. 1984 sur Canal+) et approuvé par le Snep. Classement hebdomadaire des 50 meilleures ventes de 45-t. Arrêté en sept. 1993. Nouveau classement créé fin 1993 par le Snep et comptabilisé par Ifop Tite-Live. Classement hebdomadaire des 100 meilleures ventes de formats courts et 75 meilleures ventes d'albums. Ventes recueillies à partir des codes-barres figurant sur les disques.

Nota. – Le 24-10-1979, à Londres, Paul McCartney a reçu un disque en rhodium offert par Norris Mc Whitter, directeur du *Guinness Book of Records,* pour récompenser le plus grand succès de tous les temps (43 chansons écrites de 1962 à 1978, vendues à plus d'un million d'exemplaires chacune), le plus grand nombre de disques d'or (42 avec les Beatles, 17 avec les Wings, 1 avec Billy Preston), et les meilleures ventes de disques (environ 100 millions d'albums et 100 millions de singles). *Record pour un groupe* (au 31-12-1990) : les Rolling Stones, 55 récompenses (or 34, platine 15, multiplatine 6).

PolyGram. Chiffre d'affaires (en 1997) : 2,44 milliards de F dont (en 1992) musique 2,2, VPC 0,7, vidéo 0,2, films 0,06. **Marques :** Decca, Deutsche Grammophon, Island-Remark, Barclay, Mercury, Philips, Polydor, PolyGram Distribution, PolyGram Jazz. **Licenciés** ou **distribués :** A&M, ECM Records, Motown, London Records, Verve, etc.

Sony Music Entertainment France. Chiffre d'affaires (en 1999) : 2,7 milliards de F. **Marques :** Columbia Group (Columbia, Saint George, Yelen), Epic Group (Epic, EGP, Globe), SMALL, Sony Classical, Sony Music Media. **Labels distribués :** Atmosphériques, Edel, V2, Pomme, Trema, M 6 Interactions.

EMI Music France. *1896* « Cie générale de phonographes des frères Pathé » *créée* par Émile et Charles Pathé (Le chien emblème est un fox, Nipper, né à Bristol en 1883, peint en 1884 devant un Gramophone, en 1895 par Francis Barraud, tableau acheté en 1899 pour The Grammophone Company). *1919* devient Cie générale des machines parlantes des frères Pathé. *1935* la Sté Electric and Musical Industries Ltd née de la fusion en 1931 de The Gramophone Company (créée à Londres en 1898) et de Columbia Gramophone Company prend une partie du capital de la Sté Cie générale des machines parlantes des frères Pathé. *1936* la Cie française du gramophone et la Cie générale des machines parlantes des frères Pathé fusionnent en Industries Musicales Électriques Pathé-Marconi. *1972* devient Pathé Marconi EMI. *1984-sept.* la Sté phonographique Music for Pleasure absorbe la Sté de distribution phonographique (Sodip) et devient Pathé Marconi SA. *1986-avril* devient EMI Pathé Marconi SA. *1990* fermeture des studios d'enregistrement de Boulogne. *-mars* Pathé Marconi EMI et EMI Pathé Marconi SA deviennent EMI France. *1992* fermeture de l'usine de Chatou. *1996-avril* devient EMI Music France. **Catalogues et marques :** EMI France, Chrysalis, EMI Classics, Virgin Classics, Capitol, Parlophone, EMI, Jazz Time, Blue Note, EMI Records, Odéon, DLA, etc. **Chiffre d'affaires** (en 1998) : 1 milliard de F. **Effectifs :** 300.

Virgin France. *Créée* 1980. Filiale de Virgin fondée en 1969 en G.-B. par Richard Branson et intégrée au groupe britannique EMI Group plc depuis 1992. Regroupe les labels Virgin, Labels, Source, Delabel et Hostile. *CA* 1 milliard de F ; 12,4 % de part de marché.

■ **Marché français de l'édition musicale. Par maison de disques** (en %, est. 1997) : PolyGram 33,2, EMI-Virgin 21, Sony Music 18,6, Warner 6,93, BMG 5,1, Total Universal 1,93, autres 12,99.

Redevances immatérielles. Perception des droits de reproduction, de diffusion et de communication au public des œuvres (2000) : 3,91 milliards de F perçus par la Sacem/SDRM. **Nombres d'œuvres déposées à la Sacem :** *1987 :* 64 000 ; *91 :* 80 000 ; *96 :* 94 000. Voir p. 424.

Distribution. Réseaux spécialisés indépendants : 7 %. *Disquaires :* 400 (en 1972, 3 000) réalisant un CA significatif. **Multispécialistes.** *Fnac :* 24 % du marché, 55 magasins. Le disque représente 25 % de son CA. *Virgin Mégastore :* 6 %, 16 points de vente. *Chaînes de disquaires :* Madison-Nuggets (85 magasins), Harmonia Mundi (29 magasins), Extrapole (5 magasins). **Non spécialistes :** *grandes surfaces :* 55 % du marché, disque 0,5 à 1 % de leur CA. *Par correspondance :* 5 % des ventes.

■ **Département de l'audiovisuel.** Bibliothèque nationale de France, site Tolbiac-François-Mitterrand, quai François-Mauriac, 75013 Paris. Né de la fusion, en 1976, de la Phonothèque nationale, créée 1938, et du Service des nouveaux supports de la Bibliothèque nationale. Installation sur le site Tolbiac-François-Mitterrand en 1996. **Collections :** « Archives de la parole » et documents inédits depuis 1891, versements de documents collectés par des chercheurs ; outre les dons et les achats, reçoit le dépôt légal des phonogrammes depuis 1940, des vidéogrammes et documents multimédia depuis 1975, des documents électroniques depuis 1992 ; a reçu celui des œuvres cinématographiques de 1977 à 1993 (depuis au CNC). **Fonds encyclopédique :** 900 000 phonogrammes des origines à nos jours, 90 000 vidéogrammes, 60 000 multimédias et doc. électroniques. **Entrées par dépôt légal** (en moyenne annuelle) : 15 000 phonogrammes, 8 000 vidéogrammes, 6 000 multimédias et documents électroniques. **Catalogues :** base de données des phonogrammes et des vidéogrammes depuis 1982, plus de 1 million d'accès, 735 000 références (BN-Opaline) disponible sur le site Internet. Commercialisation sous forme de CD-Rom.

■ **Midem (Marché international du disque et de l'édition musicale).** *Créé* 1967 à Cannes. *2000 :* 10 685 participants, 4 473 Stés représentées (96 pays).

☞ **Taxation de la copie privée** sur cassettes audio et vidéo enregistrables : *étendue* aux supports numériques vierges (CD audio, CD-Rom, DVD...) ; *varie* selon le support. *Produit* de ces taxes réparti entre : auteurs (50 %), artistes interprètes (25 %) et producteurs (25 %) pour la copie audio ; à parité (33 %) pour la copie vidéo. *Montant :* minidisc, CR-R ou CD-RW (74 min) 3,70 F ; DVD-R ou DVD-RW (180 min) 24,75 F ; CD-R, CD-RW ou data (réinscriptible, 650 Mo) 2,15 F ; DVD-Ram, DVD-R ou DVD-RW data (4,7 Go) 10,42 F ; DVHS (420 min) 57,75 F ; mémoires amovibles dédiées à l'audio (32 Mo) 2,20 F ; baladeurs enregistreurs en format MP 3 : 32 Mo : 2,20 F.

Un décret du 24-11-2000 du ministère de la Culture et de la Communication a ramené à 6 mois le délai à partir duquel cassettes vidéos et DVD peuvent être commercialisés (lois sur l'audiovisuel de 1982 : 6 à 18 mois ; décret du 4-1-1983, assorti de dérogations : 1 an) après la sortie des films en salle.

Piratage : *CD gravés par un possesseur de graveur :* 19 par an ; *CD piratés* (en 1999) : 8 000 000 ; *« copieurs » :* 550 000 ; *ventes de supports numériques vierges* (en millions) : *1998 :* 38 ; *99 :* 121.

☞ L'article L 122-5 du Code de la propriété intellectuelle n'admet la duplication d'une œuvre que pour usage privé du copiste.

EAU

STOCK HYDRIQUE MONDIAL

■ **Cycle de l'eau** (en milliers de km³ par an). Évaporation des océans 361-425, des eaux terrestres 62-71, eaux d'écoulement des continents vers les océans 37-40, précipitations sur les océans 324-385, sur les terres 99-120. **Précipitations annuelles moyennes** (en mm) : océans 870 (évaporation 970 mm) ; continents 670 (évaporation 420 mm, écoulement 250 mm).

■ **Stock total.** 1 342 409 250 km³. **Eaux salées :** *océans* 1 304 000 000 ; *mers intérieures et lacs salés* 105 000. **Eaux douces utilisables** *de surface :* fleuves et rivières 1 250 (à un instant donné, mais la valeur des débits annuels moyens de tous les cours d'eau du monde doit dépasser 35 000 km³), lacs 124 000 [dont Baïkal (Sibérie) 23 000] ; *souterraines* jusqu'à 800 m de profondeur 4 000 000, de 800 à 4 000 m de profondeur 4 600 000 ; *humidité du sol* 66 000. **Non directement utilisables :** *glaciers et calottes polaires* 29 500 000 ; *humidité atmosphérique* 13 000.

■ **Volume disponible actuellement par habitant** (en m³). *France 4 000,* USA 2 200, ex-URSS 1 800.

■ **Consommation. Population privée d'accès à l'eau potable et à l'assainissement** (en %, 1990-96) : États arabes 21 (30), Afrique subsaharienne 48 (55), Asie du Sud-Est et Pacifique 35 (45), Asie de l'Est 32 (73), Amérique latine et Caraïbes 23 (29), du Sud 18 (64), PVD (pays en développement) 29 (58), les moins avancés 43 (64).

☞ Dans la plupart des PVD femmes et enfants parcourent 10 à 15 km par jour pour aller chercher de l'eau. Environ 1,3 milliard de personnes vivant dans le tiers-monde ne dispose pas d'eau potable. *Conséquences :* maladie, diarrhée, mort (34 000 † par jour d'affections liées à l'eau). Plus de 6 000 000 d'enfants meurent chaque année après avoir bu une eau contaminée (le coût de purificateurs chimiques étant trop élevé pour beaucoup de pays concernés). On envisage de développer la culture du *Moringa oleifeira* [arbre originaire du nord de l'Inde, d'environ 4 m de haut, poussant en terrain peu fertile, ayant besoin de peu de soins et productif au bout d'un an, dont on peut exploiter feuilles et fleurs riches en protéines et en vitamines A et C, en calcium et en fer, une huile utilisable pour la cuisine et la fabrication de cosmétiques ou comme carburant pour certaines lampes, et dont les graines broyées ou mélangées à une eau impure attirent bactéries et virus et les « emprisonnent »].

☞ La Banque mondiale prévoit en 2025 une pénurie générale d'eau potable. En Afrique du Nord et au Moyen-Orient, les ressources seront passées de 3 430 m³ par personne et par an en 1960 à 667 m³ en 2025 (au-dessous du seuil d'alerte, 2 000 m³). **Au XXIe s., on fera la guerre pour l'eau.**

BESOINS EN EAU

■ **Besoins physiologiques.** L'eau est *indispensable à tous les êtres vivants.* L'homme est composé d'eau pour 66 % (melon d'eau 97 %, méduse 95 %, laitue 94 %, pomme de terre 91 %, carotte 89 %, ver de terre, truite 80 %, homard 79 %, poule, lapin 74 %, bœuf 53 %, graines de tournesol séchées 5 %). On peut jeûner 1 mois sans danger considérable, mais on ne peut être privé totalement d'eau plus de 48 h sans risque. L'eau nous permet d'éliminer nos déchets par l'urine, de lutter contre la chaleur par sudation et ventilation pulmonaire, de transporter des vitamines hydrosolubles qui seront, grâce à l'eau, mieux absorbées par la muqueuse intestinale. Une perte d'eau de 12 % peut provoquer la mort. En cas de manque total, de graves troubles apparaissent dès le 3e jour et la mort survient au 5e ou 6e j (*record d'endurance :* en 1957, le long du Rio Grande, une femme a résisté 6 j, immobile, sans boire ; son mari, parti à la recherche de secours, était mort en route). **Les eaux gazeuses** peuvent calmer les brûlures d'estomac mais aussi déclencher une hypersécrétion acide.

Un enfant de moins de 2 ans a besoin de 3 fois plus d'eau qu'un adulte (140 ml par kg de poids et par j). Ensuite, les besoins s'ajustent à peu près aux besoins caloriques (1 g d'eau par cal.) soit : *2 ans :* 1 000 à 1 200 cal. (1 à 1,2 l d'eau), *10 ans :* 1 500 à 2 000 cal. (1,5 à 2 l), *15 à 20 ans :* 3 000 à 3 500 cal. (3 à 3,5 l). **Un adulte normal** (70 kg, activité moy.), en climat tempéré, *élimine* 2,5 à 2,7 l d'eau par jour (sous forme d'urine 1,5, par la peau 0,6 à 0,7, les poumons 0,4, l'élimination fécale 0,1). *Il les récupère* par la boisson (1 à 1,5 l), l'eau des aliments (0,8 à 1 l), l'eau fabriquée par l'organisme (0,2 l). *Un mineur de fond* perd jusqu'à 15 l de sueur par jour. *Un marathonien* 1,5 à 2,5 l à l'heure.

■ **Conservation. Bouteille d'eau ouverte :** si on boit au verre et que l'on rebouche soigneusement la bouteille après chaque usage, peut se conserver 48 h. **Stockage.** Dans un endroit sec, à l'abri de la chaleur et du soleil (les UV jaunissent le plastique). **Conditionnement.** *Restaurants :* verre obligatoire. *Grandes surfaces :* plastique (PVC : polychlorure de vinyle) utilisé pour eaux plates, PET (polyéthylène téréphtalate, plus solide) pour gazeuses. *Germes :* comparables dans plastique et verre.

■ **Besoins** [en litres d'eau (par hab., et par j)]. **Ménagers et industriels :** pays peu développés 40, Europe 1 500, USA 4 000. **Domestiques :** Afrique 30, Europe 250 à 300,

Amérique du Nord 600. **Demande en eau en m³ par habitant et par an** (en France) : population rurale 12 à 50 ; maison individuelle 100 ; immeubles collectifs dont HLM 60, grand luxe 200, bureaux 25 ; Paris 150 ; Lyon 140.

☞ *Pour obtenir :* 1 litre de bière il faut 25 litres d'eau, 1 kg de ciment 35, de papier 250 à 500, d'acier 300 à 600, de fourrage 1 100, de blé 1 500, d'alcool (11°) 2 700, de riz 4 500, de streptomycine 4 000 000 ; *pour fabriquer* une voiture 35 000 l.

Eau consommée par an dans le monde : 4 000 milliards de l dont 100 conditionnés. **Investissements mondiaux pour l'eau** (en milliards de $, 2001) : *total :* 75 dont gouvernements et secteur public national 48, secteur privé national, y compris les communautés 14, aides publiques au développement 9, multinationales 4. **Besoins de financement :** 180 milliards de $ sur 25 ans. Sur 6 milliards d'habitants, 4,5 sont raccordés à un réseau d'eau potable, 2 sont connectés à un réseau d'assainissement. **Mortalité :** plus de 5 millions de morts (et 30 millions de malades) par an à cause de l'eau. *Zones de conflits dans le monde liées à l'eau :* 300 recensées par l'Onu. **Principaux pays consommateurs** (en milliards de l, 1999). USA 15,5, Mexique 11,1, Italie 9,1, Allemagne 8,3, *France 7,8*, Thaïlande 4,5, Argentine 4,3, Brésil 4,1, Chine 3,8, Espagne 3,6.

■ **Consommation totale d'eau (eau potable/eaux usées)** (en l/h/hab.). Berlin 174/180, Paris 222/310, Budapest 326/270, Londres 391/567.

■ **Consommation d'eau** (répartition en % par personne). Bains, douches 39, sanitaires 20, linge 12, vaisselle 10, voiture, jardin 6, cuisine 6, boisson 1, autres 6.

Noms donnés

■ **Eau.** Corps pur de formule H_2O. **De baryte :** saturée d'hydroxyde de baryum Ba $(OH)_2$. **Céleste :** solution ammoniacale d'un sel cuivrique Cu_2^+. **De chaux :** saturée d'hydroxyde de calcium Ca $(OH)_2$. **De chlore :** solution aqueuse de chlore. **Dure :** contenant une quantité importante d'ions calcium Ca_2^+ ou magnésium Mg_2^+. **Forte :** nitrique (acide). **De Javel :** solution aqueuse résultant de l'action du chlore sur la soude et contenant un mélange de chlorure et d'hypochlorite de sodium. **Lourde :** contenant du deutérium, molécules D_2O, et molécules H_2O. **Minérale :** voir p. 1767 a. **Oxygénée :** solution aqueuse de peroxyde d'hydrogène H_2O_2. **Permutée :** les ions Ca_2^+ et Mg_2^+ ont été remplacés par des ions Na^+ par passage sur un échangeur d'ions (zéolithe, résine échangeuse). **Précieuse :** lotion antiseptique et calmante, créée fin XIXᵉ s. par Dépensier, pharmacien à Rouen. **Régale :** mélange de 2 volumes d'acide chlorhydrique et d'un volume d'acide nitrique (solutions concentrées du commerce), dissout les métaux nobles comme le platine ou l'or. **De Seltz :** solution de dioxyde de carbone CO_2 sous pression dans l'eau [imitation de l'eau naturelle de Seltz (Prusse) : *1741* William Browning, *1775* Venel (Montpellier), *1778* Bergmann (Suède), *1837* Savaresse invente le vase siphon, *1840-50* expansion].

■ **Eaux de source.** *Eaux émergeant aux sources :* **thermales** [hypothermale : à – de 20 °C ; hyperthermale à + de 50 °C (exemples : Soffioni en Toscane 100 °C, Chaudes-Aigues 83 °C)], **minérales** [eaux dites autrefois médicinales et vendues en pharmacie (aujourd'hui, ce terme est employé pour les préparations vendues en pharmacie : Eau Dalibour, etc.)], **thermominérales, hydrominérales, connées** [du latin *connatum* : « nés ensemble » (eau fossile incorporée lors de la formation des sédiments il y a des milliers d'années)], **hydrothermales** [(eau des zones volcaniques), *juvénile :* issue des magmas ou de la transformation des roches en fonction de température et de pression complexes]. **Origine :** l'eau des sources est d'origine météorique (eau de pluie). *Jusqu'en 1900,* on pensait qu'elle pouvait également être d'origine profonde, magmatique ou métamorphique. L'eau de pluie exerce une érosion mécanique élargissant fissures et cavités préexistantes ; légèrement acide, elle exerce une érosion chimique favorisant la dissolution de la roche. Une eau circulant rapidement avec un parcours souterrain court sera faiblement minéralisée. Les nappes d'eau migrent dans l'aquifère. Elles sont dites *libres* quand les terrains sus-jacents sont perméables, sinon elles sont dites *captives.* **Profondeur de circulation :** de 1 à 4 km, sinon de 6 à 7 (Pyrénées). **Temps de séjour souterrain :** de quelques dizaines à plusieurs milliers d'années [la plupart : – de 1 000 ans (Massif central : 25 ans)].

Composition : hydrogène, oxygène. *Sels minéraux :* ions [« anions » si chargés négativement : bicarbonate (HCO_3), sulfate (SO_4), chlorure (Cl^-), florures et nitrates ; « cations » si chargés positivement : calcium (CA^{++}), magnésium (Mg^{++}), sodium (Na^+) et potassium (K^+), acide silicique H_4SiO_4] ; *éléments traces :* métaux lourds, éléments radioactifs, divers (arsenic, mercure, etc.) ; *micro-organismes :* bactéries, algues.

Classification des eaux : selon les anions dominants (eaux « sulfatées », « chlorurées » ou « bicarbonatées ») et les cations (« sodiques » ou « calciques ») ; une augmentation de la température entraîne une augmentation de la solubilité et facilite la dissolution des minéraux. **PH :** *de 0 à 7 :* eau acide, *7 :* neutre, *de 7 à 14 :* basique. Les eaux souterraines, sauf eaux gazeuses, sont généralement basiques. Une eau est « dure » lorsqu'elle est riche en sels de calcium et de magnésium, sinon elle est « douce ». La majorité des eaux « minérales » ne peut être qualifiée de « potable » en raison d'une minéralisation élevée (ou particulière).

Eaux gazeuses. **Carbogazeuses :** riches en dioxyde de carbone (CO_2) ; **azotées :** riches en azote (N_2) ; **sulfurées :** contenant de l'hydrogène sulfuré (H_2S) ; **gaz rares :** hélium, argon, radon, parfois hydrocarbures. Les sources du Massif central à l'ouest d'une ligne (Moulins-Tulle) sont azotées [chaudes mais peu gazeuses (avec de faibles débits d'émergence], à l'est carbogazeuses. *Volume de gaz rejeté :* de 4 à 10 fois supérieur à celui de l'eau. Le CO_2 (d'origine magmatique) est un produit de l'activité volcanique récente ; le radon témoigne de la radioactivité des terrains sédimentaires superficiels. L'hélium est d'origine volcanique ou issu de la radioactivité des sédiments. *Émanations « sèches » de gaz* ou « mofettes », dangereuses dans les zones peu aérées [grottes, caves ; exemple : la grotte du Chien (Massif central)].

L'eau en France

Sources : Syndicat professionnel des entreprises de services d'eau et d'assainissement. Ville de Paris, Sagep, Centre d'information sur l'eau.

☞ **Renseignements :** Direction départementale de l'Équipement (DDE). Direction départementale des affaires sanitaires et sociales (Ddass). Direction départementale de l'agriculture et de la forêt (Ddaf). Mairies. Association générale des hygiénistes et techniciens municipaux (AGHTM) : 83, av. Foch, 75116 Paris *(revue :* « TSM »). Office international de l'eau : rue Édouard-Chamberland, 87100 Limoges. Centre d'information sur l'eau : BP 5, 75362 Paris Cedex 8. Centre de documentation Eau de Paris : 9, rue Schœlcher, 75014 Paris.

■ **Ressources de l'eau.** 150 milliards de m³ (soit 2 800 m³ par habitant). **Pluie :** 750 à 800 mm de hauteur par an, soit 440 km³ (440 milliards de m³) dont 264 s'évaporent, restent 176 km³ [écoulement des fleuves, des rivières et des nappes souterraines vers la mer, venant du Rhin et du Rhône (en amont de nos frontières) 25 km³]. *Disponible* par personne et par an : 4 000 m³ (Angleterre 2 200 m³, Allemagne 2 600, Pays-Bas 6 500, Suède 22 000). Débit Seine : 680 m³/s à 185 m³/s en année normale (plus de 1 000 en période de crue), 60 en année sèche. Hérault : 95 à 8,7 m³/s, 3,5 m³ en année sèche. **Nappes alluviales :** Alsace surface 2 800 km², réserves 50 milliards de m³ (la plus importante d'Europe), Bassins aquitain et parisien, massifs karstiques (Grands Causses, Jura, Languedoc, Provence).

■ **Consommation** (en milliards de m³/an). 41 dont pour production d'énergie 26, industrie 4, agriculture 5 (dont maïs 43 %) et eau potable 6 (dont 93 % hygiène, nettoyage).

■ **Usages domestiques.** **Consommation** (en litres) **par jour et par habitant :** 150 dont bains, douches 58,5, sanitaires 30, lavage linge 18, lavage vaisselle 15, jardins et voiture 9, préparation de la cuisine 9, boisson 1,5, divers 9 [USA 305, Japon 278, Australie 268, Roumanie 240, Suisse 237, Italie 213, Espagne 210, Suède 191, Pologne 180, G.-B. 153, Allemagne 129, Pays-Bas 129, Belgique 122, Hongrie 102, Inde n.c. (24 en 99), Soudan n.c. (19 en 99)]. **Moyenne** (en litres) **à chaque utilisation :** chasse d'eau 6 à 12, arrosage jardin 17 par m², douche 60 à 80, lave-vaisselle 25 à 40 (65 en 1978), lave-linge 70 à 120, bain 100 à 150, lavage voiture 200.

■ **Usages industriels.** **Quantité prélevée :** 37 milliards de m³ dont 8 effectivement consommés. **Secteurs d'utilisation des prélèvements et,** entre parenthèses, **des consommations** (en %) : EDF 46 (19), industrie 16 (3), ménages 13 (9), canaux, mines 13 (33), agriculture 12 (37).

■ **Utilisation dans les centrales électriques** (en 1990). **Énergie hydroélectrique :** production 61 TWh (sur une production totale de 433 TWh), réalisée dans les Alpes 72 %, Centre 17 %, Pyrénées 11 %. **Refroidissement des centrales thermiques :** *en circuit ouvert,* l'eau extérieure (de mer ou de rivière) est prélevée et rejetée en continu. Pour un réacteur nucléaire de 900 MW, débit d'eau de 41 m³/s, échauffement 10,8 °C. Par kWh de production : volume 164 l, évaporation 1,55 l. *En circuit fermé,* l'eau utilisée est refroidie dans des réfrigérants atmosphériques puis recyclée, chaleur évacuée à 20 % par échauffement de l'air et à 80 % sous forme de chaleur latente d'évaporation, débit d'appoint de 0,3 à 8 m³/s. Par kWh, prélèvement moyen de 3 l, évaporation 2,1 l.

■ **Régime des eaux de surface.** **Eaux appartenant à la collectivité :** *domaniales :* cours d'eau navigables ou flottables (fleuves et rivières) ou qui ne le sont plus, mais sont restés classés dans le domaine public fluvial ; bras de ces cours d'eau, même s'ils ne sont ni navigables ni flottables. Est *navigable* fleuve ou rivière sur lequel peuvent circuler péniches, bateaux autres que petites embarcations (canoë, pneumatique). Est *flottable* fleuve ou rivière pouvant supporter flottage de radeaux ou de trains (pièces de bois assemblées).

Écoulement naturel des eaux : eaux des canaux de navigation (exemple : canal du Rhône et du Rhin), des étangs ou réservoirs d'alimentation des ports publics.

Eaux courantes : *rivières :* sur des propriétés privées, le lit appartient pour moitié aux propriétaires riverains, mais l'eau ne leur appartient pas, ils n'ont qu'un droit d'usage. *Eaux soumises à un régime mixte :* le lit appartient pour moitié aux riverains, le droit d'usage appartient à l'État et non aux riverains ; eaux de pluie, de source, infiltrations, résurgences, eau de la fonte des neiges. *Sont exclues :* les eaux usées (ménagères et industrielles).

Chaque propriétaire doit recevoir les eaux venant des fonds voisins. Il ne peut s'y opposer en élevant une digue ou un mur. Le propriétaire du fonds supérieur peut modifier cet écoulement si cela n'entraîne pas de préjudice supplémentaire pour son voisin. *Litiges :* jugés par le tribunal de grande instance.

Eaux pluviales : « Chacun peut user et disposer des eaux pluviales qui tombent sur son fonds » sans causer de dommage au fonds inférieur. *Eaux tombant sur les toits :* on doit les rejeter sur son terrain ou sur la voie publique.

Eaux de source : celui qui possède une source peut en user à volonté dans les limites et pour les besoins de son héritage. Exceptions : *1°) si la source donne naissance à un véritable cours d'eau :* il ne peut détourner les eaux de leur cours naturel au préjudice des usagers inférieurs. *2°) Si le propriétaire inférieur a prescrit l'usage de l'eau* (exemple : réalisé un ouvrage sur le terrain où jaillit la source), depuis au moins 30 ans. *3°) Si l'usage de l'eau de la source est nécessaire aux habitants de la localité :* une commune peut exproprier le terrain ou la partie du terrain où jaillit la source. Litiges : jugés par le tribunal d'instance, sauf s'il y a expropriation (le juge de l'expropriation est compétent). *Le préfet établit par arrêté* (après avis de l'hydrogéologue agréé) : un *périmètre de protection immédiate* autour de la source (où les terrains sont expropriés) ; *rapprochée* (où peuvent être interdits forages, exploitations de carrières, épandages d'engrais chimiques, etc.) ; *éloignée* (où sont seulement réglementées les activités pouvant polluer le sous-sol). Ces servitudes peuvent donner lieu à une indemnité fixée par le juge de l'expropriation (surtout pour le 1ᵉʳ et le 2ᵉ périmètre).

■ **Servitudes d'eau en milieu rural.** **Aqueduc :** passage aérien ou souterrain pour apporter l'eau potable nécessaire à ses besoins, ou l'eau nécessaire à l'irrigation de ses terres ou à son exploitation (agricole, industrielle, commerciale ou simplement domestique). Les canalisations ne peuvent passer sous les maisons mais une servitude pour passage de canalisation peut être obtenue dans un jardin. Si les voisins ou les autres propriétaires concernés refusent, s'adresser au tribunal de grande instance qui fixe les conditions du passage. **Écoulement :** l'eau devenue « eau usée » après usage dans la maison ou dans l'exploitation (agricole, industrielle, etc.) peut être acheminée vers le collecteur ou le fossé public par une canalisation passant à travers les terrains inférieurs, mais elle doit être dépolluée avant son rejet dans le milieu naturel. **Appui :** on peut obtenir du propriétaire de la rive opposée d'une rivière ou d'un ruisseau le droit d'appuyer sur la rive opposée un ouvrage nécessaire à la prise d'eau (par exemple un barrage), moyennant indemnité s'il y a lieu. Les bâtiments, cours et jardins attenant aux habitations ne supportent pas ce droit d'appui. Ce droit ne peut être demandé et obtenu que pour l'irrigation des terres et non pour un autre usage (industriel, commercial, domestique). **Drainage :** on peut envoyer les eaux en excès vers un cours d'eau ou toute autre voie d'écoulement (fossé, etc.) en passant dans les terrains intermédiaires (souterrains ou à ciel ouvert). Une servitude ne peut être invoquée au profit des habitations en ville.

Étangs et canaux : alimentés par une « eau courante », ils obéissent aux règles concernant les eaux courantes (voir encadré p. 1767). Le propriétaire qui possède les 2 rives peut : installer un barrage qui empêche le passage des bateaux ; déplacer le lit de la rivière (à condition de rendre la rivière à son lit naturel là où s'arrête sa propriété). Extraire les produits naturels (sables, pierres, etc.) à condition de ne pas causer de dommage au fonds inférieur (par exemple en entraînant un déplacement du lit de la rivière chez son voisin). Après utilisation il doit restituer une eau non polluée. Les tiers peuvent normalement naviguer sur la rivière même s'ils ne sont pas propriétaires riverains, à condition de ne pas accoster sur la rive (ils pénétreraient alors sur la propriété d'autrui). Cette possibilité est annulée si les riverains ont mis des grillages et des barrages.

Classification des eaux

Eau du robinet (de Robin, diminutif de Robert, employé comme surnom du mouton : les robinets étant, jadis, souvent ornés d'une tête de bélier) : prélevée dans le réservoir de surface (eaux de ruissellement) ou des réservoirs souterrains (nappes phréatiques) ; traitée pour devenir « potable ». *Produite localement,* sa composition varie selon les régions. Sa teneur en éléments minéraux (magnésium, calcium...) change selon les terrains (calcaires, granitiques...) qu'elle a traversés. Sa composition pouvant avoir été modifiée par des activités humaines (agriculture, rejets industriels ou urbains), elle doit être traitée pour être rendue potable.

☞ Une eau naturelle peut être gazeuse ou plate. Avant leur embouteillage, les eaux naturelles gazeuses sont rendues plates. Au cours du conditionnement, on peut rajouter du dioxyde de carbone dans les eaux plates ou le réintroduire dans les eaux initialement gazeuses (exemple : *Perrier*). Selon la législation française on distingue : *les eaux rendues potables par traitement* (nouvelle dénomination des eaux de table) d'origine quelconque et traitées pour être potables. Il peut s'agir de l'eau du robinet.

Eaux de source : d'origine souterraine, aptes à la consommation humaine sans adjonction ni traitement autre que décantation, filtration, dégazéification et incorporation (ou réincorporation) de gaz carbonique. **Eaux minérales naturelles :** d'origine souterraine, possédant des vertus thérapeutiques reconnues par l'Académie de médecine. Leurs caractéristiques physico-chimiques doivent être stables, mais ces eaux peuvent ne pas satisfaire aux normes de potabilité. Elles ne doivent subir aucun traitement lors du conditionnement sauf décantation, filtration, dégazéification et incorporation (ou réincorporation) de gaz carbonique. Certaines eaux minérales sont faiblement minéralisées *(Volvic).*

Normes françaises de potabilité (code de la Santé publique, décrets nᵒˢ 89-3, 90-330, 91-257 et 95-363) : basées sur des normes européennes, elles-mêmes fixées après consultation des normes préconisées par l'OMS. **Températures :** ⩽ 25 °C (sauf eaux traitées pour la production d'eau chaude) ; **pH** (mesure de l'acidité) : 6,5 ⩽ pH ⩽ 9 (sauf eaux conditionnées).

Minéralisation totale : ⩽ 1 500 mg/l (résidu sec ; dessications à 180 °C). *Bicarbonate* (HCO_3^-) : pas de normes. *Sulfates* (SO_4^{2-}) : ⩽ 250 mg/l. *Chlorures* (Cl^-) : ⩽ 200 mg/l. *Calcium* (Ca^{2+}) : pas de normes. *Magnésium* (Mg^{2+}) : ⩽ 50 mg/l. *Sodium* (Na^+) : ⩽ 150 mg/l. *Potassium* (K^+) : ⩽ 12 mg/l. *Aluminium* total : ⩽ 0,2 mg/l. *Nitrates* (NO_3^-) : ⩽ 50 mg/l. *Nitrites* (NO_2^-) : ⩽ 0,1 mg/l. *Azote* Kjeldahl : ⩽ 1 mg/l. *Ammonium* (NH^{4+}) : ⩽ 0,5 mg/l. *Fluor* ⩽ 1,5 mg/l.

DISTRIBUTION DE L'EAU

■ **Types. Régie :** l'eau est gérée par la collectivité [communes ou syndicat de communes (23 % de la population, 42 % des collectivités)]. **Concession :** la commune confie la gestion de l'eau à une personne privée qui réalise et entretient les installations (pompages, usines, réseaux) et en assure l'exploitation (les installations appartiennent cependant à la collectivité). **Affermage :** la commune assure le financement des installations mais en confie exploitation et entretien à une personne privée ; la collectivité perçoit alors une surtaxe communale qui assure l'amortissement des installations. Quel que soit le type d'organisation, les tarifs sont fixés par délibération du conseil municipal.

☞ **Station de traitement d'eau potable :** la plus importante : Choisy-le-Roi 800 000 m³/j [à Rio de Janeiro (Brésil) 8 000 000 de m³/j].

■ **Distribution de l'eau potable. En France :** 6 milliards de m³/an (réseau 700 000 km dont 120 000 km de branchements) produits pour 40 % à partir d'eaux de surface, à 60 % d'eaux souterraines. *Points de prise d'eau :* 34 017 (dont eau souterraine 32 792). Environ 16 000 sites de production d'eau potable. *Effectifs employés :* 36 000. **A Paris :** 650 000 m³/jour soit 150 l/hab./jour, pour une capacité de production de 1,4 million de m³ et de stockage de 1,2 million de m³/jour (réseau de 1 800 km). 50 % vient d'eau de sources et de forages (63 zones de captage), amenée à l'aide de 4 aqueducs (longueur totale 600 km). *Source la plus éloignée :* 186 km Armentière (Yonne). 50 % d'eau de surface de la Seine et de la Marne sont traités à Ivry, Orly et Joinville (capacité de production de 300 000 m³/j). **En Ile-de-France :** 4,5 millions de m³ dont eau de surface 75 % (réseau 18 594 km, volume de réservoirs 2 266 000 m³).

VIVENDI UNIVERSAL (ex-CIE GÉNÉRALE DES EAUX, créée 1853, fusionnée avec Havas en Vivendi en 1998, puis avec Seagram et Canal+ mi-2000). **Chiffre d'affaires** (en milliards de F) : *1987 :* 52 ; *90 :* 116,8 ; *91 :* 135 ; *92 :* 143 ; *93 :* 147,6 ; *94 :* 156,2 ; *95 :* 163 ; *96 :* 165,9 ; *97 :* 167,2 ; *98 :* 208,2 ; *99 :* 271 dont environnement 49 % [eau (Générale des Eaux, USFilter, OTV, Culligan) 10,7, propreté (Onyx, Sarp, Sarp Industries) 3,5, énergie (Sithe, Dalkia) 2,9, transports (CGEA, Connex (G.-B.), Linjebuss (Suède), DEG (Allemagne) 2,4], communication 26 % [télécommunications : Cegetel (le 7, SFR, AOL France) ; édition-multimédia : Havas, Havas Interactive ; audiovisuel : Canal+, UGC], aménagement 25 % (construction : SGE ; immobilier : CGIS). **Résultat net** (part du groupe, en milliards de F) : *1987 :* 1 ; *90 :* 2,2 ; *91 :* 2,6 ; *92 :* 2,9 ; *93 :* 3,2 ; *94 :* 3,35 ; *95 :* – 3,7 ; *96 :* 1,95 ; *97 :* 5,45 ; *98 :* 7,35 ; *99 :* 9,4. **Effectifs moyens pondérés :** *1994 :* 215 300 ; *98 :* 220 000 ; *99 :* 260 000 (dont environnement 168 000, aménagement 66 000, communication 26 000). **Capital** (en %, juin 2000) : Vivendi 59, Seagram 12, Canal+ 12. **Filiales** (en juin 2000, après fusion) : Vivendi Environnement (eau, déchets, propreté) 100 %, Édition Havas (voir à l'Index), Vivendi Net (portail Vizzazi 50 %, Vodafone GB 50 %) 100 %, Canal+ (voir à l'Index) 100 %, Universal Studio (cinéma : catalogue de 1 500 films) 100 %, Universal Music (nº 1 de l'édition musicale) 100 %, Cegetel (téléphonie) 44 %.

Activité d'eau. Vivendi Water : issu de la fusion de Générale des Eaux et USFilter. *Habitants desservis :* plus de 100 millions dans plus de 100 pays (dont en France 25 millions). *Clients* (en %) : collectivités locales 60, industriels 30, consommateurs 10. *Effectifs* (en 1999) : 70 000 (France 14 000). *Chiffre d'affaires* (est. 1999) : 77,4 milliards de F dont *par type d'activité :* services d'eau (eau potable et assainissement) 33, travaux hydrauliques 6,9, ingénierie 3, prestations annexes 2 ; *par zone géographique* (hors France, en %) : Europe 47, USA 25, Afrique et Moyen-Orient 17, Asie et Pacifique 8, Amérique latine 3. *Parts de marché en France* (en 1999) : 55 %.

LYONNAISE DES EAUX SUEZ. *Chiffre d'affaires* (et résultat net part du groupe) [en milliards de F] : *1992 :* 90,4 (0,38) ; *93 :* 93,6 (0,8) ; *94 :* 100 (1,06) ; *95 :* 98,6 (0,96) ; *96 :* 91,1 (2) ; *97 :* 190,4 (4) ; *98 :* 205,7 (6,6) ; *99 :* 206,6 (9,5). *En milliards d'euros 1997 :* 29 (0,6) ; *98 :* 31,4 (1) ; *99 :* 31,5 (1,45) ; *2000 :* 34,6 (1,92) dont *en %* énergie 57,4, eau 26,2, propreté 14,6, communication 1,8. **Capital** (en %, 1999) : Electrafina 8,4, Crédit agricole 5,1, Treasury Stock 4, Cogema 2,3, CDC 2,3, Fortis 1,7, Caixa 1,6, CNP Assurances 1,6, salariés 1,4, Axa 1,4, Sofina 1,3, autres 68,9. ONDEO (filiale Eau du groupe Suez) 4 branches Ondeo Services (ex Lyonnaise des Eaux), Ondeo Degrémont, Ondeo Nalco et Ondeo Industrial Solutions. *Chiffre d'affaires :* 59,7 milliards de F. *Habitants desservis :* 110 millions en eaux et assainissement. 60 000 clients industriels. *Collaborateurs :* 60 000. *Effectifs :* 175 000.

SAUR (100 % Bouygues). *Chiffre d'affaires* (en milliards de F) : *1993 :* 7,1 ; *94 :* 7,4 ; *95 :* 8 ; *96 :* 9 ; *97 :* 13,6 ; *98 :* 14 ; (dont, en %, eau 63, construction-travaux 14, propreté 14, énergie 11) ; *99 :* 15,1 ; *2000 :* 15,7. *Répartition activité* (en %) : eau 73, énergie 12, propreté 10, multiservices 5. *Effectifs :* 25 600 (dont 9 300 en France).

■ EAU POTABLE

La législation française comporte : des *obligations de résultats :* 63 paramètres doivent être contrôlés : *4 organoleptiques* (couleur, turbidité, odeur, saveur) ; *16 physico-chimiques* ; *24 substances indésirables* en trop forte quantité (exemple : nitrates) ; *13 substances toxiques* (métaux lourds, pesticides) ; *6 paramètres microbiologiques*. Pour chaque paramètre, la réglementation fixe aux distributeurs d'eau une teneur à ne pas dépasser (concentration maximale admissible) ou une concentration d'alerte (niveau-guide) ; et des *obligations de moyens :* normes eaux brutes, périmètres de protection, traitements adaptés, traitements agréés, réactifs agréés, matériaux agréés, obligation de désinfection, de surveillance.

En 1994, d'après la Direction générale de la santé, 4 800 000 Français ont reçu des eaux agressives et corrosives pouvant faciliter une corrosion des canalisations en plomb, métal et pouvant provoquer intoxications et altération du système nerveux. 5 210 000 Français ont, entre 1989-91, reçu une eau présentant des concentrations microbiennes excessives.

☞ Les *Directions départementales de l'action sanitaire et sociale (DDASS)* sont chargées d'apprécier la qualité de l'eau cas par cas. L'eau ne doit contenir ni parasites, ni virus, ni bactéries pathogènes. La chaleur pouvant favoriser le développement des bactéries, il est recommandé de n'utiliser que le robinet d'eau froide pour l'eau à boire ou destinée à faire cuire des aliments ou préparer une boisson chaude.

Les distributeurs d'eau peuvent être condamnés. Exemples : *juillet 1994*, la *Compagnie générale des Eaux (CGE)* pour avoir délivré une eau dont la teneur en nitrates dépassait les normes européennes de 50 mg par litre. *Déc. 1995 :* la *Lyonnaise des Eaux :* 176 personnes de la région de Guingamp où le taux de nitrates était dépassé ont obtenu 1 000 F en moyenne [dont 741 F pour les bouteilles d'eau (à raison de 3 l à 1 F par personne et par jour)]. Sur la base de dépassements de taux de nitrates constatés dans l'eau distribuée au robinet entre déc. 1992 et déc. 1994, le tribunal d'instance de Guingamp n'a pas retenu l'argumentation de la Lyonnaise qui expliquait que « la présence de nitrates dans l'eau distribuée en quantité supérieure aux normes admises était liée à un effet extérieur imprévisible et irrésistible ». La Lyonnaise s'est retournée contre l'État qui n'avait pas arbitré entre le développement des épandages dans le haut bassin du Trieux (rivière où la Lyonnaise puise ses eaux destinées à Guingamp) et le respect des normes. Le 2-5-2001, en première instance, le tribunal administratif de Rennes a condamné l'État considéré responsable de la dégradation de la qualité de l'eau brute.

TRAITEMENT DES EAUX

■ **Dessalement de l'eau. Principaux procédés :** *distillation :* procédé le plus ancien. Échauffement jusqu'à ébullition de l'eau et condensation de la vapeur (eau presque pure). *Osmose inverse :* l'eau salée est pressurisée le long des membranes qui laissent passer l'eau mais arrêtent les sels. En cas de faible salinité, on utilise aussi électrodialyse et échangeurs d'ions.

Production d'eau dessalée : principalement dans la péninsule arabique. 70 % des besoins en eau des pays du Golfe sont couverts par une quarantaine d'usines de dessalement d'eau de mer fournissant 4 milliards de m³/j dont près de 50 % en Arabie saoudite. L'eau de mer (35 à 50 g de sel/l) est plutôt distillée, les eaux saumâtres (1 à 10 g/l) sont traitées par osmose inverse. Capacités installées par distillation 70 %, osmose inverse 25 %, électrodialyse 5 %.

☞ **Production d'eau douce** dans le monde **à partir de l'eau de mer** (*source :* Sidem 1999). **Volume/jour :** 14 millions de m³ dont (en %) Arabie saoudite 29,7, Émirats arabes unis 16,5, Koweït 10,9, Espagne 4,7, Libye 4,5, Qatar 4,2, Iran 2,8, Italie 2,7, Bahreïn 2,6, reste du monde 21,4.

■ **Dureté.** Une eau dure contient une quantité importante de sels de calcium et de magnésium. Les eaux qui ont traversé certains terrains calcaires du nord de la France sont dures ; celles issues des terrains granitiques de Bretagne ou du Massif central sont douces. Les eaux dures moussent difficilement, déposent du tartre si on les chauffe, mais ne sont pas nocives pour la santé. Les eaux douces moussent facilement et ne déposent pas de tartre à chaud (mais peuvent poser des problèmes de corrosion).

Titre hydrotimétrique : détermine la dureté de l'eau. *Quantités de sels de calcium ou de magnésium* dont la dissolution dans 1 l d'eau correspond à 1 degré hydrotimétrique français (en mg/l) : *$CaCl_2$* 11,1, *$CaCO_3$* 10, *chaux vive : Ca O* 5,6, *Mg* 0,4, *chlorure de magnésium : $Mg Cl_2$* 9,5, *$Mg SO_4$* 12. *Équivalences :* degré hydrotimétrique français = 0,56° allemand = 0,7° anglais.

Adoucisseur d'eau : l'eau dure traverse une résine spéciale dont les grains échangent le calcium et le magnésium de l'eau par le sodium. Lorsque chacun des grains est saturé, l'eau ne peut plus être adoucie ; il faut alors faire passer une eau très chargée en sodium (sel marin raffiné) qui régénère les grains. Une eau titrant moins de 30 degrés français se passe d'adoucisseur.

☞ Si l'adoucissement de l'eau est souhaitable pour certains appareils ménagers, une eau complètement adoucie n'est pas conseillée pour la boisson ou l'alimentation. De plus, elle peut être corrosive pour les canalisations.

■ **Traitements classiques d'une eau de rivière.** *Exemple :* usine de Morsang-sur-Seine. **Prélèvement d'eau brute de Seine :** élimination des particules de plus de 1 mm par prise d'eau sous la surface, dégrillage puis tamisage. **Prétraitement :** pour éviter la préchloration afin de ne pas former des composés du chlore avec l'ammoniac (chloramine donnant un goût désagréable) et avec des produits organiques (chlorophénols, chlorobenzènes, trichlorométhanes...), certains de ces composés étant toxiques ou suspects d'être cancérigènes, on effectue la chloration après élimination de l'ammoniac et des matières organiques. **Coagulation-floculation-décantation :** problème : les particules de moins de quelques µm sont chargées négativement et en suspension stable. Neutralisation des charges négatives par Al^{3+} [solution de $Al_2(SO_4)_3$] qui précipite en $Al(OH)_3$ à la surface des particules (coagulation) : 3 à 17 g Al_2O_3/m^3. Grossissement des particules par agglomération : floculation par un polymère (polyacrylamide anionique). *Décantation :* l'eau traverse par percolation une masse de boue constituée par les particules déjà séparées. **Traitements complémentaires :** *filtration sur sable :* élimination des derniers flocs : 1 m d'épaisseur de sable, vitesse de filtration 13 m/h. *Ozonation :* O_3 résiduel : 0,4 mg/l, contact avec l'eau : 10 min. En général l'ozone est obtenu par décharge électrique à la fréquence de 800 Hz dans l'oxygène ou l'air (ou un mélange des deux) entre des tubes concentriques séparés de 1 à 2 mm qui constituent les électrodes. Le tube extérieur est en acier inoxydable, le tube intérieur en verre (qui sert de diélectrique) métallisé. Un ozoneur contient quelques dizaines de tubes. Le refroidissement est assuré par un courant d'eau. *Capacités de production :* plus de 150 kg de O_3/h, concentration en O_3 10 % dans l'oxygène. Consommation d'énergie pour 1 t d'ozone de 2 kWh dans l'air à 8 kWh dans l'oxygène. *Filtration sur charbon actif :* **absorbe les matières organiques** solubles et permet l'élimination des goûts, pesticides, hydrocarbures, détergents ; épaisseur : 1,30 m, vitesse : selon la filière, 7 à 10 volumes d'eau traversent 1 volume de charbon en 1 h. **Correction de pH :** solution de NaOH ou de H_2SO_4 pour éviter les problèmes liés au CO_2 dissous dans l'eau afin d'obtenir une eau ni agressive, ni incrustante. **Désinfection finale** par Cl_2 : teneur du Cl_2 résiduel de 0,10 mg/l. **Contrôle de qualité :** à Nandy, à 5 km en amont de la prise d'eau : suivi en continu de 18 paramètres : pH, résistivité, température, turbidité, oxygène dissous, NH_3, radioactivité β, COT, hydrocarbures, absorption UV à 254 nm, 6 métaux lourds, toxicité globale par test poisson (ichtyotest). Contrôle en continu du process : turbidité, pH, dose réactifs, ozone et chlore résiduels. Analyse quotidienne à chaque étape du traitement et au refoulement.

Traitement des eaux à l'aide de membranes : *ultrafiltration* (pores de 3 à 10 nm) ou *nanofiltration* (pores d'environ 1 nm). Jusqu'à présent réservée au traitement d'eaux souterraines (exemple, usine de Vigneux-sur-Seine, Essonne), commence à être utilisée pour celui d'eaux de surfaces. La nanofiltration élimine contaminants organiques et inorganiques de l'eau. Devrait remplacer à terme *ozonation* ou *filtration sur charbon actif. Avantage :* arrête les polluants quelle que soit leur concentration. *Inconvénient :* coût élevé. **Verdunisation :** purification par incorporation de faibles doses de chlore au cours d'un brassage énergique [mise au point par Philippe Bunau-Varilla, France 1859-1940) utilisée vers la mi-septembre 1916 lors du siège de Verdun].

☞ La plus grande usine d'eau potable du monde, *Prospect Australie* (capacité 4,2 millions de m³ d'eau potable), pourrait satisfaire la consommation de 10 millions d'habitants.

■ **Prix. Structure moyenne** (en %, 1998) : alimentation en eau potable 45, assainissement 33, redevance de lutte contre la pollution perçue par les Agences de l'eau 15, du fonds national d'aide pour le développement des adductions d'eau (FNDAE) 1, TVA 6. Si la gestion est affermée, prix de base et redevance assainissement font apparaître une surtaxe communale, syndicale ou districale.

Prix du m³ d'eau potable (en F, TTC). **Moyenne :** *1991 :* 9,60 ; *96 :* 14,8 ; *99 :* 17,07 dont [distribution 42 (évolution 1991/99 + 32 %), collecte et traitement des eaux usées 31 (+ 66), redevances des agences de l'eau 17 (+ 266), taxes 10 (+ 215)] ; *2001 (prév.) :* 18,4. *Paris* (1-1-2000) : 14,913 dont production et distribution 5,113, collectes et épuration 4,931, taxes et redevances 4,869. **Coût moyen total de l'eau** (sans l'assainissement, valable pour les industriels et collectivités) par m³, en 1997 : Allemagne 10,63 ; Belgique 8,16 ; P.-Bas 7,90 ; *France : 6,90* (Marseille 9,08, région parisienne 8,32, Lille 8,27, Lyon 7,49, Paris 5,40, Strasbourg 4,32) ; G.-B. 6,83 ; Norvège 2,13. **Coût annuel de l'eau de boisson pour un individu :** *eau du robinet* 12,5 F [2 litres d'eau par jour (730 litres par an à 1,7 centimes)].

☞ Un robinet qui fuit goutte à goutte perd 44 m³ d'eau par an ; une chasse d'eau de W.-C. 220 m³.

Enquête auprès de 5 000 communes (sur 1998). En écartant les 5 % de communes les plus chères et les moins chères, pris de 5,20 à 20,70 F le m³. Dépend de : taille de la commune, degré d'équipement, mode de distribution et d'assainissement, dispersion de l'habitat, accè et qualité de la ressource naturelle. Une gestion intercommunale est plus onéreuse qu'une gestion communale (16,70 F le m³ contre 13).

■ **Prix moyen de l'eau par région** (en F, m³). Hte-Normandie 23,3, Bretagne 21,1, Ile-de-Fr. 19,9, Pays de la Loire 18,8, Poitou-Charentes 18,6, Aquitaine 18,1, Basse-Normandie 18,1, Nord-Pas-de-Calais 17,8, Picardie 17,7, Centre 16,2, Bourgogne 15,5, Champagne-Ardenne 15,4, Rhône-Alpes 15, Midi-Pyrénées 14,9, Lorraine 14,8, Alsace 14,8, Limousin 13,4, Paca 13,4, Corse 12, Auvergne 11.

Eau facturée : en France, en 1998, 4 200 millions de m³ dont pour gros consommateurs (industriels, commerçants) 575. Prix moyen pour 1 m³ d'eau facturé aux usagers du réseau public : 16,55 F (consommation 120 m³/an).

■ **Agences de l'eau.** Établissements publics créés par la loi sur l'eau de décembre 1964, partageant la France en 6 bassins hydrographiques : Artois-Picardie, Seine-Normandie, Rhin-Meuse, Loire-Bretagne, Adour-Garonne et Rhône-Méditerranée-Corse. Ils ne se substituent pas aux maîtres d'œuvre (État, collectivités locales, Stés privées), mais accordent subventions et prêts pour les ouvrages améliorant quantité et qualité de l'eau. Perçoivent des redevances calculées en fonction de la pollution émise (200 à 3 000 F par kg de matière polluante) et des quantités d'eau utilisées. Les agences ont lancé un appel pour bannir les tripolyphosphates des lessives, responsables selon elles, d'une part importante de l'eutrophisation de l'eau (manque d'oxygène, coloration verte ou brune et prolifération d'algues microscopiques). **Travaux aidés VIIe programme (1997-2000) :** 56 913 MdF d'aides financières pour + de 100 MdF de travaux.

Épuration des eaux usées

La pollution des eaux usées est définie par un indicateur synthétique de matières organiques, l'équivalent-habitant (Eh), correspondant à 57 g de matière organique. Eh correspond à une BDO 5 (demande biologique en oxygène) de 60 g par jour.

■ **Production d'eaux usées en France.** 150 millions d'Eh dont 55 venant des hab. réels, 95 correspondant à l'activité économique (par exemple, 1 t de papier correspond à 100/300 Eh, 1 000 l de bière à 700/2 300 Eh).

■ **Méthodes. Prétraitement :** dégrossissage et dégrillage, pour éliminer les matières les plus volumineuses, déshuilage et dessalage. **Traitements primaire :** décantation éliminant 50 % des matières en suspension et 30 % des mat. organiques ; **secondaire** biologique : dégradant ces mat. organiques par des bactéries travaillant en milieu aérobie (boues activées, lits bactériens, disques biologiques, biofiltres immergés, lagunage) ; **tertiaire :** après passage dans un décanteur secondaire, parfois nécessaire pour éliminer certains produits particuliers ou pour que le rejet soit conforme aux normes du milieu récepteur [traitements physico-chimiques ou biologiques (filtration, nitrification-dénitrification, déphosphatation)]. **Lagunage :** épuration par passage dans différents bassins grâce à l'action naturelle des bactéries (dégradation et transformation des matières organiques). Peu coûteux (énergie solaire, pas d'emploi de produits chimiques), efficace, mais nécessite de grandes surfaces (1 ha au minimum pour 1 100 à 1 700 hab.).

Réseaux des eaux usées : 21 500 communes (59 %) disposent d'un réseau de collecte [soit 55,9 millions d'habitants (93 % de la population)]. 17 700 sont raccordées à une station d'épuration [15 435 en France ; 53,4 millions d'habitants (89 %)].

■ **Stations d'épuration. Nombre :** *1970* : 1 400 ; *80* : 7 240 ; *90* : 11 500 ; *2000* : 15 435. **Capacité :** *Achères* (2e du monde après Chicago), au nord-ouest de Paris, peut traiter 2 110 000 m³/j d'effluents (50 % des besoins de l'agglomération parisienne). *Nice* (690 000 Eh), *Valenton* (1 600 000 Eh), *Marseille* (1 630 000 Eh) et *Grenoble* (500 000 Eh), etc. Une station d'assainissement produit, en moyenne, par j et par hab., 2,8 l de boue à 20 g/l de matière sèche soit, par an, en France, 3 millions de t de boue qui donnent 600 000 t de matière sèche dont 40-50 % vont en décharge, 40-50 % sont répandus en agriculture et 15 % incinérés.

Eaux minérales et thermalisme

Généralités

■ **Origine.** Les eaux minérales sont de l'eau de pluie infiltrée qui, en traversant les roches, se charge en calcium, magnésium, sodium, potassium, etc., parfois en gaz liés au volcanisme comme l'hélium, l'argon, le gaz carbonique, et qui rejaillit 30 à 50 000 ans plus tard. En arrivant à la surface, la pression et la température baissent, une oxygénation partielle et une dilution (par les eaux des nappes superficielles) se produisent. Des forages profonds permettent de l'éviter. Exemple : *Badoit*, captée à 154 m (granit). **Gaz contenu :** *Vichy* : 3 litres de gaz carbonique pour 1 litre d'eau à la pression atmosphérique.

■ **Classement des eaux.** Les eaux thermales peuvent se définir par leur origine géologique, leurs propriétés physiques et leur efficacité curative. Elles peuvent, selon leur nature, être utilisées soit sur le lieu de la source pour des cures thermales qui comportent des soins externes ou internes, soit, après embouteillage, comme eaux destinées à la consommation. **1°) Eaux hyperthermales** (au sens propre du mot, c'est-à-dire chaudes), oligo- et polymétalliques, radioactives et radifères. Exemples : *Chaudes-Aigues* (Cantal) 81 °C (record d'Europe) ; *Plombières* (Vosges) 72 °C ; *Bourbonne-les-Bains* (Hte-M.) 66 °C ; *Bains-les-Bains* (Vosges) 51°C ; *Aix-les-Bains* (Savoie) 47°. **2°) Froides oligométalliques :** exemples : *Divonne-les-Bains* (Ain) 7 °C, *Évian, Thonon* (Hte-Savoie), etc. **3°) Sulfatées calciques** ou **magnésiennes :** exemples : *Vittel, Contrexéville* (Vosges), *Dax* (Landes), etc. **4°) Sulfatées sodiques :** exemple : *Miers-Alvignac* (Lot). **5°) Sulfureuses :** exemples : *Amélie-les-Bains* et *Molitg-les-Bains* (Pyr.-Or.), *Luchon* (Hte-G.). **6°) Carboniques :** exemples : *Vichy* (Allier), *Vals-les-Bains* (Ardèche), *Châtelguyon* (P.-de-D.). **7°) Chlorurées sodiques :** exemple : *Salies-de-Béarn* (Pyr.-Atl.). **8°) Arsenicales, ferrugineuses, cuivreuses :** exemples : *La Bourboule* (P.-de-D.), *St-Christau* (Pyr.-Atl.). En fait, ces différents éléments physico-chimiques se combinent, d'où une gamme variée d'indications thérapeutiques.

■ **Quelques définitions. Crénothérapie** (du grec *krênê*, source) : utilisation thérapeutique des propriétés et des éléments divers des eaux minérales. **Fangothérapie** (de *fangus*, boue) : traitement par les boues. **Griffon :** lieu exact où l'eau d'une source vient affleurer le sol. **Minéralisation :** contenu d'une eau en substances dissoutes. En France, « eau minérale » n'est pas synonyme d'« eau minéralisée » (ayant une forte concentration en sels minéraux : calcium, magnésium). Les Allemands ne considèrent une eau comme « minérale » que si elle contient plus de 1 000 mg par litre de sels minéraux dissous. Certaines contiennent de l'arsenic. D'autres sont trop riches en sodium (à déconseiller aux hypertendus, cardiaques et à ceux qui souffrent d'affections rénales), ou en fluor [efficace contre la carie dentaire à des doses variant entre 0,6 et 1,5 mg par j, mais néfaste à plus de 2 mg (risque de fluorose : taches ou noircissement de l'émail) et au-dessus de 6 mg (menace les tissus osseux)] ; une quinzaine d'eaux minérales dépassent 1,5 mg par litre. **Parafangothérapie :** traitement utilisant une boue sèche dans la paraffine fondue. **Pélothérapie :** traitement par les boues. **Radioactivité** (en Bq) : *Vichy-Célestins* (Allier) 3,44, *Vichy-Hôpital* 4,07, *Vichy-Grande Grille* 4,44. Les eaux minérales peuvent arracher des éléments radioactifs aux roches traversées : essentiellement du potassium 40, principal responsable de la radioactivité bêta, du radium 226 et de l'uranium naturel, émetteurs alpha et gamma. La réglementation française n'en donne plus la concentration maximale admissible dans l'eau de boisson (en 1988, elle était de 0,37 Bq par litre). **Thermalite :** propriété d'une eau naturelle qui émerge entre 35 et 50 °C (en deçà, elle est dite hypothermale, au-delà, hyperthermale).

■ **Thermalisme en Europe. Allemagne :** 5 200 millions de litres, 300 sites dont *Apollinaris*, Rhénanie-Polskina, découverte 1852, *Gerolsteiner Sprudel*. **Belgique :** 700 millions de litres. *Spa*, 300 sources dont *Spa Reine*, la plus ancienne, la moins minéralisée d'Europe ; *Spa Marie-Henriette*, gazeuse ; *Spa Barisart*, gazéifiée par adjonction de gaz carbonifié ; *Chevron* (Bru). **Espagne :** 1 890 millions de litres, 70 % plates. **Italie :** 400 stations thermales, 280 sans embouteillage ; 5 450 millions de litres ; *San Pellegrino* (3 sources) gazeuze additionnée de gaz carbonique naturel. **Portugal :** 278 millions de litres ; 75 % plates.

Thermalisme en France

Source : Syndicat national des établissements thermaux de France.

Quelques chiffres

■ **Sources minérales.** 1 200 reconnues et autorisées (quand l'Académie nat. de médecine leur a reconnu des propriétés thérapeutiques). La plupart sont déclarées d'intérêt public. Aucune source d'eau minérale ne peut être exploitée sans une autorisation préalable du ministère de la Santé. 15 laboratoires régionaux effectuent des prélèvements et la Ddass contrôle l'hygiène de l'établissement. **Stations classées :** 105 (dont 2 dans les DOM). **Médecins thermaux :** 600.

■ **Statut. Propriétés de l'État :** *gestion directe :* Aix-les-Bains ; *exploitation concédée :* Bourbonne, Plombières, Vichy, Bourbon-l'Archambault ; **du département :** *exploitation concédée :* Le Mont-Dore, St-Amand, etc. ; **de la commune :** *régie directe :* Balaruc, Digne, Luchon, Royat ; *exploitation concédée :* Aix-en-Provence, Capvern, Enghien-les-Bains, St-Gervais ; **d'hospices :** *exploitation concédée :* Bourbon-Lancy, Vals, etc. **Privées :** Allevard, Amélie, Avène-les-Bains, Bagnoles-de-l'Orne, Barbotan, Cambo, Châtelguyon, Eugénie, Évian, Gréoux, Jenzac, La Roche-Posay, Molitg, St-Christau, St-Laurent.

■ **Fréquentation** (en milliers de journées cures, 2000). **Cures médicales assurés sociaux 18 jours et,** entre parenthèses, **autres cures** (séjours santé et remise en forme) : *total 9 754,7 (447,1)*. Dax 991,3 (10,1), Aix-les-Bains 642,8 (7), Balaruc-les-Bains 635,6 (2,1), Amélie-les-Bains 541,6 (5,5), Gréoux-les-Bains 487,1 (9,1), Luchon 332,8 (5,3), Barbotan-les-Thermes 288,1 (3,1), Bagnoles-de-l'Orne 278,7 (8,7), Amnéville 241,2 (2,1), Bourbonne-les-Bains 211,8 (7,8), Vichy 211,1 (16,1), La Bourboule 211,1 (2,4), St-Paul-les-Dax 210,7 (4,6), Rochefort 198,1 (2,3), Royat 197,1 (7,1), Cambo-les-Bains 156,4 (4,6), Brides-les-Bains 155,5 (37,4), Le Mont-Dore 153,5 (2,1), La Roche-Posay 148,9 (5,3), Bagnères-de-Bigorre 146,7 (7,6), Uriage 133,3 (5,2), Ax-les-Thermes 130,2 (9,3), Cauterets 127,4 (0,4), Châtelguyon 125,6 (6,4), Digne-les-Bains 117,3 (3,8), Jonzac 116,2 (2,4), Lamalou-les-Bains 114,3 (1,5), Aix-les-Bains/Marlioz 112,3 (2,3).

■ **Chiffre d'affaires des stations** (en 1995). 14 milliards de F.

■ **Curistes. Nombre :** *1993* : 637 274 ; *98* : 548 003. **Coûts de prise en charge** (en millions de F) : *1995* : 1 094 ; *96* : 1 090 ; *97* : 1 186 ; *98* : 1 245.

Principales stations

Légende : **altitude** (en mètres) **et,** entre parenthèses, **affections soignées :** (1) artères, cœur, veines ; (2) dermatoses ; (3) diabète, goutte, obésité ; (4) estomac ; (5) foie ; (6) gynécologie ; (7) intestins ; (8) lymphatisme, anémie ; (9) os et articulations ; (10) reins et voies urinaires ; (11) rhumatismes ; (12) neurologie ; (13) voies respiratoires ; (14) phlébologie ; (15) affections psychosomatiques. **P :** station permanente. **Nombre de curistes** en 2000.

Ain *Divonne-les-Bains* 519 mètres (15) P 2 069 curistes. **Allier** *Bourbon-l'Archambault* 260 (6-11) P 3 021. *Néris-les-B.* 350 (11-12-15) 5 406. *Vichy* 260 (3-4-5-7) P 11 729. **Alpes-de-Hte-Provence** *Digne* 698 (11-13) 6 521. *Gréoux-les-B.* 360 (9-11-13) P 27 063. **Alpes-Maritimes** *Berthemont-les-B.* 960 (2-11-13) 997. **Ardèche** *Neyrac* 450 (2-11) 2 289. *St-Laurent* 840 (11) 1 709. *Vals-les-B.* 250 à 900 (3-4-5) 2 657 (en 1999). **Ariège** *Aulus-les-B.* 780 (10) 316. *Ax-les-Thermes* 720 (11-13) P 7 234. *Ussat-les-B.* 500 (6-12-15) 789. **Aude** *Alet-les-B.* 206 (5-7) 147. *Rennes-les-B.* 320 (11) 1 262. **Aveyron** *Cransac-les-Thermes* 325 (11) 2 174. **Bas-Rhin** *Morsbronn-les-B.* 183 (9-11) 3 296. *Niederbronn-les-B.* 192 (9-11) 2 164. **Bouches-du-Rhône** *Aix-en-Provence* 177 (1-6-11) P 3 844 [1] (fermée). *Camoins-les-B.* 200 (2-11-13) 3 254. **Cantal** *Chaudes-Aigues* 750 (9-11) 1 727. **Charente-Maritime** *Jonzac* 40 (11-13) 6 459. *Rochefort* 60 (2-11-14) P 11 011. *Saujon* 13 (15) P 1 365. **Corse** *Guagno-les-B.* 480 (11) 210 et *Pietrapola* 181 [2] (fermées). *Zigliara* 115, n.c. **Creuse** *Évaux-les-B.* 469 (6-11-14) 2 475. **Drôme** *Montbrun-les-B.* 600 (13) 420. **Gard** *Les Fumades* 160 (2-6-13) 2 096. **Gers** *Aurensan* 250 (10-11) 147. *Barbotan-les-Thermes* 130 (11-14) P 16 009 [(fermée du 27-6 au 15-7-1991 ; 20 † asphyxiés le 27-6, émanation d'oxyde de carbone (goudron déversé au cours de travaux ?)]. *Castera-Verduzan* 110 (4-5) 238 [2] (fermée 1996, rouverte 2000). **Haute-Garonne** *Barbazan* 450 (3-4-10) 444. *Luchon* 630 (11-13) 18 491. *Salies-du-Salat* 300 (6-8-9) 1 514. **Haute-Marne** *Bourbonne-les-B.* 270 (9-11) 11 771. **Hautes-Pyrénées** *Argelès-Gazost* 462 (6-1-14) 1 269. *Bagnères-de-Bigorre* 550 (11-12-13-15) 8 155. *Barèges-Sers* 1 250 (9-11-13) 2 430. *Beaucens* 480 (11) 597. *Capvern-les-B.* 475 (5-10) 4 111. *Cauterets* 1 000 (11-13) P 7 080. *St-Lary* 830 (11-13) 2 294. *Luz-St-Sauveur* 711 (1-6-14) 1 566. **Haute-Saône** *Luxeuil-les-B.* 294 (1-6-14) 1 147. **Haute-Savoie** *Évian-les-B.* 500 (3-10) 2 475. *St-Gervais* 808 (2-13) 3 619. *Thonon-les-B.* 435 (10) P 1 040. **Hérault** *Avène-les-B.* 350 (2) 1 848. *Balaruc* 0 (11) 35 311. *Lamalou-les-B.* 200 (11-12) P 6 353. **Isère** *Allevard-les-B.* 475 (13) 5 382. *Uriage* 414 (2-11-13) 7 409. **Jura** *Lons-le-Saunier* 255 (6-8) 2 175. *Salins-les-B.* 353 (6-8-11) 1 331. **Landes** *Dax* 12 (6-11-14) P 55 075. *Eugénie-les-B.* 85 (3-7-10-11) 5 057. *Préchacq-*

■ **Eaux de source.** D'origine souterraine, microbiologiquement saine et protégée contre les risques de pollution, embouteillée sur place, sans aucun traitement. Il est normal de trouver en petit nombre certains types de germes banals dans les nappes souterraines (*P. fluorescens, flavobacterium, acinetobacter...*).

Production (en France) : environ 2,7 milliards de litres en 2000 par des Stés exportant peu et produisant de 10 à 200 millions de bouteilles par an : Cristal-Roc, Elvina, Isabelle, Mont-Dore, Ogeu, St-Benoît, St-Cyr, St-Lambert. *Frais de transport :* de 15 à 25 c par bouteille. Elles rentabilisent leur production avec sodas, boissons aux fruits (20 à 30 % du tonnage, 50 % du chiffre d'affaires). **Roxane** regroupe les sources : Arline (Val-d'O.), Aurelle (Ardennes), Cristal-Roc (Sarthe), Éléonore (Loire-Atl.), Lucheux (Somme), St-Jean-Baptiste et St-Léger (Nord) et Valon (Ht-Rhin) ; **Castel-CGES :** Grands-Bois (Marne), Neyrolles (Ain), Pierval (Eure), St-Cyr (Loiret), Ste-Cécile (Vaucluse), St-Médard (Dordogne), **Sté française des eaux régionales-SFER (Perrier Vittel) :** Carola (Ht-Rhin), Ste-Alix (C.-d'A.), St-Lambert (Yvelines). **Danone :** Mont-Dore (P.-de-D.) ; « *eaux de source de montagne* » : Beaupré, Mont-Dore, Ogeu, Valon.

Certaines sources sont proches de zones urbanisées ou d'agriculture intensive et quelques-unes ont dû fermer pour cause de pollution (nitrates, hydrocarbures), exemples : Katell Roc (Morbihan), Langoat (Côtes-d'Armor), Montégut (Hte-Gar. ; fin 1986).

■ **Eaux de source gazéifiées.** (Vitteloise, Volviliante, Roxanaise, St-Benoît). On mélange, avec un carbonateur, un gaz carbonique artificiel avec de l'eau.

■ **Eaux rendues potables par traitement.** Traitement par UV ou ozone avant le décret du 6-6-1989. Environ 30 communes du Morbihan ont obtenu une dérogation pour distribuer une eau dont la contenance en nitrates dépassait le seuil autorisé, sinon toute la région était privée d'eau. A Châteauroux (Indre), *fin févr. 1990 :* 60 000 personnes ont été invitées à ne plus consommer l'eau du robinet (les égouts s'étaient écoulés dans la nappe souterraine).

les-B. (11) 1 473. *Saubusse-les-B.* 10 (11-14) 1 287. *Tercis-les-B.* 42 (2-11-13) 1 971. *Saint-Paul-les-Dax* 12 (11-14) P 11 706. **Loire** *Montrond-les-B.* 356 (3-4) 1 999. **Lot** *Miers-Alvignac-les-Eaux* 360 (5) [fermée]. **Lozère** *Bagnols-les-B.* 913 (1-11) 1 157. **Moselle** *Amnéville* 400 (11-13) P 13 405. **Nièvre** *Pougues-les-Eaux* 192 (3-5) (fermée). *St-Honoré-les-B.* 320 (11-13) 3 608. **Nord** *St-Amand-les-Eaux* 17 (11-13) 5 369. **Orne** *Bagnoles-de-l'Orne* 225 (1-6-9-11-14) 12 154. **Puy-de-Dôme** *La Bourboule* 850 (2-8-13) 11 731. *Châteauneuf-les-B.* 380 (11) 676. *Châtelguyon* 430 (5-6-7-10) 6 980. *Le Mont-Dore* 1 050 (11-13) 8 532. *Royat* 450 (1-11) 10 950. *St-Nectaire* 700 (3-8-10) 421. **Pyrénées-Atlantiques** *Cambo-les-B.* 60 (11-13) 8 689. *Eaux-Bonnes* 750 (11-13) 1 194. *Eaux-Chaudes* 625-675 (8-11-13) P n.c. *St-Christau* 183 (2) 386 [3] (fermée). *Salies-de-Béarn* 56 (6-8-9) P 2 511. **Pyrénées-Orientales** *Amélie-les-B.* 230 (11-13) P 30 091 (hôpital thermal des Armées, fermé en 1994). *Le Boulou* 86 (1-4-5-7) 2 763. *Molitg-les-B.* 450 (2-3-11-13) 2 192. *La Preste-les-B.* 735 (7-10) 2 114. *Vernet-les-B.* 650 (11-13) 3 300. **Rhône** *Charbonnières-les-B.* (6-11) P 1 010 [1] (fermée). **Saône-et-Loire** *Bourbon-Lancy* 240 (1-11) 3 166. **Savoie** *Aix-les-B.* 236 (11-13) P 35 712. *Aix-Marlioz* 236 (13) P 6 240. *Brides-les-B.* 580 (3-4-5-7-11) 8 642. *Challes-les-Eaux* 280 (6-13) 3 010. *La Léchère-les-B.* 440 (6-11-14) 6 165. *Salins-Moutiers* 493 (6-8) [fermée]. **Seine-Maritime** *Forges-les-Eaux* 165 (8) [fermée]. **Val-d'Oise** *Enghien-les-B.* 45 (13) 1 262. **Vienne** *La Roche-Posay* 70 (2) P 8 273. **Vosges** *B.-les-B.* 310 (1-11) 3 479. *Contrexéville* 350 (3-5-7-10) 657. *Plombières-les-B.* 450 (3-7-8-11) 4 312. *Vittel* 365 (3-5-7-8-10-11) P 4 006. **Outre-mer. Guadeloupe** St-Claude (2-11-13) n.c. **Réunion** *Cilaos* 1 200 (4-7-8-11) P 424.

Nota. – (1) 1991. (2) 1996. (3) 1997.

Eaux minérales naturelles embouteillées

☞ *Abréviation* : Ml : millions de litres.

■ **Comparaisons** (en mg/l). **Potassium :** Hépar 4, Contrex 3,2. **Magnésium :** Hépar 110, Badoit 85, Contrex 84, Vittel 36, Vichy 10, Perrier 10. **Calcium :** Hépar 555, Vittel 202, Badoit 190, Arvie 170, Perrier 147, Vichy Célestins 103. **Sodium :** Hépar 14, Perrier 9, Vittel 3,8.

■ **Consommation mondiale** (en milliards de l, 1998). 72,5 dont (en %) USA 19, Italie 14, *France 11*, Allemagne 11, reste de l'Europe 16, Asie, Pacifique 16, reste du monde 13.

■ **Consommation annuelle par habitant** (en litres, 2000) : Italie 140, Belgique 124 (y compris eaux de source), Allemagne 99, Suisse 97, *France 92*, Espagne 87, Autriche 80, USA 51 [1], G.-B. 12 [1], Japon 6 [1], Chine [1], Inde : moins de 2 [1]. **Répartition de la consommation d'eaux plates et,** entre parenthèses, **d'eaux gazeuses** (en litre par habitant, 1993) : All. 19 (66), Italie 65 (64), *France 92 (18).*

Nota. – (1) En 1998.

■ **Production d'eaux minérales naturelles** (en millions de litres, 2000). **Eaux plates** et, entre parenthèses, **gazeuses :** Italie 5 460 (2 940), *France 4 766 [1] (1 588 [1])*, Espagne 3 298 (163), Belgique 843 [2] (397 [2]), Portugal 382 (77), Allemagne 78 (7 654), P.-Bas 69,5 (69,5), Suisse 60 (431), Autriche 23 (600), Irlande n.d. (73 en 1998).

Nota. – (1) Provenance France *1938* : 30 ; *40* : 300 ; *53* : 700 ; *67* : 2 000. (2) Eaux minérales naturelles et eaux de source.

■ **Marché des eaux plates en France. Volume d'eau minérale et,** entre parenthèses, **de source vendu** (en milliards de litres) : *1996* : 2,67 (1,37) ; *97* : 2,71 (1,52) ; *98* : 2,76 (1,7) ; *99* (est.) : 2,9 (1,92).

■ **Ventes en France** (en 1997). **En millions de litres :** 5 078 dont (en %) plates 83, gazeuses 17. **En millions de cols :** Cristaline 293, Saint-Yorre 120, Thonon 49, Vichy Célestins 47, Vernière 31, Pierval 27, Châteauneuf 2, Rozana 0,6, Châteldon 0,363, Charrier 0,168.

Marché français des eaux minérales (en 1997). **Nestlé :** *chiffre d'affaires eaux :* 4,6 milliards de F. San Pellegrino, Perrier (1,6 en 1996), Vittel (depuis 1988), Contrexéville, Hépar, Abatilles, Plancoët, Carola, Valvert, Vitteloise, Saint-Lambert, Montclar, Quézac. **Danone :** *chiffre d'affaires :* Évian 3,5 milliards de F (Volvic 1,5). **Castel :** *chiffre d'affaires* : 1,6 milliard de F. **Autres :** *marques françaises :* Rosée de la reine, Vals (26 millions de cols en 1996), Wattwiller, Puits-Saint-Georges (Casino), Mont-Roucous, Arcens, Valon, St-Alban, Carat (Intermarché) ; *étrangères :* Ty Nant, Xenia, Apollinaris, Gerolsteiner, Ramlösa. **Parts de marché des eaux plates** (en %, fin mars 1999) : Cristaline 13,6, Évian 13,2, marques de distributeurs 12,8, Contrex 12,2, Vittel 9,3, Volvic 8,9, Hépar 4,0, Valvert 2,8, Thonon 1,5 ; **eaux gazeuses :** Badoit 18,5, St-Yorre 13,5, Perrier 12, Salvetat 7,8, Arvie 7, Quézac 6,3, marques de distributeurs 6,2, Vichy Célestins 5,6, Vernière 3,4, Vitteloise 2,2.

■ **Prix de revient** (en %) **d'une bouteille d'eau minérale en plastique Vittel (1,5 l).** Coût de production 44, frais généraux 16, publicité, promotion 12, remises au commerce 10, bénéfice net 7, impôts, charges exceptionnelles 6, frais financiers, taxes 5.

■ **Quelques précisions.** *Sources :* Chambre syndicale des eaux minérales et Synd. nat. des établissements thermaux de France. **Badoit** (St-Galmier, Loire, 1837, embouteillage industriel par un fermier, Saturnin Badoit) : 260 Ml. **Charrier** (Neptune [1], Allier ; 1933) : la moins minéralisée, 0,8 Ml. **Châtelaine** (P.-de-D.). **Châteldon** (Neptune [1], P.-de-D.), source Sergentale, rachetée par Perrier à la famille Laval. **Contrex** (Vosges ; 1954 Perrier) : 850 Ml. **Évian** (Hte-Savoie, 1830 1er embouteillage en cruche de terre ; 1995 1re bouteille en plastique compressible. Source Cachat rachetée par BSN en 1971), la plus consommée au monde : 1,3 million de bouteilles. **Hépar** (Vittel, Vosges, déc. 1873). **Rozana** (Neptune [1], P.-de-D., 1933), la plus riche en magnésium. **St-Yorre** (Neptune [1], 1850, bassin de Vichy, Allier). **Vichy Célestins** (Neptune [1], Allier) : 60 Ml. Le groupe compte 14 émergences, dont 9 situées sur la commune, 6 utilisées en cure de boisson. *Température d'émergence :* Hôpital 33,9 °C, Célestins 17,3, Chomel 40,4, Grande Grille 40,5, Lucas 25, Parc 19,3. Vichy et ses eaux appartiennent à l'État, mais les eaux minérales embouteillées et les établissements thermaux sont gérés par la Cie fermière de Vichy qui fait partie du groupe Castel.

Nota. – (1) Neptune : filiale du groupe Castel.

■ **Perrier. Origine. 1863**-*23-6* un décret de Napoléon III en autorise le commerce. **1894** le docteur Louis Perrier, médecin qui fut maire de Nîmes, achète la source des Bouillens à Vergèze (Gard, à 17 km de Nîmes), étudie les propriétés de l'eau, perfectionne la mise en bouteilles. **1903** il persuade son commanditaire, sir John Harmsworth, un Anglais qui testait les eaux, d'acheter la source. Celui-ci, frère de lord Northcliffe, propriétaire du *Daily Mail*, vend ses parts dans l'édition pour acquérir la source. **1906** fondation de la Compagnie de la source Perrier. **1947** Gustave Leven la rachète aux héritiers Harmsworth. **1948** introduction en Bourse. **1992** Nestlé rachète pour 10 milliards de F.

☞ **Bouteille :** Harmsworth, paralysé des jambes en 1907 par suite d'un accident de voiture, eut l'idée de lui donner la forme des massues indiennes avec lesquelles il développait les muscles de ses bras.

Source. Autrefois, elle jaillissait naturellement à travers une couche d'argile de 5 m dans la mare des Bouillens en dégageant du gaz carbonique. Aujourd'hui, elle est pompée à 22 m de profondeur dans une zone où 3 eaux se rencontrent : **1°**) eau peu profonde venant de la traversée par les pluies des alluvions de la plaine de la Vistrenque, **2°**) eau venant du sous-sol calcaire des garrigues de Nîmes, **3°**) eau plus profonde, chaude et riche en gaz carbonique, d'origine volcanique (3,5 l par 1 d'eau) ; à la pression atmosphérique de 0,8 l par l d'eau. Jusqu'en 1956, le gaz était recueilli sous des cloches de captage placées au-dessus de la mare et réintroduit dans l'eau. Aujourd'hui, le gaz vient de forages entre 60 et 400 m et est réintroduit à raison de 3,5 l par litre d'eau. Il y a plus de 50 millions de bulles par litre. **Bouteilles vendues** (en millions) : *1989* : 1 200 ; *97* : 800. **Chiffre d'affaires** (en milliards de F) : *1989* : 16,72 ; *90* : 13,63 ; *97* : 11,2 ; *98* (Perrier-Vittel) : 24. En 1989, Perrier a cédé Lactel et une participation minoritaire dans Lindt ; en 1990, Acova (chauffage), boissons rafraîchissantes sans alcool [Oasis, Attol, Gini, Bali, et Sté Abel Bresson (sirop)], et un certain nombre d'actifs fonciers. Le 9-2-1993, Nestlé a annoncé la cession au groupe Castel pour 750 millions de F de la Sté commerciale des eaux du bassin de Vichy (St-Yorre, Vichy Célestins...) et des eaux minérales de Thonon-les-Bains, qui appartenaient à Perrier, et de l'eau de source Pierval qui dépendait de Vittel. Cession à BSN de l'eau minérale naturelle Volvic. L'ensemble des sources St-Yorre, Vichy Célestins, Thonon, Châteauneuf, Regina, Charrier, Rozana, Ganties et Sargentale avait réalisé en 1991 un chiffre d'affaires de plus de 620 millions de F. Nestlé ne conserve que Perrier, Contrex, Valvert, les sources étrangères Vittel et Hépar (devenant Perrier-Vittel). En 1997, Perrier-Vittel achète San Pellegrino (CA 3 milliards de F).

■ **Contrexéville. Chiffre d'affaires** (en 1991) : 2 milliards de F, 819 millions de litres vendus, 16 % du marché français des eaux plates, 1 400 salariés. **Vittel. Chiffre d'affaires** (en 1993) : 1,5 milliard de F, 390 millions de litres vendus, 13 % du marché français des eaux plates, 1 300 salariés. **Vichy. Chiffre d'affaires** (en 1991) : 212 millions de F dont (en %) eau minérale 67, thermalisme 14, redevances, pastilles et cosmétiques 11, activités hôtelières 8.

■ **Incidents.** Le *14-2-1990*, **Perrier** a décidé de retirer du marché 280 millions de bouteilles commercialisées dans 750 000 points de vente dans le monde [certaines pour avoir contenu de 8 à 17 microgrammes de benzène (norme US : 5) ; proportions non nocives pour la santé]. *Coût immédiat :* 1 milliard de F (plus coût de la campagne de relance : 0,222 dont 0,142 aux USA). *Le 20-2-1990*, **Hépar** a retiré du marché toutes ses bouteilles (1 à 2 millions).

Emballages

■ **Monde. Marché de l'emballage de grande consommation** (en 1989) : 110 milliards de $ dont alimentaire 51, boisson 26, entretien et divers 20, cosmétologie et soins corporels 13. **Consommation annuelle d'emballages** (en kg/habitant, 1988) : Danemark 159, Belgique-Lux. 149, *France 135*, ex-All.féd. 123, P.-Bas 115, Italie 111, Irlande 106, G.-B. 99, Espagne 88, Portugal 63, Grèce 44.

■ **France. Chiffre d'affaires** (en milliards de F) : *1990* : 105 ; *95* : 117 ; *96* : 99,2 ; *99* : 111 [dont papier et carton 37,86, plastique 33,43, verre 11,46, métal 11,12, emballages bois 10, emballages souples 7,09]. **Établissements/salariés** (en 1999) : 2 000/132 000 dont *papier-carton* : 800/45 000 ; *verre* : 9/9 947 ; *bois* : 600/7 500 ; *plastique* : 440/41 950 ; *emballages souples* : 50/6 600 ; *métal* : 65/10 787. **Production** (en milliers de tonnes, 1999) : *papiers et cartons* : 5 695 ; *verre* : 3 828,76 ; *plastique* : 2 284 ; *métal* : 940,6 ; *bois* : 67 326 000 unités ; *emballages souples* : 2 195 millions de m². **Quantités livrées** (en milliers de t, 1999) : *plastique* : 1 247 (dont sacs et sachets 453 ; boîtes, pots, gobelets, caisses 164 ; bouteilles, flacons, fûts 327 ; bouchage et surbouchage 115 ; autres 188) ; *papier-carton* : 3 431 (dont sacs en papier 131 ; cartonnages publicitaires 25, pliants 603, divers 176 ; boîtes et caisses en carton ondulé non recouvert 2 496) ; *verre* : 3 993 (dont bouteilles en verre coloré 2 610, non coloré 717 ; pots et bocaux 385 ; flacons 267, ampoules pharmaceutiques 14) ; *métal* : 896 (dont boîtes conserves 448, boissons 146, pour produits chimiques et industriels 80 ; bouchage et surbouchage 53 ; fûts 117 ; autres 52) ; *bois* (en %) : palettes et caisses-palettes 31, ouvrages de tonnellerie 26, emballages légers 20, caisses en bois 7, autres 16. **Débouchés** (en %, 1999) : *alimentaire* non liquide 38, liquide 25 ; *beauté-santé* 11 ; *autres* 26.

Exportations (en milliards de F, 1999) : 18,9 dont Allemagne 2,7, Belgique 2,6, G.-B. 2,3, Espagne 2. **Importations** (en milliards de F, 1999) : Allemagne 5,1, Italie 3,5, Belgique 2,3, Espagne 1,8.

Aérosols. 545 millions d'unités produites en 1998 dont produits pour le corps 298, pour la maison 109, pharmaceutiques (dont vétérinaires) 65, techniques et industriels 25, pour automobile et cycles 17, alimentaires 12, horticoles 5, peintures et vernis 8, divers 6.

☞ **Boîte-boisson :** *acier* (56 % des capacités de production en Europe), *aluminium, plastique en PET* (voir ci-dessous). *Poids* (canette vide de 33 cl) : aluminium 16 g, acier 25 g.

■ **Bouteilles en plastique.** PVC (polychlorure de vinyle), PET (polyéthylène téréphtalate : imperméable aux gaz, recyclable), PEN (polyéthylène naphtalate : plastique recyclable pouvant prendre des formes complexes). **Poids pour 1,5 l** (en g) : PET 30 (verre 620 pour 1 l).

Fourrure

Source : Fédération française des métiers de la fourrure.

Généralités

■ **Caractéristique d'une fourrure. Définition :** « dépouille d'un animal préparée au moyen d'un apprêt ou de tout autre procédé destiné à en assurer la conservation tout en préservant les poils y attenant » (extrait de l'article 1 du décret n° 91-1163, 1991). Le *cuir* (épiderme et derme sont faits de fibres collagéniques et élastiques) reste souple à l'état apprêté (nom du tannage de la fourrure). Le *poil* (racine et tige) est caractérisé par sa taille, son diamètre et la répartition de la pigmentation. On distingue : les poils solides de garde – jarres – protégeant en surface contre chocs et intempéries, les poils fins et courts – duvets – formant la bourre qui, en immobilisant une couche d'air sec, sont un appareil isolant thermique. Les poils peuvent être rasés (tous les poils sont rasés à la même longueur), éjarrés (seuls les jarres sont arrachés) ou encore éjarrés puis le duvet rasé. *Différentes parties de la peau* dans le sens de la longueur : tête, nuque, croix (niveau des pattes avant), corps ou « gras », croupe (niveau des pattes arrière), queue. Têtes, pattes et queues constituent des « chutes » que l'on peut assembler en nappes (exemple : nappe de pattes de vison) ; en largeur : l'arête est le milieu de la peau (niveau de la colonne vertébrale), le gras (même appellation que la partie entre croix et croupe), le flanc. Chez la plupart des animaux à fourrure, couleurs, teintes, densité du poil, hauteur diffèrent selon la partie de peau concernée.

■ **Travail du fourreur.** Opérations principales à partir de peaux apprêtées, lustrées (teintes), rasécs, éjarrées selon les besoins. Assortiment des peaux. Travail des peaux pour modifier leurs formes en fonction du modèle, par découpe et couture, trois manières : *travail d'allonge :* découpes du cuir en lamelles, en forme de V de 5 à 10 mm de large (« coupes ») dont les branches commencent dans les bords et se rejoignent dans le milieu de la peau ; les V sont ensuite recousus décalés ; *travail de pleine peau :* coudre bord à bord et bout à bout des peaux qui formeront la surface du vêtement ; *travail dit de galonnage :* ajout de galons en cuir ou autres matériaux entre des morceaux plus ou moins grands de fourrures ou dans des fentes ménagées dans la peau à cet effet. *Assemblage* des peaux façonnées. *Clouage. Égalisage* selon contours du patron. *Assemblage* des différentes parties du vêtement. *Doublage. Finition.*

■ **Soins.** L'été, les fourrures doivent être conservées dans des locaux équipés d'appareils régulant hygrométrie et température à des degrés appropriés. Ne jamais vaporiser de parfum : l'alcool rend les poils cassants et peut dénaturer la couleur. Proscrire les housses étanches en plastique : le manque d'air provoque souvent une fermentation du cuir car la fourrure doit « respirer ». Accrocher une fourrure mouillée dans un endroit où l'air peut circuler.

Convention de Washington (1976) : réglemente ou interdit les échanges commerciaux internationaux des espèces de faune et de flore sauvages menacées ou en voie de disparition (panthère, léopard des neiges, guépard, jaguar, certaines loutres de rivière, ocelot...). Environ 150 pays l'ont ratifiée. Entrée en vigueur en France le 9-8-1978.

Règlement européen (1997) relatif à l'application dans la Communauté de la Convention de Washington : il peut être plus contraignant en matière de commerce international des espèces de faune et de flore sauvages menacées ou en voie de disparition.

Règlement européen 3254.91 : interdisant dans la Communauté l'utilisation du piège à mâchoires et l'introduction de fourrures et de produits manufacturés de certaines espèces animales sauvages, originaires de pays qui utilisent pour leur capture le piège à mâchoires ou des méthodes non conformes aux normes internationales de piégeage sans cruauté (concerne 13 espèces).

« Accord des Quatre » (1998) : accord entre Communauté européenne, CEI, Canada et USA pour définir des normes relatives aux méthodes de piégeage sans cruauté, améliorer la communication et la coopération à des fins de mise en œuvre et de définition de ces normes et faciliter le commerce entre les parties (concerne 19 espèces dont les 13 évoquées au paragraphe précédent).

Normes (1999) : *Iso 10 990-4 :* pièges pour animaux (mammifères). Méthodes d'essai de systèmes de piégeage mortels utilisés sur la terre ferme ou sous l'eau. *Iso 10 990-5 :* idem pour pièges de capture.

Arrêtés nationaux (1981) : interdisant l'emploi de peaux venant de certains animaux existant sur le territoire.

PRINCIPALES FOURRURES (PELLETERIES)

■ **Origines.** Sauvage (animaux chassés ou 10 % des animaux piégés) ou d'élevage. La même espèce peut être sauvage ou d'élevage. Les recherches pour diminuer les souffrances dues au piégeage sont financées par le commerce des fourrures. 80 % des fourrures utilisées viennent d'élevages.

■ **Ventes aux enchères.** *1re vente :* 1672 à Londres, par la Cie des « Gentilshommes aventuriers d'Angleterre commerçant dans la baie d'Hudson ». *Actuellement :* Copenhague, Helsinki, St-Pétersbourg, Francfort, Leipzig, Hong Kong, New York, Seattle, North Bay, Montréal, Toronto, Vancouver.

■ **Énumération** (les fourrures peu utilisées ne sont pas mentionnées).

Astrakan (famille des moutons) nom générique français, désignant 2 sous-espèces. Appelé aussi *Persianer* (en allemand), *persian lamb* (en anglais), *karakul* (en turkmène, mais aussi terme zootechnique français), origine Turkestan russe et afghan. Le *swakara* est une sélection du karakul introduit en Namibie par les Allemands avant 1914, poil brillant et moiré, gris, marron et blanc. **Belette** (mustélidé sauvage ; Amér. du Nord, Europe, Asie) pelage brun. **Belette-vison** (Japon, Chine) taille plus grande que celle de la belette commune. **Blaireau (sauvage)** gris, jaunâtre, tête et gorge blanches, bande noire de chaque côté de la face, ventre noir. **Breitschwantz** vient d'un agneau d'astrakan prématuré suite à une mise bas avant terme non provoquée, poil brillant, moiré, peu de peaux peuvent être commercialisées.

Castor (Canada) brun roussâtre, duvet serré, couvert de longs jarres ; souvent rasé et éjarré. **Chèvre** longs poils, couleur variée. **Chevreau et chevrette de Chine** moiré, blanc, gris ou noir. **Chinchilla** (1910, Chili, Argentine, Bolivie et Pérou interdisent dans certaines régions le piégeage ; 1922, Mathias Chapman crée un élevage aux USA avec 11 animaux, source de tous les chinchillas élevés et commercialisables ; les chinchillas sauvages sont interdits de commerce) poils fins, soyeux, gris ardoise au gris clair. **Coyote** (Amér. du Nord) du beige/gris-clair au brunâtre, longueur et épaisseur du poil variant selon la région d'origine. **Écureuil** (nombreuses espèces et provenances) roux acajou. Une variété, le petit-gris ou vair, est très prisée (CEI, Chine), gris plus ou moins foncé. Ventre du blanc au jaunâtre. **Glouton** marron foncé à bandes claires, fourrure brillante et serrée, très épaisse. **Guanaco** (Amér. du Sud) toison longue et soyeuse, brun rouge sur la partie supérieure du corps, blanche sur la poitrine, ventre, pattes. **Guépard** (Asie, Afrique) protégé. **Hermine** (CEI, Canada) marron clair en été (*roselet*), blanche en hiver, bout de la queue noir. **Jaguar** (Amérique) fauve orangé, parsemé de taches annulaires noires, protégé. **Kolinski** (Asie, Sibérie) voisin de la belette-vison, jaune canari. Souvent utilisé teint pour imitation vison.

Lapin de garenne ou **domestique** poil assez long et serré. Utilisé naturel, rasé, lustré, imprimé... **Lièvre** peu de provenances interdites. **Loup** (Sibérie, Canada, USA, Asie) cuir fin et résistant ; pelage plus ou moins épais suivant régions ; en général gris fauve plus ou moins mélangé de noir avec une raie noire longitudinale sur le dos et les pattes de devant. Les plus beaux sont les loups « polaires » (loup blanc de Sibérie, loup gris clair de la baie d'Hudson). **Loutre** (voir aussi otarie) ; *du Kamchatka* (Kouriles, Kamtchaka, îles Aléoutiennes) : animal protégé, grande peau souple, poils courts, mous, duveteux avec quelques jarres intercalés ; à l'âge adulte, brun foncé à chatoiement argenté. **Lynx** *du Canada :* dos : présentant un mélange de poils grisâtres et rosâtres constellé de nombreuses petites taches brunâtres peu distinctes, ventre tacheté, couleur blanche, poil long. *De Russie :* animal de plus grande taille, teinte claire, ventre blanc à poil très longs et exceptionnellement soyeux, cuir très mince.

Marmotte (voir aussi raton laveur) [Europe, Amér. du Nord] poil long, un peu rude, pelage épais et solide ; aspect naturel : du gris roussâtre au noir. **Martre commune** (pays de l'Est, Europe) du gris-brun au brun, variété à gorge dorée. **Martre-zibeline** (Amér. du Nord) brun foncé, taches jaunâtres sur le cou. **Murmel** (CEI et Chine) espèce de marmotte. La plus appréciée : murmel de Tarabagan (Mongolie et Mandchourie).

Ocelot (Amér. centrale et du Sud, Mexique) pelage ocellé, fauve à roux, tacheté de brun à noir. Protégé. **Ondatra** ou **rat musqué** (Canada, nord des USA et, depuis 1905, France, CEI) pelage ressemblant à celui du castor (qui est bien plus grand) jarre brun et duvet gris à la base. **Opossum** *d'Amérique* ou *sarigue* (Amér. du Nord), poil long, gris avec pointe noire. *D'Australie* poil semi-long et laineux d'un gris verdâtre. Utilisé naturel, lustré. Les opossums de Tasmanie tendent vers la teinte brique. **Orylag** (France) *lapin castorex* sélectionné pour ne plus présenter de jarre sur son pelage, élevé pour sa peau et sa chair. **Otarie** ou **ours de mer** gris, brun ; appelée aussi *phoque à oreilles*. 2 groupes : lions et ours de mer. Improprement appelées phoques à fourrure (*fur-seal*). La peau de bonne qualité est éjarrée pour son usage en pelleterie ; la peau tannée et apprêtée et vendue sous l'appellation imméritée de « loutre de mer » n'a cependant rien de commun avec la loutre du Kamchatka. 2 espèces principales : le *seal* d'Alaska et l'ours de mer de l'hémisphère austral. **Ours** blanc, brun ou noir, poils longs.

Panthère ou **léopard** protégé. **Pékan** (Canada) brun foncé, famille des martres. **Phoque** *annelé* (Arctique) : gris-brun avec marques noires en forme d'anneaux sur le dos ; *du Groenland :* dessin en forme de selle sur le dos ; *côtier :* gris sombre sur le dos, ventre gris pâle avec des taches noires ou brun foncé ; *veau marin ou chien de mer* (Arctique et nord de l'Atlantique et du Pacifique) ; le plus connu, gris fauve, plus clair ventralement, taché ou marbré de brun ; *ranger* (banquise des mers arctiques) : tacheté de noir et blanc ; *moine :* plus grand, subtropical et même tropical. **Putois** (Europe, CEI) fond jaune, jarres noirs, ventre brun foncé. Le putois d'élevage est en fait un *furet,* variété domestique du putois (anglais : *fitch*).

Ragondin [Amér. du Sud et Europe (depuis 1900)], jarres brillants, longs, passablement durs, gris jaunâtre au roux vif, s'emploie dans sa couleur naturelle ou lustrée. **Raton laveur** ou *raccoon,* appelé commercialement et inexactement « marmotte » [Amér. du Nord, Europe (après 1945)], pelage gris-bleu, queue annelée de brun et de blanc. **Renard** (très répandu à l'état sauvage, hémisphère Nord pour l'élevage) couleurs variées selon espèces. Le *renard argenté* est une variété de notre renard roux. *Polaire* ou *renard bleu* ou *isatis,* genre différent du renard roux ; pelage long et dense, une trentaine de couleurs fixées par la sélection élevage.

Skungs ou *moufette* (Amér. du Nord) soyeux, noir à fourchette blanche sur le dos, large queue très fournie. **Tanuki** (est de l'Asie, à l'état sauvage en Europe centrale et du Nord), ceux d'élevage sont commercialisés sous le nom de *finnraccoon* (Finlande) et *russian raccoon* (CEI). **Tigre** fauve orangé, ventre blanc, rayures noires ; protégé, n'était pas utilisé dans l'habillement. **Viscache** (famille des chinchillas mais non protégée car abondante) sombre avec bandes blanches et noires sur le museau. **Vison** *sauvage* (espèce Amér. du Nord, Canada, espèce nord-européenne) brun ; *d'élevage* (pays froids et tempérés), à partir de l'espèce nord-américaine, 130 couleurs fixées génétiquement par la sélection, 60 % du marché de la fourrure (production mondiale/an : 25-30 millions de peaux. Principales provenances : Scandinavie et Amérique du Nord).

Zèbre poils ras, fourrure très souple, raies claires et sombres alternées. Employé seulement dans l'ameublement. **Zibeline** (CEI, nord de l'Europe) pelage soyeux et brillant, parfois parsemé de poils argentés. Élevages en CEI. **Zorinos** (Amér. du Sud) roux à fourche blanche, plus petit que le skungs.

LA FOURRURE EN FRANCE

■ **Animaux. Peaux** (en 2001) : orylag 50 000 ; vison 250 000. Une petite trentaine d'élevages répartis en France sauf Midi (cause : chaleur) et région parisienne (faute d'approvisionnement suffisant en sous-produits carnés nécessaires).

■ **Professionnels** (en 2001). 700 entreprises (2 000 salariés) dont (en 1998) 32, de 20 personnes et plus (employés 1 177 ; chiffre d'affaires HT 1,05 milliard de F). **Principales entreprises :** Bernard et Poitou, Hittier, Imex, Jacques Jekel, Redskins, Rial, Yves Salomon fourreur, Séraphin, Sprung frères, Zilli. **Négociants :** une dizaine de pelletiers (100 salariés). **Industriels :** 1 important apprêteur-lustreur assure tannerie et lustre des pelleteries brutes ; quelques petites entreprises en province. **Confectionneurs :** une quinzaine (à Paris principalement). Certains font fabriquer une grande partie de leur production à l'étranger. **Grandes maisons de fourrures, maisons de couture présentant des fourrures, créateurs :** peu à peu depuis 1996 les maisons de couture et les créateurs se sont mis à travailler la fourrure aux côtés des grands noms qui n'avaient jamais cessé d'en présenter. **Grands magasins ayant un rayon fourrure. Fabricants et détaillants :** environ 600 fourreurs de métier. **Chiffre d'affaires des professionnels** (en 2000) : 1,3 milliard de F.

■ **Principaux clients et fournisseurs** (en milliards de F, 1998). **Exportations :** Espagne 132 ; Belg.-Lux. 111 ; Allemagne 101 ; Italie 71 ; G.-B. 52 ; Grèce 50. **Importations :** Chine 313 ; Inde 209 ; Turquie 206 ; Pakistan 144 ; Italie 123 ; Espagne 68.

IMPRESSION

■ **Procédés anciens. Chromolithographie : 1819** *Aloys Senefelder* (All., 1771-1834) imprime à Paris des lithographies en plusieurs couleurs. **1836** *Godefroi Engelmann* (Fr., 1788-1839) invente le cadre à repérer. **1837** il publie un album célèbre. **Vers 1900** apogée puis déclin (trop coûteux). **1905** la rotocalcographie la remplace.

Chromotypographie : 1880 apogée. **Vers 1900** déclin. La *trichromie* l'a supplantée pour les impressions de gravures. Précurseurs : Lafond, Camarsac, Goupil (Paris) ; Obernetter (Munich), Grüne (Berlin).

Chrysoglyphie : procédé de gravure chimique, breveté en **avril 1854,** par l'imprimerie Firmin-Didot : peu de succès. Sur une planche de cuivre, revêtue du vernis des graveurs, on traçait le dessin à la pointe, puis l'on faisait mordre un acide. On enlevait le vernis et l'on dorait la planche (d'où le nom : du grec *khrusos,* « or »). On recouvrait ensuite d'un mastic inattaquable aux acides qui ne devait rester que dans les tailles. On ponçait la plaque pour enlever l'or de sa surface, afin que les tailles restent en relief. On détourait les grands blancs à la scie.

Lithographie : découverte **1796** par Senefelder (introduit en France **vers 1816** par *Engelmann* et le *Cte de Lasteyrie*). Utilise la répulsion réciproque de l'eau et des corps gras pour déterminer à la surface d'une pierre servant de forme imprimante les parties qui accepteront l'encre et celles qui la repousseront. De cette idée naîtra l'impression *offset.* **Vers 1850** cette presse se mécanise (gravure photomécanique) et est équipée d'un cylindre de pression. **1880** Voirin expérimente une impression sur métal (zinc ou aluminium) avec un transfert sur caoutchouc. **1904** l'Américain *W. Rubel* redécouvre ce principe lors d'une fausse manœuvre sur une rotodirecte et l'exploite industriellement : **métallographie.**

Panéiconographie (*gillotage*) : photographie sur zinc par voie chimique. Brevet pris en 1851 par *Firmin Gillot* (1820-72). 2 techniques : *photogravure au trait* (les documents sont traduits par des blancs et des noirs purs) ; *à demi-teintes* ou *similigravure* (grâce à la trame, les dégradés sont reproduits, le fac-similé sert à la copie).

Similigravure : 1852 l'Américain *Fox Talbot* aurait tenté l'expérience avec un tulle noir à mailles écartées. **1880** inventée par *Charles Petit* qui utilise une trame de gaze. **1882** l'Allemand *Meisenbach* invente la trame lignée. **1885** l'Américain *Frédéric Ives* dépose le brevet. **1890** les frères *Lévy* (Américains) fabriquent industriellement des plaques de verre (ou de cristal ?) portant un fin réseau de lignes parallèles et croisées perpendiculairement, taillées en diamant et comblées par un vernis opaque.

Stéréotypie : vers 1700 à Paris, *Valleyre* imprime un livre d'heures d'après une matrice obtenue au moyen d'une masse d'argile dans laquelle on coulait du cuivre. **1702** *Joseph Muller,* à Leyde, **1725** *Ged* (Écossais), à Londres, emploient un procédé analogue, mais sans grand succès (hostilité des compositeurs et fondeurs). **1785** *de Carey,* à Toul, emploie le 1er le terme *clichage.*

Taille-douce : on encre une plaque de métal gravée à l'aide d'un outil puis on l'essuie [l'encre déposée dans le creux (partie imprimante) de la gravure restera] ; le papier fortement pressé contre la plaque ira chercher l'encre demeurée au fond de la taille. Jusque vers 1975, a servi en France pour timbres, billets de banque, chèques, certains titres et documents officiels. Le talent du graveur et la difficulté à reproduire son trait apparaissant comme une garantie contre les contrefacteurs. Procédé coûteux, en général remplacé par l'offset.

Xylographie : voir p. 352 c.

■ **Procédés modernes. Bookomatic :** apparue début des années 1970, GMA Nohab, machine commercialisée par Miller Graphic, peut sortir 10 000 livres de poche à l'heure. *Nombre dans le monde :* 11 dont Japon 4, *France 2,* Russie 2, Allemagne 1, Finlande 1, Suède 1.

Cameron : machine de procédé typo avec des pages en relief sur plaques photopolymères souples. Adaptant la page plastifiée *Letterflex,* elle utilise la photocomposition et les illustrations en simili. *Étapes :* pliage, découpage, assemblage, façonnage. *Formats :* mini (11 × 18) = de 160 à 1 136 pages, maxi (15,4 × 24) = de 120 à 780 pages *Avantages :* rapidité, économie de papier, de temps. *Inconvénients :* une seule couleur recto-verso, similigravure pas au point, encrage irrégulier. *Nombre en Europe :* 14 dont *France* 7 (5 en 38 pouces, 2 en 53 pouces).

Flexographie : formes imprimantes souples, en relief, en caoutchouc ou en photopolymères, et encres très fluides (impression de sacs, emballages, journaux).

Héliogravure : nom donné par Niepce de Saint-Victor en 1855. Sert pour des tirages élevés (300 000 ex.) et à l'impression d'emballages sur films plastiques.

Offset : report en anglais [idée de décalque (d'où le terme synonyme de **rotocalcographie**) de l'image]. La plaque, impressionnée par un procédé photographique, est encrée selon le principe de répulsion réciproque de l'eau et de l'encre grasse, et transmet la surface à imprimer à un support intermédiaire en caoutchouc, appelé *blanchet*, qui, à son tour, dépose l'image sur le papier : c'est un procédé de double décalque. Vers 1910, le cylindre de pression est remplacé par le cyclindre de transfert d'un 2e groupe d'impression permettant d'imprimer simultanément les 2 côtés de la feuille (presses *blanchet contre blanchet*, vitesse max. : 20 000 tours/h). 80 % du marché français.

Procédés d'impression électronique : *xérographie par laser* (en continu : 20 000 lignes/minute ou feuille à feuille : 120 pages/minute). *Électrographie, jet d'encre, thermographie :* techniques « sans impact » permettant la suppression de la forme imprimante intermédiaire entre l'original et sa reproduction, la machine étant actionnée par un ordinateur à partir d'informations numérisées. *2 méthodes :* exploitation d'une mémoire magnétique préenregistrée (listes d'adresses par exemple), ou par application en temps réel, l'original étant analysé par lecteur optique ou caméra vidéo. Permettent la personnalisation : chaque exemplaire imprimé peut être différent.

Sérigraphie : l'encre doit traverser un écran aux endroits où l'on souhaite imprimer et elle est retenue par ce même écran là où il ne doit pas y avoir d'encre. Utilisée sur papier, carton, métal, verre, bois, tissus, matières plastiques. Sert pour les circuits imprimés et tous imprimés nécessitant un encrage « couvrant » et, au plan artisanal, à la reproduction d'œuvres d'art. Peut reproduire demi-teintes et quadrichromie, et imprimer des feuilles allant jusqu'à 120 × 320 cm.

Typographie : éléments d'impression en relief (voir « composition au plomb » p. 352 c et « stéréotypie » p. 1770 c). Composition artisanale à la main.

■ **Machines à imprimer.** Que l'on fasse appel à l'une ou l'autre des techniques d'impression, que les formes imprimantes soient en creux comme pour l'héliogravure, à plat comme pour l'offset, ou en relief comme pour la typographie, l'impression se fait toujours, directement ou indirectement, par pression de la forme imprimante enduite d'encre sur le papier. Pour un tirage en couleurs, il faut plusieurs passages à travers la même machine, ou une machine comportant plusieurs groupes n'imprimant chacun qu'une seule couleur.

Une machine *en blanc* n'imprime qu'un seul côté de la feuille ; à *retiration :* elle imprime des 2 côtés de la feuille, séparément ou simultanément.

Vitesse de production : *machine à feuilles :* environ 14 000 feuilles à l'heure ; *rotatives à bobines :* les plus élaborées tournent en double laize jusqu'à 50 000 cahiers de 16 pages à l'heure pour des tirages polychromes. La moyenne de production est plus basse, en raison des calages des formes imprimantes, lavages, réglages, etc.

JOUETS

☞ *Abréviation :* CA : chiffre d'affaires.

DANS LE MONDE

■ **Nombre d'enfants de 0 à 14 ans** (en millions) **et,** entre parenthèses, **budget annuel d'achat de jouets par enfants** (en $). Afrique 231 (1). Amérique du Nord 64 (372), centrale et du Sud 164 (15). Asie 1 059 (13). Europe 91 (147). Moyen-Orient 4 (190). Océanie 6 (201).

■ **Chiffre d'affaires mondial** (en 2000). 93,7 milliards de $ dont *jouets traditionnels* 54,7 (soit 78,9 %) : puériculture, 1er âge 10,2, activités, jeux de construction, peinture 9,5, poupées 9,5, jeux de société, puzzles 9,5, jeux d'action 7,9, voitures électriques, modélisme, trains électriques 7,1, peluches 6,3, trottinettes, tricycles, voitures à pédales 6,3, autres 12,6 ; *jeux vidéo* 14,8 (soit 21,1 %).

☞ **Toys R US** [jeu de mots pour dire que « les jouets c'est nous » ("Toys are us")] : chaîne fondée 1948 par Charles Lazarus. *Magasins* dans le monde : *1996 :* 1 203 ; *99 :* 1 481. *CA et,* entre parenthèses, *résultat net* (en milliards de $) : *1996 :* 9,43 (0,148) ; *97 :* 9,93 (0,427) ; *98 :* 11,04 (0,49) ; *99 :* 11,17 (– 0,132). FILIALE FRANÇAISE créée 1989 : 890 salariés permanents ; *CA en 1996 :* 1,92 milliard de F, 9 % du marché français. *Magasins : 1997 :* 44 dont le plus grand du monde, sur 6 700 m², à La Défense ; *99 :* 31.

■ **Origine de quelques jouets. Lego :** du danois *legt godt,* joue bien, *inventé* en *1948* par Olaf Kirk Christiansen (7-4-1891/11-3-1958), menuisier-charpentier, développé en plastique en *1953* par son fils Gotfred Kirk Christiansen († 13-7-1995 à 75 ans) ; en *1993,* 1 610 éléments différents pour 4 programmes. Groupe familial fédérant 48 sociétés ; en 1998, rappelle 700 000 hochets Lego Primo (risque d'étouffement). *Legoland* (parc d'attractions) : *1968* parc de Billund, sur 120 000 m², *1996* à Windsor (G.-B.), *1999* à Carlsbad (Californie, USA). *CA et,* entre parenthèses, *résultat net* (en millions d'euros) : *1997 :* 1 030 (8,34) ; *98 :* 1 040 (– 26,19) ; *99 :* 1 300 (67). *Production* exportée à 98 %. Présent dans 135 pays : 9 000 salariés (dont Danemark 4 000), 60 000 points de vente. **Meccano** (G.-B., invente aussi Dinky Toys et trains mécaniques) : *1901* Franck Hornby dépose un brevet sous le nom de « Mechanics Made Easy » qui deviendra Meccano, contraction de « Make and Know » ; *1908* commercialisé en France. **Monopoly :** *créé* 1930 par Charles Darrow, représentant de commerce au chômage. Vente en 23 langues à 100 millions d'ex. **Ours en peluche Teddy Bear :** Theodore Roosevelt, dit Teddy, Pt des USA, chassait, en nov. 1902, l'ours dans le Mississippi. On lui offrit de tuer un ours attaché à un arbre, il refusa. Clifford Berryman caricatura l'incident dans le *Washington Post* du 16-11-1902 ; *1903* le petit ours devint le symbole du Pt et un jouet fabriqué par Morris Michtom ; *1920 Rupert* (Angleterre) héros d'une bande dessinée de Mary Tourtel ; *1926-14-10 Winnie l'Ourson* inventé par Walt Disney ; *1958 Paddington ; 1960 Nounours* (France) héros de l'émission de TV « Bonne Nuit les petits ».

Poupées Barbie : *1952* Reinhard Beuthin (dessinateur de *Bild Zeitung,* All.) crée le personnage de Lilli ; *1955* des poupées Lilli apparaissent ; *1956* Ruth Handler (épouse d'Elliot Handler) les remarque ; *1959* adoptées par Jack Ryan († 13-8-1991, à 65 ans ; il dessina aussi les missiles Hawk et Sparrow) ; diminutif de Barbara (prénom de sa fille) ; lancées le 9-3 (blondes, yeux bleus, 29,5 cm, mensuration 99-48-84) ; 800 modèles fabriqués par Mattel ; *1960* « boy friend », Ken ; *1964* petite sœur Skipper ; *1968* parlantes ; 2 chiens, 1 chat, 4 chevaux ; *1991* Marina l'Eurasienne ; *1998* lifting (formes moins rondes). *Dans le monde : CA* 1998 : 6 milliards de F dont *France 1,5 ; ventes* (en millions de poupées) cumulées (1959-98) : environ 1 000 ; annuelles : 80 (*France 4,5*). *Consommation moyenne USA :* 8 poupées par enfant, France : 5. *% des filles de 8 à 10 ans* (ayant au moins 1 Barbie) : Italie 96, USA 87, *France 86,* Allemagne 80.

Concurrentes : Ginny, Miss Revlon, Miss America, Tammy, Tressy, Miss Seventeen, « Happy to Be Me » (« Heureuse d'être comme je suis »), Syndy.

JEUX VIDÉO

■ **Origine.** *1958* Willy Higinbothams invente jeu de tennis. *1961* Steve Russel invente Space War au Mit (Massachusetts Institute of Techonology). *1972* Nolan Bushnell invente Pong. *Années 1980* Pacman ; Space Invaders ; VCR 2006 d'Atari. *1981* Nintendo lance les jeux électroniques de poche ; devient leader avec Mario et Donkey Kong. *1983* NFS Famicon de Nintendo avec Super Mario. *1986* Master System de Sega. *1989* Nintendo lance la Game Boy [console portable inventée par Gunpei Yokoi (1941-97)] (Nintendo). *1990* Game Gear et Megadrive (16 bits) [Sega]. *1993 :* 7th Guest, 1er jeu sur CD-Rom. *1995* PlayStation (32 bits) [Sony] : succès ; Saturn (Sega) : échec. *1996* Nintendo 64 (64 bits). *1997* Logiciel POD. *1998* Starcraft (Blizzard). *1999* Dreamcast (Sega) ; Counter-Strike (Valve). *2001* Majestic (EA) ; King of the Road (Russie, 1C).

■ **Parts de marché des 1ers éditeurs de logiciels** (PC + consoles, en %, fin oct. 1999). Nintendo [1] 12, Electronic Arts [2] 10, Mattel [2] 9, Sony [1] 8, Interactive [3] 6, Infogrames (+ GT) [3] 6, Microsoft [2] 4, Hasbro [2] 3,5, Acclaim [2] 3,5, Activision [2] 3. **Chiffre d'affaires** (en milliards de F, 1999) : 142,6 dont Europe 49,91, USA 49,91, Japon 42,78.

Nota. – (1) Japon. (2) USA. (3) France.

■ **Jeux vidéos les plus vendus en Europe** (en millions d'euros, 2000). Pokémon jaune (Nintendo) 124, bleu 87, rouge 85, Stadium 77, Pin Ball 36,5, Gran Turismo (Sony) 63, Fifa 2001 (Electronic Arts) 45, Who wants to be a millionnaire (Eidos) 43,5, The Sims (Electronic Arts) 36,2, Drivers 2 (Infogrames) 27.

■ **Principaux éditeurs de jeux (hors fabricants de consoles)** (chiffres d'affaires en millions d'euros, 2000-2001). Electronics Arts (USA) 1 600, Infogrames (France) 750, Activision (USA) 629, Vivendi Universal (France) 419, Take Two Interactive (USA) 382, Eidos (G.-B.) 350, UbiSoft (France) 241, Acclaim (USA) 230, Titus (France) 170, Cryo Interactive (France) 60. **SOCIÉTÉS : Atari :** *1976* vendue à Warner ; *1984* rachetée par Jack Tramiel (Amér., fondateur de Commodore International), après mévente de 1983 ; *employés :* 10 000. **Nintendo :** *fondée* 1989. *CA et,* entre parenthèses, *résultat net* (en milliards de yens) : *1999 :* 573 (85,8) ; *2000 :* 531 (56,1). *Ventes mondiales de logiciels de jeux* (en millions d'unités, 1999) : Super Mario Land 20, Pokémon 15, Donkey Kong Land 5. *Effectifs :* 4 000 dont 100 en France. **Sega :** *fondée* 1951, produits grand public découlant des jeux d'arcades (installés dans cafés et salles de jeux), le métier d'origine de la Sté ; *CA : 1999-2000 :* 18 milliards de F.

■ **Pokémon.** Abréviation de *Pocket Monster. Créé* par Nintendo. Jeu électronique portable lancé févr. 1996, appuyé par un jeu de cartes, une série télévisée, de la vidéo et un film. 1er jeu d'aventures et de rôle. *Basé sur 4 concepts :* attraper, entraîner, collectionner et échanger 150 créatures, en version carte ou vidéo, réparties en plusieurs familles (eau, feu, terre, électricité...) qui se cachent dans les hautes herbes près du village de Bourg Palette. Le joueur incarne Sacha, un petit garçon qui veut devenir le meilleur entraîneur de Pokémon du monde. Le professeur Chen offre au joueur son premier Pokémon. Il faut capturer les autres avec ses Pokéball, les apprivoiser et les entraîner. En les faisant participer à des combats, on améliore leur niveau d'attaque, de défense, de pouvoir et de niveau de vie. *Personnages :* Pikatchu, Chenipan, Herbizare, Drakaufeu, Tortank, Saquedeneu, Têtarte, Rattatac. **Ventes** (à juin 2000) : jeu vidéo : 32 millions d'ex. (10 versions) ; 1 500 produits dérivés. *Contrefaçon* (de 1996 à fin avril 2000) : + de 100 millions de produits détruits.

■ **Digimon.** *Digital monsters* de Bandaï. Lancé en Amérique en 1999. Met en scène 7 enfants au profil différent.

■ **Caractéristiques des consoles. Microsoft :** *X-Box* (prévue 2001). **Nintendo :** *Game BoyAdvance* (2001). *Super Nintendo* (1989) : 16 bits, 128 Ko, cartouches, 300 jeux, 710 F (avec Super Mario II Stars) ; 64 bits *(Nintendo 64). Dolphin* (prévue 2000). **Sega :** *Saturn :* 32 bits, 16 mégabits, CD-Rom, 200 jeux. **Dreamcast** (1998) : 128 bits. *Megadrive* (1989) : 16 bits, 74 Ko, cartouches, 400 jeux. **SNK :** *Neo Geo Pocket* (1999) : 16 bits, 60 jeux (compatible avec Dreamcast). **Sony : PlayStation 1** (1995) : Risc 32 bits, *mémoire* Ram 16 mégabits, support CD-Rom, animation 3D en temps réel, 360 jeux ; **2** (en 2000) : 128 bits ; *parc mondial* (en millions) : *1995 :* 1,1 ; *96 :* 3,4 ; *97 :* 12 ; *98 :* 28 ; *99 :* 51 ; *début 2000 :* 70 ; *01 :* 10.

■ **Marché mondial** (en milliards de $) **des consoles de jeux et,** entre parenthèses, **des jeux vidéo (jeux console/PC/en ligne).** *2000 :* 3,27 (9,1/5/0,2) ; *2001 :* 5,79. **En millions d'unités par constructeur en 1999 et,** entre parenthèses, **prévisions 2003 :** Sony 69 (160,5), Nintendo 29 (70), Sega 21,5 (34,3), *total :* 119,5 (264,8). **Répartition** (en %) : PlayStation 42,3, Game Boy 22,3, N64 13,4, Sega Saturn 13,4, S-Nes 5,8, autres 2,7.

■ **Héros. Pacman** (inventé par Jason Weesner, sorti en 1980) : petit disque jaune qui doit dévorer toutes les pastilles sans se faire avaler par les fantômes. **Mario** (Nintendo, inventé par le Japonais Shigeru Miyamoto, sorti en 1981) : plombier qui se gave de pizzas et ketchup, et lutte contre le méchant *Donkey Kong.* 100 millions de logiciels vendus dans le monde de 1983 à 93. Mario délivre la grincheuse princesse *Daisy* ou la douceâtre *Pauline.* Il affronte, épaulé par *Luigi* son frère ou par le petit dinosaure *Yoshi,* l'immonde *Bowser,* une tortue tyrannique. **Prince de Perse** (inventé par Jordan Mechner ; sorti en 1989) : doit délivrer la princesse emprisonnée par le méchant vizir. **Sonic** (Sega, inventé par Hirokazu Yasuhara, sorti en 1991) : hérisson bleu azur, espadrilles à turboréacteurs, né sur la planète Mobius, parrainé par le docteur *Kintobor,* doit empêcher le mauvais docteur *Robotnick* de polluer la planète. **Wario** (Nintendo, 1993) : l'antihéros (1re apparition dans Super-Marioland 2 [Game Boy] ; jeu exclusif dans Warioland (ou Super-Marioland 3). **Lara Croft** (Sony, 1996) : héroïne du jeu vidéo *Tomb Raider.* 10 millions de logiciels vendus (à mi-2000). **Princess Zelda** (Nintendo). **Rayman** (UbiSoft, inventé 1994 par Michel Ancel).

■ **Images de synthèse et mondes virtuels. 1991** *1er jeu de « réalité virtuelle »* commercialisé à Londres (le joueur, qui portait un casque à lunettes de vision stéréo, se voyait pénétrer dans une villa antique, un pistolet à la main). *1er jeu virtuel collectif, « Galaxian 3 »* créé par Namco, à Yokohama (Japon) : 16 joueurs entrent dans une salle circulaire de 10 m de diam. au mur couvert d'écrans jointifs dont les images se voient en relief sans lunettes spéciales ; télécommande en mains, ils sont l'équipage d'une nef spatiale. *Bancs de simulation pour pilotes :* coût : 30 millions de F. Réservés à usage militaire ou professionnel. *1993* simulateurs entre 60 000 et 200 000 F ; *95* simulateurs de poche raccordables aux réseaux du téléphone. **Télévision :** « Broadsword TV » (de Norwich, G.-B.) a programmé *Cyberzone,* jeu nécessitant des lunettes « VR » (réalité virtuelle).

☞ Les jeux électroniques ont été accusés d'avoir provoqué des crises d'« épilepsie photosensible ». En France, la directive du 23-4-1996 a mis en garde contre ce risque et recommandé de faire des pauses régulières. En 1998, au Japon, 600 enfants qui regardaient un dessin animé à la télévision ont été hospitalisés pour des malaises.

■ **Tamagotchi.** [Bandaï, inventé par Aki Maita, lancé au Japon en nov. 1996 (en France, mai 1997)] : animal virtuel électronique, abrité dans un œuf – *tamago* – sur lequel figure un écran. Des touches permettent de le nourrir, le laver, le câliner, le faire dormir, le punir ; un bip alerte son tuteur de manque de soins réguliers. Vit au maximum 33 jours, puis son fantôme s'envole dans son royaume. Des cimetières sont apparus en Allemagne (le 1er à Hambourg avec Rainer Stelling) et en G.-B., qui se chargent de leur inhumation pour 40 à 120 F ; au Japon, un temple bouddhiste a ouvert un site Internet pour tenir lieu de cimetière virtuel. *Ventes dans le monde :* 36,5 millions d'exemplaires (Japon 16,5 USA, Europe, Asie 20).

EN FRANCE

■ **Statistiques globales** (en milliards de F). **Marché français** *1990 :* 13,9 ; *94 :* 15,6 ; *2000 :* 20 (dont traditionnel 79,4 %, vidéo 20,6 %). **Production** *1990 :* 6,3 ; *92 :* 5 ; *99 :* 6,5 dont jeux et jouets 5,2, landaus et poussettes 0,29, autres articles de puériculture et petite puériculture 1,03. **Exportations :** *1990 :* 6,3 ; *91 :* 1,9 ; *92 :* 2,01 ; *96 :* 2,2 ; *99 :* 2,7 vers (en %) : UE 78,7 dont UEBL 18,4, All. 17,3, G.-B. 15,1, Esp. 8,9, Italie 8,4, P.-Bas 4. **Importations :** *1991 :* 7,8 ; *92 :* 8,4 ; *99 :* 9,6 de (en %) : Asie du Sud-Est 63 (dont Chine 44, Japon 12) ; UE 30,7 dont All. 8,4, It. 6,2, Espagne 4,3, UEBL 3,1, G.-B. 2,6. **Marché par catégorie de jouets** (en millions de F, 2000) : jouets d'imitation 520, sportifs et plein air 470, jeux de construction, de reconnaissance et d'assimilation, puzzles 440, véhicules, voitures miniatures, trains électriques 440, articles de fête et ornements de Noël 390, jouets 1er âge 360, jeux de société non électroniques 360, cycles jouets, jouets porteurs 360, jeux d'activité manuelle et de création 340, poupées et habillages, articles pour poupées 310, figurines, reproduction de bâtiments et ensembles divers 290, jouets en peluche 210, autres jouets 700.

■ **Entreprises. Nombre :** *1985 :* 195 ; *90 :* 170 (dont 17 ayant + de 100 personnes) ; *99 :* 130. **Emplois directs et induits :** 20 000.

■ **Principales sociétés. Chiffre d'affaires** (en millions de F) : **Mattel France :** *1989 :* 589 ; *95 :* 1 502 ; *2000 :* 1 565. **Idéal Loisirs** (éditeur et négociant) : *1993 :* 1 200 ; *95 :* 1 000. **Majorette** (créée 1961 sous le nom de Rail Routes Jouets, puis nom actuel en 1965) : *CA en 1990 :* 704 ; *92 :* 400 (perte 100, passif 600, rachetée mai 1993 par Idéal Loisirs 93 millions de F) ; *94 :* 548 ; *2000 :* 502. **Solido** [créée 1934 ; *1957* 1er modèle au 1/43 (Jaguar type D), 1 million d'exemplaires] : *production :* 20 000 pièces/j ; *CA :* 45 millions de F]. Idéal Loisirs repris en 1995 par Triumph. Adler (All.). **Smoby :** *CA en 1992 :* 465 ; *95 :* 650 ; *96 :* 623 (900 avec Monneret repris le 5-12-1995) ; *98 :* 1 010 ; *99* (répartition par marque, en %) : Smoby 49,5, Monneret 22,7, Écoiffier 12,3, Lardy 8,6, Picó 3,6, Novembal (Mob) 3,3. **Berchet :** 400. **Clairbois :** 240. **Hasbro France :** *CA en 1995 :* 1 240 (bénéfice 114). **Superjouet :** *CA en 1995 :* 75. **Jeux Nathan** (cédés à Ravensburger en 1998). **Jouef** (faillite en 1995) : 100. **Charton, Nounours, Droguet International** (production).

☞ **Ludothèque :** espace dédié au jeu où se pratiquent le prêt et le jeu sur place. *1934 :* 1re à Los Angeles. *1967 :* 1re en France (Dijon). *Nombre :* 992 en France. *Association des ludothèques françaises,* fondée 1979, 7, impasse Chartière, 75005 Paris.

LUXE

STATISTIQUES

■ **Chiffre d'affaires mondial** (en milliards de F). **Bien-être :** dont cosmétiques 60, vins et spiritueux 60, transports 50, parfums 40, loisirs (hi-fi, etc.) 25, palaces 5. **Image :** dont prêt-à-porter 60, accessoires (chapeaux, chaussures) 45, montres, stylos, foulards 30, bagages 15. **Patrimoine :** œuvres et objets d'art 40, argenterie, porcelaine 10, haute couture 5, haute joaillerie 5.

■ **Chiffre d'affaires (et bénéfice net)** [en millions d'euros, 2000]. L'Oréal 12 671 (969), LVMH 11 581 (722), Richemont 3 750, Gucci 2 495, Tiffany & Co 1 876, Hermès 1 159 (175), Clarins 811,5 (65,9), Hugo Boss 754, Bulgari 705, Inter Parfums 76,8 (6,6).

■ **Chiffre d'affaires français** (en %). Champagne 100, vins 85, mode-maroquinerie 75, cristallerie 70, parfumerie 68, spiritueux 60, prêt-à-porter, haute couture 50, joaillerie 40, loisirs 35, horlogerie 30, chaussures 25, œuvres et objets d'art 20, cosmétiques 20, porcelaine 15.

QUELQUES SOCIÉTÉS

■ **Alfred Dunhill.** *Créée* 1893, à l'origine sellerie. Alfred Dunhill, fils de sellier, se spécialise dans les accessoires pour automobiles. *1907* ouvre une boutique pour fumeurs dans St James's Street à Londres. *1924,* 1er briquet *Unique* inventé par Alfred Dunhill pour un ami revenu manchot de la guerre (jusqu'alors on utilisait les 2 mains pour allumer un briquet). Marque implantée dans 180 pays et qui commercialise des lignes d'accessoires et de prêt-à-porter pour homme.

■ **Bernard Arnault** (né 5-3-1949, polytechnicien). Commence chez Férinel (PME familiale, nord de la France, spécialisée dans l'immobilier, fondée par son père). À 35 ans, reprend l'affaire Boussac, le Bon Marché, Conforama, Christian Dior. Avec l'aide du groupe britannique Guinness et de la Financière Agache (ex-groupe Boussac), il entre dans le capital de LVMH (voulant reprendre Dior parfums vendu à Moët et Chandon en 1973 par Boussac), puis prend le contrôle de LVMH en 1989 malgré l'opposition de Henry Racamier (clan Vuitton) ; bataille juridique jusqu'en avril 1990. Se concentrant sur le luxe, cède Conforama, Roc dermopharmacie, et achète Kenzo, Guerlain, Franck et fils, Fred Joaillier, Lœwe, Céline, Sephora et DFS (boutiques de luxe).

■ **Christofle.** *Créée* 1830 par Charles Christofle (1805-63). Arts de la table [couverts, orfèvrerie, porcelaine, cristal, linge de table]. **Effectifs** (fin 1997) : 1 007. **Capital :** contrôlé par les dirigeants 62 %). **Chiffre d'affaires et,** entre parenthèses, **résultat net** (en millions de F) : *1991 :* 649,7 (– 6,8) ; *92 :* 621,8 (– 39,5) ; *93 :* 532 (– 58,8) ; *94 :* 532 (15,6) ; *95 :* 536,1 (1,6) ; *96 :* 593,2 (11,5) ; *97 :* 667,2 (11,2) ; *98 :* 695.

■ **François Pinault.** Achète *1989* CFAO ; *1990* Rexel ; *1991* Conforama (à Bernard Arnault), Le Printemps ; *1994* La Redoute et la Fnac ; *1998* Christie's, Guilbert et part de Bouygues (rachète les 16 % de Bolloré et signe un pacte d'actionnaires avec la famille Bouygues ; Arnault avait pris 10 % du groupe et des filiales TF1, Bouygues Télécom) ; *1999* Gucci. *Médias :* a acheté Le Point à Havas et à travers Bouygues a ses entrées à TF1. A une part du fournisseur d'accès Internet Mageos. *Art :* Christie's et Piasa. *Luxe :* à travers Gucci, dont il a 42 % (Arnault 21 %), contrôle Yves Saint-Laurent, Roger et Gallet, les parfums Van Cleef & Arpels et Oscar de la Renta, Fendi, Krizia, Sergio Rossi, Boucheron. A travers Artémis, le vin Château-Latour. *Distribution :* PPR (Pinault-Printemps-Redoute) voir à l'Index. *Immobilier :* Sefimeg, Artémis Immobilier, sa part dans Bouygues. *Foot :* Stade rennais.

■ **Gucci.** *Créée* 1923 par Guccio Gucci (1881-1953). **Capital** (mai 1999, en %) : PPR 44,03, LVMH 20,66, public 35,3. **Chiffre d'affaires** (en millions de $) : *1993 :* 202,9 ; *95 :* 500,1 ; *99 :* 1 240 dont (en %) maroquinerie 40, horlogerie 19, chaussures 13, prêt-à-porter 14, joaillerie et cadeaux 3, autres 11.

■ **Hermès.** Entreprise familiale. *1837* Pont-Audemer, atelier de harnais de Thierry Hermès (1801-n.c.). *1843* Paris 24, rue St-Honoré. *1937* « carré » (foulard) créé. *1957* carré *Brides de gala :* motif à la sirène qui ornait le harnachement du cheval de Maximilien, empereur du Mexique. *1961* parfum *Calèche.* **Pt :** Jean-Louis Dumas (né 2-2-1938). **Effectifs** (fin 2000) : 4 642. **Chiffre d'affaires et,** entre parenthèses, **résultat net Hermès international** (en milliards de F) : *1990 :* 2,46 (0,168) ; *91 :* 2,4 (0,121) ; *92 :* 2,46 (0,176) ; *93 :* 2,85 (0,21) ; *94 :* 3,43 (0,29) ; *95 :* 3,83 (0,4) ; *96 :* 4,18 (0,46) ; *97 :* 4,86 (0,53) ; *98 :* 5,03 (0,58) ; *99 :* 6,08 (0,78) ; *2000 :* 7,60 (1,14). **Répartition** (en %) **du chiffre d'affaires par zone géographique** [en 2000 (et en 1998)] : Japon 25 (23,6), *France* 22 (27,5), Europe (hors France) 17 (19), Amériques 17 (14,8), Asie-Pacifique 16 (10,3), autres 3 (4,8). **Par métier** [en 1999 (et en 1998)] : maroquinerie 27 (25,2), prêt-à-porter 15 (14,4), soie 15, horlogerie 9 (9,7), arts de la table 4 (4,5), parfums n.c. (6,4), autres métiers 20 (12,3), autres produits 5 (5,9). **Points de vente :** 235. **Bourse :** introduit 2nd marché le 3-6-1993 (la famille détient environ 75 % du capital).

■ **Lancel.** *Créée* 1876 par Alphonse Lancel. *1929,* 1ers bagages (*1953* valise pliante, *1956* valise kangourou, *1987* sac-seau). *1976* repris par Edgard et Jean Zorbibe. *1997* racheté par le groupe Vendôme pour 1,36 MdF. **Chiffre d'affaires** (en millions de F) : *1990 :* 700 ; *92-93 :* 598 ; *93-94 :* 609 ; *94-95 :* 644 ; *95-96 :* 665 ; *96-97 :* 625 ; *97-98 :* 556 ; *98-99 :* 530 ; *99-2000 :* 580 ; *2000-2001 :* 660. **Répartition** (en %) : maroquinerie femme 60, homme 15, bagages 17, objets de décoration 8.

■ **LVMH** (Louis Vuitton, Moët Hennessy). Groupe *créé* 1987. **Chiffre d'affaires et,** entre parenthèses, **résultat net** (en milliards de F) : *1993 :* 23,82 (3,14) ; *94 :* 27,97 (3,95) ; *95 :* 29,77 (4,19) ; *96 :* 31,14 (4,45) ; *97 :* 48,03 (4,87) ; *98 :* 45,49 (3,45) ; *99 :* 56,1 (4,84) dont mode et maroquinerie 15, parfums et cosmétiques 11,2, champagnes et vins 10, cognac et spiritueux 4,7, distribution sélective 14,3, divers 1 ; *2000 :* 75,9 (5,55) dont USA 19,9 (26), Asie (hors Japon) 13,4 milliards de F soit 17 %, Europe (hors France) 13,4 (18), Japon 11,5 (15 %), *France 12,3 (16),* autres marchés 5,8 (8). **Actionnaires** (au 1-1-2001) : 168 660. **Capital :** groupe Arnault 47,52 % (dont Financière Jean Goujon 40,72 %), et autres 52,48 %. **Effectifs** (en 2000) : 47 420. **Nombre de magasins :** 1 286. **Marques du groupe :** *champagnes :* Moët et Chandon, Dom Pérignon, Krug (acheté 1999), Pommery, Veuve Clicquot, Canard-Duchêne, Ruinart, Mercier. *Cognac :* Hennessy, Hine, F.O.V., Pellisson. *Bordeaux :* Cheval-Blanc (acheté oct. 1998 à 50 % avec Albert Frère). *Sauterne :* château d'Yquem (64 % depuis 1996-99). *Mode et maroquinerie :* Louis Vuitton, Lœwe (espagnol, majorité acquise en 1996), Berluti, Givenchy, Christian Lacroix, Kenzo (acheté avril 1993), Céline (acheté déc. 1993, participation dans le groupe Fendi). *Montres et joaillerie :* Fred Joaillier, acquis en 1999 : TAG Heuer, Ebel, Chaumet, Zénith. *Parfums et cosmétiques :* Christian Dior, Guerlain [depuis le 29-4-1994, LVMH détient 58,8 % du capital (4,2 % depuis 1987), coût estimé 1,986 milliard de F], Givenchy, Kenzo acquis 1999 : Bliss, Hardy Candy, Benefit, Laflachère, Make Up For Ever. *Distribution sélective :* DFS (Duty Free Shoppers), Sephora (acheté juillet 1997), Marie-Jeanne Godard, le Bon Marché. Depuis janvier 2000 : Miami Cruiseline Services, Pucci, Urban Decay, Connaissance des Arts, Omas, eLuxury ; Art & Auction Magazine ; Fresh, Gabrielle Studio/Donna Karan. Depuis janvier 2001 : La Samaritaine, Pury & Luxembourg. *Autres activités :* « La Tribune », « Investir », « Le Monde de la Musique », Radio Classique ; a vendu Liberty Surf.

■ **Louis Vuitton. 1854** 1er magasin *fondé* par Louis Vuitton (1821-92), malletier. **1858** articles recouverts d'une toile unie de couleur *gris Trianon.* **1871** magasin rue Scribe. **1872** motif à rayures. **1875** crée pour Savorgnan de Brazza une malle-lit à ses mesures. **1885** s'installe à Oxford Street à Londres. **1888** toile à damier. **1896** motif *Monogram* (initiales LV). **1914 :** ouverture 70, av. des Champs-Élysées du plus grand magasin d'articles de voyage du monde (fermé 1954). **1998-**19-2 ouverture 101, av. des Champs-Élysées d'un magasin de 1 000 m². **Chiffre d'affaires** (en milliards de F) : *1996 :* 7,34 ; *97 :* 8,8 ; *98 :* 8,7. **Effectifs** (au 31-3-1997) : 4 479 (dont 2 247 en France). **Magasins :** 244 dans 40 pays.

☞ **Orcofi** holding *créé* en 1989 par Henry Racamier (né 1912), contrôlé par la famille Vuitton. A pris des participations dans les Cristalleries Daum et Hédiard (puis s'est peu à peu dégagé), Inès de la Fressange, Lanvin.

☞ **Cartier, Baccarat, Lalique,** voir à l'Index.

■ **Pierre Cardin.** *1950* fonde maison de couture. *1981-mai* reprend le restaurant *Maxim's* qu'il transplante à New York, Pékin et Rio. Lance eaux minérales, confitures, conserves, verres, vaisselle et parfums griffés Maxim's. **Chiffre d'affaires :** *1993 :* environ 10 milliards de F. *Royalties :* 5 à 12 %. A concédé environ 880 contrats de licence sur 120 pays. **Effectifs :** 190 000, fabriquant du Cardin ou du Maxim's.

■ **Vendôme.** Filiale du holding suisse Cie Financière Richemont, contrôlé par la famille sud-africaine Ruppert. *Créé* 1988. **Chiffre d'affaires** (en milliards de FS) : *1997 :* 2,99 ; *98 :* 3,58. **Ventes** (en %) : montres or et joaillerie 25, joaillerie 19, autres montres 18, articles en cuir 10, instruments d'écriture 10, prêt-à-porter pour homme 5, autres 13. Propriétaire de Cartier, Piaget (1988), Mont-Blanc, Dunhill, Baume & Mercier (1988), Vacheron Constantin (1996), Lancel (1997), la maison de couture Chloë ; rachèterait Van Cleef & Arpels (ventes mondiales 200 millions de $ hors parfums et montres).

■ **Comité Colbert. Origine :** association *fondée* 1954 par Jean-Jacques Guerlain. Regroupe (en 1999) 70 adhérents. **Pt :** Rémi Krug. **Pt délégué :** Alain Teitelbaum depuis 1996. **But :** promouvoir en France et à l'étranger l'industrie française du luxe et son savoir-faire. **Salariés :** 62 000. **Chiffre d'affaires** (en milliards de F) : *1993 :* 31,7 ; *94 :* 34,6 ; *95 :* 34,7 ; *96 :* 35,2 ; *97 :* 37,9 *98 :* 36,7 dont (en %) *France 25,2 ;* Europe (hors Fr.) 24,3 ; Japon 16,3 ; USA 13,6 ; Asie-Pacifique 12,5 ; Amérique (hors USA) 4,3 ; Moyen-Orient 2,5 ; autres 1,5. **Membres en 1997** (en italique, date de fondation). **Argent et Bronze :** Christofle *1830,* Ercuis *1867,* Puiforcat *1820.* **Couture :** Céline *1946,* Chanel *1912,* Christian Dior *1947,* Givenchy *1952,* Guy Laroche *1957,* Jean Patou *1919,* Jean-Louis Scherrer *1971,* Jeanne Lanvin *1889,* La Chemise Lacoste *1933,* Léonard *1943,* Lesage *1870,* Nina Ricci *1932,* Pierre Balmain *1945,* Revillon *1723.* **Cristal :** Baccarat *1764,* Daum *1875,* Lalique *1910,* Cristalleries Saint-Louis *1586.* **Cuir :** Hermès *1837,* John Lobb *1899,* Louis Vuitton *1854.* **Édition et décoration :** Bussière *1924,* D. Porthault *1924,* Flammarion Beaux Livres *1875,* Pierre Frey *1935,* Souleïado *1780.* **Faïence et porcelaine :** Bernardaud *1863,* Faïenceries de Gien *1821,* Robert Haviland & C. Parlon *1924.* **Hôtellerie et gastronomie :** Hédiard *1854,* hôtel de Crillon *1909,* hôtel Plaza Athénée *1911,* hôtel Ritz *1898,* Lenôtre *1957,* restaurant hôtellerie Michel Guérard *1965,* Oustau de Baumanière *1945,* Taillevent *1946,* hôtel Martinez *1929.* **Or et matières précieuses :** Boucheron *1858,* Breguet *1775,* Mauboussin horlogers *1994,* Mauboussin joailliers *1827,* Mellerio dits Meller *1613,* S.T. Dupont *1872.* **Parfums :** Caron *1904,* Chanel *1924,* Christian Dior *1948,* Givenchy *1957,* Guerlain *1828,* Hermès *1948,* Jean Patou *1925,* Lancôme *1935,* Lanvin *1925,* Nina Ricci *1945,* Rochas *1925.* **Vignes :** *champagnes, vins et spiritueux :* Rémy Martin *1724,* Ruinart *1729,* Veuve Clicquot Ponsardin *1772,* Louis Rœderer *1776,* Laurent Perrier *1812,* Bollinger *1829,* Krug *1843,* château d'Yquem *1593,* Cheval Blanc *1832,* Lafite-Rothschild *1855.* **Membres associés.** Air France *1933,* Comédie-Française *1680,* La Demeure Historique *1924,* Manufacture nationale de Sèvres *1738,* La Monnaie de Paris *864,* Opéra national de Paris *1669,* Orchestre national de France Ademma *1925.*

MINERAIS ET MÉTAUX

DONNÉES GLOBALES

Sources : US Geological Survey ; World Metal Statistics ; Industrie minérale. *Or* et *uranium :* voir à l'Index.

■ **Production métallurgique mondiale et,** entre parenthèses, **consommation mondiale** (en millions de t, 1998). Aluminium 22,6 (28), cuivre 14,1 (14), zinc 8 (8), plomb 3 (6,1), nickel 1 (1,1), étain 0,2 (0,2).

■ **Production mondiale de produits miniers** (en milliards de $, 1993). **Total :** 125,25 dont Australie 15,65 ; Chine 14,43 ; USA 13,46 ; Afrique du Sud 11,65 ; Russie 8,50 ; Brésil 8 ; Canada 7,44 ; Chili 4,01 ; Ukraine 3,53 ; Inde 3,5 ; Kazakhstan 2,08 ; Guinée 1,82 ; Mexique 1,82 ; Pérou 1,58 ; Indonésie 1,51 ; Jamaïque 1,16 ; Ouzbékistan 1,04 ; Pologne 1,04 ; Papouasie-Nlle-Guinée 1,02 ; ex-Zaïre 0,95 ; Suède 0,91 ; Botswana 0,89 ; Venezuela 0,89 ; Maroc 0,86 ; Allemagne 0,83 ; Zambie 0,74 ; *France 0,66 ;* Colombie 0,65 ; Ghana 0,62 ; Corée du Nord 0,55.

■ **Production minière** (en 1993). **Valeur** (en millions de F) et, entre parenthèses, **quantité** (en milliers de t) : nickel 2 206 (98), sel 1 166 (5 855), potasse 536 (890), talc-pyrophyllite-stéatite 352 (280), soufre élémentaire 338 (1 073), or 199 (0,003), uranium 179 (1,7), fer brut 166 (3 520), kaolin 166 (295), bauxite 89 (151), fluorine 80 (120), cobalt 66 (0,86), zinc 37 (14), barytine 16 (67), argent 10 (0,001).

■ **Part des 5 premiers pays producteurs en pourcentage** (en 1999). **Platine** 99,7 (Afrique du Sud 76,8, Russie 17, Canada 3,6). **Tungstène** 94,5 (Chine 78, Russie 10,2, Ouzbékistan 3,4). **Antimoine** 92 (Chine 59,7, Russie 17,4, Bolivie 5,7). **Molybdène** 87,5 (Chine 33,3, USA 32,3, Chili 27,3). **Chrome** 92,7 (Afrique du Sud 51,7, Kazakhstan 20,9, Inde 12,6). **Diamants** 94,9 (Australie 37,3, Congo 22, Russie 16,9). **Fluorine** [1] 66 (Chine 53, Mexique 7, Afrique du Sud 5). **Amiante** [1] 65 (Canada 18, Kazakhstan 11, Russie 5). **Phosphate** [1] 64 (USA 29, Chine 19, Maroc 15). **Cobalt** 76,2 (Finlande 21,1, Canada 14,3, Norvège 13,7). **Titane** 90,5 (Australie 34,4, Afrique du Sud 22,6, Canada 21). **Kaolin** [1] 62 (USA 40, G.-B. 12, Corée du Sud 10). **Potasse** [1] 60 (Canada 33, Allemagne 14, Russie 3). **Aluminium** 57,7 (USA 16, Russie 13,3, Chine 11,1). **Manganèse** 74,2 (Chine 23,6, Ukraine 20, Afrique du Sud 13,6). **Nickel** 70,6 (Russie 24,2, Canada 17,8, Australie 11,9). **Or** 59,8 (Afrique du Sud 18,9, USA 14,3, Australie 12,8). **Étain** 83,5 (Chine 37,6, Indonésie 21,5, Pérou 13,6). **Talc** [1] 54 (Chine 33, USA 12, Japon 10). **Fer** 69,6 (Chine 23,5, Brésil 17,6, Australie 15,2). **Barytine** [1] 52 (Chine 34, Inde 10, Maroc 8). **Cuivre** 64,2 (Chili 34,7, USA 12,7, Indonésie 6,1). **Soufre** [1] 48 (USA 21, Canada 15, Chine 12). **Plomb** 73,9 (Chine 22,4, Australie 20,3, USA 16,8). **Uranium** 73,2 (Canada 32,1, Australie 18,9, Namibie 8,5). **Sel** [1] 45

Prix des métaux en $ par tonne
(moyennes annuelles)

	Aluminium	Cuivre	Plomb	Nickel	Zinc	Étain
1990	1 640	2 661	809	8 864	1 518	6 196
1991	1 304	2 339	558	8 163	1 121	5 596
1992	1 256	2 285	543	7 015	1 242	6 104
1993	1 140	1 915	407	5 308	964	5 168
1994	1 477	2 307	548	6 341	1 002	5 464
1995	1 809	2 928	628	8 245	1 029	6 178
1996	1 700	2 500	800	8 500	1 050	6 500
1997	1 700	2 200	750	9 000	1 200	6 750
1998	1 380	1 654	528	4 594	1 025	3 000
1999	1 360	1 572	519,3	6 008	1 075	5 300
2000	1 543	1 808	469	8 618	1 128	5 400
2001 [1]	1 513	1 741	499	6 161	1 007	5 000

Nota. – (1) Prévisions SBS.

(USA 22, Chine 17, Canada 6). **Zinc** 64,7 (Chine 14,8, Australie 14,4, Canada 13,6). **Argent** 57,5 (Mexique 14, Pérou 13,3, USA 11,7). **Acier** 50,1 (Chine 14,2, USA 13, Japon 12,1). **Bauxite** 77 (Australie 37,9, Guinée 13,5, Brésil 9,4). **Cadmium** 48,6 (Japon 14, Canada 11, Chine 10,7). **Magnésium** 84 (USA 24,6, Chine 20,3, Canada 19,1). **Mercure** 96,3 (Espagne 36,8, Russie 30, Kirghizistan 17,2).

Nota. – (1) En 1993.

■ **Consommation totale par l'industrie** (en milliers de t) **et,** entre parenthèses, **% du métal recyclé.** Fer 16 010 (41), aluminium 980 (29), cuivre 595 (25), plomb 240 (67), zinc 355 (31). **Autres métaux. Part du métal recyclé :** argent 90, platine 80, cobalt 50, tungstène 50, antimoine 45, chrome 35, nickel 35, étain 20.

☞ On distingue les métaux ferreux et non ferreux. Les métaux précieux (or, argent, platine et métaux dits de la mine du platine : palladium, rhodium, iridium, ruthénium, osmium) ont tous un point de fusion élevé et une excellente conductibilité.

■ **Dépendance de la France** (en %). **Principaux matériaux et pays d'origine. Groupe 1 :** chrome 100 (ferro-alliage, Afrique du Sud). Diamants industriels 100 (minerai, Afrique du Sud). Manganèse 100 (minerai, Gabon). Tungstène 100 (minerai, Chine). Vanadium 100 (pentoxyde, Finlande et Afrique du Sud). Cobalt 95 (cathodes, ex-Zaïre, Zambie). **Groupe 2 :** molybdène 100 (concentrés, USA). Niobium 100 (ferro-alliage, Brésil). Phosphates 100 (Maroc). Platine 100 (métal, CEI, Afrique du Sud). Tantale 100 (métal, Canada). Titane 100 (éponge, Japon). Zirconium 100 (minerai, Australie). **Groupe 3 :** aluminium 100 (minerai, Guinée, Australie). Plomb 100 (minerai, Australie, CEI). Cuivre 99 (métal, Chili, ex-Zaïre, Zambie). Argent 95 (métal, Canada, Pérou). Zinc 95 (minerai, Pérou, Canada).

Nota. – **Groupe 1 :** récupération impossible (alliages à faible teneur), inexistante (matériaux d'usage récent), ou réduite au recyclage immédiat des déchets (absence de gisement dans les produits finis) ; autres sources difficiles à mettre en œuvre. **2 :** d'autres capacités de production existent sur la planète. **3 :** une certaine indépendance est atteinte par exploitation des déchets (gisements dans les produits finis mis au rebut).

■ **Consommation en France** (en milliers de t, 1999). Aluminium 1 176, cuivre 718,4, zinc 422,5, plomb 272,9.

■ **Prix. London Metal Exchange (LME)** 62 Leadenhall Street. *Fondé* en 1877. *Courtiers agréés :* 17. Se charge de la livraison et du stockage des approvisionnements, et de l'arbitrage. Assure plus de 90 % des transactions mondiales (6 % de Comex). Les métaux de base n'ont qu'un seul prix indicatif *(benchmark)*, valable 24 h. *CA quotidien :* 3 milliards de $.

☞ **Stocks du London Metal Exchange** (en milliers de t, au 31-12-1999) : cuivre 790 ; aluminium 774,5 ; zinc 278,9 ; plomb 176 ; nickel 46,9 ; étain 9,2.

Aluminium

Minerais

■ **Bauxite. Nom :** des Baux (B.-du-Rh.) où elle fut découverte en 1821 par le minéralogiste Pierre Berthier. **Contient** de l'alumine monohydratée (boehmite et diaspore) ou trihydratée (gibbsite ou hydrargilite).

■ **Dans le monde. Production minière** (en millions de t, 2000) : Australie 49, Guinée 15, Brésil 13,2, Jamaïque 11,2, Chine 8, Inde 6,2, Venezuela 4,4, Suriname 4, Russie 3,9, Guyana 3,3. *Monde 127.* **Réserves mondiales** (en milliards de t) : 25 (Guinée 7,4, Brésil 3,9, Australie 3,8, Jamaïque 2, divers 4,1).

■ **En France. Mines en activité :** Pechiney a fermé sa dernière mine de bauxite en 1990 [Les Canonnettes (B.-du-Rh.)]. Seuls demeurent 3 petits exploitants approvisionnant les cimenteries. **Approvisionnement en bauxite** (en 1994) : 1,33 million de t dont (en %) Guinée 63, Sierra Leone 10, Grèce 8, Chine 6. **Consommation de bauxite** (en milliers de t, 1999) : 1 542 (dont 1 472 importés).

Métal

■ **Fabrication. Grecs et Romains** connaissaient l'alun. **1761** Guyton de Morveau propose le nom d'*alumine* pour la base obtenue à partir de l'alun. **1807** Davy suggère le mot *alumium* pour le nom du métal encore inconnu (devient *aluminium*). **1827** Wöhler l'isole par réduction du chlorure ($AlCl_3$) avec le potassium métal. **1854**-*14-8* Henri Sainte-Claire Deville (Fr., 1818-81) invente la préparation industrielle par la méthode chimique (réduction par du sodium), seule utilisée de façon suivie pendant 30 ans. **1886** Paul Héroult (Français, 1863-1914) et Charles Hall (Américain, 1863-1914) découvrent le procédé électrolytique. L'aluminium est obtenu par électrolyse de l'alumine, ou oxyde d'aluminium (Al_2O_3), dissoute dans un bain de *cryolithe* (AlF_3, 3 NaF) en fusion à 950 °C. Sous l'effet du courant continu, l'électrolyse est décomposée en aluminium qui va à la cathode (pôle –) et en oxygène qui va à l'anode (pôle +). Pour obtenir 1 t d'aluminium, il faut 1,9 t d'alumine, pouvant être obtenue à partir de 4 à 5 t de bauxite ; 50 kg de produits fluorés ; 14 000/15 000 kWh d'électricité haute tension.

☞ **Aluminium anodisé :** aluminium recouvert d'une pellicule d'alumine a-Al_2O_3 par oxydation anodique. **Duralumin :** aluminium 94 %, cuivre 4 %, magnésium. **Alpax :** aluminium 87 %, silicium 13 %. **Almelec :** aluminium 98,5 %, magnésium, silicium, fer 1 %.

■ **Dans le monde. Production d'alumine hydratée** (en milliers de t, 1998) : Australie 13 853, USA 5 592, ex-URSS 4 841, Jamaïque 3 440, Chine 3 327, Brésil 3 210, Inde 1 855, Suriname 1 762, Venezuela 1 553, Irlande 1 401, Canada 1 229, Espagne 1 009, Italie 926, Allemagne 778, Japon 738, Grèce 650, *France 520,* Guinée 500, Roumanie 250, Hongrie 160, Turquie 157, ex-Yougoslavie 143, G.-B. 96, Slovaquie 27. *Monde 48 017.* **Production métallurgique d'aluminium de 1re fusion** (en milliers de t, 1999) : USA 3 779, Canada 3 308, Chine 2 336 [1], Australie 1 718, Brésil 1 208 [1], Afrique du Sud 693 [1], Allemagne 633, Venezuela 587 [1], Inde 542 [1], Bahreïn 501 [1], *France 455,* Doubaï 387 [1], Espagne 363, Nlle-Zélande 317 [1], P.-Bas 286, G.-B. 274, Islande 222, Argentine 187 [1], Égypte 187 [1], Italie 187, Roumanie 174, Grèce 160, Indonésie 134 [1], Iran 109 [1], Suède 99, ex-Yougoslavie 72, Ghana 56 [1], Suisse 34, Japon 16 [1]. *Monde occidental 16 444* [1]. *Monde 22 642* [1].

Nota. – Accord d'Ottawa du 1-3-1994 sur réduction de 10 % de la prod. mondiale sur 18 mois. (1) En 1998.

Capacité de production (en millions de t, 1999) : *Comalco* (Australie) 9,66, *Alcoa* (USA) 3,14, *Rousski Aluminii* (Russie) 2,52, *Alcan* (Canada) 1,66, *Reynolds* (USA) 1,12, *Biliton* (G.-B.) 0,87, *Pechiney* (France) 0,83, *Norsk Hydro* (Norvège) 0,75, *Aluminium Bahrein* (Bahreïn) 0,54, *CVG* (Venezuela) 0,52, *Kaiser* (USA), 0,51, *Alusuisse* (Suisse) 0,25. **Producteurs d'aluminium** (en % des capacités mondiales) : Alcoa/Reynolds 30,1, Alcan/Alusuisse 10,5, Kaiser 5,8, Biliton 4,2, Pechiney 4,1, Comalco 3,8, Hydro 1,2, VAW 0,4.

Stocks mondiaux (en millions de t) : *2000* (févr.) : 3,05.

Chiffre d'affaires (résultats nets) [en milliards d'euros] **et salariés** (en milliers, 1998) : Alcoa (USA) 24,61 (1,59) 104 ; Pechiney (France) 10,68 (0,31) 33 ; Alcan (Canada) 9,82 (0,66) 34 ; Reynolds Metals [1] (USA) 5,7 (0,065) 20 ; Billiton [1] (G.-B.) 5,1 (0,45) 37.

Nota. – (1) En 1998.

☞ **Groupe Pechiney :** *chiffre d'affaires et,* entre parenthèses, *résultat net* (en milliards d'euros) : *1995 :* 10,47 (0,22) ; *96 :* 9,81 (– 0,45) ; *97 :* 10,53 (0,28) ; *98 :* 9,84 (0,31) ; *99 :* 9,51 (0,26) ; *2000 :* 10,68 (0,31) ; *01 (1re sem.) :* 5,6 (0,17).

Exportations de l'URSS (en millions de t) : *1990 :* 0,25 ; *92 :* 1 ; *94 :* 2,5 ; *96 :* 2,4 ; *98 :* 2,5.

Consommation d'aluminium de 1re fusion (en milliers de t, 1998) : USA 6 100, Chine 2 495, Japon 2 082, Allemagne 1 519, *France 744,* Canada 734, Italie 674, G.-B. 579, Inde 566, Brésil 521, Corée du Sud 506, Russie 489, Espagne 435, Australie 370, Belg.-Lux. 370, Taïwan 301, Grèce 213, Venezuela 180, Suède 177, Suisse 166, Autriche 163, Norvège 155, P.-Bas 155, Turquie 152, Afrique du Sud 143, Bahreïn 140, ex-Yougoslavie 133, Thaïlande 128, Argentine 105. *Monde 20 040* en 1994.

Prix de l'aluminium (en F par kg) : *lingot A5 1852 :* 5 000 ; *1880 :* 150 ; *1900 :* 3,2 F-or ; *75 :* 4,10 ; *80 :* 7,50 à 8,45 ; *84 (16-1) :* 13,10 ; *90 (oct.) :* 12,1 ; *91 (févr.) :* 11,1 ; *92 (févr.) :* 9,2 ; *93 (févr.) :* 8,7, *(déc.) :* 8,3 ; *94 (févr.) :* 8,8 ; *(déc.) :* 11 ; *95 (févr.) :* 13,5 ; *(août) :* 13. Depuis sept. 1995, prix France supprimé, on se réfère au LME. Voir col. a.

■ **En France. Consommation d'aluminium** (en milliers de t, 1998) : totale (électrolyse + affinage + récupération directe des déchets et débris, corrigée du commerce extérieur des demi-produits) : 1 150 dont aluminium primaire : 750. **Production totale** (en milliers de t, 1999) : 694. **Répartition des livraisons d'aluminium** (en %) : transport 37,9 ; bâtiment 14,7 ; constr. électrique 12,8 ; emballage 11,1 ; constr. mécanique 5 ; équipement domestique et bureau 4,2 ; fer, acier, autres usages métallurgiques 3,4 ; divers 8,6. **Exportations** (en milliers de t) : *1960 :* 72 ; *80 :* 177 ; *90 :* 136 ; *93 :* 237 ; *94 :* 211,9 ; *95 :* 204,5 ; *96 :* 282,4 ; *97 :* 226,8. **Importations** *1960 :* 54 ; *80 :* 333 ; *90 :* 541 ; *93 :* 365 ; *94 :* 444,8 ; *95 :* 469,2 ; *96 :* 490,8 ; *97 :* 498,6.

☞ **L'aluminium** concurrence le cuivre (applications électriques, économie de 50 %) et l'acier [il est plus cher mais plus léger (1 kg d'aluminium remplace 2,5 kg d'acier ou 2 kg de cuivre), se corrode moins et est plus économique à travailler (usinage à vitesse élevée)]. Il existe de nombreux exemples d'alliages d'aluminium [*duralumin* (aluminium + cuivre + magnésium), *alpax* (aluminium + silicium)].

Réserves mondiales par continent (en %)

	Afr.	Amér. du N. [1]	Amér. du S.	Asie	Eur. [2]	Océ. [3]
Amiante	5,9	25,9	5,9	32,4	30	0
Antimoine	7,2	7,8	8,9	63,3	10,7	2,1
Argent	2,5	37,5	13,2	5,7	26,1	9,3
Arsenic	20	16	31	10	18	5
Barytine	7,6	23,5	2,9	51,2	14,1	0,6
Bauxite	29,9	0,1	28	8,5	7,1	24,4
Bismuth	0	21,8	14,5	34,5	0	16,4
Béryllium	14,1	5,3	44	17,3	16,3	2,9
Chrome	79,2	0	0,8	5,5	11,9	0,2
Cobalt	59,7	1,1	26,6	1,1	4,3	6,3
Cuivre	9	22,6	31,3	8,7	22,6	4,5
Diamant	42,1	0	1	1,2	4,1	51
Étain	9,4	0,9	21,1	56,4	6,1	2,6
Fer	5,7	13,2	12,6	11,2	41,5	15,7
Fluorine	16,7	10,5	1	24,3	42,9	0
Kaolin	1,7	37,2	6,6	7,2	14,6	2,3
Lithium	1	23,9	57,8	0	0	16,9
Manganèse	52,8	0,5	2,6	3,9	37,5	3,3
Mercure	1,5	6,2	0	10	79,2	0
Molybdène	0	58,9	23	9,9	8,2	0
Nickel	6,4	13,1	41,5	9,2	15,6	14,1
Niobium	2,3	3,2	78,3	0,1	16,1	0
Or	46,1	15,5	4,8	7,7	14,1	8,4
Phosphates	71,5	10,3	0,8	6	11,2	0,2
Platine-groupe	88,6	0,9	0	0	10,5	0
Plomb	4	27	4	14,3	31,7	15,9
Potasse	0	47,7	0,6	4,5	47,2	0
Soufre	9,3	26,6	3,6	23,9	35,7	0,9
Talc	0	36,2	3,6	48,5	11,7	0
Tantale	22,7	8,2	4,1	37,3	7,3	20,5
Terres rares	1,2	13,9	0,3	44,3	19,1	5,2
Titane	15,2	12,2	23,5	24,3	14,5	10,2
Tungstène	0,6	18,2	4,3	57,7	18	0,2
Uranium	25	21,8	6,4	1,2	3,9	19,3
Vanadium	29,7	0,4	0,1	19,9	49,6	0,3
Zinc	6,9	29,9	7,6	19,4	24,3	11,8
Zirconium	28,8	6,5	2	6,9	8,2	47,6

Nota. – (1) Y compris Mexique, (2) ex-URSS, (3) Nlle-Calédonie.

Source : USBM, 1993.

Amiante

■ **Minerais. Nom :** du grec *amiantos,* incorruptible. Connu depuis l'Antiquité (« pierre à coton »). 1860-70 1res applications techniques. **Variétés :** serpentine : *chrysotile* (silicate de magnésium hydraté), 98 % de la production mondiale ; amphiboles : *crocidolite* (silicate de fer et de sodium), *amosite* (silicate de fer et de magnésium), *anthophyllite, trémolite, actinolite.* **Propriétés :** matière minérale, cristalline, fibreuse, incombustible, imputrescible, non conductrice de la chaleur et de l'électricité, possédant une très grande résistance mécanique et chimique. **Utilisations :** amiante-ciment ; textiles, papier, cartons et feutres d'amiante ; feuilles en amiante et élastomères pour joints ; garnitures de friction.

■ **Dans le monde. Production minière** (en millions de t, 1999) : 1,79 dont Russie 0,7, Canada 0,3, Brésil 0,2, Chine 0,2, Kazakhstan 0,1, Zimbabwe 0,1, Afrique du Sud 0,02.

■ **En France. Importations et,** entre parenthèses, **exportations** (en milliers de t) : *1960 :* 69 (11) ; *80 :* 127 (1) ; *90 :* 64 (0,1) ; *91 :* 67,3 (0,3) ; *92 :* 35,8 (0,5) ; *93 :* 29 dont (en %) Canada 66, Afrique du Sud 16, Russie 10, Belgique-Luxembourg 3, Zimbabwe 3. **Consommation** (en milliers de t) : *1970 :* 151 ; *80 :* 126 ; *93 :* 29 dont (en %) amiante-ciment 90, garnitures de friction 5, revêtements routiers 3, textiles et papiers 1, joints 1. **Chiffre d'affaires :** 3 milliards de F (1 904 emplois).

☞ **Amiante et santé :** l'exposition professionnelle aux poussières d'amiante peut entraîner l'*asbestose* (maladie professionnelle), fibrose pulmonaire se développant très lentement ; complications possibles : *cancer* broncho-pulmonaire, *mésothéliome,* cancer primitif de la plèvre ou du péritoine. *Normes limites d'empoussièrement* (en fibres par cm³) établies dans plusieurs pays : Union européenne 0,6 ; *France 0,6,* USA 0,1, prenant en compte les fibres visibles au microscope optique, de 5 microns ou plus de longueur et de diamètre inférieur à 3 microns.

Antimoine

■ **Minerais.** *Stibine* (sulfure) et oxydes. **Utilisation :** en alliage : par exemple, avec plomb et étain pour caractères d'imprimerie, avec zinc *(métal anglais)* et dans divers alliages antifriction *(régule).*

■ **Dans le monde. Production minière** (en millions de t de métal contenu, 2000) : Chine 100, Afrique du S. 6, Bolivie 5, Russie 3, Australie, Mexique 1,9, Tadjikistan 1,5, Canada, Guatemala 0,7, USA 0,34, Pérou, Turquie 0,3, Kirghizistan 0,2, Thaïlande 0,07. *Monde 121.*

■ **En France. Production de métal** (y compris le métal destiné à la production d'oxydes, en milliers de t) : *1960* : 2,1 ; *80* : 5,4 ; *90* : 6,5 ; *94* : 0,9 ; *95* : 0,7 ; *96* : 0,5 ; *98* : 9,6. **Importations de métal (et exportations)** : *1960* : 0,5 (0,3) ; *80* : 0,3 (0,1) ; *90* : 2,9 (0,03) ; *94* : 11,1 (0,2) ; *95* : 6,3 (0,6) ; *96* : 5,5 (0,3) ; *98* : 8,2 (0,1). **Approvisionnement en métal** (en milliers de t, 1997) : 1 dont (en %, en 1993) Chine 50, Russie 27, Kirghizistan 13, *France 10*. **Consommation** (en milliers de t, 1993) : antimoine métal 2,1 et oxydes 1,2 dont (en %) ignifugeants 58,5, durcisseur du plomb et élément d'alliage 35, pigments 6,5.

ARGENT

■ **Origine.** État natif avec des traces minimes de cuivre, d'or, de platine, de bismuth et d'antimoine. Peut apparaître sous forme de veines souvent très profondes ou de minerais [*chlorure* : cérargurite ou argent corné (Ag Cl) et *sulfures* : argentite (AG_2S)]. Nombreux minerais où le sulfure d'argent est associé aux sulfures d'autres métaux : *pyrargyrite* ($3Ag_2$ S. Sb_2 S_3), *proustite* ($3Ag_2$ S. As_2 S_3) dits argents rouges et *stéfanite* ($5Ag_2$ S. Sb_2 S_3). Électrum (alliage naturel or-argent) employé dans l'Antiquité. Actuellement, les 3/4 de la production mondiale sont extraits à partir de minerais d'autres métaux [dont *galène* (sulfure de plomb Pb S), *cérusite* (carbonate de plomb Pb CO_3] ou sous-produit de minerai de cuivre gris ou fahlerz associés à l'arsenic et/ou à l'antimoine.

■ **Minerai.** Pauvre (de 0,5 à 13 % à Largentière, France). Souvent associé aux filons de blende, pyrite, galène.

■ **Dans le monde. Réserves/réserves base** (en milliers de t, 2000) : 280/420 dont Canada 37/47, Mexique 37/40, USA 33/72, Australie 30/36, Pérou 25/37. **Production minière** (en t, 2000) : 17 900 (Mexique 2 500, USA 2 060, Pérou 2 000, Australie 1 850, Chili 1 344 [2], CEI 1 302 [2], Canada 1 300, Chine 1 190 [2], Pologne 1 119 [2], Bolivie 406 [1], Indonésie 311 [1], Maroc 306 [1], Suède 260 [1], Espagne 176 [1], Afrique du Sud 157 [1], Japon 95 [1], Turquie 87 [1], Argentine 69 [1], Grèce 64 [1], Papouasie 58 [1], autres pays 577 [2]. **Production mondiale de mines d'argent par métal source** (en t) : primaire 4 432, cuivre 3 770, plomb/zinc 6 311, or 2 239, autres 109, non classifié 109. **Demande** (en t, 1997) : 26 854,3.

Nota. – (1) En 1998. (2) En 1999.

> En 1979, Nelson Bunker Hunt (Texan dont la famille possédait de 3 à 5 milliards de $) a voulu s'assurer le contrôle du marché de l'argent pour réaliser ensuite de gros bénéfices. Il fit monter le cours de 6 $ l'once (31,05 g) à 50,35 $ en janvier 1980, mais le cours baissa brusquement à 11 $ le 27-3 ; *début 1991* : 4,03. *1997-juillet* 4,22, *-déc.* 6,26. Warren Buffett (Amér.) détient 20 % des réserves mondiales.

■ **En France. Production minière et,** entre parenthèses, **d'argent raffiné** (en t) : *1960* : 14 (32) ; *80* : 74 (825) ; *90* : 22 (1 430) ; *91* : 24 (1 684) ; *92* : 13 (1 555) ; *93* : 12 (1 203) ; *99* : (781). **Importations et,** entre parenthèses, **exportations d'argent raffiné** : *1960* : 827 (42) ; *90* : 786 (185) ; *91* : 789 (279) ; *92* : 767 (286) ; *93* : 690 (453). **Approvisionnement** (en milliers de t, 1993) : 1,89 dont (en %) *France 64*, Belgique-Luxembourg 9, G.-B. 7, Maroc 4, USA 4, Bulgarie 3, Chili 3. **Consommation** (en milliers de t) : *début 1980* : 1 à 1,2. *93* : 0,8 dont (en %) photographie 53, électricité 22, bijouterie 8, galvanoplastie et décoration 7, brasures 5, amalgames dentaires 3. **Grandes sociétés :** *Métaleurop* ; les Malines (Somme), St-Salvy (Tarn) et Noyelles-Godault (P.-de-C.) ; *Coframines* : Salsignes (Aude) ; *Cogema* : Le Bourneix (Hte-V.) ; *Comptoir Lyon-Alemand-Louyot (CLAL)* : Vienne (Isère), Noisy-le-Sec (S.-St-D.) et Villeurbanne (Rhône) ; *CMP Engelhard* : Ivry (V.-de-M.), Lapugnoy (P.-de-C.) et Courville (E.-et-L.).

BARYTINE

☞ *Sulfate de baryum* ($BaSO_4$).

■ **Dans le monde. Réserves** (en millions de t, 2000) : 150 dont Chine 30, Inde 28, USA 26, Canada 11, Bulgarie 10, Maroc 10, Thaïlande 9, Mexique 7. **Production** (en milliers de t, 2000) : 5 700 dont Chine 2 500, Inde 650, USA 600, Maroc 310, Iran 180, Mexique 150, Turquie 150, Canada 130, All. 120, Thaïlande 80, *France 60*, G.-B. 50, Kazakhstan 10.

■ **En France** (en milliers de t). **Production :** *1960* : 106 ; *80* : 225 ; *90* : 93 ; *91* : 90 ; *92* : 96 ; *93* : 67. **Importations et,** entre parenthèses, **exportations :** *1960* : 55 (18) ; *80* : 15 (98) ; *90* : 42 (78) ; *91* : 54 ; *92* : 19 ; *93* : 31. **Approvisionnement** (en 1993) : 98,6 dont (en %) *France 68*, Allemagne 20, Chine 6, P.-Bas 4. **Consommation** (en 1993) : 40 dont (en %) chimie 50, peintures 20, insonorisations 15, verrerie 5, divers 10.

BROME

■ **Minerai.** Extrait depuis 1926. Se trouve dans eau de mer (à plus de 99 %), végétaux marins, certaines sources minérales [lacs salés (Ohio, chotts tunisiens)], gisements de chlorure (Staffurt et Alsace). Le brome (liquide au-dessus de – 7 °C) est obtenu en traitant par le chlore les solutions de bromure. **Utilisations :** produits pharmaceutiques, chimiques ; ignifuge ; traitement de l'eau.

■ **Dans le monde** (en milliers de t, 2000). **Réserves :** USA 11 000, France 1 600, Espagne 1 400, Turkménistan 700, Ukraine 400. **Production :** USA 229, Israël 185, Chine 45, G.-B. 30, Japon 20. *Monde 520.*

CADMIUM

■ **Nom.** Découvert dans la *cadmie*, nom donné autrefois à la calamine (suie renfermant du zinc et du cuivre dans la métallurgie du zinc) ; nommé en 1808 par le chimiste allemand Stroheimer.

■ **Minerais.** Ceux du zinc, contenant tous du sulfure de cadmium en quantités infimes. **Utilisation :** *cadmium* (sous forme de boule) : galvanoplastie ; *poussière de cadmium* : industrie chimique, métallurgie des poudres, accumulateurs électriques, etc. ; *oxyde de cadmium* : industrie chimique (catalyseur), galvanoplastie, accumulateurs électriques, stabilisant pour matières plastiques, pigment pour émaux.

■ **Dans le monde. Production minière** (voir **Zinc** p. 1779 c) ; **métallurgique** (en t, 1998) : Corée du Sud 5 500, ex-URSS 3 108, Japon 2 336, Canada 2 067, Chine 2 000, USA 1 878, Benelux 1 318, Mexique 1 275, Allemagne 1 020, P.-Bas 739, Finlande 520, G.-B. 440, Pérou 405, Italie 328, Inde 304, Bulgarie 280, Thaïlande 238, Corée du Nord 200, Espagne 196, Brésil 130. *Monde occidental 12 708* [1] (Europe 5 908). *Monde 24 905.* **Consommation** (en t, 2000) : Japon 6 909, Benelux 3 217, USA 2 220, *France 1 800*, Russie 1 110, Allemagne 750, G.-B. 607, Chine 600, Inde 446, Corée du Sud 380, Canada 199, Mexique 140, Brésil 100, Italie 100, Rép. tchèque 60, Suède 28. *Monde 19 007. Monde occidental 17 220* (dont Europe 7 750).

Nota. – (1) En 1996.

■ **Usages dans le monde occidental** (en %, est. 1997). Accumulateurs 70, pigments 13, galvanoplastie 8, stabilisants 7, alliages et autres 2.

CHROME

■ **Minerai.** *Chromite* (oxyde double de fer et de chrome). **Utilisation :** en revêtement pour des aciers inoxydables ou pour des alliages (aéronautique), nickel-chrome (résistance électrique). Industrie chimique : jaune de chrome, chromates.

■ **Dans le monde. Réserves** (en millions de t d'oxyde de chrome, 2000) : 7 600 dont Afrique du Sud 5 500, Zimbabwe 930, Russie 460, Kazakhstan 320, Finlande 120, Inde 67. **Production** (en milliers de t de métal contenu, 2000) : Afrique du Sud 6 500, Kazakhstan 1 600, Turquie 1 500, Inde 1 400, Zimbabwe 650, Finlande 610, Brésil 350, Iran 200, Russie 130.

■ **En France. Production minière et,** entre parenthèses, **de ferrochrome** (en milliers de t) : *1960* : 39 (60) ; *80* : 2 (89) ; *90* : 1,5 (25) ; *91* : (23) ; *92* : (7) ; *98* : 1,2. **Approvisionnement en ferrochrome** (en milliers de t, 1993) : 139,8 dont (en %) Afr. du Sud 46, Belg.-Lux. 18, Russie 7, Kazakhstan 6, P.-Bas 4, Zimbabwe 4, Allemagne 3, Norvège 3, Suède 3. **Consommation** (en %, 1993) : aciers inoxydables 64, chimie 12, autres ferro-alliages 11, métallurgie 5, réfractaires 5, fonderie 3.

COBALT

■ **Nom.** Le cobalt fut isolé par Georg Brandt en 1735 dans un minerai que les mineurs de Saxe ne savaient pas traiter (le croyant ensorcelé, ils l'avaient appelé *Kobold* du nom de lutins malfaisants).

■ **Minerais.** Skutterudite (smaltine) : d'après le gisement norvégien de cobalt de Skutterud. Arséniures ou sulfures doubles de cobalt et de nickel. **Utilisation** (en %) : superalliages 72, céramiques, pigments, siccatifs et catalyse 16, aimants permanents 9, carbures cémentés 4.

■ **Dans le monde. Réserves** (en milliers de t, 2000) : 9 900 dont Congo dém. 2 500, Cuba 1 800, Australie 1 300, Nlle-Calédonie 860, USA 860, Zambie 540, Canada 260, Russie 230. **Production** (en milliers de t) : *minerai de cobalt* (Co contenu, 2000) : 32,3 dont Congo dém. 7, Australie 5,7, Canada 5, Russie 4, Zambie 4, Cuba 2,3, Nlle-Calédonie 1 ; *cobalt métal* (en 1999) : 19,8 (Zaïre 4,1, Finlande 3,6, Zambie 2,9, Norvège 2,8, Canada 2,3, ex-URSS 2,3, Chine 0,9, Japon 0,2).

■ **En France. Approvisionnement en cobalt métal** (en t, 1997) : 1 619 dont G.-B. 504, Zambie 329, Canada 154, Norvège 140, Russie 133, Allemagne 101. **Production de sels de cobalt** (en t, 2000) : 204. **Consommation** (en milliers de t) : *1980* : 1 ; *93* : 0,8 dont (en %) : métallurgie 75 [dont superalliages 27 : moteurs d'avions, turbines, armement, alliages magnétiques et aciers spéciaux (augmentation de la résistance aux hautes températures, à l'usure et à la corrosion)], chimie 17 (utilisation des oxydes et sels de cobalt pour colorants, siccatif, éléments d'adhérence, catalyseur en pétrochimie), poudres 8 (outils de coupe, matériels de forage, aimants) ; *94* : 0,6 ; *95* : 0,7 ; *96* : 0,5 ; *97* : 1,1. Recyclage entre 50 et 60 %. **Principales sociétés :** *Eurotungstene-Poudre* : Grenoble (Isère ; transformation de poudres : 300 000 t) ; *Eramet SLN* : Sandouville (S.-M. ; production de chlorures : 300 000 t).

CUIVRE

■ **Minerais.** Un des rares métaux se trouvant parfois à l'état pur [par exemple aux USA (lac Supérieur)], aussi fut-il utilisé avant le bronze (alliage étain-cuivre) et le fer. Le laiton (alliage de cuivre et de zinc) est appelé « cuivre jaune ». Le chrysocale (chrysocalque, similor, or de Manheim) : alliage de cuivre et zinc. Variété du laiton, perfectionnée en France depuis 1810. Sulfures (pyrites), carbonates, oxydes. Les pyrites sont concentrées à 33 %, puis affinées par grillage (affinage à 75 %), traitées en convertisseur et purifiées par électrolyse. **Plus grandes mines :** *USA* : Bingham Copper Mine ; *Chili* : Chuquicamata (à 3 000 m d'altitude à ciel ouvert, et 300 m de profondeur), El Teniente, Escondida ; *Zaïre* : Kamoto.

■ **Dans le monde. Réserves** (en millions de t, 2000) : 650 dont Chili 160, USA 90, Pérou 40, Chine 37, Pologne 36, Zambie 34, Russie 30, Mexique 27, Indonésie 25, Canada 23, Australie 23, Kazakhstan 20. **Production minière** (en milliers de t de métal contenu, 2000) : Chili 4 500, USA 1 450, Indonésie 850, Australie 760, Canada 650, Pérou 530, Russie 520, Chine 510, Pologne 480, Mexique 390, Kazakhstan 380, Zambie 260. *Monde 12 900.*

■ **Cuivre affiné** (en milliers de t, 1999). **Production :** Chili 2 666, USA 2 130, Japon 1 341, Chine 1 045, Allemagne 696, Russie 640, Canada 540, Pologne 464, Corée du Sud 450, Mexique 449, Pérou 426, Australie 418, Belgique 368, Espagne 304, Zambie 259, Brésil 193, Philippines 149, Suède 114, *France 2. Monde 14 274.* **Consommation :** USA 2 995, Chine 1 345, Japon 1 294, Allemagne 1 133, Corée du Sud 784, Italie 679, Taïwan 655, *France 564*, Mexique 439, G.-B. 305, Brésil 291, Belgique 285, Canada 266, Pologne 261, Espagne 261, Inde 220, Australie 166, Russie 165. *Monde 13 844.*

■ **En France. Production minière et,** entre parenthèses, **de cuivre affiné** (en milliers de t) : *1960* : 0,61 (40) ; *80* : 0,10 (47) ; *90* : 0,5 (52) ; *95* : 0 (65) ; *96* : 0 (62) ; *97* : 0 (59) ; *98* : 0 (45) ; *99* : 0 (1,8). **Utilisation du cuivre** (en %, 1993) : construction électrique 42, bâtiment 30, mécanique 15, transport 11. **Importations et,** entre parenthèses, **exportations de cuivre affiné :** *1960* : 212 (1) ; *80* : 412 (12) ; *90* : 430 (7) ; *95* : 494,4 (12,6) ; *96* : 455,9 (16,1) ; *97* : 528 (19,9) ; *98* : 585,5 (38,4) ; *99* : 550 (21,7). **Approvisionnement** (en milliers de t, 1998) : Chili 243, ex-URSS 65,4, Pologne 61, Allemagne 56, Zambie 41, Belg.-Lux. 39, Espagne 35, Canada 10. **Principales sociétés :** *Cie générale d'électrolyse du Palais* : Le Palais (Hte-V.) ; *Sté française d'affinage du cuivre* : Poissy (Yvelines) ; *Sté de coulée continue du cuivre* : Chauny (Aisne) ; *Sté lensoise du cuivre* : Sallaumines (P.-de-C.) ; *Tréfimétaux* : Sérifontaine (Oise), Givet (Ardennes), Pont de Chéruy (Isère), Ham (Somme) et Niederbrück ; *Afica* : Bazancourt (Marne).

☞ **Groupe d'études sur le cuivre :** mis en place courant 1992 par la Cnuced ; regroupe États producteurs, consommateurs et industriels ; a pris le relais du Cipec (Conseil intergouvernemental des pays exportateurs de cuivre) qui ne représentait plus que 4 % des capacités mondiales.

DIAMANT

☞ Voir aussi à l'Index.

■ **Diamant naturel.** Monocristal constitué d'atomes de carbone, contenant une très faible proportion d'impuretés et dont la disposition dans la structure cristalline détermine 2 familles : diamants de type I et II. Ils cristallisent dans le système cubique, mais se présentent à l'état naturel sous des formes dérivées du cube primitif (octaèdre, dodécaèdre, hexaèdre...). Formés il y a des millions d'années dans la lave des volcans actifs, ils ont été disséminés par érosion et pluies. Aussi trouve-t-on **3 types de gisements :** *primaire* : « terre bleue » des cônes volcaniques ; *éluvionnaire* : « terre jaune » proche du gîte primaire ; *alluvionnaire* : à grande distance dans le lit des fleuves actuels ou anciens. Il faut traiter 250 t de minerai en moyenne pour obtenir une pierre taillée d'un carat (0,2 g).

On distingue plus de 1 000 catégories de diamants bruts. Le *boart* (ou *bort* : diamant granuleux et jaunâtre), impur et mal cristallisé, est broyé pour être utilisé comme abrasif.

Propriétés du diamant : le plus dur des matériaux connus (10 000 kg/mm²). Son concurrent le plus proche, le nitrure de bore cubique, est 2 fois moins dur. Coefficient de frottement faible, voisin de celui du Téflon. Élastique, peu compressible, chimiquement inerte et résistant à la corrosion. Permet la plus forte vitesse de propagation du son dans un matériau (18 200 m/s). Transparent au rayonnement électromagnétique, de l'infrarouge lointain à l'ultraviolet. Bon transmetteur dans les domaines des rayons X et des hyperfréquences.

« Diamant » ne peut désigner que du carbone cristallisé sous une forme spécifique, et présentant toutes les propriétés physiques et chimiques de l'espèce naturelle « diamant » (décret du 29-11-1968). Toute pierre dont la formation a été provoquée, en tout ou partie, par l'homme doit être accompagnée du qualificatif « synthétique » ou « artificielle ». La *moissanite* (pierre la plus proche du diamant par ses caractéristiques), découverte à l'état naturel par le chimiste français Henri Moissan (1852-1907), est un cristal de carbure de silicium. Elle est produite sous forme synthétique par une entreprise américaine, C3.

■ **Dans le monde. Production de diamants bruts : en millions de carats de 0,2 g :** *1986* : 89,6 ; *90* : 111,7 ; *94* : 112,3 (ou 107,5) ; *95* : 111,7 ; *96* : 116,8 ; *97* : 117,3 ; *98* : 120 ; *99* : 110 [dont Australie 29,8, Congo dém. 22 (est.),

Botswana 21,35, Russie 16,2, Afrique du Sud 10,02, Canada 2,5, Angola 2,13, Namibie 1,63, Brésil 0,9 (est.), Chine 0,68 (est.), Ghana 0,68, Rép. centrafricaine 0,43, Guinée 0,38, Côte d'Ivoire 0,31, Sierra Leone 0,30 (est.), Tanzanie 0,23]. **En millions de $** (en 1999) : 7 029 dont Botswana 1 900, Russie 1 500, Afrique du Sud 850, Angola 700, Namibie 470, Canada 405, Australie 353, Congo dém. 350, autres 327.

% de la production mondiale en volume et, entre parenthèses, **en valeur** (en 1999) : Australie 28 (5) ; Congo dém. 20 (20) ; Botswana 19 (22) ; Russie 15 (21) ; Afrique du Sud 9 (14) ; Angola 3 (7) ; autres pays d'Afrique dont Sierra Leone 2 (7) ; Canada 2 (5) ; Namibie 1 (5) ; Amérique du Sud 1 (1) ; autres (3).

■ **Principales mines de diamants** (en carats, 1998). **Botswana :** Jwaneng [1] 12 688 ; Orapa [1] 6 300 ; Letlhakane [1] 785 ; Twapong [2] 25 ; *total : 19 798.* **Russie :** Udachnaya [3] 10 200 ; Julibee [3] 4 200 ; autres 700 ; *total : 15 100.* **Afrique du Sud :** Venetia [4] 4 495 ; Finsch [4] 2 165 ; Premier [4] 1 392 ; Namaqualand [4] 768 ; Kimberley [4] 683 ; Marsfontein [4] 532 ; Baken [5] 180 ; Koffiefontein [4] 158 ; Alexo [6] 130 ; *total : 10 649.* **Angola :** Unita [7] 2 500 ; Artisans [7] 1 200 ; Catoca [8] 1 020 ; Luzamba [8] 100 ; *total : 5 095.* **Congo dém. :** Artisans [7] 14 862 ; Mbuyi-Maji [9] 6 500 ; *total : 21 362.* **Australie :** Argyle [10] 40 900 ; Merlin [11] 20 ; *total : 40 920.* **Namibie :** Namdeb onshore [12] 705 ; De Beers Marine [12] 497 ; Namco [13] 128 ; Namdeb contractors 73 ; ODM [14] 57 ; *total :* 1 450. **Canada :** Ekati [15] 250. **Tanzanie :** Williamson [16] 93 . **Indonésie :** Campaka [11] 35. **Total mondial : 119 723.**

Nota. – Stés exploitantes : (1) Debswana (De Beers). (2) De Beers/Botswana. (3) Alrosa. (4) De Beers. (5) Transhex. (6) Privatisé. (7) Divers. (8) Alrosa/Odebrecht/Endiama. (9) Miba. (10) Rio Tinto/Ashton. (11) Ashton. (12) Namdeb (De Beers). (13) Namco. (14) ODM. (15) BHP/Dia Met. (16) De Beers/Tanzania.

☞ En 20 siècles, 230 t de diamant ont été produites dans le monde, nécessitant l'extraction de 5 milliards de t de terre et de roches.

■ **De Beers.** Possède 38 % de sa Sté mère, l'Anglo-American Corporation, 1er groupe industriel sud-africain, et 22 % de son émanation luxembourgeoise Minorco. L'« Anglo » contrôle 40 % du capital de la De Beers. Harry Oppenheimer, fils d'Ernest (voir ci-dessous), a siégé au conseil d'administration jusqu'en 1984. Son fils unique, Nicholas (né 1945), est Pt de la De Beers depuis janv. 1998 et Pt depuis 1985 de la CSO (Central Selling Organization) qui contrôle 60 % de la prod. mondiale (80 en 1994).

Origine : *1866* Afrique du Sud : Erasmus Jacobs (15 ans) recueille sur les rives de l'Orange River, près de Hopentown, un diamant brut de 21,15 carats (baptisé Eureka, taillé 10,73 carats). *1869* découverte du Star of South Africa (83,5 carats) ; ruée vers le diamant. *1871-mai grand trou (Big Hole)* découvert : mine à Kimberley (prof. 1 098 m, diam. 463 m, circonférence 1 600 m, surface 16 ha), 23 millions de t de terre ont été extraites qui ont donné 3 t de diamant. *1888* Cecil Rhodes (1853-1902) rachète la mine des 2 frères De Beers, crée le « London Diamond Syndicate ». *1917* Ernest Oppenheimer († 1957), fils d'un commerçant juif allemand envoyé en Afr. du S. (1889) pendant la guerre des Boers pour acheter des diamants, fonde l'Anglo-American Corporation (or, argent). *1925* rachète le « syndicat ». *1934* fonde la CSO. *1990* divisée en deux entités : *De Beers Consolidated mines* [basée à Kimberley (Afr. du S.) ; 8 mines en Afr. du S. ; De Beers Marine, diamants industriels et synthétiques, CSO ; participations (en %) : Anglo-American 28,7, Avmin 21,8, DBCAG 11,3, Firstrand 3,1, Anglogold 3,7] et *De Beers Centenary AG* (DBCAG) [basée à Lucerne (Suisse) ; 50 % des joint-ventures avec Namdeb (Namibie) et la Debswana (Bostwana), 75 % avec Williamson Diamonds (Tanzanie), diamants synthétiques (Irlande), CSO, Diamdel, Sté de négoce de diamants polis ; participations : Anglo-American 6,7 %]. **Siège :** Londres. **Commercialise** le diamant brut de ses propres mines (Afr. du S., Botswana, Namibie), 50 % de la production mondiale et la quasi-totalité de la production de Russie (qui en juillet 1990 a donné à la De Beers le contrôle de 95 % de sa production ; accord renouvelé en oct. 1997), Tanzanie, Angola et ex-Zaïre. 20 % lui échappent (Brésil, Canada en partie, Venezuela, Côte d'Ivoire, Ghana). Garantissant à ses affiliés un débouché régulier et des prix stables, elle constitue des réserves pour éviter un effondrement des prix, et déstocke en période de prospérité. Elle écoule ses diamants avec 125 clients privilégiés (dits *sightholders* ou « porteurs à vue »). 10 présentations annuelles ont lieu simultanément à Londres, Kimberley et Lucerne, les clients doivent accepter les yeux fermés les enveloppes renfermant les pierres brutes et payables comptant. Les affiliés de la CSO travaillent une partie des pierres qu'ils achètent et revendent les autres aux professionnels des centres de taille, directement ou par l'intermédiaire d'une Bourse des diamants. De Beers a, depuis 1988, l'exclusivité de la prospection, de l'exploitation et de la commercialisation ; mais, depuis 1991, la législation angolaise a autorisé les particuliers à négocier des pierres non taillées (jusque-là monopole de l'État). Le 12-7-2001 De Beers a abandonné son rôle de cartel et ne rachètera plus systématiquement les pierres non vendues. La CSO devient la DTC (Diamond Trading Cy).

Ventes de diamants bruts par la CSO (en milliards de $) : *1982 :* 1,2 ; *87 :* 3,01 ; *90 :* 4,17 ; *92 :* 3,42 ; *95 :* 4,53 ; *96 :* 4,83 ; *97 :* 4,64 ; *98 :* 3,34. **De Beers** *chiffre d'affaires* (en milliards de $) : *1992 :* 3,64 ; *93 :* 4,44 ; *94 :* 4,38 ; *97 :* 6,42 (bénéfice net : 1,23) ; *98 :* 4,49 (0,62) ; *99 :* 5,2 (0,84).

Stocks de diamants de la De Beers : *1992 (fin) :* 3,7 milliards de $; *94 :* 4,32 ; *97 :* 4,44 ; *99 :* 4. En 1992, la De Beers a racheté à Anvers + de 0,4 milliard de $ de pierres de contrebande d'Angola. [Les USA absorbent 60 % de la production mondiale. Le département de la Défense américaine (Pentagone) a mis aux enchères en 1992 un stock de 200 kg de diamants (7 à 9 milliards de $) constitué pendant la guerre froide. *Gokhran :* réserve gouvernementale des diamants et métaux du gouvernement russe.]

Exportations (en millions de $, 1999) : *vente totale (400 lapidaires) :* 4 400 dont Schechter Nambar 373 ; Lid Diamonds 256 ; Fabrikants & Salant 223 ; STK Diamants 116.

■ **Utilisation.** Joaillerie 20 % ; ind. mécanique (meules, dresseurs, filières), ind. de la pierre et des travaux publics (disques diamantés), forages pétroliers (trépans, couronnes), ind. du verre (meules de forme, forets), pâtes diamantées, etc. 80 %.

■ **Diamant industriel.** Obtenu par cristallisation du carbone sous des pressions et des températures très élevées. Les premiers résultats sont dus à James Hannay en 1880 et Henri Moissan en 1894, mais la synthèse réelle et contrôlée ne fut réalisée qu'en 1953 par la Sté ASEA (Suède), associée aujourd'hui à la De Beers (Afr. du S.) et, en 1954, par la General Electric (USA) sous forme de *boart.*

En 1994, des chercheurs de l'université de Campinas (Brésil) ont fabriqué un diamant de 20 g avec 0,1 l d'alcool de canne à sucre. Principe de fabrication identique à celui utilisé pour fabriquer le diamant à partir du méthane. Le degré de pureté est plus élevé avec l'alcool de canne à sucre (ou éthanol) qu'avec le méthanol. De tels diamants peuvent remplacer le silicium dans la fabrication de semi-conducteurs et de puces électroniques. Pham Van Huong (directeur du laboratoire de spectroscopie moléculaire et cristalline de l'université de Bordeaux I) et son équipe ont découvert une nouvelle structure du carbone plus dure que le diamant : le *diamite,* obtenu lors de la synthèse du diamant à l'aide de la technique de dépôt chimique en phase vapeur, CVD (*Chemical Vapor Deposition,* 1989), à partir de méthane sous une pression de 0,3 millième d'atmosphère. Auparavant, on plaçait du carbone dilué dans du fer fondu à + de 2 600 °C et à des pressions très élevées. Des cristaux de diamant apparaissaient ainsi dans le fer fondu. Les atomes sont ordonnés sur un réseau hélicoïdal hexagonal et non suivant les sommets d'un cube. Structure rappelant le graphite (d'où le nom de diamite).

■ **En France. Approvisionnement** (en millions de carats, 1993) : 3,8 dont (en %) All. 40, Belg.-Lux. 23, USA 18, Irlande 9, Russie 2, divers 8. **Consommation** (en millions de carats) : *début 1980 :* 0,5 ; *93 :* 3,2. La France n'a pas de production minière, mais dispose d'une production de diamants synthétiques destinée à l'industrie. **Principales sociétés :** *Ballofet :* Lagnieu (Ain) ; *Brussin :* Trévoux (Ain) ; *Chervin :* Vaulx-en-Velin (Rhône) ; *Tyrolit :* Sarreguemines (Moselle).

ÉTAIN

■ **Minerai.** Le plus répandu : *cassitérite* (SnO_2). En France, la mine de St-Renan (Finistère) est épuisée depuis 1975. Allié au cuivre l'étain donne le *bronze ;* au plomb, la *soudure ;* à l'antimoine, le *métal blanc* (antifriction). L'étamage de la tôle fine donne le *fer blanc.* La *poterie d'étain* contient 92 à 96 % d'étain, 6 % d'antimoine, 1 à 2 % de cuivre.

■ **Dans le monde. Réserves** (en millions de t, 2000, estimations, *source :* US) : 12 dont Chine 4 ; Brésil 2,5 ; Malaisie 1,4 ; Indonésie 0,9 ; Bolivie 0,9 ; Australie 0,6 ; Pérou 0,4 ; Thaïlande 0,4 ; Russie 0,35 ; Portugal 0,08. **Production** (en milliers de t, 2000, minérai métal contenu) : Chine 64 ; Indonésie 50 ; Pérou 32 ; Brésil 13 ; Bolivie 12 ; Australie 9 ; Malaisie 7 ; Russie 5 ; Portugal 3 ; Thaïlande 3 ; *métal :* 247 dont Chine 79 ; Indonésie 54 ; Malaisie 28 ; Thaïlande 16 ; Brésil 15 ; USA 13.

■ **En France. Importations** (y compris alliages et déchets) **et,** entre parenthèses, **exportations** (en milliers de t) : *1980 :* 10,36 (0,24) ; *90 :* 9,29 (0,13) ; *95 :* 87 (0,01) ; *96 :* 8,2 (0,01) ; *97 :* 8,1 (0,01). **Approvisionnement** (en milliers de t, 1998, *source :* Industrie minérale) : Indonésie 3,4 ; Brésil 0,8 ; Malaisie 0,7 ; Belg.-Lux. 0,6 ; Bolivie 0,6 ; CEI 0,5 ; P.-Bas 0,5 ; divers 0,9. **Consommation** (en milliers de t) : *1980 :* 10 ; *93* (en %) : fer blanc 42, soudures 19, étain ouvré 17, chimie 10 (entre dans la composition des chlorures de polyvinyle, pesticides, peintures et pigments pour céramiques), divers 12 ; *95 :* 8,6 ; *96 :* 8 ; *97 :* 7,9 ; *98 :* 8,3. **Principales sociétés :** *AED Alliages d'étain et dérivés :* Montreuil (S.-St-D.) ; *Budin :* Aubervilliers (S.-St-D.) et Suippes (Marne) ; *Fondam :* Ivry (V.-de-M.).

FER

Sources : Chambre syndicale des mines de fer de France ; Fédération française de l'acier.

MINERAI DE FER

DANS LE MONDE

■ **Commerce. Pays exportateurs** (en % des 410 millions de t exportées dans le monde, 1999) : Brésil 34,6, Australie 32,9, Inde 8,5, Afrique du Sud 5,1, Canada 5,1. **Importateurs** (en %, 1994) : Japon 28,1, All. 10,3, Chine 9, Corée du S. 6,3, *France 4,9,* G.-B. 4,7, USA 4,2, Italie 4, Benelux 3,6, Rép. tchèque 3.

■ **Production de minerai de fer** (en millions de t de métal contenu, 2000) **et,** entre parenthèses, **teneur moyenne du minerai** (en %, 1997). Chine 215 (50). Brésil 190 (17). Australie 158 (40). Russie 80 (45). Inde 68 (63). USA 61 (23). Ukraine 50 (57). Canada 34 (61). Afrique du Sud 30 (63). Suède 19 (7,8). Venezuela 17,2 [1]. Mauritanie 12 (1,5). Mexique 11,4 [1]. Kazakhstan 10 (19). Chili 8,3 [1]. Iran 7 [1]. Pérou 5 [1]. Turquie 4,7 [1]. Autres pays 80 (38).

Nota. – (1) En 1998.

■ **Réserves/réserves confirmées de minerai de fer** (en milliards de t de fer contenu, 2000). Ukraine 28/12. Australie 25/11. Russie 25/11. Chine 15/7,8. Brésil 11/4,8. Kazakhstan 10/4,5. USA 7/3. Suède 5/2,2. Inde 3,9/1,8. Canada 2,5/1,1. Afrique du Sud 1,5/0,65. Mauritanie 1/0,4. Autres pays 23/10. *Total mondial : 160/71.*

EN FRANCE

■ **Bassins. Est :** environ 12 couches, de quelques dm à plusieurs m (teneur 20 à 40 %), épaisseur totale 30 m, assez régulières ; elles s'enfoncent avec une faible pente. Ne peuvent être exploitées économiquement que les couches d'au moins 2,50 m à 3 m de profondeur (niveau moyen exploité 4 m) et d'une teneur d'au moins 30 % de fer sur sec. Pendage moyen des couches sédimentaires d'environ 3 % vers le Bassin parisien, diminuant progressivement en puissance et en teneur. Les exploitations sont souterraines (profondeur 130 m à 260 m). Les terrains de recouvrement sont aquifères, d'où d'importantes venues d'eau dans certaines mines. En 1982, on a remonté 13,7 t d'eau pour 1 t de minerai. *Réserves exploitables* aux conditions économiques actuelles : 1 milliard de t de minerai calcaire à 33 % de fer sur sec contre 58 à 68 % pour la plupart des minerais concurrents et 0,5 de minerai siliceux à 35 %. *Handicaps :* faible teneur en fer, d'où frais de fabrication de l'acier et de consommation de coke et de combustible plus importants ; teneur en phosphore (rendant plus onéreux et plus délicat le traitement de la fonte phosphoreuse à l'aciérie) ; impossibilité de l'enrichir économiquement. Dernière mine fermée 31-7-1997.

Ouest : *teneur :* fer 42 à 50 % ; silice, chaux faible, phosphore 0,4 à 0,8 %. *Réserves :* 1,4 milliard de t. *Production :* Soumont (Calvados) 600 000 t (en 1987), fermée début août 1989 ; Limèle (L.-A.), St-Sulpice-des-Landes (I.-et-V.), Segré (M.-et-L.) ont fermé ; Rougé (L.-A.) 30 000 t (14 salariés) reste ouverte. *Production record : 1962 :* 62,7 millions de t (20 000 mineurs) [*92 :* 3,4 (470 mineurs, 2 mines en service)].

■ **Exploitations en activité.** *1989 :* 4 dont Lorraine 2 (24 fin 1979), Ouest 1, Pyrénées 1 ; *1994 :* 1.

■ **Effectifs.** *1963 :* 25 000 ; *84 :* 2 766 ; *90 :* 1 139 ; *92 :* 782 dont ouvriers 583 (dont abattage 162), ETAM 178, ingénieurs 21.

PRODUCTION EN MILLIERS DE TONNES

	1929	1938	1951	1960	1970	1980	1990	1992	1993
Lorraine	47 842	30 974	32 746	62 725	54 344	27 663	8 693	5 659	-
Ouest	2 420	1 971	2 220	3 849	2 410	1 219	27	35	-
Pyrénées	312	127	235	335	52	99	-	-	-
Total	*50 574*	*33 045*	*35 201*	*66 909*	*56 805*	*28 980*	*8 720*	*5 659*	*3 500*

Depuis 1960, gros minéraliers entraînant une baisse des frets maritimes, mise en exploitation outre-mer de gisements riches en hématites [minerai contenant de l'oxyde ferrique Fe_2O_3 anhydre (hématite rouge) ou plus ou moins hydraté (hématite brune), très recherché] et naissance de sidérurgies côtières (Dunkerque, Fos). La *minette* lorraine a ainsi perdu progressivement sa place dans la production française d'acier.

■ **Exportations** (en milliers de t). *1960 :* 26,8 ; *80 :* 8,65 ; *90 :* 3,3 ; *93 :* 2,8 ; *99 :* 0,024. **Importations** (en milliers de t). *1960 :* 1,5 ; *80 :* 18,46 ; *90 :* 18,8 ; *93 :* 16,6 ; *99 :* 20.

FONTE

■ **Dans le monde. Production de fonte** (en millions de t, 2000) : Chine 129, UE 97,2, Japon 80,1, USA 50,6, Russie 44,8, Brésil 27,2, Corée du Sud 24,5, Ukraine 24,1 ; autres pays 93,8. *Monde 571.*

ACIER

Sources : Fédération française de l'acier ; Office fédéral de statistiques d'Allemagne.

■ **Histoire. Vers 500 av. J.-C.** acier produit en Orient par cémentation du fer doux (incorporation de carbone à haute température, utilisé pour les épées ou les petits instruments chirurgicaux). **VIIe s.** acier de Damas à haute teneur en carbone. **XVIe s.** acier par grillage de la fonte (décarburation) ; si le fer contient moins de 2 % de carbone on a de l'acier, s'il en contient plus de 2 % on a de la fonte.

■ **Techniques. 1°) Du minerai à la fonte.** Après concassage, criblage et agglomération ou boulettage, le minerai de fer est introduit dans le *haut fourneau* en couches alternées avec du coke (minerai lorrain : 500 à 600 kg de coke pour 1 000 kg de fonte ; autres minerais : 430 à 530 kg). La combustion du coke à 2 000 °C fournit la chaleur nécessaire à la fusion du fer et de la gangue, après réduction des oxydes de fer du minerai par le gaz issu de cette combustion. Le fer se combine alors au carbone pour donner la fonte. Toutes les 4 ou 6 h, des coulées permettent de recueillir séparément *fonte* et *laitier* (scorie du haut fourneau, composée de silicates d'alumine et de chaux, nageant sur le métal en fusion ; utilisé comme ballast et dans les matériaux isolants) contenant la gangue du minerai et les cendres du coke (utilisées pour ballast et revêtements de routes). Les gros hauts fourneaux coulent de façon quasi continue. La fonte destinée à la fonderie est dite *fonte de moulage.* Le *cubilot,* inventé en 1722 par le Français Réaumur, permet de refondre la fonte des hauts fourneaux afin de la mouler (moules en sable, parfois en acier ou en plastique). Celle qui sera affinée est dite *fonte d'affinage* et comprend : *fonte hématite* (traitée parfois dans les fours Martin et surtout dans les convertisseurs à l'O_2) ; *fonte phosphoreuse* (traitée en convertisseurs à l'oxygène) ; *fontes spéciales* comme le ferromanganèse.

Haut fourneau. ÉVOLUTION : **1340** 1er four construit à Namur (charbon de bois, puis charbon à partir de 1709). **1735** four à coke. **1810** four électrique à résistance (Davy). **1856** four à réverbère (Siemens). **1865** four Martin. **1885** four à induction (Colby). **1892** four à arc industriel (Moissan). **1901** four à sole conductrice (Paul Girod). CARACTÉRISTIQUES : *hauteur :* 20 à 40 m ou plus ; *capacité :* 800 à 3 000 t ; *volume intérieur :* peut dépasser 3 000 m^3 ; *production journalière :* 2 000 à 10 000 t. *Coût :* 1 300 millions de F pour 1 haut fourneau de 5 000 t/j de fonte. **« Géant » :** *exemple :* nº 4 d'Usinor à Dunkerque : hauteur 86 m, diamètre au creuset 14,20 m, volume intérieur 4 615 m^3, volume utile 3 850 m^3, tuyères 40, production 10 000 t/j. RECORD : Oita (Japon) 5 245 m^3.

2º) De la fonte (ou de la ferraille) à l'acier. Procédés utilisés pour éliminer carbone, silicium, manganèse, soufre, phosphore et en faire de l'acier (alliage de fer et de certains éléments).

Convertisseur Thomas : procédé de déphosphoration permettant d'utiliser des minerais phosphoreux inventé 1877 par Sydney Thomas [Canonbury (G.-B.) 16-4-1850/Paris 1-2-1885]. Cornue de 25 à 55 t de capacité au maximum (70 t en All.) où de la fonte à 1 250 ºC est versée avec de la chaux (qui fixera l'anhydride phosphorique dégagé par l'oxydation du phosphore et la silice venant de l'oxydation du silicium). Un courant d'air sous pression enrichi en oxygène, amené par des tuyères, traverse le mélange en fusion, brûlant la majeure partie du carbone, du phosphore et du silicium à plus de 1 600 ºC, température de coulée de l'acier. L'opération dure environ 30 minutes dont 15 de soufflage.

Procédés à l'oxygène : même principe que ci-dessus, mais avec de l'oxygène pur à la place de l'air. Capacité de cornue : jusqu'à 350 t. **Différents procédés : 1º)** *soufflage par lance verticale :* LD (1949-52) et LD Pompey (1957) pour fontes hématites ; OLP et LD-AC (1958) pour fontes phosphoreuses. **2º)** *Fours tournants et soufflage par lance :* Kaldo (1948-55), Rotor (1952-56) ; pratiquement disparus. **3º)** *Soufflage par tuyères dans le fond de la cornue :* LWS et OBM (1970) pour fontes hématites et phosphoreuses ; AOD et (Cl. U) pour aciers inoxydables. **4º)** *Soufflage mixte par lance et tuyères :* permettent l'augmentation de la proportion de ferrailles, l'élargissement de la gamme des nuances, une conduite automatique et la réduction de la teneur en azote (de 0,008 à 0,002 %).

Four Martin : *inventé* 1865 par Pierre-Émile Martin (1824-1915). *Capacité* 50 à 400 t (URSS jusqu'à 900 t). *Fusion* par la combustion de gaz (ou mazout pulvérisé). *Durée :* 4 à 8 h. *Inconvénients :* faible productivité, grosse consommation d'énergie et de produits réfractaires. Fin 1982, il n'existait plus d'aciérie Martin en France.

Four électrique à arc : *inventé* 1900 par Paul Héroult (1863-1914) qui lui donne sa forme définitive. *Fusion* par un arc électrique produit entre des électrodes de graphite (plusieurs m de haut. et 15 à 50 cm de diam.). Permet d'obtenir des aciers spéciaux et ordinaires. *Capacité* jusqu'à 400 t. *Fours UHP (Ultra High Power) :* traversés de courants de très haute intensité, alimentation par courant alternatif ou continu. Pour les aciers de très haute qualité, on utilise le four électrique à induction sous vide par bombardement d'électrons ou électrodes consommables.

3º) Produits en acier. A sa sortie du four (creuset ou convertisseur), l'acier est coulé en continu pour donner directement des demi-produits (*brames, blooms, billettes, ronds*), ou en lingots (de quelques kg à 100 t et plus) qui sont ensuite laminés entre des cylindres tournant en sens inverse sur des trains pour donner des blooms ou des billettes (de section carrée), ou des brames (de section rectangulaire) ou des ronds. Les *gros trains* transforment ensuite les blooms en produits finis lourds : *poutrelles, palplanches, rails, ronds. Trains moyens* et *petits trains* transforment blooms et billettes en divers *profilés* (aciers marchands) et en *fil. Trains à larges bandes à chaud* transforment les brames en *bobines de tôle.* Ces bobines sont ensuite relaminées à froid sur des trains pour obtenir des tôles minces. Vitesse : jusqu'à 100 km/h pour les bobines de tôles, 350 km/h pour le fil de 5 mm de diamètre.

PRODUITS OBTENUS : plats (en feuilles ou en bobines) : *plaques* (15 à 40 mm), *tôles* à chaud (2 à 10 mm), *fer noir, feuillard ;* tôles laminées à froid (– de 3 mm) revêtues par addition d'une *couche d'étain* (fer-blanc), de *zinc* (tôle galvanisée), de *chrome* (tôle chromée), d'*aluminium* (tôle aluminisée), de *plomb* (tôle plombée) ou de *plastique* ou de *peinture.* **Longs :** *profilés lourds :* poutrelles, rails, palplanches, traverses ; *aciers marchands :* cornières, ronds, ronds à béton, profilés de diverses formes ; *fil machine* jusqu'à 5 mm de diamètre fourni en couronnes (pouvant atteindre 2,5 t) ; *produits pour tubes ronds ou carrés.*

■ **Teneur moyenne en carbone** (en %). **Fonte** grise : 3,5 à 6 ; blanche : 2,5 à 3,5. **Acier** *extra-doux :* 0,02 à 0,06 ; *doux :* 0,06 à 0,25 ; *demi-doux :* 0,25 à 0,40 ; *demi-dur :* 0,4 à 0,6 ; *dur :* 0,6 à 0,7 ; *très dur :* 0,7 à 0,8 ; *extra-dur :* plus de 0,8. **Fer industriel :** 0 à 0,4 ; pur : 0.

☞ **Invar :** découvert 1895 par Charles Édouard Guillaume (Suisse, 1861-1938), alliage de fer (avec 36 % de nickel). Les contraintes mécaniques engendrées par son magnétisme interne s'opposent aux variations de dimension lors de changements de température.

L'ACIER DANS LE MONDE

■ **Évolution de la production mondiale** (en millions de t). *1900 :* 35 ; *13 :* 81 ; *38 :* 110 ; *60 :* 341 ; *66 :* 474 ; *74 :* 710 ; *77 :* 673 ; *85 :* 718 ; *89 :* 785,1 ; *90 :* 769,6 ; *91 :* 736 ; *92 :* 719 ; *93 :* 728 ; *94 :* 725 ; *95 :* 754,5 ; *96 :* 750,1 ; *97 :* 799 ; *98 :* 776,3 ; *99 :* 754 ; *2000 :* 847.

■ **Production de quelques pays.** **Afr. du S.** *1930 :* 0,041 ; *60 :* 2,1 ; *66 :* 3,2 ; *76 :* 7,1 ; *81 :* 9 ; *85 :* 8,5 ; *90 :* 8,6 ; *95 :* 8,7 ; *96 :* 8 ; *97 :* 8,2 ; *98 :* 7,5 ; 99 : 7,9 ; *2000 :* 8,4. **Algérie** *1995 :* 0,8 ; *96 :* 0,6 ; *97 :* 0,4 ; *98 (est.) :* 0,2 ; *99 :* 0,6 ; *2000 :* 0,6. **Ex-All. dém.** *1956 :* 2,75 ; *66 :* 5,8 ; *76 :* 6,7 ; *81 :* 7,47 ; *85 :* 7,8 ; *88 :* 8,1 ; *90 :* 5,6. **Ex-All. féd.** *1860 :* 0,03 ; *70 :* 0,2. *1900 :* 6 ; *30 :* 10,4 ; *39 :* 18,2 ; *56 :* 23,2 ; *74 :* 53 ; *76 :* 42,4 ; *81 :* 41,6 ; *82 :* 35,9 ; *85 :* 40,5 ; *90 :* 38,4 ; *91 :* 29,42 dont Thyssen 10,90, Hoesch + Krupp 7,10, Paine Salzgitter 4,14, HKM 3,93, Klöckner 3,35 ; **(All. réunies)** *1991 :* 42,2 ; *95 :* 42 ; *96 :* 39,8 ; *97 :* 41 ; *99 :* 42,1 ; *2000 :* 46,4. **Arabie saoudite** *1992 :* 1,8 ; *95 :* 2,5 ; *96 :* 2,7 ; *97 :* 2,5 ; *98 :* 2,3 ; *99 :* 2,6 ; *2000 :* 3. **Argentine** *1990 :* 3,6 ; *95 :* 3,6 ; *96 :* 4,1 ; *97 :* 4,2 ; *98 :* 4,2 ; *99 :* 3,8 ; *2000 :* 4,5. **Australie** *1930 :* 0,3 ; *39 :* 1,2 ; *56 :* 2,65 ; *66 :* 5,9 ; *76 :* 7,8 ; *81 :* 7,6 ; *85 :* 6,4 ; *90* [1] *:* 7,4 ; *95 :* 8,6 ; *96 :* 8,4 ; *97 :* 8,7 ; *98 :* 8,8 ; *99 :* 8,2 ; *2000 :* 8,5. **Autriche** *1900 :* 1,4 ; *30 :* 0,5 ; *50 :* 0,9 ; *60 :* 3,2 ; *75 :* 4 ; *81 :* 4,6 ; *85 :* 4,7 ; *90 :* 4,3 ; *95 :* 5 ; *96 :* 4,4 ; *97 :* 5,2 ; *98 :* 5,3. **Belgique** *1860 :* 0,2 ; *1900 :* 0,9 ; *30 :* 3,4 ; *50 :* 3,8 ; *60 :* 7,2 ; *70 :* 12,6 ; *81 :* 12,3 ; *87 :* 9,8 ; *90 :* 11,4 ; *95 :* 11,6 ; *96 :* 10,8 ; *97 :* 10,8 ; *98 :* 11,4 ; *99 :* 10,9 ; *2000 :* 11,6. **Biélorussie** *1995 :* 0,7 ; *96 :* 0,9 ; *97 :* 1,1 ; *98 :* 1,4 ; *99 :* 1,5 ; *2000 :* 1,5. **Brésil** *1930 :* 0,02 ; *56 :* 1,35 ; *66 :* 3,4 ; *76 :* 9,25 ; *81 :* 13,2 ; *85 :* 20,45 ; *90 :* 20,6 ; *95 :* 25,1 ; *96 :* 25,2 ; *97 :* 26,2 ; *98 :* 25,7 ; *99 :* 24,9 ; *2000 :* 27,9. **Bulgarie** *1991 :* 1,6 ; *95 :* 2,7 ; *96 :* 2,5 ; *97 :* 2,6 ; *98 :* 2,2 ; *99 :* 1,9 ; *2000 :* 2. **Canada** *1900 :* 0,03 ; *30 :* 1 ; *56 :* 4,8 ; *66 :* 9,3 ; *76 :* 13,3 ; *81 :* 14,8 ; *82 :* 11,9 ; *85 :* 14,7 ; *90 :* 12,1 ; *95 :* 14,4 ; *96 :* 14,7 ; *97 :* 15,4 ; *98 :* 15,9 ; *99 :* 16,2 ; *2000 :* 16,6. **Chili** *1995 :* 1 ; *96 :* 1,2 ; *97 :* 1,2 ; *98 :* 1,2 ; *99 :* 1,3 ; *2000 :* 1,4. **Chine** *1930 :* 0,01 ; *50 :* 0,6 ; *60 :* 16,8 ; *70 :* 15,7 ; *75 :* 25,5 ; *81 :* 35,6 ; *85 :* 46,7 ; *90 :* 66,4 ; *95 :* 95,4 ; *96 :* 100,4 ; *97 :* 107,3 ; *98 :* 114,3 ; *99 :* 124 ; *2000 :* 127,2. **Corée du Nord** *1991 :* 7 ; *95 :* 6 ; *96 :* 6 ; *97 (est.) :* 0,6 ; *98 (est.) :* 0,3 ; *99 :* 0,3 ; *2000 :* 0,3. **Corée du Sud** *1950 :* 0,002 ; *60 :* 0,07 ; *70 :* 0,5 ; *75 :* 2,6 ; *81 :* 10,8 ; *85 :* 13,5 ; *90 :* 23,1 ; *95 :* 36,8 ; *96 :* 38,9 ; *97 :* 42,5 ; *98 :* 39,9 ; *99 :* 40,1 ; *2000 :* 43,1. **Cuba** *1995 :* 0,2 ; *96 :* 0,2 ; *97 :* 0,3 ; *98 :* 0,3. **Danemark** *1995 :* 0,7 ; *96 :* 0,7 ; *97 :* 0,8. **Égypte** *1991 :* 2,5 ; *95 :* 2,6 ; *96 :* 2,6 ; *97 :* 2,7 ; *98 :* 2,9 ; *99 :* 2,6 ; *2000 :* 2,8. **Espagne** *1860 :* 0,03. *1930 :* 1 ; *39 :* 0,6 ; *56 :* 1,2 ; *66 :* 3,75 ; *76 :* 11 ; *81 :* 13 ; *85 :* 14,2 ; *90 :* 12,9 ; *95 :* 13,8 ; *96 :* 12,2 ; *97 :* 13,8 ; *98 :* 14,8. **Finlande** *1990 :* 2,9 ; *95 :* 3,2 ; *96 :* 3,3 ; *97 :* 3,7 ; *98 :* 3,9 ; *99 :* 4 ; *2000 :* 4,1. **France** *1860 :* 0,04 ; *1900 :* 1,6 ; *30 :* 9,5 ; *60 :* 17,3 ; *74 :* 27 ; *81 :* 21,2 ; *82 :* 18,4 ; *85 :* 18,8 ; *88 :* 19,1 ; *90 :* 19 ; *91 :* 18,4 ; *92 :* 17,9 ; *93 :* 17,1 ; *94 :* 18 ; *95 :* 18,1 ; *96 :* 17,6 ; *97 :* 19,8 ; *98 :* 20,1 ; *99 :* 20,2 ; *2000 :* 21. **G.-B.** *1870 :* 2,8 ; *1900 :* 6,2 ; *38 :* 10,6 ; *60 :* 24,7 ; *76 :* 23,2 ; *81 :* 15,6 ; *82 :* 13,7 ; *85 :* 15,8 ; *88 :* 19 ; *95 :* 17,6 ; *96 :* 18 ; *97 :* 18,5 ; *98 :* 17,3 ; *99 :* 16,3 ; *2000 :* 15,2. **Grèce** *1995 :* 0,9 ; *96 :* 0,9 ; *97 :* 1 ; *98 :* 1,1 ; *99 :* 1. **Hongrie** *1990 :* 2,8 ; *95 :* 1,9 ; *96 :* 1,9 ; *97 :* 1,7 ; *98 :* 1,8. **Inde** *1900 :* 0,6 ; *56 :* 1,8 ; *66 :* 6,6 ; *76 :* 9,3 ; *81 :* 10,8 ; *85 :* 11,1 ; *90 :* 14,9 ; *95 :* 22 ; *96 :* 23,8 ; *97 :* 23,8 ; *98 :* 23,9 ; *99 :* 24,3 ; *2000 :* 26,9. **Indonésie** *1991 :* 3 ; *95 :* 4,1 ; *96 :* 4,3 ; *97 :* 4,1 ; *98 (est.) :* 3,5 ; *99 :* 2,9 ; *2000 :* 3,4. **Iran** *1991 :* 2,2 ; *92 :* 2,9 ; *95 :* 4,7 ; *96 :* 5,4 ; *97 :* 6,3 ; *98 :* 5,6. **Irlande** *1995 :* 0,3 ; *96 :* 0,3 ; *97 :* 0,3 ; *98 :* 0,4 ; *99 :* 0,3 ; *2000 :* 0,4. **Italie** *1860 :* 0,01 ; *1900 :* 0,1 ; *30 :* 1,7 ; *56 :* 5,9 ; *60 :* 8,5 ; *76 :* 23,5 ; *81 :* 24,8 ; *85 :* 23,9 ; *90 :* 25,4 ; *95 :* 27,8 ; *96 :* 24,3 ; *97 :* 25,2 ; *98 :* 25,8. **Japon** *1900 :* 0,04 ; *39 :* 6,7 ; *60 :* 22,1 ; *66 :* 47,8 ; *76 :* 107,4 ; *81 :* 101,7 ; *82 :* 99,5 ; *85 :* 105,3 ; *90 :* 110,3 ; *95 :* 101,6 ; *96 :* 98,8 ; *97 :* 104,5 ; *98 :* 93,5 ; *99 :* 90,6 ; *2000 :* 106,4. **Kazakhstan** *1995 :* 3 ; *96 :* 3,1 ; *97 :* 3,9 ; *98 :* 3,1. **Libye** *1995 :* 0,9 ; *96 :* 0,9 ; *97 :* 0,9 ; *98 :* 0,9. **Luxembourg** *1900 :* 0,2 ; *30 :* 2,3 ; *56 :* 3,5 ; *60 :* 4 ; *76 :* 4,6 ; *81 :* 3,8 ; *85 :* 3,9 ; *90 :* 3,6 ; *95 :* 2,6 ; *96 :* 2,5 ; *97 :* 2,6 ; *98 :* 2,5. **Malaisie** *1990 :* 1,1 ; *91 :* 1,1 ; *95 :* 2,5 ; *96 :* 3,2 ; *97 :* 3,2 ; *98 (est.) :* 1,9. **Mexique** *1990 :* 8,7 ; *95 :* 9,9 ; *96 :* 9,9 ; *97 :* 10,6 ; *98 :* 10,8 ; *99 :* 11,2. **Moldavie** *1995 :* 0,7 ; *96 :* 0,6 ; *97 :* 0,8 ; *98 :* 0,7 ; *99 :* 0,8 ; *2000 :* 0,9. **Norvège** *1993 :* 10,8 ; *98 :* 13,3 ; *99 :* 0,6 ; *2000 :* 0,7. **Nlle-Zélande** *1995 :* 0,8 ; *96 :* 0,8 ; *97 :* 0,8 ; *98 :* 0,7. **Pakistan** *1995 :* 1 ; *96 :* 1 ; *97 :* 1,1 ; *98 (est.) :* 1. **P.-Bas** *1939 :* 0,06 ; *60 :* 1,95 ; *76 :* 5,2 ; *81 :* 5,5 ; *82 :* 4,3 ; *85 :* 5,5 ; *90 :* 5,4 ; *95 :* 6,4 ; *96 :* 6,3 ; *97 :* 6,3 ; *98 :* 6,4. **Pérou** *1995 :* 0,5 ; *96 :* 0,6 ; *97 :* 0,6 ; *98 :* 0,6 ; *99 :* 0,6 ; *2000 :* 0,7. **Pologne** *1900 :* 0,2 ; *30 :* 1,2 ; *56 :* 5 ; *66 :* 9,7 ; *76 :* 15,6 ; *81 :* 15,7 ; *87 :* 17,1 ; *90 :* 13,1 ; *95 :* 11,9 ; *96 :* 10,4 ; *97 :* 11,6 ; *98 :* 9,9 ; *99 :* 8,9 ; *2000 :* 10,5. **Portugal** *1995 :* 0,8 ; *96 :* 0,9 ; *97 :* 0,9 ; *98 :* 0,9. **Roumanie** *1900 :* 0,2 ; *30 :* 0,15 ; *56 :* 0,8 ; *66 :* 3,6 ; *76 :* 11 ; *81 :* 13 ; *85 :* 13,8 ; *88 :* 14,5 ; *90 :* 9,7 ; *91 :* 7,1 ; *92 :* 5,3 ; *93 :* 5,4 ; *94 :* 5,8 ; *95 :* 6,6 ; *96 :* 6,1 ; *97 :* 6,7 ; *98 :* 6,4 ; *99 :* 4,4 ; *2000 :* 4,8. **Russie** *1992 :* 67 ; *93 :* 58,2 ; *94 :* 48,8 ; *95 :* 51,6 ; *96 :* 49,3 ; *97 :* 46,9 ; *98 :* 48,8 ; *99 :* 48,2 ; *2000 :* 59,1. **Slovaquie** *1993 :* 4 ; *94 :* 3,9 ; *95 :* 3,9 ; *96 :* 3,6 ; *97 :* 3,8 ; *98 :* 3,4 ; *99 :* 3,6 ; *2000 :* 3,7. **Suède** *1870 :* 0,01 ; *1900 :* 0,3 ; *30 :* 0,6 ; *60 :* 3,2 ; *66 :* 4,8 ; *76 :* 5,1 ; *81 :* 3,8 ; *85 :* 4,8 ; *90 :* 4,5 ; *95 :* 5 ; *96 :* 4,9 ; *97 :* 5,1 ; *98 :* 5,1 ; *99 :* 5,1 ; *2000 :* 5,2. **Taïwan** *1990 :* 9,5 ; *95 :* 11,6 ; *96 :* 12,4 ; *97 :* 15,9 ; *98 :* 16,9 ; *99 :* 15,4 ; *2000 :* 16,7. **Ex-Tchécoslovaquie** *1900 :* 0,002 ; *30 :* 1,8 ; *56 :* 4,9 ; *66 :* 8,9 ; *76 :* 14,7 ; *81 :* 15,3 ; *85 :* 15 ; *90 :* 14,9 ; *91 :* 12,1 ; *92 :* 11,1. **Rép. tchèque** *1993 :* 6,7 ; *94 :* 7,1 ; *95 :* 7,2 ; *96 :* 6,5 ; *97 :* 6,7 ; *98 :* 6,5 ; *99 :* 5,6 ; *2000 :* 6,2. **Thaïlande** *1995 :* 2,1 ; *96 :* 2,1 ; *97 :* 2 ; *98 :* 1,6 ; *99 :* 5,6. **Trinité et Tobago** *1995 :* 0,7 ; *96 :* 0,7 ; *97 :* 0,7 ; *98 :* 0,8 ; *99 :* 0,7 ; *2000 :* 0,7. **Tunisie** *1995 :* 0,2 ; *96 :* 0,2 ; *97 :* 0,2 ; *98 :* 0,2. **Turquie** *1991 :* 9,3 ; *95 :* 13,2 ; *96 :* 13,6 ; *97 :* 14,2 ; *98 :* 14,1. **UE** *1999 :* 153. **Ukraine** *1992 :* 38,4 ; *93 :* 30,5 ; *94 :* 24,1 ; *95 :* 22,3 ; *96 :* 22,3 ; *97 :* 25,5 ; *98 :* 24,4 ; *99 :* 26,1 ; *2000 :* 31,4. **Ex-URSS** *1900 :* 2,8 ; *38 :* 18,1 ; *60 :* 65,3 ; *66 :* 96,5 ; *76 :* 144,8 ; *85 :* 154,5 ; *90 :* 154,4 ; *91 :* 131,4 ; *92 :* 116,9 ; *97 :* 79. **USA** *1900 :* 12,6 ; *13 :* 33,5 ; *28 :* 52,9 ; *38 :* 28,8 ; *60 :* 91,9 ; *66 :* 124,6 ; *76 :* 116,1 ; *81 :* 109,6 ; *85 :* 79,2 ; *86 :* 74,7 ; *87 :* 81,6 ; *88 :* 91,7 ; *90 :* 90,7 ; *91 :* 80,6 ; *92 :* 85,2 ; *93 : 89,7 ; 94 :* 91,2 ; *95 :* 95,2 ; *96 :* 94,7 ; *97 :* 99,2 ; *98 :* 97,6 ; *99 :* 93 ; *2000 :* 101,5. **Viêt Nam** *1995 :* 0,3 ; *96 :* 0,3 ; *97 :* 0,3 ; *98 :* 0,3 ; *99 :* 0,3 ; *2000 :* 0,3. **Venezuela** *1991 :* 3,3 ; *95 :* 3,6 ; *96 :* 3,7 ; *97 :* 3,9 ; *98 :* 3,7 ; *99 :* 3,3 ; *2000 :* 3,8. **Ex-Yougoslavie** *1939 :* 0,08 ; *56 :* 0,9 ; *66 :* 1,85 ; *76 :* 2,75 ; *81 :* 4 ; *82 :* 3,85 ; *85 :* 4,5 ; *90 :* 3,6 ; *91 :* 1,7 ; *92 :* 1,1 ; *93 :* 0,3 ; *94 :* 0,13 ; *95 :* 0,18 ; *96 :* 0,69 ; *97 :* 1 ; *98 :* 0,9 ; *99 :* 0,2 ; *2000 :* 0,7. **Zimbabwe** *1995 :* 0,2 ; *96 :* 0,2 ; *97 :* 0,2 ; *98 :* 0,2 ; *99 :* 0,3 ; *2000 :* 0,3.

Nota. – (1) + Nlle-Zélande.

■ **Production d'acier brut par procédé de fabrication** (en %, 2000) : Oxygène 58,7, électrique 33,7, four Martin 4,6, autres 3.

■ **Commerce** (en millions de t, 1999). **Principaux exportateurs** (exportations nettes) : Russie 25,8, Japon 21,3, Ukraine 18,7, Brésil 9,4, Belg.-Lux. 9,2, Corée 5,2, Mexique 3,8, Afr. du Sud 3,4, Allemagne 3,3, Kazakhstan 3, Turquie 2,8, Slovaquie 2, Autriche 1,8, Roumanie 1,6, Australie 1,5. **Importateurs** (importations nettes) : USA 27,7, Chine 11, Italie 6,1, Thaïlande 5,9, Taïwan 5,5, Hong Kong 4,6, Espagne 3,8, Philippines 3,1, Singapour 2,6, Malaisie 2,6, Viêt Nam 2,1, Égypte 2,1, Canada 2, Portugal 1,9, Émirats arabes 1,8.

■ **Grandes sociétés.** **Production d'acier** (en millions de t, 2000) : Nippon Steel [1] 29,07 ; Posco [2] 28,48 ; Arbed [7] 24,1 ; LNM [4] 22,44 ; Usinor [5] 21 ; NKK [1] 20,56 ; Corus [4] 19,98 ; Thyssen Krupp [3] [fusion de Krupp-Hoesch et de Thyssen (fondée 1867) depuis 1-9-1997] 18 ; Shangai Baosteel [12] 17,72 ; Riva [6] 15,57 ; Kawasaki [1] 13,01 ; Sumitomo [1] 11,65 ; US Steel [9] 10,68 ; Sail [8] 10,57 ; China Steel [11] 10,25 ; Nucor [9] 10,22 ; Magnitogorsk [10] 10,04 ; Severstal [10] 9,55 ; Bethlehem Steel [9] 9,09 ; Anshan [12] 8,81 ; Novolipetsk [10] 8,22 ; Shougang [12] 8,03 ; LTV Steel [9] 7,4 ; Gerdau [14] 7,07 ; Wuhan [12] 6,65 ; Nisco [15] 6,59 ; Kobe Steel [1] 6,43 ; BHP [13] 6,2 ; Krivorozhstal [16] 6,11 ; Inchon Steel [2] 5,99 ; AK Steel [9] 5,9.

☞ En 1999, NewCo (Usinor + Arbed + Aceralia) [France, Luxembourg, Espagne] : 50 millions de t.

Chiffre d'affaires (en milliards d'euros, 2000) : Nippon Steel [1] 19,6 ; Usinor [5] 15,7 (*salariés :* 64 000) ; Corus [4] (est.) 13,6 ; Arbed [7] 13,2 (avec l'espagnol Aceralia acquis en 1997 ; *salariés :* 50 000) ; NKK [1] 13 ; Thyssen Krupp [3] 12,7 ; Posco [2] 10 ; Kawasaki [1] 9,9 ; Sumitomo [1] 9,5 ; US Steel [9] 6,6.

Nota. – (1) Japon. (2) Corée du Sud. (3) Allemagne. (4) G.-B. (5) France. (6) Italie. (7) Luxembourg. (8) Inde. (9) USA. (10) Russie. (11) Taïwan. (12) Chine. (13) Australie. (14) Brésil. (15) Iran. (16) Ukraine.

■ **Aciéries principales** (capacité en millions de t, 1998). **Allemagne :** Hamborn 9,9, Hükingen 5,5, Dortmund 4,8, Stahlwerke Bremen 4,3, Salzgitter 4,2. **France :** Dunkerque 6,2, Fos 4,7. **G.-B. :** Scunthorpe 4,5. **Italie :** Tarente 11,5. **Japon :** Mizushima 10,9, Fukuyama 10,3, Kimizu 10,3, Kashima 10,2, Wakayama 8,7, Oita 8,4, Yawata Tobata 7. **Russie :** Magnitogorsk 8,8. **Ukraine :** Krivoï 5. **USA :** Gary 7,1, Cleveland Works 6,2, Indiana Harbour 6,2, Burns Harbour Plants 5,6, Sparrows Point 3,6.

■ **Consommation d'acier.** **Consommation apparente** (en millions de t) : *1984 :* 713,2 ; *85 :* 725,9 ; *86 :* 724,3 ; *87 :* 731,3 ; *88 :* 777,8 ; *89 :* 787,2 ; *90 :* 771,1 ; *91 :* 725,2 ; *92 :* 697,4 ; *93 :* 714 ; *94 :* 719,2 ; *95 :* 739,5 ; *96 :* 748 ; *97 :* 786,4 ; *98 :* 785,5 ; *99 :* 705,3 (dont UE 136,6 ; Chine 130,8 ; USA 109,8 ; Japon 69 ; CEI 31,4).

■ **Principaux marchés** (en millions de t, prévisions pour l'an 2000 de Chase Econometrics). Chine 134, USA 94, Japon 72, Inde 32, All. 31, Brésil 29, Italie 22, Canada 15, *France 15.*

■ **Utilisation finale de l'acier en Europe** (en %, 1999). Automobile 19 ; équipements et transports 32 ; installations fixes 43 ; électroménager 3 ; emballage 3.

L'ACIER EN FRANCE

■ **Évolution.** (MdF : milliard de F.) **1948** *Usinor* (Union sidérurgique du Nord, regroupement des Forges et Aciéries du Nord et de l'Est avec Denain-Anzin + Lorraine-Escaut en 1966). **1951** *Sidelor* (Forges Aciéries de la Marine et d'Homécourt + Forges Aciéries de Micheville, Rombas et Pont-à-Mousson). Création de la *Sollac* (Sté lorraine de laminage continu) par Wendel et Sidelor qui fusionnent ensuite. **De 1950 à 73** amélioration ou abandon des convertisseurs Thomas, supplantés par la technique autrichienne des convertisseurs à oxygène ; transport des usines « au bord de l'eau » (1971 : construction de Fos). *De 1950 à 67 :* prix bloqués malgré la création de la Ceca en 1951, puis contrôlés (inférieurs de 5 à 20 % aux prix allemands) ; liberté des prix sous réserve de gros efforts d'investissement. Le blocage a été décidé parce qu'une hausse de l'acier avait entraîné une « flambée générale des prix » et qu'il convenait de limiter les profits des entreprises. L'investissement pouvant être financé par l'emprunt a fait perdre à la sidérurgie française environ 10 milliards par an (soit 170 en 17 ans, sans les intérêts). Au début des années 1960, l'intérêt des emprunts (sans le remboursement) représentait 9 % du prix de revient de l'acier français (2,5 % en Allemagne) [cette différence de 6,5 % représentera en 1989 5,5 MdF/an et conduira à la ruine de la sidérurgie française et à sa semi-nationalisation en 1978]. **1973** *Sacilor* (absorption de la Sté des aciéries de Lorraine par Wendel-Sidelor) ; *hausse des matières premières* : pétrole, cokes d'importation (+ 260 %). *Développement de la demande* (pour transport, recherche, stockage du pétrole) ; gros effort de financement. **1974-76** crise, inflation, stock de 1973 non résorbé ; baisse de la production : *1975* : 20 % ; *76* : 14 ; *77* : 18 (par rapport à 74). *Pertes en MdF (1975-76)* : Usinor 2,45 ; Sacilor 1,95. *Endettement en 1977* : 38 MdF (pour un chiffre d'affaires de 33,5 MdF). *Manque de productivité* : pour produire 1 t d'acier, il faut (en h de travail) *France 10,82 h,* All. féd. 7,7, Belgique 7,2, Italie 6,7, Lux. 6,5, Japon 6 ; coexistence d'appareils modernes (Fos, Dunkerque) et d'installations vétustes (30 % du total). *Concurrence à l'exportation* (20 à 25 % du chiffre d'affaires total) : le Japon couvre 70 % du marché sidérurgique mondial ; prix compétitifs des nouveaux concurrents (Brésil, Venezuela, Iran, Mexique, Asie du S.-E.). **1977** *Cie Chiers-Châtillon* (regroupement des Hauts-Fourneaux de la Chiers et des Forges de Châtillon-Commentry-Biache avec les Aciéries et tréfileries de Neuves-Maisons-Châtillon). *-Avril* **Plan « acier »** : révision du VIIe Plan pour une rentabilité accrue : accroissement plus lent de la production. *Investissements : 1977-80* : 7 à 8 MdF ; *1980-83* : 5 dont pour Lorraine 50 %, Nord 30. *Endettement* : réduit de 104 % du chiffre d'affaire (fin 1976) à 69 % fin 1980, parallèlement à un relèvement des prix de l'acier. **1978** fusion Usinor-Châtillon-Neuves-Maisons. *-Sept.* l'État prend à sa charge 22 MdF de dettes. En contrepartie, détient 63,8 % d'Usinor et 76,9 % de Sacilor. 22 000 suppressions d'emplois prévues. **1979** Sacilor absorbe Aciéries de Pompey. *-23-5* Paris : 60 000 manifestants contre le démantèlement des aciéries. *-24-7* convention sociale patrons/syndicats. *Coût* : 7 MdF pour favoriser le départ de 20 000 salariés (prime de départ de 50 000 F, retraite anticipée à 50 ans pour 7 000 à 8 000 salariés, etc.). **1980-81** mise en application de l'article 58 du traité Ceca permettant, en cas de crise, de contingenter la production pour redresser les prix. Constitution de la *Cie française des aciers spéciaux* par apport des usines spécialisées d'Usinor et de Creusot-Loire. Restructuration du groupe *Empain-Schneider*. **1981**-*oct* Usinor et Sacilor nationalisées. **1982**-*juin* plan acier adopté (1982-86). L'État prévoit d'apporter 21 MdF à Usinor et Sacilor. 12 000 suppressions d'emplois prévues. *Sacilor* prend le contrôle de la SAFE, Ugine Aciers et de la Sté métallurgique de Normandie. **1984** crise mondiale. Plan pour réduire les surcapacités, moderniser les unités et assainir la situation financière des entreprises. *-Mars* plan acier revu : l'État prévoit d'apporter 30 MdF, 21 000 suppressions d'emplois prévues. *-Avril* Paris, sidérurgistes manifestent. *-Nov.* gouvernement Fabius refuse fusion Usinor/Sacilor. **1986**-*sept.* Alain Madelin, ministre de l'Industrie, nomme Francis Mer, Pt unique des 2 entreprises que l'État recapitalise en faisant un « coup d'accordéon ». Les petits porteurs détenant 19 % d'Usinor et 8 % de Sacilor perdent tout. *-Oct.* site de Pompey (M.-et-M.) fermé ; 20 000 suppressions d'emplois prévues. **1987**-*nov.* rapport des 3 sages (Mayoux, Friedrichs et Colombo) : pour l'abolition des quotas et des mesures transitoires de réduction de la prod. *-22-12* la CEE décide de ne plus soumettre au régime des quotas, à compter du 30-6-1988, plus de 50 % de la prod. sidérurgique européenne (contre 85 % fin 1985). A partir du 2e trimestre 1988, quotas relevés de 2 % pour préparer le marché à la libre concurrence. Fusion Usinor-Sacilor. **1988** *Sollac*, Sté pilote de la branche produits plats d'Usinor-Sacilor (fusion d'Usinor Aciers, Sollac et Solmer). **1988-90** consommation d'acier en hausse, reprise des investissements. **1989**-*févr.* 1ers bénéfices depuis 10 ans. *-Avril* Usinor-Sacilor prend 70 % de l'allemand Saarstahl. **1990**-*oct.* accord de coopération avec Arbed dans les produits longs. *-Déc.* accord A Cap 2000 avec 4 syndicats (CFDT, CFTC, CGC, FO) signé. **1991-92** après la guerre du Golfe, chute des prix. Concurrence Europe centrale et orientale. Récession USA et Japon. Les producteurs américains déposent des plaintes antidumping et antisubventions à l'encontre de 21 pays exportant vers USA. Surcapacités dans la CEE (+ de 30 millions de t). **1993-94** plan de réduction des capacités dans la CEE. **1993**-*mai* dépôt de bilan de Saarstahl (7 000 personnes). **1995**-*mai* gouvernement Juppé engage la privatisation d'Usinor-Sacilor. **1997** Usinor-Sacilor devient Usinor. *-Juillet* Arbed reprend l'espagnol CSI (futur Aceralia). *-Oct.* le gouvernement vend les 7,7 % d'Usinor qu'il détient. La sidérurgie qui employait 140 000 personnes en 1976 n'en emploie plus que 44 600. **1999**-*févr.* Usinor prend le contrôle de Cokerill Sambre (belge). **2001**-*févr.* fusion Arbed/Aceralia annoncée.

■ **Aceralia.** Née 1991 sous le nom de Corporacion Siderurgical Integral (CSI). Dernière reconversion des 2 grands groupes de sidérurgie intégrée : hauts-fourneaux de la Méditerranée (AHM) en Ensidesa (10 340 emplois supprimés sur 25 400). Privatisée 1997.

■ **Usinor.** Privatisée en 1995. **Chiffre d'affaires et**, entre parenthèses, **résultat net** (en milliards de F) : *1987* : 67,1 (– 5,6) ; *88* : 78,9 (4,6) ; *89* : 97 (6,8) ; *90* : 96 (3,2) ; *91* : 97,2 (– 3) ; *92* : 87 (– 2,4) ; *93* : 75,3 (– 5,8). *94* : 79,5 (1,5) ; *95* : 78,4 (4,4) ; *96* : 71,1 (1,5) ; *97* : 72 (2,1) ; *98* : 71,8 (2,2) ; *99* : 13,62 (– 0,18) ; *2000* : 15,73 milliards d'euros (0,76) dont (en %) aciers plats au carbone 58, aciers inoxydables et alliages 23, transformation/distribution 18. **Endettement net** : *1993* : 24,4 ; *95* : 11 ; *96* : 6,5 ; *97* : 5,8 ; *98* : 13,6. **Effectifs** (Usinor-Sacilor France, en milliers) : *1974* : 160 ; *84* : 93,6 ; *85* : 84,9 ; *90* : 65,9 ; *95* : 44,6 ; *97* : 44,1 ; *98* : 50,1 ; *2000* : 36,9 (et 23,6 à l'étranger).

■ **Appareils de fabrication en France** (existants et en activité, 2000). Hauts fourneaux 10 (10 actifs), fours électriques à arc 30 (30), procédés à l'oxygène pur 7 (7).

■ **Consommation finale de l'acier produit** (en %, 2000). Installations fixes 40, équipement et autres transports 28, automobile 24, emballage 5, électroménager 3.

■ **Marché intérieur de produits sidérurgiques** (finis et demis-finis pour relaminage). *1993* : 12,98 ; *94* : 15,04 ; *95* : 14,8 ; *96* : 14 ; *97* : 15,6 ; *98* : 16,6 (dont importations 9,4).

■ **Production** (en millions de t). **Fonte** : *1985* : 15,41 ; *90* : 14,41 ; *95* : 13,2 ; *96* : 12,4 ; *97* : 13,4 ; *98* : 13,9 ; *99* : 13,8 ; *2000* : 13,9. **Acier brut** : *1985* : 18,81 ; *90* : 19,02 ; *95* : 18,1 (dont oxygène 10,9, électrique 7,2) ; *97* : 19,8 ; *98* : 20,1 (dont oxygène 12,1, électrique 8,1) ; *99* : 20,2 [dont (en %) oxygène 62,4, électrique 37,6] ; *2000* : 20,96 [dont (en %) oxygène 59,7, électrique 40,3]. **Productivité.** *1982* : 7,2 heures pour 1 t d'acier. *86* : 5,1 ; *90* : 3,1 ; *93* : 3 ; *94* : 2,7 ; *95* : 2,6 ; *97* : 2,6.

Fluorine

■ **Dans le monde. Réserves** (en millions de t, 2000) : 220 dont Mexique 32, Afrique du Sud 30, Chine 23, *France,* Mongolie 10, Espagne, Italie 6, Kenya 2, autres pays 100. **Production** (en milliers de t de CaF_2, estimation 2000) : Chine 2 400, Mexique 542, Afrique du Sud 220, Mongolie 150, Espagne 125, Maroc, *France,* Italie 110, Kenya 100.

■ **En France. Production du produit marchand** (en milliers de t) : *1960* : 135 ; *80* : 258 ; *90* : 202 ; *91* : 187 ; *92* : 142 ; *93* : 120. **Importations et**, entre parenthèses, **exportations** : *1960* : 3 (18) ; *80* : 28 (107) ; *90* : 18 (40) ; *91* : 28 (32) ; *92* : 5 (23) ; *93* : 15 (20). **Approvisionnement** (en milliers de t, 1993) : 135,3 dont (en %) *France 89,* Chine 6, All. 5. **Consommation** de fluorine (ou *spath fluor*) : 100 à 200 000 t par an dont (en %) acide fluorhydrique 39,9 (utilisé pour fabrication de chlorofluorocarbones : aérosols, fluides caloporteurs, solvants), céramiques et baguettes de soudure 10,6, sidérurgie 10 (fabrication des aciers en fluidifiant la scorie et en facilitant l'élimination du soufre et du phosphore).

Kaolin-argile

Argile constituée essentiellement de *kaolinite,* [Si_4O10] $Al_4(OH)_8$. **Nom** : du chinois « colline élevée ». En anglais appelé aussi *China Clay,* pour le distinguer des *ball clays,* argiles plastiques plus courantes. **Origine** : Chine : céramique utilisée il y a plus de 3 000 ans, Europe : revêtement du papier – le couchage – au IVe s ; emploi maîtrisé depuis XVIIIe s.

■ **Dans le monde. Réserves** (en milliards de t, 1993) : 19,7. **Production de kaolin** (en millions de t, 1998) : 20,52 dont USA 9,41, G.-B. 2,5, Brésil 1,1, Chine 1, Ukraine 0,9, Inde, Allemagne 0,74, Indonésie 0,62, Mexique 0,55, Rép. tchèque 0,48, Thaïlande 0,37, Espagne 0,31, *France 0,3,* Australie 0,22.

■ **En France. Kaolin. Production** (en milliers de t) : *1960* : 142 ; *80* : 268 ; *90* : 370 ; *95* : 345 ; *97* : 332 ; *98* : 300. **Importations et**, entre parenthèses, **exportations** : *1960* : 123 (39) ; *80* : 339 (182) ; *90* : 969 (697) ; *91* : 418 (247) ; *92* : 402 (257) ; *93* : 400 (242). **Approvisionnement** (en milliers de t, 1993) : 693,3 dont (en %) *France 43,* G.-B. 32, USA 11, All. 7, Brésil 5. **Consommation** (en milliers de t) : *1980* : 400 ; *93* : 450 dont (en %) papiers 60 (incorporé en « charge » pour économiser les fibres de cellulose ou en « couchage » pour améliorer la réceptivité à l'encre, teneur en kaolin variant de 3 à 35 %), céramiques 25 (en proportions variables dans les faïences, les grès, sanitaires et la porcelaine, jusqu'à 60 %), caoutchouc et plastiques 15 (assure une meilleure résistance à l'abrasion et augmente la résistance mécanique) et peintures (pouvoir suspensif, qualités d'écoulement et de thixotropie). **Principales sociétés** (capacités en milliers de t) : *Sté kaolinière armoricaine (Sora)* 80, *Sté nouvelle des kaolins du Finistère* 70, *Sté des kaolins de Beauvoir* 30, *Sika* 20.

Argile. Production d'argiles « communes » et, entre parenthèses, **d'argiles « nobles »** (en millions de t, 1993) : *1989* : 5,4 (1,4) ; *93* : 4,6 (1,2). **Importations et**, entre parenthèses, **exportations** (en milliers de t) : *1989* : 319 (230) ; *93* : 313 (216). **Consommation** (en millions de t, 1993) : argiles nobles 1,2 dont (en %) carreaux de revêtement 50, céramiques réfractaires 26, sanitaires 14, vaisselle et poterie 10.

Lithium

■ **Minerai.** Rare. Trouvé sous forme de silicates (*lépidolite, triphane, triphyline, amblygonite*). **Production** (en t, 2000) : *monde 13 000* dont Chili 5 500, Chine 2 000, Australie 2 000, Russie 1 800, Canada 710, Zimbabwe 700, Argentine 200, Portugal 140 ; *réserves* : 12 millions de t dont USA 0,78. **Utilisations** : *autrefois* : céramistes, soudeurs, pharmaciens. *Aujourd'hui* : ind. atomique (sous forme d'alliage) ; verres (augmente résistance au choc), écrans de télévision (barrières pour rayons X), céramiques, émaux et lubrifiants.

Magnésium

■ **Minerais.** *Magnésite* ou *giobertite* (carbonate de magnésium $MgCO_3$). *Chlorure de magnésium* en salines naturelles (*carnalite* : chlorure double de magnésium et de potassium) ou en solution dans l'eau de mer (0,5 %). Métal extrait par électrolyse ignée. *Dolomite* (carbonate double de magnésium et calcium) ; le métal est extrait par le procédé français Magnétherm (réduction par ferrosilicium). **Production métal contenu** (en milliers de t, 2000) : USA 106 (en 1998). Chine 80, Canada 75, Russie 45, Norvège 30, Israël 25, *France 14,* Kazakhstan 10, Brésil 9. *Monde 284.* **Magnésite** (en milliers de t, 1999) : Chine 700, Corée du Nord 460, USA 360, Turquie 300, Slovaquie 290, Russie 250, Autriche, Grèce 190, Espagne 130, Australie 100. *Monde 3 270.* **Métallurgique** (en milliers de t, 1998) : Chine 120, USA 117, Canada 57, Norvège 49, Russie 35, Israël 25, *France 16,* Kazakhstan, Ukraine 10, Brésil 9. *Monde 452,5.* **Utilisation** : alliages ultra-légers (magnésium avec aluminium et zinc, aluminium et cuivre, cérium ou zirconium). *Employé* en aéronautique. Extrait du minerai et de l'eau de mer qui en contient 1,3 kg par m³ (usine de la Dow Chemical à Freeport, Texas).

Manganèse

■ **Minerais.** *Pyrolusite* (oxyde mixte de manganèse et de fer), *hausmannite* (Mn_3O_4), *rhodocrosite* (carbonate, $MnCO_3$).

■ **Dans le monde. Réserves** (en millions de t, 2000) : 660 dont Afrique du Sud 370, Ukraine 135, Chine 40, Inde 34, Australie 26, Gabon 20, Brésil 18. **Production minière** (en millions de t de métal contenu, 2000) : 7,45 dont Afrique du Sud 1,5, Chine 1,1, Gabon 1, Ukraine 0,9, Australie 0,87, Brésil 0,66, Inde 0,58, Mexique 0,18.

■ **En France.** En 1885, la France est 1er producteur devant Russie, Allemagne, G.-B., mais les gisements furent épuisés en 1910. **Production de ferromanganèse-hauts-fourneaux** [Fe Mn H (en milliers de t)] : *1980* : 473. *90* : 315 ; *93* : 290. **Importations de minerai** : *1960* : 738 ; *80* : 1 226 ; *90* : 755 ; *91* : 720 ; *92* : 903 ; *93* : 816 dont (en %) Gabon 60, Brésil 26, Afrique du Sud 10, divers 4. **Consommation** (en milliers de t, 1993) : 816 dont (en %) sidérurgie 95 [ferro-alliages, rôle de désulfuration et de désoxydation des aciers conférant dureté et résistance (ferromanganèse carburé, le plus utilisé, 72 à 80 % de manganèse ; affiné 2 % et suraffiné 0,5 %, à partir du silicomanganèse)], manganèse métal, dit *Gimel* 5 (95 % de manganèse pour aciers hautes performances et certains alliages non ferreux). Oxydes et sels utilisés pour composés chimiques, piles, baguettes de soudure, engrais et alimentation animale.

Mercure

■ **Minerai.** Appelé *cinabre* (HgS). **Production** (en t, 2000) : *monde 1 800* dont Kirghizistan, Espagne 600, Algérie 200. **Réserves/réserves base** (en milliers de t, 2000) : *mondiales 120/240* dont Espagne 76/90, Kirghizistan 7,5/13, Algérie 2/3. **Utilisations** : appareillage électrique, instruments de physique, industrie chimique et dans des alliages dits *amalgames* (avec argent, zinc, cuivre, étain, or). En 1978, 200 t (7 t en 1997) de mercure consommées en France (ind. du chlore 37, dentisterie 28, piles et accumulateurs 22). Chaque année, 450 t de déchets contenant plus de 1 % de mercure (environ 60 t) sont jetés. Il faudrait les traiter pour récupérer le mercure.

Molybdène

■ **Minerais.** *Plombs de mer* ou *molybdénite* (sulfure, MoS_2) traités par grillage. **Production minière** (en milliers de t, 2000) : USA 32,1, Chine 28, Chili 27, Canada, Mexique 6, Pérou 4,5, Russie, Arménie 2,5, Mongolie 1,8, Iran 0,6. *Monde 112.* **Réserves/réserves base** (en milliers de t métriques, 2000) : USA 2,7/5,4, Chili 1,1/2,5, Chine 0,5/1, Canada 0,45/0,91, Russie 0,24/0,36, Pérou 0,14/0,23, Kazakhstan 0,13/0,2, Mexique 0,09/0,23, Iran 0,5/0,14, Ouzbékistan 0,06/0,15. *Monde* : 5,5/1,2. **Utilisation** : en alliage dans les aciers. Éléments de chauffage à résistance ou réfractaires, catalyseurs, pigments, lubrifiants, pipe-lines, électronique.

Nickel

■ **Histoire. Antiquité** *fer météoritique* (contenant un fort % de nickel) utilisé notamment pour fabriquer des armes. *Packfong* de Chine (cuivre 78 %, nickel 20 %) utilisé par les Bactriens pour leurs monnaies. **Début du XVIIIe s.** Saxe, métal produit à partir de minerais loucas appelé *« Kupfernickel »* (c.-à-d. « cuivre du vieux Nick » ou cuivre du diable) car difficile à mettre en œuvre. **1751** le Suédois Cronstedt réussit à isoler le nickel.

■ **Minerais. Types** : *oxydés,* formés par la modification chimique de roches de surface sous climat tropical, exploités à ciel ouvert ; teneur de 1,8 %. Seuls les minerais latéritiques silicatés (notamment la *garniérite* de Nlle-Calédonie, teneur moyenne 2,8 %) ont été jusqu'ici exploités. Constituent l'essentiel des réserves mondiales. 1ers complexes miniers entrés en pleine production entre

1972 et 1975 au Guatemala, à St-Domingue, en Nlle-Calédonie, etc. *Sulfurés :* le plus souvent extraits en profondeur, alliés à des minerais annexes, teneur élevée ; 70 % de la production mondiale. Mais la teneur des gisements exploités et les réserves reconnues diminuent rapidement. **Réserves** (en %) : Nlle-Calédonie 24,3, Canada 13,9, ex-URSS 13,1, Australie 9,1, Indonésie 4.

■ **Dans le monde. Réserves/réserves base** (en millions de t, 2000) : *monde 49/150* dont Australie 11/18, Canada 6,6/15, Russie 6,6/7,3, Cuba 5,7/23, Nlle-Calédonie 4,5/15, Chine 3,7/7,9, Indonésie 3,2/13, Afr. du Sud 2,5/12, Colombie 0,92/1,2, Botswana 0,88/1,4, Brésil 0,67/6, Rép. dominicaine 0,67/1,3, Venezuela 0,61/0,61, Grèce 0,45/0,9, Philippines 0,41/11, Zimbabwe 0,24/0,26, USA 0,043/2,5. **Production de minerai de nickel** (Ni contenu, en milliers de t, 2000) : *monde 1 230* dont Russie 265, Canada 194, Australie 168, Nlle-Calédonie 120, Indonésie 93,5, Cuba 68,7, Chine 51,9, Rép. dominicaine 44,7, Brésil 43,9, Afrique du Sud 32,8, Botswana 24,2, Grèce 20,9, Philippines 20,7. **Grandes sociétés :** *Inco* (Canada) [exploite depuis 1996 le plus grand gisement mondial : Voisey's Bay (Canada), découvert 1995], *Falconbridge, Sherrit Gordon* (Canada), *SNL* (Nlle-Calédonie), *Eramet-SLN* (France) [*chiffre d'affaires (résultat net) 1998 :* 1,1 milliard d'euros (43) ; *99 :* 1,93 (34) ; *2000 :* 2,29 (107) dont (en %) manganèse 42, alliages 34, nickel 24)], *Western Mining corp., Queensland-Nickel* (Australie), *Inco Europe* (G.-B.), *Falconbridge Nikkelverk* (Norvège), *Sumitomo Metal Mining, Tokyo Nickel* (Japon), *PT Inco* (Indonésie).

☞ Pour créer une capacité de production annuelle de nickel de 1 kg, il faut investir 6 $ (pour le cuivre 3, l'aluminium 1,5, le plomb ou le zinc 0,7).

■ **France. Production métallurgique primaire en France et**, entre parenthèses, **en Nlle-Calédonie** (en milliers de t) : *1960 :* 10 (11) ; *80 :* 9,8 (32,6) ; *90 :* 8,5 (32,3) ; *95 :* 10 (42,2) ; *96 :* 11 (42,2) ; *97 :* 10,7 (44,3) ; *98 :* 11,6 (44,5). **Importations de métal brut et**, entre parenthèses, **exportations :** *1960 :* 6 (3,9) ; *80 :* 18 (5,8) ; *90 :* 31,9 (8) ; *96 :* 26 (6) ; *97 :* 32 (7) ; *98 :* 39 (7). **Approvisionnement** (en milliers de t, 1998) : 9,2 dont (en %) *France 27*, Russie 17, All. 14, Zimbabwe 12,3, Australie 10, Norvège 3,5, Canada, G.-B. 1,9. **Consommation** (en milliers de t) : *1980 :* 55 dont 38,5 de métal neuf ; *94 :* 44,4 dont (en %) aciers inoxydables 55, superalliages 17, fontes et aciers alliés 13, galvanoplastie 4, numismatique 3 ; *95 :* 50,3 ; *96 :* 43,4. Récupération 40 à 45 %. **Principales sociétés :** *SLN* (Sté Le Nickel ; Nlle-Calédonie). *Eramet-SLN*, Sandouville (Seine-Maritime).

Niobium

■ **Métal** stratégique. **Utilisation :** employé dans des alliages pour le nucléaire, l'aérospatiale et les fusées. Un gisement a été récemment découvert près de Lambaréné (Gabon).

Palladium

■ **Palladium. Définition :** élément chimique de numéro atomique 46 (symbole : Pd). Découvert 1803 par Wollaston, avec le rhodium. Forme avec le ruthénium et le rhodium le groupe léger des métaux de la mine de platine. **Utilisations :** téléphones mobiles, ordinateurs portables (connections), catalyseurs antipollution. **Production** (en milliers d'onces, 1998) : *monde 7 875* dont Russie 5 100, Afrique du Sud 1 840. **Production de minerai** (en t de métal contenu) : *monde 177* dont Russie 86, Afrique du Sud 65, USA 10, Canada 8,8. **Cours récent** (en $, l'once) : *1999 (juillet) :* 329 ; *2000 (4-7) :* 626 ; *2001 (18-7) :* 512. **Consommation** (en millions d'onces) *1995 :* 6,1 ; *98 :* 8,2 (263,23 t). **Offre :** 225 (janv.) à 354 (mai).

Phosphates

■ **Minerai.** *Sels de calcium*, naturels, formés le plus souvent par la décomposition d'animaux marins dont les cadavres forment des amas épais.

■ **Dans le monde. Réserves/réserves base** (en millions de t, 2000) : 12/37 dont Maroc et Sahara occidental 5,7/21, Afrique du Sud 1,5/2,5, USA 1/4, Jordanie 0,9/1,7, Chine 0,5/1,2, Brésil 0,33/0,37, Israël 0,18/0,18, Russie 0,15/1, Tunisie 0,1/0,6, Syrie 0,06/0,1, Sénégal 0,05/0,16, Togo 0,03/0,06. **Production** (en millions de t, 2000) : *phosphate brut : totale 139* dont USA 39,7, Chine 26, Maroc et Sahara occidental 21, Russie 11, Tunisie 8, Jordanie 6, Brésil 4,3, Israël 3,8, Afrique du Sud 2,6, Syrie 2,4, Sénégal 1,8, Togo 1,5. **Prix :** *en 1975*, le Maroc occupa le gisement de Bou Craa tenu par le Polisario (minerai à 70 % de teneur au lieu de 35 % au Maroc) et augmenta le prix (de 14 à 68 $ la t) pour suivre l'augmentation du prix du pétrole ; *en 1979*, le prix de la t a atteint 30 à 36 $.

■ **En France. Production** provenant des scories de déphosphoration de l'industrie sidérurgique (en milliers de t) : *1980 :* 282 ; *90 :* 58 ; *91 :* 64 ; *92 :* 42 ; *93 :* 30. **Importations et**, entre parenthèses, **exportations :** *1960 :* 1 700 (3,5) ; *80 :* 5 450 (43) ; *90 :* 3 270 (3) ; *91 :* 3 084 (1,5) ; *92 :* 2 231 (1,1) ; *93 :* 1 455 (2). **Approvisionnement** (en millions de t, 1993) : 1,46 dont (en %) Israël 57, Maroc 17, Tunisie 11, Syrie 6, Algérie 5, divers 4. **Consommation** (en millions de t de P_2O_5) : *1980 :* 1,5 ; *93 :* 0,5 dont (en %) engrais 81 (après transformation en acide phosphorique), acide phosphorique à usage industriel 11 (détergents, polyphosphates), alimentation bétail 4,9 (phosphate bicalcique), phosphore thermique 2,7.

Platine

■ **Minerai. Découvert** en Colombie vers 1735 et appelé *platina* à cause de sa ressemblance avec l'argent (en espagnol : *plata*). Craignant les contrefaçons, la reine Isabelle de Castille fit jeter le « petit argent » dans l'Amazone. On vit des chercheurs d'or utiliser le platine pour les plombs de chasse.

■ **Dans le monde. Réserves** [en milliers de t de platinoïde (Pt) contenu, 2000] : 71 dont Afrique du Sud 63, Russie 6,2, USA 0,8, Canada 0,31. **Production de minerai** (en t de Pt contenu, 2000) : *platine :* 178 dont Afr. du Sud 140, Russie 26, Canada 5,5, USA 3,05. **Consommation** (en millions d'onces) : *1995 :* 4,79 ; *98 :* 5,73 (dont automobile 1,85, bijouterie 2,3). **Cours :** *1998 :* 342 (oct.) à 414 (avril) ; *1999-1-7 :* 580 ; *2000-17-5 :* 512 ; *2001-19-7 :* 517. **Ventes de lingots et pièces de platine :** 0,345. **Offre** (en 1998) : 7,19.

☞ *Au Japon*, la joaillerie préférait le platine à l'or car il ressortait mieux sur la peau des Japonaises ; depuis, l'or a repris le dessus (la modification des habitudes alimentaires des Japonais ayant peu à peu éclairci leur peau, l'or ressort davantage).

■ **En France. Production métallurgique de 2e fusion** (en t) : *1960 :* 1. *80 :* 8,2. *90 :* 8,5. *91 :* 7,9. *92 :* 5,5. *93 :* 4,1. **Importations de métal et**, entre parenthèses, **exportations :** *1960 :* 2,4 (0,29). *80 :* 6,3 (3,1). *90 :* 7,6 (5,1). *91 :* 7 (4,9). *92 :* 6,2 (3,9). *93 :* 3,9 (3,5). **Approvisionnement :** *1993 :* 8,1 t dont (en %) *France 51*, G.-B. 37, Afr. du Sud 5, USA 4, divers 3. **Consommation** (est.) : *1980 :* 11 ; *93 :* 4 dont (en %) engrais 44, verre 22 (comme réfractaire dans les fours), chimie 18, pétrole 15 (catalyseur), catalyseur auto 1. **Principales sociétés :** *Comptoir Lyon-Alemand-Louyot*, Noisy-le-Sec (S.-St-D.), *CMP Engelhard*, Ivry (V.-de-M.).

Nota. – La majeure partie des platinoïdes entrant ou sortant de France ne font qu'y transiter pour des opérations de récupération et de recyclage. Le commerce extérieur ne reflète pas les besoins de l'industrie française.

Plomb

■ **Dans le monde. Réserves/réserves base** (en millions de t, 2000) : 64/130 dont Australie 15/28, Chine 9/30, USA 6,7/20, Pérou 2/3, Afr. du Sud 2/3, Kazakhstan 2/2, Canada 1,8/11, Mexique 1/2, Maroc 0,5/1, Suède 0,5/1. **Production** (en milliers de t, 2000) : *minerai 2 945* dont Australie 636, Chine 570, USA 460, Pérou 271, Canada 149, Mexique 134, Suède 107, Maroc 84, Afr. du Sud 75, Irlande 57, Espagne 51, Pologne 50, Kazakhstan 39, Inde 33, Macédoine 26, Corée 16. *Métal : 6 582* dont USA 1 449, Chine 1 034, Allemagne 387, G.-B. 334, Japon 312, Canada 285, *France 262*, Australie 257, Mexique 244, Italie 230, Corée 220, Kazakhstan 208, Espagne 120, Belgique 119, Pérou 116. **Consommation** (en 2000) : *6 243* dont USA 1 880, Chine 663, Allemagne 389, Japon 343, Corée 309, Italie 279, *France 262*, Mexique 195, Espagne 169.

■ **En France. Production minière et**, entre parenthèses, **de métal primaire/de métal recyclé** (en milliers de t) : *1960 :* 17 (110/18) ; *80 :* 29 (127/92) ; *90 :* 1,2 (137/123) ; *91 :* 1,7 (153/144) ; *92 :* 0 (128/156) ; *93 :* 0 (112/146) ; *94 :* 0 (105/155) ; *98 :* 0 (131/158). **Production métallurgique :** *2000 :* 262. **Importations et**, entre parenthèses, **exportations de métal** (en milliers de t) : *1960 :* 57 (7) ; *80 :* 40 (44) ; *90 :* 52 (62) ; *91 :* 42 (72) ; *92 :* 41 (78) ; *93 :* 31 (67) ; *94 :* 52 (91) ; *95 :* 41 (72) ; *96 :* 44 (81) ; *97 :* 42 (63). **Approvisionnement en minerai, concentrés de plomb** (en milliers de t) : *1995 :* 41,5 ; *96 :* 44,8 ; *97 :* 42,2 dont (en %, en 1993) Afrique du Sud 33, Suède 19, USA 13, Espagne 11, Australie 6, Irlande 5, Maroc 4, divers 9. **Consommation** (en milliers de t) : *1980 :* 200 ; *93 :* 240 dont (en %) accumulateurs 64, chimie dont plomb tétraéthyle 12 (utilisation comme additif dans les carburants en diminution ; traitement et stockage de produits corrosifs), tubes et tuyaux 11 (utilisation des tuyaux et laminés, alliages, dans le bâtiment pour leur étanchéité et l'isolation phonique), câbles électriques 6, alliages 2, divers 5 (utilisation par l'ind. nucléaire pour la protection contre les radiations) ; *94 :* 236 ; *95 :* 263 ; *96 :* 255 ; *97 :* 259 ; *2000 :* 395. Oxydes de plomb présents dans cristallerie, céramique, verrerie, plastique et peintures.

☞ Le plomb peut provoquer le *saturnisme* (maladie professionnelle). On dit que pendant la période romaine, par ignorance de ses effets, l'aristocratie aurait été décimée (le carbonate de plomb étant utilisé pour sucrer le vin).

Potasse

■ **Minerais.** Sels de potassium : *sylvinite* (chlorure KCl, NaCl), *kainite* (sulfate), *carnallite* (chlorure KCl, $MgCl_2$ 6 H_2O).

■ **Dans le monde. Réserves/réserves base** (en millions de t, 2000) : *8,4/17* dont Canada 4,4/9,7, Russie 1,8/2,2, Biélorussie 0,8/1, Allemagne 0,71/0,85, Chine 0,32/0,32, Israël [1] 0,04/0,58, Jordanie [1] 0,04/0,58. **Production** (en millions de t de K_2O contenu, 2000) : *26,5* dont Canada 9,2, Biélorussie 3,8, Russie 3,6, All. 3,4, Israël 1,75, USA 1,3, Jordanie 1,1, G.-B. 0,65, Espagne 0,45, *France 0,3*, Chine 0,12.

Nota. – Les réserves de la mer Morte sont partagées à égalité entre Israël et Jordanie.

■ **En France. Production** (en millions de t) : *1960 :* 1,5 ; *80 :* 2 ; *90 :* 1,3 ; *91 :* 1,1 ; *92 :* 1,1 ; *93 :* 0,9 ; *94 :* 0,87 ; *95 :* 0,75 ; *96 :* 0,75 ; *97 :* 0,66. **Importations et**, entre parenthèses, **exportations** (en milliers de t) [1] : *1960 :* 0 (714) ; *80 :* 163 (190) ; *90 :* 1 032,4 (543,3) ; *91 :* 1 088,9 (530,4) ; *92 :* 1 000,9 (433,7) ; *93 :* 884,8 (451,2) ; *94 :* 1 066,4 (522,4) ; *95 :* 1 103,1 (184) ; *96 :* 1 213,6 (171,1) ; *97 :* 1 291,1 (168). **Approvisionnement** (en millions de t, 1993) : 1,32 dont (en %) *France 68*, G.-B. 13, Espagne 7, Israël 3, Canada 3, divers 6. **Consommation** (en milliers de t) : *années 1980 :* 2 ; *93 :* 1,2 dont (en %) engrais 95 (en baisse : prise en compte de l'impact de la fertilisation sur l'environnement et difficultés du secteur agricole), usages industriels 5 (chimie et verrerie). **Principale société** (capacité, en milliers de t) : *mines de potasse d'Alsace* (filiale d'EMC) : puits *Bernwiller* (fermeture prévue 2002) et *Amélie* [Haut-Rhin] (fermeture prévue 2004), 3 000.

Nota. – (1) À partir de 1995, les chiffres ne sont plus comparables, car les données d'exportation concernent uniquement le chlorure de potasse (SOP).

Radium

■ **Minerais.** *Pechblende* (Katanga), *autunite* (Portugal), *carnotite* (USA), *bétafite* (Madagascar).

■ **Dans le monde. Production :** *1900-14 :* 2 à 3 g/an (*valeur :* plusieurs centaines de milliers de francs-or), en Bohême. *1914-20 :* 22 g environ au Colorado (USA ; minerai d'uranium). *1920-63 :* Congo (60 g), Canada (70 g en 1939). **Raffinage :** Belg. (Oolen), USA, G.-B., Autr.

Rhodium

■ **Production.** Rhodium primaire (à partir du minerai) 10 t, recyclage 4 à 5 t. **Principaux producteurs :** Afrique du Sud (73,4 %) et ex-URSS. **Utilisations :** pots d'échappement catalytiques (1 g par pot), chimie, engrais.

Sel

■ **Dans le monde. Ressources :** pratiquement illimitées. Presque tous les pays possèdent des gisements de sel ou des marais salants. Le sel des océans représente à lui seul 40,10 [15] t. **Types d'exploitation :** sel cristallisé provenant des marais salants (technique agricole), du sous-sol d'où il est extrait par abattage à l'explosif (technique minière) ou récupéré par évaporation après injection d'eau dans le gisement (technique industrielle). On distingue 3 catégories de sel cristallisé : *sel de mer, sel gemme* (ou *halite*) et *sel ignigène*, auquel on peut ajouter le *sel thermique*. Sel en dissolution : est utilisé pour la fabrication de la soude, du chlore et de leurs dérivés dans les établissements équipés d'électrolyse à diaphragme. **Principaux gisements. Allemagne :** Borth, Hanovre, Heilbronn, Stassfuhrt. **Autriche :** Salzbourg. **Espagne :** Saragoza, Jaen. **France :** voir ci-dessous. **G.-B. :** Boulby, Winsford. **Italie :** Agrigente. **P.-Bas :** Delfzijl, Hengelo. **Pologne :** Wielicka, Bochnia. **Roumanie :** Slanic. **Suisse :** Schweizerhalle, Bex.

Production toutes origines (en millions de t, 2000) : USA 41, Chine 32, Canada 13, Allemagne 12,5, Inde, Australie 10, Mexique 8,5, *France 7,1*, Brésil 7, Italie 6,6, Chilie 6, G.-B. 5,6, Espagne 4,5, Pologne 3,5, Roumanie, Ukraine 2,2. (*Source :* CSF.)

Principaux producteurs de sel cristallisé en Europe (capacités brutes en millions de t) : Akzo (Pays-Bas) 5,2, Solvay (Belgique) 4,9, Süd Salz – SWS (All.) 4,4, Kali und Salz (All.) 4, Salins du Midi (France) 3,7, Italkali (Italie) 2,3, Salt Union (G.-B.) 2,2, Frima [2000, rachetée par Kali und Salz, devient Frisia Zout] (P.-Bas) 1,2, Monopole d'État italien 1, Enichem (Italie) 0,9, British Salt (G.-B.) 0,8, Salines suisses 0,6, Osag (Autriche) 0,5.

■ **En France. Gisements :** Bayonne, Dax, Dombasle, Manosque, Tavaux, Varangeville, Vauvert ; 1re mine ouverte au XVIIIe s. St-Nicolas en Lorraine (prof. 160 m, épaisseur 4,50 m) et Mulhouse en Alsace : seules mines produisant du sel gemme. *Noms de communes tirés du sel gemme* présent dans leur sous-sol : Salins, Château-Salins, Lons-le-Saunier, Salies-de-Béarn, Miserey-les-Salines, Marsal, Soulce, Salzbronn, etc. Depuis 1910, les mines de potasse d'Alsace ont exploité (au nord-ouest de Mulhouse) la *sylvinite* [mélange de chlorure de potassium (engrais) et de chlorure de sodium], elle disparaît.

Saliculture. Récolte à partir de l'eau de mer ou de saumures naturelles (lacs salés). Pratiquée depuis l'Antiquité sur la Méditerranée. L'eau de mer est, au printemps ou en été, progressivement dirigée dans des bassins d'évaporation ; elle parcourt un long trajet au cours duquel elle se concentre et s'évapore sous l'action du soleil et du vent. L'ensemble s'appelle un *marais salant* ou *salin*.

■ **Marais salants. Partènements :** surfaces préparatoires. S'y évapore environ 90 % du volume pompé. *Aménagements :* les marais sont endigués et liés entre eux par des vannes ou portes martellières, canaux de refoulement. En période de production, l'eau est pompée à la mer en permanence et traverse tous les partènements pour parvenir, saturée, à l'entrée des tables salantes. Les mouvements se font par gravité sinon par pompage.

Tables salantes ou cristallisoirs : 10 % de la surface d'un salin. Sols nivelés et compactés pour permettre une récolte mécanisée sans entraînement de terre avec le sel. Ceintures de canaux, couroirs (amenant la saumure saturée) et drains évacuant les eaux mères et de pluie. Si le climat le permet (pas en France), le sol peut être constitué d'une épaisse couche de sel, permanente et très dure, appelée contresel. Le sel déposé au fond est récolté 1 à 2 fois par an quand sa couche est de 5 à 20 cm. Les cristaux qui viennent de se former constituent la fleur de sel. Tables salantes de 10 ha ou +. Digues transformées en pistes routières. Sur le littoral atlantique (France, Portugal) récolte manuelle souvent quotidienne. Tous les salins sont composés de partènements et de tables salantes.

En Atlantique, les grandes marées, tous les 14 j lors des salines (pleine et nouvelle lune) amènent l'eau de mer par des chenaux ou étiers sur des « vasières » ou « vasais » (de 50 ares à plusieurs ha), qui servent de réservoir (l'eau se réchauffe et se concentre par évaporation en même temps que la vase, en suspension, se dépose). L'eau atteint (sur environ 20 cm) 18 °C pour une salinité de 34 % (Guérande) à l'entrée dans la vasière, et 22 °C et 40 % de salinité à sa sortie lorsqu'elle entre, par gravité, dans un 2e bassin (« corbier » à Guérande ou « métiaire ») ayant des cloisons en chicane (veltes). L'épaisseur d'eau ne dépasse pas 5 cm ; évaporation et décantation se poursuivent. A sa sortie vers la « saline », l'eau atteint 20 °C et 50 % de salinité. Après être passée entre des chicanes, elle peut parvenir aux « œillets » (concentrations de sel de 250 g par litre). A ce moment se forment les cristaux de gros sel gris qui tombent sur le fond et parfois des cristaux blancs, fins et légers, qui flottent en surface (« *fleur de sel* » très recherchée). Le sel récolté est constitué de sodium, magnésium, potassium, calcium constitués en chlorure, bromure ou sulfate et d'autres oligo-éléments. Le sel fin, composé de chlorure de sodium, est obtenu par évaporation des saumures dans les salines continentales, puis il est iodé et fluoré quand il est destiné au consommateur final. La teinte rouge-rosé des aires saunantes est due à une algue planctonique, *Dunaliella salina*, qui meurt en livrant du carotène. La teinte disparaît en 2 ou 3 jours.

Production (en milliers de t, 2000) : 7 068 dont sel en dissolution 3 762, sel cristallisé 3 306 (dont salins 1 476, marais salants 1 294, mines 536) : *Méditerranée* (vers 1990) : 308 dont aux Salins de Giraud 770, Aigues-Mortes 375, Berre 18,6, La Palme 20,5, Gruissan 9,5, Les Pesquiers 31, Ste-Lucie 11, Vieux Salins 15, Fos-sur-Mer 1,4. *Atlantique :* 22 (Guérande 16,8 (fleur de sel 2), île de Ré 3,2, Noirmoutier 1,7, Vendée 0,2). **Livraisons de sel cristallisé** (en milliers de t) : *1990 :* 1,8. *80 :* 2,6. *90 :* 2,3. *91 :* 3. *92 :* 2,2. *93 :* 2,3. *95 :* 2,99 ; *96 :* 3,3 ; *99 :* 3,5 ; *2000 :* 2,8. **Importations et,** entre parenthèses, **exportations** (en milliers de t) : *1990 :* 182 (936) ; *91 :* 198 (797) ; *92 :* 226 (486) ; *93 :* 207 (465) ; *95 :* 361 (597). *96 :* 448 (791) ; *99 :* (688) ; *2000 :* 531 (450). **Approvisionnement** (en 1993) : 6,1 millions de t dont (en %) *France 97,* divers 3. **Consommation** (en %, 2000) : industrie chimique 40, industries diverses 22, consommation humaine 15, viabilité hivernale 13, agriculture 10. **Principales sociétés :** *Cies des salins du Midi* (chiffre d'affaires en 1997 : 1,5 milliard de F) et *des salines de l'Est, Solvay*.

SOUFRE

■ **Minerais.** *Soufre élémentaire* extrait directement de gisements ou récupéré de certains gaz naturels (exemple : à Lacq). *Pyrite :* acide sulfurique produit à partir des gaz de fonderie et des gaz polluants.

■ **Dans le monde. Réserves/réserves base** [en millions de t de soufre élémentaire (soufre en roche et soufre contenu dans les gisements de gaz naturel et de pétrole ; peut être produit sous forme d'acide sulfurique), en 2000] : *1 400/3 500* dont Canada 160/330, USA 140/230, Pologne 130/300, Chine 100/250, Arabie 100/130, Mexique 75/120, Espagne 50/300, *France 10/20.* **Production** (en millions de t, 2000) : *soufre de toutes origines 57,4* dont USA 10,4, Canada 10,3, Russie 5,5, Chine 5,2, Japon 3,5, Arabie saoudite 2,4, Kazakhstan 1,4, Mexique, Pologne 1,3, Allemagne, Émirats 1,2, Chili, *France* 1,1, Iran 0,92, Espagne 0,9, Finlande 0,73, Italie 0,7, Koweït 0,68, P.-Bas 0,58. (*Source :* US.)

■ **En France. Production de soufre élémentaire** (en millions de t, 1993) : *1960 :* 0,8 ; *80 :* 2,1 ; *90 :* 0,9 ; *95 :* 1,06 ; *97 :* 0,96. **Importations et,** entre parenthèses, **exportations :** *1960 :* 0,1 (0,4) ; *90 :* 0,7 (0,5) ; *91 :* 0,6 (0,4) ; *92 :* 0,3 (0,5) ; *93 :* 0,3 (0,5). **Approvisionnement** (en millions de t, 1993) : 1,6 dont (en %) *France 83,* Allemagne 9, Suisse 3, P.-Bas 2. **Consommation** (en millions de t, 1993) : 1,1 dont (en %) engrais, agriculture et agroalimentaire 57, pigments et oxyde de titane 14, P_2O_5 non agricole 9, chimie organique 6, produits fluorés 5, raffinage 2, métallurgie des non-ferreux 2. **Principales sociétés** (capacités, en milliers de t) : *Snea* (Sté nat. Elf-Aquitaine), Lacq 3 000, *COF chimie,* Rouen-Grand-Quevilly (Seine-Maritime) 600 et l'Ozeraie (Seine-Maritime) 137, *Hydroazote,* Le Havre 594 et Ambarès (Gironde) 130, *Rhône-Poulenc* 720, *Tioxide SA* 206, *Atochem* 182.

TALC

■ **Dans le monde. Réserves/réserves base** (en millions de t, 2000) : USA 140/540, Japon 130/200, Corée du Sud 14/18, Brésil 14/54, Inde 4/9, Chine importantes. Regroupent talc, stéatite (catégorie spéciale de talc massif servant à la fabrication d'isolateurs en céramique) et pyrophyllite (silicate d'aluminium ayant des propriétés physiques identiques à celles du talc et convenant aux mêmes usages industriels). **Production** (en milliers de t, 2000) : *9 490* dont Chine 3 900, USA 961, Corée du Sud 880, Japon 825, Inde 530, Brésil 450.

■ **En France. Production** (en milliers de t) : *1960 :* 207 ; *80 :* 316 ; *90 :* 285 ; *97 :* 335 en poudre, 28 en roche. **Importations et,** entre parenthèses, **exportations :** *1960 :* 47 (99) ; *80 :* 20 (81) ; *90 :* 25 (147) ; *91 :* 24 (157) ; *92 :* 24 (159) ; *93 :* 24 (129). **Approvisionnement en talc stéatite** (1993) : 306 300 t dont (en %) *France 92,* Belg.-Lux. 2, Chine 2, divers 4. **Consommation :** 200 000 t par an dont (en %) papiers 52, revêtements asphaltés 7, polymères 7, céramique 6, alimentation animale 5, engrais 3, pharmacie et cosmétiques 3, divers 6. Usages diversifiés en raison de ses propriétés physiques : faible dureté, blancheur, point de fusion élevé, faible conductivité électrique et thermique, insoluble dans l'eau, absorbant d'huile, chimiquement inerte, etc.

THORIUM

■ **Minerais.** *Monazite, thorite, thorianite, uranothorianite.* **Réserves/réserves base** (en milliers de t, 1999) : *monde 1 200/1 400* dont Australie 300/340, Inde 290/300, Norvège 170/180, USA 160/300, Canada 100/100, Afrique du Sud 35/39, Brésil 16/18, Malaisie 4,5/4,5, autres pays 90/100. **Utilisation :** alliages légers résistant à la chaleur. Revêtement des cathodes.

TITANE

■ **Minerais.** *Ilménite* (jusqu'à 30 % de titane) et *rutile* (97 %).

■ **Dans le monde. Réserves/réserves base** (en millions de t de TiO_2 contenu, 2000) : *ilménite 350/480* dont Australie 100/140, Afrique du Sud 63/63, Norvège 40/40, Canada 31/36, Inde 30/38, USA 13/59, Ukraine 5,9/13 ; *rutile 45/170* dont Australie 19/53, Afrique du Sud 8,3/8,3, Inde 6,6/7,7, Ukraine 2,5/2,5. **Production** (en milliers de t, 2000) **de minerai** [TiO_2 contenu, ilménite (rutile)] : *4 000 (410)* dont Australie 1 100 (226), Afrique du Sud 935 (122), Canada 760, USA 300, Ukraine 286 (45), Norvège 270, Inde 205 (15) ; **d'éponge de titane :** *51 000* dont Japon 19 000, Russie 15 000, Kazakhstan 10 000, Ukraine 4 000 Chine 2 500.

■ **En France. Importations et,** entre parenthèses, **exportations** (en milliers de t) : *minerai : 1960 :* 71 (0) ; *80 :* 111,3 (2,2) ; *90 :* 198,3 (38) ; *92 :* 202,4 (162) ; *93 :* 177,7 (23). *Éponge : 1960 :* 0,06 (0) ; *80 :* 2,8 (0,7) ; *90 :* 1,3 (0,2) ; *92 :* 0,6 (0,004) ; *93 :* 0,7 (0,05). *FeTi (Ti métal) : 1960 :* 0 (1,7) ; *80 :* 0 (0) ; *90 :* 3,6 (0,8) ; *92 :* 3,4 (0,5) ; *93 :* 3,6 (0,7). **Approvisionnement** (en milliers de t, 1993) : *minerai et scories :* 177,6 dont (en %) Norvège 58, Australie 29, Canada 8, Malaisie 3. *Éponge :* 706 dont (en %) Russie 38, G.-B. 21, Japon 16, USA 10, Kazakhstan 9. **Consommation** (en milliers de t) : *1980 :* 130. *88 :* 240. *93 :* 200 dont (en %) *oxyde de titane TiO_2 :* 95 (industrie de la peinture 60, des matières plastiques 14, du papier 13, céramiques, électrodes et carbures 13 ; la transformation du minerai de titane en TiO_2 est très polluante, d'où le développement du traitement des minerais par chloration et accroissement de la demande de rutile au détriment de l'ilménite), *Ti métal :* 5 (produits métallurgiques 65, ferrotitanes et alliages 35 ; est produit principalement à partir d'éponge de titane importée).

TUNGSTÈNE

■ **Minerais.** *Wolframite, tungstate, ferromanganèse.* **Gisements :** Costabona (Pyr.-Or. à 2 400 m) et Leucamp (Cantal).

■ **Dans le monde. Réserves/réserves base** (en milliers de t, 2000) : *2 000/3 200* dont Chine 820/1 200, Canada 260/490, Russie 250/420, USA 140/200, Corée du Sud 58/77, Bolivie 53/100, Corée du Nord /35, Thaïlande 30/30, Portugal 25/25, Brésil 20/20, *France 20/20.* **Production** (en milliers de t de W contenu, 2000) : *31,5* dont Chine 24, Russie 3,7, Autriche 1,6, Portugal 0,75, Corée du Nord 0,6, Bolivie 0,35, Ouzbékistan 0,15.

■ **En France. Production de minerai** (en t) : *1960 :* 597 ; *80 :* 577 ; *90 :* 0 ; *93 :* 0. **Importations de métal** (brut et poudres) **et,** entre parenthèses, **exportations :** *1960 :* 1 817 (359) ; *80 :* 813 (410) ; *90 :* 138 (125) ; *93 :* 115 (152). **Approvisionnement en ferrotungstène** (en 1993) : 203 t dont (en %) Chine 84, Belg.-Lux. 6, Autriche 4, Allemagne 4, divers 2. **Consommation** (en %) : poudres 60, pour pièces utilisées dans l'industrie électrique (électrodes, contacts haute et basse tension), l'ornement, le matériel minier et de forage, les outils de coupe et le travail des métaux ; ferrotungstène 40 (aciers spéciaux, rapides et réfractaires). **Taux de recyclage :** 65 à 80 %, concurrence du molybdène.

VANADIUM

■ **Minerais.** *Patronite, vanadite, carnotite, ferrovanadium.* **Réserves/réserves bases** (en millions de t, 2000) : *10/27* dont Russie 5/7, Afrique du Sud 3/12, Chine 2/3, USA 0,04/4. **Production minière** (en t de métal contenu, 2000) : Afrique du Sud, Chine 16 000, Russie 1 000. *Monde 42 000.* **Utilisation :** affinage de l'acier, alliages spéciaux (aéronautique, industrie militaire), gainage des combustibles nucléaires dans surrégénérateurs, pipelines.

ZINC

■ **Nom.** De l'allemand *Zinke(n),* « fourche, excroissance », inspiré par la forme dentelé des cristaux de zinc laminé.

■ **Minerais.** Souvent associés au plomb. *Blende* ou *sphalérite, wurtzite* (sulfures) ; *smithsonite, hydrozincites* (carbonates) ; *franklinite, zincite* (oxydes) ; *calamine, villemite* (silicates). **Utilisation :** *zinc laminé* pour le bâtiment : couvertures, bardages, accessoires d'évacuation d'eaux pluviales, ornementation métallique. *Revêtement anticorrosion et décoration :* zingage électrolytique, galvanisation, peintures riches en zinc, métallisation, shérardisation (procédé de cémentation de pièces d'acier ou de fonderie), matoplastie. *Alliages de fonderie* comme le Zamak (zinc + 3,9 à 4,3 % d'aluminium, 0,03 à 0,06 % de magnésium et éventuellement 1 à 3 % de cuivre) : automobile, bâtiment, jouets, électroménager, composants électroniques, décoration, habillement, matériel de bureau, phonie-TV, transport. *Oxydes de zinc :* caoutchoucs et élastomères, chimie-électrochimie, parachimie, agriculture, alimentation animale, peintures, verres, émaux, céramiques, électroreproduction, pharmacie (cosmétiques, dermatologie), électronique, matières plastiques. *Poussière de zinc :* pour peintures, shérardisation, matoplastie, cémentation, agent de réduction. *Poudre* pour piles. *Anodes* pour la protection cathodique. La plus grosse mine, située dans le Queensland (Australie), est entrée en exploitation en 1999.

■ **Dans le monde. Réserves/réserves base** (en millions de t, 2000) : 190/430 dont Australie 34/85, Chine 33/80, USA 25/80, Canada 11/31, Pérou 7/12, Mexique 6/8. **Production** (en milliers de t, 2000) : **minerai** (Zn contenu) : *8 633* dont Chine 1 710, Australie 1 332, Canada 997, Pérou 911, USA 860, Mexique 392, Kazakhstan 322, Irlande 263, Espagne 204, Inde 198, Suède 177, Pologne 148, Bolivie 144, Russie 136, Maroc 110, Brésil 93, Iran 80, Japon 64, Afr. du S. 63, Turquie 48. **Métal :** *8 929* dont Chine 1 919, Canada 780, Japon 654, Australie 493, Corée 477, USA 400, Espagne 391, Allemagne 357, *France 318,* Belgique 264, Kazakhstan 262, Mexique 245, Finlande 223, Russie 222, P.-Bas 217, Inde 205, Pérou 197, Brésil 195, Pologne 174. **Consommation :** *8 814* dont USA 1 375, Chine 1 350, Japon 676, Allemagne 530, Corée 419, Italie 377, *France 310,* Taïwan 298, Belgique 285, Inde 270, Australie 223, Mexique 212, G.-B. 210, Espagne 203, Brésil 191.

■ **En France. Production** (en milliers de t) : *minière : 1960 :* 17,2 ; *80 :* 37 ; *90 :* 23,9 ; *91 :* 27,1 ; *92 :* 16,5 ; *93 :* 13,8 ; *depuis 1994 :* 0 ; *métallurgique : 1960 :* 149 ; *80 :* 253 ; *90 :* 276 ; *95 :* 314 ; *97 :* 325 ; *98 :* 330 ; *2000 :* 318. **Importations et,** entre parenthèses, **exportations** (en milliers de t) : *1960 :* 22 (3) ; *80 :* 105 (33) ; *90 :* 119 (83,8) ; *93 :* 138 (186) ; *94 :*

NODULES POLYMÉTALLIQUES

■ **Définition.** Concrétions de quelques centimètres à 1 m, formées de couches concentriques contenant principalement des oxydes de métaux à teneurs faibles : manganèse, fer, silicium, aluminium, sodium, calcium, magnésium, cobalt, nickel, cuivre, titane, vanadium. **Découverte :** 1873 (expédition du *Challenger*). **Formation annuelle :** environ 10 milliards de t ; concentration voisine de 40 000 t/km².

■ **Situation.** *Pacifique* [environ 1 500 milliards de t dont manganèse 360 (réserves continentales reconnues 1), nickel 15 (rés. continentales 0,0015), cuivre 7,5 (rés. continentales 0,1), cobalt 5,2 (rés. continentales 0,001)], *Atlantique* (densité variable ; de 1 000 à 6 000 m), *Océan Indien* au large de la Réunion (densité jusqu'à 100 kg au m², teneur 0,5 à 1 %).

■ **Exploitation.** En 1980, on estimait que les nodules pourraient servir la demande à 100 % pour le manganèse, à 65 % pour le nickel, à 6,5 % pour le cuivre, à 400 % pour le cobalt. On peut exploiter ceux qui ont 7 kg de densité par m² et contiennent 2,6 % de leur poids sec en nickel, cuivre et cobalt (le fer, 25 à 30 % du poids, est inintéressant ; le manganèse, 29 à 30 %, intéresse les USA). *Techniques de remontée :* hydraulique, « ligne continue de bennes », chantier sous-marin à navettes autonomes. Le *Cyana,* submersible de poche français (1980), a pu recueillir les roches à 4 000 m de fond à l'aide d'un bras articulé fixé sur la proue. A partir de 1983, remplacé par SM 97, en titane (jusqu'à 6 000 m de fond). Des camions sous-marins télécommandés pourront être employés. Ifremer explore des gisements à partir de la Polynésie française, depuis 1970, en association avec la Sté Le Nickel.

☞ On exploite au large des côtes des gisements superficiels formés d'éléments alluviaux et de dépôts côtiers : d'or, de diamants (au large du Sud-Ouest africain), d'étain (mer de Chine et Cornouaille britannique), de sables ferrugineux, de minéraux divers.

115 (129) ; *95* : 152 (67) ; *96* : 108 (226) ; *97* : 114 (177). **Approvisionnement** (en 1997) : 114,2 t dont (en %, 1993) Pérou 18, Irlande 15, Canada, Bolivie 14, Australie, Suède 8, Mexique 6, Maroc, Chili 3, *France 2,* divers 9. **Consommation** (en 1998) : 285 000 t dont (en %) traitement de surface 41, semi-produits 48,3 (industries mécanique, électronique, de transport, et bâtiment ; galvanisation, immersion de l'acier dans des bains de zinc fondu pour le protéger de la corrosion, utilisée dans l'industrie automobile et le génie civil), fonderie 11,8, produits chimiques 7,8 (oxydes dans la fabrication des pneumatiques, peintures et mastic), divers 1,1 ; (en 2000) : 310 000 t. **Principales sociétés** (capacités, en milliers de t) : *Vieille Montagne* 115, *Métaleurop* 110, *Ostrowiak* 20.

Terres rares (lanthanides)

■ **Espèces.** *Lanthanides légers* ou *terres cériques* : lanthane, cérium, praséodyme, néodyme ; *lourds* ou *terres yttriques* : samarium, europium, gadolinium, terbium, dysprosium, holmium, erbium, thulium, ytterbium, lutécium et yttrium.

■ **Minerais.** Plus de 200 minéraux contiennent des terres rares, mais seuls la *monazite* (phosphate à cérium dominant), la *bastnaesite* (fluocarbonate à cérium dominant) et le *xénotime* (phosphate à yttrium dominant) ont une importance industrielle. **Gisements :** *sables de plage :* monazite et xénotime en compagnie de minerais de titane (ilménite, rutile), de zirconium (zircon) et quelquefois d'étain (cassitérite) ; *roches :* associées aux complexes alcalins : bastnaésite ; *minerais mixtes fer-terres rares :* exploités en Chine du Nord. **Réserves :** oxyde de terres rares contenues dans le minerai : plus de 100 millions de t (Chine 100, USA 5, Inde 1). **Réserves/réserves base** (en millions de t, 2000) : Chine 43/48, ex-URSS 19/21, USA 13/14, Australie 5,2/5,8, Inde 1,1/1,3, Canada 0,94/1, Afrique du Sud 0,39/0,4. **Production** (en milliers de t, 2000) : *81* dont Chine 70, USA 5, Inde 2,7, ex-URSS 2, Brésil 1,4. **Utilisations :** métallurgie et sidérurgie, industrie du pétrole, verrerie et céramique, télévision couleur, manchon à gaz, luminophore pour radiographie médicale (oxyde de gadolinium), pour lampes à vapeur de mercure basse pression (tubes fluorescents), applications nucléaires. Mémoires à bulles (oxyde de gadolinium), aimants permanents (samarium-cobalt néodyme-fer) à très hautes performances, catalyse de postcombustion (oxyde de cérium).

☞ La France possède en Bretagne un gisement de *monazite* riche en europium, mais inexploitable vu le prix de revient de l'extraction. Rhône-Poulenc est la 1re Sté mondiale productrice de terres rares séparées.

Pâtes, papiers, cartons

Pâtes

■ **Histoire. Après 1850,** l'emploi du bois se généralise. **Vers 1867** diverses pâtes mécaniques mises au point (Voelter). **Vers 1874** au bisulfite (Mitscherlich). **Vers 1875** à la soude (Watt). **Vers 1878** au sulfate (Dahl). Le bois d'importation (d'origine scandinave au départ) ayant des qualités supérieures et pouvant être livré en quantités importantes et régulières, les 1res usines ont d'abord été implantées dans les zones portuaires ou le long des fleuves. **1880** pâte « kraft ». **Jusqu'en 1930** seules existent (pratiquement) des usines de pâte mécanique et de pâte au bisulfite ayant des contraintes étroites pour l'utilisation des diverses essences. **A partir de 1930** des usines de pâte au sulfate apparaissent.

■ **Matières premières. Bois :** *conifères* aux fibres longues de 2 à 3 mm : épicéa, sapin, pin maritime, pin sylvestre. *Feuillus* aux fibres courtes de 0,8 à 1,5 mm : charme, châtaignier, tremble, peuplier, hêtre, bouleau, eucalyptus. La papeterie utilise essentiellement le *taillis* (coupes d'éclaircies), le *bois de cime* (houppiers), et les *sous-produits de l'activité de sciage* (dosses, délignures, plaquettes). **Autres végétaux :** *alfa, bambou, abaca, chanvre, paille, bagasse* de canne à sucre, *canne de Provence* (stade expérimental). **Résidus industriels :** étoupe de lin, linters (fibres de cellulose qui restent fixées sur les graines) et chiffons de coton [il y a 20 ans environ, on utilisait 3 % de chiffons (pour papiers de luxe), aujourd'hui 1 %].

Coût du bois par tonne de pâte chimique (en $, 1996) : *France* (résineux) *240*, (feuillus) *200* ; Finlande (résineux) 235 ; Espagne (eucalyptus) 225 ; Canada (résineux) 210 ; USA (pin du Sud) 120 ; Chili (pin radiata) 100.

■ **Fabrication.** Le bois est constitué de fibres cellulosiques plus ou moins longues, liées entre elles par la lignine. On isole ces fibres les unes des autres pour constituer la pulpe qui, additionnée d'eau et de divers produits chimiques, et soumise à différents traitements, constituera la pâte. **Types de pâtes. Mécanique :** *utilisations :* papier journal, magazine, papier commun. **2 procédés :** *pâte mécanique de meule :* le bois en rondins est écorcé puis râpé par des défibreurs à meules. Les fibres arrachées sont ensuite mélangées à de l'eau. La bouillie obtenue contient toutes les composantes du bois (cellulose, hémicellulose, lignine). *Rendement :* 90 à 95 % mais solidité moindre. *Pâte mécanique de raffineurs :* le bois sous forme de copeaux est d'abord mélangé à de l'eau puis soumis à des désintégrateurs à disques. *Rendement* moins élevé, qualité supérieure. **Chimique :** *utilisations :* papiers d'impression, écriture, papier kraft d'emballage, papier haut de gamme, papier tissu (hygiénique et sanitaire). **Procédé :** le bois, réduit en copeaux, est soumis à cuisson dans des lessiveurs en présence de réactifs chimiques, afin de séparer les fibres de cellulose de leur « ciment » (lignine). Ce mélange est ensuite filtré pour isoler les fibres de cellulose de la « liqueur noire » qui, après épaississement, sera brûlée. La pâte obtenue est brune, mais on peut la blanchir avec des produits chimiques. Suivant les produits utilisés, on obtient une pâte au bisulfite (procédé acide, à base d'anhydride sulfureux), ou au sulfate et à la soude (procédé alcalin ; 75 % des pâtes consommées en France). *Caractéristiques :* rendement faible (45 à 55 %), coût de production élevé, très bonnes propriétés physiques de la feuille obtenue. **Mi-chimique :** *utilisations :* cartons pour cannelure. *Procédé :* par traitement chimique doux, suivi d'une désintégration mécanique des rondins ou des copeaux. **A haut rendement :** *utilisations :* papier journal (TMP), carton, papier tissu et, de plus en plus, papiers d'impression-écriture avec bois. **2 procédés :** pâte thermo-mécanique (*thermo-mechanical pulp* ou *TMP*) : avant le défibrage, les copeaux de bois sont étuvés à + de 100 °C, ce qui facilite la séparation des fibres, tout en les allongeant, ce qui accroît leur résistance. Rendement élevé, propriétés mécaniques excellentes ; de plus en plus utilisée, notamment pour papier journal ; *pâte chimico-thermo-mécanique* (*chemi-thermo-mechanical pulp* ou *CTMP*) : avant le défibrage, les copeaux sont imprégnés de produits chimiques à plus de 100 °C (ou moins avec la pâte TMP) pour favoriser la séparation des fibres. Coûts de production inférieurs à ceux de la pâte chimique, bon rendement (80 %) mais consommation d'énergie élevée ; blancheur et résistance sont moindres que pour la pâte chimique.

Blanchiment. Avec des produits à base de bioxyde de chlore (moins polluant) pour les pâtes chimiques. Pour les pâtes mécaniques, on utilise péroxyde ou oxygène.

Unités de fabrication. Intégrées : la pâte, liquide, est transformée sur place en papier ; formule utilisée pour papier journal (à base de pâte mécanique), kraft d'emballage (au sulfate ou à la soude), cannelure pour carton ondulé (mi-chimique), produits à partir d'une seule sorte de pâte. **Non intégrées :** pâte séchée, utilisent une pâte marchande livrée en balles à l'extérieur, triturée dans l'eau pour remettre les fibres en suspension.

■ **Monde. Prix moyen de la pâte à papier** (en $ par t) : *1990* : 805 ; *91* : 600 ; *92* : 580 ; *93* : 380 ; *94* : 570 ; *95-févr.* : 750, *-déc.* : 925 ; *96-janv.* : 875, *-déc.* : 560 ; *97-avril* : 520, *-mai* : 560, *-déc.* : 610 ; *98-avril* : 550. **Production de pâtes** (en millions de t) : *1992* : 165,6 ; *93* : 163,1 ; *94* : 166,6 ; *95* : 174,3 ; *96* : 174,2 ; *97* : 178,2 ; *98* : 175,5 (dont chimique 123,7, mécanique 34,8, autres 17) dont USA 58,1, Canada 23,5, Chine 16,5, Finlande 11,4, Japon 10,9, Suède 10,5, Brésil 6,7, Russie 3,8, Indonésie 3,4, *France 2,7,* Norvège 2,4, Afrique du Sud 2,2, Chili, Inde 2,1, All. 1,9, Portugal 1,7, Autriche, Espagne 1,6, Nlle-Zélande 1,4, Australie 0,9, Pologne 0,9, Argentine 0,7, G.-B., Italie, Thaïlande, Rép. tchèque 0,6, Mexique 0,5, République de Corée, Turquie, Belgique 0,4. **Consommation apparente** (en millions de t) : *1992* : 164,7 ; *93* : 162,1 ; *94* : 166,8 ; *95* : 179,2 ; *96* : 172,9 ; *99* : 314,4.

Papiers et cartons récupérés (en millions de t, 1996). **Échanges :** 18 (en 1995). **Consommation :** 120. **Taux de récupération :** 41,6 % (Allemagne, Autriche 71, Japon 52, USA 44, *France 41,6*). **Produits à base de papiers et cartons récupérés (PPCR) :** *taux d'utilisation* (en %) *en France : 2000 :* 57,7 ; *par secteur utilisateur :* journal 94,5, autres usages graphiques 10,6, papiers pour ondulé 96,5, d'emballage 29, cartons 82, industriels et spéciaux 27,6, domestiques et sanitaires 49,6. *Consommation Union européenne* (en milliers de t) *et,* entre parenthèses, *taux d'utilisation* (en %) : *1997* : 32 902 (43,7) dont All. 9 414 (59,1), Autriche 1 652 (16,9), Belg.-Lux. 410 (122,4), Danemark 448 (30), Espagne 3 032 (76,4), Finlande 609 (5), *France 4 467 (48,9),* G.-B. 4 618 (71,5), Grèce 275 (79,3), Italie 3 658 (48,6), P.-Bas 2 301 (73), Portugal 322 (29,8), Suède 1 642 (43).

■ **En France. Pâtes. Production** (en millions de t) : *1985* : 1,95 ; *90* : 2,2 ; *95* : 2,8 ; *96* : 2,5 ; *97* : 2,84 ; *98* : 2,7 ; *99* : 2,6 ; *2000* : 2,5 dont mécanique 0,7, chimiques 1,8 (dont chimiques de fibres longues 0,9, chimiques et mi-chimiques de fibres courtes 0,9). **Destination des pâtes :** *1990* : 2,2 ; *96* : 2,5 ; *98* : 2,7 ; *99* : 2,6 ; *2000* : 2,4 dont livraisons pâtes marchandes (sauf pâte fabriquée à partir de papiers et cartons récupérés) 7,48 (dont *France 0,44,* étranger 0,3) et pâtes intégrées 1,64. **Valeur de la production** (dont, entre parenthèses, commercialisée, en millions de F) : *1988* : 7,4 (3,5) ; *90* : 7,7 (3,2) ; *95* : 10,5 (3,4) ; *96* : 6,7 (2) ; *97* : 7,6 (2,8) ; *98* : 7,99 (2,52) ; *99* : 6,9 (2,5) ; *2000* : 7,6 (2,7). **Bois utilisé** (en millions de t) : *1988* : 7,6 ; *90* : 7,5 ; *95* : 10,5 ; *96* : 8,87 ; *97* : 9,93 ; *98* : 9,66 ; *99* : 9,26 ; *2000* : 9,19 dont bois français 8,7 [dont résineux 5,4 (épicéas *rondins* 0,4, *de lignures* 0,6, pins *rondins-poteaux* 2,8, *de lignures* 1,6], feuillus 3,3 (tremble, peuplier 0,4, hêtre 0,7, charme 0,1, châtaignier 0,2, autres 2)], bois étrangers 0,5 (dont résineux 0,3, feuillus 0,2). **Structures** (en 2000) : entreprises 17, usines 18 (dont 13 intégrées), effectifs 2 270. **Exportations et,** entre parenthèses, **importations** (en millions de t) : *1988* : 0,4 (1,7) ; *95* : 0,4 (1,9) ; *96* : 0,4 (1,9) ; *97* : 0,4 (2) ; *98* : 0,5 (2) ; *99* : 0,5 (2,1) ; *2000* : 0,4 (2,3) [dont vers Italie, Espagne 0,1 (dont du Canada 0,5, USA 0,3, Espagne, Finlande 0,1)]. **Consommation apparente** (en millions de t) : *1990* : 3,5 ; *95* : 4,1 ; *96* : 4 ; *99* : 4,2 ; *2000* : 4,2. **Investissements** (en milliards de F) : *1990* : 1,4 ; *91* : 1,4 ; *92* : 1 ; *93* : 0,6 ; *94* : 0,45 ; *95* : 0,6 ; *96* : 1,1 ; *97* : 0,95 ; *98* : 1,1 ; *99* : n.c. ; *2000* : n.c.

Papiers

■ **Origine. Vers 2500 av. J.-C.** le papyrus devient un support d'écriture en Égypte. **Plusieurs siècles av. J.-C.** la Chine connaît le papier fait avec de la soie. Le pharaon Ptolémée II (dit Philadelphe, 283-246), jaloux de la réputation de la bibliothèque de Pergame, interdit l'exportation du papyrus égyptien. Pergame utilise alors des peaux d'animaux tannées *(parchemin).* **230-210 av. J.-C** invention du papier en Chine sous le règne de Qin Shihuang. **105 apr. J.-C.** Tsaï-Lun, ministre de l'Agriculture chinois commercialise le premier papier fait avec du chanvre et de l'écorce de mûrier. **751** vaincus à Samarcande, les Chinois révèlent aux Arabes les secrets de la fabrication du papier. **794** *1er moulin à papier à Baghdad.* **VIIIe s.** technique répandue par l'Islam. **1050** Jativa (Esp.), premier moulin connu en Europe. Le *missel de Silos* (près de Burgos) est le plus vieux manuscrit européen sur papier connu. **1056** *1er moulin à papier en Europe,* près de Valence (Espagne). **1216-22** première lettre sur papier écrite en France par Raymond de Toulouse à Henry III d'Angleterre. **Jusqu'au XIIIe s.** environ, on écrit surtout sur *papyrus, vélin* (peau de veau) et *parchemin* (mouton). **1276 moulin** de Fabriano (Italie). **1326 moulin** d'Ambert (Puy-de-Dôme). **1338 moulin** de la Pielle. **1348 moulin** à Troyes ; **1355** Essonnes ; **1376** St-Cloud ; **1383** Beaujeu. **Vers 1400** Clermont et Sorgues. Les moines de l'époque se méfient d'un support pouvant avoir une plus faible durée de conservation que le parchemin. Le papier est produit à partir de vieux chiffons, procédé coûteux. **XVIIIe s.** le nombre de livres et de journaux s'accroît ; les moulins à papier du Dauphiné, du Vivarais, de Montargis (Loiret) et de la région d'Annonay (Ardèche) se développent. Chaque feuille est fabriquée manuellement à l'aide d'un tamis rectangulaire (*forme*) : cadre de bois au fond duquel se coupent perpendiculairement 2 réseaux de fils de laiton, permettant l'égouttage de l'eau et retenant les fibres en suspension. Fils les plus fins *(pontuseaux)* : disposés parallèlement [sont maintenus par des tiges de laiton ; ce sont les *vergeures* (prononcer « verjure »). **1719** Réaumur préconise l'emploi du bois. **1751** un de ses élèves fabrique du papier avec de la paille. **1789** Berthollet utilise le chlore pour blanchir la pâte. **1799**-*18-1* Louis-Nicolas Robert (1761-1828), inspecteur à la papeterie d'Essonnes obtient un brevet d'invention ; **1800** il installe près de Rouen une machine de 2,60 m de longueur fabriquant 80 feuilles de papier par jour longues de 6 m. **1803** l'Anglais B. Donkin réalise une machine de ce type à Frogmore (Kent). **Vers 1830** il y a en Angleterre environ 300 machines à papier et plus de 200 en France. **1857** invention du papier-toilette aux USA. **1871** 1er brevet de papier ondulé pour emballage. **1880** pâte kraft.

■ **Matières premières. Pâtes :** voir col. a. **Bois :** bouleau, hêtre, tremble, charme, châtaignier, peuplier et eucalyptus (feuillus), sapin, pin maritime ou sylvestre et épicéa (résineux). En France, *sous-produits de la forêt* (coupes d'éclaircie, cimes des arbres) et *du sciage* (copeaux et délignures). **Autres végétaux :** paille, alfa, bagasse (partie fibreuse de la canne à sucre), roseaux, bambous, lin, chanvre et coton ; peu utilisés. **Chiffons :** ne servent plus aujourd'hui qu'à fabriquer papiers de luxe et papiers spéciaux (exemple : billets de banque). **Vieux papiers et cartons** (en milliers de t) : *fibres cellulosiques de récupération (FCR) en France (en 1996) : ressource apparente* 3 857 ; *consommation par la papeterie française* 4 192 ; *import* 1 083 ; *export* 748. **Utilisation des vieux papiers incorporés dans le papier et le carton** (en % de la production totale de papier et de carton, 1989) : Danemark 68, P.-Bas 65, Espagne 62, G.-B. 57, Suisse 49, Italie 48, *France 46 (1980 : 36),* All. 45, Australie 42, Portugal 39, Autriche 38, Grèce 32, USA 26, Canada, Suède 11, Norvège 8, Finlande 5. **Utilisation,** en %, **des vieux papiers incorporés dans les produits papier, en France** (en 1988-89) : emballage 79, carton 62, papier journal 46, papier mousseline 40, papier à imprimer et à écrire 10. **Produits chimiques (soude, bisulfite) et minéraux :** kaolin, talc, carbonate de calcium, colorants (pour papiers « couchés »).

■ **Fabrication.** Les fibres sont dispersées dans l'eau puis travaillées pour obtenir les caractéristiques désirées, les feutrer, les enchevêtrer et les sécher. Lors du séchage, elles adhèrent naturellement entre elles (sans apport de produit adhésif). On peut fixer sur les fibres diverses matières non fibreuses, colorants, amidons, colophanes et autres produits auxiliaires, par adjonction dans la texture fibreuse ou dépôt à la surface de la feuille. La dernière machine à papier installée en France début 1999 produit plus de 1 000 t de papier par jour à 120 km/h.

■ **Différentes sortes de papier. Affiche :** papier frictionné (satiné du côté impression et rugueux au verso). **Alfa :** souple, soyeux, résistant, produit en Tunisie, au Portugal à partir de fibres d'alfa et utilisé en Angleterre pour des éditions de grand luxe (il faut au moins 10 % d'alfa pour l'appellation « papier alfa »). **Apprêté :** surface relativement lisse. Papier journal. **Bible :** en pâte de chiffon additionnée d'un peu de pâte chimique très mince, résistant et opaque (difficultés au tirage). **Bouffant :** papier brut de machine, non apprêté ou très légèrement. Pour ouvrages ne comprenant que des textes et dessins au trait. **Bristol** (avec pâte chimique) : cartes de visite, commerce, étiquettes de luxe. **Bulle :** qualité ordinaire, crème foncé. Frictionné, utilisé pour les enveloppes. **Buvard :** non collé, très absorbant. **Carton :** obtenu par un seul jet de pâte, ou par assemblage de plusieurs feuilles de pâte humide. **Chiffon :** à base de pâte de chiffon. Le « pur chiffon » (à 100 %) est employé pour éditions de luxe. Appellation d'origine (« Arches », « Johannot », « Rives », etc.) en filigrane. **Chine :** préparé en plein air avec l'écorce du bambou, gris ou jaunâtre ; fabriqué à partir de manille, il est fin, absorbant, adapté aux impressions délicates, doux et brillant comme la soie ; enduit sur une face d'une composition à base de glycérine ; recherché pour le tirage des gravures. **Collé :** additionné de colloïdes (gommes, résines), dans la pâte ou sur la surface de la feuille, pour accroître la résistance à la pénétration des liquides (exemple : encre d'écriture), améliorer son aspect, augmenter sa résistance... **Couché :** recouvert d'une *couche* composée d'un enduit (sulfate de baryte, kaolin, carbonate de chaux) mélangé à un liant (colle de caséine) et à un plastifiant (cire, savon) ; classique (*couché brossé*) : couche de 25 à 30 g/m^2 par face ; moderne (*machine*) : 5 à 16 g/m^2 par face. Peut être lissé (*couché mat*), ou plus calandré (*couché satiné, couché brillant*). **Cristal :** transparent, très calandré, obtenu à partir de pâte très raffinée. Emballages de luxe. **Duplicateur alcool :** satiné écriture très collé ; **stencil à encre :** bouffant ou apprêté vergé mi-collé, blanc ou couleur, de 64 ou 80 g/m^2, très opaque. **Frictionné :** une face lissée, une rugueuse. Utilisé pour affiches, enveloppes, étiquettes et papiers d'emballage. **Hélio :** peu collé, assez absorbant. **Hollande :** invention française importée en Hollande par des protestants exilés après la révocation de l'édit de Nantes en 1685 ; grené, ferme, solide. **Indien :** très mince et très opaque, procédé détenu par l'université d'Oxford ; coûteux. **Japon :** *impérial,* vient de l'écorce d'arbrisseaux, légèrement teinté en jaune, soyeux, satiné, souple, transparent et épais ; *ancien à la forme,* sorte de vélin très lisse, teinté bistre clair ; *blanc supernacré,* résistant, soyeux, offrant l'aspect de paillettes de nacre accolées (Rembrandt l'utilisa le 1er en Europe pour ses estampes). *Jonquille :* utilisé vers 1830, en particulier pour « Physiologie du mariage » de Balzac. **Journal :** apprêté, très peu collé pour être absorbant et permettre un séchage quasi instantané. **Kleenex :** lancé 1924. **Kraft :** très résistant, fabriqué à partir de pâte chimique à la soude ou au sulfate, à base de cellulose écrue de pin ou de sapin ; *frictionné :* enveloppes, sachets et pochettes ; *apprêté :* sacs (engrais, ciment, etc.). **Kromekote :** marque de papier couché, très brillant. **Litho :** couchés, satinés ou surglacés, bien collés. **Métallisé :** recouvert, par collage, d'une feuille d'aluminium d'environ 1/100 de millimètre. **Mousseline :** à base de chiffons ou de pâte chimique blanchie. **NCR :** autocopiant sans carbone mis au point par la Sté américaine National Cash Register. **Opaline :** cristal non transparent, très brillant. Chargé d'oxyde de titane dans la pâte. **Papertex :** à base de résines synthétiques et de fils polyamides Nylon. Imperméable, lavable et imputrescible. **Parcheminé :** trempé dans bain d'acide sulfurique agissant sur cellulose. Peu satiné, très collé. **Pelure :** chiffon, généralement glacé, non glacé pour duplicatas. **Ramie** ou *ortie de Chine* (cultivée dans le midi de la France) : papier coûteux, utilisé seulement pour la confection des billets de banque. **Satiné :** lisse et brillant. **Sulfurisé :** cellulose pure traitée dans solution d'acide sulfurique. Les corps gras (dont encre) sont sans action sur lui. Sert pour emballage (beurre, fromage, viande). **Surfacé :** collé en surface par légère enduction, pour améliorer propriétés superficielles. **Surglacé :** avec taux de charge élevé, fortement satiné. **Vélin :** inventé (1750) par l'Anglais John Baskerville (1706-75), sans grain, très uni, lisse et satiné ; possède transparence, finesse et aspect du vélin véritable venant de la peau de veaux mort-nés. Fabriqué comme le vergé mais avec un treillis métallique beaucoup plus fin. **Vergé :** papier de cuve obtenu dans des châssis en bois, ou *formes,* au fond garni d'un tamis de laiton. A base de chiffons. Le papier de forme a des bords irréguliers marqués de franges ou de *barbes,* de boursouflures, d'aspérités ; il laisse apparaître le dessin des fils de laiton ou *vergeures* placés au fond de la cuve, coupés perpendiculairement par d'autres fils plus espacés, les *pontuseaux.* Entre ces fils on peut avoir un *filigrane.* Le *filigrane,* apparu à partir du XVIIIe s., représente en général la marque du fabricant – monogramme, devise ou dessin – incorporée au tamis. Il a donné ses noms à quelques formats de papier : *raisin* (motif du dessin : grappe de raisin) et *jésus* (monogramme IHS). **Faux vergé :** fabriqué à la machine. La pâte encore fraîche passe entre des cylindres à cannelures imitant vergeures et pontuseaux. **Vergé de Hollande :** utilisé en 1863 pour 25 exemplaires in-8° de *Salammbô,* Flaubert. **Whatman :** inventé 1770 par l'Anglais James Whatman (1741-98) ; ressemble au papier de Hollande mais sans vergeures.

■ **Format.** Les papiers sont définis par leur poids au m^2 : de 28 (*bible*) à 180 g/m^2. Grammage habituel en littérature générale : 70 à 90 g/m^2. Le papier est vendu aux 100 kg en *rame* ou en *bobine ; 25 feuilles* constituent une *main* et 20 mains une *rame* soit 500 feuilles.

■ **Formats en simple et,** entre parenthèses, **en double** (en italique : formats les plus courants). **Noms** (dessins primitivement représentés en filigrane) : *cloche* 30 × 40 cm (40 × 60 cm). *Pot* 31 × 40 (40 × 62). *Tellière* 34 × 44 (44 × 68). *Couronne* 36 ×46 (46 × 72). *Écu* 40 × 52. *Coquille* 44 × 56 (56 × 88). *Carré* 45 × 56 (56 ×90). *Cavalier* 46 × 62 (62 × 92). *Raisin* 50 × 65 (65 ×100). *Jésus* 56 × 76 (76 × 112). *Soleil* 60 × 80 (80 × 120). *Colombier* 63 × 90 (90 × 126). *Petit Aigle* 70 × 94. *Grand Aigle* 75 × 106. *Grand Monde* 90 × 126. *Univers* 100 × 130.

■ **Série normalisée internationale A.** Chaque format plus petit est obtenu en divisant le format immédiatement supérieur en 2 parties égales, le rapport entre les longueurs des côtés de chaque format étant toujours égal à $\sqrt{2}$. Le format de base, désigné par Ao, a une surface de 1 m^2.

Statistiques mondiales

■ **Production. Papiers et cartons** (en millions de t) : *1992 :* 247,4 ; *93 :* 251,6 ; *94 :* 268,7 ; *95 :* 278,4 ; *96 :* 282,7 ; *97 :* 299 ; *98 :* 301 (dont papier journal 36,3, impression-écriture 90, papier et carton d'emballage et autres 174,7) ; *99 :* 315,7 dont USA 88,1, Japon 30,6, Chine 29,6, Canada 20,2, Allemagne 16,7, Finlande 12,9, Suède 10,1, *France 9,6,* Italie 8,9, Corée 8,6, Brésil 7, G.-B. 6,9, Indonésie 6,6, Taïwan 4,5, Espagne 4,4, Autriche 4,1, Mexique, Inde 3,8, P.-Bas 3,3, Thaïlande 2,7, Australie 2,5, Norvège 2,3, Afrique du Sud 2, Pologne, Suisse 1,8, Belgique 1,7, Turquie 1,4, Portugal 1,2, Argentine 1,1.

■ **Producteurs mondiaux de papiers et cartons de + de 1 million de t** (en millions, 1999). International Paper [1] 13,5, Stora Enso [2, 4] 11, Smurfit-Stone Container [1] 7,5, UPM-Kymmene [2] 7,5, Georgia-Pacific [1] 6, Oji Paper [5] 6,9, Mondi International [7] 5,7, Asia Pulp & Paper [8] 4,7, Sappi [7] 4,7, Fort James Corporation [1] 4,7.

■ **Chiffre d'affaires pulpe, papiers et transformation et,** entre parenthèses, **résultat consolidé** (en milliards de $, 1999). International Paper [1] 19,8 (24,6), Stora Enso [2, 4] 10,5 (11,3), Oji Paper [5] 9,1 (10,6), Kimberly-Clark [1] 9 (13), UPM-Kymmene [2] 7,4 (8,8), Fort James Corporation [1] 6,9 (6,8), Smurfit-Stone Container [1] 6,7 (7,2), Nippon Paper Industries [5] 6,5 (7,9), Georgia-Pacific [1] 5,7 (18), Arjo Wiggins Appleton [6] 5,5 (5,5).

Nota. – (1) USA. (2) Finlande. (3) Pays-Bas. (4) Suède. (5) Japon. (6) G.-B. (7) Afrique du Sud. (8) Singapour.

■ **Consommation. Papiers et cartons** (en kg par habitant, 1999) : USA 347,2, Belgique 344,4, Finlande 320,8, Canada 246,5, Suède 245,3, Suisse 239,9, Japon 239,2, Taïwan 230,7, Danemark 230,6, P.-Bas 217,3, G.-B. 214,8, Allemagne 214,6, Autriche 211,7, Hong Kong 193,5, Luxembourg 191,9, Australie 184,3, *France 179,9*, Italie 178,9, Nlle-Zélande 177,1, Norvège 169,8, Espagne 161,5, Singapour 160, Israël 143, Rép. de Corée 141,3, Irlande 124,9, Slovénie 118,5, Émirats arabes unis 113,8, Islande 107, Malaisie 106,8, Portugal 98, Grèce 86,3, Rép. tchèque 83,6, Bahamas 68,3, Hongrie 64,9, Slovaquie 64,4, Mexique 59,5, Costa-Rica 59, Pologne 58,3, Malte 58,2, Chypre 57,8, Croatie 53,9, Chili 53,2, Argentine 48,5. **En millions de t** (en 1999) : USA 94,6, Chine 35,9, Japon 30,3, Allemagne 17,6, G.-B. 12,7, *France 10,9*, Italie 10,3, Canada 7,5, Rép. Corée 6,6, Espagne, Brésil 6,4, Taiwan 5,1, Mexique 4,8, Inde 4, Belgique, Australie 3,5, P.-Bas 3,4, Indonésie 3,1, Russie 2,7, Malaisie, Pologne, Suède 2,3, Turquie 2,1, Thaïlande 1,9, Argentine 1,8, Afr. du Sud, Suisse, Austriche, Finlande 1,7, Danemark 1,2. **Vieux papiers** (en millions de t et, entre parenthèses, taux de récupération, en %, 1995) : USA 30,3 (44,9) ; Japon 15,7 (51,5) ; Allemagne 8,6 (66,5) ; *France 4,1 (38,6)* ; G.-B. 3,9 (35,2) ; Italie 3,3 (28,3).

Statistiques françaises

■ **Matières premières** (en milliers de t). *2000 :* pâtes 4 175, produits à base de papiers et cartons récupérés (PPCR) 5 667, autres matières fibreuses 70, autres produits 1 549 (dont talc 122, kaolin 294, autres charges 568, autres produits 565). **Matières utilisées** (en 2000) : 5,8 millions de t ; **pour 100 kg de papiers-cartons** (en kg, 2000) : 107,8 dont pâtes de bois, vieux papiers, chiffons 41,7, produits à base de papiers-cartons récupérés réduits en pâtes 50,1, autres matières fibreuses réduites en pâtes 0,5, autres produits 15,5.

■ **Papiers et cartons. Production** (en millions de t) : *1970 :* 4 ; *80 :* 5,1 ; *95 : 8,6* ; *96 :* 8,5 ; *97 :* 9,1 ; *98 :* 9,2 ; *99 :* 9,6 ; *2000 :* 10 dont usages graphiques 4,5 (impression-écriture 3,4, journal 1), emballage et conditionnement 4,6 (papiers pour ondulé 3,3, cartons 0,9, emballage 0,4), domestiques et sanitaires 0,6. **Consommation** (en millions de t) : *1995 :* 9,63 ; *96 :* 9,38 ; *97 :* 10,33 ; *98 :* 10,68 ; *99 :* 10,9 ; *2000 :* 11,4 dont usages graphiques 5,6 (dont impression-écriture 4,7, journal 0,9), emballage et conditionnement 5,1 (dont papiers pour ondulé 3,5, cartons 1,2, papiers d'emballage 0,4), domestiques et sanitaires 0,7. *Par habitant* (en kg) : *1988 :* 144,4 ; *98 :* 175,4 ; *99 :* 186,9 ; *2000 :* 193,4. **Importations :** *1988 :* 3,7 ; *95 :* 4,7 ; *96 :* 4,8 ; *97 :* 5,5 ; *98 :* 5,8 ; *99 :* 6,2 ; *2000 :* 6,4 *de* All. 1,4, Finlande 1,1, Suède 0,7, Italie 0,5, P.-Bas, Espagne, UEBL 0,4, Autriche, G.-B. 0,3 [*selon la sorte, en % :* usages graphiques 61,3 (dont impression-écriture 53, journal 8,3), emballage et conditionnement 30,1 (dont papiers pour ondulé 15,7, cartons 10,7, papiers d'emballage 3,7), domestiques et sanitaires 5]. **Exportations :** *1988 : 1,96 ; 95 :* 3,64 ; *96 :* 3,92 ; *97 :* 4,32 ; *98 :* 4,29 ; *99 :* 4,8 ; *2000 :* 4,9 *vers* All. 1, G.-B., Espagne 0,7, Italie 0,6, UEBL 0,5 (usages graphiques 55,6 dont impression-écriture 42,4, journal 13,2), emballage et conditionnement 29,3 (dont papiers pour ondulé 17,5, cartons 7,7, papiers d'emballage 4,1), domestiques et sanitaires 4,5. **Valeur de la production** (HT en milliards de F) : *1990 :* 34,9 ; *95 :* 42 ; *96 :* 35,5 ; *97 :* 36,6 ; *98 :* 37,1 ; *99 :* 37,3 ; *2000 :* 44,6. **Balance commerciale** (en milliards de F) : *1990 :* – 12,7 ; *91 :* – 9,9 ; *92 :* – 4,9 ; *93 :* – 3 ; *94 :* – 2,5 ; *95 :* – 2,8 ; *96 :* – 2,1. **Entreprises** (en 2000) : 110 regroupées au sein de Copacel (Confédération française de l'industrie des papiers, cartons et celluloses). **Usines :** *1994 :* 146 ; *2000 :* 137. **Machines à papier :** *1988 :* 256 ; *2000 :* 222 [en 1999, la dernière machine à papier (environ 120 m de long) mise en service produit 2 500 km de papier par jour, 330 000 t/an]. **Effectifs** (au 31-12) : *1988 :* 24 364 ; *98 :* 21 980 ; *99 :* 21 216 ; *2000 :* 22 670 personnes.

■ **Papier « toilette ». Consommation :** 7,3 kg par habitant et par an (Suédois 18,6, Italiens 7,8, Belges 7,1, Portugais 3,3) dont 80 % en rouleaux (60 % pour les Parisiens). **Types :** *bulle corde* (papier de soie), généralement brun, fabriqué avec de vieux papiers ; *crêpé*, à partir de pâtes mécaniques (10 % du marché) ; *ouate de cellulose,* « 2 » (88 % des ouatés) ou « 3 plis » (12 %). Le rose uni l'emporte [chez les Allemands, ce sont les fleurettes (30 à 40 %) ; chez les Japonais : les cours d'anglais]. 2 % des Français en sont encore à la feuille de papier journal pliée en 4.

Parfumerie

Généralités

☞ La parfumerie regroupe les produits parfumants, de beauté, capillaires et de toilette.

■ **Produits parfumants. Processus d'action :** mélanges de corps odorants avec, en général, une note de base assistée par des produits complémentaires. Le développement d'une odeur est fondé sur une lente distillation des constituants, *les notes de tête* ou *de départ* (produits les plus volatils, telles les essences d'hespéridées : citron, orange...) ; *de cœur* ou *corps* (plus persistants et plus corsés : jasmin, rose, mousses...) ; *de fond* (très persistants destinés à freiner l'évaporation des autres constituants et appelés improprement « fixateurs » : muscs artificiels, mousses de chêne, cèdre ou pin). **Concentrations :** pour les solutions alcooliques, indiquées par le titre volumique (% en volume) qui indique le volume à 20 °C de la quantité d'alcool pur contenu dans le mélange total et remplace l'ancienne notion de degré alcoolique. *Catégories* (suivant la concentration des éléments parfumés dans l'alcool) : parfum (ou extrait), eau de parfum, eau de toilette, eau de Cologne. **Matières premières : D'ORIGINE VÉGÉTALE :** *extraits de fleurs* (jasmin, rose, lavande, néroli (fleur de bigaradier...), *de feuilles* [menthe, patchouli, verveine, violette (victoria et violette de Parme), ylang-ylang...], *de semences* (coriandre, céleri, angélique...), *de bois* (santal, cèdre, bois de rose...), *de racines* (vétiver, iris, gingembre...), *d'écorces de fruits* (citron, orange...), *d'écorces d'arbres* (bouleau, cannelle...), *de résines* (cystes, benjoin, myrrhe issue du balsamier...), *de lichen* (mousse de chêne, usnée...). *Extraction par la distillation à la vapeur d'eau* pour les produits ne se décomposant pas à la chaleur (lavande, citronnelle, menthe...), qui donne des *huiles essentielles* ; *extraction au solvant volatil*, qui a remplacé l'*enfleurage* (fixation des substances aromatiques sur des graisses ou huiles). Donne la *concrète* (pour végétaux frais) ou le *résinoïde* (végétaux séchés). La *concrète* donnera l'*absolu* après lavage à l'alcool, filtration et distillation. Il faut au moins 600 kg de fleurs de jasmin, par exemple (soit 5 millions de fleurs environ), pour faire 1 kg d'absolu ; *extraction par l'expression :* les substances aromatiques d'écorces de fruits sont exprimées pour en retirer l'essence. **D'ORIGINE SYNTHÉTIQUE :** les produits aromatiques provenant des éléments naturels peuvent en être extraits par fractionnement de la matière première de base pour donner des *isolats*. La modification de ceux-ci par réaction chimique donne des produits d'*hémisynthèse*. D'autres produits de *synthèse totale* (environ 1 000), fabriqués à partir de matières chimiques de base, permettent de multiples combinaisons en complétant certains produits naturels ou en se substituant à eux. Un parfumeur-créateur dispose de 4 000 à 5 000 ingrédients naturels ou synthétiques dont moins de 20 % constituent, en volume, 80 % des 300 000 compositions parfumantes commercialisées (dont 15 à 20 % sont employées en parfumerie fine et cosmétique et 80 à 85 % en parfumage des savons, détergents, produits ménagers, etc.). **D'ORIGINE ANIMALE :** *ambre gris :* concrétion pathologique formée dans l'intestin du cachalot. *Castoreum :* produit huileux sécrété par le castor (Canada, Sibérie). *Civette :* produite par les glandes de petits mammifères carnivores de la famille des Viverridés, comme le daman (Asie, Éthiopie). *Musc naturel :* trouvé dans l'intestin des ondatras ou rats musqués du Canada, des daims du Tibet, de Sibérie et de Chine ; sécrété par la glande prépubérale du chevrotin porte-musc (Asie centrale). D'un usage courant dans la 1re moitié du XXe s. sous forme de macérations alcooliques, l'utilisation de ces produits s'est raréfiée.

Classification des parfums (groupes fondamentaux ou familles d'odeurs). **Hespéridées :** huiles essentielles obtenues par expression du zeste des fruits tels que citron, orange, mandarine, etc., associées aux produits de l'oranger. 1res eaux de Cologne. **Florale :** parfum dont le thème principal est une fleur (jasmin, rose, muguet, violette, tubéreuse, narcisse, etc.). **Fougère :** dénomination de fantaisie, ne se rapportant pas à l'odeur des fougères et comprenant un accord généralement réalisé avec des notes lavandées, boisées, mousse de chêne, coumarine, etc. **Chypre :** nom d'un parfum de François Coty (sorti en 1917) ; parfums basés sur mousse de chêne, ciste-labdanum, patchouli, etc. **Boisée :** notes chaudes ou opulentes (santal, patchouli), parfois sèches (cèdre, vétiver) ; départ constitué de notes lavandées et hespéridées. **Ambrée** ou **orientale :** notes douces, poudrées, vanillées, très marquées. **Cuir :** notes sèches, très sèches parfois, essayant de reproduire l'odeur du cuir (fumées, bois brûlé, bouleau, tabac...) avec notes de tête ayant des inflexions florales.

☞ On teste souvent un parfum sur le poignet, l'artère (qui permet de prendre le pouls) chauffe un peu le parfum et permet de mieux le sentir.

■ **Fabrication.** Fabrication industrielle du *concentré* en pesant précisément les différents éléments de la formule et en les dissolvant les uns dans les autres. Pour les solutions alcooliques, on utilise de l'alcool éthylique d'odeur aussi neutre que possible et représentant environ 96 % de son volume en alcool pur. Le titre volumique (% vol.), qui remplace l'ancienne notion de degré alcoolique, indique le volume à 20 °C de la quantité d'alcool pur contenue dans un mélange par rapport au volume total de ce mélange à la même température. Suivant les diverses concentrations dans l'alcool, on obtient le *parfum* ou *extrait* [en général la plus forte proportion de concentré de la meilleure qualité (20 %) dilué dans l'alcool (80 %)] ; l'*eau de parfum* (assez proche) ; l'*eau de toilette* [concentration olfactive plus faible (10 %), alcool et eau (90 %)] ; l'*eau de Cologne* (concentration encore plus réduite avec une note plus fraîche et moins tenace ; aux USA, « Cologne » désigne une qualité s'apparentant à l'eau de toilette). Lorsque les solutions alcooliques sont réalisées intervient la période de *« macération »* ou mise à repos pendant laquelle le produit « s'arrondit ». Ensuite, on procède au glaçage, puis à la filtration pour obtenir un produit limpide et stable.

■ **Produits de beauté. Catégories :** *produits de soins de beauté :* crèmes, laits, lotions, gels, etc. servant à divers usages : produits à démaquiller, après démaquillage, de soin du visage, du corps, produits spécialisés pour yeux, mains et ongles, protection solaire. *Produits de maquillage :* fonds de teint, produits teintants et bronzants sans soleil, poudres libres, compactes et blush, produits pour lèvres (rouges), ongles (vernis), yeux (ombres à paupières, mascaras [généralement préparés avec du stéarate de triéthanolamine (savon pur et non irritant auquel sont incorporés cires et colorants)], crayons à sourcils, eye-liners). **Formules :** le plus souvent composé d'un *« véhicule »* ou *excipient* qui peut être une solution aqueuse (lotions démaquillantes pour yeux), hydro-alcoolique (lotions toniques) ou une émulsion (crèmes ou laits) incluant les agents spécifiques, les stabilisants, et des additifs tels que les produits colorants ou de parfumage. *Émulsions :* peuvent être « eau dans l'huile » (E/H, l'eau est dispersée en fines particules dans la phase huileuse), ou « huile dans l'eau » (H/E, l'huile est dispersée dans l'eau). Sont stabilisées par un émulsionnant (agent de surface ou tensio-actif). *Gels :* comportent une phase aqueuse où sont dispersées des substances gélifiantes insolubles dans l'eau. *Émulsions multiples :* comprennent les mêmes éléments que les émulsions courantes (eau, huile, agent de surface), mais organisés de telle sorte que les particules dispersées renferment elles-mêmes des globules de même composition que la phase externe : émulsions « eau dans l'huile dans l'eau » (E/H/E) ou « huile dans l'eau dans l'huile » (H/E/H), libérant lentement leurs agents spécifiques, permettent de prolonger leur efficacité. *Liposomes :* petites vésicules sphériques dont la structure, analogue à celle des membranes des cellules de l'organisme, leur permet de pénétrer plus facilement à travers l'épiderme en véhiculant les substances actives qu'ils contiennent.

■ **Produits capillaires.** Destinés à laver cheveux et cuir chevelu (*shampooings simples*), à les laver et les traiter (shampooings antipelliculaires, pour cheveux secs, gras, etc.), à améliorer l'aspect de la chevelure (brillant, volume), à la fixer (*laques*), la colorer (*teintures*), la mettre en forme (permanentes, produits coiffants, mises en plis). *1ers shampooings :* liquides, fabriqués à base de savon noir bouilli avec des cristaux de soude ; fortement alcalins ; rincés avec une eau calcaire, laissaient un dépôt (éliminé avec un vinaigre cosmétique). **1900** savon de potasse fabriqué avec de l'huile de coprah, additionnée quelquefois d'huile d'olive et de ricin, plus moussant, mais encore très agressif. **1936** *Dop* est un des premiers fabricants à utiliser des alcools gras sulfonés (synthétisés depuis 1928, à partir d'huile de coprah : non alcalins, mousse abondante, insensibles à l'eau calcaire).

■ **Produits de toilette.** Savons, dentifrices, produits de rasage, pour le bain et la douche, déodorants.

■ **Déodorants. Antibactériens** (80 % du marché) : contiennent un antiseptique détruisant les bactéries responsables de la dégradation de la sueur, quasi inodore à l'origine. **Antitranspiration ou « longue durée » :** réduisent la sécrétion de sueur à l'aide de sels d'aluminium astringents qui coagulent les protéines au niveau des pores ; effet sec sur la peau, sur laquelle elles laissent un léger film blanc. **Absorbeurs d'odeurs :** contiennent des molécules (de zinc notamment) piégeant les odeurs en formation ; souvent associés à une formule antibactérienne.

Quelques dates

Égypte ancienne. Huile de palme pour visage et poitrine ; origan pour sourcils et cheveux ; essence de thym pour gorge et genoux ; menthe pour les bras.

Monde romain. *Chevelure* teinte en blond. *1ers savons :* mélanges d'huile, de terre à foulon et de cendres végétales. *Produits de base pour soins du visage :* fleurs en lotions adoucissantes ou astringentes, fruits à l'état naturel, viande crue, blanc d'œufs. *Soins du corps :* bains parfumés, bains de lait d'ânesse, d'amidon ou d'orge pour blanchir la peau et onctions d'huiles parfumées. *Yeux* maquillés avec du kohol. *Fards* colorants [végétaux (bois de santal, racines d'orcanette ou oseille), produits d'origine minérale (blanc de céruse, appliqué sur le visage)]. **Moyen Age.** Les médecins de l'École de Salerne prescrivent : « Lavez-vous souvent les mains, rarement les pieds, jamais la tête. » **1190** le roi Philippe Auguste accorde des statuts à la corporation des gantiers-parfumeurs, seule habilitée à vendre cuirs, gants parfumés, eaux de senteurs utilisées comme panacées, et pastilles pour rendre l'haleine agréable. **XIVe s.** *Eau de Hongrie.* **1555** 1er traité européen de parfumerie (Venise). **1582** statuts créant l'artisanat des gantiers-parfumeurs, distincts des apothicaires (Anne-Marie de La Trémoille faisait parfumer ses gants à la fleur d'oranger ; il y eut aussi les gants à la frangipane, du nom du Mis de Frangipani, Mal des armées de Louis XIII). **Sous les Valois.** L'usage des parfums se répand, puis est tempéré (par crainte de l'empoisonnement, on soupçonne René le Florentin d'avoir empoisonné les gants de la reine de Navarre et de Gabrielle d'Estrées). **Sous Louis XIII.** En faveur à la Cour. **Louis XIV** en défend l'emploi. **Sous la Régence.** En faveur à la Cour. **XVIIe s.** Essence de Nice et de Gênes « à la négligence » et à la Phyllis ; *Eau d'émeraude* préparée par les capucins du Louvre. **XVIIIe s.** L'élégante s'enduit le visage de blanc de céruse, rehaussé de rouge vif aux pommettes et aux lèvres, et poudre ses cheveux de blanc, à moins qu'elle ne porte perruque. **1709** un Italien fonde à Cologne un transit de marchandises ; un de ses frères, Jean-Marie Farina (1785-1864), exploitera la recette d'une eau alcoolisée à base d'agrumes, l'*Eau admirable* [dont la composition (esprits de vin et de romarin associés à de l'essence de bergamote, de néroli, de cédrat et de citron) est attribuée à son oncle Jean-Paul Feminis (1660-1736)]. **1732** son frère mort, J.-M. Farina devient unique propriétaire et diffuse en Europe l'Eau admirable que ses clients français nomment *Eau de Cologne* [*1792-8-10* Wilhem, fils du banquier Mülhens (4711, rue des Cloches à Cologne), recevra lors de son mariage un parchemin que lui remet un chartreux, renfermant la formule de l'*Aqua Mirabilis* (eau aux vertus médicinales). Wilhem la commercialisera sous le nom de *4711, la véritable Eau de Cologne* (*ingrédients :* essence de santal de l'Inde, de roses, ylang-ylang des Philippines, vétiver d'Haïti, fleur d'oranger, lavande)]. **1755** *Eau de Botot* créée par Jean-Marie Botot, médecin, pour soulager les douleurs dentaires de Louis XV. **1770** savons raffinés créés par William Yardley (G.-B.). Charles, son fils, crée la *lavande Yardley.* **1806** J.-M. Farina (voir ci-dessus) s'installe à Paris, rue St-Honoré (*1840* Léonce Collas lui succède. *1862* les cousins de Collas, Armand *Roger* et Charles *Gallet,* prennent la suite). Napoléon Ier utilise 60 flacons d'eau de Cologne par mois. **1828** *Guerlain* ouvre rue de Rivoli. Les marques se multiplient. Lubin : *Eau de Lubin* (créée 1798) ; Legrand : *Eau des Alpes.* **1877** *Harriet Hubbard Ayer :* marque américaine de cosmétiques fondée par Harriet Hubbard († 1907), épouse Ayer. **1885** Hahn, pharmacien de Genève, lance du pétrole purifié, parfumé ; cédera sa licence à François Vibert (Lyon). **Autour de 1900.** Piver : *Trèfle incarnat,* préparé dans un laboratoire de l'École polytechnique (entrent dans sa composition : tréfol, salicylate d'amyle) ; utilisation de produits de synthèse. Suisse : *Givaudan, Firmenich.* France : *Roure et Bertrand, Poulenc, François Coty* (François Spoturno, installé rue La Boétie 1905). **1904** *Caron :* marque fondée par Ernest Daltroff (1870-1941), prend le nom d'un acrobate en vogue pour sa parfumerie d'Asnières (puis au 10, rue de la Paix). **1907** Michael Winburn (1871-1930, Américain), acquiert la firme *Cadum* (pommade fabriquée par un pharmacien installé rue Scribe, nom évoquant la présence d'huile de cade) [*1912* Winburn met au point, avec Landais, un savonnier, le savon Cadum (sans huile de cade). *1952* Sté Cadum fusionne avec *Palmolive. 1964 Sté Colgate-Palmolive* créée]. **1909** *Max Factor* (né à Łódź, en Pologne ; émigré 1904 aux USA) : marque américaine de cosmétiques fondée à Los Angeles. **1901** *Elizabeth Arden :* marque américaine de cosmétiques fondée par Florence Graham Nightingale (Canada 1878-1966), dite Elizabeth Arden [contraction de « Elizabeth and her German Garden » (roman d'Elizabeth von Arnim), et d'Enoch Arden ; *1921* ouvre un salon de beauté place Vendôme (fermé 1974) ; impose 4 gestes essentiels : nettoyer, tonifier, hydrater, nourrir ; *1971* rachat par Eli Lilly ; *1986* par Fabergé ; *1989* par Unilever]. **1918** Londres, *Sté Eugène Gallia* créée par Eugène Sutter : 1re multinationale de produits de coiffure (*1919* 1re ind. française d'appareils pour indéfrisables créée par Gaston Boudou. *1955* Sté rachetée par Eugène Gallia, qui devient la 1re entreprise française de cosmétiques). **1920** *eau de Cologne Mont-St-Michel.* **1924** Yardley achète en France la Sté Viville. **1925** le brunissage devient à la mode. **1926 à 1938** composition élaborée du parfum ; couturiers parfumeurs : Coco Chanel, Jeanne Lanvin, Molyneux, Jean Patou, Schiaparelli. **1926** *Charles of the Ritz :* marque américaine de cosmétiques fondée par un Français, prénommé Charles, tenant un salon de coiffure dans l'hôtel Ritz à New York (*1964* fusionne avec Lanvin États-Unis ; *1965* majoritaire au sein de la Sté Yves Saint Laurent ; *1972* racheté par le groupe Squibb). **1927** Paul Baudecroux, chimiste, crée le *Rouge Baiser.* Jean Patou lance le 1er produit solaire : l'*Huile de Chaldée.* **1930** *Monsavon* lancé. **1932** brillantine *Roja. Revlon :* Sté fondée par 2 frères, Charles et Joseph Revlon, et Charles Lachman (chimiste ayant mis au point le vernis à ongles ; *1985* rachetée par Ronald Perelman). **1935** *Lancôme :* marque de cosmétiques créée par Armand Petitjean. **1946** *Estée Lauder :* marque américaine de cosmétiques fondée par Estée Lauder.

Quelques parfums

Balenciaga *Le Dix* (1947). *Quadrille* (1955). **Balmain** *Vent vert* (1945) : jonquille, muguet, foin, narcisse, jacinthe, fleurs de printemps. *Jolie Madame* (1953) : violette, lilas, jasmin, cèdre, tubéreuse, néroli. *Miss Balmain* (1968). *Ivoire* (1979). **Bourjois** (fondé 1863 par Alexandre-Napoléon Bourjois) *Soir de Paris* (1929) : œillet, rose, violette, jasmin, iris, clou de girofle, vétiver. *Kobako* (1936). *Ramage* (1951). *Clin d'œil* (1984). **Cacharel** *Anaïs Anaïs* (1978) : hespéridées, jasmin, rose, iris de Florence, vétiver bourbon, cèdre de Californie, musc et cuir de Russie. *Eden* (1994). *Noa* (1998). **Caron** (1903) *Narcisse noir* (1911). *L'Infini* (1912). *En avion* (1930). *Fleurs de rocaille* (1933). *Pour un homme* (1934). **Carven** *Ma Griffe* (1944) : jasmin de Grasse, néroli, vétiver, mousse de chêne, musc. *Robe d'un soir* (1947). *Eau vive* (1968). **Chanel** *No 5* (1921) : jasmin de Grasse, rose de mai, ylang-ylang, néroli, santal, vétiver, vanille, jonquille, iris, muguet, aubépine, musc, ambre, patchouli (plus de 80 ingrédients). *No 19* (1970). *Cristalle* (1973). *Coco* (1985) : jasmin des Indes, mimosa, pêche, bourgeon de girofle, frangipanier, fleur d'oranger, rose de Bulgarie. *Égoïste* (1991). *Allure* (1996). **Christian Dior** *Miss Dior* (1947) : gardénia, patchouli, rose, mousse de chêne, ambre gris, galbanum. *Eau sauvage* (1966) : mousse de chêne, vétiver, citron, lavande, genêt, basilic, romarin, miel. *Jules* (1980). *Poison* (1985, lancé avec 40 millions de $) : coriandre, poivre, cannelle, miel d'oranger, baies sauvages, civette, ciste-labdanum, ambre gris. *Dune* (1991). *Tendre Poison* (1993). *Dolce Vita* (1995). **Coty** (créé par François Spoturno, dit Coty, 1874-1934) *L'Origan* (1905) : santal, patchouli, vanille, violette, œillet, jasmin, musc, civette. *Chypre* (1917) : mousse de chêne, jasmin, rose, ambre, musc, vanille, bergamote. **Givenchy** *L'Interdit de Givenchy* (1957). *Ysatis (1984)* : mandarine, bergamote, galbanum, ylang-ylang, fleur d'oranger, jasmin, rose, tubéreuse, iris, patchouli, vétiver, santal, mousse de chêne, castoréum, civette, bay-rhum, girofle, vanille, musc, ambre. *Amarige* (1991). *Organza* (1996). **Grès** *Cabochard* (1959). **Guerlain** (fondé 1828) *Eau impériale* (1853) : bergamote, citron, néroli. *Jicky* (1889) : 1er parfum à éléments de synthèse ; lavande, bergamote, romarin, rose, jasmin, bois, vanille, fève tonka, opopanax. *Eau du coq* (1894). *Mouchoir de Monsieur* (1904). *Jardin de mon curé* (1895). *Après l'ondée* (1906). *Heure bleue* (1912) : bergamote, œillet, néroli, note anisée. *Mitsouko* (1919) : bergamote, rose, jasmin, bois, pêche, épices, mousse de chêne. *Shalimar* (1925) : hespéridées, jasmin, rose, bergamote, fève tonka, lavande, orange, citron, opopanax, vanille, iris. *Liu* (1929) : aldéhyde, rose, rose jasmin, iris, vanille, bois. *Vol de nuit* (1933) : bergamote, galbanum, jonquille, iris, vanille, bois, épices. *Vétiver* (1959). *Chant d'arômes* (1962) : chèvrefeuille, gardénia, jasmin, bergamote, vanille, bois, mousse de chêne, ylang-ylang. *Habit rouge* (1965). *Chamade* (1969) : jacinthe, rose, jasmin, ylang-ylang, bourgeon de cassis, galbanum, vanille, bois. *Eau de Guerlain* (1974). *Parure* (1975). *Nahema* (1979) : rose, bois exotiques, fruits, vanille. *Jardins de Bagatelle* (1983) : bouquet de fleurs blanches (jasmin, néroli, tubéreuse, gardénia), bois. *Samsara* (1989) : santal, jasmin, fève tonka, iris. *Héritage* (1992) : lavande, bergamote, poivre, coriandre, cèdre, patchouli, fève tonka, lavande, orange, citron. *Petit Guerlain* (1994) : mimosa, rose, jasmin, fève tonka. *Champs-Élysées* (1996) : feuilles et fleurs de mimosa, hibiscus, pétales de roses, bois et fleurs d'amandier, buddleia. *Parfums éphémères* (vendus quelques jours) : *Muguet* (mai 1998), *Quand vient l'été* (juin 1998), *Guerlinade* (juin 1998). *Aqua Allegoria* (1999) : eaux fraîches aux senteurs naturelles. *Coriolan* (1998) : absinthe, coriandre, immortelle, gingembre. *Guet-apens* (1999). *Cherry Blossom* (2000). *Too Much* (2000). **Hermès** *Calèche* (1961) : jasmin, rose, iris, gardénia, lilas, essence de cèdre, tubéreuse, cèdre de Virginie, santal de Mysore. *Équipage* (1970). *Amazone* (1974) : narcisse, rose, jasmin, iris, pêche, framboise, pamplemousse, cèdre, santal, vétiver. *Parfums d'Hermès* (1984). *Bel Ami* (1986). *24, Faubourg* (1996) : jasmin Sambac, fleur d'oranger, iris, ambre et vanille. **Houbigant** (créé 1775) *le Parfum idéal* (1900). *Fougère royale* (1882). *Quelques fleurs* (1912) : lilas, rose, jasmin, violette, orchidée. **Calvin Klein** *C K One* (1996). **Christian Lacroix** *C'est la vie* (janv. 1990). **Lalique** *Lalique* (1992). **Lagerfeld** *Chloé* (1975) : tubéreuse, ylang-ylang, rose, chèvrefeuille, jasmin, fleur d'oranger, vétiver, mousse de chêne, patchouli, musc, ambre gris. *K.L.* (1982). *Narcisse* (1992). **Lancôme** (créé 1935) *Magie noire* (1978) : rose bulgare, galbanum, encens, herbes de la St-Jean, patchouli, cèdre, santal, épices, ambre. *Trésor* (1990). *Poème* (1995). *Ô oui* (juin 1998) : clémentine, cocktail de fruits, lys d'eau, musc givré. **Lanvin** *Arpège* (1927) : rose de Bulgarie, jasmin de Grasse, muguet sauvage, camélia, chèvrefeuille, vétiver, ambre, jacinthe bleue. **Guy Laroche** *Fidji* (1966) : galbanum, lilas, œillet, rose, iris, jasmin, musc du Tibet, ylang-ylang. *Drakkar* (1972). *J'ai osé* (1978) : jasmin, camomille, ylang-ylang, myrte, patchouli, santal, vétiver, ambre et épices d'Orient. *Horizon* (1993). **L (Louis) T (Toussaint) Piver** (créé 1813) *Trèfle incarnat* (1900) : utilise pour la 1re fois un produit de synthèse (le salicylate d'amyle, découvert en 1898). *Floramye* (1903). *Pompeïa* (1907). *Rêve d'or* (1926). **Lubin** (fondé 1798) *Kismet, l'Océan bleu* (1925). *Nuits de Longchamp* (1937). *Gin Fizz* (1955). *Eau neuve* (1968). **Molinard** *Habanita* (1934). **Molyneux** *Numéro cinq de M.* (1927). *Captain Molyneux* (1975). *Quartz* (1977). **Thierry Mugler** *Angel* (1992). **Jean Patou** *A mon amour* (1928). *Moment suprême* (1929). *Joy* (1930) : rose bulgare et rose de mai, jasmin de Grasse, tubéreuse, ylang-ylang (slogan : « Le parfum le plus cher du monde »). *Vacances* (1936). *Heure attendue* (1946). *1000* (1972) : rose, damascena, absolu de violette, jasmin de Grasse, osmanthus de Chine, santal de Mysore. *Sublime* (1992). **Paco Rabanne** *Calandre* (1968) : bergamote, limette, rose, jasmin, géranium, muguet, ylang-ylang, musc. **Oscar de la Renta** (1977) *Oscar de la Renta :* bois de santal, ylang-ylang, basilic, mandarine, jasmin, rose de Bulgarie, genêt, patchouli, néroli, girofle, vétiver, coriandre, vanille, myrrhe, opopanax, castoréum. *Volupté* (1992). **Révillon** *Amour Daria* (1934). *Carnet de bal* (1937). *Cantilène* (1948). *Anouchka* (1994). **Nina Ricci** *Cœur Joie* (1946). *L'Air du temps* (1948) : gardénia, absolu jasmin, santal de Mysore, irisanthème, absolu œillet, rose poivrée, ylang-ylang. *Deci Delà* (1994). *Les Belles de Ricci* (1996). **Rochas** *Audace* (1936). *Femme* (1942) : pêche, jasmin, rose bulgare, ylang-ylang, santal, vétiver, patchouli, ambre. *Madame Rochas* (1960) : tubéreuse, iris, chèvrefeuille, rose bulgare, narcisse, mousse de chêne, cyste. *Eau de Rochas. Tocade* (1994). **Roger et Gallet** (noms des acquéreurs en 1862 de la parfumerie fondée 1806 par J.-M. Farina) *Vera Violetta* (1892). *Fleurs d'amour* (1963). **Sonia Rykiel** *Sonia Rykiel* (sept. 1997) : fruit de la passion, mandarine, ananas, chèvrefeuille, muguet, cyclamen, vanille, fève de Tonca, caramel. *Eau* (juin 1998) : cyprès, pamplemousse, mandarine, muguet, fleur de lotus, pêche, cyclamen, fleur d'héliotrope, iris, cèdre. **Yves Saint Laurent** *« Y »* (1964, il posa nu pour le présenter) : tubéreuse, ylang-ylang, jasmin, iris, rose, vétiver, santal, patchouli, mousse de chêne. *Rive gauche* (1971). *Opium* (1977) : mandarine, girofle, coriandre, œillet, prune, muguet, rose, jasmin, labdanum, myrrhe, opopanax, castoréum, cèdre, santal. *Kouros* (1981). *Paris* (1983) : mimosa, géranium, cassis, aubépine, rose, violette, santal, mousse de chêne, iris, ambre, musc. *Champagne*, puis *Yves Saint Laurent* (1993), puis *Yvresse* (à partir du 21-10-1996) : nectarine, rose, mousse, vétiver, patchouli. **Schiaparelli** *Shocking* (1935) : jasmin, rose œillet, patchouli, encens, cèdre. *Zut* (1948). **Ungaro** *Diva* (1983) : santal de Mysore, patchouli, mousse de chêne, roses turques et marocaines, iris de Florence, narcisse, jasmin d'Égypte, tubéreuse, cardamome, mandarine, ylang-ylang. **Van Cleef & Arpels** *First* (1976) : ylang-ylang, jasmin d'Italie, narcisse, bourgeon de cassis, rose de Turquie, bois de santal, fèves tonka. **Worth** *Dans la nuit* (1924). *Sans adieu* (1930). *Je reviens* (1932) : jasmin, jacinthe, rose, tubéreuse, santal, ylang-ylang, patchouli, ambre.

Parfumeurs-créateurs

■ **Quelques parfumeurs-créateurs connus et quelques-uns de leurs parfums. Alméras :** Joy, les Parfums de « Rosine », Moment suprême. **Omer Arif :** Pêle-mêle, Pixiola. **Armingeat :** Pompeia, Rêve d'or, Astries, Floramye. **Ernest Beaux** (né 1881) : N° 5 de Chanel (réalisé après 4 essais infructueux), N° 22, Bois des îles, Cuir de Russie, Soir de Paris. **Bienaimé :** Quelques fleurs. **Marcel Billot :** Joli Soir, Festival, Chantilly. **Pierre Blaizot :** Plaisir. **Blanchet :** Je reviens, Sans adieu. **Pierre Carnot :** Fruit vert. **Jean Carles :** Tabu, Ma Griffe, Canoë. **Germaine Cellier :** Bandit, Vent vert, Jolie Madame, Cœur Joie. **Bernard Chant :** Cabochard, Aramis. **Maurice Chevron. François Coty :** L'Origan, Émeraude, La Rose Jacqueminot, Chypre. **Ernest Daltroff** (vers 1870-1941) : Narcisse noir, Tabac blond, Nuit de Noël, Bellodgia, Fleurs de rocaille. **Jean Desprez :** Crêpe de Chine, Bal à Versailles. **André Fraysse :** Arpège, Scandal, Rumeur. **Georges Fraysse :** Zibeline. **Hubert Fraysse :** Zibeline, Antilope. **Jacqueline Fraysse :** Cassandra, Noir. **Henri Giboulet :** Gin Fizz, Caline. **Robert Gonnon :** prix STPF 1958. **Pierre-François Guerlain :** Eau de Cologne impériale. **Aimé Guerlain :** Jicky. **Jacques Guerlain :** Mitsouko, Shalimar, Jicky, Après l'ondée, Heure bleue, Sous le vent, Vol de nuit. **Pierre Guerlain :** Rue de la paix. **Léon Hardy. Jean Hervelin :** Envol (1re édition). **Jacques Jantzen :** Ho-Hang, Cialenga, Command performance. **Arturo Jordi-Pey. Raymond Kung :** Demi-jour, Bois-dormant. **Parquet :** Fougère royale, Le Parfum idéal, Cœur de Jeannette. **Septimus Piesse. Jacques Polge. Marius Reboul. Rimmel. Guy Robert :** Calèche, Gucci n° 1. **Henri Robert :** Le Muguet des bois, Glamour, Ramage, Pour Monsieur, Le 19. **Vincent Roubert :** L'Aimant, L'Or, Asuma, Green Water, Vertige; Iris gris. **Rouche :** Le Trèfle incarnat. **Edmond Roudnitska :** Femme, Diorama, Eau d'Hermès, Moustache, Diorissimo, Eau sauvage, Diorella, Dior Dior, Eau sauvage extrême. **Maurice Shaller :** Nuit de Chine, Carnet de bal. **Ernest Shiftan. Paul Schving :** Offrande. **Paul Vacher :** Sortilège, Snob, Miss Dior. **Constantin Weriguine :** Mais oui.

Statistiques

Dans le monde

■ **Marché de l'industrie cosmétique** (en 1993). 360 milliards de F (dont parfums 20 %). **Principaux parfums :** *part de marché mondial* (en %, 1991) : N° 5 (Chanel, créé 1921) 4,7 ; Paris (Saint Laurent) 3,9 ; Opium (Saint Laurent) 3,6 ; Loulou (Cacharel) 3,5 ; L'Air du Temps (Nina Ricci) 3,3 ; Anaïs Anaïs 3,2. *En France* (en %, 1993) : Yves Saint Laurent 9,8 ; Chanel 9,8 ; Guerlain 9 ; Dior 8,3 ; Lancôme 6,6 ; Rochas 5,3 ; Cacharel 4,6 ; Givenchy 4,4 ; Ricci 3,8 ; Van Cleef 3,4 ; Kenzo 3,4.

■ **Premières Stés. Chiffre d'affaires** (en milliards de $, 1998) : L'Oréal 9,6, Unilever 7,2, Procter & Gamble 7,1, Shiseido 4,6, Estée Lauder 3,4, Avon 3,2, Johnson & Johnson 3,1, Wella Group 2,3, Kao Corporation 2,2, Revlon 2,2. **Principales sociétés de matières 1res pour parfumerie. Chiffre d'affaires** (en millions de $, 1990) : *compositions parfumantes* (concentrés) 2 900 dont IFF [1] 481 ; Quest [6] 291 ; Givaudan-Roure [3] 256 ; Firmenich [3] 230 ; Haarmann und Reimer [5] 125. Dragoco [5] 117 ; Florasynth [1] 116 ; Takasago [4] 65 ; BBA [1,6] 47 ; PFW [1] 32. *Substances de synthèse* 1 600. *Huiles essentielles* 1 300.

Nota. – (1) USA. (2) P.-Bas. (3) Suisse. (4) Japon. (5) All. féd. (6) G.-B. (7) France.

En France

☞ 9 femmes sur 10, 1 homme sur 2 se parfument.

■ **Chiffre d'affaires dont,** entre parenthèses, **exportations** (en milliards de F). *1973* : 4,6 (1,1) ; *83* : 20,4 (7,6) ; *93* : 52,2 (23,9) ; *96* : 61,2 (30,9) ; *97* : 65,8 (34) ; *99* : 72,6 (36,6 dont en % : produits alcooliques 41,75, de beauté 40,22, de toilette 11,02, capillaires 7,01 ; *vers* [en %] Europe 66,65 [Allemagne 22,75, G.-B. 14,16, Italie 12,13, Espagne 11,31, Belg.-Lux. 6,54, P.-Bas 4,14], Amérique 13,56, Asie 16,39 [dont Moyen-Orient 5,96], Afrique 2,86, zone Pacifique 1,54).

■ **Fabrication de parfums et de produits pour la toilette** (en 1999). 198 entreprises de 20 personnes ou plus. *Employés* : 41 184 (dont 33 211 pour cette seule activité). En ajoutant à ce dernier effectif celui employé au titre de cette même activité 245C, mais exercée cette fois en tant qu'activité secondaire par d'autres entreprises des secteurs industriels, on obtient l'effectif total de la branche 245C, soit 34 231 personnes. **Principales entreprises.** Lancôme parfums et beauté et Cie. Prestige et collections international. Laboratoires Garnier. Chanel parfums et beauté. Parfums Christian Dior. Beiersdorf. Bourjois. Elida Fabergé Paris. L'Oréal. Lab de biologie végétale Yves Rocher SA.

Principaux groupes

■ **Clarins. Chiffre d'affaires** (en millions d'euros) : *1999* : 684,7 ; *2000* : 831,5 [dont cosmétiques 790,4 (dont soins de beauté 424,1, parfums 286,9, maquillage 79,4), Thierry Mugler Couture 41,1].

■ **L'Oréal. 1907** Eugène Schueller (1881-1957) crée *Auréole*, nouvelle teinture pour cheveux. **1909** fonde la Sté française des teintures inoffensives pour cheveux (1939 devient L'Oréal). **1927** lance *Imédia*, teinture à base de colorants organiques. **1934** *Dop*, 1er shampooing sans savon. **1935** l'*Ambre solaire*. **1957** François Dalle (né 1918), Pt. **1965** rachat de Lancôme. **1974** prend le contrôle de Synthélabo ; Nestlé détient 49 % du capital. **1984** Charles Zviak Pt. **1988** Lindsay Owen-Jones (G.-B., né 17-3-1946) Pt. **1994** acquiert ses grands agents américain, canadien, espagnol et suisse. **1996** OPA sur la Sté américaine Maybelline. **2000** Acquisition Sté Carson. **Chiffre d'affaires consolidé et,** entre parenthèses, **résultat net** (en milliards de F) : *1995* : 53,37 (3,4) ; *96* : 60,35 ; *97* : 69,12 (4,21) ; *98* : 62,91 (4,7) ; *99* : 70,52 (5,43) ; *2000* : 83,11 (6,76) dont cosmétiques 80,81 (dont en % : public 54,8, luxe 27,4, professionnel 12,3, cosmétique active 4,7, cosmétiques divers 0,8) ; en % du CA global : *cosmétiques* : 97,2 ; *dermatologie* : 2,1 ; *autres* : 0,7]. *Répartition* : Europe de l'Ouest 50,6, Amérique du Nord 30,3, reste du monde 19,1. **Principaux produits. Produits professionnels :** *soins capillaires, coloration, coiffage* (L'Oréal professionnel, Kérastase, Redken, Inné, Matrix). **Grand Public :** *produits capillaires et soins de la peau* (L'Oréal Paris, Laboratoires Garnier, Maybelline New York, Jade, Gemey Paris, Carson, Soft Sheen) ; *autres grandes marques* (Dop, Mixa, Narta, Obao). **Produits de luxe :** Lancôme, Biotherm, Helena Rubinstein, parfums : Armani, Cacharel, Guy Laroche, Ralph Lauren, Paloma Picasso, Lanvin. **Cosmétique active :** *produits traitants pour la peau et les cheveux* : Vichy, La Roche Posay. **Autres activités :** *dermatologie* : *Galderma* ; *pharmacie* : Sanofi-Synthélabo.

■ **Guerlain.** Fondé 1828 par Pierre François Pascal Guerlain. **Chiffre d'affaires consolidé** (en 2000) : 2,7 milliards de F. *Répartition du chiffre d'affaires 2000* (en %) ; *par secteur* : parfums 54, soins 22, maquillage 21, divers 3 (instituts, accessoires) ; *par zone* : France 35, Europe (hors Fr.) 22, Amérique 22, Asie 21, dépend de LVMH depuis 1994.

■ **LVMH.** Christian Dior, Guerlain, Givenchy, Kenzo. Voir à l'Index.

■ **Sanofi Beauté.** Racheté 2000 par Gucci. **Chiffre d'affaires** (en 1993) : 3,8 milliards de F dont Yves Rocher 6,5 (63,2 % du capital détenu par Sanofi depuis mai 1993), Yves Saint Laurent Parfums 2,74, Oscar de la Renta 0,64, Van Cleef & Arpels 0,45, Roger & Gallet 0,25, Stendhal 0,21.

■ **Marché domestique. Ventes par catégories de produits :** *chiffre d'affaires* (en milliards de F, 1998) : 34,4 dont (en %) produits de beauté 37,1 (soins 24,5, maquillage 12,6), capillaires 23,3, parfumerie alcoolique 19,7 (femmes 13,2, hommes 6,5) et produits de toilette 19,3. **Circuits de distribution** (en milliards de F, 1998) : grande distribution 18,5, distribution sélective (parfumeries et grands magasins) 9,6, pharmacies 3,3, vente directe 3. **Plus grosses ventes en France** (en 1997). *Féminins* : N° 5 (Chanel), Angel (Mugler), Shalimar (Guerlain), Paris (St Laurent), Trésor (Lancôme), Opium (St Laurent), J.-P. Gaultier (J.-P. Gaultier), L'Air du temps (Ricci), Dolce Vita (Dior), Ô de Lancôme (Lancôme). *Masculins* : Eau sauvage (Dior), Le Mâle (J.-P. Gaultier), Azzaro pour H. (Azzaro), Xa (Rabanne), Fahrenheit (Dior), Lacoste H. (St Laurent), Habit rouge (Guerlain), Opium pour H. (St Laurent), 1881 (Nino Cerruti), Kenzo pour H. (Kenzo).

☞ **Sephora :** 1re chaîne de parfumerie française. *Créée* 1979 par Dominique Mandonnaud sous le nom de Shop 8 (en 1993, rachète la Sté britannique Sephora). Rachetée par LVMH en 1997. *Chiffre d'affaires 1996* : 1,3 milliard de F (bénéfices 0,05). 54 boutiques. **Marionnaud :** *1984* Marcel Frydman achète une parfumerie pour sa femme ; *1996* : 48 points de vente ; *1998* : une centaine ; *-7-7* entrée en Bourse ; *2000-juillet* : implantation européenne. *Chiffre d'affaires (en 2000)* : 586,6 millions d'euros.

Produits pour hommes (en millions de F). **Total :** *1973* : 266 ; *83* : 1 287 ; *93* : 3 031 ; *96* : 2 925 ; *97* : 3 130 ; *98* : 3 490, dont parfumerie alcoolique : *1973* : 165 ; *83* : 935 ; *93* : 1 920 ; *96* : 1 860 ; *97* : 1 974 ; *98* : 2 253, produits de beauté : *1973* : 2 ; *83* : 13 ; *93* : 121 ; *96* : 114 ; *97* : 111, *98* : 115, capillaires : *1973* : 32 ; *83* : 17 ; *93* : 36 ; *96* : 28 ; *97* : 28 ; *98* : 38, de toilette : *1973* : 67 ; *83* : 322 ; *93* : 955 ; *96* : 923 ; *97* : 1 017 ; *98* : 1 084. **Pour enfants** (en millions de F). **Total :** *1973* : 51 ; *83* : 316 ; *93* : 468 ; *98* : 662, dont parfumerie alcoolique : *1973* : 4 ; *93* : 16 ; *98* : 16, produits de beauté et parfumerie non alcoolique : *1973* : 25 ; *83* : 138 ; *93* : 285 ; *98* : 470, capillaires : *1973* : 9 ; *83* : 152 ; *93* : 122 ; *96* : 175 ; *98* : 128, de toilette : *1973* : 51 ; *83* : 26 ; *93* : 45 ; *98* : 148.

■ **Prix. Matières premières** (prix en F au kg, 2001) : *rose* : absolu rose de mai de Grasse 43 000 ; essence bulgare 27 000, turque 26 500, Maroc 26 500. *Jasmin* : absolu jasmin de Grasse 160 000.

☞ **Parfum le plus cher du monde :** *Joy* de Patou (flacon en verre de 76 ml) : 3 900 F ; **le plus vendu au monde :** *CK One* de Calvin Klein.

Musée international de la Parfumerie ouvert à Grasse le 28-1-1989 (origine : musée fondé par François Carnot, † 1960, fils du Pt de la République Sadi Carnot). **Osmothèque** à Versailles : dépend de l'Isipca (Institut supérieur international de parfum, de la cosmétique et de l'aromatique alimentaire) : plus de 600 senteurs existantes et passées. **Museu del Perfum** Barcelone (Espagne). **Museo de la Perfumería** La Havane (Cuba). **Musée du Flacon à parfum,** *créé* 1990 par A. et J. Séris (La Rochelle) plus de 1 500 flacons. **Flaconnerie Pochet,** *CA* (en 1992) : 1,1 milliard de F (résultat net 0,16).

Photographie

Quelques dates

■ **Avant la photo. IVe s. av. J.-C.** *Aristote* découvre que la lumière du jour pénétrant par un petit trou aménagé dans le mur d'une pièce obscure projette sur le mur d'en face l'image inversée de tous les objets placés à l'extérieur devant cet orifice. **Ier s. av. J.-C.** l'architecte de Jules César, *Marcus Vitruve*, constate l'action du Soleil sur la coloration de certains corps organiques. **XIe s.** le mathématicien arabe *al-Hazen* (disciple de Ptolémée) parle pour la 1re fois de *chambre noire*. **Moyen Age** les alchimistes constatent le noircissement des sels d'argent exposés à la lumière et utilisent la « lune cornée » (nitrate d'argent) pour teindre ivoire, bois, cheveux. **1515** *Léonard de Vinci* décrit la *camera obscura*. **1550** *Jérôme Cardan* remplace le « petit trou » (sténopé) par une *lentille*. La chambre noire permet de dessiner avec exactitude les perspectives. **1650** elle comporte des lentilles de différentes distances focales et devient transportable (*Kepler*). **XVIIIe s.** *Charles-Guillaume Scheele* (Suédois, 1742-86), *Jean-Henri Schulze* (Allemand, 1687-1744), *Jean Sénébier* (Suisse, 1742-1809), *J.A.C. Charles* (Fr.) et *Thomas Wedgwood* (Angl., 1771-1805) étudient les *réactions photochimiques* sans parvenir à fixer l'image de la chambre noire. **1788** *physionotrace*, inventé par *Chrétien* et *Quenedey*, système articulé, permet de donner des profils. **1802** *Wedgwood* : copie par contact de silhouettes sur peau sensibilisée au nitrate d'argent.

■ **Invention de la photo. 1816** 1res images de *Nicéphore Niepce* (Fr., 1765-1833) sur papier au chlorure d'argent, fixées à l'acide nitrique, mais elles sont négatives. **1822** images positives de Niepce [à l'aide du *bitume de Judée* étendu sur une plaque de verre (bitume soluble dans l'essence de lavande et le pétrole et insoluble là où il a été impressionné par la lumière) remplacée en 1826 par une plaque d'étain]. « Vue d'une fenêtre », la « Table servie ». Niepce invente aussi la photogravure (« le Cardinal d'Amboise », « la Sainte Famille »). **1825** aux frères Chevaliers (opticiens), *Hippolyte Bayard* (Fr., 1801-87, fonctionnaire) présente les *1res images positives sur papier* (vue des toits de Paris) obtenues directement en chambre noire. Procédé connu, oublié par ses contemporains, qu'il montrera en 1848 à Arago, qui n'y croira pas. **1827** plus ancienne photographie connue : *Point de vue pris d'une fenêtre du Gras à St-Loup-de-Varennes* prise par Niepce, près de Châlon-sur-Saône, après une dizaine d'heures d'exposition au soleil. Plaque d'étain polie et sensibilisée au bitume de Judée. Format : 16 × 20 cm. Retrouvée en 1952 par Helmut Gernsheim (historien d'art britannique d'origine allemande) ; il l'a cédée gratuitement en 1964 à l'université d'Austin (Texas), qui la conserve dans un container étanche et baignant dans l'hélium pour éviter les réactions chimiques. Elle est estimée à 120 millions de F. **1829**-*14-12* Niepce, ruiné, s'associe à *Louis-Jacques Mandé-Daguerre* (Fr., 1787-1851), peintre décorateur, propriétaire du *Diorama*, théâtre de panoramas animés par des mouvements et jeux de lumière. Daguerre reconnaît la paternité de l'invention de Niepce. **1834** après la mort de Niepce (1833), Daguerre travaille seul sur le procédé à l'iodure d'argent : « daguerréotype ». Il abandonne le bitume de Judée trop lent à impressionner, découvre par hasard qu'une cuiller d'argent oubliée sur une plaque iodurée a laissé très vite une empreinte mais que l'image est latente (non fixée définitivement). Il met alors au point un procédé à l'iodure d'argent. *Support utilisé* : plaque de cuivre argentée polie et iodurée ; après exposition dans la chambre noire (1/4 d'h de pose au soleil était nécessaire), la plaque est révélée par des vapeurs de mercure chauffé. Le mercure s'amalgamant avec l'argent métallique forme l'image latente noire sur fond jaune (iodure d'argent non impressionné). *Pour dissoudre l'argent* : on lave la plaque dans du sel de cuisine (remplacé ensuite par l'hyposulfite de sodium). Le daguerréotype réduit le temps de pose à 1 ou 2 min. (Les 1res photographies de Niepce demandaient 8 à 10 h de pose.) *-21-1* : 1re utilisation du mot *photographie* par son inventeur *Hercule Florence*, Brésilien d'origine française, qui aurait découvert un procédé négatif-positif avant Talbot. **1837** *Joseph Reade* (Angl., 1801-70) : 1res photomicrographies au microscope solaire sur papier sensibilisé au nitrate d'argent et à l'acide gallique. 1er portrait connu *Nicolas Huet* (peintre) par *Louis Daguerre* (découvert 1989). **1839**-*7-1 François Arago* (Fr., 1786-1853), secrétaire perpétuel de l'Académie des sciences, fait voter la « *loi sur la photographie* » (promulguée 7-8-1839) : l'État acquiert l'invention le 14-6 (verse une rente viagère de 6 000 F à Daguerre et 4 000 F à Niepce fils) pour en faire don au monde. *-10-8* Arago annonce la découverte et décrit le procédé à l'Académie des sciences. *William Henry Fox Talbot* (Angl., 1800-77) met au point le procédé négatif-positif actuel [*calotype* ou *talbotype,* breveté en 1841 et utilisé de 1841 à 1860 environ, permettant d'obtenir par contact un nombre d'images positives illimitées sur « papier salé » (au chlorure d'argent)]. *-4-11* appareil à soufflet portatif du *Bon Séguier.*

1840 l'opticien *Charles-Louis Chevalier* (1804-59) crée une chambre pliante à mise au point par crémaillère. **1841** *Pierre-Guillaume Voigtländer* (Autr., 1812-78) conçoit (sur les données de *Joseph Max Petzval*) un objectif constitué sur le principe d'un double système de lentilles. 1er appareil construit en cuivre (Autr.) avec objectif F : 3/6, fournit des daguerréotypes circulaires de 94 mm de diamètre. **1842** *John Herschel* (Angl., 1792-1871) invente le *cyanotype,* qui permet d'obtenir directement un positif par utilisation de ferroprussiate de potassium pour sensibiliser le papier. **1846** *Désiré Blanquart-Évrard* (Fr., 1802-72) améliore la préparation du papier servant aux négatifs et fonde à Lille la 1re imprimerie photographique (450 à 500 images par j). **1847** *Carl Zeiss* (All., 1816-88) installe à Iéna en Prusse des usines d'optique. Le chimiste *Eugène Chevreul* (Fr., 1786-1889) présente à l'Académie les travaux d'*Abel Niepce de Saint-Victor* (1805-70), fils du cousin de Nicéphore : le négatif sur verre albuminé permettant le tirage de positifs sur papier en quantité illimitée (albumine d'œuf étendue et séchée sur des glaces parfaitement planes, sensibilisation au nitrate d'argent). Talbot réussit sur papier négatif un « instantané ». **1849** *Gustave Le Gray* (Fr., 1820-68) utilise le *collodion* pour obtenir un très bon négatif. Une solution de coton et une poudre dans un mélange d'alcool et d'éther sont étendues sur une plaque de verre. **Vers 1850** daguerréotypes sténoscopiques de Brewster. **1851** *Frederic Scott Archer* (Angl., 1813-57) met au point la méthode au *collodion humide* permettant de réaliser des images très fines et de réduire le temps de pose à quelques secondes, mais la plaque ne reste sensible que si elle est humide. *-1-2* création de la 1re Sté photographique du monde : *la Sté héliographique* (deviendra 15-11-1854 *la Sté française de photographie*). **1853** *Adolphe Martin* (Fr., 1824-96) invente la *ferrotypie.* Même procédé que le collodion humide, mais remplace le support de verre par des plaques métalliques vernies en noir (*tin-type* aux USA). Beaucoup moins cher. **1855** *J.-M. Taupenot* (Fr., 1824-56) invente un procédé à l'albumine : le *collodion « sec »* permettant de conserver les plaques sensibles plusieurs semaines avant l'exposition. **1856** *Alphonse Poitevin* (Fr., 1819-82) découvre le papier au charbon. **1858** *Félix Tournachon*, dit *Nadar* (Fr., 1820-1910) : 1re photo aérienne (d'un ballon), fait breveter un procédé de *photo aérienne* (1re photo au-dessus de Bièvres). **1860** Nadar photographie au *magnésium* dans les catacombes et dans les égouts de Paris. **1862** *René-Prudent Dagron* (Fr., 1819-1900) invente la *photo microscopique* (procédé d'abord utilisé pour la décoration de bijoux, permit pendant le siège de Paris de 1871 de transporter 18 000 dépêches, en 6 pellicules réduites au poids d'un 1/2 g, avec un seul pigeon voyageur). **1864** *Sayce* (1839-95) et *Bolton* (1845-99) préparent des plaques sèches au collodion-bromure d'argent, qu'il n'est pas nécessaire de préparer à l'avance. Temps de pose 2 ou 3 min. **1868** *Louis Ducos du Hauron* (Fr., 1837-1920) dépose une demande de brevet pour la *photo en couleurs.* Ses « photochromies » (1878), produites à l'aide des 3 couleurs, jaune, bleu et rouge, n'obtiennent aucun succès.

■ **Daguerréotypistes** (1839-60). Utilisent le daguerréotype (un procédé par école). **Portraitistes** (vers 1850). Exemples : Félix Nadar, Carjat, Adam Salomon, Disderi, Pierre Petit (photographe officiel de Napoléon III). Leur vogue dura 30 ans. **« Reportage »** (à partir des années 1860). *Créé* lors des « grandes guerres ». Exemples : guerres de Crimée (1854-56), d'Italie (1858-60). Le Roumain Popp de Szathamari, les Français de Tannyon et Charles Laongloi, l'Anglais Roger Fenton suivent les armées dans leurs fourgons-laboratoires.

■ **Pictorialistes** (ou école de Paris) [vers 1890]. Exemples : Cdt Émile Puyo, Robert Demachy, Bucquet et Noulet s'efforcent d'obtenir les effets de la peinture impressionniste en utilisant le « flou net » (image enveloppée d'un flou artistique).

1871 *Richard Leach Maddox* (Angl., 1816-1902) obtient par une solution de bromure de cadmium et de nitrate d'argent une émulsion de bromure d'argent donnant des plaques sensibles et sèches de longue conservation. **1873** *Hermann Vogel* (All., 1834-98) chromatisation au vert des plaques. **1874** *Jules Jansen* utilise un révolver photographique. **1876** apparition du *celluloïd (Cabutt).* **1878** *Charles E. Bennett* (Amér., 1840-1925) découvre le phénomène de la maturation donnant aux plaques négatives une rapidité suffisante pour l'instantané, permettant ainsi de tenir l'appareil à la main pour la prise de vue. *Edward James Muybridge* (Angl., 1830-1904), avec 40 appareils chronophotographiques, reproduit le mouvement d'un cheval au galop. **1879** *George Eastman* (USA, 1854-suicidé 1932) met au point les plaques photosensibles. **1882** *Alphonse Bertillon* (Fr., 1853-1914) crée le 1er laboratoire photographique anthropométrique. Le *Dr Etienne-Jules Marey* (Fr. 1830-1904) réalise la 1re synthèse du mouvement avec un fusil photographique à plaques de verre circulaires au gélatino-bromure d'argent. **1884** *Planchon* utilise définitivement le celluloïd comme support des émulsions photo. **1888** 1er *« Kodak »* mis au point par *Eastman* : boîte de 15 × 10 × 8 cm. Vendu 25 $ (chargé). Après chaque rouleau de 100 photos, on renvoie l'ensemble (appareil et pellicules) à l'usine (pour 10 $, Eastman renvoie les négatifs, les tirages sur papier albuminé et l'appareil rechargé). **1889** 1er film de nitrocellulose inventé par Eastman ; la Cie George Eastman, représentée en Europe par Nadar, commercialise les 1res pellicules sur papier (100 poses) puis sur celluloïd (24 à 28 poses). **1890** *Alphonse Bertillon* (1853-1914) invente la *photo judiciaire.* *Kodak :* 1er appareil photo pliant permet de prendre 48 vues de 10,16 × 12,7 cm. **1891** *Louis Ducos du Hauron* (Fr.,

■ **Quelques artistes. Prix record** (en milliers d'euros) **et,** entre parenthèses, **date de vente publique** (*source :* Photography Price Indicator) : Abbé James (1883-1973, USA) 4,06 (1998), *Abbott* Berenice (1898-1991, USA) 96,8 (2000), *Adams* Ansel (1902-84, USA) 94 (2000), *Adamson* Robert (1821-48, G.-B.) 66,4 (1999), *Alpert* Max (1899-1980, Russie) 4 (1999), *Alvarez-Bravo* Manuel (1902, Mexique) 764 (2000), *Ansel* Adams (1902-84), *Araki* Nobuyoshi (1940, Jap.) 17,4 (1999), *Arbus* Diane (1923-71, USA) 75 (1999), *Archer* Frederik Scott (1813-57, G.-B.) 0,3 (2000), *Arthus-Bertrand* Yann (né 13-3-1946), auteur de « La Terre vue du Ciel », *Atget* Eugène (1857-1927, Fr.) 132,2 (1999), *Aubry* Charles (1811-77, Fr.) 6,9 (1998), *Avedon* Richard (1923, USA) 38,3 (1999), *Baldessari* John (1931) 201 (2000), *Bailey* David (1938, G.-B.) 1,4 (1997), *Baldus* Édouard Denis (1813-89, Prussien vivant en Fr.) 125 (1999), *Batho* Claude (1935-81, Fr.) 0,5 (1996), *Batho* John (1939, Fr.) 0,3 (1996), *Bayard* Hippolyte (1801-87, Fr.) 265,5 (1999), *Bayer* Herbert (1900-85, USA) 233,5 (1999), *Beard* Peter (1938, USA) 6 (1999), *Beaton* Cecil (1904-80, G.-B.) 123 (1999), *Bing* Ilse (1899-1998, USA) 14 (1999), *Bischof* Werner (1916-54, Suisse) 3 (1998), *Bisson* [Louis-Auguste (1814-76) et Auguste Rosalie (1826-1900), Fr.] 31,2 (1999), *Bizos* Alain (1947, Fr.) 0,3 (1995), *Blossfeldt* Karl (1865/13-9-1932, All.) 74,2 (2000), *Blumenfeld* Erwin (1897-1969, USA) 16,4 (2000), *Boubat* Édouard (13-9-1923/30-6-1999, Fr.) 4,4 (2000), *Bourdin* Guy (1933-91, Fr.) 7 (1999), *Bourke-White* Margaret (1906-71, USA) 71,3 (1998), *Bovis* Marcel (1904-97, Fr.) 2,1 (1998), *Brady* Mathieu (1823-96, USA) 27,4 (1996), *Brandt* Bill (1904-83 G.-B.) 34 (1994), *Brassaï* (Gyula Halász, 1899-1984, Hongrois nat. Français) 32 (1998), *Braun* Adolphe (1812-77, Suisse) 10 (1998), *Burchartz* Max (1887-1961) 86,4 (1997), *Burri* René (1933, Suisse) 2,6 (1994), *Cameron* Julia (1815-79, G.-B.) (1940) 6,5 (1999), *Capa* Robert (1913-54, USA), *Carroll* Lewis Charles Lutwidge Dodgson dit (1832-98, G.-B.), *Cartier-Bresson* Henri (22-8-1908, Fr.) 52,2 (1999), *Charnay* Désiré (1828-1915) 172 (1999), *Chevalier* Vincent (1770-1841) 234 (1999), *Clergue* Lucien (1934, Fr.) 410,2 (1998), *Coburn* Alwin (1882-1966, USA) 87 (1992), *Corbeau* Roger (1908-95, Fr.) 0,3 (1999), *Craven* William (1809-1866) 145 (2000), *Cunningham* Imogen (1883-1976, USA) 179 (1998), *Curtis* Edward Sherrif (1868-1954) 164 (2000), *Daguerre* Louis (1787-1851, Fr.) 3 (2000), *Delondre* Paul († 1896, Fr.) 0,5 (1998), *Demachy* Robert (1859-1936) 5 (1999), *Depardon* Raymond (1942, Fr.) 0,5 (1994), *Dieuzaide* Jean (1921, Fr.) 2 (1997), *Disdéri* André-Adolphe (1819-89, Fr.) 9 (1995), *Doisneau* Robert [1912-94, Fr. ; auteur du *Baiser de l'Hôtel de Ville,* 1950 : le 10-12-1996, la cour d'appel de Paris confirme le jugement du 2-6-93 déboutant les époux Lavergne qui, persuadés d'être les sujets de la photo, demandaient 50 000 F de dommages et intérêts (la photo était une mise en scène avec des figurants)] 10,3 (1999), *Dubreuil* Pierre (1872-1944) 141 (1999), *Du Camp* Maxime (1822-94, Fr.) 125 (1998), *Ducos du Hauron* Louis (1837-1920, Fr.) 2,3 (1998), *Durandelle* Louis-Émile (1839-1917, Fr.) 5,1 (2000), *Eggleston* William (1937, USA) 38 (1998), *Einseinstaedt* Alfred (1898-95, USA, d'origine all.) 28 (1999), *Emerson* Peter Henry (1856-1936, USA) 26 (1994), *Evans* Walker (1903-75, USA) 61,3 (1999), *Fenton* Roger (1819-69, G.-B.) 172 (1999), *Fortier* Alphonse (av. 1825-82, Fr.) 0,2 (1998), *Frank* Robert (né 9-11-1924, Suisse, USA) 80 (2000), *Freund* Gisèle (Berlin, 1908-2000, Fr.) 6 (2000), *Friedlander* Lee (1934, USA) 8,3 (2000), *Frith* Francis (1822-98, G.-B.) 28,2 (1999), *Fulton* Hamish (1946) 21,4 (1998), *Funke* Jaromir (1896-1945, Tchéc.) 29,1 (2000), *Garanger* Marc (1935, Fr.) 0,5 (1990), *Hamilton* David 1,1 (2000), *Hill* David Octavius (1802-70, G.-B.) 16 (1997), *Hine* Lewis (1874-1940, USA) 71 (1994), *Hoppé* Emil (1878-1972, G.-B.) 12 (1997), *Horst P. Horst* (né A. Horst Paul Bohrmann, 14-8-1906/18-11-1999), *Humbert de Molard* Bon Louis Adolphe (1800-74, Fr.) 7 (1997), *Huston* White Clarence (1871-1925) 218,6 (1999), *Jeuffrain* Paul (1808-96, Fr.) 11,2 (1995), *Johnson* George Howard (1823-1879) 167 (2000), *Karsh* Youssuf (1908, Canada) 7 (1998), *Kertész* André (Budapest, 1894-1985, Fr.) 301 (1997), *Klein* William (1928, USA) 6,4 (1995), *Kollar* François (1904-79, Hongrie) 16 (1998), *Korda* Alberto (A. Diaz Gutierra, né 1929), réalise la photo de Che Guevara le 5-3-1960, *Krims* Leslie (1943, USA) 1,1 (1990), *Krull* Germaine (1897-1985, All.) 30,1 (1998), *Lafont* Suzanne (1949, Fr.) 2 (1997), *Laguarde* Céline (Fr.) 0,7 (1997), *Lartigue* Jacques-Henri (1894-1986, Fr.) 85 (1999), *Le Blondel* A. (1812/13-1875) 2,1 (1998), *Le Gray* Gustave (1820-84, Fr.) 2,5 (2000), *Leibovitz* Annie (1950, USA) 5,2 (1998), *Le Secq* Henri (1818-82, Fr.) 174,4 (1990), *Levitt* Helen (1918, USA) 19,2 (1995), *Lissitzky* Lazare (1890-1941, URSS) 83,4 (1997), *Lucas* Sarah (1962) 218 (2001), *Lumière* Louis (1864-1948, Fr.) 6 (1991), *Maar* Dora (1907-97) 104 (1999), *Mac Cullin* Don (1935, G.-B.) 1 (1993), *Man Ray* [Emmanuel Rudnitsky dit (1890-1976, USA)] 461 (1998), *Mapplethorpe* Robert (1946-1989, sida, USA) 56 (1999), *Marey* Étienne (1830-1903), *Mark* Mary Ellen (USA), *Martens* Frederich von (vers 1809-75) 11 (1999), *Marville* Charles (1816-79) 112,4 (1999), *Meyerowitz* Joel (1938, USA) 3 (1997), *Miller* Lee (1908-77, USA) 122,4 (1998), *Moholy-Nagy* Lázló (1895-1946, USA d'origine hongroise) 294,4 (2000), *Muybridge* Edward (1830-1904, G.-B.) 65 (2000), *Nadar* [Gaspard-Félix Tournachon, dit (1820-1910, Fr.)] 84,3 (1999), *Nadar* Paul (1856-1939, Fr., son fils) 94 (1999), *Nadar* Jeune (Adrien, frère de Félix, 1825-1903) 175,3 (1998), *Nauman* Bruce (1943) 536 (2000), *Nègre* Charles (1820-80, Fr.) 74 (1998), *Newhall* Beaumont (1908-93, USA) 0,8 (1998), *Newton* Helmut (1920-90, Austr.) 29,1 (2000), *Ostier* André (1907-94, Fr.) 3,7 (1999), *O'Sullivan* Timothy (1840-82, USA) 22,6 (1999), *Outerbridge* P.J. (1896-1958), *Parkinson* Norman (1913-90, USA) 6 (2000), *Penn* Irving (1917, USA) 23,5 (1990), *Pierre et Gilles* (n.c.) (2001), *Poitevin* Alphonse (1819-82, Fr.) 3 (2000), *Ponting* Herbert George (1871-1935) 215 (2000), *Puyo* Émile (1857-1933, Fr.) 4,3 (1999), *Ray* Charles (1953) 368,4 (2000), *Regnault* Victor (1810-78, Fr.) 7 (1999), *Rejlander* Oscar Gustave (1813-75, Suède) 12,5 (1997), *Rheims* Bettina (1952) 5,1 (1999), *Riboud* Marc (1923, Fr.) 5,4 (1998), *Richter* Gehrard (1939, All.) 41 (1999), *Robinson* Henri (1830-1901, G.-B.) 9 (1998), *Rodchenko* Alexandre (1891-1956, URSS) 134 (1992), *Rogi André* Rosa Klein (1905-70, Hongrie), *Ronis* Willy (né 1910) 4,3 (1999), *Rothstein* Arthur (1915-1985, USA) 8,1 (2000), *Sander* August (1876-1964, All.) 375 (1999), *Sarfati* Lise (Alger, 1958) 10 (1998), *Serrano* Andrès (1950) 158 (1999), *Seymour* David dit *Chim* (1911-56, Pol., USA) 0,9 (1998), *Sherman* Cindy (1954, USA) 268 (2000), *Sieff* J.-Loup (1933-2000, Fr.) 3 (2000), *Silk* George (1916, USA) 2,6 (1999), *Smith* William Eugene (1918-78, USA) 24 (1999), *Snowdon* Antony (1930, G.-B.) 2,3 (1998), *Southworter & Hawes* Albert et Josiah (1811/1908-1894/1908) 329,1 (1999), *Sougez* Emmanuel (1889-1972, Fr.) 13 (1999), *Springs* Alice (Austr.) 0,7 (1997), *Steichen* Edward J. (1879-1973, USA, origine luxembourgeoise) 344 (1999), *Stieglitz* Alfred (1864-1946, USA) 354 (1999), *Strand* Paul (1890-1976, USA) 312 (2000), *Struth* Thomas (1954) 267 (2000), *Sudre* Jean-Pierre (1921-97) 0,6 (1998), *Tabard* Maurice (1897-1984, Fr.), *Talbot* William Henry Fox (1800-77, G.-B.) 199 (2000), *Voinquel* Raymond (1912-94) 0,6 (1993), *Watkins* (1829-1916, USA) 219 (2000), *Weegee* [Arthur Fellig dit (1899-1969, USA origine polonaise)] 56 (2000), *Wegman* William (1943) (USA) 37 (1999), *Weston* Edward (1886-1958, USA), *Witkin* Joel Peter (1939) (USA) 34 (1997). *Wurstemberger* Hugues de (Suisse).

■ **Cours des épreuves.** Dépend de l'époque, sujet, notoriété du photographe, état du cliché. *Daguerréotypes* 200 et plus *Calotypes* (1854-80) : 100 à 250. **Autres prix élevés** (en milliers de F) : **1990 :** *Gustave Le Gray* La Forêt de Fontainebleau, 250. **1991 :** *André Kertész* l'Atelier de Mondrian (1926) 1 300. **1993 :** *Man Ray* Larmes de verre (1930) 1 000. Hier, Aujourd'hui, Demain (1930-32) 1 100. *Alexandre Rodchenko* La Fête de Leica (1934) 900 (1993). *Alfred Stieglitz* Les Mains de Georgia O'Keefe (1930) 2 228. *Edward S. Curtis* L'Indien d'Amérique du Nord (1907-30) 2 269. **1994 :** *Man Ray* Noire et Blanche (1926) 1 221. **1995 :** *Gustave Le Gray* Nu allongé 480. *Man Ray* Larmes de verre (1930) 1 200. **1996 :** daguerréotype attribué à *M. A. Gaudin* Enterrement du duc d'Orléans 155. *Kertész* Fourchette (1928) 452. *Léon Crémière :* le Pce Impérial (1860) 110. **1997 :** photo de la main de Victor Hugo 140. *Kertész* Pipe et lunettes de Mondrian (1926) 1 269. Chez Mondrian 1 009. **1998 :** *Nadar Jeune* Pierrot écoutant (1854-55) 1 100. **1999** (6-10) : *Alfred Stieglitz* 420 500 $. *Charles Sheeler* Usines Ford 607 500 $.

■ **Photos les plus chères du monde** (en milliers de F). **Anciennes :** La Grande vague (1857, G. Le Gray) 4 700 (1999 [1]) ; Hêtre (1855, G. Le Gray) 3 900 (1999 [1]) ; Ford Works (1927, C. Sheeler) 3 400 (1999 [2]) ; Marine (1855, G. Le Gray) 2 800 (2000 [3]) ; Porteur de briques (1927, A. Sander) 2 500 (1999 [1]). **Contemporaines :** Panthéon (1992, T. Struth) 1 700 (2000 [4]) ; Untitled-Cowboy (1989, R. Prince) 1 700 (2000 [2]) ; Untitled-209 (1989, C. Sherman) 1 700 (2000 [2]) ; Panthéon (1990, T. Struth) 1 700 (2000 [2]) ; Untitled-Double portrait (1980, R. Prince) 1 400 (2000 [2]).

Nota. – (1) Sotheby's Londres. (2) Sotheby's New York. (3) Bearne's Devon. (4) Christie's New York.

■ **Cours des appareils** (en milliers de F). XIXe s. 2 à 200 (J.-B. Dancet 1856, Daguerre 1848), XXe s. 0,15 à 30. Leica 1 à 10. Petites marques françaises (1900 à 1950) : 0,05 à 0,5. Boîtiers, appareils espions miniaturisés, détective, petite boîte 0,5 (objectif passant par la boutonnière) 2 à 10, boîtes d'allumettes ou montres 2 à 5. Appareils à stéréo 0,8 à 3. Vérascope, glyphoscope 0,5 à 2. Homéoscope 6 à 15. Appareils rares 10 à 50.

■ **Manifestations. Arles :** rencontres annuelles. **Bièvres :** foire annuelle de la photographie. **Cologne :** *Photokina* (tous les 2 ans). **Paris :** *Salon international des professions de l'image (SIPI) ; mois de la photo* (années paires) ; festivals audiovisuels annuels de la Fédération photographique de France.

■ **Maison européenne de la photo,** ouverte 13-2-1996 dans l'hôtel Hénault de Cantobre, 5-7, rue de Fourcy, 75004 Paris.

1837-1920) invente les images en relief *(anaglyphes)* en utilisant les jumelles à verres rouge et vert. *Gabriel Lippmann* (Fr., 1845-1921) obtient des photos en couleurs par le procédé interférentiel. Le sel d'argent contenu dans la couche de mercure sensible n'est impressionné que dans les plans ventraux du système d'onde stationnaire correspondant à chaque radiation. La distance entre les dépôts d'argent est 2 fois plus grande pour le violet que pour le rouge. Cette méthode est restée expérimentale. *Kodak :* 1er appareil pouvant être chargé à la lumière du jour et à pellicule en bobine sous emballage (on n'a plus à retourner l'appareil à l'usine). Procédé *Lipmann* de photo couleurs selon la méthode interférentielle. **1892 (ou 1891)** *Thomas Edison* (Amér., 1847-1931) réalise le *kinétoscope* (pour un seul spectateur), 1er film à déroulement continu (16 images/seconde). **1895**-*22-3 Auguste* (1862-1954) et *Louis* (1864-1948) *Lumière* inventent le *cinématographe* (film à vitesse variable, 1re séance publique le 25-12-1893 dans les sous-sols du Grand Café de Paris). *Guillaume Roentgen* (All., 1845-1923) : photographie aux rayons X, radiographie (voir encadré p. 166).

1901 *synchronisation* par *Léon Gaumont* (1863-1946) d'un cinématographe et d'un phonographe. **1903** les frères Lumière inventent l'*autochrome* (plaques à base de fécule de pomme de terre teintées aux 3 couleurs fondamentales, mises en vente en 1907), seul procédé utilisé par les amateurs jusqu'en 1955, permettant des instantanés par très beau temps. **1907** *Édouard Belin* (Fr., 1876-1963) met au point le procédé de transmission télégraphique ou téléphonique des photos *(bélinographe)*. *Autochrome* des *frères Lumière*. **1908** *Louis Dufay* (Fr.) développe le *dioptichrome* (Dufay color en 1935), 1re tentative de restitution des couleurs au cinéma. **1912** plaque *Agfa* de type autochrome (grains de fécule remplacés par des grains de résine teintée). *Léon Gaumont :* cinématographie trichrome par synthèse additive simultanée. **1913** *Oskar Barnack* (ingénieur all.) invente le *Leica*. **1917** *Technicolor* en bichromie (H.T. Kalmus). **1921** *Phototank :* 1er appareil 24 × 24 fabriqué à Bordeaux, capacité de 50 vues. **1923** 1er *format 24 × 36 de Leitz*. **1925** *Leica* 35 mm. **1928** *Kodacolor* film gaufré (ou lenticulaire). *Rolleiflex* (réflexe à 2 objectifs). **1932** 1er appareil 24 × 36 à objectif interchangeable. **1935** *Laporte :* 1res études des éclairs électroniques de lumière blanche. *Mannes (L. D.) et Godowsky (L.)* : sélection et synthèse soustractive trichrome sur la même pellicule à émulsions superposées. *Kodachrome* (cinéma 16 mm). **1936** *Agfacolor* inversible à 3 couches. **1939** 1er négatif en couleurs Agfacolor. **1947** *holographie* conçue par *Dennis Gabor* (G.-B.). *Ektachrome*. Développement instantané (*Polaroid* de l'Américain Edward Land, 1909-91). **1963** Instamatic Kodak (appareil le plus vendu au monde). 1re photo instantanée en couleurs. **1964** *Look* (USA) publie la 1re photo en relief. **1968** 1er *Reflex* avec contrôle automatique de l'exposition par mesure de la lumière à travers l'objectif. **1977** 1er *compact autofocus.* **1981** *Mavica* de Sony, avec disque magnétique réutilisable pouvant enregistrer jusqu'à 50 images projetables sur écran de télévision par un lecteur électronique sans magnétoscope ou transmises à distance par les moyens classiques des télécom. Image de moins bonne qualité que l'image chimique. **1982** *Kodak Disc :* mise au point automatique, disque plastique (support de 15 pellicules), flash incorporé automatique, pile donnant 2 000 éclairs : échec. *Snappy (Canon) :* compact autofocus (mise au point automatique). **1984-85** caméras électroniques compactes à magnétoscope incorporé. **1984** 1er papier photo à longévité supérieure à 100 ans. **1986** *Fuji :* 1er appareil jetable. **1987** pellicule la plus sensible au monde (3 200 Iso). **1992** *Kodak : Compact Disc Photo,* 1er système de numérisation des photos pour grand public (échec), appareils jetables. **1993** imagerie numérique. **1996**-*avril APS (advanced photographic system) :* mis au point par *Fuji, Kodak, Canon, Nikon* et *Minolta*, pellicule (17 × 30 mm) en 15,25 cm 40 poses sous forme de cartouche, dotée d'un support magnétique pour éviter les erreurs de manipulation, 3 formats possibles (16/9, classique et panoramique).

■ **Holographie.** Photographie en relief utilisant les propriétés de la lumière cohérente [interférences produites par 2 faisceaux laser (l'un vient de l'appareil producteur, l'autre est réfléchi par l'objet à photographier)].

☞ **Photo argentique :** film couleur recouvert de 3 couches de cristaux d'argent séparées par 3 filtres colorés. **Photo numérique :** disque et fichier permettant de visualiser et de retoucher des photos sur un écran d'ordinateur puis de les imprimer. **Appareil numérique :** capteurs de 300 000 pixels (3 000 F) à plus de 2 000 000 (50 000 F).

Statistiques mondiales

■ **Production. Matériel photo et surfaces sensibles :** USA environ 60 % de la production mondiale, essentiellement grâce à *Eastman-Kodak* (près de 20 usines, dont 9 aux USA, 4 en G.-B., 2 en All., *1 en France*) qui couvre 80 % du marché américain de la photo et 45 % du marché mondial. *Agfa-Gevaert* 15 %. *Fuji* 25 %. **Chiffre d'affaires** (en milliards de F, 1995) : *total 215* (dont travaux photo 115, appareils photo vendus 54, bobines de films vendues 2,4). **Kodak** [chiffre d'affaires, et entre parenthèses, revenu net (en milliards de $)] : *1994 :* 13,6 (0,6) ; *95 :* 15,27 (1,25) ; *96 :* 16 (1,2) ; *97 :* 14,5 (0,005) ; *98 :* 13,4 (1,39) ; *99 :* 14,1 (1,39). *Effectifs :* 80 650. **Fuji :** *1994 :* 10,8 (0,6) ; *95 :* 11,24 (0,75) ; *97 (est.) :* 13,2 (0,96). **Polaroïd** : *ventes* (en millions d'appareils) : *1978 :* 13 ; *96 :* 5 (4 % du marché mondial). *Résultats* (en millions de F) : *1993 :* – 297 ; *94 :* 679 ; *95 :* – 8,3 ; *96 :* – 238 ; *2001 (juillet) :* endettement + de 7 milliards de F (dépôt de bilan évité de justesse). *Effectifs (fin 2001) :* 5 000.

Nombre d'appareils photo vendus dans le monde (en millions, 2000) : *traditionnels* (argentiques) 67, *numériques* 9 (dont, en %, USA 42, Japon 28, Europe (hors Fr.) 18, *France 4,* reste du monde 8). **Ventes d'appareils photo argentiques en Europe et,** entre parenthèses, **numériques** (en milliers d'unités, 1999) : All. 4 000 (300), Belg. 325 (24), *France 2 435 (182),* G.-B. 3 851 (315), Italie 1 323 (84), P.-Bas 666 (41), Suède 420 (47), Suisse 451 (38). **Équipement des foyers en appareils photo** (en %) : USA 90, Japon 85, Allemagne 81, G.-B. 80, *France 75,* Italie 60. Espagne 40.

Parts de marché des films photographiques (en %) : *Kodak :* USA 70, Japon 36, reste du monde 36. *Fuji :* Japon 70, USA 16 à 20, reste du monde 33. *Autres :* USA 20, Japon 20, reste du monde 31. **Évolution** (en millions) : *1996 :* 119,3 ; *97 :* 128 ; *98 :* 131 ; *99 :* 141,1 ; *2000 :* 129,2.

☞ **Litiges. Fuji/Kodak :** *Kodak* estime à 28 milliards de F le coût de « la concurrence déloyale », depuis 1975, de Fuji (qui aurait financé ses exportations grâce à ses bénéfices sur le marché japonais). *Fuji* accuse Kodak de bénéficier aux USA d'un monopole comparable au sien au Japon. *Le 5-12-1997,* l'Organisation mondiale du commerce a estimé que les accusations portées par Kodak étaient insuffisamment fondées. **Kodak/Polaroïd :** le 12-10-1990, Kodak a été condamnée à verser 909,5 millions de $ à Polaroïd, pour usage abusif de procédé entre 1976 et 1986 (environ 20 millions d'exemplaires Kodak vendus. Polaroïd demandait 12 milliards de $).

Statistiques françaises

■ **Chiffres d'affaires** (en 2000) : 20 milliards de F. **Appareils photo** (en milliers d'unités) : Reflex 135 et APS 252, Compacts 135 1 239, Compacts APS 682, appareils numériques 332 et moyen-format 0,975, *total appareils* 2 506 ; objectifs de marque 315, *total objectifs* 414. **Films et prêts-à-photographier** (nombre en millions) : négatifs couleur 90,8, noir et blanc 3,7, APS 11,9, inversibles couleur 4, prêts-à-photographier 18,6, *total (films et PAP)* 129. **Travaux photo :** films traités en façonnage industriel 83 millions, parts de marché du façonnage industriel 69 %, films traités en minilab 37 millions, parts de marché des minilabs 31 %, surface papier argentique consommée 73,7 millions de m², papier jet d'encre consommée 55 millions de m². **Emplois :** 57 200 dont distribution d'équipement photo 20 000 [dont spécialistes 16 000] ; services 6 600 [dont laboratoires de photo façonnage 4 342] ; photo professionnelle 18 450 [dont *emplois de la photo :* 10 000 : portraitistes (mixte) 1 800, mode et publicité 4 000, presse 1 400, édition 500, auteur 900, photo-filmeurs 450, photographes intégrés 350, des administrations 500, aériens 100] ; *emplois paraphotographiques :* 9 100 (dont labos professionnels 2 500, agences 1 500, studios et décors 300, stylistes 200, maquilleurs 150, agents indépendants 120, décorateurs 130, mannequins 1 500, coiffeurs 150, assistants 2 550) ; *art et culture :* 1 850 (dont musées et centres d'art 1 000, festivals 50, galeristes 50, éditeurs d'art 100, de cartes et affiches 100, presse photo 30, iconographes idépendants 20, formation 500) ; industrie 10 300 dont industrie du film et équipements photo 3 326.

■ **Production industrielle photo en France (films, prêts-à-photographier, équipement photo manufacturés en France)** (en milliards de F, HT). *1996 :* 5,5 ; *97 :* 6 ; *98 :* 6 ; *99 :* 6,2 ; *2000 :* 5,8. **Exportations de produits photo manufacturés** (en %) : *1996 :* 44,9 ; *97 :* 46,5 ; *98 :* 46 ; *99 :* 46,5 ; *2000 :* 46,7. **Importations/exportations** (en milliards de F) : *2000 :* 4/4.

■ **Sujets photographiés.** Environ 65 % sur négatif couleur représentent des personnes (90 % en cas de nouveau tirage). Photos d'adultes, seuls ou en couples (25 %), d'enfants, bébés et jeunes jusqu'à 12 ans (17 %), de groupes familiaux (8 %). Les adolescents sont peu photographiés.

Reprographie

■ **Procédés. 1°) Diazographie.** Reproduction par transparence sur papiers sensibles aux rayons ultraviolets. **2°) Photocopie.** Inventée par *Chester Carlson* qui s'associa avec *Haloïd* (Sté de papier photo) : 1re machine présentée 22-10-1948, commercialisée 1959 *(Xerox 914)*. **Procédés les plus usités : a)** électrostatique : *sur papiers photosensibles* (papiers à l'oxyde de zinc) ou *électroscopie directe ; sur papier ordinaire* avec projection d'une image de l'original sur une surface intermédiaire (sélénium). L'encre est attirée par les zones de sélénium qui n'ont pas reçu de lumière. On place ensuite une feuille de papier au contact du sélénium et l'application d'une forte tension électrique transfère l'encre sur le papier. Un chauffage aux infrarouges fixe l'encre. **b)** Thermocopie : utilise la chaleur directement par noircissement local de papier sensible, ou par transfert de colorant, en intercalant un carbone entre l'original et le papier sensible. **3°) Gélatinographie.** Procédé d'impression manuel permettant d'effectuer des travaux divers, et notamment toutes reproductions à peu d'exemplaires, monochromes ou polychromes, sur des supports variés et dans de très grands formats. **4°) Duplireprographie** ou duplication offset rapide des formats 210 × 297 (A4) ou 297 × 420 (A3). Peu onéreux, utilise des clichés non réutilisables, ne nécessite pas de documents ou d'intermédiaires transparents ; limité à des tirages de quelques centaines d'exemplaires sur offset courant avec possibilité d'assemblage en sortie de machine. **5°) Zincographie.** Utilise des machines offset. Adapté pour peu d'exemplaires à exécuter dans des délais courts. **6°) Photoreprographie.** Permet la reproduction d'un document ou d'un plan (opaque ou transparent) à son format, ou à une autre échelle sur papier ou film dépoli ou transparent.

■ **Statistiques. Nombre de copies** (par an). 60,6 milliards. **Moyenne par employé :** 7 993 (G.-B. 1 080, All. 790). **Parc en France** (en milliers). **Copieurs :** *1993 :* 1 333 dont PPC 1 276. **Télécopieurs :** *1985 :* 39 ; *90 :* 580 ; *94 :* 1 473. **Vente** (en milliers). **Copieurs :** *1990 :* 208,4 ; *91 :* 205,2 ; *92 :* 197,2 ; *93 :* 195,9 dont PPC 188,2. **% du marché copieur noir et blanc** (en volume, en France, 1997). Canon 18,7, Ricoh 18,3, Xerox 16,7, Toshiba 10,1, Minolta 6,5, Sharp 4,1, Konica 3,9, Nashuatec 3,4, autres 18,3.

Rank Xérox. Chiffre d'affaires et, entre parenthèses, **résultat net** (en milliards de $) : *1991 :* 13,82 (0,45) ; *92 :* 14,68 (– 1,2) ; *93 :* 14,23 (– 0,13) ; *94 :* 15,09 (– 0,8) ; *95 :* 16,61 (– 0,47) [dont USA 49 %] ; *96 :* 17,4. **Activité** (en %) : copieurs 50, gestion électronique de documents 50. **Effectifs :** *1991 :* 100 900 ; *97 :* 91 000.

Services en France

■ **Audit et conseil. Cabinets d'audit et d'expertise comptable français** *(chiffre d'affaires* 1999-2000 HT, en millions de F et, entre parenthèses, *effectifs)* : **KPMG SA** 2 772 (5 077). **Price Waterhouse Coopers** 2 345 (2 252). **Deloitte Touche Tohmatsu** 1 666 (2 248). **Arthur Andersen** 1 650 (1 930). **Ernst & Young** 1 369 (1 415). **Fiducial** 1 051 (2 499). **Mazars & Guérard** 847 (1 245). **Salustro Reydel** 627 (866). **Groupe Constantin** 350 (432). **Groupe Alpha** 332 (480). **BDO Gendrot** 309 (490). **Amyot Exco** 300 (410). **Socogere** 266 (764). **E3C** 254 (640). **Fidulor** 215 (470). **Eurex** 191 (445).

■ **Activité conseil** (chiffre d'affaires Conseil France, en milliards de F, 1999). IBM Global Services 73,2, Andersen Consulting 67, Cap Gemini Ernst and Young 61,5, Price Waterhouse Coopers 57, Deloitte Consulting/DTT 37,8, Computer Sciences Corporatin 28,5, KPMG 22,5, McKinsey & Company 21,7, Mercer Consulting Group 14,6, Arthur Andersen 10,5. **Principaux cabinets mondiaux** (honoraires, en milliards de F, 1996) : *Andersen Worldwide* [fondé 1913 par Arthur Andersen (USA 1885-1947)] : 48,5 (audit 48 %), effectifs (1994) : 72 722. *KPMG* (1897) : 41,4, effectifs 72 704. *Ernst & Young* (1903) : 39,8 (45 %), effectifs : 66 525. *Coopers & Lybrand* (1957) : 34,7 (53 %), effectifs : 68 000. *Deloitte Touche Tohmatsu* (1845) : 33,2, effectifs : 56 600. *Price Waterhouse* (1849) : 25,6 (47 %), effectifs : 50 123. *BDO Binder :* 6,8 (59). *Grand Thomson :* 6,5 (57 %). *Moores Rowland :* 5,1 (57 %). *RSM* 4,8.

☞ Fusion de Coopers & Lybrand avec Price Waterhouse annoncée en 1997 (chiffre d'affaires total : 75 milliards de F, 135 000 salariés et 8 500 associés). Échec de

Services marchands non financiers

En 1997 Secteur d'activité en NAF	Nombre d'entreprises	Effectifs au 31-12		Chiffre d'affaires [1] HT
		non salariés	salariés	
Services aux entreprises	**261 642**	**173 034**	**2 041 969**	**1 207 483**
Télécommunications et courrier	**1 838**	**1 239**	**23 353**	**35 397**
Activités de courrier (privé)	1 096	880	6 203	2 414
Télécommunications privées	742	359	17 150	32 983
Conseils et assistance	**181 925**	**120 650**	**959 734**	**806 582**
Conseil en systèmes informatiques	6 743	3 989	63 249	42 752
Réalisation de logiciels	8 827	5 049	79 077	52 032
Traitement de données	3 424	1 878	44 023	35 058
Activités de banque de données	762	494	3 313	3 184
Entr. et répar. de mach. de bur. et mat. inform.	1 318	656	15 154	10 175
Activités juridiques	26 384	25 327	102 408	67 378
comptables	15 740	9 646	113 501	52 877
Conseil pour les affaires et la gestion	30 501	21 318	75 952	61 513
Administration d'entreprises	20 809	2 422	99 655	180 331
Études de marché	2 186	1 404	18 227	9 793
Gestion de supports de publicité	3 105	1 877	53 372	50 148
Agences, conseils en publicité	12 118	7 566	82 212	61 070
Activités d'architecture, métreurs, géomètres	25 415	22 948	39 430	25 857
Ingénierie et études techniques	22 253	15 299	136 238	137 339
Contrôle et analyse technique	1 340	777	33 923	17 075
Services opérationnels	**77 879**	**51 145**	**1 058 882**	**365 504**
Location de véhicules automobiles	1 074	488	12 077	23 268
sans opérateur, hors automobile	12 368	9 794	45 815	60 389
Sélection et mise à disposition de personnel	1 464	528	31 415	9 119
Travail temporaire	762	69	368 730	68 972
Enquêtes et sécurité	3 379	2 264	98 515	19 003
Activités de nettoyage	11 195	7 793	307 021	36 244
Activités photographiques	8 040	7 230	22 419	14 783
Services divers, hors activités photo	29 434	22 477	139 416	110 845
Enlèvement et traitement des ordures ménagères	611	230	28 530	19 038
Épuration des eaux usées	552	312	6 744	3 843
Services aux particuliers	**295 027**	**279 222**	**1 161 612**	**469 899**
Activités immobilières	**59 792**	**51 651**	**212 790**	**278 974**
Location de logements	3 920	1 589	82 275	116 062
immobilière hors logement	6 264	3 524	14 440	28 560
Promotion immobilière de logements	4 321	4 758	11 577	30 106
hors logement	2 097	3 133	5 005	16 887
Marchands de biens immobiliers	7 483	5 110	4 863	19 616
Agences immobilières	29 981	30 129	59 417	39 299
Administration d'immeubles	3 529	3 408	26 840	15 581
Hôtels et restaurants	**174 529**	**183 098**	**685 141**	**255 659**
Hôtels de tourisme	5 717	29 437	23 406	11 493
de préfecture	3 394	2 414	3 859	1 840
Restaurants	91 434	93 778	361 000	125 012
Cafés	13 715	55 722	17 212	10 721
Cantines d'entreprises et restauration sous contrat	624	331	19 381	5 195
Traiteurs, organisation de réception	2 183	1 416	14 937	5 254
Agences de voyages	**3 431**	**1 982**	**36 676**	**54 725**
Activités audiovisuelles et agences de presse	**6 132**	**5 614**	**64 250**	**82 616**
Production de films	3 299	3 346	18 857	16 635
Distribution de films	227	398	1 378	6 181
Projection de films	640	581	6 635	5 362
Activités de radio	815	306	9 782	6 631
de télévision	420	180	22 496	43 925
Agences de presse	731	803	5 102	3 882
Services personnels	**87 944**	**88 528**	**195 198**	**50 799**
Blanchisserie, teinturerie de gros	513	554	6 468	1 975
de détail	10 621	10 684	18 783	5 612
Coiffure	54 595	55 477	129 385	26 466
Soins de beauté et entretien corporel	8 735	9 572	8 851	2 976
Services funéraires	1 984	1 939	18 439	7 673
Autres services personnels	11 496	10 302	13 272	6 098
Ensemble	**616 461**	**564 265**	**3 416 371**	**1 956 356**

Nota. – (1) Chiffre d'affaires net et production immobilisée en millions de F.

la fusion de KPMG et Ernst & Young en 1998. Séparation d'Arthur Andersen (audit) et d'Andersen Consulting (conseil) annoncée fin 1997.

■ **Conseils en informatique. Stés de services et d'ingénierie informatique (SSII)** ou **Stés de logiciel. Nombre :** 8 000. **Effectifs :** *1985 :* 81 500 ; *95 :* 137 500 ; *99 :* 217 000 (dont *France 173 000*). **Chiffre d'affaires** (en milliards de F) : *1985 :* 30,9 (dont international 4,2) ; *90 :* 69,5 (11) ; *95 :* 85,7 (19,5) ; *97 :* 107 (27) ; *98 :* 128,1 (32,5) ; *99 :* 152,1 (40,3).

■ **Principales SSII françaises. Chiffre d'affaires** (en millions d'euros, 2000) : Cap Gemini 8 457, Atos 2 830, Altran Technologies 900,1, Gfi Informatique 512, Unilog 479, Transiciel 375, Sopra 398,7, Steria Groupe 387,2, Alten 193,1, Sylis 124,2, Teamlog 95,1, Brime Technologies 70,2. **Location de matériel informatique :** ECS (Sté Générale) 6. **Distribution informatique :** Ista 3,9 ; Métrologie Intern. 3,7. **Ingénierie informatique :** Sopra 1.

☞ En 1997, **Atos** (fusion de Axime et Sligos) : *chiffre d'affaires :* 6,2 milliards de F.

Syntec-informatique : 3, rue Léon-Bonnat, 75016 Paris, chambre syndicale des Stés d'études et de conseils regroupait, au 4-6-1996, 149 Stés ou groupes.

■ **Nettoyage** (en 2000). **Effectifs :** 307 000 personnes qui entretiennent par jour 32 millions de m² de sols. **Entreprises :** 12 900. **Chiffre d'affaires :** 38,7 milliards de F.

☞ **La Fédération des entreprises de propreté :** 34, bd Maxime-Gorki, 94808 Villejuif, regroupe 2 000 adhérents réalisant 85 % du chiffre d'affaires.

■ **Prestations de personnel** (travail temporaire). **Entreprises** (en 2000) : 900. **Chiffre d'affaires** (en milliards de F) : *1991 :* 47,8 ; *95 :* 58,7 ; *96 :* 56,7 ; *97 :* 68 ; *98 :* 88,7 ; *99 :* 98,9 ; *2000* (en milliards d'euros) : 17,97. **Salariés** (moyenne occupée par jour, 2000) : 604 335. **Contrats** signés (en millions) : *1975 :* 1 ; *80 :* 2,8 ; *85 :* 2,8 ; *90 :* 7,5 ; *96 :* 6,7 ; *98 :* 10,4 ; *99 :* 12,5 ; *2000 :* 14,5. *Durée moyenne* (en semaines) : *1980 :* 3,7 ; *90 :* 2 ; *96 :* 2 ; *98 :* 2 ; *99 :* 1,9 ; *2000 :* 1,9. **Part des intérimaires dans la pop. salariée :** 2,3 %. **Utilisateurs** (en %) : industrie 51,5, bâtiment, travaux publics 17, tertiaire 30,9, agriculture 0,6. **Qualifications :** ouvriers qualifiés 37,1, non qualifiés 47, employés 8,4, professions intermédiaires 6,2, cadres 1,3. **Répartition** (en 2000) : hommes 71 %, femmes 29 %.

■ **Principaux cabinets d'avocats d'affaires français** (valeur en millions de $, 2000). Sullivan & Cromwell 1 002,7, Simpson Thacher & Barlett 843,5, Shearman & Sterling 724,9, Cleary Gottlieb Steen & Ham 681,9, Dewey Ballantine LLP 475,5, Wachtell Lipton Rosen & Katz 424,8, Davis Polk & Wardwell 376,3, Cravath, Swaine & Moore 356,5, Darrois Villey Maillot Brochier 69,1, Bredin Pratt & Associés 60,2.

■ **Principaux groupes d'intérim** (chiffre d'affaires). **Monde** (en milliards d'euros, 1998) : Adecco Cheserex (Suisse) 15,3, Creyfs (Belg.) 4,4, Randstad (P.-Bas) 4,2, Kelly services (USA) 4,1, Vedior (P.-Bas) 4, Manpower (USA) 1,8. **France** (en milliards d'euros, 2000) : Manpower France 4,3 ; Adecco 3,5 ; Bis (SA) 2,8 ; Védior Bis 2,2 ; Atos Origin 1,9 ; Adia France SA 0,7 ; Synergie 0,6.

☞ **Sett (Syndicat des entreprises de travail temporaire)** 56, rue Laffitte, 75009 Paris. Né 1-6-1998 de la fusion du Syndicat des professionnels du travail temporaire (Promatt) et de l'Union nationale des entreprises de travail temporaire (Unett).

■ **Recrutement de personnel.** 80 à 90 sociétés spécialisées (70 % ne font que du recrutement). Recrutent surtout des cadres (revenu annuel minimal d'environ 100 000 F).

■ **Principaux cabinets de recrutement en France** (chiffres d'affaires HT, en millions de F, 1999) : Michael Page 380, Korn Ferry et PA Consulting Groupe 132, TMP [1] 101, Heidrick et Struggles 100, Mercuri Urval 84, Egon Zehnder 75, Robert Half 65, Russel Reynolds associates 63 [2], Spencer Stuart 55, RH Partners 45.

Nota. – (1) En 1998. (2) Estimations.

■ **Recouvrement et renseignement commercial. Chiffre d'affaires** (en milliards de F, 1992) : SCRL 304, ORT 255,5, Infogreffe 237, Dun & Bradstreet 214, S & W 195,5, Pouey 91,3, Piguet 71,5, Bil 41,7. *Recouvrement des créances :* entre 1,1 et 1,3 ou 1,7 et 2 milliards de F. **Nombre de sociétés :** 450 à 500, certains parlent de 3 000 officines (courtiers compris). **Information des entreprises :** 1 milliard de F. **Renseignement commercial ou « de solvabilité » :** 600 millions de F. **Clientèle du recouvrement :** 500 000 entreprises moyennes. **Réussite :** 62 %. Avec 10 milliards de F de créances, les Stés du secteur prennent en charges environ 20 % des impayés en France.

■ **Surveillance et sécurité.** Ensemble de la profession (1991-92). **Chiffre d'affaires** (en millions de F) : 6 000 (dont Groupe SPS 800, Gr. SGI 600, Gr. ACDS 280, Sevip 180). **Salariés :** 60 000. **Principales sociétés :** *chiffre d'affaires* (en millions de F) : Ecco 11 000, Fichet-Bauche 2 650, Sidergie 1 200, Cipe 200, Delta protection 200.

TEXTILES

☞ On distingue les **textiles naturels,** à base de fibres : **1°) végétales** *entourant graines ou fruits :* coton, kapok (du fromager), coïr, fibre du coco ; *contenues dans la tige :* chanvre, lin, jute, ramie, genêt, dâh (l'*Hibiscus sabdariffa*, appelé roselle ou oseille de Guinée, donne des fibres ayant le même usage), sunn ; ou *dans les feuilles :* abaca (*Musa textilis*) ou chanvre de Manille, sisal, henequen, maguey (de l'agave), raphia (du palmier), alfa, sparte, ananas (*A. sativa* et *A. comosus*), sansevière. **2°) Animales** *venant de toisons :* mouton (laine), chèvre (exemples : angora, mohair de Turquie, USA, Afrique du Sud, cachemire des Indes et du Tibet, chèvres d'Iran), chameau (de Chine ou des Indes), lama (d'Amérique du Sud : variétés vigogne, alpaga, guanaco), castor, loutre, yack ; ou *sécrétées par des chenilles :* soie (bombyx du mûrier), soie sauvage, tussah (bombyx du chêne, de l'ailante, du ricin). **3°) Minérales :** amiante, asbeste, verre. **4°) Métalliques :** aluminium anodisé et les **textiles chimiques,** à base de fibres synthétiques et cellulosiques.

Mesures : fibres en décitex (= 1 g pour 10 km de fibres) ; fibres en numéro métrique (longueur de fil nécessaire pour obtenir 1 g).

STATISTIQUES MONDIALES

PRODUCTION DE FIBRES TEXTILES (en milliers de tonnes)

Années	Coton	Laine	Chimiques	Lin	Soie
1900	3 162	730	1		
1940	6 907	1 134	1 132		
1950	6 647	1 057	1 677		
1960	10 113	1 463	3 358		
1965	11 884	1 484	5 469		
1970	11 784	1 659	8 397		
1975	11 723	1 578	10 640	699	47
1980	13 832	1 599	14 182	620	56
1985	17 426	1 744	16 369	763	56
1995	20 448	1 415	22 018		
1999	18 240	1 392	27 525	703	88

Sources : ICAC et CIRFS.
Production en régression dans les pays industrialisés, stagnante dans les NPI, en expansion en Inde et Chine.

☞ **Accord multifibres (AMF)** mis sur pied en 1973, renouvelé en 1977, 1981 et 1986 ; depuis 1995, transition : limite la croissance des importations dans pays industrialisés d'une grande partie des produits fabriqués à partir de coton, laine, lin, fibres synthétiques et artificielles et originaires d'une trentaine de pays. Reconduit depuis, afin de permettre la signature des accords négociés dans le cadre du Gatt. Des détournements de trafic restent toujours possibles. *Sera supprimé* en 2005.

■ **Principaux exportateurs textiles** (en milliards de $, 1999). UE 22,8 ; Hong Kong et Chine 24,5 ; Corée du Sud 11,3 ; Taïwan 11,02 ; USA 9,2 ; Japon 6 ; Inde 5,2 ; Pakistan 4,6 ; Turquie 3,3 ; Indonésie 2,2. **D'habillement :** Chine et Hong Kong 42,5 ; UE 15,8 ; USA 8,8 ; Turquie 7 ; Corée du Sud 4,6 ; Inde 4,3 ; Thaïlande 3,8 ; Taïwan 3,2 ; Indonésie 2,6 ; Philippines 2,4.

■ ÉTOFFES ET TISSUS

Acétate fibre artificielle imitant la soie, utilisée en lingerie. **Algérienne** étoffe de laine à rayures de couleurs vives. **Andrinople** Turquie, aujourd'hui Edirne. Tissu de coton rouge assez léger. **Barège** étoffe de laine légère fabriquée à Barèges. **Basin** tissu de coton d'abord appelé « bombasin », de l'italien *bambagino, banbagia* (coton). **Batik** mot malais, « soierie » : procédé d'impression des motifs sur cette soierie que l'on teint, après avoir masqué certaines parties par des coulées de cire. **Batiste** tissu de coton (lingerie) ; 1er fabricant : Baptiste (de Cambrai). **Bougran** altération de *Boukhara,* tissu très fin. **Brocart** ou **brocatelle** tissu broché imprimé de motifs en relief par l'emploi de **broches,** du **croisé** dont chaîne et trame se croisent de façon particulière pour produire un effet penché. **Cachemire** (Inde) tissé avec les poils de la chèvre originaire de cette région. **Calicot** toile de coton de Calicut (Inde, Kerala). **Casimir** de Cachemire ou du nom d'un inventeur : drap soyeux, chaîne coton, trame de laine. **Chambray** tissu de coton avec dessins à carreaux tissés. Originaire de Cambrai. **Cheviotte** des monts Cheviots (Écosse) : tissu de laine peu rude. **Coutil** du latin *culcita* (traversin ou oreiller) : gros tissu de coton pour matelas (jadis couettes ou coutes). **Crêpe** du latin *crispus* (frisé). Surface ondulée. *De Chine, georgette* (plus léger). **Cretonne** de Creton (Eure) ou Courtonne (Calvados) : tissu de coton (habillement et ameublement). **Damas** riche tissu de soie venant de Damas (Syrie), mot fixé vers 1350. **Doupion** soie présentant un aspect irrégulier. **Droguet** XVIe s. (« drogue » au figuré, désigne une chose de peu de valeur) : étoffe de laine ou mêlée de laine ou de fil, assez ordinaire. **Élasthanne** voir *élastomères.* Marque déposée la plus connue : Lycra (voir p. 1789 a). **Élastomères** fibres textiles remplacées par fils élastiques (pour gaines, maillots de bain). **Escot** d'Aerschot (Brabant) : autrefois, lainage pour robes des veuves et religieuses. **Étamine** XIVe s. : « étaim », désignait le fil ou une étoffe de fil. Du latin *stamen* désignant fil de la quenouille, puis fil en général. **Faille** du néerlandais *falie* (vêtement de femme) : épais tissu de soie ; appelé d'abord taffetas à failles (pour fabrication de voiles de femme). **Fibranne** fibres de viscose coupées et tordues. **Filoselle** de l'italien *filosello* (cocon), bourre de soie pour tricoter des gants (n'est plus utilisée). **Flanelle** du gallois *gwlan* (laine) : à l'origine, tissu de laine. **Foulard** du provençal *foulat* (foulé), censé avoir été « foulé » c'est-à-dire soumis à des pressions répétées dans un « foulon ». **Futaine** du latin médiéval *fustaneum* (tissu fait à partir d'un arbre) : tissu de coton. **Gaze** de Gaza (Palestine) : étoffe légère au tissage peu serré. **Gore-Tex** membrane de polytétrafluoro-éthylène étanche et perméable à l'air, thermocollée sur les vêtements. Inventée 1969 par Robert Gore (USA). **Indienne** cotonnade imprimée ou tissée de fils préalablement teints. Se rapproche des **rouenneries** fabriquées à Rouen (à ne pas confondre avec les **roanneries,** tissus de coton, mais venant de Roanne). **Jaconas** mousseline de coton demi-claire de Djaggernat en Inde. **Jersey** moutons de l'île de Jersey. Maille de laine, XIXe s., désigne un tricot de laine. **Jouy (toile de)** fabriquée en 1760 par Christophe-Philippe Oberkampf (1738-1815), venu de Bavière à Jouy-en-Josas. **Lambswool** tissu fait de laine d'agneau. **Lamé** tissu de soie pour le décor duquel une lame d'acier est utilisée. **Lampas** de Chine ou Perse (Xe s.) : étoffe somptueuse. Chaîne de liage sur fond de satin. **Latex** (marque déposée) voir *élastomères.* **Liberty** d'Arthur Liberty (Angl.), diffuseur d'objets Art nouveau ; remet à l'honneur le lin imprimé à l'indienne, et le satin de 8 fils à effet de chaîne, à chaîne de soie grège, trame en schappe. **Linon** à l'origine, fait à partir du lin. **Loden** tissu serré et imperméable dont on fait des manteaux. D'origine allemande. **Lustrine** cotonnade, utilisée notamment pour les manchettes. Aspect luisant. **Macramé** de l'italien issu de l'arabe *mahrama* (mouchoir) : dentelle, fils épais ou ficelles noués, sans trame. **Madapolam** ville de l'État de Madras : tissu de coton blanc. A la mode en 1823. **Madras** coton à carreaux. **Maille** du latin *macula :* la maille est une étoffe et non un tissu car elle n'est pas tissée (fils se croisant) mais tricotée avec un seul fil dont les différentes mailles s'entrelacent. **Maille (ou laine) polaire (Polartec)** créée par Aaron Feuerstein en 1979 ; composée essentiellement de polyester, obtenue par un grattage de surface (« émerisage »). Dans sa version luxueuse (*Kalina*) s'apparente à une fausse fourrure. **Mérinos** d'Espagne (*merino*) *:* tissu fait avec la laine du mouton mérinos. **Moire** de « mohair » : tissu de soie à reflets changeants. **Molleton** de « mollet » (mou) : cotonnade épaisse et douce. **Mousseline** toile de coton très claire ; de Mossoul en Irak. **Nankin** tissu de coton jaune fabriqué dans cette ville. **Nansouk** du hindi (« plaisir de l'œil ») : cotonnade à dessins écossais. **Organdi** d'Ourguentch ou Urgang (Turkestan) : mousseline fine légèrement apprêtée. **Ottoman** de l'Empire ottoman (Turquie) : épaisse soie à grosses côtes tramée sur coton. **Oxford** d'Oxford (Angl.) : cotonnade à grain accentué (chemiserie). **Orléans** tissu léger d'origine anglaise, puis fabriqué dans cette ville. **Panne** étoffe de soie à poils coupés sur trame de coton. **Pékin** tissu à fines rayures. **Peluche** de l'italien *peluzza* (petit poil) : présente des poils sur sa surface. **Percale** (*pergala* en tamoul) : fin tissu de coton assez serré. **Perse** d'Inde (et non de Perse) : toile à grands motifs de couleurs. **Pilou** du latin *pilosus* (poilu) : flanelle-coton, légèrement duveteuse. Appelé aussi « pilou-pilou » (sans raison, le pilou-pilou étant une fête canaque). **Piqué** apparence des tissus piqués. A l'origine, composé de 2 épaisseurs de tissu superposées et reliées par des points de piqûre. **Pite** vient d'une sorte d'agave. **Plumetis** ou **mousseline plumetis** autrefois brodés, aujourd'hui tissés. Ornés de plumets ou bouquets de petits pois en relief. **Polyesters** tissus synthétiques : **Tergal** [de *polyester* et *gallicus* (gaulois en latin)] ; chlorofibres [**Rhovyl** (voir p. 1789 a)]. **Pongé** du Japon : tissu de soie léger. **Popeline** de l'anglais *poplin,* de l'italien *papalino* (papal) : cotonnade fine pour chemises d'homme et chemisiers. **Ratine** étoffe de laine très chaude. **Rayonne** soie artificielle appelée aujourd'hui **viscose** (de viscose et cellulose). **Relax (anti-stress)** tissu faiblement dosé en carbone (environ 6 %), supposé faire écran aux ondes électromagnétiques responsables du stress. **Reps** tissu à côtes. **Satin** de Zaitoun (nom arabe de la ville chinoise Tsia-Toung) : tissu de soie brillant [de *coton* (ameublement), *satinette* (cotonnade pour doublure), *fermière* ou *grand-mère* (coton noir imprimé de petits motifs blancs)]. **Serge** lainage dont le tissage présente un effet de diagonale (à l'origine, c'était un tissu de soie, du latin *serica :* étoffe de soie). **Shantung** soierie de cette province chinoise. **Shetland** fait avec le poil des moutons des îles Shetland (Écosse). **Shirting** de l'anglais *shirt* (chemise). Utilisé pour confection de chemises d'homme. **Stretch** de l'anglais *to stretch* (étendre). Voir *élastomères.* **Surah** soierie douce et légère (autrefois de Surate). **Taffetas** du turc *tafta* par l'italien, signifiant « tissé ». **Tarlatane** mousseline de coton transparente servant à faire des patrons. **Tencel** fibre cellulosique, fabriquée à partir de pulpe de bois. **Ternaux** procédé inventé au XIXe par Guillaume Ternaux pour imiter les cachemires indiens. **Thermolactyl Damart** (marque créée 1953 utilise un polymère de polychlorure de vinyle, PVC). **Thibaude** (de *Thibaud,* nom donné aux bergers) : tissu grossier servant à doubler les tapis. **Tissu** le tissage consiste à faire s'entrecroiser des fils dits textiles. *Tissu peigné :* fibres textiles apprêtées avec des peignes (autrefois de fer rougi pour démêler la laine). *Tissu cardé :* tissé avec des fils cardés (ceux dont on a arraché les impuretés au moyen de chardons appelés « cardères des villes », remplacés plus tard par des planchettes munies de clous). *Mercerisé :* tissu tissé avec un fil mercerisé (c'est-à-dire traité), comme le fil à coudre, pour avoir un aspect légèrement brillant. **Tulle** tissu fabriqué pour servir de support aux broderies de « dentelle de Tulle ». Fin réseau en fil de lin, au point de filet de pêche fait à la main, parfois employé seul ou brodé de 3 points classiques, le Grossier, le Respectueux et le Picot. **Tussor** (en anglais *tussah silk,* d'après l'hindi *tassar*) : fil du ver à soie sauvage *Antheraea mylitta.* **Tweed** et **twill** de l'écossais *tweel* (croiser) ; tweed : solide tissu de laine, twill : soierie à effet de diagonale. **Velcro** (contraction de velours et crochet) : procédé d'attache rapide (l'idée vient des poils des boutons de fleurs sauvages qui s'accrochent aux vêtements). **Velours** du latin *villosus* (velu), du provençal *velos* (velu) : poils très courts et serrés. **Vichy** toile de coton originaire de Vichy, à petits carreaux. **Zenana** (en hindi) étoffe gaufrée de soie ou de coton (utilisée autrefois pour vêtements d'intérieur). **Zéphir** tissu de coton léger.

FIBRES VÉGÉTALES

CHANVRE

■ **Origine.** Asie centrale. Plante annuelle. Famille des Cannabinacées (urticales), à graines oléagineuses et à fibres corticales ; utilisée depuis plus de 6 000 ans, l'espèce *Cannabis sativa* rassemble des variétés « drogue » (chanvre indien) contenant des cannabinoïdes psychotropes spécifiques et des variétés « fibres » non psychotropes. **Variétés.** Monoïque (fibres 2 à 2,50 m de haut), de Chine (5 à 6 m), indien (0,50 m à 1,50 m) ou du Liban ou d'Afr. du N. (1 à 2 m), pour ses inflorescences hallucinogènes. **Rouissage.** Destiné à isoler les fibres ; se réalise actuellement à terre, sans aucune opération. **Usages.** **Fibre :** textile, papier (voir à l'Index) ; chènevotte (partie ligneuse), utilisée pour les panneaux de particules, les litières animales et la construction (isolation). **Graines (chènevis) :** huile siccative, nourriture pour les oiseaux, pêche.

■ **Production de fibres + étoupes** (en milliers de t, 1999). Inde 38, Chine 28, Corée du Nord 14,5, Roumanie 11,1, Espagne 6,5, Russie 4,5, Chili 4, *France 2,5,* Pakistan 3, Turquie 2,3. *Monde 70,9.* (*Source :* FAO)

■ **En France.** Culture familiale importante jusqu'au milieu du XIXe s. Concurrencée ensuite par textiles synthétiques et oléagineux d'outre-mer (coton, sisal, jute, etc.) et souffrant de la disparition de la marine à voile. *Récolte pour égrenage industriel* (graines ramassées dans les pailles) : vers début sept. (rendement 7 à 11 t/ha). *Par égrenage sur champ* (récoltées séparément) : vers fin sept. (rendement diminué de 1 à 2 t/ha ; rendement en graines de 8 à 12 q/ha). **Superficie cultivée** (en ha) : *1840 :* 176 000, *1932 :* 1 000, *60 :* 700, *65 : 3 845, 70 :* 3 000, *75 :* 7 600, *80 :* 6 850, *85 :* 6 460, *90 :* 3 700, *94 :* 6 350, *95 :* 6 150, *97 :* 10 930. **Variétés cultivées :** monoïques. Croissance en 100-110 jours. Semis début mai. **Production** (en t) : TIGES *transformées : 1979 :* 47 200, *90 :* 21 600, *94 :* 43 000, *97 :* 77 900 (en filasse pour papeterie 35-40 %, chènevotte 50 %, poudre cellulosique 10 %). CHÈNEVIS (en 1997) : *graines :* 6 325 ; *semences :* 1 773. **Prix à la production** (en 1997) : tiges 400 F/t, chènevis : 175 F/q.

COTON

☞ *Source :* Cirad-CA (programme coton).

■ **Histoire.** **3500 av. J.-C.** utilisé au Mexique (vallée du Tehaucan). **2700 av. J.-C.** au Pakistan (vallée de l'Indus). **2500 av. J.-C.** au Pérou. **XIe s.** Sarrasins et Arabes importent le coton en Sicile et dans le sud de l'Espagne. **XVe s.** Christophe Colomb voit les Indiens porter du coton dans les îles Barbades. Pizzaro le découvre au Mexique, Venezuela, Colombie, Pérou. **XIVe-XVIIe s.** début, l'Amér. du Nord commence à cultiver du coton venant des Antilles et des Indes. **1733** *flying shuttle* (navette volante) de John Kay. **1738** étirage mécanique de Paul Lewis. **1747** 1er arrivage de coton américain en Angleterre : 7 sacs venant de New York. **1753** du coton de Caroline apparaît pour la 1re fois à la Bourse de Londres. Récolte et traitement exigent à l'époque un travail manuel considérable, exécuté par des esclaves. La mécanisation favorise le développement. **1767** James Hargraves construit la *Spinning Jenny* (sa fille s'appelait Jenny), 1re machine à filer comprenant plusieurs fuseaux, **1769** perfectionnée par Richard Arkwright et **1775** Samuel Crompton sous le nom de *« mull-Jenny*. **1785** Edmund Cartwright (1743-1823) invente le 1er métier à tisser mécanique [*1678* tentative de Gennes (français) **1745** de Vaucanson. **1801**-*23-12* 1re de Joseph-Marie Jacquard (1752-1834) brevetée sous le titre de « Machine pour suppléer aux tireurs de lacs »]. **1794** égreneuse à scies d'Élie Whitney. **1907** Lucien Langénieux (1880-1964) invente le métier à tisser automatique à 4 couleurs. **Part du coton dans le marché mondial des textiles** (en %) : *vers 1900 :* 80 ; *1950 :* 71 ; *1960 :* 68 ; *1970 :* 55 ; *1980 :* 47 ; *1990 : 48,5,* (laine 3,8, rayonne et acétate 7,5, synthétiques 40,1, autres 0,1) ; *1997 :* 46 ; *98 :* 42 ; *99 :* 41.

■ **Plante.** Famille des Malvacées. Après la floraison, l'ovaire se transforme en capsule (contenant 20 à 50 graines) qui s'ouvre à maturité. Chaque graine est entourée de 5 000-10 000 duvets et d'environ 10 000 fibres, excroissances de l'épiderme de la graine. On récolte le coton-graine, qui est ensuite séparé en fibres (32 à 44 %) et graines (55 à 65 %). **Rendement :** 570 kg de fibres à l'ha (moy. mondiale 1995 ; Inde 304, Australie 1 411, Israël 1 779). La fibre est utilisée, suivant qu'elle est plus ou moins longue, en filature peignée, en filature cardée ou en ouaterie. *La graine fournit :* de l'huile (environ 18 % de son poids en huile raffinée) à usage alimentaire ; des protéines (environ 17 % du poids de la graine) le plus souvent destinées jusqu'à maintenant à l'alimentation du bétail (tourteaux), mais de plus en plus dans l'avenir à l'alimentation humaine (farine et dérivés) grâce à l'utilisation de variétés sans glandes à gossypol ; duvet ou « linter » (8 %) utilisé pour des textiles grossiers, en ouaterie, ou dans l'ind. de la cellulose ; des coques (40 à 45 %) utilisées principalement comme combustible dans les huileries. **Espèces cultivées :** *Gossypium hirsutum,* d'Amérique (90 % des cotonniers cultivés dans le monde) : haut. 0,80 à 2 m, longueur fibre 25 à 32 mm. *Gossypium barbadense* (5 % des cotonniers cultivés dans le monde) : longueur fibre 35 à 45 mm. *Gossypium alboreum gossypium herbaceum :* longueur fibre 20 à 25 mm.

■ **Culture.** Sensible au froid. La levée exige pour le *Gossypium barbadense* 12 °C, le *Gossypium hirsutum* 15 °C. Optimum entre 25 et 35 °C durant 3 à 4 mois sur un cycle de 5 à 8 mois selon espèces et variétés. 91,8 % des superficies sont cultivées dans l'hémisphère Nord. La culture s'étend de 38° de lat. sud à 45° nord. 40 % du coton est cultivé en culture irriguée. **Répartition des superficies cultivées** (en %) : Asie et ex-URSS 60 ; Amériques 30 ; Afrique 8 ; Europe 2.

Principaux marchés. *USA :* New York, La Nouvelle-Orléans, Memphis. *Égypte :* Alexandrie. *Angleterre :* Liverpool. *Allemagne :* Brême. *Chine :* Hong Kong. *Brésil :* São Paulo.

■ **Cycles de fabrication.** Classement du coton-graine à l'achat selon propreté (taché ou non) et charge en matières étrangères. **1°) Égrenage :** séparation des fibres de la graine par des égreneuses : à scies (les plus courantes), à rouleaux (pour longues ou très longues soies), *nettoyage, pressage* en balles de 217,7 kg (*running balls,* USA, 226 kg). Le classement des balles de coton se fait progressivement d'une manière automatique avec des chaînes appelées *HVI (High Volume Instrument).* Il reste sur la graine le *fuzz* (ou *linter*) de faible valeur qui pourra être enlevé mécaniquement ou chimiquement par la suite, par l'opération de délintage. **2°) Filature :** consiste à ouvrir la fibre venant des balles, la nettoyer, la mélanger, la carder, étirer le ruban à carde et le doubler, puis le mettre sous forme de mèche avant la filature proprement dite. Pour du coton à fibre longue, une étape de peignage permet d'enlever les fibres courtes pour réaliser des fils fins. La filature peut être à *anneaux (ring spinning)* ou *à rotors (open-end)* plus rapide. *Filés retors :* filés de plusieurs fils réunis par torsion. *Fil d'Écosse :* fil pur à longues fibres retors, gazé et mercerisé. Le coton filé est caractérisé par un numéro anglais *Ne* (nombre d'écheveaux de 840 yards dans 1 livre de fil) ou un numéro métrique *Nm* (nombre de km de fil dans 1 kg de fil) ou par le poids en g d'un km de fil *(système Tex).* **3°) Tissage** (ou autres stades équivalents) : assure la transformation du fil en article textile (bonneterie, dentelle, broderie, tulle, filets, feutres, drap, velours, etc.). **4°) Finition :** blanchiment, teinture ou impression et divers apprêts (ainsi le lessivage à la soude, opération de mercerisage), donnant un aspect soyeux et brillant et renforçant la résistance. **5°) Transformation :** d'ordre artistique (dessins, coloris, contextures ou armures de tissus) et commercial.

STATISTIQUES

Sources : FAO, ICAC

■ **Coton fibre** (en millions de t, 2000). **Production :** USA 3 987, Chine 3 850, Inde 2 057, Pakistan 1 912, Ouzbékistan 1 200, Turquie 802, Australie 708, Brésil 550, Grèce 420, Syrie 305, Égypte 245, Turkménistan 240, Mali 210, Iran 151, Bénin 150. *Monde 18 925.* **Export.** (en 1999-2000, est.) : Ouzbékistan 900, Australie 709, Grèce 306, Chine 238, Argentine 178, Mali 138, Syrie 133, Côte d'Ivoire 122, Égypte 111, Bénin 84, Turquie 80, Tadjikistan 80, Zimbabwe 79, Turkménistan 72, Burkina Faso 69. *Monde 4 767.* **Import.** [en 1999-2000 (est.)] : Indonésie 455, Corée du S. 330, Chine 319, Thaïlande 280, Brésil 278, Turquie 277, Mexique 275, Japon 268, Fédération de Russie 231, Bangladesh 185, Pakistan 167, Portugal 140, *France 108.* **Consommation :** Chine 4 800, Inde 2 900, USA 2 185, Pakistan 1 600, Turquie 1 150, Brésil 860, Mexique 540, Indonésie 505, Italie 362, Corée du Sud 360, Thaïlande 310. *France 114.*

■ **Graines de coton** (en milliers de t, 2000) **et,** entre parenthèses, **huile et tourteaux** (en 1999). **Production :** Chine 13 050, USA 9 590, Inde 6 171, Pakistan 5 735, Ouzbékistan 3 006, Turquie 2 151, Brésil 1 914, Australie 1 786, Grèce 1 250, Turkménistan 1 040, Syrie 930, Mali 480, Bénin 435, Iran 430. *Monde 54 143.*

■ **Huile de coton** (en milliers de t, 2000). **Production :** Chine 1 022, Inde 510, USA 444, Ouzbékistan 315, Pakistan 305. *Monde 3 848.* **Exportations :** Brésil 26, Argentine 20, Ouzbékistan 20, Syrie 15, Grèce 9. **Importations :** Inde 70, Canada 37, Syrie 36, Belgique-Luxembourg 13, Japon 11, Corée du S. 6. *Monde 267.* **Consommation :** Chine 900, URSS 710, USA 375, Inde 330, Pakistan 314, Égypte 193, Turquie 117. *Monde 3 853.*

■ **Tourteaux de coton** (en millions de t, 1998). **Production :** Inde 1 800, USA 1 266, Chine 1 015, Pakistan 847, Ouzbékistan 757. *Monde 12 476.* **Exportations :** USA 120, Chine 91, Argentine 74, Côte d'Ivoire 43, Ouzbékistan 42. *Monde 560.* **Importations :** CEE 690, Corée du Sud 208, Afrique du Sud 88, Mexique 52, Italie 42, *France 33.*

■ **Filés. Production** (en milliers de t, 1998). **Coton :** Chine 5 102,4, Inde 2 078,4, USA 1 990 [1], Pakistan 1 430 [2], Turquie 463,2 [3], Corée du Sud 283,2 [4], Japon 183,6 [5], Russie 175,2 [5], Égypte 170,4 [5], Allemagne 135,6 [3], *France 98,4* [5].

Nota. – (1) En 1994. (2) En 1995. (3) En 1998. (4) En 1999. (5) En 1997.

LIN

■ **Variétés.** Environ une centaine d'espèces (textiles, oléagineuses ou mixtes). *Lin commun* cultivé pour la graine (haut. 0,30 à 0,80 m), pour la fibre (0,70 à 1 m et plus).

■ **Lin textile. Culture :** en assolement, vient après blé, céréales secondaires ou plantes sarclées. Demande un climat doux et brumeux, un sol argilo-sableux, profond et frais. *Semailles* en France entre 20-3 et 5-4, récolte pour les lins textiles 100 jours après, oléagineux 150 j après. *Rouissage* (3 à 8 semaines) : après l'arrachage, la paille est étalée sur le sol ; sous l'action de la chaleur et de l'humidité, bactéries et moisissures se développent et attaquent les ciments qui font adhérer les fibres à la tige de la plante. Ensuite, le lin est ramassé mécaniquement et mis en balles parallélépipédiques ; ou bien l'andin est directement enroulé en *rounders* et stocké sous hangar. *Teillage :* une *teilleuse* broie la partie ligneuse de la paille en fragments fins *(anas)* et les bat pour en éliminer la filasse. 100 kg de paille donnent 50 kg d'anas, 16 kg de lins teillés, 10 kg d'étoupes, 8 kg de graines, 8 kg de paillettes. **Utilisations :** *lin teillé :* filature (étoffes, dont habillement 55 %, linge de maison et ameublement 30 %, tissus techniques 15 %) ; *étoupes :* en plus des précédents usages : ficelles, papiers ; *anas :* panneaux et combustible ; *paillettes :* aliment du bétail ; *déchets :* papeterie, matelasserie ; *terres et poussières :* engrais organiques. **Production** (en milliers de t, 1994) : ex-URSS 200, Roumanie 38 (1987), Pologne 14, Rép. tchèque 14, ex-Yougoslavie 7,2 (1988), Belgique 6,5, Hongrie 5,6, *France 5,* Autriche 3, Japon 2,6, Grèce 2,4.

Fibres et étoupe (en milliers de t, 1999). Chine 368, *France 66,* Biélorussie 52, G.-B. 29, Russie 24, Rép. tchèque 17, P.-Bas 16. *Monde 625.*

■ **Graines** venant de lins textiles et surtout de lins oléagineux (jusqu'à 10 graines brunes ou jaunes de 4 à 6 mm dans une capsule). **Utilisation :** *huile* (pour peinture, vernis, encre d'imprimeur, linoléum), *tourteaux* pour animaux. **Production** (en milliers de t, 1999) : *graines :* Canada 1 049, Chine 420, All. 338, G.-B. 295, Inde 274, USA 200. *Monde 2 983. Huile* (en 1999) : Chine 120, USA 97, Inde 84, All. 73, Belg.-Luxembourg 67. *Monde 703.*

■ **Culture en France. Superficie :** *vers 1850 :* 300 000 ha, *1993 :* 35 000 ha. 7 900 agriculteurs dans : Nord, Pas-de-Calais, Somme, Seine-Maritime, Calvados, Eure, Oise, Seine-et-M. **Production et,** entre parenthèses, **consommation apparente** (en milliers de t) : *pailles* [1] : 407,7 (240,6) ; *filasses* [1] : longs brins 41,9, étoupes 17,8 (longs brins + étoupes 7,9) ; *fils* [2] : mouillé 3,7, sec 1,6 (mouillé + sec 2,9) ; *tissus* [2] : pur lin 1,3 (1,6), lin mélangé 2 (1,1). **Entreprises** [2] : *teillage* [2] : 47 (1 215 employés) ; *filature* [2] : 4 (1 009). **Chiffre d'affaires** (France, en millions d'écus) : *culture* [1] : 78 ; *teillage* [2] : 88 ; *filature* [1] : 42 (filature CEE en 1990 : 181).

Nota. – (1) En 1990-91. (2) En 1991.

AUTRES FIBRES VÉGÉTALES

■ **Production. Fibres dures** (en millions de t, 2000). Inde 1 720, Bangladesh 975, Chine 365, Myanmar 47, Russie 45, Thaïlande 116, Viêt Nam 15. *Monde 3 558.* **Abaca, chanvre de Manille :** Philippines 71,3, Équateur 24,5, Costa Rica 1,1, Indonésie 0,6, Guinée équatoriale 0,5. *Monde 98.* **Jute :** Bangladesh 1 852, Inde 1 500, Chine 106, Myanmar 33,5, Ouzbékistan 21, Népal 15,2, Viêt Nam 11, Thaïlande 4,6, Soudan 3,3, Cambodge 2,6. *Monde 3 554,4.* **Sisal :** Brésil 195,3, Mexique 46, Chine 34, Kenya 25, Tanzanie 22, Madagascar 15, Venezuela 11,5, Cuba 6, Haïti 5,7, Afr. du Sud 2,6, Maroc 2,2. *Monde 368,7.*

■ **Fibres libériennes.** Extraites du *liber* de la tige de plantes de 2 à 3 m de haut. **Jute et autres fibres textiles libériennes.** **Jute vrai :** principales variétés : *Corchorus capsularis* ou *jute blanc, Corchorus olitorius* ou *jute roux* ou *tossa.* **Hibiscus cannabinus :** chanvre d'hibiscus, de Gamba (Gambo hemp), jute du Siam, kénaf, jute de Bimli (Bimlipatam jute), chanvre d'Ambari, Papoula de São Francisco, Dah, Meshta, etc. **Hibiscus sabdariffa :** chanvre Rosella ou roselle jute du Siam, kénaf, jute de Java, etc. **Abutilon avicennae :** chanvre d'abutilon, jute de Chine, de Tien-Tsin, Ching-Ma, King-Ma, etc. **Genêt :** *Spartium junceum* (genêt d'Espagne), *Cytisus scoparius* (genêt commun). **Urena lobata** et **Urena sinuata :** jute du Congo, de Madagascar ou paka, Malva blanca ou Cadillo (Cuba), Guaxima, Aramina ou Malva roxa (Brésil), Cæsarweed (Floride). **Crotalaria juncea :** chanvre des Indes, de Sunn, de Madras, de Calcutta, de Bombay, de Bénarès ou jute de Queensland ou jute de Cuba. **Sida :** Escobilla, Malvaisco, chanvre de Queensland ou jute de Cuba. **Thespesia :** Polompon (Viêt Nam). **Abroma augusta :** Devil's Cotton ou lin indien. **Clappertonia ficifolia :** Punga (Congo) ou Guaxima (Brésil). **Triumfetta :** Punga (Congo) ou Carapicho (Brésil). **Orties.**

Fibres du genre Agave. **Sisal** (agave *sisalana*). **Chanvre de Haïti** (agave *foetida*). **Henequen** (agave *fourcroydes*). **Istle** ou **ixtle** (chanvre de Tampico ou mexicain) : fibres extraites de l'agave *funkiana* ou de l'agave *lechugilla.* **Maguey** ou **cantala :** de l'agave *cantala* (Philippines, Indonésie) ou de l'agave *tequilana* (Mexique). **Pita** (agave *americana*). **Coco :** fibres de l'enveloppe externe des noix de coco. **Abaca** (ou chanvre de Manille) : obtenu en raclant au moyen de couteaux ou mécaniquement le pétiole des feuilles de certains bananiers (*Musa textilis Nee*) [Philippines]. **Ramie :** partie libérienne de la *Boehmeria tenacissima* (*Rhea* ou ramie verte) et de la *Boehmeria nivea* (*China-grass* ou ramie blanche).

☞ **Alfa** ou **sparte :** viennent des feuilles. **Aloès :** fibres. **Ananas :** fibres connues également sous les noms de *Curanà* (Amazonie), *Pina* (Mexique), *Silkfrass ;* extraites des feuilles ; fibres de *Pita floja* ou *Colombia pita* ou *arghan,* de Caroà (Brésil), de Karatas, etc. **Chanvre de Maurice** *(Furcraea gigantea),* Piteira (Brésil). **Phormium tenax** (chanvre ou lin de Nlle-Zélande). **Sansevière :** Bowstring, Ife hemp. **Tourbe bérandine** (ou **béraudine**). **Typha. Yucca.**

■ **Filature et tissage.** Inde, Bangladesh, Thaïlande, Chine, Europe et dans plusieurs pays d'Afrique, d'Amérique latine. En Europe depuis 1830, en *France* (Somme, Nord) depuis 1843. **Fils de jute** (en milliers de t, 1998) : 46,8 [3] dont G.-B. 48 [2]. Bangladesh 37,4 [1]. Égypte 18,2 [5]. Belgique 4,2 [2]. Rép. tchèque 4,2 [2]. Pologne 3,6 [2]. Ex-Yougoslavie 0,6. Japon 0,6 [4]. All. 0,4 [2]. *France 0,4* [2]. Hongrie 0,2 [2].

Nota. – (1) 1997. (2) 1996. (3) 1995. (4) 1991. (5) 1993.

Utilisations : emballages ; bâtiment, literie (matelas à ressorts, dessous de sommiers), ameublement (sangles, toiles protectrices), automobiles (toiles, feutres), câblerie (guipage des câbles électriques), enduction plastique (maroquinerie, ameublement, revêtements de sols), agriculture (toiles d'ombrage, contre vents, gelées), travaux publics (routes, fixation des talus, des sols) ; tapis, feutres enduits, aiguilletés, toiles teintes, revêtements muraux, toile tailleur, chaussures (semelles d'espadrilles), bagages (toiles enduites).

Fibres animales kératiniques

Laine

■ **Mouton. Origine :** *mouton* tondu 1 fois par an (en France, mars-avril). *Rendement :* 1 à 8 kg par toison selon la race (la toison est chargée de 30 à 60 % de suint). **Fibre :** pleine (sans canal médullaire), légèrement elliptique. La longueur varie selon la race et l'endroit du corps (mérinos, rarement plus de 10 cm ; croisés, jusqu'à 40). Selon la finesse on distingue les laines *mérinos fines* (18 à 23 µ), *ondulées* (jusqu'à 15 ondulations au cm), *souples* et relativement courtes (6 à 7 cm) [exemple en Fr. : mérinos d'Arles] ; *les croisés grossiers* (34 à 40 µ) [exemple en Fr. : Ile-de-France] ; *les laines jarreuses* (limousine, manech) et *pigmentées* (bizet, solognote). En combinant les notions de finesse et de qualité, on distingue plus de 1 000 variétés de laines. **Laine vierge :** non travaillée et n'ayant subi ni traitement ni manipulation autres que ceux requis pour la fabrication du produit.

■ **Chèvre. Mohair** du turk *mukhyur*, la toison la meilleure. **Origine :** *chèvre angora* (25 à 30 kg) tondue 2 fois par an. *Rendement :* 4 à 9 kg de mohair par an (environ 20 % de suint). **Fibre :** pleine (seuls les jarres, 0,1 à 6 % de la toison, ont un canal médullaire ; doivent être éliminés, car plus grossiers et prenant mal la teinture). *Finesse :* de 27 (kid) à 40 µm. *Qualités :* douceur au toucher, lustre, résistance. L'élevage de la chèvre angora se développe en France depuis le début des années 80 ; 1989 : environ 100 éleveurs (surtout Midi-Pyrénées, Languedoc-Rousssillon, Rhône-Alpes). Jusqu'en 1820, le sultan en interdit l'exportation ; en 1838, 1re implantation en Afrique du Sud ; en 1849, 2e au Texas. **Production :** 9 000 t/an (Afrique du Sud 65 %, Texas, Argentine, Turquie, Australie et Nlle-Zélande). **Cachemire. Origine :** chèvre cachemire (40 à 60 kg). 15 variétés (les meilleures : Jining, Tibétaine, Zhongwei, tondues ou peignées 1 ou 2 fois par an). *Rendement :* 80 à 300 g par an (20 % de suint). **Fibre :** sous le *jarre* (diamètre > 50 µ, longueur 40 à 200 mm) se trouve le *tiflit* ou duvet (diamètre 14 à 20 µ, longueur 25 à 50 mm). **Production :** 4 500 t/an [Chine (le plus fin : 15 µ), Mongolie, Afghanistan, Iran, ex-URSS]. Essais d'élevage en Europe [Écosse, Islande, *France (1er élevages en 1989)*]. **Cashgora :** 1ers croisements de chèvre du Cachemire et d'angora (mohair) réalisés dans les années 1820 par un Français, Antoine Rémi Polonceau, repris en 1980 en Nlle-Zélande.

■ **Lapin. Angora. Origine :** *lapin angora,* tondu ou épilé 4 fois par an. *Rendement :* 0,6 à 1,3 kg (pas de suint) ; jusqu'à 30 % du poids vif du lapin (la brebis mérinos ne donne que 9 % de son poids). Le poil s'allonge de 0,7 mm/jour ; tonte tous les 3 mois ; 2 procédés : épilation avec des peignes appropriés ou au ciseaux. **Fibre :** médullée (1 % de jarres, recherchés pour la laine fantaisie). *Finesse :* 14 à 16 µ. *Qualités :* très grande douceur au toucher, légèreté (d = 1 ; laines = 1,3), très isolant. La Fr. possède une souche apparue vers 1723 produisant un angora supérieur pour des laines fleuffées haut de gamme [1988 : 2 000 éleveurs, 300 000 lapins angoras (surtout Pays de la Loire, Bretagne, Poitou-Charentes, Basse-Normandie)]. Autres souches : allemande (Europe centrale et Amér. du Sud), chinoise (Tanghang). **Production :** 8 000 t/an (Chine 1 500 t, Chili, Argentine, France, ex-Tchécoslovaquie, Italie).

■ **Auchenidés** (du grec *Auchenios*, cou). **Alpaca :** espèces *Huacayo* la plus répandue (30 à 90 cm de haut, 100 kg, élevé pour son lait) et *Suri.* Tondus 1 ou 2 fois par an. **Fibre :** trois catégories de finesse : *adult* ou *mixed pieces* (30 à 32 µ), superfin (25 à 27 µ), Baby Alpacas (21 à 23 µ). **Production :** 4 000 t/an (Pérou, Bolivie, Chili, Argentine). **Ouanaco :** sauvage, chasse interdite. **Lama :** toison 3 à 4 kg ; 4 coloris de base, blanc, noir, brun et gris ; poil doux d'aspect rustique. **Vigogne :** hauteur 70 à 90 cm ; poids 35 à 50 kg ; animal sauvage, chasse interdite.

■ **Chameau** *(Camelus Bactrianus).* **Origine :** Asie, c'est le chameau bactrian à 2 bosses. **Toison** faite de 2 fibres : le *jarre* (finesse 30 à 120 µ) très raide, utilisé pour des courroies de transmission, recouvre un *duvet* doux (finesse < 20 µ) ; la toison se détache seule au printemps. **Teinte :** camel ou brun-roux, exceptionnellement blanc.

■ **Yack. Origine :** à l'état sauvage, à 5 000 m d'altitude, au Tibet, en Mongolie, en Asie centrale ; domestique fournit lait, viande, chauffage, transport. **Poids :** femelles 300 kg, mâles 500 kg. **Toison :** couleur brune ; se détache une fois par an au printemps ; gros poil et sous-poil sont séparés par cardage mécanique (*éjarrage*) qui fournit 500 g de duvet/tête.

■ **Fabrication. Histoire. 1530** Jurgen (Brunswick, Allemagne) invente le *rouet* qui remplace le fuseau. **1777** on y adapte 2 pédales. **1792** 1re machine à peigner la laine de E. Cartwright. **1826** 1re peigneuse française de J.-B. Godart d'Amiens vendit son invention en 1828 à Collier. **1853** J. Noble en reprend le principe.

Cycle cardé. Les *cardes* (rouleaux munis d'aiguilles) démêlent et parallélisent les fibres. Le voile de carde est rassemblé en une mèche qui est filée après avoir été étirée et tordue. L'aspect final est plutôt rustique (tweeds, shetlands). **Cycle peigné.** Le voile de carde, ramassé sous forme de ruban, est rassemblé avec d'autres et étiré plusieurs fois. Il est peigné pour éliminer les fibres courtes, puis filé. Les articles en laine peignée sont d'aspect plutôt fin, sec et plat (gabardines, toiles légères). **Délainage.** Consiste à séparer la laine de la peau des moutons abattus. **Principaux pays producteurs :** France (Mazamet, Tarn) et Nouvelle-Zélande.

Statistiques

■ **Laines. Consommation de laine vierge par l'industrie textile** (en milliers de t, 2000) : Chine 324,2, Italie 145, ex-URSS 66,5, Turquie 61,5, Inde 61, Japon 47,6, G.-B. 46,3, Corée du S. 42,1, Iran 34,3, USA 29,1, All. 26, Nlle-Zélande 26, Belgique 25,33, Pakistan 24,6, Algérie 24, Espagne 19,1, Irlande 19, Taïwan 16,7, Australie 16,4, Maroc 15,8, *France 6,2.* **Production** (en milliers de t, laine brute, 1999-2000) : Australie 668. Chine 290. Nlle-Zélande 256. Ex-URSS 133 (dont Russie 45). Turquie 72. G.-B. 64. Argentine 63. Pakistan 57. Uruguay 55. Afr. du Sud 51. Inde 35. Espagne 34. Maroc 30. Irlande 26. USA 24. *France,* Mongolie 20. Iraq 19. Roumanie 18. Chili 15. Brésil 14. *Monde 2 347.* **Exportations** (en milliers de t, 1999) : Australie 605. Nlle-Zélande 167. G.-B. 35. Argentine 27. Afr. du Sud 23,3. *France 15,8.* Hong Kong 13,4. All. 10,2. Espagne 9,9. Chine 9,8. Mongolie, Uruguay 9,6. Taïwan 8,8. Italie 8,5. Belgique 7,6. Irlande 6. Roumanie, Turquie 4. Brésil 3,5. *Monde 922.* **Importations** (en milliers de t, 1999) : Chine 150,5. Italie 122. All. 73. G.-B. 66,7. *France 60,1.* Taïwan 58,7. Japon 39,4. Turquie 31,7. USA 19,6. Espagne 18,3. Hong Kong 3,2. Inde n.c (45 en 98). *Monde 1 073.*

■ **Peignés et rubans cardés. Production** (en milliers de t, 1999) : Chine 163. Italie 54,9 (63,7 en 2000). Australie 53,6. *France 36,8 (33,9 en 2000).* Uruguay 33 (35,6 en 2000). Inde 25. Taïwan 24. All. 17 (18,3 en 2000). G.-B. 15,3 (12,2 en 2000). USA 14,3 (12,6 en 2000). *Monde 1998 : 579.*

■ **Fils pure laine et majoritaires laine. Production de laine peignée et,** entre parenthèses, **cardée** (en milliers de t, 1999) : USA 378 (40,3). Italie 240 (174) ; *2000 :* 254 (196,6). Turquie 126 (27,6) ; Japon 66,2 (12) ; *2000 :* 31,5 (8,8). Espagne 59,4 (11,6) ; *2000 :* 57,1 (11,4). Inde 41 (46) ; *2000 :* 45 (48). G.-B. 31,2 (56,2) ; *2000 :* 27,5 (54,9). *Monde 1998 : 1 212 (597).*

■ **Tissus peignés et cardés. Production** (en 1999) : Italie n.c., 141 (en 1998). Japon 59. G.-B. 38. Turquie 27. Inde 25. Espagne 20. All. 18. USA 18. *France 16. Monde 1998 : 389.*

■ **Prix de la laine à Londres** (en pence par kg). *1960 :* 85 ; *70 :* 82,1 ; *80 :* 256,8 ; *85 :* 387,1 ; *88 :* 654,7 ; *89 :* 564,4 ; *90 :* 457,2 ; *91 :* 314,3 ; *92 :* 282,3 ; *93 :* 256,8 ; *94 :* 404,4 ; *95 :* 411,7 ; *96 :* 355,6 ; *97 :* 382 ; *98 :* 259,5 ; *99 :* 236,4 ; *2000 :* 256,6.

Soie

Généralités

■ **Histoire. Antiquité av. J.-C.** En Chine, monopole de la famille impériale ; connue des Grecs, la soie venait de Chine appelée alors « Pays des Soyeux » ou « Pays de la soie ». **Moyen Age** le port de la soie se développe en Grèce et Asie Mineure. Les Byzantins en importent (notamment de Perse), puis en produisent vers le VIe s. *Route de la soie* suivie par les caravanes entre Chine et Méditerranée passant notamment par la *Serinde* en Asie centrale entre la Chine (pays des Sères) et l'Inde. Les croisés rapportent des soieries. L'Église les adopte (des évêques célèbrent des offices dans un vêtement orné des versets du Coran ou de sentences païennes). **XIIe s.** la Sicile est le 1er centre de fabrication européen (Palerme), puis l'Espagne suit. **XVe s.** sous Louis XI, à Lyon et Tours, des ateliers sont créés. **1494** importations interdites en France. **1550** Henri II réintroduit la soie en France. Sous Henri IV, la *sériciculture* apparaît après l'exil des huguenots. **XVIIe s.** essor de la soierie lyonnaise, mais la révocation de l'édit de Nantes (1685) lui porte un coup sévère. **1800** le métier inventé par le Lyonnais Joseph-Marie Jacquard (1762-1834) permet à Lyon de reprendre une place importante. **XIXe s.** production record (26 000 t de cocons frais), puis recul progressif des sériciculteurs (lié à la montée des salaires).

■ **Sériciculture.** Certains insectes sécrètent une « soie » pour construire un *cocon* où ils s'enferment à l'état de *chrysalide.* La *soie sauvage* est ainsi produite par des vers sauvages ou semi-sauvages (exemple : *tasar* ou *tussah-antheraea mylitta* qui se nourrit de feuilles de chêne). La *soie grège* vient du *Bombyx mori,* qui se nourrit de feuilles de mûrier blanc *(Morus alba).* Le papillon femelle du bombyx pond en général 500 œufs ou « graines » qui sont conservées au frais pendant la mauvaise saison, puis mises à incuber en temps voulu entre 10° et 15 °C, puis 20° et 23 °C, pour permettre le « nourrissage » des jeunes vers avec les feuilles fraîches de mûrier. Les vers éclos subissent 4 mues avant d'atteindre leur taille maximale (5 à 8 cm). Au cours du « dernier âge », le ver monte, s'accroche à des rameaux disposés sur des claies – ou s'installe (élevage moderne) dans un casier spécialement conçu. Le *ver* file alors avec sa bave, en 3 ou 4 jours, un cocon dans lequel il s'enferme pour devenir *chrysalide,* qui, dans une dernière mue, se transformera en *papillon* et « percera » le cocon pour sortir. Afin de conserver intacts les cocons pour le dévidage en filature, on « étouffe » les chrysalides dans les cocons. On ne laisse éclore qu'une petite quantité de papillons qui s'accoupleront pour fournir les graines de la saison suivante *(grainage).* En France, il ne reste que 2 ou 3 exploitations séricicoles ou *magnaneries* (nom provençal des bâtiments destinés à l'élevage des vers à soie) dans la région du Gard. Actuellement le *Bombyx mori* est surtout utilisé par la science (recherche en biologie moléculaire).

■ **Filature.** Un cocon comporte de 700 à 1 500 m de bave constituée de 2 filaments de *fibroïne* et de 20 à 25 % de *séricine* ou *grès* qui enveloppe et soude les filaments. Les baves étant très fines, on assemble en filature de 4 à 10 baves ou *bouts* pour obtenir le fil de soie commercial. Environ 6 kg de cocons frais donnent 1 kg de soie grège (un cocon pèse 8 dg). Les machines automatiques fabriquées essentiellement au Japon sont actuellement utilisées. **Doupion :** les cocons doubles (produits par 2 vers travaillant trop près l'un de l'autre) sont filés par des procédés spéciaux et fournissent une soie dite *doupion,* irrégulière et de titre plus « ferme », c'est-à-dire plus gros que celui de la soie grège. On en tisse des étoffes qui tirent de l'irrégularité du fil un caractère et des effets spéciaux.

■ **Moulinage et tissage.** On « décreuse » en général la soie ; on élimine le grès par trempage en eau savonneuse. En outre, avant tissage, les fils de soie subissent le plus souvent des opérations d'assemblage ou de torsion effectuées par l'industrie du *moulinage.*

Schappe et bourrette : fils de fibres soyeuses discontinues produits à partir de déchets de soie : cocons percés, déchets de dévidage (frisons, blazes, bassinés), déchets de moulinage. Après décreusage partiel (enlèvement du grès), les déchets sont cardés puis peignés pour paralléliser les filaments, et convertis en fils au moyen de machines analogues à celles qu'on utilise pour la formation de fils de laine ou de coton. Les fils composés de longs filaments sont appelés *fils de schappe,* ceux qui viennent de filaments courts sont des *fils de bourrette.*

Denier : exprime la grosseur ou le *titre* commercial d'un fil de soie. Le nombre correspond à la masse en grammes de 9 000 m de fil (exemple : une soie de 20 deniers est une soie dont 9 000 m de longueur de fil pèsent 20 g). Dans le système *tex,* un fil dont la longueur est 1 000 m a une masse de 1 g.

Statistiques

■ **Production** (en milliers de t). **Cocons dévidables** (en 2000) : Chine 147, Inde 83, Corée 35, Ouzbékistan 18, Brésil 15, Iran 3, Viêt Nam 2, Japon 1,4, Roumanie 1, Afghanistan 0,5, Kirghizistan 0,1. *Monde 309.* **Soie grège** (en 2000) : Chine 76, Inde 15, Turkménistan, Corée 5, Brésil, Ouzbékistan 2, Thaïlande 1, Viêt Nam 0,9. *Monde 76.*

■ **Consommation intérieure** (en milliers de t, 1997). **Soie grège :** Chine 41,6. Inde 18. Japon 5,3 (en 1995). Corée du Sud 3,5. Italie 3,2. CEI 1,5. *France 0,4.* USA 0,12.

Fibres chimiques

Noms des fibres

■ **1°) Cellulosiques** (dites artificielles). Fabriquées à partir de cellulose extraite de produits naturels : protéines (arachide ou caséine du lait par exemple) ou extraits d'algues. **Soies artificielles :** *soie au cuivre :* cellulose dissoute dans la liqueur de Schweitzer (solution ammoniacale d'hydroxyde de cuivre) ; *soie artificielle,* dite *« de bellemère » : 1889* (20-4) Hilaire Bernigaud, Cte de Chardonnet de Grange (1839-1924) fait breveter un procédé de fabrication (soie obtenue à partir du collodion, très inflammable). *1891* installe la 1re usine, emploie de la nitrocellulose, dissoute dans un mélange d'éther et d'alcool puis passée à travers un mince orifice et évaporée au fur et à mesure. Les fils étant très inflammables, sont dénitratés à l'hydrosulfite de soude ; *viscose : 1896* créée par Charles Cross et E. J. Bevan (Angl.), vient de la dissolution dans la soude caustique de la cellulose des déchets de coton, puis dans du sulfure de carbone, avec l'avantage de ne pas utiliser le collodion (prendra le nom de *rayonne* en 1936) ; fils continus ou fibres discontinues [Acordis, Viscoseda (G.-B., All.) ; Lenzing (Autr.) ; Fabelta (Belg.) ; Sniace (Esp.) ; Kemira (Finl.) ; Cellatex (Fr.), Snia (It.) ; Svenska (Suède)], *acétate, triacétate* [Celanese (Belg.) Rhodia Aceton (All.), Inacsa (Esp.), Novaceta (It., G.-B.)], *cupro* [Bemberg (It.)], *modal* [Lenzing (Autr.)].

■ **2°) Synthétiques.** Fabriquées à partir de produits chimiques variés issus pour la plupart de la pétrochimie. **Polyamide** (depuis 1938-39, USA) : *Polyamide 66* (2 constituants : *acide adipique* et *hexaméthylène-diamide* comprenant chacun 6 atomes de C) : **Nylon** [*inventé* par Wallace Hume Carothers (suicide 1937), chercheur chez Du Pont de Nemours : fibre ne fondant qu'à 230 °C, aussi fine que la soie et plus résistante à la tension que toutes les fibres naturelles. *Nom : no run* (« ne file pas »), devenu Nolen et Nolon, puis Nylon (le nom viendrait des initiales de Nancy, Yvonne, Louella, Olivia et Nina, les épouses des chimistes de Du Pont de Nemours qui collaborèrent à la découverte) ; on en fit depuis la guerre les initiales d'une boutade : *« Now you lousy (ou have lost) old Nippons :* « Et maintenant à nous deux, sales vieux Nippons (ou : vous avez perdu, vieux Nippons ». *1935 :* marque déposée. *1938-27-10* découverte annoncée publiquement. *1939 : 1res utilisations :* poils de brosse à dents, fils de canne à pêche et fils de suture. *1940-15-5 :* 1re vente de bas aux USA (64 millions de paires vendues la 1re année). **Principaux producteurs** (en 1999) : *fils continus :* habillement : Dupont, Nylstar ; tapis : Dupont, Aquafil, Rhodia Perf. Fibres, Domo Groupe, Radici ; industriels : Acordis, Dupont,

Filtec ; *fibres discontinues :* Dupont, Rhodia Perf. Fibres, Radici. **Fibres thermostables :** *polyamide aromatique avec un groupe phénylène :* Nomex (USA). *Polyamide-imide aromatique :* Kermel (1963, France). **Acrylique** (1947, USA) : *fibres discontinues :* Acordis, Bayer, Montefibre. **Polyester** (découvert par Carothers, rendu résistant à la chaleur par ICI en 1941, fabriqué en 1950, G.-B.) : *fils continus :* habillement : Dupont, Trevira, Poliseda, Sasa, Setile, Unifi ; industriels : Acordis, Allica Signal, Filtec, Kosa ; *fibres discontinues :* Dupont, Sasa, Tergal [fibre polyester inventée par J. Whinfield et J. Dickson (Angl.) qui la nommèrent *Terylene ; 1941* brevet déposé, octroyé en *1946 ;* acheté par Imperial Chemical Industries qui s'associera avec Du Pont de Nemours ; *1953* USA, commercialisé sous le nom de *Dacron,* en France, sous le nom de *Tergal*], Trevira, Wellman. **Chlorofibres** (1941-42, France) : *base polychlorure de vinyle :* Rhovyl (brevet 21-6-1941, France ; utilisé par Damart pour le *Thermolactyl*), Vinyon (USA). (1940, USA) : *de vinylidène :* Saran (USA). **Polyoléfine** (1964, Italie) : *base propylène :* polypropylène ; *éthylène basse pression :* polyéthylène. **Élasthane** (1960, USA) : *base polyuréthane :* Lycra (1959, Du Pont de Nemours, USA). **Fibre à 2 composants :** *fibre à structure bilame, deux polymères accolés ou concentriques :* Cantrece (USA), Bayer (Dorlestan).

Statistiques

■ **Production** (en milliers de t, 1999). **Fibres cellulosiques :** Chine 433 [1], Inde 264,4 [1], Jap. 216, All. 207, Indonésie 162, Autr. 154,9, Taïwan 143 [1], USA 134,8, G.-B. 88, Finl. 52,6, Brésil 48,4, Thaïlande 46 [1], Italie 32,2, Benelux 31,5, Esp. 30,3, Rép. tchèque 26,9 [1], Suède 22,2. *Monde : 2 410.* **Synthétiques :** USA 4 203,7, Chine 3 586 [1], Taïwan 3 094,2 [1], Corée du S. 2 569,7, Inde 1 357,1 [1], Jap. 1 222,8, Indonésie 859,3 [1], All. 763,3, Turquie 757 [1], Italie 582,9, Mexique 561,7 [1], Thaïlande 495,3 [1], Pakistan 428 [1], Benelux 354,6, Malaisie 333,3 [1], Espagne 314,6, Brésil 278,1, Can. 212 [1], G.-B. 205,3, *France 175,8. Monde 22 518.*

Nota. – (1) 1998.

Grands producteurs de fibres. Du Pont (USA) ; Nan Ya (Taïwan) ; Acordis (Japon) ; Toray (Japon) ; Kosa (USA-Mexique) ; Hualon (Taïwan) ; Teijin (Japon) ; Yizheng (Chine) ; Far Eastern (Taïwan).

☞ Une usine produisant 150 t/jour de fibres acryliques remplace la production de laine de 12 millions de moutons (la surface nécessaire pour un tel troupeau serait égale à la Belgique) ; 150 t/j de fibres polyester remplacent une culture de coton de 100 000 ha.

■ **Fibres cellulosiques et synthétiques.** Elles peuvent se présenter sous forme de fils continus ou de fibres discontinues. Les appellations **« rayonne »** (fil continu) et **« fibranne »** (fibre) ne sont plus légales. *L'acrylique* est sous forme de fibres ; les autres fibres, en fil ou en fibres discontinues. Les filaments constituant les fils continus peuvent être ronds, creux, plats, multilobés, selon la forme des trous de la filière. Les fils continus peuvent être ondulés ou frisés par texturation (fils texturés). Certains sont tordus sur eux-mêmes pour faire du crêpe par exemple, ou tordus pour être assemblés à d'autres fils et donner des fils fantaisie (moulinage). Les fibres synthétiques ou cellulosiques, obtenues après craquage de rubans de filaments continus, peuvent être utilisées seules ou mélangées entre elles ou avec des matières naturelles.

■ **Non-tissé.** Voile, nappe ou matelas de fibres réparties directionnellement ou au hasard, et dont la cohésion interne est assurée par des méthodes mécaniques (aiguilletage), physiques (soudage ou dissolution partielle...), chimiques (imprégnation...), ou par combinaison de ces divers procédés à l'exclusion de tissage, tricotage, couture-tricotage et feutrage traditionnel. Peut être obtenu par voie humide, sèche, fondue ; ne comprend pas les papiers. *Catégories de produits :* usage unique (hygiène) ; usage court (supportant plusieurs lavages : linge de table...) ; durée de vie traditionnelle (revêtement mural...).

■ **Microfibres.** Fibres (polyester, polyamide, acrylique...) très fines. Permettent à la transpiration de s'échapper. « Titre » (grosseur) en décitex (dtex) correspondant au poids en g de 10 000 m de fil : de 0,001 à 1 dtex. *Coût :* + 70 %.

Industrie textile et d'habillement en France

■ **Industrie textile** (en 2000). **Effectifs :** 1 300 entreprises de plus de 20 salariés, 122 160 salariés. **Chiffre d'affaires** (en milliards de F) : *1988 :* 112 ; *89 :* 145 ; *90 :* 120 ; *95 :* 108 ; *98 :* 115 ; *99 :* 109 ; *2000 :* 108. **Commerce** (en milliards de F) : *importations :* 81 ; *exportations :* 62 ; *solde* (en milliards de F) : *1991 :* – 27 ; *95 :* – 21 ; *96 :* –11 ; *97 :* – 13 ; *98 :* – 16 ; *99 :* – 16 ; *2000 :* – 19. **Exportations de produits textiles vers l'Asie** (en millions de F) : *1997 :* 2 342, *94 :* 2 960, *99 :* 2 329 (*vers* Japon 1 450, Hong Kong 425, Taïwan 227, Corée du Sud 130, Singapour 62, Chine 21, Thaïlande 9, Philippines 6, Pakistan 4, Indonésie 3, Inde, Malaisie 1).

■ **Textile-habillement** (en 2000). **Effectifs :** 2 800 entreprises (> 20 pers.), 223 000 salariés (dont, en milliers, Rhône-Alpes 42, Nord 37,3, Ile-de-France 36,5, Pays de la Loire 17, Champagne 12,2, Midi-Pyrénées 11,3, Alsace 10,6). *Emplois directs et indirects :* 460 000. **Chiffre d'affaires** (en milliards de F) : 165. **Commerce** textile manufacturé (en milliards de F) : *importations :* 80,7 de Italie 13,4, Belg.-Lux. 6,8, All. 6,7, Chine 5,6, Turquie 4,1, Espagne 4, Portugal 3,5, G.-B. 3,4, Maroc 2,9, Inde 2,8 ; *exportations :* 62,3 *vers* Allemagne 7,9, Belgique 6,5, Italie 6,3, G.-B. 5,3, Espagne 4,6, Tunisie 3,7, Maroc 3,1, USA 2,5, Portugal, P.-Bas 2,2. **Principales sociétés :** voir p. 1807.

■ **Le Sentier.** 5 000 entreprises dans 4 arrondissements de Paris (IIe, IIIe, Xe et XIe). Emploi directement ou indirectement plus de 45 000 personnes. Siège de plusieurs grandes marques : Bidermann, Weil, Weinberg, Kookaï, Naf-Naf... Environ 25 % de l'industrie française de l'habillement.

Parts de marché des différents circuits de vente de prêt-à-porter en France (en %, 2000) : chaînes 19, multimarques indépendantes 21, grandes surfaces spécialisées 12 (n.c.), hypers 16,5, VPC 10, grands magasins 6, chaînes-sport 6,5 (n.c.), autres (magasins d'usines...) 9.

☞ **Bidermann international** (holding) : *chiffre d'affaires* (en milliards de F) : *1994 :* 4,6. **France :** *chiffre d'affaires :* 1,6. Usines : Poix-du-Nord et Châteauroux. Chaînes : Armand-Thiery et Class Affair. 4 licences. **Chargeurs :** *chiffre d'affaires* (en millions d'euros) : *2000 :* 1 198 (dont laine 494, tissus 215, entoilage 300, films de protection 189).

■ **Groupe Harvost-Lainière SA. 1921** Jean Prouvost fonde la *Lainière de Roubaix.* **1927** naissance de *Pingouin.* **1948** chaussettes *Stemm.* **1960** vend 12,5 millions de paires. **1961** sponsorise les Chaussettes noires, dont le chanteur est Eddy Mitchell. **Effectifs** *1960 :* 6 800 ; *82 :* 4 900 ; *89 :* 2 100 ; *93 :* 600 ; *96 :* 450. **Chiffre d'affaires** (en milliards de F) : *1980 :* 4,8 (groupe Prouvost) ; *87 :* 8,35 ; *88 :* 4,8 (groupe VEV après cession partielle à Chargeurs SA) ; *93 :* 2,1 ; *95 :* 1 (Lainière SA).

☞ **Coût de fabrication comparée d'une salopette pour enfants** (en F, 1995). *Source :* Catimini. *France* 95 (façon 60, matière 25, visuel 10, transport douane 0). *Maroc* 55,50 (21, 25, 8, 1,50). *Thaïlande* 39,50 (9, 22, 4, 4,5).

■ **Industries de la maille** (en 2000). **Chiffre d'affaires :** 22,1 milliards de F. **Principaux pays** (en millions de F) **clients :** Allemagne 2 476, Belgique 2 216, G.-B. 1 825, Espagne 1 749, Italie 1 602 ; **fournisseurs :** Italie 4 703, Chine 3 567, Maroc 2 603, Turquie 2 603, Portugal 2 373.

☞ **Doré-Doré (DD).** *Origine :* Sté Doré fondée *1819* par Jean-Baptiste Doré (artisan aux Grès) devenue Doré-Doré en s'alliant avec une branche cousine exerçant la même activité. *1862* naissance de la marque DD. *Production* (en 1998) : chaussettes 6 000 000 de paires, collants 1 000 000. *Exportations à l'étranger en 1998 :* 35 à 40 % (dont Japon et USA). **Chiffre d'affaires** (en 1998) : 202 millions de F, résultat net part du groupe : 2,7. **Effectif** (en 1998) : 682.

■ **Industrie de l'habillement** (en milliards de F, 1999). **Exportations :** 19,4 *vers* Allemagne 2,4, Belgique 2,2, G.-B. 1,6, Japon 1,5, Espagne, USA 1,3, Italie, Suisse 1,2, P.-Bas 0,7, Portugal 0,6 ; *par catégories de produits* (en %) : vêtements de dessus femmes et fillettes 56, hommes et garçonnets 15, corseterie 11, accessoires divers 7, vêtements de dessous femmes et fillettes 5, hommes et garçonnets 4, vêtements et accessoires pour bébés 2. **Importations :** 36,4 *de* Tunisie 4,8, Maroc 4,1, Chine 3,7, Italie 3,1, Inde 1,5, Belgique 1,4, Portugal, Espagne 1,2, Turquie 1,1, G.-B. 1 ; *par catégories de produits* (en %) : vêtements de dessus pour femmes et fillettes 37, hommes et garçonnets 34, de dessous pour hommes et garçonnets 9, femmes et fillettes 7, corseterie 6, accessoires divers 3, vêtements et accessoires pour bébés 2, autres 2. **Déficit commercial :** *1986 :* – 1,8 ; *87 :* – 1,9 ; *88 :* – 5 ; *89 :* – 5,6 ; *90 :* – 7 ; *91 :* – 8,5 ; *92 :* – 8,9 ; *93 :* – 9,1 ; *95 :* – 21 ; *96 :* – 23 ; *97 :* – 27 ; *98 :* – 17 ; *99 :* – 17. **Entreprises** (en 1998) : 1 383. **Effectifs** (en 1998) : 91 656 (207 975 en 1985).

■ **Succursalistes. Les dix premières enseignes, chiffre d'affaires** (en milliards de F, 1998) : Décathlon 13,7 ; Kiabi 4,5 ; Halle aux vêtements 3 ; Pinkie 2,9 ; Go Sport 2,7 ; Gémo l'Hyper aux vêtements 2,6 ; Etam 2,1 ; C&A 2,1 ; Marks & Spencer 2 ; Eurodif 1,9.

■ **Franchises. Les dix premières enseignes, chiffre d'affaires** (en milliards de F, 1998) : Phildar 1,05, Benetton 1, La City 0,65, Caroll 0,58, Jacadi 0,57, Mango 0,42, Lacoste 0,39, New Baby 0,36, Kookaï 0,35, Levi's Store 0,32.

Source : Institut Français de la Mode (département Centre textile de conjoncture et d'observation économique).

■ **Industrie de la lingerie** (part de marché, en %, 1993) : **Sara Lee** (USA) (Playtex, Dim, Cacharel, Rosy) 20. **VF Corporation** (USA) (Boléro, Siltex, Variance, Carina, Lou) 16. **Triumph** (All.) (Sibra, Triumph, Valisère) 11. **Chantelle** (France) (Chantelle, Passionata) 8. **Simone Pérèle** (France) 5. **Barbara** (France) (Barbara, Corèle) 4,5.

■ **Articles chaussants. Entreprises :** 42 employant 20 pers. et +. **Chiffre d'affaires :** 5 420 F HT. **Production** (en millions de paires, 1998) : *collants* 140 056, *bas et mi-bas* 67 945, *chaussettes* 130 838. **Import. :** Italie 804, Port. 255, Roumanie 235, Turquie 140, Autr. 98, Chine 85. **Export. :** Roumanie 175, Belgique-Luxembourg 165, Port. 143, G.-B. 71, Esp. 59, P.-Bas 37. **Principales entreprises :** Bonneterie de Champagne, Dim, Doré-Doré, Ganzoni France, Gerbe, Jacquemard, Kindy Blocquert, Le Bourget, Olivier Guille et fils, Well.

Travaux publics-bâtiment en France

Sources : Fédération française du bâtiment et Fédération française des travaux publics.

■ **Bâtiment en France. Données globales** (en 2000). **Entreprises :** 275 000 dont 259 000 de 0 à 10 salariés (35 % des effectifs salariés), 14 400 de 11 à 50 (33 %), 1 400 de 51 à 200 (15,5 %), 200 de plus de 200 (16,5 %). **Effectifs** (en milliers, 2000) : *salariés* 845 (1 067 en 1990) ; *artisans* 259 (292 en 1990) ; *intérimaires* 84 (57 en 1990).

■ **Production** (en milliards de F). *1990 :* 434,4 (dont logement 241,3) ; *95 :* 443,2 (257,5) ; *2000 :* 540,2 (316,2).

Principaux groupes (en 1998). **Chiffre d'affaires et,** entre parenthèses, **résultat net** (en milliards de F) : Bouygues 104 (0,4), SGE 53,4 (0,3), GTM 45,1 (0,43), Eiffage 32,8 (0,6), Colas 26 (0,4), Cegelec 22,4 (0,3), Dumez-GTM 19,02 (– 0,1), Sogea 18,4 (0,6), Spie 16,1 (0,9), Entreprise Jean Lefebvre-EJL 11,7 (0,25).

Bouygues. 1952 groupe lancé par Francis Bouygues (1922-93). **1984** diversification avec *Saur* [*1997* Saur : 250 000 salariés (*Saur France,* eau et assainissement pour 7 000 communes, *Saur international :* eau, électricité, gaz, propreté hors de France, *Stéreau :* conception et construction de stations d'épuration et *Coved :* traitement des déchets en France) ; fusionnera avec *Cise* (ex-filiale de St-Gobain dirigée par Olivier Bouygues, frère de Martin)]. **1986** rachat de Colas (*2000* contrôle à 96 % ; 53 000 salariés ; *activités :* travaux routiers, matériaux de construction et équipements de sécurité et signalisation). **1987** *TF1* (contrôle à 39,8 %, 1,6 milliard de bénéfice en 2000). **1989** Martin Bouygues, fils de Francis, Pt. **1996** *Bouygues Telecom* [contrôle à 54 %, le reste à E-on (allemand), Telecom Italia, Decaux et BNP-Paribas ; 3e opérateur mobile fr., 5 millions d'abonnés ; févr. 2000 refusera de concourir pour une licence UMTS à 32 milliards de F). **1998** Vincent Bolloré ayant raté un raid sur le groupe vend sa part à François Pinault qui signe un pacte d'actionnaire (jusqu'en déc. 2001) avec la famille Bouygues. **Actionnariat** (en % des droits de vote, au 28-2-2000) : *SCDM* (Martin et Olivier Bouygues) 17,8, *Artémis* (François Pinault) 13,2, *salariés* du groupe 10, groupe *Arnault* 8,3, *Crédit agricole* 2,3, *Mme Francis Bouygues* 1,6, *BNP-Paribas* 1,2, autres 45,6. **Chiffre d'affaires** (en milliards de F) : *1990 :* 547 ; *91 :* 64,3 ; *92 :* 62,7 ; *93 :* 68,9 ; *94 :* 72,4 ; *96 :* 82,6 ; *97 :* 91,9 ; *98 :* 97,1 ; *99 :* 104 ; *2000 :* 125 (dont à l'international 46,32) dont construction 87,54 [*France 48,69,* international 38,92, services 15,6, télécoms et médias 21,66 (Bouygues Telecom 7,15 ; TF1 14,5), autres 0,166]. *Résultat net 1992 :* 0,68 ; *93 :* 0,47 ; *94 :* 0,57 ; *95 :* – 2,91 ; *96 :* – 0,05 (provisions de 3,3 pour la crise économie et immobilier) ; *97 :* 0,75 ; *98 :* 0,53 ; *99 :* 0,4. *Effectifs (au 1-1-2001) :* 118 892.

■ **Production. Logements autorisés** (en milliers) : *1990 :* 382,9 ; *91 :* 378,1 ; *92 :* 335,9 ; *93 :* 321,2 ; *94 :* 357,9 ; *95 :* 308,3 ; *96 :* 301,6 ; *97 :* 299,4 ; *98 :* 375,1 ; *99 :* 341,7 ; *2000 :* 360,8. **Logements commencés** (en milliers, 2000) : 311 dont individuels 204,4, collectifs 106,6. **Hors logement** (surface de plancher en milliers de m², 2000) : **40 917** *mises en chantier (pour 50 057 autorisations),* dont bâtiments industriels et stock 13 372 (pour *16 133*), bureaux 3 482 (*4 672*), commerces 3 959 (*4 721*), bâtiments agricoles 13 549 (*16 660*), autres 6 555 (*7 871*).

■ **Travaux publics en France. Données globales** (en 1999). **Entreprises :** 7 397 dont *– de 51 salariés :* 6 639, *51 à 500 :* 701, *+ de 500 :* 57. **Effectifs** (en 1999) : 237 967 salariés.

Montant des travaux réalisés (en milliards de F) : *1986 :* 90 ; *90 :* 141 ; *91 :* 150 ; *95 :* 139 ; *96 :* 132 ; *97 :* 135 ; *98 :* 133 ; *99 :* 163 (mode de calcul différent) dont (en %) travaux routiers 34,1, travaux électriques 16,9, terrassements généraux 15,2, travaux de la filière eau et environnement 13,8, ouvrages d'art et d'équipement industriel 7,7, travaux canalisations, transport et distribution gaz et fluides divers 4,2, travaux souterrains 2,3, fondations spéciales, sondages, forages 2,1, voies ferrées 2,1, travaux en site maritime ou fluvial 1,2, travaux de génie agricole 0,4.

Répartition par maître d'ouvrage (en milliards de F, 1999). **Total :** 163 dont *clients publics 113 :* État 13, collectivités locales 70, entreprises publiques 30 ; *clients privés 50.*

Activités hors métropole (en 1999). **Travaux réalisés** (HT) : 78 milliards de F. **Régions** (en %) : Europe 44,8 (dont UE 35,4), Afrique 17,9 (dont Afr. du Nord 2), Asie 6, Amér. latine 6,7, Amér. du Nord 15,3, Proche et Moyen-Orient 5,2, Océanie 3,9. **Répartition par nature de travaux** (en %) : travaux routiers et terrassements 34,3, travaux électriques 14,3, ouvrages d'art et d'équipement ind. 14, travaux en site maritime ou fluvial 12,6, travaux de la filière eau et environnement 10,5, fondations spéciales, sondages, forages 6,3, travaux souterrains 5,5, travaux de canalisations, de transport et de distribution de gaz et fluides divers 2,1, voies ferrées 0,4.

Verre

☞ Voir **pâte à riz, pâte à verre, sulfure** et **verre églomisé** p. 474 c.

■ **Origine. Antiquité :** connu des Égyptiens et des Phéniciens. Le *soufflage,* inventé peu avant J.-C., permit le développement du verre creux. **IIe s. apr. J.-C.** pénètre en Gaule. Les verreries seront longtemps itinérantes, établissant leurs fours près des forêts qui leur fournissent combustible et fougères dont la cendre sert de fondant. Elles se développent à Venise [*fin Xe s.* puis, *1271*, statut de la profession ; les verriers se concentrent sur l'île de Murano (ils ne peuvent s'expatrier sous peine de mort). *1463* Beroverio (verrier de Murano) invente le « cristallin » de Venise] et en Bohême, puis en France, où Louis XIV, avec Colbert, en encourage l'industrie : nobles autorisés à exercer sans déroger la profession de maître verrier, anoblissement des roturiers exerçant cette profession. **1675** George Ravenscroft (Angl.) met au point le cristal « industriel ». **Vers 1680** Louis Lucas de Nehou (Fr.), de la Cie des Glaces, fondée par Colbert, invente le coulage du verre. **1693** la Cie fabrique ses « Grandes Glaces » à St-Gobain (Picardie). La coulée sur table permet de faire des glaces plus grandes et mieux calibrées. **XIXe s.** les verriers constituent une grande industrie. **1836** *fibre de verre* inventée par Ignace Dubus-Bonnel (Lille, Fr.) [*1840* utilisée pour les draperies ornant le char funèbre lors du transfert de Napoléon aux Invalides]. **1874**-*13-6* et *6-7 verre trempé* : brevet technique de fabrication industrielle déposé par François Royer de la Bastie (Fr.) [*1929* J. T. Littleton et F. Preston (de Corning Glass, Amér.) publieront la 1re analyse théorique de la *trempe thermique ;* utilisé par St-Gobain créateur du *verre Sécurit ; 1955* H. R. Hood et S. D. Stookey (de Corning Glass, Amér.) découvrent la *trempe chimique*]. **1882** Otto Schott (All.) : essais de fusion de verres de lampes en verre borosilicaté (*1893* commercialisé sous le nom de *Duran*). **1893** *verre armé* obtenu par laminage par Léon Appert (Fr.) [*vers 1918* Émile Fourcault (Belg.) et Irving Colburn (Amér.) inventeront la méthode de l'étirage (fabrication de verre plat en ruban continu)]. **1909**-*10-8 verre feuilleté* (commercialisé en 1939 sous le nom de *Triplex*) : brevet déposé par Édouard Bénédictus (chimiste fr.). **1915** E. C. Sullivan et W. C. Taylor (de Corning Glass, Amér.) inventent une nouvelle formule de verre borosilicaté, breveté et commercialisé sous le nom de *Pyrex*. **1939** M. E. Nordberg et H. R. Hood (de Corning Glass, Amér.) inventent le *Vycor*, verre à 96 % de silice (enveloppes des lampes halogènes). **1958** sir Alastair Pikington (Angl.) invente le *verre flotté (float glass).*

■ **Qualités.** Transparent, dur en surface, isolant sonore, thermique et électrique, résistant aux agents atmosphériques et aux produits chimiques (il peut être attaqué par l'acide fluorique utilisé pour graver les objets en verre), imputrescible, ininflammable, fragile (mais résistant à la traction et à la courbure ; élastique dans les faibles épaisseurs), non poreux, peu coûteux, « national » [utilise sable et soude d'origine française, seuls les combustibles de fusion (fuel et gaz) sont importés mais ils représentent moins de 10 % du prix du verre].

■ **Fabrication. Matières premières** (en %) : *verre usuel :* silice 70 à 73, alumine 0,2 à 2, oxyde de fer 0,02 à 2,5, soude 13 à 16, chaux 8 à 13, magnésie 0 à 4. *Cristal au plomb :* silice 55 à 60, soude ou potasse 10 à 12, oxyde de plomb 24 à 30. *Verre d'optique :* silice 40 à 70, alumine 0 à 2, soude 8 à 15, chaux 3 à 12, magnésie 0 à 2, oxyde de plomb 10 à 70, acide borique 5 à 15. **Fusion :** à haute température, dans des bassins ou des creusets en matériau réfractaire, d'un mélange de vitrifiants (72 %, sable siliceux), fondants (14 %, carbonate et sulfate de soude), stabilisants (14 %, carbonate de chaux, alumine, magnésie pour renforcer la résistance à l'eau ou la résistance chimique). On peut ajouter des produits pour modifier certaines propriétés du verre, le colorer ou le décolorer, ainsi que des déchets de verre dits *groisil* ou *calcin* qui facilitent la fusion. Vers 1 500 °C, les constituants fondent et se combinent pour former du verre. Pour éliminer les bulles et *affiner* le verre, on le maintient assez longtemps à haute température : les bulles remontent à la surface. Puis on le laisse refroidir jusqu'à une température à laquelle il a le degré de viscosité nécessaire pour mettre en forme les objets qu'on veut obtenir par soufflage ou moulage. **Soufflage :** jusqu'à la fin du XIXe s., la fabrication du verre était effectuée dans des pots ou creusets de 100 à 500 kg. Lorsqu'il se trouvait à la température voulue, le verrier en prélevait la quantité nécessaire à fabriquer un objet en trempant dans la masse en fusion l'extrémité de sa *canne* à laquelle adhérait une boule de verre appelée *paraison.* Quand le creuset était vide, on y versait un nouveau mélange vitrifiable et le cycle recommençait. Pour obtenir de la glace, on renversait le creuset sur une table, puis le verre était laminé au moyen d'un rouleau cylindrique qui en faisait une feuille d'épaisseur uniforme : c'était la *coulée sur table.* L'invention du *four à bassin* a permis de passer au stade de la *fabrication continue.* Le four est surmonté d'une voûte contenant une masse de verre de plusieurs centaines de t, maintenue en fusion par des flammes alimentées au moyen de brûleurs latéraux à mazout et à gaz. Certains fours sont chauffés à l'électricité. On déverse du mélange vitrifiable à l'une des extrémités du four et le soutirage du verre fondu entraîne le déplacement progressif de la masse de verre. Le cheminement dure plusieurs jours. **Recuisson du verre :** il se dilate lorsqu'on le chauffe et se rétracte lorsqu'on le refroidit. Pour éviter les tensions et la fragilité qui résultent d'un refroidissement trop rapide, on recuit (on réchauffe) les objets en verre jusqu'à environ 500 °C, puis on les refroidit lentement dans un tunnel *(arche)* où la température est réglée. La *trempe* (refroidissement brutal) donne aux objets traités une grande résistance mécanique et la propriété en cas de fracture de se briser en petits morceaux non coupants (verre de sécurité). **Façonnage du verre :** il se fait à chaud (on réchauffe un objet avec des brûleurs à gaz pour en modifier la forme) ou à froid (taille et gravure).

■ **Catégories. 1°) Verre plat. Glace :** ses 2 faces sont exactement parallèles et parfaitement polies. Longtemps obtenue par polissage mécanique. Actuellement, on utilise souvent le *floatglass,* découvert en 1958 par la firme britannique Pilkington Brothers et utilisé en France depuis 1962 (le verre coulé sur un bain d'étain fondu, par étalement, a une épaisseur de 6 mm ; si on l'enferme en resserrant les bords de son support, on peut augmenter cette épaisseur ; si on l'étire par les côtés, on peut la diminuer jusqu'à 3 mm). **Verre à vitres :** obtenu par l'étirage d'une feuille de verre (épaisseur 2 à 6 mm). **Verre coulé :** obtenu par laminage. USAGES : *glace :* bâtiment et auto ; *verre à vitres et verre coulé :* bâtiment. **2°) Verre creux. Verre d'emballage :** bouteilles, flacons, pots industriels, bocaux. **Gobeleterie :** (verrerie de table, culinaire, etc.) : se fait à chaud (900 °C). On utilise des moules dans lesquels tombe une *paraison* (quantité de verre à la viscosité optimale et dont le poids correspond à celui de l'objet à fabriquer) ; la paraison est appliquée contre les parois du moule par un poinçon (pressage) ou de l'air comprimé (soufflage). **3°) Verre technique.** Verre de labo, lunetterie, optique, ampoules, TV, signalisation ; verre de silice (quartz). **4°) Fibres de verre. Courtes** (utilisées pour l'isolation thermique) : obtenues par centrifugation de verre tombant au centre d'un mécanisme rotatif, suivie d'un étirage vers le bas sous l'action de jets de gaz chauds. **Fibres textiles :** le filet de verre venant du four de fusion tombe dans des filières en platine garnies de nombreux orifices d'où le verre est étiré à grande vitesse, formant des fibres de quelques millièmes de mm de diamètre ; les brins (plusieurs centaines) sont rassemblés sur une petite bobine et encollés par un produit d'ensimage. **Fibres optiques :** brins de verre de la finesse d'un cheveu ; transmettent par modulation des signaux lumineux et des impulsions électriques émises par un laser, (sous un volume mille fois moindre, transmet 30 fois plus d'informations que les câbles en cuivre). Fabriquées à partir de silice (abondante et peu chère) avec peu de consommation d'énergie. *Avantages :* larges bandes passantes, faibles atténuations du signal, absence d'interférences magnétiques (débouchés : télécommunications, visiophonie, TV câblée), télédétection, transmission de données à fort débit en ambiance magnétique. **5°) Verre à la main.** Exemple : cristal (voir ci-contre). **6°) Verre métallique.** Formé d'atomes presque immobiles. *Débouchés :* informatique. **7°) Verre feuilleté.** Brevet d'invention d'Édouard Bénédictus du 10-8-1909, commercialisé à partir de 1920 sous la marque Triplex. Le Securit (St-Gobain, verre de sécurité) date de 1929. Le Duralex (découvert par St-Gobain 1939) est en verre trempé (cuit à 1 500 °C, affiné et moulu à 700 °C, refroidi par air frais à 20 °C).

■ **Grandes sociétés. Saint-Gobain** fondée en 1665 par Colbert : *chiffre d'affaires et,* entre parenthèses, *résultat net* (en milliards d'euros) : *1991 :* 11,44 (0,44) ; *95 :* 10,72 (0,72) ; *96 :* 13,93 (0,77) ; *97 :* 16,32 (0,97) ; *98 :* 17,82 (1,18) ; *99 :* 22,95 (1,39) ; *2000 :* 28,82 [dont *verre* 11,32 (dont vitrage 4,17, conditionnement 3,9, isolation et renforcement 3,25), *matériaux haute performance* 5,07 (dont céramiques et plastiques abrasifs 4,1, Essilor 0,98), *habitat* 12 596 (dont matériaux de constr. 3,07, distribution bâtiment 7,93, canalisation 1,78] (1,64). *Produits et,* entre crochets, *concurrents : vitrage :* verre plat [Pilkington (G.-B.), Guardian (USA), Asahi (Jap.), PPG (USA)], verre automobile, spécialités : antifeu, protection nucléaire, aéronautique et transports, optique industrielle, électroménager, réfrigération commerciale [Schott (All.)] ; *isolation et renforcement :* laine de verre, de roche, plafonds acoustiques, mousses isolantes [Owens Corning (USA), Johns-Manville (USA), Rockwood (Dan.), Pfleiderer (All.)], fils de verre [Owens Corning (USA), PPG (USA), Johns-Manville (USA), Nippon Electric Glass (Jap.)], transformation : grilles et tissus de verre [Nitto-Boseki (Jap.)] ; *conditionnement :* bouteilles et pots [Owens Corning (USA), Vitro (Mexique), Consumers (USA/Can.) ; PLM (Suède) ; BSN Glass Pack (Fr./All.)] ; flacons [Pochet (Fr.), Bormioli (Fr.), Gerresheim (All.),Wheaton (USA)], pompes en plastique [OI (USA), Indesco (USA)]. *Salariés :* verre 72 425, matériaux haute performance 30 967, habitat 66 670, divers 1 063 ; *France 45 995.* **PPG** (USA, en 1999), verre plat : 7,76 milliards de $. **Owens Illinois** (USA, en 1999) : 5,79 milliards de $. **Owens Corning** (USA, en 1999) : 5,05. **Pilkington** (G.-B.) : *1994-95 :* 2,68 milliards de £ (résultat net – 0,36) ; *95-96 :* 2,9 (– 0,07) ; *96-97 :* 2,92 (– 0,05) ; *98-99 :* 2,71 (– 0,05).

■ **Le verre en France.** *Source :* Fédération de l'industrie du verre. **Effectifs** (en 2000). 27 012. **Chiffre d'affaires** (en milliards de F HT, 2000) **et,** entre parenthèses, **marché extérieur** (en 1998) : verre mécanique 28,6 (7,4) dont verre plat et assimilés 4,8 (1,3), fibres de verre 2,4 (0,8), technique et verre de silice 1,8 (1,5). **Production** (en milliers de t, 2000). *Total verrerie mécanique 5 523,5* dont verre creux mécanique 4 343 (bouteilles et bonbonnes 3 231, flacons et pots industriels 569,5, gobeleterie 519,2, bocaux 22,3), verres plats et fibres 1 069,1 [glaces et verres à vitres y compris dalles 788,1 (en 1999), fibres de verre 208,5], verre technique 111,3 (optique, lunettes, ampoules, tubes, isolateurs, etc). **Récupération** (en 1999). 1 750 milliers de t de verre recyclé. Voir à l'Index.

CRISTAL

■ **Histoire.** Découvert au XVIIe s., en Angleterre. Le développement de la marine anglaise nécessitant de plus en plus l'emploi de fûts d'arbres, un édit prescrivit la réduction de l'utilisation du bois comme combustible dans la fabrication du verre. On employa alors des pots couverts dans lesquels on procédait à une réaction chimique avec de l'oxyde de plomb ; le résultat de la fusion de cet oxyde de plomb avec les matières premières essentielles utilisées pour le verre donna naissance au cristal.

■ **Composition.** Comprend 1 partie de potasse, 2 de minium de plomb, 3 de silice (sous forme de sable extra-blanc) et une certaine quantité de *groisil* (ou cristal cassé) pour faciliter la fusion. L'oxyde de plomb assure limpidité, sonorité, densité et éclat. Le *cristal au plomb* contient 24 % d'oxyde de plomb, le *cristal supérieur* 30 %.

■ **Fabrication.** La composition est placée dans des creusets ou *pots* en terre argileuse, sans fissure, qui ne sont utilisables qu'après plusieurs mois de séchage dans une chambre chaude. A l'intérieur du pot, un cercle de terre réfractaire flotte à la surface de la pâte visqueuse, servant à isoler les matières en cours de fusion (1 500 °C), des impuretés qui se forment le long de la paroi du pot. Au centre de cet anneau, le verrier recueille le cristal quand il est bon à travailler, après 20 ou 40 h d'enfournement. La cadence est imposée ensuite par le temps de figeage du cristal : soufflage de la paraison du verre, formation de la jambe et du pied du verre, et recuisson dans l'arche à recuire portée à 500 °C et refroidie en 3 h pour éviter les tensions thermiques pouvant provoquer la cassure. Après un 1er tri de qualité du verre, la calotte du verre est coupée à sa hauteur définitive (trait de diamant et chalumeau), puis rebrûlée afin d'arrondir ses bords par ramollissement. Après un dernier recuit dans une arche (évitant toute nouvelle cassure), « travail à froid ». *Taille* à la meule ou à la roue. *Gravure* à l'acide fluorhydrique qui attaque le cristal là où il n'est pas protégé par de l'encre grasse. Cette gravure peut être rehaussée par un dépôt d'or fin que l'on dépose à l'état de chlorure, qui est décomposé par la chaleur par cuisson à 500 °C.

■ **Implantation.** Héritée de la verrerie (implantée dans les régions forestières en raison de ses besoins de combustible), Normandie et Est. La *Cristallerie d'Arques* fait un cristal mécanique [*1825* verrerie artisanale fondée. *1934* 1res presses automatiques. *1960* Jacques Durand (Pt de 1927 à 1997) est le 1er à fabriquer industriellement des verres à pied ; *1968* fabrication automatique. *1999* acquiert Salviati, plus ancienne verrerie vénitienne et *2000* Mikasa, leader amér. des arts de la table]. Les cristalliers traditionnels font du verre soufflé à la bouche [**Baccarat** (*1764* verrerie de Ste-Anne créée par l'évêque de Metz, Mgr de Montmorency-Laval, propriétaire d'importantes forêts, *1817* cristallerie, *1823* François de Fontenay découvre la couleur et lance les presse-papiers, *1990* 800 000 verres fabriqués, (*chiffre d'affaires 1994 :* 472,5 millions de F). **Cie française du Cristal** qui a racheté Daum (*1875,* Jean Daum rachète la verrerie de Nancy) et le Cristal de Sèvres. **Lalique** (*chiffre d'affaires 1997 :* 179,8 millions de F). **St-Louis** (*1586* 1re mention. *1767* verrerie royale. *1781* 1re en Europe après l'Angleterre à mettre au point le circuit au plomb. *1989* racheté par Pochet et Hermès)].

■ **Production. Principaux pays** (en millions de t, 1974) : USA 17. URSS 6. Japon 4,2. All. féd. 4,1. *France 3,6.* G.-B. 2,9. *Monde 700.*

■ **Chiffre d'affaires. France** (en 1996) : 888 millions de F dont 513 réalisés à l'export.

☞ **Service de cristal classique :** *50 pièces :* 12 verres à eau, 12 à vin rouge, 12 à vin blanc, 12 flûtes, 1 broc et une carafe. Éventuellement verres à porto, whisky, alcools, jus de fruits.

SITUATION ÉCONOMIQUE

DANS LE MONDE

DÉFINITIONS

■ **Balances. 1°) Du commerce extérieur :** solde des exportations et des importations soumises aux statistiques ou au contrôle des douanes. **2°) Des paiements :** ensemble des recettes et des dépenses, des débits et des crédits couvrant les opérations de commerce effectuées entre le pays et les autres pays, et entre leurs résidents. *Principaux postes :* marchandises (balance du commerce extérieur) ; transports (affrètements, prix des billets de passage, etc.) ; revenus des capitaux ; revenus du travail (exemples : transfert de salaires de la main-d'œuvre étrangère en France ou française à l'étranger ; brevets, droits d'auteurs, etc.) ; intérêts des emprunts et des placements publics ; contributions versées aux organismes internationaux ; dons, collectes et secours ; investissements à l'étranger. **3°) De base :** regroupe balance des opérations courantes et balance des mouvements de capitaux à long terme (investissements directs ou de portefeuille, crédits à long terme, prêts publics).

■ **Cycle.** Période de fluctuations économiques où se succèdent croissance, prospérité, dépression. **Cycle de Juglar :** d'une dizaine d'années ; crise brutale (touchant l'ensemble de l'économie), dépression, reprise. Caractéristique de la plupart des pays capitalistes du XIXe s. **Cycle de Kitchin** [Nicolas, économiste russe (1892-1931) envoyé au goulag par Staline pour n'avoir pas souscrit à l'idéologie de fin du capitalisme] : 3 ans ; ralentissement de l'économie, souvent lié aux variations de stocks. **Cycle de Kondratief :** longue durée (jusqu'à 50 ans) ; 2 phases : croissance et hausse des prix puis baisse. Touche la quasi-totalité des branches et des pays. *1er cycle :* hausse 1789-1814, baisse jusqu'en 1848 ; *2e :* hausse 1849-73 puis baisse jusque 1896 ; *3e :* 1896-1920 puis déflation des années 1930 jusqu'à la guerre de 1939 ; *4e :* 1945-72 puis crise 1973-98 (?).

☞ **Les Trente Glorieuses :** expression créée par Jean Fourastié, en référence aux « Trois Glorieuses » de la révolution de juillet 1830. Désigne la période 1946-1975. Voir aussi à l'Index.

■ **Économie duale** (ou **à 2 vitesses).** Pays où coexistent des secteurs d'activité modernes et compétitifs, concurrentiels, et des secteurs déficitaires et dépassés.

■ **Mondialisation.** Terme apparu vers 1995, traduit l'anglais *globalization,* et décrivant une évolution historique qui annonce une « fin de l'Histoire » comprise comme l'aboutissement d'une histoire longue et fondée sur la généralisation des marchés, l'extinction des nations et la mise en place d'instances « mondiales » de régulation. L'**internalisation** reconnaît la pertinence des frontières politiques, sas d'entrée et de sortie des marchandises, services, hommes et capitaux.

■ **Nouvelle économie.** Modèle selon lequel la croissance due aux technologies de l'information et à la mondialisation s'accompagne du plein-emploi et de l'absence d'inflation.

Croissance du PIB	1998	1999	2000	2001
Amérique du Nord et Japon :				
Canada	3,1	4,2	4,3	3,0
Japon	– 2,5	0,3	1,7	2,2
USA	4,3	4,2	4,9	3,0
Union européenne :				
Allemagne	2,2	1,5	2,9	3,0
Autriche	2,9	2,2	3,0	3,1
Belgique	2,7	2,5	3,6	3,2
Danemark	2,5	1,6	2,2	2,4
Espagne	4,0	3,7	4,3	3,9
Finlande	5,0	3,5	5,4	4,8
France	3,2	2,9	3,7	2,9
G.-B.	2,2	2,1	2,9	2,3
Grèce	3,7	3,2	3,8	3,9
Irlande	8,9	8,7	9,9	8,0
Italie	1,5	1,4	2,9	3,1
Pays-Bas	3,7	3,6	4,3	4,0
Portugal	3,9	3,0	3,6	3,4
Suède	3,0	3,8	4,4	3,0
Autres pays européens et méditerranéens :				
Islande	4,7	4,4	3,7	2,7
Norvège	2,0	0,9	3,4	2,8
Suisse	2,1	1,7	2,8	2,6
Turquie	3,1	– 5,0	4,2	3,9
Autres pays du Bassin pacifique :				
Australie	5,1	4,4	3,9	3,7
Nouvelle-Zélande	– 0,6	3,9	4,2	3,0
Nouveaux membres de l'OCDE :				
Corée du Sud	– 6,7	10,7	8,5	6,0
Hongrie	4,9	4,5	5,2	5,0
Mexique	4,8	3,7	4,8	5,0
Pologne	4,8	4,0	5,0	4,8
Rép. tchèque	– 2,3	– 0,2	1,4	2,3

COMMERCE EXTÉRIEUR DES PRINCIPAUX PAYS (en millions de $, 1999)

Pays	*Import.*	*Export.*	*Pays*	*Import.*	*Export.*	*Pays*	*Import.*	*Export.*
Afghanistan	652 564	693 604	Finlande	30 727	40 666	Nigéria [12]	10 002	9 729
Afrique du Sud	25 901	11	*France*	*289 925*	*300 156*	Norvège	34 047	44 892
Albanie	1 140	264	Gabon [11]	1 102	3 020	Nlle-Calédonie [11]	937	527
Algérie [10]	8 690	12 621	Gambie	192	7	Nlle-Zélande	14 298	12 455
Allemagne	4 712 154	541 067	Géorgie [12]	878	192	Oman [12]	5 682	5 508
Angola [9]	427	3 642	Ghana [12]	2 555	1 788	Ouganda [12]	1 412	500
Antilles néerl. [11]	2 083	1 488	Gibraltar [1]	231	85	Ouzbékistan [12]	3 289	3 528
Arabie saoudite	28 010	50 760	G.-B.	317 969	268 254	Pakistan	10 159	8 383
Argentine	25 538	23 333	Grèce	25 433	9 815	Panamá	3 416	821
Arménie	800	232	Grenade [12]	200	27	Papouasie	1 191	1 880
Aruba	782	29	Groenland [12]	411	255	Paraguay [12]	3 403	1 089
Australie	6 958	56 080	Guadeloupe [9]	1 890	159	P.-Bas	187 529	200 290
Autriche	68 757	64 134	Guatemala	4 382	2 398	Pérou	8 075	6 113
Azerbaïdjan [12]	1 077	606	Guyana [11]	629	643	Philippines	2 301	1 125
Bahamas	1 808	380	Guyane fr. [9]	752	131	Pologne	45 903	27 397
Bahreïn	3 588	4 088	Haïti	1 035	199	Polynésie fr. [11]	945	224
Bangladesh [9]	50	26	Honduras	2 728	1 249	Portugal	39 826	24 494
Barbade	1 021	229	Hong Kong	179 520	173 885	Qatar [10]	2 868	3 752
Belgique	160 752	176 140	Hongrie	27 920	24 947	Réunion [9]	2 625	207
Bélize	366	169	Inde	44 889	36 310	Roumanie	10 392	8 505
Bénin	668	386	Indonésie	24 004	48 665	Russie	40 429	74 663
Bermudes [12]	629	45	Iran [10]	16 274	22 391	Rwanda	253	61
Biélorussie	6 674	5 909	Iraq [4]	4 834	–	Sainte-Lucie [1]	332	61
Bolivie	1 755	1 051	Irlande	44 535	70 544	Salomon (îles) [11]	170	173
Brésil	51 675	48 011	Islande	2 502	2 013	Salvador	3 130	1 164
Brunéi [12]	1 741	2 307	Israël	33 160	25 794	Samoa amér. [6]	418	318
Bulgarie	5 409	3 925	Italie	213 907	230 197	Samoa occ.	115	20
Burkina	693	256	Jamaïque	2 575	1 127	Sénégal	1 518	967
Burundi	118	56	Japon	310 012	417 623	Seychelles [12]	405	122
Cap-Vert [9]	252	9	Jordanie	3 717	1 832	Sierra Leone	80	6
Cambodge [4]	162	52	Kazakhstan	3 683	5 592	Singapour	32 568	36 576
Cameroun [11]	1 358	1 860	Kenya	2 833	1 753	Slovaquie	11 110	10 031
Canada [10]	201 060	214 335	Kirghizistan	600	454	Slovénie	9 952	8 604
Centrafrique [9]	175	171	Koweït	7 617	12 218	Somalie [4]	81	81
Chili	15 137	15 616	Laos	525	311	Soudan	1 988	616
Chine	7 687	3 919	Lettonie	2 945	1 723	Sri Lanka	5 884	4 593
Chypre	3 618	997	Liban	6 207	677	Suède	68 589	84 796
Colombie	10 659	11 576	Libéria [2]	272	396	Suisse	75 440	76 124
Comores [9]	6	11	Libye [12]	5 692	6 131	Suriname [12]	552	436
Congo	820	1 555	Lituanie	4 835	3 004	Syrie	3 832	3 464
Congo (Rép.			Luxembourg	10 931	7 888	Tadjikistan	664	689
dém.) [10]	424	592	Macao [12]	1 949	2 135	Tanzanie [12]	1 452	675
Corée du Nord	6 230	5 511	Macédoine	1 796	1 192	Tchad	317	202
Corée du Sud	119 750	144 745	Madagascar [12]	511	241	Tchèque (Rép.)	27 968	26 243
Costa Rica	6 320	6 577	Malaisie	525	311	Thaïlande	111 062	114 691
Côte d'Ivoire	3 258	4 552	Malawi	698	442	Togo	593	974
Croatie	7 799	4 303	Maldives	402	64	Tonga	73	12
Cuba [10]	3 205	2 015	Mali	752	566	Trinité et Tobago	2 742	2 803
Danemark	44 165	48 577	Malte	2 840	478	Tunisie	8 340	5 788
Djibouti [6]	219	16	Maroc	9 925	7 367	Turkménistan [9]	777	1 939
Dominicaine			Martinique [9]	1 963	224	Turquie	40 692	26 588
(Rép.)	5 207	805	Maurice	2 247	1 554	Ukraine	11 846	11 582
Égypte	16 022	3 559	Mauritanie	222	437	Uruguay	3 357	2 237
Émirats ar. unis	34 745	43 307	Mexique	141 975	136 391	Vanuatu [12]	88	34
Équateur	3 017	4 451	Moldavie	567	465	Venezuela	13 829	20 870
Espagne	144 438	109 965	Mongolie	426	336	Vierges (îles) [4]	140	3
Estonie	4 093	2 939	Mozambique	1 161	268	Viêt Nam	50 301	58 392
États-Unis [12]	944 353	682 497	Myanmar	64 962	84 451	Yémen	2 106	2 571
Éthiopie [10]	1 401	417	Népal	1 418	600	Yougoslavie [12]	4 622	2 604
Féroé (îles) [10]	365	437	Nicaragua	1 862	545	Zambie [11]	818	914
Fidji (îles) [11]	965	590	Niger [12]	423	334	Zimbabwe [12]	2 701	1 864

Nota. – (1) 1987. (2) 1988. (3) 1989. (4) 1990. (5) 1991. (6) 1992. (7) 1993. (8) 1994. (9) 1995. (10) 1996. (11) 1997. (12) 1998. *Source :* Onu.

■ **Production industrielle.** Valeur des produits industriels (sans agriculture ni services, et souvent sans l'industrie du bâtiment).

■ **Valeur ajoutée.** Biens et services produits au cours d'une année par un secteur de l'activité nationale, moins la valeur des biens et services incorporés dans le processus de production (consommation intermédiaire).

INDICATEURS DE RICHESSE

■ **Produit intérieur brut (PIB), GDP *(Gross Domestic Product).*** Richesse créée dans l'année sur le territoire national. Somme des valeurs ajoutées des branches, augmentées de la TVA grevant produits et droits de douane. **Total** (en milliards de $) : *1980 :* 11 084 ; *91 :* 22 098 ; *97 :* 28 756 ; *2000 :* 26 790,7. **Par habitant** (en milliers de $), en utilisant les PPA (parités de pouvoir d'achat), 2000 : Luxembourg 45 ; USA 36 ; Suisse 30,1 ; Norvège 29,4 ; Irlande 28,5 ; Danemark 28,3 ; Canada 28,1 ; Islande, P.-Bas 27,5 ; Belgique 26,3 ; Australie 26,1 ; Autriche 26 ; Japon 25,6 ; Allemagne, Finlande 24,9 ; Italie 24,5 ; Suède 24,4 ; G.-B. 23,9 ; *France 23,2* ; Nlle-Zélande 19,4 ; Espagne 19,3 ; Portugal 17,6 ; Corée 17,7 ; Grèce 16 ; Rép. tchèque 14 ; Hongrie 12,2 ; Rép. slovaque 11,4 ; Pologne 9,3 ; Mexique 9 ; Turquie 6,8 ; *total OCDE :* 23,8.

Produit national brut (PNB), GNP (gross national product). Valeur des biens et des services acquis par l'activité économique d'une année sans déduction des amortissements. **PNB total** (en milliards de $) **et,** entre parenthèses, **par habitant** (en $) **en 1998 :** DANS LE MONDE : Alena 8 851,9 (22 213), Amérique du Centre et du Sud 1 519 (3 774), Europe occidentale 8 779,1 (22 644), Europe centrale et ex-URSS 844,7 (2 047), Maghreb et Moyen-Orient 887,9 (2 264), Afrique subsaharienne 318,4 (510), Asie du Sud 553,8 (427), Pacifique occidental 6 837,3 (3 400). EN EUROPE : Allemagne 2 080 (22 026) ; Autriche 212 (23 145) ; Belgique 252 (23 622) ; Dane-

Handicaps de l'économie mondiale. *Croissance globale trop restreinte* (2 % dans les pays développés). *Écart entre pays développés et en développement :* déjà dans les années 1960, le PIB par habitant des pays riches était 30 fois supérieur à celui de 20 % des habitants des pays les plus pauvres. *Érosion de la classe moyenne :* caractéristique marquante de la répartition du revenu, dans les pays riches et pauvres. *Domination de la finance sur l'industrie :* le commerce des actifs est souvent plus lucratif que la création de richesse par l'investissement. *Revenus du capital développés au détriment du travail :* la part des salaires dans la valeur ajoutée est aujourd'hui inférieure à celle des années 1980. *Contraintes de rentabilité financière :* conduisant à l'insécurité en matière d'emploi et de revenus, dans le Nord comme dans le Sud, par la restructuration des entreprises, la compression des effectifs et la réduction des salaires. *Accentuation des écarts de salaires entre main-d'œuvre qualifiée et non qualifiée :* la baisse des salaires réels des emplois non qualifiés est établie dans les pays riches et pauvres.

mark 172 (23 855) ; Espagne 545 (15 960) ; Finlande 122 (20 641) ; *France 1 430 (21 214)* ; G.-B. 1 360 (20 314) ; Grèce 121 (13 994) ; Irlande 68,6 (17 991) ; Italie 1 160 (20 365) ; P.-Bas 384 (22 325) ; Portugal 106 (14 569) ; Suède 218 (19 848) ; Albanie 3,11 (2 864) ; Bosnie-Herzégovine n.d. (n.d.) ; Bulgarie 11,9 (4 683) ; Croatie 21,6 (6 698) ; Estonie 5,12 (7 563) ; Hongrie 45,9 (9 832) ; Lettonie 6,45 (5 777) ; Lituanie 10,5 (6 283) ; Macédoine, Arym 2,47 (4 224) ; Norvège 145 (26 196) ; Pologne 157 (7 543) ; Rép. tchèque 55,6 (12 197) ; Roumanie 37,6 (5 572) ; Slovaquie 20,2 (9 624) ; Slovénie 19,7 (14 400) ; Suisse 278 (26 876) ; Yougoslavie n.d. (n.d.).

■ **Produit national net (PNN).** PNB moins les amortissements (qui ne représentent pas un gain pour une nation) ; *aux prix de marché :* fait apparaître les prix offerts aux acheteurs, comprend les impôts et déduit les subventions ; *au coût des facteurs* (de production) : supprime amortissements et impôts, mais ajoute les subventions.

■ **Indicateur de développement humain (IDH).** Calculé depuis 1990 par le Pnud (Programme des Nations unies pour le développement). Espérance de vie à la naissance, taux d'alphabétisation des adultes et taux de scolarisation combiné, revenu par habitant corrigé des différences de pouvoir d'achat (en PPA : parité de pouvoir d'achat). **Classement 1999 :** *les plus hauts :* Canada 0,932, Norvège, USA 0,927, Japon 0,924, Belgique, Suède 0,923, Australie 0,922, Pays-Bas 0,921, Islande 0,919, G.-B., *France 0,918,* Suisse 0,914, Finlande 0,913, Allemagne 0,906, Danemark 0,905, Autriche 0,904, Luxembourg 0,902, N.-Zélande 0,901, Italie, Irlande 0,900, Espagne 0,894, Singapour 0,888, Israël 0,883, Hong Kong 0,880, Brunéi 0,878, Chypre 0,870, Grèce 0,867, Portugal 0,858, Barbade 0,857, Corée du S. 0,852, Bahamas 0,851, Malte 0,850, Slovénie 0,845, Chili 0,844, Koweït, Rép. tchèque 0,833, Bahrein 0,832, Antigua 0,828, Argentine 0,827, Uruguay 0,826, Qatar 0,814, Slovaquie 0,813, Émirats 0,812, Pologne 0,802, Costa Rica 0,801. *Les plus bas :* Malawi 0,399, Angola, Guinée 0,398, Tchad 0,393, Gambie 0,391, Rwanda 0,379, Centrafrique 378, Mali 0,375, Érythrée 0,346, Guinée-Bissau 0,343, Mozambique 0,341, Burundi 0,324, Burkina Faso 0,304, Éthiopie, Niger 0,298, Sierra Leone 0,254.

Indicateur sexospécifique de développement humain (IDSH). Établi, en 1995, par le Pnud.

■ **Étalonnage de la Banque mondiale** (prenant en compte capital humain, ressources naturelles et qualité de l'environnement ; en milliers de $ par habitant, 1995). Australie 835. Canada 704. Luxembourg 658. Suisse 647. Japon 565. Suède 496. USA 421. *France 413.* Allemagne 399. Italie 373. Arabie saoudite 184. Portugal 141. Argentine 120. Ex-URSS 98. Brésil 47. Iraq 36. Algérie 30. Égypte 10. Haïti 5. Éthiopie 1,4.

■ **Indicateur de pauvreté humaine (IPH)** (créé par le Pnud). Fondé sur l'espérance de vie, le niveau d'éducation (taux d'alphabétisation) et les conditions de vie (accès aux services de santé, à l'eau potable, et part des enfants de - de 5 ans victimes de malnutrition). **Classement** (IPH-1 : pays en développement ; IPH-2 : pays industrialisés) : *les 5 plus hauts : IPH-1 :* Barbade, Trinité et Tobago, Uruguay, Costa Rica, Cuba ; *IPH-2 :* Suède, P.-Bas, Allemagne, Norvège, Italie. *Les 5 plus bas : IPH-1 :* Niger ; *IPH-2 :* Nlle-Zélande, Espagne, G.-B., Irlande, USA.

■ **Indicateur de développement technologique.** Calculé selon les brevets accordés, le nombre d'ordinateurs connectés, la diffusion des téléphones. **Classement 2000 :** 1er Finlande ; 2e USA ; 3e Suède ; 4e Japon ; 5e Rép. de Corée ; 8e Canada ; 9e Australie ; 10e Singapour ; 12e Norvège ; *17e France* ; 30e Malaisie ; 32e Mexique ; 45e Chine ; 59e Zimbabwe ; 63e Inde ; 66e Sénégal ; Sierra Leone (non classé).

COMMERCE EXTÉRIEUR

■ **Blocs économiques** (voir aussi **Organisations internationales**). **Nombre d'habitants** (en millions, 1998). **Afrique du Sud** 44,3. **Asean** (Association des nations du Sud-Est asiatique : Brunéi, Indonésie, Malaisie, Philippines, Singapour, Thaïlande) 363,6 [Alea (accord de libre-échange asiatique) créé 24-10-1992, en fonction 1-1-1993]. **Australie** 18,4. **Caricom** (Antigua et Barbuda, Bahamas, Barbade, Bélize, Dominique, Grenade, Guyane, Jamaïque, Montserrat, St-Christophe et Niévès, Ste-Lucie, St-Vincent, Trinité et Tobago) 13,1. **CGC** (Conseil de coopération du Golfe : Arabie saoudite, Oman, Qatar, Koweït, Bahreïn, Émirats) 28,1. **CEI** 280,5. **Chine** 1 255,1. **EEE** (Espace économique européen depuis 22-10-1991, UE + AELE) 386,6. **Inde** 975,8. **Japon** 125,9. **MCCA** (Marché commun d'Amérique centrale : Honduras, Guatemala, Costa Rica) 21,4. **Mercosur** (Marché commun d'Amér. du Sud : Argentine, Brésil, Paraguay, Uruguay) 209,7. **Nafta** ou **Alena** (USA, Canada, Mexique, depuis 1-1-1994) 400. **Pacte andin** (créé 1969 : Bolivie, Colombie, Équateur, Venezuela) 81,1. **UMA** (Union du Maghreb arabe : Algérie, Libye, Maroc, Mauritanie, Tunisie) 75.

■ **Répartition du commerce mondial** (en %, 1996). **Importations et,** entre parenthèses, **exportations :** Europe occidentale 42,45 (44,6), Asie 25,03 (25,59), Amérique du Nord 18,88 (16,16), latine 5,18 (4,86), pays en transition 3,30 (3,83), Moyen-Orient 2,71 (3,22), Afrique 2,41 (2,26).

■ **Exportations. Principaux pays exportateurs** (en % des exportations mondiales). **Marchandises. 1875 :** G.-B. 21 ;

CROISSANCE PAR ZONES	Croissance 2000 en %	Croissance 1990-1999 en %	Population en millions en 2000	PIB 1999 en milliards de $	PIB/ hab. en 1999	Prévision de croissance 2001 en %
Afrique	**1,4**	**n.c.**	**656,0**	**319,4**	**486,3**	
Guinée équat.	9,0	n.c.	0,5	0,0	1 170	10,0
Guinée-Bissau	7,6	4,2	1,2	1,1	900	7,0
Soudan	7,0	n.c.	29,5	9,4	330	5,5
Maurice	7,0	5,3	1,2	4,2	3 590	6,0
Cap-Vert	6,0	n.c.	0,4	0,5	1 330	6,0
Sénégal	5,3	3,2	9,5	4,7	510	5,9
Rwanda	5,3	− 1,5	7,2	2,1	250	n.c.
Tanzanie	5,2	3,1	35,4	8,0	240	5,7
Botswana	5,2	4,3	1,6	5,1	3 240	3,3
Bénin	5,0	4,7	6,4	2,3	380	5,7
Burkina	5,0	3,8	11,9	2,6	240	5,0
Mali	5,0	3,6	11,2	2,6	240	6,0
Mauritanie	5,0	4,1	2,7	1,0	380	5,0
Niger	5,0	2,5	10,1	2,0	190	7,2
Mozambique	5,0	6,3	19,1	3,9	230	6,5
Ouganda	5,0	7,2	23,3	6,8	320	6,0
Gambie	4,9	n.c.	1,3	0,4	3 350	4,5
Angola	4,9	0,8	12,9	2,7	220	2,1
Madagascar	4,8	1,7	14,9	3,7	250	5,6
Cameroun	4,2	1,3	15,4	8,5	580	5,1
Zambie	4,1	1,0	9,6	3,2	320	5,0
Nigéria	3,5	2,4	123,4	37,9	310	4,0
Rép. centrafr.	3,5	1,8	3,5	1,0	290	4,0
Namibie	3,5	3,4	1,7	3,2	1 890	5,0
Togo	3,0	2,5	5,1	1,5	320	5,0
Tchad	3,0	2,3	8,0	1,6	200	3,5
Sao Tomé	3,0	n.c.	0,2	0,0	270	4,0
Afrique du Sud	2,8	1,9	43,4	133,2	3 160	3,5
Guinée	2,5	n.c.	7,5	3,7	510	n.c.
Malawi	2,5	4,0	10,4	2,0	190	3,8
Swaziland	2,4	n.c.	1,0	1,3	1 360	3,3
Ghana	2,0	4,3	19,5	7,4	390	3,5
Burundi	2,0	− 2,9	6,1	0,8	120	n.c.
Gabon	1,9	n.c.	1,2	4,0	3 350	0,8
Djibouti*	1,5	n.c.	0,6	0,5	790	n.c.
Seychelles	1,5	n.c.	0,1	0,5	6 540	1,5
Lesotho	1,2	4,4	2,1	1,2	550	1,0
Kenya	1,0	2,2	30,3	10,6	360	3,0
Comores	0,5	n.c.	0,6	0,1	350	n.c.
Erythrée	0,0	5,2	4,1	0,8	200	0,0
Éthiopie	0,0	4,8	64,1	6,6	100	0,0
En récession						
Côte d'Ivoire	− 1,0	3,7	16,0	10,4	710	2,0
Zimbabwe	− 6,0	2,4	11,3	6,1	520	1,7
Rép. dém. Congo	n.c.	− 5,1	52,0	n.c.	710	4,0
Congo-Brazza.	n.c.	0,9	3,1	1,9	670	n.c.
Libéria	n.c.	n.c.	3,2	2,8	1 000	18,0
Sierra Leone	n.c.	− 4,8	5,3	0,7	130	n.c.
Somalie	n.c.	n.c.	7,3	4,3	600	n.c.
Amér. du Nord	**5,2**	**n.c.**	**306,3**	**8 942,4**	**27 727 [1]**	**n.c.**
USA	5,2	3,4	275,6	8 351,0	28 790 [1]	1,5
Canada	4,8	2,3	30,7	591,4	20 360 [1]	3,0
Amérique du Sud	**3,8**	**n.c.**	**510,9**	**1 921,9**	**3 761**	**n.c.**
Rép. dom.	8,0	5,7	8,4	16,1	1 910	6,5
Mexique	6,5	2,7	99,6	428,8	4 400	4,5
Bélize	6,0	4,7	0,3	0,6	2 730	6,0
Trinité	6,0	n.c.	1,3	5,6	4 390	5,3
Chili	5,7	7,2	15,2	71,1	4 740	5,5
Cuba	5,5	n.c.	11,1	18,6	1 700	5,6
Nicaragua	4,9	3,2	5,1	2,1	430	5,0
Honduras	4,1	3,2	6,1	4,8	760	5,0
Brésil	4,0	2,9	170,1	742,8	4 420	4,2
Guatemala	3,8	4,2	12,7	18,4	1 660	4,0
Costa Rica	3,8	4,1	3,6	9,8	2 740	4,1
Pérou	3,6	5,4	27,1	60,3	2 390	1,5
Salvador	3,5	4,9	6,3	11,8	1 900	4,0
Panamá	3,3	4,2	2,9	8,6	3 070	2,2
Colombie	3,1	3,3	40,0	93,6	2 250	2,7
Venezuela	3,0	1,7	24,2	87,0	3 670	4,0
Bolivie	2,5	4,2	8,3	8,2	1 010	3,0
Guyana	2,5	n.c.	0,7	0,6	760	2,5
Paraguay	1,8	2,4	5,5	8,5	1 580	2,5
Équateur	1,5	2,2	12,6	16,2	1 310	3,5
Jamaïque	1,5	0,1	2,6	6,0	2 330	1,5
Uruguay	1,5	3,7	3,3	19,5	5 900	3,5
Haïti	1,5	-1,7	6,4	3,6	460	2,0
En récession						
Argentine	− 0,5	4,9	37,0	277,9	7 600	2,5
Suriname	− 1,0	n.c.	0,4	1,4	3 400	0,0
Asie	**3,8**	**2 019,0**	**6 474,2**	**3 206**	**n.c.**	
Hongkong	9,5	3,9	7,0	161,7	23 520	5,0
Singapour	9,0	8,0	4,0	95,4	29 610	6,0
Corée du Sud	8,5	5,7	47,3	397,9	8 490	6,0
Chine	8,0	10,7	1 264,5	980,2	780	7,3
Malaisie	7,0	6,3	23,3	77,3	3 400	5,3
Corée du Nord	6,2	n.c.	21,7	22,6	1 000	n.c.
Cambodge	6,0	4,8	12,1	3,0	260	7,0

CROISSANCE PAR ZONES	Croissance 2000 en %	Croissance 1990-1999 en %	Population en millions en 2000	PIB 1999 en milliards de $	PIB/ hab. en 1999	Prévision de croissance 2001 en %
Taïwan	5,7	n.c.	22,3	283,4	13 060	5,2
Brunéi	5,0	n.c.	0,3	4,8	15 300	4,0
Thaïlande	5,0	4,7	62,0	121,0	1 960	4,5
Viêt Nam	4,7	8,1	78,7	28,2	370	5,5
Laos	4,5	6,4	5,2	1,4	280	5,0
Birmanie	4,2	6,3	48,9	20,0	400	5,0
Indonésie	4,0	4,7	212,2	119,5	580	4,5
Mongolie	4,0	0,7	2,5	0,9	350	4,5
Philippines	3,5	3,2	80,3	78,0	1 020	4,0
Japon	2,0	1,4	126,9	4 078,9	32 230	0,0
Europe de l'Est	**4,9**	**n.c.**	**410,9**	**853,3**	**2 077**	**n.c.**
Turkménistan	15,0	− 3,5	5,2	3,2	660	9,0
Bosnie	12,0	n.c.	3,8	4,3	1 100	8,0
Azerbaïdjan	8,5	− 9,0	7,7	4,4	550	8,0
Albanie	7,0	2,3	3,4	2,9	870	7,5
Tadjikistan	7,0	− 9,8	6,4	1,8	290	5,0
Russie	6,5	− 6,1	145,2	332,5	2 270	4,5
Kazakhstan	6,5	− 5,9	14,9	18,9	1 230	6,8
Hongrie	5,5	1,0	10,0	46,8	4 650	5,5
Estonie	5,5	− 1,3	1,4	5,0	3 480	5,7
Pologne	5,0	4,7	38,6	153,1	3 960	4,2
Yougoslavie	5,0	n.c.	10,6	14,2	1 699	6,0
Slovénie	4,8	2,4	2,0	19,6	9 890	4,3
Macédoine	4,5	1,9	2,0	3,4	1 690	5,0
Kirghizistan	4,5	− 7,4	4,9	1,4	300	4,7
Lettonie	4,2	− 4,8	2,4	6,0	2 470	5,2
Arménie	4,0	− 3,1	3,8	1,9	490	5,0
Croatie	3,5	− 0,4	4,6	20,4	4 580	4,8
Géorgie	3,5	− 10,3	5,4	3,4	620	5,0
Ukraine	3,5	− 10,8	49,5	37,5	750	3,0
Bulgarie	3,2	− 2,7	8,2	11,3	1 380	5,0
Ouzbékistan	2,5	− 2,0	24,8	17,6	720	2,9
Lituanie	2,3	− 3,9	3,7	9,7	2 620	4,0
Rép. tchèque	2,2	0,9	10,3	52,0	5 060	3,5
Slovaquie	2,2	1,9	5,4	19,4	3 590	3,0
Roumanie	1,4	− 1,2	22,4	34,2	1 520	3,0
En récession						
Biélorussie	− 1,2	− 4,3	10,0	26,8	2 630	− 2,0
Moldavie	− 2,0	− 11,5	4,3	1,6	370	2,0
Europe de l'Ouest	**3,3**	**n.c.**	**389,3**	**8 643,5**	**22 205**	**n.c.**
Irlande	11,0	7,9	3,8	71,4	19 160	7,3
Luxembourg	8,1	4,1	0,5	19,2	44 640	5,0
Finlande	5,4	2,5	5,2	122,9	23 780	4,0
Grèce	4,1	1,9	10,6	124,0	11 770	4,0
Suède	4,0	1,5	8,9	221,8	25 040	3,4
Espagne	4,0	2,2	39,5	551,6	14 000	3,0
Pays-Bas	3,9	2,7	15,9	384,3	24 300	3,7
Belgique	3,8	1,7	10,2	250,6	24 510	2,8
Islande	3,6	n.c.	0,3	8,1	29 280	2,0
Autriche	3,5	2,0	8,1	210,0	25 970	2,9
Suisse	3,5	0,5	7,1	273,1	38 350	2,6
Portugal	3,3	2,5	10,0	105,9	10 600	3,2
Malte	3,2	7,7	0,4	3,4	9 210	4,3
Norvège	3,1	3,7	4,5	146,4	32 880	2,3
France	3,1	1,7	59,4	1 427,2	23 480	2,5
G.-B.	3,0	2,2	59,8	1 338,1	22 640	2,3
Allemagne	3,0	1,5	82,1	2 079,2	25 350	2,4
Danemark	2,7	2,8	5,3	170,3	32 030	2,5
Italie	2,6	1,2	57,8	1 136,0	19 710	2,2
Proche et M.-Orient	**4,1**	**n.c.**	**382,4**	**994,2**	**2 600**	**n.c.**
Iraq	10,0	n.c.	23,1	n.c.	1 750	8,0
Turquie	6,0	4,1	65,3	186,3	2 900	3,5
Yémen	6,0	3,0	17,0	5,9	350	4,7
Libye	5,5	n.c.	5,1	39,3	7 900	5,5
Tunisie	5,0	4,6	9,6	19,9	2 100	6,0
Algérie	5,0	1,6	31,5	46,5	1 550	4,7
Émirats A.U.	5,0	n.c.	2,8	41,5	22 500	5,0
Bahreïn	5,0	n.c.	0,7	8,6	13 700	6,0
Chypre	4,8	4,4	0,9	9,0	11 960	4,3
Syrie	4,0	5,7	16,5	15,2	970	3,0
Israël	4,0	5,1	6,2	99,7	16 110	4,2
Koweït	3,7	n.c.	2,2	44,8	22 500	3,0
Qatar	3,5	n.c.	0,6	12,3	17 000	5,0
Iran	3,4	3,4	67,4	110,5	1 760	3,5
Oman	3,3	n.c.	2,4	19,6	8 000	4,0
Égypte	3,2	4,4	68,3	87,5	1 400	4,8
Arabie saoudite	3,2	1,6	21,6	191,0	9 000	2,1
Jordanie	2,5	4,8	5,1	7,0	1 500	3,0
Maroc	1,5	2,3	28,8	33,8	1 200	5,5
Liban	0,5	7,7	4,2	15,8	3 700	1,5
En récession						
Terr. palest.	− 3,5	n.c.	3,1	n.c.	1 630	5,0
Océanie	**4,1**	**n.c.**	**28,6**	**438,9**	**15 319**	**n.c.**
Papouasie	4,6	4,0	4,8	3,7	800	6,1
Australie	4,2	3,8	19,2	380,8	20 050	3,7
Nlle-Zélande	3,6	2,9	3,8	52,7	13 780	2,9
Fidji	3,2	n.c.	0,8	1,7	2 200	3,2

Nota. – (1) En 1999, sauf pour PIB en milliards de $ 1999.

France 11,5 ; All. 9 ; USA 7,8 ; Belg. 3,3 ; P.-Bas 3,2. **1923 :** G.-B. 13,1 ; USA 12,2 ; All. 9,6 ; *France 6,8 ;* Belg. 3,9 ; Italie 2,5 ; P.-Bas 2,2 ; Canada 2,1 ; Australie 2 ; Japon 1. **1938 :** USA 13,5 ; G.-B. 12,1 ; Japon 4,9 ; *France 3,9 ;* Canada 3,8 ; UEBL 3,2 ; P.-Bas 2,6 ; Italie 2,4 ; Australie 2,3. **1960 :** USA 15,8 ; All. féd. 8,9 ; G.-B. 7,7 ; *France 5,3 ;* URSS 4,4 ; Canada 3,3 ; Japon, P.-Bas 3,1 ; UEBL 3 ; Italie 2,9. **1970 :** USA 13,5 ; All. féd. 10,8 ; *France 6,6 ;* G.-B., Japon 6,1 ; Canada 5,2 ; Italie 4,2 ; URSS 4,1 ; P.-Bas, UEBL 3,7. **1985 :** USA 10,8 ; All. féd. 9,5 ; Japon 9,2 ; *France 5,3 ;* G.-B. 5,2 ; Canada 4,6 ; URSS 4,5 ; Italie 4,1 ; P.-Bas 3,5 ; Belg.-Lux. 2,8. **1990 :** All. 12,1 ; USA 11,4 ; Japon 8,2 ; *France 6,2 ;* G.-B. 5,3. **1997 :** USA 12,6 ; All. 9,4 ; Japon 7,7 ; *France 5,3 ;* G.-B. 5,1. **1999 :** USA 12,4 ; All. 9,6 ; Japon 7,5 ; *France 5,3* ; G.-B. 4,8. **Services. 1990 :** USA 15,5 ; *France 10,7 ;* G.-B. 7,2 ; All. 6,7 ; Japon 5,4 ; Italie 5,3 ; P.-Bas 3,9 ; Espagne 3,8. **1999 :** USA 18,8 ; G.-B. 7,6 ; *France* 5,9 ; All. 5,7 ; Italie 4,8 ; Japon 4,5 ; Espagne, P.-Bas 4.

■ **Commerce mondial, en milliards de $. MARCHANDISES : exportations :** *1938 :* 22 ; *67 :* 216 ; *90 :* 3 433 ; *95 :* 5 033 ; *97 :* 5 442 ; *99 :* 5 625 dont USA 695,2 (12,4) ; All. 541,5

Pays	PIB aux prix courants du marché					Contributions au PIB en %, 1999			En pourcentage du PIB 1999											
	Total en milliards de $		Par habitant		Parités 2000 de pouvoir d'achat du PIB				Prélèvements obligatoires	Déficit public[1]	Formation brute de capital fixe[5]	Épargne nationale nette	Dépenses courantes publiques	Dépenses de consommation finale des administrations publiques						
	2000	avec taux de change courant	1999	avec taux de change courant		Agriculture	Industrie	Services						Total	Défense[5]	Ordre public[2,5]	Enseignement[5]	Santé[5]	Sécurité sociale[3]	Logement[1,4]
Allemagne	2 048,3	1 873	24,9	22,8	1,94	1,2	31,1	67,7	37	– 2,4	20,6	– 0,3	44,8	19	1,4	1,6	3,7	6,6	18,9	0,3
Australie	502	382,6	26,1	19,9	1,31	3,3[7]	26,4[7]	70,4[7]	29,9	0,5	20,1	1,4[7]	31,9[7]	18,2[7]	1,7	1,3	3,5	3,1	8[7]	0,4
Autriche	211,1	189,2	26	23,3	13,4	2,2	32,9	64,9	44,4	– 2,2	23,8	– 0,1	47,3	19,8	0,9	0,9	4,3	5,1	18,6	-0,1
Belgique	269,1	227,2	26,3	22,2	37	1,5	27,8	70,8	45,9	– 1,5	17,3	0,3	48	21,4	2,5	1,6	6,1	0,5	15,7	0,2
Canada	862,4	687,7	28,1	22,4	1,18	2,5[6]	32,8	64,7[6]	37,4	2	17,7	0,8[7]	42,5[7]	19,9[7]	n.c.	n.c.	n.c.	n.c.	12,6[7]	n.c.
Corée	837	461,6	17,7	9,8	624	5,2	44,9	49,9	21,1	– 5	36,8	8,9[7]	17,1[7]	11[7]	3	1,3	2,8	0,2	3,2[7]	0,2
Danemark	151,3	160,8	28,3	30,1	8,59	2,7	25,5	71,9	49,8	1	16,7	2,5	52,4	25,5	1,8	1	5,6	5	17,5	0,2
Espagne	762,9	555,6	19,3	14,1	132	3,9	30,4	65,7	34,2	– 1,9	20,1	1,3	35,9	17,3	1,5	2,1	3,8	4	12,4	0,6
Finlande	128,7	121,6	24,9	23,5	6,1	3,7	33	63,3	46,2	0,8	16,1	2,2	46,4	21,5	1,7	1,2	5,9	4,7	17,9	0,5
France	*1 403,3*	*1 290,9*	*23,2*	*21,3*	*6,55*	*3*	*25*	*72*	*45,2*	*– 2,8*	*17,4*	*– 0,4*	*48,5*	*23,7*	*3,1*	*0,9*	*5,2*	*3,4*	*18,4*	*1,4*
G.-B.	1 430,5	1 415,6	23,9	23,7	0,65	1,2	28,6	70,3	37,2	– 0,4	15,5	1,5	37,8	18,5	3,2	2	4,5	5,7	13,5	0,6
Grèce	169,3	111,8	16	10,6	241	7,9	23,6	68,5	33,7		20,8	1,9	48,3	15	4,9	n.c.	3,1	2,3	15,8	n.c.
Hongrie	122,3	46,1	12,2	4,6	106	5,1	33,5	61,5	38,7	– 4,5	19,3		29,8[7]	21,4	n.c.	n.c.	n.c.	n.c.	13,6[7]	n.c.
Irlande	107,8	93,9	28,5	24,8	0,745	4,7[7]	38,9[7]	56,4[7]	32,2	2,5	17,2	5,1	29,3	14	n.c.	n.c.	n.c.	n.c.	10,2	n.c.
Islande	7,7	8,6	27,5	30,6	87,3	10,1[6]	29,4[6]	60,5[6]	33,6		17,5	3,9[7]	34,3[7]	22,1[7]	0	1,3	4,4	6,6	6,9[7]	0,8
Italie	1 413,6	1 074	24,5	18,6	1 597	3,1	29,4	67,6	42,7	– 2,6	17	0,2	44,6	18	1,7	1,7	4,2	3,4	17,3	0,5
Japon[2,11]	3 246,6	4 610,6	25,6	36,3	153	1,7[7]	36,1[6]	62,2[7]	28,4	– 6,1	29,7	1,6[7]	30[7]	10,2[7]	0,9	n.c.	3,2	0,4	14,6[7]	0,7
Luxembourg	19,9	18,5	45	41,9	40,8	0,7	20,8	78,4	41,5		20,8	7	38	17,5	n.c.	n.c.	n.c.	n.c.	15,1	n.c.
Mexique	899,2	575,5	9	5,8	6,05	5,2[7]	28,5[7]	66,3[7]	16	– 1,3	18	2,4[7]	17[7]	10,4[7]	n.c.	n.c.	n.c.	n.c.	1,4[7]	n.c.
Norvège	132,2	162,3	29,4	36,1	10,8	2,3	35,7	62	43,6		20,5	7,2	43,9	21,2	2,9	0,8	5	4,4	15,5	– 0,1
Nlle-Zélande[2,11]	74,1	49,2	19,4	12,8	1,46	7,8[8]	27,7[8]	64,5[8]	35,2		20,9	4,1[6]	36,4[6]	14,7[6]	1,1	1,5	3,8	2,9	16,1[6]	0
P.-Bas	437,2	366,5	27,5	23	2,01	3	26,7	70,4	41	– 1,2	19,7	1	43,2	23,1	2,7	n.c.	4,5	n.c.	12,6	n.c.
Pologne	358,9	163,8	9,3	4,2	1,98	3,9	35,8	60,3	37,9	– 2,7	17,1	2[7]	39,6[7]	15,4	n.c.	n.c.	n.c.	17,3[7]	17,3[7]	
Portugal	175,7	104,3	17,6	10,4	129	4,2	30,4	65,4	34,2	– 2,3	24,1	0,4	38,3	19,8	2	1,8	5,7	3,2	11,7[7]	0,5
Rép. slovaque	61,5	19	11,4	3,5	14,3	4,5	35,2	60,2	– 2,5[7]	56,3[7]	21,5[7]								12,5[7]	
Rép. tchèque	143,6	49,6	14	4,8	13,3	3,9	43,3	52,8	38,3	– 1,2	33	1,8[7]	37[7]	19,8	1,2	2,5	3,6	0,2	12,3[7]	0,2
Suède	216,6	228	24,4	25,7	9,65	2[7]	29,1[7]	68,8[7]	52	1,2	14,8	1,9	55,1	26,9	2,4	1,4	5,1	4,6	18,9	0,5
Suisse[2]	216	240,3	30,1	33,5	1,88	1,6[7]	30,3[7]	68,1[7]	35,1	– 1,7	20,2	0,2[7]	34,2[7]	13,6	n.c.	n.c.	n.c.	n.c.	11,9[7]	n.c.
Turquie[2,11]	455,5	198,8	6,8	3	272 836	15,5	29,7	54,8	28,7	– 8,3	25			15,2	n.c.	n.c.	n.c.	n.c.	n.c.	n.c.
USA[11]	9 926,6	9 926,6	36	36	1	1,7[6]	26,1	72,2[6,9,10]	28,9	1,6	17,6	0,2[6]	32,7[6]	15,2[6]	n.c.	n.c.	n.c.	n.c.	12,6[6]	n.c.

Nota. – (1) En % du PIB 1998. (2) Pays utilisant encore le système de comptabilité nationale (SCN) 1968. (3) Sécurité sociale et œuvres sociales. (4) Logement et développement collectif. (5) 1996. (6) 1997. (7) 1998. (8) 1995. (9) Services sanitaires inclus dans l'industrie. (10) Entreprises publiques incluses. (11) Selon la CITI Rév. 2.

(9,6) ; Japon 419,4 (7,5) ; *France 300,4 (5,3) ;* G.-B. 269 (4,8) ; Canada 238,4 (4,2) ; Italie 230,6 (4,1) ; P.-Bas 200,4 (3,6) ; Chine 195,2 (3,5) ; Belg.-Lux. 176,3 (3,1) ; Hong Kong 174,4 (3,1) ; Corée du S. 144,7 (2,6) ; Mexique 136,7 (2,4) ; Taïwan 121,6 (2,2) ; Singapour 114,7 (2) ; Espagne 110,1 (2) ; Suède 84,9 (1,5) ; Malaisie 84,5 (1,5) ; Suisse 80,4 (1,4) ; Russie 74,3 (1,3) ; Irlande 70,4 (1,3) ; Autriche 63,5 (1,1) ; Thaïlande 58,4 (1) ; Australie 56,1 (1) ; Arabie saoudite 50,5 (0,9) ; Indonésie 48,7 (0,9). **Importations :** *1997 :* 5 600 ; *99 :* 5 881 dont USA 1 059,9 (18) ; All. 472,1 (8) ; G.-B. 320,3 (5,5) ; Japon 311,3 (5,3) ; *France 290,1 (4,9) ;* Canada 220,2 (3,7) ; Italie 216,9 (3,7) ; P.-Bas 187,6 (3,2) ; Hong Kong 180,7 (3,1) ; Belg.-Lux. 160,9 (2,7) ; Chine 165,8 (2,8) ; Mexique 148,7 (2,5) ; Espagne 144,8 (2,5) ; Corée du S. 119,8 (2) ; Taïwan et Singapour 111,1 (1,9) ; Suisse 79,9 (1,4) ; Australie 69,1 (1,2) ; Autriche 68,8 (1,2) ; Suède 68,5 (1,2) ; Malaisie 65 (1,1) ; Brésil 51,7 (0,9) ; Thaïlande 50,3 (0,9) ; Irlande 46,4 (0,8) ; Pologne 45,9 (0,8) ; Inde 44,6 (0,8).

■ **Poids des exportations de certains pays vers les USA. En % des exportations** (en 1999). *Souce :* La Tribune : Mexique 90, Japon 3, Taïwan 25, Brésil 20, UE 16,5.

Échanges 1999 (en milliards de $)

	Biens et services[1]		Commerce par produits[2]		Taux de couverture
	Importations	Exportations	Importations (caf)[3]	Importations (fab)[4]	
Allemagne	601,4	621,9	473,5	542,8	114,6
Australie	91	81	65,5	56	85,5
Autriche	95,7	94,7	68,7	62,4	90,9
Belgique	181,1	190,5	164,6[a]	178,9[a]	108,7[a]
Canada	258,9	277,6	215,6	238,8	110,8
Corée	143,5	171,3	119,8	143,7	120
Danemark	57,6	65,9	44,3	49	110,6
Espagne	171,9	164	147,9	111,5	75,4
Finlande	37,9	48,5	31,6	41,8	132,1
France	*337,9*	*373,9*	*292,8*	*302,3*	*103,2*
G.-B.	397,9	373,8	323,8	270,7	83,6
Grèce	35,7	25,2	26,6	10,1	38,2
Hongrie	26,7	25,5	28	25	89,3
Irlande	69	81,8	46,5	70,5	151,6
Islande	3,4	3	2,5	2	79,9
Italie	277,1	301,5	220,2	235,1	106,7
Japon[5]	379,7	450,6	309,9	417,1	134,6
Luxembourg	18,8	21,9	10,6	7,8	73,7
Mexique	155	148,7	142	136,3	96
Norvège	50,5	59,7	34,2	45,5	133,1
Nlle-Zélande[5]	17,9	17,5	14,3	11,9	83,4
P.-Bas	219,8	238,4	167,9[b]	170,5[b]	101,6
Pologne	50,4	40,5	45,9	27,4	59,7
Portugal	46	33,8	39,8	24,5	61,5
Rép. slovaque	13,2	12,1	–	–	–
Rép. tchèque	34	33,2	28,8	26,8	93,1
Suède	91,3	105,5	68,5	84,8	123,8
Suisse[5]	95,8	109,1	80,6	81	100,6
Turquie[5]	49,7	42,9	40,7	26,6	65,3
USA	1 244,2	990,5	1 024,3	695,8	67,9
G7	3 497,1	3 389,7	2 860,1	2 702,6	94,5
UE-15	2 639	2 741,3	2 127	2 162,8	101,7
Total OCDE	5 252,8	5 204,4	4 279,2	4 096,7	95,7

Nota. – (1) Statistiques de comptes nationaux selon le Système de Comptabilité Nationale (SCN) 1993. (2) Statistiques douanières. (3) caf : coût, assurance, fret. (4) fab : franco de bord. (5) Biens et services : selon le SCN 1968. (a) Union économique belgo-luxembourgeoise (UEB). (b) Données confidentielles exclues. *Sources.* Comptes nationaux des pays de l'OCDE, OCDE, Paris, 2001 ; Commerce international par produits, OCDE, Paris, 2001.

■ **Part de l'Asie du Sud-Est dans l'économie mondiale en 1998** (en %). **Population :** Asie 33,4 dont Chine 21,1, Japon 2,1, autres pays [1] 6,82. **PIB :** 23,7 dont Japon 14,6, Chine 3,14, autres pays [1] 3,46. **Commerce de marchandises** (exportations et, entre parenthèses, importations) : Asie 25,6 (25) dont Japon 8 (6,6), Chine 3 (2,6), autres pays [1] 6,4 (7). **Services commerciaux mondiaux** (exportations et, entre parenthèses, importations) : Asie 27,7 (27,9) dont Japon 5,3 (10,2), Chine 1,7 (2,1), autres pays [1] 6 (7,3). **Investissement étranger direct** (entrées en termes de flux et, entre parenthèses, sorties) : Asie 26,1 (21,2) dont Chine 12,1 (0,6), Japon 0,1 (6,9), autres pays [1] 5,8 (2,3). En termes de stock : Asie 20,2 (19,3) dont Chine 5,3 (0,6), Japon 0,6 (10,4), autres pays 4,4 (1).

Nota. – (1) Corée du Sud, Indonésie, Malaisie, Philippines, Thaïlande.

Économie française

■ **Comptes de la nation en 2000** (en milliards de F) **et,** entre parenthèses, **évolution en %. PIB (produit intérieur brut)** 9 214,7 (4) dont valeur ajoutée au prix de base 8 217,6 (4,3), impôts sur les produits nets de subventions (TVA, impôts sur les importations, TIPP, taxes sur les tabacs et alcools,...) 1 120 (1,8) ; **valeur ajoutée brute par secteurs :** valeur ajoutée brute des entreprises 5 753,6[1] (3[1]), Stés non financières 4 802,3 (3,3[1]), entreprises individuelles 834,2[1] (1,5[1]), Stés financières 401,7[1] (2,7[1]), administrations publiques 1 482 (3,3). **Éléments du partage de la valeur ajoutée.** Rémunération des salariés des entreprises 4 811,9 (4,2), excédent brut d'exploitation 2 629,4 (4,2), revenu mixte brut des entreprises 699,9 (2,7) ; rémunération des salariés des administrations publiques 1 210,3[1] (3,3[1]). **Stés non financières :** excédent brut d'exploitation 1 566,9 (2), revenus distribués des Stés 737,9, épargne brute 763,2 (– 4,9[1]), formation brute de capital fixe 925,2 (7,5[1]), variation de stocks 63,2 (– 3[1]). *Capacité (+) ou besoin (–) de financement* – 175,2. *Taux de marge* (excédent brut d'exploitation/valeur ajoutée, en %) 32,6 (2[1]). *Taux d'autofinancement* (épargne brute/FBCF, en %) 82,5. **Stés financières :** excédent brut d'exploitation 141,1 (2,1[1]), revenus de la propriété attribués aux assurés 233,9 (n.c.), formation brute de capital fixe 74,8 (15,9[1]), *capacité (+) ou besoin (–) de financement* 39. **Ménages (y compris entreprises individuelles) :** excédent brut d'exploitation et revenu mixte 1 424,9 (1,9[1]), salaires et traitements bruts 3 510,8, prestations sociales reçues, autres que t.s.n. 1 311,4 (3,3[1]), intérêts 277,3, dividendes 203,6, impôts courants sur le revenu 868,2, revenu disponible brut (à partir duquel il y a choix entre consommation et épargne) 5 928 (3[1]), dépense de consommation finale 4 987,2 (2,5), épargne brute 940,8 (3,6[1]), formation brute de capital fixe 534,8 (7,3[1]). *Capacité (+) ou besoin (–) de financement* 389,8 (389,8). *Taux d'épargne* (épargne brute/revenu disponible brut, en %) 15,9 (15,9), financière (capacité de financement/revenu disponible brut, en %) 6,6 (6,6). **Administrations publiques :** recettes fiscales 2 409,3[1] (12,2[1]), cotisations sociales à la charge des employeurs 1 044,8 (n.c.), prestations sociales versées et autres 1 811,4 (3,6[1]), transferts sociaux en nature versés 1 292,1 (3,8[1]), subventions d'exploitation – 24,9, consommation finale effective (finances courantes pour la collectivité) 853,7 (3,9[1]), formation brute de capital fixe 277 (3,4[1]), *capacité (+) ou besoin (–) de financement* 125,6 (125,6), État – 221 (– 221), organismes d'administration centrale 8,7 (8,7), administrations publiques locales 24,9 (24,9), administrations de Sécurité sociale (y compris hôpitaux publics) – 54,6 (– 54,6). **Relations avec le reste du monde :** exportations de biens et services 2 640,7 (n.c.), importations de biens et de services 2 510,6 (n.c.), *solde extérieur de biens et services* – 130,1 (n.c.), *capacité (+) ou besoin (–) de financement de la nation* 134,8 (134,8).

Nota. – (1) En 1999.

Principaux résultats économiques

■ **PIB (en milliards de F). 1992 :** 7 126 ; **93 :** 7 226,5 ; **94 :** 7 499,7 ; **95 :** 7 752,4 ; **96 :** 7 951,4 ; **97 :** 8 207,1 ; **98 :** 8 565,8 ; **99 :** 8 856,5 ; **2000 :** 9 214,7. *Croissance* (en %) : **1980 :** + 1,4. **81 :** + 1,2. **82 :** + 2,5. **83 :** + 0,8. **84 :** + 1,5. **85 :** + 1,8. **86 :** + 2,4. **87 :** + 2,2. **88 :** + 4. **89 :** + 3,7. **90 :** + 2,3. **91 :** + 0,8. **92 :** + 1,2. **93 :** – 1,3. **94 :** + 2,1. **95 :** + 1,7. **96 :** + 1,1. **97 :** + 1,9. **98 :** + 3,4 ; **99 :** + 2,9. **2000 :** + 3,1.

■ **Formation brute de capital fixe** (*objectif :* 6,7 % par an). **1980 :** 0,3. **81 :** 0,5. **82 :** 1,1. **83 :** 2,9. **84 :** 2. **85 :** 1,6. **86 :** 3. **87 :** 2,4. **88 :** 2,6. **89 :** 6. **90 :** 3,4. **91 :** 0,4. **92 :** 2,1. **93 :** 5,8. **94 :** 1,5 ; **95 :** 2. **96 :** 0. **97 :** – 0,1. **98 :** 7. **99 :** 6,2. **2000 :** 6,1.

■ **Chômeurs.** *Inflation :* voir à l'Index.

■ **Consommation** (en %). *Des ménages :* **1990 :** 3. **91 :** 1,4. **92 :** 1,7. **93 :** 0,1. **94 :** 1,2 ; **95 :** 1,2. **96 :** 1,3. **97 :** 0,1. **98 :** 3,4. **99 :** 2,8. **2000 :** 2,5. *Des administrations publiques :* **1996 :** 2,3 ; **97 :** 2,1 ; **98 :** – 0,1 ; **99 :** 2 ; **2000 :** 2,2.

■ **Endettement des entreprises** (en milliards de F). **1990 :** 178 (*1986 :* 36). *Taux* (en %) : **1986 :** 57,8 ; **92 :** 35,8 ; *d'autofinancement :* **1986-88 :** 91 à 93 ; **89 :** 104,2 ; **90 :** 88,9 ; **91 :** 84 ; **92 :** 105,9 ; **93 :** 106 ; **95 :** 115 ; **96 :** 118.

Valeur ajoutée des branches (en milliards de F, en 2000 et, entre parenthèses, en %, en 1998) : 7 838,6 (100) dont agriculture, sylviculture, pêche 260,4 (3,2), industries agricoles et alimentaires 190,1 (2,7), des biens de consommation 270,6 (3,5), auto 140,8 (1,4), biens d'équipement 310,5 (3,8), intermédiaires 599,7 (7,1), énergie 226,5 (2,8), construction 339,8 (4,7), commerce 842,2 (10,3), transports 357 (4,3), activités financières 344 (5), immobilières 941,2 (12,4), services aux entreprises 1 228,6 (15), aux particuliers 426,2 (5,9), éducation, santé, action sociale 893,4 (12), administration 684,6 (9,1).

■ **Répartition des prélèvements obligatoires** (en %) **en 1996 et,** entre parenthèses, **en 2000.** État 38,4 (37,6) dont cotisations sociales 0,7 (0,9). Organismes divers d'administration centrale 1,7 (1,7) dont CRDS 0,6 (0,7). Administrations publiques locales 12,6 (11,9). Administrations de Sécurité sociale 45,7 (47,5) dont cotisations sociales 41,2 (35,4). Institutions européennes 1,6 (1,2).

Capacité (+) ou besoin (–) de financement des administrations publiques

En milliards de F	1997	1998	1999	2000
État	– 293,1	– 255	– 219,6	– 221
Administrations :				
centrale	– 232,6	– 245,4	– 198,8	– 205,1
publiques locales	+ 19	+ 26	+ 31,5	+ 24,9
de Sécurité sociale	– 35,7	– 9,5	+ 24,7	+ 54,6
publiques (SEC 1995)	– 249,2	– 228,9	– 142,5	– 125,6
PIB	8 207,1	8 565,8	8 856,5	9 214,7

Part des dépenses publiques dans le PIB

En % du PIB	1996	1997	1998	1999
Déficit public	- 4,2	- 3	- 2,7	- 1,8
Dette publique BCN	57,1	59	59,3	58,6
Dépenses publiques	55,6	54,8	53,9	53,8
Prélèvements obligatoires [1]	44,8	44,9	44,8	45,6

Nota. – (1) 45,2 en 2000.

Taux de prélèvements obligatoires

En % du PIB	1992	1995	1999	2000
État	16,7	16,3	17,4	16,7
Administrations :				
centrale	0,4	0,4	0,8	0,8
publiques locales	5	5,5	5,5	5,2
de Sécurité sociale	19,6	20,3	20,9	21,4
dont impôts	1	2	4,9	5,5
dont cotisations sociales	18,1	18,3	16	15,9
Union européenne [1]	0,9	0,8	0,6	0,6
Total	*42,7*	*43,7*	*45,3*	*44,8*

Nota. – (1) Les versements aux institutions de l'UE comprennent, outre les transferts de recettes fiscales (52 milliards de F en 1998), un transfert de l'État au titre de 4e ressource. Au total, ces versements se sont élevés à 92 milliards de F en 1998, soit 1,1 % du PIB.

Capacité (+) ou besoin (–) de financement des administrations publiques

En % du PIB	1998	1999	2000
État	- 3	- 2,5	- 2,4
Asso [1]	- 0,1	- 0,3	- 0,6
Autres administrations			
ODAC [2]	0,1	0,2	0,2
APUL [3]	0,3	0,4	0,3
Total	*0,4*	*0,6*	*0,5*
Total adm. publiques	*- 2,7*	*- 1,6*	*- 1,4*
Pour mémoire			
Dette [4]	60,3	60,5	59,9
Prélèvements obligatoires	44,9	45,3	44,8

Nota. – (1) Administration sociale. (2) Organismes divers d'administration sociale. (3) Collectivités locales. (4) Dette au sens du traité de Maastricht.

■ **Prélèvements obligatoires** (en milliards de F). **1992 :** 3 041,3 dont impôts 1 692,7, cotisations sociales 1 348,6. **95 :** 3 384,2 dont impôts 1 940,4, cotisations sociales 1 443,8. **98 :** 3 848 dont impôts 2 450,6, cotisations sociales 1 397,4. **99 :** 3 998,2 dont impôts 2 542, cotisations sociales 1 456,2. **2000 :** 4 160,6 dont impôts 2 587,4, cotisations sociales 1 450,7.

Déficit public au sens de Maastricht (en milliards de F et, entre parenthèses, en % du PIB). *1995 :* 434,9 (5,6) ; *96 :* 330,1 (4,2) ; *97 :* 247,1 (3) ; *98 :* 232,2 (2,7). *Sources :* Comptes de la Nation 1998.

Investissements directs à l'étranger

■ **Investissements directs français à l'étranger** (en milliards de F). *1990 :* 197,3 ; *91 :* 141,8 ; *92 :* 161 ; *93 :* 111,8 ; *94 :* 135,3 ; *95 :* 78,6 ; *96 :* 155,6 ; *97 :* 207,6 ; *98 :* 239,7 dont capital social 121,7, bénéfices réinvestis 12,7, prêts à long terme – 1,5, mouvements à court terme 106,5.

■ **Investissements directs étrangers en France** (en milliards de F). *1990 :* 85 ; *91 :* 85,6 ; *92 :* 94,5 ; *93 :* 93,1 ; *94 :* 86,5 ; *95 :* 118,2 ; *96 :* 112,3 ; *97 :* 135,2 ; *98 :* 165,3 dont capital social 91,3, bénéfices réinvestis 3,1, prêts à long terme 4,3, mouvements à cour terme 66,6.

■ **Solde net des investissements directs** (en milliards de F). *1990 :* – 112,3 ; *91 :* – 56,2 ; *92 :* – 66,5 ; *93 :* – 18,7 ; *94 :* – 48,8 ; *95 :* 39,6 ; *96 :* – 43,3 ; *97 :* – 72,4 ; *98 :* – 74,4.

☞ **Création d'emplois d'origine étrangère :** *1991 :* 13 500 ; *92 :* 14 150 ; *93 :* 15 500 ; *94 :* 17 122 ; *95 :* 19 818 ; *96 :* 22 669 (dont 50 % d'origine UE) ; *97 :* 24 212 ; *98 :* 29 411 ; *99 :* 31 726 (dont UE 20 854).

Commerce extérieur

■ **Part de marché de la France** (en % des exportations mondiales). *1980 :* 6 ; *85 :* 5,1 ; *90 :* 6,3 ; *95 :* 5,7 ; *96 :* 5,5 ; *97 :* 5,2 ; *98 :* 5,4 ; *99 :* 5,3 (au 4e rang derrière USA, All., Japon). **Taux d'ouverture** (part des exportations dans le PIB en %) : *1986 :* 22,2 ; *91 :* 24,5 ; *96 :* 25 ; *99 :* 20,7. **Grands contrats** (en milliards de F) : *1974 :* 66 ; *80 :* 109 ; *85 :* 122 ; *86 :* 121 ; *89 :* 150 ; *90 :* 145 ; *91 :* 132 ; *92 :* 133 ; *93 :* 130 ; *94 :* 140 ; *96 :* 145 ; *97 :* 180 ; *98 :* 239 ; *99 :* 182 (dont aéronautique 92, civil 60, militaire 30).

■ **Échanges. Solde commercial** (en milliards de F Caf/Fab, en 2000) : total hors matériel militaire – 68 (avec + 6). Agroalimentaire + 62. Biens de consommation – 46. Industrie automobile + 61. Biens d'équipement + 50. Biens intermédiaires – 38. Énergie – 154.

■ **Répartition sectorielle. Exportations et,** entre parenthèses, **importations** (en %, 1999). Biens d'équipement professionnel 25,8 (23,5), biens intermédiaires 31,3 (32,8), biens de consommation 13,8 (15,6), agroalimentaire 13,1 (10,1), automobile 13,5 (11,1), matériel utilitaire transport terrestre 84,3 (82,9), énergie 2,6 (7).

■ **Commerce extérieur français. Structure des échanges** (exportations et, entre parenthèses, importations en %, 1999). Produits agro-alimentaires 13,1 (10,1), énergie 2,6 (7), produits manufacturés 84,3 (82,9) dont biens de consommation 13,8 (15,6), automobiles 13,5 (11,1), biens d'équipement 25,8 (23,5), biens intermédiaires 31,3 (32,8). **Structure géographique des échanges** (en %, 1999). Exportations vers l'UE 64,4, importations de l'UE 61,7.

■ **Structure géographique des échanges** (en milliards de F Caf-Fab, 1999). *Excédents :* Espagne 46,3, G.-B. 38,4, Suisse 25,3, Grèce 16, Émirats arabes unis 10,6. *Déficits :* Japon 35,8, Chine 29,9, Irlande 18,8, Norvège 18, Allemagne 16.

■ **Principaux soldes par produits et par pays** (en milliards de F, 1999). **Excédents. Aéronautique 51,6 :** Suisse 8,9 ; Chine 5,7 ; Canada 5,2 ; Émirats arabes unis 3,3 ; Grèce 3,1. **Vins et champagnes 34,5 :** G.-B. 7,3 ; USA 5,9 ; Allemagne 5,2 ; Belgique 3,7 ; P.-Bas 2,4. **Équipements automobiles 30,3 :** Espagne 12 ; USA 4,8 ; G.-B. 4,5 ; P.-Bas 2,3 ; Belgique 1,6. **Parfumerie 29,1 :** Allemagne 4,2 ; USA 2,3 ; G.-B., Italie 2 ; Espagne 1,8. **Céréales 28,1 :** Italie 4,4 ; Belgique 4,3 ; P.-Bas 3,9 ; Espagne 3,8 ; Allemagne 3,3. **Chimie de base 27 :** Allemagne 4,7 ; Italie 3,3 ; G.-B., P.-Bas 2,5 ; Espagne 2. **Véhicules automobiles 23,2 :** G.-B. 15,4 ; Italie 7,9 ; P.-Bas 6,1 ; Suisse 3,7 ; Portugal 2,9. **Télécommunications 19,3 :** G.-B. 3 ; Espagne 2,5 ; P.-Bas 2,4 ; Italie 2. **Préparations pharmaceutiques 19 :** Belgique 2,5 ; Algérie 2,3 ; Allemagne 2,1 ; Espagne 1,9 ; Pologne 1,3. **Électricité 17,1 :** Suisse 5,9 ; G.-B. 3,3 ; Italie 3,1 ; Espagne, P.-Bas 1,3. **Déficits. Pétrole brut et gaz – 81,3 :** Norvège – 1,8 ; Arabie saoudite – 1,1 ; G.-B., Russie – 1 ; Algérie – 0,7. **Matériel informatique – 27,6 :** USA – 1 ; Japon – 0,8 ; G.-B. – 0,7 ; Irlande – 0,6 ; Taïwan – 0,5. **Vêtements de dessus – 14,6 :** Tunisie, Maroc – 0,3 ; Chine – 0,2 ; Italie, Turquie – 0,1. **Chimie organique de base – 10,7 :** Allemagne – 0,4 ; Irlande – 0,3 ; Singapour, Belgique – 0,2 ; P.-Bas – 0,1. **Chaussures – 10,7 :** Italie – 0,4 ; Chine, Viêt Nam, Portugal – 0,2 ; Espagne – 0,1. **Vêtements de dessous – 10,6 :** Maroc – 0,2 ; Chine, Turquie, Inde, Bangladesh – 0,1. **Fruits, café, etc. – 10,1 :** Espagne – 0,4 ; C. d'Ivoire – 0,2 ; Brésil, Afrique du Sud, Colombie – 0,1. **Poissons – 9,9 :** Norvège, Islande, Équateur, Danemark – 0,1 ; USA – 0,1. **Télévisions, magnétoscopes, etc. – 9,4 :** Japon – 0,5 ; Chine – 0,3 ; Hongrie, Malaisie – 0,2 ; Thaïlande – 0,1. **Machines-outils – 9,2 :** Allemagne – 0,3 ; Italie, Suisse, Japon – 0,2 ; USA – 0,1.

Soldes des échanges extérieurs
(Caf-Fab, en milliards de F)

	1996	1997	1998	1999
Agriculture, sylviculture, pêche	12,1	12,4	12,2	15,2
Industries agricoles et alimentaires	40,7	53,8	47,1	47
Biens de consommation	- 17,5	- 13,6	- 25,3	- 23,1
Automobile	23,5	64,5	59,6	53,3
Biens d'équipement	46,6	72,5	67,3	54,7
Biens intermédiaires	6,7	15,3	- 0,6	- 4,5
Énergie	- 78,6	- 88,3	- 62,3	- 78,2
Solde (Fab/Caf)	**33,5**	**116,6**	**97,8**	**65**

Balance commerciale (Fab)
(en millions de F)

	Importations	Exportations	Balance	Taux de couverture (en %)
1938	430	305	– 125	66,3
1948	6 726	4 340	– 2 386	64,5
1958	23 552	21 531	– 2 021	91,4
1968	69 029	62 723	– 6 306	90,8
1970	106 190	99 641	– 6 549	93,8
1975	231 269	223 362	– 7 907	96,6
1980	570 778	469 694	– 101 084	82,3
1985	962 746	870 812	– 91 934	90,4
1988	1 030 809	980 738	– 50 071	95,1
1989	1 190 295	1 122 984	– 67 311	94,3
1990	1 229 215	1 154 209	– 75 006	93,9
1991	1 258 338	1 195 029	– 63 309	94,9
1992	1 221 531	1 224 019	+ 2 488	100,2
1993	1 114 163	1 174 702	+ 60 539	105,4
1994	1 243 699	1 292 419	+ 48 720	104
1995	1 355 537	1 419 324	+ 63 787	104,7
1996	1 390 975	1 477 103	+ 86 128	106,2
1998	1 666 000	1 806 000	+ 140 000	108
1999	1 754 000	1 860 000	+ 106 000	106
2000	2 117 000	2 124 000	+ 6	100

Nota. – Caf : coûts d'assurances et de fret. Fab : franco à bord (sans les coûts d'assurances et de fret).

Commerce extérieur de la France par pays (en milliards de F, 1999)

	Importations Caf		Exportations Fab		Balance Caf Fab
	Valeur	Part en %	Valeur	Part en %	
Europe					
UE :					
Allemagne	306	17,1	290	15,8	- 16
Autriche	15	0,8	21	1,1	6
Belg.-Lux.	130	7,3	141	7,7	11
Danemark	14	0,8	15	0,8	1
Espagne	127	7,1	173	9,4	12
Finlande	15	0,8	9	0,5	- 6
G.-B.	152	8,5	190	10,4	38
Grèce	3	0,1	19	1	16
Irlande	33	1,8	14	0,8	- 19
Italie	172	9,6	168	9,1	- 5
Pays-Bas	91	5,1	86	4,7	- 5
Portugal	19	1,1	29	1,6	9
Suède	27	1,5	27	1,5	0
Autres pays :					
Hongrie	9	0,5	7	0,4	- 1
Islande	0,7	0	0,5	0	- 0,3
Malte	1,1	0,1	3,2	0,2	2
Norvège	25,7	1,4	7,8	0,4	- 18
Pologne	9	0,5	18	1	9
Roumanie	4	0,2	4	0,2	0
Russie	18	1	9	0,5	- 10
Slovaquie	3	0,2	2	0,1	- 1
Slovénie	4	0,2	6	0,3	2
Suisse	42,7	2,4	68	3,7	25,2
Tchèque (Rép.)	7	0,4	9	0,5	2
Turquie	11,8	0,7	18,7	1	6,9
Ukraine	1	0	1	0,1	1
Afrique					
Afrique du Sud	4,3	0,2	5,7	0,3	1,4
Algérie	9,7	0,5	15,9	0,9	6,1
Angola	0,6	0	0,9	0	0,3
Cameroun	2,3	0,1	2,8	0,2	0,5
Congo	0,3	0	0,9	0,1	0,6
Côte d'Ivoire	4,5	0,3	4,9	0,3	0,3
Égypte	1,2	0,1	7,6	0,4	6,3
Gabon	1,3	0,1	1,8	0,1	0,5
Ghana	0,6	0	0,8	0	0,2
Guinée	0,3	0	0,9	0,1	0,6
Kenya	0,5	0	0,6	0	0,2
Libéria	0,2	0	0,4	0	0,2
Libye [1]	1,84	1,09	1,8	0,1	- 0,04
Madagascar	2	0,1	1,6	0,1	- 0,4
Mali	0	0	1,3	0,1	1,2
Maroc	16,2	0,9	16,4	0,9	0,2
Mauritanie	0,6	0	0,8	0	0,2
Niger	0,7	0	0,4	0	- 0,3
Nigéria	4,6	0,3	3,5	0,2	- 1,1
Sénégal	0,8	0	2,9	0,2	2,1
Togo	0,1	0	0,7	0	0,6
Tunisie	10,5	0,6	14,3	0,8	3,9

	Importations Caf		Exportations Fab		Balance Caf Fab
	Valeur	Part en %	Valeur	Part en %	
Zaïre [3]	0,1	0,006	0,2	0,01	0,1
Zambie [3]	0,5	0,03	0,06	0,003	- 0,4
Amérique					
Amér. du Nord :					
Canada	10	0,5	19	1	9
USA	156	8,7	142	7,7	9
Amér. du Sud :					
Argentine	2,9	0,16	6,7	0,37	3,9
Brésil	11,4	0,64	11,3	0,62	- 0,1
Chili	3,8	0,22	2,2	0,12	- 1,7
Colombie	1,4	0,08	1,6	0,09	0,2
Costa Rica	0,5	0,03	0,5	0,03	0
Cuba	0,3	0,02	1,4	0,08	1,1
Équateur	0,8	0,04	0,2	0,01	- 0,6
Mexique	3,4	0,19	7,2	0,39	3,8
Pérou	0,8	0,05	0,8	0,04	0
Venezuela	1,3	0,07	1,7	0,09	0,4
Asie					
Arabie saoudite	12,2	0,7	8,1	0,4	- 4,1
Bahreïn	0,4	0	3,2	0,2	2,8
Bangladesh	2	0,1	0,6	0,03	- 1,5
Chine	50	2,8	20,1	1,1	- 29,9
Corée du Sud	11,8	0,7	11,4	0,6	- 0,4
Émirats arabes unis	0,5	0	11,1	0,6	10,6
Hong Kong	4,7	0,3	11,8	0,6	7,1
Inde [1]	6,9	0,41	4,6	0,26	- 2,3
Indonésie	6,7	0,4	2,2	0,1	- 4,6
Iran					
Iraq	5	0,3	2	0,1	- 3
Israël	5,3	0,3	7,5	0,4	2,3
Japon	63,9	3,6	28,1	1,5	- 35,8
Koweït	1,4	0,1	1,5	0,1	0,1
Liban	0,2	0	3,7	0,2	3,4
Macao [2]	1,06	0,07	0,09	0,005	- 1
Malaisie	9	0,5	4,9	0,3	- 4
Maurice [2]	1,95	0,1	2,2	0,1	0,2
Oman	0	0	0,8	0	0,8
Pakistan [2]	1,96	0,12	1,38	0,08	- 0,58
Philippines	2,7	0,2	2,4	0,1	- 0,3
Qatar	0	0	2,3	0,1	2,3
Singapour	13,4	0,7	12	0,7	- 1,4
Sri Lanka [1]					
Syrie	2,4	0,1	2,9	0,2	0,5
Taïwan	16,1	0,9	9,4	0,5	- 6,7
Thaïlande	10,3	0,6	3,5	0,2	- 6,8
Viêt Nam [1]	3,2	0,19	1,8	0,1	- 1,4
Yémen	0	0	0,8	0	0,8
Océanie					
Australie	4,3	0,2	7,9	0,4	3,6
Nouvelle-Zélande	1,5	0,1	1,8	0,1	0,2

Nota. – (1) 1998. (2) 1997. (3) 1993.

Commerce extérieur de la France par produits (en milliards de F, 1999)

Principaux produits	Export. Fab[2]		Import. Caf[1]		Balance Caf Fab
	Valeur	%	Valeur	%	
Fruits tropicaux, café, thé, cacao	1,6	5,3	9,5	20,7	– 7,8
Oléagineux tropicaux	0,05	– 23,8	0,2	– 10,4	– 0,2
Plantes textiles trop.	0,05	– 17,5	1,2	10,1	– 1,1
Produits agr. importés	0,1	21,9	1,4	– 6,8	– 1,3
Céréales	25,8	– 3,6	1,2	– 2,9	24,6
Fruits et légumes	12,2	3,5	16,6	2	– 4,4
Vins	22,2	26,1	2,8	8	19,3
Produits végétaux divers	8,2	28,2	8,6	2,1	– 0,3
Laine en suint et divers	0,5	14,6	2,5	26,4	– 1,9
Autres produits animaux	10,2	8,5	2,2	– 23,9	7,9
Sylviculture et exploitation forestière	1,9	3,2	2	8,8	– 0,1
Produits de la pêche	4,2	21,2	9	6,5	– 4,9
Cuirots et peaux brutes	2,7	9,1	1,2	17,8	1,5
Viandes et leurs conserves	25,1	10,6	20	– 0,2	5
Lait et produits laitiers	25,1	6,7	11,7	4,8	13,4
Conserves	7,8	9,6	16,7	5,4	– 8,9
Produits à base de céréales	19,9	6,2	13,5	6,3	6,3
Corps gras alimentaires	3,9	16,1	12,9	12	– 9
Sucre	8,8	9,2	1,5	0,9	7,3
Autres prod. alimentaires	26,3	16	17,9	6,4	8,4
Boissons, alcools, tabacs	29,4	9,8	18,7	4,4	10,6
Combustibles minéraux solides produits de la cokéfaction	0,4	– 14,3	5,4	4,4	– 5
Pétrole brut	0,03	58,9	72,2	10,5	– 72,1
Gaz naturel	0,9	91,5	21,2	19,3	– 20,2
Prod. pétroliers raffinés	20,3	20,8	26,1	– 1,1	– 5
Électricité, gaz, eau	18,6	– 1,4	1,2	11,2	17,4
Minerai de fer	0,04	– 50,7	2,9	24,9	– 2,8
Minerais non ferreux	0,09	– 5,5	3	18,6	– 2,9
Minéraux divers	1,3	– 0,4	2,2	0,7	– 0,8
Produits sidérurgiques	35,9	11,7	28,7	12	7,2
Produits de la 1re transformation de l'acier	18	16,2	13,7	7,8	4,3
Métaux non ferreux	10,4	– 5,3	25,6	8,7	– 15,2
Demi-produits non ferreux	27,1	9,4	23,9	16	3,1
Produits de la fonderie	5	2,1	1,8	3,1	3,2
Articles en métaux	10,3	14,2	9,3	3,9	1
Construction et menuiserie métalliques	4,8	7,6	3,9	– 1	0,9
Outillage quincaillerie	10	14,9	13	6,1	– 3
Autres produits du travail des métaux	12,3	10,6	12,6	8,4	– 0,4
Matériaux de construction bruts	2,7	5,4	3	6,5	– 0,3
Matériaux de construction ouvrés, céramique	10,6	5,5	10,9	5,8	– 0,4
Produits de l'ind. du verre	16	10,6	11,4	9,5	4,6
Chimie minérale	10,9	4,1	10	6,2	0,92
Engrais	1,7	– 1,8	7,6	– 6,9	– 5,9
Caoutchouc synthétique	3,8	4,2	2,6	– 0,3	1,2
Autres produits de la chimie organique	115,2	14,8	101,8	13,6	13
Fils et fibres artificiels et synthétiques	1,9	1,2	4,1	1,3	– 2,2
Pâtes à papier	1,4	66,2	6	12,7	– 4,9
Papier et carton	32,5	8,2	37	6,7	– 5,2
Caoutchouc et matières plastiques	53,3	12,1	50,6	8,2	2,7
Machines agricoles	7,6	13,1	13,3	3	– 5,7
Machines-outils à métaux	5	20,4	8,4	– 0,1	– 3,4
Autres machines-outils	9,4	15,6	10,2	7,1	– 0,8
Équipement industriel	79,3	9,3	63,1	6,2	16,1
Matériel de manutention pour mines, sidérurgie	25,4	– 3,5	17,5	2,6	7,9
Matériel électrique	58,9	14,5	44,9	16	14
Matériel électronique de bureau	159,3	24,1	166,2	18,3	– 6,9
Construction navale	5,4	22,1	2,6	– 4,9	2,8
Constr. aéronautique	101,4	27,9	55,9	38,6	45,4
Matériels de précision	33,3	14,9	35,3	8,5	– 1,9
Matériel électronique ménager	12,9	11,2	18,6	4,1	– 5,7
Équipement ménager	16,4	8,7	16,3	6,3	0,07
Voitures particulières	108,9	23,9	74,8	– 14,8	34,1
Motocycles, cycles, caravanes	2,6	20,3	6	12,7	– 3,3
Véhicules utilitaires	26,9	– 1,9	25,1	– 8,4	1,8
Équipements de véhicules	80,9	10,6	52,1	10,2	28,7
Matériel ferroviaire roulant	3	47	1	85,4	1
Prod. pharmaceutiques	43,6	26,6	27,4	17	16,2
Parfumerie, produits d'entretien	40,2	11,7	10,7	10,5	29,5
Autres produits de la parachimie	26,9	14,2	24,6	6,7	2,3
Ouvrages textiles en filés	31,2	10,4	26,5	11,2	4,7
Produits de la bonneterie	14,9	18,8	30	13,2	– 15
Articles d'habillement	20	7,4	35,4	9,5	– 15,3
Matières textiles naturelles préparées	3	13,7	0,6	14,4	2,5
Fils et filés	5,2	10,8	7,5	11,4	– 2,3
Cuirs et peaux	1,9	5	2,9	4,3	– 0,9
Articles en cuir	7,2	7,6	5,7	8,4	1,5
Chaussures	5,6	8,4	16,1	16,6	– 10,4
Presse et produits de l'imprimerie et de l'édition	13,9	9,4	16,9	1,4	– 3,1
Meubles	7,2	9,8	12,4	2,7	– 5,2
Produits de la scieric	1,7	4,7	4,2	17,2	– 2,5
Autres produits du travail mécanique du bois	8,3	11,4	6,9	7,9	1,4

Nota. – (1) **Caf :** coûts des assurances et du fret.
(2) **Fab :** franco à bord (sans les coûts des assurances et du fret).

■ **L'industrie en 1999. Solde** (en milliards de F) **et,** entre parenthèses, **taux de couverture Caf/Fab :** biens de consommation – 23 (91,8) [dont pharmacie, parfumerie et entretien 46,6 (156,9), édition, imprimerie, reproduction – 0,9 (93,6), équipement du foyer – 33,4 (70,2)], biens intermédiaires – 4,5 (99,2) [dont bois et papier – 16,8 (74,2), produits minéraux – 4,2 (89,3), textile – 4,2 (91,8), métallurgie et transformation des métaux – 2,2 (98,3), chimie, caoutchouc, plastiques 7,7 (103,6), composants électriques et électroniques 15,2 (115,3)], automobile 53,9 (127,4), biens d'équipement 54,6 (113) [dont équipements électriques et électroniques – 12,6 (92,7), équipement mécanique 9,7 (106,1), construction navale, aéronautique et ferroviaire 57,6 (164,9)], industrie manufacturière 128 (107,9) [dont industrie *hors agroalimentaire* 81 (105,4), *agroalimentaire* 47 (136,1) dont viande et lait 17,4 (151,1), autres 29,6 (130,7)], habillement, cuir – 35,3 (57,8).

■ **Principaux produits exportés par la France en 1999** (en milliards de F) **et,** entre parenthèses, **part en % du total (hors matériel militaire).** Véhicules autos 163,1 (8,9), produits de la construction aéronautique 120,4 (6,6), équipements autos 80 (4,4), ordinateurs er équipements informatiques 58,2 (3,2), prépa. pharmaceutiques 56,1 (3,1), composants électroniques 47,9 (2,6), appareils d'émission et de transmission 44 (2,4), produits sidérurgiques Ceca 38,1 (2,1), vins et champagnes 37,6 (2,1), céréales et plantes industrielles 35,8 (2), parfums et produits de toilette 35,8 (2), produits chimiques organiques de base 33,3 (1,8), matériel de distribution et de commande 28,8 (1,6), matières plastiques 27,3 (1,5), produits chimiques 27 (1,5), lait et produits laitiers 23,8 (1,3), papiers et cartons en l'état 23,7 (1,3), instruments de mesure et contrôle 21,9 (1,2), appareils de réception, enregistrement son et image 20,8 (1,1), produits chimiques à usage industriel 19,1 (1).

■ **Principaux produits importés par la France en 1999** (en milliards de F) **et,** entre parenthèses, **part en % du total (hors matériel militaire).** Pétrole brut et gaz naturel [n.c.] (4,5), véhicules autos 163 (7,6), produits de la construction aéronautique 120 (3,8), équipements pour autos 80 (2,7), ordinateurs et équipements informatiques 58 (4,6), prépa. pharmaceutiques 56 (2), composants électroniques 47 (2,5), appareils d'émission et de transmission 43 (1,3), produits sidérurgiques Ceca 38 (1,8), produits chimiques organiques 33 (2,4), matières plastiques 27 (1,5), papiers et cartons en l'état 23 (1,5), instruments de mesure et de contrôle 21 (1,2), appareils de réception, enregistrement son et image 20 (1,6), produits pétroliers raffinés 18 (1,4), pompes, compresseurs et systèmes hydrauliques 18 (1), produits pharmaceutiques 12 (1), vêtements de dessus 10 (1,4) et de dessous 8 (1), machines-outils 9 (1).

■ **Les 20 premiers clients de la France en 1999** (en milliards de F) **et,** entre parenthèses, **part en %.** Allemagne 290,4 (15,8), G.-B. 190,4 (10,4), Espagne 173 (9,4), Italie 167,6 (9,1), USA 141,7 (7,7), Belgique 132,2 (7,2), Pays-Bas 86,4 (4,7), Suisse 68 (3,7), Portugal 28,7 (1,6), Japon 28,1 (1,5), Suède 26,8 (1,5), Autriche 20,8 (1,1), Chine 20,1 (1,1), Turquie 18,7 (1), Canada 18,7 (1), Grèce 18,6 (1), Pologne 17,7 (1), Maroc 16,4 (0,9), Algérie 15,9 (0,9), Danemark 15,2 (0,8).

■ **Les 20 premiers fournisseurs de la France en 1999** (en milliards de F) **et,** entre parenthèses, **part en %.** Allemagne 306 376 (17,1), Italie 172 179 (9,6), USA 156 035 (8,7), G.-B. 151 998 (8,5), Espagne 126 742 (7,1), Belgique 122 473 (6,9), Pays-Bas 91 342 (5,1), Japon 63 878 (3,6), Chine 49 998 (2,8), Suisse 42 740 (2,9), Irlande 32 684 (1,8), Suède 26 716 (1,5), Norvège 25 716 (1,4), Portugal 19 344 (1,1), Russie 18 450 (1,1), Maroc 16 221 (0,9), Taïwan 16 100 (0,9), Autiche 15 032 (0,8), Finlande 14 754 (0,8), Danemark 14 147 (0,8).

☞ **Contrefaçons :** la quasi-totalité vient de 12 pays : Corée du Sud, Taïwan, Hong Kong, Chine, Thaïlande, Singapour, Inde, Turquie, Maroc, Mexique, Espagne et Italie. Louis Vuitton, Cartier et Lacoste affectent environ 1 % de leur chiffre d'affaires à la lutte contre les contrefaçons. Dans l'informatique, les 3/4 des logiciels utilisés en Europe sont des copies. Un micro-ordinateur suffit pour copier un programme sans différence qualitative (contrairement aux copies de vidéocassettes) et le téléchargement permet à la contrefaçon de circuler librement d'un pays à l'autre.

☞ **Coface (Cie française d'assurance pour le commerce extérieur).** *P-DG :* François David ; *directeur général :* Jérôme Cazes. *Effectifs* (en 2000) : 3 600. *Chiffre d'affaires* (en 2000) : 845,8 millions d'euros (dont 610 pour l'assurance et 236 pour les ventes de services) ; résultat net 57,6. Présent dans 93 pays.

Entreprises

■ **Entreprises. Nombre au 1-1-2000** (en milliers) : 2 414,87 dont *sans salariés :* 1 196,49 ; *de 1 à 9 :* 1 051,87 ; *10 à 49 :* 139,29 ; *50 à 99 :* 14,18 ; *100 à 249 :* 8,45 ; *250 à 499 :* 2,61 ; *500 et + :* 1,96. **Créées dont,** entre parenthèses, **reprises** (en %) : *1980 :* 247 561 (28) ; *90 :* 308 895 (20,7) ; *2000 :* 272 072 (dont créations nouvelles 176 754, reprises 41 652, réactivées 53 666).

■ **Créations et reprises d'entreprises** (en 1999). **Par taille d'effectifs** (en nombre) : *0 salarié :* 205 146 ; *1 à 5 :* 54 914 ; *6 à 9 :* 3 368 ; *+ de 10 :* 5 491. **Par secteur** (données brutes) : commerce 76 786, services aux entreprises 54 278, aux ménages 41 487, construction 34 935, hôtels, cafés, restaurants 30 951, industrie (hors agroalimentaire) 14 940, transports 8 902, ind. agroalimentaire 6 640. **Défaillances d'entreprises** (données brutes). *1990 :* 46 495 ; *95 :* 59 503 ; *96 :* 64 894 ; *97 :* 61 068 ; *98 :* 54 543 ; *99 :* 48 527.

■ **Zones à régime préférentiel.** *Instituées* dans le cadre de l'aménagement du territoire pour aider des régions économiquement défavorisées. **Bénéficiaires :** entreprises s'y installant et y créant des emplois. **Avantages** (depuis 1982) : *prime d'aménagement du territoire (PAT)* attribuée sur des fonds d'État par la Délégation à l'aménagement du territoire et à l'action régionale (Datar) : 35 000 à 50 000 F par emploi dans la limite de 17 à 25 % de l'investissement de l'entreprise ; *primes régionales à l'emploi (PRE)* et *à la création d'entreprises (PRCE)* attribuées par les conseils régionaux et financées par les régions. *Avantages instaurés par certains Pts de régions :* prêts, avances, cautions, bonifications d'intérêt, exonération partielle de la taxe professionnelle (« zones franches »). Participation des régions aux apports en fonds propres : directe : instituts de participation ; indirecte : Stés de développement régional (SDR).

■ **Création de zones franches.** *Industrielle :* à l'étude (Mulhouse-Ottwarsheim, St-Louis). *Portuaire :* Pointe-à-Pitre/Jarry (Guadeloupe). *Urbaine (ZFU) :* instituée dans le cadre du pacte de relance pour la ville (loi du 14-11-1996), 44 zones créées. Les entreprises existantes ou qui s'y installent bénéficient pendant 5 ans de 7 exonérations fiscales et sociales.

Planification

■ Généralités

■ **Origine.** Jean Monnet convainc de Gaulle, Pt du gouvernement provisoire, d'instituer un système de planification indicatrice, compatible avec l'économie de marché (note du 4-12-1945). Décret du 3-1-1946 créant un Conseil du Plan et un Commissariat général (rattaché au Pt du Conseil puis au Premier ministre, et responsable de l'élaboration et du contrôle de l'exécution du Plan). Le Plan, dont la forme finale doit être approuvée par le Parlement, sert d'instrument d'orientation et de cadre des programmes d'investissements publics et privés.

■ **Loi de Plan.** Le projet, présenté par le gouvernement aux assemblées parlementaires pour débat et vote, engage le gouvernement. *Les rapports des Commissions du Plan* sont élaborés parallèlement à la rédaction du Plan proprement dit au sein d'instances de concertation tripartites.

■ **Commissariat général du Plan (CGP).** Rattaché au Premier ministre. *Effectifs :* – de 200 personnes dont 70 « chargés de mission », répartis en 9 services de planification ; 1 administratif et financier (gestion interne du Commissariat). *Rôle :* animer et coordonner.

■ **Commissaires au Plan. 1946** Jean Monnet (9-11-1888/16-03-1979) ; **1952** Étienne Hirsch (1901-94) ; **1959** Pierre Massé (1898-1987) ; **1966** François-Xavier Ortoli (né 16-2-1925) ; **1967** René Montjoie (1926-82) ; **1974** Jean Ripert (né 23-2-1922) ; **1978** Michel Albert (né 25-2-1930) ; **1981** Hubert Prévôt (né 2-10-1928) ; **1984** Henri Guillaume (né 3-2-1943) ; **1987** Bertrand Fragonard (né 26-4-1940) ; **1988** Pierre-Yves Cossé (né 14-11-1934) ; **1992** Jean-Baptiste de Foucauld (né 19-1-1943) ; **1995** Henri Guaino (né 11-3-1957) ; **1998** Jean-Michel Charpin (né 23-2-1949).

■ **Commissions du Plan.** Instances tripartites indépendantes (représentants des administrations, des partenaires sociaux et des experts). Le Pt de chacune est souvent choisi hors de l'Administration : chef d'entreprise, banquier, syndicaliste, représentant d'association, universitaire, journaliste. Le *Commissariat général,* assurant le secrétariat, assiste le Pt dans l'organisation des travaux et pour la rédaction du rapport.

■ **Travaux quantitatifs.** Effectués par des partenaires extérieurs, Insee, Direction de la prévision des organismes associés comme le Centre d'études prospectives d'économie mathématique appliquée à la planification (Cepremap) ou le Centre d'études prospectives et d'informations internationales (Cepii). Le gouvernement a décidé, en 1980, de favoriser, par des aides financières, la constitution d'instituts de prévision indépendants de l'État : Groupe d'analyse macro-économique appliquée de l'université de Paris-X, Laboratoire d'économie commun à l'École centrale de Paris et à l'université de Paris-I, Observatoire français de conjoncture économique (OFCE), Institut de prévision économique et financière pour le développement des entreprises (Ipecode). Ces organismes ont élaboré des modèles alimentés en données de base par l'Insee. Les projections concernant les finances publiques restent un « monopole public ».

■ **Ier Plan 1947-53** (Monnet). **Buts :** reconstituer les industries de base et rejoindre, en 1949, le niveau atteint en 1929, donner à la France des moyens de production adéquats pour produire davantage et au plus vite. **Exécution :** objectifs largement atteints.

■ **IIe Plan 1954-57. Buts :** accroissement de la production, amélioration de la qualité des produits et de la rentabilité, en vue d'un régime d'échange plus libre. **Exécution :** satisfaisante ; les équilibres économiques se dégradent en fin de période (guerre d'Algérie).

■ **IIIe Plan 1958-61. Buts :** préparer le plein emploi de la jeunesse atteignant l'âge du travail et acheminer l'économie vers le Marché commun (concurrence plus large), avec une plus grande stabilité monétaire et un équilibre de la balance des paiements. **Exécution :** marquée par le Plan de stabilisation Rueff de 1959 qui induit un ralentissement de la croissance en grande partie effacé par le Plan intérimaire de 1960/61.

Entreprises de 20 personnes ou plus en 2000	Nombre	Effectifs [1] au 31-12	Chiffre d'affaires*
Habillement et fourrures	1 319	86,5	66 608
Cuir et chaussures	379	39,1	25 426
Édition, imprimerie, reproduction	1 825	142,0	165 393
Industrie pharmaceutique	275	95,5	215 454
Savons, parfums, produits d'entretien	280	49,3	102 623
Meubles	682	72,5	60 663
Bijouterie, instruments de musique	116	9,0	8 756
Articles de sport, jeux, ind. diverses	316	26,7	25 170
Appareils domestiques	69	25,1	31 353
Appareils de réception, enregistrement, reproduction son et image	55	11,0	21 867
Matériel d'optique et de photographie, horlogerie	141	15,9	12 016
Ind. automobile	321	173,4	571 944
Équipements automobiles	233	95,3	126 736
Construction navale	111	15,3	17 345
Matériel ferroviaire roulant	38	14,1	15 246
Construction aéronautique et spatiale (n.c. ateliers ind. de l'aéronautique)	103	77,2	114 370
Cycles, motocycles, mat. de transport	53	8,1	8 041
Éléments en métal pour construction	518	30,5	27 378
Chaudronnerie, fabrication de réservoirs métalliques et chaudières	942	65,7	52 054
Équipements mécaniques	378	63,6	66 178
Machines d'usage général	774	80,7	84 837
Machines agricoles	210	17,6	22 991
Machines-outils	160	14,1	14 081
Autres machines d'usage spécifique	654	54,4	63 262
Armes, munitions	8	0,7	546
Machines de bureau, matériel informatique	78	40,1	96 758
Moteurs, génératrices, transformateurs électriques	176	23,1	22 051
Appareils d'émission et transmission	202	66,4	110 402
Matériel médico-chirurgical et d'orthopédie	234	22,7	26 086
Matériel de mesure et contrôle	520	66,0	70 072
Extraction de minerais métalliques	3	0,3	236
Extraction de produits de carrières et minéraux divers	318	20,3	22 517
Verre, articles en verre	190	47,3	43 506
Céramique, matériaux de construction	707	72,5	87 595
Filature et tissage	666	48,8	48 644
Textiles	504	37,5	33 111
Étoffes, articles en maille	210	21,0	13 370
Bois, articles en bois	618	40,3	39 033
Pâte à papier, papier, carton	119	26,9	44 979
Articles en papier et carton	517	57,2	66 132
Industrie chimique minérale	119	23,7	46 990
Industrie chimique organique	170	47,2	144 618
Parachimie	363	53,4	102 243
Fibres artificielles ou synthétiques	12	2,4	3 921
Caoutchouc	169	67,4	60 614
Transformation matières plastiques	1 286	134,9	129 272
Sidérurgie, 1re transformation de l'acier	150	62,0	111 160
Métaux non ferreux	87	22,2	55 526
Fonderie	232	35,0	23 859
Services ind. du travail des métaux	2 220	128,9	89 968
Produits métalliques	900	84,6	73 279
Récupération	247	11,6	14 297
Matériel électrique	582	130,1	132 789
Composants électroniques	294	56,3	84 269
Extraction de produits énergétiques	22	10,1	5 691
Cokéfaction, ind. nucléaire	10	11,3	31 881
Raffinage de pétrole	49	17,6	260 538
Production et distribution d'électricité, de gaz et de chaleur	106	166,4	281 113
Captage, traitement et distribution d'eau	79	31,3	59 842
Industrie y compris énergie	**22 119**	**2 970,2**	**4 356 703**
Industrie hors énergie	**21 853**	**2 733,5**	**3 717,639**

Nota. – * En 1999, en milliards de F (HT). (1) En milliers. *Sources :* Sessi.

■ **IVe Plan 1962-65. Buts :** expansion, modernisation, investissements, mais aussi répartition des fruits de la croissance, aménagement du territoire et action régionale au profit des catégories sociales déshéritées et des régions retardées. **Exécution :** prévisions assez bien réalisées, mais la surchauffe de l'économie conduit à un plan de stabilisation en septembre 1963.

■ **Ve Plan 1966-70. But :** accroître la compétitivité pour préserver l'indépendance et l'expansion de l'économie. **Exécution :** perturbée par le « choc » de mai 68 ; la croissance se maintient mais le dérapage des prix se traduit par un freinage des équipements collectifs.

■ **VIe Plan 1971-75. But :** croissance forte, compétitive et équilibrée avec priorité au développement industriel. **Exécution :** les objectifs ne sont pas atteints (choc pétrolier).

■ **VIIe Plan 1976-80. Buts :** assurer les conditions économiques du plein emploi, du progrès social et de la liberté de décision (croissance prévue 5,5 à 6 %), améliorer la qualité de la vie, réduire les inégalités. Mieux répartir les responsabilités. **Exécution :** objectifs non réalisés (croissance 3,4 %), malgré une adaptation à mi-parcours rendue caduque par le 2e choc pétrolier.

■ **VIIIe Plan 1981-85.** Plan mort-né qui reste à l'état de projet en raison du changement de majorité. **7 priorités : 1°)** favoriser la recherche ; **2°)** réduire la dépendance énergétique ; **3°)** développer une ind. concurrentielle et les technologies d'avenir ; **4°)** valoriser le potentiel agr.

EFFECTIFS INDUSTRIELS (en milliers, 1993)

Régions \ Secteurs	Agriculture	Industrie [1]	BGCA [2]	Tertiaire	Total
Alsace	5	129	38	382	588
Aquitaine	34	96	51	633	870
Auvergne	4	71	23	262	392
Basse-Normandie	9	71	28	297	446
Bourgogne	10	93	30	335	504
Bretagne	22	95	50	587	834
Centre	15	155	51	508	781
Champagne-Ardenne	11	84	25	280	434
Corse	3	1,5	7	55	70
Franche-Comté	3	94	19	213	357
Haute-Normandie	6	119	38	373	574
Ile-de-France	9	579	267	3 574	4 606
Languedoc-Roussillon	17	40	37	465	594
Limousin	3	31	13	156	220
Lorraine	5	141	45	470	711
Midi-Pyrénées	10	96	46	555	755
Nord-Pas-de-Calais	10	210	69	777	1 142
Pays de la Loire	26	186	65	640	984
Picardie	12	116	30	348	550
Poitou-Charentes	13	70	27	325	464
Prov.-Alpes-Côte d'Azur	17	98	85	1 032	1 300
Rhône-Alpes	13	374	118	1 234	1 847
Ensemble	**91**	**2 949**	**1 160**	**13 506**	**19 023**

Nota. – (1) En 1999, y compris agroalimentaire. (2) Bâtiment et Génie civil. *Sources :* Insee, Sessi.

et alim. ; **5°)** développer la formation ; **6°)** consolider la protection rurale ; **7°)** améliorer le cadre de vie.

■ **Politique de la majorité de 1981. Création d'un ministère du Plan et de l'Aménagement du territoire. Buts : 1°)** *rendre au Plan un rôle moteur* dans la conception et l'exécution de la politique économique et sociale à moyen terme, destinée à lutter contre la crise ; **2°)** *assurer la décentralisation de l'aménagement de l'espace,* la croissance devant reposer principalement sur de nouvelles techniques de production et la valorisation de potentialités locales ; le rôle de l'État consiste à donner plus de liberté aux régions et aux collectivités locales, à soutenir les initiatives locales en assurant leur cohérence avec les choix nationaux, et à garantir la solidarité entre les collectivités territoriales. **Moyens :** le secrétaire d'État dispose de 2 administrations : le *Commissariat général au Plan* (CGP) et la *Délégation à l'aménagement du territoire et à l'action régionale (Datar) ;* il propose les mesures concernant la coopération et la mutualité, préside plusieurs comités interministériels (développement et aménagement rural, aménagement du territoire, Conseil supérieur de la coopération). Groupe central des villes nouvelles rattaché au ministère. Dotations budgétaires (en millions de F, 1982) : crédits de paiement 1 871,6 (1 488,8 en 1981), autorisations de programme 2 641,7 (1 713,7 en 1981).

Développement du secteur de l'économie sociale (mouvements associatifs, coopératifs et mutualistes : 1 070 000 salariés, soit 6,1 % du total). **Buts et moyens :** modification du statut des coopératives et mutuelles pour permettre la participation des salariés à leur gestion, renforcement des moyens financiers, politiques favorables de l'État (marchés publics, bonification des prêts, etc.), création d'organismes régionaux, d'une délégation interministérielle à l'économie sociale. Loi réformant la planification votée le 7-7-1982.

■ **Plan intérimaire 1982-83.** Approuvé par le Conseil des ministres du 14-10-1981. **Buts :** stabiliser le chômage puis le réduire (création de 400 000 à 500 000 emplois par an à partir de 1983), recréer les conditions d'une croissance saine (+ 3 % prévus pour 1982-83) par l'investissement et la relance, amorcer la rénovation de l'appareil productif (nationalisation), restaurer la solidarité (partage du travail et des revenus), lutter contre l'inflation et établir un dialogue social efficace ; stratégie régionale définie pour chaque secteur. **Exécution :** réformes de structures en grande partie réalisées, croissance mise en cause par l'environnement international nécessitant une politique de rigueur dès juin 1982. La loi de décentralisation du 2-3-1982 intronise la Région dans un rôle de planification régionale et de développement et d'animation économique. La loi du 23-7-1982 crée une procédure de coordination entre le Plan national et les plans régionaux : les Contrats de Plan État-régions (CPER).

■ **IXe Plan 1984-88.** *1re loi de Plan du 13-7-1983* (stratégie économique et grandes actions). *2e loi du 24-12-1983* (moyens d'exécution). **Programmes prioritaires d'exécution : 1°)** *moderniser l'industrie.* **2°)** *Poursuivre la rénovation du système d'éducation et de formation des jeunes.* **3°)** *Favoriser la recherche et l'innovation.* **4°)** *Développer les industries de communication.* **5°)** *Réduire la dépendance énergétique.* **6°)** *Agir pour l'emploi.* **7°)** *Vendre mieux en France et à l'étranger.* **8°)** *Assurer un environnement favorable à la famille et à la natalité.* **9°)** *Réussir la décentralisation.* **10°)** *Mieux vivre dans la ville.* **11°)** *Moderniser et mieux gérer le système de santé.* **12°)** *Améliorer la justice et la sécurité.* **Exécution :** programmation abandonnée en 1986.

■ **Xe Plan 1989-93.** Adopté en Conseil des ministres le 24-1-1989. **Buts : 1°)** *stratégie de croissance :* compétitivité économique, maîtrise de l'inflation, progression de l'investissement de 100 % avant 1992 (soit 6 %), modernisation des entreprises, maintien du système de protection sociale, adaptation au grand marché et accroissement des responsabilités de l'État (maîtrise des finances publiques). **2°)** *Ambition pour l'Europe :* plus solidaire (niveau social et monétaire), affirmant son identité (civique et culturelle), valorisant et préservant ses ressources nationales (agriculture, environnement), tournée vers l'avenir (constructions scientifiques et techniques) et ses partenaires extérieurs. **Moyens : 1°)** *éducation-formation :* accès au niveau du baccalauréat en l'an 2000 de 80 % d'une classe d'âge ; revalorisation de l'enseignement, apprentissage de 2 langues étrangères ; promotion du crédit-formation au rôle moteur de l'éducation permanente. **2°)** *Compétitivité :* dépenses de recherche et de développement portées à 3 % du PIB. Perfectionnement du crédit d'impôt-recherche. Soutien à l'effort de productivité des PME (crédits du min. de l'Industrie, renforcement du rôle de l'Anvar, aide à l'exportation). **3°)** *Solidarité :* adaptation des régimes de retraite, maîtrise des dépenses de santé, effort accru en faveur des familles ; prélèvement proportionnel sur tous les revenus. **4°)** *Aménagement du territoire et vie quotidienne :* programme d'infrastructures à finalité européenne (métropoles européennes au sein d'entités régionales). Soutien des zones connaissant des différences économiques ou sociales ; au titre des CPER, 55 milliards de F entre 1989 et 1993 versés par l'État pour les 4 orientations principales des contrats de Plan (emploi, développement écon. et compétition des entreprises 8,8 ; formation, recherche et transformation des techniques 9,8 ; infrastructures de communication 24,1 ; actions de solidarité 12,2). **5°)** *Renouveau du service public :* plus grande efficacité de l'État, nouvelles priorités fiscales et budgétaires. **Exécution :** les engagements financiers dans les contrats de Plan conclus avec les régions ont été tenus.

■ **XIe Plan 1994-98.** Travaux de concertation menés par *4 groupes transversaux (*monde-Europe ; perspectives économiques ; emploi ; outre-mer) *5 commissions* (l'État ; la compétitivité française ; l'agriculture et le développement rural ; cohésion sociale et prévention de l'exclusion ; environnement, qualité de vie, croissance) *5 groupes thématiques* (décentralisation ; éducation et formation ; création culturelle ; recherche, technologie et compétitivité ; villes). **Buts : 1°)** *réussir* l'Union européenne ; **2°)** *orienter* vers l'emploi les stratégies des acteurs économiques et sociaux ; **3°)** *renforcer* la cohésion sociale et territoriale ; **4°)** *améliorer* les conditions d'exercice de l'action publique. En 1993, le gouvernement substitue à la loi de Plan un ensemble de lois quinquennales ou de programmation. La planification est maintenue comme démarche prospective, le rôle du Commissariat général est réduit (élaborer des documents de synthèse sur les défis de notre société) et le gouvernement reste libre de définir les objectifs.

■ **1998 : relance du Plan** *(31-3)*. **Moyens : 1°)** *le Commissariat,* « animateur de l'analyse prospective, lieu de concertation socio-professionnelle et de réflexion interministérielle, programmateur et évaluateur des politiques publiques ». **2°)** *Programme de travail autour de 3 grands axes :* développer l'économie française dans le cadre de la mondialisation et de l'intégration européenne ; renforcer la cohésion nationale ; moderniser les instruments de l'action publique.

■ **2000.** *(06-7) :* remise au Premier ministre du rapport sur les perspectives de la France, à renouveler tous les 3 ans ; doit favoriser une réflexion collective sur une stratégie nationale de développement économique et social afin d'éclairer les perspectives à moyen et long termes et clarifier les choix à moyen terme des autorités publiques. *(27-11) : programme de travail* fixé par le Premier ministre autour de *3 axes :* retour au plein emploi et encouragement à l'activité ; renforcement de la cohésion sociale et sécurisation des parcours individuels ; nouvelles régulations publiques.

SECTEUR PUBLIC

■ **Définition de la nationalisation.** Acte qui transfère à la collectivité nationale la propriété d'entreprises privées. En 1945-46, on a surtout utilisé le transfert des actions au profit de l'État, la Sté étant maintenue avec l'État comme seul actionnaire ou actionnaire principal, et le patrimoine social restant dans les mains de la Sté (Banque de France, 4 grandes banques de dépôts, Cies d'assurances) ; le transfert direct des éléments corporels et incorporels, constituant l'entreprise, à des personnes morales nouvelles (EDF, GDF, CdF, Renault). **Structures juridiques.** *Établissement public industriel et commercial* (EDF, Charbonnages, RATP). *Sté d'économie mixte* (SNCF, Air France). *Sté dont l'État est le seul actionnaire.* Les entreprises publiques sont placées sous la tutelle ou l'autorité des pouvoirs publics (ainsi la Régie Renault n'a pas de conseil d'administration représentant les actionnaires qui sont l'État et les salariés ; le Pt et les dir. généraux sont nommés par le gouvernement). Le gouvernement peut leur imposer des servitudes économiques et l'on admet plus facilement que leur exploitation soit déficitaire.

■ INTERVENTIONS AVANT 1981

1800 Banque de France (statut spécial). **1810** Régie des tabacs. **1816** Caisse des dépôts (statut spécial). **1877** prise de contrôle des *Chemins de fer de l'Ouest* (après faillite). **1880** journaux officiels. **De 1918 à 1935** *pour gérer des biens allemands confisqués :* entreprises publiques (mines de Potasse d'Alsace, Office national industriel de l'azote) ou Stés d'économie mixte (mines de la Sarre et de Silésie, Pétroles de Roumanie, Cie française des pétroles qui reprend les intérêts allemands dans les pétroles d'Iraq). *Pour aider au relèvement de l'économie :* organismes financiers : Crédit national 1919. Crédit hôtelier 1923. Crédit agricole 1930. *Pour développer les infrastructures :* Cie nat. du Rhône 1921. Office du Niger 1932. *Pour lutter contre la crise de 1929 :* renflouement de la Cie gén. transatlantique. Air France 1935. **Front populaire (1936-37) :** Conseil de régence de la Banque de France remplacé par un conseil général presque totalement nommé par l'État

(24-7) ; nationalisations d'industries de guerre (Hotchkiss, Sté des torpilles de St-Tropez, etc.). **1937**-*janv.* participation majoritaire de l'État dans des Stés aéronautiques (exemple : Potez) ; *-31-8* création de la SNCF (51 % des actions détenues par l'État). **Après la Libération : 1944**-*sept.* création de l'Agence France-Presse ; *-13-12* Houillères du Nord et du P.-de-C. **1945**-*16-1* nationalisation de Renault ; *-29-5* Gnôme et Rhône ; *-26-6* Air France ; *-2-12* Banque de France et 4 banques de dépôts (Crédit lyonnais, Sté générale, Comptoir d'escompte de Paris, Banque nat. pour le commerce et l'industrie). Création de la Snecma. **1946**-*8-4* création d'EDF et GDF ; nationalisation des principales Stés de production d'électricité, de gaz ; *-25-4* de 34 Cies et 2 mutuelles d'assurances ; création du Conseil national des assurances et de la Caisse centrale de réassurance ; nationalisation de la Caisse des dépôts et consignations, dont la création remonte à 1816 ; *-mai* nationalisation du Crédit foncier, du Crédit national, des réseaux du Crédit agricole (caisses locales, caisses régionales et caisse nationale) et du Crédit populaire ; *-17-5* des Charbonnages de France. **1965** création d'Elf-Erap (pétrole), regroupé avec SNPA dans secteur public en *1980.*

☞ **Principales raisons des nationalisations de 1936-37 et 1945-46** (outre des raisons conjoncturelles comme la nationalisation de Renault pour faits de collaboration) : souci de soustraire aux intérêts privés et aux lois du marché des activités et secteurs où existait une situation de quasi-monopole, correspondant à un service public de fait, nécessitant d'importants investissements souvent peu rentables (exemples : production d'électricité, de charbon, transports ferroviaires et aériens).

■ NATIONALISATIONS DE 1981-82

■ **Historique. 1981**-*8-7* P. Mauroy définit les grandes orientations du projet de nationalisation (prévu par le Programme commun de la gauche du 26-6-1972) ; *-9-9* cotation des valeurs nationales suspendue en bourse ; *-22-9* avis du Conseil d'État sur le projet de loi ; *-23-9* projet de loi adopté en Conseil des ministres ; *-30-9* reprise des cotations sauf sur Matra, Dassault, Usinor et Sacilor ; *-7-10* rétrocession des filiales de Paribas et Suez supprimée par la commission parlementaire ; *-8-10* accord sur la part de l'État dans Dassault-Breguet ; l'Ass. nat. vote la nationalisation de la sidérurgie (333 voix contre 148) ; *-9-10* OPA de Pargesa sur Paribas-Suisse ; *-22-10* le Sénat repousse la nationalisation de la sidérurgie (164 voix contre 124) ; *-26-10* l'Ass. nat. vote la loi de nationalisation (332 voix contre 134) ; *-29-10 :* 2e vote de l'Ass. nat. pour la nationalisation de la sidérurgie ; *-4-11* l'Ass. nat. adopte en 3e lecture la nationalisation de la sidérurgie (repoussée une 2e fois par le Sénat) ; *-23-11* le Sénat rejette le texte sur les nationalisations (184 voix contre 109) ; *-3-12* loi sur les nationalisations votée en 2e lecture par l'Ass. nat. (332 voix contre 157) ; *-16-12* le Sénat juge la loi irrecevable (184 voix contre 128). **1982**-*16-1* le Conseil constitutionnel juge constitutionnels le principe et le programme des nationalisations, mais déclare inconstitutionnels certains articles (modalités d'indemnisation, non-nationalisation des banques, mutualités ou coopératives, etc.) ; *-19-1* avis favorable du Conseil d'État sur le nouveau projet de loi ; *-20-1* adoption par le Conseil des ministres ; *-29-1* l'Ass. nat. adopte le projet de loi et rejette la motion de censure (154 voix pour) ; *-4-2* le Sénat adopte une question préalable ; *-5-2* adoption en 2e lecture par l'Ass. nat., 2e question préalable au Sénat, adoption définitive par l'Assemblée nationale ; *-11-2* loi jugée constitutionnelle par le Conseil constitutionnel ; *-13-2* loi promulguée ; *-17-3* nomination des nouveaux dirigeants. Elf-Aquitaine nationalisée en 1981-82.

■ **Contrôle des entreprises publiques. Tutelle ministérielle. 1°) Sur les hommes :** nomination des administrateurs présidents et directeurs généraux par décret en Conseil des ministres (représentants de l'État désignés par les ministres concernés) ; instructions impératives de l'État aux Pts et représentants de l'État (le plus souvent générales, pour respecter l'autonomie de gestion) ; révocation possible : des Pts et représentants de l'État (sans avoir à être motivée par une faute), des autres représentants (pour faute grave), de tout le conseil (si dissensions graves). **2°) Sur les actes :** surveillance du ministère concerné et du min. de l'Économie et des Finances : sur budgets, bilans et affectations de résultats, prises ou extensions de participations financières, rémunérations des Pts et directeurs généraux ; parfois sur prix, emprunts, statuts et rémunérations des personnels, programmes d'investissements ; approbation pour les décisions stratégiques (exemple : restructurations) ; dans certains cas, commissaire du gouv. désigné auprès de l'entreprise ; min. de l'Économie et des Finances représenté par des contrôleurs d'État (droits de veto, de visa, etc.) ; contrôles de l'Inspection générale des Finances. **Vérification par la Cour des comptes.** Sur les comptes et la qualité de la gestion. Pouvoirs de contrôle sur place, de communication des documents ou des données informatiques, de convocation des responsables, d'enquête des services fiscaux auprès des tiers et de consultation des dossiers de travail des commissaires aux comptes. Procédure contradictoire. **Contrôle parlementaire.** Informations dues au Parlement : nomenclature des entreprises publiques avec divers renseignements, comptes et bilans (mais tardive, incomplète, sans données économiques) ; rapports de la Cour des comptes sur chaque entreprise, adressés aux parlementaires « spécialisés » ; documents et rapports du *Haut Conseil du secteur public* (*créé* 11-2-1982) où siègent 10 députés et sénateurs, 5 représentants des syndicats, 5 de l'État et 5 personnalités cooptées. Pouvoirs d'investigations : demandes d'enquête à la Cour des comptes, contrôles directs (auditions, sur pièces et sur place pour les parlementaires spécialisés), missions d'information, commissions d'enquête ou de contrôle (examen des gestions), questions orales et écrites.

■ **Indemnisation. Base :** meilleure moyenne mensuelle des cours de Bourse entre le 1-10-1980 et le 30-3-1981, avec prise en compte de l'inflation depuis le 1-1-1981 et intégration des dividendes au titre de l'exercice 1981 [projet précédent : cours de Bourse moyen (pour moitié), actif net comptable et capitalisation des résultats (pour 1/4)]. **Modalités :** en échange des titres détenus, remise d'obligations indemnitaires garanties par l'État auprès des établissements financiers, émises par la Caisse nat. de l'industrie (pour les Stés industrielles) et la Caisse nationale des banques (pour banques et Cies financières). **Délais pour l'échange :** titres cotés, jusqu'au 12-2-1983, non cotés, jusqu'au 30-6-1983, au-delà, à la Caisse des dépôts et consignations. L'opération concernait 1 million de personnes, 200 millions de titres dont environ 80 % échangés avant février 1983. *Montant des obligations :* 5 000 F, en complément 500 F ; pour le solde : soit paiement en espèces, soit versement en espèces en complément du solde pour obtenir une obligation de 500 F en plus.

■ **Sociétés nationalisée du secteur industriel. Groupe :** CGE, St-Gobain, Pechiney-Ugine-Kuhlmann, Rhône-Poulenc, Thomson-Brandt.

Stés non concernées par la loi de nationalisation, mais nationalisées ou contrôlées par l'État (voir encadré col. a) [*chiffres d'affaires* 1987 en milliards de F]. **Usinor** (50 % acier Fr.) et **Sacilor** (30 % acier Fr.) ; **Matra** secteur militaire : *chiffre d'affaires* 1986 : 0,81 ; **Dassault-Breguet** aéronautique : 15,54 dont 68,55 % à l'exportation ; **ITT France :** 97 ; **Bull :** 18 ; **Roussel-Uclaf :** parachimie 9,68.

Banques nationalisées. *36 banques dont les débits atteignent 1 milliard de F ou plus :* Crédit du Nord, CCF, CIP, Sté lyonnaise de dépôts et de crédit ind., Banque de Paris et des Pays-Bas, Sté nancéienne Varin-Bernier, Banque Worms, Banque Scalbert-Dupont, Crédit ind. d'Alsace et de Lorraine, Crédit ind. de l'Ouest, Sté marseillaise de crédit, Banque de l'Indochine et de Suez, Banque de l'Union européenne, Sté gén. alsacienne de banque, Banque Vernes et commerciale de Bretagne, Banque corporative du bâtiment et des travaux publics, Crédit ind. de Normandie, Banque régionale de l'Ouest, Banque de La Hénin, Union de banques à Paris, Sté bordelaise de crédit ind. et commercial, Sté centrale de banque, Sté séquanaise de banque, Banque régionale de l'Ain, Banque Chaix, Banque Tarneaud, Banque ind. et mobilière privée, Sofinco La Hénin, Monod française de Banque, Banque Odier Bungener Courvoisier, Banque Laydernier. **Auront un statut spécial :** *3 banques mutualistes :* Banque féd. du crédit mutuel, Banque centrale des coopératives et des mutuelles et Banque française de crédit coopératif.

Compagnies financières. Cie financière de Paris et des P.-Bas : 1er groupe financier de France ; activités bancaires et financières (contrôle de Banque de Paris et des P.-Bas, Crédit du Nord, Cie bancaire, banques à l'étranger, Stés d'assurances), participations industrielles et commerciales, conseil et services. **Cie financière de Suez :** 4 secteurs : banque-finance-assurances (Banque de l'Indochine et de Suez, CIC, Banque Vernes), holdings, industrie, services-immobiliers-TP ; valeur boursière du portefeuille (en milliards de F, fin 1980) : 1,26 (valeurs françaises 43 %, USA-Canada 29,9 %), dont pétrole 25,5 %, matériel électrique 15,3, valeurs à revenu fixe 12,6.

■ **Coût des nationalisations de 1981-82** (est. avril 1983). 58 milliards de F, dont contribution à l'exploitation des entreprises publiques 25, à la couverture des charges de retraite des cheminots et mineurs 17,1, apport d'actionnaire sous forme de concours en capital 12 (au bénéfice des entreprises nouvellement nationalisées 8,1), indemnisation des anciens actionnaires 3,3, prêts du FDES 1.

Dotations en capital pour 1986 versées par l'État en tant qu'actionnaire (en milliards de F). 11,48 dont sidérurgie (Sacilor et Usinor) 5,75, Renault 3, Bull 1, chimie (CdF 0,7, FMC 0,15) 0,85, Thomson 0,4, CGCT (ex-ITT) 0,335, St-Gobain 0,15, Snias et Snecma 0, Rhône-Poulenc 0, Pechiney 0. Plus prêts participatifs : 4 ou 5. Titres participatifs de certains groupes : 4.

■ **Valeur assignée aux Stés nationalisées** cotées par la loi du 11-2-1982 (compte non tenu des obligations convertibles) : produit (en millions de F) du montant de l'indemnité par action par le nombre d'actions au 31-12-1981. Entre parenthèses, montant de l'indemnité par action en F. **Stés industrielles :** St-Gobain 6 050 (174,61), CGE 3 487 (492,27), PUK 3 167 (124,25), Rhône-Poulenc 2 749 (120,96), Thomson-Brandt 1 951 (306,94). **Cies financières :** Paribas 5 020 (303,35), Suez 4 010 (423,09). **Banques :** Sté générale 3 790 (331,68), BNP 2 773 (339,72), Crédit lyonnais 1 841 (342,48), CCF 1 773 (253,88), CIC 921 (203,33), Marseillaise de crédit 634 (331,55), Worms 576 (229,10), CIAL 551 (345,15), Crédit du Nord 520 (102,26), Lyonnaise de dépôts 505 (246,08), Sogenal 435 (402,11), Rothschild 412 (197,20), Hervet 394 (276,93), Nancéienne Varin-Bernier 359 (350,71), Crédit ind. de l'Ouest 291 (176,81), Scalbert-Dupont 250 (175,28), Séquanaise de banque 165 (329,33), de Bretagne 150 (181,58), Crédit ind. de Normandie 72 (163,91), Sté centrale de banque 63 (100,51), Bordelaise de CIC 38 (88,83). *Total 42 947.*

■ **Bilan des sociétés nationalisées (1981-85). Aspects positifs. Amélioration des résultats financiers** de 6 Stés ind. (CGE, St-Gobain, Pechiney, Rhône-Poulenc, Thomson et Bull) devenues bénéficiaires (environ 6 milliards de F en 1985) alors que plusieurs étaient déficitaires en 1981 (bénéfices en 1984 : 4 milliards de F) [1]. Les pertes des groupes sidérurgiques (Sacilor et Usinor) ont baissé de plus de 50 % de 1984 à 1986 (– 7,5 milliards de F contre 15,44). **Hausse des investissements :** + 15 % de 1984 à 1985 (24 milliards de F) pour 11 groupes (St-Gobain, CGF, Thomson, Pechiney, Rhône-Poulenc, Bull, CGCT, Sacilor, Usinor, Matra, Dassault) ; hausse globale de 16,5 % de 1981 à 1985 pour 12 groupes (avec Renault) contre une baisse de 9 % dans l'industrie privée. **Succès en Bourse des titres émis** (titres participatifs, certificats d'investissements). **Aspects négatifs ou critiqués. Déficit cumulé :** pour les 12 groupes ind. : 71 milliards de F en 4 ans. **Dette à plus d'un an** (en milliards de F) : pour les 8 groupes nationalisés en 1982 : *1980 :* 43,2 ; *84 :* 88,2 (+ 104 %) ; pour les Stés nationalisées avant 1982 : *1980 :* 28,7 ; *84 :* 63,7 (+ 122 %). **Dette totale pour l'ensemble du secteur industriel concurrentiel** (en milliards de F) : *1981 :* 103 ; *85 :* + de 200. **Coût élevé pour l'État :** + de 45 milliards de F de dotations de capital de 1982 à 1985 (+ aides des min. de l'Économie, de la Recherche ou de l'Énergie et les prêts participatifs accordés à des conditions privilégiées par les banques nat.). **Réduction des effectifs** [9 % dans les Stés nationalisées du secteur concurrentiel de fin 1982 (805 000) à fin 1985 (735 000)] alors que les Stés nationalisées devaient être le « fer de lance de l'emploi » : *Thomson :* – 45 000 emplois entre 1982 et 88 ; sidérurgie : – 15 000 emplois de 1985 à 87 ; *Renault :* – 20 % des effectifs par an depuis 1985. **Autofinancement insuffisant :** inférieur de 25 % à celui du secteur privé comparable pour les Stés ind. (sans la sidérurgie) de 1981 à 1985.

Nota. – (1) En outre, les bénéfices de Matra et de Dassault sont à peu près égaux à ceux de 1984.

■ **Bilan publié en juin 1990 par la Cour des comptes.** Nationalisation (en 1982), puis privatisation de 10 groupes industriels et financiers, se soldant pour l'État par « un résultat pratiquement équilibré ». **Résultats** (en milliards de F constants, 1988) : *montant des investissements :* 41,4 ; *des recettes :* 56,1 (solde : + 14,7), dont établissements financiers 15,23 (mais perte de 0,7 avec le secteur industriel, malgré un solde positif de 0,9 avec la CGE, et de 2 avec St-Gobain).

■ **Débat. Raisons et objectifs des nationalisations** (donnés par la majorité de gauche en 1982) : **buts généraux :** mettre fin à la mainmise d'intérêts privés et internationaux devenus, par le jeu des concentrations, les véritables centres de décision économique, financière et politique, aux dépens de l'intérêt général et de l'indépendance nationale ; surmonter la crise et doter la France d'une économie puissante, équilibrée et en expansion par une politique de développement industriel et de croissance sociale. **Moyens et objectifs précis : 1°)** *dynamiser l'industrie :* pôles d'innovation technologique et investisseurs majeurs, les entreprises nat. doivent être le moteur de l'économie interne (en stabilisant l'environnement écon. des PME et en valorisant un potentiel d'expansion souvent mal exploité) et être le fer de lance de la bataille écon. internationale, de la reconquête compétitive du marché national ; leur dynamisme sera assuré par le respect de leur autonomie de gestion (dans le cadre des grandes orientations définies par le gouvernement et approuvées par le Parlement). **2°)** *Maîtriser le crédit :* les moyens financiers des banques et des Cies d'assurances doivent être orientés en priorité vers l'investissement productif et l'innovation indispensables à la réalisation des objectifs écon. **3°)** *Affirmer la démocratie économique :* en donnant aux salariés du secteur public un pouvoir concret de participation aux décisions sur l'organisation de leur travail, d'information sur les options stratégiques de leur entreprise, de gestion grâce à leurs représentants, et la possibilité de s'associer aux mutations du progrès technique, en favorisant la responsabilité individuelle et collective des travailleurs dans leur activité ; en assurant la participation des usagers.

Critiques de l'opposition sous l'angle économique et financier : incohérence entre moyens et objectifs : a) *l'appropriation à 100 % des capitaux : 1°)* conduit à « renationaliser » une partie du capital ouverte aux investisseurs privés (exemples : Sté générale, BNP, AGF) ; *2°)* est coûteuse pour l'État, donc pour le contribuable (plus de 40 milliards de F pour l'indemnisation + 8 milliards de F/an pour la gestion) alors qu'une prise de contrôle majoritaire aurait permis d'atteindre les mêmes buts. **b)** *Critères contestables : 1°)* choix des 5 groupes ind. alors que la politique industrielle n'est pas définie, que d'autres groupes sont aussi « stratégiques », que ces groupes produisent peu de biens de consommation et ne peuvent donc permettre la reconquête du marché intérieur ; *2°)* pour les banques, il eût mieux valu choisir comme critère les crédits distribués que les dépôts (en outre, la fixation d'un seuil pour ceux-ci est arbitraire car leur montant varie d'un mois à l'autre) ; *3°)* risques de double emploi liés au choix de 2 Cies financières opérant dans un même domaine de spécialisation. **c)** *Le principe de l'autonomie des entreprises nat. contredit la volonté de maîtriser la restructuration de l'économie : 1°)* les besoins de rentabilité sont peu conciliables avec la garantie de l'emploi (dans le passé, les Stés nat. ont supprimé beaucoup d'emplois) ; *2°)* les entreprises publiques ne permettent pas forcément de relancer la croissance : elles investissent peu par autofinancement et assèchent le marché financier où elles bénéficient de privilèges par rapport aux Stés privées (la charge de leurs dettes est payée par les contribuables quand elle s'élève trop), la rentabilité de leurs investissements est de 50 % inférieure à celle des Stés privées ; *3°)* la nationalisation de nouvelles banques se justifie peu, car celles-ci avaient accepté les risques industriels et de financement à long terme pour répondre aux besoins des PME, et ce n'était pas nécessaire pour maîtriser la monnaie (en raison du rôle décisif de la Banque de France) ; elle ne réglera pas le problème majeur de la concurrence entre banques inscrites et banques mutualistes (les nouvelles banques nationalisées font moins de crédit que le Crédit agricole) ; 4°) la nationalisation va à l'encontre de la décentralisation. **Risques et dangers des nationalisations : a)** *pour les PME* : confrontées à des entreprises nationales, en position de quasi-monopole ou largement dominantes, elles seront défavorisées par rapport à celles-ci pour l'accès au crédit (en outre, celui-ci sera accordé selon des critères sociaux et non de rentabilité). **b)** *Pour la Bourse* : la cote de la Banque était réduite de plus de 1/5 (150 à 200 milliards de F au lieu de 240 fin 1980), le marché financier ne pourra fournir aux Stés privées les ressources nécessaires ; l'épargne sera orientée vers la sécurité des placements au détriment du risque calculé des rendements variables. **c)** *Pour la position internationale de la France* : l'économie française risque de perdre personnels, partenaires, marchés, réseaux et filiales, avec, comme conséquence, l'effacement de Paris en tant que place financière internationale. **d)** *Pour les finances publiques* : au coût de l'indemnisation des actionnaires et de la charge des services des intérêts, s'ajouteront le financement des pertes d'exploitation de Stés structurellement déficitaires (Usinor, Sacilor), l'octroi de dotations en capital et la compensation de charges de service public imposées aux Stés par les futurs contrats de Plan. **e)** *En général* : la loi du marché étant assujettie à des impératifs non économiques, la rentabilité est sacrifiée à des considérations sociales et politiques, et l'impunité financière (quasi-absence du risque de faillite) ainsi que la lourdeur de l'organisation (de type administratif) rendent difficiles les adaptations qu'exige l'évolution économique (besoins du marché, conditions de production, etc.).

Privatisations

■ **Gouvernement Chirac (1986-88). Raisons avancées par le gouvernement :** *souci d'efficacité économique* : les règles de l'État sont incompatibles avec la nécessité de décisions rapides, de structures souples et de capacité d'adaptation aux événements dans un monde de plus en plus concurrentiel ; *politisation trop fréquente* des nominations des dirigeants ; *interventionnisme de l'État* ne tenant pas compte de la rentabilité des opérations imposées aux Stés. **Quelques critiques et problèmes :** opposition partielle du Pt Mitterrand. Refus annoncé (Conseil des ministres du 9-4-1986) de signer des « ordonnances portant sur le principe et les modalités de la privatisation d'entreprises nationalisées avant 1981, qui transgresseraient les règles d'évaluation admises lors du passage du secteur privé au secteur public, qui entraîneraient des mesures contraires à la démocratisation du secteur public ». Une des raisons est qu'« on ne peut acheter à l'État dans des conditions qui ne correspondraient pas aux conditions posées lorsqu'on a vendu à l'État » ; or, en 1945-46, « il n'y avait pas eu de règles d'évaluation ». En cas de refus du Pt de la République de signer une ordonnance, le gouvernement pourrait faire voter une loi selon la procédure d'urgence. **Procédure législative :** projet de loi voté le 10-4-1986 [292 pour : 155 RPR, 131 UDF, 5 non-inscrits divers droite, E.-F. Dupont (FN, Paris) ; 285 contre : 212 PS, 35 PC, 34 FN, 4 non-inscrits divers gauche]. Autorise le gouvernement à fixer les conditions de la privatisation par ordonnance. **Conditions de privatisation : délai :** 5 ans. **Modalités du transfert :** fixées dans un délai de 6 mois. **Principes d'action :** progressivité, transparence et recours au marché, formules variées adaptées aux conditions du marché et aux caractéristiques des Stés (achat, échange d'obligations de l'État, augmentation de capital, etc.), garantie des intérêts nationaux, participation (actionnariat populaire et participation des salariés : 10 % des actions réservés en priorité et à des conditions préférentielles). **Évaluation des entreprises dénationalisables :** selon C. Cabana, ministre délégué chargé de la Privatisation (mai 1986), l'évaluation devait se faire « par référence au marché » et « dans les mêmes termes » pour chaque Sté. Le prix de vente de chacune devait tenir compte des critères retenus par la loi de nationalisation de 1982 (valeur boursière, actif net, bénéfices) et de la « batterie de critères diversifiée » utilisée pour une introduction de titres sur le marché financier (capacité bénéficiaire à venir). Un « conseil de déontologie » (5 à 7 personnalités indépendantes n'appartenant pas à la fonction publique) devait donner son avis sur l'évaluation de chaque Sté et veiller au « respect des intérêts patrimoniaux de l'État ». **Montant total.**

Nom	Date de privatisation	Capital [1] et (revenu pour l'État)	Actions		Prix de souscription de l'action (en F)
			Nombre total	Offertes au public	
St-Gobain [4]	2-11-86	12 (6,2)	28 000 000	20 160 000	310
Paribas [4]	19-1-87	17,5 (6,2)	32 875 945	15 217 336	405
Sogénal	9-3-87	1,45 (0,6)	5 665 617	5 099 056	125
Banque BTP	6-4-87	0,4 (0,1)	2 962 305	1 030 305	130
TF1	16-4-87 [2]	4,5 [3] (1,3)	20 266 699	7 726 699	165
BIMP	20-4-87	0,3 (0,1)	2 303 874	785 460	140
CCF	27-4-87	4 (1,7)	38 371 328	16 291 858	107
CGCT [4]	cédé 30-4-87	0,5 (0,5)	-	-	-
CGE [4]	11-5-87	18 (8,3)	39 600 000	28 533 094	290
Havas	25-5-87	5,8 (1,1)	5 244 049	2 187 243	500
Sté générale	15-6-87	21,5 (9,1)	43 583 077	22 396 319	407
Suez [4]	10-87	19 (6,5)	48 523 000	20 528 617	317
Matra [4]	1-88	2 (0,4)	9 003 716	3 737 875	110

Nota. – (1) En milliards de F. (2) Privatisée en partie. (3) 3 vendus. (4) Avait été nationalisée en 1982.

Évaluation selon « Les Échos » (en milliards de F, janvier 1986) : 228,8 (Stés publiques sauf Stés de télévision et de services publics ; certaines ne figurant pas sur la liste des Stés dont la privatisation était prévue) dont Stés cotées 34,4, banques 56,6, assurances 37,1, Stés nationalisées (en 82) 76,2 (dont Stés industrielles 50,5, Cies financières 25,7), entreprises diverses non cotées 24,5. *Selon d'autres sources,* de 150 à 250 milliards de F (seules Stés dont la privatisation est prévue).

■ **Gouvernements Rocard, Cresson et Bérégovoy (1988-93). « Ni privatisation, ni nationalisation » dit le « ni-ni ») :** doctrine lancée par le Pt F. Mitterrand dans sa « Lettre à tous les Français », lors de la campagne présidentielle de 1988, et visant à mettre fin à toute initiative dans chaque sens. **Ouverture du capital des entreprises publiques.** Le décret du 4-4-1991 (*JO* du 5-4) a autorisé l'ouverture minoritaire du capital des entreprises publiques à des investisseurs privés, à 2 conditions : *1°)* État restant majoritaire (soit au moins 50,1 % des droits de vote) ; *2°)* opérations conclues dans un accord de coopération industrielle, commerciale ou financière. *La loi du 4-4-1990* avait déjà ouvert le capital de Renault, transformé en Sté anonyme, à hauteur de 25 % (opération d'échange de participations avec Volvo). *19-11-1991 :* Crédit local de France (25 % de son capital, prix de l'action 210 F). *13-3-1992 :* Elf Aquitaine (2,3 % de son capital, prix 360 F). *24-6-1992 :* Total (prix 360 F). *Fin 1992 :* Rhône-Poulenc (10,6 % de son capital, prix 125 F).

■ **Gouvernements Balladur et Juppé (1993-97).** La loi du 19-7-1993 concerne 21 entreprises, la SFP et certaines grandes entreprises nationales (sans limite de date pour les privatisations). **Cours d'introduction (en F) et recettes nettes pour l'État (en milliards de F) : Crédit local de France (CLF) :** 18-6-1993 vente (30,5 % du capital). Participations de l'État et de la Caisse des dépôts ramenées à 8 et 12 % contre 25,5 et 25. Cette opération ne nécessitait pas de disposition législative particulière. *Cours :* 386 F. *Recettes :* 2,3. **Banque nationale de Paris (BNP) :** oct. 1993. *Cours :* 240 F. *Recettes :* 28,1 (dont 0,8 en 1994 et 95). **Rhône-Poulenc :** nov. 1993. Plus de 47 500 000 titres (60 % du total). *Cours :* 135 F. *Recettes :* 13,6 (dont 0,7 en 1994 et 95). **Elf Aquitaine :** février 1994, offre publique : 3 100 000 titres. *Cours :* 385 F. *Recettes :* 33,3 à l'Erap (dont environ 0,3 en 1995). **UAP :** avril 1994. 1 900 000 souscripteurs. *Cours :* 152 F. *Recettes :* 18,8. **Renault :** *1re étape :* Nov. 1994, l'État garde la majorité. *Cours :* 176 F. 1 100 000 souscripteurs particuliers. *Recettes :* 7,9. *2e étape* juillet 1996, cession de gré à gré à un groupe d'actionnaires associés à hauteur de 6 % du capital. *Recettes :* 2. Participation de l'État ramenée à environ 46 %. **Seita :** février 1995. *Cours :* 133 F. 1 000 000 de souscripteurs. *Recettes :* 5,5. **Bull :** avril et juin 1995 aux groupes japonais NEC et Dai Nippon Printing, aux groupes italien Motorola et singapourien IPC ; décembre 1996, part du capital détenu par l'État passe en dessous de 50 % ; avril 1997, passage de la part de l'État à 49,2 % du capital. **Usinor-Sacilor :** juin 1995. *Cours :* 86 F pour les particuliers. **Banque française du commerce extérieur (BFCE) :** déc. 1995. Privatisation par cession au Crédit national de la participation majoritaire détenue indirectement par l'État. **Pechiney :** déc. 1995. *Cours :* 187 F. *Recettes :* 3,5. **AGF :** mai 1996. *Cours :* 128 F. 850 000 souscripteurs particuliers. **Cie générale maritime (CGM) :** nationalisée juillet 1942, appel d'offres lancé au *JO* le 23-7-1996 ; privatisation réalisée de cession de gré à gré en octobre 1996 ; à la Cie maritime d'affrètement.

■ **Gouvernement Jospin (depuis 1997). 1997. SFP :** *oct.* processus de privatisation abandonné. **France Télécom :** *oct.* privatisation partielle. L'État cède 23,2 % du capital (20,9 % sur le marché et 2,3 % aux salariés) pour 42 milliards de F. Opération réalisée par offre publique de vente (OPV). *Cours* à l'introduction en Bourse : 206,50 F [en 2000 après l'acquisition d'Orange (brit.) part de l'État : 54 %]. **Thomson :** *oct.* Alcatel et Dassault acquièrent 25 % du capital de la branche Thomson-CSF, l'État en conserve un tiers ainsi que des salariés. **1998. CIC :** *avr.* le Crédit mutuel acquiert 67 % du CIC selon la procédure de gré à gré pour 13,4 milliards de F. **Gan :** *par arrêté du 24-7* Groupama SA 87,1 % et 10 % offerts aux salariés. **CNP Assurances :** *sept.* l'État reste majoritaire. **Sté Marseillaise de crédit :** *oct.* cession de tout le capital à la Banque Chaix. **France Télécom :** *nov.* 2e ouverture de capital, 62,34 % reste encore à l'État. Produit de la cession 35,7 milliards de F. **1999. Crédit lyonnais :** *juin* actions hors marché, à un groupe d'actionnaires partenaires (GAP), sur le marché, aux particuliers et salariés de l'entreprise. **Air France :** l'État reste majoritaire avec + de 50 %, produit de la cession : 3,6 milliards de F. **Aérospatiale-Matra :** *juin* introduction en Bourse, produit de la cession 9,79 milliards de F. **Thomson Multimedia :** *oct.* cession en Bourse, mais l'État reste majoritaire ; *juillet 2000* le gouvernement annonce une prochaine ouverture du capital. **2000. Banque Hervet : 2001.** L'État renonce à privatiser partiellement Gaz de France.

☞ **Recette nette des privatisations** (en milliards de F) : *1993 :* 45,4 ; *94 :* 60,4 ; *95 :* 20,3 ; *96 :* 12,3 ; *97 :* 57,7.

■ **Sociétés privatisables en 1998-1999. Date de nationalisation et,** entre parenthèses, **% de l'État :** Aérospatiale août 1936 (74) ; Air France juin 1945 (99) ; CCR (Caisse centrale de réassurance) avril 1946 (100) ; Banque Hervet févr. 1982 (55) (après prise de participation du CCF à 34 %) ; Crédit lyonnais déc. 1945 (52) ; Gan avril 1946 (79) ; SMC (Sté marseillaise de crédit) févr. 1982 (100) ; Snecma mai 1945 (97) ; CNP (Caisse nationale de prévoyance) juillet 1868 (42). **Nombre de réservations lors des privatisations :** France Télécom *(oct. 1997)* 2 717 640 ; France Télécom 2 *(nov. 1998)* 2 373 325 ; Crédit lyonnais *(juin 1999)* 2 000 000 ; Air France *(févr. 1999)* 1 768 544 ; Aérospatiale Matra *(mai 1999)* 1 480 850 ; BNP *(oct. 1993)* 920 083 ; CNP *sept. 1998)* 640 140 ; Elf *(fev. 1994)* 511 823 ; UAP *(avril 1994)* 320 328 ; AGF *(mai 1996)* 88 320.

Recettes pour l'État (en milliards de F, au 1-3-1999). 329 dont **gouvernement Chirac 1986-88) : 70,5** dont St-Gobain 8,4, Paribas 12,8, Sogenal 0,6, Banque BTP 0,4, TF1 4,4, BIMP 0,4, CCF 2,2, CGE 5,4, Havas 2,8, Sté générale 17,2, Suez 14,9, Matra 1 ; **Bérégovoy (1992-93) : 12,5** dont Rhône-Poulenc 3, Total 9,5 ; **Balladur (1993-95) : 107,3** dont Crédit local de France 2,3, BNP 27,3, Rhône-Poulenc (2e tranche) 12,9, Elf-Aquitaine 33,4, UAP 17,9, Renault 7,9, Seita 5,6 ; **Juppé (1995-97) : 25,4** dont Usinor 10,1, Pechiney 3,5, AGF 8,9, Renault 2, Bull 0,9 ; **Jospin (1997-...) : 113,3** dont Pechiney (2e tranche) 2,3, Usinor (2e tranche) 2,1, France Télécom 76,5, Thomson Multimédia 1,8, CNP Assurances 6,7, Aérospatiale 12, Air France 4,2, divers 7,7.

Poids du secteur public

Effectifs du secteur public d'entreprises (en milliers de pers.) [part (en %) des entreprises publiques par rapport à la population active totale/à l'emploi salarié total.] *1947 :* 1 152 (5,8/9,9) ; *60 :* 1 108 (5,6/8,3) ; *70 :* 970 (4,5/6) ; *80 :* 1 088 (4,6/6) ; *85 :* 1 856 (7,7/10,4) ; *88 :* 1 355 (5,6/7,2) ; *91 :* 1 763 (7/9,1) ; *94 :* 1 505 (6/7,7) ; *97 :* (6,4).

☞ En 1991, les PTT changent de statut, 430 000 salariés sont transférés de l'État aux entreprises publiques.

■ **Chiffres clés des entreprises publiques** (en milliards d'euros, 1999). **Chiffres d'affaires**, entre parenthèses, **investissement et,** en italique, **effectifs :** EDF 33 (4,2) *115 900* ; GDF 9,1 (1,4) *31 100* ; Groupe Air France 9,1 (1,03) *55 199* ; SNCF 11,9 (1,2) *178 076* ; RATP 3,2 (0,67) *38 400* ; France Télécom 27,2 (5) *174 262* ; La Poste 15,3 (0,81) *306 000* ; Charbonnages de France 0,96 (–) *12 342*.

■ **Conseil de la concurrence. Origine : 1953-*9-8*** Commission technique des ententes. **1963-*2-7*** et des positions dominantes. **1977-*19-7*** Commission de la concurrence. **Création :** ordonnance du 1-12-1986. **Composition :** 17 membres nommés pour 6 ans par décret du PM. **Rôle :** institution indépendante spécialisée dans la connaissance et la régulation des marchés. **Activités : consultative :** donne un avis sur toute question de concurrence, sur certains projets de textes réglementaires à la demande du gouvernement et en matière de concentration des entreprises. **Contentieuse :** peut prendre des mesures conservatoires, prononcer des injonctions et infliger des sanctions pécuniaires envers toute entreprise ou organisation professionnelle pour des pratiques qui entravent le fonctionnement du marché. **Saisine :** par gouvernement, entreprises, organisations et chambres professionnelles, syndicats, chambres de commerce et de métiers, associations de consommateurs et collectivités territoriales. *Nombre : 1990 :* 125 ; *91 :* 129 ; *92 :* 121 ; *93 :* 127 ; *94 :* 140 ; *95 :* 147 ; *96 :* 142 ; *97 :* 120 ; *98 :* 164 ; *99 :* 136 ; *2000 :* 144 (dont contentieuses 109, consultatives 35). **Recours :** devant la cour d'appel de Paris (en 2000, 35 décisions).

Marchés publics

■ **2 catégories de contrats. Marchés publics :** contrats à titre onéreux entre administrations ou organismes publics et leurs fournisseurs pour leurs commandes de travaux, fournitures et services. Si le montant annuel de la commande dépasse 300 000 F, le contrat doit être passé après un appel public à la concurrence sur la base d'un cahier des charges établi par l'administration. *L'adjudication,* longtemps la seule procédure de droit commun, est peu utilisée car elle ne permet la sélection des candidats qu'en fonction du prix. *L'appel d'offres,* procédure normale, permet de tenir compte de plusieurs critères (qualité, coût de fonctionnement, etc.) et de sélectionner l'offre économiquement la plus intéressante, la « mieux disante ». Les marchés des Stés d'économie mixte et des organismes de HLM sont soumis aux principes de publicité et de mise en concurrence du Code des marchés publics. **Délégations de services publics :** contrats par lesquels une collectivité publique confie à un tiers l'exploitation même d'un service public. La loi du 29-1-1993, relative à la prévention de la corruption et à la transparence de la vie économique et des procédures publiques, introduit une procédure d'appel public de candidatures pour les délégations de service public, dont les possibilités de renouvellement ont été aménagées, et elle étend la compétence de la mission interministérielle d'enquête aux contrats passés par les Epic nationaux et aux délégations de service public.

Institutions de la commande publique : la Commission centrale des marchés élabore la réglementation relative à la commande publique, assure la concertation des différentes administrations et des milieux professionnels, est en charge de l'observation et de l'analyse économique, de l'information et de la formation des partenaires de l'achat public. Elle contrôle les plus gros marchés de l'État et conseille acheteurs et fournisseurs. La *Mission interministérielle d'enquête sur les marchés et les conventions de délégations de service public* a compétence pour enquêter sur les conditions de passation de l'ensemble de ces contrats et sur les achats des établissements publics industriels et commerciaux nationaux.

Réforme (automne 1999) : projet de loi pour faciliter l'accès des PME aux achats publics : création d'une commission consultative ; répartition des commandes en plusieurs lots homogènes attribués à diverses entreprises ; précisions sur sous-traitance et délais de paiement ; diffusion des offres sur Internet ; remplacement du marché négocié par une mise en concurrence simplifiée.

Montant des biens et services : achetés par l'État et les collectivités publiques et soumis à mise en concurrence (en 1998) : 250 milliards de F.

Nombre (en %) **et,** entre parenthèses, **montant** (en milliards de F) **des marchés publics de l'État selon les procédures de passation :** adjudications : 1 (0,2) ; appels d'offres ouverts ou restreints : 50 (19,6), négociés : 49 (70,2).

Montant des prestations acquises (en %) **par catégories de produits :** bâtiment et génie civil : 37 ; construction navale, aéronautique et armement : 18 ; matériels électriques professionnels : 12 ; services marchands aux entreprises : 10 ; construction mécanique : 5 ; automobiles, matériels de transport terrestre : 2 ; autres produits : 16.

Nota. – Les marchés publics recensés représentent environ 5,1 % du PIB.

COMMERCE ET DISTRIBUTION

☞ Pour connaître la sélection **Quid** des meilleurs sites Internet sur le commerce et la distribution, rendez-vous sur **www.quid.fr**

STATISTIQUES GLOBALES

☞ *Abréviations :* CA : chiffre d'affaires ; mag. : magasin(s).

EN FRANCE

☞ *Source :* Panorama-Points de vente.

Établissements au 1-1-2001	Nombre	Surface moyenne (en m²)	Employés
Hypermarchés	1 154	5 810	232 071
Supermarchés	5 869	1 134	160 561
Hard Discount alimentaires	2 605	658	21 327
Magasins populaires	285	1 732	14 779
Grands magasins	144	6 565	27 876
GMS Textile	1 566	1 065	23 380
GMS Beauté Santé	1 340	164	9 081
GMS Jouet	712	541	3 383
GMS Culture Loisirs	247	1 258	10 252
GMS Électrodomestique	1 251	1 564	14 269
GMS Bricolage	2 657	2 049	52 016
Jardineries	1 078	2 837	10 348
Cash and Carry	284	2 957	8 770
TOTAL	*19 192*	-	*588 543*

■ **Chiffre d'affaires** (en milliards de F). **Commerce de gros et,** entre parenthèses, **commerce de détail :** *1978 :* 768,6 (577,3) ; *1980 :* 1 040,2 (746) ; *1985 :* 1 703,6 (1 246,4) ; *1995 :* 2 434 ; *1996 :* 2 751 ; *1997 :* 2 408 (1 684).

■ **Parts de marché des grandes surfaces alimentaires (hypermarchés, supermarchés, magasins populaires) par groupe de produits** (en %) **1999 et,** entre parenthèses, **1995.** Produits alimentaires 64,7 (63,2) ; habillement (y compris vêtements sport) 13,6 (13,5) ; chaussures 8,4 (8) ; meubles, literie 3,5 (3,3) ; autres produits d'équipement du foyer (art de la table, luminaire...) 20,6 (20,6) ; électroménager, radio-TV, hi-fi, CD, K7, micro-informatique, téléphones 30,3 (29) ; textiles maison, bricolage, revêtements sols/murs, plantes, fleurs 22 (21,8) ; prod. d'hygiène, parfumerie 50,7 (47,1) ; maroquinerie, articles voyages, optique, photo, horlogerie, bijouterie 8,8 (7,2) ; livres, journaux, papeterie 6,3 (6,3) ; articles de sports et loisirs, cycles 7,1 (9,6) ; fiouls, carburants, lubrifiants, accessoires auto, pneus 30,4 (28,1).

■ **Nombre d'établissements et,** entre parenthèses, **effectifs** (en 1997). **Commerce de gros :** 101 014 (940 899) dont *produits agricoles bruts* 7 824 (58 667), alimentaires 17 288 (192 534) dont produits frais 7 640 (89 119) ; biens de consommation non alimentaires 25 055 (165 425) ; produits pharmaceutiques 2 635 (37 724) ; combustibles 600 (14 505), aménagement de l'habitat 9 887 (124 354), autres produits intermédiaires 4 743 (62 719), biens d'équipement industriel 22 940 (209 285) ; machines de bureau et matériel informatique 7 706 (70 755) ; autres commerces de gros 2 330 (4 931). **Intermédiaires de commerce :** 29 125 (85 154) [dont centrales d'achats 960 (18 615)]. **Commerce de détail et réparation** (en 1998) : 381 427 (1 913 176) dont alimentation générale de petite surface 20 932 (54 111), grande surface 4 894 (457 168), surgelés 291 (12 756) ; non alimentaire et non spécialisé 873 (37 717), alimentaire spécialisé 38 664 (107 320), tabac 6 805 (14 195), produits pharmaceutiques et articles médicaux et d'orthopédie 23 286 (136 190), équipement de la personne 46 063 (193 738), du foyer 22 380 (137 729), aménagement de l'habitat 27 382 (120 944), hygiène, culture, loisirs, sport 32 661 (137 739), boulangeries, pâtisseries, 41 130 (194 365), divers y compris d'occasion 34 865 (100 057) ; hors magasin 53 867 (108 339) ; vente par correspondance 1 346 (24 539) ; réparation d'articles personnels et domestiques 14 958 (33 053), commerce et réparation automobile 71 987 (457 488).

■ **Premières Stés de distribution en France.** Voir p. 1904 a.

■ **Employés** (fin 2000). 2 760 000 salariés et 450 000 non-salariés + 220 000 pers. travaillant dans l'artisanat commercial (boulangeries, pâtisseries et charcuteries).

■ **Produits alimentaires (hors tabac) et,** entre parenthèses, **produits non alimentaires** (en %, 2000) : *alimentation spécialisée et artisanat commercial :* 16,8 (dont boulangeries-pâtisseries 6,6, boucheries-charcuteries 6,2, *petites surfaces d'alimentation générale et magasins de produits surgelés :* 9 (ensemble 0,8) ; *grandes surfaces d'alimentation générale :* 68,4 (20,3) dont supermarchés 30,2 (7,3), hypermarchés 35,1 (12,7) ; *grands magasins et autres magasins non alimentaires spécialisés* (2), *pharmacies et commerces d'articles médicaux* (10), *magasins non alimentaires spécialisés* (41,3) et *vente par correspondance* (3) : ensemble 1,3 ; *autres hors magasins (marchés,...) :* 3,5 (1,6). *Ensemble commerce de détail et artisanat :* 96,9 (79,8). *Ventes au détail du commerce automobile* (sauf ventes et réparations de véhicules automobiles) : 0,2 (15,7). *Autres ventes au détail* (cafés-tabac, grossistes, ventes directes de producteurs,...) : 2,9 (4,4).

☞ **Marges types :** grossistes 22 à 23 %, mandataires des halles 14 à 16 %, petit commerce 24 à 36 %, grandes surfaces 18 à 22 %. Depuis le 16-4-1986, marges libérées (sauf pour certains produits frais).

■ **Coût de la fraude** (en 1994). « Démarque inconnue », différence entre le stock réel, lors de l'inventaire fait à l'exercice, et le stock théorique comptable ; comprend vols (75 % dont 50 % par les employés, 35 % par les clients) et erreurs administratives (15 %) : 20 milliards (en % du chiffre d'affaires, 1988 : grands magasins 2,4, magasins populaires 2, alimentaires 1,8, hypermarchés 1,1).

DANS LE MONDE

■ **Premiers distributeurs mondiaux. Nom (pays, principales enseignes : nombre de magasins) et chiffre d'affaires** (en milliards d'euros, 1999) : Wal-Mart (USA, Wal-Mart, Wertkauf, Asda ; 3 989) 162,75. Carrefour-Promodès (France, Carrefour, Continent, Stoc, Champion, Picard, Shopi : 9 061) 51,95. Kroger (USA Kroger, Dillons, King Scoopers, Fry's ; 3 084) 45,13. Métro AG (All., Makro, Métro, Kaufhof Galeria, Allkauf ; 2 114) 43,95. Intermarché (France, Intermarché, Bricomarché, Spar ; 3 274) 40,49. Ahold [1] (P.-Bas, Stop & Shop, Giant, Disco ; 3 937) 33,5. Sears, Roebuck [1] (USA, Sears, Orchard Supply Hardware ; 5 132) 31,5. Albertson's [1] (USA, Acme Markets, Jewel Food Stores ; 2 563) 31. Rewe [1] (All., Toom, Globus, Rewe ; 11 509) 29. Kmart (USA, Kmart, Big Kmart, Super Kmart ; 2 161) 29. Auchan (France ; 1 223) 23,63. Leclerc (France ; 850) 22, 77.

Nota. – (1) En 1998.

Par pays. Allemagne (en milliards de marks) : Metro 64,5 (1997) ; Rewe 38,2 ; Aldi 25,5 ; Edeka 24,9 ; Tengelmann 22,2. **Belgique** (en milliards de F belges) : Gib-Group 236,4 ; Delhaize « Le Lion » 85,7 ; Louis Delhaize 64 ; Colruyt 41,9 ; Makro 37,9. **Espagne** (en milliards de pesetas) : El Corte Inglés 956,3 ; Continente/Dia (Promodès) 398 ; Pryca (Carrefour) 397 ; Alcampo (Auchan) 217 ; Eroski 150,3. **Grande-Bretagne** (en milliards de £) : Sainsbury 8,2 ; Tesco 7,6 ; Marks & Spencer 6,8 (1995), 8,22 (en 1999) ; Argyll 5,03 ; Asda 8,20 (1999). **Italie** (en milliards de lires) : La Rinascente 4 600 ; Standa 4 057 ; GS 2 788 ; Esselunga 2 250 ; Sisa 2 200. **Pays-Bas** (en milliards de florins) : Ahold 13 ; KBB 5,4 ; Vendex Food 3,9 ; Unigro 2,6 ; Makro 2,2. **Suisse** (en milliards de F suisses) : Migros 14,7 ; Coop Suisse 10,4 ; Manor 2,3 ; Distributa 1,9 ; Denner 1,8.

☞ **Macy's :** créé en 1858 à New York [le plus grand magasin du monde (203 000 m² ; 14 000 employés ; 400 000 articles)], a été mis en faillite en janvier 1992 (ventes 38,5 milliards de F, endettement 19,5). **Woolworth** [*1er magasin* ouvert à Utica (New York, USA) le 22-2-1879 par Frank Woolworth (1852-1919)]. *Nombre de détaillants :* 8 178 en 1996.

■ **Wal-Mart** [créé 1962 par Sam Walton (1920/5-4-1992 à 74 ans, laissant une fortune de 4,5 milliards de $]. **CA et,** entre parenthèses, **résultat net** (en milliards de $) : *1996 :* 93,6 (2,74) ; *97 :* 104,8 (3,06) ; *98 :* 117,9 (3,53) ; *99 :* 165 (5,37) ; *2000 :* 191,3 (6,29). **Magasins** (en 1999) : 3 886 dont *USA :* 3 100, *étranger :* 945 dans 9 pays. **Effectifs** (en 1998) : 910 000 (dont USA 780 000).

VENTE PAR CORRESPONDANCE ET A DISTANCE (VPCD)

EN FRANCE

Source : Fédération des entreprises de vente à distance : 60, rue La Boétie, 75008 Paris.

■ **Ventes aux particuliers. Chiffre d'affaires** (en milliards de F) : *1980 :* 17 ; *90 :* 40,9 ; *95 :* 46,8 ; *96 :* 47,7 ; *97 :* 48,4 ; *98 :* 50,4 ; *99 :* 51 ; *2000 :* 52.

Part de la VPCD dans le commerce de détail (en %) : **total et,** entre parenthèses, **non alimentaire :** *1980 :* 2,28 (4,31) ; *85 :* 2,45 (4,91) ; *90 :* 2,52 (4,95) ; *95 :* 2,36 (3,9) ; *96 :* 2,34 (3,9) ; *98 :* 2,35 (4,09) ; *2000 :* 2,26 (3,84).

Produits achetés (en % du CA, 2000) : textile 46,5 (dont équipement de la personne 35,8, de la maison 10,7), édition, disques, vidéo 11,6, ameublement et décoration 9,3, TV, vidéo, hi-fi, photo 4,2, alimentation et boissons 2,1, électroménager 3,8, plantes et jardinage 1,9, bijouterie et cadeaux 1,4, chaussures et accessoires 3,2, jeux et jouets 1,9, articles de cuisine 1,1, micro-informatique et téléphonie 1,5, divers 3,8.

Clientèle : communes *rurales :* 53 % ; *– de 20 000 hab. :* 53 % ; *20 à 100 000 hab. :* 53 % ; *+ de 100 000 hab. :* 56 % ; *région parisienne :* 45 %. **Par âge** (en %) : *de 15 à 24 ans :* 53 ; *de 25 à 34 ans :* 54 ; *de 35 à 49 ans :* 54 ; *de 50 à 64 ans :* 52 ; *+ de 65 ans :* 51. **Par catégorie socio-professionnelle** (en %) : *employés* 50 ; *professions intermédiaires* 62 ; *inactifs* 52 ; *agriculteurs exploitants* 38 ; *professions libérales, cadres sup.* 49 ; *ouvriers* 56 ; *artisans* 42.

Mode de commande (en % du CA, 2000) : courrier 53, téléphone 32,3, Minitel 7,9, Internet 2,2, autres 2,6 ; **de paiement** (en %, 1999) : chèques 44,4, cartes privatives 22,1 bancaires 18,2, contre remboursement 9,2, autres 6,1. **Achat moyen annuel** (en 2000) : 2 166 F (324 F par commande). **Expéditions** (en millions, 1999) : *par La Poste :* publipostages 3 842 (dont VPCD 47 %), paquets 79, catalogues 92 ; *par SNCF* (1992) : paquets 20 (soit 10 % des recettes du Sernam) ; *par transporteurs privés* (en millions, 1997) : colis 95, catalogues 13.

■ **Ventes aux professionnels** (en milliards de F). *1994 :* 12,5 ; *95 :* 13,4 ; *96 :* 14,2 ; *97 :* 15 ; *98 :* 17,5 ; *99 :* 19,4 ; *2000 :* 22,2. **Mode de paiement** (en %, 2000) : chèques 57, contre remboursement 3, cartes bancaires 2, autres 38. **Part de la VPC** (en %) : *1998 :* 5,7. **Produits achetés** (en % du CA, 2000) : fournitures de bureau 28,8, équip. et matériel d'enseignement 15,5, éditions techniques/professionnelles 10,1, accessoires/fournitures informatiques 8,9, mobilier de bureau et informatique 8,4, micro-informatique et connectique 8, équip./fournitures médical et de laboratoire 7,5, équip. de restauration, hébergement, spectacle 7,4, équip. de télécommunication 5,1, hygiène et entretien 4, emballage 2,7, formation professionnelle 1,8, fournitures et équip. industriels 1,2. **Mode de commande** (en % du nombre d'acheteurs, 1998) : fax 45, téléphone 32, courrier 14, visite d'un commercial 6, Minitel 3.

■ **Principales entreprises** (chiffre d'affaires exclusivement VPCD, en milliards de F). **Redcats** [*1831,* Joseph Pollet aménage à Roubaix, sur l'emplacement d'une ancienne redoute, un tissage de laine. *1922* création d'un rayon de VPC de laine à tricoter. *1928* 1er catalogue (*1956* généraliste). *1960* se consacre uniquement à la distribution. *1988* Le Printemps acquiert + de 50 % du capital. *1994-18-5* fusionne avec Pinault-Printemps. *1998* rachète 47,5 % de Brylane, nº 4 de la VPC aux USA]. *1999* le groupe La Redoute (holding) devient Redcats. 9 enseignes dans 17 pays. *CA du groupe : 1993 :* 21,1 (résultat exploitation 0,57) ; *94 :* 21,1 (0,54) ; *95 :* 20,6 (0,43) ; *96 :* 19,11 (0,57) ; *97 :* 22,48 (0,64) ; *98 :* 26,9 (1,11) ; *99 :* 28,6 (1,22) ; *2000 :* 31,7 (1,55). *Effectifs groupe* (2000) : 23 000. **FILIALES :** LA REDOUTE : *CA* (2000) : 10,1 milliards de F. *Effectifs :* 7 900. *Clients :* 11 millions. *Catalogues :* 2 par an (automne-hiver, printemps-été) tirés en 6 langues à 11 millions d'exemplaires chacun, et de nombreux spécialisés. *Documents envoyés :* plus de 300 millions. *Commandes/j :* 90 000. *Colis expédiés :* 35 millions (en 2000). *Articles de référence par catalogue :* 8 000. *Codification :* 72 000 (type, article, couleur et taille). 74 millions d'articles vendus par an. **Enseignes spécialisées :** *CA* (2000) : 5,9 milliards de F. *Effectifs :* 3 540. *Magasins :* 79 dont CYRILLUS : 54 magasins, 11 cat., 662 000 colis/an. LA MAISON DE VALÉRIE : 2 cat., 1 200 000 colis/an. MOTIVEX : 3 cat. (Daxon, Edmée, Celaïa), 10 000 000 colis/an. SOMEWHERE : 11 magasins, 4 cat., 800 000 colis/an. VERTBAUDET : 9 magasins, 2 cat., 5 461 000 colis/an. BRYLANE (nº 3 de la VAD aux USA) : *CA* (2000) : 11,3 Md de F ; *effectifs :* 6 300 ; 9 cat. spécialisés, 36 000 000 colis/an. EMPIRE (nº 4 en G.-B.) : *CA* (2000) : 2,7 Md de F ; *effectifs :* 2 200 ; 14 600 000 colis/an. ELLOS (nº 1 en Scandinavie) : *CA* (2000) : 1,8 Md de F ; *effectifs :* 1 500 ; 2 cat., 6 100 000 colis/an. SNER (magasins La Redoute) : *CA* (1997) : 0,785 ; *effectifs :* 1 108. BERNARD (vente à distance aux entreprises) : *CA* (1998) : 0,3 ; *effectifs :* 114. **Les 3 Suisses** [(nom d'un lieu-dit : carrefour des 3 Suisses) : créé *1932* par Xavier Toulemonde, gérant de filature]. 3 SUISSES INTERNATIONAL : *CA* (2000) : 17. *Capital* (en %) : Otto Versand (All.) 50, famille Mulliez 45. SOPARSUIS

■ **Duty Free (hors douane). Origine.** *1947 :* aéroport de Shannon (Irlande). **Répartition** (en %) : maroquinerie 14,5 ; confiserie 12,5 ; accessoires 13,3 ; divers (y compris jouets, jeux, souvenirs, artisanat) 12,5 ; bijouterie 9,6 ; montres 9,5 ; mode 3,8 ; électronique 3,5 ; appareils photo 3,5 ; cadeaux (porcelaine, cristallerie...) 3,5 ; écriture 3,5 ; briquets 3,5 ; alimentation 2,9 ; audiovisuel 2. **Montant des ventes en Europe** (en millions d'euros, 1998). 7 554,2 dont G.-B. 2 223,5, Finlande 859,5, All. 793, Danemark 714,6, *France 698,8,* Suède 526,4, P.-Bas 386,9, Espagne 368,3, Italie 279,2, Irlande 198,2, Grèce 189,4, Belgique 151, Portugal 87,5, Autriche 63,4, Luxembourg 14,8.
☞ Suppression en Union européenne le 1-7-1999.

(cadres de 3 Suisses International) 5. **Filiales en France. Vente de produits :** 3 Suisses France ; La Blanche Porte : depuis 1806, catalogue de VPC depuis 1920. *CA* (2000) : 1,2 ; *colis expédiés :* 7 millions par an. **Vente de services :** Cofidis, Covefi. **A l'international.** All., Argentine, Belgique, Chine, Espagne, G.-B., Grèce, Italie, Japon, Portugal, USA. 3 Suisses France : *CA 1994 :* 7,2 ; *95 :* 7,3 ; *97 :* 7,5 ; *98 :* 8,1 ; *99 :* 8. *Catalogues :* 2 par an (automne-hiver, printemps-été) tirés à 7 000 000 d'exemplaires, et spécialisés. *Bâtiments :* 260 000 m². *Effectifs :* 3 700. *Capacité/j :* commandes 80 000, *colis expédiés :* 110 000. *Papier consommé/an :* 32 000 t. *Fichier d'adresses :* 14 000 000. **Camif** (Coopérative des adhérents à la Mutuelle des instituteurs de France ; créée *1947*, 3e Sté de vente par correspondance) : *CA* (1999) : 5,3. *Effectifs :* 2 700. *Catalogues :* 2 + une dizaine spécialisés. *Commandes/j :* 40 000. *Articles expédiés :* 7 210 000. **Damart :** *Créé 1953* par 3 frères, Joseph, Paul et Jules Despature. 2 branches principales, Damart International et Somfy International, et d'autres activités, le holding Fontenoy Malvart. *CA* (en millions d'euros, 2000) : 888,9 (résultat net 48,4), VPC 60,3 %, magasins 39,7 % (150 dans le monde). *Effectifs :* 3 175. *Colis expédiés :* 7 millions. **Quelle France** (fondé *1965* par groupe Schickedanz) : *CA* (2000) : 3,63. *Effectifs* (au 1-1-2001) : 1 548. *Catalogues :* 2 par an (4 155 000 exemplaires printemps-été, 3 785 000 automne-hiver) + catalogues saisonniers. *Colis expédiés* (en 2000) : environ 11,6 millions. *Installations :* 71 000 m². **Yves Rocher :** *CA* (1994) : 4,7. **Manutention :** *CA* (1990) : 0,8. **Sélection du Reader's Digest** (livres, disques) : *CA* (1995) : 1,4. **France Loisirs** (livres, disques, photo, accessoires) : *CA* (1994) : 2,9 dont France 1,3. **Europe Épargne** (assortiment général) : *CA* (1995) : 0,8. **Dial** (disques, vidéo) : *CA* (1995) : 0,9. **Neckermann** (assortiment général) : *CA* (1994) : 0,7. **Atlas** (édition, disques, vidéo) : *CA* (1995) : 0,9. **Le Grand Livre du mois** (livres) : *CA* (1991) : 0,4. **Bergère de France** (textiles) : *CA* (1991) : 0,3. **Desmazières** (chaussures) : *CA* (1991) : 0,3.

☞ **Litiges occasionnés par la VPCD : obligation du vendeur :** délivrer en bon état la chose vendue (art. 1603 du Code civil) et au lieu précisé dans la commande, sauf clause prévue au contrat. Tout client bénéficie d'un délai de 7 j pour renvoyer les produits (art. 1er de la loi du 6-1-1988), avec remboursement s'il a déjà payé (sauf frais de retour). **Rupture de stock :** le client peut demander un autre article en remplacement ou le remboursement des sommes versées, augmentées des intérêts au taux légal si le vendeur a gardé l'argent plus de 3 mois. **Détérioration de la commande :** si le vendeur utilise ses propres moyens de livraison ou s'il expédie le colis par la poste, ou s'il s'agit d'un envoi « franco » ou contre remboursement, le vendeur est responsable. Si le client constate la détérioration au moment de la livraison, il peut la refuser, et s'il ne la constate qu'après le déballage, il doit réexpédier l'objet dans les 7 j (loi du 6-1-1988) et demander son remboursement ou son échange. Un transporteur déclaré responsable devra indemniser le client. Si ce dernier n'est indemnisé que partiellement en vertu des clauses limitatives inscrites dans le contrat de transport, il doit refuser l'indemnité partielle, les clauses du contrat n'étant pas portées à sa connaissance. **Cadeau de première commande ou de parrainage non reçu :** possibilité de plainte pour publicité mensongère. **Distribution massive d'offres publicitaires :** les adhérents de l'Union française du marketing direct (60, rue La Boétie, 75008 Paris) se sont engagés à supprimer de leurs fichiers le nom des personnes désirant recevoir moins de publicités nominatives. Si les envois continuent, on peut saisir la Commission nationale informatique et liberté (21, rue St-Guillaume, 75007 Paris).

■ Dans le monde

■ **Chiffre d'affaires de la VPCD en Europe** (en millions d'euros, 1999). All. 20,1. G.-B. 10,9. *France 7,7.* Autriche, Suisse 1,1. Suède 0,8. Belgique, Danemark, Italie 0,7. Espagne, Finlande 0,6.

■ **Part de la VPCD dans le commerce de détail** (en %, est.). Allemagne 4,7, Autriche 3,8, Suède 2,9, Suisse 2,8, Danemark 2,7, *France 2,6* (en 1990 : 11 % du commerce habillement, 30 % linge de maison, 20 % marché édition), G.-B. 2,6, Norvège 1,9, Belgique 1,7, Finlande 1,6, P.-Bas 1,5, Espagne 0,6, Italie 0,3.

■ **Principales entreprises** (en milliards de F). **Allemagne :** Otto Versand, Schickedanz (Quelle), Neckermann 2,65 (en 1998), Baur, Schwab, Schöpflin, Wenz ; **Canada :** Eaton, Simpsons Sears. **G.-B. :** Great Universal Stores, Littlewoods 10. Freemans, Grattan, Empire Next, N. Brown. **Italie** (en milliards de lires, 2000) : Bottega Verde 190,8, Carli 205,5, Mondo Libri 158,2, Euronova 100, Giordano 96,6. **USA :** Sears and Roebuck 50 (en 1992) [pertes : 3,9 milliards de $; 1er catalogue en 1885 arrêté 1993]. J.C. Penney, Montgomery Ward (1er catalogue en 1872). Colonial Penn. Fingerhut, Figi's. Spiegel (Otto Versand).

Vente à domicile (France)

Source : Syndicat de la vente directe (SVD).

■ **Types.** *Vente individuelle par démarchage à domicile* ou *en réunions privées* chez les particuliers (Tupperware, Rayonnor ou Nutri-Metics) ; *réseaux de vendeurs salariés,* ayant des contrats de VRP, ou de représentants non statutaires ; *de distributeurs indépendants :* multiniveau (à chaque niveau, prélèvement d'un %), nettoyants ménagers, cosmétiques, bijoux, vêtements, lingerie.

■ **Chiffre d'affaires** (en milliards de F, 1999). **Monde :** 581 (effectifs 34 millions) dont Japon 217 (2), USA 161 (9).

■ **Principales sociétés. Amélioration de l'habitat :** *K par K, Adler* (radiateurs), *SAGA, Thévenin.* **Ustensiles de cuisine :** *Tupperware* fondé 1945 aux USA par Earl Tupper ; présent en France depuis 1961. Boîtes hermétiques en plastique pour la conservation des aliments, plats pour micro-ondes, ustensiles de cuisine, gamme enfants et jouets. *Demarle.* **Produits d'entretien :** *Stanhome* (origine : USA), *Homecare, Swipe.* **Produits de beauté :** *Avon* (origine : USA 1886). *Auriège. Nutri-Metics.* **Bijoux, accessoires :** *Pierre Lang, Carasaga ;* indépendants à activité occasionnelle (loi du 27-1-1993), ou commerçants inscrits au registre du commerce qui pratiquent la vente directe (réunions, vente à domicile, comités d'entreprise). **Édition :** *Hachette-le Livre de Paris. France Loisirs/SPCL, Atlas. Larousse-Distribution-France.* **Électroménager :** *Vorwerk.* **Textiles :** *Linvosges, Mikava, Solfin, Charlott.* **Vins :** *Henri Maire, Scrini-Ferdinand.*

☞ Le Parlement a adopté, le 1-2-1995, une disposition interdisant les ventes « pyramidales », qui permettaient au promoteur de s'enrichir par le recrutement de nouveaux adhérents auxquels il faisait croire qu'ils pourraient retrouver leur mise de fonds initiale en recrutant en chaîne d'autres personnes (exemple de *Swipe* dans les années 1975).

Téléachat ou télédistribution

Vente à domicile par Minitel ou téléphone auprès de commerçants disposant de messageries, ou par l'intermédiaire d'émissions de télévision.

■ **Messageries. Origine :** *France* (en 1981). Camif, La Redoute, Les 3 Suisses, Caditel et Télémarket, Grands Boulevards (depuis 20-2-1988).

■ **Télévision. USA :** *chiffre d'affaires :* 150 milliards de F. *Sté la plus importante :* Home Shopping Network. **France :** depuis 1985 sur TF1 : *chiffre d'affaires :* 800 millions de F (en 1995) dont *Home Shopping Service* (M6, Paris Première) 320, *Téléshopping* (TF1) 318, *Club Télé Achat* (voir à l'Index) ; *1997 :* 730 millions de F.

Types d'entreprises en France

Source : Panorama-Points de Vente.

■ Catégories de magasins

■ **Centres commerciaux.** Concept développé en France par Jean-Louis Solal (né 29-4-1928), testé en 1965 (*Élysée 2* à La Celle-St-Cloud) puis appliqué en 1969 *(Parly 2).* Groupe de magasins de détail comportant des parties et services communs (ex. parking). Minimum 5 000 m² et 15 commerces.

■ **Nombre.** *1972 (1-1) :* 103 ; *83 :* 386 ; *91 :* 579 ; *95 (1-9) :* 614 ; *2001 :* 557 dont centres régionaux (min. 30 000 m²) 104, intercommunaux (5 000 à 30 000 m²) 404, galeries marchandes 37, magasins d'usines 12. **Surface totale** (au 1-1-2001) : 13 129 498.

■ **Principaux centres commerciaux de plus de 20 000 m²** (année d'ouverture, villes et surface de vente, en milliers de m²). *Arcades* Noisy-le-Grand 53,3. *Beaulieu* Nantes 32,1. *Belle-Épine* (1971) Thiais 135. *Bonneveine* Marseille 26,6. *CAP 3000* (1969) St-Laurent-du-Var 70. *Créteil-Soleil* (1977) Créteil 110. *Évry 2* (1975) Évry 72,8. *Les Flanades* (1972) Sarcelles 31,2. *Espace Coty* (1999) Le Havre 27. *Forum des Halles* (1979) Paris 57. *Grand Littoral* Marseille 140. *Grand Place* (1995) Grenoble 76,4. *La Part-Dieu* (1975 ; 260 commerces, 60 000 clients par jour) Lyon 220. *Les 3 Fontaines* (1972) Cergy 87. *Les 4 Temps* (1980) La Défense 198. *Mériadeck* (1980) Bordeaux 36. *Parinor* (1974) Aulnay-sous-Bois 72. *Parly 2* (1969) Le Chesnay 87. *Polygone* (1975) Montpellier 43,8. *Rosny 2* (1973) Rosny-sous-Bois 101,9. *Espace St-Quentin* St-Quentin-en-Yvelines 36,2. *Les Ulis 2* 21,6. *Valentine* Marseille 20. *Vélizy 2* (1972). *Villiers-en-Bière* (1990) 72,8. *Mérignac Soleil* (1977) Villeneuve-d'Ascq 51,3.

Plus grand centre du monde : *Mall of America* (Bloomington, Minnesota, USA) : 400 000 m², 350 magasins, 14 cinémas, 13 000 places de parking. *Effectifs :* 12 000. *Visiteurs par an :* 35 à 42 millions.

■ **Magasins d'usine.** Installés sur le lieu de fabrication ou dans les centres commerciaux (concept créé, vers 1980, par Christian Liagre. Permet aux marques d'écouler leurs fins de séries à des prix usine). Au 1-1-2001, 12 magasins (214 258 m² et 927 commerces). Le plus ancien : *A l'Usine :* ouvert 15-5-1984, Roubaix, 15 000 m², 70 commerces. Le plus gros : *Usines center :* 26-11-1986, Vélizy-Villacoublay, 40 000 m², 142 c.

■ Centrales d'achats

Centralisent les commandes des magasins (propres ou affiliés). Les succursalistes regroupant les achats des magasins qu'elles exploitent sont des centrales d'achats de fait.

■ **Chiffre d'affaires** (réalisé en France, en milliards de F, 2000). Intermarché 235, Carrefour avec Promodès 223, Leclerc 156, Auchan 154, Casino 125,1.

■ **Auchan.** *Fondé* 6-7-1961 par Gérard Mulliez (né 13-5-1931). 1er magasin en libre-service (600 m²) dans le quartier des Hauts-Champs à Roubaix. **Magasins** (au 1-1-2001) : 241 hypermarchés, 548 supermarchés et 498 magasins de proximité dont *France* (117 hypers, 235 supers, 498 de proximité), *Espagne* (38 hypers, 103 supers), *Portugal* (13 hypers), *Italie* (participation dans Rinascente, 34 hypers, 191 supers, 147 magasins UPIM), *Taïwan* (11 hypers), *Pologne* (8 hypers), *Maroc* (7 hypers), *Argentine, Hongrie, Mexique* (2 hypers), Chine, Luxembourg (1 hyper). **Chiffre d'affaires** (en 2000) : 154 milliards de F HT. **Effectifs** (en 2001) : 135 000.

■ **Carrefour. Enseigne** créée en 1970. **Fondé** 11-7-1959 par Marcel Fournier (1914-85) qui tenait un magasin de mercerie-bonneterie à Annecy et Denis Defforey (né 7-7-1925), grossiste en alim. à Lagnieu (Ain) [se sont rencontrés au Gagmi (Groupement d'achat des grands magasins indépendants)]. *1960-6-1* Annecy, 1er libre-service, rue Vaugelas. *-3-6* Parmelan (près d'Annecy), 1er supermarché (700 m²). *1963-15-6* Ste-Geneviève-des-Bois (Essonne), 1er hypermarché français (le terme n'apparaîtra qu'en 1966). *1976-16-1* lance 50 produits libres (sans marque) dans ses 37 hypermarchés. *1987* restructuration : Carrefour France (Sté en nom collectif), filiale à 100 % de Carrefour, exploite les 118 hypermarchés métropolitains du groupe. *1991* rachat des 11 hypermarchés Montlaur ; prend le contrôle d'Euromarché (99,35 %) et de Viniprix (82,99 %). *1994* rachat des surgelés Picard. *1996* acquiert 41,4 % de Cora. *1999* rachète *Promodès. 2000* rachète GB (Belgique). **Effectifs** (en 2001) : 330 247 (avec *Promodès*). **Actionnaires** (en %, au 1-1-2001) : public 73,88, famille Badin-Defforey-Fournier 7,6, March 3,29, salariés 2,79, Carrefour 2,25. **Magasins** (parc consolidé au 31-12-2000) : *France* 1 726 (1991 : 411, 1995 : 840). *Europe hors France* 3 029 dont Espagne 1 939, Italie 413, Grèce 323, Portugal 277, Turquie 46, Pologne 23, Rép. tchèque 6, Rép. slovaque 2. *Amérique* 574 dont Argentine 361, Brésil 189, Mexique 18, Chili, Colombie 3. *Asie* 94 dont Chine, Taïwan 24, Corée 20, Thaïlande 11, Malaisie 6, Indonésie 7, Singapour, Japon 1. *Total* 5 423 dont hypermarchés 580, supermarchés 1 318, hard discount 2 724, autres formats 801. **Chiffres d'affaires HT et,** entre parenthèses, **résultats part du groupe** (en milliards d'euros) : *1991 :* 15,3 (0,18) ; *95 :* 22,05 (0,54) ; *98 :* 27,41 (0,65) ; *99 :* 51,95 (0,9) ; *2000-1-12 :* 64,8 (1,07) dont France 34 (1,8) ; reste Europe 17,1 (0,63) ; Amérique 9,6 (0,24) ; Asie 4,1 (0,1).

■ **Cora.** *Fondé 1969* par André Bouriez (1er magasin à Garges-les-Gonesse). **Magasins** (en 1999) : 69 hypermarchés Cora, 212 supermarchés Match, 200 hard-discounts Profi, 8 animaleries, 31 jardineries Truffaut. **Chiffre d'affaires** (en milliards d'euros, 2000) : 4,8. **Effectifs** (en 2000) : 21 000.

☞ **Opéra :** centrale d'achat commune des groupes Casino et Cora dessert 183 hypermarchés (Géant, Cora), 1 375 supermarchés (Casino, Match, Franprix, Leader Price), 3 200 magasins de proximité (petit Casino, Spar, Vittel...) + affiliés aux 2 groupes. *CA* en 1998 (en milliards d'euros, TTC) 25,9.

■ **Les Mousquetaires** (Intermarché ITM Entreprises). *1969* Jean-Pierre Le Roch réunit 75 distributeurs indépendants. Ensemble, ils créent Intermarché. *1979* Bricomarché créé. *1980* RestauMarché. *1982* Stationmarché. *1986* 1er Vêtimarché ; Écomarché créé. *1988* 1er Intermarché en Espagne. *1991* 1er CDM (actuel NETTO) ; 1er Intermarché en Belgique et Portugal. *1993* 1er Intermarché en Italie. *1996* 1re base polonaise à Poznan. *1997* achat de 51 % de Intercontessa (détenant 75 % du capital de la Spar Handels AG, All.) alliance avec Rona, Québec (bricolage) ; *-mai* 1er Intermarché polonais. *1998 :* Logimarché. *1999 :* Bosnie : Cash and Carry.

Chiffre d'affaires total (en 2000) : 235 milliards de F (no 2 en Europe). **Enseignes et nombre de points de vente** (en 2000) **en France (et en Europe) :** *Intermarché* (points de ventes alimentaires de proximité) 1 651 (286) ; *Écomarché* (en zone rurale) : 343 (55) ; *RestauMarché* (restaurants traditionnels) : 55 ; *Bricomarché* (bricolage et jardinage) : 456 (16) ; *Vêtimarché* (habillement) : 123 ; *Station marché* (centres automobile et réparation rapide) : 156 (8) ; *Logimarché* (bricolage et jardinage en zone rurale) : 13 ; *Relais des Mousquetaires* (points de ventes alimentaires dans des villages qui n'ont plus d'épicerie) : 656 ; CDM (NETTO : distribution alimentaire ultra-discount) : 215. *Total :* 3 668 (365), *avec alliances :* 9 388 (dont *SPAR* 4 925, Rona 430). **Effectifs** (en 2000) : 100 000.

■ **Leclerc (Galec).** Groupement d'achat des centres Édouard Leclerc (né 21-11-1926), [*1949* 1er magasin ouvert en déc., 13, rue des Capucins à Landerneau (avec des biscuits). *1959 :* 1ers magasins en région parisienne. *1978* rachat des abattoirs « Gilles » en Bretagne qui deviennent les « Abattoirs de Kermené » (l'unité d'abat-

■ **Quelques dates. 1958** *décret* interdisant le refus de vente et les prix imposés. **1959** *rapport Rueff-Armand* pour la réforme des circuits de distribution. **1960**-*31-3 circulaire Joseph Fontanet* (ministre du Commerce) explicitant les conditions d'interdiction du refus de vente et étendant l'interdiction des prix imposés aux prix conseillés. **1963**-*2-7 loi* interdisant la revente à perte, prohibant la publicité mensongère. **1966** Michel Debré, min. des Finances et des Affaires économiques, étend la TVA au commerce de détail. **1967** interdiction des prix conseillés renforcée par voie d'ordonnance. **1969** Yvon Bourges (min. du Commerce et de l'Artisanat) crée dans chaque département une commission consultative d'urbanisme commercial. Cour d'appel de Paris avalise arrêt *Nivea-Carrefour* affirmant que la baisse permanente de tous les prix ne peut être assimilée à du dumping. **1970** *circulaire Fourcade* resserrant la réglementation sur vente à perte, prix d'appel et annonces de rabais. **1971** affichage des prix obligatoire. **1972** les magasins de plus de 400 m² ouverts après 1960 devront payer une taxe [20 F/m² (40 F en 1991)] pour venir en aide aux petits commerçant âgés. **1973**-*27-12 loi d'orientation du commerce et de l'artisanat*, dite *loi Royer*, organisant un contrôle pour la création des grandes surfaces. 1°) Les *commissions départementales d'urbanisme commercial* [CDUC] (composées de 9 élus locaux, 9 représentants des activités commerciales et artisanales et 2 consommateurs) peuvent refuser ou accepter l'installation des commerces d'une certaine taille (1 000 m² pour les communes de – de 40 000 hab., 1 500 m² pour les autres). 2°) Les *chambres de commerce et d'industrie* et les *chambres de métiers* participent à l'établissement des schémas directeurs d'aménagement et d'urbanisme (SDAU) et des plans d'occupation des sols (Pos). 3°) Elles peuvent participer au rachat de boutiques dans le centre des villes ou aider les commerçants à s'installer dans les nouvelles banlieues. Une *commission nationale d'urbanisme commercial* (Cnuc) présidée par le min. du Commerce statue sur les appels des décisions des commissions départementales. De 1974 à 92, la loi a autorisé la construction de 16 millions de m² (et en a refusé 23). Ne pouvant tout prévoir, elle a vite été contournée. Les élus ont souvent monnayé leur autorisation. En 1987, réforme de la loi : les abstentions ne seront plus prises en compte dans l'adoption d'un projet ; le mandat des membres sera limité à 6 ans ; les dossiers devront comprendre un titre de propriété ; toute personne pourra intenter des poursuites contre l'extension illégale d'un magasin.

1977 contrôle des concentrations institué. **1978** *circulaire Christiane Scrivener* sur relations industrie-commerce. Précise application de la loi Royer sur les conditions discriminatoires de vente, donne une définition du prix coûtant. **1979** pour la 1re fois, la Commission de la concurrence fait condamner pour entente Thomson-Brandt et Darty. **1980** René Monory (min. des Finances) donne nouvelle définition du prix d'appel. **1981** *loi Lang*, instituant prix unique du livre, approuvée à l'unanimité par le Parlement. *Gel des grandes surfaces* appliqué pendant 1 an. **1982** recommandations du CNPF pour une réduction du crédit fournisseur. Début d'une série d'accords interprofessionnels sur la transparence des conditions tarifaires (1983), la coopération commerciale (1985), les principes de tarification (1986), le prix net-éléments constitutifs du prix d'achat (1989) qui seront peu appliqués sur le terrain. **1984** *circulaire Delors*, la transparence tarifaire (règle de la marginalité de la coopération commerciale). **1985** la Commission de la concurrence s'élève contre les supercentrales d'achats apparues en 1984. Notion d'abus de situation de dépendance économique introduite par nouvelle loi sur la concurrence. **1986**-*1-12 ordonnance Balladur* (min. de l'Économie et des Finances) sur liberté des prix et concurrence. Tous les prix sont libérés à cette date. **1987** Balladur enjoint aux supercentrales d'achats de se dissoudre. *Loi d'Ornano* soumettant les décisions du Conseil de la concurrence au contrôle du pouvoir judiciaire. **1989** statut sur franchise. **1990**-*31-12 loi Doubin* soumettant à autorisation préalable les lotissements commerciaux. **1991** groupe d'hypermarchés Cora accusé de pressions abusives sur les fournisseurs après le rachat de l'Européenne de Supermarchés. Pour la 1re fois, la notion d'abus de situation de dépendance économique est invoquée (en juillet 1993, le Conseil prononcera un non-lieu). **1992** *loi anticorruption* entraînant une réforme de la loi Royer sur l'urbanisme commercial. Le min. du Commerce abandonne son pouvoir de décision au profit d'une commission indépendante composée de magistrats. La composition des commissions départementales est réduite, au détriment des élus. **1993**-*29-1 loi Sapin* transforme les CDUC en CDEC (commissions départementales d'équipement commercial), composées de 4 élus, 1 consommateur et présidents des chambres de commerce et des métiers et la Cnuc en Cnec, composée de personnalités indépendantes et présidée par un magistrat. -*Avril* Balladur annonce la *suspension des autorisations de grandes surfaces*. Nouveaux décrets obligeant les entreprises à joindre à leur demande d'autorisation une étude sur l'impact de leurs projets sur l'environnement commercial. **1994**-*29-11* réforme de la loi de 1972 sur la taxe sur les grandes surfaces (plus de 400 m²) : le *taux minimal* (chiffre d'affaires inférieur à 10 000 F/m²) passe de 22 à 24 F/m² ; *maximal* (chiffre d'affaires sup. à 80 000 F/m²) de 44 à 83,50 F. *Seuil d'exonération :* 3 millions de F de chiffre d'affaires (au lieu de 500 000 F). **1995**-*27-12 plan Juppé* maintient gel des autorisations avec seuil abaissé à 300 m², impose enquête publique pour surfaces supérieures à 6 000 m² et sanctions alourdies pour non-respect des surfaces et réduit le rôle des élus dans les CDEC. **1996**-*7-2 loi Raffarin* : gel pendant 6 mois des magasins de plus de 300 m² (en vigueur 13-4). -*26-2 loi Galland* (votée 28-3 par l'Assemblée) *sur loyauté et équilibre des relations commerciales :* interdiction de la revente à perte renforcée, refus de vente autorisé. -*29-4 loi Raffarin pour le développement et la promotion du commerce et de l'artisanat :* seuil d'ouverture et d'extension des surfaces abaissé à 300 m², enquête publique pour celles de plus de 6 000 m² ; stations-service et changement de secteur d'activité (alimentaire de plus de 300 ², autres de plus de 2 000 m²) soumis à autorisation ; CDEC réduites de 7 à 6 membres dont 3 élus (4 voix nécessaires pour adopter 1 projet) ; durée des soldes réduite aux saisonniers (2 fois 6 semaines par an). -*18-6* projet de loi créant zones franches. -*27-6* loi Royer étendue aux hôtels et cinémas. **1997-98** *schémas territoriaux d'équipement commercial* prévus.

■ **Consommation des ménages** (en milliards de F, 1999 ; *source :* Insee). **Alimentation** 698,6 dont alimentaire 649,8 dont pain et céréales 95,8 ; viandes 205,1 ; poissons 51,9 ; laits, fromages et œufs 96,3 ; fruits et légumes 113,3 ; boissons non alcoolisées 48,8. **Boissons alcoolisées** 83,8. **Tabac** 82,9. **Habillement** 198,7. **Chaussures** 52,3. **Logement** 1 164,1 dont location 830, chauffage, éclairage 181,3. **Équipement du logement** 311,5 dont meubles, tapis 89,2 ; appareils ménagers 50,9. **Santé** (dépenses à la charge des ménages) 172,7 dont médicaments 69,2, médecine non hospitalière 65,3. **Transport** 727 dont achat de véhicules 200,6 ; carburants, lubrifiants 160,3 ; transports collectifs 109,1. **Communications** 93,5. **Loisirs, culture** 422,5 dont appareils électroniques et informatiques 82,7 ; services culturels et récréatifs 171,8 ; papeterie, presse, livres 63. **Éducation** (dépenses à la charge des ménages) 31,4. **Hôtels, cafés, restaurants** 360. **Soins personnels** 110,3. **Assurances** 129. **Action sociale** 61,2. **Dépenses de consommation des ménages.** 4 770,9. **Dépenses de consommation** (en biens et services individualisables) **des ISBLSM** (institutions sans but lucratif au service des ménages) 53,9, **des APU** (administrations publiques) 1 247,8 (dont santé 593, éducation 392,3). **Consommation effective des ménages** 6 072,5.

tage et de transformation de viande de porc la plus importante d'Europe). *Depuis 1979* Sté d'importation des Pétroles Leclerc. *1986* Sté Devinlec créée (Centres deviennent fabricants de bijoux en or). *1987* Leclerc Voyages (agences de voyage dans les centres E. Leclerc). *1991* banque Édel.]. **Magasins** (en 2001) : *France 539* dont hypermarchés 377, supermarchés 124, magasins spécialisés 38 (dont 38 vêtements), manège à bijoux 214, cafétérias 145, Leclerc Voyages 103, centres L'Auto 70, espaces culturels 36, surfaces spécialisées bricolage et jardinage 76, parapharmacie 64, stations-service 475, parfumeries 7. *Étranger* 22 dont Espagne 5, Pologne 9, Portugal 7, Slovénie 1. **Chiffre d'affaires** (en milliards de F, TTC) : *1992 :* 113,8 ; *95 :* 129 ; *96 :* 135,4 [dont (en %) activités : alimentaire 52,8, non alimentaire 35, carburant 12,2 ; surfaces : hypermarchés (2 500/5 000 m²) 59,4, supermarchés 15,6, hypermarchés (5 000/8 000 m²) 14, hypermarchés (> à 8 000 m²) 11] ; *97 :* 140 ; *99 :* 127,25 ; *2000 :* 156 (avec carburants). **Adhérents :** 460 utilisant gratuitement l'enseigne, s'engageant à suivre la politique commerciale définie par Édouard Leclerc (frais généraux très succincts), à susciter d'autres vocations « Leclerc » et à verser 25 % des bénéfices avant impôt au personnel ; la centrale propose ses services sans obligation d'achat ; une personne ou un couple ne peut se charger de plus de 2 centres. **Effectifs :** 73 000 salariés.

☞ **Euromarché.** *Fondé* 1968 après la fusion avec les « Escale » du groupe Printemps. Racheté (1991) par Carrefour. 78 hypers en métropole dont 54 gérés par Euromarché SA et filiales (Viniprix 53 %, Au Printemps SA 25 %) et 24 par des groupes affiliés. 48 Bricorama, 59 cafétérias Éris. **Surface de vente** en métropole (ensemble enseignes Euromarché, Euroloisirs, Éris-restauration) : 500 000 m². **Hypermarchés :** *en participation à l'étranger :* 2 au Portugal ; *en franchise :* 2 Réunion, 1 Tahiti, 1 Guadeloupe, 1 Martinique, 1 Nlle-Calédonie. **Chiffre d'affaires et résultats consolidés** (en milliards de F, HT) **et**, entre parenthèses, **part de groupe :** *1985 :* 16,4 (0,097) ; *90 :* 23,9 (0,005). **Effectifs :** 20 000.

■ Chaines volontaires

Groupements d'achats de grossistes dont les clients détaillants sont liés au grossiste régional par contrat d'approvisionnement.

■ **Alimentaires.** Nombre de grossistes (libres-services de gros) et de détaillants. **Spar :** *fondée* 1932 aux Pays-Bas par Van Well. Opère dans 26 pays. 2 formes légales : Sté par actions (Internationale Spar Centrale BV) et association (Interspar Guild). *En 1995 :* 117 grossistes, 19 340 détaillants, 2 691 supermarchés, 190 000 salariés, 20 300 points de vente de détail (213 m² en moyenne). *Surface de vente totale :* 5 550 000 m². *Chiffre d'affaires* (en milliards de florins, 1995) : *gros :* 50,8 ; *détaillants :* 49,4. *En France :* 520 magasins, 3 centres de gros (Mariault, Médis et Sada). *En 1991 :* nouvel associé Disco, filiale de Marland Distribution (*chiffre d'affaires :* 7 milliards de F).

■ **Non alimentaires** (nombre de grossistes et de détaillants). **France droguerie :** 11 grossistes, 1 761 détaillants. **Catena, Super Catena et Catena Confort :** bricolage, arts ménagers et jardinage. 289 magasins franchisés en France approvisionnés par 2 grossistes franchiseurs, TLS (Tabur Logistique et Services) pour le nord de la France et Stokvis-Blanc pour le sud. *Chiffre d'affaires* (TTC, 1997) : 1,63 milliard de F. **Sermo** (textile) : 14 grossistes, 368 détaillants.

Consommation des ménages

(en % valeur)	1970	1980	1985	1990	1998	2010
Alimentation et boissons	26,0	21,4	20,7	19,3	20,2	14,4
Habillement et chaussures	9,6	7,3	7,0	6,5	6,4	4,3
Logement	15,3	17,5	19,1	19,3	11,7	19,4
Equipement du foyer et entretien	10,2	9,5	8,4	7,9	8,1	6,2
Santé	7,1	7,7	8,6	9,5	9,4	13,0
Transports et communication	13,4	16,6	16,9	16,7	19,6	18,4
Loisirs et culture	6,9	7,3	7,1	7,6	8,1	10,7
Autres	11,5	12,6	12,2	13,2	14,4	13,6

■ Coopératives de consommateurs

■ **Origine.** Idée et principes du « système coopératif » remontent à l'utopiste français Charles Fourier (1772-1837) et aux pionniers anglais de Rochdale (1844). *Fédération française,* tour Mattei, 207, rue de Bercy, 75012 Paris. *Créée* 1912. Les bénéfices distribuables sont répartis entre les membres (ristournes). 4 enseignes : Rond-Point (grandes surfaces), Maxicoop et Supermarchés Coop (moyennes), Point Coop (magasins de proximité).

■ **Stés coopératives ouvrières de production (Scop). Statistiques :** *nombre : 1970 :* 20 ; *75 :* 75 ; *81 :* 200 ; *2000 :* 1 506 Scop (dont en % services 43, BTP 32, industrie 25), 29 200 coopérateurs ; CA (HT) : 15 MdF. **Origine de la création :** *mutations d'entreprises traditionnelles :* 18 cas sur 141 en 1980. *Créations spontanées :* 94 sur 141 en 1980. *Reprises d'affaires défaillantes :* Lip, Manufrance, Manuest, Weiler, Japy Marne (Nancy). Réduction de l'échelle des rémunérations de 1 à 5. **Exemples :** *Union technique du bâtiment : fondée* 1933 ; 360 personnes (dont 52 sociétaires). *Verrerie ouvrière : fondée* 1896 à Albi par Jean Jaurès ; 5 % du marché français ; 530 personnes.

■ Détaillants

■ **Isolés.** S'adressent individuellement à des grossistes pour faire leurs achats. En général, commerces exploités par 1 personne ou 1 ménage, aidé par 1 ou plusieurs membres de la famille ; 58 % d'entre eux n'ont pas de salariés. **Indépendants associés.** Affiliés à un groupement d'achats, souvent une Sté anonyme coopérative à capital et personnel variables et bénéficiant des avantages que procure le nombre.

■ Franchise

■ **Définition.** Système de commercialisation de produits, services, technologies, fondé sur une collaboration étroite et continue entre des entreprises juridiquement et financièrement distinctes et indépendantes. Un franchiseur accorde aux franchisés (qui s'y obligent) le droit d'exploiter son entreprise en conformité avec le concept du franchiseur. Le franchisé doit en général s'acquitter d'une participation financière *(droit d'entrée)* quand il adhère à un réseau. **Origine :** 1929 USA (General Motors), France (laines Pingouin).

■ **Statistiques. Nombre de franchiseurs et,** entre parenthèses, **de franchisés :** *1971 :* 34 (2 000) ; *81 :* 330 (13 891) ; *91 :* 600 (30 000) ; *95 :* 470 (25 750) ; *97 :* 517 (28 851) ; *98 :* 530 (29 673) ; *99 :* 553 (30 630) ; *2000 :* 571 (31 781). **Chiffre d'affaires :** *1995 :* 172 (environ 6 % du CA du commerce et services marchands) ; *96 :* 174 (6 %) ; *97 :* 187 (6 %) ; *98 :* 196 (6 %) ; *99 :* 204. **Répartition franchiseurs et,** en italique, **franchisés** (en %, au 1-1-2000) : alimentaire spécialisé 8,1 *4,2* ; non spécialisé 4,1 *14,5* ; équipement de la personne 10,5 *12,4* ; de la maison 12,4 *10,7* ; autres 19,5 *9,5* ; services 30,5 *37,8* ; hôtellerie, restauration 11,6 *9,2* ; bâtiment 3,8 *1,7*.

■ **Principaux réseaux de franchisés** (en 2000). Phildar 1 042, France Acheminement 900, Huit à Huit 732, Spar 700, Century 21 650, Gamm Vert 603, Shopi 563, Vival 560, Jean Louis David 457, Alain Afflelou 456, Éléphant bleu 450, Champion 417, Yves Rocher 384, Ada 378, Cinq à sec 351, Saint Algue 324, Franprix 320, Singer 300, Super Jet 279, Jean Claude Biguine 274, Laforet Immobilier 270, Petit Casino 266, Midas 264.

☞ **USA :** 3 000 franchiseurs, 600 000 points de vente, 32 % du chiffre d'affaires du commerce de détail. *Franchisés :* McDonald's 24 813, 7-Eleven Food Stores 17 798, Subway Restaurants 13 892, Pizza Hut 12 285, Burger King 10 526, KFC 10 423, Taco Bell 7 055, Radio Shack Int'l 7 030, Blockbuster Video 6 499, Domino's Pizza 6 377, Wendy's 5 333, Ace Hardware 5 111, RE/MAX International 3 298, Coldwell Bankers 3 025, Holiday Inn 1 523. [*Source :* Franchise Times, 2001.]

■ **Organismes. ACFCI (Assemblée des chambres françaises de commerce et d'industrie), DAE, service commerce et distribution** 48, rue La Pérouse, 75016 Paris. **Féd.**

française de la franchise (FFF), 60, rue La Boétie, 75008 Paris. **Féd. européenne de la franchise (FEF),** European Franchise Federation, bd de l'Humanité, 116-B2, 1070 Bruxelles (Belgique).

■ Grands magasins

■ **Assortiment.** Environ 250 000 articles à Paris, 40 000 à 80 000 en province. **Surfaces à Paris :** 500 à 50 000 m^2.

■ **Quelques dates. 1784** Paris, magasin de nouveautés le *Tapis Rouge*. **1824** fondation de *A la Belle Jardinière* par Pierre Parissot (à la suite de la fermeture de sa boutique *La Belle Fermière,* située à l'entrée du faubourg Saint-Antoine). Le magasin s'installe quai aux Fleurs et, en 1854, l'enseigne possède les vingt-cinq immeubles de l'île de la Cité. En 1864, A la Belle Jardinière est exproprié pour faire place au nouvel Hôtel-Dieu. Sous la conduite de l'architecte Henri Blondel, les travaux pour le nouveau bâtiment sont entrepris à partir de 1866 de l'autre côté de la Seine, rue du Pont-Neuf. Racheté par le groupe Agache Willot en 1969, le magasin arrête son activité au début des années 70. **1829** *Aux Trois Quartiers.* **1830** *Le Petit Saint-Thomas.* **1834** *Au Coin de rue* (*1843* repris par Renouard ; *1864* 8, rue de Montesquieu). **1840-50** la *Ville de Paris,* la *Chaussée d'Antin.* **1852** fondation du *Bon Marché.* **1855** Alfred Chauchard [1821-1909 ; à son enterrement (coût : 500 000 F-or), la foule siffla le corbillard] ouvre le magasin du *Louvre* [CA 5 000 000 de F, *1865 :* 13 000 000, *1875 :* 41 000 000 (effectifs 1 882 personnes) ; fermé 1974] et *Bazar de l'Hôtel de Ville.* **1863** la *Grande Maison de Blanc* de Meunier. **1865** *Au Printemps* fondé. **1869** *La Paix* ouvre à l'angle des rues Neuve-Saint-Augustin et de la Michodière (cadre de *Au Bonheur des Dames* de Zola). **1870** *Samaritaine* fondée. **1894** Antoine Corbin (1835-1901) crée *Les Magasins Réunis,* place de la République (1914, rachète avenue des Ternes le magasin *A l'Économie ménagère* créé 1912 ; vitraux de Gruber, 1924). **1895** *Galeries Lafayette* fondées. **1897** *Nouvelles Galeries Réunies* fondées par Aristide Canlorbe (1852-1916) et Léon Demoge (1864-1934). **1910** CA (en millions de F) : Au Bon Marché 230, Samaritaine 130, Louvre 120, Printemps 90, Galeries Lafayette 80.

■ **Statistiques. Multispécialistes en 1987 et,** entre parenthèses, **en 2001 :** *grands magasins :* 218 (144) ; *surface de vente* totale (en m^2) : 1 143 531 (945 409), moyenne 5 245 (6 565) ; *CA moyen par magasin* (en millions de F) : 149,34 en 1998 (179 en 95). *Employés :* 27 876, en moyenne *par magasin* 168 (193), pour 1 000 m^2 : 29 (31 en 95). *Places de parkings :* 299 (2 272). **Centrales multispécialistes** (nombre de magasins, entre parenthèses, surface de vente totale en m^2 et, en italique, nombre total d'employés, au 1-1-2001) : 144 (945 409) *28 830* dont : Galeries Lafayette 84 (507 662) dont Nouvelles Galeries 42 (155 132) *15 010,* Sapac-Printemps 24 (185 927) *5 891,* Marks & Spencer 18 (53 071) *1 581,* BHV 7 (103 020) *3 413,* Bon Marché 1 (32 000) *1 300,* Samaritaine 1 (48 000) *1 412,* divers 7 (17 825). **Plus grands magasins** (surface de vente en m^2) : Galeries Lafayette (Paris) 54 068, Samaritaine (Paris) 48 000, Printemps (Paris) 47 459, BHV (Paris) 35 500, Bon Marché (Paris) 32 000, Galeries Lafayette (06 St-Laurent-du-Var) 21 456, Galeries Lafayette (69 Bron) 15 021, BHV (93 Rosny-sous-Bois) 14 700, BHV (94 Créteil) 14 600, BHV (94 Thiais) 14 600.

■ **Union du grand commerce de centre-ville (UCV).** 8, place d'Iéna, 75016 Paris. *Pt :* Jacques Perrilliat. *Principaux groupements :* grands magasins et magasins populaires (Monoprix, Prisunic, Marks & Spencer, C&A, Fnac, Virgin, Habitat, BHV, BM, GL, Madelios, PPR, S). Syndicat des magasins et galeries.

Principaux grands magasins

■ **Grandes enseignes en Europe. Chiffre d'affaires et,** entre parenthèses, **résultat net** (en milliards d'euros, 2000), **effectifs** en milliers (E) **et nombre de magasins** (M) : Gap (USA) 15,2 (0,975), E 150, M 3 676. Marks & Spencer (G.-B.) 13,1 (0,891), E 60, M 152. C & A (P.-Bas) 5 (n.c.), E 35, M 438. H & M (Suède) 4,1 (n.c.), E 30, M 682. Zara (Espagne) 2,6 (0,521), E 14, M 1 077. Etam (France) 1 (– 0,023), E 10,286, M 1 137.

■ **BHV (Bazar de l'Hôtel de Ville). 1855** *fondé* par Xavier Ruel (1822-1900). *Bazar Napoléon* jusqu'en 1870. **1931** Sté anonyme. **1948** introduction en Bourse. **1968** appartient au groupe Nouvelles Galeries. **1989** groupe suédois Proventus prend 5 % du capital (23,8 en 1992). **1992** appartient au groupe Galeries Lafayette. **Magasins :** *durant 100 ans :* 1 à Paris, rue de Rivoli ; *1964-96 :* 7 à Paris et région parisienne ; *à partir de 1975 :* chaîne de magasins spécialisés dans bricolage et décoration. *1998 :* 20 dont 4 affiliés (2 à Paris : Rivoli et Flandre ; 6 en région parisienne ; 1 mag. vente-dépôt ; 4 affiliés : Montauban, Labège, Martinique et Beyrouth). En 1998, ouvertures à Nantes et Beyrouth. *Surface totale de vente* (en 2001) : 103 020 m^2 (17 magasins). **Effectifs** (en 2000) : 4 370. **Chiffre d'affaires consolidé et,** entre parenthèses, **résultat net** (en milliards de F) : *1991 : 4,3 (0,08) ; 93 :* 3,9 (0,06) ; *95 :* 3,6 (0,05) ; *96 :* 3,6 (0,056) ; *99 :* 4,3 (61,5) dont (en %) équipement de la maison 78, de la personne 22. *Ventes BHV Rivoli* en 1995 : 2,2. **Actionnariat** (nombre d'actions en 2001) : Groupe Galeries Lafayette 96,82 (1 343 741 actions).

■ **Au Bon Marché. 1852** Aristide Boucicaut (1810-77) s'associe à Justin Videau, propriétaire d'une boutique (30 m^2) de mercerie et de nouveautés à l'enseigne *Au Bon Marché,* qu'il rachète en 1863. Il innove : entrée libre, marchandise accessible, prix fixes, vente à bénéfice, acceptation des rendus, livraison à domicile (aussi loin qu'un cheval peut aller dans Paris ; commande supérieure à 25 F : gratuite par chemin de fer). 1re exposition de blanc de janvier, bibliothèque libre-service avec buffet gratuit. Le Bon Marché décuple son personnel et son chiffre d'affaires en moins de 10 ans (*chiffre d'affaires en millions de F : 1852 :* 0,5 ; *1860 :* 5 ; *1870 :* 20 ; *1877 :* 77 ; *1893 :* 150. *Employés : 1852 :* 12 ; *1877 :* 3 500). Sa veuve (née Marguerite Guérin 1816-87) poursuivra son œuvre (crée caisse de retraite pour le personnel et transforme en 1880 l'entreprise familiale en société par actions). **1869-87** bâtiment principal actuel construit (*1872-2-4* 1re inauguration), 40 000 m^2. **1871** 1er catalogue de vente par correspondance. **1920** société anonyme. **1969-70** racheté par frères Willot (avec la Belle Jardinière qui devient sa filiale). **1974** se redresse après difficultés financières. **1984** racheté par Financière Agache (Bernard Arnault). **Depuis 1990** rénovation. **Surface de vente :** 32 000 m^2. **Chiffre d'affaires** (en milliards de F, 2000) : 1,78. **Effectifs** (en 2000) : 1 300.

■ **Galeries Lafayette. 1895** *fondées* par Théophile Bader (1864-1942) et Alphonse Kahn (1865-1926) qui exploitent une mercerie à l'emplacement actuel du bâtiment *Lafayette 3.* **1909-12** construction du magasin actuel par Ferdinand Chanut. S'imposent comme leaders en matière de mode. **1912** Bader rachète les parts de son associé. **1916** filiales dans les grandes villes. **1935** dirigées par les 2 gendres de Bader, Max Heilbronn et Raoul Meyer. **1969** se diversifient dans la mode masculine avec le Galfa Club. **1992** rachètent les *Nouvelles Galeries* au groupe Indreco Devanlay. **1993** les absorbent. **1994** les 3 pôles d'activité (grands magasins, magasins populaires, services) deviennent des filiales directes de la SA des Galeries Lafayette qui exploite en direct le magasin du bd Haussmann (48 500 m^2). **Répartition des ventes** (en %) : mode 38 ; beauté 10 ; maison 26 ; loisirs 6 ; alimentation 20. **Participation** (en %) : Grands Magasins Galeries Lafayette (dont 38 Galeries Lafayette et 23 Nouvelles Galeries, 439 000 m^2) 100 ; Monoprix (231 Citymarchés aux enseignes Inno, Monoprix et Prisunic, 406 000 m^2) 49,35 ; Lafayette Services-LaSer (services financiers : Cofinoga informatiques : Laser Informatique, commerce électronique : e-LaSer) 90,2 ; BHV 96,82. **Capital :** famille fondatrice 61 %, public 39 %. **Chiffre d'affaires consolidé du groupe** (en milliards de F) : *1992 :* 31,51 (résultat net, part du groupe 0,07) ; *93 :* 29,5 (– 0,006) ; *94 :* 29,5 (0,014) ; *95 :* 28,8 (– 0,293) ; *96 :* 28,8 (0,55) ; *97 :* 30,3 (0,64) ; *98 :* 35,3 (0,46) ; *99 :* 36,4 (0,34) ; *2000 :* 37,7 (2,1). **Effectifs :** environ 35 000.

■ **Pinault-Printemps-Redoute. 1963** François Pinault (né 21-8-1936) crée le groupe Pinault (activité initiale : négoce du bois). **1990** fusionne avec la *CFAO.* **1991** prend le contrôle de *Conforama* et acquiert 40,5 % de Au Printemps SA, Sté mère des grands magasins *Printemps* [créés 1865 par Jules Jaluzot (1834-1916), ancien chef du rayon soie au Bon Marché, *1881* incendie ; *1881-89* « immeuble îlot » construit par l'architecte Paul Sédille ; *1904* transformé par René Binet], des magasins populaires *Prisunic* (créés 1929) et de *La Redoute* (acquise en 1988)]. **1992**-*déc.* fusionne avec Au Printemps SA et prend la dénomination Pinault-Printemps. **1994**-*18-5* fusionne avec La Redoute. -*Sept.* acquiert la *Fnac* par la Sté d'Investissement Iéna, filiale commune au groupe (66,6 %) et à la Cie Générale des Eaux. **1998** Prise de contrôle de Covilbert. **1999** acquisition de Gucci, 42 %. Prise de contrôle de Banque Générale du Commerce (BGC). Création de PPR Interactive. **Actionnariat** (au 31-12-2000, en % des droits de vote) : Artémis 58,9 %, public 41,1 %. **Organisation du groupe** (au 1-1-2000) : *Grand public :* Printemps, Conforama, Redcats (dont Bernard, Brylane (USA), Cyrillus, Ellos (Scandinavie), Empire Stores (G.-B.), La Maison de Valérie, La Redoute, Movitex, Vert Baudet), Fnac, Concept Boutiques (dont Orcanta-lingerie, Made in Sport). *Crédit et services financiers :* Finaref, Facet, Ellos Finans, Finaref Vie, Finaref Risques Divers, Finaref Bénélux). *Professionnel :* Rexel (ex-CDME), Pinault Bois et Matériaux, Guilbert, CFAO. *Internet :* 65 sites marchands en Europe et USA, PPR Interactive (dont Mageos, Mobile Planet, Petits et Grands). *Luxe :* Groupe Gucci (dont Gucci, Sergio Rossi, Yves Saint Laurent, Boucheron, Bédat & Cie, Bodega Venetia, Alexander McQueen, Stella Mc Cartney). **Chiffre d'affaires du groupe et,** entre parenthèses, **résultat net** (en milliards de F) : *1992 :* 70,3 (0,59) ; *93 :* 63,3 (0,5) ; *94 :* 70,8 (1,2) ; *95 :* 77,6 (1,5) ; *96 :* 80,3 (2) ; *97 :* 89,2 (2,6) ; *98 :* 108,3 (3,3) ; *99 :* 124 (4,1) ; *2000 :* 162,4 (5) dont en % distribution grand public 43, professionnelle 44,3, luxe 3,9, Internet 0,8. **Chiffre d'affaires consolidé** (en milliards de F, 2000) : total 124,05 dont *pôle grand public* 69,8 ; *professionnel* 72,2 ; *luxe* 14,6 ; *crédit et services financiers :* 4,8 ; *Internet* 1,3. *Endettement financier net* (en 2000) : 35,9. **Superficie** (en m^2) : Conforama 512 671, Printemps 230 831, Fnac 182 719.

■ **Samaritaine. Nom** rappelant une pompe hydraulique installée sur le Pont-Neuf (sous Henri IV, ornée sur sa façade d'une fresque représentant la Samaritaine au puits de Jacob avec le Christ ; édifice détruit en 1813. **1870**-*21-3 fondée* par Ernest Cognacq [île de Ré 1839-1928 ; 1872 ép. Marie-Louise Jay (1838-1925 ; 1re vendeuse au rayon confection du Bon Marché)]. **1906-07** mag. n° 2 construit (terminé 1926-28) par Frantz Jourdain. **Peu avant 1914** Sté en commandite par action. **1973** Sté anonyme : le capital (36 millions de F) est réparti entre personnel (45 %) et fondation (55 %). La *Fondation Cognacq-Jay,* créée en 1916, gérait une maternité à Paris, un orphelinat et une maison de repos en Haute-Savoie, un centre d'apprentissage à Argenteuil, une maison de retraite à Rueil-Malmaison, une collection de peintures et autres œuvres d'art léguées à la Ville de Paris, et 100 millions de F alloués à l'Académie française chargée de distribuer à des familles nombreuses le prix Cognacq. *2001 (janvier) :* LVMH acquiert 55 à 60 % des parts (1,5 milliard de F). **P-DG :** Philippe de Beauvoir. **Magasin :** 1 (Paris-Rivoli). *Surface de vente* (en m^2) : *1870 :* la moitié d'une salle de café ; *1881 :* 54 000 ; *1884 :* 50 000 ; *94 :* 48 000 ; *95 :* 45 000 ; *2001 :* 48 000. **Chiffre d'affaires** (en milliards de F, 2000) : 1,45. **Effectifs** (en 2000) : 1 290.

■ **Aux Trois-Quartiers. Nom** tiré d'une comédie de Picart et Mazères, 1827. **1829** *fondés* par Gallois-Gignoux. *1er grand magasin à Paris.* **1931** immeuble 21-23, bd de la Madeleine (27 000 m^2), réalisé par Louis Faure-Dujarric. **1989-91 :** transformé en galerie commerciale (9 500 m^2, 75 boutiques). **Principale surface de vente :** Madelios pour hommes, 1 magasin (Paris).

☞ **Harrods.** Grand magasin londonien. **1849** *fondé* par Charles Henry Harrod (1800-85). 1er bâtiment détruit par incendie. Harrods s'installe à Knightsbridge (magasin actuel construit 1894-1912). **1898** 1er escalator. **1985** racheté par les frères égyptiens Al Fayed. **Marks & Spencer.** *Fondé* 1884. Chaîne britannique d'habillement et d'alimentation. **Magasins** (sept. 1996) : 644 dont G.-B. 286, USA, Canada, Japon 234, *France 20* (1er en 1975), Hong Kong 8, Espagne 6, Belgique 4, Pays-Bas 2, Allemagne 1 ; franchises 82. **Chiffre d'affaires total et,** entre parenthèses, **résulat net** (en milliards de £) : *1997 :* 7,84 (0,755) ; *98 : 8,24 (0,816) ; 99 :* 8,22 (0,372) ; *2000 :* 8,19 (0,259). **Par pays** (en % du CA, 2000) : G.-B. 85,5, Amérique du N. 8,5, *France 2,* Moyen-Orient 1, autres pays d'Europe 3. **Ventes et,** entre parenthèses, **résultat net HT en France** (en milliards de F) : *1996-97 :* 1,95 (0,013) ; *97-98 :* 1,99 (0,001) ; *98-99 :* 1,85 (– 0,17) ; *99-2000 :* 1,7 (– 0,29). **Ventes** (en %) : vêtements, cadeaux 53, alimentation 41, articles de maison 3, services financiers 3.

■ Coopératives de détaillants

☞ **Membres de la Fédération des coopératives de commerçants).** *Créée* 1964. *Chiffre d'affaires* (TTC, 2000) : 26,28 milliards d'euros. *Effectifs :* 140 000.

■ **Alimentaires. Système U** (*enseignes :* Hyper U 39, Super U : 22) : union de 4 centrales régionales, 798 magasins ; *chiffre d'affaires détail* (TTC, 2000) : 10,53 milliards d'euros. 6,8 % de part de marché.

■ **Non alimentaires.** 14 172 magasins, *chiffre d'affaires* (en 2000) : 15,75 milliards d'euros, 9,2 % de part de marché ; 37 groupements. **Nombre de magasins et,** entre parenthèses, **chiffre d'affaires TTC** (en millions d'euros, 2000) : *ameublement :* SCEM Mobiclub, Ufem 215 (275,5) ; *automobile :* Tecar France – Ucacc n.c. (1 524) ; *beauté :* Passion Beauté 140 (91,5) ; *bijouterie-horlogerie :* Bijoutiers de France, Guilde des orfèvres 320 (193,6) ; *chaussures :* Garant 1 175 (365,8) ; *équipement de la maison et du jardin, bricolage :* EK France, Expert, Gedex-Gedimat, Gitem, Domaxel (Weldom, Dompro), M. Jardinage, Promafrance (Bigmat), CAQF 2 241 (4 336,98) ; *équipement professionnel :* Gasel 80 (193,9) ; *immobilier :* L'Adresse des conseillers immobiliers 305 (51,07) ; *jouets-puériculture :* Cedij (Jouetland, Starjouet), Epse (Joueclub), France Maternité 612 (442,12) ; *optique :* Atol, Optic 2000, Guilde des lunetiers (Krys), Visual 2 469 (1 046,3) ; *papeterie, librairie, disques :* Majuscule, Pleinciel, Sacfom, Starter 913 (1 429,61) ; *pharmacie :* Giropharm, Sogephar 2 265 (2 609,43) ; *photo, ciné, son, vidéo :* Camara, Phox 801 (421,82) ; *sport :* Intersport, Sport 2000 918 (904) ; *surdité acoustique :* Gipa 2 127 (33,7) ; *tourisme :* Mapotel Best Western, Selectour 694 (1 433).

■ Libre-service (magasins)

Source : Panorama points de vente.

■ **Origine. Amérique : 1916** Piggly Niggly (Memphis, Tennessee) ouvert par Clarence Saunders. **France : 1948**-*juillet 1er magasin d'alimentation libre-service* (Goulet-Turpin) à Paris (148, rue Lefort). **1963**-*15-6 : 1er hypermarché* « Carrefour » à Ste-Geneviève-des-Bois (Essonne, 2 600 m^2, parking 400 pl.).

■ **Nombre total** (au 1-1-2001). Supermarchés 5 869, magasins populaires 285, hypermarchés 1 154, hard-discount alimentaire 2 605, magasins de bricolage 2 657, électrodomestiques 1 251, textile 1 565, magasins de meubles 2 142 [1], jardineries 1 078, centrales et organisations d'achats et de services 483 [1], centres commerciaux 615, cash and carry 284, grands magasins 144.

Nota. – (1) En 1990. (2) Au 1-1-1993.

■ **Effectifs** (au 1-9-2001). Hypermarchés et supermarchés 392 632.

■ **Hypermarchés.** Mot inventé en 1968 par Jacques Pictet [1908-91, fondateur le 27-10-1958 de Libre-Service Actualités (LSA)]. Prédominance alimentaire d'une surface de vente minimale de 2 500 m^2 [LSA parle maintenant de TGS (très grands supermarchés de moins de 5 000 m^2) et d'hypermarchés au-dessus de 5 000 m^2]. 39 500 à 70 000 articles. 1er d'Europe « Super Bazar » à Auderghem à 5 km de Bruxelles (Belgique, en sept. 1961), surface de vente 8 500 m^2, 26 caisses de sortie, parking de 900 places, 90 % en non-alimentaire. **Chiffre d'affaires** (en 1997) : 476 milliards de F. **Effectif total** (au 1-1-2001) : 232 071 employés. **Surface de vente totale** (en 2001) : 6 704 648 m^2. **Ouvertures :** *1990 :* 25 ; *91 :* 13 ; *92 :* 22 ; *93 :* 14 ; *94 :* 17 ; *95 :* 12 ; *96 :* 7 ; *97 :* 7 ; *98 :* 0 ; *2001 :* 4. **Fermetures :** *1990 :* 25 ; *91 :* 5 ; *92 :* 26 ; *2000 :* 0. **Nombre** (au 1-1) : *1970 :* 115 ; *75 :* 287 ; *80 :* 407 ; *85 :* 550 ; *90 :* 851 ; *95 :* 1 052 ; *97 :* 1 095 ; *98 :* 1 105 ; *2001 :* 1 154. **Nombre moyen par magasin** (au 1-1-2001) : caisses 28, employés 201, places de parking 1 010, pompes à carburant 8, surface 5 810 m^2.

Répartition des hypermarchés par centrale et par enseigne (au 1-1-2001). **Auchan :** Atac 4, Auchan 120, Hyper Atac 3, La Cave d'Auchan 1, Les Halles d'Auchan 1,

Mammouth 1. **Carrefour France :** Carrefour 213, Champion 27, Continent 5, Hyper Champion 25, Stoc 6. **Galec :** Centre Leclerc 392. **ITM Entreprises :** Intermarché 95. **Monoprix SA :** Super Monoprix 3, Super 3000 1. **Opéra :** Casino 6, Cora 57, Géant 108, Match 4, Migros 2, Rallye 2, Record 2, Rond Point 6. **Système U :** Hyper U 39, Super U 22, Vauban 1. **Par tranche de surface** (au 1-9-2000) : *- de 4 000 m²* : 453 ; *de 4 000 à 7 000* : 353 ; *de 7 000 à 10 000* : 200 ; *plus de 10 000* : 137.

Surface de vente (au 1-9-2001) : 6 704 648 m² ; *moyenne :* 5 810 m² ; **pour 1 000 hab. :** *moyenne :* 91 m² ; *maximale :* Marne 182, Moselle 143, Côte-d'Or 142, Loire-Atlantique. 139, Gironde 136 ; *minimale :* Lozère 0, Paris 10, Lot 16, Ariège 22.

10 plus grands hypermarchés (en m², au 1-1-2001). **Auchan :** (76) Le Havre 21 000, (62) Noyelles-Gaudault 18 144, (84) Le Pontet 17 900. **Carrefour :** (31) Portet-sur-Garonne 25 000, (77) Villiers-en-Bière 23 500, (13) Vitrolles 20 000, (93) Aulnay-sous-Bois 19 355, (77) Claye-Souilly 18 000, (78) Montesson 18 000. **Géant :** (13) Marseille 17 116.

Nota. – (1) Carrefour. (2) Auchan. (3) Géant-Casino. (4) Continent.

■ **Supermarchés. 1ers supermarchés :** *américain,* ouvert 1930 à Long Island (USA) par Michael Cullen ; *européens,* Manor Park (Londres) G.-B., ouvert 12-1-1948 ; Bâle (Suisse), 1951, par Gottlieb Duttweiler, fondateur de Migros ; *français* « Bardou » (400 m²), ouvert mai 1957 à Paris dans le XVIIe. [2e « l'Express Marché » (560 m²) de Goulet-Turpin ouvert oct. 1958 dans le 1er centre commercial français à Rueil-Malmaison]. **Ouvertures :** *1990 :* 271 ; *91 :* 289 ; *92 :* 290 ; *93 :* 172 ; *94 :* 65 ; *95 :* 69 ; *96 :* 72 ; *97 :* 43 ; *98 :* 26 ; *2000 :* 30. **Nombre :** *au 1-9-2000 :* 5 863 (dont *– de 800 m² :* 1 717, *800 à 1 200 :* 1 436 ; *1 200 à 1 800 :* 1 901 ; *+ de 1 800 :* 809. **Surface de vente totale** (au 1-9-2001) : 6 655 819 m² ; **moyenne :** 1 134 m². **Surface pour 1 000 hab. :** *moyenne :* France 129 m² (*maximale :* Htes-Alpes 225, Ariège 212 ; *minimale :* Seine-St-Denis 66, Rhône 78, Val-de-Marne 82). **Caisses de sortie :** en moyenne 6. **Places de parking :** en moyenne 141. **Effectifs** (au 1-9-2001) : 160 124 (en moyenne 27).

■ **Supermarchés traditionnels. Nombre d'enseignes** (au 1-9-2001). **Au Bon Marché :** Grande épicerie de Paris 1. **Auchan :** Atac 322, Galeries gourmandes 3, Maximarché 40, Proximarché 1. **Carrefour France :** Champion 985, Codec 7, Comod 40, Corsaire 21, Hyper Champion 5, Marché Plus 36, PG Partenaires 1, Provencia 1, Score 10, Shopi 476, 8 à Huit 40. **Coop Atlantique :** Écofrais 10. **Galec :** Centre Leclerc 114. **ITM Entreprises :** Écomarché 313, Intermarché 1 557. **Opéra :** Casino 401, Coccinelle 88, Colruyt 5, Coop 35, Diagonal 19, Eco Service 9, Euro Flash Diffusion 5, Franprix 228, G 20 59, Match 141, Maxicoop 37, Rallye Super 2, Sitis 11, Spar 48. **Système U :** Coccinelle 21, Marché U 177, Super U 539, Utile 26.

■ **Supérettes** (120 à 400 m², à prédominance alimentaire). **Nombre** (au 1-1) : *1960 :* 1 994 ; *70 :* 3 053 ; *75 :* 4 984 ; *80 :* 5 589 ; *85 :* 5 808 ; *90 :* 5 038. (1 096 006 m²). **Surface moyenne :** 218 m². **Effectifs** (au 1-1-1990) : 22 300. **Premiers groupes :** *nombre et,* entre parenthèses, *surface totale en m² :* Promodès 976 (218 652) ; Disco 587 (128 429) ; Système U 407 (95 688) ; Baud Franprix 360 (80 007) ; Comptoirs Modernes 311 (73 418) ; Casino 146 (22 367) ; Coop Normandie et Picardie 124 (24 984) ; Erteco 113 (35 267) ; ITM Entreprises 103 (40 103) ; Coop d'Alsace 101 (22 299).

■ **Mini-libres-services** ou **succursales de moins de 120 m².** *1981* (1-1) : 17 167 (surface totale 1 118 135 m² ; surface moyenne de vente 68 m²) ; *85 :* 15 801.

■ **Hard-discount alimentaires.** Libre-service alimentaire, personnel réduit, 1 000 références max., prix bas, marques de distribution ou produits sans marques. Apparu en 1987 avec les enseignes allemandes Aldi, Lidl et Norma. **Nombre :** *1995 :* 1 470 ; *98 :* 2 171 ; *2001 (1-1) :* 2 605. **Surface totale** (en 2001) : 1 713 507 m². **Nombre de magasins** (au 1-1-2001) : Aldi France 403, ED 410, Item Entreprises (enseigne CDM) 243, Lidl 816, Mutant (le) SA 204, Norma SA 95, Opéra (enseigne Leader Price) 333, Penny Market 68, autres 41. Total 2 622.

☞ **Le plus grand au 1-1-2001 :** Leader Price Orsay (Essonne) : 2 400 m².

☞ **Caddie : 1934** brevet déposé par Raymond Joseph, fabricant de paniers à salade et d'égouttoirs. **1937**-*juin* testé dans un magasin d'Oklahoma City (USA).

Magasins populaires

■ **Généralités. Origine : 1879** USA, **1906** G.-B., **1928** France (Uniprix). **1931** magasins à prix unique : le prix le plus élevé ne devait pas dépasser 10 F, aussi poids ou quantité de marchandises vendues étaient fonction de ce prix à l'inverse des autres magasins (technique abandonnée avant 1939 car la clientèle ne pouvait comparer entre les prix des « Prix uniques » et ceux du commerce traditionnel, et le nombre des articles mis en vente était trop restreint). **Caractéristiques :** *Surface :* 300 à 7 500 m². *Marges :* en moyenne 22 % ; frais généraux réduits (ni catalogue, ni livraisons gratuites à domicile, ni rendus), rotation rapide des stocks. **Nombre de magasins et,** entre parenthèses, **surface totale de vente** (en m², au 1-1-2001) : Monoprix 221 (392 225) ; Prisunic 47 (65 112) ; Aubaines 11 (15 953) ; Inno 4 (16 602) ; divers 2 (3 604). *Total 285 (493 496).* **Enseignes populaires (répartition selon la surface,** au 1-9-2000) : total 285 dont *- de 800 m² :* 29 ; *800 à 1 200 :* 52 ; *1 200 à 1 800 :* 88 ; *1 800 à 2 500 :* 63 ; *2 500 et + :* 53.

■ **Monoprix** (Groupe Galeries Lafayette à 95 %, voir p. 1802 b). **1932** *créé* par Max Heilbronn et Théophile Bader à Rouen. **1939** 56 magasins. **1996** 151 magasins en propre et 14 cafétérias ; 77 affiliés. **2000** Monoprix SA 274. **Surface de vente** (en 2001) : 475 104 m². **Effectifs :** 12 000. **Chiffre d'affaires** (HT, du groupe Monoprix en 1999) : 20,59 milliards de F (résultat net : 0,167).

■ **Prisunic. 1931**-*déc. 1er magasin* ouvert rue Caumartin sous l'enseigne « Vente spéciale à prix uniques ». **1936** système de l'affiliation : l'affilié bénéficie de l'enseigne et des services de la centrale d'achat : la Sapac *créée* 1934. **1954** libre-service pour le rayon alimentaire de Vaugirard. **1960** Bordeaux, 1er libre-service intégral. **1993**-*déc.* Promodès accorde à Prisunic les conditions Promodès pour alimentaires. **1996**-*31-12 :* 149 magasins dont 38 affiliés, 9 hors métropole. **1997**-*oct.* racheté par Monoprix (1,6 milliard de F). **1998-2001** enseigne remplacée par celle de Monoprix. **Surface de vente :** 172 883 m² (mag. en propre), 31 154 m² (affiliation française), 15 630 m² (affiliation étrangère). **Chiffre d'affaires** (en milliards de F, 1996) : 5,47 ; **de l'enseigne** (y compris affiliés) : 6,69.

■ **Tati.** *Créé* 1949 par Jules Ouaki (1920-83), inventeur du 1er libre-service textile. **Surface de vente :** 20 730 m². 16 magasins : 3 à Paris, 8 en province, 3 hors métropole (Fort-de-France, Nouméa et Pointe-à-Pitre) et 3 à l'étranger (*1996 :* Le Cap, Genève et Beyrouth). 15 Tati Or (dont 1, rue de la Paix, Jérusalem et Berlin en 1997). **Effectifs :** 1 700. **Chiffre d'affaires** (en milliards de F) : *1997 :* 1,2, (résultat – 0,028) ; *98 :* 1,2 (0,08).

Magasins a dominante alimentaire

■ **Fédération des entreprises du commerce et de la distribution (FCD)** [depuis 1-6-1995]. **Adhérentes** (gros, détail) : 475. **Chiffre d'affaires** (en milliards de F, 2000 : 825) : *supermarchés :* 6 240 ; *hypermarchés :* 650. **Emplois :** 525 000 (temps partiel inclus).

■ **Groupe Casino. 1898** créé à partir d'une épicerie de détail ouverte en 1860 dans la salle de l'ancien casino lyrique de St-Étienne. **1985** contrôle Groupe Cedis. **1989** partenariat avec Ahold/Argyll. **1990** acquiert Francap et Ruche Méridionale. **1992** contrôle Rallye. **1994** Sté à directoire et conseil de surveillance. **1995** accord avec Corse Distribution. **1996** partenariat avec Dairy Farm en Asie pour ouverture d'hypermarchés à Taïwan et en Asie du Sud-Est. **1997**-*3-3* acquiert réseaux Franprix et Leader Price auprès de TLC Beatrice. *-30-3* prend le contrôle de Sté Mariault. *-1-9* OPA de Promodès (28 milliards de F), qui renonce le 29-12. **1998** Rallye prend 53,8 % du capital (OPE de 168 millions de F). **2000** Galeries Lafayette détiendra 93,4 % de Monoprix. **Magasins** (au 1-1-2001) : supérettes Petit Casino 2 405 ; supermarchés Casino 460 ; hypermarchés Géant 112, Franprix 489, Leader Price 326, Spar 588, Vival 344, Cafétéria 232, Imagica 34, à l'étranger hyper et supermarchés 821. **Unités de production :** chais Beaucairon. **Entrepôts :** 41. **Effectifs** (au 1-1-2001) : 100 864. **Chiffres d'affaires consolidé et,** entre parenthèses, **résultat net** (en milliards de F, TTC) : *1996 :* 66,8 (0,84) ; *97 :* 76,3 (1,11) ; *98 :* 92,8 (1,41) ; *99 :* 102,6 (1,72) ; *2000 :* 125,1 (2,07). Après intégration du groupe Franprix-Leader Price en sept. 1997. **Capital** (en %, et, entre parenthèses, droit de votes, au 1-1-2001) : groupe Rallye 51,9 (60,8) ; public 37,5 (26,4) ; famille Guichard 3,7 (11,2) ; Galeries Lafayette 3 ; auto-contrôle 2,7 ; salariés 1,2 (1,6).

■ **Comptoirs Modernes.** *Fondés* 1928 par Léopold Gouloumès et Guillaume Plassart. Depuis 1998, Sté du groupe Carrefour. Supermarchés et magasins de proximité généralistes. **Magasins :** 892 dont *France 777* (Stoc 493, Comod 125, Marché Plus 157,2), étranger Espagne 109 (137 830 m²) (Maxor, Supeco, Maxim Super Stop), Pologne (Stoc 7 835 m²), Miko. **Surface totale de vente :** 976 604 m². **Chiffre d'affaires** (TTC, 1999) : 43,3 milliards de F. **Effectifs** (avec Carrefour à 50 %) : 25 903.

☞ Fin 2000, toutes les enseignes de supermarché deviennent Champion.

■ **Promodès.** *Fondé* 1961 par Paul-Louis Halley. Acquis par Carrefour. **Chiffre d'affaires** *1998 :* 128,7 (1,92). **Effectifs** (en 1999) : 73 905 dont (en %) *France 44,* Espagne 42, Italie 6, Grèce 3, Portugal 2, Turquie 2, Argentine 1. **Magasins** (en 1998) : 5 978 dont *France :* 94 Continent, 594 Champion, 656 Shopi, 775 Huit à Huit, 129 Promocash, 38 Prodirest ; *Espagne :* 56 Continente, 67 Champion, 1 965 Dia, 51 Supersecuentos, 33 Puntocash ; *Belgique :* 60 Maxi GB et Bigg's Continent, 533 supermarchés ; *Portugal :* 10 Continente, 50 Champion et Modelo, 287 Dia et Minipreço ; *Italie :* 14 Continente, 18 Mega Fresco, 255 Di per Di, 9 Docks market ; *Grèce :* 6 Continent, 81 supermarchés, 102 Dia, 30 supérettes ; *autres* (Turquie, Argentine, Maroc, Indonésie, Émirats arabes unis, Pologne, Ile Maurice, Madagascar) : 10 Continent, 1 Champion, 33 Dia, 21 supérettes.

■ **Rallye** (filiales Go Sport 67,4 %, Athlete's Foot 82,8 % et Marshall 98,1 %). Actionnaire de Casino (51,9 % du capital). **Effectifs :** 119 351. **Chiffre d'affaires :** *2000 :* 19,9 milliards d'euros, **résultat net** 102 millions d'euros.

☞ **Félix Potin :** *fondé* par Jean-Louis-Félix Potin (1820-71) en 1844, à Paris, 28, rue Coquenard. Y applique 3 principes : vente à bon poids, produits de qualité achetés par lui-même, faible marge bénéficiaire. **1860** magasin bd de Sébastopol sur 2 niveaux. **1861** 1re usine à La Villette (1re fabrique édifiée par un épicier). **1864** se compose d'une distillerie et d'une chocolaterie. Épicerie portant son enseigne bd Malesherbes. **1870** service de port à domicile. **1880** 2e usine à Pantin. **1886** ses héritiers déposent la marque Félix Potin. **1890** Sté à nom collectif. **1904** magasin rue de Rennes. **1906** les usines parisiennes emploient 1 800 personnes. **1923** 70 succursales, 10 usines, 5 chais, 650 chevaux. **1927** dans l'usine de La Villette 8 000 employés. **1956** les 1 200 magasins sont transformés en libres-services. **1958** les descendants du fondateur vendent à André Mentzelopoulos (1915-80). **1970** associé à Primistère. **1977** 1 600 magasins ; chiffre d'affaires de 3 milliards de F ; achète Château-Margaux pour 73 millions de F. **1984** le groupe suisse Damilow prend le contrôle de Primistère. **1986** Primistère prend le contrôle du groupe Radar, des Trois-Quartiers et de Madelios. **1989** Félix Potin aux mains de Castel (vins). **1992** cédé aux frères Sayer. **1994** plus de 600 magasins, environ 400 produits sous sa marque, plus d'1,5 milliard de F de chiffre d'affaires, 0,03 de pertes. **1995** 1 milliard de F de chiffre d'affaires. 448 magasins, 1 057 personnes ; *-1-12* dépôt de bilan ; *-22-12* liquidation judiciaire. **1996** 370 derniers magasins fermés (Promodès en reprend 105).

☞ **Docks de France :** associé de Paridoc ; principales filiales : Cofradel, Ruche Picarde, Docks Paris, Ouest, Centre, Sté Alsacienne de Supermarchés. *Magasins :* 69 hypermarchés Mammouth ; 279 supermarchés (Sabeco, Super Sabeco, Atac) ; 636 magasins de proximité et 39 cafétérias en France ; 501 convenience stores aux USA ; 8 supermarchés en Pologne. *Au 31-12-1994 : surface de vente totale :* 938 148 m². *Chiffre d'affaires* (HT) : 46,7 milliards de F. *Effectifs :* 34 496. Auchan (détenant 16,64 % du capital) fait une OPA le 24-6-1996 à 19,5 milliards de F.

Cofradel (Docks de France-C.) : *né* de la fusion 1969 de l'Économique et de la Sté laitière moderne. Exerce en Rhône-Alpes, Languedoc-Roussillon et Provence-Côte d'Azur.

☞ **Radar SA :** *fondé* 1887 sous la dénomination « Docks Rémois ». **1973** Sté holding Radar SA. **1980** contrôle Paris-France (54 magasins dont Aux Trois Quartiers, Madelios et 28 magasins de nouveauté Dames de France) et 18 magasins populaires (Monoprix et Parunis). **1986** rachetée par Félix Potin.

Grands magasins spécialisés

■ **Beauté-santé.** Minimum 100 m², dépendent souvent d'une chaîne de distribution, comprend des pharmacies. **Nombre :** *2001 (1-1) :* 1 604 dont parfumeries 1 232 et parapharmacies 260. **Surface totale** (en 2001) : 259 786 m². **Principales enseignes** (en 2001) : Marionnaud 402, Sephora 151, Passion Beauté 124, Nocibe 120, Beauty Success 105, Marie-Jeanne Godard 70, Process Blue 69, Leclerc parapharmacie 49.

■ **Bricolage.** Minimum 300 m², quincaillerie d'ameublement et du bâtiment, matériel de décoration de la maison et du jardin. **Nombre :** *1993 :* 2 229 ; *95 :* 2 530 ; *2001 :* 2 657. **Surface totale** (en 2001) : 5 444 814 m². **Principales enseignes** (au 1-9-2001) : Bricomarché 452, Weldom 302, M. Bricolage 300, Catena 135, Castorama 112, Gedimat 80, Leroy-Merlin 76, Bricorama 70, Briconautes 56.

■ **Culture-loisirs.** Minimum 100 m², dépendent souvent d'une chaîne de distribution. **Nombre** *2001 (1-1) :* 247. **Surface totale** (en 2001) : 310 627 m². **Principales enseignes** (en 2001) : Madison Nuggets 53, Fnac 52, Espace culturel 34, Fnac Junior 16, Le Furet du Nord 11, Virgin Megastore 13, Mediastore 10.

■ **Électrodomestique.** Minimum 300 m². Catégories : électroménagiste (produits blancs et bruns) et multispécialiste (meuble et électroménager). **Nombre** *1994 :* 995 ; *95 :* 962 ; *97 :* 955 ; *2001 (1-1) :* 1 251 (dont 495 multispécialistes). **Surface totale** (en 2001) : 1 956 891 m². **Principales enseignes** (en 2001) : But international 228, Groupe Référence 225, Darty 179, Conforama 166, Gitem 123, Connexion 116, Boulanger 56, Dem 26, Sésame 24.

■ **Jardineries.** Articles et matériel de jardin, libre-service assisté. **Nombre** *1994 :* 899 ; *2001 (1-1) :* 1 078. **Surface totale** (en 2001) : 3 058 016 m². **Principales enseignes** (en 2001) : Gamm vert 202, Jardiland 80, Espace enchanté Vilmorin 61, Vive le jardin 48, Magasin vert 41, Truffaut 34.

■ **Jouets.** Minimum 100 m², dépendent d'une chaîne de distribution. **Nombre :** *1997 :* 295 ; *2001 (1-1) :* 712. **Surface totale** (en 2001) : 385 163 m². **Principales enseignes** (en 2001) : Jouéclub 256, Joupi 69, Maxi Toys 65, Starjouet 47, Toys'R'Us 31.

■ **Textile.** Minimum 300 m², articles d'équipement de la personne. **Nombre :** *1995 :* 976 ; *2001 (1-1) :* 1 966. **Surface totale** (en 2001) : 1 667 377 m². **Principales enseignes** (en 2001) : Halle aux vêtements 281, Gemo 211, Vetimarché 123, Eurodif 84, Kiabi 83, Distri Center 71, Zara 63, C & A 51, Armand Thiery 45, La Halle 39, Devianne 38, Babou 37, Hyper aux vêtements 28, Halle aux Enfants 28.

■ **Magasins de troc et de dépôts-ventes.** France 760. *CA :* 2 milliards de F. **Principales enseignes : Cash Converters :** chaîne australienne, créée en 1984 à Perth par John Davidson (né 19-1-1959) et le 6-12-1994 en France (Vitrolles). *Points de ventes :* monde : + de 500 ; *France :* 70 [(dont Paris 10) ; 1er magasin ouvert 1994 ; 200 prévus pour 2000]. *CA 1998 :* environ 600 millions de $ austr. **Tonton Cash :** *juin 1996* Nantes, puis Rennes et Bordeaux. **Okatop,** L'Isle-Adam. **Point sel,** Torcy. **Troc de l'Ile,** né 1982 ; 122 points de ventes ; *CA* (en millions de F) : *1997 :* 381 ; *99 :* 600. **La Trocante,** 96 magasins (en 1998).

☞ **Crazy George's :** *créé* 1994 en G.-B. groupe Thorn. *Chiffre d'affaires* (en 1995) : 12 milliards de F (50 magasins), *1er magasin en France* (Bobigny, nov. 1996). 1998, fermeture des magasins de Bobigny et du Havre. Location-vente d'équipement ménager pour consommateurs sans ressources. Coût du crédit élevé.

■ **Sport.** **Chiffre d'affaires** (en milliards de F) **et,** entre parenthèses, **nombre de magasins :** Décathlon 11,4 (191), Intersport 2,98 (370), Go Sport 2,04 (101), Sport 2000 (278), Technique du sport 1,32 (312), Courir 0,42 (156), Ski Set 0,35 (100), Au vieux campeur 0,32 (4).

☞ **Kingsfisher** (britannique) : *chiffre d'affaires* (en milliards d'euros, 1999) *et,* entre parenthèses, *nombre de magasins/effectifs* (en milliers de personnes) : 16,56 (2 823/88,6) dont DIY 6,96 (506/38,9) ; B & Q 3,55 (297/17,6) ; Castorama 2,64 (142/14,2) ; autres 0,77 (67/7,1). **Électricité :** 4,9 (733/23,8) dont Darty 1,79 (173/9,2) ; Comet 1,51 (262/8) ; ProMarkt 0,83 (186/3,3) ; But 0,51 (162 [1]/2,3) ; autres 0,27 (49/1). **Commerce général :** 4,71 (1 584/25,9) dont Woolworths 2,86 (797/17,5) ; Superdrug 1,29 (704/6,5) ; autes 0,56 (83/1,9).

Nota. – (1) Non compris 162 magasins franchisés.

☞ **Darty : 1957** Nathan, Marcel et Bernard, tailleurs pour hommes (Sté fondée 1947 par leur père) rachètent un magasin d'électroménager porte de Montreuil. **1967** 2e magasin. **1968** s'associent au marchand de meubles Réal (1ers *home-centers*). **1972** « contrat de confiance ». **1997** *CA :* 1,79 milliard d'euros (13 % du marché de l'électroménager) ; 173 magasins.

EXPOSITIONS, FOIRES, SALONS

PREMIÈRES EXPOSITIONS FRANÇAISES

Paris. **1798** (ouvre le 10-9) Champ-de-Mars [1] (110 exposants). **1801** cour du Louvre [1] (220). **1802** cour du Louvre (540). **1803** esplanade des Invalides [1] (1 422). **1819** cour du Louvre (1 622). **1823**-*25-8/15-10* Louvre [1] (1 642). **1827**-*26-8/3-10* Louvre [1] (1 693). **1834**-*1-5/1-7* place de la Concorde [1] (2 447), superficie 14 288 m^2. **1839**-*1-5/1-7* Champs-Élysées [1] (3 281), superficie 16 500 m^2. **1844**-*1-5/29-6* Champs-Élysées [1] (3 960), superficie 18 000 m^2. **1849**-*1/31-7* Champs-Élysées [1] (4 532), superficie 27 040 m^2.

Nota. – (1) Exposition industrielle nationale.

EXPOSITIONS PRINCIPALES

■ **Nombre d'entrées** (en millions). **1851** **Londres** (3-1-1850, 1-5/15-10-1851) [3] « The Great Exhibition of the Works of Industry of All Nations » : 6 (Crystal Palace), à Hyde Park, 95 000 m^2 (71 795 couverts), 13 937 exposants (dont 7 381 Anglais), organisation privée (Royal Society of Arts and Manufactures), objets exposés : 100 000 (valeur estimée : 1 781 929 £ sans compter le diamant Koh-i-Noor), dépenses : 335 742 £, recettes : 522 179. **1853** **Dublin** 12-5/31-10, « Great Industrial Exhibition » dans les jardins de la Royal Dublin Society (organisation privée) [6] : 1,1 ; 24 719 m^2, 3 171 exposants, bilan négatif. **New York** 14-7/1-12 « World's Fair of the Works of Industry of All Nations » [6] : 1,1 à Reservoir Square, 16 000 m^2 (13 000 couverts), 4 834 exposants (dont 2 083 Américains), organisation privée ; dépenses : 640 000 $, recettes : 340 000. **1854** **Munich** (15-7/18-10) [7] : dans l'enceinte des Jardins botaniques, 40 000 m^2 (11 411 couverts), 6 588 exposants. **1855** **Paris** (15-5/31-10) [3] : 5,2 (dont 4,5 payants), Palais de l'Industrie aux Champs-Élysées, 168 000 m^2 (123 390 couverts), organisée par l'État, 25 600 exposants (12 875 Français), 34 nations (Russie absente), 10 564 prix, 3 matériaux révolutionnaires exposés : ciment (Vicat), plaques d'aluminium, imperméables de Good Year ; dépenses : 24 900 000 F (dont 13 400 000 pour le Palais de l'Industrie), recettes : 3 200 000 F. **1861** **Florence** (15-9/8-12) [8] : 0,4, gare de Porta a Prato, 112 000 m^2 (38 538 couverts), 8 512 exposants. **1862** **Londres** (1-5/15-11) [6] : 6,2 ; à South Kensington et Battersea, 186 125 m^2 (125 400 couverts), 28 850 exposants (8 150 Anglais), organisation privée (Royal Society of Arts and Manufactures), 79 896 objets exposés, 11 726 prix ; dépenses et recettes : 459,630 £. **1865** **Dublin** (9-5/9-11) [6] : 0,9 ; dans les Coburg Gardens, bilan positif. **Porto** [6] : 3 911 exposants. **1867** **Paris** (1-4/3-11) [3] : 8,8 ; au Champ-de-Mars et île de Billancourt, 687 000 m^2 (163 000 couverts), 52 208 exposants (15 969 Français), organisée par l'État, bilan positif. **1871** **Londres** (5 mois) [6] : 1,1 ; 48 564 m^2, bilan positif. **1872** **Londres** (5 mois) [6] : 24 282 m^2 ; bilan négatif. **1873** **Londres** (7 mois) [6] : 0,5 ; 24 282 m^2, bilan négatif. **Vienne** (1-5/2-11) [6] : 6,7 (dont 3,5 payants) ; au Prater, 1 834 000 m^2 (246 000 couverts), 42 580 exposants (12 000 Autr.), organisée par l'État, environ 23 000 prix ; dépenses : 21 000 000 de florins, recettes : 4 000 000. **1874** **Londres** (7 mois) [6] : 24 282 m^2, bilan négatif. **1876** **Philadelphie** (10-5/10-11) « Centennial International Exhibition » [6] Fairmount Park : 9,8 (dont 8 payants) ; 1 150 000 m^2 (289 000 couverts), 30 864 exposants (8 175 Américains), organisation privée, 12 000 prix (6 000 pour les Amér.) ; dépenses : 8 782 400 $, recettes : 8 520 000. **1878** **Paris** (1-5/28-10) [3] : 16,1 (12,6 payants) ; Champ-de-Mars et Trocadéro, 800 000 m^2 (289 000 couverts), 42 835 exposants (25 850 Français), organisée par l'État, 29 810 prix ; dépenses : 54 814 000 F, recettes : 33 077 960 (y compris vente du Trocadéro). **1879** **Sydney** (oct. 1879/mars 1880) [6] : 1,1 ; 60 000 m^2, 9 300 exposants, bilan négatif. **1880** **Bruxelles** [8] : parc du Cinquantenaire, 70 000 m^2, 6 000 exposants. **Melbourne** (1-10-1880/30-4-1881) [6] : 2,3 ; 145 692 m^2 (84 298 couverts), 12 800 exposants, bilan négatif. **1881** **Paris et Rome** [6] (électricité, Palais de l'Industrie de 1855) : 0,7 ; 1 764 exposants, bilan positif. **1882** **Christchurch** [6]. **Munich** [6] (électricité). **1883** **Amsterdam** [4]. **Calcutta** [6]. **La Nlle-Orléans** [6] : sur le coton. **Zurich** [8]. **1885** **Anvers** [6] : 1,5 ; 220 000 m^2 (100 000 couverts), 14 472 exposants, bilan négatif. **Londres** Exposition internationale sur les inventions et les brevets. **1886** **Londres** [4] : 5,6. **1888** **Barcelone** [6] (maritime) : 12 900 exposants (8 600 Espagnols), bilan négatif. **Glasgow** (mai à nov.) [6] : 2 000 exposants. **Melbourne** [6]. **1889** **Paris** (6-5/6-11) [3] : 32,3 (dont 27 payants) ; tour Eiffel (voir à l'Index) ; Galerie des Machines (longueur 420 m, largeur 115 m, hauteur 43 m, détruite après 1900), Champ-de-Mars, Trocadéro, esplanade des Invalides, quai d'Orsay, 960 000 m^2 (291 000 couverts), 61 720 exposants (35 000 Français), 29 États (absence des grandes monarchies en raison de la date choisie : anniversaire de la Révolution), organisée par l'État, 33 139 prix ; dépenses : 41 500 000 F, recettes : 49 500 000. **1891** **Francfort** [6] (électricité). **1893** **Chicago** (1-5/30-10) « World's Columbian Exposition » [6] : 27,5 (dont 21,5 payants) ; Jackson Park 2 772 000 m^2 (768 930 couverts), 100 000 exposants, organisation privée ; dépenses : 32 750 000 $, recettes : 33 557 000. **1894** **Anvers (Vieil Anvers)** (5-5/12-11) [6] : 3 ; 600 000 m^2, 12 000 exposants. **Lyon** (29-4/1-11) [6] : parc de la Tête d'Or, 1 040 000 m^2. **Londres** 5. **1895** **Atlanta** [6] : sur le coton. **Bordeaux** [6] : 110 000 m^2. **1896** **Berlin** (1-5/15-10) [7] : 7 ; parc de Treptow, 900 000 m^2, 7 687 exposants. **Budapest** [6] (du millénaire) : 3 ; Villa Varosliget, 520 000 m^2, 24 000 exposants. **Genève** (1-5/15-10) [8] (Suisse) : 2,3 ; 260 000 m^2, 5 900 exposants, bilan négatif. **Nijni Novgorod** [9] : 1 ; 790 000 m^2, 7 000 exposants. **1897** **Bruxelles** (25-4/1-11) [6] : 6 ; parc du Cinquantenaire et Tervueren. **Guatemala** [6]. **Stockholm** [6]. **1898** **Omaha** [6]. **1899** **Côme** [6] (électricité). **Londres** [5] (Kermesse).

1900 **Paris** (14-4/12-11) [3] : 50,9 ; Grande Roue (93 m de diamètre à 67 m du niveau du sol) ; Champ-de-Mars, place de la Concorde et bois de Vincennes, 2 237 720 m^2 (654 924 couverts), 83 047 exposants (38 253 Français), organisée par l'État ; dépenses : 119,2 millions de F, recettes : 126,3 ; 48 millions d'entrées. **1901** **Buffalo** [10] : 8,1 ; 1 416 450 m^2, 3 000 exposants, bilan négatif. **Glasgow** 11,6 ; Kelvin Grove Park, 404 700 m^2, bilan positif. **1902** **Turin** [6] (arts décoratifs et modernes). **1902-03** **Hanoi** [6]. **1903** **Athènes. 1904 St-Louis** (30-4/1-12) « Louisiana Purchase Exposition » Forest Park [6] : 19,7 (12,8 payants), 1 212 acres (300 couverts), 40 000 exposants (15 000 Amér.), organisation privée, environ 20 000 prix, bilan négatif. **1905** **Liège** (27-4/6-11) [6] : 700 000 m^2, 17 000 exposants. **1906** **Milan** (28-4/11-11) [6] : 5,5 ; parc et place d'Armes, 996 000 m^2 (285 000 couverts), 12 630 exposants, 10 153 prix, bilan en équilibre. **Paris. Portland (Oregon). Marseille** (coloniale). **1907** **Dublin** [6]. **1908** **Londres** [11] : 8,4 ; 556 580 m^2 (161 880 couverts), 13 000 exposants, bilan positif. **Paris** Exposition internationale d'aéronautique. **1909** **Brescia** [6] (électricité). **1910** **Bruxelles** (23-4/8-11) [6] : 13 ; 890 340 m^2, bilan négatif. **1911** **Turin** (29-4/11-11) [6] : 7,4 ; parc du Valentino. **Florence** (11-3/3-11) [6] : 0,2 ; jardin de la Sté d'Horticulture, Palazzo Vecchio. **Rome** (28-2/31-12) [6] : 4 ; piazza d'Armi, Villa Giulia, Thermes de Dioclétien. Bilans négatifs. **Roubaix** [6]. **1912** **Milan.** **1913** **Gand. Gênes. Leipzig.** **1914** **Berne. Leipzig.** **1915** **San Francisco** [12] : 18,9 (dont 13,1 payants) ; 2 570 000 m^2, 30 000 exposants, bilan positif. **1922** **Marseille** [5]. **1924** **Londres** 27 (Stade de Wembley). **1925** **Paris** 15 (arts décoratifs). **1926** **Philadelphie** 5,85. **1929** **Barcelone** (village folklorique). **Séville** (hispano-amér.). **1931** **Paris** (coloniale) 22,6 ; temple d'Angkor, musée des Colonies, zoo. **1933** **Milan** [1]. **1933-34** **Chicago** [3] 39. **1935** **Bruxelles** [3] 20 ; Palais des Expositions, Vieux Bruxelles. **1936** **Stockholm** (aviation). **Milan** [1]. **1937** **Paris** [3] 31 ; Palais de Chaillot, Palais de Tokyo (devenu Palais de New York) ; 42 nations, 11 000 exposants, gros déficit. **1938** **Glasgow** (Empire britannique) 12,6. **Helsinki** (aviation). **1939** **Liège** (technique de l'eau). **New York** 27 ; Périsphère-Trylone. **San Francisco** 17. **1940** **Bergen** (exposition polaire). **Cologne** (transports et communications). **Milan** [1]. **1947** **Milan** [1]. **Paris** (urbanisme). **1948** **Chicago :** 5,2. **1949** **Stockholm** (sports). **Lyon** (habitat rural). **1951** **Lille** (textile). **Londres :** 18 (festival de G.-B.). **Milan** [1]. **1953** **Jérusalem** (conquête du désert). **Rome** (agriculture). **1954** **Milan** [1]. **Naples** (navigation). **Strasbourg** (productivité). **1955** **Helsinborg** (arts appliqués). **Milan** [1]. **Turin** (sports). **1956** **Beit Dagon** (agrumes). **1957** **Berlin** (bâtiments). **Milan** [1]. **1958** **Bruxelles :** 41,4 (Atomium). **1960** **Milan** [1]. **Rotterdam** [2]. **1961** **Turin** (travail). **1962** **Seattle** (tour de 183 m). **1963** **Hambourg** [2]. **1964-65** **Milan** [1]. **Munich** (transports). **New York :** 65. **Vienne** [2]. **1967** **Montréal** [3] : 50. **1968** **Milan** [1]. **San Antonio** (Hemis-Fair). **1969** **Paris** [1]. **1970** **Osaka** [3] : 64. **1971** **Budapest** (chasse) : 2. **1972** **Amsterdam** [2]. **Rio de Janeiro** (progrès de la connaissance). **1973** **Hambourg** [2]. **1974** **Spokane** (progrès sans pollution). **Vienne** [2]. **1975** **Okinawa** (mer et son avenir) : 3,5. **1976** **Québec** [2]. **1980** **Montréal** [2] : 1,69. **1981** **Plovdiv** (la chasse). **1982** **Amsterdam** [2]. **Knoxville** (énergie). **1983** **Munich** [2]. **1984** **La Nouvelle-Orléans** (eau douce). **Liverpool** [2]. **1985** **Tsukuba** (maison et son environnement) : 20. **1986** **Vancouver** (transports) : 22. **1988** **Brisbane** (loisirs). **Milan** [1]. **1990** **Osaka** [2] : 64. **1991** **Plovdiv.** **1992** **Gênes** (spécialisée). **Séville** [3] (ère des découvertes du 20-4 au 12-10 ; 500e anniversaire de la découverte de l'Amérique). **La Haye :** 2. **1993** **Stuttgart** [2]. **Taejon** (défi d'une nouvelle voie pour le développement). **1998** **Lisbonne** (océans, patrimoine pour l'avenir). **2000** **Hanovre** (homme, nature et technologie).

■ **Projets. 2005** **Nagoya** ou **Calgary.** **Projets annulés.** **Rome** (1942), **Moscou** (1967), **Philadelphie** (1976), **Los Angeles** (1981), **Paris** (1989, « Les chemins de la Liberté » pour le bicentenaire de la Révolution française). En 1990 (12-6) l'Italie a retiré la candidature de Venise. L'Autriche a retiré la candidature de Vienne en 1995.

Nota. – (1) Triennale. (2) Horticulture (floralies). (3) Universelle. (4) Coloniale internationale. (5) Coloniale nationale. (6) Internationale. (7) Industrielle du Zollverein. (8) Nationale. (9) Panrusse. (10) Pan-American. (11) Franco-British Exhibition. (12) Panamá-Pacific.

■ FOIRES INTERNATIONALES

Source : Union des Foires internationales. *Légende :* mois ; entre parenthèses, jour du mois ; n.f. : non fixé.

Calendrier 2002 (sauf indication contraire indiquée en italique) : **Alger** 6 (n.f.). **Alicante** Ultima Pasarela (1-6). **Amsterdam** Aquatech 10 (1re sem.) [1]. Europort 11 (13-17) 10 (18-22) *2003*. Interclean 5 (14-17) [1]. **Athènes** Intercasa et Interclima 10 (20-28) *2001* 10 (19-28). **Baghdad** 11 (1-14). **Bahreïn** Jewellery Arabia 10 (16-20). Mecom (n.f.). Mefex (n.f.) [1]. Meos (n.f.). Middle East Infotech (n.f.). **Bangkok** International food and hospitality Show 9 (11-14). **Barcelone** Alimentaria 3 (4-8). Barnajoya 9 et 10 (28-2) *2001* et 9 et 10 (27-1). Caravane 10 (20-28) *2001* 10 (12-20). Construmat 5 et 6 (26-2). Equiplast 11 (12-16). Expoaviga 11 (27-30) [1] *2002*. Expomovil 4 (5-8). Expoquimia 11 (12-16) *2002*. Gaudi 1 (20-22) et 7 (13-15) *2003* et 1 et 6 *2003*. Graphispag 1 et 2 (28-4) *2003* [1]. Hispack 3 (17-21) [1]. Hostelco 10 (23-27). Informat 5 (7-11) et 4 (8-12) *2003*. Maquitec 10 (22-26). Nautico 11 (17-25) *2001* et 11 *2002*. Pielespana 1 (18-21) et 1 *2003*. Salon international de la piscine 10 (17-20) *2001* [1] et 10 *2003*. SITC 4 (18-21) et 4 *2003*. Sonimag 5 (7-12) [1]. Sonimagfoto 10 (3-7) *2001* et 10 *2003*. Sport et camping 10 (20-28) *2001* et 10 (12-20). **Bari** Expo-Sport-Levante 4 et 5 (27-5). Foire du Levant 9 (7-15) et 9 *2003*. **Bâle** Igeho 11 (23-28) *2001* et 11 (21-26) *2003*. **Beyrouth** Project Lebanon (bâtiment) 5 (14-18) et 5 (20-24) *2003*. Meubles 3 (5-9). **Belgrade** Meubles, équipements et décoration intérieure 11 (12-18) *2001* et 11 (11-17). La mode dans le monde 10 (2-5) *2001* et 10 (1-4) *2002*. Technique 5 (13-18) et 5 *2003*. **Berlin** Bautec 2 (13-17). Import Shop 11 (7-11) *2001* et 11 (13-17) *2002*. IFW 10 (23-27) *2000* [3]. Importation 3 et 4 (28-1). ITB 3 (2-6) et 3 *2003*. Fruit Logistica 1 (17-19) et 1 (16-18) *2003*. Agritech 10 (24-28) *2001* et 11 (5-9). Alimentation 11 (5-9). Semaine verte 1 (18-27) et 1 (17-26) *2003*. Show Tech 5 (n.f.) [1]. Son et vidéo 8 et 9 (25-2). InnoTrans 9 (24-27). **Bilbao** Ambiente 4 (17-20) [1]. Biemh 3 *2002* [1]. Elektro (n.f.). Ferroforma 9 [1]. Proma (n.f.). Sidérométalurgica (n.f.) [1]. Sinaval (n.f.). Soldadura (n.f.). Subcontratación (n.f.). **Birmingham** Electrex 3 (4-7) [1]. Interbuild 6 (9-13). **Bogota** Compuexo 8 et 9 (29-3) *2000*. Foire industrielle 10 (1-5). Agroexpo (n.f.) *2002*. **Bologne** Livre jeunesse 4 (n.f.). SAIE 10 (17-21) *2001* et 10. **Bolzano** Foire internationale d'automne 9 (14-22) et 9 (13-21) *2003*. **Bordeaux** Foire de Bordeaux 5 (4-13) et 5 (24-31) *2003*. **Braga** Agro 4 (24-28) et 4 *2003*. Construnor 10 (16-20) [1]. **Bratislava** Coneco 3 (19-23) et 4 *2003*. Incheba 6 (12-14). Slovfarma 9 (24-27). Slovmedica 9 (24-27). **Brno** (biens de consommation) 3 (20-24). Constructions mécaniques 9 (16-20). Embax-Print (n.f.). Fond-Ex 10 (22-25) [3]. GO 1 (10-13). Idet (n.f.). Invex-Computer 10 (15-19) *2001* et 10 (7-11). Pivex 3 (5-8). Salima 3 (5-8) [1]. Vinex 3 (5-8). Welding 10 (22-25) [1]. Wood-Tec (n.f.). **Bruxelles** Aqua-Expo 5 (n.f.) *2001* [1]. Bois (n.f.). BTF (n.f.). Europacado printemps et automne. Florex printemps et automne. Health Care Sti 9 (18-22) [1]. **Bucarest** Rommedica 4 (16-19). TIB 10 (8-13) *2001* et 10 (8-13). Tibco 5 et 6 (28-3). **Budapest** Agro + Mashexpo 3 (5-10) [1]. Chemexpo (n.f.). Construma 4 (16-20). Industria 5 (n.f.). Foodapest 11 (26-29). **Bulawayo** Foire du Zimbabwe 4 (23-28).

Caire (Le) Foire internationale du Caire 3 (n.f.). Formula 12 (15-21). **Chicago** Engineering 3 (13-16). Quincaillerie 8 (13-16). **Cologne** Anuga 10 (13-17) [1] *2001*. Anuga Food Tec 4 *2003* [3]. Areal 11 (7-9) [1]. Domotechnica 2 (19-22) *2003* [1]. Enfance et jeunesse 2 (15-17) et 7 (26-28). Entsorga 9 (23-26) *2003* [1]. FSB 11 (7-9) [1] *2001*. GAFA 9 (1-3). IDS 3 *2003*. IFMA 10 (10-13). IMB 5 (6-10) *2003* [3]. Interzum 5 *2003* [1]. IRW 11 (7-9) [1]. ISM 1 (27-30). Meuble 1 (14-20). Mode masculine/Inter-Jeans 2 (1-3) et 7 (12-14). Optica 4 (26-29). Orgatec 10 (24-29) [1]. Philatelia et T'card 4 (25-27) *2003*. Photokina 9 (25-30). Quincaillerie 3 (3-6). Spoga 9 (1-3). **Copenhague** Scandefa 4 (11-13). **Dakar** 11 et 12 (28-10) [1]. **Damas** 8 et 9 (28-7). **Dar Es Salaam** DITF 6 et 7 (29-8). **Doubaï** Foire d'automne 9 et 10 (29-3). Foire du printemps 5 (5-10). **Dublin** IFEX 6 [1]. **Düsseldorf** A+A 11 [1]. Boot 1 (19-27). Caravan 8 et 9 (30-8). Imprimerie 5 (6-19) *2004*. Envitec (n.f.). Euroshop 2 (23-27) [3]. Equitana 3 (8-16) *2003*. GDS 3 (14-17) et 9 (19-22). Gifa 6 (16-21) *2003*. Glasstec 10 (n.f.) [1]. Hogatec 10 (6-10) [1]. Igedo (mode) 2-8 (n.f.). Imprinta 2 (20-25). Interbad 10 (9-12) [1]. Interkama (n.f.) [3]. Interpack 4 (24-30) [1]. K (n.f.) [3]. Medica 11 (20-23). Metav 6 (4-8) [1]. Metec 6 (16-21) *2003*. Reha 10 (2-5) *2001* et 10 (23-26) [1]. Thermprocess 6 (16-21) *2003*. Wire 4 (8-12) [1]. Collections 2 (n.f.) et 8 (n.f.). **Essen** Security 10 (8-11) [1]. **Florence** Artisanat 4 et 5 (20-1). **Francfort** Gestion animale 11 (12-15). Ambiente 2 (15-19). Automechanika 9 (17-22) [1]. Fourrure et mode 3. Heimtextil 1 (9-12). Iffa 5 et 6 *2004* [2]. Infobase 5 (n.f.). Agritechnica 11 (11-17) *2001* et 11 (11-15). Interstoff 10 (9-11) *2001* et 10 (9-11). ISH (n.f.) [1]. Marketing Services 5 (15-17). Musique 3 (13-17). Première 7 (27-30). Prolight et sound 3 (13-17). Techtextil (n.f.). Tendance 8 et 9 (30-3). Texcare International 6 (6-10) *2004*. **Fribourg :** Interbrossa 4 *2004*. **Frickenhausen** Control 4 (9-13). Fakuma 10 (15-19) [1]. Optatec 6 (18-21). Motek 9 (24-27). **Friedrichshafen** Aero 4 *2003* [1]. Eurobike 8 et 9 (29-1). Interboot 9 (21-29). Outdoor 8 (n.c.).

Gand Flanders Expo 9 (7-22). **Gênes** Tecnhotel 11(9-13). **Glasgow** Scotbuild 11 (5-7). ScotHot 3 (17-20) *2003* [1]. Scottish Manufacturing 10 (5-7) [1]. **Göteborg** Auto (n.f.) [1]. Båtmässan 2 (2-10). Elfack 5 (5-9) *2003* [1]. Interfood 10

2003 [2]. Scanautomatic 11 (19-22) *2001* et 11 (18-21) *2003* [1]. Scanpack 10 (21-24) *2003* [2]. Scanplast 4 (8-11) *2003* [2]. **Graz** Foire de Printemps 4 et 5 (27-5). **Grenoble** Sig 3 (n.f.). **Hambourg** Hanseboot 10 et 11 (27-4) *2001* et 10 et 11 (26-3). Internorga 3 (8-13). Reisen Hamburg 2 (6-10). SMM 9 (24-28) [1]. **Hanovre** Messe 4 (15-20). Biotechnica 10 (9-11) *2001* et 10 *2003* [1]. Cebit 3 (13-20). Domotex 1 (12-15). Interschutz 6 *2005*. Ligna (n.f.). **La Havane** Foire 10 et 11 (28-4) *2001* et 10 et 11 *2002*. **Helsinki** FinnBuild 3 (6-10) [1]. Finntec 4 (23-26) [1]. Habitare 9 *2003*. Pactec 10 (16-19) *2001* et 10 *2003* [2]. Tt (machines de bureau) 9 (n.f.). Vene-Bat (nautique) 2 (8-17). Technologies de l'Information 9 (17-19). **Hong Kong** Cosmoprof 11 (11-13) *2001* et 11. Cuir 10 (8-10) *2001* et 3 et 4. Elenex 6 (12-21) [1]. Food China 9 (11-14). Electronique 10 (15-18) *2001* et 10 (11-14). Hofex 5 (6-9) *2003* [1]. Hotel China 9 (11-14). **Houston** OTC 4 et 5 (30-3). **Istanbul** Ankomak 6 *2003*. **Izmir** 8 et 9 (26-3). Marble 3 (28-31). **Jakarta** Communications (n.f.). Construction Indonesia 9 (18-21). Electric 11 (7-10) *2001*. Foire 6 et 7 (n.f.). Forêt 4 (10-13). Manufacturing 10 (10-13) *2001* et 10 (2-5). Emballage Propak 10 (10-13) *2001* et 10 (2-5). **Jérusalem** (n.f.). Livre 4 (n.f.) [1]. **Johannesburg** Electra Mining (n.f.) [1]. Rand 3-4 (29-8). Interbuild 8 (21-24) [1]. Saitex 10 (2-6) *2001* et 10 (1-5). **Jönköping** Elmia Agricultural-Machinary & Cultivation 10 (23-26) [1]. Elmia Environnement 9 (n.f.) [1]. Elmia Farming 10 (17-20) *2001* et 10 (22-25) *2003*. Elmia Subcontractor 11 (6-9) *2001* et 11 (12-15) [1]. Elmia Waste 9 (3-6) [1]. Elmia Water 9 (19-22) [1]. Elmia Wood 6 (n.f.) *2005* [3]. Lastbil 8 (22-25). VA 2002 9 (3-5). **Khartoum** 1 et 2 (23-2). **Klagenfurt** Bois 6 (13-16) [1]. Conso 9 (14-22). Gastronomie 3 (10-13). **Koweït** Livre 12 et 1 (25-4) *2001* et 12 (17-27). Maison moderne 1 et 2 (23-1). **Kuala Lumpur** ITM 6 (5-9). Outillage 6 (19-23). MIFF 3 (5-9).

Leipzig Auto 4 (13-21). Emballage (n.f.) *2003*. Innovation 11 (7-10). Terratec 3 (11-14) *2003* [1]. **Lille** 3 et 4 (31-9). **Lima** Agrotec 9 (n.f.) [1]. Pacifique 11 (19-25) *2001* et 11 *2003* [1]. Tecnomin 11 (12-24) [1]. Tecnotron 4 (22-28). **Lisbonne** BTL 1 (23-27). Ceramex 2 (9-12). Fia 7 (n.f.). Intercasa 10 (6-14) *2001* et 10 (5-13). SK 5 (15-19) [1]. **Ljubljana** Auto 4 *2003*. Électronique 10 (1-5) *2001* et 10. Lesma (bois) 6 (n.f.) [1]. Medilab 10 (1-5) [1]. **Luanda** Filda 7 (12-19). **Luxembourg** 5 (4-12) et 10 (5-13). **Lyon** Eurobois (n.f.) [1]. Expotherm (n.f.). Foire 3 (n.f.). Métiers de Bouche-Sirha-Vinorama (n.f.) [1]. Meuropam 9 (n.f.). Transfométal 9 (17-21) [1].

Maarssen Pharmacie 10 (n.f.). Fi Asia 5 (n.f.). Fi Europe 11 (5-7) *2001* et 11 *2003*. **Madrid** Multimédia 11 (6-11) *2001* et 11 (5-10). Climatizacion 3 (5-8) *2003* [1]. Expo-Optica 3 (1-4). Fitur 1 et 2 (30-3). Liber 10 (3-6) *2001* et 10 *2003* [1]. Matelec 10 (8-12) [1]. Motortec 5 et 6 (29-1) *2003*. Sicur 2 et 3 (26-1) [1]. **Malte** 6 et 7 (30-14). **Maputo** Facim 9 (2-8). **Marseille** Foire 9 et 10 (27-7). Nautique 3 (2-10). **Melbourne** Automate 10 (15-17). Fine Food 9 (1-4). Interbuild 6 (2-5). **Metz** Foire 9 et 10 (28-8) *2001* et 9 et 10 (27-7). **Milan** BIT 2 (20-24). Cart 1 (24-27). Chibi 1 (24-27). Chibidue 6 (7-10). Eimu 4 (10-15) [1]. Euroluce 4 (9-14) *2003* [1]. Intel 5 *2003* [1]. Macef Autunno 9 (6-9). Macef Primavera 2 (8-11). Meuble 4 (10-15). Miad 9 (n.f.). Mifed 10 et 11 (28-1) *2001* et 11 (3-7). SMAU 10 (18-22) *2001* et 10 (24-28). **Moscou** Autosalon 8 (n.f.) *2003*. Chimie 9 (n.f.) *2003* [1]. Meuble 11 (19-23) *2001* et 11 (18-22). Consumexpo 1 (14-18). Fleurs 9 (n.f.). Santé 12 (3-7) *2001* et 12 (2-6). Prodexpo 2 (4-8). Outillage 9 (9-13). **Munich** Analytica 4 (23-26) [1]. Bau (n.f.) [1]. Baucon Asia 11 (16-21) *2001*. Bauma *2004* [2]. CBR 2 (16-24). Ceramitec (n.f.) [2]. Drinktec-Interbrau *2005* [3]. Electronica 11 (12-15) [1]. IHM 3 (14-20). Ifat 5 (5-11). Imega 10 (27-30). Inhorgenta 2 (21-25). Interforst 7 (3-7) [3]. Ispo 2 (2-5) et 7 (20-23). Laser 6 *2003* [1]. Modewoche (n.f.). Productronica 11 (6-9) *2001* et 11 *2003* [1]. Systems 10 (15-19) *2001* et 10 (14-18) [1]. Transport 5 *2003* [2]. **New Delhi** Foire de l'Inde 11 (14-27) *2001* et 11 (14-27). **Nice** 3 (9-19). **Nicosie** 5 et 6 (24-2). **Novi Sad** Chasse, sports et tourisme 10 (9-14) *2001* et 10 (8-13). Foire Agricole 5 (11-19). Foire d'automne 9 (24-28). **Novosibirsk** Medsib 5 (14-17). StrolSib 2 (5-8). **Nuremberg** Bio Fach 2 (14-17). Brau 11 (13-15). Espaces verts 9 (18-21) [1]. European Coatings Show 4 *2003*. Fach Pack 10 (10-12) *2001* et 10 *2003* [1]. Fenêtres 3 (20-23) [1]. IKK 10 (10-12) *2001* et 10 (16-18). Interfab 6 (4-5) [1]. Interzoo 5 (9-12) [1]. Iwa 3 (8-11). Hôpitaux 6 (4-7). Jouet 1 et 2 (31-5). Powtec 10 (8-10). Stone + Tec 5 *2003*. Machines 3 (20-23). **Offenbach** Maroquinerie 1 (26-28) et 8 (17-19). **Osaka** printemps [1]. **Oslo** Bâtiment (n.f.) [1]. Nor-Shipping 9 *2003*.

Padoue Flormart 9 (13-15). Foire 5 (18-26). Sep-Pollution 3 (20-23) [1]. Tramag 9 (25-28) [1]. **Palerme** Foire 5 et 6 (25-9). **Paris** Automobile 9 et 10 (28-13). Arts ménagers (1er le 18-10-1923), cuisines et bains 1 (n.f.) [1]. Cafés, bars, tabacs (n.f.). Carrosserie industrielle 4 *2003*. Cuir 10 (5-7) *2001*. Elec 12 (9-13) [1]. Équip'auto 10 (16-21) *2001* et 10 *2003* [1]. Europain 4 (20-24) [3]. Expobois 11 (5-9) [1]. Foire (1re le 17-3-1904) 4 et 5 (26-9). Funéraire 11 (16-19) *2001* et 11 *2003*. Jouet 1 (20-24). Lingerie 1 (25-28). Luminaire 1 (n.f.). Maquette 4 (n.f.). Musicora 4 (n.f.). Meuble 1 (10-14). Prêt-à-porter 1 (25-28) et 9 (6-9). Silmo 10 (19-22) *2001* et 10 (28-31). Aéronautique 6 *2003*. Tapis 1 (10-14). **Parme** Tecnoconserve 10 (23-27) *2001* et 10 *2003* [1]. **Pékin** BICES 10 (n.f.) *2003*. China Print (n.f.). CIMT (n.f.). Métallurgie 5 (14-17) [1]. Miconex 9 (n.f.). **Plovdiv** Agra 3 (5-9). Consommation 5 (6-11). Technique 9 et 10 (30-5). Vinaria 2 (6-10). Medicus 10 (22-25). **Porto** Céranor 9 (n.f.). Concreta 10 (24-28) *2001* et 10. Emaf 11 (13-17). Expocouro Fipele 11 (15-17) *2001* et 11. Fimap (bois) 10 (17-20) [1]. Maquitex (n.f.) [1]. Casatextil 10 (11-13) *2001* et 10. Expozoo 11 (16-18) *2001*. Brinde 9 (n.f.). Bijouterie 9 (19-23). Santé 10 (11-14) *2001* et 10. **Poznan** Foire 6 (17-21). Intermasz 2 et 3 (26-1) [1]. Salmed 3 (21-24). **Prague** Pragotherm 3 (n.f.). Pragomedica 4 (n.f.). Pragoregula 3 (n.f.). **Rimini** Alimentation 2 (24-27). Tecnargilla 10 (1-5) [2]. **Riyad** SaudiAgriculture 10 (7-11) *2001* et 10 (6-10). SaudiBuild 10 et 11 (28-1) *2001* et 10 (27-31) [1]. SaudiBusiness 3 (24-28) [1]. SaudiCommunications 2 (3-7) [1]. SaudiEducation 2 (26-30) *2003* [1]. SaudiElenex 3 (23-27) *2003* [1]. SaudiFood 3 (2-6) [1]. SaudiMedicare 4 (7-11). Saudifurniture 4 (6-10). Saudi Print Pack 5 (11-15) *2003*.

Saint-Pétersbourg Baltika (consom.) 6 (11-15). Fidexpo 2 (20-24). Meubles 10 (16-20). Inwecom 11 et 12 (27-1) *2001* et 12 (3-7). Norwecom 2 (19-23). **Salzbourg** BWS 4 (n.f.). Souvenir Creativ 1 (n.f.) et 9 (n.f.). Tracht/Country Classics 3 (n.f.) et 9 (n.f.). Artisanat 4 (n.f.). **San Salvador** 10 et 11 (25-3) [1]. **Santa Cruz** Expocruz 9 (19-29). **Saragosse** Enomaq 1 (22-26) [1]. Fima 3 (n.f.) *2003* [1]. Fima Ganaderia 4 (17-20) [1]. Smagua 3 (12-17) [1]. Smopyc 2 (19-23) [1]. **Sarajevo** Plastique 10 (23-26) *2001* et 10 (22-25). **Séville** Expopiedra (n.f.). **Shanghaï** China Refrigeration 4 (10-12). Die & Mould China 5 (n.f.) [1]. **Silleda** Semaine verte (n.f.). **Singapour** Meuble 3 (1-5). Pro Audio & Light 7 (n.f.). Asia International Gift 4 (n.f.). Asiapack 7 (n.f.) [1]. Asiaprint 7 (n.f.) [1]. Broadcast Asia 6 (18-21) [1]. Communic Asia 6 (18-21). Enex-Asia 5 (8-11) [1]. Food and Hotel Asia 4 (9-12) [1]. Global Tronics 9 (10-13) [1]. CIA dont Chem Asia, Analab Asia. Instrument Asia 10 et 11 (30-2) *2001* et 10 (28-31) *2003* [1]. Manufacturing Asia 5 (20-24) *2003*. Metal Asia 5 (20-24) *2003* [1]. Offshore South East Asia 11 (19-22) [1]. Woodmac Asia 9 (9-12) *2003* [1]. **Skopje** Foire 6 (4-7). Tehnoma 10 (16-20) *2001* et 10 (22-26). **Sollentuna** Formex 1 (17-20) et 8 (22-25). **Stockholm** Électroniques 1 (15-18) [1]. Médecine 11 (28-30) *2001*. Nautique 3 (2-10). Networks Telecom 9 (25-27). NordBygg 3 (19-23) [1]. SPCI 6 (4-6) [3]. Dental Scandinavie 10 (25-27). Technique 10 (16-20) *2001* et 10 (8-11). VVS 3 (19-23) [1]. **Strasbourg** Foire européenne 9 (6-16). **Stuttgart** AMB 9 (10-14) [1]. CMT 1 (19-27). Interbad 10 (n.f.) [1]. Intergastra 2 (16-21) [1]. Intervitis (n.f.) *2004* [2]. Intherm 4 (10-13) [1]. R + T 2 (18-22) *2003* [2]. **Sydney.**

Taïpei Build 5 (n.f.) [1]. Medical 11 (10-13) *2001* et 11 (9-12). Taïpei Pack 6 (20-24). Taïpei Telecom 8 (n.f.). **Téhéran** Telecomunication 10 (n.f.). **Tel-Aviv** 7 (9-16). **Thessalonique** Detrop 3 (n.f.) *2003* [1]. Foire 9 (7-16). **Tokyo** Foodex 3 (12-15) [1]. Jimtof 10 et 11 (28-4) [1]. **Toulouse** Foire 3 (n.f.). **Trieste** Foire 6 (14-23). **Tripoli** Foire 4 (2-12). **Tunis** Foire 10 (18-29). **Turin** Expocasa 3 (n.f.). Expovivre 3 (n.f.). Metalform (n.f.). Caravan Europa (n.f.). **Utrecht** Aandrijftechniek 9 (n.f.) [2]. Bouwbeurs 2 (n.f.) *2003* [1]. Ecotech 4 (n.f.) *2003* [1]. Elektrotechniek 9 et 10 (n.f.) [1]. Esef 1 (22-25). Fleur 9 (n.f.). Inter-Decor 9 (n.f.). Logistica (n.f.) [2]. Machevo Food/Machevo Process (n.f.) [2]. Macropak (n.f.) [2]. Medica 3 (n.f.) [1]. Meubelbeurs (n.f.). Roka 3 (10-13) [1]. Security (n.f.) [1]. Vakantiebeurs 1 (8-13). Vat 1 (n.f.) [1]. VIV (élevage) 11 (6-9) *2001* [1]. VSK 2 (4-8).

Valence (Esp.) Cevider 9 (n.f.). Cevisama 3 (n.f.). Dipa 2 (n.f.). Euroagro 10 (n.f.). Feju 2 (n.f.). Fiam 9 (n.f.). Fim 9 (n.f.). Fimi 1 (n.f.) et 6 (n.f.). Fimma 11 (7-10) *2001* et 11 *2003* [1]. Fiv 12 (23-31) *2001* et 12 et 1 (26-3). Iberflora 10 (18-20) *2001* et 10 (n.f.). Maderalia 11 *2003* [1]. Puériculture 1 (n.f.). Marmol (n.f.). Textilhogar 1 (n.f.). Induferias 11 (n.f.). Intermusic 5 (n.f.). Sif 10 (17-20) *2001* et 10 (n.f.). **Vérone** Eurocarne 3 (27-30) *2003* [2]. Fieragricola 3 (6-10). Marmomacc 9 (26-29). Samoter 2 (13-17) [3]. Vinitaly 4 (11-15). **Vicenza** Vicenzaoro 1 (13-20) et 6 (8-13). **Vienne** Vinova 2 (23-26) [1]. **Zagreb** Alimentation 4 (n.f.). Ambienta 10 (17-21) *2001* et 10 (n.f.). Auto Show 3 (n.f.). Bâtiment 4 (n.f.). Biam 6 (n.f.) [1]. Biens de consommation 4 (n.f.). Cuir et chaussures 2 (n.f.). Foire d'automne 9 (n.f.). Info 11 (n.f.). Intergrafika 11 (n.f.) [1]. Interklima 4 (n.f.) *2003* [1]. Intertekstil 2 (n.f.) et 9 (n.f.). ITTF 5 (13-15). Médecine 5 (n.f.). Soudure et anticorrosion 6 (n.f.) [1]. Sport 2 (n.f.). **Zurich** Deux roues 2 (20-25) [1]. Hilsa Heizung-Klima-Lüftung 4 (n.f.) *2004*. Mefa 4 et 5 (30-4) *2003* [3]. Züspa (Salon d'automne) 9 (19-29).

Nota. – (1) Biennale. (2) Triennale. (3) Quadriennale.

■ Statistiques France

Nombre d'exposants

Exposants directs, entre parenthèses **exposants indirects,** en italique **exposants étrangers** (en 1999). **Foires :** Paris 3 124 (n.c.) *723*. Bordeaux 1 426 (1 225 *467*) *124*. Marseille 1 360 (232 *84*) *242*. Lyon 1 028 (22 *7*) *44*. Strasbourg 1 107 (408 *191*) *124*. **Salons :** Batimat 2 677 (822 *719*) *870*. Maison et Objet 2 266 *647*. Sous-Traitance Midest 2 103 *587*. Equip'Auto 2 082 (245 *213*) *1 134*. Emballage 1 430 (1 053 *792*) *417*. Mit International 1 344 *413*. Pollutex 939 *(390) 212*. Aéronautique et Espace 1 060 (240 *213*) *716*.

Visiteurs en 2000 (en milliers)

■ **Foires internationales.** Bordeaux 252. Caen 199. Dijon 191. Grenoble 133. La Roche-sur-Foron 96. Lyon 368. Marseille 355. Metz 155. Montpellier 213. Mulhouse 110. Nancy 115. Nantes 130. Nice 137. Paris 721. Rennes 140. Rouen 114. Strasbourg 208. Toulouse 202.

■ **Foires agréées.** Alençon 30. Angers 104. Annecy 46. Argentan 10. Avignon 71. Besançon 111. Bourg-en-Bresse 38. Castres 46. Châlons-en-Champagne 180. Chambéry 74. Charleville-Mézières 59. Châteaubriant 36. Clermont-Ferrand 110. Colmar 201. Grenoble 48. La Roche-sur-Yon 18. La Rochelle 71. Laval 34. Le Mans 98. Limoges 95. Lorient 34. Mâcon 31. Nevers 44. Niort 101. Orange 26. Orléans 69. Pau 76. Périgueux 62. Perpignan 60. Poitiers 66. Pontivy [1] 26. Reims 39. Romans-sur-Isère 78. Saint-Brieuc 65. Saint-Étienne 100. Tarbes 37. Troyes 54. Valence 35. Vannes 35. Villeneuve-sur-Lot [1] 37.

■ **Foires autorisées.** Albi 28. Arras 44. Bourges [6]. Brignoles 28. Chalon-sur-Saône 28. Châteauroux [6]. Cholet 18. Digne [6] 66. Douai 64. Épinal 23. Fougères 10. Le Havre 42. Lisieux 18. Mantes-la-Jolie 23. Marseille 57. Neufchâteau 26. Nouméa 19. Pontoise [6]. Saint-Girons 11. Saintes 25. Tours [6]. Verdun 31. Vesoul 11.

■ **Salons ouverts au public.** **Agriculture-viticulture :** Jardin-Vins (Paris) : voir Foire de Paris col. a et encadré ci-dessous. Agriculture (Paris) 566. Caves particulières (Paris) 23. Conforexpo (Bordeaux) 110. Florissimo (Dijon) 194. **Habitat-aménagement de la maison :** Conforexpo (Bordeaux) 110. Habitat et jardin (Chambéry) 27. Idées maison, Meubles et décoration et Maison individuelle (Paris) 4. Habitat (Angers) 31. Habitat (Besançon) 8. Habitat (Toulouse) 43. Maison (Dijon) 15. Confort ménager (Lille) 68. Habitat (Orléans) 22. Amélioration de l'habitat-Équipement ménager (Paris) : voir Foire de Paris. Maison individuelle. Ameublement et décoration (Toulouse). Déco d'Intérieur (Toulouse) 16. Habimat (Troyes) [1] 12. Maison (St-Denis de la Réunion) 115. Meuble (Nice) 25. Décora Constructa (Valence) 17. Maisons de Printemps (Strasbourg) 33. **Art-artisanat d'art-décoration :** Artisanat d'art (Dijon) 11. Nimagine (Nîmes) 26. Artisans d'art (Toulouse) 42. Fiac (Paris) 64. Livre (Paris) 206. Music'mania (Paris) 50. Musicora (Paris) 48. Patrimoine (Paris) 16. St'Art (Strasbourg) 25. Éditeurs de la décoration (Paris) [1] 26. Artisanat d'art (Troyes) 14. **Transport-circulation :** Cycle et moto (Besançon) 7. Auto-moto (Bordeaux) 56. Automobile (Pau) (14). Automobile (Paris) [1] 1 436. Automobile (Lyon) [1] 280. Moto (Lyon) 25. Mondial 2 roues (Paris) n.c. Automobile (Toulouse) 74. Retromobile (Paris) 86. **Communication :** Expolangues (Paris) 28. Éducation (Paris) n.c. **Sports-loisirs :** Nautique (Paris) 295. Grand Pavois (La Rochelle) 68. Modèle réduit (Paris) 174. Plaisance (Cannes) 36. Plein-air expo (Lille) : commun avec Confort ménager. Nautique (Marseille) 32. Cheval, Poney, Ane (Paris) 179. Cheval Passion (Avignon) 49. Loisirs de Plein Air (Paris) 61. Cheval (Montpellier) 49. Mondial du Tourisme (Paris) 16. Tourisme et loisirs (Troyes) 13. Sapel (Paris) [1] avec Agriculture. **Commerce-services :** Investissement (Paris) 63. Mariage (Valence) 4. **Antiquités :** Antiquaires (Albi) 8. Antiquités (Dijon) 12. Antiquaires (Marseille) 13. Antiquaires (Metz) 10. Antiquaires (Nîmes) 14. Les Puces (Troyes) 91.

■ **Salons professionnels.** **Agriculture-viticulture :** Hortimat et Jarditec (Paris) 61. Sima-Simavip (Paris) 177. Hortiflor (Paris) 14. Space (Rennes) 106. Sifel (Agen) 24. Sival (Angers) 23. Végétal (Angers) 18. Sima-Simagena (Paris) 177. Vinitech (Bordeaux) [1] 48. Sitevi (Montpellier) 45. **Alimentation :** Intersuc et Boulangerie-pâtisserie (Paris) 42. Vins de Loire (Angers) 7. Sial (Paris) [1] 188. Dietexpo (Paris) 8. Europain et Interglaces (Paris) [1] 78. IPA (Paris) [1] 57. Vinexpo (Bordeaux) 82. **Hôtellerie-restauration :** Equip'hôtel (Paris) 123. Agecotel (Nice) n.c. Cafés, bars, tabacs (Paris) 13. Sembô (Bordeaux) [1] 11. Expotel-Comté (Besançon) [1] 2. Egast (Strasbourg) [1] 22. Sirha (Lyon) 157. Serbotel (Nantes) 24. Hôtellerie (Albertville) 11. **Textile-habillement-cuir-accessoires de mode :** Bijorhca (Paris) janv. 6, sept. 6. Tissu Premier (Lille) févr. 8, sept. 9. Mode City (Lyon) 24. Midec (Paris) mars 11, sept. 10. Cuir (Paris) [1] 12. Sehm (Paris) janv. 16, juill. 4. Lingerie (Paris) 31. Mode enfantine (Paris) janv. 7, juill. 8. Prêt-à-porter féminin (Paris) janv. 48, sept. 39. Première classe (Paris) mars 12, oct. 12. Première vision (Paris) mars 40, oct. 40. Maroquinerie (Paris) janv. 6, sept. 5. Interfilières (Paris) 17. Intersélection (Paris) [1] mai 7, nov. 5. Who's Next (Paris) janv. 20, sept. 17. Expofil (Paris) juin 9, déc. 8. Mod'Amont (Paris) 24. **Bâtiment-travaux publics :** Quojem

■ **Antiquité-brocante.** *Chiffre d'affaires 1997 :* 10 milliards de F. **Foire à la Brocante et aux Jambons** (Chatou) : semestrielle, dans l'île des impressionnistes. 800 exposants ; 4 ha ; 80 000 visiteurs. **Foire internationale Brocante-Antiquités :** parcs des Cornouailles, Maurice-Thorez (Ivry-sur-Seine).

■ **Marché aux Puces.** S'installe dans les terrains vagues de la zone nord-est de Paris vers 1880. En 1920, Romain Vernaison, propriétaire d'un terrain riverain, installe des stands et les loue aux brocanteurs. *Autres marchés :* Biron créé 1925, cité Malik 1935 (reconstruit), cité Jules-Vallès 1938, cité Paul-Bert 1946, Cambo, Serpette, l'Usine. *Superficie :* 30 ha, plus de 1 500 boutiques, 2 000 marchands patentés en stands. Créés 1992 : Dauphine, 300 marchands, 140, rue des Rosiers ; Malassis, 230 marchands, 142, rue des Rosiers, St-Ouen.

■ **Paris Expo, Porte de Versailles.** Construit 1923 sur 35 hectares de l'ancien site des briquetteries de Vaugirard. Une Sté d'exploitation, la Sepe (créée 1928 ; *CA 1999 :* 564 millions de F), concessionnaire de 35 ha, cotée en Bourse depuis 1963 ; gère 8 halls d'exposition couverts (plus de 220 000 m^2 de terrasses aménageables) et 20 salles de conférences. Occupation : 95 % de septembre à juin. Accueille chaque année plus de 100 salons (dont 70 % professionnels). Central téléphonique : peut gérer jusqu'à 5 000 lignes. Parking 6 500 places. *Programme de rénovation 1995-2006 :* coût 1,5 milliard de F.

■ **Foire de Paris.** *1904-mars* 1re au Carreau du Temple (486 exposants). *1905-09* Grand Palais. *1910* Carreau du Temple. *1911* Château-d'Eau. *1917* Invalides. *1919-24* Invalides, Champ-de-Mars. *1925* Porte de Versailles (halls, 50 000 m^2).

■ **Foire du Trône** (anciennement Foire au Pain d'épice). *Créée* 957.

(Paris) [1] 10. Sam (Grenoble) [1] 10. Expotherm (Lyon) [1] 18. Eurobat (Lyon) [1] (n.c.). Batimat (Paris) 502. Interclima (Paris) 108. Batexpo (Toulouse) [1] 14. Funéraire (Paris) 8. Carrefour du Bois (Nantes) 4. Intermat (Paris) 208. **Équipement et décoration de la maison :** Maison et Objet (Paris) 90. Meuropam (Lyon) 3. Approfal Tapis et Meubles et Luminaire (Paris) 55. Tex'styles (Paris) (n.c.). Imporama (Paris) janv. 7, mai 5, sept. 7. Lumière (Paris) 3. Confortec (Paris) [1] 43. **Santé-hygiène-mode de vie :** Monde de l'enfant (Paris) [n.c.]. Silmo (Paris) 63. Pharmagora (Paris) 32. Laboratoire (Paris) [1] 20. Sitad (Paris) [2] 18. Forum Labo (Paris) [1] 10. **Environnement :** Pollutec (Lyon) [1] 59. Pollutec (Paris) 37. **Sécurité civile et militaire :** Expoprotection (Paris) [1] 28. Eurosatory (Paris) [1] 36. Milipol (Paris) [1] 18. **Transport-circulation :** SITL Edilog (Paris) 26. Aéronautique et Espace (Paris) [1] 277. Equip'auto (Paris) [1] 161. Carrosserie industrielle et Mondial du transport routier (Paris) 23. TEL (Lille) 4. **Communication :** Midem (Cannes) 12. Film (Cannes) 6. Mipcom (Cannes) 33. Mip-TV (Cannes) 11. Marché intern. du film (Cannes) [n.c.]. Satis (Paris) 24. **Industrie graphique :** IP (Grenoble) 4. Graphitec (Paris) [1] 33. TPG (Paris) [5] 90. **Informatique-bureautique :** Progiforum (Paris) 5. Micad (Paris) 25. Apple Expo (Paris) 57. Forum de la Geide (Paris) 5. Online EDI (Paris) 31. PAO (Paris) 27. Codexpo (Paris) 3. Progilog (Paris) 3. Seti (Paris) 77. **Sports-jeux-loisirs-tourisme :** Sig (Grenoble) 11. Expos Congrès (Paris) 6. Forainexpo (Paris) [1] 6. Industries de la piscine (Lyon) 10. Professions de l'image (Paris) [1] 21. Expozoo [1] 17. Mit Intern. (Paris) 17. SIEL (Paris) 24. **Mécanique et ses équipements :** Automation (Paris) 12. Batimat (Paris) 502. Micronora (Besançon) [1] 17. Simodec (La Roche-sur-Foron) [1] 17. Emballage (Paris) [1] 111. Euro Assemblage (Paris) 51. Thermic, machine-outil, Interqualité et Buro-assemblage (Paris) 51. Expobois (Paris) [1] 22. Mecanelem (Paris) [1] 39. Machine-outil (Paris) [1] (51). Transfométal (Lyon) [1] 11. Sits (Paris) [1] 19. Europack (Lyon) 29. Eurobois (Lyon) [1] 17. Manutention (Paris) [1] 33. **Électricité-électronique-mesure :** Élec (Paris) [1] 143. Seipra (Nantes) [1] 9. Seipra (Angers) [1] 7. Intertronic (Paris) [1] 30. **Physique-chimie-plastique :** Électronique et Physique (Paris) 20. Interchimie (Paris) [2] (n.c.). Plastexpo (Lyon) [3] (n.c.). Europlast (Paris) [3] 28. **Nouvelles technologies :** Tec (Grenoble) [1] 8. Sitef (Toulouse) [1] 55. Cartes (Paris) 17. **Sous-Traitance :** Midest (Paris) 50. Rist (Valence) 5. First (Nantes) [1] 4. Fist (Dijon) [1] 3. Alliance (Lyon) 17. Sous-traitance (Orléans) 9. Siam (Toulouse) 2. **Communication d'entreprise-commerce-services :** PLV (Paris) [1] 7. Tax-Free (Cannes) 21. Mipim (Cannes) 13. Mapic (Cannes) 0,2. Cadeau et Entreprise (Paris) mars 2, sept. 4. Visua Com. Europe (Paris) 7. Immo Expo (Paris) 22. Semo (Paris) 4. SMAC (Paris) 7. Technomag (Paris) 4. Religio (Chartres) 6. Equip'Mag (Paris) [1] 18. Popaï (Paris) 6.

Nota. – (1) Foires biennales. (2) Triennales. (3) Quadriennales. (4) Sexennales. (5) Novennales. (6) Entrée gratuite.

PRINCIPALES SOCIÉTÉS

☞ Pour connaître la sélection **Quid** des meilleurs sites Internet sur les principales sociétés, rendez-vous sur **www.quid.fr**

PREMIERS GROUPES MONDIAUX

Effectifs (en milliers de personnes) **et chiffre d'affaires consolidé** (en milliards de $; *source :* Le Nouvel Économiste) **en 1998.** General Motors (USA 600) 161,3. Daimler-Chrysler (All. 441,5) 147,5. Ford (USA 345,2) 142,7. Royal Dutch-Shell (P.-Bas, G.-B. 100) 138,3. Wal-Mart Stores (USA 910) 137,6. Exxon (USA 79) 117,8. Mitsui (Jap. 10,9) 107,2. Mitsubishi (Jap. 11,6) 105,1. Itochu (Jap. 8,4) 102. General Electric (USA 293) 100,5. Toyota (Jap. 180) 97,8. Marubeni (Jap 8,6) 91,7. Sumitomo (Jap. 8,5) 87,4. BP-Amoco (G.-B. 96,6) 83,7. IBM (USA 291,1) 81,7. Volkswagen (All. 294,4) 76,3. Philip Morris (USA 144) 74,4. Nippon Telegraph & Telephone (Jap. 224,4) 72,5. Siemens (All. 416) 66,9. Nissho Iwai (Jap. 5,8) 66,4. Hitachi (Jap. 320) 61,2. United States Postal Service (USA 792) 60,1. Matsushita Electric Industrial (Jap. 282,2) 58,6. Boeing (USA 231) 56,2. Mobil (USA 41,5) 53,5. AT&T (USA 110) 53,2. Sony (Jap. 177) 52,1. Metro (All. 241,1) 52,1. Fiat (It. 221) 51. Nissan (Jap. 135,8) 50,2. Nestlé (Suisse 231,9) 49,5. Honda (Jap. 112,2) 47,8. Veba (All. 116,8) 47,6. Hewlett-Packard (USA 124,6) 47,1. Cargill (USA 82) 46. Unilever (P.-Bas, G.-B. 265) 44,9. RWE (All. 145,5) 42,5. Renault (Fr. 140,9) 41,3. Sears-Roebuck (USA 324) 41,3. Toshiba (Jap. 198) 40,7. Fujitsu (Jap. 188) 40,2. Tokyo Electric Power (Jap. 42,7) 39,8. Deutsche Telekom (All. 179,5) 39,7. ITM Entreprise (Intermarché) (Fr. 80) 39. PSA Peugeot Citroën (Fr. 156,5) 37,5. Procter & Gamble (USA 110) 37,2. Nec (Jap. 157,8) 36,5. Elf Aquitaine (Fr. 85) 36,2. BMW (All. 119,9) 35,9. Vivendi (Fr. 235,6) 35,3. Suez-Lyonnaise des Eaux (Fr. 185) 35,2. British American Tobacco (G.-B. 101,1) 35,1. Petroleo Brasiliero (Brés. 38,2) 34,1. Sinopec (Chine 1 200) 34. Philips Electronics (P.-Bas 228,7) 33,8. Kmart (USA 265) 33,7. Daewoo (Corée 12,3) 33,5. Texaco (USA 24,6) 31,7. ENI (It. 78,9) 31,6. Bell Atlantic (USA 140,4) 31,6. EDF (Fr. 114,4) 31,4. Enron (USA 17,8) 31,3. Bayer (All. 145,1) 31,2. Compaq Computer (USA 19,7) 31,2. Morgan Stanley Dean Witter (USA 45,7) 31,1. Dayton Hudson (USA 256) 31. ABB (Suisse 199,2) 30,9. BASF (All. 105,9) 30,7. Tesco (G.-B. 108,2) 30,7. JC Penny (USA 262) 30,7. Carrefour (Fr. 144,1) 30,5. McKesson (USA 24,6) 30,4. Tomen (Jap. 3,6) 30,3. The Home Depot (USA 156,7) 30,2. British Telecom (G.-B. 125) 30,2. Lucent Technologies (USA 141,6) 30,1. Fannie Mae (USA 3,8) 30. Chevron (USA 33,7) 29,9. Japan Tobacco (Jap. 31) 29,7. Koninklije Ahold (P.-Bas 162,7) 29,4. Motorola (USA 133) 29,4. Mitsubishi Electric (Jap. 116,5) 29,1. SBC Communications (USA 129,8) 28,8. Robert Bosch (All. 188) 28,6. Kroger (USA 140) 28,2. Viag (All. 85,7) 27,9. USX (USA 32,9) 27,9. BCE (Can. 58) 27,5. France Télécom (Fr. 165) 27,4. Pemex (Mexique 131,4) 27,1. Total (Fr. 57,2) 27. J. Sainsbury (G.-B. 109,2) 26,9. Mitsubishi Motors (Jap. 26,7) 26,9. Merck (USA 57,3) 26,9. Volvo (Suède 79,8) 26,8. Groupe Auchan (Fr. 107) 26,3. Intel (USA 64,5) 26,3. Lockheed Martin (USA 175,5) 26,3. Telecom Italia (It. 124) 26,2. SK (Corée 24) 26,1.

■ **Chiffre d'affaires 1999 des 50 premiers groupes** (en milliards d'euros ; *source :* Le Nouvel Économiste). General Motors (USA) 177. Ford Motor (USA) 163. Exxon Mobil (USA) 162. DaimlerChrysler (All.) 152. Wal-Mart Stores (USA) 138. Mitsui (Jap.) 117. Itochu (Jap.) 116. Mitsubishi (Jap.) 114. General Electric (USA) 112. Toyota Motor (Jap.) 106. Royal Dutch/Shell Group (G.-B./P.-Bas) 106. Marubeni (Jap.) 100. Sumitomo Bank (Jap.) 95. IBM (USA) 88. Glencore (Suisse) 87. BP Amoco (G.-B.) 84. Nippon Tel & Tel (Jap.) 81. Volkswagen (All.) 76. TotalFina Elf (Fr.) 75. Siemens (All.) 73. Nissho Iwai (Jap.) 72. Hitachi (Jap.) 67. Matsushita Electric Industrial (Jap.) 64. AT&T (USA) 63. Philip Morris (USA) 62. Boeing (USA) 58. Sony (Jap.) 57. Nissan Motor (Jap.) 55. Veba (All.) 54. Honda Motor (Jap.) 52. Carrefour (Fr.) 52. SBC Communications (USA) 50. Nestlé (Suisse) 47. Fiat (It.) 46. Toshiba (Jap.) 44. Metro Holding (Suisse) 44. Unilever (G.-B.) 44. Fujitsu (Jap.) 44. Hewlett-Packard (USA) 43. Vivendi (Fr.) 42. Tohoku Electric Power (Jap.) 42. Sears-Roebuck (USA) 41. Enron (USA) 40. NEC (Jap.) 40. RWE (All.) 39. Compaq Computer (USA) 39. Home Depot (USA) 39. Lucent Technologies (USA) 38. Procter & Gamble (USA) 38. PSA (Fr.) 38.

■ **Premiers bénéfices** (en milliards d'euros, 1999) : General Electric (USA) 10,8. Citigroup (USA) 9,9. Royal Dutch/Shell Group (G.-B.) 8,6. SBC Communications (USA) 8,2. Exxon Mobil (USA) 7,9. Bank of America (USA) 7,9. Microsoft (USA) 7,8. IBM (USA) 7,7. Du Pont de Nemours (USA) 7,7. Philip Morris (USA) 7,7. Intel (USA) 7,3. Ford Motor (USA) 7,3. DaimlerChrysler (All.) 6,2. General Motors (USA) 6. Merck (USA) 5,9. Cable & Wireless (USA) 5,8. Chase Manhattan Corp. (USA) 5,5. HSBC Holdings (G.-B.) 5,4. Wal-Mart Stores (USA) 5,4. Olivetti (It.) 5,3.

PREMIÈRES ENTREPRISES FRANÇAISES

Chiffre d'affaires et, entre parenthèses, **résultat net** (en milliards d'euros) **en 2000.** (*Sources :* Le Nouvel Économiste. Coface SCRL). Finatis 20 (0,08). Foncière Euris 20 (0,48). Rallye 20 (0,1). SNCF 19,8 (0,18). Casino Guichard Perrachon 19,1 (0,31). Bouygues 19,1 (0,42). Automobiles Peugeot 18,4 (0,67). Assurances générales de France 17,4 (0,19). CNP Assurances 17 [1] (2,9). Artémis 16,9 (0,4) [2]. La Poste 16 (0,14). Usinor 15,8 (0,76). CGEM 15,4 (0,4). Groupe Danone 14,3 (0,7). Vinci 14,1 (0,3). Sté Générale 13,8 (2,7). Crédit Lyonnais 13,8 (0,7). Auchan France [1] 13,8 (0,09). Aérospatiale Matra 12,9 [1] (0,3). L'Oréal 12,7 (0,97). Airbus Industrie [1] 12,6 (0,90). Crédit Mutuel Centre Est Europe 12,5 (0,46). Lafarge 12,2 (0,73). Lagardère SCA 12,2 (0,58). Orange 12,1 (0,59). TotalFina Elf SA 114,6 (6,9). Axa 80,1 (3,9). Carrefour 64,8 (1,1). Sté des immeubles de France 59,2 (18,5). Peugeot Citroën automobiles SA 51,9 (0,58). Peugeot SA 44,2 (1,3). Vivendi Universal 41,6 (1,4). Renault SA 40,2 (1,1). BNP Paribas 39,8 (4,1). Elf Aquitaine [1] 35,5 (2,1). Suez 34,6 (1,9). EDF 34,4 (0,76). France Telecom 33,7 (3,7). Alcatel 31,4 (1,3). Cie de St-Gobain 28,8 (1,5). Vivendi Environnement 26,4 (1,4). Pinault Printemps Redoute 24,8 (0,77). Alstom 24,5 (0,2). SC Galec [1] 23,2 (0,16). EADS France 22,6 (– 9,2). CNCA 22,5 (0,98). Aventis 22,3 (n.c.). Auchan SA [1] 22 (0,32). ITM Entreprise SA 21,8 (0,26).

Nota. – (1) En 1999. (2) En 1998.

■ **Plus gros effectifs** (en milliers). Carrefour 330. La Poste 302. Vivendi 275 [1]. Sodexho Alliance 270. Vivendi Universal 253. SNCF 216. Vivendi Environnement 215. France Telecom 189. Suez 173. Cie de St-Gobain 168. Renault SA 166. Alstom 143. EDF 135. Alcatel 132. Accor 129. CGEM 128. TotalFina Elf SA 123. Vinci 122. Finatis 119.

■ **Plus gros résultats nets** (en milliards d'euros). Sté des immeubles de France 18,5. TotalFina Elf SA 6,9. BNP Paribas 4,1. Axa 3,9. France Télécom 3,7. Sté Générale 2,7. Vivendi Universal 2,3. Sté Geneval 2,2. Elf-Aquitaine 2. Suez 1,9. CDC 1,9. Cie de St-Gobain 1,5. Vivendi 1,4. Genefinance 1,4. Alcatel 1,3. Peugeot SA 1,3. Renault SA 1,1. Carrefour 1,1. Genefitec 1,1. CGP 0,99. Sanofi-Synthelabo 0,98. CNCA 0,97. FTMI 0,97. L'Oréal 0,96. Airbus Industrie 0,9.

CLASSEMENT PAR SECTEURS

■ **Chiffre d'affaires** (en milliards d'euros) **en 2000 et,** entre parenthèses, **effectifs** (en milliers de personnes).
Nota. – (1) En 1999. (2) En 1998.

■ **Activités culturelles et sportives.** Paris Mutuel Urbain-P 5,8 (1,4). Euro Disney SCA 1 (11,4). La Française des jeux 0,4 (0,7) [1]. Groupe Partouche 0,3 (3,3). Dolce Vita-Regine's Deauville 0,2 (2,1). Euro Disney SA 0,14 (11,4). UCPA 0,12 [2] (2,6). Cie européenne de casinos 0,11 (1,5). Cie Gymnase Club SA [1] 0,11 (0,4). Sté du parc du Futuroscope 0,09 (1,3). SFCMC 0,08 (0,75). Grévin et Cie SA 0,08 (0,8). Prost Grand Prix 0,08 [1] (0,2). Olympique de Marseille 0,07 (0,06). Paris St-Germain Football 0,06 (0,17). Le Public système 0,05 (0,09). Consortium Stade de France 0,04 (0,13). Sathel 0,04 (0,24). Sté du tour de France 0,04 [1] (0,06). TTH Divonne 0,03 (0,5). **Premiers bénéfices** (en milliards d'euros) : Pari Mutuel Urbain-P 2,4. La Française des jeux 0,6 [1]. Euro Disney SCA 0,25. Groupe Partouche 0,2. Cie Gymnase Club SA 0,1 [1].

■ **Agroalimentaire.** Groupe Danone 14,3 (86,7). Érida Béghin Say 9,8 (23,2). Pernod Richard 4,4 (20,7). Altadis 4,1 (13). Nestlé France 2,1 (5,1). Socopa 1,8 (6,4). Roquette Frères 1,7 (3). Fromageries Bel 1,64 (9,1). Unibel 1,64 (9,1). Pomona 1,6 [1] (6). Danone SA 1,3 (2,6). Kraft Foods France 1,3 [1] (1,8). Unicopa 1,2 [2] (4,7). St Louis Sucre SA 1,2 [1] (17). Sté LDG 1,05 (8). Sté industrielle Lesaffre 1,0). Sodiaal 0,98 [1] (3). Groupe Entremont [1] 0,97 (1,9). Coca Cola Entreprise [1] 0,97 (1,9). Lu [1] 0,9 (3,5).

Premiers bénéfices (en milliards d'euros) : Groupe Danone 0,7. Sté Moët Hennessy 0,4. Altadis 0,23. Pernod Ricard 0,2. Nestlé France 0,17.

■ **Assurances.** Axa 80,1 (90,6). Assurances générales de France 17,4 (27,2). CNP Assurances 17,0 [1] (2,6). Prédica 7,3 [1] (0,2). Écureuil Vie 6,4 [1] (0,06). Natio Vie 4,8 (0,2). Axa Collectives 4,6 [1] (2,6). CGU France 4,5 [1] (3,9). Axa Conseil Vie 3,9 [1] (7,7). La Mutuelle du Mans Assurances 3,7 [1] (6,6). Sogecap 3,5 [1] (0,3). Assurances générales de France 3,3 [1] (5,2). Macif 3,02 (6,6). Scor 3,0 (1,15). Assurances Banque populaire 2,69 (0,2). Axa Assurances IARD 2,66 [1] (4,6). Cardif SA 2,65 [2] (n.c.). Fructivie 2,5 (0,1). Abeille Vie SA d'assurances 2,3 (1,3). Union des Assurances fédérales 2,29 [1] (n.c.). La Mondiale 2,27 [1] (2,25). Les Assurances fédérales Vie 2,1 (n.c.). Maif 2,06 (4,7). Maaf Assurances 1,9 [1] (6). Axa Assurances Vie 1,8 [1] (4,3).

Premiers bénéfices (en milliards d'euros) : Axa 3,9. Assurances générales de France 0,85. CNP Assurances 0,4 [1]. AGF Holding 0,2 [1].

■ **Automobiles.** Peugeot Citroën Automobiles SA 52 (83,8). Peugeot SA 44,2 (6,7). Renault SA 40,2 (166). Automobiles Peugeot 18,4 (4,5) [1]. SA Automobiles Citroën 11,5 (1,4). Valéo 9,1 (75,2). Renault VI 6,5 [1] (13,9) [2]. Faurecia 5,8 (36,4). Groupe Volkswagen France SA 4 [1] (n.c.). Peugeot Citroën Mulhouse SNC 3,2 (n.c.). Groupe Ford France 3,1 [1] (4,5). DaimlerChrysler France 3,1 (2). Peugeot Citroën Rennes SNC 2,7 [1] (10). Sommer Allibert 2,6 (18,1). SMAE 2,5 (5,7). Peugeot Citroën Mécanique de 2,2 (n.c.). Ford France automobiles SAS 2 [1] (n.c.). Delphi Diesel Systems France 1,9 (2,4) [1]. Peugeot Citroën Poissy SNC 1,9 [1]. Fiat Auto France 1,86. General Motors France 1,8 [1]. Sevelnord [1] 1,6 3,7.

Premiers bénéfices (en milliards d'euros) : Peugeot SA 1,3. Renault SA 1,1. Automobiles Peugeot 0,7. Peugeot Citroën automobiles SA 0,6. Valéo 0,4.

■ **Banques.** BNP Paribas 39,8 (80,5). CNCA 22,5 (19,1). Finatis 20,0 (119,4). Sté Générale 13,8 (71,1). Crédit Lyonnais 13,79 (40,3). Groupama 12,0 [1] (26,8). BFCM 11,9 (23,5). BNP Arbitrage 10,6 [1]. CFCMCEE 10,4 (31,3). Crédit Agricole Indosuez 10,2 (10,9). Dexia Crédit Local 8,8 [1] (2,6). Crédit Industriel et Commercial 8,4 (21,5). Natexis Banques Populaires 8,3 (6,7). CDC 7,3 [1] (26,2). CCBP 5,8 [2] (1,9). Worms et Cie

5,6 (n.c.). CNCE 5,5 (n.c.). Barep 5,1 [1] (0,08). Crédit Commercial de France 4,9 (5,3). Bred Banque Populaire 3,3 (2,7). Bull 3,2 (18,4). Groupe Assurances Crédit Mutuel 2,6 [1] (n.c.). Crédit Foncier de France 2,4 (6,4). Sidéco 2,39 [1] (n.c.). Hachette Filipacchi Medias 2,33 [1] (8,9).

Premiers bénéfices (en milliards d'euros) : BNP Paribas 4,1. Sté Générale 2,7. CGC 1,9 [1]. CNCA 1,0. Crédit Lyonnais 0,7.

■ **Bâtiment et travaux publics.** Sté des immeubles de France 59,2 (n.c.). Cie de St-Gobain 28,8 (168). Bouygues 19,1 (119). Lafarge 12,2 (66). Groupe GTM [1] 7,7 (68,4). Groupe Arnault SA 7,3 [2] (n.c.). Rexel 7,1 (22,2). Colas 6,5 (48,4). Bouygues Construction 6,2 (40). Eiffage 6,18 (n.c.). Poliet 4,1 [2] (0,05). Eiffage Construcion 3,4 [1] (6,1 [2]). Dumez GTM [1] 3,3 (23,1). Sogea 2,9 [1] (23 [2]). Imerys 2,8 (14,6). Ciments français 2,6 (12,4). Entreprise Jean Lefèbfre 2,4 [1] (0,3). Eurovia [1] 2,1 (15,8). GTIE 1,9 [1] (20). Vinci Construction [1] 1,5 (10,3). Spie Trindel 1,3 [1] (8,8). Vicat 1,2 (4,6). Monnoyeur SCA 1,07 [2] (n.c.). Bouygues Offshore SA 1,065 (6). Forclum 1,05 (5,6) [2].

Premiers bénéfices (en milliards d'euros) : Sté des immeubles de France 18,5. Cie de St-Gobain 1,5. Lafarge 0,7. Bouygues 0,4. Rexel 0,2.

■ **Bois-papier-carton.** Lapeyre 1,3 (9,2). Guilbert SA 1,1 [1] (n.c.). Georgia-Pacific France 0,8 (2,2). La Rochette SA 0,6 (2,3). Groupe Gascogne SA 0,54 (2,6). UPM Kymmene SA 0,53 (0,08). Relais H SNO 0,52 (1,2). Exacompta Clairefontaine 0,5 (3,4). Arjo Wiggins 0,47 (5,6). Guilbert France 0,45 (0,8). Lyreco France 0,43 (1,6). Smurfit Socar 0,41 [1] (2,5). International Paper SA [1] 0,38 (1,4). Mafipa 0,38 [1] (0,5). Kimberly Clarck SNC 0,37 [1] (0,6). Stora Enso France 0,36 [1] (n.c.). Stora Enso Corbehem 0,36 (0,9). Matussière et Forest SA 0,36 (1,5). Gaspard Fournitures de bureau SA 0,36 [1] (n.c.). Arjo Wiggins papiers couches SA [1] 0,36 (1,2). Nana Tena Libra Up&Go Tork Libra 0,33 [1] (1,75). Condat 0,33 (0,9). Cascades SA 0,29 (1,2). Frantschach emballage industriel 0,29 (n.c.). Papeteries Matussière et Forest 0,28 (1,2).

Premiers bénéfices (en milliards d'euros) : La Rochette SA 0,08. Nana Tena Libra Up&Go Tork Libra 0,06 [1]. Lapeyre 0,05. Cellulose du Limousin 0,05. Guilbert SA 0,05 [1].

■ **Caoutchouc-matières platiques.** CGEM 15,4 (128). Bolloré 4,3 (20,7). Michelin et Cie 4,0 (27). Sté Hutchinson 2,2 [1] (0,8). Burelle SA 1,3 (7,3). Cie Plastic Omnium 1,2 (6,4). Sidel 1,0 (4,3). Dunlop France 0,8 [2] (2,5) [1]. Pneumatiques Kleber [1] 0,44 (2,7). SA Automobive Allibert 0,44 [1] (2,5). Hutchinson SNC [1] 0,43 (3,4). Bridgestone Firestone France SA [1] 0,4 (1,5). Continental Pneus SNC 0,38 (2,1) [1]. Goodyear France 0,36 (1,7). Visteon systèmes intérieurs 0,34 (2,1). Techpack International 0,34 [2] (n.c.). Paulstra SNC [1] 0,3 (2,1). Valois SA [1] 0,234 (1,2). Plastic Omnium auto extérieur 0,23 [1] (1,4). Sealed Air SA 0,23 (1,1).

Premiers bénéfices (en milliards d'euros) : CGEM 0,4. Bolloré 0,1. Sté Hutchinson 0,08 [1]. Michelin et Cie 0,05. Cie Plastic Omnium 0,04.

■ **Chimie de base.** Atofina 8,7 [1] (33,4). L'Air liquide 8,1 (30,3). Exxonmobil Chemical France 1,6 (1,1). BP Chemicals SNC 0,84 [1] (0,25). ASP 0,82 [1] (0,45). Shell Chimie [1] 0,8 (1,7). CFPR 0,74 [1] (4,3). Grande Paroisse 0,72 (2,6). Polimeri Europa France 0,54 (0,5). Rohm and Hass France SAS 0,53 (1,3) [1]. Hydro Agri France SA [1] 0,51 (0,7). Aventis animal Nutrition SA 0,5 (1,2). SNF 0,46 [1] (0,6). Sté du craqueur 0,4 [1] (n.c.). Lyondell Chimie France SNC [1] 0,39 (0,4). Laboratoires Oril SA 0,36 [1] (n.c.). Basell Production France 0,33 [1] (n.c.). Clariant France 0,30 (1,2). SPE France 0,3 [1] (0,4).

Premiers bénéfices (en milliards d'euros) : L'Air liquide 0,65. ASP 0,5 [1]. Atofina 0,35 [1].

■ **Cosmétiques.** L'Oréal 12,7 (48,2). Laboratoire de biologie végétale [1] 1,6 (2,7). Procter & Gamble France 0,9 (0,6). Henkel France 0,85 (1,4) [1]. Clarins 0,8 (4,7). Colgate Palmolive [1] 0,73 (1,4). Parfums Christian Dior 0,7 (1,9). Lever 0,6 (0,9). Chanel SAS [1] 0,54 (1). Marionnaud parfumeries 0,5 (4). Nord Est 0,46 (4,8). Ef Élida Fabergé 0,45 (0,5). Séphora France 0,41 [1] (2,7). Groupe Gillette France 0,41 (0,5). Bourjois [1] 0,39 (2). Lancôme International [1] 0,37 (0,45). Helena Rubinstein 0,34 [1] (0,3). Beiersdorf SA 0,34 (0,7). L'Oréal parfums et beauté 0,33 (0,5). Reckitt Benckiser France [1] 0,32 (0,8). Laboratoires Garnier Paris [1] 0,31 (0,6). Yves St Laurent parfums 0,28 (1). Pierre Fabre Dermo Cosmétique 0,28 [1] (1,3). Lascad 0,28 [1] (0,2). Gemey Paris Maybelline New York 0,27 [1] (0,8). L'Oréal parfums et beauté France 0,25 [1] (0,3). Guerlain SA 0,23 (0,9). Parfums Givenchy 0,21 (0,8).

Premiers bénéfices (en milliards d'euros) : L'Oréal 6,4. Procter et Gamble Services Fra 0,6. Procter & Gamble France 0,6. Clarins 0,4. Colgate Palmolive 0,36 [1].

■ **Distribution généraliste.** Carrefour 64,8 (330). Pinault Printemps Redoute 24,8 (111). SC Galec 23,2 [1] (n.c.). Auchan SA 22,0 [1] 64,6). ITM Entreprise SA 21,8 [1] (n.c.). Foncière Euris 20,0 (119). Rallye 19,9 (119). Casino Guichard Perrachon 19,1 (101). Auchan France 13,8 [1] (51). Carrefour France 11,8 (42,5) [1]. Distribution Casino France 9,4 (35). Système U centrale nationale 9,3 [1] (n.c.). Casino France 8,9 [1] (35,3). Sté Logidis 7,9 (3,2). Lafayette 1 et 2 5,7 (27,1). CMUC 5,66 [2] (4,1). Cora 4,3 (10,2). Continent France 3,8 (13,6). Monoprix SA 3,4 (14,5). Continent hypermarchés [1] 3,3 (12,1). Sté LRMD 3,1 (7,5) [1]. Atac 2,8 [1] (92,) [2]. Siplec 2,6 [1] (n.c.). Suo [1] 2,56 (1,5). Carfuel 2,4 [1] (n.c.).

Premiers bénéfices (en milliards d'euros) : Carrefour 1,1. Pinault Printemps Redoute 0,8. Carrefour France 0,34. Lafayette 1 et 2 0,32. Auchan SA 0,32 [1].

■ **Édition, imprimerie et reproduction.** Hachette Filipacchi Associés [1] 0,64 (1,4). Hachette Livre [1] 0,61 (1,4). François Charles Oberthur [1] 0,44 (5,05). Sté du Figaro 0,43 [1] (0,6). Universal Music SA 0,4 (0,7). France Loisirs 0,37 (1) [1]. Bayard Presse 0,37 [1] (1,4) [2]. Sony Music Entertainment France 0,35 (0,46). Emap France 0,34 (0,7). Spir Communication 0,32 (3). Socpresse 0,3 [1] (0,04). Heidelberg Web Systems SA 0,28 (1,1). Imprimerie nationale 0,28 [2] (1,8) [1]. Sté Ouest France 0,27 (1,6). Les Publications de la Vie catholique 0,26 [1] (0,09). Comareg SA [1] 0,25 (1,6). SA Eppe 0,24 (1,7). Le Monde 0,24 (0,8). Sodis 0,22 (0,4). Imaje SA 0,21 (1,3). Moulage plastique de l'Ouest 0,2 [1] (2). Imprimeries Didier Quebecor 0,2 [1] (0,8). Flammarion SA 0,2 (0,8). Voix du Nord investissement SA 0,18 [1] (0,001). Gallimard éditions SA [1] 0,18 (0,4). Danel 0,18 [1] (1,7). European Graphic Group 0,17 [1] (n.c.). Maury Holding SA 0,16 [1] (1). SA Presse & Édition du SO 0,16 [1] (1,1). La Voix du Nord 0,14 (0,98). Les Échos FR Bourse FR Économi [1] 0,14 (0,26). Sélection du Reader's Digest 0,14 (0,3). Groupe Express 0,14 (0,31) [1]. Groupe Progrès SA [1] 0,14 (1,1). Le Dauphiné libéré 0,13 [1] (1,3). Maury Imprimeur SA [1] 0,12 (1). Éditions du Seuil [1] 0,12 (0,36). DNA 0,12 (0,9). Berger-Levrault 0,12 [1]. Sté Nice Matin [1] 0,11 (0,7). La Dépêche VPC 0,11 [1] (n.c.). Groupe Moniteur 0,11 [1] (0,65). Sté du journal Est républicain 0,11 [1] (1). Groupe Virgin disques 0,11 (n.c.).

Premiers bénéfices (en milliards d'euros) : Socpresse 0,1 [1]. Hachette Filipacchi presse 0,08 [1]. Emap France 0,07. François Charles Oberthur 0,06 [1]. Les Échos FR Bourse FR économi 0,05 [1].

■ **Constructions électrique, électronique, informatique.** Alstom 24,5 (143). Lagardère SCA 12,2 (43,9). Schneider Electric SA 9,7 (72,1). Thales 8,6 (48,9). Hewlett-Packard France 6,1 (4,9). Philips France 5,4 (12). Sonepar 5,1 [2] (n.c.). Hewlett Packard France Capital 4,7 (n.c.). Cie IBM France 4,6 [2] (15,7). Sagem SA 4,3 (15,7). Schneider Electric industries 3,1 (12,9). Alcatel Business Systems 2,9 (5,1). Legrand 2,8 (23,3). Labinal Participations 2,5 [1] (2,9). Alcatel Submarine Networks 2,45 (0,9) [1]. Alcatel CIT [1] 2,2 (10,1). Bull SA 2,1 [1] (8). StMicroélectronics SA 2,1 [1] (8). Europe Computer Systèmes 1,7 (n.c.). Compaq Computer France 1,5 (1,8). Sylea 1,3 (18,2). Alcatel Space Industries 1,23 (n.c.). FCI 1,2 [2] (n.c.). CHS France 1,1 [1] (n.c.). Thales Communications SA 1,0 (4,9).

Premiers bénéfices (en milliards d'euros) : Schneider Electric SA 0,6. Lagardère SCA 0,58. Schneider Electric Industries 0,5. Legrand 0,24. Alstom 0,2.

■ **Énergie services collectifs.** TotalFina Elf SA 115 (123). Vivendi 41,6 [1] (275). Vivendi Universal 41,6 (253). Elf Aquitaine 35,5 [1] (n.c.). Suez 34,6 (173). EDF 34,4 (135). Total Raffinage Distribution [1] 12,0 (5). Gaz de France 10,4 (30,3). Elf Antar France [1] 8,6 (3,9). Esso société anonyme française 7,9 (2,2). BP France [1] 6,1 (4). Sté des Pétroles Shell [1] 5,4 (1,1). Cogema [1] 5,1 (19,6). Framatome [1] 4,2 (25,7). Sita 3,2 [1] (n.c.). Dalkia 2,9 [1] (22,1) [2]. Sté Aménagement urbain et rural 2,4 (20,1). EMC SA [1] 2,3 (10,9). Framatome ANP 2,2 (3,4). Descours et Cabaud SA 2,04 (n.c). Elyo 2,0 [2] (2,7) [1]. Société française Exxonmobil C 1,7 (1,5). CGPP 1,5 [2] (0,8) [1]. Urbaine des Pétroles SA 1,48 (n.c.). SA Dyneff 1,3 (n.c.). Mobil Oil Française [1] 1,2 (1,1). Compagnie générale des Eaux 1,1 [1] (4,6).

Premiers bénéfices (en milliards d'euros) : TotalFina Elf 6,9. Vivendi Universal 2,3. Elf Aquitaine 2,1 [1]. Suez 1,9. Vivendi 1,4 [1].

■ **Hôtellerie, hébergement.** Accor 7,0 (129) [1]. Club Méditerranée 1,9 (23,7). Sté du Louvre groupe DU 0,7 (7,4). Pierre et Vacances 0,5 (2,8). EDL Hôtels SCA 0,3 (n.c.). Groupe Envergure 0,26 [1] (0,3). DGR Ile-de-France 0,21 [1] (3,1). Sonacotra [1] 0,2 (1,3). VVF Vacances 0,16 (1,9) [1]. Pierre et Vacances Tourisme 0,16 [1] (2,3). Sté des Hôtels Concorde [1] 0,14 (1,3) [1]. DGR Rhône Alpes Méditerranée 0,12 [1] (1,8). DGR Normandie Nord et Est 0,12 [1] (1,2). Sté Management international 0,1 [1] (0,6). DGR Grand Ouest [1] 0,09 (1). Hôtel Lutétia 0,07 (0,6). Sodemp 0,06 (0,7). La Verrière [1] 0,06 (0,7). Sishe [1] 0,06 (0,3). Méridien Montparnasse 0,06 (0,5). Mercure International Hôtels 0,06 [1] (0,8). Sephi 0,05 [1] (0,2). Bar Tuileries – 234 Rivoli [1] 0,05 (0,4). Seat 0,04 (0,6). Hôtel Le Bristol [1] 0,04 (0,4).

Premiers bénéfices (en milliards d'euros) : Accor 2,9. Société du Louvre Groupe DU 0,4. Club Méditerranée 0,39. Pierre et Vacances 0,17. Franbel France Sté Bar Act 0,1 [1].

■ **Industrie aéronautique et spatiale.** EADS France 22,6 [1] (35,7). Aérospatiale Matra [1] 12,9 (52,9). Airbus Industrie 12,6 [1] (2,5). Snecma 4,9 [1] (19,4). Airbus France [1] 3,5 (13,3). Dassault Aviation 3,5 (11,7). Eurocopter Holding 1,75 (9,6). Eurocopter 1,1 [1] (8). EADS Launch Vehicles 1 (3,3). Astrium-Space [1] 0,9 (2,2).

Premiers bénéfices (en milliards d'euros) : Airbus Industrie 0,9 [1]. Snecma 0,3 [1]. Dassault Aviation 0,2. Eurocopter Holding 0,05 [1].

■ **Machines-outils, équipements.** Soc Avsa 6,0 [1] (n.c.). Manitou BF 0,8 (2,3). De Dietrich et Cie 0,8 (5,5). Otis 0,8 (5,5). SKF Holding France 0,8 [2] (n.c.). Legris Industries 0,7 (5,4). Sté SKF France [1] 0,6 (1,6). Aérospatiale Matra Missiles 0,6 (2,9). GE Energy Products France SNC [1] 0,6 (2). Giat Industries 0,55 (7). Kodak Pathé [1] 0,5 (1,3). Fenwick Linde 0,42 (1,8). Otor 0,41 (3,1). CNIM 0,4 (2,3). Alstom Power Turbomachines [1] 0,4 (3,4). Dassault International 0,4 [1] (n.c.). Frans Bonhomme 0,4 (1,3). INA Roulements 0,4 [1] (2,8). SNR Roulements SA 0,4 [1] (2,8). Genoyer SA 0,3 [2] (n.c.).

Premiers bénéfices (en milliards d'euros) : Otis 0,1. Manitou BF 0,06. De Dietrich et Cie 0,04. Legris Industries 0,04. Frans Bonhomme 0,03.

■ **Matériaux de construction.** Cie de St Gobain 28,8 (1,68). Lafarge 12,2 (66). Poliet 4,1 (n.c.). Imerys 2,8 (15). Ciments français 2,6 (12,4). Vicat 1,2 (4,6). Monnoyeur SCA 1,1 (n.c.). Lafarge Plâtres 1,1 (4,5). Brossette BTI SA 0,91 (2,4). Case France 0,91 [1] (1,7). Arc International 0,91 [1] (9,2). Le Carbone-Lorraine 0,88 (8). Fayat 0,7 [1] (5,5). Lafarge Ciments 0,7 [1] (1,8). Caterpillar France SA 0,7 (2,3). Bergerat Monnoyeur 0,7 (1,6). Éts Pompac 0,6 [1] (n.c.). Ciments Calcia 0,6 (1,6). St Gobain Emballage 0,57 (2,3). BSN Glasspack 0,54 (3,5). Placoplâtre 0,5 [1] (1,4). Distribution Sanitaire Chauffage 0,46 (1,5). Liebherr France 0,4 (1,2). Samse SA 0,4 (2). St Gobain Desjonquères 0,4 (1,8).

Premiers bénéfices (en milliards d'euros) : Cie de St Gobain 1,5. Lafarge 0,7. Ciments français 0,18. Poliet 0,14. Imerys 0,14.

■ **Métallurgie et travail des métaux.** Pechiney 10,7 (29,7). Sollac 5,4 [1] (n.c.). Sollac Atlantique 2,4 (7). Eramet 2,3 (13,3). Vallourec 2,2 (15,4). Aluminium Pechiney 1,9 (2,9) [1]. St Gobain PAM 1,7 [1] (3,1). Engelhard Clal SAS 1,5 [1] (1,9). Sollac Méditerranée 1,4 (3,8). Pechiney Rhenalu 1,3 (3,7) [1]. Groupe Valfond 1,1 [2] (0,001). Coflexip SA 1,1 (4,2). Pechiney Trading France 1,0 [1] (n.c.). Métaleurop SA 0,8 (2,6). KDI [1] 0,7 (2,6). Ascométal 0,65 (3,1). International Métal Service 0,63 (1,2). Tréfimétaux 0,62 (2,1). Crown Cork Company France 0,6 (2,3) [1]. Facom [1] 0,56 (1). GFI Industries 0,54 (5,1). Téfal SA 0,5 (2,5). Produits d'usines métallurgiques [1] 0,47 (1,2). Ugine Savoie Imphy 0,46 (1,6). Cisatol 0,43 [1] (0,3). V & M France [1] 0,42 (2,6). Aluminium Dunkerque 0,42 (n.c.). Sté de Coulée continue de cuivre 0,4 [1] (n.c.). Montupet SA 0,4 (4,4).

Premiers bénéfices (en milliards d'euros) : Sollac 0,4 [2]. Pechiney 0,3. Coflexip SA 0,2. Sollac Atlantique 0,14. St Gobain PAM 0,13 [1].

■ **Pharmacie.** Aventis 22,3 (107) [1]. Sanofi-Synthelabo 6,0 (29,2). OCP Répartition 5,3 (4,4). Alliance Santé SAS 4,4 (3,9). Aventis Pharma SA 2,3 (5). Cerp Rouen [1] 2,1 (2,6). BioMérieux Pierre Fabre 1,8 [1] (0,4). Hoechst Marion Roussel [1] 1,7 (7). Aventis Pharma Distriservices 1,3 [1] (0,4). L 2001 1,3 (n.c.). Aventis Pasteur 1,27 (7). Sanofi-Synthelabo France 1,2 (1,3) [1]. Sanofi Winthrop Industrie 1,18 (2) [1]. Distriphar 1,1 [1] (n.c.). Cerp Rhin Rhône Medi 1,06 (0,9). Cerp Lorraine 0,94 (1,1). Les Laboratoires Servier 0,9 [1] (0,6). Laboratoire Aventis [1] 0,88 (1,8). Laboratoires Merck Sharp & Dohme 0,85 [1] (2,2). Aventis Pharma Spécialités 0,8 [1] (0,02). Sirep 0,8 [1]. Aventis Propharm 0,78 [1] (0,8). Synthelabo Groupe 0,75 (1,1). Novartis Pharma 0,75 (1,8). Lilly France [1] 0,72 (1,9). Bristol-Myers Squibb [1] 0,7 (1,5). Laboratoire Glaxosmithkline 0,69 (1,6) [1]. Pfizer 0,62 (1,8). Roche [1] 0,62 (1,7). Sanofi Chimie SA 0,6 (1,2) [1].

Premiers bénéfices (en milliards d'euros) : Sanofi-Synthelabo 1,0. Lipha 0,1 [1]. Synthelabo Groupe 0,1. Laboratoires UPSA 0,1 [1]. Aventis Pasteur 0,1 [2].

■ **Restauration commerciale.** Groupe Flo 0,4 (6,3). Flunch 0,3 [2] (8,4). Casino Caféteria 0,28 (5,85). Buffalo Grill 0,26 (3,8). Sté France Quick 0,2 [1] (3,79). HRC 0,14 (3,1). Mac Donald's France Restaurants 0,12 [1] (2,6). AGO (Agenc Gest Organi Hôtelier) 0,12 [2] (2,6). Select Service Partner 0,1 (0,4). Hippo Gestion et Compagnie 0,1 (1,7). Autogrill Côté France SA 0,09 [1] (2,0). Rail Restauration 0,08 (1,8). Serare [1] 0,08 (1,5). La Brioche dorée 0,08 [2] (1,2). Pizza Pai 0,07 [1] (1,9). Flo Tradition SNC 0,06 [1] (0,7). Léon de Bruxelles 0,05 (0,9). Horeto 0,04 [2] (n.c.). Pizza France 0,04 [1] (1,1). Chez Clément 0,04 [1] (0,5).

Premiers bénéfices (en milliards d'euros) : Flunch 13,4 [1]. HRC 10,4. Casino Caféteria 6,8. Groupe Flo 5,6. PJB Holding 5,1.

■ **Services aux entreprises.** Vivendi Environnement 26,4 (215,4). Artemis 16,9 [2] (n.c.). Usinor 15,7 (60,5). Vinci 14,1 (12,2). Publicis Groupe SA 11,8 (20,3). Sodexho Alliance 10,5 (270). Havas Advertising 5,7 (20,0). Manpower France 4,3 (4,0). Bongrain SA 3,9 (14,8). Spie SA 3,8 (24,7). Delta Diffusion SA 3,5 [1] (14,3). Adecco Travail temporaire 3,5 [1] (3,6). Technip 3,0 (9,8). Éts Jean Soufflet 2,9 (2,7). Bis SA 2,8 (n.c.). Vediorbis 2,5 (3,7). Entreprise minière et chimique 2,3 [1] (12,8). Atos Origin 2,0 (26,4). Sté Généval 1,9 (n.c.). Généfinance 1,86 (n.c.). Elior 1,82 (37,6). Compagnie laitière européenne 1,8 [1] (2,8). Cie financière Renault 1,7 (3,5). TF1 Publicité 1,6 (n.c.). Appia 1,5 (7,7). Sogeparticipations 1,3 [1] (1,9). Éram 1,1 [1] (n.c.). Banque du développement des PME 1,04 [1] (1,3). Ondéo Dégremont 1,0 [1] (3,6).

Premiers bénéfices (en milliards d'euros) : Sté Généval 2,2. Généfinance 1,4. Généfitec 1,1. FTMI 0,1 [1]. Usinor 0,8.

■ **Textile, habillement, cuir.** Christian Dior SA 11,9 (52,3). Louis Vuitton Moët Hennessy 11,6 (47,4). Groupe André SA 1,8 (11,4). Chargeurs 1,2 (5,4). Hermès International 1,16 (4,6). Etam Développement 1,0 (10,3). Damart SA 0,9 (5,9).

Louis Vuitton Malletier 0,8 (0,006) [2]). Philip Morris France 0,7 (0,4) [1]). Étam 0,65 (3,9). Institut Formation & Développement 0,6 (5,4). Vétir 0,6 (0,16). Compagnie française de la chaussure 0,58 (3). Porcher Industries 0,55 (4). La Halle Vêtements 0,5 (3,5). Dollfus Mieg et Cie 0,5 (4,3). Groupe Zannier 0,5 (3,5). Hermès Sellier 0,5 (1,3) [1]). Simm 0,4 (n.c.).

Premiers bénéfices (en milliards d'euros) : Louis Vuitton Malletier 0,8 [1]. Louis Vuitton Moët Hennessy 0,7. LVMH Fashion Group 0,4. Christian Dior SA 0,25. Hermès International 0,18.

■ **Tourisme.** Sélectour Voyages 1,1 [1] (n.c.). Nouvelles Frontières 0,8 [2] (0,8). Fram 0,4 [1] (0,5). Euro Disney Vacances 0,3 (n.c.). Jet Tours 0,25 (0,4). Look Voyages 0,2 [2] (0,3). Voyages Kuoni SA [1] 0,18 (0,4). Havas Voyages 0,17 [1] (1,6). Havas Voyages American Express 0,13 [1] (2,5). Soc Entreprises touristiques 0,1 (n.c.).

Premiers bénéfices (en milliards d'euros) : Fram 0,01. Havas Voyages 0,01.

■ **Transports ferroviaires.** SNCF 19,8 (217). Eurotunnel 0,9 (3,6). Eurotunnel Services GIE 0,09 (1,7). CFTA 0,03 [1] (0,4). Cie du Montenvers 0,08 (0,1). CFD 0,03 [1]. Citev 0,01 [1]. CFTM 0,009 [1].

Premier bénéfice (en milliards d'euros) : SNCF 0,2.

■ **Transport logistique.** SNCF 19,8 (217). Sté Air France 10,3 (59,2). Bolloré Investissement 5,1 (30). Financière de l'Odet 5,1 (30). SNCF Participations 4,1 [1] (30,7). Géodis 3,4 (25,4). RATP 3,4 (39,7). Réseau ferré de France 2,0 [1] (n.c.). Gefco 1,8 [1] (2,8) [1]. Autoroutes du Sud de la France 1,5 (6). Holding CMA-CGM [1] 1,46 (3,1). Aéroports de Paris 1,4 (7,8). CAT 1,22 (2,5). CMA CGM [1] 1,2 (1,3). STEF-TFE 1,2 (11,5). Kéolis 1,13 [1] (25). Arianespace SA 1,1 (0,38). SAPRR [1] 1,02 (3). CM Logistique Sud Est 1,0 [1] (4,1). Eurotunnel 0,94 (3,6). TFE 0,92 [2] (2,7). Danzas SA 0,9 (3,9). Comptoirs modernes Major Unidis 0,87 [1] (0,41). Cofiroute 0,8 (1,9). Sanef [1] 0,72 (2,1). Air Liberté AOM 0,7 [1] (2,3). Saga SA 0,61 (4,1). Air Liberté 0,6 (1,2). Chargeurs Delmas 0,5 [1] (0,7).

Premiers bénéfices (en milliards d'euros) : Sté Air France 0,35. Cofiroute 0,2. SNCF 0,18. Aéroports de Paris 0,12. SNCF Participations 0,09.

■ **Transports par eau.** Holding CMA-CGM [1] 1,5 (47,5). CMA CGM [1] 1,2 (28,6). Chargeurs Delmas 0,5 [1] (n.c.). Bretagne Angleterre Irlande 0,3 (1,6) [2]. Sté Somarelf 0,26 (n.c.). SNCM 0,25 (n.c.). Seafrance [1] 0,2 (2,6). CGM Antilles Guyane 0,17 [1] (n.c.). Louis Dreyfus Armateurs SNC 0,14 [1] (n.c.). CNN 0,12 [1] (n.c.). Cie maritime Marfret 0,1 (1,6).

Premiers bénéfices (en milliards d'euros) : Holding CMA-CGM 0,05 [1]. CMA CGM 0,03 [1].

Indicateurs de performance de quelques entreprises

■ **MVA (Market Value Added).** Richesse créée et accumulée par l'entreprise, depuis sa création, pour ses actionnaires. Différence entre l'argent investi (capital, dette) et ce qu'on pourrait en retirer en vendant l'entreprise. Dépend partiellement de la capitalisation boursière. **EVA (Economic Value Added).** Égale au résultat opérationnel de l'entreprise après l'impôt, déduction faite du coût du capital employé pour son activité.

■ **Classement** (en milliards de F, 1998). **Les 20 meilleures MVA :** L'Oréal 118,9 ; Carrefour 93,6 ; Total 67,4 ; France Télécom 58,6 ; Pinault-Printemps-La Redoute 48,4 ; LVMH 44,2 ; Promodès 35,6 ; L'Air Liquide 31,8 ; Elf-Aquitaine 29,6 ; Danone 21,7 ; Accor 21,1 ; Legrand 21,1 ; Vivendi 19,6 ; Rhône-Poulenc 18,7 ; Sodexho Alliance 18,3 ; Bic 17,5 ; Cap Gemini 17,2 ; Casino 15 ; Dassault Systèmes 14,7 ; Canal Plus 12 ; Hermès International 11,8 ; Schneider 11,4 ; Essilor 11,1 ; Sidel 11 ; Comptoirs modernes 11 ; TF1 9,6 ; Valeo 7,9 ; Seb 7,8 ; Coflexip Stena Offshore 7 ; Castorama 6,7. **Les 20 meilleures EVA :** Carrefour 1,8 ; Total 1,3 ; L'Oréal 1,3 ; LVMH 1,2 ; L'Air Liquide 1,1 ; Schneider 0,8 ; Seita 0,8 ; Promodès 0,7 ; Pernod-Ricard 0,5 ; Galeries Lafayette 0,4 ; Dassault Systèmes 0,4 ; Legrand 0,4 ; Atos 0,4 ; Coflexip Stena Offshore 0,3 ; Essilor 0,3 ; Bolloré Technologies 0,3 ; TF1 0,2 ; Technip 0,2 ; Sidel 0,2 ; M6 0,2 ; **les 10 dernières EVA :** Renault – 13,9 ; Alcatel-Alstom – 13,8 ; PSA (Peugeot Citroën) – 9,7 ; Elf – 6,4 ; Usinor – 5,4 ; France Télécom – 4,8 ; Rhône-Poulenc – 4,7 ; Bull (Cie des machines) – 3,2 ; Vivendi – 2,4 ; Suez-Lyonnaise des Eaux – 2,4. **Les 10 1res Stés britanniques :** Shell 406,3 ; Glaxo 237,6 ; Smithkline Beecham 183,6 ; British Petroleum 181,6 ; Unilever 159 ; Zeneca 109,4 ; Reuters 106 ; BSkiB 95,1 ; Marks & Spencer 91,9 ; BAT 87,6. **Les 10 1res Stés américaines :** Coca-Cola 749,6 ; General Electric 731,2 ; Microsoft 539,7 ; Intel 518,9 ; Merck 469,5 ; Philip Morris 400 ; Exxon 333 ; Procter & Gamble 330,6 ; Johnson & Johnson 306,6 ; Bristol-Myers-Squibb 257,4.

Attentats politiques

☞ Suite de la p. 569.

Liste non limitative

☞ Voir **Terrorisme** (p. 802) dans le chapitre Justice et également dans le chapitre **États** (p. 945) la rubrique « Histoire » de chaque pays.

Légende : victimes des attentats. *En italique* : auteurs des attentats. (1) Échec.

Grèce. **1831** Capo d'Istria, Pt *(Mavromikáhlis)*. **1861**-*18-9* reine Amélie *(Dioçios)* [1]. **1898**-*26-2* Georges Ier *(Karditzis)*. **1905**-*13-6* Delvanni, PM. **1913**-*18-3* Georges Ier *(Schinas)*. **1927**-*30-10* Pavlos Konundouriotes, 1er Pt provisoire [1]. **1968**-*13-8* Georges Papadopoulos, PM *(A. Panagoulis)* [1].

Guatemala. **1898**-*3-7* José Maria Reine Barrios, Pt (assassiné à l'instigation de son neveu Prospero Moralès, qui lui succéda). **1957**-*26-7* Carlos Armas, Pt. **1996**-*4-2* Alvaro Arzu, Pt [1].

Hollande. **1584**-*10-7* Guillaume d'Orange *(Balthasar Gérard)*. **1672**-*20-8* Jean de Witt, grand pensionnaire.

Hongrie. **1912**-*7-6* comte Istvan Tisza, Pt de la Ch. des députés *(Kavacs, dép. de l'opposition ; essaie de se suicider, reconnu fou)* [1]. **1918**-*31-10* Cte Istvan Tisza, PM *(soldats déserteurs)*. **1962**-*4-6* Bela Lapuanyik, espion hongrois déserteur (balle au cyanure).

Israël. **1948**-*17-9* Cte Folke Bernadotte, médiateur de l'Onu. **1995**-*4-11* PM Itzak Rabin *(Yigal Amir, extrême droite)*.

Italie. **1537**-*5-6* Alexandre de Médicis, duc de Florence *(Lorenzaccio)*. **1854**-*27-3* Charles III, duc de Parme *(Antonio Carra)*. **1856**-*8-12* Ferdinand II des Deux-Siciles *(Agésilas Melans)* [1]. **1878**-*17-11* Humbert *(Giovanni Pasananti)* [1]. **1894**-*16-6* François Crispi, PM [1]. **1897**-*22-4* Humbert Ier *(Acciarito)* [1]. **1900**-*29-7* Humbert Ier *(Bresci)*. **1912**-*14-3* Victor Emmanuel *(Antonio Oalba)* [1]. **1924**-*10-6* Matteotti, chef du PS. **1926**-*mars-avril-juin* Benito Mussolini : 3 attentats [a) *Zanzinobi*, socialiste, arrêté ; b) *une Anglaise*, déséquilibrée ; c) *Lucetti* [1]]. **1928**-*12-4* Victor Emmanuel III (17 tués, 40 blessés) [1].

Inde. **1872**-*8-2* Richard Southwell Bourke, 6e comte de Mayo, vice-roi des Indes *(détenu musulman)*. **1879**-*12-12* lord Lytton, vice-roi des Indes (*un Eurasien*, ivre) [1]. **1948**-*30-1* Gandhi *(Nathuram Vinayak Godse)*. **1980**-*14-4* Indira Gandhi, PM *(Lalwani)* [1]. **1991**-*21-5* Rajiv Gandhi, ancien PM.

Indonésie. **1962**-*14-5* Pt Ahmed Sukarno [1]. **1965**-*30-9* Pt Ahmed Sukarno [1].

Iran. **1896**-*1-5* Pt Nasser Eddin, shah *(le mollah Reza)*. **1908**-*28-2* Mohammed Ali-Shah [1]. **1965**-*26-1* Hassan Ali Mansour, PM. *-10-4* Reza, shah [1]. **1981**-*30-8* Ali Radjai (Pt) et Djavad Bohonar (PM).

Iraq. **1958**-*14-7* roi Fayçal et Nouri Saïd, PM. **1963**-*8-2* Gal Kassem, Pt.

Japon. **1901**-*21-6* Hoshi Toru, dirigeant libéral (tué au conseil municipal de Tokyo). **1909**-*26-10* empereur Mutsu Ito. **1932**-*8-1* empereur Hirohito *(un Coréen)* [1]. *-15-5* Inukai, PM. **1933**-*21-11* Wakatauki, ancien PM *(des officiers extrémistes)* [1]. **1960**-*12-10* Inejiro Asanuma, chef du Parti socialiste *(poignardé par un réactionnaire)*.

Jordanie. **1950**-*20-7* roi Abdallah *(Mohammed Chaker)*. **1960**-*28-8* Hazza Majah, PM (bombe). **1971**-*28-11* Wasfi Tall, PM.

Liban. **1982**-*15-9* Bechir Gemayel, Pt. **1987**-*1-6* Rachid Karamé, PM. **1989**-*22-11* René Moawad, Pt.

Libéria. **1981**-*12-4* William Tolbert, Pt.

Madagascar. **1975**-*11-2* Gal Ratsimandrava.

Maroc. **1971**-*10-7* Hassan, roi [1]. **1972**-*16-8* Hassan, roi [1].

Mexique. **1913**-*23-2* Francisco Indalecio Madero, Pt. **1919**-*10-4* Emiliano Zapata, chef révolutionnaire. **1920**-*21-5* Venustiano Carranza, Pt. **1923**-*20-7* Pancho Villa, chef révolutionnaire. **1928**-*17-7* Alvaro Obregón, Pt *(Léon Toral)*.

Myanmar. **1947**-*19-7* U Aung San, PM. **1983**-*9-10* (21 † dont 5 membres du gouv. de Corée du Sud).

Nicaragua. **1956**-*21-9* Anastasio Somoza Garcia, Pt.

Nigéria. **1966**-*15-1* Samuel Akintola et Ahmadu Bello, Iers min. régionaux *(rebelles militaires)*. *-29-7* Gal Ironsi *(coup d'État)*. **1976**-*13-2* Gal Murtala Mohammed.

Pakistan. **1951**-*16-10* Liaquat Ali Khan, Pt *(Said Akbar)*. **1988**-*17-8* Gal Mohammed Zia ul-Haq, Pt.

Panama. **1955**-*2-1* José Antonio Rémon, Pt.

Paraguay. **1877**-*12-4* Jean-Baptiste Gill, Pt.

Pérou. **1872**-*25-7* José Balte, Pt *(Marceliano Gutièrrez)*.

Philippines. **1972**-*7-12* Mme Marcos [1].

Pologne. **1922**-*16-12* Gabriel Narutowicz, Pt.

Portugal. **1908**-*1-2* Charles Ier et Philippe, Pce héritier *(Buica et de Costa)*. **1915**-*15-5* Dr Joao Chagas, PM *(sénateur Joao de Freitas,* qui fut tué) [1]. **1918**-*31-12* Sidonio Paes, Pt.

Rép. Dominicaine. **1899**-*26-7* Ulysse Heureaux, Pt *(Caceres)*. **1961**-*30-5* Raphael Trujillo, Pt.

Rome. **44 av. J.-C.** César *(Brutus)*. **37 apr. J.-C.** Tibère *(Macron)*. **41** Caligula *(Chaerea)*. **54** Claude *(Agrippine)*. **59** Agrippine *(Néron)*. **96** Domitien *(Stephanus)*. **192** Commode *(Marcia)*. **193** Pertinax *(prétoriens)*. **235** Alexandre Sévère *(ses soldats)*. **475** Sévère *(Ricimier)*.

Roumanie. **1880**-*14-12* Bratiano, PM [1]. **1933**-*29-12* Duca, Pt du Conseil. **1939**-*21-9* Calinesco, Pt du Conseil. **1940**-*26-11* Jorga, ancien Pt du Conseil.

Russie. **1762**-*17-7* Pierre III *(Orlov et ses gardes)*. **1804**-*24-3* Paul Ier *(Cte Pahlen)*. **1864**-*3-7* Gd-duc Constantin [1]. **1866**-*16-4* Alexandre II *(Karakozow)* [1] et **1867**-*6-6* au Bois de Boulogne *(Berezowski)* [1]. **1878**-*5-2* Gal Dimitri Fedorovitch Trepov, chef de la police *(Vera Sassoulitch)* [1]. *-16-8* Gal Mesentzov, chef de la police (poignardé). **1879**-*21-2* Pce Krapotkine, gouverneur de Kharkov (meurt 8 j après). *-25-4* Gal Drentalen, chef de la police *(Léon Mirsky)* [1]. *-14-4* Alexandre II *(Soloviev)*. **1880**-*3-3* Gal Loris Melikov, dictateur *(Madetski)*. *-13-3* Alexandre II *(des nihilistes dynamitent le palais d'hiver à St-Pétersbourg :* 10 gardes finlandais tués, 53 blessés) [1]. **1881**-*1-3* Alexandre II *(Russakov)*. **1882**-*30-3* Gal Strelnikov, procureur militaire *(nihilistes)*. **1883**-*28-12* Cel Soudaikine, chef de la police secrète *(Degavev)*. **1887**-*13-3* Alexandre III *(5 jeunes nihilistes arrêtés)* [1]. **1891**-*23-5* Nicolas II *(Tsouda Sanzo, Japonais)* [1]. **1902**-*15-4* Dimitri Sipiaguine, ministre de l'Intérieur *(Malyschew)*. *-16-4* Gal Nikolai Ivanovitch Bobrikov, gouverneur général de Finlande *(Eugène Schaumann)*. **1904**-*28-7* Venceslas Plehve, min. *(Sasenov)*. **1905**-*17-2* Grand-duc Serge *(Kolianov)*. **1906**-*25-8* Pierre Stolypine, PM (bombe) [1]. Ses 2 enfants sont tués. **1911**-*14-9 (Bogrov)*. **1916**-*2-12* Raspoutine *(Pce Youssoupof*, † 1967). **1917**-*21-12* Ivan Longinovitch Goremykine, 1er ministre *(massacré par des bolcheviks)*. **1918**-*5-7* Grand-duc Michel, frère de Nicolas II. *-6-7* Cte Wilhelm von Mirbach, ambassadeur d'Allemagne à Moscou *(bolcheviks)*. *-16-7* Nicolas II et sa famille massacré à Iekaterinbourg en Crimée *(bolcheviks)*. *-30-7* Gal Hermann von Eichhorn *(bolcheviks)*, en Ukraine. *-30-8* Lénine *(Fanny Roid-Kaplan)* [1]. **1926**-*5-5* Simon Petlioura, dirigeant ukrainien *(par des agents communistes)*, à Paris. **1927**-*7-6* Woïkov, ambassadeur soviétique *(anticommunistes polonais)*. **1934** Sergueï Mironovitch Kirov, secrétaire du PC *(trotskistes)*. **1937**-*19-9* Gal Evgeni Miller, dirigeant russe blanc, enlevé à Paris *(par le GPU)*. **1938**-*16-2* Léon Sedov Trotski, fils de Léon Trotski *(emprisonné dans un hôpital parisien, par des agents du NKVD)*. **1940**-*21-8* Trotski *(Jacques Mornard)*, au Mexique. **1969**-*22-1* Leonid Brejnev *(Anatoly Ilyin)* [1].

Rwanda. **1964**-*6-4* major-général Juvénal Habyarimana, Pt.

Salvador (El). **1890**-*7-7* Francisco Menendez, Pt *(partisans du Gal Exeta,* qui lui succéda).

Serbie. **1868**-*10-6* Michel Obrenovitch, roi *(Radanovitch)*. **1882**-*23-10* Milan IV *(Payitch)* [1]. **1903**-*11-6* Alexandre Ier et la reine Draga *(colonel Maschin)*.

Sri Lanka. **1959**-*25-9* Bandaranaïke, PM. **1993**-*1-5* Ranasinghe Premadasa, Pt.

Suède. **1792**-*20-3* Gustave III *(Anckarström)*. **1986**-*28-2* Olof Palme, PM.

Tchad. **1975**-*13-4* François Tombalbaye (1918) *(Gal Noël Odingar)*.

Tchécoslovaquie. **1923**-*5-1* Alois Rasin, ministre des Finances *(par un communiste)*.

Thaïlande. **1946**-*9-7* Ananda Mahidol, roi *(camouflé en suicide)*.

Togo. **1962**-*21-1* Sylvanus Olympio [1]. **1963**-*13-1* Sylvanus Olympio, Pt.

Tunisie. **1952**-*5-12* Dr Farhat Hached, secrétaire général de l'Union des travailleurs tunisiens *(la « Main rouge »)*. **1961**-*12-8* Salah ben Youssef, ancien ministre de la Justice, à Francfort.

☞ Suite voir p. 1860.

FINANCES

☞ Pour connaître la sélection **Quid** des meilleurs sites Internet sur les finances, rendez-vous sur **www.quid.fr**

FINANCES PUBLIQUES FRANÇAISES

☞ *Abréviations* : MF : million(s) de F. MdF : milliard(s) de F.

BUDGET GÉNÉRAL

BILAN DE L'ÉTAT

■ **Bilan de l'État** (en milliards de F, au 31-4-2001). **Total actif 2 027,46** dont : immobilisations nettes 571,69 ; prêts 121,84 ; dotations et participations 815,81 ; avances 4,75 ; autres immobilisations 0,66 ; redevables 205,5 ; débiteurs divers 189,78 ; effets 17,96 ; encaisses – 1,09 ; opérations bancaires en cours 3,4 ; charges à répartir 12,31 ; primes, décotes et supplément résultant d'indexation 3,97. **Total passif 2 027,46** dont : report à nouveau – 2 650,26 ; écart de réévaluation 153,99 ; dette financière négociable 4 164,46 ; non négociable 125,52 ; dépôts des correspondants et particuliers 412,59 ; versements sur titres de participation non libérés 0,03 ; concours de la Banque de Fr. 7,2 ; créditeurs divers 68,39 ; reversements de fonds 0,35 ; autres régularisations 2,1.

LEXIQUE BUDGÉTAIRE

■ **Budget de l'État.** Ensemble des comptes qui décrivent toutes les ressources et toutes les charges de l'État pour une année civile (art. 16 de l'ordonnance organique du 2-1-1959). **Budget général :** compte principal du budget de l'État. **Budgets annexes :** opérations financières spécifiques (services de l'État produisant des biens ou services donnant lieu à paiement). **Comptes spéciaux du Trésor :** financement de certaines opérations particulières ou temporaires.

■ **Loi de finances.** Votée chaque année avant le 31-12, elle détermine la nature, le montant et l'affectation des ressources et des charges de l'État, compte tenu d'un équilibre économique et financier qu'elle définit. **Loi de finances de l'année :** prévoit et autorise pour chaque année civile l'ensemble des ressources et des charges de l'État. **Loi de finances rectificative (collectif budgétaire) :** modifie les dispositions de la loi de finances de l'année. **Loi de règlement :** constate les résultats financiers de chaque année.

■ **Équilibre de la loi de finances.** Les montants des ressources et des charges de l'État (nets des opérations de remboursements et dégrèvements d'impôts et des opérations d'ordre relative à la gestion de la dette publique) sont identiques en recettes et en dépenses. **Charges nettes de l'État :** ajout du solde des opérations de l'ensemble des comptes spéciaux du Trésor au montant des charges nettes du budget de l'État.

Recettes du budget général (en milliards de F)	**LFI 2000**	**LFI 2001**
Recettes fiscales nettes dont :	**1 574,6**	**1 632,2**
impôt sur le revenu	349,3	344
impôt sur les sociétés net	247,3	280,8
taxe int. sur les prod. pétroliers	159,2	166
taxe sur la valeur ajoutée nette	687,1	714,8
divers	131,7	126,6
Recettes non fiscales	**180**	**190,7**
Prélèvements au profit des collectivités locales et des communautés européennes	**– 285,4**	**– 307,2**
Recettes du budget général *	**1 469,2**	**1 515,7**

* *Hors fonds de concours.*

■ **Hors bilan** (en milliards de F). *Dette gérée :* 0,14 ; *garantie par l'État :* 186,4.

■ **Secteur public local de l'État : bilan** (en milliards de F). **Actif :** redevables 62,03, avances/mises en recouvrement d'impôts locaux 116,42. **Passif :** dépôts des collectivités locales et établissements publics locaux 147,33, résultats de l'année (prélèvements au profit des collectivités locales) – 69,12.

■ **Budget de l'État** (en millions de F, 2001). **Recettes nettes : 1 515 667** dont *recettes fiscales nettes : 1 632 171* dont impôt sur le revenu (produit brut) 344 015, sur les Stés (produit net) 280 840, autres impôts directs 157 334, TIPP (taxe intérieure sur les produits pétroliers) 165 989, TVA (taxe sur la valeur ajoutée ; produit net) 714 775, enregistrement, timbre et taxes indirectes 103 663, remboursements et dégrèvements d'impôts divers (à déduire autres qu'IS et TVA) – 134 445 ; *recettes non fiscales nettes : 190 731* dont exploitations industrielles et commerciales 22 453, produits et revenus du domaine de l'État 2 241, taxes, redevances et recettes assimilées 44 898, intérêts des avances, prêts et dotations en capital 6 386, retenues et cotisations sociales 59 605, recettes provenant de l'extérieur 1 703, opérations entre administrations et services publics 580, divers 71 365, recettes d'ordre liées à la gestion de la dette publique (à déduire) – 18 500. *Prélèvements sur les recettes de l'État : 307 235* dont au profit des collectivités locales 207 735, au profit des communautés européennes 99 500.

DÉFICITS ET EXCÉDENTS BUDGÉTAIRES (en milliards de F)

Année	Prévision [1]	Exécution [2]	% du PIB [3]	PIB
1975	– 4	– 38,2	2,6	1 468
1976	– 5	– 20,2	1,2	1 701
1977	– 6	– 18,3	1	1 918
1978	– 8,9	– 34,3	1,6	2 183
1979	– 15,1	– 37,6	1,5	2 481
1980	– 31,2	– 30,3	1,1	2 808
1981	– 29,4	– 80,9	2,6	3 164
1982	– 95,4	– 98,9	2,73	3 626
1983	– 117,8	– 129,6	3,24	4 006
1984	– 125,8	– 146,2	3,35	4 361
1985	– 140,2	– 153,3	3,26	4 700
1986	– 145,3	– 141,1	2,78	5 069
1987	– 129,3	– 120,1	2,25	5 337
1988	– 115	– 114,7	2	5 735
1989	– 100,5	– 100,38	1,60	6 258
1990	– 90,2	– 93,15	1,41	6 620
1991	– 80,7	– 131,74	1,91	6 884
1992	– 89,9	– 226,3	3,18	7 126
1993	– 165,4	– 315,64	4,37	7 226
1994	– 301,4	– 299,08	3,99	7 500
1995	– 275,1	– 322,95	4,17	7 752
1996	– 287,8	– 295,4	3,72	7 951
1997	– 284,8	– 267,71	3,25	8 207
1998	– 257,9	– 247,51	2,89	8 566
1999	– 236,6	– 206	2,33	8 856
2000	– 215,3	– 191,2	2,07	9 215

Nota. – (1) Lois de finances initiales. (2) Lois de règlement, non comprises les opérations avec le FMI et le Fonds de stabilisation des changes. (3) Montant en % du PIB.

Ressources et, entre parenthèses, **charges :** *opérations à caractère définitif : – 195 680* dont budget général (montant net des remboursements et dégrèvements) (1 729 895) 1 534 167, comptes d'affectation spéciale (81 951) 81 899, totaux pour budget général et CAS (1 811 846) 1 616 166, budgets annexes (107 867) 107 867 ; *opérations à caractère temporaire : 9 118* dont comptes spéciaux du Trésor (368 987) 378 105. *Solde général : – 186 562. Charge d'intérêts de la dette publique : 1 702 229* dont charge brute 258 187, opérations pour ordre (à déduire) – 19 687, charge nette 239 687. *Budgets civils :* dépenses brutes 1 594 418, remboursements et dégrèvements (à déduire) – 367 445, dépenses nettes 1 226 973.

Répartition par ministère des dépenses (en millions de F, 2001) : *budgets civils : 1 466 660* dont Affaires étrangères 22 093, Agriculture et Pêche 33 498, Aménagement du territoire 1 752, Environnement 4 699, Anciens combattants 23 793, Charges communes [1] 334 869, Culture et Communication 16 722, Économie, Finances et Industrie 92 770, Éducation nationale 388 102, Recherche et Technologie 40 388, BCRD (budget civil de recherche et de développement) [2] 55 989, Emploi et Solidarité 209 557, Équipement, Transports et Logement 140 129, Intérieur (hors collectivités locales) 59 614, collectivités locales (budget intérieur) 51 768, rappel du total des concours aux collectivités locales [3] 314 209, Jeunesse et Sports 3 428, Justice 29 094, Outre-mer 6 825, services du 1er ministre (hors audiovisuel public) 4 845, Audiovisuel public 2 714. *Défense 244 735.* DÉPENSES TOTALES DU BUDGET GÉNÉRAL : 1 711 395.

Nota. – (1) Crédits nets des opérations inscrites pour ordre aux charges communes (remboursements et dégrèvements d'impôts et opérations de gestion relatives à la dette publique). (2) Dotations du ministère de la Recherche et de la Technologie et dotations de recherche inscrites au budget de divers autres ministères. (3) Prélèvements sur recettes de l'État et dotations inscrites au budget de divers ministères.

■ **Budgets annexes. Recettes et,** entre parenthèses, **soldes** (autorisation de programme et crédits de paiement) : **aviation civile** 8,7 (1,6/8,7). **Journaux officiels** 1,1 (0,03/1,1). **Légion d'honneur** 0,1 (0,005/0,1). **Ordre de la Libération** 0,005 (0,001/0,005). **Monnaies et médailles** 1,4 (0,04/1,4). **Prestations sociales agricoles** 94,4 (94,3). **Total 105,7 (1,7/105,6).**

■ **Soldes des comptes spéciaux du Trésor** (en milliards de F, 2001). *Soldes créditeurs :* comptes d'affectation spéciale 3,11, comptes de prêts 0,36. *Soldes de bilans :* comptes de commerce 2,96, d'avances 79,39, autres comptes spéciaux (hors FMI) 0,13. *Solde des comptes spéciaux* 79,01.

■ **Effectifs budgétaires de l'État. Budgets civils totaux** (en 2001) : Affaires étrangères 9 471 ; Agriculture et Pêche 30 388 ; Aménagement du territoire 144 ; Environnement 3 060 ; Culture et Communication 14 968 ; Économie, Finances et Industrie 179 705 ; Éducation nationale, Recherche et Technologie : enseignement scolaire 954 232, supérieur 128 722 ; Emploi 10 339 ; Santé et Solidarité 14 428 ; Équipement, Transports et Logement : services communs 97 957 ; Mer (hors appelés) 2 451 ; Tourisme 321 ; Intérieur et Décentralisation (hors appelés) 163 892 ; Jeunesse et Sports 6 741 ; Justice 64 409 ; Outre-mer (hors appelés) 2 979 ; services du Premier ministre (hors appelés) : 2 080. **Budgets annexes 11 792. Totaux pour les budgets civils 1 698 379.**

Professionnalisation des emplois militaires : Défense (hors appelés et volontaires) 424 767 ; flux d'engagés dans les ministères civils : Mer (police maritime) n.c. ; appelés et volontaires Défense 41 090 ; Intérieur (police et sécurité

■ **Plan Pinay 1952. Mesures :** stabilité des tarifs publics, maintien de la pression fiscale, diminution des investissements publics, maintien de la parité du franc, du pouvoir d'achat (sauf pour agriculteurs), emprunt indexé sur l'or, blocage des prix. **Résultats :** taux d'inflation ramené de 20 % à 0 %, stagnation économique en 1953-54, chute de la production industrielle, léger déficit budgétaire, déficit de la balance commerciale en 1952 et 53. Équilibre en 1954, faible augmentation des réserves de change due à l'amnistie fiscale (retour des capitaux).

■ **Plan Rueff-Pinay 1958. Mesures :** hausse des tarifs publics, augmentation de la pression fiscale, maintien des investissements publics, dévaluation du F (17,55 %) et création du F lourd convertible, baisse du pouvoir d'achat (sauf des catégories les plus défavorisées), emprunt classique, liberté des prix et ouverture des frontières. **Résultats :** taux d'inflation ramené de 18 % à 3,5 %, reprise de la croissance en 1959, hausse de la prod. industrielle, équilibre budgétaire, excédent de la balance commerciale dès 1959, augmentation des réserves de change.

■ **Plan Giscard d'Estaing 1969. Mesures :** dévaluation du F (11,1 %), encadrement modéré du crédit, allègements fiscaux sur les revenus, réduction des dépenses publiques, liberté surveillée des prix, politique contractuelle avec entreprises et salariés. **Résultats :** baisse de l'inflation et excédent de la balance commerciale en 1970, reconstitution des réserves de change, hausse de la production et des investissements.

■ **Plan Barre 1976 (sept.). Buts :** baisse de l'inflation et relance de l'investissement productif grâce à l'austérité financière. **Mesures :** blocage des prix jusqu'en janv. 1977 (avril pour tarifs publics) et limitation ultérieure à 6,5 % ; baisse de TVA de 20 à 17,6 % à dater du 1-1-1977. Hausse des impôts (4 à 8 % pour contribuables ayant payé plus de 20 000 F d'impôt sur le revenu, 4 % pour Stés), de la vignette (15 %). Majoration des cotisations d'assurance maladie. Indemnisation des paysans victimes de la sécheresse. **Résultats :** hausse de la prod. ind. (1,6 % en 1978, 3,9 en 79), du PIB moyen (3,4 % en 78, 3,4 en 79), stabilisation du pouvoir d'achat, reprise des investissements (+ 2,7 % en 78, + 3,7 en 79), hausse des export. (6,4 % en 78, 7,3 en 79), progression du chômage (+ 60 % depuis sept. 76), permanence de l'inflation (9,7 % en 78, 11,8 en 79), stabilisation du F, équilibre de la balance des paiements, redressement des entreprises (productivité : + 5,9 % en 79).

■ **Plan Delors 1983 (mars). Buts :** à la suite de la dévaluation du franc, plan de rigueur pour lutter contre les causes structurelles de l'inflation ; maintien de l'activité économique, tout en réduisant le déficit du commerce extérieur. **Mesures :** *épargne :* emprunt obligatoire exceptionnel, encouragement à l'épargne-logement, fonds salariaux ; hausses des *tarifs publics* (8 %) ; *fiscalité :* prélèvement de 1 % sur les revenus imposables et taxe sur l'essence ; *économies :* réaliser 12 milliards de F d'économies pour EDF, GDF, SNCF et RATP et 15 milliards sur les dépenses publiques ; *Sécurité sociale :* vignette sur alcool et tabac, forfait hospitalier à la charge du malade ; *change :* limitation des dépenses touristiques à l'étranger ; *masse monétaire :* croissance ramenée de 10 % (objectif fixé) à 9 % pour 1983 et adaptation de dispositifs de contrôle ; *prix :* contrôles renforcés, sanctions plus sévères.

Finances publiques

Budget de l'État MdF (milliards de F)	1998 (exécution)	1999 (loi de finances initiale) LFI	1999 révisée	2000 (projet de loi de finances)
Recettes totales nettes (en MdF)	1 333,2	1 430,9	1 436,8	1 442,2
dont recettes fiscales	1 452	1 263,6	1 270,4	1 259,6
dont : TVA nette	641,9	673	666	679
impôt sur le revenu	304	315,4	320	333,2
impôt sur les sociétés net	184,7	196,3	214,4	223,7
Dépenses du budget général (en MdF)	1 674,3	1 670,6		1 660,6
fonctionnement	1 086,1	1 265		1 259,1
investissement	166,4	164,8		163,3
charge de la dette	255,4	240,7		238,2
Solde budgétaire (en MdF) (y compris comptes spéciaux)	– 247,5	– 236,6		– 215,4
Collectivités locales				
Recettes réelles de fonctionnement (en MdF)	680,5	710,4		731
dont recettes fiscales	456	470,6		488,5
taxe professionnelle (est.)	158,1	166,3		175
taxe d'habitation (est.)	68,7	70,8		73
Dépenses (en MdF)				
de gestion	460,6	483,2		499,6
d'investissement	195,5	203,2		217,6
intérêts de la dette	43,1	39,9		40,2
Encours de la dette (au 1er janvier) (en MdF)	683,4	674,3		663
Poids relatif des finances publiques (en % du PIB)				
Dépenses publiques	54,2	54		53,2
Prélèvements obligatoires	44,9	45,3		44,8
impôts	28,6	28,8		28,6
cotisations sociales	16,3	16,5		16,3
Déficit au sens de Maastricht	– 2,7	– 2,2		– 1,8
dont État	– 3	– 2,7		– 2,4
organisme de Sécurité sociale	– 0,1	+ 0,1		+ 0,25
autres administrations	+ 0,4	+ 0,4		+ 0,35
Dette au sens de Maastricht	60,3	60,5		59,9
en milliards de F	(5 165)	(5 334)		(5 492)

civile) 616 ; Outre-mer 2 068 ; secrétariat général de la Défense nationale 12. **Totaux pour les emplois militaires 468 553. Répartition des effectifs budgétaires de l'État :** 2,1 millions d'agents (hors appelés et volontaires) dont (en %) : Éducation nationale 51 ; Défense (hors appelés et volontaires) 20 ; Économie, Finances et Industrie 8,5 ; Intérieur et Décentralisation (hors appelés) 7,7 ; Équipement, Transports et Logement 5,3 ; Justice 3 ; Agriculture 1,4 ; Emploi et Solidarité 1,2 ; Culture 0,7 ; Affaires étrangères 0,4 ; autres ministères 0,8.

Dette publique de la France

Définitions

■ **Dette de l'État (publique).** Inscrite au bilan, ne comprend ni la dette gérée (emprunts du budget annexe de la Poste, des Télécoms et d'EDF) ni la dette en devises pour conforter les réserves de change de la nation, ni la dette garantie par l'État.

■ **Dette extérieure.** Encours des emprunts à l'étranger autorisés à plus de 1 an, contractés par des résidents et cédés ou ayant vocation à être cédés sur le marché des changes. Ce peut être, soit des emprunts directs à l'étranger sur les euromarchés ou les marchés étrangers de capitaux (marchés nationaux), soit des avances en devises à plus de 1 an consenties par le secteur bancaire résident à des résidents et n'ayant pas une finalité commerciale (les emprunts en devises réalisés par les banques résidentes pour financer leur activité de prêts en devises à des non-résidents ne sont pas pris en compte).

Montant de la dette publique

■ **Dette publique** (en milliards de F, au 31-4-2001). *Dette financière négociable* 4 164,46 dont à long terme 2 776,17, à court terme 1 388,29 ; *non négociable* 125,52 dont engagement de l'État 16,79, bons du Trésor sur formules 10,85, organismes internationaux 81,66, emprunts anciens à caractéristiques spéciales 0,16, emprunt à court terme 0,6, dette résultant de l'émission de monnaies métalliques 15,46 ; *dépôts des correspondants* 412,59 ; *dette résultant des mises en pension de titres d'État* n.c. ; *concours de la Banque de France* 7,2 ; *compte courant à la Banque de France* 3,57 ; *créance résultant des prises en pension de titres d'État* – 40,67.

Réserves officielles de change de la France (en milliards de F dont, entre parenthèses, **or).** *1980* : 359,6 (226,98). *81* : 315,99 (194,65). *82* : 352,03 (247,14). *83* : 430,02 (259,09). *84* : 457,7 (257). *85* : 412,9 (210,3). *86* : 421 (218,5). *87* : 377,6 (223,5) [avec position débitrice auprès du Fonds européen de coopération militaire (Fecom) de 23,6 milliards de F]. *88* : 361 (206,1). *89* : 339,2 (196,7). *91 (mai)* : 338,8 (161,7). *92 (1-6)* : 368 (172,8). *93 (31-5)* : 327,8 (145,1). *98 (mai)* : 375,2 (148,8) ; devises 141,1 ; écu 59,8 ; créance sur FMI 25,5.

■ **Dette publique totale** (en milliards de F). *1940* : 0,5. *45* : 15. *70* : 166,93. *75* : 237,5. *76* : 260,8. *77* : 287. *78* : 320,2. *79* : 372,7. *80* : 418,4. *81* : 500,4. *82* : 616,6. *83* : 779,8. *84* : 915,4. *85* : 1 067,5. *86* : 1 194,6. *87* : 1 281,7. *88* : 1 474,8. *89* : 1 622,4. *90* : 1 782,4. *91* : 1 867,1. *92* : 2 111,3. *93* : 2 460,2. *94* : 2 904,5. *95* : 3 251,3. *96* : 3 541,5. *97* : 3 784,8. *98* : 4 021. (En milliards d'euros) *99* : 654. *2000* : 679 dont dette négociable 616 (dont BTF 43, BTAN 154), à long terme 419, non négociable 63. **Durée de vie moyenne de la dette négociable :** *1990* : 5 ans 172 j. *95* : 6 a. 95 j. *2000* : 6 a. 64 j. *2001* : 6 a. 41 j. **Évolution de la dette publique** (en %) **du PIB :** *1975* : 16,1. *79* : 15,1. *80* : 16,4. *85* : 22,7. *90* : 26,9. *91* : 27,7. *92* : 29,6. *93* : 34,7. *94* : 38,7. *95* : 41,9. *96* : 44,5. *97* : 46. *98* : 46,8. *99* : 49. *2000* : 58. *01* : 57. **Dette des administrations publiques locales :** *1986* : 7,6. *87* : 9,6. *88* : 7,9. *89* : 8. *90* : 7,9. *91* : 8,2. *92* : 9,5. *93* : 10,6. *94* : 9. *95* : 10,1. *96* : 104.

■ **Dette garantie par l'État** (en milliards de F). *1997-31-12* : 368,9 ; *1998-31-12* : 313,6 ; *1999-31-12* : 247,4 ; *2000-31-12* : 186,5 dont dette intérieure 167 (dont en % prêt à la construction et amélioration de l'habitat 14,6, caisse prêts OPHLM 17,4, crédits équipement des PME 15,8, agence française de développement 18,5, Finansder 9,3, Unedic 7,2, Bâti Crédit Finance et Cie 6,5, emprunt de la République de Côte d'Ivoire 3,9, autres 6,8.

Charge de la dette publique (en milliards de F). *1982* : 48,2. *83* : 68,5. *84* : 84,7. *85* : 89,8. *86* : 92,9. *87* : 91,9 (nette 85,1). *88* : 98,7 (92,5). *89* : 115,8 (108,7). *90* : 136,9 (124,1). *95* : 234,4 (206,8). *96* : 239,1 (219,5). *97* : 239,9 (222,5). *98* : 250,2 (228). *99* : 243,5 (229,1). *2000* : 251,9 (234,7). *01* : 258,187 (239,687).

■ **Endettement net de la nation** (en milliards de F, fin 1992). *Dettes et,* entre parenthèses, *créances* : liquidités 12 208 (12 272) dont en devises 2 104 (2 435), crédits 15 222 (15 724) en devises 228 (467), actions, obligations 18 805 (17 830). *Solde* : 410.

■ **Balance des paiements** (en milliards d'euros, 2000). **Compte de transactions courantes : 22,66** dont biens et services 22,49, revenus 15,11, transferts courants – 14,94 ; **de capital : 1,47** dont transferts en capital 1,55, acquisition d'actifs non financiers – 0,08 ; **financier : – 30,68** dont investissements directs – 139,28, français à l'étranger – 187,21, étrangers en France 47,92 ; investissements de portefeuille 41,08, avoirs (résidents sur titres étrangers) – 104,31, engagements (N-R sur titres français) 145,4 ; autres investissements 59,79, avoirs 0,13, engagements 59,66 ; avoirs de réserve 2,66. **Erreurs et omissions nettes : 6,54.**

Part des dépenses publiques dans le PIB (en %). *1992* : 52,9 ; *96* : 55,6 ; *97* : 54,9 ; *98* : 54,2 ; *99* : 53,9 ; *2000* : 53. **Taux des prélèvements obligatoires** (en % du PIB). *1992* : 42,7 ; *96* : 44,8 ; *97* : 44,9 ; *98* : 44,9 ; *99* : 45,3 ; *2000* : 44,8. **Poids de la dette publique** (en % du PIB). *1995* : 55,6 ; *98* : 60,3 ; *99* : 60,3 ; *2000* : 59,4.

Secteur public local

☞ **L'ensemble du secteur public local comprend :** collectivités territoriales, régions, départements, communes, leurs groupements et leurs services, syndicats, districts et communautés urbaines, offices publics d'habitations à loyer modéré (OPHLM), d'aménagement et de construction (Opac), hôpitaux et régies locales à caractère industriel et commercial. On parle aussi d'Apul (Administrations publiques locales).

Finances locales

■ **Concours de l'État aux collectivités locales** (en milliards de F). *Total* : *1983* : 132,7 ; *84* : 133,3 ; *85* : 153,7 ; *86* : 161 ; *87* : 176,2 ; *88* : 189,4 ; *89* : 197,9 ; *90* : 212,1 ; *91* : 228,5 ; *92* : 242,6 ; *93* : 258,7 ; *94* : 224,27 ; *95* : 235,8 ; *96* : 243 ; *97* : 248,72 ; *98* : 255,23 ; *99* : 279,96 ; *2000* : 293,26 dont dotations sous enveloppe 160,836 dont dotation globale de fonctionnements 110,18, majoration exceptionnelle de la DSU 1, dotation spéciale instituteurs 2,35, FNPTP 3,57, FNP 0,67, dotation élu local 0,27, DGE 5,49, DRES (AP) 3,56, DDE des collèges (AP) 1,77, DGD 10,02, Corse 1,35, formation professionnelle 7,96, DCTP (hors REI) 11,6. *Compensation de la réforme fiscale* 32,58 dont de la suppression de la part salaires de l'assiette de la taxe professionnelle 22,85, de la part régionale des droits de mutation à titre onéreux 5,1, de la diminution de la part départementale des droits de mutation à titre onéreux 4,6. *Dotation hors enveloppe* 99,84 dont FCTVA 21,82, amendes de police 2, subventions des ministères 11,92, comptes spéciaux du Trésor (AP) 1,2, compensations d'exonérations et de dégrèvements législatifs : REI 0,5, contrepartie de l'exonération de la taxe foncière sur propriétés bâties et non bâties 0,2, compensations de diverses exonérations relatives à la fiscalité locale 12,57, contrepartie de divers dégrèvements législatifs 49,98.

■ **Aides économiques directes/indirectes des collectivités locales** (en milliards de F, 1998). 13,8 (directes 10,5/indirectes 3,3) dont communes 6,5 (4,4/2,1), départements 3,4 (2,9/0,5), régions 3,8 (3,1/0,6). **Aides directes :** 10,5 dont subventions 7,4 (54,1 %), prêts et avances 2,1 (15,2), achats de bâtiments et de terrains 0,7, autres 0,2 (6,7 %). **Indirectes :** 3,32 dont prises de participation 1,01 (7,3), ventes à paiements échelonnés 0,1, aménagements zones industrielles 1,01 (7,6), études, diagnostic, conseil de gestion 0,1, autres 0,9 (9,2). **Par secteurs d'activités** (en %, au 31-12-1998) : industrie-commerce-artisanat 40,1, logement 23,1, agriculture 11,6, bâtiment-travaux publics 8,4, tourisme 5,1, divers 11,6. **Garanties d'emprunts** (encours

En milliards de F	Collectivités territoriales Total 1998	Communes 1998	Communes 1999	Départements 1999	Départements 2000	Régions 1999	Régions 2000	Groupements 1998
Total des dépenses	**774,5**	**458,1**	**472,8**	**246,1**	**249,8**	**82,6**	**86,8**	**837,2**
Dépenses de fonctionnement [1]	**474,6**	**294,9**		**152,3**	**150,2**	**33,6**	**36,1**	**510,8**
achats et charges	150,2	74	75,7	75,8		2		
personnel	172,8	146,1	154	26,1	27,7	2,4	2,7	182,6
transferts versés	138,3	68,9	32,4	42,8		27,6	29,6	–
Dépenses d'investissement [2]	**189,1**	**96,8**		**59,5**	**64,3**	**35,1**	**36**	**206**
subventions d'équipement	n.d.	4,5		20,3	22,4	19,3	20,1	
équipement	134,8	87,9	88,7	33,7	36,7	14,1	14,8	148,4
Total des recettes	**778,2**	**459,8**	**477,7**	**249**	**250,7**	**82,8**	**86,7**	**841,5**
Recettes de fonctionnement	**640**	**377,2**		**211,3**	**210,7**	**66**	**67,9**	**687,8**
impôts et taxes	416	234,2		144,4		45,2	47	
dont impôts locaux		177,2	178,2					318,5
transferts reçus	182	105,5				19,5	19,5	–
dont dotation de l'État	131,2	84,9	87,2	33,1	42,5	17,8		136,5
Recettes d'investissement	**134,7**	**82,6**		**37,7**	**40**	**16,9**	**18,9**	**153,6**
emprunts	67,5	39,6	44,1	19,5	20,6	7,8	9,3	75,5
dotations et subventions	51,9	30,4	29,3	13,3	14,1	7		

Nota. – (1) Hors intérêts de dette. (2) Hors remboursements.

au 31-12-1998) : *total 235,02* ; communes 146,6 ; départements 87,5 ; régions 0,87.

Statistiques régionales

■ **Budgets primitifs** (en milliards de F, 2000). **Des régions : dépenses réelles totales** 90,7 : **de fonctionnement** 40,9 dont *par nature :* frais de personnel 2,7, intérêts de dette 3,3, transferts versés 31,4 ; *par fonction :* lycées 5,8, formation professionnelle 14,5 ; **d'investissement** 49,7 dont *par nature :* dépenses d'équipement brut 12,9, remboursement de dette 9,5, subventions d'équipement 21,3 ; *par fonction :* lycées 14,9, formation professionnelle 0,9, transports et télécommunications 9,8, action économique 5,5. **Recettes réelles totales** 89,9 : **de fonctionnement** 65,2 dont *recettes fiscales :* 45,3 directes 28,5, indirectes [16,8 (cartes grises 8,7, compensation de droits de mutation 5,1, permis de conduire 0,2, autres 2,8)] ; *transferts reçus :* 19,6 dont DGD 5,3, dotation formation professionnelle 7,8 ; **d'investissement** 24,6 dont *subventions et participations :* 8,6 [FCTVA 2, DRES (dotation régionale d'équipement scolaire) 3,5 ; *emprunts :* 15.

Des départements : dépenses réelles totales 255,6 : **de fonctionnement** 159,9 dont *par nature :* frais de personnel 28,1, intérêts 6,7, transferts versés 106,7 ; *par fonction :* aide sociale 91,7, services économiques n.d., voirie 20,3, collèges 7,5 ; **d'investissement** 95,7 dont *par nature :* dépenses d'équipement brut 38,9, remboursement de la dette 28,2, subventions d'équipement 24,4 ; *par fonction :* aide aux communes n.d., voirie 20,5, collèges 12,2. **Recettes réelles totales** 255,6 : **de fonctionnement** 198,7 dont *recettes fiscales* 139,5 [directes 102,5, indirectes 37 (vignette 12,7, droits de mutation 19,4, autres 4,9 ; *transferts reçus :* 56 dont DGF 28,4, DGD 10,6 ; **d'investissement** 56,9 dont *subventions et participations :* 14,4 [FCTVA 4,8, DGE 2,4, DDEC (dotation départementale d'équipement des collèges) 1,7] ; *emprunts :* 40.

■ **Subventions d'équipement versées par domaine** (en millions de F, 2001). *Total 218 552* dont : enseignement formation 2 254,8 (continue, secondaire) ; transports et communications 8 103,3 ; action économique 4 468,2 ; développement rural et environnement 2 783 ; logement, développement urbain 2 089,6 ; culture et vie sociale 1 323,8 ; santé 510,3 ; autres 322,2.

■ **Prélèvements obligatoires des administrations publiques locales** (en % du PIB, 1999). **Impôts après transfert de l'État :** 5,55 ; *avant transferts :* 4,72.

Effectifs budgétaires de la fonction publique territoriale (en milliers, au 1-1-1999). *Total 1 658,9* dont titulaires et non-titulaires 1 504,5, CES 131,8. Emplois jeunes 22,6. **Par organismes :** régional et départemental 230,7, communal 1 131,2, intercommunal 124,1, privé d'administration

■ **Villes les plus endettées** (en F, selon *Les Échos* juillet 1994). **De plus de 50 000 hab. :** Avignon 23 500 ; Chambéry 15 500 ; Nîmes 15 200 ; Arles 14 900 ; Dunkerque 14 800 ; Noisy-le-Grand 14 600 ; St-Étienne 14 400 ; Tours 13 200 ; **de 20 à 50 000 hab. :** Angoulême 20 000.

■ **Villes les moins imposées.** Onet-le-Château (116 F par hab., une usine procurant une taxe professionnelle importante), Neuilly-sur-Seine, Courbevoie, Boulogne-Billancourt, Paris, Versailles ; **les plus imposées :** Seyne-sur-Mer, Poitiers, Tourcoing.

■ **Coût d'équipements** (en millions de F). **Hôtels départementaux les plus chers :** Bouches-du-Rhône 800 ; Hauts-de-Seine 600 ; Nord 350. **Les moins chers :** Centre 36 ; Poitou-Charentes 42 ; Rhône-Alpes 50.

Fiscalité directe en 2001

	T [1]	Fb [2,5]	Fn [3,5]	TP [4,5]
Alsace	864	1,49	7,18	1,98
Aquitaine	1 601,1	2,58	7,62	2,91
Auvergne	690,6	2,79	6,4	2,20
Bourgogne	694,2	2,28	5,72	1,69
Bretagne	1 367,5	2,35	3,44	2,30
Centre	1 453,1	3	7,45	2,29
Champagne-Ardenne	709,4	2,92	3,86	1,90
Corse [7]	140,5	1,02	6,24	–
Franche-Comté	667,6	3,07	8,03	2,44
Ile-de-France	4 110	0,87	1,5	1,02
Languedoc-Roussillon	1 113,6	2,65	5,59	2,36
Limousin	480,8	3,37	13,15	3,33
Lorraine	991,6	1,94	5,83	1,84
Midi-Pyrénées	1 605	3,66	8,69	3,12
Nord-Pas-de-Calais	2 397,7	2,98	10,12	2,89
Normandie (Basse-)	922,2	4,29	5,79	2,36
Normandie (Haute-)	1 227,5	4,02	8,36	2,27
Pays de la Loire	1 581	2,23	4,26	2,26
Picardie	1 081,5	3,43	6,29	2,26
Poitou-Charentes	809	2,97	7,72	2,16
Provence-Alpes-Côte d'Azur	2 072	1,48	5,57	2,27
Rhône-Alpes	2 722	1,68	4,18	1,97
Métropole	**29 301,8**	**1,97**	**4,95**	**1,97**
Guadeloupe	82,2	2,19	1,73	1,19
Guyane	52,6	4,02	3,06	2,20
Martinique	149,4	4,57	4,36	2,28
Réunion	212,6	2,53	0,90	2,19
France entière	**29 798,6**	**1,97**	**4,85**	**1,96**

Nota. – En millions de F. (1) Recettes fiscales directes. (2) Taux d'imposition foncier bâti. (3) Foncier non bâti. (4) Taxe professionnelle. (5) En %.

Dépenses, recettes et endettement en 2001

	Dépenses totales		Recettes fiscales		Endettement	
	(1)	(2)	(1)	(2)	(1)	(2)
Alsace	2 817,1	1 376	1 273	734	1 331,4	768
Aquitaine	3 643	1 253	2 308,2	794	3 507,4	1 206
Auvergne	2 067,9	1 580	947,1	724	1 298,1	992
Bourgogne	2 093,4	1 145	1 051,4	653	1 761,9	1 094
Bretagne	3 527,5	1 210	1 934,6	666	1 088,2	374
Centre	4 167,8	1 499	1 930,8	791	1 491,3	611
Champagne-Ardenne	1 988	1 444	989,5	737	421	314
Corse	2 679,7	9 679	619,7	2 382	703,3	2 703
Franche-Comté	1 669,8	1 316	929,1	832	704,6	631
Ile-de-France	19 073	1 442	7 734	706	15 625	1 427
Languedoc-Roussillon	2 719,1	1 184	1 644,6	716	2 311,3	1 007
Limousin	1 383	1 840	616,4	867	396,6	558
Lorraine	2 879	1 109	1 477,8	640	1 054,7	457
Midi-Pyrénées	3 708	1 397	2 181	855	732,2	287
Nord-P.-de-C.	8 381,2	1 780	3 208,9	803	6 344,8	1 588
Normandie (Basse-)	2 050,2	1 442	1 236,4	869	276,5	194
(Hte-)	3 230	1 621	1 588,5	892	1 841,4	1 034
Pays de la Loire	4 317,1	1 340	2 192,7	681	1 363,1	423
Picardie	2 950,8	1 373	1 445,2	778	825,6	444
Poitou-Charentes	2 100	1 280	1 121,5	684	460,1	281
Provence-Alpes-Côte d'Azur	6 223	1 381	3 438,8	763	3 970	881
Rhône-Alpes	8 832	1 379	4 144	734	3 319,9	588
Métropole	**92 500**	**1 436**	**44 013,1**	**752**	**50 828,7**	**869**
Guadeloupe	1 751,5	4 146	914,3	2 164	1 491,3	3 530
Guyane	540,2	3 436	285,1	1 813	445,3	2 832
Martinique	1 519,7	3 984	849	2 226	459,6	1 205
Réunion	2 582,8	3 657	1 164,8	1 649	884,2	1 252
Outre-mer	**6 394,3**	**3 835**	**3 213,2**	**1 927**	**3 280,5**	**1 967**
France entière	**98 895**	**1 502**	**47 226,3**	**785**	**54 109,2**	**899**

Nota. – (1) En millions de F. (2) En F par habitant.
Source : ministère de l'Intérieur.

locale 110,8, autres 62 ; **par filières :** administrative 314, technique 644, culturelle 57, sportive 17, médico-sociale 198,8, police municipale 18,3, emplois d'animation 46, sapeurs-pompiers 36,5, autres 18,2 ; **par catégories** (en %) : A : 8,5 ; B : 12,9 ; C : 78,6.

Dépenses totales (en milliards de F, 1999). Régions 82,6 ; départements 246,1 ; communes 472,7.

Ratio d'endettement (en F/hab., au 1-1-2000). **Dette des budgets principaux :** régions : 1 000 ; départements : 2 469 ; communes 5 804 dont, *– de 500 hab. :* 2 392 ; *de 100 000 à 300 000 hab. :* 7 066.

Endettement des collectivités locales (en milliards de F, au 31-12-1999). **Dette des administrations publiques :** *dette totale : État 4 839, Apul 830 dont dette à long et moyen termes* 672 ; **nette des créances :** État 1 867 (21,1 % du PIB), Apul 392,9 (4,4 %). **Dette des collectivités territoriales** (est. 2000) : total des budgets principaux pour emprunts et autres engagements 525,4 dont *communes* (y compris Paris) 335,1, *départements* 135, *régions* 55,3.

Fiscalité directe des collectivités locales (en milliards de F, 1999) : taxe d'habitation 72,4, taxe sur le foncier bâti 88,27, taxe sur le foncier non bâti 5,38, taxe professionnelle 158,63.

Fonds de correction des déséquilibres régionaux (en millions de F, 1997). 351,3 dont *prélèvements :* Ile-de-France – 255,05, Rhône-Alpes – 73,6, Alsace – 22,6. *Attribution :* Midi-Pyrénées 39,4, Nord-Pas-de-Calais 39, Corse 36,7, Bretagne 32,2, Pays de la Loire 31,5, Limousin 31,3, Poitou-Charentes 30,3, Aquitaine 29,8, Languedoc-Roussillon 29,7, Auvergne 28,7, Réunion 9,5, Martinique 6,4, Guadeloupe 5,1, Guyane 1,8.

Finances publiques internationales

Définitions

■ **Abréviations.** AGE : Accords généraux d'emprunt. AID : Association internationale de développement. A (ou F) PD : Aide (ou Financement) public de développement. BIRD : Banque internationale pour la reconstruction et le développement (ou Banque mondiale). BRI : Banque des règlements internationaux. CAD : Comité d'aide au développement. DTS : Droits de tirage spéciaux. FAS : Facilité d'ajustement structurel. FASR : FAS renforcée. FMI : Fonds monétaire international. SFI : Société financière internationale.

■ **Accords généraux d'emprunt.** Le FMI tire ses ressources de souscriptions (voir **Quotes-parts** p. 1812 b) mais peut les compléter par des emprunts. En vertu des AGE, entrés en vigueur en oct. 1962 et renouvelés périodiquement, 10 pays industrialisés membres du FMI (*le Groupe des Dix*[1]), la Suisse puis, depuis 1983, l'Arabie saoudite ont mis des crédits à la disposition du Fonds.

Nota.– (1) G7 + Pays-Bas, Belgique et Suède.

Accords en vigueur : 1996-*30-4 montant engagé (en millions de DTS) : 27 918* dont mécanisme élargi de crédit *9 390*, accord de confirmation *14 963*, FAS renforcée

■ **Club de Paris.** *Créé* en 1956 pour éviter la faillite de l'Argentine, il réunit à Paris des États créanciers désireux de définir en commun les facilités de paiement qu'ils pourront accorder à un débiteur en difficulté. Spécialisé dans le traitement de la dette publique. Depuis le début de la crise de la dette en 1982, le nombre des accords conclus chaque année par le Club de Paris et le montant des dettes rééchelonnées ont fortement augmenté. Le Club de Paris a accepté un plus grand nombre de demandes de renégociation et consenti des conditions plus favorables lors des réaménagements. Il a permis aux pays les plus pauvres de bénéficier, en plus des accords de refinancement ou de rééchelonnement, d'une annulation partielle de leur dette.

■ **Club de Londres.** Regroupe les banques créancières, négocie les conditions d'un rééchelonnement des remboursements du capital et éventuellement l'octroi de prêts nouveaux. Traite la dette privée mondiale et la dette commerciale sans garantie publique.

■ **Conditions de réaménagements de dette. Conditions de Toronto** (juin 1988) : les dettes des pays les plus pauvres sont renégociées au Club de Paris. L'élément de libéralité peut atteindre jusqu'à 33 % de la valeur actualisée de certaines créances (principal et intérêts) venant à échéance dans un délai relativement bref, dit période de consolidation. **Conditions de La Trinité** (1990) : proposées par la G.-B. mais non acceptées par tous les participants, devaient permettre un allègement plus important de la dette des plus pauvres ; la totalité de la dette éligible (contractée avant la date limite fixée par le Club de Paris) devait être réexaminée, et non pas seulement les échéances à venir pendant la période de consolidation ; le degré de libéralité serait majoré grâce à une annulation des 2/3 de la dette éligible et à un allongement du rééchelonnement (25 ans, avec un délai de carence de 5 ans). **Conditions de Toronto « élargies »** (déc. 1991) : distinguent *les crédits commerciaux publics et crédits garantis par des organismes publics* [paiements en principal et en intérêts venant à échéance sur la période de consolidation (12 à 35 mois selon les accords) sont réaménagés selon l'une ou l'autre de ces 3 options : 1°) annulation de 50 % de la dette et rééchelonnement des sommes restantes sur une période plus longue, délai de carence de 6 ans ; 2°) rééchelonnement à un taux d'intérêt réduit, tel que l'élément de libéralité soit de 50 %, sur 23 ans, mais sans délai de carence ; 3°) rééchelonnement au taux du marché sur 25 ans avec délai de carence de 14 ans] et, d'autre part, *les dettes nées de l'APD* (ne peuvent être annulées mais des taux à des conditions libérales leur sont appliqués ; délai de remboursement porté à 30 ans avec délai de carence de 12 ans).

3 383, FAS *182*. **1996**-*mai* accord sur doublement des AGE 50 milliards de $.

■ **Accords de Bretton Woods.** [Lieu du New Hampshire (USA), où se réunirent, du 1er au 21-7-1944, des délégués de 44 pays (dont *France :* P. Mendès France ; *G.-B. :* J. M. Keynes ; *USA :* H. D. White) pour établir les bases d'une coopération sur le plan monétaire en vue de faciliter l'expansion du commerce international.] Ils décidèrent de créer le *Fonds monétaire international* (voir encadré p. 1812) et la *Banque mondiale,* et fixèrent les parités des monnaies par rapport au $, lui-même lié à l'or (35 $ l'once). Ce système, dont le FMI devait être le gardien, ne fut en vigueur que le 1-1-1959, date à partir de laquelle toutes les monnaies des pays industrialisés, et pas seulement le $, sont redevenues librement convertibles, au moins pour les non-résidents et s'effondre entre 1971 et 1973 avec l'abandon de la parité or de la devise américaine (15-8-1971) et le flottement généralisé. Il dispensait les USA d'une certaine rigueur financière et les mettait en position dominante, mais le montant des liquidités mondiales ne pouvait dépendre d'une production d'or étroite, contrôlée par quelques pays. Le maintien d'une libre convertibilité du $ permettait théoriquement aux pays détenteurs de $ de vider les réserves d'or de Fort Knox à un prix avantageux.

■ **Balance des paiements.** Ensemble des comptes enregistrant pour une période donnée les transactions économiques et financières (et leurs soldes) entre un pays et le reste du monde. **Principaux postes : biens et services :** marchandises (exportations et importations : *balance commerciale*) et services (transports, assurances, voyages, brevets, revenus du capital, salaires...). **Transferts** (« dons et autres transactions unilatérales ») : économies de travailleurs, paiements au titre de réparations, contributions au financement d'organismes internationaux, dons... L'ensemble des biens et services et des transferts constitue la *balance des paiements courants.* **Mouvements de capitaux non monétaires :** capitaux à long terme (investissements de portefeuille, investissements directs, prêts, crédits commerciaux, crédits-bails...) et capitaux à court terme et liquides (prêts et avances, crédits commerciaux...).

■ **Balances dollars et sterling.** Avoirs en dollars ou en livres sterling que les banques centrales autres que celles des USA et de la G.-B. détiennent à titre de réserves sous le régime de l'étalon de change or.

■ **Convertibilité.** Une monnaie est convertible quand on peut librement la transformer en la valeur étalon (en or si c'est l'or) ou en une autre monnaie. La plupart des monnaies convertibles ne le sont en fait que par les non-résidents. La convertibilité « interne » du franc est quasi totale. Quelques monnaies sont convertibles à volonté par les résidents et les non-résidents (exemples : le mark, le franc suisse, le dollar, la livre sterling).

■ **Dette internationale** (en milliards de $). **Dette totale de tous les pays en développement :** *1990 :* 1 510 ; *91 :* 1 594 ; *92 :* 1 667 ; *93 :* 1 776 ; *94 :* 1 921 ; *95 :* 2 066 ; *96 :* 2 177 (dont Amérique centrale 6 565 ; Pacifique occidental 451,8 ; Europe centrale, ex-URSS 451,4 ; Afrique subsaharienne 235,4 ; Maghreb, Moyen-Orient 220,8 ; Asie du Sud 161.

Dette à long terme : auprès du secteur public (créanciers publics multilatéraux et bilatéraux) 547, privé (fournisseurs et banques) 517. **A court et moyen termes :** 313. **Crédits du FMI** (les tirages auprès du FMI sont une partie de la dette à long terme contractée auprès du secteur public, mais ils sont généralement présentés à part compte tenu de leur nature particulière) : 35.

■ **Dette publique brute en % du PIB** (en 2000) : Japon 119,4 ; Italie 108,9 ; Belgique 104,8 ; Grèce 100,3 ; Canada 80,3 ; Autriche 63,4 ; Allemagne 63,3 ; *France 62,6* ; Espagne 62,1 ; Portugal 57,3 ; P.-Bas 56,5 ; USA 56,2 ; Finlande 53,6 ; Suède 52,3 ; G.-B. 46,9 ; Danemark 46,7 ; Islande 35,1 ; Irlande 33,5 ; Norvège 24,7 ; Australie 22,6 ; Corée du Sud 16,4.

■ **Dette des USA** (en 1998). **Dette publique :** 3 720 milliards de $. **Dette extérieure :** 382 (en 1991). *En 1987 : engagement extérieur USA :* 1 536. *Investissement direct des étrangers aux USA :* 421 (en 1990, dont G.-B. 50 %). *Titres du Trésor américain possédés par des étrangers :* gouvernements 283, privés 78 (les investissements privés ont, par ailleurs, 344 milliards de $ en actions et obligations). *Avoirs américains à l'étranger :* 1 168 [*investissements directs* (surtout en Europe) : 407 (90), *investissements des portefeuilles :* 147, *avoirs du gouvernement :* 88, *créances bancaires :* environ 500 et *dettes bancaires :* environ 500 (donc solde quasi nul)]. **Rapport dette publique/PIB et,** entre parenthèses, **brute** (en %) : *1997 :* 65,8 (49,2) ; *98 :* 64,6 (49,9).

■ **Dettes extérieures les plus élevées** (en milliards de $, 1998). Brésil 232 ; Russie 183,6 ; Mexique 171,4 ; Argentine 159,1 ; Chine 154,6 ; Indonésie 150,9 ; Corée du Sud 146,2 ; Inde 98,9 ; Thaïlande 92,4.

■ **Problèmes. Les emprunts** servent surtout à acheter des marchandises dans les pays industrialisés où ils ont contribué à créer des millions d'emplois. Il y a de plus en plus de prêts à l'exportation, et de financements de projets, favorisant l'échange avec les pays riches et non l'amélioration des revenus de ces pays. Beaucoup de PVD sont en état de cessation de paiement.

Les dettes publiques (emprunts auprès d'États et crédits commerciaux garantis par l'État) sont renégociées au Club de Paris ou dans des consortiums de créanciers privés. **Les dettes commerciales** (banques commerciales) sont renégociées avec des comités de banquiers. **Les créances obligatoires** sont retraitées sous la forme d'offres d'échanges. Les traitements de dettes prennent la forme de rééchelonnement ou de réduction de dette. Actuellement, le Club de Paris exige que le pays débiteur soit sous programme de stabilisation du FMI pour bénéficier d'un rééchelonnement. Seules les créances des institutions multilatérales ne sont pas rééchelonnées. Cependant, les pays pauvres très endettés (PPTE) peuvent bénéficier d'un allègement de la dette multilatérale.

☞ **Dettes de la 1re Guerre mondiale :** *dettes originales et,* entre parenthèses, *sommes dues* (intérêt et principal, en millions de $, au 31-12-1979) : Arménie 11,9 (36,1), Autriche 26,8 (12), Belgique 423,6 (432,5), Cuba 10 (2,3), Estonie 16,9 (29,5), Finlande 9 (12,7), *France 4 128,3 (4 972,5),* G.-B. 4 933,7 (9), Grèce 34,3 (6,9), Hongrie 2 (3,6), Italie 2 044,9 (596,5), Lettonie 7,1 (12,4), Libéria 0,026 (0,01), Lituanie 6,6 (11,5), Nicaragua 0,1 (0,3), Pologne 213,5 (375,5), Roumanie 68,3 (91,2), Russie 192,6 (596,5), Tchécoslovaquie 185,1 (218,7), Yougoslavie 63,6 (52,9). *Total 12 378,6 (16 479,7).*

■ **Dévaluation.** Opération consistant à réduire la parité d'une monnaie déterminée par rapport à un étalon monétaire, donc également par rapport aux autres monnaies. **Conséquences :** perte de pouvoir d'achat intérieur du fait de la hausse des prix. La dévaluation freine les importations (plus chères en monnaie nationale) et favorise les exportations (moins chères pour les importateurs), d'où une stimulation qui dure tant que le renchérissement des importations n'a pas entraîné une hausse des prix équivalente.

■ **Devise.** Toute créance sur l'étranger libellée en monnaie étrangère et payable à l'étranger. Elle peut prendre la forme d'avoirs auprès des banques étrangères (comptes en banque) ou de traites ou de chèques libellés en monnaie étrangère payables à l'étranger. Dans une banque, on appelle *« position à la hausse »* les avoirs en devises et *« position à la baisse »* les dettes en devises. On peut acheter ou vendre à terme une devise, pour spéculer selon que l'on s'attend à sa hausse ou à sa baisse, ou pour se couvrir (si l'on doit acheter des marchandises payables à 90 j).

■ **Monnaie unique européenne. 1950** UC (Unité de compte) dans le cadre de l'UE des paiements. **1975** UCE : Unité de compte européenne ou écu (European Currency Unit) voir SME. **1995** euro : voir p. 1813 b.

■ **Euromonnaie.** Monnaie détenue par un ressortissant d'un autre pays que celui d'émission ou, si le détenteur et la monnaie ont la même nationalité, déposée dans une banque étrangère. Un *eurodollar* est un dollar qui appartient à un non-Américain ou un dollar appartenant à un Américain mais déposé dans une banque autre qu'américaine (les euromonnaies ne concernent donc pas que l'Europe). Le marché des euromonnaies, à l'origine marché financier à court terme (arbitrages entre les différents taux d'intérêt de chacun des marchés nationaux), permet des emprunts à long terme d'entreprises privées ou publiques, non libellés en monnaies nationales, à l'abri du contrôle des changes et des réglementations des banques centrales nationales. **Principes :** a) *fournisseurs :* importateurs et exportateurs qui se couvrent à terme et laissent leurs devises en dépôt en attendant le dénouement de leurs opérations ; résidents des USA qui confient leurs avoirs à des banques en Europe autres que celles de leur propre pays ; banques commerciales recherchant des placements à l'extérieur ; banques centrales qui mettent des devises à la disposition de leurs banques commerciales pour diverses raisons : financement du commerce extérieur, régulation de la liquidité interne, aménagement du volume des réserves officielles, recherche de taux de rendement supérieurs à celui du marché américain. b) *Utilisateurs :* opérateurs désirant

Rôle du FMI

Conformément à l'article IV des statuts du FMI, des consultations (annuelles ou biannuelles) sont effectuées dans tous les pays. Une *mission du FMI* collecte les statistiques et autres informations nécessaires pour établir un diagnostic, discute avec les responsables du gouvernement, puis rentre au siège et rédige un rapport pour le conseil d'administration. Celui-ci transmet au pays concerné un résumé des discussions contenant des suggestions sur l'orientation des politiques économiques. Le FMI publie tous les 6 mois un rapport sur les « Perspectives économiques mondiales ». Il examine aussi périodiquement évolution et perspectives des marchés internationaux. Un groupe consultatif a été mis en place sur les marchés de capitaux en 1999, un nouveau département des marchés internationaux de capitaux a été créé en 2001.

Droits et obligations des États membres. Participer aux prises de décision de l'institution, utiliser ses ressources financières et faire appel à ses conseils économiques et techniques. Principales obligations : verser une souscription financière, rembourser les crédits attribués, éviter les dévaluations compétitives et établir la libre convertibilité extérieure pour les transactions courantes dans un délai raisonnable après l'adhésion. Les États membres doivent déclarer officiellement au FMI des parités fixes basées sur l'or ou sur le dollar et maintenir leurs monnaies dans des marges de fluctuation limitées à ± 1 %. Elles ne peuvent changer de + de 10 % sans l'accord du Fonds et seulement en cas de « déséquilibre économique fondamental » (cela afin d'interdire les dévaluations compétitives destinées à gagner des parts de marchés au détriment des partenaires).

Entre 1945 et 1955, les parités initiales ont été plusieurs fois changées, parfois sans l'accord du FMI. De 1957 à 1967, aucune dévaluation ne sera effectuée dans les pays industrialisés mais la G.-B. fera appel à plusieurs reprises aux crédits du FMI pour défendre la livre contre la spéculation. Le FMI développera alors des facilités de crédit (accords de confirmation et conditionnalité qui l'accompagne). La France demandera aussi le soutien du FMI dans les tranches supérieures de crédit dans le cadre du *plan Rueff* accompagnant la dévaluation du franc de 1957 et en 1969 (entraînée par les événements de mai 1968). A la fin des années 60, des ventes de dollars gonflent les réserves de change des banques centrales européennes contre leur gré et les réserves d'or américaines stockées à Fort Knox diminuent de 50 % (achats d'investisseurs inquiets de la hausse des prix). Le FMI ne peut imposer au gouvernement américain de stabiliser le cours du dollar contre les monnaies européennes. L'augmentation du prix de l'or par rapport au dollar n'est pas décidée. Nombre de décideurs influencés par l'école monétariste (Milton Friedman) voient dans les changes flottants une bonne solution aux problèmes de l'époque. *En 1969 : 1er amendement aux statuts du Fonds* instaurant les DTS, voir col. c. En 1973, le système de changes fixes établi à Bretton Woods (en 1944), dont le FMI était chargé d'assurer la garde, disparaît. Cependant le FMI réussira à préserver la convertibilité des monnaies pour les paiements courants (en 1958, tous les pays européens avaient décidé de rendre leurs monnaies convertibles pour les non-résidents). *En 1976 : le 2e amendement (accords de Kingston),* ratifié en 1978, autorise les États membres à mener les politiques de change de leur choix mais le FMI pourra les surveiller.

CMFI (Comité monétaire et financier international). Consultatif, composé de 24 gouverneurs, créé sept. 1999. *Rôle :* donner des directives au Conseil d'administration, établir des rapports sur gestion et fonctionnement du système monétaire international, et sur propositions d'amendement des statuts.

Quotes-parts. Lors de son adhésion, chaque État membre se voit attribuer une quote-part, calculée sur la base de diverses variables économiques (PIB, flux de commerce extérieur, réserves internationales). Cette quote-part gouverne les principales relations de l'État membre avec l'institution, telles que le montant de ses droits de vote, sa souscription financière et l'encours des crédits auquel il peut prétendre. La révision générale des quotes-parts a lieu au plus tard tous les 5 ans. Cependant, un pays membre peut à tout moment demander une modification de sa quote-part.

En milliards de DTS : *1980 :* 59,6 ; *84 (sept.) :* 89,5 ; *86 :* 89,3 ; *87 :* 89,9 ; *90 :* 90,1 ; *91 :* 91,1 ; *93* (30-4) : 144,6 ; *94* (30-4) : 144,9 ; *95* (30-4) : 144,9 ; *96 :* 145,3 ; *98 :* 145,3 ; *99 :* 210 (45 % d'augmentation).

AGE (Accords généraux d'emprunt). Permettent au FMI d'emprunter auprès de 11 pays industrialisés ou de leurs banques centrales à un taux d'intérêt lié à celui du marché. Sont reconduits tous les 4-5 ans. **Participants aux AGE et montants des crédits** (depuis 1983, en millions de DTS) : USA 4 250, All. 2 380, Japon 2 125, *France 1 700,* G.-B. 1 700, Italie 1 105, Suisse 1 020, Canada 892,5, Pays-Bas 850, Belgique 595.

NAE (Nouveaux accords d'emprunt). Entrés en vigueur le 17-11-1998. Constitués d'un ensemble d'accords de crédit entre le FMI et 25 pays membres, les NAE ont permis de doubler les sommes consenties au titre des AGE.

Utilisation des ressources. Encours de crédits du Fonds (en milliards de DTS) : *1983 :* 26,6 ; *84 :* 34,6 ; *85 :* 37,6 ; *86 :* 39,8 ; *87 :* 33,4 ; *88 :* 29,5 ; *89 :* 25,5 ; *90 :* 24,4 ; *91 :* 25,6 ; *92 :* 26,7 ; *93 :* 28,5 ; *94 :* 29,9 ; *95 :* 36,8 ; *96 :* 42 ; *97 :* 40,5.

Droits de tirage spéciaux (DTS). Instrument de réserve international créé par le FMI en 1969 pour compléter les réserves existantes des pays membres. Utilisé comme unité de compte du FMI et de plusieurs organisations internationales. **Allocation générale de DTS :** les DTS sont alloués aux pays membres au prorata de leur quote-part sur 5 ans. *DTS alloués :* 21,4 milliards (soit environ 2,1 % des réserves internationales actuelles, or non compris) : *1re période* 8,3 en 3 versements annuels de 1970 à 1972 ; *3e* 12 en 3 versements de 1979 à 1981. Aucune allocation n'a été versée depuis 1981. **Allocation spéciale de DTS :** la résolution de sept. 1997 amendant les statuts du FMI doit permettre la création d'une allocation spéciale de DTS à caractère exceptionnel versée aux membres aux réserves insuffisantes (1/5 des participants n'ont jamais reçu d'allocations de DTS ; les adhérents d'avant 1978 n'ont pas pris part à toutes les allocations intervenues depuis lors). L'amendement prendra effet après obtention de 85 % du total des voix attribuées (66,08 % au 31-12-2000) et conduira à doubler les allocations cumulatives en les portant à 42,87 milliards de DTS.

Valeur des DTS : déterminée à partir d'un panier de monnaies de 5 pays membres dont la part dans les exportations mondiales est la plus importante : Allemagne, France, USA, Japon, G.-B. *Composition du panier pour la période 2000-2005 :* euro (depuis 1-1-1999 remplace deutsche mark et franc français), yen, livre sterling, dollar. *Coefficient de pondération en %* (révisé tous les 5 ans) depuis janvier 2001, en $ 45, euros 29, yens 15, livres sterling 11). *Contre-valeur du DTS en dollars :* calculée chaque jour en additionnant la somme de 4 monnaies (euro, dollar, livre sterling, yen) sur la base des taux de change cotés à la Bourse de Londres. *Valeur moyenne de 1 DTS en $: 1991 :* 1,35 ; *92 (30-6) :* 1,431 ; *93 (9-11) :* 1,39 ; *97 (avril) :* 1,36 ; *98 :* 1,4 ; *2001 :* 1,31. *Taux d'intérêt servi :* fixé chaque semaine sur la base de la moyenne pondérée des taux des instruments du marché monétaire à court terme dans les 5 pays dont la monnaie entre dans la composition du DTS.

Assistance aux PED. Missions dans les pays membres en développement qui en font la demande pour établir un diagnostic de la situation économique, prodiguer des conseils sur l'orientation des politiques économiques, préparer l'octroi de prêts ou des *facilités d'ajustement structurel (FAS),* créées 1986 pour les pays les plus pauvres, ou des *facilités pour la réduction de la pauvreté et la croissance (FRPC)* remplaçant les *facilités d'ajustement structurel renforcées (FASR)* depuis 1999. L'aide du FMI à ses membres les plus pauvres s'inscrit dans le cadre de la stratégie de lutte contre la pauvreté (CSLP). *Pays ayant conclu un accord :* au titre des FAS : 36, des FASR : 29 (la plupart africains). Pour eux la croissance du PIB réel s'est accélérée, leurs taux d'investissement et d'épargne ont monté, leur taux d'inflation a baissé.

Assistance aux pays de l'Est. Yougoslavie, Roumanie, Hongrie et Pologne étaient membres du Fonds avant 1990. Bulgarie, Tchécoslovaquie et Albanie ont adhéré en 1990, et les 15 nouveaux États indépendants de l'ex-URSS ont pour la plupart décidé en 1992 d'entreprendre des programmes de transition. Mais contrairement aux pays en développement, les pays de l'Est ne disposent pas des institutions nécessaires pour le bon fonctionnement d'une économie de marché. Il leur faut donc à la fois stabiliser leur économie et effectuer les réformes structurelles indispensables. Le FMI préconise : *la réduction rapide des déficits budgétaires et le resserrement des politiques monétaires* pour empêcher l'hyperinflation (cette stabilisation rapide s'accompagne au début d'un effondrement de la production) ; *la libération des prix* pour permettre aux prix internes de s'ajuster aux prix mondiaux (il faut autoriser les entreprises à fixer leurs prix en fonction de leurs coûts de production et introduire la libre détermination des prix en fonction de l'offre et de la demande ; *la convertibilité des monnaies.*

et pouvant financer leurs règlements étrangers ou leurs besoins de trésorerie internes avec des eurodollars : résidents des USA qui rapatrient les avoirs qu'ils ont placés sur le marché ; banques centrales qui retirent de ce marché des devises qu'elles lui avaient fournies.

Système Chips (Clearing House Interbank Payment System) : système interbancaire de règlement par télétransmission, *créé* en 1970, et permettant l'essentiel des transactions en eurodollars entre banques européennes et américaines. Près de 100 000 affaires par jour entre 130 banques. Autres systèmes analogues : G.-B. (Chaps), Hong Kong (Chats), Singapour (Schift), France (Sagittaire ou système automatique de gestion intégrée par télétransmission de transactions avec interbancarité des règlements « étrangers »).

■ **Liquidités (ou réserves) internationales.** Ensemble des disponibilités dont les banques centrales disposent (or, devises, DTS et positions de réserve au FMI). En plus des liquidités officielles ; il en existe des privées. Actuellement, la création des liquidités est fonction de l'offre et de la demande.

Réserves officielles des pays membres du FMI (en milliards de DTS fin d'année), **1er chiffre or exclu et,** entre parenthèses, **montant en or :** *1975 :* 160,2 (122) ; *80 :* 321,5 (440,8) ; *84 :* 407,1 (297,8) ; *85 :* 405,2 (283,8) ; *86 :* 419 (304,5) ; *87 :* 507,8 (323,2) ; *88 :* 542,9 (288,9) ; *89 :* 591 (287,6) ; *90 :* 637,8 (254,5) ; *91 :* 672 (232) ; *92 :* 693 (225) ; *93 :* 765 (262) ; *94 :* 858,7 (240,3) ; *95 :* 988,2 (235,8) ; *96 :* 1 142 (232,1) ; *97 :* 1 260,9 (190,7) ; *98 :* 1 242,4 (197,5) ; *99 :* 1 360,6 (204) ; *2000 (mars) :* 1 402,8 (197,4). Répartition mars 2000 : pays industrialisés : 593 (165,8) ; pays en voie de développement : 809,8 (31,6) ; pays débiteurs 639,2 (26,2).

■ **Réserves internationales moins l'or** (disponibles au FMI et devises étrangères et DST) [en milliards de $, au 31-1-2000]. Afrique du Sud 6,3 ; Albanie 0,4 ; Algérie 4,7 ; Allemagne 59,6 ; Angola 0,5 [1] ; Arabie saoudite 16,2 ; Argentine 24,3 ; Arménie 0,3 ; Australie 19,6 ; Autriche 14,9 ; Azerbaïdjan 0,7 ; Bahamas 0,4 ; Bahreïn 1,3 ; Bangladesh 1,5 ; Belgique 10,1 ; Biélorussie 0,3 ; Bolivie 0,9 ; Brésil 36,2 ; Bulgarie 2,8 ; Cambodge 0,4 ; Canada 28,5 ; Chili 14 ; Chine 159 et Hong Kong 94,3 ; Colombie 7,6 [1] ; Corée du Sud 76,7 ; Croatie 2,9 ; Danemark 19 ; Égypte 14,5 [1] ; Émirats 10,7 [1] ; Équateur 1,6 ; Espagne 34 ; Estonie 0,7 ; Éthiopie 0,4 ; Finlande 8,1 ; *France 39,5* ; G.-B. 5,2 [2] ; Grèce 16,6 ; Guatemala 1,2 ; Hongrie 11,2 ; Inde 32,6 ; Indonésie 26,4 [1], Irlande 5,2 ; Israël 22,1 ; Italie 22 ; Japon 292 ; Jordanie 3,2 ; Kazakhstan 1,4 ; Kirghizistan 0,2 ; Koweït 4,8 ; Lettonie 0,8 ; Liban 7,6 ; Libye 7 ; Lituanie 1,1 ; Macédoine 0,4 ; Malaisie 32,2 ; Mexique 33,6 ; Maroc 5,4 ; Nlle-Zélande 4,2 [3] ; Norvège 20 ; P.-Bas 9,6 ; Oman 1,2 ; Pakistan 1,6 ; Panamá 0,9 ; Paraguay 0,9 ; Pérou 9,1 ; Philippines 12,9, Pologne 24,5 [1] ; Portugal 8,5 ; Roumanie 2,7 ; Russie 8,9 ; Salvador 2 ; Singapour 75,9 ; Slovaquie 3,3 ; Slovénie 3,1 ; Sri Lanka 1,6 ; Suède 15 ; Suisse 32,2 ; Rép. tchèque 12,8 [1] ; Thaïlande 32 ; Tunisie 2,3 ; Turquie 22,9 ; Ukraine 1 ; Uruguay 2 [3] ; USA 58,8 ; Venezuela 12,3.

Nota. – (1) Déc. 1998. (2) Position dans le FMI. (3) Nov. 99.

■ **Marché des changes.** Marché sur lequel vendeurs et acheteurs de monnaies étrangères se rencontrent pour négocier les titres de créance libellés en monnaies étrangères. L'ensemble (chèques, lettres de changes, transferts télégraphiques) forme les *devises.* S'il y a égalité des taux sur 2 marchés différents (exemple : Paris et New York), on dit qu'il y a *parité des changes. Arbitrage :* opération consistant à vendre ou acheter des devises pour ramener les différents taux à la parité. **Marché des changes à terme :** *futur* : permet d'échanger les devises sur des marchés organisés, dans le cadre de contrats standardisés fixant notamment les montants et la date de l'échange. *Option* : laisse à l'acheteur la possibilité (non l'obligation) d'acheter ou de vendre des devises à un terme fixé à l'avance. **En France : 1939-48** marché fermé, le Fonds de stabilisation des changes achète ou cède des devises, à des cours fixes officiels, à des banques intermédiaires agréées. **1948** un marché libre pour dollar américain et devises convertibles en dollars. **1949**-*20-9* toutes les opérations en dollars ou en devises convertibles peuvent se dérouler au cours libre. **1950** marché officiel créé à côté du marché libre. **1958**-*juin* les 2 fusionnent.

■ **Parité.** Rapport de la valeur d'une monnaie à une autre (voir **Taux de change** col. c).

■ **Réévaluation.** Inverse de la dévaluation. La valeur d'une monnaie est relevée par rapport à celle d'autres monnaies.

■ **Swap** (« échange financier », terminologie officielle adoptée le 11-1-1990). *D'intérêt :* transformation d'une dette à taux fixe en une dette à taux variable et réciproquement. *De devises :* échange d'une dette libellée dans une monnaie contre un montant identique dans une autre.

■ **SME (Système monétaire européen).** Approuvé le 5-12-1978 par les pays du Marché commun (sauf la G.-B. qui n'y entrera que le 8-10-1990), entré en vigueur le 13-3-1979. Sa monnaie (étalon de référence, instrument de règlement et de réserve) est calculée en additionnant la valeur des monnaies concernées affectées d'un coefficient (en fonction du PNB et du commerce extérieur des pays). **Poids relatif des monnaies composant l'écu** (en %, au 24-2-1998) : DM 31,61 ; F 20,12 ; livre sterling 13,19 ; florin 9,88 ; FB 8,1 ; lire 7,79 ; peseta 4,11 ; couronne dan. 2,63 ; livre irlandaise 1,08 ; escudo 0,69 ; drachme 0,48 ; FL 0,31. Chaque monnaie a un « *taux pivot* » (parité) rattaché à l'écu ; à partir de ces taux pivots (qui déterminent des parités bilatérales entre les monnaies) sont fixées des marges de fluctuation de 2,25 % (en plus ou en moins) jusqu'au 1-8-1993 et de 15 % depuis le 2-8-1993 (sauf florin et mark qui gardent entre eux la marge de 2,25 %). **Cours pivots :** 100 deutsche marks 335,39 ; 100 florins 297,66 ; lire italienne, livre sterling : flottement ; 100 F belges 16,26 ; 100 couronnes danoises 87,93 ; 100 livres irlandaises 8,09 ; 100 pesetas 4,24 ; 100 escudos 3,39.

☞ Sont rattachées à l'écu les couronnes suédoise (depuis le 21-6-1990) et norvégienne (depuis le 19-10-1990).

Si une monnaie franchit son « seuil de divergence » (75 % de l'écart maximal de divergence par rapport à l'ensemble des monnaies : « indicateur de divergence »), les autorités du pays concerné doivent réagir (« présomption d'action ») : en intervenant sur le marché des changes, en prenant des mesures monétaires et économiques, en modifiant les taux pivots, en recourant au Fonds d'intervention (facilités de crédit illimitées à très court terme). Le Fonds dispose de 25 milliards d'écus (environ 120 milliards de F) dont 14 pour le soutien monétaire à court terme (moins d'un an) et 11 pour les concours à moyen terme ; alimenté par la remise de 20 % des avoirs en or et de 20 % des réserves en $ des membres.

☞ **SME *bis* :** prévu pour les pays qui ne seraient pas prêts pour la monnaie unique en 1998.

■ **UEM (Union économique et monétaire).** Voir **Maastricht** à l'Index. **Étapes de la mise en place de l'euro : 1996 (déc.) : adoption du Pacte de stabilité et de croissance** qui définit les règles du jeu pour les 15 pays membres après la naissance de l'euro. Principal objectif : garantir la discipline budgétaire (pas de déficit public supérieur à 3 % du PIB). En cas de non-respect, des sanctions financières automatiques s'appliquent si un pays affiche une récession inférieure à 0,75 % du PIB. Au-delà de 2 %, l'État est dispensé de sanctions. Entre ces deux paliers, le pays doit plaider sa cause. **1997 choix des euros :** 8 pièces, échelonnées de 1 cent (un centième d'euro) à 2 euros, et 7 billets de 5, 10, 20, 50, 100, 200 et 500 euros. Les pièces auront une face européenne commune et une face nationale propre à chaque pays. **1998 adoption de la liste des pays sélectionnés :** les 15 chefs d'État détermineront la liste des pays participant à la monnaie unique en fonction des 5 critères de convergence. **Mise en place de la Banque centrale européenne (BCE) :** *Pt et 5 membres du directoire* nommés, pour 8 ans non renouvelables, par les chefs d'État et de gouvernement des pays concernés ; *conseil des gouverneurs :* composé du directoire de la BCE et des Pts des banques centrales européennes, il arrête les orientations et décisions de politique monétaire ; *directoire :* met en œuvre la politique monétaire et donne les instructions aux banques centrales nationales (BCN) ; *conseil général :* associe les États membres de l'UE ne participant pas à l'UEM aux décisions prises dans la zone euro. **1999**-*1-1* : **lancement de l'UEM** (fixation irrévocable des taux de conversion entre les monnaies nationales participantes et l'euro, définition de la politique monétaire, passage à l'euro des marchés de capitaux). **2002**-*1-1* mise en circulation des pièces et des billets en euros. *-1-7* suppression du cours légal des pièces et des billets en monnaies nationales.

Taux de conversion irrévocablement fixés : 1 euro = 40,3399 francs belges ; 1,95583 mark allemand ; 166,386 pesetas espagnoles ; 6,55957 francs français ; 0,787564 livre irlandaise ; 1 936,27 lires italiennes ; 40,3399 francs luxembourgeois ; 2,20371 florins néerlandais ; 13,7603 schillings autrichiens ; 200,482 escudos portugais ; 5,94573 marks finlandais ; 340,75 drachmes grecques.

Logo : epsilon (« e » grec, initiale d'euro) avec 2 barres horizontales au milieu. Billets et pièces jaunes sur fond bleu (couleurs du drapeau européen). **Billets :** dessins retenus pour 7 coupures (présentés à Dublin les 13 et 14-12-1996) : thèmes des « porche » et « fenêtre » évoquant les styles architecturaux européens. Au verso, thème du « pont ». Nom de la monnaie, euro, existant aussi en grec (EYPΩ). Drapeau de l'Union européenne éventuellement remplacé dans chaque pays par un symbole national. Initiales de la Banque centrale européenne dans chacune des langues (BCE, ECB, EZB, EKT, EKP). Signature du Pt de la Banque centrale. *5 euros* (gris) 120 mm × 62 mm, période classique (35 F) ; *10* (rouge) 127 mm × 67 mm, art roman (70 F) ; *20* (bleu) 133 mm × 72 mm, gothique (140 F) ; *50* (orange) 140 mm × 77 mm, Renaissance (350 F) ; *100* (vert) ; *200* (jaune) ; *500* (pourpre) pour des valeurs d'environ 32,50 à 3 250 F. **Pièces :** *1, 2* et *5 cents* [centièmes d'euro (environ 6, 13 et 33 centimes actuels)] de couleur cuivre rouge avec une nouvelle Marianne, « aux traits doux mais volontaires » d'une femme de 30 ans dessinée par Fabienne Courtiade (27 ans). *10, 20* et *50 cents* (65 centimes, 1,30 F et 3,25 F) : couleur jaune ou argentée selon l'alliage, thème modernisé de la Semeuse, créée par Oscar Roty à la fin du XIXe s., dessiné par Laurent Lorio (24 ans). *1* et *2 euros* (6,50 et 13 F) : bicolores avec un arbre (symbole de la vie, de la nature, de l'unité, de la pérennité, de la croissance et de la liberté) dessiné par Joaquin Jimenez (41 ans). **Production :** d'habitude, les Monnaies et Médailles fabriquent les francs, les vendent à leur prix de revient (entre 20 et 40 centimes) à la direction du Trésor, qui les revend aux banques à leur valeur faciale, perdant de l'argent sur les pièces jaunes et en gagnant sur celles de plus de 1 F. La direction des Monnaies et Médailles a commencé à partir du printemps 1998 à frapper les 6,5 milliards de pièces mises en circulation en 2002 soit 30 000 t (4 fois le poids de la tour Eiffel).

Mise en circulation : 2002-*1-1* introduction des pièces et des billets en euros, utilisation exclusive de l'euro (comptes, contrats...). Du *1-1* au *17-2* échange gratuit des pièces et des billets en F. *-17-2* fin du cours légal du F.

MONNAIES

QUELQUES DÉFINITIONS

■ **Taux de change. Définition :** prix d'une monnaie par rapport à une autre. Avant les *accords de la Jamaïque* (7/8-1-1976, voir ci-dessous), chaque monnaie avait une parité fixe exprimée en or (pour une once d'or fin, sur la base de 35 $ de 1934 à 1971, 42,22 $ à partir du 12-2-1973). Les pays signataires des *accords de Bretton Woods* (1944) s'étaient engagés à défendre les parités en intervenant sur les marchés des changes afin que les cours ne varient pas de plus de 1 % (de 2,25 % depuis le 18-12-1971). Lorsque les réserves d'un pays, c'est-à-dire ses avoirs en or et en devises qui garantissent sa propre monnaie, diminuent considérablement pour des raisons économiques ou politiques excluant un redressement, ce pays est contraint de modifier la parité de sa monnaie par rapport à l'or : c'est la *dévaluation,* qui permet de maintenir la libre convertibilité monétaire. Lorsque s'accumulent les réserves, la *réévaluation* peut être décidée.

Les accords de la Jamaïque ont légalisé le flottement des monnaies (celles-ci flottent dorénavant isolément ou par bloc) et, contrairement à un régime de taux fixe, il n'y a pas de marge de variation prescrite. Voir tableau p. 1816.

Régime des changes (au 30-4-1996). 181 pays sont membres du Fonds monétaire international. 44 sont rattachés à une monnaie (21 au $ US, 14 au FF, 3 au rand sud-africain, 2 au DM, 1 à la roupie indienne, 1 au $ australien, 1 à la lire italienne, 1 au $ de Singapour), 3 au DTS, 19 à un autre panier de monnaies, 4 flexibles par rapport à 1 seule monnaie et 10 par rapport à plusieurs monnaies dans le cadre de mécanisme de coopération monétaire, 2 ajustés en fonction d'un groupe d'indicateurs, 44 rattachés à un régime de flottement dirigé, 54 à un régime de flottement indépendant.

Les pays membres du SME maintiennent des marges fixes pour les taux de change de leurs monnaies par rapport aux autres monnaies au sein du groupe, mais laissent flotter leurs taux de change par rapport aux monnaies des pays qui n'appartiennent pas au groupe.

Contrôle des changes. Institué en France depuis 1930 (à l'exception de quelques mois en 1967-68), il a été levé le 1-1-1990, avec 6 mois d'avance sur les engagements européens de la France. La détention de capitaux à l'étranger n'est plus interdite aux Français, mais les comptes et mouvements doivent être déclarés.

Bureaux de change. Autorisés par arrêté du 21-5-1987 qui mettait fin au monopole des banques. En 1992, 887 en France, dont 151 à Paris. *Écarts entre les cours :* jusqu'à 10 % dans les bureaux de change, en fonction de la commission qui peut atteindre 9 % du montant de la transaction.

■ **Périodes de stabilité (sans dévaluation ni réévaluation).** Franc français 1795-1914 (119 ans), florin hollandais 1816-1914 (98), livre sterling 1821-1914 (93), franc suisse 1850-1936 (86), franc belge 1832-1914 (82), couronne suédoise 1873-1931 (58), mark allemand 1875-1914 (39), lire italienne 1883-1914 (31), dollar 31-1-1934/20-12-1971 (38).

■ **Encours en France** (données brutes en milliards d'euros, 2000). **M1 :** 378,2 dont billets et pièces en circulation 5, dépôts à vue (CDC, Caisse d'Épargne, CCP, Trésor) 333,2. **M2 :** 304,1 dont dépôts à terme – 2 ans 56,5, dépôts avec préavis – 3 mois 247,6. **M3 :** 308,1 dont pensions 26,5, titres de créance émis – 2 ans 9,1, instruments du marché monétaire et titres d'OPCVM monétaires 272,5.

■ **Objets divers ayant servi de monnaie. Afrique subsaharienne :** jusqu'à la fin du XIXe s., bracelets de métal, sel, étoffe, perles, boutons de chemises et surtout coquillages *cauris,* enfilés par *liasses* de 12, 20, 40 ou 100 unités. Dans certaines parties de l'Afrique, disquettes de coquilles d'escargot *musanga.* **Expédition d'Égypte** (1798) : les marchands du Caire se faisaient payer avec les boutons d'uniforme des soldats français. **Amérique précolombienne :** graines de cacao, alors denrée coûteuse. Comme étalon de valeur, Aztèques et Mayas utilisaient plutôt des pièces d'étoffe de coton *quachtli.* 1 quachtli équivalait à 450 h de travail et 100 graines de cacao. Au milieu du XIXe siècle, on se servait encore de cacao pour payer les ouvriers du Yucatán.

■ **Monnaies les plus anciennes. 1res pièces de monnaies connues :** statères lydiens d'électrum (alliage naturel d'or et d'argent) du roi Gygès (670 av. J.-C.) ; des pièces chinoises auraient été émises vers 770 av. J.-C. (dynastie Tcheou) ; *1re pièce datée après J.-C. connue :* pièce danoise de l'évêque de Roskilde (1234).

■ **Poids des pièces. La plus lourde :** pièce de 10 dalers suédoise (1664) en cuivre 19,71 kg. **La plus petite et la plus légère :** pièce de 1/4 de dam népalaise (jawa), en argent (1740) 2 mg.

Quelques dates

■ **Mérovingiens.** La monnaie d'or disparaît. **Carolingiens.** Charlemagne puis Louis le Pieux (813-840) tentent, sans succès, de recréer une monnaie d'or (disparition du *solidus* de Louis le Pieux).

■ **XIIe-XIXe s.** On distingue le cycle de l'argent allemand (1180-1220), de l'argent bohémien et de l'or soudanais et hongrois (1280-1380), de l'argent allemand et de l'or des Antilles (1460-1540) relié au cycle de l'argent du Pérou et de la nouvelle Espagne (1560-1650), de l'or brésilien et de l'argent mexicain (1720-1820). Les monnaies fortes servent d'étalons internationaux : *ducat* d'or de Venise, *florin* de Florence (né 1252), florin du Rhin ; à partir du XVIIe s., *piastre* espagnole ou *sequin* de Venise. **IXe** au **XIIIe s.** on ne frappe pas de pièces d'or en Europe, la production en Silésie est arrêtée et le peu d'or extrait circule lentement ; l'or existant est pillé et exporté (en particulier par les Normands) ou thésaurisé, notamment par l'Église. **XIIIe s.** Florence, Gênes, Espagne, Sicile ont des monnaies d'or. **1266** 1er écu porte les armoiries de Louis IX (Saint Louis, 1214-1270) : 1 pièce de 4,1 g d'or fin valant 10 sous. Appelé *denier d'or à l'escu* [de *scultum* (latin) ou *skutos* (grec) : bouclier qui porte des armoiries, de là écusson] portant à l'avers dans une rosace un écu d'azur parsemé de lis. Mais il ne circule pas et sert de monnaie de présentation et de prestige réservée à quelques grands dignitaires français ou étrangers. **XIVe s.** en France. Philippe II et Philippe Le Bel reviennent au bimétallisme disparu en France depuis plus de 3 siècles. **1337** Philippe VI frappe un nouvel écu, l'écu 1er (4,5 g). **De 1337 à 1360**-*5-12* : 85 mutations (teneur en argent fin du sou de 3,907 à 0,7329 ; en or de 0,281 à 0,088). **1347** après dévaluation, l'écu 2e (dit ensuite *écu vieil*). **1356**-*19-9* le roi de France, Jean le Bon (1319-64), battu à Poitiers par les Anglais, est fait prisonnier ; **1360**-*5-12* ordonnance royale : frappe pour payer la rançon (3 millions d'écus d'or) une pièce d'or fin de 3,87 g (taillée à raison de 63 pièces dans un mark d'or) où le roi n'est plus représenté sur un trône, mais à cheval (destrier portant l'écu fleurdelisé), brandissant dans la main gauche une épée. Elle permit au roi de retourner *franc* de sa dette (c.-à-d. affranchi) dans son royaume. Ce nom resta à la pièce. Ensuite, la livre fut parfois appelée « franc ». **1380** l'écu d'or pèse 4,079 g (titré à 1 000), en 1461 3,447 g (titré à 963). **1450** reprise économique et démographique : l'or est recherché. Les Portugais rapportent de l'or africain et découvrent la route des Indes par le Cap, les Espagnols découvrent les Antilles puis les Amériques. **1475** Louis XI remplace la fabrication des écus par celle des écus au soleil (dits écus-sols) : l'écusson aux armes de France surmonté de la couronne royale porte toujours à partir de cette date un soleil. **1494** Charles VIII frappe à Naples des écus napolitains fleurdelisés ; Louis XII fait de même à Gênes, et en France, frappe des écus aux porcs-épics, François Ier frappe des écus à la salamandre et Henri II des écus à la croisette à l'effigie sur le modèle italien (les henris) et aux croissants sur lesquels est inscrit le millésime, Charles IX à la couronne, Henri III au soldat. **XVIe s.** de nouvelles monnaies d'or apparaissent (masse, agnel, royal, parisis, mouton, salut, franc, angelot) chacune correspondant en fait à une dévaluation. Charles VI fait frapper des écus (appelés souvent couronnes car ils portent une couronne surmontant l'écusson aux armes de France). **1641** Louis XIII crée le louis d'or. **Louis XIV : 1654** la frappe de l'écu d'or au soleil cesse. **1679** l'écu est démonétisé. **1693** l'écu est tarifé pour la dernière fois. *Il y a 5 réformations :* 1690, 1693, 1701, 1704, 1709 (où il y eut 43 variations de cours). *La politique de Colbert* [bullionisme (nom du chancelier Bullion)] vise à empêcher les exportations de monnaies à l'extérieur du royaume ; on pense que les exportations de monnaies sont un signe de faiblesse économique. Au XVIIe s., voulant payer à moindre prix les produits de luxe qu'il importe ou cherchant à restreindre ses importations, l'État essaie de rehausser sa monnaie et de la stabiliser par des unions ou des ententes monétaires comme *l'alliance monétaire de la Ligue hanséatique* (1502-1590), *l'Association des principautés rhénanes* (1386-1590) ou la *Convention d'Autriche et de Bavière* (1753) qui se forment. En revanche, France et Espagne poursuivent leur rivalité monétaire. **Louis XVI :** *2 réformations :* 2 refontes et 35 variations. **1784** les espèces réelles sont *en or :* double louis (48 livres), louis (24 livres), demi-louis (12 livres) ; *en argent :* l'écu (6 livres), petit écu (3 livres), cinquième d'écu (24 sous), dixième d'écu (12 sous), vingtième d'écu (6 sous) ; *en billon :* pièces de 2 sols, 1 sol 1/2 et 1 sol ; *en cuivre :* liard double ou demi-sol (6 deniers) et liard (3 deniers ; à l'origine, piécette de bronze valant 1/4 de sou qui eut cours jusqu'au XVIIIe s. Georges Liard, de Crémieu-en-Viennois, aurait créé cette monnaie en 1430. On ne frappe plus de franc d'or depuis Charles V, ni de franc d'argent depuis Henri IV, et les demi-francs, frappés depuis Henri II, ont disparu sous Louis XIV. **1793**-*24-8 Convention :* la livre est divisée en décimes et centimes (sous et deniers étant abolis). **1795**-*27-3 loi du 18 germinal an III ; promulguée le 17-4 :* la livre prend le nom de franc. *-15-8 loi du 28 thermidor an III :* teneur métallique, taille et poids des pièces d'or et d'argent sont définis, la 1re pièce en francs est une pièce de 5 F, en argent, émise le 8-1-1796 et représentant le peuple souverain sous les traits d'Hercule, entre la Liberté portant le bonnet phrygien au bout d'une lance et l'Égalité tenant un niveau de maçon. La pièce de 1 F (en argent, 5 g) ne sera frappée qu'en 1802. Elle représente Bonaparte, Premier consul. **1799**-*7-5 Directoire : loi du 17 floréal an VII :* impose le mot « franc » à la place de « livre » (bien que le franc vaille 1 livre et 3 deniers et la livre 98,7 centimes) ; les anciennes pièces continuent à circuler. **XIXe s.** le terme « écu » reste synonyme de 3 F. **1803**-*4-4* la banque est dotée du privilège d'émission pour 15 ans. *-7-4 la loi du 17 germinal an XI* instaure un bimétallisme avec le même rapport or/argent que sous l'Ancien Régime, soit 15,5, mais la production évoluant, elle donne tour à tour une prime à l'un des deux métaux qui, alors, selon la loi de Thomas Gresham (1519-79, financier anglais) [la mauvaise monnaie chasse la bonne], est thésaurisée ou s'exporte. *-28-3 loi du 7 germinal an XI,* publiée le 17 germinal (7-4), 5 g d'argent au titre de 9/10 de fin, constitue l'unité monétaire, qui conserve son nom (héritière du dernier écu d'argent de 6 livres de 1793, d'où son appellation d'écu dans l'usage populaire). Des pièces de 5 F, 2 F, 1 F, 0,50 F, 0,25 F sont créées ainsi que des pièces d'or de 20 et 40 F. On taillera 155 pièces de 20 F dans 1 kg d'or à 900 millièmes, c.-à-d. dans 900 g, de telle sorte que chaque pièce pèsera 6,4516 g et contiendra 5,8064 g d'or (définition du futur « napoléon »). Le franc équivaudra au vingtième, soit 322,58 mg à 900 millièmes, ou 290,3225 mg d'or fin. Il sera divisé en 100 centimes, le rapport légal de la valeur de l'or et de l'argent étant de 15,5. Le titre de 900 millièmes a été maintenu pour les pièces de 5 francs [celui des monnaies divisionnaires sera fixé à 835 millièmes en 1864 pour les pièces de 0,50 F et en 1866 pour les pièces de 1 et 2 F]. *De 1800 à 1848,* l'or fait prime et les monnaies d'or disparaissent ; le principal moyen de paiement est la pièce d'argent de 5 F (l'écu) et le peuple perd l'usage des pièces d'or (d'où l'usage de parler d'« argent » pour parler du numéraire ou de la richesse en général). **1845**-*10-1* démonétisation des espèces de billon (pièces de 6 liards, 10 centimes à la lettre N, 15 sous, 30 sous). **1848** la découverte des mines d'or de Californie puis d'Australie (1851) provoque un afflux et une légère dépréciation de l'or. **Second Empire :** l'État frappe beaucoup de pièces d'or tandis que l'argent s'exporte ; les pays dans lesquels a cours le système monétaire français (Belgique, Suisse, Italie) réduisent le titre de leurs monnaies d'argent. **1864** la France, devant la multiplication des pièces d'argent étrangères abaisse le titre des pièces d'argent inférieures à 5 F de 900 à 835 millièmes. **1865**-*23-12* les 4 pays créent l'*Union latine :* association monétaire définissant un principe d'uniformité monétaire en matière de poids, titre, module et cours pour les espèces d'or et d'argent des 4 pays. Sont également réparties par pays les émissions de monnaies. **1868**-*oct.* la Grèce se joint à l'Union. **A partir de 1873,** l'argent chute (exploitation massive des mines du Nevada et rétrécissement des débouchés en Extrême-Orient et Europe) : Allemagne, P.-Bas, USA puis États scandinaves ont abandonné en 1873 l'étalon-argent. L'Union latine et particulièrement France et Belgique sont envahies par l'argent, l'or disparaît. L'Allemagne bénéficie de cette spéculation. **1874**-*janv.* une conférence ne prévoit aucune modification d'envergure. **1877** convention reconduite. **1878** offensive des USA bien que G.-B. et Allemagne se refusent à abandonner l'étalon-or (depuis 1867, le rapport or-argent se déprécie, passant de 15,5 à + de 19 en 1876 et 33,3 en 1890).

Teneur en or fin en grammes pour une pièce de 1 livre tournois (ce qui dans le langage courant équivaudrait au franc) : **1266** Saint Louis (1 livre = 2 écus d'or) 8,271 ; **1300** Philippe IV 4,90 ; **1360** Jean le Bon 3,88 ; **1541** François Ier (1 écu or = 2 livres) 1,46 ; **1602** Henri IV (1 écu or = 3 livres 5 sous) 0,99 ; **1640** Louis XIII (1 louis = 10 livres) 0,62 ; **1700** Louis XIV 0,44 ; **1726** (édit de Marly) Louis XV (1 louis = 4 écus ou 24 livres) 0,31, le franc a 4,5 g d'argent, la livre 4,50516. **1785** Louis XVI 0,29.

Valeurs (en F, 1996). **De la livre** *Sous Charlemagne :* 5 500 ; *Saint Louis* (1266) : 600 ; *Jean le Bon* (1360) 300 ; *milieu* XVe s. 240 ; *début* XVIe *s.* 150, *de Henri II à Louis XIII :* 105, *2de moitié* XVIIe *s. :* 62 ; *1704-1720 :* 42 ; *1726-89 :* 35. **Du sol et (du denier) :** *an 800 :* 275 (23) ; *1270 :* 30 (2,50) ; *1360 :* 15 (1,25) ; *1450 :* 12 (1) ; *1520 :* 7,5 (0,63) ; *1630 :* 5,2 (0,45) ; *1680 :* 3 (0,25) ; *1751 :* 1,75 (0,15)].

■ **XXe s. 1920**-*25-6* loi votée à l'initiative de Raymond Poincaré : « le franc, unité monétaire française est constitué par 65,5 mg d'or de 900 millièmes de fin ». **1927**-*2d semestre* fin de l'Union latine annoncée ; il y aura des pièces d'or de 20 F et de 40 F ; argent : pièces de 1/4 de F, de 1/2 F, de 3/4 de F, de 2 F et de 5 F (diam. de 37 mm, 25 g). **1958**-*27-12* ordonnance créant le nouveau franc (NF) valant 100 F (dits alors « anciens francs »). **1962**-*9-11* l'appellation « nouveau franc » est remplacée par « franc ». **1976** accords de la Jamaïque : le franc-papier flotte dans le « Serpent » puis dans le Système monétaire européen (SME). **2002**-*1-7* les espèces libellées en francs n'auront plus cours.

Dates	Définition du franc en mg d'or		Parité officielle	
	à 0,900	fin	dollar	livre
Germinal, an XI [1]	322,58	290,3225	5,182	25,221
25-6-1928	65,5	58,95	25,524	124,13
			15,19[2]	
1-10-1936 [3]	49	44,1	15,07	76,72
21-7-1937	43	38,7	25,14	124,44
12-11-1938	27,5	24,75	34,95	170,59
29-2-1940			43,80	176,625
8-11-1942	23,34	21		
2-2-1943			50	200
26-12-1945	8,29	7,46	119,10	480
26-1-1948		4,21	214,39	864
18-10-1948			263,50	1 062
27-4-1949			272	1 097[4]
20-9-1949		2,53	350	960[4]
16-8-1950	2,80	2,52		
10-8-1957			420[5]	1 176[5]
24-7-1958	2,35	2,115		
27-12-1958	2	1,80	493,705	1 382,376
1-1-1960 (NF) ...	200	180	4,937	13,823
11-8-1969 [8]	177	160	5,554[6]	13,330[7]

Nota. – (1) Avril 1803 à août 1914. (2) Après la dévaluation américaine du 30-1-1934. (3) Du 1-10-1936 au 1-9-1939, franc flottant non défini par un poids d'or (les teneurs or indiquées constituaient la base de réévaluation de l'encaisse de la Banque de France). (4) Après la dévaluation britannique du 18-9-1949. (5) Compte tenu du prélèvement ou du versement de 20 %. Le 1-1-1963, la dénomination *nouveau franc* devient *franc.* (6) Après les dévaluations américaines du 18-12-1971, cours central du dollar 5,116 F et du 12-2-1973, 4,604 F. (7) La livre flotte depuis le 23-6-1972. (8) Depuis le 9-1-1975, le franc flotte : il n'a plus de parité officielle avec la livre, le dollar et l'or. La Banque de France évalue son encaisse-or sur la base des cours pratiqués sur le marché libre.

■ **Dévaluations de la Ve République. Pt du Conseil de Gaulle** (min. des Finances A. Pinay) **1958** – 17,5 %. **Pt Pompidou** (PM Chaban-Delmas, min. des Finances Giscard d'Estaing) **1969**-*8-8* – 12,5 %. **1974**-*janv.* (Messmer, Giscard d'Estaing) : le franc sort du Système monétaire européen (SME) et perd environ 5 %. **Pt Giscard d'Estaing** (Chirac, Fourcade) **1975**-*juillet* le F entre dans le SME. **1976**-*15-3* le F sort du SME. (R. Barre) **1979**-*13-3* nouveau SME. Les monnaies varient entre + 2,25 et – 2,25 %. **Pt Mitterrand** (Mauroy, Delors) **1981**-*4-10* – 8,5 % (– 3 % et réévaluation du DM de 5,5 %). **1982**-*12-6* – 5,75 % et réévaluation du DM de 4,25 %. **1983**-*21-3* – 2,5 % et réévaluation du DM de 5,5 %, soit 8 %. (Chirac, Balladur) **1986**-*6-4* – 3 % et réévaluation du DM de 3 %, soit 6 %. **1987**-*11-1* le franc n'est pas dévalué mais réévaluation du DM et du florin de 3 %, des francs belge et lux. de 2 %.

☞ En 1988, Édouard Balladur, min. des Finances, a adopté le logo ₣ pour symboliser le franc français.

■ **Disponibilité monétaire** ou **monnaie proprement dite.** Comprend l'ensemble des moyens de paiement : monnaie (passif du système monétaire sous forme de monnaie fiduciaire et en dépôts à vue à l'égard du secteur privé national) et monnaie de réserve (passif des autorités monétaires en monnaie fiduciaire et en dépôts à vue à l'égard des banques de dépôt et du secteur privé national). **Monnaie fiduciaire :** ensemble des billets de banque et de la monnaie métallique. **Scripturale :** ensemble des chèques, transactions par carte bancaire, traites et lettres de change. **Quasi-monnaie :** constituée par les avoirs aisément transformables sans perte en capital : dépôts à terme, comptes sur livrets dans les banques.

■ **Placement liquide ou à court terme.** Ensemble de la quasi-monnaie, des avoirs en Caisses d'épargne, des Sicav monétaires et des bons du Trésor. **Masse monétaire :** comprend les disponibilités monétaires et la quasi-monnaie. **Contrepartie de la masse monétaire :** monnaie et quasi-monnaie constituent à l'égard des entreprises et des particuliers des dettes des banques et du Trésor public qui, en contrepartie, comptabilise à leur actif les opérations de monétisation des créances à l'origine de la création monétaire : l'acquisition d'or et de devises, les créances sur le Trésor public (concours accordé à l'État par la Banque de France et les banques ; dépôts à vue ou à terme des entreprises et des particuliers dans les centres de chèques postaux et sur les livres comptables publics) et les crédits aux entreprises et aux particuliers.

■ **Liquidité de l'économie.** Comprend : éléments de la masse monétaire, dépôts dans les Caisses d'épargne et bons du Trésor souscrits par le public. Permet d'apprécier l'évolution de la situation monétaire du pays et de la comparer à celle des pays étrangers. Mesurée par le rapport entre le montant moyen annuel et l'ensemble des liquidités, et la dépense nationale brute qui prend en compte les importations.

Endettement intérieur total (en milliards d'euros, 2000) : 2 250,6 dont ménages et assimilés 98,2, sociétés non financières 936,7, administrations publiques 815,7. *Crédits :* 1 163,2 dont ménages et assimilés 498,2, sociétés financières 539,3, administrations publiques 125,8 ; *financements de marché* 888,1 dont sociétés non financières 237,2, administrations publiques 650,9 ; *financement monétaire du Trésor public et de La Poste* 39,1 ; *crédits obtenus auprès des non-résidents :* 160,2.

Titres de créance négociables émis (titres du marché monétaire) : *encours* (en milliards d'euros, déc. 2000) : certificats de dépôt 136, BTF et BTAN 197,1, billets de trésorerie 78,8, bons à moyen terme négociables (BMTN) 60,1. *Total :* 472.

■ **Vitesse de circulation de la monnaie.** Nombre de fois où, pendant une période donnée, une unité de monnaie sert à acquérir un bien. Si, pendant un an, la totalité des transactions effectuées dans un pays est de 1 000 et que la masse monétaire est restée égale à 200, chaque unité de monnaie a servi 5 fois. A court terme, la vitesse de circulation assez stable serait de 25 fois

ZONES MONÉTAIRES

Système de défense de la monnaie regroupant plusieurs pays, protégé de l'extérieur par un contrat des changes. Les transferts sont libres à l'intérieur de la zone et les monnaies convertibles entre elles sur la base de parités fixes. Les devises acquises sont mises en commun et gérées par un seul pays.

ZONES DE MONNAIES ÉTRANGÈRES

■ **Zone dollar.** Il n'existe pas de zone dollar, mais un certain nombre de pays en voie de développement rattachent le cours de leur monnaie à celui du dollar, notamment beaucoup de pays d'Amérique latine.

■ **Zone escudo.** Comprenait le Portugal et ses provinces d'outre-mer, mais Angola (8-1-1977) et Mozambique (9-3-1977) s'en sont détachés.

■ **Zone rouble transférable.** Supprimée le 1-1-1991.

■ **Zone sterling** (G.-B., pays du Commonwealth sauf Canada et, à différentes époques : Islande, Irlande, Jordanie, Koweït, Libye, Pakistan). *Née* à la suite de la dévaluation de la livre sterling anglaise en 1931. Ses membres gardèrent la plus grande part de leurs avoirs en devises étrangères sous forme de £, en retour la G.-B. n'appliqua avec eux aucune restriction dans le contrôle des changes jusqu'en juin 1972. Les contrôles des changes furent alors étendus à tous les pays sauf l'Irlande et, après 1973, à Gibraltar. Des contrôles furent appliqués à la Rhodésie du Sud entre novembre 1965 et décembre 1979. La zone sterling a cessé d'exister quand le contrôle des changes a été établi en octobre 1979.

ZONE FRANC

■ **Organisation.** Constituée en 1945-46. Comprend (en 1996) France, DOM-TOM, Mayotte, Monaco, 14 États africains [Bénin, Burkina, Cameroun, Centrafrique, Congo, Côte d'Ivoire, Gabon, Guinée-Bissau (1997), Guinée équatoriale, Mali, Niger, Sénégal, Tchad, Togo] et les Comores. Les États africains sont regroupés en 2 unions monétaires. *Ont quitté la zone* : Madagascar, Mauritanie les 1er et 9-7-1973 (la Mauritanie quittant également l'UEMOA). Le Mali de 1962 à 1967, en gardant un institut d'émission autonome jusqu'à ce qu'il entre à l'UEMOA.

UEMOA (Union économique et monétaire ouest-africaine). Origine : Union monétaire ouest-afr. *créée* 14-1-1973, titre actuel depuis 12-1-1994. **Membres :** Bénin, Burkina, Côte d'Ivoire, Guinée-Bissau (1997), Mali, Niger, Sénégal, Togo. **Organes : conférence des chefs d'État** au moins 1 fois par an. *Conseil des ministres* (2 ministres, mais 1 seule voix par pays) au moins 2 fois par an. Union douanière prévue 1-1-1998.

BCEAO (Banque centrale des États de l'Afrique de l'Ouest). A Dakar, institut d'émission de l'UEMOA, participe au capital de la Banque ouest-africaine de développement (BOAD).

BEAC (Banque des États d'Afrique centrale). A Yaoundé, *créée* 1972, comprend Cameroun, Rép. centrafricaine, Congo, Gabon, Guinée équatoriale (admise 1985), Tchad. **Organes :** *Comité monétaire* constitué des ministres des Finances. Mêmes fonctions que la BCEAO.

Cemac (Communauté économique et monétaire de l'Afrique centrale). *Créée* 1994. **Membres :** Cameroun, Centrafrique, Congo, Gabon, Guinée équatoriale, Tchad.

☞ La France a signé des conventions de coopération monétaire les 23-11-1972 (BEAC) et 4-12-1973 (UEMOA), complétées des conventions de compte d'opérations les 13-3-1973 (BEAC) et 4-12-1973 (UEMOA).

Règles de fonctionnement : 1°) libre convertibilité entre F et F CFA (P). **2°)** Liberté de transfert (capitaux compris) dans la zone. **3°)** Garantie de ces monnaies par le Trésor français à condition que les banques nationales y déposent 65 % de leurs réserves de change. **4°)** Politique monétaire restrictive dès que le ratio de liquidité (réserves internationales / dettes à vue) tombe à moins de 20 %. *Conséquences :* la France finance le déficit ; position privilégiée pour l'investissement étranger (liberté de transfert et garantie françaises), mais tendance à la fuite des capitaux ; position privilégiée pour les entreprises françaises ; contrôle économique par les réserves de change.

■ **Monnaies de la zone.** **FRANC FRANÇAIS, FRANC CFP** [(F, puis de la communauté financière du Pacifique) *créé* 26-12-1945 pour Nlle-Calédonie, Nlles-Hébrides, Wallis-et-Futuna, Établissements français de l'Océanie]. (100 F CFP = 2 400 F.) Quand le taux de change du $ fut porté de 50 à 119 F en métropole, le F CFP conserva sa valeur ancienne, sa parité s'élevant à 2,40 F. *1948 (26-1)* : le F métropolitain est dévalué de 80 %. Le F CFP n'est pas dévalué : 1 F CFP = 4,32 F. Puis 1 F CFP = 5,31 F, cours qui peut être modifié automatiquement dans les mêmes proportions que le cours général des devises du marché officiel, en fonction de certains % de variation du cours moyen du dollar. *1949 (27-4)* : 1 F CFP = 5,48 F. *(21-9)* suit le F métropolitain, arrondi à 5,50 F. Depuis, la valeur est restée fixe par rapport au F métropolitain, passant à 0,055 F lors de la création du nouveau franc, le 1-1-1960. *Parité avec l'euro :* 1 euro = 119,264 F CFP ; 1 000 F CFP = 8,38 euros.

FRANC COMORIEN, FRANC CFA (devenue Communauté financière africaine). Colonies françaises d'Afrique dans la zone UEMOA : (Union économique et monétaire ouest-africaine) [Bénin, Burkina-Faso, Côte d'Ivoire, Guinée-Bissau, Mali, Niger, Sénégal et Togo] constituée par le traité du 14-11-1973 et CFA (Coopération financière en Afrique centrale) dans la zone BEAC (Cameroun, Tchad, Centrafrique, Congo, Gabon et Guinée équatoriale) constitués en union monétaire par le traité du 23-11-1972, et les Comores d'autre part.

Décret du 26-12-1945 : 8 territoires formant l'Afrique-Occidentale française (Sénégal, Mauritanie, Guinée, Soudan français, Haute-Volta, Côte d'Ivoire, Dahomey et Niger), 4 formant l'Afrique-Équatoriale française (Gabon, Moyen Congo, Oubangui-Chari et Tchad), Cameroun et Togo sous tutelle, Madagascar, Comores, Réunion.

Après l'indépendance, sortiront de la zone CFA : Guinée (1960), Mauritanie et Madagascar (1973), Mali (y reviendra). Y adhéreront : Guinée équatoriale (ex-espagnole), Guinée-Bissau (ex-portugaise). La Côte française des Somalis (aujourd'hui Djibouti) en sortira quand le décret du 17-3-1949 créera le franc Djibouti défini par un poids d'or. La Réunion sortira, en fait, de la zone CFA en 1967 (les billets réunionnais seront libellés à la fois en francs CFA et en francs français. A partir de 1975, seuls les billets de la Banque de France y ont cours. St-Pierre-et-Miquelon est rattachée à la zone CFA.

Parité avec le franc français garantie par le Trésor : *de 1945 à 1948* = 1,70 FF ; *de 1948 au 11-1-1994* = 0,02 FF ; *depuis le 12-1-1994* = 0,01 FF, **avec l'euro** (en 1999) : 1 € = 655,957 F CFA.

Jusqu'en janv. 1994, le F CFA était surévalué, mais la France s'opposait à sa dévaluation (remise en cause des fondements du système et pertes d'avoirs français dans la zone) : les pays de la zone franc ne pouvaient ajuster leurs coûts et aggravaient les déséquilibres de leurs finances publiques (salaires des fonctionnaires payés en monnaie forte). Pour limiter le déficit de leurs comptes d'opération auprès du Trésor français (– de 1 milliard de F en 1992), ils s'étaient largement endettés. Le montant des billets CFA revendus en Occident était passé de 6 à 10 milliards de 1990 à 1993. Bilan de la dévaluation du 11-1-1994 : activités agricoles relancées (produits d'exportation : café, coton, cacao, bois d'œuvre, cultures maraîchères), revenus agricoles en hausse, développement des activités de substitution et du commerce intrazone. *Inflation : 1994 :* 33 ; *95 (est.) :* 10. *Hausse des salaires dans les fonctions publiques* (en %) : *1994 :* 10 à 15 ; *95 :* 5 à 7. *Croissance* (en %) : *1994 :* + 1,5 ; *95 :* + 4,8 ; *96 :* + 5. *Balance commerciale* (en millions de F CFA) : Afrique de l'Ouest : *1993 :* – 28,5 ; *94 :* + 323 ; Afrique centrale : *1993 :* + 620 ; *94 :* + 1 404. *Besoin de financement externe des pays africains de la zone FC :* 15,9 milliards de $ en 1994 (dont *France 3,* FMI 2,65, Banque mondiale 1,36). *Mesures d'accompagnement :* la *France* annule les dettes liées à l'aide publique (6,6 milliards de F) pour les plus pauvres, 50 % des dettes pour les pays à revenu intermédiaire [Cameroun, Congo, Côte d'Ivoire, Gabon] (18,4 milliards). *Total* 25 milliards (1994 : 4 milliards annulés). *FMI* 9 à 10 milliards de F d'aide.

HISTOIRE DES MONNAIES ÉTRANGÈRES

ANCIENNES MONNAIES

Maravédis. Petite monnaie de billon espagnol, en usage du XIIe s. à la fin XVIIIe s., monnaie de compte jusqu'en 1848. De l'espagnol *maravedi,* de l'arabe *murabiti,* « relatif aux Almoravides », dynastie berbère.

Monaco. Monnaie d'argent frappée au XVIIIe s. aux armes du prince de Monaco, puis en cuivre au XIXe s. sous Honoré V.

Pactole. Affluent de l'Hermos, en Lydie (Asie mineure), contenant des paillettes d'or qui ont servi, au VIIe s. av. J.-C., à frapper les plus anciennes monnaies connues ; le roi Midas, en s'y baignant, lui aurait transmis son pouvoir de tout changer en or.

Tune, thune. En argot du XVIIe s., aumône puis, début XIXe, pièce de 5 F. On appelait, par dérision, le chef des gueux « roi de Tunes » Tunis.

■ **Dollar. Origine :** vient du *thaler* germanique, pièce frappée vers 1518 en Bohême, dans la vallée (en allemand : *Thal*) de St-Joachim. Un seigneur, surpris par un orage au cours d'une partie de chasse, découvrit dans la grotte où il s'était réfugié un gisement d'argent. L'empereur lui accorda le droit de battre des pièces qui prirent le nom de « Joachimsthaler Groschen ». Puis Charles Quint lui retira le privilège et fit frapper des pièces à ses propres armes. Le thaler devint ainsi la monnaie officielle des territoires sous la domination des Habsbourg (Autriche, Bohême, Allemagne puis Pologne et Suède). Les Habsbourg d'Autriche, régnant aussi, grâce à l'Espagne, sur Amérique du Sud et Amérique centrale, firent frapper avec l'argent du Mexique et du Pérou des pièces de 8 réaux appelées *thaler* ou *tolar* par analogie avec les pièces circulant en Europe, puis *pillar dollars* du nom des 2 colonnes qui y figuraient. Connues comme *Spanish pillar dollars,* elles étaient transcrites en abréviation « S II », ce qui donnera le $. Le long de la mer Rouge et sur la côte orientale d'Afrique, on désigne encore sous le nom de « dollar à la grosse dame » l'écu de Marie-Thérèse, refrappé ensuite partout au millésime immuable de 1780 pour l'impératrice d'Autriche, et qui circule encore. **Bimétallisme** (définition de la monnaie par rapport à 2 métaux précieux) : **1775**-*22-6*, le Congrès américain décide l'émission du « dollar continental », qui est adopté comme unité monétaire des USA. **1792**-*2-4* des billets apparaissent. **1794**-*15-10* livraison des 1res pièces (en argent) à la banque de Maryland. Le Congrès avait donné au dollar une valeur de 371,25 grains (soit 24,0571 g) d'argent fin, ou de 24,75 grains (soit 1,6038 g) d'or fin. Ces 2 métaux étaient alors dans un rapport de valeur de 15 pour 1. Lors de la guerre de Sécession, la monnaie métallique prévaudra, et les billets émis (par de multiples banques) porteront intérêt. **1861-65** pendant la guerre de Sécession, les Sudistes émettent environ 1 milliard de $ en billets (1/60 de la valeur initiale) ; les Nordistes décrètent le cours forcé (1861) et émettent pour 450 millions de $ en billets (*greenbacks,* – 1ers billets en 1862 – ne portant pas intérêt). **1873** étalon-or adopté ; bimétallisme aboli. **1874** cours forcé aboli, les billets sont de nouveau au pair.

Billets. Format 156 × 66 mm. **Avers : 1 $** Washington ; sceau du Trésor dessiné par Spencer Clark avec devise écrite en latin jusqu'en 1968. **Revers :** au centre, la devise : *In God we trust* (« En Dieu nous avons foi »). A gauche, le grand sceau des USA (apparaît en 1935), une pyramide surmontée d'un œil, symbole maçonnique, et entourée de la devise *Annuit Cœptis Novus Ordo Saeculorum* (« Nouvel ordre des siècles, sois favorable à l'entreprise ») MDCCLXXVI (1776). A droite, un aigle surmonté de 13 pentacles disposés en étoiles de David ; dans son bec, la devise symbolique *Ex Pluribus Unum* (« De plusieurs un seul »)/ **2 $** Jefferson (signataire de la Déclaration des droits). **5 $** Lincoln (mémorial de Lincoln). **10 $** Hamilton (département du Trésor). **20 $** Jackson (Maison Blanche). **50 $** Grant (Capitol). **100 $** Franklin (hall de l'Indépendance). **500 $** McKinley (nom orné). **1 000 $** Cleveland (nom orné). **5 000 $** Madison (nom orné). **10 000 $** Chase (nom orné). **100 000 $** W. Wilson (nom orné) [uniquement dans les transactions entre la Réserve fédérale et le département du Trésor]. **Pièces** : 5 cents (dite *nickel*), 10 cents *(dime),* 25 cents *(quarter),* 1 $ *(buck).*

Dates de dévaluation	$ en mg d'or	Once en $	Déval. en %
2-4-1792	1 603,8	19,39	–
28-6-1834	1 503,4	20,69	6,3
13-1-1837	1 504,7	20,67	0,1
31-1-1934	888,7	35	40,9
8-5-1972	818,5	38	7,9
18-10-1973	736,7	42,22	10

Cours du $ en F depuis 1913 (voir p. 1816). **Évolution récente. 1980-85** hausse de 4,04 (janv. 1980, lors de la prise d'otages américains en Iran, sous Carter) jusqu'à 10,61 F le 26-2-1985 (sous Reagan). *Raisons :* faible inflation, taux d'intérêt élevés (forte hausse à partir de 1981), rendement réel plus élevé des placements en $ (bons du Trésor US), grandes garanties offertes par le système financier amér. aux investisseurs étrangers ; forte reprise aux USA en 1983-84 alors que l'activité économique stagne ou progresse peu en Europe. Les besoins amér. de crédits (déficit budgétaire de l'État, besoins de financement des entreprises) conjugués à l'attrait des placements en $ provoquent un accroissement du flux des capitaux (à court, moyen et long termes) vers les USA. **1985**-*22-9 accord du Plaza* (New York) ; ministres des Finances et gouverneurs des banques centrales (Allemagne, USA, France, G.-B., Japon) annoncent que le $ doit baisser. *-10-12* engagement américain de réduire le déficit sur 5 ans. **1987**-*28-1* le $ (5,925) descend pour la 1re fois depuis 1982 en dessous de 6 F. *-22-2 accords du Louvre ;* ministres et gouverneurs décident que la baisse doit cesser. *-9-4* $ à 142,75 yens (cours le plus bas depuis 1945). *Cause :* déficit budgétaire fédéral et dette publique, dégradation de la balance commerciale (*1982 :* – 42,7 milliards de $. *83 :* – 69,4. *84 :* – 127,7. *85 :* – 139,7. *86 :* – 166,3) et de la balance des paiements (*1982 :* – 9,23 milliards de $. *85 :* – 117,6. *86 :* – 133,6), endettement du secteur bancaire amér. *-13-8* hausse passagère ($ à 6,31 F) : événements du Golfe, bons indices américains. *-23-10* krach boursier, $ à – de 6 F. *-15-12* $ à 5,51 F (déficit record du commerce extérieur amér. en octobre). *-28-12* $ à 5,40 F. **1988**-*4-1* $ à 5,32 F. *-5-1* intervention des banques centrales ; lent redressement. *-14-4* $ à 5,89 F. *-30-6 :* 6,12 F. **1989**-*avril* 6,30 F. *-22-5 :* 6,81 F. *-21-7 :* 6,42 F. **1990**-*1-8 :* 5,33 F. *-19-11 :* 4,96 F (niveau de 1981 à Paris). **1991**-*11-2 :* 4,93 F. *-Juin* 6,20 F. **1992** moy. 5,29, max. 5,59 F en *avril*, min. 4,73 F le *2-9.* **1993**-*janv.* 5,40 F. *-Juillet* 5,83 F. *-17-8 :* 5,98. *-Déc. :* 5,89. **1994**-*12-7 :* 5,25. *-22-7 :* 5,43. *-25-10 :* 5,10. *-1-12 :* 5,38. **1995**-*17-2 :* 5,16. *-6-3 :* 4,95. *-7-4 :* 4,78. *-12-5 :* 5,04. *-28-7 :* 4,79. *-4-9 :* 5,03. *-23-10 :* 4,87. **1996**-*19-1 :* 5,04. *-19-2 :* 4,97. *-23-2 :* 5. *-9-4 :* 5,10. *-21-5 :* 5,22. *-12-7 :* 5,14. *-1-8 :* 4,99. *-3-9 :* 5,07. *-1-10 :* 5,17. *-3-12 :* 5,32. **1997**-*17-1 :* 5,43. *-28-1 :* 5,58. *-18-2 :* 5,75. *-24-2 :* 5,63. *-5-3 :* 5,77. *-28-4 :* 5,84. *-12,5 :* 5,74. *-4-6 :* 5,83. *-1-7 :* 5,89. *-27-8 :* 6,09. *-8-9 :* 5,87. *-4-11 :* 5,76. *-30-12 :* 5,99. **1998**-*3-2 :* 6,11. *-20-3 :* 6,11. *-14-4 :* 6,09. *-4-6 :* 5,94. *-16-6 :* 6,03. *-20-7 :* 5,99. *-Déc. :* 5,60. **1999**-*janv. :* 5,65. *-Mars :* 6,03. *-Juillet :* 6,34. *-Août :* 6,19. *-Déc. :* 6,49. **2000**-*janv. :* 6,47. **2001**-*juin :* 7,73.

☞ Sont évalués en dollars 50 à 80 % des échanges mondiaux, les matières premières et les réserves de change des banques centrales. Beaucoup de monnaies (Asie, Amérique latine) y sont rattachées. Quoique l'endettement total des États-Unis soit d'environ 7 000 milliards de $, les banques centrales étrangères s'emploient à enrayer sa chute. Le marché intérieur américain est très peu sensible aux fluctuations des taux de change (une baisse de 10 % du $ n'entraînerait qu'une inflation de 1 %).

Conséquences des variations du $: *hausse :* les pays producteurs de matières 1res payés en $ voient leurs ressources augmenter et achètent plus de produits. Les investisseurs achètent des $, facilitant la baisse des taux d'intérêt américains, favorisant ainsi la croissance amér. *Baisse :* les investisseurs achètent des marks. La France relève ses taux d'intérêt, freinant la croissance économique.

■ **Florin hollandais** (*gouden, florijn :* florin d'or). *Origine :* de l'italien *fiorino* (fleur). Nom donné en 1252 à la monnaie d'or de Florence (avec des fleurs de lis, armes de la ville), a ensuite désigné des pièces de nombreux pays, notamment françaises (XIIIe s.), autrichiennes, hollandaises [depuis 1325 (en argent depuis 1540, en nickel depuis 1967) ; divisé en 20 sous de 16 *denarii,* depuis 1816 en 100 cents]. Défini en 1816 en or et argent, 1850 en argent, 1875-1925 puis 1925-36 en or. Fait partie du SME (depuis le 13-3-1979). Remplacé par l'euro (le 1-1-2002).

■ **Forint hongrois.** *Créé* 1946, remplace le pengoe. Parité du $: **1941** 3,46 pengoes. **1945**-*fin :* 104 000 . **1946**-*fin mars :* 10 millions. -*Fin juin :* 1 835 millions. -*Juillet* création du *milpengoe* (1 million de pengoes), puis bilpengoe (1 milliard de pengoes), enfin pengoe-impôt ou adopengoe (2 sextillions de pengoes-papier). -*13-7* un décret démonétise le pengoe et désigne le pengoe-impôt comme monnaie de compte provisoire. -*1-8* le forint remplace 200 millions de pengoes-impôt, soit 400 octillions de pengoes papier.

■ **Franc belge.** *Créé* 1832, défini en or et en argent (comme le franc germinal). Dernière parité officielle (loi du 12-4-1957) exprimée par un poids d'or fin de 0,0177734 g (50 FB = 1 $ US). Poids d'or fixé à 0,0182639 g, le 18-12-1971 (confirmé par loi du 3-7-1972), mais pas de date d'entrée en vigueur fixée. Fait partie du SME (depuis le 13-3-1979). **1988**-*23-12* loi sur statut monétaire de Belgique abroge lois du 12-4-1957 et 3-7-1972. A adhéré au SME à partir du 13-3-1979. Est devenu une expression non décimale de l'euro à partir du 1-1-1999 au taux de 40,3399. Les articles 1 à 3 de la loi du 23-12-1988 (statut monétaire du franc belge) ont été abrogés par la loi du 22-2-1998 fixant le statut organique de la Banque nationale de Belgique. Remplacé par l'euro (le 1-1-2002).

■ **Franc suisse.** *Créé* 1799, vaut 6,614 g d'argent (= 1,50 F en 1803). Se superpose aux pièces cantonales, doublons, thalers ou kreuzers. A la chute de Napoléon, les cantons recouvrent l'exclusivité du droit de battre monnaie (79 réémetteurs dont 23 cantons et demi-cantons, 16 villes, 15 princes séculiers et 24 princes d'Église émettent 860 sortes de monnaies). **1848** la Confédération met fin aux monnayages locaux. **1850** la loi sur les monnaies fédérales introduit l'étalon. -*7-5* contient 5 g d'argent à 900 millièmes. **1853** appelé franc, il a la même valeur que le franc français qui a cours légal en Suisse et y circule à l'égal de la monnaie nationale. **1860** passage au bimétallisme : force libératoire pour pièces d'or françaises. **1865** adhésion à l'Union monétaire latine. **1914** cours légal pour billets de la Banque nationale suisse. **1925** étalon-or. **1936** dévalué ; le kg d'or passe de 3 429,44 FS à 4 869,20 FS. **1971**-*9-5* réévalué de 7,07 % ; -*18-12* de 6,4 % par rapport au $ dans le cadre du « réalignement ». **1973**-*23-1* cours flottant. Revalorisé de 40 500 % entre 1910 et 1994 par rapport au franc français. Multiplié par 113 de 1914 à 1960.

■ **Lire italienne.** Comme d'autres noms de monnaies (*livre, lev* bulgare, *leu* roumain), vient du latin *libra,* unité de poids des Romains. Gênes frappe à l'enseigne de la République ligure des pièces en lires. **1801** le Piémont frappe une pièce en or de 20 lires semblable aux pièces françaises. Napoléon aligne la lire sur le franc à Milan, Venise, Bologne, puis Gênes et Rome. **1862**-*24-8* le royaume d'Italie adopte la lire de 4,5 g d'argent ou 290,3225 mg d'or. **1979**-*13-3* fait partie du SME. **1985**-*20-7* dévaluée de 6 % ; **1992**-*14-9* de 3,5 %. -*17-9* quitte le SME. **1996**-*nov.* réintègre le SME. **2002**-*1-1* remplacée par l'euro.

■ **Livre sterling.** Le mot « livre » *(pound)* correspond à l'unité de poids, et *sterling* (en vieux français esterlin ou estrelin) vient du vieil anglais *stère* ou *stière* (fort, ferme, inébranlable). **L'esterlin** avait 3 sens : **1°)** pondéral : *dans le système : a) de Troyes ou de Paris :* 1/20e d'once (30,59 g : 20 = 1,53 g) soit 1/160e du marc de 244,75 g ; *b) « du marc de La Rochelle ou d'Angleterre »* (230,35 g) : égale le denier-poids, soit 1/20e d'once (28,79/20 = 1,44 g) soit 1/160e du marc ; **2°)** d'alliage : par assimilation 1/160e de fin ; **3°)** monétaire : *a) appellation* des deniers écossais émis par le roi David Ier (1123-1153) et ses successeurs, *b) appellation* du nouveau denier anglais émis par Henri II Plantagenêt en 1180 au poids de 1,36 g pour 1,26 g d'argent fin.

Équivalence de la livre sterling en g d'or fin (après 1695, prix d'achat de la Banque d'Angleterre et, entre parenthèses, prix du marché, quand il est différent) : **1344** (Édouard III) 26,44. **1351** (Édouard III) 23,21. **1400** (guerre de Cent Ans) 23,21. **1412** (Henry IV) 20,89. **1450** (Henry VI) 20,89. **1465** (guerre des Deux-Roses) 15,47. **1543** (Henry VIII) 13,75. **1544** (Henry VIII) 12,89. **1552** (Édouard VI) 10,37. **1603** (Jacques Ier) 9,5. **1604** (Jacques Ier) 9,19. **1695** (fondation de la Banque d'Angl. : 1694) 5,3. **1790** 7,32. **1797** 7,32. **1815** (George III) 7,32 (6,16) étalon-or. **1914** (guerres du XXe s.) 7,32 (7,33). **1920** 7,32 (5,51). **1925** 7,32 (7,28). **1931** 7,32 (6,73). **1945** 3,70. **1946** 3,61. **1949** 2,49. **1967** 2,13. **1970** 2,07. **1975** 0,43. **1980** 0,12. **1984** 0,12. **1985** 0,13. **1986** 0,12. **1987** 0,11.

Le **souverain** d'or (diffusé en 1489) et la **guinée** (désignant à l'origine un morceau de coton servant de monnaie d'échange avec les autochtones de Guinée), fabriqués à partir d'or, valaient nominalement 1 livre, mais la guinée fluctua et se stabilisa en 1717 à 21 shillings (1,06 £). N'est plus frappée depuis 1813, mais en circulation jusqu'en 1840, puis le terme reste comme unité pour certains émoluments, produits de luxe, etc. Valeur depuis 1971 : 1,05 £. Depuis le 15-2-1971, la G.-B. ayant adopté le système décimal, la livre comprend 100 pence (au lieu de 240).

☞ **Noms en argot :** *bob* (1 sh), *quid* (1 £), *pony* (25 £), *ton* (100 £), *monkey* (500 £).

VALEURS EN FRANCS FRANÇAIS DE QUELQUES DEVISES

Années	Deutsch Mark (1 DM)	Dollar US (1 dollar)	Franc belge (100 FB)	Franc suisse (100 FS)	Lire (100 L)	Livre sterling (1 livre)	Peseta (100 P)
1913		5,180	99,390	99,710	98,280	25,256	93,070
1919		7,307	98,600	137,500	82,600	31,835	143,800
1920		14,476	104,800	242,100	69,500	52,803	226,400
1921		13,494	100,064	233,800	57,300	51,849	182,395
1922		12,246	93,683	234,700	58,300	54,624	190,830
1923		16,573	85,882	299,378	75,989	75,689	238,546
1924		19,413	88,850	353,293	84,460	85,675	257,831
1925		21,176	100,493	408,740	83,865	102,235	303,663
1926		31,211	(1) 502,854	601,702	120,516	151,558	466,191
1927		25,479	354,564	490,554	130,395	123,861	433,975
1928		25,499	355,238	491,052	134,084	(2) 124,101	423,473
1929		25,534	355,319	492,276	133,669	124,026	375,859
1930		25,479	355,496	493,708	133,439	123,885	298,407
1931		25,511	355,311	494,834	132,441	{ 124,064	243,506
						(3) 93,399	
1932		25,460	354,315	493,988	130,450	89,139	204,827
1933		(4) 20,568	355,461	493,134	132,749	84,675	212,879
1934		15,237	354,498	492,694	130,497	76,811	207,220
1935		15,150	282,087	492,226	125,250	74,235	207,250
1936		16,592	280,677	493,725	118,446	(5) 82,388	207,250
1937		25,214	425,713	578,707	132,690	(6) 124,748	
1938		34,996	591,232	799,514	184,162	(7) 170,760	
1939		40,268	671,258	857,538	199,645	176,700	
1940 (8)		43,800		985,000	221,000	176,750	440,000
			Juin 1940				Octobre 1940
			800,000	1 000,000			425,000
1941 (8)		43,800	800,000	1 000,000	221,000	176,750	425,000
1942 (8)		43,800	800,000	1 000,000	221,000	176,750	425,000
1943 (8)		43,800	800,000	1 000,000	221,000	176,750	425,000
1944 (8)		43,800	800,000	1 000,000	221,000	176,750	425,000
		5 déc. 1944	10 oct. 1944	1er déc. 1944	Oct. 1944	5 déc. 1944	1er déc. 1944
		49,600	113,260	1 152,000	50,000	200,000	456,600
1945		49,600	113,260	1 152,000	50,000	200,000	456,600
		27 déc. 1945	27 déc. 1945	27 déc. 1945	5 mars 1945	27 déc. 1945	27 déc. 1945
		119,100	271,800	2 763,000	52,500	480,000	1 095,800
1946		119,100	271,800	2 763,000	52,500	480,000	1 095,800
1947		119,100	271,800	2 763,000	52,500	480,000	1 095,800
1948		119,100	271,800	2 763,000	52,500	480,000	1 095,800
		26 janv. 1948	26 janv. 1948	26 janv. 1948	26 janv. 1948	26 janv. 1948	
		Offic. : 214,390	489,150	**Offic. :** 4 974,000	61,250	864,500	
		Libre : 308,858	17 oct. 1948	**Libre :** 7 789,400	17 oct. 1948	17 oct. 1948	17 oct. 1948
		(9)	601,500	(9)	46,500	1 062,000	2 410,000
1949		**Libre :** 330,000	27 avril 1949	**Libre :** 8 330,000	27 avril 1949	27 avril 1949	29 avril 1949
		(10)	620,850	(10)	55,500	1 097,000	2 490,000
		20 sept. 1949	20 sept. 1949	20 sept. 1949		20 sept. 1949	18 oct. 1949
		350,000	700,000	8 180,000		980,000	1 480,000
1950		350,000	700,000	8 180,000	1er déc. 1950	980,000	900,000
					56,030		
1951		349,965	701,965	8 087,144	56,099	980,708	885,020
1952		349,967	701,103	8 013,256	56,439	982,187	893,454
1953		349,965	701,388	8 034,393	56,449	982,835	909,658
1954		349,969	700,763	8 032,446	56,448	981,849	921,650
1955	83,328	349,969	700,880	8 000,587	56,238	978,119	863,770
1956	83,944	349,988	704,701	8,038,031	56,121	982,846	885,000
1957	(19) 83,816	349,985	701,085	8 033,893	56,130	983,402	927,648
1958 (11)	(20) 100,557	387,293	779,441	8 884,096	62,294	1 086,478	(12) 1 000,000

Années	Deutsch Mark (1 DM)	Dollar US (1 dollar)	Franc belge (100 FB)	Franc suisse (100 FS)	Lire (100 L)	Livre sterling (1 livre)	Peseta (100 P)	Yen (100 Y)
1959 (13)	117,352	4,904	9,815	113,495	0,790	13,775	{ 11,765	
							depuis 18/7/1959	
							8,230	
1960	1,1176	4,904	9,863	113,542	0,790	13,768	8,230	
1961	(21) 1,2303	4,905	9,839	113,569	0,790	13,747	8,205	
1962	1,2257	4,900	9,848	113,322	0,789	13,759	8,225	
1963	1,2293	4,900	9,828	113,391	0,788	13,721	8,175	
1964	1,2329	4,901	9,844	113,465	0,785	13,683	8,185	
1965	1,2272	4,904	9,874	113,257	0,785	13,703	8,183	
1966	1,2290	4,913	9,862	113,582	0,787	13,724	8,202	
1967	1,2344	4,920	9,904	113,675	0,789	{ 13,734	8,214	
						(14) 11,826	(14) 7,015	
1968	1,2406	4,955	9,918	114,708	0,794	11,805	7,134	
1969	{ 1,2393	4,963	9,882	115,028	0,792	{ 11,864	7,110	
	(22) 1,4318	(15) 5,567	(15) 11,143	(15) 129,258	(15) 0,887	(15) 13,310	(15) 7,966	
	1,5117							
1970	1,5162	5,528	11,136	128,257	0,882	13,241	7,938	
1971 (16)	{ (23) 1,6235	5,520	11,353	133,954	0,892	13,477	7,966	
	1,5185							
1971 (17)	1,5989	5,225	11,559	133,764	0,880	13,332	7,929	
1972	1,5819	5,045	11,464	132,122	0,865	12,619	7,853	
	{ 1,5879	{ (18) 5,066						
1973	(24) 1,6164	4,359	11,444	140,707	0,764	10,896	7,642	
	1,7395							
1974	1,8515	4,806	12,333	161,544	0,738	11,211	8,357	
1975	1,7448	4,288	11,676	166,059	0,657	9,513	7,474	
1976	1,9014	4,779	12,404	191,450	0,576	8,622	7,230	
					7,196		{ 7,196	
1977	2,1172	4,914	13,718	205,123	0,557	8,577	(25) 5,804	
1978	2,2465	4,512	14,337	253,377	0,532	8,655	5,893	2,1600
1979	2,3236	4,251	14,511	255,926	0,512	9,058	6,354	1,6875
1980	2,3255	4,221	14,457	252,068	0,494	9,820	5,900	2,3250
					{ 0,487			
1981	2,3658	5,362	14,517	266,734	(27) 0,478	{ 11,028	5,885	2,6150
	2,5206	5,655	14,991	309,755	0,472	(26) 10,661	5,891	
1982	2,5775	6,066	14,925	316,949	0,473	{ 11,044	5,898	2,8890
			(29) 13,828			(28)	6,161	
	2,8098	6,989	14,563	329,246	0,496	11,827	(30) 5,377	
1983	2,9811	7,622	14,899	362,587	0,502	11,546	5,313	3,6090
1984	3,0705	8,740	15,125	372,043	0,498	11,640	5,431	3,8420
1985	3,0523	8,988	15,132	366,159	0,470	11,548	5,276	3,7620
1986	3,1952	6,928	15,525	386,359	0,465	10,161	4,947	4,0300
1987	3,3448	6,012	16,100	403,376	0,464	9,839	4,874	4,3950
1988	3,3921	5,959	16,204	407,218	0,458	10,594	5,115	4,8450
1989	3,3933	6,382	16,194	390,177	0,465	10,446	5,387	4,0210
1990	3,3694	5,447	16,298	392,486	0,454	9,693	5,344	3,9715
1991	3,4005	5,647	16,517	393,475	0,455	9,948	5,428	4,1530
1992	3,3901	5,289	16,467	376,097	0,431	9,320	5,178	4,4141
1993	3,4253	5,666	16,392	383,625	0,360	8,506	4,462	5,2733
1994	3,4204	5,552	16,599	405,992	0,344	8,490	4,143	5,3610
1995	3,4827	4,992	16,927	422,354	0,307	7,876	4,003	4,7495
1996	3,4010	5,115	16,524	414,338	0,322	7,990	4,040	4,6023
1997	3,3663	5,838	16,314	402,304	0,343	9,559	3,986	4,6020
1998	3,520	5,826	16,251	407,156	0,340	9,770	3,949	4,845
1999 (31)	3,35	6,155	16	409,825	0,339	9,968	3,942	4,0773

Nota. – (1) A partir d'octobre 1926 jusqu'au 10-10-1944, par 100 belgas au lieu de 100 francs belges. (2) Stabilisation du franc (loi du 25-6-1928). (3) Abandon par le Royaume-Uni de l'étalon-or (21-9-1931). (4) Nouvelle politique monétaire des États-Unis (loi du 29-4-1933). (5) Alignement monétaire du franc (loi du 1-10-1936). (6) Abandon par la France de l'étalon-or (décret-loi du 30-6-1937). (7) Réévaluation du stock d'or sur la base de 1 £ = 170 F (décrets-lois des 12/13-11-1938). (8) Accords de clearing, à l'exception de la livre et du dollar. (9) Depuis le 17-10-1948, toutes les transactions commerciales se traitaient sur la base de la moyenne entre le cours officiel et le cours du marché libre. (10) Le cours officiel a été supprimé le 20-9-1949. (11) Les changes de 1958 (sauf pour la peseta) ne tiennent pas compte de la taxe de 20 % en vigueur du 1-1 au 20-6-1958. (12) Ne tient pas compte de la dévaluation du 26-12-1958, date à partir de laquelle la peseta a été fixée à 11,467. (13) En francs nouveaux depuis 1959. (14) Après les dévaluations de novembre 1967. (15) Après la dévaluation du franc le 8-8-1969. (16) Du 1er 1-1 au 17-12-1971 avant la dévaluation du dollar. (17) Du 21 au 31-12-1971 après la dévaluation du dollar. (18) Dévaluation du dollar le 12-2-1973. (19) Compte non tenu du prélèvement ou du versement de 20 % institué par le décret n° 57-910 du 10-8-1957. (20) 83,692 pour les cinq premiers mois de l'année, 100,557 les six derniers mois de l'année : à partir de juin 1958, les moyennes mensuelles sont calculées en tenant compte des 20 %. (21) 10 derniers mois de l'année, après réévaluation du DM du 16-3-1961. (22) Successivement : avant la dévaluation du franc français du 10-8-1969 – après cette dévaluation – du 27-10 (réévaluation du DM) au 31-12-1969. (23) Successivement : avant le 10-5 – du 10-5 au 17-12 – du 18-12 au 31-12-1971. (24) Successivement : jusqu'au 1-3 – du 19 au 28-6 – du 29-6 au 31-12-1973. (25) Du 3-5 au 8-7 et du 12-7 au 30-12-1977. (26) Dévaluation du franc français, de la lire et réévaluation du deutsche mark le 5-10-1981. (27) Dévaluation de la lire le 23-3-1981. (28) Dévaluation du franc français et de la lire, réévaluation du deutsche mark le 14-6-1982. (29) Dévaluation du franc belge le 22-2-1982. (30) Dévaluation de la peseta le 6-12-1982. (31) 1-1/10-8-1999. *Source :* Cie des organismes de change (moyenne mensuelle).

☞ **Correspondance courante :** 1 livre anglaise vaut 25 livres françaises en 1789, et 1 F en 1795. Écu : moyenne 1993 : 6,216 F, en mars 1994 : 6,599, au 9-8-1996 : 6,418, en 1998 : 7,092.

Billets récents. 1 £ (1978-88). Série D : 5 £ *duc de Wellington* (1971-91), 10 £ *Florence Nightingale* (1975-94), 20 £ *William Shakespeare* (1970-93), 20 £ *Michael Faraday* (1991-99), 50 £ *sir Christopher Wren* (1981-96). Pièce de 1 £ depuis 21-4-1983. Série E : 5 £ *George Stephenson* (1990), 10 £ *Charles Dickens* (1992-2000), 10 £ *Charles Darwin* (2000), 20 £ *sir Edward Elgar* (1999), 50 £ *sir John Houblon* (1994).

Anciennes pièces (non décimales) : 1/2 penny (retiré de la circulation 31-7-1969), penny et 3 pence (31-8-1971), 6 pence (30-6-1980), shilling (31-12-1990), 2 shillings (31-12-1969). **Décimales** (poids en g/diamètre et épaisseur en cm) : *½ penny* (retiré 31-12-1984), *1 penny* pl acier 3,56 (20,32/1,65), *1 penny* b (c 97 %, z 2,5, al 0,5) 3,56 (20,32/1,52), *2 pence* pl acier 7,12 (25,9/2,03), *2 pence* b (c 97 %, z 2,5, al 0,5) 7,12 (25,91/1,85), *5 pence* c.n. (c 75 %, n 25) 3,25 (18/1,7), *10 pence* c.n. (c 75 %, n 25) 6,5 (24,50/1,85), *20 pence* c.n. (c 84 %, n 16) 5 (21,4/1,7), *50 pence* c.n. (c 75 %, n 25) 8 (27,3/1,78), *£ 1* n.b. (c. 70 %, n 5,5, z 24,5) 9,5 (22,5/3,15), *£ 2* extérieur n.b. (c 76 %, n 4, z 20) 12 (28,4/2,5), intérieur c.n. (c 75 %, n 25).

☞ *Abréviations :* b. : bronze (cuivre 97 %, zinc 2,5 %, étain 0,5 %). c. n. : cupro-nickel (cuivre 75 %, nickel 25 sauf le 20 p. [84/16]. n.b. : nickel-brass (cuivre 70 %, nickel 5,5 %, zinc 24,5 %). pl : cuivre plaqué acier (utilisé depuis sept. 1992). L'abréviation « p » au lieu de « d » doit être utilisée pour le penny décimal valant 24 *old* (vieux) pennies. Depuis 1982, les pièces sont frappées avec la mention « pence » et non plus avec la mention « new pence ». La Grande-Bretagne a adhéré au SME et participe à son fonctionnement sauf pour le mécanisme d'intervention du taux de change.

■ **Mark allemand.** Vient du nordique *mark* et de l'anglo-saxon *mearc,* unité de poids dès le IXe s. (2/3 de livre romaine) ; en Allemagne, unité de poids des métaux précieux à partir du XIe s. Ce mot désigna plusieurs monnaies germaniques. La livre-poids de Charlemagne divisée en 2 marcs de Cologne (233,86 g) d'où naît le mark, monnaie de compte équivalent à 12 shillings (sous) ou 144 pfennigs (deniers). **1500** mark de Hambourg, 14 fois plus léger que le vieux marc de Cologne. **1871**-*4-12* le Reichstag crée des pièces de 5,10 (358,423 mg d'or fin) et 20 marks en or, base du nouveau système. **1873**-*12-7* le mark devient l'unité de compte. La démonétisation des anciens thalers (3 marks) s'échelonnera jusqu'en 1907. **1918-24** inflation. **1922** le $ vaut 7 350 marks ; **1923**-*11-1* il vaut 10 453 ; *-fin janv.* 40 000 ; *-juillet* 350 000 ; *-20-10* 26 milliards ; *-5-11* 280 milliards ; *-nov.* 4 200 milliards (il monte de 613 000 marks à la seconde). On imprime des timbres de 50 milliards, un parcours d'autobus vaut 150 milliards de marks. Il y a des billets de 100 billions (100 000 milliards) de marks. *Indice d'oct. exprimé en milliards* (sur base 1 en 1913) : *prix de gros* 7 (max. fers et charbons 11), *change du $:* 6 mds (habillement 6, nourriture 4,3, logement 0,05). *Salaires :* 3,2 à 13,4. On imagine des billets gagés sur le seigle (comme en Ukraine) ou sur l'or. Le PM Stresemann envisage l'émission d'un mark terrien (*bodenmark*) ou d'un mark nouveau (*neumark*), garanti par une hypothèque sur la fortune allemande et sur ce qui reste de l'encaisse-or de la Reichsbank ; mais il est renversé. Le ministre des Finances, Luther, pousse à la création du mark-rente (*rentenmark*) censé valoir un mark-or ou un trillion de marks-papier : il est gagé par une hypothèque de 4 % sur la richesse immobilière de l'Allemagne (domaines agricoles, biens fonciers des entreprises industrielles et commerciales). La banque Rentenbank émet des obligations qui servent de couverture. Le système est mis en œuvre par le Dr Hjalmar Schacht. **1924**-*30-4 rentenmark* remplacé par *reichsmark* (égal aussi à un trillion de marks-papier et théoriquement défini par 352,42 mg d'or fin). *-30-8 reichsmark* [ayant la même valeur que l'ancien mark de 1914 (279 pièces de 10 RM pour 1 kg d'or fin)] remplace le mark-papier (1 RM pour 1 million de marks-papier). **1925** on frappe des reichsmarks à 50 % d'argent, 50 % de cuivre, puis, à partir de 1933, en nickel pour la pièce de 1 mark. **1940** le mark est remplacé par un billet. **1948**-*mars* les alliés créent à Francfort une Banque des pays allemands (*Bank deutscher Länder).* Dettes et créances annulées à 90 %. Salaires, pensions et loyers maintenus au même taux qu'en marks anciens. La production repart. En juillet à l'Est, les Russes, qui ont fermé Bourse et banques, bloqué les dépôts, créent un mark oriental (*ostmark*), théoriquement défini en or. *-21-6* réforme monétaire : *deutsche mark.* **1949**-*19-9* dévaluation par rapport au dollar de 20,6 % (1 $ = 4,20 DM). **1950** pièces de 5,5 g : diamètre 23,5 mm (75 % cuivre, 25 % nickel). 1 DM = 0,30 $ (1 $ = 3,3333 DM). **1953**-*30-1* 1re parité fixée à 0,211588 g d'or fin = 1 $ = 4,20 DM après l'adhésion de l'All. féd. au FMI. **1961**-*6-3 : 1re réévaluation* de 5 % (le $ qui valait 4,20 DM depuis sept. 1949, vaut 4 DM). **1969**-*30-9/24-10* flottement. *-27-10 rééval.* 9,3 % (1 $ = 3,66 DM). **1971**-*10-5/17-12* flottement. *-21-12 rééval.* 13,6 % (1 $ = 3,2225 DM). **1972**-*24-4* mise en vigueur du SME. **1973**-*14-2 rééval.* 11,1 % (1 $ = 2,9003 DM). *-2-3* début du flottement généralisé. *-19-3 rééval.* 3 % (1 $ = 2,81583 DM) et début du flottement en commun des monnaies européennes au sein du Serpent. *-29-6 rééval.* 5,5 % (1 $ = 2,66903 DM) par rapport aux monnaies du SME. **1976**-*18-10 rééval.* 2 % ; **1978**-*16-10,* 4 % par rapport aux monnaies du Serpent. **1979**-*13-3* entrée en vigueur du nouveau SME. **2002**-*1-1* remplacé par l'euro.

Modification des cours pivots : 1979-*24-9, -30-11,* **1981**-*23-3, -5-10,* **1982**-*22-2, -14-6,* **1983**-*21-3, -18-5,* **1985**-*22-7,* **1986**-*6-4,* **1987**-*12-1.* **1990**-*1-7* le DM devient la monnaie de la RDA. *Conditions d'échange :* 1 mark-Est pour 1 DM pour salaires, honoraires, retraites et dépôts d'épargne jusqu'à un plafond de 4 000 DM ; au-dessus, parité de 2 marks-Est contre 1 DM pour l'épargne comptabilisée au 1-12-1989. Auparavant, le taux de change officiel était de 3 marks-Est contre 1 DM (7 marks-Est au marché noir).

BILLETS

■ **Les plus anciens.** DU MONDE : billets (appelés *jaozi*) émis en Chine au début des Song du Nord (960-1127) ; il reste la planche à impression. Le plus ancien billet conservé est le « Zhongtong Yuanbao Jiaochao » (ZYJ), émis en 1260 sous le règne Zhongtong de l'empereur Kubilay (1215-94) qui fonda la dynastie des Yuan (1271-1368) ; à base de coton, chanvre et écorce de mûrier ; en 8 valeurs nominales : 10, 20, 30, 50, 100, 200, 1 000 et 2 000 *sapèques.* Cette monnaie était fondée sur l'étalon-argent et convertible à tout moment. D'EUROPE : le « banco-sedler » émis dès juillet 1661 en Suède. DE FRANCE : **monnaie de carte :** *1685* en Nouvelle-France (Canada) ; l'intendant Jacques de Meulles utilise des cartes à jouer pour payer ses troupes. *1711* le montant des cartes émises atteindra 244 000 livres. *1714 :* 1 600 000 avec des coupures dont le montant nominal peut dépasser 50 livres. *1717* le roi interdit l'émission de cette « monnaie imaginaire » ; elle a cours cependant jusqu'à l'arrêt royal de juin 1764 (il y en avait alors pour 41 millions de livres). *1766* la convention franco-anglaise prévoit le rachat des cartes au quart environ de leur valeur nominale avec limitation de chaque reprise à 1 000 livres tournois. **Billets de Monoye :** sous Louis XIV (1701). **Billets de la Banque de France :** 100 F (1848-62), voir p. 1818 c.

■ **Le plus grand.** *1 guan chinois* (sous les Ming, 1368 à 1399) 22,8 × 33 cm. **Le plus petit.** *1 à 3 pfennigs de Passau* (1920-21) 18 × 18,5 mm.

■ **Cours des billets anciens** (en milliers de F). FRANCE : billet de Monoye (sous Louis XIV) : 80 à 100 ; billet de Law (av. 1720) : 15 ; b. de la Caisse d'escompte (sous Louis XVI) : 8,5 ; assignat de 300 livres (1790) à l'effigie de Louis XVI : 3 ; ass. vendéen à l'effigie de Louis XVII : 5 ; 1 000 F de 1862 succursaliste : 25 à 100 ; 500 F 1863 : 20 ; 25 F 1870 : 20 ; 5 F 1871 : 3,5 ; 200 F 1874 et 1848 (4 types) : 8 à 15 ; 5 000 F janv. 1918 : 5 ; 500 F Victor Hugo surchargé 5 NF (30-10-1958) : 4. THAÏLANDE : *billet du 25-6-1918 :* 300 (record, vente Spink 19-2-1987). USA (en 1990) : *100 $ 1863* (contresigné et postdaté *1870* à la main) : 120 ; *50* et *100 $ 1891 :* 90 à 120.

■ **Coût moyen de fabrication d'un billet** (en F, 1996). France 1,15 ; Allemagne 0,70 ; Pays-Bas 0,60 ; G.-B. 0,40.

☞ Les collectionneurs (environ 500 en France) sont appelés *billetophiles* ou *notophiles.*

■ **Mark finlandais** (« markka »). **1809** la Finlande, séparée de la Suède, devient *grand-duché* sous l'hégémonie du tsar de Russie. **1811** Banque de Finlande fondée. *1ers billets imprimés :* valeur de 20,50 et 75 kopecks. **1819** billets de 1, 2 et 4 roubles. La monnaie suédoise reste en circulation. **1840** décret donnant à la Banque de Finlande le droit d'émettre ses propres billets en roubles remboursables en argent (3, 5, 10 et 25 roubles). La monnaie suédoise est retirée de la circulation en Finlande. **1860**-*avril* le tsar Alexandre II garantit à la Finlande sa propre unité monétaire, le *markka,* divisé en 100 *penni.* Monnaies en argent de 1 et 2 marks et de 50 et 25 pennis, et monnaies en cuivre de 1,5 et 10 pennis sont frappées. Billets de 12, 20, 40 et 100 marks. **1877** Finlande suit et adopte l'étalon-or. 1res monnaies d'or de 10 et 20 marks et 1ers billets de 5, 10, 50 et 500 marks. **1909** billet de 1 000 marks émis. **1915** étalon or abandonné. **1917** indépendance. **1926-31** étalon-or. **1939** billet de 5 000 marks émis. **Dans les années 1940** l'inflation fait disparaître les pennis. **1951** mark évalué selon les règles FMI. **1955** billet de 10 000 marks émis. **1963** nouveau mark (100 marks anciens) divisé en 100 pennis, abréviation ISO *FIM.* **1977** valeur de base internationale du mark définie par l'indice des changes. **1986-1987** série de billets actuelle émise (10, 50, 100, 500 et 1 000 marks ; 20 en 1993). **1990-93** pièces actuelles émises (10 et 50 pennis, 1, 5 et 10 marks). **1992-96** mark flottant. **1996** adhésion au SME. **1999** La Banque de Finlande intègre le SEBC. **2002**-*1-1* remplacé par l'euro.

■ **Peseta espagnole.** **1859** définie en argent. **1989**-*19-6* entre au SME. *Dévaluations récentes :* **1992**-*17-9 :* - 5 %. *-23-11 :* - 6 %. **1994**-*13-5 :* - 8 %. **1995**-*6-3 :* - 7 %. **2002**-*1-1 :* remplacée par l'euro.

■ **Rouble russe.** Divisé en 100 *kopecks* depuis 1700. **Fin XIXe s.** valait 4 F, **depuis 1917** le rouble a été « alourdi » 5 fois (un rouble « lourd » valant 10 roubles « légers ») : **1921**-*nov.* s'échange 1 pour 10 000, **1922**-*oct.* 1 pour 100. *Tchervonetz :* « brillant », créé *déc.* défini comme l'égal de 10 roubles-or (7,74 g de métal fin, soit 5,15 $) ; le rouble reste la monnaie légale, mais ne cesse de s'avilir. **1921**-*janv.* on envisage l'*étalon-travail* (le *troud* équivaudrait à 1 j de travail d'intensité normale), puis un *rouble* (défini par une ration alimentaire de 2 700 calories, d'où le rouble-marchandise). Cependant, la banque d'État Gosbank libelle ses avances en roubles-or. Le budget d'État de 1922 est établi en roubles d'avant-guerre. **1922**-*30-3* l'État renonce à encaisser impôts, tarifs publics sur la base du rouble d'avant-guerre. Les plans gardent, comme monnaie de compte, le rouble-marchandise. **1924**-*févr.* 1 rouble pour 50 000, le Trésor arrête la fabrication des roubles et émet des roubles « dixième de tchervonetz » qui, en mars, devenant monnaie légale, sont échangés contre les roubles anciens (1/10 de tchervonetz pour 50 000 roubles 1923).

Valeur de 1 million de roubles-papier en roubles-or : 1914 : 1 000 000, **17 :** 340 000, **18 :** 48 000, **19 :** 6 000, **20 :** 413, **21 :** 60, **22 :** 3,5, **23 :** 0,05, **24** (10-3) : 2 millièmes de kopecks. Le rouble était à 200 milliardièmes de sa valeur-or. **1925** le marché des devises disparaît. **1926** la Banque rétablit son monopole sur l'or. Le cours du rouble n'a plus de valeur définie. **1947**-*déc.* 1 nouveau rouble pour 10. **Depuis 1950** le cours du rouble qui était fixé par référence au $ (sauf pendant quelques mois en 1936-37 au franc français) est défini par rapport à sa teneur en or : 0,222168 g d'or en 1950, soit 4 roubles pour un $. **1961** rouble lourd : 0,987412 g d'or, 1,11 $. Le cours officiel est établi par la Banque d'État. Le rouble est coté en Occident librement, mais un voyageur ne peut importer des roubles en URSS. Le rouble n'est pas négociable à l'étranger. **1963** création de la BICE (Banque internationale de coopération économique), et du rouble « transférable », unité de compte collective des membres du Comecon (sans rapport avec l'unité monétaire de l'URSS), supprimée en 1991. **Fin 1989** cours officiel : 1 rouble pour 1,57 $. Marché noir : 13 à 15 roubles pour 1 $. **1990**-*août* liberté de circulation des devises et projet d'unification du taux de change du rouble. *-11-12* la teneur en or du rouble n'est plus déterminée. *Taux officiel* fixé chaque semaine. *Taux commercial* applicable aux opérations liées au commerce extérieur et à l'investissement (taux officiel multiplié par 3). *Taux du marché* défini par l'offre et la demande à la Bourse de change extérieur interbancaire, en vigueur depuis avril 1991. **Depuis 1992** voir **Russie** p. 1818 b.

■ **Yen japonais.** **1871**-*mai* yen d'argent créé, à peu près équivalent à la piastre mexicaine, yen d'or défini comme le $. **1882** ramené à la valeur de 1/2 $. **1897** défini en or. **1971**-*19-12* réévalué de 16,88 % par rapport au $ US (marché des changes fermé le 20-12, rouvert le 21-12). **1973**-*14-2* flotte. **1989-90** faiblesse persistante en raison du niveau trop faible des taux d'intérêt japonais (5,25 %). **1991** reprise de 131,4 à 125,35 Y pour 1 $. **1992** moyenne 125 Y pour 1 $. **1993** de 124,3 à 100 Y pour 1 $. **1995** *-10-4 :* 80,15 (crise du $). **1996**-*27-12 :* 115,6. **1997**-*10-4 :* 127,2. *-20-5 :* 112,98.

■ **Yuan (Chine).** Cours du $ en yuans (officiel). **1942 :** 20. **1945**-*juin* 1 930. **1946**-*mars* 2 020. *-Août* 3 350. **1947**-*févr.* 12 000. **1948**-*août* 20 000 (12 millions sur le marché libre). **Goldyuan.** *Créé* août 1948 en échange de 3 millions de yuans. *Cours du $:* **1948 :** 4,05. *-Nov.* 20. *-Déc.* 125. **1949**-*mars* 8 000. *-Juin* 165 millions. *-Sept.* 425 millions. *-Nov. ren-min-piao* ou $ de la Banque du peuple créé par Mao Tsé-toung devient la monnaie légale de la Chine populaire. *Cours du $:* 600 ren-min-piao. **1949-50**-*avril* 42 000 (cours maximal). **1955**-*mars-avril* échange 1 nouveau ren-min-piao pour 1 000 anciens.

COURS DES MONNAIES

☞ Normalisation des symboles des devises par l'Iso depuis 1989 : 3 lettres dont 2 pour le pays, la dernière étant l'initiale de la devise [exemples : $ = USD ; £ = GBP ; DM = DEM ; FS (franc suisse) = CHF ; F = FRF.

Nom de l'unité monétaire (devise), symbole, monnaie divisionnaire, cours de 1 euro dans la devise du pays et, entre parenthèses, de la devise du pays en francs et, en italique, cours de 1 $ en devise du pays. *Exemple :* l'afghani (symbole AFA) égale 100 puli. 1 euro vaut 4 028 afghanis. 1 afghani vaut 0,0016285 F. 1 dollar vaut 4 750 afghanis. *Source :* Natexis Banques Populaires Multidevises (juin 2001).

Aboû Dabî (voir *Émirats arabes unis*). **Açores** (voir *Portugal).* **Afghanistan** afghani (AFA = 100 puli), 4 028 (0,0016285) *4 750.* **Afrique du Sud** rand (ZAR = 100 cents) 6,7855 (0,9667) *8,04.* **Albanie** lek (ALL = 100 qindarka), 126,77 (0,051744) *149,04.* **Algérie** dinar algérien (DZD = 100 centimes) 67,9089 (0,096594) *80,0765.* **Allemagne** deutsche mark (DEM = 100 pfennige) 1,95583 *2,30640.* **Andorre** peseta esp. (ADP) et franc (voir *Espagne).* **Angola** kwanza (AOA = 100 lweis) 16,8139 (0,39013) *19,6286.* **Antilles françaises** (voir *France).* **Antilles néerlandaises** florin des Antilles néerl. (ANG = 100 cents) 1,5179 (4,3215) *1,79.* **Arabie saoudite** rial saoudien (SAR = 100 halalas) 3,1803 (2,0626) *3,7504.* **Argentine** peso argentin (ARS = 100 centavos) 0,8480 (7,7359) *1.* **Arménie** dram (AMD = 100 lumma) 475,69 (0,01379) *556,23.* **Aruba** florin (AWG = 100 cents) 1,5179 (4,3215) *1,79.* **Australie** dollar australien (AUD = 100 cents) 1,6727 (3,92155) *1,9617.* **Autriche** schilling (ATS = 100 groschen) 13,7603 *16,22677.* **Azerbaïdjan** manat (AZM) 3 925,39 (0,001671) *4 629.*

Bahamas dollar des Bahamas (BSD = 100 cents) 0,8480 (7,5353) *1.* **Bahreïn** dinar de Bahreïn (BHD = 1 000 fils) 0,3188 (20,5758) *0,376.* **Bangladesh** taka (BDT = 100 paisa) 48,3360 (0,135708) *57.* **Barbade** dollar de Barbade (BBD = 100 cents) 1,6960 (3,8677) *2.* **Belgique** franc belge (BEF = 100 centimes) 40,3399 *47,57064.* **Bélize** dollar de Bélize (BZD = 100 cents) 1,6960 (3,8677) *2.* **Bénin** franc CFA (XOF = 100 centimes) 655,957 (0,01) *773,53.* **Bermudes** dollar des Bermudes (BMD = 100 cents) 0,8480 (7,7353) *1.* **Bhoutan** ngultrum (BTN = 100 chettrum) 39,860 (0,164565) *47,005.* **Biélorussie** rouble biélorusse (BYR) 1 153,15 (0,005688) *1 358.* **Birmanie** (voir *Myanmar).* **Bolivie** boliviano (BOB = 100 centavos) 5,5502 (1,1819) *6,5450.* **Bosnie-Herzégovine** mark convertible (BAM) 1,95583 (3,35385) *2,30640.* **Botswana** pula (BWP = 100 thebe) 4,7744 (1,3739) *5,6290.* **Brésil** real brésilien (BRL = 100 centavos) 2,0132 (3,2583) *2,3740.* **Brunéi** dollar de Brunéi (BND = 100 cents) 1,5346 (4,2744) *1,8067* = dollar de Singapour. **Bulgarie** nouveau lev (BGN = 100 stotinki) 1,9470 (3,36907) *2,3064.*

Burkina Faso franc CFA (XOF = 100 centimes) 655,957 (0,01) *7,7353*. **Burundi** franc du Burundi (BIF = 100 centimes) 742,08 (0,008839) *875,10*.

Caïmans (îles) dollar des îles Caïmans (KYD = 100 cents) 0,7023 (9,3401) *0,8282*. **Cambodge** riel (KHR = 100 sen) 3 252,08 (0,002017) *3 835*. **Cameroun** franc CFA (XAF = 100 centimes) 655,957 (0,01) *773,53*.

Canada dollar can. (CAD = 100 cents) 1,3146 (4,98978) *1,5384*. **Canaries (îles)** (voir *Espagne*). **Cap-Vert** escudo du Cap-Vert (CVE = 100 centavos) 110,265 (0,059489) *130,029*. **Caraïbes de l'Est** dollar des Caraïbes (XCD = 100 cents) 2,2896 (2,8646) *2,70*. **Centrafricaine (Rép.)** franc CFA (XAF = 100 centimes) 655,957 (0,01) *773,53*. **Chili** peso (CLP = 100 centavos) 518 (0,012663) *610,85*. **Chine** renminbi yuan (CNY = 100 fen) 7,0189 (0,934558) *8,2770*. **Chypre** livre chypriote (CYP = 100 cents) 0,57677 (11,3729) *0,6795*. **Colombie** peso colombien (COP = 100 centavos) 1 972,45 (0,003326) *2 326*. **Comores** franc des Comores (KMF = 100 centimes) 491,96775 (0,013333) *580,15*. **Congo** franc CFA (XAF = 100 centimes) 655,957 (0,01) *773,53*. **Congo** (Rép. démocratique) franc congolais (CDF = 100 centimes) 259,19 (0,0253) *305,605*. **Corée du Nord** won (KPW = 100 cheun) 1,87 (3,5078) *2,20*. **Corée du Sud** won (KRW = 100 chon) 1 086,29 (0,006039) *1 282,70*. **Costa Rica** colón du Costa Rica (CRC = 100 centimos) 276,67 (0,023709) *326,27*. **Côte d'Ivoire** franc CFA (XOF = 100 centimes) 655,957 (0,01) *773,53*. **Croatie** kuna (HRK = 100 lipas) 7,27349 (0,901846) *8,5742*. **Cuba** peso cubain (CUP = 100 centavos) 17,808 (0,36835) *21 = 1* cours des bureaux de change de la Cadeca. **Curaçao** (voir *Antilles néerl.*).

Danemark couronne dan. (DKK = 100 öre) 7,4556 (0,879818) *8,7874*. **Djibouti (Rép. de)** franc de Djibouti (DJF = 100 centimes) 150,707 (0,043525) *177,721*. **Dominicaine (Rép.)** peso dominicain (DOP = 100 centavos) 14,13 (0,46423) *16,66*.

Égypte livre ég. (EGP = 100 piastres) 3,2733 (2,00396) *3,86*. **Émirats arabes unis** dirham (AED = 100 fils) 3,1143 (2,10627) *3,6725*. **Équateur** (USD = 100 cents) 0,8480 (7,7353) *1*. **Érythrée** nakfa (ERN = 100 cents) 8,6496 (0,75837) *10,2*. **Espagne** peseta (ESP = 100 centimos) 166,386 *196,210*. **Estonie** couronne estonienne (EEK = 100 sentj) 15,6466 (0,419233) *18,42515*. **États-Unis** dollar des États-Unis (USD = 100 cents) 0,8480 (7,73534). **Éthiopie** birr éthiopien (ETB = 100 cents) 7,1207 (0,92120) *8,3970*.

Falkland (îles) livre des Falkland (FKP = 100 pence) 0,5973 (10,9820) *1,4201*. **Fidji (îles)** dollar (FJD = 100 cents) 1,9494 (3,3649) *2,2989*. **Finlande** mark finl. (FIM = 100 pennia) 5,94573 *7,011474*. **FMI** droit de tirage spécial, ou DTS (XDR) 1,47904 (9,70193) *1,25423*. **France** franc (FRF = 100 centimes) 6,55957 *7,73534*.

Gabon franc CFA (XAF = 100 centimes) 655,957 (0,01) *773,53*. **Gambie** dalasi (GMD = 100 bututs) 13,5044 (0,48574) *15,93*. **Géorgie** lari (GEL = 100 tetri) 1,7476 (3,7664) *2,047*. **Ghana** cedi (GHC = 100 pesewas) 6 086,4 (0,00107) *7 150,75*. **Gibraltar** livre de Gibraltar (GIP = 100 pence) 0,5973 (10,982) *1,4201*. **Grèce** drachme (GRD = 100 lepta) 340,75 *401,828*. **Groenland** (voir *Danemark*). **Guadeloupe** franc (FRF = 100 centimes) [voir *France*]. **Guatemala** quetzal (GTQ = 100 centavos) 6,5831 (0,99643) *7,7631*. **Guinée** franc guinéen (GNF) 1 623,92 (0,004039) *1 915*. **Guinée-Bissau** franc CFA (XOF = 100 centimes) 655,957 (0,01) *773,53*. **Guinée équatoriale** franc CFA (XAF = 100 centimes) 655,957 (0,01) *773,53*. **Guyana** dollar de Guyana (GYD = 100 cents) 153,06 (0,042856) *180,50*. **Guyane française** franc (FRF = 100 centimes) [voir *France*].

Haïti gourde (HTG = 100 centimes) 20,2897 (0,3233) *23,7085*. **Hawaii (îles)** [voir *États-Unis*]. **Honduras** lempira (HNL = 100 centavos) 13,2432 (0,49532) *15,4747*. **Hong Kong** dollar de Hong Kong (HKD = 100 cents) 6,6142 (0,99174) *7,7999*. **Hongrie** forint (HUF = 100 filler) 253,75 (0,025851) *299,01*.

Inde roupie (INR = 100 paisa) 39,860 (0,164565) *47,005*. **Indonésie** rupiah (IDR = 100 sen) 94,62 (0,000693) *11 058*. **Iran** rial iranien (IRR = 100 dinars) 1 500 (0,004373) *1 752,50*. **Iraq** dinar iraquien (IQD = 5 rials = 20 dirhams = 1 000 fils) 0,2636 (24,8846) *0,31085*. **Irlande** livre irl. (IEP = 100 pence) 0,787564 *0,928731*. **Islande** couronne isl. (ISK = 100 aurar) 88,81 (0,073861) *104,98*. **Israël** shequel (ILS = 100 agorots) 3,5071 (1,87037) *4,133*. **Italie** lire it. (ITL = 100 centesimi) 1 936,27 *2 283,34*.

Jamaïque dollar jamaïcain (JMD = 100 cents) 39,4998 (0,166066) *45,7641*. **Japon** yen (JPY = 100 sen) 101 (0,064946) *119,06*. **Jordanie** dinar jordanien (JOD = 1 000 fils) 0,6036 (10,8674) *0,709*.

Kazakhstan tenge (KZT = 100 tiyine) 124,21 (0,05281) *146,47*. **Kenya** shilling du Kenya (KES = 100 cents) 66,4832 (0,098665) *78,40*. **Kirghizistan** som. (KGS = 100 tiyine) 41,6374 (0,15754) *49,1007*. **Koweït** dinar koweïtien (KWD = 1 000 fils) 0,2926 (24,9793) *0,3085*.

Laos kip (LAK = 100 ats) 7 224,96 (0,000908) *8 520*. **Lesotho** loti (LSL = 100 lisente ; nouvelle monnaie depuis le 7-12-1979 loti 1 = rand 1) [voir *Afrique du Sud*]. **Lettonie** lats (LVL = 100 santïmi) 0,5377 (12,1993) *0,636*. **Liban** livre libanaise (LBP = 100 piastres) 1 278,81 (0,005129) *1 507,50*. **Libéria** dollar libérien (LRD = 100 cents) 35,192 (0,1864) *41,50*. **Libye** dinar libyen (LYD = 1 000 dirhams) 0,4735 (13,8534) *0,5584*.

Liechtenstein (voir *Suisse*). **Lituanie** litas (LTL = 100 centas) 3,3927 (1,9334) *4*. **Luxembourg** franc lux. (LUF = 100 centimes), même valeur que F belge.

Macao pataca (MOP = 100 avos) 6,8079 (0,96352) *7,955*. **Macédoine** denar (MKD = 100 deni) 60,9322 (0,107654) *71,8540*. **Madagascar** franc malgache (MGF = 100 centimes) 5 842 (0,001123) *6 855,6*. **Madère** (voir *Portugal*). **Malaisie** ringgit (MYR = 100 sen) 3,2249 (2,03404) *3,80*. **Malawi** kwacha (MWK = 100 tambala) 65,9223 (0,095) *75,75*. **Maldives** roupie, ou rufiyaa (MVR = 100 laari) 9,98 (0,65727) *11,77*. **Mali** franc CFA (XOF = 100 centimes) 655,957 (0,01) *773,53*. **Malte** livre maltaise (MTL = 100 cents = 1 000 miles) 0,3937 (16,6613) *0,4646*. **Maroc** dirham marocain (MAD = 100 centimes) 10,1165 (0,648403) *11,953*. **Martinique** (voir *France*). **Mascate et Oman** (voir *Oman*). **Maurice (île)** roupie mauricienne (MUR = 100 cents) 24,469 (0,268077) *26,855*. **Mauritanie** ouguiya (MRO = 5 khoums) 216,01 (0,030367) *254,73*. **Mexique** peso mex. (MXN = 100 centavos) 7,7734 (0,843848) *9,1668*. **Moldavie** leu (MDL = 100 bani) 10,9791 (0,59746) *12,9448*. **Monaco** (voir *France*). **Mongolie** togrog (MNT = 100 mongo) 928,56 (0,007064) *1 095*. **Mozambique** metical (MZM = 100 centavos) 17 538 (0,000374) *20 450*. **Myanmar** kyat (MMK = 100 pyas) 5,751 (11,406) *6,7818*.

Namibie dollar namibien (NAD = 100 cents) 6,7855 (10,9667) *8,04*. **Népal** roupie népalaise (NPR = 100 paisa) 68,776 (0,102853) *75,208*. **Nicaragua** córdoba oro (NIO = 100 centavos) 11,3428 (0,57830) *13,3759*. **Niger** franc CFA (XOF = 100 centimes) 655,957 (0,01) *773,53*. **Nigéria** naira (NGN = 100 kobos) 96,45 (0,068010) *112,70*. **Norvège** couronne norv. (NOK = 100 öre) 7,93 (0,0827184) *9,3514*. **Nlle-Calédonie** franc CFP (XPF = 100 centimes) 119,3317422 (0,055) *140,72*. **Nlle-Zélande** dollar néo-zélandais (NZD = 100 cents) 2,0628 (3,17994) *2,4175*.

Oman rial omanais (OMR = 1 000 baiza) 0,3261 (20,1152) *0,3845*. **Ouganda** shilling ougandais (UGX = 100 cents) 1 522 (0,004310) *1 578,50*. **Ouzbékistan** soum (UZS = 100 tiin) 301,26 (0,021774) *355,26*.

Pakistan roupie pakistanaise (PKR = 100 paisa) 53,621 (0,122332) *63,2925*. **Panamá** balboa (PAB = 100 centesimos) 0,848 (7,7353) *1*. **Papouasie-Nlle-Guinée** kina (PGK = 100 tosa) 2,8291 (2,3186) *3,3058*. **Paraguay** guarani (PYG = 100 centimos) 3 281,28 (0,001999) *3 840*. **Pays-Bas** florin (NLG = 100 cents) 2,20371 *2,598715*. **Pérou** nouv. sol (PEN = 100 centimos) 3,0791 (2,1304) *3,6310*. **Philippines** peso philippin (PHP = 100 centavos) 42,8240 (0,153175) *50,5*. **Pologne** zloty (PLN = 100 groszy) 3,393 (1,93327) *4,0083*. **Polynésie française** franc CFP (XPF = 100 centimes) 119,3317422 (0,055) *140,72*. **Porto Rico** (voir *États-Unis*). **Portugal** escudo (PTE = 100 centavos) 200,482 *236,417*.

Qatar rial du Qatar (QAR = 100 dirhams) 3,0867 (2,12511) *3,64*.

Réunion (La) (voir *France*). **Roumanie** leu (ROL = 100 bani) 24 392 (0,000269) *28 754*. **Royaume-Uni** livre sterling (GBP = 100 pence) 0,5973 (10,982) *1,4201*. **Russie** nouv. rouble (RUB = 100 copecks) 24,82 (0,2643) *29,14*. **Rwanda** franc rwandais (RWF = 100 centimes) 368,96 (0,017779) *435,10*.

Saint-Marin (voir *Italie*). **Saint-Pierre-et-Miquelon** (voir *France*). **Salomon (îles)** dollar de Salomon (SBD = 100 cents) 4,4491 (1,4744) *5,2466*. **Salvador** colón du Salvador (SVC = 100 centavos) 7,4242 (0,88354) *8,755*. **Samoa occ.** tala (WST = 100 sene) 2,9496 (2,2239) *3,4783*. **São Tomé et Principe** dobra (STD = 100 centavos) 7 392,84 (0,000887) *8 717,97*. **Sénégal** franc CFA (XOF = 100 centimes) 655,957 (0,01) *773,53*. **Seychelles** roupie des Seychelles (SCR = 100 cents) 4,9144 (1,3348) *5,7425*. **Sierra Leone** leone (SLL = 100 cents) 1 595,19 (0,004112) *1 863,98*. **Singapour** dollar de Singapour (SGD = 100 cents) 1,5346 (4,27445) *1,8067*. **Slovaquie** couronne slovaque (SKK = 100 haleru) 42,939 (0,152765) *50,489*. **Slovénie** tolar (SIT = 100 stotin) 217,6353 (0,030140) *255,4896*. **Somalie** shilling de Somalie (SOS = 100 centesimi) 7 292,80 (0,000899) *8 600*. **Soudan** dinar soudanais (SDD = 100 girsh) 219,38 (0,0299) *258,70*. **Sri Lanka** roupie de Sri Lanka (LKR = 100 cents) 77,8040 (0,084309) *91,75*. **Suède** couronne suéd. (SEK = 100 öre) 9,125 (0,718857) *10,7696*. **Suisse** franc suisse (CHF = 100 centimes) 1,5206 (4,3138) *1,7964*. **Suriname** florin de Surinam (SRG = 100 cents) 1 864,36 (0,003518) *2 175,5*. **Swaziland** lilangeni (SZL = 100 cents) 6,7855 (0,9667) *8,04*. **Syrie** livre syrienne (SYP = 100 piastres) 9,519 (0,6891) *11,225*.

Tadjikistan somani (TJS) 1,9928 (3,29163) *2,35*. **Taïwan** nouv. dollar de Taïwan (TWD = 100 cents) 28,802 (0,22775) *33,965*. **Tanzanie** shilling tanzanien (TZS = 100 cents) 759,07 (0,008642) *829,20*. **Tchad** franc CFA (XAF = 100 centimes) 655,957 (0,01) *773,53*. **Tchèque (Rép.)** couronne tchèque (CZK = 100 haleru) 34,195 (0,191828) *40,205*. **Thaïlande** baht (THB = 100 satang) 38,4398 (0,170645) *45,33*. **Togo** franc CFA (XOF = 100 centimes) 655,957 (0,01) *773,53*. **Tonga** pa'anga (TOP = 100 seniti) 1,7932 (3,658) *2,1146*. **Trinité et Tobago** dollar de Trinité et Tobago (TTD = 100 cents) 5,2406 (1,10006) *6,18*. **Tunisie** dinar tun. (TND = 1 000 millimes) 1,2618 (51,9858) *1,4903*. **Turkménistan** manat (TMM = 100 tengés) 4 409,60 (0,00149) *5 200*. **Turquie** livre turque (TRL = 100 kurus) 995 000 (0,00000659) *1 209 055,5*.

Ukraine hryvnia (UAH = 100 copecks) 4,5918 (1,42854) *5,4149*. **Uruguay** peso uruguayen (UYU = 100 centésimos) 11,1448 (0,588577) *13,1425*.

Vanuatu vatu (VUV) 125,39 (0,052313) *146,31*. **Venezuela** bolívar (VEB = 100 centimos) 605,90 (0,010826) *714,5*. **Viêt Nam** dong (VND = 10 hâo = 100 xu) 12 421,5 (0,000528) *14 648*.

Yémen rial du Yémen (YER = 100 fils) 142,05 (0,046178) *167,51*. **Ex-Yougoslavie,** Serbie, Monténégro, nouv. dinar yougoslave (YUM = 1 000 paras) 58,675 (0,111795) *69,9558*.

Zambie kwacha (ZMK = 100 ngwee) 2 951,04 (0,002223) *3 480*. **Zimbabwe** dollar du Zimbabwe (ZWD = 100 cents) 46,64 (0,140643) *55*.

Billets en France

Histoire des billets

■ **Billets de monnaie. 1701** un édit stipule que les espèces ont un nouveau cours et que les anciennes monnaies sont surfrappées. On délivre au déposant un billet de monnaie de 25 à 10 000 livres remboursable quelques j après, le temps de fabriquer de nouvelles pièces. Puis ce délai sera porté à 1 mois et plus avec un édit ordonnant que les billets porteraient intérêt à 4 %. **1703** (*fin*) on échange les billets échus contre d'autres à échéance plus lointaine. **1704** des billets au-dessus de 150 livres (les autres ayant été remboursés) sont convertis en billets portant intérêt à 7,5 %. **1706** (*à partir de*) la confiance du public tombe. **1707**-*12-4* cours forcé. **1715**-*7-12* tous les effets seront échangés contre des « billets de l'Estat » rapportant 4 % d'intérêt à compter du 1-1-1716, de 6 mois en 6 mois jusqu'à extinction. Ces billets circuleront jusqu'en 1718 avec une décote de 50 à 70 %, puis seront absorbés par Law, en août 1717. **1716**-*2-5* Banque générale, créée par John Law (Édimbourg, 1671-Venise, 1729), chargée d'émettre des billets libellés en écus, moyennant le versement d'un certain poids d'argent ; on développe les opérations de crédit en plaçant ou en prêtant l'argent reçu. L'État rachète les actions, utilise l'émission des billets pour les besoins du Trésor, les émissions des billets se multiplient pour financer le développement d'une grande Cie commerciale. Le terme de banque est banni et est remplacé par celui de *caisse*. **1718**-*4-12* la Banque générale devient Banque royale. -*Fin décembre* un édit fixe la parité des billets (10, 100 et 1 000 livres) avec l'or et interdit les règlements en espèces d'argent pour plus de 600 livres. **1719** **Law** (contrôleur général des Finances en janv. 1720) édicte que les billets vaudront 5 % de plus que l'argent courant et qu'on ne pourra régler en or les sommes supérieures à 300 livres. Les billets perdent leur valeur mais les émissions se multiplient (il circulait en déc. 1718 : 12 millions de livres en billets, en déc. 1719 : 1 milliard). **1720**-*11-3* Law proscrit l'or. -*14-6* Law est congédié. -*15-8* arrêt rétablissant la circulation des espèces. -*10-10* arrêt retirant de la circulation toutes les valeurs à compter du 1-11 suivant, fermeture de la banque. **1776**-*24-3 Caisse d'escompte* créée (supprimée 24-8-1793). **1777**-*juin* plus de 100 000 livres en circulation. **1790**-*début* 180 millions de livres (il y eut semble-t-il des billets de 240 livres soit 10 louis, 600 et 2 000 livres puis 200, 300 et 1 000 livres).

■ **Révolution. 1789 assignats** émis par la Caisse de l'extraordinaire (créée 4-12-1789, supprimée 4-1-1792). 1re émission : 400 millions de livres, valeurs : 200, 300 et 1 000 livres, format : 195 × 175 mm, ramené à 195 × 136 une fois les 3 coupons d'intérêt détachés. Rapportant 5 % d'intérêts, ils sont gagés sur les biens de l'Église (biens nationaux) et indiquent « Domaines nationaux hypothéqués au remboursement des assignats par le décret de l'Assemblée nationale des 16 et 17-4-1790, sanctionné par le roi ». Détachés, ils font office d'appoint, mais en 1794 leur cours est interdit. Le verso sera divisé en 20 cases pour les signatures des porteurs successifs. Le papier utilisé est filigrané avec 2 fois la mention « La Loi et le Roi », 3 fleurs de lys et, au milieu, « obligation nationale ». L'assignat de 300 livres (intérêt par j : 6 deniers) est imprimé en noir sur papier rose, celui de 1 000 livres (intérêt par j : 20 deniers) en rouge sur papier blanc. **1790**-*29-9* émission de 800 à 1 200 millions de livres [coupures de 50 (format : 192 × 103 mm), 60, 70, 80, 90 et 100, et 500 et 2 000 livres]. Il n'y a plus de coupons car l'intérêt a été supprimé par décret du 16-10-1790. **1791**-*6-5* émission de 20 millions d'assignats de 5 livres signés par Jean Corsel et surnommés « corsets ». Format : 96 × 63 mm, signature imprimée. **1792**-*24-1* on décide l'émission de coupures de 10 sous, 15 sols, 25 sols et 50 sols pour enrayer ces émissions incontrôlées. -*24-10* émission de 1 milliard de livres. -*21-11* assignat de 400 livres (1er à porter la mention « République française »). -*16-12* nouveaux modèles avec « La loi punit de mort le contrefacteur » et « La nation récompense le dénonciateur ». Les espèces métalliques ayant presque entièrement disparu, des billets de confiance apparaissent.

■ **Directoire. Billets :** plus personne ne souhaite être payé en assignats ; l'emprunt forcé venant d'être institué, un décret autorise le Trésor à émettre des *rescriptions,* c'est-à-dire des billets permettant de payer, à plusieurs mois d'échéances, les sommes gagnées sur l'emprunt forcé. Les valeurs manuscrites sont fixées à 25, 50, 100, 250, 500 et 1 000 livres (en mars 1796, le Directoire les assimile aux mandats territoriaux et une destruction publique des objets ayant servi à fabriquer les assignats est décrétée). **Mandats territoriaux :** créés par la loi du 28 ventôse an IV (18-3-1796). Prévus en coupures de 1,5, 20, 50, 100 et 500 F. Mais leur dépréciation est si rapide que seule la coupure de 5 F sera imprimée. Ces bons seront émis par le Trésor jusqu'au 22 ventôse an VII (13-3-1800). Les assignats sont échangés à raison de 30 pour 1 (août 1796). **1797**-*février* cours forcé des mandats supprimé. **Billets privés : 1796** organismes (Caisse des comptes courants, Caisse d'escompte du commerce...) émettent des billets au porteur, remboursables à vue.

Évolution : des assignats : 1794-*juin* 1 000 livres-assignats valent 340 livres-métal ; **1795**-*janv.* 210 ; -*juillet* 40 ;

■ **Caractéristiques du St-Exupéry (50 F), du Paul Cézanne (100 F), du Gustave Eiffel (200 F) et du Pierre et Marie Curie (500 F). 1°)** **Filigrane :** empreinte dans la pâte à papier. A gauche au recto : portrait du personnage figurant à l'effigie du billet. Paraît sombre lorsqu'on regarde le billet par transparence, clair lorsqu'il est posé sur une surface foncée. **2°)** **Strap :** bande réfléchissante discontinue apposée par transfert à chaud avant impression sur toute la hauteur du billet. Sur une photocopie les parties argentées apparaissent *noires*. **3°)** **Fil de sécurité magnétique** intégré dans l'épaisseur du papier : semblable à celui du billet de 20 F. Il peut contenir des informations codées. **4°)** **Encre à couleur changeante :** motif imprimé par sérigraphie avec cette encre en haut à gauche du recto [« Boa qui digère l'éléphant » (50 F St-Exupéry) ; palette de Cézanne (100 F Cézanne) ; vue en plan de l'un des piliers de la tour Eiffel (200 F Eiffel) ; dessin symbolisant le « monde subatomique » (500 F P. et M. Curie)]. Selon l'angle sous lequel on regarde le billet (ou selon la position de la source de lumière), le dessin apparaît *vert* ou *bleu foncé*. **5°)** **Encre incolore brillante :** motif en bas à gauche du recto : mouton (50 F) ; silhouette de la montagne Sainte-Victoire (100 F) ; viaduc de Garabit (200 F) ; symbole chimique du radium (500 F). Devient *vert* éclairé en ultra-violet. **6°)** **Transvision :** le dessin figurant au recto complète exactement, par transparence du papier, celui du verso de façon à constituer une image intégralement colorée. Motif stylisé. Petit Prince (50 F) ; toile « Les Joueurs de cartes » (100 F) ; tour Eiffel en forme de A (200 F) ; rayonnement et lettre β (500 F). **7°)** **Impression en partie en taille douce** (en relief). L'encre adhère au papier en gardant au séchage l'épaisseur qu'elle avait dans les creux de la plaque gravée. **8°)** **Minilettres et microlettres :** au recto en haut à gauche du billet. Reproduisent un texte des personnages illustrant chaque billet. Lisible à la loupe, il ne l'est plus sur une photocopie.

■ **Modifications récentes.** *Sur tous les billets millésimés 1993 et suivants,* l'avertissement relatif aux sanctions pénales encourues par les contrefacteurs est modifié en tenant compte de l'entrée en vigueur du nouveau Code pénal. *50 F Saint-Exupéry :* à partir du millésime 1994, la mention « Antoine de Saint-Exupéry 1900-1944 » (à la verticale de la partie droite du filigrane) a été agrandie sur 2 lignes la rendant plus lisible. L'accent sur le E de « Exupéry » des millésimes 1992 et 1993 est supprimé.

Taille des billets (en mm) : *500 F (Pierre et Marie Curie) :* 153 × 80 ; *200 F (Gustave Eiffel) :* 143 × 80 ; *100 F (Cézanne) :* 133 × 80 ; *50 F (Saint-Exupéry)* 123 × 80.

1796-*janv.* 5 ; -*juillet* 2 ; -*août* 10 sous. **DES MANDATS : 1796**-*avril* 1 000 livres valent 160 livres-métal ; -*mai* 120 ; -*juin* 80 ; -*juillet* 50 ; -*nov.* 23 ; **1797**-*févr.* 10.

■ **Consulat.** **1799** (*fin*) il y a pour 40 millions de F de billets en circulation. **1800**-*13-2* les statuts de la *Banque de France* sont déposés, elle absorbe la Caisse des comptes courants dont elle utilise les billets en y ajoutant « payables à la Banque de France » (billets de 500 F : 216 × 216 mm, 1 000 : 205 × 128). **1803**-*14-4 :* loi du 24 germinal an XI, la Banque est dotée du privilège d'émission pour 15 ans. *Montant des billets en circulation :* 45 millions de F.

■ **Du Ier Empire à 1914.** **1805** 80 millions (il n'y a plus que 1 million de F environ en espèces dans les caisses de la Banque de France). **1806**-*22-4* privilège d'émission prorogé de 25 ans. **1808** statuts modifiés, des bureaux sont créés en province sous le nom de Comptoir d'escompte de la Banque de France. **1832** loi transformant la peine de mort pour les contrefacteurs en travaux forcés à perpétuité (art. 139 du Code pénal). Billets de 500 F (205 × 128 mm), 1 000 (210 × 116 mm), 250 (140 × 80 mm), émis dans les comptoirs de Lille, Lyon et Rouen. **1846** billet de 5 000 F (225 × 115, imprimé en rouge) ; sur 4 000 imprimés, un seul n'est jamais revenu dans les caisses de la Banque de Fr. **1848** privilège d'émission étendu à l'ensemble du territoire après l'absorption des 9 banques départementales d'émission (les billets ne pouvaient pas alors être acceptés en paiement). Billets de 100 F, + de 80 millions émis (auparavant, minimum autorisé 200 F). **1853** billets de 50 F. **1862** billets tout bleus de 100, 500 et 1 000 F. **1870** cours légal, puis cours forcé, puis minimum des coupures à 25 F (remplacées par un billet de 20 F), apparition de « bons de monnaie » de 0,50 F, 1 F, 2 F, 5 F, 10 F, 20 et 100 F émis par des collectivités locales ou des Stés importantes. **1871**-*fin déc.* la Banque de France est autorisée à émettre des billets de 5 et 10 F, ce qui entraîne le retrait des bons de monnaie. **1878**-*1-1* cours forcé aboli, mais pas le cours légal. **1888** billets à 2 couleurs + le noir (fond rose). **1908**-*2-1* billet de 100 F à 4 couleurs autorisé (182 × 112 mm, dit type 1906, émis en 1910).

■ **De 1914 à 1939.** **Billets : 1914**-*4-8* cours forcé rétabli, petites coupures de 5, 10 et 20 F mises en fabrication pour pallier la thésaurisation des pièces d'or. Apparition de petits billets émis par les chambres de commerce, puis par les communes et l'État lui-même par l'intermédiaire de la Trésorerie aux armées. Les **bons de monnaie** seront progressivement remplacés, à partir de 1921, par des jetons en bronze d'aluminium de 0,50, 1 et 2 F, frappés pour ces chambres sous leur responsabilité et distribués par la Banque de Fr. (émissions garanties par des fonds de contre-valeurs déposés à la Banque de Fr.).

■ **1939 à nos jours.** **1939** circulation en billets : 100 milliards de F ; la Banque de Fr. met en circulation 600 000 billets de 5 000 F imprimés depuis 1918 et 900 000 billets de 5 000 F imprimés en 1934-35, les petites coupures de 5 et 10 F, censées être retirées depuis 1932, sont remises en circulation. **Après la Libération** circulation de billets américains. **1945**-*4-6* échange obligatoire de tous les billets de 50 F et au-dessus qui cessent d'avoir cours légal. Les détenteurs reçoivent en échange 4 billets de fabrication française (100, 300, 1 000 et 5 000 F) sur 9 distribués, les autres étant américains ou anglais (le 5 000 F sera retiré en janv. 1948).

STATISTIQUES

■ **Encours de billets émis.** (Pour les billets en circulation, déduire environ 9 % dont 5 % en stock dans les banques et 4 % émis hors métropole.) *Total à la fin de l'année.* **En milliards de F : 1803 :** 60. **1804 :** 87. **1810 :** 100. **1939 :** 151,3. **44 :** 572,5. **50 :** 1 560,6. **55 :** 2 852,7. **60 :** 50,1. **70 :** 73,4. **75 :** 106,7. **80 :** 144,6. **81 :** 161,9. **85 :** 211,3. **90 :** 263,3. **95 :** 268,9. **96 :** 270. **97 :** 273. **98 :** 277. **99 :** 303. **2000 :** 302. **En millions de billets : 1914 :** 50. **19 :** 653. **39 :** 667. **44 :** 2 574. **45 :** 1 711. **59 :** 1 035. **84 :** 1 300. **89 :** 1 241. **91 :** 1 321,6. **96 :** 1 343,5. **97 :** 1 341,9. **98 :** 1 310,5. **99 :** 1 425,7. **2000 :** 1 462,8.

☞ **Part** (en %) **des billets dans la masse monétaire M1** (monnaie fiduciaire et dépôts à vue) : *1988 :* 15,4. *90 :* 15. *92 :* 15,7. *96 :* 14,3. *97 :* 13,5. *98 :* 13,3. *99 :* 13,6. *2000 :* 12,8.

■ **Billets produits chaque année.** Entre 1 100 et 1 500 millions de billets (*1999 :* 1 100,1). Chaque Français dispose en moyenne de 24 billets.

■ **Cours légal.** **BILLETS AYANT COURS LÉGAL** (effigie en italique) : **500 F** *Pierre et Marie Curie,* 1er couple sur un billet français (22-3-1995). **200 F** *Gustave Eiffel* (29-10-1996). **100 F** *Paul Cézanne* (15-12-1997). **50 F** *Saint-Exupéry* (20-10-1993). **20 F** *Debussy* (6-10-1981). Seul reste de l'ancienne série le 20 F modernisé en 1990.

BILLETS PRIVÉS DU COURS LÉGAL : peuvent être refusés comme moyen de paiement par particuliers et caisses publiques. Les billets privés du cours légal avant le 1-1-1994 sont remboursables, sauf exception, à tous les guichets de la Banque de France jusqu'au 31-12-2003. Ceux privés du cours légal après le 1-1-1994 sont remboursables pendant un délai de 10 ans à partir de la date à laquelle ils ont été privés du cours légal.

Billets remboursables. **ANCIENS FRANCS** (100 anciens francs = 1 nouveau franc), coupure, type entre parenthèses, et remboursement en italique : **5** (1871, 1905, 1917, 1943) *0,05.* **10** (1915, 1941) *0,10.* **20** (1873, 1905, 1916, 1940, 1942) *0,20.* **50** (1946) *0,5.* **100** (1945) *1.* **300** (1938) *3.* **500** (1945, 1953) *5.* **1 000** (1945, 1953) *10.* **5 000** (1957) *50.* **10 000** (1955) *100.* **DE FABRICATION ÉTRANGÈRE : 50 américain** (1944) *0,50.* **100 américain** (1944) *1.* **500 anglais** (1945) *5.* **1 000 américain** (1944) *10.* **1 000 anglais** (1945) *10.*

NOUVEAUX FRANCS : 5 (1966 *Pasteur* [1]). **10** (1963 *Voltaire* [2] ; 1972 *Berlioz* [2]). **50** (1962 *Racine* [2] ; 1976 *Quentin de La Tour* [3]). **100** (1964 *Corneille* [2] ; 1979 *Delacroix* [4]). **200** (1982 *Montesquieu*). **500** (1968 *Pascal* [5]).

Nota. – Privation du cours légal : (1) 1-11-1972 (début du retrait 6-1-1971). (2) 15-9-1986 (début du retrait : *10 F* 31-12-1980, *100 F* 1-3-1985). (3) 1-12-1995. (4) 1-3-1997. (5) 1-2-1999. Certains billets de fabrication étrangère mis en circulation en 1944-45 sont également remboursables.

Billets non remboursables. **Tous les billets de 50 AF, 100, 500, 1 000,** émis avant le 30-5-1945 et soumis à échange obligatoire par ordonnance de cette date (ont pu être échangés du 4 au 15-6-1945). **5 000 AF** « type 1942 », émis le 4-6-1945, retirés de la circulation (loi du 30-1-1948) afin de repérer les bénéficiaires du marché noir lors de l'Occupation. Ont pu être échangés du 31-1 au 3-2-1948.

■ **Fausse monnaie.** **Billets :** depuis les années 1980, les faussaires utilisent la photocopie laser (plus de 10 % de la contrefaçon) pour reproduire la bande « miroir » des bandes d'aluminium, ou un feutre argenté (nombreux faux 500 F Curie : 30 000 à 35 000). **Fausses pièces les plus fréquentes :** 100 F commémoratives, 10 F [*Mathieu* (quand il avait cours) et *Génie de la Bastille* (1 350 000 pièces du 1-1 au 30-4-1996)]. **Saisie de fausse monnaie française :** billets 643 615 (1994), pièces 849 049 (1984) [*83 :* 290 000].

■ **Faussaire le plus réputé.** Ceslaw Bojarski (Fr., arrêté en 1964).

■ **Vie moyenne des billets** (en 1999). *500 F :* 153,3 mois ; *200 F :* 36,3 mois ; *100 F :* 21,7 mois ; *50 F :* 12,4 mois ; *20 F :* 15,4 mois.

■ **Billets mutilés** (déchirés, brûlés, lessivés, inondés). En droit, la Banque de France peut refuser d'échanger les billets « mutilés ». En fait, elle examine les billets en mauvais état avec le souci de ne pas faire subir un préjudice aux porteurs de bonne foi et d'éviter de rembourser plusieurs fois le même billet. La décision de rembourser ou non dépend de la surface présentée au remboursement.

☞ Les billets qui sont hors d'usage ou privés de cours légal sont en majorité détruits par incinération ou broyage.

PIÈCES EN FRANCE

■ **Monnaies et médailles.** **Direction des Monnaies et Médailles :** 11, quai de Conti (depuis 1774). Relève du ministère de l'Économie, des Finances et de l'Industrie. *Chargée :* de l'exécution des lois et règlements sur les monnaies et médailles ; de la fabrication des monnaies métalliques françaises pour les États ou instituts d'émission étrangers qui lui en passent commande [en millions de F : *1989 :* 51,8 ; *89 :* 42 ; *90 (est.) :* 24 ; *98 :* 102,3] ; de la fabrication et de la vente des décorations officielles françaises ; de l'édition, de la fabrication et de la vente des médailles et des monnaies de collection ; de la fabrication des instruments de marque pour le service français de la garantie et le service des instruments de mesure du ministère de l'Industrie et de la Recherche ; d'attributions annexes de caractère administratif ; de l'expertise des monnaies présumées fausses ; de la conservation et de la présentation au public des collections qui composent le musée de la Monnaie. *Usines :* Pessac (Gironde) : 407 personnes. Paris, quai de Conti : 566 (environ 20 graveurs). *Budget* (en millions de F, 1999) : 1 373 dont achats 851 (dont métaux précieux 67,2), frais de personnel 319,8, services extérieurs 131,4 (comprenant l'évaluation comptable conventionnelle du prix de cession des monnaies de collection), impôts et taxes (reversés au Trésor) 35,4, amortissements 36.

Recettes des Monnaies et Médailles (en millions de F) : *1992 :* 972,67 ; *93 :* 795,49 ; *94 :* 699,21 ; *95 :* 691,69 ; *96 :* 732,76 ; *97 :* 847,7 ; *98 :* 984,5 ; *99 :* 938,7 dont monnaies françaises 694,4, étrangères et TOM 98,2, de collection françaises 39,5, étrangères 77,8, médailles 97,7.

■ **Cours d'achat des métaux (HT).** **Prix prévu en 1999** (au kg) : platine 75 000 F, or 70 000, argent 1 000, nickel 49,85, cuivre 15,24, aluminium 11,02.

■ **Prix de cession des pièces au Trésor** (en F, 1999). Ils sont établis sur la base de prix de revient prévisionnels (coût du métal + valeur ajoutée) 500 F : 419,850 ; 100 F : 19,850 ; 50 F : 11,699 ; 20 F : 1,044 ; 10 F : 0,996 ; 5 F : 1,313 ; 2 F : 0,790 ; 1 F : 0,702 ; 50 c : 0,551 ; 20 c : 0,324 ; 10 c : 0,235 ; 5 c : 0,161 ; 1 c : 0,353. **Euros.** 2 euros : 1,117 ; 1 euro : 0,865 ; 50 c : 0,44 ; 20 c : 0,41 ; 10 c : 0,31 ; 5 c : 0,202 ; 2 c : 0,171 ; 1 c : 0,144.

■ **Programme de frappe** (en milliers de pièces, 1999). **En francs :** 80 990,345 dont *500 F* (commémoratives) : 2,533 ; *100 F* (com.) : 55,682 ; *50 F (com.) :* 3,5 ; *20 F (com.) :* 35 ; *10 F (com.) :* 529,06 ; *5 F :* 35 ; *2 F :* 35 ; *1 F* et *1 F com. :* 80 119,57 ; *0,5 F :* 35 ; *0,2 F :* 35 ; *0,1 F :* 35 ; *0,05 F :* 35 ; *0,01 F :* 35. **En euros :** 2 500 000 dont *2 euros :* 160 000 ; *1 euro :* 250 000 ; *50 cents :* 200 000 ; *20 cents :* 244 000 ; *10 cents :* 280 000 ; *5 cents :* 427 000 ; *2 cents :* 400 000 ; *1 cent :* 539 000.

■ **Pièces en circulation** (en millions de pièces, 2000). **Total :** 19 811,5 dont *100 F (argent) :* 26,2 ; *20 F :* 50 ; *10 F :* 935,1 ; *5 F :* 480,2 ; *2 F :* 626,9 ; *1 F :* 1 986,2 ; *50 c :* 1 631,7 ; *20 c :* 3 662,7 ; *10 c :* 5 211,1 ; *5 c : 4 872,8 ; 1 c :* 328,6.

■ **Pièces n'ayant plus cours légal.** 5, 10 et 50 F en argent (frappées jusqu'en 1979-80) démonétisées 20-2-1980. Du fait de la hausse du cours de l'argent, leur prix de revient dépassait leur valeur faciale. Pièces unicolores en cuivre (ou en alliage de cuivre) de 10 F depuis le 1-10-1991.

■ **Pièces de collection.** Dotées d'une valeur faciale, elles ont cours légal, même si elles ne sont pas destinées, *a priori,* aux transactions courantes. **Thèmes principaux retenus :** *Passage à l'an 2000, Aventure du XXe siècle, 2 000 ans de monnaies, Europa, Panthéon, Europartité 2001, Monuments de France, Devise républicaine.*

■ **Pouvoir libératoire des pièces.** On n'est tenu d'accepter des pièces en paiement que jusqu'à concurrence d'un montant plafond. En pièces de *10 F :* 500 F, *5 F :* 250 F, *2 F :* 100 F, *1 F :* 50 F, *1/2 F :* 10 F, *20 c, 10 c, 5 c :* 5 F, *1 c :* 1 F.

■ PIÈCES FRANÇAISES FRAPPÉES DEPUIS LA RÉVOLUTION

☞ *Légende.* – a.i. : acier inoxydable ; al. : aluminium ; b. : bronze ; b.-al. : bronze aluminium ; BU : brillant universel ; BE : belle épreuve ; c. : cuivre ; c.-n. : cupronickel ; f. : fer ; FDC: fleur de coin ; m. : maillechort ; n. : nickel ; z. : zinc. *Graveurs* indiqués entre parenthèses. Oscar Roty (1864-1911) grava la Semeuse.

■ **1 centime.** **Directoire** (Dupré an VI-an VII), b., 2 g 18 mm. **Consulat** (Dupré an VIII), b., 2 g 18 mm. **IIe République** (Dupré 1848-51), b., 2 g 18 mm. **IId Empire** Napoléon III, tête nue (Barre 1853-57), b., 1 g 15 mm ; laurée (Barre 1861-70), b., 1 g 15 mm. **IIIe Rép.** Cérès (Oudiné 1872-97), b., 1 g 15 mm. Dupuis (Dupuis 1898-20), b., 1 g 15 mm. **Ve Rép.** (Atelier de Paris 1959-80), a.i., 1,65 g 15 mm.

■ **2 centimes.** **IId Empire** Napoléon III, tête nue (Barre 1853-57), b., 2 g 20,2 mm ; laurée (Barre 1861-97), b., 2 g 20,2 mm. **IIIe Rép.** Cérès (Oudiné 1877-97), b., 2 g 20,2 mm. Dupuis (Dupuis 1898-20), b., 2 g 20,2 mm. **Ve Rép.** (Atelier de Paris 1959-61), a.i., 2,3 g 17 mm.

■ **5 centimes.** **Directoire** (Dupré an IV-an V), c., 5 g 23 mm. **Directoire et Consultat** (Dupré an V-an IX), b.,

10 g 28 mm. **Directoire** (Dupré an V-an VII), c., 10 g 28 mm. **Ier Empire** Napoléon Ier (Tiolier 1808), c., 8 g 28 mm. Napoléon Ier, siège d'Anvers (Wolschot 1814), b., 18 g 34 mm. Napoléon Ier (Gagnepain, Van Goor 1814), b., 13 g 30 mm. **1re Restauration** Louis XVIII (Wolschot, Gagnepain, Van Goor 1814), b., 15 g 30 mm. (Gagnepain, Van Goor 1814), b., 12 g 30 mm. **IId Empire** Napoléon III, tête nue (Barre 1853-57), b., 5 g 25 mm ; tête laurée (Barre 1861-65), b., 5 g 25 mm. **Gouvernement de la Défense nationale** Cérès (Oudiné 1870-71), b., 5 g 25 mm. **IIIe Rép.** Cérès (Oudiné 1872-98), b., 5 g 25 mm. Dupuis (Dupuis 1847-21), b., 5 g 25 mm. Grand module (Lindauer 1914-20), c.-n., 3 g 19 mm ; petit (Lindauer 1920-38), c.-n., 2 g 17 mm. (Lindauer 1938-39), m. 1,5 g 17 mm. **Ve Rép.** (Atelier de Paris 1959-64), a.i., 3,4 g 19 mm. (Lagriffoul et Dieudonné 1966-93), c.-al.-n., 2 g 17 mm.

■ **1 décime.** **Directoire** (Dupré an IV-an V), c., 10 g, 28 mm. (Dupré an IV-an VIII), c., 20 g, 31 mm. (Dupré an IV-an V), c., 20 g, 31 mm. (Dupré an V-an IX), b., 20 g, 32 mm.

■ **10 centimes.** **Ier Empire** Napoléon Ier (Tiolier 1808-10), billon, 2 g, 19 mm. (Gagnepain 1814), b., 24 g, 34 mm. (Ransonnet, Wolschot 1814), b., 24 g, 34 mm. **1re Restauration** Louis XVIII (Gagnepain 1814), b., 24 g, 34 mm. (Ransonnet 1814), b., 24 g, 34 mm. **Ier Empire et Cent-Jours** Napoléon Ier (1814-15), b., 22 g, 31,5 mm. **1re et 2de Restaurations** Louis XVIII (1814-15), b., 22 g, 31,5 mm. **IId Empire** Napoléon III, tête nue (Barre 1852-57), b., 10 g, 30,2 mm ; tête laurée (Barre 1861-68), b., 10 g, 30 mm. **Gouvernement de la Défense nationale** Cérès (Oudiné 1870-71), b., 10 g, 30 mm. **IIIe Rép.** Cérès (Oudiné 1872-98), b., 10 g., 30 mm. Dupuis (Dupuis 1897-21), b., 10 g, 30 mm. Centimes soulignés (Lindauer 1914), n., 4 g, 21 mm. Lindauer (Lindauer 1917-38), c.-n., trouée au centre, 4 g, 21 mm. (Lindauer 1938-39), m., trouée au centre, 3 g, 21 mm. **État français** (Lindauer 1941), z., 2,5 g, 21 mm. Grand module (Atelier de Paris 1941-43), z., 2,5, 21 mm ; petit (Atelier de Paris 1943-44), z., 1,5 g, 17 mm. **Gouv. provisoire** petit module (Atelier de Paris 1944-46), z., 1,5 g, 17 mm. **Ve Rép.** (Lagriffoul, Dieudonné 1962-93), c.-al.-n., 3 g, 20 mm.

■ **2 décimes.** **Directoire** (Dupré an IV-an V), c., 20 g, 31 mm.

■ **20 centimes.** ARGENT : **IIe Rép.** Cérès (Oudiné 1849-51), 900 ‰, 1 g, 15 mm. **IId Empire** Napoléon III, tête nue (Barre 1853-63), 900 ‰, 1 g, 15 mm ; tête laurée, petit module (Barre 1864-66), 835 ‰, 1 g, 15 mm ; grand (Barre 1867-68), 835 ‰, 1 g, 16 mm. **IIIe Rép.** Cérès (Oudiné 1878-89), 900 ‰, 1 g, 15 mm. AUTRES MÉTAUX : **État français** (Atelier de Paris 1941), z., 3,5 g, 24 mm. 20 (At. de Paris 1941-44), z., 3,5 g, 24 mm. (At. de Paris 1943-44), f., 3 g, 24 mm. **Gouv. provisoire** (Lindauer 1945-46), z., 3 g, 24 mm. **Ve Rép.** (Lagriffoul, Dieudonné 1962-93), c.-al.-n., 4 g, 23,5 mm.

■ **1/4 Franc.** ARGENT : **Consulat** Bonaparte 1er Consul (Tiolier an XII), 900 ‰, 1,25 g, 15,3 mm. **Ier Empire** Napoléon Empereur (Tiolier an XII-an XIV), 900 ‰, 1,25 g, 15,3 mm. (Tiolier, calendrier grégorien, 1906-07), 900 ‰, 1,25 g, 15,3 mm. Tête de Nègre (Tiolier 1807), 900 ‰, 1,25 g, 15,3 mm. T. de Nègre laurée (Tiolier 1807-08), 900 ‰, 1,25 g, 15,3 mm. Tête laurée, revers EMP-FRA (Tiolier 1809), 900 ‰, 1,25 g, 15,3 mm. **Louis XVIII** Louis XVIII (Tiolier 1817-24), 900 ‰, 1,25 g, 15 mm. **Charles X** Charles X (Michaut 1825-30), 900 ‰, 1,25 g, 15 mm. **Louis-Philippe Ier** L.-Ph. Ier (Domard F. 1831-45), 900 ‰, 1,25 g, 15 mm.

■ **25 centimes.** ARGENT : **Louis-Philippe Ier** L.-Ph. Ier (Domard F. 1845-48), 900 ‰, 1,25 g, 15 mm. AUTRES MÉTAUX : **IIIe Rép.** (Patey 1903), n., 7 g, 24 mm. (Patey 1904-05), n., 7 g, 24 mm. Centimes soulignés (Lindauer 1913-17), n., 5 g, 24 mm. (Lindauer 1917-37), c.-n., 5 g, 24 mm. Points avant et après la date (Lindauer 1938-40), m., 4 g, 24 mm.

■ **½ franc.** ARGENT : **Consulat** Bonaparte 1er Consul (Tiolier an XI-an XII), 900 ‰, 2,5 g, 18 mm. **Ier Empire** Napoléon Empereur (Tiolier an XII-an XIV), 900 ‰, 2,5 g, 18 mm. (Tiolier, calendrier grégorien, 1806-07), 900 ‰, 2,5 g, 18 mm. Tête de Nègre (Tiolier 1807), 900 ‰, 2,5 g, 18 mm. Revers « République » (Tiolier 1807-08), 900 ‰, 2,5 g, 18 mm. 11 717 421 ex. Revers « Empire » (Tiolier 1809-1814), 900 ‰, 2,5 g, 18 mm. 12 602 759 ex. **Louis XVIII** (Michaut 1816-24), 900 ‰, 2,5 g, 18 mm, 3 662 749 ex. **Charles X** (Michaut 1825-30), 900 ‰, 2,5 g, 18 mm, 4 146 937 ex. **Louis-Philippe Ier** (Domard F. 1831-45), 900 ‰, 2,5 g, 18 mm.

■ **50 centimes.** ARGENT : **Louis-Philippe Ier** (Domard F. 1845-48), 900 ‰, 2,5 g, 18 mm. **IIe Rép.** Cérès (Oudiné 1849-51), 900 ‰, 2,5 g, 18 mm. Louis-Napoléon Bonaparte (Barre 1852), 900 ‰, 2,5 g, 18 mm. 1 010 267 ex. **IId Empire** Napoléon III, tête nue (Barre 1853-63), 900 ‰, 2,5 g, 18 mm ; tête laurée (Barre 1864-69), 835 ‰, 2,5 g, 18 mm. **Gouv. de la Défense nationale et IIIe Rép.** Cérès (Oudiné 1871-95), 835 ‰, 2,5 g, 18 mm. Semeuse (Roty 1897-20), 835 ‰, 2,5 g, 18 mm. 377 530 982 ex. AUTRES MÉTAUX : **IIIe Rép.** Chambre de commerce (Domard 1920-29), b.-al., 2 g, 18 mm. Morlon (Morlon 1931-40), b.-a., 2 g, 18 mm. **État français** Morlon (Morlon 1941), b.-al., 2 g, 18 mm. 82 957 663 ex. **Gouv. provisoire** Morlon (Morlon 1947), b.-al., 2 g, 18 mm. 2 170 000 ex. **État français** Bazor (Bazor 1942-44), al., 0,8 g, 18 mm. (Morlon 1941), al., 0,7 g., 18 mm. **Gouv. provisoire** (Morlon 1944-46), al., 0,7 g., 18 mm. **IVe Rép.** (Morlon 1947), al., 0,7 g, 18 mm. **Ve Rép.** (Lagriffoul, Dieudonné 1962-1964), b.-al., 7 g, 25 mm.

■ **½ franc.** **Ve Rép.** Semeuse (Roty 1965-93), n., 4,5 g, 19,5 mm.

■ **1 franc.** ARGENT : **Consulat** Bonaparte 1er Consul (Tiolier an XI A-an XII W), 900 ‰, 5 g, 23 mm. **Ier Empire** Napoléon Empereur, tête nue (Tiolier an XII A-an XIV W), 900 ‰, 5 g, 23 mm ; (Tiolier 1806-07), 900 ‰, 5 g, 23 mm. Tête de Nègre (Tiolier 1807), 900 ‰, 5 g, 23 mm. Revers « République » (Tiolier 1807-1808), 900 ‰, 5 g, 23 mm ; « Empire » (1809-14), 900 ‰, 5 g, 23 mm. **Louis XVIII** (Michaut 1816-24), 900 ‰, 5 g, 23 mm. **Charles X** (Michaut 1826-30), 900 ‰, 5 g, 23 mm. **Louis-Philippe Ier** L.-Ph., tête nue (Tiolier 1831-48), 900 ‰, 5 g, 23 mm. **IIe République** Cérès (Oudiné 1849-51), 900 ‰, 5 g, 23 mm. Louis-Napoléon Bonaparte (Barre 1852), 900 ‰, 5 g, 23 mm. **IId Empire** Napoléon III, tête nue (Barre 1853-64), 900 ‰, 5 g, 23 mm ; tête laurée (Barre 1862-70), 835 ‰, 5 g, 23 mm. 82 765 949. **Gouv. de la Défense nationale** Cérès (Oudiné 1871), 835 ‰, 5 g, 23 mm. 33 555 162. **IIIe Rép.** 1872-95 type Semeuse (Roty 1898-20), 835 ‰, 5 g, 23 mm, 421 486 625. AUTRES MÉTAUX : **IIIe Rép.** Chambre de commerce (Domard 1920-27), b.-al., 4 g, 23 mm. Morlon (Morlon 1931-40), b.-al., 4 g, 23 mm. **État français** Morlon (1941), b.-al. Bazor (1942-44), al., 1,3 g, 23 mm. Morlon (Graziani 1943), z., 4,2 g, 23 mm. Morlon (1941-43), al., 1,3 g, 23 mm. **Gouv. provisoire** (1944-46). **IVe Rép.** (1947-58). **Ve Rép.** *Semeuse* (Roty 1960-93), n., 6 g, 24 mm. *De Gaulle* (Rousseau, 1988) 50 millions d'ex. *États généraux* (Bécherel 1989), n., 6 g, 24 mm, 5 millions d'ex. *République* (Dupré, 1992), n., 6 g, 24 mm, 30 millions d'ex. *Institut de France* (Corbin, 1995) 4 975 000 ex. *Jacques Rueff* (Rodier, 1996) 2 976 000 ex.

■ **2 F.** ARGENT 900 ‰ : **Consulat** Bonaparte 1er Consul (Tiolier an XII), 10 g, 27 mm, 454 162 ex. **Ier Empire** Napoléon Empereur (Tiolier an XII-an XIV), 10 g, 27 mm, 1 727 676 ex. ; tête nue (Tiolier 1806-07), 10 g, 27 mm. Tête de Nègre (Tiolier 1807), 10 g, 27 mm. Revers « République » (Tiolier 1808), 10 g, 27 mm, 1 524 320 ex. ; « Empire » (Tiolier 1809-14), 10 g, 27 mm, 8 328 471 ex. **Cent-Jours** (Tiolier 1815), 10 g, 27 mm. **Louis XVIII** (Michaut 1816-24), 10 g, 27 mm, 3 687 382 ex. **Charles X** (Michaut 1825-30), 10 g, 27 mm, 4 044 802 ex. **Louis-Philippe Ier** (Domard F. 1831-48), 10 g, 27 mm. **IIe Rép.** Cérès (Oudiné 1849-51), 10 g, 27 mm, 2 115 452 ex. **IId Empire** Napoléon III, tête nue (Barre 1853-59), 10 g, 27 mm, 1 910 622 ex. ARGENT 835 ‰ : **IId Empire** Nap. III tête laurée (Barre 1866-70), 10 g, 27 mm, 25 905 068 ex. **Gouv. de la Défense nationale** Cérès sans légende (Oudiné 1870-71), 10 g, 27 mm, 2 054 525 ex. Cérès (Oudiné 1870-71), 10 g, 27 mm, 16 224 733 ex. **IIIe Rép.** idem (1872-95). Semeuse (Roty 1898-1920), 10 g, 27 mm, 102 438 423 ex. AUTRES MÉTAUX : **IIIe Rép.** Chambre de commerce (Domard 1920-27), b.-al. 8 g, 27 mm. Morlon (Morlon 1931-40), b.-al., 8 g, 27 mm. **État français** idem (Morlon 1941), al., 2,2 g, 27 mm. Bazor (1943-44), al., 2,2 g, 27 mm. **France libre** (1944), b.-al., 8,15 g, 27 mm. **Gouv. provisoire** (1944-46), Morlon, 2,2 g, 27 mm. **IVe Rép.** idem (1947-58). **Ve Rép.** idem (1959) (Roty 1959), n., 8 ou 8,35 g, 27 mm (d'après Roty 1979-93, n. pur, 7,5 g, 26,5 mm). *Jean Moulin* (Rousseau, 1993). *Louis Pasteur* (Rodier, 1995) 9 975 000 ex. *Guynemer* (Cozon et Courtiade, 1997) 1 997 500 ex. *Déclaration universelle des droits de l'homme* (Cozon et Courtiade, 1998) 4 997 500 ex.

■ **5 F.** ARGENT 900 ‰ : **Directoire** Hercule (Dupré an IV-an XI), 25 g, 37 mm, 21 247 401 ex. **Consulat** Bonaparte 1er Consul (Tiolier an 11-an 12), 25 g, 37 mm, 11 543 842 ex. **Ier Empire** Napoléon Empereur (Brenet et Tioler an XII), 25 g, 37 mm, 1 482 221 ex. ; (Brenet et Tiolier an XIII-an XIV), 25 g, 37 mm ; (Brenet et Tiolier, 1806-07), 25 g, 37 mm, 3 238 197 ex. Transitoire (Brenet et Tiolier 1807), 25 g, 37 mm. Napoléon tête laurée, revers « République » (Brenet et Tiolier 1807-08), 25 g, 37 mm ; revers « Empire » (Brenet et Tiolier 1809-14), 25 g, 37 mm. **Cent-Jours** (1815). **Louis XVIII 1re Restauration,** buste habillé (Tiolier 1814-15), 25 g, 37 mm, 15 959 985 ex. **2de Restauration** buste nu (Michaut 1816-24), 25 g, 37 mm, 104 249 625 ex. **Charles X** (Michaut et Tiolier 1824-26), 25 g, 37 mm. Effigie modifiée (Michaut et Tiolier 1827-30), 27 g, 37 mm. **Louis-Philippe Ier** L.-Ph. tête nue (N.P. Tiolier 1830), 25 g, 37 mm, 600 000 ex. (N.P. Tiolier 1830-31), 25 g, 37 mm, 32 000 000 ex. ; laurée (Domard F. 1831), 25 g, 37 mm, 13 000 000 ex. ; variété tranche relief (1831) ; laurée (Domard F 1832-48), 25 g, 37 mm, 292 921 640 ex. **IIe Rép.** Hercule (Dupré 1848-49), 25 g. 37 mm, 51 925 769 ex. Cérès (Oudiné 1849-51), 25 g, 37 mm, 37 697 365 ex. Louis-Napoléon Bonaparte (Barre 1852), 25 g, 37 mm. **IId Empire** Napoléon III, tête nue (Bouvet 1854-59), 25 g, 37 mm, 14 150 830 ex. ; tête laurée (Barre 1861-70), 25 g, 37 mm, 50 094 449 ex. **Gouv. de la Défense nationale** Cérès sans légende (Oudiné 1870-71), 25 g, 37 mm ; avec (Oudiné 1870), 25 g, 37 mm. **Gouv. de la Commune** Hercule (Dupré 1870-71), 25 g, 37 mm. Hercule (Dupré 1871), 25 g, 37 mm ; (Lupear 1871). **IIIe Rép.** (1872-89) Semeuse (non adopté). ARGENT 835 ‰ : **Ve Rép.** Semeuse (Roty 1959-69), 12 g, 29 mm , 195 209 000 ex. AUTRES MÉTAUX : **IIIe Rép.** Bazor 1933, n., 6 g, 23,7 mm. Lavrillier 1933-39, n., 12 g, 31 mm. Lavrillier 1938-40, b.-al., 12 g, 31 mm. **État français** Mal Pétain (Bazor 1941), c.-n., 4 g, 22 mm. **Gouv. provisoire** Lavrillier (1945-47), b.-al., 12 g, 31 mm. Lavrillier (1945-47), b.-al., 12 g, 31 mm. Lavrillier (1945-46), al. 3,5 g, 31 mm. **IVe Rép.** (1947-52). **Ve Rép.** Semeuse (Roty 1970-93), c.-n., 10 g, 29 mm. *Tour Eiffel* (Joubert-Jimenez, 1989) 10 millions d'ex. *Mendès France* (Rousseau, 1992) 10 millions d'ex. *Voltaire* (Atelier de la Monnaie, 1994) 15 millions d'ex. *Hercule* (Dupré, 1996) 5 millions d'ex.

■ **10 F.** ARGENT 680 ‰ : **IIIe Rép.** Turin (1929-39), 10 g, 28 mm. ARGENT 900 ‰ : **Ve Rép.** Hercule (Dupré 1965-73), 25 g dont 22,5 d'argent, 37 mm, 38 915 400 ex. AUTRES MÉTAUX : **Gouv. provisoire** Turin avec grosse tête (1945-47), c.-n., 7 g, 26 mm ; petite tête (1947-49), c.-n., 7 g, 26 mm. **IVe Rép.** *Guiraud* (1950-58), b.-al., 3 g, 20 mm. **Ve Rép.** *Mathieu* (1974-81), c.-n., 10 g, 26 mm. (Commémoratives : Daniel Ponce 1983 bicentenaire de la conquête de l'espace, c.-n., 10 g, 26 mm et bic. de la naissance de Stendhal, 1983). Souvent imitée (5 % de pièces fausses, soit environ 30 millions sur 630 millions en circulation), cours légal suspendu le 1-10-1991. *François Rude* (type Mathieu, 1984). *Victor Hugo* (1985). *Hugues Capet* (1987). *Roland Garros* (1988). *La République* : n., 6,5 g, 21 mm (produite à 23 millions d'ex.) ; privée de cours légal le 31-12-1986 et retirée de la circulation au 28-2-1987 car ressemblant trop à la pièce de 50 c. Le retrait a coûté 100 millions de F au Trésor public (reprise par Banque de France jusqu'au 30-9-1987) mais la valeur du métal récupéré et le fait qu'un certain nombre de pièces ont été thésaurisées par les ménages auraient équilibré ce coût. Commémorative Robert Schuman, n. (aussi retirée). *Génie de la Bastille* (1988-93) : cœur nickel couleur argent, bord jaune (cuivre aluminium) 6,5 g, 23 mm, semi-cannelée sur la tranche, prix de revient 1,30 F. *Montesquieu* (1989) seulement pour FDC.

■ **20 F.** ARGENT 680 ‰ : **IIIe Rép.** Turin (1929-39), 20 g, 35 mm. AUTRES MÉTAUX : **Gouv. provisoire** Turin (1945), c.-n., 10 g, 30 mm. **IVe Rép.** G. Guiraud (1950), b.-al., 4 g, 23 mm. G. Guiraud (1950-54), b.-al., 4 g, 23,5 mm. **Ve Rép.** (1992), bicolore *Mont-St-Michel,* c.-n.-al., 9 g, 27 mm. *Jeux méditerranéens* (Ponce, Buquoy, 1993), c.-n., 9 g, 5 millions d'ex. *Coubertin* (1994).

■ **50 F.** ARGENT 900 ‰ : **Ve Rép.** Hercule (Dupré 1974-79), 30 g dont 27 d'argent, 41 mm, 46 074 200 ex. AUTRES MÉTAUX : **IVe Rép.** Guiraud (1950-58), b.-al., 8 g, 27 mm.

■ **100 F.** ARGENT 680 ‰ : **IVe Rép.** R. Cochet (1950-58), c.-n., 6 g, 24 mm. ARGENT 900 ‰ : **Ve Rép.** diam. 31 mm, 15 g (13,5 d'argent). *Panthéon* (1982-84), argent-cuivre, 15 g, 31 mm, 14 millions d'ex. prévus. *Marie Curie* (Corbin, 1984). *Germinal* à l'effigie de Zola (Le Breton, 1985). *Liberté* (Durand-Mégret, 1986) 4,5 millions d'ex. prévus (ces pièces sont délaissées par le public ; en oct. 1987, environ 37 millions de pièces de 100 F n'étaient pas en circulation). *Égalité* (La Fayette) (Duvivier, 1987), 4,9 millions d'ex. *Fraternité* (Barre, 1988) 4,9 millions d'ex. *Droits de l'homme* (Dupré, 1989). *Charlemagne* (Tietz, 1990). *Descartes* (Gal, 1991). *Jean Monnet* (Jimenez, Paoli, 1992). 4 millions de pièces mises en circulation le 20 oct. Marianne, la fille de Jean Monnet, a assigné en référé le min. de l'Économie et des Finances, Michel Sapin, affirmant que son autorisation n'avait pas été sollicitée. Faute de voie de fait, le juge du tribunal de grande instance de Paris s'est déclaré incompétent. *Grand Louvre* (1993) 1,8 million d'ex. *Libération de Paris* (1994) 1,99 million d'ex. *8 mai 1945* (1995). *Clovis* (1996), 31 mm. *André Malraux* (1997) 2 millions.

Pièces en or

☞ **Titre or : de 1792 à 1936 :** 900 ‰ sauf indication.

■ **Louis d'or 24 livres.** **Gouvernement constitutionnel** type constitutionnel (Dupré 1792-1793), 7,649 g, 23 mm, 52 000 ex. **Convention** type Convention. (Dupré 1793), 7,649 g, 23 mm. 140 000 ex.

■ **5 F.** **IId Empire** Napoléon III, petit module (Barre 1854–1855), 1 612 g, 14,4 mm, 4 499 940 ex. ; grand module (Barre 1855-60), 1,612 g, 16,7 mm, 24 181 302 ex. Tête laurée (Barre 1862-69), 1 612 g, 17 mm, 18 006 784 ex. **IIIe Rép.** Cérès (Merley 1878-89), 1 612 g, 16,5 mm, 70 ex.

■ **10 F.** **IIe Rép.** Cérès (Merley 1850-51), 3,22 g, 19 mm, 3 707 277 ex. **IId Empire** Nap. III, petit module (Barre 1854-55), 3,2 g, 17,2 mm, 3 900 030 ex. ; grand module (Barre 1854-60) 3,22 g, 19 mm, 61 132 063 ex. ; tête laurée (Barre 1861-69), 3,22 g, 19 mm, 31 689 923 ex. **IIIe Rép.** Cérès (Merley 1878-99), 3,22 g, 19 mm, 2 399 139 ex. Marianne (Chaplain 1899-1914), 3,22 g, 19 mm, 23 860 424 ex. [**Médailles Ve Rép.** *Montesquieu* (1989), or jaune (couronne) et blanc (cœur), 12 g, 5 000 ex. (vendues 2 500 F)].

■ **20 F.** **Consulat** Bonaparte 1er Consul (Tiolier an XI-an XII), 6,45 g, 21 mm, 1 046 506 ex. **Ier Empire** Napoléon Empereur (Tiolier an XII), 6,45 g, 21 mm, 428 143 ex. Nap. Ier, tête nue (Droz et Tiolier an XIII-an XIV), 6,45 g, 21 mm, 674 730 ex. ; (1806-07), 6,45 g, 21 mm, 15 924 990 ex. Revers « République » (Droz et Tiolier 1807-08), 6,45 g, 21 mm, 1 727 451 ex. Revers « Empire » (Droz et Tiolier 1809-14), 6,45 g, 21 mm, 14 297 399 ex. **Cent-Jours, 1815 1re Restauration** Louis XVIII, buste habillé (Tiolier 1814-15), 6,45 g, 21 mm, 5 185 186 ex. (T. Wyon Jr. 1815), 6,45 g, 21 mm, 871 581 ex. **2de Rest.** Louis XVIII, buste nu (Michaut 1816-24), 6,45 g, 21 mm, 9 696 690 ex. **Charles X** Charles X (Michaut 1825-30), 6,45 g, 21 mm, 1 688 298 ex. **Louis-Philippe** L.-Ph., tête nue (Tiolier 1830-31), 6,45 g, 21 mm, 3 967 833 ex. ; tête laurée (Domard 1832-48), 6,45 g, 21 mm, 6 869 802 ex. **IIe Rép.** Génie (Dupré 1848-49), 6,45 g, 21 mm, 2 846 061 ex. Génie (Dupré 1849-51), 6,45 g, 16 720 353 ex. Louis-Napoléon Bonaparte (Barre 1852), 6,45 g, 21 mm, 10 493 758 ex. **IId Empire** Napoléon III, tête nue (Barre 1853-60), 6,45 g, 21 mm, 146 226 337 ex. ; tête laurée (Barre 1861-70), 6,45 g, 21 mm, 85 457 540 ex. **IIIe Rép.** Génie (Dupré 1871-98), 6,45 g, 21 mm, 86 091 086 ex. Marianne (Chaplain 1898-1906), 6,45 g, 21 mm, 43 034 473 ex. (1907-14), 6,45 g, 21 mm, 74 212 056 ex.

■ **40 F.** **Consulat** Bonaparte, 1er Consul (Tiolier an 11-an 12), 12,9 g, 26 mm, 479 521 ex. **Ier Empire** Napoléon, Empereur (Droz et Tiolier an 13-an 14), 12,9 g, 26 mm, 372 696 ex. ; tête nue (Droz et Tiolier 1806-07), 12,9 g, 26 mm, 291 584 ex. ; au revers « République » (Droz et Tiolier 1807-08), 12,9 g, 26 mm, 71 866 ex. ; au revers

« Empire ». (Droz et Tiolier 1809-13), 12,9 g, 26 mm, 2 101 580 ex. **Louis XVIII** Louis XVIII (Michaut 1816-22), 12,9 g, 26 mm, 539 486 ex. **Charles X** Charles X (Michaut 1824-30), 12,9 g, 26 mm, 478 824 ex. **Louis-Philippe** L.-Ph. Ier (Domard F. 1831-39), 12,9 g, 26 mm, 773 249 ex.

■ **50 F. IId Empire** Napoléon III, tête nue (Barre 1855-59), 16,12 g, 28 mm, 764 385 ex. ; tête laurée (Barre 1862-69), 16,12 g, 28 mm, 168 989 ex. **IIIe Rép.** Génie (Dupré 1878-1904), 16,12 g, 28 mm, 26 945 ex.

■ **100 F. IId Empire** Napoléon III, tête nue (Barre 1855-60), 32,25 g, 35 mm, 346 514 ex. ; tête laurée (Barre 1862-69), 32,25 g, 35 mm, 96 950 ex. **IIIe Rép.** Génie. « Dieu protège la France » (Dupré 1878-1906) 32,25 g, 35 mm, 273 892 ex. Génie. « Liberté, Égalité, Fraternité » (Dupré 1907-14), 32,25 g, 35 mm, 164 673 ex. *Bazor* (Bazor 1929-36), 6,55 g, 21 mm, 13 791 116 ex. [Médailles Ve Rép. : *Marie Curie* (Raymond Corlin) 13,49 g. Une version d'une pièce d'or de 17 g a été frappée à 5 000 exemplaires, n'a pas de valeur légale. *Droits de l'homme* (1989)].

Monnaies de nécessité

■ **Guerre de 1870-71.** Apparues en sept. 1870 dans le Nord. Émises entre 1870 et 1872, dans 48 départements, 180 émetteurs industriels, 140 municipalités ou banques de chambres de commerce (*1re émission :* Amiens, le 1-9-1870 : 5 et 10 F ; *dernière :* Annonay, 1-1-1872 : 5 F), types de coupures environ 1 000.

■ **Guerre de 1914-18.** *France non occupée :* bons de monnaie : chambres de commerce et municipalités (exemple : Nancy dès le 29-7-1914). *Régions occupées :* émissions locales sans contrepartie financière légale (bon régional émis sous la garantie solidaire de 173 communes occupées, le 24-10-1915, pour 4 millions de F). **Bru** (bon régional unifié), émis par 75 communes de l'Aisne. **Tickets-monnaie** (apparus dans le Tarn). **Timbres-monnaie** (déjà employés aux USA lors de la guerre de Sécession). **Pièces de nécessité** des transports en commun de la région parisienne, cafés, casinos, bals, maisons de tolérance. Le gouvernement autorisa les chambres de commerce, les villes et les communes à émettre des jetons-monnaie qui devaient être garantis par le dépôt de billets de la Banque de France. *Valeurs :* 5 c, 10 c, 25 c, 50 c, 1 F. *Matières :* papier fort, carton, puis zinc, fer, aluminium, bronze d'aluminium, laiton, fer nickelé, nickel-bronze, cuivre rouge-maillechort et plomb. *Formes :* rondes ou carrées. *Motifs (avers) :* armoiries, paysages, travaux des champs, bateaux.

■ **En 1920.** Le ministre des Finances, répugnant à frapper des monnaies désormais en bronze d'aluminium (choisi pour remplacer l'argent devenu trop cher), décida que les jetons-monnaie destinés à remplacer leurs « bons de monnaie » seraient libellés au nom des chambres de commerce de France et porteraient la mention « Bon pour ... F ». Considérées comme « monnaie légale de l'État », ces pièces (dont l'avers représentait un Mercure dû au graveur Domard) circulèrent comme monnaie légale jusqu'en 1931, date à laquelle l'État frappa ses propres pièces dues au graveur Morlon. Pendant 9 ans, 964 millions de pièces avaient été mises en circulation.

■ **Guerre de 1939-40.** Émissions, peu nombreuses et de courte durée, des chambres de commerce.

L'or

Sources : Gold Field et Mme Annette Vinchon.

Généralités

■ **Caractéristiques.** *Malléable :* une feuille d'or de 1/15 de micron d'épaisseur, pesant 1 g, peut donner une feuille de 1 m². *Point de fusion :* 1 063 °C. Réputé inaltérable, est attaqué par des chlorures et des acides organiques (processus très lent). Se dissout dans l'eau régale (mélange d'acide chlorhydrique et d'acide nitrique) et dans le cyanure. *Utilisé* en dentisterie dès l'Antiquité ; fut *recommandé* pour combattre rhumatismes articulaires et tuberculose.

■ **Gisements. L'eau de mer** contiendrait de 1 à 8 µg d'or par m³ (la Dow Chemical a fait en Caroline du Sud un essai sur 15 m³ qui n'a donné que 0,09 µg). **L'écorce terrestre** connue en contient 1 cg à la tonne. **Gisements souterrains :** comprennent une ou plusieurs couches (*reef* ou filon) peu épaisses de cailloux enrobés dans un ciment renfermant l'or, affleurant parfois en surface et pouvant s'étendre sur des dizaines de km², mais présentant souvent des « failles ». **Profondeur maximale exploitée :** 3 800 m [Afrique du Sud, puits 8 des Western Deep Levels (mine d'Anglo-American)], 2 400 m (Brésil, Morro Velho ; mines du Far West Rand ou de l'Orange Free State). **Teneur du minerai :** au maximum 12 à 13 g d'or par t (Kloof, Afrique du Sud). En allant du plus profond vers la surface, les teneurs en or diminuent ; les particules d'or se dispersent et leur taille se réduit du fait d'une altération chimique croissante.

Types de gisements. Minerais à or libre : quelques filons de quartz contenant de l'or : La Lucette (Mayenne), La Gardette (Isère). **Minerais associés** à des sulfures disséminés dans des fissures dans du mispickel (arséno-sulfure de fer) ou de la pyrite (sulfure de fer). *Exemples :* en Limousin ou à La Bellière (M.-et-L.). **Minerais réfractaires :** l'or est combiné à un autre minéral par remplacement isomorphique avec mispickel, pyrite, chalcopyrite (sulfure de fer et de cuivre), pyrrhotite (sulfure de fer). Extraction difficile. Exemples : Salsigne (Aude) et Le Châtelet (Creuse). Généralement on exploite des gisements ayant une teneur de 8 à 10 g à la tonne.

■ **Gisements alluvionnaires.** Les alluvions riches en minéraux lourds et en particules aurifères sont appelées « placers » ; l'or s'y trouve sous forme de poudre, de paillettes et de pépites, libérées par l'érosion des roches les contenant, se concentrant par gravité dans les talwegs creusés par des ruisseaux. **Exploitation :** par *orpaillage,* avec pelle, pioche, *batée* [récipient ressemblant à un chapeau chinois ou un poêle (on l'appelle alors *pan*)] et *sluice-box :* boîte garnie de tasseaux que l'on tapisse parfois d'une peau de mouton, d'où la légende de la « toison d'or », ou de moquette synthétique, qui retiendront les particules d'or.

■ **Pépites. Les plus grosses :** *Afrique du Sud :* Helle End (350 kg) ; *Australie :* Holtermann Nugget 99,8 kg découverte par Beyers et Holtermann (19-10-1872), dans une dalle de 285 kg d'ardoise, Molvaque (95 kg), Welcome Stranger (1869, 72 kg). *USA* (exemples) Jamestown (Sonora, Californie) 3 pépites découvertes le 26-12-1992 (140 kg de roche et d'or) : 62 × 32 cm, incluse dans un bloc de quartz, de 27 kg ; 29 × 22 cm (acquises par le Muséum français) ; 27 × 22 cm, 1,9 kg (mise en vente à 850 000 $). *Russie :* Oural, le Grand Triangle, de 31 × 21 cm, 36 kg.

Statistiques

☞ Depuis la préhistoire, on a extrait 134 800 t d'or métal dont préhistoire et Antiquité 10 000, Moyen Age 2 500, XVIIe et XVIIIe s. 4 000, XIXe s. 12 000, XXe s. (jusqu'en 1995) 106 300 t. Il en resterait 100 000 t dont (en %) : banques 33, bijoux 33, personnes, privées (pièces et lingots) 24, industrie 10.

■ **Production globale** (en t de métal contenu). **Moyennes annuelles :** *1493-1520 :* 5,8 ; *1601-20 :* 8,5 ; *1701-20 :* 12,8 ; *1741-20 :* 24,6 ; *1801-10 :* 17,8 ; *1811-20 :* 11,4 ; *1831-40 :* 20,3 ; *1856-60 :* 21,5. **Par an :** *1880 :* 160 ; *1882 :* 153,5 ; *1895 :* 301,4 ; *1982 :* 1 319 (dont pays de l'Est, Chine, Corée du Nord 330) ; *1985 :* 1 484 (340) ; *1986 :* 1 547 (349) ; *1987 :* 1 606 (356) ; *1988 :* 1 797 (364) ; *1989 :* 1 963 (403) ; *1990 :* 2 135 (410) ; *1991 :* 2 160 (357) ; *1992 :* 2 233 (376) ; *1993 :* 2 290 ; *1994 :* 2 280 ; *1995 :* 2 272 ; *1996 :* 2 340 ; *1997 :* 2 383 ; *98 :* 2 432 ; *99 :* 2 540 ; *2000 :* 2 445. **Par pays** (en t, 2000) : Australie 3 000 ; Afrique du Sud 440 ; USA 330 ; Chine 170 ; Canada 150 ; Pérou 140 ; Indonésie 120 ; Russie 105.

Production des mines d'or au XXe s. (en kg, d'après P. C. Guiollard) : *Salsigne* (Aude) 1906-91 : 90 000 [découverte en 1896, ouverte 1924 ; à plusieurs dizaines de m de profondeur ; par an : 2 à 3,5 t d'or ; réserves : environ 30 t. Teneur 10 à 13 g d'or/t, présent sous forme de poussières noires, les *mattes,* ou de *bullions* dorés de 20 à 25 kg (50 % d'or, 50 % d'argent). Fermée en 1992 (était aussi 1er producteur mondial d'arsenic)] ; *Le Châtelet* (Creuse) 1905-55 : 10 973 ; *La Bellière* (Maine-et-Loire) 1905-52 : 10 400 ; *Le Bourneix* (Hte-Vienne) 1982-95 : 10 120 ; *Lauriéras-Puits-Roux* (Hte-Vienne) 1988-96 : 9 380 ; *La Lucette* (Mayenne) 1905-34 : 8 700 ; *Chéni-Douillas* (Hte-Vienne) 1921-44 : 7 500 ; *Rouez* (Sarthe) 1989-95 : 2 800 ; *Fau-Marié* (Hte-Vienne) 1993-96 : 1 116 ; *Champvert Boisgiraud, Nouzillèras, Gareillas* (Hte-Vienne, exploitations intermittentes entre 1912 et 1949) 850 ; *La Fagassière* (Hte-Vienne) 1928-45 : 575 ; *La Petite-Faye* (Creuse) 1957-62 : 321 ; *Beaune* (Hte-Vienne) 1924-31 : 288.

■ **Coût total d'extraction des mines d'or** (en dollars par once, 1995). Afrique du Sud 329 ; Australie 258 ; USA 230 ; Canada 225 ; autres 195.

■ **Ventes d'or par les banques centrales** (en tonnes). *1994 :* 94 ; *95 :* 182 ; *96 :* 239 ; *97 :* 825 (dont Pays-Bas 300, Australie 167, Argentine 124) – achat d'or 432 t = ventes nettes 393.

■ **Offre totale d'or** (mine, recyclage, désinvestissement) [en t, est. 2001]. 2 064,200.

Offre d'or extrait de la mine (en t, est. 2001) : 1 321,400.

Recyclage (en t, est. 2001) : 449,580.

■ **Demande d'or dans le monde** (en t, 2000). 3 281 (dont bijouterie 2 901,9). **Par pays :** Inde 855,2, USA 379, pays européens : 258,7.

■ **Utilisation globale. Monde** (en %, 1996) : bijouterie 73, électronique 13, industrie 5,3, dentisterie 4,8, monnaies officielles 4. **France** (en %) : *industrielle :* bijouterie 59, électronique 6, dentisterie 2, divers dont décoration 4, médailles 3 ; *monétaire :* pièces officielles 15, achat pour investissement 11.

Consommation d'or (en t, 2001). Inde 855,2, USA 387,4, Arabie saoudite 221, Chine 207,5, Turquie 207, États du Golfe 157,6, Corée du Sud 120,5, Égypte 119,7, Pakistan 119,1, Indonésie 101,6, Italie 77,9.

Nota. – Dans certains pays, une partie des pièces fabriquées n'est pas vendue l'année de leur production, mais comptabilisée dans les réserves officielles.

■ **Or détenu dans le monde. Réserves d'or** (en t, mai 2001) : Afrique du Sud 183,5, Albanie 3,5, Algérie 173,6, Allemagne 3 468,6, Arabie saoudite 143, Argentine 0,6, Australie 79,7, Autriche 347,5, Bangladesh 3,4, Belgique 258,1, Bolivie 29,2, Brésil 58,9, Bulgarie 32,1, Canada 36,8, Chili 2,3, Chine 395, Égypte 75,6, Espagne 523,4, Finlande 49, *France 3 024,6,* Grèce 123, Inde 357,8, Indonésie 96,5, Italie 2 451,8, Japon 763,5, Jordanie 12,5, Kazakhstan 57,2, Malaisie 36,4, Mauritanie 0,4, Mexique 7,5, Mongolie 2,6, Pakistan 65, Pays-Bas 911,8, Pérou 34,2, Philippines 226,3, Pologne 102,8, Portugal 606,7, Roumanie 104,9, Russie 390,5, Slovaquie 40,1, Suède 185,4, Suisse 2 369,1, Tchèque (Rép.) 13,9, Thaïlande 73,6, Turquie 116,3, USA 8 136,9, Venezuela 328,5. *Total mondial 32 567,3.*

☞ *Allemagne, France, Italie, Irlande* n'ont pas touché à ces stocks depuis 1980. *Pays-Bas, Belgique, Portugal, Autriche, Suède* en ont vendu une partie. *Espagne, Danemark, Finlande* les ont légèrement reconstitués.

Mines d'or sud-africaines en 2000	Minerai travaillé (en milliers de t)	Production (en t)	Teneur (en g/milliers de t)	Bénéfice (en rands/ milliers de t)
Driefontein Cons .	6 122	43,35	7,08	128,3
Durban Deep . . .	24 138	34,21	1,42	5,15
Harmony (Evander)	2 464	13,01	5,28	76,38
Harmony (Free State) .	5 653	24,23	4,29	23,53
Harmony (Kalgold Opencast	1 167	1,73	1,48	7,5
Harmony (Randfontein) .	7 316	26,58	3,63	45,5
Kloof Company .	3 751	41,12	10,96	169,59
St Helena (Beatrix)	2 771	15,48	5,59	123,21
St Helena (Oryx) .	773	5,6	7,24	40,89
St Helena (St Helena) . . .	961	4,4	4,58	42,31
Placer Dome Western Areas Joint Venture @	1 217	10,12	8,32	163,51

■ **L'or en France. Origine :** la Gaule était réputée riche en or. Depuis, l'or a toujours été exploité.

Or recueilli en rivière : 10 à 50 kg de paillettes par an. Il reste quelques orpailleurs professionnels en France ; ils lavent 2 t de sable pour obtenir environ 5 g d'or. La plupart des pépites trouvées ces dernières années ont moins de 1 g ; exceptions : 1 de 15 g dans le Blavet en 1976, 2 de 18 et 32 g près de Loudéac (Côtes-d'Armor) en 1977.

L'or et la monnaie

Régime de l'or

■ **Régime de l'étalon-or. Avant la guerre de 1914 :** les principales monnaies de 59 pays sont convertibles entre elles, en or et à des taux fixés. Les règlements entre banques centrales s'effectuent principalement en or. Les pièces d'or circulent librement. L'or représente 91 % des réserves monétaires mondiales (aujourd'hui 53 %). **A la fin de la guerre de 1914-18 :** les prix ayant doublé et le stock d'or n'ayant pas augmenté en conséquence, il faudrait, pour revenir à la situation antérieure, soit dévaluer les monnaies de moitié (en doublant le prix de l'or), soit faire baisser les prix. La 1re solution est écartée pour des raisons de prestige, la 2e est irréalisable. Cependant, les principales monnaies retrouveront ensuite leur convertibilité en or (tout au moins pour les règlements internationaux), à la parité d'avant-guerre pour le dollar (1919) et la livre sterling (1925), à une nouvelle parité pour le franc (1928). **L'étalon-or sera suspendu :** le 20-9-1931 en Grande-Bretagne, le 6-3-1933 aux USA et le 30-6-1937 en France.

■ **Gold Exchange Standard (étalon de change-or).** Établi en **1922,** pour réduire l'usage de l'or, les États sont invités à détenir une partie de leurs réserves sous forme de devises convertibles en or (dollars et livres). La France l'adoptera *de facto* en 1926 mais le dollar et la livre, qui auraient dû rester stables pour tenir correctement le rôle de réserve, seront dévalués après la crise de 1929 (livre 21-9-1931, dollar 30-6-1934). En **1936,** on rétablit en partie l'or comme moyen de règlement.

■ **Accords de Bretton Woods** (New Hampshire, USA), **des 1/21-7-1944.** Les 44 signataires (dont la France) peuvent, pour leurs règlements, bénéficier de l'aide du Fonds monétaire international (FMI) qui dispose de réserves d'or et de devises étrangères et compense ou corrige les fluctuations brèves des balances des paiements. Les monnaies sont définies par rapport à l'or, qui reste monnaie de règlement. Les USA détenant alors les 3/4 du stock mondial d'or (en 1949, leurs réserves dépassent 24,5 milliards de $) et le dollar étant la seule monnaie convertible en or, le Gold Exchange Standard est institué de fait avec le dollar comme seule réserve internationale. Les billets émis par la Banque de réserve fédérale américaine sont couverts à 25 % par les réserves publiques d'or. Les citoyens américains ne peuvent demander le remboursement en or de leurs dollars, mais les dollars, cédés à une banque d'émission étrangère et présentés par elle à une autorité américaine, sont échangés contre un poids d'or équivalent. Des dollars, en outre, peuvent être librement vendus à Londres ; les banques d'émission, associées dans le *pool de l'or,* fournissant les quantités d'or demandées au cours de la parité légale (soit 1 once d'or pour 35 $).

■ **Les USA et l'or.** Les USA, qui sont les créanciers du monde (plan Marshall, voir à l'Index) et qui détiennent le plus gros stock d'or (voir ci-dessus), commencent à s'endetter à partir du début des années 60. Tandis que les investissements, l'aide au développement et les dépenses militaires à l'étranger augmentent fortement,

■ **Marchés principaux. Europe :** *Londres* (transactions quotidiennes 1 à 5 t), *Zurich, Paris* (200 à 300 kg par an). **Asie :** *Doubaï, Koweït, Djedda, Macao, Hong Kong* (10,58 kg à 14,11 kg/j), *Singapour.* **Amérique du Nord :** *Chicago, New York, San Francisco.* **Amérique du Sud :** *Montevideo, Buenos Aires.*

■ **Unités de vente. Barre d'or :** entre 350 et 430 onces (10,89 à 13,37 kg), titre au moins 995/1 000, dimension modèle sud-africain : 25,5 cm de largeur et 4 cm d'épaisseur ; signes gravés : firme qui a fondu la barre, numéro d'ordre, titre. **Lingot** de 1 kg (qui titre de 985 à 1 000 g d'or fin) : 4 signes : *cachet* avec le nom du fondeur ; *poinçon* blasonné de l'essayeur qui certifie le titre ; *chiffre* indiquant le titre (varie de 995 à 999,9) ; *numéro* renvoyant à un registre où sont notés les résultats des contrôles prescrits (une demi-douzaine de fondeurs d'or, à Paris et à Lyon).

■ **Taxes sur les transactions d'or dans l'UE à l'achat et,** entres parenthèses, **à la vente** (en %). Danemark 22, *France 19,6 (8)*, Italie 19, G.-B. 15, Espagne 12, Luxembourg, Belgique 1 (1), All. 0 (sauf pièces démonétisées 14).

l'excédent commercial stagne, puis se transforme en déficit (1971). Le déficit cumulé de 1958 à 1971 de la balance des paiements atteindra plus de 60 milliards de $, et le stock d'or tombera en mai 1971 à 10,9 milliards de $ (17,5 en 1960).

Cependant, longtemps par solidarité politique et stratégique, la plupart des banques occidentales renoncent à demander le remboursement en or des dollars qu'elles ont en réserve. Certaines, comme la Deutsche Bank, allègent artificiellement la dette américaine à leur égard en achetant des bons du Trésor américain (bons *Roosa*). Enfin, toutes les banques centrales soutiennent le dollar (étalon monétaire international) sur leur marché des changes en achetant, au cours officiel, tous les dollars offerts.

Le **15-8-1971,** le Pt Nixon suspend la convertibilité du dollar en or, alors que des banques centrales demandent à Washington le remboursement de plusieurs centaines de millions de dollars contre de l'or.

Depuis le 31-12-1974, les Américains peuvent acheter et vendre de l'or librement (interdit depuis 1933).

■ **Démonétisation de l'or. Accords de Kingston à la Jamaïque** des **7/9-1-1976** (mise en vigueur en avril 1978) : les pays membres du FMI peuvent laisser flotter leur monnaie ou définir sa valeur par une relation fixe avec les DTS ou toute autre devise à l'exclusion de l'or. Ils ne versent plus d'or au FMI lors d'une augmentation des quotes-parts. De 1976 à 1980, le FMI a vendu 50 millions d'onces d'or et en février 1990, les USA ont proposé de vendre encore 3 millions d'onces (90 t, valeur 1,2 milliard de $) pour permettre au FMI de faire face aux arriérés dus par certains pays membres. Cette proposition entraînera aussitôt la baisse des cours de l'or.

Marché de l'or

■ **En France.** Il n'y a pas (contrairement à ce qui se passe souvent ailleurs) de restriction à la propriété privée de l'or ; jusqu'en 1977, les frais d'acquisition étaient réduits (0,5 % environ du montant de l'achat) et aucun impôt ne frappait les transactions. Depuis le 1-1-1977, une taxe sur toute vente de lingots et pièces d'or ou d'argent effectuée par des particuliers (7,5 % depuis le 1-1-1991) est perçue, plus une commission de courtage de 0,5 % environ (pour un minimum de 25 napoléons ou 5 pièces de 50 pesos au règlement différé, 3 à 4 % au comptant) sur chaque transaction (à l'achat comme à la vente).

L'*anonymat* des ventes et achats de lingots et pièces d'or, supprimé le 1-10-1981, a été rétabli le 6-6-1986. Depuis le 26-7-1991, l'acquéreur doit payer par chèque tout achat d'or supérieur à 50 000 F et l'intermédiaire agréé tout apport d'or de plus de 1 000 F.

■ **Emprunt. Pinay à 4,5 %** (1952-58) : indexé sur le napoléon, il suivit d'assez près son cours. L'intérêt servi était faible (compte tenu du cours atteint), mais était exonéré de l'impôt sur le revenu et le capital était affranchi de tous droits de succession. **Giscard à 4,5 %** (1973) : il suivit aussi d'assez près le cours de l'or.

Évolution du prix de l'or

☞ **Paramètres influençant le cours de l'or :** achats ou ventes des gouvernements et banques centrales pour équilibrer leurs échanges commerciaux ou leurs liquidités ; évolution des taux d'intérêt (une baisse est généralement favorable à l'or en rendant moins attrayant le rendement des obligations) ; stabilité ou instabilité des marchés financiers ; demande industrielle ou privée ; manque de liquidités, facteur de hausses internationales : inflation ou déflation.

■ **1934 à 1968** prix fixé à 35 $ l'once. **1968**-*mars,* suppression du pool de l'or, le marché de l'or devient libre. **1968 à 1971** varie peu (34/35 $). **1971**-*15-8* suspension de la convertibilité du dollar. -*18-12* dévaluation de 7,89 % du $. **1971**-*déc.* **à 1974**-*déc.* hausse de 45 à 197,50 $ l'once (+ 340 %), des mines + 720 %. *Raisons :* la généralisation des taux de change flottants en 1972-73 et les craintes de répercussion sur le développement du commerce international et la circulation des capitaux ; la dévaluation du $ de 10 % en février 1973 ; *1er choc pétrolier* déclenché en octobre 1973 ; l'accélération de l'inflation (taux moyen de hausse des prix des pays de l'OCDE 13,6 % en 1974) ; l'annonce de l'autorisation d'achat d'or par les citoyens américains à partir de janvier 1975. **1975**-*janv.* **à 1976**-*sept.* l'or baisse de 48 % (once 103,50 $), mines de 82 %. *Raisons :* décision du gouvernement américain de procéder aux ventes publiques d'or pour tempérer la spéculation généralisée sur l'or et dissuader les Américains d'en acheter (2 ventes publiques d'or : en janv. et en juin 1975 portent sur 1,25 million d'onces) ; annonce en sept. 1975 de ventes par le FMI de 25 millions d'onces (780 t) réparties sur 4 ans. **1976**-*sept.* **à 1980**-*sept.* l'once d'or augmente de plus de 600 % (20-1-1980 : 850 $), les mines de 675 % quoique entre le 2-6-1976 et le 7-5-1980 le FMI ait vendu 25 millions d'onces (780 t) sur le marché libre. *Raisons :* faiblesse du $ (revenu de 2,36 DM au 31-12-1976 à 1,70 DM au 31-12-1980) ; *2e choc pétrolier* (26-6-1979, baril à 20/23,5 $, oct. 1979 à plus de 30 $) ; taux d'inflation élevé aux USA et dans les pays industrialisés (1976 à 5,8 %, 1980 à 13,5 %) ; crise iranienne, pénétration soviétique en Afghanistan. **1980**-*sept.* **à 1984**-*sept.* baisse de 52 % en $ (once 720 $ le 23-9-1980, 340 $ le 10-9-1984). Le cours du $ étant passé de 4,02 F en sept. 1980 à 9,25 F en sept. 1984, hausse du prix de l'once en FF de 11 % (de 2 880 F à 3 120 F). *Raisons :* hausse du $ due à l'élection du Pt Reagan en nov. 1980 et hausse des taux d'intérêt. Le $ redevenant l'investissement refuge en raison notamment des taux d'intérêt américains réels élevés. **1984 à 1986** hausse irrégulière. **1987** chute après les événements du golfe Persique et les grèves dans les mines d'or sud-africaines, de 473,25 $ (le 3-8) à 453,3 $ (le 17-8), hausse lors du krach d'octobre (de 465,25 $ à 481), les spéculateurs ayant vendu de l'or pour éponger une partie de leurs pertes. Hausse en fin d'année. **1989** chute puis, en fin d'année, hausse (+ 12 %) provoquée par les bouleversements à l'Est ; hausse des mines (83 % pour l'année, 35 % en nov.). **1990**-*janv. à juillet* baisse à 352,80 $ (le 7-6), due notamment aux ventes d'or soviétiques (220 t du 1-1 au 10-6) et des pays du Moyen-Orient (en raison de la baisse du pétrole : 115 t entre le 2-3 et le 26-3-1990). -*Août* hausse (guerre du Golfe), puis baisse. **1990-92** baisse. **1993** hausse. **1994** stabilisation. **1995** moyenne 384,15 $ (marge de fluctuation 7 %). **1996** hausse en début d'année puis baisse. **1997** chute : le 27-6, once à 337,30 $. **1998** l'once atteint son plus bas niveau depuis 18 ans (278 $ le 10-1) ; le 29-7, once à 290 $. Ventes asiatiques : 1 000 t ; la Belgique a vendu 299 t d'or (+ de 50 % de son stock). **1999** la Suisse abandonne l'étalon-or. *Baisse :* la Banque d'Angleterre annonce la vente de 415 t d'or (sur 715 détenues).

Pièces d'or

Caractéristiques

■ **Face** (avers ou droit) avec l'effigie du personnage commémoré ou la composition principale. **Revers** avec la valeur faciale. **Différents :** lettre ou marque (étoile, croissant, etc.), indiquant sur les anciennes monnaies le lieu de fabrication. *Depuis 1880,* la Monnaie de Paris reste le seul établissement monétaire de Paris ; d'un côté la corne d'abondance atteste que le titre de l'alliage et le poids de la pièce sont conformes à la réglementation ; de l'autre, le symbole du graveur général des monnaies en garantit la gravure. [*1958-74* chouette. *1974-94* dauphin (Émile Rousseau). *Depuis 1994* abeille (Pierre Rodier)]. **Belle épreuve (BE) :** réalisée à partir de flans (disques de métal vierge) sans défaut de facture. **Brillant universel (BU) :** pièces courantes, frappées avec un outillage neuf, préservées sous emballage spécial, qui n'ont jamais circulé.

■ **Pièces de « bonne » ou de « mauvaise livraison ».** Définies par l'article 22 du Règlement du marché de l'or en France. **Bonne :** monnaie d'or présentant les caractéristiques légales de frappe, poids et alliage... Y compris celles portant des éraflures dues à la circulation et les pièces normalement usées, dont le *frai* (l'usure) ne dépasse pas 5 ‰ du poids brut théorique de la pièce ou 15 ‰ pour les demi-pièces, les pièces de 5 roubles et de 5 $. **Mauvaise :** pièces montées, limées, gondolées, tachées, ayant subi une transformation susceptible d'en modifier l'aspect ou portant des marques apparentes de détérioration. **En cas de litige :** une commission de caissiers et de responsables (créée mai 1981) examine les pièces et tranche sur leur qualité, en se fondant sur l'art. 22.

Nota. – Pour être certain que des pièces de « mauvaise livraison » seront fondues (et non revendues comme des pièces de « bonne livraison »), exiger de les faire plier et les vendre à des fondeurs professionnels qui ont une « autorisation permanente de destruction » (par exemple : le comptoir Lyon-Alemand). Pour éviter d'avoir des pièces usées ou détériorées (ou fausses), et celui de contestation ultérieure, exiger leur livraison sous sachet scellé.

Pièces d'or cotées a Paris

■ **Cotations quotidiennes** (en euros depuis 1-1-1999). 20 francs (français, napoléon) : or fin 5,80644 g, environ 617 millions d'ex. ont été frappés depuis la loi du 17 germinal an XI, dont 117 depuis 1906 ; 37 483 500 pièces de 20 F (type « Coq » de Chaplain) ont été frappées de 1951 à 1960, mais millésimées de 1907 à 1914. **20 F suisses :** or fin 5,80644 g. **Union latine de 20 F :** diam. 21 mm, poids 6,45 g, or fin : 5,80644 g, titre 900/1 000 ; on trouve des ex. frappés en Autriche-Hongrie, Belgique, Bulgarie, Grèce, Italie, Roumanie, Russie, Sardaigne, Serbie et Monaco. **Souverain britannique (1 livre) :** toutes les pièces frappées depuis la loi monétaire du 22-6-1816 sauf les pièces australiennes et sud-africaines (or fin 7,3217 g). **20 dollars US :** diam. 34 mm, poids 34,436 g, or fin : 30,09240, titre 900/1 000 ; 2 types : *liberté, aigle.* **10 dollars US :** diam. 27 mm, poids 16,718, or fin : 15,04620 g, titre 900/1 000 ; *2 types : Coronet :* portrait de la Liberté à l'avers : période 1838-1907 ; ateliers : CC (Carson City), D (Denver), O (La Nouvelle-Orléans), S (San Francisco-Philadelphie). *Tête d'indien :* D (Denver), S (San Francisco-Philadelphie). **50 pesos mexicains :** or fin 37,4994 g (encore régulièrement frappée ; pièce cotée à Paris contenant le plus d'or). **10 florins néerlandais :** diam. 22,5 mm, poids 6,729 g, or fin : 6,04888 g, titre 900/1 000 ; 10 types différents. *Effigies :* Guillaume II, Guillaume III, Wilhelmine. 1 krugerrand (Afrique du Sud : or fin) ; 1 once (31,10348 g).

■ **Cotations hebdomadaires. 10 F (demi-napoléon) :** or fin 2,903 g. **1 livre Elizabeth II :** 7,9881 g, or fin 7,317, diam. 22 mm titre 916,66 % ; *1er type :* 1957 à 59 et 62 à 68 (seul type admis sur le marché français) ; *2e type :* 1974-76 à 82. **Demi-souverain : demi-livre Elizabeth II :** or fin 3,658 g. **20 marks :** or fin 7,16 g. **20 F** (or fin 5,805) Tunisienne. **5 roubles** Nicolas II (or fin 3,870 g). **5 dollars US** (or fin 7,523 g). **20 marks allemands** (or fin 7,169).

Nota. – Certaines émissions ne se traitent pas au poids d'or comme le « bullion » aux USA, mais sont taxées à la TVA : *krugerrand* 1967-78, *tchervonetz* (10 roubles) 1975-78 « *feuille d'érable* » *50 $* (Canada 1979).

Cours de l'or à Paris	Cours jour		Cours précédent (en euros)	Plus haut de l'année (en euros)	Plus bas de l'année (en euros)
	en F	en euros			
Barre (10 kg), le kg	65 595,70	10 000	10 000	10 350	8 850
Lingot, 1 kg	66 054,87	10 070	10 070	10 520	9 070
Napoléon (20 F), 5,8064 g	377,18	57,50	57,50	59,50	50,80
Pièce suisse, (20 F) 5,8064 g	377,18	57,50	57,50	60,30	50,70
P. Union latine, (20 F), 5,8064 g	377,18	57,50	57,50	60	51,50
Souverain, 7,3223 g	501,15	76,40	76,40	79	67,40
20 $, 30,0924 g	2 630,39	401	401	450	350
10 $, 15,0462 g	1 311,91	200	200	205,25	165
50 pesos mex., 37,494 g	2 472,96	377	377	386	329
10 florins, 6,048 g	393,57	60	60	63,40	50
Krugerrand, 31,103 g	2 053,15	313	313	330	261

■ **Pièces d'or hors cote.** Exemples : livre d'Afrique du Sud, 20 dinars yougoslaves, 100 F d'Albanie, 5 livres d'Angleterre, livre australienne, ducats, schillings d'Autriche, 100 leva bulgares, 10 $ canadiens, 100 pesos chiliens, 20 pesos de Cuba, 20 couronnes du Danemark, 500 piastres d'Égypte, 100 lires italiennes, 100 lires du Vatican Britannia (lancée 1987) : 100 livres (1 once), 50 livres (1/2 once), 25 livres (1/4), 10 livres (1/10).

Prime d'une pièce d'or. Différence entre la valeur du poids d'or contenu dans la pièce et le cours coté de celle-ci. *Exemple :* si le lingot (1 000 g) cote 70 000 F, le g d'or vaut 70 F ; le napoléon qui contient 5,806 g d'or devrait valoir, au poids de l'or, 5,806 × 70 = 406,42 F ; s'il cote 440 F, la différence de 33,58 F (440 – 406,42) représente une « prime » de 8,26 % (33,58 : 406,42). **Du napoléon** (extrêmes les plus hauts et, en italique, les plus bas, en %). **1974 :** 99,88 *57,50.* **75 :** 98,88 *71,96.* **76 :**125,64 *62,87.* **77 :** 90,69 *62,47.* **78 :** 83,61 *44,96.* **79 :** 65 *30,22.* **80 :** 129,33 *33,58.* **81 :** 82,25 (9-10) *56,80.* **82 :** 67,99 (janv.) *12,88* (sept.). **83 :** 29,83 (mars) *10,97* (mai). **84 :** 12,08 (mars) – *0,12* (sept.). **85 :** 9,88 (janv.) – *0,04* (25-4). **86 :** 28,4 *22,92.* **87-88 :** env. 1. **89** (févr.) : 2. **90 :** 2,84 (2-4) *1,67* (5-4). **91 :** 19,3 (13-2), – *4,73* (26-8). **92 :** 5,53 (26-8) – *3,96* (18-5). **93** 1,76 (6-8) – *4,68* (4-3). **96 :** 0,44 *2,98.* **97 :** 1,63 – *2,74.* **98 :** 7,98 (6-10) – *6,14* (16-2). **99 :** 7,2 (4-2) – *9,51* (11-10). **2000 :** 0,4 (21-12) – *5,61* (2-3). **2001 :** 1 (5-1) – *5,29* (12-4).

Nota. – Certaines pièces (exemples : napoléons et louis, frappés entre 1803 et 1845) ont un prix de collection supérieur à leur cote boursière. Les monnaies d'or ont été démonétisées en application de la loi du 25-6-1928, ou antérieurement à la promulgation de celle-ci.

Cours extrêmes de l'once troy (31,1035 grammes) en dollars

	Cours le + bas	Cours le + haut		Cours le + bas	Cours le + haut
1980	481 *(18-3)*	710 *(22-9)*	**1991**	353,3 *(16-1)*	403,7 *(30-11)*
1981	426 *(30-6)*	850 *(21-1)*	**1992**	330,2	358,8
1982	307 *(7-7)*	457 *(30-12)*	**1993**	326,1	410 *(1-8)*
1983	378 *(1-11)*	509 *(1-2)*	**1994**	369,65 *(22-4)*	397,5 *(28-9)*
1984	303 *(3-12)*	406 *(5-3)*	**1995**	372,4	392
1985	285 *(26-2)*	339,3 *(28-8)*	**1996**	365	416,25
1986	326 *(3-1)*	442,75 *(22-9)*	**1997**	283	367,8
1987	392,95 *(18-2)*	502,75 *(14-12)*	**1998**	278 *(10-1)*	303
1988	395,05 *(26-9)*	484,4 *(15-1)*	**1999**	253,15 *(26-8)*	326,25 *(5-10)*
1989	355,7 *(15-9)*	413,6 *(3-1)*	**2000**	263 *(3-10)*	316,6 *(7-2)*
1990	345,85	382,6			

Prix d'évaluation du kg d'or par la Banque de France (en F)

1969 (8-8)	6 250	1987 (1-7)	86 972
1975 (9-1)	24 078	1988 (1-1)	87 765
1975 (1-7)	22 039	1988 (1-7)	83 776
1977 (1-1)	20 264	1989 (1-1)	80 921
1977 (1-7)	23 203	1989 (1-7)	78 754
1978 (1-1)	24 938	1990 (1-1)	77 258
1978 (1-7)	26 449	1990 (1-7)	66 397
1979 (1-1)	29 535	1991 (1-1)	63 481
1979 (1-7)	36 302	1991 (1-7)	67 884
1980 (1-1)	54 321	1992 (30-6) ...	59 392
1980 (1-7)	73 074	1992 (31-12) ..	56 973
1981 (1-1)	89 154	1993 (30-6) ...	62 618
1981 (1-7)	83 567	1993 (30-2) ...	69 913
1982 (1-1)	76 457	1994 (30-6) ...	69 855
1982 (1-7)	67 016	1994 (31-12) ..	65 632
1983 (1-1)	97 069	1995 (31-12) ..	61 039
1983 (1-7)	102 453	1996 (30-6) ...	64 706
1984 (1-1)	101 762	1996 (31-12) ..	62 626
1984 (1-7)	101 416	1997 (30-6) ...	63 780
1985 (1-1)	100 951	1997 (31-12) ..	58 413
1985 (1-7)	96 809	1998 (30-6) ...	58 077
1986 (1-1)	82 583	1998 (31-12) ..	52 744
1986 (1-7)	78 608	1999 (31-12) ..	9 308,22 euros
1987 (1-1)	85 787	2000 (31-12)	9 420,49 euros

■ **Prix d'évaluation de l'encaisse-or (par kg),** entre parenthèses **prix d'achat du kg d'or fin et,** en italique, **prix d'achat de la pièce de 20 F.** **1803**-7-4/**1926**-26-9 : 3 444,44 (3 437) *20.* **1926**-27-9/31-12 : 3 444,44 (17 595) *101,45.* **1936**-1-10/31-12 : 22 675,736 (23 695) *136,62.* **1937**-21-7 : 25 839,793 (28 075) *161,87* ; -12-11 : 40 404,04 (39 153) *225,75.* **1940**-29-2/**1944**-31-12 : 47 605,446 (47 608) *274,50.* **1945**-26-12/**1948**-25-1 : 134 027,90 (131 900) *760,50.* **1950**-16-8/**1958**-23-7 : 393 396,50 (393 000) *2 266.* **1959**-30-1/31-12 : 555 555,50 (555 000) *3 213.* **1960**-3-6/**1969**-7-8 : 5 530 (5 530) *32,01.*

Cours de l'or a Paris

Cours extrêmes sur le marché officiel de la Bourse de Paris depuis sa réouverture le 3-2-1948 (en anciens F jusqu'en 1959, puis en francs actuels). Entre 1900 et 1939, et de 1939 à 1948, l'or se négociait directement entre banquiers (pas de cotation).

	Napoléon	Lingot (1 kg)
1948	62 – 38,7	8 800 – 4 900
1949	61,7 – 39,5	8 370 – 5 280
1950	42,8 – 29,7	5 900 – 4 280
1951	46,6 – 39,7	6 130 – 4 900
1952	51 – 37,3	6 330 – 4 840
1953	39,5 – 30,4	5 150 – 4 340
1954	30,5 – 26,3	4 400 – 4 130
1955	29,6 – 24,9	4 520 – 4 200
1956	35,7 – 29,2	4 870 – 4 450
1957	43,5 – 33,6	5 900 – 4 590
1958	40,4 – 33,3	5 620 – 5 120
1959	37 – 34,5	5 730 – 5 560
1960	40 – 35	6 150 – 5 550
1961	42,1 – 36,8	5 745 – 5 565
1962	43,5 – 39,3	5 675 – 5 545
1963	42,8 – 40,8	5 570 – 5 540
1964	42,9 – 40,8	5 570 – 5 540
1965	45,9 – 42,1	5 640 – 5 550
1966	49,9 – 43,7	5 650 – 5 540
1967	56,9 – 47,8	5 665 – 5 555
1968	67,9 – 51,6	7 265 – 5 565
1969	78,7 – 65	7 845 – 6 500
1970	65,5 – 52,4	6 885 – 6 285
1971	63,2 – 57,1	7 650 – 6 705
1972	82,9 – 61,7	10 945 – 7 465
1973	190 – 80,1	17 750 – 10 700
1974	318,5 – 175	29 365 – 18 440
1975	288 – 208,5	27 020 – 20 000
1976	251,2 – 207,9	22 120 – 16 560
1977	249 – 231,7	26 395 – 21 440
1978	309,9 – 246,1	31 400 – 25 000
1979	671 – 265,8	70 000 – 30 230
1980	1 130 – 611	99 010 – 66 000
1981	960 – 700	99 485 – 74 000
1982	709,9 – 579	99 950 – 62 460
1983	762 – 641	115 400 – 92 950
1984	660 – 592	105 600 – 93 550
1985	608 – 509	105 050 – 78 000
1986	625 – 500	92 550 – 74 950
1987	598 – 510	94 800 – 77 400
1988	568 – 465	89 950 – 78 300
1989	480 – 427	82 500 – 74 150
1990	479 – 380	78 000 – 59 900
1991	490 – 350	73 800 – 57 600
1992	369 – 311	64 100 – 52 850
1993	450 – 327	79 300 – 56 750
1994	434 – 365	75 200 – 63 600
1995	380 – 337	65 950 – 58 600
1996	390 – 349	67 900 – 61 100
1997	384 – 313	66 600 – 53 100
1998	378 – 306	62 750 – 52 200
1999	340 – 285	63 955 – 51 558
2000	387 – 326	68 153 – 57 593
2001 [1]	390 – 333	69 006 – 59 495

Nota. – Le 27-12-1973, la pièce de 20 F cotée 190 F (soit 19 000 anciens F) a battu son record historique du 5-6-1796 (17 prairial an IV), établi par le louis avec un cours de 17 950 livres-assignats. Ce record a été dépassé depuis. (1) Du 1-1 au 15-5.

Banque et crédit

Définitions

■ **Dates de valeur (régime standard).** *j.c. :* jour calendaire. *j.o. :* jour ouvré. **Débit :** retrait d'espèces *- 1 j.c.,* paiement de chèque *- 2j.c.,* virement de compte à compte *j.,* virement émis *- 1 j.c.,* paiement de domiciliation *- 1 j.c.,* échéance d'un prêt *j.* (ou veille), prélèvement *- 1 j.c.,* erreur *même date que l'opération d'origine.* **Crédit :** versement d'espèces *+ 1 j.c.* [1], remise de chèque sur caisse (tireur et bénéficiaire ont un compte dans la même agence) *+ 1 j.o.,* sur place *+ 2 j.o.,* chèque hors place *+ 5 j.o.,* virement de compte à compte *j.,* virement reçu *+ 1 j.c.,* encaissement d'effet échéance *+ 4 j.(c.),* effet escompté *+ 1 j.c.,* octroi d'un prêt *j.,* intérêts sur compte à terme *j. de l'échéance du blocage.*

Nota. – (1) Le 6-4-1993, la Cour de cassation a déclaré illicite le principe des dates de valeur pour les dépôts et les retraits en espèces. Elle a admis qu'un chèque ne soit pas porté au crédit d'un compte le jour même de sa remise à la banque, car un encaissement ne peut être instantané. Le 30-1-1995, l'Association française des établissements de crédit (Afec) a recommandé à ses membres l'abandon des dates de valeur sur les espèces.

■ **Escompte.** Opération qui permet au détenteur d'un titre de crédit public ou privé, à court terme, d'en percevoir le montant, déduction faite d'un prélèvement effectué par le prêteur, proportionnel au nombre de jours restant à courir et dépendant de la qualité du client, de celle de l'effet et des conditions du moment. Les banques se refinancent sur le marché monétaire, où la Banque de France intervient, soit par achats ou ventes d'effets de crédit privés ou de bons du Trésor, soit par prise ou mise en pensions (achat/vente d'effets avec engagement de revente/rachat). La Banque de France assure seule la contrepartie pour un certain nombre d'effets dits de 1re catégorie, parmi lesquels les crédits à moyen terme mobilisables au Crédit foncier de France, au Crédit national ou au Crédit d'équipement des PME. *Le papier représentatif d'escompte* commercial se négocie entre banques à des taux supérieurs à ceux pratiqués par la Banque de France.

■ **Taux d'intérêt. Taux directeurs de la Banque centrale européenne (BCE) :** depuis janv. 1999, taux officiels fixés par la BCE. Les banques centrales des 11 pays ayant adopté la monnaie unique à compter du 1-1-1999 ainsi que la Banque centrale européenne composent l'Eurosystème. Ces taux permettent d'indiquer l'orientation générale de la politique monétaire de l'Eurosystème et de guider le niveau des taux d'intérêt à très court terme. Ils s'appliquent : aux *opérations principales de refinancement* fixe ou variable auquel l'Eurosystème alimente régulièrement le système bancaire en liquidités par la voie d'appels d'offres contre la remise de garanties (créances ou titres) ; aux *taux des facilités permanentes,* accessibles à l'initiative des établissements de crédit et d'une échéance de 24 h : a) taux de la facilité de prêt marginal, le plus élevé, auquel les établissements sollicitent des liquidités à 24 h contre actifs éligibles auprès de l'Eurosystème ; b) taux de la facilité de dépôt, le plus bas, auquel les établissements peuvent constituer des dépôts à 24 h auprès des banques centrales de l'Eurosystème. Ces deux taux délimitent le corridor de fluctuation du taux de l'argent au jour le jour (Eonia), qui tend à fluctuer autour du taux d'appel d'offres. **Montants** (en %, au 11-6-2001) : de la facilité de dépôt 3,5 ; de prêt marginal 3,5.

■ **Évolution du taux d'escompte en France.** **1968**-*27-6* : 3,5 ; *-3-7* : 5 ; *-12-11* : 6. **1969**-*1-1* : 6 ; *-8-5* : 6 ; *-13-6* : 7 ; *-11-8* : 7 ; *-8-10* : 8. **1970**-*19-2* : 8 ; *-27-8* : 7,5 ; *-20-10* : 7. **1971**-*8-1* : 6,5 ; *-13-5* : 6,75 ; *-28-10* : 6,5. **1972**-*13-1* : 6 ; *-6-4* : 5,75 ; *-2-11* : 6,5 ; *-30-11* : 7,5. **1973**-*5-7* : 8,5 ; *-2-8* : 9,5 ; *-20-9* : 11. **1974**-*20-6* : 13. **1975**-*9-1* : 12 ; *-27-2* : 11 ; *-10-4* : 10 ; *-5-6* : 9,5 ; *-4-9* : 8. **1976**-*22-7* : 9,5 ; *-23-9* : 10,5. **1977** *depuis 31-8* : 9,5. **1986**-*15-4* : 7,5. **1987**-*16-7* : 9,5. Inchangé depuis, il ne sert plus pour réguler la liquidité monétaire.

Appels d'offres (fin de mois) [au 31-12]. **1981 :** 15,08. **1982 :** 12,75. **1983 :** 12. **1984 :** 10,75. **1985 :** 8,75. **1986 :** 7,25. **1987 :** 7,25. **1988 :** 7,75. **1989 :** 10. **1990 :** 9,25. **1991 :** 9,6. **1992 :** 9,1. **1993 :** 6,2. **1994 :** 5. **1995 :** 4,45. **1996 :** 3,15. **1997 :** 3,3. **1998**-*11-8* : 3,15. **1999**-*22-1* : 3 ; *-9-4* : 2,5 ; *-10-11* : 3. **2000**-*9-2* : 3,25 ; *-22-3* : 3,5 ; *-4-5* : 3,75.

Taux des prises en pensions. De 5 à 10 j (fin de mois) [au 31-12] : **1981 :** 16,5. **1982 :** 13,5. **1983 :** 12,5. **1984 :** 11,75. **1985 :** 11,25. **1986 :** 8,25. **1987 :** 8,25. **1988 :** 8,25. **1989 :** 10,75. **1990 :** 10. **1991 :** 10,5. **1992 :** 10. **1993 :** 7. **1994 :** 6,4. **1995 :** 5,85. **1996 :** 4,6. **1997 :** 4,6. supprimé le 31-12-1998.

Facilités permanentes. **1998**-*22-12 : 2,75-3,25.* **1999** *-22-1 : 2-4,50 ; -9-4* : 1,50-3,50 ; *-5-11* : 2-4. **2000**-*4-2* : 2,25-4,25 ; *-17-3* : 2,50-4,50 ; *-28-4* : 2,74-4,75.

■ **Comparaison des taux dans le monde.** Voir p. 1827 a.

■ **Taux du marché monétaire (TMM ou taux interbancaire au jour le jour). Moyenne annuelle.** Voir tableau p. 1825.

Depuis 1999 et le lancement de la monnaie unique, le taux représentatif des prêts à 24 h effectués sur le marché interbancaire de la zone euro est l'Eonia. Calculé par l'Eurosystème, l'Eonia est publié quotidiennement par la Fédération bancaire européenne à partir d'un panel représentatif de 57 banques. Les taux représentatifs des prêts à 1 semaine, 1 mois, 3 mois, 6 mois et 1 an sont les taux Euribor, calculés quotidiennement sur le même panel.

Taux interbancaire Euribor (Euro inter bank offered rate) et Eurolibor au 19-7-1999 [et au 10-8-2000] : à 1 mois 2,659 (2,66) [4,408 (5,145)] ; à 12 mois 3,01 (3,0944) [4,41 (5,425)].

Taux de base bancaire : taux servant de référence à une banque lorsqu'elle accorde un crédit. Chaque banque fixe librement son taux de base en fonction du taux de marché en emplois comme en ressources. Au taux de base s'ajoutent en général des intérêts et commissions en fonction de la qualité de l'emprunteur. Évolution constatée (au 31-12 de chaque année). **1981 :** 14. **1982 :** 12,75. **1983 :** 12,25. **1984 :** 12. **1985 :** 10,6. **1986 :** 9,6. **1987 :** 9,6. **1988 :** 9,25. **1989 :** 11. **1990 :** 10,25. **1991 :** 10,35. **1992 :** 10. **1993 :** 8,15. **1994 :** 8,25. **1995 :** 7,5. **1996 :** 6,3. **1997 :** 6,55. **1998** *-avril* : 6,55. **1999**-*juillet* : 6,55 ; *-août* 5,97 ; *-sept.* : 5,95 ; *-nov.* : 6,04 ; *-déc.* : 6,3. **2000**-*16-7* : 7,1.

Taux bonifié : taux d'intérêt inférieur à celui pratiqué pour le même type de crédit, grâce à une aide de l'État par exemple.

Taux effectif global (Teg) : taux d'une opération, compte tenu des frais et des rémunérations diverses. Son mode de calcul est actuariel. Il doit être indiqué pour toute opération de crédit.

Taux de l'intérêt légal (%) : *1990* : 9,36 ; *91* : 10,26 ; *92* : 9,62 ; *93* : 10,40 ; *94* : 8,40 ; *95* : 5,82 ; *96* : 6,65 ; *97* : 3,87 ; *98* : 3,36 ; *99 (1-4)* : 3,47 ; *2000 (18-2)* : 2,74 ; *2001 (15-2)* : 4,26.

■ **Taux de l'usure.** Défini par la loi, taux d'intérêt qu'un prêteur, quel qu'il soit, ne peut dépasser. S'il excède de plus du tiers le taux moyen du crédit constaté sur le trimestre précédent, le taux est dit usuraire et constitue un délit pénal. **Taux effectif pratiqué au 1er semestre 2000** par les établissements de crédit (en %) et, entre parenthèses, **seuil de l'usure à compter du 1-7-2001** (en %) : **prêts immobiliers aux particuliers** taux fixe 6,99 (9,32), variable 6,94 (9,25), relais 7,23 (9,64) ; **prêts à la consommation :** montant inférieur ou égal à 10 000 F 16,09 (21,45), découverts en compte, prêts permanents et financements d'achats ou de ventes à tempérament d'un montant supérieur à 10 000 F 13,13 (17,51), prêts personnels et autres prêts d'un montant supérieur à 10 000 F 8,92 (11,89) ; **prêts aux entreprises :** en vue d'achats ou de ventes à tempérament 7,81 (10,41), prêts de plus de 2 ans, à taux variable 6,4 (8,53), fixe 6,68 (8,91), découverts en compte 9,76 (13,01), autres prêts de plus de 2 ans 7,92 (10,56).

■ **Références les plus utilisées** (taux variables). **Références monétaires (courtes) : Tam** (taux annuel monétaire) : il est, pour un mois donné, le placement à intérêts composés calculé pendant 12 mois du TMM. **TEC :** taux de l'échéance constante à 10 ans. **THB** (taux hebdomadaire des bons du Trésor à 13 semaines) : égal au taux de rendement actuariel annuel constaté lors des adjudications de BTH. **Tiop** [taux interbancaire offert à Paris à 1 mois (ou en anglais *Pibor : Paris Intern Banking Offert Rate*] : pour le 1, 3, 6 mois et 1 an. **TMB** (taux actuariel moyen mensuel des bons du Trésor à 13 semaines) : égal pour un mois donné à la moyenne arithmétique des THB. **TMM** (ou **TMMMM** ou **T4M,** taux moyen mensuel du marché monétaire au jour le jour entre banques) : égal à la moyenne arithmétique des taux journaliers du marché monétaire à 1 j. **TMP** [taux moyen pondéré des opérations de prêt au jour le jour (24 h)] : pondération en fonction du volume échangé.

Références obligataires (longues) : THE (taux moyen hebdomadaire des emprunts d'État à long terme) : calculé à partir d'un échantillon d'emprunts d'État dont la durée de vie est de 7 à 10 ans. **TME :** moyenne arithmétique des THE du mois. **TMO :** taux actuariel moyen au règlement des obligations à taux fixe du secteur privé pour une semaine. (TMO : idem, une référence mensuelle.)

☞ **Mode de calcul. Taux nominal (taux facial) :** taux affiché, correspondant au montant des intérêts (en %) payés en une seule fois, au terme d'une année complète, pour un capital nominal donné (placement ou emprunt).

Taux réel (taux effectif global) : souvent différent du taux nominal car plusieurs facteurs interviennent [exemples : prix d'émission d'un titre inférieur à sa valeur nominale (obligations anciennes), frais engagés pour l'obtention d'un crédit, paiement des intérêts mensuels ou trimestriels et non annuels].

Taux actuariel : calculé en tenant compte de la capitalisation des intérêts, du taux nominal, de la durée de l'émission, des cours, des modalités de remboursement et du taux auquel est effectué le placement (ou l'emprunt des intérêts capitalisés) ; méthode de calcul reposant sur 2 conventions : les intérêts capitalisés sont prêtés (ou empruntés) au même taux que le prêt initial, et pour une durée égale à celle qui sépare la date de versement effectif des intérêts de la fin de la période de référence.

■ **Titrisation.** Possibilité pour les banques de refinancer les créances qu'elles détiennent dans leur bilan, telles que les prêts au logement, les crédits à la consommation. L'opération s'effectue via un fonds commun de créances qui reçoit les paiements effectués par les emprunteurs initiaux et dont les parts, négociables, sont émises dans des conditions adaptées aux besoins des marchés financiers.

Titre de créance négociable : titre représentant une créance sur l'établissement émetteur (certificat de dépôt pour une banque, billet de trésorerie pour une entreprise) ; ce titre est librement négociable.

■ **Comptes bancaires. Compte de dépôts :** *compte de chèques à vue :* les sommes disponibles peuvent être retirées immédiatement, aucun intérêt n'est versé ; *compte à terme :* les sommes ne peuvent être retirées qu'à date fixée, un intérêt est versé (après 1 mois de dépôt). **Compte courant commercial :** ouvert à un commerçant qui peut escompter traites et billets à ordre. **Compte sur livrets :** pas de chèques tirés ; rémunéré à 4,5 % l'an. **Compte joint :** permet à plusieurs personnes (ménage, parents, concubins, amis, etc.) d'utiliser un seul compte. **Comptes courants de titres :** permettent d'appliquer les procédés de l'inscription en compte et du virement à la gestion des valeurs mobilières et des bons du Trésor et bons à moyen terme admis aux opérations du marché monétaire. **Rémunération des comptes courants :** interdite en France par la législation. Pour 80 % des usagers, titulaires de petits comptes, la rémunération des dépôts à vue ne compenserait pas en effet la facturation des chèques. 20 % seulement des clients bénéficieraient d'une rémunération nette. Certains établissements financiers proposent cependant des produits similaires (comptes rémunérés adossés à une Sicav, un FCP, un livret ou un Codevi). Le versement initial demandé est généralement de 20 000 à 50 000 F. Les dépôts ne sont rémunérés qu'à partir d'un certain seuil (généralement de 5 000 à 15 000 F). La rémunération annoncée est escomptée en fonction des taux du marché monétaire. Fiscalité identique à celle des Sicav ou FCP monétaires auxquels il est adossé.

☞ **Lors du décès :** le compte cesse de fonctionner à partir de la date du décès et reste bloqué jusqu'au jour où les héritiers justifient officiellement de leur qualité (certificat d'hérédité ou de propriété). Le *compte joint* continue à fonctionner, et seule une partie de son montant (au jour du décès) sera prise en compte dans la succession (part virile).

■ **Levée du secret bancaire. Justice et police :** avec une commission rogatoire, dans le cas d'une enquête pénale. **Fisc :** les banques sont tenues de lui déclarer toutes les ouvertures et fermetures de comptes en France, et les paiements de revenus d'actions et d'obligations. Droit de communication limité (documents préalablement désignés et dans les locaux de la banque seulement, sans possibilité d'interroger le personnel). **Douanes :** peuvent examiner les comptes, exiger la communication de tous documents et les saisir, interroger le personnel, ouvrir un coffre et en saisir le contenu, à la condition qu'il s'agisse de recherches spéciales dans une affaire déterminée. *Sociétés :* possibilité d'obtenir des informations limitées sur une autre société par l'intermédiaire de sa banque ou de son assureur crédit. **Tiers privés :** dans des cas précis (titulaires d'un compte collectif, représentants légaux des incapables, certains héritiers, cautions et mandataires du client, huissier d'un créancier dans le cadre d'une saisie-arrêt). **Indemnisation des clients :** si un établissement bancaire dépose son bilan, les dépôts sont remboursés dans la limite d'un plafond global de 400 000 F par personne (Allemagne : pas de plafond. Italie : 10 000 000 F. P.-Bas : 120 000 F. G.-B. : 95 000 F. Belgique, Espagne, Luxembourg : 80 000 F).

■ **Services tarifés dans les principales banques françaises** (du minimum au maximum, en F, 1999/2000).

Virement : *occasionnel :* gratuit (Banque directe) à 23 (Sté générale) ; *permanent :* gratuit (Banque directe) à 6,3 (Sté générale, Crédit lyonnais). **Carte bancaire** (abonnement annuel) **internationale :** *à débit immédiat :* 130 (Banque directe) à 200 (BNP) ; *à débit différé :* 170 (Banque directe) à 265 (Sté générale) ; *Visa Premier* ou *Gold Mastercard :* 590 (Banque directe) à 775 (Sté générale). **Oppositions :** *sur carte :* 70 (La Poste) à 120 (Crédit agricole) ; *sur chèque :* gratuit (Banque Cortal) à 120 (Crédit agricole). **Rejets chèques :** *pour absence de provision :* 204,99 (BNP) à 537,88 (Banque Cortal) ; *pour autre motif :* 47 (Sté générale) à 145 (La Poste).

■ **Solvabilité des banques.** *Ratio de Cooke.* Élaborée en déc. 1987 par un comité réuni à Bâle, composé des banques centrales et des autorités de surveillance des 10 pays siégeant auprès de la BRI. Le *numérateur* comprend des fonds propres (et des quasi-fonds propres) et le *dénominateur* des encours de crédit (actifs de crédits et engagements hors bilan) pondérés d'un coefficient de 0 % à 100 % établi selon les risques de non-recouvrement (qualité de l'emprunteur, situation géographique, etc.). 50 % des fonds propres au minimum sont représentés par le capital social et les réserves ; le solde par des emprunts subordonnés à terme et des provisions générales ou réserves pour créances douteuses (à l'exclusion des provisions affectées à un risque déterminé).

■ **Swift.** Réseau de télétransmission interbancaire international. Fondé en 1973 par 239 banques appartenant à 15 pays, ouvert en 1977.

Monnaie électronique

■ **Système « on line ».** Le commerçant est relié, en permanence et en temps réel, par un « terminal » à la banque du client ou à un centre de traitement ou d'autorisation. Le centre, suivant sa fonction, accorde ou non une autorisation au commerçant (interrogation du compte du client ou d'une liste noire) et enregistre la transaction. Le débit du compte du client se fait comme pour un chèque.

■ **Système « off line ».** La carte du client est lue à l'aide d'un terminal placé chez le commerçant. **Carte à piste magnétique :** contient le code du client et le plafond hebdomadaire à ne pas dépasser (fixé par les banques). Le terminal enregistre la transaction sur un support magnétique ; à la fin de la journée, ces informations sont transmises par le terminal à la banque par les réseaux PTT ou Transpac. **Carte à mémoire (Cam ou carte à puce) :** mise au point en 1974 par le Français Roland Moreno (né 11-6-1945) puis Michel Ugon (Bull), adoptée 1981 : contient un microprocesseur qui possède des informations (sur le compte du client) lues par le terminal du commerçant (la carte fait le calcul selon l'état du compte du client) ; elle donne une plus grande sécurité au commerçant et permet au client de vérifier son compte à la banque. Avec la carte bleue, le débit reste différé. **Carte à puce :** théoriquement inviolable et infalsifiable. *Prix de revient :* 25 F (magnétique 7 F). *Problèmes de capacité :* sur les cartes les plus anciennes, la mémoire était saturée à environ 150 ou 200 transactions, d'où interruption du service.

L'organisation bancaire en France

Organes de contrôle

■ **Conseil national du crédit et du titre.** **Créé** 1945. **Composition :** ministre de l'Économie, des Finances et de l'Industrie (Pt), gouverneur de la Banque de Fr. (vice-Pt) et 51 membres dont 4 représentent l'État, 13 les établissements de crédit et les entreprises d'investissement, 10 les activités économiques, 10 les organisations syndicales, 5 les assemblées législatives et consultatives, 3 les délégués des régions et des Dom-Tom, et 6 personnalités désignées pour leur compétence. **Rôle :** consultatif.

■ **Comité de la réglementation bancaire et financière.** **Créé** 1984. **Composition :** ministre chargé de l'Économie et des Finances ou son représentant (Pt), gouverneur de la Banque de Fr. en qualité de Pt de la Commission bancaire, 5 membres ainsi que 3 membres supplémentaires lors d'examen des prescriptions touchant à l'activité des prestataires de services d'investissement. **Rôle :** établit la réglementation applicable aux établissements de crédit et aux entreprises d'investissement.

■ **Comité des établissements de crédit et des entreprises d'investissement.** **Créé** 1984. **Composition :** le gouverneur de la Banque de France, en qualité de Pt de la Commission bancaire (Pt), le directeur du Trésor, le ou les Pts des autorités qui ont approuvé le programme d'activité de la personne dont le Comité examine la demande d'agrément, le Pt du directoire du Fonds de garantie et de dépôts, ainsi que 6 autres membres. **Rôle :** Agrée les établissements de crédit et les entreprises d'investissements sous réserve de la Commission des opérations de Bourse (COB) pour les sociétés de gestion de portefeuille.

■ **Commission bancaire.** **Créée** 1984. **Composition :** le gouverneur de la Banque de Fr. ou son représentant (Pt), le directeur du Trésor (vice-Pt) et 4 membres. **Rôle :** s'assure du respect par les établissements de crédit et les entreprises d'investissement des dispositions législatives et réglementaires qui leur sont applicables et veille à la qualité de la situation financière des premiers. Sanctions prononcées : de l'avertissement à la radiation de la liste des établissements de crédit et des entreprises d'investissement agréés.

■ **Comité consultatif dit « Comité des usagers ».** **Créé** par l'art. 59 de la loi bancaire du 24-1-1984. **Composition :** 21 membres titulaires, 21 suppléants nommés pour 3 ans par arrêté du ministre chargé de l'Économie, dont 8 représentent les établissements de crédit, 8 la clientèle (agriculteurs, entreprises industrielles, artisans, commerçants et consommateurs déposants et emprunteurs), 3 les organisations syndicales représentatives du personnel des établissements de crédit et 2 personnalités nommées pour leur compétence en matière bancaire et financière, dont l'une est nommée par le ministre, Pt du comité. **Rôle :** étudie toute question intéressant les relations entre les établissements de crédit et leur clientèle ; peut être saisi par le ministre chargé de l'Économie et le gouverneur de la Banque de France pour avis ou pour recommandations d'ordre général. N'est pas un médiateur bancaire chargé de résoudre les problèmes des clients avec leurs banques.

Organismes professionnels

■ **Association française des établissements de crédit et des entreprises d'investissement (AFECEI).** *Pt :* Bernard Maurel (depuis 2000). Aux termes de la loi bancaire du 24-1-1984, tout établissement de crédit adhère à un organisme professionnel ou à un organe central affilié à l'AFECEI. Depuis la loi de modernisation des activités financières du 2-7-1996, chaque entreprise d'investissement adhère à une association de son choix affiliée à l'AFECEI. L'AFECEI assure la représentation des intérêts collectifs de ses adhérents et leur information. Elle étudie les questions d'intérêt commun et favorise la coopération entre réseaux.

■ **Association française des Stés financières (ASF).** Membre fondateur de l'AFECEI. Regroupe des établissements de crédit spécialisés et des entreprises d'investissement répartis en une douzaine de métiers de la finance. *Pt :* Michel Lecomte (depuis 11-1-1995). *Délégué général :* Jean-Claude Nasse (depuis 1-2-2000). *Adhérents :* 562. *Encours global :* 180 milliards d'euros (soit 17 % des crédits à l'économie du secteur privé) dont crédits de trésorerie aux particuliers hors immobilier 51, financement des équipements des entreprises 39, immobilier 85 (dont particuliers 44, entreprises 41), affacturage 13.

■ **Office de coordination bancaire et financière.** 7, rue de Madrid, 75008 Paris. Association loi 1901 regroupant 160 établissements qui emploient 25 000 personnes, gèrent environ 2 000 milliards de F et représentent 10 % des dépôts bancaires.

Mécanismes de contrôle

■ **Régulation de l'émission de monnaie et de la distribution du crédit.** Depuis janv. 1999, décidée par la BCE et mise en œuvre en France. Les banques centrales des 11 pays (zone euro), ayant adopté la monnaie unique à compter du 1-1-1999, composent l'Eurosystème. Dans l'ensemble des pays, nombre de banques et d'établissements financiers empruntent une partie des fonds dont ils ont besoin auprès d'autres établissements ayant des ressources excédentaires (par exemple en France : Caisse des dépôts et consignations). Depuis la création du marché monétaire unifié en 1999, les établissements de la zone euro peuvent s'emprunter ou se prêter en euros sous la forme d'opérations transfrontières. Après compensation des excédents/déficits sur le marché, l'équilibre du marché monétaire unifié de la zone euro est assuré, en fonction de sa stratégie de taux d'intérêt, par la BCE, la Banque de France étant intermédiaire entre les établissements établis en France et la BCE.

1°) Action par les taux. La BCE dispose de deux instruments principaux pour le pilotage des taux d'intérêt, la gestion de la liquidité et le signal de l'orientation de la politique monétaire : **1°) les opérations principales de refinancement :** la BCE provoque et centralise chaque semaine, par l'intermédiaire des banques centrales, les appels d'offres des banques de la zone euro qui souhaitent se refinancer. Ces concours peuvent être accordés à taux fixe annoncé à l'avance ou variable proposé par les banques et retenu par la BCE ; **2°) les facilités permanentes** sont les opérations de fourniture ou de retrait de liquidités à 24 h effectuées par l'Eurosystème à la demande des établissements de crédit. Ces 2 taux forment le corridor de taux. Le taux plafond est constitué par le taux de la facilité de prêt marginal, celui auquel les banques peuvent toujours trouver de la liquidité auprès des banques centrales. Le taux plancher, par celui de la facilité de dépôt, le taux auquel les établissements peuvent toujours prêter aux banques centrales.

2°) Réserves obligatoires. Depuis le 1-1-1999, le système de réserves obligatoires de l'Eurosystème est applicable aux établissements de crédit. Assiette : éléments de passif du bilan (dépôts et opérations sur titres) en F et en devises vis-à-vis de la clientèle non financière, résidente ou non résidente, et de la clientèle financière établie hors de la zone euro. Réserves à constituer : calculées en appliquant un taux uniforme de 2 % aux exigibilités d'une durée inférieure ou égale à 2 ans et de 0 % aux exigibilités supérieures à 2 ans et aux pensions puis en appliquant un abattement de 100 000 euros (sous forme de dépôts sur les livres de la Banque de France rémunérés aux taux des appels d'offres hebdomadaires de la BCE).

Ressources et emplois des banques

■ **Ressources.** Fonds déposés par les particuliers (salaires et autres revenus) et par les entreprises, ressources de trésorerie.

■ **Emplois. Prêts à court terme** aux particuliers et aux entreprises ; **escompte** des traites reçues par des commerçants : la banque verse aux entreprises le montant de leurs créances avant l'échéance de la traite en retenant l'intérêt de l'argent sur la durée restant à courir ; **ouverture de crédit, avance en compte courant, découvert par caisse, cautions** accordées pour les paiements des droits de douane et des droits indirects, **avances** sur titres, sur marchés et sur marchandises, **avals** de toute nature. **Prêts à moyen et long termes** aux particuliers (acquisition ou construction de logements), aux entreprises (crédits d'équipement, financement des opérations d'importations ou d'exportations). **Prises de participations** dans le capital des entreprises. **Placements des émissions** des entreprises.

■ **Services assurés.** Gestion des comptes de dépôt à vue et à terme, délivrance des chéquiers, paiement et recouvrement des chèques et effets de commerce, prélèvement périodique des factures (électricité, gaz, téléphone...), taxes et impôts, virement direct des traitements et salaires, location des coffres-forts, change, garde des titres et paiement des coupons et intérêts correspondants, opérations de Bourse, placement des obligations, gestion des Sicav et fonds communs de placement. **Services informatisés :** distributeurs automatiques de billets (Dab) installés en France en 1968, guichets automatiques de banque (Gab) depuis 1979 ; ils permettent de retirer des espèces, d'effectuer des virements de compte à compte, d'obtenir l'historique des mouvements et le dernier solde, de commander des chéquiers ou des relevés d'identité bancaire (Rib), et de déposer espèces ou chèques. *Nombre au 31-12-1999 :* 32 500 Dab accessibles aux porteurs de cartes bancaires ; téléinformatique (vidéotex, Minitel) : renseignements financiers (cours de Bourse, devises), suivi du compte, passation ordres de virement, paiement, achat ou vente.

■ Banque de France (BDF)

■ **Origine.** **1800**-*18-1* Sté en commandite par actions, créée par des négociants et des banquiers [dont Jean Cte Perrégaux (1744-1808) et Jean-Barthélemy Lecouteulx de Canteleu Cte de Fresnelles (1746-1818)] avec l'appui de Bonaparte dans le but de rétablir la confiance dans la monnaie pour favoriser la reprise économique. Elle a le droit d'émettre des billets payables à vue et au porteur, en contrepartie de l'escompte d'effets de commerce à Paris, en même temps que 5 établissements (Caisse d'escompte du commerce, Comptoir commercial, Banque territoriale, Factorerie du commerce, Caisse d'échange des monnaies). **1803**-*14-4 (loi du 24 germinal an XI)* la Banque reçoit à Paris sa 1re charte officielle lui conférant le privilège exclusif d'émettre des billets pour 15 ans. **1806**-*22-4* privilège prorogé jusqu'au 24-9-1843. Un gouverneur (possédant 100 actions), assisté de 2 sous-gouverneurs (en possédant 50) et nommé par l'État, dirigera la Banque. **1808**-*16-1* décret impérial promulguant les « statuts fondamentaux », qui régiront les activités de la Banque jusqu'en 1936. Création de succursales (nommées comptoirs d'escompte) dans les départements. Les villes ayant un « comptoir d'escompte » bénéficieront progressivement du privilège d'émission (système généralisé en 1848). **1814-20** Jacques Laffitte (1767-1844), gouverneur provisoire, supprime les comptoirs. Ils seront remplacés par des banques départementales d'émission autonomes. **1840**-*30-6* privilège d'émission prorogé jusqu'au 31-12-1867. **1848-70** apparition d'établissements nouveaux ; la Banque s'oppose à ce qu'ils prennent le nom de « banque » : Comptoir national d'escompte de Paris (1848), Crédit mobilier des frères Pereire (1852), Crédit foncier (1852), Crédit industriel et commercial (1859), Crédit lyonnais (1863), Sté générale (1864). **1857**-*9-6* privilège d'émission prorogé jusqu'au 31-12-1897. **1897**-*17-11* jusqu'au 31-12-1920. **1918** *20-12* jusqu'au 31-12-1945. **1936**-*16-7* après une campagne contre *les 200 familles* (allusion aux 200 plus forts actionnaires qui forment l'assemblée générale), la Banque est réorganisée (loi du 24-7-1936) : *1 gouverneur* (assisté de *2 sous-gouverneurs*) continue de diriger la Banque. Il n'a plus à justifier de la propriété d'actions de la Banque. La pratique du serment, tombée en désuétude, est rétablie. L'*assemblée générale* regroupe l'ensemble des actionnaires disposant chacun d'une voix. Le *conseil général* regroupe le gouverneur, les 2 sous-gouverneurs, les 3 censeurs élus par l'assemblée et 20 conseillers (remplaçant les 15 régents précédents) : 2 sont élus par l'assemblée, 9 représentent les intérêts de la nation, 8 sont choisis au titre des intérêts économiques et des usagers du crédit, 1 élu par le personnel de la Banque. **1940**-*24-11* conseil général réduit de 20 à 11. **1945**-*2-12* Banque nationalisée, actions transférées à l'État. **1951**-*24-5* Banque soumise au régime fiscal de droit commun. **1973**-*3-1* loi fixant les règles relatives aux missions de la Banque (décret du 30-1), définissant ses opérations et interventions de manière souple. Conseillers nommés selon leur compétence et non plus en tant que représentants des secteurs économiques et financiers. Pouvoirs du conseil général accrus. 1 seul censeur représente l'État (il y en avait 2 depuis 1945) avec des pouvoirs renforcés. **1987**-*9-12* : 200 CRS interviennent à 3 h du matin au siège de la Banque de France pour libérer le sous-gouverneur (Philippe Lagayette) et le directeur du personnel, détenus par les grévistes. **1993**-*8-4* l'Institut d'émission est doté d'un statut d'indépendance afin d'assurer la continuité et la permanence de l'action de la politique monétaire. **1998**-*1-6* La Banque de France devient membre du Système européen de banques centrales (SEBC). Modification de son statut.

■ **Statut de la Banque de France depuis le 1-1-1999.** La Banque de France est une institution dont le capital appartient à l'État. **Missions fondamentales.** **Article 1er.** La Banque de France fait partie du SEBC et de l'Eurosystème (ensemble des pays de l'Union Européenne qui ont instauré une monnaie unique) et participe à l'accomplissement des missions et au respect des objectifs qui sont assignés à ce dernier par le traité instituant la Communauté européenne. Dans ce cadre, et sans préjudice de l'objet principal de stabilité des prix, la BDF apporte son soutien à la politique économique générale du gouvernement. Dans l'exercice des missions qu'elle accomplit à raison de sa participation au SEBC, la BDF, en la personne de son gouverneur, de ses sous-gouverneurs ou d'un autre membre du Conseil de la politique monétaire, ne peut ni solliciter ni accepter d'instructions du gouvernement ou de toute autre personne. **Art. 2.** Dans les conditions fixées par les statuts du SEBC, la BDF détient et gère les réserves de change de l'État en or et en devises et les inscrit à l'actif de son bilan selon des modalités précisées dans une convention qu'elle conclut avec l'État. Dans le respect des dispositions du traité de la Communauté européenne et du protocole sur les statuts du SEBC et de la BCE, la BDF peut participer, avec l'autorisation du ministre chargé de l'Économie, à des accords monétaires internationaux sous réserve de l'autorisation de la BCE. **Art. 3.** Il est interdit à la BDF d'autoriser des découverts ou d'accorder tout autre type de crédit au Trésor public ou à tout autre organisme ou entreprise publics. L'acquisition directe par la BDF de titres de leur dette est interdite. **Art. 4.** La BDF veille au bon fonctionnement et à la sécurité des systèmes de paiement dans le cadre de la mission du SEBC. **Art. 5.** En application du traité instituant la CE accordant à la BCE le monopole d'autorisation d'émission des billets de banque dans la Communauté, la BDF est seule habilitée en métropole, dans les Dom, St-Pierre-et-Miquelon et Mayotte, à émettre des billets ayant cours légal. La BDF a pour mission d'assurer l'entretien de la monnaie fiduciaire et de gérer la bonne qualité de sa circulation sur l'ensemble du territoire.

■ **Organisation générale.** **Composition :** gouverneur et 2 sous-gouverneurs nommés par décret du Pt de la République, pris en Conseil des ministres. Le gouverneur préside le Conseil de la politique monétaire et le Conseil général, et met en œuvre leurs décisions. Les sous-gouverneurs assistent le gouverneur et exercent les fonctions qu'il leur délègue. *Durée du mandat :* 6 ans (renouvelable 1 fois). **Gouverneurs depuis 1897** (24-12) Georges Pallain ; **1920** (25-8) Georges Robineau ; **1926** (26-6) Émile Moreau ; **1930** (25-9) Clément Moret ; **1935** (2-1) Jean Tannery ; **1936** (6-6) Émile Labeyrie ; **1937** (20-7) Pierre Fournier ; **1940** (31-8) Yves Bréart de Boisanger ; **1944** (7-10) Emmanuel Monick ; **1949** (19-1) Wilfrid Baumgartner ; **1960** (21-1) Jacques Brunet ; **1969** (8-4) Olivier Wormser ; **1974** (14-6) Bernard Clappier ; **1979** (23-11) Renaud de La Genière (1925-90) ; **1984** (14-11) Michel Camdessus (né 1-5-1933 ; était 1er sous-gouverneur depuis le 2-8-1984) ; **1987** (19-1) Jacques de Larosière (né 12-11-1929 ; était depuis le 17-6-1978 directeur général du FMI) ; **1993** (sept.) Jean-Claude Trichet (né 20-12-1942). **Conseil de la politique monétaire (CPM) :** *membres :* 9 au mandat irrévocable, le gouverneur et les sous-gouverneurs ; 6 autres membres nommés par le Conseil des ministres sur proposition de l'Assemblée, du Sénat et du Conseil économique et social pour 9 ans (non renouvelable). *Rôle :* examen des évolutions monétaires et de la politique monétaire au sein de l'Eurosystème. **Conseil général :** membres du CPM + 1 conseiller élu pour 6 ans représentant le personnel. 1 censeur ou son suppléant, nommé par le ministre de l'Économie, assiste aux séances du Conseil. *Rôle :* administre la Banque. Délibère des statuts du personnel, de l'emploi des fonds propres, établit les budgets et arrête le bilan et les comptes de la Banque ainsi que le projet d'affectation du bénéfice et de fixation du dividende revenant à l'État. **Effectifs** (au 31-12-2000). **Agents :** 15 265 dont *personnels des services bancaires* 13 791 ; *des établissements à caractère industriel* 1 474. **Succursales** en France : *1986* : 233 ; *2000* : 211. **Laboratoires d'essais** et **imprimerie** à Chamalières (P.-de-D.). **Papeterie** à Vic-le-Comte (P.-de-D.).

■ **Bilan de la Banque de France** (en milliards d'euros au 31-12-2000 et, entre parenthèses, 1999). **Actif :** avoirs en or 28,49 (28,15) dont en devises 39,26 (37,5) ; relations avec le FMI 5,36 (5,8) dont concours au FMI 4,92 (5,45), acquisitions de DTS 0,43 (0,34) ; créances sur non-résidents de la zone euro (0,49) ; concours aux établissements de crédit 24,74 (44,93) ; autres 0,06 ; titres 2,73 (2,36) ; relations au sein de l'Eurosystème 14,63 (9,45) ; avances à l'IEDOM 1,84 (1,69) ; créances sur le Trésor public 1,35 (1,72) ; comptes de recouvrement (1,94) ; autres actifs 5,85 (5,92) ; valeurs immobilisées 0,94 (0,93). *Total* 125,28 (140,96). **Passif :** billets en circulation 46,06 (46,26) ; engagements envers les établissements de crédit 27,91 (24,11), autres 0,01 (0,01), envers des non-résidents de la zone euro 0,28 (7,11), en devises 0,79 (0,49) ; contrepartie des allocations de DTS 1,52 (1,48) ; relations au sein de l'Eurosystème 0,026 (18,74) ; comptes de recouvrement 0,09 (0,02) ; autres passifs 17,48 (14,33) ; fonds pour risques généraux 0,1 (0,04) ; réserve de réévaluation des réserves en or et de l'État 18,49 (18,49), en devises 3,94 (3,03) ; capital 2,76 (2,72) ; résultat net 0,83 (0,15). *Total passif :* 125,28 (140,96).

■ **Principaux éléments du compte de résultat de la Banque de France** (en milliards d'euros, en 2000 et, entre parenthèses, 1999). Résultat net des activités financières 2,77 (1,68), autres 0,55 (0,56) ; charges d'exploitation – 1,82 (– 1,77) ; résultat ordinaire avant impôt 1,5 (0,47) ; dotation nette au FRG – 0,06 (– 0,022) ; résultat exceptionnel – 0,01 (– 0,02) ; impôt sur les bénéfices – 0,6 (– 0,27) ; bénéfices de l'exercice 0,83 (0,15).

Marché interbancaire	1982	1985	1986	1987	1988	1989	1990	1991	1992	1993	1994	1995	1996	1997	1998	1999	2000
Taux au jour le jour																	
Moyenne annuelle	14,87	9,94	7,74	7,98	7,52	9,07	9,96	9,49	10,35	10,73	5,70	6,35	3,73	3,24	3,35	2,74	4,12
Fin d'année	12,94	9,13	8,50	8,25	8,56	11,13	10,00	10,75	11,31	6,69	5,38	4,75	3,31	3,38	3,06	3,75	5,16
A 3 mois [1]																	
Moyenne annuelle	14,62	9,95	7,71	8,27	7,94	9,40	10,32	9,62	10,34	8,59	5,85	6,58	3,94	3,46	3,56	2,96	4,39
Fin d'année	12,75	9,00	8,56	8,63	8,63	11,44	10,13	10,31	11,96	6,33	6,25	5,00	3,43	3,70	3,28	3,34	4,86
Rendement (Bourse) des emprunts d'État à long terme																	
Moyenne annuelle	15,69	10,94	8,44	9,43	9,06	8,79	9,93	9,04	8,59	6,78	7,22	7,54	6,31	5,58	4,64	4,61	5,39
Fin d'année	14,72	10,47	8,94	9,99	8,53	9,34	9,99	8,57	8,07	5,64	8,28	6,64	5,82	5,33	3,90	5,47	4,98
Taux de base bancaire																	
Moyenne annuelle	13,64	11,16	9,94	9,60	9,45	9,91	10,60	10,21	10,00	8,95	7,89	8,14	6,81	6,34	6,55	6,34	6,67
Fin d'année	12,75	10,60	9,60	9,60	9,25	11,00	10,25	10,35	10,00	8,15	8,25	7,50	6,30	6,55	6,55	6,30	7,10
Intérêt du livret A																	
Moyenne annuelle	8,50	6,25	5,00	4,50	4,50	4,50	4,50	4,50	4,50	4,50	4,50	4,50	3,67	3,50	3,21	2,69	2,63
Fin d'année	8,50	6,00	4,50	4,50	4,50	4,50	4,50	4,50	4,50	4,50	4,50	4,50	3,50	3,50	3,00	2,25	3,00

Nota. – (1) A partir de décembre 1986, Tiop (taux interbancaire offert à Paris).

■ **Comparaisons. Indépendance organique des banques centrales : Allemagne** (Banque fédérale : Bundesbank) : *Pt et vice-Pt* nommés par le Pt de la Rép. fédérale (sur proposition du gouv. fédéral, après avis du Conseil central) pour 8 ans maximum. Décisions collégiales. Possibilité pour les membres du gouvernement de participer aux délibérations du Conseil central sans droit de vote. Possibilité de demander l'ajournement d'une résolution de 2 semaines au plus. **États-Unis** (système de Réserve fédérale, Fed) : *Pt et vice-Pt* nommés par le Pt des États-Unis (et confirmés par le Sénat) pour 4 ans renouvelables (mandat irrévocable). Décisions collégiales pour le Conseil et le FOMC (Comité fédéral de l'Open Market). Pas de participation des pouvoirs publics dans les instances dirigeantes. **France** (Banque de France) : *gouverneur et 2 sous-gouverneurs* nommés par décret en Conseil des ministres pour 6 ans renouvelables une fois. Décisions collégiales. *Premier ministre et ministre de l'Économie* peuvent participer au Conseil de la politique monétaire sans voix délibérative. **Japon** (Banque du Japon) : *gouverneur, sous-gouverneur et 2e sous-gouverneur* nommés par le Conseil des ministres pour 5 ans renouvelables (mandat irrévocable). Décisions collégiales. Participation de 2 représentants de l'État aux réunions du Conseil de la politique monétaire, mais sans droit de vote. **Royaume-Uni** (Banque d'Angleterre) : *gouverneur et sous-gouverneur* (Conseil d'administration) nommés par la Couronne (sur proposition du Premier ministre, après consultation par ce dernier du chancelier de l'Échiquier) pour 5 ans. Mandat irrévocable. Décisions collégiales. Comité de politique monétaire dont gouverneur et ses 2 adjoints nommés pour 5 ans. Pas de participation des pouvoirs publics dans les instances dirigeantes. **Indépendance fonctionnelle :** principes statutaires et compétence. **Allemagne :** *objectif :* sauvegarder la monnaie. *Compétence* formelle générale en matière monétaire. **États-Unis :** *objectifs :* plein emploi, stabilité des prix, modération des taux d'intérêt à long terme. *Compétence* formelle générale partagée en matière monétaire. Gestion des réserves de change. Contrôle du système bancaire. **Japon :** *objectifs :* croissance et stabilité des prix. *Compétence* formelle générale partagée en matière monétaire. Gestion des réserves de change. Ne contrôle pas le système bancaire. **France :** *objectif :* assurer la stabilité des prix. *Compétence* formelle générale en matière monétaire. **Royaume-Uni :** *objectif implicite :* sauvegarder la monnaie. *Compétence* formelle générale non partagée en matière monétaire.

☞ Dans les 5 pays, les banques centrales gèrent les réserves de change (mais le gouvernement choisit le régime des changes) et (sauf en Allemagne et au Japon) contrôlent le système bancaire.

■ **Rôle. Émission de monnaie :** en application de l'article 105 A, § 1, du traité instituant la Communauté européenne accordant à la BCE le monopole d'autorisation d'émission des billets de banque dans la Communauté, la BDF est seule habilitée en France, Dom, St-Pierre-et-Miquelon et Mayotte, à émettre des billets ayant cours légal. Le cours légal d'un type déterminé de billet libellé en F peut, sur proposition de la BDF, être supprimé par décret. La BDF reste tenue d'en assurer dans un délai de 10 ans l'échange à ses guichets contre d'autres types de billets ayant cours légal. La BDF a pour mission d'assurer l'entretien de la monnaie fiduciaire et de gérer la bonne qualité de sa circulation sur l'ensemble du territoire. **Évolution. Avant 1848** la monnaie métallique a cours légal : on peut exiger d'être réglé en numéraire ; le billet a cours libre : les créanciers ne sont pas obligés de l'accepter dans les paiements ; s'il est accepté, c'est parce qu'il inspire confiance et qu'il est convertible en espèces ; c'est un simple effet de commerce particulier, utilisé pour des raisons de commodité. **1848**-*15-3* cours forcé (l'institut d'émission peut ne pas rembourser tous les billets présentés) et cours légal du billet qui se substitue au « cours libre » : les particuliers et les caisses publiques sont obligés d'accepter les billets en paiement ; en contrepartie, les émissions sont contrôlées et plafonnées. **1850** cours forcé supprimé. **1870**-*12-8* cours forcé : le billet a cours légal et le total de l'émission est plafonné (1,8 milliard porté le 14-8 à 2,4 milliards). **1875**-*3-8* le billet conserve le cours légal après l'abolition du cours forcé. **1914**-*5-8* cours forcé rétabli. **1928**-*25-6* l'étalon-or est rétabli mais la valeur du franc est amputée des 4/5 ; le cours forcé des billets est aboli mais la convertibilité des billets en or est limitée à des lingots pour un montant minimal de 215 000 F. L'encaisse-or doit être égale au minimum à 35 % des engagements à vue (billets et comptes courants créditeurs). Le plafond d'émission des billets est supprimé. Le bimétallisme est abandonné ; la circulation métallique est constituée de pièces d'or, qui ont cours légal illimité et de monnaies d'appoint (pièces en argent, en bronze et en nickel), dont le pouvoir libératoire est limité. **1936**-*1-10* cours forcé rétabli ; franc dévalué. Création du *Fonds de stabilisation des changes* pour régulariser les cours de change des devises étrangères en francs tout en assurant le secret des interventions sur le marché. **1937**-*30-6* les limites imposées en oct. 1936 sont supprimées et le franc devient « flottant ». **1939**-*1-9* décret-loi dispensant la Banque de conserver

■ **Caisse des dépôts et consignations (CDC).** *Créée* en 1816 ; dépositaire public et légal de fonds d'origine privée que les pouvoirs publics ont souhaité protéger par une gestion garantissant leur totale sécurité. *Vocation :* servir l'intérêt général, accompagner le développement économique et social du pays et sa modernisation financière. **Missions publiques** (fonds d'épargne et financement du logement social, bancaire réglementé, gestion des caisses de retraites publiques). **Missions d'intérêt général** (renouvellement urbain, PME innovantes et emploi, lutte contre l'exclusion bancaire et financière, appui au développement des territoires). **Activités concurrentielles** (gestion de produits d'épargne et d'assurance vie, assurance retraite, prévoyance, assurance santé et couverture de prêts). **Sociétés de services et d'ingénierie avec C3D** immobilier (SCIC), **loisirs** (Cie des Alpes, VVF), **transport** (Groupe Transdev), **environnement** (Groupe Alcor), ingénierie des infrastructures (Groupe Egis). **Activités financières avec CDC IXIS** (marchés et financements, gestion d'actifs, services bancaires et titres). **Directeur général :** Daniel Lebègue (né le 4-5-1943). **Total du bilan consolidé** (en milliards de F) : 1 770,5. *Résultat net part du groupe consolidé :* 12,6. **Bilan de la section générale** (en milliards de F, 2001) : 817,8 ; fonds propres 79,1 ; résultat net : 7.

une encaisse-or égale à 35 % au minimum de ses engagements à vue [entre sept. 1939 et août 1940, elle évacue la quasi-totalité de l'encaisse-or (plus de 2 800 t) vers pays alliés et colonies] ; le montant des émissions redevient libre. **Situation actuelle :** *cours légal :* particuliers et caisses publiques doivent accepter les billets en paiement ; *cours forcé :* la Banque n'est plus obligée de rembourser en monnaie métallique les billets.

Politique monétaire et du crédit. La Banque de France participe à l'accomplissement des missions et au respect des objectifs qui sont assignés à l'Eurosystème. Dans ce cadre, et sans préjudice de l'objectif principal de stabilité des prix, elle apporte son soutien à la politique économique générale du gouvernement. Dans l'exercice de ses attributions, la BDF, en la personne de son gouverneur, de ses sous-gouverneurs ou d'un membre quelconque du Conseil de la politique monétaire, ne peut ni solliciter ni accepter d'instructions du gouvernement ou de quiconque. *Pouvoir légal* (dans les conditions fixées par les statuts de l'Eurosystème) : fixer des objectifs de croissance monétaire, modifier les taux d'intérêt directeurs. La BDF, qui est la *banque des banques,* assure en dernier ressort la liquidité de l'ensemble du système bancaire. Elle surveille l'évolution des crédits et s'efforce d'en adapter le volume aux besoins de l'économie. Pour ce faire, elle *règle le prix des concours qu'elle consent* et qui s'effectuent essentiellement sous la forme d'interventions sur le marché monétaire (achats et ventes fermes, ou pensions à terme, et éventuellement au jour le jour, réalisés à intervalles irréguliers, sur appels d'offres, et portant sur des effets publics ou des effets privés). Le *réescompte* est devenu exceptionnel depuis janvier 1971, sauf pour certains crédits à moyen terme, à l'exportation. Depuis, la BDF réalise les apports de liquidités nécessaires au système bancaire par le marché monétaire qui a amené les banques à se présenter sur le marché plutôt qu'au réescompte. Elle intervient par des achats et des prises en pension sur appels d'offres préalables à intervalles généralement réguliers. Elle achète des effets du Trésor public ou des effets privés. Elle exerce *une action indirecte, quantitative ou qualitative, sur la distribution du crédit,* en définissant de manière sélective les actifs bancaires capables de servir de supports à ses interventions sur le marché monétaire. Elle fixe *les modalités d'emploi de leurs disponibilités par les banques.*

Services d'intérêt général. La Banque de France *établit et publie des statistiques* (sur monnaie, crédits, épargne et enquêtes de conjoncture). Elle s'est attachée à faciliter les opérations *interbancaires* et a progressivement assumé le rôle d'*organe centralisateur des renseignements bancaires* en créant des centrales de risques, chèques impayés (volés et perdus depuis 1990), incidents de paiement, bilans des entreprises (créée 1968), et en gérant un fichier bancaire des entreprises (Fiben, depuis 1982).

Relations avec le Trésor public. Les intérêts sont crédités au compte du Trésor public le dernier jour ouvré du mois et comptabilisés *prorota temporis* au débit d'un compte de charges effectué en fin d'année au compte de résultat. Ils figurent dans un compte de dettes rattachées. La loi du 4-8-1993 interdit à la Banque de France de consentir des avances au Trésor public ou à tout autre organisme ou entreprise publics. La convention du 10-6-1993 (État/Banque de France) prévoit que les concours consentis antérieurement seront remboursés avant le 1-1-2004 et, à tout le moins, par dixième chaque année. Les intérêts courus sont comptabilisés *prorota temporis* au débit du compte de résultat par le crédit d'un compte de dettes rattachées. Les monnaies divisionnaires sont mises ou retirées de la circulation par la BDF pour le compte de l'État. Le stock de pièces déposées à la BDF fait l'objet d'une comptabilité matière. Le compte du Trésor public est mouvementé lors des retraits ou des dépôts effectués par les établissements de crédit.

☞ La Direction du Trésor, dans le cadre des orientations définies par le ministre chargé de l'Économie, est responsable de l'émission des titres représentatifs de la dette publique. Le recours à la syndication bancaire n'intervient que de manière ponctuelle et la majeure partie des émissions ont lieu par adjudication. La direction du Trésor a confié l'organisation des séances d'adjudication à la Banque de France, en 1963 pour les bons du Trésor, à partir de 1986 pour les OAT (obligations assimilables du Trésor). Jusqu'en 1991, les adjudications se déroulaient en séance publique, avec lecture à haute voix des soumissions remises sous pli fermé. Depuis 1992, le système Telsat, développé par la Banque de France, permet la transmission à distance en temps réel des soumissions et leur traitement informatisé.

Rôle international. La Banque de France, dans le cadre des directives de la BCE, opère sur le marché des changes pour les besoins éventuels d'intervention sur le taux de change de l'euro contre monnaies tierces (grandes devises mondiales ou monnaies européennes liées à l'euro par un accord de change spécifique). Elle intervient aussi sur le marché des changes pour le compte de tiers (clientèle, administrations publiques, banques centrales étrangères et organismes internationaux). Elle détient et gère les réserves de change de l'État en or et en devises. Elle gère ces dernières, pour le compte de la BCE (réserves transférées) ou son propre compte (réserves qu'elle a conservées).

Autres fonctions. Relations internationales avec les organisations monétaires et bancaires (BCE, FMI, BIRD, BRI, Comité monétaire de l'UE, Accord monétaire européen dans le cadre de l'OCDE, etc.) ; avec le ministère de l'Économie, préparation des accords relatifs aux règlements avec l'étranger, établissement de la balance des paiements et de la position monétaire de la France.

■ Établissements de crédit

■ **Définition** (loi du 24-1-1984). « Personnes morales qui effectuent à titre de profession habituelle des opérations de banque comprenant la réception de fonds du public, les opérations de crédit, ainsi que la mise à disposition de la clientèle ou la gestion de moyens de paiement. » Avant d'exercer leur activité, ils doivent obtenir l'agrément du Comité des établissements de crédit.

■ **Nombre** (au 31-12-1999). **Agréés en France :** 1 087 dont *habilités à traiter toutes les opérations de banque :* 462 (banques 286, banques mutualistes ou coopératives 121, caisses d'épargne et de prévoyance 34, caisses de crédit municipal 21) ; *Stés financières :* 601 (Stés de caution mutuelle affiliées à la Chambre syndicale des banques populaires 4, affiliées à la Caisse nationale des caisses d'épargne et prévoyance 11, à la Caisse nationale de crédit agricole 3, à la Caisse centrale de crédit coopératif 18, à la Chambre syndicale des Stés anonymes de crédit immobilier 103, Stés à statut particulier adhérant à l'ASF 45, Stés financières exerçant divers types d'activités adhérant à l'ASF 417) ; *institutions financières spécialisées :* 24. **Succursales d'établissements de crédit de l'Espace économique européen exerçant en libre établissement :** 56. **Total : 1 143.**

■ **Natexis Banques populaires.** **Activité :** banque de financement, d'investissement et de service. Établissement coté en Bourse du groupe Banques populaires. **Métiers et filières :** financement : activités bancaires et financements spécialisés. Investissement : activités de marchés et capital investissement. **Service :** services bancaires, financiers et technologiques et gestion pour compte de tiers. **Origine :** *1919* Crédit national. *1921* Caisse centrale des Banques populaires. *1947* Banque française du commerce extérieur (BFCE). *1996-97* rapprochement Crédit national et BFCE pour constituer Natexis. *1998* OPA amicale lancée par le groupe Banques populaires. *1999* constitution de Natexis Banques populaires. **Capital :** détenu à 79 % par le groupe Banques populaires (mai 2001). **Chiffres clés** (en millions d'euros, 2000). PNB 1 826 ; bénéfice net part du groupe 250 ; résultat brut d'exploitation 779 ; fonds propres 5 543 ; bilan : 113,1 milliards d'euros.

Principales banques françaises

(en milliards de F, 1997)	Total du bilan	Capitaux propres	Total dépôts (a)	Total crédits (b)	Résultat net
Crédit agricole	3 514	183,9	1 642	1 665	2,8 [2]
Banque nationale de Paris	1 866,1	65,2	638,1	741,5	4,1 [2]
Société générale	1 780,6	64,3	583,2	708,2	2,7 [2]
Crédit lyonnais	1 623,7	45,2	579,6	805,3	0,7 [2]
Groupe Paribas	1 522,5	61,1	241,1	423	4,3
Groupe Caisse d'épargne	1 174,7	64,8	916,4	364,6	0,7 [2]
Banque Paribas	1 144,6	23,7	160,9	196,9	1,8
Caisse des dépôts	842,7	57,8	201,1		4
Banques populaires	604,6	37,9	319,8	282,2	0,8 [2]
Groupe CIC (GAN) [1]	604	16,9	215,6	226	0,8
Crédit mutuel-CIC [2]	583,6	45,3	361,7	257,9	0,8 [2]
Dexia France	560,6	17,2	112,8	316,7	1,5
Crédit agricole-Indosuez	461,9	15	145,6	149,1	0,4
Crédit commercial de France	398,5	17,7	108,2	112,3	0,5 [2]
Crédit foncier de France	340,6	– 0,1		257,4	0,9
Compagnie bancaire	316,5	19,4		148,2	– 1,2
Natexis	288,5	10,6	17,5	142,1	0,1
Caisse centrale Banques pop.	211,7	5,7	23,1		0,3
Cie parisienne de réescompte	206,5	3,4	22,4		0,4
BCFM	189,6	5,6			0,3
BFCE	163,4	5,2		77,4	0,3
Crédit du Nord	136,7	2,1	71,4	72,5	0,2
Dresdner Kleinwort Benson	129,5	1,7			0,2
Crédit immobilier de France	129,3	12,2		110,4	0,9
UCB	100	2,6		88,6	– 2,8

Nota. – (a) Comptes de passif : comptes créditeurs de la clientèle + comptes d'épargne à régime spécial + bons de caisse + titres de créance négociable + certificats de dépôts. (b) Comptes de l'actif : crédits à la clientèle + comptes débiteurs de la clientèle + opérations de crédit-bail. (1) CIC, créé 1859 sous le nom de Société générale de crédit industriel et commercial, par le Mis d'Audiffret. (2) En milliards d'euros, 2000.

■ **Crédit agricole.** **Origine : 1894**-*5-11* loi permettant la création de « sociétés de crédit agricole », dénommées Caisses locales, entre les agriculteurs membres d'un syndicat professionnel. **1899**-*31-3* loi fédérant les Caisses locales en Caisses régionales de Crédit agricole. **1920**-*5-8* loi créant l'Office national du Crédit agricole, établissement public chargé de répartir les avances de l'État, et de contrôler et coordonner l'action des Caisses locales et régionales ; **1926** devient Caisse nationale de Crédit agricole (CNCA). **1945** création de la Fédération nationale du Crédit agricole, instance politique et professionnelle des Caisses régionales. **1959**-*8-6* décret autorisant le Crédit agricole à prêter pour l'habitation principale des ruraux non agricoles. **1967** autonomie financière de la CNCA par rapport au Trésor et accès au marché monétaire. **1986** création de Predica, Cie d'assurance vie, puis en 1990, de Pacifica (Cie d'assurance dommages). **1988**-*18-1* loi : la CNCA devient une Sté anonyme, propriété des Caisses régionales et des salariés du groupe. **1991** levée des dernières limitations réglementaires de compétence du Crédit agricole en matière de prêts, après la perte du monopole de la distribution des prêts bonifiés à l'agriculture. **1996** après l'acquisition de la Banque Indosuez, naissance de Crédit agricole-Indosuez, et de Crédit agricole Asset Management (spécialisée dans la gestion d'actifs). **1998** Crédit agricole Indosuez Cheuvreux créé. **1999** Acquisition de Sofinco (crédit à la consommation), réorganisation du pôle de banque privée autour de la BGP Indosuez, entrée au capital du Crédit lyonnais à hauteur de 10 %. **Structures** (au 31-12-2000) : 2 672 caisses locales regroupées en 52 caisses régionales détenant plus de 90 % du capital de la CNCA, présence dans 60 pays. 7 679 agences. **Sociétaires :** 5,5 millions. **Effectifs :** 97 814. **Comptes à vue :** 16 millions ; 1re banque de l'agriculture (+ de 80 % du secteur) et des ménages (18,6 % des crédits et 24,7 % de l'épargne). **Chiffres clés** (en milliards de F, 2000) : bilan : 3 514, capitaux propres 102,9, produit net bancaire 102,9, résultat brut d'exploitation 36,8, résultat net (part du groupe) 18,9. **Encours de crédit :** 1 665.

■ **Crédit lyonnais.** Sté privée fondée 1863 à Lyon par Henri Germain (1824-1905). **1905** 415 agences, 16 000 employés. **1974** 1 905 agences. **1981** nationalisé. **1981** *Jean Deflassieux* (né 11-7-1925) Pt. **1986** *Jean-Maxime Levêque* (né 9-9-1923) Pt. **1988** *Jean-Yves Haberer* (né 17-12-1932) Pt. **1990** la filiale néerlandaise du CL prête 1 milliard de F à Parreti pour les studios MGM. **1991** MGM en faillite, le CL avance 0,725 milliard de F, augmente ses engagements dans l'immobilier. **1993**-*6-11* *Jean Peyrelevade* (né 23-10-1939) Pt. **1994**-*22-6* création de l'OIG (Office immobilier de gestion) qui récupère 42 MdF de créances douteuses. **1995**-*17-3* création du CDR (Consortium de réalisation) qui reprend 90 MdF d'actifs à céder. **1996**-*5-6* incendie du siège à Paris (*coût :* 1 à 1,5 milliard de F). **1999** privatisé. **Capital** (en %) : flottant 43,8, actionnaires partenaires 33 (Crédit agricole 10, AGF 6, Axa 5,5, Commerz Bank 4, BBV 3,75, Intesa 2,75) État 10, salariés 5] ; 3 400 000 souscripteurs à la clôture de l'OPV le 2-7 (action offerte à 25,50 euros). **Évolution des résultats du Crédit lyonnais** (en millions d'euros) : *1996 :* 31 ; *97 :* 54 ; *98 :* 165 ; *99 :* 553 ; *2000 :* 701. **CDR :** organisme d'État. A récupéré 132 milliards de F d'actifs destinés à être cédés sur 20 ans. Montant des pertes potentielles (fin 2000) : 70 milliards de F. **Part de marché :** crédit aux particuliers 5,5 % à 6 %, entreprises 4,5 %. **Nombre d'agences :** 1 850. **Effectifs :** *1994 :* 68 845 (dont CL France 38 222) ; *2000 :* 40 341 (dont CL France 28 701).

■ **Groupe Banques populaires (en 2000).** *Banques :* 29 régionales, 1 nationale. *Agences :* 2 145. *Distributeurs et guichets automatiques :* 2 842. *Effectifs :* 33 000. *Sociétaires :* 2 000 000. *Clients :* 5 200 000. *Bilan* (en millions d'euros) : 195 789, fonds propres 12 173, dépôts clientèle 82 643, crédits 96 720, produit net bancaire 5 611, résultat net 769.

■ **Crédit mutuel.** *Organisation :* Confédération nat. et Caisse centrale. 18 fédérations et caisses fédérales. 1 850 caisses locales. *Guichets :* 3 200. *Effectifs :* 27 500. *Clients :* 9,6 millions. *Bilan* (en milliards de F, 1999) : 941, crédits 399, dépôts 431, résultat net 3,5.

■ **Société générale.** **1864** fondée. **1946**-*1-1* nationalisée. **1987**-*juin* privatisée (20 900 000 actions proposées à 407 F). **Chiffres clés** (en milliards d'euros, au 31-12-2000) : *total bilan :* 455,9 ; *crédits à la clientèle :* 148,5 ; *dépôts de la clientèle :* 123,7 ; *capitaux propres consolidés :* 13,7 ; *fonds propres consolidés :* 16,9 ; *résultat net* dont part du groupe : 2,6. *Clients :* 10 millions en France et à l'étranger (particuliers et entreprises). *Agences et bureaux :* métropole 2 600 ; à l'étranger 500 dans 75 pays. *Effectifs :* 71 000 (dont + de 25 000 à l'étranger). *Actionnaires détenant + de 1 % du capital* (en %, au 31-12-2000) : salariés et anciens salariés 7,3 ; groupe CGNU 6,7 ; BSCH 5,9 ; Meiji Life 3,2 ; AGF 2,7 ; Peugeot 2,1 ; CDC 1,7 ; Pernod-Ricard 1,1. Depuis 1997, elle a racheté le Crédit du Nord au groupe Paribas (600 guichets, 850 000 comptes-clients), Hambros à Londres, Yamaïchi à Tokyo et Cowen aux USA.

☞ L'affaire de la Sté générale : en 1988, après la réélection du Pt Mitterrand, le nouveau gouvernement de gauche voulut favoriser le « dénoyautage » des Stés privatisées par le gouvernement Chirac. Sous le couvert de la SIGP (Sté immobilière de gestion et de participation) dans laquelle intervient pour 49 % la Caisse des dépôts, on tenta ainsi d'acquérir une part importante du capital, mais 2 des 3 Cies d'assurances nationales (AGF et UAP) pressentes refusèrent de s'y associer. La Cob ouvrit une enquête qui révéla un délit d'initié pour certains acheteurs

■ **Haute Banque.** Expression née sous la Restauration, désignait les grandes banques privées établies à Paris [exemples au XIXe s. : Heine, Hottinguer (Jean Conrad) (1784-1841) de Zurich à Paris 1784 (banque 1790, puis 1798) devenue 30-3-1990 Sté anonyme, Mallet (origine Genève, banque 1700, Paris 1711), Lazard, Vernes et Cie, Rothschild, Mirabaud (de Genève à Paris 1847), de Neuflize].

■ **Banques protestantes.** Nationalisées (Vernes, Odier-Bungener-Courvoisier). Restées privées Hottinguer et NSM (de Neuflize, Schlumberger, Mallet), issue des rapprochements entre 3 établissements protestants, mais contrôlée depuis 1977 par l'Algemene Bank Nederland, majoritaire ; devenue ABN Amro Bank NV, a fusionné en 1991 avec Amro Bank.

Évolution (en milliards de F)

	Banques pop. (1)	Crédit lyonnais	Crédit agr.	BNP	Sté gén.	Crédit mutuel CIC	CCF
Produit net bancaire							
1990	15,5	40,8	51,6	35,1	32,4		
1995	19,4	43,4	66	37,7	39,4		
1996	22,02	44,5	73,8	39,1	43,1		
1997	22,4	46	81,5	44,1	54,1		
1998	28,5	43,9	83,2	48,3	60,3		
1999	4,74	6,02	14,06	14,34	11,09	6,51	2,4
Frais de gestion							
1990	12	29,1	28,6	26,1	23,4		
1995	13,3	36,7	41,5	28,2	29,2		
1996	14,8	35	47,5	28,6	31,5		
1997	15,1	34,9	52,5	30,6	39,8		
1998	–	32,8	54,2	32,9	–		
1999				9,55	8,09		
Résultat brut d'exploitation							
1990	2,7	11,6	21,5	9,6	9		
1995	6,1	6,6	24,5	9,5	10,2		
1996	7,18	9,5	24,5	10,4	11,5		
1997	7,2	11	28,9	13,4	14,3		
1998	8,2	11,1	29	15,4	15,7		
1999	1,78	1,58	5,06	4,79	3,08	1,97	0,86
Dotations nettes aux provisions							
1990	1	6,4	12	7,1	6,7		
1995	3,2	– 5,8	12,4	5,5	4,8		
1996	3,4	5,7	12	4,6	4,8		
1997	3,1	8,1	12,6	6,8	7,6		
1998	3,9	8,5	9,2	7,9	9,8		
1999	0,54	0,6	1,09	1,07	0,79	0,4	0,12
Bénéfices ou pertes, part du groupe							
1990	1,1	3,7	4,7	1,6	2,6		
1995	1,6	0,013	6,5	1,78	3,8		
1996	1,95	0,2	7,5	3,85	4,5		
1997	2,2	1,1	9,86	6	6,1		
1998	3,4	1,1	12,3	7,9	7,2		
1999	0,58	0,55	2,37	2,61	2,32	0,6	0,45

Nota. – (1) Avec Natexis.

■ **Comparaisons** (en 2000). **Produit net bancaire et,** entre parenthèses, **résultat publié** (en milliards d'euros) : BNP Paribas 16,3 (4,1) ; Sté générale 13,8 (2,7). **PER** (en milliards d'euros) : BNP 10,5 ; Sté générale 9,4.

entre juin et oct. 1988 (668 460 actions dégageant une plus-value de 42,2 millions de F). 5 inculpations furent prononcées le 30-5-1989 (dont celle de l'ancien directeur de cabinet de Pierre Bérégovoy, min. de l'Économie).

■ **Caisses de crédit municipal.** 20 caisses placées sous la tutelle de leur mairie. Principale activité : prêts sur gage, dont elles ont le monopole (prêt contre le dépôt d'un objet dont la valeur est estimée par un commissaire-priseur qui en fixe le montant), prêts aux personnes physiques.

■ **Caisses d'épargne et de prévoyance** (voir p. 1830 a). Centre national des caisses d'épargne (Cencep).

Institutions financières spécialisées

■ **Définition.** Établissements de crédit, investis par l'État d'une mission d'intérêt général ; jusqu'en 1998, distribuaient pour partie des prêts bonifiés par celui-ci.

■ **Banque du développement des PME (BDPME).** Établissement public opérationnel depuis le 1-1-1997. Détenue par l'État à 51,5 %, la Caisse des dépôts et consignations à 40,5 % et le groupe Banques populaires à 8 %, la BDPME contrôle le CEPME (Crédit d'équipement des PME) à 96,5 % et Sofaris (Sté française pour l'assurance du capital risque des PME) à 43,2 % (et indirectement par le CEPME à 10 %). **Pte :** Ariane Obolensky. **Activité :** intervient en complément des banques en garantie par le biais du Sofaris et en confinancement par le biais de CEPME. **Bilan** (en milliards d'euros, au 31-12-2000) : 12,33 ; produit global d'exploitation 0,27, frais généraux 0,137, résultat brut d'exploitation 0,133, résultat net (part du groupe) 0,102.

■ **Agence française de développement (AFD).** Établissement public. Aide au développement en Afrique, océan Indien, Caraïbes, Pacifique, Asie et DOM-TOM. *Dir. gén. :* Jean-Michel Sevenino. **Proparco :** filiale spécialisée dans le financement des entreprises privées.

■ **Caisse de garantie du logement social.** Établissement public agissant au profit des organismes HLM.

■ **Crédit local de France.** Voir **Dexia** ci-dessous.

■ **Crédit foncier de France. Créé** 1852. **Activités :** crédit immobilier, épargne liée au crédit, expertise immobilière, cautionnement, administration de biens et activité patrimoniale. *Se finance* par un appel aux différents marchés nationaux et internationaux. **1999**-*juillet* les Caisses d'épargne valorisant le CF (4,9 milliards de F, soit 82 F par titre) prennent 90,6 % de CF (4,6 MdF). **Gouverneurs :** Jérôme Meyssonnier (séquestré du 17 au 22/23-1-1997 par des salariés opposés au plan de démantèlement). François Lemasson (né 11-12-1943). **Actionnaires principaux** (en %) : groupe CDC (agissant pour le compte de l'État) 90,6, plan d'épargne du personnel 1,3, caisse de retraites des employés 1,2, autres 6,9. *Effectifs :* 2 605. **Chiffres clés** (en milliards de F, au 31-12-1998) : capital 3,77 ; bilan 296 ; bénéfice 1 230 ; encours global des prêts 205,6 ; produit net bancaire 3,5 (97 : 4,06), revenu brut d'exploitation 1,5 (97 : 1,8). **Fonds propres et résultat net consolidés** (en milliards de F) : *1990 :* 11,4 (0,70) ; *91 :* 12,9 (0,52) ; *92 :* 19,0 (0,41) ; *93 :* 21,8 (0,51) ; *94 :* 19,6 (0,27) ; *95 :* 0,9 (– 10,8) ; *96 :* 3,8 (0,86) ; *97 :* 6,5 (0,86) ; *98 :* 12,8 (1,2). **Charge du risque** (en milliards de F, au 31-12-1998) : 0,06.

■ **Dexia. Créé** 1996 de la fusion du Crédit local de France avec le Crédit communal de Belgique. Leader mondial du financement des équipements collectifs. **Pts :** Pierre Richard et François Narmon. **Bilan** (en milliards d'euros, 2000) : 258 dont fonds propres prudentiels 7,2, encours total des crédits 133,4. **Principaux actionnaires** (en % du capital) : Arcofin 15,5, Holding Communal 15,3, CDC 7,1, Sté mutuelle des administrations publiques 5,1.

■ **Matif SA.** Voir p. 1840 c.

■ **SDR (Stés de développement régional).** 21. **Services :** conseil, financement (fonds propres, concours à moyen-long terme bonifiés ou non, crédit-bail immobilier). **Pt :** Raphaël Squercioni.

■ **Sté des Bourses françaises.** Voir p. 1836 b.

■ **Socredom.** Sté anonyme d'économie mixte ; filiale de la CCCE, assure l'aide au développement dans les départements d'outre-mer.

☞ **Regroupement en vue** (en juillet 1999) : **1999**-*1-2* OPE de la Sté générale sur Paribas. *-9-3* OPE de BNP sur Sté générale et Paribas. **Comparaisons au 1-7-1999.** *Capitalisations boursières* en milliards d'euros : SG 18,1, Paribas 18, BNP 17,3. *Poids du groupe* BNP-SG-Paribas : *clients* 19,3 [Paribas 9 (carte Cetelem), SG 5,3, BNP 5] ; *salariés* 134 300 (SG 58 600, BNP 56 300, Paribas 19 400). *Actifs gérés :* 264 milliards d'euros (SG 124, BNP 86, Paribas 54). *Résultats* (au 31-12-1998) : 3,19 milliards d'euros (BNP 1,114, SG 1,073, Paribas 1,002). *Fonds propres :* 27 milliards d'euros au 31-12-1998 [HSBC (G.-B.) 25, UBS/SBC (Suisse) 20, Deutsche Bank 17, Crédit suisse 13, Barclays (G.-B.) 12, ABN (P.-Bas) 12, Nat West (G.-B.) 12, Halifax (G.-B.) 11, Bayer V 11].

Statistiques

■ **Résultats nets des banques françaises** (en milliards d'euros) **et,** entre parenthèses, **dotations et pertes nettes** (en % du RBE). *1995 :* 1,1 (75) ; *96 :* 2,5 (60) ; *97 :* 6,5 (42) ; *98 :* 10,6 (27) ; *99 :* 12,6 (14) ; *2000 :* 15,5.

Résultats 1997 pour la France (en milliards de F). Produit net bancaire 29,4* dont opérations avec la clientèle 17,7*, hors-bilan 5,9*, de trésorerie – 2,1*, sur titres 0,79* ; produit global d'exploitation 32,4* ; frais généraux 21,3* dont frais de personnel 12,5* ; résultat brut d'exploitation 10* ; dotations aux provisions 1,4* ; résultat courant avant impôt 8,6*, résultat net 6,3*. **Bilan :** total de bilan 19 881 dont crédits à la clientèle 6 599, portefeuilles-titres 3 527 ; total bilan agences à l'étranger 3 608 ; dépôts de clientèle 5 469 ; encours sur instruments financières terme 77 542. **Ratios** (en %) : coût moyen des ressources à la clientèle 3,3, rendement moyen des crédits à la clientèle 6,5, marge bancaire globale 1,65, cœfficient net global d'exploitation 70,7, rendement des fonds propres 6,63. **Crédits à la clientèle :** 6 598,6 milliards de F dont (en %) banques AFB 51,8, mutualistes ou coopératives 24,1, Caisse d'épargne et de prévoyance 6,1, Stés financières 7,4, institutions financières spécialisées 10,5, caisse de crédit municipal 0,1. **Dépôt de la clientèle :** 5 468,8 milliards de F dont (en %) banques AFB 44,3, mutualistes ou coopératives 35,6, Caisse d'épargne et de prévoyance 19, autres 1,1. **Part de marché** (en %, au 31-12-1997) : banques AFB 60,1, mutualistes ou coopératives 16,4, caisses d'épargne 7,6, caisses de crédit municipal 0,1, Stés financières 10,5, institutions financières spécialisées 5,3.

Nota. – * En milliards d'euros, 1999.

Banques défaillantes. Montant à la charge de l'AFB (en millions de F) **et,** entre parenthèses, **sommes récupérées par les créanciers** (en % du montant des créances) : **1980** Banque Gadic (Paris) 10,7 (50) ; Banque phocéenne (Marseille) 28,2 (60). **1989** Banque de participations et de placements (Paris) 33 (49) ; United Banking Corporation (Paris) 54 (32) ; Lebanese Arab Bank (Paris) 45,5 (en cours). **1990** Banque industrielle de Monaco (Monaco) 108,7 (en cours).

Effectifs bancaires. Établissements de crédit : *1990 :* 431 873 ; *93 :* 413 031 ; *97 :* 405 626. *99 :* 411 521.

Agences en France. Guichets permanents et, entre parenthèses, **automatiques** (en 1998) : La Poste 14 000 (2 500), Crédit agricole 5 847 (6 737), Caisse d'épargne 4 200 (4 400), Crédit mutuel 3 500 (2 820), groupe Sté générale 2 600 (2 480), BNP 2 048 (2 212), Crédit lyonnais 1 959 (1 992), groupe Banques populaires 1 778 (1 835), CCF 192 (95), Banque directe 0 (14).

Principales banques mondiales

■ **Principales banques mondiales** (marché des capitaux en milliards de dollars, 2000). Citigroup INC [10] 207,46, HSBC [2] 95,88, MSDW [10] 87,85, Bank of America [10] 85,73, Wells Fargo [10] 70,74, American Express [10] 66,43, Fannie Mae [10] 64,92, Bank of Tokyo-Mitsubishi [11] 63,68, Chase Manhattan [10] 61,13.

■ **Banques d'affaires** (opérations bouclées en 2000, en milliards de $). Goldman Sachs 1 633,5 ; Morgan Stanley Dean Witter 1 371,5 ; Merrill Lynch 1 160,2 ; J.-P. Morgan 888,1 ; Crédit Suisse First Boston 877,7 ; UBS Warburg 608,9 ; Salomon Smith Barney 607,5 ; Rothschild et Cie 424,6 ; Lazard 367,3 ; Lehman Brothers 334,6.

■ **Banques d'affaires en France, en 2000** (cibles françaises et acquéreurs mondiaux pour les opérations bouclées en 2000, en milliards de $). Morgan Stanley Dean Witter 99,7 ; Goldman Sachs 88,1 ; BNP-Paribas 80,3 ; Lazard 78,6 ; Merril Lynch 78,2 ; Crédit agricole-Indosuez 62,9 ; Crédit Suisse First Boston 58 ; Rothschild 43,7 ; Sté générale 32 ; Crédit lyonnais 13,5.

■ **Fusions-acquisitions** (opérations annoncées en 2000. Acheteur cible secteur (en milliards de $). America on Line/Time Warner (Internet) 164,7 ; Glaxo Wellcome/Smith Kline Beecham (pharmacie) 68 ; Deutsch Telekom/Voice Stream Wireless (télécom) 53,9 ; France Télécom/Orange (Télécom) 46 ; General Electric/Honeywell Intern (constr. élec.) 45,2 ; Chevron/Texaco (pétrole) 42,9 ; J.D.S. Uniphase/SDL (fibres optiques) 41,1 ; Vivendi/Seagram (communication) 40,4.

■ **Principales banques aux USA. Total de bilan** (en milliards de $, au 31-12-2000) : Citigroup 901, Chase Manhattan/J.P. Morgan 715, Bank America 680, First Union/Wachovia 324, Wells Fargo 272, Bank One/First Chicago 260, Fleet Boston/Summit 219, Washington Mutual 195, Firstar/US Bancorp 160, Sun Trust 104.

■ **Premières capitalisations boursières** (en milliards d'euros, au 3-4-2001). HSBC [1,2] 13,71, Allianz-Dresdner [9] 108,1, ING [6] 75,9, UBS [2] 73, Royal Bank of Scotland 69,7, Lloyds TSB [2] 64,5, Crédit suisse 62,7, Barclays [2] 60,1, Deutsche Bank [9] 56,5, BBVA [8] 51,2, BSCH [5,8] 51,1, BNP-Parisbas [7] 44,9, Sté générale [7] 30,8, Crédit lyonnais [7] 14,8.

■ **Premiers bilans. Total du bilan (et produit d'exploitation)** [en milliards d'euros] : Deutsche Bank [9] 805 (19,78) ; BNP Paribas [7] 702 (14,339) ; HSBC [1] + CCF 626 (23,693) ; UBS [3] 608 (15,906) ; HSBC 557 (21,476) ; ING Group [6] 493 (45,17) ; Hypo-Vereinsbank [9] 483 (7,234) ; ABN Amro [6] 458 (15,17) ; Crédit suisse 449 (17,254) ; Crédit agricole 439 (13,694) ; Royal Bank of Scotland + NatWest 420 (17,687) ; Sté générale 407 (11,076).

■ **Premiers fonds propres** (en milliards d'euros, 1999). HSBC [1] + CCF 40,262 ; HSBC 36,893 ; ING Group [6] 36,025 ; Deutsche Bank [9] 26,414 ; Crédit agricole 25,691 ; BNP Paribas [7] 23,097 ; Royal Bank of Scotland + NatWest 21,614 ; Crédit suisse 20,18 ; UBS [3] 19,096 ; ABN Amro [6] 18,164 ; Hypo-Vereinsbank [9] 15,263 ; National Westminster Bank [2] 15,188.

■ **Premiers résultats nets** (en milliards d'euros, 1999). HSBC + CCF 6,414 ; HSBC 5,917 ; ING Group 5,015 ; Lloyds TSB 4,054 ; USB 3,951 ; Royal Bank of Scotland + NatWest 3,939 ; Crédit suisse 3,37 ; BNP Paribas 2,963 ; Barclays 2,914 ; ABN Amro 2,91 ; Crédit agricole 2,798 ; NatWest 2,701.

■ **Nombre d'établissements pour 100 000 hab.** (en 1997). Luxembourg 53,5, Autriche 11,3, Finlande 6,7, Suisse 5,6, Allemagne 4,2, Danemark 3,7, Portugal 2,3, USA 2,1, Italie 1,6, Irlande 1,5, Suède 1,4, Belgique, P.-Bas 1,1, Espagne 0,8, *France*, G.-B. 0,7, Grèce 0,4.

Nota. – (1) HSBC maison mère de Midland Bank qui n'est pas cotée. (2) G.-B. (3) Union de banques suisses. (4) SBP : cumul Sté générale, BNP, Paribas. (5) BSCH Banco Santander + Banco Central Hispano. (6) P.-Bas. (7) France. (8) Espagne. (9) Allemagne. (10) USA. (11) Japon.

☞ **Angleterre :** on appelle les *Big Five :* Barclay's Bank, Midland Bank, Lloyds, National Principal Bank et Westminster Bank. **États-Unis :** la loi interdit à tout établissement de s'implanter dans plus d'un État de la Fédération. Les grandes banques n'ont guère plus de dépôts que les françaises. Après la crise de 1991-92 (accumulation de mauvais risques), la baisse des taux menée par la Federal Reserve, qui n'a pas été suivie par une baisse des taux de base bancaire, a permis aux établissements qui ont par ailleurs réduit leurs effectifs et cédé certaines activités de reconstituer des réserves importantes.

Banques suisses

■ **Nombre d'établissements financiers. Banques :** *1999 :* 372 ; *2000 :* 375. Employés : *1999 :* 119 597 ; *2000 :* 124 998. **Bilan** (en milliards de FS) : *1998 :* 2 058 ; *99 :* 2 243 ; *2000 :* 2 124,9. **Revenu brut/bénéfice après impôts** (en 1998) : total (376 banques) : 51,2/14,3 dont 3 grandes (27,2/8,2), 24 cantonales (5,6/0,8), 108 régionales et caisses d'épargne (1,5/0,2), 1 Raifeisen (1/0,07), 15 commerciales (1,8/0,4), 52 boursières (3,5/1,6), 149 étrangères (7,9/2,1), 16 privées (1,9/0,4), 8 divers (0,2/0,08).

■ **Bilan et,** entre parenthèses, **bénéfice net** (en milliards de F suisses, 1998). Union de banques suisses 944 (3), Crédit suisse 652,4 (3), Banque cantonale de Zurich 61,9 (0,16), Banque cantonale vaudoise 33 (0,1), de Genève 19,3 (0,03), de Berne 17,4 (0,04), de St-Gall 17 (0,04), de Lucerne 16,1 (0,05).

CHÈQUES ET CRÉDITS

CHÈQUES

■ **Origine.** **IVe s. av. J.-C.** *lettre de change* inventée par les Grecs. **1659**-*22-4 : 1er chèque* de 10 £ tiré par Nicholas Vanacker à Londres. **1742** à cause du monopole d'émission de la Banque d'Angleterre, les banquiers britanniques ne peuvent plus délivrer de billets à leurs clients et leur proposent des mandats (*checks*) leur permettant de payer sur la foi de leur compte. **1865**-*14-6* introduit en France (1880, plus de 4 millions de chèques émis).

■ **Chèque de voyage** (*travelers cheque* en anglais, *traveler's check* en américain). A l'origine, imaginé par *Robert Herries* pour remplacer les lettres de crédit, qui n'étaient utilisables que sur un trajet déterminé (1ers émis le 1-1-1772). Le Traveler's Check American Express, sous sa forme actuelle (avec double signature, négociable dans hôtels, agences, boutiques, restaurants) a été créé par *Marcellus Berry* (1er usage 5-8-1891). Moyen de paiement émis pour un montant fixe dans une monnaie déterminée disponible dans 12 devises, dont l'euro. Doit être signé au moment de l'achat et contresigné devant le commerçant au moment de la dépense. Remplaçable gratuitement en cas de vol ou de perte, il évite d'emporter des devises en espèces pour un voyage. Volume d'affaires (en 2000) : 24,6 milliards de $.

Nota. – Depuis septembre 1980, des chèques rédigés en français et en breton sont émis par le Crédit mutuel de Bretagne. Exemples de chèques bilingues à l'étranger : G.-B., anglais et gallois ; Espagne, espagnol et catalan.

■ **Chèques postaux** (voir à l'Index).

■ **Différentes sortes. Au porteur.** Le demandeur de chèques endossables ou non barrés d'avance doit payer un droit de timbre de 10 F par chèque. **A ordre.** Le nom du bénéficiaire est spécifié et celui-ci devra prouver son identité. **Barré.** Ne peut être payé que par virement à un titulaire de compte, ce qui laisse une trace écrite (plus grande sécurité). Depuis le 1-4-1979, seuls des chèques barrés d'avance et non endossables sont délivrés gratuitement par les banques. **Certifié.** Tireur ou porteur d'un chèque peuvent, à condition que la provision soit suffisante, le faire certifier par la banque tirée ; celle-ci appose sur le chèque, outre sa signature, les mentions relatives à la certification (montant, date). La certification entraîne le blocage de la provision du chèque au profit du bénéficiaire jusqu'à expiration du délai légal de présentation (en général 8 j) ; aussi la plupart des banques proposent-elles de délivrer des chèques de banque à la place de chèques certifiés. **De banque.** Émis par une banque sur ses guichets ou sur ses correspondants, à la demande de personnes qui l'achètent par débit de leur compte ou par versement d'espèces. *Validité :* 1 an et 8 j. Un vendeur peut demander d'être payé par un chèque de banque qui lui donne la garantie d'être payé.

■ **Décret-loi du 30-10-1935. Mentions devant figurer sur le chèque :** *nom* de celui qui doit payer (tiré), *mandat* pur et simple de payer une somme déterminée, *dénomination* de chèque (par exemple : payez contre ce chèque), *indication du lieu* où le paiement doit s'effectuer, *de la date et du lieu* où le chèque est créé, *signature* de celui qui émet le chèque. Les tribunaux ont confirmé la validité du chèque sur papier libre, mais la banque peut facturer les frais du traitement manuel.

☞ Les banques ne sont pas obligées de délivrer des chéquiers mais, depuis la loi du 30-12-1991, elles doivent motiver leur refus (sans avoir à le faire par écrit).

■ **Obligation de paiement par chèque. Particuliers :** la loi de finances pour 1984 (art. 90) obligeait les particuliers non commerçants (sauf ceux n'ayant pas leur domicile fiscal en France) à régler par chèque barré, virement bancaire ou postal, carte de crédit ou de paiement, tout achat de biens ou de services de plus de 10 000 F. La loi du 11-7-1986 a abrogé ces dispositions, sauf pour les salaires. Au-dessus de 150 000 F, un particulier doit payer par chèque barré, virement ou carte (sauf pour les achats d'or ou de bons anonymes). **Commerçants :** doivent payer par chèque barré, virement ou carte tout montant de plus de 5 000 F. **Sont dispensés de payer par chèque** ceux qui sont incapables de s'obliger par chèque ou qui disposent d'un compte ouvert en application de l'art. 58 de la loi du 24-1-1984 (droit au compte).

☞ *On peut refuser un paiement par chèque* (sauf les commerçants adhérents d'un centre de gestion agréé). Si celui-ci est obligatoire, on peut exiger un chèque certifié ou un chèque de banque. Les infractions commises par les commerçants sont punies d'une amende fiscale (fixée à 5 % des sommes indûment réglées en numéraire) qui incombe pour moitié au débiteur et au créancier, chacun d'eux étant solidairement responsable. Les particuliers non commerçants sont passibles d'une amende pouvant aller jusqu'à 100 000 F.

■ **Chèque de garantie.** Est prohibé, car le chèque n'est pas, comme la traite, un instrument de crédit, mais un instrument de paiement.

■ **Chèque postdaté.** Un chèque présenté au paiement avant le jour indiqué comme date d'émission est payable le jour de la présentation.

■ **Chèque sans provision.** Décret-loi du 30-10-1935, modifié par la loi du 30-12-1991 : applicable depuis le 1-6-1992. Tout rejet de chèque impayé entraîne une interdiction bancaire immédiate. Le tireur reçoit de sa banque une lettre d'injonction lui enjoignant de ne plus émettre de chèque et de restituer ses chéquiers. Il ne peut plus utiliser son compte que sous contrôle de la banque (retraits directs ou chèques certifiés). **Il pourra émettre à nouveau** normalement s'il justifie avoir : **1°) réglé le montant du chèque impayé** ou constitué une provision suffisante et disponible pour son règlement ; **2°) payé une pénalité libératoire** (150 F par tranche de 1 000 F et par chèque impayé). Le montant de la pénalité est doublé après 3 levées d'interdiction observées sur le même compte dans les 12 mois. En l'absence de régularisation, l'interdiction bancaire subsiste pendant 5 ans (loi du 15-5-2001 ; en juin 2000, il y avait + de 2 500 000 personnes interdites bancaires). Dès que la banque rejette le chèque, elle informe la Banque de France qui avertit alors les autres établissements. *La banque doit régler un chèque sans provision d'un montant inférieur ou égal à 100 F* s'il est présenté dans le mois de son émission. Sa responsabilité financière est étendue à la somme à payer si elle omet d'adresser la lettre d'injonction en joignant à son client de ne plus émettre de chèques et de restituer les formules en sa possession, ou si elle délivre des formules de chèques à un interdit bancaire ou judiciaire.

Compte joint : à défaut de désignation préalable d'un responsable, tous les cotitulaires (et pas seulement celui qui a émis le chèque) sont sanctionnés.

Recouvrement par voie de justice. Si l'on ne peut s'entendre à l'amiable avec le tireur. **1°) Se procurer la preuve de non-paiement :** le tiré (c.-à-d. la banque ayant imprimé le chèque) doit remettre au porteur, sur sa demande, à 1re présentation ou d'office en cas de rejet à la 2e présentation, un « certificat de non-paiement » lorsque le chèque reste impayé « à l'issue du délai de régularisation ». La signification du certificat de non-paiement au tireur, par ministère d'huissier, vaut commandement de payer ; l'huissier, s'il n'a pas reçu justification du paiement du chèque et des frais dans les 15 j, délivre, sans autre acte de procédure, un titre exécutoire qui permettra d'engager une voie d'exécution par l'intermédiaire d'un huissier (saisie sur compte bancaire, saisie des rémunérations). **2°) Intenter une action judiciaire : a)** *soit en se constituant partie civile* (en portant plainte) devant le tribunal correctionnel sur la base du délit général d'escroquerie (si celui-ci est constitué) ; **b)** *soit en exerçant une action en paiement* devant le tribunal d'instance ou le tribunal de grande instance, selon le montant du chèque, ou devant le tribunal de commerce compétent.

Sanctions pour le tireur : le tireur qui émet un chèque en violation d'une interdiction bancaire ou judiciaire est passible de sanctions pénales (5 ans d'emprisonnement et/ou amende de 2 500 000 F). *Pour celui qui consent sciemment à recevoir un chèque sans provision :* mêmes peines. **Pour la banque :** si elle indique une provision inférieure à la réalité, ne précise pas que le chèque a été émis au mépris d'une interdiction bancaire ou judiciaire, ne déclare pas les incidents de paiement, n'applique pas les mesures prévues par la loi contre le tireur de chèque sans provision, amende possible de 80 000 F.

☞ **La Banque de France** peut communiquer au procureur de la République tout renseignement relatif aux chèques émis en violation d'une interdiction bancaire ou judiciaire. Elle est tenue de lui communiquer les incidents de paiement dont il a demandé à avoir connaissance.

■ **Dates de valeur.** Voir p. 1823 b.

■ **Durée de validité. Chèques payables en France métropolitaine :** tant qu'un chèque n'a pas été émis, c.-à-d. qu'une date n'a pas été apposée dessus, sa validité est sans limite. **Chèque bancaire émis :** *en France* (depuis 1985) : 1 an et 8 j ; *en Europe ou pays riverains de la Méditerranée :* 1 an et 20 j ; dans les *autres hypothèses :* 1 an et 70 j. En cas de présentation tardive, on peut, le cas échéant, perdre tout recours contre les endosseurs. **Délais de prescription :** calculés à partir de l'expiration des délais de présentation. **Recours du porteur** *contre le tireur du chèque :* 6 mois ; *contre la banque tirée :* 1 an. Passé ce délai, la dette correspondant à ce chèque reste exigible 10 ans en matière commerciale ou 30 ans en matière civile. **Chèque émis en France, encaissé dans les DOM-TOM :** soumis à la commission de recouvrement, variable selon les réseaux bancaires. **Chèque postal :** 1 an (depuis le décret du 17-4-1984) à compter de son émission. Au regard de l'Administration, le chèque postal périmé est nul. **Lettre-chèque postale :** 2 mois à dater de la date d'émission.

■ **Fichier central des chèques (FCC). Créé** 1955. Centralise les interdictions bancaires et judiciaires, et avec l'accord du groupement des cartes bancaires CB les décisions de retrait de carte pour usage abusif. Grâce à ce fichier, la Banque de France est tenue d'informer toute personne sur la régularité de l'émission des chèques qu'elle est susceptible d'accepter pour le paiement d'un bien ou d'un service. **Fichier national des chèques irréguliers (FNCI) :** centralise les coordonnées bancaires de tous les comptes ouverts au nom d'une personne interdite d'émission de chèques, des comptes clos et des oppositions pour perte ou vol de chèque. Est surtout consulté par les commerçants. *Données :* fournies par les banques (interdits bancaires, oppositions pour pertes ou vol, comptes clôturés) et par le Centre national d'appel des chèques perdus ou volés. Le *Ficoba* (Fichier des comptes bancaires) tenu par la DGI (Direction générale des impôts) permet de connaître l'ensemble des comptes des interdits. *Réglementation :* il faut obtenir un code d'accès au FNCI qui permet d'enregistrer l'origine des demandes, il est interdit de diffuser ou de conserver les informations. *Accès :* par Minitel + code d'accès ou lecteur de chèque automatisé. *Réponse :* rouge (chèque émis irrégulièrement), orange (précautions, alerte sur le compte), vert (pas d'alerte sur le compte), blanc (lecture du chèque impossible). **Demandes de renseignements adressées au FCC** (en 1999) : 63 155 242. **Nombre de chèques consultés :** *1997 :* 72 719 798 ; *98 :* 85 984 020 ; *99 :* 100 553 195.

> **Transmission d'un chèque.** Les chèques se transmettent par *endossement (ou endos)* : *en blanc :* par une simple signature au dos du chèque ; *au porteur* (supprimé) : on écrivait la formule « payez à l'ordre du porteur », on datait et l'on signait ; *à personne dénommée :* en précisant le nom. On appelle *tiré* celui qui doit payer (banque) et *tireur* celui qui émet le chèque, *bénéficiaire* celui qui l'encaisse.

■ **Opposition sur un chèque.** Admise uniquement en cas de perte ou de vol, d'utilisation frauduleuse du chèque, de redressement ou de liquidation judiciaire du porteur. Formulée par téléphone, elle doit être immédiatement confirmée par écrit et justifiée pour perte et vol par une déclaration au commissariat. **Sanctions :** emprisonnement (5 ans) et/ou amende (2,5 millions de F) pour celui qui, avec l'intention de porter atteinte aux droits d'autrui, aura, après l'émission d'un chèque, retiré par quelque moyen que ce soit (y compris transfert ou virement) tout ou partie de la provision ou fait défense au tiré de payer.

■ **Paiement d'un chèque.** Un chèque émis doit être honoré par la banque et le signataire (voir **Chèque sans provision**).

■ **Perte ou vol de chèques émis. Pour le signataire :** faire opposition : avertir la banque pour faire obstacle au paiement (dans les 1 an et 8 j à partir de la date du chèque). Si le chèque est en blanc, l'opposition est maintenue tant que le compte existe. **Pour le bénéficiaire :** avertir le plus tôt possible le signataire pour qu'il fasse opposition ; en son absence, prévenir la banque pour qu'elle exerce une surveillance particulière sur ce chèque lors de sa présentation au paiement. Selon le décret-loi de 1935, la banque doit s'assurer que la signature apposée par le tireur est conforme à celle déposée à la banque (Cour de cassation 10-6-1980). Cependant, les banques ne sont pas tenues de se livrer à une expertise graphologique. Elles sont simplement astreintes à une obligation de vigilance (par exemple : traces de surcharge, grattage ou ratures). La responsabilité peut être atténuée si le client a été imprudent dans la conservation du chéquier.

■ **Perte ou vol de formules en blanc.** Déclarer l'incident par téléphone au Centre national d'appel des chèques perdus ou volés qui transmettra les coordonnées du compte au FNCI consultable par les commerçants qui acceptent d'être réglés par chèque. L'inscription au FNCI n'est valable que 48 h ouvrées. Il faut aussi prévenir la banque et faire opposition. Contrairement au Centre d'opposition des cartes bancaires, géré contractuellement par les banques, la déclaration au Centre national d'appel ne vaut pas juridiquement opposition. La banque est responsable en cas de paiement des chèques à l'égard du client ; si le voleur utilise les chèques avant l'opposition, la banque n'est plus responsable si le chèque ne présente pas d'irrégularités apparentes. La durée de validité à l'opposition est fixée habituellement par la convention de compte ou les conditions générales de l'établissement. La jurisprudence tient de plus en plus pour responsable le titulaire du compte qui a fait preuve de négligence dans la garde du chéquier.

■ **Statistiques. Chèques émis par an** (nombre, en milliards). *1970 :* 0,478 ; *80 :* 2,6 ; *85 :* 4,5 ; *91 :* 4,9 ; *99 :* 3,7. **Par habitant et par an** (nombre, en 2000) : USA 239, *France 84,* G.-B. 44, Allemagne 9, Espagne 6. **Moyens de paiement** (en milliards d'opérations, en F, 2000) : chèques 3,64, cartes 2,78, autorisations prélèvements 1,32, retraits au distributeur 0,6.

Utilisation (en % du nombre total de transactions, 1998) : Irlande 45,4, *France 45,3 (40 en 1999),* Portugal 39,6, G.-B. 28,1, Italie 26,5, Espagne 12,1, Belgique 7, Allemagne 4,8, Autriche 2,9, P.-Bas 1,9.

Chèques non payés. Avis de non-paiement (escroquerie, perte et vol exclus) déclarés dans le FCC géré par la Banque de France (en millions) : *1970 :* 0,7 ; *80 :* 1,37 ; *85 :* 3,5 ; *90 :* 6,4 ; *93 :* 6,6 ; *96 :* 5,8 ; *98 :* 5,4 ; *99 :* 5,7. Pour défaut de provision : 69,4 % pour des montants < 1 000 F.

Oppositions sur chèques (perte ou vol). Enregistrées au FNCI (en millions) : *1996* (au 31-12) : 5,56 ; *98 :* 7,07 ; *99 :* 7,84. **Faux chèques** enregistrés au FNCI (à l'unité) : *1996 :* 251 ; *98 :* 443 ; *99 :* 566.

Personnes interdites de chèque (en milliers). *1980 :* 396 ; *85 :* 730 ; *91 :* 1 000 ; *94 :* 1 540 ; *98 :* 2 400 ; *99 :* 2 605 (dont 0,17 interdits judiciaires, suite à condamnation) ; *2000* (au 31-3) : 2 800 ; *01* (au 19-5) : 950 radiés du fichier (la loi réduisant l'interdiction de 10 à 5 ans).

☞ *La tenue des comptes bancaires* coûte aux banques environ 10 F par mois. Le traitement des chèques émis chaque année coûte 14 milliards de F (environ 3 F par chèque). *Les dates de valeur* sur les chèques représentaient environ 10 milliards de F de recettes pour les banques.

Cartes de crédit

Généralités

■ **Cartes bancaires.** Moyen de paiement, de retrait ou transfert de fonds. **Groupement Carte bleue :** 224 banques françaises. **1967** Carte bleue : 1re carte de paiement émise par 6 banques françaises. **1972** Groupement créé. **1973** s'associe avec Visa. **Nombre :** 20,5 millions de cartes. **Carte bleue nationale** (France uniquement) : acceptée par 750 000 commerçants. *Retraits :* par période de 7 j, jusqu'à 300 € (ou + selon les banques). *Cotisation moyenne :* de 12 € (débit immédiat) à 20 € (débit différé). **Visa** (France et étranger) : acceptée par 750 000 commerçants en France et 19 millions dans le monde. *Retraits :* par période de 7 j. France : 300 € (ou + selon banques). À l'étranger : 300 € en devises (ou + selon banques). *Prestations diverses :* assurance voyage, assurance médicale. *Cotisation moyenne :* de 23 € (débit immédiat) à 31 € (débit différé). **Visa Premier :** *retraits :* par période de 7 j ; France : 1 000 € (ou + selon banques), à l'étranger : 1 600 € en devises (ou + selon banques). *Prestations diverses :* assurances voyages, assistance médicale + services privilèges tourisme, loisirs. *Cotisation moyenne :* 100 € (+ droit d'entrée d'environ 35 €, selon banques). **Visa Affaires** (France et étranger) : destinée aux collaborateurs des entreprises pour régler frais de déplacements. Retrait dans distributeurs sur option. **Groupe MasterCard Eurocard :** *créé* 1967. *Branche européenne du réseau* (représentée par Eurocard International, filiale des Stés Eurocard européennes). *En France, créée* 1978. 6 cartes internationales : *Cirrus* (carte de retrait internationale), *Maestro* (carte de paiement et de retrait international), *Gold MasterCard* (prestige), *Platinum Mastercard* (prestige), *Business Card MasterCard* (affaires, partenariat avec Wagons-Lits International), *EuroCard Mastercard* (standard). Distribuée par la majorité des banques françaises. Acceptée par 600 000 commerçants. **Eurochèque :** *créé* 1972. 58 000 cartes en 1994 (36 millions en Allemagne). **Carte bancaire unique :** en usage depuis 1985 pour réseau Carte Bleue, Crédit agricole et Crédit mutuel.

Cartes multiservices accréditives : offrent en plus une fonction de crédit (généralement, facilités de paiement différé ou fractionné). **American Express** *créée* 1958 USA (France 1964) ; *cartes :* 51 700 000. **Diners Club** *créée* 1950 (France 1955) ; *cartes :* 8 000 000 (France 80 000) ; *affiliés* (France) : 81 500. **Multi-enseignes. Cetelem** *créé* 1953, lance le 1er crédit renouvelable en France en 1965 et en 1985 la carte **Aurore** (+ de 13 000 000 de porteurs dans le monde en 2000) : acceptée par 131 000 commerçants en Fr. et 25 000 en Fr. et à l'étranger.

■ **Cartes de clientèles (ou privatives).** Grands magasins, vente par correspondance, location de voitures, etc., environ 15 millions.

Délivrance. Selon la recommandation de la Commission européenne du 17-11-1988, les cartes de paiement ou de retrait ne doivent être remises à la clientèle que sur demande préalable de sa part. La délivrance forcée d'une carte peut engager la responsabilité de la banque. **Opposition :** le paiement par carte, bancaire ou accréditive, est irrévocable (loi du 11-7-1985), sauf en cas de perte ou vol, et de règlement judiciaire ou liquidation des biens du bénéficiaire. *Procédure à suivre :* téléphoner au centre d'appel des cartes bancaires, ouvert 24 h sur 24 et 7 j sur 7, ou à sa banque si celle-ci est ouverte, puis confirmer, comme l'exige la loi du 31-12-1991, par lettre recommandée avec accusé de réception (l'opposition par téléphone ne donne lieu à la délivrance d'aucune attestation qui pourrait être produite comme preuve en cas de litige ; si l'appel téléphonique n'a pas été enregistré, l'opposition sera réputée avoir été effectuée à la date de réception de la lettre). L'opposition déposée plus de 48 h après le vol ou la perte est qualifiée de tardive. L'inscription du code sur la carte ou sur un document conservé avec la carte peut être qualifiée de négligence extrême et toutes les opérations mises à la charge du client (limitée aux plafonds d'utilisation de la carte, tels qu'ils ont été notifiés au client). **Paiement des services cartes :** on combine souvent plusieurs modes : prix carte (ou droit d'entrée), abonnement (ou frais de compte), commission prélevée sur les commerçants, agios sur les crédits. **Refus de carte :** un commerçant peut refuser un règlement par carte et fixer un montant minimal d'achat. **Remplacement d'une carte pleine ou saturée :** gratuit.

■ **Porte-monnaie électronique (PME).** Mise en place en 1998 par le Groupement des cartes bancaires. Carte à puce rechargeable pour régler des montants inférieurs à 100 F.

■ **Traitement automatique des opérations.** Après avoir introduit la carte dans l'appareil, on compose le montant de la somme à payer et le client entre son code secret ; le paiement est enregistré (le client n'a pas à signer pour les transactions de – de 5 000 F et validées par son code secret). La consultation des listes d'opposition des cartes perdues ou volées est faite automatiquement. *Utilisation frauduleuse par un tiers pour un paiement*, le propriétaire de la carte est responsable jusqu'à 600 F (même s'il a fait opposition), ou 3 000 F si la carte a été utilisée avec procédure de code. *Pour un retrait d'espèces aux distributeurs automatiques :* le propriétaire est entièrement responsable. Il existe des assurances à portée limitée (en raison des exclusions ou limitations diverses).

☞ *Carte American Express :* en cas d'utilisation frauduleuse avec ou sans code secret, responsabilité limitée à 250 F. *Cartes des Caisses d'épargne :* assurance gratuite prenant en charge la majorité des sinistres dès le 1er franc (si l'opposition intervient assez tôt).

■ **Statistiques. En France. Nombre** (en millions, et, entre parenthèses, CB Eurocard Mastercard, CB nationales et CB Visa). *1990 :* 19,5 (3,6 / 8 / 7,9) ; *95 :* 24,4 (7,2 / 10,7 / 6,5) ; *2000 :* 36 (16,3 / 4 / 15,7). **Opérations** (en 2000) : 3,93 milliards dont 2,91 paiements chez des commerçants (pour 883 milliards de F) et 1,02 retraits dans des distributeurs automatiques (pour 395 milliards de F). **Commissions versées par les commerçants affiliés aux réseaux :** Carte bleue 0,7 % ; Visa 2 % ; American Express – de 3 %. **Paiements et** entre parenthèses, **retraits par carte** (en milliards d'euros) : *1995 :* 89,94 (42,99), *2000 :* 152,91 (64,12).

■ **Dans le monde.** Nombre de porteurs Visa : 1 milliard.

■ **Fraude liée à l'usage des cartes bancaires en France** (en millions de F, 2000). *Falsifications constatées en France :* 321,4 dont paiements 250 à 300, retraits 78 ; *sur les paiements à l'étranger :* 190. **Total fraude** enregistré par les banques 472. **Taux de fraude** 0,023.

Crédit

Généralités

■ **Avances possibles.** *À découvert* (hors assurance 10,9 à 15,9 %), sur garanties, sur documents, sur caution et aval ; formules spéciales de crédit aux particuliers ; *prêts personnels* ou immobiliers (prêt au logement ordinaire hors assurance, en août 1998 : 6,35 à 7,20 %) ; *crédit-bail* (leasing).

Crédit permanent, ou renouvelable, ou revolving (apparu en France en 1965) : réserve d'argent mise à la disposition du client qui y puise selon ses besoins. Les intérêts courent sur la somme effectivement empruntée jusqu'à remboursement, dont le rythme est laissé à la discrétion du client (sous réserve d'une mensualité minimale). **Coût** (en 1998) : 9,96 à 14,52 %.

Crédit social : prêts des caisses de crédit municipal, prêt sur gage corporel (bijoux, argenterie, objets d'art ou autres) : contrats généralement de 6 mois renouvelables ou prorogeables. La vente du gage peut être demandée par l'emprunteur 3 mois après le jour de dépôt. Lorsque le prêt n'est ni remboursé ni renouvelé à l'échéance, le gage est vendu aux enchères, le surplus allant à l'emprunteur. **Prêts sociaux :** les caisses distribuent les prêts sociaux consentis par les villes où elles sont implantées.

Mof : Multi-Option Financing Facility (facilité à options multiples) : crédit revolving accordé par plusieurs banques à une entreprise, généralement pour 5 ans, prolongeable à 7 ans. Lorsque l'entreprise tire sur son crédit, celui-ci se reconstitue au fur et à mesure des remboursements. En cas de besoins de liquidités, l'entreprise peut demander aux banques impliquées de lui prêter de l'argent à des taux prévus au moment de la signature en F, dollars, marks, livres, écus, etc. Les marges sont fixées à l'avance par rapport à des taux de référence : *Libor (London Interest Bank Offered Rate)* pour des emprunts en devises, *Pibor (Paris Interest Bank Offered Rate)* pour le F.

Crédit Loa : location avec option d'achat (ou leasing), utilisée pour l'achat d'un véhicule neuf. Juridiquement, le particulier est locataire d'une Sté prestataire de services et règle des loyers. À l'issue du contrat, il devient propriétaire en payant la valeur résiduelle du véhicule (montant généralement équivalent au dépôt de garantie initialement versé et exonéré de la TVA). Sur 4 ans, représente 10 % du prix neuf TTC ; 3 ans, 38 % ; 2 ans, 62 %.

■ **Durée. Crédit à court terme :** de quelques j à 2 ans. Exemples : crédit de courrier (48 h), facilité de caisse (exemple : fin de mois), crédit de campagne ou découvert de durée variable. Accordé par les banques. **À moyen terme :** de 2 à 7 ans au max. : permet de financer équipement industriel ou agricole, habitat, exportations. Accordé par les banques, avec ou sans le concours d'organismes tels que Crédit foncier de Fr., Crédit national, BFCE, et le crédit d'équipement des PME, généralement mobilisable sur le marché monétaire. **À long terme :** + de 7 ans : accordé directement par banques et Crédit foncier, Crédit national, et le Crédit d'équipement des PME.

■ **Surendettement. Loi Neiertz (31-12-1989). Objet :** réduire le surendettement excessif des ménages et les incidents de paiement. **Protection de l'emprunteur :** cautions mieux averties sur les risques de leur engagement et prévenues dès le 1er incident ; réglementation des publicités de crédit ; redéfinition du prêt usuraire. **Protection du prêteur :** création d'un fichier des incidents de paiement géré par la Banque de France consultable par les établissements de crédit, (définition de l'incident : 3 échéances mensuelles ou retard équivalent à 90 j) ; inscription radiée après 5 ans sauf nouvel incident. **La commission de conciliation** a accès à l'ensemble de la situation du débiteur (beaucoup faisaient l'objet de plusieurs recours séparés) et est chargée de proposer un plan de redressement d'après sa capacité de remboursement réelle. S'adresser à la commission de son département en envoyant son adresse à la Banque de France. **Loi du 8-2-1995 et décret d'application du 9-5 ; loi du 29-7-1998 et décret du 1-2-1999.** Modifient la procédure de traitement du surendettement. Confèrent aux commissions de surendettement le pouvoir de reporter ou de rééchelonner et sous certaines conditions d'effacer les dettes. **Dossiers déposés :** *1995 :* 70 112 ; *97 :* 96 000 ; *99 :* 142 223 ; *2000 :* 1 million.

■ **Statistiques (en France). Endettement intérieur total** (en milliards de F) : *1990 :* 8 377,9 ; *2000 :* 14 762.

■ **Agios.** Généralement calculés par trimestre :

$$\frac{\text{montants débiteurs} \times \text{nombre de jours du découvert} \times \text{taux d'agios}}{365\ (\text{nombre de j dans l'année}) \times 100}$$

Le taux d'agios (taux d'intérêt) varie selon banques et clients. Il peut changer, mais la banque doit en informer ses clients. Si la convention de compte ne précise pas le taux d'intérêt auquel donne lieu le découvert, la banque est dans son tort ; le taux légal doit alors s'appliquer.

■ **Crédit gratuit. Loi du 24-1-1984 :** les crédits consentis pour 3 mois et plus ne peuvent être proposés qu'à l'intérieur des magasins. *Les vendeurs doivent afficher :* prix avec crédit gratuit, prix pour paiement au comptant ou le montant de la réduction accordée, objet et durée de l'opération, période de crédit et coût total. *Ils doivent remettre une offre préalable et l'on a 15 j pour signer.* Après signature, l'offre devient contrat de crédit. On a alors 7 j pour *se rétracter.* Ce délai *peut expirer :* le 3e j si l'on exige la livraison immédiate de l'achat et si elle intervient dans les 3 j suivant l'acceptation, c'est-à-dire la signature de l'offre, ou le j de la livraison si elle intervient entre le 4e et le 7e j suivant la signature. *Paiement comptant :* on doit bénéficier d'une réduction ; exemple : 410 F (8,2 %) pour un produit ou un service de 5 000 F payable en 10 mensualités de 500 F avec un crédit gratuit.

Prêt à taux 0 (PTZ). Lancé en 1995 pour construction et acquisition d'un logement neuf et de son terrain ; transformation de locaux en logement ; location-accession ; acquisition d'un logement d'au moins 20 ans, en vue de son amélioration. Le logement doit être la résidence principale personnelle de l'emprunteur (occupation minimale de 8 mois par an). **Nombre :** au 31-12-1995, 28 500 offres de prêt à 0 % émises, selon l'Association nationale pour l'information sur le logement (Anil) ; *montant moyen des prêts* 101 203 F ; *opérations financées* 611 645 F ; *aide résultant de l'absence d'intérêts et du différé de remboursement* 69 048 F. Depuis octobre 1995, 100 000 prêts ont été accordés.

■ **Évolution du crédit à la consommation.** Équipement des particuliers 214,9, crédits renouvelables 95,4, prêts personnels 45,1.

■ **Achats à crédit.** 7 voitures sur 10, 1 téléviseur sur 3, 2 appareils électro-ménagers sur 5.

■ **Ménages endettés** (en %, en nov.). *1989 :* 52,8 ; *90 :* 50,9 ; *95 :* 49,1 ; *99 :* 50,4 ; *2000 :* 50 (8 % des ménages se sont endettés pour emprunts pour travaux incités par la baisse de la TVA à 5,5 %).

■ **Taux d'intérêt réels** (taux d'intérêt nominal pratiqué moins le taux d'inflation) **à court et long termes. Allemagne** *1961-70 :* 1,2 (2,9) ; *71-80 :* 1,6 (2,7) ; *81-90 :* 3,7 (4,6) ; *92 :* 4 (2,6) ; *2000 :* 4,94 (4,9). **France** *1961-70 :* 1 (2) ; *71-80 :* – 1 (0,4) ; *81-90 :* 4,1 (4,7) ; *92 :* 7,3 (5,5) ; *2000 :* 4,94 (5,55). **Italie** *1961-70 :* – 0,8 (2,1) ; *71-80 :* – 3 (– 2,8) ; *81-90 :* 4,1 (4,1) ; *92 :* 8,4 (8,1) ; *2000 :* 4,94 (5,3). **Japon** *1971-80 :* 0,3 (0) ; *81-90 :* 4,2 (4,8) ; *92 :* 2,5 (3,3) ; *2000 :* 0,6 (1,62). **Russie** *1961-70 :* 2 (2,7) ; *71-80 :* – 2,8 (– 1,3) ; *81-90 :* 5,2 (4,3) ; *92 :* 4,8 (4,3). **USA** *1961-70 :* 0,8 (1,7) ; *71-80 :* – 0,5 (– 0,1) ; *81-90 :* 3,6 (5,3) ; *92 :* 0,9 (5) ; *2000 :* 6,5 (5,51).

Taux d'intérêt dans le monde

En % au 15-8-2000 (à 19 h)	Banques centrales	Jour	3 mois	10 ans
Allemagne	4,25	4,38	4,79	5,22
Australie	5,5	6,11	6,49	6,25
Canada	6	5,72	5,66	5,79
Espagne	4,25	4,38	4,7	5,53
France	*4,25*	*4,39*	*4,49*	*5,38*
G.-B.	6	6,38	5,97	5,3
Italie	4,25	4,38	4,76	5,55
Japon	0,5	0,25	0,25	1,75
Pays-Bas	4,25	4,35	4,76	5,38
Suisse	0,5	2,5	3,31	3,91
USA	6,5	6,66	6,6	5,8

■ **Banque centrale européenne (BCE)** [au 8-6-2000]. *Taux* plancher 3,25 ; Refi 4,25 ; plafond 5,25. **FED** (au 16-5-2000). *Fonds fédéraux :* 6,5 ; *taux d'escompte :* 6.

Épargne en France

■ **Statistiques. Épargne nette des ménages** (en % de leur revenu disponible) **et,** entre parenthèses, **épargne brute totale** (en % du PIB 1980-90) : Allemagne 12,5 (22,7) ; Belgique 17,1 (17,1) ; Canada 12,8 (19,8) ; Espagne 10,1 (20,8) ; Finlande 4,8 (23,7) ; *France 9,7 (20,4)* ; G.-B. 4,9 (16,6) ; Italie 22,3 (21,6) ; Japon 15,8 (32,1) ; Luxembourg n.c. (57,9) ; P.-Bas 27,2 (22,5) ; Portugal 18,3 (23,7) ; Suisse 13,9 (30,2) ; USA 6,5 (16,3).

Taux d'épargne des Français (en %) : *1978 :* 17,6 ; *87 :* 11,2 ; *90 :* 13,1 ; *94 :* 14,8 ; *95 :* 16 ; *96 :* 15 ; *97 :* 16,1 ; *98 :* 15,6 ; *99 :* 15,4 ; *2000 :* 15,9.

Caisse d'épargne

■ **Caisse d'épargne et de prévoyance (CEP).** *1re fondée :* Paris 1818. **Structure** : depuis 1991, 2 niveaux.

Réseau national. Centre national des caisses d'épargne et de prévoyance (Cencep) comprend : la *Caisse centrale des Caisses d'épargne et de prévoyance (CCCEP)* : établissement de crédit ayant statut de banque (60 % CEP, 40 % CDC), réalisant l'ensemble des émissions sous la signature caisse d'épargne, assurant le refinancement des caisses régionales et le financement de grands projets nationaux et internationaux ; elle tient le compte courant des caisses régionales et centralise les excédents de liquidités de l'ensemble des établissements de crédit du réseau et assure le règlement des échanges interbancaires entre les caisses et la place. 2 Stés financières nationales : la *SEC (Sté centrale des caisses d'épargne pour l'émission et le crédit)* 65 %, CEP, 35 % CDC : émetteur central sur les marchés financiers, refinancement des établissements du groupe, intervenant en crédit pour le financement des collectivités territoriales et des grands projets. *La SCT (Sté centrale de trésorerie des caisses d'épargne)* 65 %, CDC, 35 % CEP : centralisation des fonds et tenue des comptes des établissements, moyens de paiements, échanges interbancaires, activités internationales]. *Des filiales spécialisées : Écureuil Gestion* (OPCVM), *Écureuil Vie* (assurance vie et capitalisation), *SOCFIM* (financement de l'immobilier), *Sogeceff-Saccef* (cautionnement), *A3C* (crédit-bail), *Écureuil Assurances ARD (assurances)*.

Réseau régional. 34 Caisses d'épargne : établissements de crédit à but non lucratif. *Origine :* habilitées uniquement à collecter sur le livret A. *1966 :* diversification (livret B, LEP, prêts épargne-logement). *1978 :* attribution du compte chèques. *1983 :* loi définissant le statut juridique. *1984 :* rattachement au domaine de la loi bancaire. Depuis *1987,* les Caisses d'épargne exercent l'ensemble des activités bancaires auprès de toute entreprise, sauf celles faisant appel public à l'épargne. *1999 :* transformées en banques coopératives. Création de la Caisse nationale des caisses d'épargne (fusion du Centre national et de la Caisse centrale des caisses d'épargne). **Ressources :** *livret A,* dont elles partagent avec la *Caisse nationale d'épargne* (bureaux de poste) le monopole de la distribution. 100 % de cette collecte est centralisé à la Caisse des dépôts moyennant une commission de placement, et destiné au financement du logement social. *Livrets B, épargne-logement, Codevi* (50 % centralisé à la CDC), *emprunts, dépôts à terme, OPCVM, assurance vie.* **Statistiques :** *caisses :* 34 ; *effectifs :* 42 800 ; *points de vente :* 4 700 ; *guichets automatiques :* 5 000. **Résultats financiers** (en milliards d'euros, au 31-12-2000) : bilan 263,88, fonds propres 9,67, résultat net comptable 0,68. **Encours de collecte** (en milliards d'euros, au 31-12-2000) : 241,2 dont dépôts à vue 15,5, livrets A 60,3, épargne-logement 39,4, PEP bancaires 8,3, valeurs mobilières et titres financiers 46,1, assurances vie 45. **Crédits :** 112,4 dont crédits aux particuliers : 63,1 ; entreprises 22,1 ; secteur public territorial 24,2, autres 3.

■ **Réseau de La Poste. Caisse nationale d'épargne (CNE) :** met le livret A, entre autres, à la disposition de la clientèle des 17 000 *bureaux* ; les facteurs peuvent servir d'intermédiaires entre clients et bureaux de poste pour toutes les opérations d'épargne.

Crédit municipal

Origine. 1462 le père Barnabé de Terni, religieux récollet, installe le 1er bureau de prêt sur gages pour faire pièce à l'usure. **1515**-*9-5* le pape Léon X autorise une faible perception d'intérêts afin de couvrir les dépenses d'administration des 80 *monti di pieta* (monts de piété). **1577** Avignon (domaine pontifical), **1696** Marseille, **1637** Paris (Théophraste Renaudot)], créés pour lutter contre l'usure. **1806** 764 188 objets engagés. **1817** + d'1 million. **1869** 2 206 956. **1891** prêts sur les valeurs mobilières (principalement des obligations de la Ville de Paris et du Crédit foncier). **1918** devient la *« Caisse de crédit municipal de... »* suivi du nom de la ville. **1952** rue Pierre-Charron, agence de prêt sur bijoux, pierres précieuses et œuvres d'art. Prêts aux fonctionnaires et assimilés, sur nantissement de leur traitement. **1972** : 91 322 objets. **1973** : 85 408. On l'appelle *ma tante* (origine : les Anglais employaient le mot *oncle* pour désigner les prêteurs sur gages, mais on a fait courir une anecdote : le Pce de Joinville, fils du roi Louis-Philippe, souvent à court d'argent, avait porté au mont-de-piété une montre que sa mère lui avait donnée pour ses 20 ans. Celle-ci s'étonnant de ne plus la voir, il lui dit l'avoir oubliée chez sa tante, puis dut avouer la vérité. L'anecdote s'ébruita]. **Statut.** Établissements publics communaux de crédit et d'aide sociale. La commune où la caisse a son siège est l'actionnaire unique. **Organisation.** 20 caisses autonomes, 100 implantations. Conférence permanente des Caisses de crédit municipal les représente. **Activités.** Services bancaires, crédits personnels, prêts sur gages corporels (avances sur nantissement) dont elles ont le monopole depuis 1796, prêts sociaux, prêts aux fonctionnaires. **Statistiques** (au 31-12-1998). **Clients :** 1 000 000 ; **encours clientèle :** 9 milliards de F ; **montant des dépôts :** 4 milliards de F. **Crédit municipal de Paris. Résultats** (en millions de F, 2000) : produit net bancaire 155, bénéfice net 18. **Prêts sur gages :** 30 à 50 % de la valeur en vente de l'objet, pour 1 an, renouvelable (sauf hi-fi, vidéo, photo) tant que les intérêts sont payés (de 7,98 à 8,32 % au 17-1-2000), à partir de 200 F. Environ 100 000 prêts par an (montant moyen 3 600 F). Taux revus tous les 3 mois. 93 % des objets restitués (record : 48 ans pour 2 tableaux le 7-9-1994, 47 ans pour 4 plats en argent le 27-2-1997, ainsi qu'un parapluie au siècle dernier). 90 % des objets gagés sont des bijoux.

Placements

☞ **Assurance vie** (voir p. 1612 c).

■ **Biens possédés par les Français** (en %) **et,** entre parenthèses, **par les + de 60 ans.** Assurance vie 95,7 (32,2) ; livret A ou livret bleu 57,5 (64,9) ; résidence (propriétaire stricto sensu) 44,3 (68,2) ; plan ou compte épargne logement (PEL ou CEL) 31,9 (21,6) ; plan d'épargne populaire (PEP) ou retraite (PER) 24,9 (29,4) ; Sicav 17,7 (24,3) ; terrains 11,6 (16,1) ; actions (hors Sicav ou FCP) 9,8 (11,0) ; biens immobiliers (autres que logement) 8,9 (13,3) ; livret B ou livret bancaire 8,7 (12,8) ; résidence secondaire (ou plusieurs) 8,4 (12,3) ; plan d'épargne en actions (PEA) 8,2 (12,9) ; autres placements financiers 6,9 (7,1) ; obligations (hors Sicav ou FCP) 5,4 (8,7) ; fonds communs de placements (FCP) 4,3 (5,3). **Total des placements financiers** (en fin d'année) : *1995 :* 9 583 milliards de F [dont épargne liquide / bloquée 3 573 / 3 947 (37,3 % / 41,2 %), *titres 2 063 (21,5)*] ; *99 :* 13 457 [3 840 / 6 368 (29 / 47,3), *3 196 (23,7)*] ; *2000 :* 14 298 [4 002 / 6 826 (28 / 47,7), *3 415 (23,9)*].

■ **Performance réelle et globale** (hors inflation et revenus réinvestis, en %, par an). **1960-69 :** terres agricoles + 8,8 ; obligations françaises + 3,2 ; logements de rapport + 2,4 ; actions + 0,11 ; bons et comptes à terme – 0,2 ; livrets d'épargne – 0,5 ; or – 1,5. **70-79 :** or + 14,5 ; assurance vie + 7,74 ; logements de rapport + 3,14 ; terres agricoles + 2,45 ; obligations françaises + 1,5 ; actions françaises + 0,7 ; PEL – 1,9 ; bons et comptes à terme – 2,44 ; livrets d'épargne – 3,5. **80-89 :** assurance vie + 11,59 ; actions françaises + 11,2 ; obligations françaises + 6,60 ; logements de rapport + 4 ; bons de capitalisation + 3,34 ; PEL + 1,56 ; CEL – 0,9 ; terres agricoles – 3,44 ; or – 5,7. **90-94 :** assurance vie + 7,92 ; actions françaises + 7,74 ; obligations françaises + 7,1 ; Sicav monétaires + 6,2 ; Sicav obligataires + 5,3 ; Sicav actions + 4,6 ; bons de capitalisation + 4,6 ; PEL + 3,8 ; livrets d'épargne + 2,6 ; CEL + 1,5 ; or 0 ; logements loués à Paris – 5 ; terres agricoles – 5.

■ **Courtage en ligne en Europe. Comptes ouverts** (en milliers, au 30-6-2000) : 2 890 dont All. 1 550, *France 310,* Suède 310, G.-B. 200, P.-Bas 180, Italie 150, Espagne 110, Suisse 80. **Premiers courtiers** (comptes ouverts en milliers) : Comdirect 505, Consors 449, DAB 293, Brokerage 24 : 185, Entrium 104, Fineco 102, e-Cortal 97. **Utilisateurs d'Internet (et de la banque en ligne)** [en millions] : *1998* 2,8 (0,1) ; *99* 5,7 (0,5) ; *prévisions : 2000* 8,3 (1,7), *2001* 11,2 (3,4), *2002* 13,4 (5,4), *2003* 16,1 (7,5), *2004* 18 (9,3).

Taux (en %) **de rendement annuel brut et,** entre parenthèses, **après impôt y compris RDS :** livret d'épargne populaire 4,75 (4,75) [4], livret jeunes 4,75 (4,75) [5], livret A 3,5 (3) [6], Codevi 3 (3), Sicav monétaires 4,5 [1] (3,6) [3], comptes à terme moins d'un an 3 à 4 [1] (2,4 à 3,2) [2], comptes rémunérés 3 à 4 [1] (2,8 à 3,2) [3], comptes épargne logement (CEL si un prêt est demandé) 2,25 à 3,75 (2,23 à 3,73) [7].

Nota. – (1) Estimation de performance annuelle sur la base des résultats enregistrés début 1996. (2) En supposant que l'on opte pour le prélèvement forfaitaire libératoire à 19,9 % (RDS compris). On peut aussi choisir d'intégrer les intérêts reçus à sa déclaration de revenus si son taux marginal d'imposition est inférieur à 19,9 %. (3) Sans plafond. (4) Dépôt maximal 40 000 F. (5) Dépôt max. 10 000 F. (6) Dépôt max. 100 000 F. (7) Dépôt max. 30 000 F.

Prélèvements libératoires (en %, avril 2001). **Emprunts d'État, obligations** et produits assimilés, fonds salariaux 15. **Comptes bloqués d'associés :** 15. **Titres de créances négociables :** 15. **Bons du Trésor sur formules,** bons de caisse des établissements de crédit et autres titres assimilés dont **bénéficiaire connu** émis de 1990 à 1994 : 35 ; depuis 1995 : 15 ; **anonymes** émis depuis 1983 et remboursés avant 1999 : 50, depuis 1999 : 60. **Bons ou contrats de capitalisation ou placements de toute nature** dont [**bénéficiaire connu** dont (souscrits depuis 1990) – de 4 ans : 35 ; 4 à 8 ans en F : 15 ; 8 ans ou + en F : 0 ; en u.c. : 0,5 ; **anonymes,** toutes durées : 60]. **Livrets et comptes,** créances, dépôts, cautionnements ; comptes courants (conditions pour les associés dirigeants) : 19,9. **Fonds communs de créances** (produits des parts et bons de liquidation) : 15 ; **Plan d'épargne populaire** : retraits avant 4 ans : 35 ; entre 4 et 8 ans : 15 ; 8 ans ou + : 0.

Nota. – Pour les personnes physiques fiscalement domiciliées en France ainsi que pour les bons anonymes, le taux légal est majoré des prélèvements additionnels constitués par le prélèvement social de 2 %, la CSG de 7,5 % et la CRDS de 0,5 %, soit au total 10 %. Jusqu'au 25-9-1997 : produits acquis jusqu'au 31-12-1997 : 0 ; depuis le 1-1-1998 : 7,5 ; à compter du 26-9-1997, contrat avec 50 % d'actions maximum (DSK) : 0, autres : 7,5 %.

Comptes

■ **Comptes sur livret. Des banques :** intérêt nominal brut 3,5 %. Montant 100 F min. ou multiples de 100 F. Régime fiscal : prélèvement libératoire (25 %) ou IRPP. **Des Caisses d'épargne et de La Poste :** *livret A,* montant maximal 100 000 F (la capitalisation des intérêts nouveaux est hors plafond), intérêts (en %) : *août 1985 :* 6 ; *86 :* 4,5 ; *96 (1-3) :* 3,5 ; *98 (15-6) :* 3 % ; *99 (1-7) :* 2,25 ; *2000 (1-7) :* 3 exonérés d'impôts ; non cumulable avec livret bleu. *Livret B,* montant illimité, *intérêts* libres cumulables avec livret bleu, prélèvement libératoire (25 %) ou IRPP. **Du Crédit mutuel :** *livret bleu,* montant maximal 100 000 F, liquidité totale, intérêts 3 % exonérés d'impôts ; non cumulable avec livret A.

Taux d'inflation et, entre parenthèses, **taux du livret A :** *1975 :* 9,6 (7,5) ; *80 :* 13,6 (6,5) ; *81 (16-10) :* 14 (8,5) ; *82 :* 9,7 (8,5) ; *83 (1-8) :* 9,3 (7,5) ; *84 (16-8) :* 6,7 (6,5) ; *85 (1-7) :* 4,7 (6) ; *86 (15-5) :* 2,1 (4,5) ; *87 :* 3,1 (4,5) ; *88 :* 3 (4,5) ; *89 :* 3,56 (4,5) ; *90 :* 3,39 (4,5) ; *91 :* 3,11 (4,5) ; *92 :* 1,98 (4,5) ; *93 :* 2,1 (4,5) ; *94 :* 1,6 (4,5) ; *95 :* 2,1 (4,5) ; *96 :* 1,69 (3,5) ; *97 :* 1 (3,5) ; *98 :* 0,3 (3) ; *99 :* 1,3 (2,25) ; *2000 :* 2 (3).

■ **Compte pour le développement industriel** (Codevi). *Créé* 8-7-1983. *Émetteurs :* banque, CEP, La Poste. *Conditions :* seul un contribuable ou son conjoint peut en être titulaire. *Dépôt maximal :* 30 000 F par personne ou conjoint ; cumulable avec livret A ou bleu. Versements ou retraits possibles à tout moment. *Rémunération* (depuis le 15-6-1998) : 3 % net d'impôt.

■ **Comptes à terme.** *Montant :* minimum 5 000 F. Rendement lié au marché monétaire (exemples : en juillet 2000, Sté générale à *1 mois :* 4 %, *3 :* 4,15, *6 :* 4,3). *Déblocage :* avant l'échéance prévue : possible avec pénalité sur le taux. *Régime fiscal :* imposition des revenus ou prélèvement forfaitaire libératoire de 25 %.

■ **Livret d'épargne populaire (LEP). Créé** pour « aider les personnes aux revenus les plus modestes à placer leurs économies dans des conditions qui en maintiennent le pouvoir d'achat » (loi no 82-357 du 27-4-1982, art. 1er). Réservé aux personnes physiques ayant leur domicile fiscal en France, dont la cotisation d'impôt sur le revenu n'excède pas, avant imputation de l'avoir fiscal, des crédits d'impôt et des prélèvements non libératoires, un plafond révisé chaque année (4 260 F en 2000). Si le plafond d'imposition est dépassé, le compte est obligatoirement clôturé au 31-12, les intérêts étant payés. Il ne peut être ouvert qu'un compte par contribuable et un pour son conjoint. *Dépôt minimum :* ouverture de 200 F. Le compte ne peut être débiteur. *Montant maximal :* 50 000 F. *Rémunération :* 4,25 % (au 1-2-2001) exonérée d'impôt sur le revenu, de CSG et de CRDS.

■ **Livret jeune** (arrêté du 23-4-1996). Peut être ouvert dans les banques, à La Poste ; ouvert aux 12-25 ans résidant en France à titre habituel. Pour les moins de 16 ans, l'autorisation du représentant légal est requise pour les opérations de retrait. Entre 16 et 18 ans, le représentant légal peut s'opposer aux retraits. *Plafond* 10 000 F ; la capitalisation peut porter le montant du compte au-delà ; *taux d'intérêt :* en général 4 % net d'impôt. Les versements portent intérêt à compter du 1er jour de la quinzaine suivant le dépôt et cessent de courir à la fin de la quinzaine précédant le « jour 0 » du remboursement. Au 31-12 de chaque année, l'intérêt acquis s'ajoute au capital et devient lui-même productif d'intérêts. En cas de clôture du compte en cours d'année, l'intérêt acquis est crédité au jour de la clôture du compte. Aucun frais ni commission ne sont perçus pour ouverture, gestion ou clôture.

■ **Plan d'épargne populaire (PEP).** Art. 109 du 29-12-1989 : formule de placement-retraite qui remplace le PER (Plan d'épargne retraite) depuis le 1-1-1990. **Durée :** 10 ans, mais peut être résilié au bout de 8 ans, ou clos par le décès du souscripteur. Si les fonds sont retirés avant 8 ans, la prime d'épargne n'est pas versée, les intérêts sont soumis à l'impôt, et le prélèvement libératoire est de 45 % si la durée du plan est inférieure à 4 ans, 25 % si elle est de 4 ans ou plus (pas de pénalités en cas de fin des droits aux allocations de chômage, redressement ou liquidation judiciaire pour un non-salarié ou survenance d'une invalidité ou d'un décès). **Modalités :** versements libres. Total plafonné à 600 000 F par plan (1 200 000 pour un ménage dont chaque conjoint a souscrit un plan). **Avantage fiscal :** exonération des intérêts produits et capitalisés chaque année par les versements, mais ceux-ci ne donnent droit ni à une déduction du revenu imposable, ni à une réduction d'impôt. **Avantage financier :** versement chaque année d'une prime d'épargne (pour les PEP ouverts avant le 22-9-1993) égale au 1/4 des versements et plafonnée à 1 500 F/an [1]. Elle est réservée aux contribuables non assujettis à l'impôt ou dont l'impôt est trop faible pour être recouvré. Les modalités et taux de rémunération [*exemples en 1998 :* investissements sur 2 ans (et 10 ans) : Crédit lyonnais 3,5 (4,5), Crédit agricole 2,75 (4,1)] ou de versements et les frais varient selon les établissements financiers. Certains PEP sont exonérés de pénalités en cas de retrait anticipé. **Encours en fin d'année** (en milliards de F). *1990 :* 84,4 ; *94 :* 344,8 ; *95 :* 499,3 ; *96 :* 576,9.

Nota. – (1) Depuis 1997, droit à prime limité à la fin de la 7e année, sauf PEP adossés à contrat d'assurance vie à primes périodiques souscrit avant le 5-9-1996.

Épargne-logement

■ **Compte d'épargne-logement** (durée minimale 18 mois). **Période d'épargne :** *dépôt :* montant initial minimal 2 000 F, maximal 100 000 F. *Versements annuels minimaux :* 500 F. *Rémunération* (exonérée d'impôt) : taux d'intérêt 3 % ; + prime d'épargne 1,25 % des sommes placées (ou 5/9 des intérêts acquis), plafond 7 500 F. Retrait à vue possible. **Période de prêt :** coefficient multiplicateur 1,5 ; montant maximal 150 000 F, durée maximale 15 ans (2 + 1,5 de frais). *Taux du prêt :* 3,75 % (pour les prêts souscrits depuis le 16-2-1994), 4,25 % (entre 16-5-1986 et 15-2-1994) 4,75 % (avant 16-5-1986).

■ **Plan d'épargne-logement (PEL)** (durée 4 ans avec prorogation possible de 6 ans). **Période d'épargne. Intérêts :** exonérés d'impôt jusqu'à 40 000 F d'intérêt prime d'État comprise, 4,62 % au-delà. *Ouverts à partir du 16-8-1984 :* 9 % ; *du 1-7-1985 :* 7,5 % ; *du 15-5-1986 :* 6 % (et 4,62) ; *du 7-2-1994 :* 5,25 % (au-dessus de 35 000 F d'intérêts, 3,84 au-delà) ; *du 23-1-1997 :* 4,25 % ; *du 15-6-1998 :* 4 % ; *du 26-7-1999 :* 3,6 %. **Dépôt :** montant initial minimal 1 500 F. *Plafond des ressources déposables :* 400 000 F. *Versement annuel minimal :* 3 600 F. **Prime de l'État :** 1,5 % des sommes placées (ou 25 % des intérêts acquis) plafonnée à 10 000 F. **Période de prêt** dans la limite des intérêts acquis (doits à prêts majorés de 20 %, jusqu'au 31-12-1996). Durée du prêt : 2 à 15 ans. Délai d'utilisation des droits à prêt : 2 ans (jusqu'au 31-12-1996). **Taux du prêt** (depuis le 26-7-1999) : 4,31 % pour les plans ouverts à partir du 1-8-1999.

■ **Prêts.** Lorsque le plan est venu à terme, on peut obtenir un prêt principal pour financer l'acquisition, la construction ou des travaux d'amélioration d'une résidence principale ou d'une résidence secondaire. **Durée d'amortissement :** 2 à 15 ans. Le titulaire d'un plan peut bénéficier de la cession de droits à prêts acquis par un membre de sa famille ou de celle de son conjoint, sur un plan venu à terme ou sur un livret d'épargne-logement ouvert depuis au moins 12 mois. Le prêt principal d'épargne-logement peut être complété par un prêt complémentaire.

■ **Statistiques** (au 31-12-1999). **Plans :** *Nombre* (en millions) *plans :* 15,58 ; *comptes :* 8,14. *Montant* (en milliards de F) *dépôts sur plans* (tous réseaux confondus) : 1 252 ; sur comptes 177. **Prêts** (en milliards de F) : *accordés :* 585,02 dont 17,8 % pour l'acquisition de logements neufs, 38,5 % de logements anciens, 43,7 % au financement de travaux de réparations.

■ **Prêts conventionnés.** Périodes à compter du 1-10-1997, entre parenthèses [PC/FGA (PAS)], par taux en %. *Taux de référence :* 5,6 (5,2) ; *fixe :* ⩽ 12 ans 7,9 (7,3), > 12 ans et ⩽ 15 ans 8,1 (7,5), > 15 ans et ⩽ 20 ans 8,25 (7,65), > 20 ans 8,35 (7,75) ; *révisable* 7,9 (7,3).

Formules combinent un plan d'épargne-logement à une série de comptes à terme, ou à des fonds communs de créances. De la souscription, on peut choisir entre : *1°)* **capitaliser les revenus :** le placement de départ (30 000 F minimum en général) fructifie 4 ans au taux fixé au moment de la souscription. A l'échéance, on récupère le capital majoré des intérêts nets d'impôts, avec la possibilité de bénéficier d'un prêt immobilier préférentiel ; *2°)* **percevoir des revenus** trimestriels. On paiera moins d'impôts sur les revenus encaissés que sur un compte à terme classique, le revenu distribué comportant une partie de capital (non imposée) et une partie d'intérêts purs (taxés à 19,9 %). Taux d'imposition réelle : environ 10 %.

PRÊT HYPOTHÉCAIRE

■ **Formules. Par l'entremise d'un notaire :** *durée* de 2 à 4 ans. *Rendement :* 15 % environ avant impôt (9,3 après). *Garantie :* constituée sur le bien avec priorité sur les autres créanciers. *Fiscalité :* prélèvement libératoire de 38 % + 1 % de contribution sociale. *Remboursement du capital :* généralement en une seule fois, à l'échéance du prêt ; les intérêts sont versés par trimestre, semestre ou par an. Faire assortir le prêt d'une garantie de bonne fin pour éviter de perdre sa mise en cas de défaillance du débiteur. **D'une banque spéciale :** comptes à terme avec affectation hypothécaire.

■ **Renseignements.** Pour savoir si un immeuble est hypothéqué, il faut demander à la Conservation des hypothèques une copie ou un extrait du registre des inscriptions et du fichier immobilier. Certains biens d'une valeur inférieure à 50 000 F peuvent être constitués en *biens de famille insaisissables.* [Ils ne peuvent être hypothéqués et ne peuvent être vendus qu'avec l'accord des 2 époux (si le propriétaire du bien est marié), ou avec l'autorisation du conseil de famille (si le propriétaire a des enfants mineurs).]

RENTES VIAGÈRES

■ **Définition.** Contrat par lequel une personne (le *débirentier*) s'engage, en contrepartie de la cession d'un bien ou d'un capital, à verser à une autre personne (le *crédirentier*) une certaine somme d'argent *(arrérages),* périodiquement (tous les ans, tous les semestres, etc.) pendant la durée fixée au contrat. La rente est *temporaire* si les versements sont limités dans le temps (10 ans, 20, 30, etc.) [exemple : rente attribuée à des orphelins mineurs] ; *viagère* s'ils cessent au décès du ou des crédirentiers. Viager immobilier (voir p. 1728 c). **Types de rentes.** *1°) Secteur public :* constituées auprès de la Caisse nationale de prévoyance, des caisses autonomes mutualistes et des compagnies d'assurances. *2°) Privé :* entre particuliers.

■ **Formes. Rente viagère immédiate :** le capital constitutif de la rente est versé en une seule fois, les arrérages en sont servis sans délais. **Différée :** les arrérages sont versés quand le rentier a atteint un certain âge, fixé par le contrat. **A capital aliéné** *(immédiate* ou *différée) :* aucun remboursement de capital n'est prévu au décès du rentier ou de l'assuré. *Rentes versées :* exemple pour rente viagère immédiate avec participation aux résultats, *sur une tête :* si l'on veut obtenir 1 F de rente, il faut à *50 ans* verser un capital de 16,181 F ; *60 :* 13,626 ; *70 :* 10,350 ; *80 :* 7,110. Si l'on a versé un capital de 100 F, on obtiendra *sur 2 têtes* à *60 :* 6,42 ; *70 :* 8,07 ; *80 :* 11,33. **A capital réservé** *(immédiate* ou *différée) :* le capital constitutif de la rente est remboursé sans intérêts au décès de l'assuré. **Réversible** *(immédiate* ou *différée) :* au décès du rentier, la rente sera servie à son conjoint (ou à toute autre personne désignée) en totalité ou en partie (1/2, 1/3, 3/4) jusqu'au décès de celui-ci. **Réductible :** le contrat est souscrit sur 2 têtes. Les arrérages sont versés en totalité tant que les crédirentiers sont en vie et réduits dans une certaine proportion, fixée par le contrat, lors du décès de l'un d'eux.

■ **Capital nécessaire (en F) pour obtenir 1 F de rente viagère annuelle. Ages, capital sans réversion,** et, entre parenthèses, **avec réversion :** *55 ans,* 33,34 (38,81). *56,* 32,28 (37,71). *57,* 31,23 (36,62). *58,* 30,19 (35,53). *59,* 29,1 (34,44). *60,* 28,11 (33,35). *61,* 27,08 (32,27). *62,* 26,05 (31,20). *63,* 25,03 (30,12). *64,* 24,02 (29,06). *65,* 23,01 (27,99). *66,* 22,02 (26,94). *67,* 21,03 (25,89). *68,* 20,05 (24,84). *69,* 19,09 (23,81). *70,* 18,14 (22,79). *71,* 17,73 (22,11). *72,* 17,21 (21,37). *73,* 16,81 (20,71). *74,* 16,30 (19,98). *75,* 15,90 (19,35). *Source :* Axiva, 1999. *Exemple :* 1 personne de 60 ans, évaluant ses besoins annuels de retraite complémentaire à 30 000 F, trouvera le montant des capitaux à convertir en rente : 843 300 pour un capital sans réversion (30 000 × 28,11), ou 1 000 500 F si elle opte pour une réversion de la rente au profit de son conjoint (30 000 × 33,35). *Bases :* taux de réversion de 60 %. Conjoint 5 ans de moins que le rentier. Taux technique retenu : 0 %. Frais de service des rentes : 3 %.

■ **Fiscalité.** Le crédirentier ne déclare avec ses revenus qu'une fraction de la rente déterminée par son âge à l'entrée en jouissance de la rente : *à moins de 50 ans :* 70 % ; *50 à 59 :* 50 % ; *60 à 69 :* 40 % ; *après 69 :* 30 %.

■ **Majorations. Légales :** votées chaque année dans le cadre de la loi de finances. Soumises à la prescription de 5 ans. Acquises de plein droit aux *rentes du secteur privé* non indexées (sauf celles constituées moyennant l'aliénation de valeurs mobilières ou de droits incorporels autres qu'un fonds de commerce) et *aux rentes du secteur public* constituées avant le 1-1-1969. **Judiciaires :** possibles pour les rentes du secteur privé. *Rentes non indexées :* le crédirentier peut obtenir une majoration plus élevée que la majoration légale. Il doit faire la preuve en justice qu'en raison des circonstances économiques, le bien vendu a acquis une plus-value supérieure à celle de la majoration légale. *Rentes indexées :* révisables, lorsque les circonstances économiques bouleversent, malgré l'indice, l'équilibre que les parties avaient entendu maintenir (exemples : soit que l'indice ait été défectueux, soit que la rente ne soit plus proportionnée à la valeur du bien). Dans ces 2 cas, la revalorisation judiciaire sera au max. de 75 % du coefficient de la plus-value déterminée par le tribunal après expertise. **Revalorisation : 1°)** des rentes constituées entre particuliers (en contrepartie de la vente d'un bien immobilier, par exemple), des rentes allouées en réparation d'un préjudice et des rentes des anciens combattants **et 2°)** entre parenthèses, des rentes du secteur public (souscrites près des compagnies d'assurances, de la Caisse nationale de prévoyance et d'autres organismes professionnels), les taux de 1996 restant applicables *date de naissance de la rente : avant le 1-8-1914 :* 86 093,70 (79 671,20) ; *1-8-1914 à fin 1918 :* 49 155,50 (45 485,30) ; *1919 à 1925 :* 20 643 (19 097,40) ; *1926 à 1938 :* 12 622,50 (11 674,50) ; *1939 au 31-8-1940 :* 9 083,20 (8 398,90) ; *1-9-1940 au 31-8-1944 :* 5 490,80 (5 074,20) ; *1-9-1944 à fin 1945 :* 2 659,90 (2 454,30) ; *1946 à 1948 :* 1 233,70 (1 134,40) ; *1949 à 1951 :* 661,20 (604,50) ; *1952 à 1958 :* 476 (433,10) ; *1959 à 1963 :* 380,60 (344,8) ; *1964 et 1965 :* 354,60 (320,80) ; *1966 à 1968 :* 333,60 (301,30) ; *1969 et 1970 :* 309,80 (241,50) ; *1971 à 1973 :* 266,10 (204,70) ; *1974 :* 179,80 (132,20) ; *1975 :* 164,50 (120,40) ; *1976 et 1977 :* 141,80 (101,50) ; *1978 :* 124,50 (86,90) ; *1979 :* 104,70 (70,60) ; *1980 :* 81,70 (51,20) ; *1981 :* 61,10 (34,30) ; *1982 :* 49,50 (24,40) ; *1983 :* 42,20 (18,40) ; *1984 :* 35,90 (14,70) ; *1985 :* 32,20 (12,80) ; *1986 :* 29,90 (11,70) ; *1987 :* 27 (10,10) ; *1988 :* 24 (8,70) ; *1989 :* 21,2 (7,10) ; *1990 :* 17,80 (5,20) ; *1991 :* 15 (3,70) ; *1992 :* 12,10 (2,20) ; *1993 :* 9,80 (1) ; *1994 :* 8 (0) ; *1995 :* 5,80 (0) ; *1996 :* 4,40 (0) ; *1997 :* 3,10 (0) ; *1998 :* 1,90 ; *1999 :* 1,40.

Barème du Centre national de rentes viagères

Age du crédirentier	Durée moyenne de vie		Taux de rente [1]	
	H	F	H	F
60	16,37	20,82	7,73	6,46
61	15,67	19,98	8,00	6,65
62	14,99	19,15	8,29	6,86
63	14,33	18,34	8,60	7,09
64	13,70	17,54	8,91	7,33
65	13,08	16,77	9,25	7,59
66	12,48	16,01	9,62	7,87
67	11,91	15,26	10,00	8,17
68	11,35	14,54	10,41	8,49
69	10,82	13,84	10,84	8,84
70	10,31	13,16	11,29	9,21
71	9,82	12,50	11,78	9,60
72	9,36	11,87	12,28	10,03
73	8,92	11,26	12,80	10,48
74	8,50	10,68	13,35	10,96
75	8,10	10,12	13,93	11,48
76	7,72	9,59	14,54	12,02
77	7,37	9,08	15,16	12,60
78	7,02	8,60	15,83	13,22
79	6,71	8,15	16,49	13,86
80	6,42	7,72	17,16	14,54
81	6,13	7,32	17,90	15,25
82	5,87	6,94	18,63	16,00
83	5,64	6,59	19,32	16,76
84	5,42	6,26	20,04	17,56
85	5,20	5,95	20,82	18,40

Nota. – (1) En % en tenant compte du fait que la rente est payable trimestriellement.

Pour les rentes constituées avant 1960, il faut diviser le montant initial de la rente par 100 pour la convertir en F actuels, puis ajouter la majoration à ce montant.

☞ **Valeur du blé** pour rente viagère (depuis le 1-7-1995) : 17,72 F.

■ **Rachat des rentes perpétuelles.** Constituées contre versement d'un capital (rentes constituées), peuvent être rachetées après un délai d'au max. 10 ans. Les rentes perpétuelles constituées moyennant une amélioration immobilière (rentes foncières) peuvent être rachetées après un délai d'au max. 30 ans. On peut s'adresser à 2 Stés qui jouent les intermédiaires entre les particuliers, le *Centre national des rentes viagères (CNRV)* et la *Française de rentes et financements.*

VALEURS MOBILIÈRES

TYPES

■ **Actions.** Représentant une part du capital de la société, indiquée par leur valeur nominale. L'actionnaire est un associé. Il a droit : **1°) à une part des bénéfices** après constitution des amortissements industriels, des provisions et des réserves (légales, statutaires ou facultatives) ; le dividende est payé 1 fois par an (l'assemblée peut décider de ne pas en verser). **2°) De participer aux assemblées générales** qui ont un pouvoir sur les orientations stratégiques. **3°) A une priorité pour souscrire aux augmentations de capital** (avec un délai de 15 jours minimal pour en profiter). Ce droit, proportionnel au nombre de ses actions, est négociable. **4°) Au remboursement de la valeur nominale des actions** en cas de dissolution de la société, mais il ne sera payé qu'une fois les créanciers désintéressés. Le remboursement peut avoir lieu par anticipation (voir action de jouissance). **5°) Aux bénéfices de liquidation** après le désintéressement des créanciers et le remboursement de la valeur nominale des actions. **6°) De communication des documents** soumis à l'approbation des assemblées générales ordinaires. Les Stés cotées et leurs principales filiales doivent publier au Balo, outre les documents soumis à l'approbation de l'assemblée générale ordinaire (bilan, compte de résultat, etc.), un tableau d'activité et de résultat du 1er semestre de l'exercice, un rapport semestriel, et le chiffre d'affaires trimestriel. Elles doivent publier des comptes consolidés si elles sont à la tête d'un groupe. **7°) De négocier librement son action** par la simple remise (titre au porteur), ou par transfert sur les registres de la société (titre nominatif) ; parfois soumis à l'agrément du conseil. Les *actions d'apport* ne sont négociables que 2 ans après leur création. Les *actions déposées par chaque administrateur* en garantie de gestion sont inaliénables pendant son mandat. **8°) D'être désigné aux fonctions sociales** (conseil d'administration, directoire, conseil de surveillance). **9°) D'agir en justice** (contre les organes sociaux ou la société).

Action de jouissance : action dont le capital a été amorti par prélèvement sur les réserves et par conséquent remboursé aux actionnaires ; n'a pas droit au dividende statutaire. **De priorité ou action privilégiée :** a droit en priorité au dividende (qui peut être majoré par rapport à celui des actions ordinaires). **A dividende prioritaire (ADP) sans droit de vote :** donne droit à un dividende prioritaire majoré (rendement minimal 7,5 %) en contrepartie de la suppression du droit de vote. **Accumulante :** l'actionnaire a le choix entre le paiement du dividende en numéraire et l'attribution d'actions nouvelles. **A droit de vote plural :** libérée dès l'origine, nominative (éventuellement pendant 2 ans suivant l'origine), bénéficiant d'un droit de vote double.

Absa (actions à bon de souscription d'action) émises à un prix supérieur au cours de la Bourse : donne la possibilité de souscrire à terme d'autres actions à prix convenu. Intéresse ceux qui anticipent la hausse au-dessus du cours d'achat, auquel cas ils réalisent l'opération.

Régime fiscal des actions. Dividende : *avoir fiscal* égal à 50 % du dividende distribué ; *imposition à l'IRPP* (y compris avoirs fiscaux) avec abattement forfaitaire de 8 000 F (16 000 pour un couple). **Plus-values :** imposables au taux de 19,4 % si le montant annuel de cession est supérieur à 336 700 F (moins-values au-dessous de ce seuil déductibles pendant 5 ans) [Sicav : produits des cessions imposables si supérieures à 50 000 F par an].

Augmentations de capital. *Gratuites :* 3 formes : élévation de la valeur nominale de l'action, division du titre ou distribution d'actions gratuites. *Payantes :* supposent le détachement d'un droit de souscription ou d'attribution.

Calcul du coût d'une action acquise par souscription : *formule :* K = (c × n) + P. K étant le prix de revient de l'action nouvelle ; c, le cours du droit ; n, le nombre de droits pour avoir une action ; P, le prix de souscription. *Exemple :* le droit cote 17 F et il en faut 3 pour souscrire à une action au prix de 150 F. L'action nouvelle revient à : (17 F × 3) + 150 F = 201 F. Si l'action ancienne cote par exemple 209 F, il y a intérêt à acheter les droits et à souscrire si l'écart de cours ne s'explique pas par une différence de jouissance (actions anciennes bénéficient d'un dividende auquel les nouvelles ne peuvent pas prétendre) et si les frais de Bourse sont inférieurs à la différence constatée.

Certificats d'investissement : *créés* 1983 (loi Delors) pour renforcer les fonds des entreprises publiques sans remettre en cause le contrôle étatique (puis utilisés par le privé). L'action conserve le droit de vote et le certificat d'investissement en reçoit les droits pécuniaires.

ÉVOLUTION D'UN CAPITAL DE 10 000 F
placé à intérêt fixe capitalisé

%	5 ans	10 ans	15 ans	20 ans	30 ans
5	12 763	16 289	20 789	26 532	43 219
6	13 382	17 908	23 965	32 071	57 435
8	14 693	21 589	31 722	46 609	100 626
10	16 105	25 937	41 772	67 275	174 493
12	17 623	31 058	54 736	96 463	299 597
15	20 114	40 456	81 370	163 664	662 114
20	24 883	61 917	154 070	383 375	2 373 763

■ **Emprunts d'État indexés. Rente Pinay : 4,5 % en 1953 :** sur la base d'un prix de référence de 36 F fixé par l'Administration, chaque année un prix de remboursement ou de reprise était fixé le 1-6 et le 1-11 en fonction de la moyenne des cours du napoléon. Le 1-6-1988, tous les titres restant en circulation ont été remboursés par anticipation sur 1989 à 1 474 F. Le prix de remboursement avait culminé à 2 447 F en juin 1981. L'État a remboursé environ 2,75 milliards pour 1,86 de titres amortis. Au total, l'emprunt avait permis de recueillir plusieurs milliards de F de l'époque et 185 t d'or utilisées pour souscrire.

Emprunt Giscard : 7 % en 1973 : emprunt de 6,5 milliards de F lancé pour financer, par avance, une baisse de la TVA ramenée de 23 % à 20 % et de 7,5 % à 7 %. Préparé par Claude Pierre-Brossolette, directeur du Trésor, et Jean-Yves Haberer, chef du service des affaires monétaires et financières du Trésor. L'indexation directe sur l'or-métal paraissant dangereuse, l'emprunt fut indexé sur le rapport, au jour de l'émission, entre le poids d'or du F et l'unité de compte européenne (UCE), utilisée alors essentiellement pour fixer les prix agricoles. Si le F et l'UCE n'étaient plus définis par un poids d'or, comme ils l'étaient alors, l'indexation se ferait sur les variations des cours du lingot d'or de 1 kg, coté à la Bourse de Paris, avec 10 483 F comme base de départ. L'emprunt, émis avec un taux inférieur d'un point en dessous de celui du marché, fut assez mal accueilli. Peu après son lancement, il perdait jusqu'à 15 % de sa valeur. Quand les accords de la Jamaïque en janvier 1976 (ratifiés sans la participation formelle de la France au début 1978) officialisèrent l'abandon de l'étalon-or et la généralisation des changes flottants, l'emprunt 1973 monta de janvier 1976 à 1978 de 1 000 F à 3 000 F puis à + de 10 000 F en 1980 parallèlement à la montée de l'or. C'est ainsi que le Trésor dut rembourser 55 milliards de F au lieu de 6,5 (coefficient 8,5) et verser 35 milliards de F d'intérêts au lieu des 6,8 prévus. Il a donc coûté 76,7 milliards de F (soit en F constants 34 milliards de F dont remboursement 24, intérêts 10). Le remboursement se fit le 18-1-1988 en partie avec 45 milliards de F prélevés sur les 67 obtenus des privatisations en 1987. Il représentait 5 % de la dette de l'État (contre 10 % en 1981), 12 % à 14 % de la charge de refinancement supportée par le Trésor en 1987 (400 milliards de F) et un peu plus de 50 % des obligations publiques émises en 1986 et 1987 (137 et 96) ne figurant que pour les 6,5 milliards de F d'origine. Il a peu allégé le montant nominal de la dette publique (1 300 milliards de F).

Emprunt Barre : 8,80 % en 1977 : nominal (1 000 F) indexé sur la valeur en F de l'unité de compte européenne (UCE) sur la base de sa composition et de sa valeur au 29-4-1977 (5,60127 F). *Valeur instantanée.* Dernière tranche amortie le 23-5-1992 (prix de remboursement : 1 258,81 F par obligation).

Emprunt Balladur : 6 % en 1993 : lancé comme un à-valoir sur le produit des privatisations pour financer des mesures de soutien de l'emploi et de l'économie. *Souscription* du 25-6 au 10-7-1993. **Durée :** 4 ans (remboursement le 16-7-1997) [un PEA est bloqué 5 ans]. **Frais :** néant (sauf droits de garde demandés par établissement financier) si on ne cherche pas à vendre ses titres ou à les céder en Bourse. **Fiscalité :** celle des obligations (la souscription dans un PEA est fiscalement plus avantageuse). **Droit de souscription prioritaire des privatisations :** les titres de l'emprunt pourront servir en paiement des actions de privatisation en étant repris au minimum du pair. **Montant** *attendu :* 40 milliards de F ; *souscrit :* 110 ; *remboursé :* 90.

Affectation : sur 70 milliards de F, 35 consacrés à la suppression du décalage d'un mois du remboursement par l'État de la TVA aux entreprises (2,4 millions d'entreprises) ; 15 au profit des collectivités locales dont 8 pour prêts bonifiés (rénovation et sécurité des établissements scolaires) ; 7 pour la formation professionnelle et formation des jeunes ; 20 en réserve (budget 1994).

☞ Depuis le remboursement du 4,5 % 1953 et du 7 % 1973, un seul emprunt indexé sur l'or est coté à la Bourse de Paris : *l'emprunt d'Algérie 3,5 % 1952 indexé sur le cours du napoléon,* émis en coupures de 100 F, 500 F et 1 000 F de nominal, amortissable par tranches de 1953 à 2012 (les résultats des tranches tirées au sort ne sont connus généralement qu'au bout de 10 mois) et peu de titres sont échangés à chaque séance (de 5 à 10).

Bilan des grands emprunts (en milliards de F, valeur 1993). *1825* Richelieu : 15,5 ; *71* Thiers : 48,4 ; *72* Thiers : 62,8 ; *1953* Pinay : 41 ; *56* Ramadier : 30,2 ; *58* Pinay : 25,9 ; *73* Giscard : 26,4 ; *77* Barre : 21,3 ; *93* Balladur : 110.

■ **Fonds d'État.** Titre générique qui recouvre *rentes perpétuelles* (sorte de rente viagère) et *emprunts d'État.* La rente perpétuelle de 3 %, dont l'origine remonte à 1825 et qui servit au règlement de l'indemnité de 1 milliard de F-or allouée aux émigrés et à leurs descendants dont les biens avaient été confisqués pendant la Révolution, est encore négociée.

■ **Obligations.** Valeur mobilière (au minimum de 100 F nominal) négociable, représentant une créance exigible généralement à long terme (+ de 5 ans). Seuls collectivités publiques et GIE peuvent en émettre : le 1er exercice d'exploitation doit être achevé et le 1er bilan dressé, les actions doivent être entièrement libérées (payées). L'émetteur doit s'inscrire 31 jours avant en calendrier des émissions. Les obligations sont remboursées au terme indiqué, ou annuellement, par tirage au sort. Une prime est souvent prévue, l'obligation ayant été émise au-dessous de la valeur nominale mais étant remboursée à celle-ci. **Droits des obligataires :** d'information, de faire partie d'une masse qui se réunit en assemblées, d'aliéner les obligations, d'être remboursés avant l'actionnaire en cas de dissolution de la Sté, droit au paiement des intérêts.

Différents types. A taux fixe (nominal ou **facial) :** le cours peut varier cependant en fonction du taux d'intérêt moyen des emprunts à l'émission et des conditions propres à chaque obligation (durée de vie, modalités d'amortissement, qualité de l'emprunteur, sensibilité, etc.). **A taux variable :** déterminé en fonction des variations d'un taux de référence (taux du marché obligataire, du marché monétaire, etc.). **A taux révisable :** indices les plus usuels : TAM (taux annuel monétaire), TRA (taux révisable annuel), TRO (taux révisable tous les 3 ans), TSM (taux semestriel monétaire) déterminé d'avance, ou « taux flottant ». **A minimum garanti :** revenu indexé sur l'indice CAC 40 et à minimum garanti.

A bons de souscription : d'actions (Obsa) : également appelés *warrants.* Donnent le droit de souscrire à une nouvelle action de la Sté émettrice à un prix fixé par le contrat d'émission, et durant une période déterminée [**Obsar :** obligation à bons de souscription d'actions avec faculté de rachat des bons. **Ocbsa :** obligation convertible à bons de souscription d'actions. **Ocbsar :** avec faculté de rachat]. **D'obligation (Obso) :** le warrant fait l'objet d'une cotation séparée et se négocie indépendamment de l'obligation. La durée de ces bons est en général assez limitée.

Convertibles en actions : peuvent être échangées contre une action de la Sté émettrice durant période et modalités définies par le contrat d'émission. Si le cours de l'action monte, celui de l'obligation convertible est alors tiré vers le haut. Si le cours de l'action baisse, le porteur de l'obligation est mieux protégé que l'actionnaire, car il perçoit un revenu régulier. Seules les Stés en commandite par actions (après décision de l'assemblée générale extraordinaire) et les Stés anonymes peuvent en émettre.

A fenêtres : comportent une clause de remboursement anticipé (la 7e, 10e ou 14e année) au gré du porteur ou de l'émetteur. Le porteur qui demande un remboursement anticipé supporte une pénalité sur son dernier coupon. Il n'a donc intérêt à le faire que si les taux montent. Inversement, l'émetteur ne remboursera par anticipation son emprunt que si les taux baissent fortement. Il doit, dans ce cas, une prime de remboursement au souscripteur.

A lots : doivent être autorisées par une loi. Exemple : obligations à lots SNCF (permettant aux porteurs tirés au sort de gagner des km de voyage).

Assimilables du Trésor (OAT) : *émises depuis mai 1985* permettent de fractionner la collecte de fonds pour ne pas saturer le marché. Chaque mois, les nouveaux titres émis ont les mêmes caractéristiques que ceux de l'emprunt initial.

Renouvelables du Trésor (ORT) : *émises* le 6-6-1987. A taux fixe légèrement inférieur aux emprunts d'État. Les coupons sont capitalisés (seule la plus-value est imposable si l'on revend le titre avant le détachement du coupon). Durée de vie (6 ans), on peut (au bout de 3 ans) échanger une ORT contre une autre ORT émise à un taux plus avantageux.

A coupon zéro : les intérêts ne sont pas payés annuellement, mais capitalisés. Depuis 1992, franchise d'impôt sur les intérêts capitalisés jusqu'à l'échéance puis taxation à 18,1 % au-delà des seuils mobiliers. La revente avant échéance est fiscalisée comme plus-value (seuil 335 000 F).

Remboursables : en certificats d'investissement privilégié (Orcip) : remis à l'échéance par la Sté émettrice. **En action (Ora) :** à l'échéance, en actions ordinaires de la Sté émettrice selon des modalités fixées par le contrat d'émission. **Orabsa :** à bons de souscription d'actions. **Orabsar :** avec faculté de rachat.

Obligations (3 % *de la Caisse nationale de l'énergie) :* réparties entre les actionnaires des Stés de gaz et d'électricité en compensation de leur nationalisation en 1946 ; indexation sur un prélèvement d'au moins 1 % des recettes d'EDF-GDF.

> **Régime fiscal des obligations françaises** (ou assimilées : émises en France par des organismes étrangers ou internationaux) **non indexées.** *Intérêts :* déclaration IRPP ou prélèvement libératoire 19,9 %. Pour certaines obligations, la prime d'émission est partiellement ou totalement exonérée. *Plus-values* 19,9 % si les cessions dépassent 200 000 F. **Rendement** (exemple : obligation d'État de 10 ans) : 1995 brut 8,2 % (net 8,16), plus-value en capital de 10 % sur l'année 1996 (25-1) 6,4 (net 5,13).

■ **Parts de fondateurs.** Sans valeur nominale et non comprises dans le capital social ; confèrent un droit à répartition des bénéfices. Négociables en Bourse.

■ **Titres subordonnés à durée indéterminée (TSDI).** Le souscripteur n'a pas droit au remboursement de son apport à une date déterminée. La Sté émettrice se réserve la possibilité de rembourser les titres à son gré.

■ **Titres participatifs.** *Créés* par la loi du 3-1-1983. Seules peuvent en émettre les Stés par actions de droit public, les Stés anonymes coopératives et les établ. publics à caractère industriel et commercial. Perpétuels, non remboursables, sauf en cas de liquidation de la Sté. Négociables en Bourse, dans le cadre d'OPA et d'OPE. **Rémunération :** comprend une partie fixe, souvent fixée par rapport au taux du marché obligataire, et une partie variable, fonction du résultat net de la Sté, ou de sa marge d'autofinancement, ou de son chiffre d'affaires consolidé (elle peut comporter un plancher et un plafond). **Régime juridique :** celui des obligations. **Cotation :** à la cote officielle au comptant. **Fiscalité :** abattement de 5 000 F et prélèvement libératoire à 26 %. Certaines émissions peuvent être accompagnées de bons de souscription.

> **Dématérialisation des valeurs mobilières.** Depuis le 3-11-1984, les valeurs mobilières émises en France et soumises à la législation française doivent être déposées en compte par leurs détenteurs auprès de leur intermédiaire agréé (banque, agent de change, etc.) ; les titres papier ont fait place à un enregistrement informatique à la *Sicovam* (Sté interprofessionnelle pour la compensation de valeurs mobilières) qui effectue les calculs de valorisation.
>
> **Exceptions (titres non dématérialisés). Emprunts d'État :** *1973 :* 4,5 %, *45-54 :* 3 %, *42-55 :* 3 %, *41-60 :* 4 %, *42-52 :* 3 %. **Emprunts PTT :** *1964 :* 5 %, *65 :* 5,75 %, *66 :* 5,75 %, *67 :* 6,25 %, *68 :* 6,5 %, *69 :* 7 %, *70 :* 8,5 %, *71 :* 8,5 %.

PLACEMENTS DIVERS

■ **Cheval de course. Formules d'achat :** *foal* (poulain de l'année) en général investissement de professionnels ou d'investisseurs à long terme, *yearling* (cheval né l'année précédente et prêt à commencer l'entraînement), ventes aux enchères à Deauville et à Paris, août, octobre, décembre. On peut constituer une écurie de groupe sous forme de Sté civile. **Rentabilité :** 2 sources : prix des courses (40 % du 1er prix pour le 2e, 20 % pour le 3e, 10 % pour le 4e) ; gains sur les parts d'étalon, le prix de la part étant calculé pour être amortissable en 4 ou 5 ans en fonction du prix de la saillie, sur la base de 40 saillies par an. Marché étroit : baisse récente du prix des yearlings.

☞ Le trotteur *Idéal du Gazeau,* acheté 15 000 F en 1976, a gagné 15 millions de F, a été 3 fois champion du monde aux USA et a été revendu 15 millions de F à la Suède.

■ **Diamant.** Placement à (très) long terme : il faut amortir la taxe sur la plus-value, la TVA (19,6 % depuis le 13-4-1992 sur une pierre non montée) et la commission du joaillier (45 à 100 %), la taxe à la revente (7,5 % depuis 1-1-1991). Les plus faciles à négocier sont les diamants de 1 à 5 carats les plus blancs, parfaitement purs, d'une couleur dite « premier blanc » et parfaitement taillés. Le dépôt-vente (le négociateur n'achetant pas la pierre), assimilé à une vente entre particuliers, échappe à la TVA.

■ **Fonds du Trésor.** On peut se faire ouvrir dans les recettes-perceptions des comptes à vue (non rémunérés) et à terme à 1, 3 ou 6 mois (mêmes taux que dans les banques).

■ **Forêts. Groupement forestier :** forêt achetée par un gestionnaire et revendue par parts. Frais (plantation, entretien) et revenus (coupes de bois) sont partagés entre les associés proportionnellement à leurs investissements. **Fiscalité :** droits d'enregistrement 3,6 à 10 %, exonération des 3/4 de la valeur pour droits de mutation et ISF (sous certaines conditions), exonération pour successions et donations ; revenu taxé sur le revenu cadastral (et non celui des ventes) ; peuplements exonérés 30 ans (feuillus) ou 20 ans (résineux) ; cessions de terrains exonérées quand prix de – de 50 000 F. **Rendement net :** 1 à 2 %. **Durée optimale :** très long terme.

■ **Groupement foncier agricole (GFA).** Le porteur de part est responsable en proportion de sa quote-part détenue dans le capital du GFA. **Liquidité :** faible (plusieurs semaines ou mois pour vendre la part). **Rentabilité :** grevée par les frais d'acquisition (enregistrement, taxes locales, notaire) + frais d'entretien du bâti ; revenus annuels de 0,5 à 3 %, plus-value aléatoire. **Fiscalité :** exonération des 3/4 de la valeur à la 1re mutation dans la limite de 500 000 F (50 % au-delà), si le GFA loue ses terres à long terme ; revenus assimilés aux autres revenus fonciers ; abattement de 10 à 15 % ; droits d'enregistrement réduits (4,8 %).

■ **Groupement foncier viticole (GFV).** Même régime juridique et fiscal que le GFA. **Revenu :** 2 à 5 % (grevé par les frais de gestion) avec avantages en nature (vin, etc.). Plus-values potentielles.

■ **Dom-Tom.** Loi Pons du 11-7-1986. **Avantages consentis :** réduction d'impôt de 25 % pour l'acquisition ou la construction de logements neufs occupés ou loués comme résidence principale, pour la souscription au capital de Stés de construction (conditions limitatives) ou contribuant au développement régional ; 50 % pour les logements neufs locatifs. L'engouement a gonflé artificiellement le marché et attiré des intermédiaires peu sérieux.

☞ **Association de défense des actionnaires minoritaires (Adam),** 5, rue de Lin, 28000 Chartres. **Association européenne de défense de l'épargne,** 11 bis, rue de la Planche, 75007 Paris. **Association française des usagers de banque (Afub),** 5, place Auguste-Métivier, 75020 Paris. **Association nat. des actionnaires de France (Anaf),** 13, av. du Mal-de-Lattre-de-Tassigny, 94100 St-Maur-des-Fossés. **Association nat. des porteurs français de valeurs mobilières,** 22, bd de Courcelles, 75017 Paris. **Centre d'information bancaire (CIB),** 18, rue La Fayette, 75009 Paris. **Cob** (service juridique) : 39, quai André-Citroën, 75015 Paris. **Fédération nat. des clubs d'investissements (Fnaci)**, 39, rue Cambon, 75001 Paris. **Infogreffe :** service télématique des greffes des tribunaux de commerce. *Permet de connaître :* la forme d'une Sté, son capital, la date de création ; le nom des P-DG, gérant et administrateurs ; les chiffres clés (chiffre d'affaires, résultat net, effectifs) ; l'absence de procédure collective (redressement, liquidation). *Permet d'accéder* au registre du commerce et des sociétés qui atteste qu'une entreprise est bien enregistrée au greffe du tribunal de commerce, donc qu'elle possède une existence juridique. L'extrait du registre du commerce et des sociétés, dit « extrait K bis », est un document officiel pour les éventuelles inscriptions de privilèges prises par le Trésor public ou la Sécurité sociale en garantie du paiement de sommes dues et impayées.

GRANDES PLACES BOURSIÈRES

BOURSES MONDIALES

Comparaisons (en milliards de $, 1999) : *valeur mondiale* des marchés 45 000 ; *capitalisation boursière* mondiale 36 800 ; *placements boursiers* des investisseurs institutionnels 16 517 (dont américains 10 474).

☞ La Fédération internationale des Bourses (FIBV : International Federation of Stock Exchange) couvre 97 % de la capitalisation boursière (soit, *à fin 1995* : 17 228 milliards de $, *fin 1997* : 21 654, *fin 98* : 25 690, *fin 99* : 35 005).

SOCIÉTÉS LES PLUS CAPITALISÉES

■ **Valeurs les plus capitalisées** (en milliards de $, début 2001). General Electric [1] 479, Exxon Mobil [1] 300, Cisco Systems [1] 275, Wal-Mart Stores [1] 236, Microsoft [1] 232, Citigroup [1] 231, AIG [1] 230, Merck and Co [1] 222, Vodafone Group [2] 214, Nokia 207.

Nota. – (1) Américaine. (2) Britannique. (3) Finlandaise.

■ **Variations des principales places du 11-8-2000 au 10-8-2001 et,** entre parenthèses, **du 2-1 au 10-8-2001.** Paris IT-Cac – 55,72 (– 35,85), Nasdaq – 47,97 (– 14,63), Hong Kong – 32,12 (– 20,88), Tokyo (Nikkei 225) – 26,54 (– 14,88), Paris (Cac 40) – 26,16 (– 16,43), DJ Euro Stoxx 50 – 26,12 (– 18,57), Francfort (Dax, Xetra) – 25,37 (– 13,61), Paris SBF12D – 25,04 (– 15,69), DJ Stoxx 50 – 24,94 (– 17,42), Paris SBF 250 – 24,71 (– 15,42), Milan (Mib 30) – 24,36 (– 16,07), Euronext 100 – 23,94 (– 15,33), Singapour (Strait Times) – 21,25 (– 13,44), Zurich (SMI) – 19,25 (– 18,42), New York S&P500 – 18,5 (– 7,26), Londres (FTSE 100) – 15,03 (– 12,11), Paris Mid Cac – 11,76 (– 9,41), New York Dow Jones – 4,51 (– 2,16).

■ **Plus gros marchés d'actions** (en milliards de $, 2000) : New York 11 534, Nasdaq 3 598, Tokyo 3 157, Londres 2 612, *Paris 1 447,* All. 1 270, Suisse 792, Toronto 770, Italie 768, Amsterdam 640.

Nouveau capital levé par les sociétés (en milliards de $, 1997) : 483,5 dont USA 251 (Nyse 177,7), Europe 124,3 (Londres 22,3, *Paris 20,2,* Amsterdam 18,9), Asie-Pacifique 93,5 (Hong Kong 31,7), Amérique du Sud 14,7.

PER européens pour 2000 (ratio, cours au 20-6-2000) : AEX (Amsterdam) 27,5 (1 290,59) ; Dax Price (All.) 55 (5 300,34) ; FTSE 100 (Londres) 30,5 (6 312,7) ; SBI (Ljubljana) 16,5 (1 624,17) ; SBF 250 (Paris) n. c. (4 069,4) ; SPI (Suisse) 19,2 (5 293,34) ; WIG (Varsovie) 36,2 (19 642,7).

CAPITALISATIONS BOURSIÈRES

en milliards de $	Pic 97	déc. 97	juin 98	avr. 99
Chine	260	190	170	190
Corée	154	42	45	177
Hong Kong	595	413	304	375
Indonésie	107	29	13	22
Malaisie	356	93	66	113
Philippines	89	31	30	41
Singapour	155	104	76	128
Taïwan	352	288	246	270
Thaïlande	91	23	22	45
Total	*2 159*	*1 213*	*972*	*1 361*

	Capitalisation [1]		Sociétés [3]	Valeur de marché [4]	Transactions [5]
	Nationale	Étrangère [2]			
Amérique du Nord					
Amex	82,72	18,3	599 (50)	945,39 [6]	10,64
Bermudes	2,10			252,85 [6]	0,08
Chicago	0,18	n.c.	7 (0)	1 190,09 [6]	64,80
Mexico	125,20	20,9	173 (4)	45,77 [6]	1,26
Montréal	n.c.	51,9	127 (1)	0,81 [6]	n.c.
Nasdaq	3 597,10	127,7	4 226 (488)	19 798,80 [7]	723,66
Nyse	11 534,61	479,6	2 429 (433)	11 060,05 [6]	221
Toronto	770,12	0,2	1 379 (42)	636,54 [6]	32,77
Canadian Venture Exchange	9,41	–	2 494 (104)	10,88	4,38
Total	*16 121,43*				
Amérique du Sud					
Buenos Aires	45,84	0	122 (3)	9,70 [6]	n.c.
Brésil	226,15	–	n.c.	101,54 [6]	4,02
Lima	9,75	1,2	209 (18)	2,52 [6]	0,12
Santiago	60,40	0	260 (1)	6,08 [6]	0,25
Total	*342,14*				
Europe, Afrique, Moyen-Orient					
Amsterdam	640,46	n.c.	234 (158)	678,76 [7]	12,26
Athènes	107,50	0	309 (1)	94,16 [6]	22,04
Bruxelles	182,48	2 475,9	161 (104)	43,79 [6]	3 [6]
Copenhague	111,82	23,4	225 (10)	102,64 [7]	2,83
Allemagne	1 270,24	n.c.	n.c.	2 119,78 [6]	68,04
Espagne	504,22	n.c.	n.c.	985,40 [6,9]	37,90 [7,9]
Helsinski	293,63	0,3	154 (4)	208,33 [6]	3,19
Irlande	81,88	80,1	76 (20)	14,38 [6,7]	n.c.
Istanbul	69,66	0,01	315 (1)	179 [6]	32,43
Italie	768,36	69,3	291 (6)	1 019,63 [6]	58,59
Johannesburg	131,32	17,3	583 (23)	77,45 [6]	4,19
Lisbonne	60,68	0	109 (1)	54,90 [6]	4,02
Ljubljana	3,10	0	149 (0)	0,92 [6]	0,37
Londres	2 612,23	4 665,7	1 926 (448)	4 558,66 [7]	24,66
Luxembourg	34,02	495,7	54 (216)	1,66 [6]	0,06
Malte	3,97			0,19 [6]	0,01
Oslo	65,77	14,5	191 (24)	69,24 [7]	2,42
Paris	*1 446,63*	*417,9*	*1 144* [8] *(176)* [8]	1 064,87 [6]	*49,04* [6]
Stockholm	328,34	19,03	292 (19)	485,29 [7]	13,76
Suisse	792,32	n.c.	252 (164)	638,71 [7]	9,86
Téhéran	5,89	n.c.	285 (0)	1,04 [6]	0,68
Tel-Aviv	65,34	0,02	664 (1)	28,54 [6]	3,90
Vienne	29,93	1 566,4	97 (14)	9,64 [6]	0,57
Varsovie	31,43	0	225 (0)	19,31 [6]	3,74
Total	*9 641,24*				
Asie, Pacifique					
Australie	372,79	210,2	1 330 (76)	226,48 [6]	14,80
Colombo	1,07	0	239 (0)	0,14 [6]	0,16
Corée	148,36	0	702 (0)	556,25 [6]	160,19
Hong Kong	623,40	6,8	779 (11)	376,66 [6]	36,87
Jakarta	26,81	n.c.	286 (0)	15,11 [6]	4,59
Japon	3 193,93	n.c.	n.c.	325,57 [6,10]	2,68
dont Tokyo	3 157,22	n.c.	n.c.	2 315,50 [6]	n.c.
Kuala Lumpur	113,16	0,6	787 (3)	52,87 [6]	23,97
Nlle-Zélande	18,20	n.c.	144 (56)	12,32 [6]	0,72
Philippines	25,26	n.c.	228 (2)	8,53 [6]	1,34
Singapour	155,13	64,5	417 (63)	95,15 [6]	n.c.
Taïwan	247,60	0	531 (0)	986,27 [6]	160,72
Thaïlande	29,22	–	381 (0)	21,12 [6]	9,31
Total	*4 954,93*				
FIBV total	**31 059,74**				

Nota. – (1) En milliards de $, fin 2000 (fonds d'investissements exclus). (2) Fin 1998. (3) Nombre total de Stés nationales et, entre parenthèses, étrangères, en 2000. (4) En milliards de $, 1999. (5) Nombre de transactions (en millions, 2000). (6) TSV : Trading System View. (7) REV : Regulated Environment View. (8) Fin 1999. n.c. : non communiqué. (9) Madrid. (10) Osaka.

Ratio cours sur résultats net (en 1999) : New York 26,9, *Paris 26,4,* Francfort 25,7, zone euro 24,9, Londres 23,3.

PRINCIPAUX INDICES

■ **Indice européen.** *Créé* 15-7-1990 par la Bourse European Option Exchange (EOE) : European Top One Hundred (calculé en temps réel, coté en écus), 100 valeurs dont 15 françaises : PSA, Lafarge Coppée, BSN, LVMH, Navigation mixte, CGE, Cie du Midi, Michelin, Sté générale, Thomson-CSF, Elf-Aquitaine, Générale des eaux, St-Gobain.

■ **Allemagne. Deutsche Börse AG :** regroupe marchés actions-obligations, des produits dérivés (DTB) et organisme de réglement-livraison. **Deutscher Aktien Index (Dax) :** 30 actions. **Origine :** *lancé* 1-1-1989, remplace le Börsen Zeitung Index ; représente environ 70 % de la capitalisation totale et 80 % des transactions sur les actions ; indice de capitalisation à dividendes réinvestis, il est ajusté pour tenir compte des dividendes versés. Il sert de support aux marchés dérivés (terme et options) du Deutsche Terminbörse (DTB). Complété par le Dax 100 et l'indice composite Dax des 327 valeurs cotées sur le 1er marché. Inauguré 7-4-1994, Dax 100 réintégrant le paiement des dividendes à la manière des indices de rentabilité nette. Système électronique Ibis (système intégré d'information boursière) en avril 1991, cotation en continu de 8 h 30 à 17 heures pour des ordres portant au minimum sur 100 actions. Base 1 000 (31-12-1987). **Faz** base 100 (31-12-1988).

■ **Belgique. Origine :** vers 1360, les négociants de Bruges se réunissaient pour traiter leurs affaires devant l'hôtel du chevalier Van der Buerse dont les armes, composées de 3 bourses, étaient sculptées sur le fronton de l'édifice. On se rendait « aux bourses ». De là vient le mot « Bourse ». Séance de 10 h à 16 h 45. *Fin 1998 :* 71 intermédiaires membres de la Bourse de Bruxelles, 84 emprunts d'État, 54 obligations belges du secteur privé, 140 Stés belges, 131 étrangères, 3 obligations étrangères. **Volume des transactions** (en milliards de FB) : actions et obligations de Stés belges et, entre parenthèses, étrangères puis obligations secteur public : *1985 :* 111,4 (74,8) 122,8. *88 :* 307,6 (87,9) 158,4. *90 :* 225,8 (93,4) 222,5. *91 :* 218,1 (71,9) 59,9. *92 :* 259,8 (55,7) 63,3. *93 :* 387,4 (107) 61,9. *94 :* 428,9 (124,9) 22,2. *95 :* 452,9 (93,8) 22,9. *96 :* 695,3 (113,4) 18,8. *97 :* 1 064,1 (165,1) 16,16 ; *98 :* 2 048,5 (203,1) 19,15. **Capitalisation boursière des Stés belges cotées** (en milliards de FB, fin déc.) : *1985 :* 1 051. *86 :* 1 508,8. *87 :* 1 380,8. *88 :* 2 195,4. *89 :* 2 677,6. *90 :* 2 027, 8. *91 :* 2 230,1. *92 :* 2 129. *93 :* 2 819. *94 :* 2 677,7. *95 :* 2 984,8. *96 :* 3 806,4. *97 :* 5 102,2. *98 :* 8 407,6. **Belgian All Shares index Return** (toutes les valeurs belges) : base 1 000 (1-1-1980) ; *fin déc. 1992 :* 5 568,08 ; *fin 93 :* 7 543,12 ; *fin 94 :* 7 248,67 ; *fin 95 :* 8 401,68 ; *fin 96 :* 10 520,94 ; *fin 97 :* 14 329,21 ; *fin 98 :* 20 556,03. *fin 99 :* 19 075,97. **Per :** *1999 :* 22. **Easdaq (European Association of Securities Dealers Automated Quotation) :** créée décembre 1996 à Bruxelles. Indépendant des gouvernements, destiné aux valeurs de croissance ; 91 actionnaires prévus à fin 1997. Sociétés introduites 50.

■ **Canada. Bourses de valeurs : Canadian Venture Exchange : CDNX ;** formé par la fusion des places de Vancouver et Atlanta (518 valeurs) ; base 2 000 (29-11-1999). **MONTRÉAL : XXM** (25 valeurs) ; base 1 000 (4-1-1983) ; 78 firmes de courtage membres. **TORONTO : TSE 300 Composite** (300 valeurs) ; base 1 000 (3-1-1975). **VANCOUVER : Composite** (1 267 valeurs) ; base 1 000 (1-1-1982) ; fermé fin octobre 1999. **CALGARY. Bourse de denrées : Winnipeg.**

■ **Espagne.** 4 places : MADRID (80 % du marché), **VALENCE, BILBAO ET BARCELONE. Indices** : Madrid [116 actions ; base 100 (31-12-1985)], Barcelone [100 valeurs ; base 100 (1-1-1986)], Bolsa Bilbao Index 200 [50 valeurs ; base 2000 (31-12-1999), Valence [89 valeurs, base 100 (31-12-1985).

■ **États-Unis** (voir p. 1835 c).

■ **France** (voir p. 1840).

■ **Hong Kong. Stock Exchange (HKSE). Hong Seng** (33 valeurs base 100 : 31-7-1964) : **1987**-*sept.* : 3 943,64 (le plus haut, 71 % depuis le 1-1-1987) ; *-19-10* : - 11 % ; *-20 au 25-10* : fermeture ; *-26-10* : - 33 % (indice 2 241). *-Début déc.* : 1880. Depuis 30-9, 50 %. **1988**-*juillet* : 2 770. **1989**-*15-5* : 3 309,64 (le plus haut depuis le krach) ; *-19-5* : - 4 % (- 152 points) ; *-22-5* : - 10,8 (- 339,06 points) ; *-5-6* : 2 093,61 (- 22 %) depuis le 15-5 (troubles en Chine), - 58 %. **1990**-*8-8* : 3 145,57. **1991**-*31-12* : 4 297,33. **1993**-*18-8* : 7 560,97 (record). **Indice All [Ordinaries Index (AOI)** 686 valeurs] ; base 1 000 (2-4-1986).

■ **Italie.** MILAN : **Stés cotées :** 211. **Capitalisation boursière :** 129 milliards de $ (concentre 90 % des transactions des Bourses italiennes). **BCI (Banco Commerciale Italiana) :** 220 valeurs (base 100, 1972) dont assurances 28 %, automobiles 14, holdings et banques 10. **Indice historique MIB** (toutes les valeurs) base 1000 (2-1-1975). Les actionnaires minoritaires ne sont pas protégés et les OPA ne sont pas réglementées. Les grandes familles (Agnelli, Gardini, De Benedetti) contrôlent plus de 50 % du marché ; 22 Stés du groupe Agnelli représentent 20 % de la capitalisation totale.

■ **Japon.** TOKYO : 1 Bourse : Kabuto-Cho, *créée* 19-5-1878. **Membres réguliers :** 144 qui reçoivent et exécutent les ordres et 4 « saitori » qui servent d'intermédiaires entre membres réguliers et font le marché. **Opérations :** à la criée pour les 150 actions les plus actives et pour les étrangères, quotités minimales 1 000 titres d'une valeur égale ou supérieure à 50 000 yens (environ 1 900 F) et 100 pour

Comparaisons en 2000	Per (%) [1]	Rente (%) [2]	Inflation (%) [3]	Revenu total [4]
Amér. du Nord				
Amex	21,7	0,9	3,4	3,3
Chicago	n.c.	n.c.	n.c.	n.c.
Mexico	12,2	1	9	- 19,7
Montréal	n.c.	n.c.	n.c.	n.c.
Nasdaq	126,9	n.c.	3,4	n.c.
Nyse	25,2	1,2	3,4	2,2
Toronto	23	1,3	n.c.	7,5
Canadian Venture Exchange	n.c.	n.c.	n.c.	n.c.
Amér. du Sud				
Buenos Aires	23,8	1,8	- 0,1	- 22,5
Lima	n.c.	2,1	3,7	- 34,2
Rio de Janeiro	n.c.	n.c.	n.c.	n.c.
Santiago	17	3,6	4,5	- 2,2
São Paulo	13	3,2	10	- 10,7
Europe, Afrique, Moyen-Orient				
Allemagne	n.c.	n.c.	2,2	n.c.
Amsterdam	n.c.	n.c.	n.c.	n.c.
Athènes	27,5	10,3	3,5	- 28,5
Barcelone	18,9	2	4	- 4,8
Bilbao	n.c.	n.c.	n.c.	n.c.
Bruxelles	n.c.	n.c.	n.c.	n.c.
Copenhague	n.c.	n.c.	n.c.	n.c.
Helsinki	n.c.	2,5	3,4	- 8,1
Irlande	17,1	1,5	5,6	14,3
Istanbul	16,8	1,3	39	- 36,6
Italie	n.c.	n.c.	0,2	n.c.
Johannesburg	13,5	2,6	14,8	0,1
Lisbonne	n.c.	1,4	2,9	- 8,2
Ljubljana	14	3,4	0,8	3,5
Londres	23,3	2,2	2,9	- 5,8
Luxembourg	n.c.	2	3,5	- 12,6
Madrid	18,6	1,7	4	- 11
Oslo	n.c.	2,2	3	- 3,5
Paris	*n.c.*	*n.c.*	*n.c.*	*n.c.*
Stockholm	26	1,7	1,1	- 10,3
Suisse	17 [5]	1,7	1,5	11,9
Téhéran	4,7	17,6	13,9	44,8
Tel-Aviv	16,2	n.c.	0	n.c.
Vienne	11,6	2,3	2	- 5,1
Varsovie	15,9	0,8	- 1,2	5
Asie, Pacifique				
Australie	n.c.	3,4	5,8	3,5
Colombo	5,2	6,5	6,2	- 15,3
Corée	15,4	2,4	2,3	- 48,5
Hong Kong	12,8	2	- 4	- 12,4
Jakarta	5,9	n.c.	10,7	n.c.
Kuala Lumpur	22,1	2,2	1,4	- 14,1
Nlle-Zélande	15	3,8	4	- 9,1
Osaka	534,7	0,9	- 0,2	- 9,3
Philippines	14,2	1,3	6,6	- 29
Singapour	20,9	2,4	2,1	- 22,5
Taïwan	14,8	5,4	n.c.	- 38,5
Thaïlande	5,5	1,8	1,3	- 42,3
Tokyo	85,5	1	- 0,7	- 24,5

Nota. – (1) Per : price earning ratio. (2) Revenu brut en %. (3) Taux d'inflation. (4) Bénéfice total : revenu brut + variation de l'indice. (5) Estimation.

	Taux d'intérêt 2000 à 10 ans [1]	Taux d'intérêt 2000 à 3 mois [2]	Revenu [3] 1999	Marché [4] 1999
Amér. du Nord				
Canada	n.c.	n.c.	644,8	789,2
Mexico	6	18	446,3	154
USA	5,24	5,35	9 256,1	16 733
Amér. du Sud				
Argentine	11,72	11,96	282,9	55,8
Brésil	17,1	15,8	777,1	160,9
Chili	5,97	4,81	67,5	68,2
Pérou	n.c.	9,34	57,1	57,1
Europe, Afrique, Moyen-Orient				
Allemagne	6	4,94	1 986,9	1 432,2
Autriche	5,05	4,86	195,4	33
Belgique	5,12	4,86	233,5	184,1
Danemark	5,06	5,38	173,9	105,3
Espagne	5,22	4,65	560,3	431,6
Finlande	5,08	4,85	121	349,4
France	*4,96*	*4,93*	*1 347,1*	*1 496,9*
G.-B.	5,23	5,84	1 440	2 855,4
Grèce	n.c.	n.c.	125,1	196,8
Iran	n.c.	n.c.	238,6	17,2
Irlande	5,09	4,86	85	49,4
Israël	6,2	9,5	99,1	63,5
Italie	5,59	n.c.	1 101,6	728,2
Luxembourg	4,98	4,92	18,2	35,9
Norvège	6,67	7,53	152,9	63,7
Pays-Bas	5	4,86	370,4	695,2
Pologne	11,7	19,15	159,1	12,1
Portugal	5,12	4,9	106,9	62,5
Slovénie	4,73	n.c.	19,5	1,9
Afriq. du Sud	12,92	10,25	131,1	180,5
Suède	4,86	4,09	238,7	373,3
Suisse	3,55	3	259,2	693,1
Turquie	n.c.	n.c.	91,1	33,6
Asie, Pacifique				
Australie	5,47	6,16	349,1	427,7
Corée	7,1	6,87	406,9	306,1
Hong Kong	n.c.	5,75	n.c.	609,1
Indonésie	n.c.	12,3	141	64
Japon	1,66	0,59	4 348,8	4 554,9
Malaisie	5,69	3,27	78,7	139,9
Nlle-Zélande	n.c.	n.c.	53,1	29,9
Philippines	n.c.	n.c.	76,5	41,5
Singapour	n.c.	2,81	84,9	19,8
Sri Lanka	n.c.	n.c.	15,7	1,6
Taïwan	n.c.	n.c.	n.c.	376,5
Thaïlande	4,76	2,44	129,5	57,2

Nota. – (1) Bons du gouvernement en %. (2) Marché monétaire en %. (3) Produit national en milliards de $. (4) Valeur du marché en milliards de $.

les titres les plus lourds. Transactions sur les autres valeurs (1 300) : par système informatisé Corès, lancé 1982. Transactions au comptant mais il existe un système d'achat ou de vente à crédit en espèces ou en valeurs (margin trading), Tokyo International Financial Futures Exchange (Tiffe) lancé 20-6-1989. **Crise d'octobre 1987 :** baisse maximale de 14 % seulement, parce que *1°)* les entreprises sont peu enclines à faire du bénéfice un critère essentiel de gestion (pour des raisons fiscales et stratégiques) ; *2°)* n'a pas connu les problèmes informatiques de Wall Street. L'actionnaire s'intéresse plus à ses plus-values qu'à ses dividendes et le PER moyen (60 au lieu de 8 à 15 ailleurs) est sans grande signification. 60 % des actions ne changent pas de main en raison des participations croisées entre Stés. Le ministère des Finances (MDF) intervient fréquemment. **Transactions** (en %) : Tokyo 85,8, Osaka 10, Nagoya 3,4. **Clients :** 21 600 000 Japonais, 152 599 étrangers. **Parts des courtiers sur le marché obligatoire primaire japonais** (en %, 1996) : Nomura 26, Nikko 17,5, Yamaichi 16,4, Daiwa 15,1, IBJ 5,7, DKB 3,8, Fuji 3,1, Sakura 2,7, Sumitomo 1,7, Sanwa 1. Les Pts de Nomura et de Nikko ont démissionné en juin 1991, à la suite de scandales boursiers (remboursement de pertes à de gros clients après entente préalable). L'agence Moody's a abaissé la note de 4 grands courtiers dont Yamaichi (379 millions de $ de pertes en 1991), Nomura 242, Nikko 212.

Indices : Nikkei : Dow Jones 225 valeurs (base 1000, 16-5-1949 pondéré sur la somme de cours). Baisses importantes en 1 séance : *oct. 1989* 647 points. **Topix** (le plus représentatif) : 1 327 valeurs au 31-12-1997 (base 100 le 4-1-1968). **OSF** : 50 (50 valeurs traitées à Osaka) *créé* 8-6-1987. **300 Common Stock** (300 valeurs traitées à Osaka) ; base 100 (4-1-1968) *créée* 17-6-1878.

■ **Royaume-Uni et Irlande.** **LONDON STOCK EXCHANGE :** *Stés cotées* (au 31-12-1999) : 1 945 nationales (valeur du marché : 1 820,1 milliards de £), 499 internationales (3 577,5 milliards de £). **ALTERNATIVE INVESTMENT MARKET (AIM)** ouvert en juin 1995, *Stés cotées* (au 31-12-1999) : 347 (capitalisation : 13,5 milliards de £). **USM** (second marché).

Au 24-3-1993 : **Seaq International :** 601 valeurs cotées. **Séances :** lundi au vendredi de 9 h 30 à 15 h 30. **LTOM :** pas d'options françaises.

Indices Times-Stock Exchange 100 Index (abrégé en FTSE Index) Footsie : 100 valeurs (base 1 000 le 3-1-1984), record au *30-12-1999* : 6 930,2 points en séance. *FT All Shares* (769 valeurs ; base 100 le 1-4-1962). *FT Industrial* (Industrial Ordinary Share Index) base 100 (30 valeurs 1-7-1935), de moins en moins utilisé. *Mines d'or* base 100 le 12-9-1959.

☞ Depuis le 27-10-1986 (le *Big Bang*) transactions ne s'effectuant plus de personne à personne, mais d'ordinateur à ordinateur, par l'intermédiaire d'écrans, en continu ; suppression des commissions fixes sur achats et ventes de titres ; transformation des agents de change *(brokers)* en *broker-dealers* ; mission confiée à la Banque d'Angleterre d'émission des fonds d'État (gilts) auprès de courtiers agréés. Le 3-5-2000, projet annoncé : fusion du London Stock Exchange et de la Deutsche Börse et création d'une nouvelle Sté : iX.

Liffe (London International Financial Future and Exchange Options) : *créé* sept. 1982 ; le plus grand marché à terme de produits financiers d'Europe.

■ **Singapour.** **SINGAPORE STOCK EXCHANGE (SES). Marché :** *à terme : Simex* (Singapore International Monetary Exchange) créé sept. 1984 succédant au Gold Exchange of Singapore mis en place en nov. 1978 et tombé en disgrâce à la suite d'irrégularités. *Second marché :* Sesdaq (Stock Exchange of Singapore's Dealing and Automated Quotation System) créé mars 1988, relié au Nasdaq de New York. Mars 1989 : toutes les transactions sur le marché principal ont été informatisées. Le système de cotation (Clob Central Limit Order Book) s'inspire du Nasdaq. **Indices : Straits Time Index** 54 valeurs, base 885,

	Capit. [1] fin 1999	Valeur de marché [2] Total [4]	Valeur de marché [2] National
Amér. du Nord			
Pacifique	6 395,1 [3]	143,9 [3]	143,9 [3]
Winnipeg	60,6	0,007	0,007
Amér. centrale et du Sud			
Ascension	0,3	0,01	0,01
Barbade	2	0,01	0,01
Bogota	6,8 [6]	0,8	0,8
Caracas	7,5	0,9	0,9
Cayman	0,3 [6]	n.c.	n.c.
Costa Rica	2,3	0,3	0,2
Honduras	0,5 [3]	–	–
Jamaïque	3,6 [6]	0,05	0,05
Medellin	7,9	0,3	0,3
Panamá	2,8 [6]	0,07	0,06
Quito	0,7 [6]	0,006	0,006
Rosario	45,8 [6]	0,2	0,2
Europe, Afrique, Moyen-Orient			
Amman	4,9 [6]	0,5	0,5
Anglo-Normandes	0,2	0,08	0,07
Bahreïn	6,6 [6]	0,4	0,4
Bakou	0,003	0 [3]	0 [3]
Beyrouth	1,5 [6]	0,3 [3,5]	0,3 [3,5]
Belgrade	0,01 [3]	0,01 [3]	0,01 [3]
Bostwana	1 [6]	0,04	0,04
Bratislava	0,4 [6]	0,5	0,5
Bucarest	0,4 [6]	0,1	0,1
Budapest	11,9 [6]	13,5	13,5
Bulgarie	0,1 [6]	0,006	0,006
Casablanca	10,9 [6]	8,4	8,4
Chypre	0,01 [6]	6,9	6,4
Égypte	31,1 [6]	5,4 [3]	5,4 [3]
Ghana	0,005 [6]	0,02	0,02
Islande	4,4 [6]	1,7 [5]	1,6 [5]
Kazakhstan	1,7 [3]	0,03 [3]	0,03 [3]
Koweït	19,4 [6]	11,1 [3]	9,3 [3]
Lituanie	1,6 [6]	0,3	0,3
Lusaka	0,3	n.c.	n.c.
Maurice	1,2 [6]	0,08	0,07
Mascate	4,2	0,5	0,5
Nairobi	2,1 [3]	0,07 [3]	0,07 [3]
Namibie	0,3 [6]	0,3	0,02
Nigéria	2,9	0,1	0,1
Prague	9,7 [6]	4,4	3,9
Riga	0,6 [6]	0,04	0,04
St-Pétersbourg	n.c.	n.c.	n.c.
Swaziland	0,07 [6]	0,1	0,1
Tunis	2,2 [3]	0,2 [3]	0,2 [3]
Valence	348	41,5 [5]	41,5 [5]
Zagreb	2,7 [6]	0,07	0,07
Zimbabwe	2,5	0,5	0,2
Asie, Pacifique			
Ahmedabad	3,1 [3]	6,7 [3]	6,7 [3]
Chittagong	1,1 [6]	0,3 [3]	0,3 [3]
Dehli	50,5 [3]	10,8 [3]	10,8 [3]
Dhaka	1,1 [6]	0,8	0,8
Inde (NSE)	162,9 [6]	155,3	155,2
Islamabad	3,6 [3]	0,3 [3]	0,3 [3]
Karachi	7	20,8	20,8
Munbai	148,1 [6]	121,3	121,3
Shangai	325,4 [6]	225,1	208,6
Shenzhen	143,6	139,7 [3]	134,8 [3]
Surabaya	23,3 [6]	1,9	1,9

Nota. – (1) Capitalisation des actions nationales (sans les fonds d'investissement) en milliards de $. (2) Valeur de marché sans les fonds d'investissement, en milliards de $. (3) 1998. (4) TSV. (5) REV. (6) Fin 2000.

Évolution des indices			
en 2000	**au 31-12**	**+ haut**	**+ bas**
Amér. du Nord			
Amex	897,75	1 036,40	846,59
Chicago	10 786,85	11 750,28	9 654,64
Mexico	5 652,19	8 319,67	5 231,85
Montréal	n.c.	n.c.	n.c.
Nasdaq	2 470,52	5 048,62	2 332,78
Nyse	656,87	677,58	476,42
Toronto	8 933,68	11 401,97	8 018,57
Canadian Venture Exchange	2 894,21	4 471,84	2 345,03
Amér. du Sud			
Buenos Aires .	16 072,79	22 298,97	15 319,18
Lima	1 208,41	1 898,12	1 184,26
Rio de Janeiro	n.c.	n.c.	n.c.
Santiago	4 869,04	5 969,34	4 588,53
São Paulo ...	15 259,00	18 951,00	13 287,00
Europe, Afrique, Moyen-Orient			
Amsterdam ..	1 222,09	1 371,05	1 181,18
Athènes	3 388,86	5 874,95	3 165,19
Barcelone	806,73	972,50	786,98
Bilbao	1 628,24	2 270,38	1 567,49
Bruxelles	8 189,71	8 770,20	7 038,38
Copenhague ..	906,82	1 038,95	755,13
Allemagne ...	396,59	535,54	383,82
Helsinki	13 033,74	18 331,02	10 505,95
Irlande	5 722,53	5 970,69	4 762,40
Istanbul	9 437,21	20 617,92	7 109,02
Italie	29 681,00	33 853,00	25 840,00
Johannesburg	8 326,19	9 226,51	6 632,56
Lisbonne	2 507,90	3 372,31	2 489,88
Ljubljana	1 807,94	1 903,66	1 584,23
Londres	2 983,81	3 265,95	2 852,60
Luxembourg .	1 174,11	1 757,60	1 153,94
Madrid	880,71	1 159,24	852,32
Oslo	1 232,82	1 485,15	1 136,14
Paris	*n.c.*	*n.c.*	*n.c.*
Stockholm ...	4 735,00	6 813,00	4 650,00
Suisse	5 621,13	5 789,02	4 663,35
Téhéran	2 880,68	2 883,21	1 988,69
Tel-Aviv	424,71	527,44	405,66
Vienne	456,86	506,75	447,24
Varsovie	18 981,70	22 868,40	14 929,30
Asie, Pacifique			
Australie	3 154,70	3 330,40	2 920,00
Colombo	447,60	574,20	430,60
Corée	504,62	1 059,04	500,60
Hong Kong ..	6 107,89	7 825,57	5 753,58
Jakarta	416,32	708,48	404,12
Kuala Lumpur	679,64	1 013,27	679,64
Nlle-Zélande ..	1 616,31	1 804,95	1 569,14
Osaka	1 238,57	1 490,44	1 189,57
Philippines ...	1 494,50	2 153,18	1 251,23
Singapour ...	502,38	695,59	487,01
Taïwan	4 739,09	10 202,20	4 614,63
Thaïlande	269,19	498,46	250,60
Tokyo	1 283,67	1 754,78	1 255,16

26 le 28-8-1998. **All Share Prices Index** (1975 : 100), 326 valeurs.

■ Autres indices

■ **Afrique du Sud.** **Johannesburg : JSE** (toutes les 537 valeurs) ; base 1 000 (13-3-1995). **Amman.** **AFM Index** (60 valeurs) ; base 100 (1991). **Argentine.** **Buenos Aires : Value Index** (125 valeurs) ; base 0,00001 (29-12-1977). **Australie.** **All Ordinaries Index** (500 valeurs) ; base 500 (31-12-1979). **Autriche.** **Vienne : Wiener Börse Index** (112 valeurs) ; base 100 (31-12-1967). **Bangladesh.** **Dhaka : DSE All Share Price Index** (toutes les valeurs) ; base 100 (1-11-1993). **Barbade.** **SEB Share Index** (18 valeurs) ; base 1 000 (1-1-1988). **Botswana.** **Botswana Share Market Index** (12 valeurs) ; base 100 (19-6-1989). **Brésil.** **Rio de Janeiro : IBV Index** (30 valeurs) ; base 0,000001 (29-12-1983). **São Paulo : Bovespa BEL** (57 valeurs) : base 1 000 (1-1-1990) (55 valeurs) ; base 10 -9 (2-1-1968). **Chili.** **Santiago : IGPA** (178 valeurs) ; base 100 (31-12-1980). **Chine.** **Shanghai : SSE Index** (203 valeurs) ; base 100 (19-12-1990). **Chypre.** **Keve** (50 valeurs) ; base 100 (4-1-1993). **Colombie.** **Bogota : IBB Index** (20 valeurs) ; base 100 (2-1-1991). **Corée du Sud.** **Korea Composite Stock Price (Kospi)** [701 valeurs] ; base 100 (4-1-1980). **Côte d'Ivoire.** **Abidjan : BVA Index** (31 valeurs) ; base 100 (31-12-1992). **Danemark.** **Copenhague : Total Share Index** (toutes les valeurs danoises) ; base 100 (1-1-1983). **Finlande.** **Helsinki : Hex** (toutes les valeurs) ; base 1 000 (28-12-1990). **France** (voir p. 1836 b). **Ghana.** **GSE** (21 valeurs) ; base 100 (nov. 1990/déc. 93). **Grèce.** **Athènes : ASE Share Price Composite Index** (59 valeurs, 50 compagnies) ; base 100 (1980). **Hongrie.** **Budapest :** Bourse ouverte de 1864 à 1948, réouverte officiellement 21-6-1990. **BUX Index** (20 valeurs) ; base 1 000 (2-1-1991). **Indonésie.** **Jakarta Composite Stock** base 100 (10-8-1982). **Iran** **Téhéran Tepix Index** (toutes valeurs) ; base 100 (21-3-1990). **Islande.** **Ilex Index** (toutes valeurs) ; base 100 (21-3-1990). **Israël.** **Tel-Aviv : General Share** base 100 (31-12-1991). **Jamaïque.** **JSE Market Index** (46 valeurs) ; base 100 (1969). **Kenya.** **Nairobi : NSE 20 Share Index** (20 valeurs) ; base 100 (1966). **Koweït.** **Index of Koweït Stock Exchange** (52 valeurs) ; base 1 000 (29-12-1993). **Luxembourg.** **Lux X Price Index** (58 valeurs) ; base 1 000 (4-1-1999). **Malaisie.** **Kuala Lumpur : indice composite KLSE** (100 valeurs) ; base 100 (1977). **Maroc.** **Casablanca : General Index** (toutes les valeurs) ; base 100 (31-12-1979). **Maurice (île).** **Semdex** (35 valeurs) ; base 100 (5-7-1989). **Mexique.** **Mexico : indice des actions** (35 valeurs) ; base 0,78162 (31-10-1978) [3 décimales éliminées depuis 13-5-91]. *1987 (fin)* : 105,67 ; *92 (fin)* :1 759,44 ; *93 (fin)* : 2 602,63 ; *94 (fin)* : 2 375,66. *2000 (30-6)* : 6 948,33. **Namibie.** **MSE Index** (33 valeurs) ; base 100 (janv. 1992). **Nigéria.** **All Share Index** (165 valeurs) ; base 100 (3-1-1994). **Norvège.** **Oslo : Stock Market Price Index** (123 valeurs) ; base 30-12-1996. **Nouvelle-Zélande.** **NZSE Indice général** (toutes les valeurs) ; base 1 000 (1-7-1986). **Oman.** **Mascate : National Bank of Oman Index** ; base 100 (juillet 1990). **Pakistan.** **Karachi : KSE All Price Index** (toutes les valeurs) ; base 100 (sept. 1995). **Panamá.** **BVP General Index** (12 valeurs) ; base 100 (déc. 1992). **Pays-Bas.** **Amsterdam : AEX** (187 valeurs) ; base 1 000 (31-12-1998). **Pérou.** **Lima : IGBVL Index** (29 valeurs) ; base 100 (30-12-1991). **Philippines.** **PSE Composite Index** (30 valeurs) ; base 100 (2-1-1985). **Pologne.** **Varsovie : WIG** (121 valeurs) ; base 1 000 (16-4-1991). **Portugal.** **Lisbonne : PSI General Index** (62 valeurs) ; base 1 000 (5-1-1988). **Russie.** 800 Bourses créées depuis 1990 dont MTB (Bourse des produits de Moscou). **AK & M Index** (50 valeurs) ; base 10 (1-9-1993). **RTS** *début 1996* : 100 ; *juillet 97* : 580 ; *auparavant* : 101,17. **Slovaquie.** **Bratislava : Sax** (16 valeurs) ; base 100 (14-9-1993). **Slovénie.** **Ljubljana : SBI-Slovenian Stock Exchange Index** (20 valeurs) ; base 1 000 (31-12-1993). **Sri Lanka.** **Colombo : All Share Index** (239 valeurs) ; base 100 (1-1-1985). **Suède.** **Indice général SX** (toutes les valeurs, base 100 le 31-12-1979). **Affaers Vaerleden** (45 valeurs, base 100 le 31-12-1979 et le 1-2-1987). **Jacobson & Ponsbach** ; base 100 (1-1-1958). **Suisse.** 3 places : **Zurich, Genève, Bâle** (4 fermées en 1991 : Lausanne 31-1, Neuchâtel, St-Gall 31-3, Berne 30-6). **SPI (Swiss Performance Index)** 284 valeurs ; base 1 000 (30-6-1987). **Zurich indice général SBS** base 100 (fin 1958). **Swaziland.** **SSM Index** ; base 100 (juillet 1990). **Taïwan.** **Taiex** (538 valeurs) base 100 (1966). **Indice pondéré** (298 valeurs) ; base 100 (1966). (1989) 55,9 (banques et assurances Vil 110 à + de 200). Transactions : record 16-3-1990 : 8 milliards de $. Maisons de courtage 400. **Tchèque (Rép.).** **Prague : PX 50** (50 valeurs) ; base 1 000 (5-4-1994). **Thaïlande.** **Set** (381 valeurs) ; base 100 (30-4-1975). **Turquie.** **ISE National 100** (100 valeurs) ; base 100 (1-1986). **Venezuela.** **Caracas : Capitalization Equity Index** (15 valeurs) ; base 1 000 (1994). **Zimbabwe.** **Industrial Index** (59 valeurs) ; base 100 (1967).

Bourse américaine

■ Marchés

■ **Nombre d'Américains possédant des actions ou des parts de fonds d'investissements.** *1952* : 6,5 millions ; *70* : 30,8 ; *80* : 29,8 ; *85* : 47,04 ; *92* : 51,4. **Nombre de Stés américaines faisant appel à l'épargne publique.** 11 000 environ.

■ **New York Stock Exchange (Nyse),** dite **Wall Street** (nom de la rue). Sté à but non lucratif composée de courtiers individuels *(brokers)* et de firmes de courtage. La plus importante Bourse amér. **Origine : 1792**-*17-5* : 24 courtiers s'entendent pour former le 1er marché de valeurs organisé à New York. Ils se rencontrent sous un sycomore à l'emplacement actuel du 68 Wall Street. **1817**-*8-3* statut et nom adoptés : New York Stock and Exchange Board. **1863** *29-1* nom actuel. **1992**-*17-5* bicentenaire de la création. Le Dow Jones est à 3 397,99 (s'il avait existé le 17-5-1792, il aurait alors valu 4). **Membres** (en 1989) : 535 (117 partners, 418 corporations ; *bureaux 1988* : 6 795 ; *personnel 1987* : 89 374, *88* : 82 915). **Valeurs** : 2 331 (1 946 Stés) dont 77 valeurs étrangères cotées. **Transactions** : de 9 h 30 à 16 h du lundi au vendredi.

Capitalisation (en milliards de $) : *1924* : 27. *50* : 93,8. *60* : 307. *70* : 636,4. *80* : 1 242,8. *90* : 3 029,6. *98* : 13 400.

■ **Krach d'octobre 1987.** **New York : 1987**-*25-8* le Dow Jones (DJ) est à 2 722,41 (le plus haut). *-14-10* on annonce que le déficit commercial américain est de 15,7 milliards de $ pour août (16,47 en juillet). Baisse du $ de 6,07 F à 6,03 F et relèvement des taux d'intérêt en All. féd. (de 3,5 % à 4 %). Dow Jones (DJ) – 95 points (200 millions de titres échangés). *-15-10* taux de base bancaire relevé de 9 1/4 % à 9 3/4 % aux USA et annonce d'une augmentation de la masse monétaire de 5,7 milliards de $ pour la semaine terminée le 5-10. James Baker, secrétaire au Trésor, parle d'une possible baisse du $ en réponse au relèvement des taux d'intérêt en All. féd. DJ – 58 points (263 millions de titres échangés). *-16-10* DJ – 108,36 (343 millions de titres échangés). La hausse des taux d'intérêt dans le monde fait craindre que la croissance économique américaine entamée en 1983 ne s'arrête. On craint aussi une aggravation de la crise au Moyen-Orient après l'attaque de plusieurs navires américains dans le Golfe (hausse du pétrole . 20 $ le baril). *-19-10* DJ + ou – 1 738,41 [– 508 points (600 millions de titres échangés)], les 2/3 des ventes seraient imputables aux programmes de vente par ordinateurs déclenchés automatiquement lorsque certains indices sont atteints. James Baker a déclaré que les accords du Louvre devraient être révisés (les Bourses en déduisent l'annonce d'une nouvelle baisse du $ en riposte au relèvement des taux allemands). Baisse sur tous les marchés mondiaux ; demandes de remboursement de parts de fonds de placement entraînant les ordres de vente de ceux-ci. L'annonce d'une rencontre James Baker/Gerhard Stoltenberg (ministre allemand de l'Économie) et Karl Otto Poehl (Pt de la Bundesbank) enraye la baisse du $. *-20-10* reprise technique : DJ + 102 (1 398 actions en baisse, 537 en hausse). Baisse de l'indice de l'Amex (8,6 %) et du marché hors cote américain (9 %). Alan Greenspan fait savoir que « la Réserve fédérale est prête à servir de source de liquidités pour soutenir l'économie américaine » (la Bourse y voit le passage d'une politique anti-inflationniste à une politique antirécession). *-21-10* DJ + 186 (450 millions de titres échangés). Reprise des Bourses du monde stimulées par une baisse des taux d'intérêt aux USA ; et par l'intention déclarée du Pt Reagan de rechercher avec le Congrès le moyen de réduire le déficit budgétaire. *-22-10* taux directeur des banques à 9 % (– 0,25 %). DJ : – 77. *-23-10* DJ inchangé. *-26-10* : DJ –157 (– 8 %), baisse à Hong Kong. *-27-10* + 2,9 %. *-28-10* DJ inchangé ; $ baisse à 5,86 F (1,73 DM, 138 yens). *-29-10* DJ : + 91 (+ 5 %) ; 1 395 valeurs en hausse, 362 en baisse, 242 inchangées. **Baisse du 8-10 au 28-10** (exemples en %) : Kodak 49. Amrax 48. 3M 45. United Technology 36. American Express 35. General Electric 28. Du Pont 25. IBM 23.

☞ Le 27-7-1989, le DJ redépassera le cours du 16-10-1987. Depuis ce krach, à la Bourse de New York, si le DJ varie de 50 points, les programmes informatisés sont suspendus (les transactions « à la main » continuant). Ces programmes ne reprennent que si l'indice varie dans le sens opposé d'au moins 25 points.

Paris : *-15-10* indice – 5,5 %, *-16-10* + 2 %. *Sur la semaine* – 8,2 %. **Transactions** (en milliards de F) : *-12-10* : 15,94. *-13-10* : 13,46. *-14-10* : 18,56. *-15-10* : 19,84 (dont 3,15 au règlement mensuel). *-16-10* : 14,62. **Baisse d'une liquidation à l'autre** : 21 %. (Arjomari-Prioux –40. Moët-Hennessy –33,7. Nouvelles Galeries –33,3. Colas –30,6. Intertechnique –30,6. Béghin-Say –29. Thomson-CSF –28,7. Cie du Midi –28,2. Seb –27. Cie bancaire –26,7. BHV –26,2. Darty –24,7. Elf –23,5. Alcatel –23. Peugeot –23. Perrier –23.) **Hong Kong :** *-19-10* indice – 400 points. Bourse fermée. *-26-10* réouverture ; l'indice est alors à 3 362 points (– 1 126 à la clôture) [soit – 33 %]. **Tokyo : indice** : *-19-10 :* – 2,6 %. *-20-10* : – 14,5. *-21-10* : + 9,4. *-22-10* : + 1,4. *-23-10* : + 0,6. *-26-10* : – 4,6. *-27-10* : + 2. *-28-10* : – 0,7. *-29-10* : + 3.

	8/19-20-10	**19/28-10**	**2/28-10**
Francfort		– 14	– 21
Londres	– 32,3	– 21	– 2,4
New York	– 31	+ 6,2	– 4,2
Tokyo	– 16,7	– 12	+ 20
Paris	– 18,4	– 15	– 24

■ **Mini-krach d'octobre 1989.** *-13-10* (vendredi) DJ – 190 points (– 200 milliards de $ de capitalisation). Baisse due aux junk bonds et à l'échec d'une OPA sur United Air Lines, les employés de la Cie aérienne ne trouvant pas le financement de leur *leverage buy out* de 6,8 milliards de $. Les cotations de 10 titres sont suspendues et 7 ne reprendront pas (UAL, AMR, Bank America, Walt Disney, Capital Cities, Philip Morris, Pacific Felesis). Malgré 2 « coupures de courant » (mesure de précaution décidée après le krach de 1987) qui suspendent provisoirement les *program tradings* (ordres de vente automatiques sur ordinateur), 108 millions de titres sont échangés la dernière heure de cotation. *-19-10* DJ + 33 points (l'indice des prix en sept., meilleur que prévu, éloignant la menace d'inflation).

Variations du 13 au 16-10 et, entre parenthèses, **du 13 au 19-10** (en %) : Francfort – 13,3 (– 4,7), Zurich (Swiss Market) – 10,5 (– 2,7), Oslo – 10,1 (– 3,7), Singapour – 10 (– 6,3), Johannesburg (mines d'or) – 8,14 (+ 1,2), Sydney – 8,06 (– 4,9), Stockholm – 7,46 (– 2,6), Milan – 7,1 (– 4,7), *Paris – 6,9 (– 2,5),* Vienne – 6,74 (– 6,4), Madrid – 6,53 (– 3,7), Hong Kong – 6,49 (– 4,2), Amsterdam – 5,65 (– 1,5), Helsinki – 4,3 (– 2,6), Londres (FT 100) – 3,16 (– 1,9), Tokyo (Nikkeï) – 1,8 (+ 0,7).

■ **Crise de 1997-98.** **1997**-*2-7* : la Thaïlande laisse flotter le bath (– 20,7 %). *-24-7* effondrement des Bourses de l'Asie du Sud-Est. *-11-8* forte baisse du ringgit malaisien, puis du dollar de Singapour. *-26-9* forte baisse de la roupie indonésienne. *-28-10* Hong Kong, – 10 %, entraînant l'ensemble des places mondiales. *-15-12* yen au plus bas depuis mai 1992. *-23-12* Séoul, forte baisse.

Variation de la richesse financière, par rapport aux sommets atteints sur les marchés d'actions mesurés sur des bases mensuelles (en milliards de $) après 1 mois, 3 mois, 6 mois : actions/obligations (total) : **1987** (août) *1 mois* – 44/– 137 (– 181), *3 mois* – 1 592/233 (– 1 359), *6 mois* – 945/718 (– 227) ; **1994** (janvier) *1 mois* – 232/– 157 (– 389), *3 mois* – 450/– 160 (– 610), *6 mois* – 363/79 (– 284) ; **1998** (juin) *1 mois* – 5/– 110 (– 115), *3 mois* – 3 411/1 064 (– 2 347).

Échanges, moyenne par jour (en millions de titres) : *1900* : 0,5. *30* : 2,9. *50* : 1,98. *60* : 3,04. *70* : 11,56. *80* : 44,87. *85* : 109,17. *92* : 233,5. **Records :** *échange le plus fort :* 608,15 le 20-10-1987 ; *le plus faible :* 86,37 le 27-11-1987, *88 :* 343,95 (17-6), 77,09 (25-11), *89 :* 416,4 (16-10), 68,87 (3-7) ; *des transactions pour une Sté :* (en valeur et nombre d'actions) Navistar Int. 487 888 000 $ (48 788 800 actions), le 4-10-1986. **Moyennes et extrêmes depuis 1929 :** *cours/bénéfice par action* 14,1 [28 (août 35), 6 (oct. 79)]. *Cours/actif net par action* 1,6 [4,2 (août 29), 0,5 (juin 32)]. *Cours/dividendes* 22,6 [38,4 (août 87), 6 (mai 32)]. *Cours/chiffre d'affaires* 0,79 [1,27 (déc. 61), 0,35 (mars 82)]. **Émission de junk bonds** (années records, nombre d'émissions et, entre parenthèses, capitalisation correspondante en milliards de $) : **1986** 226 (32). **1992** 236 (38) dont Merrill Lynch 33, Goldman Sachs 29 ; les risques sont moindres qu'en 1986 et les rendements plus élevés.

Plus grandes faillites aux USA (Stés ayant recouru à l'art. 11 de la loi sur les faillites, montants des actifs en milliards de $) : Texaco Inc. (1987) 34,9. Federated/Allied (1990) 11,4 (est.). Baldwin United (1983) 9,3. Penn Central (1970) 6,9. Lomas Financial (1989) 6,6. LTV Corp. (1986) 6,3. Southmark (1989) 4. American Continental (1989) 3,8. Eastern Airlines (1989) 3,8.

■ **American Stock Exchange (Amex). Valeur :** 815 cotées (dont 75 étrangères). Montant total des actions cotées (sauf garanties et droits) : 109 milliards de $. **Échanges :** moyenne (1990) : 16,3 millions de titres par jour. **Records :** *échanges :* 43 432 760 titres (20-10-1987) ; *transactions pour une Sté* (en valeur et nombre de titres) : Wang Laboratories 191,2 millions de $ (10 millions d'actions) le 7-1-1986. **Marché des options :** 171, volume par jour : 175 000 contrats.

■ **Chicago.** CBOE (Chicago Board Options Exchange). 4e Marché à terme du monde en volume. CBOT (Chicago Board of Trade) 1er marché à terme. CME (Chicago Mercantile Exchange) 3e marché à terme du monde, a mis au point avec l'agence Reuter le Globex (système de transactions électronique en continu sur les marchés à terme) qui deviendra une liaison instantanée de milliers de terminaux répartis sur toutes les places financières en un réseau interactif. Seuls les membres des Bourses partenaires pourront disposer d'écrans. Entrera en vigueur progressivement aux USA et à Londres (1er trimestre 1991 : le Matif français disposera d'écrans, et les contrats à terme d'options sur emprunt notionnel 10 ans et Pibor 3 mois seront lancés sur le système). 226,6 millions de contrats échangés en 1998.

■ **Autres Bourses. Boston, Cincinnati, Midwest** (indice : 30 valeurs), **Philadelphie, Spokane, Pacific Intermountain.**

■ **Marché hors cote (« over the counter »).** Traité hors Bourse, par téléphone, et par l'intermédiaire d'un réseau de terminaux d'ordinateur (système Nasdaq), directement et librement. **Valeurs :** plus de 90 % des 55 000 Stés américaines. **Troisième marché** (hors cote) : gros blocs d'actions cotées sur une place officielle, mais négociées hors Bourse pour ne pas peser sur les cours.

■ **Marché des options.** CBOE (Chicago), Amex (NY), Pacific, PBW (Philadelphie), EMC (Emerging Company Marketplace), Midwest. L'option est le droit d'acheter *(call)* ou vendre *(put)* un certain nombre (100 en général) d'actions d'une Cie déterminée à un prix donné *(striking price)* jusqu'à une date dite d'expiration.

■ Indices

■ **Amex.** Amex Market. Value Index base 50 (5-7-1983) ; actions ordinaires et warrants (toutes valeurs cotées).

■ **Dow Jones Industrial Average.** *Créé* par Charles Dow, Edward Jones et Charles Bergstresser. Publié la 1re fois le 3-7-1884 dans la *Customer's Afternoon Letter.* Relancé le 26-5-1896 avec 12 valeurs (dont seule General Electric fait toujours partie). L'indice était calculé en additionnant le prix des actions et en divisant le total par le nombre de valeurs. Comprend 20 valeurs en 1916 puis 30 (dites les *Blue Chips*) à partir de 1928.

Actuellement, le Dow Jones est la somme arithmétique des cours des valeurs le composant, affectée d'un diviseur (0,3459) pour tenir compte des opérations intervenues sur les titres (division, attribution d'actions gratuites, etc.). Les valeurs retenues le sont en fonction du secteur et de la capitalisation dans le secteur. Il ne supporte pas de produits dérivés (options, warrants...), la société propriétaire s'y refusant. Le Dow Jones, adossé à des valeurs anciennes, fait trop de place au secteur des biens d'équipement et n'est plus assez représentatif de l'économie américaine. *Twenty Transportation :* indice des 20 valeurs de transport. *Fifteen Utilities :* 15 valeurs de service ; *Sixty-five Stocks :* reprend les 65 valeurs des 3 indices précédents.

Composition des 30 valeurs du Dow Jones (en oct. 2000) : AT&T ; Alcoa ; American Express ; Boeing ; Caterpillar ; Citigroup ; Coca-Cola ; Du Pont ; Eastman Kodak ; Exxon ; General Electric ; General Motors ; Hewlett-Packard ; Home Depot [1] ; Honeywell International ; IBM ; Intel [1] ; International Paper ; Johnson et Johnson ; McDonald's ; Merck ; Microsoft [1] ; Minnesota Mining ; Morgan (JP) ; Philip Morris ; Procter & Gamble ; SBC Communications [1] ; United Technologies ; Wal-Mart, Walt-Disney.

Nota. – (1) Remplacèrent le 1-11-1999 Chevron, Goodyear Tire and Rubber, Sears Roebuck et Union Carbide.

La *Dow Jones Company* emploie 7 000 personnes et contrôle le *Wall Street Journal* (2 millions d'exemplaires), 22 quotidiens régionaux, 2 hebdomadaires économiques et 25 % d'une Sté de TV par câble.

Cours atteint en 1895 (2e semaine) : 33. **1906**-*9-1 :* 75,57 (record jusqu'en août 1914) ; *12-1 :* 100. **1929**-*3-3 :* 386,10 (record jusqu'en 1955) ; *-3-9 :* 381,17 ; *-28-10 (jeudi noir) :* – 12,9 % (de 260,64 à 222,31), 16,4 millions de titres échangés. **1932**-*8-7 :* 40,56 (record de baisse). **1941**-*17-12 :* (après Pearl Harbor) – 3,5 %. **1950**-*25-6* (début de la guerre de Corée) : – 7 %. **1955** le niveau de 1929 est retrouvé. **1956**-*12-3 :* 500. **1962**-*24-8* (crise de Cuba) : – 9 % ; cours le plus bas 14-6 (561,3). **1972**-*14-11 :* 1 000. **1987**-*8-1 :* 2 000. **1991**-*17-4 :* 3 000. **1993**-*19-5 :* 3 500. **1994**-*21-1 :* 3 900. **1995**-*23-2 :* 4 000 ; *-21-11 :* 5 000. **1996**-*8-2 :* 5 500 ; *-7-10 :* 6 000. **1997**-*13-2 :* 7 000 ; *-16-7 :* 8 000. **1998**-*6-4 :* 9 000. **1999**-*16-3 :* 10 000 : (en séance) 10 001,78 pendant 1 min, *29-3* (en clôture) ; *3-5 :* 11 000. **2000**-*14-1 :* 11 700.

PER : 1995 : 14,7. **1996 :** 19,5 (de 8,2 General Motors à 88,1 Westinghouse). Rendement : 2,4 %.

Records. En % : hausse : *14,87* (12,86 points) 6-10-1931 ; *12,34* (28,40) 30-10-29 ; *11,36* (7,67) 21-9-32 ; *10,15* (186,84) 21-10-87 ; *9,52* (5,06) 3-8-32 ; *9,47* (6,80) 11-2-32 ; *9,36* (18,59) 14-11-29 ; *9,35* (6,90) 18-12-31 ; *9,19* (7,22) 13-2-32 ; *9,08* (4,91) 6-5-32. **Baisse :** *– 22,61* [lundi noir] (– 508 points) 19-10-87 ; *– 12,82* [jeudi noir] (– 38,33) 28-10-29 ; *– 11,73* (– 30,57) 29-10-29 ; *– 9,92* (– 25,55) 6-11-29 ; *– 8,72* (– 5,57) 18-12-1899 ; *– 8,40* (– 5,79) 12-8-32 ; *– 8,29* (– 6,89) 14-3-07 ; *– 8,04* (– 156,83) 25-10-87 ; *– 7,84* (– 7,55) 21-7-33 ; *– 7,75* (– 10,57) 18-10-37. **En points : hausse :** *499,19* (4,93 %) 16-3-00 ; *380,53* (4,98) 9-8-98 ; *337,17* (4,71) 28-10-97 ; *330,58* (4,15) 16-10-98 ; *320,17* (3,26) 15-3-00. **Baisse :** *– 617,78* (– 5,66 %) 14-4-2000 ; *– 554,26* (– 7,18 %) 27-10-97 ; *– 512,61* (– 6,37) 31-8-98 ; *– 508* (– 22,61) 19-10 - 87 ; *– 379,21* (– 3,64) 12-10-00 ; *– 374,47* (– 3,68) 7-3-00.

■ **Nasdaq (National Association of Securities Dealers Automated Quotation System).** Créé le 8-2-1971. **Composite Index** base 100 (au 5-2-1971) : 4 783 valeurs en 1999. **Capitalisation** (en milliards de $) 5 204,6. **Nombre de Stés cotées** (au 31-12-1998) : 5 126 (dont 464 non américaines dont Toyota, Ericsson, LVHM n° 1). **Stés les plus capitalisées** (en milliards de $, 1998) : Microsoft 345,8, Intel 197,9, Cisco Systems 146,5. **Évolution :** 1re clôture au-dessus de : *100* 8-2-71 ; *200* 13-11-80 ; *400* 30-5-86 ; *500* 12-4-91 ; *1 000* 11-7-95 ; *2 000* 16-7-98 ; *3 000* 3-11-99 ; *4 000* 29-12-99 ; *5 000* 9-3-00. **Records :** *hausse en points 254,41* 18-4-00 ; *254,37* 30-5-00 ; *en % 7,94* 30-5-00 ; *7,87* 13-10-00 ; *baisse en points – 355,49* 14-4-00 ; *– 349,15* 3-4-00 ; *en % – 11,35* 19-10-87 ; *9,67* 14-4-00.

■ **Standard and Poor's** (industries). *500 :* 500 valeurs base 10 fin 1941. *100 :* 100 valeurs base 100 le 2-1-1976.

■ **Nyse (New York Stock Exchange).** Indice global (2 818 valeurs) : base 50 le 31-12-1965.

■ **OTC.** Composite : ensemble des valeurs du marché hors cote.

■ Bourse française

Source : Sté des Bourses françaises.

■ Quelques dates

■ **1303** les *changeurs* obtiennent le privilège exclusif des changes. **1724** Bourse, rue Vivienne à Paris. **1791**-*8-5* une loi dissout la *Cie des agents de change.* **1795** désordres boursiers dus à l'absence d'intermédiaires officiels. *-9-9* fermeture de la Bourse. *-20-10* réouverture avec 25 *agents de change* officiels bénéficiant du monopole des opérations de Bourse. **1808-26** construction du palais de la Bourse à Paris (plans de Théodore Brongniart, 1739-1813) terminé par Lasalte, ouvert 6-11-1826, coût 8 479 192 F, agrandi 1902-06 (2 actes). *Les Bourses de valeurs* sont des marchés officiels où se négocient des valeurs mobilières (actions, obligations et fonds de l'État). Les 7 Bourses françaises constituent les unités décentralisées d'un marché unique dont l'organisation et le fonctionnement ont été confiés à des intermédiaires officiels : les agents de change. **1813** rapport Fouché sur le marasme de la Bourse. Napoléon déclare : « Si la Bourse est mauvaise, fermez-la. » **1826** 56 valeurs à la cote officielle. **1882** krach, faillite de l'Union générale. **1908** 1 212 valeurs à la cote officielle. **1929** crise à Wall Street. **1937**-*févr.* Vincent Auriol reçoit un rapport sur le malaise de la Bourse et la baisse des valeurs françaises : « La Bourse, je la ferme, les boursiers je les enferme. » **1964** apparition des 1res Sicav. **1966** l'*avoir fiscal* à 50 % supprime la double imposition sur les dividendes. *-Oct.* de Gaulle : « La politique de la France ne se fait pas à la corbeille. » **1967** mise en place de la Cob. **1970** lois sur les délits d'initiés, réprimant les abus d'informations confidentielles en Bourse. Affaire Antar. Elf-Erap contrôle Antar en rachetant 45 % des actions. Les actionnaires minoritaires portent plainte. Après intervention de la Cob, Elf-Erap annonce une OPA sur l'ensemble des titres. **1972** loi sur le démarchage financier stipulant que les documents diffusés seront soumis à la Cob. **1975** 1re condamnation par les tribunaux d'un initié, le Pt d'Otis. **1978** à l'initiative de René Monory, min. des Finances, les achats d'actions donnent lieu à des déductions fiscales pour les particuliers. **1981** réglementation des franchissements de seuil. La Cob contrôle le rachat en Bourse par les Stés de leurs propres actions. **1982** les nationalisations amputent la cote. Lancement de la 1re Sicav monétaire. **1983**-*févr.* création du second marché. **1986**-*oct.* cotation en continu mise en place. Création du Matif (Marché à terme international de France). **1987** un marché d'options négociables est créé. *-7-7 la corbeille,* où seuls les agents de change ont le droit d'opérer, à la Bourse de Paris, disparaît ; les titres sont désormais traités de la même façon, groupe par groupe. *-Oct.* krach boursier. **1988**-*1-1* ouverture du capital des charges d'agents de change à des personnes morales (dont banques françaises et étrangères) ; *-22-1* loi sur la réforme boursière ; *-1-7* 29 Stés de Bourse sur 58 ont de nouveaux partenaires ; les 1ers rachats se sont faits sur la base de 6 ou 7 fois les bénéfices estimés pour 1987. **1989** 1er contrat à terme sur indice. **1990** suppression du contrôle des changes. **1991**-*6-1* fusion des 6 Bourses régionales avec celle de Paris (le 24-1, elles ont été remplacées par des délégations commerciales de la SBF). *-Mai* Édith Cresson (PM) déclare : « J'en ai rien à cirer de la Bourse. » **1993**-*1-1* les agents de change perdent leur monopole de négociation des valeurs mobilières ; un agrément délivré par le Conseil des Bourses de valeurs permet d'opérer sur le marché boursier français. *-Févr. Nouveau marché* créé. La Matif et son homologue allemand, la Deutsche Terminbörse (DTB), s'associent. *Affaire Pechiney-Triangle* (délit d'initié). **1996**-*2-7* loi de modernisation des activités financières. **1998** lancement de l'indice SBF-FCI (obligations convertibles) ; des indices européens DJ STOXX[R] et DJ Euro STOXX en partenariat (Bourse de Paris, Deutsche Börse, Bourse suisse et Dow Jones inc.). Suppression du marché hors cote. **1999**-*juin* fusion Parisbourse[SBF] SA. **2000**-*20-3* annonce fusion des Bources belge, française, néerlandaise : Euronext (1 300 Stés cotées, capitalisation 2 380 milliards d'euros).

■ Organisation

■ **Principes généraux.** Toutes les transactions en valeurs mobilières sont effectuées par les intermédiaires membres de la Bourse de Paris. **Structure** (loi de modernisation des activités financières du 2-7-1996) ; intermédiaires intervenant dans les activités de marché (services d'investissement). **1°) Établissements de crédit** (banques, caisses d'épargne etc.). **2°) Entreprises d'investissement** qui se substituent aux Stés de Bourse et aux Stés de gestion de portefeuille. Activités : collecte et transmission d'ordres de clients, exécution des ordres, gestion de portefeuille, prise ferme et placement. Ces établissements doivent être agréés par : *la Commission des opérations boursières (Cob)* pour la gestion de portefeuille, *le Conseil des marchés financiers (CMF)* et *le Comité des établissements de crédit et des entreprises d'investissement (CECEI)* pour les autres activités. Les intermédiaires agréés comme négociateurs, lorsqu'ils désirent intervenir sur un marché réglementé doivent adhérer au(x) marché(s) concerné(s) : *marchés « réglementés »* (en matière de fonctionnement, d'admission des valeurs et de diffusion) et *marchés « de gré à gré »* qui ne sont pas tenus de satisfaire à des conditions minimales. **3°) Parisbourse[SBF] SA** (résultant de la fusion absorption de la SBF, de Matif SA, de Monef SA, et de la Sté du nouveau marché). *Fonds propres* (juin 1999) : près de 2 milliards de F. *Filiales : Clearnet* (activités de compensation et suivi des risques) et *Atos Euronext* (activités de technologie et de génie logiciel boursier).

Nombre de Stés : *1988 (22-1) :* 61 (Paris 46, province 10) ; *1992 (1-7) :* 56 dont 43 en activité (province 7) ; *1995 :* 57. **Effectifs :** *1989 :* 6 642. *90 :* 5 340. *91 :* 4 563. *92 (fin) :* 4 059. **Transactions :** *actions* (en milliards d'euros) : *1992 :* 99 ; *93 :* 146 ; *94 :* 168 ; *95 :* 158 ; *96 :* 216 ; *97 :* 362 ; *98 :* 516 ; *99 :* 727. *Taux de courtage moyen* (en %) : *1986 :* 0,35 (0,03). *91 :* 0,14 (0,004). *Résultat net global* (en milliards de F) : *1991 :* – 0,502. *92 :* 0,378. *93 :* 1,012. *94 :* 1,256. *95 :* 0,65.

☞ Le 14-6-1988, Xavier Dupont, Pt du conseil d'administration de la Sté des Bourses françaises, et Xavier Cosserat, directeur général, ont démissionné (on avait annoncé que la Sté avait perdu 0,5 milliard de F sur le Matif après le krach d'oct. 1987). En 1988-89, l'ex-Compagnie des agents de change aurait perdu 2 milliards de F dont sur le Matif 0,7, dont Rondeleux 0,4, Buisson 0,28, Bertrand Michel 0,15, Nivard-Flornoy 0,15, Lavandeyra 0,10. Depuis, Buisson a été démantelé ; Rondeleux et Tuffier ont déposé leur bilan ; Tuffier a dû suspendre ses activités le 13-7-1990, ayant subi une perte de 0,062 milliard de F sur les 5 premiers mois de 1990 (Pt inculpé).

■ **Commission des opérations de Bourse (Cob). Quelques dates : 1967**-*28-9* création par ordonnance. **1984** la loi autorise la Cob à demander la nomination d'un expert de minorité et à récuser un commissaire aux comptes. Dématérialisation des titres. **1985** la Cob reçoit des pouvoirs de réglementation sur les marchés financiers, l'information des investisseurs, l'appel public à l'épargne et la gestion de portefeuilles. Elle est aussi habilitée à saisir le tribunal civil et se voit dotée d'un financement autonome, assis sur la redevance des émetteurs. **1985**-*11/14-7* lois étendant ses pouvoirs sur les marchés financiers. **1988**-*23-1* loi renforçant ses pouvoirs. Redéfinition des délits de fausse information, de manipulation de cours, de délit d'initié. *-27-7* Jean Farge *Pt.* **1989**-*2-8* loi sur la sécurité et la transparence des marchés, pouvoir de sanction administrative. *-4-10* Jean Saint-Geours *Pt.* **1990** règlements de la Cob instituant les délits boursiers suivants : manipulation de cours, abus de mandat, utilisation d'une information privilégiée. **1996**-*2-7* loi sur la modernisation des activités financières. **Statut :** autorité administrative indépendante. **Mission :** protection de l'épargne [régularité des transactions, des radiations ou admissions de Stés, agrément des Stés de gestion de portefeuilles, les produits d'épargne collective (exemples : Sicav et FCP), détection des opérations d'initiés et manipulations de cours, etc.], information des investisseurs sur les opérations (émissions de titres, OPA, OPE, etc.), suivi des publications périodiques obligatoires, bon fonctionnement des marchés d'instruments financiers. **Composition :** 10 membres : Pt nommé par le Pt de la Rép. pour 6 ans non renouvelables, 3 membres issus des institutions juridictionnelles (Conseil d'État, Cour de cassation, Cour des comptes), 1 représentant de la Banque de France, 1 membre du Conseil des marchés financiers (CMF), 1 du Conseil national de la comptabilité (CNC), 3 autres choisis pour leurs compétences. *Pt :* Michel Prada depuis 4-10-1995.

■ **Statistiques.** *Enquêtes mises en route : 1995 :* 86 ; *96 :* 79 ; *97 :* 82 ; *98 :* 75 ; *99 :* 89 ; *2000 :* 89. *Rapportées devant la Commission : 1995 :* 91 ; *96 :* 73 ; *97 :* 69 ; *98 :* 96 ; *99 :* 88 ; *2000 :* 90. *Dossiers transmis à la justice : 1995 :* 25 ; *96 :* 24 ; *97 :* 24 ; *98 :* 17 ; *99 :* 16 ; *2000 :* 19. *Aux autorités de marché : 1995 :* 18 ; *96 :* 9 ; *97 :* 10 ; *98 :* 15 ; *99 :* 17 ; *2000 :* 23. *Procédures de sanction ouvertes : 1996 :* 29 ; *97 :* 12 ; *98 :* 13 ; *99 :* 36 ; *2000 :* 6 (en raison de l'abandon de 13 procédures de sanctions après arrêt de la cour d'appel de Paris du 7-3-2000. Procédures reprennent 1-8-2000).

Fonctionnement

■ **Règlements.** j + 3 (norme internationale).

■ **Marchés d'inscription. Premier marché :** accueille, sur des critères quantitatifs et qualitatifs, les plus grandes entreprises françaises et étrangères et la quasi-totalité des emprunts obligataires. Capitalisation boursière min. 750 à 800 millions d'euros. 25 % du capital au public. **Second marché :** *créé* 1-1-1983 (inauguré 1-2). Accueille les entreprises moyennes selon des normes plus souples, en matière d'ouverture de leur capital au public et les grandes entreprises avant leur admission au Premier marché. *Conditions :* capitalisation boursière d'environ 12 à 15 millions d'euros, diffusion des actions dans une proportion d'au moins 10 % du capital (valeur min. 4,5 millions d'euros), information régulière du public sur activités et résultats de la Sté et nomination d'un 2e commissaire aux comptes (s'il n'y en a qu'un). Quelques Stés étrangères y sont inscrites. **Nouveau marché.** Lancé 14-2-1996. *Objectif:* financer un projet de développement. Les sociétés n'ont pas à présenter leurs bénéfices sur 3 ans (comme pour le Second marché), mais un comité (professionnels de la finance et scientifiques) juge la validité du concept et du projet des candidats. Fonds propres min. 1,5 million d'euros. Titres offerts au public min. 4,5 millions d'euros, dont 50 % par augmentation de capital. La Cob peut s'opposer à la cotation. Le bilan minimal doit être d'au moins 20 millions de F et les fonds propres de 8. Au moins 100 000 actions seront diffusées dans le public (montant minimal 10 millions de F). Pour les entreprises de moins de 2 ans, l'introduction devra s'effectuer par augmentation de capital, les dirigeants s'engageant à conserver 3 ans 80 % des parts. *Fiscalité :* exemption de l'impôt de Bourse : régime fiscal du capital risque. Sociétés spécialisées dans le capital risque et fonds spécialisés (FCPR) sont dispensées de l'impôt sur les Stés : leurs plus-values sont exonérées si elles conservent 5 années les actions de Stés réalisant moins de 500 millions de F de chiffres d'affaires. *Nombre de sociétés introduites à fin 1996 :* 30 (la 1re a été Infonie le 20-3-1996) ; *1997 :* 38 ; *98 :* 81 ; *juin 99 :* 100 ; *fin mars 2000 :* 119.

■ **Les marchés non réglementés.** Les valeurs négociées n'ayant pas fait l'objet d'une procédure d'admission et leurs émetteurs ne sont pas soumis à des obligations de diffusion d'informations. **Marché libre :** ouvert 23-9-1996, offre un moyen de diffusion des ordres d'achat et de vente et une facilité de négociation sur des Stés dont les titres ne sont pas admis sur un des marchés réglementés de la ParisbourseSBF SA. Les négociations s'effectuent au comptant par l'intermédiaire des négociateurs membres de la Bourse de Paris. Les opérations de règlement et de livraison ne bénéficient pas de la garantie de la chambre de compensation.

■ **Négociation des valeurs. Au comptant :** actions françaises et étrangères les moins actives du marché officiel : obligations du Premier marché ; tous les titres du Second marché. Les ordres peuvent porter sur n'importe quelle quantité ; les acheteurs doivent disposer de l'argent correspondant et les vendeurs doivent avoir les titres en compte. **A règlement mensuel (RM) :** paiement différé des titres avec règlement à 30 j. Seul un dépôt de couverture est demandé (20 % si celui-ci est en liquide ou bons du Trésor, 25 % en rentes ou obligations françaises, 40 % en FCP ou autres valeurs). Pratiqué uniquement par la Bourse de Paris, le RM a été supprimé le 25-9-2000 et remplacé par le SRD (Service règlement différé). **Relit :** système de règlement-livraison des titres automatisé entré en service en 1991 à la Bourse de Paris. (Règlement à j + 3.) Ultérieurement, Relit sera interconnecté avec les systèmes de règlement-livraison des différentes places.

■ **Fonctionnement.** Le marché est centralisé, gouverné par les ordres et animé par les courtiers (comme à New York, Tokyo et Toronto, au contraire du Nasdaq et de l'International Stock Exchange à Londres qui sont gouvernés par les prix et animés par des *market makers*). Les transactions sont effectuées au travers du système informatique (cotation assistée en continu), à partir de terminaux des négociateurs reliés aux ordinateurs de la SBF. Le système est lié en amont au système de routage des ordres et en aval au système de diffusion de l'information en temps réel absolu. Tous les ordres sont rentrés pour le compte de clients ou pour leur propre compte. Ils sont automatiquement classés par limite de prix et à chaque limite par ordre d'introduction. *De 7 h 45 à 9 h :* phase de préouverture. Les ordres s'accumulent dans la *feuille de marché* sans qu'aucune transaction n'intervienne. *A 9 h :* ouverture. Le système calcule, en fonction des ordres à cours limité, un prix d'équilibre ou *prix de fixing,* c'est-à-dire le cours qui permet l'échange du plus grand nombre de titres. Dans le même temps, le système transforme les ordres « au prix du marché » en ordres limités au cours d'ouverture. Ainsi, tous les ordres d'achat limités à un prix supérieur et tous les ordres de vente limités à des prix inférieurs sont exécutés en totalité. Les ordres limités au cours d'ouverture sont exécutés en fonction des possibilités. *De 9 h à 17 h :* le marché fonctionne en continu et l'introduction d'un nouvel ordre provoque immédiatement une (ou plusieurs) transaction(s) dès lors qu'il existe un (ou plusieurs) ordre(s) en sens contraire sur la feuille de marché. Le cours d'exécution est celui de la limite de l'ordre en contrepartie présent sur la feuille de marché. De *17 h à 17 h 05 :* phase de préclôture. Les ordres s'accumulent sans transaction. *17 h 35 :* clôture ; un *fixing* permet de déterminer le dernier cours.

■ **Diffusion de l'information.** Les clients peuvent recevoir en temps réel absolu les 5 dernières transactions (heure, cours, nombre de titres échangés), les 5 meilleures offres et les 5 meilleures demandes en prix et quantités telles qu'elles figurent sur les écrans des négociateurs à l'intérieur des Stés de Bourse.

■ **Surveillance et contrôle.** Assurés par la cellule de surveillance de la SBF. Elle peut, si elle l'estime nécessaire à l'intérêt du marché, suspendre provisoirement les transactions sur une valeur ou limiter les fluctuations de cours.

■ **Opérations de contrepartie.** Depuis 1989, Stés de Bourse, banques et autres intermédiaires agréés peuvent agir en principal et en prix nets avec leurs clients dans le respect du marché central auquel doivent être rapportées toutes les opérations. La contrepartie ordinaire peut être effectuée sur toutes les valeurs : pendant la séance, elle est effectuée sous forme d'une application introduite dans le système Cac à un prix inclus dans la fourchette de marché existant au moment de son exécution.

■ **Indices de la Bourse de Paris.** 3 indices (Cac 40, SBF 80 et SBF 120) sont calculés en continu et diffusés toutes les 30 secondes de 9 h à la clôture. 4 indices (SBF 250, Midcac, Second marché et Nouveau marché) sont calculés sur les cours d'ouverture et de clôture. L'indice SBF-FCI est calculé 2 fois par jour sur la base des cours d'ouverture et de clôture. **Cac 40.** Base 1 000 au 31-12-1987. Calculé sur un échantillon de 40 valeurs du Premier marché à règlement mensuel choisies parmi les plus fortes capitalisations. **SBF 120 et SBF 80.** Base 1000 au 31-12-1990. Composé des 120 valeurs les plus actives de la côte (Cac 40 et 80 valeurs des Premier et Second marchés côtées en continu). Représentativité élargie. L'indice SBF 80 est composé des valeurs de l'indice SBF 120 qui ne sont pas dans le Cac 40. **SBF 250 et sectoriels.** Base 1 000 au 31-12-1990. Représente l'évolution des Premier, Second et Nouveau marchés. Composé des 120 valeurs de l'indice SBF 120 et de 130 valeurs cotées en continu ou au fixing. Nomenclature sectorielle : valeurs industrielles, services et sociétés financières eux-mêmes formés de 38 secteurs d'activité. **Midcac.** Base 1 000 au 31-12-1990. Composé de 100 valeurs moyennes du Premier et Second marchés. **Second marché.** Base 100 au 31-12-1990. Cote les PME. Échantillon ouvert, le nombre de valeurs qui le constitue varie (au 30-9-1999, comprend 163 des 380 valeurs inscrites au Second marché). **Nouveau marché.** Base 100 au 31-12-1997. Créé en1996 pour les PME à fort potentiel de croissance ayant un projet de développement à financer. **SBF-FCI.** Base 1 000 au 31-12-1990. Échantillon d'obligations convertibles représentant au moins 70 % de la capitalisation boursière du marché et 80 % des capitaux échangés.

Monep
(Marché des options négociables de Paris)

■ **Créé** le 10-9-1987 ; placé sous l'autorité réglementaire du Conseil des Bourses de valeurs.

■ **Chambre de compensation.** La SBF, qui en dernier ressort assure la garantie financière du marché, a délégué à une filiale, la SCMC (Sté de compensation des marchés conditionnels) les responsabilités de la compensation technique et de la gestion du marché ainsi que la surveillance et le contrôle des opérations. Stés de Bourse (membres de droit) et établissements de crédit peuvent y adhérer.

■ **Intervenants du marché.** Les Stés de Bourse de Paris, garantes de la bonne fin des négociations et des contrats, sont seules habilitées à négocier sur le Monep. Leurs représentants sur le parquet sont soit *négociateurs* (dépositaires d'ordres émanant des clients ou de leurs maisons, ils les négocient entre eux ou avec les chefs de groupe de la SCMC ou avec les teneurs de marché), soit *teneurs de marché* (ils assurent la régularisation du marché afin d'en favoriser la continuité et la liquidité ; ils doivent fournir à tout moment sur les séries auxquelles ils sont affectés une fourchette de prix acheteur/vendeur à laquelle ils sont tenus pour l'exécution minimale de contrats selon des règles définies). Les chefs de groupe de la SCMC défendent le carnet d'ordres automatisé (Stamp). Ces ordres, émanant exclusivement de clients, ont priorité d'exécution sur tous les ordres du marché libellés au même cours.

■ **Négociations sur le parquet de la Bourse de Paris.** *Options sur l'indice Cac 40 :* cotées sur le « groupe continu mixte ». Négociation en continu, de 10 h à 17 h, à la criée et par le Système de transactions automatisées du Monep (Stamp). *Options sur actions :* cotées pour la plupart sur le « groupe continu automatisé ». Négociation en continu de 10 h à 17 h, sur le Stamp. Certaines sur le « groupe fixing » (*créé* 16-5-1994). Négociation sur le Stamp, au cours de 2 ou 3 périodes quotidiennes de confrontation des ordres (fixing). Les valeurs sous-jacentes [50 en 1996 (groupe continu : 45, groupe fixing : 5)] devront appartenir au règlement mensuel, avoir une capitalisation de 5 milliards de F, avoir au min. 10 000 titres échangés par séance avec au moins 35 négociations.

■ **Contrat d'option sur l'indice Cac 40.** *Unité de transaction :* cours de l'option × 200 F ; *échelon de cotation :* 0,01 F/point (2 F par contrat) ; *prix d'exercice :* fixés par intervalle de 25 points ; *échéances cotées :* 3 mois rapprochés et la 1re échéance suivante du cycle mars, juin, sept., déc. ; *exercice de l'option :* anticipé. Tous les j de Bourse avant 17 h 35, sur instruction expresse du client ; *dernier j de transaction :* dernier j de Bourse du mois d'échéance (16 h) ; *date d'expiration :* idem ; *règlement du premium :* le j de Bourse suivant la négociation, avant 10 h ; *couverture demandée* (position vendeur) : égale à la valeur de rachat de la position dans l'hypothèse d'une fluctuation de + ou – 150 points de l'indice, couverture réactualisée quotidiennement (avec possibilité de réactualisation en cours de séance en cas de décalage au moins égal à 120 points du contrat à terme sur l'indice Cac 40 négocié au Matif) ; *horaires de transaction :* 10 h à 17 h 30.

Opérations de Bourse

■ **Ordres de Bourse.** Pour permettre leur exécution, ils doivent : **1°) indiquer pour quelle durée ils sont valables :** valables jour (annulés à la clôture, sinon exécutés). Sans date limite, ils sont dits « à révocation ». **2°) Indiquer le cours d'exécution souhaité :** *au prix du marché :* si l'ordre est donné avant l'ouverture du marché, il sera exécuté au cours d'ouverture ; s'il est donné pendant la séance, il sera exécuté aux meilleures conditions existant lors de la mise sur le marché. *A cours limité :* le client spécifie le prix maximal (ordre d'achat) ou minimal (ordre de vente) d'exécution ; *ordres stops* assortis d'une limite au-dessus de laquelle les ordres d'achat ne sont pas exécutables ou d'une limite au-dessous de laquelle les ordres de vente ne sont pas exécutables. **3°) Ils peuvent porter des mentions particulières :** *tout ou rien :* l'ordre doit être exécuté en totalité ou pas du tout.

☞ Le cours des actions et celui des obligations convertibles est exprimé en euros et centimes d'euros. Sauf exception, celui des obligations est en pourcentage de la valeur nominale, compte non tenu de la fraction courue du coupon.

■ **Type d'opérations. Au comptant :** l'opération est portée au compte du donneur d'ordres dès son exécution sur le marché, mais le règlement et la livraison interviennent 3 jours plus tard. Depuis sept. 2000.

☞ Depuis le 1-7-1989, chaque société est libre de fixer elle-même les tarifs pour l'achat ou la vente de valeurs mobilières. **Frais d'encaissement des coupons :** de 0 à 5,3 %, moyenne 3 à 3,5 %. Parfois dégressifs en fonction de l'importance du portefeuille. **Droits de garde :** de 0,1 à 0,5 % du montant du portefeuille. Encaissement de coupons : jusqu'à 10 %.

Définitions

■ **Arbitrage.** Opération consistant à acheter et à vendre un instrument financier au même moment pour tirer parti des différences de prix entre 2 marchés, des écarts de prix constatés entre 2 échéances d'un même produit dérivé, ou encore entre 2 produits dérivés différents mais considérés comme équivalents : emprunts d'État français (OAT) et allemand (Bund).

■ **Bear** *(ours).* Symbole anglo-saxon de la baisse des cours.

■ **Black & Scholes.** Modèle mathématique développé en 1973 par 2 Américains, Fisher Black et Myron Scholes, pour évaluer le prix théorique d'une option d'achat.

■ **Blue chips.** Valeurs de 1er ordre du marché américain, notamment celles du Dow Jones. Origine du nom : salle bleue où étaient cotées les plus grandes Stés.

■ **Bon de souscription.** Permet de souscrire des actions nouvelles pendant une certaine période à un prix déterminé à l'avance, dit prix d'exercice. Le bon est détaché d'une obligation ou d'une action et coté séparément. Il peut aussi être attribué à titre gratuit aux propriétaires des actions anciennes. Le prix fluctue selon le cours de l'action, mais sa valeur étant plus faible, ses gains en % sont plus importants. Le prix théorique dépend du cours de l'action, de la durée de vie du bon (plus elle est importante, plus le prix est élevé) et de la volatilité de l'action (amplitude de ses variations). La prime indique en % le surcoût entraîné par l'achat d'un bon, puis sa conversion en actions par rapport au prix de l'action.

■ **Bull** *(taureau).* Symbole de la hausse.

■ **Cap.** Contrat protégeant son détenteur contre une hausse des taux d'intérêt sur un encours (en général un emprunt) moyennant paiement d'une prime.

■ **Capital. Flottant :** part du capital qui n'est pas détenue par les actionnaires contrôlant la Sté et qui peut donc être vendue (ou achetée) à tout moment sur le marché des valeurs. **Social :** capital initial de la société majoré des augmentations de capital successives. **Permanent :** somme des capitaux propres de l'entreprise et des dettes à plus d'un an. **Propre :** capital social de l'entreprise majoré des réserves et du report à nouveau.

■ **Capitalisation boursière.** S'obtient en multipliant le cours d'une action par le nombre de titres composant le capital inscrits à la cote officielle.

■ **Cash-flow** ou **MBA** *(marge brute ou capacité d'autofinancement).* Résultat net de la Sté après impôt augmenté des dotations aux amortissements et aux provisions. C'est le montant net disponible pour investir et verser des dividendes.

■ **Certificats d'investissement.** Voir p. 1832 a.

■ **Club d'investissement ou d'actionnaires. Origine :** *USA* (Dallas 1898). *France :* 1er club (Femmes de valeurs) *créé* 6-3-1969 par Roselyne Pierre (1935-95). **Organisation :** groupes de 5 à 20 personnes, formées pour un max. de 10 ans, pour pratiquer achats et ventes de titres en commun. Bénéficie d'avantages fiscaux. *Versements mensuels maximaux :* 3 000 F par membre. **Nombre de clubs :** *fin 1969 :* 250, *2000 :* 18 000 (250 000 adhérents). **Portefeuille géré** (en 2000) : environ 4 milliards de F. **Féd. française des clubs d'investissement (FFCI) :** 39, rue Cambon, 75001 Paris, *créée* 16-1-1969.

■ **Comptes consolidés.** Intègrent ceux de la Sté mère et ceux des filiales. Si ses filiales ne sont pas détenues à 100 %, le bénéfice net consolidé final est scindé en une part du groupe qui revient aux actionnaires de la Sté cotée, et une autre qui revient aux autres actionnaires des filiales.

■ **Contrats à terme** *(futures).* Engagement contractuel, pris sur un marché organisé, d'acheter à une date ultérieure et à un prix convenu un instrument financier ou un produit quelconque (action, obligation, devise, matière première, métal précieux), ou d'en prendre livraison. Les marchés sur lesquels s'échangent des contrats à terme peuvent être traditionnels – les prix, la quantité et l'échéance variant d'une affaire à l'autre – ou standardisés.

■ **Corbeille.** Balustrade en forme de corbeille à laquelle s'accoudaient les agents de change pour négocier les valeurs vedettes. Aujourd'hui remplacée par des écrans.

■ **Corner.** Situation dans laquelle il n'existe pratiquement plus de titres à la vente sur le marché à règlement mensuel, d'où un *taux de déport* élevé.

■ **Coup d'accordéon.** Opération consistant à réduire puis à augmenter le capital d'une Sté afin de rétablir une situation nette positive. En 1986, les dirigeants d'*Usinor* choisirent en accord avec l'État de ramener le capital à zéro, puis de procéder à une augmentation de capital. 5 000 petits porteurs (détenant 20 % du capital) virent leurs actions annulées. Me Yvon Thiant, représentant 50 % de ces actionnaires, demanda leur indemnisation (sur la base du nombre d'actions × 10 F) et le remboursement du passif social, soit 21,9 milliards de F.

■ **Cours ajusté.** Tient compte des opérations sur le capital de la Sté (augmentation ou réduction du capital).

■ **Décote.** Rapport entre le cours en Bourse de l'action de la Sté de portefeuille et la valeur par action de ses participations. Appelée parfois *valeur à la casse,* la valeur réelle du patrimoine de toute Sté doit être minorée des frais éventuels liés à une cession de ses actifs (impôts, passif, frais de dissolution, de vente, etc.).

■ **Fed Funds.** Fonds fédéraux.

■ **Floor.** Contrat protégeant son détenteur contre une baisse des taux d'intérêt sur un encours (en général un prêt), moyennant paiement d'une prime.

■ **Fonds communs de créances.** Prévus par la loi du 23-12-1988, ils détiennent des créances cédées par les établissements de crédits. **Statistiques :** voir p. 1839 b.

■ **FCIMT (Fonds communs d'intervention sur les marchés à terme).** Régis par la loi du 23-12-1988. Permettent d'avoir accès à des produits de couverture sur le Matif.

■ **Fonds communs de placement (FCP) [clientèle privée et entreprises].** *Créés* 1979. Régis par la loi du 23-12-1988 modifiés par la loi du 2-7-1998. Copropriété de valeurs mobilières et de sommes placées à court terme ou à vue. Le fonds n'a pas de personnalité morale et n'est pas une indivision. Chaque part correspond à une fraction des actifs qui y sont compris. *Actif initial :* 2,5 millions de F. *Commissions et frais* sont fixés librement dans la notice d'informations. *Actif géré* (au 1-1-2001) : 414 milliards d'euros. **De placement d'entreprise (FCPE).** Gèrent les sommes issues de la participation et des plans d'épargne d'entreprises. *Encours* (fin 2000) : 54,8 milliards d'euros. **A risques (FCPR).** *Créés* 1983. Régis par la loi du 23-12-1988 (40 % des actifs sont constitués par des actions de Stés non cotées), régime fiscal favorable sous certaines conditions (durée, investissement). *Actif net* (au 31-12-2000) : 5,9 milliards d'euros. **Allégés.** *Créés* 1998. Réservés à des investisseurs qualifiés. Au 31-12-2000 : 30,8 milliards d'euros. **Nourriciers.** *Créés* 1998. Investis en totalité dans un OPCVM maître. Au 31-12-2000 : 60,6 milliards d'euros.

■ **Fonds offshore.** Souvent créés par des banques nationales, mais domiciliés dans un autre pays au droit duquel ils sont soumis (exemples : Jersey, Guernesey, île de Man, Bermudes, Curaçao, Luxembourg, Hong Kong...). Accessibles aux résidents français, mais publicité ou démarchage interdits en France ; la demande doit venir du souscripteur. **Avantages :** *pour le gestionnaire* (banque française par exemple) : règles de gestion plus souples, placement possible des liquidités sur le marché international des capitaux, endettement possible sur certaines places (exemple : Hong Kong) ; *pour le souscripteur :* valorisation dépendant de la gestion et des variations de change ; fiscal : possibilité de ne pas percevoir de coupons. *Nombre :* 580. *Conditions d'achat :* frais élevés : commission du courtier étranger et courtage de l'intermédiaire français.

■ **Golden boy.** Jeune diplômé des grandes écoles, travaillant (à prix d'or) sur les nouveaux marchés financiers.

■ **Hedge fund.** Fonds spéculatifs américains portant principalement sur des produits à effet de levier particulièrement élevé, permettant, pour des mises limitées, d'opérer sur des montants beaucoup plus importants, mais avec des risques considérables. *Nombre de fonds dans le monde :* 5 000 ; *actifs :* 200 à 300 milliards de $ (en sept. 1998). *Types couverts* censés être stables en période de hausse comme de baisse. Ratio d'endettement : 2 F pour 1 F de fonds propres. *Fonds hybrides :* ratio d'endettement : 4 pour 1. Spéculent sur marchés obligataires et marché de devises. *Fonds Quantum* de George Soros. *Fonds spéculatifs :* stratégies reposant sur des modèles complexes censés prévoir les interactions entre marchés. *Exemple :* **LTCM** (Long Term Capital Management) fondé par John Meriwether en février 1994, qui s'accocia (1997) avec Myron Scholes et Robert Merton (inventeur du modèle mathématique d'évaluation des options, prix Nobel d'économie). Au printemps, il misa sur les GKO russes, en septembre, il fut renfloué par les banques (28 MdF). **Gains** (en %) : *1994 :* 20 ; *95 :* 43 ; *96 :* 41 ; *97 :* 17. En 1998, engagement total 1 300 milliards de $; perte 110 milliards de $. 75 banques impliquées. Pertes : UBS 750 millions de $, Dresdner Bank 240 millions de marks, Merril Lynch engagé pour 1,4 milliard de $.

■ **Holding.** Sté de portefeuille gérant des participations dans d'autres entreprises cotées ou non en Bourse.

■ **Junk bonds** *(obligations pourries).* Obligations à taux d'intérêt élevé et à haut risque qui ont permis de financer de nombreux achats de Stés américaines. Elles ne sont garanties par aucun actif et sont remboursées par une partie du cash-flow de l'entreprise visée. En France, les entreprises préfèrent l'endettement bancaire aux *junk bonds* comme mode de financement.

■ **Long ou court.** Attitude et position d'opérateurs qui consistent à acheter à terme un bien dans l'espoir de le revendre plus cher (long), ou à vendre à terme un bien qu'on ne possède pas dans l'espoir de le racheter à un cours inférieur (court ou *short*).

■ **Mandat de gestion.** *Coût :* gestion en actions 0,25 à 1 % de la valeur du portefeuille ; Sicav et FCP 2 %. Se méfier si l'on fait tourner le portefeuille plus de 2 fois par an (le gestionnaire peut multiplier ses commissions).

■ **Obligations.** Voir p. 1839 c.

■ **OPA (offre publique d'achat).** Réglementation : loi du 2-8-1989. Une fois l'opération lancée, interdiction à l'*attaqué* d'acheter ses propres actions pour se défendre. Obligation pour l'*attaquant* de lancer une OPA sur 66 % au moins du capital après avoir franchi le seuil de 33,3 % des titres de la Sté convoitée, et interdiction d'opérer des achats en Bourse à un cours supérieur à son prix d'offre. S'il le fait, relèvement automatique de 2 % du prix de l'offre. On appelle *chevalier blanc* une Sté prête à apporter son appui à une autre société qui fait l'objet d'une OPA. **OPEC (offre publique d'échange). OPR (offre publique de retrait).** Possibilité offerte à tout actionnaire, majoritaire ou minoritaire, d'exiger qu'une Sté offre de racheter les titres des minoritaires. **3 cas : 1°)** 1 actionnaire ou un groupe d'actionnaires acquiert + de 95 % du capital ou des droits de vote d'une société ; l'initiative de l'OPR peut alors venir d'un actionnaire majoritaire ou minoritaire ; l'OPR sera suivie d'une radiation de la cote. **2°)** 1 actionnaire ou un groupe d'actionnaires, détenant les 2/3 du capital ou des droits de vote, décide de transformer la Sté en Sté en commandite ou par actions, ce qui prémunit contre tout risque d'OPA hostile. Les personnes physiques ou morales contrôlant la Sté sont tenues de déposer une offre d'OPR. **3°)** L'actionnaire majoritaire propose de modifier les statuts de la Sté (forme, conditions de cession, etc.) ; il est tenu d'avertir le Conseil des bourses de valeurs qui pourra décider s'il y a lieu de procéder ou non à une OPR ; l'actionnaire majoritaire a alors la faculté de demander la radiation de la cote. **OPV (offre publique de vente d'actions au public).** Est utilisée lors d'une privatisation ou pour une introduction en Bourse. Le Conseil des bourses de valeurs se prononce sur la recevabilité de l'offre (donc sur le prix proposé) et la Cob doit donner son visa. L'OPV prévoit une réduction proportionnelle des demandes d'achat de titres, et parfois un traitement spécifique des ordres des particuliers.

Quelques cas : 1969 OPA sur *St-Gobain :* échec de BSN, les alliés de St-Gobain ont acheté les actions sur le marché à un cours supérieur à celui de l'offre (pas de réglementation de la Cob à l'époque). **1987** *Télémécanique,* réussie par Schneider, 7,1 milliards de F (Télémécanique a transféré à Framatome, chevalier blanc, des titres hors marché, opération jugée irrégulière par la cour d'appel de Paris). **1988** *Bénédictine* par Rémy Martin : échec, Martini a surenchéri. **1989** *Cie industrielle* (groupe Victoire), par Cie financière de Suez (27,3 milliards de F après surenchère). *Cie de navigation mixte* par Paribas, échec. **1991** *Nouvelles Galeries* par Galeries Lafayette : après l'opération, l'action a reculé de 40 %. *Printemps* par Pinault : les familles suisses Mauss et Nordmann ont vendu leurs actions au prix fort, mais les minoritaires n'ont pu bénéficier des mêmes avantages sur l'ensemble de leurs titres. *Exor,* au départ lancée par l'Ifint (holding des Agnelli) sur les 2/3 du capital d'Exor, puis OPA de Nestlé sur *Perrier,* de BSN sur *Exor,* et, après jugement de la cour d'appel de Paris, d'Exor sur *Perrier.*

■ **Organisme de placement collectif en valeurs mobilières (OPCVM).** Loi du 23-12-1988 regroupant essentiellement Sicav et FCP. Juridiquement, les FCP sont des copropriétés de valeurs, les Sicav des Stés anonymes. Ils publient leur valeur liquidative quotidienne s'ils ont un actif supérieur ou égal à 500 millions de F (80 millions d'€), au moins tous les 15 jours pour les autres. *Constitution :* soumise à agrément de la Cob. *Souscriptions :* en espèces ou valeurs mobilières (le gérant peut les refuser), rachats en espèces. *Catégories* (nouvelle dénomination au 1-1-1999) : actions françaises, zone euro, actions internationales, obligations et autres titres de créances libellés en euros, obligations et autres titres de créances internationaux, monétaires euro, monétaires à vocation internationale, diversifiés, garantis. *Fiscalité pour les organismes :* non soumis à l'impôt sur les Stés. Peuvent capitaliser l'ensemble de leurs revenus (intérêts des créances et dividendes d'actions). *Avantage fiscal pour les souscripteurs :* revenus imposés en fonction de leur origine, avec abattement à la base (8 000 F ou 16 000 F pour un couple, pour les revenus d'actions) et possibilité d'opter pour le prélèvement libératoire pour les revenus de titres de créances, alors que les plus-values sont taxées à 19,4 % si le contribuable a cédé pour plus de 50 000 F de valeurs mobilières (en 2000). *Commissions et frais :* fixés librement dans la notice d'information. On peut souscrire ou racheter tous les jours de Bourse. Prix de souscription et de rachat publiés quotidiennement. *Organisation professionnelle :* Association française de la gestion financière (AFG-ASFFI).

■ **Part de fondateur.** Voir p. 1832 c.

■ **Participation et actionnariat des salariés. Actionnariat des salariés :** *secteur privé :* plans d'options sur action (1970) : plans de souscription ou d'achat d'actions (déc. 1973). Actions incessibles 5 ans ; distribution gratuite d'actions dans la limite maximale de 3 % du capital (loi du 24-10-1980). *Secteur public :* actionnariat à la Régie Renault (1970) : 7 % du capital distribué gratuitement à 70 000 salariés ; dans les entreprises d'assurances nationales (1973), à titre gratuit (actions indisponibles 5 ans) et à titre onéreux (actions négociables depuis le 1-10-1973).

■ **PER** ou **CCR (Price Earning Ratio** ou **coefficient de capitalisation des résultats).** Rapprochement par action du cours et du bénéfice d'une Sté. Quand une Sté a un PER de 10, on dit qu'elle capitalise 10 fois ses bénéfices. Exemples : pour une Sté en forte croissance (30, 35 % par an), un PER de 15 est courant ; pour une Sté en stagnation, un PER de 10 est élevé. **PER du marché :** rapport entre la capitalisation boursière (valeur totale des actions cotées au cours du jour) et le bénéfice global additionné de l'ensemble des sociétés cotées. Tend à s'élever en période de ralentissement de l'inflation et à baisser en cas de reprise de la hausse des prix. **Évolution à Paris** (en janvier) : *1970 :* 13,8. *80 :* 7,8. *81 :* 7,7. *82 :* 7,1. *83 :* 6,6. *84 :* 9,9. *85 :* 10,7. *87 (26-3) :* 17,4 ; *(1-10) :* 15,6 (13,2 sur bénéfices 88 estimés) ; *(29-10) :* 11,3 (9,6) ; *(28-11) :* 10,8 (9,3). *88 (24-5) :* 12,5 (10,9). *89 (25-5) :* 15,2 (sur bénéfices 88), 13,1 (sur bénéfices 89). *90 (25-6) :* 15,3 (sur bénéfices 89), 13,6 (sur bénéfices 90). *91 :* 13,5. *92 :* 15,4. *93 :* 24 ; *98 (juillet) :* 20,2.

■ **Plan d'épargne en actions (PEA).** Destiné à favoriser l'épargne longue en actions. *Durée :* 8 ans. *Versements plafonnés* à 600 000 F (1 200 000 F pour un couple). On peut y mettre des actions fr. ou des OPCVM, comportant au moins 60 % d'actions fr. pour les Sicav et 75 % pour les FCP. Les produits de taux (Sicav monétaires, obligations) sont proscrits. **Sortie :** *à - de 2 ans :* plan clos, gains taxés à 22,5 % (32,5 avec majoration des prélèvements sociaux) ; *entre 2 et 5 ans :* plan clos, plus-values taxées 26 % ; *après 5 ans :* retraits libres mais plan clos, plus-values et revenus exonérés (sauf prélèvements sociaux de 10 %) ; *après 8 ans :* retraits autorisés, plus values exonérées (sauf prélèvements sociaux). **Nombre de PEA** (en millions) : *1992 :* 2,2 ; *2000* (déc.) : 6,45. *Montant moyen* (déc. 2000) : 15 433 euros. *Encours* (en milliards d'euros) : *1992 :* 9,1 ; *2000* (déc.) : 99,5.

■ **Plans d'épargne libre (PEL).** 2 sortes : *plans comptant* (versement initial d'un montant minimal) ; *plans à versements successifs* (obligation d'effectuer pendant 5, 10 ou 15 ans des versements périodiques et réguliers).

■ **Position de place.** Situation qui ressort de la confrontation, lors de chaque liquidation, des acheteurs et des vendeurs sur le marché à terme, qui ont décidé de reporter leur position sur la liquidation suivante.

■ **RES (rachat d'entreprises par les salariés) ; LMBO (Leveraged Management Buy-Out).** Aux USA, opérations dénouées par la revente d'actifs pour rembourser les junk bonds. En Europe, les crédits sont gagés sur les cash-flows futurs de l'entreprise et non sur les actifs. De 1980 à 1988, il y a eu + de 10 000 LMBO aux USA, 2 500 en G.-B., + de 300 en France.

■ **Scapi (Stés en commandite par actions de propriété d'immeubles).** En projet. **Principe :** à chaque action correspondrait 1 m² d'immeuble (ou même 1 cm²). **Avantage :** les immeubles seraient individualisés ; les droits de mutation exonérés en cas de cession de l'immeuble ; les loyers, après déduction des charges, seraient intégralement versés aux actionnaires sous forme de dividendes, sans commission de gestion.

■ **SCPI (Stés civiles de placements immobiliers).** Loi de 1970, modifiée en 1992. *Objet exclusif :* acquérir et gérer un patrimoine immobilier locatif. Ne peuvent pas participer à des opérations de promotion immobilière. Capital divisé en parts dont la « valeur mathématique » est fixée chaque année en fonction de la « valeur de reconstitution de la société ». *Montant minimal souscrit :*

10 000 F. *Responsabilité des associés :* limitée, vis-à-vis des créanciers de la Sté, au double de la fraction de capital qu'ils possèdent. Risque limité, les SCPI ayant généralement été créées sous l'égide d'une banque ou d'un groupe financier, et devant être agréées par la Cob et soumises à son contrôle. *Capital minimal :* 5 millions de F, souscrit à 15 % en 1 an ; obligation de faire évaluer le patrimoine régulièrement pour l'évaluation des parts. *Rendement annuel brut de SCPI classiques* (en %) : *1993 :* 4,98 % ; *94 :* 5,77 ; *95 :* 4,92. **SCPI Méhaignerie** (logements neufs destinés à la location pendant 6 ans). Accordent pour leur souscripteur, selon la date de souscription (avant ou, entre parenthèses, après le 1-4-1993), une réduction égale à 10 % (ou 15 %) de leur investissement, jusqu'à 30 000 F pour un célibataire ou 60 000 F pour un couple (60 000 F ou 120 000 F répartis sur 4 ans), et un abattement de 25 % sur les recettes pendant 10 ans. Bénéficient de la transparence fiscale (pas d'impôt sur les Stés). Les revenus perçus sont répartis entre les porteurs de parts, qui sont soumis à l'impôt foncier (abattement 8 %) comme s'ils étaient directement propriétaires d'immeubles.

Statistiques (en 1992). *Nombre :* 270. *Collecte :* 6,3 milliards de F (*1990 :* 13 ; *93 :* 5,1 ; *94 :* 3,3). *Capitalisation :* 89 milliards de F. *Sociétaires :* 600 000. *Performance globale* (rendement et plus-value) : 8,92 %.

■ **Sicav (Sté d'investissement à capital variable).** Sté anonyme ayant pour objet la gestion d'un portefeuille de valeurs mobilières, presque toutes négociées sur un marché réglementé, et pour particularité la variabilité de son capital en fonction des souscriptions et des rachats d'actions. *Capital initial :* 50 millions de F. Ne peuvent investir plus de 5 % de leur actif dans une même valeur, ni acquérir plus de 10 % du capital d'une même Sté (loi du 23-12-1988).

Sicav monétaires (à court terme). *Créées* en 1928, au départ pour rémunérer la trésorerie des entreprises. Actifs investis dans des placements financiers à court terme (bons du Trésor, certificats de dépôts émis par les banques ou billets de trésorerie des entreprises) et rémunérés aux taux du marché monétaire [entre 6 et 8 % d'intérêt, net d'impôt dans certains cas (Sicav de capitalisation)]. **Rendement :** *moyenne 1995 :* 6,04 ; *96 :* 3,48 ; *2000 :* 3,64. **Fiscalité :** en cas de vente de – de 50 000 F, exonération. Au-delà, imposition 19,9 %.

■ **Sicomi (Stés immobilières pour le commerce et l'industrie).** *Créées* en 1967. Stés anonymes (25 sur 60) cotées en Bourse. Peuvent réaliser : 1°) *la location d'immeubles :* en restant propriétaires (baux commerciaux classiques) ; 2°) *le crédit-bail :* la Sicomi utilise les fonds qui lui ont été confiés pour l'achat d'immeubles à usage de bureaux. Elle les loue ensuite en crédit-bail à des entreprises qui ne peuvent ou ne veulent pas emprunter pour acheter ou faire construire, mais s'engagent à louer pendant une période, fixée à l'avance, de 10 à 20 ans. Les loyers sont réévalués régulièrement. Au terme du bail, l'entreprise se retrouve propriétaire des locaux en ne versant qu'une somme minime (souvent 1 F symbolique). Les Sicomi bénéficiaient de la transparence fiscale, à condition de distribuer à leurs actionnaires au moins 85 % des bénéfices. Cet avantage a été supprimé par une loi de 1991 applicable le 1-1-1996, d'où une crise des Sicomi. Une Sicomi non cotée en Bourse doit reprendre aux actionnaires qui le souhaitent les titres qu'ils veulent vendre si le total de la demande de vente n'excède pas 10 % du capital de la Sté ou si la Sicomi est automatiquement cotée en Bourse après 4 ans. **Rendement moyen** (en 1992) : 9 %.

■ **SII (Stés immobilières d'investissement).** *Créées* en 1958. Stés anonymes cotées en Bourse. *Objet :* construction et location d'immeubles. *Statut :* bénéficient de la transparence fiscale à condition d'investir 75 % des surfaces en habitations et de distribuer à leurs actionnaires 85 % au moins des bénéfices (le dividende perçu ne donne pas droit à un avoir fiscal). Fin 1992, la plupart ont abandonné ce statut dérogatoire pour que leurs actionnaires puissent acquérir dans le cadre du PEA. **Les plus grosses** (capitalisation boursière en milliards de F, mars 1993) : Sefimeg 7,6 ; Simco 7 ; UIF 4,1 ; GFC 3,6. **Rendement** (en 1992) : 6 à 7 % grâce à la décote par rapport à la valeur intern. du patrimoine : environ 30 à 40 %.

■ **Sociétés foncières.** *Créées* fin XIXe s. Stés de droit commun sans statut spécifique. Patrimoine diversifié, plutôt ancien dans le centre des villes. Cotées en Bourse. *Exemples de capitalisations* (en milliards de F, mars 1993) : Plaine Monceau 4,6 ; EMGP 3,3 ; Foncière lyonnaise 2,4. **Rendement :** 3 à 5 %. Revenus imposés comme ceux des actions. **Stés non cotées.** Même taxation des plus-values que celle des SCPI. *Rendement* (en 1991) : 2,5 à 5,8 %.

■ **Sous-jacent.** Se dit de l'actif ou de l'indice servant de base pour fixer les variations de la valeur des produits dérivés : cours de devises, taux d'intérêts ; indices représentatifs de la valeur moyenne de ces cours ou taux.

■ **Spécialistes en valeurs du Trésor (STV).** Nommés par le Trésor. *Nombre :* 15 depuis 1987, chargés d'animer le marché primaire et secondaire des valeurs du Trésor. 4 établissements, appelés correspondants en valeurs du Trésor (CVT), exercent la même fonction.

■ **Stellage (« Straddle »).** Combinaison d'une option d'achat *(call)* et de vente *(put)* sur le même actif de base, avec la même échéance et le même prix d'exercice. L'*acheteur* d'un stellage a le choix, à une échéance donnée, entre un achat avec un écart supérieur au cours du marché du jour et une vente avec un écart inférieur. Il pense donc que d'ici à l'échéance le titre va faire l'objet de fluctuations importantes des cours, soit en hausse, soit en baisse. Le *vendeur* pense au contraire que les cours du titre resteront stables dans la fourchette du stellage.

■ **« Swaps » ou contrats d'échange.** Contrats permettant de se prémunir contre les évolutions défavorables de l'actif sous-jacent, les taux d'intérêt et de devises étant les plus courants.

■ **Titres. Nominatifs :** *purs :* inscrits sur les registres de la Sté émettrice au nom de leur propriétaire. La gestion et la garde des titres sont gratuites, assurées par la Sté elle-même ou un intermédiaire (par exemple une banque). *Administrés :* gestion assurée par un intermédiaire choisi par l'actionnaire, à ses frais. **Au porteur :** inscrits en compte par un intermédiaire choisi par l'actionnaire. Gestion et conservation des titres entraînent des frais.

■ **Titrisation.** Depuis la loi du 22-12-1988, les créances détenues en portefeuille par des établissements de crédit peuvent être mises sur le marché. Les premières opérations [Caisse autonome de refinancement (Car), Crédit lyonnais et Compagnie bancaire] ont porté uniquement sur des créances à taux d'intérêt élevé permettant de les revendre sur le marché, après transformation en titres, à un taux moins élevé pour couvrir les frais et risques des variations de taux.

■ **Trading.** Opération d'achat et de vente de titres, réalisée dans les délais les plus brefs, pour profiter d'écarts de cours tout en diminuant l'exposition du portefeuille au risque du marché.

■ **Tunnel.** Stratégie d'options réduisant la prime payée en combinant soit l'achat d'un « floor » et la vente d'un « cap » ; soit l'achat d'un « cap » et la vente d'un « floor », le risque évoluant dans un « tunnel », avec un plancher et un plafond.

■ **Warrant (bon de souscription).** Option d'achat *(call)* à long terme, attachée, par exemple, à une souscription de titre, action ou obligation.

■ **Zero Coupon Swap.** Swap (contrat d'échange de taux d'intérêt) selon lequel les flux à taux variables sont normaux, mais les paiements des flux à taux fixes sont capitalisés et font l'objet d'un paiement unique à l'échéance.

■ **Zinzins** ou **gendarmes.** Investisseurs institutionnels (banques nationalisées, caisses de retraites, compagnies d'assurances, Caisse des dépôts, Crédit national et Stés d'investissement).

Statistiques

■ **Structure** (Premier, Second, Nouveau marchés et Marché libre). Émetteurs 1 665 (valeurs françaises 1 103, zone franc 12, étrangères 373). Ligne de cotation 5 959 (actions 1 207/obligations 4 752) dont française 961/1 925, zone franc 10/6, étrangères 197/1 414.

■ **Capitalisation boursière** (en milliards d'euros, 1999). 2 263,1 dont actions 1 499,4 (Premier marché 1 430,4, Second marché 47,8, Nouveau marché 15,2, Marché libre 6) et obligations 763,6 (Premier marché 760 dont État 431,2, Second marché 3,3, Nouveau marché 0,33). **Introduction** (en 2000) : 139 (Premier marché comptant 15, Second marché 17, Nouveau marché 5, Marché libre 55). **En % du PIB :** *1990 :* 27 ; *95 :* 31 ; *97 :* 38 ; *98 :* 68 ; *99 :* 109.

■ **Volume annuel des transactions** (en milliards d'euros, 1999). 727,2 dont Premier marché règlement mensuel 699,9, comptant 11,3 ; Second marché 11,8 ; Nouveau marché 3,7 ; hors cote-Marché libre 0,27.

■ **Volume des transactions.** *Séances* 253. **Transactions** (en millions d'euros, 2000) : globales 16 263 ; système Cac 1 226 Par jour 4,8 [le plus (15-11) : 12,2 ; le moins (15-8) 1,8]. **Valeur les plus actives :** moyenne quotidienne (en millions d'euros, 1999) : Vivendi 178, TotalFina 168, France Télécom 159, Axa 122, Alcatel 113, Carrefour 104, BNP 102, Suez Lyonnaise des Eaux 96, Société Générale 94, Aventis 72. **Opérations exceptionnelles** (en 1999) : 134 [OPA 13, simplifiées 21, OPE 10, simplifiées 6, OP retrait 2, avec retrait obligatoire 50, OP vente 7, OPAS garantie cours 23, OP rachat 2]. **Activité Matif-Monep** (en 1998) : produits (en millions, nombre de lots) 89,448 ; actions et indices 53,84, taux 35,36 (à terme 31,48, option 3,88), marchandise 0,23.

■ **Actionnaires individuels directs. Nombre** (en millions) : *1978 :* 1,3 ; *82 :* 1,7 ; *87 :* 6,2 ; *91 :* 5,4 ; *92 :* 4,5 ; *94 :* 5,7 ; *95 :* 5,3 ; *98 :* 5,2 ; *99 :* 5,2 ; *2000 (est.) :* 5,6. **% dans la population :** G.-B. 17,5 ; USA 17 ; *France 12 ;* Japon 8 ; Italie 5.

■ **Actions françaises** (en milliards de F, 1992). 12 224,4 (cotées 1 954,6 / non cotées 10 267,9). **Détenteurs** (en %) : établissements financiers 4,42 (cotées 6,14 / non cotées 4,1) ; OPCVM 1,6 (9,64/0,07) ; assurances et mutuelles 1,72 (6,77/0,76) ; État, administrations 4,33 (1,96/4,78) ; sociétés 56,31 (21,53/62,93) ; ménages 18,62 (34,49/15,6) ; non-résidents 12,96 (19,43/11,73). **Titres OPCVM** (long terme) : 1 047,3.

■ **Nombre d'actions inscrites** (au 31-12-2000) : 9,8 milliards. **Poids des investissements étrangers dans le capital des principales Stés françaises** (en %, au 31-6-1998) : *total :* 40 % dont Eridiana Béghin-Say 60, Rhône-Poulenc 51,6, Sté générale 50, Dexia 50,4, Accor 48,2, Total 48, Usinor 47, Vivendi 43, CCF 41,9, Peugeot SA 41, Canal + 41.

■ **Capitalisation** (cote officielle de Paris, en milliards de F, en fin d'année). **Actions et,** entre parenthèses, **obligations et titres participatifs :** *1980 :* 248 (567,3). *89 :* 2 111,7 (2 353). *90 :* 1 679,3 (2 472). *91 :* 1 937,8 (2 907,9). *92 :* 1 931,6 (3 194,2). *93 :* 2 689,3 (3 876,7). *94 :* 2 412,4 (3 692,3). *95 :* 2 445,2 (4 132,8). *96 :* 3 073 (4 605,9). *97 :* 4 069 (4 678) ; *99 :* 5 539 (4 987).

Sociétés les plus capitalisées au 31-12 (en milliards de F) : **1963** Rhône-Poulenc 5. Air liquide 3,4. Esso Standard 2,5. St-Gobain 2,1. Michelin 1,8. **1967** Aquitaine 4,3. Rhône-Poulenc 2,3. Pechiney 2,2. Michelin 1,9. Française des Pétroles 1,7. **1972** Michelin 6,5. St-Gobain-Pont-à-Mousson 4,3. Péchiney-Ugine-Kuhlman 3,3. Aquitaine 3,2. Rhône-Poulenc 3,1. **1982** Elf-Aquitaine 9,5. Air liquide 7. Avions M. Dassault-Breguet 4,4. L'Oréal 4. BSN 3,8. **1987** Midi (Cie du) 39,6. Elf-Aquitaine 38,71. LVMH 37,73. Peugeot 34,3. St-Gobain 34,07. BSN 33,31. Sté générale 30,27. **1989** LVMH 64,97. Elf-Aquitaine 55,47. CGE 49,8. Paribas 44,4. BSN 42,3. Générale des Eaux 41,5. St-Gobain 38,5. Midi 36,2. Louis Vuitton 33,3. Sté générale 32,8. Air Liquide 31,1. L'Oréal 28. **1990** Elf-Aquitaine 69,73. CGE 57,70. LVMH 45,93. Générale des Eaux 41,60. BSN 39,59. UAP 39,22. Suez 36,35. Air Liquide 31,18. Paribas 30,13. L'Oréal 27,55. Sté générale 25,88. Midi 25,81. **1993** Alcatel-Alsthom 120,4. Elf-Aquitaine 107. Générale des Eaux 80,5. L'Oréal, Total 70,7. BSN 63,4. Sté générale 61,7. LVMH 58,9. UAP 57,7. Carrefour 55,1. Suez 54,7. **1995** Elf-Aquitaine 97,9. LVMH 88,7. L'Oréal 80,5. Total 77,4. Carrefour 76,1. Alcatel-Alsthom 63,6. Générale des Eaux 57,4. Danone 57,4. Axa 54,2. Air Liquide 53,6. **1996** L'Oréal 132,06. Carrefour 129,8. Elf-Aquitaine 129,2. LVMH 126,6. Total 101,9. Cie générale des Eaux 78,8. Alcatel-Alsthom 67,4. Axa 63,7. St-Gobain 63,6. Air Liquide 59,2. *Au Second marché :* Hermès international 17,6. TF1 10,4. Montaigne Participation 10,1. Adecco TT 7. M6-Métropole Télévision 5,7. **1997** France Télécom 218,3. Elf-Aquitaine 192,6. Total 159,5. L'Oréal 159,2. Axa 154,3. Alcatel-Alsthom 124,5. Carrefour 120,8. Générale des Eaux 112,6. Rhône Poulenc 97,2. LVMH 87,5. *Au Second marché :* Hermès international 15,4. TF1 12,9. Montaigne Participations 12,4. M6-Métropole Télévision 8,7. Rallye 6. **1998** France Télécom 455. Axa-UAP 280. L'Oréal 273. Vivendi 231. Elf-Aquitaine 178. Suez Lyonnaise 169. Carrefour 164. Total 138. Alcatel 136. Pinault-Printemps-Redoute 129. *Au Second marché :* TF1 20 895. Hermès international 16 677. M6-Métropole Télévision 12 588. Rallye 11 203. Sopra 3 612. En milliards d'euros : **1999**. France Télécom 134. TotalFina 95. Carrefour 62. L'Oréal 53. Vivendi 52. Axa 48. Alcatel 45. Aventis 44. STMicroelectronics 44, LVMH-Moët-Vuitton 43. **2000** TotalFinaElf 117. France Télécom 106. Vivendi Universal 76. Alcatel 74. Aventis 73. Axa 64. L'Oréal 62. Sanofi Synthelabo 52. Carrefour 47. BNP Paribas 42. (% total de la capitalisation : 45,98 %.)

■ **Émissions** (en milliards de F). *1980 :* 135,9. *81 :* 138. *82 :* 193,3. *83 :* 240,8. *84 :* 298,3. *85 :* 389,9. *88 :* 505,5. *89 :* 577,3. *90 :* 567. *91 :* 579,3. *92 :* 613,7. *93 :* 778. *94 :* 671. *95 :* 603. *96 :* 761. *97 :* 763. *98 :* 779. *99* (en millions d'euros) : 118 ; *2000 (est.) :* 161 (obligations 94,4, actions 37). **Principales émissions** (valeur à l'émission, en milliards de F, 1997) : Gan 11, Rhône Poulenc 7, Sodexho Alliance 2, Bancaire (Cie) 1,6, Foncière lyonnaise 0,7. **Émissions d'obligations** (millions d'euros, 1999 et, en italique, est. 2000) : 81 787, *94 406.*

■ **PER des 40 valeurs du Cac. BNPA** (Bénéfice net par action) **en 2001** entre parenthèses, PER (cours au 3-5-2001) rapporté en BNPA : Accor (2,5) 19 ; Adecco (31,04) 22,4 ; AGF (5,2) 12,7 ; Air Liquide (8,7) 18,6 ; Alcatel (1,55) 23,9 ; Alstom (3,5) 9 ; Aventis (2,2) 37,8 ; Axa (6,3) 21,7 ; BNP (9,8) 9,9 ; Bouygues (3,7) 76,8 ; Canal Plus (0,2) 19,4 ; Cap Gemini (5) 29,9 ; Carrefour (2,2) 29,6 ; Casino (4,2) 24,4 ; CCF (4,7) 9,1 ; Crédit lyonnais (3,2) 13,1 ; Danone (6,25) 22,9 ; Dexia (12) 14,8 ; Equant (NS) ; France Télécom (1,57) 47,5 ; Lafarge (7,5) 14,1 ; Lagardère (2,41) 26,5 ; Legrand (10,2) 23,5 ; L'Oréal (1,85) 47,14 ; LVMH (2) 34,3 ; Michelin (3,6) 10,6 ; Peugeot (38) 8,3 ; Pinault-Printemps-La Redoute (7,4) 25,8 ; Renault (6,2) 9,3 ; Saint-Gobain (13,24) 12,9 ; Sanofi-Synthélabo (1,57) 42 ; Schneider Electric (5,7) 13 ; Sté générale (6,9) 10,2 ; Sodexho Alliance (1,6) 33,9 ; STMicroelectronics (1,6) 28,6 ; Suez Lyonnaise des Eaux (9) 18,4 ; Thomson-Multimédia (1,65) 28,5 ; Total/Fina/Elf (10,7) 14,7 ; Valeo (1) 51,5 ; Vivendi (3,58) 78,5.

Position de place (en milliards de F) : 9. *Ensemble du marché* (en 1997) : acheteur 9,05 ; vendeur 7,72. *Actions :* acheteur : *1993 :* 5,4. *94 :* 4,8. *95 :* 3,1. *96 :* 4,60. *97 :* 8,55 ; vendeur : *1993 :* 3,5. *94 :* 2,3. *95 :* 2,8. *96 :* 4,97. *97 :* 7,53. *Ensemble du marché dans l'année :* 78 910 (par jour de 10,72 à 141,61, moyenne 30). Marché RM 7 990 (par jour 1,69 à 20,32, moyenne 9,35). *Obligations françaises :* 39 022 dont fonds d'État 35 709. *Actions françaises :* 8 124 ; comptant 128,9 ; Second marché 177,4.

■ **Rendement. Actions** (en %, avoir fiscal compris, en fin d'année) : *fin 1972 :* 4,54. *73 :* 5,40. *74 :* 7,82. *75 :* 6,70. *76 :* 6,96. *77 :* 7,68. *78 :* 5,84 (8,36 au plus haut). *79 :* 5,72. *80 :* 6,88. *81 :* 8,25. *82 :* 8,11. *83 :* 5,30. *84 :* 4,88. *85 :* 3,90. *86 :* 2,47. *87 :* 5,01. *88 :* 3,03. *89 :* 2,60. *90 :* 4. *91 :* 3,8. *92 :* 3,8. *93 :* 2,7. *94 :* 3,2. *95 :* 3,3. *96 :* 2,7. *97 :* 2,2. *98 :* 2,1 ; *99 :* 1,5. **Obligations** (à fin déc., secteur public et semi-public et, entre parenthèses, secteur privé) : *1978 :* 9,94 (10,27). *79 :* 12,59 (12,92). *80 :* 14,31 (14,68). *81 :* 16,44 (17,33). *82 :* 15,5 (15,9). *83 :* 13,32 (14,5). *84 :* 12,70 (12,94). *85 :* 11,33 (11,76). *86 :* 9,89 (10,18). *87 (fin juin) :* 9,13 (9,22). *88 (1-7) :* 9,07 (9,44). *90 (8-8) :* 10,56 (10,61). *93 :* 6,18 (6,27). *94 :* 8,01 (0,08). *95 :* 6,89 (6,81). *96 :* 5,82 (5,84). *97 :* 5,39 (5,45).

■ **Transactions sur l'année. Actions et,** entre parenthèses, **obligations** (en milliards de F) : *1980* : 42,8 (63). *85* : 131,8 (717,6). *90* : 716 (3 376). *95* : 1 052,9 (5 631). *96* : 1 448,6 (6 483). *97* : 2 434 (5 089). *98* : 3 458 (2 656).

■ **Plus fortes variations de cours (marché officiel)** [en %, 2000]. **Hausses :** Verneuil Participations 933,4, Champex 630,6, ADC 185,7, Acanthe Développement 168, DMC 143,1, Novatec 134,5, Sommer-Allibert 111, Rémy Cointreau 101,6. **Baisses :** Integra – 78, Fi System – 77, Equant – 75, Sema – 75, Avenir Telecom – 72, Orosdi Back – 72. **Second marché : hausses** Pinguely-Haulotte 567, Rodriguez Group 306, Flammarion 197. **Baisses :** Icom Informatique – 90, XRT Cerg – 86, Videlec – 83, Léon de Bruxelles – 83. **Nouveau Marché : hausses** Egide 839, Rigiflex 414, Cerep 331. **Baisses** Intercall – 95, Alti – 89.

■ **Évolution de la Bourse de Paris après les élections** (en %). **De Gaulle** *22-12-1958* : + 1. **Pompidou** *16-6-1969* : – 1,8. **Giscard d'Estaing** *20-5-1974* : – 1,3. (Après victoire de la droite au 1er tour des *élections législatives du 13-3-1978* : + 9.) **Mitterrand** *11-5-1981* : incotable à la baisse ; *9-5-1988* : + 2,35 à 11 h 15, + 1,31 en clôture (*fortes hausses* : Chargeurs + 7,37. SGE + 6,48. SAE + 5,35. Bouygues + 5,09. Bic + 5,09).

■ **Variation des indices de cours de la SBF** (en %, du 31-12-1999 au 31-12-2000). Biens d'équipement – 13,1 ; informatique – 26,2 ; télécommunications – 11,2 ; autres services – 10,9. Cac 40 – 0,5 ; SBF 120 – 0,7. Autres biens de consommation 39. SBF 250 – 1. Second marché 15,6. Stés de portefeuille 28,5. Assurances 17 ; banque 5,9 ; distribution – 17,3 ; automobile 1,7 ; immobilier 2,8 ; produits de base – 12 ; construction – 13,7 ; agroalimentaire – 0,5.

Variation des indices a Paris (en %)

Indice général SBF (1945-93)					
1945	– 12	*1962*	– 0,1	*1979*	+ 17
1946	+ 65	*1963*	– 14,4	*1980*	+ 9
1947	– 2	*1964*	– 6,6	*1981*	– 17,6
1948	+ 9	*1965*	– 8,1	*1982*	+ 0,2
1949	– 20	*1966*	– 10,7	*1983*	+ 56,4
1950	– 13	*1967*	– 1,8	*1984*	+ 16,4
1951	+ 55	*1968*	+ 7,3	*1985*	+ 45,7
1952	+ 10	*1969*	+ 26,6	*1986*	+ 49,7
1953	+ 17	*1970*	– 7,1	*1987*	– 29,4
1954	+ 63	*1971*	– 7,8	*1988*	+ 48
1955	+ 6	*1972*	+ 17,1	*1989*	+ 33,3
1956	+ 4	*1973*	– 2,8	*1990*	– 25,4
1957	+ 25	*1974*	– 30,8	*1991*	+ 15,4
1958	– 3	*1975*	+ 30,7	*1992*	+ 1,6
1959	+ 49	*1976*	– 17	*1993*	+ 32,9
1960	+ 3	*1977*	– 6,4		
1961	+ 20,5	*1978*	+ 46,5		

Autres indices	1995	1996	1997	1998	1999	2000
Cac 40	– 0,49	+ 23,7	+ 29,5	+ 31,47	+ 51,1	– 0,5
SBF 80	+ 0,36	+ 32,17	+ 18,41	+ 21	+ 58,6	– 1,4
SBF 120	– 0,27	+ 26	+ 26,82	+ 29,47	+ 52,6	– 0,7
SBF 250	– 1,42	+ 26,67	+ 27,74	+ 28,54	+ 52,4	– 1
Midcac	– 16,83	+ 35,68	+ 17,19	+ 3,7	+ 38,5	+ 8,5
Second marché	– 1,76	+ 30,78	+ 7,87	+ 10,53	+ 21,7	+ 15,6
SBF-FCI					+ 16,9	– 5,2
Nouveau marché					+ 135,3	– 2,4

Marchés a terme et options

■ **Dans le monde. Bourses étrangères. Places principales : USA :** New York, Chicago, Kansas City, Philadelphie, Minneapolis, plus de 60 produits faisant l'objet de transactions (céréales, textiles, oléagineux, animaux, sucre, métaux, caoutchouc, actifs financiers, etc.). **G.-B. :** plusieurs Bourses à Londres. **Autres places :** Australie, Brésil (2), Canada (3), Danemark, Espagne, Finlande, Hong Kong, Irlande, Japon, Malaisie, Nlle-Zélande, Pays-Bas (Amsterdam), Singapour, Suède, Suisse.

■ **En France. 2 Bourses** négocient des contrats à terme et/ou des options : **1°) Matif (marché à terme international de France).** *Créé* en février 1986 sur le modèle des marchés à terme de marchandises pour permettre aux investisseurs de protéger la valeur de leurs actifs, face, en particulier, à l'instabilité des taux de change. Produits financiers et agricoles ; contrats à terme et options sur contrats à terme. Placé sous la tutelle du Conseil du marché à terme depuis la loi du 13-12-1987, la *Commission des marchés à terme de marchandises* (*créée* en 1983), qui avait précédemment autorité sur les marchés à terme de matières premières, ayant été dissoute. Le 20-5-1994, a lancé des contrats d'option de change dollar-mark et dollar-franc devant la concurrence des marchés américains, notamment du PHLX et du Chicago Mercantile Exchange. *5-7-1996* a inauguré un nouveau contrat à terme sur le blé, la loi vieille de 60 ans qui interdisait la cotation à terme des céréales ayant été abrogée. **Contrats :** 300 000 par jour (soit 6 000 milliards de F dont 2 % en colza, sucre et pomme de terre). **2°) Monep** (voir p. 1837 b).

Fiscalité

☞ Pour connaître la sélection **Quid** des meilleurs sites Internet sur les finances, rendez-vous sur **www.quid.fr**

En France

Impôts sur le patrimoine

■ **Droits de mutation. A titre onéreux. Taux : immeubles d'habitation ou professionnels :** *taux plafond* 4,89 % (droit départemental 3,6 % + taxe additionnelle communale 1,2 % + prélèvement pour frais d'assiette et de recouvrement calculé sur le droit départemental 2,5 %) ; *taux plancher* 2,225 % (1 + 1,2 + 2,5 % sur 1 %). **Fonds de commerce :** 4,8 % au-delà de 150 000 F (ventes en zones de redynamisation urbaine et zones franches 1 % de 150 000 à 700 000 F, 4,8 % au-delà). **Apports en sociétés :** 4,8 % (fonds de commerce au-delà de 150 000 F). **Statistiques** (en 1998) : *actes* présentés aux conservateurs des hypothèques ou aux receveurs des impôts pour enregistrement 1 450 000 (dont mutations d'immeubles 1 388 147) ; *droits perçus* 37,4 milliards de F (dont 34,2 au profit des collectivités locales). **A titre gratuit. Taux** (voir à l'Index succession, donation). **Statistiques** (en 1998) : *déclarations principales déposées* : successions 343 321, donations 299 317 ; *droits recouvrés* (en milliards de F) : successions 31,4, donations 5,2.

■ **Impôt sur les grandes fortunes (IGF).** *Créé* en 1982, abrogé par la loi de finances du 30-12-1986. **Barèmes** (tranches de patrimoine en millions de F, en 1982 et, entre parenthèses, en 1986 ; taux en %). *0* : ⩽ 3 (⩽ 3,6). *0,5* : 3 à 5 (3,6 à 6). *1* : 5 à 10 (6 à 11,9). *1,5* : > 10 (11,9 à 20,6). *2* : (> 20,6). *Majoration de 8 %* : non (oui). Pour les patrimoines comprenant des biens professionnels, les tranches étaient, en 1982, augmentées de 2 et 2,2 millions de F. **Produit** (en milliards de F). **De l'impôt :** *IGF 1982* : 2,7 ; *86* : 4,1. **Du prélèvement en capital sur les bons anonymes** (instauré en 1982 et conservé après le 16-3-1986 pour pénaliser les contribuables utilisant ce mode de placement pour minimiser la part de leur fortune accessible aux contrôleurs du fisc) : *1982* : 0,991 ; *86* : 1,68.

En 1984, 37 500 foyers dont la fortune moyenne était de 5 millions de F disposaient d'un revenu annuel inférieur à 300 000 F. 600 avaient acquitté un impôt global (IGF + IRPP) supérieur aux revenus qu'ils avaient perçus (– de 100 000 F).

■ **Impôt de solidarité sur la fortune (ISF).** *Origine : adopté* le 13-7-1988 par le gouv. Rocard, et voté le 22-10-1988 par l'Assemblée [299 pour/288 contre (dont UDF : 85 contre/1 pour (François d'Harcourt), 2 abstentions (André Rossi et André Rossinot)] ; UDC : sur 40 membres, 37 abstentions (dont Raymond Barre) et 3 contre.

Barème en % au 1-1-2001 et, entre parenthèses, **au 1-1-1998** (selon la tranche en millions de F). *De 4,7 à 7,64* : 0,55 (0,55) ; *7,64 à 15,16* : 0,75 (0,8) ; *15,16 à 23,54* : 1 (0,9) ; *23,54 à 45,58* : 1,3 (1,2) ; *45,58 à 100* : 1,65 (1,5) ; *> 100 (nouvelle tranche depuis 1999)* : 1,8. **Seuil d'imposition :** *1989* : 4 ; *90* : 4,13 ; *91* : 4,26 ; *92* : 4,39 ; *93* : 4,39 ; *94* : 4,47 ; *95* : 4,53 ; *96* : 4,61 ; *97 à 2001* : 4,7. Montant à payer réduit de 1 000 F par personne à charge et plafonné à 85 % des revenus nets soumis à l'impôt sur le revenu au titre de l'année précédente (quand le patrimoine ne dépasse pas 15 160 000 F). Depuis 1995, majoration exceptionnelle de 10 %.

Biens exonérés. 1°) Objets d'antiquité (plus de 100 ans d'âge), **d'art et de collection. 2°) Biens professionnels :** entreprises individuelles, parts de sociétés de personnes, titres de SARL ou de SA à condition que le redevable détienne avec son groupe familial 25 % au minimum du capital de la société, y exerce des fonctions de direction et en retire plus de la moitié de ses revenus professionnels. **3°) Biens ruraux** loués par bail à long terme et parts de groupements fonciers agricoles sur 75 % de la fraction de leur valeur jusqu'à 500 000 F et 50 % au-delà. Bois et forêts et parts de groupements forestiers pour les 3/4 de leur valeur. **4°) Revenus de la propriété industrielle** (brevets) ; **littéraire et artistique** ; **placements financiers** en France par des non-résidents ; **valeur de capitalisation** de certaines rentes viagères ou d'indemnisation. **Biens imposables.** Immeubles, valeurs mobilières, liquidités, pièces et lingots d'or, créances, objets d'ameublement (sauf s'ils sont exonérés comme objets d'art), bijoux et pierreries, bons d'épargne, rentes viagères et contrats d'assurance vie (avec faculté de rachat). Abattement de 20 % applicable sur l'habitation principale (arrêt Cour de cassation, 13-2-1996, Fleury). **Dettes déductibles :** emprunts et impôts dus au 1er janvier de l'année. Depuis 1999, joindre les preuves (existence, objet, montant) de la dette. **Déclarations souscrites** (faisant apparaître un revenu imposable). *1989* : 126 300 ; *90* : 140 461 ; *91* : 150 177 ; *92* : 157 666 ; *93* : 163 125 ; *94* : 171 706 ; *95* : 175 926 ; *96* : 174 726 ; *97* : 179 886 ; *98* : 193 944 ; *99* : 213 283 [dont Paris 45 384 (dont 7e, 15e, 16e arrondissement 22 225), Hts-de-Seine 18 711, Yvelines 11 804, Hte-Corse 169, Creuse 158, Lozère 82, Guyane 69]. **Montants recouvrés** (en milliards de F). *1989* : 4,5 ; *90* : 5,7 ; *91* : 6,439 ; *92* : 7,014 ; *93* : 7,209 ; *94* : 8,322 ; *95* : 8,526 ; *96* : 8,92 ; *97* : 10,061 ; *98* : 11,18 (dont majoration exceptionnelle de 10 %) ; *99* : 12,74 ; *2000 (prév.)* : 14,5.

Comparaisons

■ **Imposition des revenus (IR) et,** entre parenthèses, **IR + cotisations salariales – prestations** (en % du salaire brut). Belgique 27,6 (41,5), Allemagne 21,3 (42,3), Italie 18,8 (29), USA 18,2 (25,8), G.-B. 16,7 (25,2), Espagne 13,8 (20,2), *France 10,5 (28,1),* P.-Bas 6,5 (39,3).

■ **Prélèvements obligatoires en Europe** (en %, 1999). Suède 53,2, Danemark 51,3, Belgique 48, Finlande 47,5, Autriche 47,3, *France 45,7,* Allemagne 43,9, Italie 43,7, P.-Bas 42,3, Portugal 39,7, G.-B. 38,1, Grèce 36,8, Espagne 35,4, Irlande 34.

☞ En Russie, réforme proposée pour restreindre l'évasion fiscale et alléger la charge pesant sur les entreprises, afin de favoriser croissance et investissements : taux unique de 13 % sur les revenus des particuliers (au lieu de 12 % à 30 %).

■ **Prélèvements sur les revenus. Ce qui reste pour un salaire brut donné [Sécurité sociale, impôts sur le revenu, autres prélèvements (CSG et CRDS en France) déduits] : à un célibataire. Salaire brut de 120 000 F/an :** USA 82,9, Espagne 79,9, G.-B. 79,9, *France 72,9,* Italie 68,3, Allemagne 66, Suède 63,6. **250 000 F :** USA 77,8, G.-B. 73,2, Espagne 72,9, *France 66,9,* Italie 60,2, Suède 60,2, Allemagne 54,5. **500 000 F :** USA 71,2, G.-B. 68,9, Espagne 64,8, *France 60,1,* Italie 54, Allemagne 54,5, Suède 52,5. **800 000 F :** USA 69,8, G.-B. 65,6, Espagne 60, *France 55,9,* Italie 52,4, Allemagne 47,6. Suède 49,3, **1 500 000 F :** USA 66,5, G.-B. 63, Espagne 56,3, Italie 50,5, *France 48,5,* Suède 46,8, Allemagne 45,9. **A un marié, 2 enfants. 120 000 F :** USA 91,7, Espagne 87,1, G.-B. 81,6, Allemagne 79, *France 79,* Italie 73, Suède 63,6. **250 000 F :** USA 84,2, Espagne 78,5, *France 76,6,* G.-B. 74, Allemagne 64,6, Italie 62,3, Suède 60,2. **500 000 F :** USA 78,3, *France 70,9,* G.-B. 69,3, Esp. 68,2, All. 62,1, Italie 55, Suède 52,5. **800 000 F :** USA 75,3, G.-B. 65,8, *France 65,6,* Esp. 62,2, All. 58,8, Italie 53,1, Suède 47,6. **1 500 000 F :** USA 69,8, G.-B. 63,1, Esp. 57,4, *France 54,1,* All. 51,9, Italie 50,8, Suède 46,8.

Impôt sur le revenu : *All.* 29-53 (48 en 2000, 42 en 2005). *Autr.* 10-50. *Belg.* 25-50. *Dan.* 40-59,5. *Esp.* 18-48. *Finlande* 5,5-38. *Fr.* 10,5-60,5 (dont CSG et CRDS 8). *G.-B.* 20-40. *Grèce* 5-45. *Irlande* 24-44. *It.* 19-46. *Lux.* 5,2-38. *P.-Bas* 7-52. *Port.* 15-40. *Suède* 31-55,6.

Plus-values mobilières et immobilières : *All.* : non taxées sauf plus-values spéculatives à court terme. *G.-B.* : taxation à l'impôt sur le revenu, nombreuses exemptions. *Espagne* : taxation avec coefficient d'érosion monétaire, exemptions. *France* : mobilières 26 % ; immobilières, impôt sur le revenu, nombreuses exemptions. *Italie* : taxation avec exemptions multiples, calculs très complexes.

Impôt sur la fortune : pas d'impôt : *All.* : supprimé 1997. *Autriche, Belgique, Danemark, G.-B., Irlande, Italie, Portugal.* **Impôt** (taux marginal en %) : *Finlande, Suède* 0,9, *P.-B.* 1,2, *France* (0,55 à) 1,8. *Espagne* : (0,20 à) 2,50 %.

Ventes d'immeubles : *All.* : droits de 3,50 %. *G.-B.* : 0 à 3,50 %. *Espagne* : 6 %. *France* : 4,89 % (avant 7 à 18,60 %). *Italie* : 4 à 8 %.

Droits de succession : *All.* : conjoints et ligne directe 7 à 30 % (+ de 50 millions de DM), nombreux abattements et exonérations. *G.-B.* : taux unique 40 %, exonération des entreprises. *Espagne* : 7,65 à 34 % par part, exonération des entreprises. *France* : conjoints et ligne directe 5 à 40 %, barème progressif. *Italie* : conjoints et ligne directe 3 à 27 %, peu d'exonérations.

Patrimoine imposable net (en milliards de F). *1992 :* 1,59 ; *94 :* 1,825 ; *95 :* 1,845 [patrimoine brut 2 097,5 (immeubles 719,8 [bâtis 690,5 (résidences principales 233,7, autres immeubles 456,9), non bâtis 29,2], biens meubles 1 373,3), passif à déduire 133,4] ; *96 :* 1,845 ; *97 :*1,976 ; *98 :* 1,964.

Répartition du patrimoine déclaré (en %, en 1999). Valeurs mobilières 43, immeubles hors résidence principale 25, résidence principale 12, autres 9, liquidités 9, terrains 2.

IMPÔT SUR LE REVENU (IR)

■ **Définition.** Le revenu imposable des personnes physiques englobe : revenus fonciers, bénéfices industriels et commerciaux (Bic), rémunération des gérants et associés, bénéfices de l'exploitation agricole, traitements, salaires, pensions et rentes viagères, bénéfices des professions non commerciales, revenus de valeurs et capitaux mobiliers, créances, dépôts, revenus encaissés hors de France, plus-values de cessions d'éléments d'actifs, de biens immobiliers, de droits sociaux, d'autres biens meubles, et professionnelles.

■ **Produit** (en milliards de F). *1982 :* 162,3 ; *91 :* 303,5 ; *92 :* 307,1 ; *93 :* 309,7 ; *94 :* 295,6 ; *95 :* 297,1 ; *96 :* 314,1 ; *97 :* 293,4 ; *98 :* 303,9 ; *99 :* 333,6.

■ **Charges déductibles** (au 1-1-2000). **1°) Ouvrant droit à réduction d'impôt. Dépenses relatives à l'acquisition de l'habitation principale** (au sens strict + partie réservée au stationnement du véhicule) **dans l'ancien :** *emprunts conclus jusqu'au 31-12-1997 :* 25 % du montant des intérêts d'emprunt plafonnés à 15 000 F (+ 2 000 F par pers. à charge) ; **dans le neuf :** contrats conclus jusqu'au 31-12-1996 : 25 % du montant des intérêts d'emprunt plafonnés à 20 000 F (célibataires) ou 40 000 F (couples mariés) + 2 000 F par personne à charge dont 1er enfant (2e enfant : + 2 500 F, 3e enfant et suivants : + 3 000 F).

Dépenses de grosses réparations et assimilées (période 1997-2001) : 15 % de réduction limités à 20 000 F (célibataires) ou 40 000 F (couples mariés) + 2 000 F par personne à charge dont 1er enfant (2e enfant : 2 500 F ; 3e enfant et suivants : + 3 000 F). A compter du 15-9-1999, les travaux réalisés dans les logements bénéficient de la TVA à 5,5 %.

Achat de gros équipements : crédit d'impôt pour achat de chaudière, cuve à fioul, citerne à gaz installées dans des immeubles collectifs, ascenceurs pour l'habitation principale. Équipements soumis à la TVA à 5,5 % fournis dans le cadre de travaux d'installation ou de remplacement du système de chauffage, d'ascenseur réalisés dans des immeubles achevés depuis plus de 2 ans. Crédit d'impôt égal à 15 % du prix des équipements retenu dans la limite de 20 000 F pour un célibataire, 40 000 F pour un couple marié (+ 2 000 F par personne à charge, 2 500 F pour un 2e enfant, 3 000 F à partir du 3e). Limite de dépense pluriannuelle (entre le 15-9-1999 et le 31-12-2002).

Versements au profit des fonds salariaux : dans la limite de 25 % de leur montant, lui-même limité à 5 000 F par an et par salarié. **Assurance vie** (limitée) : réduction d'impôt qui ne s'applique ni aux primes payées depuis le 20-9-1995 au titre des contrats à versements libres, ni aux primes payées au titre des contrats à primes périodiques ou à versements libres, conclus ou prorogés après le 20-9-1995 ; dispositions non applicables aux contribuables dont la cotisation d'impôt sur le revenu définie à l'art. 1417 du Code général des impôts (CGI) n'excède pas 7 000 F.

Investissement locatif : réduction d'impôt. Investissements réalisés jusqu'au 31-12-1997. Réduction égale à 15 % de l'investissement plafonné à 400 000 F pour une personne seule et 800 000 F pour un couple marié. Loyer et ressources du locataire ne doivent pas dépasser certains plafonds (pas de condition de ressources pour un logement acheté en 1997 en « zones franches urbaines »). Réduction répartie par quarts sur 4 ans. Le logement doit être loué non meublé au moins 6 ans comme résidence principale. On ne peut louer à un ascendant, descendant ou à un membre du foyer fiscal. Déduction forfaitaire de 25 % sur les revenus fonciers du logement les 10 premières années.

Amortissement Périssol : investissement dans le neuf de 1996 à 1998. Prolongé pour un logement neuf ou en l'état de futur achèvement entre le 1-1 et le 31-8-1999, si le permis de construire a été délivré avant le 1-1-1999 et si le logement est achevé avant le 1-7-2001. Donne droit à un amortissement permettant de déduire des revenus de location 10 % du prix du logement pour les 4 premières années et 2 % pour les 20 années suivantes. La déduction forfaitaire supplémentaire autorisée est de 6 %. Les déficits éventuels sont imputables sur le revenu global à hauteur de 100 000 F. Les dépenses de reconstruction ou d'agrandissement réalisées ultérieurement ouvrent droit aux mêmes amortissements (10 % d'abord et 2 % ensuite) et les dépenses d'amélioration à 10 % sur 10 ans. Le logement doit être loué non meublé 9 ans. Le locataire peut être un membre de la famille, s'il ne fait pas partie du foyer fiscal du propriétaire.

Amortissement Besson : permet, pour l'acquéreur d'un logement neuf à compter du 1-1-1999, de déduire des revenus de location 8 % du prix du logement les 5 premières années et 2,5 % les 10 suivantes. Le logement est loué non meublé au moins 9 ans comme résidence principale et loyer et ressources du locataire ne doivent pas dépasser certains plafonds. On ne peut louer à ascendant, descendant ou personne rattachée au foyer fiscal. Déduction forfaitaire de 6 % pendant la période d'amortissement. Les dépenses de reconstruction ou d'agrandissement réalisées ultérieurement ouvrent droit aux mêmes amortissements et les dépenses d'amélioration à 10 % sur 10 ans.

Adhérents des centres de gestion agréés : abattement de 20 % sur la fraction des bénéfices n'excédant pas 693 000 F ; frais de comptabilité et d'adhésion : plafond 6 000 F. **Cotisations versées aux organisations syndicales par salariés, fonctionnaires ou retraités :** 30 % de leur montant plafonné à 1 % du montant brut des rémunérations ou pensions imposables.

Aide à domicile : réduction de 50 % des sommes versées dans la limite de 45 000 F (90 000 F pour les invalides) par an. *Frais d'hébergement :* si le conjoint est hébergé dans un centre médicalisé ou de long séjour, 25 % des dépenses retenues dans la limite annuelle de 15 000 F par foyer fiscal.

Dons à des œuvres ou organismes d'intérêt général ou d'utilité publique, partis politiques candidats aux élections (y compris les associations diocésaines et humanitaires) : réduction d'impôt sur 50 % des sommes versées, plafonnées à 6 % du revenu imposable (de plus, s'il s'agit d'organismes d'aide alimentaire, réduction d'impôt de 60 % jusqu'à 2 100 F versés).

2°) Ouvrant droit à déduction du revenu global. Frais de garde des enfants : 25 % des sommes versées dans la limite de 15 000 F par an et par enfant de – de 7 ans, soit une réduction maximale de 3 750 F [frais de scolarisation, réductions d'impôt forfaitaires, pour un collégien 400 F, un lycéen 1 000 F, un étudiant 1 200 F (sans préjudice des allocations versées par ailleurs)]. **Arrérages de rentes payées à titre obligatoire et gratuit :** constituées avant le 2-11-1959. **Intérêt des emprunts :** contractés avant le 1-11-1959. Pour les contribuables nés avant le 1-1-1932 : excédent net annuel des acquisitions d'actions ou de parts des Stés françaises dans la limite annuelle de 5 000 F par foyer + 500 F pour les 2 premiers enfants à charge et + 1 000 F pour les suivants. Majoration de 1 000 F à compter de la 5e année de déduction. **Cotisations de Sécurité sociale :** non déjà déduites d'un revenu catégoriel (gens de maison, cotisations exclues). **Frais d'accueil des personnes âgées**

QUELQUES DATES

■ **En France. 1147** impôt du *vingtième* levé par Louis VII. **1118** de la 2e croisade (1/20e du revenu des nobles, prêtres ou roturiers). **1188** Philippe Auguste veut reprendre Jérusalem à Saladin. Lève une aide du 10e des revenus des biens meubles et immeubles de tous ceux qui ne portent pas la croix. *Dîme saladine* révoquée un an plus tard. **1296** Philippe le Bel crée le *centième*, impôt de 1 % sur le capital (immeubles, meubles corporels) et le revenu. **1297** le *cinquantième* (2 %) qui, est-il promis, ne sera pas renouvelé [promesse non tenue en 1300 et 1301 (guerre de Flandre)]. **1302**-*31-3* subvention : « ceux qui auront 100 livres de revenu en paieront 20, ceux qui auront 500 livres en meubles en paieront 100 ». **XVe s. Taille :** *dans le Nord* (*France d'oïl,* de droit coutumier) : personnelle, prélevée sur les revenus fonciers du contribuable, les rentes actives et le produit de son industrie (s'il est journalier, artisan ou laboureur). Il existe 5 types de taille : de propriété (les propriétaires sur les revenus de leurs propriétés), d'occupation (taxe d'habitation), d'exploitation (pour les exploitants sur les revenus de leur exploitation), d'industrie et de commerce, des bestiaux (sur les revenus de l'élevage). Les nobles, étant par définition des hommes d'armes, et le clergé (à qui sa vocation interdit de combattre) ne la paient pas. Puis en seront dispensés, peu à peu, les détenteurs d'offices de finances, justice et municipaux, et nombre de bourgeois habitant des villes pourvues de chartes de franchises. *Dans le Sud* (langue *d'oc,* pays du droit écrit et romain) : réelle. Impôt foncier sur les biens roturiers, même s'ils appartiennent à des privilégiés. Le montant dépend de la nature des terres et de leur superficie, fixées par des cadastres rudimentaires, les compoix. **1695** *capitation* créée. Repose sur une division de la société en 22 classes, avec pour chacune d'elles un tarif (le Dauphin doit payer 2 000 livres). D'abord temporaire, puis définitive, prenant la forme d'un supplément de taille dans les pays de taille personnelle. **1707** Vauban publie « La Dîme royale » proposant de substituer aux différents impôts (taille, aides, douanes provinciales, décimes du clergé) un impôt unique et l'égalité de tous devant l'impôt. **1710** *dixième :* prélèvement du revenu de toutes les propriétés (bénéfices des fermiers et métayers dans la culture du sol sont ainsi exemptés). 4 catégories principales de revenus : foncier, mobilier, professions libérales, industrie. En principe applicable à tous (clercs, nobles et roturiers) mais des privilégiés peuvent y échapper par des abonnements, rachats et exemptions. Le clergé s'en exonère en versant un *don gratuit* (accordé au roi par l'assemblée du clergé réunie tous les 5 ans pour en fixer le montant). **1733** restauré. **1749** remplacé par le *vingtième* (taxe permanente). **1789**-*17-6* le mot « contribution » remplace « impôt ». **1790-91** impôts indirects supprimés [aides, impôts sur la consommation et la circulation des denrées ; droits de traites : droits de douane levés sur les marchandises à l'entrée ou à la sortie du royaume et de certaines provinces ; gabelle : taxe sur les objets de consommation, plus particulièrement le sel]. **1790**-*23-11 contribution foncière* sur les biens fonciers. Seul le propriétaire est imposé. **1791**-*13-1/18-2 contribution personnelle mobilière* sur le logement. Comprend 5 taxes (taxe égale à la valeur de 3 journées de travail ; taxe sur les domestiques ; taxe par cheval de carrosse ou de cabriolet ; taxe sur les revenus d'industrie et les richesses mobilières ; taxe d'habitation). *-2/17-3 patente* assise sur industrie et commerce. **1798**-*24-11 contribution des portes et fenêtres* fondée sur leur nombre (tarif variant selon la population de la commune) ; supprimée en 1925, elle n'était plus perçue depuis 1917 que par les départements et communes sous forme de centimes additionnels à un principal fictif. Contributions appelées par la suite les « quatre vieilles ». **1801** l'impôt direct représente 64 % des recettes fiscales. **1848**-*11-7* Proudhon présente un projet de loi : impôt du tiers sur tous les revenus des biens meubles et immeubles. **1869** le programme « radical » exposé par Gambetta à Belleville y revient. **1872** impôt sur le revenu des valeurs mobilières. **1876** Gambetta propose la création d'un impôt proportionnel sur les revenus. **1889** projet de Peytral, min. des Finances du gouv. Floquet. **1893**-*28-8* impôt de bourse créé (1 ‰). **1893-94** propositions Pelletan (impôts progressifs sur le capital et le revenu), Goblet, Doumer et Cavaignac (impôt sur le revenu à taux progressif), Jaurès, Rameau, Ducos, etc. ; création d'une commission extraparlementaire pour étudier le problème, favorable à la taxation de nouveaux revenus (fonds d'État, profits agricoles, traitements et salaires) mais opposée à l'impôt global de superposition. **1896** projet Doumer, min. des Finances du gouv. Bourgeois (radical homogène) : impôt progressif sur les successions, impôt général sur le revenu ; adopté par la Chambre mais, devant l'hostilité du Sénat, le gouv. démissionne. **1898** controverse entre partisans et adversaires de l'impôt sur le revenu lors des élections à la Chambre ; le gouv. Brisson doit renoncer à l'impôt progressif faute de majorité homogène. **1900** projet Caillaux, min. des Finances du gouv. Waldeck-Rousseau, rejeté. **1901** progressivité des droits de succession. **1907** projet Caillaux, min. des Finances : impôt cédulaire [1] sur les revenus et impôt progressif sur le revenu global. **1909** voté par la Chambre, mais le Sénat adopte un texte différent. **1914**-*15-7* impôt progressif général sur le revenu global introduit dans la loi de finances. **1916** formulaires de l'impôt sur le revenu mis à la disposition des contribuables dans les mairies. **1917**-*31-7* loi créant les impôts cédulaires : les *« quatre vieilles »* (contributions personnelle et mobilière, foncière, des portes et fenêtres, des patentes) sont remplacées (mais conservées en tant qu'impôts locaux) par des impôts proportionnels sur 7 catégories de revenus (foncier, bénéfices industriels et commerciaux, agricoles, des professions non commerciales, traitements, salaires, pensions et rentes viagères, revenus des créances, des valeurs mobilières) et, le *-31-12*, par un autre, direct, sur le revenu, aux tarifs augmentés. **1920**-*25-6* loi confirmant la mise en place d'une nouvelle fiscalité reposant sur un impôt indirect, la taxe sur le chiffre d'affaires, proportionnel. **1934**-*6-6* taux général de 12 % pour tous les impôts cédulaires sur les revenus et limitation du taux de l'impôt général sur le revenu au double du taux général des impôts cédulaires : 24 %. **1937**-*1-1* une taxe unique sur les affaires (de 6 % pour les ventes et de 2 % pour les autres opérations) remplace l'impôt sur le chiffre d'affaires. Déclaration des revenus obligatoire pour les personnes qui, quel que soit le montant de leur revenu, possèdent une automobile de tourisme ou un yacht de plaisance, ont à leur disposition une ou plusieurs résidences secondaires, etc. **1939**-*10-11* décret-loi : l'impôt cédulaire sur les traitements et salaires est perçu par voie de retenue à la source, cela jusqu'en 1948. **1945**-*31-12* loi instaurant le quotient familial. **1948**-*6-4* décret : une direction générale des impôts remplace les anciennes règles (directes, indirectes, enregistrement). *-17-8* loi donnant au gouvernement le pouvoir de faire une réforme fiscale par décrets. *-9-12* décret remplaçant les impôts cédulaires par 2 impôts sur le revenu (l'un sur les pers. physiques, l'autre sur Stés et autres pers. morales) et l'impôt général sur le revenu par la surtaxe progressive. Désormais, l'impôt progressif va passer peu à peu d'impôt accessoire de superposition à impôt principal. **1950**-*6-4* décret : *Code général des impôts.* **1954**-*10-4* loi créant la taxe à la valeur ajoutée (TVA), impôt indirect mis au point par Maurice Lauré. **1959**-*28-12* loi supprimant la taxe proportionnelle et la surtaxe progressive pour les fusionner en un impôt unique, l'impôt sur les revenus des personnes physiques (IRPP), dit, depuis 1917, impôt sur le revenu. **1965**-*12-7* création de l'avoir fiscal, les plus-values réalisées par les personnes physiques sont soumises à l'impôt en 1976 et 1978. **1977**-*1-1* la taxe professionnelle remplace la patente. **1982-86** impôt sur les grandes fortunes. **1988** impôt de solidarité sur la fortune. **1991** CSG (contribution sociale généralisée). **1996** CRDS (contribution pour le remboursement de la dette sociale).

Nota. – (1) Principe : substitution d'impôts personnels (avec déclaration des contribuables) à des impôts réels assis sur les signes extérieurs de richesse.

■ **A l'étranger. Grande-Bretagne** (impôt sur le revenu) : Income Tax [impôt cédulaire créé en 1803 (ébauche en 1798)], supprimé de 1816 à 1841, rétabli en 1842 ; progressif sur le revenu global en 1910. **Allemagne :** *Einkommensteuer :* Hambourg et Lübeck avant 1870, Saxe 1874, Bade 1884, Prusse 1891, Wurtemberg 1893, Bavière 1910. **Italie :** 1864. **États-Unis :** pendant la guerre de Sécession (1861-65), loi votée en 1894 mais elle a été déclarée inconstitutionnelle ; impôt fédéral 1913. **Pays-Bas :** 1914-18. **Belgique :** 1919.

(de 75 ans au moins) autres que les ascendants disposant d'un revenu inférieur à 43 512 F pour 1999 dans la limite de 17 910 F.

Parents, beaux-parents ou grands-parents vivant toute l'année sous votre toit : on peut déduire, sans justificatif, 18 140 F par ascendant pour nourriture et logement. L'ascendant doit disposer au plus du minimum vieillesse ou, s'il a plus de 75 ans, son revenu imposable de 2000 ne doit pas excéder 43 512 F (76 215 F s'il s'agit d'un couple marié). Les dépenses autres peuvent être déduites pour leur montant réel à condition d'être justifiées (instruction fiscale n° 5 B-5-97). On perd la réduction d'impôt si on finance tout ou partie de l'emploi d'une aide au domicile des père, mère ou grands-parents. On peut verser directement à l'établissement de soins ou à la maison de retraite (au Trésor public si la maison de retraite est publique) tout ou partie des frais d'hébergement lorsque les parents ont de très faibles ressources.

Souscription au capital des Stés exclusivement d'œuvres cinématographiques (du 1-7-1983) : dans la limite de 25 % (à condition de conserver les titres pendant 5 ans), la déduction étant plafonnée à 120 000 F depuis 1997. **Acquisition de parts de copropriété de navires** (entre le 1-1-1991 et le 31-12-1994) : déduction limitée à 25 % des sommes versées et à 25 000 F pour 1 personne (50 000 F pour un couple marié).

Frais des propriétaires d'un monument historique (restauration, entretien, gardiennage, intérêts d'emprunt, taxe foncière) : plafonnés à 50 % si habité par le propriétaire et non ouvert au public (ou s'il n'occupe qu'une partie et perçoit un droit de visite), non plafonnés si habité et ouvert au public ou si loué.

■ **Calcul du nombre de parts.** *Célibataire* ou *divorcé* (vivant seul) avec 1 enfant à charge 1,5, puis 0,5 par enfant en + jusqu'au 3ᵉ, 1 au-delà. En 1995, alignement du régime des concubins sur celui des couples mariés, 1/2 part pour le 1ᵉʳ enfant et non plus 1 part. *Couple marié* sans enfant à charge 2, avec 1 enfant à charge 2,5 (avec 2 enfants à charge 3, au-delà du 2ᵉ 1 part supplémentaire par enfant en +). Majoration de 1 part quand les 2 époux sont invalides, de 1/2 part quand l'un des époux est invalide, de 1/2 part pour les anciens combattants de + de 75 ans. *Veuf* avec 1 enfant 1,5, puis comme pour un couple (minorer de 1/2 part si aucun des enfants n'est issu du conjoint décédé). Ajouter 1 part par personne titulaire de la carte d'invalidité, 1/2 part en + pour les célibataires, divorcés, séparés ou veufs ayant 1 ou plusieurs enfants à charge quand ils ont une pension d'invalidité pour accident du travail d'au moins 40 %, une pension militaire pour invalidité d'au moins 40 %, ou la carte d'invalidité prévue à l'art. 173 du Code de la famille.

Taux d'imposition (en %, revenus 2000) pour 1 part selon le montant (en F) du revenu imposable : *de 0 à 26 600 :* 0 ; *de 26 600 à 52 320 :* 8,25 ; *de 52 320 à 92 090 :* 21,75 ; *de 92 090 à 149 110 :* 31,75 ; *de 149 110 à 242 620 :* 41,75 ; *de 242 620 à 299 200 :* 47,25 ; *au-delà de 299 200 :* 53,25.

Quotient familial : *plafonnement général :* réduction d'impôt plafonnée *à 12 440 F* pour chacune des 1/2 parts s'ajoutant au nombre de parts suivant : 1 part pour les célibataires, divorcés, veufs ou séparés, 2 parts pour les contribuables mariés ; *à 21 930 F* pour les 2 1/2 parts correspondant au 1ᵉʳ enfant à charge des célibataires, divorcés ou séparés élevant seuls leurs enfants. *Plafonnements spécifiques :* réduction d'impôt plafonnée *à 6 220 F* pour la 1/2 part additionnelle accordée aux célibataires, séparés ou veufs, ayant eu des enfants et n'ayant plus de personne à charge. *Abattement pour anciens combattants de + 75 ans, et invalides :* 16 700 F. *Pension alimentaire et rattachement des enfants mariés :* maximum déductible 23 360 F par enfant.

☞ Si l'impôt établi n'excède pas 400 F (quel que soit le nombre de parts), il n'est pas mis en recouvrement.

Sont totalement exonérés les contribuables dont le revenu net de frais professionnels, quelle qu'en soit l'origine, n'excède pas par an 46 800 F, et 51 100 F pour les + de 65 ans ou invalides, au 31-12-2000.

■ **Plafonds.** **Abattement de 10 %** (sur pensions, retraites et rentes viagères à titre gratuit) : 20 400 F. **Déduction forfaitaire de 10 %** (sur salaires) : 78 950 F. **Abattement de 20 % sur pensions ou salaires** (nets de frais professionnels) 722 000 F. **Abattement pour + de 65 ans** quand leur revenu net global est de – de 63 200 F : 10 260 F ; entre 63 200 et 102 100 F : 5 130 F.

■ **Acomptes provisionnels.** A verser par tout contribuable imposé l'année précédente pour plus de 1 910 F (sauf s'il a opté pour le paiement mensuel) au 31-1 et au 30-4 correspondant chacun au tiers de l'impôt payé l'année précédente (ou 1 seul versement le 30-4 égal à 60 % de l'imposition de l'année précédente). Si les acomptes ne sont pas versés les 15-2 et 15-5 au plus tard, majoration de 10 % du montant de la fraction des impositions non payées à cette date (applicable le 15 du 2ᵉ mois suivant la date de mise en recouvrement du rôle). Si le contribuable estime ses revenus inférieurs à ceux de l'année précédente, il peut diminuer d'autant le montant de ses versements. En général, il reçoit un avertissement du percepteur indiquant la somme à payer.

■ **Décote.** *Créée* en 1982. Si l'impôt d'un contribuable est inférieur à 4 900 F, il est diminué d'une décote égale à 2 450 F moins la moitié de l'impôt. *Seuil de recouvrement :* 400 F. **Minoration :** intégrée au barème de l'impôt sur le revenu depuis la loi de finances pour 1994.

■ **Informations sur les contribuables.** Consultation possible de la liste des contribuables à la Direction des services fiscaux. Nature des renseignements : nombre de parts de quotient familial, montant de l'impôt sur le revenu acquitté 2 ans auparavant ; revenu imposable, montant de l'avoir fiscal ; pour l'ISF, montant de l'impôt et valeur du patrimoine, nom des personnes non assujetties à l'impôt sur le revenu ou sur les Stés bien qu'ayant une résidence dans la commune.

■ **Prélèvements** (à la source) **sur les gains du Loto.** *De 5 000 à 100 000 F :* 5 %, *100 001 à 500 000 :* 10 %, *500 001 à 1 000 000 :* 15 %, *1 000 001 à 2 000 000 :* 20 %, *2 000 001 à 5 000 000 :* 25 %, *au-delà de 5 000 000 :* 30 %.

Précautions à prendre : Loto : indiquer au fisc numéro gagnant, date d'encaissement et caisse ayant remis le lot, présenter une copie recto verso du virement. **PMU :** ne remet pas de chèque pour moins de 30 000 F ; il faut donc exiger un paiement par CCP ou mandat postal. **Casino :** conserver une photocopie recto verso des chèques ou des virements. Se reporter à l'article 92 du CGI.

■ **Train de vie (imposition).** En cas de disproportion marquée entre le train de vie d'un contribuable et les revenus qu'il déclare, son imposition peut être fixée sur une évaluation forfaitaire des revenus (base forfaitaire) selon un barème appliqué aux éléments de train de vie : *résidence* (principale ou secondaire) : 5 fois la valeur locative cadastrale (déduction faite de celle s'appliquant aux locaux professionnels) ; *automobile* (pour transport des personnes) : 3/4 de la valeur neuve (abattement de 20 % après 1 an et de 10 % par an les 4 années suivantes) ; *moto* (de + de 450 cm³) : valeur neuve (abattement de 50 % après 3 ans) ; *bateau à moteur* d'au moins 20 CV de puissance réelle (y compris hors-bord) : 6 000 F les 20 premiers CV, 450 F par cheval-vapeur supplémentaire ; *yacht, voilier* (d'au moins 3 tonneaux) : 7 500 F les 3 premiers, puis, par tonneau supplémentaire, 2 500 F de 4 à 10 tx, 3 000 F de 10 à 25 tx, 6 000 F au-delà de 25 tx ; *avion de tourisme :* 450 F par cheval-vapeur de puissance réelle ; *employé de maison :* à partir du 2ᵉ (du 3ᵉ dans certains cas) : 30 000 F pour le 1ᵉʳ pris en compte et de – de 60 ans, 37 500 F pour chaque autre ; *chevaux* (d'au moins 2 ans) : de course : 30 000 F par pur-sang, 18 000 F par autre cheval ; de selle : 9 000 F à partir du 2ᵉ ; *droits de chasse* (ou parts dans une société de chasse, si le montant versé dépasse 30 000 F) : 2 fois le montant versé ; *golf* (participation et abonnement à un club, si le montant versé dépasse 30 000 F) : 2 fois le montant versé. **Seuil de déclenchement** de cette procédure pour les revenus de 2000 égal à 314 420 F. *Majoration* de 50 % de cette base forfaitaire si elle dépasse 628 840 F et si le contribuable a plus de 6 des éléments de train de vie du barème.

■ **Contribution sociale généralisée (CSG).** *Créée* 1990. Concerne toute personne fiscalement domiciliée en France, s'applique à tous les revenus d'activité (salaires, retraites, revenus des professions non salariées agricoles et non agricoles, droits d'auteur), du capital financier ou immobilier (rentes viagères, revenus fonciers, de capitaux mobiliers, plus-values de cession de biens meubles ou immeubles), sauf aux revenus sociaux ou de remplacement des plus démunis et à l'épargne défiscalisée. **Taux :** *1991 :* 1,1 % ; *93 :* 2,4 % ; *97 :* 3,4 % ; *98 :* 7,5 % (dont 5,1 % déductibles du revenu imposable) pour la généralité des revenus ; 6,2 % (dont 3,8 % déductibles) pour les revenus de remplacement (retraites, allocations chômage, indemnités et allocations versées par la sécurité sociale). **Mode de prélèvement :** à la source pour revenus d'activité et de remplacement, sur avis de paiement pour revenus d'intérêt. **Recettes globales de la CSG** (en milliards de F) : *1991 :* 29,2 ; *92 :* 40,4 ; *93 :* 58,4 ; *94 :* 90,1 ; *95 :* 94 ; *96 :* 96,6 ; *97 :* 150 ; *98 :* 316.

■ **CRDS (contribution pour le remboursement de la dette sociale).** En vigueur du 1-2-1996 au 31-1-2014. *Montant :* 0,5 % sur le montant brut des revenus du travail, après abattement forfaitaire de 5 %. Une Caisse d'amortissement de la dette sociale *(Cades)* reçoit les contributions versées et apure la dette sociale en capital (250 milliards de F) et intérêts. **Produit :** *1997 :* 25,6 milliards de F.

■ STATISTIQUES

DONNÉES GLOBALES

(en milliards de F)	1982	1992	1997	1999
PIB	3 626	6 999,5	8 170	8 820
Prélèvement obligatoire	1 552,9	3 055,4	3 716,1	4 035
impôts	889	1 695,1	2 165,1	2 525
cotisations soc.	663,9	1 360,3	1 551	1 510

☞ **Patrimoine des ménages** (en milliards de F, 1997) : *brut* 30 384 (soit 3,7 %) du PIB ; *net* 26 484 (après déduction du passif 3 900).

■ **% des foyers fiscaux non imposés.** *1980 :* 29,2 ; *85 :* 32,8 ; *90 :* 48 ; *91 :* 48,5 ; *93 :* 48,9 ; *96 :* 46,7 ; *97 :* 48,9.

☞ 50,3 % des contribuables qui disposent de 22,2 % du revenu imposable ne sont pas imposés. 10 % des contribuables payant les plus fortes cotisations (supérieures à 20 268 F) représentent 69 % environ de l'impôt total et 32 % du revenu imposable total (des imposés et non-imposés).

■ **Revenus** (en milliards de F, 1997). **Revenu brut global :** 2 888,4 dont traitements et salaires 1 775,1, pensions et rentes 684,5, bénéfices industriels et commerciaux 103, non commerciaux 106,9, agricoles 36,1, revenus fonciers 95,1, de capitaux mobiliers 81,8, autres (hors plus-values) 5,9 ; **charges, déficits et abattements :** 133,7 ; **revenu net imposable taxé au barème :** 2 574,7 ; **plus-values taxées à un taux proportionnel :** 84,8. **1998 :** 2 979.

■ **Plus-values perçues par les ménages** (assiettes potentielles, revenus de 1997, en milliards de F). L'impôt sur le revenu (1). CSG (cotisation sociale généralisée) (2). CRDS (3). Les cotisations sociales (4). **Revenus d'activité :** salaires nets de cotisations 2 515 [1,2,3,4] ; participation des salariés aux fruits de l'expansion 31 [2,3] ; revenus d'activité des non-salariés nets de cotisation 597 [1,2,3,4] ; cotisations sociales des salariés (part salariale seulement) et des non-salariés 645 [2,3,4]. **Revenus du patrimoine :** intérêts des livrets réglementés 43 ; de l'épargne-logement 58 [2,3] ; d'assurance-vie 159 [2,3] ; de l'épargne bancaire non réglementée 71 [1,2,3] ; et dividendes de valeurs mobilières 126 [1,2,3] ; revenus fonciers nets 100 [1,2,3] ; plus-values immobilières ou mobilières 207 [1,2,3]. **Revenus de remplacement :** retraites et assimilées 998 [1,2,3,4] ; préretraites, pension d'invalidité, indemnités de chômage 242 [1,2,3,4] ; indemnités maladie, maternité, formation 88 [1,2,3] ; pour accident de travail 32 [2,3]. **Prestations redistributives :** prestations familiales et logement 253 [3] ; RMI et divers 33. **Transferts entre ménages :** pensions alimentaires reçues 44 [1]. **Assiettes potentielles totales :** revenus perçus 5 597, IR 4 988, CSG 5 869, CRDS 6 122, cotisations sociales 4 997.

TAXATION DES PLUS-VALUES

■ **Immobilières. Catégories :** *plus-values à court terme* (– de 2 ans) intégralement soumises à l'impôt sur le revenu ; *plus-values à long terme* (+ de 2 ans), imposées pour leur montant, corrigé de l'érosion monétaire et d'un abattement (5 % par an au-delà de la 2ᵉ année de détention ; il faut donc 22 ans pour bénéficier de l'exonération totale due à cet abattement), auquel s'impute l'abattement général de 6 000 F. Exonération pour la 1ʳᵉ cession d'une résidence secondaire (sous certaines conditions) si d'autres ventes après le 1-1-1982 n'ont pas déjà été exonérées.

Coefficients d'érosion monétaire admis pour les plus-values immobilières : *pour les biens vendus en 2000 et déclarés avec les revenus de 2000 fin février 2001* selon l'année de l'acquisition ou de la dépense : *1977 :* 2,9 ; *78 :* 2,71 ; *79 :* 2,44 ; *80 :* 2,15 ; *81 :* 1,90 ; *82 :* 1,70 ; *83 :* 1,55 ; *84 :* 1,44 ; *85 :* 1,36 ; *86 :* 1,33 ; *87 :* 1,29 ; *88 :* 1,25 ; *89 :* 1,21 ; *90 :* 1,17 ; *91 :* 1,14 ; *92 :* 1,11 ; *93 :* 1,09 ; *94 :* 1,08 ; *95 :* 1,06 ; *96 :* 1,04 ; *97 :* 1,03 ; *98 :* 1,02 ; *99 :* 1,02 ; *2000 :* 1. Le coefficient à appliquer est celui de l'année d'acquisition ou de la réalisation des travaux.

■ **Mobilières. Taux :** 26 % (16 + CSG 7,5, CRDS 0,6, prélèvement social 2) sur les opérations imposables plus-values sur cessions (après déduction des frais), ou si vous détenez + de 25 % du capital. Les moins-values sont reportables sur les plus-values des 5 années suivantes. Si le seuil n'est pas atteint (50 000 F pour OPCVM monétaires de capitalisation et pour les autres valeurs), les plus-values ne sont pas imposables, les moins-values ne sont pas reportables.

Montant des plus-values (en milliards de F) : *1995 :* 28,6 ; *96 :* 29,3 ; *97 :* 33 ; *98 :* 52,5 ; *99 :* 87,5 ; *2000 :* 91,2.

Fiscalité des stock-options en prenant le cas le plus favorable dans chaque pays. Pour la France, viennent en plus les cotisations sociales (options levées moins de 5 ans après leur attribution) : ajoutent + de 40 % de prélèvements (10 % en moyenne dans les autres pays).

■ **Impôt sur les plus-values d'acquisition et,** entre parenthèses, **de cession** (en %). Allemagne 53 (0), *France 40 (28),* G.-B. 40 (40), USA 18 (20), Belgique 15 (0).

■ **Stock-Options.** Une société par actions, cotée ou non, peut attribuer à certains de ses salariés le droit d'acquérir des actions de l'entreprise à un prix attractif. Si la valeur des actions augmente, leurs détenteurs peuvent réaliser lors de la revente une plus-value bénéficiant d'un régime fiscal de faveur.

En cas de cession dans un délai de 4 à 6 ans à compter de la date d'attribution des options, la plus-value réalisée lors de l'achat, taxée à 40 %, serait imposée à 50 % au-delà de 1 million de F. Pour les salariés conservant leurs actions 6 ans avant de les revendre, les plus-values sup. à 1 million de F seraient imposées à 40 % et les autres à 26 %. Dispositions appliquées aux stock-options attribués à compter du 27-4-2000.

IMPÔT SUR LES SOCIÉTÉS (IS)

■ **France.** *Créé* 9-12-1948 (remplace l'impôt sur les bénéfices industriels et commerciaux, créé 31-7-1914). **Principe :** assujettit les sociétés exerçant une activité économique en France (sauf les sociétés de personnes), en particulier les sociétés anonymes à responsabilité limitée ; *versements :* en 4 forfaitaires calculés sur le bénéfice de l'exercice précédent avec une régularisation l'année suivante, par versement d'un solde ou par remboursement d'un excédent de versement, si le résultat fiscal a diminué d'un exercice comptable à l'autre et que l'entreprise ne l'a pas anticipé dans ses versements.

Statistiques. Taux marginal d'impôt sur les sociétés (en %, en 2000) : Belgique 40,2, Portugal 37,4, Italie 37, Pays-Bas 35, *France 34,4* [2], Autriche 34, Espagne 32, Danemark 30, G.-B. 30, Luxembourg 30, Suède 28, Finlande 28, Allemagne 26,3 [1], Irlande 24.

Nota. – (1) Dont 1,3 % au titre de la majoration de solidarité. (2) Dont 1,1 % au titre de la contribution sociale sur les bénéfices.

■ **Imposition forfaitaire annuelle (IFA).** Due, même si l'activité est déficitaire. Exonération en faveur des sociétés

Direction générale des impôts

■ **Gestion des impôts.** 3 directions générales : des Impôts (DGI), de la Comptabilité publique (DGCP) et des Douanes et drois indirects (DGDDI).

■ **Impôts directs,** d'État ou locaux, déclaratifs ou non, presque tous perçus par voie de rôle (liste sur laquelle sont portés tous les éléments nécessaires à l'identification du contribuable, à l'imposition concernée et au montant à acquitter). La DGI établit l'assiette des impôts et les contrôle. Le DGCP les recouvre. Ce rôle est transmis, après homologation par le directeur des services fiscaux compétents, au trésorier-payeur général, qui procède au recouvrement. L'impôt sur les sociétés et la taxe sur les salaires sont recouvrés pour l'essentiel directement sans émission de rôle ; la déclaration est à déposer au centre des impôts et le versement de l'impôt est à effectuer auprès du comptable du trésor. La DGI établit un rôle si le versement n'est pas intervenu ou si le service gestionnaire effectue un contrôle donnant lieu à redressement.

■ **Impôts indirects** (taxes sur le chiffre d'affaires, droits de mutation, taxe intérieure sur les produits pétroliers, contributions indirectes, etc.). Sont essentiellement recouvrés par DGI et DGDDI. *Déclarations* (en 1998) : 31,2 millions traitées au titre des revenus 1997 dont 15,5 ont donné lieu à l'émission d'un avis d'imposition, 14,4 ont été non imposables, l'impôt calculé étant nul ou inférieur au seuil de mise en recouvrement (400 F), 1,3 ont donné lieu à remboursement total ou partiel de crédit d'impôt ou d'avoir fiscal. *Impôt émis* 279,9 MdF.

■ **Impôt sur les sociétés (IS).** Imposition forfaitaire annuelle (IFA) et contributions exceptionnelles ou temporaires sont spontanément payées à la DGCP. Entreprises industrielles ou commerciales assujetties (en 1998) : 991 337 sur 2 357 788.

■ **Statistiques. Effectifs par catégories, hommes et entre parenthèses, femmes, total** en italique : **A :** 11 540 (8 170) *19 710* ; **B :** 9 569 (14 991) *24 560* ; **C/D :** 8 480 (29 947) *38 427*. **Nombre de dossiers** individuels (personnes morales ou physiques) gérés : environ 44 500 000. **Nombre de déclarations** souscrites traitées : + de 53 000 000 dont contribuables à l'impôt sur le revenu 29 618 829, redevables des taxes sur le chiffre d'affaires 3 191 729, entreprises redevables de l'impôt sur les sociétés 841 633. **Recouvrement** (en milliards de F) : 906 au profit de l'État, 107 des collectivités locales et organismes divers.

Les **CDI (centres des impôts)** comprennent chacun une Ordoc (cellule d'ordre et de documentation) de « secteurs d'assiette » et d'inspections spécialisées (fiscalité personnelle, des entreprises, immobilière).

☞ Voir également p. 1842 a le taux de recouvrement des impôts.

■ **Missions foncières et domaniales** (en millions). **Cadastre :** *situation au 1-1-2000 :* nombre de propriétaires et logements de fonction 32,3, de locaux 43,1, de parcelles non subdivisées et de subdivisions fiscales 99,3, d'articles du répertoire informatisé des voies et lieux-dits (Fantoir, ex-Rivoli) 7. *Évaluations cadastrales :* nombre de déclarations de propriétés bâties exploitées 1,56, de changements relatifs aux propriétés non bâties exploitées 1,11.

Domaine (nombre d'actes en milliers) : *gestion du domaine de l'État. Immobilier :* nombre d'autorisations d'occupation et de concessions en cours sur le domaine public 97,4, de concessions de logements 88,1, d'aliénations 5,1, d'unités immobilières inscrites au tableau général des propriétés de l'État 109,9. *Mobilier :* nombre d'aliénations 57,1. *Gestion de certains patrimoines privés (successions non réclamées, vacantes ou en déshérence, séquestres) :* dossiers à traiter 21,9. *Interventions immobilières :* nombre d'évaluations immobilières 205,2, d'acquisitions et prises à bail réalisées à l'amiable pour le compte de l'État 12,5, de procédures d'expropriation engagées par l'État et les collectivités publiques 3,8.

■ **Missions économiques. Boissons frappées de droits indirects** (en millions d'hectolitres, 1991) : production globale 42,7 ; soumis au droit de circulation : vin 35,1, cidres et divers 1,6. *Alcools purs :* droit de consommation 1,44, de fabrication 0,53. *Bières et certaines boissons non alcoolisées :* 100,3.

Personnes soumises à une réglementation économique ou fiscale : *boissons alcoolisées :* bouilleurs de cru ayant effectivement exercé leurs droits 560 794 (*1987 :* 720 336), viticulteurs ayant souscrit une déclaration de récolte 429 743 (568 232). *Commerce des boissons alcoolisées :* nombre de marchands en gros de boissons 18 853, de redevables du droit de fabrication 1 860, de débits de boissons permanents 383 748. *Ouvrages en or, argent et platine :* nombre de fabricants et importateurs 8 804, de marchands 20 711. *Tabacs :* 36 647 débits.

☞ Certains sont pour la suppression totale de l'impôt sur le revenu. Pour Michel Jobert, « il faut un fort impôt sur la dépense et un impôt modéré sur le capital. Dans 10 ans, il n'y aura pratiquement plus d'impôt sur le revenu en France. Déjà, de nombreux contribuables ne le paient plus (environ 50 % en 1988). Si l'on n'y vient pas de façon consciente, on y vient de façon hypocrite. »

Statistiques

■ **Établissement des impôts. Nature des opérations** (en nombre, en 2000) : **impôt sur le revenu :** contribuables (imposables et non imposables) : 32 281 133, avis d'imposition : 16 786 938, de non-imposition : 14 192 714, notifications de restitutions : 1 301 481. **Impôt émis au titre des revenus perçus** (en 1999) : 323,8 milliards de F. **TVA et taxes assimilées :** entreprises imposables à la TVA : 3 348 961 dont *régime général :* réel normal 1 118 301, simplifié : 1 474 718, micro Bic et spécial BNC : 255 729. *Régime simplifié de l'agriculture :* 500 213. **Taxe d'habitation :** avis d'imposition : 22 450 042. **Taxes foncières :** avis d'imposition : 25 287 766. **Taxe professionnelle :** avis d'imposition : 3 117 428, d'acompte : 1 020 188.

■ **Rôles émis en 2000** (en millions de F). **Impôts d'État :** 341 658 dont **impôt sur le revenu :** rôles établis au titre des revenus de 1999 : 323 135, des années antérieures : 18 523. **Sur les sociétés** (perçu par voie de rôle) : 27 807. **Impôts locaux :** 393 769. **Taxes principales :** 329 781 dont taxe d'habitation : 74 986, foncier bâti : 91 006, foncier non bâti : 5 458, taxe professionnelle : 158 331. **Taxes annexes :** 35 255. **Part de l'État** (frais d'assiette, de recouvrement, de dégrèvements, de non-valeurs et prélèvements sur les valeurs locatives servant de base à la taxe d'habitation) : 28 733.

■ **Recouvrement** (en millions de F). **Au profit de l'État. Recettes en 2000. Total des recouvrements au profit de l'État :** 909 479. **Recettes fiscales :** 901 372. **Impôts directs :** 42 394 dont retenue à la source sur l'impôt sur le revenu des non-résidents : 1 974 ; retenue à la source et prélèvements sur les revenus des capitaux mobiliers : 11 308 ; précompte dû par les Stés au titre de certains bénéfices distribués : 8 541 ; impôt de solidarité sur la fortune : 15 923 ; contributions des institutions financières : 3 045. **Enregistrement :** 79 924 dont *mutations* à titre onéreux : 3 194 ; à titre gratuit : donations : 9 253 ; successions : 36 278 ; actes civils et autres conventions : 1 964 ; *taxe de publicité foncière :* 503 ; *taxe spéciale sur les conventions d'assurances :* 27 951 ; *taxe additionnelle au droit de bail :* 32 ; *autres* recettes *et pénalités :* 749. **Timbre et recettes assimilées :** 14 302 dont *timbre* unique : 1 915 ; *taxe sur les véhicules des Stés :* 4 233 ; *impôt sur les opérations de bourse :* 2 735 ; *autres recettes et pénalités :* 5 419. **Taxe sur la valeur ajoutée :** 764 237. **Contributions indirectes et autres taxes indirectes :** 515. **Recettes non fiscales de la DGI :** 8 107.

Au profit des collectivités locales. Taxes locales : 38 093 dont *taxes départementales et communales* additionnelles à certains droits d'enregistrement 8 219, *taxes départementales* de publicité foncière 23 877, sur les véhicules à moteur 3 220. **Recettes affectées à des budgets annexes, fonds et organismes divers** 68 714, dont au budget annexe des prestations sociales agricoles (Bapsa) 30 770, comptes d'affectation spéciale 7 334, autres 30 610. **Ensemble des recouvrements** 106 807.

☞ L'administration fiscale sanctionne lourdement et sans discussion tout retard en l'absence de déclaration de la vente d'un bien ou d'une succession. Dans un arrêt du 3-6-1997, la Cour de cassation a jugé que les amendes fiscales forfaitaires (droits d'enregistrement, de timbre et ISF) étaient contraires à la convention européenne des droits de l'homme. Mais la direction des Impôts a rappelé que cette décision ne s'appliquait qu'à la vignette automobile.

■ **Contrôle fiscal. Répartition du nombre de redevables de la TVA par régime d'imposition** (en %, 1998) : régime réel simplifié 44, réel normal 38, simplifié agricole 16, forfaitaire 4.

■ **Contentieux. Nature des affaires en 2000** (en nombre). **Affaires reçues :** *réclamations contentieuses :* 2 787 793 (dont taxe d'habitation : 751 868, taxes foncières : 305 337, taxe professionnelle : 447 215, impôt sur le revenu : 995 076). *Demandes gracieuses :* 1 057 458. **Affaires traitées :** 4 974 964 dont *réclamations contentieuses traitées :* impôt sur le revenu : 1 051 811, autres impôts directs d'État : 52 243, droits d'enregistrement : 73 281, taxes sur le chiffre d'affaires : 110 226, taxes foncières et taxe d'habitation : 1 069 432, taxe professionnelle et plafonnement en fonction de la valeur ajoutée : 489 259. *Réclamations gracieuses traitées :* impôts directs d'État : 191 664, droits d'enregistrement : 35 356, taxe sur le chiffre d'affaires : 319 843, taxe foncière et taxe d'habitation : 564 405, taxe professionnelle et autres taxes : 19 981. *Décisions prises d'office prononcées :* 591 934. *Réponses écrites à des demandes de renseignements :* 333 545. **Phase juridictionnelle** (affaires déposées) : *juridictions administratives :* tribunaux administratifs : 34 384, cours administratives d'appel et Conseil d'État 5 126. *Tribunaux judiciaires :* tribunaux de grande instance 1 203, Cour de cassation : 54, Cour d'appel 356. **Obtention d'un droit :** dégrèvements en faveur des contribuables âgés et de condition modeste : 9 073 458.

■ **Résultats du contrôle fiscal. Contrôle sur place. Vérifications de comptabilités** (VC) ; **nombre d'opérations** (en millions) : *1980 :* 39 071 ; *81 :* 35 935 ; *85 :* 41 169 ; *89 :* 42 858 ; *90 :* 40 234 ; *93 :* 39 413 ; *94 :* 41 488 ; *95 :* 43 874 ; *96 :* 46 101 ; *97 :* 47 473 ; *98 :* 47 879 ; *99 :* 46 696 ; *2000 :* 45 608. **Droits simples rappelés** (en milliards de F) : *1995 :* 33 ; *96 :* 36,4 ; *97 :* 41,5 ; *98 :* 45 ; *99 :* 40,6 ; *2000 :* 40 [dont *impôt sur les sociétés 1995 :* 13,5 ; *96 :* 14 ; *97 :* 14,6 ; *98 :* 16,7 ; *99 :* 16,5 ; *2000 :* 17,9 ; *sur le revenu 1995 :* 3,8 ; *96 :* 40,5 ; *97 :* 3,7 ; *98 :* 3,4 ; *99 :* 3,3 ; *2000 :* 2,6 ; *taxes sur le chiffre d'affaires 1995 :* 11,3 ; *96 :* 13,5 ; *97 :* 17,2 ; *98 :* 18,1 ; *99 :* 13,7 ; *2000 :* 13,2]. **Pénalités appliquées :** *1995 :* 10,3 ; *96 :* 10,5 ; *97 :* 11,8 ; *98 :* 15,2 ; *99 :* 14,9 ; *2000 :* 17,5.

Examen contradictoire de l'ensemble de situations fiscales personnelles : *1980 :* 7 347 ; *81 :* 6 676 ; *85 :* 6 504 ; *89 :* 3 066 ; *90 :* 3 406 ; *95 :* 4 428 ; *96 :* 4 666 ; *97 :* 4 707 ; *98 :* 4 658 ; *99 :* 4 699 ; *2000 :* 4 925.

Droits simples rappelés (en milliards de F) : *1995 :* 3,13 ; *96 :* 3,5 ; *97 :* 3,03 ; *98 :* 2,93 ; *99 :* 3,13 ; *2000 :* 3,2. **Pénalités** (en milliards de F) : *1995 :* 1,57 ; *96 :* 1,7 ; *97 :* 1,47 ; *98 :* 1,48 ; *99 :* 1,62 ; *2000 :* 1,34.

Contrôle sur pièces (droits simples rappelés en milliards de F) : *2000 :* 28,06 dont IS 2,48, IR 8,94 ; taxes sur le chiffre d'affaires 4,79, droits d'enregistrement 4,8, ISF 0,42.

Poursuites pénales (en nombre) : *1983 :* 512 ; *84 :* 522 ; *85 :* 546 ; *86 :* 579 ; *87 :* 619 ; *88 :* 662 ; *89 :* 718 ; *90 :* 740 ; *91 :* 749 ; *92 :* 758 ; *93 :* 782 ; *97 :* 862 ; *98 :* 876 ; *99 :* 845 ; *2000 :* 858 (dont dissimulations de recettes 464, absence de déclaration et exercice d'activité occulte 338, autres 36, réalisation d'opérations fictives 20).

Ventilation des plaintes (en %, 2000) : Commerce 28, professions libérales 17, dirigeants de sociétés et salariés 14, bâtiments, travaux publics 13, industrie 10, agriculture 1.

■ **Délinquance financière.** Les entreprises françaises sont imposables, dans le cadre d'une déclaration séparée, au titre des bénéfices réalisées par leurs filiales implantées hors de France et soumises à un régime fiscal privilégié, dès lors que ces établissements n'exercent pas, à titre principal, une activité industrielle ou commerciale effective et ne réalisent pas leurs opérations de manière prépondérante sur le marché local. Les contribuables fiscalement domiciliés en France sont imposables sur l'ensemble de leurs revenus mondiaux, sauf convention internationale contraire. La fraude fiscale (fait de se soustraire intentionnellement à l'impôt), constitue un délit passible de 250 000 F d'amendes et de 5 ans d'emprisonnement.

Blanchiment : selon le Gafi, lors de la *« phase de placement »,* les bénéfices illégaux sont introduits dans le système financier en se procurant, par exemple, divers instruments monétaires. Puis, vient la phase *« de l'empilement ».* Le blanchisseur procède à des conversions ou déplacements de fonds pour les éloigner de leur source. Lors de la phase *« intégration »,* les fonds sont réintroduits dans des activités économiques légitimes.

Gafi (groupe d'action financière sur le blanchiment de capitaux) : créé à Paris en 1989 lors du sommet du G7. Comprend 25 pays plus Hong Kong, et 2 organisations régionales (Commission européenne et Conseil de coopération du Golfe). *Siège :* Paris, délégations dans les États membres. *Plan d'action contre le blanchiment :* comprend des recommandations rédigées en 1990 puis révisées en 1996.

En France. Le projet de loi sur les nouvelles régulations économiques (NRE) veut renforcer la loi de 1990 qui a créé le Tracfin (traitement du renseignement et action contre les circuits financiers clandestins), service spécialisé du ministère de l'Économie, et imposé aux banquiers une *« déclaration de soupçon »* pour toute opération supérieure à 1 million de F *« se présentant dans des conditions inhabituelles de complexité ou sans justification économique licite ».* Le projet prévoit que les organismes financiers devront communiquer *« systématiquement »* les opérations, à partir d'un certain montant, vers des États ou territoires jugés non coopératifs. Des mesures restreignant les transactions avec les centres offshore les plus problématiques pourront être prises. De nouvelles professions auront également obligations de déclarer leurs soupçons : experts-comptables, marchands de biens de grande valeur et opérateurs de casino. *Déclarations de soupçon faites auprès du Tracfin : 1991 :* 179 ; *95 :* 864 ; *99 :* 1 650.

☞ **Amnistie fiscale :** *1948* paiement d'une taxe forfaitaire de 25 % du montant des capitaux. *1952* (Antoine Pinay) totale, notamment pour les avoirs à l'étranger ; rentrées plusieurs millions de F. *1981* taxe forfaitaire de 25 % sur le montant des capitaux rapatriés (600 millions de F). *1986* paiement d'une taxe de 10 %, anonymat conservé.

Coût de la gestion de l'impôt (en % des recettes de chaque impôt) **en France :** TVA 1,05, ISF 1,79, droit de bail 2,26, vignette 2,73, DGI 1,18, impôt sur le revenu 2,58, sur les sociétés 1,19, taxe d'habitation 4,17, professionnelle 1, Trésor public 1,94, total 1,6.

ayant réalisé un chiffre d'affaires, augmenté des produits financiers, inférieur à 5 000 000 F et en faveur des entreprises nouvelles (exonérées des 3 1res cotisations IFA). **Barème au 15-3-2000** (chiffre d'affaires TTC, majoré des produits financiers) de *500 000 F à 1 million :* 5 000 F ; *1 à 2 millions :* 7 500 F ; *2 à 5 :* 10 500 F ; *5 à 10 :* 14 500 F ; *10 à 50 :* 25 000 F ; *50 à 100 :* 100 000 F ; *100 à 500 :* 125 000 F ; *+ de 500 :* 200 000 F.

Impôts locaux

■ **Nature.** Perçus au profit des communes, départements, groupements de collectivités locales (communautés urbaines, syndicats de communes), certains syndicats mixtes, districts, agglomérations nouvelles, établissements publics administratifs (région, district de la région parisienne, Basse-Seine, métropole lorraine), établissements consulaires (chambres de commerce et d'industrie, de métiers, d'agriculture), ou organismes divers (budget annexe des prestations sociales agricoles).

■ **Taxe foncière sur les propriétés bâties.** Due par le propriétaire au 1er janvier. **Exonération :** bâtiments ruraux et 2 ans pour constructions nouvelles. **Base d'imposition** ou **revenu net cadastral :** égale à la moitié de la valeur locative cadastrale (loyer annuel théorique que produisait le bien loué) ; l'abattement ainsi opéré (50 %) est destiné à tenir compte forfaitairement des frais de gestion, d'assurances, d'amortissements, d'entretien, etc., supportés par le propriétaire. A cette base sont appliqués des taux déterminés et votés par les collectivités locales chaque année.

Locaux d'habitation : valeur locative brute : la même que celle utilisée pour la taxe foncière, y compris les revalorisations. Les locaux loués sous le régime de la loi de sept. 1948 ont une base d'imposition particulière. **Locaux commerciaux :** est fonction du loyer pratiqué au 1-1-1970 si ce dernier a été jugé normal. A défaut de loyer normal, déterminée par comparaison. Les valeurs locatives des locaux commerciaux ont été actualisées en 1980 par application d'un coefficient à Paris : 2,23, puis majorées de 10 % en 1981, 11 % en 82, 13 % en 83, 12 % en 84, 8 % en 85 et 86, 5 % en 87, 3 % en 88, 4 % en 89, 1 % en 90, 3 % en 91, 1 % en 92, 3 % en 93 et 94, 2 % en 95, 1 % en 96 et 97, 1,1 % en 98.

Taux : décomposé à Paris en 3 éléments (taux appliqués à la base nette d'imposition : **1°)** *taux communal* (part revenant à la Ville de Paris) 5,53 % ; **2°)** *taxe spéciale d'équipement* (part revenant à la région Ile-de-France) 0,734 % ; **3°)** *frais de confection des rôles et de dégrèvement* (8 % sur le total des cotisations obtenues). **Dégrèvements :** possibles pour personnes âgées ou handicapées aux ressources modestes.

■ **Taxe foncière sur les propriétés non bâties. Exonération :** 30 ans pour terrains plantés ou replantés en bois ; 10 pour terres incultes depuis 15 ans et +, remises en culture ou plantées d'arbres fruitiers. **Base :** revenu net cadastral déterminé en appliquant à la valeur locative cadastrale des propriétés un abattement de 20 %. Cette valeur déterminée lors des révisions générales est actualisée tous les 3 ans et majorée chaque année.

■ **Taxe d'habitation.** Due pour l'année entière par toute personne (propriétaire, locataire ou occupant à titre gratuit) ayant la disposition au 1er janvier d'un local meublé affecté à l'habitation. La taxe porte également sur les dépendances de l'habitation (garage, emplacement de stationnement) sauf celles situées à plus de 1 km.

Base nette d'imposition : valeur locative nette (valeur locative cadastrale diminuée des abattements et des exonérations). Fixée en fonction des loyers pratiqués au 1-1-1970, cette valeur a été actualisée en 1980 (coefficient 1,85 à Paris) puis majorée de 10 % en 1981, 11 % en 82, 13 % en 83, 12 % en 84, 8 % en 85 et 86, 5 % en 87, 3 % en 88, 4 % en 89, 1 % en 90, 3 % en 91, 1 % en 92, 3 % en 93 et 94, 2 % en 95, 1 % en 96 et 97, 1,1 % en 98. *Les abattements* ne s'appliquent qu'à la résidence principale du contribuable et peuvent se cumuler ; *abattement obligatoire pour charges de famille :* 10 % pour chacune des 2 premières personnes, + 15 % pour chacune des suivantes, les communes pouvant ajouter des abattements facultatifs ; *abattement spécial à la base* en faveur des contribuables de condition modeste ; cet abattement est laissé à l'initiative des communes.

Taux dans les villes de plus de 100 000 habitants (en %, 1998) **: les plus élevés :** Nîmes 30,23. Lille 24,44. **Les moins élevés :** Le Mans 8,82. Versailles 8,95. **Taux à Paris :** taux communal 8,68 %. **Dégrèvements :** possibles pour contribuables âgés, invalides, handicapés, veufs ou veuves et de ressources modestes.

☞ Dans le cas d'une libre disposition de 2 ou plusieurs logements, l'administration peut décider que le local déclaré comme résidence principale n'a pas cette qualité et refuser par conséquent d'accorder certains avantages fiscaux. Elle peut le démontrer par tous moyens, notamment par le recoupement systématique entre les adresses des taxes d'habitation et foncière et de déclaration de revenus.

■ **Taxe départementale sur le revenu (TDR).** Entrée en application prévue le 1-1-1992, repoussée au 1-1-1993, puis abandonnée *sine die.* **Abattement :** taux minimal de 15 % du revenu moyen national par hab. (majorable jusqu'à 18 % par département). Montant minimal de l'abattement à la base de 15 000 F pour 1 personne et 30 000 F pour un couple marié (majorables à 18 000 et 30 000 F). **Exonération :** personnes déjà exonérées, dégrèvement de 8 % de l'impôt prévu pour tous les contribuables.

■ **Ordures ménagères.** Taxe due au 1er janvier par le propriétaire, remboursable par le locataire. Porte sur propriétés et dépendances assujetties à la taxe foncière sur les propriétés bâties ou qui en sont temporairement exonérées, sauf usines ou locaux loués pour un service public. Calculée de manière forfaitaire sur la même base que la taxe foncière. Indépendante du volume des ordures présentées à la collecte.

■ **Balayage.** Taxe due au 1er janvier par le propriétaire et remboursable par le locataire des immeubles riverains de la voie publique à Paris, établie par la mairie, en fonction de la superficie balayée sur la longueur de la façade jusqu'au milieu de la chaussée sans que la largeur imposée puisse dépasser 6 m, et en fonction du tarif au m² fixé selon la catégorie de la voie.

■ **Taxe professionnelle** (loi du 29-7-1975). A remplacé depuis le 1-1-1976 la *contribution des patentes.* Due chaque année par toute personne physique ou morale qui exerce à titre habituel une activité professionnelle non salariée. **Base :** somme de la *valeur locative* des biens passibles de la taxe foncière pour les petits redevables, à laquelle s'ajoute, pour les entreprises d'une certaine importance, celle de l'ensemble des immobilisations corporelles (outillage, matériel, mobilier) utilisées pour les besoins de la profession ; *quote-part* des salaires versés, pour la plupart des contribuables ou, pour certaines activités, le dixième des recettes globales. A compter de 2003, la part salariale de l'assiette de la TP sera supprimée. Des réductions sont prévues en faveur des artisans employant moins de 4 salariés. **Taux :** variables en fonction de l'implantation géographique. Possibilités d'exonération temporaire dans les zones franches (fiscalité spécifique).

☞ **Taux dans les villes de plus de 100 000 habitants** (en %, 1998) **: les plus élevés :** Pau 25,73. Nîmes 25,01. **Les moins élevés :** Le Mans 8,08. Boulogne-Billancourt 8,39.

Statistiques

■ **Impôts directs locaux.** *Avis d'imposition* adressés aux redevables dans le cadre de la taxation des rôles généraux de 1999 (en millions) : taxe d'habitation 23,9, taxe foncière 24,8, taxe professionnelle 3,1. *Montants émis correspondants* (en milliards de F) : taxe professionnelle 180,1, foncier bâti 115,4, taxe d'habitation 76, non bâti 7,5. **Recettes fiscales budgétaires brutes** (hors impositions, perçues au profit des collectivités locales et d'autres organismes) perçues par l'ensemble des administrations financières (en 1999) : 1 894,7 MdF.

Contrôle fiscal : *contrôle sur pièces :* permet, au vu des déclarations et des informations détenues par les services fiscaux, de s'assurer que les contribuables respectent les obligations prévues par la loi, et de corriger ou de redresser erreurs, omissions et insuffisances des déclarations. Montant (hors pénalités) : 29,8 MdF en 1998. *Contrôle sur place :* vérifications de comptabilité des entreprises (revenus professionnels et bénéfices des sociétés) ou examens contradictoires de l'ensemble de la situation fiscale personnelle. Dossiers vérifiés (en 2000) : 50 533 (entreprises et particuliers). Montant des cotisations (y compris pénalités) : 64,5 MdF.

■ **Émissions d'impôts directs locaux** (en millions de F). **Taxe d'habitation :** *1994 :* 60 240 ; *95 :* 63 349 ; *96 :* 67 831 ; *97 :* 70 714 ; *98 :* 73 203 ; *99 :* 76 494 dont communes et groupements 46 276, départements 20 482, régions et taxe spéciale d'équipement 5 670, État 4 066. **Taxe foncière sur les propriétés bâties :** *1994 :* 85 876 ; *95 :* 92 090 ; *96 :* 100 158 ; *97 :* 105 752 ; *98 :* 110 605 ; *99 :* 115 813 dont communes et groupements 57 680, départements 24 307, régions et taxe spéciale d'équipement 6 321, taxe d'enlèvement des ordures ménagères 18 556, État 8 949. **Taxe foncière sur les propriétés non bâties :** *1994 :* 8 302 ; *95 :* 7 798 ; *96 :* 7 335 ; *97 :* 7 417 ; *98 :* 7 457 ; *99 :* 7 588 dont communes et groupements 5 109, départements 222, régions et taxe spéciale d'équipement 55, taxes annexes 1 619, État 583. **Taxe professionnelle :** *1994 :* 149 040 ; *95 :* 156 423 ; *96 :* 166 856 ; *97 :* 175 029 ; *98 :* 181 617 ; *99 :* 180 155 dont communes et groupements 97 309, départements 44 431, régions et taxe spéciale d'équipement 13 338, taxes annexes 7 150, cotisation nationale de péréquation 3 558, État 14 369. *Total général 1994 :* 304 843 ; *95 :* 321 086 ; *96 :* 343 650 ; *97 :* 360 530 ; *98 :* 374 545 ; *99 :* 380 981.

■ **Impositions restant à la charge des contribuables** (en millions de F, 1998). **Taxe d'habitation :** 62 161 (dont émissions totales 73 963, dégrèvements 11 802). **Taxe foncière sur les propriétés bâties :** 109 103 (111 513/2 410). **Non bâties :** 7 349 (7 507/158). **Taxe professionnelle :** 139 474 (188 101/48 627).

■ **Total des compensations et des dégrèvements** (en milliards de F). *1994 :* 75,7 (27,8/47,9) ; *95 :* 82,3 (28,9/53,4) ; *96 :* 84,3 (28,8/55,5) ; *97 :* 90,2 (30,1/60,1) ; *98 :* 92,3 (29,3/63) ; *99 :* 101,4 (39/62,4).

■ **Concours de l'État** (en milliards de F, 1999). **Dégrèvements ou coût net pour l'État (et produit perçu par les collectivités/contributions de l'État brutes) :** *taxe professionnelle :* 48,1 (182,2/76) ; *taxe d'habitation :* 17,2 (79,5/18,9) ; *taxes foncières :* 2,7 (97,3/6,5). *Ensemble :* 62,4 (359,3/101,4).

Ressources fiscales perçues par les collectivités : *1991 :* 232,9 ; *92 :* 249,2 ; *93 :* 270,9 ; *94 :* 286 ; *95 :* 300,4 ; *96 :* 319 ; *97 :* 334 ; *98 :* 343,3.

■ **Communes. Budgets primitifs en 2000 : moyenne nationale et,** entre parenthèses, **villes de moins de 10 000 hab. :** *fonctionnement* (en F par hab.) : dépenses 5 646 (4 166) dont charges générales 1 446 (1 255), de personnel 2 644 (1 675) ; recettes 6 283 (4 672) dont impôts et taxes 3 449 (2 323), dotations 2 007 (1 605), autres 201 (203) ; *investissement :* dépenses 3 143 (3 367) dont remboursements 751 (524) ; recettes 2 085 (2 129) dont dotations 776 (996), emprunts 1 191 (994). **Dette au 1-1-2000 :** 5 417 (4 045), dont annuité 932 (763). *Taux d'intérêt moyen* (en %) : 5,7 (6,1).

Taux moyens en 1999	Comm.	Départ.	Rég.	Globale
Taxe d'habitation	13,52	5,94	1,54	n.c.
Foncier bâti	17,17	8,15	1,89	n.c.
Foncier non bâti	40,77	19,78	4,66	n.c.
Taxe professionnelle	14,87	6,84	1,89	n.c.

■ **Taux global de la taxe d'habitation et,** entre parenthèses, **du taux foncier bâti** (en %, 2000). Aix-en-Provence 18,94 (17,64), Amiens 17,97 (27,76), Angers 15,22 (26,42), Argenteuil 17,58 (18,77), Avignon 20,88 (25,64), Bayonne 23,28 (15,18), Besançon 18,83 (20,36), Bordeaux 12,81 (15,04), Boulogne-Billancourt 9,7 (6,42), Brest 15,42 (15,25), Caen 14,42 (28,19), Clermont-Ferrand 16,12 (17,13), Dijon 18,97 (23,27), Dunkerque 28,88 (27,51), Grenoble 19,74 (33,70), Le Havre 17,67 (27,24), Le Mans 8,82 (10,69), Lille 22,06 (16,67), Limoges 17,38 (16,61), Lyon 11,62 (8,64), Marseille 21,93 (18,47), Metz 15,15 (13,83), Montpellier 14,86 (22,57), Mulhouse 16,25 (20,59), Nancy 11,56 (12,59), Nantes 20,05 (23,45), Nîmes 29,63 (31,36), Orléans 17,56 (24,04), Paris 8,08 (7,11), Perpignan 16,19 (20,84), Poitiers 21,96 (24,92), Reims 10,80 (19,27), Rennes 21,75 (21,75), Roubaix 17,24 (18,78), Rouen 21,18 (22,26), St-Denis-de-la-Réunion 15,83 (20,22), Saint-Étienne 19,33 (22,06), Strasbourg 14,26 (11,61), Toulon 19,35 (23,09), Toulouse 17,99 (20,13), Tourcoing 21,88 (21,63), Tours 20,79 (20,82), Versailles 8,95 (10,97), Villeurbanne 12,38 (8,22).

TVA

■ **Principe.** Taxe à la valeur ajoutée, à partir du prix dit hors taxe. *Créée* 10-4-1954 pour les industries et généralisée à partir du 1-1-1968. Remplace 11 taxes dont la taxe locale qui frappait les produits chaque fois qu'ils changeaient de main. Depuis déc. 1978 et 1981, toutes les activités lucratives, sauf exonération expresse, sont assujetties : industrielles, commerciales, artisanales, artistiques, extractives, agricoles, libérales et civiles. Activités exonérées : avec option possible pour le paiement de la TVA : avocats et avoués ; sans option : professions médicales ou paramédicales, exploitants de laboratoires d'analyses médicales, VRP, courtiers d'assurances, prothésistes dentaires, publications de presse quotidienne. Impôt général sur la consommation, collectée par les entreprises (en la facturant à leurs clients) qui déduisent la taxe ayant grevé leurs achats et ne versent que la différence entre TVA collectée et TVA déductible.

Lorsque, pour une entreprise, la TVA déductible excède la TVA collectée, celle-ci peut reporter le crédit dégagé sur les mois suivants ou en demander le remboursement. *Entreprises assujetties à la TVA* (au 31-12-1998) : 3 135 040. *Montant encaissé par la DGI :* 717,6 MdF y compris la TVA sur les acquisitions venant de pays de l'Union européenne, déclarée à la DGI depuis le 1-1-1993. *TVA perçue sur les produits importés des pays autres que ceux de l'UE et les produits pétroliers importés de l'UE :* 89,9 MdF.

■ **TVA par secteur d'activité** (en %). Commerce 33,7, industries 22,9, services marchands 14,4. Ces 3 secteurs versent, après imputation de la TVA déductible, environ 64 % de la TVA.

■ **Taux. Normal :** *1954* 17,6 ; *82 (1-7)* 18,6 ; *95 (1-8)* 20,6 ; *2000 (1-4)* 19,6 %. **Majoré** (supprimé depuis 16-4-1992) : **22 %, 25 %** (avant le 15-9-1990), **28 %** (avant le 19-10-1989) et **33,33 %** (avant le 1-10-1988) : pelleteries (sauf celles de lapin ou de moutons d'espèces communes) et vêtements et accessoires dans lesquels elles entrent pour 40 % et + ; pierres précieuses, tabacs et allumettes, films pornographiques ou d'incitation à la violence, magnétoscopes, rémunérations des organisateurs et intermédiaires de la loterie nat., du Loto et des paris mutuels hippiques ; automobiles et motos de + de 240 cm³ (depuis 17-9-1987). **Réduit : 5,5 %** (depuis 1-1-1989, 7 % auparavant) : hôtels classés de tourisme, villages de vacances agréés, pensions, gîtes ruraux, terrains de camping ; livres ; conserves, plats cuisinés, potages préparés, entremets et desserts, produits diététiques ; théâtres, concerts ; produits pharmaceutiques, forums ; abonnements de gaz et d'électricité à usage domestique (depuis 10-10-1988, avant : 18,6 %) ; produits agricoles non transformés : céréales, fruits, viandes (depuis 1-7-1982) ; produits alim. de large consommation : huiles, pâtes, sucre, chocolat, confitures, pain ; produits laitiers, boissons non alcoolisées (depuis 8-7-1988) ; ventes à emporter dans la restauration rapide ; commerce d'œuvres d'art originales si l'auteur est vivant ; travaux dans logements sociaux ; construction de logements-foyers ; tri sélectif des déchets ; appareillage handicapés ; travaux des bailleurs privés pour logements sociaux ; terrains à bâtir. Travaux d'amélioration, de transformation, d'aménagement et d'entretien des logements : taux 5,5 % depuis le 15-9-1999 jusqu'au 31-12-2002, applicable sur prestations de main d'œuvre, fournitures de matériaux et de certains équipements incluses dans la réalisation de ces travaux. **Super réduit : 2,1 % :** médicaments remboursables, publications de presse, redevance TV.

■ **Nombre de redevables de la TVA** (en 1999) : 1 098 678.

■ **Ventilation en fonction de l'affectation. Pièces à usage d'habitation** (exemple : chambre) **et**, entre parenthèses, **parties communes privatives** (exemple : toiture) [en %] : locaux affectés totalement à l'habitation 5,5 (5,5) dont pour + de 50 % de la superficie 5,5 (5,5), pour – de 50 % 5,5 (20,6), affectés à un usage professionnel (20,6).

La hausse de 2 points de la TVA en août 1995 a rapporté 16 milliards de F au budget 1995.

■ **Comparaisons** (en 2000). **Taux normal** (en %) : Allemagne 16. Autriche 20. Belgique 21. Danemark 25. Espagne 16. Finlande 22. *France 19,6.* G.-B. 17,5. Grèce 18. Hongrie 25. Irlande 21. Italie 20. Japon 3. Luxembourg 15. Norvège 20. P.-Bas 17,5. Portugal 17. Russie 28. Suède 25. Tunisie 17.

Recouvrements bruts de TVA (en milliards de F)				Rembour-sements	Recouvre-ments nets
Années	Total	Perçus		Total (MdF)	Total (MdF)
		Par DGI	Par douanes		
1992	654,3	477,8	176,5	134,6	519,7
1993	622,3	548,7	73,6	117,3	505
1994	645,5	570,9	74,6	104,9	540,6
1995	669,2	596,6	72,6	105,6	563,7
1996	728,2	649,1	79,1	127,7	600,5
1997	755,4	666,8	88,6	129,3	626,1
1998	807,5	717,6	89,9	165,6	641,9

■ Paradis fiscaux

■ **Rapport de l'OCDE.** L'OCDE a publié, le 26-6-2000, une liste de 35 paradis fiscaux accusés de pratiquer *« une concurrence fiscale préjudiciable »*. Il leur est demandé *« de supprimer d'ici à 2005, les caractéristiques dommageables de leurs régimes »*. Bermudes, îles Caïmans, Chypre, Malte et, depuis, île Maurice et San Marin en ayant pris l'engagement, ne figurent pas sur la liste. Le champ étudié ne couvre qu'une partie de la fiscalité : les investissements des entreprises (implantations ou placements financiers).

Les 35 paradis fiscaux. Andorre, Anguilla, Antigua et Barbuda, Aruba [1], Bahamas, Bahreïn, Barbade, Bélize, îles Vierges britanniques, îles Cook [2], la Dominique, Gibraltar, Grenade, Guernesey/Sark/Aurigny, île de Man, Jersey, Libéria, Liechtenstein, Maldives, îles Marshall, Monaco, Montserrat, Nauru, Antilles néerlandaises, Niue, Panamà, Samoa, Seychelles, Ste-Lucie, St-Christophe et Niévès, St-Vincent et Grenadines, Tonga, îles Caïques et Turques, îles Vierges, Vanuatu.

Nota. – (1) P.-Bas, Antilles néerlandaises et Aruba sont les 3 pays du Royaume des P.-Bas. (2) Pays indépendant librement associé à la Nlle-Zélande.

☞ Le rapport identifie aussi *« 47 régimes fiscaux préférentiels de pays membres de l'OCDE »*, qui doivent être considérés comme *« potentiellement dommageables »*. Tous les pays industriels, à un titre ou à un autre, ont développé des régimes fiscaux plus ou moins condamnables. Exemples : USA : *« sociétés de vente à l'étranger » (FSC),* procédure dénoncée par l'OMC consistant pour des exportateurs américains à se délocaliser dans des centres offshore où ils ne paieront pas d'impôt sur les bénéfices. France : *« centres logistiques »,* ou régimes privilégiés pour attirer les sièges sociaux.

■ **Niveaux de coopération des paradis fiscaux avec les structures internationales** [liste publiée 25-5-2000 (étude confiée par le G7 au Forum de stabilité financière, fondée sur le degré de contrôle et de coopération de 42 pays avec les autorités financières et non sur leur coopération en matière de lutte contre le blanchiment)]. *Coopératifs :* Dublin, île de Man, Jersey, Guernesey, Luxembourg, Suisse, Hong Kong, Singapour. *Moyennement coopératifs :* Bermudes, Barbade, Gibraltar, Andorre, Monaco, Malte, Macao, Labuha. *Non coopératifs :* Bahamas, Bélize, Costa Rica, Panamá, îles Caïques et Turques, îles Caïmans, îles Vierges, Anguilla, Antigua-et-Barbuda, St-Christophe et Niévès, Ste-Lucie, St-Vincent et les Grenadines, Aruba, Antilles néerlandaises, Liechtenstein, Liban, Chypre, Seychelles, île Maurice, îles Marshall, Nauru, Vanuatu, Samoa Occidentales, îles Cook, Niue.

■ **Taxe Tobin.** Proposée en 1978 par James Tobin (Amér., prix Nobel d'économie 1981). Imposerait les transactions monétaires (opérations de change d'une monnaie à une autre) pour enrayer la spéculation. Le taux choisi serait faible (0,1 à 0,25 %) pour ne pas pénaliser les activités de l'économie réelle (importations, exportations, investissements). Rapporterait annuellement 228 milliards de $ [selon la Banque des règlements internationaux (BRI), le volume quotidien des transactions étant de 1 587 milliards de $], le volume mondial annuel des échanges de biens et services étant d'environ 6 000 milliards de $, c'est-à-dire l'équivalent de moins de 4 jours de spéculation.

☞ **Corse :** depuis l'arrêté de l'administrateur général Miot Cte de Melito (1762-1841) du 21 prairial an IX (10-6-1801), les droits de succession ne sont plus assis sur la valeur vénale réelle des biens (prix du marché) mais sur un système de capitalisation du montant de la contribution foncière d'État, et leur montant est souvent symbolique. Depuis le 1-1-1949 (suppression de la contribution foncière d'État), les droits exigibles sur les immeubles (bâtis ou non bâtis) sont calculés sur un montant égal à 24 fois le revenu cadastral (d'où une sous-estimation fiscale de 50 % pour les immeubles bâtis et de plus de 50 % pour les terrains). Aucune pénalité de retard ne peut être réclamée à ceux qui s'abstiennent de souscrire une déclaration de succession dans le délai légal des 6 mois suivant le décès. L'administration en a conclu qu'« il n'existe aucun délai pour souscrire la déclaration des biens situés en Corse ». Si, pendant 10 ans, l'attention de l'administration n'est pas attirée par exemple par une vente ou un partage de l'indivision successorale, on peut échapper à l'impôt en raison de la prescription.

Pays suspectés de blanchiment par le Gafi (groupe d'action financière sur le blanchiment des capitaux) [au 22-6-2000] : *liste noire* (pays non coopératifs) : Bahamas, îles Caïman, Panamá, Rép. dominicaine, St-Christophe et Niévès, îles Cook, îles Marshall, Nauru, Niue, Philippines, Liechtenstein, Israël, Liban... *Haute surveillance* (14 pays) : Antigua et Barbuda, Bélize, Bermudes, îles Vierges britanniques, Ste-Lucie, Samoa, Chypre, Gibraltar, Guernesey, île de Man, Malte, Monaco, île Maurice. Supplément d'informations attendu (2 pays) : Vanuatu, Seychelles.

Fortune, salaires et prix

☞ Pour connaître la sélection **Quid** des meilleurs sites Internet sur les finances, rendez-vous sur **www.quid.fr**

Grandes fortunes

■ **Nombre** (en 2000). **De millionnaires en $:** 7 200 000 (fortune totale : 27 000 milliards de $) dont Amér. du Nord 2 540 000, Europe 2 300 000, Asie 1 700 000. **De détenteurs d'actifs financiers de + de 30 millions de $:** 57 000.

■ **Milliardaires en $. Le 1er :** John D. Rockefeller le 28-9-1916. **Nombre dans le monde** (selon Forbes) : *1994 :* 358 ; *95 :* 374 ; *96 :* 447 ; *99 :* 460 ; *2000 :* 450 ; *01 :* 538.

■ Fortunes mondiales

☞ *Abréviation :* F. Famille.

Données globales

■ **Plus grandes fortunes** (en milliards de $). **1990 :** *Yoshiaki Tsutsumi* (Japon) 16. *Taikichiro Mori* (Japon) 14,6. *F. Walton* (USA) 13,5. *F. Du Pont* (USA) 10. *Hans* et *Gad Rausing* (Suède) 9,6. *Kitaro Watanabe* (Japon) 9,2. *Paul Reichmann et frères* (Canada) 9. *Kenkichi Nakajima* (Japon) 8,4. *Shin Kyuk-ho* (Corée du S.) 7,5. *Eitaro Itoyama* (Japon) 5,8. **2001 :** *William Henry Gates III (Bill Gates)* (USA, Microsoft) 58,7 (en 1999 : 90). *Warren Edward Buffet* (USA, investissements) 32,3. *Paul Gardner Allen* (USA, Microsoft) 30,4. *Lawrence Joseph Ellison* (USA, Oracle) 26. *Theo & Carl Albrecht* (All., supermarchés) 25. *Prince Alwaleed Bin Talal Alsaud* (Arabie, investissements) 20. *Jim C. Walton* (USA, Wal-Mart) 18,8. *John T. Walton* (USA, Wal-Mart) 18,7. *S. Robson Walton* (USA, Wal-Mart) 18,6. *Alice L. Walton* (USA, Wal-Mart) 18,5. *Helen R. Walton* (USA, Wal-Mart) 18,5. *Johanna & famille Quandt* (All., BMW) 17,8. *Steven Anthony Ballmer* (USA, Microsoft) 16,6. *Kenneth & famille Thompson* (Canada, médias, divers) 16,4. *Liliane Bettencourt* (France, L'Oréal) 15,6. *Philip F. Anschutz* (Qwest communications) 15,3. *Ingvar Kamprad* (Suède, Ikéa) 13. *Li Ka-shing* (Hong Kong, divers) 12,6. *Summer M. Redstone* (USA, Viacom) 12. *Barbara Cox Anthony* (USA, Cox Enterprise) 11,7. *Anne Cox Chambers* (USA, Cox Enterprise) 11,7. *Walter, Thomas & Raymond Kwok* (Hong Kong, immobilier) 11,5. *John Werner Kluge* (USA, Metromedia) 10,9. *Carlos Helu Slim* (Mexico, télécommunications) 10,8. *Bernard Arnault* (France, LVMH) 10,7. *Ernesto & famille Bertarelli* (Suisse, biotechnologie) 10,5. *Michael Dell* (USA, Dell) 10,5. *Silvio Berlusconi* (Italie, médias) 10,3. *Abigail Johnson* (USA, Fidelity) 9,1. *Forrest Edward Jr. Mars* (USA, confiserie) 9. *Jacqueline Badger Mars* (USA, confiserie) 9. *John Franklin Mars* (USA, confiserie) 9. *Kirsten & famille Rausing* (Suède, emballage) 9. *Charles Ergen* (USA, satellites de télévisions) 8,8. *Robert E. (dit Ted) Turner* (USA, Turner radiodiffusion) 8,8.

■ **Fortunes des chefs d'État** (en milliards de $, 2000). *Roi Fahd,* Arabie saoudite (pétrole, investissements, propriétés) 30. *Cheikh Zayed* Aboû Dabî (pétrole, investissements, propriétés) 23. *Émir Jaber* Koweït (pétrole, investissements, propriétés) 18. *Sultan Hassanal Bolkiah* Brunéi (pétrole, gaz, investissements) 16. *Cheikh Maktoum* Doubaï (pétrole, investissements, services) 12. *Pt Saddam Hussein* Iraq (pétrole) 7. *Émir Hamad* Qatar (pétrole, investissements) 5. *Reine Beatrix* Pays-Bas (investissements), 3,5. *Pt Hafez el-Assad* Syrie (pétrole, agriculture) 2,3. *Reine Elizabeth II* Angleterre (investissements, propriétés) 0,45.

■ **Principales fortunes familiales** (en milliards de $, et, entre parenthèses, nombre de personnes se la partageant, 2000). *Hamiel* (All., Metro) 8,7 (930). *Engelhorn* (All., pharmacie) 8 (20). *Boehringer* (All., pharmacie) 7,3 (environ 12). *Porsch-Piëch* (Autriche, Porsche) 6,7 (50). *Henkel* (All., biens de consommation) 5,6 (80). *Reimann* (All., chimie) 5 (?). *Merck* (All., pharmacie) 4,8 (100). *Sainsbury* (G.-B., commerce) 4,7 (environ 12). *Von Siemens* (All., électrique) 4,5 (180). *Bombardier* (Canada, aéronautique) 4,3 (?). *Schickedanz* (All., divers) 4,3 (?). *Brenninkmeijer* (P.-Bas, commerce) 3,7 (200). *Kadoorie* (Chine, holding) 3,4 (?). *Haindl* (All., papier) 3,4 (?). *Brost* (All., édition) 1,9 (?). *Fleming* (G.-B., banque) 1,9 (30). *Funke* (All., édition) 1,9 (3). *Freundenberg* (All., conglomérat) 1,8 (283). *Stroher* (All., cosmétiques) 1,7 (?). *Von Oppenheim* (All., banque) 1,7 (40). *Rothshild* (France-G.-B., banque) 1,4 (environ 11). *Sekiya* (Japon, semi-conducteurs) 1,4 (?). *Knauf* (All., matériel de construction) 1,3 (environ 8). *Martin Bringas* (Mexique, commerce) 1,3 (environ 11). *Moores* (G.-B., commerce) 1,3 (32). *Walden* (G.-B., commerce) 1 (4).

Liste par pays

☞ *Légende :* valeur en milliards de $, d'après la revue américaine *Forbes* du 7-9-2001 (chiffres donnés des nos des 3-7-2000, 5-7-1999, 6-7-1998, 28-7-1997, 15-7-1996, 17-7-1995, 18-7-1994, 5-7-1993 et juillet 1992).

■ **Afrique du Sud.** *Nicky Oppenheimer et F.* (mines) 4,5 (2,8/2,2/2,4/2,5/2,5/2). *Johann Rupert et F.* (produits de luxe) 1,3. **Allemagne.** *Theo et Karl Albrecht* (supermarchés) 25 (20/13,6/11,7/11,5/9/7,5/7,3/5,7/5,1). *Johanna Quandt et F.* (BMW) 17,8 (12,8/9,9/n.c./11,7/8,2/7,3/6,3/4,3/3,4). *Leo Kirch* (médias) 12 (11,5/5/3/2,8). *F. Siemens* (conglomérat) 5,9. *Curt Engelhorn* (pharmacie) 5,4 (5,2). *Hasso Plattner* (SAP) 5,4 (4,9/4,4). *Friedrich Karl Jr. Flick* (divers) 5,3. *Michael Otto et F.* (groupe Otto) 5 (6,3/5,7/5,1/4,5). *August von Finck* (holding) 5 (5,2/4,8/4,5/4,5). *Günter Herz et F.* (café, tabacs) 4,8 (4,7/5,1/3,7/3,6). *Rolf Gerling* (assurance) 4,7 (4,3/5,1/n.c./4). *Dieter von Holtzbrinck et F.* (médias, divertissements) 4,6. *Reinhard Mohn* (médias, divertissements) 4,5 (5,7). *Rudolph Oetker et F.* (divers) 4,4. *F. Erivan Haub et F.* (fast-food) 4 (4,2/5,6/5,5/5). *Reinhold Worth* (manufactures) 3,5. *Karl-Heinz Kipp* (fast-food) 3,2. *Dietmar Hopp et F.* (SAP) 2,9. *Tschira Klaus* (SAP) 2,6. *Otto Beisheim* (Metro) 2,5 (4,1/6,8/5,3/4,8/5,2/4,7/4,2/3,1/3,4). *Rainer et Michael Schmidt-Ruthenbeck* (Metro) 2,5 (4,1). *Robert Jr. Bosch et F.* (technologie) 2,3. *Adolf Merckle* (pharmacie) 2,1. *Hubert Burda* (médias et divertissements) 2. *Hugo Mann et F.* (fast-food) 2. *John Jahr et F.* (médias, divertissements) 1,9. *Stefan Schörghuber* (boisson) 1,9. *Gloria von Thurn und Taxis* (divers) 1,4. *Hans-Werner Hector* (SAP) 1,3. **Arabie Saoudite.** *Pce Alwaleed* (neveu du roi, finance, construction, banque) 20 (20/15/13,3/11). *Olayan Suliman* (investissements) 8 (8/7,1/7/3,2/3,3). *Mohammed Abdul Latif Jameel et F.* (plus grand concessionnaire Toyota dans le monde) 3 (3,5). *Saleh Abdullah Kamel* (banque, finance) 3 (4/3,5/1,8). *Saleh Bin Abdul Aziz Al Rajhi et F.* (banque) 2,1 (3,6/3/3,5/2,5/2,5/3/2,6/2,6). *Khalid Bin Mahfouz* (banque, investissements) 1,5. *Abdul Al Rahman Al Jeraisy* (équipements, vente d'informatique) 1,5 (2). *Saleh Bin Abdul Al Rajhi* (banque) 1,3. **Argentine.** *Gregorio Perez Companc et F.* (holding) 1,7 (2,1/3,6/4,4/5,2/3,6/2,2/2,7). *Roberto Rocca et F.* (énergie, acier) 1,6 (1/2,3/3,2/2,3/2/1,2). *Amalia Lacroze de Fortabat* (holding) 1 (1,6). *Ernestina Herrera de Noble* (médias) 1 (1,2). **Australie.** *Kerry Packer* (médias, publicité) 2,5 (3,8/3,7/3,2/2,4/1,8/2,2/2,3/2,3). *Franck Lowy* (immobilier) 2,2 (2,1/1,8/1,6/1,2). *Richard Pratt* (papier) 1,3 (1,6/1,6).

■ **Brésil.** *José et Antonio Emirio de Moraes et F.* (industrie, mines) 3,5 (2/2,6/5,5/5,7/5,1/4/3/2,7/1). *Joseph et Moïse Safra* (finance) 2,9 (3). *Aloysio de Andrade Faria* (banque) 2,8 (2,8/2,5). *Julio Bozano* (finance, divers) 1,8 (1,2/1,3/2,2/2,3/2,5/2,3). *Abilio dos Santos Diniz et F.* (commerce) 1,6 (1,4/1,1). *Roberto Marinho et F.* (médias) 1,5 (6,4/1,8/6,3/3). *Gaston Vidigal* (banque) (1).

■ **Canada.** *Kenneth Thomson et F.* (médias et divers) 16,4 (16,1/11,9/14,4/11/6,5/5,2/5,4/6,2). *James, Arthur et Jack Irving* (divers) 4,4 (4,1/3,7/4/3,5/3,5/3,5/4,3/3,5). *W. Galen Weston* (commerce, alimentation) 4 (2,4/1,9). *Charles Bronfman* (Seagram) 3,4 (3,3/3,7/3/2,6/2,2/2/2,3/2,2). *Jeffrey Skoll* (Internet) 2,7 (2,9). *Bernard Sherman* (pharmacie) 2,2 (1,9). *Terry Matthews* (entreprise hightech) 1,9. *Jim Pattison* (commerce alimentaire) 1,9 (1,9/1,3). *Eugene Melnik* (pharmacie) 1,7. *Germain Lamonde* (télécommunications) 1,3. *Wallace Mc Cain* (viande de porc) 1,3 (1,3). *Ron et Fred Mannix* (charbon, constructions) 1,2 (1,3). *Jean Coutu* (pharmacie) 1,1. *Harrison Mc Cain* (aliments congelés, pommes frites) 1,1 (1,1/1,5). *Edward S. Rogers* (médias) 1,1 (1,7/1,2). *Michael Lee-Chin* (fonds de mutuelles) 1. **Chili.** *Andronico Luksic et F.* (holding) 1,3 (1,2/1,5/1/2,6/2,2/2,4). *Eliodoro Matte et F.* 1,3 (1,4/1,2/1,2/1,5/1,7/2,3). **Chine/Hong Kong.** *Li Kashing* (divers) 12,6 (11,3/12,7/10/11/10,6/5,9/5,8/4,3/3,2). *Walter, Thomas et Raymond Kwok* (immobilier) 11,5 (9/9,7/7,4/12,3/12,3/11,2/8,6/6,4/4). *Lee Shau Kee* (immobilier) 5,9 (8,6/11,1/12,7/14,7/12/7/6,5/6,5). *Patrick Wang* (moteurs) 4,1 (4,5/1,6). *Nina Wang* (immobilier) 3,7 (3,7/4/6/7/3,3). *Yu Tung Cheng* (immobilier) 2,7 (2,9/5/6/6,5/5,5/2,5). *Richard Li* (communications) 2 (4,3). *Din Hwa Chen* (textile) 1,6 (1,6/1,8). *Rong Yiren et F.* (investissements) 1,3. *Henry Fok* (casinos, immobilier) 1,1 (1,8/1,8/2,5/2,8). *Victor Fung* (commerce) 1,1 (2,3). *William Fung* (sous-traitance) 1,1. *Stanley Ho* (transports, hôtels, casinos) 1,1 (1,8/2/2,8/3,1/2,3). *Peter Woo et F.* (immobilier) 1,1. *Hon Chiu Lee* (immobilier) 1. *Larry Yung* (holding) 1. **Colombie.** *Luis Carlos Sarmiente Angulo* (banque) 1,5. *Lee Kun-hee et F.* (Samsung) 1,6 (2,8/1,8/1,3). *Tae Won Chey* (divers) 1.

■ **Danemark.** *Maersk MC-Kinney Moller* (armateur) 2,2 (3,3/2,9/2,4/3,6/2,5/2,5). *Kjeld Kirk Kristiansen* (Lego) 1,9.

■ **Égypte.** *Onsi Sawiris et F.* (constructions, tourisme, télécoms) 1 (2,1). **Émirats.** *Abdul-Aziz Al-Ghurair et F.* (banque) 1,9 (2,4/1,6). **Espagne.** *Amancio Ortega* (commerce) 6,6. *Juan et Carlos March* (finance) 1,8 (1,6/1,7). *Enric Bernat* (Lollipops) 1,5. *Emilio Botin et F.* (banque) 1,4 (3,4/9,2/4/2/1,6/1,5/1,2/1). *Rafael del Pino et F.* (transports) 1,4 (1,3/1,8). *Gabriel Escarrer* (hôtels) 1 (1,3). *Alicia Koplowitz* (construction) 1 (1). *Kolplowitz Esther* (construction) 1. **États-Unis.** *William H. Gates III* (Microsoft) 58,7 (60/90/51/36,4/18/12,9/8,2/6,4). *Warren Edmard Buffet* (Stock Market) 32,3 (28/36/33/23,2/15,3/10,7). *Paul G. Allen* (Microsoft) 30,4 (28/30/21/15,3/7,5/5,3/3,6). *Lawrence J. Ellison* (Oracle) 26 (47/9,5/5,8/7,1/4,9/3,8). *Jim C. Walton* (commerce, Internet) 18,8. *John T. Walton* (commerce, Internet) 18,7. *S. Robson Walton* (commerce, Internet) 18,6 (20/15,8/48/27,6/4,7/4,8). *Alice L. Walton* (commerce, Internet) 18,5. *Helen R. Walton* (commerce, Internet) 18,5. *Steven Ballmer* (Microsoft) 16,6 (15,5/19,5/10,7/7,5/7,3/2,5). *Philip Anschutz* (pétrole, transports) 15,3 (15,5/16,5/8,8/5). *Sumner Redstone* (médias, Viacom) 12,6 (12,1/8,7/5,8/3,4/3,8/4,5). *Barbara Cox Anthony et Anne Cox Chambers* (entreprise Cox) 11,7. *John Kluge* (métromédias) 10,9 (11,9/10,5/7,8/7,2/6,8/5,9/5,5/5,9). *Michael Dell* (Dell computers) 10,5 (17,8/16,5/10/3,9). *Abigail Johnson* (Fidelity investissements) 9,1 (7,4/4,2/5,1/3,8). *Forrest Mars Jr., John et Jacqueline* (Mars, Whiskas, Uncle Ben's) chacun 9 (5,5). *Charles Ergen* (satellites de télévisions) 8,8. *Robert E. Turner* (Time Warner) 8,8 (8,3/7,8/4,8). *Rupert Murdoch* (médias, édition, publicité) 7,8 (9,4/7,2/5,3/2,8/3,3/3,4). *Kirk Kerkorian* (investissements) 6,4 (5,9/7,3/5,7/3,8/4,4/2,5). *Charles Schwab* (Internet) 6,3 (7,5/8,7). *George Soros* (directeur financier) 6. *Eli Broad* (constructions) 5,8 (4,2). *James Goodnight* (institut SAS) 5,7 (5,1). *Robert et Thomas Pritzker* (industrie, banque, hôtels) chacun 5,5 (5,5). *Gordon Earle Moore* (Intel) 5,4. *Alfred Lerner* (banque) 5,1. *Donald Newhouse* (presse, édition) 5 (4,5). *Samuel I. Newhouse* (presse) 5 (4,5/4,5/9/9/8,6/8). *Edward C. Johnson III* (avec sa fille Abigail, contrôle 36 % de Fidelity inv.) 4,6 (3,7). *Michael Rubens Bloomberg* (nouvelles financières) 4,5. *Marvin H. Davis* (pétrole) 4,5. *Samuel Johnson et F.* (produits Johnson) 4,5 (4,4). *Pierre Omidyar* (Internet) 4,5 (5/7,8). *Lee Bass* (pétrole texan) 4,3 (4,4). *Maurice Greenberg* (assurances) 4,3 (4). *Philip H. Knight* (Nike) 4,3. *Micky Arison* (bateaux Cruise) 4,1. *Walter Hubert Annenberg* (publicité) 4. *Donand L. Bren* (immobilier) 4. *H. Ty Warner* (Beanie Babies) 4. *Sid Bass* (pétrole texan) 3,8 (4,9). *Sanjiv Sidhu* (i2 technologies) 3,7 (6,5). *J.R. Simplot* (pommes frites) 3,6 (4,4). *Craig McCaw* (téléphone cellulaire) 3,5 (3,1/4,2/6,4/3,8/3,6/2,5). *Robert Bass* (pétrole texan) 3 (4). *John Malone* (médias) 2,5 (4,4/4,4). *Henry T. Nicholas III* (Broadcom) 2,4 (5,4). *Henry Samueli* (médias) 2,3 (5,1). *Thomas Siebel* (système Siebel) 2,2 (4,2). *Jeffrey Bezos* (librairie Internet) 2 (6,1/10,1). *Theodore Wait* (Gateway) 2 (5,5/4,6/4,3). *David Filo* (Yahoo!) 1 (5,9/4,1). *Jerry Yang* (Yahoo!) 1 (5,7/4).

■ **France.** *Liliane Bettencourt* (L'Oréal) 15,6 (15,2/13,9/n.c./8,4/5/4,6/4,2/4/3,5). *Bernard Arnault* (LVMH) 10,7 (12,6/6/3,6/3,1). *François Pinault* (Pinault-Printemps-Redoute) 6,3 (7,8/6,4/6,6/3,6). *Paul-Louis Halley et F.* (Promodès) 5,4 (6,3/4,8). *Alain Wertheimer et F.* (Chanel) 5 (2,5/2,1/2,1/2/2/2/2/1,3). *Serge Dassault et F.* (aviation) 4,9 (5,1/3,4). *Willial-Louis Dreyfus et F.* (holding) 3,4 (2,6/2,3/2,9/1,7/1). *Philippe Foriel-Destezet* (Adecco) 3,2 (3,1/2,4). *Martin Bouygues et F.* (construction, médias) 2,3 (2,8). *Jean-Claude Decaux* (panneaux d'affichage) 2,2. *Jean-Louis Dumas et F.* (Hermès) 1,6 (3,7/2,3/2,2/2,9/2,7). *Didier Primat* (Schlumberger) 1,6. *Pierre Bellon* (Sodexho) 1,4. *Patrick Guerrand-Hermès* (Hermès) 1,3. *Jacques Servier* (pharmacie) 1.

■ **Grande-Bretagne.** *Gerald Cavendish Grosvenor* (propriétaire) 6,5 (5,5/3,3). *Bruno Schroder* (banque) 2,5 (2,3/1,5/2,9). *Bernard Ecclestone* (Formule 1) 2,5 (2,2/1). *Sir Adrian Swire et F.* (armateur) 2,1 (1,5). *John Hargreaves et F.* (commerce) 1,9 (1,8). *Terrence Matthews* (télécoms) 1,9. *Richard Branson* (Virgin) 1,8 (3,3/2,6/1,9/2,1/1,4/1,2/1,1/1). *Lakshmi Mittal* (acier) 1,8 (2,1/1,9/3,1/1,9/1,5). *Anthony Bamford et F.* (JBC) 1,3 (1,8/1,4). *Jonathan Harmsworth (lord Rothermere)* (Daily Mail, médias) 1,1 (1,5/1,6/1,6/2). *Gerald Cadogan* (immobilier) 1. *Mark Dixon* (Regus Plc.) 1. **Grèce.** *Spiro Latsis* (armateur) 4,6 (4,3/5,4/3,1/2,8/2,6/1,7/1,7/1/1,6). *Stelios Haji-loannou* (easyJet) 1,5. *Socrates Kokkalis* (télécoms) 1,2 (2,7/1,7).

■ **Inde.** *Azim premji et F.* (divers) 6,9 (6,9/2,8). *Dhirubhai Ambani et F.* (pétrochimie, textile) 3,4 (6,6/1,2/1,5/1,2/1,1/1,2/1). *Subhash Chandra* (médias) 3. *Shiv Nadar* (technologie) 2,2. *Vinay Rai et F.* (acier) 2. *Kumar Mangalam Birla* (holding) 1,7 (1,7/1,1/1,1/2/2,1/2/2,2). *Hinduja* (banque) (1/1). **Indonésie.** *Rachman Halim et F.* (tabac) 1,7. *Putera Sampoerna* (tabac) 1,3. **Irlande.** *John T. Torrance III* (soupe Campbell's) 2,1 (2,1/2,3). *Anthony O'Reilly* (alimentation, publicité) 1,2 (2,2/1,7/1,5/1,7). **Israël.** *Shari Arison Dorsman* (Carnival Cruise Lines, divers) 3,7 (2,1/5,6/4). *Sammy et Yuli Ofer* (armateurs) 2,1 (2,1/1,9/1,5/1,2/1). *Gil Shwed* (logiciels) 1,6. *Marius Nacht* (logiciels) 1,5. *Jacob (Kobi) et Yehudith (Jud) Richter* (équipement médical) 1. **Italie.** *Silvio Berlusconi* (médias) 10,3 (12,8/8/7/4,9/5/2,5/1,5/1,5/2,4). *Leonardo Del Vecchio et F.* (optique) 6,6 (5,5/3,4/4/2,9/2,3/1,4/1). *Luciano Benetton et F.* (vêtements) 5,5 (4,8/4/4,7/3,6/2/1,6/2/2,1). *Giovanni Agnelli et F.* (Fiat, divers) 3,1 (5/3,3/2,7/3,3/2,8/3/3,9/2,9/2,4). *Ennio Doris* (Mediolanum) 3,1 (4,3). *Achille Maramotti* (Max Mara) 2,1. *Paolo Bulgari et F.* (Bulgari) 1,9. *Giorgio Armani* (Armani) 1,7. *Michele Ferrero* (chocolats) 1,7. *Miuccia Bianchi Prada* (Prada) 1,4. *Carlo de Benedetti* (divers) 1,3. *Francesco Micheli* (télécoms) 1,3. *Silvio Scaglia* (télécoms) 1,3. *Calisto Tanzi* (Parmalat) 1,3. *Renato Soru* (Internet, télécoms) 1,2 (4,3).

■ **Japon.** *Yasuo Takei et F.* (finance) 8,3 (9,3/7,8/5,2/5,2/5,2/4,5/5). *Nobutada Saji et F.* (alcools) 7,7 (7,1/6,7/5,6). *Kyosuke Kinoshita et F.* (Acom finance) 5,6 (5/4,8/3,1). *Masayoshi Son* (Solftware) 5,6 (19,4/6,4/2,2/3,5/4,6). *Yoshitaka Fukuda* (finance) 5,2 (4,7/2,3). *Tadashi Yanai* (commerce de vêtements) 4,8 (5,8). *Masatoshi Ito* (commerce) 4,5 (6,2/4,8/3,7/4,4/4/3,8/3,8/2,7/2,5). *Fukuzo Iwasaki* (holding) 4,2 (4,4/3/2,9). *Kazuo Okada* (machines) 3,5 (4,7). *Eitaro Itoyama* (golfs) 3,3 (2,8/2,6/2,4). *Ryoichi Jinnai* (finance) 3,3 (3,1/2,2). *Akira Mori* (hôtels) 3,3 (3,9/3,6/3,3/5,7). *Hiroshi Yamauchi* (Nintendo) 2,9 (2,5/1,5/1,5/1,2). *Yoshiaki Tssutsumi* (divers) 2,8 (3,5/4,8/5,7/8/9,2/9/8,5/9/10). *Den Fujita* (McDonald's Japon) 2,6 (1,4/1,5/1,3/1,3). *Takemitsu Takezaki* (technologie) 2,5 (3,8/1,5/1,5/1,5). *Hiroshi Mikitani* (Internet) 2,2. *Tadahiro Yoshida* (Zippermarker) 2,2 (2,7/1,9). *Masao Morita et F.* (Sony Music) 1,9 (2/1,3). *Yasuyuki Nambu* (travail temporaire) 1,9 (1,7/1,4/1,4/1,2/2,2). *Akihiko Otsuka et F.* (pharmacie) 1,9 (3,6/2,3/1,7/2,5/2,2/3/3,2). *Kenichi Mabuchi* (moteurs électriques) 1,8 (1,6/1,4). *Tetsuro Funai* (électronique) 1,6 (2,8). *Soichiro Fukutake* (écoles de rattrapage) 1,4 (2,4/1,3). *Shigefumi Wada* (consultant) 1,4. *Kunio Busijima* (machines) 1,2 (1,7/1,3). *Masahiro Noda* (Obic) 1,2. *Kagemasa Kosuki* (jeux) 1,1 (1,2). *Kenchiki Nakajima* (machines) 1,1 (1,4/1,3). *Ikuo Ogihara* (pharmacie) 1,1 (1,4). *Toichi Takenata* (BTP) 1 (1,2/2,6). *Shoji Uehara* (pharmacie) 1 (1,6/1,6).

■ **Koweït.** *Nasser al-Kharafi et F.* (BTP, divers) 6 (5,7/4,7/4,4/3,8/3/2,5).

■ **Liban.** *Rafik al-Hariri et F.* (construction, banque) 3,1 (3,5/4/3,6/3/2,5/2,4/2,4/2,5). **Liechtenstein.** *Martin Hilti et F.* (équipement) 1,4 (1,4/1,3).

■ **Malaisie.** *Robert Kuok* (divers) 3,7 (4,6/4,5/4,7/7/5,7/3,5). *Tiong Hiew King* (bois) 1,5 (1,4/1). *Quek Leng Chan* (divers) 1,1 (1,8). *T. Ananda Krishnan* (télécoms) 1. **Mexique.** *Carlos Slim Helu* (divers) 10,8 (7,9/8/7,2/6,6/6,1/3,7/6,6). *Emilio Azcarraga Jean* (médias) 3 (1,5/2,1/3,5/1,6/2/1,6/5,7/5,1/2,8). *Ricardo Salinas Pliego et F.* (commerce) 3 (1,4/1,4/2,5). *Lorenzo Zambrano et F.* (ciment) 2,9 (2,1/2,1/2,9/1,7/1,2/1,4). *Eugenio Garza Laguera et F.* (banque, boisson) 2,5 (2/2,1/2,9). *Alberto Bailleres* (industrie) 1,9 (1,2). *Maria Asuncion Aramburuzabala* (bière) 1,8 (1/1,4). *Jeronimo Arango* (commerce) 1,8 (1,5/1,9). *Carlos Peralta et F.* (télécoms) 1,5 (1,1/1,4). *Alfredo Harp Helù* (banque) 1,3. *Roberto Hernandez* (banque) 1,3. *Isaac Raffa Saboul et F.* (polyester) 1,3 (1,4/2). *German Larrea Mota-Velasco* (holding) 1 (1,1).

■ **Norvège.** *Stein-Erik Hagen* (supermarchés) 1,4. *John Fredriksen* (fret maritime) 1,2.

■ **Pays-Bas.** *Alfred Heineken* (bière) 4 (4,3/3,3/n.c./2,1/2,6). *John A. Fentener van Vlissingen* (énergie, recyclage) 1,4 (1,4/1,4/2,5). **Philippines.** *Henry Sy et F.* (commerce) 1,3 (2,3/2,1/2,9/2/1,9). *Lucio Tan* (tabac) 1,2 (2,1/2,2/1,6). *Jamie Zobel de Ayala et F.* (commerce, immobilier) 1,2 (1,6/1,6/1,5/2,6/2,8/1,3/1,2). **Portugal.** *Antonio Champalimaud* (banque) 2 (1,6/1). *Belmiro de Azevedo* (commerce) 2,4 (1,5/1,5).

■ **Singapour.** *Ng Teng Fong et F.* (alimentation) 3,5 (3,4/3,3/4,9/7/5,2/3,5). *Khoo Teck Puat* (hôtels, banques) 3 (2,7/3,2/3,4/3,9/3/2,2/1,6). *Kwek Leng Beng* (hôtels, divers) 1,6 (2/3,2/2,8/5,8/5,7/4/2/2,4/1,7). *Lee Seng Wee et F.* (commerce) 1,2. *George Ying Chow Lien* (banque) 1. *Wee Cho Yaw* (banque) 1. **Suède.** *Ingvar Kamprad* (Ikéa) 13 (3/2,6/2,6/2,2/2,7/1,6/1,2/1,5/2,8). *Kirsten Rausing et F.* (emballage) 9 (9/9/5/9/9/9/9/6/7). *Walter Haefner* (informatique) 5,3 (8,3/7,2/n.c./6,4/5,5/4,4/2,4/1,6/1,2). *Hans Rausing* (informatique) 7,7 (7,4/7). *Stefan Persson et F.* (commerce) 5,3 (7,7/7/4,4/2,5/1,4). *Liselott Than* (sœur de Stefan Persson) 1,1. *Antonia Johnson* (divers) 1. **Suisse.** *Ernesto Bertarelli et F.* (pharmacie) 10,5 (9,1/3,9/4/4,2/2,5/1,4). *Pierre Landolt et F.* (pharmacie, finance) 6,1 (6,3/6,4/6,5/6,3/4,5). *Nicolas Hayek* (Swatch) 3,5 (3,1/1,4). *Stephan Schmidheiny* (investissements) 3,5 (4,3/4,4/4,1/3/2,3/2). *Martin Ebner* (investissements) 3,3 (1,9/2,9/2,9). *Klaus Jacobs* (intérim Adeco) 2,8 (3,8/2,7). *Thomas Schmidheiny* (ciment) 2,6 (3,7/3,3/2,5/1,9/2/1,8). *Sergio Mantegazza et F.* (tourisme) 2,1 (2,5/2,3). *Georg Thyssen-Bornemisza* (conglomérat) 2. *André Kudelski et F.* (médias) 1,7 (1,5). *Christoph Blocher* (chimie) 1,5 (1,7/1,7). *Willi et Isolde Liebherr* (industrie) 1,4 (1,5/1,5). *Marc David Rich* (commerce) 1,2. *Benjamin de Rothschild* (banque) 1. *Pincus Green* (commerce) 1.

■ **Taïwan.** *Tsai Wan Lin et F.* (assurance, finance) 3,8 (6,7/5,9/8,5/11,3/12,2/8,5/7,5/2,5). *Y.C. Wang et F.* (électronique, plastique) 2,7 (4,3/5,8/3,9/5,5/3,5/2). *Terry Kuo* (industrie, high tech) 2,3 (2,8/1,2/1,6). *Koo Chen-fu et F.* (banque) 1,4 (3,2/1,8/1,7/2,5/2,1/1,5). *Barry Lam* (informatique) 1,1 (1,7/1,2). **Thaïlande.** *David Bromilow* (Adidas) 1,2. *Thaksin Shinawatra* (divers) 1,2. **Turquie.** *Mehmet Emin Karamehmet et F.* (holding) 3,7 (8). *Sakip Sabanci et F.* (banque, industrie) 3,5 (5,7/4,5/5/4/3,5/3/1,4/2/1,2). *Rahmi Koc et F.* (holding) 2,5 (4,4/2,8/5/4,5/4/3,2/2,5/4). *Ferit Sahenk et F.* (banque, immobilier) 2 (3,6/2,5/2,2/1,4/1,4). *Kemal uzan et F.* (télécoms) 1,6.

■ **Venezuela.** *Gustavo Cisneros et F.* (médias) 5,3 (3,5/2/2,1). *Lorenzo Mendoza et F.* (bière, alimentation) 4,5 (2,1/2,8/3,1/2,5/1,3/1,3/1,5/1,5).

☞ **Montant total des 200 premières fortunes mondiales** (en milliards de $) : *1990* : 463 ; *91* : 514 ; *92* : 515 ; *93* : 523 ; *94* : 587 ; *95* : 678 ; *96* : 774 ; *97* : 798 ; *98* : 879 ; *99* : 1 000.

■ **Le Pce Albert von Thurn und Taxis** [titre de prince néerlandais (1681), prussien (1817), prédicat d'altesse (1823)] a hérité de son père, le Pce Johannes, un patrimoine de 14 milliards de F dont 2,75 de dettes. Une partie dépend d'un ensemble : 7 châteaux meublés dont St-Emmeran (500 pièces), 1 bibliothèque de 250 000 livres, 1 collection de timbres évaluée à 65 millions de F, des joyaux, plusieurs Stés, 28 000 ha de forêts en Allemagne, 70 000 en Amérique, 60 000 têtes de bétail en Amér. du Sud, des plantations d'hévéas et des rizières, 6 brasseries, 1 banque. *Origine* : monopole des postes du St Empire de 1615 à 1914 (la petite trompe, symbole des postes allemandes, vient des armes de la famille). On nommait autrefois « taximètres » les véhicules des postes Thurn und Taxis, qui se faisaient payer leurs courses.

FORTUNES FRANÇAISES

PATRIMOINE NATIONAL

■ **Concentration du patrimoine** (en 1995). *1 %* de la population possède 20 % du patrimoine ; *10 %* : 50 ; *50 %* : 7 ; *20 %* : 1. **Patrimoine moyen par ménage** (brut, en milliers de F et, entre parenthèses, net, endettement déduit). *1949* : 18,4 ; *59* : 52,7 ; *69* : 136,2 ; *79* : 397,9 ; *92* : 901 (817) [dont ouvriers qualifiés 445 (376), non qualifiés 288 (256), employés 420 (377), professions intermédiaires 809 (719), cadres 1 774 (1 634), indépendants artisans, commerçants 2 210 (2 079), agriculteurs 1 188 (1 078), professions libérales 4 180 (3 868)] ; *93* : 1 136 (963) ; *96* : 820 ; *99* : 818.

■ **Patrimoine total des ménages français** (en milliards de F à fin 2000, d'après l'Insee). 30 694 milliards de F. **Par type d'actif** (en %, 1999) : résidences principale et secondaire 36,6, assurance-vie 11,1, autres valeurs mobilières 7,6, actifs professionnels exploités 6,2, logements de rapport 5,9, actifs professionnels détenus à travers une Sté 5,6, livrets d'épargne 5,7, actions cotées 4,9, épargne-logement 4,6, actifs professionnels de rapport 3,3, comptes-chèques 3, autres actifs financiers 2,8, PEP et autre épargne retraite 2,7. **Par âge** (en milliers de F) : *– de 25 ans* : 117 ; *25 à 34 a.* : 293 ; *35 à 44 a.* : 649 ; *45 à 54 a.* : 1 172 ; *55 à 64 a.* : 1 179 ; *65 à 74 a.* : 1 017 ; *+ de 75 a.* : 1 880. **Par commune** (en milliers de F) : *rurale* : 915 ; *– de 20 000 hab.* : 799 ; *20 000 à 100 000 hab.* : 626 ; *+ de 100 000 hab.* : 697 ; *banlieue parisienne* : 903 ; *Paris* : 1 429. **Par métier** (en milliers de F) : *ouvrier non qualifié* : 347 ; *o. qualifié* : 478 ; *employé* : 503 ; *profession intermédiaire* : 817 ; *cadre* : 1 411 ; *agriculteur* : 1 456 ; *artisan, commerçant* : 1 563 ; *prof. libérale* : 3 139 ; *chefs d'entreprise* : 4 776. **Par diplôme** (en milliers de F) : *aucun* : 499 ; *CEP* : 813 ; *CAP, BEP* : 733 ; *BEPC* : 771 ; *bac technique* : 853 ; *bac général* : 1 268 ; *jusqu'à bac + 4* : 790 ; *bac + 5 et plus* : 1 573.

PRINCIPALES FORTUNES FRANÇAISES

Cette liste est présentée sous toutes réserves. Elle rassemble les chiffres donnés par *Challenges* dans le nº de juillet-août 2001 et, entre parenthèses, dans les nºs de juillet-août 1999 et 1998. *Challenges* a, pour les Stés cotées, multiplié le cours de Bourse par le nombre d'actions détenues. Pour les Stés non cotées, il a appliqué à la moyenne des 3 derniers résultats le PER applicable au secteur de l'entreprise (fourni par *Delphi Economics*), puis a demandé confirmation aux familles. Cette évaluation a été pondérée en fonction de l'endettement et des fonds propres. Plusieurs ont répondu, certaines ont contesté l'évaluation. Des endettements peuvent ne pas avoir été pris en compte (exemples : titres possédés mais mis en gage pour des emprunts, cautions données). La plupart des capitaux cités sont détenus collectivement par plusieurs membres d'une même famille.

■ **Nombre de milliardaires français.** *1996* : 89 ; *97* : 109 ; *98* : 117 ; *99* : 113 ; *2000* : 152 ; *2001* : 144.

■ **Plus fortes progressions en 2000-01** (en milliards de F). Jean-Pierre Savare (Oberthur Card Systems) 2,7 (+ 365 %). Jean-Claude Decaux (services) 3,2 (+ 230 %). Famille Delachaux (métallurgie) 0,551 (+ 163 %). Philippe Austruy (Medidep, services) 0,778 (+ 142 %). Bernard Deconinck (Sommer-Alibert, plasturgie) 2,1 (+ 122 %). **Plus fortes baisses** (en millions de F). Jérôme Borie (Avenir Télécom) 209 (– 95 %). Robert Schiano (Avenir Télécom) 325 (– 92 %). Laurent Piepszownik (Umanis, services informatiques) 331 (– 90 %). Guy-Hubert Bourgeois (Devoteam, services informatiques) 233 (– 86 %). Bernard Leng (Team Partners, services informatiques) 302 (– 83 %).

■ **Répartition régionale des 500 premières fortunes professionnelles** (en 2001). Ile-de-France 274, Rhône-Alpes 54,

Formes les plus fréquentes de patrimoine détenu en 2000

(En % des ménages) *Source :* Insee	Répartition des ménages	Livrets d'épargne	Épargne-logement	Valeurs mobilières	Assurance vie retraite	Épargne en entreprise	Immobilier	dont résidence principale
Agriculteurs	1,5	87,3	65,1	28,8	65,8	3,6	83,7	80,3
Artisans, commerçants, industriels	4,7	84,7	47,9	34,9	64,3	6,5	79,8	68,8
Professions libérales	0,8	89,4	68	58	81,7	10,9	78,8	71,4
Cadres	9,2	91,9	65,3	52	62,7	35,5	72,1	62,8
Professions intermédiaires	12,9	89,5	53,6	32,6	50,5	30,3	60,3	54
Employés	11,3	84,6	36,6	15,7	42,7	14,9	37,7	32,6
Ouvriers qualifiés	14,7	84	39,6	14,7	44,3	27,2	53,9	51
Ouvriers non qualifiés	5,3	73,5	23,6	8,8	29,1	13,6	35,1	31
Agriculteurs retraités	2,9	88,7	34,8	22,3	44,7	0,5	76,1	69,8
Indépendants retraités	3	79,1	31,4	37,2	47,1	0	85,9	76,7
Salariés retraités	24,8	83,6	32,3	25	47,1	4,1	70,7	65,9
Autres inactifs	9	79,2	20,6	13,5	27,4	1,8	40,6	37,2
Ensemble 1992	100	77,2	33,1	24	39,5	–	61,1	53,1
Ensemble 1996	100	80	37,9	21,9	44,8	12,1	59,6	54,1
Ensemble 1998	100	83,5	40,9	21,9	45,5	12,7	58,5	53,3
Ensemble 2000	100	84,5	39,7	25,1	46,6	15,2	60	54,5

Aquitaine 27, Nord-Pas-de-Calais 23, Provence-Alpes-Côte d'Azur 22, Pays de la Loire 18, Alsace 13, Bretagne 12, Champagne-Ardenne 10, Franche-Comté, Languedoc-Roussillon 6, Bourgogne, Midi-Pyrénées, Centre 5, Lorraine 4, Picardie, Auvergne, Poitou-Charentes 3, Basse-Normandie, Hte-Normandie, Limousin 2.

■ **Femmes les plus riches** (en 2000). **Liliane Bettencourt** (L'Oréal, cosmétique) 100 milliards de F, **Élisabeth Badinter** (Publicis, publicité) 6,3, **Odette Durand et famille** (Cristallerie d'Arques, verre) 6, **Annette Roux et famille Bénéteau** (Bénéteau, construction navale) 3,4, **Louise Blouin et Éric Teyssonnière de Gramont** (trader.com, finance) 3,1, **Sophie de Bentzmann et famille** (Devoteam, informatique) 2,8, **Diane Barrière-Desseigne** (Lucien Barrière, hôtellerie, casinos) 2,8, **Dominique Hériard-Dubreuil et famille** (Rémy-Cointreau, boissons) 2,8, **Monique Bouygues** (Bouygues, BTP, télécommunications) 2,6, **Marie-Christine Coisne et famille Lambert** (Sonépar, distribution) 2.

■ **Plus grosses fortunes Internet** (en milliards de F, 2000). **Louise Blouin McBain et Éric Teyssonière de Gramont** (trader.com) 3,11, **Pierre-François Grimaldi et famille** (Ibazar) 1,7, **Alain Bernard** (Prosodie) 1,17, **Joseph Haddad** (Netgem) 1,12, **Pierre Gatignol, Louis-Christophe Laurent et Frédéric Morin** (GL Trade) 1,07, **Famille Jeulin** (Fininfo), **Loïc Le Meur** (Ubiqus) 0,99, **Olivier Guillaumin** (Netgem) 0,96, **Antoine Bello** (Ubiqus) 0,9, **François Lamotte** (Ubiqus) 0,9. **Nombre de milliardaires :** 15.

■ **Fortunes les plus élevées** (en milliards de F). **Bettencourt** (dont Liliane, fille d'Eugène Schueller) détiennent 1/4 de L'Oréal et 3 % de Nestlé 111,8 (99,87/71,6/65,2). **Arnault** (Bernard) LVMH, participation dans Bouygues, Europ Web 97,7 (134/67,2/23,7). **Pinault** (François et François-Henri) Pinault-Printemps-Redoute (distribution), participation dans Bouygues, Christie's, *Le Point,* assureur japonais Aoba, vignoble 87,1 (90/49,1/30). **Mulliez** (dont Gérard) Auchan (distribution) 85 (85/50/46). **Halley** (dont Paul-Louis) Carrefour (distribution) 33,3 (31,98/27,7/22,5). **Dassault** (Serge) Groupe Dassault (aéronautique) 33 (42/15/38,5). **Decaux** (famille) JC Decaux (services) 32 (9/6/4). **Hermès** (famille) luxe 25,3 (25,8/14,4/?). **Peugeot** (famille) automobile 21 (17,23/9,9/11,6). **Foriel-Destezet** (Philippe) Adecco (travail temporaire) 19,3 (25,58/14,3/12). **Defforey-Badin-Fournier** (familles) Carrefour (distribution) 17 (17,69/15,9/25,3). **Bouygues** (Martin et Olivier) BTP, télécommunications 13,3 (21,47/6,4/3,6). **Verspieren** (famille dont Charles) Legrand (matériel électrique) 12,8 (10,75/15,3/15). **Wertheimer** (dont Alain) Chanel (cosmétiques) 12 (12/10/10). **Plassart et Gouloumès** Carrefour (distribution) 11,3 (12,5/7,9/?). **Bellon** (dont Pierre) Sodexho (restauration) 11 (7,92/6,3/4,5). **David-Weill** (dont Michel) Lazard frères (finance) 10 (10/?/?). **Baudecroux** (Jean-Paul) NRJ (radio) 9,84 (16,91/4,3/3,9). **Michelin** (dont François) Michelin (équipement auto) 9,48 (9,83/12,1/?). **Fabre** (Pierre) BioMérieux-Pierre Fabre (pharmacie) 9 (7/6/6). **Louis-Dreyfus** (dont Gérard) Groupe Louis-Dreyfus (services, transport) 9 (6,5/6/6). **Meyer-Moulin et Heilbronn** (familles) Galeries Lafayette (distribution) 8,91 (10,46/5,8/3,8). **Servier** (dont Jacques) laboratoires Servier (pharmacie) 8 (7/7/7). **Courtin** (famille) Clarins (cosmétiques) 7,57 (8,26/5,9/5). **Durand** (dont Odette) ARC International (verre) 7 (6/6/6). **Rothschild** (Benjamin de) Cie Financière Rothschild (banque) 7 (7,5/6,5/6). **Mercier, Hennessy et Moët** (familles) LVMH (luxe) 6,72 (10,14/5,2/?). **Zaleski** (Romain) Eramet (sidérurgie) 6,71 (3,2/?). **Kampf** (Serge) Cap Gemini, Ernst & Young (conseil) 6 (13,93/10,2/7,5). **Naouri** (Jean-Charles) Rallye (distribution) 6 (18,14/2,7/?). **Ricard** (dont Patrick) Pernod-Ricard (boissons) 5,83 (4,17/4,8/2,8). **Hériard-Dubreuil** (dont Dominique) Rémy-Cointreau (boissons) 5,33 (2,76/2,1/2,6). **Bich** (dont Bruno) Bic (stylos, rasoirs) 5,3 (5,39/5,9/8,9). **Besnier** (dont Emmanuel) Lactalis (agroalimentaire) 5,2 (5/5/5). **Mérieux** (Alain) BioMérieux-Pierre Fabre (pharmacie) 5,16 (15,47/5,3/?). **Berda** (Claude) AB Group (cinéma, vidéo) 5,03 (2,31/?/?). **Cardin** (Pierre) Pierre Cardin (habillement, luxe) 5 (2,5/?/?). **Roquette** (dont Dominique) Roquette frères (agroalimentaire) 5 (5/5/5). **Lassus** (dont Marc et Gilles) Gemplus (électronique) 4,85 (4,12/1,2/?). **Wendel** (dont Ernest-Antoine Sellière) CGIP (holding) 4,79 (5,16/4,2/4,3). **Cuvelier et Guilbert** (familles) Pinault-Printemps-Redoute (distribution) 4,69 (6,41/4,6/?). **Badinter** (Élisabeth) Publicis (publicité) 4,55 (6,27/2,5/?). **Roullier** (dont Daniel) 4,5 (3,5/3,2/3,5). **Kniazeff** (Alexis) Altran Technologies (services informatiques) 4,38 (5,58/2/?). **Martigny** (Hubert) Altran Technologies (services informatiques) 4,38 (5,58/2/?). **Ladreit de Lacharrière** (Marc) Fimalac (finances, services) 4,24 (3,08/2,2/2). **Bolloré** (dont Vincent) Bolloré (transports, papier) 4,22 (3,5/1,9/1,5). **Bouriez** (dont Philippe et Jacques) Cora (distribution) 4 (6/4,5/4,5). **Penauille** (dont Jean-Claude) Penauille Polyservices (services) 3,89 (3,24/1,05/?). **Castel** (dont Jean-Pierre) Castel Frères (boissons) 3,5 (3,5/3/3,3). **Hersant** (dont Philippe) Socpresse (presse) 3,5 (3,5/3,5/?). **Rodriguez** (dont Gérard) Rodriguez Group (construction navale, luxe) 3,38 (2,27/?/?). **Rousset** (Bruno) April Group (assurances) 3,36 (2,81/1,4/?). **Beaufour** (famille) Beaufour-Ipsen (pharmacie) 3,3 (3,3/3/?). **Bénéteau** (dont Annette Roux) Bénéteau (construction navale) 3,23 (3,36/1/?). **Vicat** (dont Louis) Vicat (matériaux de construction) 3,2 (2,87/?/?). **Biotteau** (dont Gérard) Eram (chaussures) 3,2 (3/3/3). **Le Lous** (dont Jean) Laboratoire Fournier (pharmacie) 3,2 (3,2/?/?). **Barrière** (dont Dominique Desseigne) Groupe Barrière (hôtels, casinos) 3 (2,8/2,5/?). **Leclercq** (dont Michel) Decathlon (distribution) 3 (2,9/2,6/2,4). **Lescure** (famille) Seb (matériel électrique) 2,93 (3,16/3,2/?). **Doux** (dont Charles) Doux (alimentation) 2,8 (2,8/2,8/2). **Rocher** (dont Yves) Laboratoires Yves Rocher (chimie) 2,8 (2,8/2,6/2,6). **Despature** (famille) Damart (habillement) 2,7 (2,5/1,6/3,1). **Coencas** (Michel) Financière de Valois (métallurgie) 2,7 (2,7/3/?). **Savare** (dont Jean-Pierre) Oberthur Card Systems (imprimerie, électronique) 2,68 (0,8/?/?). **Saubot** (dont Pierre) Pinguely Haulotte (mécanique) 2,66 (1,7/?/?). **Kriegel** (William) Sithe (services) 2,6 (2,6/?/?). **Lagardère** (Jean-Luc et Arnaud) Lagardère (édition, défense) 2,58 (2,8/1,5/1). **Aubert et Duval** (familles) Eramet (métallurgie) 2,58 (3,47/3,1/?). **Amaury** (dont Philippe) Éditions Amaury (presse) 2,5 (2,5/2,5/2,4). **Derville** (dont Éric) Norauto (automobile) 2,5 (?). **Cohen** (Georges) Transiciel (services informatiques) 2,45 (3,71/1,8/?). **Edelstenne** (Charles) Dassault systèmes (services informatiques) 2,44 (3,78/1,8/1,9). **Séché** (dont Joël) Séché environnement (services) 2,43 (1,7/?/?). **Guichard** (dont Antoine) Casino (distribution) 2,41 (2,38/2,5/2). **Guichard** (dont Jean-Pierre) Manutan (VPC) 2,34 (4,61/2,1/?). **Bongrain** (dont Jean-Noël) Bongrain (agroalimentaire) 2,27 (2,32/2,6/3,2). **Deconinck et Allibert** (famille) Sommer Allibert (plasturgie, automobile) 2,1 (1/?/?). **Partouche** (dont Isidore) Groupe Partouche (casinos) 2 (2,27/1,9/2,24). **Lambert** (dont Marie-Christine Coisne) Sonépar (distribution) 2 (2/?/?). **Durand** (dont Hubert Ibled) SVS (matériaux de construction) 2 (2/1,8/1,8). **Labrune** (dont Jean-Claude) Cegedim (services) 1,94 (3,97/1,5/1,7). **Bonnell** (Bruno) et **Sapet** (Christophe) Infogrames (logiciels de jeux) 1,89 (3,89/?/?). **Pasquier** (dont Serge) Brioche Pasquier (alimentation) 1,89 (1,1/1,1/1,1). **Louis-Dreyfus** (dont Robert) Adidas (habillement) 1,89 (1/1,3/3,3). **Bourrelier** (dont Jean-Claude) Bricorama (commerce de détail) 1,88 (2,5/1,4/?). **Arpels** Van Cleef & Arpels (luxe) 1,8 (1,5/?/?). **Rothschild** (David de) Rothschild et Cie (banque, finance) 1,8 (1,6/1,4/1,2). **Zannier** (dont Roger) Groupe Zannier (habillement) 1,78 (1/?/?). **Brémond** (Gérard) Pierre et Vacances (tourisme) 1,65 (1,9/?/?). **Feuillet** (dont François) Trigano (articles de sport) 1,64 (1/?/?). **Bouygues** (Monique) Bouygues (BTP, télécoms) 1,61 (2,56/?/?). **Cohen-Skalli** Rivoire et Carret-Lustucru (agroalimentaire, vins) 1,6 (1,6/1,6/1,6). **Mentzelopoulos** (Corinne) Château Margaux (vins) 1,6 (1,5/1,5/1,5). **Soufflet** (dont Michel) Soufflet (agroalimentaire) 1,6 (1,5/1,6/1,6). **Fiévet** (famille) Fromageries Bel (agroalimentaire) 1,58 (2,08/2,2/2,3). **Lambert** (famille) LDC (agroalimentaire) 1,56 (1/1,2/2). **Lavorel** (dont Jean-Claude) LVL Médical (santé) 1,55 (1/?/?). **Cointreau** (dont Pierre) Rémy-Cointreau (boissons) 1,54 (0,8/?/?). **Rombi** (dont Max) Akropharma (pharmacie) 1,54 (0,84/?/?). **Gervoson** (dont Jean) Andros (agroalimentaire) 1,5 (?). **Le Duff** (Louis) groupe Le Duff (agroalimentaire) 1,5 (0,55/?/?). **Magez** (dont Bernard) William Pitters (boissons) 1,5 (0,7/?/?). **Dulac** (Sophie) Publicis (publicité) 1,45 (1,4/?/?). **Beurnier** (Jean-Daniel) Avenir Télécom (télécoms, distribution) 1,43 (6,71/?/?). **Jeulin** (famille) Fininfo (finance, Internet) 1,41 (1/?/?). **Bébéar** (Claude) Axa (assurances) 1,4 (1,4/?/?). **Cligman** (dont Léon) Indreco (habillement) 1,4 (1,4/?/?). **Pozzo di Borgo** (Roland) Bistro Romain (restauration) 1,4 (1,4/1,4/?). **Guedj** (dont Claude) Crit (travail temporaire) 1,38 (1,5/?/?). **Boiron** (dont Christian) Boiron (pharmacie) 1,37 (0,83/?/?). **Fayat** (dont Clément) Fayat (BTP) 1,35 (?). **Markus** (Francis) Elior (restauration) 1,32 (1,1/1,3/?). **Zolade** (Robert) Elior (restauration) 1,32 (1,1/?/?). **Ginon** (Olivier) Générale de location (services) 1,31 (1/?/?). **Bru** (Nicole) Halisol (pharmacie) 1,3 (1,3/1,2/1,2). **Rothschild** (Éric de) Lafite-Rothschild (vins) 1,3 (1,3/1,2/1,5). **Braud** (famille) Manitou (mécanique) 1,29 (?/?/?). **Braud** (Jacqueline) Manitou (mécanique) 1,29 (1,9/?/?). **Maillot** (Jacques) Nouvelles Frontières (tourisme) 1,25 (0,81/?/?). **Burelle** (famille) Plastic Omnium (plasturgie, automobile) 1,24 (?). **Seydoux** (Jérôme) Chargeurs (textile) 1,21 (0,9/3/3,6). **Descours** (dont Jean-Louis) Groupe André (habillement) 1,21 (1,6/1,4/?). **Mane** (famille) Mane et Fils (chimie) 1,2 (1,1/1,1/1). **Poix** (dont Pierre de) MPO International (mécanique) 1,2 (1/1,3/?). **Rothschild** (dont Philippine) Baron Philippe de Rothschild (vins) 1,2 (1,2/1,2/1,2). **Schoen** (dont Pierre) P2C (immobilier) 1,2 (1/1,4/?). **Tranchant** (Georges) Fininndusco (casinos, jeux) 1,2 (1,2/1,1/1). **Lorenzetti** Foncia (immobilier) 1,18 (?). **Taittinger** (dont Jean et Claude) Taittinger (luxe, hôtellerie, boissons) 1,17 (1,6/1,4/1,7). **Gaspard** (famille) Lyreco (distribution) 1,1 (1,1/1,1/?). **Ornano** (dont Hubert d') Sisley (cosmétiques) 1,1 (1,1/?/?). **Saadé** (Jacques) CMA (transports maritimes) 1,1 (?). **Guillemot** (dont Michel) Ubi Soft (logiciels, jeux, distribution) 1,08 (0,88/?/?). **Decelle** (dont Xavier) Picard surgelés (distribution) 1,04 (?). **Dubrule** (Paul) Accor (restauration) 1,02 (0,9/1/?). **Pélisson** (Gérard) Accor (restauration) 1,02 (0,9/?/?). **Auzan** (dont Daniel) A Novo (mécanique, électronique) 1,02 (1,9/?/?). **Legris** (famille) Legris (mécanique) 1,02 (1,9/1,3/?). **Bernard** (Alain) Prosodie (services, Internet) 1,01 (?). **Baud** (dont Jean) Franprix-Leader Price (distribution) 1 (?). **Merlaut-Villar** (dont Jacques) Bernard Taillan (vins) 1 (0,65/?/?). **Reybier** (Michel) Domaine Prats (vins et spiritueux) 1 (?). **Martin** (dont Gilles et Yves-Loïc) Eurofins (chimie) 0,97 (0,82/?/?). **Frydman** (Marcel) Marionnaud (distribution) 0,96 (0,55/?/?). **Gattaz** (famille) Radiall (électronique, télécoms) 0,96 (1,2/2/?). **Odin** (dont François) Sopra (services informatiques) 0,95 (1,5/?/?). **Combes** (Patrick) Viel et Cie Finance (finance) 0,95 (1,6/?/?). **Bonduelle** (famille) Bonduelle (agroalimentaire) 0,95 (0,57/?/?). **Dentressangle** (dont Norbert) (Norbert Dentressangle transport) 0,94 (0,8/1,3/1,3). **Pasquier** (dont Pierre) Sopra (informatique) 0,93 (1,5/?/?). **Arlaud** (dont Jean-Michel) Hyparlo (distribution) 0,91 (0,76/1/?). **Darmon** (Jean-Claude) Groupe Darmon (publicité, sport) 0,9 (0,87/1/?). **Cimadomo** (Philippe) Metrologic Group (logiciels) 0,9 (?). **Douce** (Olivier et Françoise) SR Téléperformance (publicité, presse) 0,9 (1,5/?/?). **Blouin** (Louise) et **MacBain** (John) Trader.com (finance, Internet) 0,9 (3,1/?/?). **Grosman** (dont Marc et Laurent) Celio (habillement) 0,9 (0,9/?/?). **Lurton** (dont André et Lucien) Lurton André vignobles (vins) 0,9 (0,9/?/?). **Bentzmann** (dont Stanislas de) Devoteam (services informatiques) 0,89 (2,81/?/?). **Tourres** (Christian) Adidas (habillement) 0,89 (1/?/?). **Domange** (dont Didier et Catherine) Zodiac (aéronautique) 0,88 (0,72/?/?). **Lech** (Jean-Marc) et **Truchot** (Didier) Ipsos (services) 0,88 (1,1/?/?). **Dewavrin** (dont Hugues) Pomona (distribution, alimentation) 0,85 (?/?/?). **Genoyer** (dont Maurice) Genoyer (mécanique) 0,84 (0,84/?/?). **Barande** (Henri) Synergie (travail temporaire) 0,83 (1/?/?). **Legros** (Georges) Bijoux Altesse (luxe) 0,83 (0,57/?/?). **Beau** (dont Christian) Guyenne et Gascogne (distribution) 0,83 (0,72/?/?). **Entremont** (dont François) Entremont (agroalimentaire) 0,82 (0,8/1,3/1,3). **Michaeli** (dont Martin) Mephisto (chaussures) 0,82 (0,82/?/?). **Blanc** (dont Philippe) Gascogne (papier, carton) 0,81 (0,85/?/?). **Delvaque** (dont Éric) Highwave Optical (électronique) 0,8 (?). **Fabre** (dont Marcel) Fabre Domergue (tourisme, agroalimentaire) 0,8 (0,8/?/?). **Gagneraud** (dont François) Entreprise Gagneraud (BTP) 0,8 (0,8/?/?). **Giraud et Fauqueur** (familles) Giraud Logistics (transport) 0,8 (0,67/?/?). **Lucas et Gras** (familles) Gras Savoye (assurances) 0,8 (0,7/?/?). **Noisiez** (dont Jean-Louis) GSF Saturne (services) 0,8 (0,7/?/?). **Rouzaud** (dont Jean-Claude) Champagne Louis Roederer (vins) 0,8 (0,85/?/?). **Austruy** (Philippe) Medidep (services) 0,77 (?). **Frydman** (Gérard) Marionnaud (distribution) 0,77 (?). **Cayard** (dont Édith et Jean-Pierre) La Martiniquaise (boissons) 0,76 (0,75/?/?). **Vespieren** (Jean-Dominique) assurances 0,76 (0,7/?/?). **Wallaert** (Patrick) et **Poiret** (Philippe) Expand (cinéma, production) 0,75 (0,66/?/?). **Holder** (Francis) Groupe Holder (distribution) 0,75 (0,75/?/?). **Monnoyeur** (dont Baudoin) Monnoyeur (distribution) 0,75 (0,65/?/?). **Rattanavan** (dont Bou et Bounmy) Tang Frères (distribution) 0,75 (0,75/?/?). **Rousselet** (dont André) G7 (transport) 0,75 (0,5/?/?). **Duménil** (dont Alain) Acanthe (holding) 0,74 (?). **Clive-Worms** (Nicholas) Worms et Cie (holding) 0,73 (0,84/?/?). **Tordjman** (Jacques) GFI Informatique (services informatiques) 0,72 (?). **Chateauvieux** (dont Jacques de) Groupe Bourbon (distribution, transport) 0,7 (0,86/?/?). **Ayache** (Alain) Groupe Ayache (presse) 0,7 (0,68/3/?). **Burtin** (dont Gaston) Marne et Champagne (vins) 0,7 (2/?/?). **Cougnaud** (famille) Yves Cougnaud (BTP) 0,7 (0,7/?/?). **Glon** (dont André) Glon-Sanders (agroalimentaire) 0,7 (0,7/?/?). **Latouche** (dont Christian) Groupe Orial (services) 0,7 (0,6/?/?). **Lecéa** (Antoine) Dyneff (distribution) 0,7 (0,6/?/?). **Parisot** (famille) Groupe Parisot (meubles) 0,7 (0,5/?/?). **Chancereul** (famille) LDC (agroalimentaire) 0,69 (?). **Fitousi** (Roland) Solving (services) 0,69 (0,59/?/?). **Colonna de Giovellina** (Henri et famille) Pochet (luxe) 0,69 (?). **Colonna de Giovellina** (Jean et famille) 0,68 (?). **Guillemot** (Christian et famille) Ubi Soft (logiciels, jeux, distribution) 0,68 (0,88/?/?). **Guillemot** (Claude et famille) Ubi Soft (logiciels, jeux, distribution) 0,68 (?). **Guillemot** (Gérard et famille) Ubi Soft (logiciels, jeux, distribution) 0,68 (?). **Guillemot** (Yves et famille) Ubi Soft (logiciels, jeux, distribution) 0,68 (?). **De Dietrich** (dont Gilbert) De Dietrich (mécanique) 0,68 (0,54/?/?). **Lamure** (Jean-Michel) Soitec (informatique) 0,67 (1,2/?/?). **Gobet** (dont Arnaud) Innothéra (pharmacie) 0,67 (0,65/?/?). **Nonancourt** (famille) Laurent Perrier (boissons) 0,65 (0,65/?/?). **Bacou** (famille) Groupe Bacou (habillement) 0,65 (0,65/?/?). **Poutrel** (Jean-Jacques) Ingenico (informatique) 0,64 (1,7/?/?). **Azoulay** (Simon) Alten (services informatiques) 0,64 (1,8/?/?). **Auberton-Hervé** (André-Jacques) Soitec (informatique) 0,63 (1,2/?/?). **Bois-Vives** (dont Laurent) Rossignol (articles de sport) 0,63 (0,58/?/?). **Buffard** (dont Édouard) Bic (stylos, rasoirs) 0,62 (0,63/?/?). **Reinier** (dont Louis) Onet (travail temporaire) 0,62 (0,6/?/?). **Seydoux** (Nicolas) Gaumont (cinéma, distribution) 0,62 (1/?/?). **Voetglin** (René) Mécatherm (mécanique) 0,62 (0,55/?/?). **Ballu** (dont Patrick) Exel (mécanique) 0,62 (0,73/?/?). **François** (dont Jean) François Frères (tonnellerie) 0,61 (0,66/?/?). **Picart** (Christian) Buffalo Grill (restauration) 0,61 (1,2/1/?). **Besins** (dont Antoine) Besins Iscovesco (pharmacie) 0,6 (?). **Bigard** (dont Lucien) Groupe Bigard (agroalimentaire) 0,6 (0,6/?/?). **Delon** (famille) Léoville Las Cases (vins et spiritueux) 0,6 (?). **Dillon** (dont Joan) Château Haut-Brion (vins) 0,6 (0,5/?/?). **Frey** (dont Jean-Jacques) Frey (vins, immobilier) 0,6 (?). **Leduc** (Gérard) et **Debregas** (Patrice) Ethypharm (pharmacie) 0,6 (?). **Lemoine** (dont Éliette) Groupe Sud-Ouest (presse) 0,6 (?). **Mandrangeas** (dont Jean) Madrange (agroalimentaire) 0,6 (0,7/?/?). **Prouvost-Berry** (Evelyne) Marie Claire (presse) 0,6 (?). **Troublé** (Agnès) Agnès B. (habillement) 0,6 (0,6/?/?). **Dick** (dont Jeanine) Virbac (pharmacie) 0,59 (?). **Soubie** (Raymond) Altedia (conseil) 0,57. **Haddad** (Joseph) Netgem (Internet) 0,57 (1,1/?/?). **Gilner** (dont Jean-Michel) Silicom (services informatiques) 0,57 (0,71/?/?). **Abadie** (Patrick) 123 Multimédia (Internet) 0,57. **Marcovici** (dont Danièle) Raja (distribution) 0,57 (?). **Ehrmann** (dont Thierry) Artprice.com (Internet) 0,56 (0,77/?/?). **Gatignol, Laurent et Morin** (GL Trade) (finance, Internet) 0,55 (1,1/?/?). **Delachaux** (dont François) Delachaux (métallurgie) 0,55 (?). **Bruneau** (dont Jean-Marie) JM Bruneau (distribution) 0,55 (0,51/?/?). **Gastines** (dont Brigitte de) SVP (services) 0,55 (0,55/?/?). **Paul** (Jean-Marie) Score (restauration) 0,55 (0,5/?/?). **Porcher** (dont Philippe) Porcher International (équipement) 0,55 (0,55/?/?). **Prouvost** (Marie-Laure) Marie Claire (presse) 0,55 (?). **Rykiel** (Sonia) Sonia Rykiel (habillement) 0,55 (0,55/?/?). **Louis** (Dominique) Assystem (services informatiques) 0,54 (?). **Frydman** (Lydie) Marionnaud (distribution) 0,54 (?). **Tourrette** (dont Philippe) Ioltech (optique) 0,53 (?). **Alès** (Patrick) Alès Groupe (cosmétiques) 0,53 (0,53/?/?). **Dellove** (dont Jean-Luc) Vermandoise de Sucre (agroalimentaire) 0,53 (?). **Chaufour** (famille) Anjac (distribution) 0,53 (0,5/?/?). **Demeyère** (dont Bernard) Demeyère (meubles) 0,53 (?). **Frisquet** (dont Maurice) Frisquet (métallurgie) 0,52 (0,5/?/?). **Carteron** (Jean) Steria (services informatiques) 0,5 (0,86/?/?). **Afflelou** (Alain) Afflelou (optique, distribution) 0,5 (0,5/?/?). **Dréau** (Jean-Pierre) Snef (construction électrique) 0,5 (?). **Dupuy** (famille) Excelsior Publications (presse) 0,5 (0,5/?/?). **Duval-Leroy** (dont Carol) Duval-Leroy (vins) 0,5 (?). **Einaudi** (dont André) Ortec Industrie (services) 0,5 (?). **Epenoux de Ruffier** (Bruno d') Télé Z, EPM 2000 (presse) 0,5 (0,5/?/?). **Esmenard** (dont Francis) Albin Michel (édition) 0,5 (?). **Fréty** (dont Jean-Pierre) Jean Delatour (bijoux, luxe) 0,5 (?). **Issaurat** (dont Hubert) SNF Floerger (chimie) 0,5 (?). **Karmitz** (Marin) MK2 (cinéma, distribution) 0,5 (0,5/?/?). **Lamit** (dont Jean-François) SNFA (mécanique) 0,5 (?). **Lesaffre** (dont Francis) groupe Lesaffre (agroalimentaire) 0,5 (?). **Meunier** (dont François) groupe Meunier (mécanique) 0,5 (?). **Pich** (René) SNF Floerger (chimie) 0,5 (?). **Richardson** (dont Jean-Pierre) Richardson (distribution) 0,5 (?). **Roncin** (dont Louis) AGL (services informatiques) 0,5 (?).

■ **Principales fortunes professionnelles françaises.** [Enquête du *Nouvel Économiste* du 29-9-2000. Critères d'évaluation, voir p. 1846 c. Sont exclus les propriétaires d'entreprises qui ne publient pas leurs comptes. Fortunes en milliards de F.]

Technologies. Télécoms : Jean-Daniel Beurnier (Avenir Télécom) 5,46. Aram Hékimian (Wavecom) 2,24. André Jolivet (Wavecom) 2,23. Michel Alard (Wavecom) 2,22. Famille Delevaque dont Éric (Highwave) 2. F. Boj dont Sylvain (Highwave) 1,84. Alain Bernard (Prosodie Finance et Innovation) 1. F. Roncin dont Louis (Assistance génie Logiciel) 1. Bernard Tanguy (Siticom) 0,41. F. Minaux dont Pascal (Siticom) 0,34. **Nouvelles technologies :** Alexis Kniazeff (Altran) 5,66. Hubert Martigny (Altran) 5,66. Charles Edelstenne (Dassault systèmes) 4,97. F. Auzan dont Daniel (A Novo) 1,9. F. Asscher dont Jean-Claude (Tekelec Airtronic) 1,73. Laurent Piepszownik (Europlast France) 1,7. Jean-Jacques Poutrel (Ingénico) 1,63. F. Bentzmann dont Stanislas et Godefroy (Devoteam) 1,55. André-Jacques Auberton-Hervé (Soitec) 1,5. Jean-Michel Lamure (Soitec) 1,5. F. Bodokh dont Nessim (Dane-Elec Memory) 1,19. F. Haccoun dont David (Dane-Elec Memory) 1,19. **Services informatiques :** Serge Kampf (Cap Gemini) 18,8. Georges Cohen (Transiciel) 4,72. Simon Azoulay (Alten) 1,9. François Odin (Sopra) 1,4. Pierre Pasquier (Sopra) 1,4. Laurent Schwarz (Alten) 0,99. Thierry Woog (Alten) 0,99. F. Leng dont Bernard (Team partners Group) 0,98. Georges Rousseau (Soleri) 0,79. Alain Giraud (Fi System) 0,72.

Médias. Jean-Paul Baudecroux (NRJ) 21,3. F. Amaury dont Philippe (Éditions P. Amaury) 5,58. Élisabeth Badinter (Publicis) 5,36. Jean-Claude Decaux (JC Decaux International) 3,7. F. Guillemot dont Yves (Guillemot Corporation) 3,14. F. Hersant dont Philippe (Socpresse) 1,86. Bruno Bonnell (Infogrames Entertainment) 1,52. Christophe Sapet (Infogrames Entertainment) 1,52. Sophie Dulac (Publicis) 1,5. F. Gallimard dont Antoine (Gallimard Éditions SA) 1,36.

Biens de consommation. Liliane Bettencourt (L'Oréal) 121,7. Bernard Arnault (LVMH) 97,8. F. Moët, Hennessy et Mercier (LVMH) 10,6. F. Wertheimer dont Alain (Chanel, Bourgeois) 9,84. F. Courtin dont Jacques (Clarins) 8,99. F. Durand dont Odette (Cristal d'Arques) 7,96. F. Guerlain (Luxe) 7,59. F. Bich dont Bruno (Bic) 6,45. F. Lescure (Seb) 2,95. F. Rocher dont Yves (Yves Rocher) 1,84.

Distribution. F. Pinault dont François (Pinault-Printemps-Redoute) 75,7. F. Halley dont Paul-Louis (Carrefour, Promodès) 52,4. F. Mulliez dont Gérard (Auchan, Decathlon, 3 Suisses, Kiabi, Saint-Maclou) 25. F. Defforey et alliés dont Hervé (Carrefour) 19,7. F. Meyer, Moulin et Heilbronn (Galeries Lafayette) 11,2. F. Guibert dont André (PPR) 7,21. F. Bouriez dont Philippe et Jacques (Cora) 5. F. Guichard (Casino-Guichard-Perrachon) 3. F. Despature (Damart) 2,3.

Services. F. Bellon dont Pierre (Sodexho Alliance) 8,78. F. Labrune dont Jean-Claude (Cegedim) 3,43. Jean-Claude Penauille (Penauille Polyservices) 3,3. Olivier et Françoise Douce (SR Téléperformance) 2,6. Francis Markus (Elior) 2,49. Gérard Brémond (Pierre et Vacances) 2,16. Isidore Partouche (casinos, hôtels) 2. F. Mathy (Bureau Veritas) 1,83. Claude Guedj (Crit) 1,72. F. André dont Claude (Charles André) 1,4.

Banques. Michel David-Weill (Lazard frères) 9,5. Bruno Rousset (April Assurances) 3,65. F. Voyer dont Bertrand (Société centrale Prévoir) 1,12. Patrick Combes (Viel et Cie) 1. F. Beigbeder dont Charles (Self Trade) 0,49. F. Gras dont Emmanuel (Gras Savoye et Cie) 0,48. F. Rothschild dont David (Rothschild et Cie) 0,39. Xavier Coquard (April Assurances) 0,34. F. Maurel dont Bernard (Cie financière Martin Maurel) 0,32. F. Inchauspe (Banque Michel Inchauspe) 0,27.

Holdings. F. Wendel dont Ernest-Antoine Seillière (CGIP) 4,63. F. Bolloré dont Vincent (Financière de l'Odet) 4. Jean-Charles Naouri (Finatis) 3,7. Marc Ladreit de Lacharrière (Fimalac) 3,66. Jean-Luc et Arnaud Lagardère (Lagardère SA) 3,23. F. Rothschild dont Benjamin (Cie financière Saint-Honoré) 1,58. F. Duval-Fleury dont Daniel (Cogepa) 0,42. F. Bouchara dont Philippe (Bouchara SA) 0,25.

Agroalimentaire. F. Roquette dont Dominique (Roquette frères) 7,24. F. Fievet (Fromageries Bel) 3,77. Charles Doux (Doux) 3,2. F. Hériard-Dubreuil (Rémy-Cointreau) 3. F. Roulilier dont Daniel (Groupe Roullier) 2,86. F. Ricard dont Patrick (Pernod-Ricard) 2,72. F. Cayard dont Jean (Cofep) 1,99. F. Besnier (Lactalis) 1,85. F. Bongrain dont Jean-Noël (Bongrain) 1,82. F. Pasquier dont Serge (Brioche Pasquier) 1,14.

Vins. F. Rothschild dont Éric (Château Lafite-Rothschild) 1,79. F. Taittinger (champagne) 1,28. F. Mentzélopoulos dont Corinne (Château Margaux) 1,2. F. Rothschild dont Philippine (Château Mouton-Rothschild, Mouton Cadet) 1. F. Lurton dont André et Lucien (Bordeaux) 0,99. F. Rouzaud dont Claude (champagne Louis Roederer) 0,89. Bernard Magrez (bordeaux) 0,8. F. Mora dont François-Xavier et Marie-Laurence (Marne et Champagne) 0,69. F. Nonancourt (Laurent Perrier) 0,69. F. Delon dont Michel (Château Léoville-Las-Cases) 0,63.

Industrie. F. Dassault dont Serge (aéronautique) 32,9. F. Verspieren, Decoster et Garraud dont Hubert (Legrand) 17,4. F. Bénéteau dont Annette Roux (Bénéteau) 3,14. F. Rodriguez dont Gérard (Rodriguez Group) 2,45. F. Dewavrin dont Christian (Dewavrin) 2,18. F. Himsworth dont Jacqueline (Manitou) 1,87. F. Séché dont Joël et Thérèse (Séché environnement) 1,78. F. Schoen dont Pierre (Sidel) 1,52. F. Legris dont Pierre-Yves (Legris Industries) 1,31. F. Monnoyeur dont Baudoin (Monnoyeur SCA) 1,24.

BTP. F. Bouygues dont Martin et Olivier (Bouygues) 23,6. Madame Francis Bouygues (Bouygues) 3,31. F. Merceron-Vicat (Vicat) 3. F. Fayat dont Clément (Fayat) 0,85. F. Lévy dont François (Arts et Biens) 0,79. F. Cougnaud dont Yves (Yves Cougnaud) 0,7. Christian Rolloy (Promogim Groupe) 0,31. F. Giraudie dont Christian (GA) 0,19. F. Poulain dont Franck (Carrières du Boulonnais) 0,17.

Chimie-Pharmacie. F. Mérieux dont Alain (Avantis, BioMérieux) 7,4. F. Beaufour dont Gérard (Beaufour-Ipsen) 6,85. Jacques Servier (Laboratoires Servier) 4. F. Le Lous dont Jean-François (Fournier) 3,67. Pierre Fabre (Fabre) 3,24. F. Gobet dont Arnaud (Innothéra Industries) 2,7. F. Lafon dont François (Lafon) 2,15. Nicole Bru (Halisol) 1,4. F. Rombi dont Max (Akropharma) 1,15. F. Boiron dont Christian (Boiron) 0,89.

■ **Les 200 familles.** Le 28-10-1934, au congrès du parti radical à Nantes, Édouard Daladier affirmait : « 200 familles sont maîtresses de l'économie française et, en fait, de la politique française. » Ce chiffre lui avait été inspiré par les statuts de la Banque de France. De droit privé mais sous contrôle de l'État depuis Napoléon, elle rassemblait des milliers d'actionnaires (30 000 en 1900), représentés en assemblée générale par les 200 plus gros d'entre eux dont une dizaine (les plus influents et les plus riches) accédaient à la fonction de régents et avaient à l'époque plus d'influence qu'un ministre des Finances. Parmi les plus riches, selon René Sédillot : les Seillière (32 millions), Rochechouart (25), Say (19), Pereire (16), Hottinguer (14). Les Schneider régnaient sur Le Creusot, les Wendel sur Hayange (Lorraine), les Mallet, Hottinguer et Rothschild, alors grands banquiers, avaient des intérêts dans les chemins de fer, le commerce colonial, l'industrie et l'assurance.

SALAIRES ET REVENUS DANS LE MONDE

■ **Salaires de quelques P-DG les plus importants** (en millions de $, 2001) **et,** entre parenthèses, **valeurs de leurs actions détenues selon Forbes.** Michael Dell [36 ans, Dell Computer] 235,9 (8,5), Sanford Weill [68 ans, Citigroup] 216,2 (0,9), Gérard Levin [62 ans, AOL Time Warner] 164,4 (0,1), John Chambers [51 ans, Cisco Systems] 157,3 (0,04), Henry Silverman [60 ans, Cendant] 137,4 (0,1), Louis Gerstner Jr [59 ans, IBM] 103,4 (0,1), Joseph Nacchio [51 ans, Qwest Communications] 97,4 (0,02), Walter Sanders III [64 ans, Advanced Micro] 92,2 (0,01), Steven Jobs [47 ans, Appel Computer] 90 (0), Jeffrey Skilling [47 ans, Enron] 84,5 (0,1), Philip Purcell [57 ans, Morgan Stanley DW] 77,1 (0,2), John Welch Jr [65 ans, General Electric] 76,4 (0,1), Lawrence Ellison [56 ans, Oracle] 75,2 (18,4), Michael Eisner [59 ans, Walt Disney] 72,8 (0,4), John Gifford [60 ans, Maxim Integrated Prod] 61,4 (0,1), Maurice Greenberg [76 ans, American Intl Group] 59,2 (3,6), Arthur Levinson [51 ans, Genentech] 59,1 (0), Edward Withtacre [59 ans, SBC Communications] 56,2 (0,02), William McGuire [53 ans, UnitedHealth Group] 54,1 (0,02), Richard Fuld Jr [55 ans, Lehman Bros Holding] 53,9 (0,2).

☞ La rémunération des patrons américains se compose de nombreux éléments : *stock-options*, bonus de fin d'année (payé en fonction des performances de l'entreprise, notamment de sa profitabilité), intéressement aux profits, avantages en nature. Une commission des rémunérations *(compensation committee)*, appointée par la société, fixe les modalités des rémunérations du Pt et des membres du comité exécutif. La *SEC (Securities Exchange Commission)*, organe de contrôle de la Bourse américaine, a décidé qu'à partir de 1993, les 13 000 Stés américaines cotées en Bourse devront publier chaque année les salaires de leur P-DG et des 4 autres dirigeants les mieux payés de l'entreprise, dont la rémunération annuelle dépasserait 100 000 $. Elles devront aussi mentionner dans leur rapport annuel les primes et avantages financiers, et assigner une valeur aux *stock-options* des principaux dirigeants.

■ **Grosses fortunes anglaises** (en milliards de £, 1999). *Source : Sunday Times.* Hans Rausing (Tetra-Pak) 3,40, lord David Sainsbury 3,10, George Soros 2,0, Joseph Lewis 1,75, duc de Westminster 1,75, Paul McCartney 0,50, Weber 0,35, reine Elizabeth II (87e) 0,25, Elton John 0,16, Mick Jagger 0,15, Bee Gees 0,09.

■ **Richesse dans le monde en 1998** (selon Merrill Lynch et Gemini Consulting). 6 000 000 de personnes évaluent leur fortune à plus de 1 million de $ (6,1 millions de F). Fortune globale : 21 600 milliards de $ dont Amérique du Nord 6 900, Europe 5 600, Asie 4 400, Amérique du Sud 2 700.

■ **Revenus annuels de quelques personnalités les mieux payées** (en millions de $, 2001) : George Lucas 250 ; Oprah Winfrey 150 ; Beatles 70 ; Bruce Willis 70 ; David Copperfield 60 ; Michael Shumacher 59 ; Tiger Woods 53 ; Steven Spielberg 51 ; Siegfried & Roy 50 ; Mike Tyson 48 ; Brian Grazer/Ron Howard 45 ; Stephen King 44 ; Tom Cruise 43,2 ; N Sync 42 ; Eddie Murphy 39,5 ; Britney Spears 38,5 ; Michael Jordan 37 ; Tom Clancy 37 ; J.K. Rowling 36 ; Backstreet Boys 35,5 ; Dean Koontz 35 ; Regis Philbin 35 ; Martin Lawrence 33,2 ; Mel Gibson 31,8 ; Dr Die 31,5 ; Dave Matthews Band 31 ; Rush Limbaugh 31 ; Tina Turner 31 ; Howard Stern 30 ; Paul Harvey 29 ; Nicolas Cage 28,4 ; John Grisham 28 ; Metallica 28 ; Ridley Scott 26,2 ; Grant Hill 26 ; Keanu Reeves 25,5 ; Jerry Bruckheimer 25,3 ; Dixie Chicks 25 ; Rosie O'Donnell 25 ; Dale Earnhardt 24,5 ; Kiss 24,5 ; Shaquille O'Neal 24 ; Brad Pitt 23,8 ; Lennox Lewis 23 ; Oscar De Le Hoya 23 ; Kevin Garnett 21 ; George Foreman 20,1 ; David Letterman 20 ; Kobe Bryant 20 ; Ron Popeil 20 ; Julia Roberts 18,9.

■ **Personnalités décédées dont les droits versés sont les plus importants** (en millions de $) : Elvis Presley 35, Charles Schulz 20, John Lennon 20, Theodor « Dr Seuss » Geisel 17, Jimi Hendrix 10, Bob Marley 10, Andy Warhol 8, J.R.R. Tolkien 7, Frank Sinatra 6, Jerry Garcia 5, Keith Haring 4, Marilyn Monroe 4, James Dean 3.

■ **Coût annuel d'un salarié pour son employeur** (en $) **et,** entre parenthèses, **charges sociales et fiscales** (en %, 1998). Belgique 40 995 (57 %), All. 35 863 (52), Suisse 32 535 (30), Italie 32 351 (47), P.-Bas 32 271 (44), Danemark 32 214 (44), Canada 32 211 (32), Norvège 31 638 (37), USA 31 300 (31), Luxembourg 31 102 (34), Autriche 29 823 (46), Suède 29 768 (51), Australie 20 590 (25), Finlande 29 344 (49), G.-B. 29 277 (32), *France 28 198 (48). Source :* OCDE.

SALAIRES ET REVENUS EN FRANCE

■ **Seuil de pauvreté.** Niveau de revenu, par unité de consommation, inférieur de moitié à la valeur médiane du revenu (avant impôts et corrigé de la sous-évaluation des revenus du patrimoine). **Montant** (en janv. 2000) : 3 500 F par mois pour 1 personne, 5 250 F pour 2, + 1 050 F par enfant de – de 14 ans. **Nombre de pauvres** (en 2000) : 4,5 à 5,5 millions. **Ménages au niveau de vie inférieur au seuil de pauvreté** (en %) **en 1984 (et en 1994) :** agriculteurs exploitants 35,9 (25,6). Artisans 15,1 (12). Commerçants 17,3 (16,1). Chefs d'entreprise, professions libérales, cadres 0,8 (1,6). Professions intermédiaires 1,7 (2,2). Employés 6 (10,4). Ouvriers qualifiés 10,2 (11,4). Autres ouvriers 18,6 (27,7). Anciens agriculteurs 26,8 (20,3). Anciens indépendants 16,1 (9,1). Anciens cadres et professions intermédiaires 1,2 (0,2). Autres salariés 10,8 (6,2). Autres inactifs 25,8 (31,8) dont élèves, étudiants 57,5 (60).

Comparaisons	1970	1980	1990	1996
Revenu disponible brut par habitant : avant impôts	11 816	40 200	84 685	104 050
après impôts	11 081	37 056	77 781	93 802
Salaires nets par salarié	16 677	55 905	102 170	120 632
Prestations sociales/hab.	2 547	10 813	26 293	33 907
EBEI [1] agricole/agric.	21 740	67 627	185 299	258 157
EBEI [1] non agricole, par actif non salarié, non agricole	41 473	121 914	283 540	312 564
Indice des prix à la consommation 1970 = 100	100	255,8	465,8	530,7

Nota. – (1) EBEI : excédent brut d'exploitation d'entrepreneur individuel.

Ensemble : 10,4 (9,9). **Nombre de ménages et,** entre crochets, **de ménages pauvres** (en milliers) : *personnes de référence actives :* 14 360 [1 252 (soit 8,7 %)] dont chômeurs 1 328 [519 (39,1 %)], salariés précaires 1 480 [319 (21,5 %)], stables (temps plein) 9 880 [211 (2,1 %)], indépendants 1 672 [203 (12,1 %)] ; *inactives :* 8 432 [854 (10,1 %)]. *Ensemble :* 22 793 [2 106 (9,2 %)].

☞ Au début 2000, 100 000 étudiants vivraient sous le seuil de pauvreté.

SDF : terme rassemblant sans-logis (privés de logement), sans-abri (victimes d'une catastrophe), clochards (figures folkloriques n'appelant pas d'intervention publique), vagabonds (qui font plutôt peur), mendiants (qui sollicitent dans l'espace public). *Nombre* (sources amalgamant souvent les personnes qui restent sans abri sur une année et celles qui se trouvent sans abri un moment donné dans l'année) : 100 000 à 800 000 [*Conseil économique et social* (févr. 1987) : 200 000 à 400 000 en difficulté de logement ; *Caisse des dépôts et consignations* (en 1992) : 202 000 sans-abri dont 98 000 SDF ; *ministère des Affaires sociales* (déc. 1993) : 250 000 SDF ; *Commission des Communautés européennes* (en 1993) : 627 000 sans abri ; *Conseil de l'Europe* (en 1993) : 200 000 à 500 000 sans-logis.]

Données pratiques

■ **Actionnariat.** Créé par la loi du 24-10-1980. Distribution d'actions aux salariés.

■ **Régime général. Cotisations normales.** *Plafond annuel* au 1-7 : les salaires sont retenus dans les limites suivantes (sauf pour la part « déplafonnée » d'assurance maladie) : *1962 :* 9 600 F ; *70 :* 18 000 ; *75 :* 33 000 ; *80 :* 60 120 ; *82 :* 82 020 ; *93 :* 151 320 ; *94 :* 154 080 ; *95 :* 156 720 ; *96 :* 161 220 ; *97 :* 164 640 ; *98 :* 169 080 ; *99 :* 173 640 ; *2000 :* 176 400 ; *2001 :* 179 400 (14 950 F/mois).

■ **Charges sociales et fiscales obligatoires sur les salaires. Taux en vigueur pour les salaires versés à partir du 1-7-2001** (en %, taux employeur, entre parenthèses, salarié et, en nota, plafond). **Sécurité sociale :** assurance maladie, maternité, invalidité, décès 12,80 (0,75) [1,2] ; ass. vieillesse 8,20 (6,55) [3] ; ass. vieillesse 1,60 (0) [1] ; ass. veuvage 0 (0,10) [1] ; allocations familiales 5,40 (0) [1] ; Fonds national d'aide au logement : toutes entreprises 0,10 (0) [3], entreprises de plus de 9 salariés 0,40 (0) [1]. **Contribution sociale généralisée** (7,5) [4]. **Remboursement de la dette sociale** (0,5) [4]. **Retraite complémentaire :** *salariés* (régime unique Arrco) *tranche 1* 4,50 (3) [3], *tranche 2* 7,50 (5) [5] ; *cadres* (régime Agirc) *tranche A* 4,50 (3) [3], *tranche B* 12,50 (7,50) [5], *tranche C* 12,50 (7,50) [6] ; cadres : contribution exceptionnelle et temporaire 0,22 (0,13) [7]. **Chômage-emploi :** Assedic/assurance chômage 3,7 (2,1) [8], Assedic structure financière (ASF) 1,16 (0,80) [3], plus 1,29 (0,89) [5] ; Fonds de garantie des salaires 0,10 (0) [8] ; Apec 0,036 (0,024) [5,9]. **Participation construction :** 0,45 (0) [1], payée en une fois par an ; fonds national d'aide au logement : contribution de toutes les entreprises 0,10 [3], entreprises de + de 9 salariés 0,40 [1]. **Taxe d'apprentissage :** 0,50 [1]. **Formation professionnelle** (payée en une fois par an) : 10 salariés et plus 1,50 (0) [1] ; moins de 10 salariés 0,15 (0) [1] ; moins de 10 salariés (entreprises soumises à la taxe d'apprentissage) 0,10 (0) [1]. **Versement transports :** 2,5 (0) [1] ; en région parisienne prise en charge de 50 % des abonnements de transport.

Nota. – (1) Sur tout le salaire. (2) Alsace-Moselle : plus une cotisation supplémentaire, taux 1,80 en 2000. (3) 14 950 F. (4) Sur 95 % du salaire brut. (5) 14 950 à 44 850 F. (6) 58 800 à 117 600 F. (7) 119 600. (8) 59 800 F. (9) Payée trimestriellement. S'y ajoute un versement forfaitaire pour les cadres présents au 31-3 de 105,90 F (employeur 63,54, cadre 42,36).

■ **Cotisations particulières. Artistes du spectacle :** taux réduit à 70 % des taux normaux (plafonnés et déplafonnés). Accidents du travail 1,19 % en 2001 (1,12 % en Alsace-Lorraine). **Employés de maison :** calculées pour chaque heure de travail sur la base de la valeur horaire du Smic en vigueur le 1er jour de chaque trimestre civil. Exemple de cotisations (au 1-1-2001, en F, pour 8 h de travail) : base forfaitaire 350, employeur 108,5 (31 %), salarié 25,9 (7,4 %) ; en Alsace-Lorraine : 103,6 (29,6 %), 31,68 (9,05 %). **Stagiaires étrangers-aides familiaux :** pas de cotisations salarié. Cotisation employeur calculée sur une base forfaitaire en multiples du Smic en vigueur au 1er jour de chaque trimestre civil. Exemple de cotisations (au 1-1-2001, en F, pour un mois) : base forfaitaire 2 448, ensemble des départements 758,88, Alsace-Lorraine 724,61. **Médecins à temps partiel. Colonies de vacances. Formateurs occasionnels.**

Régime agricole des salariés. *Plafond :* voir régime général. *Cotisations (depuis le 1-1-1998) : sur tout le salaire :* veuvage salarié 0,1 % ; maladie, maternité, invalidité et décès employeur 11 %, salarié 0,75 % ; vieillesse employeur 1,4 % ; *sur le salaire limité au plafond :* vieillesse employeur 7,2 %, salarié 6,55 %.

Régime étudiant. Cotisation forfaitaire pour 2000-2001 : 1 100 F.

VRP cartes multiples (assurances sociales). *Cotisations patronales* (trimestrielles) : dans la limite du plafond trim. (44 850 F en 2001) ; taux : 6,49 + 0,41 % de frais de gestion = 6,9 %, sur tout le salaire 21,4 %. *Cotisations salariales* (trimestrielles) : calculées selon les taux des cotisations salariales du régime général.

☞ **Régime agricole des non-salariés. Mutualité sociale agricole (MSA) :** cotisations Amexa (assurances maladie, invalidité et maternité) calculées depuis 1998 sur le revenu professionnel.

☞ Évaluation forfaitaire des avantages en nature (au 1-1-2001). *Si la rémunération ne dépasse pas le plafond de la Sécurité sociale. Nourriture (par jour)* 1 repas (min. garanti × 1 = 19,11 F), 2 repas (min. garanti × 2 = 38,22). *Logement* 95,55 F par semaine. *Autres avantages* valeur réelle.

☞ Exonération des cotisations patronales : voir p. 1682 b.

■ **Régime des professions indépendantes. Principe de calcul.** *Au 1-4-2001 :* cotisation calculée à titre provisionnel, sur les revenus 1999. *Au 1-10-2001 :* ajustée à titre provisionnel en fonction des revenus 2000. La cotisation *du 1-4-2000 au 31-3-2001* est régularisée en fonction des revenus 2000.

Assiette. *Actifs :* ensemble des revenus professionnels non salariés et non agricoles pris en compte pour le calcul de l'impôt sur le revenu avant certains abattements, déductions ou exonérations. *Retraités :* depuis le 1-1-1998, les pensions des personnes résidant fiscalement en France ne font plus l'objet d'un précompte au titre de l'assurance maladie. Les revenus venant d'une activité donnent lieu au paiement d'une cotisation.

Taux et plafond (en 2001). *Sur revenus professionnels* pour les appels du 1-4-2001 et du 1-10-2001 : 0,6 % dans la limite du plafond de la Sécurité sociale au 1-1-2000 (179 400 F) plus 5,3 % dans la limite de 5 fois le plafond de la Sécurité sociale (897 000 F). *Sur pensions et allocations* des personnes résidant fiscalement en France : néant.

■ **Cotisation minimale.** 1-4-2001 au 30-9-2001 : calculée sur la base d'un revenu égal à 40 % du plafond de la Séc. soc. en vigueur au 1-1-2001 (2 097 F pour le semestre au 1-4-2000). **Début d'activité :** la 1re année de la cotisation minimale, soit 2 097 F pour le semestre au 1-4-2001 sauf si l'activité indépendante est secondaire (5,9 % des revenus).

A compter du 1-7-2000, les cotisations des créateurs d'entreprise seront calculées pour chacune des 2 premières années sur de nouvelles bases.

■ **Chômeurs. Cotisation.** Perçue depuis le 1-6-1982 sur les revenus de remplacement, indemnités et allocations servies aux salariés sans emploi relevant du régime général de la Séc. soc., du régime des ass. soc. agricoles et des régimes spéciaux (sauf revenus modestes). **Taux** (cotisations d'ass. maladie, maternité, invalidité, décès) : 2,8 % au 1-1-1997 sur l'ensemble des revenus de remplacement suivants : allocation de base ; spéciale allouée à la suite d'un licenciement pour motif économique ; forfaitaire versée à certains jeunes, femmes ou catégories particulières de chômeurs ; de fin de droits ; spéciale du FNE versée aux bénéficiaires d'une convention du FNE : indemnités de formation versées par les Assedic ; servies par employeurs et entreprises publiques ; spécifique et conventionnelle complémentaire de chômage partiel ; indemnités de chômage intempérie : de garantie des dockers ; alloc. de garantie de ressources versée en cas de licenciement ou démission ; conventionnelle versée aux bénéficiaires d'une convention du FNE. Revenus de remplacement versés au titre d'un contrat de solidarité, si cessation anticipée d'activité définitive ou progressive, c'est-à-dire l'alloc. conventionnelle de solidarité (ACS), conventionnelle complémentaire (ACC) et spéciale du FNE.

■ **Exonérations.** Personnes privées d'emploi, si le montant journalier des avantages versés n'excède pas 1/7 du Smic horaire × 39 h ; personnes partiellement privées d'emploi si le montant mensuel cumulé de leur rémunération d'activité et de leur revenu de remplacement n'excède pas 1/12 du Smic horaire = 2 028 h (52 sem. × 39 h).

■ **Égalité entre hommes et femmes.** OBLIGATIONS. **La loi du 22-12-1972** oblige tout employeur à assurer, à travail égal, une même rémunération quel que soit le sexe. **La loi du 11-7-1975** instaure le principe d'égalité en matière d'embauche (rédaction des offres d'emploi par exemple) et de licenciement (sous peine de poursuites pénales).

■ **Écarts entre hommes et femmes** (en %). *1991 :* hommes 29 % en + ; *96 :* 22 ; *97 :* 22,5 dont cadres 22,8, ouvriers 20,9, techniciens et agents de maîtrise 10,5, employés 7,3 ; *98 :* 25.

Le rapprochement des taux horaires des ouvriers hommes et femmes (écart de 15 % vers 1946, de 3,9 % aujourd'hui) ne se reflète pas dans les salaires mensuels, car : **1°) la durée moyenne de travail des femmes est inférieure de 10 % à celle des hommes :** en raison de leurs tâches ménagères et de l'éducation des enfants, les femmes choisissent des horaires plus souples et plus courts, leur absentéisme est plus fort (congés de maternité, absences pour soigner les enfants malades). Elles interrompent souvent leur carrière, ce qui influe sur leur ancienneté ; elles ont du mal à allonger leurs horaires et ont ainsi plus difficilement accès à la formation permanente. **2°) Il existe des différences de qualification** que la différence des études expliquait autrefois en partie. **3°) Les employeurs, prévoyant une durée d'emploi moins longue** (mariage, maternité), **hésitent à confier nombre de postes à des femmes ;** de leur côté, les femmes choisissent souvent entre leurs responsabilités familiales et professionnelles. **4°) Hommes et femmes ne se dirigent pas vers les mêmes emplois :** il s'établit 2 marchés du travail relativement distincts.

■ **Salaires horaires bruts des femmes** (en % des salaires masculins, rémunération à temps plein, primes exclues en 1999). *Source :* Eurostat. Allemagne (Berlin-Est inclus) 89,9, Danemark 88,1, Suède 87, Luxembourg 83,9, Belgique 83,2, Finlande 81,6, *France 76,6,* Italie 76,5, Espagne 74, G.-B. 73,7, Autriche 73,6, Irlande 73,4, Portugal 71,7, Pays-Bas 70,6, Grèce (industrie) 68.

■ **Intéressement.** Instauré par l'ordonnance de 1959. Facultatif. Les partenaires sociaux peuvent choisir les critères de performance dont il dépendra. Ce critère et ceux de la répartition peuvent varier en fonction de l'établissement ou l'unité de travail. Plafond du montant global des primes d'intéressement : 20 % de la masse salariale brute. Durée minimale d'ancienneté dans l'entreprise : 6 mois. Les sommes versées sont exonérées de charges fiscales et sociales pour l'entreprise. Le bénéficiaire ne paie pas de charges sociales, mais paie l'impôt sur le revenu. Il peut y échapper en versant son intéressement dans le plan d'épargne-entreprise (si celui-ci est bloqué 5 ans), régime englobant également les actuels plans d'actionnariat et fonds salariaux. Loi du 25-7-1994 portant à 20 % de la masse salariale le montant maximal versé pour l'intéressement des salariés. Les versements complémentaires des entreprises sur ces plans (les abondements) peuvent atteindre 15 000 F, 22 500 F (abondement majoré) si le salarié se porte acquéreur d'actions dans l'entreprise. Les primes conventionnelles et d'intéressement pourront être converties en capital-temps (congés d'une durée minimale de 6 mois).

Nombre d'accords en vigueur (entre parenthèses, salariés concernés) : *1990 :* 9 840 (2 054 666) ; *97 :* 13 870 (3 000 000). **Montant moyen de l'intéressement versé** (en F) : *1989 :* 4 930 ; *90 :* 4 646 ; *95 :* 4 495 ; *97 :* 5 270 ; *98 :* 5 600.

■ **Participation.** Obligatoire depuis 1967 au-delà de 100 salariés, 50 depuis 1986. Réformée par l'ordonnance du 21-10-1986. **Nombre d'accords en cours et,** entre parenthèses, **salariés concernés :** *1971 :* 6 863 (2 634 287) ; *80 :* 10 091 (4 878 937) ; *90 :* 10 355 (4 682 566) ; *97 :* 17 360 (4 800 000). **Montant moyen de la part individuelle** (en F) : *1971 :* 623 ; *75 :* 891 ; *80 :* 1 740 ; *85 :* 2 900 ; *95 :* 5 700 ; *98 :* 6 100.

☞ En 1999, 5 400 000 salariés ont reçu en moyenne 8 500 F de participation et d'intéressement.

■ **Primes.** Peuvent être instituées par contrat de travail, accord d'entreprise, convention collective ou usage. Les conditions de suppression ou de modification d'une prime dépendent du support juridique qui la justifie. Une prime qui n'est pas prévue par une disposition explicite devient un élément du salaire si elle est générale, constante et fixe. **Répartition** (en %, 1999) : primes liées au salaire de base 36,5, à la performance individuelle ou collective 20,7, aux contraintes de poste, à la famille 17,2, ancienneté 16,2, autres compléments 9,4.

■ **Saisie-arrêt sur salaire.** Depuis le 26-12-1996, les rémunérations annuelles sont saisissables jusqu'à 5 % sur la portion inférieure ou égale à 19 300 F, 10 % entre 19 301 et 38 100 F, 20 % entre 38 101 et 57 200 F, 25 % entre 57 201 et 76 000 F, 33,3 % entre 76 001 et 94 900 F, 66,6 % entre 94 901 et 114 000 F, 100 % à partir de 114 001 F. Ces montants sont majorés de 7 200 F par personne à charge. On doit laisser au salarié une somme égale au RMI sans correctif pour charges familiales (soit 2 608,50 F au 1-1-2001).

Femme au foyer. Coût du temps passé par mois (famille de 4 personnes) : *cuisine* 90 h (soit au prix du Smic, au 1-7-2001, un salaire de 3 934,80 F, *ménage* 104 h (4 546,88 F), *soins de santé et d'hygiène* 60 h (2 623,20 F), *couture* 24 h (1 049,28 F), *gestion du budget familial et divers* 40 h (1 748,80 F). Total 318 h : 13 902,96 F.

Salaires annuels

■ **Salaires annuels moyens** (en F, 1999, hommes/femmes) **nets de prélèvements (bruts). Ensemble :** 131 160 (140 640/112 320) [164 760 (176 280/141 960)] dont 1°) *cadres* 251 160 (266 400/201 480) [315 240 (333 960/253 920)], 2°) *professions intermédiaires* 140 880 (148 680/127 320) [177 120 (184 480/161 040)], 3°) *employés* 97 800 (104 760/94 440) [123 120 (130 560/119 520)], 4°) *ouvriers* 96 720 (99 360/81 000) [121 440 (124 680/102 480)], *Smic* 64 830 [82 070].

■ **Répartition** (en %, 1999) **des effectifs en année-travail. 1000 (100/100)** dont *1°)* 15,1 (17,4/10,5), *2°)* 24,5 (23,3/26,7), *3°)* 23,1 (11,3/46,3), *4°)* 37,3 (47,9/16,4).

Distribution des salaires annuels

☞ En 1999, 10 % des salariés à temps complet du secteur privé et semi-public avaient un salaire annuel net inférieur à 66 800 F, 20 % inférieur à 77 330 F, etc.

Déciles	Ensemble	Hommes	Femmes
10 % (d1)	66 800	69 210	64 110
20 % (d2)	77 330	80 200	73 220
30 % (d3)	86 370	89 510	81 270
40 % (d4)	95 880	99 220	90 120
50 % (médiane)	106 510	110 370	100 200
60 % (d6)	118 910	123 810	111 350
70 % (d7)	134 570	142 010	124 320
80 % (d8)	159 030	170 730	141 830
90 % (d9)	206 850	229 880	173 530
D9/D1	3,1	3,3	2,7

☞ **Salariés pauvres** (en 1997) : 2 801 000 (soit 15,1 % des salariés) ; *percevant un salaire mensuel net de – de 3 650 F :* 10,1 %, *de 3 650 F à 4 866 F :* 5 %. Environ 77,5 % travaillaient à temps partiel et 22,5 % à temps complet mais moins de 39 h par semaine ; 30,5 % avaient – de 30 ans ; 78,8 % étaient des femmes ; 22,9 % étaient bacheliers ou diplômés de l'enseignement supérieur.

Salaire minimal

■ **Minimum garanti.** A succédé au Smig (salaire minimal interprofessionnel garanti). Créé le 11-2-1950, fixé depuis le 22-8 à 12 800 anciens francs par foyer ; indexé sur les prix selon les mêmes modalités que le Smic : lorsque l'indice nat. des prix à la consommation subit une hausse d'au moins 2 % par rapport à l'indice constaté lors de l'établissement du Smic immédiatement antérieur, le niveau du minimum garanti est relevé dans la même proportion, à compter du 1er jour du mois qui suit la publication de l'indice entraînant le relèvement.

■ **Smag (salaire minimal garanti annuel en agriculture).** *Créé* le 9-10-1950, aligné sur le Smig en juin 1968 (accords de Varenne).

■ **Smic (salaire minimal interprofessionnel de croissance).** *Créé* par la loi du 2-1-1970 pour éliminer toute distorsion durable entre la progression du salaire minimal et l'évolution générale des salaires. Son niveau est *fixé annuellement, avec effet au 1er juillet,* par décret en Conseil des ministres, après avis motivé de la Commission sup. des conventions collectives (devenue Commission nationale de la négociation collective) et compte tenu de l'évolution des conditions économiques générales. Il évolue selon un indice des prix ne prenant pas en compte le prix du tabac (loi du 10-1-1991) et la croissance. En aucun cas l'accroissement annuel du pouvoir d'achat du Smic ne peut être inférieur à la moitié de l'augmentation du pouvoir d'achat du taux de salaire horaire enregistrée par l'enquête trimestrielle du ministère du Travail, entre le 1-4 de l'année précédente et le 1-4 de l'année considérée. Le gouvernement peut décider une augmentation supérieure à celle qui résulte de l'avis de la commission. Le Smic est *le niveau de salaire horaire brut* (primes comprises) *au-dessous duquel aucun employeur ne peut descendre pour rémunérer un salarié valide adulte* (18 ans révolus). Avant 18 ans, il est appliqué avec des abattements (20 % avant 16 ans, 10 % à 17-18 ans) qui sont supprimés après 6 mois de pratique professionnelle dans la branche d'activité considérée. De nombreuses conventions collectives ou accords d'entreprise réduisent ou suppriment ces abattements. Au 1-7-1993, le Smic a pour la 1re fois augmenté strictement selon la loi. Il en a été de même le 1-7-1994. Selon l'Insee, l'indice des prix à la consommation des ménages urbains dont le chef de famille est ouvrier ou employé (ensemble « hors tabac »), servant à l'indexation du Smic, a augmenté de 1,5 % entre mai 1993 et mai 1994. Selon le ministère du Travail, le taux du salaire horaire ouvrier (TSH) a augmenté de 2,6 % entre le 1-4-1993 et le 1-4-1994 ; le gain de pouvoir d'achat est de 1,18 %, compte tenu de la hausse de 1,4 % de l'indice des prix. Le montant horaire du Smic a ainsi été relevé au 1-7-1994 de 2,1 % soit 34,84 F (ancien montant) × 1,015 (prix) × 1,0059 (moitié du gain en pouvoir d'achat du TSH) = 35,56 F brut. Pour la 2e fois consécutive depuis la création du Smic (1970) il s'est passé 12 mois sans que l'échelle mobile se déclenche (hausse des prix de 2 %). Le 1-7-2000 le Smic a augmenté de 3,2 % par le seul effet mécanique de la revalorisation légale, et de 4,05 % le 1-7-2001 ; la hausse strictement légale aurait été de 3,73 % [hausse de l'indice des prix hors tabac 2,2 % (de mai 2000 à mai 2001) + 50 % de la hausse du pouvoir d'achat du salaire horaire de base ouvrier (SHBO) de mars 2000 à mars 2001, soit 1,53 %].

Montant (en F, au 1-7-2001). **Métropole, départements d'outre-mer et St-Pierre et Miquelon :** *taux horaire :* 43,72, *mensuel* 7 388,68 pour 169 h, calcul forfaitaire en raison de la variation du nombre de jours dans les mois ; 6 631,01 F pour 151,67 h (correspondant à la durée légale de 35 h/semaine applicable dans les entreprises de + de 20 salariés). **Heures supplémentaires :** de 40 à 43 h par semaine, 54,65 F (heure majorée de 25 %), au-delà de 43 h, 65,58 F (heure majorée de 50 %). **Jeunes travailleurs** (moins de 18 ans, capacité physique normale) : *moins de 16 ans* prix de l'heure avec abattement de 20 % : 34,98 F ; *de 17 à – de 18 ans* abattement de 10 % : 39,35 F.

Taux horaire du salaire minimal

☞ *Smig* (devenu le minimum garanti le 1-1-1970), zone d'abattement nul (jusqu'au 1-6-1968 où le taux devint uniforme en France pour industrie, commerce, services et agriculture). *Smic* (créé 2-1-1970).

Date	Smig	Smic	Date	Smig	Smic
1- 9-50	AF 78		1- 4-77	6,06	9,14
1- 4-51	87		1- 6-77	6,19	9,34
16- 6-51	87		1- 7-77	6,25	9,58
10- 9-51	100		1-10-77	6,39	9,79
8- 2-54	115		1-12-77	6,50	10,06
11-10-54	121,50		1- 5-78	6,68	10,45
4- 4-55	126		1- 7-78	6,82	10,85
1- 4-56	126		1- 9-78	6,96	11,07
1- 8-57	133,45		1-12-78	7,11	11,31
1- 1-58	139,20		1- 4-79	7,29	11,60
1- 3-58	144,80		1- 7-79	7,51	12,15
1- 6-58	149,25		1- 9-79	7,68	12,42
1- 2-59	156		1-12-79	7,92	12,93
1-11-59	160,15		1- 3-80	8,19	13,37
1-10-60	NF 1,6385		1- 5-80	8,37	13,66
1-12-61	1,6865		1- 7-80	8,55	14,00
1- 6-62	1,7280		1- 9-80	8,73	14,29
1-11-62	1,8060		1-12-80	8,99	14,79
1- 1-63	1,8060		1- 3-81	9,24	15,20
1- 7-63	1,8820		1- 6-81	9,54	16,72
1-10-64	1,9295		1- 3-82	10,52	18,62
1- 3-65	1,9680		1- 5-82	10,75	19,03
1- 9-65	2,0075		1- 7-82	10,97	19,64
1- 3-66	2,05		1-12-82	11,22	20,29
1-10-66	2,10		1- 3-83	11,53	21,02
1- 1-67	2,10		1- 7-83	11,96	21,89
1- 7-67	2,15		1-10-83	12,20	22,33
1- 1-68	2,22		1- 1-84	12,44	22,78
1- 7-68	3,00		1- 5-84	12,74	23,56
1-12-68	3,08		1- 7-84	12,89	23,84
1- 4-69	3,15		1-11-84	13,17	24,36
1-10-69	3,27	3,27	1- 4-85	13,46	24,90
1- 3-70	3,36	3,36	1- 5-85	13,46	25,54
1- 7-70	3,42	3,50	1- 7-85	13,72	26,04
1- 1-71	3,50	3,63	1- 7-86	14,04	26,92
1- 4-71	3,55	3,68	1- 3-87	14,38	27,57
1- 7-71	3,61	3,85	1- 7-87	14,52	27,84
1-12-71	3,69	3,94	1- 6-88	14,85	28,48
1- 5-72	3,77	4,10	1- 7-88	14,88	28,76
1- 7-72	3,80	4,30	1- 3-89	15,19	29,36
1-11-72	3,90	4,55	1- 7-89	15,43	29,91
1- 2-73	3,98	4,64	1- 4-90	15,74	30,51
1- 7-73	4,08	5,20	1- 7-90	15,88	31,28
1-10-73	4,17	5,32	1-12-90	16,21	31,94
1-12-73	4,25	5,43	1- 7-91	16,39	32,66
1- 3-74	4,39	5,60	1- 3-92	16,72	33,31
1- 5-74	4,50	5,95	1- 7-92	16,87	34,06
1- 7-74	4,63	6,40	1- 7-93	17,17	34,83
1- 9-74	4,74	6,55	1- 7-94	17,43	35,56
1-12-74	4,89	6,75	1- 7-95	17,69	36,98
1- 2-75	5,03	6,95	1- 5-96	18,04	37,72
1- 6-75	5,16	7,12	1- 7-96	18,09	37,91
1- 7-75	5,20	7,55	1- 7-97	18,23	39,43
1-10-75	5,31	7,71	1- 7-98	18,39	40,22
1- 1-76	5,43	7,89	1- 7-99	18,46	40,72
1- 4-76	5,56	8,08	1- 7-00	18,70	42,02
1- 7-76	5,69	8,58	1- 7-01	19,11	43,72
1-10-76	5,81	8,76			6,67 €
1-12-76	5,93	8,94			pour 39 h

Montant mensuel « garantie Aubry » : entreprises passées aux 35 h *entre le 13-6-1998 et le 1-7-1999 :* 7 092 F ; *entre le 1-7-1999 et le 30-6-2000 :* 7 180,43 F ; *entre le 1-7-2000 et le 30-6-2001 :* 7 303,77 F.

■ **Smig (salaire minimal national interprofessionnel garanti).** *Créé* par la loi du 11-2-1950. La loi du 18-7-1952 introduisit une clause d'*échelle mobile.* En cas d'augmentation égale ou supérieure à 5 % de l'indice mensuel des prix (à l'époque « 213 articles »), le Smig devait être, par arrêté, majoré proportionnellement. La loi du 26-6-1957 indexa le Smig sur l'indice des « 179 articles », spécialement créé et représentant le budget d'un célibataire parisien (à partir de 1966, indice national des prix à la consommation dit « des 259 articles ») ; le relèvement était automatique quand il y avait 2 mois consécutifs une augmentation d'au moins 2 %. Créé pour préserver le pouvoir d'achat des travailleurs les plus défavorisés, le Smig n'avait progressé de janvier 1956 à janvier 1968 que de 76,1 % au lieu de 137,4 % pour l'ensemble des salaires horaires. Le 27-5-1968, le protocole de Grenelle le releva de 35 %.

Avantages en nature : déduits du Smic pour les *professions non agricoles : nourriture* 2 fois le minimum garanti (2 repas), 1 fois (1 repas) [personnel des hôtels, cafés, restaurants et établissements assimilés : la moitié] ; *professions agricoles : nourriture* 2 fois 1/2 le minimum garanti (2 repas) ; *logement* 8 fois le minimun garanti (par mois).

■ **Salariés bénéficiaires du Smic en % des salariés du secteur d'activité** (au 1-7-2000) **hommes (et femmes).** Hôtels restaurants 33,9 (47,7) ; services personnels et domestiques 22,7 (36,3) ; habillement, cuir 15,5 (39) ; commerce de détail, réparations 19,2 (31,4) ; services opérationnels aux entreprises 19,3 (26,3) ; activités récréatives, culturelles et sportives 17,7 (20) ; activités associatives 20,1 (17,5). **Ensemble des secteurs :** *1997 (1-7)* 14,1 ; *1999 (1-7)* 12,8 ; *2000 (1-7)* 13,6 [hommes 9,7 (– de 26 ans 35,7), femmes 19,6 (40,4)]. **Nombre au 1-7-2000.** 2 620 000.

■ **Salaire minimum mensuel en Europe** (est. CSERC, OCDE en euros, 2000). Luxembourg 1 162, Belgique 1 074, Pays-Bas 1 064, *France 1 036,* G.-B. 920, Espagne 486, Grèce 458, Portugal 357 (sur 14 mois).

Salaires d'autrefois

Salaires journaliers (en F)	1806	1840	1860	1880	1900	1919
France entière						
Mineur	1,80	2,00	2,50	3,50	4,65	13,50
Ouvrier agr. non nourri	1,00	1,50	1,85	2,20	3,00	12,00
Région parisienne						
Tailleur de pierre	3,25	4,20	5,50	7,50	8,50	22,00
Maçon	3,25	4,15	5,25	7,50	8,00	22,00
Garçon maçon	1,70	2,45	3,30	5,00	5,00	17,20
Couvreur	5,00	5,50	7,00	8,50	8,50	22,00
Plombier	3,00	3,50	4,00	6,00	7,50	20,00
Charpentier	3,00	4,00	6,00	8,00	9,00	22,00
Menuisier	3,50	3,25	4,50	7,00	7,00	22,00
Tapissier	3,00	3,50	4,00	5,00	9,00	22,00
Serrurier	3,75	3,25	4,00	6,50	7,50	22,00
Forgeron	5,00	5,00	6,50	7,75	8,00	22,00
Terrassier	2,25	2,75	4,00	5,50	5,50	20,00
Boulanger	3,50	4,00	4,55	7,00	8,00	13,00

Budget familial annuel en 1832. 860 F (dont nourriture 570, logement 130, vêtements 140, divers 19). L'ouvrier devait se restreindre, le plein-emploi n'existait pas, les salaires variaient d'une région à l'autre (73 centimes par jour dans certaines manufactures d'Alsace). Une maladie bouleversait cet « équilibre » : 10 c par jour au-dessus ou au-dessous suffisaient pour placer un travailleur économe et sans famille dans une sorte d'aisance ou pour le jeter dans une grande gêne (étude Villermé).

Salaires en 1894 (en F). **Par jour :** ouvrier (Seine) 5,9 (2,5 à 12 et plus) ; 58 % de 4,75 à 7,25 pour 10 h de travail ; repasseuse, blanchisseuse 3 ; passementière 3,5 à 5 ; couturière 3,7 ; maçon 7 à 7,5 ; fumiste 7 à 7,75. **Par mois :** cuisinier 50 à 75 ; femme de chambre 40 à 70 ; bonne d'enfants 20 à 40 ; nourrice 60 à 80 ; vendeuse 150 à 200 (12 h par jour de 8 h à 20 h, avec 2 h pour le repas) ; contremaître 300 (150 à 800). **Par an :** instituteur 1 000 à 1 500 ; chef de rayon 3 000 à 20 000 ; facteur 900 à 1 800.

Fonctionnaires

■ **Sous le Ier Empire** (en F, par an). **Conseil d'État :** conseiller 25 000, maître des requêtes 5 000, auditeur 2 000. **Archevêque de Paris :** 15 000. **Ponts et chaussées :** inspecteur général 12 000, divisionnaire 8 000, ingénieur en chef 5 000, ordinaire 1 800 à 2 800. (*Ouvrier parisien :* 600.)

■ **1907** (en F, par an). Pt de la Rép. 1 200 000, du Sénat 100 000, de la Ch. des députés 100 000, ministre 60 000, gouverneur de colonie de 60 000 (Indochine) à 20 000 (Nlle-Calédonie), préfet de police 50 000, trésoriers généraux 47 500, ambassadeur 40 000 (+ frais de représentation : de 20 000 F à Berne à 170 000 F à St-Pétersbourg), grand chancelier de la Légion d'honneur 40 000, min. plénipotentiaire 30 000, 1er Pt de la Cour de cassation 25 000, procureur à la Cour de cassation 25 000, sous-secr. d'État 25 000, préfet 22 000, conseiller à la Cour de cassation 18 000, conseiller d'ambassade et consul gén. 18 000, recteur de l'Université 16 000, député et sénateur 15 000, 1er Pt de cour d'appel 12 à 18 000, conseiller de cour d'appel 9 à 12 000, questeur du Parlement 8 000. *Ponts et chaussées* (1901-07) : inspecteur général 12 000 à 15 000. *Conseil d'État* (1901-07) : conseiller 16 000, maître des requêtes 8 000, auditeur 2 000 à 4 000. **En Angleterre :** roi 10 000 000, gouverneur de colonie de 500 000 (vice-roi des Indes) à 175 000 (Nouvelle-Galles du Sud), Pt de la Ch. des lords 250 000, des communes 125 000, ministre 125 000, sous-secr. d'État 50 000, ambassadeur (sans frais de représentation) de 36 250 à 225 000.

	Directeurs de ministères			Les moins payés		
	1914	1934	1982	1914	1934	1982
Brut [1]	25	117	320	1,2	11,24	42,22
Disp. [2]	25	93	200	1,2	10,5	39
Rev. [3]	25	102	220	1,2	12,5	58

Nota. – (1) Salaires annuels directs bruts en milliers de F de chaque époque. (2) Disponibles en milliers de F, après impôt sur le revenu. (3) Revenu salarial disponible en milliers de F, y compris prestations sociales reçues.

RMI (revenu minimum d'insertion)

■ **Modalités.** *Créé* par la loi du 1-12-1988 pour permettre à chacun de disposer de ressources suffisantes pour faire face à ses besoins et favoriser la réinsertion des plus démunis. **Conditions :** résider en France (y compris étrangers résidents depuis 3 ans), avoir 25 ans au minimum (sauf si on a des enfants à charge), s'engager à s'insérer dans la société. **Formalités :** déposer une demande auprès des services sociaux ou d'une association caritative, ce qui implique de s'engager à participer aux actions d'insertion qui seront définies avec le bénéficiaire.

☞ En février 1998, le conseil général d'Ille-et-Vilaine a créé « Bourse emploi 35 » pour les jeunes de 18 à 25 ans résidant dans le département depuis au moins 1 an. Allocation maximale de 2 700 F (dont 700 F d'aide personnalisée au logement), pour 6 mois, renouvelable 2 fois. Le jeune doit s'engager à faire une formation ou un stage.

■ **Montant mensuel** (au 18-8-2001). **Allocation différentielle et subsidiaire** complétant les ressources du foyer (personnes à charge de – de 25 ans) **selon le nombre de pers. à charge** (en F/mois) : *0 :* isolé 2 608,50 (ménage 3 912,75) ; *1 :* 3 912,75 (4 695,30) ; *2 :* 4 695,30 (5 738,70) ; *3 :* 5 738,70 (6 782,10) ; *4 :* 6 782,10, (7 825,50) ; *par pers. en + :* 1 043,40 (1 043,40). **Ressources du foyer :** *aide au logement :* 313,02 ; *2 :* 626,04 ; *3 et + :* 774,72 ; *rémunérations professionnelles ou de stages :* retenues partiellement par foyer et par mois en général 50 % pendant 750 h, CES revenus retenus moins abattement de 860,81 F (depuis 1-12-1998) ; *cumul avec un revenu d'activité :* dans certaines conditions (loi nº 98-657 du 29-7-1998, décret nº 98-1070 du 27-11-1998).

■ **Statistiques. Nombre d'allocataires (RMistes) au 31-12 :** *1989 :* 407 081 (dont DOM 71 567) ; *90 :* 510 146 (88 044) ; *94 :* 908 336 (105 033) ; *95 :* 946 010 (105 171) ; *96 :* 1 010 472 (106 668) ; *97 :* 1 067 901 (111 305) ; *98 :* 1 112 108 (118 822) ; *99 :* 1 145 023 (127 176) ; *2000 (31-8) :* 990 000. **Répartition des RMistes selon l'âge** (en %, en métropole, au 31-12-1999) : *– de 25 ans :* 2,9 ; *25-29 :* 23,3 ; *30-39 :* 31,6 ; *40-49 :* 24 ; *50-59 :* 14,9 ; *60 et + :* 3,3. **Niveau de formation des Rmistes** (en %, 1995) : *inférieur au bac :* 90 % (dont inférieur à la 3e : 42,5 ; CAP, BEP, 1re ou 2e : 25,8 ; 3e ou début de formation professionnelle : 20,1).

Durée d'inactivité (en métropole, en milliers et, entre parenthèses, en %, au 31-12-1999) : *< 6 mois :* 135,4 (13,6) ; *6 mois-1 an :* 115,4 (11,6) ; *1-2 ans :* 184,4 (18,6) ; *2-3 ans :* 134,8 (13,6) ; *3-5 ans :* 169,8 (17,1) ; *> 5 ans :* 253,1 (25,5) 44. 55 % des allocataires entrés en 1989 en sont sortis après 3 ans (47 %, 2 ans) ; 57 % entrés en 1990 en sont sortis après 2 ans. Environ 60 % des bénéficiaires font l'objet d'un suivi social. 42 000 allocataires (8,2 %) présents au 1-1-1992 sont sortis du dispositif avec un emploi. 130 000 (26,5 %) ont bénéficié du secteur aidé.

Prestations versées par l'État pour l'allocation RMI (et mesures pour l'emploi) en milliards de F : *1990 :* 10,27 (2,6) ; *91 :* 12,15 (2,9) ; *92 :* 13,92 (3,42) ; *93 :* 16,34 (3,85) ; *94 :* 19,52 (4,85) ; *95 :* 21,4 (5,88) ; *96 :* 23 (6,59) ; *97 :* 24,5 (6,66) ; *98 :* 25,33 ; *99 :* 26,4.

Contrat local de ressources : mis en place par l'État en 1984 (prestation différentielle, contractuelle et facultative, destinée aux sans-emploi ne bénéficiant pas de prestations sociales légales et dont les revenus étaient inférieurs à un certain plafond), 100 000 personnes visées (montant moyen 1 000 F) versés en contrepartie d'un travail, d'une formation ou d'un projet de réinsertion, et pour une période limitée. 2 conventions seulement ont été signées (entre l'État et l'Ille-et-Vilaine, et Belfort). En 1986 (gouvernement Chirac), le complément local de ressources (pouvant atteindre 2 000 F pour une personne seule) a été limité à 6 mois et est devenu la contrepartie d'un travail à mi-temps pour une association, une collectivité locale ou un établissement public. *Participation de l'État :* 40 % (50 % précédemment). *Bénéficiaires :* 8 000 à 17 000.

SALAIRES DES CADRES

ENQUÊTES EN FRANCE

■ **Rémunération annuelle brute du secteur privé fixe (et variable)** [en milliers de F, 2000]. **P-DG** *grande entreprise* 1 225/2 007 (216/456), *PME* 616/856 (114/350). **Directeur général** *grande entreprise* 1 003/1 623 (150/351), *PME* 627/725 (54/408) ; **adjoint** 824/890 (97/185).

Salaires annuels selon la formation, année d'embauche et, entre parenthèses, **avec 3 ans d'expérience** (en milliers de F, 2000) : **écoles d'ingénieurs :** *École* polytechnique 250/260 (295/300) ; centrale de Paris 239/245 (250/263) ; *nationale* des ponts et chaussées 239/245 (250/263) ; *nationale supérieure* de la statistique et de l'administration éco. 239/245 (265/280) ; des mines de Paris 239/245 (265/280) ; des télécommunications de Paris 239/245 (265/280) ; *École* supérieure d'électricité Sup Élec 239/245 (265/280) ; *nationale supérieure* des techniques avancées 231/238 (240/249) ; du pétrole et des moteurs 231/238 (250/263) ; *École centrale* de Lille (ex-IDN) 222/229 (240/249) ; de Lyon 222/229 (240/249) ; Institut de statistique de l'université de Paris 222/229 (240/249) ; Télécom INT 222/229 (265/280) ; Universités-écoles d'ingénieurs étrangères de premier niveau 222/229 (240/249) ; *École nationale supérieure* des mines de Saint-Étienne 219/221 (240/249) ; des télécommunications de Bretagne 219/221 (250/263) ; *École supérieure* de physique et chimie industrielle 219/221 (250/263) ; d'électronique de l'Ouest 219/221 (235/239) ; Institut national agronomique (Paris-Grignon) 219/221 (235/239) ; *École* centrale de Nantes (ex-Méca-Nantes) 215/218 (230/234) ; *nat. sup.* d'électrochimie et électrométallurgie de Grenoble 215/218 (235/239) ; d'électrotechnique, d'électronique, d'informatique et d'hydraulique de Toulouse 215/218 (235/239) ; des arts et métiers 215/218 (240/249) ; des mines de Nancy 215/218 (250/263) ; Institut supérieur d'électronique de Paris 215/218 (240/249) ; *École nat. sup.* d'électronique et de radioélectricité de Grenoble 210/214 (240/249) ; de mécanique et d'aérotechnique 210/214 (240/249) ; d'informatique et de mathématiques appliquées de Grenoble 210/214 (240/249) ; *École* spéciale de mécanique et d'électricité 210/214 (240/249) ; supérieure d'informatique et d'électronique automatique 210/214 (240/249) ; EPF-école d'ingénieurs 210/214 (220/229) ; Institut national des sciences appliquées de Lyon 210/214 (230/234) ; Ecam-Icam 205/209 (235/239) ; *École nationale* supérieure d'électronique et de radioélectricité de Bordeaux 205/209 (250/263) ; d'ingénieurs de Belfort 205/209 (210/219) ; supérieure de l'électronique et de ses applications 205/209 (240/249) ; *École* spéciale des travaux publics du bâtiment et de l'industrie 205/209 (235/239) ; *supérieure* des techniques aéronautiques et de construction automobile 205/209 (235/239) ; d'ingénieurs en électronique et en électrotechnique 205/209 (240/249) ; École universitaire d'ingénieurs de Lille 205/209 (210/219) ; Institut national des sciences appliquées de Toulouse 205/209 (220/229) ; supérieur d'électronique du Nord 205/209 (250/263) ; Université de technologie de Compiègne 205/209 (220/229) ; Centre d'études supérieures des techniques industrielles 200/204 (210/219) ; *École* française d'électronique et d'informatique 200/204 (235/239) ; *nationale supérieure* d'électricité et mécanique de Nancy 200/204 (220/229) ; des techniques industrielles et des mines d'Alès 200/204 (220/229) ; des techniques industrielles et des mines de Douai 200/204 (230/234) ; *École supérieure* d'ingénieurs de Marseille 200/204 (235/239) ; d'ingénieurs en génie électrique 200/204 (240/249) ; d'ingénieurs en informatique et génie des télécommunications 200/204 (240/249) ; École des Hautes Études industrielles 200/204 (230/234) ; *Institut* des sciences de l'ingénieur de Montpellier 200/204 (240/249) ; *national des sciences appliquées* de Rennes 200/204 (230/234) ; de Rouen 200/204 (230/234) ; *École nationale supérieure* d'ingénieurs-électriciens de Grenoble 194/199 (235/239) ; des arts et industries de Strasbourg 194/199 (220/229) ; *École* nationale d'ingénieurs de Metz 194/199 (210/219). **Écoles de commerce :** *École supérieure* de commerce de Paris 235/240 (260/269) ; des sciences économiques et commerciales 235/240 (270/300) ; Hautes Études commerciales 235/240 (270/300) ; EM-Lyon-programme ESC-Lyon 220/230 (260/269) ; Institut d'études politiques-Paris 220/230 (250/259) ; *École* des hautes études commerciales du Nord 215/219 (260/269) ; *supérieure de commerce* de Reims 215/219 (240/249) ; de Rouen 215/219 (250/259) ; Institut commercial de Nancy 215/219 (240/249) ; *École supérieure* de commerce d'Amiens-Picardie 210/214 (220/229) ; de gestion 210/214 (230/239) ; de commerce de Bordeaux 205/209 (250/259) ; Institut supérieur de gestion 205/209 (220/229) ; École supérieure de commerce Nantes-Atlantique 200/204 (230/239) ; Institut supérieur de commerce 200/204 (230/239) ; Institut d'études politiques-province 200/204 (210/219) ; Ceram-Sophia-Antipolis 196/199 (220/229) ; *École supérieure de commerce* de Clermont 196/199 (230/239) ; de Marseille 196/199 (220/229) ; de Montpellier 196/199 (250/259) ; de Toulouse 196/199 (230/239) ; de Tours 196/199 (260/269) ; Le Havre-Caen 196/199 (220/229) ; *École supérieure* libre des sciences commerciales appliquées 196/199 (240/249) ; *de commerce* de Grenoble 191/195 (240/249) ; de Lille 191/195 (210/219) ; de Pau 191/195 (210/219) ; École supérieure des sciences commerciales d'Angers 191/195 (210/219) ; Institut libre des hautes études économiques et commerciales 191/195 (210/219) ; École supérieure de commerce de Dijon 188/190 (240/249) ; Institut de préparation à l'administration et à la gestion 188/190 (230/239). **Filières universitaires longues :** Doctorats scientifiques 210/222 (245/255) ; *DEA-DESS* fiscalité 210/222 (245/255) ; économie 205/210 (230/234) ; finance 205/210 (245/255) ; télécommunication et réseaux 205/210 (245/255) ; affaires-management-CAAE (IAE) 201/204 (240/244) ; gestion 201/204 (220/229) ; informatique 201/204 (220/229) ; physique-chimie 201/204 (230/234) ; ressources humaines 201/204 (210/214) ; statistiques, économétrie, mathématiques 201/204 (220/229) ; scientifiques (autres) 195/200 (220/229) ; communication 195/200 (230/234) ; comptabilité-contrôle de gestion 195/200 (240/244) ; droit 195/200 (220/229) ; droit des affaires 195/200 (210/214) ; international : management, commerce, relations... 195/200 (220/229) ; marketing 195/200 (200/209) ; transport-logistique 195/200 (200/209) ; *Maîtrise* d'informatique appliquée à la gestion (Miage) 195/200 (220/229) ; *Maîtrise-licence* physique, chimie 195/200 (220/229) ; statistique-mathématiques appliquées 195/200 (220/229) ; DEA-DESS psychologie-sociologie 189/194 (200/209) ; Maîtrise-licence informatique 189/194 (210/214) ; MSG/MST non scientifiques 189/194 (210/214) ; Autres maîtrises-licences scientifiques 178/188 (210/214) ; *Maîtrise-licence* finance, fiscalité, comptabilité, DECG 178/188 (210/214) ; économie-gestion d'entreprise 178/188 (200/209) ; MST scientifiques (autres) 178/188 (220/229) ; *Maîtrise-licence* AES-ressources humaines, marketing 160/170 (180/190) ; droit 160/170 (180/190). **Filières universitaires courtes :** *DUT* génie électrique, informatique industrielle (électronique, électrotechnique) 150/159 (170/179) ; spécialités industrielles 150/159 (170/179) ; informatique-génie informatique 150/159 (160/169) ; autres spécialités tertiaires 145/149 (150/155) ; *BTS* électronique-électrotechnique 145/149 (140/149) ; action commerciale 140/144 (150/155) ; informatique de gestion 140/144 (160/169) ; autres spécialités tertiaires 135/139 (160/169) ; commerce international 135/139 (150/155) ; force de vente-technico-commercial 135/139 (150/155) ; *DUT* gestion logistique et transport 129/134 (135/139) ; *BTS* assistant de direction-secrétaire trilingue 129/134 (140/149) ; autres spécialités industrielles 129/134 (140/149) ; comptabilité et gestion, gestion de PME-PMI 129/134 (150/155) ; mécanique, automatismes industriels-fabrication mécanique-productique 129/134 (150/155) ; *DUT* gestion des entreprises et des administrations 129/134 (160/169) ; techniques de commercialisation 129/134 (150/155).

Selon la fonction : écoles d'ingénieurs : conseil 209 (276) ; télécommunications 230 (276) ; finance-contrôle de gestion-audit 226 (267) ; vente 224 (266) ; marketing-communication-publicité 221 (261) ; administration-organisation 233 (247) ; ressources humaines-communication interne 216 (247) ; recherche et développement 218 (242) ; production-achats-logistique 208 (236) ; informatique 215 (235) ; maintenance-sécurité-environnement 211 (229) ; qualité-méthodes 207 (226). **Écoles de commerce :** conseil 222 (291) ; finance-contrôle de gestion-audit 213 (250) ; informatique 210 (246) ; ressources humaines-communication interne 220 (242) ; qualité-méthodes 214 (241) ; marketing-communication-publicité 213 (238) ; vente 197 (236) ; administration-organisation 221 (234) ; recherche et développement 219 (227) ; production-achats-logistique 204 (224) ; comptabilité 200 (222) ; assistanat n.c. (202). **Doctorats :** recherche et développement 234 (n.c.) ; informatique 207 (n.c.) ; qualité-méthodes 221 (n.c.). **DEA ou DESS :** finance-contrôle de gestion-audit 204 (243) ; vente 198 (242) ; recherche et développement 205 (231) ; qualité-méthodes 196 (225) ; informatique 203 (222) ; marketing-communication-publicité 200 (222) ; ressources humaines-communication interne 197 (222) ; juridique 200 (221) ; conseil 202 (216) ; comptabilité 195 (215) ; production-achats-logistique 190 (215) ; administration-organisation 205 (214) ; assistanat (206) ; maintenance-sécurité-environnement 175 (198) ; télécommunications 200 (n.c.). **Maîtrises ou licences :** recherche et développement 210 (236) ; qualité-méthodes (225) ; finance-contrôle de gestion-audit 190 (218) ; informatique 200 (214) ; ressources humaines-communication interne 165 (209) ; marketing-communication-publicité 175 (208) ; production-achats-logistique 164 (206) ; vente 194 (197) ; juridique 172 (196) ; comptabilité 166 (194) ; administration-organisation 150 (176) ; assistanat 147 (165) ; téléservices (165) ; conseil 193 (n.c.). **DUT ou BTS :** marketing-communication-publicité 137 (174) ; informatique 155 (166) ; ressources humaines-communication interne 142 (161) ; comptabilité 126 (158) ; finance-contrôle de gestion-audit 141 (157) ; vente 146 (152) ; production-achats-logistique 130 (144) ; recherche et développement 132 (144) ; qualité-méthodes 130 (143) ; maintenance-sécurité-environnement 136 (141) ; assistanat 130 (140) ; téléservice 130 (138) ; administration-organisation 132 (135) ; juridique n.c. (n.c.) ; télécommunications 133 (n.c.).

☞ **Comparaison des rémunérations moyennes annuelles globales** (en milliers de F) **brutes et,** entre parenthèses, **nettes** (après cotisations sociales). **Directeur marketing et vente :** Allemagne 1 089 (1 025) ; *France 689 (501)* ; Italie 633 (596) ; Espagne 617 (606). **Chef de groupe de produits :** Allemagne 636 (515) ; Espagne 400 (377) ; *France 367 (277)* ; Italie 276 (248).

■ **Salaire brut annuel (dont salaire fixe) de grands patrons** (en millions de F, 2000 ; hors stock-options). *Source :* « L'Expansion » (10/22-5-2001). Jean-Marie Messier (Vivendi Universal) 28,04 (7,04) ; Serge Tchuruk (Alcatel) 17,53 (10) ; Daniel Bouton (Sté générale) 16,15 (5,53) ; Michel Pebereau (BNP-Paribas) 14 (5) ; Gérard Mestrallet (Suez) 13,26 (6,74) ; Alain Joly (Air liquide) 12,5 (5,4) ; Jean-Louis Beffa (St-Gobain) 12,46 (4,66) ; Bertrand Collomb (Lafarge) 11,78 (5,36) ; Baudoin Prot (BNP-Paribas, Dir. Gal) 9,45 (3,5) ; Dominique Hœnn (id.) 9,45 (3,5) ; Philippe Citerne (Sté gén., Dir. Gal) 8,89 (3,04) ; Gian Paolo Caccini (St-Gobain, Dir. Gal) 8,02 (2,52) ; Pierre Richard (Dexia) 6,56 (4,6) ; Pierre Bilger (Alstom) 6,3 (4,3) ; Jean-Pierre Rodier (Péchiney) 5,98 (4,5) ; Philippe Bouguignon (Club Med) 5,86 (3,2) ; Bernard Kasriel (Lafarge, vice-Pt) 5,58 (3,1) ; Jean Peyrelevade (Crédit lyonnais) 5,2 (4,2).

☞ Le 29-3-2000, le Pt du Medef, Ernest-Antoine Seillière a dévoilé son salaire dans une lettre à la CGIP : sommes reçues au titre de salaires, avantages en nature, rémunérations d'administrateur, 7,2 millions de F moins 537 949 F de retenues sociales et 3,364 millions d'impôts sur le revenu. Valeur de ses stock-options (165 000 pour la CGIP et 4 000 sur une des filiales) ; 31-12-1999, montant des plus-values latentes 11,3 millions, après 17,2 millions de retenues sociales et d'impôt sur le revenu. Mais il n'a pas revelé le montant des dividendes perçus en tant qu'actionnaire de Marine-Wendel et de la CGIP.

Fonctionnaires

Fonctionnaires français

■ **Grille de la fonction publique.** *Créée* par la loi du 19-10-1946 (mise en place en 1948), institue **4 catégories correspondant au niveau d'étude.**

Catégorie A (indices 340-1 015). Fonction de conception et de direction. Niveau théorique de recrutement : enseignement sup. **B** (indices 285-638). Fonction d'application. Niveau : diplômes de l'enseignement du 2d degré. **C** (indices 220-499). Fonctions d'exécution spécialisée (niveau fin de cl. de 3e). **D** Pas de diplôme (catégorie supprimée par protocole d'accord du 9-2-1990, intégrée en catégorie C niveau E2)] et une **catégorie hors échelle** (avec une grille de A à G). A l'intérieur de chaque corps, les fonctionnaires sont classés selon leur *grade* et leur *échelon.* Le traitement de base dépend de ces 2 facteurs ; il faut lui ajouter les primes. En 1924, la fonction publique regroupait 483 échelles de traitement regroupant 1 775 catégories de personnels.

Aujourd'hui, on compte 4,7 millions de fonctionnaires derrière la grille unique, mais le système demeure complexe : pour la seule fonction publique d'État, les agents sont répartis en 1 300 corps.

■ **Haute fonction publique. Effectifs :** 4 108 dont fonctionnaires : **1°)** *nommés par décret en Conseil des ministres :* directeurs d'administration centrale (exemples : directeur du Trésor, du Budget, des Routes ou de l'Aviation civile), recteurs, chefs de mission ayant rang d'ambassadeur et préfets ; 487 en 1997. **2°)** *Membres des grands corps de l'État :* 872 en 1997 dont 492 « en activité » (201 au Conseil d'État, 217 à la Cour des comptes et 74 à l'inspection des Finances). **3°)** *Emplois supérieurs :* 3 129 dont directeurs adjoints, chefs de service et sous-directeurs de l'administration centrale et des inspections générales (autres que celle des Finances) ; présidents de chambre régionale des comptes, tribunal administratif, cour administrative d'appel ; directeurs régionaux et départementaux des services déconcentrés de l'État.

■ **Fonction publique territoriale.** Statut créé 26-1-1984 et 12-7-1984 : 7 filières (administrative, techn., culturelle, animation sportive, médico-sociale, incendie et secours, police municipale). Emplois fonctionnels. **Exemples :** directeur général des communes de plus de 3 500 hab. ; dir. gén. des services techniques. *2 types de personnel :* fonctionnaires territoriaux, agents non titulaires recrutés par contrat pour une durée limitée. Recrutement des fonctionnaires par concours interne ou externe (organisés conjointement par les collectivités territoriales, le Centre nat. de la fonction publique territoriale et les centres de gestion). Le régime financier comprend la rémunération principale et le régime indemnitaire fixé par chaque collectivité territoriale (décret de 1991).

■ **Effectifs de la fonction publique** (au 1-1-1999). 4 508 600 dont *de l'État* 2 214 400 (en %, 1995 : catégorie A 35,9, B 32,6, C 31,5), *territoriale* 1 447 322 (en % : A 8,5, B 12,9, C 78,6), *hospitalière* 846 900. **Fonction publique territoriale.** 1 658 977 dont organismes régionaux et départementaux 230 759 (régions 9 733, départements 168 551, autres établissements 46 096), organismes communaux et intercommunaux 1 255 368 (communaux 1 131 259, intercommunaux 124 109), organismes privés d'administration locale 92 924, autres organismes (OPHLM, Épic, Crédit municipal, syndicats) 59 574. **Par statuts** (hors CES) : titulaires 1 008 658, non titulaires 495 869, emplois aidés 154 450, CES 131 821, emplois-jeunes 22 629. Temps complet 1 000 157, partiel 447 165.

Répartition géographique (au 1-1-1999, y compris emplois aidés). 1 658 977 dont Alsace 39 335, Aquitaine 80 512, Auvergne 33 262, Bourgogne 42 223, Bretagne 73 430, Centre 59 190, Champagne-Ardenne 35 701, Corse 8 681, Franche-Comté 28 750, Ile-de-France 340 667, Languedoc-Roussillon 63 910, Limousin 19 099, Lorraine 54 143, Midi-Pyrénées 72 843, Nord-Pas-de-Calais 103 906, Basse-Normandie 37 432, Haute-Normandie 50 771, Pays de la Loire 79 371, Picardie 47 701, Poitou-Charentes 48 619, Provence-Alpes-Côte d'Azur 134 700, Rhône-Alpes 137 728, Dom 66 993.

☞ **Part des administrations publiques dans l'emploi total** (en %, en 1995 et, entre parenthèses, en 1980). *France 24,7 (20,2).* Canada 20,7 (19,5), Belgique 19 (18,9), Italie 17,8 (15,4), All. 15,7 (14,6), USA 15,4 (16,4), Espagne 14,8 (9), Grande-Bretagne 14,4 (21,2), P.-Bas 12 (13,8), Japon 8,3 (8,8).

☞ **Total des rémunérations, pensions et charges sociales des agents :** 643 milliards de F (35,2 % des dépenses de l'État). **Salaire net moyen** (traitements, primes et indemnités compris) **des fonctionnaires** (en 1998) : 148 120 F/an (12 340 F/mois) ; employés et ouvriers : 109 790 F ; cadres : 187 170 F. **Age de la retraite :** *emplois dits sédentaires :* 60 ans ; *dits actifs :* risques particuliers ou fatigues exceptionnels) : 55 ans.

Modes de rémunération

■ **Avantages divers. Automobiles :** 12 000 dites de « liaison ». **Logements de fonction :** environ 2 millions mis à disposition, soit 10 % du parc national (selon l'Insee). **Double emploi :** certains peuvent cumuler leur emploi avec celui d'enseignant. **Frais de réception** personnels (préfets, sous-préfets...) en fonction de l'importance du poste : 82 000 F en moyenne. **Vacances :** conseiller d'État, Cour des comptes, professeur de l'enseignement sup. 3 mois ; Éducation nationale (services extérieurs), Jeunesse et Sports 2 mois ; Finances, Industrie, Culture, Travail 31 j + 1 semaine ; PTT, Agriculture 31 + 4 j.

■ **Frais de déplacement.** L'indemnité de mission est due en cas de mission, d'intérim ou de stage de formation continue (en cas de séjour dans une même localité, les indemnités de mission sont réduites de 10 % à partir du 11e j et 20 % à partir du 31e). Elle comprend une indemnité journalière : 449 F à Paris (391 F en province) ; une de nuitée : 285 F (227 F) ; une de repas : 82 F (82 F) + la prise en charge des frais de transport sur la base du tarif le plus économique (2e classe ; indemnités kilométriques si utilisation du véhicule personnel).

■ **Garanties de l'emploi.** Sauf : faute professionnelle d'une extrême gravité ; licenciement pour insuffisance professionnelle (très rare) entouré de garanties et assorti d'indemnités ; dispositions législatives exceptionnelles (tombées en désuétude).

■ **Indemnités diverses.** Plusieurs milliers représentant environ 48 milliards de F distribués par le Trésor. **Exemples :** primes de chaussures (facteurs), de bicyclette (douaniers), d'égout (Conseil d'État, environ 20 000 F par an, remonte à l'époque où les conseillers partaient en tournée afin de contrôler les travaux d'assainissement des communes), d'habillement (agents des laboratoires), de costume (Cour des comptes, magistrats), de langues étrangères (douaniers et PTT), d'éloignement (Dom et Tom), de danger (hôpital psychiatrique), de contrôle des casinos (agents du Trésor), de risque (douaniers et policiers), de jauge (douaniers), de responsabilité (trésoriers-payeurs généraux ; peut doubler le traitement de base, 250 000 à 450 000 F/an). Trésor public et Douanes touchent un % sur fonds publics. Environ 5 000 agents des PTT ont un téléphone de service (gratuité du raccordement 500 F, de l'abonnement 50 F, dégrèvement de taxes de base 3 000 F).

■ **Indemnité de résidence.** Proportionnelle au traitement, soumise aux retenues pour pension (traitement brut). Varie selon les zones de salaire. Au 1-2-1992 : **1re zone :** 3 % ; **2e :** 1 % ; **3e :** 0 %.

■ **Retraite.** Calcul : 2 % des émoluments de base × par le nombre d'annuités liquidables (années effectives de service + temps fictif des bonifications et campagnes). **Exemple :** pour un traitement de base (indice 100) de 28 973 F et 32 annuités liquidables, la pension

est de : $\frac{28\,973 \times 2}{100} \times 32 = 18\,542$ F.

Pour au moins 25 ans de service, la pension est au moins égale au traitement brut afférent à l'indice net 100. Pour moins de 25 ans de service, elle est au moins égale à 4 % de ce traitement × par le nombre d'annuités.

■ **Traitements (salaires).** En principe, un multiple du traitement de base d'une grille hiérarchique exprimée en indices nets jusqu'au 31-12-1955, bruts du 1-1-1956 au 30-11-1962, nouveaux du 1-12-1962 au 31-3-1968, majorés (de 15 points pour les indices inférieurs ou égaux à 304, de 10 points pour les autres) du 1-6-1968 au 30-9-1970, majorés du 1-10-1970 au 1-9-1979 (majoration uniforme de 5 points d'indice), et majorés à nouveau depuis cette date de 3 points (pour les indices 147 à 262), 2 points (indices 265 à 399), 1 point (400 à 445).

En 1956, la grille hiérarchique concernant les traitements bruts et non plus nets (de retenue pour retraite et d'impôts sur le revenu pour les fonctionnaires célibataires) comme on l'avait décidé en 1948. En 1962, on a intégré dans le traitement brut l'indemnité spéciale dégressive attribuée à partir de 1953 aux petits fonctionnaires, puis, en 1968 et en avril 1970, on a intégré une partie de l'indemnité de résidence. Les majorations indiciaires accordées en juin 1968, oct. 1970 et sept. 1979, bénéficient aux fonctionnaires suivant leur situation hiérarchique. Une augmentation de 1 % du point d'indice des salaires coûte 5,92 milliards de F à l'État.

Valeur annuelle du traitement afférent à l'indice 100 majoré et soumis aux retenues pour pensions : 32 405 F au 1-3-1997.

Salaires nets de prélèvements en 1999	Effectifs [1]	Salaire [2] en F
Ensemble	**1 835 600**	**149 890**
dont enseignants	1 029 800	160 630
Cadres	**826 900**	**187 160**
Administratifs et techniques	115 400	241 880
Enseignement [3]	711 500	177 960
Professions intermédiaires	**509 600**	**129 430**
Enseignement [4]	318 300	121 230
Administratives	100 800	144 940
Police et prisons	12 200	177 250
Techniques	62 200	134 000
Employés et ouvriers	**499 100**	**110 030**
Employés administratifs	217 900	109 980
Police et prisons	111 800	137 900
Ouvriers, agents de service	154 100	94 000
Titulaires	**1 533 100**	**156 110**
Catégorie A	743 000	156 110
Catégorie B	319 200	139 160
Catégorie C	470 900	113 100

Nota. – (1) Effectifs évalués en « année-travail à plein temps ». (2) Rémunération moyenne de personnes présentes sur les 2 années 1998 et 1999. (3) Professeurs agréés et certifiés. (4) Instituteurs et PEGC.

Salaires mensuels nets de prélèvements pour les agents titulaires et non titulaires (en F, 1999), **du 1er décile (du 9e décile) hommes/femmes :** h. 7 710/f. 7 290 (21 000/16 630) dont cadres 10 650/9 810 (25 160/19 500), professions intermédiaires 7 220/7 510 (15 050/13 300), employés, ouvriers 6 680/6 350 (13 060/13 300).

Salaires mensuels bruts (en F, hors indemnité de résidence incluse et indemnités liées aux charges de famille, cotisation de Sécurité sociale et retenue pour pension non déduites, de même que CSG, CS, RDS). **Début/fin de carrière** (au 1-1-1999) : administrateur civil 12 560/29 436. Professeur agrégé 10 527/26 791. Attaché d'administration 9 664/21 778. Instituteur 9 441/14 315. Contrôleur, secrétaire administratif 8 021/14 287. Ouvrier d'État, maître ouvrier 7 185/11 557. Adjoint administratif 7 296/10 945. Agent administratif ou technique 7 046/9 357.

Salaires et soldes annuels bruts (soumis à retenue pour pension au 1-3-1997). **Catégories hors échelle : A :** 284 516/295 858/311 088. **B :** 311 088/324 374/341 873. **B bis :** 341 873/350 946/360 344. **C :** 360 344/368 121/376 222. **D :** 376 222/393 397/410 571. **E :** 410 571/426 774. **F :** 442 652. **G :** 485 427.

Supplément familial (au 1-7-1996). **Élément fixe annuel** (en F) **et,** entre parenthèses, **élément proportionnel** (en %) : *1 enfant :* 180 ; *2 :* 840 (3) ; *3 :* 1 200 (8) ; *par enfant en sus du 3e :* 360 (6).

■ **Exemples de rémunération annuelle** (en milliers de F, 1997). *Source :* Insee-DGAFP, estimation *Challenges.* **Revenu maximal** (traitement plus primes et, entre parenthèses, traitement en début/fin de carrière) : ambassadeur 811 (254/303). Conseiller d'ambassade 643 (147/210). Préfet 593 (281/364). Président de tribunal 496 (188/357). Secrétaire général en mairie (+ de 150 000 hab.) 488 (194/312). Officier supérieur (armée de terre) 447 (247/344). Directeur de musée 420 (232/293). Professeur des universités 411 (223/367). Secrétaire général en mairie (– de 150 000 hab.) 395 (156/259). Juge d'instruction 392 (122/286). Administrateur civil Insee 377 (103/264). Chef de bureau en mairie 347 (98/260). Directeur divisionnaire des impôts 343 (200/255). Directeur d'hôpital 341 (118/250). Chef de service ANPE 320 (127/227). Conservateur du patrimoine 293 (137/233). Receveur-percepteur 281 (181/218). Ingénieur des Ponts et Chaussées 279 (119/209). Professeur des écoles 272 (164/251). Ingénieur météo 250 (99/185). Conseiller principal d'éducation 237 (127/190). Inspecteur de police 219 (114/163). Directeur de prison 216 (114/141). Bibliothécaire 2e classe 205 (90/165). Contrôleur des TPE 200 (82/149). Infirmière (territoriale) 200 (88/163). Inspecteur du travail 188 (104/162). Chef de bureau au ministère de l'Intérieur 183 (88/163). Sapeur-pompier 178 (65/136). Gardien de la paix 174 (74/135). Secrétaire administratif 169 (76/138). Surveillant pénitentiaire 165 (76/112). Assistante sociale 164 (85/135). Instituteur 163 (97/140). Contrôleur des impôts 148 (80/115). Ouvrier qualifié 140 (74/122). Maître auxiliaire non titularisé 133 (86/100). Adjoint administratif en mairie 123 (72/98). Douanier 96 (68/76). Agent de bureau 77 (66/69).

■ **Fonctionnaires des Dom-Tom. La loi de départementalisation de 1946** a assimilé Grandes Antilles, Guyane et Réunion à la métropole sociale (Smig avec abattement de 20 %, même droit aux prestations sociales et à la Sécurité sociale), puis, plus récemment, droit aux allocations familiales jusque-là versées à un fonds social et allocations de chômage [total annuel 1980 : 9 000 F par hab., 40 000 F par famille moyenne (environ 4,5 pers.)].

Les *fonctionnaires* du corps préfectoral et dir. des services départementaux (autochtones compris) touchent une indemnité : Antilles et Guyane 40 % ; Réunion 53 %. Autrefois, Antilles, Réunion et Guyane étaient assimilées aux colonies d'Afrique et d'Indochine ; les métropolitains touchaient des suppléments, doublant en moyenne leurs salaires, « pour compenser les fatigues du climat et l'éloignement » (il fallait des semaines de bateau pour rejoindre son poste), avaient des avantages en nature (frais de représentation, voiture et logement de fonction, personnel domestique plus ou moins rémunéré sur le budget d'un cercle), un congé de 6 mois tous les 2 ou 3 ans, selon le degré d'insalubrité du territoire (avec transport gratuit en métropole pour eux et leur famille). En 1946, ils conservèrent ces avantages qui ne se justifiaient plus (le climat est recherché par les vacanciers ; les maladies tropicales ont disparu ; l'avion a aboli l'éloignement ; nombre de produits alimentaires y sont moins chers qu'en métropole). Les fonctionnaires autochtones ont obtenu les mêmes avantages (règle d'assimilation).

Fonctionnaires européens

Traitements fixés par Conseil des ministres sur proposition de la Commission européenne. Publiés au *JO.* **Fonctionnaires.** En 2001 (en F, par mois), **salaires nets :** dir. général 48 021 à 58 197 ; administrateur débutant (diplômé d'université) 20 172 à 20 881. **Indemnités :** 5 % du traitement de base pour les chefs de famille ; 16 % de prime de dépaysement pour ceux affectés hors de leur pays d'origine ; 1 469 F de prime mensuelle fixe par enfant à charge et 657 F d'allocation scolaire. **Cotisations sociales :** assurance maladie et pension : 10,05 % du traitement de base. **Fiscalité :** l'impôt, pouvant atteindre 45 %, est prélevé à la source et constitue une recette pour le budget général des Communautés. **Contribution temporaire :** 5,83 %.

Commissaires. En 2001 (en F, par mois), **salaires nets** hors indemnités : 68 845 à 82 249. **Indemnités :** 5 % du traitement de base pour les chefs de famille ; de résidence

15 % ; forfaitaire de représentation 3 986 F ; prime mensuelle fixe par enfant à charge 1 469 F ; allocation scolaire 657 F.

■ Fonctionnaires internationaux

☞ 130 organisations intergouvernementales emploient 119 000 fonctionnaires. Depuis 1921, leurs rémunérations sont alignées sur celles du pays membre le plus avancé (principe *Noblemaire*, du nom du diplomate qui l'a inventé). A l'Onu, les salaires sont alignés sur ceux de l'administration américaine.

■ **Fonctionnaires français internationaux.** 13 700 dont Onu (et HCR, Unicef, BIT, OMS, Unesco, etc.) 4 145 ; Commission européenne 3 400 ; organisations coordonnées (Otan, OCDE, UEO, Agence spatiale européenne, Centre européen pour les prévisions météorologiques, etc.) 3 000 ; autres organisations (comme le Cern) 2 500. Les Français occupent 12 % des postes internationaux (1 % de la population mondiale).

■ **Gains** (annuels). La France paye régulièrement ses cotisations à la Commission européenne, un cadre débutant gagne 276 000 F net de charges et d'impôts. Les salaires sont imposés à la source (mais exemptés d'impôts régionaux, départementaux et communaux). Les cotisations sociales ne dépassent pas 12 %. Le taux de remboursement est de 92,5 %. **Pension :** après 35 ans de cotisation, 70 % du dernier salaire. Primes nombreuses.

Précisions sur quelques secteurs

■ **Administrateurs de sociétés. Jetons de présence :** rémunèrent en principe la participation aux séances du conseil d'administration. Aujourd'hui, somme fixe annuelle répartie librement entre les administrateurs, une part plus forte pouvant être allouée à ceux qui sont membres de comités. Les jetons sont déductibles des bénéfices imposables de la société débitrice, dans la mesure où ils n'excèdent pas une certaine proportion des salaires des dirigeants. Ils ne sont déductibles que dans la limite de 5 % du produit obtenu en multipliant la moyenne des rémunérations déductibles attribuées aux 10 ou 5 personnes les mieux rémunérées, selon que l'effectif du personnel excède ou non 200 salariés, par le nombre des membres composant le conseil. Pour l'impôt sur le revenu, les jetons sont assimilés à des revenus de valeurs mobilières sans ouvrir droit à l'avoir fiscal, qu'ils soient déductibles ou non des bénéfices sociaux [assimilables à un salaire pour les fonctions de direction (président, directeur général, délégués ou fonctions techniques), dans la mesure où cela correspond à un travail effectif]. **Rémunérations exceptionnelles :** le conseil d'administration peut en allouer aux administrateurs pour les missions ou mandats exceptionnels qu'il leur confie, c.-à-d. ne rentrant pas dans le cadre normal de leurs fonctions et ne revêtant pas un caractère permanent. Ces rémunérations doivent correspondre à un travail effectif et ne pas être exagérées. Une attribution constitue une convention entre la société et l'un de ses administrateurs. **Tantièmes :** supprimés par la loi du 31-12-1975.

☞ Aux administrateurs d'autrefois, grands actionnaires personnellement attachés à l'expansion des profits, se substituent de plus en plus des représentants de grandes sociétés ou de banques. Ils rétrocèdent souvent à la Sté ou à la banque qui les appointe les jetons qu'ils reçoivent. Les représentants de l'État dans les conseils reversent aussi à une caisse commune la plus grande partie de leurs jetons.

Mandats : un administrateur peut cumuler 8 mandats au maximum (non compris mandats d'outre-mer) + 5 dans des Stés ou des firmes qu'il administre et dans lesquelles il a une participation d'au moins 20 % ; il reçoit donc autant de fois des jetons de présence.

Statistiques : il y a en France environ 300 000 Stés commerciales et 900 000 mandats d'administrateurs (mais le nombre réel d'administrateurs est moindre car les cumuls sont fréquents). Dans les fausses Stés (entreprises individuelles déguisées), la plupart sont de simples prête-noms. Ils ont des responsabilités théoriques, donnent une ou deux signatures par an et reçoivent en contrepartie soit un petit chèque, soit des invitations, un cadeau, des commandes.

■ **Artisans.** *Source :* Assemblée permanente des chambres de métiers (APCM). **Nombre d'entreprises** (au 1-1-2000) : 824 481 représentant 3 070 000 d'actifs dont salariés 2 056 000 ; apprentis 160 000. En % : bâtiment 30,8, services 26,8, production 27,5, alimentation 15,4. **Chiffres d'affaires** (en milliards de F) : 900 ; **investissement :** 30 ; **valeur ajoutée :** 370. **Nombre moyen d'entreprises artisanales pour 10 000 hab. :** 136. **Immatriculations** au Répertoire des métiers (en 1999) : 78 822 (dont créations 57 514 ; reprises 16 112) ; 106 100 radiations (dont avec disparition de l'établissement 61 300 ; radiation en retard 28 600 ; sans disparition de l'établissement 6 700 ; sorties du champ de l'artisanat 9 500). **Statut juridique :** 64,2 % personne physique ; 32 % SARL ; 2,8 % SA ; 1 % autres.

■ **Artistes, vedettes, virtuoses.** Voir p. 437.

■ **Aviation civile. Pilotes de ligne. Salaire brut annuel** (en milliers de F, 1997, moyen et, entre parenthèses, minimum/maximum) : British Airways 549 (183/844). United Airlines 600 (180/950). American Airlines 618 (156/975). KLM 720 (370/1 200). Lufthansa 733 (327/1 016).

Air France (en milliers de F, 1999). *Copilote* (1re année) *et,* entre parenthèses, *commandant de bord* (en fin de carrière) : brut fiscal annuel 315 (1 397), indemnités 35 (55), cotisations sociales du salarié 65 (279), net à payer 250 (1 120), charges sociales patronales 144 (593), coût total pour l'entreprise 504 (2 035). *Officier mécanicien* navigant : 440 à 782, *hôtesse/steward :* 90 à 310, *chef de cabine :* 183 à 380. **Retraites :** Sécurité sociale, comme les autres salariés. Complémentaire possible dès 50 ans (avec abattement), plafond (avec 25 annuités) : de 30 % du salaire de fin de carrière (navigants techniques) à 45 % (navigants commerciaux). **Avantages divers :** jusqu'à 90 % (sans réservation ou 50 % avec réservation selon les accords inter-compagnies) pour les salariés et leur famille ; *gratuité* (navigants de l'entreprise concernée) sur moyen-courrier. *Temps d'absence :* 18 j par mois pour 55 à 75 h de vol. Repos mensuels compensant l'activité des week-ends : 12 ou 13 j. *Congés :* 41 j + 7 j si réduction des congés d'été à 19 j.

Ingénieurs de contrôle de la navigation aérienne : rémunérations globales mensuelles (au 1-6-1999) : *élève :* 8 562 F (pas de primes). *Stagiaire :* 13 006 (dont primes 4 033). Au terme de 3 ans de scolarité puis dès l'obtention de la qualification de contrôle de l'organisme d'affectation : de 18 629 (dont primes 9 246) à 25 854 (dont primes 14 895). *Ingénieur divisionnaire* (fin de carrière, dans un centre en route de la navigation aérienne, ou à Orly et Roissy) : 36 636 F dont primes 15 380. Les primes sont constituées d'indemnités et de sujétions particulières, diffèrent selon fonction et lieu d'exercice. **Retraite :** possible à 50 ans (57 ans âge limite) ; pension au maximum 50 % du dernier salaire (les primes ne sont pas prises en compte pour le calcul des droits).

■ **Avocats.** *Après 3 ans d'activité :* 240 000 F/an, *après 5 ans :* 432 000.

■ **Bâtiment. Salaires bruts mensuels à Paris** (au 1-1-2001, pour 39 h par semaine, en tenant compte d'une indemnité mensuelle de petit déplacement évaluée à 1 800 F) : *gros œuvre :* chef d'équipe 13 440, corvoyeur 11 900, maçon 11 020, chef de chantier 16 130. *Métal :* chef d'équipe 14 800, dessinateur projeteur 16 120, métallier 10 750, conducteur de travaux 19 645. *Bois :* métreur 16 850, commis d'entreprise 18 300, charpentier 12 000, menuisier 10 150. *Équipement électrique :* chef d'équipe (installation thermique) 13 350, commis technicien (électricité) 16 440, monteur (électricité) 11 060, contremaître (électricité) 16 540, plombier corvoyeur 11 890. *Décoration :* métreur (peinture) 16 850, commis d'entreprise (peinture) 18 000, chef peintre 14 780, peintre 10 350. *Avantages sociaux en plus :* intéressement, primes de vacances, indemnisation intempéries, retraites complémentaires, régimes de prévoyance, etc. ; indemnités « petits déplacements » pour ouvriers.

■ **Caisses d'épargne** (plafond 1998, part fixe et, entre parenthèses, part variable, en milliers de F). Ile-de-France, Paris, Provence-Alpes, Corse : *Pt* 1 300 (260), *membres* 1 000 (200). Autres régions : *Pt* 800 à 1 100 (180 à 220) ; *membres* 700 à 900 (140 à 180).

■ **Cantonniers et éboueurs. Traitement brut mensuel à Paris et indemnité de résidence** (en F, au 1-4-1999) : *éboueur :* 7 398 à 10 046. *Ouvrier professionnel :* 7 287 à 9 503 ; *ouvrier professionnel principal :* 7 398 à 9 903 ; *maître ouvrier :* 7 564 à 11 782.

■ **Chauffeurs** (au 1-1-2001). **Conducteurs à grande distance effectuant 200 h et plus de temps de service** (temps de conduite plus autres temps, travaillés ou non, à la disposition de l'entreprise ; depuis le 1-9-1997, le temps de service est limité à 230 h ; rémunération minimale mensuelle garantie pour 200 h) : débutant 9 980 F ; conducteur hautement qualifié après 15 ans d'ancienneté 11 151 F. Les rémunérations minimales ne pourront toutefois être inférieures au Smic en vigueur (Smic pour 169 h + 31 h payées à taux majoré de 25 %). Le plafond de 230 h pourra être à nouveau réduit en fonction d'une éventuelle harmonisation européenne. **Autres conducteurs** au 1-1-2000 (grande distance pour moins de 200 h de temps de service et conducteurs régionaux) : rémunération globale garantie (RGG) : minimale pour 169 h/mois : peu qualifié 7 758 F ; hautement qualifié après 15 ans d'ancienneté 9 007 F.

■ **Chercheurs au CNRS. Traitements annuels** (en milliers de F, en début/fin de carrière, 2001). **Chercheurs :** dir. de recherche de classe exceptionnelle : 404,34/458,57 ; de 1re cl. : 285,09/404,34, 2e cl. : 228,42/334,45. Chargé de recherche de 1re cl. : 165,14/285,09, de 2e cl. : 157,49/195,74. **Ingénieurs :** de recherche : 142,89/334,45, d'études : 128,29/271,87. Chargé de mission de recherche : 175,92/254,84, assistant ingénieur : 117,51/191,22. **Techniciens :** de recherche : 102,91/178,35. Adjoint : 94,22/144,28. Agent techn. : 91,09/122,03. **Administratifs :** chargé d'admin. de recherche 138,72/238,85, attaché d'admin. de recherche 111,25/271,87, secrétaire d'admin. de la recherche 100,82/178,35, adjoint administratif 92,48/136,63, agent administratif 90,05/117,16.

■ **Clergé. Prêtres :** montant décidé par l'évêque de chaque diocèse (appliqué à tous, évêque compris, 2000) : environ 5 000 F brut par mois (pour payer nourriture, chauffage, habillement). Frais de fonction (exemple déplacements) : pris en charge par l'organisme payeur (paroisse, aumônerie, évêché). *Cotisations individuelles de Séc. sociale* (maladie, vieillesse et invalidité, 22 430 F en 2000 par prêtre âgé de moins de 65 ans) assurées par l'évêché (denier de l'Église). **Clergé retraité** (75 ans) : montant décidé par l'évêque, appliqué à tous (prêtres et évêque) : 4 894,44 F par mois logé (archidiocèse de Paris en 2000). Minimum obligatoire au niveau national : 4 720 F par mois (en 2000). La Caisse mutuelle d'assurance vieillesse des cultes (Camavic) verse environ 2 000 F/mois par prêtre retraité (150 trimestres validés) à l'organisme payeur des retraites (paroisse, aumônerie, évêché...). **Anciens ministres du culte :** retraite versée par la Caisse mutuelle d'assurance vieillesse des cultes, proportionnellement à leurs années dans le ministère. Si le montant cumulé de cette retraite avec celles perçues pour un travail effectué par la suite n'atteint pas le minimum garanti de 56 640 F par an, l'Union des associations diocésaines verse un complément ainsi que pour les enfants à charge.

Personnel paroissial (sacristains ou employés d'église, musiciens du culte, secrétaires et assistantes paroissiales...) : salaire établi par accord paritaire.

Recettes ordinaires des paroisses : quêtes ordinaires, casuels (à l'occasion des obsèques et mariages), cierges, troncs, ventes de charité, dons divers.

Pasteurs (au 1-1-2001) : 5 730 F. *Supplément :* ancienneté après 2 ans d'exercice : 8 % du salaire de base ; 15 ans : 18 % ; 30 ans : 25 % ; par enfant à charge 280 F mensuel et possibilité de bourses scolaires et spéciales. Prestations en nature : logement de fonction (eau, chauffage et électricité), prise en charge des frais liés au ministère.

■ **Concierges. Catégories :** valeur du point (au 1-1-2001) : 22,67. *Salaire en nature* (logement au m², au 1-1-1998) : catégorie I : 19,66 F, II : 15,55 F, III : 11,45 F. *Salaire minimum « global »* de 7 383,68 F à 10 359,10 F dont *salaire complémentaire* coefficient 235 : 2 061,23 F ; 255 : 1 482,73 F ; 275 : 1 230 F ; 340 : 1 085,34 F ; au-delà : 1 064,40. *Effectifs* (en 1997) : 93 250 dont en % service permanent 46,9, partiel 35,14, complet 17,96.

■ **Contractuelles (à Paris).** Payées par la Ville mais, comme auxiliaires de la police, elles sont sous l'autorité du préfet de police. Salaire mensuel proche du Smic. Les contraventions dressées par les contractuelles reviennent à l'État (100 millions de F par an), le prix du stationnement (200 millions) à la mairie.

■ **Convoyeurs de fonds.** *De garde :* salaire mensuel brut : 6 650 F ; *conducteur :* 7 050 F ; *messager :* 7 550 F.

■ **Détectives privés. Prix** (HT facturés en 1995) : *enquêteurs salariés :* 6 600 à 8 800 F par mois, *indépendants :* payés à la vacation et selon l'importance de l'affaire (frais kilométriques et de repas en plus), de 13 200 à 22 000 F par mois selon qualification et horaire des missions. Journée de filature de 8 heures facturée de 2 500 à 5 500 F (16 h et h de nuit). Prix des enquêtes, selon le nombre de vacations (1 vacation = 4 h indivisibles). En moyenne, prix horaire de 350 F.

■ **Dentistes.** (*Source :* Confédération nationale des syndicats dentaires.) **Moyennes** (en milliers de F) : **des recettes :** *1991 :* 896 ; *94 :* 1 006 ; *95 :* 992 ; *96 :* 1 009 ; *97 :* 1 043 ; **des frais généraux :** *1991 :* 504 ; *94 :* 574 ; *95 :* 575 ; *96 :* 582 ; *97 :* 602 ; **de dotation aux amortissements :** *1991 :* 20 ; *94 :* 21 ; *95 :* 21 ; **de bénéfice brut :** *1991 :* 392 ; *94 :* 432 ; *95 :* 417 ; *96 :* 426 ; *97 :* 441 ; **de bénéfice imposable :** *1991 :* 372 ; *94 :* 412 ; *95 :* 396 ; *96 :* 406 ; *97 :* 420.

■ **Dockers et salariés de la manutention portuaire.** (*Source :* Unim.) **Salaires minimaux garantis** (au 1-1-2001) : *cadres :* 14 096 à 18 974 F. *Non-cadres :* dockers « carte G » : RMG (rémunération minimale garantie) 9 108 à 15 178, SBMH (salaire de base minimal hiérarchique) 7 904 à 13 066. *Autres :* RMG 7 105 à 14 096, SBMH 7 105 à 11 979.

☞ A la suite de la signature d'un accord sur les 35 h, gel des salaires minima en 2000 et jusqu'au 31-12-2001 (clause de sauvegarde si l'inflation dépasse 1,5 %).

■ **Employés de maison. Salaire horaire brut minimal** (au 1-10-2000, incluant les éventuels avantages en nature) : *moins de 3 ans d'ancienneté :* débutant (– de 6 mois) 42,02 F ; niveau 1 (employé de maison, repasseuse...) 42,20 F ; 2 (qualifié, garde d'enfant...) 43,12 F ; 3 (cuisinier, garde-malade de jour...) 43,52 F ; 4 (nuit...) 44,07 F ; 5 (nurse, maître d'hôtel) 46 F. *Majoration : après 3 ans d'ancienneté :* 3 % ; *4 :* 4 % ; *5 :* 5 % ; *10 :* 10 %. *Repas :* évalué à 19 F. *Logement :* 380 F par mois. On peut, dans le contrat de travail, prévoir des montants supérieurs à ces évaluations. En 1997, 1 147 000 ménages employaient un salarié à domicile.

Jardiniers et gardiens de propriété (au 11-10-2000) : *coefficient 120* (débutant, moins d'un an de présence) 42,02 F ; *130* (travaux simples) 42,22 F ; *140* (travaux peu pénibles) 42,42 F ; *150* (qualifié) 42,58 F ; *160* (responsable de l'entretien courant) 44,08 F ; *170* (hautement qualifié, connaissance en horticulture) 45,62 F ; *180* (responsable des serres...) 48,14 F ; *200* (a des salariés sous ses ordres et participe au travail) 52,03 F ; *230* (salariés sous ses ordres) 59,21 F ; *260* (chargé d'administrer un grand domaine privé) 66,52 F.

Prestations en nature, sauf contrat particulier (au 1-10-2000) : *1 repas :* 18,70 F ; *logement,* par mois : 374 F. Le montant des prestations en nature est à déduire du salaire brut pour obtenir le salaire en espèces.

☞ Au 3e trimestre 1998, 720 000 particuliers (hors utilisateurs du chèque emploi service) occupaient un employé de maison. 1 012 000 employés avec chèque emploi service.

■ **Enseignement. Salaire mensuel net** (primes comprises au 1-4-1999) : *professeur des écoles* (primaire) : fin de carrière 18 124,75 ; *certifié* (secondaire) : 25 ans, 1er échelon 9 559,66, 34 ans (prof. principal, 6e échelon) 12 847,58, 50 ans (prof. principal, 2e échelon) 15 030,25, fin de carrière 18 539,16 ; *agrégé* de l'enseignement supérieur : fin de carrière 22 628,25. **Traitements mensuels bruts** (au 1-4-1999, d'après le point d'indice à 331,55 F soit 27,629 F par mois) : hors classe agrégés, chaires supérieures,

Chefs d'État France

■ **Évolution** (sommes annuelles). Liste civile : l'expression désigne en Angleterre, depuis la révolution de 1688, un fonds affecté aux dépenses civiles, parmi lesquelles celles de la maison du roi. **Louis XVI :** le 9-6-1790, un décret de l'Assemblée constituante règla pour la 1re fois la liste civile de Louis XVI. Un autre décret, du 26-5-1791, créa une dotation de la Couronne. Un décret de l'Assemblée législative du 10-8-1792 la supprima en même temps que la royauté, roi et sa maison 26 millions de F, reine 4 millions de F. Étaient réservés au roi : Louvre et Tuileries (destinés à son habitation), maisons, bâtiments, emplacements, terres, prés, corps de ferme, bois et forêts, comprenant grands et petits parcs de Versailles, Marly, Meudon, St-Germain-en-Laye, St-Cloud, Rambouillet et Fontainebleau ; bâtiments et fonds de terre dépendant de la manufacture de porcelaine de Sèvres ; bâtiments et dépendances de la manufacture de la Savonnerie et des Gobelins ; château de Pau avec son parc. La dépense du garde-meuble était à la charge de la liste civile, le roi ne pouvait disposer, pour son usage, du mobilier conservé dans cet établissement. Le roi avait la jouissance des diamants dits « de la Couronne », des perles, pierreries, statues, tableaux, pierres gravées, et autres objets d'art appartenant à l'État et dont il devait être dressé inventaire. **Napoléon Bonaparte :** *1er Consul* (an VIII) : 500 000 F. *Empereur :* 25 millions de F (il eut en outre le domaine de la Couronne, un domaine dit d'extension, et un domaine privé) La liste civile avait été rétablie par l'art. 15 du sénatus-consulte du 28 floréal an XII. **Louis XVIII :** pour sa maison civile 25 millions de F, privée 9 millions, dotation immobilière 4 millions de F. **Restauration :** en vertu des Chartes de 1814 et de 1830, la liste civile a ensuite été fixée par les Chambres à l'avènement de chaque règne. **Louis-Philippe :** 12 millions de F (Cte de Paris 1 million de F, duchesse d'Orléans 300 000 F). La loi de finances lui attribua les palais, châteaux, domaines, fermes, etc. mentionnés dans la loi du 26-5-1791, sauf terres et château de Rambouillet. **IIe République :** *Pt* 600 000 F + frais de représentation 600 800 F. **Napoléon III : 1849-51** 1 500 000 F, puis (sénatus-consulte du 12-12-1852) 25 000 000 (Pces de la famille impériale 2 200 000). **IIIe République :** *Pt* 600 000 F (+ frais de maison : **1873** 143 000, **1875** 300 000, **1877** 600 000). **1928** 1 800 000 (+ frais de maison 1 800 000). **IVe République : 1953** 73 millions d'AF (avec frais de maison). **Ve République : 1965** 1 624 000 F pour la Présidence de la Rép. et 2 320 256 F pour la Communauté (avec frais de maison). **2001** dotation et frais de maison, de représentation et de déplacements 10 541 000 F ; secrétariat gén., cabinet, état-major particulier, services administratifs, documentation, bibliothèque, parc automobile 51 483 000 F, soit au total 62 024 000 F. Taxe d'habitation acquittée en 1995 par le Pt de la Rép. pour son appartement de fonction à l'Élysée : 24 199 F. Le Pt est soumis à l'impôt sur le revenu pour son traitement brut mensuel de 42 192,50 F.

Retraite des anciens Pts de la République : la loi de finances du 3-4-1955 (art. 19 toujours en vigueur) attribue une « dotation annuelle égale au traitement indiciaire brut d'un conseiller d'État en service ordinaire » (50 % étant réversible sur veuve ou enfants jusqu'à leur majorité). L'usage s'est établi aussi de mettre gratuitement à leur disposition logement, voiture, secrétariat. Depuis la Constitution de 1958 (art. 56), les anciens Pts « font, de droit, partie à vie du Conseil constitutionnel » et perçoivent à ce titre « une indemnité égale aux traitements afférents aux deux catégories supérieures des emplois de l'État classés hors échelle ». Cette indemnité (réduite de 50 % pour les membres du Conseil qui continuent d'exercer une activité compatible avec leur fonction), est cumulable avec celle de la loi du 3-4-1955. Le Pt François Mitterrand percevait 57 000 F par mois (ancien Pt de la Rép. 28 000 ; Conseil constitutionnel 29 000) et disposait d'un logement pour sa secrétaire, d'une voiture, de 2 secrétaires, d'un garde du corps.

Étranger

■ **Belgique. Liste civile** (en millions de F, au 1-1-2001) : Albert II 47,5 Fabiola 8,8, Philippe 5,6, Astrid 1,95. *Total :* 63,85. *Depuis 1900*, le roi n'est plus propriétaire de ses palais et châteaux. Léopold II († 1869) en a fait donation à l'État (héritier unique). L'État a interdiction d'aliéner cette donation et a obligation de la maintenir en l'état. Patrimoine aujourd'hui géré par la Donation royale (établissement autonome de l'État ; 10 membres ; décisions prises à l'unanimité).

■ **Danemark. Liste civile** (en millions de couronnes danoises, 2001) : 58,4 dont Margrethe II et Pce Henrik 51,5, Pce Frederik 3,7, Pce Joachim 2,2, Ingolf 1. **Possessions :** 5 palais et châteaux à la disposition de la famille royale. Château de Marselisborg (Jutland) au nom propre de Margrethe II, château et domaine viticole de Caix (France, Cahors, 1967), château de Schackenborg (propriété du Pce Joachim, domaine agricole de 1 030 ha, 1978). Un yacht.

■ **Espagne. Liste civile** (en millions de F) : *1977 :* 1,8 ; *78 :* 2,5 ; *87 :* 23 ; *88 :* 25 ; *93 :* 38 ; *94 :* 38,5 ; *95 :* 39,8. **Subventions :** 100 à 180 millions de F des différents ministères : *Affaires étrangères :* voyages, séjours au Prado, visites officielles des chefs d'État, dîners de gala au Palais royal de Madrid. *Administration publique :* salaire des fonctionnaires de la *Casa Real. Défense :* salaire des 5 500 hommes de la garde royale, services de sécurité, groupe 45 de l'armée de l'air ; 1 flotte aérienne (1 Boeing 707, 2 Falcon, hélicoptères). 20 voitures (dont Rolls-Royce 1, Mercedes 3, blindées 500, Mercedes 260-E 4). *Depuis 1982,* le roi est seulement l'usufruitier de la Couronne (« loi *Patrimonio Nacional* »). **Possessions :** un châlet à Baqueira Beret (Pyrénées, 1982).

■ **États-Unis. Salaires annuels** (en milliers de $, 2000) : *Président* (bloqué de 1969 à 99 à 200), depuis 400 (+ 50 taxables pour frais, et 100 max. pour frais de voyage, non taxables). *Vice-Pt* 181 (+ 10 taxables pour frais), porte-parole de la Chambre 181,4, Pt de la Cour suprême 181,4, Pt *pro tempore* du Sénat, chefs de la majorité et de la minorité au Sénat à la Chambre, membres du Cabinet 157, secrétaire adjoint à la Défense, aux Finances, garde des Sceaux, sénateurs et représentants, secrétaires à l'Armée, à la Navy, à l'Air Force 141,3, gouverneur de 65 (Nebraska) à 179 (New York). **Retraite de Reagan :** pension de Pt : 99 500 $, de gouverneur de Californie : 30 000 $, allocation de secrétariat : 300 000 $. Il dispose de bureaux à Los Angeles et d'un pied-à-terre à Washington.

■ **Grande-Bretagne. Liste civile** (par an, 1991-2000) : 102,3 millions de F (reine 77,6, famille royale 24,7 (voir p. 1222 a). **Salaires annuels des ministres** (en £, au 1-4-2000) : Premier ministre 110 287, ministre d'État Chambre des lords 85 983 (des communes 66 172), secrétaire d'État Chambre des lords 66 294 (des communes 34 326), sous-secrétaire parlementaire Chambre des lords 57 244 (des communes 26 053). *Depuis 1993,* la reine paie des impôts. Elle a ouvert 19 pièces de Buckingham Palace à la visite pour payer la restauration du château de Windsor (71 F/visite). Selon le *Daily Mail*, le prince Charles aurait dépensé, en 1994, 435 429,14 £ (1 £ = 8,50 F). Dont loisirs 171 000, cadeaux 65 000, entretien de ses 7 voitures 50 000, réceptions 40 000, vêtements 38 000, polo 33 000, chasse 20 000. Lady Diana aurait dépensé 160 000 £ dont : voyages 18 000, soins corporels 16 744, cours de gymnastique 4 200, sous-vêtements 1 200, vitamines 180, pâte dentifrice 90.

■ **Norvège. Liste civile** (en millions de couronnes norv., 2001) : Harald V et la reine Sonja 27,23, Pce Hakon 2,1, Pcesse Martha Louise 0,12. **Dépenses annuelles :** 41,7 millions de F. **Subvention exceptionnelle** (oct. 1994) : 20 (pour restaurer le palais d'Oslo). **Frais généraux :** 23,8.

■ **Pays-Bas. Liste civile** (en millions de F, 1996) : 38,586 (13 100 000 florins en 1998) : reine Béatrix 20,7 (dont entretien et frais de représentation 9,384 ; frais de personnel 7,683 ; revenu 3,648) ; prince Claus 4,08 (dont revenu 0,87) ; princesse Juliana 5,49 (dont revenu 1,875) ; princes Bernard 3,5 (0,8), Willem-Alexander 4,8 (1,083).

■ **Suède. Liste civile** (en millions de couronnes suédoises, 2000) : Carl XVI Gustaf 39, (dont salaires 70 %). **Fortunes personnelles** (en 1999) : Carl XVI Gustaf 211, Victoria, Carl Philippe et Madeleine 12,5, Silvia 0,8.

■ **Ex-Zaïre. Ex-Pt Mobutu :** fortune évaluée à 40 milliards de F (équivalent de la dette extérieure du pays), une dizaine d'immeubles et châteaux en Belgique, 1 appartement à Paris avenue Foch, 1 villa à Savigny (Suisse), 1 propriété (10 ha) à Roquebrune-Cap-Martin, des hôtels à Dakar, des maisons en Côte d'Ivoire, Maroc, Kenya, Tchad.

Chef d'État le plus mal payé. Levan Ter-Petrossian, Pt de la Rép. d'Arménie : salaire équivalant à 40 F par mois.

Gains mensuels des dirigeants du G8

■ **Junichiro Koizumi** (1er ministre japonais) 60 000 F, **Tony Blair** 89 315 F, **Georges W. Bush** 200 000 F, **Jacques Chirac** 45 000 F, **Silvio Berlusconi** 66 000 F d'indemnités de 1er ministre, 50 000 F de parlementaire (reverse le tout à des œuvres), **Vladimir Poutine** 3 000 F (dispose de fonds secrets), **Jean Chrétien** (1er ministre canadien) 107 000 F, **Gerhard Schröder** (1er ministre allemand) 101 197 F.

Ministres en France

■ **Traitement mensuel net.** Ministres fonctionnaires et, entre parenthèses, non fonctionnaires [1] (en F, au 1-5-2001) : **Premier ministre :** 42 355,32 (38 786,24) + indemnité représentative de frais 18 523,17, **ministre d'État, ministre, ministre délégué** 38 544,25 (35 255,86) + indemnité 8 427,57. **Secrétaire d'État :** 36 942,20 (33 774,24) + indemnité 4 038,83. Peut être cumulé avec des rémunérations annexes (mandats de maire, conseiller général, député européen) jusqu'à concurrence du plafond fixé par la loi (1 fois 1/2 l'indemnité parlementaire, et pour les ministres 1 fois 1/2 leur traitement).

Nota. – (1) La différence de traitement entre ministre fonctionnaire et non fonctionnaire tient au mode de calcul des retenues de Séc. sociale et de retraite.

■ **Train de vie mensuel d'un ministre, maire d'une ville moyenne** (en F, évalué par *Le Nouvel Observateur* en sept. 1990). Traitement après impôt 30 000, + rémunérations liées aux charges de maire 1 300 à 18 000, appartement de fonction de 400 m², 3 domestiques, 2 voitures, 2 chauffeurs, faux-frais 10 000 F : 250 000 F soit avant impôt 487 000 F soit 5 800 000 F par an.

☞ **Retraite des membres du gouvernement.** *Ordonnance du 27-11-1958 :* indemnité égale au traitement alloué lorsqu'ils étaient en fonction ; servie 6 mois s'ils n'ont pas repris une activité rémunérée. Sinon, aucun régime indemnitaire ou de retraite propre. *Sécurité sociale :* régime général. Les non-fonctionnaires sont affiliés au régime des retraites complémentaires institué pour les agents non titulaires de l'État, l'Ircantec. Les parlementaires devenus ministres peuvent continuer à verser leur cotisation à la caisse des retraites du Parlement. S'ils sont fonctionnaires, ils peuvent alors cotiser à la fois à la caisse des retraites du Parlement et au titre de leur administration, ceux qui sont députés sont autorisés à cotiser à la caisse des pensions des députés et anciens députés jusqu'à la fin de la législature, s'ils ont cessé avant d'exercer leurs fonctions ministérielles et s'ils n'ont pas retrouvé un mandat de député.

Parlementaires francais

■ **Traitements passés. Directoire :** membre du Conseil des Cinq Cents et du Conseil des Anciens : indemnité annuelle en nature égale à la valeur de 613 quintaux 32 livres de froment. **Consulat** (par an) : tribuns 15 000 F, législateurs 10 000 F, sénateurs 25 000 F. **Ier Empire** (par an) : sénateurs 30 000 F. **Restauration, monarchie de Juillet :** aucun traitement. **IIe République :** députés 25 F par jour. **IId Empire :** sénateurs 30 000 par an ; la Constitution ne prévoyait aucune indemnité pour les députés, mais on leur versa une indemnité journalière selon la durée des sessions à raison de 2 500 F par mois. **IIIe République 1879 :** 9 000 F par an. **1906 :** 15 000 F par an. **Ve République :** indemnité mensuelle (fixée par l'ordonnance 58-1210 du 13-12-1958) égale à la moyenne du traitement le plus bas et du traitement le plus élevé des fonctionnaires de l'État classés dans la catégorie hors échelle + indemnité de résidence (3 % de l'indemnité de base) + indemnité de fonction égale à 25 % du total du traitement et de l'indemnité de résidence.

■ **Députés. Nombre :** 577. **Indemnité parlementaire :** définie par l'ordonnance 58-1210 du 13-12-1958. Calculée par « référence au traitement des fonctionnaires occupant des emplois de l'État classés dans la catégorie hors échelle. Égale à la moyenne du traitement le plus bas et le plus élevé de cette catégorie ». Équivaut au traitement d'un conseiller d'État ayant moins de 1 an d'ancienneté dans son grade. *Indemnités mensuelles brutes* (au 1-5-2001) : 43 091,16 F dont de base 33 472,75, de résidence (3 %) 1 004,18 et de fonction (25 %) 8 619,23. **Retenues obligatoires** (sur le brut mensuel) : 10 929,54 F dont cotisation à la caisse des pensions (les 15 premières années du mandat) 7 147,10, contribution exceptionnelle de solidarité 344,77, CSG et CRDS 3 275,31, cotisation au fonds de garantie de ressources 167,36. **Indemnité nette mensuelle :** 32 161,62 F. **Régime fiscal :** seules indemnités de base et de résidence sont imposables. **Écrêtement des indemnités afférentes à un mandat local :** la loi no 92-175 du 25-2-1992 prévoit qu'un député ne peut cumuler les indemnités afférentes à ses mandats locaux que dans la limite de 1,5 fois son indemnité de base (soit 50 209,12 F par mois). **Indemnité représentative de frais de mandat :** pour financer les dépenses liées à leur mandat : 35 967 F. **Crédit affecté à la rémunération de collaborateurs :** le député est employeur : recrutement, licenciement, conditions de travail, salaire. Crédit mensuel à concurrence de 42 849 F pour employer 1 à 5 assistants. Si le député n'emploie pas tout son crédit, le surplus est acquis au budget de l'Assemblée ou peut être cédé à la rémunération d'employés des groupes parlementaires. **Prestations familiales :** équivalentes à celles d'un salarié. **Sécurité sociale :** affiliation obligatoire au fonds de Sécurité sociale de l'Assemblée créé en 1948 et géré par 3 questeurs et un représentant de chaque groupe politique. **Pensions :** caisse créée le 23-12-1904. Alimentée par une cotisation prélevée sur l'indemnité et une subvention du budget de l'Assemblée. Calculées d'après le nombre d'annuités (les 15 premières années de mandat, les députés versent une cotisation double). Droit ouvert à partir de 55 ans (50 pour les déportés ou résistants ou ceux qui acceptent un abattement temporaire). Pour les femmes, le droit est abaissé de 1 an par enfant. Pension moyenne en 2001 : 14 380 F par mois. **Facilités : circulation :** *SNCF :* carte nominative de circulation gratuite en 1re classe sur tout le réseau français. Accès couchettes et voitures-lits en métropole. *Paris et région parisienne :* parc d'environ 20 voitures ou utilisation de taxis. *Avions :* Pour *députés métropolitains :* prise en charge de 40 allers et retours par an Paris/circonscription lorsqu'elle est desservie par une ligne régulière (80 passages « circonscription ») et 6 allers et retours en métropole hors circonscription ; *d'outre-mer : Dom* crédit annuel de 26 passages en classe club-affaires entre Paris et la circonscription ; *Tom :* 16 passages en 1re classe, plus 4 allers et retours en métropole. **Restauration :** 2 restaurants dont un où le député peut avoir des invités (frais à sa charge). **Logement :** l'Assemblée dispose d'un droit de réservation pour quelques ILN à Paris. Prêts pour acquérir un logement ou une permanence à Paris ou dans la circonscription : environ 500 000 F sur 10 ans à 2 %. **Téléphone et télécopieur :** gratuits à partir de l'Assemblée. De plus, ils peuvent obtenir un forfait global de communication : prise en charge de 4 lignes au plus, dont 2 portables, abonnement Internet, coût des communications dans la limite du forfait. **Courrier :** affranchi par l'Assemblée.

Indemnité de fin de mandat : les députés non réélus peuvent percevoir pendant 6 mois une indemnité qui complète leurs ressources à hauteur de l'indemnité de base.

☞ **Charges :** cotisation au parti ou au groupe politique [exemples : en 1998, au PC, chaque élu reverse au parti son indemnité et ses frais de mandat, le PC lui rétrocède 14 200 F net après impôts ; PS 2 500 à 10 000 F ; Verts 13 500 F ; RPR 1 000 F au groupe et 1 000 au parti ; FD 2 500 F au groupe et 1 000 à 1 500 F à sa fédération ; DF 2 000 F au groupe], frais dans la circonscription (loyer de permanences, matériel de secrétariat, essence pour tournées + la moitié des frais d'entretien de sa voiture = 9 000 F/mois, secrétariat dans la circonscription 8 200 F).

■ **Sénateurs. Nombre :** 321 (au 1-4-2000). **Indemnité brute :** 42 668,40 F dont *imposables :* indemnité parlementaire 33 140,50, de résidence 994,22 ; *non imposable :* indemnité de fonction 8 533,68. **Retenues :** 6 513,76 F dont caisse de retraite 2 704,26, SS maladie et décès 225,36, contribution de solidarité 341,35, CSG 3 040,12, RDS 202,67. **Indemnité nette :** 36 154,64 F. **Avantages annexes :** indemnité représentative de frais de mandat 34 017 F (non imposable), dotation (hors charges patronales) pour le(s) salaire(s) de 1 à 3 assistants (ou jusqu'à 6 à temps partiel) 43 458 F. Possibilité d'emprunt pour l'achat d'un logement et d'une voiture. Les indemnités supplémentaires versées aux membres du bureau et aux Pts des commissions sont identiques aux « indemnités spéciales » allouées par l'Ass. nat. Les sénateurs disposent aussi de facilités postales, téléphoniques et de transports. **Cumuls d'indemnités :** les indemnités parlementaires peuvent être cumulées avec celles allouées au titre d'autres mandats électifs, sous réserve d'un plafond général des indemnités correspondant à 1,5 fois le montant de l'indemnité parlementaire de base, soit 49 710,75 F au 1-12-1999 (loi organique du 25-2-1992). Les indemnités de résidence et de fonction, et celles allouées aux membres des Bureaux des Assemblées, sont exclues des champs d'application du plafonnement.

☞ **Retraite des parlementaires :** système autonome et obligatoire. Les *députés* peuvent commencer à se constituer une retraite (un peu moins de 10 000 F par mois) en une seule législature de 5 ans, en payant une double cotisation mensuelle de 7 076,16 F. À chaque nouvelle élection, le montant de leur pension augmente jusqu'à 36 124 F au bout de 37 ans 1/2. Ass. nationale et Sénat versent une contribution employeur. S'ils sont élus au Parlement, les fonctionnaires sont placés en position de détachement et quittent leurs fonctions pendant leur mandat (sauf professeurs d'université). S'ils sont battus, ils retrouvent leur administration et continuent à cotiser à la retraite des fonctionnaires.

Élus locaux

☞ **Plafond mensuel** (au 1-12-1999) : 49 710 F.

■ **Conseillers régionaux. Nombre :** 1 722 en 1994.

Indemnités de fonction brutes mensuelles (en F, au 1-5-2001) **et,** entre parenthèses, **en %** : *- de 1 million d'hab.* : 9 226 (40), *de 1 à - de 2 millions :* 11 533 (50), *de 2 à - de 3 millions :* 13 839 (60), *+ de 3 millions :* 16 146 (70). L'indemnité des conseillers régionaux siégeant à la commission permanente est majorée de 10 % et celle des vice-Pts de 40 %.

■ **Conseillers généraux. Nombre :** 3 841 (en 1994).

Indemnités de fonction brutes mensuelles (en F, au 1-5-2001) **et,** entre parenthèses, **en %** : *- de 250 000 hab.* : 9 226 (40), *250 000 à - de 500 000 :* 11 533 (50), *500 000 à - de 1 million :* 13 839 (60), *de 1 million à - de 1,25 :* 14 992 (65), *+ de 1,25 million :* 16 146 (70). *Nota :* l'indemnité des conseillers généraux siégeant à la commission permanente est majorée de 10 % et celle des vice-Pts de 40 %. Un président reçoit 29 417 F.

■ **Élus communaux. Maires. Nombre des communes** (en 2001) : 36 763 dont 183 dans Dom-Tom. Le conseil municipal détermine librement le montant de l'indemnité de fonction allouée au maire et aux adjoints dans une limite variant selon le nombre d'habitants de la commune et fixé par référence à l'indice 1015 pour le maire, et par référence au montant de l'indemnité perçue par ce dernier pour les adjoints. Indice brut mensuel 1015 : 22 065,25 F (au 1-5-2001). **Indemnités de fonctions brutes mensuelles des maires** (en F, au 1-5-2001) **et,** entre crochets, **des adjoints** (entre parenthèses, taux maximal pouvant être accordé à chacun fixé selon le nombre d'habitants de la commune) : *- de 500 hab. :* 3 921 (17) [1 107 (40)], *500 à 999 :* 7 150 (31) [1 568 (40)], *1 000 à 3 499 :* 9 918 (43) [2 850 (40)], *3 500 à 9 999 :* 12 686 (55) [3 967 (40)], *10 000 à 19 999 :* 14 992 (65) [5 074 (40)], *20 000 à 49 999 :* 20 759 (90) [5 997 (40)], *50 000 à 99 999 :* 25 372 (110) [6 920 (40)], *100 000 à 200 000 :* 33 445 (145) [10 379 (50)], *+ de 200 000 (y compris Paris, Marseille, Lyon) :* 33 445 (145) [10 956 (50)].

Les conseils municipaux peuvent, en outre, voter sur ressources ordinaires des indemnités aux maires pour *frais de représentation.* Les *délégués des communes* dans les communautés urbaines et dans les communautés de villes de plus de 400 000 hab. ont des indemnités fixées par les conseils (au max. 28 % de l'indice 1015, soit 6 336 F/mois au 1-4-1999).

Conseillers municipaux. Nombre total (en 2001) : 481 822. **Indemnités annuelles de fonction :** *Paris, Lyon* et *Marseille* (138 462). *Communes de plus de 100 000 hab.* dans lesquelles le conseil municipal décide de créer ces indemnités : par conseiller des communes de 100 000 hab. 1 384 F/mois (16 608 F annuels). *Autres communes :* pas d'indemnités de fonction. *Majorations possibles :* chefs-lieux de département (25 %), d'arrondissement (20 %) et de canton (15 %), communes sinistrées (% égal au % d'immeubles sinistrés), classées stations hydrominérales, climatiques, balnéaires, touristiques, uvales, stations de sports d'hiver et d'alpinisme ou dont la population a augmenté suite à des travaux publics d'intérêt national : 50 % si pop. inférieure à 5 000 hab., 25 % si au-delà ; communes attributaires de la dotation de solidarité urbaine au cours de l'un au moins des trois exercices précédents (échelon immédiatement supérieur).

■ **Pts et vice-Pts d'établissements publics de coopération intercommunale (EPCI).** Assimilés au maire et aux adjoints d'une commune dont la population serait égale à celle de l'ensemble des communes composant cet établissement public. Indemnités au maximum égales : à 100 % de l'indice 1015 plafond pour les communautés d'agglomération, à 75 % pour les autres EPCI dotés d'une fiscalité propre, et à 37,5 % lorsque l'EPCI n'est pas doté d'une fiscalité propre. **Délégués des communes au conseil.** *Communauté d'agglomération ou conseil d'une communauté urbaine :* indemnités plafonnées à 6 % de l'indice 1015 si population entre 100 000 et 399 000 hab. ; + de 400 000 hab. : 28 %. *Délégués des communautés de communes :* pas d'indemnité prévue. **Cumuls d'indemnités :** élus des communes, départements et régions peuvent cumuler les indemnités de fonction dans la limite de 50 209 F/mois (au 1-5-2001).

■ **Indemnités de quelques personnalités politiques** (mensuelles nettes de charges, avant impôts, venant des activités politiques plus, dans certains cas, d'une retraite de fonctionnaire) [enquête de *Capital,* en F, mars 1999]. **Christian Poncelet** 115 685, **Laurent Fabius** 104 551, **Jacques Chirac** 90 833 (salaire de Pt 35 833, retraites de député et de la Cour des comptes 55 000), **Édouard Balladur** 68 000, **Lionel Jospin** 59 129, **Martine Aubry** 52 018, **Dominique Strauss-Kahn** 49 387, **Jack Lang** 47 660, **Bruno Mégret** 45 750, **François Bayrou** 43 000, **Alain Juppé** 43 000, **Alain Madelin** 43 000, **Nicolas Sarkozy** 43 000, **Daniel Cohn Bendit** 41 420, **François Hollande** 39 380, **Jean-Marie le Pen** 36 000, **Philippe Séguin** 32 000, **Arlette Laguiller** 10 000.

Élus à l'étranger

■ **Députés européens. Indemnités fixées par chaque pays de l'Union** (en F, par mois, au 1-6-2000) : Italie 65 431, Autriche 55 985, G.-B. 44 093, All. 43 175, *France 42 663,* P.-Bas 40 479, Belgique 37 507, Danemark 33 086, Suède 30 436, Luxembourg 30 298, Grèce 29 485, Irlande 26 395, Portugal 24 158, Finlande 22 046, Espagne 18 885. **Indemnités supplémentaires** (en euros, au 1-1-2000) : frais généraux : 3 385/mois, voyage : 0,76 les 400 premiers km (0,38 chaque km suivant sur justificatifs), frais de voyage : 3 000/an, séjour : 240/j, de présence, crédit collaborateur(s) : 9 765/mois.

☞ Le Parlement européen a mis en place un groupe d'experts extérieurs indépendants chargé de réfléchir sur le projet de statut des députés.

■ **Salaires bruts mensuels des députés étrangers** (en F, 1995) et, entre parenthèses, **primes mensuelles fixes.** Japon 99 750 (50 050) ; USA 58 450 ; Italie 46 550 (9 450) ; Autriche 41 650 à 32 550 (10 500 + de 4 200 à 8 400) ; Allemagne 36 400 (21 000) ; Danemark 27 300 (de 2 800 à 7 000) ; G.-B. 22 750 ; Suisse 10 850 (927 F par séance).

personnel de direction 1re cat. 1re cl. 18 124,73 à 26 551,63, agrégés, pers. de dir. 1re cat. 2e cl. et 2e cat. 1re cl. 10 388,57 à 22 628,29, pers. de direction 2e cat. 2e cl. 10 858,26 à 19 174,64, Bi-admis. 10 029,39 à 19 368,04 hors classe, certifiés, PLP2, dir. CIO 13 621,18 à 21 578,38, certifiés, PLP2, prof. EPS, CPE, CO Psy 9 532,06 à 18 539,17, AE 8 730,82 à 14 864,49, Cl. excep. PEGC, Ch E EPS 16 853,79 à 21 578,38, hors classe PEGC, Ch E EPS 12 571,27 à 18 124,73, PEGC, PLP1, C. éducation 8 730,82 à 14 864,49, Ch. ens., EPS et non EPS 8 040,09 à 14 864,49. **Indemnités** (en net par an, au 1-4-1999) : *logement :* instituteurs et directeurs d'école élémentaire ont droit au logement en nature ou à une indemnité représentative. Cette indemnité est versée par l'État aux communes ou aux personnels non logés. *Dotation spéciale instituteur :* 14 000 F pour l'année. *Indemnité (I.) de 1re affectation :* 13 907 F. *I. de sujétions spéciales* (ZEP, zone d'éducation prioritaire) : 6 894 F. *I. de conseiller en formation continue :* 44 781. *I de direction d'école* 1er degré : de 995 à 13 262. *I. de section d'études spécialisées :* 9 297. *I. de direction d'établissement spécialisé :* de 8 640 à 39 786. *I. de direction de collèges et lycées :* 8 438 à 12 567. *I. de professeur principal :* suivi et orientation (ISO) part fixe : 7 155, part modulable de 5 343 (1res et terminales des lycées et lycées professionnels) à 8 409 (3e des collèges et LP, 2des des lycées). *I. de professeur principal agrégé : ISO* (taux fixe non réévaluable) 10 557. *Proviseur de lycée :* de 12 210 à 30 690 (*proviseur adjoint :* de 9 450 à 21 957). *I. de sujétions spéciales proviseur de LP et principal de collège :* 12 210 (*proviseur adjoint et principal adjoint :* 9 450). *I. de sujétions particulières : conseillers d'orientation ou documentalistes :* 3 480. *I. de responsabilité de direction : chef d'établissement :* de 8 640 à 12 657 (*adjoint au chef d'établissement :* de 6 102 à 8 438). *I. de conseiller principal et conseiller d'éducation :* 6 591.

■ **Étrennes. Concierges :** quand les loyers étaient très bas : 2 à 5 % du loyer annuel, charges non comprises. Actuellement, pour les services habituels, 10 % du loyer mensuel valeur décembre. **Éboueurs :** un arrêté préfectoral de 1936 interdit aux agents des services municipaux, sous peine de sanctions, de solliciter des étrennes auprès des particuliers. Cependant, certains leur donnent de 5 à 40 F. **Pompiers :** aucun texte n'autorise ni n'interdit leur tournée annuelle. On leur donne souvent de 10 à 30 F.

■ **Justice. Salaires moyens mensuels** (en milliers de F, 2000) : *greffier* 15, débutant 6,1 ; *juge* après 20 ans d'activité 19, débutant 10.

■ **Étudiants salariés** (voir à l'Index).

■ **Gardes du corps.** 80 à 150 F l'heure. *Soirée mondaine :* 500 à 1 000 F par garde (plus charges sociales et TVA). *Garde d'un appartement une nuit (20 h à 8 h) :* 700 à 2 800 F HT par garde du corps selon les risques. *Protection d'une femme seule pendant une soirée (4 h) :* 600 F HT.

■ **Gardiens de phare.** Débutant 5 000 F, avec 15 ans d'ancienneté 6 000 à 7 000 F.

■ **Gendarmerie nationale (y compris garde républicaine). Solde mensuelle nette** (militaire marié, sans enfant, zone de résidence Paris, en 2001) : *officiers :* lieutenant à général (de division) : 13 330 à 37 465 F. *Sous-officiers :* élève gendarme à gendarme (échelon exceptionnel, 21 ans de services) : 8 500 à 13 865 F. Maréchal des logis-chef (10 ans de services) à adjudant-chef (21 ans de services) : 12 190 à 15 920 F. Major (échelon exceptionnel, 29 ans de services) : 17 462 F. *Appelés* (voir **Militaires** p. 1856 a).

Carrières : *officiers* (âge moyen au 1-1-2001) : Gal d'armée 59 ans 3 mois, corps d'armée 57 a. 6 m., division 56 a., brigade 55 a., colonel 51 a. 7 m., Lt-colonel 48 a. 1 m., chef d'escadron 45 a. 1 m., capitaine 39 a. 11 m., lieutenant 38 a. 7 m., sous-Lt 32 a. 6 m. Début de carrière : 22 ans 2 mois, fin : 55 à 61 a. *Sous-officiers* (âge moyen au 1-1-2000) : major 51 ans 3 mois, adjudant-chef 49 a. 2 m., adjudant 44 a. 8 m., Mal des logis-chef 39 a. 6 m., gendarme 36 a. 4 m., Élève gendarme 24 a. 9 m. Début de carrière : engagement possible à 18 ans. *Probabilité de terminer sa carrière au même grade* (en %) *et,* entre parenthèses, *âge moyen de franchissement des grades :* gendarme 50 (25 a. 7 m.), major 17,25 (54 a. 1 m.), adjudant 15 (42 a. 1 m.), adjudant-chef 17 (47 a. 6 m.), Mal des logis-chef 5 (36 a. 8 m.). 0,28 % des sous-officiers réussissent le concours interne et deviennent officiers.

Personnel spécialisé (employé administratif et de soutien) : *âge moyen, au 1-1-2001 :* adjudant-chef 42 a. 8 m., major 45 a., adjudant 38 a. 5 m., sergent-chef 34 a. 6 m., caporal-chef 38 a. 10 m., sergent 27 a. 11 m. Engagement possible de 18 à 27 ans. *Limite d'âge :* sous-officier de carrière : major 56 a., adjudant-chef 55 a., adjudant 47 a., sergent-chef et sergent 42 a.

■ **Hôpital. Salaire annuel brut** (en F, au 1-4-1998, sans primes ni indemnités, début de carrière et, entre parenthèses, fin de carrière) : **personnel non médical :** *administratif :* direction 107 676 (381 133), cadre 113 913 (184 822), agent 81 085 (103 736). **Soignant :** cadre infirmier 121 464 (174 317), sage-femme 108 989 (171 034), kinésithérapeute 98 484 (163 155), infirmier 104 393 (163 155), aide soignant 81 085 (113 585). *Technique :* ingénieur 115 883 (202 220), ouvrier professionnel 81 085 (113 585). **Médical.** *Praticien à temps plein :* non hospitalo-universitaire 248 694 (522 193), hospitalo-universitaire 196 842 (654 341). *Interne :* 88 604 (142 817).

■ **Hôtellerie-restauration. Salaires annuels moyens : hôtellerie** (en milliers de F, 1997) : directeur d'hôtel 1 étoile (ét.) province 130 à 250, 4 ét. Paris 244 à 445. Chef réceptionniste 4 ét. 123 à 210. Réceptionniste 4 ét. 90,3 à 120. Gouvernante 100 à 115. Femme de chambre 78 à 110. Veilleur de nuit 77 à 92. Smic hôtellier (oct. 1995) : de 6 890,48 F à 7 350 F. **Restauration hôtelière** (1997) : directeur 190 à 400. Responsable restauration 130 à 371. Maître d'hôtel 89 à 311. Chef de rang 85 à 214. Serveur 82 à 139. Sommelier 96 à 243. Barman 88 à 214. Chef de cuisine 110 à 455. Commis de cuisine 83 à 127. Plongeur 76 à 115. **Restauration commerciale** (1997) : directeur 120 à 640. Chef de service 190 à 239. Chef de cuisine 105 à 600. Cuisinier 80 à 183. Chef pâtissier 130 à 230. Maître d'hôtel 110 à 300. Serveur 87 à 150. **Restauration collective** (1997) : gérant 116 à 280. Chef de cuisine 104 à 270. Cuisinier 91 à 158. Pâtissier 84 à 125. Serveuse 76 à 165.

■ **Infirmières.** Carrière sur 20 ans en moyenne. **Rétribution mensuelle nette** (en F, au 1-1-2000) **à l'Assistance Publique-Hôpitaux de Paris. Cl. normale :** *2 ans (2e échelon) :* 9 152. *5 ans (3e) :* 9 487. *8 ans (4e) :* 10 097. *12 ans (5e) :* 10 702. *16 ans (6e) :* 11 387. *20 ans (7e) :* 12 177. **Cl. supérieure** (accessible après environ 12 a.) : *3 ans (1er échelon) :* 11 254. *6 ans (2e) :* 11 755. *9 ans (3e) :* 12 388. *13 ans (4e) :* 13 020 et *(5e) :* 13 599.

Nota. – S'ajoutent : une prime de service mensuelle (652 à 1 020 F selon l'ancienneté) et éventuellement le supplément familial de traitement, des indemnités pour travail le dimanche et jours fériés.

■ **Inspecteurs des impôts.** Recrutés sur concours, sortis de l'École des impôts, niveau licence. **Traitement mensuel net** (primes comprises) : *27 ans* (3e échelon) 14 000 F ; *40 ans* (7e) 17 000 ; *57 ans* (12e) 21 000 F. **Du travail.** Recrutés sur concours niveau licence. **Traitement mensuel net** (primes comprises) : *27 ans* (7e échelon) 11 940 ; *32 ans* (6e) 14 300 ; *41 ans* (7e) 19 200.

■ **Journalistes. Salaires mensuels** (en milliers de F, 1997) : quotidiens parisiens et, entre parenthèses, hebdo. 1re (+ de 100 000 ex.) et 3e (– de 40 000) catégories : rédacteur en chef 29,4 (20,2/16,1). Secr. général de rédaction 22,9 (15,9/12,7). Premier secrétaire de rédaction 19,8 (14,7/11,7). Grand reporter ou rédacteur hautement qualifié 16,2 (13,3/10,6). Reporter 15 (11,9/9,5). Rédacteur 13,2 (9,2/7,3). Stagiaire 9,7 à 11,5 (8,2 à 8,7/6,6 à 6,9). **Piges** (en F) : feuillet (25 lignes de 60 signes et espaces) 355,71 F. Écho 103,56 (124,63). Dessin accepté 538,43 (469,49). Croquis : 1er 323,83 (301,89), 2e 218,53 (227,63), 3e 109,21 (128,01). Indemnité d'appareil photo 406 (364). 40 % des pigistes gagnaient en 1993 – de 8 000 F, les autres 11 000 F en moyenne. 41 % sont des femmes. *Exemples : l'Événement du jeudi* (brut) : de 14 à 38,5 (directeur de rédaction) ; *le Canard enchaîné* (brut, primes comprises) de 19,7 à 82,2. **Radio :** Radio France : chef de service 16,5, journaliste spécialisé 12. **Télévision :** voir p. 1857 b.

■ **Mannequins.** Rémunération brute (en F, 1998, congés payés non compris). Pas de convention collective, accords nationaux de 1991-93, étendus à toutes les agences. **Adultes** (à partir de 16 ans). **Minimum à régler** par heure et, entre crochets, par jour (en % du montant facturé au client) : *1er seuil :* presse 33, publicité 36 ; *2e seuil :* salaire brut minimal ; **rémunération horaire et** entre crochets, **par jour** (en F) : *niveau A :* presse promotionnelle pour book et composite 121 [journée, entre 5 et 8 h 603] ; *niveau B à F7 :* presse uniquement 145 à 376 [723 à 1 880] ; *niveau F8 :* expérience récente, documents professionnels (composites, book) composés en test 453 [2 266] ; *niveau F9 :* professionnels 604 [3 018] ; *niveau 10 :* professionnels de niveau supérieur 755 [3 775]. *Hors catégorie :* à négocier. **Conditions diverses :** sous-vêtements et lingerie transparente + 50 % du salaire brut ; nu + 100 %. **Enfants. Rémunération horaire** (dont % versé sur un compte spécial à la Caisse des dépôts et consignations) : **minimum à régler** (en F) : *1er seuil :* 31 % du montant facturé au client quel que soit le type de prestation. *2e seuil :* salaire minimal brut de 2 h. *3e seuil :* salaire brut minimal en fonction de la prestation et de l'âge. Publicité, édition, défilés 268 ; presse écrite (illustration) 184 ; essayage technique sans prise de vue ou présentation 235 ; essayage préparatoire, publicité 134, presse 92, catalogue 117,50 ; catalogue 235 ; films publicitaires : – *de 3 ans :* 747, *de 4 à 5 ans :* 623, *de 6 à 16 ans :* 374.

☞ **Mannequins les mieux payés en 1994** (en millions de F) : Cindy Crawford (USA) 32,5 (environ 54 en 1998). Claudia Schiffer (Allemagne) 26,5. Christy Turlington (USA) 24. Linda Evangelista (Canada) 15. Elie McPherson (USA) 15. Niki Taylor (USA) 12. Isabella Rossellini (USA) 11,5. Kate Moss (G.-B.) 11. Naomi Campbell (USA) 10,5. Bridget Hall (USA) 10.

■ **Marine marchande. Salaires mensuels bruts moyens** (en F, 1998). **Long cours** (brevets niveau I) **et**, entre parenthèses, **cabotage** (niveau II) : **cargos :** capitaine 25 450 à 32 900 (20 480 à 25 500) ; second capitaine (5 ans d'ancienneté) 21 790 (16 680) ; officier 14 700 (12 410), 10 ans d'ancienneté 18 380 (13 580) ; maître d'équipage 11 300 (10 150) ; matelot 10 ans d'ancienneté 9 520 (8 410). **Pétroliers :** capitaine 31 500 à 36 700 (26 770 à 31 050) ; second capitaine 5 ans d'ancienneté 23 600 (19 210) ; officier 16 500 (13 890), 10 ans d'ancienneté 18 800 (14 880) ; maître d'équipage 12 410 (9 680) ; matelot 10 ans d'ancienneté 9 570 (7 960). *Taux de congés :* long cours 18,25 jours par mois d'embarquement, cabotage 17,25.

■ **Médecins. Revenu annuel** (en milliers de F) **maximal (minimal) :** *généraliste* (58 h hebdomadaires) 562 (114) ; *ophtalmologue* (50 h) 842 (117) ; *cardiologue* (61 h) 844 (202) ; *chirurgien* (60 h) 1 237 (302). **Moyen** (en milliers de F, 1997) : radiologue 942 ; anesthésiste 807 ; chirurgien 722 ; ophtalmologue 557 ; cardiologue 547 ; stomatologue 521 ; gastroentérologue 471 ; ORL 461 ; gynécologue 445 ; pneumologue 427 ; rhumatologue 369 ; dermatologue 349 ; omnipraticien 337 ; psychiatre 335 ; pédiatre 329.

Médecins du travail (à temps complet, en F par mois, au 1-1-2000) : **catégorie 1 :** *6 mois :* 19 972, *+ de 6 mois :* 22 191 ; **catégorie 2** (pratique 3 ans) : *embauche :* 26 629, *après 5 ans :* 28 840, *10 a. :* 31 067, *15 a. :* 34 396.

■ **Militaires.** En 1190, Philippe Auguste fixa à 1 sou par jour la solde des « hommes de pied » l'accompagnant en croisade (d'où le mot de *solde*). Cependant, la paie du soldat ne fut assurée que sous Charles VII (1445) qui lui affecta l'impôt de la taille. **Appelés. Montant du prêt du soldat (ou matelot) de 2e cl. et solde mensuelle (en F) :** *1960 :* (1-1) 9, *65 :* (1-5) 15, *71 :* (1-7) 22,50, *72 :* (1-7) 42, *73 :* (1-7) 52,50, *74 :* (1-7) 60, *75 :* (1-1) 75, *76* (1-4) 210, *77 :* (1-7) 240, *78 :* (1-6) 255, *79 :* (1-7) 270, *80 :* (1-7) 285, *81 :* (1-4) 315, *82 :* (1-1) 345, *83 :* (1-7) 375, *84 :* (1-9) 405, *85 :* (1-9) 405, *86 :* (1-1) 435, *88 :* (1-3) 444, *89 :* (1-3) 453, *90 :* (1-3) 463, *91 :* (1-3) 477, *92 :* (1-3) 483, *93 :* (1-3) 495, *94 :* (1-3) 504, *95 :* (1-3) 516, *96 :* (1-3) 531, *98 :* (1-3) 537, *2000 :* (1-3) 549. 1re classe 687, caporal 960, caporal-chef 1 098, sergent 1 374, aspirant 1 647, sous-lieutenant 1 758.

Militaires professionnels et de carrière (rémunérations mensuelles brutes, en F, en métropole, 2001). Général 38 528 à 54 415 ; colonel 31 996 à 41 280 ; lieutenant-colonel 24 563 à 28 387 ; commandant 21 371 à 23 433 ; capitaine 18 077 à 21 928 ; lieutenant 16 120 à 18 469 ; sous-lieutenant 13 183 à 14 603 ; major 15 480 à 18 344 ; adjudant-chef 14 982 à 17 160 ; adjudant 12 874 à 14 849 ; sergent-chef 10 844 à 14 124 ; sergent 9 848 à 12 697 ; caporal-chef 9 288 à 12 173 ; caporal 8 922 à 10 145 ; soldat professionnel 8 894 à 9 485.

A ces émoluments s'ajoutent : *1°) des primes pour services particuliers :* pilotes : indemnité de services aériens (50 % de la solde brute) ; marins : majoration d'embarquement (20 %) ; gendarmes : indemnité de sujétions spéciales de police suivant le grade (12 % à 24 %). *2°) A l'occasion du service à l'étranger, une indemnité de résidence et des majorations familiales* (mêmes conditions que pour les personnels civils de l'État en poste à l'étranger).

Groupes de grade. 1°) Officiers subalternes : [*éch.* (échelon) sous-lieutenant : durée 1 an (*3 :* après 15 ans de service, *2 :* après 5 a., *1* avant 5 a.] ; lieutenant : durée 4 ans (*éch. 5 :* 2 a. ou après 21 a. ; *4 :* 2 a. ou après 16 a. ; *3 :* 1 a. ou après 11 a. ; *2 :* 1 a. ou après 6 a. ; *1 :* 1 a. ou avant 6 ans) ; capitaine : durée 5 ans (*éch. 5 :* après 29 a. ; *4 :* 2 a. ou après 26 a. ; *3 :* 2 a. ou après 24 a./1 a. ou après 23 a. ; *2 :* 2 a. ou après 22 a. ; *1 :* 2 a. ou moins de 22 a.). **2°) Officiers supérieurs :** commandant : durée 4, 5 ou 6 ans (*éch. 3 :* 2 a., *2 :* 2 a., *1 :* 2 a.) ; lieutenant-colonel : durée min. 3 ans (*éch. 3 :* 2 a., *2 :* 2 a., *1 :* 2 a.). **3°) Colonels :** *éch. exceptionnel :* accessible après 4 ou 5 a. dans la limite d'un contingent ; *éch. 2 :* 3 a., *1 :* 3 a.). **4°) Officiers généraux :** général de brigade (au choix).

Avancement. De capitaine à commandant : se fait au choix avec condition (au moins 5 ans et au plus 9 dans le grade) ; ceux qui ont dépassé 9 ans accèdent à l'échelon spécial et ne peuvent plus passer Cdt au choix sauf dans la limite de 2 % des promouvables du grade. **De lieutenant-colonel à colonel :** au choix avec condition (au moins 3 ans et au plus 7 ans dans le grade) ; au-delà : accèdent à l'échelon spécial et ne peuvent plus passer colonel au choix sauf dans les 2 % des promouvables du grade.

Légionnaires. Solde par mois (en F) **à Djibouti** (au 1-12-2000) : solde début de contrat 19 398 ; caporal-chef (10 ans de service) 21 050 ; adjudant-chef (+ de 17 ans) 23 974.

■ **Musées. Personnel de la Ville de Paris** (traitement brut mensuel et indemnité de résidence, en F, au 1-3-1997) : agent de la surveillance spécialisée des musées de 2e cl. : 6 526 à 8 789 F. 1re cl. : 6 661 à 9 234. Agent-chef de 2e cl. : 6 796 à 9 624. 1re cl. : 6 985 à 10 402. Principal : 9 784 à 10 848. Conservateur de 2e cl. du patrimoine : 11 697 à 13 824 ; de 1re cl. : 14 297 à 19 275. En chef : 16 104 à 26 702. Général : 20 332 à 32 292.

■ **Musiciens.** Joueurs d'orgue de Barbarie : 300 à 500 F/j.

■ **Parapsychologie.** 40 000 voyantes ; chiffre d'affaires annuel (1994) : 8 milliards de F. *Consultation :* 350 à 700 F.

■ **Pharmacie. Bénéfice moyen par pharmacien** (en 1994) : 358 000 F (après remboursement des emprunts) selon Fédération ; **% du chiffre d'affaires** (hors taxes, en %) : spécialités normales 81, publiques 6, droguerie, conditionnés 1, pansements 2,2, accessoires 1,6, diététique (sauf le lait) 2, laits 2,2, parfumerie 3, analyses, locations 0,3, récipients 0,2. **Salaires :** personnel, pour 37 h de travail par semaine (au 1-1-2001). *Préparateur en pharmacie :* 7 500 à 9 800 F par mois. *Pharmacien assistant :* 20 000.

■ **Police nationale. Traitements mensuels nets** applicables aux actifs (au 1-1-2001) **en début et**, entre parenthèses, **en fin de carrière** et, en italique, **allocation de service ou prime de commandement mensuelles : corps de conception et de direction** (recrutement maîtrise ou équivalent) : élève 9 832,70, stagiaire 10 522,98, *1 190,* commissaire 11 799,24 (17 451,65) *4 600,* principal 16 848,71 (20 111,83) *5 800,* divisionnaire 20 111,83 (22 501,24) *6 700,* divisionnaire à l'échelon fonctionnel 24 145,83 (26 395,21) *7 800.* **Corps de commandement et d'encadrement** (bac + 2 ou équivalent) : élève lieutenant 8 289,12, lieutenant stagiaire 9 195,96, *610,* lieutenant 10 165,15 (14 076,88) *1 560,* capitaine 13 515,04 (15 941,52) *1 735,* commandant 14 269,49 (16 764,98) *1 910,* commandant à emploi fonctionnel 16 764,98 (17 451,65). **Corps de maîtrise et d'application** (pas de diplôme exigé) : élève gardien de la paix 7 685,63, gardien stagiaire 7 708,68, gardien 7 823,92 (12 254,53), sous-brigadier de police 10 851,91 (13 087,17), brigadier 10 851,99 (13 087,17), brigadier-chef 13 327,55 (13 641,54), brigadier-major 13 373,51 (14 131,57).

■ **Politique.** Voir encadré p. 1854.

☞ **Au recensement de 1990 :** 307 138 personnes exerçaient pour leur propre compte (salariés exclus) dont médecins spécialistes 43 516 ; généralistes 71 928 ; chirurgiens-dentistes 38 716 ; psychologues, psychanalystes, psychothérapeutes non médecins 15 061 ; vétérinaires 11 452 ; pharmaciens 29 228 ; avocats 19 564 ; notaires 7 300 ; conseillers juridiques et fiscaux 4 360 ; experts comptables et comptables agréés 10 980 ; ingénieurs-conseils en recrutement, en organisation, en études économiques 8 994, techniques 15 164 ; architectes 25 294 ; huissiers de justice, officiers ministériels et divers 5 601.

■ **Pompiers. A Paris : solde mensuelle** (en F, au 1-1-2001) : sapeur : 9 021,75 à 10 135,39. Caporal 9 077,95 à 10 162,21. Caporal-chef 9 098,08 à 10 335,84. Sergent 10 201,63 à 12 566,61 F. Sergent-chef 12 115,17 à 13 617,17. Adjudant 12 627 à 15 393,89. Adjudant-chef 15 385,89 à 16 248,75. **Communes et départements : professionnels** [revenu brut, hors régime indemnitaire (prime de feu, de responsabilité, de spécialité, de logement) en F, en 2000, 1er échelon du grade] : début de carrière : sapeur 2e cl. : 7 185,04, caporal 7 463,53, sergent 9 078,77, adjudant 9 218,01, lieutenant 2e cl. 8 493,84, capitaine 9 663,60, commandant 12 392,80, Lt-colonel 13 200,42, colonel 18 296,79 ; fin de carrière : sapeur 1e cl. 9 747,15, caporal 10 526,92, sergent 10 994,65, adjudant 11 947,22, lieutenant hors cl. 14 843,51, capitaine 17 210,68, commandant 19 995,58, Lt-colonel 21 777,91, colonel 22 836,18. **Volontaires** (vacation horaire en F, 2000) : officiers 64,20 ; sous-off. 51,59 ; caporaux 45,89 ; sapeurs 42,68.

■ **La Poste. Effectifs** (au 31-12-1999) : *fonctionnaires* 236 409 (hommes 142 211, femmes 94 198) ; *non fonctionnaires* 71 710 (hommes 21 253, femmes 50 457). **Travail à temps partiel :** 23 491 (hommes 3 888, femmes 19 603. **Rémunération mensuelle moyenne brute** (plus indemnité de résidence, complément Poste et complément biannuel, 1999) : *fonctionnaires :* cadres sup. 22 743 (hommes 23 463/femmes 20 747), cadres 16 583 (16 675/16 370), maîtrise 13 870 (13 883/13 848), exécution 11 227 (11 197/11 272) ; *non fonctionnaires :* cadres sup. 25 557 (27 421/23 064), cadres 12 173 (12 070/12 272), maîtrise 9 031 (9 065/9 008), exécution 8 456 (8 058/8 597).

■ **Presse (attachés de).** Salaire moyen brut mensuel, 2000 : débutant : environ 8 000 F, puis 10 000 à 30 000 selon le secteur (cinéma 30 000 à 50 000 F) et l'expérience.

■ **Prisons. Agents pénitentiaires :** *traitement mensuel net, sans indemnités* (au 1-1-2001) : directeur catégorie A (dir. 2e classe, 1re classe et dir. régional) 11 214 à 30 861 F. Personnel de surveillance (de surveillant à chef de service pénitentiaire de 1re classe) 8 664 à 17 158 F. **Détenus :** *stagiaires de formation professionnelle :* rémunération nette : 1 450 F/mois. Travail, rémunérations moyennes mensuelles nettes : travail en concession 2 337 F, travail au service de l'emploi pénitentiaire (SEP) 2 834 F, travail au service général (entretien) : 770 F. *Prélèvements obligatoires* (en % du net) : indemnisation des victimes : 10, frais d'entretien 30 avec plafond, constitution d'un pécule de libération 10. Les prévenus qui font l'objet d'un non-lieu, d'une relaxe ou d'un acquittement peuvent demander le remboursement des sommes prélevées au titre des frais d'entretien.

■ **Professions libérales** [chiffre d'affaires (HT) et, entre parenthèses, résultat net fiscal (en milliers de F)]. **Agents commerciaux :** de 250 (83,7) à 1 000 (900). **Architectes :** 214 (94,3) à 2 400 (777). **Assurances (agents)** 425 (199) à 2 000 (552). **Avocats** *(collaborateurs)* (– de 100 à + de 700). *Avocats exerçant en SCP ou en association* (101 à + de 700) ; certains cabinets facturent de l'heure jusqu'à 2 500 F en + (par fractions de 5 min, 15 min, 1/10) : associés 950 à 2 500, collaborateurs juniors 500 à 1 300, seniors 500 à 1 800. *Cabinets individuels* (– de 100 à + de 700). **Commissaires-priseurs :** (150 à 2 313,9). **Graphologues :** 250 (60) à 800 (400). **Huissiers :** revenu courant avant impôts 120 à 1 600. **Notaires :** revenu courant avant imposition 177 à 4 143,3 (honoraires de négociations immobilières : 5 % jusqu'à 300 000 F, 2,5 % au-delà). **Traducteurs :** 189 (100,4) à 840 (530). **Artistes. Créateurs textiles :** (– de 50 à + de 300). **Graphistes :** (– de 50 à + de 600). **Peintres :** (– de 50 à 1 500). **Photographes :** (– de 50 à 900). **Sculpteurs :** (– de 50 à 800).

☞ *Photographe français le mieux payé du monde :* Patrick Demarchelier (entre 10 000 et 30 000 $ par jour en 1995).

■ **Publicité.** *Footballeurs* (chaque joueur a touché 4 millions de F de prime pour le Mondial) : Zidane 20 millions de F sur 8 ans avec Adidas ; Barthez 1,5 (campagne McDonald's). Un footballeur renommé participant à un défilé de mode touche 100 000 à 200 000 F. *Participation* à des séminaires de motivation 20 000 à 100 000 F (sportifs), parfois 250 000 F (hommes politiques). Sharon Stone aurait perçu 1,5 million de F pour paraître au 100e anniversaire de Van Cleef.

■ **RATP. Rémunérations mensuelles brutes** (en F, au 1-1-2001, début et fin de carrière, primes comprises) : **autobus :** *machiniste-receveur* (conduite) 10 600 à 15 400. **Réseau ferré (métro et RER) :** *conducteur :* 11 500 à 16 300, *agent de station :* 9 400 à 15 300. **Maintenance :** *opérateur non qualifié :* 8 300 à 12 100 ; *opérateur qualifié :* 9 600 à 15 000. **Encadrement :** *maîtrise :* 12 300 à 22 000. *Cadres :* 15 500 à 32 000. **Retraite** (âge minimum de départ pour une pension non nécessairement à taux plein) : agents de conduite 50 ans, de maintenance 55, autres catégories 60.

■ **SNCF. Rémunérations brutes moyennes, primes comprises** (en F, au 1-4-2001) : *agent d'entretien équipement :* 7 575 à 8 515 ; *agent professionnel matériel* 8 240 à 9 975 ; *conducteur de ligne :* 14 485, TGV 18 490 à 19 275, *agent du service commercial des trains :* 10 590, *chef de gare :* petite 12 215, moyenne 17 440, grande 25 290.

■ **Sociales (carrières). Salaires mensuels bruts** (au 1-5-2001), **du secteur public, début et fin de carrière :** *assistant socio-éducatif :* 8 523 (14 964). *Conseiller en économie sociale et familiale :* 8 523 (14 008). *Éducateur de jeunes enfants :* 8 017 (12 967). *Moniteur éducateur :* 7 567 (11 392). *Agent technique* (dactylo) : 7 060 (8 973). *Monitrice d'enseignement ménager :* 8 073 (13 361). *Cadre socio-éducatif :* 11 308 (15 442). *Directeur 1re classe :* 9 704 (18 874).

Sports

■ **Athlétisme** (en milliers de F, 2000). **Pour participer à un meeting** super league (en moyenne) : Michael Johnson 360, Sergueï Bubka 240, Haïlé Gebreselassie 300, Wilson Kipketer 180 ; *surprime :* de 50 à 300 si record battu pendant la réunion ; *prime :* 30 à 60 pour une victoire dans une épreuve. Presque tous les athlètes sont rétribués selon leurs résultats (primes de 0 à 150 000 F).

■ **Automobile. Rémunérations annuelles** versées aux pilotes (hors contrats publicitaires, en millions de F, 1996) : Michael Schumacher 125 + produits de la Michael Schumacher Collection 40, sponsoring personnel 35. Jean Alesi 40. Gerhard Berger 40. David Coulthard 40. Damon Hill 35. Mika Hakkinen 35. Rubens Barichello 30. Jacques Villeneuve 30. Eddie Irvine 25. Olivier Panis 5.

■ **Cyclisme. Tour de France** (en milliers de F, 1998). Vainqueur 2 200, 2e 1 100, 3e 600, 1er classement par équipe 200, maillot vert 150, maillot à pois 150, maillot blanc 100, prix de la combativité 100, victoire d'étape 50, du prologue 25, un jour en pois 2, un jour en vert 2, primes dégressives du 4e au 150e 400 à 2,5. **Salaires mensuels des coureurs :** Greg LeMond est le seul dont le contrat avec l'équipe Z (2 millions de $ sur 3 ans) ait été rendu public.

☞ *En 1964,* Jacques Anquetil gagnait 800 000 F par an dont critériums 400 000, salaire 300 000, primes 100 000. Raymond Poulidor 500 000 (critériums 320 000, salaire 120, primes 60).

■ **Football.** Voir encadré p. 1411 c. **Plus gros revenus** (en millions de F, 2000, revenu annuel et, entre parenthèses, salaire mensuel/primes/publicité) : Alessandro del Piero 66 (2,8/3/29). Ronaldo 55 (2/1/30). Christian Vieri 39 (2,3/1/10). David Beckham 36 (1/4/20). Gabriel Batitsuta 35,5 (1,9/2,5/10). Alan Shearer 35 (1/1/22). Nicolas Anelka 34,2 (1,6/1/8). Steve McManaman 32,3 (2,6/1/n.c.). Hidetoshi Nakata 32 (1,3/n.c./16). Zinedine Zidane 31 (1,1/3/15). Oliver Bierhoff 29 (1,1/1/15). Francesco Totti 28,5 (1,6/1,5/7). Rivaldo 27,6 (1,8/2/4). Roy Keane 27,3 (1,4/4/6). Ryan Giggs 26 (1/4/10). Michael Owen 25,6 (0,8/1/15). Fabien Barthez 24 (1/2/10). Raul 23,9 (1,2/1,5/8). Paolo Maldini 23,8 (1,4/1/6). Roberto Carlos 22,6 (1,3/1/6).

Salaires mensuels (en 1999) : Marco Simone 1 000 000 de F, Christian Wörns 800 000, Fabrizio Ravanelli 800 000, Fabien Barthez 600 000, Franck Gava 500 000, David Trezeguet 100 000. En 1998, Augustine Okache a été acheté 100 millions de F.

■ **Hippisme. Salaires moyens mensuels** (en F, 2000) : *moniteur :* 8 800 à 9 900 ; *instructeur :* 11 000 à 14 000 ; *palefrenier :* 7 000 à 7 600 ; *accompagnateur :* 7 000 à 8 000 ; cavalier d'entraînement 7 000 à 8 000.

■ **Maître nageur-sauveteur. Salaire** (brut mensuel) : *maître nageur-sauveteur et éducateur sportif 1er échelon :* 7 615 à 12 422, *chef de bassin :* 8 020 à 12 827 + 403 F par mois.

■ **Ski. Moniteurs** (travailleurs indépendants brevetés d'État, environ 15 000 dont 13 500 labellisés « École de Ski Français » inscrits dans 250 bureaux) pour un travail saisonnier de 4 mois et demi maximum (du 15-12 au 30-4) : 45 000 à 120 000 F net (pour 80 % d'entre eux). **Pisteurs-secouristes** brevetés d'État : 6 500 F à 12 000 F net par mois (au 1-4-2000). 42 000 secours/an environ. Un quart d'entre eux a un contrat à l'année. Certains ont des spécificités : artificier, maître-chien d'avalanche, nivo-météorologue, nivo-culteur, chef de secteur, chauffeur de chenillette.

■ **Squash.** Jahanghir Khan : 800 000 $/an.

■ **Tennis. Joueurs** [sommes gagnées (prix de tournoi, primes d'engagement, tournois publicitaires) en *1994* (en millions de F)] : Andre Agassi 63, Steffi Graf 43, Boris Becker 37, Stefan Edberg 34. *1995 :* Pete Sampras 55. *1996* (prév., en millions de F) : Agassi 75 ; Graf 35.

Gains de joueurs français cumulant (dans le tournoi du grand Chelem et de l'ATP Tour) simple et double (en millions de F, hors contrats publicitaires) **en 1994 :** Delaitre (34e ATP) 2,663, Pioline 2,229, Boetsch 2,220, Forget 1,707, Leconte 1,285, Santoro 1,2, Fleurian 1,142, Raoux 1,05, Gilbert 1,003, Roux 1,002, Simian 0,934, Solvès 0,446, Barthez 0,334, Guardiola 0,331, Champion 0,292, Fontang 0,20, Golmard 0,17, Vitoux 0,105. **Gains sur une carrière de joueurs français en 1994** (en milliers de $) : Forget 4 228, Noah 3 295, Leconte 3 153, Pioline 1 820, Boetsch 1 592, Delaitre 1 346, Santoro 1 068, Tulasne 1 058, Raoux 920, Fleurian 908, Champion 855, Gilbert 745, Simian 504, Benhabiles 504.

■ **Sportifs les mieux payés** (en millions de $, 2001). **Dans le monde :** Tiger Wood [2] (golf) 53, Mike Tyson [2] (boxe) 48, Michael Jordan [2] (basket) 46, Grant Hill [2] (basket) 37, Shaquille O'Neal [2] (basket) 24, Oscar de la Hoya [2] (boxe) 23, Kevin Garnett [2] (basket) 21, George Foreman [2] (boxe) 20,1, Kobe Bryant [2] (basket) 20, Scottie Pippen [2] (basket) 18, André Agassi [2] (tennis) 17,5, Alonzo Mourning [2] (basket) 17, Jacques Villeneuve [4] (F1) 16. **En Europe :** Michael Schumacher [1] (F1) 59, Lennox Lewis [3] (boxe) 23, Eddie Irvine [5] (F1) 12, Zinedine Zidane [6] (football) 11,2. Martina Hingins [7] (tennis) 11, Mika Häkkinen [8] (F1) 10, Anna Kournikova [9] (tennis) 10, Giancarlo Fisichello [10] (F1) 8, Raul [11] (football) 7,1, Al. Del Piero [10] (football) 7, Christian Vieri [10] (football) 6,9, Luis Figo [12] (football) 6,3, Ralph Schumacher [1] (F1) 6, David Beckam [3] (football) 5,8, Roy Keane [3] (football) 5,5.

Nota. – (1) Allemagne. (2) USA. (3) G.-B. (4) Canada. (5) Irlande. (6) France. (7) Suisse. (8) Finlande. (9) Russie. (10) Italie. (11) Espagne. (12) Portugal.

Dotations. US Open (en $, en 2000) : SIMPLES MESSIEURS ET DAMES : *vainqueur :* 800 000, *finaliste :* 425 000, *1/2 fin. :* 220 000, *1/4 :* 110 000, *1/8 :* 55 000, *3e tour :* 35 000, *2e :* 20 000, *1er :* 10 000. DOUBLES MESSIEURS ET DAMES : *vainqueurs :* 340 000 ; MIXTES : *vainqueurs :* 126 000. **Wimbledon** (en milliers de F, 2001) : SIMPLE MESSIEURS : 5 500 (DAMES : 5 000). **Roland-Garros** (en milliers de F, 2001) : SIMPLE MESSIEURS : *vainqueur :* 4 538, *finaliste :* 2 269, *1/2 fin. :* 1 134,5, *1/4 :* 600, *1/8 :* 321, *3e tour :* 186, *2e :* 112,5, *1er :* 67,5. DAMES : *vainqueur :* 4 312, *finaliste :* 2 156, *1/2 fin. :* 1 078, *1/4 :* 570, *1/8 :* 289, *3e tour :* 167,5, *2e :* 101,3, *1er :* 60,8.

■ **Télévision. Animateurs de France Télévision** (*estimation de la Cour des comptes,* en millions de F, 1995) : Delarue 48,2 (dont par la chaîne 12/par la Sté 2,8) ; Martin 32,6 (–/25) ; Naguy 17,9 (1,8/1,2) ; Drucker 16,2 (–/9,2) ; Arthur 11,5 (–/0,9) ; Dumas 8,4 (2,7/1).

■ **Tribunaux. Greffiers** (traitement mensuel, en F, 2000) : 6 100 à 18 000. **Jurés :** indemnité journalière 40 + (montant horaire en Smic × 8) ; s'il y a perte de salaire, indemnité supplémentaire (Smic × nombre d'h). **Magistrats :** traitement mensuel net en F (1997) compte tenu des indemnités. *Juges de tribunaux de grande instance,* d'instance, d'instruction, d'enfants, d'application des peines et substituts : 15 310 à 28 947. Auditeurs de justice (indice 354) : net après retenues 8 190 (hors indemnités de stage). *Conseillers, avocats généraux, Pts de chambre de cour d'appel, Pts et procureur (1er grade) :* jusqu'à 34 674. *1ers Pts et procureurs gén. de cour d'appel :* jusqu'à 45 245. *1er Pt, procureur gén. de la Cour de cassation :* 53 494. **Témoins :** indemnité de comparution : 10 F + (Smic horaire × 4) ; s'il y a perte de salaire, indemnité supplémentaire. **Tribunal de commerce :** pas de rémunération.

■ **Vétérinaires. Nombre** (au 14-9-2000) : 14 791. En exercice 11 049 dont *praticiens libéraux* 8 046 (72,82 %), *salariés* 2 376 (21,5 %), *non répertoriés* 627 (5,67). Médecine canine 31,27 %, mixte 19,74 %, rurale 4,04 %, équine 1,62 %, biologie laboratoire 0,76, expertise 0,31, non répertoriés 41,21, autres 0,71 %. *Retraités, omissions, radiés* 3 742. **Honoraires :** libres, soumis à la TVA (19,6 %). **Salariés :** salaire annuel (en 1992) 124 000 à 520 000 F.

☞ Voleurs à la tire (expérimentés). A Paris, dans le métro, environ 40 000 F par mois.

Prix dans le monde

■ **Prix à la consommation (base 100 = 1990).** Afrique du Sud 222,5 [12], Albanie 467,4 [2], Algérie 459,2 [3], Allemagne 124,3 [1], Arabie saoudite 108,7 [1], Argentine 402,7 [1], Arménie 493,3 [4], Australie 127,2 [2], Autriche 127,3 [2], Azerbaïdjan 10 444,2 [6], Bangladesh 139,8 [7], Belgique 123,5 [2], Bénin 192,8 [5], Bhoutan 224 [12], Biélorussie 1 517 941,2 [1], Bolivie 234,2 [7], Brésil 241,9 [4], Bulgarie 155 439 [8], Cambodge 134,9 [9], Canada 123,4 [2], Chili 250,4 [2], Chypre 148,3 [2], Colombie 645 [2], Corée du Sud 168,8 [1], Croatie 72 370 [4], Danemark 124,5 [2], Égypte 225,1 [5], Équateur 3 917 [2], Espagne 149,1 [2], Estonie 119,1 [14], Éthiopie 108,6 [9], Finlande 122,2 [1], *France 119,4* [2], Ghana 1 226 [10], G.-B. 136,6 [2], Grèce 248,7 [2], Guatemala 298,4 [6], Hongrie 645,6 [4], Inde 241,9 [4], Indonésie 358,8 [4], Irlande 130,5, Israël 247,9 [3], Italie 145,7 [2], Japon 108,6 [2], Jordanie 140,4 [10], Kazakhstan 80 842 [6], Kirghizistan 13 943,6 [9], Lettonie 5 267,2 [2], Lituanie 19 964 [6], Luxembourg 126,1 [4], Macédoine 46 964,9 [2], Madagascar 485,1 [2], Malaisie 142,5 [4], Malawi 1 382,6 [7], Malte 133,4 [2], Maroc 149,6 [4], Maurice 188,8 [11], Mexique 559,9 [2], Myanmar 919,1 [5], Népal 226,5 [12], Nigéria 1 202,8 [9], Norvège 128,5 [1], Nlle-Zélande 119,7 [3], Pakistan 247,8 [4], Papouasie-Nlle-Guinée 251,7 [3], P.-Bas 130,1 [1], Pérou 2 552,4 [10], Philippines 230,7 [10], Pologne 1 059 [2], Portugal 165,3 [1], Roumanie 46 689,2 [4], Russie 986 359 [10], Sénégal 150,6 [2], Singapour 119,8 [2], Slovaquie 254,1 [4], Slovénie 1 833,6 [10], Sri Lanka 267 [2], Suède 126,4 [2], Suisse 121,4 [1], Syrie 178,5 [3], Tchèque (Rép.) 352,9 [10], Thaïlande 155,6 [1], Tunisie 156,2 [10], Turquie 3 501,1 [1], Ukraine 797 457,6 [6], Uruguay 2 033,2 [11], USA 144 [1], Venezuela 3 292,5 [8], Rép. féd. de Yougoslavie 468,6 [10], Zambie 10 400 [12], Zimbabwe 1 818,3 [10].

Nota. – (1) Janv. 2001. (2) Déc. 2000. (3) Sept. 2000. (4) Nov. 2000. (5) Août 2000. (6) Avril 2000. (7) Févr. 2000. (8) Déc. 1999. (9) Mai 2000. (10) Oct. 2000. (11) Juin 2000. (12) Janv. 1999.

Augmentation annuelle en % (de 1991 à 1999)

	92	93	94	95	96	97	98	99	00
Allemagne	4	3,7	2,7	1,8	1,4	1,8	0,5	1,2	2,2
Australie	1	1,9	2,4	5,1	1,5	– 0,2	1,6	1,8	5,8
Autriche	4	3,5	2,6	1,8	2,3	1	0,7	1,4	2,6
Belgique	2,4	2,7	1,9	1,5	2,5	1,1	0,6	1,9	2,5
Canada	1,5	1,7	0,2	1,7	2,2	0,7	1	2,6	3,2
Danemark	2,1	1,5	2,3	1,8	2,3	2,1	1,7	3,2	2,4
Espagne	5,9	5	4,3	4,3	3,2	2	1,4	2,9	3,9
Finlande	2,9	1,5	1,6	0,3	0,8	1,9	0,8	2	3,5
France	*2,4*	*2,1*	*1,6*	*2,1*	*1,7*	*1,1*	*0,3*	*1,3*	*1,6*
G.-B.	3,7	1,9	2,9	3,2	2,5	3,6	2,8	1,8	2,9
Grèce	15,9	12,1	10,8	8,1	7,5	4,8	3,8	2,7	4
Irlande	3,1	1,5	2,3	2,4	1,8	1,9	1,7	3,4	5,9
Islande	3,6	4,7	0,5	2	2,1	2	1,3	5,6	4,2
Italie	5,3	4	4,1	5,8	2,6	1,5	1,5	2,1	2,7
Japon	1,7	1	0,7	– 0,3	0,6	1,8	0,6	– 1,1	– 0,2
Luxembourg	3,2	3,6	2	1,3	1,8	1,5	0,4	2,4	3,5
Norvège	2,3	1,8	1,9	2,2	1,8	2,3	2,4	2,8	3
Nlle-Zél.	1	1,4	2,8	2,8	2,5	0,8	0,4	0,5	4
P.-Bas	3,7	1,7	2,6	1,6	2,5	2,3	1,7	2,2	2,9
Portugal	8,9	6,4	4	3,4	3,3	2,3	3,2	2	3,8
Suède	2,3	4	2,5	2,2	– 0,4	1,6	– 1,1	1,3	1,1
Suisse	4	2,4	0,4	2	0,8	0,4	– 0,2	1,7	1,5
Turquie	70,1	71,1	125,5	71,9	79,8	99,1	69,7	68,8	39
USA	3	2,7	2,7	2,5	3,3	1,7	1,6	2,7	3,4

☞ **En 1999 (et 2000) :** Corée 1,4 % (3,2) ; Hongrie 11,2 (10,1) ; Mexique 12,3 (9) ; Pologne 9,7 (8,6) ; Slovaquie (8,4) ; Rép. tchèque 2,6 (3,9).

■ **Inflation. Cause :** excès de la demande par rapport à l'offre des biens et services, ou par une hausse des coûts de production. Ces 2 phénomènes, souvent combinés, sont liés à une augmentation du pouvoir d'achat de l'État, des particuliers et des entreprises, non équilibrée par une croissance de la production, au déficit des finances publiques, introduisant trop de monnaie sans compensation de production dans les circuits économiques. Notre société de consommation multiplie les besoins et les exaspère. Les groupes sociaux s'affrontent et s'organisent pour défendre leur pouvoir d'achat, anticipant sur la hausse des prix pour éviter d'en être victimes. Dans de nombreux secteurs, les grandes firmes fixent à la hausse des prix « concertés » quel que soit le volume de la demande. La forte augmentation du crédit, des déficits des balances des paiements, des réserves des banques centrales, des prix des matières premières, le surendettement des entreprises et la croissance trop rapide de la masse monétaire peuvent renforcer l'inflation. Quand un pays est seul à connaître l'inflation (exemple : la France en 1958), il doit prendre rapidement des mesures pour en sortir, car il risque d'être asphyxié par les autres. Les poussées d'inflation se sont terminées par la baisse des prix des matières premières (exemple : en 1920) ou par la chute du pouvoir d'achat des salariés pendant une période plus ou moins longue. **Inflation en Europe de l'Est :** *causes :* ouverture de l'économie au marché mondial ; répercussion des hausses des prix des matières premières et des produits industriels ; importance de la masse monétaire par rapport à la faiblesse de la production des produits de consommation ; insuffisance des produits agricoles.

■ **Déflation.** Contraire de l'*inflation.* Au XIXe siècle, on voit avec les progrès de l'industrialisation des périodes de baisse de prix, ainsi aux États-Unis (1820-50 et 1870-90) ou en France (fin du XIXe siècle). Depuis 1993 et 1994, déflation dans plusieurs secteurs.

■ **Indice en F des prix internationaux des matières premières importées (base 100 en 1990) et,** entre parenthèses, **en devises au 1-2-1997. Produits alimentaires :** 147,7 (131,1), denrées tropicales 162 (164,9), oléagineux 101,5 (102). **Industriels :** 93,7 (102,4), organiques 102,7 (103,4), fibres textiles naturelles 90,4 (91,9), caoutchouc naturel 168,8 (169,3), bois tropicaux 141,3 (133,9), pâte à papier 86 (85,4). **Minéraux :** 100,7 (101,2), minerai de fer 82,2 (82,9), métaux précieux 96,4 (97), non ferreux 103,5 (104), phosphates 93,3 (88,9). **Industriels** (sauf métaux précieux) : 102,3 (102,9). **Ensemble :** 104,5 (101,3).

☞ Pour les matières premières, on utilise les indices des prix des matières premières et celui des prix internationaux d'importation (base 100 en 1980).

■ **Cours des matières premières en 1998** (moyenne annuelle, en $/t, sauf spécification contraire) **et,** entre parenthèses, **en mai 1999** [1 livre (lb) = 0,45 kg environ]. **Produits agricoles :** blé (cents/1b) 290,6 (254,3) ; cacao 1 563,5 (945,2) ; café arabica (cents/lb) 130,8 (111,6) ; robusta 1 771,1 (1 432,6) ; caoutchouc (pence/kg) 48 386 544 540) ; coton (cents/lb) 65,3 (59,9) ; laine en suint (cents aust./kg) 627 (582,8) ; laine mérinos (£/kg) 2,59 (2,48) ; pâte à papier 530 (500) ; soja 606 (466,7) ; tourteaux 157,9 (132) ; sucre (cents/lb) 8,9 (4,8). **Métaux :** aluminium 1 357,7 (1 323,8) ; cuivre 1 653,9 (1 511,2) ; fer, minenai brésilien 29,1 (27) ; nickel 4 594,2 (5 402,9) ; plomb 528,3 (541,5) ; zinc 1 024,7 (1 040,7). **Carburants :** fioul lourd 62,8 (69,6) ; gazole-fioul domestique 120,8 (124) ; naphta 131,3 (155,4) ; pétrole brut ($/baril) 12,8 (15,2) ; supercarburant 154,2 (165,4).

Indices. Moody's (prix boursiers USA en $, base 100 = 31-12-1931) *1994* (moyenne annuelle) : 1 287,6 ; *95 :* 1 445,8 ; *96 :* 1 490,5 ; *97 :* 1 534,4 ; *98* : 1 318,5 ; *99 (mai) :* 1 178,6 ; *2000 (19-7) :* 1 448,9 ; *01 (16-8) :* 1 220,38. **Reuter** (prix de gros G.-B. en £, base 100 = 18-9-1931) *1994 :* 1 978,8 ; *95 :* 2 227,6 ; *96 :* 2 013,1 ; *97 :* 1 918,4 ; *98 :* 1 580,6 ; *1999 (mai) :* 1 375,4 ; *2000 (10-7)* 1 359,6 ; *01 (19-5)* 1 360,5, *(15-8)* 1 262.

☞ **En 1992, un métallurgiste devait travailler pour acheter 1 kg de bœuf :** aux USA 16 min 45 s ; All. 1 h 11 min ; G.-B. 1 h 17 min ; *France 1 h 42 min ;* Japon 2 h 26 min ; **un réfrigérateur :** aux USA 25 h, Italie 67 h, *France 83 h,* Suède 85 h, Chili 410 h, Inde 997 h ; **une automobile :** au Japon 341 h, USA 753 h, G.-B. 1 318 h, Italie 1 463 h, Espagne 1 545 h, Australie 1 781 h, *France 1 922 h.*

Villes	Heures de travail [1]	Vacances payées [2]	Temps de travail nécessaires à l'achat de [3]			Vêtements (prix moyen en F) [7]		Appartements (prix moyen en F) [8]			Transports publics (prix en F)		Repas et hôtels		Salaires horaires (en F suisses) [16]		Impôts [17] (en %)
			1 hamburger [4]	1 kg de pain	1 kg de riz	**Dames** [5]	**Hommes** [6]	Meublé **4 pièces** [8,9]	Non meublé **3 pièces** [8,10]	Locaux [11] Loyers	Bus, tram ou métro [12]	Taxi [13]	Repas [14] Prix en F	Hôtel [15] Prix en F	Net	Brut	
Abu Dhabi	2 192	28,0	37	15	19	1 200	1 700	5 610	1 990	1 320	2,28	2,30	41	380	11,20	11,20	0,0
Amsterdam	1 686	31,0	16	10	10	690	1 180	2 840	1 880	660	2,27	17,73	47	490	14,40	21,10	31,2
Athènes	1 780	23,7	20	10	22	540	1 050	1 580	880	530	1,05	6,04	45	360	8,20	10,50	21,3
Auckland	1 873	20,0	15	9	7	1 130	1 680	2 270	1 290	940	1,70	7,21	36	220	11,10	14,00	20,3
Bangkok	2 092	12,0	43	23	14	320	630	2 530	1 190	170	0,86	1,94	34	240	3,30	3,50	6,0
Barcelone	1 729	31,0	20	9	9	490	1 140	1 640	1 010	730	1,34	6,58	34	450	10,40	12,50	16,1
Berlin	1 666	31,2	17	10	11	540	820	2 280	1 180	890	3,12	15,58	42	380	14,40	23,30	37,7
Bogota	2 182	16,9	57	29	15	470	610	1 980	950	480	0,65	2,95	28	300	3,80	4,20	6,7
Bruxelles	1 712	25,1	21	13	17	960	1 320	1 740	970	1 160	1,94	9,68	35	480	13,10	23,40	43,2
Budapest	1 988	23,8	82	25	42	340	650	3 010	1 330	540	0,60	6,96	23	410	1,50	2,20	26,9
Buenos Aires	2 055	19,0	29	23	22	510	1 100	2 850	1 420	850	1,14	10,60	47	470	8,80	10,60	17,5
Caire (Le)	n.d.	n.d.	n.d.	n.d.	n.d.	470	960	3 300	1 980	990	0,87	7,28	49	340	n.d.	n.d.	n.d.
Caracas	1 956	15,6	93	62	19	290	560	4 780	3 010	1 100	0,99	14,67	47	500	4,60	4,90	4,2
Chicago	1 948	10,5	13	9	8	970	1 830	3 660	2 990	1 660	2,49	12,46	80	460	22,70	29,90	23,7
Copenhague	1 687	25,3	19	12	11	710	1 160	1 830	1 280	900	3,35	13,20	60	440	16,90	30,60	44,5
Dublin	1 798	24,8	16	8	18	530	870	2 030	1 450	1 040	1,74	11,91	62	410	14,80	19,30	23,2
Francfort	1 688	31,0	16	9	18	500	930	2 380	1 360	1 100	3,99	15,18	51	400	15,10	23,90	36,2
Genève	1 842	24,4	16	9	11	520	1 100	2 150	1 300	1 100	2,20	19,80	52	500	22,00	32,30	31,6
Helsinski	1 723	27,6	25	28	26	680	1 090	1 760	1 100	940	2,37	13,84	47	340	12,00	18,10	29,7
Hong Kong	2 181	13,8	9	15	7	570	880	9 670	3 870	1 890	2,47	7,68	75	450	14,00	15,20	6,9
Houston	1 905	12,1	13	15	8	740	1 490	2 230	1 500	1 080	2,08	11,21	61	360	21,70	28,40	22,9
Instanbul	2 074	15,3	52	13	31	430	660	4 170	1 770	900	0,82	8,19	44	550	4,60	6,10	22,5
Jakarta	2 065	11,0	146	85	28	300	470	7 970	3 330	1 290	0,50	1,99	29	180	1,20	1,40	10,9
Johannesburg	1 929	18,9	19	11	9	310	650	1 610	940	850	1,27	7,22	31	420	6,90	9,30	19,9
Kuala Lumpur	2 217	18,3	22	20	25	420	550	1 810	1 100	700	0,62	2,73	40	300	5,50	7,40	19,4
Lisbonne	1 738	22,0	32	15	13	420	720	1 950	940	390	0,78	5,30	26	350	7,10	8,90	19,0
Londres	1 833	22,2	18	6	8	570	1 090	6 110	4 070	2 160	3,69	18,45	73	750	16,30	21,20	22,8
Los Angeles	1 939	12,3	11	18	8	740	1 030	3 660	2 990	1 660	2,24	24,26	66	450	21,40	29,20	26,9
Luxembourg	1 790	29,6	15	11	14	630	1 020	2 540	1 670	1 240	1,55	20,34	43	440	18,80	23,90	20,8
Madrid	1 718	31,3	21	9	9	470	920	2 000	1 220	890	1,27	6,11	34	530	10,10	12,30	16,7
Manama (Bahrein)	2 030	24,1	27	29	26	600	1 100	3 470	2 130	1 170	0,22	5,99	50	350	8,30	8,90	5,6
Manille	2 164	19,3	75	52	46	220	470	4 510	2 480	360	0,50	2,39	31	310	1,80	2,10	13,3
Mexico	2 150	14,2	66	49	25	620	1 030	2 600	1 430	330	0,26	2,78	39	420	3,20	3,50	8,0
Milan	1 732	22,8	21	22	22	600	1 030	1 970	1 340	990	1,21	13,87	48	380	10,20	15,40	33,4
Montréal	1 814	19,0	14	12	9	650	1 050	1 640	790	730	2,26	12,45	43	300	16,10	25,00	34,9
Moscou	1 824	21,4	74	25	152	660	840	5 030	2 520	420	0,24	5,33	86	530	1,40	1,80	13,4
Mumbai (Bombay)	2 097	24,2	105	34	79	200	580	1 510	760	380	0,21	1,61	19	550	1,40	1,60	13,0
Nairobi	2 164	28,0	178	64	109	350	740	2 510	590	210	0,55	10,91	17	410	0,90	1,10	11,7
New York	1 882	13,3	12	15	9	1 150	1 980	7 480	3 650	2 240	2,49	16,61	81	710	23,70	33,10	28,9
Nicosie	1 760	17,5	27	10	17	400	630	1 040	770	720	1,50	4,76	29	480	11,10	13,30	15,2
Oslo	1 730	21,8	21	14	15	920	1 430	2 100	1 530	1 050	3,81	19,26	55	350	16,60	25,30	34,5
Panamá	2 121	27,3	41	32	15	890	1 430	4 990	2 660	1 010	1,35	6,34	69	330	4,90	5,70	12,1
Paris	*1 587*	*28,3*	*19*	*17*	*20*	*720*	*1 170*	*2 860*	*1 620*	*1 310*	*1,91*	*13,11*	*42*	*640*	*14,10*	*18,90*	*24,5*
Rio de Janeiro	1 912	26,1	45	52	13	400	660	3 920	2 530	1 240	0,92	11,52	39	460	4,90	5,70	11,8
Santiago du Chili	2 244	17,0	62	19	25	430	750	1 180	620	520	0,83	6,10	35	390	5,00	6,20	18,8
São Paulo	1 949	26,7	36	27	11	320	520	2 740	1 370	690	1,06	8,06	42	430	5,20	6,10	12,6
Séoul	2 073	21,9	25	25	22	920	1 260	5 040	2 630	1 650	0,75	6,19	61	490	10,80	14,50	25,0
Shanghaï	1 983	16,0	55	103	47	500	970	4 850	2 430	510	0,81	4,04	51	490	2,20	2,80	21,8
Singapour	1 988	18,5	22	31	14	570	1 150	9 240	3 890	2 430	1,46	5,84	54	460	8,60	10,90	20,3
Stockholm	1 860	27,8	19	18	23	850	1 210	1 560	1 000	950	3,03	17,03	61	480	14,60	21,60	32,3
Sydney	1 749	21,4	13	13	7	600	1 090	3 760	1 680	1 390	2,47	8,07	45	420	13,00	16,90	22,4
Taïpei	2 176	11,9	20	22	12	850	1 670	3 770	2 400	1 600	1,36	8,16	56	340	11,50	13,60	15,7
Tel-Aviv	1 991	16,6	42	16	13	410	780	1 420	1 070	1 200	1,92	12,88	43	370	11,10	14,60	20,7
Tokyo	1 864	20,5	9	14	15	1 260	1 750	5 860	3 590	2 810	2,97	23,43	109	660	29,50	36,30	19,2
Toronto	1 967	11,7	13	10	11	510	1 410	2 830	1 360	1 130	2,26	9,05	49	330	14,90	21,20	28,8
Varsovie	1 870	27,1	54	21	23	330	600	2 210	1 750	760	0,91	6,17	32	570	2,30	3,70	38,2
Vienne	1 699	27,4	16	13	11	650	1 050	2 720	1 360	960	2,16	15,44	35	450	14,90	21,10	28,3
Zurich	1 868	24,7	15	10	7	700	1 300	2 900	1 900	1 280	3,60	22,00	52	510	24,40	33,20	26,1

Nota. – (1) Heures de travail annuelles, moyenne pondérée de 11 professions (instituteur non compris). (2) Vacances annuelles, jours ouvrables. (3) Prix du produit divisé par le salaire horaire net pondéré de 12 professions. (4) Big Mac. (5) 1 robe d'été (coton/laine/fibre synthétique), 1 blazer/veste (coton/fibre synthétique), 1 jupe (coton/laine/fibre synthétique), 1 paire de collants, 1 paire de chaussures à la mode. (6) 1 complet (deux pièces, laine vierge/fibre synthétique), 1 blazer/blouson (coton/fibre synthétique), 1 paire de jeans, 1 chemise (coton/fibre synthétique), 1 paire de chaussures à la mode, 1 paire de chaussettes. (7) Prix relevés dans les grands magasins. (8) Loyers mensuels moyens au moment de l'enquête (il n'a pas été tenu compte des prix extrêmes) recensés sur le marché libre du logement. (9) Loyers d'appartements construits après 1980 (4 pièces, cuisine, bain, avec garage, y compris les charges), correspondant au « standing » d'un cadre européen. (10) Loyers d'appartements construits après 1980 (3 pièces, cuisine, bain, sans garage, y compris les charges), répondant dans l'ensemble aux exigences de confort locales, situés à proximité du centre-ville. (11) Niveau mensuel (brut) que paie la majorité des ménages indigènes. (12) Trajet de 10 km ou 10 stations au minimum. (13) Course de 5 km de jour dans le périmètre urbain, service compris. (14) Dîner (entrecôte/rumsteack avec garniture, dessert ; sans boissons) service compris. (15) Chambre à 2 lits avec bain et W.-C., y compris petit déjeuner pour 2, hôtel de 1re classe (catégorie internationale). (16) Rémunération effective recensée dans 12 professions, compte tenu du temps de travail, des jours fériés et des vacances. Pondération selon la représentativité des professions. (17) Total impôts et cotisations sociales (en % du salaire brut). *Source :* UBS, 2000.

Prix en France

■ **Politique récente des prix en France. 1972**-*mars* contrats antihausse (État/entreprises) fixant des augmentations annuelles maximales. **1974**-*oct.* accords forfaitaires : l'Administration n'autorise les hausses qu'à intervalles et dans des proportions déterminées. **1975**-*janv.* réglementation des marges commerciales. -*Juin* fixation autoritaire des prix de certains produits pendant 3 mois. -*Nov.* les marges commerciales de 50 produits de grande consommation sont plafonnées pour 6 mois. **1976**-*sept.* blocage des prix de tous les produits (sauf prix agr. à la production, prix pétroliers et matières 1res importées) durant 3 mois 1/2. **1977**-*janv.* système négocié de contrats appelés « engagements de modération » pour les entreprises de + de 20 salariés. -*Nov.* blocage des prix de certains produits alim. **1978**-*1-6* libération des prix industriels, puis de ceux du commerce et des services, pour la 1re fois depuis 40 ans. Seuls demeurent fixés par l'Administration les prix des taxis, des produits pétroliers, des médicaments remboursables et les prix d'intervention agricole. **1981**-*oct.* blocage durant 3 mois des prix de certains produits alim. et des services. Blocage des marges des importateurs. **1982**-*janv.* accords de modération dans les services et opération « trêve des prix » sur des produits de grande consommation. -*Avril* blocage des marges commerciales sur certains produits alim. -*Juin* blocage général des prix (sauf prod. pétroliers, matières 1res importées et prod. agricoles) durant 4 mois 1/2. -*Oct.* signature d'accords par profession, limitant les hausses pour 1983 à 7 % en moyenne, hausses sur les produits importés non comprises. **1983**-*nov.* fixation des prix par arrêté pour tous les prestataires de services n'ayant pas respecté les accords contractuels d'oct. 1982. **1984**-*19-1* certains prix sont libérés. **Depuis avril 1986** libération des prix.

■ Indices des prix de détail

■ **De 1900 à 1949.** Plusieurs indices ont été établis. Ils ne concernaient que 34 articles, essentiellement dans le secteur alimentaire. **De 1950 à 1957.** Le nombre des articles s'accroît et couvre le secteur alim., la plupart des prod. manufacturés et de nombreux services (indice des 213 articles pour la Seine, 183 pour la province). Les gouv. manipulent l'indice. Ainsi Ramadier, en agissant l'hiver 1956-57 sur certains prix (détaxation, subvention, blocage), empêcha-t-il l'indice de monter. Depuis 1970, les produits dont on relève le prix et qui figurent dans l'indice sont secrets, ce qui rend impossible une manipulation.

■ **Indice. Des 235 articles :** calculé de mars 1957 (base 100) à mars 1963 : évolution des prix en province. **Des 250 articles :** 1-7-1956/30-6-57 : base 100, pour l'agglomération parisienne. **National des 259 articles :** de janv. 1962 à févr. 1971 : l'évolution des prix des produits ou services consommés par les ménages (célibataires exclus) dont le chef était ouvrier, employé ou « personnel de service » dans les agglomérations de plus de 10 000 hab. (plus de 2 000 hab. à partir de 1964).

■ **Indice des 296 postes de dépenses** (1970 : base 100, puis 1980 : base 100). Jusqu'en janvier 1993 : évolution des prix des produits et services consommés par les ménages urbains dont le chef est ouvrier ou employé. Les poids relatifs des différents postes sont révisés chaque année et la liste des produits est adaptée aux changements du marché et gardée confidentielle.

■ **Indice des 265.** Depuis février 1993, base 100 : année 1990. 265 postes de dépenses. **Population de référence :** ensemble des ménages : agglomérations de plus de 2 000 hab. (une centaine choisie au hasard). **Relevés mensuels :** environ 150 000. La liste précise des quelque 1 000 biens et services suivis (85 % des services) est secrète mais les postes de dépenses et leurs pondérations (révisées chaque année en fonction de l'évolution des dépenses de consommation) sont publics.

L'indice exclut : achat de logements, de valeurs mobilières, frais financiers impliqués par les achats à crédit, impôts directs sur le revenu des personnes physiques et impôts directs locaux (contribution mobilière), cotisations sociales, primes d'assurance (assurance auto et assurance incendie entraient dans l'indice des 259 art.), loteries et jeux, salaires versés aux domestiques (inclus dans l'indice des 259 art.), dépenses d'hospitalisation, services juridiques, achat d'œuvres d'art.

Les impôts indirects sont exclus s'ils sont liés à l'activité « productrice » des ménages : contribution mobilière, droits de mutation. Les prix incluent TVA et autres impôts sur la dépense. Loyers, services de santé, pharmacie et réparations de véhicules sont suivis en valeur brute (à la différence de l'indice des 259 articles).

L'indice, qui devrait couvrir 92,5 % de la consommation contre 91 % auparavant, inclut désormais : transports aériens et maritimes, locations de véhicules, transports par ambulance, frais de vétérinaire et frais funéraires.

L'évolution des prix des produits saisonniers n'est plus lissée et les soldes de l'habillement sont pris en compte.

☞ Depuis janvier 1999, nouvel indice Insee des prix à la consommation, base 100 en 1998, tenant compte de nouveaux services.

Pondération 1999. Produits alimentaires : 1 501 ; pain et céréales 232, viande 477, poissons et crustacés 122, lait et fromages 215, œufs 18, beurre 23, huile et margarine 23, fruits 95, légumes 152, produits à base *de sucre* 38, *de chocolat* 45, crèmes glacées, glaces et sorbets 17, sel, épices, sauces et produits alimentaires n.d.a. 44. **Boissons :** chocolats 11, cafés 34, thés et infusions 6, eaux 33, gazeuses, jus et sirops 42, apéritifs 43, eaux-de-vie et liqueurs

12, vins 81, champagnes, mousseux et cidres 26, bières 23. **Tabac** 195. **Articles d'habillement** 448 (dont nettoyage et réparation 19). **Chaussures** y compris réparation 129. **Logement** 1 413 : loyers effectifs 641, entretien et réparation courante 156, distribution d'eau 68, enlèvement des ordures ménagères 50, assainissement 39, autres services liés au logement n.d.a. 50, électricité 230, gaz 102, combustibles *liquides* 51, *solides* 9, eau chaude, vapeur et glace 17. **Ameublement, tapis, autres revêtements :** 188. **Articles de ménage :** en textile 68. **Appareils ménagers :** 110. **Verrerie,** vaisselle et ustensiles de ménage : 61. **Outillage** et autres matériels pour la maison et le jardin : 34. **Biens et services pour l'entretien courant de l'habitation :** 196. **Santé :** 907 ; médicaments et autres produits pharmaceutiques 397, médecine 510 dont médecins 270, dentistes 94, services paramédicaux 146. **Transports :** achat *automobiles neuves* 309, *motos, cycles* 34, pièces détachées 278, carburants et lubrifiants 363, entretien et réparation 215, péages et parkings 62, autres services 32, *transports de voyageurs ferroviaires* 52, *routiers* 76 dont taxis 16, *aériens* 60, *combinés* 34, autres 12. **Communications :** 202 ; services postaux 23, équipement de téléphone et télécopie 5, service de télécommunications 174. **Loisirs et culture :** 867 ; équipements audiovisuels 75, photo, cinéma et instruments d'optique 13, traitement de l'information y compris micro-ordinateurs 24, supports image et son 61, réparation 14, autres biens 20, jeux et jouets 46, équipement de sport, de camping et de loisirs de plein air 36, horticulture 53, animaux d'agrément 58, services récréatifs et culturels 276 (dont cinémas 14, redevance et abonnement télévision 58) ; livres 43, journaux et périodiques 90, imprimés divers, articles de papeterie et dessin 30 ; voyages touristiques tout compris 28. **Éducation :** 27. **Restauration :** 400, consommation dans les cafés 91. **Cantines :** 138. **Hébergement :** 144 dont hôtellerie y compris pension 99, internat scolaire et universitaire 19, vacances 26. **Soins personnels :** coiffure 94, autres services d'esthétique 13, parfumerie et produits de beauté 96. **Effets personnels n.d.a. :** bijouterie, joaillerie 67, maroquinerie 24. **Protection sociale :** crèches, assistantes maternelles 65, maisons de retraite 131. **Assurances :** habitation 52, automobile 52. **Services financiers :** 96. **Autres services :** 141 (dont funéraires 35). **Total :** 10 000.

Depuis le 1-1-1992, la loi exige que « toute référence à un indice des prix à la consommation pour la détermination d'une prestation, d'une rémunération, d'une dotation ou de tout autre avantage s'entend d'un indice ne prenant pas en compte le prix du tabac » (loi n° 91-32 du 10-1-1991 relative à la lutte contre le tabagisme et l'alcoolisme, article 1er, modifié par l'article 11 de la loi n° 92-60 du 18-1-1992 renforçant la protection du consommateur), *JO* du 21-1-1992. Disposition qui s'applique en particulier à l'indexation du Smic et du minimum garanti. Le pouvoir d'achat se calcule sur l'inflation, tabac compris.

■ **CGT.** Indice calculé mensuellement avec des relevés de prix effectués par la CGT ; représentatif de la consommation d'une famille de 4 personnes (2 enfants de 10 à 15 ans), chef ouvrier ou employé, habitant la région parisienne et locataire. Depuis 1972, remplace le budget type de la Commission supérieure des conventions collectives calculé depuis 1950. *N'est plus calculé.*

■ **CGT-FO.** Indice des prix à la consommation et budget type correspondant au minimum indispensable à une personne active salariée résidant en ville. 160 articles ou services en 118 postes. *N'est plus calculé.*

■ **Unaf.** Indices des dépenses de subsistance de 4 familles types disposant du niveau de vie minimal décent établi par l'Unaf. Calculés mensuellement : familles A (2 adultes, 2 enfants de 6 à 12 ans) ; B (2 adultes et 2 adolescents de 15 à 17 a.) ; C (1 adulte et 2 enfants) et D (2 adultes, 2 adolescents, 2 enfants). 7 postes (alimentation, habillement, logement, entretien, amortissement du mobilier, transports, loisirs-culture et divers).

■ **Comparaison de différents indices** (base 100 en 1990 ou, en italique, 1998) **et,** entre parenthèses, **variation sur 1 an** (en %). **Prix et budgets types** (juin 2001) : *prix ménages modestes* y compris tabac 104,5 (2,1), sans tabac 104,2 (1). **Salaires** (fin mai 1998) : *Smic* 123,1 (2,5). Indice de référence 113,3 (n.c.). *Seuil de déclenchement* 115,6 (n.c.). *Minimum garanti* (pour certaines indexations) 114,8 (2,3). *Taux de salaire horaire des ouvriers* (1er trim. 2001) : 110,4 (4,4). **Traitements bruts fonction publique** (fin mai 1998) : ensemble 115,8 (0,5). Catégories A 114,5 (0,5), B 115,8 (0,5), C et D 118,1 (0,5). *Minimum garanti* Paris 121,4 (2,4). Zone d'abattement max. 121,7 (2,5). **Pouvoir d'achat** (fin mai 1998) : Smic 106,5 (1,4). *Fonction publique* (min. garanti) 105,3 (1,4).

ÉVOLUTION DES PRIX

■ **Modes de calcul. 1°) La hausse « en glissement » :** on compare le niveau de l'indice des prix d'un mois donné à l'indice du même mois de l'année précédente. **2°) La hausse « en moyenne annuelle » :** on compare l'indice moyen des prix de l'année *n* par rapport à l'indice moyen des prix de l'année *n – 1*.

En période de décélération des prix, la hausse en glissement annuel est plus faible que la hausse en moyenne. En période d'accélération, elle est plus forte.

■ **Évolution avant 1950. De 1915 à 1920 :** 300 % en raison de la pénurie de guerre. *1917* : + 20 %. *1918* : + 30. *1919* : + 25. *1920* : + 37. **1920-21 :** chute des prix des matières premières. **1926 :** crise de « confiance » dans le franc des créanciers de la France. Arrêtée par la « stabilisation Poincaré ». **1930-35** *déflation* (*1935* : – 25 % par rapport aux prix de 1930). Le pouvoir d'achat des salaires augmente de 30 % en 6 ans, mais le chômage s'étend. Après la dévaluation de la livre (1932), les prix français sont supérieurs aux prix mondiaux. La production stagne. **1937** le Front populaire élu en 1936 (Léon Blum) relève les salaires horaires de 25 % en un an, impose la semaine de 40 h avec 2 semaines de congés payés. Le pouvoir d'achat des salaires horaires monte d'abord de 26 % en 2 ans, mais la production ne suivant pas (par suite de la limitation de la durée du travail), les années 1938, 1939 et 1940 enregistrent une baisse du pouvoir d'achat égale aussi à 26 %. **Occupation :** hausse due à la pénurie : **1942 :** + 20 %. **1943 :** + 24. **1944 :** + 22. **Libération : 1944 à 1949 :** + 600 % (**1945 :** + 48 %. **1946 :** + 53. **1947 :** + 49. **1948 :** + 58). De très fortes hausses de salaires ont été accordées sans que la production augmente suffisamment. La hausse nominale du pouvoir d'achat (55 %) ainsi obtenue en 1945 est aux 3/4 reperdue. **1949 :** prix et salaires retrouvent leur équilibre. **Après 1952 :** le Pt du Conseil, Antoine Pinay, en conjuguant le blocage et l'appel à la confiance, puis Edgar Faure, ont obtenu une forte hausse du pouvoir d'achat ; la fin de la guerre de Corée, entraînant la baisse des matières premières, les aida. De mi-1952 à mi-1955, la stabilité des prix fut obtenue par des mesures arbitraires créant des distorsions.

VARIATIONS DES PRIX EN % (1900-1950)

Année	Gros	Détail	Année	Gros	Détail
1900	+ 8,3	–	1926	+ 27,2	+ 31,6
1901	+ 7,6	+ 7,6	1927	– 12,57	+ 3,7
1902	+ 7,6	+ 7,6	1928	+ 1,02	+ 1,2
1903	+ 7,6	+ 7,6	1929	– 2,02	+ 6,09
1904	+ 7,6	+ 7,6	1930	– 12,3	+ 1,1
1905	+ 7,6	+ 7,6	1931	– 15,2	– 4,5
1906	+ 7,1	+ 7,6	1932	– 11,1	– 8,3
1907	+ 9,1	+ 8,3	1933	– 4,6	– 3,8
1908	– 6,6	+ 9,6	1934	– 6,5	– 4,05
1909	+ 9,1	+ 9,6	1935	– 5,2	– 8,4
1910	+ 7,1	+ 9,6	1936	+ 16,6	+ 23
1911	+ 6,6	+ 15,3	1937	+ 39,6	+ 25,7
1912	+ 6,2	+ 6,6	1938	+ 13,8	+ 13,6
1913	+ 6,2	+ 6,6	1939 [1]	+ 5	+ 7
1914	+ 6,2	+ 6,6	1940	+ 31,4	+ 17,7
1915	+ 50	+ 20	1941	+ 22,4	+ 16,6
1916	+ 36,3	+ 11,1	1942	+ 17,1	+ 20,2
1917	+ 40	+ 20	1943	+ 16,1	+ 24,1
1918	+ 28,5	+ 95,8	1944	+ 12,6	+ 22,1
1919	+ 35,1	+ 22,5	1945	+ 41,3	+ 48,5
1920	+ 42,1	+ 39,4	1946	+ 42,4	+ 52,6
1921	– 32	– 13,2	1947	+ 52,1	+ 49,1
1922	– 5,4	– 2,1	1948	+ 72,3	+ 36,9
1923	+ 9,6	+ 8,8	1949	+ 11,6	+ 13,1
1924	+ 16,4	+ 14,2	1950	+ 8,2	+ 12,5
1925	+ 12,8	+ 28,5			

Nota. – (1) En septembre, blocage Reynaud.

VARIATION DES SALAIRES ET DES PRIX

	Indice (1950 = 100)			Variation annuelle en %		
	Prix	Salaire [1]	Pouvoir d'achat [2]	Prix	Salaire [1]	Pouvoir d'achat [2]
1951	117	116	99	16,5	15,5	– 1,3
1952	131	136	104	12,1	17,9	5,7
1953 [3]	129	140	108	– 1,4	2,4	3,8
1954	130	152	118	0,6	9,3	8,6
1955	131	168	129	1	10,5	9,4
1956 [4]	137	186	136	4,4	10,5	5,9
1957	139	206	148	1,9	10,5	8,4
1958	160	229	143	15	11,3	– 3,2
1959	170	244	143	6,2	6,4	0,1
1960	176	268	152	3,7	10	6,1
1961	182	289	159	3,3	8	4,5
1962	191	318	167	4,7	9,7	4,8
1963 [5]	200	349	175	4,8	10	4,9
1964	207	372	180	3,4	6,4	2,9
1965	212	394	186	2,5	6	3,4
1966 [6]	218	419	192	2,7	6,3	3,4
1967	224	441	197	2,6	5,3	2,6
1968	234	486	208	4,6	10,1	5,3
1969	249	538	216	6,5	10,8	3,9
1970	262	588	225	5,2	9,4	4,1
1971	276	652	236	5,5	10,9	5,1
1972	293	718	245	6,2	10,1	3,7
1973	315	805	256	7,3	12,1	4,5
1974	358	944	264	13,7	17,3	3,1
1975	400	1 081	270	11,8	14,5	2,5
1976 [7]	439	1 252	285	9,6	15,8	5,7
1977	480	1 380	288	9,4	10,3	0,8
1978	523	1 563	299	9,1	13,2	3,8
1979	579	1 698	293	10,8	8,6	– 2
1980	658	1 933	294	13,6	13,8	0,2
1981	746	2 233	299	13,4	15,5	1,9
1982	834	2 488	298	11,8	11,4	– 0,4
1983	914	2 749	301	9,6	10,5	0,8
1984	982	2 947	300	7,4	7,2	– 0,2
1985	1 040	3 157	304	5,8	7,1	1,2
1986	1 068	3 320	311	2,7	5,2	2,4
1987	1 101	3 410	310	3,1	2,7	– 0,4
1988	1 130	3 504	310	2,7	2,7	0
1989	1 171	3 627	309	3,6	4,4	– 0,1
1990	1 211	3 822	321	3,4	5,4	0,9 [8]
1991	1 250	3 998	325	3,1	4,1	3,2
1992	1 280	4 138	329	1,9	3,5	1,1
1993	1 307	4 241	337	2,1	2,7	0
1994	1 329	4 325	338	1,6	2	0,7
1995	1 354			2,1	2,3	1,1
1996	1 377			1,7	2,9	0,6
1997	1 392			1,1	2,6	3,3
1998	1 396			0,3	1,9	7,9
1999	1 414			1,3	1,2	0,8
2000	1 437			1	3,2	2,1
2001 (prév.)				1,8		

Nota. – (1) Salaire net annuel. (2) Pouvoir d'achat du salaire. (3) Février : blocage Mendès France. (4) Juillet : blocage Mollet. (5) Septembre : blocage Pompidou. (6) Mars : contrats de progrès. Crise de l'énergie. (7) Plan Barre fin 1976 et baisse de la TVA en janv. 1977. (8) De 1990 à 2000 pouvoir d'achat du Smic horaire net, CSG et CRDS non déduites.

■ **Prix moyens annuels.** (Anciens francs jusqu'en 1959, nouveaux francs puis francs depuis 1960.) **Essence** (litre à Paris, en F). *1932* : 1,7 ; *36* : 2,3 ; *39* : 3,25 ; *40* : 4,01. **Carburant auto** (contient une certaine proportion d'alcool) : *1941* : 9 ; *42* : 9,8 ; *43* : 10,75 ; *46* : 11,4 ; *47* : 19 ; *48* : 26,5 ; *49* : 43,2 ; *50* : 47. **Essence pure :** *1951* : 48,6 ; *52* : 60,1 ; *53* : 64,1 ; *55* : 63,8 ; *56* : 64,8 ; *57* : 76 ; *58* : 92,3 ; *59* : 98 ; *62* (en N F) : 0,97 ; *64* : 0,94 ; *67* : 0,96 ; *68* : 0,99 ; *69* : 1,04. *Prix libre à partir du 31-1-1985. 86* : 4,5 ; *87* : 4,6 ; *88* : 4,7 ; *89* : 5,1. **Super avec et,** entre parenthèses, **sans plomb :** *1991* : 5,55 (5,28) ; *92* : 5,30 (5,08) ; *93* : 5,54 (5,33) ; *94* (France entière) : 5,69 (5,37) ; *95* : 5,93 (5,69) ; *96* : 6,28 (6,04) ; *97* : 6,51 (6,27) ; *98* : 6,23 (6,08) ; *99* : 6,60 (6,28) ; *2000 (juin)* : 7,97 (7,55) ; *01 (juin)* : 7,86 (7,40).

■ **Évolution les plus fortes** (en %, juin 2001). **Hausse :** gaz 18,2, légumes et fruits frais 16,1 et 15,6, viande 9,7, voyages touristiques tout compris 6,7 ; tabacs 5,3 ; taxis 4,4, réparations véhicules 4,2. **Baisse :** matériels de traitement de l'information – 18,3 % ; communications – 3,9 ; combustibles liquides –2,4, transports aériens de voyageurs –2,1 ; produits pharmaceutiques –1.

☞ Au 31-12-1998, indice des prix (base 100 : 1990) : 116,1 (hors tabac 114,9) ; au 30-6-2001 (base 100 : 1998) : 104,5 (hors tabac 104,2).

Journal quotidien. *1875* : 0,15 ; *1900* : 0,05 ; *14* : 0,07 ; *20* : 0,20 ; *39* : 0,60 ; *45* : 2 ; *50* : 10 ; *60* : 0,30 ; *70* : 0,50 ; *75* : 1,20 ; *80* : 2,50 ; *85* : 4,50 ; *91* : 5,5 ; *92* : 6 ; *97* : 7.

Pain. Le kg de pain à Paris : *1875* : 0,36 ; *90* : 0,40 ; *1910* : 0,39 ; *14* : 0,44 ; *20* : 1,13 ; *25* : 1,58 ; *30* : 2,15 ; *35* : 1,61 ; *39* : 3,10 ; *44* : 3,96 ; *45* : 6,67 ; *50* : 35,40 ; *55* : 56,60 ; *60* : 0,62 ; *64* : 0,72 ; *91* : 10,55 ; *92* : 10,86 ; *93* : 11,12. **France entière :** *1994* : 11,45 ; *95* : 11,70 ; *96* : 11,97 ; *97* : 12,12 ; *98* : 12,20 ; *99* : 12,34 ; *2000 (juin)* : 12,48 ; *01 (juin)* : 12,75.

Timbre-poste. Pour lettre simple : *1849* : 0,20 ; *50* : 0,25 ; *54* : 0,20 ; *62* : 0,20 ; *71* : 0,25 ; *76* : 0,25 ; *78* : 0,15 ; *1906* : 0,10. **Poids porté à 20 g :** *1910* : 0,10 ; *17* : 0,15 ; *20* : 0,25 ; *25* : 0,30 ; *26* : 0,40 puis 0,50 ; *37* : 0,65 ; *38* : 0,90 ; *39* : 1 ; *42* : 1,50 ; *45* : 2 ; *46* : 3 ; *47* : 5 puis 6 ; *48* : 10 ; *49* : 15 ; *57* : 20 ; *59* : 25 ; *60* : 0,25 ; *65* : 0,30 ; *69* : 0,40. **Courrier à 2 vitesses :** *1971* : 0,30/0,50 ; *74* : 0,60/0,80 ; *76* : 0,80/1 ; *78* : 1/1,20 ; *79* : 1,10/1,30 ; *80* : 1,20/1,40 ; *81* : 1,40/1,60 ; *82* : 1,60/1,80 ; *83* : 1,60/2 ; *84* : 1,70/2,10 ; *85* : 1,80/2,20 ; *86* : 1,90/2,20 ; *87* : 2/2,20 ; *90* : 2,10/2,30 ; *91* : 2,20/2,50 ; *93* : 2,40/2,80 ; *94* : 2,40/2,80 ; *98* : 2,70/3.

■ **Quelques prix moyens de vente au détail en métropole** (en F, juin 2001 et, en italique, en 2000). [*Source* : Insee]. **Alimentation.** Bifteck (kg) bavette 100,08, haché 64,80. Boissons : apéritifs anisés 45° (le litre) 93,89 ; bière blonde de luxe en pack (6 × 33 cl) 16,74 ; spéciale (25 cl) en salle de café 15,95 ; café moulu non décaféiné (250 g) 8,06, tasse au comptoir 7,60 ; eau minérale non gazeuse (pack de 6) 17,86 ; un rouge de table 11° (le litre) 8,18 ; whisky (75 cl) 81,60. **Beurre** extra-fin (250 g) 9,69 ; **huile** de tournesol (le litre) 10,51. **Crustacés :** coquilles Saint-Jacques entières 45,65 ; crevettes grises (kg) 102,82, roses tropicales 126,85 ; huîtres creuses gros calibre (la douzaine) 32,66. **Fruits** (kg) : avocats 20,92 ; bananes 9,41 ; cerises 25,94 ; citrons 14,17 ; fraises 33,06 ; kiwis 19,53 ; melons 44 ; oranges 13,49 ; pêches 19,37 ; brugnons, nectarines 18 ; pommes 13,35. **Camembert** pasteurisé de Normandie (de 250 g) 10,77. **Lait** (le litre) pasteurisé entier 6,47 ; yaourt nature (les 4) 5,06. **Légumes** (kg) : asperges 36,72 ; carottes 10,26 ; oignons 8,33 ; pommes de terre de conservation 6,99 ; salade (pièce) 8,98 ; tomates 14,64. **Pain** parisien (kg) 12,75. **Pâtes** supérieures (500 g) 4,74. **Poissons** (kg) : cabillaud (filet) 85,39 ; limande 60,50 ; saumon d'élevage 49,90 ; thon au naturel en boîte (160 g) 9,21. **Poulet** industriel (kg) *16,26.* **Sucre** en morceaux (kg) 8,57. **Carburants :** gazole 5,40 ; super avec plomb 7,86 ; sans (octane 98) 7,40. **Cassette** vidéo vierge VHS, standard 180 min 32,45. **Film** négatif couleur, format 24 × 36, 24 poses 30,45 ; tirage sur papier, 10 × 15 cm, 79,55. **Fioul** domestique (1 000 l) 2 766. **Fleurs et plantes.** Azalée (le pot) 71 ; bégonia (le pot) 61,81 ; rose (l'unité) 14,03, en bouquet 4,81. **Gaz** comprimé (13 kg), sans consigne 144,43. **Hôtels.** 2 étoiles (nuitée) 303,25. **Lessive** (en poudre non concentrée, 5 kg) 55,78. **Shampooing** et coupe mode pour homme 104,43 ; supérieur, coloration tenace et brushing pour femme 220,25. **Travaux** (heure de main-d'œuvre, TTC) : carosserie auto 271,41 ; électricité 192,52 ; mécanique auto 263,47 ; plomberie 203,28.

Pouvoir d'achat

■ **Définition.** Ensemble des biens et des services que l'on peut se procurer avec l'ensemble des *revenus* perçus (exemple : salaire + assurance maladie, prestations familiales). Les hausses du pouvoir d'achat des salaires surviennent lorsque la hausse des salaires est supérieure à celle des prix. Une baisse relative des prix s'obtient par l'amélioration de la productivité, mais il est des secteurs (celui des services) où cette amélioration est difficile.

■ **Pouvoir d'achat du salaire net moyen 1991-96** (% par an en franc constant). Salaire global – 0,1 dont effet de structure 0,5 et évolution à structure constante – 0,6 ; hommes – 0,3 ; femmes 0,2 ; ouvriers – 0,3 ; employés – 0,8 ; cadres moyens – 0,9 ; cadres sup. ou chefs d'entreprises – 1,5.

■ **Budget type. Unaf** en F, moyenne des dépenses mensuelles en mars 2001 (2 adultes et 2 adolescents) : alimentation 4 458,81, habillement 1 678,01, logement 3 882,03, entretien 686,07, amortissement du mobilier 380,51, transports 1 642,17, loisirs et divers 2 748,08. *Ensemble* 15 475,68.

■ **Dépenses des ménages** (en milliards de F, 1999). 4 770,9 dont logement, chauffage, éclairage 1 164,1, transport 727,2, alimentation et boissons non alcoolisées 698,6, loisirs et culture 422,5, autres biens et services 371,8, hôtels, cafés, restaurants 360, équipement du logement 311,5, habillement et chaussures 251, boissons alcoolisées et tabac 266,6, santé (dépenses à la charge des ménages) 172,7, communications 93,5, éducation (dépenses à la charge des ménages) 31,4.

Pouvoir d'achat du franc

Année de référence (au 31-12) et coefficient de transformation du F d'une année ancienne en F d'une année courante et, en italiques, en euros, au 1-1-2001

1901	19,940	*3,09124*	**1927**	3,161	*0,49007*	**1953**	0,112	*0,01742*	**1979**	2,435	*0,37744*
1902	19,940	*3,09124*	**1928**	3,161	*0,49007*	**1954**	0,112	*0,01734*	**1980**	2,144	*0,33239*
1903	19,940	*3,09124*	**1929**	2,980	*0,46191*	**1955**	0,111	*0,01718*	**1981**	1,891	*0,29309*
1904	19,940	*3,09124*	**1930**	2,946	*0,45666*	**1956**	0,106	*0,01649*	**1982**	1,691	*0,26212*
1905	19,940	*3,09124*	**1931**	3,086	*0,47841*	**1957**	0,103	*0,01600*	**1983**	1,542	*0,23912*
1906	21,602	*3,34884*	**1932**	3,366	*0,52190*	**1958**	0,090	*0,01391*	**1984**	1,436	*0,22263*
1907	19,940	*3,09124*	**1933**	3,503	*9,54305*	**1959**	0,085	*0,01310*	**1985**	1,357	*0,21037*
1908	19,940	*3,09124*	**1934**	3,6510	*0,56600*	**1960** [1]	8,157	*1,26451*	**1986**	1,322	*0,20492*
1909	19,940	*3,09124*	**1935**	3,988	*0,61825*	**1961**	7,896	*1,22407*	**1987**	1,281	*0,19867*
1910	19,940	*3,09124*	**1936**	3,703	*0,57409*	**1962**	7,533	*1,16786*	**1988**	1,248	*0,19346*
1911	17,281	*2,67907*	**1937**	2,946	*0,45666*	**1963**	7,189	*1,11442*	**1989**	1,204	*0,18672*
1912	17,281	*2,67907*	**1938**	2,592	*0,40186*	**1964**	6,950	*1,07737*	**1990**	1,165	*0,18064*
1913	17,281	*2,67907*	**1939**	2,423	*0,37557*	**1965**	6,780	*1,05117*	**1991**	1,129	*0,17503*
1914	17,281	*2,67907*	**1940**	2,057	*0,31894*	**1966**	6,603	*1,02359*	**1992**	1,103	*0,17098*
1915	14,401	*2,23256*	**1941**	1,751	*0,27153*	**1967**	6,427	*0,99643*	**1993**	1,080	*0,16749*
1916	12,961	*2,00930*	**1942**	1,456	*0,22576*	**1968**	6,150	*0,95341*	**1994**	1,063	*0,16474*
1917	10,801	*1,67442*	**1943**	1,173	*0,18184*	**1969**	5,777	*0,89561*	**1995**	1,045	*0,16194*
1918	8,362	*1,29632*	**1944**	0,960	*0,14884*	**1970**	5,491	*0,85122*	**1996**	1,024	*0,15881*
1919	6,822	*1,05753*	**1945**	0,646	*0,10021*	**1971**	5,196	*0,80549*	**1997**	1,012	*0,15688*
1920	4,891	*0,75823*	**1946**	0,424	*0,06566*	**1972**	4,895	*0,75880*	**1998**	1,005	*0,15580*
1921	5,635	*0,87361*	**1947**	0,284	*0,04402*	**1973**	4,482	*0,69478*	**1999**	1,000	*0,15503*
1922	5,760	*0,89302*	**1948**	0,179	*0,02773*	**1974**	3,941	*0,61092*	**2000**	1,000	*0,15245*
1923	5,290	*0,82012*	**1949**	0,158	*0,02450*	**1975**	3,526	*0,54660*			
1924	4,629	*0,71761*	**1950**	0,144	*0,02228*	**1976**	3,217	*0,49865*			
1925	4,320	*0,66977*	**1951**	0,124	*0,01916*	**1977**	2,941	*0,45593*			
1926	3,281	*0,50868*	**1952**	0,110	*0,01712*	**1978**	2,697	*0,41804*			

Source : Insee. Pour comparer le pouvoir d'achat du F d'une année avec celui du F du début de 2000, multiplier la somme retenue pour une année déterminée par le coefficient correspondant (calculé pour transformer directement les anciens F d'avant 1960 en F d'aujourd'hui). Exemple : 100 000 anciens F de 1950 (multipliés par 0,144) valent 14 400 F au début de 2000.

Attentats politiques

☞ Suite de la p. 1808.

Liste non limitative

☞ Voir **Terrorisme** (p. 802) dans le chapitre Justice et également dans le chapitre **États** (p. 945) la rubrique « Histoire » de chaque pays.

Légende : victimes des attentats. *En italique* : auteurs des attentats. (1) Échec.

Turquie. 1808-*28-6* Selim, sultant *(par un neveu Mustapha).* **1876-*4-6*** Abdülaziz, sultan. **1905-*21-7*** Abdülamid II [1] (il y eut 24 morts, 57 blessés). **1906-*23-3*** Redvan Rasha (préfet de Constantinople). **1921-*15-3*** Talaat bey, ministre l'Intérieur *(par un étudiant arménien).*

Uruguay. 1868-*19-2* Venancio Flores, Pt. **1897-*25-8*** Juan Idiarte Borda, Pt.

USA. 1835-*30-1* Andrew Jackson, Pt *(Richard Lawrence)* [1]. **1865-*14-4*** Abraham Lincoln, Pt († 15-4) *(John Wilkes Booth).* **1881-*2-7*** James A. Garfield, Pt († 19-9) *(Charles J. Guiteau).* **1901-*6-9*** William Mac Kinley, Pt († 14-9) *(Léon Czolgosz).* **1912-*14-10*** Théodore Roosevelt, ex-Pt *(Johann Schranck)* [1]. **1933-*15-2*** Anton J. Cermak, maire de Chicago (il mourut le 6-3) (*Giuseppe Zangara,* qui avait visé F. D. Roosevelt, Pt). **1935-*8-9*** Huey P. Loug (il mourut le 10-9), sénateur de la Louisiane *(A. Weiss).* **1950-*1-11*** Harry Truman, Pt *(Collazo et Torresola)* [1]. **1963-*22-11*** J.F. Kennedy, Pt *(Lee Harvey Oswald ?).* **1967-*26-8*** George Lincoln Rockwell, chef du parti nazi américain (*John Patler,* son « ministre de la Propagande »). **1968-*4-4*** Martin Luther King, pasteur noir défendant la non-violence *(James Earl Ray). -4-6* Bob Kennedy (né 1925), frère du Pt J.F. Kennedy, il était candidat à la présidence *(Sirhan Sirhan).* **1972-*15-5*** George C. Wallace, gouverneur de l'Alabama *(Arthur Herman Bremer)* [1]. **1975-*6-4*** Gerald Ford, Pt *(Franklin Lim)* [1] ; *-18-8 (Thomas Elbert)* [1] ; *-5-9 (Lynette Alice Fromme,* elle ne tira pas) [1] ; *-22-9 (Sarah Jane Moore)* [1]. **1981-*30-3*** Ronald Reagan, Pt *(John Warnock Hinckley)* [1], 3 blessés dont James Brady, porte-parole de la Maison-Blanche.

Vatican. 1848-*15-11* le comte Rossi, Premier ministre des États de l'Église *(Carbonari).* **1970-*27-11*** Paul VI, à Manille *(Benjamin Mendoza)* [1]. **1981-*13-5*** Jean-Paul II, à Rome *(Mehmet Ali Ağça)* [1]. **1982-*2-5*** Jean-Paul II à Fatima (Portugal) [1].

Viêt Nam du Sud. 1963-*1-11* Ngo Dinh Diem, Pt.

Yémen du Nord. 1977-*11-10* Ibrahim al Hamdi, Pt. **1978-*24-6*** Lt-C^el^ Ahmed al Ghachemi, Pt.

Yougoslavie. 1860-*1-8* Danilo Ier, prince de Monténégro *(Kaditch).* **1934-*9-10*** Alexandre Ier, à Marseille.

Zaïre. 1961-*12-2* Patrice Lumumba, ex-Premier ministre.

Énigmes

☞ Suite de la page 270.

■ Disparition

Saint-Germain (comte de). Aventurier du XVIIIe s., mort en 1784. Il prétendait vivre depuis des siècles, et cela lui permit de s'inventer un passé des plus fantaisiste. Les témoignages selon lesquels il aurait été vu vivant au XXe siècle relèvent de la supercherie.

☞ Voir également **à l'Index :** Choiseul-Praslin, Faux dauphins, Hauser (Gaspard), Jean le Posthume, Masque de fer, Molière (a-t-il écrit ses pièces ?), Négresse de Moret, Shakespeare (a-t-il existé ?), Weygand (naissance).

■ Morts mystérieuses ou disparitions

Ailleret (G^al^). Mort le 9-3-1968 à la Réunion. Certains ont parlé alors d'un attentat.

Balbo (Italo, maréchal). Disparu le 28-6-1940, son avion ayant été abattu en Libye par la DCA italienne. Par suite d'une erreur de tir (selon l'enquête officielle) ; sur ordre supérieur, le maréchal ayant trahi (selon des bruits qui ont couru dans le corps expéditionnaire italien).

Bandera (Stepan). Président de l'Organisation des nationalistes ukrainiens, trouvé mort dans l'escalier de son immeuble à Munich (15-10-1959). L'enquête conclut à une crise cardiaque. En 1961, un agent du KGB avoua l'avoir tué avec un pistolet silencieux à cyanure.

Delgado (Gal Humberto). Chef de l'opposition portugaise en exil, il fut retrouvé assassiné (le 24-10-1965) à la frontière hispano-portugaise. La police de Lisbonne refusa de collaborer avec la police de Madrid et imputa le crime à un règlement de comptes dans l'opposition.

Jean-Paul Ier (pape pendant 33 jours, mort en 1978). Certains ont parlé de « complot » et d'une mort « facilitée ».

Kilian (Conrad). Géologue français trouvé pendu (assassiné ?) le 29-4-1950 dans une chambre d'hôtel de Grenoble. Il avait découvert des gisements de pétrole au Sahara et se disait traqué par les agents d'une puissance étrangère.

Mattei (Enrico). Président de l'ENI (organisme national des hydrocarbures) tué (27-10-1962) dans la chute de son avion personnel. L'hypothèse d'un sabotage par l'OAS (qui avait menacé Enrico Mattei en raison d'accords pétroliers passés avec des pays arabes) n'a pas été prouvée.

Sikorski. Il trouva la mort le 4-7-1943 dans un accident d'avion à Gibraltar. Certains ont parlé alors d'un attentat.

Toureaux (Laetitia). Le 16-5-1937, Laetitia Toureaux fut poignardée, dans un wagon de 1re classe du métro, entre les stations Porte de Charenton et Porte Dorée. L'assassin n'avait pu disposer que de 1 minute et 2 secondes (entre 18 h 27 et 18 h 28). On ne le retrouva jamais. Laetitia avait travaillé quelques mois pour une agence de police privée et avait un rendez-vous le soir du crime.
En 1962 (il y avait prescription), la Police judiciaire reçut une lettre anonyme : l'auteur, un médecin, s'accusait du crime pour un motif passionnel.

■ Morts-vivants

Les zombis. Ces « morts-vivants » des légendes haïtiennes seraient des individus que les prêtres vaudous plongent dans un état de mort apparente en leur administrant de la tétrodotoxine (poison extrait des pustules de gros crapauds, qui diminue le métabolisme). Tirée ensuite de sa tombe, la victime serait maintenue dans un état de dépersonnalisation avec des extraits de plantes de la famille des daturas.

■ Naissances contestées

☞ Voir **à l'Index :** Louis XIV, Napoléon 1er, Louis-Philippe, Napoléon II, Napoléon III.

■ Vaisseaux-fantômes

La plupart des vaisseaux-fantômes, tel celui du *Hollandais volant,* relèvent de la légende. Cependant des navires abandonnés peuvent effectuer, parfois pendant plusieurs années, d'immenses trajets sur les océans, au gré des courants. Le plus fameux : le brick *Mary-Céleste.*

☞ Pour connaître la sélection **Quid** des meilleurs sites Internet sur les Énigmes et les attentats politiques, rendez-vous sur www.quid.fr

TRANSPORTS

TRANSPORTS AÉRIENS

☞ Pour découvrir la sélection **Quid** des meilleurs sites Internet sur les transports aériens, rendez-vous sur **www.quid.fr**

■ **Définitions. Aéronef :** désigne tout appareil d'aviation. **Aérodyne :** aéronef plus lourd que l'air. **Aérostat :** aéronef plus léger que l'air. **Aéroplane :** mot inventé 1855 par Joseph Pline. **Aviation :** mot utilisé pour la 1re fois en 1863 par Gabriel de La Landelle. **Avion :** aérodyne entraîné par un organe moteur et dont la sustentation est assurée par une voilure fixe. Ce nom figure pour la 1re fois dans le brevet 205155, déposé par Ader, pour un appareil ailé dit « avion » (nom choisi par le Gal Roques en 1910, en son honneur, pour les aéroplanes militaires).

☞ Trouvant le mot *voler* péjoratif, on proposa en 1910 de le remplacer par « autoplaner, volater, oiseler ou blérioter ».

■ **Fédération aéronautique internationale.** *Créée* 14-10-1905. *Pt :* Pce Roland Bonaparte (Fr., 1858-1924). **Aéronautique-Club de France.** *Créé* 1897. **Aéro-Club de France.** *Créé* 1898. 1er grand prix de l'Aéro-Club couru 1905, coupe Gordon-Bennet 1906.

■ **1re exposition internationale** de l'aéronautique à Paris au Grand Palais en 1908. **1ers meetings** d'aviation en 1909 à Reims-Bétheny et Port-Aviation (Juvisy).

AVIETTE (VOL MUSCULAIRE)

■ **Quelques dates. 1020-40** en Angleterre, Olivier de Malmesbury se lance d'une tour de son couvent. **Vers 1460** Dante de Pérouse (Toscane) s'élance d'une tour de 97,50 m, survole plusieurs fois le lac Trasimène et se casse la jambe en retombant sur une église. **1496-1505** Léonard de Vinci expérimente des machines à voler (Milan, Florence). **1655** Robert Hooke aurait construit un hélicoptère en Angleterre. **1660** Cook et Olivier de Malmesbury se soutiennent quelque temps en l'air en s'aidant d'ailes portées aux bras et aux jambes. **1678** le serrurier Besnier aurait expérimenté un appareil en vol. **1742**-*19-3* le Mis de Bacqueville [Jean-François Boyvin de Bonnetot, dit le, (1688/7-10-1760 dans l'incendie de sa maison)] aurait volé au-dessus de la Seine en s'élançant du Pont-Neuf (ou de son hôtel, quai des Théatins) avant de tomber sur un bateau de lavandière et de se casser la jambe. **Vers 1745** dom Francisco Guzmao (de Lisbonne, Portugal) s'élève sur une sorte d'aigle dont il fait mouvoir les ailes ; il aurait traversé le Tage ? **1808** Vienne, Jacques Degen (horloger autrichien) s'élève jusqu'à 51 m. *-2-6* prix offerts par les frères Peugeot : 10 000 F au 1er qui volera 10 m sur une machine mue par sa seule énergie, 1 000 F pour un vol de 1 m : au Parc des Princes (Paris), sur 30 concurrents, aucun n'arrivera à prendre son envol. **1921**-*9-7* Gabriel Poulain (1884-1953), sur bicyclette (17 kg) avec 2 plans sustentateurs, s'envole à 40 km/h sur 11,72 m et 12,30 m. **1950**-*5-6* Léo Valentin (l'homme-oiseau) expérimente des ailes (se tue à Liverpool). **1977**-*23-8* Bryan Allen (cycliste amér., 24 ans) vole 7 min 27,5 s sur le *Gossamer Condor*, conçu par Paul McCready, remporte le prix Kremer [créé par l'industriel brit. Henry Kremer en 1960 (5 000 £ à la 1re « aviette » qui effectuera un parcours « en 8 » entre 2 pylônes éloignés d'au moins 800 m)]. **1979**-*12-6 : 1re traversée de la Manche* (2 h 49 min, 35,82 km, de Folkestone au cap Gris-Nez) : Bryan Allen (57 kg), sur le *Gossamer Albatros* (25 kg, hauteur 5,50 m, longueur 9,15 m, envergure 29,26 m), gagne le prix Kremer (porté à 100 000 £). **1981**-*7-7* Steve Ptacek sur le *Solar Challenger* (ayant, en plus des pédales, des panneaux solaires fixés sur les ailes) parcourt 262 km, de Cormeilles-en-Vexin à Mantson (G.-B.). **1988**-*23-4* le champion cycliste grec Kanellos Kanellopoulos, sur *Daedalus 88* (31 kg, envergure 34 m), dessiné par ordinateur à l'Institut de technologie du Massachusetts (MIT), décolle d'Héraklion (Crète), pédale à 5 m au-dessus des vagues et, le vent étant favorable, à une moyenne de 30 km/h, atteint Santorin (à 117 km) en moins de 4 h.

CLASSIFICATION DE LA FAI
(Fédération aéronautique internationale)

A : ballons libres. B : dirigeables. C : avions C-1 a/0 (– de 300 kg) à C-1 t (+ de 300 t), **hydravions** de C-2 a/0 (– de 300 kg) à C-2 l (+ de 60 t), **amphibies** C-3 a/0 (– de 300 kg) à C-3 l (+ de 60 t) (moteurs à piston, turbopropulseurs, turboréacteurs et moteurs-fusées). **D : planeurs et motoplaneurs. E : giravions hélicoptères. F : aéromodèles** (de dimensions réduites, munis ou non d'organe motopropulseur, non susceptibles d'emporter un être humain). **G : parachutes. H : aéronefs à réaction à décollage et atterrissage verticaux** [en anglais VTOL : Vertical Take-Off and Landing. (Adav : appareil à décollage et atterrissage verticaux. Exemples : Hawker Siddeley V-Stol Harrier/AV8-A, et les prototypes LTV XC-142 A, Ryan XV-5 A et Dassault Mirage III-V) capables de décoller, de se ravitailler en vol stationnaire et d'atterrir en obtenant essentiellement leur sustentation d'un ou de plusieurs moteurs à réaction, et ne nécessitant pas, pour le décollage et l'atterrissage, une sustentation fournie par des surfaces extérieures]. **I : aviettes** (aérodynes capables de décoller et de se maintenir en l'air uniquement au moyen de l'énergie musculaire de leur pilote ou de leur équipage). **K : véhicules spatiaux. M : aéronefs à propulsion/aile basculante** (appareil de type V-22 Osprey par exemple ; en anglais Tilt-Wing/Tilt-engine aircraft). **N : appareils à atterrissage/décollage court** (Adac ; en anglais Stol : Short Take-Off and Landing aircraft). **O : vol libre** (delta et parapente). **P : véhicules aérospatiaux** (Columbia). **R : micro-aviation** (ULM). **S : modèles spatiaux** (de dimensions et de capacité d'emport réduites ; incapables d'emmener une charge marchande ou un être humain).

AVIONS

QUELQUES DATES

1843-*29-3* brevet d'invention délivré à William Samuel Henson (G.-B., 1812-88) pour une machine volante à vapeur (*aerial steam carriage*). Avec le mécanicien John Stringfellow (1799-1883), dessine l'*Ariel* (essais décevants). **1857-58** un modèle réduit motorisé construit par Félix du Temple (Fr., 1823-90), propulsé par un mouvement d'horlogerie et par la vapeur, quitte le sol par ses propres moyens. **1863** Gabriel de La Landelle (1812-86) invente le mot *aviation,* du latin *avis* (« oiseau »), et *actio* (« action »). **1868** 1re exposition aéronautique, au Crystal Palace de Londres. **1881** *Louis Mouillard* (Fr., 1834-97, † dans l'indigence au Caire) parle dans *l'Empire de l'air* du gauchissement des ailes ; il prépare un nouveau livre, *le Vol sans battement,* qu'il soumet à Octave Chanute (1832-1910) ; celui-ci le soumit à Wright qui s'en serait inspiré. **1890**-*9-10* dans le parc du château d'Armainvilliers du banquier Pereire à Gretz (S.-et-M.), sur une piste (largeur 40 m, longueur 200 m), *1er soulèvement au monde* d'un avion plus lourd que l'air, à moteur, emmenant son pilote : Clément Ader (Muret, Hte-Garonne 2-4-1841/Toulouse 3-5-1925), sur l'*Éole I* [longueur hors tout 4,6 m ; envergure 13,7 m ; largeur (ailes repliées) 4,2 m ; hauteur (sommet des structures) 2,9 m (bout d'hélice verticale) 3,26 m ; surface alaire 29,2 m² ; masse à vide 167 kg ; charge utile 85 kg ; masse au décollage 252 kg ; puissance maximale 10 ch ; poids/cheval 25,2 kg/ch ; poids/m² 8,6 kg/m² ; fuselage recouvert de toile ; 1 moteur à vapeur 4 cylindres 20 ch ; 1 hélice bambou de 2,6 m à 4 pales ; 296 kg], fait un bond de 50 m (à quelques cm de hauteur). Ader prépare un procès-verbal calligraphié du décollage puis y renonce. Il s'était procuré au moins 2 roussettes des Indes vivantes (chauve-souris mégachiroptère d'environ 1,30 m d'envergure, planant plus qu'elle ne vole) qu'il avait observées dans une volière construite dans son jardin à Paris, et s'était inspiré de leurs ailes. Une réplique (voilure 22 m², poids à vide 210 kg, moteur à pistons de 64 ch utilisé à 30 ch) a volé en juin 1990 à Meaux-Esbly. **1891**-*début sept.* 2e expérience à Satory, sur piste droite de 800 m, vol sur 100 m, l'*Éole II* subit une avarie. **1896**-*16-5* Samuel Langley (Amér., 1834-1906) accomplit vol sur aéroplane, modèle appelé *Aérodrome nos 5* et *6,* sur 1 400 m (14 kg, 4,26 m d'envergure, moteur à vapeur). **1897**-*14-10,* 17 h 30 **1er vol (controversé) de Clément Ader** sur *Avion III* [longueur hors tout 5,45 m ; envergure 15,3 m ; largeur (ailes repliées) 5 m ; hauteur (sommet des structures) 3 m, (bout d'hélice verticale) 3,36 m ; surface alaire 37,95 m² ; masse à vide 246 kg ; charge utile 115 kg ; masse maximale au décollage 361 kg ; puissance maximale 48 ch ; poids/cheval 7,5 kg/ch ; poids/m² 9,5 kg/m² ; 2 hélices centrorotatives de 3 m de diamètre ; 2 moteurs de 20 ch à vapeur d'alcool de 2 cylindres ; condenseur de 1 600 tubes de cuivre placé au-dessus de l'avion], à Satory (Yvelines), devant les Gaux Mensier et Grillon, sur une piste de 450 m de diamètre ; l'appareil quitte le sol sur 300 m mais, déporté par une bourrasque, retombe hors piste et se brise en partie. **1898** 1er aéro-club (de France).

1903-*17-12* **1ers vols d'Orville** [6(16 ?)-8-1871/31-1-1948] **et Wilbur Wright** (16-4-1867/30-5-1912), Américains. 4 vols à tour de rôle : Orville 36,6 m ; Wilbur 59,4 m en 12 s ; Orville 66 m en 15 s et Wilbur 284 m en 59 s. Sur *Flyer I* à Kitty Hawk (Caroline du Nord, USA). Envergure 12,29 m ; longueur 6,43 m ; hauteur 2,44 m ; poids à vide 274 kg, maximal 340 kg ; vitesse 48 km/h ; équipage 1 h. **1904**-*15-9 :* 1er tournant (Orville, Wright). *-20-9 :* 1er cercle fermé (Wilbur). **1905**-*27-5* le capitaine Ferdinand Ferber (1862-1909) réalise un vol comparable (le 1er en Europe). *-4-10* Orville Wright parcourt 38,956 km en 33 min 17 s à 37 m d'altitude en circuit fermé à Dayton (Ohio). **1906**-*23-10* Alberto Santos-Dumont [Brésilien né à Palmyra (rebaptisée Santos Dumont) 20-7 (8 ?)-1873/23-7-1932, se pend dans sa salle de bains, déprimé depuis les bombardements aériens de la guerre de 1914-18], parcourt 60 m à Bagatelle (France) et remporte *la coupe Archdeacon* de 3 000 F-or créé 1904 par Ernest Archdeacon (Fr., 1863-1950) pour celui qui réaliserait, sur un appareil plus lourd que l'air, le *1er vol dépassant 25 m. -12-11* en 21,4 s, il parcourt à Bagatelle 220 m à 4,6 m de hauteur (41,3 km/h) à bord du biplan 14 bis *la Demoiselle* (moteur Antoinette de 50 ch), remportant le prix de 1 500 F-or de l'Aéro-Club de France pour le *1er vol officiellement contrôlé dépassant 100 m.* **1907**-*30-3* Charles Voisin (1882-1912, Fr.) sur Voisin-Delagrange, 60 m à Bagatelle. *-5-11* Léon Delagrange (18-3-1873/tué en vol, 4-1-1910, Fr.) sur Voisin-Delagrange 1 : 500 m en 40 s. *-9-11* Henri Farman (26-5-1874/17-7-1958 ; Anglais, né à Paris, où ses parents sont correspondants de journaux anglais, et naturalisé Français en 1937) sur Voisin-Farman I : 1 030 m en 1 min 14 s, 1er virage. *-16-11* à Buc, Robert Esnault-Pelterie (8-11-1881/6-12-1957) sur son REP 1 : 600 m en 55 s. Vol d'Henri Coanda (1885-1972). **1908**-*13-1* Henri Farman parcourt *1 km en circuit fermé* à Issy-les-Moulineaux en 1 min 28 s sur biplan Voisin ; gagne le grand prix d'aviation de 50 000 F-or offert par Henry Deutsch de la Meurthe (1846-1919) et Ernest Archdeacon au 1er pilote qui couvrirait 1 km. *-28-3* Léon Delagrange, sur biplan Voisin : *1er vol avec passager* (Henry Farman). *-14-5* Charles Furnas (1880-1941), mécanicien pris par Wilson Wright, sur 600 m pendant 29 s. *-30-5* Farmani : 1er vol de plus de 1 km (1,241 km) avec passager (Archdeacon). *-4-7 :* 1er vol officiel aux USA devant une foule (Hammondsport, New York) par Glenn Hammond Curtiss (21-5-1878/23-7-1930) : 1 551 m en 1 min 42,5 s. *-8-7 : 1re femme à voler en aéroplane* : Thérèse Peltier avec Léon Delagrange à Turin (sur Voisin) sur 150 m ; sera peu après la *1re femme à voler en solo. -9-9* Orville Wright *vole plus de 1 h* à Fort Myer (Virginie). *-17-9 : 1er accident mortel* à Fort Myer dans un avion piloté par Orville Wright : le Lt Thomas Selfridge, blessé, mourra 48 h après. *-21-9* Wilbur Wright à Auvours (Sarthe), vol de 1 h 31 min 25 s (60,6 km) avec un passager, M. Fordyce, record de distance, gagne la *coupe Michelin. -9(?)-10 :* 1re photo d'avion piloté par Wilbur Wright prise au Mans par Louis-Paul Bonvillain (de Pathé). *-30-10 : 1er vol de ville à ville de Bouy à Reims* (27 km en 20 min, à 25 m) par Henri Farman sur biplan Voisin. *-31-12* Wilbur Wright, 124,7 km en 2 h 30 min 23 s 1/5. **1909**-*20-5* Paul Tissandier (19-2-1881/11-3-1945) vole plus de 1 h 2 min 13 s. *-5-6* Hubert Latham (Fr., 10-1-1883/7-6-1912, tué au Congo par un buffle) sur Antoinette IV à Châlons : 1 h 7 min 37 s. *-12-6* Blériot sur monoplan Blériot à voiture surélevée : *1er vol avec 2 passagers* (Santos-Dumont, André Fournier). *-19-7 : 1re tentative de traversée du pas de Calais* par Hubert Latham. A bord d'un Antoinette IV, décolle de Sangatte (près de Calais), mais par suite d'une panne de moteur s'abîme en mer après 10 à 13 km ; il est recueilli par un remorqueur français, le *Calaisien. -20-7* Henri Farman à Châlons : 1 h 23 min 3,2 s. *-25-7* **1re traversée de la Manche par Louis Blériot** (Français, 1-7-1872/2-8-1936) en 38 min, au lever du soleil, de 4 h 35 à 5 h 13 (des Baraques, près de Calais, à Northfall Meadow, près du château de Douvres ; environ 48 km : il y avait 40,744 km mais Blériot fit un détour de 6 à 7 km, vent favorable faisant gagner 20 à 25 km/h) sur *Blériot XI :* envergure 7,77 m ; voilure 14 m² ; longueur 8 m ; hauteur 2,59 m ; poids au décollage 300 kg ; vitesse 58 km/h ; moteur Anzani 25 ch, hélice de bois de 2,10 m. *-27-7* Hubert Latham échoue à 1 mille des falaises de Douvres. *-7-8* Roger Sommer (né 4-8-1877) : 2 h 27 min 15 s (record). 3 tentatives faites avec un avion similaire : 2 échecs [1989 ; 26-7-1998 Louis Blériot (54 ans, son petit-fils) tombe dans un étang] ; 1 succès (25-7-1999, Mikael Carlson, Suédois, en 32 min). *Du 22 au 29-8 : 1er meeting aérien international* à Reims. Henn Curtiss (Américain, 21-5-1878/23-7-1930) gagne la *coupe Gordon Bennett* devant Blériot. *-25-8 records du monde de distance* (134 km) et *de durée* (2 h 43 min 24 s 4/5) par Louis Paulhan (1883-1963). *-7-9 : 2e victime de l'aviation :* Eugène Lefebvre à Juvisy. *-22-9 : 1er accident mortel par capotage d'un avion roulant au sol,* le capitaine Ferdinand Ferber (né 8-2-1862) est tué. *-18-10* le Cte de Lambert (1865-1944), parti de Juvisy à 4 h 37 min, *survole Paris pour la 1re fois* à bord d'un biplan Wright et effectue un virage autour de la tour Eiffel (48 km en 49 min 59 s). Constitution de la *1re compagnie aérienne française :* la

Cie générale transaérienne (CGT) ; 10 ans plus tard, elle transportera des passagers.

1910-*7-1* Hubert Latham *dépasse 1 000 m d'altitude* sur un Antoinette à Mourmelon. *-8-3* l'actrice Élise Deroche (22-8-1886/18-7-1919 au Crotoy, passagère d'un vol), dite Bonne Raymonde de Laroche, *1re Française à obtenir un brevet de pilote. -28-3 : 1er vol d'un hydravion* (voir p. 1864 a). *Du 30-4 au 5-5, meeting d'aviation de Touraine,* Raymonde de Laroche y participe. *-10-7* Léon Morane (11-4-1885/oct. 1918, grippe espagnole) *atteint 106,5 km/h* sur un monoplan Blériot. *-7-8* Circuit de l'Est (1er du monde) : 1er Albert Leblanc sur *Blériot XI. -8-9 : 1re collision aérienne* entre 2 avions pilotés par les frères Warchalovski, à Wiener-Neustadt (Autriche) ; l'un a une jambe brisée. *-23-9* Geo Chávez (origine péruvienne, né à Paris 13-1-1887) *traverse les Alpes* de Brigue à Domodossola en 40 min ; blessé à l'atterrissage, il mourra de septicémie à l'hôpital de Domodossola le 27-9. *-14-11 : 1er vol depuis un navire* (croiseur US *Birmingham* à Hampton Roads, Virginie) : Lt Eugene Ely (1886-1911) sur un Curtiss. *-21-12 : 1er vol de plus de 500 km* en circuit fermé : Georges Legagneux (Fr., 24-12-1882/6-7-1914, accident) à Pau, 511,90 km en 5 h 59 min. **1911** Raoul-Édouard Badin (officier français) invente le « badin » permettant de mesurer la vitesse relative par rapport à l'air ambiant. *-7-1 : 1res bombes lancées* d'un biplan Wright de l'armée à San Francisco. *-18-1 : 1er appontage* (sur le croiseur *Pennsylvania*) : Lt Eugene Ely à San Francisco. *-18-2 : 1er vol aéropostal :* le Français Henri Pequet transporte 6 600 lettres entre Allahabad et Naini (Inde) dans un biplan Humber. *-7-3* Eugène Renaux (Fr., 1877-1955) et son mécanicien, Albert Senouque, partis de Buc à 9 h sur biplan Maurice Farman, atterrissent sur le puy de Dôme à 14 h 32 min 20 s et gagnent le prix de 100 000 F (offert 7-3-1908 par André et Édouard Michelin). *-12-4 : 1er vol sans escale :* Londres (Hendon)-Paris (Issy-les-Mx) ; Pierre Prier : monoplan Blériot en 3 h 56 min. *-3-6* le Lt Bague (Fr., né 1879) tente la traversée de la Méditerranée, disparaît en mer. *-3-8 : 1er vol d'un avion amphibie Voisin* [Gabriel Voisin (Fr., 1880-1974)] sur la Seine. *-8-8 :* 1er vol de l'amphibie *Canard ;* pilote Colliez (USA) ; constructeurs Gabriel et Charles Voisin. *-27-9 : 1er vol d'un bimoteur* (Roger Sommer à Douzy). *-22-10 : 1re utilisation militaire d'un avion :* capitaine Piazza (Italie) ; vol de reconnaissance de Tripoli à Azizia en Libye. **1912** *1er pilote automatique efficace* [Elmer Sperry sur Curtiss (USA)]. *Raketoplan* (de l'allemand *Rakete* : « fusée ») 1er avion à réaction de Carl Neubronner († 1997 à 101 ans). *-1-3 : 1er saut en parachute* d'un avion par l'Américain Albert Berry à St Louis. *-16-4* une femme pilote, l'Américaine Harriet Quimby (tuée 1-7-1912 lors d'un meeting), traverse la Manche sur monoplace Blériot : part de Douvres à 5 h 35, arrive à Hardelot à 6 h 30. **1913**-*13-5* Igor Sikorsky (Russe, 1889-1972) *essaie un quadrimoteur* (*Bolchoï,* 28,2 m, 10 passagers). *-10-6/2-7* Brindejonc des Moulinais (8-2-1892/18-8-1916, abattu à Verdun) tour d'Europe Paris-St-Pétersbourg 5 000 km. *-27-8 : 1ers loopings ;* à Kiev, Lt Nesterov (Russe, 1887-1951) sur Nieuport IV. *-21-9* à Buc, Adolphe Pégoud (Fr., 1889/31-8-1915, tué en vol par All.) sur Blériot de 50 ch. *-23-9 : 1re traversée de la Méditerranée :* Roland Garros (Fr., 6-10-1888/abattu 5-10-1918) en 7 h 53 min (760 km : de St-Raphaël à Bizerte) sur monoplan Morane-Saulnier type H. *-29-9* Maurice Prévost, sur monoplan Deperdussin, dépasse 200 km/h, à Reims, *-31-10* Georges Legagneux. **1914** *1re piste d'atterissage en dur*, par les frères Michelin (Clermont-Ferrand-Aulnat). *1er service régulier de passagers* St Petersburg-Tampa (Floride, USA). Apparition des trimoteurs avec l'Italien Gianni Caproni, (1886-1957). Lawrence Sperry (Américain, † 1923, en avion) présente le système de pilotage automatique de son père, Elmer (1860-1930). *-30-7 : 1er survol de la mer du Nord* d'Aberdeen à Stavanger par Tryggve Gran. *-5-10 : 1re victoire aérienne :* le sergent français Frantz et son mécanicien Quénault abattent un Aviatik. **1915** *1er aéroplane entièrement métallique* (Junkers J1, de Hugo Junkers, All., 1859-1935). **1916**-*20-6 : 1ers 1 000 km en ligne droite,* par le Lt Marchal, sur biplan Nieuport, de Nancy à Cholm (Pologne) avec survol de Berlin. **1917**-*20-5 : 1er sous-marin coulé par un avion. -18-8* : 1re liaison radio avion/station au sol en Virginie. **1918**-*1-4 création de la Royal Air Force. -5-10* Roland Garros abattu en vol à Vouziers. **1919**-*19-1* Jules Védrines (21-12-1881/21-4-1919, écrasé au sol) sur Caudron G III (sans freins) *atterrit sur le toit des Galeries Lafayette* à Paris en cassant son train d'atterrissage (surface disponible : 28 × 12 m) et reçoit un prix de 25 000 F pour cet exploit. *-5-2 : 1re ligne commerciale internationale* Paris-Londres sur Farman Goliath F 60 (pilote : Lucien Bossoutrot 1890-1958), vitesse 150 km/h, durée de Toussus-le-Noble à Kentley 2 h 30. *-8-2 :* 1er vol avec passagers commerciaux. *-9-3 : 1er vol Toulouse-Rabat* [pilote : capitaine Lemaître ; passager : Pierre Latécoère (1883-1943) ; avion biplan Salmson]. *-14-3 création de la Cie des lignes Latécoère* à Toulouse-Montaudran. *-16/27-5 : 1re traversée de l'Atlantique* avec escale (voir **Hydravions** p. 1864 a). *-18-5 :* 1re tentative de traversée de l'Atlantique avec un appareil terrestre par 2 Anglais, Harry Hawker et Kenneth Mackensie-Grieve, partis de Terre-Neuve sur monomoteur *Sopwith :* après 1 800 km, une panne les force à atterrir ; ils sont recueillis par le *Mary* (bateau danois). *-14/15/16-6 : 1re traversée de l'Atlantique sans escale* par 2 Anglais [John Alcock (5-11-1892/1919, pilote) et Arthur Whitten Brown (Écossais, 1886-1948, navigateur)] à bord d'un bombardier Vickers Vimy bimoteur Rolls-Royce de 350 ch transformé (2 moteurs de 350 ch, envergure 20,42 m, longueur 13,32 m) : 3 032 km, St John's, Terre-Neuve/Clifden, Irlande, en 15 h 57 min (prix du *Daily Mail :* 10 000 £). *-7-8* Charles Godefroy, sur un Nieuport XXVII de 120 ch, 8,22 m d'envergure, passe à 7 h 30 du matin à 150 km/h *sous l'Arc de triomphe,* large de 14,60 m, pour protester contre la place insuffisante qu'avait reçue l'aviation dans le défilé de la Victoire du 14-7-1919. *-1-9 : 1er transport de courrier Toulouse-Rabat* [pilote : Didier Daurat (1891-1969) ; avion biplan Breguet 14].

1920-*27-2* le major R. W. Schroeder (Amér.) *dépasse les 10 000 m d'altitude* pour la 1re fois (10 093 m), à Dayton (Ohio), à bord d'un Lepere Fighter. *-3-2/31-3 : 1re traversée aérienne du Sahara Alger-Dakar,* au départ 7 avions ; *-14-2 :* 4 atteignent Tamanrasset ; *-18-2 :* 2 repartent. L'un doit se poser ; le Gal Laperrine meurt sur place. *-5-3* le Cdt Wuilemin atteint Tombouctou puis Dakar. *-25-8* Adrienne Bolland (1896-1975) *1re femme à traverser la Manche,* sur Caudron G 3. **1921** *1er moteur à réaction* conçu par le capitaine Marconnet (né 1909), Henri Coanda (Roumain, 1886-1972), et Maxime Guillaume (Fr.). *-21-7 :* 2 cuirassés voués à la casse coulés par avions (pour démonstration). *-1-8* Adrienne Bolland sur biplan Caudron G-3 traverse les Andes [Tamanrides (Arg.)/Santiago (Chili) en 3 h 15]. **1922** *inauguration du « port aérien du Bourget ». -7-6 : 1er vol de nuit en ligne Paris-Londres,* pilote René Labouchère. **1923**-*avril 1er transport de troupes* par la RAF. *-2 et 3-5 : 1re traversée des USA sans escale* par les Lts Oakley Kelly et John McReady, sur Fokker T-2 : New York-San Diego en 26 h 50 min et 3 s (4 088 km, moy. 174 km/h). *-3-5 : 1er vol Casablanca-Dakar* (3 Breguet 14 en 3 jours). *-17-5 : 1re ligne Amsterdam-Londres. -26-6 : 1er ravitaillement en vol :* durée de vol 24 h ; capitaine Lowell Smith, Lt Virgil Hine (Amér.). *1ers vols intercontinentaux de passagers :* Marseille-Alger par Perpignan, Barcelone et Palma. **1924**-*6-4/28-9 : 1er tour du monde aérien Seatle/Seatle,* 4 Douglas DT2 au départ, 2 à l'arrivée (Lts Lowell Smith et Leslie Arnold, Erik Nelson et John Harding, Américains) en 175 j (371 h 11 min de vol réparties sur 66 j). **1925**-*14-1 : 1er transport postal aérien :* Rio de Janeiro-São Paulo-Porto Alegre-Montevideo-Buenos Aires. *-15-5 : 1er service Toulouse-Alicante-Alger* (lignes Latécoère). *-1-6 : 1er service Casablanca-Dakar* (lignes Latécoère). **1926**–*9-5 : 1er survol du pôle Nord* en avion par Richard Byrd (1888-1957) et Floyd Bennet (Amér.) sur monoplan trimoteur Fokker F VII *Joséphine Ford. -26-5 : 1er service Paris-Cologne-Berlin* (SGTA). **1927**-*mars 1ers vols de nuit Toulouse-Casablanca* (monoplan Latécoère 25). *-8-5* les Français Charles Nungesser (1892-1927) et François Coli (1881-1927) sur l'*Oiseau blanc* (avion marin Levasseur PL-8 ; envergure 14,60 m ; longueur 10 m ; hauteur 3,90 m ; surface 60,5 m² ; poids total 5 030 kg ; moteur 450 ch ; vitesse de croisière 165 km/h ; équipage 2 h.), partis du Bourget à 5 h 21, se perdent entre Paris et New York, en mer ou au sol dans la forêt du Maine aux USA. *-20/21-5* **1re traversée de l'Atlantique en solitaire sans escale** *New York (Roosevelt Field, Long Island)-Paris Le Bourget.* **Charles Lindbergh** (Amér., 4-2-1902/1974) seul sur le *Spirit of St Louis* (version agrandie du monoplan *Ryan M-2*) nommé ainsi car Lindbergh avait emprunté 15 000 $ à des hommes d'affaires de St Louis [envergure 14,02 m ; longueur 8,36 m ; hauteur 2,44 m ; poids à vide 975 kg, maximal 2 379 kg ; moteur Wright conçu par Joseph Worth (J. Wertzheiser, Pologne 1893/1991) 220 ch ; 5 809 km en 33 h 30 min, il parcourt, en fait, 6 300 km, s'étant écarté de sa route par moments ; vitesse maximale 209 km/h ; vitesse de croisière 180 km/h ; plafond 5 000 m ; équipage 1 h.]. Lindbergh était le 67e à traverser l'Atlantique sans escale (2 l'avaient traversé en avion en 1919, des Hauts de Terre-Neuve vers l'Irlande, 31 dans le dirigeable *R 34* d'Écosse en Amérique et retour les 14/15-6 1919, 31 dans le zeppelin *ZRS* de Friedrichshafen (All.) à Lakehurst (New Jersey, USA) en 1924. *-29-6/1-7* vol New York-Paris sur Fokker F 7 (3 moteurs Wright Whirlwind), l'*America*, piloté par Bertram Acosta et Bernt Balchen, commandé par Richard Byrd. Après 42 h de vol, amerrissent brutalement à 2 h 30 près de Ver-sur-Mer (Calvados). *-11-10 liaison Toulouse-Dakar sans escale* (lignes Latécoère) : Mermoz et Négrin. *-14-10 : 1re traversée de l'Atlantique Sud sans escale*, au cours d'un tour du monde de 57 000 km du 10-10-1927 au 14-4-1928 par les Français Dieudonné Costes (1892-1973) et Joseph Le Brix (1899-1931) de St-Louis du Sénégal à Natal (Brésil) sur Breguet XIX GR *Nungesser-et-Coli* (envergure 16 m ; longueur 9,65 m ; hauteur 3,55 m ; surface 52 m² ; poids au décollage 5 150 kg ; moteur de 600 ch ; vitesse maximale 180 km/h ; équipage 2 h.) ; 3 400 km en 18 h 15 min. *-14-11 : 1er service Rio de Janeiro-Natal* sur monoplan Laté 25, 150 km/h, piloté par Pivot ; et Rio de Janeiro-Buenos Aires sur Latécoère 25, piloté par Paul Vachet (1897-1974). *Apparition des stewards* sur les Imperial Airways et Air Union. **1928**-*1-3 : 1er service postal aérien Toulouse-Buenos Aires* (Aéropostale) avec 2 Latécoère 28, pilotés par Paul Vachet et Chenu. *-10-4 : 1er vol de nuit sur Rio-Buenos Aires* (24 h de vol) en Fokker F-7 (3 moteurs Wright de 230 ch). *-12/13-4 : 1re traversée de l'Atlantique Nord d'est en ouest*, par Koehl et Hünefeld (All.) pilotés par Fitzmaurice (Irlandais) sur monoplan Junkers. *-31-5/9-6 : 1re traversée du Pacifique San Francisco-Brisbane avec escale,* Fokker F-7 *Southern Cross* piloté par Charles Kingsford Smith et Charles Ulm (Australie), Harry Lyons et James Warner (Amér.). *-11-6 : 1er avion propulsé par fusée :* planeur Ente (Canard) sans queue de A. Lippish (All.), actionné par 2 fusées Sander à combustion lente (allemandes), piloté par Friedrich Stamer, vol de 228 m de 1 min environ. *-30-8 : 1re liaison commerciale régulière Marseille-Beyrouth* (Air Union, Lignes d'Orient). **1929**-*2-3* Jean Mermoz (pilote), Alexandre Collenot et Cte de La Vaulx (passagers) sur Latécoère 25, traversent les Andes (Buenos Aires-Santiago du Chili). En route, ils doivent atterrir (le moteur ayant des ratés) sur une plate-forme d'environ 300 m, en pente, sauter de l'avion et se coucher devant les roues. *-9-3* au retour avec Collenot, doivent atterrir ; repartent 2 jours plus tard. *-18-3 : 1er service Marseille-Ajaccio-Tunis* (Air Union). *-13/15-6* en 28 h 40, *1re traversée de l'Atlantique Nord par des Français* (Jean Assolant, Jean Lefèvre, Armand Lotti, un passager clandestin découvert après le décollage : Arthur Schreiber journaliste amér.) d'Old Orchard (Maine) à Comillas (Esp.) et non Le Bourget (la consommation prévue ayant été supérieure en raison du poids du clandestin) sur l'*Oiseau-Canari* (Bernard 191 GR, moteur 600 ch). *-17-7 : 1er courrier officiel Santiago-Buenos Aires* par Jean Mermoz et Henri Guillaumet. *-30-9 avion propulsé par fusée* (Fritz von Opel, Allemand, vol de 1 800 m à 160 km/h) s'écrase au sol. *-28/29-11 : 1er survol du pôle Sud* par Cdt Richard Byrd, pilote Bernt Balchen (trimoteur Fokker). *Avion-restaurant* sur Air Union (Paris-Londres). *1er train d'atterrissage rentrant opérationnel* [Georges Messier (Fr.)].

1930-*16-1* Frank Whittle (Brit., 1907-96) dépose le brevet du moteur à réaction. *-15-5 : 1re hôtesse de l'air,* Ellen Church (United Airlines, Boeing 80 A) de l'aéroport Oakland 5 Cheyenne (Wyoming), recrutée avec 25 autres (1931 : Air France ; 1934 : Swissair ; 1935 : KLM ; 1938 Lufthansa). *-12/20-6 : 92e traversée des Andes* d'Henri Guillaumet (29-5-1902/27-11-1940, disparu sur quadri-

Concorde

■ **Quelques dates.** **1956** *1res études.* **1962**-*24-11* accord franco-britannique pour construire un avion supersonique. **1967**-*avril* 74 options de 16 Cies. **1969**-*2-3 : 1er vol du prototype 001* à Toulouse-Blagnac pendant 40 min (dont 29 en vol), pilote : André Turcat (né 23-10-1921). *-9-4 : 1er vol du prototype 002* à Filton (G.-B.), pilote : Brian Trubshaw. *-1-10* franchissement du mur du son. **1970**-*4-11* atteint Mach 2. **1971** Jean-Jacques Servan-Schreiber, député, estime que Concorde est un « Viêt Nam industriel ». **1973** 70 commandes et options sont prises par 13 transporteurs, mais le *31-1* PanAm, American et TWA renoncent. Les autres suivent : seuls Air France et British Airways se partageront les 14 avions construits en sus des 2 prototypes. *-6-12 sortie du 1er avion de série.* **1975**-*10-10* certificat de navigation français. **1976**-*21-1* mise en ligne Paris-Rio (escale à Dakar) et Londres-Bahreïn. **1977**-*22-11* Paris-New York (7 AR par semaine, 11 à partir du 29-3-1981) après 20 mois de procès pour obtenir le droit de se poser à Kennedy Airport. **1978**-*20-9* vol Air France prolongé sur Washington. **1979** les gouvernements français et britannique décident de limiter la série à 16 avions et 88 réacteurs. *-12-6* vol Air France prolongé sur Mexico. **1980** la ligne Londres-Bahreïn-Singapour est fermée. **1982**-*1-4* abandon des lignes vers l'Amérique du Sud. *-1-11* vers Washington et Mexico. Air France dispose de 5 Concorde. **1992**-*oct.* (vol AF 1492), tour du monde est-ouest en 32 h 49 min. **1995**-*16-3* nez du Concorde vendu aux enchères 300 000 F. *-16-8* (vol AF 1995, 11 h 49 heure locale) tour du monde (sens est-ouest) en 31 h 27 min 49 s (dont 22 h 43 min en vol ; 6 escales techniques, avec 78 passagers) [bat le record de vitesse de New York à New York (sens est-ouest) : 40 388 km]. **2000**-*25-7* voir **Accidents** p. 1930 b.

■ **Coût** (en milliards de F). *En 1969 :* 5,9 pour la partie française (soit 26,5 en 1990) ; *1977 :* 17,2 (soit 42 en 1990). Au total, avec la partie britannique, environ 34 (soit 84 en 1990, certains parlent de 120). Des premières études (en 1956) à la construction de 16 appareils (dont 2 prototypes) : 30. *Prix de vente de chaque appareil :* 0,23 à 0,3 (pour une série de 150 à 200 appareils).

■ **Appareils en service** (en 1989, sur 16 vendus). 12 [7 britanniques ; 5 français ayant réalisé en moyenne 8 000 h de vol et pouvant être exploités jusqu'en 2020 (au rythme moyen de 600 h de vol par appareil et par an)]. **Entretien :** *durée moyenne :* 8 h pour 1 h de vol (B 747 ou A 320 : 2 à 3 h pour 1 h).

■ **Bilan Air France** (de 1976 à fin 1999). **Heures de vol :** 90 000. **Vols** *charters :* prix : 300 000 F l'heure ; nombre de vols : environ 1 650 depuis 1976. **Passagers** *transportés :* plus de 1 300 000 (dont 1 000 000 sur New York) [New York et vols affrétés uniquement depuis fin 1982]. *1995 :* 53 000 (dont Paris-New York, 1 vol/j et vols affrétés). **Vitesse** *record :* 1 732,6 km/h [le 19-3-1982 sur 5 111 km entre Santa Maria (Açores) et Caracas (Venezuela)]. **Ponctualité** (taux de) : environ 90 %. **Consommation :** Paris-New York 70 t de kérosène (un Boeing 747 à capacité triple consomme 80 à 85 t). **Compte d'exploitation** (en millions de F) : *en ne retenant que les dépenses courantes* (équipage, entretien et carburant) : *1982 :* – 117 ; *83 :* 31,3 ; *84 :* 66,2 ; *85 :* 86,2 ; *86 :* 14,9 ; *87 :* 85,3 ; *88 :* 80,2. *En comptabilisant aussi frais financiers et amortissements* (sur 17 ans), pris en charge par l'État : *1977 :* – 283 ; *78 :* – 302 ; *79 :* – 265 ; *80 :* – 281 ; *81 :* – 345 ; *82 :* – 117 ; *84 :* – 140 ; *85 :* – 126 (dont amortissements 103, frais financiers 23) ; *86 :* – 60,4 ; *87 :* – 77,8 ; *88 :* – 73,9. **Depuis 1987,** Air France a pris à sa charge tous les frais financiers, amortissements et investissements liés à l'appareil. Le compte d'exploitation est devenu bénéficiaire.

■ **Bilan British Airways** (de 1975 à 2000). **Passagers :** 3 000 000. **Lignes :** Londres-New York (2 fois/j), Londres-Barbade (1 fois par semaine). 4 pertes en vol de morceaux de gouvernail : 11-4-1989 entre Australie et Nlle-Zélande ; janv. 1991 sur Londres-New York et 21-3-1992 ; 1 en oct. 1998.

moteur Farman au-dessus de la Méditerranée avec Marcel Reine et Jean Chiappe, haut-commissaire au Levant) ; forcé d'atterrir à 3 000 m, son Potez 25 capote ; *-20-6* est sauvé après 4 j de marche (dira à Saint-Exupéry : « Ce que j'ai fait, aucune bête ne l'aurait fait. »). *-1/2-9 : 1re traversée de l'Atlantique est-ouest sans escale* [Paris-Curtiss Field (Dallas)]. Dieudonné Costes (4-11-1892/18-5-1973) et Maurice Bellonte (Fr., 1896-1984), 6 200 km en 37 h 17 min (vitesse de croisière 170 km/h) sur le Breguet TR Grand Raid (ou Super-Bidon) *Point-d'Interrogation* (envergure 18,30 m ; longueur 10,71 m ; hauteur 4,08 m ; surface 59,94 m² ; poids au décollage 6 150 kg dont 3 600 d'essence, moteur 650 ch Hispano ; vitesse maximale 247 km/h ; équipage 2 h.). *-2-9 :* Maryse Bastié (22-7-1898/ † meeting Lyon 6-7-1952) *record féminin de durée* : 37 h 55 min sans escale. *-12-11/5-12 :* liaison France/Saigon, puis retour. Maryse Hilsz (7-3-1903/tempête 30-1-1946) seule à bord. **1931**-*17-1 : 1er service passagers Marseille-Damas-Saigon. -27/28-6* record du monde féminin de distance Le Bourget-Furino (URSS) : 2 976 km en 30 h 30 min (Maryse Bastié sur Klemm). *-12-7* tentative France-Japon sans escale : Marcel Doret, Joseph Le Brix (né 1899) et René Mesmin sur Dewoitine D-33-01 *Trait d'Union II* (monomoteur 650 ch ; envergure 28 m ; longueur 14,40 m ; hauteur 3,50 m ; surface 78 m² ; poids total 9 800 kg ; vitesse maximale 245 km/h) ; doit se poser après 6 000 km à 500 km au N.-O. d'Irkoutsk (*-19-9* repartent sur le D33-02 *Trait d'Union II* qui s'écrase dans l'Oural : Doret saute en parachute, Le Brix et Mesmin sont tués). *-28/30-7* Russel Boardman, John Polando (Amér.), *New York-Istanbul direct* 8 065 km en 49 h. *-4/5-10 : 1re traversée du Pacifique sans escale du Japon aux USA* par Clyde Pangborn et Hugh Herndon (Américains) sur un monomoteur Bellanca *Miss Veedol* ; 7 335 km en 41 h 13 min. **1932**-*20/21-5 : 1re traversée en solitaire de l'Atlantique Nord par une femme*, Amelia Earhart [Mme Putnam, Amér., (24-7-1898/2-7-1937, disparue avec son fiancé Fred Noonan : avion abattu par Japonais pendant qu'elle prenait des photos d'installations militaires japonaises dans les îles Marshall)] sur Lockheed Vega, Harbor Grace (Terre-Neuve)-Londonderry (Irlande). *-18-8 : 1re traversée en solitaire de l'Atlantique d'est en ouest* par James Mollison (Anglais), Irlande (Port-Marnock)-USA (Pennfield, New Brunswick). **1933**-*16-1 traversée St-Louis du Sénégal-Natal* sur Couzinet 70 *Arc-en-Ciel* (trimoteur, envergure 30 m ; longueur 16,13 m ; surface 97 m² ; poids total 14 395 kg ; vitesse 250 km/h). *-Févr. 1er vol commercial du Boeing 247*, 1er avion conçu pour passagers. Suivi le 1-7 du Douglas DC-1. *-6/8-2 : 1er vol sans escale de G.-B. (Cranwell) en Afr. du Sud (Walvis Bay)* par Gayford et Nicholetts (Anglais), 8 544 km sur Fairey en 52 h 25 min. *-3-4 : 1er survol de l'Everest* par 2 avions Westland pilotés par le Mis de Clydesdale et le capitaine McIntyre, chacun avec un passager. *-10-6 Espagne-Cuba sans escale* (7 320 km), Collar et Barberan sur Breguet Super Bidon (se tueront le 21-6 entre La Havane et Mexico). *-15/22-7 : 1er tour du monde en solitaire* (Wiley Post, Amér.) sur le *Winnie Mae*, monoplan Lockheed Vega : 25 099 km en 7 j 18 h 49 min (115 h 54 min de vol). *-5/7-8 :* les Français Maurice Rossi (1901-66) et Paul Codos (1896-1960) : *New York-Rayak (Syrie)* 9 104 km en 55 h 30 min. *-8-11/23-12* croisière Paris-Bangris : Gal Joseph Vuillemin (1883/28-7-1963). **1934** *Caudron Rafale de Riffard* (aérodynamique, train d'atterrissage rentrant, moteur Renault 370 ch, 1re hélice métallique à pas variable), vitesse 505 km/h. *-11-1 : 1er vol d'une femme en solo* (Amelia Earhart) : Honolulu-Oakland (Californie) en 16 h. *-8/23-5 Londres-Darwin (Australie)* : Jean Butten (Néo-Zélandais) en 14 j 22 h 30 min. *-28-5 : 1re traversée commerciale régulière Paris-Buenos Aires*, Couzinet 70 *Arc-en-Ciel* (trimoteur 650 ch Hispano-Suiza) piloté par Jean Mermoz ; 2e pilote Dabry, radiotélégraphiste Gimié, mécanicien Collenot ; chargé de lettres, décolle de St-Louis du Sénégal à 3 h 50 min (heure de Paris), se pose à 19 h 10 à Natal. *-28-7 : 1re hôtesse de l'air en Europe :* Nelly Diener (Swissair). *-30-11 Hélène Boucher* (née 23-5-1908) se tue sur un Caudron Rafale (vol d'entraînement). *Pou du Ciel* de Henri Mignet (environ 200 construits par des amateurs ; sera interdit après 1936 : 11 † de sept. 1935 à sept. 1936). **1935** *1er avion commercial britannique*, le Bristol 142, et *allemand*, le Junker Ju-86. *-2-4 liaison directe Paris-Alger. -9-10 inauguration d'une ligne entièrement française* Alger-Tananarive (Régie Air Afrique, *fondée* 28-2-1934). *-11/13-11 : 1re traversée de l'Atlantique Sud* (Angleterre-Brésil) *par une femme*, Jean Batten (Néo-Zélandaise, née 1909). *-17-12 : 1er vol du DC-3*. **1936**-*16-5 : 1re hôtesse de l'air anglaise*, Daphne Kearley, Croydon-Le Bourget. *-30-12 Dakar-Natal* (3 173 km) en 12 h 5 min, record (Maryse Bastié sur Caudron Simoun). **1937**-*6-2* l'avion composite Short-Mayo de l'Anglais Robert Mayo, formé des hydravions Maïa (porteur) et Mercury (porté), effectue la *1re séparation en vol. -12/14-7 Moscou-San Jacinto (Californie)* 10 148 km en 63 h 17 min : Gromov, Youmatchev et Daniline (URSS), sur Antonov 25-1. *-23-8 : 1er atterrissage entièrement automatique* par le capitaine J. Crane, inventeur du système, et le capitaine G. Holloman (Amér., né 24-12-1904). **1938**-*14-9* on découvre qu'en vol, à 2 000 ou 3 000 m d'altitude dans un avion non pressurisé, on peut guérir de la coqueluche. *-31-12 : 1er vol* Boeing 307 Stratoliner de série (4 moteurs Wright-Cyclone 900 ch). **1939**-*20-6 : 1er vol d'un avion à réaction* : avion fusée d'Ernst Heinkel HE-176 (long. 5,2 m, envergure 5 m, hauteur 1,44 m, poids au décollage 1,62 t ; 1 moteur fusée d'Hellmuth Walter-HW-K-R-1, poussée 690 kp ; vitesse 750 km/h) piloté par Erich Warsitz (All.). *-27-8 : 1er vol d'un turbojet*, le Heinkel HE-178 (long. 7,48 m, envergure 7,2 m, hauteur 2,1 m, poids au décollage 1,99 t, poussée 500 kp à 13 000 tours/min.

1940-*8-8 : 1er vol commercial aux USA d'un avion à cabine pressurisée* (Boeing 307 B). **1941** *1er siège éjectable opérationnel* (Heinkel). *-15-5 : 1er vol d'un avion à réaction britannique*, le Gloster, Whittle E-28, à Cranwell (17 min). *-1-10 : 1ers vols du Bell P-59-A* (2 turboréacteurs GEI-A). **1942**-*17-2 : 1er vol du DC-4*. **1944**-*avril : 1er avion de chasse à réaction :* Messerschmitt 262 A-1 biréacteur, capable d'atteindre 920 km/h en palier à 3 800 m d'altitude. *1res missions opérationnelles* à partir de Lechfeld (Bavière) effectuées par 12 Me 262 du Erprobungs-Kommando 262 commandé par le Hauptmann Werner Thierfelder. *-31-7* Antoine de Saint-Exupéry (né 29-6-1900) disparaît (sur un Lightning) au large de la Corse. **1946**-*1-1* Jeanne Bruyland *1re hôtesse de la Sabena. -26-6 : 1ers essais d'un siège éjectable* par Bernard Lynch (vol à 500 km/h à 2 500 m d'alt.). *-1-7 inauguration de la ligne régulière d'Air France Paris-New York en DC-4. -18-10 : 1er vol du Lockheed Constellation.* **1947**-*12-4* tour du monde en 78 h 55 min : William Odom et T. C. Sallee sur Douglas A-26, bimoteur. *-7-8 tour du monde en solitaire* de W. Odom sur Douglas A-26 Chicago/Chicago 73 h 05 min 11 s (dont 63 h 14 min de vol). **1949**-*15-2 : 1er vol* du Breguet 761 Deux-Ponts (4 moteurs Snecma, poussée unitaire de 1 580 ch) pouvant transporter plus de 130 passagers et décoller avec 48 t. *-2-3 : 1er vol non-stop autour du monde*, B-50 ravitaillé 4 fois en vol. *-21-4 : 1er vol d'un avion à tuyère thermo-propulsive :* Leduc 010 avec Gonord. *-30-5 : 1er sauvé par siège éjectable :* Jo Lancaster, pilote d'essai sur prototype AWA 52 Flying Wing (USA). *-27-7 : 1er vol inaugural du LDH-106 De Havilland Comet* (G.-B., avion de ligne à réaction).

1950-*8-11 : 1er combat entre avions à réaction* sur Lockheed F-80, le Lt américain Russel Brown abat un Mig chinois en Corée. **1951** *1er vol du DC-6 B.* **1952**-*2-5 : 1er service en jet :* Londres-Johannesburg 10 750 km en 17 h 6 min (23 h 38 min avec les escales) sur Comet 1 De Havilland de la BOAC. *-26-8 : 1re traversée AR de l'Atlantique dans la journée* [Gander (Irlande)-Terre-Neuve et retour] par biréacteur Canberra en 10 h 3 min (à 663,038 km/h). *-12-11 : 1er pilote français à passer le mur du son*, le Cdt Roger Carpentier (1921-59), sur Mystère II. *-10/15-12 tour du monde en avion à hélices sur lignes commerciales* par Jean-Marie Audibert (Français) en 115 h 38 min. **1953**-*12-4* le Comet 1 se voit retirer son certificat de navigabilité après 4 accidents (2-5-52 : Calcutta, 43 † ; 26-10-52 : Rome, 1 bl. ; 3-3-53 : Karatchi, 11 † ; 8-4-53 : baie de Naples, pas de survivant). **1954**-*2-6 : 1ers décollage et atterrissage verticaux d'un avion* : le Convair XFY-1 avec J.F. Coleman, à Mofett Naval Air Station (Californie). *-15-7 : 1er vol du Boeing 707.* **1955**-*26-2 : 1er saut en parachute au-delà de la vitesse du son* par George Franklin Smith d'un North American F-100, à Los Angeles. *-27-5 : 1er vol du SE 210 Caravelle* (piloté par P. Nadot) construit à Toulouse (SNCASE), moteur Rolls-Royce, puis Pratt et Whitney, 1er avion de transport à réaction français, 1er avec réacteurs sur les flancs du fuselage, 1er à pouvoir effectuer régulièrement des atterrissages semi-automatiques (vitesse 860 km/h à 10 000 m), poids maximal au décollage 56 t, 64 passagers (puis 140). **1956**-*3-2 Air France achète ses premiers jets* (12 Caravelle et 10 Boeing). **1957**-*18-1 : 1er tour du monde sans escale de 3 B-52 à réaction* en 45 h 19 min (39 147 km), atterrissent à March Air Force Base. **1958**-*4-10 service commercial par avions à réaction sur l'Atlantique Nord :* 2 Comet IV (BOAC) : l'un de New York à Londres, l'autre en sens inverse. *1er vol à Mach 2 en France sur Mirage III A. -26-10 New York-Paris*, service journalier de B-707, Pan American. **1959**-*24-3 Mme de Gaulle baptise la Caravelle. -6-5 : Caravelle mise en service* sur Paris-Rome-Athènes-Istanbul. *-8-6 : 1er vol libre du X-15* largué d'un B-52 avec Scott Crossfield.

1962-*10/11-1 record de distance :* 20 178 km (Okinawa-Madrid) par Clyde Evely (Amér.) sur B-52. **1965**-*6-1 : 1re variation de géométrie en vol du F-111.* **1966**-*8-6* Joe Walker, pilote du X-15, se tue sur F-104 en percutant un des 2 exemplaires du bombardier XB-70. *-23-12 : 1er vol du Mirage F-1* (pilote : R. Bigand). **1968**-*30-6 : 1er vol de C-5 A Galaxie* (USA, 380 t, longueur 74,67 m, envergure 67,73 m). *-31-12 : 1er vol du supersonique soviétique* Tupolev Tu 144 (1er vol en supersonique le 5-6-1969). Pan Am inaugure la liaison régulière New York-Paris avec le B-707. **1969**-*9-2 : 1er vol du Boeing 747* (978 km/h, envergure 60 m, longueur 70,5 m, 500 passagers). *-2-3 : 1er vol du Concorde. 1er avion à décollage et atterrissage vertical*, le Harrier (G.-B.). *-6-8* Mi-12 (URSS), envergure 67 m, fuselage 37 m, 4 turbomoteurs d'une puissance unitaire sur arbre de 6 500 ch, charge commerciale 40 204,5 kg à 2 255 m.

1970-*21-1 : 1er vol commercial du B-747 sur New York-Londres. -4-11 : 1er vol à Mach 2 pour Concorde 001. -16-11 : 1er vol du Lockheed L-1011* Tristar. **1971**-*28-5 : 1er vol du Mercure 100.* **1972**-*28-10 : 1er vol de l'Airbus A-300.* **1973**-*19-7 : 1er vol du Cri-Cri* [à vide 70 kg, en charge 170 kg au max., équipé de 2 moteurs de tronçonneuse Stihl-Rowenta de 9 ch (puis 2 moteurs de 15 ch), 15 litres aux 100 km, vitesse 200 km/h]. *-26-9 Concorde 002, 1re traversée directe de l'Atlantique Nord* (Washington-Orly en 3 h 33). **1975**-*1-9* le Concorde britannique G-BOAC réussit 4 traversées de l'Atlantique le même jour. **1976** *1ers vols commerciaux supersoniques : -21-1* en Concorde Air France, Paris-Dakar-Rio (7 h 30 de vol) et British Airways, Londres-Bahreïn ; *-9-4* Air France, Paris-Caracas ; *-24-5* Paris-Washington et Londres-Washington. **1977**-*1-11* Tupolev 144 sur Moscou-Alma-Ata (3 250 km, Mach 1,9). *-22-11* ouverture simultanée des lignes Paris-New York (3 h 30 de vol), Londres-New York, Paris-Rio et Londres-Bahreïn en Concorde. **1978**-*10-3 : 1er vol du Mirage 2000 ;* **1979**-*9-3* du *Mirage 4000.*

1980-*8-1 tour du monde le plus rapide sur ligne régulière* par David Springbett (né 2-5-1938) à partir de Los Angeles : 37 124 km en 44 h 6 min. **1981**-*28-3 dernier vol commercial de Caravelle* sur Air France. *-Oct. : 1er vol Airbus A-300*, conçu pour pilotage à 2. **1987**-*15-6 : 1er vol autour du monde par les pôles* par un monoréacteur mis au point par l'Agence européenne de l'espace : 55 266 km en 185 h 41 min. **1989**-*13-6 tour d'Europe le plus rapide* (Cessna Jet One) : 5 950 km en 18 h 55 min avec 12 étapes. *-Août : plus long vol sans escale* réalisé par un Boeing 747-400, Londres-Sydney (17 600 km) à 920 km/h, 15 000 m d'alt., 24 passagers.

1992-*12-10* (7 h 54, Lisbonne) *au 13-10* (16 h 55, Lisbonne), *Concorde* (vol AF 1492 : nom donné en hommage à Colomb) *bat le record mondial de vitesse autour du monde* en 33 h 1 min [dont en vol 23 h 10 min, vitesse moy. 1 744,25 km/h, 6 escales de 90 min chacune, 48 passagers (en majorité Américains ayant payé 119 000 F chacun), 17 navigants]. *-22-12* Guy Delage (38 ans), qui a dit avoir eu peur du début à la fin, traverse l'Atlantique Sud en ULM pendulaire de 650 kg (moteur 80 ch, hélice spéciale, réserve d'essence 350 l) ; 2 350 km en 26 h de Prahia (Cap-Vert) à Fernando de Noronha (Brésil) à basse altitude (souvent 100 m). Il dormit 3 fois 10 secondes toutes les 2 h. **1993**-*10 au 13-6 : 1er tour du monde par les antipodes sur ligne régulière* (Londres-Titree Point-Nlle-Zélande-Londres) : 66 h 38 min. **1999**-*25-7 :* 90 ans après Blériot, Mikael Carlson (Suédois) relie Calais à Douvres en aéroplane (d'époque) Blériot 11, en 30 min.

☞ **Circumnavigation** : passage en 2 points situés aux antipodes avec un trajet de 40 007 km. La longueur du vol doit au moins atteindre celle des tropiques (36 787 km). **Tour du monde en avion à hélice : 1931** : 8 j 11 h 45 min : Wiley Post, Harold Gatty. **1937**-*15/22-9* : 7 j 18 h 42 min : Wiley Post, borgne, seul à bord sur Lockheed Vega *Winnie Mae.* **1938**-*14/17-7* : 3 j 19 h 14 min 10 s : Howard Hughes et 4 membres d'équipage sur le bimoteur Lockheed [Model 14 Electra (dans les ailes : 40 kg de balles de ping-pong pour flotter en cas d'amerrissage forcé] Cyclone *l'Exposition de New York*, 23 852 km. Décolle de Floyd Bennett (New York) et atterrit au Bourget après 16 h 35 min. **1949**-*26-2/2-3 : 1er tour du monde sans escale :* James Gallagher et 13 hommes d'équipage (Amér.), 37 734 km en 94 h 1 min (4 ravitaillements en vol) sur Boeing B 50 A superforteresse *Lucky Lady II.* **1986**-*14/23-12* : 9 j 3 min 44 s par Dick Rutan (48 ans) et Jeana Yeager (34 ans) : *tour du monde* (40 244 km) *sans escale et sans ravitaillement en vol* sur le *Voyager* : en fibres de carbone, graphite moulé, résines, Kevlar ; longueur 10 m ; fuselage 7,74 m ; aile : envergure 33,77 m, surface 33,72 m² ; petite aile de devant 10,15 m, surface 15,66 m² ; poids à vide 843 kg, théorique au décollage 5 137 kg dont 5 913 litres de carburant. Consommation 6 litres aux 100 km. A l'avant, un moteur à pistons Continental type 0-240 (à 4 cylindres) refroidi par air, fournissant au décollage une puissance de 130 ch entraînant à 2 700 tours/min une hélice bipale à pas variable ; à l'arrière, un moteur Teledyne-continental IOL-200 de 110 ch à 2 750 tours/min, à injection, surcomprimé (taux de compression : 11,4) et refroidi par eau. Décollage après avoir roulé 4,3 km, vitesse moyenne 183,6 km/h. A l'arrivée, il restait 70 litres de carburant, de quoi parcourir 1 500 km. **1987**-*17/21-6* : 4 équipiers, Henri Pescarolo, Hubert Auriol, Patrick Fourtick et Arthur Powel sur *Spirit of J and B* (ancienne forteresse volante de la 2de Guerre mondiale) refont le voyage de Howard Hughes de 1938 en 89 h 22 min.

Avion solaire

1980-*18-5 : 1er vol du Gossamer Penguin* (200 m, 24 km/h, 3,6 m d'alt.), conçu par Paul McCready, piloté par Janice Brown : 25 kg, envergure 21,9 m, 3 420 cellules photovoltaïques. *-20-11 : 1ers essais du Solar Challenger* (90 kg, envergure 14,3 m, 16 128 cellules solaires, vitesse 30-35 km/h au niveau de la mer, 50-60 km/h à 9 000 m d'alt.). **1981**-*7-7 : 1re traversée de la Manche* par le *Solar Challenger* piloté par Steve Ptacek, de Cormeilles-en-Vexin (V.-d'O.) à Manston (près de Cantorbéry) en 5 h 23 min, à 48 km/h et 1 500 m d'alt. Alt. maximale 3 353 m, vitesse maximale 60 km/h.

☞ **Sans pilote** : ailes volantes d'observation : **Pathfinder et**, entre parenthèses **Pathfinder Plus** : *1er vol* 1993 (1996). *Envergure* 29,5 m (36,3). *Longueur* 3,6 m (3,6). *Surface alaire* 71 m² (87). *Allongement utile* 45 kg (67,5). *Vitesse de vol* 30 km/h (30). *Altitude maximale* 21 000 m (24 000). *Autonomie* 14 à 15 h le jour et 2 à 5 la nuit (jdem). *Chargement alaire de la voiture* 3,5 kg/m² (idem). *Énergie disponible* 8 kW (12,5).

Hydravions

■ **Quelques modèles.** Avion décollant et se posant sur l'eau. **Richard Penhoët :** longueur 27,30 m ; envergure 39,40, coque largeur 3,90 m, 2 étages, aile 1,80 m de haut abritant les réservoirs d'essence (4 000 l) ; hauteur 5,50 m ; surface portante 2,75 m² ; 5 moteurs de 420 ch, plafond 4 000 m ; rayon 10 h à 160 à 170 km/h ; poids en charge 20 t (à vide 11,8). **Le plus petit :** *Pétrel* (1991), longueur 5,9 m, envergure 8,5 m, poids 200 kg, 120 km/h avec 2 passagers, autonomie 350 à 400 km, peut décoller sur l'eau en 100 m ou sur terre en 50 m, prix 245 000 F (HT). **Les plus gros : Hughes HK-1** surnommé **Spruce Goose** (oie en épicéa) : conçu et piloté par Howard Hughes (1 seul vol 2-11-1947 à 25 m sur circuit de 1,5 km) ; envergure 97,54 m, longueur 66,75 m, largeur 7,92 m, hauteur 13 m, masse maximale au déjaugeage 180 t, 8 moteurs Pratt et Whitney R-4360 Wasp Major de 3 250 et 3 500 ch, hélice de 5 m de diamètre, 500 à 700 passagers. **Hydro 2 000 :** projet ; longueur 108 m, envergure 110 m, hauteur 25 m ; soutes : longueur 62 m, largeur 8,20 m, hauteur 5,70 m ; masse totale au décollage 800, 1 000 et 1 500 t, avec 4, 6 et 8 turbofans ; charge transportée 400 t sur 8 000 km ou 300 sur 12 000 km ; 6 moteurs de 42,5 t de poussée. 5 appareils pourraient emporter une division de 8 000 hommes, 800 t de matériel et une antenne médicale. Vitesse optimale Mach 0,7 ; devrait voler 1 h 15 min de plus que les gros porteurs sur 10 000 km. *Coût d'un appareil :* 220 millions de $ (pour une série de 400).

■ **Quelques dates.** **1910**-*28-3 : 1er vol d'un hydravion :* Henri Fabre (Français, 1882-1984) décolle de l'étang de Berre (le *Canard*, envergure 15 m, parcourt 800 m à 5 m d'altitude, voilure 24 m², 475 kg, moteur Gnome de 50 ch). **1919**-*3-5 : 3 hydravions* Curtiss (Navy-Curtiss) décollent des USA pour rallier l'Angleterre par étapes ; la marine poste 40 navires de guerre entre les côtes canadiennes et portugaises ; *-16-5* après escale à Halifax, décollent de la baie des Trépassés (Terre-Neuve) à destination des Açores. Le **NC1** se pose en panne près d'un bateau et sombre (équipage recueilli) ; le **NC3** amerrit, tient la mer 52 h, repéré à 75 km des Açores, arrive au port en hydroplanant à l'aide de ses moteurs ; le **NC4** [4 moteurs de 400 ch, Cdt Read (1887-1967) et 5 hommes (Walter Hinton, pilote Elmer Fowler Stone, James Lawrence Breese, Herbert Charles Rodd, Eugène Saylor Rhoads)] se pose à Horta après 2 316 km en 15 h 18 min, soit 151,4 km/h ; *-20-5* atteint en 2 h Ponte-Delgada et *-27-5* Lisbonne en 10 h ; traversée de l'Atlantique en 11 j, 3 étapes et 1 bateau tous les 100 km ; *-31-5* arrive à Plymouth (28 j après avoir quitté les USA). **1922**-*30-3/5-6 : 1re traversée de l'Atlantique Sud Portugal-Brésil.* Cdt Sacadura Cabral (1881-1924), amiral Gago Coutinho (Portugais, 1870-1959) : Fairey III Santa-Oruz (ayant dû changer 2 fois d'appareil après 2 amerrissages forcés). **1926**-*22-1/10-2* Ramón Franco, Julio Ruiz de Alda, Juan Durán, Rada (Espagnols) : Esp.-Arg. (Séville-Buenos Aires) sur Dornier Wal ; 10 120 km en 61 h 44 min. **1929**-*21-10* le Dormier Do X (All.), 12 moteurs, emmène 10 membres d'équipage et 150 passagers (dont 9 clandestins) au-dessus du lac de Constance. **1930**-*12/13-5 : 1re liaison aéropostale France* (Toulouse) *St-Louis du Sénégal-Amér. du Sud* (Natal, Brésil). Pilote : Jean Mermoz (9-12-1901/7-12-1936), navigateur Jean Dabry (1901-90), radio Gimié, à bord du Latécoère 28 *Comte-de-La-Vaulx* (moteur Hispano 600) 3 173 km en 21 h 14 (record de distance pour un hydravion). *-9-7* le *Comte-de-La-Vaulx* repart de Natal avec Mermoz, Dabry, Gimié ; doit se poser le 10-7 en mer (rupture d'une canalisation, équipage sauvé, appareil perdu). **1936**-*7-12* Jean Mermoz et son équipage (copilote Pichoudou, mécanicien Lavidalie, navigateur Ezan et radiotélégraphiste Cruveilher) à bord de l'hydravion Latécoère 300 *La Croix du Sud* portant le courrier entre Dakar et Natal (Brésil) disparaissent au large de Dakar (avion et corps non retrouvés, obsèques nationales le 30-12 aux Invalides). **1938**-*6/8-10 Cap DTC Bennett et I. Harvey* (Angl.) sur Short Mayo Mercury, record en ligne droite 9 652 km (non battu depuis). **1939** il faut 6 j et 6 escales à un hydravion quadrimoteur pour relier les Philippines à San Francisco, et 7 à 11 j pour relier la France à l'Indochine. *-14/15-7* le *Lieutenant-de-Vaisseau-Paris,* Latécoère 521, piloté par Guillaumet, fait New York-Biscarosse sans escale à 206 km/h (5 875 km en 28 h 27 min). **1947**-*26-7 : 1re liaison commerciale France-Antilles :* Biscarosse/Fort-de-France en Latécoère 631.

Conquête de la hauteur

Avions pilotés

1890-9-10 Clément Ader sur l'*École I,* monomoteur, *moins de 1 m* (1er vol au monde sur 50 m). **1893**-*14-10* C. Ader sur l'*Avion III,* bimoteur, *quelques m* (2e vol sur 300 m). **1903**-*17-12* Orville et Wilbur Wright, 4 vols, dont un sur 280 m : *3 m.* **1908** Henry Farman *25 m. -13-11* W. Wright : *50 m. -18-12* W. Wright : *110 m.* **1909**-*29-8* Hubert Latham (Français, 1883-1912) sur Antoinette : *150 m. -1-12* Latham : *475 m.* **1910**-*7-1* Latham sur Antoinette : *1 050 m. -12-1* Louis Paulhan (Français, 13-7-1883/10-2-1963) sur Farman : *1 270 m. -11-8* Drexel (Américain) sur Blériot : *2 012 m. -3-9* Robert Morane (Français, 1886-1968) sur Blériot : *2 582 m. -8-12* Georges Legagneux (Français, 24-12-1882/6-7-1914, avion abattu au sol) sur Blériot : *3 100 m.* **1911**-*4-9* Roland Garros (Français, 1888-1918) sur Blériot : *3 910 m.* **1912**-*6-9* Garros sur Blériot : *4 900 m. -17-9* Legagneux sur Morane Saulnier : *5 120 m. -11-12* Garros sur Morane Saulnier : *5 610 m.* **1913**-*28-12* Legagneux sur Blériot : *6 120 m.* **1915**-*8-9* Edmond Audemars (Suisse, né 1883) sur Morane Saulnier *Parasol : 6 540 m.* **1916** Audemars sur Morane : *6 700 m. -7-11* Guido Guidi (Italien) : *7 200 m.* **1918**-*18-9* R.W. Schroeder (Américain) sur Bristol : *8 814 m.* **1919**-*14-6* Jean Casale (Français, 1893-1923) sur Nieuport 29 en France : *9 520 m.* **1920**-*27-2* Schroeder sur Lepere : *10 093 m.* **1923**-*30-10* Sadi Lecointe (Français, 1891-1944) sur Nieuport : *11 145 m.* **1929**-*26-5* Neunhofen (Allemand) sur Junkers : *12 739 m.* **1930**-*4-6* Soucek (Américain) sur Wright Apache : *13 157 m.* **1933**-*28-9* Georges Lemoine (Français) sur Potez 50 : *13 661 m.* **1934**-*11-4* Renato Donati (Italien) sur Caproni : *14 433 m.* **1937**-*8-5* Mario Pezzi (Italien) sur Caproni : *15 655 m. -30-6* Adam (Anglais) sur Bristol : *16 440 m.* **1938**-*22-10* Pezzi sur Caproni, record non battu par avion à piston : *17 083 m.* **1948**-*23-3* John Cunningham (Anglais, né 1917) sur De Havilland Vampire : *18 133 m.* **1958**-*2-5* Roger Carpentier (Français, 1921-59) sur Trident II : *24 217 m. -8-5* H.C. Johnson (Américain) sur Lockheed F-104 A : *27 375 m.* **1961**-*28-4* Gueorgui Mossolov (Soviétique) sur Mikoyan YE-66A : *34 714 m.* **1963**-*nov.* R.W. Smith (Américain) sur Lockheed NF-104 A : *36 229 m.* **1975**-*17-5* Alexandre Fedotov (Soviétique) sur Mig-25 Mikoyan : *35 000 m.*

■ **Appareils largués en vol.** **1956**-*7-9* I. C. Kincheloe sur Bell X-2 : *38 465 mètres.* **1961**-*31-3* J. Walker sur X-15 : *50 300 m. -11-10* Scott Crossfield sur X-15 : *65 968 m.* **1962**-*30-4* J. Walker sur X-15 : *72 209 m. -17-7* Bob White sur X-15 : *95 936 m.* **1963**-*22-8* J. Walker sur X-15 : *107 960 m.*

■ **Aéronefs à moteur fusée.** **1958**-*2-5* Cdt R. Carpentier (Fr.) sur SO Trident (2 Turboméca 5 500 kg, 2 fusées SEPR 1 500 kg) : *24 217 m.*

Nota. – L'avion de reconnaissance américain Lockheed SR-71 pourrait atteindre 30 500 m d'altitude et 3 701 km/h.

■ **Avion léger** (catégorie C-1A de – de 500 kg). Monoplace américain Long EZ, piloté par Jim Price (*10 675 m* pendant 90 s). Reconnu en 1997.

☞ **Engins spatiaux.** **1990**-*24-4* la navette *Discovery* atteint l'altitude record de 532 km lors de son 1er vol ; *-6-10* porte et place en orbite la charge de 132 912 kg.

Conquête de la vitesse

☞ *Légende :* date du record, en gras vitesse en km/h, en italique type d'avion, et entre parenthèses nom du pilote.

Avions a hélice

1906-*12-11* **41,3** *Santos-Dumont* (Alberto Santos-Dumont, 1873-1932). **1907** **52,7** *Voisin* (Henri Farman, 1874-1958). **1909** **69,8** *Herring-Curtiss* (Glenn Curtiss, 1878-1930). **77** *Blériot XII* (Louis Blériot, 1872-1936). **1910** **100** *Blériot* [Léon Morane (11-4-1885/oct. 1918) le 9-7 à Reims]. **111,8** *Blériot XI* (Alfred Leblanc, 13-4-1869/1921). **1911** **133,1** *Nieuport* (Édouard Nieuport, 1875-1911). **1912** **170,7** *Deperdussin* (Jules Védrines, 1881-1919). **1913** **203,9** *Deperdussin* (Maurice Prévost le 22-9 à Reims). **1920** **275,3** *Nieuport-29* (Sadi Lecointe). **283,5** *Espad 20 bis* (Jean Casale). **1921** **330,3** *Nieuport-Delage* (Sadi Lecointe). **1922** **341,2** *Nieuport Sesquiplan* (Sadi Lecointe). **358,8** *Curtiss CD 12* (Gal William Mitchell, 1879-1936). **1923** **375** *Nieuport Sesquiplan* (Sadi Lecointe). **380,8** *Curtiss R6* (Cdt Maughan). **417,1** *Curtiss D 12 C-1* (Lt Browle 2-10). **429** *Curtiss R 2 C-1* (Lt Williams). **1924** (11-12) **448,17** *Bernard V2* (adjudant Bonnet). **1927** **479,3** *Macchi M52* (Mario de Bernardi, 1893-1959). **1928** **512,8** *Macchi M52bis* [1] (Mario de Bernardi le 30-3). **1929** **575,7** *Supermarine S-6* [1] (A. Orlebar). **1931** **655** *Supermarine S-6B* [1] (Lt Stainforth le 13-9). **1933** **682,1**. **1934** **709,2** *Macchi MC-72* [1] [Lt Francesco Agello le 26-10(?); 1902-42]. **1939** **746,6** *Heinkel HE-112* (H. Dieterle). 26-4 **755,1** *Messerschmitt BF-109 R* (Fritz Wendel, 1915-75). **1969**-*16-8* **776,4** *Grumman F8F-2* (Darryl Greenamyer). **1979**-*14-8* **803,1** *Mustang P5-10* (Steve Hinton).

Nota. – En piqué, le *Thunderbolt XP-47* (expérimenté en 1944) a dépassé les 800 km/h. (1) Hydravion.

Avions a réaction

1945 **975,7** *Gloster Meteor IV* (J. Wilson le 7-11). **1946** **991** idem (capitaine Donaldson). **1947**-*19-6* **1 003,8** *Lockheed P-60-R* (Cel Albert Boyd le 19-6 à Muroc, USA). **1 047,5** *Douglas D-558 I Skystreak* (major Marion Carl). *-14-10* **1 078** *1er vol supersonique Bell XS-1* nommé *Glamourous Glennis* (capitaine Charles, dit Chuck, Yeager, USA 13-2-1925) à 12 800 m d'alt. au-dessus de la base Edwards à Muroc (Californie). **1948** **1 079,9** *North American F-86 D Sabre* (major R.L. Johnson). **1952** **1 124,1** *idem* (capitaine J. Nash). **1953** **1 151,8** *idem* (Cel Barns). **1 171** *Hawker-Hunter* (N. Duke). **1 184** *Supermarine Swift F* (Michael Lithgow). **1 211,7** *Douglas F AD-1 Skyray* (Lt J. Verdin ; sur base). **1 215,3** *North American, prototype du F (Fighter)-100 Super Sabre* (Lt F. Everest ; sur base de 15 km). **1955** **1 323,3** *100 C idem* (Cel Horace Hanes). **1956** **1 822** *Fairey FD-2* (Peter Twiss). **1957** **1 943,5** *Mc Donnel F-101 Voodoo* (major A. Drew). **1958** **2 259,5** *Usaf* (W.W. Irwin). *-24-10* **2 400** *Mirage III A 01* (Glavany, Français). 1er vol à Mach 2 en France. **1959** **2 330** *Nord 1500 Griffon II* (Turcat, Français), atteint Mach 2,19 à 15 000 m d'alt., record d'Europe. **2 455,7** *Convair F-106 A* (Rodgers). **1961** **2 585,4** *F-44 Phantom II* (R. Robinson). **1962** **2 681** *YE-166* (Cel russe Gueorgui Mosolov). **1976**-*28-7* **3 529,5** *Lockheed SR-71 A* (capitaine Eldon Joersz et major George Morgan Jr, longueur 32,73 m, envergure 16,94 m, poids 91,1 t).

☞ **Records de vitesse : pour un avion à turbopropulseurs :** 925 km/h pour le *Tupolev 95/142* (4 moteurs Kouznetsov NK 12M de 14 795 CV entraînant 4 paires d'hélices contra-rotatives) ; **sur parcours commercial pour avion à réaction** (groupe 3) : *Concorde Air France,* Paris-New York 3 h 30 min 11 s (1 669,7 km/h) 22-8-1978. *British Airways,* New York-Londres 2 h 59 min (1 886 km/h) 1980. **Record (vols réguliers) temps de vol :** United Airlines Chicago-Hong Kong, 15 h 55 min. *Parcours sans escale :* New York-Johannesburg, 12 823 km. **Records d'autonomie :** 18-6-1993 *Airbus 340 :* 18 545 km [Auckland (Nlle-Zélande)/Paris] ; 2-4-1997 *Boeing 777 :* 20 044 km [Seattle (USA)/Kuala Lumpur (Malaisie)].

Records en circuit fermé

☞ *Légende :* date du record, en gras vitesse en km/h, en italique type d'avion, et entre parenthèses nom du pilote.

■ **Avions. Sur base de 15/25 km :** **1976**-*28-7* **3 529,56** *Lockheed SR-71* (capitaine Eldon W. Joersz [1]) [femme : **1975**-*22-6* **2 683,44** *E-133* (S. Savitskaia [2])]. **Sur 100 km :** **1973**-*8-4* **2 605,1** *E-266* (Alexandre Fedotov [2]) [femme : **1967**-*18-2* **2 128,7** *E-76* (E. Martova [2])]. **Sur 500 km :** **1967**-*5-10* **2 981,5** *E-266* (M. Komarov [2]) [femme : **1977**-*21-10* **2 466,31** *E-133* (S. Savitskaia [2])]. **Sur 1 000 km :** **1976**-*27-7* **3 367,221** *Lockheed SR-71* (major A.H. Bledsoe Jr [1]) [femme : **1978**-*12-4* **2 333** *E-133* (S. Savitskaia [2])].

☞ **Records établis par des femmes : 1953**-*18-5 : 1re à dépasser la vitesse du son :* Jacqueline Cochran (Américaine, née 1907), sur *F-86 E Sabre,* à Edwards Air Force Base (Californie). *-15-8 : 1re en Europe à dépasser la vitesse du son sur Mystère II :* Jacqueline Auriol (5-11-1917/11-2-2000, belle-fille du Pt Auriol). **1962**-*juin* J. Auriol sur 100 km, circuit fermé 1 849 km/h, *Mirage III-C.* **1963**-*14-6* idem 2 038,7 km/h, *Mirage III-R.* **1964** J. Cochran sur 100 km, circuit fermé 2 097 km/h.

■ **Avions à moteur fusée.** **1947** **1 150** *Bell X-1.* **1948** **1 609** *idem.* **1951** **1 981** *Douglas Skyrocket.* **1953** **2 123** *idem. -20-11* **2 135** Scott Crossfield, sur *Skyrocket* (largué d'un *B-29*), *dépasse Mach 2. 12-12* **2 640** Charles Yeager, sur *Bell X-1 A,* à Edwards Air Force Base (Californie), approche la barrière thermique. **1956** **3 315** *Bell X-2.* **1961** **5 322,** **6 587** *North American X-15* [4]. **1962** **6 606** *X-15* au vol nº 188. **1967**-*3-10* **7 274** (William Knight) *X-15.*

■ **Hydravions. Sur base de 15/25 km :** **1961**-*7-8* record officiel. **1962** *Beriev M-10* A.J. Andrievsky [2].

Nota. – (1) USA. (2) URSS. (3) France. (4) Le X-15 passe de 1 100 km/h (Mach 1) à 6 500 km/h environ (Mach 6) en 82 s (il a parcouru 80 km) ; tout son carburant est épuisé et l'avion rentre en vol plané à sa base (à 240 km/h).

■ **Courses organisées par le Daily Mail.** **1959** l'Anglais Maughan relie Londres (Marble Arch) à Paris (Arc de triomphe), soit 344 km en 40 min 44 s, en utilisant divers moyens de locomotion (avec le service régulier, il aurait mis 3 h 15 min). **1969**-*13-5* course, dans les deux sens, entre la tour des Postes de Londres et l'Empire State Building de New York : Tom Lecky Thompson a gagné en 5 h 19 min 16 s (dont 4 h 46 min sur chasseur à réaction *Phantom* de la Royal Navy entre Floyd-Bennet et Wisley (banlieue londonienne), moy. 1 164 km/h, record.

Fonctionnement

L'avion *vole* en raison de sa *portance* (composante verticale de la résultante aérodynamique qui équilibre le poids) et de sa *traînée* (composante horizontale qui équilibre la traction) [poussée].

■ **Aile supercritique.** Aux approches de la vitesse du son, avec les profils classiques, on constate une brutale augmentation de la traînée due à l'apparition, sur l'extrados de l'aile, d'une zone d'écoulement supersonique limitée à l'arrière par une onde de choc, c'est-à-dire une brutale recompression. Ainsi, à mesure que la vitesse augmente, on observe une perte de finesse aérodynamique. En arrière de l'onde de choc finit par se produire un décollement de la couche limite qui provoque, en plus d'une augmentation de traînée, des vibrations qui peuvent être dangereuses pour l'avion. L'ensemble de ces phénomènes constitue les troubles de compressibilité que l'on retarde en augmentant la flèche de la voilure et l'épaisseur du profil. Ces profils sont surnommés *supercritiques* (le Mach critique étant celui à partir duquel l'écoulement devient localement supersonique).

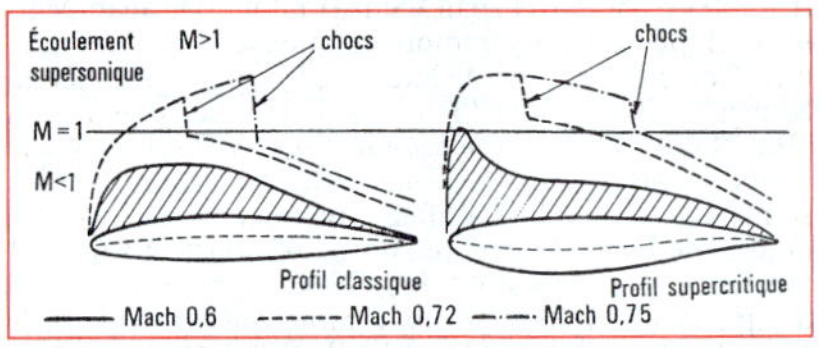

■ **Aile volante.** **1929** John Northrop, monoplace. B-2 furtif (1989).

■ **Avion à moteur à pistons.** Propulsé par un moteur alternatif entraînant une hélice qui rejette une grande masse d'air à vitesse faible. Son rendement chute lorsque l'extrémité des pales de l'hélice atteint la vitesse du son, provoquant l'apparition d'ondes de choc et une pertubation plus importante de l'écoulement de l'air. L'hélice carénée (qui agit comme un compresseur) y remédie partiellement : l'air est ralenti dans la partie avant divergente du carénage, puis accéléré dans le rétrécissement arrière.

☞ **La plus grande hélice :** 1919 ; 7 m de diamètre, 454 tours par min.

■ **Avion à réaction.** Propulsé par un réacteur. **Origine.** *1911 statoréacteur* (tuyère thermopropulsive) inventé par le Français René Lorin, perfectionné et mis en application par René Leduc (1898-1968) en 1936. **1930** Frank Whittle (Britannique) fait breveter un projet de turboréacteur. **1939**-*août* 1er essai en vol, pendant 10 min, d'un turboréacteur [Heinkel HE-178 (Ernest Heinkell, All., 1888/30-1-1958)]. **1940**-*27-8* le Caproni-Campini (Ital.) utilise le principe. **1942** Hans von Ohain met au point le moteur du Messerschmitt 262. **Été 1944** 1ers chasseurs en service (Gloster Meteor équipés du moteur Whittle). **1945** G.-B., 1er essai en vol d'un turbopropulseur (le *Theseus*). **1946**-*11-11 :* 1er vol du SO-6000 Triton. **1949**-*21-4 :* 1er vol du Ledric 010 propulsé par un statoréacteur.

Principaux types d'avions commerciaux (entre parenthèses : 1er vol)	Envergure en m	Longueur en m	Masse [1] en kg	Passagers	Vitesse en km/h	Rayon d'act. [2] en km
Airbus A-310-200 (3-4-1982) (Fr.)	43,9	46,66	138 600	214 à 255	896	7 900
Airbus A-310-300 (8-7-1985) (Fr.)	43,9	46,66	164 000	220 à 280	896	9 600
Airbus A-300 B2 (28-10-1972) (Fr.)	44,84	53,62	142 000	251 à 345	950	4 635
Airbus A-300 B4 (26-12-1974) (Fr.)	44,84	53,62	165 000	251 à 345	915	4 580
Airbus A-300-600 (8-7-1983) (Fr.)	44,8	54,1	171 400	266 à 361	915	7 500
Airbus A-300-600 R (1988) (Fr.)	44,8	54,1	171 400	266	n.c.	7 500
Airbus A-318 (2002) (Fr.)	34,1	31,4	59 000	107 à 129	902	5 200
Airbus A-319 (mai-1993) (Fr.)	34,1	33,8	64 000	124 à 145	902	–
Airbus A-320 (22-2-1987) (Fr.)	34,1	37,6	73 500	150 à 180	902	3 240
Airbus A-321 (11-3-1993) (Fr.)	34,1	44,5	93 000	185 à 220	902	4 150
Airbus A-330-200 (11-1995) (Fr.)	60,3	59	230 000	253 à 406	930	12 000
Airbus A-330-300 (2-11-1992) (Fr.)	60,3	63,6	230 000	335 à 440	945	8 900
Airbus A-340-200 (25-10-1991) (Fr.)	60,3	59,4	275 000	239 à 420	945	14 800
Airbus A-340-300 (juin 1987) (Fr.)	60,3	63,7	260 000	295 à 440	930	13 500
Airbus A-340-500 (déc. 1997) (Fr.)	63,5	67,8	365 000	313 à 440	–	15 750
Airbus A-340-600 (avril 2001) (Fr.)	63,5	75,3	365 000	380 à 440	n.c.	13 900
Airbus A380 (prévu 2006) hauteur 24,1 m	79,8	73	540 000	555 à 656	–	14 500/15 100
Airbus A380-200 (prévu 2005)	79,8	79,4	590 000	656	–	14 200/16 200
Antonov 124 Rouslan (URSS) (1986) [31]	73,3	69,5	405 000	–	850	16 000 [24]
Antonov 225 (URSS)	88,4	–	600 000	–	850	–
Antonov 22 Antée (URSS) (1967) [30]	64,4	55,5	–	–	–	–
BAC 1-11 [4] (série 500) (G.-B.)	28,5	32,61	47 400	90 à 119	885	2 735
BAC VC-10 [3] (G.-B.)	42,73	52,36	152 000	151	961	9 700
BAeAvro RJX160 hauteur 8,6 m	26,34	30,10	46 039	100/112	–	2 400/3 075
Boeing 707-120 [3] (USA) [11]	39,87	44,04	116 000	181	990	7 485
Boeing 707-320 B/C (intercontinental) (USA)	44,42	46,61	152 405	147 à 189	1 010	11 186
Boeing 717-200 (USA) hauteur 8,92 m	28,45	37,81	54 800	106/117	0,76	2 545/3 350
Boeing 727 avancé [6] (USA)	32,92	46,69	94 225	134 à 187	994	5 778
Boeing 737 avancé [4] (USA)	28,35	30,5	52 390	115 à 130	943	4 630 [16]
Boeing 747 [3] (USA) (9-2-1969) [10]	59,64	70,5	351 540	350 à 500	1 030	9 200
Boeing 747 SP (USA)	44,64	56,2	293 000	280 à 360	980	11 000
Boeing 747 [27] (1992) (USA)	–	–	–	150	–	4 800
Boeing 747-400 X (USA) hauteur 19,4 m	64,4	70,6	422 000	430	–	13 570/16 100
Boeing 757 (USA) (février 1982)	37,95	47,32	104 325	178 à 224	873	4 614
Boeing 757-200 (USA)	38	47,3	115 500	231	–	7 240
Boeing 757-300 (USA)	38,05	54,5	122 500	243	–	6 436
Boeing 767 (USA) (26-9-1981)	47,57	48,51	136 080	211 à 289	873	5 152
Boeing 777 (USA) hauteur 18,6 m	60,25	63,73	242 670	375	900	8 930
Boeing 777-200 OGW (USA) hauteur 18,6 m	60,9	63,7	294 000	270	–	11 040 à 13 230
Boeing 777-300 (USA) hauteur 18,6 m	60,9	73,5	300 000	368 à 394	–	10 500/11 030
Bombardier CRJ-100 (2001) hauteur 7,57 m	23,24	32,51	34 019	70 à 78	–	3 063/3 674
Caravelle 3 Aérospatiale (Fr.) [33]	34,3	32,01	48 000	99	800	2 200
Caravelle 12 [4] Aérospatiale (Fr.)	34,3	36,23	58 000	128	812	3 150
Comet 4B [3] Hawker Siddeley (G.-B.) [20]	32,88	35,97	71 650	72 à 101	891 [14]	4 135
Concorde [3,5] BAC-Aérospatiale (Fr./G.-B.) (20-3-1969)	25,56	62,1	185 070 [19]	100 à 128	2 200	6 500
Convair 880 [3] (USA)	36,58	39,42	86 000	88 à 110	970	5 000
Convair 990 [3] (USA)	36,58	42,5	108 000	121	1 030	7 000
Embraer ERJ 170 (m.s. 2002) (Brésil)	25,35	29,70	35 990	70 à 74	–	3 334/3 889
Fokker VFW-614 [4] (All. féd./P.-Bas)	21,5	20,57	12 000	44	700	1 200
Fokker F-28 (P.-Bas)	23,58	29,61	16 470	65	843	1 300
Iliouchine IL-62 [3] (URSS)	43,3	53,12	157 000	186	900	9 200
Iliouchine IL-86 (URSS)	48,06	59,54	206 000	350	950	4 600 [22]
Iliouchine 76 [3] (URSS)	50,5	46,5	157 000	n.c.	n.c.	5 000
Lockheed L-1011 [6] (USA) (16-11-1970)	47,35	54	186 000	345	930	5 200
Lockheed C-5A Galaxy (USA) (1970)	67,88	75,54	348 000	–	920	12 860 [25]
Lockheed C-5B Galaxy (USA) (1986)	67,91	75,53	379 657	–	920	10 400 [26]
Mercure Dassault Aviation [4] (Fr.) (28-5-1971)	30,55	34,84	57 000	130 à 150	945	2 000 [16]
McDonnell Douglas DC-8 [3] (série 62) (USA)	45,23	47,8	152 000	189	965	13 676
McDonnell Douglas DC-8 (juin 1963) (USA)	45,2	57,1	1 590 à 1 620	259	965	7 240
McDonnell Douglas DC-9 [4] (série 30) (USA)	28,47	36,36	46 720	115	909	2 510 [8]
McDonnell Douglas DC-10 [6] (série 30) (USA)	50,42	55,32	252 000	270 à 380	925	9 815 [9]
McDonnell Douglas MD-11 (10-1-1990) (USA)	51,7	61,2	283 722	250 à 405	945	12 875
McDonnell Douglas MD-90-30 (USA)	32,87	46,5	70 760	153	812	4 200
McDonnell Douglas MD-90-50 (USA)	32,87	46,4	78 245	153	812	5 600
Mria (URSS) (1988)[32]	–	–	–	–	–	–
Gulfstream 3 Grumman (USA)	25,8	26,6	17 604	22	1 055	8 170
HS-125 Hawker Siddeley (G.-B.)	14,33	15,39	11 340	8 à 14	845	3 000
HS Trident 2 E (G.-B.)	29,9	32	65 540	91 à 149	960 [15]	4 095
HS Trident 3 B (G.-B.)	29,9	39,9	71 670	136 à 180	895	3 300
Piaggio P 180 (1986) (Italie)	13,84	14,16	4 445	n.c.	740	3 892
SN-601 Corvette Aérospatiale (Fr., 6-7-1970) [17]	12,87	13,83	3 870	6 à 14	760	2 500
Tupolev 104 B [4] (URSS)	34,54	38,85	100 000	70	850	3 100
Tupolev 124 [4] (URSS)	25,55	30,58	38 000	56	n.c.	1 200
Tupolev 134 [4] (URSS)	29	35	44 000	72	885	3 500
Tupolev 144 [3] (URSS)	28,8	64,45	180 000	126	2 300	6 500
Tupolev 154 [6] (URSS)	37,55	47,9	90 000	164	950	4 000 [18]
Tupolev 155 (URSS)	–	–	–	–	–	–
Tupolev 204 (2-1-1989) (URSS)	42	46,22	107 900	170 à 214	840	4 000
Yakovlev 14 [4] (URSS)	n.c.	n.c.	n.c.	120	n.c.	2 800
Yakovlev 40 [6] (URSS)	25	20,36	15 500	27	550	1 000
Avions à turbopropulseurs :						
Antonov 22 [7] (URSS)	64,5	57,89	250 000	724	740	10 950 [23]
Antonov 24-26 (URSS)	29,2	24	17 000	50	430	600 [18]
Antonov 140 (Ukraine) (17-9-1997)	24,25	22,46	–	52	575	2 100
ATR-42-300 (Fr.-Italie) (16-8-1984)	24,57	22,67	16 700	42 à 49	493	1 760
ATR [29]-42 Colibri (Fr./Italie) (1985)	24,57	22,67	16 700	48	493	1 315
ATR-72 (oct. 1988) (Fr./Italie)	27,05	27,17	21 500	70	530	
ATR 42-500 (1996)						
ATR 72-500 (1996)						
Breguet Br. 941 [7] Stol (Fr.)	23,2	27,73	24 000	48	425	5 000
De Havilland Dash 8-100 (G.-B.)	–	–	–	–	–	–
De Havilland Dash 8-300 (G.-B.)	–	–	–	–	–	–
Embraer-120 (juillet 1983) (G.-B.)	19,78	–	12 000	28 à 30	556	–
Embraer ERJ 135	20,04	26,33	19 000	37	833	2 204
Fairchild F-27 (USA)	29	23,5	17 463	4 à 48	443	2 460
Fairchild Dornier 328 Jet	20,98	20,92	14 990	32 à 34	740	2 220
Fokker F-27/500 (P.-Bas)	29	25,06	19 730	52	450	1 900
Fokker 50 (28-12-1985) (P.-Bas)	29	25,25	19 950	50	522	2 253
Fokker 100 (30-11-1986) (P.-Bas)	28,08	35,53	43 090	107	–	2 390
Frégate (Nord 262 C et D) Aérospatiale (Fr.)	22,6	19,28	10 800	26 à 29	415	1 020
HS-748 Hawker Siddeley (G.-B.)	30,02	20,42	21 088	40 à 60	448 [12]	2 650 [13]
Lockheed (Electra) [7] (USA)	30,18	31,81	52 000	66 à 93	652	5 470
Namc YS-11 (Japon)	32	26,3	15 300	60	450	1 700
Transall C-160 (25-2-1963) [28] (Fr./All. féd.)	40	32,4	51 000	3	500	8 800
Iliouchine 18 [7] (URSS)	37,4	35,9	61 000	73 à 111	650	5 000
Nord 262 Aérospatiale (24-12-1962) (Fr.)	21,9	19,28	10 600	29	395	980
Saab-340 (25-1-1983) (Suède)	21,44	19,72	12 372	35	504	1 000
Socata TBM 700 (Fr.)	12,68	10,64	2 984	6 à 7	555	2 870
Tupolev 114 [7](URSS)	51,1	54,1	171 000	220	770	8 950
Vickers-Vanguard [7] (G.-B.)	35,96	37,38	66 500	97 à 139	680	4 160
Vickers-Viscount 708 et 724 [7] (G.-B.)	28,55	24,74	26 000	60 à 62	505	3 300
Avions à moteurs à pistons :						
Breguet Deux Ponts [7] (Fr.)	42,99	28,95	50 000	107 à 164	400	4 000
Douglas DC-3 [22] (USA)	28,9	18,63	11 800	21	290	2 500
Douglas DC-4 [7] (USA)	35,8	28,47	33 100	55	480	4 300
Douglas DC-6 [7] (USA)	35,8	32,46	48 000	87	580	9 500
Douglas DC-7 [7] (USA)	38,86	34,62	64 850	22	580	9 600
Lockheed (Constellation) [7] (USA)	37,49	28,97	47 700	44	525	8 800
Lockheed (Super Constellation) [7] (USA)	37,5	34,6	62 400	48 à 88	470	5 000
Lockheed (Super Starliner) [7] (USA)	45,72	34,02	72 600	48 à 88	560	9 560
Nord 2501 (Fr.)	32,5	21,8	19 600	40	440	1 000

◀ Nota. – (1) Masse maximale au décollage (en t). (2) Rayon d'action maximal (en km) à vide. (3) 4 réacteurs. (4) 2 réacteurs. (5) 4 réacteurs à simple flux Snecma – Olympus 593 ; puissance 17 100 kg de poussée, consommation 1,327 kg/kgp/h, hauteur 11,40 m. (6) 3 réacteurs. (7) 4 hélices. (8) Avec 75 passagers. (9) Avec 270 passagers et bagages. (10) Hauteur 19,33 m. (11) Hauteur 12,90 m. Nouvelles versions prévues : court-courrier 747 SR (537 passagers), long-courrier (385 passagers). Version fuselage allongé de 15 m : court-courrier (750 passagers), long-courrier (550 passagers). (12) Vitesse à 4 600 m d'alt. (13) Avec 3 620 kg de charge utile. (14) Vitesse de croisière moyenne. (15) Vitesse de croisière typique. (16) Rayon d'action commercial, compte tenu de la réserve de carburant, B-737 : 2 500, Mercure : 2 000. (17) Corvette 100 : 12 à 14 places, consomme 10 l de carburant par passager aux 100 km ; 200. (18) Rayon d'action maximal à pleine charge. (19) *Au décollage* ; à l'atterrissage 111 380 (100 passagers), sans carburant 92 080, charge marchande type 11 340. (20) Le dernier Comet a été retiré du service en 1980. (21) Avec charge de 20 t, 3 200 km avec 40 t. (22) Douglas commercial no 3 : 1er vol le 17-12-1935, 13 000 exemplaires construits dans le monde jusqu'en 1947. (23) 5 000 avec charge max. de 80 t. (24) 4 500 avec charge payante max. de 150 t. (25) 6 030 avec charge payante max. de 100,2 t. (26) 5 525 avec charge payante max. de 118,4 t. (27) 2 hélices incurvées de 3 m de diamètre tournant à l'extérieur de la nacelle où se trouve la turbine. (28) Accord franco-allemand sur ce projet en janvier 1959, 1re livraison 1967. (29) Avion de transport régional (ATR) franco-italien construit à parité par Aérospatiale et Aeritalia. (30) Soute longueur 33 m, largeur 4,4 m, hauteur 4,5 m, capacité de chargement 80 t. (31) Hauteur 20,78 m, soute 36 m, largeur 6,4 m, hauteur 4,4 m. (32) En ukrainien : « rêve ». 6 turbos de 23,4 t de poussée chacun, charge 600 t, peut lever 250 t sur plus de 4 000 km à 800 km/h, soute longueur 43 m, largeur 6,4 m, hauteur 4,4 m, peut embarquer 80 voitures Lada. (33) 1re version (1955) : longueur 32 m, 46 t, 99 passagers, 800 km/h sur environ 200 km, puis Caravelle 3 et Caravelle 12 (12 exemplaires construits en 1972). 279 construites en 15 ans par Sud Aviation [55 encore en service dans 18 pays en 1991 ; retirées du service, en France sur Air France en mars 1981 (en avait exploité 46), et sur Air Inter le 3-8-1991]. (34) Altitude de croisière de 12 500 m (plafond 14 000 m). Prix : 84 millions de F. Peut atterrir sur piste de 800 m et décoller sur piste de 1 500 m.

Turboréacteur : moteur constitué d'un système de compression, d'une chambre de combustion, d'une turbine, d'une tuyère de détente. L'air aspiré par l'avant est comprimé, chauffé par la combustion d'un carburant, détendu dans la turbine, rejeté vers l'arrière à grande vitesse à travers la tuyère. La turbine permet de prélever une partie de l'énergie du gaz pour provoquer le fonctionnement du compresseur, qu'elle entraîne par un arbre. *Turboréacteur double flux* (ou *turbosoufflante,* ou encore *turbofan*) : réacteur dans lequel une partie de l'air aspiré n'est que faiblement comprimée, puis rejetée dans l'atmosphère *(flux froid)*, l'autre partie subissant le cycle complet de compression, chauffage puis détente *(flux chaud)*. Cette technique permet, par rapport au réacteur simple flux (chaud), des gains de carburant et une réduction du bruit. Plus l'altitude est élevée, plus l'air est raréfié, moins le réacteur pousse (mais la résistance à l'avancement diminue aussi). Plus la température est basse, plus forte est la poussée. Lorsque l'avion monte, la température de l'air extérieur diminue jusqu'à – 57 °C vers 12 000 m ; au-delà, elle reste constante. C'est donc vers 12 000 m qu'on obtient les meilleures vitesses. *Dispositifs pour augmenter la poussée au décollage :* 1°) *injection d'eau et de méthanol* afin d'augmenter provisoirement la masse éjectée, augmente la poussée de 15 % ; avions commerciaux ; 2°) *postcombustion* par réinjection de pétrole (à la sortie du réacteur) dans l'air non utilisé dans la combustion ; augmente la poussée de 50 % ; avions militaires.

Turbomoteur : moteur à turbine analogue au turboréacteur mais énergie prélevée par la turbine ; entraîne d'autres systèmes de propulsion, par exemple un rotor d'hélicoptère ou turbopropulseur à hélice. Procure un gain important en consommation mais une vitesse moins élevée.

■ **Avion-fusée.** Propulsé par une fusée (le moteur-fusée emporte à la fois combustible et comburant et fonctionne sans apport de l'air extérieur). La consommation à basse altitude est très élevée. Le X-15, avion-fusée américain, était lâché en vol par un avion à 14 700 m d'altitude et atteignait plus de 100 km d'altitude par ses propres moyens. Il mesurait 6 m de long, 6,70 m d'envergure et pesait 22 516 kg (dont 12 000 de propergol).

■ **Avion Stol (Short Take-Off and Landing)** [Adac : appareil à décollage et atterrissage courts]. La portance des ailes est augmentée par des dispositifs hypersustentateurs. Exemples : Breguet 942 (poids au décollage 20 500 kg, 40 à 60 passagers, décollage 310 à 340 m, atterrissage 240 à 270 m) ; Dornier Do-27, Pilatus Porter, De Havilland-Canada : Caribou, Buffalo et Twin-Otter.

■ **Avion supersonique** (TSS : transport supersonique, ou SST : Supersonic Transport). A réaction ou à fusée. Vitesse supérieure à celle du son [Mach 1 (environ 1 200 km/h)].

Avions commerciaux supersoniques : Concorde (voir encadré p. 1862 c). **Tupolev 144** (URSS) [conçu par Alexis Tupolev (1925-2001), fils d'André (1888-1972) qui conçut les bombardiers ANT et le TU-2. *1968-31-12 :* 1er vol ; *1970-mai* dépasse le mur de son ; *1971* mis en service ; *1973* un appareil s'écrase près du Bourget (12 †) ; *du 26-12-1975 à juin 1978* liaison Moscou/Alma-Ata (3 700 km) [un appareil s'écrase près de Moscou] ; *1979*

Principaux types d'avions légers	Envergure en m	Longueur en m	Masse en kg	Places [1]	Vitesse en km/h	Rayon [2] d'action en km
Avions bimoteurs à turboréacteurs :						
500 Citation Cessna (USA)	14,3	13,3	2 931	7 à 9	840	2 455
650 Citation Cessna (USA)	15,4	15,7	4 364	8 à 13	972	5 534
Gates Learjet 36A (USA)	12	14,8	4 152	8	1 000	5 290
Gulfstream 2 Grumman (USA)	21,9	24,4	16 738	21	1 020	6 200
HFB 320 Hansa (All.)	14,44	16,56	5 420	14	930	2 520
HS-125-700 Hawker Siddeley (G.-B.)	14,3	15,5	5 765	10 à 16	935	4 270
Jet Star 2 Lockheed (USA)	16,6	18,4	10 967	12	980	4 980
Sabreliner 60 Rockwell (USA)	13,6	14,3	5 103	12	960	3 380
Falcon 20 Dassault Aviation (Fr., 4-5-1963)	16,32	17,1	13 000	8 à 10	860	2 667
Falcon 100 Dassault Aviation (Fr., 1-12-1970)	13,08	13,86	8 755	4 à 8	910	2 870
Falcon 200 Dassault Aviation (Fr., 30-4-80)	16,32	17,15	14 515	8 à 10	850	4 167
Falcon 2000 Dassault Aviation (Fr., 4-3-1993)	19,33	20,23	16 238	8 à 19	Mach 0,87	3 615
Avions triréacteurs :						
Falcon 50EX Dassault Aviation (Fr., 10-4-1996)	18,86	18,52	18 010	8 à 19	Mach 0,86	6 050
Falcon 900C Dassault Aviation (Fr. 17-12-1998)	19,33	20,21	20 640	8 à 19	Mach 0,87	7 400
Falcon 900EX Dassault Aviation (Fr., 1-6-1995)	19,33	20,21	21 910	8 à 19	Mach 0,87	8 340
Avions bimoteurs à turbopropulseurs :						
PA-31-T Cheyenne Piper (USA)	13	10,6	2 257	8	520	2 800
441 Conquest Cessna (USA)	15	12	2 489	8 à 11	530	3 390
400 Hustler American Jet (USA)	9,9	11,7	1 678	7	610	4 590
B-100 King Air Beech (USA)	14	12,2	3 208	6 à 16	491	2 450
MU-2P Mitsubishi (USA)	11,9	10,1	3 129	7 à 9	590	2 580
200 Super King Air Beech (USA)	16,6	13,3	3 327	7 à 16	536	3 500
690 B Turbo Commander Rockwell (USA)	14,2	13,5	2 810	7 à 10	530	2 720
Avions monomoteurs à pistons :						
Bonanza A-36 Beech (USA)	10,2	8,4	978	4 à 6	310	1 530
Cardinal 177 Cessna (USA)	10,8	8,3	695	4	240	990
Cherokee PA-28-235 Piper (USA)	9,8	7,3	722	4	250	1 270
Regent DR-400 Robin (Fr.)	8,72	6,96	610	4	260	1 455
Président DR-500 Robin (Fr.)	8,76	7,05	650 [3]	4 à 5	268	2 025
EADS Socata TB 20 Trinidad GT (Fr., 14-4-99)	9,97	7,71	1 400	4 à 5	344	2 056
EADS Socata TB 200 Tobago GT (Fr., 1999)	10,01	7,7	1 050	4 à 5	241	1 291
Avions bimoteurs à pistons :						
Baron B55 Beech (USA)	11,5	8,5	1 463	4 à 6	348	1 840
Commuter 421C Cessna (USA)	12,6	11,1	1 938	10	390	1 550
Duke B60 Beech (USA)	12	10,3	1 937	4 à 6	440	2 165
Navajo PA-31-350 Piper (USA)	12,4	9,9	1 810	6 à 8	400	1 865
Seneca IV PA-34-220 T Piper (USA)	11,9	8,7	1 280	6 à 7	350	1 450

Nota. – (1) Y compris celles de l'équipage. (2) Non compris la réserve de sécurité. (3) Masse à vide.

le Tupolev 144 D relie Moscou à Khabarovsk (6 185 km en 3 h 21) et effectue des liaisons non régulières. Des vibrations excessives le rendaient inconfortable, le niveau de bruit des réacteurs était élevé, le système de pressurisation interne devait être amélioré, le manque de puissance des réacteurs contraignait l'équipage à utiliser plus longtemps et plus souvent que prévu la postcombustion (dispositif de réchauffe supplémentaire), d'où consommation accrue de carburant. **SST-2 707** (1969, USA) projet américain abandonné en mars 1971 par vote du Sénat (malgré 130 options prises) ; *raisons :* économiques et écologiques, technique difficile à maîtriser (vitesse supérieure à celle du Concorde, nécessite des alliages nouveaux).

■ **Avion spatial transatmosphérique.** **Projet :** masse 350 t ; propulseurs à hydrogène liquide, atteindrait 25 000 km/h en moins de 10 min, volerait à 300/400 km d'alt. *Coût du projet :* 10 milliards de $. **Avion de transport supersonique (projet PERS,** projet européen de recherche supersonique**) :** projet de l'Aérospatiale ; accord le 9-5-1990 avec British Aerospace pour le construire. *Coût du programme :* 50 à 80 milliards de F ; *marché :* 300 à 500 (?) entre 2005 et 2025 ; *passagers :* 200 à 300 (Concorde : 128) ; *rayon d'action :* 12 000 km (Concorde 6 000) ; *voilure :* 500 m² (Concorde 360) ; *vitesse :* Mach 2,4 soit environ 2 500 km/h [Concorde 2,02 (2 100 km/h)] ; *longueur :* 76 m (Concorde 62,17) ; *envergure :* 36,6 m (Concorde 25,6) ; *poids au décollage :* 225 t (Concorde 183) ; *masse au décollage :* 660 t (Concorde 403) ; 4 propulseurs séparés de 20 t chacun (Concorde 17 t), vraisemblablement à capacité variable ; *consommation en carburant :* 4,5 l par passager pour 100 km (Concorde 10 l). **Avion à grande vitesse (AGV) :** étudié pour 2015-2020. *Poids :* 300 t ; *passagers :* 150 ; *rayon :* 12 000 km ; *altitude* de vol : 30 000 m ; *vitesse :* 5 000 km/h. **Aile volante** (vers 2009-2010) : Boeing. *Passagers :* 800.

■ **Avion très léger (ATL).** Coût environ 220 000 F. Consommation 9 litres d'essence à 150 km/h.

■ **Appareils expérimentaux.** **Cartercopter :** Bell Boeing 609 conçu par Jay Carter ; hybride. **30 de McDonnell Douglas et Rockwell. SST-2000** (en Allemagne Sanger). *Projet :* 300 à 400 t, 150 passagers, vitesse 25 000 km/h. **Hotol (Horizontal and Take-off Landing)** de British Aerospace : décollerait sans pilote sur un chariot lancé à 500 km/h. Quand la vitesse orbitale (environ 28 000 km/h) serait atteinte (vers 90 km d'altitude), les moteurs seraient coupés et l'Hotol, sur sa lancée, monterait jusqu'à 300 km. 22 petits moteurs fusées suffiraient ensuite à assurer la décélération nécessaire pour ramener le périgée à 70 km d'altitude. *Atterrissage* à 320 km/h sur 1 800 m de roulement. *Permettrait* de relier Londres à Sydney en 45 minutes de vol, de verticale à verticale, soit de 65 à 70 min de vol, du décollage à l'atterrissage. *Coût du voyage :* 24 millions de F (soit, pour 50 sièges occupés, 480 000 F par passager). **Sharp (Stationary High Altitude Relay Platform :** répéteur fixe de haute altitude) : Canada. *Envergure :* 4 m, *masse :* 5 kg, *vitesse :* 20 km/h. Un faisceau de micro-ondes lui fournit, en altitude, l'énergie nécessaire.

■ **Comburant.** Corps oxydant qui, en se combinant avec un autre appelé combustible, provoque sa combustion. On peut utiliser l'*oxygène* de l'air (exemple : moteurs aérobies de voitures) ou des *propergols* liquides (acide nitrique, eau oxygénée concentrée, fluor liquide, fluorure de brome ou de chlore, oxyde de fluor, oxygène liquide, ozone liquide, perchlorate de fluor, trifluore de chlore) et solides (perchlorate de sodium, ammonium). Tout comburant ou tout combustible entrant dans un mélange propulsif pour fusées est un ergol.

■ **Combustible.** Matière qui, en se combinant avec un comburant, brûle en dégageant de la chaleur. *Liquides :* alcool éthylique, ammoniac, boranes (diborane, pentaborane, décaborane), cyanogène, furatine, hydine, hydrate d'hydrazine, hydrazine, hydrogène liquide, hydrures d'azote ou de lithium, kérosène, lithium, monométhylhydrazine, nitriles, nitrométhane, térébenthine, triéthylaluminium.

■ **Jumbo Jet.** Avion à réaction de grande capacité comme le Boeing 747.

■ **Navion.** Avion à effet de sol volant au ras de la surface. L'air, manquant de place sous les ailes pour s'écouler, exerce une surpression augmentant ainsi la portance (d'où une économie de puissance et de carburant). Exemples : *ekranoplan* appelé « Monstre de la Caspienne » (106 m, 540 t, 500 km/h) achevé 1965, a volé jusqu'en 1980. *Volga 2* (11 m). *L-325* (9,45 m, 4 passagers). Projet de monoplace de Serge Pennec et Paul Lucas.

■ **Ornithoptère** (ou **orthoptère).** Machine à ailes battantes.

■ **Parachute motorisé.** *Paraplane* (USA, 1984) : 2 moteurs de 15 ch, monoplace, décollage en 30/40 m, 40 km/h.

■ **Planeur.** Appareil non propulsé mécaniquement et dont la sustentation est obtenue par des réactions aérodynamiques sur des surfaces fixes. Monoplace, biplace et planeurs à moteur (le moteur auxiliaire ne doit être utilisé qu'au décollage ; en compétition, on tolère que le moteur soit remis en marche pour atteindre une zone d'ascendance ou pour effectuer le vol de retour).

■ **ULM (Ultraléger motorisé).** **Origine :** *1906 : 1er vol de la Demoiselle* de Santos-Dumont. *1978* des adeptes du vol libre utilisent des ailes équipées d'un moteur pour décoller en plaine. *1982 : 1re réglementation* en France (pilotage). *1986* réglementation (machine) : aéronef de masse maximale au décollage de 450 kg pour un biplace, de 300 kg pour un monoplace et capable de voler à moins de 65 km/h (règle FAI). Mono ou biplace, moteur 19 à 90 ch. **Autonomie :** 2 h à 500 m en moyenne (plafond 3 000 m), jusqu'à 5 ou 6 h en compétition avec 25 litres de carburant. **Vitesse de croisière :** 30 à 150 km/h. **Types : 1°)** *pendulaire :* dérivé de l'aile Delta du vol libre à laquelle on adapte un chariot tricycle ; **2°)** *multiaxe :* à gouvernes aérodynamiques semblables à celles des avions ; **3°)** *paramoteur* (ou parapente motorisé) : voile souple (type parapente) avec un moteur dorsal monté sur un harnais ; décollage à pied, ou appareil tricycle ; mono ou biplace ; **4°)** *autogire :* en cours de classement en France ; **5°)** *aérostat* ultraléger. **Conditions pour voler :** appareil identifié. Avoir plus de 15 ans. Posséder le brevet (examen théorique au sol auprès d'un district aéronautique) et un examen en vol avec un instructeur habilité. Équivalence possible pour le multiaxe avec un brevet avion, hélicoptère, planeur, ballon ou licence étrangère même périmée, mais qualification en vol complémentaire pour le paramoteur, le Deltaplane ou l'autogire. Brevet théorique avion, planeur ou hélicoptère valable également comme équivalent au théorique ULM. Pour devenir instructeur, obligation de passer dans une école homologuée par l'Aviation civile avec le statut d'instructeur stagiaire (35 écoles fédérales homologuées). Passerelles possibles pour les instructeurs avion, planeur ou hélicoptère avec des contraintes particulières suivant la classe demandée. *Intérêt de l'ULM :* contraintes administratives allégées : pas de carnet de vol obligatoire, entretien de la machine possible par le pilote, pas de visite médicale, pas de renouvellement de licence, atterrissage tout terrain autorisé avec l'accord du propriétaire et après avoir prévenu le maire de la commune. *Altitude de vol :* hors zone, rendant la radio obligatoire, autorisée jusqu'au niveau 115 (environ 3 500 m). Hauteur minimale de vol hors phases de décollage et d'atterrissage : 150 m (règles de l'air). *Bruit :* arrêté du 17-6-1986, le pilote doit voler à une hauteur telle que le bruit perçu au sol ne soit pas supérieur à 65 décibels (A). **Statistiques** (France, début 1996) : *pilotes :* 29 284 (+ 17 % par an) [dont 17 000 pratiquants réguliers]. *Morts 1989 :* 8 ; *94 :* 14 ; *95 :* n.c. *Machines 1996 :* 8 789 identifiées. *Licenciés 1984 :* 2 900 ; *91 :* 5 800 ; *94 :* 6 000. *Prix :* 30 000 à 300 000 F. *Terrains :* environ 900 dont 250 sur terrains d'aviation avec circuit ULM. **Épreuves :** *1re course d'ULM (1-9-1982) :* Biggin-Hill (G.-B.)-Bagatelle (France) avec escale au Touquet. *1er rallye :* Tunisie (en 1983), Michel Alcover (Français). *1er championnat de France* (en 1984) à Millau (Aveyron). *1er championnat du monde* (tous les 2 ans) : 1985 août, à Millau, 1 † : Joachim Krendz (Allemand) sur FK6. *1er championnat d'Europe* (tous les 2 ans) : créé 1986 (sept.) à Sanchidrian (Espagne). Rassemblements annuels à Montpezat d'Agenais, Pentecôte ; Blois, 1er week-end de sept. (tous types). **Rallyes :** *étrangers* (Tunisie, Maroc, Ukraine, Paris-Londres) ; *nationaux* (Tour de France, en août) ; *régionaux* (Poitou-Charentes). **Adresse :** Fédération française de planeur ultraléger motorisé (FFPULM), 96 *bis,* rue Marc-Sangnier, 94700 Maisons-Alfort ; regroupe environ 7 500 sportifs et professionnels, 400 clubs fédéraux. Écoles fédérales de formation (Montmorillon), de mécanique (Marsolan).

■ **Vortex Generator (générateur de tourbillon).** Petites pièces de tôle carrées ou trapézoïdales pour canaliser les filets d'air le long de la voilure ou de l'empennage d'un avion et les empêcher d'atteindre des vitesses supersoniques qui créeraient des ondes de choc suivies d'ondes tourbillonnaires. Environ 90 % des avions modernes en service ont des vortex (exemples : *Caravelle, Boeing 727, Trident, DC-10*).

QUELQUES CHIFFRES

■ **Avions commerciaux.** **De plus de 100 places** (fabriqués aux USA et en Europe) : **long-courriers :** *B-747, 757, 767 :* 300 à 600 places ; *777, biréacteur :* 375 à 400 places sur 7 350 km (autre version, 305 places sur 13 700 km) ; mise en service en juin 1995, *Airbus A-330, A-340 :* 250 places ; mis en service en 1992, *McDonnell Douglas MD-11,* remplaçant du *DC-10.* **Moyen-courriers de 200 à 400 places :** *Airbus A-310, A-330* et *A-300-600R.* **Court- et moyen-courriers de 150 places :** *Douglas MD-89, Boeing 737-300* et *Airbus A-318, A-319* (124 places), *A-320* (150 places), *A-321* (180 places). **Court-courriers de 100 places au moins :** *BAe-146, Fokker F-100, Douglas MD-87* et *Boeing B-737-500* (110 places), *737-300* (130 places), *737-400* (150 places), *717* (100 places). **Régionaux de 40 à 100 places :** *Fokker F-50, ATR-42, 72, Bombardier Q400, RJ85, ERJ135-145, Dash 7, Dornier 328.* **Avions d'affaires.** *Dassault-Falcon, Gulfstream, Learjet, Beechcraft, ATP, Cessna, Socata,* etc.

■ **Altitude optimale de vol** (en m). *Concorde :* 18 000 ; *Boeing 747 :* 13 740, *727 :* 12 800 ; *Douglas DC-10 :* 12 200, *737 :* 10 600 ; *A-300-600RF :* 10 500.

■ **Bruit.** **Zones de bruit engendré par différents types d'avion** (surface en km²) : *707* (267) ; *727-200* (52) ; *737* (34) ; *DC-10* (7) ; *A-340-300* (2,2).

■ **Consommation.** **Nombre de passagers/km effectivement réalisé par kg de carburant brûlé** (à taux de remplissage maximal) : *paquebot :* 4, *avion supersonique Concorde :* 10, *récent B-747 :* 38, *B-737 :* 25.

McDonnell met au point une aile perforée qui, en réduisant les turbulences, ferait baisser de 45 % la consommation du kérosène.

■ **Avions de transport les plus gros. USA : C-5A,** dit **Galaxy,** construit par Lockheed (347 t, longueur 43,90 m, largeur 5,80 m, 28 roues). Les moteurs TF-39 ont chacun une poussée de 18 650 kg et 10 275 kg. 11 *C-5A,* transportant 91 t et volant 10 h par jour, auraient pu assurer à eux seuls le

Appareils	Sièges	Vitesse en km/h	Cons. [1]
Concorde	100	2 200	20
Boeing 747 mixte	350/477	900	11,5
Boeing 747 combiné	250	900	11
Boeing 717	106	850	4,2
Boeing 737	108	800	2,5
Airbus A-300-B2	281/292	860	6
Airbus A-300-B4	207/292	860	6,1
Airbus A-310	220/280	830	4,4
Airbus A-320	150/180	800	–
Airbus A-330-300	335/440	930	–
Airbus A-340-300	295/400	930	–
Airbus A-380-200	656	–	–

Nota. – (1) Consommation moyenne horaire de kérosène (en tonnes).

pont aérien de Berlin en 1948 (il avait alors fallu 375 avions, dont 225 américains et 150 anglais). **Superjumbo,** projet Boeing (USA) avec Aérospatiale (Fr.), British-Aerospace (G.-B.), Deutsche Aerospace (All.) et Casa (Esp.) : accord du 27-1-1993. Longueur 79,3 m, hauteur 19 m, ailes de 78 m, poussée 400 000 livres. 550 à 800 passagers sur 13 000 à 18 000 km. Demande mondiale : 300 à 600 appareils. **B-747-400,** cargo, masse maximale au décollage 400 t, charge transportée 100 t sur 8 000 km, 4 moteurs de 60 000 livres de poussée. **MD-11 (McDonnell Douglas, en version étendue),** encore à l'étude, devrait pouvoir accueillir 515 passagers. **Super Guppy,** soute de 1 410 m^3, masse 80 t, envergure 48 m, longueur 43 m. **URSS : Antonov-124 Rouslan** (1982), quadrimoteur de 405 t en charge, charge 150 t, aile 73 m d'envergure et 628 m^2 de surface, décolle à pleine charge sur 3 000 m de longueur, train d'atterrissage à 24 roues, vitesse 850 km/h à 12 000 m d'alt., soute 1 014 m^3. **Antonov-22 Antée** (1985), 250 t en charge. 4 turbopropulseurs développant chacun 15 000 ch entraînant 8 hélices contrerotatives. Charge payante 80 t. **Antonov-225** (1988), hexaréacteur (6 réacteurs) 600 t et 90 m d'envergure environ, poussée totale de 140 t, soute 1 014 m^3, équipé pour transporter sur son dos la navette spatiale *Bourane*.

■ **Avions les plus petits. Skybaby** *(biplan Stits) :* en 1952 (envergure 2,18 m, longueur 3 m, moteur de 85 ch, 205 kg à vide, vitesse maximale 298 km/h). **Cri-Cri :** envergure 4,90 m, longueur 3,90 m, 72 kg, vitesse maximale 260 km/h. **Pou du Ciel :** voir p. 1863 a. **Bumble Bel II :** longueur 2,40 m, vitesse maximale 240 km/h, altitude 300 m. **Avion le plus léger. Birdman :** 55 kg, envergure 10 m, décolle en 30 m, se pose en 15 m, moteur de 11,5 ch, 80 km/h.

■ **Pistes. Longueurs nécessaires** (en m) : *Airbus B4* : 2 320. *Boeing 707* : 2 900 à 3 320 ; *727* : 2 400 à 2 600 ; *737* : 2 100 ; *747* : 2 720 à 3 200. *Concorde* : 3 000 à 3 200. *DC-3* : 1 200. *DC-4 Constellation* : 1 550. *DC-6* : 1 860. *Superconstellation* : 1 970. *Tupolev 154* : 2 100. *Viscount 708* : 1 650.

■ **Prix de vente. Avions commerciaux** (avec pièces de rechange, en millions de $, 2001). **Airbus :** *300-600* : 109,9 ; *310-200* : 83. **Boeing :** *737-200* : 19,7 ; *737-300* : 27,7 ; *747-200* : 99,6 ; *757-200* : 72,5 ; *767-200* : 100 ; *777 (est.)* : 122 à 152. **MD-80 :** 29. **Hélicoptères** (en millions de F, 1979). *SA-315 B* : 2,1. *SA-319 B* : 2,7. *SA-330 JP* : 10. *AS-350 Écureuil* : 1,6. *Bell 206 B Jet Ranger II* : 0,9. *Bell 206 L* : 1,6. *Bell 222* : 4,1. *Sikorsky S-76* : 5,2. **Avions d'affaires. Prix des jets neufs** (en millions de F) : *Citation Jet* [1] : 16,2 ; *Citation V* [1] : 14,6 ; *Lear 35 A* [2] : 27 ; *Lear 60* [2] : 44,8 ; *Beech 400* [3] : 28,6 ; *SJ-30* [4] : 15,7 ; *BAe-800* [5] : 54 ; *BAe-1000* [5] : 70,2 ; *Falcon 2000* [6] : 75,6 ; *Falcon 50* [6] : 79,4 ; *Falcon 900* [6] : 118,8 ; *Challenger CL-60* [7] : 91,8 ; *GIV* [8] : 135.

Nota. – (1) Cessna. (2) Learjet. (3) Beech. (4) Swearingen. (5) British Aerospace. (6) Dassault. (7) Canadair. (8) Gulfstream.

☞ **Avion le plus cher :** *Air-Force One* (B-747) du Pt des USA : 1,1 milliard de F.

■ **Prix de revient en F. Heure de vol et**, entre parenthèses, **coût du km/avion** : *Piper « Chieftain »* : 2 207 (6,68). *Beechcraft « King-Air » 200* : 3 928 (7,55). *Dassault Falcon 20 F* (850 km/h) : 9 779 (1,43).

■ **Vitesse. A l'atterrissage :** *Boeing 747* : 260 ; *737* : 240 ; *727* : 222 ; *DC-10* : 260 ; *Concorde* : 296. **De croisière** (voir tableau p. 1865).

Giravion

Appareil à voilure tournante dont la sustentation est assurée par des surfaces mobiles, les rotors. Autogires et hélicoptères sont des giravions.

Autogires

■ **Histoire. 1923**-*9-1 autogire C-4,* de l'Espagnol Juan de La Cierva (1895-1936) à Getafe, près de Madrid. *-31-1* vol piloté par Alejandro Gómez Spencer ; circuit de 4 km à plus de 25 m en 3 min 30. **1927**-*29-7 : 1er autogire biplace :* le *Cierva C-6D,* piloté par F.T. Courtney à Hamble (Angl.). **1928**-*18-9* de Croydon au Bourget avec *Cierva C-8L type II,* piloté par La Cierva (Henri Bouché passager). **1986**-*18-9 record de vitesse :* 193,6 km/h sur 3 km, sur un *WA-116/F/5*.

■ **Types. E 2 :** *convertiplane* [sustentation en vol horizontal assurée par des surfaces fixes et en vol vertical par des voilures tournantes actionnées par un appareil propulseur (vertoplane)]. **E 3 :** *autogires* (sustentation par rotor tournant librement sous l'action du vent créé par le déplacement horizontal de l'appareil).

Hélicoptères

■ **Définition.** Du grec *helix*, « spirale » et *pteron*, « aile ». Aéronef dans lequel la force sustentatrice et la force nécessaire à l'avancement sont fournies par une ou plusieurs hélices à axe vertical. En général hélicoptère monorotor : le couple transmis au rotor par le moteur est contré par un rotor anticouple placé à l'arrière.

■ **Description. Fuselage :** dépend des dimensions et de l'emploi. A l'avant : poste de pilotage (sur les petits hélicoptères, il n'est pas séparé de la cabine). Autour de la cabine : batterie de démarrage, réservoirs de carburant, d'huile, de liquide hydraulique, différents systèmes de génération hydraulique et électrique, postes de radio et de radionavigation. A l'extrémité de la poutre de queue : stabilisateurs. **Moteur :** *à pistons :* moins onéreux, mais plus lourd et moins puissant ; utilisé pour petits hélicoptères ; *turbomoteur :* utilisé à partir de 300 ch, souvent 1, 2 ou 3 turbines. **Rotors :** *articulés :* avec des axes de battement, de traînée et de pas qui permettent les débattements de la pale autour du moyeu pour compenser les variations de forces aérodynamiques dues à la dissymétrie de vitesse ; *semi-articulés* ou *rigides :* tout ou partie des mouvements de la pale sont pris en compte par la souplesse de la pale ou du bras de moyeu, et non par des articulations. **Pales :** selon la masse de l'appareil, rotors à 2, 3, 4, 5 ou 6 pales. Les variations de pas (angle d'incidence de la pale) sont commandées par un ensemble de biellettes (1 par pale). *Matériaux :* bois de différentes espèces collés (soumis à l'influence de l'humidité) ; longeron métallique avec remplissage en « nid d'abeille » et revêtement métallique ; en matériau composite moulé avec remplissage en « nid d'abeille » ou similaire, et revêtement en fibres de verre et ou de carbone pour adapter la rigidité de la pale en flexion et torsion (pale plastique) et éliminer les problèmes de corrosion, de propagation de criques (cassure accidentelle du matériau). **Train d'atterrissage :** *fixe* à patins (sur les petits hélicoptères) ou à *roues* (fixes ou escamotables) pour faciliter la manutention au sol. **Consommation.** 2,5 fois plus qu'un avion de même capacité d'emport. **Comparaison** (en litres/heure pour appareils transportant 20 passagers) : *hélicoptères :* SA-330 Puma biturbine (2 moteurs) : 650 ; AS Écureuil (monoturbine) : 165 ; *avions* Embraer 110 Bandeirante (2 moteurs) : 280 ; Piper Cherokee Six (à pistons) : 60.

■ **Vol. Stationnaire et vertical :** 2 forces en présence : la portance Fz génératrice de la sustentation, et le poids de l'appareil P qui lui est opposé. **Translationnel** (déplacement en avant, arrière ou sur le côté) : on incline le plan de rotation de la voilure tournante par rapport à l'axe du fuselage, à la portance et au poids, auxquels s'ajoute la traînée. La résultante F des forces aérodynamiques créées par cette giration est inclinée vers l'avant et peut se décomposer en une force de traction horizontale Fx, opposée à la traînée *t* de l'ensemble de l'appareil, et en une portance Fz verticale, opposée au poids, mais égale en valeur absolue à celui-ci et à la traînée *t*.

■ **Hélicostat.** Engin hybride : la masse à vide est en partie équilibrée par la poussée aérostatique de ballons gonflés à l'hélium ; la charge utile (carburant plus charge) et le complément de la masse à vide sont sustentés par des rotors d'hélicoptères. Conçu pour la manutention des charges (jusqu'à 50 t) sur courtes distances, ne nécessite pas de lestage. **Projets :** *USA :* US Navy, Nasa et Goodyear pour transporter 70 t. *France :* Aérospatiale (1977) : longueur 34,5 m ; largeur 35,69 m ; volume hélium 1700-2075 m^3 ; charge marchande 2,3 à 4 t.

Quelques dates

■ **Conquête de l'espace.** Jouets miniatures en Chine ; **XVe s.** Léonard de Vinci en imagine un modèle. **1784**-*28-4* modèle réduit de Launoy et Bienvenu. **1809** de Cayley (sir George, Britannique, 1773-1857). **1842** *modèle réduit* à vapeur actionné par W.H. Phillips ; pales rotatives mises en mouvement par un flux d'échappement terminal. **1852** le vicomte Ponton d'Amécourt (Fr., 1825-88) crée le mot hélicoptère ; avec 2 hélices horizontales superposées tournant en sens contraire, **1861** dépose un brevet. **1877**-*29-6* hélicoptère de Enrico Forlanini (1848-1930) atteint 13 m d'altitude (reste 20 s en l'air). **1905** hélicoptère de Léger enlève un homme jusqu'au sommet de l'Institut d'océanographie (Monaco). **1907**-*29-9 : 1er soulèvement d'un hélicoptère monté* (maintenu au sol par un câble) : le gyroplane Louis-Breguet-Pr-Richet no 1, avec Volumard, à Douai. *-13-11 : 1er soulèvement libre d'un hélicoptère avec son pilote* Paul Cornu (1881-1944) près de Lisieux (Fr.), 260 kg, moteur Antoinette 24 ch, 20 s à 2 min. **1924**-*14-4 : 1er record établi sur hélicoptère à rotor,* moteur Rhône 180 ch. *-18-4 : 1er record de distance* (736 m) Pescara. *-4-5 : 1er vol en circuit fermé sur 1 km,* par Étienne Œhmichen (Fr., 1884-1955) sur hélicoptère no 2 à Valentigney (Doubs). **1935**-*22-9* gyroplane de Louis Breguet (1880-1953) et René Dorand (1898-1981), moteur Hispano-Wright 420 ch, vitesse 67 km/h (22-9-1936 : alt. 158 m et 24-11 durée 1 h). **1936**-*6-6 : 1er vol réussi* du prototype Focke-Wulf FW 61 V1 (160 ch). **1937**-*25-10* Hanna Reitsch (Allemande, 1912-79) parcourt en ligne droite 108 km 974 m sur le FW 61. **1939** *1er vol réussi du monorotor* VS-300 de Sikorsky (1889-1972). **1951**-*18-4* SO 120 Ariel III *1er vol avec turbine à gaz* (Villacoublay) [mars 1955, Alouette avec turbomoteur]. **1952**-*15/31-7 : 1re traversée de l'Atlantique en hélicoptère avec escales* en 42 h 25 min de vol [Vincent McGovern, Harold Moore sur 2 Sikorsky H-90 de Westover (Massachusetts, USA) à Prestwick (Écosse) en 5 étapes]. **1953**-*24-7 : 1er vol du 1er hélicoptère à réaction* sur Sikorsky S-52. **1967**-*31-5/1-6 : 1re traversée de l'Atlantique* par 2 Sikorsky HH-3E *Sea Ring* (américains) sans escale (mais avec 9 ravitaillements). **1982**-*3-2* un Mil Mi-126 (soviétique)

Principaux types d'hélicoptères	Places [1]	Longueur en m	Masse [2] en kg	Vitesse en km/h	Altitude max. [3]	Distance [4]
Alouette III Eurocopter SA-316 (Fr., 28-2-1959)	7	12,84	1 143	220	6 300 [6]	510
Biglifter Bell (USA)	15	18,4	3 521	260	4 575	330
Black Hawk (USA, Sikorsky)						
BK-117 C1 Eurocopter	11	13	1 765	250	5 485 [6]	545
Chinook Agusta (It.)	36 à 37	29,9	9 091	313	3 640	635
Chinook Boeing (USA)	44	30	9 845	305	4 560	695
Chinook Boeing (USA)	44	30,2	9 859	306	4 270	695
Coast Guard SA-366 G (Fr.)	n.c.	13,7	2 786	278	n.c.	670
Cobra Bell (USA)	2	16,1	2 939	352	2 940	625
Colibri EC-120 Eurocopter	5	10	950	230	6 096 [6]	732
Commando MK2 Westland (G.-B.)	31	17	9 500	273		1 177
Cougar (Super Puma) Eurocopter BK-117 (All.)						
Cougar AS-532 UB [9] Eurocopter	22	19,5	4 937	249	6 095 [6]	704
Dauphin Panther Eurocopter AS-565 (Fr., 31-2-1979)	12	13,32	1 855	272	4 570 [6]	900
Dauphin AS-565 MB Naval (Fr.)	12	13,68	2 238	272	6 000 [6]	805
Dauphin N3 Eurocopter	13	11,94	2 301	280	6 096 [6]	830
Écureuil Eurocopter F2 Twinstar (Fr.)	6/7	13	1 371	242	4 875 [6]	760
Écureuil AS-350 (F2 SNIAS 1983) (Fr.)	6	10,91	1 095	246	4 875	740
Écureuil AS 350 Eurocopter (Fr., 27-6-1976)	6/7	13	1 102	210	4 875 [6]	720
Écureuil AS-550 B3 Eurocopter	6/7	10,69	1 174	241	6 096 [6]	656
EC-635 Eurocopter	8/9	12,16	1 465	260	6 100 [6]	675
EC-155 Eurocopter	15	12,6	2 583	270	3 965 [6]	850
Super Frelon SA-321 Eurocopter (Fr., 7-12-1962)	29	23,03	6 863	248	> 4 000 [6]	815
Gazelle SA-342 Eurocopter (Fr., 11-5-1973)	5	11,97	985	270	6 000 [6]	785
Iroquois Bell (USA)	11	17,5	2 363	204	4 150	465
Kawasaki-Hughes 500 (Jap.)	5 à 7	9,2	536	255	4 090	690
Lama Eurocopt 315-B (Fr., 17-3-1969) [5]	5	12,92	1 021	192	> 7 000	515
LHX (Light Helicopter Experimental) (USA)						
Lynx-Westland-Aérospatiale (G.-B./Fr.)	11	15,1	2 808	296	3 340	760
MI8 Mikhail-t Mil (URSS)		18,3	11 100	220		540
NH 90 Eurocopter « TTH »	22	16,14	5 500	298	n.c.	880
S-76 Sikorsky (USA)	12	17,6	2 234	290	1 555	870
Sea Cobra Bell (USA)	2	16,2	2 918	281	3 970	600
Sea King Sikorsky (USA)	25	22,1	5 475	268	3 220	1 005
Sea Knight Boeing (USA)	25	2,6	6 920	259	3 590	340
Sea Stallion Sikorsky (USA)	37	26,8	10 167	313	3 310	420
Super Puma AS-332 L/M Eurocopter (Fr., 10-10-1980)	26	18,7	4 381	282	6 100 [6]	865
Super Puma AS-332 L2 Eurocopter	27	19,5	4 705	280	6 095 [6]	830
Super Puma AS-332 B/C (Fr.)	n.c.	18,7	4 200	282	6 100 [6]	625
Super Puma Naval Eurocopter NC	3/4	18,7	4 330	250	6 100 [6]	911
Tigre « U-Tiger » Eurocopter [10]	2	15,82	≃ 6 000	282	n.c.	800
Wessex 60 Westland (G.-B.)	18	19,9	3 551	215	2 130	630
Yuh-60 A Sikorsky (USA) [7]	11	15,3	9 700	295		630
Yuk-61 A Boeing (USA)	12 à 20	16	8 900	280	2 173 [8]	600

Nota. – (1) Places équipage inclus. (2) Masse à vide. (3) Distincte du plafond pratique qui correspond à l'altitude à partir de laquelle l'hélicoptère aura un taux maximal de montée inférieur à 0,5 m/s. (4) La distance franchissable correspond, sans vent, au double du rayon d'action. (5) Le Lama peut transporter des charges à l'élingue de 1 135 kg. Détient le record mondial d'alt. par hélice (12 440 m) et le record d'atterrissage en haute montagne (se pose à 6 858 m). *Masse maximale :* 1 950 kg, avec charge externe de 2 300 kg. *Moteur :* 1 turbomoteur Artouste III B Turboméca de 870 ch. *Performance à la masse* de 1 950 kg. Vitesse maximale 210 km/h, de croisière 192 km/h, ascensionnelle 5,5 m/s, plafond pratique 5 400 m, en vol stationnaire dans l'effet de sol 5 050 m, hors d'effet de sol 4 600 m, distance franchissable 515 km. (6) Altitude opérationnelle. (7) Dénomination civile S-70. (8) Sur un seul moteur. (9) Hélicoptère de transport tactique militaire. (10) Hélicoptère de combat (antichar et appui).

☞ **Projet :** *Supercopter LHX (Light Helicopter eXperimental)* piloté par une seule personne assistée d'un ordinateur, hybride entre un jet et un hélicoptère.

s'élève à 2 000 m avec 56,77 tonnes. *-10/30-9 : 1er tour du monde* en 29 j 3 h 8 min 13 s (à 56,97 km/h) par H. Ross Perot et J.W. Coburn (Amér.) en Bell 206 L-M *Long Range,* moteur Allison 435 ch. **1991**-*25-11* le *Dauphin* AS-365-X bat le record du monde de survol (371 km/h).

☞ **Le plus grand :** *Mil Mi-12* (soviétique), 4 847 kW, envergure 40 m, longueur 37 m, masse 103,3 t ; **le plus petit :** *Minicopter* (Aerospace General Co) 72,5 kg, peut voler à 297 km/h sur 400 km. **Record du monde de vitesse : 1986**-*11-8* John Trevor Eggington : 400,87 km/h.

■ **Conquête de la hauteur. 1958**-*13-5* Jean Boulet (Français, né 1920) et Petit (Français) sur Alouette II : *10 984 m.* **1963**-*13-1* Alouette SE : *11 036 m.* **1972**-*21-6* Jean Boulet sur SA 315 B Lama, moteur Artouste III B 735 KW : *12 442 m.*

■ **Conquête de la vitesse. Sur base de 15/25 km : 1963**-*19-7* **351,2** *Super Frelon* J. Boulet (Fr.). **355,485** *Sikorsky S. 67* Blackhawk K.F. Cannon (Fr.). **1978**-*21-9* record officiel **368,4** *A-10* Gourguen Karapetyan (URSS). **1979**-*avril* **508,7** *Bell YUH IB 533* expérimental [Arlington, Texas (USA)]. *Dauphin II B* Pasquet (Fr.). **Sur parcours reconnu : 1980**-*6-2* **294,26** Paris-Londres-Paris (2 h 18 min 56 s).

Ballons et dirigeables

Quelques dates

■ Ballons

■ **Conquête de l'espace. 1709**-*8-8 : 1re ascension d'un ballon à air chaud* inventé par Bartolomeu de Gusmao (né Lourenço, 1685-1724). **1782** Joseph (1740-1810) et Étienne (1745-99) de Montgolfier à Annonay (France) : *-25/26-11* expérimentent en chambre un sac cubique en soie de 1 m^3 ; *-début déc.* ascension en plein air d'un sac cylindrique en soie de 1 m^3 chauffé par une flambée de paille et de laine humide ; *-14-12* vol libre d'un globe en soie de 18 m^3 qui atteint 250 m d'alt. **1783**-*début avril vols captifs sans aéronaute. -25-4 : 1re ascension d'un ballon à air chaud sans aéronaute ;* vol libre nocturne, distance 2 000 m, diamètre 11 m, composé de fuseaux de toile doublée de papier assemblés par des boutonnières. *-4-6 : 1re démonstration publique* à Annonay par les frères Montgolfier, vol libre (globe 900 m^3 sans nacelle, sans passagers), alt. de 1 600 à 2 000 m, distance 2 km. *-27-8 : 1re ascension d'un ballon à hydrogène,* lancé à 17 h du Champ-de-Mars (Paris) devant 300 000 personnes, par Jacques Charles (1746-1823) et les frères Robert [Nicolas-Louis dit Robert le Jeune (1761-1828) et Anne-Jean] : trop gonflé, il se déchire et retombe (après 45 min) à 25 km à Gonesse devant des paysans affolés qui le mettent en pièces. *-19-9 : 1ers êtres vivants* (un mouton, un canard et un coq) *à effectuer une ascension en ballon* (à air chaud) à Versailles, devant Louis XVI, atteint 500 m d'alt., mais déchiré par le vent, le ballon retombe 8 min après dans la forêt de Vaucresson (à 3,5 km) ; les animaux sont indemnes. *-15-10* (ou *12/14-10* par Montgolfier) *1re ascension d'un homme en ballon captif* retenu au sol par des cordes (alt. : 26 m) : François Pilâtre de Rozier (1756-85), de la manufacture de papiers peints Reveillon (31, rue de Montreuil, Paris). *-21-11 : 1er voyage en ballon libre à air chaud,* alt. 1 000 m, 12 km en 25 min (du château de la Muette à la Butte-aux-Cailles) : François Pilâtre de Rozier et Mis d'Arlandes (1742-1809). *-1-12 : 1er voyage d'un ballon à hydrogène* (diam. 9 m), caoutchouté ; avec soupape, nacelle supportée par un filet, lest. Charles et Robert partent des Tuileries (Paris) et atterrissent à 36 km à Nesles-la-Vallée après 2 h de vol. Ayant déposé son passager, Charles repart seul à bord, atteint 2 000 m d'alt. et après 30 min de vol atterrit à Lay. **1784**-*5-1* le *Flesselles* à air chaud (hauteur 43 m, diamètre 35 m) de Joseph Montgolfier [et Pilâtre de Rozier, le Pce de Ligne, Cte de Laurencin, Cte de Dampierre, Cte de Laporte d'Anglefort et Fontaine (jeune négociant de la ville qui s'imposa)], à Lyon, et monte à 800 m (durée du vol 13 min). *-25-2 : 1re ascension hors de France :* Cte Paolo Andreani Augustino et Carlo Giuseppi Gerti (près de Milan) : hauteur 43 m, diamètre 35 m. *-2-3 :* 1re tentative pour diriger un ballon ; Blanchard, avec des rames et un gouvernail ; va du Champ-de-Mars à Billancourt (1 h 15). *-25-4* et *-12-6* aérostat (gonflé à l'hydrogène) à rames et gouvernail, l'*Académie-de-Dijon,* monté par Guyton de Morveau et l'abbé Bertrand, puis avec de Virly. *-20-5 : 1res femmes en ballon captif :* Mise et Ctesse de Montalembert, Ctesse de Podenas et Mlle de Lagarde depuis le faubourg St-Antoine à Paris. *-23-5* aérostat muni d'ailes de Blanchard. *-4-6 : 1re femme passagère dans un ballon libre :* Élisabeth Estrieux, épouse Thible (chanteuse d'opéra), à bord de la montgolfière *Gustave* avec le peintre Fleurant devant le roi de Suède Gustave III (vol de 45 min), à Lyon. *-15-7* le duc de Chartres (futur Philippe Égalité), les 2 frères Robert, M. Collin-Hullin : de St-Cloud au parc de Meudon (il fallut crever le ballon pour redescendre). *-19-7* les frères Robert vont de Paris à Béthune (255 km). **1785**-*7-1 : 1re traversée de la Manche en ballon non dirigé :* Jean-Pierre Blanchard (4-7-1753/7-3-1809, Fr.) et John Jeffries (1744-1819, Amér.) décollent de Douvres et, après 3 h de vol, se posent sur un arbre en forêt de Guines près de Boulogne. *-15-6 : 1res victimes en ballon,* François Pilâtre de Rozier et P. A. de Romain (le constructeur du ballon) tentent de traverser la Manche depuis Boulogne avec un ballon gonflé à l'air chaud et à l'hydrogène ; le ballon brûle et tombe à Wimille quelques minutes après le départ. Blanchard et le chevalier de L'Épinard s'envolent de Lille et se posent à Servon-en-Clermontois après avoir parcouru 252 km. Pendant le vol, Blanchard largue un chien en parachute qui est récupéré vivant. **1786**-*18-6 : 1er voyage de nuit :* Pierre Testu-Brissy (près de Montmorency). **1794**-*8-2 création de l'Aéronautique militaire :* 2 compagnies d'aérostiers [1 capitaine, 1 sergent-major, 1 sergent, 2 caporaux, 20 h. (2e Cie : 23-6)], 6 ballons construits. *-23-6 École nationale aérostatique (Meudon) fondée. -26-6* le capitaine Jean-Marie Coutelle (Fr.) sur l'*Entreprenant,* ballon à gaz captif (rattaché au sol par des cordes), surveille le champ de bataille de Fleurus et transmet des messages. La bataille est gagnée. **1798**-*30-10* ascension à cheval de Testu-Brissy.

1804-*16-12* à 23 h, ballon du couronnement (de Napoléon Ier), construit par Garnerin, part du parvis de Notre-Dame (Paris), *-17-12* survole Rome, retombe dans le lac Bracciano après avoir accroché le tombeau de Néron, y laissant une partie de la couronne qui le décorait. **1819**-*16-7 : 1re femme française tuée dans un accident aérien :* Mme Blanchard (ballon à hydrogène qui s'enflamme lorsqu'elle tire de la nacelle un feu d'artifice à Paris ; elle tombe sur un toit, rue de Provence). **1824**-*29-8* ascension à cheval de Margat. **1832**-*24-8* Cte de Lennox et Le Berrier survolent Paris de nuit (ballon allongé mû par des rames). **1836** Green (G.-B.) va de Londres au duché de Nassau (800 km). **1849**-*29-6 : 1er raid de bombardement par ballon :* 200 petites montgolfières autrichiennes, chacune transportant une bombe de 14 kg, sur Venise ; un vent contraire ramena les ballons vers les assiégeants autrichiens. **1863** le *Géant,* construit pour Nadar par Louis (1829-85) et Jules Godard (1839-85), hauteur 40 m, volume 6 000 m^3. La nacelle pouvait emporter 13 passagers, coût 200 000 F ; 2 exhibitions à Paris et une à Londres rapportèrent 79 000 F ; partiellement détruit dans une tentative de voyage au long cours le 18-10-1863. **1864** *l'Aigle* d'Eugène Godard, montgolfière de 14 000 m^3 chauffée par un calorifère, à triple enveloppe. **1870**-*23-9*/**1871**-*28-1 : 1er service postal aérien* établi entre Paris assiégé et la province par 66 ballons-poste gonflés au gaz d'éclairage (ballon *Gal-Cambronne* atterrit dans la Sarthe), de jour jusqu'au 11-11-1870, puis de nuit après le 18-11. Transport de 2 500 000 lettres représentant 11 000 kg. 3 furent pris par l'ennemi ; 4 atterrirent en Belgique ; 2 en Hollande ; 1 en Norvège (le *Ville-d'Orléans,* parti le 24-11-1870, 23 h 45, tombé le 25-11 après-midi à 1 250 km, à 100 km au sud-ouest d'Oslo ; les occupants, Léon Bézier et Paul Rolier, se jetèrent de 25 m de haut dans la neige avant que le ballon, secoué par le vent, ne chute à quelques km de là). Gambetta et Spuller partis le 7-10-1870 sur l'*Armand-Barbès* atterriront près de Montdidier. **1875**-*15-4* le *Zénith* (3 000 m^3), qui avait atteint 8 600 m d'alt., s'écrase ; Théodore Sivel (Fr., 1834-75) et Eustache Croce Spinelli (Fr., 1845-75) meurent ; ils n'avaient pu supporter la basse pression atmosphérique (rupture des vaisseaux capillaires des poumons) ; Gaston Tissandier (Fr., 1843-99) est vivant. **1878** *ballon captif à vapeur de l'Exposition universelle,* conçu par Henri Giffard, hauteur 55 m, diamètre 56 m, volume 25 000 m^3, câble de 600 m, nacelle 1 800 kg (50 passagers à la fois) ; *du 24-7 au 4-11 :* 1 033 ascensions (35 000 passagers).

1900-*9-10* le *Centaure* (Henry de La Vaulx et Castillon de St-Victor) Vincennes-Korostychew (Russie) 1 925 km en 35 h 45 min. **1906**-*30-9 : 1re Course de la coupe fondée par James Gordon Bennett* [1841-1918, fils de James Gordon Bennett (1795-1872), fondateur du *New York Herald*] décernée au pilote du ballon franchissant la plus grande distance (le point de départ étant situé dans le pays du vainqueur précédent) ; 16 ballons partent de Paris. Les Américains Frank Lahm et Hersey, vainqueurs, se posent dans le Yorkshire, à 647 km. 2 autres équipages seulement ont franchi la Manche. **1907**-*21-10 : 2e course :* O. Erbslob (All.) parcourt 1 403,559 km en 40 h. **1912**-*27 au 29-10 : 1er voyage aérien de plus de 2 000 km,* de Stuttgart (All.) à Ribnoyé (Russie) : 2 191 km pour les Français Bienaimé et Rumpelmayer sur ballon libre *la Picardie* (coupe Gordon Benett). **1914**-*8 au 10-2 : 1er voyage aérien de plus de 3 000 km,* avec Berlinet (All.) et 2 coéquipiers : 3 052,7 km en ballon libre, de Bitterfeld (All.) à Perm (Russie). **1920** reprise de la coupe Gordon-Bennett ; **1923** décollage de la coupe en plein orage (5 †, 5 blessés) ; **1925** un ballon de la coupe heurte un train près de Boulogne et un autre se pose sur le pont d'un navire en pleine mer. **1935** coupe Gordon-Bennett, départ de Varsovie ; le vent déporte les équipages en URSS. On mettra 2 semaines à les retrouver. **1961**-*4-5 record d'altitude :* 34 668 m Malcolm Ross (Amér.). **1977**-*sept.* Ben Abruzzo et Maxie Anderson tentent de traverser l'Atlantique, mais ils amerrissent à 5 km au nord-ouest de l'Islande après 4 521 km en 66 h. **1978**-*fin juillet :* 2 Britanniques, Donald Cameron et Christopher Davey, partis de St John's (Terre-Neuve) en ballon hybride (hélium, air chaud), amerrissent à 195 km de Brest (coût de l'expérience : 1 282 500 F). *-12/17-8 : 1re traversée de l'Atlantique en ballon* (4 997 km en 138 h 6 min) par Ben Abruzzo, Maxie Anderson et Larry Newman, de Presqu'Ile (Maine, USA) à Miserey (Eure, France), sur le *Double Eagle II* gonflé à l'hélium [environ 4 500 m^3, alt. moy. de vol 2 000 à 5 000 m (pointes à 7 000 m), nacelle 3,5 m × 2 m, 4,8 t (dont 2,2 t de lest de sable et plomb), 10 j de vivres, appareils de radio et de navigation], environ 5 mois de préparation. Coût : 540 000 F. **1981**-*sept. au 12-11 : 1re traversée du Pacifique* (de Nagashima, Japon, à 160 km au nord de San Francisco), par Rocki Aoki, Ben Abruzzo, Larry Newman et Ron Clarke sur le *Double Eagle V.* **1983**-*sept. tour du monde d'un ballon à air chaud ;* la MIR (montgolfière à infrarouge), inhabitée, chauffée aux rayons infrarouges du soleil que captait son enveloppe, 51 jours de vol entre 18 000 et 28 000 m d'altitude. *-Nov. 1re traversée Fr.-Angl.* de la Manche par Michel Arnould et Hélène d'Origny, du Touquet à Cripps Corner (Sussex), à 90 km de Londres. **1984**-*18-9 : 1re traversée de l'Atlantique en solitaire :* Joe Kittinger (USA) sur le *Rosie O'Grady* (5 000 m^3 d'hélium), de Caribou (Maine) à Savone (Italie). **1988-89** une montgolfière à infrarouge du Cnes, inhabitée, réalise 2 tours du monde en 53 j. **1992**-*16/21-9 : 1re course transatlantique* en ballon dans le sens ouest-est. 5 équipages de 2 personnes partis de Bangor (Maine). *1ers Belges :* 21-9 Wim Verstraeten (Belge) et Bertrand Piccard (Suisse) se posent à Zamora (140 km à l'ouest de Valladolid), 4 130 km en 115 h. *2e Britanniques* sur plage portugaise. *3e Allemands :* amerrissent le 19-9, recueillis par un pétrolier. *4e Néerlandais :* récupérés 21-9 par hélicoptères au sud-ouest de la G.-B. *5e Américains* (Troy Bradley et Richard Abruzzo) se posent 22-9 au Maroc [record de durée en vol 142 h 45 min (ancien record 137 h)].

☞ **Un ballon d'enfant** (35 cm de diamètre), lancé le 20-10-1907 de Paris, fut retrouvé le 21-10 en Finlande, à 1 950 km.

■ **Conquête de la hauteur. Ballons captifs. 1971**-*21-10* expérience scientifique Esso (Fr.) : *18 000 m.*

Libres. 1783-*21-11* Pilâtre de Rozier et le Mis d'Arlandes : *1 000 m* environ. *-1-12* Charles : *3 000 m.* **1802**-*24-6* Humbolat et Bompland : *5 878 m.* **1803**-*18-7* Robertson et Lhoest (Fr.) à Hambourg : *7 400 m.* **1804**-*16-9* Gay-Lussac (1778-1850) : *7 016 m.* **1862**-*5-9* Glaisher et Coxwell : *11 000 m* (? à *8 838 m* ont perdu connaissance). **1894** Cirrus *18 450 m.* *-4-12* Dr Berson (All.) : *9 150 m.* **1897** ballon sonde : *15 500 m.* **1900**-*23-9 : 1er record homologué :* Louis Godard (1858-1933) et Jacques Balsan sur le *St-Louis,* à Paris : *8 558 m.* **1901**-*30-7* Berson et Süring (All.) : *10 771 m.* **1931**-*27-5* les Suisses Auguste Piccard (1884-1962, a inspiré Hergé pour le professeur Tournesol) et Ch. Kipfer : *15 781 m.* **1933**-*3-10* Prokofiev, Godounov et Birnbaum : *17 900 m.* **1934** Jean-Félix Piccard (frère d'Auguste) : 17 500 m. **1935**-*11-11* Orvil Stevens et Albert Anderson (USA) : *22 066 m.* **1957**-*19/20-8* David G. Simons : *33 800 m.* **1961**-*4-5* Cdt Malcolm Ross et Lt Victor Prahter (USA) : *34 668 m.*

■ **Records.** *A nacelle ouverte :* le 29-9-1975, Kingswood Spratt junior (USA) 11 822 m. *Sans passagers :* oct. 1972, *le Winzen* (USA) 51 815 m. *Ballon-sonde :* 1907, 25 989 m.

■ Dirigeables

1852-*24-9 : 1res évolutions d'un engin aérien sous l'action d'un propulseur mécanique :* Henri Giffard (Fr., 1825-82) ; enveloppe de 44 m de long sur 12 m de diamètre, volume 2 500 m^3, machine à vapeur de 3 ch ; 150 kg à vide, hélice à 3 pales ; atteint 7 km/h entre Paris et Trappes. **1872**-*2-3 Dupuy-de-Lôme,* dirigeable (longueur 36,12 m, diamètre 14,84 m, 3 454 m^3) avec hélice à 2 pales de 6 m de diamètre, propulsé par 8 hommes au treuil (4 + 4 pour les relèves), vitesse 8 km/h. **1883**-*8-10* Albert et Gaston Tissandier entre Auteuil et Croissy-sur-Seine à bord d'un dirigeable (poids 704 kg, 1 250 avec 2 voyageurs et le lest, longueur 28 m, diamètre 9,20 m, moteur électrique Siemens de 1,5 ch alimenté par batterie), vitesse 14,4 km/h. **1884**-*9-8 : 1er circuit aérien fermé* avec atterrissage au point de départ, par Charles Renard (Fr., 1847-1905) et Arthur Krebs (Fr., 1847-1935) sur le *France* (souple, longueur 50,42 m, diamètre 8,40 m, volume 1 864 m^3, moteur électrique de 8 ch) entre Chalais-Meudon et Villacoublay (7,6 km en 23 min) [Meudon-Meudon 22-9-1885]. **1897**-*3-11 : 1re ascension d'un dirigeable rigide* à Tempelhof (Berlin) ; David Schwartz (Autrichien) ; enveloppe 3 700 m^3, en feuilles d'aluminium (0,2 mm d'épaisseur) sur une carcasse de même métal, moteur à explosion de 12 ch actionnant 3 hélices. **1898**-*20-9* Santos-Dumont (20-7-1873/suicide 23-7-1932) décolle du Jardin d'acclimatation avec le *Santos-Dumont no 1* (longueur 25 m, diamètre 3,5 m, contenance 180 m^3, moteur d'auto de 3 ch) ; atterrit dans un arbre. **1899** 1er dirigeable des frères Lebaudy (réalisé par Henri Julliot, directeur technique des sucreries Lebaudy) : le *Jaune. -13-11* parti de Vaugirard, le *Santos-Dumont no 5* contourne la tour Eiffel à plusieurs reprises.

1900-*2-7 : 1er vol du zeppelin dirigeable rigide,* voir p. 1870 a. **1901**-*12-7* Santos-Dumont sur le *Santos-Dumont no 5* (34 m, 550 m^3) tente de gagner le prix Deutsch-de-la-Meurthe (100 000 F pour aller-retour St-Cloud/tour Eiffel en 1/2 h au max.), mais il met 40 min et tombe dans des arbres du parc Rothschild à Boulogne ; *-19-10* sur son ballon no 6, il réussit son parcours et gagne le prix. **1902**-*12-5* le *Pax* explose (l'hydrogène s'enflamme) au-dessus du 79, avenue du Maine à Paris (Augusto Severo, Brésilien, et son mécanicien Georges Saché, sont tués). **1903**-*12-11 :* 1er voyage du *Lebaudy* piloté par Georges Juchmès, avec destination fixée. **1907**-*30-11* le *Patrie* de Lebaudy, arraché de son amarrage à Verdun par la tempête, va se perdre au large de l'Irlande (l'hélice se détache de la nacelle en Irlande). **1908** *-24-6* le *République* de Lebaudy mis en service [*-25-9* s'écrase au sol à Avrilly, près de Moulins, une hélice se détache, déchire l'enveloppe (4 †)]. *-1-7* vol de 12 h au-dessus des Alpes par le zeppelin IV. *-6-10* le *Lebaudy* atteint 1 510 m (record). **1909**-*août* mise en service de zeppelins ZI et ZII dans l'armée allemande.

1910-*16-10 : 1er dirigeable traversant la Manche : Clément Bayard II* (Fr.) avec 7 personnes à bord. **1913** essais à l'aérodrome de St-Cyr d'un ballon rigide breveté par Spiess en 1873. **1914**-*16-5* le zeppelin LZ-24 atteint 3 125 m. **1917**-*10-3* le zeppelin LZ-91 atteint 5 900 m. *-20-10 :* le zeppelin LZ-101, en cherchant à échapper à la défense aérienne anglaise, atteint 7 600 m (record). *-20/21-11* le zeppelin L59 couvre 7 250 km [Yambol (Bulgarie)/Khartoum (Soudan)]. **1919**-*2 au 6-7* et *10 au 13-7 : 1re traversée aérienne aller-retour de l'Atlantique :* major

George Scott (Anglais) avec 30 h. d'équipage sur le R-34 (longueur 203 m, 55 000 m³ de gaz en 19 ballonnets ; poids à vide 29 t, en charge 59) ; aller 108 h 12 min (5 037 km) à 47 km/h de moyenne, soit plus de temps que le paquebot *Lusitania* en 1909. *East Fortune* [Liverpool/Roosevelt Fields (New York) à 30 nœuds (55 km/h)] ; retour 75 h 3 min (5 150 km) : Écosse (Firth of Forth)/Mineola (près de New York) et retour (atterrissage à Pulham).

1921-*24-8* le R-38 anglais (77 000 m³), destiné à la marine, se sectionne en 2 à la suite d'une série de virages trop brusques à 95 km/h : explosion de l'hydrogène [44 † : 16 Américains et 28 Anglais (dont Gal Maitland), 5 rescapés]. *-1-12 : 1er dirigeable à l'hélium C7* (marine amér.). **1926**-*11-5 survol du pôle Nord* à 1 h 25 min : dirigeable *Norge* piloté par le colonel Umberto Nobile (Italien 1885-1978) ; atterrit 15-5 après 5 000 km. **1927**-*11/13-10 : 1er vol commercial vers USA du Graf Zeppelin* : départ : 11-10 de Friedrichshafen (près du lac de Constance), atterrissage : 13-10 à Lakehurst (New Jersey) soit 8 300 km en 111 h 43 min ; retour : 6 384 km en 71 h 07 min. **1928**-*25-5* Nobile, à bord de l'*Italia*, survole de nouveau le pôle Nord mais s'écrase sur la banquise. Il sera sauvé avec la plupart de ses compagnons grâce à une opération internationale : en allant à son secours, l'hydravion français *Latham* se perdit entre la Norvège et le Spitzberg avec son équipage (4 hommes) et 2 passagers (dont R. Amundsen). *-29-10/1-11* record de distance en ligne droite 6 384 km, *Graf Zeppelin* (LZ-127), Dr Hugo Eckener (All., 1868-1954). **1929** *1er vol du Metal Cloud ZMC-2* de la marine américaine ; ballon métallique réalisé d'après les plans de David Schwartz (Yougoslave, né 1888). *-8 au 29-8 : 1er tour du monde en dirigeable Graf Zeppelin* commandé par Hugo Eckener en 21 j 7 h 22 min (dont 12 j 12 h 20 min de vol) : mission commerciale (20 passagers, poste et fret, 40 h. d'équipage) et relâche avec 4 escales [débute à Friedrichshafen 4 h 35 ; s'arrête après 11 247 km à Tokyo (101 h 49 min) puis 23/26-8 Tokyo/Los Angeles (79 h 3 min) enfin Lakehurst (côte Ouest) (51 h 57 min)].

1937-*6-5* le zeppelin LZ-129 *Hindenburg* s'écrase à New York (voir p. 1870 b). Fin des dirigeables gonflés à l'hydrogène, jugé responsable. **1957**-*4/15-3 vol le plus long d'un dirigeable flexible sans escale de ravitaillement* : 264 h 12 min, 15 205 km par l'*US Navy* Goodyear ZPG 12, Cdt J.R. Hunt [South Weymouth (Massachusetts, USA)/Key West (Floride, USA)]. **1992**-*24-1 : 1er test de vol du dirigeable à énergie solaire Halop* (Japon, Tsukuba) avec modèle réduit (Halop aura 40 m de long). **1996** 1er vol libre de *Bulle d'orage,* gonflée d'air chaud saturé en vapeur d'eau (40 g/m³), s'élève sans brûleur : l'air se réchauffant quand chaque goutte d'eau qui se condense restitue les 2 500 joules qui ont été nécessaires pour l'évaporer. **1994** projet : *Aile volante épaisse aérostatique* (Avea) de R & P Development : permet des attelages ; charge transportable : 500 t à 100 km/h, phase de pré-industrialisation à partir de 2000.

☞ **Les plus grands : rigides :** *Hindenburg* et *Graf-von-Zeppelin II* : 213,9 t, longueur 245 m, capacité de 200 000 m³, vol inaugural 14-9-1938 ; *R 101* (G.-B., construit par Royal Airship Works) : 1er vol 14-10-1929, longueur 237 m, capacité de 155 995 m³, s'écrase près de Beauvais le 5-10-1930 ; **non rigide :** *US Navy ZPG-W* : longueur 123 m, capacité de 42 950 m³, diamètre 25,9 m, vol inaugural le 21-7-1958, s'écrase en juin 1960. **Transports de passagers** (nombre de records) : *US Navy Akron* (en 1931) 207 ; *Hindenburg* (en 1937), records transatlantiques, 117.

Types de ballons

Ballon à gaz

■ **Description. 1°) Enveloppe** ou **peau du ballon :** sphère en tissu fait d'une trame de coton enduite recto-verso de caoutchouc synthétique antistatique (les premiers ballons étaient en soie vernie), composée de fuseaux (32 pour un ballon de 700 m³) assemblés par collage avec coutures recouvertes de bandes d'étanchéité. Chaque fuseau est lui-même décomposé en panneaux. L'enveloppe est gonflée avec un gaz plus léger que l'air, le plus souvent de l'hydrogène ; elle s'ouvre à sa partie supérieure par une *soupape* qui permet l'évacuation du gaz et le déclenchement de mouvements vers le bas, et à sa partie inférieure par l'appendice, qui sert à l'introduction du gaz dans l'enveloppe et, en cours de vol, en particulier durant la montée, à l'évacuation libre d'un excès de gaz dilaté par la diminution de la pression atmosphérique. Elle comporte aussi un panneau de déchirure en tissu (triangulaire en haut du ballon) qui sert de volet. En tirant sur une corde, on peut l'ouvrir pour dégonfler le ballon lors de l'atterrissage, pour éviter que la nacelle ne soit traînée au sol. **2°) Filet :** en chanvre italien, à fibres longues et serrées (résistance au déchirement : 90 kg pour une corde de 3 mm de diamètre ; 1 100 kg pour 11 mm), ou filets synthétiques plus légers et résistants, ils recouvrent l'enveloppe et se terminent par des suspentes (12 à 16) qui aboutissent au *cadre de charge* (en bois ou métal léger) auquel sont attachées les suspentes de la nacelle. **3°) Nacelle :** panier en osier (résistance, souplesse, légèreté, électricité statique nulle). Doit avoir actuellement 1,10 × 1 m × 1 m de haut au moins pour transporter 4 personnes. **4°) Guiderope :** corde en coco de 60 à 75 m de long accrochée sur un des côtés de la nacelle. En le déroulant (lorsqu'il touche le sol), il sert de délesteur, frein partiel, moyen d'orienter le ballon avant son atterrissage. **5°) Ancre :** servant de frein, n'est plus utilisée aujourd'hui. **6°) Lest :** corps pesants (sable en sacs de 15 kg) que l'on jette pour régler l'ascension du ballon. **7°) Instruments :**

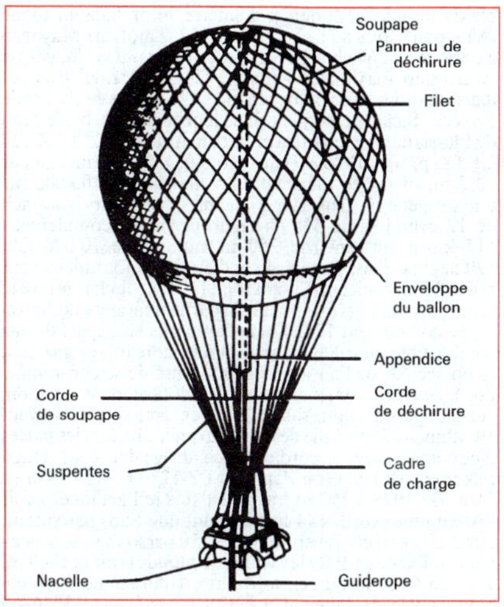

altimètre (baromètre gradué en altitude) ; *variomètre* (indique en m/s la vitesse de montée ou de descente) ; *thermomètre* et parfois *hygromètre, barographe* (enregistre le vol) et *radio,* éventuellement transpondeur qui transmet dans la fréquence radar pour communiquer la position au contrôle aérien.

Nota. – *Ballon de 700 m³* poids mort 260 kg (sans lest, lest minimal 70 kg, charge maximale en passagers 430 kg = 5 passagers), *ballon de 400 m³* 140 kg.

■ **Principe.** [*Abréviation* : b. ballon(s).] Les b. à gaz sont aujourd'hui gonflés à l'*hydrogène* qui a une force ascensionnelle moyenne de 1,1 kg/m³. L'*hélium,* plus lourd que l'hydrogène mais ininflammable, est rarement employé car coûteux ; est utilisé lors de manifestations publiques. Le *gaz d'éclairage* n'est plus employé (il est en général plus lourd que l'air sauf le gaz des houillères). Une fois le b. gonflé, le pilote jette du lest jusqu'à ce que le b. atteigne son point d'équilibre au niveau du sol (opération appelée pesage). Cet équilibre est atteint dès que le poids total du b. correspond au poids de l'air déplacé, selon le *principe d'Archimède* (tout corps plongé dans un fluide subit de la part de ce fluide une poussée verticale de bas en haut égale au poids du fluide qu'il déplace). La *force ascensionnelle* est égale à la différence entre le poids de l'air déplacé par le b. et le poids du b. Le poids de l'air variant avec la température, l'altitude et l'humidité relative, la force ascensionnelle du b. et sa hauteur d'équilibre varient selon les conditions atmosphériques. Au fur et à mesure que le b. monte, le poids de l'air diminue alors que le gaz, devenant plus léger, augmente de volume (*loi de Mariotte* : à température constante, le produit des nombres qui mesurent la pression et le volume est un nombre constant $pv = p'v'$ = constante).

Tout b. qui a atteint son point d'équilibre redescend jusqu'au sol (à 1 et 3,5 m/s suivant l'altitude) s'il n'est pas maintenu en altitude par un délestage régulier. *Pour accélérer la descente,* on ouvre la soupape ; *pour la freiner,* on déleste ; *pour maintenir une alt. constante,* on alterne.

Quantités minimales de lest embarqué (1 sac de lest = 15 kg net) : *ballon de catégorie 1* (600 m³) : 4 sacs = 60 kg ; *2 et 3* (jusqu'à 1 200 m³) : 8 = 120 kg ; *4* (jusqu'à 1 600 m³) : 12 = 180 kg ; *5* (jusqu'à 2 600 m³) : 15 = 225 kg. Au minimum, on embarque en poids 10 % du volume. **Influence de la température :** si la température du gaz baisse, le volume gazeux diminue et la force descendante égale 4 % du poids de l'air déplacé par degré. A 2 000 m d'alt., 1 m³ d'air pesant environ 1 kg, un b. de 1 000 m³ subit une force descendante de 40 kg environ pour une baisse de température de gaz de 10 °C. Sa descente ne peut alors être freinée qu'avec 40 kg de lest.

■ **Ballon flasque.** Rempli incomplètement, il s'élève avec une vitesse constante jusqu'à ce que son enveloppe soit entièrement dilatée. Il devient alors un b. plein qui continue son ascension jusqu'à son point d'équilibre. **Avantages : 1°)** : *il s'élève à son altitude de gonflement maximale sans intervention du pilote* ; on peut se rendre directement à l'altitude prévue : application lors des vols en montagne (décollage à 66 % du volume du ballon, altitude de 4 500/5 000 m quand il est plein) ; il est donc plus vite à l'abri des obstacles imprévus ; **2°)** *il économise du gaz.*

■ **Ballon stratosphérique ouvert.** 900 000 m³ (120 m de diamètre, 4 ha de surface) emportant jusqu'à 2 t à 40 km d'alt. Enveloppe polyéthylène (12 microns d'épaisseur) remplie de 2 000 m³ de gaz léger (hélium ou hydrogène). **Durée de vol :** 2 à 3 h. Sans délestage, à cause du refroidissement, le ballon ouvert chute à la tombée de la nuit. A la fin de l'expérience, la nacelle se détache et redescend avec un parachute.

■ **Autres ballons.** *Dilatables* pour sondes météo. *Fermés, pressurisés* pour vols de longue durée. Ils gardent un volume constant jour et nuit (sur les ballons ouverts, le volume diminue la nuit à cause du refroidissement et le ballon descend). Ils sont chauffés le jour par le rayonnement solaire, et la nuit par le rayonnement infrarouge émis par la terre. En 1978, on utilisait seulement des ballons surpressurisés et sphériques. Depuis, on a étudié des ballons lobés (« potirons »), emportant 12 kg à 17 km d'alt. pendant 5 mois, ou 50 kg à 26 km.

■ **Records. Distance :** 8 382,54 km (Ben Abruzzo, R. Aoki, R. Clar, Larry Newman, 9-11-1981). **Altitude :** 34 668 m (Malcom Ross, 4-5-1961). **Durée :** 137,6 h USA-France (Ben Abruzzo, Larry Newman, Maxie Anderson, 12-8-1978) à bord du *Double Eagle II.* **Le plus grand du monde :** *CL 75 AC,* 110 000 m³ d'hélium ; construit par l'All. CargoLifter ; peut soulever 75 t dans un conteneur de 13 m sur 6 ; l'ensemble atteint 85 m ; le ballon peut monter jusqu'à 800 m, pour être tracté par un camion ou un hélicoptère à 70 km/h ; serait commercialisé aux USA en 2002.

Ballon a air chaud ou montgolfière

■ **Description. 1°) Enveloppe :** en forme de poire en Nylon indémaillable, traitée en surface par un vernis polyuréthane (1/10 mm d'épaisseur, 35 à 40 g/ m²). Sa partie inférieure, faite en nomex (tissu synthétique très résistant à la chaleur), est ouverte. En dessous, au milieu du cadre de charge en acier, le brûleur : actionné par le pilote, il réchauffe par intermittence l'air contenu dans l'enveloppe et maintient l'aérostat en ligne de vol régulière. Autrefois, on brûlait de la paille. Sur les nouveaux types de montgolfières, la soupape latérale en Nylon et le panneau de déchirure triangulaire ou circulaire fixé à l'aide de bandes Velcro sont remplacés par le panneau « parachute », calotte amovible plaquée à l'intérieur, au sommet du ballon, par la pression de l'air chaud. A l'aide d'un câble appelé coude de parachute, le pilote en contrôle l'ouverture. Il n'y a pas de filet. Chaque fuseau possède une sangle en matière synthétique qui se termine par un câble d'acier fixé au cadre de charge. *Capacité* : souvent 1 800 à 3 000 m³ (ballon à gaz 400 à 1 050 m³). A capacité égale, une montgolfière emmène moins de passagers qu'un ballon à gaz. *Gonflage* : on remplit d'abord au tiers d'air ambiant avec un ventilateur l'enveloppe étendue au sol, puis on chauffe en envoyant la flamme à l'horizontale. L'air, en se dilatant, gonfle très rapidement l'enveloppe qui se redresse. Il ne reste plus qu'à chauffer pour trouver la force ascensionnelle (en moyenne, 1 m³ d'air chaud possède un pouvoir ascensionnel de 250 g lorsque la température extérieure est de 18 °C). **2°) Nacelle :** généralement en osier, comporte 4 suspentes en câble d'acier inox. On n'embarque pas de lest à bord, mais des bouteilles de propane liquide de 20 kg (assurant chacune un vol de 25 à 50 min, suivant le volume du ballon, la température extérieure et la charge de la nacelle) ou de 30 ou 40 kg (autonomie de 45 à 90 min).

■ **Principe.** *Pour le pilotage,* on dispose d'un variomètre, d'un altimètre et d'un indicateur de température (max. à ne pas dépasser : 130 °C). **Inconvénients :** les montgolfières ne peuvent voler que par très beau temps, à cause de leur grande prise au vent, de la technique de gonflement et des turbulences aérologiques causées par le réchauffement solaire (rendant l'air instable). **Avantages :** mise en œuvre rapide, prix de revient au vol moins élevé que les ballons à gaz.

■ **Montgolfières à formes spéciales.** En forme de bouteilles, bonshommes, paquets de cigarettes, avions, camions, motos, pagodes, châteaux, minarets, sphinx, boîtes de conserves, bougies, animaux, etc. Pilotage délicat.

■ **Records. Distance :** *1re traversée de la Méditerranée* (mars 1983) : *montgolfière géante* (15 000 m³) d'Alès (Gard) à Tôzeur (Tunisie), avec les Français Michel Arnould et Hélène Dorigny en 24 h de vol ; *1re traversée continent-Corse* (17-12-1987 ; Cuers, Var/Portiglio-rocher Rouge) : montgolfière (7 000 m³) par Michel Carail et Guy Issanjou en 6 h de vol ; *1re traversée du Pacifique* (15/17-1-1991) : 7 671,91 km sur le *Pacific Flyer* (74 000 m³, alt. max. 11 000 m, vitesse max. 385 km/h, vitesse moy. 237 km/h) par Richard Branson et Per Lindstrand (Anglais). **Altitude :** Per Lindstrand (6-6-1988) : 19 811 m. **Durée :** Per Lindstrand et Richard Branson (15-1-1991) : 46 h 15 min. *Air chaud* (1-2-1997) : *ballon N-210* (6 000 m³), Michio Kanda et Hirosuke Takezawa (Japonais) : 50 h 38 min.

■ **Ballon hybride. Type Rozière** (du nom de Pilâtre de Rozier). Enveloppe d'air chauffé par des brûleurs au propane ou au kérosène. A l'intérieur, une enveloppe fermée qui est à moitié remplie d'hélium se dilate sous l'action du soleil et permet le jour d'économiser le carburant.

Quelques dates. 1987-*2/3-7 1re traversée de l'Atlantique :* par Richard Branson et Peter Lindstrand, partis de Sugar Loaf (Maine, USA) à bord du *Virgin Atlantic Flyer,* échec après 4 948 km en 31 h 41 min, 9 000 m d'alt. et 170 km/h de moyenne avec un record à 222 km/h. **1992**-*9/14-2* est-ouest Canaries-Venezuela (en 132 h) en Rozière de 1 700 m³ par Thomas Feliu et Jesus Gonzales Green (Espagnols). **1995**-*18/21-2 : 1re traversée du Pacifique en solitaire* de Séoul (Corée) à Leadle (Canada) par Steve Fossett (USA), 10 073 km en 103 h. **Tour du monde : 1997**-*7/8-1 Virgin Global Challenger* (haut. 52 m, 60 652 m³ ; cabine en aluminium de 2 t et 3 m de diamètre entourée de 8 réservoirs de propane d'une tonne chacun) : Richard Branson et 2 coéquipiers (Per Lindstrand, Alex Richtie) de Marrakech (Maroc) aux environs de Béchar (Algérie) après 19 h. *-12-1 Breitling Orbiter* (haut. 45 m, 12 500 m³, capsule : 4 t, long. 5,25 m, larg. 2,25 m) : Bertrand Piccard (Suisse, petit-fils d'Auguste) et Wim Vestraeten (Belge) de Château-d'Oex (Suisse) amerrissent en Méditerranée au large de la Grande Motte après 6 h. *-13/20-1 Solo Challenger* (7 800 m³) : Steve Fossett de St Louis (Missouri, USA) à Pirthiganj (Inde). 6 jours 2 h 54 mn. Record de distance : 16 678,8 ou 18 125 km. *-9-12 Virgin Global Challenger :* Richard Branson, Per Lindstrand et Alex Ritchie à Marrakech (Maroc), rupture des câbles retenant l'enveloppe au sol et envol sans pilote ni cabine, l'enveloppe se pose en Algérie. *-31-12 J.-Renée :* Kevin Uliassi décolle de Rockford (Illinois) et doit atterrir, après un vol de 3 h, à Knox (Indiana) (éclatement du ballon d'hélium). **1998**-*1-1 Solo Spirit 2 :* Steve Fossett décolle de St-Louis (Missouri) et doit atterrir en Russie à Novokuporovskaya au nord de la mer Noire le 5-1-1998 (problèmes sur brûleur), 9 335 km en 108 h 23 min. *-8-1 Breitling Orbiter 2 :* Bertrand Piccard, Wim Verstraeten et Andy Elson (Anglais) de Château-d'Oex (Suisse), décollage avorté avant gonflage. *-9-1 Global Hilton :* Dave Melton et Dick Rutan (USA) d'Albuquerque (Nouveau-Mexique), le ballon éclate, les pilotes sautent en parachute, le ballon est détruit en se posant à Gainesville (Texas) sur une ligne haute tension. *-28-1 Breitling Orbiter 2 :* Bertrand Piccard, Wim Verstraeten et Andy Elson, ballon de 16 500 m^3, hauteur 52,5 m, décollent de Château-d'Oex (Suisse), atterrissent 7-2 au Myanmar après 8 573 km et 233 h 55 min (9 j 17 h 55 min), en raison de l'accord tardif de la Chine pour le survol de son territoire, et de la quantité limitée de kérosène. **1999**-*7-3 :* Cable & Wireless : Andy Elson et Colin Prescot (Amér.). Ballon au kérosène. Tentent de voler à haute altitude. Amerrissage près du Japon après 18 495 km en 425 h 41 min. *-1/21-3 : 1er tour du monde* et *record de durée :* 46 759 km de Chateau-d'Oex (Suisse) au désert égyptien par Bertrand Piccard et Brian Jones (Angl.) sur *Breitling Orbiter 3.* 18 500 m^3 (brûleurs au propane) ; enveloppe haute de 55 m, poids au décollage 8,1 t ; 40 814 km en 477 h et 47 min à 97 km/h ; alt. max. 11 737 m ; nacelle habitable de 13 m^3 pressurisée ; 28 réservoirs de propane de 100 kg. Équipement : 2 systèmes de transmission de données par satellite Inmarsat C et Mini-M ; 2 radios VHF ; 2 radios HF ; 3 GPS pour la navigation ; balise de détresse EPIRB ; un panneau solaire pour l'alimentation électrique des équipements. **2000**-*5-9 : 1re traversée française de l'Atlantique* et *record de durée* en *Rozière* (2 200 m^3), Christophe Hower et Laurent Lajoye, départ le 30-8 de St John (Canada) à Sion (Normandie). Altitude maximale : 5 218 m.

AUTRES TYPES

■ **Types de ballons. Permettant la pressurisation de gaz à l'intérieur de l'enveloppe** (encore peu utilisés). **A énergie solaire** (expérimentaux) : une enveloppe noire emmagasinant la chaleur est recouverte d'une autre enveloppe en matière synthétique transparente laissant pénétrer les rayons solaires. Ces catégories comportent 15 sous-classes de 250 m^3 à 22 000 m^3 et plus. **Planétaires :** envisagés comme moyen d'observation des planètes (gonflés à la vapeur d'eau ou à l'ammoniac depuis le sol d'autres planètes).

■ **Quelques précisions.** ADRESSES. *Aéro-Club de France,* 6, rue Galilée, 75782 Paris Cedex 16. Fondé 20-10-1898 pour le Mis de Dion. *Fédération française d'aérostation* (même adresse). NOMBRE DANS LE MONDE (en 1999). **Montgolfières :** en état de vol : entre 12 500 et 14 000 (USA 6 850, G.-B. 1 000, *France 756*). *Pilotes :* 9 837 (USA 3 161, *France 1 198* dont 552 inscrits à la FFA, G.-B. 793). **Ballons à gaz :** 150 (All. 50, Suisse 38, USA 30, *France 11*). *Pilotes :* 520 (All. 286, USA 109, Suisse 50, *France 15*). PRIX. **Ballon à gaz :** neuf : 350 000 F ; d'occasion : 50 000 F. **Montgolfière :** 90 000 à 250 000 F. Une heure de vol (montgolfière) [gaz, assurances, essence] : environ 1 300 F. **Brevet de pilotage** (ballons à gaz, à air chaud) : minimum 12 heures de vol dont 2 en solo. VITESSE. Celle du vent qui le déplace.

TYPES DE DIRIGEABLES

■ **Types. Souples :** sans support intérieur ou extérieur. **Rigides :** à structure recouverte par l'enveloppe ; nacelle et bâtis moteurs sont solidaires de l'armature. La carène est faite d'anneaux en aluminium, reliés par des poutres longitudinales. Chaque extrémité est terminée par un cône. L'intérieur est divisé en compartiments où sont placés des ballonnets contenant hydrogène ou hélium.

Il existe 54 dirigeables à air chaud (dont 5 aux USA, 3 en G.-B., 1 en France) qui sont en fait des montgolfières oblongues ; un moteur de 60 ch environ entraîne une hélice carénée permettant à la montgolfière de revenir à son point de départ si le vent ne dépasse pas 10 km/h.

■ **Zeppelins.** Le Cte Ferdinand von Zeppelin (All., 1838-1917) a donné leur essor aux dirigeables. Du 2-7-1900 (1ers essais) à 1937, 119 sortirent de son usine de Friedrichshafen. Le 1er renfermait, dans une carcasse d'aluminium de 128 m de long, 17 000 ballonnets contenant au total 11 300 m^3 ; 2 nacelles portant chacune un moteur de 15 ch (29 km/h). En août 1914, les 9 zeppelins existants furent réquisitionnés pour des missions de guerre, assurant 206 raids avec 198 victoires. Les zeppelins ont assuré, à partir du 1-10-1928, un service transatlantique vers New York. TYPES. Construits entre 1916 et 1919 : longueur de 178 à 226 m ; diamètre de 18,7 à 23,9 m ; volume de 40 000 à 70 000 m^3 ; vitesse de 70 à 110 km/h ; alt. maximale atteinte par le L-55 : 7 600 m ; masse embarquée du L-59 : 56 000 kg (B = 68 500 m^3) ; autonomie 101 heures. **Dixmude : 1917** *LZ-114* ex-*L-72* construit. **1920**-*13-7 : L-72* livré par Allemands à Maubeuge aux autorités françaises. Jean du Plessis de Grenédan (lieutenant de vaisseau) le baptise *Dixmude* en souvenir des fusiliers-marins morts en défendant la ville belge de Dixmude ; *-10-8* en état de marche ; *-11-8* arrive en 3 h sur Paris, survole Concorde et Champs-Élysées, et part sur Cuers (près de Toulon). Longueur 226 m, volume 68 500 m^3 (le plus grand dirigeable du monde à l'époque), diamètre 24 m, hauteur totale 28 m, poids total 85 t, charge utile 55 t, 7 moteurs Maybach à essence de 260 ch, 6 hélices propulsives, 80 km/h, vitesse de croisière maximale 60 km/h. **1923**-*21-12 : L-72* disparaît dans un orage avec 50 occupants ; *-26-12* des pêcheurs de Sciacca (Sicile) remontent dans leur filet le corps de Jean du Plessis de Grenédan (sa montre marquait 2 h 27). **LZ-127 Graf Zeppelin : 1928**-*8-7* lancé : longueur 236,60 m, hauteur 33,7 m, diamètre maximal 30,5 m, volume 105 000 m^3 d'hydrogène répartis dans 17 cellules, 5 moteurs Maybach de 12 cylindres de 530 ch environ, vitesse commerciale 117 km/h, alt. environ 250 m, autonomie 10 000 km, 120 heures, 20 passagers, 40 h. d'équipage (3 titulaires par poste, 15 mécaniciens), poids total 110 t (8 t de charge utile) ; les compartiments extrêmes et la partie inférieure de l'enveloppe contenaient 12 ballonnets remplis au départ de gaz combustible pour l'alimentation des moteurs (ce gaz était remplacé par de l'air au fur et à mesure de sa consommation). *Nacelle :* contenait poste de pilotage, de navigation, cuisine, grand salon, salle à manger, coursive desservant 10 cabines à 2 lits, salle de bains, la quille abritant les postes d'équipage. *-nov. :* record distance, dirigeable à gaz, Hugo Eckener (All.) en Graf Zeppelin LZ-127 ; 6 384,50 km en 71 h. **De 1928 à 1935 :** traverse 1 fois le Pacifique, 7 fois l'Atlantique Nord, 144 fois l'Atlantique Sud, parcourant 1 695 272 km, en transportant 13 110 personnes, sans accident ; effectue en 1929 le 1er tour du monde (voir p. 1869 a). **1937**-*18-6* dernière ascension pour vol touristique (Pernambouc et Rio de Janeiro). **LZ-129 Hindenburg : 1936**-*4-3* lancé : longueur 245 m, diamètre 41,20 m, hauteur 44,80 m, volume 190 000 m^3 d'hydrogène en 16 cellules, 4 moteurs de 1 050 ch, 40 h. d'équipage, 55 (puis 72) passagers, 20 t de charge utile, poids à vide 118 t [pour un vol transatlantique 220 t (dont 20 t de charge utile soit passagers, fret, poste, vivres et eau potable, et 80 t de carburant, lubrifiant, eau potable et eau pour le lest)], vitesse commerciale 127 km/h (max. 135), alt. environ 250 m, autonomie 14 000 km ; aménagement : 2 étages, 25 cabines à 2 couchettes avec lavabo, 1 fumoir, 2 salons, 1 bar, 1 salle à manger, 1 pont-promenade vitré, 1 piano à queue en aluminium. *-31-3* l'exploitation commence (27 j après 1er vol). En 63 voyages vers New York et Rio de Janeiro, a parcouru 337 282 km et transporté 3 059 passagers payants. Explose le 6-5-1937 à l'approche de son mât d'amarrage à Lakehurst (New Jersey) près de New York (USA) [36 †, 62 rescapés] ; incendie attribué à une décharge d'électricité statique (ou sabotage ?). On accuse l'hydrogène utilisé et (récemment) la peinture de l'enveloppe (mélange de poudre d'aluminium et d'oxyde de fer) [utilisée actuellement pour propulser la navette spatiale]. **LZ-130 Graf Zeppelin II** même construction : **1938**-*14-9 :* 1er vol (gonflé avec hydrogène) ; exclu du service commercial régulier, faute d'obtenir de l'hélium aux USA. **1940**-*mars* démonté pour récupérer les matériaux ultralégers destinés à la fabrication d'avions militaires. **Zeppelin NT (New Technology)** par la Sté Zeppelin Luftschifftechnik : **1998** début de la production en série ; rempli d'hélium ; armature fibre de carbone et alliage d'aluminium ; long. 75 m, diam. 17 m ; 3 moteurs Lycoming (puissance totale de 600 ch), 4 hélices, vitesse de croisière de 112 km/h, pointes de 128 km/h. 1re version de ce zeppelin (*LZ N-07*) : tient l'air environ 30 h et accueille 12 passagers et 2 pilotes. Coût : 48 millions de F. **2000 Rigide Airship Design (RAD)** (Pays-Bas) dirigeable rigide de 7 500 m^3 de capacité pour 35 t de charge utile multi-usages. Construction d'un hangar à Leystad. 1er vol prévu en 2001.

■ **R-100 et R-101 (Rigid).** Construits en G.-B., 141 000 m^3, longueur 213 m, diamètre maximal 40 m, hauteur 42 m, 5 moteurs de 650 ch. Le 5-10-1930, en route pour les Indes, R-101 disparaît près de Beauvais (48 †, 6 survivants).

■ **« Akron » ZRS 4** (dirigeable américain USS). **1931**-*25-9* 1er vol. *-3-11 record du plus grand nombre de passagers transportés :* 207 entre New York/Philadelphie. **1933**-*4-4* se brise en vol au-dessus de l'Atlantique.

■ **Causes des disparitions de 123 dirigeables rigides.** Détruits par incendie 23, accidents en vol au voisinage du sol ou à l'atterrissage 15, rupture en vol 3, heurt d'un hangar 3, causes diverses (tempête, givrage, causes inconnues) 16, réformés après utilisation 63. Gonflés à l'hydrogène, ils étaient très inflammables. L'incendie pouvait être provoqué par l'électricité statique en atmosphère orageuse, une défaillance des circuits électriques ou des moteurs, l'imprudence d'un fumeur ou même l'étincelle provoquée par le frottement du fer d'une chaussure. Pour supprimer ce risque, il aurait fallu gonfler les dirigeables à l'hélium, gaz ininflammable, mais rare, cher et moins performant.

■ **SKS 600.** 6 666 m^3, 59 m de long, nacelle 11,6 × 2,5 m, 20 personnes, 3 t de charge disponible (aux essais). En 1989, pendant les fêtes du Bicentenaire, un Skyship a stationné au-dessus de Paris (sécurité des personnalités).

■ **Dirigeables-grues.** PROJET : **Thermoskyship** (G.-B.) : diamètre 45 m. **Thermoplane** (Russie) : en cours de développement, diamètre 40 m, masse à vide 6 t, enveloppe lenticulaire de 10 660 m^3 (dont 5 800 d'hélium et 4 860 d'air chaud), 2 hélices de propulsion, 2 moteurs de 150 ch ; charges transportables : plus de 2 t à 80 km/h. **Aéromongolfière :** gaz porteur chauffé par les gaz d'échappement des moteurs permettant de réguler la force ascensionnelle. Modèle réduit réalisé 1990. Concept adapté aux pays froids et au levage vertical des charges. **Ala 600 :** diamètre 198 m ; peut transporter 600 t à 140 km/h, rayon 5 000 km. **Sentinel 5 000** (Westinghouse) : longueur 130 m, diamètre 32 m, gonflé à l'hélium, 3 moteurs (2 Diesel, 1 à gaz) de 1 870 ch chacun, vitesse maximale 163 km/h, autonomie de plus de 60 h à 74 km/h et à 1 525 m d'alt. Observation des missiles volant à faible altitude. MIS EN SOMMEIL. **Titan :** en forme de soucoupe, dérivé d'un véhicule stratosphérique étudié dans le cadre du projet Pégase de relais géostationnaires de télécommunications. Épaisseur 55 m, volume 950 000 m^3, masse embarquée 500 t, à 1 000 m d'alt., vitesse maximale 140 km/h. **Obélix :** ensemble de 4 ballons de 220 000 m^3 chacun fixés aux 4 pieds d'un portique de manutention de 70 m de haut et 60 m de base. Au total : hauteur 200 m, largeur 170 m, longueur 200 m, poids 1 040 t (dont charge payante 500 t). Se déplaçant à 80 km/h à 1 000 et 1 200 m d'alt., aurait pu franchir 650 km avec 500 t. Pouvant voler 200 j par an, avec un vent de moins de 36 km/h, il aurait nécessité autant de personnel au sol qu'un gros hélicoptère.

■ **Dirigeable à pédales. Continent :** 820 m^3 gonflés à l'hélium. Longueur 22 m. Poids 250 kg sans équipage, 500 kg à charge maximale, 2 voilures (27 m^3) tapissées de cellules solaires chargeant des batteries qui alimentent l'électronique de bord et un moteur électrique d'assistance au pédalage. 2 pilotes : Nicolas Hulot (« Ushuaia ») et Gérard Feldzer. N'a pu traverser l'Atlantique en mars 1992 ; perdu mi-mars 1993 après avoir parcouru 1 500 km entre Canaries et îles du Cap-Vert.

■ **Dirigeable à énergie humaine.** De l'Américain Bill Watson : 16 m de long (volume 2 050 m^3), gonflé à l'hélium. Poids à vide : 80 kg, hélice actionnée par pédalier ; prix : environ 300 000 F.

■ **Dirigeables à air chaud.** *Volume moyen :* 3 000 m^3, ne peuvent évoluer que par beau temps (difficulté pour remonter un vent supérieur à 20 km/h). Achetés par des sponsors. **Nombre** (1996) : dirigeables 63, pilotes 110. Le *Radeau des cimes*, piloté par Dang Cleyet-Marrel et Jean Drouault, permet d'observer la canopée équatoriale (sommet des arbres).

■ **Hélidirigeable.** Prototype mis au point par Goodyear. Compromis entre hélicoptère et dirigeable, il permettrait dans sa version « transport de charges » de soulever 1 000 t et de les transporter à 450 km à plus de 100 km/h.

■ **Avantages attendus. Économie de carburant :** un Boeing cargo 747 utilise 60 kg de carburant par t et par heure (pour se sustenter 70 %, se mouvoir 30 %) ; un dirigeable de même capacité en utiliserait 20 ; un Airbus sur Paris-Londres utilise 7 t de carburant pour 230 passagers, le Skyship utilise 2,3 t pour 500 passagers. **Poids soulevé :** hélicoptère 15 t, dirigeable 400 ou 500 t procurant à charge égale une économie de 60 % de carburant. **Logistique humanitaire de catastrophe** (inondations, séismes...). **Sécurité :** emploi de l'hélium (ininflammable) ; l'enveloppe peut contenir une centaine de ballons autonomes. **Logistique de l'arrière des armées en missions lointaines. Économie d'infrastructures, cabotage touristique, publicité aérienne.**

■ **Études et projets. Thermoplane** (Russie). **Avea** (Aile volante épaisse aérostatique) [France] : étudiée par l'Aerall (Association pour l'étude et la recherche sur les aéronefs allégés), prévue vers 2006/2008. **Dirigeable pressurisé** permettant de compenser en vol des variations d'altitude, de température et de consommation de carburant. Meilleure stabilité près du sol. Facilité de fabrication et de reconfiguration. Assemblage de modules aérostatiques pilotables (Map) dont le nombre peut varier, ayant chacun la forme d'un cylindre de 100 m de haut et 25 de diam. reliés entre eux par une structure en treillis à la base et au sommet. Un appareil constitué de 2 rangées de 5 Map chacune aurait 125 m de long et 50 de large, volume 490 000 m^3 ; avec 2 rangées de 10 Map, long. 250 m, volume 1 million de m^3. Levage et dépose en vertical de charges lourdes (70 à 500 t) ; industrie lourde, missions humanitaires, logistique militaire. Financement : régional (Aquitaine et Nord-Pas-de-Calais) et Union européenne. Études réalisées par Aérospatiale-Matra en 1999 et Onera en 2000. **Cargo Lifter** (Allemagne) : 1er vol prévu fin 2002. Fuselé semi-rigide à quille de 550 000 m^3 (hélium 500 000, ballonnets d'équilibrage et de mise sous pression 50 000). Longueur 260 m. Transport de charges lourdes (160 t) à longue distance. *Coût :* 33 millions de F. Hangar à Brand (sud de Berlin), longueur 360 m, largeur 210 m, hauteur 107 m. **Aerocraft** (USA) : hybride (avion/dirigeable). Mis au point par Skunk Works, filiale de Lockheed Martin. Transport de charges de 500 t. Soutien de la Nasa. **Hamilton Airship** (Afrique du Sud) : Hamilton Airship Company (fondée par Jonathan Hamilton en 1995 ; basée à Bryanston). Épine tubulaire en carbone au centre du dirigeable. Propulsion : moteur Diesel ADE444 de 588 kW. *Skystation.* Projet américain d'envoi de dizaines de dirigeables dans la stratosphère pour créer un accès à Internet d'un haut débit.

☞ **Association d'étude et de recherche sur les aéronefs allégés :** 2 bis, avenue Odette, 94 130 Nogent-sur-Marne. *Créée* 1972. *Pt :* J.-R. Fontaine.

CONSTRUCTION AÉROSPATIALE

DANS LE MONDE

■ **Flotte commerciale mondiale.** *1988 :* 7 397. *2017* (prév.) : 26 200 dont 8 550 maintenus et 17 650 supplémentaires ou de remplacements. **Demande mondiale de 1997 à 2016** (est. toutes compagnies) en nombre d'avions. *70 à 100 :* 1 632 ; *125 à 175 :* 5 307 ; *210 à 250 :* 2 810 ; *300 à 400 :* 2 318 ; *+ de 400 :* 1 442.

■ **Principal pays constructeur : USA. Chiffre d'affaires** (en milliards de $) : *1992* : 138 ; *93* : 123 ; *94* : 110 ; *95* : 107 ; *96* : 116 ; *97* : 129 (civils 38,6 ; militaires 30,5). **Effectifs** (en 1995) : 763 000.

■ **Premiers groupes mondiaux. Chiffre d'affaires** (en milliards de F, 2000) : Boeing [1] 377, Lockheed-Martin [1] 186, BAe-Systems [2] 128, Raytheon-Hughes [1] 127,3, Airbus 124, Aerospatiale Matra [4] 98,1, McDonnell Douglas [1] 71,2 [8], Bombardier [5] 63,6, Rolls-Royce [2] 61,6, Dasa [3] 60,2, General Dynamics [1] 58,3 [8], Northrop-Grumman [1] 57,4, Thomson-CSF [4] 52,5, Finmeccanica [7] 45,5, Snecma [4] 36,7, General Electric [1] 36, Textron [1] 33,1, Dassault [4] 22,9. Création en 2000 du groupe EADS (Aerospatiale, Dasa et Casa) 24,2 Mds d'euros en 2000 (158,7 MdF). **Effectifs** (en milliers de pers., 2000) : General Electric [1,6] 221. Boeing [1] 197. United Technologies [1] 171,5. Lockheed [1] 149. British Aerospace [2] 100. Raythreon 94,2. Allied Signal [1] 87,5. Rockwell [1] 71,89. McDonnell Douglas [1] 65,76. Textron 64. Bombardier [5] 58. General Dynamics [1] 56,8 (en 1993). Aerospatiale [4] 56. Dasa [3] 46,1. Airbus 37. Northrop [1] 33,6 (en 1998). Snecma [4] 36,7. Grumman [1] 21,2 (en 1993). Dassault [4] 11,4. Matra [4,6] 8,6.

Nota. – (1) USA. (2) G.-B. (3) Allemagne. *(4) France.* (5) Canada. (6) Activité aéronautique seulement. (7) Italie. (8) 1997.

☞ **Donald Douglas** (1892-1981) construisit le 1er DC-3 (Dakota) en 1935 : 13 641 produits (civils et militaires) ; plus de 1 000 encore en service début 1996. **James McDonnell** (1899-1980) reprit Douglas en 1967 et construisit DC-8, 9 et 10. **John Northrop** (1895-1981) construisit surtout des appareils militaires.

■ **Avions vendus/livrés** (au 1-1-2001). **Turbopropulsés : 3 364/3 227** dont **Gie ATR** (France Italie) : *ATR 42-500* 365/359, *ATR 72-500* 272/254 ; **Bombardier** (de Havilland Canada) : *Dash 8-100/200* 389/383, *Dash 8-300/Q-300* 195/161, *Dash 8Q-400* 68/18 ; **Embraer** (Brésil) : *EMB-120* 362/360 ; **Fairchild-Dornier :** *Metro 23* 1 035/1 028, *228* 239/238, *328* 106/106 ; **Raytheon** (USA) : *Beech 1900D* 333/320. **A turboréacteurs : 2 246/977** dont **BAe Systems Regional Aviation :** *RJ-85* 96/91, *RJ-100* 71/67, *RJX-85/100* 2/0 ; **Bombardier Canadair :** *CRJ-100/200* 750/453, *CRJ-700* 174/70, *CRJ-900* 10/0 ; **Embraer :** *ERJ-135* 146/62, *ERJ-140* 133/0, *ERJ-145* 511/260, *ERJ-170* 90/0, *ERJ-190* 30/0 ; **Fairchild-Dornier :** *328JET* 117/54, *428JET* 0/0, *728JET* 112/0, *928JET* 4/0.

■ **Constructeurs d'avions régionaux. Chiffre d'affaires** (en milliards de $, 1999) : British Aerospace 20, Saab 2,2, Embraer 1,8, Fokker 1,1 (en 1990), De Havilland 0,62 (en 1990), ATR [1] 0,2.

■ **Principaux constructeurs d'hélicoptères. Chiffres d'affaires** (en millions de $, 2000) : Bell 2 160, Eurocopter 1 770, Sikorsky 1 380, McDonnel Boeing 1 350 [1], Agusta 500 [1], Westland 400 [1].

Nota. – (1). En 1996.

■ **Chiffre d'affaires des motoristes** (en milliards de $, 2000). General Electric (USA) 12,85, Pratt & Whitney (USA) 7,40, Rolls-Royce (G.-B.) 6,65, Snecma (Fr.) 4,75, MTU (All.) 1,55, Fiat Avio (Italie) 1,35, Volvo Aero (Suède) 1,20.

En France

Données globales

■ **Chiffre d'affaires non consolidé** (en milliards de F). *1991* : 121,1 ; *92* : 120,1 ; *93* : 110 ; *94* : 105,7 ; *95* : 101,1 ; *96* : 109,06 ; *97* : 130,2 ; *98* : 161,4 ; *99* : 161,5 ; *2000* : 162,7. **% civil du chiffre d'affaires :** *1985* : 30 ; *90* : 48 ; *91* : 53 ; *92* : 53 ; *93* : 53 ; *94* : 55 ; *95* : 55 ; *96* : 61 ; *97* : 60 ; *98* : 67 ; *99* : 74,6 ; *2000* : 75. **Exportations** (en milliards de F) : *1995* : 45,4 ; *96* : 55,4 ; *97* : 75,5 ; *98* : 109,6 ; *99* : 109 ; *2000* : 100,3.

■ **Prises de commandes** (en milliards de F) : *1991* : 92,2 ; *92* : 109,6 ; *93* : 88 ; *94* : 91 ; *95* : 104,3 ; *96* : 118,3 ; *97* : 171,8 ; *98* : 210,4 (dont export. 153,7) ; *99* : 175,8 (dont export. 109) ; *2000* : 245,9 (dont export. 169,8).

■ **Principales firmes. Chiffre d'affaires consolidé** (en milliards de F, HT) **et,** entre parenthèses, **effectifs** (en milliers), **filiales comprises** (en 1999) : Aérospatiale 56,3 (37) [1]. Snecma 37 (20,9) [2]. Dassault Aviation 22,9 (11,4) [2]. Eurocopter 13,42 (9,8) [2]. Matra Défense Espace 13,2 (8,6) [1]. Sagem (en 1993) 5,6 (5,7). Sextant Avionique 5,2 (5,9). Sogerma 3,7 (3,6). Turboméca 3,2 (3,7). Intertechnique 2,2 (3). Hispano-Suiza (en 1996) 1,8 (2). Messier-Dowty (en 1995) 1,5 (1,25). Sochata 1,25 (1,3). Socata 1 (0,7).

Nota. – (1) 1997. (2) 2000.

■ **Exportations aéronautiques** (en milliards de F). **Commandes et,** entre parenthèses, **livraisons :** *1989* : 76,1 (55) ; *90* : 62,9 (55,7) ; *91* : 41 (55) ; *92* : 56,2 (56,1) ; *93* : 36,5 (48,9) ; *96* : 74,2 (58,4) ; *97* : 93,7 (75,5) ; *98* : 153,7 (109,6) ; *99* : 175,3 (102,6) ; *2000* : 169,8 (100,3). **Solde aéronautique et spatial :** *1989* : 36,4 ; *90* : 33,4 ; *91* : 29,4 ; *92* : 34,8 ; *93* : 30,1 ; *94* : 31,7 ; *95* : 24,8 ; *96* : 33,8 ; *97* : 49,1 ; *98* : 50 ; *99* : 63,6.

Principaux constructeurs

Avions, hélicoptères

■ **Aérospatiale Matra. 1970** *1-1* SNIAS (Sté nationale industrielle aérospatiale) regroupe Nord-Aviation, Sud-Aviation et Sereb. [*Capital* (en %) : État 60, Crédit lyonnais 20, Sogepa (holding public) 20]. **1984** nommée Aérospatiale. **1998**-*13-1* holding prévu espace-défense (Aérospatiale Balistique et transport spatial, A. Missiles, A. Isti, A. Satellites) et aéronautique (A. Airbus, A. ATR, Eurocopter, Sogerma, Socata). **1999** 20 % du capital mis en bourse, 33 % cédés au groupe Lagardère qui apporte Matra-Hautes-Technologies (branches espace et défense). L'État transfère à Aérospatiale les 45,76 % qu'il détient dans Dassault Aviation, l'ensemble représentant le nº 2 européen et le 5e mondial du secteur spatial. **Effectifs** moyens (des sociétés intégrées). *1994* : 39 556 ; *97* : 37 087 (dont agents techniques et de maîtrise 20 262, ingénieurs et cadres 10 562, ouvriers 7 439). **Données financières** (en milliards de F). **Capital social :** *1988* : 2,5 ; *89* : 3,7 ; *92* : 4,1 ; *94* : 4,6 ; *95* : 4,6. **Concours financier de l'État :** *autorisations de programme* : *1990* : 1,4 ; *91* : 1,4 ; *92* : 0,9 ; *93* : 0,8 ; *95* : 1,5. *Crédits de paiement* : *1986* : 1,2 ; *88* : 1,1 ; *90* : 1,3 ; *91* : 1,3 ; *92* : 0,9 ; *93* : 0,9 ; *95* : 2. **Remboursements :** *1990* : 0,5 ; *91* : 0,67 ; *92* : 1,42 ; *93* : 1,24. **Endettement financier net :** *1992* : 16,5 ; *93* : 13,3 ; *94* : 7,6 ; *95* : 6,5 ; *96* : 2,9 ; *97* : 0,939. **Commandes prises** (en milliards de F) : *1990* : 55,6 ; *91* : 38,1 ; *92* : 39,7 ; *93* : 28,9 ; *94* : 29,6 ; *95* : 39,3 ; *96* : 63,3 ; *97* : 80,3 ; *98* : 86,8 (dont aéronautique 59,1, espace et défense 15,8, hélicoptères 11,9). **Chiffre d'affaires consolidé du groupe :** *1990* : 41,8 ; *91* : 48,6 ; *92* : 52,3 ; *93* : 50,8 ; *94* : 48,5 ; *95* : 49,2 ; *96* : 50,9 ; *97* : 56,3 ; *98* : 57,7 ; *99* : 12,9 milliards d'euros. **Résultat net :** *1990* : 0,38 ; *91* : 0,213 ; *92* : – 2,38 ; *93* : – 1,42 ; *94* : – 0,483 ; *95* : – 0,981 ; *96* : 0,812 ; *97* : 1,418 ; *98* : 0,4 ; *99* : 480 millions d'euros. **Par secteurs de production** (en milliards d'euros, 1999) : Airbus 5,47, Eurocopter 1,75, espace 1,48, Dassault 1,32, systèmes de missiles 1,15, systèmes, services et télécoms 0,86, autres 0,87. **Avions de transport :** *Concorde* (en 1969) : 16 dont 14 vendus (7 à Air France, 7 British Airways, 2 servant aux essais). *ATR* (voir colonne c). *Corvette* (en 1972) : série de 40 achevée en 1978. *Nord 262* (en 1962) et *Frégate* (en 1969) : série de 110 achevée en 1976. *Transall* (en 1963) : série de 178. Nouvelle série lancée (1er vol 1981), commandés et livrés 25. 3 *Epsilon* (en 1979) : commandés 175, livrés 156.

☞ Aérospatiale, Alenia et British Aerospace [partenaires d'AI(R)] ont, le 27-4-1998, décidé la dissolution d'AI(R) formée en 1996 entre British Aerospace, Aerospatiale et Alenia réunis au sein d'ATR.

Ventes d'AI(R) (au 27-4-1998) : **total** 707 commandés (641 livrés) dont *ATR* 582 (347), *Avro* RJ-145 (104).

■ **AIC (Airbus Integrated Company). Airbus Industrie.** GIE (Groupement d'intérêt économique) : EADS (80 %) et BAe Systems (20 %). **Histoire. 1967**-*juillet* accord Fr./All./G.-B. pour lancer le programme A300 (finalisé mai 1969). **1970**-*déc.* GIE Airbus Industrie créé par All. et Fr. ; *1er Pt* : Henri Ziegler. **1971**-*déc.* Casa (Esp.) rejoint Airbus Industrie. **1975** *administrateur gérant* : Roger Béteille ; *Pt* : Bernard Lathière. **1979**-*janv.* British Aerospace rejoint le consortium européen. **1985** *administrateur gérant* : Jean Pierson. **1990**-*mars* accord sur les sites d'assemblage final et d'aménagement intérieur : *A-321* (à Hambourg), *A-330* et *A-340* (à Toulouse). **1993**-*16-6* (11 h 58) au *18-6* (12 h 21) un *A-340* (avec 20 personnes et 14,6 t de carburant) fait le tour du monde en 48 h 23 min avec 1 escale à Auckland à 19 100 km. Livraison du 1 000e avion. **1994** 7 pilotes meurent dans un vol d'essai de l'*A-330*. **1996**-*juin* construction lancée d'un centre de formation et de services à Pékin. **1998**-*1-4 administrateur gérant* : Noël Forgeard ; *directeur général* : Dietrich Russel. **1999**-*1-1* Sté intégrée : regroupement sous direction unique de toutes activités (études, achats, production). 30 000 salariés sur une quinzaine de sites. *-Oct.* création d'EADS, regroupement d'Aerospatiale Matra, Dasa et Casa, qui détiennent 80 % du GIE Airbus Industrie (avec 476 unités, le carnet de commandes dépasse celui de Boeing). **2000**-*23-6* Aerospatiale Matra (Fr.), Daimler Chrysler Aerospace (All.), BAe Systems (G.-B.) et Casa (Espagne) décident de transformer le GIE Airbus en Sté intégrée de plein exercice : Airbus Integrated Company. *Siège* : Toulouse. Contrôlée par 2 actionnaires : EADS (80 %) et BAe Systems (20 %). Lancement officiel de l'A3XX. **2001**-*févr.* Airbus devient une SAS (Sté par actions simplifiée) de droit français. Effet rétroactif au 1-1-2001. **Effectifs.** *1999* : 2 500. **Avions** (dates). **A-300 :** *1969* lancé, *72* (28-10) 1er vol, *74* (mai) mise en service par Air France. **A-300-600 :** *1980* (déc.) lancé, *83* (juillet) 1er vol., *88* (mai) mise en service par American Airlines. **A-300-600 ST (Airbus Super Transporter) : Beluga :** plus gros aéronef du monde construit en aluminium à partir de la moitié inférieure d'un Airbus de série. *1988* mise en service du 1er moyen courrier de 270 places transformable en avion-cargo capable de porter des ailes de plus de 30 m de long (soute de 1 400 m³). Développé par Satic (groupement d'intérêt économique paritaire Aérospatiale Dasa). *1994* (13-9) 1er vol. *Juin 1997* : record ; transport le plus volumineux (cuve d'acier de 6,5 m × 17,6 m, 39 t) de Clermont-Ferrand au Havre. **A-310 :** *1978* (juillet) lancé, *82* (avril) 1er vol, *83* mise en service (Lufthansa, Swissair). **A-310-600 :** *1984* (avril) mise en service (Saudia). **A-310-300 :** *1985* (déc.) mise en service (Swissair). **A-318 :** version raccourcie de l'A-319 (107 places), *1999* civil, lancé prévu 2002. **A-319 :** *1993* (juin) lancé, *1995* (25-8) vol inaugural (version raccourcie de l'A-320). 124 à 145 places, coût de développement 1,7 milliard de F (concurrent du B-737). 1re commande (d'ILFC) 6 livrables 1996. *Avril 99* livraison à Air France du 1 000e. **A-319 Corporate Jetliner** version affaires de l'A-319. **A-320 :** *1984* (mars) lancé, *87* (févr.) 1er vol, *88* (avril) mise en service (Air France, British Airways), *96* : convertible en version passagers, tout cargo, ou combi, en moins de 48 h par une équipe de 6 personnes. **A-321 :** 185 pl. **A-330/A-340 :** *1987* (27-6) lancé, *91* (oct.) 1er vol A-340, *92* (2-11) 1er vol A-330, *97* (août) 1er vol A-330-200. **A-321 :** *1989* (nov.) lancé, *93* 1er vol., *94* (27-1) : 1er livré. **A-321-200 :** *1996* (déc.) 1er vol. **A-340-500** (313 à 440 places) et **600** (380 à 440 places) : *1997* (8-12) lancé. *2002* mise en service. **A-380** (avant le 19-12-2000 : A-3XX). *Longueur* : 70 m, *envergure* : 77 m. *Passagers en 3 classes* : 550 ; *en classe unique* : 850 ; *en classe économique* : de part et d'autre de 2 allées latérales, larges de 65 cm, 9 ou 10 passagers de front sur le pont inférieur et 7 ou 8 au-dessus. *Soute* : 5 t de bagages et 10 t de fret. *4 réacteurs,* ceux de l'Airbus A-330. A pleine masse (476 t), il pourra franchir sans escale 12 000 km. Il utilisera le *glare* (matériau hybride constitué de minces couches d'aluminium alternant avec de l'époxy renforcé de fibres de verre, et dont la structure lui permet d'enrayer la propagation d'éventuelles fissures sur la partie supérieure de la carlingue) ; le *soudage* (substitué aux rivets, plus lourds et plus coûteux) entre les raidisseurs et la peau des ailes. *Piloté* à 2. *Prix de vente* : 1 milliard de F. **Coût du programme** 75 MdF. 1er vol prévu 2006. *Fabrication* : *Allemagne* : Hambourg, Stade. *Espagne* : Getafe. *France* : St-Nazaire/Méaulte, St-Nazaire/Nantes, Toulouse. *G.B.* : Broughton. *Montage* : Toulouse où les tronçons seront acheminés par un itinéraire à grand gabarit prévu sept. 2003 (coût 1 milliard de F) [*Garonne* : Bordeaux (Pauillac), Langon ; *routier* : Langon, Blagnac (250 km par Captieux, Eauze, Auch). *Convois* : 6 camions (long. 50 m, larg. 8 m, hauteur 13 m) pesant jusqu'à 180 t. Trafic de nuit à 10/20 km/h]. *Solutions écartées* : *avion* Beluga, pas assez gros ; *hélicoptère* [charges (jusqu'à 20 t) : trop lourdes] : aucun suffisamment fiable avant une dizaine d'années, risque en cas de vent dans la vallée de la Garonne ; *rail* : il faudrait des voies 2 fois plus larges ; *hydroglisseur* sur la Garonne : trop bruyant et trop coûteux.

Données financières. Montant des commandes enregistrées dans l'année (en milliards de $) : *1990* : 27 ; *91* : 9,4 ; *92* : 9,8 ; *93* : 3,5 ; *94* : 9,1 ; *95* : 7 ; *96* : 23,6 ; *97* : 29,6 ; *98* : 39 ; *99* : 30,5 ; *2000* : 41,3. **Nombre d'appareils :** *1992* : 136 ; *93* : 38, annulations 69 ; *94* : 125 ; *95* : 106 ; *96* : 293 ; *97* : 460 dont *A319* : 240 ; *320* : 74 ; *321* : 50 ; *310-300* : 1 ; *300-600 R* : 6 ; *330* : 64 ; *340* : 25 ; *98* : 556 dont *319* : 180 ; *320* : 185 ; *321* : 52 ; *330* : 24 ; *340* : 83 ; *300-800R* : 32 ; *99* : 430 dont *A-318-319-320* : 391 ; *A-330-340* : 39 ; *2000* : 520. **Livraison d'appareils dans l'année :** *1990* : 95 ; *91* : 163 ; *92* : 157 ; *93* : 138 ; *94* : 123 ; *95* : 124 ; *96* : 126 ; *97* : 182 ; *98* : 229 ; *99* : 294 ; *2000* : 311 ; *2001* (au 31-5) : 134. **Nombre d'appareils commandés et,** entre parenthèses, **livrés** (au 31-5-2001) : *total* : 4 265 (2 633) dont *A-318-319-320-321* : 2 713 (1 488), *300-310* : 840 (756), *330-340* : 694 (389). **Nombre de clients :** 177. **Coût d'un Airbus** (en millions de $) : *A-318* : 41,7 ; *A-319* : 48,7 ; *A-320* : 53,7 ; *A-321* : 65,6 ; *A-310* : 86,9 ; *A-300* : 109,9 ; *A-330* : 129,3/146,2 ; *A-340* : 153,5/177,9 ; *A-380* : 251,2/271,7. **Part de marché prévue** (en milliards de F, 1990-2008) : 230 (sur un total de 680) dont fuselage standard (*A-320, 321*) 75 (sur 230), large (*A-300, 310, 330, 340*) 155 (sur 450). **En nombre d'appareils :** 3 800 (sur 12 300) dont fuselage standard 1 800 (sur 6 300), large 2 000 (sur 1 600). **En % :** *1991* : 21 ; *95* : 32 ; *98* : 46 ; *99* : 55. **Chiffre d'affaires** (en milliards de F) : *1990* : 4,6 ; *91* : 42 ; *92* : 40 ; *93* : 49 ; *95* : 48 ; *98* : 79,3 ; *99* : 107 ; *2000* : 131,4. **Résultats** (en milliards de F) : *1990* : 0,115 ; *91* : 0,267 ; *92* : – 2,89 ; *93* : –1,52 ; *94* : – 0,53 ; *95* : n.c. ; *96* : 2,4 ; *98* : n.c.

☞ Le gouvernement américain a déposé plainte contre le financement d'Airbus (fonds d'origine publique faussant la concurrence). *1re plainte* (févr. 1991) : concerne la garantie de change (accordée par le gouv. allemand à Deutsche Aerospace contre les dépréciations trop fortes du $). *2e plainte* : concerne les avances remboursables consenties par les gouvernements allemand, britannique, espagnol et français pour les nouveaux modèles. Les Américains veulent forcer les Européens à limiter leurs avances à 25 % des coûts de développement, au lieu de 75. Airbus accepterait de revenir à 40, mais aux USA la part venant du budget américain (militaire et Nasa) atteint 72 % du chiffre d'affaires global de l'aéronautique. En Europe, 36 % viennent des budgets nationaux. 75 % de la recherche-développement aérospatiale américaine est financée par le gouvernement.

■ **ATR.** GIE franco-italien *créé* 1981. EADS (European Aeronautic Defence and Space Company) 50 %, Alenia Aerospazio (Italie) 50 % ; chargé des ventes, après-vente et Asset Management des avions de transport régional ATR 42 et ATR 72. **Chiffre d'affaires :** *1999* : 711 (millions de F ; *2000* : 580 millions d'euros. **Effectifs** (en 2000) : 420. Appareils assemblés à Toulouse. **Commandes** (fermes) : *1999* : 30 ; *cumulées au 1-1-2001* : 637. **Livraisons** (cumulées fin 2000) : 613 avions livrés à 103 compagnies dans 65 pays.

■ **Avions Robin.** Ex-Sté Centre-Est aéronautique. *Créée* 1957, transformée 1969, filiale d'Apex International depuis 1988. **Production :** *2000* : 69 avions, *cumulée* (au 1-6-2001) : 3 800 (dont environ 40 % export.). **Livraisons :** *1995* : 51 ; *96* : 45 ; *97* : 53 ; *98* : 44 ; *2000* : 60 ; **en production :** QUADRIPLACES DE LA SÉRIE DR : *DR-400* : *120 Dauphin* 2 + 2, *140 B Dauphin* 4, *160 Major*, *180 Régent*. *Remorqueurs de planeurs* 180 R + 200 R. *500 Président* (depuis 1998). Biplaces série Alpha : 120 T depuis 2001, 160 A (ex R-2160) acrobatique depuis 1993.

■ **Boeing.** *Créé* par William Boeing (1-10-1881/28-9-1956). **1916** 1er avion construit (*Model C* biplan, envergure 15 m). **1933** B-247 produit par United Airlines. **1996**-*mars* 8 000e avion (767-300 ER) livré à KLM. *-1-8* rachète les activités défense et espace de Rockwell (estimé à 3,2 milliards de $). *-15-12* rachète McDonnell Douglas, **1997** fusion. **Commandes cumulées à fin mai 2001 :** *707* (1er vol 15-7-1954, dernier livré 1994) : 1 010 fabriqués ; *717* : 136 ; *727* (1er livré 1963, dernier 1984) : 1 831 ; *737* (1er livré

1967) : 1 812 ; *747* (1er livré 1969) : 627 ; *747-400* mis au point : avion de ligne le plus grand au monde : 369/550 passagers, 22 membres d'équipage, 10 t de fret, 110 t de poussée (4 turboréacteurs) ; *757* (1er livré 1982) : 1 047 ; *767* (1er livré 1982) : 921 ; *777* (capacité 350 à 440 passagers ; prix 122 millions de $) lancé en oct. 1990 ; 1er livré 15-5-1995 à United Airlines : bi-réacteur à pales plus grandes et plus lourdes (polémique sur la sécurité en cas de perte) : 575. **Nombre d'appareils commerciaux commandés dans l'année :** *1993 :* 226 ; *94 :* 111 ; *95 :* 330 ; *96 :* 712 ; *97 :* 568 ; *98 :* 656 ; *99 :* 385 ; *2000 :* 611 ; *2001* (au 31-5) : 169. **Livraisons :** *1993 :* 330 ; *94 :* 271 ; *95 :* 206 ; *96 :* 220 ; *97 :* 375 ; *98 :* 563 ; *99 :* 620 ; *2000 :* 489 ; *2001* (au 31-5) : 211. **Chiffre d'affaires** (en milliards de $) : *1991 :* 29,3 ; *92 :* 30,2 ; *93 :* 25,4 ; *94 :* 21,2 ; *95 :* 19,51 ; *96 :* 35,5 ; *97 :* 45,8 ; *98 :* 56,15 ; *99 :* 57,99 ; *2000 :* 51,3 (dont avions commerciaux 31,17, avions militaires et missiles 12,2 espace et communication 8). **Résultats** (en milliards de $) : *1991 :* 1,5 ; *92 :* 1,55 ; *93 :* 1,2 ; *94 :* 0,86 ; *95 :* 0,78 ; *96 :* 1,09 ; *97 :* – 0,18 ; *98 :* 1,21 ; *99 :* 2,31 ; *2000 :* 2,13. **Effectifs :** *1968 :* 148 500 ; *71 :* 37 200 ; *76 :* 62 500 ; *91 :* 161 000 ; *95 :* 110 000 ; *97 :* 150 981 ; *99 :* 197 000 ; *2000 :* 198 000.

☞ **Nombre de commandes fermes (A330-340/777) :** *1991 :* 258/76 ; *95 :* 274/230 ; *99 :* 551 (dont 63 A340-500-600/450) ; *2000 :* 649 (71)/563 (dont 49 777-200LR-300LR).

■ **BAe Systems.** Issu du rapprochement British Aerospace Marconi Electronic Systems en 1999. Possède 20 % d'Airbus. **Chiffre d'affaires** (en milliards de £) [**et résultats** (en milliards de $)] : *1991 :* 10,56 (– 0,19) ; *92 :* 9,4 (– 0,97) ; *93 :* 10,75 (– 0,25) ; *94 :* 7,15 (0,14) ; *95 :* 5,74 (0,14) ; *96 :* 7,44 (0,31) ; *97 :* 8,5 ; *98 :* 8,6 ; *99 :* 12,4 (1,65) ; *2000 :* 11,9 [dont (en %) : Airbus 22, avionique 21, militaire 19, services 14, autres 24]. **Effectifs :** *1993 :* 87 400 ; *96 :* 44 000 ; *99 :* 100 000.

■ **Cap Industries (ex-Avions Mudry).** *Avions légers : CAP X* (en 1982) : 2 prototypes *CAP 10* (en 1966) : 286. *CAP 21 (+ CAP 20 L)* (en 1980) : 28 livrés, 10 en production. *CAP 230* et *CAP 231 :* 30 livrés. **Livraisons :** *1992 :* 15 ; *93 :* 9 ; *94 :* 14 ; *99 :* 10. **Chiffre d'affaires** (en 1999) : 9,67 millions de F. **Effectifs** (en 1999) : 17. En juillet 1996, dépôt de bilan après incendie des ateliers. En juillet 1997, rachat par Apex International et changement de nom.

■ **Daimler Chrysler Aerospace France SAS.** *Création :* mars 1995. *Nov. 1998 :* fusion Daimler-Benz/Chrysler. Maison mère : Daimler Chrysler Aerospace AG. *2001* fusion avec EADS/Matra Systèmes et Information. **Chiffre d'affaires et,** entre parenthèses, **résultat net** (en millions d'euros) : *1996 :* 6 674 (+ 615) ; *97 :* 7 816 (+ 4) ; *98 :* 8 770 (+ 547) : *99 :* 9 161 (+ 60). **Effectifs :** *1997 (au 1-1) :* 43 521 ; *98 (au 1-1) :* 45 858 ; *99 (au 1-1) :* 46 107.

■ **Dassault Aviation (SA).** **Quelques dates : 1916** hélice Éclair. **1918** Marcel Dassault (né Marcel Bloch 22-1-1892/18-4-1986, devenu Bloch-Dassault 1946, Dassault 1949) lance son 1er prototype. **Après 1945** lance *Flamant* (1er vol 7-6-1947), *Ouragan* (1er vol 27-2-1949), *Mystère II* (1er vol 23-2-1951), *Mirage* (1er vol 25-6-1955). **1963** *Mystère-Falcon.* **1971** fusion avec Breguet Aviation [fondé par Louis Breguet (21-1-1880/4-5-1955)]. **1978** *Mirage 2000* (1er vol 10-3). **1979** *Mirage 4000* (1er vol 9-3). **1986**-*18-4* mort de Marcel Dassault [André Giraud, min. de la Défense, essaye d'imposer Jacques Benichou, Pt de la Snecma, comme Pt (l'État détient 46 % du capital de Dassault contre 49 % à la famille, mais dispose de 56 % des voix grâce au vote double de certaines de ses actions) ; le 29-10, appuyé par Jacques Chirac (PM), Serge Dassault (né 1925) devient Pt]. *-4-7 :* 1er vol du *Rafale A.* **1992**-*23-12* accord avec Aérospatiale pour rapprocher certaines activités. **1993**-*4-3 :* 1er vol *Falcon 2000.* **1995**-*1-6 :* 1er vol du *Falcon 900 EX.* **1996**-*10-4 :* 1er vol du *Falcon 50 EX.* **2000**-*6-4* Charles Edelstenne, Pt. *-18-7* 1er vol du drone *Petit-Duc.* **2001**-*16-6* lancement nouveau *Falcon FNX.* **Avions :** *produits ou fabriqués* (au 1-1-2000) : 7 165 (dont 184 prototypes et de présérie). *Commandés :* 7 375 (dont 184 prototypes et de présérie), plus de 2 700 Mirage vendus dans le monde, plus de 1 500 Falcon immatriculés dans environ 70 pays. **Sites :** *direction générale* et *bureau d'études principal :* St-Cloud. *Usines (complémentaires) :* Argenteuil, Argonay, Biarritz, Martignas, Mérignac, Poitiers, Seclin. *Essais :* Istres (vol), Cazaux (armements). **Capital** (en %) : famille Dassault (contrôle Dassault Industries) 49,93 %, EADS France 45,76 %, public 4,31 %. **Données financières.** **Chiffre d'affaires et,** entre parenthèses, **commandes** (en milliards de F) : *1990 :* 17,1 (16,04) ; *91 :* 14,3 (12) ; *92 :* 14,4 (22,68) ; *93 :* 11,31 (11,16) ; *94 :* 10,2 (15,52) ; *95 :* 11,5 (14,2) ; *96 :* 10 (7,6) ; *97 :* 16,7 (15,2) ; *98 :* 17,5 (28,8) ; *99 :* 15,1 (18,9) ; *2000 :* 17,6 (23,8). *Bénéfice net : 1996 :* 0,958 ; *97 :* 0,998 ; *98 :* 1,2 ; *99 :* 1,03 ; *2000 :* 1,225. **Chiffre d'affaires consolidé** (en milliards de F) : *1990 :* 17,12 ; *92 :* 16,46 ; *93 :* 13,2 ; *94 :* 12,6 ; *95 :* 11,6 ; *96 :* 13 ; *97 :* 21 ; *98 :* 20,2 (nouveau périmètre) ; *99 :* 19 ; *2000 :* 22,9. *Résultats nets 1990 :* 0,374 ; *92 :* 0,329 ; *93 :* 0,311 ; *94 :* 0,429 ; *95 :* 0,526 ; *96 :* 1,147 ; *97 :* 1,3 ; *98 :* 1,354 ; *2000 :* 1,56 [dont (en %) : avions d'affaires 71, défense France 25, export. 4]. **Effectifs :** *1986 :* 17 000 ; *92 :* 13 252 ; *94 :* 11 377 ; *96 :* 12 036 ; *97-98 :* 11 632 ; *99 :* 11 601 ; *2000 :* 11 419. **Production, commandes** (dont à l'exportation) **et,** en italique, **livraisons** (au 1-1-2001) : *Mirage III/5/50 :* 1 419 (994) *1 419* ; *Mirage F-1 :* 732 (473) *725* ; *Mirage 2000 :* 600 (259) *539* ; *Super-Étendard :* 85 (14) *85* ; *Jaguar :* 581 (303) *581* ; *Alpha-Jet :* 512 (329) *512* ; *Atlantic 1 :* 91 (50) *91* ; *ATL 2 :* 28 (0) *28* ; *Rafale :* 61 (0) *6* ; *Falcon :* 1 500.

☞ **Groupe industriel Marcel Dassault (GIMD) :** Aviation, Thalès, Dassault Développement, Sogitec, Belgique Aviation SABCA, Falcon Services, Falcon Jet, Investissements. **Chiffre d'affaires** (en milliards de F) : *1996 :* 18,6 ; *97 :* 21 ; *98 :* 20,2 ; *2000 :* 22,9. **Eurocopter** (EADS 100 %). *Créée* 1992. **Prises de commandes** (en milliards de F) : *1991 :* 12 ; *92 :* 11 ; *93 :* 9,3 ; *94 :* 7,4 ; *95 :* 6,8 ; *96 :* 11,8 ; *97 :* 13,6 ; *98 :* 11,9. **Effectifs :** *France 5 828,* Allemagne 3 308, filiales hors All. : 777. **Chiffre d'affaires** (en milliards de F) : *1991 :* 12,65 ; *92 :* 11 ; *93 :* 10,2 ; *94 :* 9,2 ; *95 :* 9,4 ; *96 :* 9,45 ; *97 :* 10,1 ; *98 :* 11,16 (dont export. 7 140) ; *2000 :* 13,4.

■ **Centres d'essais et de recherche.** **Onera (Office national d'études et de recherches aérospatiales) :** *créé* 1946. Établissement public scientifique et technique placé sous l'autorité du min. de la Défense. *Effectifs :* 2 000 pers. **Volume d'activités :** 209 millions d'euros. *Principaux établissements :* Châtillon (siège et principaux laboratoires), Chalais-Meudon (souffleries de recherche), Palaiseau (recherche en énergétique, optique et radar), Modane-Avrieux (grandes souffleries), Centre d'études, de recherches et d'enseignement pour l'aéronautique et l'espace de Toulouse et Centre d'essais du Fauga-Mauzac (grands moyens d'essais nouveaux pour aérodynamique et propulsion), Lille (mécanique du vol et mécanique des structures). Salon-de-Provence : laboratoire de recherche Onera – École de l'air (mécanique de vol, optronique, interface homme-machine). **Institut franco-allemand de recherche de St-Louis (ISL) :** St-Louis (Ht-Rhin) : établissement public binational à caractère scientifique et technologique sous tutelle des ministères de la Défense français et allemand : recherches d'armement (balistique, aérodynamique, lasers, nouveaux lanceurs, approche intelligente des objectifs, métrologie des temps courts). **Centre d'essais aéronautiques de Toulouse :** essais de caractérisation de matériaux et structures d'aéronefs et de leurs sous-ensembles ; d'équipements et de l'avionique ; sûreté de fonctionnement des logiciels critiques embarqués, évolution des systèmes de conditionnement d'air. **Centre d'expériences aériennes militaires (CEAM) :** Mont-de-Marsan (Landes). **Centre d'achèvement et d'essais de propulseurs d'engins :** St-Médard (Bordeaux) ; propulseurs à propergol liquide et solide, engins et lanceurs spatiaux. **Laboratoire de recherches balistiques et aérodynamiques (LRBA) :** Vernon (Eure) ; au sein de la Direction des centres d'expertise et d'essais, centre technique pour la navigation, les missiles et l'espace. **Centre d'électronique de l'armement (Celar) :** Bruz (Rennes) ; évaluation de systèmes électroniques et informatiques, centre technique de la guerre de l'information.

■ **EADS (European Aeronautic Defense and Space Company).** Fusion de Aerospatiale Matra (Fr.), Dasa (All.) et Casa (Esp.). **Capital** (en %) : public 30,81 ; participations BV 65,48 dont Sogeade [50 % Sogepa (État français) + 50 % Désirade (Lagardère 74 %, BNP Paribas et Axa 26 %)] 30, Dasa (filiale aéronautique de Daimler Chrysler) 30,29 et Sepi 5,53 ; Dasa 2,75, État français 0,33. **Détient** à 80 % Airbus (avec BAe 20 %). **Chiffre d'affaires (et résultat net)** [en milliards d'euros] : *1999 :* 22,55 (– 1,05) ; *2000 :* 24,21 (– 0,91). **Activités** (en % du chiffre d'affaires 2000) : Airbus 59, aéronautique 19, systèmes civils et de défense 11, espace 10, avion de transport militaire 1. **Systèmes civils et de défense** (en millions d'euros, 2000) : missiles (MBDA) 950, électronique de défense 897, télécommunications 585, services 200.

■ **Embraer.** Constructeur aéronautique brésilien. **Chiffre d'affaires et,** entre parenthèses, **résultat net** (en milliards de F) : *1995 :* 0,85 (– 0,64) ; *96 :* 1,12 (– 0,36) ; *97 :* 2,4 (– 0,01) ; *98 :* 4,57 (0,38) ; *2000 :* 2,7.

■ **Eurocopter.** **Chiffre d'affaires** (en milliards de F) : *1995 :* 9,2 ; *96 :* 9,3 ; *97 :* 9,45 ; *98 :* 11,1 ; *99 :* 11,4 ; *2000 :* 13,4. **Prises de commandes** (en milliards de F, 1999) : *total* 22,6 dont appareils de série 15,25, service à la clientèle 3,9, développement 0,4, divers 1,1. **Commandes d'hélicoptères** [en 2000 (et en 1998)] : 531 (272) dont *EC-120 :* 61 (45) ; *Écureuil monomoteur :* 137 (73), *bimoteur :* 13 (20) ; *EC-135 :* 40 (44) ; *Bo-105 :* 0 (16) ; *BK-117 :* 7 (39) ; *Dauphin/EC-155 :* 25 (28) ; *Super Puma/Cougar :* 22 (7) ; *Tigre :* 160 (0). **Livraisons :** *1998 :* 216 ; *99 :* 241 ; *2000 :* 289.

■ **Finmeccanica.** **Coentreprises** (activité, % de capital détenu, et *autres partenaires*) : **Eurofighter :** avions de combat, 19,5, *BAe Systems* (G.-B.), *EADS* (Europe). **Augusta Westland :** hélicoptères, 50, *GKN* (G.-B.). **AMS :** électronique de défense, 50, *BAe Systems.* **GIE ATR :** aviation régionale, 50, *EADS.* **LMATTS :** avions de transport militaire, 50, *Lockheed Martin* (USA). **MBD :** missiles, 25, *EADS, BAe Systems.* **Astrium :** satellites, en négociation, *EADS, BAe Systems.* **Chiffre d'affaires** (en %, 2000) : aéronautique 30, défense 20, espace 8, autres 42.

■ **Fokker** (P.-Bas). *Créé* 1912 par Anthony Herman Gérard Fokker (1890-1939). Dasa, qui contrôlait 51 % depuis 1993, s'est retiré. Mis en faillite le 15-3-1996. En 77 ans, a mis au point 125 types d'avions et construit 7 000 appareils. Son activité aéronautique se poursuit sous le nom *Stork Aerospace Group* regroupant Fokker Aerostructures, Fokker Elmo, Fokker Services et Fokker Special Products. **Chiffre d'affaires** (en milliards de F) : *1999 :* 2,32. **Résultats :** *1991 :* 0,271 ; *92 :* 0,062 ; *93 :* – 1,435 ; *94 :* – 1,4 ; *95* (du 1-1 au 30-6) : – 2,031 ; *98 :* 0,18 ; *99 :* 0,08. **Effectifs :** *1993 :* 12 500 ; *94 :* 8 500 ; *95 :* 6 500 ; *96* (au 15-3) : 5 664 ; *99 :* 3 373.

■ **McDonnell Douglas.** **1997** fusionne avec Boeing. **Chiffre d'affaires** (en milliards de $) : *1991 :* 18,07 ; *92 :* 17,37 ; *93 :* 14,5 ; *95 :* 14,33 ; *96 :* 13,83. *Bénéfice net : 1991 :* 0,42 ; *92 :* – 0,78 ; *93 :* 0,4 ; *95 :* – 0,42 ; *96 :* 0,79. **Répartition en %** (chiffre d'affaires et, entre parenthèses, bénéfice net) : aéronautique militaire 41,7 (16,1) et civile 38 (31,5), missiles, espace, systèmes électroniques 18,3 (48), services financiers et divers 2 (4,4). **Effectifs :** *1991 :* 109 000 ; *95 :* 63 000 ; *96 :* 63 900.

■ **Reims Aviation.** **Origine :** *1946* Sté des avions Max Holste. *1956* Sté nouvelle. *1962* Reims Aviation. *1963* concession par la Cessna d'une licence de fabrication et de commercialisation. **Production totale** (au 1-1-2001) : 7 000 avions [avec *MH-52, MH-152, MH-1521 Broussard* (383 construits), *MH-260 super Broussard* (devenu *Nord 262,* 110 construits) et le montage d'autres types Cessna (arrêt 1986 de la production des monomoteurs et bimoteurs légers de cette gamme)] dont *F-150* (1965) + *F-152* (1977) 1980, *FA-150* + *FRA-150* (1969) + *FA-152* (1977) 425, *F-172* (1963) + *FR-172* 2 933, *172 RG* 73, *F-177 RG* (1971) 177, *182* + *F-182* (1976) + *RG 182* (1978) 296, *F-337* (1969) + *FT-337* (1972) + *FTB-337* (1972) 181, *F-406 Caravan II* (1983), *divers (F-185, 188, 206, 207, 210)* 205. Sous-traite pour Dassault Aviation, Airbus Industrie, Embraer et Fairchild-Dornier. **Commandes** (en 2001) : 1 *Polmar III.* **Livraisons :** *1992 :* 4 ; *93 :* 4 ; *94 :* 3 ; *95 :* 4 ; *96 :* 1 ; *97 :* 2 ; *98 :* 4 ; *2001 :* 2. **Chiffre d'affaires** (en millions de F) : *1998 :* 243 ; *99 :* 266 ; *2000 :* 222. **Effectifs :** *1991 :* 530 ; *96 :* 330 ; *98 :* 400 ; *2001 :* 450.

■ **Socata (Sté de construction d'avions de tourisme et d'affaires).** Filiale à 100 % de EADS depuis 2000. **Chiffre d'affaires** (en millions de F) : *1993 :* 730 (résultat : – 13,5) ; *94 :* 831 (– 0,10) ; *95 :* 574 ; *96 :* 634 ; *97 :* 680 ; (en millions d'euros) : *98 :* 140 ; *99 :* 163. **Production totale** (depuis 1911) : 18 000. *Avions légers type TB : TB-9 Tampico GT ; TB-10 Tobago GT ; TB-200 Tobago GT ; TB-20 Trinidad : GT. TB-21 Trinidad GT* (plus de 2 000 au 1-1-2001), *TB-30 Epsilon* (172 livrés) ; *TBM-700* (195 avions livrés au 1-1-2001). **Effectifs :** *2001 :* 950.

■ **Sogerma.** Filiale à 100 % d'EADS. **Effectifs :** *1999 :* 3 620. **Chiffre d'affaires** (en milliards de F) : *1999 :* 3,74.

■ Propulsion et équipements

■ **Snecma (Société nationale d'étude et de construction de moteurs d'aviation).** *Créée* en 1945 ; regroupement de Gnome & Rhône, Moteurs d'aviation Renault, Moteurs Lorraine). **1997** achat puis fusion de la filiale SEP comme division Moteurs-fusées ; **1998** achat à 100 % de Messier-Dowty (anciennement 50/50 avec TI Group), création de Aircelle (50/50 avec Airbus Industrie), création de la société Snecma Services et de la division Snecma Control Systems ; **2000** création de la société Snecma Moteurs, transformation de Snecma en holding industrielle. Acquiert Labinal (Turbomeca, Microturbo) et Hurel-Dubois. **Implantations principales :** Bidos, Bordeaux, Châtellerault, Évry-Corbeil, Gennevilliers, Istres, Kourou (Guyane), Le Havre, Melun-Villaroche, Molsheim, St-Quentin, Vélizy, Vernon, Milmort (Belgique), Gloucester (G.-B.), Montréal et Toronto (Canada), Mexique et Singapour.

Principales sociétés du groupe : *propulsion :* Snecma Moteurs, Snecma Services, Techspace Aero, Turbomeca, Microturbo ; *équipements :* Messier-Dowty, Messier-Bugatti, Messier Services, Hispano-Suiza, Hispano-Suiza Aerostructures, Hurel-Dubois, Labinal. **Principales Joint Ventures :** CFM International (50/50 avec General Electric), Europropulsion (50/50 avec FiatAvio), Aircelle (50/50 avec Airbus Industrie).

Activités principales : moteurs d'avions commerciaux et d'avions militaires de combat, d'entraînement et de transport, de lanceurs spatiaux, de missiles stratégiques et tactiques, de satellites et de véhicules spatiaux. Systèmes d'atterrissages (trains, roues et freins), de freinage, de régulation ; transmissions de puissance ; nacelles et inverseurs de poussée. *Répartition* (en %) : propulsion 69, équipements 31 ; civil 84, militaire 16 ; export 71, France 29. **Positions commerciales :** 4e motoriste mondial, 1er des trains d'atterrissage.

Principaux moteurs : CFM56-2 (DC-8, Boeing KC-135R, C-135FR, E-3, E-3F, KE-3, E-6), CFM56-3 (Boeing 737-300/400/500), CFM56-5A (Airbus A319, A320), CFM56-5B (Airbus A-318, A-319, A-320, A-321), CFM56-5C (Airbus A-340), CFM56-7B (Boeing 737-600/700/800/ 900), Atar 09K50 (Mirage F1 et 50, remotorisation des Mirage III et V, Cheetah et Pantera), M53, (Mirage 2000-C, B, N, NK2, D, -5 et -9), M88 (Rafale C, M et B), Larzac 04 (avec Turbomeca – AplhaJet et MIG-AT), Tyne (C-160 Transall, Dassault Atlantique), Viking (Ariane 4), HM7B (Ariane 4 et 5), Vulcain (Ariane 5), Vulcain 2 (Airane 5), MPS (Ariane 5).

Chiffre d'affaires consolidé, dont *exportations* (en %) **et,** entre parenthèses, **résultat net** (en milliards de F, HT) : *1995 :* 18 (– 1) ; *96 :* 18,7 *59* (– 0,3) ; *97 :* 23,06 *69* (0,71) ; *98 :* 28,47 *71* (1,63) ; *99 :* 31,88 *73* (1,69) ; *2000 :* 37 *100* (2,09).

Flotte aérienne

■ **AEA (Association des transporteurs aériens européens).** *Créée* 1954. *1999 :* 27 compagnies. *Flotte :* 1 969 avions. *Passagers transportés :* 277 millions (passagers/km 563 milliards). *Fret :* 28 milliards de t/km. *Coefficient de remplissage :* 67,2 %.

■ **Iata (International Air Transport Association).** *Créée* 1919, réorganisée 1945. *2000 :* 268 compagnies officielles employant 1 462 000 personnes et mettant en ligne 9 895 avions et hélicoptères. *Passagers transportés* (services réguliers) : *1998 :* 453,1 millions ; passagers/km transportés 2 765 450 dont réguliers 2 635 850, charters 129 600 ; *fret :* 15,9 millions de t. *Chiffre d'affaires* (en milliards de $, 2000) : 328,7.

■ **OACI** (voir à l'Index).

FLOTTE MONDIALE

APPAREILS

■ **Flotte commerciale mondiale.** *1988 :* 7 397 appareils ; *97 :* 12 300 ; *2017 (prév.) :* 26 200 dont 8 550 maintenus et 17 650 supplémentaires ou de remplacement. **Marché mondial** (1998-2017, prévisions de Boeing juin 1998). 1 250 milliards de $ (17 650 avions dont en %, petits et moyens à couloir unique 70, moyens et gros à 2 couloirs 24, *747* et plus grands 6).

■ **Hélicoptères neufs livrés entre 1998 et 2002.** 2 500 dont (en %) utilitaire 21, transport d'affaires 20,6, évacuation sanitaire 19, police 17,6, desserte plates-formes de forage 12,3, charter 4,7, télévision 3, combiné police/sanitaire 1,4, autres 0,4.

■ **Aéronefs civils immatriculés par les États membres de l'OACI en 1995. A voilure fixe :** 354 440 dont 20 540 de plus de 9 t [*à turboréacteurs :* quadrimoteurs 2 130, trimoteurs 2 820, bimoteurs 10 070, monomoteurs 20 ; *à turbopropulseurs :* quadrimoteurs 350, trimoteurs 0, bimoteurs 3 290, monomoteurs 0 ; *à moteurs alternatifs :* quadrimoteurs 370, trimoteurs 0, bimoteurs 1 490, monomoteurs 0]. **Tournante :** 22 430 dont 360 de plus de 9 t [dont *à turboréacteurs :* bimoteurs 350, monomoteurs 0 ; *à moteurs alternatifs :* bimoteurs 0, monomoteurs 10].

■ **Nombre d'avions-cargos dans le monde en 1995 et,** entre parenthèses, **prév. 2015. Moins de 30 t :** 561 (836) ; **de 30 à 50 t :** 439 (565) ; **plus de 50 t :** 219 (859).

■ **Aéronefs immatriculés à la fin 1994.** 387 480. **Par pays :** USA 259 453, Canada 22 744, *France 9 565*, Brésil 9 352, Australie 9 247, Allemagne 8 756, G.-B. 7 398, Mexique 6 339, Afrique du Sud 3 525, Argentine 2 434, Italie 2 349, Japon 2 265, Nlle-Zélande 2 259, Espagne 1 844, Ukraine 1 640, Suède 1 564, Portugal 1 161, Chili 1 091, Danemark 1 062, Belgique 1 032.

■ **Flotte française à fin mars 2000** [principaux avions commerciaux (mixtes, avions cargo et vols postaux) courts, moyens et longs courriers de 100 places au moins). 356 dont Aérolyon 2, Aigle Azur 2, Air Austral 3, Aircalin (Air Calédonie International) 2, groupe Air France 226, Air Jet 3, Air Liberté 24, Air Littoral 1, Air Méditerranée 3, Aéris (Air Toulouse Intern.) 5, AOM 27, Compagnie Corse Méditerranée 3, Corsair 12, Euralair International 7, L'Aéropostale 22, Star Airlines 5, autres compagnies 9.

■ **Principaux appareils détenus. Entreprises de transport aérien régulier et,** entre parenthèses, **non régulier** (fin 1995) : *Boeing B-737* 2 250 (180), *Douglas DC-9/MD-80* 1 780 (150), *Boeing B-727* 1 310 (110), *Boeing B-747* 900 (40), *Airbus A-300/A-310* 620 (0), *Boeing B-757* 540 (90), *B-767* 530 (40), *Airbus A-320* 460 (40), *Douglas DC-10* 320 (0), *Fokker F-100* 260 (0).

☞ *Début 1994,* 1 500 avions étaient en « coconnage » (stockage).

■ **Age moyen des flottes** (en années) **et,** entre parenthèses, **nombre d'appareils** (au 31-5-1996). Afrique 18,9 (510) ; Amérique latine 18,4 (812) ; Amérique du Nord 15,3 (5 900) ; Australie 10,8 (277) ; Europe 10,2 (2 953) ; Asie 9,9 (2 132).

■ **Pilotes civils. Licences à la fin 1994 :** *privés :* 560 240 dont avion 544 650, hélicoptère 15 590. *Professionnels :* 245 400 dont avion 225 400, hélicoptère 20 000 ; de 1re classe 7 420. *De ligne :* 198 700.

Licences de pilote privé et, entre parenthèses, **de pilote de ligne** (fin 1994). USA 286 297 (117 434), Allemagne 44 349 (7 692), G.-B. 32 308 (9 505), *France 30 192 (4 161)*, Australie 17 782 (4 604), Japon 11 317 (4 579), Suisse 7 901 (1 398), Suède 6 885 (1 119), P.-Bas 4 226 (1 557), Nlle-Zélande 3 776 (1 178).

COMPAGNIES LES PLUS IMPORTANTES

■ **Classement mondial des compagnies aériennes des 10 premières compagnies** (en milliards de passagers/km transportés, 1999). United Airlines (USA) 202. American Airlines (USA) 177. Delta Airlines (USA) 169. Northwest Airlines (USA) 119. British Airways (G.-B.) 117 (en mars 2001). Continental Airlines (USA) 90. Lufthansa (All.) 86. Air France (Fr.) 84. Japan Airlines (Japon) 83. US Airways (USA) 67. Singapore Airlines (Singapour) 65. Qantas (Australie) 59. KLM (P.-Bas) 58. **Chiffre d'affaires** (en milliards de F, 2000). Delta Airlines 114, American Airlines 112,6, United Airlines 110,6, British Airways 99,4, Japan Airlines 84, Northwest Airlines 65,9, US Airways 52,5, Swissair (Suisse) 50, Lufthansa 45, Air France 40,2.

■ **Coûts d'exploitation pour un vol régulier d'Air France** (moyenne 1998-1999, en %). Frais de touchées et redevances 19,9, personnel navigant 16,4, coûts commerciaux 15,1, coûts de support dont informatique et charges financières 11,8, entretien 10,6, carburant 8,8, coûts avion 7,2, frais d'exploitation 6.

RÉSULTAT NET (en millions de $)

	1996	1997	1998	1999	2000
Amérique du Nord :					
American Airlines	1 016	985	1 314	985	813
Delta Airlines	248	934	1 078	1 208	828
United Airlines	533	723	803	1 235	50
US Airways	263	1 025	559	197	– 269
Continental Airlines	319	385	383	455	342
America West	9	75	103	119	2
Northwest Airlines	536	597	– 286,3	300	256
Total	**2 924**	**4 724**	**3 953,7**	**4 499**	**2 022**
Asie :					
Singapore Airlines [1]	731	693	525,7		
Qantes	199	71 [3]	189		
Thai-Airways	135	59	87,7		
Japan Airlines [1]	– 214	– 579	83,3		
Air New Zealand	103	27 [3]	75,8		
China Southwest Airlines	58	115 [2]	– 13		
Cathay Pacific	493	217	– 170		
Total	**1 505**	**603**	**878,5**		
Europe :					
Lufthansa	371	482	764,7		
SAS [3]	271	292	335,7		
SAirGroup	– 402	223	261,6		
Alitalia	– 778	261	260,4		
Iberia	28	117	235,7		
Sabena	– 286	– 70	34,8		
British Midland	13	39	16,2		
Austrian Airlines	2	11	15,1		
Total	**– 781**	**1 355**	**1 924,2**		

Nota. – (1) Exercice se clôturant au 31-3 de l'année suivante. (2) 1er semestre de l'année fiscale en cours. (3) Profit avant impôts.

■ **Russie. Compagnies :** *1997 :* 400 (dont desservant des lignes régulières 150, d'affrètement uniquement 190) dont **Aeroflot** (en 1998) : passagers : 4,3 millions ; coefficient de remplissage 57,4 % ; **Transaero Airlines** (en 1998) : passagers 706 391 ; coefficient de remplissage 71,5 %. **Accidents :** *de 1992 à 94 :* 321 (832 †), 80 % dus à une erreur humaine. **Age de la flotte :** 60 % des avions ont plus de 15 ans. **Besoins estimés de 1995 à 2000 :** 400 avions de 100 places pour remplacer 900 avions de plus de 20 ans. 2 types d'appareils de construction russe peuvent satisfaire aux standards occidentaux : le *Tupolev 204* (7 exemplaires produits en 1994) et l'*Illyouchine 96M* (3).

■ **Coefficient de remplissage. Compagnies membres de l'Iata, sur les lignes internationales** (en %) : *1995 :* 59,2 ; *96 :* 60,8 ; *97 :* 61,1 ; *99 :* 61,4.

■ **Fret. Total** (en milliers de t, 1998) : Federal Express 4 651, United Parcel Service 2 845, Lufthansa 1 062, Korean Air Lines 1 033, *Air France 943*, Japan Airlines 870, Singapore Airlines 753, United Airlines 668, British Airways 662, Cathay Pacific 580.

■ **Nombre de passagers transportés. Total** (en millions, 1998) **dont,** entre parenthèses, **vols internationaux :** Delta Airlines 105,3 (7,3), United Airlines 86,8 (11,5), American Airlines 81,4 (17,3), US Airways 58, Northwest Airlines 50,5 (18,6), British Airways 44,5 (30,1), *Air France 42,4* [en 2000-01] *(18,2)*, All Nippon Airways 41,4 (3,4), Continental Airlines 41,3, Lufthansa 38,5 (24,7), Japan Airlines 31,4 (11,1), Alitalia 24,2 (10,4), TWA 23,9, Iberia 22,2 (8,3), SAS 21,5 (12,5), Korean Airlines 19,6 (6,7), Japan Air System 19,5, American West Airlines 17,7, Qantas 16,3 (6,2), Air Canada 16,2 (7,7), Thai Airways 15 (9,1), KLM 15 (14,9), China Southern Airlines 14,4.

Marché domestique américain (en %, 1999) : United Airlines 17, Delta Airlines 17, American Airlines 15, Southwest Airlines 14, US Airways 11, Northwest Airlines 9, Continental Airlines 8, TWA 4, America West 3, Alaska 2.

■ **Principales alliances dans le transport aérien** (en 2001). **Oneworld** *créé* févr. 1999. *Cies* 8 : Aer Lingus (Ir.), American Airlines (USA), British Airways (G.-B.), Cathay Pacific (Chine, Hong Kong), Finnair (Finl.), Iberia (Esp.), Lan Chile (Chili), Qantas (Austr.). *Destinations* 648. *Vols quotidiens* 7 500. *Passagers* 209 millions. *Employés* 269 000. *Appareils* 1 852. **SkyTeam** *créé* juin 2000. *Cies* 4 : Aeromexico (Mexique), Air France (Fr.), Alitalia (It.), CSA-Czech Airlines (Rép. tchèque), Delta Airlines (USA), Korean Ailines (Corée). *Destinations* 451. *Vols quotidiens* 6 400. *Passagers* 174 millions. *Employés* 151 000. *Appareils* 978. **Star Alliance** *créée* mai 1997. *Cies* 15 : Air Canada (Can.), Air New Zealand (Nlle-Zél.), All Nippon Airways (Jap.), Ansett et Austrian Airlines (Austr.), British Midland (G.-B.), Lauda Air (Autr.), Lufthansa (All.), Mexicana (Mex.), SAS (Suède), Singapore Airlines (Singapour), Thai Airways (Thaïlande), Tyrolean (Autr.), United Airlines (USA), Varig (Brésil). *Destinations* 815. *Vols quotidiens* 9 600. *Passagers* 296 millions. *Employés* 312 000. *Appareils* 2 130. **Wings** *créé* sept. 1992. *Cies* 3 : Northwest Airlines (USA), KLM (P.-Bas), Malaysia Airlines (Malaisie). *Destinations* 480. *Vols quotidiens* n.c. *Passagers* 160 millions. *Employés* n.c. *Appareils* 1 260.

Comparaisons : *CA* (en milliards d'euros) : Star Alliance 64, Oneworld 56, Wings 35, Sky Team 31. *Passagers* (en millions) : Star Alliance 290, Oneworld 224, Wings 180, SkyTeam 176. *Répartition du trafic mondial* (en %) : Indépendants 35, Star Alliance 22, Oneworld 18, SkyTeam 11, Wings 10, Qualiflyer 4.

■ **Partenaires régionaux. Air France :** Brit Air, CityJet, Corse Méditerranée, Eurowings, Gill Airways, Proteus/Flandre Air, Jersey European, Regional Airlines. **Alitalia :** Alitalia Express, Azzura Air, Minerva Airlines. **British Airways :** Base Airlines, British Regional Airlines, Brymon Airways, CityFlyer Express, Sun-Air. **Iberia :** Air Nostrum, Binter Canarias. **KLM :** Eurowings, KLM Cityhopper, KLM Exel, KLM UK. **Lufthansa :** Air Dolomiti, Augsburg Airways, Contact Air, Lufthansa CityLine, Rheintalflug. **SAS :** Air Baltic, Air Botnia, Cimber Air, SAS Commuter, Skyways, Wideroe.

■ **Compagnies régionales. Trafic passagers** (en 1999) : Lufthansa CityLine 4 816 940. Brit Air 2 062 343. Tyrolean Airways 1 931 383. Air Nostrum 1 850 000. Wideroe 1 585 170. Regional Airlines 937 000. Brymon Airways 921 769. Skyways 900 000. Augsburg Airways 819 332. Air Dolomiti 581 460. KLM Exel 351 468. Air Botnia 191 579.

EN EUROPE

■ **Premières compagnies régionales** (en millions de passagers, 1998). Crossair (Suisse) 5,4. Lufthansa CityLine (All.) 4,4. KLM UK (G.-B.) 4,3. Eurowings (All.) 2,9. KLM Cityhopper (P.-Bas) 2,2. Jersey European Airways (G.-B.) 1,9. Meridiana (It.) 1,9. British Regional Airlines (G.-B.) 1,8. Tyrolean Airways (Autriche) 1,8. SAS Commuter (Danemark) 1,7.

■ **Résultats** (en millions d'euros, 1999). United Airlines (UAL) [USA] 1 325. American Airlines USA 794. Lufthansa (All.) 630. Continental Airlines (USA) 387. Air France (Fr.) 354. Northwest Airlines (USA) 323. US Airways (USA) 212. Japan Airlines (Japon) 204. British Airways (G.-B.) – 34 (en 2000).

■ **Compagnies américaines. Classement par chiffre d'affaires** (en milliards de $) : UAL-US Airways 26,6. American Airlines 17,7. Delta Airlines 15,1. Northwest Airlines 8,6. Southwest Airlines 4,7. TWA 3,3. America West 2,2. Alaska Air 2,1.

■ **Compagnies asiatiques. Résultat** (en millions de $, 1998-99) : Singapore Airlines 615,6. Korean Air 212,2. Japan Airlines 209,3. Qantas 206. Thai Airways 88,1. Air New Zealand 85,7. Ansett 20. Eva Air 2,3. Vietnam Airlines 0,2. All Nippon Airways – 39,4. China Eastern – 64,3. China Airlines – 65,6. China Southern – 65,7. Cathay Pacific – 70. Asiana – 106,2. Malaysia Airlines – 179,8. Garuda – 207,3. Philippine Airlines – 327,2.

■ **Principales compagnies aériennes à bas prix. Maison mère et date de création** (en italique), **pays, chiffre d'affaires (et profit avant impôt)** [en millions de F, 1998] : *Ryanair (1985,* Irlande), 1940 (497) [exercice clos en mars]. *Easy Jet (1995,* G.-B.), 1 200 (23) [exercice clos en sept.]. *GO (British Airlines, 1998,* G.-B.), 322 (– 203) [sur 17 mois]. *Virgin Express* [*Virgin Express, 1992,* G.-B. (siège à Bruxelles)], 167,5, (7,5). *Buzz* [*KLM, 1999,* P.-Bas (siège à Londres)], n.c. (n.c.).

PRINCIPALES COMPAGNIES AÉRIENNES (MEMBRES DE L'IATA EN 1998)

☞ *Légende. - 1er chiffre :* nombre de passagers sur service régulier, en milliers. *2e :* entre parenthèses, total des passagers, bagages, fret, courrier transportés, en millions de tonnes/km. *3e :* en italique, nombre d'appareils. CA : chiffre d'affaires. M : million. Md : milliard. R.n. : résultat net.

Aces (Colombie) 2 122 (n.c) *23.* **Ada Air** (Albanie) 21 (0,7) *4.* **Adria Airways** (Slovénie) 460 (40) *6.* **Aer Lingus** (Irlande, fondée 1936) 5 506 (703) *34.* **Aeroflot** 4 268 (1 863) *121* [ex-compagnie nationale soviétique. 1990 devient membre de l'Iata. 1992 éclate en 150 compagnies environ dont la Cie Aeroflot International Airlines (135 villes desservies dans 93 pays début 1994)]. De janv. à oct. 1993, les trafics passagers et fret ont diminué d'environ 40 % sur le territoire de l'ex-URSS. Passagers : 18 millions transportés au 1er semestre contre 85,6 millions en 1990. Trafics internationaux : + 27 % par rapport à 1992. *Avions 1991 :* 4 500 ; *97 :* 113. *Employés :* 14 000. *Passagers 1996 :* 31 820 000]. **Aerolineas Argentinas** 4 024 (1 249) *38.* **Aeromexico** 7 816 (1 024) *63.* **Aeromexpress** (Mexique) n.c. (24) *1.* **Aerosur** (Bolivie) 455 (19) *4.* **Aerosweet Airlines** (Ukraine) 134 (27) *2.* **Aero Zambia** 49 (4) *1.* **Afghan Airlines** 53 (24) *7.* **Air Afrique** 996 (419) *16. R. n.* (en milliards de F) *1995 :* – 0,16 ; *96 :* – 0,22 ; *97 :* – 0,05. **Air Algérie** 3 106 (281) *39.* **Air ALM** (Antilles néerlandaises) 904 (51) *7.* **Air Austral** *(France)* 324 (24) *3.* **Air Baltic** (Lettonie) 176 (11) *6.* **Air Bosna** 50 (5) *2.* **Air Botswana** 124 (5) *3.* **Air Canada** 16 203 (4 617) *157.* **Air China** 6 454 (2 376) *65.* **Air Europa** (Espagne) 2 565 (269) *27.* **Air France** 33 498 (11 501) *203.* **Air India** 3 011 (1 471) *28 ; CA (et r.n.)* en M$: *1997-98 :* 1 006 (– 83,5) ; *98-99 :* 1 033 (– 48,7) ; *99-2000 :* 957 (41,6). **Air Liberté** *(France)* 3 821 (447) *42.* **Air Lanka** 1 213 (553) *9.* **Air Madagascar** 600 (104) *14.* **Air Maldives** 247 (45) *4.* **Air Malta** 1 159 (183) *10.* **Air Marshall Islands** 32 (2) *4.* **Air Mauritius** 807 (507) *10.* **Air New Zealand** 6 426 (2 600) *35.* **Air Sask** (Canada) 17,4 (0,7) *21.* **Air Seychelles** 368 (84) *7.* **Air Tahiti** 545 (17) *10.* **Air Tanzania** 219 (24) *7.* **Air Ukraine** 227 (67) 108. **Air Vanuatu** 89 (19) *4.* **Air Zimbabwe** 581 (113) *7.* **Alaska Airlines** (USA) 13 029 (1 757) *80.* **Albanian Airlines** 65 (n.c.) *2.* **Alitalia-Linee Aeree Italiane** (fondée 1946) 24 178 (5 029) *147 ; effectifs* (en 1999) : 20 770 ; *CA (r.n.)* en Md€ : *1997 :* 4,47 (0,226) ; *98 :* 4,69 (0,211) ; *99 :* 4,81 (0,008) ; *2000 :* 5,46 (– 0,25). **Alliance Air** (Ouganda) 58 (n.c.) *1.* **All Nippon Airways** 41 471 (5 817) *143.* **Aloha Airlines** 5 144 (117) *19.* **Alpi Eagle** (It.) 403 (28) *6.* **America West Airlines** 17 769 (2 536) *111.* **American Airlines** (USA) 81 453 [en 2000 : 86 280] (18 781) *700 ; CA (r.n.)* en M$: *2000 :* 20 (0,98). **Ansett Australia** 11 970 (1 791) *75.* **Ansett New Zealand** 1 691 (87) *18.* **AOM** *(France)*

2 946 (1 028) *26 ; chiffre d'affaires :* 3,6 milliards de F (en 1997). **Arkia Israeli Airlines** 970 (24) *27.* **Armenian Airlines** 365 (80) *n.c.* **Augsburg Airways** (All.) 663 (29) *13.* **Austral Lineas Aereas** 1 944 (135) *15.* **Austrian Airlines** (Autr.) 3 234 (866) *35 ;* **Group** (Austrian Airlines, Lauda Air, Tyrolean Airways) 8 030 (en 1999), *taux de remplissage global :* 66,7 % (services réguliers). **Aviaco** (Espagne) n.c. (n.c.) *32.* **Avianca** (Colombie) 3 924 (504) *35.* **Azerbaïdjan Airlines** 669 (169) *47.*

Balkan Bulgarian 828 (214) *30.* **Belavia** (Biélorussie) 226 (40) *41.* **Braathens SAFE** (Norvège) 5 603 (241) *36.* **British Airways** (G.-B.) 36 593 (14 658) *280.* Née 1-4-1974 de la fusion BEA-BOAC, privatisée depuis 1987. A acquis Air Liberté en 1997. *Participations détenues par* (en 2001) : British Asia Airways, Brymon European, British Airways Regional : 100 % ; Deutsche BA, GB Airways : 49 % ; Air Russia 31 % ; Qantas : 25 % ; Caribexpress : 20 %. *Flotte* (en 2001) : 338 avions dont Boeing (747-100/200/400/C ; 767 ; 757 ; 767-200/300/ 400 ; 777) : 238 ; BAe ATP : 2 ; A-320 : 10 ; DHC-8 : 17 11 ; Concorde : 7 ; *CA* (en Md de £) *1997 :* 8,36 (r.n. 0,553) ; *98 :* 8,64 (0,46) ; *99 :* 8,92 (0,206) ; *2000 :* 8,94 ; *mars 2001 :* 9,28 (0,14). *Effectifs : 1994 :* 49 628 ; *95 :* 55 000 ; *97 :* 60 770 ; *2001 :* 62 175 (dont 3 234 pilotes). *Passagers* (en 2000) : 44,5 millions. *Fret* (en mars 2001) : 907 000 t. *Coefficient de remplissage* (en mars 2001) : 71,7 %. *Lignes desservies* (en 1994) : 165. **British Midland** (G.-B., fondée 1964) 5 975 (287) *48.*

Canadian Airlines International 8 169 (3 120) *81.* **Cargolux** (Lux.) n.c (2 245) *10.* **Cathay Pacific** (Hong Kong) 10 286 (7 210) *72.* **China Eastern Airlines** 7 401 (1 433) *52.* **China Northern Airlines** 3 889 (n.c) *56.* **China Southern Airlines** 14 455 (1 872) *102.* **China Northwest Airlines** 2 712 (366) *34.* **China Southwest Airlines** 4 715 (612) *41.* **China Xinjiang Airlines** 1 341 (299) *19.* **China Yunnan Airlines** 2 408 (285) *19.* **City Jet** (Irl.) n.c. (n.c.) *8.* **Continental Airlines** (USA) 41 282 (7 967) *351.* **Continental Micronesia** (USA) 2 282 (732) *26.* **Copa** (Panamá) 860 (184) *13.* **Corse Méditerranée** *(France)* 809 (22) *8.* **Croatia Airlines** 828 (52) *10.* **Crossair** (Suisse) 2 154 (130) *71.* **CSA** (**Československe Aerolinie** ; Rép. tchèque) 2 460 (264) *25.* **Cubana** 1 138 (524) *27.* **Cyprus** (Chypre) 1 346 (284) *28* (dont B-737 : 19 ; ATR : 9 ; A-310-300 : 2).

Delta Airlines (USA) 105 305 (17 461) *605 ; CA* (en Md de $, 2000) : 16,7. *Effectifs :* 74 000. *Avec filiale, vols quotidiens :* 2 589 ; *villes desservies :* 186. **Deutsche BA** (All.) 2 677 (n.c) *18.* **Dinar Lineas Aereas SA** (Arg.) 400 (37) *4.* **Dragonair** (Hong Kong). 1 968 (265) *12.*

Eagle Aviation (Kenya) n.c. (n.c.) *5.* **EAT** (Belgique) n.c (n.c) *75.* **Ecuatoriana** (Équateur) 284 (116) *5.* **Egyptair** 4 022 (989) *41.* **El Al** (Israël) 2 729 (2 216) *17.* **Emirates** (Émirats arabes unis) 4 057 (2 047) *25.* **Estonian Air** 280 (16) *5.* **Ethiopian Airlines** 790 (302) *25.* **Eurowings** (All.) 2 047 (n.c.) *41.*

Falcon Aviation (Suède) 195 (8) *3.* **Federal Express** (USA) n.c. (9 679) *624.* **Finnair** (Finlande) 6 771 (1 182) *57.*

G.-B. Airways 952 (148) *9.* **Ghana Airways** 268 (125) *4.* **Gill Aviation** (G.-B.) 288 (8) *11.* **Gujarat Airways** (Inde) 73 (n.c.) *5.* **Gulf Air** (Bahreïn, Oman, Qatar, Émirats) 4 828 (1 427) *28.*

Hapag Lloyd (All.) 4 707 (958) *31.* **Hazelton Airlines** (Austr.) 413 (n.c) *12.*

Iberia (Espagne, fondée 1977, privatisée 1999-2001) 22 259 (3 709) *112.* **Icelandair** (Islande) 1 322 (422) *10.* **Indian Airlines** 6 084 (699) *41.* **Interimpex** (Macédoine) 215 (22) *4.* **Iran Air** 6 500 (652) *47.*

Japan Airlines 31 362 (11 245) *138.* **Japan Air System** 19 518 (1 139) *87.* **JAT** (ex-Youg.) 825 (72) *26.* **Jersey European** (G.-B.) 2 052 (60) *23.* **Jet Airways** (Inde) 3 782 (309) *24.*

Kendell Airlines 973 (31) *23.* **Kenya Airways** 1 043 (238) *9.* **KLM** (P.-Bas, fondée 1919) 14 991 (9 607) *111.* **KLM UK** 4 237 (189) *44.* **Korean Airlines** (Corée du Sud) 19 605 (8 234) *129 ; CA (r.n.)* [en Md d'euros] : *1998-99 :* 6,05 (0,207).

Lab-Lloyd Aereo Boliviano 1 729 (219) *15.* **Ladeco** (Chili) 1 146 (105) *11.* **Lam** (Mozambique) 201 (33) *6.* **Lan Chile** (Chili) 2 998 (1 900) *32.* **Lapa (Lineas Aereas Privadas Argentinas)** 1 725 (155) *18.* **Lauda Air** (Autr.) 883 (459) *19.* **Lithuanian Airlines** 213 (27) *16.* **Lot** (Pol.) 2 061 (483) *30.* **Lufthansa** (All., fondée 6-1-1926, activités suspendues mai 1945, reprises 1955, structure rétablie 6-1-1953) 38 503 (13 911) *295* dont Boeing 737 : 76, 747 : 42, Airbus A-320 : 33, A-321 : 20, A-340 : 18, A-300 : 13, A-310 : 7, A-319 : 20, TID-11F : 5, RJ-85 : 18, Canadair CL-600 : 32, F-50 : 11. *Passagers transportés* (en millions) : *1990 :* 26,6 ; *95 :* 40,7 ; *96 :* 41,4 ; *97 :* 37,2 ; *98 :* 40,5 ; *99 :* 44. *CA (r.n.)* en Md de marks : *1993 :* 17,7 (– 0,09), *94 :* 18,8 (0,3), *95 :* 19,9 (1,4), *96 :* 20,8 (0,56), *97 :* 21,6 (1) ; *98 :* 22,6 (1,4) ; *99 :* 24,8 (1,9) ; *2000* (en milliers d'euros) : 15,2 (1,04). *Effectifs* (en 1998) : 34 009. Privatisation engagée 1994, terminée 13-10-1997. **Luxair** 701 (41) *10.*

Maersk Air (Danemark) 837 (40) *19.* **Maersk Air LTD** (G.-B.) 556 (35) *8.* **Malaysian Airlines System** 13 654 (3 777) *94.* **Malev** (Hongrie) 1 749 (267) *25.* **Malmö Aviation** (Suède) 821 (37) *10.* **Manx Airlines** (G.-B.) 2 338 (76) *38.* **Mea-Air Liban (Middle East Airlines)** 716 (176) *13. Effectifs :* 4 200 pers. [1 employé pour 170 passagers (Air France 1 pour 670)] ; *dette* (depuis 1996) : 300 M de $. **Meridiana** (Italie) 2 936 (174) *21.* **Mexicana** 7 123 (968) *54.*

Nigerian Airways 133 (25) *4.* **Nippon Cargo** (Japon) n.c (1 898) *8.* **Northwest Airlines** (USA) 50 489 (12 597) *409.*

Olympic Airways (Grèce, fondée 1957, privatisée 1975) 6 403 (936) *56. Effectifs* (en 1994) : 10 348.

Pakistan International 5 414 (1 408) *47.* **Pan Am** reprise en 1993, vols repris en 1996, faillite et fermeture en 1998. **PGA Portugalia** 1 211 (63) *12.* **Philippines Airlines** 7 405 (2 102) *60.* **Pluma** (Uruguay) 557 (70) *6.* **Polynesian Airlines** 149 (n.c.) *4.*

Qantas Airways (Austr.) 16 354 (7 078) *98.*

Régional Airlines *(France)* 798 (38) *24.* **Royal Air Maroc** 3 012 (573) *29.* **Royal Jordanian** 1 187 (596) *16.* **Ryanair** (Irlande) 4 629 (167) *21.*

SA Airlink (Afr. du S.) 409 (25) *14.* **SAA South African Airways** 5 117 (1 699) *57.* **Sabena** (Belg., capital : État et investisseurs belges 50,5 %, Swissair 49,5 % depuis 1995) 8 749 (n.c.) *74. Effectifs* (en 1998) : 10 764 ; *CA (r.n.)* en M d'euros : *1999 :* 2 230 (– 13,9) ; *2000 :* 2 440 (– 325). **Safair** (Afr. du S.) n.c. (4) *9.* **Samara Airlines** (Russie) 389 (51) *21.* **SAS-Scandinavian Air System** (Danemark, Norvège, Suède, fondée 1946) 21 507 (2 680) *179.* **Saudi Arabian Airlines** 11 816 (2 645) *123.* **Shanghai Airlines** 2 214 (n.c.) *12.* **Singapore Airlines** 12 329 (10 425) *94.* **Skyways** (Suède) 761 (n.c) *26.* **Spanair** (Espagne) 2 893 (327) *25. Passagers transportés* (en millions) *1998 :* 5,04 (2,1 en 1993). *CA (r.n.)* en M d'euros : *1998 :* 447,8 (171,6 en 1993). **Sudan Airways** 499 (n.c.) *19.* **Swissair** 11 940 (4 706) *68. Effectifs* (en 1998) : 16 556. SAirGroup (nom depuis 1997). *Participation* (en %, 2001) : à Balair 100, Swissair 100, LTU 49,9, AOM-Air Liberté-Air Littoral (cédé 3-7-2001) 49,9, Sabena 49,5, Air Europe 45, Lot 37,6, Volare 34, SAA 20, Austria Airlines 10. *CA (r.n.)* SAirGroup en Md de FS : *1998 :* 11,3 (0,361) ; *99 :* 13 (0,273) ; *2000 :* 16,23 [– 2,885 (– 1 890 M d'euros, dont AOM-Air Liberté-Air Littoral – 393, Sabena – 325, LTU – 224, Swissair – 127,8, Balair – 16,4, Crossair – 13,1)]. *Endettement net* (fin juin 2001) : 7,8 Md de FS. **Syrian Arab Airlines** 685 (144) *11.*

Taesa (Mexique) 1 699 (266) *34.* **Tam Transportes Aeros** (Brésil) : **Regionais** 2 959 (142) *47 ;* **del Mercosur** 222 (22) *2 ;* **Meridionas** 2 524 (160) *6.* **Tap-Air Portugal** 4 681 (1 087) *34.* **Tarom** (Roumanie) 908 (165) *25.* **Thai Airways** (Thaïlande) 15 015 (4 682) *74.* **TMA** (Liban) n.c. (71 045) *5.* **Tower Air** (USA) 1 589 (657) *17.* **Transaero** (Russie) 1 285 (364) *11.* **Transavia** (P.-Bas) 939 (138) *21.* **Transbrasil** (Brésil) 2 895 (600) *25.* **Tunis Air** 1 887 (270) *24.* **Turkish Airlines** 9 949 (1 376) *71.* **TWA Trans World Airlines** (USA) 23 909 (4 154) *208.* Née 1-10-1930, sous le nom de Transcontinental and Western Air, de la fusion de Transcontinental Air Transport (TAT) et Western Air Express (WAE). 1re Cie à relier la côte ouest à la côte est (36 h, avec 1 étape à Kansas City), *1935,* 1re à embaucher des hôtesses de l'air. *1937* propose des couchettes. *1940,* 1ers avions à cabine pressurisée. *1939* Howard Hughes (1905-76) en prend le contrôle (partira en 1966). *1946-févr.* Lockheed Constellation, *Star of Paris,* mis en service sur la ligne New York-Paris, *via* Terre-Neuve et Shannon (Irlande). *1950* rebaptisée Trans World Airlines. *1961* films sur vols longs-courriers. *1970* zones non-fumeurs. *-Févr.* Boeing 747. *1977* déréglementation du transport aérien par Pt Jimmy Carter. *1985* Carl Icahn (financier) en prend le contrôle ; vend 6 lignes transatlantiques à American Airlines pour éponger une partie de la dette contractée pour son OPA. *1992* et *1994* sous la protection de la loi sur les faillites. *1996-17-7* accident du vol 800 (Boeing 747 explose au-dessus de l'Atlantique peu après son décollage de New York ; 230 †). *2001-avril* offre d'acquisition par AMB (holding coiffant American Airlines).

Ukraine International Airlines 182 (37) *n.c.* **United Airlines** (USA) 125 000 (22 364) *594. Salariés :* 95 500. *Vols quotidiens :* 2 370. *CA (r.n.)* en milliers de $: *1999* 18 (1,24). *2-7-2001* renonce à racheter US Airways. **United Parcel Service** (USA) n.c. (5 516) *224.* **US Airways** 55 000 (6 530) *398. Vols quotidiens :* 2 200. *Salariés :* 45 000. *CA (r.n.)* en Md de $: 8,6 (0,197).

Varig (Brésil) 11 215 (3 689) *94.* **VASP** (Brésil) 5 387 (1 149) *44.* **Virgin Atlantic** (G.-B., fondée 1980) 3 152 (2 557) *24.*

Xiamen Airlines (Chine) 3 002 (292) *20.*

Yemen Airways 765 (n.c.) *10.*

TRAFIC AÉRIEN

TRAFIC MONDIAL

■ **Trafic par pays. Nombre de passagers/km et,** entre parenthèses, **de tonnes/km** (passagers, fret, poste), en milliards, **sur les services réguliers (nationaux et internationaux) en 2000** [*Source :* OACI] : USA 1 111 (134,5) ; Japon 173,4 (23,7) ; G.-B. 170,7 (21,9) ; Allemagne 115,6 (18,6) ; *France 113 (15,6) ;* Chine 91 (11,6) ; Australie 81,5 (9,9) ; Pays-Bas 73,9 (11,8) ; Singapour 71,8 (13) ; Canada 70,8 (8,4) ; Brésil 45,7 (5,7) ; Russie 43 (4,9) ; Italie 44,6 (6,2) ; Espagne 52,6 (5,6) ; Thaïlande 42,2 (5,6) ; Mexique 30,5 (3,1) ; Inde 26 (2,9) ; Arabie saoudite 20,2 (2,8).

■ **Trafic des transporteurs aériens commerciaux** (en 2000). **En milliards de t/km réalisées :** *transports aériens réguliers :* 400,8. **En milliards de passagers/km :** 3 017,8. **En milliards de t/km de fret :** 117,6. **Nombre de passagers/km** (en millions) **et,** entre parenthèses, **fret en tonnes/km** (en millions) : Amérique du Nord 1 176,8 (31,9) ; Europe 805,3 (34,7) ; Asie et Pacifique 733,3 (39,8) ; Amérique latine et Caraïbes 142,2 (4,5) ; Moyen-Orient 93,8 (4,6) ; Afrique 66,5 (2,1).

CIRCULATION AÉRIENNE

■ **Nombre de vols contrôlés en Europe** (moyenne/j, en 1998). Allemagne 6 450, *France 6 554,* G.-B. 5 172, Italie 3 313, Espagne 2 881, Suisse 2 590, Belgique-Luxembourg 2 477, Pays-Bas 2 367, Autriche 2 100. La distance qui sépare les avions dans un même couloir est de 18 km (qui, à 900 km/h, se rencontreraient en 36 secondes).

■ **Pointes journalières de trafic civil en France. En 1996 :** France entière : 6 575 mouvements ; *Athis-Mons :* 2 609 ; *Aix-en-Provence :* 1 864 ; *Reims :* 1 708 ; *Bordeaux :* 1 471 ; *Brest :* 1 088. **En 2000 :** France entière : 8 379.

ORGANISATION DE L'ESPACE

■ **Espace inférieur.** *Du sol au niveau de vol 195, soit 19 500 pieds (6 100 m) pour une pression au niveau de la mer de 1 013 hPa.* A l'intérieur sont définis : **1°)** *des espaces aériens contrôlés,* comprenant les voies aériennes [couloirs larges de 18 km, plancher à au moins 300 m au-dessus du relief balisé par des dispositifs radioélectriques (radiophares MF-VHF)], les régions terminales et les zones de contrôle englobant trajectoires d'arrivée et de départ d'un ou plusieurs aéroports rapprochés ; **2°)** *des zones réglementées ou dangereuses,* perméables sous certaines conditions ; **3°)** *quelques zones interdites.* En dehors des espaces aériens contrôlés, les aéronefs évoluant en VFR (Visual Flight Rules : vol à vue) ou IFR (Instruments Flight Rules : vol aux instruments), tenus au respect des règles de l'air, bénéficient du service d'information de vol et, éventuellement, d'alerte. Dans les espaces contrôlés, les aéronefs doivent se tenir en liaison avec le centre de contrôle de la zone et suivre ses instructions. **Espace supérieur.** *Au-dessus du niveau 195,* l'espace est globalement contrôlé jusqu'au niveau de vol 660 (20 000 m) ; des zones réservées temporaires protègent certaines activités militaires. Seuls sont admis les vols IFR ; ils suivent, sauf autorisation particulière, des itinéraires prédéterminés.

CONTRÔLE EN FRANCE

☞ Pour franchir une frontière, effectuer un survol maritime ou bénéficier des services d'alerte et de secours, il faut déposer un plan de vol (immatriculation de l'avion, type et équipement, points et heures de départ et d'arrivée, route suivie, vitesse, altitude, etc.) et donner les reports de sa position sur des fréquences de radiocommunication prédéterminées en des points spécifiés. Le plan de vol doit être clôturé à l'arrivée, les reports signalés. Les contrôleurs peuvent ainsi assurer, selon l'espace où se trouvent les aéronefs, le contrôle de la circulation, l'information de vol et l'alerte. Une coordination est assurée avec les organismes militaires.

■ **Résultats** (en 1999). **Vols IFR contrôlés :** 2 516 578 dont 798 617 (36,2 %) ne font que survoler la France.

■ **Corps techniques de l'aviation civile** (en fonction au 1-1-2001). **Total :** 10 600 dont ingénieurs de l'aviation civile (IAC) et ingénieurs des études et de l'exploitation de l'aviation civile (IEEAC) : 925. Ingénieurs du contrôle de la navigation aérienne (Icna) : 4 020. Ingénieurs électroniciens des systèmes de la sécurité aérienne (Iessa) : 1 380. Techniciens supérieurs des études et de l'exploitation de l'aviation civile (TSEEAC) : 1 540.

■ **Formation : diplômes délivrés par l'École nationale de l'aviation civile (Enac).** [*Source :* DGAC.] **Ingénieurs de l'aviation civile (IAC) :** *1992 :* 6 ; *94 :* 7 ; *97 :* 8. **Des études et exploitation de l'aviation civile (IEEAC) :** *1992 :* 82 ; *93 :* 90 ; *94 :* 104 ; *96 :* 19. **Du contrôle de la navigation aérienne (Icna) :** *1992 :* 33 ; *94 :* 14 ; *96 :* 168 ; *98 :* 173. **Ingénieurs électroniciens des systèmes de la sécurité aé-**

ÉVOLUTION MONDIALE DU TRAFIC RÉGULIER PAYANT (Source : OACI)

Années	Passagers transportés	Tonnes de fret	Passagers/kilomètre	Sièges/km disponibles	Remplissage passagers	Tonnes/kilomètre réalisées		
						Fret	Poste	Total
	Millions	Millions	Milliards	Milliards	%	Millions	Millions	Millions
1975	534	8,7	697	1 179	59	19 370	2 900	84 700
1980	748	11,1	1 089	1 724	63	29 380	3 680	130 980
1985	899	13,7	1 367	2 081	66	39 840	4 400	167 690
1990	1 165	18,4	1 894	2 801	68	58 820	5 330	235 220
1995	1 304	22,2	2 248	3 359	67	83 130	5 630	293 940
1998	1 666	26,2	2 636	3 845	68,9	102 500	5 750	349 490
1999	1 558	28,2	2 788	4 034	69	108 040	5 700	368 800
2000	1 647	30,2	3 018	4 259	71	117 580	6 030	400 780

rienne (Iessa) : *1992* : 9 ; *94* : 78 ; *96* : 42 ; *99* : 30. **Techniciens des études et de l'exploitation de l'aviation civile (TEEAC) :** *1996* : 48 ; *99* : 70.

☞ **Redevance pour « services terminaux de la circulation aérienne » (RSTCA) :** *créée* 1-9-1985. Pour tout avion civil décollant d'un grand aérodrome français pour un vol IFR.

■ **Quelques actes de terrorisme. 1930** et **1931**-*21* et *24-2* : 3 vols intérieurs détournés au Pérou (révolution). 1948-*16-6*, 1er détournement de l'hydravion *Miss Macao* (Cathay Pacific) Macao-Hong Kong : 1 seul survivant, l'auteur du détournement, Wong-yu-Man. **1961**-*24-7 Lockheed Electra* (Eastern Air Lines) Miami-Tampa vers La Havane. **1973**-*18-10 Boeing* (Air France) Orly-Nice sur Marseille-Marignane par l'épouse de Georges Craven (mortellement blessée par les forces de police). *-30-4 DC-10* (Air France) Orly-Ankara sur Marseille par un passager turc (qui se rend). **1976**-*27-6 Airbus A-300* Tel-Aviv/Athènes/Paris (258 passagers) sur Entebbé (Ouganda) par commando palestinien (exige la libération de 53 terroristes détenus en Allemagne, France, Israël, Kenya, Suisse) ; *-3-7* un commando de l'armée israélienne libère les otages (tués : 3 passagers, 1 Israélien, 20 soldats ougandais et les 7 pirates). **1977**-*12-8 Airbus* (Air France) Paris-Le Caire, contraint de se poser à Brindisi : pirate égyptien capturé. *-30-9 Caravelle* Air Inter Orly-Lyon par Jacques Ribert (malade mental) : 1 hôtesse, le pilote et 1 passager blessés, 1 employé d'Air Inter tué. **1983**-*27-8 Boeing 727* (Air France) Vienne-Paris sur Genève (36 passagers sur 106 débarqués), Catane (60 débarqués), puis Téhéran : 18 libérés, les 5 pirates se rendent (31-8) et obtiennent l'asile politique. **1984**-*31-7/2-8 Boeing 737* (Air France), Francfort-Paris vers Téhéran, via Genève-Beyrouth-Larnaka-Damas, 3 pirates réclament la libération des 5 auteurs de la tentative d'assassinat à Paris contre l'ancien Premier ministre du châh, Chapour Bakhtiar. *-2-8* les pirates libèrent leurs otages, font exploser le poste de pilotage et se rendent. **1985**-*12-6 Boeing 727* (Alitalia) sur Larnaka, Palerme puis Beyrouth, 54 otages libérés après 29 h de détention. *-14-6 Boeing 727* Athènes-Rome sur Beyrouth : 1 †, 39 otages (libérés 30-6). *-23-11 Boeing 737* (Égyptair) sur Malte, 60 † le 24-11 au cours de l'assaut à Malte. **1986**-*5-9 Boeing 747* (Pan Am) attaqué au sol à Karachi par 4 pirates armés : 20 †, 100 blessés, pirates arrêtés. *-25-12 Boeing* (Iraqi Airways) capturé en vol par 4 pirates ; explosion d'une grenade et mitraillage provoquent un atterrissage forcé : 71 †, nombreux blessés. **1987**-*24-7 DC-10* (Air Afrique) Brazzaville-Bangui-Rome-Paris sur Genève par 1 pirate qui, après avoir tué 1 passager, sera maîtrisé. 1 blessé grave. *-28-11 Boeing 747* (SAA) Taïpei-Maurice disparaît en mer (59 †). *-30-11 Boeing 707* (Korean-Airlines) Baghdad-Séoul explose au-dessus de la Birmanie : 115 † (2 pirates arrêtés, voir à l'Index). **1988**-*5-4* (Kuwait-Airways) Bangkok-Koweït : 112 passagers descendent à Meched (Iran), *-6-4*, 24 femmes libérées, *-7-4*, 32 personnes libérées, *-8-4* ne peut se poser à Beyrouth, atterrit à Larnaka (Chypre), *-9-4*, 1 otage exécuté, *-11-4*, 1 otage exécuté, *-12-4*, 12 personnes libérées, *-13-4* atterrit à Alger, *-20-4* otages libérés. *-21-12 Boeing 747* (Pan Am) explose au-dessus de Lockerbie (Écosse) : 275 † (258 passagers et équipage et 17 personnes au sol ; attentat palestinien pour Syrie ou Iran). **1989**-*5-4* (Koweit Airlines) sur Alger, 7 pirates, 2 †, détournement le plus long (16 j). *-18-6 Antonov 26* (Kaboul-Zaranj), 2 pirates, tentative : 6 †, 33 blessés. *23-8 Airbus* (Air France) Paris-Alger par Algérien expulsé de France, maîtrisé peu après l'arrivée. *-19-9 DC-10* (UTA) explose au-dessus du Ténéré : 170 † [Libye mise en cause]. 10-3-1999 : 6 Libyens (dont Abdallah Senoussi ; un des 2 chefs des services secrets, beau-frère de Kadhafi) condamnés par coutumace à perpétuité par la cour d'assises de Paris]. **1991**-*24-6* aéroport de New Delhi, bombe : 25 blessés. **1992**-*26-8* aéroport d'Alger, bombe : 9 †, 123 blessés. **1993**-*12-3* : 4 pirates, durée 7 j, assaut : 4 † dont 2 passagers. *-10-12 Airbus A-320* (Air France) Paris-Nice, tentative vers Tripoli (Libye) par Nordine Zaouli : échec. **1994**-*24-12*, 11 h 30 *Airbus A-300* (Air-France) Alger-Paris par 4 Algériens du GIA (Groupe islamique armé) ; 227 passagers, 12 hommes d'équipage en otage (63 relâchés). 3 otages tués (Algérien, Vietnamien, Français) ; *-26-12* : 3 h 33 se pose à Marignane ; 17 h 12 le GIGN (60 h.) donne l'assaut. *Bilan :* 161 passagers libérés (dont 2 blessés et 11 contusionnés) et 12 membres de l'équipage (dont 4 blessés dont 2 par balles) ; 9 gendarmes blessés (8 par balles, 1 main arrachée par grenade que l'un d'eux allait lancer) ; 4 pirates tués. **1996**-*27-3 A-310* (Egyptair) Louxor-Le Caire vers Tobrouk par Saoudiens demandant la levée du bouclage imposé par Israël aux territoires palestiniens et une solution « au problème du Soudan », se livrent aux Libyens. *-26-4 DC-10* (Iberia) Madrid-La Havane sur Miami ; pirates libanais (?) maîtrisés. **1998**-*23-6 B-727* (Iberia) Séville-Barcelone, sur Valence : pirate espagnol maîtrisé. **1999**-*24-12 Airbus* d'Indian Airlines, parti de Katmandou pour Delhi, détourné avec 160 passagers par 5 pirates pakistanais ; *-31-12* à Kandahar (Afghanistan), otages libérés (sauf 1 tué), les pirates repartent ayant obtenu de l'Inde la libération de 3 indépendantistes cachemiris (sur 35 demandées). **2000**-*6-2 Boeing 727* d'Ariana (afghan) avec 168 passagers détourné vers Londres ; *-7-2* se pose à Stansted ; *-10-2* pirates se rendent. **2001**-*16-3 Tupolev-156* de Vnoukovo Airlines (Russie), avec 174 passagers, détourné d'Istanbul sur Médine par Tchétchènes (passagers libérés).

Calculée selon coût des services et installations mis en œuvre (pour assurer la sécurité de la circulation aérienne et la rapidité des mouvements à l'arrivée et au départ de l'aérodrome), et poids de l'avion ; [exemple en 1998 : Boeing 747 décollant de Roissy-Charles-de-Gaulle : 6 650 F, Airbus 320 : 1 600 F, ATR 42 : 420 F]. *Évolution* (en milliards de F) : *1985* : 0,04 ; *86* : 0,30 ; *88* : 0,44 ; *89* : 0,50 ; *90* : 0,67 ; *91* : 0,73 ; *92* : 0,85 ; *93* : 0,86 ; *94* : 0,91 ; *95* : 1,2 ; *96* : 1,07 ; *97* : 1,05 ; *98* : 1,11 ; *2000* : 1,23. **Redevance de route :** voir plus bas.

■ Piraterie aérienne

☞ La 1re prise d'otages eut lieu en 1931 aux USA à l'époque de la prohibition.

■ **Nombre de tentatives dont,** entre parenthèses, **tentatives réussies.** *1948-57* : 15 (13). *1958-67* : 48 (31) ; *68* : 38 (33) ; *69* : 82 (70) ; *70* : 72 (46) ; *71* : 62 (24) ; *72* : 70 (37) ; *73* : 28 (14) ; *74* : 18 (7) ; *75* : 19 (7) ; *76* : 19 (6) ; *77* : 25 (5) ; *78* : 26 (7) ; *79* : 15 (10) ; *80* : 35 (18) ; *81* : 29 (13) ; *82* : 36 (14) ; *83* : 31 (21) ; *84* : 28 (15) ; *85* : 16 (9) ; *86* : 18 (4) ; *87* : (13) ; *88* : 10 (7) ; *89* : 8 (4) ; *90* : 20 (8) ; *91* : 10 (5) ; *92* : 6 (2) ; *93* : 25 (4) ; *94* : 19 (3) ; *95* : 14 (9) ; *96* : 14 (10) ; *97* : 5 (4) ; *98* : 6 (4) ; *2000* : 11 (8).

■ **Alertes à la bombe.** *En France :* en moyenne 200 par an (dans 99 % des cas, fausse alerte) ; *en 1990* : 400 (guerre du Golfe).

■ **Répression.** Selon la convention de La Haye du 16-12-1970, tout État contractant s'engage à réprimer la piraterie aérienne par des peines sévères. La convention de Montréal du 23-9-1971 prévoit « la répression d'actes illicites dirigés contre la sécurité de l'aviation civile ». En France, le Code pénal prévoit une peine de réclusion criminelle de 5 à 10 ans pour toute personne qui s'empare, par violence ou menace de violence, du contrôle d'un aéronef.

Compagnies françaises

■ Données générales

■ **Budget de l'aviation civile** (en milliards de F, 2001). *Recettes :* 8,96 dont exploitation 6,26, subvention du budget général 0,12, taxe de sécurité et de sûreté 1,42, emprunts 0,61 ; *dépenses* (2000) : 8,84 dont fonctionnement 6,58, capital 2,13. *Répartition des crédits* (en 2000) : 8,46 dont direction générale 2,18, navigation aérienne 5,44, contrôle technique 0,017, formation aéronautique 0,21, bases aériennes 0,6. **Effectifs réels** (au 1-1-2001) : 11 521 personnes.

■ **Redevances versées au budget annexe de la navigation aérienne. De route :** *créée* 1972. Déterminée annuellement par chaque État membre d'Eurocontrol. *Taux unitaires* (en euros, 2001) : G.-B. 83,73, Suisse 76,43, Allemagne 68,03, UEBL 66,91, Autriche 65,57, Pays-Bas 53,09, *France 52,42,* Espagne 49,2, Turquie 44,49, Portugal 40,46, Grèce 37,34, Irlande 19,67. *Exemple :* Boeing 747-100 survolant la France sur 1 000 km : 11 338 F (au 1-1-1994). **Recettes en France** (en milliards de F) : *1990* : 2,3 ; *95* : 4,5 ; *96* : 4,5 ; *97* : 4,6 ; *98* : 4,9. **Taxe de sûreté :** *créée* 1987 pour 2 ans : devient en 1992 taxe de sécurité et de sûreté : a financé les dépenses de sécurité et de sûreté effectuées par la DGAC de 1992 à 1998. Remplacée par la TAC (taxe de l'aviation civile, 1-1-1999). **Tarif** (en F) : *1987 :* passager vol international 5, intérieur et Dom-Tom 3 ; *2000* : 39/23. **Recouvrement** (en millions de F) : *1990* : 273 ; *98* : 1 217,2 ; *2000* : 1 743,9.

■ **Trafic. Passagers payants et non payants des avions commerciaux** (en millions) : *Fr. métropolitaine* (aéroport de Bâle-Mulhouse inclus) : *1995* : 90,8, *96* : 97,8, *97* : 100,1, *98* : 106,3 ; *2000* : 124,7 ; outre-mer : *97* : 8,5, *2000* : 9,8. **Passagers des aéroports** (en millions, 2000). Aéroports de Paris : 73,7 (CDG 48,3, Orly 25,4). Province : 51,2 dont Nice 9,4, Marseille 6,3, Lyon 5,9. **Mouvements d'appareils** (en 2000). *Paris :* 747 000 (CDG 508 000, Orly 239 000). *Province :* 1 094 082. **Nombre de passagers transportés** (en millions, 2000) : Air France 39,27 ; Air Liberté 4,1 ; AOM 3,18 ; Corsair & Aérolyon 2,47 ; Air Littoral 1,51 ; Brit'Air 1,29 ; Regional Airlines 1,01 ; Cie Corse Méditerranée 0,82 ; Proteus & Flandre Air 0,49.

■ Principales Cies régulières

Air France

■ **Histoire. 1933** depuis leur création, les Stés aériennes vivaient des subventions de l'État et lui étaient liées par des contrats qui expiraient presque tous en mai 1933. La faillite de l'Aeropostale avait révélé leur fragilité et les inconvénients de leur dispersion. La G.-B. et l'Allemagne avaient donné l'exemple de regroupements avec les Imperial Airways en 1924 et la Lufthansa en 1926. Le 14-4-1933, Pierre Cot décida de confier l'exploitation des lignes subventionnées à une compagnie unique et ouvrit un concours. Les 4 Cies existantes firent savoir qu'elles étaient prêtes à fusionner pour créer une Sté unique d'exploitation avec participation de l'État. **Air France** fut ainsi créée le 13-8, et définitivement le 30-8-1933. Son nom fut trouvé par le journaliste Georges Raffalovitch. Elle fut inaugurée le 7-10 et regroupa **SGTA (Sté générale des transports aériens)** créée 24-5-1920 à partir des « Lignes aériennes Farman », créées mars 1919 ; **Air Union** (résultant de la fusion, le 1-1-1921, des *Messageries aériennes,* créées févr. 1919 par Louis Breguet, et de la *Cie des grands express aériens* créée 20-3-1919 ; elle avait absorbé le 1-1-1926 l'*Aéronavale* créée 14-6-1919 par Fernand Lioré ; **Cidna (Cie internationale de navigation aérienne)** résultant de la transformation le 1-1-1925 de la Cie franco-roumaine de navigation aérienne, née avril 1920, qui possédait alors le plus grand réseau du monde (3 717 km) ; **Air Orient** résultant de la transformation, en juillet 1930, *d'Air Union Lignes d'Orient* (héritière des *Messageries transaériennes* créées 1919), créée janv. 1928 par Air Union, et d'*Air Asie* créée 1928 ; son logo, *l'hippocampe,* sera adopté par Air France.

Dès sa création, Air France racheta la *Cie générale aéropostale* créée 5-5-1927 par Marcel Bouilloux-Laffont (1871-1944) qui reprit les lignes de Pierre Latécoère († 1943), fondées 1918, devenant CGEA *(Cie générale d'entreprises aéronautiques),* mise en liquidation judiciaire en mars 1931. **1941** devient la *Sté nationale Air France* après fusion de Cie Air France ; *Air Bleu* créée 1935, *Air France Transatlantique* créée 1938, *Aéromaritime* créée 1937, *Air Afrique* créée 1937 (fusion des lignes aériennes Nord Afrique, Régie Air Afrique, Malgache, créées 1934). **1942** *Air France* Sté nationale après fusion avec RLAF *(Réseau des lignes aériennes françaises).* **1948**-*16-6* Sté d'économie mixte dès l'origine, Air France devient Cie nationale [*1er Pt :* Max Hymans (2-3-1900/7-3-1961)]. **1954**-*20-7* accords de Peira-Cava : répartissent activités d'Air France et des Cies privées. **1963**-*1-11* accords : Air France dessert Europe et Amériques, une grande partie de l'Asie, Madagascar, Sénégal ; UTA : reste de l'Afrique, Pacifique Sud, Océanie ; Air Inter : métropole et Corse. **1990**-*22-1* Air France (qui détenait 36,53 % d'Air Inter) prend le contrôle d'UTA (qui possédait 35,80 % d'Air Inter). **1991**-*25-9* décision d'absorber UTA pour 1993 (rachetée à 97,86 %). **1992**-*10-4* accord de coopération avec Sabena. *-Juillet* un gouvernement ne peut empêcher une Cie de desservir villes ou pays de son choix (décision de la CEE). **1993**-*18/31-10* grève aboutissant au retrait du plan social de redressement de Bernard Attali. **1994**-*26-7* la Commission européenne autorise le gouvernement français à apporter 20 milliards de F (*en 1995* : 5 ; *96* : 5). Mise en œuvre du projet pour l'entreprise (PPE), holding, « groupe Air France SA », créé. Air France sort du capital de CSA (il y était entré en 1992). Restructuration et création de centres de résultat : correspondant aux zones géographiques et au fret 6, organismes logistiques 5. **1995** 30 % des salariés (12 000) acceptent de réduire leur salaire d'environ 414 F par mois contre des actions. Air France sort du capital de Sabena. Accord de coopération avec Japan Air Lines. **1996**-*1-3* SAS accuse Air France d'avoir utilisé des aides publiques pour casser les prix. *-13-5* KLM accuse Air France de non-respect des conditions imposées pour la recapitalisation (20 milliards de F). **1997**-*5-9* Pt Blanc démissionne, le gouvernement refusant de privatiser. *-12-9* fusion Air France et Air France-Europe (ex-Air Inter) : devient groupe Air France. **1998**-*1/10-6* grève des pilotes qui obtiennent l'abandon de la double échelle des salaires, l'échange salaire-actions sur la base du volontariat et la grille des salaires gelée pour 7 ans ; coût : 1,5 milliard de F. **1999**-*22-6* accord Air France-Delta Airlines (10 ans renouvelables). **2000**-*22-6* Air France crée *Sky Team* avec Delta Airlines, Korean Air et Aeromexico. Voir p. 1873 b.

■ **Statut.** Sté anonyme à participation ouvrière depuis sa fusion avec UTA. **But :** exploitation des transports aériens dans les conditions fixées par le ministre chargé de l'Aviation civile, création ou gestion d'entreprises présentant un caractère annexe à cette activité, prise de participation dans des entreprises de ce genre, après autorisation donnée par voie réglementaire. Air France est ainsi : une *entreprise commerciale* soumise à la concurrence internationale, tenue de couvrir, par ses ressources propres, ses dépenses d'exploitation, ses charges financières et annuités d'amortissements ; et un *service public* soumis au double contrôle des ministères de tutelle (elle peut se voir imposer certaines contraintes d'exploitation pour des raisons d'intérêt général).

■ **Société Air France. Capital** (en %, au 31 mars 2001) : État 56, public 33, salariés 11. **Montant** (en 2001) : 11,868 milliards de F. **Pt :** *1984* Marceau Long (né 22-4-1926), *1987* (24-2) Jacques Friedmann (né 15-10-1932), *1988* (15-10) Bernard Attali (né 1-11-1943), *1993* (26-10) Christian Blanc (né 17-5-1942), *1997* (18-9) Jean-Cyril Spinetta (né 14-10-1943)]. **Participation** (en 2000) : Air France comprend 20 sociétés. Les principales filiales sont le groupe Servair (restauration) et le pôle Amadeus (distribution).

■ **Chiffres du groupe Air France** (résultats consolidés en milliards de F). **Chiffre d'affaires :** *1990* : 56,8 ; *91* : 57,6 ; *92* : 57,1 ; *93* : 55,15 ; *94* : 56,19 ; *97* : 55,6 ; *97-98* : 59,04 ; *98-99* : 59,7 ; *99-2000* : 67,63 ; *00-01* : 80,55. **Résultat net :** *1990* : – 0,717 ; *91* : – 0,685 ; *92* : – 3,266 ; *93* : – 7,5 ; *94* : – 8,476 ; *95* : – 2,356 ; *96* : – 2,2 (exercice clos au 31-3) ; *96-97* : 0,4 ; *97-98* : 1,836 ; *98-99* : 1,636 ; *99-2000* : 2,32 ; *2000-01* : 2,76. **Résultat d'exploitation :** *1991* : 0,212 ; *92* : – 1,5 [le conflit du Golfe a coûté au groupe 3,35 milliards de F (dont 1,258 au 1er trimestre 1991)] ; *93-94* : – 4,64 ; *94-95* : – 1,952 ; *95-96* : – 9 ; *96-97* : 0,161 ; *97-98* : 2,467 ; *98-99* : 1,755 ; *99-2000* : 2,35 ; *00-01* : 443 millions d'euros (2,9 MdF). **Investissement :** *1990* : 15,5 ; *94-95* : 5,55 ; *95-96* : 3,2 ; *96-97* : 3,9 ; *97-98* : 5,7 ; *98-99* : 6,8 ; *99-2000* : 1,2 milliard d'euros (7,9 MdF). **Dotations de l'État** (en milliards de F) : *1995* : 6,8 ; *96* : 5. **Effectifs** *moyens annuels pondérés du groupe : 1990* : 38 377 ; *91* : 46 067 ; *94-95* : 38 815 ; *96-97* : 46 028 ; *97-98* : 54 325 ; *98-99* : 55 199. *Suppressions : 1991* : 1 000 ; *92* : 1 890 ; *94* : 2 100 (départs volontaires) ; *du 1-1-1994 à fin 1996* : 5 000. *Frais de personnel* (1999-2000) : 20,29 milliards de F.

Projet « Pour l'entreprise ». Efficacité économique augmentée de 30 % en 3 ans (frais de fonctionnement réduits de 7 % par an, coût du personnel de 10 %, frais financiers de 50 % sur 5 ans). Augmentation des recettes de 14 % en 3 ans ; de la productivité de 10 %. Réduction volontaire des salaires en échange d'une entrée des salariés dans le capital d'Air France à partir de 1997, à une hauteur minimale de 5 %. **Référendum sur ce projet :** inscrits 42 645, votants 33 628 (83,55 %) ; oui 28 951 (81,26 % des votants) ; non 5 886 (16,52 %) ; nuls 791 (2,22 %). Jusqu'au 31-3-1997, 2 Cies Air France, une à vocation intercontinentale, l'autre à vocation européenne : Air France-Europe (ex-Air Inter).

■ **Réseau Air France** (en milliers de km). *1933* : 38 ; *39* : 60 ; *45* : 75 ; *54* : 250 ; *60* : 325 ; *70* : 435 ; *82* : 624 ; *90* : 1 072. *Au 31 mars 2001,* 83 pays et 200 escales desservis. **Trafic. Passagers transportés** (en millions), **trafic international/intérieur :** *1995* 15,99/15,78 ; *96* 15,62/17,44 ; *97* : 15,74/17,23 ; *98* 17,19/16,9 ; *99* 19,17/23,91 ; *2000-01* : 42,4 (total). **Passagers/km** (en milliards) : *1995* 51,71/9,17 ; *96* 52,98/18,18 ; *97* 53,73/17,82 ; *98* 58,29/17,97 ; *99-2000* : 85,54 (total) ; *00-01* : 93,35 (total). **Fret international** (en millions de t/km) : *1995* 4,77 ; *96* 4,65 ; *97* 4,83 ; *98* 4,36 ; *99-2000* : 5,2 (international et domestique) ; *00-01* : 5,4. **Coefficient d'occupation** (en %) : *1995* 72,8/64 ; *96* 75,3/72,3 ; *97* 76/74,5 ; *98* 75,9/74 ; *99-2000* : 76,1 (total) ; *00-01* : 78,1 (total).

☞ **Accidents mortels :** *1930-39* : 41 ; *1940-49* : 37 ; *1950-59* : 13 ; *1960-69* : 9 ; *1970-82* : 0 ; *1983-97* (dont groupe Air France) : 2 ; *2000* : 1 (Concorde).

■ **Flotte Air France. Appareils en exploitation :** *1980* : 160 ; *85* : 153 ; *90* : 189 ; *95* : 198 ; *99* : 214 ; *2000 (1-1)* : 214 ; *2001 (31-3)* : 238 avions dont 142 moyen-courriers (102 *Airbus A-319/320/321* et 40 *Boeing 737*) ; 80 long-courriers (31 *Airbus A-310/340* et 49 *Boeing 747/767/777*) ; 5 *Concorde* ; 11 cargos (*Boeing 747*). **Répartition moyen (et long)-courriers** (en 2000) : location 48 (17), crédit-bail 15 (16), propriété 72 (56). **Age moyen** (au 31-3-1999) : 8 à 9 ans sur long-courriers ; 7 à 8 ans sur court et moyen-courriers.

■ **Finances Air France [Cie]** (en milliards de F HT). **Chiffre d'affaires :** *1980* : 15,6 ; *85* : 30,3 ; *90* : 34,4 ; *91* : 42,8 ; *92* : 41,33 ; *93* : 38,68 ; *94* : 39,77 ; *94-95* : 48,99 ; *2000* : 67,7 ; *01* : 80,7. *Résultat net* : *1985* : 0,72 ; *90* : – 0,88 ; *91* : – 0,62 ; *92* : – *3,33* ; *93* : – 7,81 ; *94* : – 1,27 (sans tenir compte de la vente des hôtels Méridien à Forte et de la cession des titres Air Inter au groupe Air France SA pour 2,47 milliards ; le déficit net aurait été de 2,55 milliards de F) ; *94-95* : – 2,79 ; *95-96* : – 2,8 ; *96-97* : + 0,211 (avec provisions pour restructuration) ; *97-98* : 1,874 ; *98-99* : 1,638 ; *2000* : 2,323 ; *01* : 2,762. **Chiffre d'affaires export et,** entre parenthèses, **% du chiffre d'affaires total :** *1986* : 14,8 (53,3) ; *87* : 15,1 ; *88* : 16,7 (53,3) ; *90* : 18,3 (53,08). **Chiffre d'affaires fret :** *1985* : 5,4 ; *86* : 5 ; *87* : 4,9 ; *88* : 5,1 ; *90* : 5,4 ; *93* : 5,8 ; *94-95* : 8 ; *98-99* : 6,69 ; *99-2000* : 7,3 ; *01* : 8,5. **Aides publiques apportées par l'État :** *1982* : total 0,44 dont Concorde 0,28 ; desserte Dom 0,12 ; Corse 0,04. *88* : total 0,07 dont Corse 0,05. *90* : total 0,1 dont Corse 0,03. **Endettement net** (en milliards de F) : *1993 (au 31-12)* : 33,65 ; *95 (au 31-3)* : 25,96 ; *96* : 19,19 ; *97* : 13,98 ; *98* : 13,22 ; *99* : 14,4.

Parts de marché (en %) : Air France 69, AOM/Air Littoral 17, Air Liberté 14.

Chiffres d'affaires (en milliards de F)/**passagers** (en millions)/**avions** (1999-2000) : *2e pôle* 10,1/10/90, *Air France* 67,7/39,8/223.

■ Compagnies régionales

■ **Transporteurs aériens régionaux et complémentaires. Nombre** 17. **Liaisons régulières :** 225 (dont 78 internationales). **Passagers payants** (en milliers) : *1980* : 3,2 ; *85* : 3,7 ; *90* : 7,3 ; *94* : 11,8. **Passagers/km-transportés** (en milliards) : *1980* : 2,5 ; *85* : 4,6 ; *90* : 13,3 ; *94* : 23,5. **Tonnes/km de fret et poste** (en millions) : *1980* : 9 ; *85* : 39 ; *90* : 130 ; *92* : 109 ; *94* : 223.

■ **Trafic. Relations domestiques : passagers** (en milliers, 2000) : *Paris-province* : Nice 3 396, Marseille 2 977, Toulouse 2 977, Bordeaux 1 614, Montpellier 1 378, Strasbourg 1 183, Lyon 732, Bâle-Mulhouse 688, Toulon-Hyères 653, Biarritz 608 ; *principales liaisons métropolitaines* : Marseille-Bastia 257, -Ajaccio 255 ; Lyon-Bordeaux 248, -Toulouse 247, -Nice 229, -Nantes 212, -Lille 154 ; Nice-Ajaccio 143, -Bastia 132, -Lille 132.

Internationales : *France-total pays étrangers* 68 883 (dont exploitants français 28 251), *-Europe* 41 718 (dont exploitants fr. 16 223), *-Afrique* 10 723 (dont exploitants fr. 4 694), *-Amérique* 10 560 (dont exploitants fr. 5 474), *-Asie* 5 516 (dont exploitants fr. 2 396), *-Océanie* 366 (dont exploitants fr. 122).

■ **Fret** (en tonnes, 2000). **Relations domestiques :** Toulouse-Paris 14 010 ; Saint-Denis/Paris 13 277 ; Fort-de-France/Paris 10 466 ; Pointe-à-Pitre/Paris 10 325 ; Marseille-Paris 6 031 ; Ajaccio-Marseille 3 405 ; Nice-Paris 2 685 ; Fort-de-France/Pointe-à-Pitre 1 986 ; Bastia-Marseille 1 493 ; Bordeaux-Paris 1 236 ; Strasbourg-Paris 595.

Internationales : 1 247 851 (dont exploitants français 607 020), France-Amérique 451 305 (261 463), -Asie 406 229 (216 850), -Europe 240 881 (40 779), -Afrique 141 374 (84 918), -Océanie 8 062 (3 009).

■ **Part des Cies dans le trafic aérien** (en % en 1994 et, entre parenthèses, en 1993). Air Inter 76,9 (78,4) ; Cies régionales 20,3 (18,6) ; Air France 2,8 (3).

■ **Aigle-Azur. Aéroport** Paris-Pontoise, BP 24, 95301 Cergy-Pontoise Cedex. **Flotte :** 2 *Boeing 737-200*. **Effectifs** *(en déc. 1999)* : 58. Activités : vols charters.

■ **Air archipels. Aéroport :** Tahiti Faa'a. **Flotte :** 2 *Beechcraft B-200*. **Passagers** *2000* : 3 598. **Filiale** d'Air Tahiti. Vols à la demande en Polynésie.

■ **Air Austral. Aéroport** Roland-Garros, zone aéroportuaire, 97438 Ste-Marie ; BP 611, 97473 St-Denis Cedex, île de la Réunion. **Flotte :** 1 *Boeing 737-300*, 1 *Boeing 737 Quick Change*, 1 *ATR 72 500*, 1 *B 737-500*. **Effectifs :** *1998* : 220. **Passagers :** *2000* : 376 189. **Chiffre d'affaires** (en 1998) : 305 millions de F. **Lignes** *régulières* : vers Afrique du Sud : Johannesburg ; Comores ; Mayotte-Seychelles ; Madagascar : Tamatave, Majunga, Nosy Be, Tananarive ; Kenya : Nairobi ; Maurice ; Zimbabwe : Harare.

■ **Air Bretagne.** Parc Pompidou, 56034 Vannes Cedex. *Créé* sept. 1997. **Flotte :** 3 *Beechcraft King Air 100* (9 pl. passagers), 2 *Beechcraft King Air 200* (9 pl. passagers), 1 *Beechcraft 1900 D* (19 pl. passagers). **Effectifs :** 32 salariés. **Lignes** *régulières* : St-Brieuc/Jersey, St-Brieuc/Paris, Paris/Jersey.

■ **Air Calédonie. Aéroport** de Magenta, BP 212, Nouméa, Nlle-Calédonie. **Flotte :** 4 *ATR-42* et 1 *Dornier 228*. **Effectifs :** *2000* : 216 dont 32 navigants. **Passagers :** *2000* : 294 351 ; *fret* : 1 142 t (dont poste). **Chiffre d'affaires brut passagers :** *1999-2000* : 109,3 millions de F. **Lignes** *régulières* vers Lifou, Maré, Ouvéa, île des Pins, Tiga, Koné, Touho, Koumac, Magenta, Malabou, Bélep.

■ **Air Calédonie International (Aircalin).** BP 3736, Tontouta, Nlle-Calédonie. **Aéroport** de Nouméa la Tontouta. **Flotte :** 1 *B 737-300*, 1 *A-310*, 1 *Twin Otter DHC 6-300*. **Effectifs :** 194. **Passagers :** *2000* : 151 500. **Chiffre d'affaires** (en millions de F, 2000) : 290. **Lignes** *régulières* vers Australie, Fidji, Japon, Nlle-Zélande, Polynésie, Vanuatu, Wallis, Futuna.

■ **Air Caraïbes.** Aéroport du Raizet, 97139 Abymes. **Flotte** (en 2001) : 2 *ATR 42*, 2 *ATR 72*, 2 *Embraer*. **Effectifs** (en 2000) : 374 agents. **Passagers** (en 2000) : 570 000. **Capital détenu** (en %, 2000) : 95 groupe Dubreuil ; 5 divers. **Chiffre d'affaires** (en millions de F, 2000) : 452.

■ **Air Guyane. Aéroport** Cayenne-Rochambeau, 97351 Matoury. **Flotte :** 1 *ATR 42-500*, 1 *Dash 7*. **Effectifs :** *1999* : 100. **Passagers :** *2000* : 64 580. Cesse activités en 2001.

■ **Air Jet.** 24, rue du Trait-d'Union, BP 10297 Roissy CDG Cedex. **Base :** Roissy CDG 6. **Créée** 1980. **Flotte :** 2 *BAe 146-200 QC*. **Effectifs :** *2001* : 80. **Fret :** 4 lignes. **Passagers :** *2000* : 83 000. **Chiffre d'affaires (HT) :** *2000* : 135 millions de F.

■ **Air Liberté. 1987** Club Aquarius créé par Lotfi Belhassine. **1988**-*mars* Air Liberté. **1996**-*26-9* dépôt de bilan. **1997**-*9-1* reprise par British Airway (67 %) et groupe Rivaud (28 %), Marc Rochet Pt.-*Avril* pôle aérien privé. -*26-9* prend en location-gérance TAT European Airlines. **2000**-*4-5* cédé à Taitbout Antibes (filiale de Marine-Wendel et allié de SAirGroup. **Flotte :** 3 *DC-10-30*, 10 *MD-83*, 11 *Fokker-100*, 4 *F-28-2000*, 2 *F-28-1000*, 5 *ATR-42/72*. **Capital :** *1997* : 204,465 millions de F. **Effectifs :** *2000* : 2 259. **Passagers :** *2000* : 4 432 079. **Chiffre d'affaires** (en millions de F) : *1992-93* : 904 (résultat : – 24,8) ; *93-94* : 1 210 (3,3) ; *94-95* : 1 567 (6,6) ; *95-96* : 1 930 (– 500 à 600) ; *97* (en milliards de F) : 3,1 ; *98* : 3,6 (– 0,28) ; *99* : 3,8 (– 0,34).

■ **Air Littoral.** Le Millénaire II, 417, rue Samuel-Morse, 34961 Montpellier Cedex 2. **1972** *créé* par Didier Delmotte. **1998**-*22-9* SAirGroup acquiert 49 %. **2001**-*30-6* repris par Marc Dufour. **Aéroports :** Montpellier-Méditerranée, 34140 Mauguio Cedex et Nice-Côte d'Azur, 06281 Nice Cedex 3. **Créé** 1972. A fusionné avec Cie aérienne du Languedoc en 1988. **Flotte :** 39 avions : 14 *ATR 42-500*, 19 *CRJ*, 5 *Fokker 70*, 1 *Fokker 100*. **Capital :** 398 millions de F [actionnaires : SairGroup (Swissair) : 49 % ; Euralair : 28,3 % ; Taitbout Antibes BV : 18 % ; Marc Dufour : 4,7 %]. **Effectifs :** *2001 (au 31-4)* : 1 215 (+ filiales 500). **Passagers :** *1997* : 920 328 ; *98* : 2 100 000 (dont réseau propre 922 680) ; *99* : 2 162 720 (1 246 000) ; *2000* : 2 300 000 (1 530 000). **Chiffre d'affaires et résultats** (en millions de F) : *1991* : 521 (– 174), *92* : 623 (+ 5,3), *93* : 665 (– 38,9) ; *94-95* : 778 (– 8,4) ; *95-96* : 977 (+ 8,7) ; *98* : 1 416 ; *99* : 2 053 ; *2000* : 1 750 (– 480). **Lignes :** réseau propre 30 lignes directes sur la France, l'Italie, l'Espagne, l'Allemagne, équivalent à 130 flux de trafic *via* 2 plates-formes de correspondances (« Hub ») à Nice et Montpellier. Affrètements pour Air France, Swissair et Air Liberté. **Filiales :** Esma (École supérieure métiers aéronautique (formation)) ; Air Littoral Industrie (maintenance aéronautique).

■ **Air Moorea. Aéroport** Tahiti-Faaa (Tahiti), BP 6019. **Flotte :** 3 *Twin Otter*. **Lignes :** *régulière* Tahiti-Moorea et Tetiaroa et *à la demande* sur l'ensemble de la Polynésie française.

■ **Air Saint-Pierre.** 9, rue Albert-Briand, 97500 St-Pierre-et-Miquelon. **Flotte :** 1 *ATR-42*, 1 *Piper Chieftain*. **Lignes régulières :** St-Pierre/Miquelon, Canada : Halifax, Saint John's T.N., Sydney ; Montréal (Dorval) ; Moncton N.B. (Canada). **Effectifs :** 38. **Passagers :** *2000* : 31 887.

■ **Air Tahiti. Aéroport** de Faa'a, BP 314, 98713 Papeete, Tahiti. **Flotte :** 2 *Dornier 228*, 4 *ATR-42*, 4 *ATR-72*. **Effectifs** *2001 (au 1-1)* : 811. **Passagers :** 701 000. **Chiffre d'affaires :** *2001* : 7,3 milliards de F Pacifique. **Réseau :** 40 îles de Polynésie française. **Filiales :** Air Archipel, Air Moorea, Bora Bora Navette, Tahiti Vacations.

■ **Alsair. Aéroport** Colmar Houssen, 68000 Colmar. **Flotte :** 1 *Beech 200*, 1 *Beech 90*, 1 *Beech 1900 D*, 1 *Cessna 550*. **Effectifs :** 10. **Ligne** *régulière* : Strasbourg-Eindhoven (P.-Bas), Strasbourg-Farnborough (G.-B.).

■ **AOM (AOM-Minerve SA).** Bât. 363, BP 854, 94551 Orly Aérogare Cedex. Membre de Qualiflyer. **1990** fin du monopole d'Air France. **1992**-*1-1* AOM créé : fusion d'Air Outre-Mer (créé 1988 par René Micaud, cédé pour 34 % à la Saga, filiale d'Altus, en 1991) et de Minerve (créée 1975 par René Meyer). Filiale du Crédit lyonnais, passe au Consortium de réalisation (CDR) des actifs à risque de la banque. *P-DG* : Marc Rochet. **1994**-*déc.* Altus Finance recapitalise AOM (300 millions de F) ; en détient 94 % (le CL 5,1 %). **1995**-*1-1* fin du monopole d'Air Inter. **1996**-*31-5* Rochet, qui refuse le rapprochement AOM-Air Liberté voulu par Bernard Pons (ministre des Transports), remplacé par Alexandre Couvelaire. -*1-6*, 1re Cie européenne à interdire de fumer à bord. **1999**-*25-8* CDR cède sa part d'AOM à SAirGroup (holding de Swissair), la législation l'obligeant à trouver un partenaire majoritaire (le groupe Marine-Wendel, *Pt* : E.-A. Seillière). **2000**-*16-5* SAirGroup : plan de fusion AOM/Air Liberté/Air Littoral. -*31-5* les syndicats s'y opposent. -*8-12* nouveau plan de fusion des 3 compagnies. **2001**-*22-1* Philippe Brugisser, directeur général de SAirGroup, démissionne. -*3-2* Paul Reutlinger, Pt du directoire d'AOM, Air Liberté et Air Littoral, part. -*14-2* Rochet le remplace. Doit restructurer le groupe (en 2000 : CA 9 MdF, perte 2,5). Couvelaire remplacé par René Lapautre. -*25-4* SAirGroup, rebaptisé Swissair, et Seillière, principal actionnaire d'AOM-Air Liberté, annoncent une « ultime » contribution de 500 millions de F à AOM et Air Liberté. -*21-5* Rochet présente plan : 1 328 emplois supprimés et nombreuses lignes fermées. -*13-6* grèves. -*15-6* dépôt de bilan d'AOM-Air Liberté. -*20-7* Swissair promet un effort financier (1,8 milliard de F) si un repreneur est désigné. -*27-7* le tribunal de commerce de Créteil accepte le projet *Holco* présenté par Jean-Charles Corbet (ancien pilote), soutenu par le comité d'entreprise. **Flotte :** 14 *DC-10*, 10 *MD-83*, 3 *B-737*, 2 *A-340*. **Effectifs :** *2000* : 2 028. **Passagers :** *2000* : 3 353 476. **Chiffre d'affaires** (en milliards de F) : *1995* : 3,1 ; *96* : 3,3 ; *98* : 4,2 ; *99* : 4,6 (résultat d'exploitation – 0,307). **Résultat consolidé** (en millions de F) : *1993* : – 189 ; *94* : – 65 ; *95* : – 127 ; *96* : – 13 ; *97* : + 27. **Lignes :** *régulières* Orly vers Pointe-à-Pitre, Fort-de-France, St-Martin, Cayenne, St-Denis de la Réunion, Papeete, Nice, Colombo, La Havane, Los Angeles, Nouméa, Nassau, Marseille, Toulon, Perpignan, Zurich, Punta Cana, Puerto Cana, Sydney, Varadero ; *à la demande* : location d'avions ; maintenance aéronautique (à Nîmes, 400 salariés) ; catering (HRS, 150 salariés).

■ **Brit Air. Aéroport** Ploujean, BP 156, 29204 Morlaix Cedex. **Créée** 1973. **Flotte :** 7 *Fokker 100*, 8 *ATR-42*, 2 *ATR-72*, 20 *CRJ-100* 4 *CRJ-700*. **Effectifs :** *2001* : 1 060 dont 630 navigants. **Passagers :** *2000-01* : 2 600 000. **Chiffre d'affaires :** *2000-01* : 2 050 millions de F. **Réseau :** 40 lignes régionales européennes opérées sous franchise Air France et 20 lignes pour le compte d'Air France. **Filiales :** Icare Flight Training Center, Lyon Maintenance.

■ **CCM (Cie Corse Méditerranée). Aéroport** Campo dell'Oro, BP 505, 20186 Ajaccio Cedex 2. **Créée** 1989. **Flotte :** 6 *ATR-72*, 4 *Fokker 100*. **Effectifs :** 508. **Chiffre d'affaires :** *2000* : 530 millions de F. **Passagers :** *2000* : 846 294. **Lignes** *régulières* : au départ de Biarritz, Lille, Lyon, Nantes, Nice, Marseille, Strasbourg ; *saisonnières* : Ajaccio-Zurich, Rome, Milan, Genève, Bordeaux ; Bastia-Milan ; Calvi-Genève. Lignes affrétées par Air France : Marseille-Lille, Marseille-Lyon et Nice-Lyon. Partenariat avec Air France depuis le 24-3-2000.

■ **Corsair (Corse Air International).** 2, av. Charles-Lindbergh, 94636 Rungis Cedex. **Base :** Orly-Ouest. **Créée** 1981 (groupe Nouvelles Frontières). **Flotte :** 3 *B-747-300*, 2 *Airbus A330-200* ; 2 *B-747-200*, 1 *B-747-SP*, 2 *B-737-400*, 1 *B-737-300*, 1 *B-737-200*. **Effectifs :** 1 300. **Passagers :** *2000* : 2 104 521. **Chiffre d'affaires :** *2000* : 2,5 milliards de F. **Activité :** *affrètement*. **Lignes** *régulières* : Paris vers Malte, Antilles, Papeete, Madagascar, Réunion, Rome.

■ **Euralair International.** 93350 **Aéroport** Paris-Le Bourget. **Créée** 1963. **Flotte :** 5 *B-737-800*, 3 *Cessna Citation V* ; 1 *B-737-400*. **Effectifs :** *2001* : 450. **Passagers :** *2000* : 800 000. **Chiffre d'affaires :** *2000* : 520 millions de F. **Activités :** charter, maintenance aéronautique, assistance aéroportuaire, aviation d'affaires. **Lignes** *régulières* : Madrid, Toulouse, Quimper.

■ **Finist'Air. Aérodrome** Brest-Guipavas, 29490 Guipavas. **Créée** 1981. **Flotte :** 2 *Cessna 208*. **Effectifs :** *1998* : 14 dont 6 navigants. **Passagers :** *2000* : 7 995. **Chiffre d'affaires :** *1997* : 7 millions de F. **Lignes** *régulières* : Brest-Ouessant, Belle-Ile/Quiberon/Lorient, Lorient-Nantes ; *à la demande*.

■ **Flandre Air. Aéroport** Lille-Lesquin, BP 202, 59812 Lesquin Cedex. **Créé** 1977. **Flotte :** 9 *Beech 1900*, 9 *Embraer 120*. **Effectifs :** *1999* : 220. **Passagers :** *2000* : 127 028. **Chiffre d'affaires :** *1997* : 230 millions de F. **Lignes** *régulières : de Lille* vers Metz-Nancy, Rennes, Brest, Clermont-Ferrand, Caen ; *de Rennes* Strasbourg, Mulhouse ; Strasbourg-Caen, Mulhouse-Caen ; *de Paris* Agen, Bergerac, Aurillac, Roanne, Épinal, Périgueux ; *saisonnières* : Nice, Annecy-Nice, Périgueux-Nice, Lyon-Nice, Lille-Toulon.

■ **Hex'Air. Aéroport** Le Puy-Loudes, 43320 Loudes. **Flotte :** 2 *Beechcraft 1900D*. **Effectifs :** *1999* : 10. **Passagers :** *2000* : 16 471. **Lignes** *régulières* : Le Puy-Paris (Orly-Sud), Castres, Rodez, Lyon, et aviation d'affaires.

■ **Proteus Air Lines. Aéroport** Dijon-Bourgogne, 21600 Longvic. **1999**-*déc.* rachète Flandre Air. **2000** contrôlée par Air France. **Flotte :** 13 *Beechcraft 1900 D*, 10 *Embraer 120*, 5 *ERJ 135*, 5 *ERJ 145*, 3 *Fokker 100*. **Passagers :** *2000* : 412 537. **Chiffres d'affaires :** *1999* : 765 millions de F. **Effectifs :** *1998* : 310. **Lignes** *régulières* : au départ de St-Étienne, Annecy, Avignon, Bordeaux, Dijon, Lille, Nantes, Perpignan, Toulouse, Castres, Rodez, 27 lignes en franchise et affrètement avec Air France.

■ **Régional, Compagnie aérienne européenne. Aéroport** Nantes-Atlantique, 44345 Bouguenais Cedex. **Créée** avril 2001 par la fusion de Flandre Air et de Proteus Airlines. **Flotte :** *2001* : 24 *Embraer 145*, 7 *Saab 2000*, 18 *Embraer 120*, 9 *Embraer 135*, 3 *Fokker 100* et 14 *Beech 1900*. **Effectifs :** *2001* : 1 500 dont 700 navigants. **Passagers** (en millions) : *2001* : 2,5. **Chiffre d'affaires** (en milliards de F) : *2001* : 2,7. **Lignes :** dessert 33 villes françaises et 14 métropoles européennes.

Aviation générale en France

■ **Définition.** « Ensemble » des types d'opérations d'aviation civile autres que les services aériens réguliers et les transports aériens non réguliers effectués à titre onéreux ou au titre d'un contrat de location « Définition de l'OACI ».

■ **Aéro-clubs.** Affiliés à la Fédération nationale aéronautique (FNA, créée 1929, reconnue d'utilité publique en 1933). **Vols moteurs :** *2000* : 589 aéro-clubs affiliés basés sur 400 aérodromes, répartis sur 14 unions régionales (dont l'une regroupe les aéro-clubs des Dom-Tom). *Licences délivrées par la FNA : 1975* : 49 366 (femmes 3 946) ; *80* : 39 516 (2 655) ; *85* : 42 661 (3 180) ; *89* : 48 470 (3 513) ; *92* : 49 902 (3 824) ; *96* : 44 919 (*– de 25 ans* : 17 % ; *25-50 ans* : 59 ; *+ de 50 ans* : 24) ; *97* : 45 060 ; *98* : 44 592 ; *2000* : 46 500. *Nombre moyen d'heures de vol par an par licence : 1975* : 18,13 h ; *86* : 15,56 ; *89* : 17,66 ; *93* : 15,47 ; *98* : 14,61 ; *2000* : 15,25. *Heures de vol effectuées* (en 2000) : 693 681. *Nombres d'instructeurs* : 2 349. *Brevets délivrés* (en 2000) : 3 728 [dont brevets de base, *BB*, 1 831 (dont, en 1998, *– de 25 ans* 827 ; *+ de 25 ans* 1 238) ; de pilote privé, *TT*, 1 897 (*– de 25 ans* 662 ; *+ de 25 ans* 1 509)]. *Parcs avions* (en 2001) : 2 188. **Vol à voile :** 165 affiliés à la FFVV (Fédération française de vol à voile) ; en 2000 : 1 833 planeurs, 221 avions remorqueurs, 12 838 licenciés.

■ **Aérodromes. Nombre** (y compris Dom-Tom) : 494 dont 153 ouverts à la circulation aérienne publique, 113 à usage restreint, 8 à usage exclusif des administrations de l'État, à usage privé n.c.

■ **Aéronefs civils. Inscrits au registre aéronautique français** (au 31-12-1999) : **avions** 8 136 dont *aviation générale* 5 744 (dont sociétés 994, aéro-clubs 2 662, particuliers 1 675, firmes aéronautiques 225, autres 14), *CNRA* (dont aéro-clubs 186, particuliers et sociétés 1 287, autres 3), *CNRAC* 1 686 (dont particuliers, aéro-clubs et sociétés 210) ; **hélicoptères** 799 dont *transports aériens/compagnies privées* 206, *aviation générale* 593 (dont sociétés 399, État 13, aéro-clubs 30, particuliers 110, firmes aéronautiques 39, autres 2). **Planeurs** 2 195 dont *CDN* 2 155 (dont aéro-clubs 1 516, particuliers et sociétés 580, services ministériels 34, firmes aéronautiques 25), *CNRA/CNRAC* 40 (dont aéro-clubs 11, particuliers et sociétés 29) ; **aérostats** (ballons libres) 783 ; **autres** 14. **Total** 11 927.

Mouvements d'aéronefs des 10 aérodromes parisiens d'affaires et d'aviation légère (en 1999) : 838 000.

Nota. – (1) Certificat de navigabilité restreinte d'aéronefs ; aéronefs de construction amateur, ou appareils anciens de collection ; ils ne peuvent survoler les territoires étrangers sauf autorisation des États survolés.

■ **Titres aéronautiques valides** (au 31-12-1998). Pilote professionnel avion 5 243, avion de ligne 2 804, professionnel hélicoptère 763, mécanicien navigant 488, ingénieur navigant 97, pilote de ligne hélicoptère 45, corps techniques 314, parachutiste professionnel 35, pilote privé avion 32 905, hélicoptère 1 527, brevet de base 5 122, pilote vol à voile 6 398, ULM 36 769, ballon 764, CSS 4 540 (au 31-12-1996).

■ **Qualifications IFR valides** (au 31-12-1996). Pilote professionnel avion 3 083, hélicoptère 44, corps techniques 156, pilote privé avion 1 416, hélicoptère 10.

Aéroports

Aéroports dans le monde

■ **Premières villes** (en millions de passagers, 2000). Londres [1] 110,6 ; New York [2] 92,6 ; Chicago [2] 87,8 ; Tokyo [6] 83,8 ; Atlanta [2] 80,2 ; Los Angeles [2] 74,4 ; *Paris-Charles-de-Gaulle* [3] 73,6 ; Dallas [2] 67,8 ; Francfort [4] 49,4 ; Houston [2] 44,4 ; San Francisco [2] 41 ; Amsterdam [5] 39,6 ; Denver [2] 38,8 ; Las Vegas [2] 37,8 ; Minneapolis [2] 36,8.

Nota. – (1) G.-B. (2) USA. (3) France. (4) Allemagne (5) Pays-Bas. (6) Japon.

Paires de villes ayant le plus fort trafic régulier international (passagers en millions, 1995). Hong Kong-Taipei : 4,1 ; Londres-Paris : 3,5 ; Londres-New York : 2,6 ; Dublin-Londres : 2,5 ; Kuala Lumpur-Singapour : 2,3 ; Honolulu-Tokyo : 2,2 ; Amsterdam-Londres : 2,2 ; Séoul-Tokyo : 2,1 ; Bangkok-Hong Kong : 1,9 ; Hong Kong-Tokyo : 1,8 ; Jakarta-Singapour : 1,6 ; Taipei-Tokyo : 1,5 ; Bangkok-Singapour : 1,4 ; Hong Kong-Singapour : 1,4 ; Francfort-Londres : 1,4 ; Bruxelles-Londres : 1,1 ; New York-Paris : 1,1 ; Hong Kong-Manille : 1,1 ; Singapour-Tokyo : 1,1 ; Los Angeles-Tokyo : 1.

■ **Premiers aéroports** (en millions de passagers, 2000). Atlanta [1] 80,2 ; Chicago-O'Hare [1] 72,2 ; Los Angeles-International [1] 67,6 ; Londres-Heathrow [7] 64,9 ; Dallas-Forth Worth [1] 60,7 ; Tokyo-Haneda [2] 56,4 ; Francfort [3] 49,4 ; *Paris-Charles-de-Gaulle* [4] *48,3* ; San Francisco [1] 41 ; Amsterdam [5] 39,6 ; Denver [1] 38,8 ; Las Vegas-Mac Carran [1] 36,9 ; Minneapolis [1] 36,8 ; Seoul [6] 36,7 ; Phoenix [1] 36.

Nota. – (1) USA. (2) Japon. (3) Allemagne (4) France. (5) Pays-Bas. (6) Corée. (7) G.-B.

■ **Premiers aéroports** (en millions de t de fret, 2000). Memphis [1] 2,5 ; Hong Kong [2] 2,3 ; Los Angeles-International [1] 2,3 ; Tokyo-Narita [3] 1,93 ; Séoul [4] 1,9 ; New York-Kennedy [1] 1,9 ; Francfort [5] 1,7 ; Singapour [6] 1,7 ; Miami [1] 1,6 ; Chicago-O'Hare [1] 1,6 ; *Paris-Charles-de-Gaulle* [7] *1,6* ; Louisville [1] 1,5 ; Londres-Heathrow [8] 1,4 ; Indianapolis [1] 1,3 ; Amsterdam [9] 1,3.

Nota. – (1) USA. (2) Chine. (3) Japon. (4) Corée. (5) All. (6) Singapour. (7) France. (8) G.-B. (9) Pays-Bas.

■ **Aéroports, nombre de passagers** (en millions) **et,** entre parenthèses, **fret, poste incluse** (en milliers de t) **en 2000.**

Amérique du Nord : New York 92,6 (3 038) [dont Newark 35 (1 104), JFK 33 (1 861), La Guardia 25 (73)] ; Chicago 87,8 (1 640) [dont O'Hare 72,1 (1 442)] ; Atlanta 80 (811) ; Los Angeles 74,3 (2 760) ; Dallas 67,7 (905) [dont Fort Worth 60 (904)] ; Houston 44,4 (435) ; San Francisco 41 (870) ; Denver 38 (471) ; Las Vegas 37,8 (101) ; Minneapolis 36,7 (369) ; Phoenix 36 (339) ; Washington 35,6 (421) ; Detroit 35,5 (328) ; Miami 33,8 (1 643) ; Orlando 30,8 (27,1) ; Saint Louis 30,5 (129) ; Toronto 28,9 (392) ; Seattle/Tacoma 28,4 (456) ; Boston 27 (475) ; Philadelphie 24,9 (616) ; Honolulu 22,6 (482) ; Cincinnati 22,5 (381) ; Charlotte 21,1 (203) ; Salte Lake City 19,9 (284) ; Pittsburgh 19,8 (146) ; Baltimore 19,6 (236) ; Vancouver 16,2 (251,7) ; Tampa 16 (103) ; San Diego 15,8 (139) ; Fort Lauderdale 15,8 (236) ; Portland 13,7 (310) ; Cleveland 13 (119) ; San Jose 13 (147) ; Kansas City 12,3 (150) ; Memphis 11,7 (2 489) ; Oakland 10,9 (703) ; Montréal 9,9 ; La Nouvelle-Orléans 9,8 (86).

Amérique latine et Caraïbes : São Paulo 25 (414) ; Mexico 21 ; Buenos Aires 13 (169) ; Rio de Janeiro 10,8 (148) ; San Juan 10,2 (242) ; Cancun 7,5 ; Bogota 7,1 (372) ; Caracas 6,8 (92) ; Brasilia 6 (49) ; Guadalajara 5,1 ; Salvador 3,7 (40) ; Monterrey 3,5 ; Tijuana 3,1 ; Recife 2,9 (37) ; Belo Horizonte 2,9 (37,2) ; Montego Bay 2,9 (6,4) ; Porto Alegre 2,6 (53) ; Curitiba 2,6 (24) ; Puerto Vallarta 2,1 ; Fortaleza 2,1 (26) ; Panamá City 2 (71).

Europe : Londres 110,6 (1 909) [dont Heathrow 65 (1 402) ; Gatwick 32,1 (338) ; Stansted 11,8 (168) ; City 1,58] ; *Paris 73,6* (1 731) [dont Roissy 48,2 (1 610) ; Orly 25,3 (121)] ; Francfort 49,3 (1 710) ; Amsterdam 39,6 (1 267) ; Madrid 33 (337) ; Rome 27,1 (171) ; Milan (Malpensa-Linate-Orio-al Serio près de Bergame) 26,7 (300) ; Munich 23,1 (148) ; Zurich 22,6 (397) ; Bruxelles 21 (687) ; Barcelone 19,8 (92) ; Palma de Majorque 19,4 (22) ; Stockholm 19,4 (153) ; Manchester 18,8 (121) ; Copenhague 18,4 (419) ; Düsseldorf 15,9 (59) ; Istanbul 15,8 (236) ; Moscou 14,3 (126) ; Oslo 14,2 (82) ; Dublin 13,8 (150) ; Berlin 13,3 (43,7) ; Vienne 11,9 (134) ; Tenerife 11,2 (39) ; Hambourg 9,9 (48) ; Lisbonne 9,4 (115) ; Nice 9,4 (21) ; Malaga 9,4 (10) ; Grande Canarie 9,3 (49) ; Helsinki 9 (96) ; Stuttgart 8,1 (34,9) ; Genève 7,7 (45) ; Birmingham 7,6 (12) ; Antalya 7,4 (3,8) ; Glasgow 6,9 (11) ; *Marseille 6,5* (59) ; Cologne/Bonn 6,2 (442) ; Luton international 6,2 (36) ; *Lyon 6* (44) ; Alicante 6 (7,7) ; Prague 5,8 (37) ; Édimbourg 5,5 (21) ; Hanovre 5,5 (17) ; *Toulouse 5,3* (60) ; Lanzarote 5 (5,6) ; Larnaca 4,8 (33) ; Faro 4,7 (2,5) ; Budapest 4,7 (43) ; Belfast 4,43 (46) ; Varsovie 4,3 (45) ; Ibiza 4,4 (5,3) ; Göteborg 4,2 (61,2) ; Venise 4,12 (17) ; Ankara 4,1 (20) ; Naples 4,1 (5,9) ; Bergen 3,91 (9,5) ; Bologne 3,5 (25) ; Rhodes 3,4 (2,8) ; Fuerteventura 3,4 (4,5) ; Newcastle 3,2 (4,3) ; Mulhouse/Bâle 3,17 (80) ; Nuremberg 3,1 (27,6) ; Bordeaux 3 (17) ; La Valette 2,93 (12) ; Porto 2,9 (44) ; Stavanger 2,84 (9,9) ; Trondheim 2,8 (11,7) ; Minorque 2,7 (4,8) ; Saint Petersbourg 2,6 (20) ; Izmir 2,6 (14,6) ; Bilbao 2,5 (4) ; Aberdeen 2,48 (4,5) ; Shannon 2,4 (42) ; Leipzig 2,27 (13) ; East Midlands 2,23 (193) ; Kerkyra 2,2 (1,7) ; Valence 2,2 (10) ; Bristol 2,14 (8,8) ; Turin 2 (20,6) ; *Strasbourg 2* (3,9) ; Malmö 2 (4,6) ; Funchal 2 (8,4) ; Reykjavik 1,4 (40).

Afrique : Johannesburg 10,8 (448) ; Le Caire 8,9 ; Le Cap 4,6 ; Monastir 3,9 (1,2) ; Casablanca-Mohamed V 3,5 (45) ; Tunis 3,4 (23) ; Hurghada 3,18 ; Nairobi 2,96 (127) ; Alger 2,77 (17) ; Lagos 2,7 ; Sharm El Sheikh 2,4 ; Durban 2,5 (15) ; Djerba 2,18 (0,6) ; Louxor 2,1 ; île Maurice 1,7 (40) ; Assouan 1,6 ; Marrakech 1,4 (2) ; Agadir 1,1 (1,7) ; Dakar 1 (28) ; Addis Abeba 1 (26) ; Mombasa 0,8 (2) ; Port Elizabeth 0,8 (10) ; Libreville 0,7 (15) ; Luanda 0,7 (43) ; Antananarivo 0,7 (14) ; Abidjan (21).

Asie : Tokyo 83 (2 702) ; Séoul 36 (1 874) ; Hong Kong 32 (2 267) ; Bangkok 29,6 (860) ; Singapour 28 (1 700) ; Pékin 21,6 (554) ; Osaka-Kansai 20,4 (999) ; Fukuoka 20,2 (275) ; Taipei 18,6 (1 208) ; Kuala Lumpur 16,8 (538) ; Manille 12,7 (390) ; Shanghai 12,3 (492) ; Bombay 12 (304) ; Nagoya 10,9 (190) ; Kaohsiung 9,1 (150).

Océanie : Sydney 23,7 (541) ; Melbourne 16,4 ; Brisbane 11,7 ; Jakarta 10,8 (306) ; Auckland 8,1 (186) ; Perth 5,2 (86) ; Christchurch 4,2 (91) ; Denpasar Bali 4,1 (60) ; Adelaïde 4 (6) ; Wellington 3,6.

Moyen-Orient : Dubaï 12,3 (569) ; Jeddah 10,6 (209) ; Tel-Aviv-Jaffa 9,3 (0,34) ; Riyadh 8,7 (170) ; Bahrein 3,9 (148) ; Koweit-City 3,8 (113) ; Abou Dhabi 3,6 (108) ; Doha 3,4 (63) ; Dhahran 3 (56) ; Mascate 2,7 (69) ; Amman 2,3 (84) ; Beyrouth 2,3 (61) ; Eilat 1,5.

■ **Records. Aéroport le plus grand :** *Roi-Khaled International Airport* (Riyâd, Arabie saoudite). 22 500 ha, ouvert 14-11-1983. Coût : 20 milliards de F. Tour de contrôle : hauteur 74 m. [*Dallas Fort Worth* (Texas, USA). 7 080 ha, ouvert en janv. 1974, coût 4 milliards de F, 6 pistes et 5 aérogares (projet : 9 pistes, 13 aérogares, 150 millions de passagers).] **Le plus grand terminal :** *aéroport international* de Hong Kong : bâtiment long de 1,3 km (surface de 55 ha). **Trafic le plus important :** *aéroport d'Atlanta : 73 500 000 passagers* et 846 881 mouvements d'avions en 2000. **La plus longue piste : militaire :** *base Edwards* (Californie, USA) : 11,92 km ; **civile :** *aéroport Pierre-van-Ryneveld* (Upington, Afr. du S.) : 4,89 km, construite 1975-76 ; piste pavée de 6,24 km en Jordanie. **Les plus grands hangars :** *base Kelly* (Air Force, San Antonio, Texas, USA) : 610 m × 90 × 27,5 ; 4 portes (largeur 76 m, hauteur 18,3 m, poids 608 t chacune). **Le plus haut :** *Lhassa* (Tibet) à 4 363 m d'altitude. **Le plus bas :** *Schiphol* (Amsterdam, P.-Bas) à 4,5 m au-dessous du niveau de la mer. **Le plus éloigné :** *Viracopos* (Brésil) à 96 km de São Paulo. **Le plus proche :** *Hong Kong* de Kowloon (sur le continent) : fermé en juillet 1998. *Gilbraltar* à 800 m du centre. *Berlin-Tempelhof* à 2 km.

Nombre d'aérodromes civils (en 1990)

■ **Total mondial.** 37 739 dont 22 145 privés, 15 594 publics (dont terrestres 14 488, aquatiques 306, hélicoptères 800). **Total par pays** (dont **privés** entre parenthèses). USA 17 167 (11 583), Brésil 2 269 (1 314), Mexique 2 042 (1 446), Canada 1 175 (576), Bolivie 1 146 (555), Paraguay 1 001 (972), *France 709 (290),* Indonésie 521 (374), Colombie 504 (288), Zimbabwe 479 (446), Australie 436, Papouasie 435 (33), Argentine 433 (64), Allemagne 390 (206), Kenya 383 (231), Guatemala 353 (278), Venezuela 333 (235), Pérou 297 (134), Philippines 295, Afrique du Sud 278 (108), Zaïre 261 (160), Chili 259 (127), Inde 225 (46), Suède 204 (7), Danemark 172 (114), Nlle-Zélande 164 (105), Espagne 159 (120), G.-B. 142, Botswana 140 (112), Nicaragua 138 (127), Madagascar 137 (78), Zambie 130 (60), Japon 121 (35), Panamá 120 (69), Costa Rica 113 (49), Tchad 105 (54), Honduras 102 (65), Islande 101 (3), Italie 98 (53), Norvège 98 (40), Chine 97, Éthiopie 90 (50), Mozambique 90 (72), Côte d'Ivoire 88 (59).

■ **Principales duty-free shops d'aéroport. Ventes annuelles** en 1997 (en millions de $) **et,** entre parenthèses, **ventes par passager** (en $) : Londres Heathrow 650 (24,84), Honolulu 360 (95,41), Amsterdam Schiphol 335 (20,96), Singapour 310 (12,31), *Paris CDG 300 (19,02),* Francfort 281 (17,56), Londres Gatwick 275 (20,70), Hong Kong Kai Tak 250 (15,63), Manilla 243 (33,27), Tokyo Narita 220 (19,23).

Aéroports français

Données globales

Source : Union des Chambres de commerce et Établissements gestionnaires d'aéroports (Uccega) et *Aéroports magazine*.

■ **Trafic total en France métropolitaine. Passagers transit inclus** (en millions) : *1989* : 85 ; *90* : 88 ; *95* : 90,7 ; *96* : 97,7 ; *97* : 100 ; *98* : 116,8 ; *99* : 126 ; *2000* : 130. **Fret** (en millions de t) : *1990* : 1,01 ; *95* : 1,23 ; *96* : 1,25 ; *97* : 1,27 ; *98* : 1,29 ; *99* : 1,38 ; *2000* : 1,71.

■ **Mouvements d'avions commerciaux en France métropolitaine.** *1996* : 1 476 417 ; *97* : 1 585 489 ; *98* : 1 668 198 ; *99* : 1 783 601 ; *2000* : 1 841 511 dont Paris 747 486 (Roissy, Orly), Nice 205 537, Lyon 124 347, Bâle-Mulhouse 104 940, Marseille 100 047, Toulouse-Blagnac 87 509, Bordeaux 50 084, Nantes 42 961, Strasbourg 39 449, Clermont-Ferrand 38 371, Montpellier 27 175, Lille 25 060.

■ **Trafic passagers** (en millions, 2000). Paris 73,642 [dont Roissy 48,2, Orly 25,4], Nice 9,4, Marseille 6,4, Lyon 6, Toulouse-Blagnac 5,3, Bâle-Mulhouse 3,7, Bordeaux 3, Strasbourg 2, Pointe-à-Pitre 2, Nantes 2, Fort-de-France 1,6.

■ **Fret, poste incluse** (en milliers de t, 2000). Paris 1 731 [dont Roissy 1 610, Orly 120], Bâle-Mulhouse 80, Marseille 60, Toulouse-Blagnac 60, Lyon 44, Nice 21, Bordeaux 18, Nantes 11,9, St-Nazaire 10,9, Bastia 7,3, Ajaccio 7,1, Montpellier 6,3, Strasbourg 3,9.

■ **Retards au départ (à l'arrivée) de + de 15 min** (en %, du 1-1 au 30-4-1999). **Pourcentage en Europe :** *1989* : 23,8 ; *93* : 12,7 ; *99* : 30,5. **A Paris-CDG :** 32,1 (41,2) ; **-Orly :** 28,4 (33,4). **En Europe :** Milan Malpensa 56,3 (52,8), Genève 38,6 (37,9), Munich 35,7 (33,2), Oslo 33,6 (37,7), Rome 33,3 (38,2), Amsterdam 32,3 (28,1), Madrid 31,8 (43,1), Lisbonne 31,2 (39,8), Zurich 30,8 (36,9), Francfort 29,5 (34), Barcelone 29,2 (34,2), Milan-Linate 28,6 (35,7), Bruxelles 27,7 (30,4), Helsinki 25,7 (28,5), Manchester 25,3 (31,1), Stockholm 24 (29,3), Copenhague 23,1 (25,6), Londres Heathrow 22 (32,8), Istanbul 20,8 (40), Londres-Gatewick 20,5 (29,1), Düsseldorf 20,1 (27,2), Vienne 19,9 (24,3), Athènes 19,2 (29,7), Dublin 13,9 (20). **Causes des retards des vols en Europe** (en %) : contrôle du trafic en vol 28 ; aéroports 14 ; Cies 13 ; contrôle à l'atterrissage et au décollage 4 ; météo et divers 4 ; autres retards 37.

■ **Airprox. Nombre en France :** *1987* : 69 ; *88* : 74 ; *89* : 88 ; *90* : 66 ; *91* : 76 ; *92* : 58 ; *93* : 69 ; *94* : 66 ; *95* : 54 ; *96* : 84 ; *97* : 95 ; *98* : 103.

■ **Alertes pour espacements insuffisants entre avions** (par millions de mouvements traités). *1989* : 22 ; *90* : 32 ; *91* : 42 ; *92* : 35 ; *93* : 30 ; *94* : 23 ; *97* : 24 ; *98* : 29.

■ Aéroports de Paris (ADP)

Généralités

■ **Statut.** *Créé* 24-10-1945. Établissement public autonome, indépendant des compagnies aériennes qui utilisent ses services. A pour mission de créer, aménager et exploiter les aéroports et aérodromes (50 km autour de Paris). **Comprend :** *3 aéroports principaux* : Le Bourget (aviation d'affaires), Orly et Roissy-Charles-de-Gaulle (aviation commerciale) ; *10 aérodromes* ; *1 héliport*.

■ **Chiffre d'affaires** (en milliards de F). *1995* : 6,9 ; *96* : 7,2 ; *97* : 7,3 ; *98* : 7,9 ; *99* : 8,7 ; *2000* : 9,1. **Résultat net :** *1992* : 0,558 ; *95* : 0,345 ; *96* : 0,41 ; *97* : 0,415 ; *98* : 0,525 ; *99* : 0,686 ; *2000* : 0,798. **Ressources** (en %, 2000) : redevances aéroportuaires 31, produits commerciaux 16, usage d'installations 14, assistance aéroportuaire 12, produits domaniaux 10, prestations industrielles 5, divers 12. **Autofinancement** (en milliards de F) : *1999* : 1,94 ; *2000* : 2,22. **Investissements :** *1995* : 1,8 ; *96* : 1,9 ; *97* : 2,2 ; *98* : 2,7 ; *99* : 2,4 ; *2000* : 2,8. **Charges d'exploitations** (en milliards de F, 1999) : 6,2 dont personnel 2,7, sous-traitance 1,5, services extérieurs 0,6 ; dotations aux amortissements et provisions 1,5 ; achats 0,4 ; taxes impôts et divers 0,4. **Dette financière :** *2000* : 10,2. **Bilan :** *2000* : 23,9.

■ **Effectifs des aéroports parisiens.** 97 000 personnes travaillent pour les entreprises implantées sur les aéroports parisiens (Roissy 65 000, Orly 27 000, Le Bourget 3 800, aérodromes 1 200). **Effectifs de l'établissement ADP** (au 1-1-2001) : 8 100.

■ **Capacité d'accueil** (en millions de passagers). *1989* : 43 ; *90* : 48 ; *91* : 51 ; *94* : 60 ; *98* : 65 ; *99* : 69 ; *2000* : 74 ; *10 (prév.)* : 90.

■ **Compagnies.** En 2000, *133 Cies aériennes* de 94 nationalités ont assuré des vols réguliers ou affrétés au départ d'Orly et Charles-de-Gaulle. **Rang dans le monde** (Orly + Roissy-Charles-de-Gaulle, en 2000) : passagers internationaux *2e* (après Londres). Fret *14e* (3e en Europe après Francfort et Londres). Trafic aérien total *6e*, représentant 2,2 % des passagers dans le monde et 2,2 % du fret. *10 Cies* ont assuré plus de 75 % du trafic des passagers (dont en %) : Air France 53 ; Air Liberté 5 ; AOM 4,4 ; Corsair 2,7 ; British Airways 2,4 ; Lufthansa 2,2 ; Alitalia 1,9 ; Iberia 1,6 ; Royal Air Maroc 1,2 ; American Airlines 1. *10 types d'avion* (A-319, -320, -321, B-737, MD-80, B-747...) ont assuré plus de 70 % des mouvements sur Orly et Charles-de-Gaulle.

■ **Trafic annuel** (en 2000). **2 aéroports aviation commerciale :** mouvements d'avions 747 000 [passagers : 73,7 millions (*1969* : 10 ; *76* : 20 ; *83* : 30 ; *88* : 40 ; *92* : 50 ; *97* : 60), fret et poste 1 730 000 t] dont **Charles-de-Gaulle :** mouvements d'avions 508 000, passagers 48 300 000, fret et poste 1 609 000 t ; **Orly :** mouvements d'avions 239 000, passagers 25 400 000, fret et poste 121 000 t ; **1 aéroport d'avions d'affaires : Le Bourget :** mouvements d'avions 53 000, passagers 80 000. **10 aérodromes** (aviation légère) : mouvements d'aéronefs moins de 700 000 : Lognes 152 389, Toussus-le-Noble 148 707, St-Cyr 115 742, Pontoise 113 717, Étampes 102 828, Chavenay 97 802, Meaux 71 362, Persan-Beaumont 58 616, Coulommiers n.c., Chelles n.c., **1 héliport :** Paris-Issy-les-Moulineaux : 11 313. **Mouvements** (commerciaux, en milliers) : **Charles-de-Gaulle :** *1980* : 105,1 ; *85* : 143,2 ; *90* : 241,4 ; *95* : 325 ; *96* : 361 ; *97* : 395 ; *98* : 421 ; *99* : 467 ; *2000* : 508. **Orly :** *1980* : 183,9 ; *85* : 161,2 ; *90* : 201,8 ; *95* : 233 ; *96* : 245 ; *97* : 237 ; *98* : 242 ; *99* : 241 ; *2000* : 239. **Le Bourget :** *1996* : 49,7 ; *97* : 52,8 ; *98* : 48,7 ; *99* : 49 ; *2000* : 80. **Pointes** (en 2000). **Mensuelles :** *mouvements* : Orly (mars) 21 691, Charles-de-Gaulle (août) 45 931. *Passagers* : Orly (juillet) 2 396 000, Charles-de-Gaulle (juillet) 4 687 000. *Fret* (en t, 1999) : Orly (mars) 22 904, Charles-de-Gaulle (oct.) 86 008. **Journalières** (en 2000) : *mouvements* : Orly (28-4) 814, Charles-de-Gaulle (25-5) 1 663. *Passagers* : Orly (27-10) 95 765, Charles-de-Gaulle (3-9) 179 519.

■ **Trafic de fret** (en milliers de t). *Charles-de-Gaulle* : *1980* : 403,6 ; *85* : 509,6 ; *90* : 617,8 ; *96* : 981 ; *97* : 1 075 ; *98* : 1 070 ; *99* : 1 226 ; *2000* : 1 609. *Orly* : *1980* : 168,2 ; *85* : 196,9 ; *90* : 254,5 ; *94* : 294,4 ; *96* : 263 ; *97* : 238 ; *98* : 218 ; *99* : 135 ; *2000* : 121. **De passagers** (en millions, y compris avions d'État, militaires et aviation générale). *Charles-de-Gaulle* : *1980* : 10,5 ; *85* : 15,1 ; *90* : 22,6 ; *96* : 31,7 ; *97* : 35,3 ; *98* : 38,6 ; *99* : 43,6 ; *2000* : 48,3. *Orly* : *1980* : 15,9 ; *85* : 17,8 ; *90* : 24,4 ; *96* : 27,4 ; *97* : 25,1 ; *98* : 25 ; *99* : 25,4 ; *2000* : 25,4. **Trafic maximal.** Orly de 20 h à 21 h, Charles-de-Gaulle 1 et 2 entre 11 h et 12 h.

■ **Distance moyenne parcourue** par chacun des 73 700 000 de passagers arrivés ou partis d'Orly ou de Roissy-Charles-de-Gaulle en 2000 : 2 666 km ; 19,4 % moins de 500 km, 31,8 % de 500 à 1 000 km, 15,9 % de 1 000 à 2 000 km, 4,1 % de 2 000 à 3 000 km, 4,4 % de 3 000 à 5 000 km, 22,9 % de 5 000 à 10 000 km et 1,5 % de plus de 10 000 km.

■ **Villes desservies. Nombre :** 532 dans 134 pays sont desservies par les 133 Cies desservant régulièrement Paris (au moins 100 mouvements/an).

■ **Trafic commercial local par faisceau** (en millions de passagers, 2000). **Total :** 73,5 dont UE 22,9 ; métropole 21 ; Amérique du Nord 7,6 ; autre Europe 4,8 ; Afrique du Nord 3,6 ; Dom-Tom 3,5 ; Extrême-Orient 3,5 ; autre Afrique 2,4 ; Moyen-Orient 2,5 ; Amérique latine 1,7.

Données particulières

■ **Le Bourget.** 549 ha ; à 13 km au nord de Paris. *Créé* oct. 1914 (base militaire). Aéroport commercial. **1924** aérogare. **1937**-*12-11* nouvel aérogare. **1977** réservé à l'aviation d'affaires. Siège du musée de l'Air et d'un parc d'expositions. Accueille le Salon (voir à l'Index). **Passagers :** *1919* : 740 ; *24* : 8 000 ; *29* : 45 000 ; *38* : 140 000 ; *53* : 600 000.

■ **Orly** (d'*Aureliacum*, villa d'Aurélien). 1 530 ha ; à 14 km au sud de Paris ; ouvert au trafic commercial en 1948. **Orly Sud** inauguré févr. 1961 ; 34 salles d'embarquement ; 29 passerelles télescopiques ; 144 postes de stationnement-avion et 8,8 millions de passagers. **Orly Ouest** [mise en service mars 1971 (extension, hall 1 : mise en service 3-6-1993)] ; 11 salles d'embarquement ; 36 passerelles télescopiques ; 47 postes de stationnement et 16,6 millions de passagers. En 1996, Air France et Air Inter ont été regroupés à Orly Ouest. Un arrêté du 6-10-1994 (applicable le 30-10) a fixé le nombre maximal de créneaux horaires des Cies à 250 000/an, plafond permettant, compte tenu du % habituel de créneaux non utilisés, de stabiliser le trafic réel à environ 200 000 mouvements. Mise en service en 1996 d'un système de traitement des eaux pluviales (coût : 150 millions de F).

■ **Roissy (Charles-de-Gaulle).** 3 238 ha [Seine-et-Marne, Val-d'Oise, Seine-St-Denis *(plaine de la Vieille-France)* : un des rares sites de la banlieue proche à faible densité urbaine ; 1 seule grosse ferme sur le terrain (ferme des Mortières)], à 22 km au nord de Paris. **1964**-*13-1* projet Paris-Nord adopté en Conseil des ministres. **1964-67** campagnes de sondage. **1966**-*1-12* 1ers coups de pioche au « Fond de la Renardière » (nord de Mitry-Mory). **1968**-*sept.* début des travaux de l'aérogare. Le nom de Roissy-en-France remplace celui de Paris-Nord. **1973**-*24-10* le nom de Charles-de-Gaulle le remplace. **1974**-*8-3* inauguration par Pierre Messmer (PM). -*13-3* mise en service de CDG 1. **1976** ligne Roissy-Rail (départ : gare du Nord). **1981-82** 2 premiers terminaux (A et B) de CDG 2 achevés. **1992** le trafic dépasse pour la 1re fois celui d'Orly avec 25,2 millions de passagers. **1993**-*3-6* ouverture du 4e terminal (C) de CDG 2. **1994**-*nov.* gare d'interconnexion TGV ouverte (aérogare 2). **1997**-*27-3* autorisation de construire 2 pistes supplémentaires (de 2,7 km de long) parallèles aux 2 existantes [coût (est.) : 1,8 milliard de F]. **1998** ouverture de CDG 2 F 1re partie ; **1999** de la piste 4 (parallèle à la piste 2 au sud) d'un satellite au terminal 2A, d'une seconde tour de contrôle et de la 2e partie de CDG 2F ; **2001**-*mars* de la piste 3 (parallèle à la piste 1 au nord) ; **2003** le terminal E, lancé en 1998, pourra accueillir 9 millions de passagers internationaux.

Comparaisons (en 2000) : *CDG 1* : 63 salles d'embarquement ; 47 passerelles télescopiques ; 101 postes de stationnement et 12,1 millions de passagers. *CDG 2* : 5 terminaux ; 60 passerelles d'embarquement, 144 postes de stationnement avion et 34,1 millions de passagers. *T9* (aérogare charters, juin 1991) : capacité de traitement de cinq vols simultanés et 2,1 millions de passagers/an. **Trafic journalier moyen** (Orly + CDG) : 2 050 mouvements d'avions commerciaux, 202 000 passagers, 4 740 t de fret et poste.

■ **Aérodromes. Superficie** (en ha, 2001) : Coulommiers 303, Pontoise 265, Toussus-le-Noble 167, Persan 139, Étampes 113, Meaux 103, Lognes 87, St-Cyr 80, Chavenay 48, Chelles 31, Issy-les-Moulineaux 7.

■ **Taxe de sécurité et de sûreté. Total autorisations de programme** (en millions de F) : *1994* : 150 ; *95* : 175 ; *96* : 220 ; *97* : 249 ; *98* : 287 dont contrôle des bagages de soute 209 [dont Paris 98 (dont payé par le BAAC 49, par les aéroports 49), province 112 (dont payé par le BAAC 95, par les aéroports 17)], des accès 33 [dont Paris 13 (dont payé par le BAAC 7, par les aéroports 6), province 20 (financé à 100 % par le BAAC)], inspection filtrage 25, immobilier (police des transports, chenils, grosses réparations) 8, séparation des flux (aérogare) 7, recherche et développement 5.

■ **Projets de 3e aéroport du Bassin parisien. Sites envisagés :** 12 zones proposées (dont Centre 6, Haute-Normandie 2, autres 4) distantes d'environ 100 km de Paris dont : Châteauroux (Indre) : aéroport de fret, Courtalain (E.-et-L.), plateau sud de l'Eure, plateau du Vexin normand.

Aisne. *Courboin* (100 km) à 8 km de Château-Thierry, Jurvincourt-et-Damary.

Eure-et-Loir. *Beauvilliers*, près de Santeuil-Sainville, à 80 km de Paris.

Marne. *Bazancourt*, à 18 km de Reims. *Vatry*, à 18 km de Châlons-en-Champagne, 150 km de Paris ; ancienne base de l'Otan ; aéroport inauguré 15-6-2000. Zone d'activité (1 000 ha pouvant être portés à 5 000). *Investissement total* : 6,5 milliards de F (fonds privés) sur 10 ans, dont 0,5 pour l'agrandissement du seul aéroport.

Oise. *Méry-la-Bataille, Rouvilliers*, à 19 km de Compiègne.

Somme. *Chaulnes*, à 25 km d'Ham, *Vermandovillers*, à 22 km d'Albert.

■ **Extensions envisagées. Orly :** mais nuisances sonores, problème de sécurité et obligation de couvre-feu nocturne (zone très urbanisée) ; faible capacité. **Roissy :** nouvelle piste ; niveau sonore accru. *Coût* : évalué entre 50 et 100 milliards de F pour le foncier (2 800 ha), plus la plate-forme, les installations et les raccordements. *Prévu* pour 2015-2020.

☞ **A l'étranger :** *aéroport de Mirabel* (60 km de Montréal) : les hommes d'affaires préfèrent transiter par Toronto. *Stansted* (55 km du centre de Londres) : ils préfèrent Heathrow (25 km de Hyde Park).

■ Trafic

Source : Uccega et *Aéroports Magazine*.

■ **Aéroports de Paris.** Voir col. a.

■ **Aéroports de province. Nombre de passagers** (hors transit, en milliers) **et**, entre parenthèses, **fret, poste incluse** (en milliers de t, en 2000) : Agen 24,2 ; Ajaccio 1 072 (7,1) ; Angoulême 14,3 (0,001) ; Annecy 79,5 ; Aurillac 17,4 ; Avignon 124 ; Bâle-Mulhouse 3 765 (80) ; Bastia 841 (7,3) ; Beauvais 387 (0,7) ; Bergerac 19,9 ; Béziers 68 (0,02) ; Biarritz 780 (0,7) ; Bordeaux 3 066 (17) ; Brest 748 (1,8) ; Brive 35,6 ; Caen 100 (0,04) ; Calvi 256,2 (0,06) ; Cannes 9,9 ; Carcassonne 135,4 ; Castres-Mazamet 19 ; Chambéry 114 ; Cherbourg 21,2 ; Clermont-Ferrand 940 (2,1) ; Deauville 21,1 (0,2) ; Dijon 25 ; Dinard 77,9 (0,01) ; Épinal 13,1 (0,06) ; Figari-Sud-Corse 298 ; La Rochelle 66 ; Périgueux 26,8 ; Lannion 84,9 (0,01) ; Le Havre 118,5 (0,06) ; Lille 990 (1,3) ; Limoges 133 (0,03) ; Lorient 214 (0,09) ; Lyon 6 026 (44) ; Marseille 6 458 (59) ; Metz-Nancy-Lorraine 352 (8,5) ; Montpellier 1 750 (6,3) ; Nantes 1 992 (11,9) ; Nice 9 392 (21) ; Nîmes 277 (0,17) ; Ouessant 7,9 (0,06) ; Pau 613 (1,3) ; Tarbes 440 (0,002) ; Perpignan 528 (0,3) ; Rennes 421 (9) ; Grenoble 259 (0,04) ; Poitiers 50,7 (5) ; Quimper 153 (0,03) ; Reims-Champagne 9,3 ; Rodez 90,8 ; Rouen 35,4 (0,03) ; St-Brieuc 21,7 ; St-Étienne 130 (0,2) ; Strasbourg 2 032 (3,9) ; Toulon 705 (0,5) ; Toulouse-Blagnac 5 350 (60) ; Tours 8,2 (0,05).

■ **Aéroports français de métropole. Mouvements d'avions commerciaux** (en 2000) : Agen 2 071 ; Ajaccio 14 953 ; Angoulême 1 091 ; Annecy 1 977 ; Aurillac 1 150 ; Avignon 2 288 ; Bâle-Mulhouse 104 940 ; Bastia 13 786 ; Beauvais 4 502 ; Bergerac 1 995 ; Béziers 1 988 ; Biarritz 10 001 ; Bordeaux 50 084 ; Brest 14 543 ; Brive 1 332 ; Caen 4 862 ; Calvi 5 760 ; Cannes 3 186 ; Carcassonne 2 852 ; Castres-Mazamet 2 001 ; Chambéry 2 936 ; Cherbourg 3 353 ; Clermont-Ferrand 38 371 ; Deauville 1 231 ; Dijon 1 718 ; Dinard 3 268 ; Épinal 1 632 ; Figari-Sud-Corse 5 797 ; Grenoble 3 721 ; La Rochelle 3 048 ; Lannion 1 976 ; Le Havre 10 175 ; Lille 25 060 ; Limoges 5 207 ; Lorient 4 978 ; Lyon 124 347 ; Marseille 100 047 ; Metz-Nancy-Lorraine 13 408 ; Montpellier 27 175 ; Nantes 42 961 ; Nice 205 537 ; Nîmes 3 666 ; Ouessant 1 692 ; Paris 747 000 [dont Roissy 508 000, Orly 239 000] (en 2000) ; Pau 9 951 ; Périgueux 1 797 ; Perpignan 5 275 ; Poitiers 4 226 ; Quimper 2 401 ; Reims-Champagne 1 485 ; Rennes 18 990 ; Rodez 3 489 ; Rouen 3 350 ; St-Brieuc 3 812 ; St-Étienne 2 605 ; Strasbourg 39 449 ; Tarbes 4 238 ; Toulon 9 342 ; Toulouse-Blagnac 87 509 ; Tours 1 074.

■ **Survol de Paris.** Un arrêté ministériel du 20-1-1948 interdit le survol de Paris à moins de 2 000 m dans les limites des anciennes fortifications à tous les aéronefs (sauf ceux de transport public effectuant un transport régulier et les avions militaires assurant un service de transport), afin qu'en cas d'arrêt des moteurs l'avion puisse atterrir hors de l'agglomération. La trajectoire d'approche utilisée par les avions à destination d'Orly longe le sud de Paris, à 2 000 m. La procédure de départ vers le sud de Charles-de-Gaulle (configuration face à l'ouest) survole l'ouest/sud-ouest de Paris, en général à plus de 5 000 m. Des dérogations sont accordées par la préfecture de police. *Autorisations* (en 1989) : hélicoptères 25 diurnes et 1 nocturne, avions 1 diurne (non compris les évacuations sanitaires qui nécessitent une autorisation en temps réel). *Survols intempestifs* : *7-8-1919* l'adjudant-chef Godefroy passe sous l'Arc de triomphe avec un biplan. *Oct. 1981* Alain Marchand passe sous l'Arc de triomphe ; 5 000 F d'amende pour survol d'une zone interdite et vol d'acrobatie au-dessus d'une agglomération. *10-11-1988* Jean Maltret (dit le Baron noir) est condamné à 50 000 F d'amende et à la suspension de sa licence pour de nombreux survols intempestifs. *20-7-1991* un ULM se pose au pied de la tour Eiffel. Le pilote plante un drapeau tricolore puis s'enfuit à pied sans être identifié. *16-8-1991* un avion de voltige Mudry Cap B-10 (180 ch) volé à l'aéro-club de Lognes passe sous l'Arc de triomphe (voûte de 14,60 m), puis sous la tour Eiffel (largeur environ 40 m).

■ **Hauteur minimale de survol** (en m) **des agglomérations et rassemblements de personnes par les moteurs et bimoteurs et**, entre parenthèses, **par les avions équipés d'une ou plusieurs machines.** Usines ou installations à caractère industriel, hôpitaux, autoroutes : vol à proximité et parallèle 300 (1 000) ; agglomération d'une largeur moyenne d'au plus 1 200 m, plages, stades, réunions publiques, hippodromes, parcs à bestiaux, etc. : 500 (1 000) ; villes de largeur moyenne de 1 200 à 3 600 m, rassemblements de plus de 10 000 pers. : 1 000 (1 500) ; aggl. de plus de 3 600 m de largeur (sauf Paris) et rassemblements de plus de 100 000 pers. : 1 500 (1 500).

■ **Autres agglomérations.** Survol réglementé par le règlement de la circulation aérienne, règles de l'air (300 m). Communes du sud du département des Hauts-de-Seine survolées à 2 000 m d'alt. (sens sud-ouest – nord-est) par des avions de ligne en approche d'Orly (atterrissage face à l'ouest) : type d'approche utilisé pour 60 % des atterrissages.

Aéroports dangereux

Afrique noire. Personnel mal formé ; moyens radio en panne ; communiqués météo souvent fantaisistes ; ordres des contrôleurs imprécis : Kano, Lagos, Port Harcourt (Nigéria). **Ajaccio** (Corse). Piste trop courte (2 400 m). **Alger** (Algérie). Indications radio décalant les trajectoires de 5 à 10 km par rapport aux cartes. **Amérique du Sud.** Buenos Aires (Argentine), Leiticia-Vasquez Cobo et San Andres-Sesquicentenario (Colombie), Maiquetia-Simon Bolivar (Venezuela). **Fidji** (Suva-Nausori). **Grenoble** (France). « Sportif » par vent d'ouest. Turbulences. **Kaboul** (Afghanistan). **La Paz** (Bolivie). A 3 000 m d'alt. ; il faut dépressuriser rapidement lors de l'atterrissage. **Lorient** (France). Piste en béton armé ; le ferraillage modifiant le champ magnétique, on ne peut recaler les instruments (régler le cap par rapport à celui de la piste) avant le décollage. **Mexico** (Mexique). Alt. 2 300 m, l'appareil atterrit à 300 km/h au lieu de 250. Décollage : chaleur et pollution diminuent le rendement des moteurs. **Milan-Linate** (Italie). Terrain en pente ; piste trop éloignée des parkings. **Moscou** (Russie). Pistes mauvaises et mal entretenues ; contrôleurs parlant mal l'anglais. **New York** (USA). Virage immédiat dès que les avions atteignent 30 m de hauteur, poussée forte et continue des réacteurs pour gagner rapidement de l'altitude. **Nice** (France). Projet : les avions déborderont par la mer ; en cas de danger ou de dépassement urgent, 2ᵉ virage à négocier. **Nicosie** (Chypre). Contrôle partagé entre Grecs, Turcs, Chypriotes et militaires. **Nouvelle-Zélande** (Wellington). **Pékin** (Chine). Pannes, contrôleurs parlant mal l'anglais. **Quito** (Équateur). Au fond d'une cuvette. **Tallin** (Estonie). Radar dépassé et système radio saturé. **Tenerife** (Canaries). Brouillard fréquent. **Toronto** (Canada). Ravin (20 m) à moins de 350 m du bout de la piste. **Tripoli** (Libye). Contrôle insuffisant.

Aéroports récents

Chep Lap Kok (île artificielle à environ 30 km de Hong Kong). *Mise en service :* 6-7-1998. *Coût :* 120 milliards de F (avec la voie ferrée le reliant à Hong Kong). *Capacité :* 35 millions de passagers/an ; avec sa 2ᵉ piste : 45 ; en 2040 (prév.) : 80 (fret 9 millions de t) ; 38 mouvements d'avion par heure (70 en 1999). **Denver** (USA). Toit surmonté d'une voilure (en polytétrafluoroéthylène) de 21 000 m², tendue sur 34 mâts de 40 m de haut. *Capacité :* 43 millions de passagers/an. **Kansai** (Japon). *Inauguré :* 29-8-1994. Bâti sur une île artificielle de 511 ha, à 5 km au large d'Osaka. *Coût :* 100 milliards de F. *Capacité :* 30 millions de passagers/an ; 450 atterrissages et décollages par jour. **Inchon** (Corée du Sud). Ouvert 29-3-2001. A 40 km à l'ouest de Séoul. *Coût :* 6,7 milliards de $. *Superficie :* 4 735 ha. *Capacité :* 100 millions de passagers et 7 millions de t de fret/an. **Kuala Lumpur** (Malaisie). **Athènes-Spata** (Grèce). Ouvert 28-3-2001.

Voyages à partir de Paris (distance en km, depuis Paris-Orly)

Abidjan 4 969. Aboû Dabî 5 248. Agadir 2 290. Ajaccio 919. Alger 1 353. Amman 3 380. Amsterdam 420. Anchorage 7 535. Antananarivo 8 748. Athènes 2 098. Auckland 18 562.
Baghdad 3 850. Bangkok 9 435. Bastia 890. Belfast 869. Belgrade 1 430. Berlin (Tempelhof) 875. Beyrouth 3 191. Biarritz 661. Bilbao 761. Birmingham 487. Bogotá 8 640. Bombay 7 004. Bordeaux 525. Boston 5 531. Brazzaville 6 011. Brest 500. Bristol 457. Bruxelles 274. Bucarest 1 862. Budapest 1 257. Buenos Aires 11 065. Bujumbura 6 362.
Calcutta 7 852. Calvi 852. Caracas 7 617. Casablanca 1 894. Cayenne 7 094. Chicago 6 664. Clermont-Ferrand 333. Cologne 407. Colombo 8 487. Conakry 4 838. Copenhague 1 025. Cotonou 4 811.
Dakar 4 206. Damas 3 292. Delhi 6 579. Detroit 6 358. Djeddah 4 446. Djibouti 5 588. Doha 4 970. Douala 5 018. Dublin 784.
Édimbourg 867.
Francfort 465.
Genève 402. Glasgow 896. Göteborg 1 156. Grenoble 433. Guernesey 377.
Hambourg 750. Hanovre 632. Harare 7 934. Helsinki 1 894. Hô Chi Minh Ville 10 177. Hong Kong 9 982. Honolulu 11 948. Houston 8 080.
Istanbul 2 243. Smyrne (Izmir) 2 294.
Jakarta 11 587. Jersey 346. Johannesburg 8 707.
Karachi 6 130. Khartoum 4 602. Kiev 2 033. Kigali 6 254. Kinshasa 6 053. Koweït 4 483.
Lagos 4 685. Larnaca 2 986. Las Palmas 2 767. Le Caire 3 210. Le Cap 10 100. Libreville 5 407. Lille 210. Lima 10 373. Limoges 333. Lisbonne 1 451. Lomé 4 748. Londres (H) 346. Londres (GT) 307. Lorient 444. Los Angeles 9 107. Lourdes 644. Luanda 4 041. Luxembourg 273. Lyon 412.
Madrid 1 044. Manille 11 086. Marrakech 2 108. Marseille 652. Maurice (île) 9 445. Melbourne 16 762. Mexico 9 194. Miami 7 361. Milan (M) 619. Montevideo 10 975. Montpellier 613. Montréal 5 525. Moroni 7 833. Moscou 2 478. Mulhouse-Bâle 465. Munich 690.
Nairobi 6 487. Nantes 370. Naples 1 290. New York [1] 5 837. Niamey 3 915. Nice 685. Nîmes 574. Nouméa 18 713. Nuremberg 621.
Oran 1 493. Osaka 13 516. Oslo 1 337. Ottawa 5 654. Oûjda 1 604. Ouarzâzât 2 125.
Palerme 1 470. Palma 1 035. Papeete 15 718. Pau 635. Pékin 12 566. Perpignan 669. Philadelphie [1] 5 981. Phnom-Penh 9 931. Pise 833. Pittsburgh 6 273. Pointe-à-Pitre 6 756. Pointe-Noire 6 022. Poitiers 286. Port-au-Prince 7 743. Port-Gentil 5 527. Porto 1 213. Prague 869. Prestwick 889. Pula 974.
Québec 5 288. Quimper 491. Quito 9 363.
Rabat 1 812. Rangoun 8 865. Recife 7 305. Reggan 2 458. Reims 139. Rennes 311. Reus 849. Réunion (île) 9 352. Reykjavik 2 244. Rhodes 2 497. Riga 1 708. Rimini 942. Rio de Janeiro 9 166. Ar Riyad 4 673. Rome (C) 1 107. Rotterdam 381.
Saigon 10 119. Saint-Denis 9 440. Saint-Dominique 7 179. Saint-Étienne 388. Saint-Jacques-de-Compostelle 1 055. Saint-Pétersbourg 2 143. Skikda 1 463. St John's 3 982. St Louis (USA) 7 060. St-Louis (Sénégal) 4 014. St-Nazaire 372. Salonique 1 858. Salon 608. Salt Lake City 8 160. Salzbourg 782. San Francisco 8 971. San Juan 6 899. Santiago 11 831. São Paulo 9 417. Seattle 8 055. Seychelles 7 842. Séoul 8 988. Séville SP 1 437. Séville M 1 439. Sfax 1 714. Shanghaï 9 259. Shannon 901. Sidi Bel'Abbès 1 528. Singapour 10 728. Sofia 1 760. Solenzara 933. Southampton 352. Southend 358. Split 1 253. Stavanger 1 116. Stockholm (A) 1 569. Stockholm (B) 1 549. Strasbourg 385. Stuttgart 499. Swansea 559. Sydney (Can.) 4 569. Sydney (Austr.) 16 954.
Tamanghasset 2 895. Tanger 1 596. Tarbes 644. Téhéran 4 199. Tel-Aviv 3 289. Tenerife 2 759. Thiès 4 163. Timimoun 2 176. Tirana 1 591. Tlemcen 1 570. Tobrouk 2 598. Tokyo via Moscou 9 998. Tokyo via l'Alaska 13 084. Tokyo via la Sibérie 9 703. Toronto 6 015. Touggourt 1 764. Toulon 685. Toulouse (B) 574. Tours 191. Tripoli (Libye) 1 998. Tripoli (Liban) 3 167. Tulsa 7 608. Tunis 1 477. Turin 568.
Valence (Fr.) 453. Valence (Esp.) 1 067. Vancouver 7 938. Varsovie 1 360. Venise 838. Vichy 295. Vienne 1 044. Vittel 268.
Washington 6 164.
Zagreb 1 086. Zurich 481.

Nota. – (1) En Concorde.

Distance de : Bordeaux-Marseille 498, -Nice 645, -Toulouse 215. **Lille**-Lyon 554, -Marseille 809, -Nice 828, -Strasbourg 396. **Lorient**-Nantes 154. **Lyon**-Ajaccio 516, -Bastia 498, -Bordeaux 454, -Marseille 256, -Nice 299, -Toulouse 367. **Marseille**-Ajaccio 339, -Bastia 361, -Calvi 307, -Nice 163. **Nantes**-Lyon 526, -Marseille 675, -Nice 788. **Nice**-Calvi 180. **Strasbourg**-Lyon 372, -Marseille 598, -Nice 543. **Toulouse**-Nice 471.

■ **Aéroports d'outre-mer (Dom-Tom).** **Nombre de passagers** (en milliers), entre parenthèses **fret, poste incluse** (en milliers de t) **et,** en italique, **mouvements d'avions commerciaux** (en 2000) : Bora Bora 266,9 (0,3) *6 924 ;* Cayenne 457,1 (8,5) *11 410 ;* Fort-de-France 1 785 (19,2) *29 565 ;* Huahine 174,7 (0,18) *4 866 ;* Marie-Galante 20,5 (0,02) *1 946 ;* Moorea 320,5 (0,19) *23 989 ;* Nouméa 650,6 (7) 15 870 ; Pointe-à-Pitre 2 117 (19) *35 484 ;* Raiatea 191,7 (0,37) *5 413 ;* Rangiora 92,5 (0,33) *3 497 ;* Roland-Garros 1 391 (27) *11 787* (en 1998) ; St-Barthélemy 187,6 (0,39) *27 282 ;* St-Martin 106 (0,14) *8 587 ;* Tahiti-Faa'a 1 564 (12,2) *43 622 ;* Wallis-Hihifo 34,3 (0,16) *1 222.*

Voyages en avion

Renseignements pratiques

Abréviations utilisées : *classes de transport :* R = Concorde, F = première, Y = économique, C = le Club, K = vacances. *État de réservation :* OK = lorsqu'elle est ferme, RQ = en demande, NS = No Seat (pour les bébés).

☞ **Afuta (Association française des usagers des transports aériens) :** 86, rue de la Fédération, 75015 Paris. **DGAC (Direction générale de l'aviation civile) :** 50, rue Henri-Farman, 75015 Paris. La DGAC publie un *Guide du passager.* **SNAV (Syndicat national des agents de voyages) :** 6, rue Villaret-de-Joyeuse, 75017 Paris.

■ **Abonnement. Réductions** de 15 à 30 % sur le prix du billet plein tarif ; durée de validité : de 3 mois à 2 ans. En cas d'utilisation répétée de l'avion, des points (acquis au fil des km parcourus) donnent droit à des voyages gratuits.

■ **Animaux domestiques familiers.** Chiens admis, voyagent soit en cabine (moins de 5 kg), soit en soute (plus de 5 kg sauf refus pour raisons valables, sous réserve d'accord au moment de la réservation). Caisses spéciales en vente à leur intention (315 à 1 150 F selon la taille). **Sur les lignes internationales :** ils voyagent sous le régime des excédents de bagages (montant par kilo : 1,5 % du prix du billet plein tarif ; européennes 1,35 %) ; entre la France métropolitaine et les Dom, tarif entre 300 et 450 F en cabine ; en métropole environ 80 F en cabine et 200 F en soute ; entre la France continentale et la Corse : 80 F. **En cabine :** sont acceptés en nombre limité les petits chiens et chats (poids maximal 5 kg), canaris, perruches, perroquets ou autres petits oiseaux apprivoisés, placés dans un habitacle dont le total des 3 dimensions n'excède pas 115 cm ; chiens d'aveugles muselés (sauf en G.-B.). **A l'étranger :** formalités (carnet de santé) à l'entrée (parfois interdite ou soumise à la quarantaine).

☞ Gratuité en soute ou en cabine des chiens-guides de personnes sourdes et aveugles.

■ **Annulation de vol.** Le billet est remboursé intégralement à la suite de l'annulation d'un vol, régulier ou non, par la Cie. Possibilité de dommages et intérêts dans certains cas. Si le client annule son vol parce qu'il a trop attendu, il sera aussi dédommagé. Lors de la réservation du billet, on peut souscrire une assurance-annulation.

■ **Appareils : électroniques** (baladeurs, lecteurs de cassettes, magnétophones, etc.) sont interdits pour des motifs de sécurité pendant le décollage et l'atterrissage. Durant le vol, se conformer aux instructions ; **émetteurs-récepteurs :** interdits pendant le vol.

■ **Bagages. Admis en franchise :** *vols réguliers :* 23 kg tous tarifs confondus en classe économique (30 kg ou plus en 1ʳᵉ cl. ; *long-courriers :* 40 kg (1ʳᵉ cl. ou cl. affaires), 30 kg (cl. économique) ; *vols charters :* 15 kg sur les liaisons court/moyen-courriers ; de 20 à 25 kg sur les plus longues distances en cl. « touriste » (en cas de configuration à 2 classes). **Admis en cabine :** 1 bagage : dimensions maximales : total longueur, hauteur, largeur : 115 cm. *1ʳᵉ classe :* housse à vêtements en plus.

Acceptés gratuitement en sus de la franchise (règle internationale Iata) : sous la garde du passager, portant une étiquette d'identification : manteau, pardessus, couverture, parapluie, canne, appareil photo, jumelles, livres et revues, sac à main ou pochette, nourriture pour les bébés, couffin ou poussette pliante, fauteuil roulant, appareils orthopédiques. Depuis le 1-1-1983, étiquetage extérieur des bagages enregistrés obligatoire avec adresse personnelle et adresse de destination. **Non acceptés :** serviettes et attachés-cases comportant un dispositif d'alarme ; gaz comprimés (inflammables ou non, toxiques) comme le gaz de camping ; produits corrosifs (tels qu'acides, alcalis et piles à éléments humides) ; agents étiologiques ; explosifs, munitions, pièces de pyrotechnie et signaux d'alarme ; liquides et solides inflammables (tels que carburants pour l'éclairage ou le chauffage, allumettes et articles qui s'enflamment facilement) ; matières irritantes ; matières aimantées ; matières oxydantes (telles que chlorure de chaux et peroxydes) ; poisons ; matières radioactives ; autres articles réglementés tels que le mercure ou des matières nocives figurant dans le manuel Iata des articles réglementés. **Exclus du régime « bagages »** (à transporter en fret) : appareils ménagers lourds, tels que réfrigérateurs, machines à laver, télévisions, etc. **Bagages non accompagnés** (remis au moins 72 h avant départ) : tarif plus avantageux que celui des excédents de bagages. **Régimes particuliers :** taxations spéciales pour les équipements de sport. Fusils de chasse non acceptés en cabine.

Pertes : 3 000 par j sur 3,5 à 4 millions de bagages transportés dans le monde. Environ 90 % sont récupérés dans les 24 ou 48 h grâce au *Bag Track,* système informatisé de recherche auquel adhèrent environ 150 compagnies. Pour les autres (1 à 1,5 bagage sur 10 000 acheminés), la plupart des transporteurs interrompent toute recherche au bout d'un mois. *Remboursement :* au prorata du poids soit (en mai 1989) 20 $ US (127 F) par kg manquant (soit 2 500 F pour une valise de 20 kg). Air France et Air Inter remboursent 140 F par kg, Lufthansa 167 F. Les abonnés d'Air Inter sont en outre automatiquement couverts jusqu'à 10 000 F de perte (voir p. 1880 a).

■ **Bébés. De moins de 2 ans :** voyage gratuit si accompagné d'une personne de 15 ou 18 ans révolus (suivant les Cies) ; sur vols internationaux, long-courriers vers l'outre-mer : 10 % du billet plein tarif adulte. Il n'ouvre pas droit à une franchise de bagages.

■ **Billet.** Nominatif. **Cession d'un billet :** possible s'il a été vendu avec d'autres prestations terrestres à condition d'en informer son agent de voyages par lettre recommandée au plus tard 7 j avant le début du voyage. Mais si le transport est « sec », il faut l'accord de la Cie pour pouvoir céder le billet à une autre personne. **Validité :** maximale 1 an. Certains tarifs comportent des conditions de réservation et de séjour minimum (le parcours retour ne peut être effectué avant la date donnée). **Billet open :** acquis à la demande du passager sans date de réservation fixée avec obligation de réserver au moins 72 h avant le départ. **Comporte :** une couverture imprimée, 2 faux feuillets où figurent les « conditions de contrat de transport » et la « limitation de responsabilité en matière de bagages », 1 à 4 « coupons de vol » détachés à l'aéroport lors de l'« enregistrement », 1 coupon pour le passager, un unique numéro d'identification pré-imprimé. **Billet non utilisé ou utilisé partiellement :** présenter la demande de remboursement au plus tard dans les 30 j suivant la date d'expiration du billet. **Perdu ou volé :** remboursement possible 1 an après la date d'émission du billet s'il s'agit d'un plein-tarif dont la durée de validité est de 1 an, sinon selon la durée de validité indiquée. Pour effectuer le vol prévu, acquérir un autre billet en remplacement. Les billets « charters » ou les tarifs promotionnels sur les lignes régulières sont rarement remboursés en cas de perte ou vol.

ATB (Automatised Ticket Boarding Pass) : billet d'avion magnétique conçu dans la perspective d'une automatisation totale de l'enregistrement et de l'embarquement des passagers aux aéroports.

Blocs sièges : allotements de sièges consentis aux voyagistes aux termes d'un contrat exigeant le versement intégral du montant convenu pour l'opération, que les sièges aient été occupés ou non.

■ **Conditions générales de transport.** Texte de base rassemblant les règles communes aux transporteurs aériens. Ce texte est édité par chaque Cie et porté à la connaissance des passagers sur leur demande ; il est opposable à la fois aux passagers et aux transporteurs et sert de référence pour le traitement des litiges.

■ **Confirmation.** Obligatoire de la date de retour si elle est prévue 72 h après la date d'arrivée.

■ **Embarquement.** Heure limite de présentation à l'embarquement : 25 min avant le départ de l'avion pour l'Europe et la métropole, et 35 ou 45 min selon la Cie et l'aéroport pour les autres destinations. Parfois délais plus importants pour des raisons de sécurité. En cas de refus d'embarquement à bord d'un vol régulier au départ d'un pays de l'UE pour des motifs de surréservation, la Cie doit verser une compensation.

■ **Enfants voyageant seuls** sur une ligne internationale. Doivent être munis d'une autorisation de sortie de territoire ou d'un passeport individuel valide. **S'ils ont moins de 4 ans :** ils devront être accompagnés par une hôtesse spéciale (billet payant pour elle, tarif réduit pour l'enfant). **De 4 ans à 12 ans :** demander l'accord de la Cie, remplir une décharge de responsabilité au moment de l'achat du billet, donner le nom et le moyen de contacter la personne chargée de venir chercher l'enfant à l'arrivée. Il porte au cou une pochette UM (*Unaccompanied Minor*).

■ **Enregistrement. Sans bagages :** *France :* 15 min avant l'heure de départ du vol (Corse 20 min) ; vols réguliers européens 25 min. *Lignes intérieures :* 30 min pour les UM. **Vols internationaux :** 1 h ; **certains vols :** jusqu'à 3 h. Prévoir un délai supplémentaire de 30 min ; s'il y a un animal.

■ **Femmes enceintes. Grossesse normale :** voyage autorisé sans formalité au cours des 8 premiers mois. **Autres cas :** interroger le médecin de la Cie.

■ **Formalités particulières.** Dispositions spécifiques à l'entrée de la France et de l'UE pour : armes, munitions, biens culturels, espèces animales et végétales protégées et produits qui en sont issus (Convention de Wahsington), animaux vivants et produits artisanaux, végétaux, vins, boissons alcoolisées, tabacs, etc.

■ **Fumeurs. Espaces fumeurs :** à l'arrière de la cabine (pipe ou cigare prohibés) ; **non fumeurs :** aérogares (sauf emplacements signalisés « fumeurs ») ; **en vol :** interdit de fumer sur les vols intérieurs de moins de 2 h (pour les Cies françaises) ; de moins de 1 h 30 (sur les autres compagnies) ; vers USA et Canada. Toute infraction est passible de sanctions pénales.

■ **Handicapés.** Accompagnateur obligatoire en cas de handicap mental ; embarquement prioritaire et sortie après celle des autres passagers ; dans certains cas, tarifs préférentiels (carte d'invalidité, de pensionné à 85 % et plus à double barre bleue ou rouge en croix de Saint-André) à l'intérieur de l'hexagone.

■ **Indemnisation des bagages.** Responsabilité des Cies aériennes pour perte, retard ou avarie limitée à 140 F par kg pour bagages enregistrés (sauf aux USA). Cies d'Asie et d'Australie : plafond supérieur à celui de la convention de Varsovie (130 000 F). En cas de faute inexcusable du transporteur, celui-ci est tenu à réparation intégrale du préjudice subi ; accident aérien (appareil exploité par une Cie française lors d'un vol national ou international de ou vers la France) : les passagers reçoivent de l'assureur du transporteur une aide forfaitaire immédiate de 50 000 F pour un décès, 10 000 F pour une personne blessée et hospitalisée. *S'adresser à :* Institut national d'aide aux victimes et de médiation (Inavem), 14, rue Ferrus, 75014 Paris.

■ **IT (inclusive tour :** forfait). Voyage organisé, vendu par l'intermédiaire des agences. Comprend transport aérien, hébergement et éventuellement des prestations annexes telles que repas et excursions. Dates de départ et de retour fixées à l'avance.

■ **Pilotage à 2.** Introduit il y a 22 ans sur les avions à fuselage étroit (DC-9, MD-80, Boeing 737 et 757), puis sur les gros fuselages (Airbus A-310, A-300-600, Boeing 767). Adopté maintenant sur les plus gros avions (Boeing 747-400). *En 1988 :* Air Inter a subi des grèves de personnels contestant le pilotage à 2 pour des « raisons techniques ». 3 750 avions commerciaux à réaction, soit 50 % de la flotte occidentale (7 000), volaient alors en équipage à 2 pour 218 Cies aériennes.

■ **Reconfirmation.** Obligatoire sur certaines liaisons et compagnies (vols long-courriers vers Afrique, Proche-Orient et océan Indien). Elle doit se faire en principe au moins 72 h à l'avance, faute de quoi la réservation serait automatiquement annulée.

■ **Repas à bord.** En moyenne, il représente 4,6 % du prix du billet. Prix payé par une Cie à son fournisseur ; repas froid 25 à 45 F ; chaud 40 à 100 F ; 1re classe 80 à 200 F + boissons.

■ **Réservations.** Seule la mention « OK » garantit une place réservée. **Sur Internet :** serveur de réservation et possibilité d'achat direct avec paiement pour British Midland (Cyberseat). **Par minitel, téléphone, ou serveur vocal :** la réservation ne sera confirmée qu'au paiement du billet. **Billet sans réservation :** par exemple billet « retour », faire porter cette réservation sur le billet (dans une agence de voyages ou auprès du transporteur).

■ **Responsabilité de la Cie.** Les dommages au cours du voyage relèvent de la convention de Varsovie du 12-10-1929 et du protocole de La Haye du 28-9-1955 qui la modifie. [Convention de Montréal (mai 1999) : ratification prévue avant 31-12-2000.] Les plafonds de limitation de responsabilité figurent dans les « conditions générales de transport » de chaque compagnie.

■ **Retard de vol.** La Cie peut reporter ou retarder le départ d'un avion, sans préavis, pour des raisons météo, politiques (guerre, émeute, etc.) ou autres (catastrophe naturelle, etc.). En cas de retard important et de préjudice, on peut demander une compensation à la Cie. En dehors de ces cas, les tribunaux apprécieront la notion de « délai raisonnable ».

Vols retardés de + de 15 min au départ (en Europe) [en % du total] : *1993 :* 12,7 ; *95 :* 18,4 ; *98 :* 30,3 [conflit du Kosovo (24-3/10-6)] ; *2000 :* 25,5.

■ **Santé. Principales affections dans les avions long-courriers :** gastro-intestinales, cardiaques, neurologiques, vasculaires, respiratoires, infectieuses, psychiatriques, musculo-squelettiques, urologiques, allergiques. **Facteurs favorisant des accidents thrombo-emboliques :** *air moins riche en oxygène :* boire un verre d'eau plate toutes les 2 h ; *déshydratation :* marcher 7 pas au moins toutes les 3 h ; *immobilité :* vêtements amples ; *position :* en cas d'antécédents de phlébite, traitement anticoagulant préventif.

« Syndrome de la classe économique ». Sorte de thrombose pulmonaire. 12 cas mortels en 3 ans (parfois plusieurs semaines après le vol). La pression exercée sur le siège pendant des vols de 7 à 24 h peut provoquer des caillots de sang dans les jambes qui viennent ensuite se loger dans les poumons, causant une embolie pulmonaire. Pour limiter les risques, faire quelques exercices pendant le vol, éviter de fumer et de boire de l'alcool ; le cas échéant, prendre de l'aspirine pour faciliter la circulation sanguine.

L'exposition aux rayonnements cosmiques à haute altitude pourrait provoquer des modifications du chromosome 7, associées au développement de leucémies myéloïdes aiguës.

■ **Sécurité.** L'arrêté du 29-12-1997 (*JO* du 7-1-1998) réglemente les visites de sûreté des personnes et des bagages à main dans les zones d'embarquement (utilisation de portiques, de magnétomètres, fouille à corps si nécessaire, radio des bagages à main ou visite manuelle). En France et dans de nombreux pays, tout bagage abandonné dans un aérogare est immédiatement détruit sans qu'aucune indemnisation puisse être réclamée.

■ **Stand-by.** Pas de réservation. Embarquement dans la limite des places disponibles.

■ **Surréservation ou surbooking.** Beaucoup de Cies pratiquent la surréservation ; si l'on ne peut embarquer sur le vol prévu, on peut obtenir un dédommagement. Montant minimal perçu : 75 à 300 écus (500 à 2 000 F). La Cie peut payer en espèces ou, si accord du passager, en bons de voyages ou en services. Si le passager est acheminé sur un autre vol, avec les mêmes horaires, les compensations peuvent être réduites de moitié (avec un battement de 2 h en plus pour 3 500 km, et de 4 h au-delà, par rapport à l'heure d'arrivée initiale). La Cie doit, en outre, prendre en charge les frais des passagers obligés de passer une ou plusieurs nuits près de l'aéroport (hôtel, repas, téléphone, télex, etc.) et régler les frais de déplacement entre les aéroports. Les passagers peuvent aussi exercer un recours ultérieur contre la Cie pour des dédommagements supplémentaires. Clauses valables au départ d'un aéroport d'un État de l'UE, sur les vols réguliers (liaisons régulières, fréquences systématiques). Pour les charters et les séjours de groupe organisés, les passagers doivent s'adresser à la Sté qui a vendu et organisé le voyage.

■ **Tarifs** (réductions). **Bébés** (jusqu'à 2 ans) : gratuité en métropole, tarif enfants s'il occupe un siège, 10 % du plein tarif sinon. **Couple :** 60 % et plus sur certains vols réguliers intérieurs (métropole et Dom). Il n'est pas nécessaire d'être marié (pièces justificatives à fournir : livret de famille ou certificat de vie maritale). **Demandeur d'emploi :** s'adresser à son agence locale pour l'emploi. **Économique :** tarif normal, vendu en aller simple, permettant de faire plusieurs arrêts en cours de route. **Enfants** (2 à 12 ans) : 50 % du plein tarif, 33 % des tarifs promotionnels. **Famille :** 50 % et plus du billet plein tarif classe économique (mais conditions d'utilisation restrictives) : 2 ou 3 personnes d'une même famille. Peuvent aussi en bénéficier l'un et/ou l'autre des parents (voire des grands-parents, accompagnés d'un bébé ou d'un enfant de moins de 25 ans (ou de 27 ans, s'il est étudiant). **Groupe :** minimum 10 personnes (enfants de 2 ans inclus) : environ 50 % par personne d'un billet plein tarif, classe économique, sur des lignes régulières intérieures et internationales (peu pratiqué vers les Dom). **Handicapés. Normaux :** 1re classe et classe économique, vendables en aller simple et permettant de faire plusieurs arrêts en cours de route. **Spéciaux : Apex (advance purchase excursion :** excursion achetée à l'avance) : frais d'intervention en cas de modification ou d'annulation ; **super Apex :** moins cher mais vol direct. **Vacances/visite :** comporte certaines contraintes (réservation, paiement et validité) ; vendu à des niveaux proches des vols charters. **Vara (vol avec réservation à l'avance) :** aller et retour dans un avion entièrement réservé par un tour-opérateur pour une date fixe. La liste des passagers doit être connue en principe 30 j avant le départ. **Avion loué :** Paris-Genève (aller-retour) : 33 000 F (biturbo-propulseur), 44 900 F (Falcon 20). Paris-Mexico : 1 300 000 F (Falcon 900 avec 10 passagers).

■ **Réduction enfants, jeunes et étudiants. Enfants de moins de 2 ans :** 90 % ; **de 2 à 12 ans :** de 33 à 50 % sur les lignes régulières du réseau intérieur français. **Jeunes de 12 à 21 ans et étudiants jusqu'à 27 ans** (sur certaines destinations) : tarifs particuliers. Réduction enfant obligatoire sur les vols réguliers ou non réguliers à destination ou en provenance des Dom.

■ **Téléphone à bord. Tarif :** Europe 25 F/min, long-courrier 50 F/min, + 15 F de forfait de prise en charge (par appel) pour l'Europe et 30 F pour les long-courriers. **Portables** interdits pendant les vols car ils interfèrent avec les instruments de contrôle.

■ **Salons aériens. Paris :** au *Grand Palais,* de 1909 (1er ouvert : 25-9) à 1913, puis de 1920 à 1938 (tous les 2 ans de 1924 à 1938), 1946, 1949, 1951, puis au *Bourget* depuis 1953. En 2001 : 1 861 exposants de 42 pays, aéronefs exposés au sol : 226, superficie : 192 000 m², visiteurs : 306 658.

■ **Musées de l'aviation en France. Paris. Musée de l'Air** *1919* fondé (le plus ancien d'Europe). *1921* inauguré à Meudon. *1975* installé à l'aéroport de Paris-Le Bourget. 1990-*17-5* incendie dans dépôt du musée à Dugny (Seine-St-Denis), environ 20 avions détruits. *1995–8-4* ouverture de 2 salles consacrées à l'aérostation des XVIIIe et XIXe s. Hall consacré à l'espace (rouvert au public le 1-4-2000). Rétrospective de la conquête de l'espace avec de nombreux objets authentiques ou à l'échelle 1. *Pièces exceptionnelles :* planeur Biot-Massia (1879), hydravion d'Henri Fabre (1910), Spad VII de Guynemer (1916), Concorde 001 (1969), Dewoitine 520, Leduc, Mirage G8, capsules Soyouz T6. *Sont exposés* (en 2001) : 182 avions, hélicoptères, planeurs, 45 objets spatiaux, 20 moteurs, 400 pièces de collection sur le thème du ballon et ouverture d'une salle consacrée aux moteurs aéronautiques. **Conservatoire national des Arts et Métiers :** avion de Blériot lors de la traversée de la Manche, monoplan Esnault-Pelterie (1906), biplan Breguet (1913). **Province :** *Angers* à Marcé (ouverture du nouvel aérodrome d'Angers comprenant le musée régional de l'Air). *Biscarosse* surtout documents, maquettes et objets. *Dax* musée de l'Aviation légère de l'armée de Terre (Alat). *La Ferté-Alais* avions anciens. *Le Mas Palégry* avions militaires à réaction, maquettes. *Nancy* actuellement fermé au public. *Rochefort-sur-Mer. St-Rambert-d'Albon* association Aéro-Rétro. *Savigny-lès-Beaune* avions militaires à réaction. *Montélimar* musée européen de l'Aviation de chasse. **Dans le monde.** Dans la plupart des pays d'**Europe :** *Allemagne :* Munich. *G.-B. :* nombreux, dont le RAF Museum à Hendon. **Proche-Orient :** *Syrie :* Damas. **Asie :** *Indonésie :* Jakarta. *Philippines :* Manille. *Thaïlande :* Bangkok. *Viêt Nam :* Hanoi. **Amérique du Nord :** *Canada :* Ottawa. *USA :* Dayton : US Air Force. Seattle : musée Boeing. Washington (le plus fréquenté du monde). **Australie :** Melbourne.

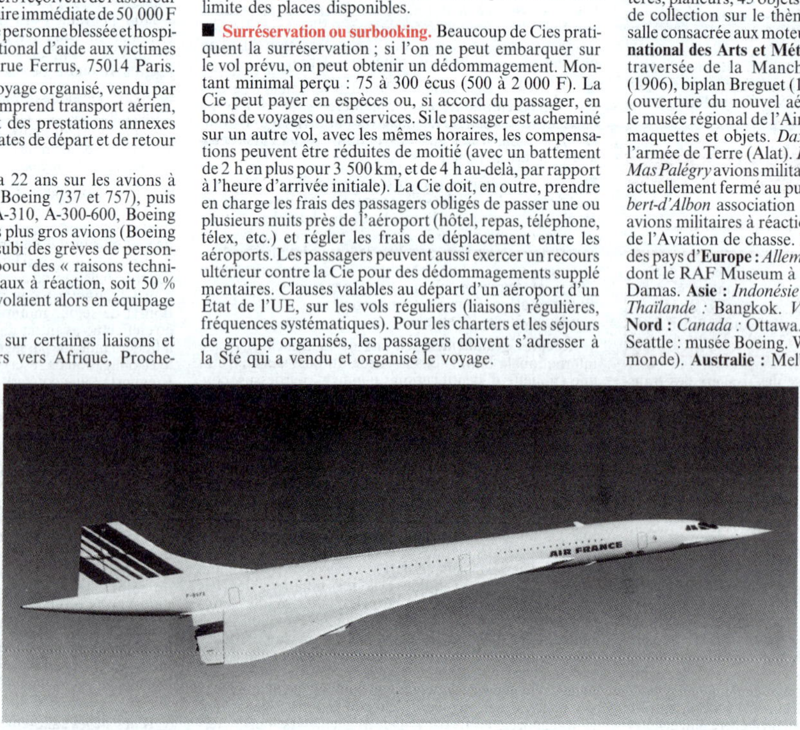

Le Concorde

TRANSPORTS FERROVIAIRES

☞ Pour découvrir la sélection **Quid** des meilleurs sites Internet sur les transports ferroviaires, rendez-vous sur **www.quid.fr**

MATÉRIELS

LOCOMOTIVES

QUELQUES DATES

1550 utilisation de *chariots sur rails* dans les mines de Leberthal (Alsace). **1758**-*9-6 : 1er train régulier* à locomotive à vapeur entre la mine de charbon de Middleton et le pont de Leeds, Yorkshire. **1770** *1re utilisation de l'action directe du piston* sur la manivelle pour actionner la roue motrice (Cugnot, France).

1804-*22-2 la 1re locomotive de Richard Trevithick* (1771-1833) *et Andrew Vivian* fonctionne au pays de Galles. *-24-2* tire une charge utile de 10 t à 8 km/h et 70 personnes (curieux ou enthousiastes, le train ne transportant que du charbon ou des marchandises ; la notion de « voyageur » n'apparaît que 20 ans plus tard) sur la ligne de Penydarren (Galles), 15 km. Chaudière à foyer intérieur et à tube en retour pour multiplier la surface de chauffe, cylindre horizontal et réchauffeur d'eau d'alimentation ; roues lisses ; substances diverses répandues sur la voie en cas de manque d'adhérence. 2 autres locomotives (1805 et 1808) suivront ; l'une, *Catch Me Who Can* « M'attrape qui peut », sert d'attraction foraine à Londres. **1812** *John Blenkinsop* (1783-1831) : *locomotive à roue dentée* qui s'accroche sur une crémaillère extérieure à la voie. *1re locomotive à vapeur opérationnelle* fonctionne à Leeds (G.-B.). **1813** *Brunton* propose une machine surnommée *Steam Horse* (cheval vapeur) qui « marche », toujours par crainte du manque d'adhérence, grâce à 2 béquilles alternativement appuyées sur le sol. Elle explose en 1815. *Christopher Blackett* et *William Hedley* (1779-1843) démontrent que l'adhérence des roues permet la traction de charges importantes, et remorquent avec leur locomotive *Puffing Billy* de 8,3 t des trains de 50 t à 8 km/h. **1814** *George Stephenson* (1781-1848) construit une locomotive la *Blücher* pour les mines de Killingworth : roues accouplées par une chaîne sans fin (plus tard par une bielle rigide) ; en service de 1814 à 1825. **1823** *George Stephenson* et son fils *Robert* (1803-59), *Edward Pease* (1767-1858) et *Michel Longridge* fondent la *1re usine de construction de locomotives* à Newcastle [concurrencée à partir de 1830 par celle d'*Edward Bury* (1794-1858) à Liverpool]. **1827** *Timothy Hackworth* (1786-1850) achève la *Royal George,* la plus puissante et la 1re à 6 roues couplées par des bielles extérieures ; elle fonctionnera jusqu'en 1842. **1828**-*22-2 Marc Seguin* (Fr., 1786-1875) : brevet de la *chaudière à tubes de fumée* multipliant la surface de chauffe (les gaz chauds de la combustion passent dans un faisceau de tubes traversant l'eau de la chaudière). **1829** *The Rocket* « la Fusée » de *Robert Stephenson,* avec 25 tubes, qui comporte un échappement de la vapeur dans la cheminée, ce qui active automatiquement le tirage. Elle gagne le concours de Rainhill (G.-B.) en roulant à 47 km/h *haut-le-pied* (expression désignant un cheval de rechange qui, non monté, suivait les autres en levant plus aisément le pied que s'il avait porté un cavalier) ; à 24 km/h en remorquant 12 942 kg. **1831** ingénieur *Rimber* (USA) : *1re locomotive pour service mixte* à adhérence et à crémaillère. **1832** Liverpool-Manchester, des locomotives remorquent des trains de 223 t (50 wagons) à 16 km/h. **1838** *locomotive à 3 essieux indépendants.* La détente commence à être employée sur les locomotives Manchester-Liverpool. La *Gironde*, sur la ligne de Versailles (rive droite), remorque des trains sur des rampes de 35 ‰. **1839** *1re locomotive à air comprimé* d'Andraud. *1re locomotive expérimentale* (Charles Page) entre Washington et Bladensburg.

1842 la *1re locomotive électrique de Robert Davidson* atteint 6 km/h sur la ligne Édimbourg-Glasgow. **1847** *chemin de fer atmosphérique. 1re locomotive de Thomas Russell Crampton* (1816-88) sur la London North Western Railway. Roues motrices de grand diamètre pour la vitesse, abaissement du centre de gravité pour la stabilité (essieu moteur à l'arrière du foyer ; cylindres reculés ; porte-à-faux à l'avant et à l'arrière supprimés). Un modèle à 2 essieux accouplés et essieu porteur à l'avant atteindra 110 km/h et sera employé pendant 30 ans. **1849** *brevet de la « surchauffe »* par Quillac et Moucheuil. La vapeur traverse des tubes placés à l'intérieur d'autres tubes originaires de la chaudière, en contact avec les gaz chauds de la combustion. La condensation diminue et on économise ainsi 16 % de charbon et 21 % d'eau. Le procédé n'est utilisé qu'en 1898 par Schmidt. **1864** brevet du Français Cazal : *moteur électrique s'appliquant directement à l'essieu.* **1866**-*6-7 locomotive Petiet* à 6 essieux moteurs, accouplés en 2 groupes indépendants (inauguration de la ligne Enghien-Montmorency). **1867** *locomotives Forquenot*, dites *Cantal,* 1res machines françaises équipées de 5 essieux couplés (Cie du Paris-Orléans, PO). **1876** 1re application pratique par l'ingénieur Mallet du *système « compound »* sur une locomotive du Bayonne-Biarritz. Ce système, indiqué dès 1803 par Arthur Woolf et déjà en usage dans la marine, utilise mieux la force expansive de la vapeur qui passe une 1re fois dans un cylindre à haute pression (comme sur une machine à simple expansion), puis une 2e fois, en détente, dans un 2e cylindre à basse pression. **1879**-*31-5 1er train remorqué par une locomotive électrique* (Exposition industrielle de Berlin ; locomotives Siemens et Halske, voie de 550 m). **1883** *1re locomotive électrique* en G.-B. (la ligne existe toujours à Brighton). **1894** *1ers essais de traction électrique* banlieue de Paris (St-Germain-État/St-Germain-Grande-Ceinture). *1res locomotives de vitesse* type *Coupe-Vent* du Paris-Lyon-Marseille (PLM).

1900 *1ers trains à traction électrique* sur la ligne Paris-Invalides aux Moulineaux (avril), Paris-Orsay à Paris-Austerlitz (28-5). **1907** *1res locomotives de vitesse* du type *Pacific* (Cie du Paris-Orléans). **1910** *1er service de chemin de fer sans chauffeur* ouvert à Munich. *Convoi postal sans passagers.* **1911** essai de traction électrique par courant alternatif monophasé (ligne PLM de Cannes à Grasse). **1920** essais, en Allemagne, de traction sur rails par des hélices (moteurs d'aviation). **1930**-*10-2 inauguration du train radio* (émission et réception) en France (réseau de l'État). **1931**-*1-1* circulation du *1er autorail. -10-9* circulation des 1ers autorails à roues munies de pneumatiques : *Michelines* (6 roues, pneus Michelin, moteur Hispano-Suiza de 55 ch. et carlingue d'avion de 12 places ; Paris-Deauville à 107 km/h). Michelin livrera 23 types d'autorails de 1932 à 1938. **1937**-*29-12 : 1er train français remorqué par une locomotive Diesel électrique* à grande puissance (ligne Paris-Dijon). **1938**–*3-7* record de vitesse pour une locomotive : 202 km/h sur 402 m. *-13-12 : 1re grande ligne entièrement* à *traction électrique* (Paris-Bordeaux).

1946 *1re série de locomotives à vapeur* chauffées au mazout. **1948**-*4-12 rame sur pneumatiques* (Paris-Strasbourg). **1950** 1er essai monophasé en Savoie. **1952** traction électrique intégrale sur Paris-Lyon. **1954**-*18-7 : 1re mise en service de la traction électrique en courant monophasé* 25 kV 50 Hz (Charleville-Valenciennes). **1955**-*28* et *-29-3 record mondial de vitesse sur voie ferrée :* 331 km/h entre Facture et Morcenx (Landes) avec 2 locomotives électriques, la *BB 9004* et la *CC 7107* ; *-5-6* traction électrique intégrale sur Paris-Rome ; **1962**-*22-6* sur Paris-Marseille. **1963**-*9-9* mise en service électrification Paris-Bruxelles. **1964** Diesel série 69 000 (3 500 kW, soit 4 800 ch.). *-30-5 : 1re locomotive quadricourant* type *CC 40 100* (sur Paris-Bruxelles). **1967**-*28-5 : 1re circulation commerciale à 200 km/h (le Capitole* sur la section Les Aubrais-Vierzon). *1re rame expérimentale turbine à gaz* (*turbotrain,* 160 km/h). **1971**-*23-5 TEE Aquitaine* Paris-Bordeaux (record d'Europe de vitesse moy. commerciale). *-19-8 : 1ers essais de la BB 1 5001* équipée d'un dispositif pour régler la vitesse sur un taux affiché. Locomotive de 4 600 kW qui utilise pour la 1re fois l'électronique (thyristors) dans ses appareillages de puissance. **1972**-*4-4 : 1ers essais en ligne du TGV 001.* **1976** *1re BB 7 200* pour courant continu à régulation électronique de la vitesse. Suivront les *BB 22 200*, de conception identique mais bicourant. **1978**-*29-7 : 1re rame TGV de série.* **1979** 1er élément automoteur électrique pour l'interconnexion SNCF/RATP banlieue de Paris (*Z 8 100,* dit *MI79*).

1980 livraison *1res automotrices électriques Z2* pour dessertes régionales. **1981**-*26-2 record du monde de vitesse sur rail :* 380 km/h TGV Sud-Est. *-27-9* mise en service commercial du TGV Sud-Est. **1982** *1ers essais du prototype BB 10 004* à moteurs synchrones autopilotés. Livraison des *1res automotrices de banlieue à 2 niveaux (Z2N)* pour desserte banlieue Sud-Est et ligne C du RER. **1985** sortie de 2 locomotives Sybic (à moteurs synchrones, bicourant) *BB 20 011* et *BB 20 012* (5 600 kW), issues de la série *BB 22 200,* et préfigurant la future *BB 26 000.* **1987** *record mondial de vitesse pour un matériel à marchandises* avec un nouveau type de bogies (203,8 km/h). **1988**-*31-3 sortie de la 1re BB 26 000 de série ;* courant 1,5 kV/25 kV, 50 Hz, long. 17,71, masse 90 t, puissance 5 600 kW, vitesse 200 km/h, 2 moteurs ; apte à tirer des trains de fret lourds (2 000 t en rampe de 8,8 ‰) et des trains de voyageurs à 200 km/h. *-26-6* sortie de la *1re automotrice de banlieue à 2 niveaux (Z 20 500)* à moteurs asynchrones (1,5 kV cc-2,5 kV 50 Hz). **1989** livraison des 15 *1ers locotracteurs de la série Y 8 400 télécommandés.* **1990**-*18-5 record du monde sur rails* à 515,3 km/h TGV Atlantique, entre Courtalain et Tours. **1991**-*2-6* mise en service du TGV allemand (Ice). **1992**-*juin* 1re rame TGV réseau livrée. **1993** *1re rame de série Eurostar* (voir p. 1888 b) livrée à la SNCF (Paris-Londres), *1re rame réseau tricourant* préfigurant la liaison Paris-Bruxelles. **1994** rame *Eurostar* mise en service commercial. **1997** *rame Thalys PBKA,* mise en service commercial (1er TGV quadricourant desservant Paris-Bruxelles-Cologne et Amsterdam). Automoteur ETR (X72500), mise en service commercial.

LOCOMOTIVES A VAPEUR

■ **Principe.** La vapeur produite dans une chaudière à tubes de fumée (chauffée au charbon ou, à partir du 17-10-1946 en France, au mazout) meut les pistons dans des cyclindres. Des bielles transmettent aux roues motrices le mouvement du piston. *La pression maximale* (ou *timbre*) de la vapeur est d'environ 20 bars avec une surchauffe à 400 °C. Un régulateur et des tiroirs permettent de régler la quantité de vapeur admise dans les cylindres. Pour augmenter l'adhérence aux rails, on utilise plusieurs essieux moteurs (2, 3 et plus) reliés entre eux par des bielles d'accouplement. On projette du sable en cas de patinage, au démarrage par exemple, devant les roues motrices et accouplées. Aux roues accouplées s'ajoutent parfois des roues porteuses afin de mieux répartir la masse de la locomotive (la charge par essieu admise en France variant entre 18 et 23 t). **Inconvénients.** Faible rendement énergétique, intervention de main-d'œuvre qui serait prohibitive aujourd'hui (30 hommes aux 1 000 km).

■ **Définitions. Bissel** (du nom de l'inventeur américain Levi Bissel) : chariot articulé à un essieu porteur, supportant une partie du poids de la locomotive et participant à son guidage dans les courbes. **Bogie** ou **boggie :** chariot articulé à 2 essieux (ou plus) supportant une partie du poids de la locomotive, qui permettait une répartition équilibrée de ce poids et une inscription aisée en courbe. Depuis fin 1978, il n'y a plus de voitures à essieux (à empattement rigide) en service commercial SNCF. **Tender :** attelé à la locomotive, transportait 6 t de charbon et 38 m^3 d'eau (France). Une locomotive consommait 10 kg de charbon et 100 l d'eau au km.

■ **Puissances** (ordre de grandeur). **France :** *232 U-1 Nord* (de l'ingénieur de Caso) : 140 km/h ; 3 400 ch. (2 427 kW) à la jante. *241 P :* 120 km/h ; 4 000 ch. (2 940 kW). *242 A 1 :* 140 km/h ; 4 200 ch. (3 080 kW), record des locomotives européennes. **Amérique :** *222 :* 6 200 ch. (4 560 kW) ; *1 442* (pour trains de 1 500 m) ; le spécimen le plus lourd serait sans doute la *Q 2* de l'Union Pacific avec une puissance de 8 000 ch. (5 990 kW), record absolu.

■ **Vitesse** (en km/h). **1835** 100 locomotive Sharp et Roberts (Liverpool-Manchester). **1846**-*11-7 :* 120 (entre Londres et Didcot). **1853** 132. **1890** 144 (France, *Crampton*), 210 remorquant une voiture sur une rampe de 0,5 %. **1893**-*10-5 :* 181 (*999* du New York Central sur 1,7 km en remorquant l'Empire State Express). **1895**-*22-8 :* 87 sur 870 km (sur la côte ouest, G.-B.). **1900** Paris-Bayonne 88 (9 h 20). New York-Buffalo (Empire State Express 705 km) 85,3. Londres-Édimbourg 81,6 (630,4). **1903** 200 (train spécial du Pennsylvania sur 100 km). **1905**-*12-6 :* 204,48 (*Atlantic 221* du Pennsylvania-New York-Chicago remorquant 4 voitures). **1936**-*11-5 :* 200,4 (*05002 type 232* de la Deutsche Reichsbahn). **1938**-*3-7 :* 202,7 [*Pacific* carénée (4 468), *Mallard* du LNER (London and North Eastern Railway)] sur 402 m.

■ **En France.** On désignait les locomotives à vapeur par un nombre de 3 chiffres indiquant : *le 1er* le nombre d'essieux porteurs avant, *le 2e* les moteurs, *le 3e* les porteurs arrière (un zéro indiquant l'absence d'essieux porteurs

QUELQUES LOCOMOTIVES A VAPEUR

La plus puissante [n° 700 (USA)] : construite par Baldwin Locomotive en 1916 pour les ch. de fer de Virginie (force de traction de 75 434 à 90 520 kg).

L'America de G. Stephenson, 1re à bielles, 1828 (USA).

« The Rocket » [« la Fusée » 1829 (G.-B.)] : *chaudière :* diamètre 1,01 m, longueur 1,83 m ; *surface de chauffe :* 12,80 m^2 ; *roues :* diamètre 1,42 m ; *masse* de la machine en ordre de marche : 4,3 t.

Locomotive Seguin [modèle 1829 (Fr.)] : 1re locomotive française à tubes de fumée. *Chaudière* (timbre) : 4 kg/cm^2 ; *roues :* diamètre 1,15 m ; *masse totale, adhérente :* 4,5 t.

La « Gironde » [1838 (Fr.)] : *chaudière :* diamètre 1,11 m ; *surface de chauffe :* 50,48 m^2 ; *roues motrices :* diamètre 1,67 m ; *masse totale :* 15,5 t, *adhérente :* 7 t.

Locomotive Stephenson Long Boiler (G.-B./Fr.) (1846 à 1 essieu moteur et 2 porteurs avec tender) : *chaudière* (timbre) : 7 kg/cm^2 ; *surface de chauffe :* 72 m^2 ; *cylindres :* diamètre 380 mm ; *pistons :* course 560 mm ; *roues motrices :* diamètre 1,74 m ; *masse totale :* 22 t, *adhérente :* 10 t.

Type « Crampton » : apparues en France à partir de 1849, sur le Nord. 1res à grande vitesse.

Type « Atlantic » : bogie porteur à l'avant, 2 essieux accouplés et 1 essieu porteur arrière ou *bissel* ou essieu radial.

Type « Ten-Wheel » (Fr.) : 1 300 Midi. 1 bogie avant et 3 essieux accouplés, foyer étroit. *Longueur :* 10,635 m ; *masse totale :* 59,9 t, *adhérente :* 44,1 t ; *chaudière* (timbre) : 15 kg/cm^2 ; *surface :* 176,495 m^2 (chauffe-grille 2,530, foyer 13,570, tubes 162,925) ; *cylindres diamètre HP :* 350 mm ; *roues accouplées :* diamètre 1,56 m.

Type « Pacific » (Fr.) : exemple : 4 500-PO. Un bogie porteur à l'avant, 3 essieux moteurs accouplés et 1 essieu porteur arrière (essieu radial). *Longueur* 13,405 m ; *masse totale :* 92 t, *adhérente :* 53 t ; *roues motrices :* diamètre 1,70 m ; *chaudière* (timbre) : 16 kg/cm^2 ; *surface :* 257,25 m^2 (chauffe-grille 4,27, foyer 15,37, tubes 241,88) ; *cylindres diamètre HP :* 390 mm, *BP :* 640 mm. Remorquait 500 t à 90 km/h.

avant et/ou d'essieux porteurs arrière). Suivi par *une majuscule* indiquant la série (précédée de T, cas de locomotive-tender). *Exemples :* 221 A 10 ; 231 F 141 ; 040 TA 6.

Nombre de locomotives : *1925 :* 20 000 ; *69 :* 514 ; *80 :* 1 [construite en 1922 et conservée en état de marche par la SNCF *(230 G 353),* a parcouru 2 millions de km ; basée à Noisy-le-Sec, utilisée pour des circuits touristiques (trains affrétés) et tournages de films]. *Locomotives à vapeur préservées ou en cours de restauration :* 200. *En 1987 :* 40 locomotives à vapeur dont 1 *Pacific 231 K 8* (de 1911) et une *141 R 420* (*Mikado* livrée en 1945 par les USA) ont été classées par la Direction du patrimoine.

Dernier convoi à vapeur : *voyageurs* fin 1972 ; *marchandises* mars 1974 (*140 C/141 R* du dépôt de Sarreguemines).

Locomotives Diesel

■ **Principe.** Force motrice fournie par un ou plusieurs moteurs Diesel. La plupart utilisent la transmission électrique : le moteur entraîne soit une génératrice, soit, de plus en plus souvent, un alternateur suivi d'un redresseur alimentant le ou les moteurs de traction, qui agissent sur les essieux par un train d'engrenages. Certains (surtout en Allemagne) utilisent la transmission hydraulique. Une pompe hydraulique reliée au moteur Diesel actionne un convertisseur de couple qui accroît ou réduit l'énergie transmise à faible ou grande vitesse. **Avantages sur la locomotive à vapeur :** rendement thermodynamique supérieur (la température de combustion étant plus élevée) : 17 % au crochet de traction. Autonomie double. Peu d'entretien. Puissance massique 25 kW/t (au lieu de 15 kW/t). **Puissance** (maximale) : 4 500 kW (environ 6 000 ch.). **Vitesse** (maximale) : **1931**-*21-6 :* 230 km/h, à hélice de Franz Kruckenberg (moteur d'avion à essence de 600 ch. BMW). **1973** 229 km/h (G.-B.).

■ **Quelques locomotives Diesel. Électriques doubles à configuration d'essieux 2C2 + 2C2, la 262 DA1 et la 262 DB1 :** 1res Diesel de ligne en France, construites pour le PLM (1937 et 1938) : articulées, longueur plus de 30 m, masse 230 t, puissance 3 100 kW ; remorquaient sans ravitaillement en carburant des rapides de 600 t à 130 km/h (vitesse maximale) entre Paris et Menton. **CC 72 075** (en 1977) : *longueur hors tout* 20,19 m ; *vitesse maximale* de service (km/h) 85 (petite vitesse) et 160 (grande) ; *puissance* 3 530 kW ; *diamètre des roues* 1,14 m ; *masse totale* 118 t ; *moteur* SEMT Pielstick à 12 cylindres en V à 4 temps ; *transmission* électrique en triphasé continu ; *moteurs* de traction à double rapport de réduction ; *bogies* monomoteurs. Remorque des trains « voyageurs » (GV) ou « marchandises » (PV) ; locomotive la plus puissante au monde, à un seul groupe Diesel. **CC 72 000 :** moteur SACM à 16 cylindres en V à 4 temps développant 2 650 kW (M). **Autorails :** éléments automoteurs à traction Diesel ; ils assurent les relations à courte distance. **Automoteur X TER :** en service en 1997, train Diesel bicaisse, 150 places, vitesse max. 160 km/h.

Engins moteurs de la SNCF

■ **Désignation** (locomotives Diesel ou électriques). Chiffres arabes (indiquant le nombre d'essieux porteurs successifs de même nature), lettres latines dont le rang dans l'alphabet correspond au nombre d'essieux successifs de même nature. Chaque châssis (caisse principale ou châssis secondaire, tel que bogie ou bissel) possède son symbole propre de type. Pour un même véhicule, ces symboles sont placés à la suite l'un de l'autre. L'absence d'essieux porteurs n'est indiquée par aucune notation spéciale. Exemple : 2D2 signifie que la locomotive comporte 4 essieux moteurs encadrés par 2 bogies à 2 essieux porteurs ; CC : la locomotive repose sur 2 bogies à 3 essieux moteurs chacun ; A1A-A1A : la locomotive repose sur 2 bogies comportant chacun 2 essieux moteurs encadrant un essieu porteur.

■ **Numéro de série. Locomotives électriques :** *à courant continu :* chiffre de 1 à 9 999 ; *monophasé* 25 kV-50 Hz : 10 000 à 19 999 ; *polycourant* (respectivement bi, tri ou quadricourant) : 20 000, 30 000 ou 40 000. **Diesel :** 60 000, 70 000 et 72 000. **Automotrices :** éléments automoteurs à traction électrique (1 500 V, 25 000 V ou bicourant), assurant les relations régionales (série la plus moderne : la Z 2) ou la desserte de la banlieue parisienne (série la plus moderne : les Z2N). *TGV :* rames articulées.

Séries récentes	Date [5]	Nbre [6]	Masse en t	Puissance en kW	Vitesse max. km/h
Électriques					
BB 8 100-8 200 [1]	1947-55	30	92	2 100	105
CC 7 100 [1]	1949-55	6	107	3 490	140
BB 9 600 [1]	1959-64	39	56	1 630	130/180
BB 9 200 [1]	1957-64	87	82	3 850	160
BB 9 300 [1]	1957-64	39	84	3 850	160
BB 8 500 [1]	1954-74	141	79	2 940	140
CC 6 500 [1]	1969-75	76	115	5 900	220
BB 7 200 [1]	1976	238	84	4 400	180
BB 12 000 [2]	1954-61	0	84	2 470	120
BB 16 000 [2]	1958-63	58	85	4 130	160
BB 17 000 [2]	1965-68	105	79	2 940	150
BB 15 000 [2]	1971	62	8	4 600	180
BB 25 100 [3]	1965-77	70	84	4 130	130
BB 25 200 [3]	1965-74	51	87	4 130	160
BB 25 500 [3]	1964-76	193	80	2 940	140
BB 22 200 [3]	1976	202	89,5	4 400	180/200
BB 26 000 [3]	1985-95	234	90	5 600	200
CC 40 100 [4]	1964-70	0	108	3 670/4 480	160/200
BB 36 000 [7]		39	90	6 000	220
Diesel					
BB 63 000-63 500	1963-71	656	68	355/450	80
BB 66 000-66 400	1957-71	382	72	830/890	120
BB 67 000-67 200	1963-75	102	80	1 240	90/130
BB 67 300-67 400	1966-75	315	83	1 440-1 525	140
CC 72 000	1957-69	91	114	2 250	140/160
A1A-A1A 68 000-68 500 ...	1963-68	95	105	1 660-1 845	130

Nota. – (1) A courant continu 1,5 kV.
(2) A courant alternatif industriel 25 kV 50 Hz.
(3) Bicourant. (4) Quadricourant.
(5) Date de construction. (6) Nombre au 1-1-2000.
Total électriques 1 677, Diesel 1 647.
(7) Tritension 25 kV - 3 kV - 15 kV.

Traction électrique

■ **Principe.** Les roues motrices sont entraînées par des moteurs électriques au moyen d'un train d'engrenages. Le réglage de la vitesse s'obtient par le changement de couplage des moteurs de traction (M), par le shuntage des inducteurs de ces derniers, et par un dispositif de régulation continue (rhéostat, ou hacheur de courant, pour la traction en courant continu ; transformateurs à prises multiples, ou équipement électronique, pour la traction en courant alternatif). Le courant d'alimentation est continu ou alternatif monophasé (dans ce cas, la tension est abaissée par un transformateur et des redresseurs la convertissent en courant continu). Le courant délivré par ces redresseurs (M) est un courant « ondulé » dont s'accommodent les moteurs à courant continu grâce à l'introduction d'une inductance importante appelée *self de lissage.* Certains réseaux étrangers ont utilisé au début des moteurs de traction fonctionnant directement sous courant alternatif, ce qui les a obligés à choisir un courant alternatif de fréquence spéciale de faible valeur : 16 2/3 Hz.

Le courant électrique est fourni par un fil de contact suspendu à des câbles porteurs (section totale : 400 à 480 mm² ; 1 000 mm² avec des câbles de renforcement appelés *feeders*). L'ensemble est appelé *caténaire.* Le courant est capté par un *pantographe* articulé, fixé sur la toiture de l'engin. La caténaire est alimentée par des *sous-stations* équipées, pour la traction en courant continu, de transformateurs et de redresseurs et, pour la traction en courant monophasé, de transformateurs seulement (espacement moyen 8 à 17 km en continu ; 45 à 50 km en monophasé).

L'électrification du réseau français a débuté en continu 750 V (alimentation par le 3e rail), mais a été principalement réalisée en continu 1,5 kV, puis complétée à partir de 1950 en monophasé 25 kV (qui permet un plus grand espacement des sous-stations et une section moindre de la caténaire d'où un investissement moins élevé).

Avantages de la traction électrique sur le Diesel : performances et disponibilité meilleures, taux d'incident moindre. *Coût d'entretien au km* (en 1993) : Diesel 10,05 F, électrique 4,07 F (la BB 15 000 peut parcourir plus de 6 millions de km sans révision générale). *Économie d'énergie :* 20 % (avant 1973, elle coûtait 100 % de plus). Les trains de marchandises roulant de nuit, l'énergie électrique de traction est consommée à 40 % en heures creuses et à 5 % en heures de pointe d'hiver. L'électrification est en général réservée aux lignes à fort trafic ou d'exploitation difficile (lignes de montagne).

■ **Charges remorquées. BB 15 000 :** 800 t à 145 km/h en rampe de 8 ‰ et courbe de 1 000 m de rayon. **BB 7 200/22 200 :** 800 t à 140 km/h ou 16 090 t à 50 km/h (5 ‰). **Sybic :** *1er BB 26 001* (mars 1988) : 234 commandes. *BB 36 000 :* tri courant capteur de 3 000 volts. **CC 6 500 :** voyageurs 800 t à 160 km/h (8 ‰ et courbe de 1 000 m de rayon) ou 625 t à 200 km/h (5 ‰) ; marchandises 1 600 t à 80 km/h (7 ‰) ou 625 t à 45 km/h (30 ‰, courbe de 500 m).

■ **Courant utilisé à l'étranger.** *Pays-Bas :* continu 1,5 kV. *G.-B. :* continu 1,5 kV, industriel 25 kV 50 Hz. *Russie :* continu 3 kV, industriel 25 kV 50 Hz. *Italie :* continu 3 kV ; sur quelques lignes, 15 kV 16 2/3 Hz. *Belgique :* continu 3 kV. *Espagne :* continu 3 kV et 1,5 kV. *Portugal :* continu 1,5 kV, industriel 25 kV 50 Hz. *Autriche, Suisse, Allemagne, Norvège et Suède :* alternatif monophasé 15 kV 16 2/3 Hz.

■ **Puissance. Record :** la *Re 6/6* des Chemins de fer suisses (7 800 kW ou environ 10 600 ch.).

■ **Vitesse (records en km/h). 1901 :** 140 (automotrice Siemens, All.), 160 (automotrice AEG, All.). **1903** *-6-10 :* 213 (Siemens) ; *-28-10 :* 200 (AEG). **1954**-*21-2 :* 243 (CC 7 121). **1955**-*28 et 29-3 :* 330,8 [CC 7 107 et BB 9 004 (M) à Ychoux (Landes, ligne Paris-Irun), Fr.]. **1974 :** 402 (autorail Garrett, USA, moteur linéaire et turbine à gaz d'appoint). **1981**-*26-2 :* 380 (TGV 16, Fr., record mondial avec du matériel de série sur Paris/Sud-Est). **1987**-*11-12 :* 406 (*Transrapid :* train à sustentation magnétique, All.). **1988**-*janv. :* 412,6 (*Transrapid*) ; *-2-5 :* 406,9 (*Ice,* All.) ; *-sept.* record mondial (225 km/h) réalisé par train de fret (Fr.) ; *-12-12 :* plus de 408 [TGV Atlantique (Fr.)]. **1989**-*5-12 :* 482,4 [TGV Atlantique de série ; rame 325 de 4 voitures, poids 291,6 t (rame ordinaire 10 voitures, 489,6 t), longueur 125 m, roues de 1 050 mm de diamètre (au lieu de 920 mm), 8 moteurs synchrones, 1 par essieu (2 motrices à 2 bogies de 2 essieux), poussés à 1 700 kW (8 500 en service ordinaire)]. **1990**-*9-5* et *-18-5 :* 515,3 (TGV Atlantique). **1997**-*12-12 :* 531 (*Maglev,* avec 7 personnes à bord sur voie spéciale de 18,4 km à Yamanashi, Japon) ; *-24-12 :* 550 (*Maglev,* sans personne à bord). **1999**-*14-4 :* 552 (*Maglev* avec passagers dans 5 wagons). **2001**-*27-5 :* 306,36, record d'endurance TGV sur 1 067,2 km en 3 h 40' 45''. Calais Fréhun 16 h 30 à Marseille St-Charles 20 h 10.

☞ Des véhicules propulsés par des fusées servant à tester les avions supersoniques et le matériel des engins spatiaux ont battu ces records aux USA (records secrets). *En 1960,* la vitesse d'un avion Constellation avec 51 passagers était de 480 km/h.

■ **Moteur linéaire** (dit moteur axial). Mis au point par Pierre Guimbal. N'exige aucune conversion de mouvements tournants en mouvement longitudinal. Il comporte un alignement de bobinages sous tension alternative, créant, dans un conducteur placé entre les pôles, un champ électromagnétique variable, donc des courants induits dans ce conducteur. La force de réaction électromagnétique créée tend à déplacer le bloc de bobinages. Pour freiner, on inverse le sens de passage du courant dans le rotor du véhicule. Moteur silencieux qui ne pollue pas l'atmosphère et a un rendement élevé.

■ **Moteur thermique rectilinéaire.** Conçu et mis au point de 1970 à 1980 par Jean Jarret (né 8-7-1918) et Jacques Jarret (né 26-10-1924). Comprend un cylindre fermé à ses 2 extrémités, à l'intérieur duquel se déplacent symétriquement 2 pistons. Chaque explosion, au centre du cylindre, écarte les pistons qui sont ensuite rapprochés par des ressorts hydrauliques. Des noyaux magnétiques solidaires des pistons constituent les éléments mobiles d'un générateur de courant électrique qui transmet à l'extérieur l'énergie utile. Par rapport aux moteurs thermiques conventionnels, la durée des hautes températures est réduite de 95 %, tandis que le rapport volumétrique de détente est presque doublé. Ce cycle thermodynamique permet d'augmenter le rendement et de réduire la pollution.

Turbine à gaz

■ **Principe.** *Turbine à gaz de type aéronautique* utilisant l'énergie fournie par la détente de gaz chauds. L'air, comprimé par un ou plusieurs compresseurs, est envoyé dans une chambre de combustion où il est mélangé au combustible et brûle. La détente des gaz chauds dans les ailettes d'une turbine assure la rotation de celle-ci et l'entraînement des compresseurs. On recueille l'énergie mécanique en bout d'arbre de la turbine.

■ **Origines. 1941** 1ers essais en Suisse. **1953** aux USA, non rentables. **1966** essais avec des turbines aéronautiques plus légères et plus économiques. **1967** avec une turbine aéronautique pendulaire, la SNCF atteint 252 km/h. Ce matériel a donné naissance au *turbotrain* et permis la réalisation d'un prototype *TGV 001.*

■ **Turbotrains exploités en France depuis 1970.** *-16-3 :* 1er service commercial (Paris-Caen). *RTG (rames à turbines à gaz) :* Paris-Caen-Cherbourg, Paris-Boulogne, Lyon-Strasbourg, Lyon-Bordeaux, Caen-Tours. *ETG (éléments à turbine à gaz) :* Lyon-Annecy, Lyon-Clermont, Clermont-Besançon, Clermont-Dijon, Dijon-Nevers et Annecy-Grenoble-Valence.

Quelques projets

Coussins d'air

■ **Aérotrain.** Inventé par Jean Bertin (Fr., 1917-75). Sustenté et guidé par des coussins d'air horizontaux et verticaux, il glisse sur une voie en béton ayant la forme d'un T inversé. Il peut être propulsé de diverses manières. **Avantages :** simplicité du système de sustentation et de guidage à coussins d'air, absence de contact avec la voie d'où économie d'entretien ; rapidité, sécurité ; légèreté (300 kg par place au lieu de 1 000 en ferroviaire) ; infrastructure 2 à 3 fois moins chère suivant l'encombrement du sol ou du relief. **Inconvénients :** consommation d'énergie permanente pour sustentation et guidage (compensée par les économies d'infrastructure, surtout pour les lignes à fréquentation moyenne) ; problème de retournement des véhicules aéropulsés limitant leur capacité, tandis que les véhicules à propulsion électrique peuvent être assemblés en convoi et circuler dans les 2 sens. **Phase expérimentale :** de déc. 1965 à mars 1974 à Gometz (voie de 6,7 km posée à même la plate-forme de l'ancienne ligne de Paris à Chartres, entre Gometz et Limours) et à Saran (voie de 18 km, en viaduc à 5 m de haut, entre Ruan et Saran) ; *prototypes : Aérotrain 01* à hélice (303 km/h) puis à réacteur (345 km/h) ; *02* à réacteur (422 km/h) ; *S 44* (suburbain 44 places) à moteur électrique linéaire (170 km/h) ; *Tridim* électrique à crémaillère (pour transports urbains, essayé sur voie de 200 m au centre EDF-Renardières) ; *I 80* (interurbain à 80 places) à hélice, puis à réacteur, qui atteint 430,2 km/h, le 5-3-1974. **Études :** Projets intervilles (Paris-Orléans, Milan-Turin, ligne Europole Bruxelles-Genève, dorsale ouest Taïwan) ; projets suburbains (Orly-Roissy, Marseille-Aix-Vitrolles et plusieurs liaisons d'aéroports à l'étranger). **1971**-*29-7* choix décidé pour La Défense-Cergy : construction et exploitation confiées à la SNCF et à la RATP, invitées à créer une filiale commune. Le maître d'œuvre, Aéropar (Aérotrain de la région parisienne), confie l'étude de l'infrastructure à la Sté des grands travaux de Marseille (GTM), la conception du véhicule à la Sté de l'Aérotrain, compétente dans le domaine du coussin d'air, et la motorisation à la Sté Le Moteur Linéaire (LML), relayée en 1973 par Jeumont-Schneider. L'exploitation devait être assurée par des éléments de 2 véhicules circulant à 60 s d'intervalle, les 23 km étant effectués en 10 min. **1974**-*17-5* le protocole est ratifié. *-17-7* les pouvoirs publics reviennent sur leur décision.

Nota. – La Sté de l'Aérotrain, créée en 1965, a été absorbée par la Sté Bertin en déc. 1980. Le prototype aéropulsé a été incendié le 25-3-1992 à Chevilly (Loiret). La ligne d'essai (sauf un tronçon nord) a été conservée pour tester des projets visant l'exportation.

■ **Hovertrain** (G.-B.). Sur coussins d'air. Prototype abandonné en 1973 (difficile mise au point du moteurélectrique linéaire). En raison de la configuration voie/véhicule (à cheval sur un U inversé), il fallait utiliser un moteur linéaire à plat, d'où nécessité d'une suspension secondaire ; le guidage de détresse était délicat à réaliser.

Systèmes magnétiques

■ **Sustentation magnétique. Maglev (Magnetically Levitated).** *Principe :* l'opposition de 2 champs magnétiques générés l'un par des aimants supraconducteurs placés sous le train, l'autre par des bobines disposées sur la voie, crée une force répulsive qui fait flotter le train au-dessus du sol. La propulsion repose aussi sur des forces magnétiques s'exerçant dans le sens horizontal.

Allemagne : 1°) *véhicule reposant sur 2 poutres parallèles* (disposition abandonnée). **2°)** *Véhicule enveloppant une large poutre-caisson,* solution retenue pour *Transrapid,* ligne expérimentale de 31 km (ouverte 1987 à Ems). Des bogies regroupent aimants porteurs et stators des moteurs linéaires, de chaque côté, les spires du « rotor long » étant noyées dans la voie. Suspension secondaire. *Construction envisagée* Hambourg-Berlin en 2006. Voir p. 1884 c. Orlando-aéroport, 22 km aux USA (retenue juin 1991).

Corée : train expérimental *Komag 01* présenté 21-12-1990 (1,8 t, charge 1,2 t, vitesse maximale 40 km/h, s'élève à 13 puis 8 mm au-dessus de la voie).

États-Unis. *A l'étude :* train avec des électro-aimants roulant sur des rails normaux chevauchant un rail guide en aluminium.

Japon : 2 véhicules miniatures HSST essayés par JAL à vitesses moyennes. A l'exposition de Tsukuba en 1985, un véhicule de 47 places a été présenté à 40 km/h, sur une piste de 350 m, pour une liaison zone hôtelière de Las Vegas. **1979**-*déc.* engin expérimental *ML 500 :* 10 t, longueur 13,50 m, sans homme à bord, 517 km/h, en lévitation à 10 cm sur le profil « en T renversé » d'une voie d'essai de 7 km. **1987**-*févr. MLU 001 :* articulé à 2 caisses, atteint 400,8 km/h, à 3 caisses, longueur 28,40 m, 30 t, 32 passagers. **1989**-*nov. MLU 002 :* long. 22 m, 17 t, 44 passagers, atteint 394 km/h. **1991**-*oct.* détruit dans un incendie. Formule de supraconduction avec utilisation de câbles creux en titane-niobium remplis d'hélium liquide (permettant de passer de 0 à 290 km/h en 30 s). **1997**-*12-12* atteint 521, 530 et 531 km/h. -*24-12 :* 550 km/h. **1999**-*14-4* 552 km/h (record du monde avec passager). **Projet :** *Tokyo-Osaka :* 500 km en 1 h ; coût de la recherche : 500 millions de $ (ligne d'essai de 18,4 km ouverte en avril 1997 à Yamanashi).

Suisse. *Projet :* Swissmetro (Genève/Lausanne en 12 min vers 2010). Sustentation magnétique dans un tunnel.

■ **Comparaison roue-rail/sustentation magnétique. Système roue-rail :** pénètre au centre des villes avec le réseau existant. Consommation d'énergie faible. Vitesse record 515,3 km/h. **Train magnétique :** gares terminales à la périphérie des villes d'où rupture de charge ; ne procure pas le confort vibratoire idéal (des sous-structures porteuses subissent des vibrations dues aux défauts de la voie) ; aussi bruyant que le TGV (à 350 à 400 km/h, bruit essentiellement d'origine aérodynamique). **Consommation énergétique** (par passager vers 300/400 km/h) : *roue-rail,* 41,2 W/h. *Magnétique Transrapid* (allemand) 80 à 90 W/h ; *EDS* (japonais) 150 W/h.

■ **Répulsion électrodynamique.** Obtenue grâce à un déplacement de bobines supraconductrices induisant un courant dans une suite de bobines incorporées à la voie. Elle ne présente pas les mêmes problèmes de sécurité que la sustentation magnétique, mais son coût risque d'être élevé et les contraintes sont considérables : nécessité de faire baigner les aimants supraconducteurs dans une enceinte proche du zéro absolu (les véhicules doivent comporter une unité de reliquéfaction d'hélium pour compenser les pertes), nécessité d'un train de roues pour atteindre 100 km/h, vitesse à laquelle le phénomène électrodynamique qui se produit est suffisamment important pour sustenter le véhicule (véhicules lourds et sophistiqués). **État des travaux. Allemagne :** abandonnés. **Japon :** JNR (Japanese National Railways), un véhicule d'essais a atteint 517 km/h sur 7 km. Les coûts très élevés d'infrastructure limitent le marché à des liaisons disposant de centaines de milliers de passagers par jour (une seule dans le monde pour le moment). **USA :** travaux en sommeil (après étude de l'Institut de recherches de Stanford).

Tube sous vide

■ **Principe.** Véhicule circulant dans un tube où le vide serait réalisé. 600 à 1 000 km/h. **Projets.** Abandonnés (coût et difficultés). Le *Rapid Gravity Tube* proposait un tube en parabole s'enfonçant très loin sous terre pour accélérer puis ralentir le véhicule par gravité. Liaison Bristol (G.-B.) - New-York (5 600 km en 1 h 30 à 3 700 km/h). Projet de Franck Davidson. Tube accroché à 30/40 m sous le niveau de la mer. Train magnétique construit en 2/3 ans. *Cout* 300 milliards de F.

Transports mixtes

■ **Hochleistungs-Schnellbahn** (HSB, ex-All. fédérale). Pour transporter automobiles et camions qui, ensuite reprendraient la route. Les véhicules (8 m de large sur 7 m de haut) ont été envisagés sur rails, ou à sustentation sur coussins d'air, ou magnétiques à des vitesses de 300 km/h. Étude abandonnée (non rentable).

■ **Rollway** (USA). Wagons très larges (7 m) roulant sur une voie de 5,40 m à 320 km/h. Projet abandonné (non rentable).

Voitures et wagons

Quelques dates

☞ Aujourd'hui on appelle *voiture* le matériel destiné aux voyageurs et *wagon* celui réservé au fret. Exception : la CIWLT (Cie internationale des wagons-lits et du tourisme).

Début du XIXe s. caisses de berlines ou de diligences placées sur *trucks* ; wagons-tombereaux à portes d'acier latérales et marchepieds. **1838**-*15-5 :* 1res voitures fermées et garnies traînées par des chevaux. **Vers 1840** 1res voitures spécifiquement ferroviaires (caisse et châssis en bois). **1842** 1res voitures sur châssis en fer (sur le Great Western, USA). **1844** les voitures de 3e classe doivent être couvertes et fermées au moins avec des rideaux. **1850** capitonnage des 1re et 2e classes **1853** 1er wagon à couloir (New York ; 5 compartiments et toilettes). **1855**-*1-2 : 1er train postal* (G.-B., entre Londres et Bristol). 1ers wagons de 10 t. **1859**-*1-9 : 1re voiture-lit* conçue par George Mortimer Pullman (1831-97, Américain). **1863** *1res voitures-restaurants* (ligne Philadelphie-Baltimore, USA). **1872**-*1-10* fondation de la Cie des wagons-lits (voir p. 1884 a). **1873** *1ers wagons frigorifiques français.* **1877** tables pour les repas en 3e classe. 1ers wagons de 15 t (Cie PLM). **1880** France : adoption du frein à air comprimé Westinghouse qui permet de commander le freinage de tous les véhicules. **1887**-*11-4 :* 1er train de voyageurs avec intercirculation par *soufflets* (brevet G. Pullman) entre Chicago et Otto sur l'Illinois Central Railroad. **1889** 1re application en France de l'intercirculation par soufflets (PLM). **1900** 1ers wagons de 20 t (Cie de l'Est). **1920** voitures semi-métalliques ; caisses métalliques autoportantes. **1923** 1re voiture pour train express entièrement en acier, construite en France (Cie du Nord). **1925** *1re voiture métallique* étudiée par l'Ocem (Office central d'études de matériel). **1935** *1er train aérodynamique* à traction à vapeur (locomotives et voitures carénées) [Cie PLM]. **1950** *Talgo* sur Madrid-Hendaye (*train articulé léger Goicoechea y Oriol,* des noms de l'inventeur et du commanditaire). **1956**-*3-6* suppression de la 3e classe (Fr.). -*30-9 : 1re relation TEE* « Trans-Europ-Express » (Lyon-Milan). **1974** réservation électronique des places. **1975** *1res voitures Corail,* 1re et 2e classes à conditionnement d'air. **1976** 1res voitures couchettes de 2e classe à conditionnement d'air. **1980** *1res rames du TGV* sur la ligne classique Paris-Lyon via Dijon. **1982** voitures « Espace-Enfants ». **1985**-*4-3* voitures « 1re classe Plus » et « Cabine 8 ».

☞ Les wagons de marchandises portaient l'indication de capacité de transport en cas de guerre *(hommes 40, chevaux 8)* jusqu'en 1940.

Éclairage et chauffage

1ers trains éclairés aux bougies, puis avec des lampes à huile et à pétrole. **1858**-*10-12 :* 1er essai d'éclairage au gaz (Paris-Strasbourg). **1860** 1er éclairage électrique. **1882**-*9-9 : 1re gare de voyageurs éclairée en France :* St-Lazare. **1885** 1res classes chauffées par des bouillottes renouvelées pendant les arrêts. **1891** chauffage à eau chaude à thermosiphon avec foyer extérieur sur chaque voiture, appliqué d'abord à la Cie de l'Est. **1892** essai d'éclairage par piles. **1897** chauffage par circulation de vapeur venant de la locomotive (essais). **1899** essais sur Paris-Le Havre et Paris-Bordeaux (système Vicarino, avec dynamos commandées par l'un des essieux). **1919** radiateurs alimentés par le courant recueilli par la motrice sur la ligne caténaire (1ers essais en 1910 sur les lignes de la Valteline en Italie, et de St-Moritz en Suisse). **1948** application en série de l'éclairage fluorescent. **1975** généralisation du conditionnement d'air sur le *Corail* (1re et 2e classes), grâce à un convertisseur statique alimenté par la ligne du train.

Caractéristiques

■ **Longueur et tonnage. Records du monde :** *Afr. du Sud* (26/27-8-1989, Sishen-Saldanha) 7 300 m, 600 wagons, chargé de 69 393 t (sans les 7 locomotives) a parcouru 861 km en 22 h 40 min. *Allemagne* (mars 1981) : le plus gros wagon du monde, le *Schnabel,* 336 t, capacité de 800 t, 36 essieux, 92 m de long, a été construit par Krupp. *USA* (15-11-1969, Virginie) 6 000 m, 500 wagons ; *Mauritanie* (depuis 1966, chemin de fer minier de la Miferma) 2 150 m, 184 wagons, 4 locomotives Diesel électriques, charge de 18 500 t (record le 4-5-1966 : 19 722 t) ; *Canada* (chemin de fer minier du Labrador), 2 600 m, tiré par 4 locomotives Diesel, 125 wagons. *Ex-Tchécoslovaquie,* en 1975, une église du XVIe s. (10 860 t) a été transportée sur rail à Most, vitesse 2 cm/min, sur 730 m, parce qu'elle se trouvait sur un gisement de charbon ; *coût :* 90 millions de F (*durée du transport :* 4 semaines). **Train le plus lourd en France :** 3 600 t (charge utile 2 700 t). En 1967, un wagon de 500 t de charge utile (record du monde) a été mis en service (longueur 53 m, poids à vide 185 t). *Projet SNCF :* trains « hyperlourds » (fret) jusqu'à 5 000 t.

Statistiques ferroviaires en Europe en 1999

Pays	Réseaux	Longueur des lignes (en km)				Effectifs (unités)				Voyageurs	Marchandises
		à écartement			dont électrifiées	Locomotives et locotracteurs	Automotrices	Voitures automotrices et remorques	Wagons du réseau	Voyageurs/km (en milliards)	t/km (en milliards)
		large	normal	étroit							
Albanie	HSH	-	440	-	-	-	-	-	-	0,1	0,03
Allemagne	DB AG	-	37 476	49	18 934	7 449	2 363	20 442	129 159	72,8	70,9
Autriche	ÖBB	-	5 345	298	3 456	1 181	350	3 571	17 477	8,0	15,6
Belgique	SNCB/NMBS	-	3 472	-	2 701	939	682	3 468	12 986	7,4	7,4
Biélorussie	BC	5 494	29	-	876	-	-	-	-	16,9	30,5
Bosnie-Herzégovine	ZBH	-	607	-	439	-	-	50	2 308	0,01	0,1
Bulgarie	BDZ	-	4 045	245	2 708	711	82	2 085	25 695	3,8	5,2
Croatie	HZ	-	2 726	-	985	389	91	720	10 270	0,9	1,7
Danemark	DSB	-	-	-	-	200	233	909	2 330	5,1	1,9
	BS	-	2 324	-	613	-	-	-	-	-	-
Espagne	RENFE	11 819	481	19	6 999	-	-	3 829	18 424	24,8	11,4
Estonie	EVR	968	-	-	132	119	77	242	4 567	0,2	7,0
Finlande	RHK	5 836	-	-	2 234	-	-	-	-	-	-
	VR	-	-	-	-	660	102	994	12 647	0,4	9,8
France	SNCF	-	-	-	-	5 006	2 123	15 764	48 330	66,3	55,4
Grèce	CH	-	1 565	734	-	159	85	517	3 526	1,6	0,3
Hongrie	GYSEV/RÖEE	-	220	-	156	32	5	47	174	0,1	0,5
	MÁV	37	7 513	218	2 530	1 127	334	3 170	21 924	6,7	6,7
Irlande	CIE	1 919	-	-	48	110	62	373	1 819	1,4	0,5
Italie	FS	-	16 108	-	10 688	3 115	1 508	11 890	67 695	40,9	21,5
Lettonie	LDZ	2 380	-	33	258	274	192	76	7 878	1,0	12,2
Lituanie	LG	1 807	22	76	122	286	145	572	10 465	0,7	7,8
Luxembourg	CFL	-	274	-	261	79	34	146	2 201	0,3	0,6
Macédoine	CFARYM	-	699	-	233	81	21	169	2 431	0,2	0,4
Moldavie	CFM(E)	1 126	14	-	-	177	31	583	11 010	0,3	1,2
Norvège	NSB BA	-	-	-	-	185	145	849	2 527	2,7	2,4
	JBV	-	4 179	-	2 519	-	-	-	-	-	-
Pays-Bas	NS	-	-	-	-	309	-	2 776	3 331	14,3	3,5
Pologne	PKP	559	21 347	985	11 967	4 148	1 277	10 069	96 026	21,5	55,1
Portugal	CP	-	-	-	-	284	340	1 431	4 013	4,3	2,2
Roumanie	CFR	57	10 882	425	3 929	3 390	116	10 281	129 609	12,3	14,6
Royaume-Uni	ATOC	-	-	-	-	-	-	-	-	-	18,4
	Eurotunnel	-	58	-	58	-	-	265	367	0,6	0,6
	NIR	357	-	-	-	4	-	122	-	0,2	-
	Ralltrack	-	16 649	-	5 166	-	-	-	-	-	-
	RfD (1995)	-	-	-	-	-	-	-	-	-	-
Russie		-	-	-	-	-	-	-	-	-	-
Slovaquie	ZSR	100	3 512	50	1 536	1 254	383	2 480	25 241	3,0	10,0
Slovénie	SZ	-	1 202	-	504	187	110	457	6 089	0,6	2,6
Suède	SJ	-	-	-	-	607	322	1 512	11 168	7,4	14,4
	BV	-	9 978	-	7 527	-	-	-	-	-	-
	BK	-	821	-	530	-	-	-	-	0	0,1
Suisse	BLS	-	241	-	241	109	40	253	165	0,5	0,4
	SBB/CFF/FFS	-	2 828	74	2 894	1 338	248	3 446	13 021	12,6	9,6
Tchèque (Rép.)	CD	-	9 342	23	2 843	2 718	894	5 575	53 728	6,9	16,4
Turquie	TCDD	-	8 682	-	1 763	695	147	1 425	17 213	6,1	8,1
Ukraine	UZ	21 972	48	453	9 104	4 828	1 842	8 859	185 738	47,6	156,3
Yougoslavie (Rép. féd.)	JZ	-	4 059	-	1 364	465	449	936	16 436	0,9	1,3
Total Europe		**42 051**	**212 712**	**6 769**	**164 497**	**42 731**	**25 252**	**163 464**	**1 543 230**	**5 790**	**1 787**

■ **Caractéristiques moyennes. Trains de marchandises :** 750 m (60 à 75 wagons). **Voyageurs :** 500 à 900 m, 12 à 18 voitures, 500 à 1 200 voyageurs.

■ VOITURES-LITS

■ **Quelques dates. 1872**-*1-10* fondation de la 1re *Compagnie des wagons-lits* par Georges Nagelmackers (1845-1905), Cie internationale le 4-12-1876. **1873** *1er wagon-lit (sleeping-car)* sur un réseau français (Paris-Avricourt). **1882**-*10-10* : 1er *wagon-restaurant* (Paris-Vienne). **1883**-*5-6* inauguration du *Train-Express-Orient* que l'on appellera *Orient-Express.* Contournant les Alpes par le nord (le tunnel du Simplon ne fut ouvert qu'en 1906), longeant le Danube, il reliait Paris, Vienne, Budapest, Bucarest et Constantinople. Après Bucarest, il s'arrêtait à Giurgevo (Roumanie) ; les voyageurs traversaient le Danube sur un bac à vapeur, débarquaient en Bulgarie, à Routschouck, montaient dans un train qui, en 7 h, les conduisait à Varna (Bulgarie), sur la mer Noire, où ils embarquaient sur un paquebot (autrichien) qui les déposait à Constantinople après une traversée de 15 h. Partis de Paris les mardis ou les vendredis à 7 h 30 du soir, ils parvenaient à Constantinople les samedis et mardis à 7 h du matin ; le trajet représentait une réduction de 30 h sur les horaires précédents. **1889**-*1-6* la voie Belgrade-Nish-Sofia-Constantinople ayant été achevée, le voyage se fait entièrement par fer de Paris à Constantinople : 3 186 km en 67 h 35. **1894** *voitures-lits :* Ostende-Vienne. **1895** Paris-St-Pétersbourg. **1919**-*12-4 Simplon-Orient-Express.* **1928** accord avec Thomas Cook (Sté anglaise fondée 1841). **1948** enseigne *Wagons-lits/Cook.* **1967** *Compagnie internationale des wagons-lits et du tourisme.* **1968** *voitures-lits T2* (accessibles avec un billet de 2e cl.) : 18 compartiments à 2 lits. **1976** une agence suisse remet en service 14 voitures-lits et restaurants pour des trains spéciaux Zurich-Istanbul (nostalgie de l'Orient-Express). **1980** association avec Cook rompue. **1982**-*25-5 Venise-Simplon-Orient-Express,* exploité par une Cie privée avec matériel ancien de la CIWL. *Moyenne :* 75 km/h sur les 1 667 km. *Prix :* aller 4 950 F avec dîner, petit-déjeuner, déjeuner, thé. 36 personnes s'occupent des 180 passagers. **1984** *Istanbul-Orient-Express* avec matériel de 1930 loué par VPS (Visit Paris Service) à la CIWL.

■ **Cie internationale des wagons-lits (CIWL).** Sté de droit belge rachetée par Accor (100 %). **Chiffre d'affaires** (en milliards de F) : *1997 :* 1,78 ; *2000 :* 2,18 (dont *France 46,5,* Europe hors France 52,7) ; restauration 60 % ; trains de nuit 40 %. **Nombre de voyageurs** transportés en voitures-lits (en 2000) : 4 614 891. *Prestations* [dans voitures-restaurant, voitures-bars, voitures-libre-service et plateaux-repas (en 2000)] : 24 149 849. **Effectifs :** *1997 :* 5 500 ; *98 :* 6 128 ; *99 :* 6 300 ; *2000 :* 5 130.

STATISTIQUES

■ **Matériel de traction** (en service en France au 1-1-2001). Locomotives électriques 2 009, Diesel 1 752, automotrices électriques 681 dont 356 unités à 2 niveaux, autorails 735, turbotrains 7, locotracteurs 1 194, TGV 354. **Nombre de voitures et wagons en exploitation** (effectif au 1-1-2001). **Fret :** 110 972 wagons (dont 54 613 wagons de particuliers). **Types de voitures** (en service au 1-1-2001). Grandes Lignes : 4 327 (dont Corail 3 425, type UIC 573, type service intérieur et autres 835). Voitures-couchettes : 859 (compris dans le total Grandes Lignes). Services régionaux hors Ile-de-France : 2 169 (dont 312 à 2 niveaux). Voitures SRV Ile-de-France : 971 (dont 589 à 2 niveaux). Voitures-lits : 98. Voitures-restaurants : 19. Voitures-ambulances et autres voitures spéciales : 39.

■ **Prix** (en millions de F HT, 2000). **Locomotive électrique** (BB 26 000-5 600 kW) : 21,5. **Voiture Corail :** de 4,5 à 4,9 ; Atlantique (8 800 kW, 300 km/h) à 12 caisses : 93. Réseau (8 800 kW, 300 km/h) à 10 caisses : 90. **Wagon à bogies :** 0,5 à 0,71. **TGV Duplex** (2 niveaux ; 8 800 kW, 300 km/h) à 10 caisses : 125. Autorail X 73 500 : 8,5 ; Automoteur X 72 500 : 25 ; automotrice Z2N : 42.

RÉSEAU

HISTOIRE

■ **Dans le monde. 1825**-*27-9 Angleterre : 1re ligne ouverte aux voyageurs :* Stockton-Darlington. **1829-30** exploitation commerciale voyageurs sur le Liverpool-Manchester avec traction entièrement à vapeur. **1830**-*3-5 : 1er train régulier de passagers* (Yorkshire, G.-B.) sur une section de 1 mile, partie d'une voie de 6,25 miles (10,05 km). **1832** *1er billet de chemin de fer* sur le Leicester Swannington Railway. **1834**-*17-12 Irlande : 1er chemin de fer.* **1835**-*5-5 Belgique :* Bruxelles-Malines. **1835**-*7-12 Allemagne :* Nuremberg-Furth. **1836**-*juillet Canada :* St-John-La Prairie. *-20-9 Pays-Bas :* Amsterdam-Haarlem. *-4-10 Italie :* Naples-Portici. *-30-10 Russie :* St-Pétersbourg-Pavlosk. **1841**-*17-8 France-Suisse :* ligne Kœnigshoffen (Strasbourg)/St-Louis (Bâle) 136 km ; *1re ligne internationale* en Europe. **1842**-*13-6* tapis rouge déployé à la gare de Paddington pour le 1er voyage ferroviaire de la reine Victoria (Slough-Londres). **1847**-*9-8 Suisse :* Zurich-Baden : 24 km, surnommé « Spanisch-Brötli-Bahn » (chemin de fer des petits pains espagnols, spécialité amenée le matin de Baden). **1853**-*16-4 Inde :* Bombay-Thana. **1855**-*26-9 Australie :* Sydney-Liverpool. **1857**-*1-1 Égypte :* Alexandrie-Le Caire. **1872** *Japon :* Tokyo-Yokohama. **1876**-*30-6 Chine :* Shangaï-Kungwan. **1883** création de l'Orient-Express (voir **Voitures-lits** col. a). **1894** *Afrique du Sud :* Le Cap-Mafeking, poursuivi 1906 jusqu'à Broken Hill, 3 235 km. **1901** *Chili-Argentine :* liaison à travers les Andes par un tunnel à 3 155 m d'alt.

En France. 1827-*14-5 Andrezieux-St-Étienne* (20 km) pour le transport du charbon [*1823* Beaunier, directeur de l'École des mines de St-Étienne, obtient la concession d'un chemin de fer de St-Étienne à la Loire, qu'il aurait demandée en 1820 à son retour d'Angleterre. *1824* la « Cie des chemins de fer de St-Étienne à la Loire » est constituée (capital : 1 million de F). Ligne équipée avec des rails de fonte montés sur des dés en pierre, sans traverses (coût : 1 800 000 F) ; au début, sur chaque section, circulent 4 tombereaux, chacun attelé à un cheval et transportant au max. 2 t de charbon (trafic quotidien total : 250 t pour 128 tombereaux). *1832* voyageurs admis : conduits à la gare dans une diligence dont la caisse est déposée par une grue sur un wagon à plate-forme ; au bout de la ligne, la caisse est remise sur des roues et un attelage de chevaux la conduit jusqu'à Montbrison]. **1830-38** *St-Étienne-Lyon :* 2e ligne française de chemins de fer construite par les frères Seguin (rails en fer montés sur traverses de bois maintenues en place par du ballast) ; 2 locomotives à vapeur (type Stephenson, G.-B.) y circulent, remplacées en 1835 par des machines à chaudière tubulaire (brevetées en 1828 par Marc Seguin) [*1844* Lyon/St-Étienne (60 km) en 2 h 30 min par des convois à vapeur]. **1831** *1er transport de voyageurs* à Givors (sur chariots destinés au transport du charbon). **1832**-*1-3 : 1er train de voyageurs* (*Andrieux/St-Étienne*) avec des voitures spécialement construites. **1833**-*4-4 Givors-Lyon.* *-29-6* Beaucaire, loi concédant à titre perpétuel la ligne d'Alais. **1837**-*24-8* inauguration du *Paris-St-Germain.* La ligne s'arrêtait au Pecq, les locomotives ne pouvant gravir la rampe qui conduisait à St-Germain ; une voiture directrice remplace la locomotive. Sous son châssis, un piston plonge dans un tube disposé entre les rails jusqu'à St-Germain où des pompes font le vide dans le tube ; la rame est « aspirée » le long de la rampe de 35 ‰. 5 projets de lois pour la concession des lignes de Paris-Belgique, Paris-Tours, Paris-Rouen-Le Havre et Lyon-Marseille : aucune résolution prise. **1837-40** plusieurs Cies constituées ne peuvent exécuter leurs lignes : sont résiliées les concessions Paris-Rouen-Le Havre, Lille-Dunkerque. L'État vient en aide, par prolongation de privilège, garantie d'intérêts ou prêts en argent, aux Cies de Paris-Orléans, Strasbourg-Bâle et Andrézieux-Roanne. **1838**-*mars Montpellier-Sète.* *-2-8 Asnières-Versailles* (rive droite). **1839**-*12-9 Mulhouse-Thann.* **1840**-*15-7* les Chambres autorisent l'exécution par l'État des lignes Montpellier-Nîmes et Lille-Valenciennes ; *-19-8 Alais-Beaucaire* ; *-10-9 Paris-Versailles* (rive gauche) ; *-20-9 Paris-Corbeil.* **1842**-*11-6* loi déterminant les grandes artères : *Paris-frontière belge,* par Lille et Valenciennes ; *Paris-Rouen-Le Havre ; Paris-Strasbourg ; Paris-Méditerranée,* vers Sète et Marseille, par Lyon ; *Paris-frontière d'Espagne,* vers Bayonne, par Tours et Bordeaux ; *Tours-Nantes ; Orléans-centre de la France,* vers Bourges ; *Rhin-Méditerranée,* par Marseille-Lyon ; *Océan-Méditerranée,* de Bordeaux à Marseille, par Toulouse. L'État prend à sa charge : acquisitions de terrains, terrassements et travaux d'art. La construction de la superstructure et l'acquisition du matériel roulant restent à la charge des Cies concessionnaires. **1843** Paulin Talabot (1799-1855, ingénieur français) préside à la construction du PLM ; *-2-5 Juvisy-Orléans* (Paris-Orléans). *-3-5 Colombes/St-Sever* (Paris-Rouen) en passant par le tunnel de Rolleboise long de 2 646 m. **1844**-*15-1 : 1re gare de marchandises* importante (les Batignolles, à Paris, 14 ha). **1846**-*14-6 Paris-Lille-Valenciennes.* *-23-6 Paris-Sceaux.* **1847**-*22-3 Rouen-Le Havre.* *-20-7 Orléans-Vierzon-Bourges.* **1848** le gouvernement provisoire met sous séquestre les chemins de fer d'Orléans, de Bordeaux-La Teste, de Marseille-Avignon, de Paris-Sceaux. *-17-8* Paris-Lyon est rachetée (la Cie concessionnaire ayant des difficultés). **1849**-*20-8 1re gare maritime :* Calais. **1851** le gouvernement concède à la Cie de l'Ouest, composée de capitalistes étrangers, la ligne Paris-Rennes, déjà ouverte jusqu'à Chartres. Puis, rapprochements de Cies. **1855**-*avril* on a dit, à tort, que Napoléon III serait revenu d'une seule traite de Marseille à Paris à 100 km/h dans un train spécial formé de 2 voitures de 7 tonnes tirées par une machine Crampton. **1856** la *Malle des Indes* emprunte la ligne Calais-Marseille. **1870**-*1-1 :* 16 971 km exploités [y compris 19 km en Suisse (de la frontière à Bâle 4 km, de la frontière à Genève 15)]. *Longueur à double voie :* 7 840 km ; *simple voie :* 9 131. *Minimum du rayon des courbes :* 100 à 500 m. *Maximum de la déclivité :* de 7,5 mm à 26,5 mm (pour le chemin de fer d'Enghien à Montmorency : longueur 3 km, déclivité 45 mm). *Rails :* posés sur traverses espacées de 0,75 à 3 m [*longueur :* de 3,20 à 6,50 m ; *poids* (par mètre courant) : 25 à 37 kg]. *Nombre de gares et stations :* 2 350 (espacement moyen 7 200 m). *Souterrains :* 480 (*longueur moyenne :* 438 m ; *longueur totale : plus de 210 km). Vitesse en km/h* (y compris temps d'arrêt en 1869) : trains express : 45 à 65 km, directs : 40 à 55, omnibus : 27 à 50, mixtes : 25 à 40, de marchandises : 14 à 24. *Nombre moyen de véhicules :* pour un train de voyageurs 9 ou 10, de marchandises 36. *Tarifs voyageurs* (en 1869) par tête et par km : *1re classe :* 0,112 F, *2e :* 0,084 F, *3e :* 0,0616 F.

☞ **Réseau français** (en km, 1905) : **lignes d'intérêt général :** réseau de l'État 2 914, des grandes compagnies (inclus parcours commun) 54 941 (dont Paris-Lyon-Méditerranée 9 310, Est 4 022, Paris-Orléans 7 326, Ouest 5 795, Nord 5 765, Midi 3 733), des autres compagnies 478 ; **local** à voie normale 2 175, étroite 5 178.

■ **Évolution des réseaux** (en km). **1825** *40* (G.-B.). **1830** *187 :* G.-B. 91, *France 50 ;* Amér. 66. **1835** *2 199 :* Amér. 1 767 ; G.-B. 253, *Fr. 141,* Belg. 19. **1840** *7 507 :* Amér. 4 745 ; G.-B. 1 358, All. 468, *Fr. 426.* **1845** *16 925 :* Amér. 7 873 ; G.-B. 4 080, All. 2 127, Autr. 898, *Fr.* 875. **1850** *38 055 :* G.-B. 10 653, All. 5 855, *Fr. 3 000,* Autr. 1 290. **1855** *65 979 :* Amér. 32 430 ; G.-B. 13 322, All. 7 824, *Fr. 5 526,* Autr. 1 443 ; Inde 251. **1860** *117 242 :* Amér. 52 792 (Amér. du S. 410) ; G.-B. 16 787, All. 11 087, *Fr. 9 444,* Autr. 2 876, Inde 1 353, Turquie 43. **1870** *208 930 :* Amér. 94 171 ; G.-B. 23 507, All. 18 664, *Fr. 17 762,* Russie 11 240, Inde 7 788, It. 6 173, Autr. 5 992. **1902** *838 216 :* Amér. 325 777, All 53 700, Russie d'Europe 52 339, *Fr. 44 654,* Indes anglaises 42 588, Autriche-Hongrie 38 041, G.-B. 35 701, Canada 30 358, Australie 21 896, Argentine 16 767, Mexique 16 663, Italie 15 912, Brésil 14 798, Espagne 13 770, Suède 12 177, Sibérie et Mandchourie 9 116, Afrique anglaise du Sud 9 048, Japon 6 817, Belgique 6 629, Algérie et Tunisie 4 894, Égypte 4 752, Chili 4 643, Suisse 3 997.

Nota. – La circulation des trains se faisait à droite sur la ligne Strasbourg-Bâle, ouverte de 1839 à 1841.

RÉSEAUX ACTUELS

■ DANS LE MONDE

■ **Lignes en km** (en 1998), longueur totale (dont électrifiée). [*Source :* UIC]. **Europe :** voir tableau p. 1883. **Autres pays :** Afrique du Sud 22 686 (10 436) ; Algérie 2 616 (2 228) ; Arabie saoudite 1 392 ; Chine 57 923 (14 025) ; Corée du Sud 3 118 (663) ; Inde 59 395 (13 765) ; Iraq 2 339 ; Israël 663 ; Japon 20 165 (12 080) ; Maroc 1 907 (1 003) ; Pérou 1 506 (133) ; Syrie 1 525 ; USA 234 131.

TRANSCONTINENTAUX

■ **Afrique. Sud-Africain :** *Beira-Lobito,* 4 711 km. **Transsaharien :** préconisé dès 1870, il aurait couvert 4 000 km ; étudié par diverses missions (dont Flatters 1879-81, Foureau-Lamy 1898-1900) ; trajets imaginés : Oran-Niger ; Tunisie-Tchad ; Alger-Dakar ; Nemours-Segou (sur le Niger) ; environ 2 000 km plus 1 500 au Niger ; décidé par loi du 23-3-1941, 1 tronçon terminé en 1942 *(Colomb-Béchar/Abadla)* puis abandonné.

■ **Amérique du Nord. Canadian Pacific** (en 1885) : *Montréal-Vancouver,* 4 609 km. **Central Pacific** (en 1869) : *New York-San Francisco,* 4 246 km (via St Louis), 5 099 km (via Chicago). **North Pacific** (en 1893) : *New York-Seattle,* 3 560 km. **South Pacific** (en 1881) : *Washington-Los Angeles,* 4 787 km. **Du Sud. Transandin** (en 1910) : *Buenos Aires-Valparaiso,* 1 457 km.

■ **Asie.** Chine. **Central Kingdom Express.**

■ **Europe-Asie-Russie. Transsibérien** (1891-1916) construit à partir du Pacifique : le plus long chemin de fer du monde (7 371 km) ; inauguré en 1900 avec 2 240 km de parcours en navire ; en 1901, wagons-lits Moscou-Irkoutsk ; *Moscou-Vladivostok,* 9 334 km. *Prolongement jusqu'au port de Nakhodka* (à l'est de Vladivostok : 9 438 km, voyage de 8 j 4 h 25 min, avec 97 arrêts. Embranchements sur ligne Moscou/Vladivostok : Novossibirsk vers Turkestan, Irkoutsk vers Pékin, Tchita vers l'ex-Mandchoukouo et Port-Arthur. **Yousib** (Transsibérien du Sud) sur 4 000 km en Sibérie. **Baïkal Amour Magistral** (BAM) (1974-84) ou Sevsib (Transsibérien du Nord) : *Oustkout-Komsomolsks/Amour,* 3 148 km. **Turksib** Turkestan-Sibérie (1926-30).

■ **Océanie. Transaustralien :** *Darwin-Augusta EC,* 2 650 km. *Perth-Brisbane* (en 1917) 5 600 km.

TRAINS A GRANDE VITESSE

■ **Allemagne.** *Berlin-Hanovre (1933-34) :* 133,7 km/h (sur 254 km). **ICE (InterCity Experimental)** *record mai 1988 :* 406,9 km/h sur la nouvelle ligne *Fulda-Würzburg. 1991 (2-6) :* mise en service *Hambourg-Munich* (427 km de voies nouvelles entre Hanovre et Stuttgart), pointes à 280 km/h. 2 motrices à moteur asynchrone, encadrant 14 voitures (vitesse commerciale 250 km/h ; puissance 9 500 kW ; charge à l'essieu 23 t ; longueur 410 m ; places 759 ; coût d'une rame : 170 millions de F). *1998 (déc.) :* mise en service *Amsterdam-Francfort.* Moins rapide que le TGV, l'Allemagne ayant choisi de faire rouler sur ses voies à grande vitesse les trains de marchandises. Les écologistes ont fait modifier son tracé, d'où de nombreux tunnels qui ont retardé la construction. Il doit s'arrêter souvent pour prendre une clientèle plus dispersée. Construction prévue pour 2003 de 2 lignes : *Utrecht-Aix-la-Chapelle, Lehrte-Berlin* (à 5 h d'Amsterdam). **Transrapid :** suspension électromagnétique, véhicules équipés d'électro-aimants (moins de 2 cm entre la voie et le véhicule) ; circule sur une voie « en T » ; *Hambourg-Berlin* (prévu 2006) : 285 km en 53 min, vitesse maximale 450 km/h : accélération : 0

Distance maximale pouvant être parcourue en train : Lisbonne (Portugal)-Nakhodka (Russie, côte Pacifique), 14 334 km (mais on parcourt 250 km de plus en quittant la ligne à Sétil, à 51 km de Lisbonne, pour aller jusqu'à Faro, dans l'Algarve). **Ligne droite la plus longue :** plaine de Nullarbor (Australie) : 478 km.

☞ *Trajet Paris-Pékin en 1902 :* par mer 40-45 j, train 22 j (dont 2 j 9 h 30 min pour Moscou) ; *coût* (repas compris) : par mer 2 200 F, train 1 216 F.

à 300 km/h en 3 min ; construction de 7 prototypes ; véhicule d'essai *TR-07* ; ligne expérimentale ; capacité : 500 passagers par train ; 1 départ toutes les 10 min ; nombre de trains prévus : 16 ; pilotage à distance à partir d'un reste de commande fixe ; consomme 30 % moins d'énergie que le TGV. *Coût :* pose de 2 rails sur 292 km (161 au sol et 131 à plusieurs mètres de hauteur) : 6,1 milliards de marks (pour 1 rail) puis plus de 9. *Rentabilité :* 8,6 millions de passagers/an. Abandon envisagé.

☞ En projet : *ICT* (T pour « Tilt » : pendulaire) prévu début 1998 ; *Ice 2.2 :* prévu fin 1998.

■ **Asie.** **Eurotrain :** partenariat GEC-Alsthom Siemens (commercialisation du TGV et de l'ICE. Projet : ligne *Pékin-Shanghaï* (1 360 km).

■ **Australie.** Very Fast Train *Sydney-Camberra-Melbourne* (prévu 2000) : 870 km, coût : 2 milliards de $ australiens.

■ **Canada.** Projet de TGV : *Montréal-Ottawa-Toronto-Windson,* coût prévisionnel : 12,5 millards de F. *Québec-Windson* (prévu 2000) : 930 km, coût : 27 milliards de F.

■ **Corée du Sud.** *KTX Séoul-Pusan* (projet de mise en service 2001, reporté 2004-2010) : 412 km en 1 h 56 à 213 km/h de moyenne, coût prévu 13 milliards de $ puis 19 soit 114 milliards de F (dont 46 rames, TGV, 2 motrices, 18 remorques).

■ **Espagne.** **Tren AVE (Alta velocidad española)** *Madrid-Séville :* inauguré 14-4-1992, 471 km en 2 h 50, vitesse maximale 300 km/h (1992 : 250, commerciale 171) ; rame 200,19 m, 421,5 t, 2 motrices encadrant 8 voitures, 329 places, puissance maximale 8 800 kW ; coût : 26 milliards de F ; *Madrid-Barcelone* (en 2 h 30 à 350 km/h, construction 1994-2005) 550 km, coût : 50 milliards de F. Alsthom fournira les rames, Siemens les locomotives de puissance E 120. *Barcelone-Alicante* Euromed, 1er AVE à voie large (1,668 m) : 529 km (1-6-1997) en 4 h 30 (3 h 55 en 2001).

■ **États-Unis.** **Texas :** *Dallas-Houston-San Antonio* via *Austin* [Dallas-Houston (prévu 1998) en 1 h 30 à 320 km/h ; Houston-San Antonio (prévu 2005)], coût : 7 milliards de $, commande passée 29-5-1991 au consortium franco-américain Texas TGV : projet abandonné en août 1994 (trop coûteux). **Floride :** *Miami-Fort Lauderdale-Palm Beach-Orlando-Tampa :* plus de 500 km [Miami-Orlando (prévu 2004) en 1 h 25 à 320 km/h : Orlando-Tampa (prévu 2006)] ; coût (en milliards de $) : 4,8 dont rames et signalisation (GEC-Alsthom) 1 ; trafic estimé : 6 à 6,5 millions de passagers/an ; commande passée 27-2-1996 au consortium Fox (Florida Overlan Express) ; financement public refusé janv. 1999. **American Flyer :** *Washington-Boston* [Washington-New York (prévu 1999) 400 km en moins de 2 h ; New York-Boston en 3 h] ; vitesse maximale 240 km/h, commerciale 200 km/h ; 6 remorques, 2 motrices fixes, voitures pendulaires (s'inclinent dans les virages en fonction de la vitesse, du rayon de la courbe, du dévers de la voie). Coût : 4 milliards de F pour 18 rames et 15 locomotives ; commande passée le 15-3-1996 au consortium franco-canadien GEC-Alsthom-Bombardier.

■ **France.** *TGV* (voir p. 1887 c).

■ **G.-B.** **InterCity 125 :** 200 km/h sur la ligne *Londres-Bristol,* 7 voitures Mark III encadrées par 2 locomotives Diesel (depuis 1976). **IC 225 :** en service depuis le 2-10-1989 sur *Londres-Leeds.* Vitesse commerciale 200 km/h (locomotive et fourgon pilote encadrant 8 voitures) ; puissance 4 700 kW ; alimentation 25 kV ; charge à l'essieu 20,5 t ; longueur 224,40 m ; places 480 (122 strapontins) ; coût : 37 millions de F. A remplacé les rames Diesel HST (High Speed Train) sur la côte est *(Londres-Leeds-Édimbourg).* Juillet 1992, a relié Londres à Édimbourg à 225 km/h (la plus grande vitesse en exploitation commerciale réalisée sur ligne classique). **Channel Tunnel Rail Link :** *Londres-Folkestone* (prévu 2003) : 108 km (dont 26 de tunnels) ; coût : 23 milliards de F ; commande passée au consortium LCR (London Continental Railways de Richard Branson), qui a obtenu le 29-2-1996 une concession de 999 ans ; ouverture partielle 2003, totale 2007.

■ **Italie.** **ETR 450 :** en service depuis avril 1988. Vitesse commerciale 250 km/h (sur la Direttissima Rome-Florence) ; ligne de 254 km (au lieu de 314) construite en 1977-82 ; composition 8 véhicules moteurs ; puissance 4 700 kW ; alimentation 3 000 V ; charge à l'essieu 12,5 t ; longueur 183,60 m ; places 344 ; coût d'une rame : environ 110 millions de F ; constructeur : Fiat Ferroviaria. **ETR 460 :** *Rome-Venise-Gênes-Turin ;* rame pendulaire dérivée de l'ETR 450, mise en service 1995 ; 6 voitures motorisées, 3 remorques ; puissance 6 000 kW ; vitesse commerciale maximale 250 km/h ; places 480, longueur 236 m. **Cisalpino ; ETR 470 :** train pendulaire, mise en service le 2-6-1996. *Genève-Milan :* 4 h 05. **ETR 500 :** prototype été 1991. Vitesse commerciale 300 km/h ; puissance 8 800 kW ; rame à 2 motrices encadrant 8 à 14 remorques (plus 60 rames commandées) ; charge à l'essieu 12,2 t ; places 714 ; longueur 355 m ; coût d'une rame : 160 millions de F.

■ **Japon.** **Shinkansen** (le « nouveau train ») : *record en 1996 :* 443 km/h avec rame expérimentale 300 X ; 1 952 km de lignes en 1997 ; 851 000 passagers/j en 1999. **Tokaïdo :** 1re ligne (*Tokaido-Sanyo-Shinkansen*, 1 069 km, dont 349 km de tunnels) ; courbe : rayon minimal 2 500 m. Essai jusqu'à Osaka, le 25-7-1964 ; inauguration du service commercial, le 1-10-1964 : 515 km (dont 69 km de tunnels, 57 de ponts, 118 de viaducs) ; le 14-3-1992 vitesse maximale en service commercial portée à 270 km/h : *Tokyo-Shin-Osaka* 2 h 30 min, Sanyo-Shinkansen ; écartement 1 435 mm ; Série 700 : rame 405 m (12 motrices, 4 remorques) ; puissance 13 200 kW ; alimentation 25 kV 60 Hz ; charge à l'essieu 11,4 t ; 1 323 places ; coût d'une rame : 4 milliards de yens. Rail Star : rame 205 m (6 motrices, 2 remorques) ; 6 600 kW ; 25 kV 60 Hz ; charge à l'essieu 11 t ; 571 places ; ne peut rouler sur le réseau classique (voie de 1,067 m). **Sanyo Shinkansen :** ouverte, de 1972 à 1975 (*Shin-Osaka-Hakata*, 553,7 km) ; vitesse maximale 300 km/h ; 282 trains/j ; 169 000 passagers/j (en 1999) ; 3 sortes de trains : *Hikari* (« l'éclair ») ne s'arrête que dans les gares principales ; *Kodama* (« l'écho ») omnibus ; *série 500 Nozomi* (300 km/h). **Tohoku Shinkansen :** ouverte 1982 (*Tokyo-Morioka,* 496,5 km, dont 116 de tunnels, 84 de ponts) ; vitesse maximale 275 km/h ; 153 trains/j ; 216 000 passagers/j. **Joetsu Shinkansen :** ouverte 1982 (*Omiya-Niigata,* 270 km, dont 107 de tunnels, 31 de ponts) ; 1 h 37 ; vitesse maximale 275 km/h ; 95 trains/j ; 98 000 passagers/j (en 1999). **Yamagata (hybride) Shinkansen :** ouverte 1992 (*Fukushima-Shinjo* depuis 1999, 149 km) ; vitesse maximale 130 km/h. **Akita (hybride) Shinkansen :** ouverte 1997 (*Morioka-Akita,* 127 km) ; vitesse maximale 130 km/h. **Hokuriku Shinkansen :** ouverte 1-10-1997 *(Takasaki-Nagano)* ; l'*Asama*, 117 km en montagne (tunnel 54 %), 260 km/h.

☞ **Japan Railways : 1987** privatisée. **Dette à long terme non consolidée** (en milliards de yens) : *2000 :* 10 100.

■ **Russie.** *St-Pétersbourg/Bologoye : Aurora*, 136,63 km/h (318,81 km en 140 min).

■ **Suède.** **X 2000 :** *Stockholm-Göteborg* (456 km) depuis 1990 ; *Malmö-Karlstad-Falun-Härnösand-Jönköping-Växjö ; Göteborg-Malmö.* Vitesse commerciale 200 km/h ; (test 275) rame motrice + 5 remorques intermédiaires + remorque-pilote avec sièges ; puissance 3 260 kW ; places 318 ; train grande vitesse à caisse inclinable ; coût : 87 millions de F ; constructeur : Asea Brown Boveri.

■ **Taïwan.** *Taïpei-Kaohsuing, 345 km* : mise en service prévue en 2003 ; vitesse commerciale 360 km/h ; coût : 13,6 milliards de $.

■ **Train ferries.** **1850** Angleterre/Écosse, transbordeur de wagons pour traverser le Firth of Forth (large de 9 km), barges à vapeur mues par des roues à aubes, remplacées en 1890 par un viaduc. **1869** lac de Constance, liaison Allemagne/Suisse. **Avant 1911** aux USA, 78 liaisons par trains-ferries. 1 ligne internationale (1 100 km), reliant La Nouvelle-Orléans à La Havane. **1917** *ferry-boats* entre France et G.-B. (trains militaires pour le matériel). **1918**-*22-2* ferry-boat voyageurs sur la Manche (Newhaven-Dieppe). **1975** rail-ship germano-finlandais (Travemünde-Hanko), 3 ponts fermés et superposés. Capacité : 100 wagons ; puissance : 20 000 ch. ; vitesse : 20,5 nœuds (38 km/h). **1986** flotte mondiale : Europe 64, Baltique 36, URSS 23, Amér. du Nord 18, Asie 17, Afrique 12, Océanie 4. **1995** environ 2/3 en Europe (principalement sur la Baltique).

Réseau : *Constantsa* (Roumanie)-*Samsun* (Turquie) : 833 km en 50 h ; 2 navires ; 107 wagons. *Bakou* (Azerbaïdjan)-*Krasnodovsk* (Turkménistan) : 310 km en 15 h ; 9 navires ; 30 à 50 wagons. *Dunkerque* (France)-*Douvres* (G.-B.) : 53 km en 2 h ; 1 navire ; 30 wagons. *Hirsthals* (Danemark)-*Kristiansand* (Norvège) : 135 km en 4 h 30 ; 1 navire ; 19 wagons.

■ **Trains européens baptisés.** **Parmi les plus célèbres :** outre l'*Orient-Express* (voir p. 1884 a) : *Brighton Belle* (Pullman L) : 1881-1-5/1972, Brighton-Londres. 1er train d'Europe entièrement Pullman et éclairé à l'électricité. Les voitures portaient les noms des princesses royales (Louise, Maud, Béatrice). *Étoile du Nord (EC) :* Paris-Bruxelles-Amsterdam. *Flèche d'or (Golden Arrow) :* 1926-15-9/1940 et 5-8-1946/1969, Londres-Calais-Paris. Train ferry à partir de 1936. Surnommé « the princely path to Paris » (« la voie royale vers Paris »). *L'Oiseau bleu :* 1929-36 Paris-Bruxelles-Anvers ; 1936-39 et 1947-63 jusqu'à Amsterdam en 1936-39 et à partir de 1947. Devenu *TEE. Train bleu :* Paris-Nice-Vintimille, 1 121 km. 1er 8-12-1922 appartenant à la CIWL (Compagnie internationale des wagons-lits) ; jusqu'aux années 1930, Calais-Méditerranée et Paris-Méditerranée, puis les 2 voitures de Calais furent accrochées en queue de la Flèche d'or et incorporées au Train bleu à Lyon ; partait à 19 h 30 ; nom donné en Angleterre à un parfum créé par Picot et au restaurant de la gare de Lyon ; dernier voyage 1974.

Trains pendulaires

■ **Origine.** **Années 1950-60** technique testée en France puis abandonnée (1966 prototype de train à turbine à gaz pendulaire). **Années 1970** Italie. Train *Pendolino* créé par Fiat, en service. **Principe.** Inclinaison artificielle du plancher des voitures dans les courbes (jusqu'à 5°). **Avantages :** vitesse moyenne accrue ; utilisation des voies classiques ; coût réduit.

■ **Comparaison pendulaire (p)/TGV.** **Coût à la minute gagnée** (en millions de F) : pendulaire (vitesse < ou = à 160 km/h) 10 à 30 ; (> à 160 km/h) 60 à 120/TGV, 200 à 250.

■ **France.** **1996**-*sept.* ligne Turin-Lyon (pendulation désactivée). **1997**-*12-2* Paris-Limoges : ETR 460 italien pour homologation (227 km/h entre les Aubrais et Vierzon) ; *-juin* démonstration TGV Sud-Est de 1re classe. **2001**-*21-12* accord pour ligne Paris-Orléans-Limoges-Toulouse (Polt) prévue 2004. Accord officiellement 21-2-2000. Coût 242,39 millions d'euros (État 96,04, SNCF 42,69, RFF 22,87, régions Midi-Pyrénées, Limousin, Centre) dont pour le matériel 146,35, adaptation de l'infrastructure 96, voie 6,56, signalisation 10,98, sécurité 8,23, installations électriques 30,49, ouvrages d'art 39,79.

■ En France

■ **Longueur des lignes** (en km). **Total** *1932 :* 42 600 ; *50 :* 41 300 ; *60 :* 38 840 ; *70 :* 36 530 ; *82 :* 34 599 ; *90 :* 34 070 ; *95 :* 31 940 ; *99 (31-12) :* 31 683 (+ Corse 232) ; *2000 :* 31 554. **Lignes électrifiées :** *1939 :* 3 340 ; *50 :* 3 890 ; *60 :* 6 820 ; *70 :* 9 360 ; *85 :* 11 488 ; *90 :* 12 609 ; *95 :* 13 799 ; *99 (31-12) :* 14 168 ; *2000 :* 14 204. **Voies uniques :** *1999 (31-12) :* 15 772 (+ Corse 232). **Ouvertes au trafic voyageurs :** *1950 :* 30 600 ; *60 :* 29 270 ; *70 :* 25 640 ; *82 :* 23 771 ; *90 :* 23 875 ; *95 :* 24 173 ; *99 (31-12) :* 24 042 (+ Corse 232). **Marchandises :** *1991 :* 31 597 ; *95 :* 29 546 ; *96 :* 29 456 ; *97 :* 29 504 ; *98 :* 29 443 ; *99 :* 29 077. *Lignes pouvant être parcourues à la vitesse maximale de : 160 km/h :* 12 379 ; *180 :* 4 225 ; *200 :* 4 112 ; *220 :* 2 797 ; *270 :* 2 304 ; *300 :* 1 530.

■ **Lignes fermées** (au service d'intérêt régional). De **1967 à 1981** 996 km (30 lignes) sans remplacement, et 7 466 km (158 lignes) avec transfert sur route du service de voyageurs. **1982 à 87** aucune. **1988** Serqueux-Dieppe (48 km), avec transfert sur route du service de voyageurs. **1994** Bort-les-Orgues à Miécaze avec transfert sur route du service de voyageurs. **1995 à 99** aucune.

■ **Lignes ouvertes** (depuis 1920). **Principales ouvertures : 1928**-*11-7* Bedous à Canfranc (gare internationale). *-21-10* Saales à St-Dié. *-31-10* Nice à St-Dalmas-de-Tende. **1929** Ax-les-Thermes à Latour-de-Carol-Entveitgt (frontière espagnole). **1931**-*15-5* Novéant à Lérouville. *-1-7* Vichy à Riom. **1932**-*25-8* Gannat à La Ferté-Hauterive. **1937**-*2-8* Ste-Marie-aux-Mines à Lesseux-Frapelle. **1974**-*16-2* Viry-Châtillon à Grigny-Centre. **1975**-*16-12* Grigny-Centre à Corbeil-Essonnes (11 km). **1976**-*30-5* Aulnay-sous-Bois à Roissy (aéroport) [13 km] : service voyageurs. **1977**-*25-9* pont de Rungis-aéroport d'Orly à Massy-Palaiseau (10 km). **1978**-*27-5* Cannes à Ranguin (3 km). **1979**-*1-4* Paris-St-Lazare à Cergy-Préfecture (17 km). *-30-9* jonction banlieue Sud-Ouest avec ligne Paris-Invalides à Versailles-RG (tunnel de 840 m) entre les terminus de 2 lignes anciennes (quai d'Orsay, Invalides) [ligne C du RER]. *-7-10* Coni-Breil-Vintimille (47 km en territoire français), rouverte et exploitée par les Chemins de fer italiens (FS) avec leur personnel et leur matériel de traction. **1981** Bréauté-Beuzeville-Fécamp (20 km). *-18-12* Clamecy à Corbigny (33 km) ; rouverte service voyageurs ; 2 aller-retour express en fin de semaine). **1982**-*4-1* Ballan à Chinon (39 km) fermée de sept. 1980 à 1993. *-28-3* La Ferté-Milon à Reims (76 km) fermée aux voyageurs depuis 1972. **1994** Vémars à Moisenay (interconnexion TGV-Ile-de-Fr.) ; Montanay à St-Marcel (contournement sud de Lyon). **1996**-*2-6* branche ouest de l'interconnexion en Ile-de-France (Créteil-Valenton-Coubert) : 25 km (20 km en 25 000 V et 5 km en 1 500 V), parcourable à 170 km/h ; jonction des TGV en Ile-de-France, liaison des lignes à grande vitesse Sud-Est et Nord à celle de l'Atlantique. *Gain de temps :* 15 min en moyenne. **1999**-*juillet* mise en service d'Eole ligne E 4 km. **2001** *10-6 :* mise en service du TGV Méditerranée Paris-Marseille (250 km de LGV).

Lignes ouvertes ou rouvertes depuis 1975 : La Pauline-Hyères/Hyères (10 km) ; Langon-Bazas (20 km) ; Dunkerque-Bray-Dunes (frontière belge) en 1999.

☞ *Ouverture des lignes TGV depuis 1981 :* voir p. 1887 c.

■ **Embranchements particuliers** (privés). **Longueur :** moins de 100 m à plusieurs dizaines de km. **Propriétaires :** certains services de l'armée, mines, carrières, usines, entrepôts, silos. 4 656 établissements sont reliés au réseau public, directement ou par un sous-embranchement. **Trafic :** quelques milliers à plusieurs millions de t par an. Environ 85 % du trafic total de marchandises de la SNCF, en wagon complet, partent d'un embranchement ou y aboutissent ; environ 45 millions de t (en 1998) vont par trains complets d'embranchement à embranchement sans triage intermédiaire.

■ **Établissements** (1997). Traction 47 ; industriels de maintenance : du matériel moteur 10, des voitures et wagons 8.

■ **Passages à niveau** (au 31-12-2000). 17 345 dont automatiques 11 190 ; dont concédés à un tiers 1 304. **Sept. 1979 :** *1er passage à énergie solaire* à Savonnières (I.-et-L.), sur Tours-Saumur. **Sept. 1980 :** *1er à aérogénérateur* (énergie éolienne) à Saujon (Ch.-M.), sur Saintes-Royan. **Accidents :** *1987 :* 262 (48 †) ; *88 :* 224 (35 †) ; *93 :* 204 (54 †) ; *94 :* 203 (44 †) ; *95 :* 177 (57 †) ; *96 :* 193 (56 †) ; *97 :* 182 (38 †) ; *98 :* 177 (53 †) ; *99 :* (48 †).

■ **Domaine foncier** (en 2000). 115 000 ha dont 94 % appartiennent à RFF et 6 % (7 400 ha) à la SNCF.

Signaux

■ **Quelques dates.** **1820** signaux à la main. Un homme à cheval précédait le convoi en jouant du cornet. **1827** 1er *signal fixe* (Stockton-Darlington, G.-B.). **1833** George Stephenson monte le 1er *sifflet* sur la « Samson » (G.-B.). **1840** 1er emploi des *télégraphes électriques* (Londres-Blackwall). **1850** la Cie du Nord utilise le *pétard* et des signaux fixes pour la 1re fois en France. **1855** Vignier (aiguilleur français) a l'idée de solidariser signaux et appareils de voie pour améliorer la sécurité : c'est le 1er enclenchement efficace. **1859** 1ers *avertisseurs électriques pour passages à niveau* (sur le Nord ; système Tesse et Lartigue). **1865** la Cie du Nord adopte un système de *sonnerie d'alarme* par circuit électrique. **1867** 1re application du *block system* sur le PLM : la ligne est divisée en sections de 1 à plusieurs km (appelés *cantons*), où ne doit pénétrer qu'un seul convoi à la fois ; un canton libre entre 2 convois est quelquefois exigé. **1872** le *crocodile* (des ingénieurs Lartigue et Forest) assure la *répétition des signaux sur la locomotive.* Placée au droit d'un signal, une pièce métallique, allongée (d'où son nom) et fixée sur les traverses entre les rails, est alimentée en courant électrique dont la polarité par rapport aux rails est fonction de l'indication donnée par le signal (ouvert ou fermé). La locomotive porte une brosse métallique ; au passage sur le crocodile, elle recueille le courant qui déclenche un timbre si le signal est ouvert et une sirène si le signal est fermé, rappelant ainsi au mécanicien la position du signal qu'il vient de franchir. **1878** 1res applications en France de l'électricité pour l'amélioration de la sécurité des circulations (sonneries). **1883** 1er *block automatique* en France (Cie du Midi). **1885**-*15-11* un arrêté ministériel instaure un *code des signaux* en Fr. **1898** 1re installation d'*aiguillage électrique* (gare de Lyon, Paris). **1903** 1re application en France du système de commande à distance des aiguilles et signaux dit « levier d'itinéraire » (Cie du Midi à Bordeaux-St-Jean). **1920** répétition des signaux sur les locomotives rendue obligatoire. **1923** block automatique avec signalisation lumineuse de jour et de nuit (ligne Paris/St-Germain-en-Laye). **1932** 1er poste de débranchement automatique dans un triage sous forme du poste à billes (triage de Trappes). **1933** mise en service du 1er poste de commande centralisée (Paris-St-Lazare). **1934** application d'un nouveau code des signaux visant à l'unification des couleurs avec les réseaux étrangers. La signalisation actuelle en découle. **1948-50** 1er *PRS (poste tout relais à transit souple)* ; 453 au 1-1-1985. **1959** mise en service (à Mouchard) d'un programmateur pour la commande centralisée des trains sur la section Mouchard-Frasne à voie unique. **1963** expérimentation des liaisons radiotéléphoniques entre le régulateur et les trains en marche (Dôle-Vallorbe). **1966** remplacement dans les triages du poste à billes par un poste électronique. **1967** 1re utilisation du *cab signal* : les indications concernant la signalisation sont données directement dans la cabine de conduite (section Les Aubrais-Vierzon parcourue à 200 km/h par *Le Capitole*). **1968** 1re mise en service du *BAPR : block automatique à permissivité restreinte* (section Pontoise-Gisors). **1974** introduction des ordinateurs dans les triages. **1977** commande automatique des itinéraires à partir d'un ordinateur gérant le suivi des trains à Versailles-Chantiers. **1981** nouveau système de signalisation visualisée en cabine (TGV Sud-Est) ; les informations sont transmises par la voie et recueillies par des capteurs sous la motrice. **1983**-*18-12* : 1er poste tous relais avec commande informatique (PRCI-La Ferté-Alais). **1993** TGV Nord : TVM 430 par système informatique. **1997** poste d'aiguillage informatique (PAI) de Roanne.

■ **Installations** (au 31-12-1999). Lignes (en km) équipées : en TVM (transmission « voie-machine ») 1 208, blocks automatiques 14 487 dont BAL (block automatique lumineux) 10 390, BAPR 3 858, blocks manuels 5 830, BAVB 239, CAPI 2 631. Postes d'aiguillages : 2 273 dont 1 279 électriques.

Tunnels ferroviaires

■ **Quelques dates. 1826** 1er tunnel sur la ligne *Liverpool-Manchester* (G.-B.) dû à Stephenson. **1827-29** St-Étienne/Lyon (vallée du Gier) : *tunnel de Terrenoire,* 1 298 m, 1 voie ; élargi à 2 voies en 1855-57. *Tunnel de Couzon à Rive-de-Gier,* 977 m, 1 voie ; abandonné 1856 et remplacé par l'actuel tunnel à 2 voies de 552 m de long. **1839** *1er tunnel allemand* sur ligne Leipzig-Dresde. **1843-48** *tunnel d'Arzviller* en Moselle (2 572 m) entre Saverne et Sarrebourg (le plus ancien en état). **1857** perforatrices hydrauliques. **1864** perforatrices pneumatiques perfectionnées. **1871**-*17-9* inauguration du *tunnel du Mt-Cenis* (dit *de Fréjus*) : longueur 13 656 m dont 6 907 en France. **1898-1906** *tunnel du Simplon :* 20 000 m (Brigue-Milan). **1929** *tunnel de Puymorens* sur Toulouse-Latour-de-Carol : 5 330 m, le plus long entièrement en France. **Projets :** St-Gothard 57 km, Brenner 55 km, mont d'Ambin (TGV Lyon-Turin) 54 km, Lötschberg 34,6 km.

■ **Avantage.** Si la profondeur de la tranchée à creuser dépasse 20 m.

■ **En France. Nombre :** *de 1828 à 2000 :* 1 532 percés (80 % avant 1900) [638 km] dont 1 320 [590 km] en service en 1994. **Longueur totale :** 590 km. *Ligne du TGV Sud-Est :* aucun ; *Atlantique :* Villejust, 2 tubes de 4 800 m, diamètre 8,24 m, franchissable à 270 km/h ; Vouvray 1 500 m ; Sceaux 827 m ; Fontenay 474 m. Interconnexion TGV Nord et Sud-Est : *Limeil-Brévannes* (1 670 m, 55 m^2 de section) ; *Nord :* Verberie 239 m ; *Rhône-Alpes :* La Dombes 500 m, La Cotière 291 m, Meyssiez 1 780 m, La Galaure 2 686 m.

■ **Tunnel sous Gibraltar.** *Tarifa-Tanger* (prévu 2010) : 28 km en 30 min. Décision prise février 1996. Début des travaux 1997. **Profondeur :** 400 m. **Coût estimé :** 20 milliards de F.

■ **Tunnel sous la Manche.** Voir p. 1907 a.

Viaducs et ponts

■ **Matériaux.** Acier, maçonnerie et aujourd'hui béton armé ou précontraint.

■ **En France. Nombre** (au 10-6-2001) : 93 860 ouvrages d'art. TGV Sud-Est : 8 viaducs, 466 ponts (dont routiers 302, autres 164). TGV Atlantique : 290 ponts, 4 viaducs. TGV Nord : 8 viaducs, 319 ponts (dont routiers 181, rails 138). TGV Rhône-Alpes : 10 viaducs, 14 ponts (dont rails 8, routiers 6). TGV Interconnexion : 4 viaducs, 122 ponts (dont routiers 78, rails 34). TGV Méditerranée : 481 ouvrages d'art, 17 km de viaducs, 13 km de souterrains et tunnels. **Caractéristiques :** *Chaumont* (1857) : longueur 600 m, 50 m de haut, 3 étages d'arches (Paris-Mulhouse) ; *Garabit* (1884, dû à G. Eiffel) : longueur 564 m, (ligne Béziers-Neussargues), 122 m de haut ; *Les Fades* (1909) : longueur 470 m, 133 m de haut (ligne Lapeyrouse-Volvic) ; *pont d'Asnières* (rénové 1979/81) : longueur 160 m ; 10 voies.

Voies

■ **Ballast.** Matériau anguleux, élastique et perméable qui supporte et encoffre la voie. Permet de transmettre à la plate-forme les efforts supportés par la voie en les répartissant aussi uniformément que possible et sur une plus grande surface ; d'amortir les vibrations ; de s'opposer à la déformation du châssis de voie en place. Autrefois en sable, en cailloux roulés, actuellement en pierre dure concassée (granit, porphyre, basalte), parfois en laitier de haut fourneau. Granularité : 25 à 50 mm. Entre plate-forme meuble et ballast, on interpose une sous-couche en matériaux de bonne qualité (sables).

■ **Chemins de fer les plus hauts. Du monde :** *voie normale :* Pérou, Lima-Huancayo 4 818 m (la Cima) ; *métrique :* Chili, Ollagüe-Collahuasi 4 826 m (mines de cuivre). **D'Europe :** *Suisse :* Jungfrau 3 454 m, voie de 1 m, crémaillère Strub. **De France :** *voie métrique :* gare de Bolquère-Eyne (Pyr.-Or.), 1 592 m ; tramway du Mont-Blanc, 1 909 m (au Montenvers) ; lac d'Artouste (Pyr.-Atl.), 1 914 m : petit train ; *normale :* Porté-Puymorens, 1 562 m.

■ **Crémaillère (trains à). 1860** 1er chemin de fer à crémaillère du monde (mont Washington, USA). **1887**-*6-11* : 1er en France (Langres). **Principe :** une roue dentée s'engrène dans les crans d'un rail spécial placé entre les rails de roulement. *Système le plus courant* (pic Pike aux USA, Snowdon en G.-B. et beaucoup de lignes suisses à l'origine) : 2 rails dentés parallèles mais décalés (les dents de l'un sont au niveau des crans de l'autre) ; les 2 roues qui s'y engrènent sont aussi décalées, d'où une double sécurité et une progression régulière.

■ **Déclivité.** Dénivellation de points espacés horizontalement de 1 m. S'exprime en ‰. On parle de *rampe* (sens montant) ou de *pente* (sens descendant). Lignes de plaine : jusqu'à 10 ‰ ; de montagne : jusqu'à 40 ‰ ; à grande vitesse Paris Sud-Est, au max. 35 ‰ (utilisation de l'énergie cinétique des rames).

Principaux tunnels ferroviaires (longueur en mètres)

St-Gothard (Suisse, projet) [8]	57 000	Kita Kyūshū (Japon) (1975)	11 747	New Tanna (Japon) (1964)	7 958
Brenner (Autriche-Suisse, projet)	55 000	Flathead (USA) (1970)	11 299	Roger Pass (USA)	7 910
Mont d'Ambin (France-Italie, projet)	54 000	Lierasen (Norvège) (1973)	10 700	Somport (France-Espagne) (1928)	7 875
Seikan (Japon) (1988) [1]	53 850	Arlberg (Autriche) (1884)	10 250	Old Tanna (Japon) (1934)	7 806
Sous la Manche (1993) [6]	50 500	Moffat (USA) (1928)	9 997	Hoosac (USA) (1875)	7 562
Lötschberg (Suisse, projet)	34 600	Shimizu (Japon) (1931)	9 702	Grand Belt (Danemark) (1995) [7]	7 400
Gibraltar (Espagne-Maroc) (1997-?)	28 000	Kvineshei (Norvège) (1943)	9 063	Monte-Orso (Italie) (1927)	7 562
Daishimizu (Japon) (1982)	22 200	Bigo (Japon) (1975)	8 900	Vivola (Italie) (1927)	7 355
Simplon (Suisse-Italie) (1906) [4]	19 731	Rimutaka (Nlle-Zél.) (1955)	8 797	Monte-Adone (Italie) (1934)	7 132
Shin Kanmon (Japon) (1975)	18 713	Ricken (Suisse) (1910)	8 603	Jungfrau (Suisse) (1912)	7 123
Apennins (Italie) (1934)	18 159	Grenchenberg (Suisse) (1915)	8 578	Borgallo (Italie) (1894)	7 077
Rokko (Japon) (1972)	16 250	Otira (Nlle-Zél.) (1923)	8 563	Severn (G.-B.) (1886)	7 011
Henderson (USA) (1975)	15 800	Tauern (Autriche) (1909)	8 551	Ste-Marie-aux-Mines (France) (1937) [5]	6 872
La Furka (Suisse) (1982)	15 407	Fukuoka (Japon) (1975)	8 498	Marianopoli [5] (Italie) (1885)	6 475
St-Gothard (Suisse) (1882) [2]	14 998	Haegebostad (Norvège) (1943)	8 474	Turchino (Italie) (1894)	6 446
Lötschberg (Suisse) (1913)	14 612	Ronco (Italie) (1889)	8 300	Podbrdo (Yougoslavie) (1906)	6 339
Hokuriku (Japon) (1962)	13 870	Hauenstein (Suisse) (1916)	8 134	Mont-d'Or (France-Suisse) (1915)	6 097
Mont-Cenis (France-Italie) (1871) [3]	13 656	Tende (France) (1900)	8 098	Col de Braus (France) (1928)	5 949
Shin-Shimizu (Japon) (1961)	13 500	Connaught (Canada) (1916)	8 083	Albula (Suisse) (1903)	5 865
Aki (Japon) (1975)	13 030	Ceylan (Sri Lanka)	8 000	Gyland (Norvège) (1943)	5 717
Cascades (USA) (1929)	12 542	Karawanken (Autriche) (1906)	7 976	Totley (G.-B.) (1893)	5 697

Nota. – (1) Diamètre 11 m. Construit de 1971 à 1988, relie Hokkaïdo et Honshu et passe (sur 23,3 km) à 100 m sous le fond de la mer (soit à 240 m de la surface). Coût : 22 milliards de F. Inauguré le 13-3-1988. (2) La construction dura 10 ans. Poussière et fumées, chaleur et eau limitaient à 3 ou 4 mois la présence d'un homme sur le chantier. Chaque année, on relevait environ 25 morts et des centaines de blessés. Chaque mois, une trentaine de chevaux et de mules tombaient d'épuisement. Il fallait 1 h 20 min pour percer 1 m de tunnel de 7 m^2 de section (aujourd'hui, il faut de 1 min 30 à 3 min) et 45 h pour extraire 1 m^3 de roche (aujourd'hui 2 h 25). Coût : 70 millions de F de l'époque. (3) A l'origine 12 790 m (début des travaux en 1857). (4) Simplon I, 19 803 m (août 1898-inauguré le 1-6-1906). II, 19 823 m (1918-22). Coût : 57 millions de F de 1921. (5) N'est plus ferroviaire. (6) Voir p. 1907 a.
(7) Coût : 24 milliards de F. (8) Profondeur maximale : 2 000 m.

Rampes (en ‰). **Adhérence simple :** St-Gervais/Vallorcine : 90. **Funiculaire** du Ritom (Suisse) : 878. **Crémaillère :** *voies normales :* 200 à 250 ; *autres voies :* canal de Panama (voie 1,524 m) 500, Mt Pilate (Suisse, 0,80 m) 480, Mt Washington (USA, 1,41 m) 377. **Tramways :** San Francisco 140, Boulogne-sur-Mer 122, Rouen 120, Le Havre 115.

■ **Funiculaires.** Du latin *funiculus* (« petite ficelle »). **Principe :** sur pentes raides et courtes, le véhicule est tiré à la montée et retenu à la descente par un câble moteur mis en mouvement par une machine fixe ou un contrepoids d'eau. **Quelques dates : 1810-15** Mont-St-Michel. **1840** train de houille remonté le long d'un plan incliné par un train descendant formé de wagons-citernes remplis d'eau. *1ers plans inclinés :* St-Étienne/Roanne et Alais-Beaucaire ; pentes 0,093/m. **1862** *1er chemin de fer funiculaire français* de Lyon à la Croix-Rousse (construit par MM. Molinos et Pronier), différence de niveau de 70 m ; pente 160 ‰, environ 450 m. **1870** plan incliné d'Offen (Hongrie), 45 m. **1873** funiculaire par câbles sans fin (San Francisco). **1900** Montmartre (à eau) [*1935* électrique, *1990-91* modernisé].

■ **Rails. Quelques dates : XVIe s.** des *rails en bois* sont utilisés dans les mines. **1738** les rails en bois sont recouverts de plaques de fonte à Whitehaven (G.-B.) : plus efficaces, ils s'usent encore trop vite. **1763** Richard Reynolds introduit les *1ers rails métalliques* en fonte à la mine de Coalbrook Dale (G.-B.). **1805** on emploie le fer forgé. **1810** les *rails en fonte* sont peu à peu remplacés par des rails en fer. **1820** John Cass Birkinshaw (1811-67, G.-B.) réalise un *rail de fer* par *puddlage.* **1830** Robert Stevens (1787-1856, USA) imagine le *rail à patin,* improprement appelé par la suite *rail Vignoles* du nom de l'ingénieur anglais Charles Vignoles (1793-1875) qui l'introduit en Europe vers 1836. **1857** Robert F. Mushet (G.-B.) fabrique les *1ers rails d'acier* à Derby où des rails de fer s'étaient usés en 3 mois : durée 16 ans. **1860** l'acier remplace peu à peu le fer sur toutes les lignes. **1886**-*10-5* la 2e conférence internationale de Berne fixe *l'écartement* de la voie à 1,435 m (alignement droit) et à 1,465 m max. (courbes). **Longueur :** À l'origine (et encore sur lignes secondaires), longueurs courantes 5,50 m, 8 m, 11 m, 12 m ; puis 8 m, 18 m, 24 et 36 m, ce qui a permis de diminuer le nombre des joints, points faibles sur la voie. Depuis 1945, longs rails soudés (LRS) sur les *lignes principales,* pour éviter les chocs répétés à chaque extrémité des rails, surtout lors des grandes vitesses. Les rails de 18 ou 36 m sont soudés électriquement en atelier sur 288 m. Après mise en place, ces longueurs sont soudées entre elles par aluminothermie. Ainsi les rails atteignent plusieurs dizaines de km. Seules les courbes de faible rayon et les plates-formes instables limitent leur emploi. **1999** Unimétal livre des rails de 72 m (LRS 388 m).

Largeur de voie (écartement entre bords intérieurs des rails) : *voie normale :* 1,435 m (la plupart des pays européens) ; *métrique :* environ 1 m ; *étroite :* 0,60 m ; *large :* URSS 1,524 m, Espagne et Portugal 1,676 m. Au début, les ingénieurs ne se souciaient pas de l'unification éventuelle des réseaux, puis des raisons stratégiques, et surtout économiques, conduisirent au maintien de cette situation, qui impose des changements de matériel ou d'essieux aux frontières ou l'utilisation d'essieux à écartement variable.

Formes : les rails reçoivent directement les charges des roues. Au début, ils avaient une section en I *(rail à double champignon).* On avait espéré en doubler l'usage. Étant difficiles à fixer et ne pouvant être retournés car la surface inférieure se détériorait au contact des coussinets d'appui, ils furent abandonnés pour le *rail à patin (Vignoles). Section des rails* (poids au mètre) : a augmenté de 30 à 60 kg au m (sur les grandes artères) pour supporter la charge des essieux : 20 t, voire 23 (essieux de locomotives, wagons spéciaux). Le contrôle des inclusions non métalliques, sources d'amorces de fissures en service, est fait en usine par procédé ultrasonore. Les voies du Chicago-Milwaukee supportent 32,5 t par essieu, avec des rails de 56 kg/m posés sur 2 400 traverses au km ; le ballast étant inaccessible, la voie doit être changée d'un bloc.

Tonnage total (rails actuellement en voie, en France) : 7 millions de t.

Joints : *rails éclissés* (de 36 m au plus) : les joints permettent la libre dilatation des rails. *Rails soudés :* le ballast s'oppose, par l'intermédiaire des traverses, à toute variation de leur longueur ; seules les extrémités des longs rails soudés (sur 100 m environ) peuvent se déplacer (déplacement absorbé par des appareils de dilatation). Les variations de température se manifestent par des contraintes à l'intérieur des longs rails soudés.

■ **Traverses.** Supportent les rails, maintiennent leur écartement et leur inclinaison, et transmettent les charges au ballast. **En bois** *dur* (chêne, hêtre de préférence, ou bois exotique) imprégné à la créosote (distillation de goudron de houille) pour éviter son dépérissement rapide sous les actions bactériologiques ; dimensions-types : longueur 2,60 m, largeur 0,25 m, épaisseur 0,15 m. En courbe, on interpose une selle métallique entre rail et traverse pour répartir la pression. **En métal :** épaisseur 7 à 13 mm, poids environ 75 kg : abandonnées en raison de leur coût. Se développent surtout dans les pays sans bois de bonne qualité. **En béton armé ou précontraint : 1°)** *mixtes* avec 2 blochets en béton armé réunis par une entretoise métallique de 185 à 245 kg ; **2°)** *monoblocs en précontraint ;* 235 à 300 kg. Il y a entre rail et traverse une semelle en élastomère. À la SNCF, les longs rails soudés sont fixés aux traverses par des attaches élastiques « Nabla ».

Nombre de traverses au km de voie (travelage) : 1 500 (voies anciennes) à 1 666 (voies françaises importantes) ou 2 000 (courbes de faible rayon ou de trafic très lourd).

Trafic

Circulation ferroviaire

■ **Trafic en 1999.** *Source :* UIC. **Marchandises** (en milliards de t/km) **et,** entre parenthèses, **voyageurs** (en milliards de voyageurs/km). **Europe :** voir tableau p. 1883. **Autres pays :** Afrique du Sud (en 1998) 102,7 (12,8) ; Algérie 2 (1,1) ; Arabie saoudite 1 (0,3) ; Australie 30,1 (1,1) ; Chine 1 257,8 (404,6) ; Corée du Sud 9,9 (28) ; Inde 281,5 (403,9) ; Iraq 0,8 (0,8) ; Israël 1,1 (0,5) ; Japon 22,3 (240,7) ; Kazakhstan 91,7 (8,8) ; Maroc 4,7 (1,9) ; Ouzbékistan 13,9 (1,9) ; Syrie 1,6 (0,2) ; Tunisie 2,3 (1,1) ; USA 2 092 (8,5).

■ **Circulation à gauche. Origine :** *G.-B. :* dans un chemin creux, 2 cavaliers se croisaient à gauche pour éviter d'entremêler leurs épées (accrochées à gauche). *France :* la ligne Paris-Rouen (1843) fut en majeure partie construite avec des capitaux, des ingénieurs, du personnel et du matériel britanniques. **État actuel :** *France :* sauf en Alsace-Lorraine où, entre 1871 et 1918, 835 km dont 738 en service ont été cédés à l'Allemagne qui a implanté les signaux à droite. Le *« saut de mouton »* permet de faire passer un convoi de la voie de gauche à celle de droite, et vice versa, entre Igney-Avricourt et Sarrebourg (km 427), sur la ligne Paris-Strasbourg ; à Mulhouse (km 492), sur Paris-Mulhouse, à l'arrivée à Metz (km 353) sur Paris-Metz et au km 20 sur la ligne St-Dié/Strasbourg)]. *Autres pays :* Afrique du Nord, Afrique du Sud, Australie, Belgique, Burkina Faso, Côte d'Ivoire, Égypte, Espagne, Géorgie, G.-B., Israël, Italie, Japon, Russie, Suède. **Circulation à droite.** Allemagne, Chine, Espagne, Grèce, Hongrie, Luxembourg, Pays-Bas, Pologne, Turquie, USA.

■ **Trafic frontalier** (en millions de t). *Pyrénées :* 117,4 dont route 63, mer 49,9, fer 4,5. Objectif 2015 : 220 dont route 115, mer 80, fer 25.

Trafic côté Atlantique : route 30,35, fer 2. *Côté Méditerranée :* route 32,65, fer 2,5.

■ **Trafic fret à travers la frontière espagnole** (en millions de t). *1987 :* 3,9 ; *91 :* 4,7 ; *96 :* 5,8 ; *2005 (prév.) :* 12,2 ; *2015 (prév.) :* 17,3.

Trafic en France

Généralités

■ **Nombre de trains circulant chaque jour sur les lignes SNCF** (en 2000). 13 566 en moyenne dont Ile-de-France 4 937, TER 5 444, grandes lignes 1 054 (dont TGV 521), fret 1 985.

■ **Parcours des trains** (en millions de km). *1980 :* 501 (dont trains de voyageurs 287/de marchandises et messageries 214) ; *85 :* 477,7 (302,1/175,6) ; *95 :* 451 (307/139) ; *99 :* 515,3 (358/153,9).

■ **Matériel remorqué (voitures/wagons)** (en millions de km). *1985 :* 1 314/4 002 (dont chargés 2 438, vides 1 564) ; *90 :* 1 386/3 241 (1 962, 1 279) ; *95 :* 908/2 280 (1 449, 831) ; *98 :* 1 070/2 540 (1 660, 880).

■ **Parcours moyen annuel des wagons de marchandises** (en km) **et,** entre parenthèses, **chargés** (en %). *1985 :* 18 224 (61) ; *90 :* 20 006 (61) ; *95 :* 17 286 (63) ; *97 :* 20 210 (62).

■ **Vitesse. Autorisée :** limitée en fonction des installations fixes et du matériel roulant. **Maximale en service commercial :** *ligne classique :* 200 km/h (Paris-Bordeaux ; Paris-Toulouse ; Le Mans-Nantes et Valence-Miramas ; Paris-Marseille 300 km/h). *Lignes TGV Sud-Est :* 270 km/h. *Atlantique :* 300 km/h. *TGV Nord :* 300 km/h. **Moyenne la plus élevée :** Paris-Lille *(TGV) :* 229,8 km/h (226 km).

■ **Moyenne horaire sur certains parcours** (en km/h, au départ de Paris, au 1-7-2001). **Relations internationales :** Bruxelles *(TGV)* 139,7 ; Francfort 109,5 ; Madrid 106,6 ; Cologne 95,1 ; Rome 93,8. **Intérieures :** *TGV :* Marseille 300 ; Lille 233,8 ; Lyon 213,5 ; Bordeaux 192,9 ; Grenoble 186,7 ; Montpellier 182,4 ; Boulogne 176,7 ; Toulouse 163 ; Brest 155,8. *Autres :* Caen 136,6 ; Nancy 135,8 ; Limoges 135,6 ; Metz 130,3 ; Strasbourg 130,3 ; Amiens 119,1 ; Mulhouse 117,1.

Temps de parcours par chemin de fer

De Paris à (en km)	1938	1960	1980	2001
Bordeaux (581-569 [3])	5 h 39[1]	4 h 45	3 h 50	2 h 56
Lille (226)	2 h 30[2]	2 h 10	1 h 55	0 h 58
Lyon (512-427 [3])	5 h 05[2]	4 h 00	3 h 49	2 h 04
Marseille (863-779 [3])	9 h 14[2]	7 h 10	6 h 40	3 h 00
Nancy (353)	3 h 02[2]	2 h 55	2 h 40	2 h 41
Nantes (396-387 [3])	4 h 18[2]	3 h 55	3 h 17	1 h 59
Rennes (374-365 [3])	4 h 00[2]	3 h 55	2 h 58	2 h 03
Bordeaux-Marseille (682 km)	10 h 10	8 h 55		5 h 30
Nantes-Lyon (650 km-807 [3])	10 h 19	9 h 05		4 h 25

Nota. – (1) Autorail Bugatti 1re classe. (2) Train à vapeur aérodynamique. (3) Par TGV.

■ **TGV et autres trains. Meilleurs temps de parcours au départ de Paris au 10-6-2001** (en italique, prévisions) : Agen 4 h 05 ; Aix-les-Bains 3 h 03 ; Amsterdam 4 h 15, *3 h* ; Angers 1 h 28 ; Angoulême 2 h 09 ; Annecy 3 h 40 ; Arras 0 h 49 ; Avignon 3 h 19 ; Barcelone *8 h 15* ; Bayonne 4 h 35 ; Beaune 2 h 08 ; Berlin *7 h 30* ; Berne 4 h 30 ; Besançon 2 h 32 ; Béthune 1 h 15 ; Béziers 5 h 09 ; Biarritz 4 h 46 ; Bonn *3 h 25* ; Bordeaux 2 h 56 ; Boulogne 1 h 57 ; Bourg-en-Bresse 1 h 59 ; Brest 3 h 58, *3 h 10* ; Bruxelles 1 h 25 ; Calais 1 h 23 ; Cambrai 1 h 40 ; Cannes 6 h 02 ; Chalon-sur-Saône 2 h 26 ; Chambéry 2 h 53 ; Cherbourg 2 h 42 ; Cologne *4 h 05* ; Dieppe 2 h 05 ; Dijon 1 h 38 ; Douai 1 h 04 ; Dunkerque 1 h 31 ; Florence *7 h* ; Francfort *3 h 35* [1] ; Genève 3 h 37 ; Grenoble 3 h 02 ; Hambourg *6 h 30* ; Hendaye 5 h 11 ; La Rochelle 2 h 52 ; Lausanne 3 h 49 ; Laval 1 h 30, *1 h 10* ; Le Creusot 1 h 22 ; Le Havre 1 h 50 ; Le Mans 0 h 54 ; Lens 1 h 02 ; Lille 0 h 58 ; Londres 3 h ; Lorient 3 h 32, *2 h 43* ; Lourdes 5 h 16 ; Luxembourg 3 h 35 ; Lyon 2 h 04 ; Mâcon 1 h 41 ; Marseille 3 h 00 ; Metz 2 h 43, *2 h 15 (est. 2006)* ; Milan *5 h 20* ; Montauban 4 h 38 ; Montpellier 3 h 15 ; Munich *5 h 30* [1] ; Nancy 2 h 41 *1 h 30* ; Nantes 1 h 59 ; Nice 5 h 40 ; Nîmes 3 h 00 ; Niort 2 h 14 ; Pau 4 h 50 ; Perpignan 5 h 49 ; Poitiers 1 h 26 ; Quimper 4 h 11 ; Reims 1 h 33, *0 h 45* ; Rennes 2 h 03, *1 h 26* ; Rome *8 h 30* ; Rotterdam *2 h 15* ; Rouen 1 h 04 ; Royan 3 h 59 ; St-Brieuc 2 h 45, *2 h 13* ; St-Étienne 2 h 50 ; St-Nazaire 2 h 35 ; St-Pierre-des-Corps (Tours) 0 h 55 ; Strasbourg 3 h 52, *2 h 19* [1] ; Stuttgart *3 h 45* [1] ; Tarbes 5 h 35 ; Toulon 3 h 55 ; Toulouse 5 h 02 ; Turin *5 h* ; Valence 2 h 15 ; Valenciennes 1 h 38 ; Vannes 2 h 59, *2 h 26* ; Vendôme 0 h 41 ; Vienne *8 h 20.*

Nota. – (1) Estimation TGV Est 2006.

☞ **Pour aller de Paris à Toulouse en 1750 :** il fallait 11 jours en malle-poste ; **1840 :** 70 h en roulant nuit et jour ; **1850 :** 31 h de train ; **1891 :** 15 h ; **1930 :** 12 h ; **1974 :** moins de 6 h ; **1995 :** 4 h 57 (via Bordeaux en TGV).

Trafic marchandises

■ **Total transporté. En millions de t :** *1938 :* 132 ; *70 :* 251 ; *75 :* 208 ; *80 :* 209 ; *85 :* 161 ; *90 :* 142,4 ; *91 :* 141,2 ; *92 :* 132,7 ; *93 :* 116,91 ; *94 :* 123,89 ; *95 :* 125,5 ; *96 :* 128,5 ; *97 :* 136,9 ; *98 :* 133,8 ; *99 :* 133,9 ; *2000 :* 141,7. **En milliards de tonnes-km :** *1938 :* 26,5 ; *60 :* 56,9 ; *65 :* 64,6 ; *70 :* 70,5 ; *75 :* 61,3 ; *80 :* 66,4 ; *85 :* 55,8 ; *90 :* 51,53 ; *91 :* 51,5 ; *92 :* 50,4 ; *93 :* 45,9 ; *94 :* 49,7 ; *95 :* 49 ; *96 :* 50,5 ; *97 :* 54,8 ; *98 :* 55,1 (dont transport combiné 13,5) ; *99 :* 54,5 ; *2000 :* 55,4.

■ **Mode de traction** (en %). *1948 :* électrique (E) 19,6, vapeur (V) 79,1, Diesel (D) 1,3. *1961 :* E 57,9, V 34,4, D 7,7 ; *1971 :* E 77,5, V 1,1, D 22,5 ; *1980 :* E 79,2, D 20,8 ; *1989 :* E 85,3, D 14,7 ; *1997 :* E 88, D 11,8.

■ **Trafic par wagons SNCF** (en milliards de t/km taxées, 2000). Transports combinés 13,77, produits de la sidérurgie 7,60, céréales, alimentation animale 5,64, produits de carrière, matériel de construction 5,26, chimiques 3,26, pétroliers 3,25, boissons 3,21, amendements et engrais 1,47, combustibles solides 1,58, véhicules, machines agricoles 2,28, minerais pour sidérurgie, ferrailles 2,63, bois, extraits tannants 1,81, produits d'épicerie 0,61, denrées périssables 0,23, papiers et cartons 1,24, autres marchandises 1,22. *Total marchandises 55,35.*

Trafic voyageurs

■ **Voyageurs transportés** (en millions). *1835* (diligence) : 5 en France ; *41* (train) : 6 ; *60 :* 37 ; *71 :* 94 ; *1901 :* 406 ; *30 :* 790 ; *38 :* 540 ; *60 :* 570 ; *65 :* 628 ; *71 :* 590 ; *75 :* 639 ; *80 :* 685 ; *85 :* 777 ; *90 :* 842,31 ; *91 :* 830 ; *92 :* 829 ; *93 :* 823 ; *94 :* 806 ; *95 :* 741 ; *96 :* 787 ; *97 :* 807,2 ; *98 :* 823 ; *2000 :* 861 (services régionaux d'Ile-de-France 547 ; réseau régional et grandes lignes 314). **Voyageurs-kilomètres** (en milliards) : *1841 :* 0,11 ; *71 :* 4,58 ; *1901 :* 12,9 ; *21 :* 25,7 ; *30 :* 29,2 ; *38 :* 22,1, (dont banlieue parisienne 3,8) ; *60 :* 32,03 (4,53) ; *70 :* 40,6 (5,8) ; *80 :* 54,7 (7,6) ; *85 :* 62,1 (8,5) ; *90 :* 63,95 ; *95 :* 55,6 (8,5) ; *96 :* 59,8 (8,9) ; *97 :* 61,9 (9) ; *98 :* 64,5 (9,1) ; *99 :* 66,6 (9,6). **Parcours moyen d'un voyageur** (en km, 2000) : réseau Ile-de-France 17,7 ; réseau régional et grandes lignes 192.

■ **Nombre de places couchées.** *1947 :* 250 000 ; *60 :* 2 370 000 ; *70 :* 5 170 000 ; *81 :* 8 810 000 ; *88 :* 7 421 000 ; *92 :* 6 555 000 ; *95 :* 4 475 000 ; *98 :* 4 500 000.

■ **Autotrains. Nombre d'autos** (en milliers) : *1960 :* 27 ; *70 :* 163 ; *80 :* 279 ; *85 :* 320 ; *94 :* (247,1) ; *97 :* 253,1.

■ **Parcours des engins moteurs** (en millions de km). *1991 :* 648,12 ; *95 :* 450 ; *98 :* 655,5 ; *99 :* 674,1.

■ **Voitures fumeurs.** 20 à 30 % (avant le 1-11-1992 : 50 %). Depuis le 31-12-1992 : au maximum 30 % des places. *TGV :* 1re classe 1 voiture, 2e classe 1 voiture.

☞ **Comparaison avec la Deutsche Bahn AG** (au 31-12-1998) : **trafic :** *fret* (en milliards de t/km) : 73,2. *Voyageurs* (en milliards) : 1,332 (61 voyageurs/km). **Recettes directes du trafic :** 59,18 milliards de F.

Gares

■ **Nombre total. Points desservis :** *en 2000 :* voyageurs 4 514, fret 1 784. **Bâtiments :** *au 31-12-1997 :* 3 850 gares (non compris les points d'arrêt voyageurs), 12,9 millions de m² couverts dont 7 % gares, 5 % halles marchandises, 50 % bâtiments de service.

■ **Gares principales Fret (GPF).** 208. Au total 1 823 d'où l'on peut expédier ou recevoir des marchandises. **Trafic global du fret** (en 2000) : 144,7 millions de t.

■ **Triages** (nombre, en 1998). 18 centres principaux. **Région parisienne :** Villeneuve-St-Georges, Le Bourget-Drancy, Achères + 1 spécialisé ; **Nord :** Tergnier-Somain, Lille ; **Est :** Woippy (Metz), Mulhouse, Hausbergen (Strasbourg) ; **Sud-Est :** Gevrey (Dijon), Sibelin (Lyon), Miramas (Marseille), Nîmes ; **Ouest :** Sotteville (Rouen) ; **Sud-Ouest :** St-Pierre-des-Corps (Tours), Hourcade (Bordeaux), St-Jory (Toulouse). **Wagons expédiés par les triages** (en 1998) : environ 17 000 par jour.

■ **Gares parisiennes. Voyageurs** (départs + arrivées, 1998). **Nombre total** (ensemble des gares réseau banlieue) : 528 millions. **Nombre moyen journalier d'entrants** (en milliers de pers., 1998) : Paris-Nord 185. Ligne C du RER (d'Austerlitz à Boulevard-Victor) 135. St-Lazare 132. Lyon 81. Est 76. Montparnasse 36.

Trains (nombre moyen par jour, 1997). **Trains de la banlieue de Paris :** Paris-St-Lazare 1 037, Paris-Nord 840, Paris-Est 477, Paris-Montparnasse 272, Paris-gare de Lyon 109, Paris-Austerlitz 61.

☞ **Banlieue :** 1 800 000 voyageurs sont transportés quotidiennement sur 1 284 km (4 937 trains, 380 gares). **Grandes lignes. Voyageurs,** en millions de voyageurs, **en 1999 :** réseau principal 301 ; TGV 75. **Gares parisiennes (en 1998) :** 89 dont Lyon 27,24 ; Montparnasse 23,3 ; Nord 11,6 ; Est 10,42 ; St-Lazare 9,43 ; Austerlitz 7,92.

☞ **Emprise des voies nouvelles :** 7 ha au km, 25 % de moins qu'une autoroute (débit bien inférieur). *Volume à remuer :* 150 000 à 200 000 m³ par km. *Rayon du virage :* 5 000 m, rampe 35 m par km (au lieu de 15 m). **Bruit perçu à 25 m au passage d'une rame :** TGV Paris-Lyon : 97 décibels ; express à 140 km/h : 92 ; TGV Atlantique : 90.

TGV (Trains à grande vitesse)

■ **TGV Sud-Est. Ligne.** Dessert 50 villes dont 5 en Suisse (60 en saison neige). Paris (Combs-la-Ville) à Lyon (Sathonay). **Construction : 1981-***22-5 : 1er tronçon* inauguré [274 km St-Florentin (Yonne) à Sathonay, et raccordements de 15 km de Pasilly à Aisy vers Dijon, et de 5 km à Pont-de-Veyle vers Bourg] en service 27-9-1981. **1983-***25-4 : 2e* (117 km Combs-la-Ville à St-Florentin) en service. Dessert Lausanne 27-1-1984 ; Toulon 3-6-1984 ; Lille-Lyon 30-9-1984 ; Grenoble 4-3-1986 ; Rouen-Lyon 26-9-1986. **1992-***déc. TGV Rhône-Alpes* section Nord inaugurée ; Sud, comprenant la construction des tunnels de Meyssiez (1 787 m) et de La Galaure (2 686 m) mise en service le 3-7-1994. **1996-***mars*/**2006** renouvellement du ballast et des aiguillages sur 430 km : Paris-Lyon en 2 h 04 min. *Coût :* 2 milliards de F. **2001** Paris-Marseille en 3 h. **Rampes maximales :** 35 ‰. **Vitesse maximale :** 270 km/h. *Distance d'accélération pour atteindre 250 km/h :* 8 730 m ; *de freinage à 250 km/h :* 2 400 m. **Terrains occupés :** 2 300 ha (dont 700 pour une bande de 5 m de large pour les télécom.). **Économie d'énergie :** 100 000 t de pétrole/an grâce au report sur le TGV de voyages aériens ou routiers. **Infrastructure nécessaire :** 185 ponts-routes, 315 ponts-rails dont 2 ouvrages d'art sur l'autoroute A 6, 10 viaducs, 7 sauts-de-mouton, 2 ponts sur de grands cours d'eau, 100 000 t de rails, 1 400 000 t de traverses, 3 300 000 t de ballast, 2 700 000 t de graves (mélange de terre sablonneuse et de cailloux) et sables, 850 km de clôtures. 2 gares nouvelles : *Le Creusot-Montceau-Montchanin* et *Mâcon-Loché* (les 2 en Saône-et-Loire). **Signalisation :** dispositif placé dans la cabine de conduite (pas de signaux lumineux le long de la ligne). Le conducteur est également relié par radio avec le poste de commandement. **Pilotage :** manuel, et surveillance électronique du conducteur (en cas de vitesse excessive, dispositifs de freinage automatique).

Rames (1re génération). **Composition :** 2 motrices pour 8 remorques. Au total, 6 bogies bimoteurs (2 par motrices et le 1er de chaque remorque attenante), 8 800 kW sous

■ **Gares dans le monde. La plus ancienne :** *Liverpool* (Manchester, G.-B.) inaugurée le 15-9-1830. *1re gare définitive mise en service :* St-Lazare (Paris) en 1841. **La plus fréquentée :** *Moscou* (gare centrale) 2 800 000 voyageurs/j [*France :* Paris-Nord, 500 000 voyageurs/j en 1998]. **Salle d'attente la plus grande :** *Pékin* (inaugurée sept. 1959) : 14 000 voyageurs. **Quai le plus long :** *Khargpur* (Inde) : 833 m.

☞ **Grand Central Station** (New York, 1913) : 19 ha, 67 voies, 2 niveaux qui mènent à la salle des Pas perdus, mesure 114 m de long pour 38 m de hauteur. *Capacité d'accueil :* 30 000 personnes. Ne dessert plus que les banlieues (180 000 voyageurs/j).

■ **Gares en France. Les plus grandes :** *gare du Nord* (Paris) 55 000 m², 26 voies, 1 700 trains par jour. *De Lyon* (Paris) 57 000 m², quais de 310 à 440 m. *Montparnasse* (Paris) agrandie 1987-89 [coût 1 milliard de F (dont 0,4 pour la dalle recouvrant les voies)], 46 millions de voyageurs en 1998. **Les plus hautes :** en voie métrique : *Bolquère* (66) : 1 592 m ; sur lignes classiques : *Porté-Puymorens* (66) : 1 562 m. **Inscrites à l'Inventaire supplémentaire des monuments historiques :** *Strasbourg :* construite de 1871 à 1883 par l'architecte allemand Jacobstahl. *Rouen :* 1912-1923, style Art nouveau, l'une des premières entièrement en béton armé habillé de pierre. *Rochefort-sur-Mer :* 1913, style Art nouveau.

■ **Vols.** Sur le réseau SNCF (en 1998) : 135 000 draps, 27 000 oreillers, 2 500 couvertures, 102 000 taies d'oreillers, 15 000 marteaux pour casser les vitres en cas d'accident (en 1990), 32 300 cendriers, 1 300 cadres supports de publicité et 300 cadres de photos, 18 600 rideaux, 875 échelles de couchettes (en 1987), 2 000 distributeurs de savon.

25 kV-50 Hz (12 000 ch.), 383 t et 200 m de long. Rames bicourant 1,5 kV continu et 25 kV-50 Hz [en 1972, on avait prévu des turbines à gaz]. **Places :** 368. **Parc :** 105 rames dont 9 tricourant pour circulation en Suisse vers Lausanne et Berne en 2000. Système articulé avec des bogies entre les véhicules.

TGV Duplex (3e génération). **Rame bicourant 25 kV/50 Hz-1,5 kV cc :** 30 rames (1re livrée début 1995, 30 en juin 1998) et 55 en option. Entre en service sur axe Paris-Sud-Est en sept. 1996. 2 motrices et 8 remorques. *Longueur* hors tout : 200,190 m. *Largeur* maximale : 2,896 m. *Hauteur* sous plafond : 1,94 m. *Sièges* : 14 kg, faits en magnésium au lieu d'acier. *Entre-axe* des pivots des motrices : 14 m, des remorques : 18,70 m. *Empattement* des bogies : 3 m. *Roues* neuves (essieux moteurs) diamètre : 0,92 m ; (porteurs) : 0,91 m. *Masse* totale en ordre de marche : 380 t, en charge normale : 424 t, adhérente : 135,620 t. *Capacité :* 547 places assises (1re cl. 199, 2e cl. 348). *Vitesse commerciale* : 300 km/h. *Moteurs de traction* : 8 ; puissance unitaire : 1 100 kW ; aux arbres des moteurs de traction sous 25 kV : 8 800 kW, sous 1,5 kV : 3 680 kW. *Bogies* moteurs : 4 ; porteurs : 9. L'évolution de la conception des structures permet d'améliorer le confort, de réduire le bruit, de renforcer la sécurité passive. **Coût** (hors taxe, en milliards de F, 1984). **Construction** (infrastructure et superstructure) : 7,85 (8,5 avec terrains) ; **rames TGV :** 5,3 (moins le coût d'acquisition évité du matériel classique auquel elles se substituent : 1,85). *Coût d'une rame :* 0,33 en 1981, 0,85 en 1998. **Trafic. Nombre d'allers/retours** (par jour ordinaire depuis Paris, exemples) : Lyon 30, Marseille 13, Dijon 24, Montpellier 9, Grenoble 7, Genève 8, Chambéry 6, Nice et Turin/Milan 3. **Voyageurs transportés** (en millions) : *1982 :* 6,88 ; *83 :* 9,2 ; *84 :* 13,77 ; *85 :* 15,38 ; *86 :* 15,58 ; *87 :* 16,97 ; *88 :* 18,11 ; *89 :* 19 ; *92 :* 19,1 ; *93 :* 18,3 ; *96 :* 21,3 ; *97 :* 21,7 ; *99 :* 22,8 ; *2000 :* 24,3. **Km parcourus :** 960 millions en 1994.

Incidents. 1984-*22-5* déboulonnage de 55 m de rails à Montlay-en-Auxois (Côte-d'Or). **1990**-*22-4* une trentaine de personnes attaquent une rame (vide) qui venait de quitter la gare St-Charles de Marseille, après l'avoir stoppée avec des blocs de béton. **1995**-*13-8* incendie (pour protester contre les essais nucléaires) en gare de Berne (motrice et remorques endommagées). *Coût :* 4 millions de F. *-26-8* bombe découverte à Cailloux-sur-Fontaine (15 km de Lyon). **1997**-*11-10* incendie sur une motrice.

■ **TGV Atlantique. Ligne.** Dessert 56 villes. **Longueur prévue :** 280 km avec tronc commun de 124 km de Paris-Montparnasse à Courtalain, et 2 branches : *Ouest* de 52 km jusqu'à Connerré-Beillé, avant Le Mans, pour desservir la Bretagne (mise en service 24-9-1989) ; *Sud-Ouest* de 104 km jusqu'à Monts, au sud de Tours, pour desservir l'Aquitaine (mise en service 30-9-1990). Création d'une coulée verte en banlieue de Paris, construction de gares nouvelles à *Vendôme* et à *Massy*. **Construction : 1975-77** 1res études. **1984**-*26-5* déclaré d'utilité publique. **1985**-*15-2* ouverture officielle des travaux. **1988**-*14-4* livraison de la 1re rame. **1989**-*24-9* ouverture *TGV 8608 :* Le Mans-Paris en 54 min (1er train de voyageurs commercial à dépasser 300 km/h). **1990**-*30-9* branche Aquitaine ouverte. **Rampes maximales :** 25 ‰. **Vitesse maximale de croisière :** 300 km/h. **Rames** (2e génération). Bleu et blanc argent, parc 105 rames, long. 237,6 m, poids 490 t, (coût 90 millions de F). 2 *motrices* encadrant 10 *remorques*. 4 *moteurs* synchrones par motrice (bicourant 1,5 kV continu et 25 kW, 50 Hz) développant 8 800 kW (12 000 ch.). *Places :* 485 (3 voitures de 1re classe 116 places, 6 de 2e classe 369 places). **Coût.** 10,8 milliards de F [*installations fixes* 8, *rames* (en 1995) 7], amortis en moins de 10 ans. **Trafic. Nombre d'allers/retours** (par jour ordinaire depuis Paris, exemples) : Bordeaux 25, Nantes 20, Rennes 18, Toulouse 13, Hendaye 9, La Rochelle 8, Tarbes 5. **Voyageurs transportés** (en millions) : *1990 :* 11,2 ; *91 :* 19 ; *92 :* 20,7 ; *96 :* 21,3 ; *97 :* 21,7 ; *99 :* 24.

■ **TGV Nord-Europe. Ligne. 1974**-*9-10* tracé établi. **1987**-*9-10* tracé arrêté. **1993**-*18-5* inaugurée : 333 km, passe à 40 km d'Amiens. *-23-5* TGV Nord-Europe mis en service jusqu'à Arras, par ligne classique, pour assurer la desserte de Lille-Flandres (en 1 h 20), et des principales villes du Nord. *-26-9* les 320 km de Paris au tunnel sous la Manche sont ouverts à la clientèle, joignant Paris à Lille en 1 h. **1994**-*29-5* TGV jonction (avec le TGV Sud-Est) mis en service. **Incidents. 1993**-*21-12* affaissement de la plate-forme sur une zone de 607 m, entraînant à 294 km/h le déraillement des 4 dernières remorques d'une rame TGV (qui ne quitte pas la plate-forme). **Rames bicourant 25 kV/50 Hz 1,5 kV cc :** 2 motrices et 8 remorques. *Longueur* hors tout : 200,19 m. *Largeur* maximale des caisses : 2,904 m. *Entre-axe* des pivots des motrices : 14 m ; des remorques : 18,70 m. *Empattement* des bogies : 3 m. *Roues* diamètre : 0,92 m. *Masse* totale en ordre de marche : 383 t ; en charge normale : 416 t ; adhérente : 135 t. *Capacité :* 377 places assises (1re cl. 120, 2e cl. 257 + 15 strapontins). *Vitesse commerciale maximale :* 300 km/h. *Moteurs de traction :* 8 ; puissance aux arbres sous 25 kV : 8 800 kW, sous 1,5 kV : 3 680 kW, puissance unitaire des moteurs de traction : 1 100 kW. *Bogies* moteurs : 4 ; porteurs : 9. *Parc* (au 31-12-2000) : 89 rames (dont 49 bicourant, 30 tricourant, 10 PBA tricourant 3 kV cc). **Coût. Une rame :** 95 millions de F en 1995. **Trafic. Nombre d'allers/retours** (par jour ordinaire depuis Paris) : Lille 28, Arras 13, Douai 9, Calais 8, Dunkerque, Valenciennes et Hazebrouck 7, Boulogne, Cambrai et St-Omer 1. **Voyageurs transportés** (en millions) : *1993 :* 2,1 ; *96 :* 4,2 ; *97 :* 4,5 ; *2000 :* 6,16.

■ **Eurostar.** Mis en service 1994. *Paris-Londres :* 3 h ; *Calais-Folkestone :* 35 min. En 2007, *Folkstone-Londres* sera à grande vitesse. *Vitesse* commerciale maximale 300 km/h. *Navettes* 2 à 4 par heure. **Rame tricourant 25 kV/50 Hz-3 kV cc – 750 V cc :** 2 motrices et 18 voitures dont 2 de bars, 6 de 1re cl., 10 de 2e cl. *Longueur* hors tout : 393,72 m. *Largeur* maximale : 2,814 m. *Entre-axe* des pivots des motrices : 14 m ; des remorques : 18,70. *Empattement* des bogies : 3 m. *Roues* diamètre : 0,92 m. *Masse* totale en ordre de marche : 752,4 t ; en charge normale : 816 t ; adhérente : 204 t. *Capacité :* 794 places assises (1re cl. 210, 2e cl. 584 + 52 strapontins). *Moteurs de traction :* 12 ; puissance unitaire : 1 020 kW ; aux jantes des moteurs de traction sous 25 kV : 12 200 kW, sous 3 kV : 5 700 kW, sous 0,675 kV : 3 400 kW. *Bogies* moteurs : 6 ; porteurs : 18. **Nombre de rames :** 16 en 2000. **Coût** (par rame) : 210 millions de F en 1997. **Trafic.** Nombre d'allers/retours (par jour ordinaire) : Paris-Londres 17, Londres-Bruxelles 10. **Chiffre d'affaires** (en 2000) : 667 millions d'euros.

■ **TGV Thalys PBKA (Paris-Bruxelles-Cologne-Amsterdam).** *2-6-1996 :* 1re desserte Paris-Bruxelles-Amsterdam. Paris-Bruxelles inauguré 10-12-1997, ligne à grande vitesse ouverte le 14-12. **Durée** Bruxelles-Amsterdam 2 h 39, Cologne 2 h 32, Paris 1 h 25, Roissy 1 h 15. *Vitesse* commerciale 300 km/h. **Rame** rouge quadricourant 25 kV/50 Hz, 1,5 kV cc, 3 kV cc, 15 kV/16 ⅔ Hz : 2 motrices et 8 voitures. *Longueur* hors tout : 200,19 m. *Largeur* maximale des caisses : 2,904 m. *Entre-axe* des pivots des motrices : 14 m, des remorques : 18,70 m. *Empattement* des bogies : 3 m. *Roues* diamètre : 0,92 m. *Masse* totale en ordre de marche : 383 t ; en charge normale : 415 t. *Capacité* : 377 places (confort *1* : 120, confort *2* : 257). *Moteurs* : synchrones autopilotés d'une puissance unitaire de 1 100 kW. *Nombre de rames* (en 2000) : 16 dont Thallys PBA 10, Thalys PBKA 6. **Coût** (en milliards de F) : 90 (All. 24, France 16, Belg. 12, P.-Bas 4,6, ligne entre le tunnel et Londres 35) ; **d'une rame** (en 1997) : 0,21. **Trafic** (en millions de passagers) : *1997 :* 2,95 ; *98 :* 4,7 ; *99 :* 4,6 ; *2000 :* 5,05. **Nombre d'allers/retours** (par jour ordinaire depuis Paris) : Bruxelles 26, Liège et Cologne 7, Amsterdam 4, Mons 2, Namur-Ostende 1.

■ **TGV Méditerranée. 1992**-*8-10* lancement de l'enquête d'utilité publique. **1994**-*2-6* déclaré d'utilité publique. **1995**-*25-9* début des travaux dans la banlieue de Marseille. **1999**-3-6 pose du 1er rail. **2000**-*8-6* mise en service. **Coût total :** 24,2 milliards de F dont 90 % SNCF et RFF et 10 % État. La défense de l'environnement a engendré des surcoûts de 15 et 20 % (3,5 et 5 milliards de F) : rectifications de tracés, tunnels, tranchées ouvertes, protection phonique, études et réalisations paysagères, achat de maisons à 150 m de l'emprise de la voie. *Longueur :* 250 km. 17 km de viaducs, 13 km de souterrains et tunnels, 481 ouvrages d'art. *3 gares nouvelles : Valence TGV, Avignon TGV, Aix-en-Provence TGV.*

Meilleurs temps de parcours au départ de Paris (et nombre de fréquences/j) **en juin 2001 :** Aix-en-Pr. 2 h 55 (7), Arles 3 h 46 (2), Avignon 2 h 38 (16), Béziers 3 h 57 (3), Marseille 3 h (16), Miramas 4 h 05 (2), Montélimar 2 h 41 (4), Montpellier 3 h 15 (11), Nice 5 h 33 (6), Nîmes 2 h 51 (9), Orange 3 h 08 (2), Perpignan 4 h 45 (3), Valence 2 h 11 (13). **1er bilan d'exploitation du TGV Méditerranée** (4 semaines) : *trafic* + 40 % (sur la même époque en 2000). *Retards :* sur 8 600 TGV, 76 % arrivés à l'heure (maximum de 10 min de retard). 40 % des retards sont dus à des causes externes (chevreuils, manifestations, feux de talus, suicides, rave-party le 8-7-2001). *Coût des retards :* 5 à 6 millions de F pour remboursements. [Selon le Comuta (comité des usagers du transport aérien), 65 % des avions n'arrivent pas à l'heure et ont un retard moyen de 45 min].

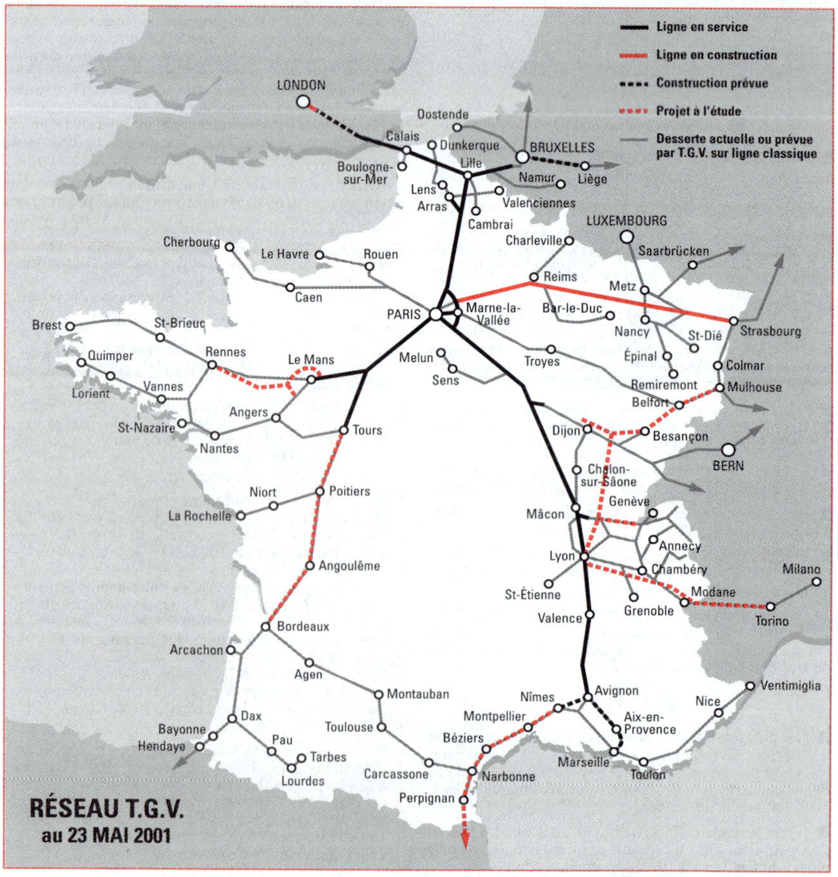

Projets

■ **Aquitaine.** Tours-Bordeaux (315 km) via Poitiers et Angoulême. Projet lancé officiellement en 1994 (autorisation gouvernementale du 13-1-1994), études d'APS sur Angoulême-Bordeaux, 1re phase choisie courant 2001. **Bretagne-Pays de la Loire.** Le Mans-Rennes et Sablé 200 km (décision ministérielle 2-4-2001). Paris-Rennes 1 h 23 (-Nantes 1 h 40). **Est.** Paris-Strasbourg. Interconnexions à Reims, Metz et Strasbourg et avec réseaux sarrois, allemands, suisses et luxembourgeois [Paris-Strasbourg 1 h 50 (3 h 48)]. (André Zeller, député-maire de Saverne, prône un TGV pendulaire : Paris-Strasbourg en 2 h 35 à 230 km/h.) **1994**-*16-9* enquête publique lancée. (*28-6-1995* avis favorable). **1996**-*14-5* déclaré d'utilité publique. **1999**-29-1 accord sur le tracé et financement d'une 1re phase de 320 km entre Vaire et Baudrecourt ; commercialisation en 2006. **2000**-*5-5* début des travaux Lunéville-St-Dié. *Ligne :* 320 km Vaires-sur-Marne (22 km de Paris), Baudrecourt (Lorraine) ; nouveau matériel. *Vitesse max. :* 320 km/h. Paris-Francfort 3 h 55 (en 1999 : 6 h), -Munich 5 h 30 (8 h 20), -Zurich 4 h 25 (5 h 55), -Luxembourg 2 h 15 (3 h 55), -Strasbourg 2 h 19 en 2000 (4 h). Nécessite 3 nouvelles gares en France. **Languedoc-Roussillon.** Partie française du projet Montpellier-Barcelone 212 km entre Montpellier et Perthus (frontière espagnole) ; enquête publique terminée en nov. 2000. **Liaison transalpine Lyon-Sillon alpin** (261 km) avec tunnel (54 km) entre St-Jean-de-Maurienne et Russoleno (Turin-Lyon 1 h 25). Partie française du projet : 80 km. **Rhin-Rhône.** Relierait Bourgogne, Franche-Comté et sud de l'Alsace aux réseaux suisses et allemands et à Paris. *Branche est* (190 km) Dijon-Mulhouse : décret d'utilité publique attendu fin 2001 ; sud (140 km) Dijon-Lyon *traversée de Dijon.*

☞ **Échecs à l'exportation :** *Texas* (1994). *Floride* (1999). *Australie* (2001) : ligne Sydney-Canberra (20 milliards de F pour 290 km de voies et 9 rames). *Taïwan :* choisit le Shinkansen. **Handicap du TGV :** coût des infrastructures nouvelles qu'il nécessite. Altrom mise donc sur les systèmes pendulaires qui circulent sur les voies classiques. A pris le contrôle de Fiat Ferroviaire en 2000 (spécialiste européen du pendulaire).

Statistiques

■ **Transport annuel des axes de TGV** (en millions de voyageurs). **Avant le TGV :** Atlantique 15,5 (1980), Sud-Est 12 (1980), Nord 11, Est 8,5 (dont militaires du contingent 1,6). **Avec le TGV :** total *1997 :* 63 ; *98 :* 71 ; *99 :* 74,2 ; *2000 :* 80.

■ **Parc TGV de la SNCF** (en 2000). Rames TGV 354 (dont Sud-Est 105, Atlantique 105, Réseau 89, Duplex 30, Eurostar 16, TGV postal 3).

■ **Nombre de km de lignes du parcours TGV. Lignes grande vitesse (LGV) et lignes anciennes :** *1989 :* 3 600 ; *90 :* 4 700 ; *91 :* 5 119 (dont LGV 735) ; *96 :* 6 133 (dont LGV 1 281) ; *97 :* 6 678 ; *98 :* 6 686 (dont LGV 1 281) ; *99 :* 6 655 (dont LGV 1 281) ; *2001 :* 6 655 (dont LGV 1 530).

■ **Comparaisons au départ de Paris. Durée du trajet** (centre à centre, en 2001). **En avion,** entre parenthèses **en TGV et,** en italique, **en voiture :** Bordeaux 2 h 55 (2 h 55) *6 h.* Brest 2 h 45 (4 h) *6 h 45.* Genève 3 h 15 (3 h 30) *6 h 10.* Grenoble 3 h 10 (3 h) *6 h.* Lyon 3 h 10 (2 h) *4 h 50.* Marseille 3 h 10 (3 h) *8 h.* Montpellier 2 h 50 (3 h 15) *8 h 55.* Nantes 2 h 50 (2 h) *4 h 10.* Nice 3 h 05 (5 h 40) *9 h 30.* Rennes 2 h 45 (2 h) *3 h 45.* St-Étienne 2 h 50 (2 h 48) *5 h 35.* Toulouse 3 h 15 (5 h) *8 h 25.*

■ **Prix** (en F, juin 2001). *Avion* [durée (prix en F Résa à - 14 j/veille A/R journée)]/*train* [durée (prix 2e classe période normale/de pointe)] : **Paris-Bordeaux** *A* 1 h 05 (611/1 072)/*T* 3 h (359/412) ; **-Lyon** *A* 1 h (631/1 092)/*T* 1 h 55 (324/410) ; **-Marseille** *A* 1 h 15 (732/1 131)/*T* 3 h (406/496) ; **-Nantes** *A* 1 h 15 (614/1 147)/*T* 2 h 10 (299/372) ; **-Strasbourg** *A* 1 h(551/1 042)/*T* 4 h(170/236).

☞ **Relations TGV directes province-province :** nombre d'allers/retours pour un jour ordinaire : Lille-Marseille 6, Lyon-Lille 8, Lyon-Rennes/Nantes 6, Lyon-Rouen 1.

ACCIDENTS

☞ Voir le chapitre **Transports divers.**

ORGANISATION DES CHEMINS DE FER FRANÇAIS

ORIGINE DES COMPAGNIES

Les 1res Cies de chemins de fer étaient privées et assuraient la construction et l'exploitation des lignes. **1823**-*26-2* Compagnie du chemin de fer de St-Étienne à la Loire. **1838** Compagnie d'Orléans. **1842** une loi confie à l'État l'infrastructure et laisse à des compagnies fermières la superstructure, le matériel et l'exploitation, dans certaines conditions déterminées. **1845** Compagnie du Nord et de l'Est. Loi sur la police des chemins de fer. **1849** fusion de 28 compagnies en 6 : Est, Nord, Paris-Orléans, Paris-Lyon-Méditerranée (PLM), Midi, Ouest. **1857** PLM, fusion des compagnies de Paris à Lyon, de Lyon à la Méditerranée, de Lyon à Genève, du Dauphiné et d'une partie du Grand Central (concession pour 99 ans). **1863** conventions fixant une nouvelle répartition des lignes entre l'ancien et le nouveau réseau, à la suite de la création de nombreuses lignes. **1875-83** l'État crée un *réseau d'État* (en 1878) en rachetant 2 600 km de lignes à des compagnies défaillantes. **1879** loi du 17-7-1879 : *plan Freycinet* tendant à la création de 17 000 km de lignes d'intérêt général. **1883** conventions entre État et sociétés précisant les conditions financières Freycinet. **1909**-*1-1* l'État devient propriétaire du réseau de l'Ouest. **1921** création du Fonds commun pour équilibrer le déficit de certains réseaux. **1938**-*1-1 création de la SNCF* (Société nationale des chemins de fer français). Idées directrices : fusionner les réseaux en un réseau unique qui sera placé sous tutelle de l'État et fera l'objet d'une gestion « industrielle » afin d'équilibrer recettes et dépenses.

SNCF

■ **Naissance.** Les « droits d'exploiter » et, éventuellement, de construire des chemins de fer, antérieurement détenus par les 5 grandes Cies concessionnaires (Nord, Est, Paris-Orléans, Paris-Lyon-Méditerranée et Midi) et 2 réseaux d'État (Ouest et Alsace-Lorraine) furent confiés par convention et décret-loi du 31-8-1937 à une entreprise unique, la SNCF, pour 45 ans (1-1-1938 au 31-12-1982).

■ **Ancienne organisation.** Société d'économie mixte, société anonyme par actions avec capital réparti entre État (51 %) et anciennes compagnies concessionnaires (49 %). **Conseil d'administration :** 10 représentants de l'État dont Pt et 1er vice-Pt, 3 des actionnaires privés (ayants droit des anciennes compagnies, dont un 2e vice-Pt) et 5 du personnel, désignés sur proposition des organisations syndicales. **Direction :** sous l'égide du Pt, 1 directeur général assisté de 3 directeurs généraux adjoints, 1 secrétaire général et 1 secrétaire général adjoint.

■ **Nouvelle organisation.** Depuis la loi d'orientation des transports intérieurs du 30-12-1982, un établissement public industriel et commercial conservant la dénomination SNCF a succédé à la Société.

1996-*22-5* holding SNCF International créé. *-11-6* le patrimoine ferroviaire (dont la voirie), foncier et immobilier, est confié à un établissement public d'État, le Réseau ferré de France (RFF), qui bénéficie d'une subvention de 10 milliards de F par an ; reprend la gestion de l'infrastructure à la SNCF, exploitant ferroviaire, et reprend la majeure partie de la dette de la SNCF. Voir p. 1890 a.

Conseil d'administration : nommé pour 5 ans ; 18 membres, dont le Pt et 6 représentants de l'État nommés par décret, 6 représentants du personnel dont 5 élus directement par les salariés de l'entreprise et de ses filiales et 1 désigné au suffrage indirect par les représentants des cadres, 5 membres choisis en raison de leur compétence, nommés par décret, dont 2 représentants des usagers voyageurs et marchandises.

Pt : désigné pour 5 ans par les pouvoirs publics parmi les administrateurs sur proposition du conseil ; est assisté d'un directeur général nommé par décret en Conseil des ministres, sur sa proposition et après avis du conseil d'administration ; 5 directeurs adjoints entourent le directeur général. **1994**-*7-5* Jean Bergougnoux (né 15-10-1939). **1995**-*20-12* Loïk Le Floch-Prigent (né 1944, démissionnera à la suite de sa mise en examen, écroué le 4-7-1996). **1996**-*24-7* Louis Gallois (né 26-1-1944).

■ **Contrôle technique, économique et financier de l'État.** Le min. chargé des Transports nomme auprès de la SNCF un *commissaire du gouvernement* (assisté d'un adjoint) qui siège au conseil avec voix consultative, ainsi qu'un chef de la mission de contrôle économique et financier des Transports (depuis 1949), fonctionnant sous l'autorité et pour le compte du ou des ministre(s) chargé(s) de l'Économie et du Budget.

■ **Contrat de plan État-SNCF.** Signé janvier 1990, fixe pour objectif à la SNCF l'équilibre annuel de ses comptes. En contrepartie de l'annulation partielle de sa dette, la SNCF s'est engagée à investir 796,6 millions de F, dont 43,5 pour les futurs TGV, auxquels s'ajoutent plus de 10 milliards pour la banlieue parisienne. Elle devra financer 34 % de ses investissements, sans tomber au-dessous de 20 % au cours de ses différents exercices. **1995** l'avant-projet du contrat de plan prévoit un rachat de la dette de 25 milliards de F au 1-1-1996, 12 au 31-12 en fonction des résultats obtenus. Une grève entraîne la fin du contrat de plan. **1996**-*nov.* pacte de modernisation signé avec l'État.

Grèves (en nombre de jours) : *1953-août :* 19 ; *1968-mai :* 21 ; *18-12-1986/15-1-1987 :* 29 ; *1991-juin :* 10 ; *1993-mai :* 3 ; *1995-23-11/18-12 :* 24 (contre le contrat de plan 1995-99). *1998-27-11/11-12 :* 16. **Nombre de jours de grève × par nombre de grévistes :** *1994 :* 93 815, *1995 :* 1 054 920, *1996 :* 96 867, *1997 :* 124 259, *1998 :* 180 431, *1999 :* 53 779, *2000 :* 85 094.

■ **Données financières avant 1996** (en milliards de F). **Budget :** *1985 :* 73,1 ; *86 :* 75,1 ; *87 :* 76,4 ; *88 :* 77,8 ; *89 :* 80,6 ; *91 :* 85,4 ; *92 :* 91,9 ; *93 :* 97 ; *94 :* 98,2 ; *95 :* 103,9. **Produits :** *1985 :* 68,6 ; *86 :* 71,2 ; *87 :* 75,4 ; *88 :* 77,3 ; *89 :* 80,6 ; *91 :* 85,5 ; *92 :* 81,4 ; *93 :* 78,8 ; *94 :* 80 ; *95 :* 87,3. **Endettement** (à long terme, en fin d'année) : *1985 :* 76,4 ; *89 :* 96,1 ; *90 :* 104,1 ; *91 :* 119,9 (dont service annexe d'amortissement 36,1) ; *92 :* 141,4 (35,5) ; *93 :* 171,4 (34,4) ; *94 :* 188,8 (32,9) ; *95 :* 208 (31). **Charge nette de la dette :** *1990 :* 9,7 (dont imputable aux investissements 5,2, au déficit 4,6) ; *95 (prév.) :* 14,5 (9,9 et 4,6). *En 1990 :* l'État a accepté d'annuler 38 milliards (les emprunts à long terme contractés par la SNCF depuis 10 ans pour payer les déficits). **Chiffre d'affaires** (hors taxe) : *1990 :* 53,1 ; *91 :* 53,6 ; *92 :* 55,4 ; *93 :* 52,9 ; *94 :* 54,1 ; *95 :* 51,9. **Résultats :** *1983 :* – 9,28 ; *84 :* – 6,32 ; *85 :* – 4,46 ; *86 :* – 3,99 ; *87 :* – 1,5 ; *88 :* – 0,86 ; *89 :* – 1,22 ; *90 :* – *0,25* ; *91 :* – 2,73 ; *92 :* – 4,78 ; *93 :* – 7,7 ; *94 :* – 8,18 ; *95 :* – 16,58.

■ **Donnée financières** (en milliards de F). **Résultat net :** *1996 :* – 15,17 ; *97 :* – 0,959 ; *98 :* – 0,649 ; *99 :* – 0,568 ; *2000 :* – 0,111. **Chiffre d'affaires :** *1996 :* 54,9 ; *97 :* 77,2 ; *98 :* 77,06 ; *99 :* 92,6 (chiffres pro forma) ; *2000 :* 94,1. **Résultat d'exploitation :** *1996 :* – 16,2 ; *97 :* – 0,08. *98 :* + 0,04 ; *99 :* + 0,56 ; *2000 :* + 0,66. **Endettement :** *97 :* 49,97 ; *98 :* 50,66 ; *99 :* 47,56 ; *2000 :* 42,56. **En 1999.** *Charges* (hors TVA) 118,51 dont frais de personnel 46 ; charges financières 14,3 ; autres dépenses 58,2. *Produits* (hors TVA) 117,9 ; du trafic y compris compensations tarifaires voyageurs et bagages 38,8 ; marchandises, Sernam et Poste 16,2 ; versements d'État et collectivités 9,5 ; autres recettes (inclut rémunération liée à la maintenance du réseau et aux travaux effectués pour le compte de RFF) 53,5.

Pertes (en millions de F) estimées au 17-5-2001 : 1 062. *Raisons :* lancement du TGV Méditerranée 500, grèves d'avril et mouvement social 812, fret 450, trains grandes lignes 248, réseau Ile-de-France 72, TER 42, mesures concédées aux syndicats 335 dont pour accélérer embauches déjà planifiées et créer 1 000 postes supplémentaires 235, hausse générale des salaires (1,2 %) 100.

■ **Recettes commerciales.** Vente de billets et des abonnements aux voyageurs, facturations de transports de marchandises, activités annexes (locations de matériel, concessions commerciales, emplacements publicitaires, droits d'utilisation des infrastructures pour les télécommunications, production d'électricité, etc.), c'est-à-dire tout ce qui relève du secteur marchand (même si les clients appartiennent aux administrations), à l'exclusion de toute subvention, et y compris les recettes du Service national de messagerie (Sernam) et du transport du courrier postal. Toutefois, en Ile-de-France la « carte orange » est remboursée pour moitié par les employeurs, ce qui correspond à une subvention d'environ 0,8 milliards de F au réseau banlieue SNCF (sur 2,7 milliards de F de remboursement de carte orange au total). **Montant** (en 1998) : 53 milliards de F (46 milliards de F hors Sernam).

■ **Dette de la SNCF. Allégée** de 200 milliards de F depuis 1991 (38 repris, sur 106 dus à fin 1990, par le *Service annexe d'amortissement de la dette de la SNCF,* créé en 1991 et financé par l'État, 134,2 repris en 1997 par l'établissement public *Réseau ferré de France* et 28,3 repris en 1997 par le Service annexe d'amortissement). **Nouvelles mesures** prévues en 1999 et 2000 en faveur de la SNCF et du RFF : dotations en capital, aides à l'investissement, nouveaux transferts au Service annexe d'amortissement, pour compenser l'augmentation des péages versés par la SNCF à RFF et les nouveaux investissements. **Endettement total, fin 1999,** des 3 entités (SNCF, RFF, Service annexe d'amortissement) : environ 253 milliards de F.

■ **Concours financiers publics à la SNCF** (en milliards de F, 1999). **Dépenses :** 112 dont exploitation 75, frais financiers 16, investissements 20. **Recettes commerciales :** 54. **Déficit :** environ 58 milliards de F dont la couverture est assurée pour l'essentiel par les finances publiques, c'est-à-dire par les impôts nationaux ou locaux. *Montants approximatifs actuels* (en milliards de F) : contribution aux charges d'infrastructures 12, service d'amortissement de la dette 5, contribution à l'exploitation des services régionaux 5, indemnités compensatrices 1, compensations pour tarifs sociaux 2, réductions tarifaires, taxe d'aménagement du territoire (au titre du FITTVN) 2, dotations en capital, subventions d'équipement, versement transport en Ile-de-France, aide au transport combiné 0,5, prise en charge du déficit résiduel 15. Une contribution aux charges de retraite de la SNCF (environ 350 000 retraités ou ayants droit) est versée par l'État (14) et d'autres régimes de Sécurité sociale (5). Autres avantages financiers : TVA au taux minoré de 5,5 % pour transports de voyageurs ; taxation réduite du gazole ferroviaire ; TVA déductible sur les investissements en infrastructures.

■ **Investissements** (en milliards de F). *1987 :* 9,9 ; *88 :* 11,3 ; *90 :* 18,7 ; *91 :* 22,4 ; *92 :* 23,8 ; *93 :* 18,2 ; *94 :* 16,7 ; *95 :* 17,4 (dont TGV 4,9, réseau classique 7,8, Ile-de-France 4,7) ; *96 :* 18,9 (dont TGV 7,3, réseau classique 7,1, Ile-de-France 4,5) ; *97 :* 8,49 (dont réseau principal 5,72 ; Ile-de-France 2,8) ; *98 :* 18 dont réseau classique 7,9 (5,49 ; 2,41) ; *2000 :* 6,63 dont réseau principal 5,36, classique 3,875, IDF 1,17.

Parc de matériel (en 2001). **Matériel moteur :** *locomotives* électriques 2 000, Diesel 1 752. *Éléments moteur des TGV* rames type Sud-Est 105, Atlantique 105, Réseau 89, Transmanche 16, Duplex 30, Thalys PBKA 6. *Éléments automoteurs* automotrices électriques 1 008, autorails 768. **Matériel à voyageurs :** total voitures 7 249, total éléments automoteurs 8 052. **Matériel fret :** wagons réseaux 46 359, de particuliers 64 613.

■ **Nombre d'agents** (au 31-12). *1939 :* 500 000 ; *72 :* 285 760 ; *75 :* 276 600 ; *80 :* 251 680 ; *85 :* 238 780 ; *90 :* 201 148 ; *95 :* 179 193 ; *96 :* 175 598 ; *97 :* 174 270 dont cadres permanents 167 400 (dont cadres à temps partiel 4 683), contractuels 2 858 ; *98 :* 173 400 [62 000 sont considérés comme affectés à la gestion de l'infrastructure et 112 000 au transport proprement dit (18 000 agents de conduite, 9 000 contrôleurs et 85 000 sédentaires)] ; *99 :* 178 893 dont agents permanents 168 292, contractuels 10 601 ; *2000 :* 181 011. **Unités kilométriques équivalentes par agent :** *1980 :* 575 ; *90 :* 717 ; *91 :* 719 ; *92 :* 734 ; *93 :* 704 ; *94 :* 746 ; *96 :* 760. **Age moyen des cheminots** (permanents) : *1990 :* 38,48 ans ; *95 :* 40,25 ; *98 :* 41,08.

Charges de retraites [*Source :* ministère]. **Effectifs moyens des retraités et,** entre parenthèses, **des cotisants** (en milliers) : *2001 (1-1) :* 324 915 (178 431). **Montants des pensions et,** entre parenthèses, **des cotisations** (en milliards de F) : *1996 :* 27,2 (8,9) ; *97 :* 27,9 (9,4) ; *99 :* 28 (9,2) ; *2000 :* 28 (9,4).

■ **Élections des délégués du personnel en 2000 (et en 1998)** (en %). **Ensemble des collèges :** CGT 42,01 (48,56), CFDT 19,03 (19,89), Unsa 11,31 (10,43), Sud Rail 10,7 (6,55), FO 6,15 (5,2), CFTC 5,32 (5,08), Fgaac 3,96 (3,09), CFE-CGC 1,22 (1,01), divers 0,3 (0,19). **Agents de conduite :** CGT 33,74 (46), Fgaac 36,89 (29,3), Sud Rail 14,96 (10,58), CFDT 8,92 (10,54), FO 3,86 (2,22), CFTC 0,98 (1,34), Unsa 0,65.

■ **Sécurité. Actes de malveillance :** *1998 :* 23 597 (dont signal d'alarme 53 %) ; *99 :* 24 829. **Atteintes aux personnes :** *Passagers 1998 :* 2 150 ; *99 :* 2 599. *Agents 1998 :* 1 211 ; *99 :* 1 258. **Nombre d'agents de surveillance :** 1 670.

■ **Les 6 engagements de la SNCF (juin 1996). Réception du billet à domicile** *sans frais supplémentaires* à partir d'un montant de 100 F ; **mise en place des trains verts** circulant soit en contrepointe soit en heures creuses et offrant une réduction de 15 % sur le plein tarif 1re et 2e classe ; **horaire garanti** *à partir du 1-9-1996* : bon de voyage équivalant

■ **Mesures prises en cas de grève : Allemagne :** Cie ferroviaire Deutsche Bahn : 35 % du personnel fonctionnarisé depuis 1997 ne peut faire grève. Pour le reste le droit de grève est soumis à l'observation du « devoir de paix sociale ». Dernier conflit en 1991-92. **Autriche :** en 2000, grève de 30 min, service minimum toujours assuré. **Belgique :** si préavis déposé à temps et dans les règles, aucun service minimum. En principe, les syndicats respectent la clientèle et font grève la nuit. **G.-B. :** grèves très rares. Grèves surprises interdites. Chemins de fer privatisés. **P.-Bas :** rare. Service minimum pas obligatoire. **Scandinavie :** grèves surprises interdites. Au Danemark, pas de grève depuis des années. **Espagne, Italie, Grèce et Portugal :** service minimum prévu par la loi. **Italie :** grève interdite lors des vacances. Préfet ou gouvernement peut imposer le report d'une grève. Service minimum télévision publique, services d'urgences des hôpitaux, liaisons ferroviaires internationales et de longue distance. La Constitution oblige avions et ferries à maintenir les liaisons avec les îles.

à 25 % du billet pour 30 minutes de retard, 50 % pour 1 heure (en juin 1996, 60 millions de F remboursés à 500 000 voyageurs retardés) ; **information disponible :** à partir du 1-7-1996, tout voyageur d'un train arrêté en ligne devra être informé au bout de 5 minutes ; **gares confortables ; meilleures liaisons :** améliorations des fréquences, temps de parcours et correspondances.

☞ **Argument en faveur du rail :** pour payer ses investissements, la SNCF doit emprunter. L'État, son unique actionnaire, peut, pour certains investissements d'infrastructure, lui accorder son aide. Pourtant le rapport Bouladon de l'OCDE estime que le rail est rentable, la route déficitaire.

☞ Les contribuables versent 800 000 F de subventions par an et par employé : avantages sociaux (comité d'entreprise, maison de vacances, etc.) ; compléments aux prélèvements sociaux « allégés » ; cotisations retraite non couvertes par les bénéficiaires. *Durée de travail annuel* environ 1 100 h (1 600 h dans le privé) ; *départ en retraite à taux plein* à 53 ans en moyenne (65 dans le privé) ; *pensions* calculées sur la base de la meilleure année (moyenne des 15 dernières dans le privé). *Coût* horaire de l'heure travaillée à 160 F (130 F dans le privé).

Réseau ferré de France (RFF)

■ **Établissement public à caractère économique et commercial. Créé** le 13-2-1997. *Mise en place :* le 1-1-1997. **Pt :** Claude Martinaud depuis 1977. **Missions :** gérer et développer le réseau des voies ferrées ; a pris à sa charge (en 1997) 134,4 milliards de F de la dette de la SNCF. **Comptes** (en milliards de F, 2000) : *produits :* contribution de l'État aux charges d'infrastructure 10,7, vente d'électricité 1,1, péages 9,9, autres produits 1 ; *charges :* gestion infrastructures 17,1, charges financières 15,5, amortissement 5,1, achat d'électricité 0,8, frais de fonctionnement 0,3. *Déficit* (en 2000) : 11 ; *dotation en capital :* 12, *dette :* 150, *investissements :* 9,7 dont 7,4 sur fonds propres. **Dette** (en milliards de F). *1997 :* 134,2 ; *fin 1999 :* 158 ; *2001 (prév.) :* 160.

Industries ferroviaires (France)

☞ *Abréviations :* élec. : électrique : therm. : thermique.

■ **Nombre d'entreprises.** Traction : 3. Moteurs thermiques : 3. Équipement électrique : 1. Rames automotrices, turbotrains, autorails, remorques, voitures, métros, tramways : 4. Wagons : 3. Équipements ferroviaires : 22. Réparation : 22. Signalisation : 3. Voie ferrée : 9. Ensembliers ferroviaires.

■ **Chiffre d'affaires et,** entre parenthèses, **exportations** (en milliards de F). *1936 :* 0,27 ; *46 :* 1,4 ; *52 :* 1,7 ; *70 :* 4,4 ; *80 :* 8,4 ; *90 :* 10,2 (1,8) ; *93 :* 15,3 (4,7) ; *94 :* 15,4 (5,9) ; *95 :* 12 (3,5) ; *96 :* 11,4 (3,8) ; *97 :* 13,5 (4,3) dont : *matériel de traction* 2,2 (1,1) ; *voyageurs* 5,4 (1) ; *marchandises* 0,3 (0,1) ; *équipements pour matériel roulant* 1,8 (0,6) ; *signalisation* 0,4 (0,2) ; *équipements fixes de voie* 2,4 (1,2) ; *réparations voitures et wagons* 0,7 (0,1).

■ **Investissements de RFF** (en milliards de F, 2001). 9,5 dont modernisation 4, lignes nouvelles 2,6. **Déficit :** 10,7 (10,4 en 2000), aggravation due surtout à une hausse de 7 % des charges financières nettes (10,6 contre 9,9 en 2000) malgré une dotation de l'État de 12. **Excédent brut d'exploitation :** 4,5 (hausse de 16,5) grâce à la hausse des péages payés par SNCF et baisse de rémunération versée à SNCF comme gestionnaire déléguée d'infrastructure : 17 contre 17,197.

■ **Effectifs.** *1983 :* 28 391 ; *85 :* 25 381 ; *90 :* 18 099 ; *92 :* 20 042 ; *95 :* 17 452 ; *97 :* 16 598 dont ouvriers 9 121, cadres et employés 7 477.

■ **Production-livraison.** **Moyennes annuelles : locomotives :** *1919-29 :* à vapeur [1] 900, électriques 35 ; *30-38 :* vapeur [1] 150, élec. 40 ; *45-52 :* vapeur [1] 130, élec. 20 ; *52-70 :* Diesel [1] 350, élec. 90 ; *71-79 :* Diesel [1] 140, élec. 82 ; *85 :* 106 [élec. 24, motrices TGV 11, thermiques (therm.) 34, locotracteurs 37] dont exportés 34 therm., 7 locotracteurs ; *86 :* élec. 22, therm. 11, locotracteurs 52 ; *87 :* élec. 118, therm. 32, locotracteurs 35 ; *88 :* élec. 133 (dont 8 TGV), therm. 1, locotracteurs 35 ; *89 :* élec. 74 (74 TGV), therm. 3, locotracteurs 30 ; *90 :* 116 (82 TGV), locotracteurs 32 ; *91 :* 160 (TGV 62), locotracteurs 35.

Nota. – (1) Y compris locomotives de manœuvre.

Voitures à voyageurs (nombre de véhicules) : *1919-29 :* 940 ; *30-38 :* 490 ; *45-52 :* 190 ; *52-70 :* 520 ; *71-79 :* 1 150 ; *85 :* 844 ; *86 :* 1 008 ; *87 :* 742 (y compris métro) ; *88 :* 539 ; *89 :* 706 ; *90 :* 607 ; *91 :* 498.

Wagons à marchandises : *1919-29 :* 13 330 ; *30-38 :* 5 500 ; *45-52 :* 5 400 ; *52-70 :* 10 000 ; *71-79 :* 11 050 ; *81 :* 6 552 ; *85 :* 1 736 ; *86 :* 755 ; *87 :* 1 370 ; *88 :* 1 214 ; *89 :* 1 009 ; *90 :* 941 ; *91 :* 968.

Rail : la SNCF achète 100 000 t de rails par an (à 4 500 F la t) pour renouveler 450 km de lignes, plus environ 40 000 t pour les lignes nouvelles. 90 % sont commandées à Matériel de voie (groupe Usinor).

Renseignements pratiques (France)

■ **Système de réservation Socrate.** Mis en service le 12-1-1993. Prix de revient : 1,3 milliard de F dont NSR (nouveau site de réservation de Lille-Fives, qui concentre les ordinateurs et logiciels) 0,1 ; « grands systèmes » IBM 3090 et 9000 et banques de données Teradata 0,4 ; 4 500 terminaux 0,4 ; coût d'achat de la licence du logiciel Sabre à American Airlines 0,34 à 0,40. Permet 800 transactions par seconde (20 pour Résa). Délivre un titre de transport unique avec un seul billet (billet, supplément, réservation). De multiples « ratés » informatiques ont suscité un très fort mécontentement du public. **Autres systèmes utilisés par la SNCF. Aristote :** amélioration de la restitution d'information avec un système transactionnel optimisé sur le trafic de l'entreprise. **Thalès :** traitement heuristique, algorithmique et logique des espaces de service.

☞ **En cas de litige avec la SNCF,** on peut faire appel au médiateur de la SNCF (Bertrand Labrusse depuis 1998) en passant par l'entremise d'une des 17 associations de consommateurs qui ont signé un protocole d'accord en ce sens avec la SNCF (adresses affichées dans les gares).

Services

■ **Voitures (et motos) accompagnées (auto-train). Trains auto-couchettes (TAC) :** couchette et auto dans le même train ; **service autos-express (SAE) :** train-couchette au choix, auto transportée de nuit par un autre train ; **trains-autos-jour (TAJ) :** sur Paris-Lyon de jour, auto et voyageur dans le même train. **Tarif.** Exemple Paris-Bordeaux : 550 (basse saison) à 850 F (haute saison, catégorie 2). Assurance complémentaire sur bagages (prime de 25 F pour 10 000 F assurés) ou sur bagages et auto (50 F pour 10 000 F de bagages et 10 000 F auto assurés).

■ **Services bagages.** Prise en charge de 3 bagages ordinaires et 1 bagage volumineux maximum par voyageur de plus de 4 ans sur tout trajet A/R en France continentale (y compris îles de Ré et d'Oléron), Allemagne et Suisse. A acheter en même temps que le billet de train. *Bagages acceptés :* souples ou rigides inférieurs à 2,50 m et 30 kg ; skis : 2 paires maximum ; bagages volumineux (vélo, fauteuil roulant, planche nautique inférieure à 3 m, landeau, poussette pliée emballés). *Exclus :* outils de travail, objets dangereux, à moteur, de valeur. **Tarifs** (en F) : bagage ordinaire 98, chacun des 2 suivants 65 (48 par bagage avec carte senior) ; groupe avec plus de 10 valises : 65 ; bagage volumineux : 198, fauteuil roulant 46, vélo, poussette, skis 198.

■ **Enfants seuls.** Proposé sur certains trains pendant les vacances pour les 4 à 14 ans. Une hôtesse se charge de l'enfant. Réserver à l'avance la formule *JVS* (Jeune Voyageur Service, 249 F), apporter livret de famille ou fiche d'état civil. *Forfait Bambin :* l'enfant de – de 4 ans a une place assise (50 F).

■ **Train plus location de voitures.** Dans 196 gares en France. Le billet donne droit à un tarif préférentiel sur les voitures Avis (réduction supplémentaire si tarif réduit à la SNCF).

Tarifs au 10-6-2001

■ **Pour tous. Période bleue :** prix réduits (soumis à conditions) sur grandes lignes (sauf TGV) et TER. **Découvertes : J - 8 et J - 30 :** moins 25 % (8 j avant) ou 50 % (30 j avant) sur 500 liaisons nationales et internationales et réservation à l'avance. Les billets, valables uniquement dans le train où l'on a réservé, peuvent être remboursés jusqu'à 4 jours avant la date de réservation (retenue de 30 % du montant du billet) ; **à deux :** moins 25 % pour tout A/R de 2 à 9 personnes (avec ou sans lien de parenté) dans les trains grandes lignes et TER (trajet commencé en période bleue) et TGV (nombre limité de places à ce tarif). **Séjour :** moins 25 % pour tout A/R d'au moins 200 km lorsque le séjour comprend une nuit du samedi au dimanche, dans les trains grandes lignes et TER (trajet commencé en période bleue) et TGV (nombre limité de places à ce tarif).

■ **Pour les 12-25 ans. Découverte 12-25 :** moins 25 % dans les trains grandes lignes et TER (trajet commencé en période bleue) et TGV (nombre limité de places à ce tarif). **Carte 12-25 :** moins 50 % à moins 25 % garantis pendant 1 an dans les trains grandes lignes et TER (trajet commencé en période bleue) et TGV (nombre limité de places à 50 %). *Prix de la carte :* 270 F.

■ **Voyages avec enfants (moins de 12 ans). Découverte Enfant Plus :** moins 25 % pour l'enfant et jusqu'à 4 accompagnateurs (avec ou sans lien de parenté). Les enfants paient la moitié du prix adulte. Valable dans les trains grandes lignes et TER (trajet commencé en période bleue) et TGV (nombre limité de places à ce tarif). **Carte Enfant Plus :** moins 50 % à moins 25 % garantis dans les trains grandes lignes et TER (trajet commencé en période bleue) et TGV (nombre limité de places à moins 50 %) pour l'enfant titulaire de la carte et jusqu'à 4 accompagnateurs (avec ou sans lien de parenté) sur un nombre illimité de trajets. Valable 1 an, 350 F.

■ **Pour les plus de 60 ans. Découverte Senior :** moins 25 % dans les trains grandes lignes et TER (trajet commencé en période bleue) et TGV (nombre limité de places à ce tarif). **Carte Senior :** moins 50 % à moins 25 % garantis pendant 1 an dans les trains grandes lignes et TER (trajet commencé en période bleue) et TGV (nombre limité de places à ce tarif), moins 30 % pour les destinations des 27 pays d'Europe adhérant à Rail Plus. *Prix de la carte :* 290 F.

■ **Voyage avec un animal.** 32 F pour un animal de moins de 6 kg et voyageant dans un sac n'excédant pas 45 × 30 × 25 cm. Moins 50 % sur le plein tarif au km du billet 2e cl. (même si le voyage est effectué en 1re) sur le prix du billet de l'animal domestique.

■ **Voyage à l'étranger. Euro-Domino :** Coupons de 3 à 8 j consécutifs ou non (valables 1 mois) pour circuler librement dans 28 pays en Europe et Afrique du Nord sauf dans le pays de résidence. **Inter Rail :** Pour circuler librement pendant 22 j ou 1 mois dans 29 pays d'Europe et d'Afrique du Nord (répartis en 8 zones) sauf dans le pays de résidence. *Tarif :* 1 299 à 3 254 F, selon âge et zone choisie.

■ **Abonnements. Fréquence :** carte nominative et coupons valables 3, 6 ou 12 mois pour bénéficier de 50 % de réduction sur le parcours d'abonnement (1 trajet toujours identique ou France entière). Possibilité de changer trajet et durée lors de l'achat des coupons. **Forfait :** carte nominative et forfait mensuel ou hebdomadaire pour voyager librement sur un trajet toujours identique ou la France entière. **Business Pass :** conçu pour les entreprises, administrations et associations. Moins 15 % sur au moins 25 A/R.

■ **Autres. Groupe :** valable sur toutes les lignes SNCF. **De 10 à 99 personnes :** *groupe :* moins 30 % sur le prix des billets ; *de jeunes* (moins de 26 ans et accompagnateurs) : moins 50 % sur un A/R ; *promenade d'enfants* (moins de 15 ans et accompagnateurs) : moins 75 % durant 72 h. **A partir de 100 personnes :** se renseigner.

Billet individuel Bije : en agence de voyages uniquement. **Billet Congrès :** sur demande.

■ **Réductions sociales. Carte de famille nombreuse** (au moins 3 enfants dont 1 mineur) : jusqu'à 75 % de réduction individuelle selon le nombre d'enfants mineurs. Tarif : 93 F pour l'ensemble des cartes demandées. **Billet de congé annuel :** bénéficiaires : salariés, retraités, pensionnés, demandeurs d'emploi (sous certaines conditions ainsi que conjoint, enfants de – de 21 ans ou parents (si on est célibataire) s'ils habitent et voyagent avec le bénéficiaire (mais on ne peut alors bénéficier d'un 2e billet à titre personnel). Réduction 25 % du prix de base (50 % si payé par un chèque-vacances). Délivré une fois par an. Voyage aller et retour d'au minimum 200 km au total, retour obligatoirement dans les 2 mois du départ. Formulaire de demande à faire signer par l'employeur. Lorsqu'au moins la moitié du prix du billet est payée en chèques vacances, réduction de 50 %. *Agence nationale pour les chèques vacances,* 67, rue Martre, 92110 Clichy. **Carte d'invalidité militaire avec barre bleue :** moins 50 % (grandes lignes, Ile-de-France) ; **rouge** (grandes lignes) : moins 75 % (pour le mutilé) ; gratuit Ile-de-France pour mutilé et accompagnateur ; **double barre rouge :** mutilé et accompagnateur moins 75 % (grandes lignes), gratuité en Ile-de-France ; **double barre bleue :** grandes lignes moins 75 % pour mutilé et gratuit pour accompagnateur, Ile-de-France gratuit pour les deux. **Carte de station debout pénible (verte) :** priorité pour places assises ou files d'attente. **Carte d'invalidité (orange),** *mentions « cécité » ou « canne blanche » :* avec fauteuil roulant on peut voyager en 1re classe avec un billet de 2e, accompagnateur gratuit ; *avec mention « Station debout pénible » :* avec fauteuil roulant peut voyager en 1re cl. avec un billet de 2e cl. ; *avec mention « Tierce personne » :* avec fauteuil roulant peut voyager en 1re cl. avec un billet de 2e, accompagnateur gratuit. **Carte de travail :** valable en 2e cl. seulement. *Hebdomadaire :* parcours de 75 km au maximum : un A/R par jour, 6 j pris dans une période de 7 j consécutifs. L'emprunt de certains trains n'est pas autorisé (exemples : rapides, express et directs, sauf dérogations). Présenter une attestation de l'employeur et une pièce d'identité. Peut se combiner à la carte orange.

Voyage

■ **Contrôles.** En cas de non-compostage du billet, d'oubli de la carte de réduction, de réservation ne correspondant pas au TGV emprunté, etc., se présenter au contrôleur qui régularisera la situation à bord du train. Paiement de 40 F par personne (20 F pour trajets de moins de 75 km). Si l'on ne se présente pas, possibilité de régulariser par une indemnité forfaitaire de 100 F par personne en plus du prix du billet (50 F pour trajets de moins de 75 km). Jusqu'à 550 F en cas de fraude. Si l'on ne paie pas immédiatement, établissement d'un procès-verbal d'infraction indiquant la nature des faits, le montant de l'indemnité non réglée, les frais de dossier [l'article 529-4 du Code de procédure pénale permet à la SNCF de réclamer des frais de dossier (au maximum 250 F)], le délai et les modalités de paiement, les modalités de contestation du procès-verbal. Délai de 2 mois pour payer ou contester, sinon PV transmis au procureur de la République.

Les contrôleurs, à titre d'indemnité, perçoivent de 4 à 10 % (cas les plus difficiles) sur le montant des contraventions encaissées.

■ **Remboursements.** Si le billet n'est pas composté et d'un prix supérieur à 30 F, dans les gares SNCF ou auprès de l'agence de voyage émettrice. **Billet avec réservation :** remboursement intégral jusqu'à 1 heure après le départ (sauf billets achetés en agence de voyage), sinon retenue de 10 % et jusqu'à 60 j après la date de réservation ; **sans réservation :** remboursable jusqu'à la fin de la période d'utilisation indiquée sur le billet avec retenue de 10 %. Conditions spéciales pour billets avec réduction.

■ **Réservation.** Obligatoire dans les TGV, services JVS ou compartiment famille et pour les voyages en groupe ;

la réservation garantit une place assise. **Délais :** de 60 j avant le départ du train jusqu'à 12 h (sauf TGV) pour un départ le jour même après 17 h (20 h pour un départ le lendemain).

■ **Horaires garantis.** Pour un parcours d'au moins 100 km et un retard à destination d'au moins 30 min, la SNCF offre des Bons Voyage (compensation équivalente à 1/3 du prix du billet).

Expéditions par SNCF

■ **Fret SNCF.** Assure le transport des marchandises (France et Europe) par charges complètes (quantité de marchandises adressée en 1 seule fois par un expéditeur à un destinataire et absorbant complètement la capacité de transport d'un véhicule, d'un wagon ou d'un camion), ainsi que des prestations logistiques (manutention, stockage, etc.).

Solutions de base : *train entier :* programmé à l'avance ou simplement commandé la veille, charges allant de 500 à 2 400 t. *Lourds ou hyperlourds :* jusqu'à 3 600 t. *Wagon isolé* (de 5 à 60 t) : regroupés pour constituer des trains. *Transport combiné ou intermodal :* rail et route. Prestations logistiques : étude d'organisation du transport, création de terminaux ferroviaires raccordés au réseau, services routiers terminaux, entreposage, livraisons directes programmées, livraisons en « juste à temps » avec gestion de stocks, gestion informatique des données, conditionnement, etc. *En 1998,* 133,7 millions de t de marchandises ont été transportées.

■ **Sernam, ex-service national des messageries.** Chargé des transports express et messagerie (de quelques grammes à plusieurs tonnes), de l'affrètement et de la logistique. Devenu filiale de la SNCF le 1-2-2000. Activité de groupage (messageries + express). **Chiffre d'affaires** (en 2000) : 3,39 milliards de F. **Résultats nets** (en millions de F). *1991 :* 3 ; *92 :* – 63 ; *93 :* – 98 ; *94 :* – 197 ; *95 :* – 395 ; *96 :* – 374 ; *97 :* – 295 ; *98 :* – 556 ; *99 :* – 582 ; *2000 :* – 723. **Nombre de colis** (en 1999) : 32 160 000. **Nombre d'envois** (en 1999) : 13 584 000 soit 942 000 t. **Effectifs :** *1996 :* 5 820 ; *2000 :* 3 800.

Organisation du réseau : *57 agences et 105 sites d'exploitation.* **Services :** *Sernam-Express :* livraison le lendemain matin en France, avant 10 h dans les grandes agglomérations, et de 24 h à 48 h en Europe ; *Sernam Messagerie :* majorité des livraisons en – de 24 h en France et de 48 h à 96 h en Europe ; *Sernam Flash :* livraison en quelques heures pour les colis de – de 30 kg en France et le lendemain matin en Europe.

■ **Colis express.** Expédiés dans les gares à voyageurs et les bureaux SNCF des grandes villes. Acheminés par trains de voyageurs à l'exemple des bagages, ou par trains spécialisés sur certaines relations. **Taxation** par coupure de poids (0 à 2,5 kg ; 2,5 à 5,5 ; 5,5 à 10 ; 10 à 15 ; 15 à 20 ; 20 à 30 ; etc.), et de département à département. Conditions particulières pour colis lourds ou encombrants.

Principales prestations

■ **Embranchements particuliers.** Conçus et financés par les filiales SNCF Cogerail et Sefergie.

■ **Ferdom.** Wagons livrés ou enlevés à domicile sur remorque routière spécialement aménagée.

■ **Transports en conteneurs.** Par la Cie nouvelle des conteneurs (CNC), Sté du groupe SNCF ; assure le transport de fret en Europe porte à porte en conteneur : rail sur le parcours principal, route pour les pré- et post-acheminements. **Chiffre d'affaires** (en 1999) : 1,502 milliard de F.

■ **Transport de véhicules routiers intermodaux** sur des wagons spécialisés par la Sté de ferroutage française Novatrans (semi-remorques, caisses mobiles et conteneurs). **Chiffre d'affaires** (en 1999) : 686 millions de F.

Responsabilité

■ **Régime intérieur français. Définition :** le chemin de fer est présumé responsable en cas de manque, d'avarie ou de retard survenu au cours du transport, s'il ne prouve pas que le dommage résulte d'un cas fortuit ou de force majeure, du vice propre de la chose transportée ou de la faute de l'expéditeur. Cependant, il n'est tenu de réparer que les dommages prévus ou prévisibles au moment de la formation du contrat de transport et qui constituent une suite immédiate et directe de l'inexécution ou de la mauvaise exécution du contrat.

Limites tarifaires de la responsabilité : les conditions générales de vente des transports de marchandises par charges complètes (CGVTM) limitent l'indemnité à payer, pour tous les dommages justifiés résultant de la perte, de l'avarie ou du retard, à 150 F par kg pour chacun des objets compris dans l'envoi. Si le préjudice prouvé est constitué, en tout ou en partie, de dommages autres que matériels, l'indemnité ne peut excéder le double des frais de transport du ou des wagons concernés. Certains tarifs prévoient des limitations particulières.

Pour échapper à certaines de ces limitations tarifaires : on peut souscrire une déclaration de valeur : l'indemnité pourra atteindre la somme déclarée. *Attention :* respecter les formalités pour éviter la forclusion prévue par l'article 105 du Code du commerce (notamment réserves à la livraison) et mettre le chemin de fer en demeure de livrer en cas de retard. Il y a prescription au bout d'un an de toute action fondée sur le contrat de transport.

■ **Régime international.** Définition de la responsabilité, voir ci-dessus. Force majeure, faute de l'expéditeur, vice propre de la marchandise peuvent dégager le chemin de fer dans le cas où les dommages sont aussi reconnus par les règles uniformes concernant le contrat de transport international ferroviaire des marchandises (CIM). La présomption de responsabilité peut être écartée si le transport présente des risques particuliers de perte ou d'avaries (circonstances, nature de la marchandise), énumérés à la CIM (exemples : transport en wagon découvert, absence ou défectuosité de l'emballage, conséquences du chargement et du déchargement effectués par l'expéditeur et le destinataire, etc.). Il faut alors prouver la faute du chemin de fer dans l'exécution du transport. La constatation des dommages doit être faite par la Cie de chemins de fer, tenue de dresser sans délai procès-verbal. Si le procès-verbal conclut à l'irresponsabilité de la Cie, on peut en contester les termes avec une expertise amiable ou judiciaire (les réserves par lettre ou autre moyen étant sans valeur).

■ **Indemnités. Perte ou avaries :** au maximum 17 unités de compte/kg manquant de masse brute de marchandise avariée ou perdue, à l'exclusion de toute indemnisation liée à des dommages autres que ceux subis par la marchandise. Unité de compte : droit de tirage spécial défini par le FMI (1 DTS = 8,05 F au 1-1-1998). **Dépassement du délai de livraison :** indemnité au plus égale au quadruple des frais de transport si le préjudice est prouvé (quel que soit le retard). [Le Sernam rembourse une partie du prix de port si le délai dépasse 5 j.] *On peut aussi souscrire au départ une déclaration d'intérêt* à la livraison dont le montant peut couvrir les dommages prouvés non indemnisés totalement ou partiellement par la CIM.

Réclamations : en principe, impossibles après l'acceptation de la marchandise. Mais en cas de perte partielle ou d'avaries, si un procès-verbal a été établi, on peut exercer ultérieurement son recours. En cas de retard, on a 60 jours après livraison pour présenter sa réclamation. *Délai de prescription :* 1 an.

Musées

Musée français du Chemin de fer : 2, rue Alfred-de-Glehn, 68200 Mulhouse. *Créé* en 1971. *Au 1-4-1996 :* sur 13 000 m², 12 voies couvertes (longueur totale 1 350 m). *Exposés :* 31 locomotives à vapeur (la plus ancienne, Buddicom, de 1844), 7 électriques, 4 diesels, 5 automotrices électriques, 7 autorails, 20 voitures, 25 wagons anciens, fourgons et draisines, 1 tender, 2 chasse-neige, 1 motrice de métro de Paris, 1 tramway. **Musée des transports de la vallée du Sausseron,** 95430 Butry. **Musée des transports urbains régionaux :** AMTUIR, 60, avenue Ste-Marie, 94160 St-Mandé (fermé, en cours de déménagement). **Musée des Transports de Pithiviers** rue Carnot (Loiret) : *créé* 1966. *Au 1-3-1996 :* 8 locomotives à vapeur classées. Chemins de fer départementaux. **HistoRail, musée limousin du chemin fer** à St-Léonard-de-Noblat (Hte-Vienne). *Créé* 1988.

Chemins de fer pittoresques

(longueur en km)

4 lignes SNCF à voie métrique : Vallorcine-Chamonix-St-Gervais (35), Salbris-Luçay-le-Mâle (67), Latour-de-Carol/Villefranche/Vernet-les-Bains (ligne de Cerdagne, 95), Ajaccio-Bastia-Calvi (233) ; **1 ligne secondaire d'intérêt général** (métrique) : Nice-Digne train des pignes (153 en 3 h 10) ; **1 ligne SNCF à voie normale :** Livradois-Forez (84) [le plus long chemin de fer touristique d'Europe, le plus haut de France à voie normale, exploité par une association en accord avec la SNCF] ; **3 lignes à crémaillère :** tramway du Mont-Blanc (12), chemin de fer du Montenvers (Hte-Savoie, 6), de la Rhune (Pyr.-Atl., 4).

Lignes touristiques

La plupart sont exploitées par des associations d'amateurs bénévoles. **A voie normale :** *Aisne* Vermandois, St-Quentin/Origny [1] ; *Aude* Narbonne-Bize ; *Bas-Rhin* Rhin, Volgelsheim-Marckolsheim [1] ; *Cantal* Riom ; *Ch.-M.* Saujon-La Tremblade ; *Doubs* Les Hôpitaux-Neufs [1] ; *Eure* vallée de l'Eure : Pacy/Eure ; *Gard* Anduze/St-Jean-du-Gard [1] ; *Gironde* Guîtres-Marcenais [1] ; *Ht-Rhin* Cernay-Sentheim [1] ; *I.-et-L.* Chinon-Richelieu [1] ; *Landes* Labouheyre-Marquèze [1] ; *Loir-et-Cher* Trao-Thaoré ; *Manche* Carteret-Portbail ; *Moselle* Vigny-Hombourg [1] ; *P.-de-D.* Livradois-Forez-Ambert ; *Sarthe* Connerré-Beillé à Bonnétable [1] ; *Vendée* Mortagne-sur-Sèvre/Les Herbiers [1]. **A voies de 1 m :** *Alpes-Maritimes* Digne-Nice ; *Ardèche* Vivarais [1] (Tournon-Lamastre) ; *Corse* Ajaccio-Bastia-Calvi ; *Hte-Loire* Dunières ; *Hte-Savoie* tramway du Mt-Blanc St-Gervais-Les Houches ; *Isère* La Mure (gorges du Drac) ; *Nord* tramway de la Deûle ; *Pyr.-Or.* Latour-de-Carol/Villefranche-de-Conflent ; *Somme* St-Valery/Le Crotoy [1] ; *Val-d'Oise* vallée du Sausseron. **A divers écartements** (0,70, 0,60, 0,50 m) : *Ch.-M.* St-Trojan (île d'Oléron) ; *C.-d'Or* Bligny-sur-Ouche [1] ; *Gironde* Cap-Ferret ; *I.-et-L.* lac de Rillé ; *Loiret* Pithiviers [1] ; *Moselle* Abreschviller [1] ; *Pyr.-Atl.* lac d'Artouste ; *S.-et-L.* Le Creusot ; *S.-et-M.* tacot des Lacs [1] ; *Somme* Froissy-Dompierre [1] ; *Tarn* St-Lieux-Lavaur. **Lignes de parcs d'attractions :** *Essonne* St-Eutrope [1] (2,5) Évry, Draveil ; *Gard* Méjanes (Camargue) ; *Hts-de-S.* Chanteraines [1] ; *Loire* ch. de fer du Belvédère [1] (Renaison) ; *M.-et-M.* ligne Maginot ; *Oise* Mer de sable ; *Rhône* Anse (0,38 m d'écartement) ; *Seine Paris* Jardin d'Acclimatation ; *S.-et-M.* EuroDisney ; *Somme* parc de Bagatelle [1].

Nota. – (1) A vapeur.

Funiculaires

Barèges, Pic de Ger (Pyrénées), St-Hilaire-du-Touvet (Isère, voie métrique), Paris : funiculaire de Montmartre, Lyon : « la Ficelle », Bourg St-Maurice (Savoie).

Vélos rails

Val de Mortagne (M.-et-M.), Port Érambourg-Berjou (Calvados), Médréac (I.-et-V.), Commerquiers (Vendée), Aubigny-sur-Nère (Cher), Manot (Charente), Bussières-Galant (Hte-Vienne), Excideuil (Dordogne), Cézalier (Cantal), Pradelles (Hte-Loire).

Transports fluviaux

☞ Pour découvrir la sélection **Quid** des meilleurs sites Internet sur les transports fluviaux, rendez-vous sur **www.quid.fr**

Bateaux

Origine

Gaule : *troncs d'arbres* creusés *(barques monoxyles).* **Moyen Age :** bateaux de marchandises lents, rapides *(fugaces* ou *cursoriae).* **XVe s. :** bateaux couverts (telle la *cabane*) avançant à l'aviron, à la voile, au halage ou remorqués par un bateau de rameurs (les *tirots*). Les bateaux s'adaptaient aux voies d'eau. On naviguait à la voile dans le Nord, à la rame sur la Loire ou la Garonne, à la perche dans les passages encombrés, au halage quand les rives le permettaient.

Types de bateaux

■ Automoteurs

■ **Définition.** La cale de chargement est plus réduite que sur les bateaux tractés ou poussés (présence du moteur). **Port en lourd :** 240 à 350 t. **Enfoncement :** 1,80 à 2,20 m. **Moteurs :** 80 à 250 ch. (pour des automoteurs de 38,50 m). **Vitesse :** 10 à 12 km/h en rivière (réglementairement limitée à 6 km/h). Les citernes indépendantes (utilisées même dans des bateaux en bois) ont fait place aux citernes-coques plus légères. Les bateaux destinés principalement au trafic des produits lourds (mazout ou mélasses) sont munis de serpentins de réchauffage.

■ **Automoteurs du Rhône. A l'origine :** barques tractées (longueur 50 à 70 m, largeur 7 à 8 m, creux 2,50 à 3 m), portant 500 t. **Tendance actuelle :** automoteurs (longueur 50 à 70 m, largeur 5,05 à 11,40 m) portant 500 à 1 000 t, à 3 m d'enfoncement. Très fins en raison de la vitesse du courant (parfois de 12 à 15 km/h).

■ **Barges. De canal à petit gabarit :** *longueur :* 38,50 m. *Largeur :* 5,05 m. *Enfoncement :* 1,80 à 2,70 m. **Industrielles à grand gabarit** (rivières aménagées ou canaux) : *petites :* longueur 70 m, largeur 9,50 m, 1 500 t. *Grandes :* longueur 76,50 m, largeur 11,40 m, 2 500 t.

■ **Chalands. Du Rhin :** *longueur :* 60 m à 125 m. *Largeur :* 8 à 13,60 m. *Enfoncement :* 2 m à 2,70 m. *Port en lourd :* 600 à 1 500 t. Avant 1939, beaucoup venaient d'Allemagne (livrés après le traité de Versailles). Actuellement, automoteurs de 3 000 t. Certains spécialisés (transport de gaz). **De Seine :** *longueur :* 40 à 80 m. *Largeur :* 5,05 à 11,40 m. *Enfoncement :* 2,40 à 3 m. *Tonnage :* 700 à 1 000 t. Beaucoup d'automoteurs-citernes.

■ **Péniches. Au gabarit des canaux Freycinet :** *longueur :* 38,50 m. *Largeur :* 5,05 m à 5,10 m. *Tonnage :* 280 t à l'enfoncement de 1,80 m (310 à 350 t à 2,10 m). En acier (avant en bois, puis en fer). **Noms particuliers :** ardenne, flûte de Bourgogne, spit, toue. **Compartiments :** logement du second ou du pilote (environ 3 m à l'avant), cale de chargement (environ 30 m), logement du patron (5,50 m à l'arrière), surmonté de la cabine de pilotage. Autrefois le logement se trouvait au milieu, superposé ou adjoint à l'écurie des animaux de traction.

■ **Pousseurs. Pour barges de canal :** longueur 38,50 m, moteur 250 à 300 ch. Ont à l'avant un « bouclier de poussage ». Les convois portent 600 à 900 t. **Pour barges industrielles :** *Seine :* longueur 25 m, jusqu'à 1 500 ch. ; *Rhin :* longueur 32 m, 2 500 à 5 000 ch. ; Moselle : longueur 15 m, 1 000 ch. ; *Rhône :* certains ont les mêmes caractéristiques que ceux de la Seine. Convois de 2 à 4 barges sur Seine ou Rhône et jusqu'à 6 barges sur Rhin. Convoi de 10 000 à 15 000 t.

Bateaux poussés

■ **Origine.** Méthode pratiquée depuis longtemps aux USA, en France après 1945, développée depuis 1960.

■ **Principe.** Les trains de barges sont propulsés par des pousseurs (puissance totale 1 000 à 2 500 ch. ; en général, il y a 4 gouvernails : 2 derrière les hélices (servent à la sortie d'une tuyère qui entoure l'hélice) et 2 en avant des hélices pour les marches arrière. **Économies :** de main-d'œuvre (sur la Seine, les convois de plus de 92 m de long ont un équipage d'au moins 3 hommes et les convois moins longs peuvent avoir un équipage de 2 hommes) ; de puissance (la résistance de l'eau sur les barges accolées est moindre) ; de place (les équipements peuvent être réduits aux bollards et à un mât) ; possibilité d'utiliser un seul pousseur pour 2 séries de barges (l'une étant en cours de chargement ou de déchargement). Des exploitants artisanaux utilisent un automoteur de 38,50 m transformé en barge et le placent devant un autre automoteur de 38,50 m muni d'un moteur de 250 à 300 ch. et d'un bouclier de poussage. Sur l'automoteur transformé en barge, ils laissent souvent l'ancien moteur (80 à 100 ch.), le convoi pouvant porter 600 à 900 t sur les voies à grand gabarit ou sur le canal du Nord, et se désaccoupler pour un voyage terminal sur un canal au gabarit Freycinet. **Dimensions :** limitées par celles des écluses. *Longueur :* écluses de 185 m de long (Seine, Rhône, Saône, Oise et Moselle), et 144,60 m (canal Dunkerque-Valenciennes). *Largeur :* 12 m (1 file de barges de 11,40 m de large portant 5 000 t) ; 24 m : 2 files (10 000 t). Sur le Rhin circulent en aval des écluses des convois de 6 barges sur 3 files de 2 barges (15 000 t).

Bateaux tractés

■ **Remorquage.** Pratiqué autrefois sur 1 800 km de rivières, il a presque disparu ; il faut une autorisation du Service de navigation ; il n'est pas toléré sur les canaux (détériorerait leur cuvette par la violence des remous) sauf sur de petits tronçons [canal de la Sambre à l'Oise et canal de l'Est (branche Nord), canal de l'Ouest, canal du Midi où circulent des vedettes légères attelées à une péniche].

Seine, Marne et Oise : voies faciles, avant 1940 *remorqueurs à hélice* (moteurs à vapeur de 500 à 750 ch. ou diesel de 300 à 500 ch.) tirant au maximum 9 péniches sur la Seine, 5 sur l'Oise, 4 sur la Marne. **Rhône :** *remorqueurs à aubes* de 700 à 1 500 ch. pouvant tirer à la remonte 2 ou 3 barges malgré le faible tirant d'eau à l'étiage. Le *Frédéric-Mistral,* à 4 hélices sous voûtes commandées par des moteurs Diesel de 2 200 ch., a été longtemps en service.

■ **Halage** (n'est plus pratiqué). **Homme :** un homme peut tirer à lui seul une lourde charge à environ 1 km/h. **Chevaux ou mulets :** placés côte à côte ou en flèche, agissant sur le câble par un palonnier recourbé, d'où le nom de « courbe » donné à l'attelage. *Vitesse maximale :* 2,5 km/h. Les bêtes appartenaient aux mariniers et étaient logées à bord, d'où le nom de « bateaux-écuries » (*1935 :* 1 572 ; *51 :* 600 ; *60 :* 0), ou à des entrepreneurs de transport qui organisaient des relais.

■ **Tracteur mécanique. 1873** sur la berge du canal de Bourgogne, locomotive à vapeur sur rail. **1880-86** dans le Nord sur 77 km. **1895** traction électrique par tricycle ou cheval électrique roulant directement sur le chemin de halage, tirant 2 ou 3 péniches de 300 t à 2,5 à 3 km/h. **1899** 120 machines circulent le long du canal de l'Aire. Puis l'on revient au rail sur la partie la plus fréquentée du réseau. **1904** nouveau tracteur sur voie ferrée. **1907** la Sté de halage électrique obtient la concession de la traction sur 80 km entre Béthune et Le Bassin-Rond. **1927** la traction électrique relie le Bassin parisien à la région du Nord. **1932** équipe presque tous les canaux de l'Est. Là où le rail n'est pas amortissable, on adopte des tracteurs à pneus à propulsion électrique (type trolley-bus) ou à moteur à combustion interne. La traction mécanique n'existe plus que dans quelques souterrains non ventilés où l'usage du moteur est interdit.

■ **Touage.** Longtemps employé pour des raisons d'économie (quoique dangereux dans les rivières étroites à navigation intense). **A chaînes noyées :** 1er vers 1830. Chaîne au fond d'un chenal, fixée à ses 2 extrémités. Le toueur est un bateau portant un treuil (actionné par machine à vapeur ou moteur) enroulant la chaîne. Le toueur avance, il peut haler un train de 30 à 40 péniches (pendant la guerre, le toueur du bief de passage du canal de St-Quentin a tiré jusqu'à 75 péniches en un seul convoi). **Sur câbles à relais :** 1er vers 1880. Utilisé sur rivière (Rhin, Rhône). Le touage est encore utilisé dans certains souterrains non ventilés (les automoteurs devant arrêter leurs machines).

Parcs de bateaux

En Europe

Source : CEMT	Bateaux Automoteurs	Chalands remorqués et barges	Remorques et pousseurs
Allemagne (1999)	2 663	1 197	506
Autriche (1999)	34	146	13
Belgique (1997)	1 264	157	238
Bulgarie (1997)	4	215	36
Estonie (1996)	4	–	3
Finlande (1999)	138	27	30
France (1999)	*1 211*	*679*	*206*
G.-B. (1999)	186	361	122
Hongrie (1999)	143	182	40
Italie (1993)	2 756	381	91
Lettonie (1999)	0	0	18
Lituanie (1999)	10	11	11
Luxembourg (1994)	29	–	15
Moldavie (1996)	1	15	11
Pays-Bas (1994)	4 583	1 167	1 134
Pologne (1999)	113	443	331
Roumanie (1999)	1 021	1 778	186
Slovaquie (1999)	9	194	39
Suisse (1996)	77	5	8
Tchèque (Rép.) (1999)	76	291	158
Croatie (1999)	1	141	40

En France

Sources : Voies navigables de France ; Comité des armateurs fluviaux.

■ **Parc par catégories et,** entre parenthèses, **capacité** (en milliers de t, au 1-1-2001). **Bateaux porteurs :** 1 871 dont *par type :* bateaux du Rhin 68 (73), de rivière (ne pouvant franchir les écluses de 38,50 m, sauf bateaux du Midi, classés comme petits bateaux malgré leur grande largeur) 695 (719), de canal (pouvant franchir les écluses de 38,50 m, longs d'au moins 34 m) 1 127 (440), petits bateaux (moins de 34 m, tonnage au plus grand enfoncement supérieur à 60 t) 14 (1). *Par spécialités :* spécialisés (avec ou sans moteur) 1 056 (492), automoteurs non spécialisés 1 146 (523), sans moteur non spécialisés 687 (623). **Remorqueurs et pousseurs** (au 1-1-2001) : 199 dont *moins de 184 kW :* 42 ; *184 et plus :* 157.

Bateaux porteurs sans moteur par capacité et, entre parenthèses, **tonnage** (en milliers de t, au 1-1-2001). *Jusqu'à 249 t :* 13 (3) ; *250 à 399 t :* 157 (56) ; *400 à 649 t :* 282 (137) ; *650 à 999 t :* 101 (77) ; *1 000 à 1 499 t :* 32 (39) ; *1 500 et plus :* 167 (403).

Bateaux automoteurs par capacité, entre parenthèses **tonnage** (en milliers de t) **et,** entre crochets, **puissance** (en cv. au 1-1-2001). *Jusqu'à 249 t :* 5 (1) [1] ; *250 à 399 t :* 819 (308) [194] ; *400 à 649 t :* 147 (71) [44] ; *650 à 999 t :* 94 (79) [50] ; *1 000 à 1 499 t :* 36 (45) [25] ; *1 500 t et plus :* 18 (37) [20].

■ **Personnel des transporteurs publics et privés des voies navigables** (au 1-1-1999). 7 267 dont transports publics 3 128 (travailleurs indépendants 1 031, salariés 1 718, traction sur berges 15, administratif et technique des Cies de navigation 310, bureaux d'affrètement 54), assurant le fonctionnement des voies navigables 4 139 (conducteurs des TPE 433, agents des TPE 3 681, éclusiers auxiliaires 25).

Voies navigables

Types de voies

Canal (voie d'eau artificielle)

■ **Quelques dates (France).** Les **Romains** construisent 2 canaux en Gaule (1 réunissant le Rhône et la Saône près de leur confluent, 1 autre entre le golfe de Fos et Arles). **IXe s.** *canal de Bergues* (indiqué sur une carte). **Moyen Age** *1res écluses* dans le bassin de l'Yonne (on pouvait ainsi provoquer des crues artificielles permettant la navigation même en période de basses eaux). Jusqu'à la fin du XVIe s., on ne connaît que *les canaux de dérivation simple* ou de *dérivation à écluses, à sas* [doubles portes ; invention de 2 ingénieurs de Viterbe, importée sans doute par Léonard de Vinci (1452-1519)], permettant de franchir d'importantes différences de niveau ; la 1re fut construite sur la Vilaine entre 1538 et 1575. **1604-42** construction du *canal de Briare* (de la Seine à la Loire), 1er ouvrage à bief (ou point) de partage en Europe. Inventé par Adam de Craponne (ingénieur français, 1527-76), permet de joindre 2 rivières coulant dans des bassins différents, séparés par un seuil, ou élévation importante ; il combine l'écluse à sas (multipliée et échelonnée sur les pentes à gravir et à descendre) et une alimentation en eau indépendante des rivières à réunir. *1604-10* Sully en commence la construction aux frais de l'État. Auteur du projet primitif : Hugues Crosnier († 1629). 6 000 hommes de troupe sont employés ; travaux interrompus à la mort de Henri IV (1610) pendant près de 20 ans. *1638* Hector de Bouteroue et Jacques Guyon proposent de construire le canal à leurs frais en 4 ans ; *-sept.* ils obtiennent des lettres patentes leur accordant la noblesse, pour eux et leur postérité, et le droit de haute et basse justice sur le canal, érigé en fief seigneurial. La Loire à Briare est à 125 m d'alt., le Loing à Rogny (où l'on construisit 7 écluses de suite) à 140 m. La ligne de partage forme un seuil à 173 m près du Rondeau (Yonne). Il y eut 47 écluses sur 57 441 m. **1643** un arrêt du Conseil d'État autorise la marquise de Montlaur à *canaliser l'Ardèche* à ses frais, moyennant la concession d'un péage temporaire et l'exemption de certains droits fiscaux. **1644**-*mars* édit concédant à Jacques Brun, de Brignole, en Provence, la construction d'un canal navigable d'*Agde à Beaucaire.* **1655**-*oct.* Hector de Bouteroue et Pierre Barillot obtiennent par lettres patentes la concession perpétuelle des ruisseaux de *Marne, Blaise, Saus, Bougnon et autres de la généralité de Champagne.* **1666-81** *canal du Midi (ou des Deux-Mers),* voir p. 1894 b. **1675** lettres patentes concédant à titre perpétuel à M. de Solas la partie du *Lez* appelée *canal de Grave,* afin de la canaliser. **1679**-*mars* édit concédant le *canal d'Orléans* au duc d'Orléans, frère de Louis XIV. **1682** ouverture du *canal de la Brusche.* **1719**-*nov.* *canal du Loing* concédé à titre perpétuel au duc d'Orléans (construit 1724). **1732**-*4-6* *canal de St-Quentin à Chauny* concédé à Crozat par lettres patentes (construit 1738 et appelé *canal Crozat*). **1734** *canal de Picardie* navigable (construit par Oudard et Dumons sous Louis XV). **1760** *canal de Rive-de-Gier à Givors* concédé à Zaccharie. **1783** les États de Bourgogne commencent à leurs frais 3 canaux à point de partage : *Charolais (canal du Centre,* construit 1784-90, reliant Loire et Saône), *canal de Bourgogne* et *canal de Franche-Comté* (partie du *Rhône au Rhin,* entre Saône et Doubs). **1791** *canal d'Orléans et du Loing* confisqués au profit de la nation. **1792** la part de la famille de Caraman dans le *canal du Languedoc* est confisquée. **Fin XVIIIe s.** 1 000 km de canaux en exploitation sauf ceux de *Briare, la Dive, Givors, Pont-de-Vaux, Grave et Lunel* (au total 135 km) car administrés par l'État. **XIXe s.** 200 km construits sous l'Empire *(canal de St-Quentin).* Poiré, inventeur des barrages mobiles, permet la canalisation des rivières (la Seine). **1818-22** *canal du Nord* et *canal du Rhône au Rhin* (1832). **1822** 1ers bateaux à vapeur sur les voies navigables. Idée de rendre *Paris port de mer :* projet de canal ; coût : 215 millions de F, abandonné en 1830. **1822-38** *canal latéral à la Loire* (Briare, Digoin puis Roanne ; en 1830 : trafic de 550 bateaux). **1838-53** *canal de la Marne au Rhin* (le plus long, 315 km). **1879** Charles de Freycinet, min. des Travaux publics, propose la standardisation des canaux existants : « gabarit Freycinet » *(canal de l'Est* 1878-87, *de la Marne à la Saône* 1880-87, *de l'Oise à l'Aisne, de Tancarville au Havre* 1884). **Vers 1890** réseau navigable : 11 000 km, dont plus de 4 600 km de canaux. Trafic : plus de 2 milliards de t/km. **1900-50** concurrence de la voie ferrée, manque d'entretien, destructions des guerres. **A partir des années 1950** le poussage s'impose ; Rhône et Rhin sont aménagés (en liaison avec la production électrique) et on cherche à relier la Méditerranée à la mer du Nord par un réseau cohérent. Canalisation à grand gabarit (Seine, Moselle, Rhin, Rhône).

Rivière (voie d'eau naturelle)

■ **Aménagée.** Par curage du lit, faucardage des berges, suppression des seuils naturels. Protection des rives contre les érosions ou perrés en maçonnerie. On contient les inondations par des digues, submersibles ou non, ou par des réservoirs. On agit sur le lit, pour le fixer et l'approfondir, par digues longitudinales ou épis transversaux. L'aménagement sert aussi pour l'irrigation et le drainage des terres, l'alimentation des villes et la production de l'énergie électrique.

■ **Canalisée.** Divisée en *biefs* séparés par des barrages pour régulariser le cours. Les premiers barrages étaient fixes avec des ouvertures (*pertuis* ou *portes marinières*) fermées par des organes mobiles, mais ces pertuis s'avéraient insuffisants. Les barrages actuels sont presque tous mobiles : appuis fixes dans le lit de la rivière soutenant des parties mobiles (vannes, poutrelles ou aiguilles) que l'on peut enlever à volonté ; éléments (fermettes, hausses ou tambours) qui s'effacent sur le radier, laissant à l'eau la liberté de s'écouler ; pont supérieur sous lequel peuvent être relevés les éléments du vannage. A tous sont accolées une ou plusieurs écluses.

Aménagements

☞ S'il n'y a pas de problèmes d'alimentation en eau du canal, on utilise des écluses (sans dépenses d'énergie) pour le franchissement des chutes. Dans le cas contraire, on utilise écluses avec pompage de l'eau ou ascenseurs, pentes d'eau, plans inclinés.

■ **Ascenseurs à bateaux. Hydrauliques :** bac porté par des vérins hydrauliques (système employé au XIXe s. pour de petits ouvrages). *Fontinettes* (1888-1967, P.-de-C.) sur le canal de Neuffossé, hors service depuis l'ouverture d'une nouvelle écluse. **A flotteurs :** poids du bac équilibré par des flotteurs situés dans des puits profonds. La profondeur nécessaire pour les puits empêche d'utiliser ce procédé pour les grandes dénivellations. **Funiculaires** (à câbles) : *Strépy-Thieu (Belgique) :* sur le canal du Centre. 130 m de long et 117 m de haut (le plus grand du monde), hauteur

« rachetée » de 73 m ; peut recevoir des convois poussés et des péniches de 1 350 t. Chaque ascenseur est autonome : système de contrepoids (soit 112 câbles de 85 mm de diamètre supportant 6 400 t, et 32 câbles de commande supportant 1 400 t). Freinage : par 4 moteurs électriques de 500 kW. Cycle : 80 min [avant : chute de 68 m (4 ascenseurs hydrauliques de 17 m chacun composés de 2 bacs, chacun rempli de 599 t d'eau reposant sur un piston de 2 m de diamètre]. *Niederfinow (All.)* : sur le canal Oder-Havel (dénivellation 37 m), bac 85 × 12 m, profondeur d'eau 2,50 m ; poids en service 4 300 t. Translation du bac à 0,20 m/sec (pour une chute de 25 m : cycle 40 min).

■ **Barrages mobiles.** Inventés en 1837 par Poiré. Il y en a environ 264 sur les voies navigables. Maintiennent le niveau de la rivière pour permettre la navigation ; s'effacent pendant les crues (pour ne pas gêner leur écoulement). *XIXe s.* : à aiguilles ou planchettes (manœuvre manuelle) ; *modernes* : à vannes, automatisés. Barrages anciens reconstruits progressivement.

■ **Écluses. Capacité d'une échelle d'écluses** : on peut construire 2 échelles parallèles (chacune réservée à un seul sens) ; exemple : canal de Welland (voie maritime du St-Laurent, Canada) 2 fois 3 sas (de 235 × 24,50 m) pour une dénivellation de 42,50 m (hauteurs partielles de chute : 14,60 m et 13,30 m). **Vitesse ascensionnelle** *maximale* : 3 m/min ; *moyenne* : 1 m/min. **Nombre dans le monde** (en 2001) : 2 100 dont 1 782 pour le réseau VNF.

Les plus longues : MARITIMES : *Berendrecht* (Anvers, Belgique ; longueur 500 m, largeur 68 m, dénivellation 13,50 m) ; *Le Havre* (France ; longueur 401 m, largeur 67 m, prof. 24 m, accessible aux navires de 250 000 t, le plus grand pont basculant de France, d'une portée de 74 m, inauguré 27-10-1972) ; *Ijmuiden* (P.-Bas ; longueur 400 m, largeur 50 m, prof. 15 m, accessible aux navires de 60 000 t). **NON MARITIMES** : *États-Unis* (sur le Mississippi 366 × 33,55 m). *Djerdap* (sur le Danube au défilé des Portes de Fer, 1 sur la rive yougoslave, 1 sur la rive roumaine ; 310 × 34 × 4,50 m). *Hipoltsheim* (All.) ; la plus haute (25 m, bassin de 190 m). *Gambsheim* et *Iffezheim* (France, mise en service 14-3-1977) ; chacune 2 sas de 270 × 24 m. **Les plus profondes** : *Carrapatelo* (sur le Douro, Portugal), 35 m. *Barrage John Day* (sur la Columbia, Oregon, USA, 1963) 34,40 m, la porte aval pèse 998 t.

Aux chutes les plus fortes : *Oust-Kamenogorsk* (Russie, sur l'Irtych) ; 42 m, sas 100 × 18 m ; remplissage : 20 min ; cycle : 1 h 1/2 (le double d'une écluse courante). *Brésil* : projet (50 m sur le Paraná). **En France** : *St-Pierre* (sur le Rhône, aménagement de Donzère-Mondragon : 26 m, sas 195 × 12 m, 65 000 m³ par cycle).

■ **Pente d'eau.** Invention française (Jean Aubert). Une masse d'eau (sur laquelle flottent un ou plusieurs bateaux) est poussée dans un canal en béton en pente par un « bouclier » mobile, sur pneus, circulant sur des chemins de roulement situés de part et d'autre du canal. *Montech* (canal latéral à la Garonne), mise en service 1973, dénivelée de 14 m, accessible aux bateaux de 38,50 m. *Fonséranes* (Pierre-Paul Riquet), canal du Midi, près de Béziers, remplace 7 écluses ; pente : 5 % ; dénivelé : 13,60 m ; engin moteur : 1 100 kW (650 en exploitation) ; déplacement du bouclier moteur : 272 m en 6 min ; capacité journalière : 14 automoteurs et 200 bateaux de plaisance en 13 h. *Seine-Nord* projet à grand gabarit.

■ **Plans inclinés.** *Katy* (Pologne), 5 plans inclinés (de 350 à 500 m de long chacun, longueur totale 2,3 km), construits en 1847, 2 voies ferrées sur lesquelles les bateaux sont tractés à sec. **Longitudinal non automoteur** : *Ronquières* (canal Bruxelles-Charleroi, 1969), 2 plans inclinés parallèles et indépendants, longueur 1 432 m, pente 5 %, dénivellation 69 m. Bac 87 × 12 m, prof. d'eau maximale 3,70 m, poids total en service 5 000 à 5 700 t. Chaque bac est supporté par 236 roues de 0,70 m de diamètre groupées sur 59 essieux. Cycle complet (pour un plan incliné) 72 min environ, soit environ 50 % de plus que le cycle des autres écluses de ce canal : 22 m pour franchir 1 500 m. **Automoteur** : *Krasnoïarsk* (Russie) sur l'Ienisseï, chute de 101 m (barrage hydroélectrique). Bac 90 × 18 m, prof. 2,20 m ; peut recevoir un bateau de 1 500 à 2 000 t. **Transversal** : *Arzwiller* sur le canal de la Marne au Rhin pour bateaux de 350 t. Dénivellation 44,50 m, pente de 41 % de 109 m de long. Bac 41 × 5,20 m, vitesse de translation 0,60 m/s.

Tunnels principaux	Long. en m	Larg. du plan d'eau en m	Haut. en m
Rove (Marseille au Rhône) [1]	7 120	22	11
Bony [ou de Macquincourt] [2]	5 670	6,75	3,58
Mauvages (Marne au Rhin)	4 877	6,20	3,50
Balesmes (Marne à Saône)	4 820	6,30	4,75
Ruyaulcourt (canal du Nord)	4 349	6,38	4,10
Pouilly-en-Auxois [3]	3 349	5,70	3,10
Braye-en-Laonnois (Oise à Aisne)	2 366	6,20	3,50
Arzwiller (Marne au Rhin)	2 306	6,25	4,30
Mont de Billy (Aisne à Marne)	2 302	6,20	3,70
Voûte Richard-Lenoir [Paris] [4]	1 510	16	5,13
Le Tronquoy [ou Lesdins] [2]	1 098	6,75	3,58
La Panneterie (canal du Nord)	1 061	6,08	4

Nota. – (1) Construit de 1912 à 1927 ; 1re traversée le 23-10-1926. Largeur 18 m, hauteur 15,40 m. Sa section (320 m²) est 6 fois celle d'un tunnel ordinaire de chemin de fer à double voie. Plan d'eau limité par 2 banquettes latérales de 2 m ; 2 chalands de mer de 3,20 m de tirant d'eau peuvent se croiser. Volume 1,7 million de m³. Hors service par suite de l'écroulement de la voûte (16-6-1963). Actuellement, les bateaux de navigation intérieure effectuent la traversée maritime, en cabotage, entre le golfe de Fos et le port de Marseille. (2) Canal de St-Quentin. (3) Canal de Bourgogne. (4) Canal St-Martin.

Cycle 40 min. Franchissement : environ 20 min (au lieu de 1 jour pour les 17 écluses anciennes).

■ **Ponts-canaux.** Permettent le passage d'un canal au-dessus d'une route ou d'un cours d'eau (les plus anciens en Europe ont été construits en Italie et en France). Il y en a 74 en France ; sont généralement en maçonnerie (XIXe s.), en métal, en béton. **Principaux** : *Briare* (Loiret, 1890-94, ouvert en 1896, coût 2 684 525,92 F) : canal latéral à la Loire, franchit la Loire, 4 piliers [ou pilastres (colonnes rostrales)], 2 culées, 14 piles (la profondeur des piles varie 5,20 m à 8,50 m) : longueur 662,69 m, largeur 12,25 m, superficie d'eau 3 720 m² (entre les parapets 602,60), largeur entre parapets 11,50 m pour une largeur de canal de 7,25 m, largeur des bateaux 5,05 m maximum, trottoirs 2,50 m de chaque côté, prof. 3,40 m (mouillage 2,20 m) ; cuvette métallique reposant de 8 à 11 m suivant le niveau d'étiage de la Loire, au-dessus des eaux sur des piles de granit, poids avec eau 13 530 t, le plus long pont-canal métallique du monde. *Agen* (L.-et-G., 1839-49) : longueur 539 m, en pierre (23 arches de 20 m d'ouverture chacune) ; canal latéral à la Garonne, franchit la Garonne. *Béziers* (Hérault 1857) : longueur 198 m ; canal du Midi, franchit l'Orb. *Guétin* (Nièvre 1831-38, modifié 1890-98) : canal latéral à la Loire, franchit l'Allier, 343,25 m (18 arches). *Galas* (Vaucluse, vers 1856) : canal d'irrigation sur Sorgue, 159 m (13 arches). *Moissac* (T.-et-G.) : canal latéral à la Garonne, franchit le Tarn, 356 m. *Digoin* (S.-et-L.) : un bras du canal du Centre reliant le canal latéral à la Loire et le canal de Digoin à Roanne sur un pont, 244 m (15 arches). *St-Phlin* (M.-et-M.) : 110 m (canal de la Marne au Rhin).

■ **Souterrain (en France). Le plus large** : *canal St-Martin,* Paris : voûte du Temple (largeur 24,50 m ; longueur 242 m). **Les moins larges** : *canal du Nivernais* : la Collancelle, Breuilles et Mouas (5,40 m, hauteur 3,20). **Le moins haut** : *canal de Bourgogne* : Pouilly-en-Auxois (3,10 m). **Le plus ancien en service** : *canal du Midi* : Malpas, achevé en 1681, 173 m de long.

Réseau fluvial

Records

■ **Fleuve navigable le plus long du monde.** L'Amazone, sur 3 598 km de la côte Atlantique à Iquitos (Pérou) pour les navires de haute mer. **Grand canal de Chine Pékin-Hang-Tchéou.** Commencé 540 av. J.-C., terminé 1327, mesurait 1 781 km (y compris sections de rivières canalisées).

Réseau fluvial européen

■ **Système le plus long.** *Canal de la Volga à la Baltique* (1965), 2 300 km, d'Astrakan (sur la Volga) à St-Pétersbourg (Russie) en passant par Kouïbychev, Gorki et le lac Ladoga. *Transversale mer du Nord-mer Noire, Rhin-Main-Danube* 3 500 km.

■ **Danube. Longueur** : 2 800 km dont 2 414 navigables. **États riverains** : Allemagne 687 km, Autriche 350, Slovaquie 172, Hongrie 417, Croatie 137, Yougoslavie 587, Roumanie 1 075, Bulgarie 471, Moldavie 0,54, Ukraine 47. **Débit** : *moyen* 6 700 m³/s (le plus puissant d'Europe) ; *maximal* (Vidin 1 897, 16 000 m³/s). **Trafic** (1997) 26 millions de t. **Histoire.** *1856* traité de Paris, libre circulation. *1921* convention du Danube confirmée. *1848-18-8* id. signé à Belgrade. En vigueur le 1-4-1949. Signé par URSS, Bulgarie, Hongrie, Roumanie, Ukraine, Tchécoslovaquie, Yougoslavie. Autiche présente en tant qu'observateur (adhérera 7-1-1960). *1955* accords de Bratislava créant la *Commission du Danube*, siège Bratislava ; langues officielles : français et russe ; but : assurer la navigation d'Ulm (All. féd.) à Sulina (Roumanie). *1998-27-3* protocole additionnel, élargissement du cercle des États, partie navigable restreinte de Kelheim (All. féd.) à mer Noire. **Canal de Constanza** (Roumanie ; ouverture 1981) : raccourcit le trajet de 240 km entre Cernavoda et la mer Noire. **Projet** de réunir les 10 États riverains du Danube par : **1°**) le *Main* et la *Regnitz* (Allemagne), au bassin du Rhin et aux autres fleuves de l'Europe occidentale. Le canal Main-Danube ouvert 25-9-1992, tronçon de 171 km, largeur 53 m (grands bateaux 35 m), relie Bamberg sur le Main (canalisé) à Kelheim sur le Danube (en cours de canalisation) à travers Roumanie, ex-Yougoslavie, Hongrie, Autriche, Allemagne, P.-Bas. **2°**) la *Morava* et l'*Elbe* (ex-Tchécoslovaquie) à l'Oder et aux fleuves de l'Europe orientale. *Travaux imaginés* : barrage du coude du Danube (frontière slovaco-hongroise), lac de retenue de plusieurs milliers de km².

■ **Rhin.** Navigable de Bâle à Rotterdam (884 km, sur une largeur de 82 à 150 m). **Patentes de bateliers** : *1990* : 469 ; *95* : 555 ; *96* : 668 ; *97* : 634 dont Pays-Bas 325, Belgique 162, *France 124,* All. 109, Suisse 14. **Nombre de bateaux au 1-1-2001** : 9 620. **Volume transporté** (entre Bâle et la frontière Allemagne-Pays-Bas, en millions de t) : *1995* : 196,9 ; *96* : 189,9 ; *97* : 193 ; *98* : 198,7 ; *99* : 191,9 ; *2000* : 207. **Géré** par la Commission centrale pour la navigation du Rhin (CCNR, siège à Strasbourg) regroupant All., Belgique, France, Pays-Bas et Suisse (l'Autriche est en cours d'adhésion). **Histoire** : *1815 congrès de Vienne* : une conférence diplomatique des États riverains du Rhin sera instituée sous forme d'une commission. *1816*-15-8 Mayence : 1re session de la Commission. *1831* : 1re convention rhénane (Acte de Mayence) : principes juridiques. *1850* : 1er règlement de police pour la navigation. *1861* transfert de la Commission à Mannheim. *1868*-17-10 Acte de Mannheim : adoption de principes, la plupart encore aujourd'hui applicables (libre circulation de Bâle à la mer). *1904* : 1er règlement de visite des bateaux du Rhin. *1919 traité de Versailles* : règles nouvelles pour la Commission. *1920* transfert de la Commission à Strasbourg ; constitution d'un secrétariat permanent. *1963* convention de Strasbourg amendant la convention de Mannheim. *1979* protocole définissant les critères d'appartenance des bateaux à la navigation rhénane. *1989* protocole sur les actions de déchirage (casse). *1996* convention sur l'élimination des déchets. Pour la *Moselle,* la convention franco-germano-luxembourgeoise du 27-10-1956 a traité de sa canalisation, codifié la libre navigation de Metz à Coblence et créé la Commission de la Moselle (siège : Trèves).

Longueur (en km, 2000) *Source* : CEMT	Canaux	Fleuves, lacs et rivières
Allemagne	1 238	4 782
Autriche	7	351
Belgique	880	660
Bulgarie	–	470
Croatie	191 [1]	933
Finlande	125	6 120
France	*3 985*	*1 591*
Grande-Bretagne	191	962
Hongrie	80	1 293
Italie	119	1 347
Luxembourg	–	37
Pays-Bas	3 745	1 301
Pologne	334	3 479
Roumanie	132	1 647
Russie	16 917 [1]	102 201 [1]
Slovaquie	39	134
Suède	476 [1]	439 [2]
Suisse	–	21
Tchèque (Rép.)	39	625
USA	673 [1]	20 573 [1]

Nota. – (1) 1991. (2) 1985.

■ **Voies navigables. Longueur** (en km, 2000) : 30 551 dont All. 7 339, Finl. 6 120, *France 8 501,* P.-Bas 5 046, G.-B. 2 353, Belg. 1 540, It. 1 466, Suè. 360, Autr. 351, Lux. 37 ; **pour 1 000 habitants** (en m, 1987) : P.-Bas 160, Belgique 84, All. féd. 57, *Fr. 35.*

Réseau fluvial français

Budget

■ **Part du budget État** (ministère des Transports). Consacrée à la voie d'eau en 2001 : 530 millions de F, dont 511 attribués à VNF sous forme de subventions pour effectuer des travaux, essentiellement de restauration et de modernisation du réseau.

☞ Depuis la loi de finances pour 1991, le réseau principal est géré par les VNF et l'État conserve des compétences résiduelles en matière de voies navigables (voies non reliées au réseau principal et voies gérées par les services annexes des ports autonomes maritimes). **Nombre de villes touchées par le réseau de VN confié à VNF** : 2 761. **Nombre d'habitants concernés** : environ 16 millions (soit 1/4 de la population française).

■ **VNF (Voies navigables de France).** Établissement public industriel et commercial [anciennement Office national de la navigation, qui a repris en 1990 la gestion des rivières, canaux et domaine public]. **Budget** (en millions de F, 2000). **Principales recettes** (en millions de F) : taxe hydraulique 522,7, FITTVN 517, cofinancement 124,9, recettes domaniales (bateaux logement, foncier) 51,4, péages marchandises 42,5, plaisance 21,9, fibres optiques 27,1, péage navigation de nuit 2,4. **Dépenses** : restauration 544,5, entretien courant et exploitation du réseau 297,7, fonctionnement 126,5, développement du réseau (investissement) 165,5 (dont polder 27,5, développement et environnement 25,4, développement réseau 112,6), reversement, fond de concours (DPS, concessions) 82,8, développement économique de la voie d'eau 72,1, investissement en matériel (véhicules, bateaux...) 32,1, autres investissements (informatique,...) 12. **Emplois** (en 2000) : personnel assurant le fonctionnement des VN 4 100, personnel VNF (équivalents temps plein) 310.

Voies navigables

■ **Nombre.** 56, de quelques dizaines à quelques centaines de km (canal du Rhône au Rhin 220 km ; de la Marne au Rhin 313 ; du Midi 240 ; de la Marne à la Saône 224). **Schéma directeur des voies navigables** : remplacé en 2000 par le schéma de service de transport de marchandises prévu par la loi d'orientation sur l'aménagement et le développement durable du territoire.

■ **Canaux les plus récents. Canal de Dunkerque à Valenciennes** (Dunkerque-Denain ouvert en 1969, Valenciennes 1971, 3 000 t) : avec embranchement à Lille 1979 ; actuellement, prolongements vers la Belgique (par la Deûle et la Lys) en travaux. **Moselle canalisée** : de Frouard à Neuves-Maisons (en 1979). **Canal du Rhône** : dernier aménagement à Vaugris, achevé 1981. **Canal des Dunes à Dunkerque** (relie ports Est et Ouest) : mise en service 1987. **Canal Rhin-Rhône** : *bief de Niffer* raccordant le canal Saône-Rhin au grand canal d'Alsace, achevé 1995.

■ **Liste des voies. Longueur totale** (en 2001) : 8 501 km dont 100 transférés aux régions, 700 restés sous compétence de l'État, 6 500 confiés à VNF. **Nombre d'écluses** :

1 782 ; **barrages :** 494 ; **maisons éclusières :** 2 570 ; **barrages réservoirs :** 65. **Petit gabarit : Classe 0** (1 647 km) non accessible à l'automoteur type Freycinet : moins de 250 t. *Canal du Nivernais* (174 km, 108 é. dont Clamecy à Decize 114 km) ; *du Midi* (Toulouse à Agde, étang de Thau et embranchement de Port-la-Nouvelle 39 km) ; *Mayenne* (Mayenne à Port-Meslet) ; *Rance et canal* (21,5) (1) *d'Ille-et-Rance* 85 km (48) ; *Sarthe* 132 (20) ; *Vilaine* [Rennes à Redon 89 km (130)] [Redon-Arzal 41 km] ; *canal du Blavet* 72 (28), *de Nantes à Brest* (Guerledan à Redon et de Redon à Nantes) [Nantes-Pontivy 199 (105)] ; *Sèvre Nantaise* (Monnières à Nantes) ; *Dordogne* (Bergerac à la Gironde) ; *Isle* 31 km. **Classe I** (3 958 km) : accessible à l'automoteur Freycinet jusqu'à 400 tpl, écluse : longueur utile 40 m, largeur utile 6 m, mouillage 1,80 m ou 2,20 m. *Aa* (Watten à Gravelines 26 km (1)) ; *Lys* [Aire, à la frontière 65 (80) ; hauteur libre : 4,10 m] ; *Scarpe* 36 (6) ; *canal de Bergues à Dunkerque ; de Bourbourg* 21 (3) ; *de Calais* 29 (1) ; *de la Colme* 8 (22) ; *de Furnes ; de Mons à Condé ; de Roubaix ; Escaut* (Cambrai à Étrun) ; *canal latéral à l'Aisne* 51 (8), *à la Marne ; Sambre canalisée* 58 (24) (Landrecies à la frontière) ; *canal de l'Aisne à la Marne* 88 (44) ; des Ardennes ; canal latéral à l'Oise (Abbecourt à Pont-l'Évêque) ; *de l'Oise à l'Aisne* 57 (7) ; *de St-Quentin ; de la Sambre à l'Oise ; canal du Rhône au Rhin* (1834 ; 238 km) ; *de la Somme ; de la haute Seine ; de la Saône* (Corre à St-Symphorien) ; *de l'Est branche Nord* (Troussey à Givet) ; *branche Sud* (1883) ; *des Houillères et la Sarre canalisée ; de la Marne au Rhin ; de la Marne à la Saône* (1907, 224 km) ; *d'Arles à Bouc ; de Bourgogne* (1832, 242 km, 189 é.) ; *de Briare* 54 km (32) *et du Loing ; du Centre* (1793, 112 km, 61 é.) ; *canal latéral à la Loire ; du Nivernais* (Auxerre à Clamecy) ; *canal latéral à la Garonne ; de Lens ; Aisne canalisée ; Marne canalisée* (Épernay à l'écluse de St-Maur). **Classe II** (284 km) : accessible à des bateaux de 400 à 650 tpl (type Campinois, largeur 6,60 m et longueur 50 m). *Seine* (Méry-sur-Seine à Nogent-sur-Seine) ; *St-Denis ; canaux de l'Ourcq* et *St-Martin ; Yonne* (Auxerre à Montereau) ; *canal du Midi et étang de Thau* (d'Agde à Sète) ; *Maine* (Port-Meslet à Bouchemaine). **Classe III** (586 km) : écluse 92 × 6 m, mouillage 3 m ou 3,30 m, accessible à des convois de 2 bateaux ou barges type Freycinet de 650 à 1 000 tpl ; *canal du Nord ; canal latéral à l'Oise* (Pont-l'Évêque à Janville). **Classe IV** (137 km) : écluse 110 × 12 m, mouillage 3,50 m à 4,50 m, accessible à l'automoteur type RHK et à des convois d'une grande barge poussée de 1 000 à 1 500 tpl. *Marne* (écluse St-Maur à Charenton et embranchement du port de Bonneuil) ; *canal du Rhône à Sète* (St-Gilles à Sète). **Classe V** (268 km) : écluse 185 × 12 m, mouillage 3,50 m, accessible à des convois de 2 grandes barges poussées en flèche et aux automoteurs de 1 500 à 3 000 tpl (enfoncement 2,50 m). *Moselle-Saône ; Oise de Creil à Compiègne ; canal de Dunkerque-Escaut* (longueur des écluses : 144,60 m). **Classe VI** (et **VII :** 1 621 km) : écluse 185 × 12 m, mouillage 4,50 m, accessible à un convoi de 2 grandes barges poussées en flèche (3 000 à 5 000 tpl) ; *Loire* (Bouchemaine à Nantes) ; *de la Deûle* (Beauvin à Marquette) ; *Seine-Oise ; Rhône* de Barcarin à Fos ; *liaison Rhin-Saône* (Niffer à Mulhouse). **Classe VII :** accessible à des convois de plus de 2 grandes barges. *Seine canal du Havre à Tancarville ; Rhin et grand canal d'Alsace.* **Gabarit européen.** Écluse 185 m × 12 m, accessible aux convois poussés de 3 200 tpl, enfoncement 2,50 m (classe V), et 4 400 tpl, enfoncement 3 m (classe VI).

■ **Voies ouvertes aux bateaux ou convois poussés. Longueur totale et,** entre parenthèses, **utilisée** (en km, 2000) : **classe 0 :** *moins de 250 t :* 1 647 (5) ; **I :** *250 à 399 t :* 3 958 (3 418) ; **II :** *400 à 649 t :* 284 (273) ; **III :** *650 à 999 t :* 586 (331) ; **IV :** *1 000 à 1 499 t :* 137 (32) ; **V :** *1 500 à 2 999 t :* 268 (265) ; **VI :** *3 000 t et plus :* 1 621 (1 465). **Total :** 8 501 (5 789).

☞ **Sécurité :** assurée sur 157 km de voies navigables (dont la Seine) par la brigade fluviale, créée en 1900 par Louis Lépine. *Flotte :* remorqueur 1, r.-pousseur 1, vedettes 6, pneumatiques 4. *Accidents* (en 2000) : interventions 2 500, repêchage personnes vivantes 88, noyades 47.

Quelques précisions

■ **Coûts** (en millions de F). **1 km de voie navigable** à grand gabarit : 100 à 150. **Écluse** de 185 × 12 m avec 5 m de chute : 100 à 300 ; avec 25 m : 500 à 800.

■ **Schéma directeur des voies navigables** (1983-88). Établi par la commission Grégoire, *propose* de construire « un véritable réseau à grand gabarit » : amélioration de certaines parties du réseau Freycinet, extension du réseau à grand gabarit (connections avec les grands fleuves) ; priorités : liaisons Seine-Nord, Seine-Est.

■ **Canal du Midi** (ou **des Deux-Mers).** L'idée de relier la Garonne à la Méditerranée par un canal remonte à François Ier. **1662**-*15-11* Pierre-Paul Riquet, baron de Bonrepos (29-6-1609/1-10-1680, Cte de Caraman, Bon de St-Félix), présente un projet de *canal des Deux-Mers,* devenu *canal royal du Languedoc de 1666 à 1810,* puis *canal du Midi.* **1666**-*5-10* édit ordonnant la construction du canal, érigeant sa propriété en fief, créant un péage pour son entretien et ordonnant la vente de ce fief et de ce péage. *-14-10* arrêt du Conseil adjugeant les ouvrages de la 1re partie à Riquet (Toulouse-Trèbes). Riquet obtient la réhabilitation de sa noblesse, perdue par ses ancêtres en 1586. Début des travaux à la fin de l'année : 12 000 hommes employés et 200 cadres. **1669**-*23-1* adjudication à Riquet des ouvrages de la 2e partie (Trèbes-Thau). **1681**-*15-5* achevé par son fils Jean-Mathias après 15 ans de travaux. Il a fallu 126 ponts, 55 aqueducs, 6 barrages sur rivière, 7 ponts-canaux, 1 tunnel (de Malpas, 173 m sous l'oppidum d'Enserune). *Coût* 15 249 399 livres (versés par Louis XIV 7 484 051, la province 5 807 831, Riquet 1 957 517). **XVIIIe s.** trafic maximal (1 600 bateaux/j à Toulouse). **Jusqu'en 1850** les coches d'eau transportent 300 passagers, 3 fois/semaine, sur la Garonne entre Bordeaux et Toulouse. **1856** prolongé jusqu'à Langon (Gironde) par un canal latéral (53 écluses, long. 200 km, mêmes chalands de 150 t). **1857** concurrence du chemin de fer ; gestion confiée à la Cie ferroviaire. **1897** racheté par l'État aux descendants de Riquet. **1970-73** (canal latéral) mis au gabarit Freycinet. **1977-78** travaux entre Toulouse et Baziège. **1978-79** Sète-Béziers et canal de jonction d'Argens à Sallèles d'Aude ; écluses de Bayard et de Matabiau à Toulouse. **1979-80** Sallèles d'Aude-Port-la-Nouvelle. **1988** arrêt du trafic commercial. **1996**-*5-12* inscrit au Patrimoine mondial de l'humanité. **1997**-*15-4* site protégé, ensemble du domaine public fluvial entre Toulouse et Méditerranée : canal *stricto sensu* (avec 63 écluses ovales dont 33 manuelles et 328 ouvrages d'art) ; petit canal de Brienne (jonction avec la Garonne à Toulouse) et de la Robine (déviation vers Narbonne et un accès à la mer à Port-la-Nouvelle)]. **Caractéristiques actuelles :** *longueur :* 240,129 km (dont bief de 54 km entre Argens-Minervois et Béziers, *largeur* en surface : 16 m, au fond : 10 m, *profondeur :* 2 m). Du port de l'Embouchure à Toulouse à l'étang de Thau où il rejoint les ponts jumeaux (3 ponts). *Différences de niveau* au seuil de Naurouze à 189,43 m, bief de partage de 4,999 km : 62,70 m (côté Océan avec le canal latéral à la Garonne) et 189,43 m (avec la Méditerranée), rachetées la 1re par 26 écluses, la 2e par 77, dont beaucoup groupées en échelles dont 1 de 4 écluses Castelnaudary, et 1 de 7 (Fonséranes dénivellation de 13,60 m, à l'origine 8 écluses, sas de 6 × 30 m, doublées par une pente d'eau). Le gabarit des écluses, calculé à l'époque pour les navires de mer les plus courants en Méditerranée, n'admet pas les bateaux de plus de 30 m de long (forme elliptique, largueur 5,60 m, enfoncement : 1,60 m, 160 t). *Barrage de St-Ferréol* (construit 1667-72) : alt. 342 m alimente en eau tout le canal, 660 ares, retenue 6,674 millions de m³, digue haute de 35 m, épaisseur base 35 m, sommet 5 m, long. 780 m, débit fourni par jour au canal : versant ouest 35 000 m³, est 50 000 m³. **Modernisation :** commencée par la section Toulouse-Villefranche-de-Lauragais (43 km) sur laquelle circulent les péniches du canal latéral à la Garonne ; enfoncement : 2,20 m, longueur maximale 40,50 m, charge 350 t. **Touristes :** 50 000/an empruntant 450 bateaux de location. **Nombre de bateaux l'ayant emprunté :** *1962 :* 400 ; *77 :* 2 700 ; *80 ;* plus de 3 500. **Projet** abandonné d'en faire un canal maritime (canal des Deux-Mers) longueur 430 km, largeur max. au fond 60 m, profondeur maximale 13,50 m, 13 écluses. En *1878* Verstraet († 1910), en *1932* Lipsky.

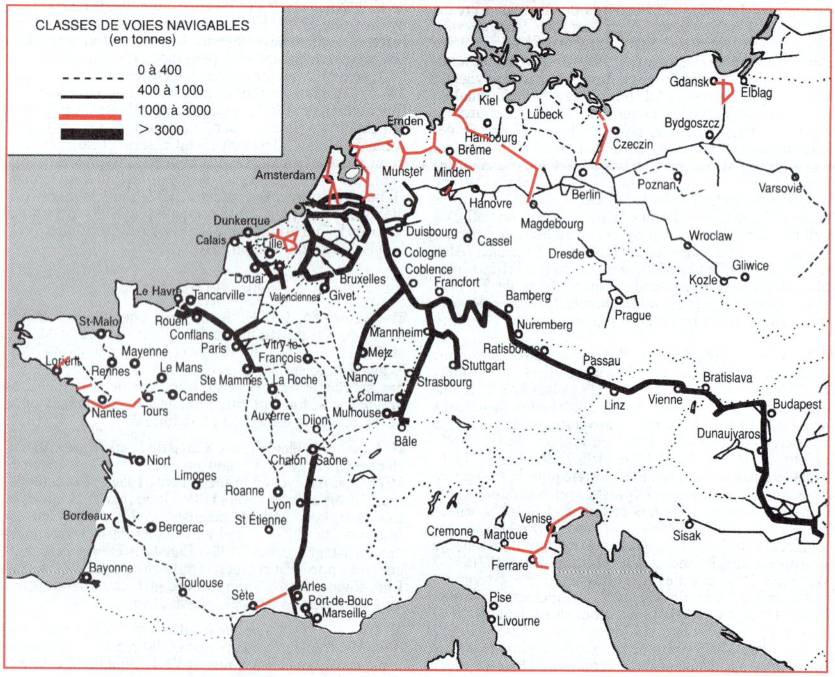

■ **Nord-Belgique (liaison). 1982**-*juillet* 1re liaison à 1 350 t ouverte par le canal de Mons à Condé. **1983** suppression de l'écluse de Rodignies plaçant l'Escaut en classe III. **1984** ouverture à 1 350 t. Travaux sur la Deûle et sur la Lys mitoyenne.

■ **Rhin-Saône (liaison).** 229 km, sur axe mer du Nord-mer Méditerranée de 1 600 km. *Strasbourg-Méditerranée :* 877 km. 49 écluses. 5 j de navigation (dénivellation : 530 m). *Strasbourg-mer du Nord :* 737 km. 2 écluses. 2 j de navigation (dénivellation : 143 m). **1960**-*juin* Abel Thomas (commissaire à l'aménagement du territoire) présente les avantages d'une voie navigable continue mer du Nord-Méditerranée. Pour relier le Rhône au Rhin : 4 tracés possibles [1er à travers l'Alsace par le Doubs et le canal du Rhône au Rhin ; 2e par la Lorraine en empruntant la Saône et la Moselle ; 3e en direction de la Meuse par la Saône, la Moselle et la Meuse ; 4e par la Suisse, via le haut Rhône, Genève et Bâle (solution écartée : difficultés techniques, coût élevé)]. **1961** *(fin)* le « principe » est inscrit au IVe Plan. *-10-11* de Gaulle déclare à Marseille : « La communication Rhin-Rhône est la clef de voûte d'une grande réorganisation nécessaire du point de vue national et européen. » **1964**-*mai* la Moselle canalisée (réclamée en 1953 par la sidérurgie lorraine lors du traité de la Ceca) est mise en service. **1978**-*29-6 déclaration d'utilité publique de la liaison fluviale à grand gabarit* signée par Raymond Barre (PM), *(30-6-1998* expiration, *1988-28-4* prorogée de 10 ans, *1997-30-10* abrogée). **1980**-*4-1* projet confié à la CNR (Cie nationale du Rhône). **1994** projet relancé. **1995**-*4-2* inscrit dans la loi sur l'aménagement du territoire. Réalisation confiée à une filiale commune CNR/EDF. 1 580 km de Rotterdam à Fos, à grand gabarit (automoteurs de 1 500 t, convois poussés de 3 000 t à 4 500 t). Liaison à travers la Franche-Comté, de la Saône à Mulhouse, desservant Montbéliard, Sochaux et Besançon. *-3-11* Sorelif (Sté de réalisation de la liaison fluviale) constituée par la CNR aménageur et gestionnaire, et EDF, financeur, dans un pacte d'actionnaires à 50/50. **1996**-*7-4* les Organisations professionnelles agricoles (Opa) de Franche-Comté signent, à Besançon (Doubs), un *accord-cadre provisoire* fixant les conditions de rachat des terres agricoles (destinées à la réalisation de la liaison fluviale), conclu avec la CNR et la Sorelif ; prévoit la création d'un fonds d'incitation à la mobilité foncière, et d'un fonds de reconstitution du potentiel agricole doté de 210 millions de F sur 15 ans. **1997**-*13-1 accord-cadre* signé ; les agriculteurs installés sur l'emprise obtiennent la même prime que ceux qui sont en dehors ; le montant de cette prime qui s'ajoute à la valeur vénale des terrains varie de 8 000 à 10 000 F l'ha ; la Franche-Comté compte environ 2 100 ha de surface agricole utile située dans l'emprise du projet. Travaux qui impliquent la canalisation de la Saône, du Doubs entre Voujeaucourt et Dole (140 km) et la création d'un canal de 89 km. Aménagement du tronçon Laperrière-Mulhouse (229 km) pour élever la plupart des ponts existants afin de rendre le canal accessible aux porte-conteneurs. *Dénivellation* totale (264 m dont versant franc-comtois 158 m, alsacien 106 m) franchie par 24 écluses (au lieu de 111 pour le canal du Rhône au Rhin) [longueur 190 m, largeur 12 m, mouillage 5 m]. **Coût :** 17,3 milliards de F HT, en 1993 dont (en %) : écluses et stations de pompage 31,6 ; chenal navigable 26,5 ; environnement 11,4 ; ponts et routes 10,2 ; servitudes urbaines et agricoles 7,9 ; barrages 6,7 ; opérations foncières 5,7. *Coût actualisé* par les ingénieurs généraux des Ponts et Chaussées et les inspecteurs des finances (en milliards de F HT) : 23,3 ; 27,9 TTC ; 49,4 avec intérêts intercalaires. Les contraintes urbaines, patrimoniales et environnementales n'ayant pas été suffisamment prises en compte, ils proposent une réévaluation des dépenses relatives aux écluses, barrages, chenal navigable, dépollution, évoquent la possibilité de contentieux et estiment que « la complexité des procédures fait peser des risques importants sur la réalisation de la liaison Saône-Rhin et sur les délais d'achèvement ». *R. Barre* fait remarquer que la voie d'eau assure 50 % du trafic aux Pays-Bas, 20 % en Allemagne et seulement 4 % en France (car le réseau fluvial n'y est pas cohérent), or le coût de la tonne au km est 10 fois inférieur à celui du transport routier et la liaison remédierait à cette incohérence. Étant entièrement financé au titre de l'électricité produite par la CNR et mise à la disposition d'EDF à un coût très avantageux, le projet ne repose pas sur les finances publiques. **Travaux préalables :** *bief Niffer-Mulhouse (Rhin) :* aménagement de 15,2 km à grand gabarit entre Grand Canal d'Alsace et port de Mulhouse-Ile Napoléon (engagé fin 1991-ouvert 1995) ; permet l'accès des convois de 3 000 t et des automoteurs de 2 200 t. Coût : 306,7 millions de F. *Dragages de la Saône :* 75 km entre Chalon-sur-Saône et St-Symphorien-sur-Saône. Coût :

177 millions de F. Chantier arrêté par décision du tribunal administratif de Dijon en juin 1993. *Biefs de Laperrière, Choisay, Brunstatt* (en 1996) : programmés.

Prévisions de trafic. Enquête du bureau d'études néerlandais NEA. *Cabinet Sogeberg* (missionné par la CNR) : 13 à 14 millions de t par an (vers 2010. *Taux de rentabilité interne* : 7,2 % à 9,4 % selon l'évolution des prix des transports fluviaux, routiers et ferroviaires (ne prend en compte que la fonction de transport, le canal ne couvrant pas les frais de fonctionnement et n'assurant pas d'amortissement ; la Sogeberg considère comme « bénéfices » les avantages retirés par les chargeurs d'un moindre prix) ; *économique* : 8,9 % à 10,9 % (intégrant les effets externes de décongestion des axes routiers, de protection contre les inondations ou d'extension de l'activité du port de Marseille, sans retrancher les pertes subies par les transporteurs routiers ou ferroviaires, les Stés d'autoroutes, ou l'État, les bénéficiaires de taxes diverses). Les partisans du canal assurent que « la voie d'eau permettra la création de plusieurs plates-formes d'activités artisanales, industrielles et portuaires (au total 670 ha ; 13 000 à 27 000 emplois dont 2 600 à 5 400 nouveaux). Des zones sont projetées dans le Doubs, à Bourogne, Montbéliard et Roche-lez-Beaupré, et dans le Jura à Dampierre, Dole et Tavaux. **Enjeu environnemental :** production d'hydroélectricité évaluée à 170 GWh.

Controverse. 1987 l'Observatoire économique et statistique des transports (OEST) conclut à une perte de plus de 8 milliards de F pour l'économie nationale. **1994** le Pr Alain Bonnafous, vice-Pt du Conseil national des transports, juge « totalement fantaisistes » les prévisions de trafic avancées par la CNR. Il s'étonne qu'« une décision ait été prise en fonction d'une étude réalisée par un bureau privé et commandée par un organisme, la CNR, dont la survie dépend de cette opération, plutôt que de l'étude réalisée par l'OEST (service public) ». **1995**-*4-2* le Parlement vote la loi d'orientation pour l'aménagement et le développement du territoire, et contraint EDF au financement. La maîtrise d'ouvrage est confiée à la CNR. Le canal Rhin-Rhône doit être terminé en 2010. *-20-11* Corinne Lepage, ministre de l'Environnement, estime le projet « pharaonique ». Les opposants signalent que « plus de 50 sites et monuments historiques ou paysagers seront directement ou indirectement affectés, soit 1 tous les 4 km, sans compter les gisements archéologiques dont le nombre et la richesse sont inconnus en l'absence de fouilles exploratives ». **1996** *-7-3* Jacques Chirac déclare, lors de sa visite en Franche-Comté : « Je suis intuitivement favorable au grand canal. » *-Avril* l'Inspection générale des finances (IGF) relève une « insuffisante prise en compte des contraintes urbaines et patrimoniales » ; relève le prix de la réalisation : 23,3 milliards de F, et souligne les risques de surcoûts. EDF refuse de tout payer : « Nous ne participerons au financement qu'à hauteur de l'allongement des concessions. » La Sorelif annonce son intention d'acheter ou d'exproprier des centaines d'ha. *-Automne* la Sorelif annonce une prime de 100 000 F à l'ha. Un trafic fluvial (prévu par les promoteurs du canal) de 13 millions de tonnes/an [qui pourrait être écoulé au rythme de 10 trains de 3 000 tonnes/jour si la SNCF investissait 250 millions de F (soit 100 fois moins que pour le canal) pour mettre au gabarit B + l'axe ferroviaire Lyon-Strasbourg]. Les opposants soulignent le coût démesuré du projet eu égard à la lenteur du parcours [avec 24 écluses entre Saône et Rhin, il faut 4 à 5 jours pour rallier Strasbourg à Marseille (soit 10 fois plus de temps que par le rail)], l'inadaptation au transport de conteneurs, les inconvénients écologiques ; travaux importants : pompage dans les rivières environnantes et dans le Rhin aussi (ce qui n'est plus légal depuis la loi sur l'eau de 1992) pour alimenter le cours qui manque d'eau en été ; pour permettre le passage de convois de barges : couper des méandres, repousser les rives, construire des digues et bâtir des écluses de 7 à 24 m de haut. **1997**-*27-4* : 10 000 manifestants à Montbéliard contre le projet. Dominique Voynet (ministre de l'Environnement) annonce son abandon. *-18-7* Lionel Jospin (PM) le confirme.

■ **Rhône (aménagement du).** Aménagement de 522 km non navigables : 187 km de la frontière suisse à Lyon (Haut-Rhône) et 335 km entre Lyon et la mer (Bas-Rhône) pour énergie hydraulique, navigation et irrigation. **Haut-Rhône.** Il existait autrefois un service de bateaux à vapeur pour voyageurs (3 mois par an ; dura peu) et un trafic de marchandises. Ces transports s'effectuaient sur des bateaux à fond plat (*rigues*). Malgré des aménagements (construction de barrages), les transports ont pratiquement disparu. **1840-70** des travaux (pour concentrer les eaux d'étiage et moyennes dans un bras principal) provoqueront un basculement du lit et de fortes érosions. **1850-60** construction du canal de Miribel (20 km). **Après 1870** aménagement pour la navigation à courant libre. Le mouillage à l'étiage assuré en moyenne 340 j par an passe de 0,80 m à 1,60 m en 1893. **1880** dérivation éclusée de Sault-Brénaz, canal de 1 680 m, écluse de 160 × 16 m rachetant une chute de 2,40 m à l'étiage. **1892** dérivation du canal de Jonage [(nom d'une agglomération) 18 km, 2 écluses de 165 × 16 m)], pour produire de l'énergie électrique. **1893-1921** des travaux améliorent les mauvais passages mais apparaissent insuffisants pour obtenir une profondeur de 3 m sur un chenal assez large. On construit alors des barrages avec dérivations (largeur min. de 60 m au plafond, rayons de courbure inférieurs à 800 m, profondeur minimale de 3 m). **1921** une loi prévoit la création d'un organisme régional qui réaliserait simultanément l'aménagement hydroélectrique du Rhône français, l'amélioration d'une voie navigable et l'extension des irrigations de la vallée. **1933**-*27-5* création de la Compagnie nationale du Rhône (CNR). **1934**-*5-6* la CNR reçoit la concession et l'aménagement du Rhône et l'exploitation des futurs ouvrages. Elle s'attaque à l'aménagement de la partie centrale (Valence/Pont-St-Esprit) où la navigation est la plus difficile et l'irrigation la plus nécessaire. **1948** mise en service du barrage-central de Génissiat décidé en 1935 (hauteur 104 m, retenue de 23 km, productibilité de 1,7 milliard de kWh/an) et de Seyssel (7 m de chute, productibilité de 150 millions de kWh). **1952** naissance de Donzère-Mondragon, plus de 2 milliards de kWh produits par an, ce qui correspond à la consommation domestique annuelle d'électricité de la ville de Lyon. **1957** mise en exploitation de Montélimar. **1960** Baix-le-Logis-Neuf. **1963** Beauchastel. **1967** Pierre-Bénite. **1968** Bourg-lès-Valence. **1970** Vallabrègues. **1983** aménagement de la section Brégnier-Cordon-aval de Seyssel. **1986** achèvement du barrage de Sault-Brénaz et de l'aménagement hydroélectrique du Haut-Rhône. **Bas-Rhône.** Utilisé à l'état naturel jusqu'au début du XIXe s. avec des bateaux halés. **1970-80** travaux complétés par le raccordement à grand gabarit du port de Fos en 1980. **1971** Saint-Vallier. **1973** Avignon. **1975** Caderousse. **1977** Péage-de-Roussillon. **1980** achèvement de Vaugris et de l'aménagement hydroélectrique du Bas-Rhône. **1981** Chautagne. **1982** Belley. **1991** tirant d'eau porté à 4,25 m entre Arles et la mer.

Le Rhône aménagé : 18 aménagements mixtes (19 barrages, canaux de dérivation, usines hydroélectriques, écluses et ouvrages de drainage ou d'irrigation) alimentant 19 centrales hydroélectriques, 6 en amont, 13 en aval de Lyon. Production d'électricité en année moyenne : 16 milliards de kWh, soit 25 % des possibilités hydroélectriques françaises, 3 % de la production française totale d'électricité, 200 000 ha irrigués, 45 000 protégés des crues. Rhône navigable de Lyon à la mer (330 km). 13 biefs de 25 km de moyenne séparés par 12 écluses de 195 m × 12 m (mouillage de 3,50 m, tirant d'air de 7 m) accessibles aux automoteurs de 1 500 t et convois poussés de 5 000 t. 30 sites industriels et portuaires aménagés sur 1 000 ha en bordure de fleuve, dont le port de Lyon Édouard-Herriot : 100 000 m² d'immobilier d'entreprise gérés.

■ **Seine.** Canalisée (fin XIXe s.) ; à grand gabarit (1960-70) ; aménagée : 19 barrages (6 en aval de Paris, 13 en amont) doublés d'écluses. Sans ces barrages, la Seine aurait dans Paris moins de 1 m d'eau (au lieu de 4 m) pendant 6 mois chaque année. Les affluents de la Seine (Oise, Aisne, Marne, Yonne) sont aussi canalisés.

Seine-Nord (canal). *Projet* de mise à grand gabarit du canal latéral à l'Oise entre Compiègne et Noyon, et réalisation d'un nouveau canal entre Noyon et le canal Dunkerque-Escaut (longueur prévue : 105 à 135 km) ; concertation sur le choix de fuseaux en 1997 : Compiègne - canal Dunkerque-Escaut. Décision prévue en 2001 de la poursuite des études sur le fuseau choisi. *Études préliminaires* : de 1995 à 97. *Coût* : 15 milliards de F (est. 2000). *Trafic estimé* : 13 millions de tonnes (vers 2015). *Mise en service* : 2010.

Seine-Est. Études sur la liaison Seine-Moselle par l'Oise et par Reims (300 km) : projet estimé au minimum à 40 milliards de F.

Trafic

Généralités

■ **Comparaisons** (par tonne/kilomètre). **Prix de revient :** convoi poussé ou automoteur de 38,50 m : 3 à 9 centimes ; train complet SNCF : 14 centimes ; camion : 23 centimes. Une unité de barges (5 000 t) transporte l'équivalent de 250 camions et de 24 trains. Le transport fluvial peut assurer sur de longues distances le transport de masses lourdes et indivisibles (exemple : cuve de centrale nucléaire). **Chargement des convois.** Les plus importants : *USA* environ 70 000 t sur le Mississippi inférieur. *Europe de l'Ouest*, sur le Rhin 6 000 t avec encombrement de 185 × 22,80 m. Des essais ont été faits avec des convois de 261,50 × 22,80 m de 10 000 t. **Vitesse** (moyenne). *Sur fleuve* : descente 15 km/h, remontée 12 (sur route 50). *Sur canal* : limitée à 9 km/h pour éviter la détérioration des berges.

Dans le monde

■ **Transport de marchandises** (en milliards de tonnes/km, 2000. *Source* : OCDE). USA 520,7 ; Japon 220 ; All. 62,7 ; P.-Bas 40,7 ; *France 7,1* ; Belgique 5,9 ; Finlande 3,1 ; Autriche 2,2 ; République tchèque 0,9 ; Luxembourg 0,3 ; G.-B., Italie 0,2 ; Suisse 0,1.

■ **Part du trafic fluvial européen** (en %, 1999). P.-Bas 35, All. 20, Belgique 13, *France 3*.

☞ **Au départ de Rotterdam** (Pays-Bas), un camion met 18 h pour relier Vienne (il faut 9 j par les voies navigables), 20 h pour Bratislava (10 j), 24 h pour Budapest (12 j).

En France

Trafic

■ **Volume du trafic international en France** (en millions de tonnes et, entre parenthèses, en %). *1995* : 29,7 ; *96* : 27,8 ; *97* : 27,2 (54,7) ; *98* : 27 (53,1) ; *99* : 28,6 (52). **Répartition** (en millions de tonnes, 2000. *Source* : VNF). **Exportations :** *total* : 17,6 dont Allemagne 7,1, P.-Bas 5,7, Belgique 3,3, Suisse 0,9, Luxembourg 0,02. **Importations :** *total* : 12 dont P.-Bas 5,7, Belgique 3,9, All. 2,1, Suisse 0,03, Luxembourg 0,001, autres 0,04.

■ **Trafic global** (tonnage en millions de t et, entre parenthèses, tonnage kilométrique en milliards de km). *2000* : 72,5 (9,4) dont fluvial français 58,67 (7,26), rhénan 12 (1,85), fluvio-maritime 1,8 (0,3). **Évolution du trafic fluvial français** (sauf transit rhénan). *1900* : 32,4 (4,7) ; *10* : 34,6 (5,2) ; *20* : 23,3 (3,2) ; *30* : 53,3 (7,3) ; *50* : 42,6 (6,7) ; *60* : 68 (10,8) ; *70* : 110,4 (14,2) ; *80* : 92,2 (12,15) ; *85* : 64,1 (8,4) ; *90* : 66,1 (7,9) ; *95* : 54,9 (5,9) ; *96* : 50,7 (5,7) ; *97* : 49,5 (5,7) ; *98* : 50,8 (6,2) ; *99* : 55 (6,83) [dont *intérieur* 26,4 (part du pavillon français 93 %)] ; *2000* : 58,7 (7,26) [dont *intérieur* 27]. **Ventilation du trafic :** importations 13 (1,36), exportations 19 (1,76), intérieur 27 (4,14). *Total 59 (7,26)* dont pour le trafic intérieur : compagnies 4,1 (0,9), artisans et PME 12,5 (2,2), étrangers 8,4 (1,2). **Principaux marchés de la voie d'eau** (en 2000) : minéraux bruts et mat. de construction 25 (2,37), prod. agricoles et alimentaires 12,14 (2,03), pétroliers 6,13 (0,7), charbon 5,5 (0,78), autres prod. 9,9 (1,37). *Total 58,67 (7,26)*.

■ **Ports les plus fréquentés** (en millions de t). **Paris** *1974* : 38,82 ; *80* : 29,41 ; *90* : 21,98 ; *95* : 20,3 ; *96* : 18 ; *97* : 16,3 ; *98* : 18 ; *99* : 19,7 dont chargements 12,1, déchargements 7,6 [port autonome : 300 installations portuaires dont 230 ports privés sur 500 km de voies navigables de l'Ile-de-France. 1 000 ha de zones portuaires aménagées. 1 000 000 m² d'entrepôts ; chiffre d'affaires (1999) : 320 millions de F, 1er port français, 2e port européen après Duisbourg (All.). En projet : port de Vigneux-sur-Seine (Essonne), 120 ha achetés pour 80 millions de F] ; *2000* : 19,8 (7,2/12,6). **Strasbourg** *1974* : 15,81 ; *80* : 12,62 ; *90* : 10,65 ; *95* : 9,3 ; *97* : 8,6 ; *98* : 9,4 (dont chargements 7,9, déchargements 1,5) ; *99* : 9,5 (7,7/1,8) ; *2000* : 10,8 (8,9/1,9). **Le Havre** *1974* : 4,36 ; *80* : 7,45 ; *90* : 2,4 ; *95* : 3,2 ; *97* : 3 ; *98* : 3,2 (2,2/1) ; *99* : 4,4 (2,9/1,5) ; *2000* : 4 (2,7/1,3). **Ottmarshein** *1997* : 2,8 ; *98* : 2,9 (1,9/0,9) ; *99* : 2,4 (1,6/0,8) ; *2000* : 2,8 (1,8/1). **Rouen** *1974* : 9,4 ; *80* : 9,65 ; *90* : 2,64 ; *95* : 2,8 ; *97* : 2,7 ; *98* : 2,7 (1,5/1,2) ; *99* : 4,1 (2,1/2) ; *2000* : 3,5 (1,9/1,6). **Mondelange-Richemont** *1997* : 2,5 ; *98* : 1,8 (0/1,8) ; *99* : 1,6 (0/1,6) *2000* : 1,3 (0/1,3). **Thionville-Illange** *1974* : 4,32 ; *80* : 4,36 ; *90* : 4,11 ; *95* : 2,5 ; *97* : 2,3 ; *98* : 2,5 (0,5/2) ; *99* : 2,9 (0,6/2,3) ; *2000* : 3,5 (0,7/2,8). **Metz** *1985* : 1,41 ; *91* : 1,45 ; *95* : 1,9 ; *97* : 2,2 ; *98* : 2,1 (2,1/0) ; *99* : 2 (1,9/0,1) ; *2000* : 2,1 (2/0,1). **Dunkerque** *1974* : 3,59 ; *80* : 4,18 ; *90* : 1,53 ; *95* : 1,8 ; *97* : 1,4 ; *98* : 1,6 (1,3/0,3) ; *99* : 1,4 (1,1/0,3) ; *2000* : 1,4 (1,1/0,3). **Poses** *1998* : 1,6 (0,9/0,7) ; *99* : 1,6 (1/0,6) ; *2000* : 1,7 (1/0,7). **Mulhouse** *1997* : 1,1 ; *98* : 1,4 (0,4/1) ; *99* : 1,5 (0,4/1,1) ; *2000* : 1,6 (0,5/1,1).

■ **Tarifs du transport de marchandises. Droit d'accès au réseau.** Transports publics de marchandises générales y compris conteneurs et marchandises spécialisées au 1-1-2000, tarifs libres en France.

■ **Lignes régulières de conteneurs existantes et nombre de conteneurs transportés en 2000** (en EVP). **Seine** (Gennevilliers-Limay-Rouen-Le Havre) 32 675, **réseau du Nord** (Lille-Dunkerque) 45 560, **Rhône** (Fos-Lyon-Mâcon-Chalon-sur-Saône) 2 609, **Rhin** 120 253. **Moselle :** 1 301.

■ **Flotte de transport fluvial** (en 2000). 1 023 entreprises, 1 871 bateaux porteurs, 1 245 482 t.

■ **Batellerie en 1998. Entreprises :** *nombre* : 1 116 ; *effectifs* (en 1999) : 2 734 (dont salariés 1 794, artisans 940). **Chiffre d'affaires :** 1,5 à 2 milliards de F.

■ **Parc fluvial en 2000 et,** entre parenthèses, **en 1990. Marchandises** *solides* : barges 687 (714), automoteurs 1 056 (2 182) ; *liquides* : barges 65 (64), automoteurs 63 (118). *Total 1 871 (3 078)*.

■ **Durée de trajets.** Gennevilliers-Le Havre 30 h, Lyon-Marseille : 20 h ; Lille-Dunkerque : 15 h ; Strasbourg-Rotterdam : 48 h.

Transport des passagers

■ **Évolution. 1783**-*15-7* le *Pyroscaphe*, 1er bateau à vapeur et à roue du Mis de Jouffroy d'Abbans (Écully 1751-1832) sur la Saône à Lyon, de l'archevêché à l'île Barbe. **Début XIXe s.** une dizaine de compagnies de navigation [*gondoles* à vapeur, *hirondelles, paquebots* de la Saône exploitent la ligne Chalon-sur-Saône/Lyon (8 h pour descendre, 12 h pour remonter)]. **XIXe s.** de nombreux transports en commun des voyageurs sont assurés par *coches d'eau* (grand bateau couvert ; exemple : celui du Paris-Montereau, 400 personnes), *carrosses d'eau* (avec 3 chambres de classes différentes), *galiotes* (18 à 20 m de long, 4 m de large, avec 4 banquettes dans le sens de la longueur, 80 à 100 passagers). Le trajet Paris-Rouen s'effectue en voiture de Paris à Maisons-Laffitte, puis de là en bateau à roues (*tarifs* : 12 F et 9 F). Des bateaux-postes accélérés avec chevaux de halage lancés au galop vont de Meaux à Paris à plus de 16 km/h. Sous la Restauration apparaissent des compagnies de navigation à vapeur : les *Gondoles,* les *Messageries royales,* les *Abeilles* et les *Mouches* (Marseille). Sur la Loire, *Paquebots,* et *Inexplosibles* de la haute et basse Loire. Sur la Somme, les *Jumeaux* entre Amiens et Abbeville. La vapeur permet d'augmenter la vitesse (Paris-Auxerre en 32 ou 33 h), mais le chemin de fer s'impose bientôt. **1863** Émile Plasson et Chaize exploitent sur la Saône, à Lyon, entre la Mulatière et Vaise, 5 bateaux « Mouche » (assemblés aux chantiers navals de la Félizate, quartier de la Mouche). *Tarif* : 15 centimes (puis 10). **1864**-*10-7* naufrage d'une « Mouche », 32 †. **1867** É. Plasson fonde à Paris une affaire similaire sur la Seine avec 30 bateaux construits par les chantiers lyonnais de la Buire. **1878** construction des *Hirondelles* à Argenteuil par les usines et chantiers de la Seine (coque en fer, 100 chevaux-vapeur).

■ **Région parisienne.** *Service touristique par bateaux à passagers* (10 km/h) rétabli en 1983, sur le canal de l'Ourcq de Paris à Meaux. Navette depuis 1989 d'avril à octobre, toutes les 25 min. Tour Eiffel, Musée d'Orsay, St-Germain-des-Prés, Notre-Dame, Hôtel-de-Ville, Louvre, Champs-

Élysées. *En 2000,* 6 bateaux. *Forfait* 1 j 65 F, 2 j 80 F, année 250 F, carte orange 45 F. *Nombre de passagers : 1996 :* 121 000 ; *99 :* 240 000. *Projet :* flotte de 20 bateaux (6 escales), navette toutes les 25 min. **1998** nouveaux bateaux avec forfaits plus attractifs. Trafic tourisme du Port autonome de Paris : 6 millions de passagers (1er port de tourisme au monde).

Tourisme fluvial en France

■ **Statistiques. Chiffre d'affaires** (en millions de F, 1999) : 1 120 dont bateaux passagers 870 ; location 250. **Bateaux ayant acquitté le péage** (en 1997) : 15 144 dont professionnels 1 832, privés 13 312. **Sociétés :** 322. **Bateaux professionnels :** 2 310 (bateaux passagers et bateaux hôtels 370). **Passagers :** 8 000 000. **Embarcations particulières :** 20 000. **Ports et haltes nautiques :** 472 (dont ports de + de 20 places 147), places 10 000. **Principaux ports de tourisme :** Paris environ 4 000 000 de passagers, Strasbourg environ 600 000 passagers. **Quelques exemples d'activité, nombre de passages de bateaux de plaisance** (en 2000) : Carcassonne (canal du Midi) 6 559, Gambsheim (Rhin) 4 612, Jaugenay (Rhin) 2 184, Couzon (Saône) 2 265, Saint-Jean-de-Losne (canal de Bourgogne) 2 077, Mortes (canal du Nivernais) 1 789, Champagne (Haute-Seine) 1 763, Moret-sur-Loing 1 445.

Conditions de navigation

■ **Dimensions admises pour les bateaux. Voies navigables de la Manche à la Méditerranée, du Nord et de l'Est :** *longueur :* 38,50 m ; *largeur :* 5 m ; *tirant d'eau :* 1,80 m (canal du Nivernais 30 m, 1,20), *d'air :* 3,50 m (mât à rabattre le cas échéant) ; souterrain de Pouilly-en-Auxois, canal de Bourgogne 3,10 m ; canal du Nivernais 2,50 m. **Canal du Midi :** 30 m × 5,50 m ; *tirant d'eau :* 1,60 m, *d'air* dans l'axe : 3 m ; sur les bords : 2 m. **Canal latéral à la Garonne :** *longueur :* 38,50 m ; *largeur :* 5,80 m ; *tirant d'eau :* 1,60 m, *d'air :* dans l'axe du bateau 3,50 m, sur les bords 2,50 m. **Canal reliant Manche/océan Atlantique entre St-Malo et Nantes :** 25,80 × 4,50 m ; *tirant d'eau :* 1,20 m, *d'air :* 2,50 m. **Canal Nantes à Brest en Finistère** (de Carhaix à Châteaulin) : 26 m × 4,60 m ; *tirant d'eau :* 0,80 à 1,40 m, *d'air :* 3,50 m. **Maine, Mayenne, Oudon, Sarthe :** 30 m × 5 m ; *tirant d'eau :* 1,40 m (Maine : 1,60 m), *d'air :* 3 à 4 m suivant sections.

■ **Arrêts et restrictions de navigation.** *Cas de sécheresse prolongée* (tirant d'eau réduit ou interruption totale) ; *période de crue* (forte pluviosité, fonte des neiges) ou *de glace* (surtout dans le Nord et l'Est) ; *périodes de « chômage » ; travaux.*

■ **Horaires de fonctionnement des écluses.** *1er oct. au 30 nov. :* 7 h-18 h. *1er déc. au 31 janvier :* 7 h-17 h 30. *Février :* 7 h-18 h. *Mars :* 7 h-19 h. *1er avril au 30 sept. :* 6 h 30-19 h 30. *Seine :* de Port-à-l'Anglais (Val-de-Marne) à Cléon (Seine-Maritime). *Oise :* toute l'année 24 h sur 24, entre Rouen et la limite de la mer (confluent de la Risle), navigation de plaisance interdite la nuit. *Rhône :* à l'aval de Lyon, toute l'année de 5 h à 21 h. *Canal du Midi, canal de Bourgogne :* horaires selon les saisons. **Interruption sur tout le réseau :** Noël, Pâques, 11 nov., 1er mai et 14 juillet ; *certaines voies :* Pentecôte, 1er nov., 1er janvier. **Passages de bateaux de plaisance** (en 2000) : écluse de Carcassonne (canal du Midi) 6 559, Gambshein (Rhin) 4 612, Couzon (Saône) 2 265, Champagne (Haute-Seine) 1 763, Moret-sur-Loing 1 445, Messein (canal de l'Est) 943, Armentières (La Lys)) 644.

■ **Vitesse des bateaux à propulsion mécanique** (en général en km/h). **Règlements particuliers :** fleuves et rivières : 10 à 25 ; canaux et dérivations de rivières canalisées : 6 à 10 ; Rhône : 35 ; Basse-Seine : 18 [du pont périphérique aval (point km 8,79) au point km 233] et 12 [du point km 233 au pont Jeanne-d'Arc à Rouen (point km 242,4)].

Plans d'eau en France

■ **Surface totale.** *187 710 ha (1 877 km²)* aménagés ou aménageables pour la navigation de plaisance, dont Aquitaine 61 784, Rhône-Alpes 38 396, Languedoc 23 250, Pays de la Loire 10 453, Provence–Alpes-Côte d'Azur 8 349, Auvergne 6 123, Midi-Pyrénées 5 245, région parisienne 4 856, Limousin 4 705, Champagne 4 345, Bretagne 4 240, Franche-Comté 3 430, Bourgogne 2 874, Lorraine 2 579, Alsace 2 438, Centre 2 000, Nord 791, Haute-Normandie 671, Basse-Normandie 581, Picardie 390, Poitou-Charentes 210.

■ **Principaux plans d'eau** (en 1992, superficie en ha et, entre parenthèses, nº du département). Lac Léman (partie française) 23 400. Étang de Berre 15 530 (13). Lac de Carcans-Hourtin 6 000 (33). Étang de Salses et de Leucate 6 000 (66). Lac de Cazaux-Sanguinet 5 608 (33). Lac du Der-Chantecoq 4 800 (51). Bassin de Thau 4 500 (34). Lac du Bourget 4 462 (73). Étang de Bages et de Signan 3 800 (11). Plan d'eau sur la Loire 3 750 (49). Biscarosse 3 500 (40). Lac de Savines 3 000 (05). Retenue de Serre-Ponçon 2 835 (05). Lac de Ste-Croix 2 800 (04). Lac d'Annecy 2 700 (74). Lacanau 2 620 (33). Plan d'eau sur la Loire 2 500 (49). Lac de St-Cassien 2 500 (83). Lac de la forêt d'Orient 2 300 (10). Usine de la Rance 2 200 (35). Lac du Temple 2 000 (10). Rhône vif 2 000 (30). Barrage de Vouglans 1 600 (39). Bort-les-Orgues 1 400 (15). Étang de Layrolles 1 300 (11). Pareloup 1 259 (12). Barrage de Salagou 1 100 (34). Lac de Vassivière 1 100 (23). Retenue de Gabarit-Grandval 1 070 (15). Sarrans 1 000 (15). Grandval 880 (15). Retenue de Castillon 880 (04). Soustons 760 (40). Stock 750 (54). Retenue du Chastang 750 (19). Lac d'Aiguebelette 750 (73). L'Aigle 725 (15). Gondrexange 670 (54). Mt-Cenis 668 (73). Barrage de Monteynard 657 (38). Chambon-Eguzon 620 (36). Der-Champaubert-aux-Bois 617 (51).

■ **Organismes. Association française des ports intérieurs (AFPI).** *Créée* juin 1994. *Pt :* Bernard Pacory. *Adhérents :* 15 ports dont Strasbourg, Lille, Mulhouse. **Bureau de la Navigation de la Seine :** 2, quai de Grenelle, 75732 Paris Cedex 15. **Commission de surveillance de Paris :** 24, quai d'Austerlitz, 75013 Paris. **Féd. française des ports de plaisance :** 9, rue Léopold-Robert, 75014 Paris. **Voies Navigables de France :** 175, rue Ludovic-Boutleux, BP 820, 62408 Béthune Cedex.

■ **Redevance d'occupation du domaine public.** Exemples : *Paris intra-muros :* péniche amarrée dans la zone Debilly, près du Trocadéro : 4 100 F/mois. *Port de l'Arsenal* (port de plaisance, en 2000) : 41 à 333 F/nuit (selon taille et saison). A l'année : moins de 6 m de long et 2,50 m de large : 10 556 F ; de 20 à 25 m de long et 4,50 m de large : 56 994 F (en occupation annuelle, les plaisanciers doivent quitter le port avec leur bateau au moins 21 j, consécutifs ou non, tous les ans).

☞ **Bateaux-logements :** près de 1 000 sur le bassin de la Seine dont Hts-de-Seine plus de 400, Paris intra-muros environ 150. *Coût d'un bateau non aménagé :* 100 000 à 400 000 F ; *transformé en habitation* (190 m²) environ) : jusqu'à 2 millions de F.

Réglementation en eaux intérieures

■ **Immatriculation.** Auprès d'une des commissions de surveillance. Obligatoire pour bateaux affectés au transport de marchandises dont le port en lourd est supérieur à 20 t métriques et pour ceux dont le déplacement est supérieur à 10 m³.

■ **Infractions.** De 600 F à 40 000 F d'amende ; de 10 j à 1 an d'emprisonnement.

■ **Inscription en plaisance.** Obligatoire pour bateaux avec moteur de 6 CV et plus (décret du 20-8-1991) ou d'une longueur de 5 m et plus (arrêté du 25-9-1992). Le numéro inscrit sur la coque est précédé des lettres de la ville où siège la Commission de surveillance (LI : Lille, NY : Nancy, PA : Paris, TO : Toulouse, STC : Strasbourg, NT : Nantes, LY : Lyon, RO : Rouen, NE : Nevers, BD : Bordeaux).

■ **Permis de navigation.** Délivré après une visite effectuée par un délégué de la Commission de surveillance aux bateaux (moteur de 10 CV et plus pour bateaux de plaisance et autres bateaux de marchandises et passagers) qui souhaitent naviguer sur les voies d'eaux intérieures.

■ **Jaugeage.** Doit déterminer le déplacement maximal admissible d'un bateau et les déplacements à des plans de flottaison donnés. Le jaugeage des bateaux destinés au transport de marchandises peut permettre de déterminer le poids de la cargaison d'après l'enfoncement.

■ **Permis de conduire** (certificat de capacité). En sont dispensés les conducteurs de bateaux non habitables (de moins de 5 m de long à moins de 20 km/h), âge min. 16 ans sauf dérogation. **Équivalents :** certificat international de capacité des conducteurs de bateaux de plaisance ; certificat établi par un pays étranger ayant conclu avec la France un accord spécifique ; patente de batelier du Rhin. **Aptitude physique :** conditions identiques à celles de la *carte mer* (voir p. 1436 c). **Catégories :** *C :* coche de plaisance (longueur ⩽ 15 m, vitesse de moins de 20 km/h), âge min. 16 ans. *PP :* péniche de plaisance (plus de 15 m, 20 km/h), 18 ans min. *S :* bateau de sport (conçu pour pratiquer une activité sportive, plus de 20 km/h), 16 ans min. *A :* bateau automoteur, remorqueur, pousseur isolé, pousseur menant un convoi de 55 m de long max. et 11,40 m de large max., 17 ans et demi min. *R :* bateau effectuant une opération de remorquage, 18 ans min. *CP :* pousseur menant un convoi de plus de 55 m de long et 11,40 m de large, 18 ans min. *MD :* bateau transportant des matières dangereuses, 20 ans min. *P :* bateau transportant des passagers, 20 ans min. **Épreuves :** *théoriques* (de connaissance des eaux intérieures, de la navigation, de la sécurité), *pratiques* (variant selon le certificat).

■ **Péage de plaisance.** Décret du 20-8-1991. Payable à la semaine, pour 45 j, ou à l'année, si l'on utilise les voies navigables gérées par les Voies navigables de France.

Transports maritimes

☞ Pour découvrir la sélection **Quid** des meilleurs sites Internet sur les transports maritimes, rendez-vous sur **www.quid.fr**

Abréviations : bat. : bateau(x) ; nav. : navire(s) ; pass. : passager(s) ; tb : tonneaux bruts ; teu : twenty equivalent units (evp équivalent 20 pieds) ; tjb : tonneaux de jauge brute ; tpl : tonnes port en lourd ; tx : tonneaux ; vit. : vitesse ; voit. : voiture(s).

Quelques définitions

Accastillage. Petit équipement de pont sur un bateau de plaisance (poulies, feux, taquets). **Acconier.** Exécute les opérations de chargement, déchargement et arrimage, a la garde de la marchandise sous le hangar, emploie les dockers. **Acte de francisation.** Document de douane certifiant la nationalité française et la propriété du navire, ce qui permet son hypothèque. Exigé pour les bâtiments de pêche et de commerce de plus de 2 tx de jauge, et les bateaux de plaisance de plus de 10 tx. **Affréteur.** Locataire du navire. **Ancre.** Les grosses sont à basculement des pattes ou à jas ; les petites (grappin ou chatte) n'ont pas de pièce mobile. **Angarie.** Réquisition, moyennant indemnité, des navires étrangers par un État en temps de guerre. **Armateur.** Équipe et exploite des navires pour la navigation commerciale ou la pêche. Désigne aussi le propriétaire de ce navire. **Armer.** Mettre à bord tout ce qui est nécessaire pour la navigation (équipage, matériel, vivres). **Arraisonnement.** Acte par lequel un navire de guerre demande à un navire de commerce des explications sur son pavillon, sa cargaison, sa destination, etc. Ne peut être effectué (sauf exceptions prévues par la convention de guerre) que par un navire du même pavillon. **Artimon.** Mât qui se trouve le plus sur l'arrière. **Avitailler.** Approvisionner en matériel et en vivres lors des escales.

Baleinière. Embarcation pointue des 2 bouts (comme les pirogues, pour pêcher jadis la baleine) servant au transport des passagers et au sauvetage. **Bassin de radoub.** *Le plus grand du monde :* Doubaï nº 1 largeur 102 m, longueur 525 m ; *de France :* Marseille (forme nº 10) 85 m et 465 m (profondeur 12 m), peut recevoir navires de 800 000 tonneaux. **Bordée.** Partie de l'équipage assurant le service pour un temps donné (exemple : la bordée de quart de midi à 4 h). Partie de trajet faite entre 2 virements de bord quand le voilier louvoie pour remonter au vent. Amusements des marins à terre. **Bossoir** (ou **portemanteau**). Arcs-boutants servant à suspendre les embarcations de sauvetage.

Cambuse. Lieu où l'on garde les vivres. *Cambusier :* chargé des vivres. **Carré.** Salle à manger du personnel d'état-major. **Chargeur.** Expéditeur de tout ou partie de la cargaison, client de l'armateur. **Classification des navires.** Sociétés de classification reconnues pour la délivrance des certificats de franc-bord : *American Bureau of Shipping* créé 1861-62. Bureau Veritas fondé à Anvers 1828 et à Paris depuis 1832, Sté agréée. *Lloyd's Register of Shipping*, datant de 1760, classe plus de 30 % des navires en service dans le monde, Sté agréée. **Compas.** Boussole magnétique ou gyroscopique, indiquant l'angle entre axe du navire et méridien Nord. **Connaissement et manifeste.** Reçus délivrés par le capitaine pour les marchandises reçues à bord. Le manifeste récapitule l'ensemble des connaissements. **Consignataire ou agent maritime.** Agent d'un armateur étranger chargé à la fois d'organiser l'escale du navire et de lui recruter du fret. Agent maritime collecteur de marchandises. **Courtier maritime.** Interprète, il est le seul officier ministériel vis-à-vis de la douane dans la langue étrangère pour laquelle il est agréé. **Creux.** Distance du pont continu le plus élevé à la quille.

Darse. Bassin dans un port. **Déplacement (displacement tonnage).** Poids, exprimé en tonnes métriques ou anglaises (1 016 kg), du volume d'eau déplacé par le navire. Il égale celui du navire et est donné pour la charge maximale *(déplacement en charge)* ou pour le navire prêt à prendre la mer, mais sans charge ni matière consommable, excepté l'eau des chaudières et tuyautages *(déplacement lège)*. Pour les navires de guerre, on indique le *déplacement Washington* (édicté par la conférence de Washington 1921) : déplacement du navire sans combustible ni munitions. **Désarmement.** Un navire désarmé cesse d'être exploité ; une équipe réduite assure le gardiennage. **Dunette.** Superstructure à l'arrière d'un navire, d'un bord à l'autre.

Franc-bord. Distance minimale autorisée entre le niveau de la flottaison et le pont continu le plus élevé ; les lignes

BATEAUX ET NAVIRES

■ **Bac.** *El Rey,* 16 700 t, long. 176,78 m, 376 remorques de poids lourds sur 3 niveaux.

■ **Baleinier.** *Sovietskaya Ukraina,* 32 034 tx, (46 738 tpl). Au XIXe s., voilier gréé en 3-mâts barque ou carrés, en brick ou goélette, porte au max. 7 baleinières de 29 m de long, prêtes à être affalées, avec 6 hommes (4 pêcheurs, le patron et le harponneur) qui doivent harponner l'animal. Aujourd'hui à moteur, base flottante pour une flottille d'une dizaine de chasseurs.

■ **Baleinière.** Embarcation pointue des 2 bouts (comme les pirogues, pour pêcher jadis la baleine) servant au transport des passagers et au sauvetage.

■ **Bananier.** Cargo spécialisé et aménagé pour transport des bananes. 4 000 t. 15 à 16 nœuds. Cales à 12 °C. Remplacés par navires polythermes ou porte-conteneurs.

■ **Barges.** Sans équipage, remorquées, poussées par des remorqueurs ou pousseurs de haute mer.

■ **Barque.** XVIIe s., nom des bateaux à voile latine. XVIIIe s., petit bâtiment armé ou allégé. XIXe s., petits bateaux de pêche. Fin XIXe s., apparition des grands 3-mâts carrés (voiles carrées) ou barque (sans voile carrée à l'artimon, mais avec une brigantine) qui prennent le nom de 3-mâts barque, 4-mâts barque et jusqu'à 7 mâts. Aujourd'hui, en général, petites embarcations de quelques mètres.

■ **Billyboy.** Navire de charge, à voile, des XIXe et XXe s.

■ **Bisquine.** Voilier de pêche typique de la baie du Mont-Saint-Michel. Trois mâts : misaine, grand mât et tapecul.

■ **Bombarde.** XIXe s., navire de Méditerranée. Environ 20 m, bas sur l'eau, voiles carrées, à l'artimon parfois voile à corne ou latine.

■ **Boutre.** Bateau arabe de 15 à 30 m.

■ **Brick.** Voilier du XVIIIe et XIXe s., 2 mâts à voile carrée sur plusieurs étages de vergues. A l'avant, long beaupré et plusieurs focs et à l'arrière brigantine. 20 à 35 m de long. Charge : 150 à 300 tx. Le brick de guerre porte 18 à 22 caronades.

■ **Brigantin** (de *brigante,* brigand). Voilier à 2 mâts, petit brick-goélette. Vaisseau destiné à la course.

■ **Brise-glace.** *Ermak*, construit en 1898 en G.-B. pour la Russie, 97 × 22 m, 9 500 ch. *Oden,* capable de briser une glace épaisse de 1,80 m et d'ouvrir un chenal de plus de 29 m de large. *Rossiya* (1985), soviétique, 25 375 t, 140 m, moteurs nucléaires de 7 500 ch. *Brise-glace polaire de classe 8,* 194 m, 100 000 ch., pour le gouvernement du Canada en oct. 1985. *Manhattan* (transformé), 152 400 t, 307 m, proue blindée de 20 m de long. *Vaygach* (1988), 20 480 t, 150,20 × 29,20 m, tirant d'eau 8,10 m, 1 réacteur nucléaire, 2 turbines à vapeur (52 000 ch.), 18,50 nœuds, 142 hommes. *Lénine* (1959) 1er brise-glace nucléaire en Russie. *Arktika* (août 1977) navire nucléaire russe 1er à atteindre le pôle Nord après 7 jours dans des glaces de 3 m d'épaisseur.

■ **Caboteur.** Le petit cabotage, ou bornage, était pratiqué par les lougres, goélettes, tartanes, pinques, etc.

■ **Caïque.** Voilier de pêche traditionnel d'Yport et Étretat. Long. 8 à 10 m, larg. 3 à 3,50 m.

■ **Canot.** Embarcation non pontée à la voile ou aux avirons.

■ **Caraque.** Du Moyen-Age au XIXe s., voiles carrées et latines associées. Lourd vaisseau. En général, 3-mâts portant une misaine et une grand-voile carrée et un artimon latin et une civardière. *Santa-Maria* (1492) 23 × 6,70 m, 3-mâts, tirant d'eau 2,80 m, équipage 90 hommes. *Henry-Grâce-à-Dieu* (1514) lancé en G.-B., 1 000 tonneaux, 150 canons. *Grande-Françoise* (1533) construite au Havre, 2 000 tx, tirant d'eau trop important, ne put jamais franchir le seuil du port, démolie sur place.

■ **Caravelle.** XIIIe s., petit caboteur. XVe s. 20 à 40 m et plus. Caravelle de 6 canons : 38 × 10,50 m, tirant d'eau 4 m, surface de voile 700 m², équipage 90 hommes.

■ **Car-ferries, ferry-boats.** Transbordeurs. Effectuant des liaisons courtes (200 à 300 milles) à environ 20 nœuds. Il y en a environ 2 900 dans le monde. **1er ferry lancé :** *Leviathan* (1849), 417 t (pour la traversée du Firth of Forth en Écosse, 9 km) avec 34 wagons. **Sécurité :** *depuis 1991 :* 36 collisions significatives en Manche. *1995-28-9* accord international sur la sécurité des ferries signé par 152 pays. Les armateurs ont jusqu'à 2003 pour s'y conformer : 40 mesures adoptées par l'Organisation maritime internationale (OMI), dont l'introduction de portes transversales pour garantir l'étanchéité du pont des véhicules. **Le plus grand :** *Silja-Serenade* (1990), 56 000 tx, 203 × 31,50 m, 2 500 passagers et 450 voitures (entre Helsinki et Stockholm). Conçu par Stena Rederi [le *HSS (High Speed Service)*], long. 124 m, larg. 40 m, 4 turbines à gaz assurant la propulsion, par l'intermédiaire de 4 turbines à eau orientables (2 à l'arrière de chaque coque), vitesse : 35 à 40 nœuds (64 à 74 km/h), coût unitaire : 560 millions de F ; 5 prévus dont le 1er assure la liaison Holyhead/Dun Laoghaire depuis 1996. **France :** *Danielle-Casanova* (1989, Chantiers de l'Atlantique) 165 × 27,40 m, capacité : 2 436 passagers, 800 voitures. *Sea-Cat* long. 74 m, 36 nœuds, 577 passagers, 88 véhicules, Boulogne-Folkstone 55 min.

■ **Cargo.** De *cargo-boat,* bateau de charge. Destiné au transport de marchandises. *Berge Stahl* (lancé 5-11-1986), minéralier, 364 767 tpl, 343 × 63,50 m, construit en Corée du Sud pour Sig Bergesen (Norvège). **Cargo mixte :** aménagé pour recevoir en sus quelques passagers.

■ **Catamaran.** 73 × 27 m. 4 du même type de la Cie Overspeed (filiale de British Ferries), liaison Boulogne-Douvres (45 min) : 450 passagers et 80 voitures. *Sea Lynx II,* long : 77,5 m ; 250 t ; 4 moteurs 4 230 kW ; Dieppe-Newhaven (2 h) ; 70 km/h ; 640 passagers, lancé par Stena Sealink (Suède). *HSS (High Speed Service),* 124 m, 70 km/h, 1 500 passagers, 375 voitures, lancé en 1995 par Stena Sealink.

■ **Chaland.** Embarcation fluviale halée par des chevaux (2 km/h), tirée à col d'homme (600 m/h) ou par un remorqueur. 38,50 × 5 m, tirant d'eau 3 m.

■ **Chaloupe.** A l'origine, embarcation de service des grands vaisseaux de guerre. Long. 9 à 13 m, larg. 1,50 à 2 m, creux de 0,60 à 0,80 m.

■ **Chalutier.** Navire pêchant au moyen d'un chalut : côtier (15 à 20 m), hauturier (20 à 50 m), grande pêche (plus de 50 m). Pêche fraîche, saleur, congélateur, usine.

■ **Chasse-marée.** 3-mâts et voiles au tiers. Coque solide, ronde, pontée, à quille droite, mât de misaine avancé d'un haut mât de taillevent et tapecul. 18,45 × 6,74 m, tirant d'eau en charge 3 m, grand mât 21,60 m, de misaine 14 m et de tapecul 7,40 m.

■ **Chebec.** Voilier arabe. 3-mâts. 30 à 40 m, 300 à 400 tonneaux.

■ **Chimiquier.** Transport en vrac de produits chimiques dans des cuves en acier inoxydable. Long. 140 à 160 m, larg. 20 à 30 m. Tirant d'eau 7 à 8 m. Déplacement 30 000 à 40 000 t.

■ **Clipper.** Fin XVIIIe s., goélette surtout utilisée au cabotage. Navire favorisant la vitesse (légèreté, voilure importante, lignes d'eau en finesse, équipage réduit). 3-mâts carrés. 60 à 80 m. *Cutty Sark* 64,76 m, transformé en musée à Greenwich. *Thermopylae* 64,61 × 11 m, creux 6,40 m, jauge 991 tx.

■ **Doris.** Petite embarcation qui sert à poser et relever les lignes de pêche (cordes) de son bateau mère. 1,75 à 1,80 m.

■ **Drague.** *Prins der Nederlanden* (P.-Bas), 10 586 t, long. 142,70 m, peut draguer 20 000 t à 35 m de profondeur, en moins de 1 h.

■ **Drakkar.** A voile ou à aviron. Long. 15 à 25 m, larg. 3 à 5 m, tirant d'eau de 1 m. Équipage d'environ 40 hommes.

■ **Felouque.** Origine arabe vers le XVe s. Au XVIIIe s., 15 × 3,50 m.

■ **Ferry-boats.** *Klaipeda, Vilnius, Mukran* et *Greifsvald,* 190 × 28 m, 11 700 t, capacité de 103 wagons de 15 m, peuvent parcourir 506 km en 17 h.

■ **Gabare.** XVIe s., embarcation de service utilisée pour décharger les navires mouillés en rade.

■ **Galéasse.** Origine : Venise, XVe s. 40 à 50 m. 3-mâts. Voiles latines.

■ **Galère.** Navire de combat. Trirème : 41 × 4 m (5,50 m avec l'apostis), 120 à 150 m² de voiles. Ier s. av. J.-C., liburne légère et rapide. XIIIe s., galères anglaises à voile carrée, 25 à 36 m. XVe s., galères méditerranéennes, long. 40 à 50 m, larg. 5 à 6 m, rames maniées par un homme assis sur un banc de nage en arête de poisson. 3 rameurs par banc. XVIIe s., armées de canons. 3 catégories : sensile (ordinaire), patronne et réale (exposée au musée de la Marine de Paris, 55,95 × 7,74 m, tirant d'eau 2,54 m, 315 hommes, 1 canon coursier de 36, 2 pièces bâtardes de 8, 2 moyennes de 6, 12 pierriers).

■ **Galion.** Environ 50 m. 3 à 4-mâts. Voiles carrées à la misaine et au grand mât, voile latine à l'artimon, une civardière à l'avant. *Sovereign of the Seas :* lancé 1637, 3-mâts, 76 × 15,20 m, 100 canons sur 3 ponts.

■ **Galiote.** Petit navire de course, puis navire de charge hollandais de 50 à 300 tx.

■ **Goélette.** 2-mâts. *Belle-Poule :* lancée 1932, 37 × 7,40 m, tirant d'eau 3,65 m, déplacement 225 t, surface de voile 424 m². *Thomas-W.-Lawson :* lancée 1902, 120 m, 7-mâts. *America :* 30,78 × 6,70 m, lancée 1851.

■ **Gondole.** Bateau de Venise. Long. 9 à 12 m, larg. 1,30 à 1,70 m.

■ **Ketch.** Voiliers de plaisance. Grand mât et artimon en avant (*Yawl* si l'artimon est à l'arrière).

■ **Liberty ship** [EC2 (emergency cargo)] (1942), long. 134,90 m, larg. 17,37, tpl 10 920, puissance 2 500 ch., vit. 10 à 11 nœuds en pleine charge. Élaboré à partir d'un modèle de « tramper » britannique. En plus des cargaisons de cale (capacité : 300 wagons), beaucoup pouvaient transporter en pontée des camions, chars, avions en caisse et locomotives. 1er livré : *Patrick-Henry,* lancé 27-9-1941 (Baltimore, chantiers Bethleem Fairfield). Exemplaires construits (1941-45) : environ 4 000. Caractéristiques : déplacement 14 245 t, port en lourd 10 000 t, 134,5 × 17,30 m, tirant d'eau en charge 8,40 m, vitesse 11 nœuds. La France en acquit 75. *Durée de construction :* 47 j pour certaines séries ; coques et superstructures étaient assemblées par soudure électrique. En 1994, 2 étaient encore en état de marche.

■ **Lougre.** 3-mâts. 25 × 6,40 m, creux 3,20 m, tirant d'eau 2,72 m.

■ **Malles des Indes.** Service postal de Londres à Delhi. **XIXe s.** la Cie britannique des Indes (fondée 1600) utilisait des navires spéciaux de fort tonnage contournant l'Afrique par Le Cap. On tenta un essai par l'isthme de Suez puis l'Égypte en voiture à 2 places [mettant 113 j (navires à voile : 84 j par Le Cap)]. **1835** à la suite d'un essai de Thomas Waghorn (officier de marine), la *malle* passe par la mer Rouge. La France s'engage à lui faire exécuter le parcours Alexandrie-Marseille en 300 h (12 j et demi) et Marseille-Calais en 102 h (4 j 6 h). **1870-71** pendant la guerre, passe par Belgique-Allemagne-Italie jusqu'à Brindisi (au lieu de Marseille). **1871** trajet français est repris, embarquement à Brindisi maintenu. **1877** tunnel du Mont-Cenis ouvert (fait gagner 2 j) ; **1888-1939** devient hebdomadaire ; canal de Suez utilisé. Trajet Londres-Bombay : 16 j et demi dont 47 h pour Calais-Brindisi (soit 2 200 km) ce qui paraissait un record [train de 2 wagons (1 pour la *malle* et 1 pour la Cie internationale des wagons-lits)]. **MHD.** Propulsion par **magnétohydrodynamique :** *Yamato I* (lancé 6-7-1992 par Mitsubishi Heavy Industries), longueur 30 m, masse 185 t, 280 tpl, 11 km/h, 2 générateurs de 8 000 newtons chacun. Application d'un champ électrique et d'un champ magnétique à un courant d'eau qui, absorbé à l'avant, est expulsé vers l'arrière avec une force dépendant de l'intensité des champs.

■ **Navire frigorifique.** Peut maintenir dans ses cales une température sensiblement constante ; exemple : bananier à + 12 °C. S'il dispose d'une grande souplesse de réglage, il est alors « polytherme ». **Nef** (du latin *navis,* navire). Navire à voiles carrées. 100 tx environ.

■ **Navire océanographique.** *Astrolabe* de Dumont d'Urville (1801). *Challenger* (1872). *Calypso* ancien dragueur de mines de Cousteau. *Jean-Charcot* (lancé 1964, refondu 1983), long. 74,50 m, déplacement 2 200 t, 1er navire civil équipé du « Seabeam » (sondeur multifaisceau de 57°). Peut mettre en œuvre le *Cyana* (9 t dans l'air). *Atalante* (lancé 26-10-1990), long. 84,60 m, larg. 15,85 m, tirant d'eau 5,05 m, port en lourd 1 120 t, déplacement 3 300 t, vitesse max. 14,5 nœuds (croisière 13), 450 m² de locaux scientifiques ; autonomie de 60 j sans escale avec 59 h. à bord (dont 25 scientifiques et techniciens) ; coût : 280 millions de F ; sondeur de 130°, peut cartographier une longueur de 7 fois la profondeur d'eau (max. plus de 20 km). Peut mettre en œuvre les sous-marins *Nautile* (18 t dans l'air), *SAR* (remorqué) et *Épaulard. Marion-Dufresne* (lancé 16-3-1972), long. 112 m, larg. 18,50 m, tirant d'eau 6,30 m, vitesse 15 nœuds. Armé par la Compagnie générale maritime (CGM). Basé à la Réunion depuis 1993, faisait la liaison avec les îles australes françaises. *Marion-Dufresne II* (construit 1993-95, lancé au Havre 5-5-1995) ; coût : 556 millions de F ; 120 × 20,80 m ; 10 130 t en charge ; accueil 110 passagers, transporte 4 950 t de matériel et carburant, peut recevoir 2 hélicoptères et 1 sous-marin de 10 t. Doit pouvoir assurer des missions de 70 j. 31 laboratoires sur 640 m².

■ **Navire polaire.** *Fram* de F. Nansen, dessiné par Colin Archer, construit 1892, 34,50 × 11 m, tirant d'eau 4,58 m. *Pourquoi pas ?* de Charcot 46 × 9,20 m, tirant d'eau 4,25 m, moteur 450 ch, vitesse 7,5 nœuds, disparu le 15-9-1936.

■ **Navires à rames.** **Les 1ers bateaux** furent sans doute des troncs d'arbres et des radeaux poussés à la gaffe, puis des pirogues (creusées dans des arbres). **Phéniciens :** *pentécontore* (24 × 3,50 m, 50 rameurs) ; **égyptiens :** *gaulos* (24 rameurs, 1 voile) ; de ce mot dérivèrent *galère* et *galéasse ;* **grecs, romains, carthaginois :** *galère* à plusieurs files de rameurs (trirème ou trière 30 × 4 m, quadrirème, quinquérème ou pentière, certains navires ayant 400 rameurs). **Moyen Age : Italie, Marseille :** *liburne* (galère à un étage), *dromon* (25 à 30 rames), *pamphile* (plus grand, 2 rangs de rames, 300 h. d'équipage), *galéasse* (galère agrandie jusqu'à 50 × 9 m, armée de canons), *galères* (les avirons sortent des sabords par groupes de 3). **Scandinavie** (du VIIIe au XIe s.) : navires tirant leurs noms des figures de proues sculptées, les *drakkars* et *snekkars* (« serpents ») ; certains de 20 à 90 m, 120 rameurs, transportant 1 000 h.

■ **Navire de recherche halieutique.** Navire océanographique. *Thalassa* (1995), déplacement 2 900 t, 74,50 × 4,90 m, tirant d'eau 5,80 m, 25 marins et 25 scientifiques.

■ **Nef.** XIIe-XVIe s. Rond, lourd, élevé, 20 à 50 m.

■ **Steamship (SS).** Navire à vapeur (chauffé au charbon ou au fuel).

■ **Nuclear ship (NS).** Navire à combustible nucléaire ; peu compétitif sur le plan civil. Études notamment en All., au Japon et aux USA pour des porte-conteneurs rapides ou des sous-marins (pour exploiter le gaz sous-marin). **Allemagne :** *Otto Hahn* (1968, désarmé), 171,80 × 23,40 m, 14 200 tpl, 16 871 tjb, 15,7 nœuds. **États-Unis :** *Savannah* (1962, désarmé 1970), 166 × 24 m, 9 834 tpl, 15 585 tjb, 20,2 nœuds. **Japon :** *Mutsu* (1970, désarmé), 130 × 19 m, 2 360 tpl, 8 350 tjb, 17 nœuds. **Russie** (brise-glace, voir col. a) : *Arktika* (1974), 149,90 × 29,80 m, 4 096 tpl, 18 172 tjb. *Lénine* (1959), 134 × 28 m, 3 788 tpl, 14 067 tjb, 18 nœuds. *Otto Schmidt* n.c. *Sibérie* n.c.

■ **Paquebot** (de l'anglais *packet boat*, navire courrier). Bâtiment pouvant transporter plus de 100 passagers.

Paquebots d'autrefois. **Impératrice-Eugénie** (1865) 108 × 13,40 m, 13 nœuds. **Great Western** (1838) 64 m. **Britannia** (1840) 1 200 t, 8 nœuds. **Great Eastern** (1853-88) 210,52 × 25,19 m, 18 914 t ; servit à poser des câbles transatlantiques. **Bremen** (1857) 97 m. **Elbe** (1881) 128 m. **Campania et Lucania** (1893) 189,6 × 19,85 m, 12 952 t, vit. 20,33 nœuds et 20,45 nœuds. **Kaiser Wilhelm der Grosse** (1897) 197,7 × 20,10 m, 20 000 tx, 5 521 t, 22,5 nœuds. **Oceanic** (1899-1914) 214,57 × 20,85 m, 17 274 t, 28 000 ch, 28 500 tx, tirant d'eau 9,85 m. **Deutschland** (1900) 209 m sur 20,42 m, 5 196 t. **Celtic** (1901) 213,28 × 22,86 m, 20 880 t, 1re cl. : 347 passagers, 2e : 160, 3e : 2 350, 335 h. d'équipage. **Kaiser Wilhelm II** (1902) 215,34 m sur 21,95 m, 6 353 t. **Baltic** (1904-33) 221 m, 23 884 t. **Kaiserine Augusta Victoria** (1906) 17,50 m, 25 500 tjb. **Amerika** (1905) 22 225 tpl. **Lusitania** (1907-torpillé, coula le 5-5-1915) 236 × 26,82 m, prof. 18,50 m, tirant d'eau 10,05 m, 31 550 t, 68 000 ch., consommation 1 500 t de charbon par 24 h, 2 350 passagers (dont 1re cl. : 500). **Mauretania** (1907-35) 240,71 × 26,81 m, 31 938 t, 70 000 ch., 26 à 28 nœuds. **Olympic** (1911-35) 271,60 × 28,50 m, 30 000 ch., 45 300 t. **Titanic** (*1912* coula à son 1er voyage, voir encadré p. 1933) 46 232 t. **Le France** [mis sur cale 1909, lancé en 1910, en service en 1912 (vitesse aux essais : 24,5 nœuds), navire-hôpital 1915-17, désarmé 1934, démoli 1935] 217,63 × 23 m, tirant d'eau 9,10 m, 24 838 tjb, 45 000 tpl, 42 000 ch., 23 nœuds, 1 926 passagers (1re cl. : 534, 2e : 442, 3e : 250, entrepont 800), 600 h. d'équipage. **Imperator** puis **Berengaria** (1913-coulé 1938) 272 m, 52 022 t. **Vaterland** puis **Leviathan** (1914-coulé 1938) 54 282 t. **Aquitania** 300 m, 47 000 t. **Paris** (lancé St-Nazaire 12-9-1916, 5-6-1921 rejoint le Havre – incendie 18-4-1939) 234 × 26 m, 26 150 t, 45 000 ch., 21 nœuds. **Bismarck** puis **Majestic** puis **Caledonia** (1922-coulé 1941) 56 621 t. **Ile-de-France** (1927-59) 241,35 × 30 m, creux 21,50 m, tirant d'eau 9,75 m, 52 000 ch., 43 500 tx, 1 740 passagers. **Normandie** (1935-42) 313 m. Construit à St-Nazaire (Penhoët), lancé le 29-10-1932, voyage inaugural 29-5-1935, 313,75 × 36,40 m, tonnage 79 301/83 102, vitesse moy. 30 nœuds, salon 720 m² (plafond haut. 9,50 m), 1 972 passagers, 1 347 h. d'équipage, désarmé à New York le 6-9-1939, réquisitionné 16-12-1941 par l'armée amér. à New York, rebaptisé **La Fayette** le 1-1-1942, brûle le 9-2-1942 lors de travaux de transformation (pour le transport de troupes), chavire le 10 à 2 h 45 sous le poids de 6 000 t d'eau déversées par les bateaux-pompes, remis à flot le 27-10-1943. Jugé irréparable, vendu 161 680 $ le 3-10-1946 à un ferrailleur de New York et démoli. Il avait transporté 132 508 passagers. Un paquebot du même nom avait été lancé en 1889 (144 m, 6 500 t, 6 500 ch). **Queen Mary** lancé 26-9-1934 (1936-67, surnommé la *Old-Lady*) 314 m, hauteur 72 m, 80 774 / 81 237 t, 2 000 passagers, 1 200 h d'équipage, 28,5 nœuds, 31-10-1967 appareille de Southampton pour Long Beach (Californie) où il sera transformé en hôtel (prix 1 nuit/cabine : 100 à 400 $). **Queen Elizabeth** (1938, après refonte, incendié à Hong Kong 9-1-1972) 83 673 /82 998 t.

Paquebots récents (voir tableau p. 1899). Surtout affectés aux croisières, les liaisons régulières courtes étant assurées par des transbordeurs. Les *transmanches* ont de 2 000 à 5 000 t, les *transatlantiques* parfois plus de 80 000 t.

■ **Projet de Norman Nixon.** **Freedom,** long. 1 300 m, largeur 240 m, hauteur 100 m (25 étages), 17 000 appartements et 4 000 locaux de commerce, 80 000 habitants (65 000 résidents, 15 000 employés), 30 000 visiteurs/j., coût prévisionnel 9 milliards de $, prix des appartements de 1,4 à 340 millions de F en août 2000, date d'inauguration prévue 2003.

■ **Principales compagnies de croisière.** **Carnival,** Carnival (USA). *Compagnies :* Holland America, Costa, Windstar, Cunard, Seabourn, Carnival Cruise Lines. *Flotte :* 45 navires + 15 en construction. *CA :* 4,1 milliards de $. *Passagers :* 2,7 millions. *Employés :* 25 000. **Royal Carribean,** Royal carribean Cruise Lines, RCCL (Angl. Norv.). *Compagnies :* Celebrety Cruise, Royal Carribean International. *Flotte :* 22 bateaux + 7 en construction. *Passagers :* 2,1 millions. *CA :* 3 milliards de $. *Employés :* 17 000. **Peninsular and Oriental,** P & O (G.-B.). *Compagnies :* Princess Cruises, Aida Cruises, P & O Australia, Swan Hellenic, Seetours, P & O Cruises. *Flotte :* 18 bateaux + 9 en construction. *Passagers :* 700 000. *CA :* 2 milliards de $. *Employés :* 18 000. **Star Cruises,** Star Cruises (Singapour). *Compagnies :* Star Cruises, Norwegian Cruise Lines (NCL). *Flotte :* 19 bateaux + 3 en construction. *Passagers :* 500 000. *CA (est.) :* 1,5 milliard de $. *Employés :* 14 000.

■ **Pétroliers.** **Le plus gros sous pavillon français** (au 1-1-1990) : le *Lanistes* (lancé au Japon 1975, 36 000 ch.) 344 × 56 m, 150 806 tjb, 311 883 tpl. **France.** **Batillus** (1976), **Bellamya** (1977), **Pierre-Guillaumat** (1977) et **Prairial** (coût 570 millions de F) 414 × 63,05 m, 555 031 tpl ; haut. de la quille à la pomme du mât 74,50 m (jusqu'au pont 36 m) [tirant d'eau en charge 28,60 m ; poids à vide (lège) 77 000 t (11 fois le poids de la tour Eiffel), 37 citernes de cargaison 647 934 m³ (il fallait 40 h pour le décharger) ; capacité en combustible 14 500 t ; consommation journalière 330 t ; autonomie en combustible en pleine puissance 42 j (17 000 milles) ; propulsion par 2 groupes turboréducteurs développant chacun 32 500 ch. à 86 tours/min ; 2 hélices à 5 pales pesant chacune 51 t et d'un diam. de 8,50 m ; 2 gouvernails situés chacun derrière son hélice ; équipage 12 officiers, 26 marins], freinage sur 8 km en 25 min. Ils mettaient 40 j du Havre au golfe Persique (à 12,8 nœuds pour consommer moins), et 28 à 30 j pour le retour (à 16,2 nœuds). À 15 nœuds, ils consommaient 100 000 t de fuel pour transporter en 1 an 2,8 millions de t de brut entre le Golfe et la France, soit 25 000 t de fuel de moins qu'il n'en aurait fallu à 2 pétroliers de 270 000 t. La cargaison représentait environ 300 millions de F. Après 6 ans d'exploitation et 19 voyages, vendus à la ferraille 8 millions de $ (la baisse de la consommation de pétrole entraînant le désarmement de plus de 200 pétroliers ; les moins de 100 000 t sont mieux adaptés à la demande et aux ports actuels). **Hellas Fos** (1979), 414,23 m, 555 051 tpl. **Japon.** **Seawise Giant** [1981, ancien *Oppama* (422 018 t), rallongé de 81 m, tirant d'eau 24,60 m : le 5-10-1987 et le 4-5-1988 endommagé par attaques iraniennes ; sert comme entrepôt] 458,50 × 68,90 m, 564 763 tpl, 29,8 nœuds.

■ **Porte-barges.** Navire portant des barges embarquées à l'arrière à l'aide d'un portique et disposées verticalement dans des cellules analogues à celles d'un porte-conteneurs. **Lash (Lighter Aboard Ship) :** peut charger, suivant sa taille, 73, 83 ou 89 barges de 370 t. 1er de ce type, l'*Acadia Forest :* 24 (sur l'Atlantique Nord 9, le Pacifique 15). *Seabee* peut charger 38 barges de 850 t ; en service sur l'Atlantique Nord (1er exploité : *Doctor Lykes* en 1971). **Bacat (Barge Aboard Catamaran) :** inventé par G. Drohse (courtier maritime danois), construit au chantier danois Frederikshaven Vaerft. Long. 104 m, larg. 21 m, port en lourd 2 700 t, de type catamaran de petites dimensions, destiné au trafic Angleterre/Europe du Nord. Le *Bacat-1* (1974), 1er et seul en service, peut transporter 10 barges d'environ 140 t et 3 barges *lash.* Le chargement s'effectue entre les 2 coques. **Prix des navires porte-barges** (y compris les jeux de barges) : environ 2 fois celui d'un grand porte-conteneurs moderne, mais l'économie sur le coût global du transport pourrait atteindre 30 à 40 %.

■ **Porte-conteneurs.** 3 catégories de conteneurs : 1) 40 × 8 × 8 pieds (71,80 m³) poids max. 25 t ; 2) 30 × 8 × 8 pieds (53,85 m³) poids max. 25 t ; 3) 20 × 8 × 8 pieds (35,90 m³) poids max 20 t. La capacité des bateaux est mesurée en evp : équivalent 20 pieds. 4 catégories de bateaux : 1) 1 000 à 1 200 evp, long. 200 m, larg. 30 m. 2) 1 500 evp, long. 200 m, larg. 30 m, tirant d'eau 10 m. 3) 2 000 à 2 400 evp, long. 220 m, larg. 32 m, tirant d'eau 11 à 12 m. 4) 5 000 à 7 000 evp, long. 280 m, larg. 40 m, tirant d'eau d'environ 12 m. 10 000 à 70 000 t, portant jusqu'à 4 600 conteneurs à environ 20 nœuds. Cadence chargement (ou déchargement) 1 000 t/h. **Le plus grand sous pavillon français** (au 1-1-1993) : *CGM-Normandie* (1992, 53 600 ch.) 57 303 tjb, 60 173 tpl. Long. : 275 m, larg. : 37 m, vitesse : 24 nœuds, capacité : 4 400 evp. **Les plus rapides :** vitesse de croisière 43 km/h.

■ **Remorqueurs.** **Le plus puissant :** *Nikolaï-Tchiker,* 99 × 19 m, 25 000 ch., remorque 291 t à pleine puissance. **France :** remorqueurs jumeaux *Abeille-Flandre, Abeille-Languedoc* 63,45 × 14,40 m tirant d'eau 7,30 m ; propulseur d'étrave ; 1 600 t, 4 diesels donnant 23 000 ch., 17 nœuds. Remorqueur de port ou côtier : long. 30 à 35 m, larg. 8 à 10 m, tirant d'eau 4 m, jusqu'à 5 000 ch. ; de haute mer ou océanique : long. 50 à 65 m, larg. 10 à 15 m, tirant d'eau 6 à 8 m, jusqu'à 25 000 ch., traction 70 à 180 t.

■ **Tartane.** Voilier de charge de Méditerranée armé au cabotage.

■ **Transporteurs de gaz liquéfiés.** Gaz de pétrole liquide (GPL) à – 40 °C. Gaz naturel liquide (GNL) à – 163 °C. Les méthaniers les plus gros transportent 135 000 m³ de gaz. *Monge :* transporteur de gaz de pétrole liquéfié, long. 231,10 m, larg. 34,80 m, tirant d'eau 13,35 m, vitesse 20 nœuds. **Capacité totale de la flotte de méthaniers :** 6,5 millions de m³. **Lignes :** Algérie-Europe de l'Ouest, Indonésie-Japon, Malaisie-Japon, Alaska-Japon, golfe Persique-Japon. **Minéraliers, charbonniers, transports de grains, etc.** Les plus gros atteignent 270 000 t.

■ **Vraquier.** **Le plus grand** (vrac sec) **sous pavillon français :** *Gérard-L.3,* long. 281 m, 165 239 tpl.

■ **Yacht** (voir à l'Index). Yacht royal britannique *Victoria and Albert* (commandé par Edouard VII) remplacé par le *Britannia* : 5 769 t, 31 nœuds, 276 hommes d'équipage, coût d'entretien : 30 millions de F/an.

de charge indiquent la limite de chargement (suivant la saison et la zone où le bâtiment navigue : eau douce, mers tropicales, été, hiver, etc.). Désigne également un type d'assemblage en architecture navale. Un cercle de 300 mm traversé par une ligne horizontale indique le niveau de flottaison en été, en eau salée. Des lettres figurent les initiales du bureau de classification du navire (BV : Bureau Véritas, LR : Lloyd's Register). L'échelle correspond aux niveaux d'enfoncement autorisés. TD : navigation en zone tropicale et en eau douce (ou TF : *Tropical Fresh*). D : en eau douce (ou F : *Fresh*). T : été en zone tropicale (T : *tropical*). E : été en eau salée (ou S : *summer*). H : hiver en eau salée (ou W : *winter*). HAN : hiver en Atlantique Nord (ou WNA : *Winter North Atlantic*). **Fret.** Désigne la marchandise, le taux auquel elle est transportée ou la variation des taux. Pour les cargos de ligne ou navires à passagers, les taux sont fixés par des *conférences* auxquelles adhèrent des Cies assurant un service régulier sur une ligne donnée. Pour les navires exploités au *tramping* (cargos et pétroliers), les taux résultent de la confrontation des offres de tonnage des armateurs et des demandes de tonnage des affréteurs. Ces opérations se traitent généralement par des courtiers (*brokers*) ; il existe aussi des « courtiers de vente et d'affrètement de navires » et des courtiers d'assurances maritimes comme le *Baltic and Mercantile Exchange* de Londres ou la Bourse de New York.

Gaillard. Superstructure sur l'avant du pont supérieur et s'étendant sur toute la largeur du navire. **Galéasse.** Grande galère munie d'une artillerie importante. **Galère.** Navire de guerre ou de commerce, marchant à voile et à la rame. **Galion.** Navire mixte (guerre et transport), servait à l'envoi en Espagne des chargements d'or et d'argent du Nouveau Monde. Entre 500 et 600 tx ; *de Manille :* entre 700 et 900 tx. **Gréement.** Accessoires de mâture et voilure. **Guidon.** Pavillon triangulaire à 2 pointes. Autrefois, chacun des 5 arrondissements maritimes en France avait son guidon.

Lo-lo (lift-on, lift-off). Méthode de chargement par engins de levage à terre ou à bord [par opposition à *ro-ro* (*roll on-roll off* voir col. b)]. Manutention verticale. **Longueur hors tout.** Encombrement maximal.

Octant. Instrument servant autrefois à mesurer les angles et à observer la hauteur d'un astre au-dessus de l'horizon. Sur les petits navires, des sextants à bulle et des intégrateurs sont parfois utilisés.

Point (faire le). **En vue de la terre :** on relève à l'aide du compas la direction (relèvement) d'au moins 2 points remarquables de la côte (*amers*). Le point de concours de ces 2 relèvements tracés à l'aide d'un rapporteur sur une carte marine donne la position. **Au large :** *point astronomique.* À l'aide d'un sextant (instrument à limbe gradué sur 60°, d'où son nom) on mesure l'angle (hauteur) formé par un astre, l'œil de l'observateur et la ligne d'horizon. Cet angle détermine sur la Terre un cercle, lieu géométrique des points d'où l'on observe un astre donné sous un angle donné (cercle de hauteur). L'observation de plusieurs astres (ou d'un même astre après qu'il s'est déplacé dans le ciel) détermine plusieurs cercles de hauteur qui se recoupent et dont le point commun donne la position du navire à l'aide de tables astronomiques et trigonométriques spéciales qui exigent de connaître avec précision l'heure des observations. Les résultats sont exprimés en degrés, minutes et secondes de latitude et de longitude. **Port en lourd (tpl)** **[deadweight (dwt)].** Différence, en tonnes métriques ou anglaises (1 016 kg), entre le *déplacement en charge* et le *déplacement lège.* Correspond au poids total des marchandises, des approvisionnements, des passagers et de l'équipage pour la ligne de charge d'été. **Préfectures maritimes.** *Créées* en 1800 pour unifier le commandement dans les ports, autrefois partagé entre l'intendant (administrateur civil) et le commandant de la marine (officier général). Chef-lieu d'arrondissement maritime dans lequel le préfet maritime commande à tous les chefs de services militaires ; son autorité s'étend aussi aux bâtiments armés rattachés à son arrondissement. *Sièges :* à l'origine : Le Havre (puis Cherbourg), Brest, Lorient, Rochefort, Toulon ; actuellement : Cherbourg, Brest et Toulon.

Quirat. Part de propriété d'un bateau en indivision.

Roll on-roll off (qui roule pour entrer et sortir ; abréviation **ro-ro**). Manutention par roulage direct des camions et engins qui circulent par des rampes ; à l'intérieur du navire, accès assuré par d'autres rampes ou des ascenseurs (navires spécialisés : navires « rouliers »). Manutention dite « horizontale ».

Shipchandler. Fournisseur d'accastillage et de produits pour le bord.

Tirant d'eau (calaison). Hauteur d'eau entre la ligne de flottaison et la quille (varie avec poids du chargement et densité de l'eau). **Tonnage (jauge)** [en anglais **GRT (gross registered ton)**]. Mesure de capacité. Autrefois, capacité des navires exprimée par le nombre de barriques ou tonneaux de 100 pieds cubes anglais, soit 2,83 m³, qu'ils pouvaient contenir. On distinguait : **jauge brute :** capacité intérieure totale exprimée en tonneaux, valant 100 pieds cubes, soit 2,83 m³ (**tjb** = tonneau de jauge brute) ; et **jauge nette (tjn) :** capacité utilisable (pour marchandises et passagers). Depuis le 18-7-1982, on applique la Convention internationale de 1969 : jauge exprimée par un chiffre sans unité, fonction du volume total de tous les espaces fermés du navire. **Tpl** (voir **Port en lourd** col. b). **Transitaire.** Mandataire du propriétaire de la marchandise qui en fait exécuter le transport, le transbordement, le dédouanement et la livraison. **Turbine à gaz.** Permet d'obtenir de fortes puissances, volume et poids inférieurs de 10 à 15 % à puissance égale par rapport à un autre appareil propulsif. Consommation plus élevée. 1er navire de commerce : *Callaghan* (USA, 1969). *Euroliner :* 2 turbines de 30 900 ch. chacune, 28 nœuds. Le dernier navire civil équipé de turbines à gaz fut le transbordeur *Finnjet* (construit en 1977).

Vitesse. **Unité :** le *nœud :* vitesse d'un navire parcourant 1 mille marin (1 852 m) en 1 h. À l'origine, le nœud était une distance de 15,435 m (soit 1/120 de mille), marquée par des nœuds fixés tous les 47 pieds 1/2 sur la *ligne de loch* (triangle en bois attaché à une longue corde). Pour mesurer la vitesse d'un navire, on jetait le loch à l'eau pendant 30 s (mesurées par un sablier spécial appelé *ampoulette*) et l'on comptait le nombre de nœuds déroulés. Les bateaux à moteur comptent en général simplement leurs tours d'hélice ; sur les navires actuels, on utilise des lochs à tube de pitot, électromagnétiques, à effet Doppler. Actuellement, on tend à réduire la vitesse des navires pour économiser le combustible.

Grands paquebots contemporains	Année constr./ reconst.	Longueur hors tout en m	Largeur en m	Jauge brute tjb	Vitesse max. en nœuds	Capacité pass.
Queen Mary II (G.-B., Cunard) [19]	2003	345	41	142 200	30	2 620
Norway (Norvège) [1]	1961/90	315,50	33,70	76 049	19	2 560
United States (USA)	1952	302	31	38 216	42	1 930
Millénium [20]	2000	294	32,2	90 228	24	1 950
Queen Elizabeth II (G.-B.) [2]	1968	293,50	32	69 053	28,5	1 870
Project Eagle [3]	1997-99	280	–	–	–	–
Sun Princess (G.-B.) [4]	1995-96	279	32,20	76 000	22,3	2 342
Rhapsody of the Seas (Norvège) [5]	1996	278,9	32,20	78 490	22,3	2 014
Vision of the Seas (Norvège) [6]	1999	278,9	32,20	78 490	22,3	2 014
Raffaello (Italie) [7]	1965	275	31	45 933	26,5	1 775
Michelangelo (Italie) [7]	1965	275	31	45 911	29,5	1 775
Majesty of the Seas (Norvège) [8]	1992	268,30	32,20	73 937	22	2 730
Monarch of the Seas (Libéria) [8]	1991	268,30	32,20	73 937	22	2 730
Sovereign of the Seas (Libéria) [8]	1987	268,30	32,20	73 192	21,2	2 600
Chant du monde (Norvège) [9]	1987	266	–	–	–	–
Legend of the Seas [10]	1995	262,7	32	69 490	24	1 804
Splendor of the Seas (Norvège) [10]	1996	264,2	32	69 490	24	1 804
Ecstasy (Libéria)	1991	260,60	31,10	70 367	21	2 634
Oriana (G.-B.) P & O [11]	1995	260	–	70 000	24	–
Canberra (G.-B.) P & O	1960	249	31	44 807	30	1 648
Star Princess (Libéria)	1989	246,5	32,20	63 524	23	1 712
Crown Princess (Italie)	1990	245,10	32,30	69 845	19,5	1 590
Oriana (G.-B.) P & O [12]	1960	245	29	41 910	30	1 700
Westerdam (Bahamas)	1986/90	243,20	29,70	53 872	22,5	1 773
Fairsky [13]	1984	240	28	46 314	22	1 212
Windsor Castle (G.-B.)	1960	238,66	28,04	36 277	23,5	852
Oceanic	1965	238	29	40 000	29	1 500
Leonardo da Vinci (Italie)	1960	233,87	28	33 340	25,5	1 326
Pendemis Castle (G.-B.)	1958	232,71	25,31	28 442	22,5	707
Festivale (ex-S.A. Vaal)	1960	232	27	38 175	24	1 148
S.A. Vaal (Afr. du Sud) Safnar	1961	231,69	27,43	30 213	23,5	730
Royal Princess (Finlande)	1984	231	29	44 348	22	1 260
Celebration	1987	228	–	47 262	–	–
Jubilee (Libéria) [14]	1986	228	28	47 262	22	1 840
Rotterdam (P.-Bas)	1959	228	28	37 783	23	1 111
Holiday (Danemark)	1985	221	28	46 052	22	1 452
Arcadia (G.-B.) P & O	1954	220	27,70	29 871	22	1 448
Costa Classica	1991	219	28	53 700	19,8	1 600
Eugenio Costa (Italie)	1966-87	217	29	32 753	22	1 260
Mistral (France) [18,20]	*1999*	*216*	*28,80*	*47 275*	*21,8*	*1 670*
Song of America (Antilles néerl.)	1982	214,50	28,40	37 584	21	1 414
Cristoforo Colombo (Italie)	1954	213,50	27,40	29 429	23	1 161
Seaward (Finlande)	1988	213	28	42 276	20	1 672
Nordic Empress (Libéria)	1990	205	30,70	48 563	21	2 000
Royal Viking Sun (Finlande)	1988	204	29	36 000	20	760
Tropicale (Libéria)	1981	204	26,30	36 674	21	1 396
Europa (ex-All. féd.)	1981	199	28	33 819	22	600
Dreamward (Bahamas) [15]	1992	190	28,50	39 217	21	1 246
Windward (Bahamas) [16]	1993	190	28,50	39 213	21	1 246
Crown Odyssey (Bahamas)	1988	187,70	28,20	34 242	20	1 209
R One (Bahamas) [21]	1998	181	25,46	32 275	20	702
Paul Gauguin (France) [17]	*1997*	*153,6*	*22*	*19 170*	–	*320*

Nota. – (1) **Ex-France,** marraine Mme de Gaulle, lancé 11-5-1960 (croisière inaugurale 19-1-1962) ; avait coûté 418 millions de F. On escomptait l'amortissement en 20 ans. Son exploitation sous pavillon français a cessé le 30-10-1974. A quai, il coûtait, en 1976, 30 millions de F (frais d'immobilisation 9,6 ; amortissement 19 ; frais divers 1,4). Le 24-10-1978, Akram Ojjeh (Saoudien) le racheta environ 80 millions de F, puis le revendit, le 25-6-1979, 18 millions de $ à l'armateur norvégien Knut Klosters pour des croisières d'agrément dans les Caraïbes. Celui-ci le fit transformer par les chantiers Hapag Lloyds de Bremerhaven (ex-All. féd.), et le rebaptisa *Norway ;* restauré en 32 semaines ; a représenté pour lui un investissement total (achat puis transformation) de 90 millions de $. Un bateau neuf, pour lequel il aurait fallu attendre 2 ou 3 ans, aurait coûté, pour 1 400 passagers, 120 à 130 millions de $. 70 202 tjb, atteint 24 nœuds avec 80 000 ch., héberge 900 couples (max. 2 400 pers. environ). Hauteur de la cheminée au-dessus de la ligne zéro : 56 m. Hauteur du mât radar : 66,90 m. 12 ponts aménagés. Volume des cales et entreponts : 6 350 m³. Puissance des machines : 160 000 ch. Places : 1re classe, 407 à 618 ; touristes, 1 259 à 1 626. *État actuel.* Équipage 755 (auparavant : 1 200), vitesse 21 nœuds (avant : 34). Consommation à 17 nœuds 228 t de carburant par jour (auparavant : 700 t). 1 115 cabines (2 500 passagers). (2) Au retour des Malouines en 1984, agrandi à 67 410 tjb, puis en 1987 remotorisé en Allemagne. (3) Construit en Finlande (Kwaerner Misa Yards) ; le plus grand paquebot de croisière du monde ; coût : 2,8 milliards de F. (4) Construit en moins de 19 mois par la Fincantieri, puissance de 46 MW, haut. 48 m, 814 membres d'équipage, théâtre de 550 places ; coût : 300 millions de $. (5) Équipage (nombre maximum) : 783 ; 999 cabines passagers (dont 229 avec balcon) ; 4 moteurs Diesel ; puissance de propulsion 34 000 kW, totale installée 50 400 kW ; 2 propulseurs étrave avant et arrière de 1 750 kW ; poids d'acier : 15 000 t ; 2 hélices (poids unitaire : 15 t) ; 30 000 points d'éclairage ; 2 000 lignes téléphoniques ; cubes de glace : 17 900 kg/j ; salle de spectacle 875 places ; casino (220 machines à sous) ; restaurant (1 250 couverts) ; coût : 1,74 milliard de F. (6) Équipage : 784 membres, 1 000 cabines, 2 moteurs de 34 000 kW, coût (est.) : 370 millions de $. (7) Désarmés en 1975 ; vendus en 1976 à l'Iran. (8) Commandés aux chantiers de l'Atlantique : *Majesty of the Seas* commandé 1989, livré mars 1992 ; *Monarch* livré 6 mois en retard (détruit 4-12-1990 par incendie) à Royal Caribbean Cruise Line (coût *Monarch :* 1,6 milliard de F ; *Majesty :* 2,5 dont 1,57 armateur et 0,7 État français). (9) Tirant d'eau : 7,55 m ; hauteur de la cheminée : 60,50 m ; 14 ponts ; 16 ascenseurs ; 767 membres d'équipage ; réseau intérieur de télévision ; 1 127 cabines ; salle de spectacle de 800 places ; 11 bars. (10) Construit par Alsthom/Chantiers de l'Atlantique : tirant d'eau 7,31 m, 2 moteurs de propulsion de 40 000 kW ; coût : 325 millions de $; équipage 732 h. ; 11 ponts ; 902 cabines. *Splendor of the Seas,* sister-ship de *Legend of the Seas.* (11) Construit en Allemagne (chantiers Meyer de Papenbourg) ; coût : 2 milliards de F. (12) Désarmé en janvier 1987 pour devenir un hôtel flottant à Osaka (Japon). (13) *Fairsky,* dernier bateau de La Seyne-sur-Mer, pavillon libérien. (14) Construit en Finlande, de forme carrée. (15) Construit par les Chantiers de l'Atlantique, livré 4-11-1992 : tirant d'eau 6,80 m, 13 ponts ; 12 ascenseurs (dont 7 passagers) ; 495 membres d'équipage ; 623 cabines ; salle de spectacle de 650 places ; 4 moteurs semi-rapides (2 × 5 280 kW ; 2 × 3 960 kW) ; 2 propulseurs d'étrave (2 × 1 000 kW) ; 3 générateurs d'eau douce (capacité totale 690 t par jour). (16) Construit par les Chantiers de l'Atlantique : sister-ship du *Dreamward* (caractéristiques et équipements principaux similaires). (17) Équipage : 200 membres, 318 passagers. (18) 12 ponts, équipage 450. (19) Hauteur 72 m dont 62 au-dessus de l'eau, 15 ponts équipage 1 310 h. Puissance installée 30 000 kW ; 4 moteurs Diesel de 5 650 kW ; tirant d'eau 6,85 m. (20) Construit aux Chantiers de l'Atlantique. (21) 8 commandés, 1 000 h. d'équipage. (22) 14 ponts.

VOILIERS ET VOILES

■ **Quelques dates. Chine. XIIIe s.** jonques de 60 cabines individuelles manipulées par 200 marins. **Début XVe s.** jonques appelées *fu chuan* pour les voyages en haute mer ; *bao chuan*, bateaux à trésor armés : long. 130 m, larg. 40 m, 12 voiles de soie (*bao chuan :* 12 canons de bronze d'une portée de 250 à 300 m). **Occident. Moyen Age** *caravelle* (1415, souvent non pontée mais avec château à l'avant et à l'arrière, 1 mât avec une voile carrée surmontée d'un hunier, les 3 autres avec des voiles latines ou à antennes). La *Santa Maria* de Christophe Colomb (1492) mesurait 23 × 7,90 m (creux 3,80 m, port en lourd 233 t, voilure 466 m², équipage 60 hommes d'équipage, vitesse 5 nœuds). *Galion* (plus bas sur l'eau, environ 40 × 10 m), *galiote* et nefs, moins légers que la caravelle. *Galée* et *galère* de 200 à 250 rames avec 2 mâts. *Caraque :* de plus fort tonnage. **XVIIe s.** *galères ordinaires :* 45 × 7 m. Chiourme : 240 rameurs (5 par rame et banc). Disparaîtront en 1773 des listes de la flotte. **XVIIIe s.** *vaisseaux.* **1787** chaland en fer de Wilkinson. **1816** *1re ligne de paquebots à voile Liverpool-New York,* aller 23 jours, retour 40 jours. **1836** *1er navire en fer :* l'*Ironside* (G.-B.). **1850** goélette *Excelsior,* et trois-mâts barque *Marion MacIntyre* en métal et bois. **1853** *1er long-courrier en fer,* le *Martabaze* (753 tx). **1864** *1er navire en tôle d'acier :* l'*Atlair.* **1867-72** voilier en bois le plus long : *Rochambeau* (anciennement baptisé *Dunderberg*) construit à New York, 115 m hors tout. **1880** goélettes de 4 mâts (environ 1 000 tx) à 7 mâts [7 000 tx, 26 hommes d'équipage, 1 seule connue : le *Thomas W. Lawson* 123 × 15 m]. **1889** *1er cinq-mâts barque : La France I.* **1902** *Preussen* (All.) : cinq-mâts, 53 voiles, vitesse max. théorique avec coque propre 17 nœuds, réelle 7,5, fera naufrage en 1910. **1911** *La France II :* cinq-mâts construit à Bordeaux, est *le plus grand voilier du monde* (126 × 16,90 m, voilure 6 350 m², jauge brute 6 255 tx, port en lourd plus de 8 000 t, 2 moteurs Diesel de 900 ch., en acier, perdu la nuit du 11/12-7-1922 en Nlle-Calédonie). **1914** 164 grands voiliers français [98 trois-mâts barque, 31 trois-mâts carrés (jauge d'environ 2 400 tx, port en lourd 3 200 t, équipage 25 h.), 31 quatre-mâts barque, 3 quatre-mâts carrés (3 000 tx, 4 000 t, équipage 30 h.), 1 cinq-mâts barque]. **1995**-*30-5 Maria Asumpta,* 137 ans (construit 1858, à Barcelone), le plus vieux voilier opérationnel du monde (30 m hors tout), coule en 30 secondes à l'entrée de Padstow (G.-B.).

■ **Derniers voiliers exploités pour des transports. 1924** *dernier cinq-mâts à voiles :* le *Copenhague. Le plus grand :* le *Great Republic* (98,77 × 16,16 m, creux 11,89 m, 5 000 tx, 3 mâts carrés, voilure 5 800 m² s'élevant à 64 m au-dessus du pont ; 100 h. d'équipage et 30 mousses). Le *dernier voilier long-courrier français,* le *Bonchamps,* construit en 1902, désarmé en 1931, fut envoyé à la démolition. Les voiliers de pêche ont été désarmés entre 1947 et 1955. Quand la voile disparut, les grands voiliers portaient de 130 à 135 t par homme d'équipage (300 t sur les goélettes américaines) contre 44 t en 1860. Une personne arrivait à manier 120 m² de toile.

■ **Clippers** [de l'anglais *to clip,* couper (l'eau)]. Bateaux très longs, aux voiles moins hautes et plus larges. Ils concurrencèrent avec succès les navires à vapeur avant l'ouverture du canal de Suez (non navigable pour les bateaux à voiles). *Sea Witch* (1844), *Grey Hound, Grey Eagle* : Liverpool-New York en 12 à 13 j. *Great-Republic :* de l'Américain Mac Kay, en bois, long. 98,80 m, larg. 15,35 m, 5 000 tonneaux, voilure 5 380 m² ; équipage : 100 hommes et 30 mousses, grand mât de 64 m. Fait New York-Londres en 14 j soit 9,6 nœuds et New York-San Francisco en 89 j soit des pointes de 14 nœuds. **1850** *Challenger* lancé par la marine britannique. **1851** *Flying Cloud :* New York-San Francisco par le cap Horn en 90 j (vitesse moy. : 17 nœuds 3/4. *Marco Polo :* Angleterre-Australie en 68 j. **1ers clippers d'opium :** 250 à 400 tx. **Clippers de thé :** 700 à 800 tx ou plus (exemple : 921 tx, 2 134 t pour le *Cutty Sark*, trois-mâts carré construit 1869, 68,3 × 11 m, tirant d'eau 6,1 m, voilure 3 047 m² qui détient le record aller-retour Australie-Manche en 67 j, restauration décidée en 1952), puis de 3 000 à 5 000 tx, vitesse max. 14 à 20 nœuds (le *James Baines*). Clippers américains et anglais luttèrent de vitesse. La « course du thé » vers 1853, devint une institution annuelle (*1866* : 9 participants, *1867* : 14) et prit fin en 1873, le canal de Suez n'étant praticable que pour les navires à vapeur. Les clippers ont disparu en France de 1927 à 1933, à cause de la journée de 8 h imposant 3 bordées au lieu de 2. Les derniers ont été démolis ou vendus à l'étranger, notamment à Ericsson (Finlande).

■ **Flotte actuelle de grands voiliers** (non exploités pour des transports). **Allemagne :** *Statstraad Lehmkühl* (1914) : trois-mâts barque 98 m, 2 000 m². *Gorch Fock* (1957) : trois-mâts barque, 89 m, voilure 1 952 m². *Mary-Anne* 65,8 m. **Argentine :** *Libertad* (1956) : trois-mâts carré, 103,7 m, voilure 2 643 m². **Chili :** *Esmeralda :* quatre-mâts (de 48,5 m) lancé à Cadix (15-6-1954), 113 m, 3 673 t, voilure 2 875 m², 373 hommes d'équipage ; école de marine ; servit en 1973 de centre de détention après le coup d'État. **Espagne :** *Juan Sebastián de Elcano :* quatre-mâts (de 48,5), 113 m, voilure 277 m². **États-Unis :** 65 [*Eagle* (1936) : trois-mâts barque, 90 m, voilure 1 983 m²]. **France :** 8 [l'*Étoile* (1929) et la *Belle-Poule* (1931) : deux-mâts goélettes à hunier, 37,50 m, voilure 425 m² ; le *Mutin ;* le *Bel-Espoir* et son frère *Espérance* ; la *Duchesse-Anne* (1901) ; *Belém :* trois-mâts barque, coque et mâture en acier ; long. 58 m, larg. 8,80 m, 406 tx, creux en quille de 4,90 m, tirant d'eau actuel de 3,50 m, voilure 1 200 m². [*1896* lancé à Nantes, transporta d'abord du cacao, du bétail et du charbon entre France et Brésil, puis des prisonniers à destination du bagne de Cayenne. *1914* racheté par le duc de Westminster qui en fait un yacht de plaisance. *1921* racheté par lord Guinness (Irl.), devient le *Fantôme II. 1950* racheté par le Cte Cini (appelé *Giorgio Cini*) pour la marine italienne. *1979* rachat par Caisse d'épargne « Écureuil », envoyé à Brest, transféré à Paris pour réfection. *1985* quitte Paris pour St-Malo (navire école)]. *La France II :* 5-mâts [*1911* construit à Bordeaux pour la Cie rouennaise Prentout-Lenblond, long. 126 m, larg. 16,9 m, 8 000 tpb, voilure 6 350 m², 2 moteurs Diesel de 900 ch., navire mixte affecté au transport du nickel ; s'échoue 11-7-1922 sur le récif Ouano (Nlle-Calédonie). Projet de reconstruction]. Le *Phocéa :* racheté par Mouna al-Ayoub, 36,5 millions de F. **G.-B. :** 20. *Campbeltown.* **Italie :** *Amerigo Vespucci* (1931) : trois-mâts carré, 101 m, voilure 2 800 m², 13 off., 228 marins et officiers mariniers et 160 cadets. *Palinuero :* trois-mâts goélette, 69 m. **Mexique :** *Cuauhtemoc* (1982) : trois-mâts barque, 90,5 m, voilure 2 368 m². **Norvège :** *Christian-Radich :* trois-mâts carré 73,5 m. *Sorlandet :* trois-mâts carré 65 m. *Statsraad Lehmkuhl :* trois-mâts barque, 98 m. **Pologne :** *Dar Mlodziezy* (1981) : trois-mâts carré 109 m, voilure 3 015 m². **Portugal :** *Sagres II* (1937) : trois-mâts barque école de la marine, 89,3 m, voilure 1 935 m². **Russie :** *Kruzenshtern* (vers 1924) : quatre-mâts école de la marine marchande, 115 m. *Mir :* trois-mâts carré, 109 m. *Sedov* (lancé 1921 à Kiel, All., utilisé pour l'instruction des marins) : 117,5 × 15 m, le plus grand voilier du monde, voilure 4 200 m². *Tovaritch :* long. 80 m. **Ukraine :** *Khersones :* trois-mâts carré, 108 m. **Uruguay :** *Capitan-Miranda :* trois-mâts goélette, 62 m. **Venezuela :** *Simon Bolívar :* trois-mâts barque, 82,4 m.

■ **Mâts.** Autrefois en bois (pin sylvestre, sapin, mélèze, cèdre) qui réunissaient 3 qualités : flexibilité, élasticité, légèreté. Ils étaient soutenus par des étais (à l'avant du mât) et des haubans (par le travers et vers l'arrière).

■ **Voiles. Latines ou triangulaires :** *foc,* voile d'avant hissée entre mât de misaine et beaupré (mât horizontal à l'avant) ; *voile d'étai* accrochée à un cordage (draille) tendu entre 2 mâts verticaux. **Auriques :** à forme de quadrilatère, assujetties à leur partie supérieure à une *corne* (mât suspendu obliquement) et parfois maintenues à leur partie inférieure par une *bôme* (mât suspendu horizontalement) ; à bourcet, au tiers, à livarde brigantine. **Trapézoïdales :** la partie supérieure est lacée à une vergue perpendiculaire au mât ; de bas en haut : *basse-voile, hunier, perroquet, cacatois.*

☞ Les voiles de l'extrême avant (focs) et de l'extrême arrière sont des *voiles d'évolution*. Les voiles des mâts sont des *voiles de propulsion*.

Voiliers récents

■ **Daish.** Trois-mâts expérimental (japonais) 26 m de longueur, voiles rigides en plastique, vitesse 6 nœuds.

■ **Bateau à turbovoile.** Système du Pr Lucien Malavard (Fr., 7-10-1910) : cylindre orientable et creux ; une fente longitudinale permet, grâce à une turbine d'aspiration située à l'intérieur, de faire varier la pression des filets d'air sur sa surface, donc de diriger selon les besoins la force propulsive du vent ; un ordinateur (enregistrant en continu la vitesse du navire, son cap et les caractéristiques de ses moteurs) commande l'angle d'attaque par rapport au vent, la position du volet et la puissance d'aspiration. Un autre système ajuste le régime des moteurs principaux de manière à rendre optimale l'économie de combustible (15 à 35 %). Expérimenté en 1983 sur un catamaran, **Moulin-à-Vent-I :** transporteur de vrac de 5 000 t. **Alcyon** (monocoque de 31 m de long., 76 t en charge, 2 turbovoiles de 10,2 m et une section elliptique de 1,35 × 2,05 m, d'où une surface « exposée » de 21 m² ; vitesse prévue par vent de 30 nœuds : 10 à 12 nœuds) : mis à l'eau avril 1985, a fait plusieurs fois le tour du monde avec le Cdt Cousteau ; vendu fin 1993 1 975 000 $. **Cargo de 6 000 t :** 2 turbovoiles à 22 m de haut et 4,5 m de largeur (surface : 100 à 110 m²).

■ **Calypso II.** Type monocoque à l'avant, catamaran sur l'arrière, 66 × 16 m, jauge 1 000 t, turbovoile (tube en aluminium de 26 m de haut, cylindrique à l'arrière, elliptique à l'avant, perforé sur la partie sous-le-vent de sa paroi) de 125 m². Le vent qui contourne la turbovoile est aspiré par un ventilateur interne, placé au sommet. Économie d'énergie de 30 à 40 %.

■ **Guinness** (G.-B.). 30 m de longueur (1984).

■ **Paquebots à voile. Les plus grands : Club-Med I :** 5 mâts de 50 m de hauteur au-dessus du pont, 7 voiles à enrouleur, 6 voiles d'étai, 1 voile d'artimon en Dacron, superficie totale 2 800 m², longueur 187 m, largeur 20 m, tirant d'eau 5 m, 8 ponts, vitesse de croisière 11 à 15 nœuds, moteur 5 000 ch., 2 piscines (6,21 m × 5,30 et 4,95 × 5,30). 14 540 tjb. Coût : 580 millions de F. Construit au Havre. Entré en flotte 29-12-1989. Coque nue sous pavillon des Bahamas. Passagers : 425, équipage 198 h. (61 « gentils organisateurs », 83 personnes de service, 32 h. d'équipage) ; revendu par l'armateur Services et Transports à Windstar Cruises. **Club-Med II :** lancé 12-7-1991 au Havre, long. 187 m, larg. 20, moteur 7 000 ch., passagers 410. Équipage 222 h. Coût : 900 millions de F dont 500 financés par l'État sous réserve que le pavillon soit français et que le navire reste 26 semaines en Nlle-Calédonie où 3 bases seront construites. **Autres : Wind Star** (lancé 13-11-1985 au Havre) et **Wind Song** (long. 134 m, tirant d'eau 4 m, 4 mâts de 48 m, 2 000 m² de voilures, gréés en focs baumés de 370 m², 5 ponts, 75 cabines, 85 h. d'équipage, 148 passagers). **La Fayette :** long. 185 m, 5 mâts, 430 passagers, coût 550 millions de F (lancé 23-12-1988 au Havre). **Ponant :** long. 88 m, 3 mâts, voilure 1 300 m², 32 cabines, 64 passagers.

■ **Projet Phicoe.** Conçu par les Français Marc Philippe et Marcel Coessin : voiles ressemblant à des ailes d'avion, déformables pour s'adapter au vent et utilisant 2 surfaces de voilure (intrados et extrados) alors que les voiles classiques n'utilisent que l'intrados. Un ordinateur, qui reçoit ses informations par satellite, modifie la courbure des voiles en fonction du vent. *Vitesse :* 20 à 25 nœuds, pour un bateau de 6 m de long ; *coût des voiles :* environ 27 000 F.

■ **Projet des chantiers Cockerill** (Belgique). Cinq-mâts, hauteur 82 m, largeur 167 m, surface totale 12 000 m², vitesse 12 nœuds.

■ **Shin Aitoku Maru.** Transporteur de produits pétroliers de 1 600 tpl, à voiles auxiliaires de type rigide et à moteur Diesel, construit au Japon en 1980. En exploitation régulière.

■ **Techniques avancées.** Catamaran conçu par les élèves de l'École nationale supérieure des techniques avancées (Ensta). **Voiles :** 2 ailes rigides fonctionnant comme des ailes de planeur. A 15 nœuds, s'élève au-dessus de l'eau et ne navigue plus que sur ses 3 foils (ailes sous-marines). **Vitesse visée :** 40 nœuds ; a atteint 42,12 nœuds (le 24-6-1997), établissant la 2e performance mondiale en classe D (surface de voile supérieure à 27,88 m²). Vise le record absolu (46,54 nœuds).

■ **Voilier hydroptère.** Inspiré du *Paul Ricard,* imaginé par Éric Tabarly en 1975, idée reprise par son coéquipier Alain Thébault en 1983. Conçu par l'ingénieur Alain de Bergh et les architectes Vincent Lauriot Prévost et Marc Van Peteghem. Longueur : 18,6 m ; envergure : 23,8 m, vitesse moyenne : 55 km/h. En carbone, coque centrale étroite, 2 flotteurs courts et profilés, bras de liaison sur lesquels s'appuient les foils latéraux de 6 m. Plans porteurs immergés sous les flotteurs, profilés en aile d'avion, long. 6 m ; mât-aile pivotant de 27 m (voile 270 m²). A 10 à 12 nœuds, le bateau s'élève à environ 3 m au-dessus de l'eau pour atteindre 25 nœuds (au cours des essais) à 35 nœuds (vitesse maximale probable).

■ **Classification des voiliers d'après leur gréement. 1 mât et 1 voile :** petits *yachts,* catégorie boat. **1 mât et 2 voiles :** *youyous.* **1 mât vertical et beaupré à l'avant :** *cotres* (ou *cutters,* navires de guerre), ou *sloops* (navires de commerce) ; si l'on ajoute un mâtereau à l'arrière *(tape-cul) : yawl.* **2 mâts :** (souvent un peu inclinés sur l'arrière) : *goélette* (voiles auriques, mât avant plus bas que mât arrière), *baleinière* (2 voiles, 1 foc). **3 mâts :** *chasse-marées* (voiles à bourcet), *lougre* (4 voiles : foc, misaine, grand-voile et tape-cul sur un petit mât). **Tartane :** 1 mât à calcet, balancelle (avec très grand beaupré et 1 mât tape-cul). **Felouque :** 2 mâts à calcet. **Chebec :** 3 mâts à calcet. **Mât avant à traits carrés :** *goélette à hunier.* **2 mâts à traits carrés** (ou voiles carrées, ou phares carrés) : *brick* (ou *brigantin*). **3 et 4 mâts à traits carrés** (grands bâtiments marchands, navires de guerre : *corvette* à vaisseaux de ligne) ; nom des mâts : misaine (avant), grand mât (milieu), artimon (arrière). **3 et 4 mâts barque :** l'artimon porte un gréement longitudinal.

■ **Durées des trajets en jours en 1900 et 1901. Pour l'Europe :** de Calcutta 99 à 142, Rangoun 106 à 170, Melbourne 85 à 158, Sydney 85 à 146, Nlle-Calédonie 100 à 171, Nlle-Zélande 79 à 181, San Francisco 96 à 181, Chili 61 à 155.

D'Europe à : Calcutta 82 à 199, Maurice 71 à 128, Hong Kong 106 à 198, Melbourne 77 à 138, Sydney 74 à 134, Adélaïde 73 à 135, San Francisco 109 à 201, Chili 64 à 160.

☞ **Voiles de la Liberté :** Rouen, juillet 1989, rassemblement de grands voiliers, 4 000 000 de visiteurs. **Armada de la Liberté :** Rouen, 10/17-7-1994, 34 voiliers et 17 bateaux de guerre, 6 000 000 de visiteurs. **Brest 96 :** 13/20-7-1996, 2 500 bateaux de 30 pays. **Armada du siècle :** Rouen, 9/18-7-1999, 30 grands voiliers et 11 bateaux de guerre. Quelques noms : *Belém* (France), *Belle-Poule* (France), *Capitan-Miranda* (Uruguay), *Christian-Radich* (Norvège), *Cuauhtemoc* (Mexique), *Dar Mlodziezy* (Pologne), *Étoile* (France), *Khersones* (Ukraine), *Libertad* (Argentine), *Mary-Anne* (Allemagne), *Mir* (Russie), *Palinuero* (Italie), *Sagres II* (Portugal), *Simon-Bolivar* (Venezuela), *Sorlandet* (Norvège), *Statsraad Lehmkuhl* (Norvège). **Prochaine Armada :** 28-6 au 6-7-2003.

Navigation à vapeur

■ **Quelques dates. 1543**-*17-6* Blasco de Garay (Esp.) essaie à Barcelone le *Trinidad,* un bateau à vapeur de 200 tx. **1690** Denis Papin (Fr. 1647-1714) en a l'idée, mais ne la réalise pas. **1707**-*15-9* il essaie à Kassel, sur la Fulda, un bateau à roues inspiré d'un dessin de l'Anglais Savery, mû par la force humaine (des bateliers le détruisirent). **1736** Jonathan Hull (Brit.) dessine un projet de bateau à vapeur. **1738** Wayringe construit un bateau qui remonte la Vezouze près de Lunéville. **1770** le Cte d'Auxiron et le chevalier Monin de Follenay s'associent ; leur bateau équipé d'une machine à 2 cylindres sombrera. **1775** Jacques Constantin Périer essaie sur la Seine un petit bateau à roues, mais la machine n'est pas assez forte. **1776** Claude, Mis de Jouffroy d'Abbans (1751-choléra 1832), essaie sur le Doubs un *pyroscaphe* de 13 m de large, avec un système « palmipède » (des volets plongeant de 40 cm dans l'eau puis s'effaçant) ; échec ; **1783**-*16-7* sur la Saône un autre pyroscaphe [de 160 t (machine 13 t, chargement 182 t), long. 41 m, larg. 4,15 m, tirant d'eau 0,95 m, roues diam. 4,55 m, aube larg. 1,95 m, s'enfonçant de 65 cm] qui navigue 16 mois. **1787**-*27-7* John Fitch (découragé, se noiera en 1798) essaie sur la Delaware un bateau de 34 pieds, large de 8, avec 6 palettes verticales actionnées par une machine à vapeur ; **1788** obtient un privilège pour l'exploitation pendant 14 ans de la navigation à vapeur dans 5 États (Virginie, Maryland, Pennsylvanie, New Jersey, New York). **1789** expérience publique de ce mode de navigation : 8 milles à l'heure. **1790**-*7-7 :* 1er service commercial sur la Delaware (Philadelphie-Trenton) ; à aubes ; vitesse 13 km/h. **1803**-*9-8* l'Américain Robert Fulton (1765-1815) fait naviguer sur la Seine un bateau à roues (long. 21,70 m, larg. 3,55 m, puissance 8 ch.) à 5 760 m/h à contre-courant. Napoléon refuse l'invention estimant que Fulton est un charlatan. **1805** il construit le *Clermont,* lancé 17-8-1807 (39 × 5,40 m, creux 1,80 m, tirant d'eau 0,75, déplacement 160 tx, roues 4,50 m, machine de 18 ch.) qui transportera sur l'Hudson (USA) passagers et marchandises, liaison régulière New York-Albany à partir du 17-8-1807 (remontera l'Hudson sur 240 km en 32 h). Il eut des imitateurs : 1809 *Accon* sur le St-Laurent, 1811 *Orléans* sur le Mississippi ; en 1817, il y avait en tout 131 bateaux et, en 1832, 474. **1809**-*10/23-6 :* 1er voyage maritime à la vapeur (New York-Philadelphie) du *Phoenix* du Cel John Stevens. **1812** *La Comète* construite sur la Clyde par Bell et Thomson. **1814** en Angleterre apparaît un steamer sur l'Humber, un autre sur la Tamise. **1816**-*17/18-2 :* 1re traversée de la Manche par l'*Élise* (ex-*Margery,* 38 t, 16 m, 10 ch.) avec le capitaine Andriel (Newhaven-Le Havre en 17 h). **1817**-*20-4* Jouffroy d'Abbans essaie le *Charles-Philippe* à Bercy. **1819**-*2-5/20-6* le *Savannah* (45 m, 380 tx, à voile et à vapeur actionnant des roues à aubes) traverse l'Atlantique de Savannah à Liverpool en 27 j 11 h (dont 18 j à vapeur) ; termine sa carrière en voilier. **1821** 1er vapeur en fer lancé par Aaron Manby (116 t) ; 1er voyage 1822 (à Paris le 10-6). **1821-23** 1er service régulier Douvres-Calais sur le *Rob Roy* (rebaptisé *Henri-IV*) en 2 h 45 min. **1824** la marine française met en chantier 5 vaisseaux à vapeur (36 m, 80 ou 160 ch.). **1829** le *Civetta* (Autriche) utilise l'hélice sur l'initiative de Josef Russel. **1831** le *Royal William* fait Québec-Liverpool en 24 j (en grande partie à voile). Acheté par le Portugal, puis par l'Espagne, armé sous le nom d'*Isabella II,* fut le 1er navire de guerre à vapeur. **1832** brevet de Frédéric Sauvage [Boulogne-sur-Mer 19-9-1785/17-1-1857 à Picpus, maison de santé (ruiné, devenu fou 1854)] pour un propulseur formé d'une vis à un filet décrivant une spire (Augustin Normand en fera une hélice à 3 pales pour le *Corse*). **1833** le *Sphinx* (construit en 1829 à Rochefort, long. 46,2 m, larg. 8 m, tirant d'eau 3,35 m, machine de 160 ch. construite à Liverpool, vitesse 7 nœuds), 1er navire à vapeur de la marine française, apporte en France l'obélisque de Louxor. Mise en service jusqu'en 1842 du *Var,* du *Liamone* et du *Golo* (construits à Toulon, machines anglaises) utilisés pour le service des dépêches Toulon-la Corse. Le *Golo* s'est perdu sur les côtes du cap Matifou le 6-8-1845. **1836** le *Francis-Ogden* [à hélice (14 × 2,5 m)] du Suédois Ericsson remonte la Tamise à 8 nœuds (propulseur hélicoïdal monté directement sur le moteur). **1837** 1er navire commercial (fluvial à hélice, le *Novelty*), 1er nav. de guerre (le *Princeton,* 1839-40, en Amérique). **1837**-*19-7/***1838**-*8-4* le *Great Western* en bois (64,60 × 10,60 m, creux 7 m, 1 340 tjb) quitte Bristol, arrive à New York le 23-5 (15 j 1/2, 10 milles/h), le *Sirius* (voilier de 700 tx équipé d'une machine à vapeur) quitte Cork le 4-4, arrive à New York le 23-5 (18 j 1/2, 8 milles/h). **1842**-*6-12 :* 1er nav. à hélice construit en France au Havre par Augustin Normand [*Napoléon,* aviso de 2e cl., 220 ch., 11 nœuds à la vapeur, 13 nœuds sous voiles et vapeur (principe de Frédéric Sauvage), hélice à propulsion entière brevetée 1832, adaptée dans une hélice à 4 pales, devenu le *Corse* et affecté au service postal Marseille-Ajaccio ; il naviguera jusqu'en 1890]. **1843** le *Great Britain* (de la Great Western) en fer (84 × 14,70 m, creux 9,54, 2 984 tjb, machine 1 000 ch.), à hélice et à voile (6 mâts dont 1 carré) ; épave abandonnée aux Malouines, restaurée 1970-96 à Bristol. **1844**-*26-7 : 1re croisière océanique* au départ de Southampton. **1849** chauffage central sur paquebots. **1850** 1er nav. à hélice faisant de la voile l'auxiliaire de la vapeur (et non plus le contraire), appelé le *Vingt-Quatre-Février* puis le *Président,* en bois, 5 047 t, 2 ponts, 13,86 m, 92 canons, 900 ch. **1852** Thomas-Charles Dallery (4-9-1754/1-6-1835), inventeur de l'hélice, envisage d'en placer une à l'avant et l'arrière des navires. **1853** lancement du *Great Eastern* (voir p. 1898 a), de l'*Arabia* (Cunard Line), dernier navire en bois, 1er à chaudière tubulaire, vitesse 11,5 nœuds. **1856** *Persia* (Cunard Line) en fer, vitesse 12 nœuds. **1863** la Cunard adopte l'hélice et la machine à bielles renversées sur les paquebots *China* et *Cuba :* vitesse 14,8 nœuds. On estimait que l'hélice (réputée supérieure pour les nav. de guerre) fatiguait les passagers de l'arrière à cause des vibrations. Désormais, on transformera les vaisseaux à roues. **1867** *1re traversée de l'Atlantique en charter* organisée par le capitaine C. Ducan au départ de New York. **1872** apparition de l'éclairage au gaz sur les paquebots. **1879** de l'électricité. **1894** 1er bateau à turbine, le *Turbinia :* 30,48 m, 45,20 t, 3 turbines à vapeur totalisant 2 000 ch., vitesse 34,50 nœuds (64 km/h).

Aéroglisseurs (hovercrafts)

■ **Origine.** Engins spéciaux maintenus en marche, à quelques centimètres au-dessus de l'eau, par un coussin d'air (produit sous la coque par des ventilateurs axiaux ou centrifuges installés à bord). Les 1ers aéroglisseurs utilisaient une chambre rigide dans laquelle l'air était insufflé pour former un coussin d'air. Ils ne pouvaient transporter qu'une charge limitée sur eau calme et se déséquilibraient assez facilement. La technique française [depuis 1957, perfectionnée par Jean Bertin (1917-76) avec le *Terraplane* de 3,5 t lancé le 7-1-1962] utilise plusieurs jupes « internes » (exemple : 8 sur un appareil de 30 t) entourées d'une jupe externe. Chacune peut être alimentée individuellement en air ; souples (pouvant durer 2 000-3 000 h), elles s'adaptent au relief. Les aéroglisseurs, très sensibles au vent, deviennent ingouvernables si le coussin d'air disparaît (ne peuvent naviguer que la coque totalement hors de l'eau).

Hovercraft (brevet déposé le 12-12-1955 par Christopher Cockerell, né 4-6-1910) : 1er de taille normale expérimenté SR-N1, construit par Saunders, lancé à Cowes, île de Wight, le 30-5-1959 (moteur Alvis 435 ch.) vit. max. 25 nœuds, se soulève à 23 cm ; le 25-8-1959, il traverse la Manche (Douvres-Calais) avec 3 passagers à bord. *1er service pour passagers :* inauguré 20-7-1962 par British United Airways avec un Vickers Armstrong (VAS) de 11 t sur l'estuaire de la Dee, transportant 24 passagers à 110 km/h. *1res courses d'hovercrafts :* 14-3-1964, Canberra (Australie), 12 concurrents et 10 appareils différents.

■ **Quelques types. G.-B.** (construits par la British Hovercraft Corporation). **SR-N2** (1962) 68 passagers, 70 nœuds. **SR-N4** (1968) 40 m, 165 t, 170 à 254 pass., 30 autos ou 609 pass., 130 km/h par mer calme et 90 km/h par vagues de 2 m de creux. **SR-N6** (1965) 10 t, 52 nœuds, 38 pass. **SR-N6** et **BH7** militaires, 3 versions (transport de troupes, assaut, surveillance). **API-88** long. 21 m, larg. 10 m, 80 à 100 km/h, 80 pass. **USA** (projets). 5 000 ch., 10 000 t. **Japon. Hisho** (cargo 70 m, 120 km/h, 65 nœuds avec réacteurs d'avion).

France (construits par la Sedam). **N 300** (1968) 24 × 10,5 m, 27 t, 120 km/h, 90 pass. (ou 35 + 4 voitures), 2 300 ch. (2/3 pour le propulseur, 1/3 pour la sustentation), creux max. franchissable 2 m. 2 ont été exploités en 1969-70 entre San Remo, Nice, Cannes, St-Raphaël et St-Tropez. L'un a assuré un service mixte (voitures-passagers) sur la Gironde de 1971 à 1976. Une version militaire a été étudiée (14 t utiles, 3 versions : transport de troupes, support logistique, patrouilles d'intervention). **N 500** (1978) le plus gros du monde : 50 × 23 m, 17 m de haut., 155 t, 130 km/h, 70 nœuds, 16 000 ch., 5 moteurs, Lycoming TF40 (3 pour propulsion, 2 pour sustentation), masse totale en charge de 250 t, capacité 400 passagers, 45 voitures (ou 125 pass., 65 voit. ; ou 280 pass., 10 voit. et 5 autocars). Creux max. franchissable 2,5 m. Prix : 120 millions de F. Exploité depuis 5-7-1978 sur Boulogne-Douvres-Calais. Retiré du service. **DN/Sedam. Aérobac AB 7** long. 11,5 m, larg. 6,2 m, haut. 3,37 m, masse à vide 13 000 kg, à pleine charge 20 000 kg, vitesse max. 16 nœuds, rayon d'action 400 km.

☞ **Des plates-formes** *agricoles, pétrolières, pour missions polaires,* etc. sont à l'étude.

Navires a effet de surface (NES)

■ **Types.** **Catamaran :** 4 diesels de 4 300 ch. entraînent 4 ventilateurs, projetant de l'air dans un espace limité par les 2 coques, et à la proue et à la poupe par 2 jupes souples. Ce coussin d'air diminue le tirant d'eau du bateau en soulevant les coques sans qu'elles quittent le contact de l'eau. Le NES peut continuer à naviguer grâce à la flottabilité de ces 2 coques, même si le coussin d'air vient à disparaître. **Agnès 200 :** 51 m, 250 t, 40 nœuds, 70 km/h, peut accueillir 200 pass. ; programme lancé en 1984 : coût 200 millions de F (pris en charge par la Défense nat.) ; exploité par la Cie française Advanced Channel Express (ACE), a transporté du 18-7 au 20-9-1992 15 000 pass. [Fécamp-Dieppe (Fr.) et Brighton (G.-B.)], traversant la Manche en 2 h. Ce prototype devrait être prochainement déclassé. **Seacat Tasmania :** 30 à 40 nœuds (55-75 km/h).

■ **Projets japonais.** **TSL (Techno Superliner). TSLA** 1994, capacité 1 000 t, autonomie 500 km, 92 km/h, prototype 70 m (définitif 127 m, déplaçant 3 000 t). **TSLF** 4 turbines à gaz de 25 000 ch.

Hydroptères (hydrofoils)

■ **Caractéristiques.** Propulsés par une hélice marine classique. Ils évoluent au-dessus de l'eau, soutenus par des ailes portantes situées au bas des pieds liés à la coque ; *1re génération* (depuis plus de 15 ans) : utilise des plans porteurs traversant la surface de l'eau. *2e génération :* utilise des plans porteurs totalement immergés. Lorsque le plan d'eau est agité, l'appareil subit de fortes accélérations verticales et la navigation devient inconfortable, voire impossible. On étudie des solutions hybrides, ailes immergées à l'arrière, ailes classiques à l'avant, contrôle de la portance par insufflation d'air, etc. En service en Baltique, Méditerranée, lacs italiens, Russie et dans le Pas-de-Calais. Voir aussi encadré p. 1900.

■ **Types.** **PT 20** (Suisse) : plans porteurs émergeants ; masse totale en charge 32 t ; charge utile 7 t ; 20,75 m × 4,49 m ; 1 350 ch. ; 1 diesel ; vitesse max. 34 nœuds. **FHE 400** (Canada) : plans porteurs mixtes ; masse totale en charge 215 t ; charge utile 50 t ; 45,90 m × 6,50 m ; 25 000 ch. ; 1 turbine ; vit. max. 60 nœuds. **Boeing :** 1 turbine ; 261 pass. **Plainview :** (314 t à pleine charge), lancé à Seattle (USA) le 28-6-1965, 65 m de long., vit. 50 nœuds (92 km/h), *le plus grand hydroptère.* **RHS 160** (Rodriguez, Espagne) : 60 nœuds (112 km/h), affronte des creux de 3 m.

Navires rapides

■ **SNCM (Sté nationale maritime Corse-Méditerranée).** Engins à passagers (NGV : navires à grande vitesse) construits par les chantiers Leroux & Lotz Naval (voir p. 1902 c). NGV *Asco :* mis en service 1-4-1996 ; coque en aluminium, long. 102 m, équipage 15 membres (ferry traditionnel : 10 fois plus), 530 passagers, 148 voit. ou 104 voit. et 4 autocars, vitesse commerciale 37 nœuds, 4 hydrojets, moteurs Diesel, puissance 24 000 kW, homologué pour des creux de 4 m. NGV *Aliso :* mis en service 26-7-1996, mêmes caractéristiques. *Liamone :* mis en service 1-6-2000 ; Alsthom Leroux Naval, 2 730 t ; 134 × 19,80 × 3,35 m ; 42 nœuds (environ 80 km/h). Creux de 5,50 m. 63 000 kW, coque acier, superstructures aluminium, 2 moteurs Diesel de 6 500 kW, chacun associé à 2 hydrojets de 1,40 m de diamètre, et 2 turbines à gaz de 25 000 kW, chacune associée à 2 hydrojets de 1,80 m de diamètre. 1 116 passagers, 250 voit. et 35 motos ou 110 voit. et 14 bus ou camions. Relie Nice-Bastia en 3 h 20 min.

■ **Corsica Sardinia Ferries.** Construits par Spezia Aquastrada. *Corsica Express II :* lancé 6-7-1996, long. 103 m, 507 passagers, 150 voit. 36 nœuds, 4 hydrojets. *Corsica Express III.* **Trajets :** Nice-Calvi 2 h 45, Nice-Bastia 3 h 30, Nice-Ile Rousse 2 h 45, Nice-Ajaccio 3 h 55 min. *MegaExpress I* et *II* (lancés 2000, mise en service 2001) ; long. 176 m, 65 000 ch., 29 nœuds (+ de 50 km/h), 300 cabines, 1 756 passagers, 550 véhicules, Nice-Calvi 3 h 15 min.

■ **Iris (Inter Islands Shuttle).** Catamarans, 384 passagers ; étages élaborés par GEC Alsthom ; construction 1996.

■ **Hoverspeed.** *Super Sea Cat* mis en service le 24-6-1997. Long. 100 m, 782 passagers, 175 voitures. Ligne Calais-Douvres en moins de 50 minutes.

Véhicules d'exploration sous-marine

■ **Origine.** Instruments dirigés de la surface et retenus au bout d'un filin (1930, *bathysphère* de William Beebe (Amér.) ; 2,25 t, diamètre 1,45 m, atteignit 932 m aux Bermudes en 1934).

■ **Problèmes techniques.** **Visibilité :** obscurité totale à partir d'environ 100 m de profondeur, les ondes radio-électriques et radiations lumineuses s'atténuent rapidement ; les ondes sonores et ultrasonores se propagent moins, surtout dans les basses fréquences. **Pression :** augmente de 1 bar tous les 10 m. **Pilotage :** à vue par hublots, caméras de télévision ou sonars. **Liaisons :** par câble ou téléphone ultrasonore.

■ **Caractéristiques.** **Flotteur :** à parois minces, généralement rempli d'essence (2 litres donnent une force de sustentation de 1 kg), de mousse plastique (Moray) ou, de plus en plus, de billes de verre creuses noyées dans de la résine époxy (Deep Jeep). **Coque :** généralement une sphère au-delà de 1 000 m ; cylindre à calottes sphériques, exceptionnellement ellipsoïdes. **Source d'énergie :** accumulateurs au plomb à l'extérieur de la coque avec équilibrage à la pression d'immersion, utilisés comme lest de secours largable ; batteries alcalines (cadmium-nickel) plus robustes ; accumulateurs argent-zinc légers et compacts ; plus tard, piles à combustible et moteur nucléaire. **Propulsion :** hélices mues par des moteurs électriques ou hydrauliques, ou par des tuyères éjectant de l'eau sous pression produite par une pompe ; hélices contrarotatives ou à pas variable, propulseurs cycloïdaux.

■ **Bathyscaphes.** **FNRS II :** réalisé en 1948 par Auguste Piccard (Suisse 1884-1962) sous l'égide du Fonds national de la recherche scientifique belge ; flotteur de tôle rempli de 30 m³ d'essence, sphère d'acier ; descendit à vide à 1 380 m en nov. 1948 au large de Dakar avec Piccard et son fils Jacques (né 1922). **Trieste :** construit en 1953 par Piccard et son fils Jacques, sphère d'acier de 9 cm d'épaisseur, pesant 10 t (dans l'air), pouvant résister à des pressions de 1 100 kg/cm², diamètre intérieur 2 m, prévue pour 2 hommes, flotteur de tôle (de 5 mm) de 106 m³ rempli d'essence mais communiquant avec l'eau ; atteint 3 150 m le 30-9-1953 (avec Piccard et son fils). Racheté par la marine américaine ; flotteur agrandi, cabine remplacée ; piloté par un ingénieur américain, D. Walsh, et Jacques Piccard ; le 23-11-1960 bat le record de plongée, avec une nouvelle sphère (10 916 m dans la fosse des Mariannes). **FNRS III :** reprise de la sphère du FNRS II par la Marine nationale, confié à Georges Houot (1913-77) qui, avec Pierre Willm (29-3-1926), atteint, le 15-2-1954, 4 050 m au large de Dakar ; exposé à la Tour Royale (Toulon).

Archimède : construit par Houot (pilote) et Willm (ingénieur) pour la marine française, lancé 28-7-1961, exposé à l'arsenal de Toulon. Déplacement plongée 208,90 t, surface 200, 90 t, long. 22,10 m, largeur 5 m, hauteur 9,10 m, tirant d'eau moyen en surface 5,20 m. La sphère étanche, plus lourde (19 t) que le volume d'eau qu'elle déplace, est soutenue par un flotteur contenant 170 m³ d'essence ultralégère, divisé en 16 réservoirs principaux et 4 réservoirs d'équilibrage, communiquants. La plongée est amorcée en remplissant d'eau les 2 sas d'accès. Le bathyscaphe alourdi s'enfonce. La pression de l'eau de mer comprime l'essence, et celle-ci pénètre dans la base d'un des réservoirs d'équilibrage, ce qui alourdit d'autant plus le bathyscaphe qui descend... Pour remonter, on lâche de la grenaille de fonte, maintenue par des électro-aimants. Toute panne de batterie ou des circuits électriques ouvrirait les silos par coupure de courant, le bathyscaphe remonterait automatiquement. *Record : 25-7-1962 :* – 9 545 m dans la fosse de Kouriles. O'Byrne, pilote ; Sasaki, passager ; Delauze, copilote. Pour des raisons budgétaires, *Archimède* a été mis en réserve depuis 1975.

■ **Sous-marins.** **Cyana** (SP 3 000 soucoupe plongeante) : sous-marins de l'Ifremer, 9 t, équipage 3 personnes, peut aller à 3 000 m ; mis en service 1970 ; utilisé à des fins industrielles (préparation à la pose des gazoducs en mer) et scientifiques (sources hydrothermales).

Nautile : sous-marin lancé le 5-11-1984, conçu à partir d'un navire support, le *Nadir.* Long. 8 m, larg. 2,70 m, haut. 3,45 m, 18,5 t, charge utile 200 kg, sphère habitacle et conteneurs divers en alliage de titane TA 6 V 4, équipage 3 personnes, autonomie 13 h, survie 130 h, peut atteindre 6 000 m (ce qui permet d'explorer 97 % des fonds marins), équipé de 2 bras manipulateurs mis au point par l'Ifremer et la Direction des constructions navales ; *coût :* 100 millions de F. Utilisé pour l'archéologie sous-marine : *1995-5-9* 1 000e plongée sud-ouest des Açores (voir p. 1933 c).

Rémora 2 000 : sous-marin de recherche mis au point par la Comex, 5 propulseurs (poussée de 100 kg chacun) alimentés par batteries ; utilisé sur le *Minibex* (navire de 30 m de long, 7 m de large). Pilote et passager sont en liaison constante avec le navire de surface ; l'habitacle est transparent (vision 360° ; sphère en polyméthacrylate de méthyle, diam. 1,69 m, épaisseur 95 mm).

Saga : sous-marin d'assistance à grande autonomie. *Origine :* **Argyronète** (nom d'une araignée aquatique tissant sous l'eau une cloche de soie qu'elle remplit d'air) sous-marin expérimental de recherche commencé le 7-11-1969 par l'Institut français du pétrole et le Cnexo et arrêté le 24-9-1971. *Projet repris en 1982 par Comex et Cnexo :* long. 28,06 m, 310 t (déplace 545 t en plongée), 2 moteurs Stirling (fabriqués par la Sté suédoise United Stirling) de 75 kW chacun (la combustion de fuel et d'oxygène liquide chauffe de l'hélium dont la dilatation puis la contraction en circuit fermé font aller et venir les pistons du moteur) ; autonomie : 550 km en plongée (a fait évoluer 4 plongeurs par 316 m de fond le 6-5-1990) à 9,2 km/h plus 10 j de travail sous-marin. *Coût :* 165 millions de F dont Ifremer 50, Stés canadiennes Ise (International Submarine Engineering) et ECS (Energy Conversion System) 34, Comex 32, Fonds de soutien aux hydrocarbures via le Comité d'études pétrolières et marines 32, Communautés européennes 8. *Coût d'utilisation :* 200 000 F/j. Projet « sous cocon ».

Smal 1, 2 ou **5 :** sous-marin autonome de loisirs à pression atmosphérique (selon nombre de places). Capot de fermeture manœuvrable de l'intérieur et de l'extérieur, hublot cylindrique. *Autonomie :* 6 h (survie 72 h) ; *plongée :* 50 m ; *vitesse :* 2 nœuds.

Seabus : sous-marin de loisir, long. 12,50 m, constitué de 7 bagues en acrylique transparent reliées par des montants métalliques, plonge à 85 m.

■ **Engins robots.** Pour explorer une zone à grande vitesse et à coût relativement faible, et mesurer certains paramètres bathymétriques, géologiques, physico-chimiques. 500 construits.

Robots remorqués : exemple : *Sar (système acoustique remorqué)* essayé en 1984, relié à un bateau par un câble de 8 000 m, 2,4 t, long. 5 m, diam. 1 m, peut explorer les fonds jusqu'à 6 000 m.

Robots télécommandés à câble : exemples : *Curv* (*Cable Underwater Recovery Vehicle,* véhicule de recherches sous-marines à contrôle par câble), non habité, *1966* a participé au large de Palomares en Espagne à la recherche d'une bombe H (perdue lors d'une collision de 2 avions de l'US Air Force au cours d'un ravitaillement en vol) ; avec son bras télécommandé, réussit à s'en saisir et à la remonter à la surface. *Télénaute* (1962, 1er de ce genre réalisé par l'Institut français du pétrole) et *Pap 104* (à usage militaire, réalisé par la Direction des constructions et armes navales de Brest) ; *Rov 6 000 (Remotely Operated Vehicle),* baptisé *Victor* : complémentaire du Nautile. Robot des grands fonds, opérationnel courant 1998, mission : observer, mesurer, prélever des échantillons. Relié à la surface par une laisse de 300 m de long et un câble électro-porteur de 8 500 m. Caractéristiques : 6 propulseurs, vitesse longitudinale 1,5 nœud et verticale 1 nœud ; poids 3 700 kg ; longueur 3,15 m ; larg. 2,15 m ; haut. 1,80 m ; capacité d'emport 150 kg. 3 caméras vidéo couvrent un champ de 180° ; ordres envoyés par un cordon à fibre optique de 8 500 m. Prix de revient : 90 à 100 millions de F ; **sans câble** ou *AUV (Autonomous Underwater Vehicle)* : *Épaulard* construit par le Cnexo, opérationnel de 1981 à 1991, télécommandé par ondes acoustiques, atteint 4 000 à 6 000 m, autonomie 10 h, prend des photos des fonds marins ; *Nadia :* navette de diagraphie, système de réentrée dans les puits de forage scientifiques, mis au point par l'Ifremer en 1988.

Projet Marius (Marine Utility Vehicle System) : conçu pour des missions jusqu'à 600 m de profondeur, 1 400 kg, long. 4,5 m, largeur 1,1 m, épaisseur 0,6 m, autonomie 6 à 7 h, vitesse 2 à 4 m/s (soit 5 nœuds), batteries (acide-plomb). 2 turbines le propulsent, des ailerons latéraux et arrière lui permettent de se diriger ; peut être lancé à partir d'un bateau ou d'une plate-forme.

Sirène : futur module libre d'intervention sous-marine pour la mise en œuvre d'observatoires permanents des grands fonds marins. Mission : parvenir à mettre en place des stations benthiques (de fond) en des lieux préalablement reconnus.

Records sur l'eau

Vitesse (en km/h), **canot, année et pilote.** *Source :* Union internationale motonautique.

Principales traversées de l'Atlantique

Dates	Navires	Distances[8]	Temps[9]	Vitesse[10]
1819 (22-5/20-6)	Savannah [1,6,a]	–	29.4.0	–
1838 (7-5/22-5)	Great Western [2,7,b]	3 218	14.15.59	9.14
1840 (4-8/14-8)	Britannia [2,c]	2 610	9.21.44	10.98 †
1854 (28-6/7-7)	Baltic [1,d]	3 037	9.16.52	13.04
1856 (6-8/15-8)	Persia [2,e]	3 046	8.23.19	14.15 †
1876 (16/24-12)	Britannic [2,f]	2 882	7.12.41	15.94
1895 (18-5/24-5)	Lucania [2,f]	2 897	5.11.40	22.00
1898 (30-3/5-4)	Kaiser Wilhelm der Grosse [3,g]	3 120	5.20.0	22.29
1901 (10-7/17-7)	Deutschland [3,h]	3 082	5.11.5	23.51
1907 (6/10-10)	Lusitania [3,i]	2 780	4.19.52	23.99
1924 (20-8/25-8)	Mauretania [2,j]	3 198	5.1.49	26.25
1929 (17-7/22-7)	Bremen [3,k]	3 164	4.17.42	27.83
1933 (27-6/2-7)	Europa [3,k]	3 149	4.16.48	27.92
1933 (11-8/16-8)	Rex [4,l]	3 181	4.13.58	28.92
1935 (30-5/3-6)	Normandie [5,m]	2 971	4.3.28	29.98
1938 (10-8/14-8)	Queen Mary [2,n]	2 938	3.20.42	31.69
1952 (3-7/7-7)	United States [1,7,n]	2 942	3.10.40	35.59
1952 (11-7/15-7)	United States [1,7,m]	2 906	3.12.12	34.51

Nota. – (1) USA. (2) G.-B. (3) Allemagne. (4) Italie. (5) France. (6) Voilier assisté d'un moteur, 1er navire utilisant la vapeur pour traverser un océan (105 h pendant la traversée). (7) Remporta le record de vitesse, dit « ruban bleu ». (8) En milles. (9) Jours, heures, minutes. (10) En nœuds. – (a) Savannah-Liverpool. (b) New York-Avonmouth. (c) Halifax-Liverpool. (d) Liverpool-New York. (e) Sandy Hook-Liverpool. (f) Sandy Hook-Queenstown. (g) Needles-Sandy Hook. (h) Sandy Hook-Eddystone. (i) Queenstown-Sandy Hook. (j) Ambrose-Cherbourg. (k) Cherbourg-Ambrose. (l) Gibraltar-Ambrose. (m) Bishop Rock-Ambrose. (n) Ambrose-Bishop Rock.

■ **Selon le type de propulsion. Propulsion classique :** 149,35 *Miss America VII* 1928 (Gar Wood [2]) ; 158,80 *Miss England II* 1930 (Henry Segrave [1]) ; 166,51 (id.) 1931 (Kaye Don [2]) ; 177,38 (id.) 1931 (id.) ; 179,67 *Miss America IX* 1932 (Gar Wood [1]) ; 192,68 *Miss England III* 1932 (Kaye Don [2]) ; 200,90 *Miss America X 1932* (Gar Wood [2]) ; 208,40 *Blue Bird* 1937 (Malcolm Campbell [2]) ; 210,68 (id.) 1938 (id.) ; 228,10 *Blue Bird II* 1939 (id.) ; 258,01 *Slo-Mo-Shun IV* 1950 (Stan S. Sayres [1]) ; 287,26 (id.) 1952 (id.) ; 296,95 *Miss Supertest II* 1957 (A.C. Asbury [3]) ; 302,14 *Hawaii-kaii III* 1957 (Jack Regas [1]) ; 314,35 (id.) 1957 (id.) ; 322,54 *Miss US1* (Staudach-Merlin) 1962 (Ray Duby [1]). **Par réaction (fusée jets) :** 325,61 *Blue Bird* 1955 (Donald Campbell [2]) ; 348,02 *Blue Bird II* 1956 ; 384,74 *Blue Bird III* 1957 (Donald Campbell [2]) ; 400,18 (id.) 1958 (id.) ; 418,98 (id.) 1959 (id.) ; 444,72 *Blue Bird IV* 1964 (id.) ; 459 *Hustler* 1967 (Lee Taylor [1]) ; 464,45 1977 (Ken Warby [6]) ; 510,45 *Spirit of Australia* 1978 (id.) ; 511,62 *DEM* 1978. **Par hélice aérienne :** 120,53 *Marcel Besson* 1923 (Canivet [4]) ; 137,87 *Hydroglisseur Farman* 1924 (J. Fischer [4]) ; 155,87 *Centro Spar* 1951 (Venturi [5]) ; 322,54 1962 (Ray Duby [1]). **Par diesel :** 103,75 *Maltese* (Magnum-Daytona) 1967 (Don Aronow [1]) ; 126,10 *Abbate Perkins* 1972 (Macchia Livio [5]) ; 213,08 1982 (Carlo Bonomi [5]).

Nota. – Le 4-1-1967, D. Campbell, avant de se tuer, avait atteint 515 km/h. (1) USA. (2) G.-B. (3) Canada. (4) France. (5) Italie. (6) Australie.

■ **Selon le type de bateau. Hors-bord de course classe 01 :** *Starflite 4* (Mc Donald) 210,90 1966 Gerry Walin. **Paquebots** (vitesse maximale en km/h, année de construction) : 16 *Britannia* (G.-B. 750 ch., 1 500 t) 1840 ; 30 *Etruria* (G.-B. 14 000 ch.) 1885 ; 34 *Lucania* (G.-B. 31 000 ch.) 1893 ; 43 *Kaiser Wilhelm der Grosse* (All.) 1897 ; 43,5 *Kaiser Wilhelm II* (All.) 1901 ; 47 *Mauretania* (G.-B. 70 000 ch.) 1908 ; 50 *Mauretania* 1929 ; 52 *Bremen* (Allemagne 96 800 ch.) 1933 ; 53 *Rex* (Italie 120 000 ch.) 1934 ; 56 *Normandie* (France 160 000 ch.) 1935 ; 57 *Queen Mary* (G.-B 200 000 ch.) 1936 ; 66 *United States* (USA) 1952. 75 *Great-Britain* (G.-B.) 1990. **Navires de guerre :** 66 *Swift,* contre-torpilleur (1 800 t, 105 m de long, 10,40 m de large, G.-B.) 1910. 84 *Terrible,* contre-torpilleur, 1939.

■ **Vitesses habituelles.** Aéroglisseurs 70 à 150 km/h. *Princess Ann* (Hoverspeed) 14-9-1995 : Calais-Douvres en 22 min (moyenne 110 km/h ; 109 passagers ; environ 20 véhicules). Porte-conteneurs 3e génération 43. Paquebot *Norway* (ex-*France*) 59. Car-ferry 39. Pétrolier long cours 30. Cargo de ligne polyvalent 28 à 35.

☞ Début XIXe s. voiliers Liverpool-New York : durée moyenne *d'Europe en Amérique :* 40 j ; *d'Amérique en Europe :* 23 (aide des vents d'ouest). **1838-1843** *Great Western.* Bristol-New York : 15 j et demi en moyenne, 13 en sens inverse. **1830** compagnie *Cunard.* **1850** compagnie *Inman* (American Line). **1856** ligne *Allan.* **1871** *White Star. Great Western.* 1 320 tx, long. 71 m, 400 ch. *Britannia.* 1er navire de la Cunard, 1 150 tx, long. 68 m, 750 ch. Dépense charbon : 40 t/jour. Vitesse : 9,5 nœuds. **1897** *Kaiser Wilhelm der Grosse* du Nord-deutscher. 14 349 tx, long. 197 m, 28 000 ch., vitesse + de 22 nœuds. *Deutschland* 17 200 tx, long. 207 m, 13 000 ch. Dépense charbon : + de 500 t/jour. **Grandes compagnies.** *Norddeutscher Lloyd :* possédait, en 1890, 510 000 tx (101 vapeurs de + de 2 000 tx, 140 petits). *Lloyd :* plus grande compagnie à passagers ; transporte, en 1899, 95 000 passagers. *Hamburg-Amerika :* 541 000 tx (85 navires de haute mer, 107 autres bateaux).

■ **Traversées de l'Atlantique.** *Virgin Atlantic Challenger* (G.-B., 1986) 3 j 8 h. *Gentry Eagle* [monocoque de 33,5 m, 2 diesels turbo V 16 de 3480 ch.] (24/27-7-1989) 2 j 14 h 7 min 47 secondes à 48 nœuds, performance non homologuée (il a dû se ravitailler à mi-chemin et ne transportait pas de passagers). *Great Britain* (G.-B.) [trimaran construit en Tasmanie (Australie)] (23-6-1990) 2 928 milles en 3 j 7 h 52 avec 2 passagers et 10 h. d'équipage ; service commercial Cherbourg/Portsmouth 12-7-1990, long. 75 m, 200 tjb, capacité : 455 passagers et 90 véhicules, 40 nœuds (75 km/h).

☞ **En 24 h,** le *Deutschland* avait parcouru dans l'Atlantique 601 milles (1 113 km) et le *Mauretania* 673 milles (1 246 km).

■ **Traversée du Pacifique. Record :** *Sea-Land Commerce* (USA) pétrolier de 51 123 t, du 30-6 au 6-7-1973, de Yokohama (Japon) à Long Beach (USA) : 8 964 km en 6 j 1 h 27 min, moyenne 33,27 nœuds.

MARINE MARCHANDE

CONSTRUCTION NAVALE

Sources : CSCN, *Journal de la marine marchande ; The Motor Ship ;* Lloyd's Register.

GÉNÉRALITÉS

■ **Lieux. Sur cale inclinée :** le navire est *lancé* quand sa coque est en état de flotter. **Dans un bassin :** il n'y a pas de lancement, mais seulement mise à l'eau et sortie du bassin. **Durée.** Dépend du navire : quelques mois pour un navire simple de type pétrolier.

■ **Chiffre d'affaires des principaux chantiers navals** (en milliards de F, 1997). Hyundai (Corée du S.) 14,6, Daewoo (Corée du S.) 12,8, Mitsubishi (Japon) 11,6, Kvaerner (Norvège) 9,3, Samsung (Corée du S.) 8,7, Fincantieri (Italie) 7,6, AESA (Espagne) 5,8, IHI (Japon) 5,8, Kawasaki (Japon) 4,6, Mitsui (Japon) 4,6.

■ **Parts de marché des principaux chantiers navals** (en %, 1999). Fincantieri (It.) 25, Kvaerner-Masa (Finlande) 21, Chantiers de l'Atlantique (France) 19, Meyer (All.) 19, Mitsubishi (Japon) 5, autres 11.

■ **Carnet de commandes** (en millions de tjb). *Source :* Lloyd's. *1994 :* 41,9 ; *95 :* 46,1 ; *96 :* 45,3 ; *97 (à fin sept.) :* 50,5 dont Corée du Sud 16,6, Japon 15,8, Europe de l'Ouest 8,1, de l'Est 4,4, reste du monde 5,6.

■ **Carnet de commandes mondial de paquebots de croisières** (au 31-3-2000). Nombre de navires, tonnage (entre parenthèses) **et valeurs** (en milliards de $) : Chantiers de l'Atlantique 13 (946 140) 4,2 ; Fincantieri 12 (1 091 500) 4,8 ; Masa Yards 8 (885 200) 3,6 ; Meyer Werft 9 (835 000) 3,6 ; Mariotti et Visentini 2 (50 000) 0,3 ; Blohm et Voss 2 (49 000) 0,4 ; Lloyd Werft 1 (78 200) 0,4.

■ **Prix des navires neufs et (occasion de 5 ans)** [en millions de $]. **Vraquiers** Handy 20,1 (14,5), Panamax 23,6 (15,7), Capesize 36,8 (15,4). **Pétroliers** Product 28,4 (22), Aframax 46 (30,5), VLCC 72,3 (61,6). **Porte-conteneurs** 3 500 teu 41, 2 750 teu 36 (30), 1 100 teu 18,5 (14,5).

■ **Livraisons** (en milliers de tbc, 1997). *Source :* Lloyd's/CSCN. Japon 6 295. Corée du Sud 4 053. All. 1 053. Danemark 344. Taïwan 399. Espagne 239. Chine 990. Italie 416. Pologne 522. Finlande 314. Norvège 262. P.-Bas 433. *France 211.* Belgique 2,6. *Monde 1971 :* 24 387 ; *75 :* 34 203 ; *81 :* 16 932 ; *83 :* 15 911 ; *84 :* 18 334 (2 210 navires) ; *85 :* 18 155 ; *90 :* 11 656 ; *91 :* 16 095 (1 547 navires) ; *97 :* 17 099 ; *98 :* 17 999 ; *99 :* 17 500.

■ **Prix des navires de charge spécialisés** (en millions de $, mars 1999). *Méthanier* 125 000 m³ : 170 ; *gaz de pétrole liquide* 75 000 m³ : 56 ; *porte-conteneurs* 3 500 evp : 37,5, 1 100 evp 17, 400 evp 7,5 ; *ro-ro* 1 200 evp 39 ; *cargo* 15 000 tpl : 13,5.

■ **Tonnage en construction ou en commande** (au 1-1-1999, en milliers de tpl). *Total monde :* 77 900 dont (en 1997) du Panamá 21 591, Libéria 7 813, Allemagne 4 472, Norvège 3 234, Singapour 3 069, Grèce 3 053, Chypre 1 747, Malaisie 1 580, Chine 1 377, îles Marshall 1 352, Japon 1 216. **Par pays constructeurs** (en millions de tjb, au 1-1-2000) : 25 248 *dont* Corée du Sud 8 739, Japon 7 585, Chine 1 520, Italie 1 184, All. 1 017, Esp. 614, Pologne 568, Roumanie 510, Finl. 419, P.-Bas 412, Croatie 344, *France 337,* Ukraine 239, Russie 218, Turquie 204, Indonésie 133, USA 124. Bulg. 103. Norv. 91, Inde 58, Brésil 40, Dan. 12.

■ **Principaux armateurs mondiaux de porte-conteneurs. Capacité evp disponible** (en milliers d'evp) **et (nombre de navires) :** Maersk-SL + Safmarine [1] 771,4 (302), P & O Nedlloyd [6] 381,5 (147), groupe Evergreen [2] 339,5 (132), Hanjin/Senator 285,8 (94), Mediterranean Shg Co [9] 260,4 (140), APL [10] 245 (86), Cosco Container [4] L. 213,5 (113), NYK [5] 171,3 (86), groupe CMA-CGM [13] 166,6 (85), groupe CP Ships [11] 158,1 (81).

Nota. – (1) Danemark. (2) Taïwan. (3) USA. (4) Chine. (5) Japon. (6) G.-B./Pays-Bas. (8) Corée du Sud/Allemagne. (9) Suisse. (10) Singapour/USA. (11) Canada. (13) France.

■ **Navires désarmés. Nombre et,** entre parenthèses, **tonnage** (en millions de tpl) : *1980 :* 401 (14,7) ; *84 :* 1 202 (66,8) ; *85 :* 926 (54,5) ; *90 :* 172 (3,9) ; *91 :* 175 (4) ; *92 :* 216 (5,6) ; *93 :* 240 (7,1) ; *94 :* 172 (4,3) ; *95 :* 141 (4,4) ; *2000* (1-7) : 123 (2,6) dont vraquiers 108 (1,41), pétroliers 15 (1,16).

FRANCE

■ **Industrie nautique** (tous métiers confondus, en 2000). **Chiffre d'affaires :** 15 milliards de F (dont construction 4,8). **Entreprises :** 3 000. **Emplois :** 40 000.

■ **Carnet de commandes des chantiers navals français. Nombre et,** entre parenthèses, **tonnage** (en milliers de tpl, au 11-1-2001) : transbordeurs 2 (15,5), paquebots 12 (921,5), navires de pêche et autres 11 (15). **Total :** 25 (952). **Navires livrés** (en nombre de navires de 100 tb) : *1980 :* 28 ; *85 :* 14 ; *90 :* 16 ; *2000 :* 5.

Tonneaux bruts (en milliers) **dont,** entre parenthèses, **à destination de l'armement français :** *1980 :* 281 (151) ; *85 :* 186 (129) ; *90 :* 53 (4) ; *92 :* 129 (16) ; *93 :* 40 (1) ; *96 :* 211 (53) ; *97 :* 181 (17) ; *98 :* 142 (6) ; *99 :* 158 (67).

■ **Effectifs des entreprises de construction et de réparation navales** (au 1-1-2000). **Construction navale :** 5 490. **Réparation navale :** 690.

Chantiers de l'Atlantique St-Nazaire. Moyens de levage 750 t, 255 t ; cales sèches 470 × 68 m, 415 × 70 m ; bassin d'armement 450 × 95 m ; quai d'armement 1 250 m ; surface totale 127 ha, couverte 27 ha. [1861 chantier de Penhoët créé par la Cie générale transatlantique. 1881 Ateliers et chantiers de la Loire (11 ha). 1955 Chantiers de l'Atlantique. 1976 fusionne avec Alsthom (effectifs : 45 000). 1989 Gec-Alsthom (85 000). Constructeur de grands pétroliers au cours des années 70, orientés, dans les années 80, vers la construction de navires de haute technologie avec des paquebots (30 commandes depuis 1985, soit 20 % du tonnage mondial) et des méthaniers.] *Chiffre d'affaires* (en milliards de F, 2000) : 12. *Effectifs* (au 1-1-2001) : 4 800.

Ateliers et chantiers du Havre (ACH) [fermés janvier 2000]. Paquebots à voiles informatisés. *Effectifs* (en 1999) : 685 salariés, 450 intérimaires. *Chantier naval Le Havre-Graville* (11,5 ha) : moyens de levage 100 t ; cales de lancement 2 jusqu'à 220 × 33 m. *Quai d'armement Le Havre-Harfleur* (12,5 ha) : 250 m. Depuis 1995, l'État a versé 2 milliards de F pour la construction de 2 transporteurs chimiques vendus 0,375 milliards de F pièce (prix de revient 1,2 MdF). Le 23-10-1999, lancement du *Stolt-Perseverance,* 11 000 t, 176 m de long, dernier bateau. Malgré 3 MdF d'aides exceptionnelles entre 1996 et 1999, le chantier n'a pu être sauvé. Les outils de production ont été mis aux enchères. *Exemples d'adjudications* (en millions de F) : chaîne de production de panneaux plans : 9 (coût, en 1995 : 55) ; atelier démontable de 3 600 m² : 0,8 ; grue de quai : 0,01 F ; portique de 100 t : 1,35.

Constructions mécaniques de Normandie (CMN). *Effectifs* (au 1-1-2001) : 530. *Chantier naval Cherbourg :* mise à l'eau (par rampe) jusqu'à 2 000 t ; construction entièrement à couvert ; surface couverte 50 ha. **Navires rapides :** + de 100 patrouilleurs rapides armés en service. **Gamme d'unités de 15 à 100 m :** *Combattante,* navires rapides de combat et *Vigilante,* navires de surveillance. **Navires civils. Recherche** océanographique halieutique (pêche) ou hydrographique. **Divers :** yachts : exemple : *Friday Star,* réplique du *Vendredi-13* de Jean-Yves Terlain, livré 1993. Navires à passagers ou mixtes.

■ **Gec Alsthom Leroux Naval.** Fin 1997, Alsthom a repris sites de Lorient et St-Malo. *Effectifs :* construction navale (au 1-1-2001) : 280. *Chantiers navals : Lorient :* moyens de levage 60 t ; cales : 1 couverte 120 m (bâtiment 144 × 32 m), 1 de 80 × 50 m. *St-Malo :* levage : 100 t ; cales : 1 semi-couverte (125 × 18 m), 1 de lancement (75 × 12,50 m). **Gamme d'unités de 10 à 110 m :** ferries rapides (NGV) ; navires de pêche industrielle, remorqueurs et supply, navires de recherche océanographique et hydrographique, patrouilleurs de haute mer, navires spéciaux.

■ **Piriou.** *Effectifs :* 200. *Chantier naval Concarneau :* moyen de levage 200 t ; cales 8 de montage couvertes, 1 slip-way 350 t, 1 élévateur 2 000 t ; quai d'armement 1 ; surface utile 40 ha, couverte 20 ha.

■ **Socarenam.** *Effectifs :* 200. *Chantier naval : Boulogne-sur-Mer :* moyen de levage 40 t avec 17 m sous crochet ; cale 1 sèche, couverte et chauffée (55 × 14 m) ; superficie couverte 10,8 ha. *Autres sites :* Calais. **Navires civils et militaires** jusqu'à 50 m de long. Chalutiers de pêche de 20 à 30 m. Remorqueurs. Bâtiments d'instruction.

☞ **1982**-*déc.* Louis Le Pensec, ministre de la Mer du gouvernement Mauroy, décide de réunir les 5 grands chantiers français en 2 groupes : **1°)** *St-Nazaire et Dubigeon-Normandie* (Nantes) ; **2°)** *Dunkerque, La Ciotat* et *La Seyne* (qui prend le nom de Chantiers du Nord et de la Méditerranée : *Normed*). Effectifs : 11 385 pers., capacité de production/an : 220 000 tjb. **1983-85** baisse du prix de vente des navires, augmentation du prix de revient français, concurrence étrangère (Corée du Sud). **1986**-*30-6* Normed, en cessation de paiement, est mise en redressement judiciaire. 3 mois plus tard, accord social signé par les parties. Dunkerque ferme, La Ciotat et La Seyne sont placées en location-gérance auprès d'une filiale de Normed, la Sté Construction navale du littoral. **1989**-*28-2* Normed mise en liquidation. **1990**-*15-1* sur 44 ha de terrains, 15 ha sont rachetés par la mairie de La Ciotat, et 29 gérés par le conseil gén. du département et concédés à la Lexmar [Cie contrôlée par des capitaux suédois et américains, *créée* 1986 ; (création prévue de 2 284 emplois)]. **1991**-*18-2* Lexmar France mise en liquidation. **1992**-*18-3* promesse de vente de l'outillage public pour 16 millions de F HT par la banque Worms et le conseil général des B.-du-Rh. **1993**-*mai* relance de La Ciotat improbable. *-Oct.* société Ateliers de Production Avenir Ciotat liquidée. **1994**-*janvier,* Sté marseillaise « Sud Marine » liquidée. *-21-12* après 5 ans de négociations, accord USA, UE, Japon, Corée du Sud et Norvège visant à la suppression des aides à la construction navale (pas encore entré en vigueur, faute de ratification par USA et Japon). **1995**-*avril* Sté d'économie mixte *SemiDep* chargée de la gestion et de l'aménagement du site des anciens chantiers de La Ciotat créée. **1999** fermeture des ACH (Le Havre). *-5 nov.* livraison du dernier navire. **Chiffre d'affaires** (en milliards de F) **et,** entre parenthèses, **effectifs** (en milliers) : industries de plaisance 15 (33) ; constructeurs de bateaux de plaisance 3,9 (5,4).

FLOTTE MARCHANDE MONDIALE

DONNÉES GLOBALES

■ **Évolution de la flotte de commerce mondiale. Nombre de navires,** entre parenthèses, en Mtjb et, en italique, en Mtpl, **pour les navires de plus de 300 tjb : 1989 :** 33 113 (378,9) *618,5 ;* **90 :** 33 512 (388,5) *634,6 ;* **91 :** 34 197 (399,4) *650,1 ;* **92 :** 34 531 (410,9) *665,2 ;* **93 :** 34 918 (417,4) *670,9 ;* **94 :** 35 782 (431,1) *684 ;* **95 :** 36 548 (445,7) *688,2 ;* **au 1-1-2001 :** 39 008 (520) *779* dont pétroliers 7 225, *330,4 ;* vraquiers 5 779, *263 ;* porte-conteneurs 2 564, *68,7 ;* marchandises générales 17 115, *99,2 ;* navires à passagers 3 725, *5,3.*

■ **Total** (en millions de tjb). **1914** G.-B. 19,9. Allemagne 5. USA 4,3. *France 2,3.* Norvège 2. Japon 1,7. P.-Bas 1,5. Italie 1,4. Suède 1. Espagne 0,9. Russie 0,9. Danemark 0,8. Grèce 0,8. *Monde 45,4.* **1939** G.-B. 17,9. USA 11,4. Japon 5,6. Norvège 4,8. All. 4,5. Italie 3,4. *France 3.* P.-Bas 3. Grèce 1,8. Suède 1,6. URSS 1,3. Canada 1,2. Dan. 1,2. Esp. 0,9 (1932 : 1,2). Panamá [1] 0,7. *Monde 68,5.* **1960** USA 24,8. G.-B. 21. Libéria [1] 11,3. Norvège 11,2. Japon 6,9. Italie 5,1. P.-Bas 4,9. *France 4,8.* All. féd. 4,5. Grèce 4,5. Panamá [1] 4,2. Suède 3,7. URSS 3,4. Danemark 2,3. Espagne 1,8. Canada 1,6. Argentine 1. Brésil 1. *Monde 129,8.* **2001** (au 1-1). Panamá 169,3. Libéria 76,7. Malte

45,5. Bahamas 45,4. Grèce 43,4. Chypre 36,1. Singapour 33. Norvège 32,2. Chine 22,5. Japon 18,5. Hong Kong 17. Iles Marshall 15,9. G.-B. 12,2. USA 11,4. Inde 10,4. Italie 10,2. Philippines 10,2. St-Vincent 9,5. Bermudes 9,1. Turquie 9,1. Corée du Sud 8,7. Taïwan 8. Allemagne 7,9. Russie 7,7. Malaisie 7,6. *France 6,8. Pays-Bas 6,3.* Brésil 6. Antigua & Barbuda 5,2.

Nota. – (1) Navires de 1 000 tjb et plus, non compris la flotte de réserve des USA et les flottes américaines et canadiennes des Grands Lacs.

■ **Flottes d'après les propriétaires** (en 1 000 tpl, au 1-1-2000). **Total dont,** entre parenthèses, **sous pavillon étranger** [1] **:** Grèce 131,7 (69). Japon 95,2 (81,1). Norvège 53,6 (47,8). USA 46,4 (76). Chine 38,4 (44,1). Hong Kong 31,1 (81,4). Allemagne 29,2 (74,3). Corée du Sud 25 (72). Taïwan 20 (62,1). Singapour 18,4 (38). G.-B. 18,2 (65,8). Danemark 15,3 (56,5). Suède 14,6 (89,4). Russie 14,4 (50,8). Italie 12,8 (34,2). Inde 11,8 (10,7). Arabie saoudite 11 (91,6). Turquie 9,2 (8,9). Brésil 8 (23,9). Belgique 7,3 (100).

Nota. – (1) On entend par domicile le pays où est exercé le contrôle de la flotte, c.-à-d. le pays d'établissement de la société mère (la Grèce est le domicile des navires détenus par un armateur grec ayant des bureaux de représentation à New York, à Londres et au Pirée, même si celui-ci est domicilié aux USA).

Capacité en millions de tpl et, entre parenthèses, **nombre de navires de plus de 300 tjb au 1-1-2001 :** Panamá 169,2 (5 108). Libéria 76,7 (1 477). Malte 45,5 (1 441). Bahamas 45,4 (1 122). Grèce 43,4 (1 102). Chypre 36,1 (1 365). Singapour 33 (975). Norvège 32,1 (1 169). Chine 22,5 (2 104). Japon 18,5 (3 015). *France (28e) 6,8 (221). Monde* 778,8 (39 008).

■ **Flottes marchandes d'après les pavillons** en milliers d'evp (conteneur équivalent 20 pieds), au 1-1-2001. **Total** 6 803 dont Panamá 1 167, Libéria 656, Allemagne 544, Chypre 356, Antigua/Barbuda 325, Bahamas 321, Singapour 320, Danemark 271, Pays-Bas 254, USA 244, G.-B. 188, Malte 174, Grèce 172, Hong Kong 148, Chine 144, Norvège 130.

■ **Navires de gros tonnage** (par tranches de tonnage de 1 000 tpl). **Pétroliers** de plus de 10 000 tpl (au 1-1-2000) : *de 10 à 20 :* 569 ; *20 à 30 :* 437 ; *30 à 45 :* 710 ; *45 à 80 :* 237 ; *60 à 80 :* 210 ; *80 à 100 :* 517 ; *120 à 200 :* 279 ; *200 à 320 :* 381 ; *320 et + :* 45. *Total* 3 385. **Transporteurs de vrac** de plus de 10 000 tpl (au 1-1-2000) : *10 à 25 :* 1 020 ; *25 à 40 :* 1 573 ; *40 à 100 :* 1 810 ; *100 à 200 :* 439 ; *200 à 250 :* 36 ; *plus de 250 :* 10. *Total* 5 763.

■ **Age moyen de la flotte mondiale. Nombre d'unités et,** entre parenthèses, **capacité** (en Mtpl, au 1-1-2001) : *de 0 à 4 ans :* 5 576 (194,8) ; *5-9 ans :* 5 478 (148,8) ; *10-14 ans :* 4 639 (101,2) ; *15-19 ans :* 6 484 (129,3) ; *20-24 ans :* 6 796 (129,6) ; *plus de 25 ans :* 10 035 (75). **Navires de plus de 15 ans :** 58,7 % de la flotte, 57,3 % des pétroliers et gaziers, 66,9 % des navires de marchandises générales.

■ **Excédent de capacité de la flotte mondiale** en Mtpl, (au 1-7-2000). *Total :* existante 767,2 (désarmée 2,6) dont pétrole 295,6 (1,2), marchandises générales 99,7 (0,6), vrac sec 259,5 (0,7).

■ **Commerce maritime mondial. Tonnage** (en « tonnes-milles », *source :* Fearnleys) : *1999 :* 21 480 dont pétrole brut 7 500, charbon 2 430, produits raffinés 2 010, minerai de fer 2 220, céréales 1 170, autres marchandises 6 150.

■ **Trafic conteneurisé mondial** (en millions de conteneurs evp 1997). 147 dont USA 20,9, Chine 17, Singapour 12,9, Japon 12,4, Taïwan 8,1, G.-B. 6,1, Pays-Bas 5,1, Corée du Sud 4,7, Allemagne 4,7.

■ **Évolution des prix à la démolition** (en $ par tonne lège) **en Europe et,** entre parenthèses, **en Extrême-Orient :** *1992 :* 80 (145,8) ; *93 :* 87,5 (152,5) ; *94 :* 81,2 (151,2) ; *95 :* 92,1 (151,5) ; *96 :* 101,7 (142,5) ; *97 :* 95 (128) ; *99 :* 0 (144).

■ **Armateurs de lignes régulières. Capacité en milliers d'evp** (au 1-1-2001) : groupe Maersk-Sealand + Safmarine (Danemark) 694 ; P & O Nedlloyd (G.-B./P.-Bas) 334 ; Evergreen Group (Taïwan) 318 ; Hanjin/DSR-Senator (Corée du Sud/Allemagne) 246 ; Mediterranean Shg Co (Suisse) 229 ; APL (Singapour/USA) 214 ; Cosco Container (Chine) 210 ; NYK (Japon) 171 ; CP Ships/Americana (Canada/USA) 149 ; ZIM (Israël) 137 ; CMA-CGM Group (France) 142 ; Mitsui-OSK (Japon) 136.

■ **Flotte de commerce sous pavillon français. Nombre et rang** (en milliers de tjb/et de tpl, au 1-1-2001). *Flotte pétrolière :* 56 (2 654/4 770) dont pétroliers 47 (2 370/4 488), transporteurs gaz liquéfié 9 (283/282) ; *non pétrolière :* vraquiers 9 (590/1 103) ; *passagers :* paquebots 6 (130/12), vedettes 4 (1/0,2).

■ Pavillons de complaisance

■ **Signes distinctifs. 1°) Le pays d'immatriculation autorise des non-résidents** à être propriétaires ou à contrôler ses navires marchands sans que l'armateur soit soumis à une législation susceptible de le gêner dans la conduite de ses affaires. **2°) L'immatriculation est facile à obtenir :** en général, on peut immatriculer un navire à l'étranger au bureau d'un consul. Le transfert de l'immatriculation, au choix du propriétaire, se fait sans restriction. **3°) Le revenu tiré du navire n'est pas soumis localement à l'impôt,** ou celui-ci est faible. **4°) Le pays d'immatriculation est une petite puissance** qui n'a et n'aura pas besoin dans un avenir prévisible de tous les navires immatriculés sur ses registres. Il n'a pas les moyens d'en revendiquer la disposition. **5°) L'armement des navires par des équipages étrangers est librement autorisé** dans des conditions qui interdisent tout contrôle sur le navire. **6°) Le pays d'immatriculation n'a** ni le pouvoir d'imposer des réglementations nationales ou internationales, ni les obligations correspondantes. Certains territoires offrent un **« refuge fiscal »,** mais soumettent les navires immatriculés aux réglementations et inspections imposées (exemples : Panamá, Bermudes, Bahamas, Gibraltar, Vanuatu).

■ **Pour l'armateur. Avantages :** *fiscaux :* impôts allégés, pas de déclaration de revenus. *Coût allégé d'environ 50 %* (main-d'œuvre étrangère bon marché et moins nombreuse). *Indépendance vis-à-vis des pouvoirs publics :* libre choix des chantiers de construction sur le marché international, non-réquisition de l'État en cas de guerre ou crise. **Inconvénients :** perte de certains avantages financiers accordés aux navires nationaux (subventions directes ou prêts à des taux inférieurs à ceux du marché).

■ **Pour l'équipage. Avantages :** revenu net sans impôts. Salaires parfois supérieurs à ceux des pays maritimes traditionnels. **Inconvénients :** pas de conventions syndicales ni de protection sociale.

■ **Relations avec le tiers-monde.** La Commission des Nations unies pour le commerce et le développement (Cnuced), à l'issue de négociations qui ont duré plus de 10 ans, a adopté, en février 1986, une convention internationale sur les conditions d'immatriculation des navires qui consacre la réalité d'un « lien authentique » entre navires et États d'immatriculation. Ceux-ci doivent exiger que le propriétaire du navire, ou son représentant responsable, soit établi sur leur territoire. Ces États doivent disposer, en outre, d'une « administration maritime suffisante » (art. 5) et tenir un registre d'immatriculation « digne de ce nom » (art. 4). Ils doivent également prendre des dispositions législatives pour permettre à leurs nationaux de faire partie des équipages. L'ensemble de ces dispositions entrera en vigueur lorsque 40 États représentant 25 % du tonnage mondial l'auront ratifié. Le Code de conduite des conférences ne laisse aux armateurs « indépendants » (dont font souvent partie des flottes de pavillon de complaisance) qu'une part réduite du trafic entre pays industrialisés et pays en voie de développement. Ce Code est ratifié, sinon adopté, par 57 nations maritimes représentant près de 40 % du tonnage mondial. Cependant, les pays abritant les pavillons de complaisance, ainsi que les USA, Taïwan et l'Australie, l'ont rejeté.

■ **Statistiques. Pavillons de complaisance recensés** (1996) : 27. **% de la flotte mondiale ;** *1939 :* 1 ; *70 :* 20 ; *82 :* 30 ; *89 :* 38,4 ; *92 :* 36,2 ; *98 :* 56,5 (Panamá 18, Libéria 13, Chypre 5, Bahamas 5, Malte 5. **% par type de navire** (en milliers de tpl, au 31-12-1993) : pétrole 43, vraquiers 37, cargos généraux 31, porte-conteneurs 27,8, autres 26,3. **Propriété effective des flottes** (en %, au 1-1-1996) : **Libéria :** USA 56,2, Norvège 42,2, Hong Kong 30,1, Grèce 16,7, Japon 16,3. **Panamá :** Corée du S. 83,6, Japon 79,7, Hong Kong 62,7, Chine 41,9, Grèce 12,7. **Chypre :** Grèce 35,3, All. 23,6, Norvège 9,6. **Bahamas :** Norvège 27,5, USA 22,7, G.-B. 20,9, Grèce 7,6. **Bermudes :** G.-B. 16,4, Suède 11, USA 2,6. **Tonnage transporté :** 62 % du tonnage des 35 plus importants États marins (Suède 93 %, Japon 79, USA 75, G.-B. 69, Grèce 67, Allemagne 65, *France 49,* Norvège 46).

■ Nouveaux registres de libre immatriculation

■ **But. Registres « bis » ou ultramarins** créés pour contrer la concurrence des pavillons de complaisance et des flottes des pays nouvellement industrialisés (Corée du Sud, Taïwan). Dits *« offshore »,* ils permettent d'engager des marins « au contrat » et de composer des équipages avec des navigants étrangers. **Exemples. Danemark :** *DIS* (Danish International Ship Register). **France :** *TAAF* (Terres australes et antarctiques françaises) dites *Kerguelen,* décret du 20-3-1987 (modifié les 28-12-1989 et 4-8-1993, puis loi du 26-2-1996) ; 65 % de l'équipage échappe au statut du marin français ; ouvert aux navires effectuant des transports internationaux, sauf de passagers. **G.-B :** *île de Man* (Irlande), ouvert aux armements britanniques et aux filiales des Cies étrangères. **Norvège :** *NIS* (Norwegian International Ship Register).

Flotte marchande française

■ Données globales

■ **Cies de navigation.** 86 dont 29 environ dépassent 10 000 unités de jb. **Navires de commerce de plus de 100 unités de jb, nombre et,** entre parenthèses, **jauge brute totale en millions de tjb** (au 31-12). **1980 :** 424 (11,2) ; **85 :** 310 (5,8) ; **90 :** 218 (3,7) ; **95 :** 209 (3,9) ; **98 :** 210 (4,2) dont TAAF 102 (3,5) ; **2001 :** 209 (4,35) dont TAAF 97 (4,41).

■ **Activité de l'armement français tous pavillons** (en millions de t). **1980 :** 133,2 (dont *import* 61,2, *export* 9,8, tiers 62,2) ; **85 :** 84,1 ; **90 :** 73,8 ; **95 :** 96,5 ; **2000 :** 135,7 [*import* 33,4 (dont hydrocarbures et gaz 21,9, marchandises en vrac 7,5, diverses 4), *export* 22,3 (dont hydrocarbures et gaz 13, vrac 4,7, diverses 4,6), *tiers* 80 (dont hydrocarbures et gaz 55,1, vrac 13,4, diverses 11,5)].

■ **Commerce extérieur** (en millions de t, 1998, *source :* ministère de l'Équipement). **Importations :** 313,2 dont mer 184,79, route 83,80, fer 10,30, voies navigables 4,97, air 0,39, autres 28,94. **Exportations :** 183,40 dont route 77,73, mer 69,01, fer 14,21, voies navigables 13,62, air 0,41, autres 6,70.

Flotte auxiliaire au 1-1-2001	Nombre	jb	Age [1]
Pontons	148	51 060	28
Navires océanographiques de recherche	52	50 434	18
Dragues aspiratrices	48	35 866	23
Navires à passagers îles/estuaires	157	31 061	13
Vedettes embarcation promenade	608	22 428	17
Barges océaniques	6	12 506	21
Remorqueurs portuaires/côtiers	139	17 128	26
Barges pétrolières	7	8 490	26
Remorqueurs haute mer	44	16 677	16
Barges vraquières	52	16 257	15
Ravitailleurs de plates-formes	19	17 617	15
Câbliers	4	15 971	22
Plates-formes de recherche non habitées	15	1 274	22
Petites embarcations/services divers	1 444	12 596	14
Chalands portuaires	65	9 402	34
Chalands automoteurs côtiers	26	9 185	21
Plates-formes de recherche habitées	5	9 836	16
Porteurs de déblais	9	1 641	46
Pontons-grues	23	7 935	32
Autres	1 916	47 868	14
Total	**4 787**	**395 232**	

Nota. – (1) Age moyen au 1-1-2001.

■ **Trafic conteneurisé des ports français** (en milliers de t). *1989 :* 16 859 ; *90 :* 16 179 ; *91 :* 16 216 ; *92 :* 13 028 ; *93 :* 15 639 ; *94 :* 15 299 ; *99 :* 23 552 ; *2000 :* 25 567 dont marchandises débarquées 10 608, embarquées 14 959.

■ **Chiffre d'affaires de l'armement français par activités** (en milliards de F). *1980 :* 14,8 ; *90 :* 20,1 ; *92 :* 22,8 ; *93 :* 22,3 ; *94 :* 24,1 ; *95 :* 21,3 [dont en % : lignes régulières 59,5, passages et croisières 22,6, pétrole 6,6, vrac sec 9,2, gaz 1,1] ; *96 :* 22,3 ; *97 :* 27,6 ; *99 :* 18,1. **Charges d'exploitation :** *1992 :* 24,2 ; *93 :* 24,6 ; *94 :* 24,6 ; *95 :* 22,9 ; *96 :* 23,6 ; *99 :* 24.

■ **Effectifs. Marins et officiers employés :** *1975 :* 47 000 ; *85 :* 24 500 ; *90 :* 11 100 ; *95 :* 8 627 ; *2000* (31-12) : 9 428 (dont 2 853 officiers) dont transport de passagers 4 052, portuaire 2 162, lignes régulières 915, transports pétroliers 757, services publics 659, cabotage 283, transport à la demande 600. **Personnel embarqué** (flotte de plus de 100 tjb) : *1980 :* 14 705 ; *85 :* 10 467 ; *90 :* 5 764 ; *95 :* 6 156 ; *96 :* 6 417 ; *97 :* 9 686 (dont officiers 2 996, maîtres et marins 6 690). **Personnel d'un navire moderne** (type porte-conteneurs) : *officiers (7) :* capitaine, chef-mécanicien, second capitaine, second mécanicien, 2 officiers polyvalents, officier radioélectricien. *Autres (8) :* maître mécanicien, maître électricien, maître polyvalent, 3 ouvriers polyvalents ; chef cuisinier, maître d'hôtel.

■ Principales entreprises

■ **Navigation. CMA-CGM. 1855** création de la Cie générale maritime (CGM). **1861**-*25-8* renommée Cie générale transatlantique (CGT). **1976** renommée de nouveau Cie générale maritime, et fusion par absorption de la Cie des Messageries maritimes (Sté des Messageries maritimes, créée 1851, devenue Cie des services maritimes des Messageries impériales en 1853 puis, en 1871, Cie des Messageries maritimes). **1992** *Pt :* Éric Giuily. Plan de restructuration, abandon des dessertes Amérique du Nord et Extrême-Orient. **1995** *Pt :* Philippe Pontet. **1996**-*17-10* privatisation ; rachetée par la CMA 20 millions de F. *Pt :* J. R. Saadé. **1999**-*30-7 Pt :* Tristan Vieljeux. Renommée CMA-CGM. -*18-10* fusion par absorption de la CMA (Cie méditerranéenne d'affrètement, créée 1978). **Activités :** exploitation de lignes maritimes régulières au long cours. **Chiffre d'affaires groupe** (en milliards d'euros) : *1998 :* 1,2 (résultat net 0,03) ; *99 :* 1,5 (0,05) ; *2000 :* 2 (0,1). **Résultat net consolidé** (en milliards de F) : *1994 :* – 1 000 ; *95 :* – 500 ; *96 :* – 183 ; *97 :* 118 (ventes d'actifs) ; *98 :* – 23 ; *99 :* – 78. **Effectifs :** 2 177. **Flotte :** 80 navires, 1er armement français et 10e armement mondial pour le transport de conteneurs.

Canaux maritimes

Principaux canaux	Année d'ouv.	Long. km	Larg. min.	Prof. min.
Saint-Laurent (Canada, USA)	1959	293	68,6	8,2
Mer Blanche-Baltique	1933	227	–	5
Suez (Égypte) [1]	1869	195	160	11,7
Albert (Belgique)	1939	129	16,2	5
Kiel (Allemagne) [1, 2]	1895	99	104	11
Alphonse-XIII (Espagne)	1926	85	9	n.c.
Panama (Panama)	1914	80	152,4 [2]	12,5
Beaumont, Pt Arthur (USA)	1916	72	61	9,6
Houston (USA, Texas)	1914	69	91	10,4
Manchester (G.-B.)	1894	64	26	8
Welland (Canada)	1933	43,45	58,5	8,2
Mer du Nord (Pays-Bas)	1870	25	37	11
Chesapeake (USA, Delaware)	1927	23	76,2	8,3
Bruges (Belgique)	1907	10	n.c.	8,5
Corinthe (Grèce)	1893	6	22	8

Nota. – (1) Largeur sous 11 m d'eau ; largeur effective du plan d'eau : voir ci-contre. (2) Écluse 33,5 m. Le projet d'un canal traversant l'isthme de Tehuantepec (218 km de longueur, Mexique) aurait coûté 450 millions de $ (Panama en a coûté 367 et le St-Laurent 410). Les travaux auraient duré 9 ans.

Canal de Suez

■ **Histoire. Avant J.-C. vers 2000** 1er canal creusé (Nil et affluents) par le pharaon Senusret III (1887-1849) ; **1300** achevé par les pharaons Sethi et Ramsès II. **610** nouveau canal du pharaon Néchao, terminé par Darius (vers 510), de Suez au Nil par les lacs Amer et le lac de Timsah ; **285-246** élargi au gabarit de 2 trirèmes par Ptolémée II. **Après J.-C.** Trajan (96-117) et Hadrien (117-38) restaurent le canal qui, peu adapté à la navigation, sera plus tard abandonné. **640** rétabli par le khalife Omar, appelé canal d'*Amir el-Momeneen.* **775** le khalife Abou Jafar el-Mansour fait combler l'embouchure pour défendre l'Égypte contre son neveu le pacha de Médine. **1798** Lepère (savant français), à la suite d'une erreur de triangulation, croit la mer Rouge plus haute de 10 m et la réalisation d'un canal impossible. **1854**-*25-11* acte de concession accordé à Ferdinand de Lesseps [(19-11-1805/7-12-1894), diplomate, Académie des sciences 1873, Ac. française 1884]. Vice-consul à Alexandrie en 1832, il avait convaincu le khédive Mohammed Saïd dont il était l'ami ; il crée [firmans (édits) des 30-11-1854 et 5-1-1856] une compagnie chargée d'établir un passage entre Méditerranée et mer Rouge : les terrains nécessaires sont concédés pour 99 ans ; à l'expiration de cette concession, le 17-11-1968, l'Égypte entrera gratuitement en possession du canal, rachètera matériel, approvisionnements et immeubles destinés au logement du personnel et les bénéfices prévus seront répartis entre la Cie (75 %), l'Égypte (15 %) et les fondateurs (10 %). Le firman de 1856 posait le principe du libre passage. Lesseps envisage une Cie universelle, mais en dépit de l'appel adressé aux différentes nations, le capital (400 000 actions de 500 F) est souscrit essentiellement par la France (207 111) et par le vice-roi d'Égypte [96 517 actions souscrites par l'Empire ottoman plus 85 506 dont n'avait pas voulu le public auquel elles étaient réservées (en Angleterre, Autriche, États-Unis, Hongrie, aucun souscripteur ne s'était présenté], le reste (10 866) se répartissant entre 14 pays. **1859**-*25-4* début des travaux du nouveau canal ; **1863-66** interruption (sous la pression anglaise, le sultan avait sommé le khédive d'abandonner) ; **1869**-*18-8* travaux terminés. *-17-11* inauguré par l'impératrice Eugénie et ouvert à la navigation mondiale. **1875** à la suite de difficultés financières, le khédive propose pour 100 millions de F ses 177 642 actions à la Fr. qui ne se décide pas ; l'Angleterre les achète alors aussitôt le 26-11. 3 représentants du gouv. britannique entrent au Conseil. **1880** l'Égypte cède sa part de bénéfice au Crédit foncier qui constitue pour le gérer la Sté des parts civiles de Suez. **1883**-*30-11* à la suite de l'occupation anglaise de l'Égypte en 1882, à l'occasion de la crise provoquée par Arabi Pacha, un accord intervient : 7 armateurs britanniques représentent dans le Conseil les intérêts du pavillon britannique, le plus important dans le trafic. **1888**-*29-10* la convention de Constantinople garantit statut international et neutralité. Le principe de libre passage est précisé et complété.

■ **Position de l'Égypte.** Dès le début, l'Égypte est associée à l'administration du canal (il y eut d'abord un commissaire, puis des administrateurs égyptiens (2 en 1936-37, et 5 en 1949). En 1936-37, une nouvelle redevance de 300 000 livres égyptiennes est versée ; elle sera remplacée en 1949 par une participation de 7 % des bénéfices bruts. En 1956, le Conseil d'administration comprend 16 Français, 9 Britanniques, 5 Égyptiens, 1 Néerlandais, 1 Américain. Le capital, d'une valeur de 200 millions de F-or, est divisé en 800 000 actions de 250 F, dont plus de 50 % à des citoyens français et près de 350 000 à la Couronne britannique. La capitalisation boursière dépasse 84 milliards de F. *Dernier bilan avant nationalisation* (en 1955) : recettes 34,5 milliards de F dont 10,7 répartis aux actions, aux parts de fondateurs et aux parts civiles et versés en redevance à l'Égypte. La Cie verse annuellement, au titre de la redevance, des impôts payés par elle-même et les porteurs de titres, 4,4 millions de livres égyptiennes. Sur 910 salariés, il y a 381 Égyptiens, 311 Français, 118 divers. **1956**-*26-7* l'Égypte nationalise le canal. *-15-9* pilotes et fonctionnaires étrangers se retirent. Une expédition franco-anglaise est décidée et a lieu en nov. En coulant des navires, l'Égypte bloque le canal qui sera fermé du 29-10-1956 au 15-4-1957. **1957**-*1-6* une loi nationalise la Cie en France. Les biens possédés hors d'Égypte représentent 70 à 100 milliards de F, l'actif immobilier est estimé à 1,5 milliard. Pour les biens situés en Égypte (204 milliards), la Cie s'en remet à un arbitrage. **1958**-*5-7* création de la Cie financière de Suez. *-13-7* Genève, accord : la Cie récupère la propriété de tous ses avoirs hors d'Égypte et obtient une indemnisation de 28 300 000 livres soit 80 millions de $ à un taux de change arbitraire de 2,80 $ pour 1 livre égyptienne. Accord soldé par une perte d'environ 5 000 F par action de capital. **1967**-*7-6* à la suite de la **guerre des 6-Jours**, le canal est bloqué du 7-6-1967 au 5-6-1975. L'URSS et l'Égypte en pâtiront, les liaisons maritimes à partir des ports de la mer Noire, vers l'Afrique de l'Est et l'Asie, devant se faire par Le Cap.

■ **Caractéristiques.** Plus long canal sans écluses au monde. **Tirant d'eau maximum** (en pieds) : *1869* : 22 ; *1956* : 35 ; *82* : 53 ; *94* (6-10) : 56 (19,33 m). **Longueur** (en km) : *1869* : 52 ; *1989* : 162,5 ; *94* : 190,3 (Port-Saïd-Port-Taufiq). *Zones de dérivation* 78 dont de Port-Saïd 36,5, de Ballah 8, de Timsah 5, des lacs (déversoir) 27,5. **Largeur** (en m) en 1989, entre parenthèses, 1869 et, en italique, 1956 : *du plan d'eau* : 365 (52, *160*) ; *de la voie navigable* : 190 (44, *110*) ; *min. sous 11 m d'eau* : 160 (0, *60*). **Section mouillée du canal** (en m^2) : *1864* : 304 ; *1950* : 1 250 puis 1 800 ; *82* : 3 600 (prévu 5 000).

■ **Améliorations. 1976-80** pour permettre le transit de pétroliers de 150 000 t (à pleine charge) et 370 000 t (sur lest), élargissement de la section mouillée de 1 800 à 3 600 m^2 entre Port-Saïd et le km 61, de 3 400 m^2 du km 61 à Suez, et approfondissement pour permettre le passage de navires avec un tirant d'eau de 53 pieds et plus. 3 dérivations : au km 17 ; du km 76,6 à 81,7 ; du km 95 à 104. *Coût* : 1 275 millions de $, recettes prévues 800 millions de $ par an. **1980**-*oct.* inauguration d'un tunnel sous le canal (1 640 m, 51 m de profondeur, 150 millions de $). **1985**-*27-2* inauguration de la drague hydraulique d'Obur-Port-Saïd (19 810 ch.) avec tonnage max. de 10 653 t (long. 116,3 m, larg. 20,8 m, haut. 10,5 m, tirant d'eau à pleine charge 8,5 m, profondeur max. pour le déblaiement 35 m, profondeur naturelle pour le déblaiement 25 pieds). *Coût* : 21 millions de $. **1986**-*23-2* début de l'élargissement de la rive est du canal (50 m) ; **1987** fin des travaux. **1988**-*12-5* début des travaux de déblaiement et de développement du canal d'entrée du port de Damiette. *-25-6* fin de la construction de dépôts pétroliers de 103 000 m^3 chacun. **1992-99** pont construit par Krupp : *longueur* : 600 m ; *coût* : 376 millions de F.

■ **Trafic. Navires :** *1870* : 486 ; *1900* : 3 441 ; *13* : 5 080 ; *38* : 6 171 ; *51* : 11 964 ; *78* : 21 266 ; *88* : 18 190 (3 429) ; *90* : 17 664 (3 682) ; *95* : 15 051 (2 473) ; *98* : 13 472 (2 135) ; *99* : 13 490 (1 987) ; *2000* : 14 141 (2 563). **Par jour :** *moyenne* : *1869* : 3 ; *1956* : 40 ; *84* : 58,4 ; *90* : 50 ; *96* : 40,2 ; *98* : 36,9 *record* 94 (25-2-1981) ; *99* : 37 ; *2000* : 38,6. **Tonnage** (en millions de t) : *1870* : 0,436 ; *1900* : 10,8 ; *12* : 28 ; *13* : 20 ; *38* : 34 ; *55* : 115,7 ; *84* : 171 ; *85* : 353,2 ; *91* : 426,5 ; *95* : 360,4 ; *98* : 386,1 ; *99* : 384,99 ; *2000* : 438,96. *Moyenne par jour* (*1869* : 1,2, *1956* : 424, *record* : 2 000 le 2-3-1981) ; *97* : 1 168 ; *96* : 9 355 ; *97* : 1 010,2 ; *98* : 1 057,8 ; *99* : 1 055 ; *2000* : 1 199 dont marchandises 367,98 (dont Nord-Sud 158,53, Sud-Nord 209,44). **Nombres de navires** (en mars 2001) : *chargés* 1 069 (Nord-Sud 487/Sud-Nord 582) / *sur lest* 139 (Nord-Sud 108/Sud-Nord 31) dont pétroliers 165 (52/113) / 97 (89/8), vraquiers 226 (97/129) / 8 (8/0), navires combinés 2 (1/1) / 2 (2/0), marchandises diverses 157 (89/68) / 17 (4/13), porte-conteneurs 389 (185/204) / 1 (1/0), porte-barges 4 (2/2) / 0 (0/0), rouliers 18 (12/6) / 6 (1/5), porte-véhicules 53 (22/31) / 2 (1/1), passagers 8 (2/6) / 3 (1/2), bâtiments de guerre 9 (3/6) / 0 (0/0), divers 38 (22/16) / 3 (1/2). **Jauge nette** (en milliers de TJN) : 32 697 (13 548/19 149) / 6 049 (5 710/339) dont pétroliers 4 712 (1 097/3 615) / 5 382 (5 223/159), vraquiers 6 778 (2 253/4 525) / 174 (174/0), navires combinés 65 (29/36) / 212 (212/0), marchandises diverses : 1 451 (840/611) / 72 (14/58), porte-conteneurs (16 090) (7 804/8 286) / 14 (14/0), porte-barges 119 (59/60) / 0 (0/0), rouliers 324 (196/128) / 68 (12/56), porte-véhicules 2 738 (1 149/1 589) / 58 (49/9), passagers 226 (9/217) / 51 (7/44), bâtiments de guerre 29 (8/21) / 0 (0/0), divers 165 (104/61) / 18 (5/13). **Recettes** (en milliards de $) : *1956* : 0,09 ; *80* : 1,07 ; *81* : 1,18 ; *82* : 1,39 ; *87* : 0,37 ; *90* : 1,7 ; *91* : 1,78 ; *93 (record)* : 1,97 ; *94 (déc.)* : 0,86.

Transit. Durée : environ 15 h ; en 3 convois (2 de Port-Saïd, 1 de Suez) avec pilotage obligatoire (pour les navires de plus de 300 t et les pétroliers, 11 stations de pilotage, tous les 10 km, environ 300 pilotes). **Vitesse maximale :** 13 à 14 km/h.

Passage des navires. Capacité : 76 navires/j. **Plus gros tirant d'eau :** *1-4-1996* : 58 pieds (17,7 m). **Plus gros pétrolier :** *29-1-1995 Jahre Viking* (norvégien) 564, 763 t à vide, longueur 458,5 m, largeur 68,9 m.

■ **Comparaison des trajets par Suez et,** entre parenthèses, **par Le Cap** (en km). Du Havre à Bombay 11 500 (22 000), Singapour 15 000 (21 500) ; Yokohama par Le Cap 20 500 (26 500), Melbourne 20 500 (22 000).

Le canal raccourcit de 17 à 60 % les distances entre l'Asie et l'Europe (23 % entre Tokyo et Rotterdam). Vers 1980, la traversée d'un cargo de 18 000 t entre l'Europe du Nord et le Japon coûtait ainsi 13 000 $ de moins par le canal que par Le Cap malgré 11 900 $ de passage du canal et 25 000 $ d'assurance.

Le voyage par Le Cap dure en moyenne 2 mois aller-retour et l'équipage des pétroliers est embarqué pour 4 mois (jusqu'à 6 si le navire ne revient pas en Europe).

Canal de Panamá

■ **Histoire. 1534** Charles V d'Espagne fait étudier un projet de canal. **1826** Cie américaine du Canal maritime Pacifique-Atlantique pour la construction du canal de Nicaragua créée. **1850** USA et G.-B. signent le *traité Clayton-Bulwer* qui leur confère le contrôle du canal de Nicaragua. **1850-55** ligne de chemin de fer construite dans l'isthme de Panamá à Colón (épidémie : 12 000 travailleurs †). **1876** la Commission supérieure américaine chargée de réunir les résultats des missions qui ont parcouru les isthmes de Tehuantepec, Nicaragua, Panamá, Darien et de l'Atrato se déclare pour la route de Nicaragua. En France, la Sté de géographie crée un comité d'études confié à Ferdinand de Lesseps (1805-94) et envoie une équipe d'ingénieurs de diverses nationalités, dirigée par le lieutenant Lucien-Napoléon Bonaparte-Wyse, explorer les différentes routes. **1879**-*15-5* présidé par Lesseps, le Congrès international d'études du tunnel interocéanique, réuni à Paris, examine les principaux tracés qui leur sont soumis [Tehuantepec, 240 km (120 écluses) : on a également projeté d'y établir un chemin de fer à bateaux d'une mer à l'autre ; Nicaragua 292 km (17 écluses) ; Panamá 75 km (à niveau et à ciel ouvert) ; San-Blas 53 km (à niveau avec tunnel de 16 km) ; Atrato 290 km (2 écluses, tunnel de 4 km)] et approuve le projet de Lesseps : le canal à niveau (coût estimé : 1,07 milliard de F, durée de construction 12 ans). *-29-5* banquet de clôture. Gambetta honore le Grand Français (Lesseps). *-5-7* Lesseps achète la concession Bonaparte-Wyse ; *-31-12* arrive sur place avec sa famille ; **1880**-*20-10* crée la *Cie universelle du canal interocéanique.* **1881**-*janv.* les travaux commencent quoiqu'un éperon de terre, la *Culebra* (la couleuvre), de 29 m de largeur et 87 m de hauteur, barre le passage sur 13 km ; mais Lesseps veut, comme à Suez, un canal à niveau. Des glissements emportent excavatrices et voies ferrées. **Fin 1887** Lesseps doit faire appel à Gustave Eiffel pour construire des écluses. **1889** après 8 ans de travaux (1881-89), la Cie avoue sa faillite. **1894** *Cie nouvelle de Panamá* créée. **1898** elle offre l'affaire aux USA mais ceux-ci préfèrent construire un autre canal au Nicaragua en utilisant le fleuve San Juan et le grand lac de Nicaragua. **1901**-*nov. accord John Hay* (USA)/*Pauncefore* (G.-B.) annule le traité Clayton-Bulwer. **1902** l'éruption de la montagne Pelée (Martinique) rappelle aux Américains le danger que représentent les volcans au Nicaragua. **1903**-*22-1 traité John Hay-Herran,* la Colombie cède aux USA pour 100 ans (renouvelables) le droit de construire et d'exploiter le canal et une zone de contrôle de 10 km environ. *-12-8* le Congrès colombien rejette l'accord prévu, le Pt Theodore Roosevelt favorise une insurrection. *-3-11* la Rép. de Panamá est proclamée ; *-16-11* elle est reconnue par le Congrès américain. *-18-11* traité signé par le Français Philippe Bunau-Varilla, ingénieur en chef de la Cie, agissant également en tant qu'ambassadeur du nouveau gouv. Les USA obtiennent le contrôle à perpétuité d'une zone de 16 km de part et d'autre du canal avec tous les droits, pouvoirs et autorité qu'ils posséderaient et exerceraient s'ils étaient puissance souveraine sur ce territoire. Ils s'engagent à verser à Panamá une redevance annuelle et garantissent son indépendance. **1904**-*22-4* ils rachètent à la Cie française ses droits pour 40 millions de $ (206 millions de F, alors que plus de 1 milliard a été dépensé). Le chantier reprend sur fonds d'État. Découvertes médicales et mesures de prophylaxie (assainissement au pétrole des poches d'eau infectées de moustiques) permettent d'enrayer malaria et fièvre jaune. Les travaux sont achevés pour 387 millions de $ (2 milliards de F, soit le triple de la somme estimée en 1880). **1913**-*10-10* en appuyant sur un bouton électrique à Washington, le Pt Wilson fait exploser à 3 000 km de là 20 t de dynamite, détruisant la digue de Gamboa, dernier obstacle séparant les eaux des 2 océans. La *Louise*, ancien remorqueur de la Cie française, sera le 1er vapeur à traverser, grâce à un passage de 45 pieds de profondeur creusé par les dragues. **1914**-*3-8* inauguration. *-15-8 : 1er navire* : le *SS Ancon.* **1977**-*7-9 traité USA/Panamá.* **1979**-*1-10* le traité devient effectif et une commission du canal remplace l'ancienne Cie (la zone du canal et son gouvernement sont dissous). **1982** oléoduc transisthmique concurrent. **1990** directeur de la commission panaméen (et non plus américain). **1999**-*31-12,* 12 h, USA rétrocèdent canal à Panamá.

■ **Scandale de Panamá. 1880** Lesseps lance des actions (il demande 300 millions de F et en reçoit 600). **1887** Lesseps ayant besoin de 600 millions de F, une émission à lots est envisagée, mais il faut l'autorisation de la Chambre des députés. Le Bon Jacques de Reinach et Cornélius Herz distribuent des pots-de-vin à des parlementaires (dont Clemenceau) pour obtenir le vote de subventions ; 26 parlementaires, dont les noms seront divulgués, seront appelés les *chéquards* (104 auraient reçu des subventions). **1888**-*9-6* la Chambre autorise la Cie à lancer un emprunt de 2 millions d'obligations à lots. Le public ne souscrit que pour 1 million. *-12-12* émission « de la dernière chance » : pas de succès. **1889**-*4-2* la liquidation de la Cie est prononcée (près d'un million de petits porteurs seront lésés). **1891**-*2-6* une instruction est ouverte contre les administrateurs. **1892**-*6/8-9 La Libre Parole* d'Édouard Drumont dénonce les libéralités de Charles de Lesseps (fils de Ferdinand). *-19-11* des poursuites sont engagées contre les administrateurs pour abus de confiance et escroquerie. Dans la nuit du 19 au 20, Reinach meurt dans des conditions suspectes. Cornélius Herz part pour Londres. *-22-11* une commission parlementaire d'enquête est instituée. *-29-11* le ministère Loubet qui a refusé d'enquêter sur la mort de Reinach est renversé. Maurice Rouvier, ministre dans le nouveau cabinet d'Alexandre Ribot, doit démissionner. Les talons de chèques, remplis par Reinach et portant les noms des bénéficiaires, parviennent à la commission chargée de l'enquête. *-16-12* Charles de Lesseps est arrêté. *-20-12* levée de l'immunité parlementaire demandée contre 3 députés (dont Rouvier et le journaliste Emmanuel Arène) et 5 sénateurs. **1893**-*9-2* Ferdinand de Lesseps et son fils Charles sont condamnés à 5 ans de prison et 3 000 F d'amende pour « escroquerie », Gustave Eiffel (1832-1923) à 2 ans et 20 000 F et 2 administrateurs, Marius Fontane et Henri Cottu, à 2 ans et 3 000 F. Tous, sauf Charles de Lesseps (qui devait encore être jugé pour corruption), seront libérés le 15-6 (les arrêts ayant été cassés, car il y avait prescription). Dans le procès pour corruption, 5 parlementaires et l'administrateur seront acquittés ; seuls seront condamnés l'ancien ministre Baïhaut, à 5 ans de prison, à la dégradation civique et à 750 000 F d'amende ; un complice, Blondin, à 2 ans ; Charles de Lesseps, à 1 an (libéré en sept. 1893), et Cornélius Herz, à 5 ans, par défaut. **1894**-*11-12* Ferdinand de Lesseps meurt. **1897** révélations d'un ancien intermédiaire du Bon de Reinach, Léopold-Henri Aaron dit Émile Arton (décès suspect

■ **Au Pakistan.** Construction du **canal de Tarbela,** entre l'Indus et le Jhelum : 102 km, 13 m de profondeur par endroits. *Coût* : 210 millions de F.

le 17-7-1905) : de nouvelles poursuites sont lancées contre 3 députés, acquittés le 25-2.

■ **Caractéristiques. Longueur** : 80 km, des eaux profondes de l'Atlantique aux eaux profondes du Pacifique dont 64,4 km dans l'isthme. Un barrage de 800 m à la base et de 30 m au sommet coupe la vallée de Gatun et la transforme en un lac de 423,12 km² (eaux du Rio Chagres à 27 m au-dessus du niveau de la mer). Dépenses et pertes d'eau de 292 millions de pieds cubes par an [dont par vidange du barrage 194, éclusages 41, source d'énergie électrique 31, évaporation 22]. Depuis Colón, les navires montent au niveau du lac par 3 écluses doubles, traversent le lac sur 38 km puis suivent la tranchée de la Culebra et redescendent par l'écluse de Pedro Miguel au niveau (18 m) du lac artificiel de Miraflores, et par 2 autres écluses au niveau du Pacifique (le niveau moyen des 2 océans est le même) plus un chenal dragué de 8 km de chaque côté de l'isthme. **Altitude** (à l'origine) **de la ligne de partage des eaux** : 95 m. **Plus petite largeur** : 152,4 m. **Profondeur max.** : 26 m. **Alt. max.** : 26 m, varie selon les précipitations. **Écluses** : 3 doubles de 305 m sur 33,50 m. **Tirant d'eau max. autorisé** : 13 m. **Largeur max. autorisée** : 36 m. **Long. max. autorisée** : 264 m (165 en 1950). Certains porte-avions et pétroliers géants ne peuvent franchir le canal en raison du gabarit trop faible des écluses. **Marées** : diurnes, du côté Pacifique (2 hautes, 2 basses par jour avec une différence max. de 7,03 m) ; irrégulières, du côté Atlantique (variation max. 0,95 m).

■ **Trafic** (en millions de t). *1982* : 186 ; *85* : 139 ; *90* : 162,3 ; *94* : 176,3 ; *95* : 198,6 ; *96* : 185,8 ; *97* : 162,4 ; *2015 (prév.)* : 232. **Nombre de navires** : *1981* : 13 984 ; *82* : 14 142 ; *85* : 11 654 ; *90* : 12 052 ; *93* : 12 257 ; *94* : 12 478 ; *95* : 13 631 ; *96* : 13 721 (35 à 45 navires par jour). **Temps moyen de traversée** : 16 à 20 h (canal proprement dit 9 h), *les plus rapides* 2 h 41 min hydrofoil *USS Pegasus* (20-6-79). **Records** : *le plus long navire* : *Marcona Prospector* (le 6-4-1973), 299 m ; *les plus larges* : la gamme des *USS New Jersey* 32,91 m ; *le plus chargé* : 299 000 t (15-12-1981) *Arco Texas 65 299*. Depuis son ouverture le 15-8-1914, le canal a accueilli 760 000 bateaux (5 milliards de t de marchandises).

■ **Droits de péage.** *Calculés* par t (au 10-1-1992, 1,76 $ sur lest, 2,21 $ pour bateaux chargés). En 1992, en moyenne, un bateau a payé 29 365 $. Le canal économise parfois 10 fois le montant des droits par rapport à un détour par la Terre de Feu. **Montant total** (en millions de $) : *1985* : 300 ; *90* : 355,6 ; *91* : 374,6 ; *92* : 368,7 ; *93* : 400,9 ; *94* : 419,2 ; *95* : 462,7. *Droits max. payés* (en $) : *Rhapsody of the Seas* (75 000 t) 153 662,66 (23-5-1997) ; *droits min.* : 36 cents par Richard Halliburton (traversée à la nage 1928).

Voie maritime Atlantique-Duluth

Achevée 1959. **Voies d'eaux navigables** : 245 750 km². **Trafic** : plus de 2 milliards de t de marchandisees (300 milliards de $) à destination et en provenance du Canada, des USA et de près de 50 autres pays ; 50 % s'effectue à destination et en provenance de ports d'outre-mer, surtout en Europe, au Moyen-Orient et en Afrique. **Écluses** : 13 canadiennes, 4 américaines. **Longueur** : 3 700 km (par le St-Laurent, lacs St-Louis, St-François, St-Laurent, Ontario, le canal de Welland, lacs Érié, Huron, Michigan, Supérieur). **Capacité** (*dénivellation* 180 m) : navires de 28 000 t mesurant 225,5 m. **Trafic** (en millions de t, 1999) : section Montréal-lac Ontario 36,4, section Welland 37,4.

Ports maritimes de commerce

Dans le monde

Source : Journal de la marine marchande.

■ **Ports les plus importants** (trafic marchandises en millions de tonnes). **Rotterdam** (P.-Bas) : port 40 km, quais 43,2, des navires de 350 000 t et de 23 m de tirant d'eau peuvent accoster. *Trafic 1961* : 100 ; *75* : 300 ; *84* : 239,6 ; *85* : 244,6 ; *86* : 256 ; *87* : 250,3 ; *88* : 272,7 ; *89* : 291,9 dont hydrocarbures 125, charbon et acier 60, grains et autres cargaisons « sèches » 45, cargaisons mixtes 60 ; *90* : 287,8 ; *91* : 291,8 ; *92* : 293,1 ; *93* : 282,4 ; *94* : 293,9 ; *95* : 293,4 ; *96* : 292 ; *97* : 310,1 ; *98* : 314,8 ; *99* : 303,4 ; *2000* : 323. Chaque jour, 350 bateaux fluviaux et 90 navires océaniques. **En 2000** : **Chiba** (Jap.) : 164 ; **Nagoya** (Jap.) : 133,8 ; **Hong Kong** 127,4 ; **Yokohama** (Jap) : 117,8 ; **Anvers** (Belg.) : 130. **Marseille** : 94 ; **Hambourg** : 80,5 ; **Le Havre** : 67,5.

Autres ports importants (en millions de t, 1999). **Aboû Dabi** : Mina-Zayed 4,7. **Açores** : Ponta Delgada 1,4. **Afrique du Sud** : Le Cap 7,4 [1]. **Algérie** : Arzew 48,5 [1], Alger 6,2 [1]. **Allemagne** : Hambourg 81, Wilhelmshaven 39,8, Brême-Bremerhaven 36, Lübeck 25,3, Rostock 22, Bracke 5,6 [1]. **Arabie saoudite** : Djeddah 17,1 [2], Dammam 10,2, Yanbu 1,1 [2]. **Australie** : Newcastle 78 [1], Dampier 82,5, Port Hedland 64,3, Gladstone 43,8, Freemantle 23,1, Port Kembla 23, Melbourne 22, Geelong 12,2. **Bahamas** : Freeport 4,3 [2]. **Bahreïn** : Mina Sultan 2,5 [2]. **Bangladesh** : Chittagong 9,8 [1]. **Belgique** : Anvers 115,6, Bruges-Zeebrugge 35,4, Gand 23,9. **Bénin** : Cotonou 2,6. **Brésil** : São Paulo 20 [1], Paranagua 9, Itajai 1,8 [1]. **Brunéi** : Muara 1,4 [2]. **Bulgarie** : Bourgas 13 [1]. **Cameroun** : Douala 5,2 [1]. **Canada** : Vancouver 71,2, Montréal 20,6, Saint-John 20, Halifax 14, Hamilton 11,5. **Chili** : Valparaiso 4,4. **Chine** : Hong Kong 168,8. **Chypre** : Limassol 3,4, Larnaca 2,6. **Congo** : Pointe-Noire 9,5 [1]. **Costa Rica** : Puerto Limon 5,1 [1]. **Côte d'Ivoire** : Abidjan 15,3. **Danemark** : Copenhague 9,6, Aarhus 7,8, Aalborg 2,5. **Djibouti** : Djibouti 3,1 [1]. **Dubaï** : Jebel Ali 39,7. **Équateur** : Guayaquil 5,1. **Espagne** : Algésiras 41,9, Bilbao 26, Tarragone 25,1, Barcelone 27,9, Valence 23,9, Santa Cruz de Tenerife 15,9, Gijon 18,2, Huelva 14,4 [1], Carthagène 24,9, La Corogne 11, Avila 9,8, Malaga 9, Castellon 8,4 [1]. **Estonie** : Tallin 26,3. **Finlande** : Helsinki 10, Kotka 7,4, Naantali 6,9, Rauma 5,2, Turku 4, Kokkola 3,2, Hanko 1,7. **France** : cf. tableau col. c. **Gabon** : Port-Gentil 15,8 [1], D'Owendo-Libreville 18,6. **Géorgie** : Poti 2,4 [1]. **Ghana** : Tokaradi 2,6. **Grèce** : Le Pirée 13,9, Salonique 12,6. **Guadeloupe** : Pointe-à-Pitre 3,2. **Guinée-Bissau** : Bissau 0,2 [1]. **Haïti** : Port-au-Prince 2,1. **Hawaï** : Honolulu 7,3 [1]. **Inde** : Chenai (Madras) 36,5, Bombay 30,4, Cochin 12,8. **Indonésie** : Tanjung 17,3, Surabaya 15,4 [1]. **Irlande** : Dublin 20, Limerick 8,8 [1]. **Islande** : Reyjkjavik 2,2. **Israël** : Ashdod 16,2, Haïfa 17,2, Eilat 1,7 [1]. **Italie** : Trieste 44,8, Gênes 45,9, Tarente 36,8 [1], Livourne 22,2 [1], Ravenne 21,2, Savone 12,4, Ancone 10. **Jamaïque** : Kingston 19,7 [1]. **Japon** : Chiba 164,7, Nagoya 133, Yokohama 114,5, Osaka 86,6 [1], Kitakyushu 86,3, Kobé 82,8, Yokkaichi 61,7. **Jordanie** : Aqaba 12,6 [1]. **Kenya** : Mombasa 8. **Lettonie** : Ventsplis 34,1. **Liban** : Beyrouth 5,5. **Lituanie** : Klapeida 15, Riga 12. **Madagascar** : Toamasina 2,1. **Malaisie** : Bintulu 23,6, Persang 18,8. **Malte** : La Valette 3,6 [1]. **Maroc** : Casablanca 19,7 [1], Mohammedia 7,5 [1], Jorf Lasfar 7,4 [1], Safi 4,8, Agadir 1,8. **Martinique** : Fort-de-France 2,7. **Maurice** : Port-Louis 4. **Mauritanie** : Nouakchott 0,8 [1]. **Norvège** : Bergen 93,6, Narvik 14,1 [1], Oslo 6,7 [1], Fredristad 1,1. **Nlle-Calédonie** : Nouméa 4,7. **Nlle-Zélande** : Wellington 8,4 [1]. **Oman** : Mina Qaboos 1,7. **Pays-Bas** : Rotterdam 303,4. Amsterdam 55,7, Delfzijl-Emshaven 3. **Pérou** : Callao 9,8 [1]. **Philippines** : Manille 30,8 [1]. **Pologne** : Gdánsk 20,6 [1], Szczecin 28,5, Gdynia 7,1. **Polynésie française** : Papeete 0,9 [1]. **Porto Rico** : St Jean 16,1. **Portugal** : Sines 21,4, Leixoês 13,9 [1], Lisbonne 11,2 [1], Setubal 6,6. **Réunion** : Port-Réunion 3,1. **Royaume-Uni** : Londres 52,4, Tees and Hartlepool 49,3, Grimsby-Immighan 47,3, Forth Ports 44,4 [1], Southampton 34, Sullom Voe 31,1 [1], Liverpool 30,3 [1], Felixstowe 30 [1], Milford Haven 32,4, Dublin 20, Douvres 20, Orkneys 16,1 [1], Belfast 15,5 [1], Medway Ports 15,5 [1], Port Talbot 13,3 [1], Hull 10,2 [1], Humber Ports 10,2 [1]. **Russie** : Kaliningrad 4,1. **Salvador** : Acajutla 4. **Sénégal** : Dakar 7,2. **Seychelles** : Port Victoria 0,3 [1]. **Singapour** : 312,3 [1]. **Slovénie** : Koper 10. **Sri Lanka** : Colombo 27. **Suède** : Göteborg 30,4, Trelleborg 9,5 [1], Luléa 6,5. **Suriname** : Paramaribo 1,7. **Taïwan** : Kaohsiung 110,7, Keelung 76,1 [1]. **Tanzanie** : Dar es Salaam 3,7 [1]. **Thaïlande** : Bangkok 12,8, Laem Chabang 16,6. **Togo** : Lomé 2,8. **Tunisie** : Bizerte 5,3, La Skhira 5,5, Sfax 5, Gabès 3,6, Tunis-La Goulette 1,2. **Turquie** : Güllük 1 [2], Antalya 0,7 [2]. **Ukraine** : Odessa 27,2. **USA** : Long Beach 107,6, Corpus Christi 88,9 [1], Tampa 50,7 [1], Duluth 39,4, Mobile 37,3 [1], Baltimore 25,2 [1], Port Everglade 22 [1], Oakland 23,7, Boston 15,8 [1].

Nota. – (1) En 1998. (2) en 1997.

☞ **Échelles** : nom donné à certains ports de la Méditerranée. On utilisait à l'origine des échelles pour débarquer les marchandises.

■ **Nombre de conteneurs manipulés par homme et par an** (en 1990-91). Anvers 1 480, Rotterdam 1 440, Le Havre 784.

■ **Trafic conteneurs** (en millions d'evp, 1999). Rotterdam 6,4, Anvers 3,6, Hambourg 3,4, Felixtowe 2,7, Brême 2,2, Le Havre 1,38, Zeebrugge 0,85.

Tirant d'eau : Rotterdam 22,5 m, Le Havre 15,5, Hambourg 13,5, Anvers 13,1 (hors marée).

En France

■ **Trafic portuaire français. Tonnage total** (non compris pêche et ravitaillement, en millions de t). **Métropole** : *1980* : 319 ; *90* : 297 ; *95* : 296,6 ; *96* : 298,3 ; *97* : 323,9 [dont débarqués 228,9 (dont produits pétroliers 131,7) ; embarqués 94,9 (dont pétroliers 18)] ; *98* : 330,2 (débarqués 236,4, embarqués 93,8) ; *99* : 332,1 [débarqués 232,5, embarqués 99,6 (dont pétroliers 18)] ; *2000* : 345,7.

■ **Navires. Nombre d'entrées dans les ports métropolitains** (ravitaillement non compris) : *1980* : 86 626 ; *85* : 74 425 ; *90* : 74 024 ; *95* : 72 332 ; *96* : 75 915 dont (par pavillon) G.-B. 21 215, *France 19 415*, Bahamas 9 490, Allemagne 2 349, Chypre 1 946, Panamá 1 762, Italie 1 468, P.-Bas 1 319, Libéria 1 304).

■ **Quelques records. Brise-lames.** En granit, à Galveston Texas (USA) 10,850 km. **Jetée.** Damman (Arabie saoudite, en 1948/50) 11 km. **Quai.** Hermann-du Pasquier (Le Havre, France) 1 524 m en bassin à flot. **Profondeur d'eau à quai.** Antifer 29,8 m, Fos 23,5 m (accès possible aux 450 000 tpl). **Porte de bassin.** Nigg Bay (Écosse, 1976) 124 m de long, béton armé 16 257 t. **Ports. Le plus grand** : *New York-New Jersey* : 1 215 km de quais, superficie de 238 km², peut abriter 391 navires (dont 261 cargos) ; **le plus petit** : France : *Port-Racine*, St-Germain-des-Vaux (Manche) 45 m × 20 m, entrée 8 m.

Ports français (classement géographique) en 2000	Marchandises (en milliers de t)		Voyageurs (en milliers)	
	Entrées	Sorties	Entrées	Sorties
Mer du Nord				
Dunkerque [1]	30 334	7 950	4,37	4,08
Calais [2]	15 880	19 418	9 077	9 039
Boulogne-sur-Mer [3]	1 658	1 190	224	216
Le Tréport	320	63		
Manche				
Dieppe [4]	560	95	153,5	147,3
Fécamp	223*	59*	–	–
Le Havre [5]	49 203	16 800	430	432
Rouen [10]	9 962,4	12 842,8	10	9
Caen-Ouistreham	973	1 580	461	506
Cherbourg	1 806,8	1 838,8	691,9	698,3
Granville	56*	34*	27*	27*
Saint-Malo	1 690	360	571,7	516,5
Le Légué (St-Brieuc)	185*	89*	–	
Pontrieux	89*	–	–	
Tréguier	188*	6*	–	
Roscoff-Bloscon	352*	221*	299,8	302,5
Brest [6]	1 768	518	2 240***	2 263***
Atlantique				
Douarnenez	44,6***			
Quimper-Corniguel	198***			
Concarneau	50,5***			
Lorient	2 628	30,4		
Nantes-Saint-Nazaire [7]	22 656	6 137		
Les Sables-d'Olonne	218**	198**		
La Rochelle-La Pallice	4 823	2 808,1	–	
Rochefort	599*	176*	–	
Tonnay-Charente	351*	295*	–	
Royan	32*		–	
Bordeaux [8]	5 552	3 408		
Bayonne	2 028	2 389		
Méditerranée				
Port-Vendres	216***	14***		
Port-La Nouvelle	1 293,6	986,1		
Sète	3 111	580	34	34
Marseille [9]	75 599,5	18 506,6	789	867,9
Toulon	66	255	101	90,3
Nice-Villefranche	121	431	559,8	544,5
Bastia	1 320,9	658	957,5	958
Ile-Rousse	36***	14***	90,9	90,6
Ajaccio	768	223	395	380
Porto-Vecchio	112*	34*	23*	24*
Calvi	40*	12*	25*	25*
Totaux				
Ports autonomes	202 742,9	68 090		
Autres ports	38 408,9	30 029,3		
19 ports métropolitains	241 151,8	98 119,3		
Manche-Mer du Nord			10 435,1	10 317
Méditerranée			3 036,4	3 080,4
Outre-mer				
Guadeloupe	2 617,6	471,3	649	650,5
Fort-de-France	1 979	819	410,5	410,5
Port Réunion	2 783,7	482,3		
Totaux				
3 ports d'outre-mer	7 380,3	1 772,6		
2 ports d'outre-mer			1 059,5	1 061

Nota. – * 1994. ** 1995. *** 1996. – **(1) Dunkerque. Total** (en millions de t) : *1993* : 40,8 ; *94* : 37,2 ; *95* : 39,4 ; *96* : 34,9 ; *97* : 36,6 ; *98* : 39,2. *2000* : 45,3. *1er port fr. pour import. de minerais, charbon et bananes* et *export. d'acier et sucre.* 2 ports : **Est** [navires jusqu'à 130 000 t ; nombreux terminaux spécialisés : bois, sucre, aciers, céréales (engrais, petits vracs), prod. chim.] ; **Ouest** [conteneurs, trafic roulier, pondéreux (minerais, charbon) accessible aux gros vraquiers de 180 000 t, appontement pour pétroliers de 300 000 t, produits réfrigérés]. **(2) Calais.** *1er port pour trafic des voyageurs.* 8 postes pour car-ferries dont 7 avec passerelles mobiles, 6 à 2 niveaux et 4 capables de recevoir les jumbo-ferries, 1 passerelle pour catamarans géants (450 passagers, 80 voitures). Le nouveau bassin en eau profonde peut accueillir simultanément 3 cargos de 50 000 tpl ; quai équipé de 4 grues (capacité 22 t à 40 m et 40 t à 25 m) ; un terminal sucrier d'une capacité de stockage de 67 000 t équipe également ce bassin, permettant l'exportation de 3/400 000 t de sucre raffiné en sacs par an ; un poste *ro-ro* avec passerelle mobile y est aménagé. **(3) Boulogne-sur-Mer.** *1er port de pêche* (tonnage 2000 : 55 434 t), port transmanche (voyageurs et fret). **Port de voyageurs** : 3 passerelles (dont 1 à 2 niveaux) pour transbordeurs et catamarans, et 1 pour *ro-ro*. **Port de commerce** : peut recevoir des navires classiques jusqu'à 230 m de long et 11 m de tirant d'eau et des rouliers jusqu'à 140 m de long et 7 m de tirant d'eau. **(4) Dieppe.** *Port maritime le plus proche de Paris* (160 km). *Ligne ferry* Dieppe-Newhaven. *3e port de pêche pour coquilles St-Jacques* : 1 234,6 t débarquées (en 1999). *2e port en valeur.* Poisson 6 339,1 t. Mollusques 345,6 t. Terminal fruitier (10 000 m² de surface sous température contrôlée). **(5) Le Havre. Total** (en millions de t) : *1995* : 53,8 ; *96* : 56,1 ; *97* : 60,1 ; *98* : 66,9 ; *99* : 64,5 (dont produits pétroliers 40,36) 7 108 navires entrés ; *2000* : 68. *1er port fr. de marchandises diverses, de conteneurs* (1 464 901 conteneurs evp) ; trafic transmanche (250 lignes régulières desservant 500 ports ; passagers avec G.-B. 862 273 (en 2000) ; 30 escales de paquebots de croisière, 16 000 passagers). *2e port pétrolier,* 34 millions de t (en 2000). A 20 km au nord, Antifer : terminal pétrolier à 2 appontements pour tankers de 550 000 tpl, assure 40 % des importations françaises de brut. En projet, Port 2000 pour grands porte-conteneurs. **(6) Brest.** Dispose depuis 1980 d'une station de soutage et de déballastage, de 5 quais de réparation à flot et de 3 formes de radoub dont une de 420 × 80 m. En 1983, mise en service de silos (capacité actuelle 32 000 t). Hangar de stockage agro-alimentaire (capacité 150 000 t). Depuis 1998, plate-forme multinodale ; entrepôts frigorifiques (en négatif : 40 000 m³, positif : 36 000 m³). Plaisance : 1 325 places (base de vitesse de voile, Trophée des multicoques). **(7) Nantes-St-Nazaire.** *98 :* 31,66 millions de tonnes (Donges 15,93, Montoir 11,91, Nantes 3,04, St-Nazaire 0,78, Cordemais/Paimbœuf 0,001) ; *99 :* 28,8 ; *2000 :* 31,96 (Donges 14,65, Montoir 13,06, Nantes 3,4, St-Nazaire 0,75 ; *1er port fr. multispécialiste de la façade atlantique française.* **(8) Bordeaux.** *2000 :* 9,3 millions de t (dont hydrocarbures 4,5, céréales 1,7). *Voyageurs :* 25 000 en transit en 2000. *Installations :* Bordeaux (paquebots), Pauillac (hydrocarbures), Blaye (céréales), Ambès (zone industrielle), Le Verdon (conteneurs), Bassens (vracs solides et bois). **(9) Marseille-Fos.** *1er port de France, 1er de la Méditerranée, 3e port européen.* (1er pour pétrole et réparation navale). *Trafic* (en millions de t) *1981 :* 97 ; *82 :* 91,56 ; *83 :* 86,62 ; *84 :* 88,01 ; *85 :* 89,39 ; *86 :* 98,2 ; *87 :* 91,3 ; *88 :* 96,9 ; *89 :* 94,6 ; *90 :* 91,6 ; *91 :* 90,3 ; *92 :* 91,7 ; *93 :* 88,6 ; *94 :* 92,2 ; *95 :* 87,9 ; *96 :* 92 ; *97 :* 95,9 ; *98 :* 95,2 ; *99 :* 91,9 *2000 :* 95,7. Peut recevoir des navires de 400 000 t ; plus de 30 km de quais, 220 postes commerciaux d'un tirant d'eau de 6 à 23,5 m ; 10 cales sèches dont l'une des plus vastes d'Europe (465 × 85 m) ; 1er centre français de réparation navale (soutage pétrolier compris) ; 100 armements maritimes proposant 220 services sur 110 lignes régulières directes relient Marseille à 400 ports et desservent 140 pays ; liaisons terrestres à haute densité. *1er port commercial de France :* chiffre d'affaires (en 2000) 974,6 millions de F. *Dockers* (en 1998) : 1 071. **(10) Rouen. Trafic** (en millions de t) : *1992 :* 23,9 ; *93 :* 23,6 ; *94 :* 19,5 ; *95 :* 19,8 ; *96 :* 18,1 ; *98 :* 21,1 ; *99 :* 24,1 ; *2000 :* 22,8 (dont vracs liquides 9,6 ; vracs solides 9,7 ; divers 3,5) à 120 km de la mer, accessible aux 140 000 tpl. Comprend les ports de Honfleur (quais en Seine), Port-Jérôme-Radicatel, St-Wandrille-Le Trait et Rouen. *1er port européen exportateur de céréales ;* 1er français pour farine, agroalimentaire et agroindustrie, engrais, produits papetiers et groupage de divers Nord/Sud ; 2e français pour sucre ; 3e pour conteneurs (evp). Poursuite des investissements industriels portuaires et logistiques : chocolaterie, malterie, papeterie, fabrication de terreau, capacités de stockage pour produits forestiers et pour la distribution, particulièrement sur la plate-forme maritime Rouen-Vallée-de-Seine-Logistique qui a accueilli ses 3 premiers clients ; accès nautique, 156 millions de F pour porter les tirants d'eau admissibles à 10,30 m (descente) et 10,70 m (montée). **Réseau de lignes régulières** sur Europe du Nord, Afrique, Méditerranée, océan Indien, Antilles, Amérique, etc.

■ **Part du pavillon français dans le trafic des ports français. Nombre de navires entrés et,** entre parenthèses, **jauge nette** (en %) : *1980 :* 34 (26,2) ; *85 :* 27,6 (22,3) ; *90 :* 26,9 (19,7) ; *95 :* 21,3 (19,6). **Marchandises débarquées et,** entre parenthèses, **embarquées** : *1980 :* 26,9 (27,4) ; *85 :* 18,7 (23,9) ; *90 :* 14 (19,7) ; *95 :* 11,2 (17,7). **Voyageurs embarqués et débarqués :** *1980 :* 35,3 ; *85 :* 29,9 ; *90 :* 29,6 ; *95 :* 25,2.

■ **Coût moyen d'escale des ports français et étrangers** (en F par tonne de pétrole brut) **pour les navires de plus de 100 000 t** (*Source :* Ufip). *France : 6,84* (Donges 10, Antifer 8, Dunkerque 7,5, Le Havre 7,5, Fos 5,56). *Étranger :* 3,74 dont Rotterdam 5,41, Anvers 4,5, Gênes 2).

■ **Dockers professionnels. Effectifs :** *1980 :* 14 229 ; *86 :* 11 248 ; *92 :* 8 293 ; *93 :* 3 969 ; *95 :* 4 149 ; *96 :* 3 966 (dont mensualisés 3 622, intermittents 344) ; *97* (principaux ports) : 2 914 (dont Le Havre 1 044, Marseille 648, Dunkerque 523, Rouen 227, Nantes-St-Nazaire 116, Boulogne-sur-Mer 100, Bordeaux 77, Sète 63, Dieppe 60).

D'octobre 1991 au 27-5-1992 : 32 grèves, contre la réforme du statut privilégié du docker de 1947. *Coût :* + de 1 milliard de F. En juin 1992, la loi Le Drian a ramené leur statut d'intermittents (loi de 1947) à celui de salarié de droit commun, imposé leur mensualisation et une réduction des effectifs de 50 % ; salaire moyen annuel passé de 140 000 F pour 22 h hebdomadaires à 187 000 pour 30 h. Le 12-7-1994 accord au Havre entre dockers et entrepreneurs de manutention. Coût du plan social : 4 milliards de F (soit 966 000 F par docker).

■ **Budget de la marine marchande** (en millions de F). *1997 :* 5 629,8 ; *98 :* 5 619,88 dont administration générale 472,7, gens de mer 134,24, établissement national des invalides de la marine 4 599,5, signalisation et surveillance maritimes 116,2, protection et aménagement du littoral 14,1, flotte de commerce 283.

■ **Effectifs des écoles d'enseignement maritime.** *2000/01 :* 1 100 élèves officiers dans les 4 écoles nationales de la marine marchande (Le Havre, St-Malo, Marseille, Nantes). 1 800 élèves dans les 12 écoles maritimes et aquacoles.

TUNNELS SOUS-MARINS

TUNNEL SOUS LA MANCHE

☞ Le tunnel devrait plutôt s'appeler « sous la mer du Nord » ou « sous le pas de Calais » : il est situé au nord-est du cap Gris-Nez qui délimite Manche et mer du Nord ; Calais est sur la mer du Nord.

■ PREMIERS PROJETS

■ **Quelques dates. 1750** l'Académie d'Amiens met au concours la description des moyens propres à faciliter les communications entre la France et l'Angleterre. **1751** elle décerne son prix à Nicolas Desmarets (1725-1815, ingénieur) qui préconise un tunnel. **1802** 1er projet de l'ingénieur français Albert Mathieu-Favier, remis après la paix d'Amiens à Bonaparte, 1er consul. Tunnel formé de 2 voûtes : inférieure pour l'écoulement des eaux infiltrées vers des réservoirs constamment vidés par des pompes d'épuisement. Supérieure, route pavée, éclairée par des becs à l'huile et desservie par des diligences à chevaux, aération assurée par des cheminées de fer débouchant à l'air libre, consolidées à leur base par des enrochements. Le ministre anglais Fox, quand il vient à Paris, s'en entretient avec Bonaparte mais la guerre reprend. **1803** projet de l'ingénieur anglais Henry Tessier du Mottray (tube de fer). **1833** Aimé Thomé de Gamond (1807/† ruiné 4-2-1876, ingénieur français) propose un tunnel de tubes métalliques. **1834** voûte sous-marine en béton coulée au fond de la mer. Joseph Payerne : tunnel posé sur le fond marin et couvert de béton. **1837** bac flottant d'une jetée française à une jetée anglaise (l'une et l'autre très longues). **1840** isthme artificiel au moyen de blocs de béton immergés au fond du chenal. **1846** pont mobile. **1851** projet Hector Moreau : tunnel immergé à double voie avec tours d'aération et d'éclairage. **1852** pont et viaduc avec 400 tubes de fer jetés sur des arches de granit. **1855** projet Wilson : tubes soudés, posés sur le fond marin avec, aux extrémités, 2 parties creusées ; projet Léopold Favre : tunnel en briques et tôle ; campagne géologique de Thomé de Gamond. **1856** William Austin propose 3 galeries à 2 voies ferrées, revêtement intérieur de moellons faits avec des blocs de béton aggloméré. *-Avril* nouveau projet : tunnel de 34 km à 2 voies ferrées entre le cap Gris-Nez et la pointe d'Eastware (arrêt du projet en 1858). **1865** John Clarke Hawkshaw découvre que la couche de craie bleue reste continue en s'enfonçant dans la mer. William Low imagine 2 tunnels à 1 voie reliés par des rameaux transversaux pour la ventilation. **1868**-*24-11* l'Angleterre et la France créent un *Channel Tunnel Committee* financé du côté français par les Rothschild, du côté britannique par lord Richard Grosvenor (Angl.) et Michel Chevalier (économiste, Fr.). **1869** projet Beau de Rochas : tunnel assemblé en surface puis immergé. **1872** fondation de la *Channel Tunnel Company* par lord Grosvenor. **1875**-*3-8* loi concédant un chemin de fer sous-marin France-Angleterre à une association anglo-française : fondation de la Sté concessionnaire du chemin de fer sous-marin entre France et Angl. (capital de 2 millions de F, concession de 99 ans). *-14-9* projet Castanier : 2 tubes à 1 voie et rameaux de liaison. **1878** forage à Sangatte (France) du puits des Anciens : 1er puits creusé du 21-10-1876 au 1-7-1878, profondeur 129,79 m ; 2e puits du 29-3 au 1-8-1879 ; interrompu par venues d'eau ; 2 galeries de 1 800 m (dont 1 400 sous la mer) et 800 m, arrêt des travaux ordonné en G.-B. le 12-8-1882, en France le 18-3-1883 pour raisons militaires. **1921** Comité français du tunnel sous la Manche fondé par Paul Cambon, ambassadeur de France à Londres. **1937** André Basdevant propose le 1er projet de tunnel routier à 2 galeries à 2 voies de circulation et affirme que l'air d'un tunnel routier doit être ozonisé. Édouard Utudjian imagine 2 galeries cylindriques comprenant chacune 1 chaussée à 3 voies, piste cyclable, voie ferrée, tube de transport du courrier. **1939** projet du groupe d'études et de coordination de l'urbanisme souterrain Gecys : tunnel à 2 galeries (une chaussée voitures, une piste cyclable, une voie ferrée, un tube pneumatique pour le courrier). **1960**-*mars* rapport du Groupe d'études du tunnel sous la Manche (GETM, créé en juillet 1957) : préconise 2 tunnels ferroviaires et un tunnel de service. **1963**-*2-3* Sté d'études du tunnel complet routier et ferroviaire sous la Manche (SETMC) créée [en 1964-65, mènera une campagne de forages en mer, projet de tunnel en béton préfabriqué. *Capital du groupe* (au 1-1-1975) : 80 millions de F, partagés entre Sté fr. et Sté brit., constituant le *Groupe du tunnel sous la Manche* (GTM)]. **1964**-*févr.* les gouvernements français et anglais optent pour la solution GETM ; **1967**-*2-6* lancent un appel d'offres pour le tunnel ferroviaire ; **1971**-*22-3* GTM désigné maître d'ou-

■ **Pas de Calais. Largeur :** 35 km. **Trafic :** *navires par j :* Manche-mer du Nord environ 300, G.-B.-continent 300 ; *tonnage par an :* 225 millions. **Visibilité :** inférieure à quelques milles 1 jour sur 2, et plus du 1/4 des périodes de vent dépasse la force 8 Beaufort. *Depuis 1967 :* voie montante le long des côtes fr., descendante le long des côtes brit. ; chenaux réservés aux gros pétroliers ; centres d'information et de surveillance à Langton-Battery (Douvres) et au cap Gris-Nez.

■ **Pont sur la Manche (projets). A partir de 1833** Aimé Thomé de Gamond présente 6 projets de tunnel, de pont, d'isthme, de tube ; **1836** il propose un pont tubulaire en fer, isthme factice avec 3 chenaux doubles pour passage des bateaux, voie souterraine, tunnel immergé en fer puis tunnel construit au fond à l'aide d'un « bouclier hydrographique ». **1858** pont lancé de Charles Boyd, composé de 191 travées tubulaires de 164 m de portée. **1860** pont Gustave Robert (jetée de 32 km, haut. 6 m, avec 4 voies ferrées et percée de 2 passes pour la circulation maritime). **1866**-*22-5* pont d'une seule portée de 33 km de Charles Boutet. **1869** pont de poutres métalliques en treillis avec île artificielle au centre du détroit (Vérard de Ste-Anne). **1872** plate-forme transportant convois ferroviaires roulant sur voie portée par 2 tubes flottant entre deux eaux (Obach et Lebert). **1875** pont tubulaire métallique de Mottier. **1882** ponts roulants de François Martin (Fr.). **1887** The Channel Bridge and Railway Company Limited (capital 5 000 000 de F divisé en 50 000 parts) créée. **1889** Hersent et la Cie Schneider, pont de 121 piles, 38 600 m à 56 m au-dessus de l'eau, portée de 600 m, coût 4,25 milliards de F-or. **1890** projet cap Blanc-Nez-South Foreland en ligne droite, long. 33 450 m, 72 piles (45 m × 20 m au-dessus des plus hautes mers) supportant 73 travées métalliques de 400 et 500 m à 68 m au-dessus du niveau des basses mers. **1925** double jetée avec chenal intérieur pour faire passer les voitures (Jules Jaeger, Suisse). **1929** projet mixte : pont suspendu et double tunnel (de Mähl). **1930** pont de 42 travées de 450 m avec 2 voies ferrées et 4 routières (Murdoch McDonald et Albert Huguenin). **1960**-*27-12* constitution de la Sté d'études du pont sur la Manche (SEPM), Pt Jules Moch, pont 33 km, 130 appuis, abandonné en 1963-64. **1961** pont métallique à 4 voies routières, 2 ferrées, 1 piste cyclable. **1982** pont à travées de 2 000 m, long. 35 km (Bouygues) ; projet route et rail de la CGE (1 tunnel routier + 2 ferroviaires). **Europont.** *Partenaires :* Nord-France ; Ballot SA ; FBM Construct (filiale de la Sté belge des bétons) ; Chantiers modernes ; Banque Neuflize, Schlumberger, Mallet ; Continental Trust ; ICI Fibres ; Laing International, etc. *Coût :* 50 milliards de F dont tunnel ferroviaire 8 à 10. *Travaux :* 5 ans. *Description :* 7 travées d'environ 5 km, piles de 340 m de hauteur, câbles porteurs diamètre 1,40 m et suspentes en Kevlar (6 fois plus léger que l'acier). Véhicules circulent sur le pont dans un tunnel (35 km, suspendu à 70 m au-dessus de la mer : 2 niveaux de 6 voies chacun). *Débit :* 18 000 véhicules/h. **Euroroute.** *Partenaires :* Alsthom ; GTM Entrepose ; Cie générale d'électricité ; Usinor ; Paribas ; Sté générale ; British Ship Builders ; British Steel Corporation ; John Howard ; Kleinwort-Benson ; Trafalgar House ; Barclay's Bank. *Coût :* 54 milliards de F. *Travaux :* 6 ans. *Description :* pont à haubans (câbles d'acier) côté français 7 km, angilais 8,5, portée 500 m, suspendu à 50 m. Rampes hélicoïdales de 2 km contenues dans 2 îles artificielles. Entre elles : tunnel immergé de 21 km dans une tranchée avec 2 routes à 2 voies superposées. *Vitesse autorisée* (en km/h) : sur le pont 100, rampes de descente 60, tunnel 80. *Traversée :* 30 min. *Débit :* 25 000 véhicules/j dans les 2 sens. Pas d'arrêt de plus de 3 j par an [brouillard (visibilité - de 200 m) 72 h par an].

■ **Tube (projets). 1843** tube en fonte posé sur lit d'enrochement, enrobé de béton, composé de segments d'environ 10 m (brevet déposé par Charles Franchot et Cyprien Tessé du Mottet). **1852-1880** 25 projets. **1890** Gustave Eiffel partisan d'un « pont sous-marin » (tube immergé).

■ **Trafic transmanche. Passagers entre G.-B. et Europe** (total dans les 2 sens, en 1997) : 100 millions (dont par avion 53, mer 32, tunnel 14). **Parts de marché sur le transmanche de liaisons courtes uniquement** (en %) : *Frêt :* P & O Stena 45, Eurotunnel 31, autres 24. *Véhicules de tourisme :* Eurotunnel 49, P & O 33, autres 18.

Principales compagnies : Brittany Ferries (BAI) : comprend les Stés BAI (transport de passagers), Truckline, acquise en 1985 (transport de fret), et les Stés d'économie mixte Sabemen, Senacal et Senamanche. Dessert Angleterre et Irlande à partir de la France, Espagne à partir de l'Angleterre. *Voyageurs transportés :* en 1999-2000 : 2 500 782 ; *véhicules :* 730 142 sur 7 ferries mixtes ; *lignes :* 6. *Salariés :* basse saison 1 938 (dont 1 199 navigants, 739 sédentaires) ; haute saison 2 464 (dont 1 639 navigants, 825 sédentaires). *Chiffre d'affaires et résultats avant impôt* (en milliards de F) : *1994 :* 1,86 (0,008) ; *95 :* 1,68 (0,061) ; *96 :* 1,48 (– 0,01) ; *97 :* 1,69 (– 0,094) ; *98 :* 1,87 (0,134) ; *99 :* 1,55 ; *2000 :* 1,91. **P&O European Ferries.** Cie britannique rebaptisée P&O Portsmouth en février 1999. 6 ferries (classiques au départ de Cherbourg, croisière au départ du Havre) dont le *Superstar Express* au départ de Cherbourg (traversée 2 h 45 min). 10 traversées quotidiennes pour Portsmouth et 1 Portsmouth-Bilbao (Espagne) 2 fois par semaine. *Trafic* (en 1998) : passagers 2 000 000, voitures 500 000. *Chiffre d'affaires* (en milliards de F) : *1993 :* 5,72 ; *96 :* 7,09 ; *97 :* 5,92. **Stena Line :** Sté suédoise (*1996 :* 9,44 millions SEK). 3 lignes sur la mer d'Irlande, 1 ligne Hollande-Angleterre et 3 lignes en Scandinavie. Flotte : 30 ferries traditionnels, 3 catamarans rapides HSS (*High-speed Sea Service*). HSS : long. 126 m, 1 500 passagers, 375 voitures, vitesse 40 nœuds, coût unitaire 580 millions de F. *Trafic* (1996) : passagers 16 900 000 et voitures 3 100 000. **P&O Stena Line :** alliance pour 6 ans entre P&O European Ferries et Stena Line depuis 10-3-1998. Calais-Douvres jusqu'à 35 départs/j. *Traversée* en 75 min. *Flotte :* 7 super-ferries. *Trafic* (en 2001) passagers 12 000 000 et véhicules de tourisme 1 100 000. A fermé Dieppe-Newhaven (passagers 1993 : 1 200 000, 98 : 600 000). Le catamaran *Élite* traversait en 2 h 15 mais connaissait des problèmes de motorisation et des restrictions de météo (la Cie Hoverspeed lance du 10-4 au 31-10-1999 un Super Sea Cat monocoque).

■ **Méditerranée. Sté nationale Corse-Méditerranée (SNCM-Ferryterranée).** 7 paquebots transbordeurs, 5 navires mixtes, 3 navires à grande vitesse. *Voyageurs transportés* (en 2000) : 1 621 990. *Fret :* 719 808 t. *Véhicules :* 510 396. *Chiffre d'affaires* (en 2000) : 1,34 milliard de F (résultat net 0,012). *Salariés :* 2 510 (dont 700 en Corse). **Corsica Ferries-Sardinia Ferries.** 5 navires rapides, 4 ferries. *Voyageurs transportés* (en 2000) : 1 683 000. *Chiffre d'affaires :* 0,42 milliard de F (résultat net 0,006). *Salariés :* environ 500 (dont 186 en Corse).

vrage. **1972**-*20-10* Convention n° 1, entre GTM et les 2 gouvernements, signée. **1973**-*juillet* début travaux des 2 côtés du détroit. -*17-11* Convention n° 2 signée. Achèvement des travaux prévu fin été 1980. **1975**-*11-1* pour des raisons économiques, le gouvernement anglais renonce à ratifier le traité, le gouvernement français doit rembourser aux Stés les capitaux (privés) déjà engagés (500 millions de F partagés entre les 2 gouvernements). -*20-1* les travaux (300 m du côté français, 400 m du côté brit. sont stoppés. Les mesures conservatoires exécutées, l'ouvrage réalisé est envahi par les eaux. **Caractéristiques prévues :** 49,26 km (dont 39 sous la mer), 2 tunnels (de 6,85 m) et galeries de service (4,5 m), l'une partant de Sangatte, l'autre entre Douvres et Folkestone. *Profondeur maximale :* 107,30 m sous le niveau moyen de la mer. *Vitesse maximale des trains :* 160 km/h. *Durée moyenne du trajet dans le tunnel :* 31 min de terminal à terminal. *Trajet Paris-Londres* pour les trains : 3 h 40 ; à très grande vitesse : 2 h 40. **Coût total prévu** (juin 1973, travaux seuls) : 5,286 milliards de F.

EUROTUNNEL

■ **Histoire.** 139e projet depuis 1802. **1981**-*sept.* dossier rouvert. **1984**-*mai* 5 banques françaises et britanniques concluent pour une liaison fixe et finançable. **1985** formation d'un consortium de 5 entreprises françaises (Bouygues, Dumez, SAE, SGE, Spie Batignolles) et 5 britanniques (Balfour Beatty, Costain, Tarmac, Taylor Woodrow, Wimpley) qui deviendra *TML (Transmanche Link)* ; -*2-4* consultation lancée. -*31-10 :* 4 propositions assurant trafic ferroviaire et routier sans rupture de charge : Europont, Euroroute (voir encadré p. 1906), Transmanche-Express (projet de British Ferries, filiale de Sea Containers), *France Manche-Channel Tunnel Group ;* **1986**-*20-1* ce dernier est retenu ; -*12-2 traité signé à la cathédrale de Canterbury ; -14-3 acte de concession* pour 55 ans à dater de la ratification du traité. Au début, 36 % des Anglais étaient pour le tunnel sous la Manche, 51 contre, 13 ne savaient pas. -*19-5 Sté Eurotunnel* créée. -*13-8* contrat de conception et de réalisation TML et Eurotunnel signé. **1987** projet de loi : -*3-2* adopté en G.-B. ; -*23-4* lois approuvant le traité et la concession adoptées à l'unanimité en Fr. à l'Ass. nationale ; -*6-5* déclaré en Fr. d'utilité publique ; -*12-5* la Banque européenne d'investissement accorde un prêt de 10 milliards de F. -*21-7* approbation du *Channel Tunnel Act ;* -*23-7* accord donné par la reine *(Royal Assent)* ; -*29-7* ratification par la Fr. et la G.-B. ; -*4-11* syndicat (217 banques) garantissant un prêt de 50 milliards de F ; -*16-11* début de la souscription publique des actions Eurotunnel (prix d'émission : 35 F) ; -*27-11* clôture (200 000 Français et 100 000 Britanniques actionnaires pour 7,7 milliards de F) ; -*Déc.* mise en service du 1er tunnelier en G.-B. ; **1988**-*28-2* en France ; **1989** des 2 derniers (5 en tout) : pour tunnel ferroviaire, long. 13 m (plus le train suivant), diam. 8,72 m, 1 200 t ; tunnel de service 11 m, 5,74 m, 470 t ; enlevant 30 000 m^3 de déblais par jour. -*27-4 :* 1er percement côté français (côté terre du tunnel de service) ; -*2-10* conflit entre constructeurs et Eurotunnel (surcoûts). **1990**-*févr.* Eurotunnel condamné à payer 670 millions de F à TML. -*24-6 :* 90,7 km sur 150 prévus : du côté brit. 54 (dont 31 sous la mer), du côté français 36,7 (29). 24 milliards de F ont été dépensés. 9 ouvriers ont été tués depuis le début (du côté brit. 7, fr. 2). Les 5 constructeurs brit. de TML ont été condamnés en mars 1990 à verser 50 000 £ d'amende pour ne pas avoir respecté les consignes de sécurité ; -*25-10 :* 18 milliards de F supplémentaires accordés par le syndicat bancaire ; -*1-12,* à 12 h, jonction tunnel de service ; -*3-12* fin de la nouvelle augmentation de capital de 5,659 milliards de F. **1991**-*25-5* et *28-6* jonctions finales (tunnels ferroviaires Nord et Sud) ; -*23-10* TML réclame 12 milliards de F supplémentaires. **1992**-*3-4 :* 1re traversée continue de portail à portail par le duc d'Édimbourg. **1993**-*12-3 :* 1re traversée ferroviaire dans tunnel nord ; -*26-7* accord Eurotunnel et TML contre une avance de 235 millions de £ ; -*10-12* TML transfère le tunnel à Eurotunnel ; les gouvernements accordent une prolongation de 10 ans de la concession. **1994**-*6-4* accord Eurotunnel-TML sur surcoûts ; -*6-5* **inauguration** par la reine Élisabeth II et le Pt François Mitterrand ; -*19-5 :* 1re navette poids lourds ; -*fin mai* nouvelle augmentation de capital de 6 milliards de F, le syndicat bancaire les prête ; mise en service progressive d'*Eurostar ;* -*juillet* 1res navettes de tourisme. **1996**-*18-11 :* 21 h 45, incendie (volontaire selon rapport remis 19-3-1998) à bord d'un camion chargé de polystyrène sur une navette (transportant 29 camions, leurs 31 passagers, 3 agents d'Eurotunnel) dans le sens Calais-Folkestone à 17 km de l'entrée, côté France et 33 km côté G.-B. Pendant 10 km, les capteurs de chaleur n'ont rien perçu. Le feu entraîne une coupure de courant immobilisant le train. Les passagers, par un des rameaux de communication (il y en a un tous les 375 m), rejoignent le tunnel de service en surpression permanente, où la fumée ne peut entrer. Un train G.-B./France les recueille. 8 ont été plus ou moins intoxiqués par la fumée. A 22 h 04, arrivée des pompiers par le tunnel de service à bord d'engins filoguidés. -*19-11* à 6 h 15, l'incendie est maîtrisé. En avril 1998, Eurotunnel a retouché 1,36 milliard de F de ses principaux assureurs. 0,17 pour les matériels roulants endommagés, 0,31 pour réfection du tunnel et de ses équipements fixes, 0,88 à titre d'avance pour les pertes d'exploitation (le tunnel a été rouvert au transit passager le 10-12-1996, aux navettes de fret le 15-6-1997). **1997**-*15-6* accord avec les banques pour étaler la dette de 77 MdF ; -*10-7* plan de restructuration [les banques créancières détiendront 45,5 % du capital (dette abaissée à 32 MdF)] approuvé par les actionnaires (98 %) ; -*19-12* France et G.-B. approuvent la restructuration et acceptent de reporter la concession de 2052 à 2086 (soit 99 ans en tout) mais Eurotunnel versera 40 % de ses bénéfices aux États à partir de 2052. **1998**-*29-1* les banques signent le plan de restructuration ; -*8-4* cotation et livraison aux banques de 769 millions d'actions en contrepartie de leurs créances. **1999**-*9-5* le Sénat accepte concession prolongée jusqu'à 2086. **2000** mise en examen d'anciens et actuels dirigeants pour abus de biens sociaux, informations financières inexactes et délit d'initié lors de l'augmentation de capital de 1994.

■ **Organisation.** FONDATEURS. **Français :** Bouygues, Dumez, SAE-Borie, Sté générale d'entreprises, Spie Batignolles, Crédit lyonnais, BNP, Indosuez. **Britanniques :** Balfour Beatty, Costain UK, Tarmac, Taylor Woodrow, Wimpley, National Westminster Bank, Midland Bank. CONSEIL COMMUN D'EUROTUNNEL. **Pt exécutif :** Patrick Ponsolle (né 20-7-1944) ; *Vice-Pt :* Charles Mackay ; *DG :* Georges-Christian Chazot ; *Pts d'honneur :* André Bénard (né 19-8-1922), Alastair Morton (né 11-1-1938). **Répartition du capital détenu** (en %, au 31-12-2000) : actionnaires individuels 48, institutionnels 46, banques 6. **Actionnaires** (au 1-1-2000) : actionnaires individuels 780 000 (dont français 640 000 ; britanniques 140 000).

■ **Construction du tunnel. Tunneliers :** 11 (longueur 17 m + 250 m pour le train technique attenant ; abattage 17 t/min ; records de progression : 426 m en 1 semaine, 1,7 km en 1 mois, 12 km en 1 an). **Déblais :** côté français 3 millions de m^3 (stockés dans le dépôt de Fond-Pignon) ; anglais 5 (terrain de 45 ha gagné sur la mer, au pied de Shakespeare's Cliff). **Caractéristiques. Longueur totale** (du portail de Beussingue à celui de Cheriton) : 50,5 km ; du puits de ventilation de Sangatte à celui de Shakespeare's Cliff 38 km. Du puits de Sangatte à la sortie (par tranchée de Beussingue) 3,5 km. Du puits de Shakespeare's Cliff à Cheriton 9 km. **Profondeur moyenne :** 100 m sous le niveau d'eau, 40 m sous le fond du détroit. **Hauteur d'eau :** *entre Calais et Folkestone* 55 m à 2,5 m (bancs de Varne et Colbart, au milieu). **Altitude** à la sortie : côté français 3 m, anglais 60 m. **Tunnels ferroviaires :** 2 (diam. 8,78 m au forage, 7,6 m avec les voussoirs) parallèles, distants de 30 m d'axe à axe. Des voies de passage permettent de rester en service même en cas de fermeture de l'une des sections. **Nord** (forage achevé 22-5-1991) : 50 470 m (sous mer 37 925 m ; sous terre : *G.-B. 9 280, France 3 265*). **Sud** (forage achevé 28-6-1991) : 50 480 m (sous mer 37 925, sous terre *G.-B. 9 278, Fr. 3 277*). **Galerie de service** (forage achevé 1-12-1990) : 50 440 m (sous mer 37 916, sous terre : *G.-B. 9 293, Fr. 3 251*), diam. 4,8 m, entre les 2 tunnels auxquels elle est reliée tous les 375 m. **Puits de Sangatte** (d'où partaient les travaux de forage vers le terminal de Coquelles et le point de jonction) : prof. 65 m, diam. 55 m. **Terminal de Calais :** emprise 710 ha dont 100 pour rocade ; périmètre clôturé 31 km, terrassements 12 millions de m^3, chaussées 180 km, voies ferrées 60 km sur 1 million de m^2 ; béton 185 000 m^3 ; appareils 90.

■ **Coût** (en milliards de F). **Prévu à l'origine :** 27,3 (besoin de financement total 51,7 comprenant assurances, conception, contrôle des travaux 4,3, inflation 10,5, intérêts 9,6) dont terminaux de surface 4,5, tunnels 13,7, équipements fixes 6,4, matériels roulants 2,7. **Coûts engagés jusqu'au 6-5-1994 :** 86,02 dont construction 55,03, financements nets 20,09, frais généraux 10,9. **Prévisions des coûts jusqu'à fin 1998 :** 15,14 dont financements nets 27,48, construction 2,93, dépenses d'investissement 2,22, divers 1,1, trésorerie nette d'exploitation – 18,59. **Besoin total de financement :** 101,16. **Sources totales de financement :** 105,35. Marge de manœuvre financière 4,19.

■ **Prévisions des revenus du tunnel** (revenu net en milliards de F constants, valeur 1994). *1994 :* 1,36 (en fait – 3,23 pour un chiffre d'affaires de 0,255) ; *95 :* 5,13 ; *96 :* 7,19 ; *2003 :* 7,089 ; *17 :* 14,368. **Cours de l'action** (en F) : **1987**-*nov.* (introduction) : 35 ; **89 :** 119,33 ; -*mai :* 128 (record) ; **92**-*10-12 :* 27 ; **93**-*28-7 :* 40,10 ; **94**-*7-1 :* 59,5 ; -*26-5 :* 30,95 ; **95**-*12-4 :* 14,45 ; **96**-*3-4 :* 4,84 ; -*20-9 :* 9,35 ; **97**-*20-1 :* 7,45 ; -*25-4 :* 5,65, -*4-7 :* 7,80 ; -*19-12 :* 5,45 ; **98**-*17-2 :* 6,60, -*25-3 :* 4,69 ; **2000**-*12-7 :* 5,90 ; **01**-*13-7 :* 9,12.

■ **Statistiques. Actionnaires :** 780 000. **Banques créancières :** 174. **Chiffre d'affaires** (en milliards de F) : *1994 :* – 0,256 (prévu 1,37) ; *95 :* 2,27 (prévu en 94 : 5,25) ; *96 :* 3,99 (prévu en 94 : 7,57) ; *97 :* 4,31 ; *98 :* 6 ; *99 :* 6,36 ; *2000 :* 6,19. **Résultat d'exploitation :** *95 :* – 1,7, *96 :* – 0,29, *97 :* 0,66 ; *98 :* 1,9 ; *99 :* 2,27 ; *2000 :* 2,4 ; **net** (et, entre parenthèses, charges financières) : *1995 :* – 7,2 (prévu en 94 : – 4,73) ; *96 :* – 6,01 [prévu en 94 : – 2,8] (5,48), *97 :* – 5,81 (6,13) ; *98 :* 0,73 (3,69) ; *99 :* 2,2 (3,67) ; *2000 :* – 1,13 (3,65).

■ **Shuttle. Matériel roulant :** *locomotive pour navette :* hauteur 4,20 m, largeur 2,97 m, longueur 22 m, poids 136 t (dont moteurs 12,9 t), puissance continue 5 600 kW 7 620 ch. (6 moteurs de 1 300 ch. et 2,1 t). *Navette tourisme :* 2 locomotives encadrant 28 wagons (dont 12 à 1 niveau, 12 à 2 niveaux, 1 wagon déchargeur à 1 niveau, 2 à 2 niveaux), hauteur 5,60 m, largeur 4,10 m, longueur 26 m, poids à 1 niveau 63 t, 2 niveaux 67 t, charge maximale 14 t (12 t par niveau). *Navette poids lourds :* longueur 726 m, 2 locomotives encadrant 33 wagons dont 28 de transport, 4 chargeurs-déchargeurs, 1 voiture pour chauffeurs. *Wagons :* longueur 20 m, largeur 4,08 m. *Masse maximale des camions pouvant emprunter la navette :* 44 t. **Tarifs** (en F, au 10-7-2000) : *1re classe :* 3 200 (A/R), 990 (A/R week-end), 950 (A/R le même jour), *2e classe :* 2 400 (A/R), 590 (A/R week-end), 550 (A/R le même jour). **Passagers** (en millions), *1996 :* 4,5 ; *97 :* 6,3 ; *98 :* 6,5 ; *99 :* 7,2.

■ **Effectifs d'Eurotunnel** (au 1-1-2001). Environ 3 690.

■ **Temps de transport comparés. Paris-Londres** (de la tour Eiffel à Big Ben) : *avion* (1 h de vol) : par London City Airport 2 h 20, Heathrow 3 h 05, Gatwick 3 h 45 ; *TGV Eurostar :* 3 h ; *Shuttle Eurotunnel* et *hydrospeed :* 6 à 8 h ; *ferry :* 6 h 45 à 8 h 45. **Calais-Douvres :** *SeaFrance :* 1 h 30.

■ **Tunnels japonais. Détroit de Kanmon** (entre Honshu et Kyushu) : tunnel à 1 voie impaire de 3,6 km (1942), à 1 voie paire de 3,6 km (1944), à 2 voies pour route nationale de 3,46 km (1958), tunnel Shin-Kanmon double voie de 18,7 km (1975). **Détroit de Tsugaru** (entre Hokkaido et Honshu) : tunnel Seikan (1971, commencement des travaux, au 13-3-1988 mise en service) : 53,85 km dont 23,30 km sous la mer à 240 m au-dessous du niveau de la mer et 100 m au-dessous du fond marin ; galerie de 9,7 de diam. intérieur avec voie ferrée à 3 rails (1,067 m + 1,435 m) + tunnel de service (3,65 m à 4,5 m de diam. intérieur, 5 m extérieur). 1970 décision des travaux. *Coût final* (en 1988) : 600 milliards de yens. *Trafic : 2000 :* 1 580 000 voyageurs.

■ **Projet. Afrotunnel :** 39 km de longueur à 400 m sous terre, entre la pointe de la Paloma (Espagne) et celle de Malabata (Maroc), soit à 30 min l'une de l'autre par voie ferrée). La distance est plus courte entre Tarifa et Cires (14 km), mais la mer y est trop profonde. *Coût :* 40 milliards de F.

■ **Tarifs aller-retour** (en F), **véhicule + passagers. Traversée de jour :** *du lundi au vendredi :* SeaFrance : 490 ; Hoverspeed : 810 ; P&O : 1 150 à 1 300 ; navette : 2 190. *Samedi-dimanche :* SeaFrance : 540 ; Hoverspeed : 1 200 ; P&O : 1 650 ; navette : 2 590. **De nuit ou avant 10 h :** Sea-France : 400 ; Hoverspeed : 1 820 ; P&O : 1 700 ; navette : 1 790 ; **Paris-Londres. Eurostar** [1] : standard flexi 2 700, week-end 2 100, loisir flexi 1 400, loisir 950, loisir 7 : 750, loisir 14 : 590, loisir journée 550. **Avion** [2] : classe affaires : 2 720 ; classe éco. : 1 045 ; prix le plus bas : 790 [3] ; durée du trajet : 1 h (centre à centre : environ 4 h) ; départs de Paris : 20 par jour.

Nota. – (1) Au 10-7-2000, 2de classe. (2) Tarifs Air France-British Airways (hors taxe d'aéroport : 59 F). (3) Sous certaines conditions d'achat et de voyage.

■ **Trafic.** Trains passagers (Eurostar) et marchandises. Navettes de 800 m de longueur, capacité 120 voitures, 12 cars ou 28 camions ; les conducteurs de voitures, cars, camions y accèdent directement, partent toutes les 15 min à l'ouverture. **Temps de traversée** entre Cheriton (G.-B.) et Coquelles (Fr.) : 35 min à 140 km/h, trains directs 20 min à 160 km/h. **Transit de terminal à terminal :** voiture 64 min, camions 81. Trajet Paris-Londres 3 h, puis 2 h 30 quand une ligne à grande vitesse aura été construite en Angleterre.

■ **Trafic des navettes. Passagers** (en millions de voitures transportées). *1995 :* 1,22 ; *96 :* 2,08 ; *97 :* 2,32 ; *98 :* 3,35 ; *99 :* 3,26 ; *2000 :* 2,78. **Autocars :** *98 :* 0,063 ; *99 :* 0,082 ; *2000 :* 0,079. **Fret** (en milliers de poids lourds transportés) : *1995 :* 390,9 ; *96 :* 519 ; *97 :* 256 ; *98 :* 705 ; *99 :* 838,8 ; *2000 :* 1,13. **Eurostar** (en millions de passagers) : *1995 :* 2,92 ; *96 :* 4,86 ; *97 :* 6 ; *98 :* 6,3 ; *99 :* 6,59 ; *2000 :* 7,13. **Trains de marchandises** (en millions de t) : *1995 :* 1,35 ; *96 :* 2,36 ; *97 :* 2,92 ; *98 :* 3,14 ; *99 :* 2,87 ; *2000 :* 2,95.

■ **Associations de défense des actionnaires. AAE (Assoc. pour l'action Eurotunnel)** 6, rue des Terres-Fortes, 77600 Chanteloup-en-Brie. *Créée* 1992. *Pt :* Maurice Page depuis oct. 1997. *Adhérents :* 2 200. *Titres :* 10 millions. **Investir** 48, rue N.-D.-des-Victoires, 75081 Paris Cedex 02. *Titres :* environ 50 millions. **Adacte (Association de défense des actionnaires Eurotunnel)** 2 ter, bd de Belfort, 80000 Amiens. *Créée* 1995. *Pt :* Joseph Gouranton. *Adhérents 2000 :* 2 700. *Titres :* 25,7 millions.

SIGNALISATION

MOYENS UTILISÉS

■ **Ondes lumineuses et sonores. Phares et feux :** éclairage par des brasiers (feu de bois ou de houille) depuis l'Antiquité puis, à partir de la fin du XVIIe s. (1696, phares d'Eddystone, G.-B.), par des chandelles et des lampes ; en 1782, le phare de *Cordouan* était éclairé par 80 lampes à mèche plate donnant beaucoup de fumée. En 1784, *Argand* construisit une lampe à double courant d'air (mèche en forme de cylindre creux enfermée dans une cheminée de verre). On utilisa des lampes à huile de colza (puis, à partir de 1857, à l'huile minérale). *Réflecteur :* en 1783, Teulère imagina des miroirs polis qu'il faisait tourner (système catadioptrique adopté à Dieppe par Borda en 1784). En faisant varier la vitesse de rotation et la disposition des miroirs, on pouvait donner à chaque phare une « identité » particulière. Arago et Augustin Fresnel préconisèrent des lampes à mèches concentriques (jusqu'à 5 ou 6). L'électricité fut utilisée pour la 1re fois en G.-B. en 1859 (en France, en 1863, phare de la Hève). Fresnel imposa des appareils dioptriques. Il remplaça la lentille ordinaire par une lentille à plan convexe dont la face de sortie était taillée en échelons. Ainsi les rayons lumineux formaient à la sortie de l'appareil un faisceau lumineux parallèle. La plupart des phares sont sur les côtes, d'autres sur des îlots ou des écueils immergés à haute mer [le 1er important établi ainsi fut en France le phare des Héaux de Bréhat (1836-40)]. **Autres moyens :** balises, bouées, bouées-phares, avertisseurs sonores, réflecteurs radars.

■ **Ondes électromagnétiques.** Chaînes « Loran C », balises radars, système Sylédis, système par satellite, GPS différentiel.

Phares célèbres

■ **Phares. Les plus anciens :** Égypte : *Alexandrie* [une des 7 merveilles du monde ; 280 av. J.-C., marbre blanc ; haut. 134 m ; portée 55 km]. France : *tour d'ordre de Boulogne*, construite par Caligula, restaurée 810 par Charlemagne (avec des feux entretenus la nuit), détruite 1644. *Cordouan* (Gironde), voir col. b. **La plus grande portée :** New York : *Empire State Building* (mise en service 31-3-1956), haut. 332 m, 4 lampes à arc au mercure, puissance 450 millions de bougies, visible au sol à 130 km de distance, à partir d'avion à 490 km. **Les plus hauts :** Japon : *tour d'acier du parc Yamashita*, 106 m, puissance 600 000 bougies, visible à 32 km. G.-B. : *Bishop's Rock* (îles Sorlingues) et *Eddystone* élevé en mer 1882 à Plymouth Sound. [1697-1703, 1er phare détruit par une tempête. 1706/1-12-1755, 2e en bois détruit par un incendie.] Peut faire face à des vagues tourbillonnant à 8 ou 10 m au-dessus de la coupole, haut. 42 m. France : *île Vierge* 82,5 m ; *cap d'Antifer* (S.-M.), foyer le plus haut (128 m), portée 53,7 km. **Le plus grand nombre de marches :** France : *île Vierge*, 397. **Le plus puissant de France :** *le Créac'h d'Ouessant* (Finistère) : voir plus bas.

■ **Phares français.** *Légende.* – Date de construction en italique (et, entre parenthèses, date de reconstruction du bâtiment actuel). P : portée nominale en milles (par visibilité météorologique de 10 milles). I : intensité en millions de candelas [le 2e chiffre : lorsque l'éclairage est assuré par lampe à arc (temps de brume)]. H : hauteur en m du foyer au-dessus de la mer (Méditerranée) ou des hautes mers (Manche, Atlantique).

Mer du Nord. Cap Gris-Nez (P.-de-C.) *1837 (1957).* P 29, I 1/3. H 72. **La Canche** (P.-de-C.) *1852 (1951).* P 25. I 0,65. H 53,65. **Manche. L'Ailly** (S.-M.) *vers 1775 (1958).* P 31. I 6. H 95,33. **Antifer** (S.-M.) *1894 (1956).* P 29. I 3,6. H 128. **La Hève** (S.-M.) *1774 (1951).* P 24. I 0,55. H 123,2. **Gatteville** (Manche) *1775* et *1835.* P 29. I 3/6. H 72,35 ; hauteur de la tour 71 m. Guide plusieurs dizaines de milliers de navires par an. **Carteret** (Manche) *1839 (1906).* P 26. I 1. H 80,6. **Cap Fréhel** (C.-d'A.) *1701 (1950).* P 26. I 1,2. H 85,3. **Roches-Douvres** (C.-d'A.) *1868 (1948).* P 24. I 0,58. H 60. **Ile de Batz** (Finistère) *1836 (1900).* P 23. I 0,35. H 69. **Ile Vierge** (Finistère) *1845 (1902).* P 27. I 1,5. H 77, hauteur de la tour 75 m. **Atlantique. Créac'h d'Ouessant** (Finistère) *1862.* P 32. I 20. H 69,7, hauteur de la tour 47 m. A huile minérale puis, en 1888, électrifié. 4 optiques (de 2 panneaux chacune) réparties sur 2 étages. 8 faisceaux lumineux de 20 000 000 de candelas groupés 2 à 2 de telle sorte que les navigateurs voient un groupe de 2 éclats. Lanterne 11 m de hauteur, 6 m de diam. ; 33 t ; haut. 55 m au-dessus du sol (75 m au-dessus des hautes mers) ; visible à 69 km de distance ; portée nominale 63 km. **St-Mathieu** (Finistère) *1740 (1835).* P 29. I 4. H 55,8. **Ile de Sein** (Finistère) *1839 (1952).* P 27,5. I 2. H 48,9. **Eckmühl** (Finistère) *1835 (1897* grâce aux dons de la Mise de Bloqueville, fille de Davout Pce d'Eckmühl). P 24. I 0,44. H 60,09. **Belle-Ile** (Morbihan) *1836.* P 27. I 1,8. H 87,25. **Ile d'Yeu** (Vendée) *1829 (1950).* P 24. I 0,55. H 56. **Chassiron** (Ch.-M.) *1685 (1836).* P 28. I 2,1 H 50,1. **La Coubre** (Ch.-M.) *1830 (1905).* P 28. I 2. H 64,5. **Phare des Baleines** (Ile de Ré ; Ch.-M.) *1679 (1854).* P 27. I 1,5. H 52,60. **Cordouan** (Gironde). Édifié sous le Prince Noir : rebâti. *Fin XVIIe s.* : appareil à 12 grands réflecteurs paraboliques fonctionnant avec une lampe à mèche d'Argand. *1788-1791* : surélevé. *1854* : feu à éclipses avec éclats alternatifs blancs et rouges. *1862* : classé monument historique pour sa partie basse. *1870* : monument historique. *1907* : brûleur à incandescence. *1950* : lampe électrique à 2 groupes électrogènes. *1984-1994* : restauré. H 60,3 ; secteur blanc P 22, I 0,25 ; rouge P 18, I 0,05 ; vert P 18, I 0,05. **Cap-Ferret** (Gir.) *1840 (1948).* P 27. I 1,6. H 53,43, tour de 52 m construite 1946-47 pour remplacer l'ancienne (1840) que les Allemands avaient fait sauter en 1944. **Biarritz** (Pyr.-Atl.) *1830.* P 29. I 4. H 73,2. **Méditerranée. Cap Béar** (Pyr.-Or.) *1836 (1905).* P 30. I 4,8. H 79,67. **Mont St-Clair** (Sète, Hérault) *1903.* P 29. I 4. H 93,05. **Le Planier** (B.-du-Rh.) *1320 (1959).* P 23. I 0,4. H 67,74. **Porquerolles** (Var) *1837.* P 29. I 3. H 80. **La Garoupe** (A.-M.) *1837 (1948).* P 31. I 6. H 103,7. **La Giraglia** (Corse) *1848.* P 28. I 2,5. H 85,2.

■ **Dotations Phares et Balises** (en millions de F, 2000). Entretien, exploitation 23,48 ; *investissement :* autorisation de programmes 60, crédits de paiement 60. **Effectifs** (en 1999) : 905 dont marins 280, contrôleurs des Travaux publics de l'État (Phares et Balises) 232, auxiliaires 36, agents de travaux 12, ouvriers des Phares et Balises 345.

■ **Sous-Direction de la Sécurité maritime. Établissements existants** (au 1-1-2000) : *métropole :* 1 789 phares et feux, 25 bordures lumineuses, 4 radiobalises, 830 bouées lumineuses, 3 bouées-phares, 3 221 balises, amers et bouées non lumineuses. *Dom :* 155 phares et feux, 7 bordures lumineuses, 120 bouées lumineuses, 91 balises, amers et bouées non lumineuses. *Tom :* 307 phares et feux, 41 bouées lumineuses, 1 205 balises, amers et bouées non lumineuses.

☞ Il restait, au 31-12-2001, 4 *phares habités* en mer. Les *phares automatisés* sont télécontrôlés et télécommandés depuis la terre.

Surveillance

■ **Organisation. Centres régionaux opérationnels de surveillance et de sauvetage (Cross) :** dépendent du ministère chargé de la Mer. Ceux de Gris-Nez, Jobourg et Corsen surveillent la circulation des navires dans les dispositifs de séparation de trafic (DST) du pas de Calais, des Casquets et d'Ouessant et leurs abords. Ils sont plus spécialement chargés des recherches et du sauvetage en mer. Ils assurent la surveillance de la navigation des navires transportant hydrocarbures et substances dangereuses, qui doivent annoncer leur passage (compte rendu du navire) et signaler leurs avaries. Considérés par ailleurs comme des services de trafic maritime côtiers (STM) au sens des règles de l'Organisation maritime internationale (OMI), ils diffusent, dans leur zone, toutes informations de sécurité (avis aux navigateurs, météo, etc.) pour faciliter la navigation. Ils répondent à toutes demandes des navires, relèvent les infractions aux règles de la navigation commises dans les eaux territoriales [procès-verbaux (PV) transmis aux Affaires maritimes pour renvoi devant les tribunaux maritimes commerciaux], ou internationales (PV transmis à l'État du pavillon). **Effectifs des Cross** (en 1999) : 275 dont aspirants, officiers mariniers et marins 220, officiers des affaires maritimes 36, civils 19.

■ **Contrevenants. Constatés :** *1988 :* 3 200 ; *90 :* 1 613 ; *91 :* 1 525 ; *92 :* 1 464 ; *93 :* 1 243 ; *94 :* 1 446 ; *95 :* 667 ; *96 :* 402 ; *97 :* 468 ; *98 :* 330 ; **identifiés :** *1988 :* 1 022 ; *90 :* 510 ; *91 :* 470 ; *92 :* 402 ; *93 :* 330 ; *94 :* 291 ; *95 :* 206 ; *96 :* 63 ; *97 :* 146 ; *98 :* 118. **Taux d'identification** *par rapport aux navires détectés : 1986 :* 43 % ; *90 :* 28 ; *91 :* 31 ; *92 :* 26 ; *93 :* 26,2 ; *94 :* 20 ; *95 :* 31 ; *96 :* 16 ; *97 :* 31 ; *98 :* 29,8.

TRANSPORTS ROUTIERS

☞ Pour découvrir la sélection **Quid** des meilleurs sites Internet sur les transports routiers, rendez-vous sur **www.quid.fr**

☞ *Abréviations :* cyl. : cylindres ; CV : chevaux fiscaux ; ch. : chevaux-vapeur ; ex. : exemplaires ; véh. : véhicules ; vit. : vitesse ; voit. : voitures.

Véhicules

Quelques dates

Traction animale

☞ Véhicules à porteurs : litière, chaise à porteurs, vinaigrette (encore en usage à Beauvais en 1882, montée sur 2 roues élevées, traînée par un homme attelé entre les brancards et aidé d'une personne poussant à l'arrière).

Antiquité les véhicules à roues étaient connus (Égypte, Assyrie, Phrygie...). **IXe s.** l'usage des voitures disparaît presque (on garde animaux de selle ou de bât et litières). **Xe s.** *le collier d'épaules* améliore le rendement du cheval de trait. **XIIIe s.** l'usage des voitures revient (charrettes pour marchandises, chars, non suspendus, pour voyageurs). **XIVe s.** apparition d'entreprises particulières de messageries. **XVe s.** amélioration du confort (chars à chaînes ou chariots branlants dont la caisse est suspendue avec des chaînes). **XVIe s.** *1res grandes voitures de transport en commun :* coches. **1530** *1ers carrosses :* celui de la reine et de Diane, fille naturelle de Henri II. **1571** *1er service public* Paris-Orléans. **1617**-*22-10*, *1er service à Paris de transport public par chaises à porteur.* Carrosses de louage. Suspension perfectionnée avec *les chaises de poste, carrosse* (voiture de cour), *coche* (moins logeable), *patache, gondole, galiote* (plus légère), *carabas* (cage d'osier à 8 chevaux). **Vers 1670-1700** *berline (de Chiese)* 4 roues, 2 fonds symétriques, capote garnie de glaces. **1691** *diligence* (coche à 4 roues, suspendu et couvert, parcourant 23 lieues par jour : Paris-Lyon en 5 j l'été, 6 l'hiver). **1723** *phaéton* 4 places, voiture légère, découverte, haute sur roues. **1775** *turgotine,* du nom de Turgot, diligence des Messageries royales. **1820** *landau* (ville du Palatinat où il fut d'abord fabriqué) 4 roues, 2 banquettes en vis-à-vis, 2 soufflets se fermant et s'ouvrant à volonté ; *tilbury* (du nom d'un carrossier anglais) cabriolet léger, 2 roues, découvert. **Vers 1850** *brougham,* 2 ou 4 roues, caisse basse tirée par 1 ou 2 chevaux, mise à la mode par le Bon Henry Brougham, juriste écossais.

Véhicules à vapeur

XVe s. projets de véhicules de Léonard de Vinci et de Salomon de Caus († 1635). **1680** Newton construit un véhicule à chaudière sphérique à vapeur. **1687** *1re maquette de chariot actionné par éolipyle* (le jet de vapeur frappe une roue à aube) montrée à l'empereur de Chine par Ferdinand Verbiest, jésuite belge ; décrite dans son *Astronomia Europea.* **1769** *1er fardier automobile,* à 3 roues, du Français Nicolas-Joseph Cugnot (1725-1804), construit sur l'ordre du duc de Choiseul, aux frais du roi : 2 cylindres en bronze (longueur 378 mm, diamètre 325 mm). Transporte 4 personnes et parcourt entre 3,5 et 3,9 km en 1 heure. **1771** *2e fardier* de Cugnot (visible au Conservatoire des arts et métiers, à Paris), vitesse environ 3,5 km/h, capacité de charge 5 t ; chaudière trop petite, le conducteur doit s'arrêter toutes les 10 min pour que la pression de la vapeur remonte ; moteur en porte-à-faux à l'avant. **1784** James Watt (1736-1819) : brevet pour une voiture à vapeur. William Murdoch (1754-1839) : brevet pour un tricycle à vapeur. **1801** *1re locomotive routière* « Travelling Engine » des Anglais Richard Trevithick Jr (1771-1833) et Andrew Vivian. -*1-5* (11 fructidor an IX) un service de berlines rapides Parix-Bruxelles (en 45 h) créé. **A partir de 1821** *diligences à vapeur* de Julius Griffith, David Gordon, Goldworthy, Gurney (1793-1875) [atteint 48 km/h]. **1827** brevet du Français Onésiphore Pecqueur (1792-1852) pour véhicule avec *différentiel.* **1830** Trevithick installe un petit circuit avec machine à vapeur sur rail et admet le public, moyennant finances, à exécuter quelques tours de circuit. *1re application publique de la machine à vapeur.* **1835** *1ers services réguliers automobiles* en France (Paris-Versailles et Bordeaux-Libourne) par remorqueur routier (1 tender et 2 diligences portant chacune 42 personnes ; 12 km/h, consommant 180 kg de coke à l'heure), Charles Dietz (1801-88). **1855** Lotz, Caïl, Albaret construisent des locomotives routières. **1861** et **1865** *locomotives Acts* en G.-B. : les locomotives à vapeur ne peuvent rouler à plus de 6 km/h en campagne (3 km/h en ville), un homme à pied agitant un drapeau rouge doit les précéder. **1864** 1re expérience à Nantes de la *locomobile* ; locomotive routière de Lotz, 8 t, cheminée de 4,22 m de haut., 16 à 20 km/h. **1868** *1re voiture de Ravel* (1832-1908) avec chaudière chauffée au pétrole. **1870** un tracteur à vapeur (firme Aveline et Porter, G.-B.), mieux suspendu, peut remorquer 33 t à 7,5 km/h. **1872-85** constructions d'Amédée Bollée (1844-1917) : *1872* un char à vapeur, l'*Obéissante,* 4 cylindres groupés 2 à 2, poids (en charge avec 12 voyageurs) 4,8 t, vitesse 20 km/h ; *1878* la *Mancelle,* 4 cylindres verticaux (musée de Compiègne) ; *1879* la *Marie-Anne,* locomotive routière de 28,3 t, vitesse 10 km/h, voyage dans le Sud-Ouest et les Pyrénées ; *1880* omnibus fermé, conduite intérieure, roues indépendantes, la *Nouvelle ; 1881* la *Rapide* ; *1885* le *Mail coach* pour le Mis de Broc. Tous ces véhicules ont participé à des démonstrations à l'étranger (Autriche, Italie, Russie). Les 3 fils d'Amédée Bollée, Amédée, Léon et Camille, se consacreront à la voiture à pétrole. **1884** *tricycle (à vapeur)* du Mis Albert de Dion-Wandonne de Malfiance (1856-1946), de Trépardoux (1853-?) et Georges Bouton (1847-1938). **1885** *tricycle de Merelle à roue motrice.* Camion à vapeur qui peut transporter 5 t, de Trépardoux. *Quadricycle* à roues arrière directrices et transmission par courroie de Dion, Bouton, Trépardoux. **1887** tricycle de Léon Serpollet (1858-1907) avec serpentin. **1889** *voiture de Serpollet* ; il obtient du préfet l'autorisation de l'utiliser. **1895** *1er phaéton à vapeur* de Dion-Bouton (4 places). **1897** concours des poids lourds qui révèle le train *Scotte* (1848-1934) avec remorque (ancêtre de nos semi-remorques) pouvant transporter 40 voyageurs ou 12 t, et le tombereau *Thornycroft* à benne basculante. **1902** Serpollet atteint 120,805 km/h. **1906** *dernier record de vitesse homologué* 196,65 km/h par Marriott sur Stanley (USA). Moteurs à pétrole remplacent la vapeur. **1923-31** Abner Doble (Amér., 1895-1961), série E, 4 cylindres de 3,5 l, 150 km/h, accélération de 0 à 120 km/h en 10 s. Le moteur à explosion prend l'avantage et la vapeur n'est plus utilisée que pour des camions : Purrey, Valentin et de Dion-Bouton en France, et une demi-douzaine de constructeurs britanniques dont Alley-McLellan qui produira son modèle *Sentinel* jusqu'en 1950. **1968-72** projets étudiés (USA) : la vapeur économiserait 39 % du carburant en ville, serait plus silencieuse et moins polluante. **1985**-*19-8* record 234 km/h par Robert Barber sur *Steamin' Demon* no 744 (Grand Lac Salé, Bonneville, Utah, USA).

Véhicules électriques

1880-81 *Charles Jeanteaud* (1843-1906), qui créera le terme *limousine* pour les voitures fermées, *C. Faure, Gustave Trouvé* (1839-1902) et *Nicolas Raffard* (1824-98) réalisent de petits véhicules (à accumulateurs et piles) à faible rayon d'action. **1894** Amérique : *Electrobat,* surtout utilisée comme fiacre. **1895** le break 6 places de Jeanteaud prend part à la course Paris-Bordeaux (sans grand succès). Divers essais par *Darracq, Lenain, Mildé* et surtout *Louis Krieger* (1868-?) [jusqu'en 1910 (création de centres de recharge d'accumulateurs), construction de fiacres et voitures de maître]. **1895-1900** Angleterre : quelques essais de *Gerard* et *Blumfield, Haddan, Voughan, Bessey, Hart.* **1899**-*1-5* record de vitesse de *Chasseloup-Laubat* (92,3 km/h) battu par *Camille Jenatzy* (105,88 km/h, près de

Paris) sur la *Jamais-Contente* (1re automobile dépassant 100 km/h) ; en forme d'obus, construite en partinium (alliage aluminium, tungstène, magnésium laminé) et carrossée par *Rothschild.* **1903** France : voiture mixte, moteur pétrole et dynamo l'*Électrogénia ;* Allemagne : *Lohner Porsche*, même système. **Vers 1911** *taxis électriques* circulent à Londres et Paris puis la voiture électrique, trop coûteuse (entretien, recharges), ne servira plus que pour des transports en commun ou des transports utilitaires. **1940-45** petits véhicules électriques utilisés en France occupée [Mildé, Satam, Faure, Peugeot, et l'*Œuf* de P. Arzens (né 1903)]. **Depuis 1945** petits véhicules urbains, mais accumulateurs trop lourds (30 % du poids de la voiture) ; petits chariots utilisés en usine et à la SNCF. **1989** véhicules utilitaires en série (Peugeot *J5*, fourgonnette Citroën *C15*). *Nippon Steel NAV (Next generation Advanced electric Vehicle)* 110 km/h, autonomie 240 km. *BMW 325 I* 100 km/h, autonomie 300 km. **1995** 1res voitures électriques en série et commercialisées : *Peugeot 106* et *Citroën AX* (voir p. 1918 b). **1996** *Citroën Saxo* électrique.

Véhicules a gaz ou pétrole

1805 *1re automobile à moteur à explosion* (hydrogène) d'Isaac de Rivaz (Suisse). **1826**-*mai, 1er véhicule à combustion interne* construit par le Londonien Samuel Brown (brevet 5 350 du 25-4-1826) ; moteur 2 cylindres de 88 l à gaz atmosphérique, 4,05 ch. **1860** brevet *Étienne Lenoir* (1822-1900) [moteur à gaz, allumage électrique, monté sur une voiture en 1863]. **1862** mémoire d'*Alphonse Beau de Rochas* (1815-93) énonçant le principe du cycle « 4 temps ». **1862**-*mai* Étienne Lenoir construit un moteur à gaz à la Sté des Moteurs Lenoir, rue de la Roquette, Paris ; **1863**-*sept.* l'adapte à une voiture et parcourt 10 km (à 6 km/h) de la rue de la Roquette à Joinville-le-Pont ; **1864** vend un exemplaire au tsar Alexandre II de Russie. **1876** *Nicolas Otto* (All., 1832-91) construit un moteur à gaz 4 temps qu'il doit abandonner, n'étant pas détenteur des brevets. **1883** un break, sur lequel est monté un moteur à pétrole d'*Édouard Delamare-Deboutteville* (1855-1901) et *Léon Malandin,* effectue, près de Rouen, quelques parcours sur route (brevet du 12-2-1884 de moteur à essence adapté aux véhicules). **1884**-*12-2* brevet de moteur à gaz Delamare-Deboutteville. **1885-86** *Allemagne* (Mannheim) : *Karl Benz* (1844-1929) construit le *Motorwagen,* un tricycle châssis tubulaire, moteur à pétrole, 4 temps, cylindre de 985 cm^3, masse 263 kg, vitesse 13 à 16 km/h. Sa femme Bertha et ses fils l'utilisent à son insu et parcourent 180 km sur route (le 1er sera immatriculé le 1-8-1888 à Baden-Baden). A Cannstatt, *Gottlieb Daimler* (1834-1900) monte sur un break son moteur à 1 ch., 4 temps, 700 tours/min, puis un 2-cylindres 1 ch., 6 (quadricycle) *Stahlradwagen.* Essais concluants sur route. *France : Émile Roger* (1850-97), agent de Benz, monte des voitures à Paris, y apporte des améliorations, mais la vente marche mal. Représentants en France de Daimler, Édouard († 1887) et Louise Sarrazin (qui, veuve, épousera É. Levassor en 1890) font adopter ces moteurs par *René Panhard* (1841-1908), *Émile Levassor* (1844-97) et *Armand Peugeot* (1849-1915). **1888** *Félix Millet* fait breveter un moteur rotatif Seyl adapté à la roue arrière d'un vélocipède et réalise la *1re moto. John Boyd Dunlop* (vétérinaire écossais, 1840-1921) fait breveter le *pneumatique*. **1889** moteur vertical, 4 cylindres monobloc, soupapes en tête, de *Fernand Forest* (1851-1914). Patin de frein (Michelin) : *the Silent*. Moteur en V de *Daimler* et *Willem Maybach* (All.). **1891** *pneu démontable* (Michelin) testé par Charles Terront lors de la 1re course cycliste Paris-Brest-Paris (sera vainqueur). *Espagne : Fr. Bonnet* construit des Tricars. *Amérique :* voiture légère des frères Nadig sans succès (mauvais état des routes). *-Janv. Levassor* essaie une voiture 4 places dos à dos, moteur central Daimler 2 ch., 2 cylindres en V, 1 tonne (usine P. & L. : *Panhard et Levassor*, 1ers Français à proposer une automobile à la vente). *-2-4* voiture *Peugeot no 2*, moteur Daimler fabriqué par P. & L. sous licence. P. & L. sort 5 voitures à 2 places, 735 kg, moteur avant, dites le *Crabe. -Sept. Peugeot « type 3 »*, partie de Valentigney, suit la course cycliste Paris-Brest-Paris et retourne à Valentigney : 2 047 km en 139 h à 14,7 km/h de moyenne. **1892**-*28-2 Rudolf Diesel* (Paris 1858/20-9-1913, suicide ?) dépose à Berlin un brevet pour moteur à allumage par compression (1er prototype opérationnel présenté en 1897 à Kassel). Peugeot vend 29 voitures, P. & L. 19. **1893** *de Dion* fait breveter son pont arrière à double cardan transversal. *Maybach :* carburateur moderne à gicleur ; Benz le perfectionne en ajoutant un papillon d'accélération. *Henriod* construit (en Suisse puis en France) plusieurs petits véhicules et *Egg* une voiture à moteur Benz avec transmission à rapport variable (actuellement, Variomatic Daf). *Belgique :* Benz construite sous licence la *Dasse.* **1894**-*1-12 France : 1re revue* consacrée à l'automobile, la « Locomotion automobile » fondée par Raoul Vuillemont. Benz abandonne le tricycle et présente une 4-roues, la *Viktoria. Amérique :* les frères Duryea fondent la 1re usine automobile à Peoria. Daimler cède sa licence aux Anglais. **1894-1903** *France :* grandes courses sur route. **1895** *de Dion-Bouton* construit un *moteur à pétrole* à « grande vitesse » (1 500-3 000 tours), à allumage à trembleur commandé, graissages pression, embrayage à plateau ; vendu à plusieurs constructeurs (Renault, Delage, Barré, etc.). *1er tricycle de Dion :* moteur 3/4 de cheval Daimler à 4 temps, à allumage électrique, construit jusqu'en 1902 à 15 000 exemplaires et copié ou fabriqué sous licence dans divers pays. *1re voiture équipée de pneumatiques :* course Paris-Bordeaux-Paris, 1er Levassor, participation des frères Michelin sur l'*Éclair. -11/25-12, 1re exposition de véhicules à moteurs,* organisée par l'ACF (Automobile Club de France) au 2e salon du cycle (Exposition internationale de vélocipèdes et de locomotion au palais de l'Industrie, 9 exposants). *-Déc.* Bordeaux, 41, rue Ste-Claire *1er garage, station-service* A. Borol. **1896** *1er camion Daimler* (sorti 1-10, poids mort 1 200 kg, charge utile 1 500 kg). *1re mise en vente d'un pneu voiture. Léon Bollée* (1870-1913) baptise *Voiturette* son Tricar. *Paul Decauville* [1846-1922, constructeur de chemins de fer à voie étroite (40 ou 60 cm)] sort une « voiturelle » à roues avant indépendantes. Ampoule à iode. *Russie :* Yakovlev-Freze : peut être équipée de skis ; Puzyrev. *Autriche :* Graf und Stift : à roues avant indépendantes (deviendra plus tard la firme Tatra). *Angleterre :* liberté de circulation rendue aux automobilistes, 1er Londres-Brighton (nov.). *P.-Bas :* Simplex, l'Eysink et (en 1902) Spyker qui participera au Pékin-Paris. *Danemark :* Hammel (on doit tourner son volant à droite pour aller à gauche et vice versa), Brems. *Suède : Vabis,* solide voiture qui, en 1911, entrera dans le groupe Scania-Vabis-Saab. *Italie :* Welleys (brevets Ceirano et Faccioli) et Lanza, rachetées 1899 par Giovanni Agnelli qui fondera la *Fiat.* **1897** *1er arrêté réglementant la circulation des autos en France. Radiateur « nid d'abeilles »* de Maybach (refroidissement à eau). **1898** turbocompresseur de suralimentation : Paul Daniel. *1er Salon de l'auto,* organisé par l'ACF aux Tuileries (à partir de 1901, au Grand Palais). *Louis Renault* (1877-1944) présente sa voiturette *type A* (ancêtre des voitures modernes). **1899** brevet pour boîte de vitesses dont la 3e en « prise directe », plus une marche arrière de *Renault,* montée sur sa 1re voiturette de 1898. *1er « ralentisseur »* par frein-moteur sur échappement (en usage encore avec les moteurs Diesel routiers) ; *1re conduite intérieure* (Renault). Essor de la presse auto. *Marius Berliet* (1866-1949) Lyon, atelier de construction de voitures de tourisme.

1900-*28-7* l'Académie décide qu'« automobile » est du genre masculin (jusque vers 1915). Nombreux congrès internationaux (Paris, Londres, Bruxelles) pour régir la circulation. *France :* nombreux concours (voitures, poids lourds, carburant, alcool). *G.-B. :* Napier émerge en gagnant les 1 000 miles, suivi par Austin, Wolseley, Sunbeam, Singer, Vauxhall, Humber. *Amérique :* démarrage rapide après exploits sur route de Winton et Packard. *Allemagne :* Daimler meurt ; son ingénieur Maybach (1846-1929) et Jellinek vendent les voitures sous le prénom de sa fille, *Mercedes. 1er guide Michelin.* En 1900, 600 marques françaises ont produit 4 800 voitures/an (près de 50 % de la production mondiale). Il circule dans Paris 3 000 voitures à essence ou à vapeur et 300 fiacres électriques sans toit ni pare-brise. Les routes ne sont pas asphaltées. Il n'existe pas de stations-service. On achète chez un droguiste des bidons d'essence Oriflamme ou Desmarais. Il n'y a ni démarreur ni starter, l'allumage s'effectue par brûleurs. Les vitesses ne sont pas synchronisées. Le conducteur doit pomper l'huile pour lubrifier, il freine avec un levier à main actionnant les freins arrière et appuie sur une pédale pour ralentir la transmission, carrosserie longtemps en bois. **1901** *USA :* Ransom E. Olds, autos à la chaîne (433 construites en 1901, 2 500 en 1902, modèle *Oldsmobile Curved Dash* vendu 650 $; vitesse 20 km/h). **1902** *1er moteur 8 cylindres en ligne* par CGV et *1er moteur 8 cylindres en V* par *Clément Ader* (1841-1925) monté sur une voiture. Freins à disque brevetés par *F. W. Lanschester* (G.-B.). *L. Boudeville* (1887-1950) invente la magnéto haute tension construite par *R. Bosch* (1861-1942). *Delahaye* carrosserie duc-tonneau, 4 places, 1 cylindre, 6-8 chevaux, 6 000 F ; 4 ou 6 places, 2 cyl., 10-14 ch., 8 000 F. *1er moteur multisoupapes,* le *Centaur* de Panhard et Levassor (4 soupapes/cylindre). **1903** *train routier* [inventé par le Cel *Charles Renard* (22-11-1847 ; 13-4-1905, suicide) et construit par la Sté Surcouf, utilisé quelques années dans l'armée] exploité dans plusieurs départements [en 1906 ligne Remiremont-Plombières : *tracteur* à moteur de 50 ch. et 3 remorques motrices (par transmission de la force du moteur à l'aide d'un arbre articulé) reliées entre elles et au tracteur par un arbre de direction, pouvant transporter 36 t à 16-20 km/h, peu maniable (longueur 22,50 m)]. *Henry Ford (30-7-1863/7-4-1947)* fonde la Ford Motor Company (en avril 1893 il avait déjà construit sa 1re voiture). **1904** *1re voiture à pétrole avec freins* (à air comprimé) sur les 4-roues (voiture Charley sur châssis Mercedes). *-14-6 Hispano Suiza* Fabrica de Automoviles fondée à Barcelone sous la direction de Marc Birkigi (Suisse). **1905** *suspension pneumatique* avec coussins d'air gonflables : brevet Bernard et Patoureau (utilisée pour véhicules de transport des pianos Pleyel). Firme *Clément-Talbot,* créée par lord Talbot, Cte de Shrewbury (Angl.) et Adolphe Clément (Fr.). Rachetée après 1918 par Darracq (les voitures produites en France s'appelleront Talbot en France et Darracq à l'exportation). **1906** *1er grand prix de l'ACF* (1 328 km sur 2 jours) : 1re Renault de Szisz et Marteau. *Transmission automatique* avec convertisseur hydraulique [voitures et camions Turgan ; *rétroviseur* Faucher (France) ; à basculement (1949, Stehle, France)]. **1907** *1re exposition rétrospective* à l'occasion du Xe Salon. **1908**-*1-10* Ford sort le *modèle T :* 4 cyl., 3 litres, 21 ch., frein à 1 500 tours/min ; 80 km/h ; 825 $, version luxe 875 $, puis 490 $ en 1914, 360 en 1916 et 260 à 290 en 1924, surnommée la Flivver ou *Tin Lizzie,* l'*Araignée* (en Europe) [fabriquée jusqu'au 26-5-1927 à 15 456 868 exemplaires sur chaîne en mouvement, soit 1 voiture en 93 min au lieu de 1 j 1/2]. *1ers essais de goudronnage des routes* (difficultés d'adhérence au sol). *Pneu jumelé* (Michelin) pour poids lourds. **1910** *allumage par batterie bobine allumeur* (Delco) présenté aux USA par Edward A. Deeds et Charles F. Kettering. *Pare-brise :* feuilleté (Benedictus, France). **1911**-*juin* Hispano Suiza : modèle *Alfonso XIII.* **1912** *frein à main* sur *Isetta Fraschini.* démarreur électrique sur *Cadillac.* **1914** *Klaxon Company* dépose le nom de son avertisseur sonore (du grec *klaxein*, crier, retentir). **1916** *essuie-glaces mécaniques* [USA : commercialisés 1920 (Triplex)].

Records automobiles

Date	Pilote (voiture)	km/h
	Voitures électriques	
1898-18-12	G. de Chasseloup-Laubat (Jeantaud) [a]	63,158
1899-17-1	C. Jenatzy (CITA) [a]	66,667
-17-1	G. de Chasseloup-Laubat (Jeantaud) [a]	70,312
-27-1	C. Jenatzy (CITA) [a]	80,357
- 4-3	G. de Chasseloup-Laubat (Jeantaud) [a]	92,783
-29-4	C. Jenatzy (CITA) [a]	105,882
	Voitures à pétrole (sauf celles mentionnées à vapeur)	
1902-13-4	L. Serpollet (Gardner-Serpollet) [vapeur] [b]	120,805
- 5-8	W.K. Vanderbilt (Mors Z) [c]	122,449
- 5-11	H. Fournier (Mors Z) [d]	123,287
-17-11	Augières (Mors Z) [d]	124,102
1903- 7-3	C.S. Rolls (Mors Z) [e]	133,333
-17-7	A. Duray (Gobron-Brillié) [f]	134,328
-juillet	Baron de Forest (Mors Dauphin) [g]	136,338
-oct.	C.S. Rolls (Mors Dauphin) [e]	136,363
- 5-11	A. Duray (Gobron-Brillié) [d]	136,363
1904-12-1	H. Ford (Ford) [h]	147,014
-27-1	W.K. Vanderbilt (Mercedes) [i]	148,510
-31-3	L. Rigolly (Gobron-Brillié) [b]	152,542
-25-5	Baron P. de Caters (Mercedes) [f]	156,522
-21-7	P. Baras (Daracq) [f]	163,636
-21-7	L. Rigolly (Gobron-Brillié) [f]	166,666
-13-11	P. Baras (Darracq) [f]	168,224
1905-24-1	A. Macdonald (Napier) [i]	168,381
-25-1	H.L. Bowden (Mercedes) [i]	174,757
-31-1	H.L. Bowden (Mercedes) [i]	174,757
-15-11	F. Dufaux (CH-Dufaux) [j]	156,522
-30-12	V. Hémery (Darracq V 8) [j]	174,757
1906-23-1	V. Hémery (Darracq V 8) [i]	185,567
-26-1	F. Marriott (Stanley) [vapeur] [i]	195,652
1909- 8-11	V. Hémery (Benz) [k]	202,631
1910-23-3	Barney Oldfield (Benz) [i]	211,267
1911-23-4	R. Burman (Benz) [i]	226,700
1919-12-2	R. De Palma (Packard) [i]	242,261
1920-27-4	Tommy Milton (Duesenberg) [i]	250,000
1922- 6-4	S. Haugdahl (Wisconsin) [i]	260,869
1926-27-4	J.G. Parry Thomas (Thomas Special) [l]	272,459
-28-4	J.G. Parry Thomas (Thomas Special) [l]	275,229
1927- 4-2	M. Campbell (Napier-Campbell) [l]	288,578
-29-3	H.O.D. Segrave (Sunbeam) [i]	326,679
1928-19-2	M. Campbell (Napier-Campbell) [i]	333,063
-22-4	R. Keech (White) [i]	334,023
1929-11-3	Henry O.D. Segrave (Irving-Napier) [i]	369,041
1931- 5-2	M. Campbell (Napier-Campbell) [i]	418,721
1933-22-2	M. Campbell (Campbell-R.-Royce) [i]	438,291
1935- 7-3	M. Campbell [i]	484,518
- 3-9	M. Campbell (Campbell-R.-Royce) [m]	485,750
1937-19-11	G.E.T. Eyston (Thunderbolt) [m]	502,442
1938-27-8	G.E.T. Eyston (Thunderbolt) [m]	555,555
-15-9	John R. Cobb (Railton) [m]	563,380
-16-9	G.E.T. Eyston (Thunderbolt) [m]	575,080
1939-23-8	John R. Cobb (Railton) [m]	595,041
1947-16-9	J.R. Cobb (Railton Mobil Special) [m]	672,470
1960- 9-9	M. Thompson (Challenger I) [m]	
1964-17-7	Donald Campbell (Blue Bird Proteus) [1, n]	690,909
- 5-10	A. Arfons (Green-Monster) [m]	699,029
-13-10	C.N. Breedlove (Spirit of America) [m]	754,170
-15-10	C.N. Breedlove (Spirit of America) [m]	846,784
-27-10	A. Arfons (Green-Monster) [m]	875,699
1965- 2-11	C.N. Breedlove (Spirit of America) [m]	893,966
- 7-11	A. Arfons (Green-Monster)	921,423
-12-11	Robert S. Summers (Goldenrod) [2, m]	673,516
-15-11	C.N. Breedlove (Spirit of America I) [4, m]	988,129
1967- 2-11	Bob Herda (Herda-Knapp-Milodon) [7, m]	575
1970-23-10	Gary Gabelich (Blue Flame) [3, m]	1 001,473
1979-17-12	Stan Barrett (Budweiser Rocket) [5, o]	1 190,377
1983- 4-10	Richard Noble (Thrust 2) [6, p]	1 019,4
1997-15-10	Andy Green (Thurst SSC) [p]	1 227,715
1999-*22-10*	P. Rummerfield (White Lightning Electric Streamliner	1 395,821

Nota. – (1) **Plus grande vitesse atteinte par une voiture à roues motrices :** 690,909 km/h sur une lancée de 609,342 m. Blue Bird : long. 9,10 m, 4 354 kg, vitesse de pointe 716 km/h, *moteur à turbine* à gaz Bristol Siddeley Proteus 705, développant 4 500 ch. (2) **Plus grande vitesse atteinte par une voiture à moteur à piston :** 673,516 km sur une lancée de 609,342 m à bord de Goldenrod : long. 9,75 m, 2 500 kg, propulsée par 4 moteurs à injection Chrysler Hemi de 27 924 cm^3, développant 2 400 ch. (3) **Record officiel :** voiture à 4 roues, moteur fusée alimenté par du gaz naturel liquide et du peroxyde d'oxygène, produisant 9 980 kg en poussée statique maximale. Peut théoriquement atteindre 1 450 km/h. (4) Voiture sur une lancée de 609,342 m, long. 10,50 m, 4 080 kg, moteur à réaction General Electric J 79 GE-3 développant 6 080 kg au niveau de la mer. (5) **Plus grande vitesse atteinte par un véhicule à roues :** 1 190,377 km/h (Mach 1,0106), record non homologué officiellement. Moteur fusée de 48 000 ch, poussée supplémentaire fournie par missile Siderwinder latéral de 3 000 kg. (6) Conçu par John Ackroyd avec turboréacteur Rolls-Royce Avin 302. (7) Record roues motrices, moteur à 1 seul cylindre.

Lieu : (a) Achères. (b) Nice. (c) Ablis. (d) Dourdan. (e) Clipstone. (f) Ostende. (g) Dublin. (h) Lake St Clair. (i) Daytona. (j) Arles. (k) Brooklands. (l) Pendine. (m) Bonneville (Gd Lac Salé, Utah). (n) Lake Eyre (Australie). (o) Edwards (Californie). (p) Black Rock (Nevada).

1919 *moteur* à *compresseur* (mis au point 1918 par Paul Daimler pour suralimenter les moteurs d'avion) dans l'automobile de course. *1ers freins à commande hydraulique* : Lockheed. Création de nouvelles firmes : *André Citroën,* voir p. 1913 b, *Gabriel Voisin* [1880-1973, (Avions-Voisin), série C ; Aérodyne 1934, Aérosport 1936], *Amilcar Farman, Fonck, Salmson. 32 CV type F16* (Hispano Suiza), moteur 6-cylindres de 6,6 l et 135 ch. Carrossiers : Gallé, Binder, Keliner, Belvallette, Labourdete, Franay ou Letourneur & Marchand. **1921** *essuie-glaces automatiques* inventés par W. M. Folberth (Angl.). **1922** *Austin Seven. Lancia* 1re carrosserie monocoque. **1922-26** freinage hydraulique sur une *Duesenberg.* **1922-33** aux grands prix de vitesse organisés, Bugatti et Delage triomphent, puis Alfa-Romeo, Mercedes, Maserati. **1924** *1re carrosserie « tout acier »* (Citroën B 10). Brevet Perrot-Lockheed : commande conjuguée hydraulique (frein à pied) et mécanique (à main). *Bugatti Royale,* long. 6 m, 8 cylindres en ligne, 12,7 l, 200 ch., couple de 80 mkg (6 exemplaires connus). **1926** *Jean-Albert Grégoire* (1899-1992) *traction avant* « Tracta », munie de joints homocinétiques permettant le braquage et entraînant les roues avant, même à grande vitesse. Daimler et Benz fusionnent pour devenir *Mercedes.* **1927** *Delage 1 500,* 8 cylindres, dessinée par Albert Lory. **1928** *autoradio* Citroën. **1929** Enzo Ferrari († 14-8-1988) quitte Alfa Romeo et crée son « écurie » (emblème : cheval cabré noir sur fond jaune) puis 1948 sa 1re voiture. *D8* Delage. **1930** *roues avant indépendantes* sur voitures de grande série. **1931** *Hispono-Suiza J 12* (54 CV), 12 cylindres en V, concurrence Rolls-Royce (britannique) et Duesenberg (américaine). **1932**-*5-3/29-4* : 136 000 km en 54 j à 104 km/h : record du monde de distance et vitesse. *Berliet 9 CV,* 2 portes, 4 places, 1 600 cm^3. Consom. : 10 litres. Vit. max. : 90 km/h. *Chenard et Walker* « Aiglon », 9 CV, 1 630 cm^3. Consom. : 10 litres. Vit. max. : 90 km/h. **1933** *carrosseries aérodynamiques. Pneu à clous* (Michelin) pour rouler sur la neige. **1934** *Antivol* en série. *Delahaye « 135 »,* 6-cylindres, polyvalente, habillée par Falaschi. *Talbot 150* par Anthony Lago. **1re** *Toyota A1-2001* de Kuchiro Toyoda. 8 cylindres à compresseur Mercedes « Flèche d'Argent ». **1935**-*16-7* : *1ers parcmètres* en service à Oklahoma City. *Delahaye 145,* 12 cylindres. **1936** *Volkswagen* : projet né en 1934 [rencontre Adolf Hitler/Ferdinand Porsche (1875/30-1-1951)], prévue pour un couple et 3 enfants, consommation de 8,3 l aux 100 km, vitesse 100 km/h. Prix : 1 000 Reichsmark (environ 400 $ de l'époque). En 1938, 170 000 Allemands ont souscrit un contrat d'épargne pour l'achat d'une VW, mais en sept. 1939, avec la guerre, l'usine va fonctionner pour l'armée ; moteur 985 cm^3, 23 ch., freins à commande par câbles, boîte de vitesse sans synchro, amortisseurs à friction, puis 1 131 cm^3, 25 ch. Version « export » en 1949, surtout vendue aux P.-Bas. La production civile commença en 1946. Surnommée *Coccinelle* en 1959 [pour la publicité aux USA : *Beetle* (scarabée)]. Arrêtée 1978 en All., continue au Brésil (interrompue 1986-93). Plus de 22 millions vendues ; sera de nouveau commercialisée en 1998 pour 60 à 65 000 F environ. *Simca 5,* réplique de la Fiat 500 Topolino, coupé 2 places à toit ouvrant, 570 cm^3, consommation 5,5 l, vit. max. 90 km/h. *1re voiture de tourisme à moteur Diesel, 1re suspension indépendante* (limousine 260 D Daimler, 4 cyl., 45 ch., 95 km/h). *Dynamic* de Panhard. **1938** *Simca 8. Delage* carrosseries de Letourneur & Marchand, Pourtout (*D8 120*) ou Chapron.

1940 *gazogènes* utilisés depuis 1936 se développent en France (à cause des restrictions d'essence). *-Juillet 1re Jeep* dessinée par Karl Fabst de la Bantam Car Co. (USA). *-Nov.* prototypes Ford et Willys Overland. **1941**-*juin* modèle Willys B retenu, Ford et Willys construiront la voiture [celle sortie chez Ford aura pour nom de code GPW (General Purpose-Willys)]. Dans les années 30, des constructeurs avaient appelé des voitures tous usages, Jeep, nom d'un héros d'une bande dessinée de Popeye sachant presque tout faire)]. *Jeep* version définitive, 4 cylindres Willys 2,2 l, boîte Warner à 3 rapports, réducteur pour tout-terrain, enclenchement facultatif du pont avant ; freins à tambour et commande hydraulique. *Production 1941-85* : 1 500 000 dont *1941-45* environ 649 000. Version amphibie (660 000 ex.), produite en France par Hotchkiss de 1955 à 1967. **1946** *4 CV Renault, Jaguar XK 120,* 6 cylindres en ligne 160 ch., dépassait les 190 km/h. *Pneu à carcasse radiale* (Michelin) ; 1re équipée : la *Traction* avant de Citroën. **1947** *Codes* inventés par *Pierre Cibié* (Fr.). *Panhard Dyna* 3,82 m, 650 kg, carrosserie aluminium, cylindres à plat 610 cm^3 refroidi par air, 24 ch. *Studebaker : Champion* surnommée « going or coming ». 1res *Saab.* **1948**-*7-10* : *2 CV Citroën,* voir p. 1111 c. *-Oct. Morris Minor* (créée par Alec Issigonis, né Smyane 1906) 3,80 m, 860 ou 1 100 cm^3, 4 cyl., 1re voiture angl. fabriquée à 1 million d'ex. **1949** *Vedette Ford, Simca-Aronde* : 7 CV, 1 221 cm^3, 625 000 F, vit. de pointe 125 km/h, moy. sur 100 km 100 km/h (1953), 113 km/h (1957). **1950** *Simca 8-1200,* 220 cm^3, 40 ch. *1re carrosserie plastique* de Darin (USA) sur Alpine A 106. *Frégate Renault direction assistée* (Faun, Allemagne). *Transporter VW* sera aménagé en minibus ou camping-car. **1951** *camion à turbine à combustion* (1er prototype, Laffly). Emploi étendu de l'aluminium (moteurs). Allègement des véhicules. Aérodynamisme plus poussé. Direction et conduite plus douces. Boîte synchronisée. Boîte automatique *(fluid drive)* et direction assistée. *Servofrein* sur Chrysler. **1952** moteur V6 à 60°, cyl. 2,5 l. *Mercedes 300 SL* (Super Légère) : carrosserie en aluminium, 1 300 kg, 4,52 m de long, accélère de 0 à 1 000 m en 29 s ; atteint 250 km/h (version routière en 1954), injection mécanique de Bosch, *Dyna Junior Panhard* traction avant. **1953** amortisseur à gaz de M. de Carbon. *Corvette* de General Motors, roadster dessiné par Harley Earl : carrosserie polyester renforcé de fibres de verre ; 6 cylindres 3,8 l de 106 ch. (puis 150 ch.), fin des années 60, moteur V8, 7 l, 440 ch. *Lago Grand Sport* (et 1955 *Lago Sport 2 500*). **1954** *Panhard Dyna Z,* 4,54 × 1,67 m, 848 cm^3, 42 ch., 130 km/h. *Ceinture de sécurité* proposée par Pegaso (Esp.). Suspension hydropneumatique sur dernières *Traction 15/6.* Hotchkiss-Brandt rachète Delahaye. Jean Daninos (frère de l'écrivain Pierre), patron de Facel (Forges et Ateliers de construction d'Eure-et-Loir)-Métallon, produit des carrosseries, en particulier pour Panhard et Simca ; il crée *Facel-Véga.* **1955** disparition des marques avec « longs capots » (Hotchkiss, Talbot, Delahaye, Delage, Salmson). *Frein à disque* sur *Jaguar XK 140. Suspension hydropneumatique* sur *DS 19. Pneu Tubeless* (Michelin). *Fiat 600.Facel-Véga FVS* coupé (moteur Chrysler) devient *HK-500* en 1959, puis berline *Excellence* en 1956 ; *Facellia* en 1958 (moteur Volvo puis Austin) ; *Facel II* en 1961. Facel-Véga déposera le bilan en 1964. **1956** *Ariane Simca, Dauphine Renault. Record du monde de vitesse* : 309 km/h, *l'Étoile filante,* Renault à turbine. *Moteur à piston rotatif* de Felix Wankel (All.). **1957** *Vedette Versailles Simca* moteur V8 de 3 l. *Fiat 500* : conçue par Dante Giacosa ; 479 cm^3, 85 km/h, 2,90 m de long ; 3,5 millions d'ex. produits jusqu'en 1975 ; portes s'ouvrant dans le bon sens en 1965 ; *500 L* (Luxe) 1968. *Nuova 500* (3 m de long, 479 cm^3, 15 ch., 2 cylindres, refroidi par air. **1958** All. de l'Est : *Trabant* (2 temps) 3 millions d'ex. (dernière 21-5-1990). **1959** *Ferrari* : moteur V12 (1 500 cm^3, puis 4,5 l ou 2 l). *250 GT,* 12 cylindres, 280 ch. ; lignes dues chez Pininfarina à Francesco Salomone ; carrosserie aluminium de Scaglietti. *-26-8* : *Mini* conçue par sir Alec Issigonis (Brit., 1906-88) : *1re traction avant à moteur transversal,* boîte de vitesses dans le bas moteur, 3,05 m, 4 cyl., 850 cm^3, ressorts de suspension réduits à des tampons de caoutchouc complétés par des amortisseurs classiques ; construite par BMC 850 puis Morris Austin et Rover (fabrication arrêtée 1999) ; plus de 5 millions seront vendues. **1960** le Japon commence à s'imposer. **1961** *Simca 1 000* à moteur arrière. Turbocompresseur sur *Chevrolet Corvair* 6 cyl. **1962** *Studebaker* : coupé *Avanti,* freins avant à disque, carrosserie en fibres de verre, V8 de 240 (atmosphérique) ou 350 ch. (suralimenté). **1963** *Simca 1 300* et *1 500* 1 118 cm^3 puis 1 204 cm^3 et 1 294 cm^3 pour la 11. **1964** moteur *Wankel* sur *Prinz NSU. Phare à iode* utilisé pour la 1re fois aux 24 h du Mans. **1965** *Porsche 911.* Coupé *Targa* avec arceau de sécurité. **1967**-*20-7* dernière *Panhard* construite. *-3-9* conduite à droite en Suède. Injection électronique sur *Volkswagen 411.* **1968**-*16-5 Méhari* (voir p. 1913 c). **1970** nombreux éléments de carrosserie en plastique. *Pneu indéjantable* (*Denovo* de Dulop). **1973** 4 soupapes par cyl. sur *Triumph Dolomite Spirit. Freins ABS* (BOSCH, Allemagne). *Jean Guideti* brevète les *roues Dunemer* (commercialisées 1975) capables de rouler « écrasées » malgré la charge. **1974** *Mercedes 240 D-30,* 1er diesel 5 cyl., pour voiture de tourisme (148 km/h) ; record de diesel. *Golf* de Volkswagen. **1976** *Ford Fiesta.* **1977** roues directrices « passives » sur *Porsche 928* à essieu Weissach. Allumage électronique intégral sur *Citroën LN* bicylindre. **1978** *turbodiesel* sur *Peugeot 604.* Antiblocage électronique Bosch sur *Mercedes classe S.* **1979** *motronic* sur *BMW 732.* **1980** l'électronique s'impose (allumage, cadrans, commandes diverses). 4 soupapes + turbo sur *Lotus Esprit Turbo.* **1981** *Airbag* (MBB et Mercedes, Allemagne ; 1er brevet amér. 1952) ; biturbo sur *Maserati* (1 par rangée de cyl. du V6, 3 soupapes par cyl.). *Gérard A. de Villeroché* (Fr.) brevète le *Smart Guide/Guide intelligent* comportant tachymètre et gyromètre (pour se repérer) et interfacé à un récepteur de GPS. **1984** carrosseries à éléments plastiques dont les ouvrants (*Espace* de Renault). **1985** robotisation intégrale des nouvelles usines. *Pneu-jante* CTS de Continental-Uniroyal permettant de rouler à plat en cas de crevaison. **1987** roues arrière directrices sur *Honda Prélude. Porsche 959* 450 ch. **1989** boîte 6 vitesses sur *Chevrolet Corvette ZR-1. Suspension hydractive* sur *Citroën XM.* **1991** système de navigation embarquée *Travefoilat* (Bosch Telecom). **1994** concept car Argos. *Pneu ULW* (Ultra Light Weight : ultraléger) de Dunlop : acier remplacé par Kevlar (poids réduit de 30 %, recyclable). **1996** systèmes de navigation *Carin* (Philips) et *Carminat* (Renault) commercialisés. **1997** *Smart* longueur 2,507 m. *Pax System* (Michelin) : pneu à accrochage vertical ; assure l'autonomie de déplacement lors d'une crevaison sur voie rapide. **1998** Vel-Satif. **1999** Avantine. **2000** Koleos 4 × 4.

Voitures solaires

■ **Origine.** **1971** voiture de la *Nasa* utilisée sur la Lune (vol Apollo XV) construite par Boeing Aerospatial Corporation (20 kg, 96 km d'autonomie). **1984** traversée de l'Australie. **1985** *1re course* de 368 km (Suisse), vainqueur Mercedes (60 km/h). D. Le Pivain (né 1946) parcourt en solitaire Zinder-Dakar (3 000 km). **1987** Mlle R. Jenni parcourt sur une voiture de sa fabrication Genève/Le Grau-du-Roi dans la journée. **1988** véhicule du Pr Janneret et de l'école des ingénieurs de Bienne (Suisse) roule à 120/130 km/h en formule I solaire. P. Scholl (Suisse) sur une voiture de sa fabrication traverse le Sahara (par le Hoggar). **1992** *Mira I* de Sanyo (Japon) à bienergie solaire-hydrogène, 400 kg, peut atteindre 40 km/h et rouler 2 h (batteries au nickel et cadmium).

■ **World Solar Challenge** (Stuart Highway, entre Darwin et Adélaïde, Australie). Grand prix *créé* 1987. **1987** 3 005 km, 6 jours, 1er : *Sunraycer* (General Motors), 44 h 9 min, à 66,92 km/h. **1990** 36 voitures, *Esprit de Bienne,* 65,184 km/h. **1993**-*7-11,* 52 véhicules de 14 pays (30 à l'arrivée) ; batterie capacité maximale autorisée 5 kWh, surface projetée au sol du panneau solaire 8 m^2. 1°) *Dream* (Honda) : avec cellules solaires tridimensionnelles, réalisées à partir d'un silicium avec réseau d'électrodes intégré ; efficacité 21,2 %, générateur de 8 m^2 (puissance 1 550 W), 3 013 km en 35 h 28 min (étalés sur 4 j et demi), moyenne 84,96 km/h, en pointe 125 km/h ; 2°) *Spirit of Biel-Bienne* : construite à l'école de Bienne (Suisse), en pointe 129,9 km/h. **1996** 46 voitures au départ, 32 à l'arrivée. 1°) *Dream II* (Honda), biplace 4 roues, 3 010 km en 33 h 32 min à 89,761 km/h (aux essais 135 km/h) ; 2°) *Schooler* (Suisse), monoplace à 86 km/h. **1999** 1 voiture roulant à 73 km/h.

☞ *Pour réduire les frottements avec la route* : la plupart des voitures n'ont que 3 roues (*inconvénient* : nuit à leur stabilité à + de 100 km/h). *Batteries* : au plomb (la plus lourde), cadmium-nickel ou zinc-argent (onéreuses). 125 kg de batterie au plomb offrent environ la même capacité que 100 kg de cadmium-nickel ou 40 kg de zinc-argent. Les batteries, qui ne sont rechargées qu'au soleil, servent en cas de faible ensoleillement ou de pluie (une voiture peut rouler de 1 à 3 h avec sa batterie à 60 km/h). *1re participation française (1996)* : *Hélios* [de l'École des hautes études industrielles (Lille) : essai à 113 km/h] et *Héliotrope* [panneau solaire latéral, supporté par une roue ; Lucien Gil (ingénieur bordelais) mobilise des chercheurs de l'ENS d'électrotechnique et d'électronique industrielle de Toulouse]. *Budgets : des 2 équipes françaises* : 1 million de F (soit 330 F au km) ; *Honda* : 50 millions de F (plus de 16 500 F au km).

Voiture volante

1990 *M 400,* pour 4 passagers, 8 engins rotatifs. Décolle verticalement, roule à 112 km/h et vole entre 320 et 650 km/h, altitude maximale 9 144 m, prix 1 500 000 F.

Parc automobile

Dans le monde

■ **Parc mondial** (voitures particulières et véhicules utilitaires) en millions. *1924* : 18 ; *30* : 35 ; *40* : 45 ; *50* : 63 ; *60* : 119 ; *70* : 231 ; *80* : 399 ; *90* : 548 ; *95* : 632 ; *98* : 681,5 ; *99* : 694,6 dont Amérique 277,3 (USA 210,8), Europe 254,8, Asie 132,1, Afrique 16,6, Australie-Océanie 13,8.

Parc (en milliers, au 1-1-1999) **des voitures particulières et,** entre parenthèses, **véhicules utilitaires** [autobus, autocars, camions, tracteurs (sans tracteurs agricoles)]. **Afrique : 10 900 (5 705) :** Afrique du Sud 3 950 (1 700). Algérie 900 (600). Angola [1] 125 (43). Bénin 24 (14). Botswana 26 (57). Burkina Faso 15 (16). Burundi [1] 8 (11). Cameroun 98 (80). Congo 25 (21). Congo (Rép. dém.) 100 (90). Côte d'Ivoire 187 (97). Djibouti 11 (5). Égypte 1 300 (480). Éthiopie 44 (23). Gabon 24 (16). Gambie 6,5 (4). Ghana 91 (47). Guinée 16 (15). Guinée équatoriale 3,5 (3,5). Guinée-Bissau 4 (3,5). Kenya 175 (165). La Réunion 137 (50). Libéria 10 (6). Libye 470 (345). Madagascar 55 (38). Malawi [1] 16 (17). Mali 19 (9). Maroc 1 020 (350). Maurice 44 (17). Mauritanie 10 (6). Mozambique 75 (27). Namibie 57 (64). Niger 18 (18). Nigéria 775 (630). Ouganda 25 (19). Rép. centrafricaine 9 (8,5). Rwanda [1] 12 (9). Sénégal 93 (29). Seychelles 6,5 (2,7). Sierra Leone 35 (12). Somalie 10 (11). Soudan 75 (48). Swaziland 23 (22). Tanzanie 50 (59). Tchad 9 (8). Togo 26 (15). Tunisie 390 (225). Zambie 100 (75). Zimbabwe [1] 190 (84). **Amérique 182 457 (94 884) :** Antigua 15 (3,7). Antilles néerl. [1] 70 (15). Argentine 5 050 (1 497). Bahamas 70 (14,5). Barbade 45 (7,5). Bélize 6 (6). Bermudes 24 (5). Bolivie 120 (180). Brésil 15 000 (3 200). Caïmans 10 (1,6). Canada 13 800 (3 700). Chili 1 000 (300). Colombie 970 (850). Costa Rica 180 (120). Cuba [1] 16 (30). Dominicaine (Rép.) 150 (100). Dominique 3 (2). Équateur 100 (200). Guadeloupe/Martinique 183 (72). Guatemala 140 (95). Guyane fr. 30 (9,5). Guyana [1] 23,5 (9). Haïti 33 (22). Honduras 40 (65). Jamaïque 115 (25). Mexique 8 500 (3 950). Nicaragua 50 (45). Panamá 190 (70). Paraguay 80 (45). Pérou [1] 420 (275). Porto Rico 1 500 (250). Sainte-Lucie 9 (5). Saint-Vincent 6 (3). Salvador 90 (90). Suriname 51 (18). Trinité et Tobago [1] 250 (75). Uruguay 290 (110). USA 132 000 (78 800). Venezuela 1 750 (590). **Europe 217 532 (37 303) :** Andorre [1] 33 (4,5). Allemagne 41 716 (3 262). Autriche 3 887 (374). Belgique 4 458 (542). Bulgarie 1 720 (200). Chypre 190 (70). Danemark 1 819 (365). Espagne 16 050 (3 561). Finlande 2 007 (304). *France 26 190 (3 683).* Gibraltar [1] 16 (1,3). Grèce 2 600 (900). Hongrie 2 310 (350). Irlande 1 196 (188). Islande 140 (18). Italie 31 800 (3 077). Luxembourg 247 (29,7). Malte [1] 130 (22). Monaco [1] 15 (4). Norvège 1 786 (427). Pays-Bas 5 931 (708). Pologne 7 600 (1 600). Portugal 3 150 (1 085). Roumanie 2 250 (440). Royaume-Uni 27 010 (3 395). Russie 15 000 (9 600). Saint-Marin [1] 23 (3,4). Slovaquie 1 207 (156). Suède 3 792 (353). Suisse 3 383 (306). Tchèque (Rép.) 3 687 (444). Turquie 3 838 (1 317). Divers 2 561 (543). **Océanie 11 090 (2 763) :** Australie 9 000 (2 250). Fidji [1] 40 (33). Guam 110 (32). Nlle-Calédonie 60 (22). Nlle-Zélande 1 840 (378). Papouasie 35 (61). Polynésie fr.[1] 38 (16). Vanuatu 4 (2,5). **Asie 87 425 (44 765) :** Afghanistan 33 (27). Arabie saoudite 1 800 (1 700). Bahreïn 145 (36). Bangladesh 48 (61). Brunéi 140 (18). Chine 3 400 (5 600). Corée du Sud 7 580 (2 888). Émirats arabes [1] 330 (180). Hong Kong 350 (172). Inde 4 300 (2 500). Indonésie 2 150 (2 060). Iran [1] 1 610 (600). Iraq 600 (350). Israël 1 140 (285). Japon 49 895 (20 918). Jordanie 175 (90). Kampuchéa [1] 15 (15). Koweït 630 (155). Laos 10 (10). Liban 650 (80). Malaisie 3 517 (931). Myanmar [1] 35 (42). Oman [1] 160 (95). Pakistan 850 (260). Philippines 640 (1 040). Qatar 140 (56). Singapour 390 (145). Sri Lanka [1] 210 (160). Syrie 150 (210). Taïwan 4 420 (850). Thaïlande 1 600 (2 800). Yémen du Nord [1] 75 (65). Yémen du Sud [1] 170 (260). **Parc mondial 509 412 (185 442).**

Nota. – (1) Au 1-1-1996.

■ **Taux de motorisation** (en 2000). **Densité automobile** (pour 1 000 hab.) : USA 785, Italie 618, Canada 589, Japon 567, *France 560*, All. 556, Esp. 523, G.-B. 512, Belgique 505, Suède 480, Pologne 318, Corée du Sud 238, Arg. 181, Brésil 114, Turquie 111, Chine 11, Inde 8.

■ En Europe

■ **Part de marché** (en %). **Par pays d'origine en 1999 et,** entre parenthèses, **en 1990 :** Allemagne 25,3 (24,5), *France 23,1 (22,4),* Japon 11,4 (11,8), Corée du S. 2,1 (0,1). Marques (en 2000) : Volkswagen 18,7 (15,7), PSA 13,1 (12,7), Marques japonaises 11,3, General Motors 10,8 (12), Ford 10,8 (11,5), Renault 10,6 (9,9), Fiat 10 (13,8), Daimler-Chrysler 6,2, BMW 3,4 (5,6), Marques coréennes 3,4. **Des plus de 16 t, par constructeur** (en %, 1995) : Mercedes-Benz 20,7, Volvo 16,3, Scania 14,3, Renault Véhicules Industriels 12,1, Man 11,7, Iveco 11,5, autres 13,4.

■ **Taux de diésélisation** (en %, 2000). Autriche 61,9, Belgique 56,3, Espagne 53,1, Luxembourg 50,4, *France 49*, Italie 33,6, Allemagne 30,3, P.-Bas 22,5, G.-B. 14,1.

■ **Immatriculations de voitures neuves en 2000** (en milliers). **Allemagne :** 3 378 (Volkswagen 1 008, Daimler 480, GM 421, marques japonaises 366, Ford 299, BMW 238, Renault 200, Fiat 127). **Autriche :** 309 (Volkswagen 102, GM 31, Ford 25). **UEBL :** 557 (Volkswagen 109, Renault 63, GM 60, Peugeot 57, Ford 55, Citroën 41). **Danemark :** 113 (marques japonaises 26, Volkswagen 22, Peugeot 14, Ford 11, GM 10). **Espagne :** 1 382 (Volkswagen 320, Renault 176, Citroën 159, Peugeot 148, GM 147, Ford 126). **Finlande :** 135 (marques japonaises 33, Volkswagen 23, Ford 22, GM 17, Peugeot 8). **France** : 2 134 (Renault 602, Peugeot 398, Citroën 262, Volkswagen 240, GM 137, Ford 134, Fiat 115). **R.-U. :** 2 222 (Ford 460, marques japonaises 323, GM 313, Volkswagen 249, Peugeot 189, BMW 68). **Grèce :** 290 (marques japonaises 64, marques coréennes 47, Volkswagen 45). **Irlande :** 231 (marques japonaises 68, Volkswagen 36, Ford 29, GM 23). **Italie :** 2 416 (Fiat 859, Volkswagen 286, Ford 215, GM 206, Renault 168). **Norvège :** 97 (marques japonaises 30, Volkswagen 22, GM 11, Ford 11). **Pays-Bas :** 598 (Volkswagen 110, marques japonaises 103, GM 82, Ford 71, Renault 53). **Portugal :** 258 (Volkswagen 53, GM 31, Renault 30, Fiat 30, marques japonaises 27, Peugeot 24). **Suède :** 291 (Ford 74, Volkswagen 64, marques japonaises 47, GM 44, Renault 19). **Suisse :** 317 (marques japonaises 64, Volkswagen 64, GM 38, Daimler 29, Ford 27). **Total Europe (17 pays) :** 14 726 (groupes : Volkswagen 2 754, marques japonaises 1 667, GM 1 596, Ford 1 588, Fiat 1 476).

■ **Immatriculations de voitures neuves en Europe de l'Ouest en 2000** (en %). Volkswagen 18,7, Peugeot 13,1, japonais 11,3, groupe GM 10,8, Ford 10,8, Renault 10,6, Fiat 10, Daimler-Chrysler 6,2, BMW 3,4, autres 5.

■ **Modèles les plus vendus** (en % du total des ventes, 2000). **Allemagne :** *Volkswagen* Golf 8,16, Passat 3,66, *Opel* Astra 6,03, Corsa 2,95, Vectra 2,5, *BMW série 3* 3,76, *Volkswagen* Polo 2,06. **Autriche :** *Volkswagen* Golf 8,65, Passat 4,26, Polo 2,32, *Opel* Astra 4,57, *Renault* Mégane 3,17, *Ford* Escort 1,33, *Opel* Vectra 2,19. **UEBL :** *Volkswagen* Golf 4,74, *Opel* Astra 4,75, *Renault* Mégane 3,99, *Peugeot* 306 3,05, *Volkswagen* Polo 2,56, *Opel* Corsa 2,68. **Danemark :** *Toyota* Avensis 3,78, *Opel* Astra 3,23, *Volkswagen* Golf 3,29, *Ford* Focus 3,8, *Peugeot* 306 2,92. **Espagne :** *Renault* Mégane 7,17, *Seat* Ibiza 5,92, *Citroën* Xsara 5,97, *Ford* Focus 3,9, *Opel* Corsa 3,13, *Citroën* Saxo 2,99. **Finlande :** *Toyota* Corolla 3,91, *Opel* Astra 7,09, *Toyota* Avensis 4,47, *Opel* Vectra 3,23, *Ford* Mondeo 2,45, *Nissan* Almera 3,29. **France** (% et nombre en milliers) : *Renault* Clio 8,39 (180,3), Mégane 8,67 (186,3), *Peugeot* 306 3,99 (85,6), *Renault* Twingo 4,04 (86,8), *Citroën* Xsara 4,13 (88,8), *Peugeot* 206 7,25 (155,7), *Renault* Laguna 3,38 (72,6), *Citroën* Saxo 3,31 (71,2), *Peugeot* 406 4,17 (89,6), *Fiat* Punto 3,51 (53,9), *Volkswagen* Golf 2,68 (57,6), *Opel* Corsa 2,62 (56,3), *Volkswagen* Polo 2,27 (48,8), *Citroën* Xantia 2,27 (48,8), *Peugeot* 106 1,94 (41,7), *Ford* Fiesta 1,83 (39,4), *Opel* Astra 1,72 (36,9), *Renault* Kangoo 1,26 (27,1), *Ford* Focus 2,3 (49,4), *Renault* Espace 1,4 (30), *Opel* Vectra 0,95 (20,3), *Ford* Ka 0,74 (15,9), *Fiat* Brava et Bravo 0,72 (15,4), *Ford* Mondeo 1,21 (26), *Volkswagen* Passat 1,06 (22,9) ; **diesels neufs** (en milliers) : *Renault* Mégane 40,4, *Peugeot* 306 50,7, *Renault* Clio 54,8, Laguna 46,1, *Citroën* Xsara 47,6, *Peugeot* 406 56,6, *Volkswagen* Golf 31,7, *Citroën* Xantia 34,9, *Renault* Espace 21,8, *Volkswagen* Passat 19,6, *Citroën* Saxo 16,5, *Opel* Vectra 11,8, *Fiat* Brava 6,2, *Renault* Kangoo 13,5, *Ford* Escort 5,3, **R.-U. :** *Ford* Fiesta 4,54, Focus 4,7, Mondeo 3,51, *Opel* Vectra 3,53, *Renault* Mégane 2,96. **Grèce :** *Hyundai* Accent 4,61, *Toyota* Corolla 3,85, *Citroën* Saxo 4,47, *Fiat* Punto 3,06, *Nissan* Almera 3,81, *Peugeot* 206 2,8. **Irlande :** *Fiat* Punto 4,54, *Toyota* Corolla 4,08, Astra 4,68, *Renault* Mégane 2,56, *Nissan* Micra 3,58. **Italie :** *Fiat* Punto 9,57, Panda 5,22, *Lancia* Y 3,83, *Opel* Corsa 3,37, *Fiat* Seicento 4,58. **Norvège :** *Volkswagen* Golf 5,83, Passat 4,42, *Toyota* Corolla 3,48, *Opel* Vectra 2,97, *Toyota* Avensis 3,16. **Pays-Bas :** *Opel* Astra 6,61, *Volkswagen* Golf 4,97, *Renault* Mégane 4,2, *Opel* Corsa 2,88, *Volkswagen* Passat 2,68. **Portugal :** *Fiat* Punto 5,53, *Opel* Corsa 6,77, *Renault* Clio 7,49, *Ford* Fiesta 3,5, *Volkswagen* Polo 3,73. **Suède :** *Volvo* 850, S 70, V 70 9,89, S 40/V 40 6,79, *Volkswagen* Passat 3,51, Golf 3,7. **Suisse :** *Volkswagen* Golf 5,28, *Opel* Astra 4,11, *Volkswagen* Passat 2,84, *Opel* Corsa 2,23, *Renault* Mégane 2,42.

Source : l'Argus de l'automobile, hors-série, octobre 2000.

■ En France

Parc automobile

■ **Parc. Voitures particulières** (au 1-1, en milliers). *1895 :* 0,3 ; *1900 :* 2,9 ; *10 :* 53,7 ; *14 :* 107,5 ; *22 :* 242,6 ; *30 :* 1 109 ; *39 :* 1 900 ; *44 :* 680 ; *51 :* 1 700 ; *56 :* 3 240 ; *60 :* 4 950 ; *65 :* 8 320 ; *70 :* 11 860 ; *74 :* 14 620 ; *80 :* 19 130 ; de – de 15 ans d'âge *85 :* 24 744 ; *90 :* 26 437 ; *95 :* 27 762 ; *2000 :* 29 272 ; *2001 :* 29 808. **Km au compteur :** *1985 :* 65 300 ; *90 :* 69 500 ; *97 :* 88 850 ; *00 :* 93 140.

Par marque (en %, 1999) : Renault 28,5, Peugeot 17,5, Citroën 11,6, Ford 7,6, Volkswagen 6,3, Opel 5,9, Fiat 5,6, Mercedes 1,87, Seat 1,7, Audi 1,68. **Par modèles** (en %, 1999) : *Renault* Mégane 8,3, Clio 5,8, *Peugeot* 306 2,5, *Renault* Twingo 2,3, *Citroën* Xsara 4,29, *Peugeot* 106 2,7, *Renault* Laguna 3,78. **Selon la puissance** (en %, au 1-1) : **5 CV et – :** *1960 :* 38 ; *70 :* 43 ; *80 :* 28 ; *97 :* 37,6 ; *2000 :* 38,1. **6 à 10 CV :** *1960 :* 39 ; *70 :* 48 ; *80 :* 62 ; *97 :* 57,8 ; *2000 :* 57,5. **11 CV et + :** *1960 :* 23 ; *70 :* 9 ; *80 :* 10 ; *97 :* 4,6 ; *2000 :* 4,4.

Utilitaires (au 1-1-2001). Autobus et autocars (– de 20 ans) 85 749, camionnettes et camions (– de 15 ans) 4 954 018, véhicules automoteurs spécialisés (– de 15 ans) 240 799, tracteurs routiers (– de 10 ans) 197 668, remorques (– de 20 ans) 51 294, semi-remorques (– de 20 ans) 277 809.

■ **Taux de motorisation** (en %) **2000.** *Total* : 80,3, dont *communes rurales :* 91 ; *villes de – de 20 000 hab. :* 86,1 ; *de 20 000 à 100 000 :* 84,2 ; *de + de 100 000 :* 76,6 ; *Paris (agglomération) :* 60,4.

Immatriculations

■ **Immatriculations nationales de véhicules neufs à moteur** (en milliers). *1980 :* 2 270 ; 2 168 ; *90 :* 2 816 ; *95 :* 2 402 ; *99 :* 2 647 (voiturettes 8,98, motocycles 180,5, voitures particulières 2 133,9, autobus et autocars 5,2, tracteurs agricoles 38, camionnettes et camions 419,6, remorques légères 50,5, véhicules automoteurs spécialisés 22,6, tracteurs routiers 29,8, remorques 3, semi-remorques 21,3, voitures particulières série TT, 53,7) ; *2000 :* 2 673. **D'occasion. Immatriculation des véhicules de location** (en milliers). *1980 :* 5 069 ; *85 :* 5 601,6 ; *90 :* 5 611,5 ; *95 :* 4 930,7 ; *98 :* 5 506,7 ; *99 :* 5 732 (voiturettes 18, motocycles 398,2, voitures particulières 5 082,1, autobus et autocars 6,1, tracteurs agricoles 97,7, camionnettes et camions 653,8, véhicules spécialisés 34,2, tracteurs routiers 21,2, remorques 4,3, semi-remorques 25,3) ; *2000 :* 5 925.

■ **Immatriculations par type de carburant. Voitures particulières neuves et,** entre parenthèses, **d'occasion** (en milliers, 2000) : essence 1 081 (2 884), gazole 1 046 (2 159).

Part du diesel pour les voitures neuves (en %) : *1978 :* 6,5 ; *83 :* 10 ; *85 :* 15 ; *90 :* 33 ; *94 :* 47,6 ; *95 :* 46,5 ; *96 :* 39,3 ; *97 :* 41,8 ; *98 :* 40,2 ; *99 :* 44,1 ; *2000 :* 47,8.

■ **Immatriculations par marques de voitures particulières** (en 2000). **Neuves. Françaises :** 1 261 533 dont *Renault* 602 415, *Peugeot* 397 547, *Citroën* 261 508. **Étrangères :** 872 351 dont Volkswagen 152 868, Ford 117 061, Opel 133 576, Fiat 95 983, Mercedes 43 389, Toyota 43 313, Seat 40 562, Audi 34 869, BMW 31 576, Nissan 31 330, Rover 13 474, Alfa Romeo 12 774, Daewoo 11 731, Skoda 11 570, Suzuki 11 355, Hyundai 11 019, Honda 8 716, Land Rover 7 570, Volvo 6 777, Smart 6 645, Mazda 6 366, Lancia 5 864, Mitsubishi 5 575, Chrysler 4 827, Saab 3 265, Kia 2 631, Subaru 2 312, Lada 1 867, Jaguar 1 939, Porsche 825, autres 10 605. *Source :* Statistiques automobiles mondiales. **Occasions. Françaises :** 3 194 345 dont Renault 1 578 156, Peugeot 1 031 119, Citroën 571 864, divers 13 206. **Étrangères :** 1 887 777 dont Volkswagen 322 686, Ford Europe 317 399, Opel 242 188, Fiat 238 797, BMW 108 413, Mercedes 101 164, Audi 73 719, Seat 68 270, Nissan 59 504, Rover 53 534, Toyota 40 427, Honda 26 417, Volvo 25 505, Alfa Romeo 24 982, Mazda 20 709, Lancia 18 980, Land Rover 10 868, Skoda 7 901, Saab 6 762, divers 118 832.

■ **Pourcentage de voitures étrangères importées.** *1980 :* 22,9. *81 :* 28,1. *82 :* 30,6. *83 :* 23,7. *84 :* 35,9. *85 :* 36,6. *86 :* 36,4. *87 :* 36,1. *88 :* 36,8. *92 :* 40,1. *93 :* neuves 39,7, occasions 33,2. *97 :* neuves 44,1.

Véhicules utilitaires

■ **Immatriculations de véhicules. Neufs : – de 6 t de PTMA :** *1985 :* 298 485 ; *93 :* 254 811 ; *94 :* 290 336 ; *95 :* 312 841 ; *96 :* 331 297 ; *98 :* 249 172 ; *99 :* 266 189 ; *2000 :* 395 021 dont *Renault* 136 192, *Citroën* 75 044, *Peugeot* 74 009, *Mercedes* 21 382, *Ford* 17 028, *Fiat* 16 548, *Iveco* 16 125, *Volkswagen* 13 018, *Opel* 4 957 ; **+ de 6 t de PTMA** (hors cars et autobus, en milliers)] : *1990 :* 49,9 ; *93 :* 27,9 ; *94 :* 32,8 ; *95 :* 41,7 ; *96 :* 43,6 ; *97 :* 39,3 ; *2000 :* 24,997 dont *Renault* 8,986, *Mercedes* 5,288, *Iveco* 3,7, *Scania* 1,302, *Daf* 1,302, *Man* 2,1, *autres* 0,8. **D'occasion :** *1995 :* 679 382 ; *96 :* 668 683 ; *2000 :* 681 013 dont camions et camionnettes 653 753, tracteurs routiers 21 151, cars et bus 6 524.

Voitures particulières

Année	Neuves (en milliers)		Occasions (en milliers)	
	Total	Étrangères	Total	Étrangères
1975	1 482	301	3 489	635
1979	1 976	435	4 249	793
1980	1 873	429	4 441	850
1985	1 766	646	4 803	1 175
1990	2 309	905	4 759	1 529
1995	1 931	784	4 129	1 432
1996	2 132	939	4 038	1 437
1997	1 713	756	4 238	1 504
1998	1 943	831	4 685	1 668
1999	2 148	920	4 896	1 803
2000	2 134	872	5 082	1 888

■ Construction automobile

■ Dans le monde

Production 2000 par pays

Production (en milliers)	Total	Voitures particulières	Véhicules utilitaires
USA [3]	13 049	5 637	7 412
Japon	10 144	8 363	1 782
Allemagne	5 527	5 132	395
Corée du Sud	3 115	2 602	513
France	*3 348*	*2 880*	*469*
Espagne	3 033	2 445	587
Canada [3]	3 049	1 422	1 627
Brésil [3]	1 351	1 108	243
G.-B.	1 814 (5)	1 641	173 (5)
Italie	1 738	1 422	316
Chine [2]	1 628	507	1 121
Mexique [3]	1 518	994	524
Russie [2]	1 026 (11)	836 (9)	190 (2)
Belgique	1 011 (659)	912 (633)	99 (27)
Inde [3]	820	652	168
Suède	301	260	41
Argentine [3]	305	225	80
Pologne [2]	499 (84)	460 (80)	39 (4)
Taïwan [2]	404	293	111
Rép. tchèque [3]	376 (0,5)	348	27 (0,5)
Afr. du Sud [2]	286 (286)	177 (177)	109 (109)
Thaïlande [2]	158 (158)	32 (32)	126 (126)
Australie [2]	384	350	34
Turquie	431	297	133
Indonésie [2]	43 (43)	11 (11)	32 (32)
Malaisie [2]	134	126	7
Portugal [3]	156 (112)	137 (42)	19 (69)
Pays-Bas [3]	287	262	25
Roumanie [2]	127 (12)	104 (12)	23 (0,3)
Autriche [3]	139	124	16
Slovénie [3]	118	118	0
Hongrie [3]	126 (76)	126 (76)	414
Slovaquie [3]	127 (45)	127 (45)	337
Nlle-Zélande [2]	10 (10)	8 (2)	2 (2)
Finlande [2]	34 (33,7)	34 (34)	0,5
Serbie [2]	16	13	3
Ukraine [2]	32 (18)	25 (14)	6 (4)

Nota. – Dont assemblés entre parenthèses. (1) 1997. (2) 1998. (3) 1999.

☞ **1900** *production de voitures par marque :* environ 1 500 dont de Dion 400, Peugeot 350, Panhard 300, de Dietrich 150, Georges Richard 150, Mors 100. **1903** *production par pays :* 61 927 dont *France 30 204,* USA 11 235, G.-B. 9 437, All. 6 904, Belgique 2 839, Italie 1 308.

■ **Production nationale par marque** (en milliers). **Voitures particulières** (en 2000 et, entre parenthèses, 1999). **Afr. du Sud :** 231 (Toyota 59, Volkswagen 50, GM 30, Honda 22). **Allemagne :** 5 132 (5 310 dont Volkswagen 1 730, Opel 1 030, Mercedes-Benz 908, BMW 680, Audi 573, Ford 562, Porsche 31). **Argentine :** 239 (225 dont Fiat 49, Renault 52, Ford 31, Volkswagen 44). **Australie** [1] : 362 (GM 123, Toyota 99, Ford 89). **Autriche :** (124 dont Chrysler 89, Mercedes 35). **Belgique :** [218 (Ford)]. **Brésil :** 1 348 (1 108 dont Volkswagen 333, Fiat 346, General Motors 286, Ford 78). **Canada :** 1 550 (1 627 dont General Motors 631, Chrysler 339, Ford 268, Toyota 211, Honda 178). **Chine** (en 1997) : 482 (VW, SVW, FAW 277). **Corée du Sud :** 2 602 (2 362 dont Hyundai 996, Daewoo 729, Kia 549). **Espagne :** 2 445 (2 209 dont Opel España 419, Seat 418, Renault 482, Volkswagen 292, Ford 342, Citroën 110). **France :** 2 880 (2 704 dont Renault 1 164, Peugeot 970, Citroën 542, Fiat 28). **G.-B. :** 1 641 (1 787 dont Rover 368, Ford 255, Nissan 271, Vauxhall 300, Honda 114, Toyota 179, Peugeot 163, Jaguar 86, IBC 39). **Inde :** 514 (652 dont Maruti 394). **Italie :** 1 422 (1 410 dont Fiat 1 011, Alfa Romeo 208, Lancia 158, Pininfarina 27, Ferrari 4). **Japon :** 8 363 (8 100 dont Toyota 2 699, Nissan 1 203, Honda 1 143, Mitsubishi 793, Mazda 705, Suzuki 679, Daihatsu 479, Fuji 395). **Mexique :** 1 279 (994 dont Volkswagen 410, General Motors 185, Ford 147, Nissan 147, Chrysler 92). **Pays-Bas :** 215 (262 dont Volvo 149, Mitsubishi 113). **Pologne** (en 1997) : 453 (Fiat Iveco 295, Daewoo 69, FSO Polonez Daewoo 41). **Portugal :** 191 [137 (Ford 59)]. **Rép. tchèque :** (384 dont Skoda 349). **Slovaquie :** 126 (Volkswagen 126). **Suède :** 260 (385 dont Volvo 257, Saab 128). **Taïwan** (en 1997) : 268 (Toyota 89, Ford 69, Ssan Yong/Honda 35, Mitsubishi 22, Nissan 15). **Turquie :** 297 (222 dont Oyak-Renault 125, Tofas 66, Hyundai 11). **USA :** 5 542 (5 637 dont General Motors 2 143, Ford Motor 1 225, Toyota 517, Daimler-Chrysler 432).

Véhicules utilitaires (en milliers, 2000 et, entre parenthèses, 1998 par marque). **Allemagne** 395 (Mercedes 198, Volkswagen 114, Man 43, Iveco-Magirus 13). **Argentine :** 101 (Ford 23, Mercedes 18, Toyota 18, General Motors 16, Ciadea-Renault 12, Chrysler 6, Sevel Argentina 5). **Australie** [1] : 27 (General Motors-Holden 12, Ford 10). **Belgique :** 121 (Ford 85, Van Hool 2). **Brésil :** 323 (Volkswagen 84, General Motors 76, Fiat 53, Ford 53, Mercedes 39). **Canada :** 1 413 (Chrysler Canada 437,

Ford Canada 358, General Motors 210, Navistar 29). **Corée du Sud :** 513 (Hyundai 184, Kia 83, Asia 25, Daewoo 25). **Espagne :** 587 (Citroën 222, Nissan Motor Iberica 97, Seat 68, Mercedes 65, Opel España 55, Iveco-Pegaso 38). **France :** 469 (Renault 183, Peugeot 47, Citroën 43, Renault VI 43, Sevel Fiat 24). **G.-B. :** 173 [Ford 157, Land Rover 31, LVD 15, Leyland Trucks 9, Vauxhall (GM) 5]. **Italie :** 316 (Sevel Fiat 98, Iveco 84, Sevel PSA 72, Fiat 23). **Japon :** 1 782 (Toyota 495, Mitsubishi 333, Isuzu 263, Nissan-Motor 199, Suzuki 182, Daihatsu 150). **Mexique :** 656 (Chrysler de Mexico 226, General Motors de Mexico 149, Ford 53, Nissan Mexicana 46). **P.-Bas :** 52 (Daf 26). **Portugal :** 56 (Nissan 10). **Suède :** 41 (Volvo 64, Scania 50). **Tchèque (Rép.)** [1] : 40 (Skoda 32, Avia 3). **Turquie :** 133 (Ford Otosan 33, BMC 12, Hyundai Assan 10, Temsa 10, Karsan 8). **USA :** 7 258 [Ford Motor 2 197, General Motors 1 961, Chrysler 1 375, Toyota (Nummi) 253].

Nota. – (1) En 1998.

■ **Production japonaise. Domestique et,** entre parenthèses, **délocalisée** (1-4-1996/31-3-1997 en millions d'unités) : Toyota 2,9 (1,4), Nissan 1,4 (1,1), Honda 1,1 (1), Mitsubishi 0,8 (0,8), Mazda 0,6. **Exportations japonaises vers l'Union européenne.** Plafond **1993** réalisé 980 000, **94 :** 984 000 (dont G.-B. 183 100, *France 74 900,* Italie 47 000, Portugal 39 500, Espagne 32 400), sans compter la production japonaise en Europe (500 000 en 1992). **1996 :** 1 093 000 [dont réalisé 808 000 (soit 75 % du volume autorisé)]. **1997 :** 1 092 000 (dont vers G.-B. 179 900, *France 103 700,* Italie 88 100, Espagne 51 800, Portugal 33 200). **1999 :** 1 329 206.

Principaux constructeurs

■ **Production mondiale de véhicules** (en milliers, 2000) **dont,** entre parenthèses, **voitures particulières (VP) et,** en italique, **véhicules utilitaires légers/véhicules industriels (VUL/VI).** General Motors 8 133 (dont VP 5 266) *VUL 2 861/VI 6 ;* Ford 7 323 (4 039) *3 284/0 ;* Toyata-Daihatsu 5 955 (4 681) *1 234/36 ;* Volkswagen 5 107 (4 859) *235/9 ;* Daimler-Chrysler 4 667 (2 043) *2 326/255 ;* PSA Peugeot Citroën 2 879 (2 494) *385/0 ;* Fiat 2 641 (2 186) *339/108 ;* Nissan 2 629 (2 045) *558/24 ;* Renault 2 515 (2 102) *325/88 ;* Honda 2 505 (2 287) *218/0 ;* Hyundai 2 488 (2 023) *422/27 ;* Mitsubishi 1 827 (1 272) *508/46 ;* Suzuki-Maruti 1 457 (1 197) *260/0 ;* Mazda 926 (796) *130/0 ;* BMW 835 (835) *0/0 ;* Avtovaz 756 (756) *0/0 ;* Daewoo 716 (690) *19/3 ;* Fuji 581 (500) *81/0 ;* Isuzu 539 (103) *374/60 ;* Gaz 228 (116) *111/0 ;* Dongfeng 157 (0) *157/0 ;* Navistar 95 (0) *0/75 ;* Volvo 93 (0) *0/82.* **Total 56 571 (40 988)** ***14 336/1 098.***

■ **Capitalisation boursière** (en milliards d'euros, en mai 2001). Volkswagen [1] 181,5, Toyota 142,5, BMW [1] 131,6, Fiat [1] 129,8, Volvo [1] 84,6, Ford 56,6, Daimler Chrysler 49,7, Honda 42,8, General Motors 36,1, Nissan 26,2, Renault 13,82, PSA 11,75.

Nota. – (1) en 1998.

■ **Daimler-Chrysler. 1926** née de la fusion de Gottlieb Daimler et Karl-Benz. **1998** fusion avec Chrysler (USA). **Production :** *2000 :* 4 667 000 (dont Mitsubishi 600 000). **Marques :** Mercedes, Chrysler, Jeep, Dodge, Plymouth, Smart. **Participations :** MCC Smart (France, 50 % en 1993, puis 100 % en 1998), Mitsubishi (Japon, 34 %, 2000). **Chiffre d'affaires et,** entre parenthèses, **résultat net** (en milliards d'euros). *1998 :* 131,8 (4,82) ; *99 :* 149,9 (5,75) ; *2000 :* 162,3 (7,89). *Résultat d'exploitation : 1999 :* 10,3 ; *2000 :* 5,2 dont Mercedes-Benz (voitures particulières) 2,9, véhicules commerciaux 1,2, Dasa 0,73, Chrysler 0,5. **Effectifs** (en 1999) : 466 900. **Avant fusion :** *chiffre d'affaires et,* entre parenthèses, *résultat net* (en milliards de $) : **Daimler-Chrysler :** *1997 :* 130,06 (5,39) [Chrysler, y compris Lamborghini : *1993 :* 43,6 (– 2,55) ; *94 :* 52,2 (3,7) ; *95 :* 53,2 (2) ; *96 :* 6,4 (3,5) ; *97 :* 61,5 (2,8). Daimler : *1995 :* 57,8 (– 3,2) ; *96 :* 59,5 (1,5) ; *97 :* 68,92 (1,77)] ; *salariés* (en 2001) : 425 500.

■ **BMW** (Allemagne). Fondée début du siècle. Spécialisée dans la fabrication de moteurs d'avions. Construira aussi motos, voitures. **Fin des années 1950 :** au bord de la faillite (petite Isetta peu vendue), propose de vendre à Daimler-Benz mais les petits actionnaires refusent [dont Herbert Quandt (1921-67) qui croit à un nouveau modèle, la BMW 1500]. **Chiffre d'affaires et,** entre parenthèses, **résultat net** (en milliards d'euros) : *1997 :* 30,75 (0,64) ; *98 :* 32,28 (0,46) ; *99 :* 34,4 (– 2,49, avec charges exceptionnelles dues à la vente prévue de Rover). **Production** (nombre de véhicules) : *1999 :* 750 000 [dont de janvier à juin 1999 : 562 952 (dont BMW 381 689, Rover Cars 87 459, Land Rover 83 511, MG 5 201, Mini 5 093)] ; *2000 :* 835 000. **Participations :** Rolls Royce (G.-B., 1999) cédée pour 10 £ en mars 2000, Rover (G.-B.) acquis en 1994 [*résultat net* (en milliards d'euros) : *1998 :* – 0,96 ; *99 :* – 1,21].

■ **Fiat (Fabbrica Italiana Automobili Torino). 1899** créée par Giovanni Agnelli (1866-1945). Construit automobiles puis se diversifie (moteurs d'avions, matériel agricole et travaux publics). **1966** administré par ses 2 fils, Giovanni (né 1921) et Umberto (né 1934). **1969** rachète Lancia ; **1986** Alfa Romeo. **Chiffre d'affaires du groupe et,** entre parenthèses, **résultat net** (en milliards d'euros) : *1998 :* 45,8 (0,62) ; *99 :* 48,1 (0,35) ; *2000 :* 57,56 (0,66 dont Fiat auto – 0,6). **Bénéfice d'exploitation** (en milliards d'euros) : *1998 :* 0,746 (dont Fiat Auto – 0,108) ; *99 :* 0,788 (– 0,121) ; *2000 :* 0,855 (0,44). **Ventes :** 2 328 000 voitures et utilitaires légers. **Effectifs** (en 2000) : 223 953 dont Fiat Auto 450. **Activités** (en % du chiffre d'affaires 2000) : Fiat Auto 41, CNH (matériel agricole et de TP) 17, Iveco (véhicules industriels) 14, Magneti Marelli (équipement automobile) 7, Toro (assurances) 7, Teksid (métallurgie) 3, Fiat Avio (aéronautique) 2, Ferrari-Maserati 2, Fiat Ferroviaria (activités ferroviaires) 1, autres 5.

■ **Ford. 1903** Ford Motor Cie créée par Henry Ford (1863-1947). **1908**-*12-8 :* 1re *Ford T* (8258). **Marques :** Ford, Lincoln, Mercury. **Participations :** Aston Martin (G.-B., 100 %, 1987), Jaguar (G.-B., 100 %, 1990), Mazda (Japon, 33,4 %, 1996), Volvo Auto (Suède, 100 %, 1999, acheté 42 milliards de F ; 400 000 voitures en 1998 chiffre d'affaires 77 milliards de F). **Chiffre d'affaires et,** entre parenthèses, **résultat net** (en milliards de $) : *1992 :* 100,1 (– 7,4) ; *93 :* 108,5 (2,5) ; *94 :* 128,4 (5,3) ; *95 :* 137,1 (4,1) ; *96 :* 147 (4,45) ; *97 :* 153,63 (6,92) ; *2000 :* 172,08 (5,48). **Ventes dans le monde** (en unités, 2000) : 7 424 000 dont USA 4 380 000, G.-B. 520 000, Allemagne 350 000, Canada 290 000, Italie 210 000, *France 170 000,* Australie 120 000. **Assemblage en Europe** (en unités) **et,** entre parenthèses, **nombre de salariés** (en 1999) : Sarrelouis (All.) 370 300 (6 550), Valence (Espagne) 342 000 (5 300), Genk (Belgique) 295 900 (10 040), Cologne (All.) 192 200 (6 430), Dagenham (G.-B.) 191 000 (4 550), Halewood (G.-B.) 115 650 (2 860), Southampton (G.-B.) 66 800 (1 680).

■ **General Motors. 1904** Williams Crapo Durant contrôle General Motors en regroupant Buick et Olds puis, en 1905, Cadillac et Oakland et, en 1918, Chevrolet. **1926** 1re place mondiale. **Marques :** Buick, Cadillac, Chevrolet, Oldsmobile, Pontiac, GMC, Saturn, Kodiak, Opel, Vauxhall, Holden, Saab et Isuzu. **Participations :** Saab (Suède, 50 % en 1989, 100 % en 2000, cédé par les Wallenberg), Isuzu (Japon, 49 %, 1998), Suzuki (Japon, 10 %, 1998) ; Fuji Heavy (Japon, 20 %, 1999), Fiat Auto (Italie, 20 %, 2000, cédé par les Agnelli). Cibles en vue : Daewoo (Corée du Sud), Land Rover (G.-B.). **Chiffre d'affaires et,** entre parenthèses, **résultat net** (en milliards de $) : *1989 :* 126,9 (4,22) ; *90 :* 124,7 (– 1,98) ; *91 :* 123,7 (– 4,45) ; *92 :* 132,2 (– 23,5) ; *93 :* 138,2 (2,46) ; *94 :* 154,9 (4,9) ; *95 :* 160,3 (6,9) ; *96 :* 164,1 (4,96) ; *97 :* 178,17 (6,7) ; *98 :* 155 (2,96) ; *99 :* 177 (5,6) ; *2000 :* 185 (4,5). 1re entreprise industrielle du monde. **Ventes mondiales** (en millions d'unités) : *1998 :* 8,02 ; *99 :* 8,79 ; *2000 :* 8,75 ; **par région** (en % du chiffre d'affaires, 1998) : USA 69, Europe 18, Mexique et Canada 7, Amérique latine 5, autres 1.

■ **Honda** (Japon). **1948** *créée* par Soichiro Honda. **1949** 1re moto *Dream Type A.* **1966** 1re auto *S 800.* **1998** 15 milliards de F de bénéfices (dont 70 % aux USA). **Production :** 2 400 000. **Marques :** Honda, Acura. **Ventes** (en 2000) : aux USA 1 158 860, dans le monde 2 421 659. **Chiffre d'affaires et,** entre parenthèses, **résultat net** (en milliards de $, 2000) : 52,17 (1,87).

■ **Maserati.** Officine Alfieri Maserati fondée 1914 à Bologne. **Insigne :** trident. **1926** 1re voiture. **1947** les frères Maserati abandonnent le contrôle à la famille Orsi et fondent la marque Osca. **1969** repris par Citroën. **1993** repris par Fiat. **1999** filiale à 100 % de Ferrari. **Modèles :** 3 500 GT (1957), Ghibli (1968), Indy (1969), Bora (1971), Quattroporte Evoluzione et 3200 GT (1998). **Ventes mondiales** (en 2000) : 2 500.

■ **Mitsubishi Motors. Chiffres d'affaires et,** entre parenthèses, **résultat net** (en milliards de yens) : *1997 :* 2,6 (15,1) ; *98 :* 2,5 (– 25,7) ; *99 :* 2,3 (22,1) ; *2000 :* 2,1 (0,5). **2000**-*27-3* alliance conclue avec Daimler-Chrysler qui prend 34 % des parts (*dette du groupe :* 1,47 milliard de yens) ; -*août* Katsuhiko Kawasoe a reconnu publiquement que depuis 1997 le groupe avait dissimulé des plaintes concernant des véhicules défectueux pour éviter de dispendieuses mesures de rappel (*en 2000 :* rappelle 620 000 véhicules dont 120 000 en Europe). *Coût du scandale :* plus de 17 milliards de yens (200 millions d'euros).

■ **Peugeot** (voir col. c).

■ **Renault Nissan** (voir p. 1914 a).

■ **Simca (Sté industrielle de mécanique et carrosserie automobile). A l'origine** filiale française de Fiat. **1934** reprend le statut de constructeur sous l'impulsion de son directeur, Henri Théodore Pigozzi, qui s'installe à Nanterre et propose ses Simca 6, puis 5 et 8 dont la version coupé Sport. **Début des années 50** apparition de l'Aronde (jumelle de la Fiat 1400). **1954** rachète la filiale française Ford avec l'usine de Poissy. **1958** rachète Talbot (*1960* fabrication arrêtée ; *1963* rachetée par Chrysler ; *1978* par Peugeot ; *1979-86* nom de Talbot réutilisé par Peugeot). **Principaux modèles :** *1936* Simca 5 puis Simca 8 ; *1954* Aronde 7 CV ; *1956* Ariane ; *1957* Versailles, Chambord ; *1961* Simca 1000 ; *1963* Simca 1300 puis 1500 ; 1100 ; 1307 ; 160 ; 180.

■ **Toyota. 1937** *créée* par Kiichiro Toyoda. **1957** 1re Corona. **1966** Corolla. **1955** Crown (succès au Japon, mais trop lente pour les autoroutes américaines). **1998** 17,7 milliards de F de profits (70 % réalisés aux USA). **Production** (en 2000) : 5 275 213 véhicules dont 1 177 509 hors du Japon (y compris Daihatsu). **Marques :** Toyota, Lexus. **Participations :** Hino (Japon, 1997), Daihatsu (Japon, 1998). **Chiffre d'affaires et,** entre parenthèses, **résultat net** (en milliards de yens) : *1999-2000 :* 12,9 (406,8) ; *2000-01 :* 13,4 (471,3).

■ **Volkswagen. 1964** rachète Auto Union GmbH à Daimler Benz avec Audi (All.) ; **1986** Seat (Espagne) ; **1993** Skoda (Rép. tchèque) à 70 % ; **1998** Bugatti (Italie), Lamborghini (Italie) et Rolls-Royce (G.-B. ; dépositaire de la marque pour 4,7 milliards de F, il devra la rétrocéder à BMW en 2003 pour ne garder que Bentley). **1999**-*août* rappelle 260 000 VW Passat. **2000** Scania Poids Lourds (Suède 34 %, achetée aux Wallenberg). **2001** rappelle 300 000 VW Passat (1999) pour contrôler des barres d'accouplement et 260 000 Audi. **Production :** 5 100 000 voitures (dont Seat 671 400, Audi 615 000, Skoda 403 800). **% du marché dans la voiture particulière** (en 1999) : Chine 53,8 ; Brésil 31,3 ; Allemagne 29,7 ; Mexique 26,4 ; Afrique 22,5 ; Espagne 22,3 ; Argentine 16,7 ; Europe centrale 12,8 ; Italie 12,2 ; *France 11,4 ;* G.-B. 10,7 ; USA 2,2. **Chiffre d'affaires et,** entre parenthèses, **résultat net** (en milliards d'euros). *1997 :* 57,9 (0,58) ; *98 :* 68,64 (1,15) ; *99 :* 75,17 (0,85) ; *2000 :* 85,55 (2,06).

■ Construction en France

Évolution par constructeurs

Années	Citroën	Peugeot	Renault	Simca	Total
1900		500	179		4 100
1913		9 330	4 481		45 000
1919	3 325	500	2 456		18 000
1928	62 000	25 652	55 884		224 000
1932	48 027	28 317	43 215		163 000
1938	68 109	47 213	58 396	20 933	224 000
1980	536 415	734 461	1 659 099	–	3 378 433
1985	553 119	895 812	1 499 979	–	3 016 106
1990	783 224	1 369 359	1 571 264	–	3 784 416
1995	718 972	1 071 320	1 610 216	–	3 476 835
2000	1 168 470	1 708 968	2 356 616	–	5 333 076

Évolution globale

Années	Total	Véhicules utilitaires	Voitures particulières
1955	725 061	163 596	561 465
1960 [1]	1 369 263	194 012 [2]	1 175 251
1975 [1]	3 299 620	346 796 [2]	2 952 824
1980 [3]	3 378 433	439 852 [4]	2 938 581
1985	3 062 152	348 863	2 632 366
1990 [3]	3 768 993	474 178	3 294 815
1995	3 474 705	423 776	3 050 929
1998	4 518 413	631 669	2 603 021
1999	4 803 893	648 076	2 784 469
2000	5 297 913	756 416	4 541 497

Nota. – **(1)** De 1960 à 1975 : petites collections comprises. **(2)** Y compris autocars et autobus. **(3)** Non compris « petites collections » et lots de pièces destinées à l'étranger. **(4)** Dont poids total autorisé 5 t et +, plus autocars et autobus.

Commerce extérieur

■ **Exportations** (en 1999). **Véhicules :** 2 890 364 dont PSA Peugeot Citroën 1 521 569 dont Peugeot 928 442 et Citroën 593 127, Renault 1 368 799. **Petites collections :** 161 605 dont Renault 138 529, Peugeot 23 076. **Exportations par pays.** Espagne 553 610, G.-B. 395 105, Allemagne 392 945, Italie 356 561, Belgique-Luxembourg 144 947, P.-Bas 122 904, Portugal 82 547, Suisse 42 500, Autriche 41 615, autres pays 757 630.

☞ **Principaux modèles français exportés** (en 1998) : *Mégane* 322 829, *306* 236 128, *Clio* 222 715, *106* 214 621, *Laguna* 147 695, *406* 133 196, *Saxo* 124 452, *ZX* 120 560, *Twingo* 112 682, *Xantia* 102 952.

■ **Importations. Voitures particulières neuves :** *1993 :* 1 093 391 ; *97 :* 1 099 412 ; *99 :* 1 490 644 dont Espagne 527 154, Allemagne 348 197, Italie 149 949, G.-B. 146 188, Japon 89 369, Belgique-Luxembourg 60 297, Slovénie 28 033, Portugal 6 183, Russie 1 971, autres pays 133 303. **Véhicules utilitaires neufs :** *1993 :* 122 103 ; *97 :* 211 260 (dont Espagne 97 009, Italie 39 880, Allemagne 32 849, G.-B. 11 014, Belgique 10 362, Portugal 5 260, Japon 3 910, P.-Bas 3 028).

Peugeot

■ **Quelques dates. 1810** les frères Jean-Jacques (1699-1741) et Jean-Pierre (1734-1814) Peugeot transforment le moulin de Sous-Cratet, dans la vallée du Doubs, en fonderie d'acier (produit ressorts et lames de scie). **1825** usine de Valentigney construite. **1840** *1er moulin à café.* **1850** fabrique scies à ruban, ressorts, buscs de corset, montures de parapluie, outils ; **1855** crinolines ; **1857** machines à coudre. **1858** une marque de fabrique en forme de lion est déposée. **1880** vélocipède : grand bi. **1886** bicyclettes en série. **1890** Armand Peugeot (1849-1915) renonce à la voiture à vapeur équipée de chaudière Serpollet et fabrique un véhicule à moteur Daimler. **1896** il crée la « Sté anonyme des automobiles Peugeot ». **1900** produit 500 voitures, 20 000 bicyclettes, 100 t de buscs et de ressorts de pince-nez. **1901** *1re moto* (1,5 ch.). **1910** Sté anonyme des automobiles et cycles Peugeot (regroupe la Sté fondée par Armand et les fils de Peugeot Frères [fils d'Eugène : Pierre (1871-1927), Robert (1873-1945), Jules 1882-1959)]. **1928** *1er Diesel.* **1929** 201 (6 CV) les modèles seront appelés dès lors d'un numéro à 3 chiffres avec un zéro central. **1950** absorbe *Chenard et Walker* et prend une part importante d'*Hotchkiss.* **1965** rachète Panhard qui se tourne vers la construction de véhicules militaires. **1966** devient Sté holding (Peugeot SA) ; une filiale prend le nom « Automobiles Peugeot ». **1974**-*déc.* rapprochement avec Automobiles Citroën. **1976**-*mai* Peugeot SA absorbe *Citroën SA* et devient PSA Peugeot Citroën. **1978**-*août* rachète les 3 filiales européennes de Chrysler [France (Simca), UK (Sunbeam-Rooter), España]. **1979** relance marque *Talbot.* Chrysler-France devient Automobiles Talbot, nom étendu aux autres filiales européennes. **1980** PSA Peugeot Citroën redevient Peugeot SA. Automobiles Peugeot absorbe Automobiles Talbot. **1984**-*10-10* Jacques Calvet (né 19-9-1931) nommé Pt du directoire. **1992**-*1-1* nom adopté PSA Peugeot Citroën. **1997**-*30-9* Jean-Martin Folz (né 11-1-1947) nommé Pt du directoire. **Début 1998** fin du holding financier. Devient un groupe industriel intégré sous le nom PSA Peugeot Citroën, avec 2 marques commerciales : Peugeot et Citroën. 2e constructeur européen, 6e mondial. **2000**-*2-9* rappelle + de 40 962 *206* (défaut sur airbag). **2001** rappelle 38 000 *406* (train arrière).

☞ **Citroën : emblème :** double chevron (depuis 1965). **1913** André Citroën (9-2-1878/3-7-1935) polytechnicien, fils d'un diamantaire israélite d'origine hollandaise, crée *la Sté des engrenages* Citroën. **1914-18** travaille pour l'armement. **1919**-*25-1* reconvertit une usine d'obus qu'il a construite en 1915 quai de Javel à Paris. **1925-34** publicité sur tour Eiffel. **1929** produit 102 891 voitures. **1931** *croisière jaune* (voir à l'Index). **1932** 48 027 voitures. **1934**-*21-12* liquidation judiciaire, Michelin reprend la marque. **1965** entre dans le capital de Panhard. **1967** arrête les autos Panhard dont la 24 (de 1963). **1976** absorbé par Peugeot. **1988** usine Citroën de Levallois est fermée. **1989**-*5-9/24-10* grève de 7 semaines (environ 6 % des effectifs), perte : chiffre d'affaires 3,5 milliards de F, 70 000 voitures-niveau 205.

■ **Principales usines** (effectifs au 1-1-2001 hors intérimaires), entre parenthèses, **production en 2000** et, en italique, **modèles fabriqués. France :** Aulnay (Seine-St-Denis) 5 752 (401 500) *106, Saxo.* Mulhouse (Ht-Rhin) 11 900 (425 800) *206 206 CC, 307.* Poissy (Yvelines) 8 472 (283 000) *206.* Rennes (Ille-et-Vilaine) 10 000 (235 000) *Xsara, Xantia, C5.* Sochaux (Doubs) 20 610 (264 800) *307, 406, 607.* **Espagne :** Vigo 10 600 (437 400) *Citroën, Xsara, Picasso, Berlingo, C15, Peugeot Partner.* Madrid 5 230 (166 300) *Xsara, 306.* **G.-B. :** Ryton 3 063 (187 800) *206.* **Argentine :** Buenos Aires 1 858 (70 000) *206, 306, 405, Partner, Berlingo.* **Portugal :** Mangualde 1 381 (49 800) *Saxo, Peugeot Partner, Berlingo.* **Brésil :** Porto Real 580 (fin 2000), *Xsara Picasso, 206.* **En coopération :** Sevelnord (Valenciennes) 3 958 (145 600 dont PSA 93 600 : *Citroën Évasion, Jumpy, Peugeot 806, Expert, Fiat Ulysse* et *Scudo, Lancia Zeta*). Sevel Sud (Val di Sangro, Italie) 4 170 (197 500 dont PSA 82 000 : *Citroën Jumper, Peugeot Boxer, Fiat Ducato*).

■ **Groupe PSA** (en milliards de F). **Chiffre d'affaires consolidé et**, entre parenthèses, **résultat net :** *1985* : 100,3 (0,543) ; *90* : 159,98 (9,26) ; *91* : 160,17 (5,53) ; *92* : 155,43 (3,37) ; *93* : 145,43 (– 1,41) ; *94* : 166,2 (3,1) ; *95* : 164,2 (1,7) ; *96* : 172,7 (0,7) ; *97* : 186,8 (– 2,7) ; *98* : 221,4 (3,2) ; *99* : 242,7 (4,8) ; *2000* : 288,6 (6,56). **Endettement financier net :** *1985* : 32,1 ; *90* : 8,3 ; *93* : 16,7 ; *94* : 7,6 ; *95* : 9,8 ; *96* : 8,9 ; *97* : (– 4,8) ; *98* : – 12,8 ; *99* : + 11,2 ; *2000* : 9,18. **Fonds propres :** *1985* : 6,7 ; *90* : 47,9 ; *95* : 54,6 ; *96* : 55,5 ; *97* : 52,9 ; *98* : 55,8 ; *99* : 54,6 ; *2000* : 61,66. **Marge brute, autofinancement :** *1985* : 4,2 ; *90* : 16,2 ; *91* : 15,4 ; *92* : 13,7 ; *93* : 8,4 ; *94* : 15,2 ; *95* : 12,7 ; *96* : 11,2 ; *97* : 10,9 ; *98* : 13,9 ; *99* : 18,9 ; *2000* : 22,3. **Investissements :** *1985* : 5,88 ; *90* : 15,1 ; *91* : 15,5 ; *92* : 13,8 ; *93* : 11,3 ; *94* : 12,7 ; *95* : 11 ; *96* : 10,3 ; *97* : 10,2 ; *98* : 10,9 ; *99* : 13,1 ; *2000* : 19,02. **Effectifs** (en milliers) : *1985* : 177 ; *90* : 159,1 ; *91* : 156,8 ; *92* : 150,8 ; *93* : 143,9 ; *94* : 139,8 ; *95* : 139,9 ; *96* : 139,1 ; *97* : 140,2 ; *98* : 156,5 ; *99* : 165,8 (dont France 115,5, étranger 50,3) ; *2001* : 172,5 (117,9/54,6). **% du capital de la famille Peugeot :** *1994* : 22,7 ; *2000* : 24,64. **Répartition des droits de vote** (au 31-12-2000, en %) : famille Peugeot 38,53, Michelin 5,4, Société générale 4,26, Lafarge 2,98, Caisse des dépôts 2,49, personnel 0,59, autres 45,75.

■ **Production mondiale de voitures particulières et véhicules utilitaires** (en milliers). *1978* : 2 500 ; *85* : 1 655 ; *86* : 1 736 ; *87* : 1 952 ; *88* : 2 104 ; *89* : 2 148 ; *90* : 2 250 ; *91* : 2 063 ; *92* : 2 050 ; *93* : 1 764 ; *94* : 1 989 ; *95* : 1 888 ; *96* : 1 979 ; *97* : 2 078 ; *98* : 2 247 ; *99* : 2 496 ; *2000* : 2 879 [vente 2 816 (Peugeot 1 680, Citroën 1 140) dont hors d'Europe 480 (Peugeot 320, Citroën 160)]. **Part du marché** (en %) **français** (calculée sur immatriculations de voitures particulières) : *1985* : 34,85 ; *86* : 32,07 ; *87* : 33,42 ; *88* : 34,17 ; *89* : 32,81 ; *90* : 33,2 ; *91* : 33,1 ; *92* : 30,4 ; *93* : 29,7 ; *94* : 31,76 ; *95* : 30,2 (dont Peugeot 17,7 ; Citroën 12,5) ; *96* : 29,4 ; *97* : 28,6 ; *98* : 29,5 ; *99* : 34,9. **Européen :** *1985* : 11,54 ; *86* : 11,38 ; *87* : 12,14 ; *88* : 12,91 ; *89* : 12,67 ; *90* : 12,9 ; *91* : 12,1 ; *92* : 12,2 ; *93* : 12,3 ; *94* : 12,8 ; *95* : 12 ; *96* : 11,9 ; *97* : 11,3 ; *98* : 12 ; *99* : 12,7.

■ **Principaux modèles sortis. PEUGEOT : 1889** tricycle Serpolet Peugeot à vapeur. **1890** *Type 2* quadricycle à gazoline, moteur Daimler. **1894** *Type 4,* vis à vis (1 exemplaire pour le bey de Tunis). *Type 5* (2 places), phaétons. *Types 6* et *7,* Victoria. *Type 8,* vis à vis. *Type 9* break. *Type 10.* **1896** *Type 14* avec 1er moteur Peugeot (2 cylindres horizontaux, brevet Michaux). **1897-1961** *Type 15* Phaéton, 4 places, plusieurs centaines d'ex. **1901** *Type 36* (spider 3 places ou tonneau 4 places), capot avant et volant. **1902** *Type 39,* 1re Peugeot, 4 cylindres, 100 ex. **1904** *Type 69,* Peugeot Bébé, 400 ex. **1919-64** *Type 163,* 10 CV, 9 319 exemplaires. **1929** *201* : conduite intérieure, 6 CV, 4 places, consommation 9 litres, vitesse maximale 80 km/h. **1933** *301* : coupé décapotable, 2 portes, 2-4 places, cylindrée 1 465 cm³, consom. 10 l. **1934** *601. 401* à toit escamotable. **1935** *402* : 11 CV, 1 991 cm³. **1936** *302* : 10 CV, 1 758 cm³. **1937** *402 B* : légère, berline sport, 4 places, 12 CV, 2 142 cm³, consom. 13 l, vit. max. 130 km/h. **1938** *202* : 6 CV, 1 133 cm³. **1948** *203* (685 628 exemplaires, dernière en février 1960), 7 CV, 1 290 cm³, *monocoque.* **1955** *403* : 8 CV, 1 468 cm³, vit. max. 133 km/h. 1re Peugeot vendue à plus de 1 million d'ex. (1 214 000). **1960** *404* : 9 CV, 1 618 cm³, vit. max. 142 km/h (2 888 267 ex.). **1965** *204* (1 604 290 ex.) : 6 CV, 1 130 cm³, 1re traction avant Peugeot, vit. max. 138 km/h. **1968** *504* berline (3 689 166 exemplaires à fin 1999) : 10 CV, 1 796 cm³, vit. max. 156 km/h. **1969** *304.* **1972** *104* (la + courte 4 portes du monde). **1975** *604* : 15 CV, 2 644 cm³, 180 km/h (en 1979, 1re avec turbo-diesel). **1977** *305.* **1979** *505* : 11 CV, 1 971 cm³, 164 km/h. **1981** *Talbot Tagora* et *Samba.* **1983** *205* : 5 200 000 vendues de 1983 à 1998. **1984** *205 GTI.* **1985** *309.* **1987** *405.* **1990** *905.* **1991** *106.* **1992** *405* Mi16 (16 soupapes). **1993** *306.* **1994** *806* monospace. **1995** *406, 106 Électric.* **1998** *206.* **2000** *607, 206 cc.* **2001** *307.* **Principales ventes de voitures particulières** (depuis 1968 à fin 1999) **et**, entre parenthèses, **dates de sortie) :** *205* (1983) 5 258 789. *504 berline* (1968) 3 689 166. *106* (1991) 2 463 390. *405* (1987) 2 433 734. *306* (1993) 2 423 904. *305* (1977) 1 649 177. *309* (1985) 1 638 623. *104* (1992) 1 624 990. *505* (1979) 1 351 254. *304* (1969) 1 178 422. *406* (1995) 945 668. *206* (1998) 715 905. *Partner* (1996) 261 962. *605* (1989) 254 350. *604* (1975) 153 252. *806* (1994) 125 018.

ROLLS-ROYCE

■ **Origine. 1904**-*1-4* : 1re Royce (3 exemplaires) : biplace, 2 cylindres, 1 800 cc. -*Mai* rencontre et accord entre Frederick Henry Royce (1863-1933), fils d'un minotier anglais, vendeur de journaux, puis ingénieur électricien à 20 ans, anobli en 1930, et Charles Stuart Rolls (1877/12-7-1910, 1er mort au cours d'un vol à moteur), aristocrate, meilleur pilote britannique de l'époque, et distributeur de voitures. Royce construira les voitures et Rolls aura l'exclusivité de leur distribution pour la marque Rolls-Royce. **1906** fusion des 2 Stés en Rolls-Royce Ltd. **1911**-*6-2* bouchon de radiateur Flying Lady (ou Spirit of Ecstasy) du sculpteur Sykes. **1931** acquiert Bentley fondée en 1920 par Walter Owen Bentley. **1971** perd sa filiale aviation. **1973** convertie en Sté anonyme, Rolls-Royce Motors Holding Ltd. **1980** acquise par Vickers pour 40 millions de £. **1998**-*5-6* acquise par Volkswagen (4,3 milliards de F) [L'usage du nom a depuis été cédé à BMW qui reprendra la production en 2003.] **1999** baisse des ventes.

■ **Différents modèles. 1904-07** 10 HP 2 cylindres (17 exemplaires) ; 15 HP 3 cylindres (6 ex.) ; 20 HP moteur V8 (3 ex.) ; 20 HP 4 cylindres (40 ex.) ; 30 HP 6 cylindres (37 ex.). **1906-25** 40/50 CV 6 cylindres, 7 000 cc (*Silver Ghost* à cause de sa couleur argentée et de son moteur silencieux) : couvrit 23 123 km sans un seul arrêt involontaire ; production : 7 876 dont 1 703 à Springfield (USA). **1922-29** 20 CV (dite *bébé Rolls-Royce*) ; *Twenty* ; production : 2 914 ex. **1925-29** *New Phantom (I)* : version améliorée de la Silver Ghost, 1re Rolls-Royce avec freins servo-assistés ; production : 3 514 ex. dont 1 243 aux USA. **1929-35** *Phantom II, Ph. II Continental* (châssis plus court et rapport d'essieux différent) ; production : 1 680 ex. dont 281 continental. **1929-36** 20/25 CV : pointes d'environ 124 km/h ; production : 3 827 ex. **1936-39** 25/30 CV, 4 257 cc ; production : 1 201 ex. ; *Ph. III* moteur V 12 7 340 cc, vitesse plus de 160 km/h ; 1re RR avec suspension avant indépendante ; production : 727 ex. **1938-39** *Wraith* : moteur 4 237 cc modifié ; production : 492 ex. **1946-58** *Silver Wraith,* plusieurs motorisations dont 4 257 cc, puis 4 566 cc, 4 887 cc ; production : 1 886 ex. **1949-55** *Silver Dawn* : 1re RR à carrosserie construite par la Sté, et entièrement produite à Crewe, G.-B. ; moteur 4 257 cc, + ensuite ; production : 762 ex. (sans Bentley). **1950-56** *Ph. IV,* 8 cylindres en ligne, 5 675 cc ; production : 18 ex. **1955-59** *Silver Cloud I,* 6 cylindres en ligne, 4 887 cc ; production : 2 360 ex. dont châssis longs 122. **1959-66** *Silver Cloud II,* moteur V 8 en aluminium, 6 230 cc ; production : 2 717 ex. dont châssis longs 299. **1959-68** *Ph. V,* V 8, 6 230 cc ; production : 516 ex. **1962-66** *Silver Cloud III* : capot abaissé pour meilleure visibilité ; production : 2 837 ex. dont châssis longs 254. **1965-80** *Silver Shadow I* (1965-76 : 16 717 ex.), *Silver Shadow II. Silver Wraith II, Corniche,* V 8, 6 750 cc ; production : 36 772 ex. (avec Bentley). **1968-92** *Ph. VI,* V 8, 6 750 cc ; production : 374 (modèle définitivement arrêté). **1975-86** *Camargue,* 6 750 cc ; production : 530 ex. **1971-87** *Corniche,* V8, 6 750 cc. **1980-87** *Bentley Mulsanne,* V8, 6 750 cc. **1980-89** *Silver Spirit, Silver Spur,* V8, 6 750 cc. **1982-85** *Bentley Mulsanne Turbo* : V 8, 6 750 cc avec turbocompresseur. **1984-92** *Bentley 8* V 8, 6 750 cc. **1985** *Bentley Turbo* R V 8, 6 750 cc avec turbocompresseur. **1985-94** *Bentley Continental,* V 8, 6 750 cc. **1986-92** *Bentley Mulsanne,* V 8, 6 750 cc à injection. **1987-90** *Corniche II* et toute la gamme avec V 8, 6 750 cc à injection et système de freinage ABS. **1990-91** *Corniche III.* **1990-93** *Silver Spirit II, Silver Spur II.* **1991** *Bentley Continental R* ; coupé 2 portes. **1992-94** *Corniche IV* ; production : 114 ex. **1992** *Bentley Brooklands ; Touring Limousine* succède à *Phantom VI.* **1993** *Silver Spirit III, Silver Spur III.* **1994** *Bentley Turbo. Silver Down* (1994-97 : 151 ex.). **1995** *Bentley Azure.* **1996** *Rolls-Royce Park-ward, Bentley Continental.* **1997** *RR Silver Dawn, Bentley Turbo RL* devient la *Turbo R.* **1998** *Silver Seraph* et *Bentley Arnage.* **1999** *Bentley Continental R. T* et *SC, Corniche* (nouvelle). **2000** *Park Ward (Silver Seraph* chassis long). *Bentley Continental T Mulliner, Bentley Arnage Red Label,* nouvelle *Corniche.* **2001** *Bentley Arnage Le Mans, Bentley Continental Le Mans.*

☞ Les dimensions des places de parking en Angleterre ont été calculées sur celles de la Phantom V (longueur 6,04 m ; largeur 2 m).

■ **Prix** (en F TTC, 2001). *Rolls-Royce* : Silver Seraph 1 611 030, *Bentley* : Arnage 1 507 060, Continental R 1 941 960, Continental R Mulliner 2 147 602, Continental T 2 194 831, Continental T Mulliner 2 314 543, Continental SC 2 420 874, Continental SC Mulliner 2 539 545, Azure 2 168 593, Azure Mulliner 2 328 647.

☞ *Le 25-6-1990* : Sotheby's a vendu une Rolls-Royce Silver Ghost 1907 : 19 millions de F.

■ **Production.** *1982* : 2 436 ; *83* : 1 551 ; *84* : 2 238 ; *85* : 2 551 ; *86* : 2 968 ; *87* : 2 747 ; *88* : 2 968 ; *89* : 3 254 ; *90* : 3 274 ; *91* : 1 620 ; *92* : 1 244 ; *93* : 1 360 ; *94* : 1 414 ; *95* : 1 556 ; *96* : 1 744 ; *97* : 1 918 ; *98* : 1 619 [dont ventes : G.-B. 592, USA 517, Japon 86, All. 77, Moyen-Orient 61, Espagne 35, Suisse 30, Canada 26, *France 12*] ; *99* : 1 451 ; *2000* : 1 861 [dont ventes : USA 806, G.-B. 513, Europe 320, autres 104].

■ **Chiffre d'affaires** (en 1997). 3,1 milliards de F. **Bénéfices** (en 1997) : 240 millions de F.

■ **Effectifs.** 2 500.

CITROËN : 1919-*mai Type A* présenté au public le 4-6 [1re voiture européenne construite en grande série, torpédo 4 places, 3 portes, 8 CV, 4 cylindres en ligne, 1 327 cm³, 18 ch. à 2100 tr/min, largeur : 1,41 m, hauteur (capote fermée) : 1,75 m, 810 kg à vide, 65 km/h, consommation 7,5 litres aux 100 km ; existe aussi en conduite intérieure 4 places (1 938 véhicules produits) ; prix de lancement : 7 950 anciens F (oct. 1919 : 12 500 F) ; de 1919 à 1921, 24 093 vendues]. **1921** *B2* (20 ch., 1 452 cm³, 9 CV, 72 km/h), 89 815 exemplaires B2 *caddy* (3 places en trèfle, 226 exemplaires). **1922** *5 CV* [torpédo 2 places jaune clair, « Petite Citron », puis cabriolet (1923) et en trèfle (torpédo 3 places, 1925). 5 CV, 4 cylindres, 856 cm³, 11 ch. à 2 100 tours (tr)/min, longueur 3,20 m, largeur 1,40 m, hauteur (capote levée) 1,55 m, 543 kg à vide, 60 km/h au maximum, consommation 5 litres aux 100 km ; 80 759 exemplaires vendus. **1924** *B10* carrosserie tout acier. **1927** *B 14 F* avec servofrein, devenue *B 14 G* en 1928, 119 467 exemplaires. **1928** *C4,* 243 068 exemplaires. **1929** *C6,* 61 273 exemplaires. **1932** *10 CV,* 49 249 exemplaires ; *15 CV,* 7 728 exemplaires ; *Berline 15 CV,* moteur flottant, 5 places ; *8 CV* (dont *Petite Rosalie*) : 1 452 cm³, 32 ch. à 3 200 tr/min, longueur 4,24, largeur 1,62 m, hauteur 1,67 m, 1 165 kg, 90 km/h, 38 835 exemplaires. **1934**-*24-3 Berline II* : traction avant, 5 places, 4 cylindres, 1 911 cm³. 11 litres au 100 km ; au maximum 110 km/h. *7 CV* (présentée 21-3) *traction avant avec caisse autoporteuse* [brevet Andreau (1890-1963)], *monocoque* (disparition du châssis, vendue 17 700 F), 1 303 cm³ (72 × 80 mm), 32 ch. à 3 200 tr/min, longueur 4,45 m, larg. 1,62 m, hauteur 1,52 m, empattement 2,91 m, 900 kg, 100 km/h ; consommation 9 litres aux 100 km, suivie de la *11 légère* (mai), 1 911 cm³, 4 cylindres, 46 ch. à 3 800 tr/min. *11 normale* (août), rallongée de 20 cm, ensuite de 12 cm. **Nombre de tractions avant fabriquées entre 1934 et 1959 :** 759 123 (*7 CV* : 88 066, *11 CV* : 620 455, *15 CV-6* : 50 602). **1938**-*avril 15 six* (77 ch. à 3 800 tr/min, 3 vitesses, 1 280 kg, vitesse de pointe 130 km/h) vendue 36 300 F. **1939**-*mars 11 performance* (le moteur donne 10 ch de plus). *1re 2 CV Citroën* sort de la chaîne à 12 h, heure de la déclaration de la guerre. **1948**-*7-10* la *2 CV Citroën* est présentée au Salon de l'auto à 185 000 anciens F (le tiers du prix de la 4 CV) ; en 1949, elle sera à 228 000 anciens F ; 375 cm³ (puis 425, 435 et 602 cm³), 2 cylindres à plat opposés, sans joint de culasse et sans distributeur d'allumage, 9 ch. à 3 500 tr/min (33 ch. à 7 000 tr/min sur la 2 CV 6 1969), refroidissement par air, 4 vitesses, suspension à interaction longitudinale avant-arrière sur roues indépendantes, longueur 3,78 m, largeur 1,48 m, 495 kg, 65 km/h (110 en 1969), 4,5 litres au 100 km. Conçue en 1935 sous le nom de code *TPV* (toute petite voiture) comme une voiture « pouvant transporter 2 cultivateurs en sabots, 50 kg de pommes de terre ou un tonnelet à 60 km/h pour une consommation de 3 l au 100 km ; son prix devra être inférieur au tiers de celui de la traction avant 11 CV ; le point de vue esthétique n'a aucune importance » (*production annuelle dans les années 1960* : + de 150 000, *1968* : 57 473, *1974* : + de 150 000, de *1988* au *27-7-90* : n'est plus fabriquée ; *production* 3 868 634 ex. (+ fourgonnette 1 246 306). **1954**-*avril 15 hydropneumatique* ; la fabrication des tractions cessera le 25-7-1957 ; en 33 ans 758 857 avaient été construites [dont G.-B. (à Slough) 26 800, Belg. 31 750]. **1955**-*7-10* (ouverture du Salon) *DS 19 Citroën,* 11 CV, 1 911 cm³ (2 347 en 1972 sur la DS 23), 4 cylindres, 75 ch. à 4 500 tr/min (141 à 550 sur la DS 23 à injection de 1972), suspension hydropneumatique. *DS 23 à injection* : longueur 4,80 m, largeur 1,79 m, hauteur 1,47 m, 1 125 kg, 140 km/h, 10 l aux 100 km. **1957** *1 D 19.* **1961** *Ami 6,* 3,87 × 1,52 m, haut. 1,48, 640 kg, 620 cc, 20 ch (DIN), lunette arrière inversée, prix 6 650 F (1 039 384 ex. en 8 ans). **1965** *DS 21.* **1967**-*20-9 Dyane* 1 444 583 exemplaires. **1968** *DS 20 ; ID 20* ; *Méhari* conçue par Roland de la Poype : carrosserie plastique, 602 cm³, 28,5 ch. SAE à 5 400 tr/min, 3 CV, 105 km/h, 144 953 exemplaires jusqu'en 1987. **1969-79** *Ami 8* 773 344 exemplaires. **1970-81** *GS* 1 874 754 exemplaires. **1970-75** *SM* 12 920 exemplaires, moteur en V, 2 670 cc, 170 ch. DIN à 5 500 tr/min, 220 km/h (178 ch. DIN à) 6 250 tr/min, 228 km/h pour la SM à injection électronique de 1972), longueur 4,89 m, largeur 1,84 m, hauteur 1,32 m, 1 450 kg, consommation DIN 12,5 litres aux 100 km. **1972** *DS 23* : 1 985 cm³, 102 ch. Din à 5 500 tr/min, 10,5 l/100, 11 CV, 4 vitesses, 170 km/h. **1974-89** *CX* (berline) 1 041 560 exemplaires. **1975** *CX 2200.* **1976** *LN.* **1976-79** *LN* 116 931 ex. **1978-86** *LNA* 164 275. **1978-88** *Visa* 1 222 608. **1979-87** *GS* 565 009. **1982-94** *BX* 2 315 739. **1984** *C15* 303 959 (à fin 1998). **1984-88** *Axel* 47 009. **1986-98** *AX* 2 425 138. **1989** *XM* 324 067 (à fin 1998). **1991-97** *ZX* 1 581 378. **1993** *Xantia*

1 016 419 (à fin 1998). **1994** *Évasion* 68 010 (à fin 1998). **1996** *Berlingo* 118 222 (à fin 1998). **1996** *Saxo* 691 813 (à fin 1998). **1997** *Xsara* 382 624 (à fin 1998). **1999** *Xsara Picasso.* **2000** *Xsara Windows CE, C5.*

Renault

■ **Origine.** **1898** Louis Renault (12-2-1877/24-10-1944, mort d'une crise d'urémie non soignée) construit à Billancourt une voiturette à prise directe. **1899** Sté Renault frères (avec Fernand et Marcel Renault) constituée. **1900** *1re tournée commerciale en France :* 5 000 km parcourus par une Renault 3 CV à moteur Aster. **1902** superficie de l'usine : 8 760 m². **1903** Marcel, son frère, tué lors du Paris-Madrid ; sa maîtresse Suzanne, sa légataire universelle, devient copropriétaire de la Sté Renault fondée par Marcel et Fernand. Louis, qui n'est qu'un employé de la Sté, rachète le 24-5 la part de Suzanne moyennant l'attribution chaque année d'une voiture et d'une rente de 10 000 F, revalorisée en 1945 par la « Régie » et versée à Suzanne jusqu'à sa mort en 1953. **1904** une Renault remporte l'épreuve de consommation de Nice : 14,777 km avec 1 litre d'essence. **1908** Sté des Automobiles Louis Renault créée. **1909** Fernand Renault meurt à 44 ans. **1913** 10 000 voitures produites par an. **1914** usine sur 14 ha, 4 000 ouvriers. **1917** char léger FT, **1922** Sté anonyme des Usines Renault créée. **1929** s'installe sur l'île Séguin. **1940** *juillet-août* saisie des usines par les Allemands (définitive 1-9). **1942** bombardements (*1942-3-3* RAF, *1943-4-4* et *3 et 15-9* US Air Force) des usines de Billancourt et du Mans (1 059 †, 1 049 bl., 10 % du parc machines détruit). **1944**-*23-9* Louis Renault arrêté (inculpé de commerce avec l'ennemi). *-24-10* meurt à la clinique St-Jean-de-Dieu, Paris. *-27-9* usine réquisitionnée. *5-10* Pierre Lefaucheux (1898-1956) nommé par l'État à la tête des usines. **1945**-*16-1* Renault nationalisée (Régie nationale des usines Renault) : Pierre Lefaucheux, P-DG. **1952** usine de *Flins* inaugurée. **1955** fusion division poids lourds avec *Latil* et *Somua. Saviem* créée. **1958** usine de *Cléon* mise en route. **1962** 4e semaine de congés payés. **1965** usine *Le Havre-Sandouville* inaugurée. **1966** 1 000 000e Renault 4. **1971** accord Renault-Peugeot-Volvo pour production de moteurs. **1975** entrée de *Berliet* dans le groupe Renault. **1978** Renault Véhicules Industriels créé. **1979** entrée d'American Motors dans le groupe Renault. **1983** rachète ANC. **1984** nouveau conseil d'administration comportant des élus du personnel. **1987** American Motors cédé à Chrysler ; groupe Renault VI constitué. **1990**-*6-7* la Régie devient une SA. **1991** alliance avec *Volvo*. *-17-10/4-11* grève de 22 j à Cléon (perte 1,4 milliard de F). **1992**-*31-3* fermeture de l'usine *Billancourt* [chaînes arrêtées 27-3 à 14 h 30 (île Séguin) ; salariés *en 1969 :* 24 000, *mars 91 :* 1 230 ; vente prévue d'une partie des terrains (65,20 ha dont île Séguin 11,56)]. **1994**-*1-3* dénouement de l'alliance avec *Volvo* [comparaisons (en 1992) : chiffre d'affaires (en milliards de F) Renault 179 (Volvo 58), résultat net 5,6 (– 2,3) ; production auto 1 760 743 (304 200), bus et camions 52 945 (52 160) ; effectifs 146 604 (60 115)]. *-17-10 privatisation :* offre publique de vente 61 690 954 actions à 165 F ; l'État reste majoritaire à 52,98 %. **1995**-*26-10* modification des statuts votée en vue d'une privatisation. **1996** l'État (avec 52,97 %) cède 6 % du capital, (139 F l'action) à 12 actionnaires institutionnels. 6,5 milliards de F de pertes. Carlos Ghosn (ancien de Michelin) réduit les coûts. **1998** ouverture du technocentre de Guyancourt (réduire à 15 h le temps de montage quel que soit le modèle). **1999**-*29-3* rachète 36,8 % de Nissan Japon pour 33 milliards de F. **2000**-*avril* cède Renault VI (poids lourds) à Volvo contre 15 % du capital de Volvo. **2001**-*juin* Samsung Motors entre dans le groupe Renault.

■ **P-DG.** **1944**-*4-10* Pierre Lefaucheux (1898-1955 administrateur provisoire dès le 5-10-1944). **1955** Pierre Dreyfus (18-9-1907/25-12-1994). **1975**-*23-12* Bernard Vernier-Palliez (né 2-3-1918). **1981**-*24-12* Bernard Hanon (né 7-1-1932). **1985**-*janvier* Georges Besse (25-12-1927/assassiné le 17-11-86 par Action directe). **1986**-*17-12* Raymond Lévy (né 28-6-1927). **1992**-*17-12* Louis Schweitzer (né 8-7-1942).

■ **Usines.** **France :** *montage :* Flins, Douai, Sandouville, Maubeuge, Batilly, Dieppe, Romorantin (usine Matra) ; *mécanique :* Cléon, Le Mans, Choisy, Villeurbanne, Orléans, Ruitz (Renault-Peugeot), Douvrin (Renault-Peugeot) ; *fonderie :* Lorient, Chatellerault, St-Michel-de-Maurienne ; *divers :* Grand-Couronne. **Monde :** Espagne 3 [Palencia, Valladolid, Villaverde], Argentine, Brésil 2 [Curitiba], Chine, Colombie, Malaisie, Maroc, Turquie, Uruguay.

■ **Effectifs.** **Total dont,** entre parenthèses, **Sté mère** (en milliers) : *1980 :* 223,4 (105,3) ; *85 :* 196,4 (86,1) ; *90 :* 157,4 (68,7) ; *94 :* 138,3 (59,3) ; *97 :* 141,3 (47,7) ; *98 :* 138,3 (45,7) ; *99 :* 159,6 (44,6) ; *2000 :* 166,1 (45,9).

■ **Budget.** **Chiffre d'affaires HT consolidé et,** entre parenthèses, **% du chiffre d'affaires à l'étranger,** en italique, **résultats du groupe** (en milliards de F) : *1986 :* 122,3 (46,8) *– 5,8 ; 87 :* 147,5 (51,3) *3,26 ; 88 :* 161,4 (51,8) *8,83 ; 89 :* 174,5 (50,8) *9,29 ; 90 :* 163,6 (48,9) *1,21 ; 91 :* 166 (chiffre retraité 171,5) (51,7) *3,08 ; 92 :* 179,4 (retraité 184,2) (51,6) *5,68 ; 93 :* 169,8 (52,6) *1,07 ; 94 :* 178,5 (51,6) *3,64 ; 95 :* 184,1 (51,8) *2,1 ; 96 :* 184,1 (53,9) *– 5,2 ; 97 :* 207,9 (60,6) 5,4 ; *98 :* 243,9 (61,4) *8,8 ; 99 :* 246,6 (63,5) *3,5 ; 2000 :* 263,5 (64,5) *7,1.* **Résultats d'exploitation** (en milliards de F) : *1995 :* 1,26 ; *96 :* 5,98 ; *97 :* 2,03 ; *98 :* 10,8 ; *2000 :* 11,2 (automobiles 8,3, véhicules industriels 1,3, branche financière 1,6).

■ **Répartition du capital** (en %). **Avant privatisation :** État 79,02, Volvo 20, autres (salariés, ayants droit et fonds de stabilisation) 0,98. **Après :** État 50,10, public 28,59, Volvo 11,38, actionnaires partenaires. **2000 :** public et institutionnels 47,5, État 44,2, actionnaires partenaires et associés 3,24, autodétention 2,83, salariés 2,21. Environ 300 000 actionnaires au 1-1-2001.

■ **Augmentation de capital** (en milliards de F). *1983 :* 1 ; *85 :* 4,94 ; *87 :* 8,44 ; *88 :* 16,4 ; *89 :* réduction du capital de 14,01 à 2,47 par réduction de la valeur du nominal de 100 à 15 F ; *90 :* 0,83 ; *91 :* 0,91 ; *92 :* 0,13 ; *94 :* augmentation de 2,27 à 5,67 par augmentation du nominal de 15 à 25 F ; de 0,28 par émission d'actions ; *95 :* 0,23 par exercice par l'État de 936 200 bons de souscription ; *96 :* augmentation de 0,2 résultant du paiement d'une part du dividende en actions. *Capital social de Renault* (au 1-1-2001) : 6. **Capitaux propres :** *1994 :* 42,78 ; *95 :* 43,80 ; *96 :* 37,77 ; *97 :* 43,92 ; *98 :* 51,56 ; *99 :* 53,59 ; *2000 :* 63,31. **Versements de l'État :** *1984-86 :* 8 (dotation en capital) ; *88 :* l'État désendette Renault de 12.

Investissements : *1985 :* 7,77 ; *90 :* 13,21 ; *91 :* 9,43 ; *92 :* 11,20 ; *93 :* 11,12 ; *94 :* 14,80 ; *95 :* 15,26 ; *96 :* 16,39 ; *97 :* 15,47 ; *98 :* 14,47 ; *99 :* 15,98 ; *2000 :* 18,67. **Endettement** (en milliards de F), **et,** entre parenthèses, **% du chiffre d'affaires :** *1982 :* 25,9 (26,94) ; *83 :* 35,5 (34,9) ; *84 :* 49,30 (46,11) ; *85 :* 61,97 (55,63) ; *86 :* 54,35 (44,43) ; *87 :* 46,38 (31,44) ; *88 :* 23,79 (14,73) ; *89 :* 17,59 (10,08) ; *90 :* 27,11 (16,57) ; *91 :* 15,53 (9,05) ; *92 :* 8,73 (4,74) ; *93 :* 7,85 (4,62) ; *94 :* – 1,46 (0) ; *95 :* 3,37 (1,83) ; *96 :* 9,39 (5,10) ; *97 :* 2,09 (1) ; *98 :* pas d'endettement ; *99 :* 15,62 (29,1) ; *2000 :* 29,36 (46,4).

■ **Production mondiale** (en millions de véhicules, particuliers et utilitaires) **dont,** entre parenthèses, **production France** (y compris *built-up* et CKD). *1981 :* 1,81 (1,11) ; *82 :* 2 (1,23) ; *83 :* 2 (1,23) ; *84 :* 1,74 (1,43) ; *85 :* 1,64 (1,35) ; *86 :* 1,75 (1,39) ; *87 :* 1,83 (1,61) ; *88 :* 1,85 (1,08) ; *89 :* 1,97 (1,18) ; *90 :* 1,78 (1,02) ; *91 :* 1,79 (0,99) ; *92 :* 2,04 (1,11) ; *93 :* 1,71 (0,89) ; *94 :* 1,85 (1,009) ; *95 :* 1,76 (1,004) ; *96 :* 1,74 (0,98) ; *97 :* 1,86 (1,12) ; *98 :* 2,13 (1,4) ; *99 :* 2,26 (1,4) ; *2000 :* 2,35 (1,4).

Part du marché en Europe et en France (en %) : *1985 :* 11,2 (30,1) ; *86 :* 11,5 (33,3) ; *87 :* 11,5 (32,2) ; *88 :* 11,2 (30,9) ; *89 :* 11,2 (31,1) ; *90 :* 10,7 (29,9) ; *91 :* 10,7 (29,1) ; *92 :* 11,3 (31,5) ; *93 :* 11,2 (32,5) ; *94 :* 11,4 (31,3) ; *95 :* 10,8 (30,5) ; *96 :* 10,4 (27,7) ; *97 :* 10,1 (28,2) ; *98 :* 11 (29,9) ; *99 :* 11,3 (28,9) ; *2000 :* 11 (29,1).

■ **Ventes hors de France (VP + VU)** (en millions de véhicules). *1985 :* 1,04 ; *86 :* 1,01 ; *87 :* 1,71 ; *88 :* 1,09 ; *89 :* 1,15 ; *90 :* 1,04 ; *91 :* 1,18 ; *92 :* 1,23 ; *93 :* 1,13 ; *94 :* 1,09 ; *95 :* 1,06 ; *96 :* 1,07 ; *97 :* 1,2 ; *98 :* 1,4 ; *99 :* 1,5 ; *2000 :* 1,5.

Ventes Renault Nissan (en millions, 2000) : 4,98 dont Europe 2,38, Amér. du Nord 0,97, Japon 0,73, Mercosur 0,13.

■ **Principaux modèles sortis.** **Renault.** **1910** *18 CV, 10 CV G5 :* avec direction à gauche. **1922** *6 CV :* 2 gagnants en 1923 à la Ferté-Bernard, la course au bidon de 5 l : 97,176 et 96,176 km parcourus. **1924** *6 CVNN.* **1927** *Monasix, Vivasix.* **1928** *Monastella, Vivastella.* **1929** *Reinastella :* 8 cylindres. **1930** *Nervastella :* K25, 4-5 places, 11 CV, 2 120 cm³, vit. max. 100 km/h. **1932** *Primastella, Reinasport, Juvaquatre :* conduite intérieure 6 CV, 4 places, 1 003 cm³, 7 l, au maximum 100 km/h ; *Monaquatre, Vivaquatre* (taxi G7). **1934** *Vivasport, Nervastella :* Grand Sport, *Celtaquatre :* 8 CV, coupé, 2-4 places, 1 463 cm³, 9 litres aux 100 km, au maximum 100 km/h. **1938** *Suprastella :* 8 cylindres. *Primaquatre :* 14 CV, 2 383 cm³, 14 litres aux 100 km, au maximum 125 km/h. **1939** *Primaquatre Sport.* **1946** *4 CV :* 4 cylindres, 21 ch., au maximum 105 km/h (1er prototype déc. 1942 ; 1re production en série 12-8-1947 ; arrêt juillet 1961). **1948** *Dauphine :* 5 CV 845 cm³, 630 kg, au maximum 116 km/h. **1949** *Frégate :* direction assistée (France, Allemagne). **1956** *Dauphine* 845 cm³. **1957** *Frégate :* transfluide. **1959** *Floride, Estafette.* **1960** *Ondine.* **1961** *R4 :* traction avant (4L) : 8 000 000 fabriquées (*1989 :* fabrication arrêtée en France ; continue en Slovénie). **1962** (10-6) *R8 :* 1re voiture française à freins à disques. *Caravelle.* **1963** *Caravelle 1100.* **1964** *R8 Major.* **1965** *R16* (avec hayon), R10. **1968** *R16 TS, R6.* **1969** *R16 TA, R12.* **1970** *R12 Break, R12 Gordini, R6 1100.* **1971** *R15, R17.* **1972** *R12 TS, R5.* **1973** *R16 TX, R12 TR, R12 TS Break.* **1974** *R5 LS.* **1975** *R30 TS, R5 TS, R4 Safari, R20.* **1976** *R5 Alpine, R5 GTL, R14.* **1977** *R20 TS.* **1978** *R4 GTL, R18, R30 TX.* **1979** *R18 Break, R20 diesel.* **1980** *Fuego, R5 Turbo, R18 Turbo.* **1981** *R9.* **1983** *R11.* **1984** *R25,* gamme *Espace,* gamme *Supercinq :* + de 9 000 000 de véhicules vendus (1996 : dernière série baptisée *Bye-Bye,* lancée à 12 000 ex.). **1986** *R21.* **1987** *R21 Nevada « Société », R25 TX :* 2 l injection, *R11 GT :* 90 ch., *nouvelle gamme R5.* **1988** *R19 :* coût 5,9 milliards de F. **1989** *R19 Chamade.* **1990** *Clio :* coût 6,5 milliards de F. **1991** *nouvelle Espace.* **1992** *Safrane :* coût 8 milliards de F. **1993** *Twingo :* nom trouvé par ordinateur (on avait prévu « Maya » mais le nom avait été déposé par les Japonais). **1994** *Laguna.* **1995** *Mégane :* investissement 13,8 milliards de F. **1996** *Mégane Scénic,* nouvelle *Safrane,* nouvel *Espace.* **1997** *Kangoo, Master.* **1998** *Clio II.* **1999** nouvelle *Mégane.* **2001** nouvelle *Laguna, Avantime.*

Prix des voitures neuves

☞ **Évolution du prix : Renault 5** (prix client TTC dont TVA en %) : *1972 :* 9 740 F (33,33 %) ; *75 :* 15 000 (33,33) ; *80 :* 25 600 (33,33) ; *85 :* 37 300 (33,33) ; *90 :* 47 000 (22) ; *94 :* 52 500 (18,60) ; *96 :* 56 400 (20,6). **Twingo :** *1993 :* 54 000 ; *94 :* 56 000 ; *95 :* 57 000 ; *96 et 97 :* 59 300 ; *98 :* 59 900 ; *99 :* 55 900 ; *2000 :* 58 400.

■ **Dans le monde.** **Prix de vente d'une automobile quatre portes catégorie moyenne** (en milliers de F TTC, 1997) : Singapour 369,6, Jakarta 228,4, Hong Kong 172,4, Nairobi 159,2, Londres 156, Rio 152,8, Manille 143,2, Tel Aviv 133,2, Francfort 129,2, Bangkok 126,8, Madrid 110,8, Buenos Aires 104, Los Angeles 104, *Paris 101,6,* Johannesburg 100, Panama 94,4, New York 89,2, Séoul 82,4, Tokyo 76,4, Sydney 74,8, Bombay 72,8, Mexico 53,6, Moscou 48,4, Varsovie 35,6.

■ **Prix clé en main** (en milliers de F, 2001) **des modèles et,** entre parenthèses, **CV/ch CEE.** **Alfa Roméo** *147 105 Progression 3 p* (7/105) 107,5, *166 2.5 V6 188 Pack* (14/188) 243,6. **Audi** *A2 1.4* (5/75) 115,4, *A8 Quat TDI 225 Pk Avus Tipt* (16/225) 590,9. **Bentley** *Arnage Green Label* (27/n.c.) 1 488. **BMW** *316 TI Compact* (7/116) 139,1, *Z8 Cab* (32/400) 832. **Cadillac** *Seville 4.6 V8 BA* (23/305) 440. **Chevrolet** *Alero 2.4 BA* (10/141) 145,9, *Corvette Cab 5.7* (26/345) 460. **Chrysler** *PT. Cruiser 2.0 Touring* (9/140) 137,2, *Gd Voyager 2.5 CRD Ltd* (9/141) 277,9. **Citroën** *Saxo 1.1 Bic 3 p* (4/60) 52,9, *XM 2.5 TD Exclusive* (8/129) 260. **Daewoo** *Matiz Pack Super S* (4/51) 46,9, *Leganza 2.0 CDX BA 4 p* (10/133) 148,9. **Daihatsu** *Move S 5 p* (4/56) 62,9, *Gran. Move X 5 p* (6/91) 94,9. **Ferrari** *360 Modena* (34/400) 800, *456 GTA* (40/442) 1 360. **Fiat** *Panda Young* (4/40) 39,5, *Ulysse 2.0 JTDEL* (7/109) 195. **Ford** *KA 1.3 One* (4/60) 56,9, *Galaxy TDI 115 Trand BA* (8/115) 198,5. **Honda** *Civic 1.4 I S 5 p* (6/90) 94,9, *S 2000 2.0* (16/240) 233. **Hyundai** *Atos 1.0 GL* (4/55) 51,9, *Trajet CRDI GLS* (7/112) 164,9. **Jaguar** *S-Type 3.0 V6 Pack* (17/243) 298,2, *XJR 4.0 V8 Suralimente* (28/375) 557,3. **Kia** *Sportage Cutback BA* (10/128) 109, *Carnival DTCI LS 7 p* (9/126) 168,6. **Lada** *110 4 p* (6/71) 49,4, *111 Brk GPL 4 p* (5/67) 66,4. **Lancia** *Y 1.2 Elefantino Blu* (4/60) 69,9, *Zeta JTD 5 pl* (7/109) 209. **Lexus** *IS 200* (10/155) 179,7, *LS 430 Pack BA* (20/283) 524,8. **Lotus** *Elise Cab* (7/120) 199,9. **Mazda** *121 DiTDLTX 5 p* (5/75) 76,9, *Xedos.9 2.5* (12/163) 247,9. **Mercedes** *A 140 Classic* (6/82) 109,9, *S 400 CDI* (17/250) 587,1. *MG MG 1.8 I* (7/120) 144,9, *MG 1.8 I VVCH.Top* (9/145) 168,2. **Mini** *Mini One Pack* (6/90) 99,7, *Mini Cooper CVT* (7/115) 120,7. **Mitsubichi** *Space Star 1.3 Basic* (6/82) 79,9, *Carisma DiD 115 Sport* (7/115) 135,9. **Nissan** *Micra 1.0 Confort 3 p* (4/60) 62,5, *Maxima 3.0 Seba* (14/200) 287. **Opel** *Agila 1.0 12v* (4/58) 49,9, *Omega Brk Executive 2.2 DTI* (7/110) 230,5. **Peugeot** *106 Color Line 1.1 4 CV 3 p* (4/60) 62,5, *607 Pack 3.0 V6 BA* (14/207) 282,5. **Porsche** *Boxter Roadster 2.7* (15/220) 288,2, *911 Turbo Tipt S* (34/420) 846,5. **Renault** *Twingo Authentique* (4/58) 58, *Espace Initiale V6 BA* (13/190) 274. **Rolls Royce** *Silver Seraph* (33/245) 1 628, *Park Ward* (33/245) 1 992. **Rover** *25 1.4 3 p* (6/84) 77,7, *75 2.5 Sterling BA* (13/177) 246,5. **SAAB** *9.3 Coupe 2.2 TiD 125* (7/125) 139,9, *9.3 Cab 2.0 Tbo Aero* (13/205) 318,2. **Seat** *Arosa 1.0 Select* (4/50) 53, *Alhambra TDI 115 Signo BA* (8/115) 210,9. **Skoda** *Fabia 1.4 68 ch Classic pk* (5/68) 69,8, *Octavia Brk 1.8 t L&K 1895* (9/150) 183. **Smart** *Smart & Pure 45 ch* (3/45) 54,9, *Smart Cab & Passion* (4/55) 84. **Subaru** *Justy 85 ch 3 p* (6/85) 75,9, *Legacy Brk H6 Outback BA* (14/210) 254,9. **Suzuki** *Alto 1.0 GL 3 p* (4/54) 39,9, *Ignis 4 × 4 1.3 GLX 5 p* (6/83) 89,9. **Toyota** *Yaris 1.0 Terra 3 p* (4/68) 63,9, *Previa VX D4-D 7 pl* (8/116) 209,9. **Volkswagen** *Lupo 1.4 Pack 3 p* (5/60) 63,9, *Caravelle Crt Cft TDI 150* (10/150) 277,3. **Volvo** *S40 1.6* (7/109) 119,7, *C70 T5 Optimum BA* (16/240) 306,1.

■ Voitures de luxe

■ **Ventes mondiales** (en 1997). 85 000 dont Jaguar (groupe Ford) 43 000, Porsche 32 380, Ferrari (Fiat) 3 581, Rolls-Royce et Bentley 1 918, Lotus (Proton, Malaisie) 830, Aston-Martin (Ford) 712, Maserati (Fiat) 700, Lamborghini (*1980 :* faillite, *1987 :* acheté par Lee Iaccoca à la famille suisse Mimram, *1994 :* revendu à Tommy Suharto, *1998 :* acheté par Volkswagen ; *CA :* 0,05 milliard de $) 230, De Tomaso 70.

■ **Nombre d'immatriculation en France** (en 1999). 54 059 dont **Luxe et très haut de gamme (H2) : berline : 2 226** dont *Jaguar S-Type* 710, *Mercedes E 320, 430 et AMG* 650, *BMW 535-540* et *M5* 368, *Audi A4 S4* 165, *Audi A6* 230 ch. et *V8* 124, *Volvo S80 T6* 106 ; **breaks : 482** dont *Audi A4 S4 Avant* 278, *Mercedes E320 et AMG* 105, *Audi A6 230* ch. et *V8 Avant* 75, *Volvo V70 RAWD* 16, *BMW Série 535* et *540 Touring* 8 ; **luxe : 3 329** dont *Mercedes S* 1 392, *BMW Série 7* 778, *Audi A8* 549, *Jaguar XJ, Sovereign* 414, *Chrysler 300 M 3.5* 92. **Haut de gamme (H1) : monospaces : 62 620** dont *Renault Espace* 29 991, *Peugeot 806* 7 866, *Citroën Évasion* 5 685, *Ford Galaxy* 4 649, *Chrysler Voyager* 3 969, *Volkswagen Sharan* 3 708, *Fiat Ulysse* 1 987, *Seat Alhambra* 1 818, *Opel Sintra* 1 574, *Mercedes V* 392 ; **berlines : 49 731** dont *Renault Safrane* 17 156, *Mercedes E200 à E300* 8 604, *BMW Série 520 à 528* 7 228, *Audi A6* 4 226, *Citroën XM* 2 679, *Peugeot* 605 2 231, *Volvo S80* 2 082, *Alfa Romeo 166* 1 619, *Opel Omega* 1 403, *Saab 9-5* 717 ; **breaks : 4 369** dont *Audi A6 Avant* 1 402, *Volvo V70* 966, *BMW Série 520 à 528 Touring* 608, *Mercedes E200 à 300* 587, *Opel Omega* 429. **Cabriolets : catégorie moyenne : 9 107** dont *Renault Mégane* 2 529, *Peugeot 306* 2 015, *Volkswagen Golf* 1 915, *Mazda MX-5* 881, *Fiat Punto* 774 ; **supérieure : 4 458** dont *Mercedes SLK* 1 389, *BMW Z3* 1 053, *Mercedes CLK 200/320* 519, *Saab 9-3* 339, *Porsche Boxster* 273 ; **luxe : 13 808** dont *Porsche 911* 111, *Jaguar XK8* 61, *Mercedes Roadster* 50, *Ferrari F355* 9, *Aston Martin DB7* 5. **Coupés : catégorie moyenne : 15 889** dont *Renault Mégane* 10 915, *Opel Tigra* 2 130, *Ford Puma* 2 111, *Hyundai Coupé* 692, *Mazda MX-3* 24 ; **supérieure : 20 914** dont *Peugeot 406 Coupé* 9 431, *BMW Série 3* 2 473, *Ford Cougar* 1 868, *Audi TT* 1 812, *Mercedes CLK 200/320* 1 579, *Saab 9-3* 1 002, *Fiat Coupé* 487, *Honda Accord*

455, *Toyota Celica* 394, *Honda Prelude* 335 ; **luxe : 37 596** dont *Porsche 911* 294, *Jaguar XK8* 142, *Mercedes CLK 430 et AMG* 94, *Maserati 3200 GT* 78, *Ferrari F360* 41, *Chevrolet Corvette* 32, *Ferrari F550* 26, *Mercedes CL* 20, *Ferrari F355* 19, *Ferrari 456* 17. **Tout-terrain : 4 × 4 économiques : 7 756** dont *Suzuki SJ* 2 860, *Suzuki Vitara* 1 546, *Suzuki Jimmy* 1 534, *Lada Niva* 1 076, *Kia Sportage* 334 ; **lourds : 23 218** dont *Toyota Land Cruiser 3.0 TD et V6* 5 106, *Opel Frontera* 4 531, *Mitsubishi Pajero* 3 298, *Nissan Patrol* 2 585, *Huyndai Galloper* 2 141 ; **loisirs : 17 389** dont *Land Rover Freelander* 5 054, *Toyota RAV 4* 3 730, *Honda CR-V* 3 427, *Suzuki Grand Vitara* 2 810, *Honda HR-V 4 × 4* 1 633 ; **luxe : 5 696** dont *Jeep Grand Cherokee* 1 628, *Mercedes ML* 1 536, *Toyota Land Cruiser SW 4.2 TD* 1 178, *Land Rover Range Rover* 1 122, *Chevrolet Blazer* 146.

■ **Voitures neuves.** Entre parenthèses : **CV/ch** (définition UE) **et prix** (en milliers de F, mars 2000) : **Audi** *A8 quattro 4,2 V 858 BV 5* (26/366) 580. **BMW** *750, ALV 12* (25/366) 681,5. **Chrysler** *Viper GTS coupé* (33/384) 599,9. **Ferrari** *360 Moderna* (34/400) 793 ; *550 Maranello* (45/485) 1 240 ; *456 GT* (40/442) 1 305. **Jaguar** *Daimler V8* (20/294) 546,8. [Suralimentée (29/375)] 699. **Mercedes** *SL 600 Roadster* (32/394) 805. **Porsche** *911 Car Cab* (22/360) 558,3 ; *turbo [996]* (33) 818,5. **Rolls Royce** *Silver Seraph* (33/245) 1 627,69. **Bentley** *Arnage Red Label* (35) 1 428 ; *Green Label* (29) 1 468) ; *Continental R* (35) 1 902 ; *T* (35) 2 145 ; *SC* (34) 2 339. **Lamborghini** *Diabolo 60* 1 385. **Maserati** *3200 GT* (30) 532.

Voitures de collection. Prix récents (en milliers de F) : **Alfa Romeo** *2500 SS 6 C* 300 (en 1996), **1933 :** *8C-2300 Corso Spyder* 10 575 (en 1995), **1939 :** *type BP3* (sur laquelle Nuvolari a gagné le grand prix d'Allemagne en 1935) : 21 080 (28-4-1989), **1935 :** *8C-35GP* 7 685 (en 1995). **Aston-Martin 1954 :** *DB2/4-Spyder Bertone* 1 600 (en 1996). **Bentley 1931 :** *4,5 Supercharged* 4 200 (en 1995), **1938 :** *8L-Saloon* 1 665 (en 1996). **Bugatti 1926 :** *type 35 A* 1 120 (en 1995), **1928 :** *type 43* 1 760 (en 1996), **1939 :** *57 Aravis* 5 538 (6-5-2000). **DBRR** (conduite par Stirling Moss en 1959) **1957 :** 23 310 (21-4-1989). **Delage 1500 1930 :** 7 000 (23-2-1994), *1500 cm³* **1927 :** 7 740 (en 1995). **Delahaye 1937 :** *type 1355/1755* 2 607 (en 1989), *135 course* **1935 :** 1 650 (9-12-1996). *1 500 cm³* **1927** 7 750 (en 1997). **Duesenberg** *modèle J* **1932 :** 9 027 (en 1990). **Ferrari** *250 MM* **1953 :** 23 800 (en 1989), **1958 :** *250 GT Cabriolet* 1 400 (en 1996), **1948 :** *166 MM* 7 637 (en 1996), **1971 :** *512 M* 10 100 (en 1996), **1962 :** *250 GTO* 21 160 (en 1996), **1958 :** *250 GT-California* 2 600 (en 1996), **1963 :** *id. Spyder* 7 975 (6-5-2000), **1952 :** *225 S* 7 420 (en 1997), **1950 :** *166F2/50* 3 100 (en 1997), *288 GTO* **1985 :** 1 310 (en 1996), *F4* **1990 :** 1 120 (en 1996), *F 225 Sport* **1952** 6 700 (en 1997), *F50* (1997) 2 300 (en 1999). **Hispano-Suiza 1922 :** *H6* Boulogne 2 400 (en 1996). **Jaguar** *Type D* **1956** 1 014 500 $ (en 1997). **Maserati** *Tipo Ami 103 5000 GT* **1959 :** (ayant appartenu au châh d'Iran) 1 175 (en 1995), **1960-61 :** *Birdcage* 4 100 (en 1996), **1948 :** *4CLT/48* 2 550 (en 1997), *CLT/48* **1949** 2 300 (en 1997), *6 CM* **1937** 2 200 (en 1997). **Matra 1968 :** *FI MSIO* 1940 (13-12-1999), **1970 :** *MS670* 5 000 (en 1996), *670 B* 4 500 (en 1997). **Mercedes Benz 1938 :** *540 K cabriolet A* 6 092 (6-5-2000), **1960 :** *300 SL roadster* 11 000 (le 13-12-1999). **Porsche** *959* 1 200 (en 1997), *908/3* **1971** 4 000 (en 1998). **Rolls-Royce 1934 : Phantom V** de John Lennon 16 000 (en 1989), *New Phantom Cabriolet Brewster* **1926** (prêtée par la Paramount à Jean Harlow) : 680 (en 1996), *Phantom II* **1933** 2 300 (en 1997). **Talbot 1950 :** *T26GS* 3 800 (en 1996), *Lago* **1952** 3 381 (en 1996).

Musées de l'automobile

Allemagne : 39 musées. **Andorre :** 1. **Autriche :** 14. **Belgique** 4 (dont *Bruxelles* : musée créé par Ghislain Mahy, 400 voit. construites de 1886 à 1970). **Croatie :** 1. **Danemark :** 5. **Espagne :** 1 (*Sils, Gerona,* 125 véh.). **Finlande :** 4. **France : Aisne :** *Nogent-l'Artaud.* **Aube :** *Les Riceys ; Viapres-le-Petit.* **Aude :** *Narbonne.* **Alpes-Maritimes :** *Mougins* 100 voit, musée de l'Automobiliste. **Calvados :** *Pont-l'Évêque* 100 véh. **Cher :** *Meillant ; Menetou-Salon.* **Côte-d'Or :** *Savigny-lès-Beaune.* **Creuse :** *Aubusson*, collection Ferrari. **Doubs :** *Montbéliard ; Sochaux*, musée de l'Aventure Peugeot. **Eure-et-Loir :** *Dreux.* **Gard :** *Moulin-de-Chalier,* voit. et équipements agr. **Gironde :** *La Réole.* **Haut-Rhin :** *Mulhouse* [collection rassemblée dans les années 1960-70 par les frères Hans (1904/1-1-1989) et Fritz Schlumpf (1906/18-4-1992) pour laquelle ils auraient détourné environ 42 millions de F par abus de biens sociaux de leur affaire textile, condamnés en cour d'appel 14-3-1979 (affaire reprise en mars 1977 par le personnel et cédée 44 millions de F en 1981 par le syndic de liquidation à une association regroupant plusieurs collectivités)]. La plus grande collection d'Europe (1978 : classée monument historique), 462 véh. dont la Bugatti 41 Royale coupé Napoléon (de 1930) et 30 voitures uniques au monde, 102 marques exposées le long de 2 km d'avenues. **Ille-et-Vilaine :** *Lohéac* le manoir de l'Automobile, 400 véh. **Indre :** *Valençay.* **Indre-et-Loire :** *Azay-le-Rideau ; Langeais*, musée Cadillac. **Loir-et-Cher :** *Romorantin* Matra. **Marne :** *Reims.* **Meurthe-et-Moselle :** *Lunéville ; Velaine-en-Haye.* **Oise :** *Compiègne.* **Rochetaillée-sur-Saône :** *Lyon,* 100 voit. **Rhône :** *Lyon,* fondation Marius-Berliet ; *Rochetaillée-sur-Saône.* **Saône-et-Loire :** *Chauffailles ; La Clayette.* **Sarthe :** *Le Mans* (dans l'enceinte des 24 h du Mans). **Vendée :** *La Roche-sur-Yon* Simca ; *Talmont-St-Hilaire,* 150 voit. **Vienne :** *Châtellerault :* musée de la Manufacture. **Yonne :** *Ancy-le-Franc ; Sauvigny-le-Bois* (château de Montjalin), musée de voitures de chefs d'État. **Yvelines :** *Poissy.* **G.-B. :** 72 dont le musée de lord Montagu, à Beaulieu (30 km au sud-ouest de Londres)]. **Hongrie :** 1 (*Budapest).* **Irlande :** 1 (*Killarney).* **Italie :** 26. **Lettonie :** 1 (*Riga,* 68 voit.). **Luxembourg :** 2. **Monaco :** 1 (*terrasse de Fontvieille,* 103 voit.). **Norvège :** 4. **Pays-Bas :** 6 (dont *Al Raamsdonksveer,* 212 voit.). **Portugal :** 2. **République tchèque :** 4. **Russie :** 3 (dont *Moscou* 2, *Novgorod* 1). **Saint-Marin :** 2. **Slovénie :** 1 (*Borovinca*). **Suède :** 20. **Suisse :** 10 (dont *Binnigen,* collection Monteverdi, 4 000 m², 130 voit. ; *Chiasso,* collection Augustini).

☞ **Association des musées automobiles de France,** 6, place de la Concorde, 75008 Paris.

■ **Fédération française des véhicules d'époque.** 17, rue Adolphe-Leray, 35000 Rennes. *Associations et clubs reconnus :* plus de 300 [regroupant près de 40 000 adhérents, 170 000 véhicules de 1900 à 1960 (dont 50 % en état de marche recensés)].

Deux-roues

Dans le monde

■ **Quelques dates : 1868-***26-12* brevet du vélocipède à vapeur de Louis-Guillaume Perreaux (Almenèches, Orne 19-2-1816/5-4-1889), 1 exemplaire connu de 1869 ou 1870 (?). **1869** engin à vapeur de Sylvester Roper (USA). **1885** Einspur – Machine cadre en bois de Gotlied Daimler (1834-1900), construit par Wilhelm Maybach (1846-1929). Cylindre 264 cc, 4 temps, 700 tours/minute. Vit. max. 19 km/h. **1889** *1re femme à conduire un motocycle :* Mrs Edward Butler. **1894-96** 1 000 (2 cylindres 4 temps) bicyclettes à moteurs, produites en Allemagne à Munich par Heinrich et Wilhelm, Hildebrand et Aloïs Wolfmuller. **1896** motocyclette Wermer 27 kg, 30 km/h. **1897** 1er scooter de Walter Lines (G.-B., 15 ans). *-29-11* Richmond (G.-B.), 1re course réservée aux motos, longueur 1 mile. **1898** suspension arrière pour vélocipèdes. *-20-4* Longchamp (Fr.), 1re course de vitesse sur circuit (gagnée par Charron sur une Girardot à 44,8 km/h). **1899-***juillet* 1er Étampes-Chartres-Étampes sur route, réservé aux deux-roues à moteur ; remporté par la moto Pernoo (43,5 kg) à 38 km/h. **1900** scooter électrique de Clerc et Pingault. **1902** *autofauteuil* (1er nom du scooter en Fr.) de Georges Gauthier : moto avec tablier de protection, petites roues et cadre ouvert. **1903-***déc.* fourche *Truffault,* 1re suspension avant commercialisée. **1904** fourche télescopique Terrot brevetée. *Stimula,* 1re suspension arrière pour motos. **1910** side-car. **1913** démarreur électrique *Dynastart* pour la Hendee. **1915** 1er scooter de l'Auto-Peel Co (New York). **1916** side-car à 4 roues : brevet de Fernand Hautsgen (F2, 1876-1935). **1920** Québec, motoneige de J. Adalbert Landry. **1935** 1re fourche télescopique à amortissement hydraulique (BMW). **1947** Lambretta dessinée par Ferdinando Innocenti. **1949** Vespa. **1967** 1er tricycle à moteur de John Plessinger. **1969** *Tri Cart* de Sperry Rand ; **1973** commercialisé (ATC) par Honda. **1995-96** scooter électrique Peugeot, 3 batteries Saft cadmium/nickel [39 kg ; charge en 5 h (en 2 h à 95 % ; coût : 3 cent./km)], moteur à courant continu, vitesse de pointe 45 km/h. 1er vélo avec système électrique d'aide au pédalage. **1997** vélo solaire (cellules voltaïques alimentant une batterie de 12 V).

■ **Immatriculations en Europe des > 51 cm³** (en 2000). Allemagne 252,616 ; Autriche 23 775 ; Belgique 25 319 ; Espagne 68 854 ; *France 179 552 ;* G.-B. 93 841 ; Italie 519 590 ; P.-Bas 19 626 ; Suède 18. **Par marque dans ces pays** (en %) : Honda 17,3 ; Yamaha 17,1 ; Suzuki 12,8 ; Piaggio 11,3 ; Aprilia 7 ; Kawasaki 5 ; BMW 4,7 ; Kymco 3,2 ; MBK 2,7.

En France

■ **Formalités. Assurance :** *pour cyclomoteurs, motos légères et motos : assurance obligatoire ;* l'assurance à responsabilité civile (aux tiers) ne joue que si le conducteur a bien l'âge et le permis requis, la garantie spéciale de la responsabilité du conducteur vis-à-vis de son passager est obligatoire, s'il en transporte un. **Assurance** à responsabilité civile : *pour voiturettes et tricycles, quadricycles.* **Casque :** si l'on circule sans casque (si port obligatoire), les indemnités sont minorées si l'absence de casque aggrave les blessures. **Circulation :** conducteurs de cyclomoteurs et de motocyclettes ne doivent jamais rouler de front ; les cyclistes peuvent rouler (au plus) à 2 de front, mais doivent se mettre en file simple dès la tombée du jour et si les conditions de la circulation l'exigent. **Immatriculation :** pour tous, sauf cyclomoteurs, scooters 50 cc. **Permis** (voir p. 1924 c). **Signalisation :** *cyclomoteurs :* projecteur avant, portée 25 m, et feu rouge arrière. *Cycles :* lanterne unique à l'avant, feu rouge arrière. Un dispositif réfléchissant rouge (ou plusieurs) valable pour cycles et cyclomoteurs. Pédales avec dispositifs réfléchissants orangés. Les motocyclettes (+ de 125 cm³) doivent, de jour, circuler les feux de croisement allumés sous peine d'amende de 150 à 300 F. *Plaque d'identité :* fixe avec nom et adresse du propriétaire obligatoire pour bicyclettes et cyclomoteurs (sous peine d'amende de 20 à 150 F pour les premiers, 300 à 600 pour les seconds). **Transport de passagers :** pas de limite d'âge, sauf pour cyclomoteurs (pas + de 14 ans). **Vignette moto :** instituée à l'automne 1979 pour les + de 750 cm³, supprimée fin 1981. **Consommation :** cyclomoteur de 50 cm³ : 10 à 15 g d'essence au km (voiture 60 à 80).

■ **Statistiques. Chiffre d'affaires** (en millions de F, hors taxes). **Total** dont **exportations :** *1971 :* 592 (188) ; *80 :* 1 206 (405) ; *85 :* 1 006 (381) ; *90 :* 1 661 (773) ; *91 :* 1 680 (808) ; *95 :* 2 375 (1 356) ; *96 :* 2 285 (1 361) ; *2000 :* 3 525 (2 249). **Balance commerciale. Exportations et,** entre parenthèses, **importations** (en millions de F) : *1975 :* 304 (321) ; *80 :* 335 (887) ; *85 :* 361 (977,4) ; *90 :* 1 019,6 (2 274,9) ; *91 :* 1 090,6 (2 763,5) dont – de 50 cc 664 (238), + de 50 cc 315,3 (2 450,8).

Effectifs salariés. *1985 :* 3 129 ; *87 :* 1 825 ; *96 :* 2 315.

■ **Immatriculations de motos, cyclomoteurs et scooters neufs. Total** (dont, entre parenthèses, marques étrangères) : *1987 :* 91 000 (89 000) ; *90 :* 123 000 (116 000) ; *95 :* 84 700 (80 000) ; *96 :* 116 000 (112 600) ; *97 :* 148 000 (n.c.) ; *98 :* 172 336 ; *99 :* 193 817 (dont 73 000 de 125 cm³) ; *2000 :* 180 536. **Selon puissance administrative :** *total* 192 744 dont MTL 86 947, MTT1 8 331, – de *6 CV* 8 575, MTT2 *6 CV* 29 260, *7 CV* 18 510, *8/9 CV* 21 237, *+ de 9 CV* 19 884.

Ventes de motos en France (en 2000). Yamaha 48 674, Honda 34 130, Suzuki 30 282, Kawasaki 12 512, Piaggio 7 779, Aprilia 5 823, BMW 5 178, Peugeot 4 312, MBK 3 839, Daelim 3 443, Ducati 3 406, Harley 2 772, Kymco 2 766, Triumph 2 155.

Par modèle (en 2000) : *Yamaha FZS 600 Fazer* 6 589, *Honda VT 125 c* 5 360, *Suzuki GSF 600 Bandit S* 3 339, *Kawasaki ZR 7* 2 296, *Peugeot Elyseo 125* 2 021, *Daelim Daystar 125* 1 944, *Aprilia Scarabéo 125* 1 695.

Parc des cycles (de + de 50 cm³) [au 1-1, en milliers]. *1990 :* 680 ; *95 :* 727 ; *98 :* 839 ; *99 :* 912 dont *50 à 125 cm³* 414,8, *125 à 175 cm³* 572,2, *175 à 500 cm³* 110,8, *500 à 625 cm³* 142,7, *+ de 750 cm³* 197,4. **Par marque** (en %, au 1-1-2000) : Yamaha 27, Honda 25,2, Suzuki 15,3, Kawasaki 8,7.

Nombre de motards. 900 000.

Parc estimé (en milliers). **Ancienne série :** *motocycles (hors scooter) : 1980 :* + de 50 cm³ 620 / cyclomoteurs 5 180 ; *85 :* 821 / 3 350 ; *90 :* 766 / 2 300 ; *95 :* 811 / 1 755 ; *scooters : 1980 :* + de 50 cm³ 0 / – de 50 cm³ 5 ; *85 :* 20 / 27 ; *90 :* 47 / 141 ; *95 :* 82 / 455. **Nouvelle série :** *cyclomoteurs (– de 50 cm³) : 1990 :* cyclomoteurs traditionnels 2 035 / scooters 151 / cyclomoteurs à boîte mécanique ; *95 :* 1 121 / 441 / – ; *98 :* 819 / 605 / 58 ; *99 :* 741 / 640 / 80 ; *motocycles (+ de 50 cm³) : 1990 :* de 50 à 125 cm³ 354 / + de 125 cm³ 393 ; *95 :* 266 / 461 ; *98 :* 325 / 514 ; *99 :* 364 / 548. **Fin 2000 :** *cyclomoteurs* (– de 50 cm³) : 1 252 ; *motocyclettes* (– 125 cm³) : 460,4 ; *scooters* (– de 50 cm³) 732 (+ de 50 cm³) 166.

■ **Livraisons dont,** entre parenthèses, **à l'exportation. Cyclomoteurs :** *1993 :* 167 194 (70 921) ; *94 :* 140 619 (57 982) ; *95 :* 154 324 (64 265) ; *96 :* 139 036 (68 169) ; *97 :* 108 843 (71 269) ; *2000 :* 85 922 dont Peugeot 34 696, MBK 19 709. **Scooters de 50 cm³ :** *1996 :* 186 675 (122 427) ; *97 :* 201 338 (141 530) ; *2000 :* 194 017 dont Peugeot 60 642, MBK 53 045, Piaggio 21 191, Yamaha 16 844, Derbi 13 361, Aprilia 9 901, Suzuki 4 382, Malaguti 2 314, Benelli 2 239, Beta 1 536, Honda 1 340, Hyosung 1 338, Kymco 1 272.

■ **Prix des motos neuves** (en F, 2001). *Honda* CBR 1100 XX Superblackbird : 87 290 ; FX 650 : 33 990. *Kawasaki* ZRX 1200 S : 63 995 ; 500 KLE : 38 995. *Suzuki* GSX-R 1000 : 85 490 ; DR 650 E : 36 990. *Yamaha* FZS 1000 Fazer : 71 990 ; XJ 600 N Diversion : 36 990. *Harley Davidson* 1450 Ultra Classic : 159 900. *Triumph* 600 TT : 54 990 ; Trophy 1200 : 77 990. *BMW* R 1150 RT : 99 900 ; R 1150 R : 72 900.

☞ *Harley Davidson :* de 48 400 F (883 Sportster) à 162 300 F (ElectraGlide Ultra Classic). *Motos 125 cm³ :* de 17 000 à 35 000 F.

■ **Durée moyenne de vie.** Bicyclette 9 ans, cyclomoteur 8 ans, motocyclette 5 ans.

Cycles

■ **Dans le monde. Production** (en millions, 1996) : Chine 41,5 [1], Inde 10,5 [1], Taïwan 9,2 [1], USA 7,7 [1], Japon 6,7 [1], Italie 3,9, Allemagne 2,9, Indonésie 2,8 [1], *France 1,3 (1,9*

Vélo Solex. Origine : *1906-oct.* Maurice Goudard et Marcel Mennesson lancent leur 1er brevet : radiateur centrifuge qui équipe les omnibus de Paris. *1910* rachètent à Jouffret et Renée leurs brevets de carburateur. Création de la marque Solex. *1930* starter. *1946* Vélo Solex commercialisé (49 cm³, 30 km/h). *1976* rachetée par Motobécane (lui-même repris 1983 par Yamaha). *1988* nov. fabrication arrêtée (5 millions d'ex. produits jusqu'en 1985). *1993* relancée en Hongrie. *1995* rachetée par Impex (Sté française). **Ventes :** *1946 :* 220 000 ; *56 :* 202 687 ; *61 :* 198 000 ; *64 :* 380 000 ; *68 :* 286 000 ; *78 :* 1 000 ; *80 :* 7 100 ; *82 :* 4 000 ; *87 :* 2 700 (en tout 7 millions vendus dans 75 pays en 42 ans). **Prix** (en F) : *1946 :* 30 600 AF (soit 9 455 F de 1988) ; *55 :* (2 815) ; *64 :* (2 028) ; *68 :* (1 727) ; *78 :* (2 267) ; *88 :* 2 995 ; *97 :* 3 990.

Mobylette. 1re sortie chez Motobécane en 1949 : réalisée en 5 h, dite « Mob », vendue à 15 millions d'exemplaires.

L'Hirondelle. Bicyclette fabriquée par Manufrance, utilisée jusque dans les années 1950 par les gardiens de la paix cyclistes, leur donna son nom.

☞ **La rustine** fut inventée par M. Rustin.

Budget routier de l'État

■ **Financement des routes** (en milliards de F). État 20 (fonctionnement 10, investissement 10), collectivités locales 80 (35/45), Stés autoroutes 20 (8/12). *Total* 120 (53/67). La Cour des comptes s'est étonnée des erreurs de prévisions de trafic, que les poids lourds qui provoquent des dégâts (50 milliards de F/an) ne couvrent que 52 % des dépenses qu'ils engendrent, que les dépassements de devis atteignent fréquemment 30 à 50 %. En 1980, les collectivités locales finançaient 12,7 % du réseau, 10 ans plus tard 297. La loi de 1955 prévoyait que le principe de la concession à des Stés d'autoroutes devait être exceptionnel et temporaire. Une fois l'ouvrage amorti, le péage serait supprimé. Or l'État, ne voulant pas assurer l'entretien des autoroutes anciennes ni en financer de nouvelles, a continué d'octroyer de nouvelles concessions en prorogeant les anciennes pour assurer l'équilibre financier global du réseau.

Depuis 1974, les conditions économiques (emprunts plus onéreux, coûts de construction, ralentissement de la croissance du trafic) ont contraint l'État à intervenir pour assurer l'équilibre financier de certaines Stés. Une nouvelle politique autoroutière a été définie le 17-9-1981 : maîtrise publique des Stés d'autoroutes en difficulté ; harmonisation progressive des péages (modulés pour tenir compte notamment du coût des ouvrages exceptionnels), accompagnée d'une péréquation de trésorerie entre les Stés d'économie mixte par l'intermédiaire de l'établissement public Autoroutes de France. Depuis 1998, l'État ne peut plus proroger les anciennes concessions pour en attribuer de nouvelles (application des directives de l'Union européenne). Nouvelles règles comptables et fiscales instituées courant 2000 : depuis oct., les Stés d'autoroutes récupèrent la TVA sur leurs investissements ; en contrepartie, les péages sont assujettis à la TVA au taux plein à compter du 1er janvier 2001.

■ **Recettes. Fiscalité spécifique** (en milliards de F, 1999). Fiscalité routière : 227, cartes grises 9,2 ; vignettes 13,4 ; taxes sur voitures de Stés 3,6, à l'essieu 0,8 ; subvention des assurances à la Sécurité sociale 5,7 ; taxes sur l'assurance automobile 15,6 ; taxes sur produits pétroliers : TIPP (taxe intérieure sur produits pétroliers) plus la part de la TVA assise sur ces taxes pour voitures particulières et totalité de la TVA non déductible pour utilitaires : 175. **Péage** (en milliards de F) : *1989* : 14,73 ; *90* : 16,5 ; *91* : 18 ; *92* : 19,4 ; *93* : 21 ; *94* : 22,7 ; *95* : 24 ; *97* : 28 ; *98* : 30,6 ; *99* : 32 ; *2000* : 34. Le produit est consacré à la réalisation, l'amélioration et l'entretien du réseau, au remboursement des emprunts et à diverses taxes (taxe d'aménagement du territoire, etc.).

■ **Dépenses routières** (en milliards de F, 1999). **De l'État pour routes nationales et autoroutes non-concédées : 19. Des collectivités locales : 78.**

■ **Bilan** (en milliards de F). **Recettes spécifiques des administrations** (fiscalité routière) : *1985* : 159,5 ; *90* : 183 ; *95* : 210 ; *96* : 215 ; *97* : 215 ; *98* : 222 ; *99* : 227.

■ **Budget annuel d'un automobiliste** (en 2000, base Renault Clio 121 RTE 4 CV). **En francs :** 39 551 dont 11 742 de taxes (29,7 %). **En % :** acquisition 35,3 (achat 28,4, frais financiers 6,9), garage 19,7, carburant 19,2, entretien, pneus, lubrifiants 15,7, assurance 7,4, péage 2,7. *Source :* FFAC.

■ **Primes. Balladur : « Balladurette » :** *lancée* février 1994. *Montant :* 5 000 F pour tout achat d'une voiture neuve en échange d'un véhicule de plus de 10 ans. *Bilan 1994 :* immatriculations de voitures particulières neuves en hausse de 250 000 véhicules (+ 14,6 %). **Coût pour l'État** (en milliards de F) : montant des primes : *1994* : 2,2 ; *95* : 1,5 ; rentrées de TVA supplémentaires : *1994* : 2,2 ; *95* : 1,75 ; coût net : *1994* : 0 ; *95* : – 0,25.

Juppé : « Juppette » : *lancée* 1-10-1995. *Montant :* 5 000 F pour petites cylindrées, 7 000 F pour catégorie supérieure, accordées à toute personne achetant un véhicule neuf entre le 1-10-1995 et le 30-9-1996 et qui retirera simultanément de la circulation un véhicule d'au moins 8 ans (40 % du parc roulant). *Prévoit* une exonération de taxation des plus-values lors de la cession de parts de Sicav ou de fonds commun de placement dans la limite de 100 000 F pour l'achat d'un véhicule neuf.

■ **Automobilistes** (en %, 2000 et, entre parenthèses, 1982). **Part des différents moyens de locomotion :** voiture 64 (74), transports en commun 9 (13) [région parisienne : bus, métro, RER : 30], deux-roues 4 (13). **Recours à la voiture :** *en centre-ville* : 19 (15) ; *le week-end* : 84 (76). **Trajet moyen :** 9 km (7). **Vitesse moyenne :** 35 km/h (30). **Équipement des ménages :** *Paris* : 4 voitures pour 10 adultes ; *autres agglomérations* : 5 pour 10 ; *périphérie de zones urbaines* : 6 pour 10.

Dépenses routières (investissements, frais d'entretien et de fonctionnement des services gérant réseaux et police de la route) : *1985* : 63 ; *90* : 89 ; *95* : 95 ; *97* : 98 ; *98* : 101 ; *99* : 97.

■ **Assurance automobiles** (en milliards de F, 1999). *Cotisations :* 92,7. *Indemnités* (est.) : 73. *Prestations payées sinistres matériels :* 56 (1998 : 55). *Indemnités allouées aux victimes :* 25. *Coût des vols :* 6 ; *des bris de glaces :* 4.

■ **Taux des taxes sur l'assurance obligatoire** (en % des cotisations versées au 1-1-2000). 33,1 % [dont taxe d'assurance 18, contribution destinée à la Sécurité sociale 15, au fonds de garantie automobile 0,1.

■ **Coût global de l'insécurité routière** (en milliards de F, 2000). 186,6 dont accidents corporels 104,6, matériels 82 (en 1999).

Dépenses en transports routiers

■ **Dépenses** (en milliards de F, 1995). **193,2** dont *coûts directs :* investissements (hors autoroutes concédées) 46 ; *coûts indirects* dont pollution 85 ; accidents 45 ; bruit 10 ; perte de temps des usagers 6,8 ; police de circulation 3,5 ; surcoût d'exploitation des bus 1,9. **Recettes** (hors péages d'autoroutes) **: 210** dont taxe intérieure sur les produits pétroliers 161 ; vignette 15,1 ; certificats d'immatriculation 7,4 ; taxe sur les contrats d'assurance 15,5 ; sur les voitures de sociétés 2,7 ; à l'essieu 0,5 ; sur la Sécurité sociale 5,4 ; autres 0,5.

■ **Coût d'un déplacement de 5 km.** *Dans une agglomération de plus de 1 million d'hab. :* voiture particulière : 32,13 F à 41,22 F (dont 85 à 90 % payés par l'usager) ; métro : 27,45 F à 31,05 F. *En grande banlieue :* voiture particulière 4,54 F, tramway 2,57, bus 2,40, métro en zone rurale type Météor 1,32.

■ **Coût des nuisances dues à l'automobile.** *Pollution* (valeur moy. par véhicule léger pour 100 km) : en ville 10 F (en 1990), en zone rurale 6,40 F ; *effet de serre :* 2,9 F (en 1990) pour 100 km ; *insécurité routière :* pour sauver une vie humaine, l'État dépense en moyenne 4 millions de F. *Total* des nuisances : environ 20 F pour 100 km.

Consommation

■ **Consommation totale des ménages** (en milliards de F, 1999). **Véhicules particuliers :** 640 dont achats véhicules TTC 205 (automobiles 184, caravanes, motocycles 21) ; dépenses d'utilisation 435 dont pneus, accessoires, frais de réparation 216, carburants et lubrifiants 160, péages, parking, auto-écoles 41, assurances 18. **Transports collectifs :** 109. **Total par ménage motorisé** (en 2000) : 35 265 F.

■ **Coût des transports individuels et collectifs dans le budget des ménages** (en % du revenu disponible, *source :* Insee). *1960* : 11 ; *70* : 12,7 ; *80* : 15,1 ; *90* : 15,4 ; *94* : 14,6 ; *97* : 14,3 ; *98* : 14,8 ; *99* : 15,3.

Industrie automobile

■ **Chiffre d'affaires** (en milliards de F). *2000* : 611 dont 3,9 % d'investissements. **Solde commercial** (en milliards de F). *1986* : 2,3 ; *87* : 21,02 ; *88* : 22,93 ; *89* : 19,17 ; *90* : 26,12 ; *91* : 33,88 ; *92* : 33,6 (exportations 163,54, importations 129,91) ; *93* : 32,36 (export. 143,04, import. 110,68) ; *94* : 36,4 (export. 164,3 ; import. 127,9) ; *95* : 29,9 (export. 174 ; import. 144,1) ; *97* : 22,4 (export. 188,8 ; import. 166,2) ; *2000* : 65,6 (export. 286,3 ; import. 220,6).

■ **Effectifs** (en milliers de pers., 2000). **Emplois induits par l'automobile. Production :** 796 dont métallurgie biens d'équipement 213, construction 187, services et produits (verre, textile, peinture) 169, équipement, accessoires 113, pneumatiques, caoutchouc, matières plastiques 93, carrosseries neuves remorques-caravanes 21. **Transports, activités annexes :** 1 201 dont transport routier marchandises et voyageurs, services annexes 1 083, construction, entretien en route 90, police, santé, enseignement (services non marchands) 28. **Usage de l'auto, réparation, entretien :** 587 dont distribution, réparations, entretien, stations-service, contrôle technique 401, assurances, experts, crédit 96, production, approvisionnement carburants 54, auto-écoles, permis 23, sport, presse, édition, divers 13. **Total :** 2 584.

■ **Part consommée par l'industrie auto** (en %, 1999). Fonderie, travail des métaux 11,1, matériel électrique et électron. 4,7, recherche 3,7, caoutchouc 3,5, publicité 3,4, matière plastique 2,3, biens d'équipement 2,2, chimie et parachimie 1,4, textile, cuir et peaux 1,4, services des organismes financiers 1,2, verre 1, électricité, gaz et eau 0,6, produits pétroliers 0,4, transports 0,2, divers 0,4.

☞ Une voiture moyenne de 850 kg contient (en kg) : acier 530, fonte 145, caoutchouc 59, aluminium 30, verre 24, cuivre 4, plomb 4.

en 2000), G.-B. 1,2, Corée du Sud 1,2 [1], Mexique 1,2 [1], Thaïlande 1,1 [1], Malaisie 0,8 [1], Pays-Bas 0,7 [1], Espagne 0,4, Autriche 0,1.

Nota. – (1) En 1994.

■ **En France. Exportations et,** entre parenthèses, **importations :** *1987* : 0,45 (0,35) ; *88* : 0,47 (0,48) ; *89* : 0,52 (0,64) ; *90* : 0,66 (1,08) ; *95* : 0,48 (0,99) ; *97* : n.c. (0,81) ; *2000* : n.c. (0,84). **Production** (en milliers) : *1945* : 500 ; *49* : 1 300 ; *57* : 695 ; *68* : 1 130 ; *74* : 2 463 ; *85* : 1 673 ; *90* : 1 536 ; *92* : 1 035 ; *93* : 943 ; *95* : 1 421 ; *98* : 1 126 ; *2000* : 1 910. **Ventes en France dont,** entre parenthèses, **importées** (en milliers) : *1971* : 1 222,9 (189,7) ; *76* : 2 155,3 (586,9) ; *80* : 2 653,3 (508) ; *85* : 2 047,5 (890,4) ; *90* : 2 898 (1 855) ; *95* : 2 870 (1 830) ; *99* : 2 584 (1 250) ; *2000* : 2 690 (1 110).

Bicyclettes. Importations (en milliers, 2000) : 1 301 (dont 120 réexportées) d'Italie 437 ; Thaïlande 316 ; Taïwan 177 ; Espagne 108 ; P.-Bas 49 ; Portugal 41 ; Chine 39.

Parc (en millions). *1980* : 17 ; *88* : 19 ; *89* : 22 ; *90* : 20 ; *99* : 20.

■ **Prix moyen unitaire** (en F). *1853* : de 300 (la Vabontrain) à 800 F/or ; *1978* : 456,77 ; *88* : 915,64 ; *2000* : 645,48 (importées).

Camping-cars, caravanes

■ **Camping-cars. Immatriculations** (en 2000) : USA 62 000 (en 1990), All. 18 345, *France 12 291,* Italie 9 400, G.-B. 4 798, Belgique 1 413, Finlande 995, Suisse 930, Pays-Bas 750, Autriche 665, Espagne 625, Norvège 456, Portugal 360, Danemark 228. **Parc européen** (en 1998) : 500 000. **En France : Parc** (en 1998) : 185 000. **Importations/Exportations** (en 1996) : 303 (451 millions de F)/1 199 (175 millions de F). **Principaux constructeurs :** Pilote, Challenger, Chausson, Rapido. Autostar.

■ **Caravanes. Immatriculations** (en 2000) : Allemagne 26 189, P.-Bas 23 504, G.-B. 21 722, *France 12 611,* Danemark 5 354, Suède 4 089, Espagne 3 540 (en 1999), Italie 2 733, Portugal 1 214. **Parc européen :** 5 200 000. **En France : Parc** (en 1997) : 1 100 000. **Importations/Exportations** (en 1997) : 14 837 (746 millions de F). **Exportations de France** (en 1997) : 11 594 (390 millions de F). **Principaux constructeurs :** Caravelair, Bürstner, Sterckeman, Rapido.

Données techniques

■ Carburant

■ **Indice d'octane d'un carburant.** Obtenu avec un moteur d'essai monocylindrique (CFR) dans lequel le carburant de référence est un mélange d'iso-octane et d'heptane (ce dernier possédant de mauvaises propriétés « anticognement », alors que l'iso-octane est pris pour référence et représente l'indice 100). Si un carburant testé dans ce moteur donne les mêmes résultats qu'un mélange contenant par exemple 90 % d'iso-octane et 10 % d'heptane, on dit qu'il a un indice d'octane de 90.

Selon le procédé utilisé, on parle d'*octane research* (RON) ou d'*octane motor* (MON) qui peuvent présenter des différences de 6 à 14 % (la cotation RON étant la plus élevée). Les moteurs d'auto ont en général des taux de compression de 7,5/10,5. Toute élévation du taux ou tout facteur contribuant à l'augmenter doit être compensé par un carburant à indice d'octane élevé. **Le besoin en octane sera plus élevé si :** la culasse et le bloc-moteur sont en fonte, l'emplacement des bougies est dans une zone froide, les sièges de soupapes sont étroits, la chambre de combustion a une forme « baignoire » ou « en coin », le moteur « remplit » bien, il y a trop d'avance à l'allumage, la boîte de vitesses est mécanique, etc. ; il fait chaud, l'on utilise de l'huile épaisse, les chambres de combustion sont calaminées, l'allumage mal réglé, la température de fonctionnement trop élevée, le moteur est vieux sans avoir été « nettoyé » ; les bougies sont vieilles, l'allumage est mal calé, le moteur doit supporter une forte charge à haut régime, il y a des dépôts dans la tubulure d'admission, etc. **Il sera moindre si :** la culasse est en aluminium, les chambres de combustion sont hémisphériques, les bougies sont dans une zone chaude, les sièges de soupapes sont larges, la tubulure d'admission est longue, il n'y a qu'un seul carburateur, le mélange air-essence est riche, le remplissage des cylindres est moyen, la transmission est automatique...

☞ **1996**-*1-1* réajustement de la taxe intérieure sur les produits pétroliers (TIPP). Prix à la pompe : super : + 15 centimes/litre ; gazole : + 16,2 centimes/litre ; GPL : – 1,15 F/litre. *-8-2* utilisation des biocarburants rendue obligatoire d'ici l'an 2000. Les taxes sur les carburants rapporteront 181 milliards de F (dont 149 pour la TIPP). **Nouvelles mesures de la législation européenne :** *1996-2000 :* seuils de pollution abaissés de 40 % sans changement du cycle de référence ; **au-delà de l'an 2000 :** seuils de pollution encore réduits de 50 %. Un nouveau cycle de référence sera mis en place (les diesels devront disposer d'assistance électronique à l'injection de catalyseur et d'une recirculation des gaz d'échappement pour réduire les émissions de particules et les oxydes d'azote à de très faibles valeurs).

■ **GNV (gaz naturel comprimé).** *France :* 2 stations, Nantes et St-Gaudens (Hte-Garonne). Technique mise au point par GDF à Orvault (Loire-Atlantique). Coût de l'équipement : 8 000 F.

■ **Gaz de pétrole liquéfié (GPL).** Mélange de butane et de propane variant selon pays (France 50/50) et saisons. Peut provenir du raffinage (dont il est le sous-produit) et des gisements de gaz et de pétrole (le gaz étant souvent mélangé au brut). *Le GPL est liquéfié* sous faible pression pour occuper moins de volume. *Température d'évaporation du mélange :* inférieure à la température extérieure (on doit le maintenir sous une pression de 2 à 8 bars). *Masse volumétrique liquide :* 0,557 kg/l (essence 0,75). **Consommation supplémentaire :** *par rapport à l'essence :* 10 à 20 % (11 l de GPL équivalent à 10 l de super) ; *au diesel :* 25 à 35 %. **Carburateur :** remplacé par un système comportant un détendeur et un adaptateur-mélangeur. **Avantages :** coût peu élevé. Bon rendement par une répartition équilibrée du mélange dans les cylindres ; suppression du dépôt de calamine ; moins polluant (ne contient ni plomb, ni benzène, ni soufre) ; bruit réduit. **Inconvénients :** encombrement des bouteilles de gaz, coût de la transformation du carburateur : de 8 000 F (modèles à carburateur type Renault 21) à 14 000 F (pour ceux à injection comme une ZX 6 cylindres) ; puissance maximale du véhicule diminuée (surtout sur – de 1 500 cc). Danger d'explosion en cas d'incendie (depuis sept. 2000, soupape de sécurité obligatoire) ; autonomie faible ; peu de stations : 1 800 (contre 17 000 pour l'essence). Interdiction dans certains lieux.

Explosions. 1999-*31-1* Vénissieux (Rhône) Renault 19 sur un parking : 6 pompiers blessés (dont un a une jambe arrachée). *-26-9* nationale 8, voiture au GPL explose blessant un pompier. **2000**-*18-5* Le Havre. **Incendie :** la chaleur fait monter la pression à l'intérieur du réservoir. Pour éviter l'explosion, *2 solutions techniques : joint* entourant la polyvanne d'admission du gaz qui au-delà de 200 °C doit fondre, laissant ainsi le gaz s'échapper (et éventuellement s'enflammer) sans provoquer d'explosion ; *soupape* de surpression sur le réservoir, s'ouvrant en cas de surpression de 25 bars et laissant échapper le gaz, évitant ainsi l'explosion. Cette soupape, plus efficace, était interdite en France (arrêté du 15-1-1985), puis a été autorisée en 1997. La norme internationale R 67-01 impose le 11-11-1998 à Genève (reprise dans l'arrêté du 1-8-1999) d'équiper de soupapes de surpression conformes à la norme les véhicules GPL nouvellement mis en circulation ; les véhicules GPL déjà en circulation devront être équipés avant le 31-12-2001. Sur 150 000 GPL français, 35 000 ont une soupape, 115 000 autres risquent d'être rappelés. *Coût des adaptations :* 500 à 5 000 F.

Nombre de voitures équipées GPL (en milliers) : Italie 1 000 (en 1996), Pays-Bas 700 (en 1997), USA 350, Japon 350. *France : 1995 :* 20 ; *96 :* 40 ; *97 :* 70 ; *99 :* 150 ; *2000(prév.) :* 3 000 ; *2002 (prév.) :* 4 000. **Stations équipées** *(France) : 1999 :* 1 000 (dont 3 à Paris). **Production annuelle** *(France) :* 3,5 millions de t (dont 3,1 utilisées pour chauffage, chimie, industrie, et 0,5 disponible pour véhicules qui n'en consomment que 0,03). **Coût** (au 1-10-1999) : 2,95 F/l.

■ **Carburants verts** ou **biocarburants. Inconvénient :** polluants. Des mesures fiscales favorisent les biocarburants (exonération totale des TIPP, dans la limite d'un plafond de 329,50 F/hl pour l'éthanol et de 230 F/hl pour l'ester). **Consommation** (en milliers de m³) **d'éthanol et,** entre parenthèses, **d'ester :** *1995 :* 47,8 (173,7) ; *96 :* 76,45 (254,4) ; *97 :* 113,6 (315) ; *98 :* 133,8 (248,35) ; *99 :* 114,42 (278,83).

L'ETBE (Ethyl tertio butyl éther) est produit, à partir de l'éthanol, à Feyzin, Dunkerque et Gonfreville ; il peut être incorporé dans les essences à hauteur de 15 %. *L'EMHV (Ester méthylique d'huile végétale)* produit à partir d'huile de colza ou de tournesol peut être incorporé dans gazoles ou fioul domestique à hauteur de 5 %. 6 unités pilotes de production d'esters [à Compiègne, Boussens, Grand-Couronne (inaugurée 2-10-1995), Verdun, Livourne (Italie) et Leer (Allemagne)] sont agréées (capacité annuelle : 283 000 t).

■ **Consommation. Consommation moyenne** (en litres aux 100 km) **pour une vitesse de 80 km/h et,** entre parenthèses, **pour une vitesse de 100 km/h :** 1 personne à bord 7 (8), 2 personnes à l'avant, voiture chargée à plein 7,6 (9), + galerie avec cantine et 2 valises 9,7 (14). **Sur 1 000 km :** une voiture, à 100 km/h, mettra 10 h et consommera 82 litres ; à 120 km/h : 8 h 20 (103 litres) et à 140 km/h : 7 h (116 litres). *Économie réalisée en roulant à 120 km/h ou 130 km/h :* 0,80 à 1 F la minute.

☞ **Records : 1973**-*2-10,* Opel Caravan 959, 1,5 l modifié par Ben et Caroline Visser (USA) : 3,78 litres pour 606 km, vitesse max. 20 km/h. **1979**-*oct.* 3 roues Diesel de 200 cm³ de Franz Maier (All.), 1 litre de gasoil pour 1 284,13 km. **1981**-*2-11* California Commuter à 3 roues Douglas Malewicki (USA) 424,2 km à 90,6 km/h (1,49 litre au 100 km). **1984** *UFO 2* (20 kg, au maximum 40 km/h, tricycle) 0,074 litre aux 100 km.

Shell Éco Marathon : consiste à parcourir avec un véhicule de sa création équipé de 3 ou 4 roues, alimenté en Shell Formula sans plomb 98 ou Diesel plus, 6 tours du circuit Paul Armagnac à Nogaro (Gers) en 48 min au maximum (soit en moyenne à 25 km/h). A l'issue de ces 6 tours, la consommation de carburant est mesurée. **1er :** *1985* [*vainqueur :* Charles Henry, Suisse, 0,147 l/100 km soit 680 km/l] ; *96 :* association TED 4 (Marseille) 0,0633 l/100 km soit 1 578,8 km/l ; *97-1-6 :* annulé à cause du mauvais temps ; *99 :* nouvelle catégorie GPL.

17e marathon (9/10-6-2001) : 112 concurrents. *Prix toutes catégories :* Fancy Carol-NOK (Japon) [3 444 km/l] ; *catégorie Diesel :* Optima Racing, Clermont (2 291 km/l) ; *catégorie GPL :* lycée Marcel-Callo, Redon (1 581 km/l).

■ **Prix de revient kilométrique du diesel** (sur 4 ans, 15 000 km/an) **et,** entre parenthèses, **de l'essence** (en F, au 1-8-1998). *Toyota Avensis 2.6 :* 2,97 (3,11) ; *Opel Vectra 2.0 16 V :* 2,98 (3,41) ; *Audi A 3 :* 3,07 (3,15) ; *Lancia Kappa 2.4 :* 4,10 (4,96) ; *Volvo S 70 :* 4,25 (4,63) ; *Peugeot 306* (en 1995) : 2,82 (4,01) ; *Renault Safrane* (en 1995) : 4,9 (4,7) ; *Citroën Xantia :* 3,65 (3,52).

■ **Prix moyen du super sans plomb 95** (en F par litre au 3-11-2000) **avec et,** entre parenthèses, **sans les taxes.** G.-B. 8,98 (2,3) ; P.-Bas 7,76 (2,69) ; Suède 7,34 (2,45) ; Italie 7,33 (2,7) ; Danemark 7,3 (2,43) ; *France 7,29 (2,39) ;* Finlande 7,23 (2,25) ; Belgique 7,05 (2,5) ; Autriche 6,42 (2,63) ; Irlande 6,09 (2,55) ; Portugal 5,82 (3,08) ; Espagne 5,63 (2,46) ; Luxembourg 5,63 (2,58) ; Grèce 5,4 (2,66).

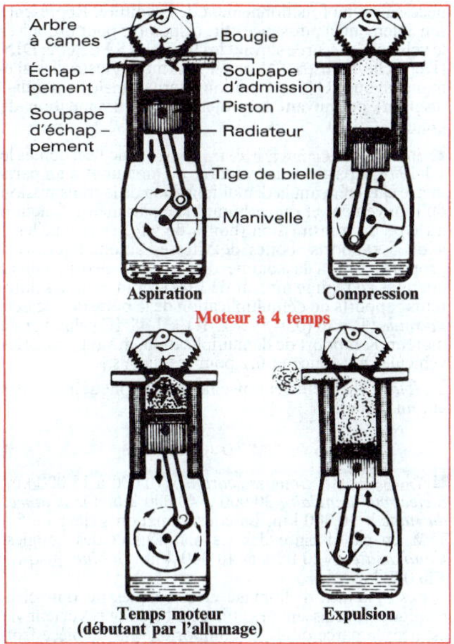

Moteur à 4 temps

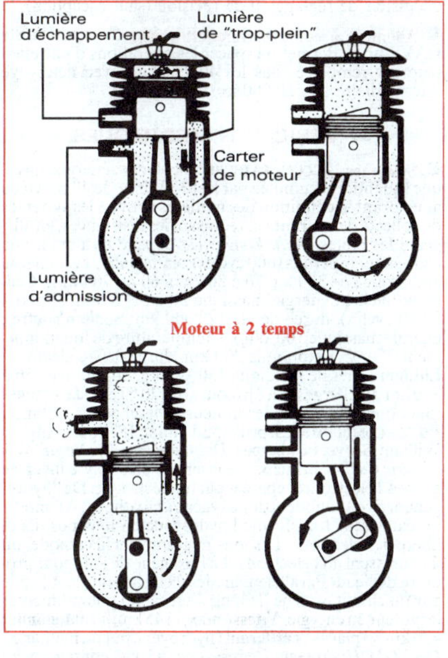

Moteur à 2 temps

■ Moteur a explosion

■ **Principes.** Transforme l'énergie thermique produite par la combustion d'un mélange carburant-air en énergie mécanique.

■ **Moteurs à allumage par étincelle.** En 4 temps. **1er temps : aspiration,** la soupape d'admission est ouverte, le piston en descendant aspire du mélange frais de carburant et d'air dans le cylindre. **2e temps : compression,** les soupapes sont fermées, le piston comprime le mélange en remontant, ensuite a lieu l'allumage par bougie. **3e temps : explosion (temps moteur),** les soupapes étant fermées, la pression des gaz produits par la combustion repousse le piston vers le bas. **4e temps : expulsion et détente,** la soupape d'échappement étant ouverte, le piston en remontant chasse les gaz brûlés. Il y a aussi un temps moteur tous les 2 tours de vilebrequin. A 2 temps. Sauf cas spéciaux, n'ont pas de soupapes mais 3 ouvertures dans le cylindre, dites « lumières ». Après allumage et explosion, le piston descend, la *lumière d'échappement* s'ouvre, les gaz brûlés s'échappent, puis la *lumière d'admission* dans le carter de précompression se ferme, et la *lumière de trop-plein* s'ouvre. Les gaz frais passent du carter dans le cylindre. Le piston remonte, les 3 lumières sont fermées, le mélange est comprimé dans le cylindre. En fin de course, la lumière d'admission s'ouvre, un mélange frais pénètre dans le carter. **Avantages :** meilleure qualité de fonctionnement, consommation moindre, puissance supérieure de 50 % pour une cylindrée donnée, vidange inutile) ; 60 % plus léger et moins encombrant, émet moins d'oxyde d'azote. **Inconvénients :** difficile d'éviter le mélange d'air frais et d'essence et des gaz ; des gaz brûlés restant dans le cylindre perturbent la propagation de la combustion, et de l'essence non brulée est rejetée dans l'atmosphère. Augmente les émissions d'hydrocarbures ; nécessite de l'huile : consomme 2 % d'huile (contre un 4 temps – de 0,2 %) ; bruyant, les clapets d'admission d'air frais se refermant brutalement lors de l'échappement pour éviter que cet air reparte vers l'extérieur.

■ **A injection.** A 4 ou 2 temps. Le moteur aspire seulement de l'air au 1er temps du cycle. 1°) **Injection directe :** le carburant est injecté dans la chambre. *Exemple :* Mitsubishi GDI (Gazoline Direct Injection) : gain de 10 % en puissance et en couple ; consommation réduite au ralenti 40 %, dans les encombrements 25 % ; peu polluant. 2°) **Indirecte :** le carburant est injecté dans la tubulure d'admission. L'allumage commandé se fait soit en même temps que l'injection, soit à la fin du temps de compression. **Avantages :** diminution des émissions nocives, amélioration du rendement et de la puissance (surtout grâce à une régulation électronique de l'injection). **Inconvénient :** coût plus élevé.

■ **Auto-inflammation du combustible. Diesel :** taux de compression élevés (de 16 à 22/l). L'air aspiré dans le cylindre est comprimé beaucoup plus fortement (de 700 à 900 °C), une certaine quantité de combustible est injectée dans le cylindre. Elle s'enflamme spontanément. Mêmes cycles que dans le moteur à explosion (4 ou 2 temps). *Diesel à injection directe :* le carburant est injecté directement dans le cylindre ; *à injection indirecte :* le carburant est envoyé dans une préchambre de combustion, dans laquelle l'air est animé d'un mouvement tournant très rapide qui favorise la combustion. **Avantages :** *consomme moins qu'un moteur à essence,* surtout au ralenti (prix de revient du km environ 50 % moins cher sur route, 60 % en ville). Pour chauffer l'air admis par simple compression, il faut un moteur dont le rapport volumétrique soit de l'ordre de 21 à 1. Les organes moteurs sont donc renforcés pour supporter cette pression. L'absence de système d'allumage électrique élimine nombre de pannes. L'isolation phonique nécessaire, car le moteur est bruyant, constitue une bonne protection contre la rouille, le sel, etc. La lutte contre les vibrations a conduit à fabriquer des vilebrequins à 5 paliers pour les 4 cylindres, plus robustes que les vilebrequins classiques. *Puissance à bas régime,* avantage pour tracter une remorque, une caravane, un bateau. N'émet pas d'oxyde de carbone, ni d'hydrocarbures, car combustion complète. *Assurances moins chères,* les diesels étant peu rapides. *Fiscalité réduite* [exemple : la XM D12 (2 138 cm³) est une 7 CV, la XM 2L (1 998 cm³ à essence) est une 9 CV]. *Prix de revente* élevé. **Inconvénients :** *moteur bruyant,* le gasoil s'enflammant dans les cylindres provoque un claquement de combustion, surtout au ralenti. *Démarrages plus longs,* il faut faire chauffer l'air contenu dans les cylindres entre 20 et 60 s avant le 1er coup de démarreur. Les moteurs modernes pour voitures particulières ont des bougies « rapides » permettant le démarrage en 8 s environ. *Vibrations :* dues à la compression de l'air, surtout au-dessous de 50 km/h. *Manque de reprise. Vitesse maximale plus faible* (surtout sur anciens modèles) mais maintenable sur de longues distances sans dommage pour le moteur, d'où des moyennes élevées, surtout sur autoroutes. *Prix d'achat élevé,* usinage particulier, matériaux plus résistants. *Poids élevé. Entretien* délicat et assez coûteux. *Fumées* (suies) dès que le moteur se dérègle, probablement cancérigènes selon l'OMS. *Oxydes d'azote* (NO_x) participent à la formation des pluies acides, du smog et de l'ozone à basse altitude ; les nouveaux diesels (exemple MDI) en rejettent plus, mais des systèmes ont été prévus (PSA : catalyse de NO_x ; Nissan : combustion modulée M-Fire). *Odeurs* d'échappement difficiles à éliminer. L'introduction de cérium dans le gasoil, associée à un filtre à particules réduirait de 80 à 90 % les émissions de suies (*coût :* équipements 3 000 à 7 000 F ; *consommation de carburant :* + 10 à 15 %).

Moteur 2 temps Iapac (injection assistée par air comprimé) de l'IFP : prototype. *Avantages :* poids 30 % par rapport au 4 temps ; réduit consommation (30 % à 90 km/h, 50 % en cycle urbain) et pollution ; agrément de conduite à bas régime (couple meilleur).

Moteurs particuliers

■ **Moteur à piston rotatif.** Inventé par Felix Wankel (All., 1902-88). 4 temps. Ni soupapes (remplacées par des lumières ou ouvertures), ni bielles, ni vilebrequin. A l'intérieur du piston rotatif, une roue dentée entraîne une autre roue dentée, l'excentrique de l'arbre-moteur.

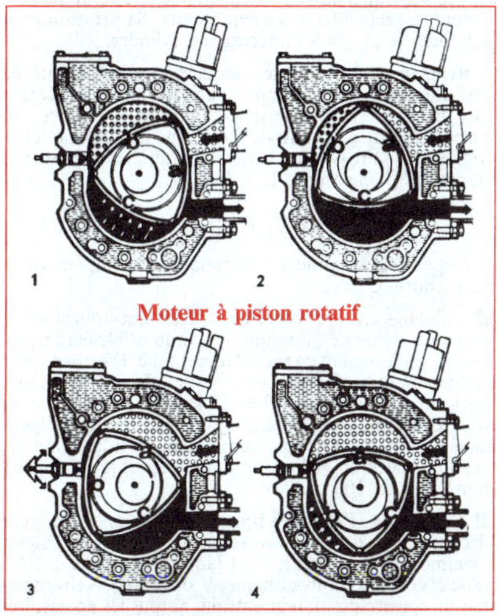

Moteur à piston rotatif

1er temps : face *a :* l'admission commence. Chambre *b :* elle se remplit de mélange et la compression s'effectue. En *c* a lieu la détente ou combustion des gaz. **2e temps :** détente des gaz terminée en chambre *c.* La barrette de pointe (en gros le sommet du triangle dont les côtés seraient *a* et *c,* la barrette correspondant au segment du piston classique) vient de laisser ouverte la lumière d'échappement par où commencent de passer les gaz brûlés. **3e temps :** dans la chambre *a,* l'admission de mélange se poursuit toujours. En *b,* la compression atteint son maximum. Le mélange est mis à feu par la bougie, en *c.* L'échappement continue. **4e temps :** chambre *a* remplie de gaz frais. La compression débute dès que la barrette a obturé la lumière d'admission. Dans la chambre *b,* les gaz brûlés se détendent et entraînent l'arbre à excentrique par l'intermédiaire du piston. Le piston n'a effectué qu'un tiers de tour. En un tour complet, le cycle à 4 temps se répète 3 fois, et l'arbre à excentrique effectue 3 tours.

Avantages : supprime certaines vibrations dues au mouvement alternatif des pistons, dimensions restreintes, longévité, fiabilité, peu de réparations. **Inconvénients :** consommation élevée (huile et carburant), difficultés à ramener la pollution aux limites légales, vitesse élevée de l'arbre de sortie, frein moteur faible. Depuis 1978, seul Toyo-Kogyo (devenu Mazda Motor Co.) continue à utiliser le moteur Wankel sur des voitures sportives.

■ **Moteur Stirling à combustion externe. Principe :** une masse de gaz évolue en circuit fermé dans un ou plusieurs cylindres (étanches). Au cours du cycle moteur, elle subit d'abord une compression isotherme. Chauffée à volume constant, elle se détend isothermiquement au cours de la phase suivante en repoussant le piston auquel elle fournit le travail moteur. Enfin, elle se refroidit à volume constant, et le cycle recommence. L'énergie calorifique qui sert à échauffer la masse gazeuse est fournie par la chambre de combustion externe indépendante, et transmise par l'échangeur qui en récupère une partie au cours de la 4e phase. On peut théoriquement employer n'importe quel combustible. **Avantages :** peu polluant, peu bruyant, consommation plus faible (environ 30 %). **Inconvénient :** encombrement. Cependant Philips a pu loger un moteur de 17 ch. dans une boîte de 30 cm de côté.

■ **Suralimentation par compresseurs.** Comme, pour obtenir une puissance supérieure, on ne peut augmenter indéfiniment les cylindres (interdictions réglementaires, limitations de fait dues à l'encombrement), on alimente ceux-ci par un gaz préalablement comprimé (suralimentation continue ou momentanée) dans des compresseurs à entraînement mécanique ou à turbine utilisant les gaz d'échappement (turbo-compresseur).

■ **Actuateur.** Installé sur chaque soupape, géré par un calculateur électronique qui optimise moments d'ouverture et de fermeture des soupapes à chaque régime et à chaque charge du moteur. À bas régime, peut augmenter le couple moteur, permettant d'allonger les rapports de la boîte de vitesses et de baisser le ralenti, d'où consommation moindre, de découpler les cylindres (à faible charge on pourra faire tourner le moteur sur « 2 pattes ») ou commander l'admission pour qu'il n'y ait pas une explosion tous les 2 tours de vilebrequins mais tous les 3, 4 ou 6 tours. Le moteur fonctionne alors sur 8, 10 ou 12 temps. Réduit le nombre de pièces en mouvement. Économie attendue : 15 à 20 %.

■ **Split Cycle (multiplication de cycle)** [nom breveté par Sté australienne]. Substitue de petites roues à 6 crans (appelées « roues de Genève ») aux bielles et vilebrequins. À chaque explosion, le piston descend dans le cylindre et appuie sur une dent qui fait tourner, en sens inverse, le disque central qui entraîne l'arbre de transmission. Pour un Split Cycle de 500 cm³ (24 cylindres de 20,8 cm³ chacun), 12 pistons explosent en même temps. Les gaz de combustion poussent le piston qui fait tourner la roue centrale de 30°. En 1 tour de roue de 360°, 12 explosions de 250 cm³ se produisent (équivalent à 1 cylindrée effective de 3 litres). L'azote stocké dans un réservoir cryogénique (2 enveloppes séparées par du vide) reste à l'état liquide, à – 125 °C. Équipé d'une pompe électrique qui met l'azote sous pression (30 à 40 bars) et l'envoie vers l'échangeur (tuyau sur lequel un ventilateur souffle de l'air ambiant) ; l'azote se réchauffe et devient gazeux. Sa pression peut actionner le piston à l'intérieur du cylindre.

Rendement énergétique : en calculant la quantité de carburant nécessaire pour parcourir 100 km en 1 h (carburant livré par la raffinerie à la pompe à essence, ou carburant livré à la centrale thermique produisant l'électricité nécessaire pour recharger la batterie) : voiture diesel standard 8 l, électrique 12 à 13 l.

Puissance d'un moteur

Dépend de la cylindrée, du rapport de compression et du carburant.

■ **Puissance réelle. Théorique :** celle que fournirait le moteur si l'énergie thermique du combustible était transformée entièrement en travail mécanique. **Effective :** celle réellement utilisable sur l'arbre moteur [rendement : rapport entre l'énergie recueillie et l'énergie fournie au moteur sous forme de combustible (toujours inférieur à 1)]. **Spécifique :** rapport de la puissance maximale à la cylindrée, en moyenne 50 ch. au litre (voitures de sport et de compétition : plus de 100 ch.).

■ **Estimation. Puissance brute** *(gross power)* du moteur déconnecté de tous ses accessoires (filtre à air, ventilateur, dynamo ou alternateur, etc.) [ancienne formule]. SAE (Society of Automotive Engineers, des USA). **Nette** mesurée sur l'arbre du moteur entraînant tous les accessoires nécessaires au fonctionnement de la voiture. Représente sensiblement la puissance utile disponible pour propulser le véhicule, mesurée suivant les formules SAE nette, DIN (Deutsche Industrial Normen : normes industrielles allemandes) ou ISO (Organisation internationale de standardisation) ou suivant le projet de recommandation de Genève (EEE).

■ **Puissance administrative française.** Calculée, depuis le 1-1-1978, à partir de la cylindrée du moteur et d'un paramètre caractérisant la démultiplication de la transmission du mouvement et du carburant. Ce paramètre, fonction du type de transmission (boîtes de vitesses manuelles à 4 ou 5 rapports, boîtes de vitesses automatiques) est proportionnel à la somme des vitesses théoriquement atteintes au régime moteur de 1 000 t/min, pour les différents rapports de démultiplication de la boîte de vitesses. *Formule :* $P = m\,(0{,}0458 \times C/K) \times 1{,}48$. [C cylindrée du moteur, K rapport de démultiplication, m vaut 1 pour les véhicules à essence et 0,7 pour les diesels.]

Nota. – Un coefficient spécifique est appliqué aux boîtes automatiques.

Système d'allumage

■ **Durée de vie.** *Bougies courantes* 10 000 à 15 000 km, *à électrode annulaire* 30 000 à 40 000 km. *Vis platinées du rupteur* 10 000 km. La consommation s'élève de 5 à 15 % en cas d'usure des vis platinées et des bougies. *Condensateur* 20 000 à 40 000 km. *Bobine* jusqu'à 120 000 km.

Les systèmes d'allumage électroniques ou opto-électroniques fournissent des étincelles bien réglées et leur vie est accrue parce qu'ils ne comportent pas de pièce frottante. Certains sont livrés pour la durée de la voiture, sans nécessiter de réglage ou de révision (sauf exception).

■ **Allumeur à contacts autonettoyants.** *Créé* par la Sté CAV Lucas. Permet d'espacer les opérations d'entretien (rupteur remplacé tous les 40 000 km, avec nettoyage intermédiaire aux 20 000 km).

■ Véhicules électriques

■ **Systèmes. Accumulateurs : au plomb :** énergie massique (quantité accumulée par kg) 35 Wh (+ de 40 prévu en améliorant la définition des matières actives, les systèmes de collecte de courant, en réduisant les résistances, en allégeant les boîtes, etc.). *Longévité :* dépend du nombre de chargements permis (600 cycles). *Autonomie :* avec charge embarquée de 350 kg, 70 à 80 km à 60 ou 70 km/h. **Cadmium/nickel :** énergie massique 50 à 55 Wh/kg (1 500 à 2 000 cycles), durée de vie 120 000 km. **Sodium/soufre :** énergie massique 100 Wh/kg, température de fonctionnement 350 °C, autonomie 200 km, durée de vie aléatoire. **Lithium :** énergie massique 150 Wh/kg, autonomie 250 à 300 km. **Recharges :** 6 à 8 h (coût : 10 à 20 F). **Générateurs :** fonctionnent grâce à des moteurs Diesel et des turbines. **Piles à combustibles :** principe défini en 1839 par l'Anglais William Grove. **Prototypes :** *Daimler-Chrysler : Necar (New Electric Car) 4* ; principe : réaliser une électrolyse inversée grâce à 2 électrodes séparées par un électrolyte. De l'hydrogène arrive à l'anode et de l'oxygène à la cathode. À l'anode, un catalyseur transforme l'hydrogène en ions positifs et libère des électrons. Les ions migrent vers la cathode, où ils s'unissent aux électrons et à l'oxygène de l'air pour produire de l'eau. Parallèlement, les électrons quittent la pile par un circuit externe (le long d'un câble) pour alimenter le moteur en énergie. **Vitesse max. :** 145 km/h ; **autonomie :** 450 km ; 5 places ; **carburant :** hydrogène pur ou méthanol. *Opel/GM HydroGen 1 :* réservoir 95 kg, contient 5 kg d'hydrogène pur, soit 75 l ; autonomie : 400 km.

■ **Types. Seer (Sté européenne des électromobiles et rochelaises) :** fourgonnette 123 000 F, pick-up 130 000 F : batterie au plomb étanche Sonnenschein ou au nickel-cadmium de la Saft (Alcatel-Alsthom) de 20 000 à 80 000 F, autonomie 80 km [recharge 8 à 10 h, coût (tarif vert) 6 F], vit. 80 km/h. *Production 1992 :* 100 ; *95 :* 500. Production et commercialisation arrêtées depuis 1996. **Renault :** *Scenic Hybride* (en 1998) : 1 moteur essence 1.6, 16 V 80 kW + 1 moteur électrique (30 kW) ; *Next* (en 1995) : prototype hybride (électrique et thermique), moteur 3 cylindres essence de 750 cm³ ; au-delà de 140 km/h, fonctionnement simultané des 2 groupes pour atteindre 160 km/h ; *Vert* (en 1996) : prototype hybride sur base Espace avec moteur électrique alimenté par un turbo alternateur (turbine à gaz) ; *Hymne* (en 1996) : hybride sur base Express, 1 moteur électrique + 1 moteur thermique 1 149 cm³ ; *Fever* (en 1997) : prototype sur base Laguna : pile à combustible, 500 km d'autonomie ; *Kangoo Range Extender* (en 2001) : véhicule électrique avec prolongateur d'autonomie. **BMW :** *E2* (autonomie 200 km, rechargeable en 2 h, batterie au sulfate de sodium). Recherches portant sur l'utilisation de l'hydrogène. **Citroën :** *C15* ; *Saxo* électrique avec moteur Leroy Sommer à courant continu, autonomie 100 km ; *Citela* (autonomie 110 km en ville, 200 sur route si vitesse non supérieure à 40 km/h, rechargeable : autonomie de 2 km par minute de charge, batterie cadmium-nickel). *Saxo :* 3 CV, 91 km/h, autonomie 80 km. **Fiat :** *500 Elettra* (100/150 km, 80-85 km/h, batterie plomb-gel ou cadmium-nickel). **Erad :** *Agora* (100 km, 80 km/h, batterie plomb *Oldham* rechargeable en 8 à 10 h durant 4 ans). **Hyundai :** 140 km/h, autonomie 390 km (batteries nickel-métal hybride). **Ligier :** *Optima Sun* (100 km à 50 km/h, 50 km à 105 km/h, 14 batteries plomb-gel). **Jeanneau :** *Lyra Electric* (75 km/h). **Peugeot :** *106 :* 20 kW (27,2 ch.), 3 CV, autonomie 80 km, 90 km/h (rechargeable en 1 h pour 20 km, recharge totale en 6 h)]. **Saturn** (General Motors) : *EV1* (Electric Vehicule 1) : nickel-cadmium, autonomie 90 km, 120 km/h.

■ Pannes les plus fréquentes. En nombre d'interventions en 1993-94 et, entre parenthèses, **en %** *(Source : l'Argus de l'automobile,* oct. 1995) : accumulateurs 18 026 (16,36), clés et serrures 10 144 (9,21), crevaisons 9 079 (8,24), alarme 8 722 (7,92), pannes de carburant 5 542 (5,03), accidents 3 960 (3,59), bougies 3 868 (3,51), alternateur 3 000 (2,72), starter 2 956 (2,68), boîtiers électroniques 2 949 (2,68), allumage 2 807 (2,55), vandalisme 2 806 (2,55), faisceaux électriques 2 389 (2,17), courroie de ventilateur 1 963 (1,78), freins 1 959 (1,78), pompe de carburant 1 914 (1,74), moteur d'essuie-glace 1 614 (1,47), réservoir et arrivée d'essence 1 418 (1,29), accélérateur 1 338 (1,21), mécanisme d'embrayage 1 235 (1,12).

■ Microcompact cars (MCC), Smart. Conçue par Mercedes-Benz et la société suisse SMH, productrice des montres Swatch. Fabriquée par Microcompact Car A.G. Longueur 2,50 m (50 cm de moins que la Rover, l'ex-Austin et 1 m de moins qu'une Twingo), peut être garée face au trottoir (longueur égale à la largeur d'un camion). Moteur à essence, Diesel. Mise sur le marché en oct. 1998.

■ Necar (New Electric Car). Mise au point par Daimler-Chrysler ; pile à combustible hydrogène-oxygène ; dernier prototype Necar 5 présenté en nov. 2000. Vitesse de pointe : 150 km/h ; autonomie 450 km. Mise sur le marché prévue en 2004.

■ Voitures sans permis. Obligations légales du constructeur (arrêté ministériel du 29-5-1986) : *places :* 2 au maximum (y compris celle du chauffeur). *Ceinture de sécurité :* obligatoire. *Conduite :* pas de changement de vitesse. *Immatriculation :* obligatoire depuis 1992. *Moteur :* Diesel 4 kW, vitesse maximale 45 km/h. *Dimensions :* larg. 1,40 m, encombrement 3,5 m² au sol. *Poids max. à vide :* 350 kg ; *en charge :* 550 kg avec courses du week-end. *Réservoir :* 9 à 15 litres (autonomie 400 km). Immatriculations (en 1997) : 8 902 dont Aixam 3 661, Ligier 1 798, Microcar 1 711, JDM Simpa 713, Chatenet 365, Bellier 323. **Prix** (en F, 1997) : de 48 000 (Dixam 300E, monocylindre) à 79 570 (Bellier VX550, Vendée Globe).

■ **Véhicules en circulation en France. Nombre** (au 1-6-1997) : 3 000 dont 2 250 voitures immatriculées. *Prévisions 2000 :* 100 000. **Ventes :** *1996 :* 1 300 ; *97 :* 600.

■ **Prix de vente** (au 1-6-2001) en France, compte tenu d'une prime d'incitation à l'achat de 5 000 F versés à l'acheteur et de 10 000 F attribués par EDF au constructeur. *Clio* 93 200 F (batterie 500 F/mois), *Peugeot 106* 95 600 (batterie 688 F/mois), *Citroën Saxo* 92 600 (batterie 688 F/mois), *EV1 (USA)* 180 000, *Peugeot Partner* 92 450 (batterie 750 F/mois), *Citroën Berlingo* 76 800 (batterie 750 F/mois).

Praxitèle (système de transport public individuel à conduite automatique en libre-service) : testé à St-Quentin-en-Yvelines, depuis le 17-10-1997 ; mise à disposition dans les 5 « praxiparcs », 50 Clios électriques utilisables par tout abonné muni d'une carte magnétique.

Prédit II : 2e programme de recherche des transports terrestres (dont recherches sur la voiture intelligente, recyclable à plus de 90 % et entièrement silencieuse). *Coût :* 7,32 milliards de F d'ici l'an 2000.

Moteur hybride : programme EU 209 Agata (Advanced Gaz Turbine Automobile). *1987* début du projet ; *2005* production en série : la turbine à gaz entraîne un alternateur alimentant un moteur électrique et rechargeant sur route les batteries qui assureront seules son alimentation en milieu urbain. *Avantages :* faible niveau vibratoire, bon rapport poids/puissance, simplification de la chaîne cinématique de transmission.

Liselec : PSA Peugeot Citroën : La Rochelle (Charente-Maritime), en 2000 : parc de 50 voitures électriques (25 Peugeot *106* et 25 Citroën *Saxo*) en libre-service, 24 h/24, 7 j/7. Réparties sur 7 stations. Prix : forfaits mensuels (30 F + paiement au km et à la minute).

Paris : *2001 :* 213 places affectées à la recharge de véhicules électriques, 46 places de parking équipées de borne de recharge, 162 en parcs souterrains, 5 dans les stations-service ; gratuité du stationnement et exonération de la vignette.

■ Pneus

■ **Précisions figurant sur le pneu.** *Exemple :* **Energy MXT 175/70 R 13 82 T :** *175* (largeur du pneu en mm), *70* [série : H (hauteur)/S (section)], *R :* structure (R = Radial), *13 :* (diamètre intérieur en pouces de 2,54 cm, correspond à celui de la jante), *82 :* (indice de charge : 475 kg), *T* (code de vitesse : 190), *TL* (tubeless). **Codes de vitesse maximale à ne pas dépasser :** *Q :* 160 km/h, *R :* 170, *S :* 180, *T :* 190, *H :* 210, *V :* 240, *VR :* > de 210, *W :* 270, *Y :* 300, *ZR :* > 240. **Indice de charge par pneu** (en kg) : *65 :* 290 kg, *70 :* 335, *75 :* 387, *80 :* 450, *82 :* 475, *84 :* 500, *86 :* 530, *88 :* 560, *90 :* 600, *100 :* 800.

■ **Quelques dates. 1891** 1er brevet de pneu démontable. *Édouard* (1859-1940) et *André* (1853-1931) *Michelin* améliorent le pneu de l'Écossais *Dunlop* [celui-ci, 3 ans auparavant, avait repris l'invention (1845) de l'Écossais *Thomson,* des bandages à air collés sur les jantes. **1923** pneu « confort » basse pression, abandon des pneus à talon gonflés à 3 kg (suspension hydropneumatique Messier ; utilisée par Citroën 1953). **1948** 1er pneu à carcasse radiale sur Citroën *11 BL.* **1993** pneus à faible résistance au roulement.

■ **Pneus à mobilité étendue.** Permettent de rouler à plat sur 200 à 250 km à 80 km/h. Plusieurs systèmes, exemples : Continental présente 2 systèmes commercialisables, le CSR et le CWS. *CSR (Conti-Safety-Ring)* est un moyen léger, peu coûteux, simple à installer et qui peut se monter pratiquement sur tous les pneumatiques actuels. Il se compose d'une bague en métal et d'un support flexible monté sur la jante, maintenant les flancs en place en cas d'une perte de pression (soudaine ou progressive). On peut continuer à rouler environ 200 km à 80 km/h. Disponible en 195/65 R 15 à 255 F par bague (1 020 F pour 4 roues). *Conti-Wheel-System* : le pneu est bloqué par un anneau en caoutchouc afin qu'il ne puisse pas se décrocher en cas de dégonflage. Le talon avec tringle en acier est remplacé. *PAV* (Michelin) prototype du PAX en 1997. A pression nulle, le pneu s'affaise contre un appui situé à l'intérieur de la jante.

■ **Pneus cloutés.** 100/150 crampons par pneu. Vitesse limitée à 90 km/h, indiquée sur un disque amovible apposé à l'arrière du véhicule. Utilisation autorisée en France du samedi précédant le 11 nov. au dernier dimanche de mars de l'année suivante. Interdits dans certains pays (exemples : Allemagne, Pologne, Portugal).

■ **Usure.** La différence entre la profondeur des rainures de 2 pneus montés sur un même essieu ne doit pas dépasser 5 mm (il faut donc les remplacer par paire). L'usure et le vieillissement diminuent l'adhérence sur sol mouillé, favorisent l'aquaplanage. Les pneus montés sur des voitures particulières doivent comporter un indicateur d'usure (bossages à l'intérieur des rainures principales) qui signale une profondeur inférieure à 1,6 mm.

■ **Kilométrage moyen d'usure.** Base carcasse radiale avec ou sans chambre suivant les montages d'origine sur un véhicule de tourisme. En réalité, un pneu fait en moyenne 45 000 km sur bonne route, 20 000 km sur mauvaise. En ville, les taxis peuvent dépasser 100 000 km. Le pneu vert lancé par Michelin en 1993 permet d'abaisser la résistance au roulement jusqu'à 30 % (d'où économie de carburant de 4,9 %). Le pneu Michelin « à accrochage vertical » (Pax System 1997) fait progresser le guidage, le confort et l'adhérence du pneu.

Réseau routier français

Dépenses globales

■ **Projet loi de finances initial** (crédits inscrits, en milliards de F, 1999). **Routes :** 7,010. **Sécurité routière** 0,184.

☞ Le 5-11-1993, Édouard Balladur a débloqué 140 milliards de F pour achever en 10 ans, et non plus en 15 ans, le schéma directeur des autoroutes à péage établi en 1986. Les Stés autoroutières ont été « autorisées » à emprunter (en 1994) 14 milliards de F (+ 15 % par rapport à 1993), qui permettront de lancer 319 km d'autoroute supplémentaires. Le schéma directeur routier national, approuvé le 1-4-1992 par le gouvernement, prévoyait de doter la France de 12 120 km d'autoroutes (8 267 km déjà en service, 3 853 à réaliser en 10 ans).

■ **Coût moyen d'un km d'autoroute en rase campagne** (en millions de F TTC, janv. 1995). *A-16* Abbeville-Boulogne 60, *A-39* Choisey-Sellières 43,2, *A-5* St-Germain Laxis-Marolles-sur-Seine 42,3, *A-87* Rochefort-Saintes 40,6, *A-39* Crimolois-Choisey 39,5, *A-26* Troyes-Châlons 26,9, *A-26* Troyes-Semoutiers 23,4.

■ **Dépenses directes pour la protection de l'environnement** (n'intégrant pas les dispositions prises dans la conception du tracé). En 1998 en rase campagne, 7 à 15 % de l'investissement, en site urbain jusqu'à 50 %. **Exemples** (en millions de F) : *prix au km* : aménagement paysagers de 0,4 à 0,6 ; protection des nappes, cours d'eau et captages 0,1 à 0,8 ; protections acoustiques 0,02 à 0,1/m² ; sauvegarde du patrimoine archéologique 1,3 à 4,5/m². *Prix d'un passage* (en millions de F) *pour la grande faune :* 3 à 5 ; *agricole :* 0,5.

■ **Coût moyen au km** (en millions de F, 1996) **autoroutes à 2 × 2 voies.** Site de plaine 32, peu vallonné 38, vallonné ou montagneux 108, élargissement à 2 × 3 voies prévu 10 (non prévu 20). **Voies rapides urbaines.** Ile-de-France (type *A-86*) 540, autres agglomérations 85 à 120. **Routes nationales. Province :** *à 2 voies* 16 ; 3 21 ; *4 et 2 × 2* 30 ; *5 et 2 × 3* 38. **Ile-de-France :** *2 et 3* 60 ; *2 × 2* ou + 120.

■ **Coût moyen annuel de l'entretien préventif des chaussées (sur réseau non concédé)** [en F/m²]. Voies rapides urbaines 10, à caractère autoroutier 7,50, bretelles 6, autres grandes liaisons 5, routes nationales de liaison 4,50, ordinaires 3,50.

■ **Dommages causés aux chaussées.** Selon l'OCDE, les véhicules lourds (+ de 10 t de charge utile) seraient responsables de 55 à 75 % des dépenses d'entretien des chaussées (70 % en France), alors qu'ils ne représentent que 1,5 % du parc total des véhicules immatriculés.

Longueur globale

■ **Longueur totale du réseau routier** (en km, au 1-1-2000). **Autoroutes :** 9 626 dont concédées 7 180. **Routes nationales :** 26 298 ; **départementales :** 359 090. **Voies communales** [larg. minimale 5 m (passage des ouvrages d'art 5,5)] : 589 910.

■ **Coût de reconstruction à l'identique** (en milliards de F, 1-1-2000). *Total 1 269,8* dont routes nationales (rase campagne) 442,9, réseau autoroutier concédé 397, non concédé (urbain + rase campagne) 259,8 routes nationales urbaines 170, ouvrages d'art (sur autoroutes et routes nationales) 19.

Autoroutes

☞ **Centre de renseignements. Directions départementales de l'Équipement. Centre national d'information et de coordination routière,** 99, av. du Général-de-Gaulle, 93100 Rosny-sous-Bois ; *Minitel :* 3615 Route. **Association des sociétés françaises d'autoroutes,** 3, rue Edmond-Valentin, 75007 Paris ; *Minitel :* 3615 Autoroute ; e-mail : asfa@autoroutes.fr. *Minitel :* 3615 ITI (mis en place par la Prévention routière, calcule votre itinéraire et son coût).

☞ **Bison futé :** campagne d'information routière créée le 1-8-1976, renouvelée chaque année.

■ **Origine. 1904** chaussée de 20 km construite pour servir de piste à l'occasion de la 1re course de la coupe Vanderbilt. **1909** la Sté *Avus (Automobil-Verkehrs-und Uebungsstrasse GmbH)* dresse les plans et construit dans une lande sablonneuse à l'ouest de Berlin une route d'essai spécialisée de 10 km à 2 chaussées séparées ; mise en service le 25-9-1921. **1914** chaussée de 65 km (10 m de largeur), goudronnée, dans l'île de Long Island près de New York ; 1re route pour trafic à longue distance, sans accès direct des propriétés riveraines (desservies par des routes latérales), ayant peu de points d'échange avec la voirie ordinaire. **1923** l'Italien Puricelli (fondateur de la Sté Strade et Cave) définit les caractères spécifiques de l'autoroute, notamment les croisements à niveaux séparés. **1924**-*21-9, 1re autoroute du monde* (Milan-Varèse, Italie, 85 km, largeur 11 à 14 m) construite par Puricelli. **1925-39** Italie, 482 km d'autoroute à chaussée unique construits (réseau suburbain au début, sauf la liaison Turin-Milan). **1927** conception en Allemagne d'un réseau rapide à longue distance. **1927-51** concession du financement et du péage aux USA (1927-32), Allemagne (1921-33) et Italie (1923-55). **1933-45** réseau allemand : 3 869 km en service (dont 3 100 au 1-7-1939), 25 000 km en travaux, 3 000 en projet. **Vers 1950** autoroutes urbaines aux USA et Japon. **1955** loi sur le péage en France, début du développement du réseau. **1957** définition internationale de l'autoroute à la Conférence européenne des ministres des Transports à Genève. **1960**-*9-7* France : décret autorisant les péages.

■ **Définitions.** Les autoroutes permettent à un véhicule isolé de rouler à une vitesse maximale de 130 km/h sur autoroutes de liaison, 110 km/h sur autoroutes de dégagement ; comportent 2 chaussées (chacune dotée d'au moins 2 voies de 3,50 m) avec séparateur sur le terre-plein central, l'accès se faisant en des points spécialement aménagés. *Largeur moyenne :* 27 m pour 2 × 2 voies, 34 m pour 2 × 3 voies (la plus large a 2 × 6 voies au sud de Paris).

■ **Nom. Origine.** On utilise la lettre A (autoroutes principales) et des chiffres reprenant ceux des grandes nationales que les autoroutes doublent : A-1 (RN 1), A-4 (RN 4), A-6 (RN 6), A-13 (RN 13). Puis, le réseau s'étendant, on utilise aussi des groupes de numéros par région (région

Quelques dates

■ **Généralités. Réseau romain** (a subsisté jusqu'au XVIIe s.) : *longueur* 80 000 km dont 4 000 km en Gaule. La plus ancienne voie pavée est la Via Appia (Rome-Capoue, 312 av. J.-C.). *Largeur : via* 2,48 m en ligne droite (8 pieds), 4,96 m dans les courbes (16) ; *actus* 1,20 m (4) ; *iter* (chemin secondaire) 0,60 m (2). Chargements limités à 492 kg. **1670** Colbert veut améliorer les voies : 4 chariots doivent pouvoir circuler de front sur les chemins royaux (larges de 7,80 à 9,80 m), 2 sur les chemins de traverse (4,40 à 4,80 m). **1705**-*26-5* arrêt prescrivant des routes tracées en ligne aussi droite que possible. **1716**-*1-2* création du service public des Ponts et Chaussées (de l'École en 1747). **1720**-*3-5* arrêt : largeur entre fossés de 60 pieds pour les grands chemins et 36 pieds pour les routes destinées aux coches, carrosses, messagers, voituriers et rouliers, d'une ville à une autre. Les riverains sont tenus de planter ces chemins d'arbres espacés de 30 pieds, à 1 toise au moins du bord intérieur du fossé. Les routes sont conçues pour une circulation légère, peu rapide et des véhicules plus étroits (1,44 m au lieu de 2 m) ; les diligences les plus volumineuses pèsent environ 5 t, circulent à 10-15 km/h. Les gros « fardiers » hippomobiles, plus lents, sont rares. **1776**-*6-2* routes classées en 4 catégories (selon largeur entre fossés) : 42, 36, 30 et 24 pieds. Puis classées d'après leur direction. *1re classe :* de Paris aux frontières (28 voies, longueur totale 15 000 km) ; *2e cl. :* d'une frontière à une autre, sans passer par Paris (97 voies, 17 000 km) ; *3e cl. :* d'une ville à une autre (20 000 km). **1800** routes nationales ; départementales ; chemins vicinaux (domaine public des communes) ; ruraux (domaine privé des communes). **1811**-*16-12* décret : *routes impériales :* 229 [33 162 km (30 000 ouverts à la circulation)] en 3 classes [1re et 2e cl. dépenses à la charge du Trésor ; 3e cl. (202 routes), dépenses réparties entre État et départements traversés]. **1813**-*7-1* classement des *routes départementales* (1 165 routes). **1815**-*31-12* longueur classée 25 155 km (dont 18 600 km exécutés). **Sous Louis-Philippe** chemins vicinaux importants, administrés par un service départemental, deviennent chemins vicinaux de grande communication et d'intérêt commun. **1870** routes classées : 233 (longueur : 38 500 km). **Largeur moyenne des nationales :** 16 m (chaussée 6, accotements 6, fossés et talus 4). **Départementales :** 1 749, 47 651 km (dont 47 026 ouverts à la circulation). Largeur moyenne (y compris fossés et talus) : 12 m. **Chemins vicinaux :** 548 503 km (dont 265 504 entretenus) dont *grande communication* 84 225 (76 149) ; *d'intérêt commun* 79 265 (54 010) ; *vicinaux ordinaires* 385 013 (135 345). Largeur (y compris fossés et talus) de grande communication : environ 10 m, intérêt commun : 8, vicinaux ordinaires : 7. **1908-13** congrès définissant des normes internationales (Paris, Londres, Bruxelles). **1930** routes nationales 40 000 km + 40 000 de chemins départementaux classés routes nationales ; départementales 280 000 ; chemins vicinaux 370 000 dont 310 000 en état de viabilité ; chemins ruraux reconnus 215 000, non reconnus 485 000 ; voies urbaines 45 000.

■ **Revêtement.** Le poids des véhicules le réduisait en gravier, qui comblait les interstices : le compactage se faisait grâce à la circulation routière. Le procédé McAdam (voir col. c), appliqué en Angleterre en 1815, permit d'augmenter la vitesse moyenne des malles-poste de 8 à 13 km/h. Le *tarmacadam* (ou *macadam*) fut découvert en 1854 par E.P. Hooley, qui remarqua que du goudron accidentellement renversé sur une surface rugueuse s'était solidifié en un revêtement lisse et dur. Il ajouta aux chaussées de McAdam une couche de goudron (*tar* en anglais), qui servait de liant et d'imperméabilisant. *Pierre Trésaguet* (1716-96) : 1res routes économiques [hérisson (soubassement épais en pierre d'environ 17 cm), empierrement (environ 17 cm), couche d'usure en gravier fin (8 cm)]. *Telford* (1757-1834) en G.-B. : principe analogue : hérisson, 2 couches de pierres (50 cm d'épaisseur au milieu), couche d'usure de 5 cm de gravier. *John McAdam* (1756-1836), ingénieur écossais, ayant observé qu'un sol sous-jacent sec peut supporter le trafic, supprima le hérisson : 3 couches de 5 cm de pierre de calibre décroissant posées sur un sol bombé. **1904-13** 1ers essais de *goudronnage* superficiel des routes.

■ **Dénomination. Routes :** construites et entretenues aux frais de l'État ou des départements. **Chemins :** aux frais des communes ; *vicinaux :* chemins de grande communication d'intérêt commun et ordinaire reliant les communes au chef-lieu de canton ou à d'autres communes ou hameaux. **1932**-*25-9* décret distinguant parmi les routes nat. les routes à grande circulation (leurs usagers bénéficient d'une priorité absolue). **1938**-*24-5* et *25-10* décrets créant chemins départementaux qui regroupent routes dép. et chemins vicinaux de grande communication et d'intérêt général ; budget dép. assure l'entretien. **1955**-*18-4* loi créant le statut des autoroutes. **1959**-*7-1* voirie communale refondue. Comprend : *voies communales,* regroupant voies urbaines, chemins vicinaux à l'état d'entretien et chemins ruraux dont le conseil municipal a décidé l'incorporation (domaine public de la commune) et *chemins ruraux* regroupant chemins vicinaux et ruraux autres (domaine privé). **1969**-*3-1* loi créant la catégorie des voies rapides : autoroutes et routes express.

■ **Jalonnement.** *Daniel-Charles Trudaine* (1703-69) 1er directeur des Ponts et Chaussées, imagine de mesurer les routes de 1 000 toises en 1 000 toises (1 000 toises = 4 444 m) et d'y faire planter des bornes portant un numéro. **1768** *Jean-Rodolphe Perronet* (1708-94) fait placer des bornes marquées de fleurs de lis marquant les milles (1 852 m), d'autres plus petites le quart de mille, le demi-mille ou les trois quarts de mille. Le point d'origine du bornage des grandes routes partant de Paris a été fixé à 30 m en avant de Notre-Dame de Paris. **1830** *les bornes kilométriques* (parfois hectométriques) apparaissent. A l'origine la nationale 7 était jalonnée par des bornes espacées de 10 m en 10 m.

■ **Numérotation et signalisation des routes. 1786**-*22-4* implantation de la borne initiale sur le parvis de Notre-Dame à Paris, à partir de laquelle on mesure les distances. **1811** numération à partir de Paris, dans le sens des aiguilles d'une montre [jusqu'en 1840 la route no 7 de Paris vers Rome était la route no 1]. **1813**-*janvier* ordonnance prescrivant la pose de bornes départementales de 2 m de haut, portant les noms des 2 départements limitrophes, le no et la désignation de la route. **1835** pose de panneaux de localisation et de direction, à 2,50 m de hauteur, pour être lisibles par un cocher assis sur son siège. **1853** pose de bornes kilométriques, hectométriques. **1894-99** panneaux du Touring Club signalant, principalement aux cyclistes, les passages dangereux (descentes, virages). 1er posé sur la RN 7 près de Cannes. **1902** le Touring Club fait poser plus de mille poteaux par an (bois, puis fonte avec lettres blanches sur fond bleu). **1908**-*1-12* 1er Congrès international de la route adopte 4 signaux d'obstacles (cassis, virage, passage à niveau, croisement) à symboles blancs sur fond bleu sombre. **1914** 1ers feux routiers à Cleveland. **1923** à Paris. **1932** apparition de la ligne jaune. **1973** de la ligne blanche.

■ **Relais. Après 1840,** les relais des Postes nationales seront abandonnés ; quelques auberges subsistent.

■ **Vitesse moyenne des voitures à voyageurs sur les routes principales de Paris aux grandes villes** (y compris temps d'arrêt). *Fin XVIIe s. :* 2,2 km/h ; *fin XVIIIe s. :* 3,4 ; *1814 :* 4,3 ; *1830 :* 6,5 ; *1847 :* 9,5 à 12.

Rhône-Alpes 40, Est 30, etc.). **1982** toutes les autoroutes sont désignées par la lettre A ; environ 1 000 km d'autoroutes changent de numéro ; les groupes de numéros par région sont maintenus.

■ **Réseau. Les plus anciennes autoroutes françaises : 1946** A-13 St-Cloud-Orgeval (22 km) ; commencée en 1936, finissait aux Quatre-Pavés-du-Roy. **1950** A-12 Rocquencourt-Trappes (8). **1951-53** A-51 nord de Marseille (12). **1952** B-42, C-42 Lyon-tunnel de la Croix-Rousse et accès Sud-Est (6). **1954** A-1 Lille-Carvin (19) ; A-25 (B-9 périphérique Sud Ronchin-Porte d'Arras) (1) ; C-27 Lille (B-9 périphérique Sud Ronchin-La Madeleine) (3). **Dates de mise en service du 1er et dernier tronçon des grandes autoroutes :** *A-1* Paris-Belgique 1954-74, *A-4* Paris-Metz 1975-76, *A-6* Paris-Lyon 1960-71, *A-7* Lyon-Marseille 1958-74, *A-8* Coudoux frontière italienne 1979, St-Isidore/Nice nord (2e chaussée) 1984, *A-9* Orange-Le Perthus 1978, *A-10* Palaiseau-déviation de Bordeaux 1967-81, *A-11* Paris-Le Mans 1966-78, Angers-Nantes 1980, Le Mans-Angers 1988-89, *A-13* Paris-Caen 1946-77, *A-26* Calais-Reims 1976-89, *A-31* Beaune-Toul 1974-89, *A-41* Grenoble-Scientrier 1978-81, *A-43* Lyon-Chambéry 1974-81, *A-48* Coiranne-Grenoble 1975, *A-61* Toulouse-Narbonne 1979, *A-62 A-61* Bordeaux-Narbonne (sauf contournement Toulouse) 1975-82, *A-71* Orléans-Clermont 1986-89, *A-72* Clermont-Ferrand-Saint-Étienne 1979-1985, *F-11* Le Mans-Laval 1980.

■ **Longueur totale** (en km). *Avant 1954* : 77 ; *1960* : 174 ; *65* : 653 ; *70* : 1 599 ; *72* : 2 172 ; *73* : 2 474 ; *74* : 2 878 ; *75* : 3 401 ; *77* : 4 293 ; *80* : 5 251 ; *84* : 6 085 ; *92* : 7 422 ; *95* : 8 775 ; *99* : 9 626 ; *2001* : 9 819 (dont concédés 7 319, non concédés 2 500, urbaines environ 1 000).

■ **Kilométrage mis en service par année. Total dont,** entre parenthèses, **autoroutes de liaison, routes express (e) et,** en italique, **voies rapides urbaines : 1969 :** 190 (dont 59, *59*). **70 :** 258 (187, *71*). **71 :** 176 (120, *56*). **72 :** 397 (351, *9*). **73 :** 302 (231, e 21, *75*). **74 :** 404 (287, e 21, *96*). **75 :** 523 (489, e 212, *75*). **76 :** 584 (489, e 7, *88*). **77 :** 308 (228, *80*). **78 :** 311 (264, e 16, *31*). **79 :** 292 (201, e 19, *72*). **80 :** 392 (342, *50*). **81 :** 464 (416,6, *47,3*). **82 :** 217 (157 *60*). **83 :** 169 (136, *33*). **84 :** 204 (156, *48*). **85 :** 245,1 (152,9, e 56,3, *35,9*). **86 :** 111,6 + 179,2 d'élargissement (él.) à 2 ou 3 voies. **87 :** 163,2. **88 :** 126,1. **89 :** 354,9 + 157,2 d'él. **90 :** 133 + 132 d'él. **91 :** 242 + 288 d'él. **92 :** 130 + 221 d'él. **93 :** 110,355 + 172,55 d'él. **94 :** 289 + 135,4 d'él. **95 :** 21,9 + 126 d'él. **96 :** 181,3 (sections neuves) + él. 78-79 : 25. **97 :** 242,1 + él. 77. **98 :** 329 (+ él. 97). **99 :** 139,4 (concédés). **2000 :** 132 (concédés) ; **2001 :** 270 (concédés).

■ **Réseau concédé.** L'État a construit les 1res autoroutes sur ses crédits budgétaires ou sur le FSIR (Fonds spécial d'investissement routier) avec la participation des collectivités locales intéressées. Puis il a concédé à des sociétés d'économie mixte (à partir de 1955), ou privées (1972), la construction et l'exploitation de la majeure partie du réseau interurbain.

Réseau routier concédé (au 1-1-2001) [*Source :* Associations des sociétés françaises d'autoroutes. *Abréviations ;* e.c. : en chantier en 2001.] **Associations des sociétés françaises d'autoroutes :** 7 315,6 km (e.c. 621,9) dont *Area (Sté des autoroutes Rhône-Alpes)* 381,8 ; *ASF (autoroutes du Sud de la France)* 2 035,6 (e.c. 440,9) ; *ATMB (autoroutes et tunnel du Mont-Blanc)* 106,7 ; *Cofiroute (Cie financière et industrielle des autoroutes)* 843,1 (e.c. 106,6) ; *Escota (Sté des autoroutes de l'Esterel-Côte-d'Azur-Provence-Alpes)* 459,9 ; *Sanef (Sté des autoroutes du Nord et de l'Est de la France)* 1 254 (e.c. 62,7) ; *SAPN (Sté des autoroutes Paris-Normandie)* 365,9 ; *SAPRR (Sté des autoroutes Paris-Rhin-Rhône)* 1 801 (e.c. 11,7). **Membres associés à l'association :** *chambre de commerce et d'industrie du Havre* : pont de Tancarville 2 km, de Normandie 4,6 km ; *Sté française du tunnel routier de Fréjus (SFTRF)* : 55 km (e.c. 13,4) ; *Sté marseillaise du tunnel du Prado Carénage (SMTPC)* : 2,5 km.

Dates de début des 1res concessions et, entre parenthèses, **année de fin des concessions actuelles, (en juin 1996). ASF** 1957 (2 032), **Escota** 1956 (2 026), **SAPRR** 1961 (2 013), **Area** 1970 (2 032), **Sanef** 1963 (2 028), **SAPN** 1963 (2 028), **ATMB** 1958 (2 015 hors tunnel), **Cofiroute** 1970 (2 030 hors A-86).

Sociétés concessionnaires. Stés d'économie mixte (Sem) : gèrent 88 % du réseau concédé (6 477 km sur 7 319 km au 1-1-1996). Capital souscrit par collectivités territoriales, chambres de commerce, caisses d'épargne, Caisse des dépôts et consignations (principal actionnaire). La Sté centrale pour l'équipement du territoire leur fournit une assistance commune de gestion, et par la Sté des autoroutes et tunnel du Mont-Blanc (ATMB), où l'État est majoritaire (52,5 %).

Chaque nouvelle section fait l'objet d'un avenant au contrat de concession entre la Sté concessionnaire et l'État, pour une durée allant jusqu'à la date de fin de concession de la Sté. L'État détermine tracé, échangeurs et caractéristiques générales des ouvrages. La Sté concessionnaire acquiert les emprises après déclaration d'utilité publique du projet, elle effectue des études techniques détaillées, passe les marchés après appel à la concurrence, contrôle les travaux, entretient et exploite les ouvrages. Les Sem ont un maître d'œuvre principal : *Scetauroute,* mais font aussi appel à d'autres maîtres d'œuvre. Le délai de construction d'une section est d'environ 4 ans. La Sté finance les dépenses par emprunts à la Caisse nationale des autoroutes (CNA, créée 1963, qui fait appel aux marchés financiers) et la Banque européenne d'investissement (BEI) et par autofinancement.

Réforme (en 1994). Regroupement des 6 sociétés en 3 grands pôles régionaux autour de Sanef (Nord et Est), ASF (Sud) et SAPRR (Paris, Rhin, Rhône), les autres

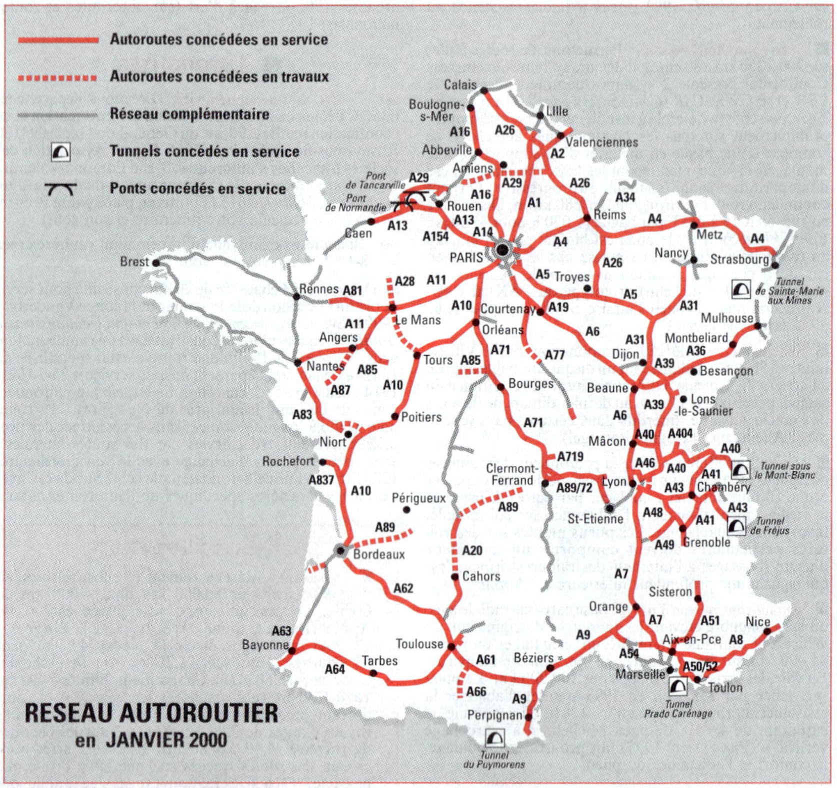

sociétés (SAPN-Normandie, Area-Alpes, Escota-Côte d'Azur) devenant des filiales de ces 3 pôles. Renforcement du capital avec une participation publique accrue de 950 millions (50 % État, 50 % établissement public Autoroutes de France, ADF). Remplacement de la procédure d'autorisation annuelle par des contrats quinquennaux États-sociétés d'autoroutes.

9 Stés d'autoroutes : 6 Semca construisant, finançant et exploitant 86 % du réseau, 1 Sté privée (12 % du réseau), 2 à caractère international pour les franchissements des Alpes (France-Italie) : ATMB (participation de l'État, du dép. de Hte-Savoie, du canton et de la ville de Genève et de la Sté italienne qui exploite l'autre moitié du tunnel du Mont-Blanc), SFTRF (État, collectivités locales, capitaux privés, Sté italienne qui exploite l'autre moitié du tunnel de Fréjus).

■ **Chiffre d'affaires global** (en millions de F, 2000). 33 521 dont Area 2 289, ASF 9 435, ATMB 342, Cofiroute 5 175, Escota 2 767, Sanef 4 878, SAPN 1 436, SAPRR 6 993, SFTRF 203. *Résultat :* 1 909 (en 1996). **Endettement** (en milliards de F, au titre de l'emprunt, 2000) : *total :* 140,9.

■ **Transactions** (en millions, 2000). 1 032 dont autos 856, camions 176.

■ **Investissements des contrats de plans 1995-99** (par sociétés, en milliards de F). *Source :* Asfa. ASF 25,6 ; Cofiroute 17,9 ; SAPRR 14 ; Sanef 11,3 ; SAPN 7,3 ; Escota 5,6 ; ATMB 5 ; SFTRF 4,5 ; Area 3,1. *Objectif :* lancer 1 500 km de nouvelles autoroutes. **Évolution des investissements annuels** (en milliards de F) **autoroutes en service et,** entre parenthèses, **nouvelles autoroutes :** *1990 :* 3,5 (6,6) ; *96 :* 3,5 (16,2) ; *97 :* 3,9 (14,2) ; *98 :* 3,5 (11,6) ; *99 :* 3,2 (9,5) ; *2000 :* 3,4.

■ **Effectifs permanents** (en 2000). 17 149 (dont 45 % pour la perception du péage).

■ **Équipements. Aires de service :** 337 ; 2,4 milliards de litres de carburant vendus ; **de repos :** 570. **Échangeurs :** 710. **Voies** (en km, 2000) : *2 × 2 voies :* 5 658,7 ; *2 × 3-4 voies :* 1 662,2. **Restaurants :** 238 (69 millions de clients servis).

■ **Péages. Recettes** (en milliards de F) : *1986 :* 10,5 ; *90 :* 17 ; *93 :* 21,8 ; *94 :* 23,4 ; *95 :* 24,9 ; *96 :* 26,5 ; *97 :* 28,3 ; *98 :* 30,6 ; *99 :* 33,9 ; *2000 :* 35,1. **Répartition de 100 F de péage** (en 2000) : financement-construction 51, impôts et taxes 21, exploitations HT 15 (dont 10 de personnel), financement TVA de la construction 9, grosses réparations HT 4.

☞ **Télépéage** sur autoroutes : système généralisé sur l'ensemble des autoroutes depuis le 1-1-2001. L'automobiliste muni d'un badge spécial franchit le péage à vitesse réduite, sans s'arrêter et reçoit une facturation mensuelle détaillée (par exemple, Marseille, tunnel Prado-Carénage, A-14 Paris-Poissy). *Nombre d'abonnements* (au 1-1-2001) : plus de 300 000 badges en circulation.

■ **Tarifs 2001** (en F). **Véhicules légers** (entre parenthèses, 1980/90) : *A-10 :* Paris-Bordeaux 270 (pas en service en totalité/189) ; *A-13 :* Paris-Caen 72 (27,5/50) ; *A-11 :* Paris-Le Mans 88 (38/64) ; *A-1 :* Paris-Lille 77 (25-50) ; *A-6 :* Paris-Lyon 166 (60/108) ; *A-4 :* Paris-Strasbourg 188 (97,5/148) ; *A-7 :* Lyon-Aix 119 (49/83) ; *A-43 :* Lyon-Chambéry 60 (31/41) ; *A-8 :* Aix-Nice 85,50 (40/64) ; *A-41 :* Chambéry-Grenoble 30 (14/22). *De 1980 à 1996,* l'évolution des tarifs de péage des véhicules légers (+ 96 %) reste inférieure à l'évolution de l'indice des prix à la consommation (+ 108 %).

☞ **Péages urbains :** *Marseille :* depuis sept. 1993 (tunnel du Prado-Carénage de 2,5 km). *Lyon :* 1995 (voie traversant nord-ouest de Lyon). *Paris A-14 :* 1996 [Paris-La Défense à Orgeval (A-13)]. *Paris A-86-Ouest :* prévue en 2006.

Dépannage : tarifs (au 1-1-2000) : véhicules particuliers sur axes équipés d'un *dispositif d'appel d'urgence :* 397 F ; sur ceux où le service de dépannage est tenu d'assurer une *permanence* sur la voie elle-même : 420 F.

■ **Intensité kilométrique sur les grands itinéraires** (véhicules/jour, moyenne annuelle sur les parties concédées, en 2000). *A-10* Paris-St Arnoult 78 253, *A-7* Lyon-Orange 64 740, *A-6* Beaune-Lyon 54 683, *A-61* Paris-Lille 52 694, *A-9* Orange-Narbonne 52 244, *A-7* Orange-Coudoux 48 400, *A-43* Lyon-Chambéry 46 576, *A-52* Aix-Toulon 35 156, *A-10* St Arnoult-Poitiers 34 684, *A-11* St Arnoult-Le Mans 33 029, *A-6* Paris-Beaune 32 124, A-9 Narbonne-Le Perthus 30 208, *A-54* Nîmes-Arles 28 144, *A-63* Hendaye-St-Geours 25 074, *A-61/A-62* Bordeaux-Narbonne 24 591, *A-31* Beaune-Nancy 22 678, *A-71* Orléans-Bourges 22 050, *A-81* Le Mans-Rennes 20 938, *A-86* Rueil-Malmaison-Versailles (en construction, ouverture 2006).

Nombre total de km parcourus (en milliards) tous véhicules dont camions : *96 :* 56,4 (10,6) ; *97 :* 58,2 (11,4) ; *98 :* 60,5 (11,7) ; *99 :* 64,2 (12,4) ; *2000 :* 65,8 (13,1). **Trafic moyen/j** en nombre de véhicules) : *96 :* 23 479 (4 394) ; *97 :* 23 782 (4 531) ; *98 :* 24 125 (4 670) ; *99 :* 24 924 (4 840) ; *2000 :* 25 196 (5 024). **Par Sté** (en 2000) : Area 25 945 (4 038), ASF 28 492 (5 711), ATMB 15 783 (1 434), Cofiroute 28 481 (5 395) ; Escota 32 505 (4 161) ; Sanef 20 825 (5 073), SAPN 22 507 (3 523), SAPRR 22 126 (4 969).

☞ En 1999, la Cour des comptes a dénoncé le système comptable dérogatoire des autoroutes (sera reformé en 2000-01), le développement incohérent des divers réseaux (autoroutes, routes, voies ferrées...), le manque de coordination entre les décisionnaires, la création de liaisons non rentables, les mauvaises évaluations, la lourde dette dont le remboursement est sans cesse reporté (fin 1997 : 200 milliards de F dont 135 en capital et 75 en intérêts).

Réseau routier mondial

■ **Longueur totale des routes non urbaines dont,** entre parenthèses, **autoroutes** (en km, au 1-1-1995). *Source :* Féd. routière internationale (FRI).

Afrique : Afr. du S. 182 580 (2 480). Algérie 102 424 (608). Bénin 8 460. Burkina Faso 12 506. Burundi 14 480. Cameroun 34 300. Rép. centrafricaine 23 810. Congo 12 760. Côte d'Ivoire 50 160. Djibouti 2 890. Égypte 58 000. Éthiopie 28 360. Gabon 7 633 (23). Gambie 2 640. Ghana 1 37 561 (21). Guinée 30 270. Kenya 63 663. Lesotho 4 955. Libéria 10 300. Libye 81 600. Madagascar 49 837. Malawi 27 880. Mali 14 776. Maroc 60 513 (113). Maurice (île) 1 877 (29). Mauritanie 7 600. Mozambique

29 810. Niger 9 863. Nigéria 32 810 (2 090). Ouganda 26 800. Rwanda 14 565. Sénégal 14 580. Sierra Leone 11 674. Soudan 11 610. Swaziland 3 825. Tanzanie 88 100. Tchad 32 700. Togo 7 519. Tunisie 22 490. Ex-Zaïre 154 027 (27). Zambie 38 898 (58). Zimbabwe 91 810.

Amérique : Argentine 216 100 (600). Bolivie 55 487 (27). Brésil 1 939 000. Canada 1 029 000 (19 000). Chili 79 750. Colombie 106 600. Costa Rica 35 600. Cuba 27 100. Rép. dominicaine 12 300. Équateur 43 106. Guatemala 12 795 (135). Guyane fr. 7 820. Honduras 15 100. Mexique 249 520 (5 920). Nicaragua 17 146. Panamá 10 792. Paraguay 28 900. Pérou 71 400. Porto Rico 14 100. Salvador (El) 12 320 (110). Trinité et Tobago 8 160. Uruguay 50 900. USA [4] 304 193 (74 545). Venezuela 82 700.

☞ *Il y a à Los Angeles* (USA) une agglomération longue de 100 km, 1 800 km d'autoroutes (pour 11 millions d'habitants et 7 millions d'automobiles).

Asie : Afghanistan 21 000. Arabie saoudite 159 000. Chine 1 110 000. Corée du Sud [4] 86 989 (2 425). Hong Kong 1 717. Inde 2 009 600. Indonésie 378 000. Iran 158 000 (460). Iraq 46 500. Israël 14 700 (56). Japon [4] 1 161 894 (6 455). Jordanie 6 750. Koweït 4 360. Liban 6 359. Malaisie 93 975 (575). Népal 7 550. Pakistan 216 564. Philippines 204 200. Singapour 2 972 (132). Seychelles 270. Sri Lanka 102 600. Syrie 39 243 (850). Taïwan 19 584 (382). Thaïlande 62 000. Viêt Nam 106 048. Yémen 64 605.

Europe (en 1999) : Allemagne 626 065 (11 473). Autriche 106 478 (1 613). Belgique 146 482 (1 691). Bulgarie [5] 36 777 (314). Chypre [5] 10 140. Danemark 71 621 (922). Espagne [5] 343 187 (7 747). Finlande [5] 77 722 (394). *France : 980 400 (9 303).* G.-B. [2] 394 183 (3 405). Grèce [2] 40 164. Hongrie 135 481 (448). Irlande 92 351 (94). Islande [5] 12 378. Italie [5] 314 360 (8 860). Kazakhstan [5] 158 655 (855). Luxembourg 2 863 (115). Monaco [5] 43. Norvège 90 741 (128). P.-Bas 116 500 (2 200). Pologne 371 729 (268). Portugal [5] 68 732 (687). Rép. tchèque 55 394 (499). Roumanie [5] 153 170 (113). Russie [5] 949 000. Suède 210 000 (1 437). Suisse [5] 71 055 (1 540). Turquie 62 618. Ukraine [5] 172 257 (1 875).

Océanie : Australie 895 030 (1 330). Fidji 3 370. Nlle-Zélande 92 100.

Nota. – (1) 1994. (2) 1997. (3) 1998. (4) 1999. (5) 1995.

■ **Autoroutes** (au 1-1-1998) **en km et,** entre parenthèses, **en km par million d'hab./par millier de km²/par million de voitures.** Allemagne : 11 300 (137/32/273) ; Autriche 1 600 (199/19/421) ; Belgique 1 700 (167/56/386) ; Danemark 900 (167/21/500) ; Espagne 9 100 (229/18/295) ; Finlande 400 (78/1/205) ; *France 9 772 (172/18/386)* ; G.-B. 3 300 (57/14/149) ; Grèce 500 (45/4/196) ; Irlande 100 (22/1/81) ; Italie 9 500 (164/32/306) ; Luxembourg 100 (291/46/518) ; Norvège 100 (25/0/63) ; P.-Bas 2 200 (140/53/379) ; Portugal 800 (84/9/276) ; Suède 1 400 (158/3/382) ; Suisse 1 600 (226/39/490).

■ **Autoroutes à péage en km** (au 1-8-1998) : Autriche 364,6 ; Belgique 1,4 ; Espagne 2 083,3 ; *France 7 316* (au 1-1-2001) ; G.-B. 0 ; Grèce 871 ; Hongrie 115,5 ; Italie 5 575,2 ; Norvège 195,7 ; Portugal 600,5.

■ **Pistes cyclables** (en km). USA 170 000. Allemagne 20 000. Pays-Bas 10 000. Danemark 4 100. *France 2 500* (diminution due à la décentralisation et à une absence de crédits de l'État depuis 1982). Dans les pays européens, pistes surtout à vocation urbaine.

TUNNELS ROUTIERS

GÉNÉRALITÉS

■ **Quelques dates. Antiquité.** Tunnel d'Agrippa (près de Naples), sous le Mt Posilipe, long. 900 m, largeur 7,50 m. **1478** *1er tunnel sous les Alpes* au mont Viso (France-Italie), achevé 1480. **1813** tunnel des Échelles (ou de St-Christophe, Savoie) 294 m de longueur (49,3 m² de section intérieure), 6,50 m de largeur entre trottoirs. **1847** Le Lioran (Cantal) 1 414 m (34,8 m²) 6,50 m. **1882** Tende (A.-M., à l'époque en Italie) 3 186 m (29,5 m²) 6,50 m. **1918** tunnel des Échelles éclairé la nuit. **1919** éclairage permanent. **1930** Roux (Ardèche) 3 336 m. **1937** tunnel de la Porte-Champerret (Paris) : caissons avec des lampes à vapeur de sodium SO 85. **1945** tunnel de St-Cloud (832 m × 17 m), 1er tube ventilateur de 10 m de diamètre aspirant l'air vicié pour le rejeter par un puits central. **1952** tunnel de la Croix-Rousse (1 752 m), ventilé de manière transversale. **1967** Marseille, 1er tunnel en caissons immergés (600 m de longueur, traverse le Vieux Port). **1968** tunnel du Chat : ventilation longitudinale avec accélérateurs accrochés dans la voûte. **1970** « PSGR », passage souterrain à gabarit réduit : haut. 1,90 à 2,75 m, larg. 6,70 m (exemple : Paris sous l'Arc de triomphe : 380 m, gabarit 2,60 m). **1983** Bastia, traversée du port. **1989** Nogent (Marne), autoroute A-86, tunnel immergé (800 m). **2000** tunnel Danemark/Suède (Copenhague-Malmö) plus un pont de 7,3 km et 2 ponts d'accès secondaires (2,6 et 3,7 km). *Coût :* environ 20 milliards de F.

■ **Méthodes de creusement. Excavation par explosif :** la plus économique pour les roches et la seule utilisable pour les roches dures. **Par machines foreuses ponctuelles :** 300 kW, adaptées aux sols cohérents, sols semi-rocheux (marno-calcaires) et sols rocheux relativement tendres ; prévoûtes par machines de prédécoupage. *Par injection par jet (jet grouting). Béton projeté* de fibre. *Tunneliers :* machines foreuses à pleine section, généralement accompagnées des dispositifs nécessaires à la mise en place des revêtements définitifs. Peuvent être équipés de boucliers dans les terrains meubles et aquifères, avec stabilisation du front d'attaque par pression de boue, terre ou air comprimé.

■ STATISTIQUES

☞ Il y a dans le monde 165 tunnels routiers de plus de 3 km. Le problème de ventilation limite la taille des tunnels routiers. (**Tunnels ferroviaires** voir p. 1886 a)

■ **Tunnels routiers les plus larges.** Sydney 24,70 m. Ile de Yerba Buena, San Francisco (Californie, USA), 23 m, haut. 17 m, long. 165 m. Plus de 80 000 000 de véhicules l'empruntent chaque année.

■ **Tunnels de plus de 3 000 m les plus fréquentés. Longueur totale en mètres et,** entre parenthèses, **nombre de passages par jour :** Saago (Japon) 4 784 (37 783 [1]). Belchen (Suisse) 3 180 (35 162 [2]). Mersay-Queensway (G.-B.) 3 237 (27 600 [3]). Kan Mon (Japon) 3 461 (27 576 [1]). Floyfjell (Norvège) 3 825 (25 000 [1]). L'Épine (France) 3 117 (24 067 [5]).

Nota. – (1) 1988. (2) 1994. (3) 1984. (4) 1993. (5) 1994.

■ **Trafic poids lourds par axe** (cumul des 2 sens via la France en milliards de t-km, 1998). Espagne-Allemagne 11,26 ; Espagne-Benelux 8,15 ; Italie-Benelux 5,13 ; Espagne-Italie 4,64 ; Espagne-G.-B. 4,01 ; Espagne-autres pays 2,67 ; Italie-G.-B. 2,33 ; Allemagne-Italie 0,66 ; autres relations 1,43. *Total :* 40,27.

■ **En France. Tunnels en exploitation** (au 30-5-2001) : **longueur de tubes en m et,** entre parenthèses, **nombre de tunnels et nombre de tubes :** *– de 200 m :* 46 206 (630, 683) ; *200 à 500 m :* 66 916 (169, 217) ; *500 à 1 000 m :* 53 415 (52, 81) ; *1 000 à 1 500 m :* 31 776 (17, 26) ; *1 500 à 3 000 m :* 44 094 (15, 23) ; *3 000 à 5 000 m :* 40 215 (7, 11) ; *+ de 5 000 m :* 21 170 (3, 3). *Total :* 303 792 (893, 1 044). **Nombre et,** entre parenthèses, **longueurs cumulées de tubes par type de route :** routes départementales 437 (48 885), voirie des communes 189 (60 592), routes nationales non concédées 153 (43 113), concédées 4 (26 010), autoroutes non concédées 51 (50 313), concédées 52 (68 892), routes forestières 4 (384), voies privées 1 (443).

■ **Grands tunnels français. Longueur des tubes en m et,** entre parenthèses, **date d'ouverture. Tunnels frontaliers. Avec l'Italie :** *Tende* (1882) 3 186 m, dont 1 487 en France. *Mont-Blanc* (1965) 11 600 m dont 7 640 en France. *Fréjus* (1980) 12 901 m dont 6 580 en France [*trafic* (en millions de véhicules) *en 1998 (et 2000) :* poids lourds 0,78 (1,55), véhicules légers 0,63 (1,6)]. *La Giraude* (1970) tube FI 360 m dont 253 en France, tube IF 360 m dont 248 en France. **Avec l'Espagne :** *Aragnouet-Bielsa* (1976) 3 032 m dont 1 772 en France ; gabarit autorisé 4,30 m. Fermé en hiver. *Puymorens* (1994) à 1 915 m d'alt. 4 840 m entre L'Hospitalet (Ariège) et La Tour-de-Carol (Pyr.-Or.). Coût : 750 à 890 millions de F. *Somport* (2001) commencé sept. 1991, 8 600 m dont 2 685 en France, creusement achevé 1997. Coût estimé (partie française) 370 millions de F. **Avec Monaco :** *Rainier III* (1993) 1 520 m, dont 1 180 m en France.

Autres tunnels. *Maurice Lemaire* [26] (1976) 6 872, 2 600 véhicules/j. *Ste-Marie-aux-Mines* (ferroviaire 1937, routier 1976) ; gabarit autorisé 4 m. Trafic (1993) : 2 600 véhicules/j. *Orelle* [11] (2000) 3 692. *Caluire* [10] (1997) 3 728 et (1999) 3 728. *Roux* [4] (1930) 3 336. *Chamoise* [1] (1986) 3 264 et (1995) 3 300. *L'Épine* [11] (1974) 3 110 et (1991) 3 092. *Traversée de Toulon* [21] (2002) 3 000. *Forêt de St-Germain (tunnel creusé)* [17] (1996) 2 810-2 810. *Défense* [17] (1996) 4 085-3 950. *Prado-Carénage* [5] (1993) 2 150-2 455. *Bobigny-Drancy* [23] (1998) 2 220. *Repiquet-Préfecture* [23] (1998) 2 200-2 200. *Traversée de Nogent-sur-Marne* [18] (1989) 1 888 et (1989) 1 705. *Foix* [22] (2000) 2 159. *Rive gauche du Paillon* [3] (Nice, 1997) 1 900. *Montets* [12] (1985) 1 882. *Épad-Puteaux* [17] (1984 et 93) 1 850. *Fourvière* [10] (Lyon, 1971) 1 836-1 853. Trafic moyen 103 000 véhicules/j. *Croix-Rousse* [10] (Lyon, 1952) 1 753. *Bretelle de Monaco,* liaison A-8-RN 7 [3] (1992) 1 591. *La Grande Mare* [14] (Rouen, 1992) 1 538-1 518. *Étroit du Siaix* [11] (1990) 620. *Chat* [11] (1932) 1 488. *Voirie Forum Central-Semah* [13] (Paris, 1979) 1 470. *Dullin* [11] (1974) 1 536-1 543. *Lioran* [6] (1848) 1 414. *Vuache* [12] (1982) 1 393-1 431. *Ponserand* [11] (1989) 1 371. *Landy* (1997) 1 360. *St-Germain-de-Joux* [1] (1990) 1 196-1 161. *Hurtières* [11] (1998) 1 190-1 160. *Rochecardon* [10] (1997) 1 131-1 131. *L'Arme 1 et 2* [3] (1979-89) 1 105-1 112. *Las Planas 1 et 2* [3] (1976-83) 1 108-1 072. *Bellerive-Bréguet* (1999) 1 080-1 080. *Cap Sicie* (1993) 1 100. *La Duchère* [10] (1997) 1 092-1 092. *Mescla* [3] (1991) 1 006. *Déviation de Rueil* [7] (1998), 1 117-1 117. *Les Chavants* [12] (1990) 1 015. *Puech Mergou* [15] (1918) 963. *Aiguebelle* [11] (1997) 924-901. *St-Cloud* [17] (1944-76) [6] 833-808. *Couverture de Champigny* [18] (1976) 850-880. *Les Monts Chambéry* [11] (1982) 862-877. *Quai des Tuileries* [13] (Paris, 1967) 861. *Pénétrante des Halles* (Strasbourg, 1980) 645-845. *Pas de l'Escalette* [2] (1994-95) 950-813. *A. Paré* [17] (Boulogne) (1974) 828-828. *Front de Mer* [20] (Bastia, 1983) 845. *La Coupière* [3] (1970) 803-814. *Trou au Renard-Guy Môquet* [18] (Nogent-sur-M.) (1990) 800-800. *Tranchée Hardelot* [24] (1998) 800-800. *Passage sous la Marne* A-86 (1989) 800. *Col du Rousset* [7] (1979) 769. *Grand Chambon* [8] (1935) 756. *FFF* [18] A-86 (1990) 905. *Castillon* [3] (1988-92) 782. *Marseille* (1994) 710. *Aéroport-Nice* [3] (1979) 725. *Châtillon* [1] (1997) 842. *Porte de Pantin* [13] (bd des Maréchaux, Paris, 1966) 655. *Cap Estel* (1993) 618. *Landy-Diderot* [23] (1997) 611-611. *Canta Galet* [3] A-8 (1976-83) 515-615. *Pessicart* [3] A-8 (1976-83) 599-600. *Courbevoie* [17] desserte intérieure (1983) 600. *Puteaux* [17] desserte intérieure (1984) 600. *Vieux-Port* [5] (Marseille, 1967) 597-602. *Ardoisières* [2] (1858) 585. *Antony* [17] (1994) 590. *Jenner* [14] (Le Havre, 1956) 580-580. *Parc-des-Princes* [13] (bd périphérique, Paris, 1971) 580-580. *Lac Supérieur* [13] (bd périphérique, Paris, 1971) 574-580. *Castellar* [3] (1970) 568-575. *Pl. de la Comédie* (Montpellier, 1985) 550. *Orly* [16] (1959) 550. *Rond-Point* (Saint-Étienne, 1968) 548-548. *La Gatine* [28] (Angoulême, 1980) 548. *Tranchée couverte de la gare* (Firminy, 1979) 548. *Mont Jézieu* [25] (1996) 620-610. *Petit Brion* [8] (1998) 540-540. *La Baume* [29] (Sisteron, 1990) 465-546. *Roissy* [19] A-1 (1970) 536-536. *Malleval* [8] 530. *Reine-Blanche-Grandchamps* [19] (1970) 530. *En Raxat* (1994) 525. *Parpaillon* [2] (1890) 512. *Diderot* [23] (1998) 570-350. *Mortier* [8] (1968) 502. *St-Pancrasse* [8] (1954) 502. *Uriol* [8] (1999) 574-574.

Nota. – (1) Ain. (2) Htes-Alpes. (3) Alpes-Maritimes. (4) Ardèche. (5) B.-du-Rh. (6) Cantal. (7) Drôme. (8) Isère. (9) Htes-Pyrénées. (10) Rhône. (11) Savoie. (12) Hte-Savoie. (13) Paris. (14) S.-M. (15) Tarn. (16) Essonne. (17) Hts-de-S. (18) V.-de-M. (19) V.-d'O. (20) Hte-Corse. (21) Var. (22) Ariège. (23) Seine-St-Denis. (24) Pas-de-Calais. (25) Lozère. (26) Vosges. (27) Pyr.-Or. (28) Charente. (29) Alpes-de-Hte-Provence.

Tunnels les plus longs. Largeur et longueur

Laerdal (Norv. 2000) (1 tube, 2 voies)	24 500 m
St-Gothard (Suisse 1980) [1] (7,80 m) [4]	16 918 m
Arlberg (Autr. 1978) (7,50 m) [5]	13 972 m
Fréjus (Fr.-It. 1980) [2] (9 m) [6]	12 901 m
Pinglin (Taïwan, en constr.)	12 900 m
Mont-Blanc (Fr.-It. 1965) [3] (7 m) [7]	11 600 m
Gudvangen (Norv. 1991) (6 m) [8]	11 400 m
Leirfjord (Norv., en constr.)	11 105 m
Kan Etsu (Japon 1991) (7 m ; 2 tubes) [9]	11 055 m
Kan Etsu (Japon 1985)	10 926 m
Gran Sasso (It. 1984) [7,50 m ; 2 tubes] [10]	10 173 m

Nota. – (1) Réunit Göschenen (Uri) à Airolo (Tessin). Coût au km (en FS) 44 millions sans frais financiers. (2) 6,5 km en France. Chaussée 9 m de large. Largeur entre piédroits 10,10 m. Coût au km 100 900 000 F (total 1,5 milliard de F). Trafic (1994) : 1 433 véhicules par jour dont 2 036 poids lourds. L'État français détient 49 % du capital de la société depuis le 26-8-1992. (3) 1er tunnel transalpin, le plus long tunnel routier sans puits de ventilation. Trames commencées 30-5-1958, inauguré 16-7-1965 par de Gaulle et le Pt italien Saragat. Chaussée de 7 m de large et 5,98 m de haut., à 2 480 m du sommet ; gabarit autorisé 4,50 m ; haut. côté français 1 274 m, italien 1 381 m. Trafic (en 1994) : 2 300 poids lourds ; 2 988 véhicules par jour. Fermé depuis le 24-3-1999 [incendie d'un camion frigorifique belge, transportant de la margarine, se propageant à 23 camions et 10 voitures, dure 56 h, température 1 300 °C (39 † sur le coup par des émanations de cyanure que la combustion de mousse de polyuréthane garnissant les parvis du camion incendié a libérées ; au-delà de 180 °C, le polyuréthane se transforme en acide cyanidrique et dégage une épaisse fumée noire. Barèmes d'indemnisation : 150 000 F pour la perte d'un conjoint. 120 00F pour celle d'un parent ou d'un enfant)]. Coût reconstruction : 1,3 milliard de F.

Moyenne journalière de l'année : (4) *1993 :* 16 143 ; (5) *1992 :* 5 655 ; (6) *1994 :* 3 469 ; (7) *1994 :* 5 288 ; (8) 1992 : 760 ; (9) *1988 :* 13 878 ; (10) *1988 :* 4 144.

Projets : *Mt-d'Ambin :* Lyon-Turin [en 2017 ; 52 km ; *coût* 40 milliards de F ; *alt.* 750 m]. *Lötchberg :* Berne-Milan [1999-2007 ; 34,6 km ; 14,6 MdF. *St-Gothard :* Zurich-Milan [1999-2012 ; 57 km ; 30 MdF (40 avec les 2 tunnels connexés ; *alt* 550 m]. *Brenner :* Munich-Vérone (ferroviaire ; 2015 ? ; 55 km).

TRAFIC ROUTIER (MONDIAL)

■ **Parcours kilométrique annuel moyen d'une voiture particulière** (en 1992). Danemark 18 488, Finlande 18 800, P.-Bas 16 340, Allemagne 16 000, G.-B., *France 13 800* (en 2000), Belgique 13 142, Suède 12 000, Pologne 11 250, Japon 10 413, Espagne 10 000, Bulgarie 7 800.

■ **Transport de marchandises** (en 1990, en millions de t et, entre parenthèses, en milliards de t/km). Allemagne 2 743 (131), Australie [1] 912,6 (48), Autriche 29 (8), Belgique 330 (32), Canada [2] 137 (42), Danemark 194 (11), Espagne 987 (150), Finlande 454 (25), *France 1 457 (115),* G.-B. [3] 1 691 (127), Hongrie 342 (7), Italie n.c. (177), Japon [4] 5 123 (194), Luxembourg [3] 13 (0,3), Norvège 220 (8), Pays-Bas 393 (23), Pologne 946 (30), Suède 388 (27), Suisse 370 (8), USA [5] n.c. (768), Yougoslavie 398 (26).

Nota. – (1) 1980. (2) 1981. (3) 1988. (4) 1983. (5) 1982.

TRAFIC ROUTIER (EN FRANCE)

☞ *Abréviations :* V. : véhicule, VI : véhicule industriel, VP : voiture particulière, VUL : véhicule utilitaire léger.

Parcours (en km/véhicule/an	1980	1985	1990	1995	1999
VP	13 020	12 760	13 643	14 005	14 103
VIL	14 500	14 500	15 893	15 773	15 971
VI	35 600	35 900	36 209	43 858	46 108
Autobus et cars	31 600	31 900	31 015	29 089	27 896
Voiture	453	490	586	640	700
Autobus autocars	38	37	41	42	41 [1]
Ferroviaire	62	71	74	65	77
Aérien	5	7	11	13	16

Nota. – (1) Dont urbains hors Ile-de-Fr. 5,2, Ile-de-Fr. dont RATP 4,1, réguliers 12,6, occasionnels 18,8. *Source :* CCTN.

■ **Dépenses totales de transport des administrations publiques** (en milliards de F, 1999) **dont**, entre parenthèses, **dépenses courantes/en capital. Centrales** : transport collectif urbain : 6,5 (5,6/0,9) ; route et voirie urbaine : 2,9 (0,3/2,6) ; route et transport routier : 16,9 (10/6,9) ; transports ferroviaires : 47,6 (36,1/11,5) ; autres (fluvial, maritime, aérien) : 13,7 (11,7/2) ; administration : 3,6 (3,2/0,4). *Total : 91,3 (67/24)*. **Locales** (en 1997) : transport collectif urbain : 46 (35/11) ; route et voirie urbaine : 45 (31,5/12) ; route et transport routier : 34,2 (13,6/21) ; autres : 4,2 (3,9/0,3). *Total : 127,4 (83,7/43,8)*.

■ **Dépense de transport** (en milliards de F, 1999). **Transport pour compte d'autrui** : 707 dont transport routier de marchandises : 194 ; de voyageurs : 81 ; ferroviaire : 49 ; fluvial et maritime : 31 ; aérien : 81 ; auxiliaire de transport : 263. **Compte propre des entreprises** : 136. **Transport individuel en automobile** (compte propre des ménages) : 640. **Dépense des administrations** : 215. **Total** : **1 698.**

■ **Emploi direct dans les transports (salariés et non-salariés)** en milliers de personnes, 1999. **Transport routier de marchandises** (compte d'autrui seul) : 353. **De voyageurs** : 186. **Ferroviaire (SNCF et RATP)** : 191. **Aérien** : 75. **Maritime et fluvial** : 13. **Auxiliaires de transport** : 223. **Total** : **1 041.**

■ **Dépense nationale de transport par mode de transport** (en milliards de F, 1999). **Routier** : 1 006 (dont compte propre des ménages 640 ; des entreprises 136 ; d'autrui des entreprises 240. **Ferroviaire** : 49. **Fluvial** : 3. **Maritime** : 28. **Total des dépenses réparties entre les modes** : 1 211 dont (en %) : routier 84,9, ferroviaire et métro 5,8, fluvial 0,2, maritime 2,4, aérien 6,7. **Auxiliaires et transport par conduite** : 272. **Dépenses des administrations** : 215. **Total** : **1 698** (avec doubles comptes).

■ **Dépenses des administrations pour la route** (en milliards de F, 1999). **Courantes** : 55,5 dont Apuc 10,5, Apul 45. **En capital** : 41,5 dont Apuc 9,5 (dont dépenses de l'État en infrastructures routières 9,5), Apul 32 (dont dépenses des collectivités locales en infrastructures routières 31). **Totales** : **97** dont dépenses en infrastructures routières 41.

■ **Recettes spécifiques des administrations liées à la route** (en milliards de F, 1999). **Total fiscalité automobile** : *1985 :* 154 ; *90 :* 183 ; *95 :* 210 ; *98 :* 222 ; *99 :* 227 dont certificats d'immatriculation 9,2 ; taxe sur permis de conduire 0,3 ; vignettes 13,4 ; sur assurance automobile 15,6 ; Sécurité sociale sur assurance automobile 5,7 ; sur voitures de sociétés 3,6 ; à l'essieu 0,8 ; taxes totales sur les carburants 189 ; spécifiques sur les carburants (TIPP, autres taxes, TVA sur TIPP et sur les autres taxes) 175 ; droits de timbre sur contrats de transport 0,5 ; redevance domaniale (autoroutes concédées, et jusqu'en 1996 contribution à la gendarmerie d'autoroute) 0,9 ; taxe d'aménagement du territoire (autoroutes concédées, au profit du FITTVN) 2,5. **Amendes forfaitaires de la circulation** (partiellement au profit des communes et du Syndicat des transports parisiens en Ile-de-France) : 2.

■ **Dépenses des ménages en transports individuels. Consommation finale des ménages** (en milliards de F, TVA incluse, 1999) : achat de véhicules 205 (dont automobiles 184, autres 21) ; dépenses d'utilisation 418 (dont pièces détachées, accessoires 123, carburants et lubrifiants 160, entretien et réparations 93, autres services 41) ; assurance automobile 18. **Total transports individuels** : 640. **Dépense par ménage** (en milliers de F, TVA incluse, 1999) : totale 27 dont achat de véhicules 8,6 ; utilisation 17,6 ; assurance automobile 0,7.

■ **Consommation finale des ménages en transports collectifs** (en milliards de F, TVA incluse, 1999). **Total** : 109 dont transport ferroviaire 19 ; public par route 30 ; aérien 29 ; autres transports publics 5 ; urbains 27. **Par ménage** : 4 600 F.

■ **Consommation finale des ménages en transports** (en milliards de F, TVA incluse, 1999). **Dépense totale** : 4 771 (dont total transports 749, soit 15,7 %).

■ **Coût de déplacement mode par mode.** Tram, métro ou bus en site propre : 4,8 à 6,6 F le km (selon trafic et coûts d'investissements), voiture utilisée en milieu urbain : 5,8 à 7,7.

■ **Coût social des transports** (en milliards de F, évalués en fonction des dépenses à engager pour supprimer ou réduire les nuisances). **Voitures particulières** : 284,1 (4,3 % du PIB) dont congestion 179,6 [dont temps perdu par les automobilistes 168 (2,6), usagers de transport en commun 6,8 (0,1), surcoût carburant voitures particulières 2,9 (0,0), surcoût exploitation bus 1,9 (0,0)], accidents 48,5 (0,7), pollution 32,8 (0,5), bruit 23,2 (0,4). *Coût social de la voiture à Paris :* 0,38 F par km dont pour bruit 0,16 ; pollution 0,12 ; congestion 0,10. **Transports collectifs** : 4,4 dont pollution 1,9 ; accidents 1,4 ; bruit 1,1.

■ **Encombrements.** *Nombre d'heures perdues :* selon la Sécurité routière, 80 millions chaque année sur autoroutes et routes nationales (soit 220 000 h chaque jour). *Coût* (pour une moyenne de 75 F l'heure) : 6 milliards de F l'an.

■ **Record. Le plus gros embouteillage en France** : sur l'ensemble du réseau : 600 km (samedi 2-8-1975 dès 11 h du matin ; il faudra attendre 22 h pour rouler de nouveau sur les routes).

☞ **Renseignements** : *Fédération nationale des transports routiers (FNTR)*, 6, rue Ampère, 75017 Paris. Créée 1933, fédère 80 syndicats départementaux, 12 000 chefs d'entreprise adhérents.

■ **Circulation routière** (en milliards de véhicules/km). *1980 :* 319 ; *85 :* 354 ; *90 :* 435 ; *95 :* 496 ; *98 :* 523 dont **par type de véhicules** : *immatriculés en France* VP 383, VUL 79, VI 26, bus et cars 2 ; *étrangers* VP et VUL 19, VI 7 ; *solde divers* 7. **Par type de réseau** : autoroutes 103, routes nationales 91, locales 192, agglomérations > 5 000 h 137, réseau total 523.

■ **Trafic autoroutier. Lille-Paris-Lyon-Marseille** (en milliers de véhicules/j) : *1980 :* 28,5 ; *85 :* 30,8 ; *90 :* 42,2 ; *95 :* 45,8 ; *98* 46,6 dont V. légers 36,1, poids lourds 10,5.

France/Italie en 1998 (et en 1985) : *Vintimille* véhicules légers 14 325 (7 221), poids lourds 3 459 (1 135), *Fréjus* V. légers 1 650 (970), lourds 2 149 (714), *Mont-Blanc* V. légers 3 345 (2 402), lourds 2 128 (1 327). En 1998, environ 3 200 poids lourds ont passé la frontière à Vintimille (dont 1 000 à 1 200 provenant ou allant en Espagne), et 4 300 se sont répartis par moitié entre les 2 tunnels (Mont-Blanc et Fréjus). La fermeture temporaire du tunnel du Mont-Blanc après l'accident du 24-3-1999 a modifié les trafics transalpins.

France/Espagne en 1998 (et 1985) : *Hendaye* véhicules légers 10 945 (4 400), poids lourds 6 457 (1 383), *Le Perthus* V. légers 11 264 (7 430), lourds 7 051 (1 630). 20 % des poids lourds recensés au Perthus sont en transit vers l'Italie par Vintimille.

Trafic routier du transport collectif. Nombre de voyageurs (en millions, 2000) : RATP (réseau routier) 957, transport urbain (sauf RATP) 1 942, interurbain (y compris lignes internationales et lignes affrétées par la SNCF) 395, scolaire 361, de personnel 69, occasionnel (locations, groupes, excursions, etc.) 246.

■ **Marchandises.** Trafic intérieur par mode de transport (en milliards de t/km, 2000). *Route* 266. *Fer* 55. *Navigation intérieure* 7,3. Oléoduc 21,7.

■ **Transports de marchandises** (en millions de t, 2000 et, entre parenthèses, en milliards de tonnes/km). **National** : 1 844,1 (163) dont compte d'autrui 1 100,2 (134,4). **International (partie française)** : 75,4 (21,2) dont autrui 74,8 (39,6). **Total** partie nationale 1 919,5 (184,2) dont autrui 1 175 (174).

■ Entreprises de transport

■ **Transport urbain et routier de voyageurs** (en 2000). **Entreprises** : 29 985. **Effectifs** : 168 559. **Investissements** : 9 158. **Chiffre d'affaires net** : 62 214.

■ **Transport routier de marchandises** (en 1999). **Entreprises** : 42 866 (dont interurbains 14 696, de proximité 24 244, déménagements 1 523, location 2 403). **Effectifs** : 312 041 (dont interurbains 177 370, de proximité 98 064, déménagement 14 813, location 21 794). **Investissements** : 8 907 ; **Chiffre d'affaires net** : 176 505.

Comptes des entreprises de transport routier de marchandises (en valeur, en milliards de F) : *chiffre d'affaires hors taxes : 1992 :* 132,1 ; *95 :* 145,8 ; *99 :* 176,5. *Subvention-impôt : 1999 :* – 3,8. *Rémunérations : 1992 :* 33 ; *95 :* 27,5 ; *99 :* 36,6.

■ **Principaux groupes. Chiffre d'affaires** (en milliards de F, 1996) : **Via GTI** : 5,1 (filiale à 97,66 % de la Financière de Paribas, 20 590 employés). **CGEA** : 3,94 (filiale à 95 % de la Cie générale des eaux, 12 700 employés). **Transdev** : 1,25 (filiale à 99 % de la Caisse des dépôts, 11 320 employés). **Cariane** : 1,22 (filiale à 99 % de la SNCF, 3,4 employés). **Verney** : 1,16 (famille Verney, 3 106 employés).

Principales entreprises. Chiffre d'affaires (en milliards d'euros 1999) : Geodis 3,1, Gefco 1,5, Novalliance 5,75, Stef/Tfe 5,68, CAT 5,14, Danzas 4,41, Dentressangle 2,78, Giraud 2,66, Dubois 2,29, Chronopost 2,1, Jet Services 1,69, Heppner 1,49, Balspeed France 1,44, Graveleau 1,34, Ducros 1,31, Exel Logistics 1,1, Aubry 1,1, FDS 1,03, DHL International 0,94, Samat 0,92.

■ Carte grise

■ **Demande. Véhicule neuf** : s'adresser à la préfecture (à Paris : préfecture de Police, 1, rue de Lutèce, 75004). *Droits :* varient selon les régions. Exemple pour Paris en 2000 : 193 F par CV. Demi-tarif pour moto et vélomoteur, voiture particulière de + de 10 ans, véhicule de + de 3,5 t. Remorques, tracteurs : taxe fixe égale à 1/2 taux unitaire. Véhicules immatriculés TT (véhicules en franchise de droit de douane) : taxe fixe égale à 1 taux unitaire 1/2. Le vendeur remet une *carte provisoire WW* payante qui permettra de circuler 15 jours ouvrés. **D'occasion** : une nouvelle carte grise doit être établie dans les 15 jours suivant la vente. Le vendeur doit remettre à l'acheteur : certificat de vente (imprimé dans les préfectures et sous-préfectures) dont le vendeur envoie le double à la préfecture, vignette, carte grise (barrée de 2 lignes transversales et revêtue de la mention : « vendue le ... à M. X », et signée) et certificat de passage dans un centre de contrôle technique si le véhicule a + de 4 ans (arrêté du 25-10-1994). Mêmes formalités que pour les véhicules neufs. Joindre un certificat de situation administrative (DSV) délivré par la préfecture du lieu d'immatriculation, datant de moins d'un mois et regroupant l'attestation d'inscription ou de non-inscription de gage et le certificat de non-opposition au transfert du certificat d'immatriculation (art. R. 298 du Code de la route, décret n° 93-255 du 25 février 1993). *Droits :* voir **Véhicule neuf** (ci-dessus).

Nota. – Formalités (Paris) : à la préfecture de Police (ensemble des opérations) ou dans les mairies d'arrondissement (transferts simples de propriété).

■ **Duplicata. Demande** : fournir volet n° 2 de la déclaration de perte ou de vol, imprimé de demande de duplicata, titre de paiement des droits fixes à acquitter [chèque bancaire, postal, mandat postal à l'ordre du régisseur des recettes de la préfecture de... (lieu d'immatriculation du véhicule), sauf si paiement en espèces], pièces justificatives de l'identité et du domicile ainsi qu'un rapport de contrôle technique en cours de validité pour les véhicules de plus de 4 ans. S'adresser à la préfecture ou sous-préfecture du lieu d'immatriculation. Si l'on est parisien, à la préfecture de police ou à la mairie de l'arrondissement. **Droit fixe** (à Paris, en F) : véhicule particulier ou utilitaire : 193. Moto, vélomoteur 1 CV : 48 ; 2 CV et plus – de 10 ans : 193 ; 2 CV + de 10 ans : 97. Moto 3 CV + de 10 ans : 145 ; de 4 CV et + : 193.

■ **Cas particuliers. Changement de domicile** : s'adresser à la préfecture ou sous-préfecture (à Paris, préfecture de Police ou antennes dans les mairies d'arrondissement) de son domicile ou de son lieu de travail. Remplir un formulaire, rédiger une attestation sur l'honneur de son lieu de résidence, pièce d'identité, certificat de position administrative (attestation de non-gage et certificat de non-opposition) délivré par la préfecture, restituer la carte grise. Un nouveau certificat d'immatriculation gratuit sera établi. **Changement d'état civil** (art. 1635 *bis* G à 1635 *bis* K, Code général des impôts) : gratuit en cas de changement d'état matrimonial (après mariage, divorce, veuvage) sur présentation des pièces justificatives adéquates. Taux fixe en cas de modification d'état civil de la personne physique propriétaire du véhicule pour véhicule à moteur autre que vélomoteurs et motocyclettes et dont la cylindrée n'excède pas 125 cm³. 1/4 du taux unitaire pour vélomoteurs et motocyclettes. **Héritage** : l'immatriculation au nom de l'héritier pourra être obtenue sur présentation d'une attestation du notaire, d'un certificat d'hérédité délivré par le maire, ou d'un certificat de propriété délivré par un juge d'instance. **Perte** : déclaration à la préfecture ou aux mairies des chefs-lieux de canton. A Paris, mairie de l'arrondissement du domicile. **Vol** : déclaration au commissariat de police ou à la brigade de gendarmerie du lieu de la résidence du déclarant, ou du lieu où le fait a été constaté. La déclaration sert de duplicata. Taxe fixe égale au taux unitaire pour immatriculation WW, double du taux unitaire pour W ou duplicata. **Délais pour changement de carte grise** : *en cas de changement d'adresse :* 1 mois (sinon amende 900 F) ; *en cas d'héritage :* 6 mois.

■ **Achat d'un véhicule à l'étranger.** Depuis juin 1995, un règlement communautaire (CEE/1475/95) permet d'importer un véhicule d'un autre pays de l'UE. La préfecture établit la carte grise définitive (TVA acquittée auprès de la recette des impôts en France) pour tout véhicule de moins de 6 000 km et de moins de 6 mois ; comme pour tout véhicule de plus de 6 000 km et de plus de 6 mois (TVA payée à l'étranger) la recette des impôts délivre un certificat d'exonération de la TVA à présenter à la préfecture avec la carte grise originale.

☞ **Véhicules gravement accidentés (VGA)** : la police, constatant un accident, peut retirer la carte grise de tout véhicule présumé dangereux, qui ne pourra être remis en circulation qu'après expertise.

■ Conduite

■ **Freinage.** Freiner avant et non pas dans le virage. *Sur route non glissante :* ne pas freiner en position « débrayée », mais débrayer au dernier moment (moteur prêt à caler). *Si 2 véhicules se suivent* à la même vitesse et que le 1er freine, le 2e conducteur réagira avec un retard de 3/4 de seconde à 1 seconde.

Calcul rapide des distances de freinage (en tenant compte de la distance parcourue pendant le temps de réaction et pendant le freinage) : sur route sèche, multiplier par lui-même le chiffre des dizaines de la vitesse : *à 60 km/h :* 6 × 6 = 36 m, *80 km/h :* 8 × 8 = 64 m, *120 km/h :* 12 × 12 = 144 m.

☞ L'arrêt d'une voiture roulant à 50 km/h correspond à une chute libre de 10 m de hauteur, à 75 km/h de 22 m, à 100 km/h de 40 m (sommet d'un immeuble de 14 étages). A 80 km/h, le cerveau, qui pèse normalement 1,5 kg, arrive à peser 33 kg. Le foie passe de 1,7 kg à 38 kg, le cœur de 300 g à 7 kg. Un homme de 75 kg, roulant à 50 km/h, se transforme au moment du choc en un projectile d'une masse de 3 t, capable de tordre des barres d'acier, donc de déformer le tableau de bord.

■ **Poids lourds. Réglementation** : *durée maximale de conduite journalière :* 9 h (10 h 2 fois par semaine) ; *hebdomadaire :* au maximum 56 h et 90 h pour 2 semaines consécutives. **Repos journalier minimal** : 11 h par tranche de 24 h (12 h en cas de fractionnement du repos avec une fraction de 8 h au minimum). Maximum hebdomadaire : 6 jours consécutifs (durée moyenne : 62 h 30 min ; 55 h prévues au 1-10-1995). **Interdiction de circuler** : *du samedi soir* (et veille de jour férié) à 22 h *au dimanche soir* (ou au jour férié) à 22 h pour les camions de plus de 7,5 t de marchandises ; *de midi au dimanche soir* (ou au jour férié) à minuit pour les camions transportant des produits dangereux ; *de 20 h au dimanche soir* (ou au jour férié) à minuit pour les camions transportant hydrocarbures ou gaz liquéfiés. Réglementation plus restrictive pour la région parisienne (concerne autoroutes A-6, A-10, A-12, A-13). Dérogations possibles pour denrées périssables et animaux vivants.

■ **Priorité à droite.** *1910* appliquée pour la 1re fois à Paris par le préfet Lépine. *1925* incorporée au Code de la route. *1944* des associations se prononcent pour la priorité à gauche. *1968* le Conseil économique recommande la priorité à gauche (il est en effet dangereux d'avancer jusqu'au milieu de la chaussée car on peut être heurté par un véhicule venant de la gauche ; 45 % des accidents ont lieu à des carrefours et auraient pu être évités si la priorité était différente). *1984*-1-5 « Tout conducteur abordant un carrefour à sens giratoire est tenu, quel que soit le classement de la route qu'il s'apprête à quitter, à céder le passage aux usagers circulant sur la chaussée qui ceinture le carrefour à sens giratoire. »

■ **Remorques et caravanes.** Une voiture de 6 à 8 CV peut tracter une remorque de 100 à 150 kg de charge utile. *Longueur maximale* de l'attelage voiture et caravane : 18 m, de la caravane timon non compris 12 m. *Largeur maximale* : 2,55 m. *Intervalles* entre voitures tractant remorque ou caravane en dehors des agglomérations : 50 m (si l'ensemble dépasse 7 m ou si le poids total en charge dépasse 3,5 t).

Freinage : *si la remorque pèse moins de 750 kg* en charge et moins de la moitié du poids à vide de la voiture tractrice, freinage propre non obligatoire ; *de 750 à 3 500 kg* : freinage « par inertie » obligatoire ; *au-delà* : freinage « en continu » (hydraulique, à dépression ou électrique).

■ **Stationnement. Définitions :** *arrêt* : immobilisation momentanée pendant la montée et la descente des passagers, le chargement et le déchargement, le conducteur restant au volant ou à proximité de son véhicule pour pouvoir le déplacer. *Stationnement* : immobilisation du véhicule hors les circonstances caractérisant l'arrêt. **Responsabilité :** un véhicule se trouvant à un emplacement gênant, où le stationnement est interdit, peut supporter tout ou partie de la responsabilité d'un accident, sauf si le stationnement irrégulier est toléré, s'il est visible sur une ligne droite, s'il est sans lien de causalité avec l'accident.

Interdictions : *sur autoroute* : stationnement interdit sur chaussée, bande d'arrêt d'urgence (sauf en cas de nécessité absolue), bande séparant les chaussées, accotements, bretelles de raccordement. *Dans les agglomérations* : interdit plus de 7 jours au même endroit (– de 24 h à Paris) et, sauf indications contraires, sur les trottoirs, emplacements réservés à certaines catégories de véhicules, notamment ceux arborant un macaron GIG (Grand Invalide de Guerre) ou GIC (Grand Invalide Civil), ponts, dans les passages souterrains, tunnels, près des signaux lumineux de circulation ou des panneaux de signalisation si ceux-ci peuvent être masqués, au droit des bouches d'incendie et des accès à des installations souterraines, en double file, dans les couloirs réservés aux bus, devant les entrées carrossables. Si l'éclairage public est suffisant, on peut ne pas signaler la nuit un véhicule en stationnement dans une agglomération. Dans une rue à stationnement alterné semi-mensuel, sauf dispositions contraires du maire, le véhicule doit être déplacé entre 20 h 30 et 21 h le dernier jour (du 1 au 15 côté des n° impairs, du 16 au dernier jour, des n° pairs).

Si une voiture bloque l'entrée d'un garage, on peut faire appel au commissariat de l'arrondissement ou à la brigade de gendarmerie. Si le conducteur est absent ou refuse, sur injonction des forces de l'ordre, de faire cesser l'infraction, l'enlèvement et la mise en fourrière du véhicule peut être prononcée par un officier de police judiciaire. Si le commissariat ne peut faire enlever sur-le-champ le véhicule gênant, un agent habilité peut dresser un procès-verbal et un officier de police judiciaire peut, en outre, ordonner la mise en fourrière du véhicule ; si l'enlèvement n'est pas immédiat, on peut demander au procureur de la République auprès du tribunal compétent le numéro de ce procès-verbal, et se porter partie civile devant le tribunal de police et obtenir éventuellement des dommages et intérêts si l'on peut prouver que ce stationnement abusif a causé un préjudice. Procédure gratuite.

☞ **1893**-*14-8* une ordonnance de la préfecture de Police interdit aux véhicules de stationner sur la voie publique sauf en cas extrême. **1935**-*16-7* 1ers parcmètres installés à Tulsa (Oklahoma, USA).

■ **Fourrière.** Une voiture en stationnement gênant, abusif ou dangereux peut être enlevé et mis en fourrière sur décision d'un officier de police judiciaire. Après 45 jours à compter de la mise en demeure faite au propriétaire par lettre recommandée avec AR d'avoir à retirer son véhicule, ce dernier est remis au service des Domaines qui le met en vente ; si la mise en vente est infructueuse, le véhicule est livré à la destruction. Le propriétaire peut récupérer le prix de la vente après déduction des frais de fourrière (enlèvement, garde, expertise, vente ou destruction) dans un délai de 2 ans. Le délai de conservation du véhicule en fourrière est ramené à 10 jours s'il est reconnu par l'expert désigné par l'Administration d'une valeur marchande inférieure à la valeur fixée par arrêté ministériel (5 000 F), et déclaré hors d'état de circuler dans des conditions normales de sécurité.

Frais (en F, au 1-1-2001). **Enlèvement :** *poids lourds 3,5 à 7,5 t* : opérations préalables 150, enlèvement 800, *7,5 à 19 t* : 1 400, *19 à 44 t* : 1 800, *voitures particulières* : préalables 100, enlèvement 600, *autres véhicules* : préalables 50, enlèvement 300. Expertises poids lourds 600, voitures particulières 400, autres 200. **Garde en fourrière :** *pour 24 h* : poids lourds 60, voitures 30, autres véhicules 20. La mise en fourrière est réputée avoir reçu un commencement d'exécution à partir du moment où au moins 2 roues du véhicule ont quitté le sol. Dans ce cas, le contrevenant doit acquitter les frais d'enlèvement. Il est redevable des frais d'opérations préalables avant commencement d'exécution. **Nombre de mises en fourrière** (en 2000) pour l'ensemble des forces de l'ordre : 339 647 dont Paris 156 727.

■ **Vitesse (limite en km/h). En France. Agglomération** (sauf signalisation spéciale) : 50 du panneau d'entrée en agglomération au panneau de sortie. *Paris* : ville 50 (zones semi-piétonnières 30, souterraines 45, accès autoroutes 60, voies sur berges 70, périphérique 80). **Routes :** *ordinaires* : 90 ; *à 2 chaussées séparées par un terre-plein central* : *110*. *Autoroutes* : 130 (80 au minimum sur la bande de gauche). **Nouveaux conducteurs :** voir p. 1926 a. **Par temps de pluie et autres précipitations** (décret du 30-7-1985) : autoroutes 110, sections en zone d'habitat dense et voies à 2 chaussées séparées par un terre-plein central 100 (autres routes 80). *Décret du 4-12-1992* : 50 par visibilité inférieure à 50 m. **Véhicules de plus de 3,5 t :** *autoroutes* : si – de 12 t : 110 ; si + de 12 t : 90. *Routes à grande circulation* : 80, si – 12 t : 100 (sur les routes à 2 chaussées séparées par un terre-plein central). *Autres routes* : 80 ; 60 pour les véhicules articulés, ou avec remorque dont le PTAC est supérieur à 12 t. *Agglomération* : 50. **Véhicules (ou ensemble de véhicules) transportant des matières dangereuses :** *autoroutes* 80 ; *autres routes* 60 [1] ; *agglomération* 50. **Transports en commun :** *hors agglomération* 90 [2] (100 sur autoroute pour certains autocars) ; *agglomération* 50.

Nota. – (1) 70 km/h si munis d'un freinage ABS. (2) 100 km/h si munis d'un freinage ABS.

☞ **Vitesse moyenne des voitures de tourisme** (sur les autoroutes françaises) : selon l'Association des Stés françaises d'autoroutes, passer de 127 à 120 km/h réduirait la mortalité automobile de 25 %.

A l'étranger. Sur route et sur autoroute (en km/h) : Allemagne 100, 130 (recommandé). Autriche 100, 130. Belgique 90, 120. Danemark 80, 100. Espagne 90, 120. G.-B. 97, 113. Grèce 80, 80. Irlande 97, 97. Italie 90 à 110, 90 à 140 (selon la puissance des moteurs). Luxembourg 90, 120. Norvège 80, 90. P.-Bas 80, 120. Pologne 80, 90. Portugal 90, 120. Suède 70, 110. Finlande 80, 120. Suisse 80, 120. Turquie 90, 110. Ex-URSS 90. USA 90 (55 mph, ensemble réseau rase campagne). Ex-Yougoslavie 80 ou 100 (selon type de route), 120.

En 1985, la France a rendu obligatoire un limiteur de vitesse sur les véhicules lourds (transport de marchandises et transport en commun de personnes). Le Conseil de l'UE a adopté une directive le 10-2-1992, applicable depuis le 1-1-1994, pour les véhicules immatriculés à partir de cette date et à compter du 1-1-1996 pour ceux immatriculés entre le 1-1-1988 et le 1-1-1994, rendant ce dispositif obligatoire sur les véhicules de marchandises d'un PTAC supérieur à 12 t et sur ceux de transport en commun de personnes d'un PTAC de + de 10 t. Le 1-1-1995, un droit d'usage (dit « eurovignette ») a été instauré pour les autoroutes (Allemagne, Belgique, Danemark, P.-Bas, Luxembourg, Suède), résultant de la directive du 25-10-1993 harmonisant la fiscalité des + de 12 t au sein de l'UE, qui reconnaît les systèmes de péages et autorise les États qui n'en sont pas dotés à percevoir un droit d'usage pour certaines infrastructures (autoroutes).

☞ Selon un arrêt du 19-4-2000 de la Cour de cassation, le seul fait de dépasser la limitation de vitesse autorisée ne constitue pas « un comportement particulier exposant directement autrui à un risque immédiat ». Cet arrêt annule la condamnation prononcée par la cour d'appel d'Aix-en-Provence, le 7-10-1999, à 2 mois d'emprisonnement avec sursis et 6 mois de suspension du permis de conduire pour « mise en danger d'autrui » d'un automobiliste surpris à 211 km/h.

■ Contraventions

Généralités

■ **Amendes** (voir encadré p. 1924 a). **Forfaitaires :** les contraventions des 4 premières classes sont payables dans les 30 j à compter de la date de la constatation ou de l'envoi de l'avis de contravention par timbre-amende ou par chèque libellé au Trésor. *Piétons* : 30 F, *1re classe* : 75, *2e* : 230, *3e* : 450, *4e* : 900. Pendant ce délai, le contrevenant peut contester (requête en exonération auprès du service verbalisation). Le ministère public peut classer sans suite ou poursuivre par ordonnance pénale ou citation directe. En cas de condamnation, l'amende prononcée ne pourra pas être inférieure à l'amende forfaitaire. **Forfaitaires majorées :** en cas de non-paiement de l'amende forfaitaire et d'absence de requête, la somme est recouvrée au profit du Trésor public. *Piétons* : 50 F, *1re classe* : 220, *2e* : 500, *3e* : 1 200, *4e* : 2 500. Le contrevenant a 30 j après l'envoi de l'avis adressé par le comptable du Trésor pour réclamer auprès de l'officier du ministère public (tribunal de police) qui peut classer sans suite, poursuivre par ordonnance pénale ou citation directe ou aviser l'intéressé de l'irrecevabilité de la réclamation non motivée ou non accompagnée de l'avis. En cas de condamnation, l'amende prononcée ne peut être inférieure à l'amende forfaitaire majorée. **Autres amendes :** procédure ordinaire (jugement, ordonnance pénale, arrêt...).

Particularités : 1) *Régularisation dans les 5 jours* : depuis le 15-1-1978, certaines infractions sont dispensées d'amende et de poursuite judiciaire si l'on régularise la situation dans les 5 jours : défaut d'équipement du véhicule ne mettant pas en cause la sécurité routière. Le contrevenant est puni d'une amende de 1re classe pour non-présentation sur les lieux de la carte grise et du permis de conduire ; de 2e classe pour non-présentation de l'attestation d'assurance. Se présenter à la brigade de gendarmerie, au commissariat de police de son choix (avec son véhicule et le papier qui manquait avec l'avis de contravention). 2) *Amende forfaitaire minorée* : concerne les contraventions de la 2e et 4e classe punies d'une simple peine d'amende à l'exception de celles relatives au stationnement ; doit être payée dans les 3 jours à compter de la constatation de l'infraction ou dans les 7 jours qui suivent l'envoi de la carte de paiement. *2e classe* : 150 F, *3e* : 300, *4e* : 600.

Amendes (en F) **et condamnations pécuniaires prononcées par les juridictions :** *1re classe* : 30 à 250, *2e* : 250 à 1 000, *3e* : 1 000 à 3 000, *4e* : 3 000 à 5 000. Récidive : 3 000 à 5 000 et/ou 1 à 10 jours de prison. *5e* : 5 000 à 10 000. Récidive : 6 000 à 20 000 F.

■ **Recouvrement des amendes et condamnations pécuniaires.** Envoi d'un avis. *A défaut de paiement*, poursuite sur les biens [commandement, saisie (éventuellement du véhicule), vente,...]. Le procureur de la République peut ordonner la contrainte par corps : la personne qui refuse de payer l'amende est alors incarcérée : 5 j pour amende et condamnation pécuniaire de 1 000 à 3 000 F ; 10 j (3 000 à 10 000 F), 20 (10 000 à 20 000 F), 1 mois (20 000 à 40 000 F), 2 mois (40 000 à 80 000 F), 4 mois au-delà de 80 000 F.

Mesure spécifique pour les véhicules achetés d'occasion : pour recouvrer les amendes forfaitaires majorées liées à la circulation lorsque l'ancien propriétaire du véhicule n'a pas procédé à son changement d'adresse sur sa carte grise, le comptable peut inscrire à son encontre une opposition au transfert du certificat d'immatriculation (OTCI). Conséquence : non-délivrance du certificat de non-gage et de non-opposition (art. L. 27-4 et L. 28 du Code de la route) et donc non-immatriculation du véhicule par son nouvel acquéreur.

Nota. – Les amendes constituent une source non négligeable des recettes de l'État (6,7 milliards de F en 2000). Elles sont en partie redistribuées aux collectivités locales (2,2 milliards en 2000) et servent à améliorer les transports en commun et la circulation.

Fichier des conducteurs : institué par la loi du 24-6-1970 et placé sous l'autorité et le contrôle du garde des Sceaux. Supprimé le 4-1-1980. **Opposition administrative :** saisie

---

Appels de phares pour signaler la présence des forces de l'ordre : plusieurs tribunaux ont estimé qu'il s'agissait d'une invitation à la prudence et non d'un acte répréhensible méritant d'être sanctionné.

Contrôle radar : ne peut pas être contesté sous prétexte que l'agent verbalisateur n'est pas celui qui a constaté l'infraction, peut être contesté si l'on prouve que l'appareil utilisé était défectueux au moment des faits, ou qu'il n'avait pas subi le contrôle technique périodique prévu, ou que ses mesures étaient faussées par un mauvais positionnement.

Cycliste en infraction : il ne peut se faire supprimer des points de son permis de conduire, le retrait de points ne concernant que « le permis de conduire exigible pour la conduite de véhicules terrestres à moteur » (article R. 225 du Code de la route). Mais le tribunal peut lui infliger, à titre de « peine de substitution », une suspension de son permis voiture. Un cycliste ivre peut voir son permis annulé car la bicyclette est un véhicule au sens de l'article L. 1er du Code de la route.

Stationnement abusif (article R. 417-12 du Code de la route) : 7 jours et plus en un même point de la voie publique ou de ses dépendances : *contravention* de 2e cl., amende forfaitaire de 230 F majorée à 500 F si non payée dans les 30 j. Une mise en fourrière peut être prescrite. Un riverain ne peut installer sur le domaine public un matériel de dissuasion (exemple : des chaises) sous peine d'un emprisonnement de 2 ans et d'une amende de 30 000 F.

☞ **Selon l'article L. 21-1 du Code de la route,** le titulaire du certificat d'immatriculation du véhicule est responsable pécuniairement des infractions à la réglementation sur le stationnement délivrées contre lui. **L'article L. 121-2** prévoit plusieurs exceptions : par exemple, le titulaire exonéré s'il démontre l'existence d'un cas de force majeure (panne ou vol du véhicule par exemple) ou s'il fournit des indications permettant d'identifier le véhicule auteur de l'infraction.

Papiers que l'on doit avoir sur soi en France : permis de conduire valide, attestation d'assurance (voir **Assurances**), carte grise (+ celle de la remorque si elle pèse plus de 500 kg en charge ; la photocopie certifiée conforme est admise pour les véhicules de transports de marchandises d'un PTAC supérieur à 3,5 t, soumis à des visites techniques périodiques obligatoires, ainsi que pour les véhicules de location sauf ceux loués avec option d'achat, l'original de ce document étant exigé à l'étranger), certificat de contrôle technique. **Non-présentation immédiate des papiers :** permis de conduire et carte grise : contravention de 1re classe : 75 F ; attestation d'assurance : 2e classe : 230 F. Si, dans les 5 j, on ne vient pas présenter ses papiers, contravention 4e cl. : 900 F.

Papiers nécessaires à l'étranger : *en Europe* : carte verte d'assurance internationale, permis de conduire à 3 volets (ou permis international pour Russie). *Hors d'Europe* : permis de conduire et certificat internationaux pour automobile sont parfois exigés. On se procure le permis de conduire intern. sur présentation du permis français, de 2 photos et d'un timbre fiscal, auprès de la préfecture ou des automobiles-clubs. *Depuis le 1-7-1996* : tout titulaire d'un permis de conduire d'un État membre de l'UE peut circuler librement dans un autre pays de l'UE sans avoir à faire valider son permis, même en cas d'installation définitive dans un des pays de l'UE.

Papiers perdus ou volés : *permis de conduire* : faire une déclaration au commissariat ou à la gendarmerie ; le récépissé délivré remplacera 2 mois le permis dans l'attente d'un duplicata. *Certificat d'immatriculation* : faire une déclaration, récépissé valable 1 mois.

■ **Contraventions : amende forfaitaire**, entre parenthèses, **amende pénale encourue** (en F) **et nombre de points retirés du permis de conduire : abandon** de voiture-épave (10 000, récidive 20 000). **Alcool** taux entre 0,5 et 0,8 g/l de sang 900 (9 000), – 3 pts. **Arrêt** dangereux 900 (5 000), – 3 pts. **Assurance**, défaut d'attestation d'assurance dans les 5 jours (5 000), défaut d'assurance (10 000, récidive 20 000), permis suspendu, non-apposition du certificat (1 000). **Avertisseur** sonore (usage abusif) 230 (1 000). **Barrière de dégel** non respectée et passage sur les ponts (10 000), permis suspendu. **Blessures involontaires** sans arrêt de travail (1 000), permis suspendu ; avec arrêt de travail ⩽ 3 mois (10 000), permis suspendu, – 4 pts. **Carte grise** défaut 900 (5 000). **Casque** non-port 900 (5 000), non homologué 900 (5 000). **Ceintures de sécurité** non-port 230 (1 000), – 1 pt. **Changement de direction** sans précaution 230 (1 000), – 3 pts. **Circulation à gauche** en marche normale 900 (5 000), – 3 pts, sur chaussée, voie, piste, réservées 230 (1 000). **Course de véhicules** dans lieux fermés à la circulation publique (5 000). **Demi-tour** ou **marche arrière** sur autoroute (5 000), permis suspendu, – 4 pts. **Dépassement** à droite 900 (5 000), – 3 pts (si danger), ou dans un virage 900 (5 000), – 3 pts ou dans une intersection non prioritaire 900 (5 000), – 3 pts. Lors d'un dépassement, refus de serrer à droite 900 (5 000) ou retour prématuré à droite 900 (5 000), – 3 pts, accélération au moment d'être dépassé 900 (5 000), – 2 pts. **Descente d'un véhicule** sans précaution 75 (250). **Disque A** (nouveau conducteur) défaut 230 (1 000). **Échappement silencieux** défaillant 450 (3 000). **Enfants** (non-placement à l'arrière) 230 (1 000). *Pour un véhicule dont le PTAC est < 3,5 t.* **Feux (et signaux de freinage)** défaillants ou absents 450 (3 000), usage non conforme 900 (5 000), non usage la nuit ou par brouillard en un lieu non éclairé (5 000), – 4 pts, de route ou de brouillard maintenus en croisant 900 (5 000), – 1 pt. **Fumées gênantes** 450 (3 000). **Indicateurs de changement de direction** défaillants ou irréguliers 450 (3 000). **Ligne continue**, chevauchement 900 (5 000), – 1 à 3 pts. **Motocyclette** (non-allumage de jour des feux de croisement) 450 (3 000). Non-présentation immédiate de la carte grise ou du permis de conduire 75 (250) ou non-justification dans les 5 jours 900 (5 000). **Panneau Stop ou feu rouge** non-respect (5 000), permis suspendu, – 4 pts ; du signal d'un agent 900 (5 000). **Péage** (refus d'acquitter) 230 (1 000). **Permis de conduire** défaut (10 000). **Piétons** (infraction des) 30 (250). **Plaques d'immatriculation** défaut (5 000). **Pneus** lisses 900 (5 000) ou à crampons non conformes ou hors période 900 (5 000). **Radar** (détecteur) détention, usage ou vente d'appareil (10 000). Sens interdit emprunté (5 000), – 4 pts. **Priorité**, *non-respect* : à droite 900 (5 000), – 4 pts, d'une route à grande circulation (5 000), – 4 pts, indiquée par Stop 900 (5 000), – 4 pts, des piétons 900 (5 000), – 4 pts. **Stationnement** : gênant 230 (1 000), fourrière, abusif 230 (1 000), sur voie réservée aux transports en commun 900 (5 000), fourrière, payant (non payé) 75 (250). **Téléphone portable** : usage au volant, peut être verbalisé en vertu de l'article R. 3-1 du Code de la route : « Tout conducteur de véhicule doit se tenir constamment en état et en position d'exécuter commodément et sans délai toutes les manœuvres qui lui incombent. Ses possibilités de mouvement et son champ de vision ne doivent pas être réduits par le nombre ou la position des passagers, par les objets transportés ou par l'apposition d'objets non transparents sur les vitres. » Contravention de 2e classe, verbalisable au moyen de l'amende forfaitaire minorée (timbre-amende) : 230 F réduits à 150 en cas de paiement dans les 3 j. **Vitesse** non-maîtrise 900 (5 000). Excès 50 ⩾ km/heure (10 000) permis suspendu, – 4 pts, entre 40 et 50 km/heure (5 000) permis suspendu, – 4 pts, entre 30 et 40 km/heure 900 (5 000) – 3 pts, entre 20 et 30 km/heure 900 (5 000) – 2 pts, < 20 km/heure 900 (5 000), – 1 pt.

■ **Délits. Amende** (en F) **et**, entre parenthèses, **durée d'emprisonnement et nombre de points retirés du permis de conduire** : barrage forcé, refus d'obtempérer 25 000 (3 mois max.), permis suspendu, – 6 pts. Course de véhicule sur la voie publique sans autorisation 120 000 (6 mois max.), – 6 pts. Délit de fuite 200 000 (2 ans max.), permis suspendu, – 6 pts. Homicide involontaire 300 000 (3 ans max.), permis suspendu, – 6 pts. Blessures involontaires 200 000 (2 ans max.), permis suspendu, – 6 pts. État d'ivresse manifeste 30 000 (2 ans max.), permis suspendu, – 6 pts. Conduite sous l'emprise de l'alcool 30 000 (2 ans), permis suspendu, – 6 pts. Récidive/défaut de permis de conduire 25 000 (2 ans max.), – 6 pts. Conduite malgré suspension de permis 30 000 (2 ans max.), permis suspendu, – 6 pts. Usage de fausses plaques d'immatriculation 25 000 (5 ans max.), permis suspendu, – 6 pts.

particulière ne concernant que les contraventions. Depuis le 11-7-1972, le comptable chargé du recouvrement des contraventions peut prélever directement celles-ci sur le compte bancaire ou postal du contrevenant ou par le biais de son employeur. Le contrevenant et le détenteur de fonds pour le compte du débiteur doivent être prévenus par le comptable du Trésor qu'une opposition administrative sera exercée. Ensuite, le détenteur de fonds ou l'employeur a 15 jours pour payer l'amende au Trésor. **Avis à Tiers Détenteur (ATD)** : depuis le 3-1-1993 (art. 1018 A-CGI), l'ensemble des amendes pénales et des droits fixes de procédure (contraventions, délits, crimes) sont privilégiés (= possibilité de faire des ATD).

■ **Statistiques. Infractions constatées au Code de la route** (en millions) : *1990* : 20,8 ; *93* : 21,7 ; *95* : 20,2 ; *98* : 18,9 ; *2000* : 20,4. **Nombre de contraventions** (en millions) : *1973* : 5,8 ; *77* : 12,2 ; *80* : 14 ; *83* : 15,17 ; *86* : 17,25 ; *87* : 14,08 ; *88* : 12,65 ; *93* : 14,8 [*record* (25-10-1994) : 243 km/h sur l'A-49 ; passible d'un emprisonnement de 1 an, de 100 000 F d'amende] ; *96* : 20,5 ; *2000* (en unités) : 15 337 111 dont stationnement 9 938 021, vitesse 231 304, non-port de la ceinture de sécurité 605 907, non-respect du feu rouge 207 651, du signal « stop » 70 836, non-port du casque 78 556. **Délits** : *2000* : 254 806 dont conduite en état d'ivresse 11 290, sous l'emprise de l'alcool 108 433, délits de fuite 104 569. **Suspensions du permis** : *1986* : 229 244 ; *90* : 469 275 ; *91* : 390 625 ; *92* : 297 883 ; *93* : 183 118 ; *95* : 167 117 ; *98* : 93 604 ; *2000* : 112 910 (baisse car il existe désormais d'autres voies de suspension : retraits de points, tribunaux).

■ **Permis à points. Nombre de permis invalidés par manque de points** : *1995* : 5 213 ; *2000* : 11 758 (dont hommes 11 335, femmes 423). **Nombre de permis ayant obtenu le rétablissement du nombre initial de points** : *juill.-déc. 95* : 49 408 ; *98* : 593 129 ; *2000* : 779 656 (dont hommes 605 993, femmes 173 663).

☞ **Ile-de-France. Nombre d'amendes** (en 1995) : 7 381 440 (dont règles de stationnement 6 876 568, suspensions de permis de conduire 5 205). **Montant** : 502 millions de F.

LOCATION AUTOMOBILE

■ **Statistiques globales. Nombre de locations** (en millions) : *1978* : 1 ; *82* : 1,5 ; *84* : 3,5 ; *90* : 5 ; *95* : 6,1 ; *2000* : 6,7. **Durée moyenne** (en 2000) : 4,1 j. **Kilométrage moyen** *par location* 370, *par jour de location* 137. **Parc** : 148 500 voitures, 43 900 véhicules utilitaires (jusqu'à 3,5 t). **Chiffre d'affaires** (en milliards de F, global 2000) : 11 dont voitures 8,5, utilitaires 2,5. **Achats et reventes** : 170 000 véhicules/an. **Age moyen** *des voitures particulières* : 7 mois. Par Sté (en 1998) Europcar 0,6, Avis 0,5, Citer < 0,6, Sixt < 0,6, Budget 0,4, Hertz 0,25, Ada n.c.

■ **Principales sociétés en France. Nombre de stations en 2000 et**, entre parenthèses, **nombre de véhicules en saison** (particuliers, et utilitaires de 3,5 t maximum. *Source* : CNPA) : *Ada* 484 (8 100/3 700), *Avis* 518 (31 500/3 300), *Budget* 310 (8 000/2 000), *Car'go* 21 (845/755), *Europcar* 420 (31 500/4 500), *Hertz* 450 (32 000/4 000), *National Cite 292 (8 010/1 530), Renault Relais* 429 (9 333/1 581), *Rent-a-Car* 202 (4 032/4 150), *Sixt* 55 (5 500/550). *Total* 3 181 (138 820/26 066), *avec les indépendants* 4 250 (167 600/43 900).

■ **Location de voitures courte durée. Chiffre d'affaires total** (en milliards de F, 2000) **et**, entre parenthèses, **parts de marché par entreprise** (en %). Avis 1,8 (22 %), Hertz France 1,1 (21), Europcar 1,6 (16,2), Ada 0,7 (8,3), Budget France SA 0,6 (5,5), Rent-a-Car 0,3 (7), National/Citer 0,3 (3,6).

■ **Rentabilité.** La location est rentable jusqu'à 90 à 110 j d'utilisation annuels pour 9 000 à 11 000 km par rapport à un achat, si l'on ajoute au prix d'achat *les intérêts du capital immobilisé* : 12 à 14 % ; *la dépréciation annuelle* : 25 à 30 % ; *l'entretien* : 3 à 6 % ; *l'assurance tous risques avec franchise* : 6 à 12 %.

■ **Prix de la location.** VOITURE CATÉGORIE A. **Pour un week-end** (2000) : *de 530 à 760 F* : 500 à 1 250 km compris dans le forfait ; prix du km supplémentaire 1,81 F TTC ; franchise incompressible : TPC 4 000 à 10 000 F, CDW 3 000 à 7 000 F TTC ; conducteur supplémentaire : 143,52 F, de – de 25 ans : 143,52 F/jour. **A la journée** : *Hispano Suiza 1926* : 6 000 à 20 000 (avec chauffeur). *Mercedes 600 SL* : 3 500 (forfait + km ou heures). *Porsche Carrera 911.2* : 1 850 à 2 200 (forfait + km). *Ferrari 348 TS* : 3 500 (forfait + km). *Cadillac Eldorado 1959* : 4 000. VOITURES AVEC CHAUFFEUR : *Talbot K86 1932* : 2 000 à 4 000 ; *Traction avant 15,6 cylindres* : 1 500 à 2 700. **A l'heure** : *Rolls-Royce Silver Spur* : 700 à 1 000.

■ **Location de véhicules industriels. Entreprises** : 6 300 dont 2 800 en font leur activité principale. *Chiffre d'affaires* : 13 milliards de F. *Salariés* : 60 000. **Parc des principales entreprises** : *Fraskin* (filiale Semam) : 8 497. *Via Location* : 5 200. *Locamion* : 4 727. *Transauto Stur* : 1 766. *France Location* : 2 929.

■ **Location de longue durée. Parc français** (en milliers) : *1988* : 260 ; *90* : 362 ; *95* : 611 ; *96* : 670 ; *97* : 738 ; *98* : 820 ; *99* : 930 ; *2001* (1-1) : 1 200 (dont Diac Location 153, Crédipar 130, Lease Plan 125, Arval 136, Avis Fleet Services 74, UCA Lease 32, Temsys 48, Hertz Lease 18, Interleasing 18, Ford Lease 15, Autoplan 10).

PERMIS DE CONDUIRE

■ **Origine. 1889**-*6-8* Léon Serpollet passe le 1er examen sur tricycle à vapeur de sa conception, rue Spontiani (Paris XVIe). **1891**-*17-4* 1re autorisation de circuler sans dépasser 16 km/h délivrée à Léon Serpollet et Avezard fils. **1893**-*14-3* certificat de capacité délivré par les préfectures. -*14-8* ordonnance de la préfecture de police. **1899**-*10-3* certificat de capacité spéciale (« Circulation des automobiles ») permettant de conduire sur route à 30 km/h et en ville à 20 km/h, délivré par le ministère des Travaux publics. -*1-11* 1 795 certificats délivrés en région parisienne. **1922**-*31-12 permis de conduire. Police de circulation* créée. **1954**-*10-7* diverses catégories (sauf A1). **1957** la loi rend obligatoire l'enseignement des règles de circulation dans les écoles et les lycées. **1958** *Code de la route.* **1972** réforme de l'examen du permis de conduire. **1992**-*1-7 permis à points.* -*1-12* réformé (12 points au lieu de 6). **1996**-*1-7* permis de conduire plastifié (taille d'une carte de crédit) pour les États membres de l'UE.

■ **Démarches. Avant examen** : constitution du dossier par l'auto-école. *En candidat libre* : 2 photos d'identité, pièce d'identité avec photo, justificatif de l'état civil, demande signée, photocopie de l'ancien permis de conduire en cas d'extension, timbre fiscal remplacé 1-12-1998 par une taxe régionale variant selon les régions. **Après examen** : présentation à la préfecture dans les 6 semaines avec le permis provisoire (feuille rose, valable 2 mois à compter de la date d'examen), pièce d'identité avec photo, chèque de 170 F, ancien permis en cas d'extension (l'extension est gratuite). **Demande de duplicata** : déclaration de perte ou de vol établie par le commissariat (valable 2 mois pour la conduite d'un véhicule mais sans limite de validité pour demander un duplicata) ; s'il y a lieu, le permis de conduire détérioré, 2 photos d'identité, pièce d'identité avec photo, justificatif de domicile (de moins de 3 mois), frais 170 F. **Permis international.** Permis de conduire français, 2 photos, pièce d'identité avec photo, justificatif de domicile (de moins de 3 mois), frais 17 F. **Échange permis étranger.** Présentation avec le permis de conduire obtenu à l'étranger (pour les étrangers) dans l'année qui suit le début de la résidence en France, ou la date du premier titre de séjour pour les étrangers. Coût 170 F.

■ **Catégories. AT. Tricycle ou quadricycle à moteur** : *jusqu'à 50 cc* : au maximum 45 km/h et 73 dB : sans permis ; âge minimal 14 ans ; pistes cyclables interdites. Ni carte grise, ni vignette, ni disque de stationnement, ni plaque d'assurance. 2 places, le passager ne doit pas avoir plus de 14 ans. *De 50 à 125 cc* : au maximum 13 CV, 400 kg à vide, PTAC 1 000 kg, âge minimal 16 ans, au maximum 75 km/h et 80 dB, pistes cyclables interdites. **Cyclomoteurs** : *jusqu'à 50 cc* : pédales non obligatoires depuis 1-7-1983, 45 km/h au maximum et 72 dB, sans permis, âge minimal 14 ans, autoroutes et périphériques interdits (pistes cyclables obligatoires). Attestation d'assurance, plaque métallique avec nom et domicile du propriétaire. Interdiction de porter un passager de plus de 14 ans. **Scooters** : *jusqu'à 50 cc.* **Devenu A au 4-7-1996.**

AL. Motocyclettes légères (MTL) : *de 50 cc (compris) à 80 cc (non compris) automatique* : max. 75 km/h ; 78 dB ; âge min. 16 ans ; permis A MTL ou B, C, D (délivré à partir du 1-3-80) [1,2,3,4] ; pistes cyclables interdites. *MTL 2 : de 50 cc à 80 cc (non compris) non automatique* : au maximum 75 km/h et 78 dB ; âge minimal 16 ans ; permis A MTL [1,2,3,4] ; MTL 3 : *de 80 cc à 125 cc (non compris)* : – de 13 CV ; vitesse non limitée à la construction ; 80 dB ; âge minimal 17 ans ; permis A MTL [1,2,3,4], C[1](1) si boîte de vitesse automatique. **Motos** : *MTTE : de 80 cc à 125 cc (non compris)* : 13 CV et plus ; vitesse non limitée à la constr. ; 80 dB ; âge minimal 18 ans ; permis A MTTE [2,3,4] ; *125 cc, depuis le 1-7-1996* : âge minimal 16 ans (permis AL) ou pour les titulaires depuis au moins 2 ans du permis auto. : *de 125 cc et plus* : 100 CV au maximum ; 83 dB (de 125 à 350 cc), 85 (de 350 à 500 cc), 86 (+ de 500 cc) ; vitesse non limitée à la constr. ; âge minimum 18 ans ; permis A MTTE [2,3,4], pistes cyclables interdites. **Scooters** : *de 80 cc à 125 cc.* **Devenu A1 au 4-7-1996.**

Nota. – (1) Pour âgés d'au moins 17 ans et titulaires du permis A1 (délivré entre 1-3-1980 et 31-12-1984), A, B, C, D (délivré avant 1-3-1980), licence de circulation délivrée avant 1-4-1958 ; ces permis permettent aussi de conduire des 125 cc mis en circulation avant le 31-12-1984. (2) Permis A2 (délivré entre 1-3-1980 et 31-12-1984, titulaire depuis au moins 2 ans, et justifiant d'une pratique suffisante). (3) A3 (délivré entre 1-3-1980 et 31-12-1984). (4) A (délivré avant le 1-3-1980).

B. De tourisme : poids maximal en charge 3 500 kg. 18 ans. Transport des personnes. 8 places assises au max., non comprise celle du conducteur. *Remorque possible* : poids total autorisé en charge (PTAC) : 750 kg n'entraînant pas le classement du véhicule dans la catégorie E. Véhicules assimilés aux précédents dont la liste est fixée par arrêté du min. des Transports. *Transport de marchandises* : PTAC maximal 3 500 kg. Voitures d'incendie pour le transport de personnes (10 places ou plus) : âge minimal 18 ans. **AB** : voiture de tourisme avec boîte automatique.

B1 : tricycle à moteur dont la puissance et le poids à vide n'excèdent pas respectivement 15 kW et 550 kg. Quadricycles lourds à moteur.

CL (jusqu'au 30-6-1990). Véhicules utilitaires de plus de 3,5 t et inférieurs ou égaux à 19 t pour les véhicules isolés ou inférieurs ou égaux à 12,5 t pour les véhicules articulés. **Devenu C au 1-7-1990.**

C (jusqu'au 30-6-1990). Véhicules utilitaires de plus de 19 t isolés et plus de 12,5 t articulés. **Devenu EC au 1-7-1990.** *Depuis le 01-07-1990* : véhicules automobiles isolés, autres que ceux de la catégorie D, dont le PTAC excède 3,5 tonnes.

E (B) : PTAC supérieur à 750 kg.

■ **Coût du permis de conduire en 2000. Moto A** : *forfait de* 20 h (180 à 220 F/h) : 3 000 à 4 000 F + frais de dossier (135 F). **Véhicules légers B** : 27 h de conduite (moy. nat. 150 F à 200 F/h) + leçons Code de la route (40 à 90 F/h) + frais de dossier (750 à 1 050 F) : 5 000 F. **Poids lourds : C** : stage de 20 j : 10 120 F ; **D** : 11 140 F. **En cas de conduite accompagnée** : + 6 h (2 rendez-vous pédagogiques de 3 h chacun l'un après 1 000 km, l'autre après 3 000 km), déductibles de la prime d'assurance jeunes conducteurs.

E (C) : Ensemble des véhicules couplés dont le véhicule tracteur entre dans la catégorie C, attelé d'une remorque dont le PTAC excède 750 kg.

E (D) : véhicule tracteur entre dans la catégorie D, attelé d'une remorque d'un PTAC supérieur à 750 kg.

D. Véhicules de transport en commun : véhicules PTAC de plus de 3 500 kg ; transportant plus de 8 personnes (conducteur exclu). Remorque possible moins de 750 kg. Age minimal 21 ans. Valable 5 ans. Les titulaires peuvent utiliser des véhicules de 15 places. Le conducteur doit être titulaire du permis B. Un permis B délivré avant le 20-1-1975 permet de conduire un véhicule de 3,5 t de 8 places au maximum en plus du conducteur. Ceux qui n'ont pas de diplôme professionnel, ou qui ne peuvent pas justifier d'une année d'activité de conducteur affecté au transport des marchandises, peuvent conduire des véhicules de plus de 15 places dans un rayon de 50 km au maximum autour du point d'attache du véhicule (sans limite lorsqu'ils justifieront avoir parcouru au moins 5 000 km pendant au moins 1 an avec un véhicule de transport en commun, quel que soit le nombre de places).

F. Supprimé en 1984 en temps que catégorie spécifique aux handicapés ; ceux-ci conduisent des véhicules des catégories A et B avec aménagement et (ou) prothèses figurant sur le permis.

Nota. – Certains permis portent la mention « port de verres correcteurs obligatoire » (lunettes correctrices ou verres de contact ou lentilles cornéennes, suivant le cas). La mention peut être modifiée par la suite sur attestation d'un ophtalmologiste agréé par le préfet. Toutefois, le titulaire doit être en possession à tout moment d'une paire de lunettes correctrices.

■ **Brevet de sécurité routière.** Obligatoire à partir du 17-11-1997 pour les jeunes nés après le 16-11-1983 pour conduire, entre 14 et 16 ans, un cyclomoteur ou un scooter de 50 cm³. Sinon, amende de 230 F. *Conditions :* avoir l'attestation scolaire de sécurité routière (ASSR) sanctionnant la formation donnée en classe de 5ᵉ et 3 h de formation à la circulation. *Coût :* 250 à 300 F. Assuré par les auto-écoles ou les associations.

■ **Conduite accompagnée.** Créée en 1984. A partir de 16 ans (art. R. 123-3 du Code de la route). *1ʳᵉ étape :* formation initiale dans une auto-école agréée, à l'issue de laquelle l'élève doit réussir l'épreuve théorique. *2ᵉ étape :* conduite accompagnée en France durant 1 à 3 ans. L'accompagnateur doit être l'un des parents, le tuteur, ou un adulte âgé de 28 ans révolus, possédant un permis B en cours de validité depuis au moins 3 ans et non condamné pour infraction grave au Code de la route. Après 20 h de leçons de conduite et la réussite de l'épreuve théorique, une attestation de fin de formation initiale est délivrée (doit parcourir au moins 3 000 km en au moins 1 an et au plus 3 ans avec un accompagnateur). Le conducteur doit avoir sur lui un livret de formation et afficher sur le véhicule un autocollant distinctif. Limitations de vitesse : 110 km/h (pour 130), 100 (pour 110), 80 (pour 90). L'examen sera passé à 18 ans. La conduite accompagnée n'est possible que sur un véhicule bénéficiant d'une extension de garantie. La surprime d'assurance de 100 % max. depuis le 1-1-1992, appliquée aux novices, est réduite au moins de moitié pour les titulaires du permis ainsi formés pendant la 1ʳᵉ année d'assurance (50 %), et supprimée dès la 2ᵉ année si aucun sinistre responsable n'est enregistré.

Apprentissage anticipé de la conduite (AAC). Inscrits : *1986 :* 1 323 ; *90 :* 62 219 ; *94 :* 125 580. **Permis délivrés à la 1ʳᵉ demande après apprentissage anticipé et,** entre parenthèses, **taux de réussite** (en %) : *1990 :* 16 341 (80,9) ; *95 :* 90 396 (76,6) ; *98 :* 172 077 (73,9).

☞ **Renseignements : Centre de documentation et d'information de l'assurance,** 26, bd Haussmann, 75009 Paris. **Préfectures** (bureau de la circulation). **Auto-écoles. Minitel :** 3615 Route.

■ **Épreuves. Théorique** (code) : pour les permis A, B, C, D et E : examen audiovisuel et collectif, sauf pour les non-francophones, sourds, sourds-muets, illettrés qui sont examinés par une méthode audiovisuelle spéciale. Sur 40 diapositives avec questions, il faut 35 réponses justes pour être reçu. On peut le passer à 16 ans minimum pour les catégories A1, B1, B (pour B, sous réserve de suivre une formation d'apprentissage anticipé de la conduite AAC) ; 17 ans 1/2 pour la catégorie B (formation traditionnelle) ; 18 ans pour les catégories C et E (C) ; 20 ans 1/2 pour la catégorie D. Valable 2 ans (sauf formation AAC : 3 ans) et pour 5 examens pratiques. Ensuite, il faut repasser cette épreuve. Les titulaires d'un permis français de moins de 5 ans sont dispensés de l'épreuve théorique s'ils désirent un permis d'une autre catégorie. Délai de 1 mois entre enregistrement à la préfecture d'une demande cat. B et le passage de la 1ʳᵉ épreuve théorique ; 2 semaines entre 2 épreuves théoriques. **Pratique** (conduite) : Permis B : épreuve en circulation. Autres permis : épreuves en circulation et hors circulation. Délai de 24 h entre l'épreuve hors circulation et l'épreuve en circulation de l'épreuve pratique des catégories A1, A, C, D, E (C). *Catégorie A :* délai de 48 h entre 1ᵉʳ et 2ᵉ passage, de 1 mois entre les suivants. *Catégories C, D, E (C) :* 1 semaine entre 1ᵉʳ et 2ᵉ passage, 1 mois entre les suivants. *Catégorie B :* 1 mois entre date d'enregistrement et 1ʳᵉ épreuve (si pratique, l'on est dispensé de l'épreuve théorique) ; 2 semaines entre réussite au code et 1ᵉʳ passage conduite ; 2 semaines entre 2 passages de la conduite. Depuis le 1-1-1999, *permis B1* obligatoire pour tricycles à moteur (puissance à moins de 15 kW et poids à vide moins de 550 kg ; *permis E(B)* pour véhicule cat. B avec remorque dont le PTAC 750 kg si le PTAC remorque est supérieur au poids à vide du véhicule tracteur ou pour un poids total dépassant 3 500 kg ; *permis E(D)* (véhicules couplés dont le tracteur entre dans la cat. D) comporte désormais 2 épreuves.

☞ On peut apprendre à conduire sans le concours d'une auto-école : l'apprentissage en candidat libre doit s'effectuer sur un véhicule doté d'un système de double commande et de double rétroviseur.

Statistiques. Permis de conduire délivrés (en 2000) : *voitures de tourisme (B)* 748 252 (dont femmes 396 805), *poids lourds (C + EC)* 41 844 (1 774), *transports en commun (D)* 6 449 (1 307), *motocyclettes (A)* 101 718 (11 690), *vélomoteurs (AL)* 6 704 (461), *tricycles et quadricycles à moteur (B1)* 258 (1 999). *Total* 923 571 (en 1999). **Reçus, épreuves théoriques** (en %) : *94 : 66,37 ; 95 :* 66,5 ; *97 :* 67,7 ; *98 :* 68,5 ; **pratiques** (en %) : *94 :* 56,64 ; *95 :* 57,49 ; *97 :* 56,6 ; *98 :* 56,4. **% de réussite à l'examen lors de la 1ʳᵉ** *présentation : 1976 :* 34,85 ; *88 :* 50 ; *92 :* 70,77 ; *93 :* 70,88 ; *96 :* 60,07.

■ **Permis de conduire à points** (voir aussi encadré p. 1924 a). *Créé* par la loi nº 89-489 du 10-7-1989 entrée en vigueur le 1-7-1992, + décret du 23-11-1992 entré en vigueur le 1-12-1992. Le 1-7-1992, les routiers bloquent les routes pour protester contre le permis à points (en février 1984, avaient déjà bloqué les départs en vacances). *Principes :* le permis est doté, lors de sa délivrance, d'un capital de 12 points. Chaque infraction grave est affectée d'un certain nombre de points de démérite. Lors de l'infraction, l'agent verbalisateur doit remettre au conducteur le formulaire indiquant le nombre de points qu'on peut lui retirer ; en cas de recours contentieux (dans un délai de 2 mois) par l'automobiliste, l'administration doit prouver qu'elle a rempli son obligation d'information (avis du Conseil d'État du 28-7-2000). *Exemples :* **6 points :** conduite en état d'alcoolémie (0,8 g/l de sang), ou en état d'ivresse manifeste (0,40 mg/l d'air expiré), refus de se soumettre aux vérifications d'alcoolémie, délit de fuite, homicide ou blessures involontaires entraînant une incapacité totale de travail de plus de 3 mois, refus d'obtempérer, d'immobiliser son véhicule et de se soumettre aux vérifications, récidive de dépassement de 50 km/h ou plus de la vitesse maximale autorisée. **4 points :** dépassement entre 40 et 49 km/h de la vitesse maximale autorisée, non-respect de priorité, feu rouge, stop, dépassement de 50 km/h ou plus de la vitesse maximale autorisée, blessures involontaires entraînant une incapacité totale de travail de moins de 3 mois, circulation la nuit ou par brouillard, en un lieu dépourvu d'éclairage public sans éclairage ni signalisation, marche arrière ou demi-tour sur autoroute, circulation en sens interdit. **3 points :** circulation injustifiée sur la partie gauche de la chaussée, franchissement d'une ligne continue, changement important de direction inopiné, dépassement de 30 à 39 km/h de la vitesse maximale autorisée, de moins de 40 km/h pour les jeunes conducteurs, dépassement, arrêt ou stationnement dangereux, circulation sur bande d'arrêt d'urgence, conduite avec un taux d'alcoolémie compris entre 0,5 et moins de 0,8 g/l de sang. **2 points :** dépassement de 20 à 30 km/h de la vitesse max. autorisée, accélération d'un véhicule en train d'être dépassé, circulation ou stationnement sur la bande centrale séparative des chaussées. **1 point :** non-port de la ceinture de sécurité, chevauchement d'une ligne continue, dépassement de moins de 20 km/h de la vitesse max. autorisée, maintien des feux de route la nuit lors d'un croisement d'usagers malgré leurs appels de phare.

La condamnation pour l'une de ces infractions entraîne automatiquement le retrait des points correspondants. Pour plusieurs infractions simultanées, perte de 8 points maximum ; pour plusieurs contraventions, 6 points maximum. Quand le capital des points est épuisé, le permis perd sa validité et on doit attendre 6 mois avant de le repasser. Dans ce cas ou en cas d'annulation judiciaire assortie d'une interdiction de solliciter un nouveau permis d'une durée inférieure à 1 an, les titulaires du permis de conduire depuis au moins 3 ans sont dispensés de l'épreuve pratique sous réserve qu'ils sollicitent un nouveau permis (moins de 3 mois après la date à laquelle ils sont autorisés à le passer, décret nº 93-623 du 27-3-93), mais ils doivent réussir l'épreuve du Code de la route, passer un entretien pédagogique, être reconnus aptes. Les titulaires depuis moins de 3 ans doivent repasser le permis. Pour récupérer 4 points, on peut effectuer un stage volontaire (obligatoire pour les titulaires du permis depuis moins de 2 ans : décret nº 2000-1038 du 28-10-2000) de sensibilisation à la sécurité routière de 16 h sur 2 jours, assuré par des associations, sous contrôle de la préfecture (au max. 1 stage tous les 2 ans, 11 points récupérables), coût : 1 300 F à 1 600 F. En l'absence d'infractions pendant 3 ans, le capital de points initial est reconstitué. Après 10 ans, s'il n'y a pas eu annulation du permis, le capital de points initial est totalement reconstitué. Le retrait intervient après condamnation par le juge, après paiement de l'amende forfaitaire (en cas de non-paiement de celle-ci, après l'émission du titre exécutoire), si dans les délais réglementaires il n'y a pas eu contestation.

Points retirés (en millions) : *1993 :* 1,17 ; *94 :* 2,43 ; *95 :* 2,26 ; *96 :* 2,83 ; *97 :* 2,88 ; *98 :* 2,82 ; *99 :* 2,94 ; *2000 :* 3,18 à 204 372 conducteurs (dont 11 758 ont perdu la totalité de leurs points). **Types d'infractions** (en %, 1999) : vitesse 46,03, casque et ceinture 24,81, alcool 8,85. **Types de retraits** (en 1999) : **1 point :** 323 299 ; **3 :** 265 804 ; **4 :** 199 130.

Nombre de conducteurs ayant retrouvé leur capital initial (depuis 1995) : 2 539 337 dont *en 1999 :* 789 827.

☞ Le 1-12-1992, le tribunal de grande instance de Tarbes avait jugé le permis à points illégal (contraire à la Convention européenne des droits de l'homme, art. 6), mais le 6-7-1993, la Cour de cassation l'a déclaré conforme à l'art. 6 de ladite convention. Le 14-4-1995, le tribunal de police de Toulouse a refusé de retirer 3 points à un automobiliste pour excès de vitesse, considérant qu'il s'agissait d'un délit et non d'une contravention.

■ **Permis de conduire international.** Valable dans tous les États sauf dans celui où le permis a été délivré. N'est plus valable dans un État si son titulaire y établit sa résidence. *S'adresser :* à la préfecture ou sous-préfecture du domicile ou du lieu de travail, ou à la préfecture de police, 1, rue de Lutèce, 75004 Paris, ou auprès des automobiles-clubs agréés. Présenter permis de conduire national (il est délivré un papier provisoire en tenant lieu), carte d'identité, attestation sur l'honneur de son lieu de résidence, 2 photos. On peut faire une procuration sur papier libre à une autre personne l'autorisant à retirer le permis et les pièces mentionnées ci-dessus. *Prix :* 17 F. Obtention immédiate et validité de 3 ans, ou durée de validité du permis national si celui-ci est délivré pour une durée inférieure.

■ **Permis européen.** Le titulaire d'un permis délivré dans l'UE peut conserver son permis étranger dans son pays de résidence après l'avoir fait enregistrer à la préfecture. L'échange devient obligatoire si le conducteur commet une infraction entraînant une restriction de permis.

■ **Annulation du permis. Cas possibles : annulation facultative :** conducteur condamné pour conduite en état d'ivresse ou sous l'empire d'un état alcoolique, pour délit de fuite, d'homicide involontaire ou de blessures involontaires commis plus de 3 mois auparavant à l'occasion de la conduite d'un véhicule, refus de restituer le permis de conduire malgré notification de suspension. **Annulation automatique :** en cas de récidive de ces délits, ou s'il y a conduite en état d'ivresse, ou sous l'empire d'un état alcoolique avec homicide, ou blessures involontaires commises il y a plus de 3 mois. Le condamné ne pourra solliciter un nouveau permis qu'à l'expiration du délai d'interdiction, qui peut aller jusqu'à 10 ans. Il devra être reconnu apte après un examen médical et psychotechnique effectué à ses frais, satisfaire aux épreuves théoriques et pratiques de l'examen.

Conduire ou tenter d'obtenir un nouveau permis malgré une annulation ou une suspension peut entraîner un emprisonnement de 2 mois à 2 ans et/ou une amende de 2 000 à 30 000 F (idem si l'on refuse de donner son permis à la personne chargée d'exécuter la décision). Le conducteur dont le permis est annulé ou suspendu n'est couvert par aucune assurance.

■ **Suspension du permis. Procédure judiciaire :** les tribunaux correctionnels ou de police peuvent prononcer la suspension pour 3 ans au plus en cas de délit de fuite ou conduite sous l'empire d'un état alcoolique, 5 ans en cas d'atteinte involontaire à la vie ou à l'intégrité physique d'une personne et 10 ans en cas de récidive. La suspension peut être assortie d'un sursis (pas d'infraction pendant 5 ans), sauf en cas d'ivresse au volant. *Une autorisation de conduire pour l'exercice d'une activité professionnelle* peut parfois être accordée malgré la suspension (le tribunal en définit les conditions).

Procédure administrative : le préfet peut prononcer un avertissement ou suspendre le permis au maximum pour 6 mois (pour toutes contraventions énumérées à l'art. R. 266 du Code de la route) ou 1 an pour homicide ou blessures involontaires avec incapacité totale de travail, délit d'alcoolémie, délit de fuite. En cas d'urgence, la suspension peut être prononcée pour au maximum 2 mois, par arrêté préfectoral pris sur avis du délégué permanent de la commission de suspension du permis de conduire.

Officiers et agents de police judiciaire peuvent retenir le permis de conduire, à titre conservatoire et pour 72 h au plus, lorsque le conducteur, du fait du résultat et de son comportement, aura été présumé en état d'ivresse. Si celui-ci est établi, une suspension ferme du permis de 6 mois maximum peut intervenir. Si l'état alcoolique a été établi dans les 72 h de la rétention provisoire du permis, ou si le conducteur a refusé de se soumettre aux épreuves et vérifications destinées à établir la preuve de l'état alcoolique, le préfet peut prononcer immédiatement la suspension pour au maximum 6 mois. Depuis le 23-6-1999, le juge peut prononcer par voie d'ordonnance pénale une suspension du permis de conduire.

Si la suspension est décidée par le tribunal, faire appel ; par le préfet seul, saisir la commission dans les 15 jours qui suivent la notification ; par le commissaire, présenter un recours devant le tribunal administratif. Devant le tribunal, on peut demander un aménagement pour ses activités professionnelles.

■ **Visite médicale. Examen médical occasionnel :** *avant le permis :* après avoir déposé sa demande de permis, on doit déclarer sur l'honneur ne pas être atteint d'incapacité incompatible avec la conduite (cf. arrêté du 4-10-1988,

Fichier national des permis de conduire. *Créé* par la loi du 24-6-1970, abrogée le 19-12-1990. Sous le contrôle du ministère de l'Intérieur, il centralise les renseignements relatifs aux permis de conduire civils, et les décisions administratives et judiciaires qui peuvent affecter leur validité : avertissement, suspension, annulation, interdiction de présentation aux épreuves du permis, mesures administratives prises par le préfet sur avis de la commission médicale compétente. Les renseignements peuvent être communiqués (par l'autorité préfectorale du lieu de résidence du conducteur ou du siège des autorités précitées) au conducteur, aux autorités judiciaires et administratives, aux Cies d'assurances pour ceux dont elles garantissent la responsabilité.

fixant la liste des incapacités incompatibles avec l'obtention ou le maintien du permis). Si l'on signale une incapacité, il faut passer une visite médicale. *Après le permis :* après un accident, une infraction grave ou sur informations en sa possession, le préfet peut ordonner une visite médicale. **Examen médical périodique :** pour les titulaires et les candidats au permis poids lourds, les taxis, ambulanciers, moniteurs d'auto-école, conducteurs sous couvert du permis B affectés à des opérations de ramassage scolaire et de véhicules de transport public de personnes, conducteurs tractant une remorque lourde, handicapés. La directive européenne n° 91/439 du 29-7-1991, mise en application le 1-7-1996, n'a pas retenu l'instauration d'un contrôle médical pour les personnes âgées.

■ **Vitesse limitée.** Disque (A) apposé sur l'arrière du véhicule pour les conducteurs titulaires du permis de conduire depuis moins de 2 ans. Limitation de vitesse à : *110 km/h* sur les sections d'autoroutes où la limite normale est de 130 km/h ; *100 km/h* sur les sections d'autoroutes où elle est plus basse et sur les routes à 2 chaussées séparées par un terre-plein central ; *80 km/h* sur les autres routes.

☞ **Contrôle technique périodique** depuis le 1-1-1992, imposé depuis le 1-1-1996 pour les véhicules légers (norme européenne) de plus de 4 ans, puis tous les 2 ans, dans un centre agréé qui ne sera pas un garage. Obligatoire en cas de revente d'un véhicule de plus de 4 ans. Freinage, éclairage, signalisation, pneumatiques, réservoir et canalisation de carburants, pare-chocs, suspension, essieux, direction doivent être mis en conformité avec les normes de sécurité obligatoires. Depuis le 1-10-1994, mise en conformité pour émissions polluantes (le taux d'émission de monoxyde de carbone doit être inférieur à 4,5 % ; 3,5 % pour les véhicules immatriculés à partir du 1-10-1986). Depuis le 1-5-1999, obligation de réparer pour 133 points de contrôle (55 en 1996) ; contrôle et mise en conformité obligatoires pour diesels. Au 1-1-1997, 0,5 % pour véhicules équipés d'un catalyseur. *2000 :* 17,2 millions de contrôles dont visites 14,7 et contrevisites 2,5 (véhicules particuliers 12,9, utilitaires 1,8). *Coût :* 250 à 450 F. *Contrevisite* (20,97 % des véhicules en 2000) : 180 F (gratuite dans certains centres). *Sanctions* si l'on n'a pas satisfait aux obligations de visite technique : amende de 900 F (600 F en cas de paiement immédiat, majoration de 2 500 F en cas de non-paiement). Le véhicule pourra être immobilisé, et la carte grise retenue par les services de police ou de gendarmerie. Le contrevenant a 7 jours pour mettre le véhicule en conformité.

Statistiques (en 2000) : 4 601 centres agréés ont effectué 17,2 millions de contrôles techniques dont 14,7 millions de visites initiales. **Défauts entraînant réparation** (en %, 2000) : freins 9,6, éclairage 8, pneus 6,93, pollution 4,8, mécanique 2,7, équipement 1,82, visibilité 1,7, direction 1,6, carrosserie 1,1. **Les moins recalées** (en %, 1997, voitures de 5 ans et moins) : Citroën Xantia 3,2, Mercedes type 124 4,8, Nissan Patrol GR 5, Toyota Carina 5,2, Mercedes classe S 5,7. **Les plus recalées** (en %, 1997 voitures de 5 ans et moins) : Rover Mini 37,1, Lada 2104/2107 34,8, Seat Ibiza 28,7, Rover 100 23,8, Rover Maestro 23,2.

Prix de revient kilométrique en 2000 (en F, frais de garage exclus)

Voitures Puissance fiscale	Jusqu'à 5 000 km	5 001 à 20 000 km	> 20 000 km
3 CV –	2,184	(d × 1,292) + 4 461	1,515
4 CV	2,633	(d × 1,462) + 5 856	1,755
5 CV	2,925	(d × 1,601) + 6 621	1,932
6 CV	3,051	(d × 1,699) + 6 761	2,037
7 CV	3,188	(d × 1,777) + 7 056	2,130
8 CV	3,448	(d × 1,915) + 7 667	2,298
9 CV	3,530	(d × 1,999) + 7 657	2,382
10 CV	3,729	(d × 2,129) + 8 002	2,529
11 CV	3,803	(d × 2,215) + 7 942	2,612
12 CV	4,085	(d × 2,358) + 8 637	2,790
13 CV et +	4,158	(d × 2,430) + 8 642	2,862
Vélomoteurs	**< 2 000 km**	**de 2 000 à 5 000 km**	**> 5 000 km**
50 cm³	1,418	(d × 0,346) + 2 145	0,775
Motos	**< 3 000 km**	**de 3 000 à 6 000 km**	**> 6 000 km**
de 50 à 125 cm³	1,775	(d × 0,449) + 3 979	1,112
3 à 5 CV	2,111	(d × 0,377) + 5 204	1,244
plus de 5 CV	2,744	(d × 356) + 7 166	1,550

d = distance parcourue à titre professionnel dans l'année. *Exemple :* un contribuable ayant parcouru 10 000 km avec un véhicule de 7 CV fiscaux peut obtenir la réduction suivante : 6 877 + (10 000 × 1,734)/ 10 000 = 2,42 F.

■ Plaques d'immatriculation

■ **En France. Jusqu'en 1928.** Numéro d'immatriculation délivré par le service des Mines (d'où l'appellation de numéro minéralogique) et attribué par la préfecture au moment de la délivrance du récépissé de déclaration de mise en circulation (carte grise). Groupe de 1 à 5 chiffres, suivi de la lettre caractéristique de l'arrondissement minéralogique (nombre : 16) où la voiture était immatriculée, suivi d'un indice numérique de 1 à 9. **Du 1-10-1928 au 1-4-1950** (prévu pour durer 75 ans). La préfecture délivrait directement le numéro qui changeait en même temps que le propriétaire. Comportait 2 lettres accolées, caractéristiques du département, précédées d'un nombre de 1 à 9 999, suivi ou non d'un indice numérique allant de 1 à 9 (exemple : 3789 TU 4). **Depuis le 1-4-1950. Séries normales :** le numéro indique l'ordre chronologique de demande d'immatriculation ; les lettres qui suivent, une série permettant de retrouver la date d'attribution selon un calendrier connu de la préfecture. Elles sont attribuées de A à Z puis de AA à ZZ puis de AAA à ZZZ (régions les plus peuplées). Le dernier n° indique le département d'immatriculation. Départements : 2 décrets des 16 et 26-2-1790 ont arrêté la dénomination des départements (nombre fixé à 83 par décret du 15-1-1790) qui reçurent un numéro suivant leur ordre alphabétique. La circulaire du ministère des Travaux publics n° 48 du 11-3-1950 mettant en place, à cette date, un nouveau système d'immatriculation, a intégré l'indicatif du département formé dans un premier temps de 1 à 2 chiffres (exemples : Ain (1), Aube (10)). Puis pour éviter les risques de confusion avec le système précédent dont le dernier élément du numéro d'immatriculation comportait un seul chiffre de 1 à 9, la circulaire du 21-8-1951 a rajouté un 0 devant l'indicatif des 9 premiers départements (exemple : Ain (01). Ne sont pas employées les lettres **I** (ni seule, ni combinée), **O** (ni seule, ni combinée à cause du risque de confusion avec le zéro), **D** (seule, elle est réservée aux voitures des Domaines dont l'immatriculation comporte le numéro du département, la lettre N, R, D ou E, et un numéro suivi d'une lettre), **U** (seule, à cause du risque de confusion avec la lettre **V**). **Cas particuliers : C** (consulat) blanc sur fond vert ; **CD** (corps diplomatique, voir ci-dessous) et **CMD** (chef de mission diplomatique) orange sur fond vert ; **DF** (forces allemandes stationnées en France) ; **FFA** (forces françaises stationnées en All.) blanc sur fond bleu clair ; **FZ** (forces françaises stationnées à Berlin) blanc sur fond noir ; **K** (fonctionnaires internationaux, OCDE, Unesco, personnel administratif et technique des missions diplomatiques) blanc sur fond vert jaspé ; **SCV** (Cité du Vatican) noir sur fond blanc, rouge sur fond blanc pour les hauts dignitaires de l'Église ; **TT** et **IT** (voitures en transit temporaire ou franchise de droits de douane) blanc sur fond rouge (voiture achetée sans taxes par un étranger ne résidant pas en France, valable 1 an) ; ce sigle n'est plus utilisé ; **W** (voiture confiée à un garagiste qui l'essaie, ou non vendue et conduite chez un concessionnaire) ; **WW** [immatriculation temporaire (valable 15 jours ouvrés pour une voiture que l'on vient d'acheter)].

Corps diplomatique : le *nombre* précédant les lettres *CD, C* ou *K* identifie le pays ; celui les suivant indique l'ordre d'immatriculation par ambassade ou consulat. Les *lettres* précédant le 1er nombre identifient les délégations permanentes des pays étrangers auprès des organisations intern. (exemple : *U* Unesco). Les immatriculations *C* et *K* (si le véhicule appartient à un membre du personnel d'un consulat) sont suivies de l'*indicatif départemental* de la préfecture qui délivre la carte grise.

☞ Les signes (**EU** Europe unie, **BZH** Bretagne libre ou **Oc** Occitania), créant une confusion, sont interdits (en fait tolérés). Un Français ne peut conduire en France un véhicule immatriculé à l'étranger (sauf cas particuliers).

■ Autres plaques

■ **TIR (Transports internationaux routiers).** Un groupe de chiffres indique le département d'immatriculation (sauf 2 A Corse-du-Sud et 2 B Haute-Corse). **DOM.** Depuis le 11-1-1972, 3 groupes de chiffres (exemple : 8 A 973). **Véhicules militaires.** *Armée de terre :* lettres remplacées par un drapeau tricolore ; *marine :* cocarde surchargée d'une ancre ; *aviation :* un épervier.

☞ **Les voitures circulant à l'étranger** doivent porter à l'arrière l'indication du pays d'origine, en noir sur fond blanc et de forme elliptique. Pour les véhicules immatriculés dans l'UE, le signe distinctif d'immatriculation de l'État membre, complété par le symbole européen, intégré sur fond bleu, dans la partie gauche de la plaque d'immatriculation arrière, est admis comme équivalent, en circulation intra-communautaire. Les plaques avec le symbole européen sont facultatives en France depuis le 1-10-1996.

■ **Plaque GIC (grands infirmes civils). Conditions :** être titulaire de la carte d'invalidité prévue par l'art. 173 du Code de la famille et de l'aide sociale, délivrée aux grands infirmes (taux d'invalidité minimale de 80 %) ; présenter un certificat médical du médecin expert de la Ddass attestant : **a)** *pour handicapés physiques :* que tout déplacement à pied est impossible ou très difficile ; **b)** *pour handicapés mentaux :* qu'ils ne disposent pas d'une autonomie suffisante pour se déplacer seuls et qu'ils doivent être accompagnés par un tiers.

Mesure étendue aux aveugles civils titulaires de la carte d'invalidité « cécité », auxquels l'assistance d'un tiers est reconnue de droit, ainsi qu'aux personnes atteintes de silicose, dès lors que celles-ci remplissent les conditions édictées par les textes en vigueur. *S'adresser* à la préfecture (à Paris : préfecture de police, 11, rue des Ursins, 75001).

La carte d'invalidité « station debout pénible » ne permet pas l'octroi de l'insigne GIC.

■ **Plaque GIG (grands invalides de guerre). Conditions :** avoir plus de 85 % d'invalidité et posséder la carte de mutilés de guerre à double bande rouge ou double bande bleue avec au recto l'inscription « station debout pénible ». **Formalités :** produire carte grise du véhicule ; dernière vignette gratuite délivrée par l'Enregistrement ; fiche descriptive des infirmités. *S'adresser* à la Fédération des amputés de guerre de France. **Frais :** 55 F au siège, 65 F par courrier.

Réparateurs

☞ **Pour régler les litiges à l'amiable s'adresser à :** *Association de défense des droits des automobilistes,* 117, rue de la Tour, 75116 Paris ; *Chambre nationale des experts en automobile de France,* 48, rue Raymond-Losserand, 75014 Paris ; *Conseil national des professions de l'automobile (CNPA),* 50, rue Rouget-de-Lisle, 92150 Suresnes ; *Contrôle des sociétés concessionnaires d'autoroutes,* case n° 1, 69674 Bron Cedex ; *Direction départementale de la concurrence, de la consommation et de la répression des fraudes,* 8, rue Froissart, 75003 Paris ; *Fédération nationale du commerce et de l'artisanat de l'automobile (FNCAA),* 9-11, avenue Michelet, 93583 Saint-Ouen Cedex.

Véhicules hors d'usage

■ **Formalités.** « En cas de vente d'un véhicule en vue de sa destruction, l'ancien propriétaire doit adresser dans les 15 j suivant la transaction au préfet du département de son domicile une déclaration informant de la vente du véhicule en vue de sa destruction et indiquant l'identité et le domicile déclarés par l'acquéreur. Il accompagne cette déclaration de la carte grise, dont il aura découpé la partie supérieure droite lorsque ce document comporte l'indication du coin à découper.

« En cas de destruction d'un véhicule par son propriétaire, celui-ci doit adresser au préfet du département de son domicile, dans les 15 j qui suivent, une déclaration de destruction, accompagnée soit du certificat de vente dans le cas visé à l'alinéa précédent, soit de la carte grise dont il aura découpé la partie supérieure droite lorsque ce document comporte l'indication du coin à découper. La déclaration de destruction est établie conformément à des règles fixées par le ministre chargé des transports. » (art. R. 116 du Code de la route).

■ **Nombre annuel en France.** 1 300 000 dont 100 000 vendus aux démolisseurs par les réseaux commerciaux des constructeurs (notamment *Peugeot* « Assainauto », *Citroën* « Place nette », *Renault* « Sococasse », *Fiat* « Afficasse », *Ford* « Fordéli », *VAG, Austin Rover, Alfa Romeo*). 420 000 revendus après accidents par les compagnies d'assurances par convention ou appel d'offres. 300 000 provenant de différentes sources : garages, fourrières, domaines.

■ **Démolisseurs.** 1 200 traitant 1 100 000 voitures par an, recyclant les pièces détachées (5 % du marché) et revendant les matériaux récupérés (plus de 600 000 t/an de métaux).

☞ **Depuis le 1-1-1993 :** plaques réflectorisées (fond blanc à l'avant et jaune à l'arrière) obligatoires sur tout véhicule mis en circulation pour la 1re fois ou faisant l'objet d'un changement d'immatriculation. **Depuis le 1-10-1996 :** l'immatriculation en série provisoire (WW) doit être inscrite sur des plaques d'immatriculation fixées de manière inamovible. Plaques amovibles pour les véhicules en série provisoire.

■ **Pays. Sigles distinctifs des automobiles** (*source :* ministère de l'Équipement, des Transports et du Logement). **A** Autriche. **ADN** Yémen. **AFG** Afghanistan. **AL** Albanie. **AND** Andorre. **ARM** Arménie. **AUS** Australie. **AZ** Azerbaïdjan. **B** Belgique. **BD** Bangladesh. **BDS** Barbade. **BG** Bulgarie. **BH** Bélize. **BIH** Bosnie-Herzégovine. **BOL** Bolivie. **BR** Brésil. **BRN** Bahreïn. **BS** Bahamas. **BRU** Brunéi. **BUR** Myanmar. **BY** Biélorussie. **CAM** Cameroun. **CDN** Canada. **CH** Suisse. **CI** Côte d'Ivoire. **CL** Sri Lanka. **CO** Colombie. **CR** Costa Rica. **CU** Cuba. **CY** Chypre. **CZ** Rép. tchèque. **D** Allemagne. **DK** Danemark. **DY** Bénin. **DOM** Rép. dominicaine. **DZ** Algérie. **E** Espagne. **EAK** Kenya. **EAT** ou **EAZ** Tanzanie. **EAU** Ouganda. **EC** Équateur. **ES** Salvador. **EST** Estonie. **ET** Égypte. **ETH** Éthiopie. **F** France. **FIN** Finlande. **FJI** Fidji (îles). **FL** Liechtenstein. **FO** Féroé (îles). **GAB** Gabon. **GB** Grande-Bretagne. **GBA** Alderney. **GBG** Guernesey. **GBJ** Jersey. **GBM** Man (île de). **GBZ** Gibraltar. **GE** Géorgie. **GCA** Guatemala. **GH** Ghana. **GR** Grèce. **GUY** Guyana. **H** Hongrie. **HK** Hong Kong. **HKJ (ou JOR)** Jordanie. **HR** Croatie. **I** Italie. **IL** Israël. **IND** Inde. **IR** Iran. **IRL** Irlande. **IRQ** Iraq. **IS** Islande. **J** Japon. **JA** Jamaïque. **K** Cambodge. **KS** Kirghizistan. **KWT** Koweït. **KZ** Kazakhstan. **L** Luxembourg. **LAO** Laos. **LAR** Libye. **LB** Libéria. **LS** Lesotho. **LT** Lituanie. **LV** Lettonie. **M** Malte. **MA** Maroc. **MAL** Malaisie. **MC** Monaco. **MD** Moldavie. **MEX** Mexique. **MGL** Mongolie. **MK** Macédoine. **MOC** Mozambique. **MS** Maurice (île). **MW** Malawi. **N** Norvège. **NA** Antilles néerlandaises. **NAM** Namibie. **NEP** Népal. **NIC** Nicaragua. **NL** Pays-Bas. **NZ** Nlle-Zélande. **P** Portugal. **PA** Panamá. **PK** Pakistan. **PE** Pérou. **PL** Pologne. **PNG** Papouasie-Nlle-Guinée. **PY** Paraguay. **QA** Quatar. **RA** Argentine. **RB** Botswana. **RC** Chine. **RCA** Rép. Centrafricaine. **RCB** Congo. **RCH** Chili. **RG** Guinée. **RH** Haïti. **RI** Indonésie. **RIM** Mauritanie. **RL** Liban. **RM** Madagascar. **RMM** Mali. **RN** Niger. **RNR** Zambie. **RO** Roumanie. **ROK** Corée. **ROU** Uruguay. **RP** Philippines. **RSM** St-Marin. **RU** Burundi. **RUS** Russie. **RWA** Rwanda. **S** Suède. **SA** Arabie saoudite. **SD** Swaziland. **SGP** Singapour. **SK** Slovaquie. **SLO** Slovénie. **SME** Suriname. **SN** Sénégal. **SO** Somalie. **SUD** Soudan. **SY** Seychelles. **SYR** Syrie. **T** Thaïlande. **TCH** ou **TD** Tchad. **TG** Togo. **TJ** Tadjikistan. **TM** Turkménistan. **TN** Tunisie. **TR** Turquie. **TT** Trinité et Tobago. **UA** Ukraine. **USA** USA. **UZ** Ouzbékistan. **V** (ou **SCF**) Cité du Vatican. **VN** Viêt Nam. **WAG** Gambie. **WAL** Sierra Leone. **WAN** Nigéria. **WD** Dominique. **WG** Grenade. **WL** Ste-Lucie. **WS** Samoa occidentales. **WV** St-Vincent et Grenadines. **YU** Yougoslavie. **YV** Venezuela. **ZA** Afrique du Sud. **ZRE** Congo dém. **ZW** Zimbabwe.

■ Vignette (taxe différentielle)

■ **Origine.** **1956**-*13-6* collectif budgétaire présenté par Paul Ramadier, ministre des Finances du gouvernement socialiste de Guy Mollet, prévoyant 140 MdF pour le projet de Fonds national vieillesse, financé par une taxe sur les véhicules. Le Conseil de la République s'y oppose ; le gouvernement pose 10 fois la question de confiance et l'Assemblée lit 3 fois le projet avant de l'adopter par 397 voix contre 16, le 27-7. *1er prix* 6 000 F pour les – de 5 CV et de – de 5 ans ; taxe spéciale (10 000 F lourds pour les + de 16 CV) ajoutée dans les années 1970. **1984**-*1-1* taxe différentielle perçue au profit des départements ou de la Corse (la *taxe spéciale* sur les voitures particulières de plus de 16 CV a été supprimée car incompatible avec la législation européenne). **1993**-*6-4* La Cour de cassation déclare le système de calcul du prix de la vignette illégal depuis 1988 car déterminé par circulaire du min. de l'Équipement alors qu'il était du seul ressort de la loi (art. 34 de la Constitution). L'art. 35 de la loi de finances rectificative pour 1993 (no 93-859 du 22-6-1993) valide les circulaires déterminant la puissance administrative des véhicules. **1998** réforme du calcul de la puissance fiscale des véhicules immatriculés à partir du 1-7-1998 (entraîne la diminution de la minoration de 30 % des vignettes des diesels). Depuis 1998, les conseils généraux (en Corse, l'Assemblée de Corse) peuvent exonérer en totalité ou à concurrence de la moitié les véhicules fonctionnant, exclusivement ou non, à l'électricité, au GPL ou au gaz naturel. En 2000, Aisne, Alpes-Maritimes, Calvados, Cantal, Corrèze, Dordogne, Doubs, Eure, Gard, Hte-Garonne, Gers, Gironde, Ille-et-Vilaine, Landes, Loire, Lot-et-Garonne, Meurthe-et-Moselle, Oise, Pyrénées-Orientales, Saône-et-Loire, Paris, Seine-Maritime, Tarn, Var, Vienne, Yonne, Territoire de Belfort, Essonne, Seine-St-Denis et Val-d'Oise bénéficient d'une exonération totale. **2001** supprimée.

■ **Prix de la vignette à Paris et tarifs extrêmes** (en F, 2000). *1 à 4 CV :* 266 Paris, 158 Corse, 146 Marne, 314 Eure-et-Loir. *5 à 7 :* 504 Paris, 300 Corse, 278 Marne, 618 Lot. *8 et 9 :* 1 196 Paris, 714 Corse, 660 Marne, 1 456 Lot. *10 et 11 :* 1 410 Paris, 840 Corse, 814 Marne, 1 686 Pyr.-Or. *12 à 14 :* 2 498 Paris, 1 492 Corse, 1 444 Marne, 3 032 Lot. *15 et 16 :* 1 826 Corse, 1 766 Marne, 3 656 Pyr.-Or. *17 et 18 :* 2 238 Corse, 2 166 Marne, 4 532 Vaucluse. *19 et 20 :* 3 348 Corse, 3 240 Marne, 6 800 Vaucluse. *21 et 22 :* 5 028 Corse, 4 868 Marne, 10 216 Vaucluse. *23 et + :* 12 648 Paris, 7 550 Corse, 7 310 Marne, 15 340 Vaucluse.

☞ **À l'étranger :** *P.-Bas :* le prix de la vignette dépend du poids du véhicule ; *All. :* de la cylindrée du moteur ; *G.-B. :* le prix est le même pour toutes les voitures particulières.

■ **Taxe sur les voitures particulières des sociétés.** Se cumule avec la taxe différentielle. **Montant :** *moins de 7 CV :* 7 400 F ; *plus de 7 CV :* 16 000 F.

☞ Taxe due pour les voitures particulières comportant moins de 10 places assises. Sont exonérés : véhicules utilitaires, de + de 10 ans, voitures appartenant aux négociants automobiles, sociétés dont l'objet est la location de véhicules, destinées à l'exécution d'un service de transport à la disposition du public (taxi), affectées aux compétitions sportives, auto-écoles.

☞ **Taux de TVA sur les automobiles** (en %) : Espagne 33, Irlande 25, Belgique 25, Danemark 22, *France 19,6* [*avant 1987 :* 33,3 ; *87 :* 28 ; *89 (8-9) :* 25 ; *90 (sept.) :* 22 ; *94 :* 18,6 ; *95 (1-8) :* 20,6], Italie 19 à 38, P.-Bas 18,5, Portugal 17, G.-B. 15, ex-All. féd. 14, Luxembourg 12, Grèce 6.

■ **Perte ou vol.** **Du timbre adhésif :** duplicata dans n'importe quelle recette des impôts. **Du reçu et du timbre adhésif ou du seul reçu :** duplicata dans la recette ayant délivré la vignette. Si l'on est en déplacement, on peut souscrire une déclaration dans n'importe quelle recette qui délivrera une attestation valable 15 jours.

■ **Voitures volées.** Porter plainte au service local de police ou à la brigade de gendarmerie. En cas de procès-verbal d'infraction routière après le vol : adresser à l'officier du ministère public une copie du reçu de la déclaration de vol du véhicule avec l'avis de procès-verbal (lettre recommandée avec avis de réception).

Vols d'automobiles. *1990 :* 294 194 (dont véhicules de fret 704) ; *91 :* 339 293 (628) ; *92 :* 373 077 (788) ; *93 :* 384 574 (846) ; *94 :* 369 551 (993) ; *95 :* 350 709 ; *96 :* 344 860 ; *97 :* 321 418 ; *98 :* 317 474 ; *99 :* 297 058.
Modèles les plus appréciés des voleurs : Peugeot 205, Ford Fiesta, Golf, Renault 21, Clio, Renault 19, Renault 5, Peugeot 405, Renault 25, Ford Escort, Peugeot 306.

■ Piétons

■ **Réglementation.** Un piéton isolé doit marcher à gauche, face au trafic. Une colonne de 2 ou 3 piétons doit marcher de front sur la droite de la chaussée. De nuit, elle doit être signalée par un feu blanc ou jaune à l'avant, rouge à l'arrière. Les piétons doivent utiliser les passages prévus à leur intention lorsqu'il en existe à moins de 50 m, sinon les torts seront, au mieux, partagés. Engagés dans un passage réservé (en traversant une rue), ils ont priorité sur les automobilistes qui tournent à droite. Sur les trottoirs où sont aménagées des places de stationnement, les automobilistes doivent circuler à allure très réduite.

■ **Loi Badinter (1985).** Tend à l'indemnisation automatique du préjudice corporel des piétons et cyclistes de moins de 16 ans et de plus de 70 ans ainsi que des passagers, sans discussion de la responsabilité (sauf accident volontaire). Une faute inexcusable qui serait la seule cause de l'accident serait retenue à l'encontre des piétons et cyclistes de 16 à 70 ans sauf s'ils sont titulaires d'un titre d'invalidité d'un taux égal à 80 % d'incapacité permanente.

☞ **Droits du piéton :** 32, rue Raymond-Losserand, 75014 Paris. *Fédération créée* en avril 1959 par Roger Lapeyre (né le 4-4-1911). *Pt :* Vincent Acker. 2 000 membres, 15 associations départementales. Objectifs : défense des piétons, reconquête du trottoir.

Transports urbains

☞ Pour découvrir la sélection **Quid** des meilleurs sites Internet sur les transports urbains, rendez-vous sur **www.quid.fr**

☞ *Abréviations :* constr. : construction ; ouv. : ouverture ; prolong. : prolongement ; st. : stations ; vit. : vitesse.

Tramways en France

Lignes en 2001 : longueur : 214 km dont 20,3 en Ile-de-France, *2005 (prév.) :* 432, *2010 :* 632. **Coût** (par km) : 100 millions de F (400 à 500 pour métro). **Vitesse :** 20 km/h (5 000 passagers)/30 km/h, 15 000 passagers pour métro. Les anciens réseaux avaient été démantelés dans les années 1950 sauf à Lille, Marseille, St-Étienne.

Bordeaux : projet de 3 lignes de tramway : 1re (en 2003) : 22,2 km, 3,6 milliards de F ; 2e et 3e (en 2005) : 21,4 km. **Brest :** projet abandonné après référendum 14-10-1990. **Caen :** 15,7 km (1,18 milliard de F) : projet reporté (8-7-1996), relancé en 1997 (en 2000), reporté en 1998. **Clermont-Ferrand :** projet 17 km [1re ligne nord-sud, 12,5 km, 17 stations (prév. 2004) ; *coût :* 1,3 milliard de F]. **Dunkerque** (en 2002) : 12 km, 1,2 milliard de F. **Grenoble :** *1re* (ligne A 8,4 km, 21 stations) mise en service 1987 [*coût :* équipements 1,44 milliard de F hors taxes] : 20 rames de 252 places chacune, *coût :* 0,235 ; prolongée de 4,1 km entre 1995 et 1997 ; *2e* (ligne B) mise en service 1990, extension en service en 1999 : 7,2 km, 17 stations, *coût :* 1,26 milliard de F. *3e* prévue en 2003 (10 km, 305 millions de F). **Issy-les-Moulineaux-La Défense (Val-de-Seine) :** 1re mise en service 1-7-1997 (11,4 km, 13 stations, *coût :* 829 millions de F). **Lille :** tramway d'Alfred Mongy († 1914) Lille-Roubaix-Tourcoing (18,5 km) construit 1905-09, rénové [ouvert 5-5-1994, 36 stations, rames Breda (italiennes) de 200 places dont 50 assises], vitesse moyenne 23 km/h (de pointe 70), *coût :* 1,19 milliard de F (de 1989). **Le Mans** (en 2005-2006) : sur pneus, 13,5 km, 1,3 milliard de F. **Lyon** (22-12-2000) : prolongement métro de 2 lignes (10 et 8,7 km), *coût :* 2,6 milliards de F. **Marseille :** 1re ligne 1896 ; 3 km d'extension (en 2005), *coût :* 800 millions de F, 3 lignes (en 2015) à partir des voies SNCF, 25 km. **Maubeuge** (en 2002) : projet Sambre 2001 (en attente). **Montpellier :** 28 rames, 40 km/h (pointe 70) ; 15,2 km ; *coût :* 2,2 milliards de F ; 1re mise en service 3-7-2000 ; 2 lignes. **Mulhouse :** interconnexion avec SNCF sur 15,5 km de voies urbaines et 45 km de voies ferrées ; 1 à 1,9 milliard de F. **Nancy** (en 2000) : tramway sur pneus (TVR), 1 ligne de 11 km (990 millions de F). Projets : création ligne 2 (2003), ligne 3 (2006). **Nantes :** *1re* mise en service 7-1-1985, 2 rames de 28,50 m, 25 km/h, 168 voyageurs. 1 tronçon de 10,6 km et 24 stations, 1 autre de 4 km, *coût :* 0,86 milliard de F. *2e* (en 1992) 13,8 km, 30 stations, *coût :* 1,6 milliard de F. *3e* (en 2000) 4,1 km, 12 stations, *coût :* 0,4 milliard de F, soit *en 2000 :* 35 km en service ; *2005 :* 45 km prévus. Projets (prolongement ou création) : 2 lignes sur 11,5 km (en 2000-2003), 3 lignes sur 7,1 km (en 2001-2005). **Nice** (en 2001) : sur pneus, 8,5 km, 2 milliards de F. **Orléans :** 1re inaugurée oct. 2000. Fleury-les-Aubrais-La-Source (18 km, *coût :* 1,9 milliard de F). **Reims :** projet remis en cause. **Rouen :** 1991-94, Métrobus aérien 14,5 km, 31 stations ; traverse le centre en souterrain (20 m de profondeur) sur 1 800 m ; 1re ligne : rames composées de 2 caisses articulées, 175 places dont 52 assises, vitesse max. 60 km/h. Long. actuelle du souterrain 1,8 km (prolongée de 4,5 km en 1997), *coût :* 3 milliards de F (dont rames 0,35) chaque ligne. **St-Denis-Bobigny** (en 1992) : 9 km, rame 174 à 252 places dont 52 assises, 21 stations, 19 km/h, *coût :* 1 milliard de F. **St-Étienne :** ligne de 1881 modernisée depuis 1974. **St-Maur-Rungis** (Trans-Val-de-Marne) : *nov. 1997* test de 3 prototypes sur 16 km. **Strasbourg :** *1960-1-5* 1er réseau de tramway abandonné ; *1974* décision pour nouveau réseau ; *1985* choix du Val, *1989* du tram (subventions : 330 millions de F) ; *1994-25-11* inauguré : 1 ligne de 12,6 km, dont 1 tunnel, 18 stations ; pourra transporter 75 000 voyageurs/j à 21 km/h ; extension sud-est : 3 km ; 5 stations, *coût :* 2 milliards de F [dont rames (les plus longues du monde) 0,789, matériel roulant 0,369] dont subvention de l'État 0,330. Prolongement de la ligne A (1998) : 2,8 km, 151 millions de F, lignes B et C (2000), 12,6 km, *coût :* 1,6 milliard de F. **Toulon** (en 2010) : tramway, 30 km, 3,3 milliards de F. **Toulouse :** 17 km à l'étude (2e ligne). **Tours :** mise en site propre d'une ligne de bus (en 2001). **Valenciennes :** 10,6 km (en 2001) : 1,6 milliard de F ; 10,9 km (2007) : 1,1 milliard de F.

■ **Tramway en km** (en 1998). Allemagne 2 836, Italie 444, P.-Bas 370, Belgique 296, Espagne 284, Autriche 272, G.-B. 197, Suède 148, *France 125.*

Métro

■ **Origine.** **1er** inauguré à Londres 10-1-1863. **1er Val** [construit par Matra Transport (groupe Lagardère)] Lille (1982) puis Toulouse, Jacksonville (Floride, 1 ligne d'1 km), Taïpei (Taïwan), Chicago (aéroport O'Hare), Orly. Projet annulé et remplacé par le tramway pour Bordeaux. **Statistiques :** *chiffre d'affaires* (en milliards de F) : *1991 :* 1,4 ; *92 :* 1,5 ; *94 :* 0,5. *Pertes : 1991-93 :* 0,185 ; *94 :* 0,229.

■ **Métros dans le monde. Année d'inauguration, nombre de lignes,** entre parenthèses **de stations et,** en italique, **longueur** (en km). **Afrique.** **Alger** (Algérie) en construction. **Le Caire** (Égypte, 1987) ; (construit par 17 entreprises françaises, en collaboration avec des Stés locales), 1re ligne (33 stations), 42 km dont 4,5 souterrains ; *coût :* 2,58 milliards de F ; trafic : plus d'1 million de passagers par j. 2e ligne (1993-98) 18,5 km (33 stations dont 5 souterraines), *coût :* 5,2 milliards de F, 350 000 passagers par j. **Amérique.** **Atlanta** (USA, Géorgie, 1979-82) 2 (20) *40,7.* **Baltimore** (USA, Maryland, 1983) 1 (9) *21,8.* **Boston** (USA, Massachusetts, 1897-1980) 3 (51) *60,6.* **Brasília** (Brésil, 1994) 1 *20* (aérien sur 11 km ; technologie brésilienne). **Buenos Aires** (Argentine, 1913-66) 5 (57) *39,1.* **Buffalo** (USA, New York) 1 (14) *10,3.* **Caracas** (Venezuela, 1983) 2 (55) *56.* **Chicago** (USA, Illinois, 1892-1983) 6 (142) *156* [pour desserte de O'Hare, Val 356 (4,7 km, 5 st.) ; ouvert 6-5-1993 ; 12 500 personnes par j (roule 24 h/24)]. **Cleveland** (USA, Ohio, 1955-68) 1 (18) *46,5.* **Detroit** (USA, Michigan, 1986) *4,7.* **Honolulu** (USA, Hawaii, 1997) 1 *27.* **Jacksonville** (USA, Floride, 1989) 1 (3) *1* (système Val ; prolongement de 1 km en construction). **Lima** (Pérou, 2005) 2 *125* (prév.) **Los Angeles** (USA, Californie, 1993) 1 (5) *7* (rame à commande automatique ; ouvert de 5 h à 19 h ; 12 000 passagers par j ; extension prévue sur 30 ans). **Medellín** (Colombie, 1995-96) 2 (25) *28,6.* Ligne C en construction. **Mexico** (Mexique, 1969-82) 5 (57) *125.* **Miami** (USA, Floride, 1984) 1 (20) *33.* **Montréal** (Canada, 1966-82) 3 (51) *60,7* [sur pneus ; en constr. prolong. (3,5 km, 4 st.) et 4e ligne (9,7 km, 12 st.). En projet : prolong. (5,8 km, 6 st.). **New York** (USA, New York) *urbain* (1868-1968) 23 (461) *369,8* ; *régional* (1904) 1 (13) *22,2* [2 lignes en constr. (East 63rd Street et Southeast Queens Line)]. **Philadelphie** (USA, Pennsylvanie) *urbain* (1907) 2 (54) *39,2* ; *régional* (1969) 1 (14) *23,3.* **Recife** (Brésil, 1985 LRT) 1 (17) *20,4.* **Rio de Janeiro** (Brésil, 1979-82) 2 (18) *19,2.* **San Francisco** (USA, Californie, 1972-74) 1 (34) *115.* **San Juan** (Porto Rico, 2001) 1 (16) *17,2.* **Santiago** (Chili, 1975-80) 2 (35) *27,9.* **São Paulo** (Brésil, 1974-82) 4 (33) *55* (vers 2010 : 120 km). **Toronto** (Canada, 1954-80) *63,9.* **Vancouver** (Canada, 1985) 1 (61) *21,4.* **Washington DC** (USA, 1976-83) 3 (86) *118.* **Asie.** **Almaty** (Kazakhstan) en construction. **Ankara** (Turquie, en construction). **Bangkok** (Thaïlande, 1999) (2 aériennes) *23,5*, *coût :* 1,4 milliard de $. Projet (2003) : ligne souterraine 23 km. **Calcutta** (Inde, 1984) 1 (17) *17,1.* **Canton** (Chine, 1999) 1 (30) *18* [construction 18,1 km (1994-99), coût 1 milliard de $; puis 17,8 km, coût 2,2 milliards de $]. **Erevan** voir *Yerevan.* **Fukuoka** (Japon, 1981-83) 1 (11) *9,8.* **Haïfa** (Israël, 1959) 1 (6) funiculaire *1,75.* **Hong Kong** (1979-82) 2 (25) *38,6* [(12,5 km, 14 st.) 1985/86]. **Kaohsiung** (Taïwan, 1998-2006) 2 (37) *42,7.* **Kōbe** (Japon, 1977-83) 1 (8) *36,6.* **Kuala Lumpur** (Malaisie, 1996) 1 (13) *12* (coût 2,88 milliards de F ; 2e ligne prévue). **Kyōto** (Japon, 1981) 1 (8) *18,6.* **Nagoya** (Japon, 1957-82) 4 (56) *69,1.* **Novossibirsk** (Russie, 1985) 1 (10) *12,9.* **Osaka** (Japon, 1933-83) 6 (88) *91,1.* **Pékin** (Chine, 1971) 1 (17) *56.* **Pusan** (Corée, 1984) 1 (16) *25,9.* **Pyong Yang** (Corée, 1973) *22.* **Sapporo** (Japon, 1971-82) 2 (33) *31,6.* **Sendai** (Japon, 1985) 1 (6) *18.* **Séoul** (Corée, 1974-80) 2 (20) *148* (15-11-1995 : mise en service de 15 km sur la ligne 5). **Singapour** (Malaisie, 1986-91) 2 (42) *67* (2 autres lignes aériennes prévues ?). **Tachkent** (Ouzbékistan, 1977-80) 1 (12) *25,6* ; (1984-87) 2 (12) *16,7.* **Taïpei** (Taïwan, 1988-93) 5 *11,5* [Val 256 à grand gabarit ; ligne Marron (*Mucha*) 11,5 km, 12 st., presque totalement en viaduc ; prolong. prévu : 3 puis 10 km ; à terme : 24 km, 23 st.]. **Téhéran** (Iran) 1 (12) *15,4.* **Tientsin** (Chine, 1980) 1 (6) *8.* **Tokyo** (Japon, 1927) 7 (192) *218* ; (1960-80) 3 (60) *64,3.* **Yerevan** (Arménie, 1981-1985) 1 (10) *13,4 ;* 2e ligne en projet (ligne « Yeraz »). **Yokohama** (Japon, 1972-76) 1 (12) *11,5.* **Europe.** **Amsterdam** (Pays-Bas, 1977-82) 1 (20) *24.*

Athènes (Grèce, 1925-57) 1 (21) *25,7*. **Bakou** (Azerbaïdjan, 1967-76) 2 (12) *28,6*. **Barcelone** (Espagne, 1924-82) 4 (120) *83* [nouvelle ligne : 21 km, 29 st. ; projet : 46 km, 51 st.]. **Berlin-Est** (Allemagne, 1902-73) 2 (23) *15,8*. **Berlin-Ouest** (Allemagne, 1902-80) 8 (111) *151,5* [en constr. (8,1 km, 8 st.)]. **Bilbao** (Espagne, 1995) 1 (23) *31* [11-11-1995, *ligne 1* inaugurée : 31 km, 23 st., 16 rames de 4 voitures, vit. 38 km/h, coût 4,5 milliards de F, trafic prévu : 25 à 30 millions de voyageurs par an ; en projet : prolong. (1997 : 3 st. supplémentaires) ; *ligne 2* : coût 2 milliards de F]. **Bordeaux** [système Val adopté à l'unanimité par la CUB (Communauté urbaine de Bordeaux : 27 communes) en 1986 ; prévoyait 2 lignes (45,9 et 6,3 km), coût 7 milliards de F (dont 1re ligne 3,5) soit 0,8 par km ; *22-7-1994* 64 élus de la CUB sur 20 s'opposèrent à la ratification du traité. *8-9-1994* le tribunal administratif de Bordeaux annule l'arrêté de déclaration d'utilité publique du 23-1-1992]. **Bratislava** (Slovaquie) système Val 256, coût 3 milliards de F, abandonné oct. 1992. **Bruxelles** (Belgique, 1976) 2 (53) *33,3* [prolong. (9,2 km), 1984-86]. **Bucarest** (Roumanie, 1979-86) 12 (21) *87*. **Budapest** (Hongrie, 1896-1982) 3 (36) *35,4*. **Copenhague** (Danemark, 1934) 7 (61) *134*. **Dniepropetrovsk** (Ukraine, 1984) 1 (9) *4,2*. **Francfort** (Allemagne, 1968) 7 (55) *81*. **Genève** (Suisse, 2005). **Glasgow** (G.-B., 1896) 1 (15) *10,5*. **Hambourg** (Allemagne, 1912) 3 (80) *89,5*. **Helsinki** (Finlande, 1982-83) 1 (9) *14,2* [en projet, prolong. (3,1 km, 2 st.)]. **Istanbul** (Turquie, 1875) 1 (2) *0,57*. **Kharkov** (Ukraine, 1975-78) 1 (13) *29,6*. **Kiev** (Ukraine, 1960-82) 2 (25) *32,9*. **Lille** (1983) 2 (34) *45* [système Val 206 (*1er métro au monde entièrement automatique*) ; *personnes transportées en 2000* : 106 millions de voyageurs ; *ligne 1* (début travaux mai 1978, en service 16-5-1983 ; 13 km, 18 st.) ; coût ligne 3,7 milliards de F ; voitures à petit gabarit (2,06 m de largeur extérieure, 38 rames, vit. de pointe 80 km/h) ; *2* (35 km) Hal St-Philibert (Lomme)-Fort-de-Mons (20 km, 25 st.) depuis mai 1995 ; prolongements (système Val 208) Villeneuve d'Asq (les Prés)-Tourcoing centre (12,4 km, 16 st.) août 1999 et Tourcoing centre-Hal Dron (3,5 km, 5 st.) 27-10-2000, *coût* : 5,8 milliards de F. **Lisbonne** (Portugal, 1959) 1 (20) *12* [lignes à branches ; prolong. en constr. (1,1 km, 1 st. et 5,1 km, 5 st.) ; en 1996 : 3 lignes ; en 1999 : 4 lignes ; en 2010 : 5 lignes]. **Londres** (G.-B., 1863-1979) 11 *430* (dont 155 en tunnel) [*profondeur* : 18 ou 19 m, jusqu'à 58 m (à Hampstead) ; *1re ligne* : *Metropolitan* (mise en service 10-1-1863), Paddington/Farrington Street (6 400 m). *2e ligne* : *District* (24-12-1868), *3e* : *Circle* (6-10-1884). Exploité à la vapeur 40 ans, tunnels et véhicules étaient éclairés au gaz ; électrification à partir de 1905. Le 1er tunnel de type *tube* fut ouvert en 1870, les passagers étaient transportés dans une voiture tirée par un câble. *Le 1er chemin de fer en tube* fut créé le 18-12-1890 ; il était mû par l'électricité. *Station la plus fréquentée* : Victoria (73 millions de passagers par an). Voyageurs transportés (1993-94) 735 millions. Ligne circulaire et ses antennes au gabarit ferroviaire normal (88 km, 61 stations) et le *Tube* (7 lignes à petit gabarit). 1995 prolongement de la *Jubilee Line* (au sud de la Tamise) : 16 km ; coût : 10 milliards de F]. **Lyon** (1978-92) 4 (37) [*lignes ABC, total* : 25 km. (1978-84) 14,1 km, 24 st., coût 4,75 milliards de F, profondeur moyenne en station 4,50 m, quais 70,80 × 3 à 4,50 m, rames de 3 voitures, 160 passagers, 224 debout, 1re tranche inaugurée 28-4-1978, mise en service 2-5 ; *ligne D*, Gorge-de-Loup/gare de Vénissieux : 12 km, 13 st. ; mise en service 1er tronçon : Grange Blanche/Gorge-de-Loup en sept. 1991, en conduite manuelle provisoire, automatique à partir du 31-8-1992. 2e tronçon (4,7 km, 4 st.) : gare de Vénissieux Grange Blanche (inaugurée sept. 1992, ouverte au public 12-12-1993), prolongée jusqu'à Vaise (1997). Équipée d'un pilotage automatique intégral : *Maggaly* (Métro automatique à grand gabarit de l'agglomération lyonnaise) : rame de 2 voitures (264 voyageurs). Coût 6 milliards de F (+ prolongement 0,4). 1996 : prolongement des *lignes B* et *D*]. **Madrid** (Espagne, 1919-83) 10 (164) *120* prolongement (1996-99) 23 km. **Marseille** (1977-99) 2 (29) *22*. *Ligne 1* : 9 km, 12 st., inaugurée 26-11-1977 ; coût 3,3 milliards de F + prolongement (1,7 km, 2 st. en 1992) 0,46. Rame de 4 voitures sur pneu, largeur 2,60 m, capacité 470 places (180 assises). *Ligne 2* (1984-87) 9 km, 12 st., coût 3,1 milliards de F + prolongement (1,7 km, 3 st. en 1999) 0,7. Prolongement des 2 lignes en 2005 (6 km, 4 st.). **Milan** (Italie, 1964-81) 3 (57) *67,8*. **Minsk** (Biélorussie, 1984) 1 (8) *10*. **Moscou** (Russie, 1935-79) 8 (115) *227* [nouvelle ligne inaugurée 15-5-1993 (11,4 km, 13 st. dont la station Komsomolskaya (68 colonnes de marbre), doubles tunnels en béton (puis en fonte) à 40/65 m de moyenne. Prolongement d'ici 2010, doublement de la longueur, 135 stations nouvelles ; en construction : 10 km (7 stations) pour achèvement ligne 10 (30 km)]. **Munich** (Allemagne, 1971-83) 4 (44) *90*. **Naples** (Italie, 1987) 1 (16) *11,4*. **Newcastle** (G.-B., 1980-82) 1 (35) *54,8*. **Nijni Novgorod** (ex-Gorki, Russie, 1985) 1 (18) *9,6*. **Nuremberg** (Allemagne, 1972-82) 1 (22) *18,5*. **Orly** (1991) (voir *Orlyval* encadré p. 850 b) *7,2*. **Oslo** (Norvège, 1966-81) 1 (45) *37,8* [prolong. mise en service 1985 ; en projet : prolong. (5,5 km, 3 st.)]. **Paris** *métro* voir p. 849 c ; *RER* voir p. 850 c. **Prague** (Rép. tchèque, 1974-80) (23) *26,4* [en constr. (9,8 km) ; en projet (9,4 km)]. **Rennes** (2002) 1 (15) 9 [système Val, décidé le 8-12-1992, coût 2,9 milliards de F, différé, l'État reportant le versement d'une subvention de 0,373 milliard de F (0,5 prévu auparavant), le tribunal de Rennes ayant annulé en févr. 1994 la déclaration d'utilité publique du projet ; 13-11-1995 nouvelle enquête lancée (8,6 km, 15 st., 16 rames, capacité 154 passagers, vit. de croisière 32 km/h) ; 4-10-1996 nouvelle DUP (début des travaux janv. 1997), inauguration prévue en fév. 2002]. **Rome** (Italie, 1955-80) 2 (33) *24,7* [en constr. (3,8 km, 4 st.) ; en projet (3,6 km, 4 st.)]. **Rotterdam** (Pays-Bas, 1968-74) 2 (40 à 45) plus de 50 ; 3e ligne en construction. **Samara** (ex-Kouibychev, Russie, 1986) 1 (6) *11,2*. **St-Pétersbourg** (Russie, 1955-82) 3 (43) *83*. **Séville** (Espagne, 1987) 1 (16) *10,5*. **Sofia** (Bulgarie, 1985) 1 (7) *7,5*. **Stockholm** (Suède, 1950-78) 3 (94) *107,9* [en constr. (6,3 km, 5 st.) ; en projet (10,7 km)]. **Sverdlovsk** (Russie, 1992) 1 (6) *18*. **Tbilissi** (Géorgie, 1966-79) 2 (16) *25,7*. **Toulouse** (1993) 1 (15) *10* [*ligne A* construite 1989-93, inaugurée 26-6-1993, coût 3,4 milliards de F. Prolongement : 3 km ; *coût* : 0,6 milliard de F, 2003. 1 ligne (Mirail Basso-Cambo/Jolimont), 10 km (8,5 km souterrains), 15 st. Val sur pneus (rame 26 × 2,06 m, hauteur 3,25 m, places 154 dont 48 assises, 68 avec strapontins, vitesse maximale 80 km/h, moyenne 35 km/h. *Personnes transportées en 2000* : 77 millions de voyageurs. 1996 : début de réalisation *ligne B* (Rangueil-Compans) ; 14 km, 17 st. (coût 5 à 7 milliards de F), échéance 2006]. **Turin** (Italie, 1997) 1 système Val *9*. **Valence** (Espagne) 3 (8) *7,7*. **Varsovie** (Pologne, 1992) *11* [divers projets depuis 1930 dont 1982 : 4 lignes de 105 km, 79 st. ; en 1991 : 11 km construits (12 st.)]. **Venise** (Italie) 1 [projet : 32 km (3 lignes) dont 8 km pour 2000/2005, coût 11,2 milliards de F]. **Vienne** (Autriche, 1976) 3 (39) *30,4* (en projet 2 lignes englobant la ligne de tramway). **Wuppertal** (Allemagne, 1901-03) 1 (19) *13,3*. **Océanie.** **Sydney** (Australie) : coût 2,5 milliards de F.

Autres modes

■ **Sur monorail.** **Alweg** (Seattle, Tokyo) : pneus sur un monorail en béton, soutenu par des pylônes.

■ **Sur piste à plat.** Il y en a un grand nombre, différenciés essentiellement par le guidage. **ACT (Automatically Controlled Transportation)** : projet Ford (USA), véhicules modulaires, long. 7,50 m, larg. 2 m, sans conducteur, sur pneus, moteur électrique ; navette télécommandée par ordinateur : les passagers sélectionnent leur destination ; guidée sur une piste à bords relevés en U ; vitesse max. 48 km/h. **Airtrans (Intra Airport Transportation System)** : *Dallas* (USA) ; parcourt 14,5 km, guidé sur une piste à bords relevés en U, véhicule modulaire, long. 6,40 m, larg. 2,10 m, entièrement automatique. Moteur électrique. Vitesse max. 30,6 km/h.

■ **Véhicules à roues, suspendus.** **Barmen** : à *Elberfehd* (All., 1897-1990) 13,7 km (dont 10 au-dessus de la Wupper), sur roues métalliques. **Type Safege** : caisse suspendue, avec double roulement de pneus circulant à l'intérieur d'une poutre-caisson montée sur pylônes espacés de 30 m. Voitures de 16 m sur 2,50 m (150 passagers dont 48 assis). Vitesse commerciale (arrêts compris, avec stations distantes de 1 000 à 1 500 m) 60 km/h. *Lignes* (Japon) : Shonan (1970) 7 km ; Chiba : en construction. **Autres systèmes** : en cours d'expérimentation.

■ **Véhicules à sustentation. Par coussins d'air.** **Tridim** : projet français Bertin, véhicules modulaires de 36 places « assises » et 16 « debout », associés en trains, vitesse 60 à 100 km/h, guidage sur piste au sol ou surélevée. 3 propulsions possibles : moteur électrique linéaire, roues pressées, crémaillères souples à pignons à axes verticaux. **Urba** (projet abandonné), voir Quid 1981. **Magnétique.** **Transurban Conveyor Belt System** : projet de Krauss-Maffei (All.). Trottoir équipé de sièges individuels. Déplacé par des moteurs linéaires asynchrones. Embarquement et débarquement grâce à des disques dont la vitesse décroît du centre au bord. Vitesse : 21 km/h.

■ **Véhicules à câbles. Suspendus.** **Aérobus** : ligne expérimentale de 1 km sur les rives du lac de Zurich, caisse aérodynamique (30 places, plus tard 100), long. 10,50 m, larg. 2,20 m, 12 moteurs électriques installés sur le toit et alimentés en courant continu de 500 V. 12 roues motrices, garnies de caoutchouc, sur 2 câbles à faible écartement. Vitesse : 70 km/h.

Tractés. **Poma 2000** : *Grenoble* : envisagé puis abandonné ; *Laon* : ligne expérimentale à crémaillère 1,5 km, de la gare à l'hôtel de ville depuis 4-2-1989. Cabine (50 places) sur chemin de roulement au sol ou aérien, tractée par câble. Cadence : 1 cabine toutes les 32 s. Vitesse 36 km/h. **SK** (Soulé : constructeur ; Kermadec : inventeur) : cabines (10 à 20 places) sur rail, tractées par câble sans fin [1986 exposition de *Vancouver* (Canada), *Yokohama* (Japon, 6,50 m), *Villepinte* (du parking au hall d'exposition), *gare de Lyon-Austerlitz* (475 m ; coût : 30 millions de F)]. 12 projets en région parisienne.

■ **Systèmes PRT (Personal Rapid Transit).** Petits véhicules programmés directement par l'usager. **Skybus** (Sté Westinghouse) : en service dans les aéroports de Tampa (Floride) et Seattle (Washington). **TTD-Otis** : sur coussin d'air, hôpital de l'université de Duke (Caroline) pour intégrer liaisons horizontales et verticales par ascenseurs. **Aramis** (agencement en rames automatisées de modules indépendants en station) : *Matra* et *Cabinentaxi* (Demag et Messerschmidt-Bloehm-Bolkow). Cabine 2 t, 10 places, moteurs électriques sur les 4 roues (à pneus), 60 km/h. Pas de conducteur ; cerveau électronique ; instructions envoyées au véhicule par un rail latéral par lequel lui arrive également le courant électrique. Les rames peuvent être composées de cabines faisant un bout de chemin ensemble, puis se dirigeant vers des terminus différents. 2 voies ; larg. totale 4,50 m (métro parisien : 7,50 m) ; hauteur 2,50 m (tunnel métro : 4 m). Rampes 8 % (métro : 5 %), rayon de courbure : 25 m (métro : 40 m). Infrastructure des voies : 60 % du coût d'un métro ; capacité 17 000 voyageurs/heure (métro classique : 30 000). Projet abandonné. Fiabilité et sécurité incertaines.

Accélérateurs pour piétons (exemples). **Trax** : trottoir roulant accéléré, entrée ou sortie 3 km/h, vitesse max. 12 km/h. *Lieu* : Invalides (correspondance RER). Projet abandonné (coût : 60 millions de F).

VEC : cabines ralentissant sans s'arrêter dans les stations puis accélérant. *Capacité pratique* 1 800 à 21 600 voyageurs/heure. *Fréquence* 2 à 6 s.

TRANSPORTS DIVERS, TRAFIC

☞ Pour découvrir la sélection **Quid** des meilleurs sites Internet sur les transports divers et trafics, rendez-vous sur **www.quid.fr**

☞ *Abréviations* : acc. : accident ; coll. : collision ; éq. : équipe ; milit. : militaires ; révol. : révolutionnaires ; voy. : voyageurs.

Transports par conduites

Généralités

Appelés en anglais pipelines. Composés de tubes soudés les uns aux autres, enfouis sous terre (0,80 à 1 mètre). Nécessite un matériel spécialisé (creusement et remblaiement des tranchées, soudure des tubes, etc.). Pour être rentables (investissement lourd), il leur faut un trafic régulier et important. Utilisés pour : liquides, produits gazeux ou solides en suspension.

Oléoducs

■ **Première conduite.** *Oil Creek* en Pennsylvanie (USA), en 1863 : diamètre de 2'' (5 cm), longueur 8 km ; transportait 100 m³ de pétrole brut par jour.

■ **Principaux oléoducs européens.** 7 de plus de 5 000 km (Mt : millions de t). **1958** *Nord West Œlleitung (NWO)*, Wilhelmshaven-Wesseling (Cologne), 633 km, 2 lignes, 45 Mt/an ; une conduite fermée en 1982, transformée en gazoduc. **1960** *Rotterdam-Rhein Pipeline (RRP)*, Rotterdam-Francfort ; 479 km, 36 Mt/an. **1962** *Sud-Européen (PLSE)*, Fos-sur-Mer-Karlsruhe ; 1 796 km (3 lignes parallèles), 65 Mt/an. **1963** *Europe centrale (LEC)*, conduite Gênes-Ferrera (50 Mt/an) se divisant ensuite en 2 branches, vers Ingolstadt et vers Aigle (Suisse) ; 1 245 km. **1967** *Transalpin (TAL)*, Trieste-Ingolstadt, 3 branches : *1re* Trieste-Ingolstadt ; *2e* oléoduc du Rhin (RDO), Karlsruhe-Ingolstadt, construit en 1963 ; sens inversé lors de la mise en service du TAL dont il constitue depuis 1967 le prolongement jusqu'à Karlsruhe ; *3e* pipe-line Adriatique-Vienne (AWP), Wurmlach-Schwechat (Vienne) ; 1 171 km, 45 Mt/an. **1971** *Rotterdam-Anvers (RAP)*, 105 km, 35 Mt/an. **1983** *Wilhelmshaven-Hambourg (NDO)*, 136 km, 8 Mt/an.

■ **Records. Longueur** : *Canada* : puits d'Alberta à Buffalo (USA) : 2 850 km, 13 stations de pompage, 31 millions de litres par jour ; *URSS* : Transsibérien, Tuimazy-Irkoutsk 3 700 km (projet) ; 1re section (48 km) ouverte en 1957. *Trans African Pipeline* (projet : Arabie saoudite-mer Rouge-Soudan-Rép. centrafricaine-Cameroun) : 3 650 km. **Le plus cher et le plus productif** : *Alaska* (de Prudhoe Baie à Valdez). Coût : 8 milliards de $ (longueur 1 280 km, diamètre 1,21 m, capacité 2 millions de barils/jour).

■ **Réseau français. Origine** : né avec la *Sté des transports pétroliers par pipe-line (Trapil)* qui mit en service en 1953 le 1er pipe-line [10 pouces (25 cm de diamètre), 240 km de long], destiné au ravitaillement de la région parisienne en produits raffinés. Il fut doublé, puis triplé par des pipe-lines plus importants. Des antennes partent ravitailler d'autres zones (exemples : Caen, Rouen, Orléans). *Longueur* (principale) *totale* (en 1988) : 4 949 km. **Réseau des pipe-lines de défense** : ligne Le Havre-Cambrai-Valenciennes, ligne Marseille-Langres-Mirecourt-Strasbourg. Il peut être utilisé à des fins civiles.

■ **Trafic en millions de tonnes (et en millions de tonnes/km)** [en 2000]. **Pétrole brut :** *1995 :* 52,3 (16,22) ; *96 :* 47,85 (15,18) ; *97 :* 48,74 (15,39) ; *98 :* 44,34 (14,2) ; *99 :* 40,81 (14,05) ; *2000 :* 41,05 (14,99) dont *Lavéra, Fos, Strasbourg, Karlsruhe* (1 796 km) : 21,68 (12 833). *Le Havre-Grandpuits* (260 km, ouvert 1968, diam. 50,8 cm), y compris transferts de produits finis et semi-finis entre Gargenville et Grandpuits et le gasoil pousseur : 7,24 (1 271). *Parentis-Bec d'Ambès* (171 km) 0,44 (33). *Antifer-Le Havre* (27 km) 12,48 (327). **Produits finis** (en 2000) : 34,6 (6 900) dont *Le Havre-Paris* [complexe Trapil 1 376 km (y compris le pipeline Grandpuits, Paris Port Jérôme, Caen Coignières, Orléans, Tours)] : 20,47 (3 621). *Méditerranée-Rhône* (765 km) : 9,6 (2 176). *Donges-Melun-Metz* [627 km (concédé à une Sté privée au 1-3-1995) : 2,5 (541). *ODC (Oléoducs de Défense Commune)* trafic civil 2,06 (562).

Gazoducs

■ **Conduites de produits chimiques.** Transport sous forme liquide (par exemple sous pression et à basse température) ou gazeuse, assurant un transport plus sûr pour la qualité du produit et la sécurité de l'exploitation.

■ **Records de longueur. USA :** Texas-New York 3 444 km. **Canada :** *Transcanadien* 9 100 km (en 1974), diam. 1,07 m. **Ex-URSS :** *Transsibérien* 9 344 km, le plus long ouvrage jamais construit par les hommes. Ourengoï-Ouzgorod : 4 450 km, capacité de 32 milliards de m^3 par an. **Sous-marin :** plate-forme Draupner (gisement de Sleipner en mer du Nord) 840 km, inaugurée oct. 1998, 20 milliards de m^3/an de gaz naturel.

■ **Canalisations en France.** Année de mise en service, longueur (en km), diamètre en pouces (") et débit possible en millions de tonnes/an (Mt). **Ammoniac** *Carling-Besch* (1968), 53 km (4" 1/2) 0,16 Mt. **Éthylène** *Etel* (ensemble de transport d'Éthylène du Lyonnais). *Feyzin-St-Pierre-de-Chandieu-Viriat-Tavaux* (1967) 185 km et *St-Pierre-de-Chandieu-Pont-de-Claix-Jarrie* (1967), 93 km (8" ou 6" 5/8) 0,5 Mt. *Lavéra-Berre-St-Auban* (1968), 124 km (8" 5/8 ou 10" 3/4) 0,3 Mt. *St-Auban-Pont-de-Claix* (1972), 150 km (8" 5/8) 0,2 Mt. *Carling-Sarralbe* (1970), 30 km, 6", 0,2 Mt. *Gonfreville-Port-Jérôme,* 53 km (6"). **Gaz carbonique** *Carling-Besch* (1968), 53 km (10" 3/4) 0,155 Mt. **Propylène** *Feyzin-Le-Grand-Serre-Pont-de-Claix* (1972), 140 km (8" 5/8 ou 6" 5/8) 0,25 Mt. **Saumure** *Hauterives-Pont-de-Claix* (1966), 80 km (16" et 14") 3,5 Mt. *Vauvert-Lavéra* (1966), 85 km (18") 7 Mt.

☞ *Artère des Marches du Nord-Est,* transit de gaz norvégien vers Italie en 2001 ; tronçon français : Taisnières (Nord)/Oltingue (Ht-Rhin) : 500 km.

Trafic dans le monde

Voyageurs (milliards/km) 1999	Total *	Chemin de fer	Route		
			Bus et cars	Voitures particulières	Total
Allemagne	891,1	73,6	68	749,5	817,5
Australie [1]	243,2	9,4	16,4	217,4	233,8
Autriche	8	8	13,6 [2]	54,5 [5]	68,2 [5]
Belgique [5]	107,9	7,1	5,1	95,7	100,8
Canada	484,6 [2]	1,5 [5]	8,1 [2]	475 [2]	483,1 [2]
Corée Sud [3]	180,2	42,6	65,4	72,2	137,6
Danemark	77	5,3	11,2	60,5	71,7
Espagne	394,9	19,7	50	325,2	375,2
Finlande	65,9	3,4	7,6	54,9	62,5
France	*806,9*	*66,6*	*40,7*	*699,6*	*740,3*
G.-B.	704,3	38,3	45	621	666
Grèce	41,9	1,9	5,9	34,1	40
Hongrie	71,6	9,5	18,1	44	62,1
Italie	792,6	41	90,2	661,4	751,6
Japon	1 334 [3]	388,9 [5]	95 [3],	684 [3]	779 [3]
Norvège	55,5	3,3	6,4	45,8	52,2
P.-Bas	178,4 [5]	14,3	15,3 [5]	149 [5]	164,3 [5]
Pologne	198,5	21,5	33,3	143,7	177
Portugal	91,8 [5]	4,3	11,6 [5]	81,6	87,2 [5]
Rép. tchèque	77,9	7	8,6	62,3	70,9
Suède	114,9	7,4	10,6	96,9	107,5
Suisse	90,7	12,6	5,8 [5]	78,1	78,1
Turquie	181,4	6,1	–	–	175,2
USA	6 277,2 [4]	23,5 [5]	233,3 [4]	6 021,2 [4]	6 254,5 [4]

Marchandises (milliards de t/km) 1999	Total *	Chemins de fer	Routes	Voies navigables	Oléoducs
Allemagne	427,5	71,4	278,5	62,7	15
Australie [1]	–	357	1 148,5	46,6	–
Autriche	41,7	15	16,8	2,2	7,6
Belgique	60,8 [4]	7,4	42,2 [5]	5,9 [4]	1,6 [5]
Canada	427,8 [3]	299,5 [5]	76,7 [5]	29,9 [3]	105 [3]
Danemark	17,3	1,9	10,4	–	4,9
Espagne	257,5	12	238,4	–	7
Finlande	38,4	9,8	25,5	3,1	–
France	*265,3*	*54,4*	*31,2*	*7,1*	*21,3*
G.-B.	183,1	18,4	152,9	0,2	11,6
Grèce	14,2	0,4	13,8	–	–
Hongrie	25,2	7,7	12	1	4,5
Irlande	5,8 [5]	0,5 [5]	5,3 [5]	–	–
Italie	234,1	23,8	196,1	0,2	14,1
Japon	–	22,9 [5]	306,3 [4]	220 [3],	–
Luxembourg	1,5	0,7	0,5	0,3	–
Norvège	18,6	1,8	12,8	–	4
P.-Bas	75,7 [4]	3,5	32,7	40,7 [5]	6 [5]
Pologne	146	55,1	70,5	1	6
Portugal	17,4	2,2	15,2	–	19,4
Rép. tchèque	56,4	16,7	37	0,9	1,8
Suède	51,7	18,9	32,8	–	–
Suisse	9,8	9,8	19,5 [5]	0,1 [5]	0,2 [5]
Turquie	202,9	8,4	151	–	43,5
USA	4 841,7 [4]	2 010,9 [5]	1 534,5 [5]	520,7 [4]	904 [4]

Nota. – * Total marchandises. (1) 1993. (2) 1995. (3) 1996. (4) 1997. (5) 1998.

Trafic en France

■ **Grandes entreprises nationales. Chiffre d'affaires consolidé** (en milliards d'euros, 1999) : SNCF 16,287 ; Air France 9,1 ; Avsa 6,041 ; SNCF Participations 3,956 ; Bolloré 3,417 ; Geodis 3,147 ; Réseau ferré de France 1,974 ; Autoroutes du Sud de la France 1,49 ; Gefco 1,473 ; Holding CMA-CGM 1,455 ; Aéroports de Paris 1,321 ; Générale Transport Industrie (GTI) 1,133 ; STEF-TFE 1,070 ; CAT 1,048 ; Autoroutes Paris-Rhin-Rhône 1,021 ; Transports frigorifiques européens (TFE) 0,917 ; Cofiroute 0,759 ; Groupe Norbert Dentressangle 0,744 ; Maritime d'Affrètement 0,701 ; Danzas 0,689 ; Giraud 0,675 ; AOM 0,658 ; Autoroutes du Nord et de l'Est de la France 0,652 ; Saga 0,603 ; Mory 0,546 ; Air Liberté 0,543 ; Delmas 0,486 ; France Manche 0,452 ; Fraikin 0,437 ; Escota 0,430 ; Chronopost 0,366 ; Balspeed France 0,357 ; Corse Air International 0,355 ; SCAC 0,345 ; Autoroutes Rhône-Alpes 0,321 ; Hays Logistique France 0,301 ; Jet Services 0,299 ; Brittany Ferries 0,297 ; Léon Vincent 0,297 ; Heppner Sté de Transports 0,293 ; Somarelf 0,289 ; Panalpina France 0,244 ; Air Littoral 0,231 ; CNC 0,229 ; Graveleau 0,228 ; DHL International 0,225.

■ **Consommation de carburant par voyageur/km** (transport dans des conditions commerciales, en gramme équivalent pétrole). **Avion :** Fokker étape courte 173, Airbus Paris-Marseille 52 (haute densité 37), vol vacances *Antilles* Boeing-747 29. **Voiture** (conducteur seul) : *en ville* grosse cylindrée 93, petite 67 ; *autoroute* (2 personnes), grosse cylindrée 50, 7 CV 35, autocar 21. **Train :** omnibus rural 35-60, rapide TER 20, banlieue 19, TGV 14, express 15. **Métro :** 19.

Comparaisons	1993	1995	1997	2000
Transports terrestres [6]	167,8	186,7	220,3	246,3
– routiers	116	131,9	159,8	183,7
dont international	17	19,5	21,2	20,7
– ferroviaires	45,9	49	54,8	55,4
dont international	18,9	22	26,2	27,8
– fluviaux [2]	6	5,9	5,7	7,3
dont international	2,5	2,7	2,5	3,1
Ports autonomes [7]	240,2	232,2	244,8	302,1
– pétrole brut débarqué	94,8	92,9	102	98,6
– vrac	108,4	101,4	106,8	130,5
– marchandises div.	37	38	36	73
Immatriculations [8]	1 721	1 931	1 712,6	2 134
– marques françaises	1 037	1 137	957,6	1 261,5
– étrangères	684	794	756	872,4
– moteurs à essence	938	1 033	995	1 080,9
– Diesel	783	898	716,4	1 046,4
Occasion (milliers)	4 278	4 129	4 238	5 082
Production (milliers)	2 837	3 051	3 393,6	4 542,1
Exportations (milliers)	1 817	1 852	2 458,8	3 174,6
Réseau national [3]	156,1	166,6	178	197,4
– autoroutes [3]	76,2	83,6	91,8	106,1
– routes nationales [3]	79,9	83	96,3	91,3
Voyageurs				
SNCF [4]		55,9	61,9	60
Réseau TGV [4]		21,4	27,2	34,5
SNCF Ile-de-France [4]		8,5	9	9,7
RATP, métro, RER [4]	9,3	10,2	9	10,2
Autobus [4]	2,2	2	2,3	2,5
Transports aériens				
Air France [1]	43,7	49,6	41	82,5
Air Inter [1]	9,5	9,2	19	9,3
Aéroports de Paris [5]				
internationaux [5]	33,4	36,6	24,3	52,5
intérieur [5]	17,5	18	60,8	21,1
Aéroports rég. (grands) [5]	19,7	21,2	9,2	29,7

Nota. – (1) En milliards de passagers. (2) Non compris trafic du transit rhénan. (3) En milliards de véhicules/km. (4) Réseau principal, en milliards de voyageurs/km. (5) En millions de passagers. (6) En milliards de t/km. (7) En millions de t. (8) Neuves en milliers. *Source :* SES.

Accidents

Données générales

■ **Coût des accidents corporels** (en milliards de F, 2000), **et,** entre parenthèses, **nombre.** *Tués à 30 jours ;* 53,8 (8 079) ; *blessés graves :* 27 (26 971) ; *légers :* 23,8 (162 117).

■ **Nombre d'accidents aériens et,** entre parenthèses, **moyenne d'âge des avions civils** (mai 1995). Amérique du Nord : 5 900 (15,3) ; Europe : 2 953 (10,2) ; Asie : 2 132 (9,9) ; Amérique du Sud et centrale : 812 (18,4) ; Afrique : 510 (18,9) ; Australasie 277 (10,8).

☞ 70 % des crashs aériens proviennent d'erreurs humaines et non de défaillances techniques. En 1995, 1 101 tués dans des catastrophes aériennes (500 000 sur les routes, Chine exceptée).

Accidents aériens

Données globales

En France. Nombre total avions [plus à partir de 1989, hélicoptères, ULM (dont, entre parenthèses, aviation privée)].

Années	Accidents	Morts	Blessés
1980	66 (62)	83 (81)	71 (68)
1981	55 (54)	39 (83)	69 (69)
1982	45 (42)	34 (31)	64 (61)
1983	42 (40)	48 (48)	45 (43)
1984	84 (75)	80 (72)	129 (83)
1985	82 (81)	84 (82)	82 (82)
1986	78 (73)	61 (54)	86 (70)
1987	73 (68)	90 (65)	78 (74)
1988	129 (121)	134 (101)	175 (81)
1989 [1]	120 (115)	308 (116)	92 (116)
1990	145 (144)	85 (85)	168 (167)
1991	155 (149)	111 (98)	179 (155)
1992	140 (137)	181 (93)	173 (158)
1993	147 (144)	109 (109)	156 (142)
1994	122 (116)	94 (83)	122 (121)
1995	117 (113)	98 (68)	110 (110)
1996	102 (98)	66 (65)	125 (91)
1997	245 (227)	95 (85)	198 (113)
1999	310 (283)	67 (56)	71 (57)

Nota. – (1) 1 attentat (170 †) inclus.

■ **Dans le monde. Accidents d'avions civils** [*Source :* OACI, 185 États membres en 2000.] **Nombre de tués :** *1992 :* 1 463 (dont vols réguliers 1 097, non réguliers 366) en 78 accidents. *1993 :* 1 080 (vols réguliers 936, non réguliers 144) en 580 accidents. *1999 :* 650 (vols réguliers 522, non réguliers 128) en 37 accidents. **Taux (sur les services réguliers). Passagers tués** *pour 100 millions de passagers/km : 1976 :* 0,12 ; *80 :* 0,09 ; *85 :* 0,09 ; *86 :* 0,03 ; *87 :* 0,06 ; *88 :* 0,04 (non rég. 0,07) ; *89 :* 0,05 (non rég. 0,17) ; *91 :* 0,04 ; *92 :* 0,06 ; *93 :* 0,05 ; *95 :* 0,03 ; *96 :* 0,05 ; *97 :* 0,03 ; *98 :* 0,03 ; *99 :* 0,02 ; *2000 :* 0,03. **Incidents :** *1997 :* 23 dont détournements 10 (1), dans les aéroports 6, hors aéroports, prise d'otages 2, avions en vol 1, général et charter 1.

☞ **Fréquence avant 1914 :** *1908 :* 1 accident pour 1 600 km ; *1909 :* 1 pour 15 000 km ; *1910 :* 1 pour 33 000 km ; *1911 :* 1 pour 40 000 km ; *1912 :* 1 pour 140 000 km.

■ **Nombre d'accidents fatals d'avions et,** entre parenthèses, **taux d'accidents (nombre d'accidents par million de départs)** depuis la création des avions jusqu'en 1999. **Boeing** *737 :* 37 (0,5) ; *737* (nouvelle génération) : 10 (0,3) ; *757 :* 5 (0,4) ; *767 :* 3 (0,4) ; *747 :* 25 (1) ; *777 :* 0 (non significatif). **Airbus** *A-310 :* 5 (1,6) ; *A-300 :* 8 (0,7) ; *A-320 :* 5 (0,4). **McDonnel Douglas** *DC-9 :* 42 (0,6) ; *DC-10 :* 15 (0,8) ; *MD-11 :* 3 (1,3) ; *MD-80 :* 8 (0,2) ; *MD-90 :* 0 (non significatif). **Causes** (en %) : équipage 50, causes indéterminées et divers 34, avion (défaillance mécanique) 7, maintenance 4, conditions météorologiques 3, aéroport 2.

■ **Victimes entre 1990 et 1999** (en %) **selon les circonstances :** impact sans perte de contrôle 31,7, perte de contrôle en vol 28,6, feu à bord 9, collision aérienne 7, explosion du réservoir 3,6, autres 20,1. **Selon les phases de vol et,** entre parenthèses, **répartition des accidents** (en %) **:** approche 34 (13), ascension 31 (9), décollage 7 (14), atterrissage 6 (41), autres 22 (23).

■ **Décès en avion.** *Étude du Jama* (Journal de l'association américaine de médecine) *de 1977 à 1984 :* 42 transporteurs ont enregistré 577 décès en vol (72 par an), dont 326 (56 %) relevant d'une mort d'origine cardiaque, concernant 66 % des hommes (âge moyen 53,8 ans). Taux moyen de décès en vol par million de passagers : 0,31 ; *par milliard de km/passagers :* 125 ; *par million de départs :* 25,1.

Avions et hélicoptères

☞ **1er accident d'avion :** *17-9-1908* à Fort Myer (USA), Lt Selfridge (tué) dans l'avion piloté par Orville Wright (indemne).

■ **Accidents d'avions les plus graves. Dans le monde.** **1956**-*30-6* Grand Canyon (Arizona, USA) 128 †. 1er accident causant + de 100 † : collision d'un DC-7 d'*United Airlines* et d'un Superconstellation de TWA. **1960**-*16-12* New York, 135 † dans collision d'un DC-8 d'*United Airlines* (84 pers. à bord ; s'écrase à Brooklyn tuant 8 pers. au sol) et d'un Superconstellation de TWA (43 à bord ; s'écrase à Staten Island). **1963**-*1-2* Ankara (Turquie) 104 † (dont 87 au sol), collision Viscount 754 (*Middle East Airlines*) et C-47 de l'armée turque. **1974**-*3-3 Turkish Airlines* (près d'Ermenonville, Val-d'Oise) DC-10-30, 346 † dont beaucoup d'Anglais supporters de rugby (mauvaise fermeture d'une porte de soute). **1977**-*27-3 Pan Am et KLM* (à Tenerife, Canaries) collision au sol entre 2 B-747, 643 pers. à bord, 583 † (les 249 passagers de KLM et 333 sur les 394 de la Pan Am) ; indemnisation des familles des victimes : 81,5 millions de $ (405 millions de F). **1978**-*1-1 Air India* Boeing 747 explose après avoir décollé de Bombay (Inde), 213 †. **1979**-*25-5 American Airlines* DC-10 perd un réacteur au décollage, s'écrase à Chicago-O'Hare (USA), 273 † (dont 2 au sol) ; *-26-11 PAL* B-707 Djeddah (Arabie), au décollage, 156 †. *-28-11 Air New Zealand* DC-10 percute Mt Erebus dans l'Antarctique (erreur de navigation), 257 †. **1980**-*19-8 Saudia Airlines* Lockheed Tristar près de Riyad (Arabie saoudite), 301 †. **1983**-*30-8 Korean Airlines* B-747 abattu, 269 † (voir p. 1931 a). **1985**-*23-6 Air India* B-747 près de l'Irlande (attentat sikh), 329 † (voir aussi **Attentats**, p. 1931 a). *-12-8 Japan Airlines* B-747 s'écrase au sol (Mtogura, ouest de Tokyo), 520 †, 4 survivants **(la plus grave catastrophe civile concernant un seul appareil) :** fuite d'air pressurisé à travers une cloison fendue ; Boeing a, depuis, demandé aux 70 Cies exploitant les 615 B-747 en service de renforcer la partie arrière de l'appareil. *-12-12 Arrow Air* DC-8 au décollage à Gander (Terre-Neuve), 256 †. **1987**-*9-5* Lodz

(Pologne) Il-62, 183 †. *-16-8 Northwest Airlines* DC-9, près de Detroit (USA), 156 † (dont 6 au sol), 1 survivant. *-26-11 South African Airways* (océan Indien) B-747, 160 †. **1988-***17-3 Avianca* B-727 (Colombie), 137 †. *-19-10 Indian Airlines* B-737 à l'atterrissage à Ahmadâbâd (Inde), 131 †. *-21-12 Pan Am* B-747 Lockerbie, attentat (voir p. 1498 c). **1989-***8-2 Independant Air Corporation* B-707 aux Açores, 145 †. *-7-6 Surinam Airways* DC-8 heurte des arbres à Paramaribo (Suriname) [brouillard], 168 †. *-19-7 UAL* DC-10 atterrissage d'urgence à Sioux City (Iowa, USA), 112 †. *-3-9 Cubana de Aviacion* Ilyouchine 62 M au décollage de La Havane (Cuba), 170 † (dont 45 habitants du quartier). *21-10 Tan Sahsa* B-727 près de Tegucigalpa (Honduras), 146 †. **1990-***14-2 Indian Airlines* à Bangalore (Inde), 90 †. *-14-11 Aeritalia* DC-9 s'écrase sur une colline près de Zurich (Suisse), 46 †. **1991-***21-3 Saudia Airways* Hercule C-130 à Ras-Al-Mishab (Arabie), 92 † (militaires sénégalais) ; *-26/27-5 Lauda Air* B-767-300 Thaïlande, inversion de poussée d'un réacteur, 223 †. *-11-7 Nationair* DC-8 affrété pour des pèlerins nigérians à Djeddah (Arabie), 261 †. *-16-8 Indian Airlines* B-737 dans l'État de Manipur (Inde), 69 †. *-5-10* Hercule C-130 (de l'armée indienne), Djakarta (Indonésie), 136 †. **1992-***3-1 Baïkal* Tupolev 154 à Irkoutsk, 120 †. *-9-2* Convair 640, cap Skirring (Sénégal) à l'atterrissage, 30 † sur 56 (dont 26 du Club Méditerranée). *-31-7 Thai* A-310-300 près de Katmandou (Népal), 113 † ; *China General Purpose* Yack 42 à Nankin (Chine) prend feu à 600 m de la piste, 100 †, 26 rescapés. *-27-8 Aeroflot* Tupolev 134 à Ivanovo (Russie), erreur de pilotage, 82 †. *-28-9 Pakistan Air* A-300 près de Katmandou (Népal), 167 †. *-4-10 El Al* B-747 cargo à Amsterdam (P.-Bas) s'écrase sur 2 barres d'immeubles accolés sectionnant l'édifice sur toute sa longueur (30 m), 15 min après décollage, incendie des 2 réacteurs droits, 43 † (riverains et 4 membres d'équipage) (la commission d'enquête accusera plusieurs ministres de négligence et El Al de rétention d'information). *-30-11 CAAC* B-737 à Guilin (Chine), explose en vol, 141 †. *-21-12 Martinair* DC-10 à Faro (Portugal), vent violent, explosion, 54 †, 283 rescapés. *-22-12 Libyan Arab Airlines* B-727 Souq as-Sabt (Libye), heurte un Mig-23, mais Kadhafi a mis en cause l'Ira, 157 †. **1993-***8-2 Iran Air* Tupolev 134 percute un chasseur Sukkhoï 22 au-dessus de l'aéroport de Téhéran, 134 †. *-26-4 Indian Airlines* B-737 heurte un camion au décollage à Aurangâbâd (Inde), 55 †, 36 rescapés. *-19-5 SAM* B-727 s'écrase à Medellín (Colombie), 133 †. *-23-7 China Northwestern* BAe-146, Yinchuan, 55 † ; *-26-7 Asiana* B-737, Corée, 66 † sur 110 passagers. *-20-11 Avio Impek* Yak-42 (Macédoine), 115 † sur 116 passagers. **1994-***23-3 RAL* A-310 en Sibérie, 75 † (le pilote avait confié les commandes à son fils, 15 ans). *-26-4 China Airlines* A-300-600 à Nagoya (Japon), 264 † sur 271 passagers. *-6-6 China Northwest Airlines* Tupolev 154 près de Xian (Chine), 160 †. *-1-7 Air Mauritanie* Fokker 28 à Tidjikdja, au moins 70 † sur 87 passagers. *-21-8 Air Maroc* ATR-42, près d'Agadir (pilote voulant se suicider ?), 44 †. *-8-9 US Air* B-737-300, près de Pittsburg (USA), 132 †. *-31-10 American Eagle* ATR-72, Indiana, 68 †. **1995-***31-3 Tarom* Airbus, près de Bucarest, 59 †. *-9-8 Aviateca* B 737 flanc nord du volcan San Vincente (Salvador), 65 †. *-Déc.* Tupolev 154, Sibérie orientale, 197 †. *Cam Air* B 737, près de Douala (Cameroun), 72 †. *-13-12 Banat Air* (Cie roumaine) Antonov 24, Vérone (Italie), au moins 44 †. *-18-12 Trans Service Airlift*, nord de l'Angola, 139 †. *-20-12 American Airlines* B-757, près de Cali (Colombie), 160 †. **1996-***8-1* Antonov 32 (avion cargo), Kinshasa (Zaïre), s'écrase sur le marché, 250 à 300 †, 447 blessés. *-7-2 Alas* B-757, au nord de St-Domingue (a raté son décollage), 189 †. *-29-2 Fawcett* B-737, près d'Arequipa (Pérou), 123 †. *-11-5 Valujet Airlines* DC-9, près de Miami (incendie dans la cabine des passagers, 6 min après le décollage), 109 †. *-18-7 TWA* B-747 (de 26 ans), au large de Long Island (près de New York), 230 † dont 42 passagers français. *Hypothèses :* après enquête (coût 262 millions de F : récupération de + de 20 000 éléments au fond de l'eau), l'hypothèse avancée par Ian Goddard d'un missile tiré par erreur d'un navire de guerre américain est rejetée ; accident technique (explosion). *-2-10 Aeroperu* B-757, Lima, 70 †. *-31-10 TAM* (Cie brésilienne) Fokker 100, banlieue de São Paulo (Brésil), 95 †. *-7-11 ADC* (Cie nigériane) B-727, à 65 km au sud de Lagos, 141 †. *-12-11 Saudia Airways* B-747 et *Kazakh Airlines* Ilyouchine -76 : collision à Charkhi Dadrio, Inde, 349 † (*B-747 :* 312, *Il-76 :* 37). *-23-11 Ethiopian Airlines* B-767, au large des Comores, 123 †. **1997-***1-2 Air Sénégal,* Tambacounda, 23 †. *-5-8 Korean Air* B-747, Guam, 245 †. *-3-9 Vietnam Airlines,* Cambodge, 63 †. *-26-9* Airbus A-300 de Garuda, Sumatra, 234 †. *-6-12* Antonov 124 cargo de l'armée russe, tombe sur Irkoutsk, Sibérie, 66 †. *-15-12* Tupolev 154 tadjik, Chârdjah (Émirats arabes unis), 85 †. *-19-12 SilkAir* B-737-300, Sumatra, 104 †. *-17-12* Yakovlev 42 ukrainien, Grèce, 70 †. **1998-***janv.* Antonov 32 afghan, Pakistan, 80 †. *-16-2 China Airlines* Airbus A-300-600, Taipeh, 196 †, plus 7 au sol. *-20-4 TRAME* B-727-200, Bogota, 53 †. *-5-5* B-737 de l'armée de l'air péruvienne, N.-E. du Pérou, 74 †. *-2-9 Swissair* Douglas MD-11, au large du Canada, 229 †. **1999-***25-2 Southwest Airlines* (Chine), liaison Cheng du (sud-ouest)-Wenzhou (est), explosion, 64 †. *-31-8 Lapa,* Boeing 737 près de Buenos Aires, 80 †. *-31-10 Egyptair,* Boeing 767 au large du Massachussets (suicide du pilote ?, attentat ?), 217 †. **2000-***30-1 Kenya Airways,* A-310 en mer 2 min après décollage à Abidjan. *-31-1 Alaska Airlines,* MD-80 au large de Los Angeles, 88 †. *-19-4 Air Philippines,* Boeing 737, Philippines, 131 †.

En France. **1962-***2-6-Air France* Boeing affrété à Orly, ne s'envole pas, explose à Villeneuve-le-Roi, 130 †. **1972-***27-10 Air Inter* Viscount heurte pic Picot (Noirétable, Loire), 60 † sur 68 passagers. **1973-***5-3 Spantax* Coronado heurte DC-9 d'*Ibéria,* 68 † (en raison d'une grève illégale des contrôleurs CFTC, le contrôle aérien était assuré par l'armée). *-11-7 Varig* B-707 près de Paris (à l'envol), 122 † sur 134. **1974-***3-3* (voir p. 1929 c). **1981-***1-12 Yougoslav* DC-9-80 près d'Ajaccio, 178 †. **1987-***21-12 Air Littoral* Brasília près de Bordeaux, 16 † (non-respect des visibilités minimales ; 0,35 g d'alcool par litre dans le sang du commandant de bord). **1989-***10-4 Uni Air* Fokker 27 près de Valence (faute de pilotage), 22 †. **1992-***20-1 Air Inter* A-320 Mt Ste-Odile (Bas-Rhin), 87 † sur 96 passagers. Selon la commission Monnier, les 2 pilotes, inexpérimentés sur ce type d'appareil, se sont trompés sur le mode de descente ou (« plus vraisemblablement ») ont programmé une vitesse verticale de 3 300 pieds en croyant demander un « angle de pente » de 3,3 degrés correspondant au taux de 800 pieds/min ; (hypothèse « très peu envisageable » d'une défaillance technique de l'unité électronique de contrôle de vol de l'appareil). **1993-***6-1 Lufthansa* Dash-8 à l'atterrissage à Roissy, 4 †, 19 rescapés. *-17-11* avion de tourisme à Adoinville (Yvelines), 6 †. **1994-***30-6* A-330 Toulouse-Blagnac, 7 † (lors d'un test du pilote automatique). **1995-***oct.* Piper A-28, s'abîme en mer au large d'Étretat, 2 †, 2 disparus. **1998-***30-7* baie de Quiberon, au-dessus du paquebot *Norway* (ex-*France*), vol *Proteus Airlines* heurte avion de tourisme, 15 †. **2000-***25-7 vol Air France 4590* Paris-New York : le Concorde décolle de Roissy (à 16 h 43) dans un sillage de feu, avec 1 moteur en flamme (peut-être 2) et s'écrase près de Gonesse sur le restaurant d'Hôtelissimo : 113 † [100 passagers (96 Allemands, 2 Danois, 1 Autrichien), 9 membres d'équipage, 3 employés du restaurant et 1 touriste anglaise].

☞ Le *1-2-1989,* l'administration amér. de l'aviation (FAA) a ordonné de vérifier câblages et systèmes anti-incendie des moteurs et soutes des 741 B-737/757/767/747 livrés après le 1-12-1980 ; *9-12-1994* interdit les vols d'ATR en conditions givrantes (*11-1-1995* interdiction levée) ; *en mars 1995,* fixe le 1-6-1995 comme date limite pour l'installation du nouveau système de dégivrage sur 410 ATR-72 ; *coût :* 40 millions de F. *1996* les avions turbopropulseurs de 9 à 70 places vont devoir être certifiés pour des conditions de vol en pluie givrante plus sévères qu'actuellement (en discussion).

■ **Accidents d'hélicoptères récents.** **1982-***11-9 US Air Force* Mannheim (All.), 46 parachutistes (23 Français) †. **1984-***11-4* 2 Puma se heurtent en vol près de Cosne (Nièvre), 6 militaires †. **1985-***27-6* Jet Ranger d'André Roussel s'écrase après avoir heurté une ligne à haute tension (Suisse), 4 †. *-11-8* près du sommet du Grand-Argentier (Savoie), 2 gendarmes †. **1986-***14-1* Écureuil de Thierry Sabine (en Afrique) pendant le Paris-Dakar, 5 †. **1993-***15-5* brouillard au Tchoukotka (Russie), 8 † (dont 2 journalistes françaises), 13 rescapés. **2000-***26-9* télescopage de 2 appareils dans le Valais (Suisse), 8 † et 4 blessés.

Circonstances particulières

■ **Accidents d'avions ayant causé la mort de dirigeants politiques.** **1959-***29-3 Barthélemy Boganda,* Pt du gouv. de la Rép. centrafricaine. **1979-***27-5 Lt-colonel Ahmed Ould Bousseif,* 1er ministre mauritanien. **1980-***4-12 Francisco Sá Carneiro,* 1er ministre portugais. **1981-***24-5 Jaime Roldos Aguilera,* Pt de l'Équateur ; *-1-8 Gal Omar Torrijos,* homme fort du régime panaméen. **1986-***20-10 Samora Machel,* Pt du Mozambique. **1988-***17-8 Gal Zia ul-Haq,* Pt du Pakistan. **D'autres personnalités.** **1961** *Dag Hammarskjoeld,* secrétaire général de l'Onu. **1971** *Mal Lin Piao,* min. chinois de la Défense et dauphin de Mao Tsé-toung. **1982-***3-5 Mohammed Benyahia,* min. algérien des Affaires étrangères. **1986** *contre-amiral Guy Sibon,* min. malgache de la Défense. **Sportifs.** **1949** équipe de foot italienne à Superga (Italie) ; *-28-10* aux Açores, *Marcel Cerdan.* **1958-***6-2* éq. de foot Manchester U (8 †) à Munich. **1961-***15-2* Sabena, 18 patineurs de l'éq. amér. † (sur 727) près de Bruxelles. **1966** éq. italienne de natation, à Brême. **1970-***14-11* éq. de foot de l'université Marshall (USA). **1972-***13-10* Andes, éq. des Old Christians (éq. de rugby des étudiants de Carrasco, Uruguay), 16 survivent grâce à l'anthropophagie et sont sauvés après 72 j. **1976** éq. d'escrime cubaine (voir **Attentats** p. 1931 a). **1979** éq. de foot. soviétique de Tachkent. **1980-***14-3* boxeurs amér. et latino-amér. à Varsovie. **1987-***9-12* éq. de foot péruvienne (Alianza-Lima), en mer. **1988-***17-3 :* 2 éq. de foot, en Colombie. **1989-***7-6 :* 23 footballeurs néerlandais à Paramaribo (Suriname). **1996-***18-7 Michel Breistroff,* de l'équipe française des sports de glace (New York).

■ **Accidents lors de meetings aériens. Allemagne.** **1988-***28-8 Ramstein* 70 † [collision de 3 avions des Frecce Tricolori, patrouille de haute voltige de l'armée de l'air italienne ; l'un tombe dans la foule (70 † dont 67 spectateurs)]. **1988-***6-5 Hanovre* hélicoptères, 27 †. **Angleterre.** **1952-***7-5 Farnborough* Super DH 110 De Havilland se désintègre, 27 † (pilote, navigateur, 25 spectateurs). **1966-***26-6 Old Warden* Cessna biplace s'écrase sur des voitures, 3 † et 10 blessés. **1968-***20-9* Breguet 1150 Atlantic pris dans un courant descendant accroche un hangar et s'abat, 12 † dont des spectateurs. **1970-***10-9* rotor d'un autogire se brise, l'appareil tombe de 60 m ; pilote tué. **Belgique.** **1997-***26-7* XT-300 jordanien s'écrase dans la foule à Ostende, 9 †. **Canada.** **1989-***5-9* collision de 2 avions des « Snowbirds » (patrouille acrobatique canadienne) au-dessus du lac Ontario, 1 †. **États-Unis.** **1991-***29-6* collision de 2 T-34, 2 †. **France.** **1911-***21-5* Henri-Maurice Berteaux (né 1852), ministre de la Guerre, tué par l'hélice d'un monoplan sur le champ de manœuvres d'Issy au départ de la course Paris-Madrid. **1961-***4-6* bombardier amér. B-58 s'écrase près de Louvres, 3 †. **1963-***16-6* Hawker P-1127, prototype brit. manque son atterrissage, pilote indemne. **1965-***15-6* B-58 Hustler, bombardier amér., s'écrase près de Goussainville, 3 †. **1967-***4-6* Fouga-Magister de la Patrouille de France tentant de se poser en catastrophe, train d'atterrissage rentré, explose près de la tribune d'honneur, pilote † ; hélicoptère amér. s'écrase près de la piste, 1 †. **1969** chasseur italien Fiat G-91 s'abat sur un parc à voitures, 6 † (5 spectateurs et 1 pilote). **1973-***3-6* Tupolev 144 explose en vol et s'écrase au-dessus de Goussainville, 13 † (équipage 6, hab. de Goussainville 7). **1986-***13-2* Dassault-Flamand près de Pouilloux (S.-et-L.) 6 †. **1988-***26-6* Airbus A-320 (volant à 9 m du sol à

Quelques précisions

■ **« Air miss »** (collision évitée de justesse, à moins de 9 km, parfois à – de 40 m). **Nombre : USA :** *1984 :* 509 ; *85 :* 758 ; *86 (1er semestre) :* 820 ; *87 :* 494 [dont le *-15-8* à – de 75 m entre hélicoptère de R. Reagan et Piper Archer (Santa Barbara, Californie)]. **France** (en 1997) : voir airprox p. 1877 c. *Taux pour 100 000 vols :* en route 0,97.

■ **Boîtes noires** (en fait orange vif, plus repérable). 2 par avion de ligne, enregistrement dès que l'avion est électriquement alimenté. La 1re à l'arrière de l'appareil, enregistre les conversations ; la 2e, dans la queue de l'avion, enregistre les paramètres de vol, position des gouvernes, alarmes diverses (enregistre 7 à 1 000 informations/seconde). On développe un nouveau type de boîte (déjà sur A-340) à mémoire électronique, sans pièces mobiles, munie d'un auto-test (vérification des circuits et composants). Depuis 1994 les normes ont été renforcées. Exemples : elles doivent supporter un écrasement par une masse de 230 kg tombant de 3 m de haut, une exposition à une flamme de 1 100 °C, pendant 60 min, des accélérations égales à 3 400 fois l'accélération terrestre (1 000 G), une immersion en mer d'1 mois à plus de 3 m de profondeur, des températures comprises entre – 50 °C et + 70 °C ; elles sont équipées d'une balise radio qui ne fonctionne que lorsque l'enregistreur est immergé.

■ **Cause des accidents aériens** (en %, en 1996 et, entre parenthèses, en nombre d'accidents) **depuis 10 ans.** Erreur de pilotage 69,7 (92), défaillance technique de l'avion 11,4 (15), défaut de maintenance 6,8 (9), défaillance de l'aéroport 4,5 (6), météo 3,8 (5), autres 3,8 (5). **Circonstances** (en %) : approche et descente 37,7, atterrissage 25,7, montée 15,8, décollage 12,2, croisière 5,5, circulation et stationnement 3,1. **Causes en pourcentage** (selon Boeing, de 1959 à 1995) : équipage 64 % ; origine mécanique 16 ; météo 5 ; contrôle 5 ; maintenance 3. **Corps étrangers :** dans 85 % des cas, *impacts d'oiseaux.* Dégâts 85 %, dégâts légers 8 %, dégâts importants 7 % (antennes, sondes, phares et radomes détériorés). *Types d'oiseaux rencontrés* (en % des collisions, 1984-85) : mouettes et goélands 31,5, rapaces diurnes et nocturnes (faucon crécerelle, buse variable, milan noir) 22,1, vanneaux huppés 14,4, hirondelles et martinets 8,7, pigeons 6,5, corvidés 2,4, étourneaux 1,6, autres [dont héron cendré (1 en 1984 et 1 en 1985) ; cigogne blanche, flamant rose (1 en 1984) ; oie cendrée, linotte mélodieuse (1 en 1985)] 12,8. *Prévention :* battues sur quelques grands aéroports, méthodes d'effarouchement (diffusion de cris de détresse spécifiques, tir de cartouches...), toute l'année destruction autorisée (mouettes rieuses, pigeons, vanneaux huppés, goélands argentés, étourneaux, corneilles noires, corbeaux freux).

Au sol, des corps étrangers (boulons, graviers, clous...) peuvent causer d'importants dégâts s'ils sont aspirés par les réacteurs.

■ **Facteurs d'aggravation des risques. Déréglementation aérienne :** USA 1979. Europe 1992. Accroît la concurrence, et le nombre des compagnies et des vols effectués. **Accroissement du trafic** (exemple : *USA :* O'Hare, Chicago, 39 vols programmés pour atterrir à 9 h 15, certains matins). La région de Los Angeles compte 27 000 pilotes privés (51 air miss enregistrés en 1987 avec de petits avions). **Défectuosité du contrôle aérien : aux USA,** les contrôleurs suivent 25 avions par écran radar (moitié moins en Europe). **Défaillances des équipages :** actives (non-respect des règles et procédures), passives (distraction), incapacité physique (alcool, médicaments), erreur de jugement. **Erreurs :** exemple : vol *Air Inter* IT 5903 (A-320) au décollage d'Orly pour Lourdes : le commandant coupe les moteurs au lieu de rentrer le train d'atterrissage.

■ **Précautions.** À l'atterrissage, distance minimale entre 2 appareils 7,5 km (en France). En vol : distance horizontale entre 2 avions 18 km (bientôt réduite de moitié grâce à un matériel perfectionné), séparation verticale au moins 600 m à 8 850 m d'altitude et 1 200 m au-dessus.

■ **Systèmes d'aide à l'atterrissage.** ILS (Instrument Landing System) qui définit 1 axe radioélectrique que l'avion doit suivre pour toucher le sol. Dans quelques années, le MLS (Microwave Landing System) donnera l'axe et le volume d'approche.

☞ **Parachute pour avions en perdition :** *Gard 150* (système général de sauvetage aéronautique) : 20 kg, peut s'ouvrir à une alt. de 92 m ; conçu pour des avions légers (moins de 750 kg) après 7 années de recherches ; coût : 7,5 millions de F.

220 km/h) s'écrase à Mulhouse-Habsheim (Ht-Rhin), 3 †, 133 rescapés. **1989**-*8-6* Mig-29 (pas de †), cause : oiseau dans les réacteurs.

■ **Attentats.** **1976**-*6-10* DC-8 *(Cubana de Aviacion)* au large de la Barbade, 73 † dont 43 de l'équipe cubaine d'escrime (anticastristes). **1980**-*27-6* DC-9 *(Itavia)* au-dessus de l'île d'Ustica, 93 † ; bombe dans les toilettes (rapport de 1994). On avait avancé que l'avion aurait pu être abattu par un Mig libyen ou un missile amér. lors d'un combat avec les chasseurs libyens escortant l'avion de Khadafi en route vers Varsovie. **1982**-*11-8* B-747 *(Pan Am)* à l'atterrissage à Honolulu, 1 † (Palestiniens accusés). **1983**-*23-9* Boeing de la *Gulf Air* à 120 km d'Aboû Dabî, 111 † (Brigades révolutionnaires arabes). **1985**-*31-3* B-727 Mexique, 170 † (Brigades révolutionnaires arabes). *-23-6* B-747 *Air India,* mer d'Irlande (sikhs), 329 †. *-12-12* DC-8 amér. à Terre-Neuve, 256 militaires † (Organisation des révolutionnaires d'Égypte). **1986**-*2-4* B-727 *(TWA)* à 3 300 m au-dessus de Mycènes (Grèce), explosion (fedayin) perfore la cabine, 4 passagers † (aspirés). **1987**-*29-11* B-707 *(Korean Airlines),* en mer au large de la Birmanie, 115 †. Une Coréenne, Kum Hyn-Hee, admet en janv. 1988 avoir posé une bombe dans l'avion sur incitation des autorités nord-coréennes pour saboter les Jeux Olympiques de Séoul. *-7-12* BAe-146 Pacific *(Southwest Airlines)* s'écrase à Templeton, Californie (bombe posée par Coréenne), 43 †. **1988**-*21-12* B-747 *(Pan Am)* à Lockerbie (Écosse), 270 † (les 259 voyageurs + 11 personnes au sol). Transistor piégé (2 suspects libyens seront jugés à La Haye). *Coût pour Pan Am :* 250 millions de $. **1989**-*19-9* DC-10 d'*UTA* dans le Ténéré (Niger), 170 † (105 corps identifiés). Conviction du magistrat instructeur : la Libye (thèse du juge Bruguière début 1998 ; services secrets : la France s'opposant à l'expansionnisme libyen en Afrique) ou la Syrie, opposée au rôle de la France au Liban ; opérateur : Mouvement du 15 Mai fondé par Abou Ibrahim (Hussein Humari). *-27-11* B-727 *(Avianca),* au sud de Bogotá (Colombie) 111 †, revendiqué par trafiquants de drogue. **1994**-*19-7* avion de la Cie *Alas Panama* explose en vol, 21 † (surtout des juifs), revendiqué par les Fidèles de Dieu (extrémistes libanais).

■ **Avions civils abattus.** **1943**-*1-6* avion anglais revenant du Portugal (les Allemands croyaient Churchill à bord), 17 †. **1954**-*23-7* DC-4 de la *Cathay Pacific Airways* par les Chinois, 10 †. **1955**-*27-7* Constellation d'*El Al* par des chasseurs bulgares, 58 †. **1968**-*11-9* Caravelle au large du cap d'Antibes, 91 †. **1973**-*21-2* B-727 de la *Libyan Arab Airlines* par la chasse israélienne au-dessus du Sinaï, 110 †. **1976**-*6-10* DC-8 *(Cubana de Aviacion),* Barbade 76 †. **1979**-*12-2* Viscount *(Air Rhodésie)* par des maquisards, 48 †. **1980**-*27-6* DC-8 *(Itavia)* touché au large de l'île d'Ustica par un missile lancé par un Mig-23 aux couleurs libyennes (?), 81 †. **1983** B-737 de la *TAAG* (Angola) 130 † ; *-31-8* B-747 *Korean Airlines,* 269 †. Ayant quitté Anchorage, il avait survolé la zone interdite du Kamtchatka et de Sakhaline tout en affirmant aux contrôleurs aériens qu'il suivait la route normale. Pendant ce temps, des combats aériens avaient lieu dans la zone (au moins 3 appareils, sans doute amér., abattus). *Version américaine :* le B-747 fut abattu sans sommations à 3 h 26 sur l'ordre du Gal Anatoli Kornoukov. *Autre version :* a poursuivi son vol 3/4 d'h vers le sud avant de s'écraser en mer (les 1ers débris ont été retrouvés 8 jours après, le long de la côte de Hokkaidô et au nord de Honshû ; les débris retrouvés à Moneron étaient ceux d'un RC-135 (707, avion espion équipé de matériel électronique) ; 2 navires (1 d'écoute : *Bagder,* 1 lance-missiles : *Elliott*) se trouvaient au large de Vladivostok. Les radars amér. repérèrent le 747 arrivant de l'espace soviétique hors du couloir normal et l'auraient pris pour un appareil hostile. **1985** avion de ligne afghan, 52 †. **1986**-*16-8 Sudan Airways* (abattu par Sam 7), 60 †. **1988**-*3-7 Iran Air,* Airbus A-300 dans le Golfe, par missile du croiseur amér. *Vincennes,* 290 †. **1994**-*6-4* le Pt rwandais Juvénal Habyarimana et le Pt burundais, Cyprien Ntaryamira, tous deux hutus, sont tués, leur avion abattu au-dessus de l'aéroport de Kigali, capitale du Rwanda.

■ **Heurts avec des oiseaux.** **1960** Boston, Lockheed Electra : 62 † (vol d'étourneaux). **1973** Atlanta, Lear 24 : 7 † (avait percuté un cygne). **1987**-*28-9* BIB détruit (heurté par des pélicans). **1995**-*20-1* incendie du moteur d'un Mystère Falcon (collision avec des vanneaux ?) 10 †.

■ **Passagers disparus en vol.** Entre 8 000 et 10 000 m d'altitude, la pression est 3 fois moins forte qu'à l'intérieur de l'avion (200 millibars contre 750). En cas d'ouverture, l'aspiration vers l'extérieur (pression élevée) est irrésistible. **1957**-*21-4* un Amér. (Nash) perdu en vol au-dessus de l'Iran (appareil Constellation). **1969**-*4-6* 2 étudiants cubains clandestins à bord d'un DC-8 ; l'un tombe sur la piste à Madrid (†) ; l'autre est recueilli en état de choc pour refroidissement (a subi une température de – 40 °C). **1972**-*janv.* DC-9 yougoslave : après explosion de la queue, une hôtesse projetée dans le vide à 10 160 m : 27 jours de coma et plusieurs mois d'hôpital. **1980**-*23-12 :* 2 enfants pakistanais éjectés d'un Tristar *(Saudi Airlines)* à la suite d'une explosion, sont repêchés vivants dans la mer Rouge. **1986**-*2-4 :* 4 passagers d'un B-727 de *TWA* aspirés. **1987**-*11-7* porte de secours ouverte accidentellement : 1 bébé de 13 mois arraché aux bras de sa mère et projeté dans le vide à 5 000 m. **1988**-*28-4* une hôtesse disparaît au-dessus du Pacifique : fuselage du B-737 *(Aloha Airlines)* déchiré sur 6 m (rupture de rivets). **1989**-*24-2 :* 16 passagers éjectés d'un B-747, au-dessus du Pacifique ; déchirure de la carlingue (mauvais verrouillage d'une porte). **1990**-*10-6* Cdt de bord britannique Timothy Lancaster à demi éjecté du cockpit à 7 000 m, après éclatement d'un hublot. **Autre cas :** Lt soviétique éjecté d'un Ilyouchine R à 6 700 m : fracture du bassin et de la colonne vertébrale (la neige a amorti le choc).

Suicide de pilotes (?). **1982**-*10-2 Japan Airlines,* DC-8, avion expédié dans l'océan juste avant de se poser à l'aéroport de Tokyo, 24 † sur 174 passagers. **1994**-*23-3 Aéroflot,* Airbus A-310 écrasé au sol en Sibérie, 75 †. *-21-8 Royal Air Maroc,* ATR-42. **1998**-*19-12* Boeing 737 *Silkair* (Singapour), 104 †.

☞ **1989**-*13-7* Thomas Root (Amér., 36 ans, avocat) parcourt 1 400 km aux commandes d'un Cessna, vêtu d'un caleçon et en chaussettes, avec une balle dans la poitrine et s'abat dans l'Atlantique sans trop de dégâts. *-27-9* un Concorde perd un élément de carénage de 1,80 m de long au-dessus de Sannois (Val-d'Oise). **1996**-*11-4* Jessica Dubrof (7 ans) aux commandes d'un Cessna 177B s'écrase au décollage avec son père et son instructeur à Cheyenne (Wyoming). **1999**-*25-10* Learjet 35 dépressurisé après avoir parcouru 2 400 km pendant 4 h, s'écrase dans le Dakota, les 5 passagers, dont le champion de golf Payne Stewart, étant déjà morts.

■ Dirigeables

■ **Nombre.** **De 1900 à 1939,** 178 dirigeables ont effectué environ 300 000 h de vol. 99 ont connu une fin tragique : 39 détruits pendant la guerre, 16 perdus en mer ou dans une tempête, 15 à l'atterrissage, 13 brûlés dans leur hangar, 7 brûlés en vol, 6 au sol, 3 désintégrés en vol. Sur ces 178 dirigeables 2 étaient gonflés à l'hélium (gaz ininflammable) : l'*Akron* et le *Macon* (américains). Les autres l'étaient à l'hydrogène, y compris le *Hindenburg.*

■ **Principaux accidents.** **1913**-*17-10* Berlin, LZ 18 (All.) brûle en vol, 28 †. **1917**-*30-3* SL 9 (All.) envoyé sur une fausse piste, s'écrase à Revigny-sur-Ornain (Meuse), brûle en vol, 23 †. **1921**-*24-8* R 38 anglais (vendu aux USA, renommé ZR 2) désintégré en vol au large près de Hall (G.-B.), 44 †. **1923**-*21-12* LZ 114 *(Dixmude,* France) brûle en vol (Méditerranée), 52 †. **1928**-*25-5* disparition au large du Svalbard (Norvège) de l'*Italia* lors de l'expédition polaire de Nobile. **1930**-*5-10* R 101 (G.-B.) s'écrase au sol à Allonne près de Beauvais, 48 † (+ 2 † de blessures), 6 survivants. **1933**-*4-4* ZRS-4 *(Akron,* USA), tempête sur l'Atlantique, 73 †, 3 survivants. **1937**-*6-5* LZ 129 *(Hindenburg)* (All.) brûle à Lakehurst (New-Jersey, USA), 35 †. La moitié des passagers a survécu. Premier reportage en direct à la radio.

■ Montgolfière

1989-*13-8* Australie, collision avec un autre aérostat, chute de 600 m, 13 occupants †. **2001**-*26-8* voir p. 13 b.

Accidents de chemin de fer

Nombre de tués

■ **En France.** **1842**-*8-5 17 h 30, Meudon* (Hts-de-S.), ligne de Versailles (rive gauche) [9] train de 17 voitures en bois fermées à clef ; sur 750 voyageurs, 100 gravement brûlés, 55 † carbonisés, dont l'amiral Dumont d'Urville. **1895**-*22-10 Paris,* une locomotive traverse la façade de la gare Montparnasse et tombe sur la chaussée, 1 marchande tuée. **1910**-*14-8 Villepreux* (Yvelines), 37. *-10-9 Bernay* (Eure), 15. **1913**-*4-11 Melun* (S.-et-M.), 39. **1917**-*12-12 St-Michel-de-Maurienne* près de Modane (Savoie) [1] : 425 permissionnaires dont 148 identifiés + 2 cheminots ; 207 bl., 350 rescapés (*1918,* conseil de guerre, 6 cheminots acquittés ; *1962* corps transférés au cimetière de Lyon-la-Doua). **1921**-*5-10 tunnel des Batignolles* (Paris) n.c. **1925**-*29/30-7 St-Antoine-du-Rocher* (I.-et-L.), 16, **1927**-*25-8 Montenvers* (Hte-Savoie), 14. **1933**-*24-10 St-Elier* (Eure), 30. *-23-12 Pomponne* (à 2 km de Lagny, S.-et-M.) 230. **1946**-*12-11 Revigny-sur-Ornain* (Meuse), 15. **1947** déraillement (sabotage de la voie) *Paris-Lille* (près d'Arras), 16 †, 60 bl. **1949**-*17/18-2 Port-d'Atelier* (Hte-Saône), 42. **1954**-*3-7 Chateaubourg* (Ardèche), plus de 35. **1956**-*14-6 Paris-Luxembourg,* Fismes (Marne) [1], 11. **1957**-*19-6 Boisleux-au-Mont,* 11 †, 17 blessés. *-19-7 Nice-Paris* [1], Bollène (Vaucluse), 20. *-7-9 Paris-Nîmes* [1] Nozières-Brignon (Gard), 26. *-16-11 Chantonnay* (Vendée), 29. *-16-11 autorail et train de marchandises* [2] (Vendée), 29. **1961**-*18-6 Strasbourg-Paris* [1], Vitry-le-François (Marne), 24. **1962**-*23-7 Paris-Marseille* [1] (Velars-sur-Ouche, près de Dijon), 39. *-Oct.* Montbard (Côte-d'Or), 12. **1965**-*28-8 Simplon Express et Lombardie Express* [2], gare de Pont-d'Héry (Jura), 12. **1966**-*21-10 Montargis-Nevers* [1], Cosne (Nièvre), 9. **1972**-*14-3* turbotrain Paris-Caen, 4. *-16-6 effondrement sur 2 trains de la voûte du tunnel* Vierzy (Aisne), 108. **1974**-*4-8 Caen-Rennes,* Dol-de-Bretagne (I.-et-V.) [1], 10. **1975**-*22-5 Séméac* (Htes-Pyr.), 5. *-25-12 Chalon-sur-Saône* (S.-et-L.), 4. **1981**-*mars Beaune* (Côte-d'Or), 2. **1982**-*16-1 Épinay-sur-Seine* (S.-St-D.), 3 †, 33 bl. **1983**-*26-7 Barbentane-Rognonas* (B.-du-Rh.), 5. **1985**-*8-7 St-Pierre-du-Vauvray* (Eure), collision avec poids lourd, 9 †, 54 bl. *-3-8 Flaujac* (Lot), collision train corail-autorail, 35 †, 160 bl. *-31-8 Argenton-sur-Creuse* (Indre), déraillement + collision, 43 †, 38 bl. **1987**-*24-12 Issy-la-Plaine* (Hts-de-S.) collision 2 trains du RER, 1 †, 40 bl. **1988**-*27-6 gare de Lyon à Paris* 59 † (dont 3 agents) et 33 bl. (dont 2 agents) [train de banlieue percute convoi arrêté ; fin 1991, 95 % des dossiers d'indemnité réglés à l'amiable : les blessés ont perçu 3,6 millions de F et les familles des morts 50,7 ; conducteur condamné le 14-12-1992 à 4 ans de prison dont 6 mois fermes (ce qui déclenche une grève) ; peine ramenée le 18-11-1993 à 2 ans avec sursis]. *-6-8 gare de l'Est à Paris,* 1 † et 57 bl. ; conducteur condamné à 15 mois de prison avec sursis (8-2-1993). *-23-9 Voiron* (Isère), collision TGV avec convoi immobilisé sur passage à niveau, 2. *-7-11 Ay* (Marne) erreur d'aiguillage, 4. **1990**-*2-4 gare d'Austerlitz à Paris,* défonce un butoir, traverse le quai, percute une buvette. *-4-9 St-Marcellin* (Isère), 1. **1991**-*5-10 Lyon* (Rhône), 4. *-17-10 Melun* (S.-et-M.), collision (non-respect de la signalisation), 16. **1992**-*16-9 Curis-au-Mont-d'Or* (Rhône), 1 train Corail qui aurait franchi un feu rouge a percuté un convoi de marchandises à l'arrêt, 1 †, 31 bl. **1997**-*8-9 Port-Saint-Foy* (Dordogne) collision train-camion citerne sur passage à niveau, 15 †, 42 bl. **2000**-*4-6 Vintimille-Calais,* déraillement, 2 †.

Malveillance (exemples) : **1982**-*janv. La Courneuve,* bloc de béton jeté d'un pont : mécanicien tué. **1985** *TGV Sud-Est :* ligne déboulonnée sur plusieurs mètres (décelé à temps). **1992**-*févr. Romelfing* (Moselle) : plaque d'égout sur la voie, un train de marchandises déraille ; des mineurs sont interpellés. *-1-3 Moselle-Ville* (Oise) : aiguillage déverrouillé ; auteur condamné à 9 mois de prison. *-Sept.* près *d'Arles* (B.-du-Rh.), pierres jetées sur l'avant d'un train : mécanicien blessé ; 2 mineurs interpellés. **1993**-*1-1 St-Leu-d'Esserent* (Oise), 4 †, 30 bl. ; plaque d'acier, 30 kg, placée par un jeune de 16 ans 1/2 (écroué 20-1-1994). *-22-3 Savoie :* pièce métallique de 10 kg placée sous un pont au bout d'une corde. *-18 et -22-11 Port-de-Bouc* (B.-du-Rh.) : jets de pierre, 2 mécaniciens blessés. **1995**-27-8 près de *Lyon :* engin explosif découvert sur la ligne du TGV, n'a pu exploser. **2000**-*4-6 Chasse-sur-Rhône* (Isère), sur le Vintimille-Calais, tronçon métallique déposé sur la voie par un Algérien, 2 †.

Statistiques. **Accidents de train dont,** entre parenthèses, **collisions :** *1980 :* 128 (47) ; *85 :* 124 (49) ; *90 :* 109 (56) ; *95 :* 74 (46) ; *98 :* 109 (62) ; *99 :* 89 (47). **Accidents individuels** [chute d'un train, heurt par un train, etc.] : *1980 :* 283 ; *85 :* 301 ; *90 :* 220 ; *95 :* 137 ; *98 :* 142 ; *99 :* 115. **Autres** [exemples : avaries en pleine voie de véhicule moteur, rupture de caténaire] : *1980 :* 156 ; *85 :* 173 ; *90 :* 172 ; *98 :* 156 ; *99 :* 166. **Passages à niveau :** *1980 :* 276 ; *85 :* 299 ; *90 :* 215 ; *95 :* 154 ; *99 :* 181 dont collisions de véhicules ferroviaires et routiers sur passages à niveau : avec signalisation automatique 132, non gardés (sans barrières, ni signalisation) 26 ; accidents piétons 17. *Tués :* 46. *Blessés graves :* 16. **Déraillements de TGV : 1992**-*14-12* TGV à 270 km/h en gare de Mâcon-Loché (S.-et-L.) blocage d'un bogie (double essieu) : défaillance électronique, aucune voiture ne se couche ; 27 blessés légers par des projections de ballast sur le quai. **1993**-*21-12* à 7 h 06, TGV 7150 à 294 km/h à Ablaincourt-Pressoir (Somme), 1 blessé ; affaissement de terrain : fortes pluies, existence de tranchées de 1914-18 ; la rame-balai passée à 6 h à 170 km/h n'avait rien détecté. **2000**-*5-6* TGV Eurostar à Croisilles, 10 blessés.

■ **Dans le monde.** **1830**-*15-9 G.-B. :* inauguration de la ligne Manchester-Liverpool, le député William Huskinson a la jambe broyée par la locomotive de Stephenson, la *Fusée,* et meurt dans la soirée. **1831** *-17-6 USA :* Caroline du Sud, la déflagration due à une soupape bloquée tue le mécanicien. **1833**-*8-11 Heightstown* (New Jersey, USA) [1] 2 † (1er accident de passagers dans le monde). **1864**-*29-6 Belœil* (Canada) [8] pont-levis ouvert, 99 †. **1865**-*9-6 Kent* (G.-B.) [8], 10 †. **1876**-*29-12 Ashtabula River* [3] (Ohio, USA), 92 †. **1879**-*28-12 Firth of Tay* (Écosse) : le pont métallique le plus long du monde (3 200 m), ouvert 31-5-1878, se rompt, 80 †. **1881**-*2-6 Cuartla* (Mexique),

Nombre de tués dans les transports ferroviaires

Année	Voyageurs		Cheminots		Autres personnes		Total
	(1)	(2)	(1)	(2)	(3)	(4)	
1972	107	40	9	27	92	76	**351**
1973	3	32	3	25	135	63	**261**
1974	10	45	6	32	105	75	**273**
1975	9	42	4	20	97	53	**225**
1976	–	44	2	26	67	55	**194**
1977	–	43	3	21	97	70	**234**
1978	1	49	6	28	86	94	**264**
1979	–	45	1	22	114	68	**250**
1980	–	33	3	14	72	81	**203**
1981	–	45	3	18	84	85	**235**
1982	3	55	7	15	75	89	**244**
1983	7	57	1	14	86	100	**265**
1984	1	38	2	5	93	81	**220**
1985	78	37	4	11	87	88	**305**
1986	–	43	–	11	79	62	**195**
1987	2	34	1	10	71	65	**183**
1988	52	28	13	8	56	92	**249**
1989	–	44	3	13	69	86	**215**
1990	–	30	3	11	57	87	**188**
1991	14	33	5	6	70	95	**223**
1992	–	39	1	4	71	90	**205**
1993	3	34	–	7	54	76	**174**
1994	0	20	–	6	44	80	**150**
1995	2	22	–	9	57	41	**131**
1996	2	14	–	4	56	62	**138**
1999	–	11	–	4	46	48	**109**

Nota. – (1) Accidents de train. (2) Accidents individuels et autres. (3) Accidents de passages à niveau. (4) Autres accidents.

200. **1882**-*13-7 Tcherny* (Russie), 150. **1889**-*12-6 Armagh* (Irlande du N.) [2], 78. **1891** *Bâle* (Suisse), 100. **1910**-*1-3 Wellington* (Washington, USA), avalanche sur 2 trains, 96. **1915**-*18-1 Guadalajara* (Mexique), plus de 600. *-22-5 Gretna* (Écosse) [7], 227. *-14-6 Quintinshill*, près de Gretna Green (Écosse) [2], 227 †. **1917**-*7-1 Cireau* (Roumanie) [2], 374. *-12-3 Bolivar* (Bolivie) [4] (29 femmes et 30 enfants), 66. **1918**-*9-7 Nashville* (USA) [2], 101. *-2-11 New York* (USA) [1], tunnel, 97. **1926**-*14-3* pont de *Colima* (Costa Rica) [1], plus de 300. **1932**-*14-9 Turenne* (Alg.), 61 (5 cheminots, 57 légionnaires). **1939**-*22-12 Magdebourg* (All.) [2], 125 et *Friedrichshafen* (All.) [2], 99. **1940**-*29-1 Osaka* (Japon), 200. **1944**-*3-1 Torre* (Espagne) [2], 500 à 800. *-2-3 Balvano* (Italie) [5], dans le tunnel d'Armi, 521. **1945**-*24-6 Ouarzirah* (Maroc), n.c. *-30-9 Bourne End* (Angl.)[1], 43. **1949**-*22-10 Nowy Dwor* (Pologne) [1], 200. **1950**-*6-4 Rio de Janeiro* (Brésil), 128. **1952**-*4-3 Rio de Janeiro*, 119. *-9-7 Rzepin* (Pologne), 160. *-8-10 Harrow* (Angl.) [7], 122. **1953**-*24-12 Walouri* (Nlle-Zél.) [6], collision de 2 trains, 184. *Sakvice* (Tchéc.) [2], 103. **1954**-*24-9 Madras-New Delhi* (Inde), 300. *-28-12 Hyderabad* (Inde), 137. **1955**-*3-4 près de Guadalajara* (Mexique) [6], 300. **1957**-*1-9 Kendal* (Jamaïque) [10], 175. *-29-9 Montgomery* (Pakistan) [2], environ 300. *-4-12 Lewisham* (Angl.) [2], 90. **1958**-*8-5 Rio de Janeiro* (Brésil), 128. **1959**-*28-5 Djakarta* (Indonésie), 185. **1960**-*14-11 Pardubice* (Tchéc.) [2], 110. **1961**-*23-12 Catanzaro* (Italie), 69. **1962**-*8-1 Woerden* (P.-Bas), 91. *-3-5 Mikawashima* (Japon) [7], 163. *-31-5 Voghera* (Italie), 65. *-21-7 Tumraon* (Pak.), 65. **1963**-*9-11 Tsurumi* (Japon) [7], 162. **1964**-*26-7 Custoias* (Portugal), 94. **1967**-*6-7* près de Magdebourg (All. dém.) [2] 94. *-5-11 Hither Green* (Angl.)[1], 49. **1970**-*4-2 près de Buenos Aires* (Arg.) [2], 236. *-16-2 Langalanga* (Nigéria), 150. **1971**-*9-2 Bavière* (All. féd.) [1] 28. *-21-10 près de Wuppertal* (All. féd.) [2] 46. **1972**-*21-7 El Curvo* (Esp.) [2], 76. *-6-10 Saltillo* (Mexique) [1], 204. **1974**-*30-8 Zagreb* (Croatie) [1], 153. **1975**-*22-2 Oslo* (Norvège) [2], 27. *-28-2 Moorgate Station* (Angl.) [1], 43. *-22-5 Rabat* (Maroc), 34. *-8-6 Warngau* (All. féd.), 36. *-19-7 Rio de Janeiro* (Brés.), 100. *-29-9 Buenos Aires* (Argentine), 32. **1976**-*27-6 Neufvilles* (Belgique), 11. *-23-7 Brigue* (Suisse), 6. *-2-11 Czestochowa* (Pol.) [2], 26. **1977**-*18-1 Granville* (Australie), 82. *-27-6 Francfort-sur-Oder* (All. dém.) [2], 19. **1978**-*15-4 Mozzuno* (Italie) [2], 50. *-8-6 Bavière* (All. féd.) [2] 41. *-23-11 Oturkpo* (Nigéria), 100. *-18-12 Chengchow* (Chine), 104. **1979**-*27-1 Chuadanga* (Bangladesh), 70. *-21-8 Bangkok* (Thaïlande), 50. *-13-9 Express Belgrade-Skopje* (Yougoslavie) [2], 60. *-14-9 Stalac* (Youg.), 57. *-10-11 Mississanga* (Canada), n.c. 250 000 évacués (émanations toxiques, incendie de produits chimiques). **1980**-*19-8 Torun* (Pologne) [2], 69. *-21-11 Calabre* (Italie) [2], 28. **1981**-*16-3* (Pérou), 35. *-22-3 Yougoslavie* [8], 38. *-6-6 Samastipur* (Inde), 800 (chute rivière Baghmati, le conducteur ayant freiné pour éviter une vache). **1982**-*27-1 Bou Halouane* (Algérie), 130. *-12-9 Zurich* (Suisse) [2], avec un car, 29. **1983**-*avril, province de Hunan* (Chine) [2], 600. **1984**-*14-7 Yougoslavie* [2], 31. *-1-9 Martigny* (Suisse), 6. **1985**-*14-1 Awash* (Éthiopie) [1], 428. *-11-9 Mangualde* (Portugal), 13. *-14-9 Renens* (Suisse), 5. **1986**-*5-5 Santa Iria* (Portugal), 17. *-8-6 Hinton* (Canada), 30. **1987**-*17-2 Itaqueira* (Brésil), 69. *-2-7* (Zaïre), 150. *-7-8 Kamenskaïa* (URSS), 106. *-29-11 Bakou* (Azerbaïdjan), 30. *-Déc.* banlieue du *Caire* (Égypte) [2], avec un car, 63. **1988**-*7-1 Hubei* (Chine), 34. *-17-1* ligne du *Heilongjiang* (Chine) [9], 15. *-24-1 Kumming-Shanghai* (Chine), 90. *-24-3 Shanghai* (Chine), 30. *-8-7* près de *Quilom* (Inde), 150. *-16-8* à 10 km de *Bologoye* (URSS), 17. *-12-12 Clapham* (G.-B.) [2], 36. **1989**-*15-1 Pubail* (Bangladesh [2]) environ 135. *-19-4 Madhya-Pradesh* (Inde) 68. *-3-6 Acha* (URSS), 600 † (explosion, fuite du gazoduc longeant la voie). *-10-8 Los Mochis* (Mexique) [8], 85. *-16-11* (Italie) [2] 12 †. **1990**-*4-1 Sukkur* (Pakistan) [2], 306. *-2-2 Rüsselheim* (All.) [2], 17. *-16-4 Patna* (Inde) [9], 71. *-8-8 Capoma* [8] (Mexique), 91. *-16-11 Crotone* (Italie) [2], 12. **1992**-*30-1 Navobi-Mombasa* (Kenya) [1] 300 †. *-14/15-11 Northeim* (All.) [1,2], 11 †. *-30-11 Hoofdorp* (P.-Bas) [1], 7 †. **1993**-*31-5 Quipungo* (Angola) [1], 355. *-22-9 Mobile* (USA) [8] 47. **1994**-*8-3 Zurich* (Suisse) [1], 3 bl. (train d'hydrocarbures, incendie gigantesque) ; *Durban* (Afr. du Sud), 88. *-21-3 Daniken* (Suisse), 6. *-Sept. Angola* [1], 140. *-2-12 Szajol* (Hongrie) [1], 35. *-30-12* Myanmar [1] 102. **1995**-*16-5 Inde* [2], 50. *-20-8 Firozabad* (Inde) [2], 450. *-22-12 Badrachaine* (Égypte) [2], 75. **1996**-*19-4 Inde* [2], 60. **1997**-*12-1 Piacenza* (Italie) [1], 12. *-31-3 Huarte Arakil* (Espagne) [1], 21. *-1-4 Azuqueca de Henares* (près de Madrid, Espagne) [1], 2. *-19-9 Southall* (près de Londres, G.-B.) [2], 7. **1998**-*févr. Sihala* (Pakistan), train s'encastre dans une mosquée, le minaret s'écroule, 10 †. *-6-3 Jyvaeskylae* (Finlande) [1], 11. *-3-6 Eschede* (All.) ICE Munich-Hambourg [1], rupture d'un bandage d'acier d'une roue, 101. **1999**-*5-10 près de Paddington* (G.-B.) [2], 120. **2000**-*4-1 Aasta* (Norvège) [2], 19. *-5/6-2 Brühl* (All.) [1], 9.

Nota. – (1) Déraillement. (2) Collision. (3) Effondrement d'un pont. (4) Panique. (5) Asphyxie. (6) Dans la mer. (7) Collision de 3 trains. (8) Chute dans une rivière. (9) Incendie. (10) Chute dans un ravin.

Accidents dans le métro

■ **Paris.** **1903**-*10-8* court-circuit détecté à *Barbès*, le feu reprend à *Ménilmontant* ; à *Couronnes*, on fait descendre les voyageurs (300) ; mais la plupart restent sur le quai pour se faire rembourser leur billet. La fumée arrive par le tunnel, panique : 84 † asphyxiés. *-23-4* collision à la *Porte de Versailles* : 2 †. **1962**-*8-2* à *Charonne*, panique lors d'une manif. anti-OAS : 9 †. **1976**-*25-11* collision entre *Madeleine* et *Concorde* : 33 bl. légers. **1981**-*19-1 Auber*, collision : 1 †, 71 bl. *-6-2* Nation : 1 †, 5 bl. **1987**-*24-12 Issy-les-Moulineaux* (Hts-de-S.) entre 2 rames de RER, 1 †. **1992**-*28-7 St-Mandé* (V.-de-M.) entre 2 rames de RER, 33 bl. **1995**-*25-7* RER B, St-Michel, attentat, 4 †, 62 blessés. **1996**-*3-12* RER B, Port-Royal, 3 †, 128 blessés. **2000**-*30-8 N.-D.-de-Lorette*, déraillement (à 62 km/h), 24 blessés.

■ **Monde.** **Bakou** *1995-28-10* : incendie, 337 †. **Berlin** *1908* : collision, 19 †. **Chicago** *1977-4-2* : 11 †. **Londres** *1975-28-2* : incendie, 29 †. *1987-18-11* (King's Cross) : incendie, 31 †. **Mexico** *1975-20-10* : collision, 50 †. **Moscou** *1981-10-6* : collision, 7 †. **New York** *1991-27-8* : 5 †.

Accidents maritimes

■ **Navires perdus dans le monde** (entre parenthèses, en millions de t brutes). *1985* : 307 (1,65) ; *89* : 211 (0,67) ; *90* : 188 (1,13) ; *93* : 139 (0,9) ; *94* (du 1-1 au 31-9) : 75 (0,9). **Morts.** *1985* : 614 ; *87* : + de 2 600 ; *89* : 688 ; *90* : 389 ; *93* : 613 ; *94* : 1 240.

Naufrages

☞ *Abréviations* : *co.* : collision, *explos.* : explosion, *inc.* : incendie, *nav.* : navire, *te.* : tempête, *to.* : torpille.

■ **Navires de surface.** **1545**-*19-7 Mary Rose* (G.-B.) à Spithead. **1628**-*10-8 Wasa* (Suède) à Stockholm, le jour de son départ, découvert 1958, renfloué 1961. **1678**-*11/12-5* flotte de l'amiral d'Estrées partie prendre Curaçao aux Hollandais, fracassé sur les récifs des îles de Las Haves (pertes : 14 navires sur 18, 500 canons, 500 hommes † sur 3 200) ; retrouvée en 1999. **1744**-*17-8 St-Géran* (Fr.) 600 t, 30 canons, près de l'île Maurice : 207 † (sur 217). Bernardin de St-Pierre en parle dans « Paul et Virginie ». **1782**-*29-8 Royal George* (G.-B.), 108 canons, à Spithead, 900 †. **1799**-*10-10 Lutine* (G.-B.), trésor de 250 000 à 1 400 000 £ ; explorée 1859, on retrouvera 100 000 £ et la cloche depuis suspendue au-dessus de l'estrade du Lloyds de Londres (sonne 2 coups pour les bonnes nouvelles maritimes, 1 coup pour les mauvaises).

1814-*mars President* (G.-B.) 1er bateau à vapeur ayant fait naufrage, 140 †. **1816**-*2-7 La Méduse* (Fr.) : environ 300 †. S'échoue sur le banc d'Arguin à moins de 5 km de la côte de la Mauritanie. Le 6, le Cdt (Hugues Duroy Cte de Chaumaray) ordonne l'évacuation. Sur 395 personnes à bord (équipage 167, passagers 22), 66 personnes (commandant, officiers et leurs domestiques) embarquèrent sur des canots, 151 sur un radeau (20 × 7 m, sans eau potable ni nourriture) dont il restait le 2e jour 98 survivants ; le 9e : 25 ; le 12e : 15 ; furent délivrés le 13e, mais 5 moururent d'épuisement durant le transbordement. Le ministre de la Marine tenta d'étouffer l'affaire. Le 25-8-1819, Géricault exposa au salon « Scène de naufrage » (larg. 7,16 m, haut. 4,91 m) ; des rescapés avaient servi de modèles. L'épave a été retrouvée en 1980, à 80 km au large de la Mauritanie. **1833**-*11-5 Lady of the Lake*, heurte iceberg, 215 †. **1852**-*26-2 Birkenhead* (G.-B.) co. récif (Afr. du Sud) : 455 †. **1853**-*29-9 Annie Jane*, au large de l'Écosse, 348 †. **1854**-*mars City of Glasgow* (G.-B.) en Atlantique Nord : 480 †. *-27-9 Arctic* (USA), co. avec *Vesta* (Fr.) : 285 ou 351 †. **1855**-*15-2 La Sémillante* (Fr.), aux Lavezzi (Corse) : 773 † (équipage et soldats partant pour la Crimée). **1856**-*23-1 Pacific* (USA) disparu : 186 à 286 †. **1857**-*12-9 Central America* (paquebot à aubes), à 320 km de la Caroline du S., à 2 400 m de prof, 423 † (150 rescapés) ; voir aussi trésor p. 1732 a. **1858**-*23-9 Austria* (All.), inc. : 471 †. **1865**-*27-4 Sultana* (USA) sur le Mississipi, explos. : 1 547 †. **1871**-*30-8* le *Polaris* heurte la banquise dans l'océan Arctique. Le Lt Tyson et son équipage dérivent 186 j dont 93 dans la nuit polaire. **1872**-*7-11 Marie-Céleste* (USA), trouvée le 5-12 abandonnée, l'équipage ayant disparu. **1873**-*1-4 Atlantic* (G.-B.) 481 ou 585 †. *-23-11 Ville-du-Havre* (Fr.), co. : 226 †. **1874**-*3-4 Europe* (paquebot), inc. : pas de victime. *-15-4 Amérique*, te. ; pris de panique, équipage et passagers quittent le paquebot (retrouvé vide et en bon état). **1878**-*3-9 Princess Alice* (G.-B.), co. sur la Tamise : 786 †. *-18-12 Byzantin* (Fr.), co. au large des Dardanelles : 210 †. **1880**-*24-11 Oncle Josef* (Fr.), co. : 250 †. **1887**-*15-11 Wah Yeung* (G.-B.), inc. : 400 †. **1890**-*17-2 Duburg* (G.-B.), mer de Chine : 400 †. *-19-9 Ertogrul* (Turquie) : 587 †. **1891**-*30-1 Northfleet* (G.-B.), co. : 300 †. *-17-3 Utopia* (G.-B.) co. au large de Gibraltar : 576 †. **1894** *Kowshing* (G.-B.), to. : 1 150 †. **1895**-*30-1 Elbe* (All.), co. en mer du Nord : 332 †. *-11-3 Reina Reignata* (Esp.), près de Gibraltar : 400 †. **1898**-*15-2 Maine* (USA) à Cuba, explos. : 266 †. *-4-7 La Bourgogne* (Fr.), co. avec *Cromartyshire* (G.-B.) : 549 † (165 rescapés dont 100 h. d'équipage et 1 passagère).

1904-*15-6 General Slocum* (USA), inc., sur l'East River (New York) : 1 030 †. *-28-6 Norge* (Dan.), au large de l'Écosse : 620 †. **1905**-*19-11 Hilda* (vapeur, G.-B.) à St-Malo : 127 †. **1906**-*12-4 Cte de Smet de Naeyer* (navire école belge), te. : 59 †. **1907**-*21-2 Berlin* (G.-B.), te. : 129 †. *-12-3 Iéna* (cuirassé, Fr.) explos. court-circuit dans soute de poudre noire à Toulon : 118 †. **1909**-*janv. Republic* (G.-B., White Starline) heurte le *Florida*, lance le 1er appel radio de l'histoire, les 800 pers. à bord sont sauvées. **1910**-*9-2 Général-Chanzy* (Fr.), à Minorque : 200 †. *-17-7 La Grandière* chaloupe canonnière (Mékong) : 5 †. **1911**-*25-9 Liberté* (cuirassé, Fr., explose à Toulon) : 285 †. **1912**-*5-3 Principe de Asturias* (Esp.), co. rocher : 500 †. *-15-4 Titanic* (voir encadré p. 1933 a). *-28-9 Kichemaru* (Japon) : 1 000 †. **1913**-*6-1 Masséna* (Fr.), explos. : 8 †. **1914**-*29-5 Empress of Ireland* (G.-B.), co. avec cargo norvégien *Storstad* sur le St-Laurent : 1 024 † (204 rescapés). **1915**-*7-5 Lusitania* (G.-B.), to. par l'*U20* (All.) [ou explosion de la poussière de charbon accumulée au cours du voyage] : 1 198 †, 761 rescapés. *-24-7 Eastland* (USA), rivière de Chicago, retourné : 812 †. **1916**-*26-2 Provence* (croiseur, Fr.), to. en Méditerranée : + de 1 100 †. *-3-3 Principe de Asturias* (Esp.), près de Santos (Brésil) : 558 †. *-29-8 Hsin Yu* (Chinois), au large des côtes chinoises : 1 000 †. *-21-11 Britannic* 33 † (voir p. 1933 b). **1917**-*17-12 Mt-Blanc* (bateau de munitions, Fr.), co. avec *Imo* (Belge) à Halifax (Canada) : 1 635 †. **1918**-*25-4 Kiang-Kwan* (Chinois), co. : 500 †. *-12-7 Kawachi* (Jap.), baie de Tokayama : 500 †. *-11-11 Vestris* (USA), te. : 317 †. **1919**-*17-1 Chaonia* (Fr.), dans le détroit de Messine : 460 †. *-9-9 Valbanera* (Esp.), au large de la Floride : 500 †. **1920**-*12-1 Afrique* (Fr.), explos. machines : 450 †. *-2/4-2 Ville-d'Alger* (Fr.) : te. ; près de la Réunion ; inc. : 141 †. **1921**-*18-3 Hong Kong*, en mer de Chine : 1 000 †. **1922**-*25/26-8 France* (cuirassé de 22 000 t) entre Quiberon et Honat (passage de la Teignouse), heurte roche Goué Vas : 3 †. **1925**-*23-5 St-Louis* et *Berceau de St-Pierre* (Fr.) : 27 †. **1927**-*25-10 Principessa Mafalda* (It.), à Porto Seguro (Brésil) : 314 †. **1931**-*14-6 St-Philibert* (Fr., bac Pornic-Noirmoutier) devant la pointe de St-Gildas, près de St-Nazaire, te. : 450 †, 8 rescapés. **1932**-*16-5 Georges-Philipar* (Fr.), inc. : 90 † (dont Albert Londres pris de boisson). **1933**-*4-1 Atlantique* (Fr.), inc. : 19 †. **1934**-*8-9 Morro-Castle* (paquebot, USA), inc. : 134 †. **1936**-*16-9 Pourquoi pas ?* (nav. de bois), te., s'écrase sur rocher à 40 km de Reykjavik (Islande), 3 mâts, long. 40 m ; 445 tx, 450 CV, 41 personnes à bord, 40 † [dont Jean Charcot (né 15-7-1867) médecin, explorateur], 1 survivant : le maître-timonier Gonidec. **1938**-*mars Admiral Karpfanger* (voilier-école all.), disparu : 60 †. **1939**-*7-2* entraînement de nuit à l'aveugle entre 2 navires de guerre (Fr.) : 18 †. **1940**-*28-5 Brazza* (navire de commerce, Fr.) to. et coulé : 369 †. *-17-6 Lancastria* (paquebot de la Cunard-Line), coulé au large de St-Nazaire par bombardiers all. : 2 833 †, 2 477 survivants. **1941**-*23-5 Hood* (croiseur, G.-B.), coulé par le *Bismark* (All.) : 1418 †. **1942**-*9-1 Lamoricière* (Fr.) : 299 †. *-9-2 Normandie* (Fr.), inc. : 1 †. *-12-9 Laconia*, coulé par All., 2 276 †, 975 survivants. *-2-10 Curaçao* (croiseur, G.-B.), heurté par *Queen Mary* à Bari (It.) : 338 †. *-23-11 Benlomond* (cargo brit.), to. par sous-marin all. ; [1 seul survivant, Poon Lim (Chinois), dériva 133 jours avec 50 jours d'eau et de vivres ; secouru au large du Brésil]. **1945**-*30-1 Wilhelm Gustloff* et *Gal Steuben* (All.), to. : 7 700 †. *-7-4 Yamoto* (cuirassé, Japon), 3 033 †. *-3-5 Cap Arcona* (All., transportant des survivants des camps de concentration), to. : 4 650 †. **1947**-*16-4 Grandcamp* (Fr.), dans le port de Texas City : 516 †, 3 000 bl. *-17-6 Ramdas* (Inde), orage : 625 †. **1948**-*3-12 Kiangya* (Chine), mine au large de Shanghai : 2 750 †. **1949**-*27-1* : 3 *navires* (Chine), co. : 600 †. *-17-9 Noronic* (Can.), inc. dans le port de Toronto : 130 †. **1950**-*16-9 Laplace* (frégate, Fr.) explos. dans la baie de la Frénaye ; 22 †, 29 disparus. **1951**-*28-12 Flying Enterprise* (USA) : le capitaine Kurt Carlsen qui, a-t-on appris depuis, transportait du zirconium pour la fabrication du sous-marin atomique, *Nautilus*, resté seul à bord dans la tempête à 350 km des côtes anglaises dans l'Atlantique, est rejoint le 5-1-1952 par Kenneth Dancy, officier du remorqueur *Turmoil* ; le 11-1, ils partent à la nage vers le *Turmoil* et le *Flying* coule. **1952**-*26-4 Hobson* (destroyer, USA), co. : 176 †. *-22-12 Champollion* (paquebot, Fr.), échoué près du Ras Beyrouth [confusion avec le feu de l'aéroport de Khaldé (Liban) mis en service sans préavis] : 15 †. **1953**-*31-1 Princess Victoria* (G.-B.), te. au large de l'Irlande : 128 ou 133 †. *-30-7 Monique* (Fr.), liaison îles Loyauté-Nouméa disparu (raisons inconnues) : 126 †. **1954**-*26-9* : *2 ferries* dont le *Toya Maru* (Japon), co. dans le détroit de Tsugaru : 1 172 †. **1955**-*18-6* voiture-amphibie balayée par les vagues (Fr.) à Riva-Bella : 20 †. *-15-8 Aide-toi* (bateau d'excursion, Fr.) à Bréhat : 14 †. **1956**-*26-7 Andrea Doria* (paquebot it., long. 213 m, 29 000 t), co. avec le paquebot *Stockholm* (Suède, long. 159 m, 12 400 t) au large de New York : 51 † (dont 5 sur le *Stockholm*). *-21-9* bateau près Secunderabad (Inde) : 121 †. *-23-11* bateau : rivière de Marudaiyar (Inde) : 143 †. **1957**-*14-7 Eshghabad* (URSS), inc. en mer Caspienne : 270 †. **1958**-*1-3 ferry* (Turquie), te. : 361 †. **1959**-*30-1 Hans Hedtoft* (Dan.), iceberg : 93 †. **1961**-*8-7 Save* (Port.), s'échoue sur les côtes du Mozambique : 259 †. *-4-12 Vencedor* (Colombie), inc. : 300 †. **1962**-*8-4 Dara* (G.-B.), inc. (attentat) dans le golfe Persique : 236 †. **1963**-*11-7 Ciudad de Asuncion* (Arg.), inc. : 40 †. *-23-12 Lakonia* (Grèce), inc. : 155 †. **1964**-*26-7 Porto* (Port.) : 94 †. **1966**-*7-12 Heraklion* (Grèce), te. : 264 †. **1967**-*6-6 Langenweddingen* (All. dém.) : 82 †. *-22-9* Pakistan : 250 †. *-5-11 Londres* (G.-B.) : 53 †. **1969**-*18-8 Fraidieu* (lac Léman), te. : 24 †. **1970**-*30-1* 1 bateau : Iran : 90 †. *-1-8 Christina* (île Nevis) : 125 †. *-7-8 Ste-Odile* (lac Léman), te. : 7 †. **1971**-*28-5 Wuppertal* (All. féd.) : 47 †. *-28-8 Héléanna* (Adriatique), ferry avec 1 018 touristes + équipage 97, inc. : 85 †. **1972**-*févr.* Rangoon (Birmanie), co. : 200 †. *-11-5 Royston Grange* et *Tien Chee*, co. (Rio de la Plata) : 84 †. **1973**-*5-5* au Bangladesh, co. : 250 †. *-24-12* ferry (Équateur) : 200 †. **1974**-*25-10* ferry (Bangladesh) : 200 †. **1975**-*23-7 Vénus des Iles* (Fr.) : 14 †. **1979**-*8-1 Betelgeuse* (pétrolier, Fr.), inc., explos. : 50 †. *-16-1* pétrolier (Roumanie) : 51 †. *-14-2 François-Vieljeux* (Fr.) chavire : 23 †. *-26-6 Emmanuel-Delmas* (Fr.) co. avec *Vera Berlingieri* (It.), inc., explos. : 27 †. **1980**-*22-4 Don-Juan* (Philippines) : 350 à + de 1 000 †. **1981**-*1* au Brésil, banc de sable : environ 200 †. *-27-1 Tamponas II* (Indonésie), inc. en mer de Java : 580 †. **1983**-*25-5 Ramadan X* (Ég.) bateau sur le Nil : 357 †. *-5-6 Alexandre-Souvorov* (URSS), Volga : 250 †. **1984**-*3-6 Marques* (G.-B.) près des Bermudes : 19 †. *-2-10 Martina* (All.), coulé par le chargement d'un chaland à Hambourg : 23 †. *-15-10* bateau au Nigéria : 100 †. **1985**-*23-3* au Bangladesh, sur la Buriganga : 250 †. *-30-5* aéroglisseur (G.-B.) heurte jetée à Douvres : 2 †. *-11-6* vedette à Timor : 103 †. *-14-8* ferry en Chine : 161 †. *-5-10* bateau (Bangladesh) : environ 100 †. **1986**-*18-1* ferry (Viêt Nam) : 108 †. *-11-4* ferry (Chine, fleuve Jaune) : 129 †. *-20-4* ferry (Bangladesh, sur fleuve) : 262 †. *-25-5 Samia* ferry (Bangladesh) : 224 à 600 †. *-31-8/1-9 Admiral-Nakhimov* (URSS), co. avec cargo en mer Noire : 398 † (sur 1 234 passagers). *-10-11* cargo haïtien : 200. *-11-11* cabo-

■ **Le Titanic (1912).** Paquebot de la White Star Line (G.-B.), construit à partir du 31-3-1909 à Belfast, lancé 31-5-1911 ; alors le plus grand navire du monde : 268,99 m hors tout, largeur 28,50 m, hauteur 30 m (42 avec cheminée), 10 étages de pont, 4 cheminées, déplacement 52 250 t, vitesse max. 24 nœuds (45 km/h). *Coût* 7,5 millions de $. *Capacité :* passagers 2 603 (1re classe : 905, 2e classe : 564, 3e classe : 1 134), équipage 900 ; capacité totale des 10 canots et 4 radeaux de sauvetage : 1 178 pers. Réputé insubmersible, il avait en fait une coque d'un acier peu adapté aux basses températures. *Voyage inaugural :* commencé le 1-4-1912 (commandant : le capitaine Smith) ; il avait reçu 5 messages radios de navires différents signalant la présence de glace. Le dimanche 14-4 à 23 h 30, la vigie signale un iceberg à – de 500 m ; à 23 h 40, il heurte l'iceberg qui racle le côté droit sur 100 m, la pression faisant sauter par endroits la ligne de rivets raccordant les plaques (6 départements étanches touchés) ; les fissures (la plus grande a 1,10 m de long) laissent passer de 3 500 à 4 300 litres par seconde ; or les pompes de cale ne peuvent en évacuer que 110 ; l'eau passe par-dessus les cloisons et se déverse dans des compartiments supérieurs le 15-4 à 0 h. Le navire pique de l'avant (8 000 t d'eau embarquées) ; à 0 h 15, il envoie un 1er signal de détresse, à 0 h 45 un SOS ; le 1er canot est mis à l'eau à 0 h 45 (avec 28 passagers alors qu'il peut en embarquer 65), le dernier à 2 h 05 ; à 2 h 18, le navire se brise en deux ; à 2 h 20 l'avant coule, la partie arrière se dresse verticalement puis coule à son tour. L'orchestre jouait *Autumn* et non *Plus près de toi mon Dieu* comme il a été dit. Beaucoup d'immigrants ne comprenant pas l'anglais, logés dans les ponts inférieurs plus difficiles d'accès, ont péri (la plupart des Scandinaves et Irlandais furent sauvés, la plupart des Slaves et Orientaux perdus). De 4 h 10 à 8 h 50, le *Carpathia* qui, à 150 km de là, avait capté le message, recueille les rescapés. *Personnes à bord :* 2 201 (dont équipage 885), perdues 1 490 (alors record historique), survivants 711 [embarqués sur les embarcations de sauvetage (beaucoup de canots étaient partis à moitié vides)] dont passagers de 1re classe 203 sur 325 (62,46 %), 2e classe 118 sur 285 (41,40 %), 3e classe 178 sur 706 (25,21 %) [soit un total de 499 survivants sur 1 316 (37,94 %)], équipage 212 sur 885 (23,95 %). Femmes adultes 296 sur 402 (73,63 %), enfants 57 sur 109 (52,29 %), hommes 146 sur 805 (18,14 %). Personnes à bord des embarcations : 704 femmes et enfants, 107 hommes d'équipage, 43 passagers masculins. Pour l'équipage : 20 des 23 femmes furent sauvées. Parmi les victimes, 4 milliardaires américains : John Astor (sa femme, enceinte, est sauvée) ; Benjamin Guggenheim (« roi » du cuivre, sa collection revient à un musée) ; Isidor Strauss (et sa femme), propriétaire du magasin *Macy's ;* Georges Widener (« roi » des tramways) et son fils, sa femme est sauvée ; Charles H. Hays et John Tayer (« rois » des chemins de fer). 440 corps seront retrouvés (120, décomposés, seront rejetés à la mer) et 320 ramenés et enterrés à Halifax. En janvier 1998, 7 rescapés encore vivants dont Michel Navratil (Fr.), qui avait alors 3 ans ½ et avait été sauvé avec son frère Edmond (2 ans ½). Le coffre-fort aurait contenu pour 300 millions de $ de bijoux. Le 1-9-1985, une équipe franco-amér., conduite par le Pr Robert Ballar (Amér.) et Jean-Louis Michel (Fr.), découvrira l'épave à 650 km au sud-est de Terre-Neuve à 3 850 m de fond, les 2 parties éloignées de 700 m. Une expédition, *Titanic 87,* est organisée par la Sté Taurus International, financée par la Cie américaine Titanic Venture, réalisée avec le concours de l'Ifremer (dont le sous-marin *Nautile* récupère avec ses bras manipulateurs des objets) ; rentre le 25-7 et le 9-9-1987 ; 1 800 objets sont remontés (dont une bouteille de champagne encore bouchée) et répartis en 332 lots, 132 faisant partie du paquebot et 200 objets personnels que l'État propose de restituer aux familles moyennant une contribution aux frais de récupération et de traitement des objets (coût 30 millions de F). Une exposition a eu lieu au musée de la Marine (Paris) en 1989 et 1990. Le 11-4-1987, à Wilmington (Delaware), au dîner-anniversaire organisé par la Sté historique du *Titanic* (2 700 membres), participaient 9 des 25 rescapés encore vivants ; au menu : faux-filet aux champignons et éclairs, comme en 1re classe le soir du naufrage.

En 1986, les USA ont prétendu par une loi (sans valeur internationale) faire du site un mémorial maritime et ont accordé à la Sté RMS Titanic la propriété de l'épave, interdisant d'en vendre un vestige sauf des morceaux de charbon (25 $ pièce). En 1991, une expédition russe (dirigée par le Canadien Steve Blasco) rapporte des fragments de la coque. En août 1996, le *Nautile* revient avec un sondeur à ultrasons, on remonte des fragments dont des rivets. Le 10-8-1998, un morceau de coque (8 × 7 m, 16 t) est remonté (par l'Ifremer).

Nota. – Le Titanic avait 2 jumeaux : l'*Olympic* lancé 20-10-1910 (voyage inaugural 14-6-1911), désarmé 13-10-1935, et le *Britannic* appelé à l'origine *Gigantic* (48 158 t, long. 275 m, 18 000 ch.) lancé 14-6-1914, navire-hôpital, heurté par mine ou torpille all., coule 21-10-1916 détroit de Kéa (mer Égée) en 55 min (33 † sur 1 125) par 120 m de fond (exploré 1976 par J.-Y. Cousteau avec la *Calypso*).

☞ **Films :** une dizaine d'évocations dont *Titanic* [1942, de Herbert Salpin (arrêté et emprisonné sur ordre de Goebbels, il se pend en juillet avec ses bretelles), film achevé par Werner Klinger], *Titanic* [1953, de Jean Negulesco] avec Clifton Webb, Barbara Stanwyck, Robert Wagner (oscar du meilleur scénario), *Titanic* [1997, de James Cameron], avec Leonardo DiCaprio et Kate Winslet (oscar du meilleur film, voir p. 389 c).

teur entre Haïti et la Gonave : 200 †. **1987**-*16-1* bateau (Philippines) : 72 †. *-6-3 Herald of Free Enterprise* (G.-B., Townsend Thoresen Car Ferry), porte non fermée, se retourne à l'entrée de Zeebrugge (Belgique) : 134 ou 189 †. *-Juillet* (Zaïre) : 420 †. *-Oct.* (St-Domingue) : 100 † ; ferry (Bangladesh) : 100 †. *-20-12* ferry *Dona Paz* heurte le pétrolier *Victor* dans le détroit de Tablas (Philippines) : 3 000 à 4 000 † (perte record), 25 survivants : 21 femmes, 4 hommes. **1988**-*6-8* un ferry indien chavire sur le Gange : 300 à 500 †. *-10-8 Nubis* (Ég.) sur le Nil : 26 †. *-23-10 Doña-Marilyn,* ferry coulé par typhon (Philippines) : 502 †. *-31-12 Bateau-Mouche IV* (Rio, Brésil) : plus de 100 †. **1989**-*19-6 Maxime-Gorki* (Spitzberg), heurte un iceberg, 377 marins et 575 passagers sauvés. *-20-8 Marchioness* (bateau discothèque, Londres) heurté par une barge : 56 †. *-10-9* navire roumain sur Danube, co. : 161 †. *-30-11* ferry *Philippines :* 100 †. **1990**-*7-4 Scandinavian-Star ferry* inc. (volontaire ?) 110 ou 158 †. **1991**-*10-4 Moby-Prince* ferry inc. après co. avec pétrolier (attentat de la mafia), au large de Livourne : 140 †. *-6-5 Chachita* (Pérou), rio Maranon : 260 †. *-4-8 Okeanos* paquebot grec au large de l'Afr. du Sud, tous sauvés. *-14-12* ferry égyptien *Salem Express* en mer Rouge : 462 †. **1992**-*7-3 Navradepep* (Thaïlande) ferry, co. avec pétrolier : 112 †. *-15-4* co. entre 2 navires, Nigéria : plus de 300 †. **1993**-*14-1 Jan-Heveliusz* (Pol.) au large de Ruegen (All.) te. : 88 passagers éjectés ; 9 rescapés. *-17/18-2* ferry *Neptune* (Haïti) chavire à Port-au-Prince : plus de 1 000 † (sur 1 500 passagers). *-28-3* ferry indien au large de Sabalpur (Inde) 150 †. *-12-4 Wishva-Mohini* au large des Asturies (Espagne) 39 † ; 16 rescapés. *-3-6* co. *British-Trent* (pétrolier des Bermudes)/*Western-Winner* (minéralier panaméen), co. au large de Zeebrugge (Belgique) : 7 †, 2 disparus. *-2-7* bateau aménagé pour des festivités religieuses à Bocaue (Philippines) : plus de 320 †. *-10-10* ferry, Corée du Sud, te. en mer Jaune : 285 †. **1994**-*1-1* cargo *Arctic-Reefer* au large du Japon ; 17 †. *-15-1* co. de 2 ferries baie du Bengale (Inde) : au moins 100 †. *-1-2* co. bateau/remorqueur sur le Yangzi (Chine) : 100 † (sur 173). *-13-3* co. *Ship-Brocker* (cargo chypriote)/*Wassya* (pétrolier chypriote) : au moins 34 †. *-29-4* ferry *Mombasa* (Kenya) : 177 †. *-13-6* ferry sur la Damodar (Inde), pluies torrentielles : au moins 60 †. *-25-8 Sally-Star* (de la Sally Line, Bahamas) inc., coule au large de Ramsgate (G.-B.), tous rescapés. *-27/28-9* ferry *Estonia* (Finlande, mer Baltique) [rupture porte avant] : 964 pers. à bord dont 188 membres d'équipage (852 †). *-2-12 Achille-Lauro,* au large de la Somalie, coule après 3 jours d'incendie : 2 †, 577 passagers et 400 hommes d'équipage recueillis [il avait, en déc. 1981, été détruit partiellement par un incendie ; et le 7-10-1985, détourné par Palestiniens au large d'Alexandrie avec 400 passagers à bord (1er détournement en mer), 1 Juif américain passé par-dessus bord]. **1995**-*16-5* ferry *Philippines,* inc. : 150 †. **1996**-*28-3 Aviron 1,* ferry haïtien, 150 †. *-21-5 Bukoba* ferry tanzanien (capacité 400 à 450 passagers), sur le lac Victoria, plus de 800 † (40 survivants). *-10-6 Procida* hydrofoil, Ischia-Naples sud, coule après avoir heurté un rocher au départ de Procida, 4 †. *-11-8 Essor* (Fr.) à l'île d'Oléron : 10 † et 14 blessés. *-26-12 Iohan* (It.) : 283 immigrés †. **1997**-*8-9* ferry haïtien, 25 †, 500 disparus. **1999**-*12-4* ferry (Philippines), 56 †, 100 disparus. *-24-11* ferry Chine, 276 †. *-26-11* ferry *Sleipner* (Norvège), 13 †, 6 disparus. *-23-12* ferry *Philippines,* 309 †. **2000**-*1-5* Bangladesh, 2 ferries à 15 km l'un de l'autre, 29 †, 200 disparus. *-22-6* ferry (Chine) à Sichuan : 131 †. *-29-6 Cahaya Bahari* (Moluques), 270 †. *-26-9 Samena* (ferry-boat, Grèce) : 77 †. *-31-10 Ievoli Sun* (chargé de produits chimiques, It.) à Aurigny, te. : 10 †. **2001**-*28-1 Paniat Merkuria* (Ukraine) : 29 † et 29 disparus. *-15-3* canot (Rép. dominicaine) à St-Martin : 23 immigrés †, 23 disparus et 2 survivants.

☞ *Depuis 1980 :* 11 000 personnes ont péri en empruntant des ferries.

☞ **Naufrages des pétroliers** (voir **Accidents pétroliers** p. 1551 c). **Le plus grand navire du monde qui ait fait naufrage :** le *Marpessa*, pétrolier de la Shell, coulé lors de son 2e voyage, après un incendie, le 15-12-1969 (avait coûté 73 millions de $).

■ **Nombre d'événements de mer ayant nécessité des opérations de sauvetage.** *1980 :* 2 815 ; *90 :* 5 137 ; *91 :* 5 291 ; *92 :* 5 361 ; *93 :* 5 663 ; *94 :* 5 919 ; *95 :* 5 851 ; *96 :* 5 692 ; *97 :* 6 325 ; *98 :* 7 026. **Navires impliqués :** *1994 :* 4 383 ; *95 :* 3 777 ; *96 :* 3 770 ; *97 :* 4 221 ; *98 :* 4 579 dont de commerce 595, de pêche 791, de plaisance 3 193. **Conséquences :** *personnes assistées/sauvées : 1995 :* 8 654 ; *96 :* 8 327 ; *97 :* 8 725 ; *98 :* 11 260 ; *retrouvées : 1995 :* 355 ; *96 :* 239 ; *97 :* 282 ; *98 :* 328 ; *blessées : 1995 :* 556 ; *96 :* 436 ; *97 :* 530 ; *98 :* 640 ; *disparues : 1995 :* 72 ; *96 :* 93 ; *97 :* 116 ; *98 :* 113 ; *décédées : 1995 :* 132 ; *96 :* 148 ; *97 :* 179 ; *98 :* 147. **Répartition par événements :** *naufrage, sabordage, échouement : 1995 :* 705 ; *96 :* 656 ; *97 :* 725 ; *98 :* 814 ; *incendie, explosion, panne : 1995 :* 1 972 ; *96 :* 1 961 ; *97 :* 2 252 ; *98 :* 2 567 ; *autres : 1995 :* 3 174 ; *96 :* 3 075 ; *97 :* 3 348 ; *98 :* 3 554.

■ **Société nationale de sauvetage en mer (SNSM). Budget** (en millions de F, 2000) : *total 69,5* dont État 14,6 ; collectivités locales 17 ; dons et divers 37,9. **Flotte** (en 2001) : 488 canots pneumatiques, 101 vedettes diverses, 40 canots tous temps, 26 vedettes de 1re classe.

■ **Accidents et événements en mer. Bilan de la Société nationale de sauvetage en mer (SNSM) :** *personnes secourues : 1990 :* 9 501 ; *95 :* 11 219 ; *96 :* 9 897 ; *97 :* 7 498 ; *98 :* 9 091 ; *99 :* 8 971 ; *2000 :* 8 498 (dont véliplanchistes *1990 :* 2 270 ; *95 :* 1 603 ; *96 :* 1 166 ; *97 :* 892 ; *98 :* 921 ; *99 :* 684 ; *2000 :* 808). *Bateaux assistés : 1990 :* 2 660 ; *95 :* 2 851 ; *96 :* 2 543 ; *97 :* 2 316 ; *98 :* 2 649 ; *99 :* 2 709 ; *2000 :* 2 953. *Personnes sauvées : 1990 :* 663 ; *95 :* 901 ; *96 :* 666 ; *97 :* 511 ; *98 :* 374 ; *99 :* 595 ; *2000 :* 410.

■ **Sécurité des loisirs nautiques** (en 1998, *source :* CROSS). **Personnes impliquées :** 3 301 opérations concernant 7 155 pers. dont retrouvées et secourues 5 947, sauvées seules 1 032, décédées 32, disparues 14. **Types de navires impliqués :** à moteur 1 411, voiliers 1 251, planches à voile 379, engins de plage 308.

Sous-marins

1905-*6/7-7 Farfadet* (Fr.) 14 †. **1906**-*16-10 Lutin* (Fr.) 16 †. **1910**-*26-5 Pluviôse* (Fr.) 27 †. **1912**-*2-2 A3* (G.-B.) 14 †. *-8-6 Vendémiaire* (Fr.) abordé par le cuirassé *Saint-Louis* 24 †. *-4-10 B2* (G.-B.), coulé par paquebot *Amerike* (All.), 14 †. **1921** *M* (G.-B.) 69 †. **1923**-*21-8 Ro-31* (Japon) 88 † (3 rescapés). **1924**-*10-1 L-24* (G.-B.) 48 †. **1925**-*26-8 Veniero* (Italie) éperonné par un pétrolier, 50 †. *-26-9 S-51* (USA), co. 34 †. *-12-11 M-1* (G.-B.) 69 †. **1928**-*6-8 F-14* (Italie) coulé, 27 †. *-3-10 Ondine* (Fr.), co. par voyageur grec près de Vigo, 43 †. **1929**-*9-7 H-47* (G.-B.), co. n.c. **1931**-*22-5 Q* (URSS) 35 †. **1932**-*26-1 M-2* (G.-B.) 66 †. *-7-7 Prométhée* (Fr.) 61 † (7 rescapés), au large de Cherbourg. **1939**-*2-2 : 1-36* (Japon), co. 81 † (6 rescapés). *-24-5 Squalus* (USA) 26 † (33 rescapés). *-1-6 Thétis* (G.-B.) 99 † (le capitaine et 2 h. purent s'échapper), renfloué, recoulé 13-3-1943 par navire italien *-15-6 Phénix* (Fr.) 71 † sur

Archéologie sous-marine

■ **Prospections. Sous-marins de prospection** (depuis 1980). **Nautile :** 800 plongées en 7 ans, amène un scientifique *in situ* [*Robin,* robot d'observation du Nautile utilisé pour le *Titanic*]. **Remora 2000** (en acrylique, épaisseur 9,5 cm ; diam. 1,69 m ; vit. max. 2,5 nœuds ; autonomie 9 h ; 2 hommes à bord) : peut atteindre 610 m de prof. A découvert le 6-4-1995 l'épave du sous-marin fr. *Protée* (coulé 3/4-1-1942, 76 †) ; **Nadia :** pour l'étude des puits forés. **Épaulard :** descend à 6 000 m. (Voir aussi p. 1901 b).

Navire de surface (en 1995). **Nausicaa** (navire automatisé de surface recueillant des informations dans chenaux et accès portuaires pour leur approfondissement) : prototype (long. 4,50 m ; 700 kg), piloté d'une base fixe ou mobile ; 1re sortie juin 1995.

Grab. Système pour démanteler une épave et récupérer sa cargaison avec des mâchoires. Peut réaliser une brèche dans les coques ; capacité de levage : 200 t, peut opérer jusqu'à 3 000 m de fond (6 000 m prévus).

■ **Trésors :** de nombreuses épaves en contiennent. Exemples : **Oceana,** coulé en 1912 ; 2 jours après, des scaphandriers récupèrent 700 000 £. **Geldermalsen,** de la Cie des Indes néerlandaises, coulé en 1752 en mer de Chine, retrouvé en 1983 : 160 000 pièces de porcelaine intactes, vendues plus de 100 millions de F par Christie's en 1986. **Mauritius**, de la Cie des Indes Orientales, coulé 19-3-1609, retrouvé au large de la Guinée en 1985 : 28 pièces d'artillerie remontées. **Tocha** (coulé 1622), butin vendu 20 millions de F (en 1988). **Nuestra Senora de la Maravilla,** retrouvé 1987 : butin récupéré 7 milliards de F. **San Diego** (galion esp. coulé par des pirates hollandais le 14-12-1600) près des Philippines (île Fortune) avec 350 hommes d'armes ; retrouvé en 1992-93 à 42 m de prof., fouillé par Frank Goddio : 5 263 objets inventoriés, 4 892 pièces de porcelaine intactes (XIVe s., dynastie Ming). **La Lune,** coulé 9-11-1664, découvert 15-5-1993 par le *Nautile.* **Diana** (G.-B.) de 350 tx, coulé en 1817 à 25 km de Malacca (Malaisie), retrouvé 1994 : 24 000 pièces de porcelaine intactes. **US Liberty Ship John Barry** (USA), coulé au large d'Oman 28-8-1944 par l'*U-859* (sous-marin allemand) par 2 600 m de fond, retrouvé en 1994 : 17 t de pièces d'argent. **Dromadaire** (Fr.), échoué 1762 près du Cap Vert, retrouvé 1996. **Prins Frederik** parti d'Amsterdam vers Java (Indonésie) avec le solde de l'armée hollandaise, coulé 25-6-1890 (avec le *Marpessa* dans le golfe de Gascogne), retrouvé 1999 par Jade Peilschiff (firme allemande) à 180 m de prof. ; 400 000 pièces argent, valeurs en or et objets, plusieurs millions de F. **Central America,** coulé sept. 1857 (voir p. 1932 b), retrouvé sept. 1988 : 1 milliard de $ de lingots et pièces d'or. **Egypt** (paquebot G.-B.) : coulé mai 1922 au large de Brest, retrouvé 1930 à 130 m de prof. ; 6 millions de $ d'or et d'argent. **L'Armada** (flotte de galions espagnols) coulée 24-7-1715, typhon au large de la Floride. Des plongeurs récupèrent des millions de pesos et, en 1955, la Real Eight Cie des centaines de doublons d'or, des millions d'or, argent et bijoux.

☞ Depuis 1989, la France se réserve la propriété des trésors sous-marins gisant dans ses eaux ; avant un partage était possible avec le découvreur si l'État le souhaitait. Les déclarations de découvertes ont depuis baissé de 250 par an à moins de 50. Depuis 1996, l'État peut verser une prime au découvreur jusqu'à 200 000 F selon l'intérêt scientifique. *Archipel portugais des Açores :* escale dans la traversée de l'Atlantique. 850 navires espagnols et portugais y ont coulé (dont bon nombre chargés d'or) dont 88 gisent dans la baie d'Angra de Heroismo.

les côtes d'Annam. **1941**-*16-6* (USA) 33 †. **1942**-*18-2 Surcouf* (Fr.) 159 † (co. avec cargo US *Thomas-Lykes).* **1946**-*6-12* le *2326* (Fr.) 22 †. **1949**-*août Cochino* (USA) explosion d'hydrogène, large de la Norvège, 1 ingénieur, 7 marins du bateau de sauvetage. **1950**-*12-1 Truculent* (G.-B.), co. 64 † (la plupart de froid), 15 rescapés. **1951**-*17-4 Affray* (G.-B.) 75 †. **1952**-*24-9 Sibylle* (Fr.) 48 †. **1953**-*6-4 Dumlupinar* (Turquie), co. 91 † (5 rescapés). **1955**-*16-6 Sidon* (G.-B.) 13 †. **1958** *Stickleback* éperonné par un escorteur, large d'Hawaï 0. **1963**-*10-4 SSN-593 Tresher* (USA), nucléaire, à 100 milles à l'est du cap Cod par 2 590 m, 129 †. **1966**-*14-9 Hai* (All.) 20 †. **1968**-*25-1 Dakar* (Israël) 69 †. *-8-3 K 129* type *Gulf* (URSS) sous-marin diesel lanceur d'engins coulé par 5 000 m de fond au large de Guam (Pacifique) : plus de 100 † (repéré par les USA qui l'ont renfloué en secret en mai/août 1974 (opération Clémentine ; coût 500 millions de $ financés par Howard Hughes). *-11-4* (URSS) à 750 milles au nord-ouest d'Oahu (Hawaii) avec 5 armes nucléaires. *-27-5 Scorpion* (USA) nucléaire (systèmes de remontée de secours et de surface défectueux). *Mizar* photographie l'épave à 720 km S-E des Açores (lieu du dernier message). Des dispositifs de détection sous-marine avaient enregistré une implosion. **1969**-*27-1 Minerve* (Fr.) 52 †. *-8-3 K 129 Gulf* (URSS), nucléaire, 100 †. **1970**-*10-1* (URSS) baie de Naples avec torpilles nucléaires. *-4-3 Eurydice* (Fr.) 57 †. *-12-4 K8* type *November* (URSS), nucléaire 52, coulé par 4 680 m (golfe de Biscaye à 800 km de la Bretagne) avec 4 armes nucléaires, 88 †. *-20-8 Galatée* (Fr.) 6 †. **1973** *Sea Link* pris dans les débris d'une épave (2 sauvés dans la chambre de décompression, 1 † de froid, 1 † intoxiqué au CO^2. **1981**-*août G* (Chine), explosion en plongée, 100 †. **1983**-*24-6 K 429 Charlie 2* (URSS), nucléaire, au large du Kamtchatka, avec 8 armes nucléaires. **1986**-*6-10 K 219 Yankee 1* (URSS), nucléaire, à 1 000 km au nord-est des Bermudes par 5 000 m de fond, pas de victime. **1989**-*7-4 K 278 Komsomolets* type Mike (URSS), nucléaire, incendie, coulé à 490 km de la Norvège et 180 km au sud de l'Ile-aux-Ours par 1 650 m de fond (42 † sur 69). *-26-6* type *Echo 2* (URSS), incendie, dans l'Arctique. **1993**-*17/18-8 Rubis,* nucléaire d'attaque ; co. ouvre une brèche de 5 m dans le pétrolier le *Lyria* non repéré. 3 000 t de brut s'échappent (coût pour l'État : 35 millions de F). **1994**-*2-3 Améthyste,* nucléaire d'attaque heurte le fond (fausse manœuvre), coque détruite. *-30-3 Émeraude,* nucléaire d'attaque, par 190 m de fond, rupture de canalisation constatée, remonte d'urgence en 100 secondes provoquant une 2e fuite de vapeur sèche à 300 °C brûlant 10 marins. **2000**-*12-8 Koursk* (Russie) s.-m. nucléaire 15 000 t, 154 m ; coulé par 108 m de fond, mer de Barentz : explosion d'une torpille (nouveau carburant testé) ; 118 † (dont 23 survécurent au moins 2 journées), 12 corps remontés en oct. 2000 ; renflouage prévu 80 millions de $ de juillet à sept. 2001.

Nota. – Les sous-marins sont conçus pour naviguer à 200/300 m de profondeur. Vers 500 m, la coque s'écrase.

■ **Piraterie.** **Actes répertoriés par le BMI** (Bureau maritime international, siège à Kuala Lumpur). *De 1980 à 1990 :* 800 recensés ; *92 :* 106 ; *93 :* 103 ; *94 :* 90 ; *95 :* 170 ; *96 :* 125 ; *97 :* 229 (51 marins †) ; *98 :* 192 ; *99 :* 285. ; *2000 :* 469 (72 marins †). *Zone les plus dangereuses :* mer de Chine méridionale, le Bangladeh (75 actes), l'Inde (35), l'Équateur (13) et le sud de la mer Rouge (13).

ACCIDENTS DE LA ROUTE

DANS LE MONDE

En 1999	Acc. corporels	Blessés	Tués
Allemagne	395 689	521 127	7 772
Autriche	42 348	54 967	1 079
Belgique	51 601	71 146	1 397
Danemark	7 605	9 394	514
Espagne	97 811	142 894	5 738
France	*124 524*	*167 114*	*8 487*
G.-B.	242 610	330 195	3 564
Grèce	24 231	32 706	2 116
Irlande	7 807	12 773 [1]	413
Italie [1]	204 615	287 516	6 326
Luxembourg	1 062	1 507	58
Pays-Bas	42 271	51 097	1 090
Portugal	47 966	66 432 [1]	1 995
Suède	15 834	21 964	580
Suisse	23 434	27 280 [2]	583
USA	2 091 000	3 108 500 [2]	41 611

Nota. – (1) 1998. (2) 1997. *Sources :* Sécurité routière, IRTAD.

■ **Nombre global de tués.** Environ 400 000 par an (dont Europe 66 000 ; USA, Japon, Canada 57 000) et environ 12 000 000 de blessés.

Taux de tués pour 1 000 000 d'habitants (en 1999) : Portugal 224 [1], Grèce 207 [1], Espagne 146, *France 143,* Belgique 137, Luxembourg 135, Autriche 134, Irlande 124 [1], Italie 110 [1], Allemagne 95, Danemark 94 [1], Finlande 84, P.-Bas 69, Suède 66, G.-B. 60 [1] ; **pour 1 000 000 de véhicules** (en 1999) : Grèce 505 [1], Portugal 307 [1], Irlande 303 [1], Espagne 256, Belgique 250, *France 242,* Autriche 218, Danemark 214 [1], Luxembourg 190, Finlande 179, Italie 167 [1], Allemagne 154, P.-Bas 143, G.-B. 127 [1], Suède 126.

Nota. – (1) En 1998.

■ **Grands accidents routiers. Allemagne.** **1992**-*6-9* excès de vitesse, 20 †. **Andorre.** **1994**-*7-12* camion de 23 t percute en centre-ville 1 voiture et prend feu, 9 † et environ 50 bl. **Angleterre.** **1993**-*17/18-11 :* 12 † dont 11 enfants. **Argentine.** **1993**-*9/10-1* collision 3 cars, 60 †. **Autriche.** **1999**-*29-5* incendie tunnel des Tauern, 12 †, 27 ou 50 bl. **Belgique.** **1995**-*15-7* carambolage 200 à 300 véhicules près de Bruxelles, 18 bl. légers. **1996**-*27-2* carambolage autoroute Gand-Lille, 9 †, 80 bl. **Brésil.** **1960**-*24-8 Turvo,* autobus, 60 †. **1974**-*28-7 Belem,* collision autobus/camion, 69 †, 10 bl. **1988**-*20-3* 120 km de Salvador : camion dans ravin, 60 †. **Corée du Sud.** **1972**-*10-5* autobus dans l'eau, 77 noyés. **Égypte.** **1965**-*1-11 Le Caire,* trolleybus dans le Nil, 74 noyés, 19 survivants. **1973**-*9-8* autobus, 127 †. **Espagne.** **1978**-*11-7 Los Alfaques,* camion de propylène explose près d'un camping, environ 200 †. **2000**-*6-7* autocar, collision, 27 †.

France. **1949**-*2-1* camion plonge dans un étang à Martigné-Ferchaud : 18 † de l'Union sportive de Caps-Nuds. **1955**-*13-6 :* 24 Heures du Mans : Mercedes de Levegh entrée dans la foule, 82 †. **1964**-*27-7 Harville-sous-Montfort* (Vosges), car, 20 †. *-16-8 Petit-St-Bernard :* car, 17 †. **1971**-*30-8 Sancy-les-Provins* (S.-et-M.), car/camion, 11 †. **1972**-*26-2 autoroute du Nord,* carambolage 12 †. **1973**-*1-2 St-Amand-les-Eaux* (Nord), explosion d'un camion-citerne, 4 †. *-18-7 Vizille* (Isère), autocar belge dans ravin, 43 †. **1975**-*2-4 Vizille* (Isère), chute d'un car, 29 †. **1976**-*21-12* autocar d'enfants handicapés chute dans le Rhône, 14 †. **1978**-*28-3 col de Peyresourde,* autocar d'enfants chute, 8 †. **1979**-*19-10 Séméac* (Htes-Pyr.), collision train et autocar de pèlerins, 21 †. **1980**-*23-3* car de la base aérienne d'Istres, chute, 17 †. **1981**-*5-12 Péage-de-Roussillon* (Isère), carambolage poids lourds/voitures, 6 †. *-19-11 La Garde-Adhémar* (Drôme), car, incendie, 5 †. **1982**-*31-7* A-6 près de *Beaune* (Côte-d'Or), collision et incendie de 2 cars d'enfants et 6 voitures, 53 † dont 46 enfants. **1985**-*29-5 Aigremont* (Gard), autocar, malaise du chauffeur, 7 †. *-9-9* RN 20 *Artenay* (Loiret) enfumée par écobuage, collisions en chaîne, 8 †. **1987**-*11-7* A-6 au sud d'*Auxerre* (Yonne), collision fourgonnette/poids lourd, carambolage, 8 †. **1988**-*1-1* A-10 près de *Chartres* (E.-et-L.), voiture en feu/carambolage, 9 †. **1989**-*3-6 Joigny* (Yonne), autocar brit., 11 †. **1990**-*3-6* A-6 près d'*Auxerre* (Yonne), pneu d'un autocar brit. éclate, 11 †. **1991**-*28-2* voiture tombe dans la Moselle, 7 †. *-6-7* collision camion/autocar (P.-de-D.), 7 † ; *20-8* (Hte-Saône), carambolage, 8 †. **1993**-*7-1 Les Éparres* (Isère) camion-citerne, descente de la Combe, percute autos et poids lourd, 10 †, incendie. *-9-7* A-6 *Chalon-sur-Saône* (S.-et-L.), collision auto/semi-remorque couché sur la chaussée, 4 †. *-28-8* A-6 *Savigny-sur-Clairis* (Yonne), collision semi-remorque/3 autos, 6 †. *-10-11* A-10 *St-Martial-de-Mirambeau* (Ch.-M.), 3 carambolages successifs de 46 véhicules dont 4 camions (dont 1 provoqua un incendie), 15 †. **1995**-*10-7* A-9 *Roquemaure* (Gard), autocar espagnol se couche, 23 †. **1997**-*12/13-8 Liposthey* (près de Bordeaux), collision autocar portugais/camion, 9 †. *-29-9* A-13 *Bourg-Achard* (Eure), carambolage de 144 voitures en 25 minutes (brouillard) : 12 †, 94 blessés (25 inculpés d'homicide involontaire dont 4 condamnés le 4-9-2000 de 2 à 18 mois de prison avec sursis). *-2-10* A-8 *Croix de Coudoux* (B.-du-Rh.), autocar marocain, 12 †. **1998**-*27/28-7 sur A-7,* 2 cars, 7 †. **1999**-*24-3 tunnel du Mt Blanc,* incendie d'un camion belge de farine et margarine, calcine plus de 30 véhicules à 5,4 km de l'entrée côté français. 41 †, 4 disparus. 20 poids lourds et 11 voitures détruits. Durée 2 jours, température au centre du tunnel 1000-1300 °C (900 m détruits). Secours difficiles (fumée, 1000 °C). Manque d'exercices communs franco-italiens et ancienneté du tunnel (ouvert 1965) mis en cause.

Gambie. **1992**-*12-11* car, 100 †. **Inde.** **1962**-*30-5 Ahmadâbâd,* autobus, 69 †. **1973**-*7-7 Alwar,* autobus rivière en crue, 78 †. **1975**-*19-5 Poono,* véhicule de ferme transportant une noce heurte train, 66 †. **1999**-*9-6 Karnataka,* car plonge dans lac, 85 †. **Philippines.** **1967**-*6-1 Terpate,* collision de 2 autobus, 84 †. **Pologne.** **1994**-*2-5* autobus contre arbre, 30 †. **Togo.** **1965**-*6-12 Sotouboua,* 2 camions dans la foule, plus de 125 †. **Zaïre.** **1996**-*1-1* camion-taxi sort de la route, 72 †.

EN FRANCE

■ **Accidents corporels de la circulation routière.** **Coût global** (en 2000) : *par tué* 3 892 000 F ; *blessé grave* 400 800 F, *léger* 85 200 F ; dégâts matériels 21 700 F. *Total :* 59,6 milliards de F. **Coût de l'insécurité routière** (en 1998) : 120 milliards de F.

Nombre total d'accidents corporels de la circulation : 121 223 [milieu urbain 80 729 (de jour 57 644), rase campagne 40 494 (de jour 26 409)] ; **sur :** autoroutes 6 624 (499 †), nationales 17 891 (1 967 †), départementales 38 381 (3 969 †), communales et autres voies 58 327 (1 208 †). Chaque jour, 23 personnes, dont 6 jeunes, meurent dans un accident de la route.

Années	Accidents corporels	Tués	Blessés graves	Blessés légers
1975	258 201	13 170	105 316	248 614
1976	261 275	13 787	102 059	255 392
1980	248 469	12 543	95 099	244 533
1985	191 132	10 448	66 925	203 874
1990	162 573	10 289	52 578	173 282
1991	148 890	9 617	47 119	158 849
1992	143 362	9 083	44 965	153 139
1993	137 500	9 052	43 535	145 485
1994	132 726	8 533	40 521	140 311
1995	132 949	8 412	39 257	142 146
1996	125 406	8 080	36 204	133 913
1997	125 202	7 989	35 716	133 862
1998	124 387	8 437	33 977	134 558
1999	124 524	8 029 [1]	31 851	135 721
2000	121 223	7 643 [2]	27 407	137 710

Nota. – (1) à 6 jours, à 30 jours : 8 487.
(2) à 30 jours : 8 079.

☞ **En 2001.** **Week-end de Pâques** (du 14 au 16-4) : 76 †, 1 492 blessés ; **week-end du 1er mai** (du 27-4-au 1-5) : 94 †, 2 291 blessés dans 1 612 accidents (*2000 :* 98 †, 1 897 blessés) ; **week-end du 8 mai** (du 4 au 8-5) : 66 † ; **juillet :** 728 † (*1999 :* 717 †).

■ **Nombre d'accidents corporels et,** entre parenthèses, **de tués** (en 2000). SELON LES CIRCONSTANCES : **chaussée :** mouillée 25 544 (1 698), enneigée 116 (18), verglacée 485 (60) ; **temps :** pluie 19 256 (1 187), brouillard 672 (84), vent fort, tempête 344 (41), neige, grêle 261 (31) ; **collisions :** par le côté 36 066 (1 235), frontale 13 330 (1 442), par l'arrière 12 125 (336), en chaîne 3 817 (117), autres 10 037 (516) ; **obstacles heurtés :** fossés, talus, parois rocheuses 5 593 (526), glissières 5 239 (394), arbres 3 376 (799), murs, piles de pont 3 137 (362), poteaux 2 394 (335), parapets 323 (15). SELON LE MOIS : *janvier* 9 767 (593). *Février* 8 858 (590). *Mars* 9 885 (563). *Avril* 9 910 (665). *Mai* 10 511 (595). *Juin* 10 433 (645). *Juillet* 10 379 (843). *Août* 8 923 (616). *Sept.* 10 481 (637). *Oct.* 11 093 (699). *Nov.* 10 523 (604). *Déc.* 10 460 (721). SELON LE JOUR (nombre moyen journalier) : *lundi* 319 (18). *Mardi* 325 (18). *Mercredi* 321 (17). *Jeudi* 330 (17). *Vendredi* 387 (22). *Samedi* 356 (27). *Dimanche* 329 (26). *Veille de fête* 326 (25). *Fête* 283 (24). SELON L'HEURE : *0-3 h* 5 906 (651). *3-6 h* 5 001 (686). *6-9 h* 13 557 (868). *9-12 h* 16 359 (829). *12-15 h* 20 135 (899). *15-18 h* 26 375 (1 388). *18-21 h* 23 909 (1 496). *21-24 h* 9 981 (826).

■ **Caractéristiques des tués et,** entre parenthèses, **des blessés impliqués** (en 2000). Usagers de voiture de tourisme 5 006 (97 967), piétons 793 (18 398), motocyclistes 886 (19 311), cyclomotoristes 431 (19 956), cyclistes 255 (5 927), utilitaires et poids lourds 116 (1 600), autres 156 (3 964). **Hommes :** 6 094 (104 551) ; **femmes :** 2 343 (63 984). **Âge :** *0-14 ans* 343 (13 512) ; *15-24 ans :* 1 964 (50 363) ; *25-44 ans :* 2 522 (57 124)) ; *45 et plus :* 2 681 (38 499) ; *indéterminé :* 133 (2 619).

■ **Nombre d'accidents de deux roues motorisées et,** entre parenthèses, **nombre de tués.** *1995 :* 4 244 (34) ; *96 :* 3 875 (21) ; *97 :* 4 444 (32) ; *98 :* 4 942 (32) ; *99 :* 5 120 (34).

■ **Nombre d'enfants (0-14 ans) tués et,** entre parenthèses, **part des enfants dans le nombre total des tués** (en %). **Piétons :** *1970 :* 567 (17,7) ; *75 :* 470 (18,7) ; *80 :* 322 (14,6) ; *85 :* 252 (16,1) ; *90 :* 152 (10,8) ; *95 :* 91 (8,9) ; *97 :* 97 (10,4) ; *2000 :* 78 (9,8). **Bicyclettes :** *1970 :* 170 (21,4) ; *75 :* 138 (24,4) ; *80 :* 145 (22) ; *85 :* 76 (17,8) ; *90 :* 62 (15,5) ; *95 :* 60 (16) ; *97 :* 55 (16,7) ; *2000 :* 31 (12,2). **Cyclomoteurs :** *1970 :* 61 (2,1) ; *75 :* 70 (2,5) ; *80 :* 56 (2,4) ; *85 :* 21 (1,3) ; *90 :* 23 (1,4) ; *95 :* 21 (1,7) ; *97 :* 37 (2,8) ; *2000 :* 42 (3,2). **Véhicules de tourisme :** *1970 :* 420 (5,2) ; *75 :* 322 (4,5) ; *80 :* 311 (4,2) ; *85 :* 267 (3,9) ; *90 :* 244 (3,5) ; *95 :* 206 (3,8) ; *97 :* 180 (3,6) ; *2000 :* 180 (3,6).

■ **Nombre de jeunes (entre 15 et 24 ans) tués.** *1990 :* 2 953 ; *96 :* 2 026 ; *98 :* 2 149 (25,5 % des tués) ; *2000 :* 1 964. **Causes** (en %) : vitesse excessive 56,5, alcool 35,8, inaptitude à la conduite 26,5, non-port de la ceinture de sécurité 23,9, problème de conduite 23,5, fatigue 21,3, état du véhicule 19,7, problème psycho-sociologique 18,1, inattention 15,1, infraction 14,7, non-port du casque 5,5.

■ **Blessés à handicaps permanents** (en 1995). **Taux d'invalidité** *de moins de 10 % :* 78 000 ; *plus de 10 % :* 16 000 ; *plus de 50 % :* 850.

VITESSES DANS L'UNIVERS

En km/h. *Lumière :* 1 079 351 200. *Électron* dans un accélérateur de particules : 1 008 000 000 ; molécules (à 0 °C) d'hydrogène : 5 868 000, d'oxygène : 1 852 000. *Rayon alpha :* 360 000 000. **Astres :** autour du centre de leur galaxie ; vitesse proportionnelle au carré de leur distance, avec 2 maxima (environ 900 000). *Soleil :* 792 000 (220 km/s). **Planètes** (rotations sur elles-mêmes) : *Terre* à l'équateur : 1 674, à Paris : 1 100 ; autour du Soleil : 107 000. *Mercure :* 169,56. *Vénus :* 96. *Mars :* 86,76. *Pluton :* 16,92.

La masse augmente avec la vitesse : La masse d'une auto de 1 000 kg circulant à 60 km/h (17 m/s) augmente de 0,000 000 000 02 g. Entre 150 et 150 000 km/s, la masse augmente de 15 % ; au-delà, elle augmente, d'après les formules d'Einstein, à l'infini, et la vitesse de la lumière ne peut donc pas être donnée à un corps matériel (car la notion de « masse infinie » est inconcevable).

VITESSES DUES A L'HOMME

En km/h. **Espace :** *disque de plastique* de 2 microgrammes propulsé par laser : 525 000. *Sonde* spatiale : 51 800. *Vaisseau* spatial habité : 39 897. *Missile :* 18 000. *Obus* (canon K 12) : 5 814. *Avion à réaction :* 3 525,5. *Balle de fusil et obus :* de 300 à 1 000. *Avion* à hélice : 811,1. *Flèche :* 360. *Balle de golf :* 250 ; *de tennis :* 248. *Fronde :* 158. *Boomerang :* 90. **Sur terre :** *traîneau* à fusées : 1 017. *Auto :* 1 001,6. *Moto :* 338. *Bobsleigh :* 200. *Ski :* 175, 43. *Vélo derrière moto :* 122,77. *Luge :* 100. *Patinage :* 75,6. *Vélo :* 47,347. *Ascenseur :* 28,8. **Sur l'eau :** *hydroplane (jet) :* 515, *voilier :* 66,78. *Sous-marin :* 66,7. *Paquebot :* 65,8.

■ **A Paris. Accidents corporels :** *1972* : 16 619 ; *87* : 10 187 ; *91* : 10 074 ; *92* : 9 694 ; *94* : 9 146 ; *95* : 9 413 ; *96* : 8 795 ; *98* : 9 870 ; *99* : 10 129 ; *2000* : 10 046. **Tués :** *1972* : 183 ; *87* : 87 ; *91* : 107 ; *92* : 96 ; *93* : 102 ; *94* : 102 ; *95* : 89 (36 piétons) ; *96* : 82 ; *99* : 93 ; *2000* : 67. **Blessés :** *1991* : 12 266 ; *92* : 11 909 ; *93* : 11 338 ; *94* : 11 112 ; *95* : 11 317 ; *96* : 10 728 ; *98* : 11 814 ; *99* : 11 960 ; *2000* : 11 954.

■ **Sur autoroute. Accidents corporels** (en 2000) : 6 624 (499 tués). **Véhicules impliqués** (en %, 1998) : *nombre* : 1 : 52,6 ; 2 : 32 ; 3 : 9 ; 4 : 7,7 ; *type* : poids lourd 82,5, voiture de tourisme 17,5.

■ **Taux d'accidents (pour 100 millions de km parcourus) sur les autoroutes et,** entre parenthèses, **sur routes nationales.** *1975* : 13,8 (43,62) ; *85* : 10,15 ; *91* : 7,85 (18,8) ; *93* : 6,88 (16,96) ; *95* : 6,29 (15,04) ; *2000* : 6,25 (11,53).

■ **Taux de tués.** *1975* : 1,45 (6,25) ; *81* : 1,11 (5,05) ; *85* : 0,94 (4,26) ; *91* : 0,78 (3,03) ; *93* : 0,73 (2,81) ; *95* : 0,53 (2,44) ; *97* : 0,5 (2,1) ; *98* : 0,5 (2,2) ; *99* : 0,45 (2,03) ; *2000* : 0,47 (1,89).

LÉGISLATION

■ **Loi Gayssot** (18-6-1999). **Peines encourues :** *jusqu'à 20 km/h au-dessus de la vitesse autorisée* : 900 F d'amende, *20 à 30 km/h* : 900 F et 2 points de permis, *30 à 40 km/h* : 900 F et 3 points, *40 à 50 km/h* : 3 ans de suspension, *au-delà de 50 km/h* (grande vitesse) : jusqu'à 10 000 F, 4 points et jusqu'à 3 ans de suspension ; si récidive dans l'année 25 000 F, 6 points, 3 mois de prison et 3 ans de retrait de permis.

DÉTECTEUR DE RADARS

Son utilisation entraîne sa confiscation, une amende déterminée par le tribunal de police et un retrait de permis. La loi prévoit l'extension du principe du propriétaire payeur pour excès de vitesse et non-respect des feux et panneaux stop ; un stage obligatoire pour les conducteurs novices auteurs d'infractions graves ; un contrat obligatoire entre auto-écoles et clients ; le renforcement des garanties d'accès à la profession d'enseignant ; le dépistage systématique des drogues illicites en cas d'accident mortel.

☞ Voir aussi **Contraventions** p. 1924 a.

Facteurs particuliers. Age : le temps de réaction augmente de 2/3 entre 20 et 60 ans. **Alcool** (voir ci-dessous). **Daltonisme :** 3 à 4 % de la population ; ils repèrent le rouge placé en haut, mais certains ne le distinguent pas en lumière atténuée. **Drogue :** en 1995, 33 % des Français consommaient des tranquillisants (au moins occasionnellement), plusieurs milliers du cannabis, plusieurs centaines de milliers des drogues illicites. **Depuis le 1-1-1996** une directive européenne prévoit que « le permis de conduire ne doit être ni délivré ni renouvelé à tout candidat ou conducteur en état de dépendance vis-à-vis des substances à action psychotrope ou qui, sans être dépendant en abuse régulièrement (...) ou qui en consomme régulièrement ». *Contrôles en vigueur en Europe* : prise de sang possible en All., Belgique, Espagne, Danemark, G.-B., Italie, P.-Bas. **Faim :** la baisse du taux de sucre dans le sang provoque très vite une diminution de l'attention et de la rapidité des réflexes. **« Place du mort » :** place du passager avant ; avec la ceinture de sécurité, elle n'est pas plus dangereuse qu'une autre. **Seconde collision** (collision du conducteur ou de son passager contre certains éléments de sa voiture) : 30 % des blessures seraient causées par le volant, 21 % par le tableau de bord, 17 % par le pare-brise, 15 % par les portières. **Vision gênée :** 1 accident mortel sur 8 (dans 40 % des cas par des bagages encombrants).

■ **Accidents de cyclomoteur. Causes :** non-port du casque : 40 %, manœuvre dangereuse : 33 %, infractions importantes : 25 %, vitesse : 20 %. **Lieux :** 53 % des accidents ont lieu en ville, 51 % contre une voiture et 25 % contre un véhicule lourd.

■ **Accidents de transports scolaires.** *1993-94* : 8 † ; *94-95* : 7 † (233 blessés) ; *95-96* : 8 † (308 blessés) ; *96-97* : 14 † (305 blessés) ; *97-98* : 1 † (222 blessés) ; *98-99* : 4 † (140 blessés).

ALCOOL AU VOLANT

☞ **En France,** l'alcool est directement responsable de 3 600 morts par an sur les routes. Il y a en permanence 2 à 3 % de conducteurs qui conduisent en état d'ivresse ; ils représentent dans les infractions commises 6 % des impliqués, dans les accidents matériels 10 %, corporels 20 %, mortels 40 %.

■ **Contrôles de l'alcoolémie effectués. Nombre de dépistages pratiqués dont,** entre parenthèses, **positifs :** *1995* : 8 393 097 (131 252) ; *96* : 6 286 419 (72 299) ; *97* : 6 667 808 (88 587) ; *98* : 6 908 932 (99 565) ; *99* : 8 618 406 (167 465) ; *2000* : 7 079 042 (93 357).

■ **Effets physiologiques selon le taux d'alcoolémie dans le sang** (en g/litre), **et coefficient multiplicateur du risque pour les accidents corporels** (entre parenthèses pour les accidents mortels). *0,01 à 0,16 g* : aucun effet apparent, × 1,16 (× 1,2). *0,16 à 0,2 g* : pour 20 % des conducteurs, réflexes diminués, × 1,35 (× 1,45). *0,2 à 0,3 g* : électroencéphalogramme perturbé, mauvaise appréciation des distances et des vitesses, × 1,57 (× 1,75). *0,3 à 0,5 g* : aucun effet apparent mais vision troublée et légère euphorie, × 2,12 (× 2,53). *0,5 à 0,8 g* : peu d'effets apparents, temps de réaction allongé, réactions motrices perturbées, euphorie, × 3,33 (× 4,42). *0,8 à 1,5 g* : réflexes de plus en plus troublés, ivresse légère, baisse de vigilance, perturbation du comportement, conduite dangereuse, × 9,55 (× 16,21). *A partir de 1,5 g* : ivresse manifeste : allure titubante, diplopie, incapacité de coordonner les mouvements nécessaires à la conduite. *Au-delà de 5 g* : coma pouvant entraîner la mort.

■ **Précautions.** Le taux d'alcoolémie diminuant en moyenne d'environ 0,15 g par heure, si l'on a bu 2 verres de vin à 10° ou 1 whisky ou 2 verres d'apéritif : attendre 1 h avant de conduire ; 1 verre de vin ou 1 whisky plus 1 coupe de champagne ou 2 verres d'alcool : 2 à 3 h (malgré l'absence de troubles apparents, le fonctionnement cérébral est altéré) ; 4 verres de vin ou 1/2 bouteille de vin fin ou 2 whiskies : 3 à 4 h (les temps de réaction de choix devant les obstacles sont allongés) ; 5 verres de vin ou 1/2 bouteille de vin fin + 1 apéritif ou 2 whiskies et 1 verre de vin : 4 à 5 h (la plupart perdent presque toutes les facultés nécessaires à la conduite).

■ **Mesure de l'alcoolémie. Alcootest :** le ballon mesure le volume d'air. Dans le tube, une ampoule contient un mélange d'acide sulfurique et de bichromate de potassium sur gel de silice de couleur jaune que l'alcool fait virer au vert sur une longueur proportionnelle à la quantité d'alcool contenu dans l'air. Si le niveau marqué est dépassé (marge d'erreur 15 %) ; une prise de sang déterminera l'alcoolémie précise. Il est inutile de chercher à retarder le moment de la prise de sang lorsque le ballon est positif car le temps de retard est pris en compte (on ajoute 0,15 g par l et par heure écoulée entre dépistage et prise de sang).

Breathanalyser (analyseur d'haleine) : une cellule photoélectrique apprécie la modification de la coloration, le taux s'inscrit sur un cadran et une carte (l'air sera recueilli dans 3 récipients dont l'un a été scellé). Déjà utilisé aux États-Unis, au Canada, en Australie, Ulster et Grande-Bretagne.

■ **Appareils utilisant chromographie, semi-conducteurs. Éthylotest :** lecture numérique utilisable individuellement plusieurs fois.

■ **Taux d'alcoolémie autorisé en France. 1954** recherche du taux d'alcoolémie dans le sang du conducteur en cas d'accident grave autorisée. **Ordonnance du 15-12-1959 :** permet de sanctionner la conduite en état d'ivresse manifeste ou sous l'emprise d'un état alcoolique. **Loi du 18-5-1965 :** autorise le dépistage, par l'air expiré, de l'imprégnation alcoolique des conducteurs lors d'infractions (alcootest). **Loi du 9-7-1970 :** 0,8 g/litre pour la contravention, 1,2 g/l pour le délit. **Loi du 12-7-1978 :** prévoit que tout conducteur peut subir le contrôle de l'alcoolémie à titre préventif (sans qu'il y ait infraction ou accident) dans le cadre des contrôles ordonnés par le procureur de la République. Si le dépistage préventif se révèle positif, le conducteur doit s'abstenir de conduire le temps nécessaire à l'oxydation de l'alcool absorbé. Dans certains cas, il peut être procédé à l'immobilisation du véhicule. Le préfet peut décider d'une suspension de permis de conduire. **Loi du 8-12-1983 :** la conduite sous l'emprise de l'alcool est délictuelle dès le taux de 0,8 g/l au lieu de 1,2 g/l. L'état alcoolique est caractérisé par la présence dans le sang d'un taux d'alcool pur, égal ou supérieur à 0,4 g/l. *Sanctions* : emprisonnement (1 mois à 1 an) et amendes (8 000 à 15 000 F) ou l'une de ces 2 peines seulement. Suspension du permis ou annulation possible. Permis annulé de plein droit si le taux d'alcool constaté est de 0,8 g/l ou plus, et que le conducteur a provoqué un homicide ou des blessures involontaires ou récidive de conduite avec un taux de 0,8 g/l ou plus. **Loi du 31-10-1990 :** autorise les contrôles d'imprégnation alcoolique par les forces de l'ordre. **1-1-1994** un récidiviste ayant conduit en état d'alcoolémie et provoqué un homicide involontaire ne pourra solliciter un nouveau permis avant 10 ans.

11-7-1994 (abaissement qui devrait sauver 2 000 vies par an) : *entre 0,7 et 0,8 g*, amende de 4e classe, le tribunal de police pourra décider jusqu'à 5 000 F de contravention et jusqu'à 3 ans de retrait de permis de conduire ; le conducteur perd automatiquement 4 points. *Au-dessus de 0,8 g* : délit jugé par un tribunal correctionnel des peines jusqu'à 2 ans de prison ferme (4 si récidive), amendes jusqu'à 30 000 F (60 000 F si récidive), permis retiré 5 ans, véhicule confisqué ; perte de 6 points.

Décret du 29-8-1995 : taux de 0,7 abaissé à 0,5 g/l, sanctions identiques à celles en vigueur pour 0,7 et 0,8. Seuil du délit reste fixé à 0,8 g/l.

☞ Voir également l'encadré **Contraventions** p. 1924 a.

■ **Comparaisons avec l'étranger. Taux d'alcoolémie maximum autorisé** (en g/l) : **0,2 :** Suède. **0,5 :** All., Autriche, Belgique, Danemark, Espagne, Finlande, *France*, Grèce, P.-Bas, Portugal. **0,8 :** G.-B., Irlande, Italie, Luxembourg.

ÉQUIPEMENTS DE SÉCURITÉ

■ **Airbag.** Coussin gonflé d'air (30 ou 60 litres), s'interpose en 98 millisecondes entre le volant et le conducteur ; réduit ou supprime les lésions thoraciques. Ne pas installer les enfants sur le siège avant face au pare-brise (l'Airbag peut alors provoquer des blessures graves par écrasement du cerveau). Airbag latéraux gonflables en 20 millisecondes, frontaux à l'arrière intégrés dans les ceintures.

■ **Ceinture de sécurité. 1962** 1re apparition. **1973**-*1-7* obligatoire pour conducteurs et passagers ayant des voitures immatriculées depuis le 1-4-1970. **1975**-*1-1* obligatoire dans agglomérations, en permanence sur voies réservées aux automobiles, de 22 h à 6 h ailleurs. **1978**-*1-10* obligatoire pour places arrière des voitures neuves. **1979**-*1-1* port obligatoire en ville jour et nuit. **1991**-*1-12* port obligatoire à l'arrière sauf taille ne le permettant pas. **1992**-*1-1* pour les moins de 9 mois : lit-nacelle avec filet ou porte-bébé homologué ; pour les plus de 9 mois : siège-baquet à réceptacle ou siège à harnais. **1994**-*9-5* conducteur sans ceinture passible d'une amende de 230 F et du retrait de 1 point sur son permis ; passagers avant ou arrière : 230 F. **1995**-*22-7* proposition de loi sur le port obligatoire de la ceinture de sécurité dans les autocars. **Fonctionnement actuel :** *au bout de 15 millisecondes*, le prétentionneur pyrotechnique des ceintures de sécurité se déclenche, automobiliste plaqué sur son siège ; *20 ms* : blocage de la sangle pour stopper le déplacement du corps ; *50 ms* : Airbag (sac gonflable) déclenché ; *70 ms* : limitateur d'effort de la ceinture conserve constant l'effort de la sangle du thorax ; *100 ms* : tête du conducteur en contact avec l'Airbag. **En cas de grossesse :** le port de la ceinture « 3 points » est recommandé (même si l'on risque la mort du fœtus ; en effet, en l'absence de ceinture, la mort du fœtus n'est pas évitée et s'accompagne souvent de mort maternelle). **Sécurité des enfants : 1991**-*déc.* règlement européen no 44. **1995**-*1-5* sièges autos et tout autre équipement de plus de 10 ans interdits. Règlement européen imposé (marque E).

Statistiques. Conducteurs tués (1993) : ceinturés 2 183, non ceinturés 1 915. **Taux de mortalité des passagers :** ceinturés 2,96, non ceinturés 12,65. **Efficacité de la ceinture** (nombre par lequel est divisé le risque d'être tué) : en cas de choc frontal : 2,3 ; latéral : 1,7 ; arrière : 2,1 ; retournement : 5.

☞ **Système de retenue progressive (SRP).** Lancé par Renault en avril 1995 : module de 30 à 50 % la force de la retenue par un limitateur d'effort.

■ **Coût des aménagements routiers** (en millions de F). Autoroute en montagne : 102/km ; en plaine : 29/km ; rectification d'un virage : 2 à 5 ; carrefour giratoire : 1 à 3 ; « zone 30 » : 0,300 à 1 ; glissière de sécurité 0,25/km ; entrée d'agglomération 0,1 à 0,3 ; replantation d'arbres 0,03 à 0,05/km ; bande cyclable 0,003 à 0,005.

DÉFENSE NATIONALE

☞ Pour connaître la sélection **Quid** des meilleurs sites Internet sur la défense nationale, rendez-vous sur **www.quid.fr**

LES GUERRES

GÉNÉRALITÉS

☞ La *polémologie* est la science de la guerre, des conflits en général et de leurs conséquences sociologiques, l'*irénologie* celle de la paix.

■ **Coût des guerres. Coût humain** (nombre de morts en millions) : d'après l'Organisation mondiale de la santé (1962), plus de 3 600 depuis 3570 av. J.-C. (premiers pharaons 3300 av. J.-C.). *XVIIIe s.* : 5,5 (3,5 en 22 ans avec la généralisation du service militaire et les guerres de la Révolution et de l'Empire) ; *XIXe s.* : 16 ; *1914-18* : 10 ; *1939-45* : 60. *De 1945 à 95* : 24 (38 000 † par mois, une centaine de conflits). **Coût financier** (en milliards de F-or) : *guerres de la Révolution et de l'Empire : 1793 à 1815* : Angleterre 23 (d'après Crosnier de Varigny) ; *1802 à 1813* : France 5. *Guerre de Sécession (1861-65)* : USA 25. *Guerre franco-allemande (1870-71)* : France 13 à 15. *Russie/Japon (1905)* : Russie 6. *1914-18* : 15 000. *1939-45* : coût mondial : 1 500 milliards de $, soit 6 600 milliards de F (530 milliards de $ pour les USA).

■ **Droit de la guerre. Définition.** Les belligérants sont tenus de respecter les principes du droit des gens tels qu'ils résultent des usages établis entre nations civilisées, des lois de l'humanité et des exigences de la conscience publique. **Codifications. Avant 1914 : Paris (1856)** déclaration interdisant la guerre de course. **Genève (1864)** convention sur la protection des blessés. **St-Pétersbourg (1868)** déclaration interdisant certaines armes, déclarant contraire aux lois de l'humanité l'emploi d'armes qui aggraveraient inutilement les souffrances des hommes mis hors de combat ou rendraient leur mort inévitable. **Bruxelles (1874)** déclaration sur la conception du combat régulier, interdisant l'emploi de poison ou d'armes empoisonnées. **La Haye (1899)** conférence, 26 États. 2 conventions et 3 déclarations remplacées mais non abrogées par de nouveaux textes. **(1907)** 2e conférence, 44 États. **Entre 1919 et 1939 :** plusieurs conférences, en particulier en matière maritime, mais n'aboutissent pas, ou les textes adoptés ne sont pas ratifiés. **Genève (1925)** protocole adopté interdisant en temps de guerre l'emploi des gaz asphyxiants, toxiques ou similaires et les moyens bactériologiques. **1929** *conventions relatives aux blessés, malades, prisonniers de guerre.* **Londres (1936)** protocole déterminant les conditions dans lesquelles le recours à la force est possible contre les navires de commerce. **Après 1945 : Genève (1949)** conférence aboutissant à la révision des 3 conventions préexistantes relatives au sort des blessés, des malades et des prisonniers de guerre dans la guerre sur terre et sur mer ; *une convention spéciale sur la protection des personnes civiles* en temps de guerre est également adoptée. **Convention sur la protection des biens culturels (1954)** en cas de conflit armé, adoptée sous les auspices de l'Unesco. **Genève (10-4-1972)** convention sur l'« interdiction de la mise au point, de la fabrication et du stockage des armes bactériologiques (biologiques) ou des toxines, et sur leur destruction ».

☞ **Guerres les plus longues** (durée en années) : *guerre de Cent Ans* (France/Angleterre, 1338-1453) 115 ; *des Deux-Roses* (Lancastre/York, 1455-85) 30 ; *de Trente Ans* (catholiques/protestants, 1618-48) 30 ; *du Péloponnèse* (Ligue du P. : Sparte, Corinthe/ligue de Délos : Athènes, 431-404) 27 ; *1re g. punique* (Rome/Carthage, 264-241) 23 ; *de la Révolution et de l'Empire* (France/autres pays eur., 1792-1815) 23 ; *gréco-perse* (Grèce/Perse, 499-478) 21 ; *2e grande g. nordique* (Russie/Suède et pays Baltes, 1700-21) 21 ; *du Viêt Nam* (Sud/Nord Viêt Nam, 1957-75) 18 ; *2e g. punique* (Rome/Carthage, 218-201) 17.

CONFLITS DEPUIS 1945

☞ Voir détails au chapitre États p. 945.

■ **Conflits interétatiques. Algérie-Maroc :** 1963 pour Tindouf. **Azerbaïdjan-Arménie :** 1991-92 pour l'enclave arménienne du Haut-Karabakh en Azerbaïdjan. **Chine nationaliste :** 1949, Quemoy-Matsu ; **-Tibet :** 1950-51 ; **-URSS :** 1969, Oussouri ; **-Viêt Nam :** 1979, 50 000 †. **Corée du Nord** (aidée par la Chine) ; **-du Sud** (par les forces de l'Onu) 1950-1953. **Grande-Bretagne-Argentine :** 1982, Falkland. **Grèce-Turquie :** 1974, Chypre. **Guatemala-Honduras :** 1954, opération CIA. **Inde-Chine :** 1962, Ladakh ; 1962, Assam ; **-Pakistan :** 1947-49 ; 1965 ; 1971-72, Bangladesh, 600 000 † ; 1999 (Cachemire). **Indonésie-Malaisie :** 1963, Sarawak, Bornéo ; **-Timor oriental :** 1976, annexion par l'Indonésie. **Iran-Iraq :** 1980-88, 1 000 000 de †. **Iraq :** guerre du Golfe : 17-1/28-2-1991, 29 nations engagées contre l'Iraq qui refuse de se retirer du Koweït (envahi le 2-8-1990). **Israël-Liban :** 1982-88 ; **israélo-arabe :** 1948-49 ; 1967 ; 1973 ; **israélo-égyptien :** 1956. **Kosovo :** 1999, pour sanctionner le non-respect des accords de Rambouillet, coalition de l'Otan tente de pousser le Pt serbe Milosevic à se retirer. **Libye-Égypte :** 1977 (21/24-7) ; conflit frontalier. **Ouganda-Tanzanie :** 1978. **Pays-Bas-Indonésie :** 1960-62, Irian. **Salvador-Honduras :** 1969. **Slovénie :** 1991, contre armée fédérale yougoslave. **Somalie-Éthiopie :** 1977-78. **Syrie-Liban :** 1976, occupation. **Viêt Nam :** 1965-73, intervention massive des États-Unis. **Viêt Nam-Cambodge :** 1978. **Yémen du Nord-Yémen du Sud :** 1979, 1994.

■ **Interventions ponctuelles. Angola :** sud-africaine, zaïroise et surtout cubaine, 1975-76 ; sud-africaine, 1980-88. **Cambodge :** américaine, 1970. **Centrafricaine (Rép.) :** française, 1979. **Chypre :** turque, 1974. **Cuba** [Playa Girón (baie des Cochons)] : américaine, 1961. **Djibouti :** française, 1976-77, 1991. **Égypte** (Suez) : franco-anglaise, 1956. **Éthiopie :** cubaine, 1977-78. **Gabon :** française, 1964. **Golfe Persique :** navale occidentale, 1986-87. **Grenade :** américaine 87 †, 1983. **Hongrie** (Budapest) : soviétique, 1956. **Jordanie :** forces royales contre l'OLP, 1970. **Kurdistân :** turque, 1991-92. **Liban :** américaine, 1958. **Libéria :** sierra-léonaise et ghanéenne, 1991. **Libye :** raid aérien américain, 1985. **Mauritanie :** française, 1961. **Ouganda, Kenya, Tanzanie :** britannique, 1964. **Ouganda :** tanzanienne, 1979. **Panamá :** américaine 539 (à 4 000 ?) †, 1989. **Portugal** [Goa (possession portugaise)] : indienne, 1961. **St-Domingue :** américaine, 1965. **Sénégambie** (Gambie) : sénégalaise, 1980. **Soudan :** iranienne (aide aux intégristes), 1991. **Sri Lanka :** indienne contre les Tamouls, depuis 1983. **Tchécoslovaquie** (Prague) : soviétique, 1968. **Tchad :** française, 1968-91 (à 3 reprises) ; libyenne, 1980 à 87. **Tunisie** (Bizerte) : française, 1961. **Zaïre :** belge, 1961 et 64 ; Shaba, marocaine et française, 1977 ; Kolwezi, française, 1978.

■ **Mouvements de libération pour l'indépendance, dirigés contre une domination ou une occupation étrangère. Afghanistan :** 1979-89 contre l'occupation soviétique. **Angola :** 1961-74, Portugal. **Bosnie-Herzégovine :** 1992-96, armée serbe. **Cambodge :** Kampuchéa, 1979-89, le régime mis en place par le Viêt Nam. **Cameroun :** 1957-60, France. **Chypre :** 1955-59, G.-B. **Érythrée :** 1973-93, reconnaissance de l'indépendance. **Éthiopie :** le Tigré. **Guinée-Bissau :** 1963-74, Portugal. **Indonésie :** 1946-49, Pays-Bas. **Kenya** (insurrection mau-mau) : 1952-56, G.-B. **Laos :** Pathet Lao 1946-54, France. **Malaisie :** 1948-57, G.-B. **Maroc :** troubles, 1953-56, France. **Mozambique :** 1964-74, Portugal. **Namibie :** 1970-90, Afr. du Sud, 20 000 †. **Palestine :** mouvement sioniste 1945-48, G.-B. ; 1965-93, Israël surtout à partir de 1967. **Rhodésie (Zimbabwe) :** 1972-79, domination blanche rhodésienne. **Sahara occidental :** depuis 1975, Espagne/Maroc, puis Sahraouis/Maroc. **Timor occidental :** depuis 1974, Indonésie, 100 000 à 300 000 †. **Tunisie :** troubles, 1952-56, France. **Viêt Nam :** guerre d'Indochine, 1946-54, France. **Yémen du Sud :** 1963-67, G.-B. **Zaïre** (alors Congo belge) : troubles, 1958-60.

■ **Conflits à caractère sécessionniste ou pour obtenir l'autonomie dans le cadre d'États constitués. Algérie :** 1954-62 contre la France. **Azerbaïdjan :** Haut-Karabakh (enclave arménienne), 1988. **Bosnie-Herzégovine :** Musulmans, Croates, Serbes, 1991-96. **Burundi :** Hutus contre Tutsis, depuis 1991. **Cabinda :** « annexé » par l'Angola, 1975. **Chypre :** 1974-75, partition. **Espagne :** Basques, 1975-81. **Éthiopie :** Érythrée, 1961 ; Ogaden, 1974-88 ; maquisards tigréens. **Géorgie :** depuis 1992, rébellion Abkhazes, Ossètes. **Inde :** Hyderabad 1948, résistance à l'incorporation à l'Inde ; Nagas 1965-72 ; Sikhs, 1983-88 Cachemire. **Indonésie :** Sud-Moluques 1950-52. **Iran :** Azerbaïdjan et république kurde de Mahabad, 1946 ; Kurdes, 1978. **Iraq :** Kurdes, 1961-70 et 1974-75, 1979, depuis 1991. **Moldavie-République du Dniestr :** 1992. **Myanmar (ex-Birmanie) :** Karens, Kachins, depuis 1947. **Nigéria :** Biafra, 1967-70, 1 000 000 de †. **Ouzbékistan :** 1989, conflits Ouzbek/Meshkètes. **Pakistan :** Balouchtes, 1973-77. **Philippines :** musulmans, depuis 1972. **Royaume-Uni :** Irlande du Nord, 1973. **Russie :** Tchétchénie depuis 1989. **Sénégal :** 1990, Casamance. **Somalie :** 1985. **Sri Lanka :** Tamouls, depuis 1984 110 000 †. **Soudan :** Sud-Soudan, 1966-72, 1982, 1990-95, 550 000 †. **Tibet :** Chine, 1955-59, 1987. **Turquie :** Kurdes, 1984. **Ex-Yougoslavie :** depuis 1987 ; Kosovo 1992-95. **Zaïre :** Katanga, 1960-64.

■ **Guerres civiles pour un changement de régime. Afghanistan :** 1978-79, reprise en 1988-95, 1 500 000 †. **Afrique du Sud :** ANC (Noirs pour l'abolition de l'apartheid) 1965-92, luttes ANC-Zoulous. **Algérie :** depuis 1987-90. **Angola :** Unita, depuis 1975, aide de l'Afr. du Sud puis des USA, 500 000 †. **Argentine :** 1973-78, 15 000 † (+ 30 000 disparus). **Bolivie :** 1952. **Brésil :** 1964-70. **Burundi :** 1972. **Cambodge :** 1960-65 ; 1966-75, 1978-91, 3 à 5 millions de †. **Chili :** 1973, répression militaire. **Chine :** 1945-49. **Chypre :** 1963-64, intervention Onu. **Colombie :** 1953, état chronique. **Congo (ex-Zaïre) :** 1996-97. **Cuba :** 1956-59. **Djibouti :** 1991-92, Afars/troupes gouvernementales. **Grèce :** 1947-49. **Guatemala :** 1961-68, 1980-94, 20 000 †. **Indonésie :** Sumatra 1957-58, 1965-66. **Iran :** 1978-79. **Irlande du Nord :** catholique, 1968-95. **Laos :** 1960-75. **Liban :** 1975-91, 150 000 †. **Malaisie :** sporadique, 1958 à 82. **Mozambique :** Renamo, 1973-sept., aide Afr. du Sud, 900 000 †. **Myanmar (ex-Birmanie) :** 1973-1991. **Nicaragua :** 1972-79-90. **Oman :** Dhofar, 1963-64, 1968-76 avec intervention britannique, iranienne et jordanienne. **Pérou :** 1965, 82, 88, 90, 30 000 †. **Philippines :** Huks, 1949-52 ; (nouvelle armée populaire) 1980, 88. **Rwanda :** 1962-63 ; 1990, entre Tutsis et Hutus (au pouvoir), 300 000 † (?) ; 1994, 1 500 000 † (?). **Salvador :** 1973-92, 80 000 †. **Somalie :** 1991. **Tadjikistan :** 1990, 4 000 †. **Tchad :** 1965-82. **Thaïlande :** sporadique jusqu'en 1991. **Turquie :** 1979-80, 3 000 †. **Uruguay :** 1965-73. **Venezuela :** 1962-67. **Sud-Viêt Nam :** 1957-64 ; 1973-75. **Yémen du Nord :** 1962-67, avec intervention égyptienne, 1995.

GUERRES FRANÇAISES

Nota. – Voir également **Histoire de France** p. 615.

☞ **Années de guerre en France : XIVe s. :** 43 (guerres civiles 5, extérieures 13, territoriales 25) ; **XVe s. :** 71 (civiles 13, ext. 15, territoriales 43) ; **XVIe s. :** 85 (civiles 33, ext. 44, territoriales 8) ; **XVIIe s. :** 69 (civiles 17, ext. 52) ; **XVIIIe s. :** 58 (civiles 7, ext. 51) ; **XIXe s. :** 84 (ext. 19, civile 1, coloniales 64) ; **XXe s. :** 39 (ext. 10, coloniales 29).

CONTRE NATIONS ÉTRANGÈRES

■ **Guerre de Cent Ans (1337-1453).** *Effectifs :* maximaux 10 000 ; proportion : chevaliers 15 %, fantassins lourds 45, archers 40. *Pertes : à chaque rencontre :* environ 20 % des hommes à pied chez le vaincu. 1 ou 2 % de chevaliers (on fait surtout des prisonniers pour avoir des rançons) ; *en 1 siècle :* 20 000 †.

■ **Guerres d'Italie (1494-1559).** *Effectifs : armées :* de 20 000 à 25 000 h. dont mercenaires 15 000 à 18 000. Après 1534, effectifs français : 42 000 fantassins, 4 200 cavaliers. *Pertes : à chaque bataille* (moyenne) : 2 à 8 % chez le vainqueur, 20 chez le vaincu (l'infanterie enfoncée est sabrée par les cavaliers) ; *pour 60 ans de combats :* 80 000 †. Pertes élevées chez les chefs (8 généraux sur 10 meurent au combat).

■ **Guerre de Trente Ans (1618-48).** *Effectifs :* français 20 000 à 25 000 h. (dont 1/4 de cavaliers) ; suédois 18 000 h. (dont 10 000 cavaliers). *Pertes* (moyenne) : vaincu 30 à 40 % ; vainqueur 10 à 12 %. Total : Français 20 000 ; Allemands 50 000 ; Espagnols 60 000.

■ **Guerres de Louis XIV (1667-1713).** Essentiellement guerres de siège. Garnisons de 3 000 à 8 000 h. ; assiégeants 10 000 à 12 000 h. Capitulation d'usage après 10 % de pertes chez l'assiégé. **Guerre de Dévolution (1667-68) :** *effectifs :* Français 65 000 ; Espagnols 28 000. *Pertes :* quelques centaines. **Guerre de Hollande (1672-78) :** *effectifs :* 120 000 h. en 3 armées. *Pertes :* moyennes par bataille 10 à 15 %. Évaluation globale 20 000. **Guerre de la Ligue d'Augsbourg (1688-97) :** *effectifs :* 150 000 h. dont 25 % de cavaliers (artillerie 2 %, génie 5 %). *Pertes :* 10 % par bataille ; globales environ 60 000 h. **Guerre de Succession d'Espagne (1701-13) :** *effectifs :* 300 000 h. dont infanterie 260 régiments, cavalerie 100 régiments. Constitution de lignes fortifiées (pertes moy. lors d'une percée : vainqueur 10 %, vaincu 30 à 40 %). Moyenne des effectifs engagés par bataille : 60 000 h. (cavaliers 1/3). *Pertes globales :* 100 000 à 120 000 h.

■ **Guerres de Louis XV. Guerre de Succession d'Autriche (1740-48) :** *effectifs :* 100 000 h. *Pertes :* 30 000 h. **Guerre de Sept Ans (1756-63) :** *effectifs :* Prusse 200 000 h., France 150 000 en Europe plus 20 000 outre-mer, Autriche 150 000, Russie 100 000, Angleterre 40 000 marins. *Pertes :* 554 000 †.

■ **Guerres de la Révolution et de l'Empire.** *Pertes françaises :* il y aurait eu, sur 2 800 000 appelés et 5 600 000 appelables de 1792 à 1815, 150 000 † naturelles hors service, 850 000 † à la guerre, 550 000 disparus réels ou présumés, en tout 1 550 000 † (dont 1 400 000 sous les armes) et 1 250 000 h. épargnés et survivants (sauf les morts naturelles des non-retraités). Les pertes françaises réelles se répartiraient ainsi : 600 000 sous la Révolution, 800 000 sous le Consulat et l'Empire. La plupart des morts étaient des typhiques ou des blessés contractant le typhus dans les hôpitaux (1 blessé sur 4 entrant à l'hôpital y échappait). Le nombre de tués au combat proprement dit fut de 2 % (Austerlitz) à 8,5 % (Waterloo).

Grande Armée de Napoléon : comprenait d'importants contingents alliés (50 000 Allemands, Dalmates et Italiens sur 280 000 h. en 1809 en Espagne ; 1/3 d'étrangers à Wagram ; en Russie, 275 000 étrangers sur 400 000 h. ; en 1813, 40 000 sur 215 000 h.). *Effectifs des coalisés :* Autriche 260 000 h., Russie 225 000, Prusse 80 000, Espagne : indéterminé (guérilleros), Angleterre 60 000. *Total (en 1815) :* 630 000.

■ **Conquête de l'Algérie (1830).** Selon Bodart 10 000 †, dont 411 officiers ; Martin et Foley 2 600 †.

■ **Guerres du II^d Empire. Guerre de Crimée (1854-55) :** *effectifs : Russie* 500 000 h. [100 000 † (dont 60 000 de maladie)]. *France* 310 000 h. [93 615 † (maladie 73 375)].

Turquie 230 000 h. [35 000 †]. *G.-B.* 98 000 h. [22 182 † (maladie 17 580)]. *Piémont-Sardaigne* 21 000 h. [2 194 † (maladie 2 166)].

Guerre d'Italie (1859) : *effectifs :* Français 120 000 h. (22 000 †), Sardes 40 000 (2 000 †), Autrichiens 180 000 puis 270 000 (23 000 †).

Guerres de Chine, Cochinchine et du Mexique (1861-67) : 65 000 h. tués et blessés dont au Mexique (effectifs terre 38 492) : 1 627 † au feu, 4 735 † de maladie, 292 † divers (marine : pertes par maladie environ 2 000 h.).

Guerre franco-allemande de 1870 : Français : *effectifs* 2 000 000 d'h. (dont troupes engagées 935 760), 156 000 † (dont 17 000 en captivité, 61 000 de maladie ou d'épuisement), 145 000 blessés. 20 000 morts durant les sièges (Paris, Strasbourg, Belfort). Surmortalité due aux conditions de vie : 800 000. **Allemands :** *effectifs :* 1 494 000 h., 44 000 †, 127 000 blessés.

■ **Guerres coloniales du XIXe s. Pertes françaises :** 112 000 † (selon B. Ourlanis), 8 287 † de 1871 à 1908 selon Bodard (sans compter 5 736 † à Madagascar en 1895 et environ 7 000 † au Tonkin en 1882-85).

■ **Guerres de 1914-18 et de 1939-45** (voir **Histoire de France**, p. 680 a et 688 a). **Guerre d'Indochine** (1946-54), **de Corée** (1950-53). **Opérations Tunisie** (1952-57), **Maroc** (1953-58), **Algérie** (1954-62), voir à l'Index.

■ Guerres civiles

■ **Guerres de Religion (1560-98).** *Pertes des huguenots et alliés allemands :* militaires environ 5 000, civils environ 12 000, chiffres contestés, (voir **Histoire de France** p. 636 a) ; *des catholiques :* environ 10 000.

■ **Guerres des Camisards et de Succession d'Espagne (1701-13).** *Cévenols :* 7 000, *huguenots dans l'armée anglaise :* environ 5 000, *catholiques :* 1 200.

■ **Révolution (1792-99). Guerre de Vendée et chouannerie :** *tués :* 400 000 à 600 000, dont soldats républicains 18 000, soldats chouans 80 000, civils exécutés 210 000, † de froid et de faim environ 300 000 dont plus de 100 000 enfants (voir p. 659 b).

■ **Terreur blanche (1814).** *Tués :* mamelouks de Marseille 45 ; attentats individuels, exécutions 35.

■ **Trois Glorieuses (27-28-29 juillet 1830).** *Tués :* troupes 200, insurgés 1 800.

■ **Journées de Juin (1848).** *Tués :* troupes 1 600 ; insurgés 4 000.

■ **Nuit du 4 décembre (1851).** *Tués :* 300 manifestants.

■ **Commune de Paris (mai 1871).** *Tués : versaillais* 880 ; *insurgés* 20 à 35 000 (16 000 tués pendant les batailles de rues, 3 500 exécutés après la reprise de Paris) ; certains ont parlé de 100 000 tués.

■ **6 février 1934.** *Tués :* 17 ; *blessés :* 1 435 dont hospitalisés civils 236, militaires 70, gardiens de la paix 22.

■ **Épuration (1944-45).** Voir p. 702 c.

■ **Mai 1968.** *Tués :* 3 (la mortalité habituelle a été moindre : circulation automobile en baisse).

■ **Guerres civiles étrangères. Chine :** *révolte des Taiping* (1851-64) : de 20 à 30 millions de † (plus de 100 000 lors du sac de Nankin par les troupes gouvernementales, du 19 au 21-7-1864). **Espagne :** *guerre d'Espagne* (1936-39) [d'après Hugh Thomas] : 410 000 † dont combattants 285 000, civils 25 000, assassinats et exécutions 126 000. **États-Unis :** *guerre de Sécession* (1861-65) : 617 000 †. *Nordistes* mobilisés 2 213 363, 364 511 †. *Sudistes* 600 000 à 1 500 000 mobilisés, 258 000 †. **Russie :** *guerre de la Révolution* (1917-20) : 3 000 000 de †, dont réfugiés morts de froid le long du Transsibérien 1 100 000.

Grands événements militaires

Batailles

☞ *Abréviations :* bl. : blessés ; pris. : prisonniers ; vict. : victorieux(euses).

Andrinople (378). Défaite romaine qui annonce le déclin de l'Empire romain. **Angleterre** (juillet-nov. 1940). *Pertes* anglaises 29 360 †, 41 096 bl., 915 chasseurs détruits ; allemandes 1 733 avions détruits. **Austerlitz** (2-12-1805). *Forces* françaises (vict.) 65 000 ; ennemies 90 000. *Pertes* austro-russes 15 000 h. tués, 20 000 pris ; françaises 7 000 h. (dont 1 300 tués). **Azincourt** (25-10-1415). *Forces* anglaises (vict.) 1 000 chevaliers, 6 000 archers ; environ 6 000 coutiliers (13 chevaliers, 100 fantassins †) ; fr. 25 000 (8 000 †, dont 1 700 pris. égorgés).

Berezina (la) (17/25-11-1812). *Forces* fr. (combattants 40 000 ; non-combattants ?) : environ 25 000 † ou disparus. **Béveziers** (ou *Beachy Head* ; 23-9-1690). Fr. (vict.) 70 vaisseaux, Anglo-Hollandais 60. *Pertes* 21 vaisseaux. **Bir Hakeim** (27-5/11-6-1942). *Pertes* germano-italiennes 50 chars ; fr. (814 disparus, 127 †), sortie réussie par 2 500 h. **Borodino** (7-9-1812). *Forces* fr. (vict.) 133 000 h. ; russes 100 000 h. *Pertes* fr. 30 000 ; russes 44 000. **Bouvines** (27-7-1214). *Forces* fr. (vict.) 22 000 ; impériales 24 000 (1 200 †).

Cannes (216 av. J.-C.). Romains (72 000 † et 10 000 pris. sur 86 000 h.) battus par 40 000 Carthaginois (dont 25 000 auxiliaires ibères et gaulois). **Castillon** (Gironde, 17-6-1453). Jean de Bueil et Jacques de Chabannes victorieux (Mal Talbot, Angl., †). **Chéronée** (338 av. J.-C.). Philippe de Macédoine bat Cités grecques. **Chesapeake** (5-9-1781) décida indirectement du sort de la guerre d'indépendance américaine. *Escadre* fr. (vict.) commandée par de Grasse : 26 bâtiments ; anglaise commandée par Grave : 22 bâtiments. *Pertes* fr. 2 bâtiments, 220 † et bl. ; anglaises 6 bâtiments, 336 † et bl. **Crécy** (26-8-1346). *Forces* anglaises (vict.) 3 900 chevaliers, 11 000 archers, 5 000 coutiliers gallois ; fr. 12 000 chevaliers, 6 000 archers génois, 20 000 piétons [11 princes, 1 542 chevaliers, 10 000 soldats (?) †].

Diên Biên Phu. Côté français : *effectifs :* 10 871 (au 13-3-1954) + renfort envoyé 4 277 (du 13-3 au 7-5) ; *pertes* du 21-11-1953 au 12-3-1954 : 151 †, 29 disparus, 4 436 bl. ; du 13-3 au 5-5-1954 : 1 142 †, 1 606 disparus et 1 037 bl. **Viêt-minh :** *pertes* 500 000 †, civils 800 000 à 2 millions ; ravitaillement par 75 000 coolies. **Dunkerque** (26-5/3-6-1940) rembarquement de 198 315 Anglais, 140 000 Fr. et Belges. *Pertes des marines* anglaises et fr. : 6 destroyers, 9 torpilleurs, 2 contre-torpilleurs, 88 navires. *Pertes* anglaises 68 111 h., 2 472 canons, 75 000 véhicules ; fr. environ 120 000 h.

El-Alamein (1942, 3 batailles : 1/26-7 ; 31-8/3-9 ; 23-10/4-11). *Forces* anglaises (vict.) 195 000 ; germano-italiennes 104 000 (1 500 †, 30 000 pris., 548 chars et 600 avions détruits). **Eylau** (8-2-1807). *Forces* fr. 60 000 h. ; ennemies 88 000. Victimes 26 000.

Fleurus (Hainaut belge, 26-6-1794). Gal Jourdan (80 000 h.) bat coalisés du feld-maréchal de Saxe-Cabourg (Autr., Angl., Holl. ; 70 000 h.). **Fontenoy** (11-5-1745). *Forces* anglaises 50 000 h. ; fr. 50 000 h. *Pertes* anglaises 9 000 ; fr. 6 000. **Formigny** (Calvados, 15-4-1450). Cte de Clermont et connétable de Richemont battent Anglais (4 000 soldats angl. et 12 fr. †). **Friedland** (14-6-1807). *Forces* fr. (vict.) 80 000 (début), 80 000 (fin) ; russes 60 000. *Pertes* fr. 800, 5 000 bl. ; russes 20 000.

Guadalcanal (1942-43). *Forces* américaines (vict.) 23 000 ; japonaises 20 000 (9 000 †).

Hastings (14-10-1066). *Forces* normandes (vict.) 9 000 ; saxonnes 10 000 (4 000 †).

Iéna (14-10-1806). *Forces* fr. (vict.) 60 000 ; prussiennes 80 000 (20 000 †, 30 000 pris.). **Isly (l')** (14-8-1844). *Forces* fr. 10 500 h., 16 canons ; arabes 10 000 cavaliers (?). **Ivry** (14-3-1590). *Forces* catholiques 19 000 (500 †) ; protestantes (vict.) 10 000. **Iwo Jima** (févr./mars 1945 ; 27 jours). *Forces* américaines (vict.) 70 000 (6 000 †, 15 208 bl.) ; japonaises 23 000 (20 000 †).

Jütland (31-5-1916). *Anglais* 151 navires (16 navires coulés), 6 097 †, 674 bl., 177 prisonniers (11,6 % des effectifs). *Allemands* 101 navires (11 coulés), 2 545 †, 507 bl. (6,8 %), aucun prisonnier.

Koursk et Oryol (12/17-7 au 23-8-1943). *Forces* russes : 1 300 000, 3 600 chars, 2 400 avions, 20 000 canons et mortiers ; allemandes : 2 700 chars.

Leipzig « bataille des Nations » (16/19-10-1813). *Forces* fr. et saxonnes 185 000 h., coalisées (vict.) 300 000. *Pertes* fr. 20 000 ; ennemies 54 000. **Lépante** (7-10-1571). Flotte turque écrasée par Espagnols. Victimes et troupes du pape, 30 000 †. **Leyte** (22/27-10-1944) la plus grande bataille aéronautique de la guerre 1939-45. *Forces* amér. (vict.) 166 navires dont 6 cuirassés, 18 porte-avions (2 porte-avions, 5 cuirassés coulés), 1 280 avions ; japonaises 65 navires (5 cuirassés, 4 porte-avions, 10 croiseurs coulés, 8 destroyers perdus), 716 avions.

Malplaquet (11-9-1709). *Forces* anglo-holl. (vict.) 24 000 ; fr. 12 000. **Marathon** (490 av. J.-C.). *Forces* grecques (vict.) 11 000 ; perses 72 000 (60 000 fantassins, 12 000 cavaliers). *Pertes* grecques 200 ; perses 6 400. **Marengo** (14-6-1800). *Forces* fr. (vict.) 7 000 ; autr. 14 000. **Marignan** (13/14-9-1515). *Forces* fr. (vict.) 6 000 ; suisses 12 000. *Pertes :* fr. 2 500 ; suisses 14 000. **Midway** (4-6-1942). *Pertes* américaines (vict.) 1 porte-avions, 1 torpilleur, 150 avions, 307 † ou bl. ; japonaises 4 porte-avions sur 7 engagés, 1 croiseur sur 11 cuirassés et 15 croiseurs engagés, 332 avions et 3 500 † ou bl. **Monte Cassino** (3 batailles, 1944). *Forces* anglo-polonaises 300 000 (115 000 †) et fr. 15 000 (6 577 †) ; allemandes 60 000 (20 000 †).

Normandie (débarquement 6-6-1944). *Forces alliées* 90 000 (Américains, Britanniques, Canadiens et 177 Français) dans les forces d'assaut [5 divisions débarquées par mer 9 (4 amér., 4 brit., 1 can.), 5 aéroportées] ; 200 000 (39 divisions) les jours suivants. 9 000 navires dont 138 gros navires de guerre, 221 petits, 1 000 dragueurs, 4 000 péniches ; 3 200 avions (174 escadres). *Allemands* 50 000 (dont 50 % de volontaires étrangers) entre Seine et Mt-St-Michel ; 300 000 les j suivants. *Pertes* (jour J) américaines 3 400 † et disparus, 3 180 bl., anglaises environ 3 000 †, et canadiennes 946 † ; allemandes 4 000 à 9 000 †. *Pertes totales* alliées 30 000 à 40 000 † ; allemandes 150 000 † (70 000 pris.).

Okinawa (du 1-4 au 25-6-1945). *Forces* américaines (vict.) 500 000 (11 260 †) ; japonaises 120 000 (110 000 †).

Pavie (24-2-1525). *Forces* fr. 26 000. *Pertes* fr. [tués et pris (dont François Ier)] 10 000. **Pearl Harbor** (7-12-1941, de 7 h 55 à 9 h 45). *Forces* japonaises 6 porte-avions (400 avions), 2 cuirassés rapides, 2 croiseurs lourds, 16 torpilleurs, 1 train d'escadre de 11 bâtiments, 3 sous-marins éclaireurs et 5 de poche. La 1re vague d'assaut a décollé à 250 miles de l'objectif (189 avions, 45 chasseurs Zéro couvrant 40 avions torpilleurs, 54 bombardiers en piqué et 50 en altitude), puis une 2de vague (36 chasseurs couvrant 81 bombardiers en piqué et 54 en vol horizontal). *Pertes* américaines 8 cuirassés hors de combat (dont 2 détruits, 2 coulés), 3 croiseurs et 1 navire atelier avariés, 188 avions détruits (2 334 †) ; japonaises (29 avions, 5 sous-marins de poche). **Poitiers** (19-9-1356). Anglais (vict.) 7 000 ; Français 15 000 (2 500 †).

Rocroi (19-5-1643). *Forces* fr. (vict.) 23 000 (2 000 †) ; espagnoles 27 000 (8 000 †).

Sadowa (3-7-1866). *Forces* prussiennes (vict.) 220 000 (10 000 †, et bl.) ; autrichiennes 200 000 (24 000 †, 18 000 bl., 13 000 pris.). **Salamine** (480 av. J.-C.). *Pertes* perses 800 navires ; grecques (vict.) 310 navires. **Sébastopol** (oct. 1854/sept. 1855). *Forces* anglo-franco-turques (vict.) 220 000. *Pertes* russes 50 000 † ; fr. 30 000 † (11 000 de maladie). **Solferino** (24-6-1859). *Forces* franco-sardes (vict.) 133 000 ; autrichiennes 150 000. *Pertes* fr. 17 000, autr. 22 000 †. **Somme (la)** (du 1-7 au 19-11-1916). *Pertes* angl. 400 000 † ; all. 300 000 † ; fr. 200 000 †. **Stalingrad** (sept. 1942-févr. 1943). *Forces* allemandes 250 000 h., 740 chars, 7 500 canons, 1 200 avions ; soviétiques (vict.) 187 000 h., 7 900 canons et mortiers, 360 tanks, 300 avions. *Pertes* allemandes 147 200 † ; soviétiques 46 700 †. *Prisonniers :* 91 000 Allemands.

Trafalgar (21-10-1805). *Anglais* (vict.) 27 vaisseaux ; *pertes :* aucun vaisseau, 449 †. *Franco-Espagnols :* 33 vaisseaux ; *pertes :* 18 vaisseaux, 3 373 †, 7 000 prisonniers. **Tsushima** (27/28-5-1905). *Japonais* (vict.) : 4 cuirassés, 11 croiseurs-cuirassés, 21 destroyers, 14 croiseurs ; *pertes :* 3 destroyers. *Russes :* 8 cuirassés, 5 croiseurs-cuirassés, 6 croiseurs, 9 destroyers. *Pertes :* 8 cuirassés, 6 croiseurs-cuirassés, 5 croiseurs, 7 destroyers.

Valmy (20-9-1792). *Forces* fr. (vict.) 59 000 (300 †) ; prussiennes 35 000 (200 †) ; retraite négociée. **Verdun** (1916). *Pertes* fr. (vict.) 221 000 †, 216 000 bl. ; all. 500 000.

Wagram (6-7-1809). *Forces* fr. (vict.) 150 000 h. et 600 canons plus armée d'Italie ; autr. 180 000 h. *Pertes* ennemies (vict.) 32 000 ; fr. 18 000. **Waterloo** (18-6-1815). *Forces* fr. 74 000 h. ; ennemies (vict.) 165 000 h. (dont anglaises 77 000, prussiennes 88 000). *Pertes* fr. 30 000 (7 000 pris.) ; anglaises 15 000, prussiennes 7 000.

☞ **Toulon.** Sabordage de la flotte française (27-11-1942) : 5 sous-marins s'échappent (*Vénus* se saborde en mer, *Iris* va à Barcelone ; *Casabianca, Marsouin, Glorieux* vont en Afrique du Nord). 60 navires dont 3 cuirassés, 7 croiseurs, 15 contre-torpilleurs, 14 torpilleurs, 12 sous-marins (plus de 200 000 t) coulés, soit 31 % de la flotte fr. Ont échappé à la destruction (saisis par les Italiens sur cale sèche) : 3 contre-torpilleurs, 2 torpilleurs, 17 patrouilleurs, 4 sous-marins, 7 remorqueurs, 4 pétroliers (25 000 t).

Sièges

☞ *Légende : assiégés par assiégeants,* * résistance victorieuse.

■ **Avant J.-C. Troie** (XIIe s.) 10 ans : Priam, roi de Troie (père d'Hector) par Grecs (Agamemnon). **Jérusalem** (587) 5 mois : Sédécias, roi de Juda par Nabuchodonosor. **Syracuse** (213-212) par les Romains. **Carthage** (149-146) : Hasdrubal par Scipion Émilien. **Numance** (134-133) par Scipion Émilien. **Alésia** (52) par César.

■ **Après J.-C. Jérusalem** (70) par Titus. **Massada** (72-73) par Romains. **Rome** (410) par Alaric Ier, roi des Wisigoths. **Alexandrie** (642) 14 mois : Byzantins par Arabes (Amrou). **Pavie** (774) 6 mois : Didier, roi des Lombards, par Charlemagne. **Paris** (885-886) par Normands. **Rome** (1084) par Normands. **Jérusalem** (1099) 1 an : musulmans par Godefroi de Bouillon (croisés). **Milan** (1160-62) : gibelins par Frédéric Barberousse. **St-Jean-d'Acre** (1189-91) : musulmans par Richard Cœur-de-Lion (croisés). **Château-Gaillard** (1203/6-3-1204) 8 mois : Anglais par Philippe Auguste. **Constantinople** (12-4-1204) Byzantins par croisés. **Calais** (1346-47) 11 mois : Jean de Vienne par Édouard III d'Angleterre. **Liège** (1408) 15 j. **Avignon** (1410-11) 17 mois : Rodrigue de Luna, cousin du pape Benoît XIII, par le vicomte de Joyeuse. **Orléans** * (1428-29) 540 j Français par Anglais (délivrance par Jeanne d'Arc). **Constantinople** (5-4/29-5-1453) : Byzantins par Mahomet II. **Beauvais** * (27-6/22-7-1472) par Charles le Téméraire (épisode de Jeanne Hachette). **Grenade** (1492) 1 an : Boabdil, roi musulman de Grenade par Gonzalve de Cordoue (Espagnol). **Rhodes** (1520) 6 mois : Chevaliers de l'Hôpital par Soliman (Turc). **Rome** (1527) 30 j par Impériaux du connétable de Bourbon. **Vienne** * (sept.-oct. 1529) par Soliman II (Turc). **Nice** (1543) (épisode de Catherine Séguranne) : Clément VII par le connétable de Bourbon. **Metz** * (1552) 70 j duc de Guise par Charles Quint. **Paris** * (1591) 120 j duc de Nemours par Henri IV. **Genève** (1602) par duc de Savoie. **La Rochelle** (22-7-1627/28-10-1628) : Guiton (maire) par Richelieu, 20 000 † de faim. **Lérida** (1647) 25 j : Gregorio Britto par Condé. **Vienne** * (juillet-sept. 1683) 60 j : Starhemberg par Mustapha (Turc). **Lille** (sept.-oct. 1792). **Mayence** (avril/juillet 1793) 120 j : Aubert Dubayet et Kléber par Kalckreuth (coalisés). **Toulon** (19-12-1793) 24 j : Anglais par Bonaparte. **Mantoue** (1796-97) 171 j : Autrichiens (Wurmser) par Bonaparte. **St-Jean-d'Acre** * (19-3/20-5-1799) 60 j : Phélippeaux (émigré fr. et garnison turque) par Bonaparte. **Saragosse** (24-2-1809) prise par la France. **Dantzig** (14-5-1807) Prussiens par Mal Lefebvre (France) ; (1813-14) 11 mois : Gal Rapp (Fr.) par Alliés. **Missolonghi** (19-4-1824/22-4-1826) 360 j : Grecs révoltés (avec Byron) par Turcs. **Anvers** (1831 au 28-12-1832) 1 an : Gal Chassé

(Holl.) par M^{al} Gérard (France). **Alamo** (23-2/6-3-1836) voir p. 1064 a. **Constantine** (6/13-10-1837) : Arabes par M^{al} Clauzel, puis Gal Damrémont. **Venise** (1848-49) 1 an : révoltés italiens (Manin, Ulloa) par Autr. **Sébastopol** (1854-55) 330 j : Totleben (Russie) par Pélissier (Fr.). **Lucknow** * (30-5/16-11-1857) 85 j : Anglais par cipayes révoltés. **Duppel** (Schleswig, mars/18-4-1864) 63 j, prise aux Danois par Prussiens. **Strasbourg** (1870) 48 j : Gal Ulrich et préfet Valentin (Fr.) par Prussiens (Gal Werder). **Paris** (18-9-1870/28-1-1871) 133 j : Gal Trochu par Prussiens. **Belfort** * (14-11-1870/29-1-1871) : C^{el} Denfert-Rochereau par Prussiens. **Khartoum** (1884/26-1-1885) 286 j : Gal Gordon (Angl.) tué par Soudanais révoltés.

Port-Arthur (8-2-1904/2-2-1905) : Russes (Stoessel) par Japonais (Nogi). **Maubeuge** (25-8/7-9-1914) : Gal Fournier (Fr.) par G^{al} von Zwehl (All.). **Verdun** * (21-2-1916/20-8-1917) [dont le fort de Vaux (1916) 3 mois : C^{dt} Raynal (Fr.) par Kronprinz (All.)]. **Madrid** (22-7/27-9-1936). **Tolède** * (22-7/28-9-1936) Alcazar : C^{el} Moscardo (nationaliste) par républicains. **Leningrad** * (1941-44) 27 mois. Gal Popov et commissaire Jdanov (URSS) par G^{al} von Leeb (All.). **Tobrouk** * (1941) 8 mois, prise 21/23-1-1941. Anglais par Italo-Allemands (2e siège avec prise 20-6-1942). **Stalingrad** (1942-43) voir **Batailles** p. 1937 c (2 sièges : 1°) Russes par Allemands, 28-9/23-11-1942 ; 2°) Allemands par Russes, 30-11-1942/2-2-1943). **Varsovie** (sept. 1939, 3 semaines), ghetto (19-4/10-5-1943) insurrection écrasée (1-8/3-10-1944) 63 j. **Berlin** (24-4/2-5-1945) par 3 500 000 Russes, 7 750 chars, 11 000 avions. **Diên Biên Phu** (1954) voir p. 1937 b et à l'Index. **Sarajevo** (1991).

Bombardements aériens

■ **Raids allemands (1940-44). Sur la Hollande : 1940**-*14-5* Rotterdam 1 147 †. **Sur l'Angleterre : de 1940 à 45 :** au total, les bombardements allemands (avions, V1, V2) ont fait 60 227 † (dont 14 281 en 1940). *Raids célèbres :* **1940**-*7-9* début du bombardement de Londres (voir p. 684 a). *-14/15-11* Coventry 554 †.

■ **Raids alliés (1941-45). Sur la France : de 1941 à 1944** firent au total 67 078 †, 75 000 bl. *Raids célèbres :* **1942**-*3-3* Paris (usine Renault) 623 † ; **1943**-*4-4* id. 403 † ; *-16/23-9* Nantes 712 † et 800 bl. ; *-sept.* Paris 105 †. **1944**-*avril* Lyon 600 †, St-Étienne 870 † ; *-20-4* Paris (gare de la Chapelle) 642 †, 2 000 bl. ; *-27-5* Marseille 1 979 †.

Sur l'Allemagne : les Alliés lancèrent 2 500 000 t de bombes : 50 % sur l'Allemagne et le reste sur les territoires occupés. Ils perdirent 160 000 h. (G.-B. 80 000, USA 80 000) et 40 000 appareils (G.-B. 22 000, USA 18 000). 61 villes allemandes furent détruites, 600 000 †, + de 7 millions de sans-abri. *Raids célèbres :* **1943**-*25-7* Hambourg 50 000 †. **1944**-*11-9* Darmstadt 12 300 †. **1945**-*3-2* Berlin 25 000 † ; *-13/14-2* Dresde 35 000 † (800 avions anglais et 1 350 américains), voir à l'Index.

Sur le Japon : *raids célèbres :* **1945**-*9/10-3* Tokyo 100 000 † ; *-6-8* Hiroshima et *-9-8* Nagasaki, bombardements atomiques (voir p. 1951 c).

■ **Raids américains au Viêt Nam. 1972**-*18/30-12* Hanoï 40 000 t de bombes, 1 318 †, 1 261 bl.

Armes et matériels

Armements terrestres

■ Armes blanches

Estoc et taille

■ **1°) Armes portées à la ceinture (armes de taille). Épée.** Arme à lame droite à double tranchant terminée par une pointe et munie d'une garde, d'une poignée et d'un pommeau. On peut aussi l'utiliser pour frapper d'estoc. **Origine :** *Antiquité : spatha* (épée grecque, apparaît fin IVe s., reste en usage jusque vers 700). **Forte-épée.** Lame droite à 1 seul tranchant (apparaît début XVIIe s. en Europe de l'Est). **Sabre.** Destiné aux coups de taille. Lame plus ou moins courbée à un seul tranchant, dont la partie inférieure à double tranchant peut être également plus large. **600-1500** *cimeterre* arabe, sabre de cavalerie léger, courbé, à 1 tranchant. **Après 1680** *sabre de cavalerie* imité du *badelaire* ou couteau de Turquie (ancien *cimeterre*), utilisé comme arme de corps à corps par les cavaliers (1 seul tranchant, légèrement courbé). **Fauchon.** Lame plus courte (40-60 cm), à 1 seul tranchant, à section triangulaire. Peut être droite ou courbée et parfois avoir un contre-tranchant. **Armes d'estoc.** Lame assez fine, terminée par une pointe aiguë et utilisée pour le coup droit. **Rapière et épée de cour.** Lame très longue, plutôt fine, à double tranchant, surtout pour le coup d'estoc, peut aussi frapper de taille. **Dague.** Arme d'estoc courte utilisée pour le corps à corps ; à l'occasion, peut servir pour la chasse (n'a jamais été intégrée à un sport).

■ **2°) Armes emmanchées (pour tailler). Hache, fauchard et vouge. Période protohistorique. Début période féodale :** *francisque* [hache à lame large et à tranchant convexe ; utilisée à partir du Ve s. par les Francs (d'où son nom), et par d'autres tribus germaniques, en particulier comme arme de jet]. **Moyen Age :** haches fixées à de longues hampes, destinées au combat à pied et maniées à 2 mains (le *godendag* flamand, début XIVe s.). **2de moitié XVe s. :** haches combinées à un marteau, parfois complétées par une pique verticale et des piques latérales. *Fauchard :* arme servant à couper, outil de paysan, fixé au bout d'un manche. *Vouge :* issue des fauchards, sera l'arme des gardes du corps du XVIe s., longue lame de poignard dont le dos est aiguisé bilatéralement. *Bardiche :* lame étroite et arquée. *Hache écossaise (lochaber) :* similaire. **XVIe s. :** le vouge a une lame très large à tranchant arrondi. *Glaive :* tranchant arrondi prolongé par une pointe, dos émoussé garni d'un crochet droit, recourbé ou en forme de croissant ; la base de la lame est généralement garnie d'ailerons triangulaires. *Guisarme (ou hallebarde italienne) :* proche du vouge, longue pointe tranchante, sert aussi à l'estoc. *Hallebarde :* arme médiévale utilisée surtout pour trancher, peut également transpercer ; origine : Suisse.

■ **3°) Armes emmanchées pour transpercer. 500-800 :** *estramaçon* des Francs : arme de défense, poignard aigu dans une gaine en bois. **A partir de 1200 :** *arme des cottereaux :* poignards des ribauds, c.-à-d. des mercenaires à pied. **Après 1642 :** *baïonnette,* épée courte, utilisée comme dague ou poignard et pouvant s'adapter au fusil, le transformant en pique (originaire de Bayonne qui a revendiqué l'appellation en laissant authentifier ses armoiries en 1696). Les Français l'utilisent la 1re fois à Turin. On la met d'abord dans le canon du fusil ce qui empêche de tirer. **Après 1915 :** *poignard de tranchée* pour le combat rapproché d'infanterie. **Lance. Vers 250 av. J.-C.-400 apr. J.-C. :** *javelot* romain, emprunté aux Germains : lancé ; chaque légionnaire en a 2 (long. 110 cm). **500-800 :** *angon* des Francs : javelot terminé par une fleur de lis (2 crochets à gauche et à droite de la tête). **IXe-XVe s. :** *lance* de chevalier (long. jusqu'à 5,50 m). **1450-1703 :** *pique* de l'infanterie (long. 3,50 m) utilisée pour arrêter la cavalerie ; remplacée à partir de 1642 par fusil plus *baïonnette* (long. 2,10 m). **Après 1530 :** *lance pessade* ou *esponton* (pique de commandement ; écrit « anspessade » au XVIIe s.) : ancienne lance de chevalier coupée à 90 cm de long. et utilisée comme insigne par les nobles (anciens cavaliers) servant comme officiers d'infanterie. **1801-1914** *lance de cavalerie* en bois de frêne (long. 3 m), supprimée 1871, réutilisée 1889. **1914** dernière charge à la lance en France (*1939* en Pologne). **Épieu.** Forme rappelant la lance d'infanterie, tête assez large, en triangle allongé, section rhomboïdale avec ailerons triangulaires ressemblant à ceux des lances carolingiennes. **XVIe s.** pour la chasse. **Pertuisane. XVe s.** originaire d'Italie, issue de la lance, 1ers spécimens avec une longue tête en forme de langue avec un col et une douille assez allongés. **Début XVIe s.** base de la pointe s'élargit (demi-lune).

Corsèque. Dérivée de la lance. **XVIe s.** apparaît en Italie. **Fin XVe s.** en France. **Billette.** En os, fixée avec des lanières de cuir. **Fourches d'armes. Milieu XVe s. Attrape-coquin.** 2 piques émergeant d'une base circulaire comme dans le cas des fourches, munies de branches à ressorts.

■ **4°) Armes emmanchées pour assommer. Masse. Haut Moyen Age :** maillets conçus comme armes de combat. **Marteau d'armes. XVe s.** surmonté d'une pique, tête de marteau courte sur le côté, France et Italie. **XVIe s.** se généralise. **Fléau d'armes.** Assemblage de différents éléments. Les *boules* attachées à une chaîne sont plus fréquentes (en fer, diamètre 6 à 10 cm, hérissées de nombreuses piques). **Masse à pointes (étoile du matin).** Utilisée lors de mouvements révolutionnaires et insurrections de paysans.

☞ **Noms d'épées célèbres :** *Almace* (épée de Turpin, archevêque de Reims), *Balisarde* (Renaud), *Courtin* (Ogier), *Durandal* (Roland), *Excalibur* (ou *Scalibert*) (Arthur), *Flamberge* (Bradimart), *Hauteclaire* (Olivier), *Joyeuse* (Charlemagne), *Murgleis* (Ganelon), *Précieuse* (Baligan), *Zufagar* (Mahomet).

☞ En 1914, dans l'armée française, seuls dragons et cuirassiers portaient un *casque* (en tôle d'acier modèle 1872, de 1 250 g) ; en 1915, les combattants reçurent le *casque Adrian* (600 à 800 g).

■ Armes de trait

■ **Individuelles. Arc. Av. J.-C. : vers 2600** en Akkad (Mésopotamie) : avec flèches en tête de bronze, tirées du haut d'un char de combat. **Vers 2000** Espagne et Europe occidentale, avec flèches à tête de cuivre (commandos des « Campaniformes ») ; un bracelet de pierre passé sur l'avant-bras gauche permet une tension maximale de l'arc (en bois d'if). **500 av. J.-C.-400 apr. J.-C.** archers orientaux : les Mèdes (archers à pied) ont un arc long (1,50 à 2 m) ; les Parthes (cavaliers) un arc court. Grecs et Romains n'ont pas d'archers (le soldat léger grec, *peltaste,* se sert d'une fronde), mais utilisent des mercenaires (Scythes, Numides). **Après 800,** les « sergents » des armées carolingiennes et féodales utilisent à la guerre l'arc des chasseurs aux côtés des chevaliers. **XIe-XIIe s.** archers communiers ; milices locales (entraînées au tir à l'arc et rejoignant l'armée royale ; service d'ost).

Arbalète. Apparaît **vers IIIe s.**, utilisée **XII-XVe s.** Arc mécanique, pesant environ 20 kg et tirant appuyé sur une fourche plantée en terre ; le projectile d'arbalète, le « carreau », pèse 400 g (en fer). On emploie surtout des arbalétriers mercenaires : Génois, Gascons, Brabançons. Une compagnie d'arbalétriers combat à Bouvines (1214) ; Charles V crée un corps de 200, puis 800 arbalétriers chargés de la défense de Paris et commandés par un grand maître. Après les défaites de la guerre de Cent Ans, dues à la supériorité des archers communaux anglais, Charles V voulut revenir à la pratique de l'arc : les villes durent entretenir un corps de francs-archers à côté de leurs francs-arbalétriers. Louis XI supprima ces corps urbains (de faible valeur militaire) : son armée comptait en moy. 2 archers pour 1 arbalétrier. En G.-B. les archers des communes se maintiennent jusque vers 1450. **1450-1500** disparition des armes de trait (artillerie).

☞ En 1139, l'Église s'émut de la précision meurtrière de l'arbalète : le 2e concile de Latran la déclara « haïe de Dieu » et en proscrivit l'usage entre chrétiens, le réservant contre les « Infidèles » en Terre sainte (croisades). En dépit de cette condamnation, l'arme fut massivement utilisée en Europe jusqu'à l'apparition de l'arquebuse.

■ **Collectives. Baliste** (inventée par Archimède, IVe s. av. J.-C.). Arbalète géante (l'arc a de 3 à 5 m de longueur, les cordes de 2 à 4 m) ; on tend les cordes avec un treuil et on charge la baliste avec des flèches faites de troncs d'arbres, souvent enflammées ; peut également lancer des projectiles ; portée 185 m.

Catapulte (inventée par les Syriens, 450 av. J.-C.). Force utilisée : élasticité des cordes (souvent faites avec des cheveux humains). Poutre de 3 à 6 m de longueur *(style)* terminée par un réceptacle en forme de cuillère, le *cuilleron,* qui pivote sur un axe horizontal. Des cordes entortillées devraient la maintenir en position verticale, mais on la tire en arrière par un système de treuil jusqu'à la coucher presque horizontalement et on pose un projectile (pierre, matériau enflammé, métal) sur le cuilleron. En actionnant le déclic (crochet de fer retenant le style au treuil), on relâche brusquement les cordes, et le style en se redressant va frapper un butoir ; le projectile jaillit sous le choc (portée 100 à 200 m). **Dérivés médiévaux** (XIIe-XVIe s.) : *trébuchet :* à tir courbe, engin à levier, fondé sur le principe de la fronde, contrepoids (2,5 t), projette des quartiers de roc de 200 à 400 kg, utilisé pour les sièges. *Mangonneau* (actionné par des nerfs de bœuf élastiques, portée 300 à 400 m) et *bible :* plus légers, lancent en tir courbe des boulets de la grosseur d'un poing. *Dispositif de la truie :* engins superposés sur une tour de bois. *Bricole* (mangonneau sans butoir) : le projectile (souvent un barillet chargé de poudre) est projeté par la force centrifuge, le cuilleron étant remplacé par 2 crochets munis de cordes faiblement nouées.

■ Feu

A partir du VIIe s. les Byzantins utilisent le *feu grégeois* dont la formule a été perdue après la chute de Constantinople en 1453 ; ils remportent de nombreuses victoires, grâce à leurs fantassins équipés de lance-flammes portatifs et que l'on assimile au « napalm » moderne (Byzance a utilisé le pétrole de la mer Noire ou de la mer Caspienne). **XVIe s.** les Indiens d'Amérique du Nord utilisent des fagots enduits de graisse de poisson.

Armes à feu

■ Individuelles

■ **Fusils anciens. Premières armes à feu portatives** (1500-1640). **« Scopette »** (1338) : 1re connue. **Canon à main (haquebute)** [vers 1500] : dérivé du canon léger, couleuvrine au poids réduit à 22 kg, utilisé sur les remparts ; feu mis à la main. **Arquebuse à mèche :** poids 15 à 20 kg ; maniée par un arquebusier qui tire en appuyant l'arme sur une fourche, le *fourquin* ; feu donné par une mèche allumée au début de la bataille. *Platine à mèche* (Espagne, 1525) : une clef permet d'amener la mèche sur le *bassinet* où est tassée la poudre ; cadence : 1 coup/min. **Arquebuse à rouet** (vers 1520) : le *rouet* (pièce de métal circulaire), monté sur un axe vertical, est actionné à vive allure au moyen d'un ressort, provoquant au contact d'une pyrite de métal l'étincelle qui enflamme la poudre (exemple : calibre 14 mm, long. 85,3 cm, 2,67 kg) ; poids 6 kg, long. 130 cm ; peut être utilisée sans fourche d'appui. Les soldats qui l'utilisent sont nommés *fusiliers.* **Carabine** (vers 1600) [arme des carabins ou bandits de Calabre] : arquebuse à canon rayé tirant plus juste et pouvant percer les armures. **Pistole :** carabine de cavalier ; canon de 40 cm de long. **Mousquet** (vers 1630) : arme d'infanterie à rouet, plus lourde et plus puissante que la carabine et nécessitant l'emploi du fourquin ; poids 7 kg ; projectiles de 30 g lancés à 230 m ; long. 150 cm. Les 1ers mousquetaires étaient des tireurs répartis dans les compagnies de piquiers (1 mousquetaire pour 2 piquiers). Louis XIII créa la 1re compagnie de mousquetaires (tous gentilshommes), qui lui servaient de gardes du corps. **Cartouche** (vers 1640, Suède) : la poudre et la balle sont introduites simultanément dans le canon du mousquet. Cadence de tir 2 coups/min.

Fusils à pierre (XVIIIe s. d'après l'italien *fugile,* silex). Le rouet des mousquets et des arquebuses est remplacé par le chien qui percute la pierre au lieu de la frotter.

Cadence de tir. *Sous Louis XIII,* arquebusiers : 1 coup par minute. *Empire :* 3, mais après 5 min de tir, il fallait laisser refroidir le canon de l'arme.
Le soldat de Louis XIV emportait avec lui 12 cartouches, celui de Louis XVI et Napoléon 35, celui de la Grande Guerre 120.

Portée des armes (en m) **et,** entre parenthèses, **date.** *Javelot* 25. *Fronde* 80. *Traits à poudre* (vers 1350) 100 à 115. *Arc* (XVe s.) 80 à 100. *Arbalète* (XVe s.) 100 à 110. *Arquebuse* (1504) 150. *Mousquet* (1550) 180. *Pistolet* (1562) 50. *Fusil* (1640-1857) 250. *Deligne* (1857) 600. *Chassepot* (1866) 1 200. *Gras* (1874) 1 800. *Lebel* (1886) 3 000. *Daudeteau* (1905) 4 000.

Cadence 2-3 coups/min. Mais les ratés sont nombreux. **Fusil à bretelle** (1671) : destiné aux grenadiers qui doivent avoir les mains libres pour lancer les grenades. On peut y adapter une baïonnette à manche de bois s'enfonçant dans le canon. **Baïonnette à douille** (1689) : s'adapte au fusil sans toucher le canon, permet de tirer. **Modèle 1777 :** silex « pyromaque » taillé dans les ateliers royaux ; ratés réduits à 1 coup sur 12 ; nombre moyen de coups par pierre : 20 (mais 1 bonne pierre peut fournir 50 coups). *Calibre* 17,5 mm, *long.* 152 cm (canon 113,7), *poids* 5,5 kg. **Fusil à percussion** (1827) : pierre remplacée par une capsule chimique « fulminante » à base de chlorate de potasse, qui enflamme la cartouche percutée par le chien.

■ **Fusils récents. Dreyse** (1840). *Fusil à aiguille* de Johann von Dreyse (All. 1787-1867). Créé 1827. Chargement par la bouche puis 1836 par la culasse, adopté par la Prusse 4-12-1840.

Chassepot (1866). *Inventé* 1857 par Antoine Chassepot (1833-1905), adopté 30-8-1866. Chargement par la culasse, la cartouche (en carton) de 31 g contient la capsule fulminante, percutée par une aiguille. *Cadence* 7-8 coups/min, *calibre* 11 mm, *long.* 131 cm (canon 82,5), *poids* 4,15 kg, *portée* utile 1 200 m, *vitesse initiale* 375 m/s.

Gras (1874). *Chassepot* amélioré par le C^el^ (plus tard G^al^) Basile Gras (1837-1901), hausse 1 650 m puis 1 800 (1874) ; *calibre* canon rayé de 11 mm ; cartouche à étui métallique.

Winchester (1866). *Carabine américaine* inventée par Oliver Winchester (10-11-1810/10-12-1880) : *portée* max. 2 500 m, utile 200 m, pratique 100 m. Semi-automatique. Mécanisme à répétition manœuvré par un levier de sous-garde-pontet. Alimentation du magasin par un auget sur le côté droit de la carcasse ; permet le chargement manuel coup par coup. Cartouche annulaire 44 Henry à tête plate, *cadence :* 20 coups/min, *long.* 90 cm (canon 45 cm), *poids* 2,350 kg, *calibre* 11,17 mm, *magasin tubulaire :* 15 cartouches.

Lebel 1886-93. *Fusil,* de 1878, du major autrichien Kropatschek, acheté par la marine française ; transformé et expérimenté à l'école de tir de Châlons-sur-Marne par le C^el^ Nicolas Lebel (18-8-1838/6-6-1891), puis adopté sur ordre du Gal Boulanger ; *portée* pratique 400 m, utile (hausse) 2 400 m, max. 4 300 m, *long.* 132 cm, avec baïonnette 183, *poids* 4,24 kg, *calibre* 8 mm, *magasin tubulaire* 8 cartouches.

Système Lebel-Berthier. Mêmes caractéristiques balistiques que le fusil Lebel ; amélioration de l'approvisionnement par adjonction de lames-chargeurs de 3, puis 5 cartouches (en 1916). **Fusil modèle 1907-15** dit de tirailleur sénégalais : *longueur* 130 cm, *poids* 3,9 kg. **Carabine de cavalerie modèle 1890, mousqueton d'artillerie modèle 1892** et **1892 modifié 1916 :** *portée :* pratique 400 m, utile 2 000 m, *cadence* à répétition, 8 à 10 coups/min, *long.* 94,5 cm (canon : 45,3), *poids* 3,25 kg, *calibre* 8 mm, *magasin* 5 cartouches.

Mauser modèle 98. *Fusil allemand* (de Paul Mauser 1838-1914), *portée* pratique 400 m, utile 2 000 m, max. 4 000 m, *cadence* 8 à 10 coups/min, *long.* 111 cm (canon 60), *calibre* 7,92 mm, *cartouches* 5, avec chargeur. Inspira le Springfield 1903.

Springfied modèle 1903, Enfield P-17. *Portée :* pratique 400 m, utile 600 m, max. 3 200 m, *cadence* à répétition, 8 à 10 coups/min, *long.* 110,5 cm, avec baïonnette 150 (canon 64,5), *poids* 4,313 kg, *magasin* 5 cartouches, *calibre* 7,62 mm.

Terni modèle 1918. *Fusil italien : portée :* pratique 400 m, utile 2 000 m, *cadence* à répétition, 8 à 10 coups/min, *long.* 128 cm, *calibre* 6,5 mm.

MAS 1936 (manufacture d'armes de St-Étienne). *Portée :* tactique 200 m, pratique 400 m, utile 1 200 m, max. 3 200, *cadence* à répétition, *magasin* 5 cartouches, 8 à 10 coups/min, *long.* 102 cm, avec baïonnette 132 (canon 58), *poids* 3,750 kg avec baïonnette, *calibre* 7,5 mm, *cartouche* 1929 C.

Garant M1. *Fusil semi-automatique de 7,62,* tir tendu jusqu'à 600 m, *puissance de perforation* 6 mm d'acier à 450 m ; 12 mm d'acier à 90 m (balle p M2), *flèche* 1,20 m à 600 m, *portée* max. (balle M2) 4 000 m, *cadence* semi-automatique : 24 coups/min, *long.* 110,7 cm, avec baïonnette 150, *poids* 4,313 kg.

MAS 1949-56. *Fusil semi-automatique : portée :* pratique 400 m, utile 1 200 m au max. (avec lunette), *chargeur* 10 cartouches, *cadence* 30 coups/min, *long.* 102 cm, avec baïonnette 130,5, *poids* 3,9 kg, *calibre* 7,5 mm, *cartouche* 1929 C.

FRF-2. *Calibre :* 7,62 mm, *portée :* environ 800 m.

McMillan M87. *Calibre :* 12,7 mm, *frein de bouche :* système utilisant les gaz éjectés pour contrer le recul, *tire* au coup par coup à 1 000/2 000 m avec sa lunette de précision et ses équipements de vision nocturne.

■ **Fusil-mitrailleur.** *Inventé* 1902 par Madsen (Allemand). Modèles d'essai **Berthier** et **Hotchkiss** avant 1914. **FM Chauchat** 1915 (France), utilisé par les Français, puis les Amér. (1917). **FM 1924-29** utilisé 1939-45 et Indochine. Arme à tir automatique modèle **FM 1952**, approvisionnée par bande souple. *Poids* 7-12 kg, *cadence* 500 coups/min. Porté et servi par un seul homme, accompagné d'un pourvoyeur aux munitions.

■ **Pistolet-mitrailleur.** Arme légère à tir automatique, employant des balles de pistolet ; *inventé* par Villa-Perosa (Italien) en 1915. **Bergmann :** utilisé par les Allemands en 1917, *cadence* 400 coups/min. **Lanchester** et **Sten** (1942), modèles anglais et américain (1949), *calibre* 9 mm, chargeur 32 coups. **MAT 1949** (France) : *calibre* 9 mm. **MAS 1938** (France) : *calibre* 7,65 mm. **Uzi** (Israël) : *inventé* par Uziel Gal (né 1923). **Mitraillette à laser :** *cadence* 900 coups/min ; chargeur de 177 balles, 1 laser couplé.

■ **Fusil d'assaut. Sturmgewehr MP 44** (All., 1944), *calibre* 7,92 mm, *poids* 5,2 kg à vide, *long.* 94 cm, chargeur 30 cartouches, *cadence* 500 coups/min. **M 16** (américain, inventé par Eugène Stoner) colt 1959 : *calibre* 5,56 mm, *poids* 2,9 kg (3,3 avec chargeur plein), *long.* 96 cm, chargeur 20 à 30 cartouches. **Kalachnikov** (URSS) : *inventé* par Mikhaïl Kalachnikov (né 1919) : environ 100 millions vendus. *Modèles : AK (Akvomat Kalachnikov) 47,* crosse métallique repliable 7,26 mm, *poids :* à vide 4,3 kg (avec chargeur plein 4,8), *long.* 87 cm, chargeur 30 cartouches ; *AKM* (pour « *Modernizinovaniy* » : modèle 1959 : *poids* à vide 3,14 kg (plein 3,8), *long.* 87,6 cm. *AK 74, calibre* 5,45 mm, *vitesse initiale* 715 m/s, *portée effective* semi-automatique 400 m ; (automatique) 300 m, *cadence de tir* en rafale 600 coups/min, automatique 90, semi-automatique 40. **Famas 5,56** (France depuis 5-12-1979) : semi-automatique MAS 5,56 F1, surnommé « le clairon » à cause de sa forme : *calibre* 5,56 mm, *long.* 75,7 cm (canon 48,8), *poids* 3,55 kg, *vitesse initiale* 950 m/s, chargeur 25 cartouches, *cadence* 1 000 coups/min (peut tirer au coup par coup ou par rafales avec limiteur de rafales à 3 coups), *portée* pratique 300 m, tire des grenades antichars à 75 m et antipersonnel à 300 m, *prix* 4 000 F avec accessoires et recharge. **OICW** (USA 2000, Objective Individual Combat Weapon), double canon (5,56 mm) et amovible (20 mm).

☞ **Projet Papop** (polyarmes-polyprojectiles) : mise en service en 2012 : *portée* 600 m, *poids* 7 kg, *calibre* 5,56 mm (munitions classiques) ou 30 à 35 mm (explosives), télémètre laser, viseur optronique, ordinateur de tir, télécommande, batterie. **Blam** (Barrel Launched Adaptative Munitions, USA) : balle à tête pivotant jusqu'à 0,1° dans toutes les directions (tête connectée au corps par une sorte de rotule).

■ **Pistolets et revolvers** (armes de poing réglementaires françaises). **Revolvers :** 1858 marine, *calibre* 12 mm, *barillet* 6 cartouches à broche. **Chamelot-Delvigne 1873 :** *calibre* 11 mm, *barillet* 6 cartouches à percussion centrale. **1892 :** *calibre* 8 mm, *barillet* 6 cartouches. **Pistolets :** 1935 modèle A et MAS modèle S, *calibre* 7,65 mm, *chargeur* 8 cartouches. **MAC 1950 :** *calibre* 9 mm, *chargeur* 9 cartouches. **Samuel Colt** (Amér., 10-7-1814/10-1-1862) : brevets 1835-36.

■ **Grenades. XVe-XVIIe s.** lancées au moyen d'une grande cuillère (poudre à canon dans un globe de fer creux ; on allume une mèche avant de lancer). *1667* les grenadiers forment des corps spéciaux, utilisés au cours de sièges ; munis d'une grenadière en cuivre, contenant de 12 à 15 grenades, ils lancent leurs explosifs dans les tranchées ennemies. **XVIIIe-XIXe s.** la grenade est délaissée. Soldats d'élite équipés comme les autres fantassins, les grenadiers s'en distinguent par leur haute taille. En France, de 1730 à 1846, puis de nouveau sous le II^d^ Empire, ils portent le « bonnet à poils ». **Depuis 1904** réutilisées par les Russes et les Japonais au siège de Port-Arthur. *Guerres mondiales :* grenades à main défensives et offensives ; grenades VB (à fusil) : s'adaptent au fusil de guerre et sont projetées à 100-200 mètres environ. Explosif utilisé 1915-20 : TNT. 1920-43 : poudre. Depuis 1943 : de nouveau TNT. *Guerre de Corée :* grenades à fragmentation ; grenades chimiques : projettent de la fumée, des gaz asphyxiants.

Cocktail Molotov. Composé d'une bouteille d'essence et d'une mèche de coton qu'on enflamme. Porte le nom de Viatcheslav Mikhaïlovitch Skriabine, dit Molotov (1890-1986), ministre soviétique des Affaires étrangères, qui préconisa son emploi contre les chars. Utilisé par les républicains contre les nationalistes durant la guerre d'Espagne (1936-39), puis par les Finlandais contre les Soviétiques (30-11-1939/12-3-1940) et par ces derniers contre les chars allemands.

Armes collectives légères

Armes automatiques à tir continu quand on garde le doigt appuyé sur la détente.

■ **Mitrailleuses à main et à canons multiples.** Actionnées avec une manivelle (surnom : « moulins à café »). *Inventeur :* l'officier belge Fafschamps (vers 1830). **Gatling** (USA) : 6 canons tournants (1860), *cadence* 150 coups/min. **Reffye** (France, 1866) : appelée « canon à balles », *cadence* 125 à 150 projectiles de 13 mm/min. **Feld** (bavaroise) : 24 canons (1870) à tir plus rapide que la Reffye, qu'elle surclassa à la bataille de Coulmiers le 9-11-1870.

■ **Automatique à 1 canon.** Utilisant l'énergie du recul : **Maxim** (sir Hiram Stevens Maxim, Amér. naturalisé Anglais, 1840-1916) : 1883. *Inconvénient :* impossibilité de refroidir le canon sans manchon à eau. **Modèle 1908 :** *calibre* 7,92 mm, *long. du canon* 117,4 cm, *alimentation* bandes de 200 à 250 cartouches, *cadence théorique* 400 à 500 coups/min, *poids* (en kg) du canon 18,37, de l'affût (traîneau) 37,64, du trépied 29,74. Fonctionnant par emprunt de gaz : **Hotchkiss** (notamment fusil-mitrailleur) : **Colt et St-Étienne** (française 1907, de 8 mm, utilisée pendant la guerre de 1914-18) ; **PCSRG** créé 1915. A partir de 1942, les Français ont utilisé la mitrailleuse américaine **Browning :** *poids* 50 kg, *calibre* 12,7 mm, la **mitrailleuse légère de 20 kg** renforçant les fusils-mitrailleurs dans les compagnies de voltigeurs.

■ **Arme automatique transformable modèle 1952.** En changeant canon et affût, on peut l'utiliser comme fusil-mitrailleur ou mitrailleuse légère ; culasse éclipsable ; *alimentation* par bande métallique souple (version fusil-mitrailleur : 50 cartouches ; mitrailleuse : 250) ; *calibres* 7,5 et 7,62 mm. Voir col. a.

Artillerie

Canons anciens

■ **Premiers canons.** Mentionnés pour la 1re fois dans un manuscrit britannique de 1326. L'armée anglaise en utilise à Crécy le 26-8-1346 et le Prince Noir au siège de Romorantin en 1356. En 1451, au siège de Bordeaux, on tire des boulets creux à charge explosive.

■ **Bombardes** (1375). Tubes en fer lançant des carreaux d'arbalètes, des balles de plomb ou de fer rougi au feu. Pour les gros calibres, projectiles de pierre. Affût fixe puis mobile (sur roues). Poids maximal du projectile 200 kg. *1453,* les Turcs utilisent pour le siège de Constantinople une bombarde de 930 mm de calibre envoyant un boulet de pierre de 590 kg. *XVIe s.,* « tsar Puschka » conservé au Kremlin (calibre 920 mm, fût 5,18 m), poids 40 t. **Bombarde-mortier** en bronze (fin XVe s.-début XVIe s.) pour défendre fortifications. *Boulet* en granit (jusqu'à 260 kg), *portée* 50 à 150 m avec affût adapté.

■ **Pièce à flasques** (vers 1480). En fer : affût sur roues ; le tube oscille sur les *flasques* (supports en bois) et on change son inclinaison à l'aide d'un coin en bois placé sous la culasse. On tirait environ 30 coups par j, à cause de l'échauffement des pièces.

■ **Les « sept calibres »** (1550). En bronze, montés sur roues ; tubes pivotant sur affût, chargés par la bouche. *Cadence* 8 coups/h. Après 40 coups, arrêt de 1 h pour refroidir. *Boulet* en fer de 33 livres (long. du tube 3,30 m). **Canon. Arquebuse-à-croc. Couleuvrines : grande** (tube 5 m) 16 livres ; *bâtarde* (tube 3,30 m) 7,5 livres ; *moyenne* 2,5 livres. **Faucon :** 1 livre. **Fauconneau :** 0,75 livre. Les 2 plus petits calibres sont abandonnés et, en 1697, les projectiles sont de 33, 24, 16, 12, 8, 4 et de 1/4 en 1/4 jusqu'à 2 livres.

■ **Mortiers** (XVe s.). Engins à tir courbe (tube court) utilisés pendant les sièges. 4 calibres 8, 10, 12, 14 pouces (*portée* 2 à 4 km), puis 16 à 18 pouces. *En 1857* (G.-B.) et *1914-18* (USA), on construisit 2 mortiers de 920 mm de calibre (non utilisés).

■ **Canons Gribeauval** (1764). Pièces attelées, avec caissons, vis de pointage, tubes bronze ; cartouches à boulets et à obus (*cadence :* 1 à 2 coups par min et par pièce) ; boîtes à mitraille (2,5 à 5 coups). *Calibres* de 12, 8 traîné sur son affût par 6 chevaux et 4 livres traîné par 4 chevaux ; obusiers de 6 pouces ou 16 cm ; matériel de siège : canons de 24, 16, 12 et 8. Modifiés par le système Valée en 1826, ces canons restèrent en service jusqu'en 1853.

■ **Canons chargés par la culasse** (1866). **Modèle prussien :** utilisant l'obus (*cadence de tir* 2 coups/min pour les obus, 3 pour les boîtes à mitraille). Acier moulé. **Canons à balles** (1870) : appelés aussi mitrailleuses. 25 tubes de bronze. 300 balles/min. **Canons de Bange** (1877) : acier fondu, affût en tête d'acier fixe, accusant le recul. 2 ou 3 coups/min.

■ **Canon Rimailho** (1904). *Calibre* 155 mm, *portée* 6 285 m, *projectile* 43 kg.

■ **Canons à frein** (1897). *Calibre* classique 75 mm français (à ne pas confondre avec le *75* apparu en 1912). Le L^t^-C^el^ Deport (dir. de l'atelier de Puteaux) en eut l'initiative à partir du procédé de long recul du tube inventé par l'ingénieur allemand Haussner ; le capitaine Sainte-Claire Deville et le capitaine Rimailho continuèrent son œuvre. *Long.* 4,45 m, *larg.* 1,83, *haut.* 1,41 ; *poids* (en kg) : obus à balle 7,24 ; explosif 5,3 ; canon en batterie 1 140 ; voiture-pièce (avec 24 cartouches dans l'avant-train) 1 870 ; caisson (avec 96 cartouches d'obus à balles) 1 960 ; *vitesse initiale* 530 m ; *cadence de tir* 20 coups/min ; *portée* 6,5 km. Utilisé pour la 1re fois en Chine en 1900 ; en 1942 à Bir Hakeim (à shrapnell de 302 balles de plomb) ; les derniers furent retirés du service à la fin de la guerre d'Algérie. Le *77 Krupp* (allemand, portée max. 5,3 km) lui était inférieur. Le tube coulissait sur l'affût grâce à un berceau, pivotait horizontalement et verticalement et revenait automatiquement en position.

☞ **Shrapnel** : obus rempli de balles inventé par le G^al^ anglais Henry Shrapnel (1761-1842).

■ **Canons à flèches ouvrantes** (1911). Système italien. Permet des changements de direction (de 60°).

■ **Canons de la 1re Guerre mondiale** (voir p. 684 a).

☞ La **rayure** fut adoptée dans l'artillerie française après 1858).

Supercanons

☞ La portée maximale d'un projectile tiré dans un tube d'artillerie classique ne peut dépasser 180 km.

■ **Tirs à très longue portée en France** (1914-18). **1915-1916 « Max » 38 cm SK-L/45 :** *emplacements :* Bois de Muzeray (Meuse) sur Verdun à 25 km (+ de 100 coups) ; ferme Sorel (Meuse) sur Verdun à 21 km (+ de 100 coups) ; Predikboom (Belgique) sur Dunkerque à 38 km (133 coups) ; Santes (Nord) sur Béthune à 34 km (65 coups) ; Coucy (Aisne) sur Compiègne à 37 km (80 coups) ; St-Hilaire-le-Petit (Marne) sur Châlons-sur-

Marne à 34 km (12 coups) ; Semide (Ardennes) sur Ste-Ménéhould à 34 km (24 coups) ; bois de Warphemont (Meuse) sur Verdun à 30 km (+ 50 coups) ; Hampont (Moselle) sur Nancy à 35 km (147 coups) ; Zillisheim (Ht-Rhin) sur Belfort à 35 km (47 coups). **1917-18 « Max » 38 cm SK-L/45** et **« König August » 35 cm SK-L/52 :** *emplacements :* Leugenboom (Belgique) sur Dunkerque à 44 km (+ 330 coups) ; Chuignes (Somme) sur Amiens à 32 km (+ 100 coups) ; bois du Châtelet (Aisne) sur Meaux à 43 km (+ 30 coups) ; Heurtregiville (Marne) sur Châlons-sur-Marne à 38 km (162 coups) ; Quéant (P.-de-Calais) sur Doullens-St-Pol à 46 km (+ 100 coups) ; Sancourt-sur-Doullens (Nord) à 62 km (+ 100 coups).

■ **Grosse Bertha.** Les Allemands avaient baptisé du prénom de Mme Krupp, *« Dicke Bertha »*, leurs obusiers de marine de 420 mm, qui détruisirent en août 1914 les forts de Liège ; les Fr. l'ont donné par extension aux canons longs qui ont bombardé Paris en 1918, et que les All. appelaient officiellement *« Ferngeschütz »* et parfois *« Pariser Kanonen »* (ou *« Paris-Geschütz »*) ou le Long Henri. Il s'agissait de 9 tubes de marine du calibre 35 cm SK-L/45, destinés au croiseur de bataille *Ersatz Freya* dont la construction avait été suspendue. Le Pr Rausenberger de la Sté Krupp les adapta. *Canon :* 34 m de long., poids 140 t (750 t avec affût et accessoires), 380 mm de diamètre, avait à l'intérieur un 2e tube de 210 mm, à rayures hélicoïdales (le projectile devait effectuer 100 rotations avant de sortir, ce qui provoquait une usure importante : chaque tube ne pouvait tirer que 65 coups). *Projectile* 104 kg, tous identiques mais aux ceintures différentes en fonction de l'usure progressive des rayures et de l'avance de la position du chargement. Établis d'origine au calibre de 2" (4 cm), les tubes de 21 cm furent ensuite réalisés au calibre 2" (2 cm). Le calibre de 210 passait ainsi à 235 pour tenir compte de l'usure du canon (vitesse initiale 1 600 m/s, finale environ 680 m/s, trajet de 3 min) ; alt. 19 000 m à 25 s, 39 000 m à 90 s (apogée) ; portée max. : 120 km. *Emplacements dans l'Aisne :* Crépy-en-Laonnois à 120 km de Paris (du 23-3 au 1-5-1918, 3 pièces ; 185 coups tirés) ; Beaumont-en-Beine (bois de Corbie) à 110 km de Paris (du 27-5 au 11-6-1918 ; 104 coups) ; bois de Bruyères près de Fère-en-Tardenois à 91 km de Paris (les 15 et 16-7-1918 ; 14 coups) ; Beaumont-en-Beine (du 5 au 9-8-1918 ; 64 coups). La distance semblait si prodigieuse, à l'époque, que l'on crut d'abord à un bombardement aérien, puis à une avance éclair des Allemands jusqu'à 45 km de Paris. Du 23-3 au 9-8-1918, plus de 400 obus furent tirés sur la capitale, 367 officiellement observés tuant 256 civils ; le 1er tomba le 23-3-1918 à 7 h 20 devant le no 6 du quai de Seine ; le 2e à 7 h 45 devant la gare de l'Est ; le 29-3 (Vendredi saint), un obus atteignit l'église St-Gervais à 15 h (91 † dont 52 femmes, 68 blessés). Dernier tiré 9-8-1918 à 14 h.

■ **Canon-Krupp de 280 mm** (Calais, 1940-45). Tire sur Douvres (qui recevra 2 226 obus). **800 mm.** *Long.* 32,50 m. *Masse* 1 350 t. *Projectile* antibéton 7,1 t, super explosif 4,8 t. *Portée* 47 km. Utilisé par les Allemands devant Sébastopol en 1942. 2 furent construits, le **Dora** et le **Schere Gustav.**

Nota. – Canons de cuirassés 380 (obus 950 kg) ; 406 *US* (obus > 1 t), 457 *Yamato.*

■ **Harp (High Altitude Research Project).** Projet de Gerald Bull (Canadien, 1928/22-3-1990, assassiné mystérieusement à Bruxelles) financé par l'armée américaine ; 3 construits et expérimentés à la Barbade : 1°) 1962 : *long.* 20 m, *calibre* 416 mm, *atteint* 75 km ; 2°) *long.* 53 m, *calibre* 424 mm, obus de 186 kg lancé verticalement (à 1 850 m/s) à 143 km d'alt ; 3°) double canon US (2 × 419 mm ; *long. :* 36,50 m, 150 t), a lancé (à 1 800 m/s) un obus de 84 kg à 180 km d'alt. le 19-11-1966.

■ **Canon iraqien.** Le 10-4-1990, 8 tubes de 1 m de diam. officiellement destinés à l'industrie pétrochimique iraqienne sont saisis en G.-B. En avril et mai, d'autres pièces détachées sont saisies (All., Grèce, Italie, Suisse, Turquie). Gerald Bull s'apprêtait, a-t-on dit, à construire en Iraq un canon de calibre 1 000 mm (long. 50 à 160 m, masse avec environnement 4 500 t, enterré, obus de 2 t lancé à 1 900 m/s, portée plusieurs centaines de km). Autres hypothèses : il aurait utilisé un obus propulsé long de 3,60 m et de plus de 4 t (combinaison obus-missile) ou fabriqué un canon avec des champs relais pour augmenter la pression. Le matériel examiné en Iraq (tubes ressemblant à des canalisations bricolées) ne permet pas de confirmer ces hypothèses peu vraisemblables scientifiquement [portée maximale pour un canon classique : 200 km (limite de vitesse d'expansion des gaz, frottements, rendement...)].

☞ **Études en cours :** augmentation de la vitesse initiale (1 500 m/s au max. actuellement) par certaines techniques : obus propulsé, accélération électrique (4 000 m/s), hydrogène comprimé (4 500 m/s sur projecteurs légers).

■ Canons récents

■ **France. Obusier 105 HM2 :** tracté ; *mission* appui feu ; *portée max.* 11 km. **155 BF 50 :** id ; *portée max.* 18 km ; *masse* 8 t.

Mortier 120 mm RT 61 : *portée* 13 km ; *cadence* 18 coups/min ; *masse* 580 kg.

Canon 155 : TR (tracté) modèle F-1 : appui feu des divisions d'infanterie. *Bouche à feu* de 40 calibres, service de pièce assisté hydrauliquement ; *champs de pointage* – 5°, + 66° en site, 27° gauche, 38° droite en gisement ; *équipe* 1 chef de pièce, 1 conducteur du véhicule tracteur, 1 pointeur-tireur, 2 artificiers et 3 chargeurs ; *masse totale* 10,65 t ; *portée* 24 à 32 km selon munition ; *cadence* (durée limitée) 3 coups en 18 s ; soutenue : 6 coups/min ; *autonomie* à vitesse faible : 8 km/h max. Peut être tracté par tout camion 6 × 6 (puissance min. : 250 CV). **Automoteurs : AUF-1 :** destiné aux régiments d'artillerie des divisions blindées. Monté en tourelle sur châssis d'AMX 30 ; *portée* 24 à 32 km selon munition ; *capacité d'emport* 42 coups complets ; *cadence* en alimentation automatique, 6 coups en 45 s, 12 en 2 min ; *protection* NBC (tourelle étanche), projectiles légers ; *armement secondaire* mitrailleuse de 12,7 ; *équipe :* 1 chef de pièce, 1 pointeur, 1 artificier-chargeur, 1 pilote ; *masse* 43 t ; *vitesse max.* 60 km/h ; *champ de tir* en direction 360°. **F3 :** sur châssis AMX 13 ; *mission* appui feu ; *cadence* 4 coups/min ; *portée max.* 20 km ; *masse :* 17 t.

LRM (lance-roquettes multiples) : *masse* 25 t ; *portée* 30 km ; associé au radar de contre-batterie *Cobra.*

Canon antiaérien bitube de 30 mm : sur châssis AMX 30 ; *cadence* 650 coups/min ; *portée pratique* 3 km.

Canons électriques : à l'étude : 1°) *long.* 1 m ; *projectile* quelques dizaines de g à 8 kg ; *vitesse* 2 000 à 4 200 m/s. **2°)** *Obus* 3,5 ; *vitesse* 4 000 m/s.

■ **G-B. M 107 : autotracté ;** *calibre* 175 mm ; *portée max.* 32,7 km ; *cadence* 4 obus/min.

■ **Ex-URSS. M-1974 :** autotracté ; *calibre* 122 mm ; *portée max.* 21,9 km ; *cadence* 5 obus/min (max.). **S-23** (1955) : tracté ; *calibre* 180 mm ; *poids* 21,5 t ; *portée max.* 43,8 km ; *cadence :* 1 obus/min. **M-46** (1954) : tracté ; *calibre* 130 mm ; *poids* 7,7 t ; *portée max.* 27,15 km ; *cadence* 6 à 7 obus/min. **D-30 :** tracté ; *calibre* 122 mm. 3,2 t ; *portée max.* 21,9 km ; *cadence* 6 à 7 obus/min.

☞ **Munitions :** de tous types (classiques, chimiques, nucléaires) et de plus en plus « intelligentes » ; exemple : *M 712 copperhead* avec guidage terminal sur cible illuminée au laser par un tiers la voyant (aéronef, fantassin...).

Missiles

■ Généralités

■ **Définition. Missiles :** projectiles dotés d'un système de propulsion autonome, asservis à un guidage sur tout ou partie de leur trajectoire. **Roquettes :** projectiles orientés mécaniquement au départ, mus par un système de propulsion autonome pendant la phase initiale de leur trajectoire, puis soumis aux seules lois de la balistique extérieure.

■ **Durée de vol d'un missile stratégique** (portée 13 000 km). Propulsion 3 min, balistique 30 min, rentrée 140 s. *Vitesse en fin de propulsion :* 7 100 m/s (25 560 km/h) atteints hors atmosphère.

■ **Précision** (en m). **1962 :** *Titan* 1 000 m ; **1963 :** *SS 8* 9 000 ; **1965 :** *Minuteman II* 550 ; *SS 9* 1 000 ; **1973 :** *SS 11* 600 ; **1976 :** *SS 17, 18, 19* 500 ; **1978 :** *SS 20* 300 à 500 ; *Minuteman III* 200 ; **1985 :** *MX* 100 à 200 (les SS sont russes, les autres américains).

■ Quelques missiles

■ **ABM (Anti Ballistic Missile). USA. Spartan,** fusée liée au PAR (Perimeter Acquisition Radar), 17 m de long, charge 2 à 3 mégatonnes, intervient à 700 km de distance, et entre 200 et 300 km d'altitude. L'explosion crée un flux de rayons X qui détruit le missile. **Sprint,** fusée (9 m de long, charge de 1 mégatonne), liée au MSR (Missile Site Radar), n'entre en action que si le missile ennemi a franchi l'échelon défensif des Spartan (portée 50 km, intervient entre 1 500 m et 30 000 m d'alt.). 2 sites sur 12 prévus ont été installés, l'un autour de la base de Minutemen à Grand Forks (Dakota du Nord), l'autre autour de celle de Malmstrom (Montana) ; coût 10,3 milliards de $ (environ 76 milliards de F). En 1976, ce réseau ABM a été démonté. **Patriot,** dérivé d'un missile antiaérien modifié en antimissile. Batteries transportables, Mach 3, utilisé en 1991. *Constructeur :* Raytheon. Selon Theodore Postol et George Lewis, chercheurs du Massachusetts Institute of Technology (MIT), 25 des 33 tentatives d'interception de missiles Scud iraqiens ont échoué à cause d'une vitesse insuffisante du Patriot. Sa rénovation, pour répondre à la menace de Scud modernisés, coûterait environ 12 milliards de F. Le 15-3-1999, le Patriot Pac-3 (prévu 2001) a réussi sa 1re interception. **URSS. Galosh,** portée + de 350 km, mis en place à partir de 1964, 64 ogives nucléaires, 64 rampes de lancement réparties en 1976 en 4 sites autour de Moscou. Comprenait encore, en juillet 1985, 32 silos dotés chacun d'une charge de 2 à 4 mégatonnes. Système considéré peu efficace (vitesse initiale limitée, faible accélération latérale et effet « fratricide » que provoquerait la 1re explosion). Modernisation au « centre du dispositif » des missiles SH-11 endo-atmosphériques et à la périphérie des SH-04 exo-atmosphériques (portée 700 km), à charge réduite à quelques dizaines de kt. Déployé dans l'Ouest, **Tallin,** serait destiné à la protection contre les seules attaques aériennes et ne serait pas efficace contre les fusées balistiques. Les Soviétiques auraient, en outre, transformé en ABM des missiles sol-air classiques, officiellement destinés à la défense antiaérienne (comme le SA-10 ou le nouveau SA-X-12).

■ **Air-air [AAM (Air to Air Missile)]. Missiles d'interception** (à quelques dizaines de km) : *Super 530 F,* calibre 260 mm, masse + de 250 kg, *530 D* à autodirecteur, doppler associé au radar RDI (radar doppler à impulsions) ; *Amraam* (1989) ; *BVRAAM* (Beyond Visual Range Air to Air Missile) prévu en 2003. **De combat** (quelques km) : *Magic 1, Magic 2,* 160 mm, masse 90 kg ; *R-73* (équipe Mig-29 et 23 et Su-27) ; *Asraam* (1992), 155 mm ; *Python 4* (1993), 152 mm. **D'interception de combat et d'autodéfense,** exemple : *Mica* (équipera le Rafale). Accrochés sous l'avion en opération, les missiles, même non tirés, s'usent car ils subissent de fortes contraintes thermiques (certains équipements ne sont garantis que pour 50 h de vol).

■ **Air-sol [AGM (Air Ground Missile)].** Exemplaires à charge classique : **AS30L** (laser). **Apache** (voir APTGD), **TSSAM** (Tri Service Stand off Attack, missiles américains). **JASSM** (Joint Air to Surface Standorff Missile) Lockheed-Martin, 4,26 m, 1 000 kg, charge 100 kg, prix environ 400 000 $ pièce. **AASM** (armement air-sol modulable) Fr.

■ **ALCM (Air Launched Cruise Missile).**

■ **Antichars (AC). De longue portée** *(4 000 m ou +) :* montés sur véhicules blindés ou hélicoptères (exemples : *Hot* ; *AC 3G/LP,* système « tire et oublie » composé d'un poste de tir avec viseur infrarouge et d'un missile à autoguidage infrarouge passif et tête à charge creuse double, portée 4 500 m). **De moyenne portée** *(2 000 m) :* portables éventuellement, adaptés ou intégrés sur véhicules (exemple : *Milan,* poste de tir 23 kg, missile en conteneur 11 kg, filoguidé ; *AC 3G MP* avec lunette thermique, missile guidé laser, tête à charge creuse double). **De courte portée** *(200 à 800 m) :* exemples : *LRAC* (lance-roquettes antichar) de 89 mm ; l'*Apilas* (calibre 112 mm) perce 700 mm de blindage standard à 330 m ; *ACCP Eryx* (nom d'un serpent des sables) conçu par l'Aérospatiale : portée + de 600 m, poste de tir 8 kg, munitions 12,5 kg, long. 93 cm, vitesse départ 20 m/s, max. 260, utilisable la nuit avec un intensificateur de lumière, contre tous blindages modernes (perfore 900 mm d'acier), tirable à l'épaule et de l'intérieur d'une pièce. Livré 1993-94 ; *Law-80 :* conçu par Matra BAe Dynamics et Lockheed Martin ; portée 500 m ; poste de tir 9 kg (perfore 650 mm d'acier) ; sera remplacé en 2005 par NLAW (Next Generation Light Anti-Armour Weapon).

■ **Antimissiles. Meads (Medium Extended Air Defence System) :** projet de plus de 400 lanceurs en batterie et plusieurs milliers d'engins de + de 100 km de portée. *Déclaration d'intention* signée le 20-2-1995 à Bonn, par USA, All. et Italie prévoyant la mise au point pour 2005-2010 d'un système de défense sol-air pour remplacer le missile Hawk. *Coût :* 200 milliards de F [dont (en %) Amér. 50, Européens 50 (France 20, All. 20, Italie 10)]. **SA 10 B** (rebaptisé **S300 PMU**) : utilise des missiles Grumble (1 500 kg), haut. 7 m, à carburant solide, portée 45 à 150 km, cible : missile de croisière ou avion, batterie : 1 véhicule de commande et contrôle, radar tridimensionnel, 4 véhicules de lancements, munitions et maintenance. **THAAD (Theater High Altitude Area Defence System) :** fabriqué par Lockheed pour détruire les missiles lors de leur rentrée dans l'atmosphère ; possibilité d'un second tir en cas d'échec ; opérationnel en 2006 ; 5 essais depuis déc. 1995 (au 11-5-1998 : échecs). Une batterie comprend 40 missiles et leurs lanceurs, des postes de commande et 2 radars de tir. 1 400 missiles à livrer avant 2001. Projet remis en cause en 1998 (concurrencé par le Patriot Pac-3 prêt en 2003). **SA 12** (1983) : 1re version. **SA 12 A – Gladiator** (1987) : efficace jusqu'à 100 km, alt. 30 km. Détruit en vol 1 engin ennemi 23 s avant impact sur cible, en cas d'échec peut l'atteindre avec 2 missiles « gladiateurs » à 4 à 16 s après. **SA 12 B Giant** (1990) : efficaces jusqu'à 74 km, alt. 25 m à 26 km. **Arrow** (2000, Israël).

■ **Antinavires [ANS (antinavire supersonique)]. Famille Exocet** (missile naval à préguidage inertiel, devenant autodirecteur à proximité de sa cible) : *Exocet MM 38* (1974) mer-mer, portée de 42 km, *Otomat* (1978) mer-mer, 100 km, *Exocet MM 40* (1980) mer-mer, 70 km. Développé par Aérospatiale (Fr.) et MBB (All.). Portée 200 km ; 3 000 km/h ; statoréacteur (bénéficie des études sur l'ASMP). *Harpoon 1D :* portée 250 km. *Tomahawk* (version antinavire) portée 450 km. **Missiles à très courte portée** *(environ 15 km) : Sea Skua, AS 15 TT-MM 15* et leurs dérivés peuvent être installés sur des plates-formes de lancement variées : bâtiments de 50 à 40 000 t, sous-marins, avions, hélicoptères, rampes côtières fixes ou même camions, donc accessibles à de petites nations. Certains missiles utilisant des conduites de tir optiques insensibles aux leurres et contre-mesures sont dangereux près des côtes ou dans les endroits resserrés.

■ **Antiradars. AS-37 Martel** (Matra, Dassault et British Aerospace). *Caractéristiques :* vitesse 2 200 km/h ; portée 100 km, *charge explosive :* 150 kg ; attiré par les fréquences des antennes émettrices, se dirige de façon autonome vers les radars adverses. Opérationnel dès 1975 : utilisé 1 fois au combat en février 1986 sur la base de Ouadi-Doum, d'où les avions libyens s'envolaient pour bombarder des objectifs civils et militaires au Tchad. Pendant la guerre du Golfe, en 1991, les USA ont utilisé le missile **Harm (High Speed Anti-Radiation Missile)** qui porte à 50 km.

■ **APTGD (Arme de précision tirée à grande distance). Missile de croisière (air-sol subsonique)** : projet lancé janvier 1995, opérationnel vers 2000. Dérivé de la famille *Apache* construite par Matra. Peut franchir 400 km à très basse altitude, dispose d'un système de navigation autonome, précision 1 m à l'impact, emporte environ 400 kg d'explosifs. *Coût de développement :* 1,65 milliard de F. *En 1997 :* 200 air-sol *Apache* livrés (*coût global* 4,5 milliards de F). *Portée :* 150 km. *Largue* des sous-munitions pour neutraliser les pistes d'aviation, disperse des mines qui interdisent à des blindés de progresser en sécurité. **Version anti-infrastructure (missile air-sol) :** *portée* 200 à 300 km ; *précision* environ 3 m à l'impact, système de navigation américain GPS.

■ **ASAT (Anti Satellite System).** Système antisatellite aux USA.

■ **ASMP (Air-sol moyenne portée).** Missile de portée moyenne (2 à 400 km) naviguant en route ou à basse altitude sur relief. Charge nucléaire tactique.

■ **ATBM (Anti Tactical Ballistic Missile).**

■ **BMD (Ballistic Missile Defense System).** Système de défense contre les missiles balistiques.

■ **BMEWS (Ballistic Missile Early Warning System).** Système d'alerte avancé contre les missiles balistiques.

■ **Cruise Missile (Missile de croisière). USA. Caractéristiques :** engin propulsé par statoréacteur ou turboréacteur : *long. :* 6,33 m, *diamètre :* 50 cm, peut être tiré d'avion [ALCM (Air Launched Cruise Missiles) avec statoréacteur (poids 1,45 t), APTGD (voir ci-avant)], de véhicules terrestres [GLCM (Ground Launched Cruise Missiles)] avec turboréacteur (poids 2 t) ou d'un navire de surface ou sous-marin (SLCM Tomahawk) avec turboréacteur [nouvelle génération Tactical Tomahawk (2002)]. Attaque à 8 000 m d'alt., *coût* 575 000 $ pièce. *Longueur* 6,40 m. *Diamètre* 0,53 m. *Portée* 2 500 km. *Vitesse* 700 à 900 km/h. *Altitude de vol* 15 à 80 m. *Charges* nucléaires de 200 kt ou de 100 kg d'explosifs classiques. *Précision au but* environ 10 m. *Pouvoir de pénétration* 5 m dans le béton, 10 à 50 m dans le sol, permet d'atteindre un silo contenant des missiles stratégiques. *Guidage automatique* vers l'objectif par : 1°) *navigation inertielle par plate-forme gyroscopique classique ;* 2°) *Tercom* (Terrain Contour Matching) permettant de se recaler régulièrement sur des repères géographiques fixes. Ce 2e système, rendu nécessaire à cause de la dérive propre du système inertiel (sensible sur une longue distance effectuée à faible vitesse) et des modifications inattendues des conditions atmosphériques (turbulences), effectue la comparaison entre la mesure du profil du terrain survolé par radar embarqué et la carte stockée en mémoire (relevée antérieurement par satellite). Sur 2 500 km, le recalage par Tercom peut être effectué de 5 à 10 fois et permettre des changements brutaux et imprévisibles de trajectoires. Mais, une fois lancé, le missile ne peut plus être rappelé. *Intérêt* d'une propulsion par réacteur : faible consommation (portée élevée sous un faible volume). **Détection :** difficile, car sa surface est faible et il se déplace de 20 à 60 m d'alt. en épousant le relief et en pouvant contourner les zones présumées bien défendues. Plus vulnérable en phase finale, surtout avec un système de détection et de défense adapté (avion radar type Awacs pour la détection, avions d'interception SAMP et SACP pour la défense). Pour se défendre contre ce type de missile, l'URSS aurait dû établir un dispositif coûteux (450 milliards de F) étanche seulement de 70 à 80 % (le missile pouvant provoquer une saturation des systèmes de défense). **Améliorations :** système de navigation passif (sans émission), grâce aux informations données par les 18 satellites du système Navstar GPS (opérationnel en 1987) ; version supersonique (phase finale) *coût* 8,5 milliards de $ pour 192 missiles ; **missiles à longue portée utilisant la technologie « Stealth »** (voir p. 1948 b).

Ex-URSS. Missile de croisière lancé du bombardier Backfire, essayé début 1979.

■ **FOBS (Fractional Orbital Bombardment System).** Satellite qui, après une révolution partielle autour de la Terre, est guidé sur l'objectif. Exemple : programme soviétique d'une bombe nucléaire lancée par le missile SS-9 et placée sur une orbite terrestre à 160 km d'altitude (derniers essais 8-8-1971). Violerait le traité sur l'espace de 1967.

■ **ICBM (Intercontinental Ballistic Missile).** Engin balistique intercontinental. Portée 6 000 à 13 000 km. Expérimenté depuis 1951. **Atlas, Titan I, Titan II** (1965) : 54 en service, devraient être remplacés par des fusées propulsées par un combustible solide moins dangereux (explosion d'un missile à Searcy en 1965 et Damascus le 22-9-1980). **Minuteman 2** (1964) : 450 en service ; **3** (1975) : 550. **Missile MX** à 3 étages : *coût du programme* 36 milliards de $, *1er vol* 17-6-1983. *Long.* 21,60 m ; *diam.* 2,40 m ; *poids* 90 t ; *portée* 13 000 km ; *charge* nucléaire 3,6 t (10 ogives de 335 kilotonnes chacune). *Emplacement* dispersé pour échapper aux satellites espions (4 600 silos, par groupe de 23 autour de 200 aires de déplacement) ; chaque missile est placé sur un camion adapté (*long.* 55 m, *larg.* 3 m, *haut* 3 m. ; *poids* 300 t ; *vitesse* 32-48 km/h). *Précision des tirs* 100 à 200 m. *Durée* (déploiement, lancement) 30 min.

Ronald Reagan, en nov. 1982, envisagea un « groupement serré » de 100 MX enterrés dans des silos espacés de 550-600 m (sur 72 km^2), près de la base aérienne de Warren (S.-E. du Wyoming). Pour les détruire, il aurait fallu de nombreuses fusées ennemies, mais celles-ci se seraient gênées et détruites en partie à cause des radiations et débris causés par la 1re explosion. Mais l'adversaire aurait pu faire exploser au-dessus de l'atmosphère des charges de 5 à 10 mégatonnes toutes les minutes pendant 15 à 60 min ; l'impulsion électromagnétique produite aurait brouillé communications et systèmes électroniques. Il aurait pu, en outre, envoyer des ogives qui se seraient fichées dans le sol avant d'exploser.

Contre-projet : remplacer silos et camions par de petits sous-marins au large des côtes américaines [système SUM (Shallow Underwater Mobile)].

■ **IRBM (Intermediate Range Ballistic Missile).** Portée de 2 400 à 6 400 km.

■ **LRBM (Long Range Ballistic Missile).** Missile balistique à longue portée.

■ **Marv (Manœuvrable Re-Entry Vehicle).** Missile à ogives multiples capable de changer de trajectoire en phase de rentrée pour éviter une interception.

Pendant la guerre du Kippour (oct. 1973), 58 missiles *Maverick,* lancés par l'aviation israélienne, ont détruit 52 chars arabes (coût du missile moins de 10 000 $, coût du char T-62 environ 500 000 $). Au cours des essais du *Harpoon,* 19 tirs sur 21 ont porté au but à environ 100 km. Un mer-mer *Condor* de 200 000 $ peut couler un croiseur de 100 000 000 $. Le 4 mai 1982, durant la guerre des Malouines, un *Exocet* tiré par un Super-Étendard argentin a coulé la frégate britannique *Sheffield.*

La destruction d'une division soviétique (soit 400 blindés, 2 500 camions plus artillerie et moyens antiaériens) aurait nécessité 2 200 missions avec des avions équipés de bombes classiques de 250 kg, 330 avec le système MW-1, 50 à 60 avec le système *Skeet,* 20 à 30 avec les bombes nucléaires de 10 kt. Radar Pave-Mover pouvant « suivre » les véhicules circulant dans une zone de 100 km de côté et repérer 4 500 cibles en même temps. Mais des contre-mesures, parfois très simples, permettent de leurrer les armes sophistiquées (exemples : l'ordinateur du missile antichar à infrarouges *Maverick* peut être désorienté par des feux au sol ; le missile filoguidé *Tow* s'est révélé inefficace contre le char T-72 soviétique).

Conséquences possibles sur la physionomie de la guerre terrestre : décimés par les PGM utilisés massivement, les chars pourraient perdre leur rôle d'instrument de percée et redevenir l'arme d'accompagnement de l'infanterie. La guerre deviendrait plus statique et exigerait une augmentation importante du nombre de fantassins.

■ **Mirv (Multiple Independently Targeted Re-Entry Vehicle).** Missile à ogives multiples guidées vers plusieurs objectifs ennemis parfois éloignés de plusieurs centaines de km. Exemples : **Minuteman-3** portant 3 têtes nucléaires de 170 à 200 kilos. **Poseidon** portant jusqu'à 14 têtes nucléaires. **Polaris A-3. Trident. M4** (français) 6 têtes.

Projets de défense antimissiles : *France* : Aérospatiale (en liaison avec le groupe italien : Alenia) à partir du missile Aster-30. *Allemagne* : TLVS (Taltische Luft Verteidigung System) pour remplacer ses missiles Hawk. *USA* : projet Corpsam (US Army's Corps Surface to Air Missile) confié à Lockheed, il associerait les capacités des Hawk et Patriot.

■ **Mol (Mobil Orbit Laboratory).** Projet américain abandonné d'un satellite armé.

■ **MRBM (Medium Range Ballistic Missile).** Missile balistique de moyenne portée : 1 800 à 2 500 km environ.

■ **MRV (Multiple Re-Entry Vehicle).** Engin à têtes nucléaires multiples sans guidage indépendant.

■ **MSBS (Mer-Sol Balistique Stratégique).** Lancé par sous-marin. **Missiles français : MSBS M 1** *poids* 18 t, *diam.* 1,50 m, *long.* 10,40 m, *portée* environ 2 500 km, *charge* nucléaire 500 kt ; *durcissement* : non ; *aides à la pénétration* : non ; *mise en service* fin 1971 ; *retrait* 1976. **M 2** *poids* 20 t, *diam.* 1,50 m, *long.* 10,70 m, *portée* > 3 000 km, *charge* nucléaire 500 kt ; *mise en service* 1974 ; *retrait* 1979. **M 20** *poids* 20 t, *diam.* 1,50 m, *long.* 10,70 m, *portée* > 3 000 km, *charge* thermonucléaire 1 Mt ; *mise en service* 1977. **M 4** *poids* 35 t, *diam.* 1,93 m, *long.* 11 m, *portée* > 4 000 km, *charge* thermonucléaire 150 kt ; *mise en service* 1985. **M 45** 1er essai 14-2-1995, tiré devant Quimper à partir du *Triomphant*, point d'impact 23 min plus tard au large des Antilles à 4 500 km. **M 51** en cours de développement.

■ **Ogive** (tête nucléaire, charge nucléaire). Partie de toute munition (missile ou autre), contenant l'élément destructeur nucléaire (voir MRV, Mirv, Marv).

■ **PGM (Precision Guided Munitions). 1°) Guidage manuel :** le plus souvent filoguidés tels *SS 11* et *Entac* (France), *Cobra* (All.), *Snappet* et *Sagger* (URSS). **2°) Semi-automatique :** visée manuelle sur la cible, le missile disposant d'un correcteur automatique de trajectoire, tel que *Hot, Milan* et *Roland I* (France et All.), *Tow* et *Dragon* (USA). **3°) Automatique :** si l'on est dans le domaine de tir (portée et secteur), le missile « accroche » sa cible et se guide indépendamment. ENGINS SOL-AIR (à moyenne et haute altitude) : *Hawk, Standard Missile* et *Nike Hercules* (USA), *SAM 2, 3, 6, 8* (URSS). AIR-SOL : *Maverick* (USA). MER-MER : *Exocet* et *MM 38* (France), *Otomat* (France et Italie), *Condor, Harpoon* (USA), *Gabriel* (Israël), *Martel* (G.-B.), *SS-N* (URSS). AIR-AIR : *Sparrow* (USA). **Perfectionnements en cours :** *bombes guidées laser AS 30* (voir **Bombes** p. 1948 c) guidées par le système Atlis (autopointeur, télévision et laser d'illumination sol). *Missile Polyphème* (Aérospatiale-MBB) équipé d'une mini-caméra TV par l'intermédiaire d'une fibre optique qu'il déroule lui-même, transmettant en temps réel les images de la zone survolée, et recevant les ordres de guidage envoyés par le pilote qui « voit » sur un écran ce que voit la tête du missile. Le pilote du missile installé dans la tête de l'engin peut identifier sa cible et tirer à coup sûr.

Types étudiés : missile antichar, antihélicoptère et antiaérien pouvant être tiré d'un sous-marin en pleine vitesse et en plongée profonde (encapsulé dans un conteneur étanche et résistant aux fortes pressions). Éjecté jusqu'à la surface où il libère le missile. Le guidage sous l'eau et dans l'air utilise la même fibre optique.

Distribution de sous-munitions : système « Assault Breaker » (briseur d'assaut) pourrait distribuer des centaines (voire des milliers) de sous-munitions sophistiquées. **MW-1** (opérationnel en 1983 dans la Luftwaffe) *long.* 5 m, *poids* 5 t, placé sous le ventre du chasseur bombardier Tornado, peut avec ses 224 tubes d'éjection larguer 4 500 sous-munitions (mines, bombes antipistes). **Skeet** (USA) placé dans des obus de 155 mm des cônes de missile, ou à bord de distributeurs **Lads (Low Altitude Dispenser)** qui peuvent manœuvrer seuls au-dessus de l'objectif avant de larguer les sous-munitions qui se dirigent seules vers les compartiments moteurs peu protégés des blindés. **Sadarm** se pose sur la coupole des chars. **Eram (Extended Range Anti Armor Munition)** largué par parachute (voir **Bombes** p. 1948 c). **Apache (arme propulsée à charge éjectable).**

■ **Vecteur. CAM-40,** dérivé du Pershing-2. **MLRS (Multiple Launch Rocket System),** coproduit par USA, Fr., ex-All. féd. et G.-B. ; entré en service en 1983, lance 12 sol-sol porteurs de sous-munitions en moins d'une min. **T-16** (Martin Marrieti).

■ **RPV** (voir **Drones**, encadré p. 1947 b).

■ **SAM [(Surface to Air Missile) missile sol-air]. SATCP : (sol-air très courte portée :** 5 km ou moins) ; exemples : *Mistral* 1,80 m, 20 kg, portée 3 km, servi par 2 hommes. Version terre portable avec 1 seule munition à autodirecteur infrarouge du type « tire et oublie » ; version marine *Sadral* (portée 6 km), poste de tir *Simbad*, non stabilisé, porte 2 munitions ; lanceurs AATCP, pour hélicoptères ; stabilisés *Sadrai* pour Marine (6 munitions) ; *Aspic* sur véhicule tous chemins. **SACP (sol-air courte portée) :** jusqu'à 10 km ; exemples : *Crotale air* (1972) et *naval* (1979) : 2,90 m, 90 kg, intégré comprenant la conduite de tir et le lanceur sur le même support ; missile guidé en télécommande par alignement. Version terrestre : véhicule à roues tout chemin : unité d'acquisition qui porte sur le radar de veille et assure la détection ; unité de tir dotée de 4 missiles. *SAHV3 (Surface to Air High Velocity)* sud-africain. *Roland* (1978) 2,40 m, 70 kg : *I* « temps clair » ; *II* « tout temps » avec radar ajouté. Poste de tir sur châssis AMX 30 comprenant radar de veille, radar de tir (pour *Roland II*), lunette de jour, conduite de tir et 2 missiles sur rampe prêts au tir. 8 missiles disponibles en soute. Portée 6 km. *Aster terminal* 2,60 m, 100 kg. **SAMP (sol-air moyenne portée) :** portée de 30 km et plus ; d'une rampe monocoup à rechargement rapide ; guidé en mode semi-actif vers la cible illuminée par l'une des 2 conduites de tir radar. Exemples : *Tartar 30* 4,60 m, 680 kg, système américain ; *Aster 30 (2 étages)* 4,80 m ; *Hawk* 5,10 m, 580 kg, développé aux USA, en service France en 1976. Une batterie Hawk comprend 1 section d'acquisition et de conduite de tir et 1 section de feu. Portée 40 km. Améliorations : programmes *HIP, PIP, RAM ; Masurka (2 étages)* 8,60 m, la cible, illuminée par le radar, est poursuivie par l'autodirecteur du missile ; 2 conduites de tir à bord de façon à engager 2 cibles simultanément, à moins de 50 km ; *FSAF (famille de systèmes antiaériens du futur* de moyenne et courte portées) lancée 1990 en coopération avec l'Italie (opérationnelle 1997-98 ; 1res livraisons 2004) : conduite de tir pilotant un radar multifonctions à balayage électronique ; missile à 2 étages, lancé verticalement, recevant en vol les informations les plus récentes sur la cible, missile terminal (100 kg environ) dont le procédé de pilotage PIF-PAF (pilotage inertiel en force et pilotage aérodynamique fort) permet l'impact direct ou des distances de passage à la cible très courtes. Systèmes : radars *Arabel*, *Empar*, lanceur naval du *SAAM* et son dérivé du *SAMP/N*, radar naval de veille lointaine *Astral*, munitions *Aster 15* et *Aster 30*.

Sol-air portables : 1re GÉNÉRATION *(années 1970)* : *Sam-7* (soviétique), *Blowpipe* (britannique) et *Red Eye* (américain) : sous autodirecteurs infrarouges non refroidis. Les 1ers *Sam-7* devaient être tirés dans l'axe de la tuyère des aéronefs survolant le tireur à basse altitude en vitesse subsonique (inférieure à 900 km/h). On pouvait les détourner avec des leurres (cartouches infrarouges). Si le missile était pointé à moins de 20° du Soleil, son autodirecteur visait le Soleil et non l'aéronef. Amélioré, il atteignit des aéronefs à 3 500 m d'altitude et son autodirecteur fut doté d'un filtre censé éliminer les infrarouges parasites du sol et du Soleil. Les hélicoptères ripostèrent, en réduisant les signatures infrarouges de leurs tuyères, par des déviateurs de jet et par des systèmes de brouillage (lampes à éclats fonctionnant au césium). Les 4 356 Sam-7 tirés par les Arabes lors de la guerre du Kippour en 1973 abattirent 6 avions israéliens et en endommagèrent 28. **2e GÉNÉRATION** *(début des années 1980) : Sam-14* (soviétique), *Stinger* (américain) : disposent d'autodirecteurs refroidis au sulfure de plomb (travaillent dans la gamme des 3 à 5 microns au lieu des 1 à 2). Capables de s'accrocher sur des sources infrarouges moins intenses, ils peuvent être tirés d'un aéronef de quasi n'importe quel angle. Si les lampes à éclats classiques ne peuvent les brouiller efficacement, on peut encore les leurrer par des cartouches infrarouges ou électro-optiques (émettant un flash endommageant l'optique de l'autodirecteur). **3e GÉNÉRATION** *(début des années 1990)* : *Mistral* (français, Matra, 20 kg ; s'il passe à moins de 5 m de sa cible, une fusée déclenchée par laser fait exploser sa charge de 3 kg) et *version RMP modernisée du Stinger* (américain) : avec autodirecteurs à détecteurs multiples fonctionnant dans les bandes de l'infrarouge et de l'ultraviolet, non brouillables par lampes à éclats : le détecteur peut distinguer l'infrarouge du leurre (bande des 2 microns) de celui de l'aéronef (bande des 4 microns), d'où l'idée de leurres propulsés, ou tractés au bout d'un câble par l'aéronef à protéger (exemple : LICA : leurres infrarouges à cinématique adaptée, de Matra). **Lasers antimissiles** : *1er essais en 1997.*

■ **Scad (Subsonic Cruise Armed Decey).** Leurre aérien subsonique antimissile.

■ **Siam (Self-Initiating Antiaircraft Munition).** Projet américain. Choisit ses objectifs et se lance tout seul.

■ **SLBM (Sea Launched Ballistic Missile).** Missile balistique mer-sol lancé d'un sous-marin.

■ **SLCM (Submarine Launched Cruise Missile).** Missile de croisière lancé de sous-marins.

■ **Sram (Short Range Attack Missile).** Courte portée, tiré d'un avion ; exemples : *Stinger* (USA), *RBS 70* (Suède), *Javelin* (G.-B.), *Mistral* (France, Matra).

■ **SRBM (Short Range Ballistic Missile).** Missile balistique de courte portée. Moins de 800 km.

■ **SS (sol-sol).** Désigne les missiles soviétiques. **SSBS** balistique sol-sol. **SSM (Surface to Surface Missile)** missile sol-sol. **SSN** lancés de sous-marins. Le SS-24 [longueur 22,40 m, diamètre 2,40 m, masse 104,5 t, conçu pour lancer à + de 10 000 km 10 têtes nucléaires (4 t au total)].

■ **TACMS (Tactical Missile System).** Disperse sur cible ou zone visée un millier de sous-munitions antipersonnel ou antichars ; *portée* 100 km.

■ **TDM (Theater Defence Missile).** Produit pour la défense du théâtre (en haute altitude : projet Thaad).

■ **ULMS (Undersea Long Range Missile System).** Balistique stratégique, tiré d'un sous-marin.

■ **VRBM (Variable Range Ballistic Missile).** Missile balistique à portée variable.

■ **WS 120.** Envisagé pour remplacer les Minutemen.

☞ **On peut détecter** le missile lui-même ou la colonne de gaz ionisés échappée des moteurs-fusées lors de son lancement.

Programmes en coopération : *sol-air courte portée* Roland (avec Allemagne). *Missile porte-torpille* Milas (Italie). *Sol/Surface-air* Fsaf (Italie). *Antimissiles et moyenne portée* Fams (Italie, G.-B.). *Drones de surveillance* Brevel (Allemagne), CL 289 (All., Canada). *Antichars* Milan (All.), Hot (All.). *ATM (affût de tir modulaire)* intégré au Wiesel, petit véhicule chenillé, présenté 1996, AC 3 G (All., G.-B.).

Mines

Mines marines

■ **Moyens maritimes. Dragueur** (navire de quelques centaines de t) : certaines dragues mécaniques sectionnent l'*orin* (câble maintenant une mine entre 2 eaux) ; d'autres, magnétiques, détruisent à distance les mines à influence qui reposent sur le fond de l'eau, en recréant le champ magnétique d'un navire par des câbles électriques ; d'autres, acoustiques, émettent les mêmes fréquences qu'un bâtiment en surface ou en plongée. Ce système est imparfait pour les mines à composantes dépressionnaires (la houle provoquée par un navire peut déclencher l'explosion) et certaines mines (exemple : orin) possédant des dispositifs antidrague. Les navires français utilisent aussi un sonar de surveillance remorqué dont les enregistrements sont exploités, en temps différé, dans un centre informatique spécialisé à terre qui permet de traiter de grandes surfaces.

Chasseurs de mines. Chasseur de mines tripartite (CMT) type Éridan : construits en coopération Fr.-Belgique-P.-Bas. Coque magnétique en CVR (composite verre-résine). Propulsion électrique très silencieuse. Détectent les mines par leurs échos, avec un sonar rétractable installé sous la coque, et « interprètent » la forme géométrique de l'ombre à l'aide d'un sonar indépendant. Ensuite une charge explosive est déposée par des *plongeurs démineurs* sur la mine ou par un *Poisson autopropulsé (Pap)* près de celle-ci (pour que la caméra de télévision fixée sur lui puisse la repérer si l'eau n'est pas trouble).

■ **Déminage. Mines mouillées :** *1914-48 :* 240 000 ; *1939-45 :* 740 000 dont 400 000 sur les côtes françaises, par les Allemands (la plupart ont été détruites de 1945 à 1955, mais on en retrouve encore environ une soixantaine par an). **Dans le golfe Persique** (1991) : une force antimines a été constituée en mars 1991. *Chasseurs de mines :* 4 français, 3 italiens, 3 allemands, 3 belges, 3 néerlandais, 4 japonais et des anglais ; *dragueurs :* 2 all., 4 amér. ; *hélicoptères :* 6 (amér.) ; plusieurs groupes de plongeurs démineurs. 1 240 mines ont été découvertes et détruites (les plans de minage fournis par les Iraqiens n'en recensaient que 1 157 dont beaucoup, mal mouillées, dérivaient).

Mines terrestres

☞ **2 catégories :** antipersonnel et antichar/antivéhicule.

■ **Mines. Antipersonnel (MAP).** Origine allemande. A effet de souffle (entraînant des amputations chirurgicales), à fragmentation, directionnelles et bondissantes. Lancées à partir d'avions ou d'hélicoptères au Viêt Nam par les Américains, en Afghanistan par les Russes. Environ 340 types, certaines mesurant 8 × 3,5 cm et pesant 140 g (en modèle 72, chinois). **Types : à action locale** (soufflantes, actionnées par des pressions de 3 à 6 kg ; exemple : *PMK 40* (TNT 51 g, diamètre : 70 mm, hauteur : 38 mm). **A fragmentation :** déclenchées par une traction de 5 à 10 kg sur 1 fil ; éclats mortels dans un rayon de 5 à 10 m ; exemple : *POMZ-2* (TNT 75 g, diamètre : 64 mm, hauteur : 135 mm). **Bondissantes à fragmentation :** éclats, mortels dans un rayon de 10 à 25 m, projetés à 1,20 m du sol ; exemple : *69* (TNT 105 g, diamètre : 61 mm, hauteur : 168 mm). **A effet dirigé :** placées sur des bipieds ou dans des arbres et généralement commandées par un tireur ; éclats, mortels jusqu'à 25 m, projetés selon un angle de 60° ; exemple : *MON-50* (dangereux jusqu'à 100 m). **Effets :** non repérables ; peuvent tuer ou blesser dans un rayon de 25 m. **Coût :** 15 à 150 F.

Emploi. Réglementation formulée dans le protocole (II) de la Convention de 1980 sur les armes classiques (entrée en vigueur en 1983), signé par 41 États. **Conférence de Vienne (29-9 au 13-10-1995)** : organisée par l'Onu (52 pays participants) n'a pas abouti. **Position de la France :** *1986* dernières exportations de mines ; *1993* fin moratoire absolu sur les exportations ; *1995-26-9* interdit la production ; *1996-2-10* renonce officiellement à leur emploi, sauf pour assurer la sécurité de ses forces armées. *1997-24-6* à Bruxelles, lie sa renonciation définitive à la signature d'un « traité efficace », au plus tard fin 1999 ; *1996/20-12-1999* destruction du stock français (1 098 281 MAP, 192 439 allumeurs et 132 786 composants ou accessoires) ; *1998-8-7* loi créant la Commission nationale pour l'élimination des mines antipersonnel (Cnema) ; *23-7* ratifie le protocole II de la Convention de 1980 et la convention d'Ottawa du 3-12-1997. **Conférence d'Ottawa (2 au 4-12-1997)** : 121 pays s'engagent à ne plus utiliser, stocker, produire ou transférer les mines antipersonnel, ainsi qu'à détruire les mines existantes, jusqu'à fin 2003. *Fin 1999 :* 136 pays signataires, dont 89 ont ratifié. Sanctions prévues en cas de non-respect des interdictions.

Statistiques. 35 États en produisent dont Russie, Chine, USA, All., *France*, Suède, Suisse, Afr. du Sud, Inde, Chili, Pakistan. **Stock mondial** (en millions, fin 1999) : 225 à 250 dont 100 sur le terrain dans 64 pays, dont Afghanistan 10 (sur 40 000 km²), Angola 15 (70 000 amputés), Cambodge 8 à 10 (sur 3 200 km², 3 600 victimes par an), Chine 10, Égypte 23, Éthiopie plus de 1, Iran 16, Iraq 10, Mozambique 3 (10 000 amputés), Somalie (15 000 amputés), Soudan 2, ex-Yougoslavie 6 à 9, Viêt Nam 3,5. **Nombre de tués ou mutilés chaque année** : environ 24 000. **Nombre d'amputés :** 250 000. **Mines posées chaque année :** 500 000 à 2 millions.

■ **Déminage. En France** (de 1945 à 1980) : on a retiré du sol 13 000 000 de mines, 23 000 000 d'obus et d'engins divers, 600 000 bombes (tonnage global 125 000 t de munitions). 589 démineurs sont morts en service commandé. **Guerre du Golfe** (1991) : *au Koweït :* 7 millions de mines avaient été posées : les Allemands ont fourni des dizaines de « Fox », véhicules antimines terrestres (Thyssen, Henschel). Le déminage des mines antichar s'effectue à l'aide de chars équipés, à l'avant, de longs bras d'acier portant des socs. Le déminage des mines antipersonnel se fait à la main par 2 techniciens, l'un avec un détecteur de métaux, l'autre, à genoux, pour sonder le sol avec un bâton, ou avec des engins munis de fléaux. **Efficacité :** 60 à 90 % pour des mines contenant un minimum de métal. **Coût :** 1 500 à 5 000 F par mine.

■ **Missions de dépollution depuis 1978. 1978-86** Liban. **1978-99** Tchad. **1982-87** Mauritanie. **1988-89** Pakistan. **1989** Djibouti. **1991** Iraq, Koweït. **1992-93** Cambodge. **1992-99** Balkans. **1994** Mozambique. **1995-99** Angola. **1997-99** Centrafrique. **1998** Guinée-Bissau, Nicaragua. **Dépenses** (1995-98) : 215 millions de F (hors recherche). Fin 1999, 18 États dans le monde (Afrique du Sud, Allemagne, Australie, Autriche, Belgique, Canada, France, G.-B., Guatemala, Hongrie, Luxembourg, Mali, Namibie, Norvège, Nlle-Zélande, Philippines, Salvador et Suisse) auront achevé leur programme de destruction des stocks existants. **Croatie** déminage en cours effectué par compagnies privées. *Coût de revient par mine :* 300 $.

☞ En 1993, on a retiré 100 000 mines dans le monde. A ce rythme, il faudrait 1 100 ans pour retirer toutes celles actuellement en place, mais la pose de mines nouvelles (500 000 à 1 000 000 par an) rend vain ce calcul (coût : 30 milliards de $).

☞ **Détecteur de mines :** l'appareil ELF (Elimination of Landmine Forever) fabriqué par Loch Harris, filiale de Chemical Detection Technology (USA), émet un faisceau de rayons X pouvant exciter des molécules relâchées par un explosif quand celles-ci reviennent à leur niveau naturel d'énergie. Elles émettent à leur tour un rayonnement caractéristique que détecte l'appareil à une distance de 2 à 30 m.

Blindés

☞ *Abréviations :* auton. : autonomie ; équip. : équipage ; mitr. : mitrailleuse.

Blindés anciens

■ **Blindage.** Vient de *blinde,* pièce de bois garnissant galeries de mine, abris, fortifications.

■ **Origine.** Déjà imaginés et dessinés par Léonard de Vinci au XVe s., ils furent effectivement créés par le colonel Jean-Baptiste Estienne (1860-1936), surnommé le « père des chars ». Le principe était de monter des tubes de canons français de 75 mm sur des tracteurs américains à chenilles (inventés par Benjamin Holt en 1906), afin de les amener en 1re ligne. Les 2 premiers (ingénieur Eugène Brillé) furent fabriqués au Creusot, en 1915. Simultanément, l'armée anglaise créa en secret, à partir de 1915, le gros véhicule blindé à chenilles (Mark I), sous l'impulsion de Winston Churchill. Les chars anglais entrèrent en action le 15-9-1916 à Flers-Courcelette (Somme). Le nom de *tank* (réservoir) vient des inscriptions factices des caisses d'emballage pour tromper l'espionnage ennemi.

■ **Automitrailleuse :** *Charron, Girardot et Voight* (Sté française) (1902) utilise véhicule avec blindage et armement en tourelle ; Vickers, Sons & Maxim Ltd (Sté angl.) également. **Austro-Daimler (1903). 1re automitrailleuse à tourelle, munie de 2 mitrailleuses ;** *équipage :* 4 ou 5, *poids :* 3 t, *longueur :* 4,60 m, *largeur :* 1,76 m, *hauteur :* 2,743 m, *vitesse :* 45 km/h, *moteur :* 4 cylindres, essence, 40 CV, *blindage :* 4 mm. *Blindés à roue :* vers 1908.

1re Guerre mondiale

■ **Allemagne. Char d'assaut A7V** (1917-18) : *équip.* 18 h., *masse* 30,53 t, *long.* 8 m, *larg.* 3,04 m, *haut.* 3,30 m, *vit.* 9 km/h, *auton.* 80 km, 1 canon 57 mm, 6 mitr., *obstacle vertical* 0,482 m, *tranchée* 2,286 m, *blindage* 15 à 30 mm. Quelques dizaines d'exemplaires construits.

■ **France. Char casemate (Schneider) :** 1er engagement le 16-4-1917 à Berry-au-Bac. *Équip.* 6/7 h., *masse* 13 t, *long.* 5,97 m, *larg.* 3,28 m, *haut.* 2,34 m, *vit.* 8 km/h, *auton.* 40 km, 1 obusier 75 mm, *moteur* 55 CV dans une casemate latérale, 2 mitr. *Hotchkiss ;* fabriqué en 400 ex. dont 268 améliorés après l'échec du Chemin des Dames (26-4-1917), notamment blindage renforcé, risques d'incendie réduits. **Saint-Chamond :** *masse* 23 t, *moteur* 90 CV (Panhard), *long.* 7,91 m, *larg.* 2,67 m, *haut.* 2,34 m, *vit.* 8 km/h, *auton.* 60 km, *équip.* 9 h., *blindage* 17 mm, canon dans l'axe du véhicule ; 400 ex. contruits. **Char léger Renault FT** (faible tonnage) **17** (1918) : *équip.* 2 h., *masse* 7,4 t, *long.* 5 m, *larg.* 1,71 m, *haut.* 2,13 m, *blindage max.* 22 mm, *moteur* 35 CV, *vit.* 7,5 km/h (moteur arrière), *auton.* 35 km, tourelle centrale à révolution totale, 1 canon 37 mm. 1er blindé utilisé en masse. Le 18-7-1918, 480 FT 17 effectuent une brèche de 6 km dans le front allemand. Chars fabriqués en France jusqu'au 11-11-1918 : 3 870. Livrés à l'armée française : 3 473 dont Schneider CA 1 de 13 t : 399. St-Chamond de 23 t : 377. Renault FT de 6,5 t : 2 697, cédés aux États-Unis. Renault FT : 217, à l'Italie Schneider CA 1 : 1. Disponibilités en chars à l'armistice : 2 300. Pertes de chars au combat : 748 dont par canon : 657, mine : 16, fusil antichar : 4, indéterminé : 71.

■ **Grande-Bretagne. Tank Mark I** (William Foster, 1916), dit *Big Willie* : à chenilles de tracteur agricole : *équip.* 8 h., *masse* 28,45 t, *long.* 9,90 m, *larg.* 4,20 m, *haut.* 2,49 m, *vit.* 6 km/h, *auton.* 40 km, 2 canons de 6 pouces, 4 mitr., *obstacle vertical* 1,37 m, *tranchée* 3,048 m, *blindage* 8 à 12 mm, 1 mitr. *Hotchkiss* (il existait depuis 1908 des camions blindés à roues). 49 participèrent à la bataille de Flers-Courcelette, le 15-9-1916. **Whippet** (William Foster, 1918) : *équip.* 3 h., *masse* 14,678 t, *vit.* 13 km/h, *long.* 6,094 m, *larg.* 2,62 m, *vit. sur route* 13,35 km/h, *auton.* 129 km, *obstacle vertical* 0,762 m, *tranchée* 2,133 m, *blindage* 5 à 14 mm.

2de Guerre mondiale

■ **Allemagne. Panzer II :** *équip.* 3 h., *masse* 9,5 t, *blindage* 35 mm (tourelle 30 mm), *long.* 4,81 m, *larg.* 2,28 m, *haut.* 2,02 m, *vit.* 40 km/h, *auton.* 125 à 175 km, 1 mitr., canon 20 mm ; 860 ex. construits. **Panzer III** (1939-43) : *équip.* 5 h., *masse* 22 t, *long.* 5,41 m, *larg.* 2,92 m, *haut.* 2,51 m, *blindage* 30/35 mm, *vit.* 20/40 km/h, *auton.* 175-260 km, 1 canon 50 mm, puis 75 mm, 1 mitr., équipement radio. 5 650 ex. campagne de France. **Tigre** (1942-45) ou **Panzer VI :** *équip.* 5 h., *masse* 56,9 t, *haut.* 2,90 m, *long.* 8,46 m (coque 6,311), *larg.* 3,733 m, *vit.* 20/40 km/h, *auton.* 65-120 km, *blindage* 26 à 110 mm, 1 canon 88 mm, 2 mitr., 6 lance-grenades, *moteur* Maybach HL 230 P45, 12 cylindres, à essence, développant 700 CV à 3 000 t/min, *tranchée* 3,962 m, *pente* 60 %, *blindage* 26 à 110 mm. **Tigre II (Köning Tiger, Tigre royal)** (1944-45) : *équip.* 5 h., *masse* 68 t (le plus lourd blindé opérationnel de la guerre), *haut.* 3,10 m, *long.* 10,28 m, *larg.* 3,75 m, *vit.* 40 km/h, *auton.* 120-170 km, *blindage* 150 à 185 mm, 1 canon 88 mm, 2 mitr., transperce un *blindage* de 20 cm à 1 000 m ; 485 ex. construits. **Panther** ou **Panzer V** (1943) : *équip.* 5 h., *masse* 44,8 t, *haut.* 2,99 m, *long.* 8,86 m, *larg.* 3,27 m, *vit.* 25/45 km/h, *auton.* 100 km en campagne, 200 sur route, 1 canon 75 mm, 2 mitr. ; 5 805 ex. construits. **Panther chasseur de chars (Jagd Panther)** (1943) : *équip.* 5 h., *masse* 45,5 t, *haut.* 2,72 m, *long.* 10,10 m, *larg.* 3,27 m, *vit.* 25-45 km/h, *auton.* 80 km, pas de tourelle, combat en embuscade (appelé par les Français « 88 automoteur »), 1 canon 88 mm, 1 mitr. ; construit à 384 ex. *Étude d'un char* de 188 t [nom de code *Mammut* puis *Maus* (souris)] *long.* 10,08 m, *larg.* 3,67 m, *haut.* 3,66 m, *chenille larg.* 1,10 m, *blindage* face 200 à 240 mm, arrière 160 à 200, côtés 180 à 200 ; 1 canon 128 mm et 1 tube coaxial de 75 mm ; *moteur* 10 800 CV, *consommation* 1 400 à 3 100 litres aux 100 km, *vit.* 20 km/h.

■ **France.** **Chars légers** : **FMC** Forges et Chantiers de la Méditerranée (1939-45) : *équip.* 2 h., 1 canon de 37 mm, 1 mitr., *vit.* 25 km/h, *masse* 11 t, moteur 80 CV Diesel ; 100 ex. construits. **Hotchkiss H 35** ou **39 :** *équip.* 2 h., *masse* 11 et 12,1 t, *haut.* 2,15 m, *long.* 4,22 m, *larg.* 1,95 m, *vit.* 28 km/h, *auton.* 150 km, 1 canon 37 mm, 1 mitr. de 7,5 mm, *blindage* 40 mm (tourelle 45), *moteur* 80 CV ; 1 900 livrés en mai 1940. **Renault R35** (1935) : *équip.* 2 h., *masse* 11 et 12,5 t, *long.* 4 m, *larg.* 1,85 m, *haut.* 2,10 m, *vit.* 20 km/h, *auton.* 80-140 km, 1 canon 37 mm, 1 mitr. de 7,5 mm, moteur 85 CV ; série 2 000 ex. 1 400 livrés en mai 1940. **Chars moyens** : *équip.* 3 h., *masse* 13 t, *vit.* 16 km/h, *moteur* 65 CV, canon 35 mm, + mitr. ; 150 livrés en mai 1940. **D2 :** *équip.* 3 h., *masse* 18,5 t, *moteur* 150 CV, *vit.* 25 km/h, canon de 35 mm + mitr. ; 50 livrés en mai 1940.

AMD Panhard : *équip.* 4 h., *auton.* 400 km, *moteur* 115 CV, *vit.* 75 km/h, canon 28 mm ; 300 livrés en mai 1940. **Somua S35 :** *masse* 20 t, *haut.* 2,62 m, *long.* 5,30 m, *larg.* 2,12 m, *vit.* 40 km/h, *auton.* 130-260 km, 1 canon 47 mm, 1 mitr. ; 450 ex. construits. **Renault B1 et 1 bis :** *équip.* 4 h., *masse* 28 ou 31,5 t, *long.* 6,98 m, *larg.* 2,49 m, *haut.* 2,79 m, *blindage* 50 mm, *vit.* 28 km/h, *auton.* 210 km, 1 canon 75 mm, 1 canon 47 mm, 2 mitr. 7,5 mm, *moteur* 250 à 300 CV ; 900 ex. construits, livrés en mai 1940. **Chars lourds : 2C** (1919) : *équip.* 13 h., *masse* 68 t puis (1923-27) 81 t (le plus lourd), *haut.* 4,20 m, *long.* 14 m, *larg. des chenilles* 1,20 m, 1 canon de 75 mm sous tourelle (ou 1 obusier de 155 mm), 4 mitr., 2 *moteurs* de 500 CV, *vit.* 16 km/h ; 10 ex. construits.

■ **Grande-Bretagne. Mark II Matilda** (1939-42) : *équip.* 4 h., *masse* 27 t, *haut.* 2,52 m, *long.* 5,61 m, *larg.* 2,59 m, *blindage* 70 à 78 mm, *vit.* 25 km/h, *auton.* 130 à 160 km, 1 canon de 40 ou 45, 1 mitr. ; construit à 2 987 ex. A résisté aux armes antichars all. en mai 1940. **Mark III Valentine** (1941-43) : *équip.* 3 h., *masse* 16,3 t, *haut.* 2,27 m, *long.* 5,40 m, *larg.* 2,63 m, *blindage* 65 mm, *vit.* 25 km/h, *auton.* 145 km, 1 mitr., 1 canon de 40/45 ou 65 ou 1 lance-grenades ; 8 275 ex. construits. **Mark VI Crusader** (1941) : *équip.* 5 h., *masse* 20 t, *haut.* 2,24 m, *long.* 6 m, *larg.* 2,77 m, *blindage* 30 à 49 mm, *vit.* 45 km/h, *auton.* 320 km, 1 canon de 65, 1 lance-grenades ; 5 300 ex. construits. Conçu pour faire des raids sur les arrières ennemis en Libye. Grande maniabilité. **Mark VIII Cromwell** (1943-45) : *équip.* 5 h., *masse* 28 t, *haut.* 2,51 m, *long.* 6,35 m, *larg.* 2,90 m, *blindage* 76 mm, *vit.* 60 km/h, *auton.* 130/280 km, 1 canon de 75 mm, 2 mitr., 1 lance-grenades ; construit en grande série. Un modèle fut équipé d'un mortier de 95 mm pour détruire les Tigres all. Très maniable, il fut encore utilisé en Corée en 1951.

■ **URSS. T34** (1940) : *équip.* 4 h., *masse* 27 t, *long.* 6,58 m, *larg.* 3 m, *haut.* 2,44 m, *vit.* 50 km/h, *auton.* supérieure à celle de tout autre char grâce à des réservoirs amovibles, *blindage* 70 mm à l'avant, 45 sur les côtés, 1 canon 76,2 mm perforant les blindages all. à 1 500/2 000 m, 2 mitr. ; environ 40 000 ex. construits (*en 1940* : 115, *après 1943* : 10 000 par an). **T34/35 :** *masse* 31,3 t, *long.* 6,15 m, *larg.* 2,97 m, *vit.* 50 km/h ; *auton.* 250 à 400 km, *blindage* 75 à 95 mm, canon 85 mm ; construit en grande série. **KV1 [Klimenti Vorochilov (1940)]** : *équip.* 5 h., *masse* 47 t, *haut.* 2,74 m, *long.* 6,70 m, *larg.* 3,25 m, *vit.* 30 km/h, *auton.* 200/335 km, *blindage* 75 mm, résistant aux armes antichars [les All. ne les détruisaient qu'avec des canons de 88 *Flak* (anti-aérien) en tir horizontal], 1 canon 76 mm, 3 mitr. ; construit en grande série. **Blindé de chasse SU 85** (1943) : *haut.* 2,36 m, *long.* 8,13 m, *larg.* 3 m, *masse* 29,5 t, *équip.* 5 h., *vit.* 55 km/h, *auton.* 300 km, châssis de T 34, canon 85 mm (appelé en 1944 « automoteur antichar » ; en 1945 canon de 100 mm), réservoirs de 613 l à l'extérieur du blindage. **Staline** (1944) : *masse* 46 t, *blindage* 110 mm, canon 122.

■ **USA. Sherman M4** (1942-45) : *équip.* 5 h., *masse* 33 t, *haut.* 2,96 m, *long.* 5,86 m, *larg.* 2,94 m, *vit.* 50 km/h, *auton.* 195 km, *blindage* 62 mm, 1 canon 75 mm, 3 mitr., 1 lance-grenades ; construit à 49 000 ex. **Halftrack** (1941-45 ; semi-chenillé) : *équip.* 13 h., *masse* 7,7 t, *haut.* 2,26 m, *long.* 6,16 m, *larg.* 2,22 m, *vit.* 70/90 km/h, *auton.* 290/345 km, *blindage* 6,3 à 12,7 mm, 1 mitr., 1 pistolet mitr. **Patton** (1950) : *équip.* 5 h., *masse* 44 t, *long.* 8,51, *larg.* 3,51, *haut.* 3,33 m, *vit.* 60 km/h, *auton.* 160 km, *blindage* 75 à 115 mm, 1 canon 90 mm, 3 mitr. ; construit en grande série.

■ Blindés en service

■ **Allemagne. Léopard** (1966) : char de bataille, *équip.* 4 h., *masse* 40 t, *vit.* 65 km/h, 1 canon 105 mm, 2 mitr. de 7,62 mm, *auton.* 600 km. **Léopard II AV** (1986) : char de bataille, *équip.* 4 h., *masse* 58 t, *vit.* 68 km/h (55 en tout terrain), *auton.* 550 km, 1 canon 120 mm (peut percer le bindage « mille-feuilles ») et 2 mitr., blindage quasi invulnérable. Version **A3** : *masse* 42,4 t, *vit.* 70 km/h, 1 canon de 200 mm, 1 de 105 mm. Version **A4** : nouvelle tourelle, blindage amélioré, Schnorckel pour franchir des rivières de 2,25 m. **Flakpanzer Guépard** (1977) : antiaérien, *vit.* 65 km/h, 2 canons reliés à 1 radar et 1 ordinateur. Identifie un avion à 16 km. Salves de 40 projectiles.

■ **France. AMX 30** (1966) : char de bataille, *équip.* 4 h., *masse* 36 t, *longueur* canon vers l'avant 9,50 m, vers l'arrière 8,90 m, *larg.* 3,10 m, *haut.* 2,85 m, *vit.* sur route 65 km/h, tout terrain 40 km/h, *auton.* 16 h/600 km, *moteur* 720 CV, 1 canon 105 mm, 1 500 m/s, portée utile 1 800 m, 42 obus-flèches perçant tous les blindages connus, 1 mitr. coaxiale 12,7 mm (ou canon 20 mm), 1 mitr. 7,62 sur tourelleau, 4 pots lance-fumigènes. Peut gravir une rampe à 60 % et franchir un fossé à bords francs de 2,90 m. Utilisé comme engin antiaérien de basse alt. dans le « système Roland ». Modifié en **AMX 30 B2** : mêmes caractéristiques sauf canon de 105 mm rayé avec conduite de tir automatique. **Char AMX Leclerc** : *coût* 55 millions de F ; *commandes prévues* : France 1 400 ramenées à 650 (loi du 2-7-1996) dont 406 pour 1997-2002 (222 chars ont été commandés à Giat Industries en 1998 et 114 livrés) ; Émirats arabes unis : 390 (+ 46 de dépannage). *équip.* 3 h., *masse* 53,5 t, *long.* 6,60 m, *larg.* 2,30 m, *haut.* 2,30 m, *volume* 37,5 m³, *vit.* 71 km/h, protection contre charges creuses de gros calibre, obus à énergie cinétique, *moteur* hyperbar 1 500 CV, canon de 120 mm à chargement automatique pour 22 munitions, conduite de tir multi-senseur (IR thermique et télémétrie à laser avec transfert vidéo aux postes de tir), tir en marche, jour et nuit (1 coup toutes les 6 secondes).

Engin blindé léger à roues AMX 10 RC (1977) : reconnaissance et aptitude au combat antichars, *équip.* 4 h., *masse* 15,8 t, *vit.* 85 km/h, *auton.* 800 km, 18 h de combat, *dévers max.* 30 %, 1 canon 105 mm, 2 mitr. (12,7 jumelée au canon et 7,62).

Engin blindé léger AMX 10 P (1973) : *équip.* 2 h. et 1 groupe de combat de 9 h., *masse* 14,2 t, *vit.* 65 km/h, *auton.* 600 km, 1 canon automatique de 20 mm, 1 mitr. de 12,7 mm jumelée au canon, *dévers max.* 30 %. De manœuvre et d'appui, amphibie, aérotransportable.

Canon automoteur AU F1 155 GCT : *équip.* 4 h., *masse* 39,5 t (châssis AMX 30), *moteur* 720 CV, tube de 155, portée max. 32 km, tir coup par coup ou en salves de 6 coups toutes les 45 s, sélection et chargement automatique des munitions (explosives ou éclairantes), 2 mitr. 12,7 mm et 7,62 mm.

AML 90 (1960) : *équip.* 3 h., *masse* 5,5 t, *vit.* 90 km/h, *auton.* 600 km, canon 90 mm F 1 (portée pratique 1 500 m), 1 mitr. 7,62 mm. Antichars, aérotransportable. Version avec mortier 60 % sous tourelle.

VAB (véhicule de l'avant blindé) : plusieurs versions : transport de troupes (12 h.), Hot, mortier, PS, sanitaire, échelon. 4 ou 6 roues, tout terrain, amphibie, aérotransportable. *Vit.* 92 km/h, mitr. de 7,62 mm, missiles antiaériens, canon de 20, etc.

■ **Grande-Bretagne. Centurion** (1953) : *équip.* 4 h., *masse* 56,9 t, *vit.* 35 km/h, *auton.* 105 km, 1 canon 84 mm, 2 mitr., 12 lance-grenades. Dernier char lourd équipé d'un moteur à essence.

Chieftain (1967) : *masse* 54 t, *vit.* 48 km/h (30 en tout terrain), *auton.* 390 km, 1 canon 120 mm, 3 mitr., 18 lance-fumigènes. N'est plus en service en G.-B.

Challenger (1990) : *équip.* 4 h., *masse* 62 t, *vit.* 56 km/h, *auton.* 500 km, *moteur* Perkins 1 200 CV, 1 canon de 120 mm gyrostabilisé (tir en marche), télémètre laser, 2 mitr. de 7,62 mm, équipement fumigène, *tranchée franchissable* 3,15 m, *obstacle vertical* 0,91 m.

■ **Israël. Merkava, Chariot** (1980) : char de bataille. Touché à l'avant, il peut être remis en état en quelques h. L'équipage pénètre par l'arrière. Le dessin très profilé de la tourelle la rend peu vulnérable. *Équip.* 4 h., *masse* 56 t, *vit.* 44 km/h, *auton.* 400 km, canon rayé 105 mm.

■ **Japon. STB 1 :** char de bataille, *masse* 38 t, *moteur* 740 CV, *vit.* 60 km/h (30 en tout terrain), 1 canon 105 mm, 2 mitr. **Modèle 90** : coût : 55 millions de F ; sera construit à moins de 250 ex.

■ **Suède. S :** char de bataille, *masse* 37 t, *moteur* 570 CV, *vit.* 50 km/h (35 en tout terrain), 1 canon 105 mm, 2 ou 3 mitr.

■ **Suisse. PZ 68 :** char de bataille, *masse* 39 t, *moteur* 660 CV, *vit.* 60 km/h (30 en tout terrain), 1 canon 105 mm, 2 mitr.

■ **URSS. T-54/55** (1949-61) : *masse* 36,5 t, *vit.* 38 km/h, 1 canon 100 mm et 2 mitr. SGMT ou PKT. **T62** (1965) : *masse* 38/40 t, *vit.* 50 km/h, 1 canon 115 mm et 1 mitr. 7,62 mm. **T-64/72** (1976) : *équip.* 3 h., *masse* 40 t, *moteur* 870 CV, *vit.* 70/80 km/h, *auton.* 500 km, 1 canon 120 mm (rayé sur la 1re partie), obus-flèche, conduite de tirs par calculateur et télémètre laser, 1 mitr. 7,62 mm, *blindages* parallèles. **T80 :** *masse* 40 t, *vit.* 42 km/h, 1 canon 122 mm et 2 mitr. 12,7 mm, *blindage* « millefeuilles » (protège des missiles Hot, Milan et Tow, également adapté aux T 64 et T 72) ; canon de 120 mm du char allemand Léopard II.

■ **USA. M1 Al Abrams** (1981) : *masse* 60 t, *vit.* 70 km/h, *blindage* composite, canon 120 à conduite de tir par calculateur et télémètre laser, obus-flèche, 2 mitr., *moteur* 1 500 CV.

M60 A3 (1983) : *équip.* 4 h., *masse* 50 t, *vit.* 48 km/h, *auton.* 500 km, canon 105 mm.

Mini-chasseur de chars télécommandé : *Fire Ant* (« Fourmi-canon ») : engin à 4 roues motrices, muni d'une charge creuse. Repère et détruit un blindé en mouvement jusqu'à 500 m. En 1945, les Allemands utilisaient un minichar sur chenilles, le *Goliath*, commandé par fil et bourré d'explosifs.

☞ *Études :* **blindage** : composites type « édredon » capables de déstabiliser un projectile flèche ou à charge creuse ; « réactif » (explosif en sandwich déviant le jet des charges creuses) ou verre type Pyrex en sandwich (résistance, rétractation rapide, allègement). **Armement :** canons de 140 à 150 mm (les blindages actuels résistant aux 120/125 mm).

Armements navals

■ Navires anciens

Navires à rames

■ **Antiquité. Galère phénicienne** : avec 1 rang de rameurs (avant 700) ; 2 rangs (700-500) ; 3 rangs (trirème ; à partir de 500), 170 rames, longueur 40 m, largeur 2,50 m. **Trirème athénienne** : éperon pour l'attaque, archers, engins lançant des matériaux enflammés. **Liburne romaine** (146) : galère légère avec voile carrée sans propulsion secondaire.

■ **Moyen Age. Dromon byzantin** (VIe s.) : birème rapide avec lance-flammes jetant du feu grégeois. **Drakkar viking** (VIIe-XIIIe s.) : barque à quille, non pontée, 15 rameurs à chaque bord ; *long.* 24 m, *larg.* 3,20 m. **Dragon anglais** (Xe s.) : *long.* 45 m, *larg.* 9 m. Plus lourd que le drakkar, il l'élimine sur la mer du Nord. **Galère méditerranéenne** (Turquie, Venise, Espagne, France jusqu'en 1748) : 2 rangées de rameurs (navires turcs : esclaves chrétiens ; navires chrétiens : galériens de droit commun), long. 46,65 m, larg. 5,83 m. Voile d'appoint triangulaire (latine). Armement : catapultes jusqu'au XVe s., puis canon tirant uniquement vers l'avant. **XVIIe-XVIIIe s.** *1690* : 55 galères en France avec plus de 11 000 h. (effectif des esclaves : environ 2 000). Peu efficaces, elles sont surtout utilisées en appoint. **Galère baltique** (Suède, Russie, XVIIIe s.) : artillerie tirant par le travers.

Navires à voile

■ **Avant le XVIIIe s. Nef** (XIe-XVe s.) : navire de commerce sommairement aménagé. *Propulsion* : une grande voile carrée sur mât central. *Armement :* archers et arbalétriers dans les hunes. **Trois-mâts** (Angleterre, XVe s.) : tonnage ordinaire 400 tonneaux (1 000 pour le *Jesus of the Tower* en 1420). *Armement :* canons en fer, archers, arbalètes. **Caraque à château :** plusieurs ponts, petits canons latéraux sur les ponts, gros canons dans les « châteaux » (le *Régent*, 1495, à 225 canons). **Galion** (XVIe s.) : 610 tx, long. 45 m, larg. 11 m, 3-4 mâts, 3 ponts, artillerie de moyen calibre mais de longue portée (14 demi-couleuvrines). L'Armada espagnole (1588) comportait 24 galions de combat, la flotte anglaise 30, plus rapides. **Vaisseaux** (XVIIe s.) : les canons sont placés plus bas dans des sabords ouverts sur les flancs (pour détruire la coque des navires ennemis). Exemple : *Great Michael*, anglais : long. 70 m, larg. 17 m, 300 marins, 120 canonniers, 1 000 soldats (1 500 tx).

■ **Aux XVIIIe et XIXe s.** Angleterre 1/3 de la flotte européenne. France et Hollande ensemble 1/3. Autres pays européens 1/3. Adoption de la barre à roue (pour sa grande maniabilité). **Vaisseaux :** *de 1re ligne* (appelés aussi de 100) : 3 ponts, 100 canons, 2 700 tx ; *de 2e ligne* (vaisseaux de 74) : 2 ponts, 74 canons, 1 800 tx. **Frégates** (1757) : 1 pont, 32 à 44 canons, 1 200 tx. **Grosses frégates de 60 canons :** long. 53 m, larg. 13,90 m, équipage 500 h., plus rapides que les vaisseaux à 3 ponts. **Corvettes :** petites frégates de 20 canons ou moins. **Vaisseaux de haut bord** (1790-1840) : 120 canons dont 26 de 203 mm. Record : 2 vaisseaux français, *Souverain* (1819) et *Friedland* (1840) 5 000 tx ; long. 64 m, larg. 18 m, 3 ponts. Dernier trois-ponts à voile français : le *Valmy* (1847).

☞ La construction d'une frégate de 74 canons exigeait 4 000 troncs d'arbres.

Navires à vapeur

■ **Les premiers. Sphinx** (français, 1829) : propulsion par roues à aubes, vitesse 7 nœuds. **Agamemnon** (anglais, 1850) : 91 canons, 3 ponts (en bois), à voilure, propulsion auxiliaire à hélice. **Napoléon** (français, lancé 15-5-1850 sous le nom de *24-février*, rebaptisé le 4-6, armé 1852), 5 000 t, à hélice 900 ch, 13,5 nœuds, 90 canons.

■ Navires modernes

Légende et abréviations. – Type, longueur, largeur, tirant d'eau (t.e.), puissance en CV, vitesse en nœuds (nd) et autonomie (aut.) en milles nautiques (naut.) ; off. : officier ; off.-mar. : officier-marinier ; cr. : croiseur ; équip. : équipage ; h.t. : hors tout ; p.-a. : porte-avions ; p.c. : pleine charge ; s.-m. : sous-marin. *Sources : Flottes de combat* (H. Le Masson) et divers.

Cuirassés

■ **Navires cuirassés en bois avec plaques de fer. Tonnante, Dévastation, Lave, Foudroyante, Congreve :** lancées 1855, batteries flottantes françaises, *long.* 53 m, *larg.* 13,95 m, *vit.* 3 nd, remorquées par frégates à roues [déplaçant 1 600 à 1 674 t, 16 canons de 50 livres, 10 plaques de fer superposées de 1,2 cm, utilisées en Crimée]. **Gloire** (frégate cuirassé française, lancée 24-3-1859) : *long.* 77,25 m, *larg.* 16,16, *t.e.* 7,83 m, *voilure* 1 660 m² en bois avec une muraille de 95 cm dont bois 80 cm, et un blindage en fer 12 cm (poids 310 t) ; *déplacement* 5 600 t, 36 canons de 30 mm dont 34 dans les batteries sur les côtés, *vit.* 13,5 nd. **Couronne,** coque en fer. **Warrior** et **Black-Prince** (anglais, 1861, en fer). En 1863, 5 cuirassés français dont le **Solferino**, 1er cuirassé à éperon (au niveau de la flottaison). En 1865, 15 cuirassés français à hélice, 1re flotte du monde.

■ **Cuirassés en acier. Monitor** (le *Merrimac* à coque de bois, recouvert d'acier et rebaptisé) : construit à New York en 1861, 900 t, 52 m de long, canon sur tourelles pivotantes (suppression des batteries latérales) ; le 9-3-1862 1re bataille contre cuirassés, il s'opposa au *Virginia* (frégate cuirassée sudiste) ; après 24 h de combat, les 2 navires abandonnèrent. Le *Monitor,* mal adapté à la haute mer, coula peu après lors d'une tempête au large du cap Hatteras (Caroline du Nord) ; localisé en 1973 par 64 m de fond. **Redoutable** (français, 1876) : voilure auxiliaire ; 10 800 tx, 4 canons de 340, 4 de 274, *blindage* 380 mm. **Formidable :** lancé 16-04-1885 ; *long.* 102 m, *larg.* 21,24 m, *creux* 13,53 m, *t.e.* 7,98 m AR, *déplacement* 11 910 t. *Artillerie* 3 pièces de 370 mm, 12 de 140 mm, 8 canons revolvers, 6 tubes. *Blindage* ceinture 550 mm/350, tourelles 400 mm, pont 80/100 mm, poids total 4 042 t. *Essais* 16,208 nd. **Amiral-Duperré :** lancé sept. 1879 ; *long.* 98,93/97 m, *larg.* 20,40 m, *creux* 13,41 m, *t.e.* 7,75 m, *déplacement* 11 085 t. *Artillerie* 4 pièces de 340 mm, 14 de 140 mm, 1 de 160 mm, 4 tubes. *Blindage* ceinture 550/350 mm, tourelles 300 mm, pont 60 mm, poids total 2 900 t. *Essais* 14,33 nd. **Predreadnought :** *Majestic* (anglais, 1895), 4 canons de 305, nombreux canons de 152. **Charles-Martel** (français, 1893). **Dreadnought** (**l'Invulnérable** en français) : achevé 1906, 17 940 t, 10 canons de 305 en tourelles, cuirasse de 280 mm, 21,6 nd. Surclassait tous les navires de l'époque. **Superdreadnought :** 24 000 à 30 000 t à partir de 1911 : **Kaiser** (allemand) : 24 325 tx ; **Oklahoma** (américain) 27 000 t ; **Fuso** (japonais, 1914) : 30 600 t. **République :** lancé 4-9-1902 ; *long.* 133,80 m, *larg.* 24,30 m, *t.e.* 8,30 m, *déplacement* 14 870 t. *Armement* 4 de 305 mm, 18 de 164,7 mm, 13 de 65 mm, 10 de 47 mm, 2 tubes. *Blindage* ceinture 280 mm AH et AK à 100 mm, tourelles (305) 320 mm, ponts 54/51 mm, blockhaus 280/300 mm. *Essais* 19,2 nd. **Danton :** lancé 22-5-1909 ; *long.* 146,60 m, *larg.* 25,80 m, *t.e.* 8,10 m AV, *déplacement* 18 400 t. *Armement* 4 pièces de 305 mm, 12 de 240 mm, 16 de 75 mm, 10 de 47 mm, 2 de 65 mm, 2 tubes. *Blindage* ceinture 150, 270, 150 mm, pont supérieur 480 mm, pont inférieur 45 mm, tourelles 300 mm, 220 mm, blockhaus 300 mm, poids total 4 950 t. *Vit.* 19,25 nd. **Courbet :** lancé 23-9-1911 ; *long.* 164,90 m/158,50 m, *larg.* 27 m, *creux* 14,86 m, *t.e.* 9 m, *déplacement* 23 500 t. *Armement* 12 pièces de 305 mm, 22 de 138,6 mm, 4 de 47 mm, 4 tubes. *Blindage* ceinture 180, 270, 180 mm, blockhaus 300 mm, ponts blindés 70, 48 mm, tourelles principales 280, 290, 250, 100 mm. *Essais* 22,05 nd.

■ **Cuirassés de 1939-45.** En 1939, il y avait 56 cuirassés en service dans le monde et 60 en construction (23 ont été achevés). Pendant la guerre de 1939-45, 22 ont été coulés (dont 15 par des avions).

Allemands. Bismarck (lancé 14-2-1939, 35 900 tx, 50 153 t, 241,5 × 36 m) : le 27-5-1941, après 3 j de bataille, le *Bismarck* contraignit le *P^ce^-de-Galles* (en assez mauvais état) à rompre le combat, mais il fut rattrapé par la flotte anglaise après avoir subi le torpillage d'un avion de l'*Ark Royal*. Réduit à l'état de ferraille par le *King-George V* (un « sister-ship » du *Prince-de-Galles*) et le cuirassé *Rodney*, le *Bismarck* sombra, torpillé par le croiseur anglais *Dorsetshire*, ou sabordé par son équipage. Retrouvé en 1989 à 970 km de Brest, par 4 600 m de fond. **Tirpitz** (lancé 1-4-1939) coulé 12-11-1944 (50 153 t ; 241,50 × 36 m).

Français. Richelieu (lancé 17-1-1939, 35 000 tx « standard », 45 000 t à pleine charge ; 244 × 33,10 m, t.e. 9,17 m, 30 nd ; effectifs 1 500 h.). *Armement* 8 pièces de 380 mm, 9 de 152 mm, 12 de 100 mm, 56 de 40 mm, 50 mitrailleuses de 20 mm ; pont blingé supérieur 150/170 mm ; tourelles 430 à 70 mm ; protection 16 500 t ; coût 1 227 millions de t. **Jean-Bart** (lancé 6-3-1940, s'échappa le 19-6-1940 avec un armement incomplet, fut achevé en 1950) : 244 × 33,50 m ; 30 nd ; **Clémenceau** mis en chantier 17-1-1939, en juin 1940 état d'avancement de 10 %, puis pris par All., 27-8-1944 coulé par Amér., 23-2-1948 remfloué, sept. 1948 à août-1951 dépecé.

Japonais. Musashi coulé 25-10-1944. **Yamato** coulé 7-4-1945 (72 809 t, 263 m de long.).

Américains de 1945 ou **de la classe Iowa** (**Iowa, New Jersey, Missouri, Wisconsin,** réarmés). 55 710 t. 270 m × 33 m. *Armement :* 9 canons de 406 mm (portée 37 km), 4 lanceurs de Subroc pour la défense anti-sous-marine aidés de 4 hélicoptères. LAMPS, 4 lanceurs quadritubes de missiles mer-mer Harpoon (portée plus de 100 km) et 4 rampes de lancement pour 32 missiles de croisière Tomahawk pour attaques terrestres et maritimes (portée 2 400 km). Pont d'envol portant 12 avions V/STOL AV-8B Harrier 2 (décollage vertical). Le 19-4-1989, une explosion à bord de l'*Iowa* (tourelle de 406 mm) fit 47 †.

PORTE-AVIONS (QUELQUES TYPES)

■ **Historique. 1910**-*14-11* 1er décollage du pont d'un navire : Eugène Ely avec un biplan Curtiss, du croiseur américain **Birmingham** dont la plage avant avait été dotée d'une plate-forme (24,60 × 7 m), inclinée de 5° vers l'étrave et surélevée d'un peu plus de 10 m. Le 18-1-1911, il appontait avec le même avion, sur la plage arrière du cuirassé **Pennsylvania. 1914**-*8-5* 1er décollage (René Caudron) du **Foudre** (ancien croiseur auxiliaire, sommairement aménagé), 1er navire français capable de mettre en œuvre des hydravions à flotteurs munis aussi de roulettes. **1917** 1er p.-a. : l'**Argus** (anglais) (14 450 tx), ancien navire de commerce italien en construction en G.-B. (1914, réquisitionné et équipé d'un pont continu). **1919** 1ers porte-aéronefs français comme tels dont **Hermès** (G.-B. lancé 11-9-1919, 10 850 tx, 182 × 21,35 m ; 25 nd, effectifs 723 h.). **1923** 4 p.-a. anglais, 1 américain, 1 japonais. **1928** navires de ligne transformés en p.-a. : **Lexington** (USA, 43 000 t), **Hosyo** (Japon, lancé 13-11-1921) 7 470 tw ; 155,45 × 14,70 m ; 25 nd, effectifs 556 h., 20 avions, **Kaga** (Japon, lancé 17-11-1921, transformé 1924-28, 41 000 t), **Béarn** (Fr.). **1939** 25 p.-a. en service dans le monde, et 25 en constr. ou projet dont 2 français de 18 000 t (236 × 34 m), décidés en 1938, le **Joffre** (constr. commencée le 11-1-1938) et le **Painlevé**. **1945** 57 p.-a. de combat et 72 p.-a. d'escorte avaient été construits. 30 avaient été perdus (dont tous les japonais). Les USA en avaient 110 opérationnels (dont 70 d'escorte). **Guerre du Pacifique. 1941 :** Japon 9 p.-a., USA 7. **1942 :** USA 4, Japon 3.

■ **France. Béarn** (cuirassé inachevé mis sur cale 18-8-1914, lancé 15-4-1920 transformé, entré en service actif 1-5-1928, déclassé 1939, transport de troupes 1945-46 ; base fixe 1949, démoli 1968) : 25 000 t ; 182,60 × 27,12 m ; 37 200 ch. ; 21,5 nd ; pont d'envol en iroko africain 180 × 27 m. 40 avions. **Dixmude** (ex-*Biter* brit. 1940, sera actif 1947, retrait 1949-59) ; 13 000 t ; 150 × 21 m ; 9 000 ch. ; 15 à 30 avions. **La Fayette** (ex-*Langley* lancé 22-5-1943 prêté par la marine amér. du 2-6-1951 à 1963) : 11 000 t ; 100 000 ch. 185,90 × 34,30 m h. t. (21,90 m à la flottaison) ; t.e. 7,85 m ; 31 nd, aut. 11 000 naut. à 15 nd ; capacité 26 aéronefs ; *équip.* : 1 500 h. **Bois-Belleau** (ex-*Belleau Wood* 1953, déclassé 1962) : 11 000 t ; 182 × 22 m ; 100 000 ch. ; 32 nd ; *équip.* : 1 400 h. ; 26 avions. **Arromanches** (ex-*Colossus* britannique de 1944, cédé à la France en 1945, déclassé 1978) : 14 000 tx ; 211,15 × 24,50 m ; 46 000 ch. ; 23,5 nd, aut. 12 000 naut. à 14 nd ; *équip.* : 1 200 h. ; 40 avions. **Clemenceau** (1961, retiré du service actif le 1-10-1997 et mis en réserve spéciale en mars 1998) et **Foch** (1963, acheté fin 2000 par le Brésil 85 millions de F, remise en état à la charge de la France, devient le *Sao-Paulo,* livré 1-2-2001) : p.-a. d'attaque légers. *1963 :* p.c. 32 780 t ; 265 × 51,20 m ; t.e. 7,50 m, d'air 62 m, pont d'envol 259 × 47 m, piste oblique 168 m, 8 800 m², 2 catapultes à vapeur de 50 m pour donner à des avions de 15 t une vitesse de 150 nd en sortie ; 4 brins d'arrêt de 70 m de course ; 126 000 ch. ; 32 nd, aut. 7 500 naut. à 18 nd ; *équip.* : 64 off., 476 off.-mar., 798 h. + 600 h. pour le groupe aérien ; 40 avions ; *armement : 2 SACP Crotale Edir* antimissiles, 4 tourelles de 100 mm, lance-leurres *Sagaie*, radars de veille et d'interception ; *autonomie :* 3 600 t de mazout (5 000 naut. à 24 nd), 1 800 m³ de carburéacteur, 1 700 t d'eau, 2 mois de vivres.

Charles-de-Gaulle [nom prévu le 20-1-1987 lors de sa programmation : *Richelieu,* changé le 18-5-1987] : p.-a. nucléaire : de type CTOL (*conventional take-off and landing,* décollage et appontage classiques ; avions catapultés et récupérés sur une piste oblique par des brins d'arrêt). *Historique : 1973* le Conseil supérieur de la marine émet l'idée de remplacer les p.-a. *Clemenceau* et *Foch* par des bâtiments à propulsion nucléaire ; abandonnée car trop cher. *1975* études pour un porte-hélicoptère *(PH-75)* de 16 500 t à propulsion nucléaire pour remplacer le p.-a. *Arromanches* qui sert pour l'entraînement. *1977* programme rebaptisé *PA-75 :* p.-a. adapté au lancement d'avions à décollage court. *1980* le Conseil de défense décide de poursuivre les études. *1986-4-2* Paul Quilès, min. de la Défense, signe l'autorisation de mise en chantier, devis : 11,661 milliards de F, achèvement prévu 1996. Maîtrise d'ouvrage : DGA et Marine nationale. Direction du programme : DCN. *1987-24-11* découpe de la 1re tôle. *1988* programme suspendu 1 an faute de crédits. *1989-14-4* Brest, début du montage de la coque. *1990-95* 4 suspensions des travaux, retard 3 ans et demi. *1991-11-9* 1er turboalternateur installé. *1992-déc.* mise à flot technique. *1994-7-5* définitive. *-17-6* embarquement des chaufferies. *1997-1-2* arrivée à bord du commandant, prise d'armement pour essais. *-22-12* 1re hélice installée. *1998-2-3* sortie du bassin. *-25-5/10-6* divergence des 2 chaufferies nucléaires. *-Déc.* essais de gite sur coffre. *1999-25-1* 1re sortie repoussée (mauvais temps). *-26-1* 1er appareillage pour essais, prévus 8 j ; avaries sur pompes électriques du circuit de refroidissement (les chaufferies ne peuvent fonctionner qu'à 50 %). *-18/30-3* 2e sortie, phénomènes vibratoires sur le gouvernail, les safrans arrière doivent être déplacés. *-Juillet/août* essais d'appontage et de catapultage. *1999-oct.* à *2000-mai* remise à niveau après essais (RANAE) et travaux pour 400 millions de F : radioprotection sur chaufferies, travaux sur centrale électrique, extension des locaux de l'état-major, changement de peinture sur piste d'envol (abrasive pour pneus des avions), allongement de la piste oblique de 4,40 m pour l'appontage du Hawkeye [(envergure 25 m ; choisi 1992 comme avion de guet) ; coût 500 MF], intervention sur l'appareil à gouverner et mise en place d'une 5e coupée. *Fin 1999* livraison du 1er *Rafale. 2000-mai/juillet* essais reprise *-27-9* clôture de l'armement. *-24-10/16-12* traversée de longue durée. *-9-11* au large des Bermudes, rupture d'une des 4 pales de l'hélice bâbord (5,80 m de diam., 19 t, tourne à 160 t/min), arrêt des essais. *2000-12-12* à *2001-avril* remise en état en cale sèche à Toulon. *-18-5* admis au service actif ; 1re flotille de *Rafale* créée. *2001-21-5/-1-6* en Méditerranée occidentale, exercice franco-italien, Trident d'or, réunit 75 navires de 12 pays, articulés en 3 groupes de forces autour du *Charles-de-Gaulle* et des p.-a. italien *Giuseppe-Garibaldi* et espagnol *Principe-de-Asturias.* Étaient associés la Stanavformed (Force navale permanente de l'Otan en Méditerranée), l'Euromarfor (Force maritime européenne), la Force navale franco-allemande, la force de débarquement et le groupe amphibie italo-espagnol. Thème : évacuation de ressortissants et rétablissement de la paix dans 3 nations ayant récemment accédé à l'indépendance. *-Juillet/-oct.* pour diminuer le bruit causé par l'hélice bâbord, travaux prévus pour rectifier sa forme. Mise à la retraite en 2040 ; 40 600 t, 76 200 ch., long. 261,50 m, larg. 31,50 m (flottaison), 64,36 (h.t.), t.e. 8,50 m, haut. (quille au sommet) 75 m (hors mâture 43 m), vitesse 24 nd (en ligne droite 27 au max.), 53 km/h. *Pont d'envol :* 261,50 × 64,36 m, 12 000 m² ; piste oblique 203 m. *Hangar :* 138 m ; surface : 4 600 m² ; capacité en avions : 40 environ de 20 à 25 t ; ascenseurs : 2 latéraux tribord AR de 35 t ; brins d'arrêt sur la piste oblique : 3 ; élongation 97,60 m ; catapultes à vapeur : 2 (1 sur la piste axiale et 1 sur la piste oblique) de 75 m capables de projeter des avions de 25 t à 260 km/h, au rythme de 1 avion/minute/catapulte ; carburéacteurs 3 000 m³ + réserve de 1 500 m³ de carburéacteur ou gazole pour l'escorte ; munitions : 4 900 m³ (pour 24 types d'armes différentes). *Rayon d'action :* 5 ans à 25 nd ; *équip. :* 177 off., 890 off.-mar., 833 h. ; *armement :* 2 systèmes Saam (sol-air antimissiles) : 2 × 16 missiles Aster 15 à lancement vertical, mise en œuvre par conduite de tir à action rapide Arabel (veille aérienne et poursuite des missiles) ; 2 systèmes Sadral (autodéfense rapprochée antiaérien léger) : 2 × 6 missiles Mistral (type « tire et oublie », Mach 2,5, à autodirecteur infrarouge) ; 2 brouilleurs de radars ARBB 33 ; 4 ensembles de lance-leurres Sagaie. *Groupe aérien :* interception : *Rafale M*, version FI (opérationnel 2002, 60 prévus) ; assaut et reconnaissance : *Super-Étendard*, puis *Rafale M*, version F 2, après 2004 ; guet avancé : *Grumann* biturbopropulseur *E-2C Hawkeye* (avion radar : masse de 23 t, vitesse 300 nd, env. 25 m) armé par 5 opérateurs, surmonté d'un radome lenticulaire de 7,30 m de diam. peut contrôler en simultané des interceptions ou des dispositifs d'aéronefs en attaque de saturation dans un rayon de 250 milles et peut suivre jusqu'à 600 pistes. 3 commandes (livrées 1998, 1999, 2003). *Équipement électronique :* radars DRBV 26 D (veille aérienne lointaine) ; DRBJ 11 B et veille combinée DRBV 15 D ; navigation DRBN 34 ; détection infrarouge VMB ; *transmissions :* par satellite : système Syracuse II ; *système de commandement et de combat :* Aidcomer ; *capacité d'hébergement :* 1 950 personnes. *Coût* (en milliards de F) : *hors avions :* 20 ; *global* : 71,2, dont études et développement 5,4, fabrication de la plate-forme 11,8, études et développement de l'avion embarqué *Rafale 7,* fabrication de 60 Rafale 40, achat aux USA de 4 Hawkeye 7), en 1999-2000 travaux supplémentaires 0,4 (voir ci-dessus).

■ **Débats.** Pour des raisons politiques (ne pas « indisposer » la CGT), le p.-a. fut construit à l'arsenal de Brest dont la forme la plus grande ne permettait pas des navires de + de 265 m. Aux Chantiers de l'Atlantique à Saint-Nazaire, on aurait pu lui donner une coque plus longue, améliorant le coefficient de finesse déterminant entre autre la puissance propulsive à appliquer pour obtenir une vitesse de déplacement élevée ou tout au moins suffisante. On aurait pu ajouter une 3e chaudière nucléaire et disposer d'un surplus de puissance. La vitesse trop faible est compensée par des catapultes plus puissantes qui fatiguent les structures des avions lancés.

☞ **Faiblesses du dispositif aéronaval français :** *disponibilité du Charles-de-Gaulle* 40 % du temps, 145 j par an. IPER (indisponibilité périodique pour entretien et réparation) : 15 mois tous les 7 ans et demi pour remplacer les cœurs des réacteurs nucléaires. IEI (indisponibilité pour entretien intermédiaire) : 6 mois entre chaque période d'entretien majeur. Indisponibilité cumulée pour entretien courant : 70 j par an. Pendant ces périodes, la France ne disposera d'aucun p.-a. et n'aura pas de groupe aérien à la mer. **Faiblesse** de l'aviation embarquée, la France ne disposant plus d'avions d'interception pour défendre son p.-a. Fin 1999, les *Crusader* âgés de plus de 34 ans ont été retirés du service. La France a 4 frégates antiaériennes dont 2 adaptées à des missions dans des zones à risques.

Second porte-avions : options : *p.-a.* proche du Charles-de-Gaulle, *à propulsion nucléaire*, ou *classique*. Économie à l'achat de 1 à 2 milliards de F. Autonomie et rayon d'action réduits mais économie de « coût de possession ». *P.-a. à propulsion classique dont les capacités seraient optimisées pour la mise en œuvre de l'aviation :* possibilité de coopération avec G.-B.

Surcoût : causes : durée du programme (la DCN, fonctionne davantage comme une régie que comme une entreprise encadrée dans des règles contractuelles avec son client). Les USA construisent 1 ou 2 p.-a. en 6 ans, G.-B. même délai. Des consortiums privés sont mis en concurrence pour des études préliminaires.

Solutions alternatives : *le porte-hélicoptères d'assaut* proche des LPH Tarawa ou Wasp américains pour un coût très inférieur, *Multipurpose Amphibious Assault Ship (MAAS) :* type utilisé par G.-B. (Suez 1956, Malouines 1982 ou dans le Golfe 1991 pour l'opération Salamandre), le porte-avions Clemenceau faisant office de porte-hélicoptères et de transports de troupes. Les USA disposent d'une douzaine de ces bâtiments. Leur groupe aérien composé de *Harrier* ne peut agir en profondeur comme à partir d'un véritable porte-avions.

■ **Porte-avions britanniques. 3 conceptions étudiées :** avions à décollage court et atterrissage vertical (STOVL), avions à décollage court et atterrissage arrêté (STOBAR), avions à décollage et atterrissage conventionnels (CTOL). Le choix de l'avion de combat (FCBA, Future Carrier Borne Aircraft) et de l'aéronef de guet aérien (FOAEW, Future Organic Airborne Early Warning Aircraft) sera déterminant. *Propulsion :* préférence pour propulsion électrique intégrée (la propulsion nucléaire, justifiée durant la guerre froide par souci d'économie pour un séjour en mer prolongé, n'est plus indispensable, les p.-a. devant surtout être utilisés dans des opérations contre la terre).

■ **Ex-URSS. Kiev** (1er p.-a. soviétique, 1976) : 44 500 t. 273 m de long ; 32 nds ; armé de SS-N-12 à longue portée lancés par 4 rampes doubles à l'avant. Environ 25 hélicoptères et 25 Adav/Adac. **Minsk, Admiral-Gorshkov** (ex-*Bakou*) et **Novorossisk** (1981) auraient les mêmes caractéristiques. Déclarés aux Turcs comme « croiseurs anti-sous-marins » pour emprunter le détroit (la convention de Montreux de 1936, qui garantit la liberté de circulation dans les détroits en temps de paix, interdit le passage de tout porte-avions de plus de 10 000 t). 3 nouveaux p.-a. (plus de 65 000 t) appelés, pour tourner la convention, croiseurs porte-aéronefs tactiques : **Admiral-Kuznetsov** (ex-*Tbilissi* et ex-*Leonid-Brejnev*), **Varyag** (ex-*Riga,* achevé 1993) et **Uliyanovsk** (vers 2001) de 75 000 t.

Nota. – 3 porte-avions de poche ont été mis en service en G.-B. **(Invicible, Illustrious, Ark-Royal) :** déplacement 20 460 t ; long. 209 m ; emportent 8 chasseurs à décollage vertical Harrier ou 8 gros hélicoptères anti-s.-m. ; *équip.* 1 089 h. ; rayon d'action (à 18 nd) 7 000 naut.

■ **USA. CLASSIQUES : Constellation** (p.-a. lourd, USA, 1961) : 81 700 t. 302 × 76,80 m ; t.e. 11,30 m ; 260 000 ch. ; 33 nd, aut. 8 000 naut. à 20 nd ; *équip.* : 5 239 h. (dont 473 off.). **NUCLÉAIRES : Enterprise** (1er p.-a. nucléaire, USA 1961) : 93 970 t ; 333,75 × 78,40 m ; t.e. 11,90 m ; 280 000 ch. ; 33 nd, aut. 140 000 naut. à 30 nd ; *équip.* : 5 695 h. (dont 529 off.) ; *coût :* 440 millions de $ (2,2 milliards de F) soit le double d'un p.-a. classique de cette dimension. **Chester-Nimitz** (2e p.-a. nucléaire, USA,

1975) : 93 700 t, 327 m de long. Cœur prévu pour durer 13 ans en parcourant de 800 000 à 1 000 000 de naut. Il sera suivi du **Dwight-D. Eisenhower** (1977, mêmes caractéristiques). **Carl-Vinson, Theodore-Roosevelt, Abraham-Lincoln, George-Washington, John C.-Stennis, Harry S.-Truman** (juillet 1993) 73 790 t (96 800 à 10 200 tpe), 332,84 m, parc aérien 80 avions et hélicoptères.

Frégates lance-missiles

■ **France. Antiaériennes. Suffren** (1967) : p.c. 6 780 t ; 157,60 × 15,50 m ; 72 500 ch. ; 34 nd ; *équip.* : 23 off., 164 off.-mar., 168 h. ; *armement* : missiles Masurca puis SM1, Malafon et plus tard MM 38 Exocet. **Cassard** (1988) : p.c. 4 730 t ; 139 × 14 m ; 43 200 ch. ; 30 nd ; *équip.* : 22 off., 142 off.-mar., 80 h. ; *armement* : 1 hélico WG13 Lynx ; missiles : 8 Exocet MM40, 1 rampe SM1 MR (40 missiles), 1 Sadral (39 missiles Mistral) ; canon : 100 mm, 20 mm ; 2 lance-torpilles (10 torpilles). **Anti-sous-marines. Tourville** *ASMF 67* (1974) : p.c. 5 885 t ; 152,70 × 15,30 m ; 54 400 ch. ; 31 nd ; *équip.* : 26 off., 150 off.-mar., 124 h. ; *lutte anti-sous-marine* : 5 radars, 2 sonars, 2 hélico WG 13 Lynx, missiles Malafon, mer-mer 38 et Crotale. **Georges-Leygues** (déc. 1979) : 4 350 t ; 139 × 14 m ; t.e. 5 m ; 42 000 ch. ; 30 nd ; *équip.* : 20 off., 120 off.-mar., 95 h. ; *armement* : 1 tourelle 100 mm, 4 missiles MM38 Exocet, SACP Crotale, 2 catapultes pour torpilles L5, 2 canons de 20, 2 hélico WG 13 Lynx, 2 sonars, 4 radars. **De surveillance. La Fayette** (1995) : p.c. 3 600 t ; 125 × 15,40 m ; 21 000 ch. ; 25 nd ; distance franchissable à 15 nd : 7 000 naut. (à 12 nd : 9 000 naut.) ; *équip.* : 12 off., 68 off.-mar., 61 h. ; logements pour 15 commandos ; *armement* : 8/MM 40 *Exocet* (IV × 2) ; 1 système *Crotale* naval NG sol-air courte portée (VIII × 1 + 16 missiles en soute) ; 1 canon de 100 AA modèle 68 ; 2/20 mm AA (1 × 2) ; emplacement pour système anti-missile (Saam) ; 1 hélico Panther peut être mis en œuvre par mer 5 à 6 ; 6 livrés entre 1995 et 2001.

☞ **Horizon** : prévue 1992 pour remplacer en 2004 *Suffren* et *Duquesne* ; frégate franco-italienne (retrait de la G.-B. en 1999) : p.c. 6 000 t ; *équip.* : 200 h. ; 29 nd ; 8 canons MM40 ; *armement* : missiles sol-air moyenne portée (SAMP) type *Aster 15* et *30* et 1 hélicoptère NH90 ; *mission* : lutte anti-aérienne.

■ **USA. William-Bainbridge** (nucléaire, 1962) : 8 000 t ; 171,90 × 17,570 m ; 120 000 ch. ; aut. 180 000 naut. à 34 nd.

☞ **Arsenal Ship « Missile Barge » LCMC** (Large Capacity Missile Carrier) : lancement vertical (VLS ; Vertical Launch System) de missiles mer-terre (Tomakawk), surface-air (SM-2 Block IV/Block IV A et Evolved Sea Sparrow) ou d'antimissiles balistiques) ; *équip.* : 50 h. ou moins ; *caractéristiques* : 251,30 × 32,30 m (creux 16,75 m) ; franc bord 6,90 m (ballasté 1,50 m) ; t.e. 9,88 m (ballasté 15,25 m) ; déplacement 42 466 t (ballasté 75 034 t) ; *capacité d'emport* : environ 500 missiles ; *coût unitaire* : 740 millions de $.

Croiseurs

■ **Croiseurs cuirassés. California** (américain), 4 canons de 203, 16 de 152. **Waldeck-Rousseau** (français, 1908), 14 220 t, 158,90 × 21,50 m, 869 h., 23 off. **Navires à turbines** (à mazout). A partir de 1903 (**Amethyst** britannique). **Navire à tourelles superposées. South-Carolina** (américain, 1904) 16 000 t.

■ **Croiseurs de bataille.** Adoptent la grosse artillerie monocalibre en tourelles, mais allègent le blindage pour la vitesse (26 nd contre 21 au *Dreadnought)*.

■ **France. Colbert** (croiseur lance-missiles, 5-5-1959) : p.c. 11 300 t ; 180,80 × 19,70 m ; t.e. 7,90 m ; 86 000 ch. ; 31,5 nd, autonomie 4 000 naut. à 25 nd ; *armement* refondu (1970-72) : missiles Masurca puis MM 38 Exocet. 2 tourelles de 100 AA. 6 affûts doubles de 57 AA ; *équip.* : 25 off., 208 off.-mariniers, 329 h. ; *désarmé* 24-5-1991 et transformé (1993) en musée à Bordeaux.

■ **Ex-URSS. Admiral-Ushakov,** ex-*Kirov 1* (croiseur lourd nucléaire lance-missiles) : 28 300 t ; 252 × 28,50 m ; 140 000 ch. ; *armement* : 20 SS-N-19 (32 missiles), 12 SAN-6 (96 missiles) et 2 SAN-4 (40 missiles).

■ **USA. Mississippi** (croiseur nucléaire, 1976) : p.c. 11 300 t 177,30 × 19,20 m 70 000 ch. ; plus de 31 nd ; *armement* : 2 rampes doubles (1 à l'avant, 1 à l'arrière) lance-missiles.

Frégates de surveillance (ou corvettes et avisos)

■ **France. Floréal** (1990, surveillance et police) : p.c. 2 950 t ; 93,50 × 14 m ; 8 800 ch. ; 20 nd ; *équip.* : 11 off., 36 off.-mar., 42 h. ; *armement* : 1/100 AA à conduite de tir optronique (Najir) ; emplacement pour 4 MM 40 (II × 2 Exocet) ; 2/20 AA (1 × 2) ou 2 systèmes *Simbad* (II × 2, missiles *Mistral*). 1 hélico Alouette III ou Panther ; *équipement électronique* : *navigation* : 1 centrale inertielle, 1 système Navstar ; *transmissions* : Comint, gonio V/UHF, infrastructure *Syracuse 2* ; *radars* : de navigation Decca, de veille *Mars* à agilité de fréquence (fournissant la situation aérienne dans un rayon de plus de 100 km). Logement pour 37 passagers dont 25 commandos. Infrastructure pour renforcement en cas de conflit. **D'Estienne-d'Orves** (aviso, 1973) : 1 250 t ; 80 × 10,30 m ; t.e. 5,30 m ; 12 000 ch. ; 24 nd ; *équip.* : 7 off., 42 off.-mar., 43 h. ; *armement* : 1 tourelle 100 mm, 2 canons de 20, 1 lance-roquettes de 375, 4 MM38 Exocet, 4 lance-torpilles L3 et L5.

Navires non conventionnels

Configurations : non conventionnelles par opposition aux coques rondes ou archimédiennes. Encore fragiles et coûteuses [entretien, carburant 30 % de la puissance installée sert à la seule sustentation, soit 30 à 50 ch/t].

■ **Aéroglisseurs** (coussin d'air, avec jupes). **Hydroglisseurs** (ou NES : navire à effet de surface) dont le confinement d'air est assuré par des quilles latérales minces permettant d'atteindre un tonnage de plusieurs milliers de t. *Vitesse* : 70 à 100 nd (185 km/h). Peu vulnérables aux torpilles et aux mines. LCAC (Landing Craft Air Cushion) en service dans le Marine Corps, NES (projeté) de 3 000 t, *vitesse* : 80 nd (pourrait remplacer frégates et escorteurs dans la lutte contre les sous-marins). **Hydroptères** (portance par surfaces hydrodynamiques ou « foils ») : *Italie et Russie* : Sparvierro/Swordfish ; *USA* : hydroptères Boeing PGH-2 de la classe Tucumari, retirés du service par l'US Navy.

■ **Catamarans.** *Avantages* : plate-forme stable qui facilite la mise en œuvre d'hélicoptères ou le dragage des mines, bonne tenue à la mer ; propulsion dans la coque centrale réduisant au minimum la signature thermique globale (coques latérales « froides » et gaz d'échappement masqués). *Inconvénients* : les coques réagissent de manière indépendante aux chocs contre les vagues. **Bamo** (bâtiment antimines océanique de 900 t) : programme abandonné.

■ **Arsenal ship.** Principe développé par l'ingénieur français René Loire. Semi-submersible très automatisé. *Équipage* : 50 h. Armé éventuellement de plusieurs centaines de missiles de croisière. Voué à la destruction d'objectifs terrestres. Étudié aux USA au début des années 1990, semble abandonné au bénéfice de moyens plus polyvalents (navires de surface ou sous-marins). Les Américains le concevaient surtout comme un moyens de 1re frappe ou de rétorsion contre un « État voyou » (Rogue State).

■ **Ile artificielle mobile.** P.-a. géant (projet CVA-58 USS United States de 1949) ou une ceinture d'îles flottantes (1961). Idée réexaminée sous la forme de plate-formes géantes MOBS (Mobil Ocean Basing System) ou TGPNM (très grande plate-forme navale mobile), longues de 1 000 à 1 500 m, larges de 300 à 400 m et se déplaçant à 6 nœuds. Difficultés techniques, coût, lenteur, vulnérabilité, statut juridique mal défini pour détroits et canaux.

☞ **Seabase :** projet (Sté norvégienne Kvaerner) de base flottante pouvant accueillir 10 000 h. *Tenue sur zone* par ligne de mouillage, jusqu'à 1 500 m de fonds (durée des opérations : 1 à 2 semaines avec 4 ou 5 remorqueurs spécialisés) ; positionnement dynamique. Longueur 1 600 m, largeur 150 m, en 5 parties dont 3 plates-formes rigides de 240 m chacune, intercalées avec 2 ponts flexibles de 440 m, vitesse 5 nœuds, coût : 2 milliards de $.

Sous-marins (quelques types)

■ **Les premiers. 1624** essai à Londres du Hollandais Cornelius Van Drebbel (bateau en bois recouvert de cuir graissé, 12 rameurs). **1775 Turtle** (la Tortue) de David Bushnell (Américain) : en bois. Le pilote, seul à bord, faisait tourner une manivelle actionnant une hélice à l'avant, fixée sur un axe horizontal. Pour plonger, il ouvrait les « ballasts » avec une pédale à pied. Pour remonter, il évacuait l'eau avec une pompe à main. Avec le *Turtle,* le sergent Ezra Lee posa une mine à New York, sur l'*Eagle* (anglais), le 7-9-1776, mais la mine se détacha et explosa devant le fleuve Delaware le 25-12-1777, puis il déposa une mine près du *Maidstone,* mais trop loin pour l'endommager. **1797 Nautilus** proposé au Directoire le 13-12 par Robert Fulton, ingénieur américain (1765-1815). En fer avec des revêtements de cuivre, long. 6,50 m, propulsion par hélice à l'arrière actionnée à la main, équipage 3 hommes, armement un « torpedo » remorqué (baril contenant 100 kg de poudre) : on fixait la charge sous la coque ennemie avec des chevilles et l'explosion était déclenchée de loin par câble. Le 15-4-1800, le *Nautilus* fut mis en chantier chez les frères Périer, à Paris, au pied de Chaillot. Le 13-6, il plongea 20 minutes dans la Seine. Le 30-7, il fut transporté au Havre. Le 10-8-1801, il ne put s'approcher, dans la baie de Camaret, d'un bâtiment anglais, les Anglais ayant été prévenus. Fulton regagna l'Amérique, puis en mai 1804, proposa son sous-marin en Angleterre ; une expérience eut lieu : le 16-10-1805, à Deal, le brick *Dorothea* fut coupé en 2 par un *electrictorpedo* que le sous-marin avait réussi à fixer à la coque ; le ministre de la Marine anglais proposa à Fulton de racheter ses inventions pour les détruire, mais il refusa et repartit pour l'Amérique en 1806. **1863 Plongeur** (420 t), lancé à Rochefort, propulsé par air comprimé ; lent (4 nd), faible autonomie. **1864 H.L.-Hunley** conçu par Horace Hunley avec McClintock et Watson : 9 m de long, propulsé par hélice actionnée par arbre de couche à vilebrequins que 8 hommes faisaient tourner, pouvait demeurer en plongée 30 minutes. A la suite d'un remous causé par un bateau proche, il coula (9 † dont Horace Hunley). Le 17-2-1864, renfloué, il attaqua l'*Housatonic,* frégate à vapeur nordiste, mais coincé dans la brèche qu'il avait ouverte dans la coque, il coula de nouveau (9 † dont Lt George Discon). **1877** John Milland (Amér.) expérimente un moteur à pétrole, **1883** un moteur à poudre (le sous-marin coula). **1885** Nordenfeldt (Suédois) présente un sous-marin à vapeur de 20 m (60 t, vitesse de plongée 4 nd, en surface 9, autonomie 4 h), acquis par la Grèce en 1886.

Moteur en plongée à accumulateurs électriques. Gymnote [français, mis à l'eau le 24-9-1888, désarmé le 13-9-1907 ; conçu par Henri Dupuy de Lôme (1816-85) et Gustave Zédé (1825-91, tué par une explosion de poudre dans son laboratoire)] : 31 tx, long. 17,20 m, diamètre 1,80 m, moteur 51 ch., vitesse 8 nd en surface, 4,27 en immersion ; peut demeurer 4 h en plongée avec 5 hommes. **Gustave-Zédé** (français, 1891, lancé 1-6-1893 ; construit sur des plans de Gaston Romazotti, appelé la *Sirène* et renommé *Gustave-Zédé* après la mort de celui-ci) : 266 tx, long. 48,50 m, moteur (1889) 750 ch., vitesse 9,2 nd en 1891, 12,7 en 1905. **Narval** (lancé 21-10-1899, conçu par Maxime Laubeuf), 2 innovations : 1ers ballasts externes, propulsion double (en surface une machine à vapeur, chauffée au pétrole, qui recharge les batteries, et en plongée, moteur électrique avec accumulateurs ; 34 × 3,75 m, 202 t en plongée, 117 t en surface, vitesse : 12 nd en surface, 8 en plongée).

Propulsion électrique (générateur au benzol). Série des **Naïades** (français, 1906), 68 tx.

■ **Sous-marins de grande croisière. Surcouf** alors le plus grand sous-marin du monde avec le plus grand rayon d'action. *Construction* : mis en chantier 1-7-1927, lancé 18-11-1929, entré en service 31-12-1932. *Déplacement* : 3 304 tonnes surface/4 318 tonnes plongée. *Dimensions* : 110 × 9 × 7,183 m (tirant d'air 8,45 m). *Propulsion* : *surface* Diesel 7 600 ch. (2 Sulzer de 3 800 ch. à 330 t/min) ; *plongée* 2 moteurs de 1 700 ch. chacun, batterie de 480 éléments. *Vitesse* : *surface* max. 18,5 nd ; *croisière* : 10,5 nd sur 1 moteur, 13,7 nd sur 2 moteurs. *Rayon d'action (surface)* : avec 273 m³ de carburant : 7 500 milles naut. à 10,5 nd, 5 800 à 13,7 nd ; avec surcharge de 88 m³ de carburant : 9 500 à 10,5 nd, 7 600 à 13,7 nd. *Autonomie* : 90 jours. *Plongée* : max. 80 m. *Artillerie* : 2 × 203 mm en tourelle, 300 coups par pièce, 6 coups/min/pièce, portée max. 27 500 m, pratique 12 000 m ; 2 × 1 × 37 mm semi-automatiques ; 2 mitrailleuses de 13,2. *Torpilles* : 10 TLT, 22 torpilles. *Aviation* : 1 hydravion de reconnaissance et réglage de tir, bi-place à ailes repliables, moteur Salmson 175 ch., vitesse max. 185 km/h, autonomie 7 h avec réservoir supplémentaire (supprimait 1 place), envergure 6 m, poids 1 020 kg. *Effectifs* : 140 (8 off., 30 off. mar., 102 matelots) ; logement prévu pour 33 hommes supplémentaires. Nuit du 18/19-2-1942, aborda le navire marchand américain *Thomas-Lykes* faisant route feux masqués en mer des Caraïbes et coula (130 †, aucun survivant).

Sous-marins nucléaires

☞ *Abréviations* : SNA : sous-marin nucléaire d'attaque (chasseur de bâtiments et sous-marins). SNLE : sous-marin nucléaire lanceur d'engins (dissuasion).

■ **Leurres contre les missiles.** Fabrication de faux échos, nuages de paillettes, voleurs de fenêtre de poursuite (superposition d'un écho plus fort synchronisé puis progressivement retardé et/ou modulé)... Les missiles récents sont munis de système antileurrage.

■ **France. SNLE : Inflexible** (1985) : 8 000 t (surface)/9 000 t (plongée). 128,70 × 10,60 m, t.e. 10 m. Réacteur à uranium enrichi et à eau pressurisée alimentant 2 turbines à vapeur. Plongée : plus de 200 m. 16 000 ch., vitesse > 20 nd en plongée, 16 en surface. *Armement* : 16 MBSS (M4 : portée 3 500 à 6 000 km selon nombre de têtes, lancement à 20 m d'immersion) ; 4 tubes de 533 mm pour lancement torpille ou missile Exocet SM39. *Équip.* : 2 de 137 h. (15 off., 80 off.-mar., 42 quartiers-maîtres et matelots) se relayant à l'issue de chaque patrouille de 73 jours, 1 médecin-chirurgien et 2 infirmiers anesthésistes, 1 table d'opération – équipement de soins dentaires, radio générale et dentaire –, une salle d'isolement. « Quart » assuré par tiers d'équipage : 8 h de service par homme et par 24 h. En dehors, entretien du matériel et des équipements, loisirs et repos. *Mission* : assure la dissuasion en position de tir, en préservant une discrétion totale (plongée permanente sauf nécessité absolue, écoute et réception radio en plongée, aucune émission). **Triomphant** (lancé juillet 1993, mis en service nov. 1996) : 12 640 t (surface)/14 355 t (plongée). 138 × 12,50 m. 25 nd. *Équip.* : 111 h. sur 240 m² de surface habitable. *Stratégie* : 16 missiles M 45 avec têtes N 75 puis M 51 en 2008 (portée 6 000 km), 4 tubes 533 pour torpilles et/ou missiles SM 29. Plus automatisé, réduction des bruits rayonnés. Immersion à + de 300 m, rayonnera dans l'eau, aux vitesses de patrouille, une puissance acoustique se chiffrant en millionièmes de watt. 3 s.-m. du même modèle [le *Téméraire* (mis en eau 21-1-1998 en service actif 2e trimestre 1999), le *Vigilant* (2004), *No 4* (2008)] seront mis en chantier (on en avait envisagé 6 en tout). *Coût global* des 4 s.-m. : 81 milliards de F non compris les dépenses consacrées aux missiles M 45.

SNA : Rubis (1983-99) : 2 400/2 660 t. 73,60 × 7,60 m, t.e. 6,40 m. 9 500 ch. 25 nd en plongée (46 km/h). *Équip.* : 66 h. (dont 8 off.) ; *le plus petit SNA du monde.* **Améthyste** (1988, opérationnel en 1992) : 2 400/2 600 t. 73,60 × 7,60 m. T.e. 6,40. 25 nd ; *équip.* : 66 h. (dont 8 off.). *Armement* : 14 armes (torpilles « F17 » et/ou missiles à changement de milieu « SM 39 ») lançables par 4 tubes de 533 à chargement par barillet. Sur 4 prévus, **Améthyste** et **Perle** achevés, **Turquoise** construction arrêtée à 20 %, **Diamant** annulé.

Sous-marins classiques récents : Agosta (s.-m. d'attaque, 1976) : 1 400/1 725 t ; 67,80 × 6,80 m ; 3 000 ch. ; 20 nd en plongée ; *auton.* : 8 000 naut ; *équip.* : 50 h. (dont 7 off.). **Daphné** (1964) ou la **Sirène** (1970) : 870/1 040 t ; 57,70 × 6,70 m ; t.e. 4,70 m ; 1 600 ch. ; 16 nd en plongée ; *équip.* : 45 h. (dont 6 off.).

■ **Russie. SNLE : Delta 3** (1975-81) : 8 920/11 450 t ; 155 × 12 m ; t.e. 8 m ; 24 nd ; 16 SS-N-18. **Typhon**

(1981-89, 6 en service) : 171,60 × 24 m ; t.e. 12,50 m ; 25 nd ; 90 000 ch. ; 18 500/25 000 t. A 2 coques séparées par un coussin d'air ; *armement :* 20 RMS 52 (SSN-20) d'environ 100 t, hauteur 16 m, diamètre 2,40 m, munis de 12 ogives chacun (portée 6 500 à 9 000 km) ; *équip. :* 150 h. ; *le plus gros du monde.* SNA : **Alpha** (1979-84) : 2 900/3 680 t ; 81 × 9 m ; t.e. 7 m ; 42 nd (record du monde) ; 47 000 ch. ; peut plonger à 800 m (94 km/h). Coque en titane. **Oscar II** (1991) : 13 400/18 000 t ; 154 × 18 m ; t.e. 9 m ; 30 nd ; 90 000 ch. ; *armement :* 24 SS-N-19 (portée 500 km). **Mir 1 et 2** (1988) : 18,5 t. Pouvant descendre à 6 000 m. Coque en acier coulé. **Akula** (1984-93) : 10 000 t ; 113 × 13 × 10 m ; *équip. :* 90 h., *vitesse* max. en plongée 35 nd ; peut plonger à plus de 600 m ; *engins :* 11 prévus.

■ **USA. SNLE** [1er s.-m. : **Nautilus** [lancé 22-1-1954, passa le 3-8-1958 sous la calotte glaciaire du pôle Nord (en 1939, le L 13 (s.-m. Diesel russe) aurait parcouru 463 milles sous la banquise en 19 h 43 ; record), retiré du service en 1985] ; long. 324 ft, vitesse 20 nd, 3 747 t en plongée ; *équip. :* 96 h. Transformé en musée. **Alabama :** 170 m ; *équip. :* 167 h. ; *armement :* 24 missiles Trident. **Ohio** (1981) : 16 764/18 750 t ; 170 × 12,80 m ; t.e. 11 m ; 60 000 ch. ; 25 nd ; *plongée* max. + de 300 m ; *équip. :* 167 h. ; *armement :* 24 missiles Trident avec chacun 8 à 10 ogives de 110 à 150 kt, portée 7 500 puis 11 000 km. **Los Angeles** (1972-96) : 6 930 t ; 109,7 × 10,1 × 9,8 ; *équip. :* 127 h., *vitesse* max. en plongée 30 nd, *armement* (torpilles et missiles) 26, *plongée max.* 450 m (?). 62 s-m prévus.

■ **Sous-marins de poche.** Série X britannique (et type A japonais, en 1940-43). *Longueur* 15,50 (23,90) ; *diamètre* 4,65 m (1,80) ; *tonnage 30,50* (46,7) ; *vitesse* surface 6 nd (19), immergé 5,5 nd (2) ; *moteur* Diesel oui, électrique oui (oui) ; *rayon d'action surface* 1 320 milles (80), immergé 160 (20) ; *armement* 2 charges latérales de 1 996 kg (2 torpilles de 450 m/m) ; *équipage* (4 h.) (2).

DÉTECTION ET DÉFENSE

☞ *Le sous-marin à propulsion Diesel/électrique* doit, 15 à 30 % du temps, être en immersion périscopique pour recharger ses batteries, le *sous-marin nucléaire* doit seulement faire le point astronomique au périscope pour régler le système de navigation par inertie.

■ **Propulsion d'immersion.** **SNA** russes : **Victor III** & **Akula** ; américains : **Sturgeon** 400 m, **Los-Angeles** 450 ; **Seawolf** 600 ; *s.-m. classiques Diesel-électriques* en général jusqu'à 200 ou 250 ; **Daphné** (français) ; **TR 1 700** (allemands) ; **Gotland** (suédois) ; **Salvatore-Pelosi** (italien) 300 m ; **Agosta 90B** (français) 320 ; **Dolphin** (israélien) 350 ; nouveaux s.-m. japonais 400.

■ **Autonomie en plongée.** Accrue de 3 à 7 fois par les moteurs anaérobies d'appoint. **France :** *Agosta 90B :* moteur Mesma 270 ch, livrable en 1999, 2001 et 2002. **Allemagne :** type *212*, système Permasy [cellules (piles) à combustible], livrable en 2003 et 2006. **Suède :** *Gotland* (livrable 1996-97), *S 2000* livrables à partir de 2004, moteurs à combustion externe Starlena. **Australie :** *Collins* (suédois) 471,6 livrables jusqu'en 1999, avec un moteur Stirling. **Japon :** 3 à partir de 1998 non précisés.

■ **Détection des sous-marins.** Un s.-m. se détecte au *sonar* (ultrason qui se réfléchit sur un obstacle) et à l'*hydrophone* (instrument d'écoute passive). Chaque s.-m. a son bruit (« signature »). La marine américaine a installé un système de détection mobile utilisant des bouées et consacre en permanence 250 bâtiments de surface, 100 s.-m. et 7 500 avions ou hélicos (soit 1/3 du tonnage de sa flotte de combat) servis par 85 000 h. (soit 1/10 de ses effectifs) à la lutte anti-s.-m. Les sons enregistrés par des micros aboutissent à un centre de contrôle à Norfolk (Virginie).

■ **Défense contre les sous-marins.** L'adversaire principal du SNLE est le SNA qui plonge aussi profondément et a comme lui un rayon d'action pratiquement illimité avec une « vitesse silencieuse » plus élevée. Il peut s'embusquer à la sortie des bases de départ de s.-m. stratégiques ou se charger de la police des eaux côtières de façon à en interdire l'approche aux unités lance-engins.

Les torpilles actuelles seront inopérantes contre les s.-m. nucléaires qui dépasseront 40 nœuds et plongeront au-dessous de 600 m.

☞ Des bâtiments légers, à partir de 100 t, peuvent être armés de missiles antinavires à longue portée : *Fast Patrol Boats* (FPB), *Fast Attack Crafts* (FAC) : corvettes équipées de contre-mesures avancées, de systèmes C31 perfectionnés devant traiter les informations tactiques, et d'armements défensifs antiaériens (radars et armes à plus longue portée, senseurs...) ; plus longs, lourds, coûteux. De nombreux bateaux plus petits que des vedettes rapides, peu chers, insaisissables et imprévisibles car très rapides sont apparus (*Ultra Fast Attack Crafts :* 20 à 50 t, équipage de 6 à 10 h.).

TORPILLES

1867 *1res torpilles automobiles* inventées par Robert Whitehead (Angl. 1823-1905) : calibre 356 mm, longueur 4 m, chargées de 4 kg de poudre, portée 250 à 700 m puis **1905 :** 8 km, **1914 :** 15 km. **1940** calibre 610 mm, têtes portant 500 kg de TNT, portée 20 à 40 km, propulsion électrique. **Actuellement** torpilles *lourdes de 533 mm :* anti-surface et ASM, lancées à partir de sous-marins et de bâtiments de surface ; *de 324 mm :* ASM lancées à partir d'aéronefs. *Murène :* 324 mm, longueur version aéronavale 3 m, portée par un missile Milas, s'en sépare et navigue à 38 nds en phase de détection puis à 50 en phase de poursuite et d'attaque.

☞ **Hommes-torpilles :** en 1939-45, l'Italie en employa : assis à califourchon sur un tube à propulsion électrique muni de deux sièges, d'un poste de pilotage et d'un cône explosif détachable de 300 kg placé à l'avant, ils fixaient cette charge sous la coupe des navires ennemis, puis armaient le détonateur. Baptisés *maiale* ou *siluro a lenta corsa* (SLC, torpille à marche lente), 3 de ces engins, montés par 6 hommes, furent déposés dans la nuit du 18 au 19-12-1941 au large d'Alexandrie, par le sous-marin *Scire* du prince Valerio Borghese (né 6-6-1906). Leurs charges coulèrent 2 cuirassés (*Queen Elizabeth* et *Valiant*) et un pétrolier britanniques. Les 6 hommes furent faits prisonniers. Le prince Borghese préparait une opération similaire contre le port de New York, que l'armistice du 9-9-1943 interrompit.

■ **Torpilleurs et contre-torpilleurs.** **Machines au charbon** (de 1875 à 1891) : avions-torpilleurs, 50-400 tx, équipés de 2, 3 ou 4 tubes lance-torpilles, vitesse moy. 23 nd. Nombre en 1884 : Russie 115, *France 50,* Hollande 22, G.-B. 19, Italie 18, Autriche 17. **A turbines** (après 1891) : vitesse min. 30 nd ; prototypes : **Durandal** (français, 1899) 308 t ; nommé contre-torpilleur. **Casque** et **Bouclier** (français, 1912) : 34 et 35 nd (nommés torpilleurs d'escadre).

ARMEMENTS AÉRIENS OU AÉRONEFS

☞ *Abréviations :* auton. : autonome ; env. : envergure ; mitr. : mitrailleuse ; vit. : vitesse.

GUERRE DE 1914-18

■ **Allemagne. Chasseurs : Aviatik** (1917) 170 ch, 120 km/h, 2 000 m, 2 mitr. **Albatros** 170 ch., 210 km/h, 1 000 m, 2 mitr. **Fokker E-III** (1915) et **D-VII** (1917) 150 ch., 195 km/h, 5 000 m (en 29 min), 2 mitr. **Bombardier : Gothar** (1917) 500 ch., 120 km/h, 3 000 m, 2 mitr., 600 kg de bombes. **Dirigeable : Zeppelin** (1915), d'abord bombardier puis reconnaissance navale (mer du Nord).

■ **France. Chasseurs : Morane Saulnier** (1914), **Spad-VII** (1916) et **XIII** (1917), moteurs Hispano-Suiza de 200 ch., 230 km/h, plafond 6 500 m, montée (à 2 200 m) en 5 min 10, auton. 2 h, 2 mitr. Vickers ; 8 500 exemplaires. **Reconnaissance : Salmson-2** (1917), 185 km/h, plafond 6 500 m, auton. 3 h. **Bombardiers : Breguet-Michelin** (1915), **Breguet-14** (1917), moteur Renault 300 ch., 170 km/h, plafond 5 800 m, auton. 3 h. ; 1 600 exemplaires. **Voisin-1 à 10,** 160 ch., 115 km/h, 2 000 m.

■ **G.-B. Chasseur : Bristol** (1917). **Bombardier :** quadrimoteur **Handley-Page** (1918) 520 ch., 100 km/h, 3 000 m, 4 mitr., 800 kg de bombes.

GUERRE DE 1939-45

■ **Allemagne. Chasseurs. Messerschmitt Bf-109 E** (1939), 570 km/h, auton. 660 km, plafond 10 500 m, armé de 2 canons 20 mm, 2 mitr. **109 E-3** monoplace, 1 moteur Daimler-Benz de 1 150 ch., env. 10,50 m, long. 8,60 m, haut. 2,70 m, poids à vide 1,2 t, en charge 2,75 t, 2 mitr. et 2 canons de 20 mm. **110 Zerstörer** (« destructeur ») biplace, escorteur à long rayon d'action, 2 moteurs Daimler-Benz de 1 100 ch., env. 17 m, long. 13 m, haut. 3,90 m, poids en charge 7,5 t, armé de 5 mitr. et 2 canons de 20 mm, vit. 540 km/h, ascensionnelle 8 min 5 pour grimper à 5 000 m ; rayon d'action 960 à 1 200 km. **Messerschmitt-262** 1er chasseur à réaction du monde, surclassant tous les appareils alliés, biréacteur, auton. 1 050 km, vit. max. 900 km/h. Mis au point en mai 1943, sorti en série vers oct. 1944 (retard dû à l'exigence d'Hitler d'en faire un bombardier). **Bombardiers. Dornier-17** (1940) [conçu d'abord pour la Lufthansa], 515 km/h, auton. 2 300 km, plafond 7 500 m, armé de 4 000 kg de bombes, 6 mitr. 7,9 mm (2 avant, 1 dorsale, 1 ventrale, 2 latérales), 4 h. d'équipage, 2 moteurs Bramo de 1 000 ch., environ 19 m, long. 17,50 m, haut. 5,20 m, poids à vide 5,9 t, en charge de 9 à 10 t (500 à 1 000 kg de bombes) ; pour la bataille d'Angleterre, 2 mitr. furent ajoutées et parfois 1 canon de 20 mm. **Heinkel-111** (1936), 405 km/h, auton. 2 060 km, plafond 8 500 m ; 5 mitr., 1 canon de 20 mm, 2 495 kg de bombes. Vaincu dans la bataille d'Angleterre, utilisé après 1941 comme bombardier de nuit, 5 ou 6 h. d'équipage, 2 moteurs Jumo de 1 200 ch., env. 24 m, long. 18 m, haut. 4,50 m, poids à vide 7 t, en charge de 12,5 t à 13,2 t (1 000 à 2 000 kg de bombes), auton. de 1 100 à 2 300 km. **Bombardiers en piqué. Junkers 87-B Stuka** (1938), 385 km/h, auton. 595 km ; 3 mitr., 500 kg de bombes, biplace, 1 moteur Jumo de 1 150 ch., env. 15 m, long. 12 m, haut. 4,25 m, poids à vide 3 t, en charge 4,8 t (1 bombe de 500 ou 225 kg sous le fuselage, plus 4 de 50 kg sous les ailes), auton. de 490 à 1 300 km. **88** 4 h. d'équipage, 2 moteurs Jumo de 1 200 ch., env. 19 m, long. 15 m, haut. 5 m, poids en charge 13,5 t (de 2 000 à 2 500 kg de bombes), 3 mitr., 450 km/h, auton. 2 300 km. **88-A** (1939), 450 km/h, auton. 1 000 km, plafond 8 000 m, 5 mitr. : bataille d'Angleterre automne 1940. **Reconnaissance. Focke-Wulf 200 C Condor,** quadrimoteur, 360 km/h, auton. 3 550 km, plafond 5 800 m ; 1 canon de 20 mm, 5 mitr.

■ **France. Bombardiers. Amiot 143** (1935), bimoteur, 300 km/h, auton. 1 000 km, 1 000 kg de bombes. **Amiot 356,** bimoteur, 480 km/h, auton. 2 000 km, 4 canons, 2 mitr., 1 200 kg de bombes ; prévu pour le renseignement.

■ **Avions de combat français.** Dates d'entrée en service dans l'armée de l'air ou la Marine : **1re génération :** *Ouragan MD 450* [1] (1952 ; 350 exemplaires), *Mystère IV* (1er vol 23-2-1951), *AMD 454* [2] (28-9-1952) : équipés de turboréacteurs britanniques construits sous licence par Hispano-Suiza, *IV B* (vol 16-12-1953). *Mystère II MD 452* [2], *Vautour SNCASO 4050* (chasseur bombardier) [3], *Super Mystère B2* [4] : équipés de moteurs Atar de conception française ; 180 construits. **2e génération :** *Mirage ;* monoréacteur mixte, intercepteur par sa vitesse et sa maniabilité, bombardier par sa capacité d'emport de bombes sous ses ailes : *I* (5-5-1956), *III C* [5], *III E* [6], *V F* [7] ; biréacteur porteur de la bombe atomique stratégique : *IV A* [6]. **3e génération :** *Jaguar A* [7] (biréacteur réalisé en coopération avec la G.-B., ravitaillable en vol). *Mirage F-1 C* [8] (aile en flèche). *Super-Étendard* [11] (pour missions de l'aéronautique). *Mirage F-1 CR* [9]. **4e génération :** *Mirage 2000 C* [10], *2000 DA* [9], *2000 N* [12]. *Rafale* (voir p. 1947 a). [*Nota.* – (1) 1952. (2) 1955. (3) 1957. (4) 1958. (5) 1961. (6) 1964. (7) 1972. (8) 1973. (9) 1983. (10) 1984. (11) 1978. (12) 1987.]

■ **Principaux armements des avions français en service. Canons :** 30 mm, portée 1 000 m, 1 200 ou 1 800 coups/min. **Roquettes :** 68 et 100 mm. **Bombes** (voir p. 1948 c) : 125, 250, 400 kg ; BAP 100, BAT 120 ; BLG 66 ; AS 30 BGL. **Missiles :** *AS 37 Martel* (air-sol antiradar, autodirecteur ayant en mémoire les fréquences des stations radars cibles, long. 4,20 m, portée 30 km, tiré à basse alt.) ; *ASMP* (air-sol moyenne portée 300 km, navigation inertielle basse altitude sur programme, long. 5,30 m, accélérateur donne Mach 2 puis stato) ; *Matra 530* (air-air, tête électromagnétique ou infrarouge passive, long. 3,30 m) ; *Super 530 D* [autodirecteur Doppler éliminant les échos fixes (sol) et permettant donc le tir vers le bas] et *F* (capacité d'interception avec grand dénivelé d'altitude) ; *Magic 1* et *2* (air-air léger apte aux facteurs de charge élevés, autodirecteur infrarouge passif) ; à l'étude : *Mica* (air-air miniaturisé alliant les capacités des familles *Matra 530* et *Magic*).

Bloch 210 BN 4/BN 5 bimoteur à aile basse (1933) surnommé le « cercueil volant » (moteurs défectueux, pilotes habitués aux biplans). **Lioré 45,** bimoteur, 430 km/h, auton. 2 000 km, 4 canons, 2 mitr., 1 200 kg de bombes. **Chasseurs. Bloch 152,** 500 km/h, 2 canons, 2 mitr. **Breguet 693,** 400 km/h, 1 canon, 2 mitr. **Dewoitine D-520** (1939), 520 km/h, auton. 1 000 km, plafond 11 000 m ; 1 canon de 20, 4 mitr. de 7,5 ; 36 en service mai 1940 ; 114 victoires aériennes ; utilisé après 1942 par l'Axe (600 unités en 1944) et les Alliés (en Tunisie). **Loiret-Nieuport,** 240 km/h, 1 canon, 2 mitr. **Morane-Saulnier MS-406** (1938) 480 km/h ; 1 canon, 4 mitr. **Reconnaissance. Potez-63** (1938), 425 km/h, auton. 1 500 km, plafond 8 500 m ; 8 mitr. 7,5.

■ **G.-B. Chasseurs. Hurricane** (1937), 521 km/h, auton. 740 km, plafond 10 425 m ; 8 mitr. Browning 303 mm, monoplace, 1 moteur Rolls-Royce Merlin de 1 030 ch., environ 13,70 m, long. 10,35 m, haut. 4,95 m, poids à vide 2,3 t, en charge 3,2 t ; fabriqué par Hawker. **Meteor** (1944), à réaction, 870 km/h ; 4 canons de 20 mm ; construit par Gloster. **Spitfire** (1938), 587 km/h, auton. 630 km (max. 721, Spitfire XIV), plafond 9 800 m ; 8 mitr. Browning 303 mm, monoplace, 1 moteur Rolls-Royce Merlin de 1 030 ch., environ 12 m, long. 9,80 m, haut. 3,90 m, poids vide 2,5 t, en charge 3,1 t, auton. 600 km ; fabriqué par Supermarine (Vickers-Armstrong). **Bombardiers. Halifax,** 515 km/h, auton. 3 200 km, quadrimoteurs 5 000 ou 7 200 ch. ; 8 mitr., 4 000 kg de bombes. **Lancaster** (1942), 462 km/h, auton. 1 658 km, plafond 7 315 m ; 9 979 kg de bombes. **Mosquito** (1943), 610 km/h, auton. 2 000 km, plafond 10 000 m ; 4 canons de 20 mm, 4 mitr.

■ **Japon. Chasseur. Zero** (1939) : 545 km/h, auton. 2 380 km, plafond 11 050 m ; 2 canons de 20 mm, 2 mitr., 500 kg de bombes. **Torpilleur. Kate** (Nakajima B5 N2, 1937) : 380 km/h, auton. 1 990 km, plafond 8 260 m ; 1 mitr., 800 kg de torpilles. **Avions-suicides.** Utilisés du 25-10-1944 au 15-8-1945, auraient effectué 2 257 sorties, 936 seraient rentrés et 1 321 auraient été perdus au combat. Résultats : 34 navires amér. coulés (dont 3 porte-avions d'escorte, 13 torpilleurs, 1 destroyer d'escorte) et 288 endommagés.

■ **URSS. Chasseur. Yak** (1940) : 610 km/h, auton. 830 km, plafond 11 000 m ; 1 canon de 20 mm, 2 mitr. **Chasseur de chars. IL-2 M3 Stourmovik** (1943) : 360 km/h, auton. 725 km, plafond 10 000 m ; 4 mitr. **Bombardiers. Iliouchine IL-4** (1940) : 445 km/h, auton. 2 600 km, plafond 10 000 m ; 3 mitr., 1 995 kg de bombes ; bombardier moyen et lance-torpilles de marine. **Petliakov Pe-8** (1940) : 444 km/h, auton. 3 700 km, plafond 7 900 m ; 6 mitr., 3 900 kg de bombes ; bombardier lourd stratégique.

■ **USA. Chasseurs. Lockheed P-38F Lightning** (1942), bimoteur, double fuselage, 636 km/h, auton. 724 km, plafond 11 890 m ; 1 canon 20 mm, 4 mitr. **North American P-51D Mustang** (1944), 703 km/h, auton. 1 530 km, plafond 12 770 m ; 8 mitr., 907 kg de bombes. **Republic P-47D Thunderbolt** (1943), 689 km/h, auton. 764 km, plafond 12 800 ; 8 mitr. **Bombardiers. Boeing B-17 F « Forteresse volante »** (1942), 510 km/h, auton. 3 860 km, plafond 11 155 m ; 13 mitr., 7 983 kg de bombes. **Boeing B-29A « Superforteresse »** (1943), 575 km/h, auton. 5 230 km, plafond 9 710 m ; 1 canon de 20 mm, 12 mitr., 9 072 kg de bombes.

Avions (1950-2001)

■ **Chasseurs du XXI**e **s. Constructeur, date d'entrée en service, coût de développement** [en milliards (Md) de $], **exemplaires commandés** (au 15-6-2001). *F22 :* Lockheed Martin (2005), 20 Md$, 0. *F/A-18E/F :* Boeing (2001), 5 Md$, 284. *Rafale :* Dassault Aviation (2002) 9 Md$, 294. *EF2000 :* BAe EADS (2005) 22 Md$, 620. *Mirage 2000-5 Mk2/-9 :* Dassault Aviation (2003/4) n.c., 25/30. *F-16 Block 50 + /60 :* Lockheed Martin (2002/4) n.c., 50/80. *Gripen :* SAAB (1997) 2,5 Md$, 213.

Avions de combat : à renouveler de 2001 à 2010 : 2 500. *Coût :* 700 MdF. *Prix moyen d'un avion multirôle* (en millions de F) : *Rafale* 500, *Eurofighter* 600 à 650 (mise au point difficile : 4 constructeurs), *Sukhoï Su-35 Super Flanker ?*, *F-22 Raptor* 3 000.

■ **Europe. Avion de combat européen EFA [European Fighter Aircraft]** devenu le 10-12-1992 le **Nefa [New European Fighter Aircraft]** (coût réduit de 30 %) : avion de combat, concurrent du Rafale français. *Fabrication :* consortium (British Aerospace, Dasa, Daimler Benz Aerospace, Alenia et Casa) ; *construction du réacteur EJ 200 :* Eurojet (Rolls-Royce, MTU, Fiat-aviazione, Sener). *Coût du programme (prév.) :* 185 milliards de F. *Participation* (en %) *au coût du développement :* All. 30, G.-B. 37,5, Italie 19,5, Espagne 14. *1er vol de prototype :* Eurofighter-2000 le 27-3-1994. Rebaptisé **Typhoon** (2-9-1998) : *env. :* 10,95, *long. :* 15,96, *haut. :* 5,28 m, *surf. alaire :* 50 m², *masse à vide :* 11 t, *masse max. au décollage :* 23 t, *vitesse max. :* Mach 2, *plafond :* 16 800 m, *rayon d'action :* 1 390 km, *charge militaire :* 8 t, 2 réacteurs Eurojet EJ200-3A, 9 200 kg de poussée unitaire. *Accord de production :* 22-12-1997. *1res livraisons :* 2002. *Production prévue :* 620 (522 monoplaces de combat, 98 biplaces d'entraînement) dont G.-B. 232, All. 180, Italie 121, Espagne 87. Livraison étalée jusqu'en 2014. Exportations prévues : 400 à 800.

■ **France. Rafale** (avion de combat tactique, ACT). **Versions : Rafale A** prototype 1er vol 4-7-1986 ; **C** chasse monoplace armée de l'air, 1er vol 19-5-1991, 1er livré 1997, 1er escadron opérationnel fin 2001 ; **M** chasse et assaut Marine, 1er vol 12-12-1991, 1er appontage 19-4-1993, 1er livré 4-12-1998 ; **B** chasse ou entraînement biplace armée de l'air, 1er vol 2e trim 1993, plus cher de 3 à 5 %, moins de carburant. **Coût du programme** *(rapport de la Cour des comptes, juin 1997) :* 224 milliards de F pour 234 Rafale air et 60 Rafale marine, soit un prix unitaire de 1,12 milliard de F, au sens budgétaire, étalé sur 20 ans ; selon Dassault, 120 milliards de F, le surcoût de 15 % dénoncé par la Cour des comptes étant lié au ralentissement du programme imposé par l'État (versement de pénalités à l'avionneur). *Prix d'un exemplaire* en état de vol et sans arme 0,3 milliard de F, de rechange (25 % du prix de l'avion) compris 0,6. **Exportations prévues à l'origine :** 300 à 1 000 (en 1998, pas de commande étrangère ; le 12-5-1998, les Émirats arabes unis ont décidé d'acheter 80 F-16 Block 60 américains).

Caractéristiques : Rafale A et, entre parenthèses, **Rafale C :** *2 moteurs* General Electric F. 404 GE 4 000 avec poussée PC de 7 250 kgp (Snecma M88 avec poussée PC de 7 500 kgp), *env.* 11,18 m (10,72), *long.* 15,79 m (14,98), *surf. alaire* 47 m² (44), *haut. au sol* 5,18 m (5,10), *poids à vide* 9,5 t (8,6), *masse au décollage* 20 t (20,3), *masse carburant interne* 7,56 t (7), *vit. max.* à 11 700 m : Mach 2 (Mach 2), ascensionnelle 325 m/s (325), *distance de décollage* 400 m (400), franchissable 1 800 km (1 800). *Armement :* 4 missiles air-air Mica, 2 bombes guidées par laser, 2 missiles air-air Magic II. Possibilité d'emporter des missiles air-sol nucléaires moyenne portée ASMP. Remplacera le Mirage IV pour des missions nucléaires à longue distance. **Rafale M :** interception à Mach 2 jusqu'à 19 800 m ; attaques à 1 100 km/h en vol rasant d'objectifs maritimes ou terrestres ; *env.* 10,86 m, *long.* 15,27 m, *haut.* 5 m ; *masse* à vide 9,8 t, maximale 19 t ; *capacité d'emport* 7 t de charges externes sous 13 points d'emport en bout de plans, 5 « lourds » pour charges de 1,5 t et 5 « humides » pour réserves de carburant (bidons supersoniques de 1 300 ou 2 000 l s'ajoutant à la capacité interne de 5 000 l) ; *propulsion* 2 tubofans M 88 d'une poussée de 7,5 t pour une masse de 900 kg. *Armement :* missiles légers Magic ou lourds (masse de 110 kg) Mica à centrale inertielle, autodirecteur électromagnétique actif et traitement doppler. *Radar d'attaque multifonctions* RB E 2 avec système optronique OSF associé. Le Rafale est conçu pour succéder à 8 avions différents : les Mirage III, IV, V et F 1, les Jaguar « air », Crusader, Étendard-IV et Super-Étendard modernisés. La livraison s'échelonnera de 1999 à 2020. L'État a commandé 61 Rafale (25 Marine, 36 air) en 2000.

Atlantique. Avion de patrouille maritime, 46 t, 14 à 16 h d'auton., 650 km/h, armé de torpilles, charges diverses et missiles AM 39, chargés de détecter, pister, harceler les sous-marins.

Baroudeur (ultraléger 135 kg). Se monte en 45 min, moteur 43 ch., 80 km/h, auton. 3 h, permet d'emporter une roquette antipersonnel et antichar. Indétectable par radar. **Hale** (Haute Altitude Longue Endurance). Projet aérospatiale, avion espion ; envergure 48 m, surface portante 70 m², turbopropulseur 1 050 ch., charge utile dont capteurs infrarouges (appareils d'écoute) 400 kg, masse totale max. 4 500 kg, alt. 18 000 m, auton. 20 h à 300 km/h.

■ **G.-B. AV-8 Harrier :** à décollage et atterrissage courts : poids max. au décollage vertical 8,2 t (décollage court, 11,5 t). 1 180 km/h, 2,3 t d'armes.

■ **URSS. Chasseurs. Mig-21 :** intercepteur, env. 7,60 m, long. 15,75 m, poids max. 8,5 t, vit. Mach 2,

Radars

■ **Avions radars. Boeing 707 E-3A « Awacs » (Airborne Warning and Control System :** système de contrôle et d'alerte aéroporté) : USA ; long. 46,60 m, 4 réacteurs ; auton. 11 h (22 h avec ravitaillement en vol), alt. de croisière 9 000 m, vit. de croisière 519-667 km/h, équipage 17. Surmonté d'un rotodôme où est installé le radar système IFF (identification ami ou ennemi, tour complet en 6 s) qui peut émettre selon 5 modes différents et changer de mode 32 fois au cours d'une révolution (le volume surveillé peut être découpé en 32 tranches) ; à 280 km, permet de détecter des cibles évoluant à basse altitude et, dans un rayon de 580 km, des cibles volant à plus haute altitude ; équipé, en outre, d'un radar de détection maritime. *Coût à l'unité :* 900 millions de F. Équipe l'US Air Force (34 commandés), l'Otan (18 commandés) et l'Armée de l'air française (4 livrés). **Grumman E-2C « Hawkeye » (œil de faucon) :** USA ; long. 17,60 m ; env. 24,50 m (ailes repliables) ; haut. 5,60 m ; poids 24 t ; 2 turbopropulseurs de 4 950 ch. ; auton. 6 h ; alt. de croisière 9 000 m ; vit. de croisière 500 km/h ; équipage 5. Radar (sur rotodôme) pouvant poursuivre automatiquement plus de 600 cibles (grâce à sa centrale de calcul) ; peut diriger simultanément 40 intercepteurs vers autant de cibles. Spécialisé pour la détection des cibles à faible vitesse (navires). Peut décoller de petites pistes et être catapulté de certains porte-avions. Équipe marine américaine (70), armée de l'air israélienne (4) ; équipera armée de l'air japonaise (7 commandes), égyptienne, la Marine française (3 prévus). Divers : **EC 135** (Boeing), **Iliouchine 76** (nom Otan *Mainstay*), **Nimrod AEW**, **Atlantic** et **Atlantic 2** Dassault Aviation).

■ **Radar classique.** Émet sur des fréquences de plusieurs centaines de mégahertz pour pouvoir traverser une partie de l'ionosphère (qui commence vers 60 km). Vise directement un missile lorsqu'il est encore à 200/300 km d'altitude (au cours de son vol balistique, l'ogive d'un missile intercontinental s'élève jusqu'à 1 000 km). **Modes de radar : PDNES (Pulse Doppler Non Elevation Scan)** suit la cible (à basse altitude) « en azimut » (sans mesure d'altitude). **PDES (Pulse Doppler Elevation Scan)** situe la cible en altitude. **BTH (Beyond The Horizon)** la suit au-delà de l'horizon (fréquences transhorizon entre 1 et 5 mégahertz). Fait appel à des ondes réfléchies par l'ionosphère et doit détecter l'engin avant qu'il ne s'élève au-dessus de celle-ci. **« Maritime »** sert pour navires (leur vitesse étant faible, le doppler est remplacé par des impulsions très courtes). **« Passif »** sert à dépister et localiser d'autres radars (le radar « écoute »).

☞ *Un avion volant à 300 m d'alt.* sera repéré par les radars terrestres à 60 km, c.-à-d. moins de 5 min avant son passage, s'il vole à 1 000 km/h (on pourra découvrir son identité à temps pour déclencher la riposte appropriée) ; *pour un radar volant à 9 000 m,* l'horizon radar est au-delà de 400 km.

■ **Programme Horizon.** Radar Doppler embarqué sur une plate-forme héliportée pour surveiller un champ de bataille à 3 000 m d'alt. sur une profondeur de 150 km, et permet détection et localisation des convois et des hélicoptères à basse altitude. Succède au programme *Orchidée,* abandonné en 1990.

☞ **Radars basse fréquence** de 10 MHz à 1 GHz expérimentés.

Drones

■ **Noms.** *Drone :* faux bourdon (en anglais) ; *gnoptère :* du grec *gnosis :* intelligence et *pteron :* aile.

■ **Définition. UAV (Unmanned Aerial Vehicle** ou **RPV Remotely Piloted Vehicle) :** avions sans pilote utilisés pour recueil d'informations multiformes, désignation d'objectifs lointains, guidage terminal munitions, leurrage, relais. Transmettent leurs données, ou images, au sol par liaisons automatiques.

■ **Familles.** Courte portée 10 km, moyenne portée lent 150 km, basse altitude rapide 720 km/h, 300 m, maritime tactique ; moyenne altitude et longue endurance (Male) ; haute altitude longue endurance (Hale).

■ **Types. Observation et reconnaissance tactique :** *Piver CL 289* (Canada) à miniréacteur, alt. 400 km, vit. 730 km/h ; *Crécerelle* (Fr.) [dérivé *Sperwer*] ; *Brevel* (Fr./All.) ; *drones de Cac Systèmes ; Vigilant F 2000* (Fr.). **Stratégique (Hale) :** *Predator* (USA) ; *Eagle de Eads Heron* de Malat (Israël) : env. 16,60 m, masse 1 100 kg, moteur à pistons de 100 ch. (736 kW), 7 750 m, auton. 40 h (1 000 km) ; *Fire Scout :* surveillance maritime, masse 1 250 kg, charge utile 200 kg, vitesse 230 km/h, endurance 3/6 h. *Shadow 200 :* surveillance aérienne tactique ; env. 3,90 m, long. 3,40 m, masse 148 kg, vit. 228 km/h, plafond 4 500 m, endurance 5 h ; *Predator B :* surveillance aérienne haute altitude ; env. 16,20 m, long. 8,80 ou 10,98 m, masse 3 200 kg, vitesse 425 km/h, plafond 12 000 m, charge utile 700 kg ; *Darkstar* (Lockeed-Martin) charge utile 500 kg, altitude 13 000 m ; *Global Hawk* (Teledyne Ryan) (dont charge utile 1, carburant 7), rayon 5 500 km, auton. 41 h (dont 24 h sur site) à 21 500 m d'alt., décollage et atterrissage verticaux. Transmettent leurs images à un satellite relais. Gaz du réacteur dirigés vers le haut pour que l'appareil soit moins repérable. [Le *22-4-2001,* le prototype no 5 « Croix du Sud » a volé d'Edwards (USA) à Edinburg (Australie) en 23 h, suivi par 3 liaisons satellites.] **Camarad** (concept d'aéronefs multimissions pour les armées, rapides, autonomes et discrets) : masse 480 kg, env. 2,50 m, long. 5,25 m, charge utile 130 kg, vit. max Mach 0,92, auton. 90 min, altitude 10 à 4 000 m. **UCAV (Unmanned Combat Aircraft Vehicle) :** drones de combat (pourront dans 15 ou 20 ans accompagner des appareils avec équipage qui les téléguideront vers leurs objectifs). Prototype : *Taifun* (All.) : 150 kg, auton. 4 h, vit. 55 m/s, charge 25 kg, rayon 200 km, alt. 2 500 m. L'opérateur suit le vol depuis un véhicule au sol et reçoit les données collectées par l'autodirecteur et le GPS. 1er vol prévu en 2000, production en 2002 et livraison en 2003. L'armée allemande pourrait en acheter 2 500 (1,65 million de F chacun). **AVE (aéronef de validation expérimentale) :** 1er vol 18-7-2000. « Petit Duc » (abréviation de Démonstrateur d'Ucav), monoplan bidérive, long. 2,40 m, env. 2,40 m, en matériaux composites. **MAV (Micro Air Vehicle) :** microdrones développés par le Lincoln Laboratory (1ers vols expérimentaux en 1999) : long. 15 cm, poids 50 g, vols de 20 à 60 min, vit. 35/70 km/h, rayon 10 km. *Kolibri* à rotor : env. 10 cm, haut. 15 cm, poids 122 g, charge utile 100 g. [projet à 4 ailes, type libellule, avec capteurs infrarouges, acoustiques ou biochimiques et système d'imagerie (poids : environ 1 g)]. *Missions :* pourront regarder à l'intérieur d'un bâtiment par les fenêtres, détecter des agents chimiques ; brouiller des systèmes d'écoute et saboter des armes à composante électronique.

■ **Origine.** Utilisé au Viêt Nam par USA, le *Teledyne Fizebee* lancé d'un Hercules C-130 localisait les missiles Sam-3 (+ de 3 000 missions, succès 40 %, pertes moins de 10 %). En 1973 (guerre du Kippour), Israël l'employa pour saturer les défenses antiaériennes le long du canal de Suez, et en 1981-82 (opération « Paix en Galilée ») pour localiser et leurrer les batteries syriennes. En 1991 (guerre du Golfe), les Américains utilisèrent des *Pioneer* (522 missions) pour surveillance jour/nuit, acquisition des objectifs, évaluation des dommages, cartographie des champs de mines et réglages d'artillerie ; les Britanniques des *CL89* et les Français des *4 Hart.* En 1993-94, les Croates utilisèrent le *MAH-01* (largage de tracts). En 1995, les Américains utilisèrent en Bosnie le *Predator.*

■ **Programmes. Allemagne :** *Luna X-3 000 (Luftgestützte Unbemannte Nahaufklärungs Ausstattung) :* moyen aérien pour la reconnaisse rapprochée, poids 20 kg, auton. 3 h, caméra optonique de 2 kg. **Canada :** *CL 327,* dit cacahuète volante, drone hélicoptère de Bombardier, turbine de 125 ch., vit. max. 160 km/h. **France :** *CL 289* (de Canadair Dornier) poids 240 kg ; vit. 800 km/h ; propulsé par turboréacteur ; auton. 400 km ; reconnaît et localise des cibles déjà détectées (par le système Horizon, notamment), permet la transmission des images en temps réel à 75 km, navigation programmée, radar doppler, caméra stéréo Zeiss, analyseur infrarouge SAT, images transmises au sol en temps réel par liaison de données vidéo, peut observer en un seul vol une quinzaine de zones de 20 km² ; équipe la Bundeswehr, et l'armée française a commandé 4 batteries avec une cinquantaine de drones. *Aérodyne léger télépiloté [ALT* ou *Brevel* (de Bremen-Vélizy)] d'Eurodrone (Matra-STN) : poids 150 kg ; vit. 150 km/h ; alt. max. 2 000 m ; auton. 3 à 4 h, programme lancé 1992 en coopération avec l'Allemagne, livré vers 1998 ; *Crécerelle* (de Sagem) long. 2,75 m, env. 3,30 m, masse max. 120 kg, charge utile 35 kg, vit. 120 à 250 km/h ; alt. 3 500 m, portée 80 km ; auton. 5 h ; 1 moteur à pistons de 26 ch. ; capable de transmettre des données en temps réel sur 50 km, lancé par catapulte à partir d'une rampe (reprend la cellule du drone britannique Spectre) ; scanner infrarouge ; caméra CCD à grand champ et scanner infrarouge à haute résolution (45 cm) ; *Pirat* (Aérospatiale) : long. 2,50 m, 15 kg, moteur à hélice 5 ch., rayon 10 km, téléguidé par fibre optique ; *Vigilant 2000* (de Thomson CSF et Techno Sud Industries) : hélicoptère de 32 kg, vit. 100 km/h, rayon 20 km. **G.-B. :** *Phœnix* et *Sprite.* **Israël :** *Hunter :* 730 kg (dont charge utile 110), auton. 12 h, rayon d'action 1 000 km ; *Sniper* (de Silver Arrow) : long. 4,30 m, env. 4,21 m, 150 kg, charge utile 25 kg, auton. + de 6 h, vit. max. 180 km/h ; *Hermès 1 500* (de Elbit) : aéronef bimoteur d'observation tactique et stratégique, auton. 40 h, charge utile 400 kg, vit. 210 km/h ; *Harpy :* drone antiradar. En 2000, l'escadron 200 exploitait 3 types : *Scout* (entré en service 1980) : rayon 100 km, plafond 5 000 m, charge utile 80 kg, endurance 4,5 h ; *Search* (en 1992) : 150 km, 6 000 m, 110 kg, 12 h ; *Hermes 450* (en 1998) : 150 km, 6 000 m, 150 kg, 18 h. **Russie :** *Pchela-1T* (de Yakovlev et Kulon) : 138 kg, rayon 50 km, alt. 10/2 500 m, vit. 110/150 km/h, auton. 2 h, moteur à pistons de 32 ch., lancement par catapulte et boosters, récupération par parachute. **USA :** *Condor, Himat (Highly Manœuvrable Aircraft Technology), CLGP (Canon Laser Guided Projectiles) ; TUAV (Tactical Unmanned Air Vehicle) : Outrider* (de l'Alliant Techsystems) : surf. alaire 2,60 m² ; env. 3,36 m ; long. 3 m ; vit. 65 à 200 km/h ; poids à vide 150 kg ; charge utile 80 kg (dont sous les ailes 50 kg) ; auton. 3 h ; rayon d'action 200 km ; alt. max. 5 000 m ; moteur 2 temps (60 ch. au décollage, 50 ch. en croisière) ; prix avec sa charge 1,55 à 1,8 million de F ; *Camcop :* hélicoptère, long. 2 m, vit. 90 km/h ; *Darkstar Drone furtif :* long. 4,57 m, env. 21 m, masse 3 900 kg, charge utile 460 kg, rayon 0,20 km, 460 km/h, alt. 13 725 m.

auton. 1 200 km. **Mig-25 :** intercepteur (Foxbat A), env. 14,7 m, long. 20,2 m, poids max. au décollage 29 t, vit. Mach 2,8, auton. 2 700 km, plafond 24 385 m (seuls les F-15 Eagles amér. ont un plafond aussi élevé, mais leurs réacteurs fonctionnent mal à très haute altitude). Les Russes l'utilisent comme avion de reconnaissance (Foxbat B et D, Mach 3,2) entre 25 000 et 30 000 m d'alt. (équivalent de l'amér. SR 71 Blackbird). **Mig-29 « Fulcrum » :** env. 12 m, long. 18,30 m, surface alaire 43,50 m^2, propulsion : 2 X R-33 D double flux, poussée sans PC (kN) : 49, poussée avec PC (kN) : 81, masse à vide 10 000 kg, carburant interne 3 900 kg, charge au décollage 15 200 kg, vit. Mach 2,3, auton. 370 km. Décollage sur 300 m et atterrissage sur 600 m. Vit. ascensionnelle : 330 m/s. Éjection possible du pilote à 100 m en vol horizontal sous un angle de 90° et vitesse 0, sur le dos à 200 m. Canon 30 mm, 150 obus et 6 missiles de combat antiaérien (2 R 85 « Alamo » : long. 5 m, portée 50 km ; 4 R 60 « Aphid » : plus petits missiles air-air de combat très rapproché du monde, précis entre 500 et 4 000 m). **Mig-31 :** biréacteur, 45 t max. au décollage, 2 600 km/h, 4 missiles forte portée (110 km) ou 8 plus petits. **Mig-1.44 :** 1er vol 29-2-2000. **Su-35UB Super Flanker** (Sukhoï) : env. 14,7 m, long. 22,2 m, haut. 6,4, surface alaire 62,04 m^2, masse à vide 17 t, masse max. au décollage 34,5 t, vitesse max. 2 500 km/h, plafond 18 000 m, rayon d'action 4 000 km, 2 réacteurs, 14 000 kg de poussée unitaire.

Bombardiers. **M-4 Myasishchev :** lourd, env. 48 m, long. 46 m, poids max. 115 t, vit. Mach 1. **Su-7B Sukhoi :** ch bombardier, env. 12,50 m, long. 15,50 m, poids max. 13 t, vit. Mach 1,7. **Tu-6 Tupolev :** 945 km/h, auton. 6 406 km. **Tu-16** (1952) : env. 32,92 m, long. 34,80 m, poids max. 72 t, 992 km/h, auton. 5 760 km. **Tu-20 :** env. 51 m, long. 54 m, poids max. 155 t, 800 km/h, auton. 12 500 km. **Tu-22 :** env. 27,70 m, long. 40,53 m, poids 84 t, vit. Mach 1,4, auton. 2 250 km. **Tu-26** (Backfire B) : env. 33,50 m, long. 40,23 m, poids max. 122,5 t, vit. > Mach 2, auton. 8 900 km. **Tu-95** (1954) : env. 51,10 m, long. 49,50 m, poids 154 t, 870 km/h, auton. 12 550 km. **Tu-160** (1981) : 2 000 km/h, auton. 10 500 km. **Blackjack :** env. 42,70 m, long. 55 m, poids max. 263,1 t, vit. Mach 2,3, auton. 14 000 km sans ravitaillement (7 200 selon experts occidentaux). Peut transporter missiles AS 15, portée 1 200 km.

■ **USA. Bombardiers.** **General Dynamic B-58 « Hustler » :** 2 118 km/h à 13 400 m, plafond 18 300 m. **Boeing B-52 « Stratofortress »** (1954) : long. 49 m, env. 56,30 m, octoréacteur 1 014 km/h, poids max. 229 t, plafond 16 764 m, auton. 16 000 km ; 2 canons de 20 mm, 2 missiles, 30 t de bombes. 744 construits. Boeing envisage de moderniser 94 B-52 dès 1999 : remplacement des 8 réacteurs TF 33 par 4 Rolls-Royce (équipant déjà les Boeing 757 civils), autonomie portée à 23 000 km, nouvelle électronique de bord. La refonte prolongerait l'emploi opérationnel de ces avions jusqu'en 2030. **B-1B** (1er vol : 23-12-1974) : long. 44,70 m, env. 41,70 m, poids 216,4 t, vit. Mach 2,2, auton. 9 815 km ; 56 t de bombes. **A-7 A Corsair II :** bombardier léger, existe en version embarquée. Plus de 1 046 km/h, distance franchissable en convoyage 4 500 km, poids total 14 750 kg (*A 7 B* version évoluée, *A 7* biplace, *A 7 D* terrestre, *A7H* version grecque, *A7P* version portugaise). **ATA (Advanced Tactical Aircraft) :** pour la marine, à l'étude. **ATB** (voir col. b).

☞ **AMSA (Advanced Manned Strategic Aircraft) :** bombardier supersonique conçu pour voler à basse altitude, avec des bombes nucléaires et des missiles SRAM. Projet abandonné par les Américains.

Chasseurs. **Lockheed F-104 Starfighter** (1958) : env. 6,70 m, longueur 16,70 m, poids 13 t, vit. Mach 2,2, auton. 2 100 km. Intercepteur polyvalent. **Mac Donnel F-4 C « Phantom »** (1961) : 2 414 km/h, auton. 2 600 km, plafond 21 000 m, poids max. 24,7 t. **Northrop F-5 A, F-5 B « Freedom Fighter »** (1965) : 1 705 km/h, auton. maximale 3 175 km. **Republic F-105 « Thunderchief »** (1956) : 2 382 km/h à 11 000 m, auton. maximale 3 330 km. **General Dynamics F-111 A** (1967) : chasseur bombardier à géométrie variable, 2 335 km/h à 10 700 m, distance franchissable 5 300 km, plafond 18 000 m, poids max. 54 t. **Grumman F-14 « Tomcat »** (1972) : 2 485 km/h, auton. 3 200 km, plafond 17 000 m, biplace embarqué à géométrie variable (US Navy). Version iranienne : **« Alicat »**. **McDonnell F-15 « Eagle »** (1974) : 2 600 km/h, plafond 30 500 m, auton. maximale 5 560 km. **General Dynamics F-16** (1978) : interception et pénétration, 2 172 km/h, env. 9,14 m, long. 14,32 m, propulseur F 100 (Pratt et Whitney), poussée et post-combustion 11 340 kg, poids max. 7 938 kg ; 1 canon 30 mm. **Northrop F-18 « Hornet »** (1988) : 2 200 km/h, auton. maximale 3 700 km/h, plafond 15 200 m (US Navy). **Fairchild Republic A-10** (1974) : 800 km/h, biréacteur monoplace antichars ; décolle en moins de 600 m ; 7 t d'armement, canon 30 mm tirant 1 350 obus, en uranium-titane, non radioactif, fusant à l'impact.

☞ **F-22 Raptor** (Lockheed Martin/Boeing), anciennement ATF *(Advanced Tactical Fighter) :* chasseur « furtif », indétectable au radar, 1er vol 29-5-1997. Monoplace, env. 13,56 m, long. 18,92 m, haut. 5 m, surf. alaire 78,04 m^2, masse à vide 14,365 t, masse max. au décollage 24,95 t, vitesse max. Mach 1,7, plafond 15 200 m, rayon d'action 3 220 m, charge militaire 10 t, 2 réacteurs, 15 875 kg de poussée. Programme initial 700 exemplaires réduits à 300.

Joint Strike Fighter (JSF) : fusion de 2 programmes : *MRF* de l'armée de l'air (*Multi-Role Fighter,* destiné à remplacer *A-10* et *F-16*) et le *A/FX* de la marine (*Attack/Fighter Experimental,* destiné à remplacer le *A-6*). En 1993, programme commun désigné *JAF,* puis *JAST,* puis *JSF.* Décolle court et atterrisage vertical. *Coût du programme :* de 250 milliards de $ (version US, 3 000 exemplaires) à 750 milliards de $; armée de l'air 29 millions de $; marine 37 ; Marine Corps 41.

Reconnaissance. **SR-71 :** voir ci-dessous. **Lockheed TR-1 :** 700 km/h ; alt. 21 000 m.

Transport. **Lockheed AC-5 :** 350 t ; auton. 11 000 km, avec 32 t de charge jusqu'à 6 400 km. **C-5B Galaxy** (1969) : 6 000 km, 240 soldats, ravitaillement en vol. **C-17** (1er vol : juin 1992).

Himat (Rockwell) [*Highly Manœuvrable Aircraft Technology*]. 1er vol lâché à 13 500 m d'alt. par un B-52, et piloté à distance ; sa structure comporte 28 % de fibres de carbone et sa flexibilité est contrôlée.

Stealth Aircraft [« Avion qui se dérobe » ou *« avion furtif »* mis au point par Ben Rich (1925-95)]. **Lockheed SR-71 Blackbird :** avion-espion construit à 32 ex. en 1966, retiré du service en févr. 1990 (dernier vol 6-3-1990) pour cause d'économies. *Coût :* 250 à 350 millions de $/an. *Plafond :* 30 000 m, 3 530 km/h. Ralliait en 12 h USA au Proche-Orient et prenait en 1 h des photos sur 258 000 km^2. N'a jamais été abattu. **Lockheed F-117A** (division des projets spéciaux avancés, dite « Skung Works ») : avion de reconnaissance pour bombardement (2 turboréacteurs de 5,6 t de poussée), monoplace, env. 13,20 m, long. 19,80 m, haut. 3,80 m, surface alaire 239 m^2, masse à vide 9 t, au décollage 24 ; structure et carcasse en composites absorbant les ondes radar Fibaloy et Filcoat, fibre de carbone près des points chauds (réduction signature infrarouge). Géométrie particulière (facettes reliées par des dièdres, déviant les échos radar et enveloppant ses armes) qui lui interdit de voler en supersonique ; vitesse 1 100 km/h, rayon d'action 650 km : difficile à piloter car peu stable (plusieurs accidents signalés), malgré des commandes de vol électriques à quadruple circuit. *1er vol :* 15-6-1981. En service en oct. 1983. 59 ex. commandés, dont 56 livrés. *Coût total :* 6,5 milliards de $, soit environ 110 millions de $ par appareil dont 65 % en études et développement. **F-2 :** 6 exemplaires, 2 écrasés (21-6-1982 et 11-7-1986) ; employé au combat pour la 1re fois en déc. 1989 lors de l'opération « Just Cause » au Panamá. **ATB (Advanced Technology Bomber) :** bombardier B-2 de Northrop (origine 1947, projet YB-49, *1ers essais* 1987, *1er vol* 17-7-1989), aile volante 180 t, long. 20 m, haut. 5,20 m, env. 52 m, poids à vide 70 t, 4 turboréacteurs, de 8,6 t de poussée unitaire, dérivés du F-110, charge millitaire de 22,5 t, rayon d'action 10 000 km. *Coût :* 530 millions de $. *Coût à l'unité du Spirit* (prévu 240 millions de $) : *1995 :* 850 ; *99 :* 2 300. *Commandes prévues :* 132 (soit 70 milliards de $), réduites à 20 (18-9-1992). Opère isolé et de nuit (renseignement, brouillage, bombardements préliminaires...), mais perdrait ses qualités de furtivité par temps de pluie. 1 a été abattu en Serbie en 1999, une nuit de pleine lune, par un missile sol-air SA-3 (disposant d'un radar de poursuite visuelle). **Nouveau B2 :** essai de revêtements « furtifs » insensibles à l'humidité : 60 prévus ? **TR-3 Black Manta** (sous réserves) : Northrop, monoplace, forme d'aile volante, 2 turboréacteurs General Electric F104, tuyères au-dessus des ailes, subsonique à basse altitude, rayon d'action 5 500 km. **Aurora** (expérimental) : long. 25 à 30 m, 80 t, alt. 30 km, vit. 5 300 à 8 500 km/h.

☞ Depuis 1997, l'Air Force Office of Scientific Research (AFOSR) finance le programme Air Plasma Ramparts (APR) qui se propose de découvrir les mécanismes physiques permettant de créer et entretenir à l'air libre, moyennant une très faible dépense d'énergie, d'importants volumes de plasma présentant une densité d'électrons élevée (10^{13} par cm^3), une durée de vie supérieure à 10 ms et une température de 300 à 2 000 K.

☞ **Surface équivalente radar (SER) :** caractérise la portée de détection possible par un radar de puissance donnée. *B-52 :* 100 m^2, *B-1A :* 10, *Mirage III :* 3, *B-1B* (furtif), *B-2 :* 0,1, *F-117 A*, *Black Jet :* 0,025, *Oiseau :* 0,01.

■ Hélicoptères

■ **Généralités.** **Moteur à piston :** *R 4* de l'ingénieur Igor Sikorsky (Russe naturalisé Amér., 1889-1972), moteur 180 ch, 1 rotor principal de 11,58 m de diamètre, hélice anticouple, 121 km/h, alt. 2 438 m ; autonomie 322 km. Rotors lourds et encombrants.

Turbine : 1re utilisation 1955 sur *Alouette II* (franco-suédois), avec turbine. *Artouste II,* placé près des pales (triples, 9,70 m de diam.), vitesse 185 km/h, plafond 11 036 m, autonomie 365 km.

Pales : métalliques jusqu'en 1971 ; sensibles aux effets d'entailles et à la corrosion, durée de vie limitée (2 000 h), difficiles à réaliser (profils) ; **fibres de verre** imprégnées de résines époxydes 1971, *Gazelle SA 341* (Aérospatiale-Westland) ; **fibres de carbone ou tissus de verre :** exemples : *Bölkow* en RFA, *Boeing Vertol* aux USA. Résistent à l'impact d'un obus de 20 mm, permettent une économie de 400 à 600 kg, et un accroissement de 10 % de la vitesse de croisière ; peuvent recevoir un dispositif de dégivrage incorporé.

■ **Hélicoptères de combat. Afrique du Sud.** **Denel Aviation CSH-2 Rooivalk** [1] (févr. 1990/1998 [5]) : 5 270/9 400 kg [2], 309/285 km/h [3], auton. 3 h 30 [6], puissance 2 × 1 492 [4], canon 20 mm ; points d'emport : 4 sous aile + 2 aux extrémités ; missiles antichars (air-sol) ZT-3 Swift (jusqu'à 6), antiaériens (air-air) V3B Kukri ou V3C Darter (jusqu'à 4) ; roquettes : paniers de 18 de 68 mm.

All./France. **Eurocopter Tigre** [1] (avril 1991/2001 [5]) : 3 300/ 6 000 kg [2], 314/250-280 km/h [3], auton. 2 h 50 [6], puissance 2 × 873,[4], canon 30 mm (HAP) ; points d'emport : 4 sous aile ; missiles antichars (air-sol), Hot ou Trigat (jusqu'à 8), MP portée 2 km, LP 8 km, antiaériens (air-air) Mistral ou Stinger (jusqu'à 4) ; roquettes : jusqu'à 68 ; viseur de mât passif Osiris. Industrialisation décidée le 20-6-1997 par France et Allemagne. *Commandes prévues :* France 215 (appui protection 115, antichar 100), Allemagne 212 ; *effectuées :* 160 en 1999 (France et Allemagne). *1res livraisons :* 2001 (Bundeswehr) et 2003 (armée de terre). *Prix à l'unité :* 90 millions de F. La formation des pilotes sera commune (base Alat du Luc, Var).

Italie. **Agusta A-129 Mangusta** [1] (sept. 1983/oct. 1990 [5]) : 2 529/4 100 kg [2], 315/259 km/h [3], auton. 2 h 30 [6], puissance 2 × 615 [4], canon possible ; points d'emport : 4 sous aile ; missiles antichars (air-sol) Tow (jusqu'à 8) ou Hellfire ou Hot (jusqu'à 6), antiaériens (air-air) Sidewinder ou Javelin ou Stinger ; roquettes : jusqu'à 52.

Venom canon 20 mm ; points d'emport : 4 sous aile ; missiles antichars (air-sol) : Hellfire, Tow ou Maverick, (air-air) : Sidewinder ou Stinger (jusqu'à 2) ; roquettes de 70 mm.

URSS. **Mi-24 « Hind »** (1973) : 2 turbines ; peut emporter 128 roquettes de 57 mm, 4 bombes de 250 kg, 4 missiles antichars AT-2 Swatter ou AT-6 Spiral, ou une mitrailleuse de 12,7 mm à 4 tubes rotatifs (type Gatling ; cadence 4 200 coups/min) ; 330 à 360 km/h, auton. environ 300 km. **Kamov Hokum** (1983-87) : 345 t, 350 km/h, auton. 250 km. **Mi-28N « Havoc »** (1996) : 11 600 kg, 300 km/h, missiles antichars Ataka, moteur Klimov TV3.

USA. **McDonnell Douglas AH-64D Longbow Apache** [1] (avril 1992/1997 [5]) : 5 092/9 525 kg [2], 365/285 km/h [3], auton. 3 h 10 [6], puissance 2 × 1 409 [4], canon 30 mm ; points d'emport : 6 sous aile ; missiles antichars (air-sol) Hellfire (jusqu'à 16), antiaériens (air-air) Sidewinder (jusqu'à 2) ; roquettes : jusqu'à 76 de 70 mm ; radar Longbow actif détectable.

Bell AH-1W Super-Cobra [1] (nov. 1983/mars 1986 [5]) : 4 634/6 990 kg [2], 282/350 km/h [3], auton. 3 h [6], puissance 2 × 1 260 [4].

Boeing-Sikorsky RAH-66 (Reconnaissance Attack Helicopter) Comanche [1] (janv. 1996, présenté 1999, opérationnel 2006 [5]) : furtif 3 522/7 812 kg [2], 328 km/h [3] (148 en vol arrière), auton. 2 h 30 [6], puissance 2 × 1 002 [4], canon 20 mm ; points d'emport : 4 sous aile + 6 sous ouvertures latérales ; missiles antichars (air-sol) Hellfire (jusqu'à 6 sous ouvertures, 8 sous aile), antiaériens (air-air) Stinger (12 sous ouvertures, 16 sous aile). *Prix unitaire :* 85 millions de F.

Nota. – (1) Constructeur. (2) Masses à vide/max. au décollage. (3) Vitesse max./vit. de croisière. (4) Puissance en continu en kW. (5) 1er vol/1re livraison. (6) Autonomie max. (sans réservoirs extérieurs).

■ **Hélicoptère de transport tactique.** **Eurocopter NH 90 :** successeur des Puma et Super Frelon ; 9 t (peut emporter un véhicule de combat ou 20 h. armés ou 2 t de charge utile), 300 km/h, auton. 900 km ; CVDE (commandes de vol électriques). *1res livraisons :* prévues 2003. *Contrat signé 1-9-1992 :* 9,6 milliards de F. *Financement* (en %) : français 42,4, italien 26,9, allemand 24, néerlandais 6,7. *Appareils prévus :* 609 dont Italie 224, Allemagne 205, France 160 (terre 133, marine 27), Pays-Bas 20. *Commandés* 298 le 30-6-2000.

■ **Hybrides.** **USA : V-22 Osprey** (origine 1958 Bell XV-3, 1979 Bell XV-15) : convertible à rotors basculants. Décollage vertical et vol horizontal supérieur à 500 km/h. **VZ-2 « Vertol 76 »** (1958).

■ **Forces armées.** **USA :** 10 000 hélicoptères. **Russie :** 7 000 dont environ 1 500 Hip et Hind antichars. **France :** 840 dont 620 utilisés par l'Alat ; pour la lutte antichars, un régiment d'hélicoptères représente le tir instantané de 120 missiles Hot par des Alouette III et Gazelle ; 2 régiments d'hélicoptères Puma peuvent transporter 1 000 combattants à 100 km en 2 rotations.

■ **Accidents en France.** **Appareils de l'armée de l'air qui se sont écrasés au sol :** *1982 :* 12 ; *85 :* 15 ; *86 :* 11 (10 †) ; *87 :* 19 (12 †) ; *88 :* 18 (9 †) ; *89 :* 10 (13 †) ; *90 :* 10 (5 †) ; *91 :* 11 (12 †). **Taux d'accidents d'avions de combat sur 10 000 h de vol :** *1973 :* 1,34 % ; *87 :* 0,92. **Coût** (en millions de F) : appareil équipé 200, pilote tué (compte tenu de sa formation) 5,5.

Bombes

■ **Quantité d'explosifs utilisée pour 1 ennemi tué** (en kg). *2e Guerre mondiale* 1 100 ; *guerre de Corée* 5 600 ; *guerre du Viêt Nam* 17 000.

■ **Destination.** **Antipersonnel :** *à souffle* (de 20 à 50 kg). *A fragmentation* (éclats tombant dans un rayon de 100 m ou grenades explosant). *A billes* (1966). *A fléchettes* de 5 cm de long, tournant sur elles-mêmes. *Mine-araignée* 500 g ; larguée par avion et munie de lanières de 6 m de long, qui accroissent la zone de contact. *Au napalm* (savon à base d'acides oléique 65 %, gras 30 %, napténique 5 % plus essence incendiaire) ; 2 types : à brûlage rapide (absorbant tout l'oxygène alentour, personnel asphyxié) ; lent (pour détruire les installations). **Antimatériel :** *explosives* à souffle. *Incendiaires* à pénétration. *Bombes torpilles* guidées. *Bombes planantes* avec ailettes modifiables par électroaimants commandés par radio (exemple : bombe américaine BAT).

■ **Bombe conventionnelle la plus lourde.** *Grand Slam,* lâchée 14-5-1945 sur le viaduc de Bielefeld (All.), 9 975 kg, long. 7,74 m ; en 1949, bombe expérimentée aux USA : 19 050 kg. Les plus lourdes utilisées au Viêt Nam par les USA 4,5 t (pour ouvrir dans la jungle des aires d'atterrissage pour hélicoptères).

■ **Bombe à aérosol,** ou bombe à détonation gazeuse. Contient un réservoir d'hydrocarbure très détonant (oxyde d'éthylène ou méthane) qui se vaporise lors de l'explosion de l'enveloppe ; le mélange aérosol-air est alors mis à feu avec un retard permettant l'expansion optimale du nuage aérosol : onde de choc surpuissante et combustion de l'oxygène (asphyxie) dans une zone accrue. Exemples : CBU (Cluster Bomb Unit) utilisée au Viêt Nam ; FAE (Fuel Air Explosive) utilisée dans le Golfe en 1991.

■ **Bombes et engins divers. M-36 :** bombe incendiaire contenant 182 bombes-filles. **BLU-31 :** mine de 705 livres, s'enterrant à l'arrivée au sol. **Ravepat II :** bombe de 2 500 livres, parachutée, renfermant du propane et explosant au contact des arbres (servait en particulier à détruire la jungle au Viêt Nam). **« Dent de Dragon » :** arme antipersonnel, largable à des milliers d'exemplaires par un seul avion. **Bombe orange :** 1 kg ; explose en se fragmentant. **Mine à fragmentation :** explose quand on marche dessus, et blesse plus qu'elle ne tue. **SFW (Sensor Fuzed Weapon)** : armes antichar (avec 4 sous-munitions skeet) intégrées par grappes de 10 dans des disperseurs de 500 kg.

France (en 1992). **Bombes lisses :** *SAMP* de 250 ou 400 kg pour objectifs de grande surface peu défendus ; larguées en « piqué ou palier ressource », trajectoire balistique. **Bombes freinées :** permettent attaque grande vitesse très basse altitude et dégagement plus rapide hors défenses et souffle de la bombe. **Bombes d'appui tactique** *BAT 120* : centaines d'éclats préfragmentés pouvant percer un blindage de 1 cm à 15 m de l'impact. **Bombes antipistes** *BAP 100* : freinée (accroissement d'incidence) puis accélérée (pénétration dans le sol). **Bombes lance-grenades** *BLG 100*, dite « Béluga » : 151 grenades de 66 mm antipersonnel ou antichars. **Bombes guidées laser** *BGL* : larguées en vol rasant jusqu'à 8 km ; l'avion dispose de 1 nacelle Atlis (autopointeur télévision et laser d'illumination sol ; précision environ 1 m), contre objectifs ponctuels durcis ; très efficaces dans la guerre du Golfe.

■ **Détecteurs acoustiques et sismiques.** Largués d'avion, ils se fichent dans le sol en restant reliés à un petit émetteur qui demeure accroché aux arbres.

■ Missiles et bombes à effets spéciaux de la 2de Guerre mondiale

■ **Allemagne. Bombe de 1 000 kg** à ailettes annulaires (1939). **Missiles guidés** (opérationnels en août 1943 dans les unités du Kampfgruppe 100) : *FX (PC 1400)* : avec ailes fixes cruciformes et déflecteurs de guidage, commandés par radio de l'avion lanceur, pour perforer les blindages ; *HS 293* : avion miniature propulsé par fusée, utilisé lors du débarquement de Salerne en sept. 1943 (croiseur *HMS Penelope* coulé, cuirassé *HMS Warspite* et croiseur *USS Savannah* endommagés) et de la reddition de la flotte italienne (cuirassé *Roma* coulé).

Vergeltungswaffe 1 (V 1) [arme de représailles n° 1] : « Bombe volante » *(flying bomb)*, lancée par des rampes de 45 m de long. À réaction, sans pilote, lancée dans la direction voulue, en ligne droite, gouvernail bloqué. Stabilisée par des gyroscopes. *Long. :* 7,73 m. *Envergure :* 5,18 m. *Poids :* 2,2 t [dont 850 kg d'explosifs et 500 de carburant (665 litres d'essence)]. *Consommation :* 2,4 puis 3,1 l au km. *Vitesse de lancement :* 290 km/h, *max. :* 780, *de croisière :* 650. *Portée :* 210 km pour les 1ers modèles, à + de 300 km pour les dernières versions. *Altitude de vol :* 300 à 400 m pendant la 1re partie de la trajectoire ; 700 à 1 000 m après. *Précision :* rayon de 8 km. *1ers lancements : nuit du 12/13-6-1944 :* tir préliminaire. 4 h 20 : 10 V 1 sont lancés (5 s'écrasent au sol au départ, 1 disparaît dans la mer, 4 arrivent : 1 explose à Cuckfield, 1 autre à Gravesend, 1 autre à Bethnal Green et le dernier à Sevenoaks). *-15-6* ouverture réelle des tirs. À partir de 22 h 30 : 230 V 1 sont lancés en 24 h (144 atteignent l'Angleterre, 73 le Grand-Londres, 33 seront abattus par la DCA, 11 explosent dans la ville même). *-18-6* le 500e V 1 est lancé. *Nombre total lancé du 13-6-1944 au 29-3-1945 :* 18 000 dont 7 840 sur l'Angleterre (4 260 furent détruits en vol ; à la fin 90 % étaient interceptés) et 3 000 sur Anvers. *Nombre de victimes en Angleterre :* 6 000 †, 18 000 blessés, 23 000 habitations détruites.

V-2 ou **A-4** [appelée « fusée » *(rocket)* par les Anglais] : engin sol-sol supersonique, décelé par les radars, mais trop rapide pour être intercepté (vitesse 5 000 km/h). Précurseur des engins stratégiques modernes (inventeur : von Braun). *Long. :* 13 m, *diam. :* 1,70 m, *poids :* 13 t, *puissance :* 600 000 ch, *altitude :* 50 km (1 min après le départ), *portée :* 350 km, *charge explosive :* 1 t. Seule parade possible : bombardement des bases de départ. *Nombre total lancé du 8-9-1944* (1er sur Londres) *au 29-3-1945 :* 3 000 (sur l'Angleterre 1 250, Anvers 1 750). *V-2 le plus meurtrier,* tombé sur le cinéma Rex à Anvers le 28-11-1944 (567 †). Londres : 3 000 †, 6 000 blessés. **1er lancement sur Paris :** *6-9-1944* échec au lancement ; *8-9* 2 lancés : 1 se désintègre en vol, l'autre tombe à 11 h à Charentonneau, près de Maisons-Alfort (4 †).

■ **G.-B. Bombes légères** (1,8 t) contre les agglomérations, **« Block buster » :** éventreur d'immeubles) ; utilisées par paires (1942). **« Spinning drum »** (fût tournoyant) contre les barrages protégés par des filets antitorpilles : suspendue à moitié hors de l'avion peu avant l'attaque, mise en rotation à grande vitesse par un moteur auxiliaire ; larguée à 18 m, ricochait à la surface de l'eau, franchissait les filets en ralentissant, coulait au contact du barrage et explosait en profondeur grâce à une amorce hydrostatique. **« Earthquake »** (tremblement de terre) avec explosif puissant contre les ouvrages massifs (viaducs, hangars de sous-marins) : 4 ailettes, 10 t ; explosait sous terre. **« Disney »** bombe de 2 t, avec fusée mise en service à basse altitude (vitesse finale : 720 m/s).

■ **Japon. Yokosuka MXY7 :** missile piloté, pour les attaques suicides ; transporté par bombardier jusqu'à 80 km de l'objectif ; vitesse finale en piqué de 1 000 km/h, 1 200 kg d'explosifs à l'avant.

■ **USA. B-17** remplie d'explosifs (9 t). Évacuée par le pilote après le décollage, puis guidée par radio-commandes depuis un autre avion.

Armes nucléaires et thermonucléaires

☞ Une *explosion nucléaire de 1 kilotonne* dégage autant d'énergie que l'explosion de 1 000 t de trinitrotoluène (TNT), explosif classique pris comme référence. Un *avion armé d'une bombe de 100 kt* dispose d'une énergie équivalant à celle que transportaient, en 1944, 15 000 bombardiers.

Pendant la guerre de 1939-45, la totalité des explosifs utilisés par les 2 camps a représenté environ 2 Mt (mégatonnes, soit 2 000 kt) de TNT.

■ Différents types

■ **Armes à fission (bombes atomiques ou bombes A).** Utilisent la fission d'atomes lourds tels que l'uranium 235 ou le plutonium 239 qui se « cassent », formant des « produits de fission » en dégageant une quantité importante d'énergie. **Énergie :** de quelques kt à quelques centaines de kt. À moins de 13 km d'altitude, l'effet de souffle dû à l'onde de choc correspond à 50 % de l'énergie dissipée, les effets thermiques à 35 %, et les rayonnements nucléaires (initial et différé) à 15 %.

■ **Armes thermonucléaires (bombes à hydrogène ou bombes H).** Utilisent la fusion de 2 atomes d'hydrogène lourd (deutérium ^2H ou tritium ^3H) ou de deutérium et de lithium (qui produit le tritium). Cette fusion ne peut avoir lieu qu'à plusieurs millions de °C, et seule l'explosion d'une bombe à fission est capable, dans l'état des connaissances actuelles, de « chauffer » suffisamment l'hydrogène pour amorcer la réaction thermonucléaire. On envisage l'amorçage par un laser. **Énergie :** de quelques kilotonnes à quelques dizaines de mégatonnes. Exemple : *ex-URSS, expérimentée le 31-10-1961 :* 57 à 90 Mt (?) : son onde de choc fit 3 fois le tour de la Terre (1er tour en 36 h 27 min).

Bombe à neutrons [dite à rayonnement renforcé, appelée aussi **ANSKT** (ou bombe neutronique ou Mininuke)], due à l'Américain Samuel Cohen : bombe miniaturisée à fusion thermonucléaire de faible puissance conçue de façon telle que la proportion des différents effets est modifiée au profit du rayonnement neutronique, le souffle et l'effet thermique étant minimisés. *Effets :* les neutrons traversent les blindages les plus épais en émettant des rayonnements γ. Ces rayonnements n et γ neutralisent les personnels et détruisent les composants électroniques. En revanche les neutrons sont plus facilement arrêtés par des matériaux légers tels que terre, sable, béton, eau. La bombe permet donc de frapper des concentrations de forces blindées sans causer trop de dégâts à l'environnement (forêts, constructions...) ; chaleur, déflagration et retombées radioactives sont de 10 à 100 fois inférieures à celles des armes thermonucléaires classiques de même puissance. Elle peut aussi servir en défense ABM. Des tirs de « proximité » dirigés contre la tête de rentrée d'une fusée adverse peuvent la rendre inopérante en neutralisant l'électronique de déclenchement de sa charge.

Nota. – En 1981, le Pt Reagan a décidé la construction et le stockage de la bombe à neutrons. La France est en mesure de la produire.

■ Effets des explosions nucléaires

■ **Effet thermique.** L'énergie dégagée lors de l'explosion élève la température de plusieurs millions de °C (dans une explosion classique les températures ne dépassent guère 5 000 °C). En moins d'un millionième de seconde, l'arme rayonne d'énormes quantités d'énergie, surtout sous forme de rayons X qui sont absorbés très rapidement par l'atmosphère. Une « boule de feu » (masse d'air et de résidus gazeux) plus brillante que le soleil se forme, se dilate et se refroidit en quelques secondes, rayonnant son énergie, notamment sous forme de lumière ultraviolette visible et infrarouge, créant ainsi un *flux thermique* élevé capable de provoquer à grande distance des brûlures des yeux ou de la peau et d'allumer de nombreux incendies. Les brûlures au 1er degré de la peau nue résultent de l'absorption de quantités de chaleur d'environ 2 à 4 calories/cm² et celles au 2e degré de 5 à 9. En raison de l'effet de focalisation du cristallin, l'effet lumineux intense peut provoquer, surtout de nuit (la pupille étant dilatée), des éblouissements prolongés ou brûler définitivement la rétine.

■ **Onde de choc.** Créée par détente de la boule de feu, formée de gaz à très haute température et à très forte pression (*surpression* à front raide puis *dépression*), accompagnée d'un *vent très violent* qui peut s'inverser pendant la phase de dépression. L'action destructrice dépend de la valeur de la surpression de crête qui écrase les structures fermées, et de la force de traînée du vent. Le vent balaye tout sur son passage et transforme en projectiles meurtriers tous les objets rencontrés. À la surpression de 0,35 bar, qui correspond au risque de rupture des tympans, la vitesse maximale du vent atteint 250 km/h et, à la surpression de 2 bars pour laquelle on constate des lésions pulmonaires, elle dépasse 1 000 km/h (lors de tempêtes ne dépasse guère 200 km/h).

■ **Effet des rayonnements. Rayonnement nucléaire initial** (avant 1 min) : rayonnements γ *et n* peuvent parcourir plusieurs km. Bien que leur énergie ne représente que 3 % de l'énergie totale de l'explosion, ils peuvent atteindre de nombreuses victimes et endommager gravement les équipements électroniques. **Rayonnement nucléaire résiduel** (après 1 min) : engendré **1°)** par les débris radioactifs de l'arme, **2°)** par la radioactivité induite par l'action des neutrons sur les différents éléments du sol, de l'air, de l'eau. Danger principal : création de granules de retombées qui contiennent les résidus radioactifs de l'arme et des fragments de matériaux (sol, eau). Les effets de ces « retombées » peuvent se faire sentir à des distances bien supérieures à celles des autres effets de l'arme nucléaire.

■ **Effets physiologiques** des rayonnements initial et résiduel [X, γ, η, α, β] (surexpositions accidentelles aux X, aux γ ou aux neutrons). La dose absorbée est mesurée en *grays* (1 gray = 100 rads). La « dose biologique » est établie en *sieverts* (1 sievert = 1 gray × q ; 1 sievert = 100 rems). De nombreux paramètres interviennent : dose aiguë ou exposition chronique, sensibilité plus ou moins grande selon l'organe touché, etc. Pour des doses d'environ 1 gray, effets à long terme. Pour des doses supérieures à 3 grays, effets violents à court terme (vomissements), mort au bout d'un temps variable.

■ **Impulsion électromagnétique** (IEM ; en anglais *EMP : ElectroMagnetic Pulse*). Rayons γ instantanés émis dans les réactions nucléaires, et ceux qui résultent des interactions des neutrons avec les résidus de l'arme ou le milieu environnant. Les rayons γ réagissent avec les molécules et atomes de l'air, par effet Compton, et produisent une région ionisée entourant le point d'explosion (zone source). Par suite des inhomogénéités de l'atmosphère, de la configuration de l'arme, de la proximité du sol, il en résulte un flux d'électrons variable dans le temps qui provoque l'émission d'une brève IEM transportant une quantité importante d'énergie sur un spectre de fréquences très large (quelques kHz à plusieurs centaines de MHz).

Conséquences possibles : 1°) *explosion à haute altitude* (40 km par exemple) : peut détruire ou dérégler tous les systèmes électroniques non protégés contre cet effet (non « durcis »), entraînant la paralysie économique (énergie, moyens de transport, usines, ordinateurs et banques de données) ; **2°)** *explosion à basse altitude :* peut rendre inopérants les équipements électroniques non « durcis » des blindés d'une grande unité (division ou corps d'armée) et paralyser l'action.

■ Effets d'une guerre atomique

■ **Guerre nucléaire totale d'une puissance de 10 000 mégatonnes.** Soit environ la moitié du stock d'armes nucléaires en 1990 éclatant à 90 % en Europe, Asie et Amérique du Nord et à 10 % en Afrique, Amérique latine et Océanie. **Effets à court terme :** 1 150 000 000 de † et 1 100 000 000 blessés. 1 habitant du monde sur 2 serait frappé. Toute l'infrastructure (eau, énergie, hôpitaux...) serait touchée ou détruite par le souffle ou de gigantesques incendies. Les survivants seraient saisis de panique ou frappés de prostration. Les secouristes (s'il en restait) ne pourraient les approcher à cause des radiations et les possibilités de leur assurer des soins seraient pratiquement nulles. La désorganisation consécutive à l'explosion rendrait aléatoire un système de surveillance et de décontamination. Hiver nucléaire (voir p. 1950 a). **Effets à long terme** (sur des décennies) : *démembrement des structures socio-économiques* (arrêt des transports, des communications), *difficultés d'approvisionnement en eau* (il faut 10 à 20 l d'eau par jour pour les brûlés et au minimum 4 l pour éviter la déshydratation des survivants) *et en nourriture* (or les pays en voie de développement dépendent des importations de céréales). *Contamination de l'ensemble des eaux* par des matières radioactives et des virus et bactéries (dus à la destruction des stations d'épuration et à l'amoncellement de déchets) *et des aliments solides* par des micro-organismes pathogènes (impossibilité de réfrigérer). *Éclosion de multiples épidémies* favorisée par la putréfaction de millions de cadavres (prolifération d'insectes plus résistants que l'homme aux radiations). *Transformation des terres arables en jachère* par le feu et la radioactivité résiduelle. *Désertification à terme* des terres rendues, par l'explosion, impropres à la culture et à l'élevage, entraînant une famine générale et une malnutrition au cours des années suivantes.

Effets d'une explosion selon sa puissance et la distance	1 kt	10 kt	100 kt	1 Mt	10 Mt
	km	km	km	km	km
Brûlure [1] 1er degré	1,1	3	6,5	11,2	16,5
2e degré	0,8	2,3	5,3	9,6	14,8
Inflammation de bois sec, papier	0,9	2,5	5,6	9,9	14,9
Réception à découvert [2] de :					
100 rems	1,2	1,6	2,1	2,3	3,9
500 rems	0,9	1,3	1,7	1,8	–
Destruction d'immeubles	0,35	0,8	2	4	9,5
Dégâts très sérieux	0,55	1,2	2,6	5,6	13
Hauteur [3]	0,05	0,15	0,4	0,9	2,1

Nota. – (1) Par temps clair et sur peau nue. (2) Due au rayonnement initial qui est un facteur important dans le cas d'explosion de faible puissance, mais devient négligeable devant le souffle et l'effet thermique dans le cas d'explosion de forte puissance. (3) Au-dessous de laquelle une explosion est contaminante.

■ **Guerre limitée à des objectifs militaires situés en Europe centrale.** *Comportant l'emploi d'armes tactiques,* d'une puissance totale de 20 mégatonnes : environ 9 000 000 de morts et blessés graves (dont environ 8 000 000 de civils) et autant de blessés légers.

■ **Explosion d'une bombe atomique de 1 mégatonne au-dessus de Paris.** 2 000 000 de † et autant de blessés.

☞ L'explosion accidentelle d'une seule bombe déborderait les ressources sanitaires françaises.

■ **L'hiver nucléaire.** Explosions et incendies consécutifs à un conflit atomique important entraîneraient 1 milliard de tonnes de poussière et des fumées toxiques dans la stratosphère (au-delà de 12 000 m) où l'air étant raréfié, ces particules redescendraient très lentement. Il en résulterait une baisse de température. Sur les côtes, les différences de température entre l'intérieur et le large (où la mer se refroidit moins vite) provoqueraient des ouragans et des pluies diluviennes sur 100 km de profondeur. Au printemps ou en été, ce refroidissement affecterait les plantes qui ne pourraient plus effectuer la photosynthèse transformant le gaz carbonique en composés organiques, privant les animaux de nourriture. La couche d'ozone pouvant être détruite par endroits sous l'effet des oxydes d'azote propulsés dans la stratosphère, la Terre serait atteinte, au retour du beau temps, par les ultraviolets qui diminueraient la productivité des récoltes, endommageraient le plancton marin, supprimeraient le système immunitaire des mammifères, brûleraient la peau et rendraient aveugle. *L'hémisphère Sud* pourrait aussi être atteint par le froid si la multiplicité des explosions modifiait les grands mouvements de l'atmosphère qui portent les nuages vers les pôles.

Protection

■ **Contre l'onde de choc et le souffle.** Renforcement des caves pour permettre de supporter le poids des décombres. Abris profondément enterrés.

■ **Contre le flux thermique.** Un écran léger suffit jusqu'à 20 à 30 cal/cm². Sinon il est difficile d'empêcher des incendies.

■ **Contre les rayonnements nucléaires.** *Obstacle* (en cm) : plomb 4 ; acier 6 ; béton 19 ; terre 28 ; eau 40 ; bois 75. *Souhaitable :* béton 65 ; terre 90.

■ **Contre les retombées.** Une cave divise la dose reçue par 100 (par rapport à ce que recevrait l'individu en plein air au même endroit). *Principes de construction :* multiplication des obstacles (les rayons se déplaçant dans tous les sens et s'affaiblissant à chaque rebond) ; renforcement des plafonds (contre l'ébranlement des sols et les risques d'effondrement) ; aménagement d'une double issue (avec sas) et de prise d'air (avec filtre à sable et filtre à gaz). *Éclairage optimal :* bougies (car faible consommation d'oxygène). *Réserves de vivres :* pour 15 j environ (prévoir pharmacie, W.-C. chimiques, poste de radio).

■ **Contre les irradiations extérieures.** Masque contre les poussières radioactives, bouteille d'oxygène (autonomie 4 h), détecteur de radiations, combinaison plastique.

■ **Contre l'IEM** (voir p. 1949 c). 1°) *Absence d'effets sous l'eau :* les sous-marins nucléaires seraient invulnérables. 2°) *Durcissement :* « cage de Faraday », faite d'un grillage conducteur, isolée du sol et dépourvue d'ouverture, elle protégera ce qu'elle renferme ; gaine de « blindage » pour les câbles. Fibres optiques, « durcies » par nature car en silice pure, et transmission de messages non électriques.

☞ **Renseignements :** *Centre scientifique et technique du bâtiment,* 4, av. du Recteur-Poincaré, 75016 Paris. Des abris pour 6 personnes sont proposés à 100 000 F et plus (30 000 F en kit).

■ **Populations disposant d'abris antiatomiques** (en %). **Israël :** 100. **Suisse :** 77 (programme commencé en 1947, dépense moyenne annuelle de 1 milliard de FF : 193 000 abris creusés sous les Alpes). **Chine :** 70. **Suède :** 70 (programme commencé depuis 1945). **URSS :** 69. **USA :** 50. (Ces 2 pays protègent en priorité les installations militaires et les cadres scientifiques et techniques ; l'évacuation rapide des populations urbaines est prévue.) **Danemark :** 52. **Norvège :** 42. **Allemagne :** 40. **France :** proche de 0 ; 300 abris privés répertoriés et 600 abris militaires. **Belgique :** 0.

Puissances nucléaires

Pays constructeurs

■ **Essais de premières bombes réalisées. A fission (bombe A) : USA :** 16-7-1945 à 5 h 29 min 45 s, essai *Trinity*, puissance 18,6 kt de TNT, vitres brisées à plus de 300 km ; à Alamogordo (Nouveau-Mexique), bombe au plutonium *Fatman* (« gros type »). Test du 1ᵉʳ obus atomique : 25-5-1953 (Nevada, USA). **URSS :** 29-8-1949 à Semipalatinsk. **G.-B. :** 3-10-1952 (près de la côte ouest de l'Australie, au-dessus des îles Montebello). **France :** 13-2-1960 à Reggane [Algérie « Gerboise bleue » (dopée : 4-10-1966)]. **Chine :** 15-10-1964 (dopée : 9-5-1966). **Inde :** 18-5-1974, au plutonium, sous terre. **Pakistan :** 28-5-1998. **A fusion (bombe à hydrogène) : USA :** 31-10-1952 (*Mike* 65 t à Bikini) sur l'île Elugelab (archipel Marshall). 1-5-1954 bombe H opérationnelle. **URSS :** 12-8-1953. **G.-B. :** 15-5-1957 (au large des îles Christmas, Pacifique). **Chine :** 17-6-1967. **France :** 24-8-1968 (Fangataufa, Polynésie). **Inde :** 11-5-1998.

■ **Pays ayant produit des armes nucléaires. USA :** *depuis 1945* fabrication de 60 000 têtes nucléaires, de 71 types différents pour 116 types d'armement nucléaire (*en 1987 :* 5 par jour). Entre 1945 et 1977, les USA ont stocké des armes atomiques en 27 endroits dans le monde, dont 18 États souverains. **Ex-URSS :** 30 000 têtes. **France. G.-B. Chine. Inde. Israël** (aidé secrètement par la France dans les années 50). **Pakistan** (*depuis 1987*, selon le Gᵃˡ Mirza Aslam Beg ancien chef d'état-major). **Afrique du Sud :** a affirmé, en mars 1993, avoir démantelé les 6 armes construites.

États soupçonnés, dans les années 1990, de mener des recherches nucléaires militaires : Corée du Nord, Iran. **États ayant renoncé à développer des capacités nucléaires militaires :** Afrique du Sud, Algérie, Brésil. **États issus de l'ex-URSS qui possédaient des armes nucléaires sur leur territoire et qui y ont renoncé :** Biélorussie, Kazakhstan, Ukraine.

■ **Stocks d'armes existant** (au 1-5-2000). **USA** 7 960 têtes nucléaires, dont 3 780 à bord de sous-marins. **Russie** 6 580 (dont 3 590 sur missiles sol-sol intercontinentaux, fixes ou mobiles). **Chine** 410, y compris des obus d'artillerie. **France** 350, à bord de sous-marins et de bombardiers. **Israël** 200 (?). **G.-B.** 192 à bord de sous-marins. **Inde** 75. **Pakistan** 25.

■ **Pays susceptibles d'en produire.** Argentine, Brésil, les 2 Corée, Iraq, Iran [1].

■ **30 pays pourraient en fabriquer** à partir de déchets de réacteurs de centrales nucléaires et travaillant actuellement à des tâches pacifiques dont Algérie [1], Allemagne, Australie, Autriche, Belgique, Canada, Chili, Égypte, Espagne, Hongrie, Italie, Japon, Libye [1], Pays-Bas, Pologne, République tchèque, Slovaquie, Suède (depuis 1955), Suisse, Syrie [1], Taïwan, Yougoslavie.

Nota.– (1) Avec l'aide de la Chine.

■ **Production totale de têtes nucléaires** (de 1945 à 2000). 128 060 dont USA 70 000, Russie 55 000, G.-B. 1 200, *France 1 260,* Chine 600.

Essais réalisés

■ **Premiers essais [aériens (a.) ; souterrains (s.)]. USA :** a. 1945, s. 1951. **URSS :** a. 1949, s. 1961. **G-B :** a. 1952, s. 1962. **Chine :** a. 1954, s. 1969. **France :** a. 1960, s. 1961. **Inde :** s. 1974. **Pakistan :** s. 1998.

Nombre de tirs	1945/63		1963/1-8-1998		Total a. + s.
	a. [1]	s. [2]	a. [1]	s. [2]	
USA	215	114	0	701	*1 030* [5]
URSS [4] ...	207	2	0	528	*715*
G.-B. [3]	21	2	0	24	*45*
France	*4*	*4*	*41*	*149*	*198* [6]
Chine	–	–	25	20	*45*
Inde	–	–	0	6	*6*
Pakistan	–	–	–	5	*5*
Total	*425*	*122*	*66*	*1 313*	*2 044*

Nota. – (1) Aérien. (2) Souterrain. (3) Plus une douzaine fin 1991 pour miniaturiser et durcir les futures charges embarquées sur SNLE Nouvelle Génération. (4) En 1990, les Soviétiques ont reconnu un surnombre de 66 essais jamais recensés jusque-là. (5) Officiellement reconnus. Il y en eut d'autres de faible puissance. (6) Dont sous De Gaulle et Pompidou 51 (4 souterrains), Giscard 55 (49 souterrains), Mitterrand 86 (86 souterrains), Chirac 6 (6 souterrains).

■ **Chine.** Région du Lob-Nor au Sinkiang. *1ᵉʳˢ essais :* 16-10-1960 bombe A ; 16-6-1967 bombe H. *Entre 1964 et le 29-7-1996* (dernier essai) : 22 tirs souterrains, 23 aériens (1964-80) ; tirs réels prévus jusqu'en 1996, puis simulations. Maîtrise la bombe à neutrons.

■ **États-Unis.** *Entre 1945 et 1995 :* 815 essais souterrains, 215 aériens. **Nevada** (à 100 km de Las Vegas et moins de 500 km de Los Angeles, avec 15 000 000 d'hab. dans un rayon de 500 km) : *du 16-7-1945 Trinity* (voir col. a), *à 1963* (*1953 :* aurait tué des milliers de moutons et provoqué de nombreux cas de cancer et leucémie). **Iles du Pacifique :** *Bikini (de 1946 à 1958)* : après 20 ans, la radioactivité était retombée à 2 microrœntgens (moins du dixième de la radioactivité moyenne des USA) ; des habitants revinrent sur l'île en 1975. *1995 :* un rapport médical japonais estime qu'environ 40 % des habitants de l'île de Rongelap, à 150 km de Bikini, seraient atteints d'un cancer. **Alaska :** *Christmas* et *Johnston (1962-1963), Eniwetok (1969), Amchitka (1971)* à 2 000 m de profondeur (l'expérience Cannikin, pour la mise au point du missile Spartan, provoqua des secousses équivalentes à un séisme de degré 7, échelle de Richter). Moratoire décrété en 1992 jusqu'en sept. 1996, ensuite possibilité de tirs de faible puissance.

■ **France. Total** *1960-96 :* 210 essais [Sahara 17, Polynésie 193 (Mururoa 167, Fangataufa 14, essais de sécurité 12)].

Sahara : *CSEM (Centre saharien d'expérimentation militaire)* à Reggane (oasis), à 700 km au sud de Colomb-Béchar, base « vie » à 15 km ; à 45 km au sud-ouest : PC de tir et d'observation d'Hamoudia. 16 km plus loin, pylone de 106 m qui supporte l'engin expérimental. 4 essais aériens : **1960**-*13-2* à 7 h 4 min 20 s : 1ᵉʳ Gerboise bleue, *1-4 :* 2ᵉ blanche, *-27-12 :* 3ᵉ rouge, **1961**-*25-4 :* 4ᵉ verte. *Cemoc (Centre d'expérimentation militaire)* dans le Hoggar à 150 km au nord de Tamanrasset : base « vie » à In Amguel et base avancée à In Ecker. Du *7-11-1961* au *16-2-1966, In Ecker :* 13 essais souterrains (mise au point bombe au plutonium de 60 kt) dans le massif du Tan Afela. CSEM et Cemoc ont été fermés les 1 et 15-6-1967 puis rendus aux Algériens.

Polynésie : *CEP (Centre d'expérimentation du Pacifique)* créé *21-9-1962 ;* 181 essais dont 41 aériens, 140 souterrains sur 2 atolls distants de 40 km, constitués d'un socle basaltique surmonté de 200 à 400 m de roches calcaires produites par l'accumulation des coraux, inhabités depuis 1906 : *Mururoa* (périmètre de 60 km, largeur de 400 à 1 100 m), 167 essais, et *Fangataufa* (anneau fermé de 300 m de largeur), 14 essais. À 1 200 km de Tahiti, 4 750 de la Nlle-Zélande, 6 600 de Lima (Pérou), 6 720 de Santiago (Chili), 6 900 de Sydney (Australie), avec 2 300 hab. dans un rayon de 500 km. **Accidents d'irradiation :** 3 500 personnes exposées. Pendant les tirs aériens (1966-74) 55 personnes ont reçu une dose de 15 et 50 millisieverts (mSv), limite annuelle alors fixée pour les travailleurs du nucléaire. 4 pilotes suivant le nuage radioactif ont reçu des doses de 51, 60, 120 et 180 mSv, sans conséquences. Pendant les essais souterrains (1975-96), environ 20 personnes ont reçu 5 à 25 mSv. Lors de 3 essais aériens, le panache radioactif a touché des atolls habités des îles Gambier ; doses maximales reçues : 5,5 mSv (seuil annuel alors admis : 5 mSv). **Essais aériens :** *du 2-7* (nom de code Aldebaran) *au 4-10-1966 :* à 600 m d'alt., 300 kt. **1967**-*5-6/2-7 :* 3 de faible puissance (mise au point du détonateur de la future bombe « H »). **1968**-*24-4/8-9 :* 5 essais bombe « H » (Canopus) de plus de 2 mégatonnes. **1970**-*15-5/6-8* (campagne prévue pour 1969, annulée pour des raisons budgétaires) : 8 essais bombe « H ». **1971**-*5-6/13-8 :* 5 essais bombe « tactique » de 15 kt, bombe « dopée » de 500 kt, bombes « H » de 1 mégatonne. 1ᵉʳ essai à Fangataufa. **1972**-*25-6/29-7 :* 3 essais de faible puissance (détonateur bombe « H »). **1973**-*21-7/28-8 :* 5 de faible puissance. **1974**-*16-6/25-8 :* 7 (dont 2 de forte puissance). **Depuis 1975 :** 4 souterrains (*de 1975 à 1980* dans la partie immergée sous l'anneau corallien ; *depuis 10-4-1981* sous le lagon, pour éloigner les tirs des flancs de l'atoll et augmenter la capacité du champ de tir). **1991**-*15-7* à 18 h 10 : dernier essai (Lycurgur). **1992**-*8-4 :* tirs suspendus par le Pt Mitterrand. Pierre Joxe, ministre de la Défense qui n'a pas réussi à persuader le Pt que les 6 tirs programmés étaient indispensables, rappellera qu'il s'agit d'une « suspension » et non d'un « arrêt ». L'Assemblée nationale, à majorité socialiste, vote 2 milliards de F de crédits (dont 0,65 pour les tirs). La commission Lanxade conclut que cette suspension ne nuit pas au crédit de la dissuasion jusqu'en 2010, mais ne permet pas de lancer le Palen (Programme d'aide à la limitation des essais nucléaires) qui demande de recueillir de nouvelles données lors d'explosions. **1995**-*13-6 :* le Pt Chirac annonce que 8 essais (réduits ensuite à 6) auront lieu entre le 7-9-1995 et le 31-5-1996 au plus tard ; après cette date, les tirs seront simulés. Objectifs : acquérir les données manquantes pour la simulation ; étudier le comportement d'amorces « endurcies » pour les armes nucléaires ; valider la charge TN 75 qui équipera les missiles M 45 des sous-marins nucléaires lanceurs d'engins (SNLE) de nouvelle génération dès 1996. Une violente opposition se déclenche dans les pays du Pacifique et en Europe. *-30-6/2-7 :* 6 000 à 10 000 manifestants bloquent les accès de Papeete. La marine française, le *-8-7,* arraisonne le *Raimbow Warrior II* (Greenpeace) et, le *1-9,* de nouveau le *Raimbow Warrior*, le *Greenpeace* et 30 autres bateaux ayant pénétré dans la zone interdite autour de Mururoa. *-5-9 :* 1ᵉʳ essai (23 h 30 heure de Paris) : – de 20 kt (Thétys) à Mururoa. *-30-9* environ 20 000 manifestants à Paris et en province. *-2-10 :* 2ᵉ essai (110 kt) à Fangataufa. *-27-10 :* 3ᵉ (60 kt) à Mururoa. *-21-11 :* 4ᵉ (40 kt) à Mururoa. *-27-12 :* 5ᵉ (30 kt) à Mururoa. **1996**-*27-1 :* 6ᵉ et dernier (120 kt) à Fangataufa. Le démantèlement des sites a débuté dès la fin des tirs, achevé mi-1998. **Coût :** *unitaire d'un essai :* 100 millions de F ; *global :* environ 650. Les dépenses liées aux expérimentations nucléaires représentaient environ 2 milliards de F en 1995 (1 % du budget de la Défense). Les autorisations de programmes d'armement nucléaire ont décru ; (en milliards de F constants) : *1989 :* 37,3 ; *94 :* 21 ; *97 :* 19,1.

☞ **Programme d'adaptation à la limitation des essais nucléaires (Palen)** lancé en 1991 par le CEA. **Objectif :** garantir la sûreté et la fiabilité des charges des armes actuelles et futures depuis que le traité d'interdiction des essais nucléaires, signé en sept. 1996, est applicable (les charges vieillissent, il faut les surveiller). **Programme :** tirs en laboratoire de très faible énergie avec une simulation numérique fournie par les ordinateurs très performants. **Matériels : machine radiographique Airix** (en construction à Moronvilliers, Marne, succédant à l'actuelle machine Grec en 1999) : visualisation détaillée du comportement dynamique de l'arme par l'analyse de la dynamique des matériaux. **Laser Mégajoule** (Le Barp, Gironde) : déclenchement d'une combustion thermonucléaire sur une quantité minime de matière et mesure des processus physiques élémentaires) ; ligne d'intégration laser (Lil) validant et qualifiant la définition de la chaîne laser de base ; bâtiment de 300 m sur 100 m, 240 faisceaux laser, longs de 100 m chacun, convergeant vers une sphère blindée de 10 m de diamètre. Placée en son milieu, une bille de verre concentre sur elle le tir. En 2 ou 3 milliardièmes de seconde, le mélange de deutérium et tritium contenu dans la microbille reçoit 1,8 million de joules et atteint 100 millions de °C. **Calendrier : 1999 :** 1ᵉʳ tir de démonstration sur Airix et début de la construction du bâtiment du laser. **2001 :** qualification de la Lil. **2006 :** 1ʳᵉˢ expériences sur laser avec 1/3 des faisceaux. **2010 :** avec la totalité. **Coût global :** 15 à 20 milliards de F sur 12 ans (dont laser 6,5, Airix 0,5, 1ʳᵉ génération d'ordinateurs 0,17). **Effectifs** (prévus) : 1 000. Les charges nucléaires TN 75 qui équipent les missiles M 45 embarqués à bord des sous-marins de nouvelle génération, comme *Le Triomphant,* peuvent durer entre 20 et 25 ans. Pour la suite, il faut mettre au point, par simulation, la TNN (Tête nucléaire nouvelle). Les essais, les études et le développement des armes portent sur le « durcissement » et la « furtivité ». En Ile-de-France : centre d'études de Vaujours fermé en 1998, celui de Limeil en 2000.

L'appel de Stockholm : lancé début 1950 par le Congrès mondial des partisans de la paix contre la décision des USA de construire la bombe à hydrogène, et soutenu par les communistes, il recueillit 273 000 000 de signatures dont 115 000 000 en URSS.

Le moratoire (convention entre URSS et USA) a été rompu unilatéralement par les USA le 22-3-1986 (*tirs 1986* : USA 13) et le 12-3-1987 par l'URSS (*1987* : URSS 13, USA 13).

☞ **Programme américain équivalent : Nif (National Ignition Facility),** Lawrence Livermore Laboratory, Californie. Beaucoup estiment à 10 % ses chances de réussir la fusion thermonucléaire des pastilles d'hydrogène lourd.

Incidents. Les tirs aériens français ont entraîné des protestations de pays riverains, notamment Pérou, Équateur, Chili, Japon, Australie et Nlle-Zélande. Ces deux derniers ont demandé le 9-5-1973 à la *Cour internationale de La Haye* d'interdire à la France de poursuivre ses essais, qui porteraient atteinte à la loi internationale et à la charte de l'Onu, et violeraient les droits des pays concernés (liberté de navigation, de survol, d'exploitation des océans). Depuis 1966, la France ne reconnaît pas la compétence de la Cour en matière d'« activités se rapportant à la défense nationale ».

3 essais en surface ont provoqué un début de contamination : *Ganymède* (*juillet 1965*, aérien sous ballon à Mururoa). *Rigel* (*sept. 1966*, à Fangataufa, engin sur une barge). *Parthénope* (*août 1973*, aérien sous ballon à Mururoa) et 1 essai souterrain le 1-5-1962 à In Ecker (les ministres Gaston Palewski et Pierre Messmer ont été irradiés).

☞ Il faut un puits de 650 m pour une explosion de 8 kt, de 1 500 m pour 1 Mt.

■ **Grande-Bretagne.** *Australie* : 13 tirs aériens entre 1952 et 1957 à Emu et Maralinga (Australie-Méridionale) et à Montebello, île près de l'Australie-Occidentale. Des centaines d'Aborigènes, mal informés par des pancartes, furent mortellement irradiés et de nombreux militaires britanniques et australiens, ayant participé aux essais, moururent d'un cancer. *Nevada* (USA) : *entre 1952 et 1995* : 21 essais aériens, 24 souterrains.

■ **Inde.** Site de *Thar* (Chagaï). 6 essais souterrains : 1 le 15-5-1974 (bombe A) ; 5 en 1998 [11-5 (1er essai bombe H) et 13-5].

■ **Pakistan.** *Désert du Baloutchistan.* 5 essais souterrains le 28-5-1998.

■ **URSS.** Sibérie : 508 essais souterrains, 207 aériens. *Semipalatinsk* au Kazakhstan, à 4 000 km de l'Europe de l'Ouest (il y a 1 210 000 hab. dans un rayon de 500 km) : site fermé le 29-8-1991 après 467 essais (de 1949 à 1989) dont 343 souterrains ; *Oural, Russie d'Europe, Nouvelle-Zemble* (île arctique à moins de 3 000 km de la Scandinavie), installé en 1954, fermé en 1991, rouvert en 1992 : 132 essais dont, le 30-10-1961, un essai de 58 mégatonnes. Le *14-9-1954* : l'URSS a lancé à 500 m d'altitude une bombe atomique dans le sud de l'Oural au cours d'un exercice militaire auquel participaient 44 000 soldats.

■ TRAITÉS

■ **PTBT (Partial Test Ban Treaty, Traité d'interdiction partielle des essais).** Interdisant aux signataires les essais atmosphériques dans l'espace et sous l'eau. Signé 5-8-1963 à Moscou par USA, URSS, G.-B., entré en vigueur 10-10-1983 (au 1-1-1989 : 117 États y ont adhéré mais pas la France, ni l'Inde, ni la Chine). Plus tard, Chine et France ont renoncé unilatéralement aux essais dans l'atmosphère.

■ **Traité sur l'espace.** Signé 27-1-1967 : démilitarisation de la Lune et autres corps célestes, interdiction de mettre sur orbite des engins porteurs d'armes nucléaires ou d'autres types d'armes de destruction massive. Complété par un accord sur la non-militarisation de la Lune et des autres corps célestes, du 3-7-1979.

■ **TNP (Traité de non-prolifération nucléaire).** Signé 11-7-1968 par USA, G.-B., URSS, entré en vigueur le 1-3-1970. Pour 25 ans (voir p. 1970 c). *-19-6-1968*, résolution 255 du Conseil de sécurité des Nations unies : G.-B., URSS, USA s'engagent à apporter une « assistance immédiate (...) à tout État non doté d'armes nucléaires faisant partie du TNP et qui serait victime d'un acte, ou l'objet d'une menace, d'agression avec emploi d'armes nucléaires ». *mai 1995*, décision de proroger pour une durée indéfinie ce traité qui limite à 5 le nombre des États dotés de l'arme nucléaire. **Adhérents :** *1970 (fin)* : 63 ; *75* : 96 ; *80* : 115 ; *85* : 131 ; *90* : 139 ; *95 (mai)* : 178.

■ **Traité sur la mer** (déc. 1970). Interdit de placer des armes nucléaires ou d'autres armes de destruction massive dans le milieu sous-marin et dans le fond des mers.

■ **TTBT (Threshold Test Ban Treaty, Traité du seuil).** Signé 3-7-1974 par USA et URSS, limite à 150 kt la puissance des essais souterrains. Non ratifié par le Congrès américain.

■ **PNET (Peaceful Nuclear Explosions Treaty, Traité sur les explosions nucléaires à des fins pacifiques).** Signé 28-5-1976, applique les limites du TTBT aux explosions de recherches. Non encore ratifié car USA et URSS ne sont pas d'accord sur le système de mesures. L'URSS évalue l'intensité avec la méthode sismique, les USA avec le système Cortex. Le 17-8-1988, des Soviétiques ont assisté à un essai américain dans le Nevada, et le 14-9-1988 des Américains à un essai au Kazakhstan. En 1988, Inde et Pakistan, États nucléaires *de facto*, ont conclu un accord de non-agression de leurs sites nucléaires respectifs.

■ **Traité du Caire.** Signé 11-4-1996. Dit de Pelindaba (Afrique du Sud), lieu où siège la South African's Atomic Energy Corporation et où les experts des Nations unies et de l'OUA l'ont mis au point le 2-6-1995. Regroupe les traités : *de l'Antarctique* (signé à Washington 1-12-1959 ; entré en vigueur 23-6-1961) ; *de Tlatelolco* [Mexico 14-2-1967, ratifié par 29 pays puis 32 sur 33 (moins Cuba), couvrant l'Amérique latine] ; *de Rarotonga* (signé 1985 ; entré en vigueur 1986 dans la région du Pacifique Sud ; signé par la France le 25-3-1996 après la fin de ses essais nucléaires) ; *de Bangkok* (signé déc. 1995 par les pays du Sud-Est asiatique). Signé par tous les pays africains sauf Madagascar et Seychelles pour « raisons techniques », Somalie et Libéria qui se sont engagés à signer plus tard. La Russie a refusé de signer.

■ **CTBT (Comprehensive Test Ban Treaty). Traité d'interdiction complète des essais nucléaires (TICE) :** outre l'arrêt des essais, il prévoit contrôles et inspections. **1996**-*10-9* approuvé par l'Onu à l'exception d'Inde et Libye. Signé *25-9* par les 5 puissances nucléaires, membres permanents du Conseil de sécurité. Entrera en vigueur après ratification des 44 pays disposant de la capacité nucléaire. **1998**-*6-4* France et G.-B. ratifient. **1999**-*13-10* le Sénat américain refuse. **2000**-*1-3* traité signé par 155 pays et ratifié par 51 d'entre eux dont 26 figurant sur la liste des 44 États. *21-4* Russie ratifie. Négociation à la conférence du désarmement à Genève d'un traité d'interdiction de la production de matières fissiles pour des armes nucléaires (TIPMF). *Réseau français de surveillance du CTBT* (en 2003) : comptera 321 stations de surveillance, reposera sur 170 stations sismiques, 140 senseurs atmosphériques répartis en 80 d'écoute des infrasons et 60 chargés de quantifier les taux de radionucléides, les éléments radioactifs de l'air, ainsi que 11 modules radioacoustiques. Tout test nucléaire d'1 kilotonne sera détecté. La France dispose de 16 stations de détection dans les DOM-TOM et de 24 autres dans des États (par exemple : Népal, Bolivie) avec lesquels elle a passé des accords de coopération.

☞ Le 8-7-1996, la Cour internationale de justice (CIJ) de La Haye, par 7 voix contre 7 (voix du Pt prépondérante), a estimé que « la menace ou l'emploi d'armes nucléaires serait généralement contraire aux règles du droit international, applicable dans les conflits armés, et spécialement aux principes et règles du droit humanitaire ». Mais elle ne peut « conclure de façon définitive que la menace ou l'emploi d'armes nucléaires serait licite ou illicite dans une circonstance extrême de légitime défense dans laquelle la survie même d'un État serait en cause ».

■ INCIDENTS NUCLÉAIRES

■ **Accidents américains. 1957**-*22-5* : une bombe H de 19 t (puissance 9 mégatonnes) tombe accidentellement d'un B-26 près d'Albuquerque (Nouv.-Mexique, USA) ; seule la charge non nucléaire explose, creusant un cratère de plus de 7 m de diamètre et de 4 m de profondeur, 1 vache est tuée. Une légère contamination radioactive est relevée. **1961**-*24-1* : un chasseur-bombardier en Caroline du Nord transportant 2 bombes de 24 mégatonnes ; 6 des 7 manœuvres de mise à feu s'effectuent spontanément. **1965**-*5-12* : un chasseur-bombardier (Skyhawk A-4), transporté par le porte-avions *Ticonderoga*, perdu avec son pilote et une bombe H à 130 km des Ryukyu (Japon), gît par 4 900 m de fond. **1966**-*17-1* : un bombardier amér. entre en collision avec avion ravitailleur au-dessus de *Palomares* (Espagne), une des 4 bombes manquantes est retrouvée après 80 j de recherches à 770 m de profondeur dans la mer. Les 3 autres ont explosé chimiquement (sans réaction nucléaire), d'où contamination au sol par du plutonium (opérations de décontamination difficiles et longues). **1968**-*21-1* : un B-52 du SAC (Strategic Air Command) en mission d'alerte, chargé de 4 bombes H, s'écrase au Groenland. **1980**-*19-9* : un missile Titan-II explose (fuite de carburant), à Damascus (Arkansas), 1 †, 22 bl. L'ogive nucléaire de 9 mégatonnes est projetée à 200 m du silo. **1993**-*mars* : Tomsk 7.

■ **Armes perdues en mer** (reconnues en 1992). **Accidents aériens :** 10 (USA) ; **sous-marins coulés :** 10 dont URSS 7, USA 2 (dont le *Tresher*), G.-B. 1 (*Resolution*) ; **navire coulé :** 1 *Kashin* soviétique ; **essais de missiles :** 3 (USA).

■ **Fausses alertes atomiques. France.** En 1962, lors d'un exercice d'alerte, un Mirage IV porteur de sa bombe nucléaire décolle d'Orange (Vaucluse), l'ordre d'interrompre sa mission ne lui étant pas parvenu avant son envol. **USA.** 3 ont été détectées dans les 2 ou 3 min, évitant tout risque nucléaire. **1979**-*9-11*, entre 2 h 59 et 3 h 5, les écrans radar montrent des échos pouvant correspondre à des fusées russes franchissant l'océan glacial Arctique vers les USA. Les équipages des bombardiers stratégiques B-52 et FB-11 mettent en marche leurs réacteurs, et les servants des missiles en silos sont placés en état d'alerte renforcée ; cependant, aucune manœuvre ultérieure n'est décidée. Selon le plan préétabli, le Pt des USA devait être prévenu à 3 h 6 (soit 7 min après l'alerte) et la riposte nucléaire devait être déclenchée entre 3 h 14 et 3 h 19 (15-20 min après l'alerte). **1980**-*3* et *-6-6*, 2 alertes : défaillance d'un circuit imprimé de la taille d'une pièce de monnaie.

■ **Trafic.** *De sept. 1993 à fin oct. 1994* : 20 affaires sérieuses transmises à l'AIEA et à l'Euratom. *Nombre de cas* : Allemagne, Roumanie, Turquie, Suisse : 3 ; Slovaquie 2 ; Russie, Bulgarie, Estonie, Hongrie, Pologne : 1. *Matériaux* : uranium faiblement enrichi 6 ; naturel 6 ; hautement enrichi 4 ; appauvri 1, plutonium 3. En 1994, l'Allemagne a connu 267 affaires de trafic de substances radioactives. D'autres trafics vers Proche-Orient, Moyen-Orient, Asie du Sud-Est ont pu avoir lieu. *Risque* d'éventuelles récupérations d'armes nucléaires tactiques. Une « bombe radiologique » explosant place de la Concorde (quelques kg d'un explosif banal et 500 d'uranium 239) pourrait contaminer Paris et ses environs qui deviendraient zone interdite.

☞ Le Gal Alexandre Lebed a affirmé en sept. 1997 que l'armée russe avait perdu la trace de plus d'une centaine de bombes nucléaires (1 kilotonne chacune, taille similaire à une valise), dont la mise à feu peut être opérée en moins d'une demi-heure par une seule personne.

■ BOMBARDEMENTS NUCLÉAIRES

En 1945, les Américains avaient retenu 4 objectifs : Hiroshima (350 000 hab., quartier général du 2e GA assurant la défense terrestre de la moitié sud du Japon, dépôts de vivres et de matériel, industrie considérable, petits chantiers navals) ; Nagasaki (210 000 hab., grand centre industriel et naval) ; Kokura (178 000 hab., industrie et maintenance, dépôts de voies ferrées de Kigu-Sihu, le plus grand stockage de munitions du Sud) ; Niigata (150 000 hab., machines-outils, port clé pour le trafic vers le continent). Cible potentielle, Tokyo fut épargnée pour des raisons politiques : la conservation d'un gouvernement avec lequel traiter ultérieurement. 2 bombes seraient opérationnelles en août, la 1re le 6, la 2e le 24. Le *26-7*, le croiseur *Indianapolis*, parti de San Francisco le 16-7, apporte la 1re bombe à Tinian. Le *28-7*, le Japon rejette les ultimatums alliés de reddition. Le *30-7*, Truman ordonne de lâcher la bombe, mais pas avant le 2-8.

■ **Hiroshima (6 août 1945 à 8 h 15, heure locale).** Bombe de 20 kt à l'uranium 235 (3,50 m × 0,75 m, 4 500 kg), surnommée *Little Boy*, armée en vol, recouverte de signatures et d'injures à l'adresse des Japonais. La bombe sera lancée d'une alt. comprise entre 8 520 et 9 130 m, à 420 km/h. Distance Tinian-Hiroshima : 2 650 km (6 h de vol aller environ, étant donné les méandres obligés). *-6-8* à minuit, opération « Center-Board ». A **1 h 37,** 3 F-13 A (des B-29 modifiés pour la reconnaissance) *Photofort* décollent de Tinian pour vérifier les conditions météorologiques au-dessus d'Hiroshima, de Kokura et de Nagasaki. **2 h 45,** le B-29 no 82 *Enola Gay* (Gay du nom de la mère du pilote, Enola anagramme de *alone*, c'est-à-dire seul), piloté par le colonel Paul Tibbetts (29 ans), décolle de Tinian avec la bombe et 12 hommes à bord dont 4 scientifiques. En fin de parcours, il est escorté par 2 autres B-29, celui du Cdt Sweeney, *The Great Artist*, et celui du Cdt Maarquardt, emportant le matériel scientifique destiné à enregistrer les résultats du tir. **7 h 52,** survol d'Iwo Jima, les 3 *Photofort* annoncent qu'Hiroshima est très dégagé. A Hiroshima à **8 h 31,** les sirènes retentissent lorsqu'apparaît le B-29 *Straight Flush* de reconnaissance météorologique. **9 h,** les 3 B-29 sont repérés, mais l'alerte n'est pas déclenchée : on pense qu'il s'agit juste d'appareils isolés, en vol de reconnaissance, donc sans danger. **9 h 15** (8 h 15 locale), le Cdt Thomas Ferebee, bombardier de l'*Enola Gay*, déclenche le largage. La bombe est réglée pour exploser au-dessus de 555 m pour éviter une trop grande radioactivité ultérieure du sol (la précision sera de 200 m). Les 2 autres B-29 larguent leurs instruments scientifiques. (Les 3 pilotes amorcent un virage à 150° en piquant pour gagner de la vitesse. 51 secondes s'écoulent entre le largage et l'explosion. Les B-29 sont alors à 20 km du lieu de l'explosion. Au retour, les aviateurs verront pendant 500 km le champignon qui, en 2 min, a atteint 10 000 m d'alt. L'*Enola Gay* atterrit 6 h plus tard à Tinian.) Au centre, la température est de 300 000 °C. Au sol, 600 m plus bas, elle est, un instant, de 3 000 °C. Dans un rayon d'un peu plus de 3 km autour de l'épicentre, 10 000 immeubles sont détruits par le souffle (force : 8 t au m²) et 50 000 par le feu. La nouvelle sera connue en fin de journée à Tokyo (Hiroshima est coupé du monde pendant des heures). **Victimes :** en raison d'évacuations, le nombre exact d'habitants est mal connu (300 000 ?). Jusqu'à 1 200 m, la plupart des victimes moururent ; au-delà, la peau, les muscles protégèrent poumons, foie, intestins, cerveau, et le % des morts par brûlures diminua. Les radiations furent mortelles jusqu'à 900 m, gravement délabrantes jusqu'à 2 700 m, sensibles au-delà (les soldats japonais chargés de ramasser les cadavres jusqu'à l'épicentre décédèrent en quelques semaines des suites de radiations, dont ils ignoraient les dangers ; aujourd'hui encore, les cas de leucémies sont plus fréquents à Hiroshima, même chez les habitants éloignés de l'épicentre). Robert Oppenheimer prévoyait 20 000 †. En 1953, le bureau du bombardement stratégique américain avança 80 000 †. En 1960, le bureau japonais de défense contre les incendies estima les pertes à 70 000 † et 130 000 blessés. Puis on parla de 243 271 victimes du 6-8-1945 au 8-8-1984. Vers 1950, on rassembla au « Peace Memorial Park » 1 074 morts identifiés et les ossements épars de dizaines de milliers d'autres.

■ **Nagasaki (9 août 1945 à 11 h, heure locale).** Bombe de 20 kt au plutonium, surnommée *Fatman*, armée au sol. Bombardement programmé le 11-8 mais avancé au 9-8 pour raisons météorologiques. **3 h 49,** le B-29 no 72 *Bockscar* décolle. La visibilité étant nulle au-dessus de Kokura (objectif choisi), la bombe sera lancée sur Nagasaki. **7 h 45** (heure locale), alerte donnée lors du passage de l'avion de reconnaissance météo. **7 h 50** fin d'alerte. **10 h 53** nouvelle alerte, peu de gens gagnent les abris. Parmi eux, une dizaine de personnes originaires de Nagasaki, rescapées de la 1re explosion à Hiroshima et revenues ensuite à Nagasaki. La bombe explose à quelques centaines de mètres du point prévu. **Effets :** atténués par le vallonnement du site, l'absence de collines de ceinture, la présence de larges plans d'eau. L'incendie est moins dévastateur qu'à Hiroshima ; même si le souffle est supérieur, il n'arrête pas le trafic ferroviaire ni le fonctionnement des hôpitaux. **Victimes :** évaluées en 1953 à 35 000 † et 50 000 blessés. L'US Strategic Bombing Survey et la préfecture de Nagasaki annoncèrent 87 000 †. En 1968, la Japanese Broadcasting Corporation parle de 270 000 tués sur le coup ou décédés dans les 5 ans des suites des radiations (chiffres établis à partir d'une population globale estimée à 400 000 personnes, militaires compris).

☞ Le Japon n'avait pu produire à temps l'uranium 235 nécessaire pour la fabrication d'une bombe atomique.

Nota. – Unité : fondée sur l'énergie relâchée par le TNT (trinitoluène), explosif chimique : 4 000 joules (J) par gramme, soit 4 mégajoules par kg (4 MJ/kg). 1 kilotonne (1 000 t) correspond à 4 terajoules. La fission complète d'1 kg de plutonium ou d'uranium 235 vaut environ 17 kt de TNT.

ARMES BIOLOGIQUES ET CHIMIQUES

ARMES BIOLOGIQUES

■ **Définition. Agents de guerre biologique :** organismes vivants, de quelque nature que ce soit, ou matières tirées de ces organismes, dont on veut se servir pour causer la maladie ou la mort de l'homme, des animaux ou des plantes, et dont les effets dépendent de leur pouvoir de se multiplier dans la personne, l'animal ou la plante attaqués. **Micro-organismes :** *bactéries, virus, rickettsies ; fungi* (champignons, rouilles, moisissures dont certains peuvent être pathogènes pour l'homme) ; *protozoaires* (par exemple : amibes ou agents du paludisme).

Produits chimiques : toxines élaborées par certains micro-organismes et hautement toxiques ; faciles à produire et peu coûteuses.

■ **Histoire. Utilisées depuis l'Antiquité :** infection de puits ou lancement par-dessus les fortifications de cadavres de victimes de maladies infectieuses. **1346** à Caffa (Crimée), les Tartares utilisent des cadavres de pestiférés. **1763** en Amérique, le colonel britannique Bouquet déclenche une épidémie de variole dans plusieurs tribus indiennes de l'Ohio et de la Pennsylvanie en distribuant quelques couvertures contaminées. **1933-45** expériences du médecin Gal Shiro Ishie au Mandchoukouo à l'unité 731 : 3 000 †. **1940-41** le Japon répand sur 11 villes de Chine des suspensions de peste à l'aide de bombes à fragmentation ou en porcelaine. Les Japonais lâchent des puces infestées et du riz destiné à attirer les rats. **1950**-*27-10* George Marshall, secrétaire américain à la Défense, donne son accord pour un important programme bactériologique. **1952**-*2-2* l'état-major interarmes ordonne le développement « sans délais, d'une forte capacité offensive ». La Chine accuse les USA de répandre peste et choléra. Il y aurait eu quelques centaines de morts parmi les militaires et environ 2 000 civils. **1981** les USA accusent les Vietnamiens d'utiliser au Cambodge et au Laos des mycotoxines tricothécènes (produites par l'URSS). **1987** on incrimine des excréments d'abeilles.

■ **Effets.** Les maladies les plus à craindre en cas de guerre biologique correspondent à des agents très résistants qui peuvent être véhiculés par eau, poussières ou animaux, en conservant un pouvoir pathogène élevé. Exemples : charbon, peste, mélyoïdose, tularémie, fièvre de Malte, choléra. *Virus :* fièvre jaune, psittacose, dengue ou grippe. *Rickettsies :* fièvres particulières ou typhus. *Toxines :* toxine botulique (intoxications alimentaires). Évolution redoutée avec le génie génétique : greffe de gènes de toxines nouvelles sur des bactéries. **Résultats actuels** incertains : les germes peuvent disparaître rapidement ou provoquer une épidémie incontrôlée. Inaptes à un emploi militaire tactique (délai d'action étant d'au moins quelques jours) ; utilisation terroriste redoutée.

■ **Protection.** Si possible, vaccination préventive sur capacités adverses. Pour l'opération Daguet, les soldats français étaient vaccinés contre une dizaine de maladies (certaines pour prophylaxie endémique).

■ **Accidents.** Il y en aurait eu 2 en URSS à Sverdlovsk (Ekaterinbourg) : en 1963 (*Bacillus anthracis*, 300 † ?) et le 2-4-1979 (anthrax, 100 à 300 †).

☞ Quoique signataire du traité de 1972, l'URSS a poursuivi son programme d'armes bactériologiques jusqu'en 1992 (le 12-4-1992, Eltsine a décrété son interdiction). En 1990-91, l'Iraq, également pays signataire, possédait un arsenal de 160 bombes d'avion et 25 missiles Scud chargés d'agents pathogènes.

D'après la *convention de Londres-Moscou-Washington (dite « convention de Genève ») du 10-4-1972*, les signataires s'engagent à détruire ou convertir à des fins pacifiques, dans les 9 mois, tous les produits ou moyens concernés en leur possession. Recherche et développement à des fins pacifiques restaient autorisés : seule la « mise au point à des fins hostiles » était interdite. En 2001, 143 pays l'ont ratifiée (la France en 1984). L'absence d'organisme de contrôle international, la difficulté à distinguer travaux militaires et civils lui ôtent beaucoup de crédibilité. Depuis 1991, de nombreuses études pour parvenir à une procédure de vérification ont été faites (4e conférence sur l'interdiction des armes bactériologiques, du 25-11 au 6-12-1996 à Genève). En sept. 1994, un groupe spécial a été chargé d'élaborer un protocole de vérification qui devait être finalisé en 1999.

ARMES CHIMIQUES

■ **Définition. Agents de guerre chimique :** toute substance chimique (gazeuse, liquide ou solide) qui pourrait être employée en raison de ses effets toxiques directs sur l'homme, les animaux et les plantes. Cette définition exclut les substances chimiques actuellement employées à des fins militaires (explosifs, fumigènes, substances incendiaires) dont l'action principale est physique : brûlures, suffocation, aveuglement.

■ **Histoire. Avant 1900 : flèches empoisonnées** par du curare (Amazonie) ou par des toxines comme la batracyotoxine de grenouille (à Hawaii), de l'acotinine (flèches des Maures en Espagne en 1483). **Puits empoisonnés :** par exemple avec de l'ergot de seigle (*vi[e] s. av. J.-C.* Assyriens, *ive s.* Perses) ; des racines d'ellébore (*600 av. J.-C.*, Solon). **Fumée asphyxiante :** exemples : *425 av. J.-C.* le G[al] athénien Démosthène, assiégeant Sphactérie, utilise des fumées puantes (poix, plumes) pour obliger les 292 Spartiates survivants à se rendre ; *ive s. av. J.-C.* en Inde, fumée contenant des alcaloïdes ou des toxines (comme l'abrine des graines de réglisse) ; *1456* les défenseurs de Belgrade attaquent les Turcs avec un nuage de fumées arsenicales ; *1854* au siège de Sébastopol (guerre de Crimée), les Anglais utilisent des vapeurs sulfureuses ; *1899-1902* guerre des Boers, les Anglais utilisent des obus contenant de l'acide picrique, toxique. **Agents chimiques récents : 1915 emploi de** *gaz : -3-1,* 1re attaque allemande, à Bolimav (Pologne) : obus de mortier chargés de composés *bromés lacrymogènes* (le froid bloque la diffusion du gaz). *-22-4,* 1re grande attaque, sur le front de l'Ouest, près d'Ypres (entre Steenstraat et Poelkappele) : à 17 h environ, 180 t de *chlore* suffocant lâchées par 5 830 bouteilles d'acier sur un front de 6 km ; verdâtre, le nuage surprend les Français non protégés, et les Allemands équipés de masques de fortune ouvrent une brèche de 6 km. Mais le commandement allemand, incertain quant à l'ampleur du résultat, n'avait pas rassemblé de réserves suffisantes et ne put exploiter ce succès initial (5 000 † et 15 000 h. gazés). *-23-4* nouvelle attaque de chlore accompagnée de tir d'*obus lacrymogènes* (5 000 † canadiens). *-25-9,* 1re attaque française par *obus à gaz* en Champagne, puis par les Anglais à Loos. **1916**-*janv.* les Allemands emploient du *phosgène suffocant* non visible (10 fois plus toxique que le chlore). **1917**-*12/13-7* Ypres : 1er emploi par les Allemands contre les Anglais de l'*ypérite* (vésicant) [dit *gaz moutarde*, à cause de son odeur], 3 000 h. touchés et brûlés à la peau et aux yeux (2 †). **1915-18** au total 125 000 t de produits chimiques toxiques employées ; au début, nuages gazeux dérivant (à partir de bouteilles de 80 kg placées en 1re ligne) puis obus toxiques. 25 % des munitions d'artillerie française sont chargées à l'ypérite. Bilan : 1 360 000 intoxiqués, 94 000 †, soit 1 % des morts de la guerre [armées allemande, anglaise et française : 600 000 intoxiqués (dont Anglais 186 000, Français 130 000, Allemands 107 000, Américains 75 700), 27 000 à 30 000 † (Français 6 100, Anglais 5 900, Américains 1 195, Allemands 400) ; armée russe : 500 000 intoxiqués et 56 000 †]. **1931** Mandchourie (gaz utilisés par Japon), **1936** Éthiopie (par Italie, épandages aériens d'ypérite : 15 000 †). **1939-45** pas d'utilisation d'armes chimiques (crainte des représailles, prédominance de la guerre de mouvement). **1942-45** *neurotoxiques organophosphorés* (découverts par I.G. Farben en 1937) produits mais non utilisés (en 1945, stocks : 20 000 à 30 000 t de Tabun et sarin). **1961-70** Viêt Nam (défoliants utilisés par USA). **1963-67** Yémen (par Égypte). **1978** Cambodge (par Viêt Nam). Namibie (par Afr. du Sud). **1979-86** Afghanistan (par Russes). **1980** Érythrée (par Éthiopie). **1983-87** Iran (par Iraq), 5 000 † à Halabja. **1988**-*mars* Kurdistân iraqien (par Iraq). **1991** Iraq contre forces alliées. **1992**-*janv.* Mozambique (par résistance). **1994**-*20-5* Tokyo, attentat au sarin dans le métro (par secte Aum), 12 †, 5 500 intoxiqués. *-19-4* Yokohama, gare (idem), 700 intoxiqués.

☞ On a aussi allégué (sans preuves sérieuses) l'emploi de gaz au Maroc (1925 par l'Espagne), en Chine à Ichang (1941 par Japon), Grèce (guerre civile, 1950), Malaisie (1950 par G.-B.), Corée (1951-52 par USA), Viêt Nam (1961-70), Angola (1970 par Portugal, 1985 par Cuba), Rhodésie (1972), Birmanie (1983-87, contre rebelles shan), Nicaragua (1984), Tchad (1987 par Libye).

■ **Législation. Conférence de La Haye (1899 à 1907) :** les puissances contractantes sont d'accord pour s'abstenir d'employer des projectiles dont le but unique est de répandre des gaz asphyxiants ou délétères (des juristes neutres ont pu ainsi estimer que l'Allemagne n'avait pas violé la Convention de 1899 en recourant aux nappes de chlore en avril 1915 puisqu'elles ne faisaient pas appel à des munitions). **Traité de Washington (1922) :** il n'est pas entré en vigueur, la France ne l'ayant pas ratifié en raison de clauses relatives à la guerre sous-marine. **Protocole de Genève (17-6-1925) :** il rejette l'emploi de « tous gaz asphyxiants, ou de tous autres gaz, liquides, substances ou matériels analogues » mais n'en interdit ni la production, ni la possession. Il n'a pas été ratifié par certains pays (ratification des USA en 1975). La plupart des États (la France en particulier) se sont réservé le droit d'utiliser les toxiques chimiques si un adversaire éventuel les utilisait le premier contre eux. **Conférence de Paris (7 au 11-1-1989) :** 149 pays s'engagent à ne pas recourir aux armes chimiques. 19 pays absents. **Sommet Bush-Gorbatchev, Washington (31-5/3-6-1990) :** réduction de leurs stocks à 5 000 t [partant de 50 000 t déclarées pour l'URSS (500 000 à 600 000 estimées) et 25 000 t pour les USA]. **Genève :** depuis le dégel de 1988, négociations actives pour la signature d'un traité d'élimination et d'interdiction vérifiables qui pourrait déboucher prochainement.

Paris : Convention internationale d'interdiction des armes chimiques : ouverte à la signature du 13 au 15-1-1993, après 21 ans de négociations. Au 5-2-1998, 165 pays l'ont signée (dont 11 pays de la Ligue arabe sur 20) et 104 l'ont ratifiée. Entrée en vigueur le 29-4-1997, 6 mois après la 65e ratification (Hongrie), et siégeant à La Haye, elle interdit la production, le stockage, l'utilisation et l'exportation d'armes chimiques. Les dépôts et armes existants seront détruits et des inspections de contrôle avec préavis auront lieu, afin d'éliminer tous ces armements avant 2007. Mais les contrôles pourraient s'avérer illusoires en raison de la multiplicité de composants d'origine chimique ou agroalimentaire, anodins en eux-mêmes, qu'il suffit de ne pas regrouper au même endroit.

☞ La Russie a été longue à ratifier la convention en raison du montant des frais de destruction, estimé à 5,5 milliards de $, qui devrait être pris en charge par l'étranger.

■ **Types. En 1915-18** les toxiques utilisés étaient surtout des produits suffocants, provoquant une inflammation rapide des voies respiratoires déclenchant un œdème pulmonaire (tels le *phosgène* ou certains produits chlorés), ou bien les diverses *ypérites* (ou « *gaz moutarde* ») ou la *lewisite*, produits vésicants qui brûlaient les yeux, la peau, les poumons. Les combattants qui ne succombaient pas ne guérissaient que lentement et les plus atteints ont gardé des séquelles toute leur vie. **Depuis 1935** des produits encore plus toxiques ont été découverts qui inhibent la transmission de l'influx nerveux et qui, à des doses infimes, peuvent entraîner l'arrêt de la respiration et du cœur (composés organophosphorés, voisins de certains insecticides). Ces neurotoxiques [*tabun* (1936), *sarin* (1941), *Soman* (1944), *VX* (1953)] pénètrent par les voies respiratoires ou par simple contact avec la peau ; une microgoutte suffit ; ils bloquent l'action de la cholinestérase (enzyme régulant l'acétylcholine responsable des contractions musculaires) ; l'excès d'acétylcholine paralyse à mort. *Symptômes :* maux de tête violents, contraction des pupilles, convulsions musculaires, arrêts respiratoires, coma.

Armes chimiques binaires : munitions contenant 2 réactifs séparément inoffensifs qui se mélangent pendant le vol et libèrent à l'explosion un produit toxique : munitions « binaires neurotoxiques » produisant des gaz neurotoxiques. Chacun des 2 produits peut être stocké sans danger, mais les plus dangereux des précurseurs sont visés par la Convention d'interdiction. Les bombardements classiques sur les stocks ne risquent pas de provoquer leur explosion ni l'émission de gaz nocifs. **Incapacitants :** rendent l'individu incapable de réagir, mais ne sont mortels qu'à très haute dose ; peuvent être des incapacitants psychiques (*benzilates* par exemple), ou provoquer des troubles de la vue, des vomissements, une hypotension, une paralysie temporaire ou des convulsions. **Irritants :** destinés au maintien de l'ordre, interdits à la guerre, autorisés pour la police, à très faible dose, peuvent provoquer larmoiement, toux, éternuement ; ils ne provoquent des dégâts dans l'organisme qu'à des doses très importantes. Pour le « CB » (*ortho-chlorobenzilidène-malononitrile*), utilisé par les forces de l'ordre, de telles concentrations ne peuvent se produire à l'air libre. **Herbicides défoliants :** interdits à la guerre, peuvent être dangereux par eux-mêmes ou par des impuretés qu'ils contiennent, s'ils sont absorbés dans l'eau ou les aliments. Le *4-12-1961*, Kennedy autorise, au Viêt Nam, l'opération *Ranch Hand* pour accroître la visibilité lors d'opérations militaires, éliminer les sources d'alimentation de l'ennemi (rizières) et éclaircir le périmètre des camps pour en renforcer la sécurité. Le *12-1-1962*, le 1er raid a lieu : principal défoliant utilisé : la *dioxine* ou *TCDD (tétrachlorure-dibenzodioxine)*. Chaque type d'herbicide (appelé « agent ») est identifié par un autocollant bleu, vert, rose, blanc ou violet (selon leur composition qui varie selon leur fonction) puis orange (très efficace, qui remplacera tous les autres en 1965) ; en *1969*, est jugé responsable de malformations chez les nouveau-nés ; en *1970*, usage suspendu [24 000 t avaient été déversées (soit 170 kg de dioxine) sur plus de 1,7 million d'ha et auraient provoqué de nombreux cancers de l'estomac et du système lymphatique (lymphome)]. La 1re victime américaine : Paul Reutershan (pilote d'hélicoptère, † 1978 d'un triple cancer) a intenté un procès aux fabricants de dioxine, en particulier Dow et Monsanto, au nom des vétérans du Viêt Nam. **Agents sanguins :** absorbés par les voies respiratoires. Empêchent la cytochrome-oxydase (enzyme du sang) de reconstituer la molécule de base utilisée comme source d'énergie par les cellules. Principal symptôme : accélération rapide du rythme respiratoire.

Principaux agresseurs	Type	Effet	Toxicité
Phosgène (CG)	V, S	M	T2
Diphosgène (DP)	V, S	M	T2
Acide cyanhydrique (AC ou HCN)	V, Sg	M	T2
Chlorure de cyanogène (CK)			
Gaz moutarde (H) ; ypérites	L, V, Vé	I, M	T2
Lewisite (L, HL, avec H)	L, Vé	I, M	T2
Tabun (GA)	A/V, N	M	T3
Sarin (GB)	V, N	M	T4
Soman (GD)	V, N	M	T4
VX (A4)	L/A, N	M	T4
CB (CS)	So, La	I	T1
CN (CN)	V, La	I	T1

Légende. – A : aérosol. I : incapacitant. L : liquide. La : lacrymogène. M : mortel. N : neurotoxique. S : suffocant. Sg : agent sanguin. So : solide. T1 : toxicité très faible. T2 : moyenne. T3 : forte. T4 : extrême. V : vapeur. Vé : vésicant.

Satellites militaires

■ **Satellites d'observation.** Espionnage ; contrôle l'application des traités de limitation des armements stratégiques. **Quelques étapes :** *Discoverer* (1959) ; *réseau américain Midas* (1960) ; *Samos-2* lancé par les USA le 31-1-1961, aurait couvert en un mois toute l'URSS et repéré tous les silos de missiles. Il permit de découvrir que les Russes n'avaient que 14 fusées intercontinentales (alors qu'ils en déclaraient 250) ; en oct. 1962, *Cosmos-10*, satellite russe, a révélé à l'URSS l'importance de la préparation militaire américaine en Floride et celle-ci l'a incitée à un repli dans l'affaire de Cuba ; en 1972, Génération « *Big Birds* » (long 15 m., masse 12 t), perception des détails inférieurs au m. **Satellites actuels. Orbite :** basse pour l'observation de la Terre, éventuellement inclinée, parfois polaire pour accroître la fréquence des passages aux latitudes moyennes et élevées, et souvent héliosynchrone pour conserver les heures locales de passage du satellite. **Satellite infrarouge plus visible. USA,** les *Keyhole* (KH) [1er en 1976, dernier le KH 11 amélioré] auraient des résolutions optiques décimétriques (détails observables légèrement inférieurs au demi-mètre). **Ex-URSS :** les *Medres* ou *Hires* (1 m de résolution optique, 0,50 m). **France :** réseau *Hélios* (satellite optique réalisé en coopération avec Italie et Espagne). *Hélios 1-A* : coût 7,85 milliards de F (financé par France 79 %, Italie 14, Espagne 7), lancé de Kourou 7-7-1995, 2 500 kg. Satellite de reconnaissance et d'observation optique. Le CMP (Centre de maintien à poste de Toulouse) contrôle le programme, aidé des stations de télécommande d'Aussaguel, Kourou et Kerguelen. A chaque passage, Hélios transmet des images aux centres de réception d'images (CRI : Colmar, Lecce et Maspalomas) qui les dirigent vers les CPH (centres principaux Hélios) chargés de les exploiter (France : Creil ; Italie : Pratica di Mare ; Espagne : Torrejon). *Hélios I-B* (lancé fin 1999), doté d'un potentiel infrarouge. *Coût* : 115 milliards de F ; 2 stations mobiles en 1998. *Hélios II* : précision de l'ordre du mètre (Spot 10 m) de jour et sans nuages ; 2 satellites optiques complétés par des moyens d'écoute, altitude 800 km, + stations de réception, observation d'un même point toutes les 24 h si les 2 satellites sont en orbite. *Coût* : 12 milliards de F en coopération avec Italie (14 %) et Espagne (7 %). **Satellite radar.** A l'origine radar *Slar* (*Side Lo Radar*) ; remplacé par le *Sar* (*Synthetic Aperture Radar*) ; permet l'observation par tous les temps. **USA :** *satellite Lacrosse*, résolution environ 1 m. **Ex-URSS :** *satellite Almaz*, résolution 15 à 30 m. **France :** *programme futur Horus* (ex-*Osiris*) vers 2005, coopération avec All. et It. *Coût* : 13 milliards de F pour 2 satellites. *Budget annuel espace* : 2,5 à 3,5 milliards de F pour les applications militaires de l'espace au budget de la Défense.

■ **Satellites de communication.** Orbite géostationnaire à 36 000 km d'alt. en général, parfois inclinée (orbite *Molnya 12H*) et éventuellement polaire pour couvrir spécifiquement les pôles. Permettent des liaisons sûres (chiffrées) entre états-majors et forces. **USA :** *Afsatcom* (US Air Force), *Fleetsatcom* (Navy), *DSCS* et *Milstar* (Department of Defense). **Ex-URSS :** *MPCS, Molnya 1* et *3, Gorizont, Raduga* etc. **France :** système *Syracuse 2* sur satellites Telecom II. *Lancement n° 1* : 16-12-1991 ; *n° 2* : 15-4-1992. *Composantes* : stations de contrôle, stations terrestres 60 (17 mobiles, 17 légères et 17 sur véhicules légers), navales 45 (dont 20 légères et 10 pour sous-marins). En 1995 et 1996, 2 satellites Syracuse II. *Coût* (4 satellites et 77 stations de réception) : 13,69 milliards de F ; vers 2005, *Syracuse III. Coût* (4 à 5 satellites et 400 stations au sol) : 15,7 milliards de F.

■ **Satellites d'écoute.** Orbite basse, la plupart du temps inclinée. Mesurent l'environnement électromagnétique de la Terre (radar en particulier) et interceptent les communications au sol. **USA :** *Rhyolite, White Clouds.* **Ex-URSS :** *Eorsat, Elint.* **France :** micro-satellites *Cerise* (lancé le 7-7-1995) et *Clémentine* (lancé le 3-12-1999), projet *Zénon* repoussé. **USA, orbite géostationnaire :** *Magnum, Chalet.*

■ **Satellites de détection de lancement (alerte avancée).** Orbite géostationnaire ou basse. Satellites destinés à détecter tout départ de missile ainsi que des essais nucléaires (grâce aux rayons gamma). Peuvent contrôler l'application des traités de limitation des armements stratégiques. **USA :** programme DSP (dernier satellite lancé par la navette le 24-11-1991). Les USA étudient le programme *Brillant Eyes* : 70 satellites d'acquisition et de poursuite de missiles, placés en orbite basse. **Ex-URSS :** programme LDS 2.

■ **Satellites de navigation.** Permettent aux mobiles de faire le point partout dans le monde, par tous les temps. **USA :** le *GPS/Navstar* (24 satellites dont 3 de secours) sur orbite à 20 000 km, remplace progressivement le système *Transit*. **Ex-URSS :** systèmes *Glonass* et *Navsat.* **Projet européen :** système *Galileo.*

■ **Satellites météo.** Orbite basse : **USA :** DMPS et NOAA. **Ex-URSS :** Météor ; **Europe :** projet Métop (vers 2000). Orbite géostationnaire : **USA :** GOES (1 sur l'Atlantique et 1 sur la côte ouest des USA). **Europe :** Météosat. **Japon :** GMS. **Inde :** Insat. Tous sont civils sauf DMPS et Météor. **France :** se raccroche aux satellites civils Météosat.

■ **Satellites océanographiques. USA :** sat. DMSP. **ex-URSS :** satellites *Rorsat* et *Océan-R.*

■ **Satellites d'interception.** Pourraient intercepter et détruire des missiles balistiques. **USA :** projet *Brillant Pebbles*. Cette catégorie d'armement n'est, semble-t-il, pas en accord avec le traité ABM de 1972 (ratifié par USA et URSS).

☞ D'après un traité ratifié en 1967 par les USA, l'URSS et de nombreux pays de l'Onu, les signataires s'engagent « à ne mettre en orbite autour de la Terre aucun objet porteur d'armes nucléaires ou de tout autre type d'armes de destruction massive ». Les USA ont consacré 50 milliards de $ à leurs activités militaires dans l'espace de 1958 à 1983. 75 % des satellites américains et russes sont militaires.

La guerre des étoiles (IDS)

■ **Nom** inspiré du film de science-fiction de George Lucas (1977), donné par les médias à l'*Initiative de défense stratégique.*

■ **Vulnérabilités d'un missile intercontinental** (chiffres : ordres de grandeur). **1re phase (propulsée) :** *durée 150 à 200 s* pour un engin à 3 étages. Le missile quitte le sol sous l'impulsion de son 1er étage de propulsion, il s'élève quasi verticalement. La chaleur des gaz éjectés provoquant un rayonnement infrarouge aisément détectable, le missile devient vulnérable. En cas d'impact, le propulseur explosera ou son guidage pourra être faussé par des perturbations. Le 1er étage se sépare à 20 km d'altitude, le 2e à 80, le 3e à 200. **2e phase (d'espacement) :** *durée 10 s au minimum* le missile continue de monter à 6 000 m/s. Il libère, peu après la combustion du dernier étage, un véhicule (le « bus ») spatial auquel sont arrimées les ogives nucléaires que les propulseurs (systèmes d'espacement) placent l'une après l'autre sur les trajectoires des objectifs visés. En même temps, le véhicule éjecte des leurres, fausses ogives (ballonnets de mylar), aérosols masquant la chaleur émise par les corps, nuages de paillettes métalliques saturant les ondes radars. Ogives et leurres atteignent leur apogée à 1 200-1 500 km d'altitude. **3e phase (vol balistique) :** des ogives passent généralement dans cette phase au-dessus de l'horizon des détections au sol de l'adversaire. **4e phase (rentrée) :** les leurres plus légers sont détruits par les 1res couches de l'atmosphère. Seuls les ogives et les leurres pénétrants rentrent dans la haute atmosphère (à environ 100 km), 1 min avant l'impact. La rentrée crée une onde de choc et un échauffement considérable qui ionise l'air. Un sillage ionisé qui réfléchit les ondes radar suit l'ogive. A 50 km d'altitude, moins de 30 s avant l'impact, l'ogive scintille sous l'effet du frottement avec les couches de plus en plus denses de l'atmosphère. On peut utiliser contre elle des missiles classiques à guidage infrarouge (chaque silo est protégé par des dizaines de lanceurs contenant des missiles Swarmjet à très grande vitesse dans un rayon de 100 km), des canons crachant des nuages de shrapnells, des armes à énergie dirigée (rayonnement ou faisceaux de particules chargées) qui perturbent l'électronique des missiles assaillants.

Programme américain

■ **Origine. 1946**-*4-3* **Project Thumper et Project Wizard** : interception de missiles à très grande vitesse et très haute altitude. **1955, Nike-Zeus,** 1er projet de défense antimissile. **1957 Bambi (Ballistic Antimissile Boost Interceptor)** imaginé autour de 3 600 satellites en orbite basse, susceptible de mettre en œuvre des intercepteurs Nike Zeus, puis, le 22-12-1962, Nike X ; *coût* : 13,5 milliards de $ (valeur en 2000) ; projet jugé irréaliste en 1964. **1967 Sentinel** (rebaptisé **Safeguard**) : 25 sites équipés de 2 500 intercepteurs Spartan et Sprint. **1968**-*1-7* pourparlers avec URSS pour limitation des armements stratégiques et des missiles balistiques. **1969**-*14-3* Nixon reconduit le déploiement d'un système de défense antimissile, désormais baptisé Safeguard, qui protège les capacités de représailles américaines. *-17-11* début des discussions Salt 1 (*Strategic Arms Limitations Talks*) pour limiter système de défense ABM et arsenaux nucléaires. **1972**-*26-5* USA et URSS signent le traité ABM (*Anti Ballistic Missiles*) qui limite à 2 puis, le 3-7-1974, à 1 [USA : Grand Forks (Dakota du N.) ; URSS : Moscou], le nombre de sites de lancement. **1975**-*2-10* et *-18-11* le Congrès vote la suspension de Safeguard, considéré comme vulnérable et périmé. Les installations radars du système sont placées sous l'autorité du Norad (*North American Air Defence*). **1976** le Congrès met fin au déploiement du site construit à Grand Forks (1975) pour protéger des silos de Minuteman ; *coût sur 10 ans* : 23,1 milliards de $ (valeur en 2000). **1983** *23-3* le Pt Reagan annonce des études intensives pour définir la menace que constituent les missiles stratégiques (NSSD 6-83, *National Security Study Directive*) ; oct., les études concluent qu'une protection totale n'est pas possible (dommages catastrophiques causés par quelques missiles). Pour le *Panel Fletcher*, le système défensif situé dans l'espace est très vulnérable. Reagan (directive NSSD 119) prescrit un programme de recherche, l'*Initiative de défense stratégique (IDS)*, couvrant en particulier les énergies dirigées (lasers, faisceaux de particules, etc.) et les énergies cinétiques (projectiles). *Patron du projet* : Gal Abrahamson (né 19-5-1933, démissionnera le 31-1-1989). **1984**-*23-1* les USA publient 1er rapport sur radar de Krasnoïarsk (Sibérie), détecté juillet 1983, en violation du traité ABM. *-24-4* IDS officiellement lancée. **1991**-*29-1* projet réorienté : GPALS (*Global Protection Against Limited Strikes*). *-5-12 Missile Defence Act* de 1991 du Pt George Bush : enjoint la Défense de produire « aussi rapidement que possible » un « système de défense contre les missiles balistiques compatible avec le traité ABM ». **1993**-*mai* Lee Aspin, secrétaire à la Défense, renomme le GPALS : *Ballistic Missile Defence*. **1996**-*avril* Pt Clinton : plan « 3 + 3 », 3 ans pour développer, 3 autres pour mettre en place un système de défense antimissile national (NMD). **1998**-*févr.* rapport commission Welch (mise en place 25-9-1997) : dénonce empressement et ambitions du programme NMD. *-15-7* rapport commission Rumsfeld (mise en place 6-8-1997) : estime qu'une attaque de missiles balistiques contre les USA pourrait se concrétiser « bien avant 15 ans » (estimation de la CIA). **1999**-*20-1* Pentagone repousse date du déploiement d'un système NMD à 2005 (au lieu de 2003). *-23-7* Pt Clinton : *National Missile Defence Act of 1999*, engage les USA à développer un système de défense antimissile mais impose 4 critères à son déploiement : menace, coût, fiabilité et une renégociation du traité ABM. *-Sept.* une nouvelle étude de la CIA présente Russie, Chine, Corée du Nord, Iran et Iraq comme pouvant menacer les USA par une attaque de missiles dans les 15 ans. **2001**-*1-5* Pt George W. Bush remet en question le traité ABM ; il annonce la mise en place d'un système de défense antimissile et une réduction unilatérale de l'arsenal nucléaire américain.

■ **Armes envisagées. Dew (Direct Energy Weapons** ou **Beam Weapons). Avantage :** vitesse de la lumière, d'où quasi-instantanéité de la riposte dès la détection, à des distances considérables : soit à partir de l'espace (ce qui est nécessaire pour les faisceaux de particules et les lasers X), soit à partir du sol avec des miroirs relais expédiés en orbite. **Inconvénients :** prix élevé et réalisation opérationnelle lointaine. *Exemple* : **lasers.** Le faisceau émis se propage à 300 000 km/s (soit 30 000 fois plus vite que le plus rapide des missiles). Ses rayons ont une très faible divergence angulaire et peuvent toucher et endommager des cibles très éloignées s'ils restent pointés un certain temps au même endroit, mais il faut un maximum de puissance en un minimum de temps.

☞ Il faudrait, pour couvrir la Terre en permanence, 500 sat. armés de lasers ou de miroirs (à cause de leur mouvement relatif par rapport à la Terre ; 95 % des satellites en orbite sont, à un instant *t*, inutilisables, du fait de leur mouvement sur orbite hors de portée des silos soviétiques, pour enrayer une agression).

Armes à faisceaux de particules. Des atomes d'hydrogène ionisés seraient accélérés par un champ électrique. **Difficultés :** il faut miniaturiser les accélérateurs et leur fournir depuis la Terre ou sur place des quantités d'énergie considérables.

Armes à énergie cinétique (Kew : Kinetic Energy Weapons). Missiles guidés depuis la Terre vers un point virtuel d'interception, se dirigeant ensuite d'eux-mêmes sur la cible, grâce à un autodirecteur sensible au rayonnement infrarouge émis par celle-ci. Procédé utilisable pendant la 4e phase (rentrée de la cible) mais pas dans la 1re. **Eris (Exoatmospheric Reentry Vehicle Interceptor Subsystem)** de Lockheed : à longue portée, destiné à l'interception à mi-course par impact, après discrimination des leurres. Découle du système militaire HOE (*Homing Overlay Experiment*, coût environ 1 million de $ pièce), testé avec succès, après 3 échecs en juin 1984, lorsqu'une ogive Minuteman II fut interceptée au-dessus du Pacifique par une fusée lancée depuis l'île de Kwajalein. **Hedi (High Endoatmospheric Defense Interceptor)** de McDonnell Douglas : intercepteur hypersonique (plus de Mach 14) détruisant le corps de rentrée par impact ou avec une tête à fragmentation non nucléaire. Lockheed dit pouvoir déployer en 10 ans un système ALPS (*Accidental Launch Protection System*) de 100 intercepteurs Eris, compatible avec le traité de 1972, pour 3,5 milliards de $. Une combinaison de 70 Eris et 30 Hedi (dans les limites du traité) donnerait une expérience de l'interception à mi-course et de la défense terminale. 500 Hedi assureraient la protection d'une centaine d'installations sensibles.

Armes nucléaires. ABM (Anti Ballistic Missiles) : elles peuvent ne pas frapper la cible mais seulement exploser à proximité (voir aussi **Bombe à neutrons** p. 1949 b).

■ **Contre-défense. Asat (armes antisatellites).** Voir p. 1954 b. **Diminution du temps de combustion** pendant lequel le missile peut être repéré par des détecteurs d'infrarouges ou poursuivi par des autodirecteurs de missiles. **Déguisement de la flamme de combustion** en ajoutant des produits aux propergols de la fusée, ce qui rend problématique tout pointage contre elle. **Protection du missile :** « durcissement » contre les rayonnements et les impulsions électromagnétiques (IEM). **Conclusion : 1°)** *l'interception du missile au cours de la 1re phase* reposerait sur des systèmes d'armes très coûteux et techniquement très difficiles à réaliser ; **2°)** *l'interception au cours des phases suivantes* est aussi difficile car, les ogives étant séparées, le nombre des cibles est multiplié par le nombre d'ogives et de leurres.

☞ A son terme, l'IDS aurait coûté 56 milliards de $ (300 milliards de F) et risqué d'empiéter sur les autres programmes.

GPALS (Global Protection Against Limited Strikes). Le projet initial de l'IDS, souvent jugé irréaliste, visait à constituer un bouclier étanche pour protéger en priorité le territoire américain contre une frappe massive soviétique. Les Scuds iraqiens ont montré que la menace pouvait être ailleurs. En 1990, l'IDS est réduite au GPALS, visant à contrer une menace accidentelle (exemple : armes ex-soviétiques disséminées) ou venant d'un État « perturbateur » (exemples : Iraq, Libye, Corée du Nord). **Armes développées :** du type Kew, Eris et Hedi (voir ci-dessus). 1°) **Horizon 1997-98 :** *1 site fixe* USA-Canada (Grand Forks, Dakota du Nord), compatible avec le traité ABM, comprenant des radars au sol et des intercepteurs exoatmosphériques. *1 couverture déplaçable THAAD* (*Theater High-Altitude Air Defence*) type super Patriot dont bénéficieraient les alliés pour des opérations conjointes. 2°) **Horizon 2005-2010 :** satellites tueurs du type *Brilliant Pebbles* (« cailloux futés »), environ 1 000, capables de détecter, suivre les trajectoires et détruire, avec des projectiles à énergie cinétique, les ogives adverses dans le haut de la trajectoire. Des satellites *(Brilliant Eyes)*, moins nombreux, assureraient la détection lointaine. Une défense terrestre – à énergie cinétique également – détruirait les ogives ennemies ayant échappé aux satellites tueurs. Pour ce dispositif « limité », les USA recherchent la coopération russe. Selon une étude américaine, si la technologie soviétique était disponible, le GPALS pourrait être mis au point en 5 ans et le coût annuel serait de 3 à 3,5 milliards de $; projet remis en cause par Bill Clinton.

NMD (National Missile Defense). Réseaux d'alerte avancée : 5 radars au sol (Alaska, Massachusetts, Californie, aux USA ; Thulé, Groenland et Flyngdales, G.-B.). Devraient associer des satellites de surveillance infrarouge (5 à orbite haute et 24 à orbite basse) pour repérer et suivre les missiles assaillants sur toute leur trajectoire. Radars à large bande (8 installés aux USA, îles Marshall, G.-B. et Corée du Sud) chargés de distinguer les têtes de missiles des leurres ou des débris qui s'en détacheraient. *Système intégré de gestion :* intégré au quartier général nord-américain de la défense aérospatiale (Norad), à Cheyenne Mountain (Colorado). Détermine la nature de la menace, identifie les missiles assaillants, fixe les conditions d'intervention des salves d'antimissiles, transmet les ordres. *Intercepteurs basés au sol :* pour chaque tête offensive, il est prévu de tirer 2 missiles intercepteurs à 3 étages de propulsion, surmonté du véhicule d'impact EKV (Exoatmospheric Kill Vehicle) et doté de moyens autonomes de détection infrarouge, de guidage et de calcul, pouvant, à près de 25 000 km/h, frapper par impact direct. **Essais et tirs :** EKV tiré depuis Kwajalein (îles Marshall) sur autre missile tiré de Vandenburg (Californie, à 7 680 km) filant à 25 700 km/h : **1999**-*3-10* EKV, lancé moins de 20 min après, percute le missile à 225 km au-dessus du Pacifique à 8 200 km/h ; **2000**-*18-1* échec (défaillance du système autodirecteur infrarouge à 232 km d'altitude) ; *8-7* échec (*coût* de l'essai 100 millions de $) ; **2001**-*14-7* succès [a distingué le missile d'un gros ballon leurre (balise placée sur la cible permettant de la localiser durant la majeure partie de son vol)]. **Déploiement des intercepteurs :** *phase 1* (fin 2005) : 20 en Alaska ; *phase 2* (fin 2010) : 100 ; *phase 3* (fin 2011) : 250 au total, avec 2e site dans le Dakota du Nord.

Mort en 15 minutes. Le *zyklon B* (utilisé par les Allemands dans les chambres à gaz) en est une variante.

☞ La France a utilisé de 1935 à 1978 la base B2-Namous (près de Ben-Wenif au nord du Sahara en Algérie) selon des accords secrets annexés au traité d'Évian de 1962 et renouvelés le 27-4-1967 et en 1972.

■ **Protection. Masques** munis de cartouches filtrantes dont les filtres en papier et en charbon arrêtent les aérosols et abaissent d'un facteur 100 000 environ la concentration de vapeurs toxiques. **Tenues** *en caoutchouc butyle, survêtements* composés de plusieurs couches de tissus (certaines étant constituées de tissu carboné) afin d'arrêter les gouttes de toxiques et de filtrer l'air qui atteint la peau ; mais la gêne causée par ces tenues diminue le rendement au combat et accroît la fatigue. Une décontamination très soigneuse des matériels souillés est nécessaire. **Ampoules auto-injectantes** contre les principaux agents, à utiliser immédiatement en cas de symptôme de contamination.

Persistances [à 10 °C (temps pluvieux, vent modéré), ou 15 °C (temps ensoleillé, absence de vent, enneigement)] : *sarin :* 15 min à 1 h ou 15 min à 6 h. *VX :* 1 à 12 h ou 3 à 21 h. *Acide cyanhydrique :* quelques min à 15 min dans tous les cas. *Cyanogène :* quelques min, ou 15 min, à 4 h. *Ypérite :* 2 à 7 j, ou 2 à 8 semaines.

☞ **Quelques accidents : 1968** USA : près de Dugway, un avion d'expérimentation pulvérise par erreur du VX, 6 000 moutons †. **1969** Belgique : fuite de 1 ou 2 barils d'ypérite (20 000 auraient été immergés par les Anglais au large des côtes en 1950) : phoques et poissons tués, plusieurs pêcheurs et enfants (plages) brûlés. **1972** USA (à Fort Greely, Alaska) : 50 rennes tués par du sarin (200 cartouches entreposées sur le lac gelé en 1966, englouties lors de la fonte). **1979** près de Hambourg (All. féd.) : 1 enfant tué par du Tabun (stock de cartouches).

ARMES A FAISCEAUX DE PARTICULES ET LASERS

■ **Armes à faisceaux de particules** (électrons, protons ou particules neutres). **Recherches :** USA [programmes « Chair Heritage » (pour les particules chargées) et « White Horse » (particules neutres)] et en Russie.

Avantages escomptés : très efficaces contre les missiles (rapidement destructibles par les particules) ; pourraient fonctionner dans l'atmosphère par tous les temps (alors que le laser est arrêté par les nuages) ; il n'existe pas actuellement de contre-mesures ; elles ne subiraient pas de contraintes mécaniques d'accélération (cas des missiles antimissiles) ; d'un temps de réponse très bref, elles ne provoqueraient pas d'effets thermiques ni de rayonnements nucléaires parasites ; de plus, leurs essais n'enfreignent pas les accords soviéto-américains d'interdiction des essais nucléaires et Salt.

Principaux problèmes à résoudre : réalisation de *générateurs électriques* produisant en 1 milliseconde des courants électriques très intenses et puissants, de *canons d'électrons* envoyant des faisceaux de particules pulsées de haute énergie dans l'atmosphère ou l'espace, d'*accélérateurs accélérant* les ions d'un plasma chaud ou des électrons.

■ **Laser à haute puissance.** Délivre par impulsion une énergie minimale de 30 kilojoules ou une puissance de sortie moyenne de 20 kilowatts (1 watt : 1 joule/s). **Avantages :** capacité de tir de 1 000 coups par seconde (laser chimique), précision (pourrait viser 1 pièce de 1 F à 500 km). Mais la destruction des missiles et des ogives serait difficile, celles-ci étant protégées par un bouclier thermique résistant. Le tir pourrait s'effectuer à partir de satellites, car le vide spatial, contrairement à la couche atmosphérique, ne causerait pas de divergence et entraînerait peu de perte de puissance. **Effets :** *thermiques directs :* la chaleur du faisceau cause la liquéfaction, la vaporisation ou la pyrolyse (décomposition chimique) de la cible ; *mécaniques indirects :* sous la chaleur du faisceau et la pression créée par le faisceau formé à la surface, le métal s'évapore, s'écarte de la surface et engendre en sens inverse une onde de choc qui brise l'enveloppe de la cible ; *ionisation :* causée par les rayons X (émis par le plasma quand il absorbe le rayon laser), elle peut détraquer ou détruire les circuits électroniques ; *combinés, mécaniques et thermiques :* une série d'impulsions répétées peut déformer la cible (qui en outre s'échauffe) ; *effets biologiques :* quelques joules/cm² (au lieu de 700 pour percer la carlingue d'un avion) aveuglent un pilote.

Recherches : USA : *programme Triad de la Darpa :* laser chimique hydrogène-fluor (puissance 5,5 mégawatts) ; laser de 400 kW monté sur un Boeing KC-135. En 1983, un laser au dioxyde de carbone utilisé en vol a détruit 5 missiles Sidewinder volant à 3 500 km/h. *Programme Miracl (Mid-Infrared Advanced Chemical Laser) :* laser de deutérium-fluor (2,2 mégawatts ; portée 400 m à l'infini. 3 000 s d'effets laser en 150 essais depuis 1980. Coût : 800 millions de $). *COIL* (*Chemical Oxygen Iodine Laser*). *SBL (programme de laser spatial) :* laser hydrogène-fluor [17,4 t, long. 20,2, diam. (sat. 4,5 m, miroir 4 m), panneaux solaires 13,8 m², lanceur Titan-4B].

G.-B. : depuis 1986, marine équipée de lasers à usage défensif, capables d'aveugler les senseurs et les capteurs des avions adverses (le faisceau créé par le laser porte à 1 600 m). **France :** programme de recherche *Latex* (laser associé à une tourelle expérimentale) capable d'aveugler les senseurs optroniques des hélicoptères de combat et des chars. Puissance de 50 kW fournie par source chimique (deutérium-fluor). Laser repérant lunettes de visée (Cilas, Cie ind. des lasers). **Europe :** projet *Euclid* (coopération technologique militaire) lancé 1988. **Russie :** laser à iode.

■ **Effets du laser.** Le 23-2-1989, un *MICL (Mid-Infrared Chemical Laser)* a intercepté et détruit pour la 1re fois un missile antiaérien Vandal. La même année, un laser *Miracl* a mis plusieurs secondes pour détruire au sol le 2e étage du missile américain Titan II (les lasers opérationnels devront être 50 fois plus puissants). Le 17-10-1997, le même laser a pris pour cible le satellite MSTI-3 à 418 km d'altitude. L'US Air Force met au point un laser chimique capable de détruire en vol les ogives de missiles sol-sol balistiques (nucléaires ou classiques) ; un avion gros porteur pourrait effectuer une quarantaine de tirs au laser, de 3 à 5 s chacun (projet Boeing-Rockwell de laser aéroporté ABL). Selon Boeing, un tir au laser aéroporté coûterait 2 000 $, soit mille fois moins cher qu'un tir de missile anti-missiles (2 à 3 millions de $). Le coût du programme ABL est estimé à environ 5 milliards de $.

En mars 1996, un laser chimique au deutérium (puissance 1 MW), guidé par senseur à infrarouge, a détruit 2 roquettes en vol dans le désert du Nouveau-Mexique (le temps de vol d'une roquette est inférieur à 1 s).

☞ Un fusil à rayon laser pouvant dérégler les instruments optiques et électroniques de surveillance mais brûlant aussi la rétine à 4 500 m aurait été utilisé en Somalie lors de l'évacuation des casques bleus.

■ **Autres lasers envisagés.** *Excimère :* émission dans l'ultraviolet. *A électrons libres :* émission de rayons X à l'infrarouge, étudié en France à Orsay (laboratoire de Lure). *A rayons X :* photons donnant un très fort rayonnement, production conventionnelle (décharge électrique, autre rayon laser) ; nucléaire (énergie issue de l'explosion) s'il est utilisé à des fins militaires ; études aux USA (laboratoire Lawrence Livermore), en Russie (institut Lebedev), France (laboratoire de spectroscopie atomique d'Orsay) ; pourraient être utilisés à partir d'un satellite (ne fonctionnant qu'une fois, mais pouvant détruire plusieurs dizaines de cibles).

Principaux problèmes : *mise au point d'optiques* capables de supporter des énergies énormes (mais le laser X n'en aurait pas besoin) ; *développement de plates-formes de pointage et d'alimentation* en énergie de ces armes (pour certains, ce problème serait impossible à résoudre à bord des systèmes spatiaux, car des tonnages considérables de produits chimiques seraient nécessaires) ; *atténuation de ces faisceaux de lumière* lors de leur passage dans l'atmosphère ; *lutte contre les contre-mesures possibles :* on pourrait recouvrir les missiles de quelques mm de carbone phénolique (vaporisée par le rayon laser, cette couche produirait un plasma protecteur quelques instants), polir leur surface (l'énergie serait en grande partie renvoyée comme par un miroir), les faire tourner sur eux-mêmes, les envoyer avec des leurres attaquer les batteries spatiales [les optiques étant fragiles, une intensité très faible (du milliardième de celle nécessaire contre les missiles) pourrait les endommager].

☞ Les lasers à basse puissance sont déjà utilisés pour visée, guidage, détection et contre-mesures (voir aussi p. 1953 c). Selon la Nasa, la mise au point d'un système Asat (*Anti-Satellite System*) complet à rayon laser coûterait 50 milliards de $, et celle d'un système spatial complet de missiles antimissiles balistiques ABM, 500 milliards de $. Actuellement, les USA consacrent environ 2 milliards de $ par an aux technologies ABM.

LA DÉFENSE EN FRANCE

INSTITUTIONS

L'organisation de la Défense nationale dépend :

■ **I – de la Constitution. Le président de la République** est le garant de l'indépendance nationale, de l'intégrité du territoire, du respect des accords de communauté et des traités (art. 5). Il est le chef des armées. Il préside les conseils et comités supérieurs de la Défense nationale (art. 15). Lorsque les institutions de la République, l'indépendance de la nation, l'intégrité de son territoire ou l'exécution de ses engagements internationaux sont menacées d'une manière grave et immédiate et que le fonctionnement régulier des pouvoirs publics constitutionnels est interrompu, le Pt prend les mesures exigées par ces circonstances, après consultation officielle du Premier ministre, des présidents des assemblées ainsi que du Conseil constitutionnel. Il en informe la nation par un message (art. 16). Il décide de l'engagement du feu nucléaire (suppléance successivement assurée par le Pt du Sénat ou le gouvernement, collégialement). **La loi** détermine les principes de l'organisation générale de la Défense nationale. (art. 34).

La déclaration de guerre est autorisée par le Parlement (art. 35). **L'état de siège** est décrété en Conseil des ministres. La prorogation au-delà de 12 j ne peut être autorisée que par le Parlement (art. 36).

■ **II – de l'ordonnance 59147 du 7-1-1959 et de ses décrets d'application. La Défense** doit assurer en tout temps, en toutes circonstances, et contre toutes les formes d'agression, sécurité, intégrité du territoire et vie de la population. Elle pourvoit au respect des traités, alliances et accords internationaux (art. 1).

La politique de la Défense est définie en *Conseil des ministres*. Les décisions en matière de direction générale sont arrêtées en *comité de Défense* (présidé par le Pt de la République et comprenant le Premier ministre, les ministres des Affaires étrangères, de l'Intérieur, de la Défense, de l'Économie et des Finances, de l'Industrie et, s'il y a lieu, sur convocation du Pt, les autres ministres pour les questions relevant de leur responsabilité) et, en matière de direction militaire, en *comité de Défense restreint* (présidé par le *Pt de la République*, qui peut se faire suppléer par le PM qui réunit le comité à sa diligence et en fixe la composition pour chaque réunion). Le gouvernement dispose du *Conseil supérieur de défense* (présidé par le Pt de la République) dont la composition est fixée par décret.

Le Premier ministre est responsable de la *Défense nationale*, il exerce la *direction générale* et la *direction militaire* de la Défense. Il formule les directives générales pour les négociations concernant la défense et suit le développement de toutes ces négociations. Il décide de la *préparation* et de la *conduite supérieure des opérations* et assure la *coordination de l'activité* en matière de défense de tous les départements ministériels.

Le ministre chargé de la Défense est responsable *sous l'autorité du PM* de l'exécution de la politique militaire (en particulier : organisation, gestion, mise en condition d'emploi et mobilisation des forces et de l'infrastructure militaire nécessaires). Il *assiste* le PM pour leur mise en œuvre. Il a autorité sur les forces et services des armées et est responsable de leur sécurité. Le *secrétaire d'État à la Défense*, chargé des Anciens Combattants, exerce, par délégation du ministre de la Défense, les attributions de celui-ci relatives aux : anciens combattants et victimes de guerre, service national universel, réserve militaire, politique de mémoire et renforcement du lien armées-nation. Le ministre est *assisté par :* 1°) *un chef d'état-major des armées* (plans d'emploi des forces, organisation générale et mise en œuvre des forces armées). 2°) *Un délégué général pour l'armement* (étude, recherche et fabrication d'armement). 3°) *Un secrétaire général pour l'administration* (administration, finances, action sociale). 4°) *Les chefs d'état-major* de l'armée de terre, de la marine et de l'armée de l'air. 5°) *Un directeur général de la gendarmerie nationale.* 6°) *Un chef du contrôle général des armées* (pour le contrôle de la gestion de son ministère). Il dispose des *états-majors de l'armée de terre, de la marine, de l'armée de l'air* et des *inspections générales* (il préside le comité des chefs d'état-major, des *conseils supérieurs de l'armée de terre, de la marine, de l'armée de l'air,* organes consultatifs et d'études propres à chaque armée) ; du *Conseil permanent du service militaire* chargé d'élaborer des propositions relatives au service militaire ; du *Conseil supérieur de la fonction militaire* qui examine les problèmes de la condition des cadres. 7°) *Un délégué à l'information et à la communication de la défense.*

Les autres ministres sont chacun responsables de la préparation et de l'exécution des mesures de défense incombant à leur département. Ils sont assistés par un *haut fonctionnaire de défense* désigné à cet effet.

Le ministre de l'Intérieur prépare en permanence et met en œuvre la *défense civile ;* il est responsable de l'ordre public, de la protection matérielle et morale des personnes et de la sauvegarde des installations et des ressources d'intérêt général.

Dans les zones où se développent des opérations militaires et sur décision du gouvernement, le commandement militaire désigné devient responsable de l'ordre public et exerce la coordination des mesures de défense civile avec les opérations militaires.

☞ Dans le cas d'événements interrompant le fonctionnement régulier des pouvoirs publics et entraînant la vacance simultanée de la présidence de la République, de la présidence du Sénat et des fonctions de PM, responsabilités et pouvoirs de défense sont automatiquement et successivement dévolus au ministre chargé des Armées et, à défaut, aux autres ministres dans l'ordre indiqué par le décret portant composition du gouvernement.

Les conseils ou **comités de défense,** réunis et présidés par le Pt de la République, assurent la direction d'ensemble de la Défense et, le cas échéant, la conduite de la guerre. Secrétariat tenu par le *secrétaire général de la Défense nationale.* **Le chef d'état-major général des armées :** sous l'autorité du Pt de la République et du gouvernement, il assure le commandement de l'ensemble des opérations militaires, *sous réserve des dispositions particulières relatives aux forces nucléaires* pour lesquelles des procédures spéciales sont définies. Il est chargé, pour l'ensemble des forces nucléaires, de préparer les plans d'emploi et les directives opérationnelles, de faire exécuter les opérations nécessaires à leur mise en œuvre et de s'assurer de l'exécution de l'ordre d'engagement donné par le Pt de la République.

Les commandants des forces nucléaires sont chargés de la mise en condition opérationnelle des moyens dont ils disposent et du suivi de l'exécution des missions.

La défense opérationnelle du territoire (Dot), conduite en liaison avec les opérations de défense extérieure, s'oppose aux forces ennemies (éléments implantés, parachutés, débarqués ou infiltrés). Les mesures de Dot complètent celles d'ordre public, prises dans le cadre de la défense civile. Les commandants de zone de défense assurent la préparation des plans de Dot, conformément aux directives du Premier ministre qui leur sont notifiées par le ministre de la Défense.

Politique militaire de défense

■ **Fondement.** 4 missions sont assignées aux armées : **la prévention** est le moyen de contribuer à la stabilité de l'état de paix, en permettant de prévenir l'apparition de menaces et le développement de situations de crises susceptibles d'affecter nos intérêts. Les moyens de renseignement, le prépositionnement de forces, la coopération de défense avec certains pays en sont les principaux outils. **La projection de force et de puissance** est indispensable à une prévention crédible. Les objectifs opérationnels retenus incluent des capacités de commandement dans le cadre d'engagements multinationaux, la projection de l'équivalent de 50 000 hommes, la disposition d'un groupe aéronaval et de son accompagnement, la projection d'une centaine d'avions de combat et des ravitailleurs en vol associés. **La protection du territoire** reste une mission constante. La gendarmerie est directement impliquée dans les missions de sécurité intérieure. Les forces armées contribuent aussi à la protection des approches et à des missions de sécurité intérieure ainsi qu'à la protection des approches et à des missions de service public, notamment la sûreté aérienne et maritime du territoire. La France a décidé en 1996 de professionnaliser son armée. La loi de programmation militaire 1997-2002 définit cette évolution. L'appel sous les drapeaux est progressivement suspendu et remplacé par un appel de préparation à la défense (APD) d'une journée, obligatoire pour garçons et filles. **La dissuasion nucléaire** reste un instrument de sécurité contre toute menace à l'encontre de nos intérêts vitaux et un instrument politique majeur. Les forces nucléaires sont réparties en 2 composantes, sous-marine et aéroportée.

■ **Thèses sur la stratégie.** 1°) **Retour dans le système de l'Otan** et sous la protection américaine. *Inconvénient :* doute sur l'automaticité de cette protection, perte d'indépendance. 2°) **Sanctuarisation** (Gal Gallois) : la France ne doit pas s'occuper des pays qui l'entourent mais accélérer son armement nucléaire (surtout les sous-marins). La France est intouchable, mais elle seule. 3°) **Sanctuarisation accompagnée de zones d'intervention extérieures :** suppose une force d'intervention mobile de 50 000 h. disposant d'avions et de bateaux.

■ **Restructurations. Réductions de format des armées :** voir pour aspect territorial, effectifs col. b, budget col. c. *Mer,* regroupement des forces de surface en un seul commandement (Alfan) [voir p. 1960 b]. *Air* (voir p. 1960 c) : la réduction du CDAOA pour mieux répartir

Évolution des effectifs de la Défense

	1996	1998	1999	2001	2002
En activité :	**573 081**	**524 026**	**498 599**	**n.c.**	**440 200**
Officiers	38 456	38 527	38 774	38 383	38 189
Sous-officiers	214 828	211 532	209 661	202 674	199 296
Engagés	44 552	60 054	68 023	84 043	92 527
Civils	201 498	76 241	78 660	n.c.	83 023
Appelés [3]	73 747	137 672	103 495	41 068 [4]	27 171
Réservistes	500 000	500 000			100 000
Terre :	**268 572**	**235 834**	**219 538**	**168 312** [1]	**172 626**
dont militaires	*236 626*	*203 214*	*186 744*	*137 512*	*138 626*
Officiers	17 461	17 013	16 783	16 093	16 080
Sous-officiers	56 644	54 455	53 235	50 423	50 365
Engagés	30 202	41 956	47 835	65 470	66 681
Service national [3]	132 319	89 790	68 891	5 526 [1]	5 500 [1]
Civils	*31 946*	*32 620*	*32 794*	*30 800*	*34 000*
Marine :	**69 878**	**65 195**	**62 641**	**55 437** [1]	**56 464**
dont militaires	*63 383*	*57 016*	*53 624*	*44 868*	*44 870*
Officiers	4 844	4 985	5 006	4 966	4 961
Sous-officiers	32 530	32 605	32 392	29 600	30 136
Engagés	8 103	7 928	7 928	8 500	7 998
Service national [3]	17 906	11 498	8 298	1 775 [1]	1 775 [1]
Civils	*6 495*	*8 179*	*9 017*	*10 569*	*11 594*
Air :	**93 552**	**83 448**	**76 405**	**n.c.**	**71 080**
dont militaires	*88 646*	*78 149*	*70 802*	*62 966* [2]	*64 349*
Officiers	7 277		7 158	7 025	6 974
Sous-officiers	42 813		41 239	38 962	38 392
Engagés	5 882		11 407	14 977	16 758
Service national [3]	32 674	19 931	10 998	2 002 [5]	2 225 [1]
Civils	*4 906*	*5 299*	*5 603*	n.c.	*6 731*
Gendarmerie :	**93 669**	**95 242**	**95 956**	**n.c.**	**97 884**
dont militaires	*92 411*	*93 654*	*94 174*	*95 182*	*95 624*
Officiers	2 666	3 142	3 353	3 599	4 055
Sous-officiers de gendarmerie	77 079	76 121	77 345	76 407	75 337
Autres sous-officiers	649	1 767			11 222
Service national [3]	12 017	12 624	13 476	14 527 [6]	16 232 [1]
Civils	*1 258*	*2 260*	*1 782*	n.c.	*2 260*

Nota. – (1) Au 1-1-2001. (2) Projet de loi de finance 2001. (3) Appelés (+ volontaires de 1998 à 2001), volontaires seulement en 2002. (4) Dont 22 818 appelés, 18 250 volontaires. (5) Dont 1 059 appelés, 943 volontaires. (6) Dont 3 502 appelés, 11 025 volontaires.

les moyens. **Renforcement des capacités interarmes :** création d'une *direction* unique du *Renseignement militaire* (DRM) relevant du Cema. Création d'un *État-major interarmées de planification opérationnelle* (Émia) et d'un *Commandement des opérations spéciales* (COS), qui puiseront dans des *réservoirs de forces.* Regroupement des 3 écoles de guerre en 1 *collège interarme de défense ;* création *d'inspecteurs généraux des armées* qui remplacent les inspecteurs des 3 armes ; *rapprochement des services de soutien* à vocations similaires. Création d'une *Direction des affaires stratégiques* (DAS) au ministère de la Défense (études avec alliés, états-majors, DGA, DRM). **Accroissement des capacités de projection.**

☞ **Nombre en dotation en novembre 1918 et en mai 1940 :** *chars de combat* 2 500 (1 900) ; *pièces d'artillerie* 12 000 (8 600) ; *avions de combat* 7 600 (1 300).

■ **Loi no 99-984 du 22-10-1999.** A organisé la réserve militaire et le service de défense. **4-12-2000** un Conseil supérieur de la réserve militaire a été créé.

■ **Loi de programmation 1997-2002.** Souhaitant réduire les dépenses publiques, donc les crédits militaires, le Parlement a voté définitivement le 20-6-1996 une nouvelle loi de programmation militaire pour 1997-2002 (loi no 96-589 du 2-7-1996, *JO* no 153 du 3), 2 ans après l'adoption de la loi portant sur 1995-2000, devenue caduque l'été 1995, lors de l'annulation de 8,5 milliards de F de crédits de paiement du budget d'équipement militaire.

Objectifs. Tenir compte du recul de la menace à l'Est (les troupes russes ont reculé de 1 500 km, l'Ukraine s'est séparée de la Russie, l'armée russe a réduit ses effectifs, l'industrie d'armement est désorganisée) *et de son éventuel retour à terme* dans 5 à 20 ans.

Remédier aux insuffisances constatées dans le Golfe et en Bosnie, en créant une armée de métier puissamment armée, immédiatement disponible et suffisamment nombreuse pour pouvoir expédier une force significative. **Capacités de projection retenues pour 2015 :** *armée de terre :* 50 000 hommes dans le cadre de l'Alliance atlantique, pour prendre part à un engagement majeur ; ou 30 000 hommes sur un théâtre d'opérations pendant 1 an, soit 35 000 h. avec des relèves très partielles, et, simultanément, 5 000 h. sur un autre théâtre, soit 15 000 h. avec les relèves. *Armée de l'air :* 100 avions de combat avec leurs avions-ravitailleurs et capacité de transport, moyens de détection, de contrôle aérien, bases aériennes. *Marine :* groupe aéronaval, porte-avions avec son accompagnement, et sous-marins d'attaque. *Gendarmerie :* éléments spécialisés et accompagnement des forces.

Éviter l'effondrement des industries d'armement. Moyens : *budget :* 185 milliards de F (MdF) constants de 1995 (dont fonctionnement 99, équipement 86) ; *professionnalisation des armées* et suspension du service militaire obligatoire pour les jeunes nés après le 1-1-1979, dès le 1-1-1997. *Réduction des armées : de terre :* amputée de 40 régiments, de 2 grands commandements (Force d'action rapide et 3e corps d'armée) et de ses 9 divisions actuelles. Les régiments maintenus seront répartis au sein de 4 « réservoirs de forces » : blindée, mécanisée, intervention blindée rapide, infanterie d'assaut. *Marine :* privée de 22 navires, 6 sous-marins classiques, 3 frégates. *Aviation :* de 5 bases aériennes. **Restructuration :** des arsenaux, des entreprises industrielles et de la Délégation générale pour l'armement (DGA).

Réduction et étalement des programmes : maintien des crédits de fonctionnement à leur niveau actuel (99 MdF constants de 1995 soit 101 MdF courants de 1996). Baisse des crédits d'équipement de 17 % (de 633 MdF de la loi de programmation précédente à 516 pour 6 ans). Le montant des dépenses d'équipement avait déjà baissé à 95,7 MdF en 1993 ; 95,2 en 1994 ; 83,5 en 1995. *Charges nouvelles du budget d'équipement :* droit à compensation financière 0,99 MdF par an pendant 10 ans, accordée à la Polynésie fr. après démantèlement du Centre d'expérimentation du Pacifique (CEP) et en fonction du dispositif maintenu. Financement des restructurations ind. 0,9 MdF, dont : Direction des constructions navales (DCN) et du Commissariat de l'énergie atomique (CEA-direction des applications militaires) : 4,8 MdF en 6 ans ; crédits prévus au titre du Fonds pour les restructurations de la Défense (Fred) pour accompagner les restructurations militaires ou ind. : 0,942 MdF constants ; non-imputation du budget de la Défense des crédits de recherche duale. *Programmes abandonnés :* remplacement des missiles du plateau d'Albion, *Brevel* (avion téléguidé d'observation), *lance-roquettes multiple* en phase 3, 6e frégate *La Fayette,* et construction d'un 2e porte-avions nucléaire. *Programmes réduits ou étalés :* char Leclerc : nombre ramené de 650 à 406 chars ; missile balistique nucléaire M5 : transformé en programme M51 plus économique de 23 % ; avions Rafale-Marine : nombre ramené de 86 à 60, Rafale-Air programme reculé de 3 ans ; hélicoptères de transport tactique *NH 90* de 220 à 160 ; missiles antichars et sol-air ou air-air : nombre réduit de 50 %. Espoir de 30 % de gains de productivité. Stabilité des programmes spatiaux 21 MdF en 6 ans. *Crédit de la dissuasion nucléaire :* démantèlement du plateau d'Albion, des missiles Hadès, arrêt des essais nucléaires, révision du programme de missile balistique M5, maintien du 4e sous-marin nucléaire d'engins, baisse de 20 %.

Le Foch a été désarmé et vendu au Brésil en 2000. L'admission au service actif du *Charles-de-Gaulle* a eu lieu le 18-5-2001 et le même jour a été créée, à Landivisiau, la 12F (1re flottille de Rafale Marine).

Effectifs

■ **Effectifs budgétaires totaux. 1977 :** 718 810. **80 :** 709 478. **83 :** 721 123. **87 :** 699 460. **89 :** 685 791. **90 :** 679 248. **91 :** 670 137. **92 :** 634 905. **93 :** 613 809. **94 :** 609 902. **95 :** 605 977. **Loi de programmation 1997-2002 : 1996 :** 573 081 ; **97 :** 543 508 ; **98 :** 524 026 ; **99 :** 498 599 ; **2000 :** 474 009 ; **2001 :** 453 801 ; **2002 :** 440 206.

■ **Effectifs militaires totaux** (y compris la gendarmerie). **1962 :** 1 027 807 (dont en Algérie 441 346 et outre-mer 42 004). **65 :** 611 000 (dont Algérie 18 500 et Outre-Mer 37 000). **70 :** 566 610. **75 :** 584 405. **80 :** 584 579 (dont Outre-Mer 16 408). **85 :** 560 165. **90 :** 549 647. **91 :** 542 359. **92 :** 522 323. **93 :** 505 922. **94 :** 505 546. **95 :** 503 813. **96 :** 500 653. **97 :** 476 147. **98 :** 449 335. **2000 :** 493 674. **2001 :** 465 857.

■ **Quelques précisions. Taux d'encadrement** (en 1999) : officiers et, entre parenthèses, sous-officiers (en %) : *air* 8,2 (47,5) ; *terre* 9,4 (29,7) [en 2001 : 11,7 (36,6)] ; *marine* 8,4 (61) ; *gendarmerie* 3 (84). *Ensemble* 7,2 (42,7). [All. 5,5 (25,5), G.-B. 10,5 (32), USA 11 (50), Russie 14 (28)]. **Il y avait en 1960 :** 1 général pour 2 600 appelés, 1 officier supérieur pour 87 appelés. **En 1976 :** 1 général pour 1 200 appelés, 1 officier supérieur pour 35 appelés. **En 2000 :** 1 général pour 1 000 et 1 colonel pour 200 [ratio officiel : 1 colonel pour 1 régiment (1 000 h.) et 1 général pour 1 brigade (7 000)]. **Généraux et,** entre parenthèses, **colonels en activité : armée de terre :** France 199 (1 045) [All. 107 (626) ; Belg. 24 (141) ; G.-B. 236 (449) ; Esp. 125 (632) ; Grèce 204 (550) ; It. 243 (1 025)]. **Marine :** 55 (326) [All. 25 (121) ; BelG. 3 (14) ; G.-B. 47 (330, y compris commodores) ; Esp. 42 (162) ; Grèce 48 (164) ; It. 97 (419)]. **Armée de l'air :** 74 (398) [All. 53 (313) ; Belg. 9 (58) ; G.-B. 136 (333) ; Esp. 39 (215) ; Grèce 92 (315) ; It. 103 (513)]. **Délégation générale** pour l'armement et du service de santé des armées : 7. **Postes tournants** des armées : 22. *Total* : 357 (1 769). **Gendarmerie :** 30 (230) [Autr. 18 (60), Esp. 23 (105), It. 50, à terme 94 (350, à terme 386), P.-Bas 4 (14)].

Taux de professionnalisation des forces françaises (en %, 1999) : 59,7 dont gendarmerie 87, marine 92, air 63, terre 64. Allemagne 52 ; G.-B. 100 ; USA 100.

Répartition des militaires par armée

Années	Terre	Air	Marine
1962	721 102	139 873	78 506
1965	365 000	113 000	67 000
1970	321 916	104 263	69 141
1975	331 522	102 078	68 315
1980	314 253	100 625	67 937
1985	299 826	96 547	67 040
1990	288 553	93 118	65 294
1995	239 117	89 185	63 820
1997	219 966	83 460	60 326
1998	203 214	78 149	57 016
1999	186 744	70 802	53 624
2000	169 342	66 473	49 491
2002 (prév.)	137 512	64 309	44 838

☞ Depuis le 12-10-2000, les femmes peuvent s'engager dans la Légion étrangère et dans les fusiliers marins commandos. Sous-marins et gendarmerie mobile leur sont fermés.

Responsables (au 1-7-2001)

Ministre de la Défense : Alain Richard (12-8-1945).

Secrétaire d'État à la Défense, chargé des Anciens Combattants : Jean-Pierre Masseret (23-8-1944)

Chef d'état-major des armées : Gal d'armée Jean-Pierre Kelche (troupes de marine) [19-1-1942] depuis le 9-4-1998 (avant : Gal Jean-Philippe Douin ; avant : amiral Jacques Lanxade). **Major général de l'EMA :** Gal de corps aérien Richard Wolsztynski (18-4-1948) depuis le 1-9-1998. **Délégué général pour l'Armement :** IGA Glaize depuis mai 2001. **Chef d'état-major. Terre :** Gal d'armée Yves Crène depuis le 20-1-1999 (avant Gal Philippe Mercier) ; **marine :** amiral Jean-Louis Battet (14-6-1944) depuis le 1-7-2001 ; **air :** Gal d'armée aérienne Jean-Pierre Job (2-12-1943) depuis le 2-7-2000. **Chef du contrôle général :** Contrôleur général Jouan. **Gendarmerie :** *directeur général :* Pierre Steinmetz (23-1-1943) depuis le 19-1-2000 ; *major général :* Gal de corps d'armée Marie-Jean Rivière (7-10-1942) depuis le 1-1-2000. **Direction générale de la sécurité extérieure (DGSE) :** *directeur général :* Jean-Claude Cousseran depuis le 14-2-2000. **Chef d'état-major interarmées de planification opérationnelle :** Gal de corps d'armée Marc Allamand (3-10-1943) depuis le 1-8-2000. **Direction du renseignement militaire (DRM),** créée 1992 : Gal de division André Ranson (13-2-1946) depuis le 1-7-2000. **Secrétaire général de la Défense nationale :** Jean-Claude Mallet (25-3-1955) depuis le 8-7-1998 (auparavant : Isabelle Renouard ; Jean Picq).

Commandant de la Force d'action terrestre : Gal d'armée Pierre Forterre (14-12-1940) depuis le 1-7-1998. **Commandant la Force logistique terrestre :** Gal de corps d'armée Jean-Louis Blanchet (10-3-1944) depuis le 1-7-1998. **Commandant de la Force d'action navale (Fan) :** vice-amiral d'escadre Jean Moulin. **Commandant la Force aérienne de combat (Fac) :** Gal de division aérienne Hervé Longuet. **Commandant les Forces aériennes stratégiques (Fas) :** Gal de corps aérien Gérard Saucles depuis le 1-12-1999.

Inspecteurs généraux. Terre : Gal d'armée Raymond Germanos (16-2-1941) depuis le 31-3-1999 ; **marine :** amiral Philippe Roy (12-4-1941) depuis le 1-2-2000 ; **air :** Gal d'armée aérienne Gérard Resnier (2-9-1946) depuis le 2-7-2000 ; **gendarmerie :** Gal d'armée André Lorant (24-1-1941) depuis le 1-1-2000.

Systèmes de forces

A – Forces nucléaires

La France, qui n'est associée à aucune des négociations de limitation nucléaire Est-Ouest, a commencé d'elle-même à réduire son arsenal nucléaire.

Depuis septembre 1996, la dissuasion française est réduite à 2 composantes : balistiques sous-marine et aéroportée, qui disposent de moins de 500 ogives nucléaires réparties entre elles.

Services communs : 71 320 dont *active* 13 316, *contingent* 5 174, *civils* 52 830 (les militaires affectés viennent des 3 armées et de la gendarmerie).

Surcoût des opérations extérieures : *1992-97 :* 27 milliards de F.

La marine maintient si nécessaire 2 SNLE (1 en permanence à la mer, un deuxième pouvant constamment compléter le dispositif). La composante aéroportée est structurée autour du missile nucléaire ASMP. Les Mirage 2000 N en sont les porteurs principaux. Leurs 3 escadrons intègrent l'ensemble des missions dévolues auparavant aux 2 escadrons de Mirage IV ; 1 flotte de ravitailleurs C 135 FR leur est associée.

L'aéronautique navale, avec des Super Étendard modernisés armés de l'ASMP et mis en œuvre à partir du porte-avions (*Charles-de-Gaulle*), participe à la composante aéroportée de la dissuasion. Les 6 derniers essais nucléaires en Polynésie ont eu lieu en 1995-96 (voir p. 1950 c).

☞ Nos forces suscitaient des critiques : *vulnérabilité* des 18 S3 d'Albion en silos fixes, 60 ASMP répartis sur des aérodromes ; *portée des Hadès et rayon d'action des Mirage 2 000 N insuffisants,* la menace principale s'étant déplacée 1 000 km plus à l'est. D'où la réduction du programme et le démantèlement des Hadès (voir col. c).

Potentiels nucléaires stratégiques

Systèmes d'armes	USA	Russie	France	G.-B.	Chine
TCBM	500	727	–	–	24
Missiles à portée intermédiaire (sibs)	–	–	–	–	86
SNLE	16	26	4	2	2
Missiles embarqués	384	460	32	64	24
Bombardiers stratégiques	168	69	60	–	180

Nota. – Proportion des forces nucléaires sol-sol (en silos) : 8,2 % de la force nucléaire française (USA 25 % ; CEI 75 %). USA et surtout URSS, en raison d'une stratégie de coercition (destruction préventive des armes de l'autre pour ne pas avoir à en subir les effets), voulaient des armes précises et nombreuses. La France n'envisageait qu'une stratégie de dissuasion.

■ **Conditions d'emploi.** Les armes nucléaires stratégiques ou d'ultime avertissement ne peuvent être utilisées que sur ordre ou autorisation expresse du président de la République (ou, en son absence, du Premier ministre). Un commandement unique en assure la gestion (ex-département nucléaire de l'État-major des armées) à partir du Centre opérationnel, boulevard St-Germain à Paris près du Centre opérationnel inter-armées. Il traite des systèmes de codage, de la sélection des objectifs, des plans de patrouille, du degré d'alerte, de la gestion des réseaux de transmissions. *2 commandements air et mer, Cofas* (Taverny) et *Cofost* (Brest) ont des missions administratives et d'entretien-surveillance de la partie des réseaux exploités par leurs personnels.

Structures de commandement : les forces nucléaires (Fost et Fas) possèdent un ensemble de centres de commandement de secours durcis. Pour assurer en toutes circonstances l'engagement des forces nucléaires et la capacité de frappe en second, toutes les chaînes de transmission reliant autorités politiques, militaires et forces sont redondantes et durcies : réseau **Ramsès** (Réseau amont maillé stratégique et de survie) réparti sur 80 sites : protégé contre les menaces adverses et l'IEM (impulsion électromagnétique) reliant les PC des centres de décision gouvernementaux aux principales unités de forces nucléaires stratégiques, aux PC des forces nucléaires stratégiques, aux principales unités de forces nucléaires et aux systèmes d'armes associés, aux abonnés concourant à la mise en œuvre de l'arme nucléaire.

☞ **Programme Hermès** (en 1989) : 1,37 milliard de F.

■ **Forces nucléaires dans le budget militaire** (en %). **1961-65 :** 34,4. **66-70 :** 46,3. **71-75 :** 35,2. **76-80 :** 32,1. **81-85 :** 30,8. **86-90 :** 32,2. **91 :** 30,1. **92 :** 29. **93 :** 25,7. **94 :** 22,8. **95 :** 23,9. **96 :** 21,9 ; **97 :** 21,5 ; **98 :** 20,4 ; **99 :** 19,3 ; **2000 :** 19,1 ; **01 :** 18,7.

Crédits de paiement courants nucléaires (en milliards de F) : **1989 :** 31,5 ; **90 :** 32,1 ; **91 :** 31,1 ; **92 :** 29,9 ; **93 :** 26,4 ; **94 :** 21,7 ; **95 :** 20,7 ; **96 :** 19,5 ; **97 :** 18,8 ; **98 :** 16,6 ; **99 :** 16,6 ; **2000 :** 15,9 ; **01 :** 15,6 ; **02 :** 17,4.

Crédits consacrés : *1995-2000 :* 129,8 milliards de F dont pour remplacement des composantes actuelles 30 %, maintien en condition opérationnelle 29, préparation de l'avenir 23, matières nucléaires et démantèlement 18 ; *1999-2002 :* 68,3.

■ **Effectifs totaux forces nucléaires** (en 1997). 21 366 (dont militaires actifs 10 868, appelés 4 934, civils 5 564).

Composantes

■ **Forces aériennes stratégiques (Fas).** Opérationnelles depuis 1-10-1964 avec 4 Mirage IV. Depuis le 16-9-1996, ne comprennent plus que la composante aéroportée [2 800 militaires (active 2 500, contingent 300)].

Forces pilotées. **Appareils :** **Mirage 2000 N** (en service opérationnel depuis 1988, 3 escadrons de chasse, tous ravitaillables en vol, dotés de contre-mesures, capables d'une pénétration lointaine, assurent l'ensemble de la mission nucléaire, armé du missile ASMP ; ravitaillement en vol de ces avions indispensable à la réussite de la mission, assuré par un groupe aérien de 11 C 135 FR. 45 appareils. **Armement des appareils :** ASMP (missile air-sol moyenne portée) : seul missile à statoréacteur au monde, longueur 5 m, 800 kg, portée de 100 à 300 km, vit. Mach 2 à 3, tête thermonucléaire 100 à 300 kt à fission, manœuvrant sur programme pour contourner relief et éviter passage sur défenses adverses, durci pour résister aux ABM (80 livrés de 1986 à 1991 pour 8 milliards de F, opérationnel jusqu'en 2007). Vers 2007, ASMP amélioré [portée supérieure, tête nucléaire aéroportée (TNA), coût du programme 4,3 MdF]. **C-135 F-R** (1 escadre : 14 appareils).

☞ L'alerte permanente des Mirage IV fut supprimée en 1975 (mise en alerte opérationnelle des missiles du plateau d'Albion, présence en mer des SNLE). Les Mirage IV P ASMP ont été retirés du service.

■ **Force océanique stratégique (Fost). Effectifs :** 3 000. **Sous-marins : 4 SNLE** (sous-marins nucléaires lanceurs d'engins) M4 à 16 missiles [haut. 10,70 m, diam. 1,90 m, 36 t, portant 6 têtes de 150 kt TN70 ou TN71 (plus légère et discrète) ou TN75 (furtive avec leurres), portée 4 000 à 6 000 km selon têtes emportées] : 2 SNLE M4 : l'*Indomptable* (1976) et l'*Inflexible* (1985, sous-marin M4, armé de missiles M45) ; 2 SNLE (ng) de nouvelle génération de 14 120 t à discrétion renforcée. (6 avaient été envisagés en 1987, nombre ramené à 4 en 1991). Les 3 premiers [*Le Triomphant* (commandé juin 1987, essais officiels juin 1996, en service mars 1997), *Le Téméraire* (commandé oct. 1989, admis service actif 1999), *Le Vigilant* (commandé mai 1993, service actif prévu 2004)] sont dotés dans un 1er temps de 16 missiles M45 (M4 armés de TN-75 avec aides à la pénétration), ultérieurement, du M 51 (55 t, portée 6 000 km), mis en service en 2008 et qui aura à partir de 2015 une tête nucléaire océanique (TNO). Le 4e, le *Terrible*, prévu 2008, sera armé du missile M51. *Coût du programme* (en milliards de F) : missiles *M 45 :* 45 ; *M 51 :* 30 (hors construction en série et mise au point de la charge nucléaire). Le remplacement des SNLE, type le *Redoutable* M4, par des SNLE (ng) a débuté en 1987 ; *retrait du service actif :* 1991 le *Redoutable*, 1996 le *Terrible*, 1998 le *Foudroyant*, 1999 le *Tonnant*, 2003/2004 l'*Indomptable* (2003), 2006/2008 l'*Inflexible* (2007).

Coût d'origine pour 6 SNLE et, entre parenthèses, **coûts prévus en 1997 pour 4 SNLE** (en MdF, 1997) : *total :* 65,3 (65,4) dont développement 9,1 (13), construction 47,8 (46), environnement 8,4 (6,4).

Base : île Longue, rade de Brest (80 ha plus 30 ha gagnés sur la mer : 300 000 m³ de béton coulé, plusieurs km de galeries percés ; 2 bassins jumeaux couverts, de 200 m de long). A quelques km, sur 185 ha, dispositif souterrain de montage, entretien et stockage des missiles et des têtes nucléaires. Après 5 ou 6 ans de service, les SNLE entrent en grand carénage (13 mois) ; après 10 à 12 ans, en refonte (2 ans). Chaque SNLE a 2 équipages de 135 h. se relayant sans discontinuer et effectuant des patrouilles sous-marines de 73 j (90 j max.). Au moins 1 SNLE est en patrouille permanente.

Composantes abandonnées. Forces balistiques. Stratégique sol-sol : sur le plateau d'Albion à St-Christol (Vaucluse, 500 ha répartis sur 36 000 ha) évacué le 16-6-1999. Site choisi en raison de l'altitude (qui accroît la portée) et de la faible densité de population. Les conditions climatiques permettaient l'accès en toute saison aux zones de lancement et aux postes de conduite de tir. Groupement de missiles stratégiques (GMS) de 2 unités de tir (1re opérationnelle le 2-8-1971, 2e le 23-4-1972) armées chacune de 9 missiles sol-sol balistiques stratégiques (SSBS) soit 18 silos (54 prévus à l'origine, puis 27). *Missiles :* S3D (longueur 13,8 m, diam. 1,5 m, 25,8 t, portée 3 500 km, charge thermonucléaire mégatonnique). Chaque unité était commandée par un poste de tir [à Rustrel (Vaucluse), et Reilhanette (Drôme), distants de 26 km], enfoui à 400 m de profondeur, accessible seulement par une galerie de 1 500 m formant plusieurs angles droits. 6 réseaux de transmission indépendants les reliaient au Cofas (en particulier les systèmes Tigre et Vestale). En outre, il existait un réseau survie, le Tos (transmissions par ondes de sol). Dans ces postes, 2 officiers veillaient par roulement de 24 h, recevant directement du gouvernement l'ordre de tir sur des cibles préalablement désignées. Les *silos* étaient distants d'au moins 3 km les uns des autres. La zone militaire entourant chaque silo représentait un carré de 200 m de côté (les cultures du plateau étaient conservées). Profond de 24 m, fermé par 1 porte d'acier de 140 t, chaque silo enfermait 1 missile pouvant s'élancer 1 min après la réception de l'ordre de tir. Le durcissement des sites contre les effets de l'impulsion magnétique avait été achevé en 1984. Albion a été fermé le 16-9-1996. A terme, le site était condamné : la précision des engins ennemis (environ 300 m) et la puissance de chacune des ogives permettaient de le neutraliser. L'entretien coûtait 0,5 milliard de F par an, la modernisation en aurait coûté 30. Les progrès de la défense antimissiles auraient diminué les garanties de pénétration des ogives du missile S 3 D aux trajectoires très prévisibles. Cependant, la mise en silo d'une version sol-sol du missile M4-M45 fut envisagée.

Missile sol-sol balistique mobile. Vecteur du type S45. Programme abandonné le 22-7-1991. Le territoire français et son réseau routier ne se prêtent pas à ce genre de transport qui ne peut souffrir le moindre risque (accident ou attentat). La proposition de les cantonner dans des camps militaires avec ordre de dispersion en cas de crise n'a pas convaincu les responsables politiques.

■ **Programme Hadès** (dieu des Enfers dans la mythologie grecque). *Système* semi-balistique dans l'atmosphère avec pilotage automatique. Propulseur à poudre 1,5-2 tonnes. *Portée :* 480 km. *Précision :* excellente. *Puissance :* 80 kt. *Coût : 1990 (estimation) :* 17,5 milliards de F pour 120 missiles et 60 véhicules lanceurs. Pouvait être doté d'armes à rayonnement renforcé (bombe à neutrons), en nombre limité. Les éléments Hadès (30 missiles sur 15 véhicules) étaient regroupés au sein du 15e régiment d'artillerie en garnison à Suippes (Marne). En 1992 ils furent placés en veille technique et opérationnelle (VTO) avant l'abandon définitif du programme en juin 1996. Hadès remplaçait le système *Pluton,* en service de 1974 à 1992 [long. 6,3 m, 2 t (3 avec le conteneur de lancement) à 1 étage, portée 17 à 120 km, précision 200 à 400 m, charge à fission au plutonium de 10 à 25 kt].

■ **Force spatiale.** Budgétairement regroupée avec les forces nucléaires, quoique militairement d'un emploi plus général. Repose essentiellement sur 2 programmes (voir p. 1953) : *Syracuse* (transmissions) et *Hélios I ;* en coopération avec l'Espagne et l'Italie (observation optique tributaire du jour et de la météo ; mis en œuvre par l'Armée de l'Air et la Direction du renseignement militaire) et *II* d'optique étude infrarouge (coût 4 milliards de F, 1 prévus 2003 ; 2e satellite en 2004) ; des satellites radars *Horus* (3 prévus à partir de 2005).

■ **Armement nucléaire d'ultime avertissement. Forces aériennes :** 3 escadrons de Mirage 2000 N (dont 45 équipés du missile ASMP). **Forces maritimes :** 2 flottilles de Super-Étendard. 28 équipés du missile ASMP. **Effectifs :** 192 (active 167, contingent 25). Basées à Landivisiau ou embarquées à bord du porte-avions *Charles-de-Gaulle* (40 aéronefs).

B – Forces classiques

1 – Forces terrestres

Commandements 1er niveau : *commandement de la force d'action terrestre (CFAT)* à Lille : assure la préparation opérationnelle des états-majors et des forces terrestres projetables, doit être en mesure de mettre sur pied, pour une opération majeure, un PC de corps d'armée de classe Otan ou un PC de théâtre multinational. *Commandement de la force logistique terrestre (CFLT)* à Montlhéry : chargé du soutien opérationnel des actions de circonstance, exercices majeurs et opérations. **2e niveau :** *4 états-majors de forces (EMF)* orientés vers les travaux de planification opérationnelle, l'organisation et la conduite d'exercices et celle des opérations. Déchargés de toutes responsabilités

Organisation (Armées 2000)

■ **Organisation générale.** Depuis la désagrégation de l'URSS et du pacte de Varsovie, la défense française repose sur 4 principes depuis le le 1-9-1991 (entrée en vigueur des décrets *Armées 2000*). **1°) Globalité :** elle concerne toute la population et tous les secteurs de la vie du pays. **2°) Permanence :** elle est organisée dès le temps de paix. **3°) Unité :** elle est dirigée et coordonnée par le gouvernement. **4°) Déconcentration :** il existe une autorité responsable à chaque échelon du territoire.

■ **La chaîne de commandement régionale.** Commandement de *région terre* assume, vis-à-vis des organismes et unités de l'armée de terre, le commandement lié aux missions de proximité (en particulier liées à la vie courante). *Régions terre : Nord-Est* à Metz, *Sud-Est* à Lyon, *Sud-Ouest* à Bordeaux, *Nord-Ouest* à Rennes, *Ile-de-France* à Paris et St-Germain-en-Laye. Les commandements des forces et des organismes de formation, les directeurs des services du génie, des transmissions, du commissariat, du matériel, du personnel et de l'enseignement militaire supérieur exercent le commandement fonctionnel au niveau national vis-à-vis des formations, établissements et organismes de leur chaîne. Ils assument le commandement centré sur un métier (préparation des forces, formations, missions d'un service, etc.).

■ **Structures de défense civile et économique. 7 zones de défense. Limites territoriales :** celles des régions terre : Ile-de-France, Nord-Ouest, Sud-Ouest et celles des régions économiques Nord-Pas-de-Calais-Picardie, Corse-Languedoc-Roussillon-Provence-Alpes-Côte d'Azur, Auvergne-Rhône-Alpes, Alsace-Bourgogne-Champagne-Ardenne-Franche-Comté, Lorraine. **Le préfet** du département chef-lieu de la zone de défense *(préfet de zone)* est le délégué des ministres placés à la tête des administrations civiles dans leurs responsabilités de défense. 1°) *Il détient les pouvoirs nécessaires au contrôle des efforts non militaires* prescrits en vue de la défense, au respect des priorités et à la réalisation des aides réciproques entre les services civils et militaires, en vue de la défense civile et de la sécurité intérieure du territoire ; 2°) *anime et coordonne la préparation et la mise en œuvre de l'ensemble des mesures non militaires de défense* dans le ressort de la zone, notamment les mesures de prévention, les plans de protection et de secours, les mesures relatives à l'emploi des ressources et de l'infrastructure, la centralisation du renseignement, la sécurité des communications radio-électriques et l'utilisation des moyens d'information pour les besoins de défense ; 3°) *veille, en liaison étroite avec le commandement militaire, à la cohérence des plans civils* de protection et des plans militaires de défense ; 4°) *dirige et contrôle l'action des préfets de régions et de départements en matière de défense* ainsi que celle des délégués de zone des diverses administrations de l'État ; 5°) *prépare les mesures de sauvegarde et coordonne les moyens de secours publics* en matière de sécurité civile ; 6°) *dispose d'un pouvoir d'arbitrage et de répartition,* et décide de l'ordre de priorité à accorder aux régions et aux départements.

Il est assisté par : l'inspecteur général des Finances dont la circonscription comprend le chef-lieu de zone pour les questions économiques intéressant la défense ; *l'officier général de zone de défense (OGZD)* pour les problèmes de défense opérationnelle du territoire (Dot). *Il dispose : du Comité de défense de zone,* composé des autorités civiles et militaires de la zone ; *d'un secrétariat général* permanent, dirigé par un membre du corps préfectoral qui prépare plans et mesures, et d'un *Centre opérationnel de défense* (COD, interministériel), activé si besoin est.

Organisation territoriale militaire

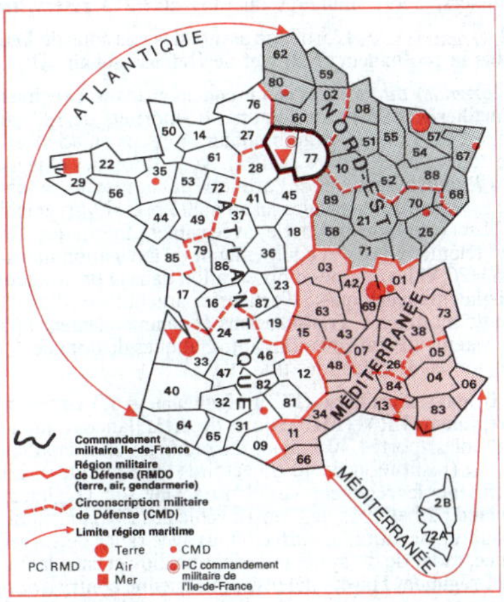

Circonscription d'action régionale : *le préfet de région* assure la défense économique (mise en œuvre des ressources). *Il est assisté par la Commission régionale de défense économique* composée de fonctionnaires appartenant aux services extérieurs des ministères ; le *Service interministériel régional des affaires civiles et économiques de défense et de protection civile (Siracedpc)* pour les mesures non militaires de défense ; le *Centre opérationnel de défense.*

Département : le préfet est responsable de la préparation et de l'exécution des mesures non militaires de défense. Un *délégué militaire départemental (DMD)* représente l'officier général de zone de défense (OGZD) auprès du préfet. Le *trésorier-payeur général* du département le conseille pour les questions économiques de la défense.

■ **Éléments d'organisation spécifiques à chaque armée. Terre.** *Commandement et états-majors associés de niveau 1 :* CFAT (Commandement de la force d'action terrestre) à Lille (créé 1998) et CFLT (C. de la force logistique terrestre) Montlhéry (créé 1998). *États-majors de niveau 2 :* EMF 1 Besançon et EMF 2 Nantes (créés 1999), EMF 3 Marseille et EMF 4 Limoges (créés 2000). *Grandes unités et états-majors afférents :* 7e BB (Brigade blindée) Besançon, 2e BB Orléans, 3e BM (Brigade mécanisée) Limoges, 1re BM Châlons-en-Champagne, 6e BLB (B. légère B.) Nîmes, 9e BLBMa (BLB de marine) Nantes, 11e BP (B. parachutiste) Balma, 27e BIM (B. d'infanterie de montagne) Grenoble, 4e BAM (B. aéromobile) Essey-lès-Nancy, 1re BL Montlhéry, 2e BL (B. logistique) Souges. *Appuis spécialisés et états-majors afférents :* BA (B. d'artillerie) camp de Haguenau, BG (B. de génie) Strasbourg, BR (B. de renseignement) Metz, BT (B. de transmissions), Lunéville.

Air. L'espace aérien est divisé en 2 zones aériennes de défense (Zad), dans lesquelles est conduite la mission de défense aérienne (DA) sous la responsabilité du *commandement des systèmes de surveillance, d'information et de communication* (Cassic), qui utilise les moyens de veille (radars sol et aéroportés), les aéronefs de DA et les moyens de défense sol-air. Les vecteurs sont regroupés en *forces aériennes stratégiques* (Fas, commandement à Taverny), *forces aériennes de combat* (Fac, commandement à Metz), et *forces aériennes de projection* (Fap, commandement à Villacoublay) pour le transport aérien.

Mer. 2 régions maritimes englobant un ensemble de forces, bases et installations avec emprises terrestres (portuaires ou non) : *Atlantique* (chef Ceclant, PC à Brest), divisée en 2 arrondissements (Cherbourg et Brest). *Méditerranée* (chef Cecmed, PC à Toulon). **Préfets maritimes** (Premar) : 3 représentants directs du Premier ministre [ils exercent des responsabilités civiles sur le domaine maritime et coordonnent l'action des différentes administrations en mer (arrêtés préfectoraux réglementant circulation et activités maritimes, police)] : *Manche et mer du Nord* (assumés par Comar Cherbourg), *Atlantique* (Ceclant) et *Méditerranée* (Cecmed). **Zones maritimes** (commandement des forces de zone, surveillance et contrôle de l'activité maritime) : 8 pour l'ensemble des mers du globe, placées sous l'autorité de commandants de zones dont 3 sont également C[dts] de régions ou d'arrondissement (Ceclant/Premar Brest, Cecmed/ Premar Toulon, Comar Cherbourg), les 5 autres se répartissant les zones Antilles, Guyane, zone sud de l'océan Indien, Polynésie fr. et Nlle-Calédonie.

organiques sur les forces, doivent être en mesure de maîtriser la manœuvre interarmes et logistique de niveau division, et d'assurer la mise sur pied rapide d'un PC multinational de division de type Otan ou d'un PC interarmées de théâtre dans le cadre d'un engagement national. **3e niveau :** *régiments* regroupés en brigades, autour d'un métier : blindé, mécanisé, blindé léger, infanterie, aéromobilité, logistique. *Brigades :* franco-allemande, 8 brigades interarmes, de 4 à 7 régiments (infanterie, chars, artillerie, génie), 1 brigade aéromobile et 2 brigades logistiques. Les brigades ne sont pas subordonnées aux EMF ; elles ne leur sont rattachées que pour des actions de circonstance, exercices majeurs interarmes, interarmées, interalliés, ou opérations. Les régiments d'appui ou de soutien sont regroupés en brigades d'appui spécialisées : transmissions, artillerie, génie et renseignement.

■ **Principaux matériels** (en 1999). 199 chars *Leclerc,* 635 chars *AMX 30 B2,* 337 *AMX 10 RC,* 192 *ERC 90 Sagaie,* 135 *VAB Hot,* 3 765 *VAB,* 273 canons de *155 AUF1,* 105 de 155 tractés, 363 mortiers *120 RTF1,* 1 348 postes de tir antichar *Milan,* 113 systèmes sol-air *Roland,* 339 hélicoptères *SA 341* et *SA 342,* 128 de transport *SA 330 Puma,* 27 de transport *AS 532, Cougar,* 3 020 m de pont flottant motorisé, 331 *SATCP Mistral,* 71 *EBG,* 61 *LRM,* 979 *VBL,* 700 *postes de tir AC Eryx,* 39 *engins de franchissement de l'avant EFA* (44 t, moteur 730 ch., longueur en configuration routière 12 m, bac 34,8 m, pont 23,5 m).

Matériels en ligne en 2002 : 426 chars lourds, 350 légers, 600 véhicules blindés de combat d'infanterie, 260 canons de 155 mm, 48 lance-roquettes multiples, 292 hélicoptères de tout type.

Principaux équipements de communication. Communication : Rita valorisé et postes radio de 4e génération. **Commandement :** système d'information et de comman-

Effectifs	1996	1999	2002
Officiers	17 461	16 783	16 093
Sous-officiers	56 644	53 235	50 423
EVAT [3]	30 202	51 837	65 470
Active	*104 407*	*121 855*	*131 986*
Service national	132 319 [1]	67 528 [1]	5 526 [2]
Personnels civils	31 946	32 795	30 080
Total	**268 672**	**222 178**	**167 592**

Nota. – (1) Appelés. (2) Volontaires (VDAT). (3) Engagés volontaires de l'armée de terre.

Domaine militaire en métropole

■ **Composition. Terrains et domaines de la défense** (superficie en ha, au 1-1-2001). Total 5 238 (263 792) dont grands camps 46 (108 250), aérodromes 185 (29 705), casernements 122 (15 688), écoles 64 (6 587), terrains d'exercice 183 (18 243), champs de tir 122 (15 688), terrains d'expérimentation 30 (33 455), terrains divers 272 (2 806), infrastructures protégées 519 (7 082), établissements indus-services 81 (7 671), divers 3 165 (14 007) [dont : immeubles de gendarmerie 727 (1 586), ouvrages de télécommunications 824 (2 803), emprises logements domaniaux 726 (746), établissements sociaux (sauf logements) 99 (475)].

■ **Principaux camps militaires** (superficie en ha). **Bitche** (Moselle) 3 468. **Bourg-Lastic** (P.-de-D.) 810. **Canjuers** (Var) 34 515. **Caylus** (T.-et-G.) 5 491. **Chambaran** (Isère) 1 600. **Coëtquidan** (Morbihan) 5 300 (réservé aux écoles d'officiers). **La Courtine** (Creuse) 6 246. **Fontevrault** (Maine-et-Loire) 3 250. **Les Garrigues** (Gard) 4 863. **Le Larzac** (Aveyron) 4 600 au 1-10-1978 [le projet d'extension à 16 600 ha, qui donnait à chaque régiment la possibilité d'effectuer 3 séjours annuels de 3 semaines pour les manœuvres de ses unités élémentaires, avait déclenché l'opposition des paysans du Larzac soutenus par des écologistes, avant d'être abandonné par le Pt Mitterrand en juin 1981]. **Mailly** (Aube, depuis le 1-9-1993 centre d'entraînement des PC) 11 986. **Mourmelon** (Marne) 9 094 (dont annexe de Moronvilliers 2 000). **Le Ruchard** (I.-et-L.) 1 440. **Sissonne** (Aisne) 5 913. **Suippes** (Marne) 13 915. **Le Valdahon** (Doubs) 3 508.

☞ **% de la superficie des pays occupé par les camps militaires :** Hongrie 1,9 ; ex-All. dém. 1,85 ; Tchéc. 1,3 ; ex-All. féd. 0,7 ; G.-B. 0,58 ; *France 0,45 ;* Pologne 0,36.

dement FV1, système d'information régimentaire. **Simulation :** Edith (combat en hélicoptères) ; Sysimev-IA (combat de compagnie de combat).

Principales composantes

■ **Commandement de la force d'action terrestre (CFAT).** *Effectifs* 73 299. *Organisation :* état-major, 2 brigades blindées, 2 mécanisées, 2 légères blindées, 2 d'infanterie et 4 d'appui (artillerie, génie, transmission, renseignement). *Articulation :* PC du CFAT à Lille, PC des brigades (voir ci-dessous).

Brigade blindée 2e (Orléans) : 6 097 militaires ; 225 civils. **7e** (Besançon) : 6 190 militaires, 335 civils. Chacune compte 2 régiments (133 chars), 2 d'infanterie (AMX 10 P et VAB), 1 d'artillerie (24 AUF1) et 1 du génie.

Brigade mécanisée 1e (Châlons-en-Champagne) : 5 398 militaires et 235 civils ; **3e** (Limoges) : 5 497 militaires et 309 civils. Chacune compte 2 régiments d'infanterie (AMX 10 P et VAB), 1 de cavalerie (80 chars lourds), 1 d'artillerie (24 AUF1) et 1 du génie.

Brigade légère blindée 6e (Nîmes) : 6 117 militaires et 153 civils ; **9e de marine :** 5 900 militaires et 246 civils. Chacune compte 2 régiments d'infanterie (VAB), 1 de cavalerie (96 AMX 10 RC), 1 d'artillerie (33 AUF1 ou 24 TR F1) et 1 du génie.

Brigade d'infanterie de montagne 27e (Grenoble) : 5 865 militaires, 203 civils ; **11e brigade parachutiste** (Balma) : 7 787 militaires et 290 civils. Chacune compte 3 ou 4 régiments d'infanterie (VAB), 1 de cavalerie (36 ERC Sagaie), 1 de génie et 1 d'artillerie (25 TRF1), 1 du train parachutiste pour la 11e.

Brigade aéromobile 4e (Essey-lès-Nancy) : 3 408 militaires, 154 civils, 4 régiments d'hélicoptères de combat (132 Gazelle, 64 Puma, 20 Cougar dont 4 Horizon.

4 brigades d'appui spécialisé : *artillerie* (Haguenau) 5 458 militaires, 382 civils (2 régiments LRM, 3 SACP, 1 SAMP) ; *génie* (Strasbourg) 3 677 militaires, 276 civils (3 régiments) ; *transmissions* (Lunéville) 5 983 militaires, 1 150 civils (6 régiments) ; *renseignement* (Metz) 4 729 militaires, 254 civils.

■ **Commandement de la force logistique terrestre (CFLT).** *Effectifs :* 17 761. *Organisation :* état-major et 2 brigades logistiques. *Articulation :* PC du CFLT à Montlhéry, PC des brigades (voir ci-dessous).

Brigade logistique 1re (Montlhéry) : 7 755 militaires, 1 930 civils ; **2e** (Souges) : 5 962 militaires, 1 702 civils. Chacune compte 4 régiments du train, 4 du matériel et 1 régiment ou un bataillon médical.

Brigade franco-allemande : *créée* 1988. État-major 35 Français, 22 Allemands à Mülheim. **Effectifs :** 5 100 dont 2 345 Français. **Organisation : France :** 1 escadron de reconnaissance et d'intervention antichars, 1 régiment de cavalerie, 1 d'infanterie motorisée. **Allemagne :** 1 bataillon d'infanterie motorisée, 1 d'artillerie, 1 compagnie antichar, 1 du génie. **Mixte :** état-major et bataillon logistique. **Implantation :** 3 garnisons franco-allemandes : Mülheim, Donaueschingen, Immendingen. Sous commandement opérationnel du Corps européen depuis le 1-10-1993, la Brigade franco-allemande est alternativement dirigée par un général français et un général allemand. **Matériels : mêlée :** 36 chars *AMX 10 RC*, 105 *VAB*, 40 *Fuchs* ; **appui :** 18 obusiers tractés *FH-155*, 12 mortiers de *120*, 12 canons de *20*.

■ Armes et services

Arme blindée cavalerie

■ **Origine.** Héritière de la cavalerie à cheval, cette arme est, par tradition, composée de subdivisions ayant leurs propres couleur et symbole. A l'origine, chacune correspondait à une mission précise. Les unités de *hussards* (du hongrois) [1er régiment de hussards royaux en 1692 avec Michel de Bercheny] et de *chasseurs à cheval* (de nos jours, chasseurs) étaient des unités de reconnaissance ; *dragons :* cavaliers combattant à pied ; *cuirassiers :* formaient la cavalerie lourde. En 1830, pendant la campagne d'Algérie, il faut créer des unités de cavalerie légère formées d'indigènes pour les *spahis*, et d'Européens pour les *chasseurs d'Afrique*. Depuis 1929, la *Légion étrangère* compte dans ses rangs des unités de cavalerie. En 1942, la cavalerie devient l'arme blindée et cavalerie, incorporant les régiments de chars de combat (RCC) qui faisaient partie de l'infanterie. En 1998, subsistent 7 subdivisions d'arme : les cuirassiers, les dragons, les chasseurs, les hussards, les chars de combat, les chasseurs d'Afrique et les spahis servant sur *Leclerc, AMX 30 B2, AMX 10 RC* ou *ERC 90*. **Instruction.** École d'application de Saumur (M.-et-L.), centre de pilotage de Carpiagne (B.-du-Rh.), de tir à Canjuers (Var). **Tradition.** St-Georges, patron des cavaliers, le 23 avril.

■ **Effectifs.** 15 083 h. (dont 2 400 réservistes) dont 845 officiers, 3 690 sous-officiers, 7 613 militaires du rang et 2 935 réservistes.

■ **Organisation. Régiments de brigade légère blindée :** *effectifs :* 1 000 ; *structure :* 1 escadron de commandement et de logistique, 4 de combat à 12 engins blindés, 1 unité de base et d'instruction, 1 de réserve de régiment professionnalisé, soit 48 AMX 10 RC. **Régiments de brigade parachutiste, d'infanterie de montagne ou franco-allemande :** *effectifs :* 1 000 ; *structure :* 1 escadron de commandement et de logistique, 3 de combat à 12 engins blindés, 1 de reconnaissance et d'intervention antichar, 1 unité de base et d'instruction, 1 de réserve de régiment professionnalisé, soit 36 ERC 90 et 16 Milan sur VBL ou VLTT. **Régiments de brigade blindée :** *effectifs :* 900 à 1 200 selon la structure à 53 (RC 53) ou 80 (RC 80) chars Leclerc ou AMX 30 B2 ; *RC 53 :* 1 escadron de commandement et de logistique, 4 de combat à 13 chars, 1 unité de base et d'instruction, 1 de réserve de régiment professionnalisé ; *RC 80 :* 1 unité de base et d'instruction, 1 de réserve de régiment professionnalisé, 1 escadron de maintenance régimentaire, 2 groupes d'escadrons à 40 chars (GE 40) avec chacun 1 escadron de commandement et de logistique et 3 de combat à 13 chars. **Régiments et unités spécialisés de renseignement :** *1 régiment blindé de recherche du renseignement (RBRR) : effectifs :* 1 000 ; *structure :* 1 escadron de commandement et de logistique, 4 de recherche à 1 peloton blindé (3 AMX 10 RC, 3 VBL), 2 pelotons légers sur VBL et 1 spécialisé (motos, plongeurs, radar ou intervention), 1 unité de base et d'instruction, 1 de réserve de régiment professionnalisé ; *1 régiment de recherche d'origine humaine (Rohum) :* effectifs : 1 000 ; 6 escadrons d'éclairage et d'investigation (EEI) sur VBL, soit 1 par brigade, sauf dans les brigades parachutiste, d'infanterie de montagne et franco-allemande.

■ **Matériels en service. Blindés chenillés :** *chars Leclerc* (2 régiments équipés de 80 chars en 2000) ; 55 t, 71 km/h, autonomie 550 km, submersible, canon 120 mm à chargement automatique, mitrailleuse coaxiale de 12,7 mm, mitrailleuse de 7,62 mm, conduite de tir automatique, numérique et programmable, tourelle stabilisée et caméra thermique permettant le tir et le rechargement en marche de jour et de nuit, télémètre laser, transmission de données, protection renforcée. *Chars AMX 30 B2* (558 livrés 1981-94) : 36 t, 65 km/h, autonomie 18 h de combat, capacité de franchissement en submersion 6 m, canon 105 mm, canon coaxial et antiaérien de 20 mm, mitrailleuse 7,62 mm, conduite de tir automatique, télémètre laser, équipements de vision nocturne ; intensification de lumière et thermographie. **Blindés à roues :** *AMX 10 RC :* 16 t, 85 km/h, autonomie 700 km ou 20 h de combat, apte au franchissement amphibie, canon 105 mm, mitrailleuse coaxiale 7,62 mm, conduite de tir automatique, télémètre laser, équipement de vision nocturne : intensificaton de lumière et télévision à bas niveau de lumière, équipement thermographique en cours. *ERC 90 Sagaie :* 8 t (amphibie, autonomie 800 km), canon 90 mm, télémètre laser, portée 2 000 m, mitrailleuse 7,62 mm. *Milan :* 25 kg, monté sur VBL ou VLTT P4, utilisable à terre, missile filoguidé, à guidage infrarouge, portée 1 900 m. *VBL (véhicule blindé léger) :* 3,8 t, autonomie 600 km, amphibie, mitrailleuse 7,62 mm, mitrailleuse 12,7 mm ou Milan, remplace progressivement une partie du parc des VLTT P4. *VLTT P4* (véhicule léger tout-terrain) : 2,5 t, autonomie 500 km, peut recevoir mitrailleuse 7,62 mm ou 12,7 mm ou Milan.

Artillerie

■ **Instruction.** *École d'application* à Draguignan et *camp d'entraînement* à Canjuers (Var). **Tradition.** Ste Barbe, patronne des artilleurs et des sapeurs, le 4 décembre. **Effectifs.** 15 547 hommes dont 1 046 officiers, 4 257 sous-officiers, 6 991 militaires du rang et 3 253 réservistes.

■ **Organisation.** L'artillerie assure des missions de **Feux dans la profondeur (FDP) et de Défense sol-air (DSA).**

Brigades interarmées **comprennent chacune 1 régiment d'artillerie (FDP) :** tous équipés de mortiers de 120 mm et soit de 155 *AUFI* (automoteur, 6 coups en 45 s), soit de 155 tractés (6 coups en 45 s). Acquisition des objectifs par *Ratac* (radar de tir de l'artillerie de campagne, capable de localiser des véhicules jusqu'à 20 km), *VOA* (véhicule d'observation de l'artillerie) avec caméra thermique *Castor,* télémètre laser et équipemennt de navigation inertiel *NSM20,* et les équipes d'observation dans la profondeur. **Régiments spécifiques :** d'artillerie parachutiste ; d'artillerie de montagne. **Transmissions et commandement :** par le système de transmissions automatiques de données, de gestion et de calcul des tirs *Atlas.*

Brigade d'artillerie (PC à Haguenau – 67) comprend 2 régiments LRM (FDP) : dotés de *LRM* (lance-roquettes multiples, portée 40 km) et du radar de contrebatterie *Cobra* (restitution de 40 trajectoires en 2 minutes). Elle inclut **tous les régiments de défense sol-air,** soit **3 régiments Roland :** 2 batteries de 8 ou 12 véhicules *Roland* (missile sol-air basse altitude, portée 6 km) avec radar de surveillance, radar de tir, système d'identification et calculateur. **Et 1 régiment Hawk :** défense antiaérienne contre avions supersoniques, missiles *Hawk* (portée 40 km), radar de veille, de poursuite, illuminateur, centre de contrôle *ANTSQ73.* Tous les régiments DSA sont également équipés du missile **Mistral :** sections de 6 postes de tir (missile *SATCP,* sol-air, très courte portée, portable, guidé par infrarouge).

Surveillance du champ de bataille : 1 régiment spécialisé dans la mise en œuvre **des drones et l'imagerie,** équipé du missile *CL 289,* portée 200 km avec transmission en temps réel jusqu'à 70 km des images recueillies, et de l'ALT Crécerelle (avion télépiloté avec transmission de données en temps réel).

Aviation légère de l'armée de terre (Alat)

■ **Origine.** *Créée* 1954. **Organisation.** *Commandement :* à Villacoublay. *Effectifs :* 5 161 hommes dont 522 officiers, 2 065 sous-officiers, 1 783 militaires du rang et 791 réservistes. *Aéronefs :* 494. **Composantes.** *Alat de combat :* voir encadré p. 1957 c, 4e BAM. *Alat spécialisée :* mission de liaison et d'aide au commandement aux missions spécialisées. (Détachement Alat des opérations spéciales – Détachements Alat de Djibouti – Groupement aéromobile de la STAT – Escadrilles hélicoptères avions de l'armée de terre – Escadrilles d'hélicoptères de haute montagne – Peloton avions de Montauban). *Alat formation :* EA. Alat forme les pilotes d'hélicoptères des 3 armées et de la gendarmerie et ceux des grands corps de l'État (Douanes...), Dax (Landes) et Cannet-des-Maures (Var). L'école franco-allemande de pilotage du Cannet formera les équipages du Tigre à partir de 2003.

Appareils utilisés : *hélicoptères :* **SA 341 :** 140, **SA 342 :** 185, **SA 330 :** 112, **AS 532 :** 24, **Fennec :** 18. *Avions :* **TBM 700 :** 8, **F 406 :** 2, **PC6 :** 5.

Commissariat de l'armée de terre

■ **Origine.** Corps de commis experts en écriture et en comptabilité créé par ordonnance royale de 1351, devenus « commissaires du roi pour les gens de guerre » (ordonnance royale de 1523) puis « commissaires des guerres ». Corps des intendants militaires créé par ordonnance royale de 1817. Appelés commissaires de l'armée de terre en 1984. **Effectifs.** 2 080 hommes dont 459 officiers, 961 sous-officiers, 575 militaires du rang et 85 réservistes. **Tradition.** St-Martin, 11 novembre. **Devise.** *Omnia hominem* (« Tout pour l'homme »).

■ **Missions.** Service d'administration générale de l'armée de terre. Conseiller du commandement en matière administrative, financière, logistique et juridique. Domaines : *administration et finances :* vérifier les comptes des formations ; ordonnancer les dépenses et mandater les crédits budgétaires ; passer les contrats et marchés ; rémunérer les personnels civils et militaires. *Logistique :* satisfaire alimentation, habillement, couchage, campement, ameublement des militaires ; soutenir les unités en opérations ; réaliser les matériels nécessaires à la vie du combattant. *Autres :* imprimer et diffuser les documents officiels de la Défense nationale.

■ **Instruction.** *Écoles du commissariat de l'armée de terre* à Montpellier (Hérault) comprenant *l'École militaire d'administration* et *l'École du commissariat de l'armée de terre.*

Génie

■ **Instruction.** École supérieure et d'application du génie, Angers. **Tradition.** Ste-Barbe, patronne des sapeurs et des artilleurs, 4 décembre. **Effectifs.** 23 260 hommes dont 1 608 officiers, 5 330 sous-officiers, 14 298 militaires du rang et 2 024 réservistes dont sapeurs-pompiers de Paris et sécurité civile, voir p. 1680).

■ **Organisation.** 3 composantes. **Combat, infrastructure, secours :** Brigade des sapeurs-pompiers de Paris (BSPP) et formations militaires de la sécurité civile, voir à l'Index. **Articulation. Combat :** 11 régiments ; *missions* : aide au déploiement (acheminement des forces, bases-vies, infrastructures protégées, déminage, organisation du terrain, aide aux populations, etc.) ; appui au combat (ouverture d'itinéraires, dépollution, franchissement, etc., contre-manœuvre ennemie par obstacles ou destructions. **Forces terrestres :** *force blindée :* 2 régiments (13e RG, 19e RG). *Force mécanisée :* 2 régiments (3e RG, 31e RG). *Force d'intervention rapide blindée :* 2 régiments [6e RG, 1er REG (Légion)]. *Force infanterie d'assaut :* 17e RGP, 2e REG (Légion). *Appuis spécialisés :* franchissement et contre-minage (1er RG), aide au déploiement (2e RG), travaux lourds (5e RG). **Hors forces terrestres :** génie de l'air : rétablissement des pistes d'aviation. 1 régiment (25e RGA). **Infrastructure.** *Missions :* gérer le domaine militaire, conseiller le commandement (aide à la décision pour l'infrastructure et le stationnement), concevoir et mettre au point les projets d'infrastructure, surveiller les travaux des entreprises civiles chargées de la réalisation, recherche, expertise et innovation (nouveaux matériaux, normes d'infrastructure, expertises y compris hors métropole). **Métropole :** 5 directions du génie – DG – (1 par RT) et 17 établissements du génie (2 par DG). **Aux FFECSA :** un détachement du service du génie dépendant de l'EG de Strasbourg est basé à Donaueschingen. **Outre-mer :** 6 directions de travaux mixtes dont un sous-commandement marine à Papeete ; Antilles, Guyane, Djibouti, La Réunion, Nlle-Calédonie ; 4 services locaux constructeurs (Gabon, Côte d'Ivoire, Tchad, Rép. centrafricaine).

Secours : BSPP (Pompiers de Paris) : 3 groupements d'intervention (Paris N.-E., S.-O. et S.-E.), 1 groupement de service (porte Champerret), 1 groupement d'instruction (Villeneuve-Saint-Georges). **Formations militaires de sécurité civile :** Nogent-le-Rotrou [Unité d'instruction et d'intervention de la sécurité civile (UIISC 1)], Corte (UIISC 5), Brignoles (UIISC 7).

■ **Outre-mer.** 6 directions de travaux mixtes dont 1 sous-commandement marine à Papeete, Antilles, Guyane, Djibouti, La Réunion, Nlle-Calédonie ; 4 services locaux constructeurs (Gabon, Côte d'Ivoire, Tchad, Rép. centrafricaine.

Infanterie

■ **Effectifs.** 22 264 hommes dont 1 215 officiers, 5 292 sous-officiers, 10 957 militaires du rang et 5 000 réservistes.

■ **Écoles et centres de formation.** École d'application de l'infanterie (EAI) de Montpellier, École des troupes aéroportées de Pau, École militaire de haute montagne de Chamonix, Centre d'entraînement de l'infanterie au tir opérationnel du Larzac, centre d'instruction missile de Canjuers.

■ **Traditions.** St-Maurice, patron des fantassins, le 23-9, et commémoration de la bataille du Garigliano en mai.

■ **Matériel. Armement : antipersonnel :** *Famas 5,56 ; fusil de tireur d'élite PGM 12,7,* portée 1 800 m ; *fusil de précision FRF2,* portée 600 m ; *arme automatique MINIMI,* portée 600 m ; *lance-grenades individuel,* portée 650 m ; *canon mitrailleur de 20 mm,* portée 1 000 à 1 600 m ; *grenades à main* offensives et défensives ; *mortiers de 81 mm LLR,* portée 5 700 m ; *mortiers de 120 mm,* portée 13 000 m ; **antiblindé :** *lance-roquette AT4CS,* portée 300 m ; **antichar :** *missiles antichars Eryx* (600 m), *Milan* (2 000 m) et *Hot* (4 000 m). **Véhicules à roues : véhicules légers :** VLTT P4 ; véhicules blindé léger, VBL ; **camionnettes :** TRM 2000, VLRA ; **camions :** Berliet GBC 8KT et TRM 4000 ; **blindés :** VAB véhicule de l'avant blindé ; VTT véhicule transport de troupe AMX 10 P. **Transmissions :** postes portables *TRPP 11* (portée 5 km) et *TRPP 13* (portée 13 km) ; postes véhicules *TRVP 13* (portée 13 km) et *TRVP 213* (portée 30 km) pour véhicules ; *PR 4G :* poste radio de 4e génération, protégé (évasion de fréquence, chiffrement intégré...) en versions portable et véhicule ; postes à modulation d'amplitude (TRC 350). **Renseignement et combat de nuit :** *radar Olifan* (portables à dos d'homme), portée 2 km ; **caméras infrarouges** *thermiques* pour le tir des missiles antichars ; **jumelles** *à intensification de lumière (IL),* **lunettes de tir** IL, de conduite IL, d'observation.

■ **Infanterie. 1°)** Unifiée dans ses structures, ses missions et ses équipements (réorganisation 1997). Régiments structurés à l'identique (effectifs : de 1 050 à 1 080 h) : 1 Cie de commandement et logistique (CCL) appelée à soutenir et administrer le régiment en opérations comme en temps de paix ; 1 Cie de base et d'instruction destinée à assurer la vie en base arrière et à dispenser l'instruction des personnels ; 4 Cies de combat identiques qui constituent le cœur de la partie opérationnelle (3 sections de combat à 39, 1 d'appui à 15, 1 de commandement à 19) ; 1 Cie d'éclairage et d'appui qui fournit l'environnement strictement nécessaire à l'engagement des Cies d'infanterie blindée (1 section mortiers de 120 m/81 mm, 1 section antichar Milan, 1 section de reconnaissance régimentaire, 1 section de commandement et 1 section spécifique à dominante action dans les régiments parachutistes et à dominante renseignement dans les bataillons de montagne). Les régiments peuvent être renforcés par 1 Cie antichar longue portée équipée de Hot (6 Cies pour toute l'infanterie). **2°)** Régiments répartis au sein des brigades interarmes : parachutiste (3e dimension : aérolarguage, aéroportage, aéromobilité), montagne (combat en terrain difficile et par conditions extrêmes), blindée mécanisée (coopération interarmes) ou légères blindée. **3°)** Finalité du combat de l'infanterie : débarqué au contact après approche sous blindage. *Capacités :* combat rapproché, proximité et permanence du contact, combat décentralisé. *Capacité générale :* contrôle continu du milieu dans la durée et dans l'espace. *Aptitudes :* progressivité et polyvalence, préliminaire et conclusion de tous les engagements, action en terrains difficiles, notamment en zone urbaine. **4°)** Principes de multidotation (plusieurs

Légion étrangère

■ **Histoire.** **1831**-*9-3 créée* par ordonnance du roi Louis-Philippe qui spécifiait sa vocation à servir « hors du territoire du Royaume » (cette exclusive a été levée). Engagés volontaires (18 à 40 ans, 1,55 m au moins) pour 3 à 5 ans. *Formée* d'anciens membres de la garde suisse et du régiment Hohenlohe et d'une masse importante d'étrangers fuyant les troubles en Europe, encadrés par des officiers français, elle participa à la conquête de l'Algérie. **1835**-*28-6* vendue à l'Espagne, elle l'aida à vaincre l'insurrection carliste de 1835 à 1838. Parallèlement, une 2e Légion, créée le 16-12-1835, poursuivit *la conquête de l'Algérie.* **1841** scindée en 2 régiments. **1854-1855** engagée en *Crimée* et à Sébastopol. **1859** en *Italie* à Magenta. **1862**-*25-3* arrivée au *Mexique* où elle perdra 22 officiers, 446 sous-officiers et légionnaires. Le 30-4-1863, dans l'hacienda de *Camerone* (à 310 m d'alt., à 60 km de la Vera-Cruz), 3 officiers et 62 soldats (dont 8 tringlots) du capitaine Jean Danjou (né 154-1828) résistèrent une journée aux 1 200 cavaliers et 800 fantassins mexicains du colonel Milan : ils en tuèrent 300 et en blessèrent autant. Danjou fut tué à 11 h, le sous-Lt Vilain à 16 h. Le soir, les 6 derniers légionnaires chargèrent à la baïonnette ; 3 survécurent : 1 Français (le caporal Maine) et 2 Belges (Constantin et Wensel). Au total (sur 65), 33 tués, 8 blessés, 4 disparus. Le nom de ce combat est inscrit sur les drapeaux de la Légion. Amputé de la main gauche en 1853 (déchiquetée par une explosion accidentelle de son fusil), le capitaine Danjou portait une prothèse en bois. Rachetée par le Lt Grüber (off. autrichien) à un propriétaire d'origine française en juillet 1865, aux environs de Tesuitlàn, à 120 km de Camerone ; elle avait sans doute été ramenée après la bataille et vendue ensuite. Elle est exposée dans la crypte du musée de la Légion et chaque année, lors de la prise d'armes du 30-4, est présentée aux troupes. **1870-71** participe à la guerre, puis retourne en Algérie. **1883** envoyée au *Tonkin* protéger les populations contre les Pavillons-Noirs et continuer la conquête de l'Indochine. **1885** à Tuyen-Quang : 600 légionnaires résistent à 20 000 Chinois. **1892** engagée au *Dahomey* contre Béhanzin, puis au *Soudan* et à *Madagascar.* De retour à Sidi-bel-Abbès, engagée dans le *Sud-Oranais* où les nomades multiplient les razzias.

1914-18 stationnée au *Maroc,* 1 partie rentre en France ; 36 604 volontaires étrangers et 6 239 Français passèrent, en 52 mois de guerre, dans 4 régiments de la Légion encadrés par les anciens légionnaires ; tués en Europe 5 931, Orient 815, Maroc 348, Tonkin 55 ; les pertes les réduisirent, à la fin des combats, à un régiment de marche (RMLE) qui fut le 1er de tous les régiments de l'armée française à recevoir la *Médaille militaire* (août 1919) ; décoré de la *Légion d'honneur,* il a 9 citations. **1920-26** contribue à la pacification du *Maroc ;* en *Syrie,* lutte contre les Druzes. **1935** comprend 18 000 Allemands. **1939** nombreux engagements de républicains espagnols : 5 régiments, 1 demi-brigade et 1 groupement de reconnaissance divisionnaire étrangers sont constitués en France. *-14-7* port officiel du *képi blanc.* **1939-40** le Cte de Paris (sous le nom d'Orliac) et le Pce Napoléon (sous celui de Blanchard) servent comme 2e classe. **1940**-*avril,* la 13e demi-brigade participe à l'expédition de *Narvik* (Norvège), puis en mai-juin 1942 à *Bir Hakeim* (Libye). À El-Alamein, le colonel Amilakvari est tué le 24-10. **1942** combat en *Tunisie,* puis *Italie.* **1944** débarque en *Provence.* Lors de sa remontée vers *Belfort,* incorpore des Russes aux Ukrainiens servant alors dans la Wehrmacht.

1945-54 en *Indochine* perd 309 officiers, 1 082 sous-officiers et 9 092 légionnaires. A Diên Biên Phu (13-3/7-5-1954), fournit environ 50 % des troupes avec 4 régiments d'infanterie, 1 de cavalerie blindée, 2 bataillons parachutistes et diverses formations autonomes (génie, transport, entretien), 1 500 † et 4 000 bl. **1954-62** en *Algérie,* 20 000 légionnaires participent à la guerre. Rallié au putsch d'Alger d'avril 1961, le 1er REP (régiment étranger parachutiste) fut dissous le 30-4 à Zéralda. **1962**-*24-10* quitte Sidi-bel-Abbès (qu'elle avait fondé en 1842), brûle drapeau des Pavillons-Noirs qui, pris en 1884 à Tuyen-Quang, ne devait pas quitter Sidi-bel-Abbès, emporte la main de bois du capitaine Danjou, les reliques du musée du Souvenir et exhume les cercueils du Gal Rollet « père de la Légion », du Pce Aage de Danemark (1887-1940, petit-fils du roi Christian IX) et, symboliquement, du légionnaire Heinz Zimmermann, dernier tué d'Algérie, qui seront transférés à Puyloubier, près de Marseille. **1969-71** en partie au *Tchad.* **1978** le 2e REP (colonel Erulin) protège nationaux et Européens au *Zaïre,* à *Kolwezi,* contre les rebelles katangais, puis revient au *Tchad,* au *Liban,* où la Légion fait partie de la force d'interposition. **1990-91** interventions ponctuelles en Afrique, participation à la *guerre du Golfe* (prise d'Al-Salman). **1992** *Cambodge* (mission Onu). **1993** *Somalie, Rwanda* (interventions humanitaires). **1994** *Bosnie* (mission Onu). **1997** *Congo-Brazzaville* (ex Rép. du Congo). **1999** *Kosovo.*

■ **Engagement.** Minimal de 5 ans, peut être résilié par le commandement ou l'intéressé pendant les 6 mois probatoires. 60 % des légionnaires rengagent pour différentes durées. Le candidat n'est pas obligé de fournir sa véritable identité ; la Légion garantit son anonymat (officialisé 1-3-1911) et le protège contre toute ingérence relative à son passé. Il est alors juridiquement une « non-personne civile », qui ne peut pas se marier, ni obtenir un permis de construire, ni acheter une maison, ni même une voiture. Il peut retrouver son identité civile à sa demande (procédure de régularisation de situation militaire) ou à son retour à la vie civile. Une enquête de sécurité permet d'éviter le recrutement de condamnés de droit commun (sauf pour les petits délits) : aucun délinquant recherché par Interpol ne peut être admis.

■ **Effectifs.** *1960 :* 40 000 ; *80 :* 7 500 ; *85 :* 8 356 ; *97 :* 8 500 dont 350 officiers, 1 400 sous-officiers, 6 750 légionnaires (38 % de Français, 62 % d'étrangers de 107 nationalités) ; *2001 :* 6 713 hommes dont 372 officiers, 1 540 sous-officiers et 4 801 militaires du rang. *Engagés :* 1 600 en 1992 (8 000 candidats) dont 1/3 francophone, 1/3 pays de l'Est, 1/3 reste du monde. *Motivation de l'engagement :* idéal 20 % ; problème social ou familial 80 %. *Délinquance :* moyenne pour 1978 : 0,08 % (199 actes délictuels), contre 0,61 % pour l'ensemble de l'armée française.

■ **Implantation.** **France métropolitaine :** *Aubagne* (B.-du-Rh.), commandement de la Légion et 1er RE (Régiment étranger) « maison mère » qui regroupe les services communs de la Légion. *Castelnaudary* (Aude) 4e RE (école) forme les nouveaux engagés, les spécialistes, tous les gradés et sous-officiers de la légion ; 3 régiments font partie de la 6e brigade légère blindée. *Nîmes (Gard),* 2e REI (RE d'infanterie). *Orange* (Vaucluse), 1er REC (RE de cavalerie). *L'Ardoise,* 1re REG (RE de génie), *créé* juillet 1984. Le 2e REG (St-Christol) créé 1999, appartient à la 27e brigade d'infanterie de montagne. Des Cies tournantes sont détachées hors métropole en fonction des besoins. **Outre-mer :** *Guyane,* 3e REI assure la sécurité du centre spatial de Kourou, patrouille à la frontière du Brésil et participe à la construction de la « route de l'Est » à travers la forêt vierge. *Mayotte,* détachement. **Étranger :** *Djibouti,* 13e DBLE (demi-brigade de la Légion étrangère) assure, avec d'autres unités françaises, l'assistance aux forces de la République de Djibouti. Quoique basé en métropole (*Calvi,* Haute-Corse) et inclus dans la 11e brigade parachutiste, le 2e REP (RE parachutiste), participe aux missions d'intervention extérieure et au tour des unités présentes à Djibouti.

■ **Uniforme.** *Béret* vert (introduit par 1er BEP, futur REP, en 1948) ; *ceinture* en laine bleue (1882), long. 4,20 m, larg. 0,40 m ; *képi* blanc adopté vers 1925, officialisé le 14-7-1939 ; *cravate* verte (régularisée 1945) ; *gilet* vert ; *grenade* à 7 flammes depuis 1868 ; *épaulettes* (1868) vertes et rouges (vert officialisé 1914, rouge 1959, désignaient autrefois les compagnies d'élite) ; *barbe* (depuis 1844).

■ **Marche.** Le *Boudin* composé par Wilhelm (qui en 1862 dirigeait la fanfare du 2e Étranger). Il avait repris les 16 mesures imposées depuis 1840 aux régiments français afin de permettre aux soldats de se retrouver en toutes circonstances. Nom tiré du rouleau de couvertures enveloppé d'une toile de tente que le légionnaire porte sur son havresac. Les *tireurs au cul* qu'elle cite rappellent les Belges de la Légion, traités ainsi par la majorité des Allemands qui la composaient alors.

■ **Musique principale de la Légion étrangère.** *1831* comprend un chef, un sous-chef et 27 exécutants. *Vers 1860,* 40 musiciens dirigés par Wilhelm. *Fin 1887* orchestre à cordes créé. *1914* guerre, dissoute. *1919* reconstituée. *1940* démantelée. *1946* renaît (sans orchestre à cordes). La batterie, outre le port particulier des tambours qui facilite la cadence lente des marches, conserve fifres (d'origine suisse) et chapeau chinois (en réalité d'origine turque), pavillon de cuivre garni de clochettes surmonté du croissant et de l'étoile, orné de queues de cheval (coutume islamique adoptée par les régiments d'Afrique : la queue du cheval tué sous le guerrier au combat était un témoignage de courage ; exposée devant la tente du chef, elle devenait symbole de commandement).

■ **Tradition.** « Honneur et Fidélité. La mission est sacrée tu l'exécutes jusqu'au bout à tout prix » (extrait du code d'honneur). Le drapeau portera « Valeur et discipline » et le nom des batailles, puis « Honneur et Fidélité » depuis 1920.

☞ Inspirée du modèle français, la légion étrangère espagnole, ou *Tercio,* fut créée au Maroc en 1920 par le général Milan Astray. Franco s'y distingua. Durant la guerre civile, le *Tercio* comprit 90 % de volontaires espagnols. [Tercio (du latin *Tertius,* tiers) : XVe s. : troupe d'élite espagnole comprendra au XVIIe s., par tiers, piquiers, arquebusiers et soldats armés d'épée et de bouclier.]

■ **Autres unités.** **Origine : 1730** *Inde* Dupleix lève des cipayes pour la Cie des Indes. **1757** *Canada* Montcalm engage plusieurs centaines d'indiens. **1765** *Sénégal* des esclaves noirs Lapcots sont affranchis pour la défense de Gorée. **1798** *Égypte* Bonaparte utilise des cavaliers palestiniens, mameluks et déserteurs turcs. Transportés avec leurs familles en métropole, formeront le *bataillon des chasseurs d'Orient* et l'*escadron des Mameluks de la garde.*

☞ Les étrangers ayant servi au moins 3 ans dans la Légion peuvent obtenir par décret la nationalité française. Il leur suffit de présenter aux autorités civiles compétentes un certificat de bonne conduite remis par le général commandant la Légion étrangère.

Troupes étrangères

Troupes suisses au service de la France. Louis XI, encore dauphin du Viennois, avait apprécié la valeur des Suisses en 1444 à la bataille de la Birse. Devenu roi, il en engagea dans ses armées (10 000 en 1480). En 1496, Charles VIII créa la Compagnie des Cent-Suisses, gardes du corps qui se maintiendront jusqu'en 1830. En 1516 (un an après la bataille de Marignan), François Ier signa avec les cantons un traité d'alliance perpétuel qui permit à la France de recruter en Suisse de 6 000 à 16 000 h. de pied en temps de paix, et un nombre illimité en temps de guerre, à condition que les officiers soient suisses. Ils formèrent un corps d'élite (gardes suisses) sous l'Ancien Régime et furent les derniers à défendre Louis XVI. Le 14-7-1789, 32 défendaient la Bastille : 21 furent massacrés. En août 1790, 300, du régiment de Lullin de Chateauvieu, dont la solde avait été volée, se mutinèrent et pillèrent la caisse de leur corps. Un conseil de guerre suisse les jugea : leur chef fut roué vif, 23 furent pendus, 41 envoyés aux galères de Brest (graciés par l'Assemblée législative, ils furent ramenés triomphalement à Paris le 15-4-1792). Le 10-8-1792, lors de l'attaque des Tuileries, ils cessèrent la résistance sur l'ordre de Louis XVI. 600 furent tués (plus 156 massacrés en prison). Intégrés par Napoléon aux régiments de la Grande Armée, les Suisses furent reconstitués en corps distincts par Louis XVIII en 1814. Supprimés par Louis-Philippe en 1830, ils formèrent l'ossature de la Légion étrangère.

armes par combattant) et de modularité (souplesse d'emploi) appliqués quels que soient les risques, les menaces ou le type d'engagement.

☞ **Les familles traditionnelles : 4 ;** *infanterie de ligne :* constituait l'essentiel de l'arme jusqu'en 1914 (173 régiments) ; *infanterie d'Afrique :* infanterie légère d'Afrique, Légion étrangère (voir encadré ci-contre), tirailleurs indigènes et zouaves ; *chasseurs à pied* et *alpins ; infanterie de l'air :* apparue en 1943, représentée par le 1er RCP (régiment de *chasseurs* parachutistes).

■ **Troupes levées en Afrique du Nord.** **1830** *Algérie* Yusuf, ancien mameluk, forme 2 escadrons de *chasseurs algériens.* -*Juillet* Mal de Bourmont recrute des cavaliers turcs (1832 deviennent *gendarmes maures*). **1830-40** *Algérie* 4 types de troupes indigènes : *spahis* et *tirailleurs, forces de police locale (gendarmes maures, spahis auxiliaires, khiélas, mokhaznis), tribus makhzen,* aux ordres de leurs chefs traditionnels, *goums* de levée temporaire, encadrés par des spahis ou des tirailleurs. **1885** 1ers *méharistes.* **1902** *compagnies sahariennes.* **1908** *Maroc* Lyautey crée les *goums mixtes marocains.* **Théâtres d'opérations :** *Algérie* 1830-57, *Crimée* 1854-55, *Italie* 1859, *Indochine* 1859-85, *Mexique* 1863-67, *Tunisie* 1881, *Madagascar* 1894-96. **France : 1870** 13 900 musulmans engagés. *Pertes 1842-98 :* 3 125 tirailleurs tués ou disparus (5 000 en 1870-71 selon d'autres sources). **1914-18** 176 000 musulmans d'Algérie sous les drapeaux [86 500 engagés ; 26 000 morts (dont 40 000 Tunisiens)] et 120 000 travailleurs nord-africains dans l'industrie. **1939-40** 123 000 Algériens engagés (2 600 morts et 40 000 prisonniers). **1941** Syrie 950 morts. **1942-45** 290 000 musulmans forment l'armée d'Afrique (233 000 maghrébins dont 134 000 Algériens, 73 000 Marocains et 26 000 Tunisiens). *Pertes :* Tunisie 1 500, Italie 4 000, campagnes de France et d'Allemagne 3 700). **Indochine : 1953** 30 bataillons nord-africains. **1954**-*janv.* 37 000 militaires sous contrat (35 000 en Afrique du Nord) dont 45 000 Marocains, 26 000 Algériens et 8 000 Tunisiens. *Pertes :* 7 000 tués et disparus et 1 350 décédés de maladie ou par accident.

■ **Spahis.** **1830** deux 1ers escadrons auxiliaires formés principalement d'anciens Sipahis (mercenaires de l'Empire ottoman) créés par le futur Gal Yusuf (ancien protégé du bey de Tunis rallié au corps expéditionnaire français devant Alger) et par le Cdt d'artillerie Marey. **1831** loi autorisant les généraux commandant des zones occupées hors du territoire national à former des corps militaires composés d'indigènes et d'étrangers. Consécration légale des spahis, tirailleurs et de la Légion. **1841** escadrons de spahis réguliers formés dans les provinces d'Alger, Oran et Bône ; seront fondus dans le corps unique de cavalerie indigène (spahis) créé par ordonnance du roi Louis-Philippe. **1845** ordonnance créant définitivement les trois 1ers régiments de cavalerie indigène : 1er spahis (Algérois), 2e (Oranais), 3e (Constantinois). Participent à la pacification de l'Algérie et à d'autres campagnes en Afrique (Sénégal, Soudan, Dahomey, Tunisie, Maroc) et outre-mer (Crimée, Balkans, Chine, Syrie, Tonkin, Madagascar). **1870-71** guerre en France. **1886** 4e spahis créé à Tunis. **1912** plusieurs escadrons auxiliaires de spahis marocains levés sur ordre du Gal Lyautey. **1914** 5e régiment créé en Algérie ; participe à la guerre. **1939-45** nombreux escadrons de spahis entrent dans les groupes de reconnaissance divisionnaire en France, Afrique du Nord et au Levant. **1940**-*mai/juin* 3 brigades participent à la campagne de France. -*Juin* 1 escadron du 1er spahis marocain rejoint les Forces françaises libres en Palestine. **1944-45** 9 régiments au sein de la 1re Armée (De Lattre) de la 2e Division (Gal Leclerc). **1945** 5 régiments de spahis se battent en Indochine. **1950** La Horgne (village où le 2e régiment de spahis algériens (RSA) et 2e de spahis marocains (RSM) résistèrent aux All. le 15-5-1940), inauguration du monument élevé par l'association « Le Burnous » à la mémoire des spahis morts au champ d'honneur. **1954-62** 8 participent à la guerre d'Algérie. **2000** 1er régiment de spahis à Valence.

■ **Tirailleurs.** **1835** auxiliaires turcs, recrutés dans les compagnies d'infanterie. **1838-42** 1ers bataillons créés en Algérie. Puis des régiments de tirailleurs sont mis sur pied en Afrique du Nord, au Sénégal (1857), Tonkin (1879) et à Madagascar (1895). **XXe s.** l'infanterie compte des unités de tirailleurs algériens, marocains, tunisiens, dissoutes lors de l'accession à l'indépendance des pays du Maghreb. **1994** le 170e RI d'Épinal, rebaptisé 1er Régiment de tirailleurs, perpétue leurs traditions. **Costume :** semblable à celui des zouaves, il s'en distingue par sa couleur bleu ciel soutachée de jonquille.

■ **Zouaves. Histoire.** **1830**-*1-10* durant la conquête de l'Algérie, le Gal Clauzel recrute parmi les Kabyles (*Zouaouas)* 2 bataillons avec un encadrement français puis 3 autres du 11-1-1837 au 20-12-1838 ; deviennent à partir du 8-9-1841 régiment à 3 bataillons. Le recrutement indigène est réduit à 2 compagnies. **1852**-*13-1* création de 3 régiments à 3 bataillons de 9 compagnies, exclusivement français. Les zouaves viennent de toutes les classes de la société, après une vie civile souvent mouvementée. **1854**-*13-12* création du régiment de zouaves de la Garde impériale. **1860-70** le Pape a recours au Gal Lamoricière qui crée une armée de volontaires habillés en zouaves (zouaves pontificaux). **1860-65** guerre de Sécession américaine ; Nordistes et Sudistes constituent environ 15 régiments, qui empruntent une partie du costume et l'appellation. Au *Brésil*, sont créés les zouaves de Bahia. Jusqu'en 1939, la *Turquie* maintient 2 régiments de zouaves. **1914** 6 régiments sont constitués ; ils sont, en 1918, parmi les plus décorés. **1964** les régiments de zouaves et d'autres de l'armée d'Afrique sont dissous. **1982** commando du 9e zouave créé au fort de Charlemont à Givet. **Costume.** A l'initiative de Lamoricière : *ceinture :* de laine garance (rouge vif de la plante herbacée dont la racine fournit une substance, l'alizarine), longue de 4,80 m sur 40 cm ; *chéchia :* laine feutrée garance avec gland de tresses en soie bleu foncé. Portée sur l'arrière du crâne, peut être enveloppée du turban en coton vert aux mêmes dimensions que la ceinture ; *veste :* drap bleu foncé, ornée de tresses en laine garance (jonquille pour les zouaves de la Garde impériale) ; *gilet* ou *sedria :* en drap bleu avec au-dessus le caban à capuchon ; *pantalon :* bouffant, en drap garance ou coutil blanc (pantalon de campagne), se termine au genou puis jambières et guêtres. **Charge portée.** Environ 40 kg avec le fusil (5 kg) et le sac (contenant une paire de souliers, 2 chemises, un caleçon, 2 paires de guêtres, 13 jours de vivres), la veste roulée dans son étui, un sac de campement surmonté d'un fagot de bois.

Matériel

■ **Missions.** Assurer la maintenance (réparation et approvisionnement) des équipements de l'armée de terre. **Effectifs** : 16 237 hommes dont 1 072 officiers, 4 024 sous-officiers, 2 152 militaires de rang, 8 048 civils et 941 réservistes. **Matériel (parc).** chars de combat : 2 980, avions et hélicoptères de l'Alat : 532, matériels divers (NBC, Trans, incendie, outillage) : 4 225 000, munitions (tous types) : 882 000 000, véhicules blindés : 4 860, véhicules : 58 700, armes de petit calibre : 361 000.

■ **Organisation.** *École supérieure et d'application du matériel* à Bourges. *Composante unique* composée de 8 régiments à dominante projetable subordonnés aux brigades logistiques et 7 bases de soutien du matériel à dominante fix subordonnées aux 5 Dirmat. Participe à toutes les interventions extérieures. *Organismes à compétences territoriales : 5 directions locales (Dirmat)* subordonnées à la direction centrale du matériel de l'armée de terre (DCMat) à Versailles-Satory. *Service central de la maintenance de l'armée de terre (SCMat)* à Versailles. *Centre d'études et de développement informatiques du matériel de l'armée de terre* (Cedimat à Bourges). *Unités de maintenance régimentaire (UMR).* 11 intégrées au sein de régiments pour assurer un soutien de matériels spécifiques (Leclerc, Roland, LRM...) en plus du soutien TTA.

Train

■ **Origine.** Avant le Ier Empire, les transports aux Armées étaient confiés à des entreprises civiles (notamment à la Breidt). Napoléon militarisa celles-ci après la bataille d'Eylau, par le décret du 26-3-1807 signé à Osterode (Prusse-Orientale), qui créait le train des équipages militaires. *1875* devint une arme rattachée à l'artillerie puis à la cavalerie d'abord appelée *train des équipages militaires*. Créé en 1913, le service automobile reste indépendant du train jusqu'en 1916 puis une sous-direction commune préluda à leur fusion, effective de 1920 à 1928. *1916* apparut la 1re Commission régulatrice automobile (CRA), spécialisée dans le contrôle et la régulation du trafic routier, bientôt suivie d'autres CRA, ancêtres des « Régulatrices routières » de 1939 et des actuels Régiments et Escadrons de circulation routière. Arme autonome depuis le 1-3-1945, se développe alors avec des moyens de transport terrestres, maritimes et aériens et assume une nouvelle mission : le soutien des états-majors. *Indochine :* largage et transport amphibie. *Campagne d'Égypte* (1956) : déchargement des navires en dehors des zones portuaires ; unités de transbordement maritime créées.

■ **École.** **École d'application du train (EAT)** à Tours (fondée nov. 1945). **Effectifs :** 13 812 hommes dont 639 officiers, 3 439 sous-officiers, 6 284 militaires de rang et 3 450 réservistes.

■ **Organisation.** **Régiments consacrés à l'acheminement opérationnel et au soutien des zones logistiques projetables sur les théâtres d'opérations extérieures :** 10 dont *4 de soutien* (511e RT, 515e RT, 121e RT, 503e RT) à 4 ou 5 escadrons de transport chargés de l'acheminement terrestre des ravitaillements et de l'organisation des zones logistiques de l'avant ; *2 d'appui à la mobilité des blindés* (516e RT, 517e RT) chargés d'acheminer les régiments blindés et l'artillerie ; *1 de circulation routière* (601e RCR) à 5 escadrons chargés d'appuyer le mouvement des forces ; *1 du train parachutiste (RTP)* chargé de ravitailler les troupes par voie aérienne et de mettre à terre les unités parachutistes ; *1 de transbordement maritime* (519e RT) ; *1 bataillon de commandement et de soutien* de la Brigade franco-allemande. **Régiments chargés de soutenir l'administration centrale et la circonscription militaire de l'Ile-de-France :** 2 (1er RT, 526e RT). Bataillons chargés du soutien des états-majors de force (EMF) : 2 (7e BT et 15e BT). **Matériels majeurs :** *TRM 10 000 et VTLR* capables de transporter respectivement 13 et 26 t dans les régiments de soutien ; *TRM 700/100* porte-char Leclerc (à 100 t de PTR) et *TR 390* porte-char moyen à 60 t de PTR dans les régions d'appui mobilité ; *moto Cagiva* 350 cm3 ; *véhicule léger Peugeot P4 ; véhicule de l'avant blindé* (dans la circulation) ; *véhicules amphibies*, LARC XV chaland de transport de matériel, chariots élévateurs lourds et grues de 4 à 60 t (dans le régiment de transbordement). **Traditions.** *Fête* 26-3 ; *insigne de béret :* roue ailée dentée ; *tringlot* (lors de la campagne du Mexique, les conducteurs portaient la tringle de leur fusil dans le ceinturon) ; *couleur de tradition* vertes et blanches (couleur du brassard des commissions régulatrices automobiles de 1916) ; *plastron de parade* blanc, couleur du roi de Rome.

Transmissions

■ **Organisation. Instruction :** *École supérieure et d'application des transmissions (Esat)* à Cessons-Sévigné (Ille-et-Vilaine) et à Laval. **Composante projetable :** commandement de la force d'action terrestre (CFAT) à Lille : 1 division des systèmes d'information et de communication (SIC), 1 brigade de transmissions (PC à Lunéville) comprenant 5 régiments (28e RT à Issoire, 40e RT à Thionville, 42e RT à Laval, 48e RT à Agen, 53e RT à Lunéville) et 9 compagnies de commandement et de transmissions ; commandement de la force logistique terrestre (CFLT) : 1 division SIC ; Corps européen : 1 bureau SIC, la compagnie de commandement et de transmissions de la brigade franco-allemande ; 1 régiment de transmissions gouvernementales. **Composante fixe :** direction centrale et 5 directions régionales des télécommunications et de l'informatique, 1 régiment (8e RT à Suresnes), les composantes fixes du 28e RT d'Issoire, du 40e RT de Thionville, du 42e RT de Laval et du 48e RT à Agen et le Centre national de soutien spécialisé des transmissions d'Orléans. *Guerre électronique :* 2 régiments et 1 compagnie d'expérimentation. **Traditions.** St Gabriel, patron des transmetteurs, fête 29-9.

■ **Tenues de sorties de l'armée de terre.** **1915** le bleu-horizon remplace les uniformes à dominante bleu foncé et rouge garance. **1935** kaki (de l'hindi *khaki,* couleur poussière) adopté, mais uniformes bleus distribués jusqu'à épuisement des stocks. **1990** tenue modulable « terre de France » gris clair, conçue par le couturier Balmain ; chacun adapte son habillement à son initiative. **Officiers et sous-officiers :** képi ou béret, veste et pantalon en polyester, chemise ou chemisette, chandail, chaussures, gants et cravate noirs (verte pour la Légion), imperméable et manteau couleur bronze. Les cadres féminins portent une vareuse croisée à 6 boutons sur un pantalon à pinces ou une jupe portefeuille recouvrant un bermuda ; chapeau ou béret. **Militaires du rang :** mêmes effets, mais un blouson remplace la veste.

Troupes de marine

■ **Origine.** **Infanterie de marine** (*créée* 14-5-1831) : héritière des « compagnies ordinaires de la mer », mises sur pied par Richelieu en 1622 pour tenir garnison à bord des vaisseaux royaux. *Artillerie de marine :* création en 1692 d'un corps d'artillerie de la marine et des colonies. **Noms :** appelées troupes coloniales lors de leur rattachement au ministère de la Guerre (loi du 7-7-1900) de 1901 à 1958, puis troupes d'outre-mer de 1958 à 1961, devenues le 1-1-1968 arme des troupes de marine. **Surnoms :** *marsouin :* du danois ou suédois *« marsvin »*, donné par les matelots qui considéraient que l'infanterie de marine embarquée vivait en parasite à bord, comme des marsouins suivant les navires pour recueillir les déchets de cuisine. *Bigor* (donné aux artilleurs de marine par les matelots) : abréviation du commandement *« bigues dehors »* précédant à bord le tir de l'artillerie ou rappelant que les artilleurs de marine, chargés des batteries de côte, demeuraient accrochés aux rochers de cette côte comme les bigorneaux. **Traditions :** commémoration de la bataille de Bazeilles (en 1870), le 31-8. Hymne de l'infanterie de marine. Cri de ralliement : « Et, au nom de Dieu, vive la Coloniale ! »

■ **Effectifs** (en 2001). 16 001 h. dont 1 137 officiers, 4 734 sous-officiers et 10 130 militaires du rang. Depuis 1962, participent à toutes les opérations où la France est engagée (Tchad, Mauritanie, Rép. centrafricaine, Liban, Golfe, Somalie, Rwanda, Balkans).

■ **Vocation principale.** Engagement sur théâtres d'opérations extérieures (projection, opérations amphibies) et service outre-mer et en Afrique de longue durée (missions de 2 ans).

Dom-Tom : *forces de souveraineté :* 33e RIMa (Martinique), 41e RIMa (Guadeloupe), 9e RIMa (Guyane), 2e RPIMa (La Réunion), RIMAP-NC (Nouméa), RIMAP-P (Tahiti) ; *service militaire adapté (SMA) :* 1er RSMA (Martinique), 2e RSMA (Guadeloupe), 3e RSMA (Guyane), 4e RSMA (La Réunion) ; 4 groupements SMA (Nlle-Calédonie, Polynésie, Guyane et Mayotte).

Afrique : *forces de présence :* 23e BIMa (Sénégal, 6e BIMa (Gabon), 43e BIMa (Côte d'Ivoire), 5e RIAOM (Djibouti).

Europe : *infanterie parachutiste :* 1er RPIMA (Bayonne), 3e RPIMa (Carcassonne), 8e RPIMa (Castres) ; *infanterie motorisée :* 2e RIMa (Auvours), 3e RIMa (Vannes), 21e RIMa (Fréjus) ; *infanterie mécanisée :* RMT (Noyon) ; *armes blindée :* RICM (Poitiers), 1er RIMa (Angoulême) ; *artillerie :* 1er RAMa (Laon-Couvron), 3e RAMa (Canjuers), 11e RAMa (La Lande-d'Ouée) ; *états-majors de force :* 22e BIMa (Nantes), 72e BIMa (Marseille) ; *groupements de camp :* 33e GC (Sissone), 38e GC (Caylus) ; *logistique et administration du personnel outre-mer :* DTP (Vincennes), Gapi (Rueil-Malmaison) ; *centres de formations :* CMFP (formation professionnelle, Fontenay-le-Comte), détachement du SMA (Périgueux), CMIDOME (Versailles). Le Centre militaire d'information et de documentation sur l'outre-mer et l'étranger est l'école de la formation d'adaptation au service outre-mer et à l'étranger. Le Gal Cortome (Cdt organique Terre de l'outre-mer et de l'étranger) est l'autorité tutélaire des troupes de marine depuis le 1-7-2000.

Missions de coopération militaire : environ 100 officiers et 70 sous-officiers.

2 – Forces maritimes

■ Généralités

■ **Effectifs** (au 1-1-2001). **Répartition par emploi :** 44 868 dont *forces de surface* 13 165, *sous-marines* 4 000, aviation navale 6 800, protection et commandos 1 700. **Effectifs :** militaires actifs 44 868 dont officiers 4 966, officiers-mariniers 29 600, engagés 8 500, appelés et volontaires 1 775, civils 10 569 ; **militaires féminins :** 3 915 (9 %) dont 290 officiers, 2 620 officiers-mariniers, quartiers-maîtres, matelots, 1 005 volontaires. 250 femmes embarquent sur 10 bâtiments à équipage mixte : *Foudre, Jean-de-Vienne, Latouche-Tréville, Montcalm, Primauguet, Tourville, Georges-Leygues, Bougainville, Guépratte, Charles-de-Gaulle.*

☞ Les femmes ne peuvent pas servir à bord des sous-marins. Les mères de famille embarquent désormais sans condition de volontariat.

■ **Missions.** **Dissuasion nucléaire :** voir Force océanique stratégique (Fost) ci-dessous. **Prévention :** contrôle des espaces maritimes, sûreté des approches maritimes. **Présence dans le monde :** dans les Dom-Tom et les pays auxquels nous sommes liés par des accords de défense et d'assistance ou des accords de coopération. **Projection :** capacité d'action avec le groupe aéronaval et amphibie. **Service public :** surveillance et contrôle du trafic maritime et des activités en mer (d'autres administrations participent à ces tâches et peuvent être placées dans certains cas sous l'autorité du préfet maritime), sauvetage en mer, police des pêches, lutte contre les pollutions.

Service hydrographique et océanographique de la Marine (Shom) : cartes et documentation nautique à Brest.

■ **Activités de la Marine** (en 2000). 300 000 heures de mer et 55 000 heures de vol. **Répartition** (en %) : entraînement 32, missions opérationnelles 31, soutien marine 14, service public 17, soutien aux autres armées 2, activités non spécifiques 4.

■ Organisation générale

■ **Commandement organique** (au 31-12-1999) chargé, sous l'autorité du chef d'état-major de la Marine, de préparer les forces maritimes à leurs missions.

Forces sous-marines : sous-marins nucléaires stratégiques, sous-marins d'attaque nucléaires et conventionnels, répartis entre Brest et Toulon ; Fost (Force océanique stratégique) : sous-marins d'attaque : 6 sont à propulsion nucléaire -SNA (*Rubis, Saphir, Casabianca, Émeraude, Améthyste, Perle)* basés à Toulon, modernisés et mis au standard *Améthyste. Le plus ancien SNA devra être remplacé en 2010 par un sous-marin d'attaque futur (Smaf) afin de conserver 6 sous-marins d'attaque à l'horizon 2015.*

Force d'action navale (Fan) : regroupe 117 bâtiments de surface de la Marine (12 000 marins) sous un commandement organique basé à Toulon (échelon de proximité à Brest). État-major principal comprenant une division « entraînement », une division « logistique » et une division « conduite des forces » elle-même composée de 2 états-majors tactiques et 1 état-major MCC (commandement de composante maritime) chargés de conduire des opérations à la mer au profit du commandement opérationnel [embarquement possible sur p.-a. ou TCD (transport de chalands de débarquement) aménagé]. **Moyens : projection de puissance (groupe aéronaval) :** p.-a. *Charles-de-Gaulle* avec escorte puisée dans forces d'accompagnement ; **projection de forces (groupe amphibie) :** 4 TCD (*Siroco, Foudre, Ouragan, Orage :* transportent 1/2 régiment équipé chacun), 1 bâtiment de transport léger (*Champlain* capacité : 1 Cie équipée), 2 grands chalands de débarquement d'infanterie et de char (CDIC *Rapière* et *Hallebarde*), petits chalands de transport de matériel (CTM), escorte puisée dans forces d'accompagnement. **Forces d'accompagnement et de prévention** (utilisées au sein d'un groupe ou isolément) **:** frégates antiaériennes (*Jean-Bart, Cassard, Duquesne*), anti-sous-marines F67

(*Tourville, De-Grasse*), F70 (*Dupleix, Montcalm, Jean-de-Vienne, La-Motte-Picquet, Primauguet, Latouche-Tréville*), furtives (*La-Fayette, Surcouf, Courbet, Aconit, Guépratte*), de surveillance (*Germinal*), avisos (A69) (*Drogou, Lt-de-vaisseau-Lavallée, Lt-de-vaisseau-Le-Henaff, Premier-maître-L'Her, Cdt-Blaison, Cdt-Ducuing, Cdt-Birot, Cdt-Bouan, Cdt-L'Herminier, Enseigne-de-vaisseau-Jacoubet, Second-maître-Le-Bihan*). **Forces de guerre des mines :** chasseurs de mines tripartites (CMT) pour identification et neutralisation des engins posés sur le fond (*Eridan, Cassiopée, Andromède, Pégase, Orion, Croix-du-Sud, Aigle, Lyre, Persée, Verseau, Céphée, Capricorne, Sagittaire*), groupes de plongeurs démineurs pour intervention en eaux peu profondes (bâtiments base *Pluton, Styx, Vulcain*), remorqueurs de sonar de surveillance des fonds (BINRS, *Antarès, Altaïr, Aldébaran*), bâtiment de soutien et de commandement (*Loire*). **Bâtiments de soutien :** pétroliers ravitailleurs (*Meuse, Marne, Var, Somme*), bâtiment atelier *Jules-Verne*. **GEAOM** (*groupe école d'application des officiers de la Marine*) : porte-hélicoptère *Jeanne-d'Arc*, frégate *Georges-Leygues*.

☞ Frégates antiaériennes de type *Horizon* [*dimensions :* 143 (long. hors tout) × 20 m. *Déplacement à pleine charge :* 6 000 t. *Puissance propulsive :* 2 × 20 MW. *Vitesse :* max. 29 nœuds, croisière 18 nœuds. *Tenue à la mer :* 25 nœuds par mer 5. *Autonomie :* 7 000 nautiques à 18 nœuds, 3 500 à 25 nœuds. *Équipage :* 200 maximum. *Hélicoptère embarqué :* NH 90]. Réalisées avec Italie (G.-B. a abandonné le programme) : 2 pour 13 milliards de F constants 1995. 1re livrée en 2005, 2e en 2007. **2 NTCD** commandés en 2000 (*Mistral* et *Tonnerre*). Dimensions : 199 × 32 × 28. Déplacement pleine charge : 19 500 t. Autonomie : 6 000 nautiques à 18 nd. Équipage : 160 h. Spots hélicoptères 16, 1 hôpital, 1 zone PC dédiée précâblée (800 m^2). Capacités d'emport : 4 CTM, 16 Tigre et NH90, 60 véhicules blindés, 1 escadron chars Leclerc, 450 h. (troupe embarquée longue durée). **Frégates multi-missions** (projet de programme majeur pour le renouvellement de la flotte de surface) : 17 frégates de 1er rang à vocation de lutte anti-sous-marine ou d'action vers la terre. Seront les premières à mettre en œuvre un missile de croisière et embarqueront un hélicoptère NH90. La 1re admission au service actif est prévue fin 2008. Seront conduites par un équipage réduit d'environ 100 personnes. Coût de développement pour la Marine 2,3 milliards de F. *Principal Anti Air Missile System (PAAMS)* : programme conduit par France, Italie et G.-B. Embarqué sur les frégates *Horizon* pour fournir une protection de zone contre les missiles aérodynamiques supersoniques (comprendra une conduite de tir reposant sur un radar multifonctions, 6 lanceurs verticaux et 48 missiles *Aster 15 et 30*). Coût 4,3 milliards de F.

Aviation navale (Alavia) : regroupe : **aviation embarquée :** COMPOSITION : 14 flotilles de combat (avions et hélicoptères embarqués), 7 escadrilles d'entraînement et de soutien spécifique, et 5 centres de formation, d'entraînement et d'expérimentation. Les AVIONS EMBARQUÉS fournissent les groupes aériens du porte-avions *Charles-de-Gaulle* [missions : assaut contre objectifs navals et terrestres et mise en œuvre de l'arme nucléaire air-sol moyenne portée (ASMP)] ; *30 Super-Étendard modernisés (SEM)* qui assurent des missions d'assaut en mer et sur terre et mettent en œuvre les armes nucléaires de moyenne portée et le missile AS 30 laser. Ils seront remplacés, à partir de 2008, par des *Rafale Marine* version multi-rôles (interception et assaut) ; sûreté des forces navales : *2 E2C (Hawkeye)*. Les HÉLICOPTÈRES EMBARQUÉS constituent des détachements permanents sur bâtiments porteurs d'hélicoptères (BPH) : frégates de type *De-Grasse* et *Georges-Leygues*, hélicoptères dotés de moyens de lutte anti-sous-marine ; frégates de type *Cassard, La-Fayette* et *Prairial*, hélicoptères de type *Panter* destinés à la lutte anti-navires. Des hélicoptères de l'aéronautique navale embarquent sur le *Charles-de-Gaulle* (mission *Pedro* assurée par 2 *Dauphin*), sur les TCD et divers bâtiments de soutien. Les *Super-Frelon* sont utilisés dans les missions de service public. 4 détachements permanents d'hélicoptères *(Dauphin de service public)* sont répartis à La Rochelle, au Touquet, à Hyères et à Cherbourg. Il reste environ 30 *Alouette III* affectés à la formation des pilotes à l'environnement maritime (appontages, treuillages, vol sans visibilité au-dessus de la mer) et soutien de région. Le parc sera renouvelé avec la mise en service du *NH 90* (hélicoptère de lutte anti-sous-marine et anti-surface ainsi que de soutien) à partir de 2005.

☞ **Rafale Marine :** prévision de 86 appareils, réduite à 60 ; coût 48,4 milliards de F de 1996, livraisons prévues de 1999 à 2002, dont 1re mi-1999, 2 entre avril et nov. 2000, 1 en 2002. **Hawkeye (E-2C) :** prévision de 4 appareils, réduite à 3 ; coût total 4 milliards de F ; livraisons : 1er en 1998, 2e en 1999, 3e fin 2003. Mise en œuvre au sein de la flotille 4F activée en mars 2000 et opérationnelle à bord du porte-avions *Charles-de-Gaulle*. **Hélicoptère NH 90** (avec All., Italie et P.-Bas) : biturbine, 10 t, système de mission intégré et commandes de vol électriques, équipé de radar ESM, sonar, bouées acoustiques, torpilles et missile anti-navire ; commande : 27 appareils livrables à partir de 2005 ; remplacera, en version combat, les *Lynx* pour les missions anti-navires et anti-sous-marines et, en version soutien, les *Super-Frelon* pour les missions de service public (sauvetage en mer) et de soutien logistique. **Torpille MU 90 :** anti-sous-marine, en coopération avec l'Italie ; peut être lancée par avions, hélicoptères, frégates et le Milas. Prévision : 450 ; livraison de 50 : en 2001. *Coût :* 4,5 milliards de F. *Missile porte-torpille Milas (avec Italie) :* programme abandonné en 1999. *Programme « Famille Sol Air Futur » (FSAF)* avec Italie : système d'autodéfense. La défense de zone a été reportée sur un autre programme pour ouvrir FSAF à la G.-B. 9 systèmes prévus dont 1 en cours d'installation sur le *Charles-de-Gaulle*.

Aviation de patrouille maritime : déployée principalement à Lann-Bihoué et Nîmes-Garons ; comprend 24 équipages d'*Atlantique 2* [ont remplacé les *Atlantic* (dernier relevé du service le 1-9-1996)] regroupés en 2 flottilles. MISSION PRINCIPALE : renseignement en haute mer et recherche des sous-marins adverses ; ont aussi des capacités de lutte contre les bâtiments de surface ; leurs missions s'exercent en priorité au profit des sous-marins nucléaires lanceurs d'engins ; exercent en temps de paix dans nos approches métropolitaines une présence permanente et une pression sur bâtiments de surface et sous-marins étrangers ; *l'Atlantique 2* emporte des torpilles contre les sous-marins et des missiles (de la famille Exocet) contre les navires de surface ; il peut intervenir outre-mer et dans des opérations de maintien de la paix au profit de l'Onu pour ses capacités de détection et d'identification ; particulièrement efficace pour la recherche en mer et les opérations de lutte contre la pollution ; importante participation aux missions de service public.

Aviation de surveillance maritime : opère à partir de bases métropolitaines *(4 Nord 262E)* ou en Polynésie et Nouvelle-Calédonie *(5 Gardian)*. Falcon 50 : 3 déjà livrés sur 4 commandés. Il possède des capacités de détection et d'identification efficaces pour la surveillance, la recherche en mer et la lutte contre la pollution ; importante participation aux missions de service public.

Aviation de soutien : 50 aéronefs dont : 8 avions *Nord 262* affectés à la formation du personnel volant et 4 hélicoptères *Dauphin* spécialement affectés aux missions de service public.

Fusiliers marins et commandos : participent à la protection des installations sensibles de la Marine, aux opérations maritimes et spéciales.

■ **Commandement opérationnel.** Sous l'autorité du chef d'état-major des armées (Cema) qui a la responsabilité de l'emploi des forces, les chefs d'état-major d'armées étant ses conseillers pour la conduite des opérations et devenant adjoints opérationnels en temps de guerre. Il dispose d'un centre opérationnel interarmées (COIA), d'un état-major interarmées de planification opérationnelle (Emia), du commandement des opérations spéciales (Cos), de la direction du renseignement militaire (DRM) et, si nécessaire, d'un commandant interarmées de théâtre (Comthéatre). Les Cdts des zones maritimes (Manche – mer du Nord – Atlantique – océan Indien – océan Pacifique – Méditerranée) sont sous son autorité directe et exercent, pour son compte, le commandement et le contrôle opérationnels des forces maritimes qui y opèrent. Les Cdts des zones maritimes Antilles-Guyane-zone Sud de l'océan Indien et Nlle-Calédonie sont les adjoints Mer du Cdt supérieur interarmées et exercent pour son compte, dans les conditions normales, le contrôle opérationnel de toutes les forces maritimes qui y opèrent. **Forces maritimes stationnées outre-mer :** Antilles : *Ventôse*, la *Fougueuse, Francis-Garnier, Rhin, P780*. Guyane : la *Capricieuse*, la *Gracieuse, P775 et P776*. Nouvelle-Calédonie : *Floréal, Nivôse*, la *Glorieuse*, la *Moqueuse, Jacques-Cartier, La-place, P760, Vendémiaire*. Océan Indien : *Var, Garonne*. Papeete : *Prairial*, la *Railleuse*, la *Tapageuse, Dumont-d'Urville, Arago, Revi, Manini, Maroa, Jasmin* (en 1998). La Réunion : la *Boudeuse*, la *Rieuse, Albatros*.

■ **Commandement maritime à compétence territoriale.** Régions et arrondissements maritimes constituent une structure permanente de commandement organique dont l'action s'exerce sur les bases et établissements de la Marine et dont l'assise est le territoire métropolitain. Les Cdts de région ont des responsabilités opérationnelles pour la défense maritime du territoire, la protection et la défense des installations de la Marine. Les Cdts d'arrondissement qui ne sont pas Cdts de région leur sont subordonnés. Les Cdts d'arrondissement ont des responsabilités administratives et des attributions en matière de soutien général des forces. Les Cdts de la Marine en un lieu déterminé leur sont subordonnés.

■ **Coordination de l'action en mer. Métropole :** les pouvoirs sont dévolus aux *préfets maritimes* (Cdts des zones maritimes Atlantique, Méditerranée, Manche-mer du Nord). Délégués du gouvernement et représentants directs du Premier ministre, ils ont autorité de police administrative générale en mer. **Outre-mer :** l'autorité de police administrative générale en mer est du ressort du délégué du gouvernement, préfet ou haut-commissaire. En tant que Cdt de zone maritime, le Comar est conseiller du délégué du gouvernement et assure la coordination des moyens participant à l'action de l'État en mer en tenant informé le Comsup de son action.

Principaux types de bâtiments	2001	2015
SNLE	4	4
Sous-marins nucléaires d'attaque	6	6 [1]
Sous-marins Diesel	1	0
Porte-avions	1	2 [2]
Porte-hélicoptères	1	0
Grands bâtiments amphibies	4	4
Frégates	27	26
Frégates de surveillance	6	6
Bâtiments de souveraineté	16	16
Bâtiments antimines	14 [3]	16
Bâtiments logistiques	7	6

Nota. – (1) 6 *Barracuda* remplaçant à partir de 2010 les SNA Rubis modernisés *Améthyste*. (2) Un 2e porte-avions a été planifié pour 2015, sous réserve des conditions économiques. (3) Dont 3 transports de chalands de débarquement (TCD) et le porte-hélicoptères *Jeanne d'Arc*.

■ **Groupe aéronaval.** Composé d'un porte-avions, de son groupe aérien et des bâtiments d'accompagnement. A été déployé au large du Liban en 1982, 83, 84, 89 et y a conduit des opérations offensives (1987 et 88 dans le nord-ouest de l'océan Indien). Il a été maintenu en alerte à 24 h pendant la guerre du Golfe [du 2-8-1990 au 1-9-1991, 35 bâtiments (22 bâtiments de combat, 4 chasseurs de mines, 9 bâtiments de soutien), 23 hélicoptères et 12 équipages d'*Atlantic* (8 527 reconnaissances, 305 visites, 9 déroutements, 1 tir de semonce)]. A participé à la mission Balbuzard jusqu'en juin 1996. Voir **Mines** p. 1942 a. On a mis à l'étude la construction d'un porte-aéronefs transport de troupes d'assaut doté d'hélicoptères et d'avions à décollage court ou vertical mais ils reviennent aussi cher qu'un 2e porte-avions, en raison des dépenses d'acquisition et d'entretien d'un parc supplémentaire d'aéronefs d'un modèle différent du *Rafale*. On envisage une force navale multinationale (avec un bâtiment britannique, italien ou espagnol) mais les équipements des marines alliées diffèrent et les mêmes types d'appareils ne peuvent être embarqués. Une intégration européenne plus poussée permettrait à la France de s'équiper d'un 2e porte-avions, les flottes alliées fournissant l'accompagnement nécessaire à un équipement français. En 1999 le *Foch* et le groupe aéronaval ont participé à l'opération Trident au Kosovo.

■ **Composante antimines.** Assure en permanence la vérification des atterrages de Brest. Utilisée pour des déminages en mer Rouge et dans le golfe de Suez en 1984 ; dans le golfe d'Oman puis le golfe Persique en 1987-89 ; à Suez et dans le golfe Persique (en 1991).

■ **Livraisons** (en 2001). 1 frégate type *La-Fayette*, 8 ACM/Rafale ; 50 torpilles MU 90 ; 1 raptime FSAF.

■ **Programmes en cours. Modernisation :** 13 CMT. **Fabrication :** SNLE NG, Rafale, BHO. **Définition et développement :** nouveaux navires transports de chalands et de débarquements (NTCD), frégates anti-aériennes type *Horizon*, frégates multi-missions, sous-marins d'attaque futur *Barracuda*, hélicoptère NH 90, principal anti-air missiles system (PAAMs) en coopération Fr, It. et G.-B. ; *système sol-air antimissile* SAAM *et sol-air moyenne portée* SAMP ; *armement sol-air modulaire* AASM.

■ **Moyens aériens.** Au 1-1-2001 (et en 2015) : *aviation embarquée :* Super-Étendard et Super-Étendards modernisés 51 (0), Rafale 4 (60), Hawkeye 2 (3) ; *aviation de patrouille maritime :* Atlantique 2 25 (22) ; *aviation de surveillance maritime :* Guardian 5, Falcon 50 3 (4 en 2002) ; *hélicoptères :* Lynx 32 (0), NH 90 0 (27), Panther 15 (15), Super-Frelon de service public 6 (0), Dauphin de service public 5 (6 en 2002).

☞ La flotille 24 F (ATL2), mise en sommeil en 1998, renaîtra avec l'arrivée des avions de surveillance maritime *Falcon 50*.

3 – Forces aériennes

☞ L'armée de l'air a été créée le 1-4-1933 par un décret de Pierre Cot.

■ Équipement

Avions de combat en ligne	1996	1998	2002	2015
Rafale	0	0	0	140
Mirage 2000 DA (C/B)	115	115	80	80
Mirage 2000-5F	0	0	30	20
Mirage 2000 N	65	8	0	40
Mirage 2000 D	40	46	60	60
Mirage F1-CR	40	40	40	0
Mirage F1-CT	40	40	40	0
Mirage F1-C/B	20	20	20	0
Jaguar A	65	50	20	0
Mirage IV-P	5	5	0	0
Total	**390**	**324**	**290**	**300**

■ **Avions de transport. Total** en 1997 : 157, dont *C 160 Transall* 67, *C 130 Hercules* 14, *CN 235* 8, *Nord 262* 18, *Twin otter* 10, *A 310-300* 2, *DC 8* 3, *Falcon 900* 2, *Falcon 50* 4, *Mystère 20* 4, *Paris MS 760* 13, *TBM 700* 12. **Avions ravitailleurs** *C 135 FR* 14. **Avions radars.** *SDCA E3F* 4 ; avions de transport 5.

Principaux programmes d'armement dans les années à venir. AVIONS : **Programme Rafale :** *Air* 234 (139 biplaces et 95 monoplaces) Marine jusqu'en 2019. 202,66 milliards de F pour l'ensemble Air et Marine. Dont (en milliards de F) : développement des 3 premiers standards opération-

■ **Avions ravitailleurs. 1993-*août*** San Diego, 1er ravitaillement en vol ; un bombardier DH-4B, ravitaillé par un autre DH-4, établit un record d'endurance de plus de 37 h après 15 ravitaillements en vol. **1960** l'armée de l'Air française possède 11 Boeing C-135 FR pour les « Mirage IV » de la force aérienne stratégique. Depuis, tous les avions de combat sont ravitaillables. Les 14 C-160 Transall de nouvelle génération peuvent à la fois être ravitaillés et ravitailleurs. La France envisage d'acheter des KC-135 de l'US Air Force ou des A-310-300 d'occasion (équipés de nacelles de ravitaillement en vol et donc, ravitailleurs-transporteurs mixtes) et, à terme, des Airbus A-340 ravitailleurs.

Opérations extérieures

■ **Forces françaises hors métropole** (au 1-5-2001). *Forces de souveraineté :* La Réunion-Mayotte-Terres australes et antarctiques 3 800, Guyane 3 100, Nlle-Calédonie 2 800, zone maritime océan Indien 700, zone maritime du Pacifique 258, St-Pierre et Miquelon 65. *Forces de présence :* Djibouti 2 950, Sénégal 1 150, Gabon 700, Côte d'Ivoire 573. *Forces temporaires :* Tchad 910, Corymbe 90. *Sous mandat international :* Kosovo KFOR 5 500, Bosnie SFOR 2 800, Liban 250, Arabie saoudite 158, Bosnie Minubh 101, Sahara Occ. 25, Sinaï 16, Koweït 11, Égypte, Israël, Jordanie, Syrie 11, Géorgie 3.

Surcoût des opérations extérieures : *1992-97 :* 27 milliards de F ; *1999* (en millions de F) : 5 030 dont sous mandat international 4 357 (Kosovo 3 262, Bosnie 1 095), sous responsabilité française 673 (Tchad, Centrafrique 350, Liban 50, autres 272).

■ **Accords de coopération militaires.** Avec 22 pays dont en italique accords de défense : Bénin, Burkina-Faso, Burundi, *Cameroun, République centrafricaine, Comores,* Congo, Congo dém. (ex-Zaïre), *Côte d'Ivoire, Djibouti, Gabon,* Guinée, Guinée équatoriale, Madagascar, Mali, Mauritanie, Niger, Rwanda, *Sénégal,* Seychelles, *Togo.* La Côte d'Ivoire, Djibouti, le Gabon et le Sénégal accueillent des forces de présence permanentes.

■ **Pays d'intervention** (en italique, nom de code des opérations) : **Albanie :** *Alied Harbourg* (1999). **Arabie saoudite :** mission BPM *Alysse 1* (depuis 26-9-1992). **Angola :** *Addax* (1992), *Unavem III,* puis *Monua* (1997). **Bénin :** *Crevette* (1977), *Verdier* (1991). **Bosnie-Herzégovine :** participation de la France à la SFOR au 30 avril 2000 : 2 800 h. **Burundi :** *Yambo* (1993). **Cambodge :** humanitaire 1979-80. Participation à l'Apronuc (Autorité provisoire des Nations unies au Cambodge) depuis février 1991, maintien de la paix, 1 495 h. (en juin 1993 ; 1 225 en août). **Cameroun :** *Balata* (1981-94), *Aramis* (1996-97). **Centrafricaine (Rép.) :** 1967-70, *Barracuda* (1979) ; *Almandin* (1996-97) mené par Efao (Éléments français d'assistance opérationnelle) : 1 217 h. **Comores :** *Oside* (déc. 1989), *Azalée* (1995). **Congo :** *Pélican* (mars-juin 1997) évacuation de ressortissants. *Malachite* (1998). **Côte d'Ivoire :** forces permanentes. **Djibouti :** forces permanentes : 2 148 h. *Saphir* (1997) ; *Godoria* (1991) ; occasionnelles : 3 + 80 h. **Égypte :** participation au dégagement du canal (*1974 :* 9 navires, *75 :* 23, *78 :* 2). Forces multinationales et observateurs (FMO). **Éthiopie :** *Totem* (25/26-5-1991) évacuation de ressortissants. **Éthiopie-Érythree :** *Minuee* (2000). **Gabon :** forces permanentes. *Requin* (1990). **Gambie :** 1981. **Golfe arabo-persique :** *Prométhée* (1987-88), pression sur l'Iran ; escorte pétroliers ; déminage du Golfe. *Artimon* (depuis août 1990) contrôle aéronaval d'embargo, *Daguet* (sept. 1990-mai 1991) intervention aéroterrestre (dans le cadre de *Desert Storm* pour la libération du Koweït) 15 000 h. **Haïti :** *Pauline* devenu *Mahnu* puis *Minuha* (depuis 11-11-1991). **Iraq :** Unscom : 1 h. **Iraq-Koweït :** participation à la Monuik (Mission d'observation des Nations unies en Iraq et au Koweït) depuis 9-4-1991. **Sud-Iraq :** *Alysse* (depuis 26-9-1992) à partir de Dahran en Arabie saoudite, 150 h., 8 Mirage 2000-C et 1 C-135FR. **Iraq-Nord :** *Aconit* (depuis 26-9-1992) à partir des bases d'Incirlik en Turquie, 150 h., 8 F1-CR et 1 C-135FR. **Israël :** mission d'observateurs des Nations unies pour la surveillance de la trêve (Onusit). **Kosovo :** participation à l'action de la KFOR. Application de la résolution 1244 des Nations unies. La France assure le commandement de la Brigade multinationale Nord. 5 500 h. au 15-5-2001. Principaux moyens mis en œuvre : 14 chars *Leclerc, 45 AMX 10 P, 40 VAB, 5 Puma, 6 Gazelle.* **Kurdistân :** *Libage* (juillet 1991) soutien humanitaire des Kurdes chassés par la répression iraqienne. **Libéria :** 1990. **Liban :** *Finul (Force intérimaire des Nations unies au Liban)* participation depuis mars 1978, 246 h. *Hippocampe* (transport Finul 1978), *Olifant* (soutien maritime prolongé, depuis 1981). *Anabase* (sept. 1982 marine). *Épaulard* (août-sept. 1982, force multinationale d'interposition). *Diodon* (force multinationale de sécurité 1982-89). *Mirmillon* (1984, marine nat.). *Casques blancs* (1984-86). **Madagascar :** 1972 ; opération *Hudah* et *Mangaro* (février-avril 2000) : aide aux populations. **Mauritanie :** *Ouragan* (1958-63) ; *Lamentin* (1977-80) appui aérien ; *Nouadhibou* (1979-80). **Mayotte :** 1977-78. **Moyen-Orient** (Égypte, Israël, Jordanie, Liban, Syrie) : *Onust* depuis 1-6-1948, 4 h. pour la surveillance de la trêve installés en Palestine (attributions étendues depuis au contrôle des différentes conventions d'armistice puis à la surveillance du Golan et des rives du canal de Suez). **Mozambique :** *Limpopo* (février-mars 2000) : aide aux populations. **Mururoa :** *Nautile* (14-3/2-4-1992) 700 h. **Niger :** 1963, 1974. **Nigéria :** 1967-68. **Nlles-Hébrides :** *Saintonge* 1980. **Ouganda:** 1980 humanitaire. **Rép. Dém. du Congo/Rwanda :** *Noroit* (400 h depuis oct. 1990) puis, depuis février 1993, 700 h. de l'armée de terre pour protéger nos ressortissants ; *Amarylis* (1994) ; *Turquoise* (juillet-août 1994). L'armée de l'air a transporté vers Zaïre et pays voisins plus de 3 000 t de fret et 2 550 passagers. **Sahara occidental :** *Minurso* (mission Onu pour l'organisation d'un référendum au Sahara occ.) depuis 1991. **Salvador :** *Onusal* (observateur Onu ; maintien de la paix) depuis 20-5-1991, 16 h. **Sénégal :** forces permanentes ; 1962. **Seychelles :** 1981. **Sierra Leone :** *Simbleau* (mai 1992), 300 marins ; *Espadon* et *Corymbe* (1997). **Sinaï :** *FMO (Forces multinationales et observateurs) :* 2 h. **Somalie :** *Bérénice* (janvier 1991) évacuation de ressortissants. *Oryx* depuis 7-12-1992 (Onusom II maintien de la paix, en même temps que l'opération américaine *Restore Hope*) 1 073 h. *Onusom II* (1993). **Timor :** *Santal* (septembre 1999-mars 2000) : rétablissement de la paix et de la sécurité dans le cadre de l'application de la résolution n° 1264 des Nations unies, 600 h. **Togo-Bénin :** 1986 ; *Verdier* (déc. 1991-février 1992), 450 h. **Tunisie :** *Scorpion* (1980) à Gafsa. **Turquie :** *Aconit* (depuis juillet 1991 ou 26-9-1992) 4 h ; *Mamet* (août-septembre 1999) : mission d'assistance médicale suite au tremblement de terre du 16-8-1999. **Yémen :** *Diapason* (1994). **Ex-Yougoslavie :** détachement de soutien logistique, participation à Forpronu (Force de protection des Nations unies) depuis février 1992, 4 841 h. en juin 1993 (5 850 en août) [sur 14 000 originaires d'une vingtaine de nations (dont 1 bataillon d'infanterie)], CSGE, Haut-Commissariat aux réfugiés. *Moyens mis en place en Italie : Cervia :* 16 Mirage 2000-C. *Istrana :* 5 Mirage F1-CR, 5 Mirage F1-CT, 4 Jaguar. *Brindisi :* 2 Puma. *Vincenza :* 1 N262. Soit 376 h. ; *Trident* (1999) : 1 263 missions de bombardement. **Zaïre :** *Verveine* (1977). *Léopard* mai-juin 1978 transport d'un détachement marocain. *Kolwezi* (1978) contre coup de force katangais. *Baumier* (24-9/oct. 1991) 1 500 h. (terre et air) évacuation d'Européens.

Actions de l'Onu : résolutions : 90 % sont le résultat de la concertation des 5 membres permanents après étude à 3 : *France,* USA et G.-B., puis à 4 avec Russie, enfin à 5 avec Chine. Les principes de base impliquent qu'il n'y ait pas de changement du *statu quo* politique, qu'il y ait soumission au consentement des États hôtes et de « toutes les parties concernées », après l'exclusion de tout comportement coercitif. Auparavant, l'Onu envoyait des forces d'interposition temporaire pour contrôler un cessez-le-feu ou des observateurs pour permettre la négociation. Aujourd'hui, les OMP comprennent la protection de l'aide humanitaire, des minorités, des réfugiés, des droits de l'homme, le déminage, la remise en état du pays. La conduite des forces de l'Onu s'exerce sous la responsabilité du secrétaire général à partir des résolutions du Conseil de sécurité. Il n'a pas de suppléant et un seul conseiller militaire lui est adjoint. **Sur le théâtre d'opérations,** la position du commandant de la force est ambiguë, il ne dispose pas de son propre budget de fonctionnement.

Principales contributions budgétaires (au 31-12-1993, en %). USA 31,73 ; Japon 12,61 ; All. 8,87 ; Russie 8,51 ; *France 7,61* ; G.-B. 6,37. La contribution était initialement une surtaxe pour ceux qui ne participaient pas aux opérations sur le terrain. **Effectifs concernés :** OMP *1987 :* 10 000 h., 35 *Uncivpol* [*United Nations CIVilian POLice* (force de police *créée* en 1987 pour contrôler le respect des droits de l'homme par les polices locales dans les zones soumises à une action de l'Onu)] et 900 civils ; *1993 :* 70 000 h., 5 000 *Uncivpol* et 10 000 civils. **Budget de l'Onu pour les OMP :** 3,8 milliards de $ (en 1993). L'Onu supporte, en principe, une partie des dépenses entraînées par les OMP 1°) **par des forfaits** (par homme et par mois) : *rémunérations* 988 $ + 291 $ pour certains spécialistes, dans la limite de 25 % des effectifs chargés du soutien logistique et 10 % des effectifs d'infanterie ; *équipement* 65 $; *armement individuel et munitions* 5 $. Sur place, les unités perçoivent une allocation *per diem* de 1,28 $ complétant les autres dotations. Versements à la France en 1992 et (en 1993), en millions de $: Finul 17,9 arriérés remontant à 1994 (2,7) ; Apronuc 3,5 (3,4) ; Forpronu 3,6 (7,9). En 1992, ces versements représentent à peu près l'équivalent de 150 millions de F alors que les surcoûts dépassaient 3 milliards de F. 2°) **Par l'approvisionnement direct des unités :** pour alimentation et carburants et certains services (blanchisserie), par des marchés passés par l'administration onusienne ; certains matériels (groupes électrogènes) sont mis en place par l'organisation qui assure souvent l'hébergement. 3°) **Par l'amortissement des matériels utilisés par les contingents nationaux :** amortissement en 4 ans remplacé par un amortissement sur 10 ans.

☞ Les dépenses ne figurent pas sur les documents budgétaires et ne sont donc pas contrôlées par le Parlement. L'Onu rembourse partiellement (35 %) et avec retard (3 à 4 ans) les frais engagés.

nels, y compris le moteur M-88 : 57,09 (dont industriels 13,11, État 49,97) ; devis de production : 146,57 (dont industrialisation 17,89, fabrication de 95 *Rafale Air* monoplaces 37,31 et 139 Air biplaces 42,73, de 60 *Rafale Marine* 19,71, volants rechanges divers options 36,7, simulateurs 1,22). *Coût unitaire* (en millions de F) : Air monoplace 291,5, biplace 311,6, Marine 333,1. Avion polyvalent pour effectuer la mission de frappe nucléaire, des missions d'attaque au sol, par tout temps, avec des Apache, des missions de défense et de supériorité aériennes avec une capacité de tir « multicible » avec les *missiles air-air-Mica,* le *radar RBE 2* et des missions d'intervention à long rayon d'action avec ravitaillement en vol. Remplacera les avions d'attaque au sol, conventionnels ou nucléaires, *Jaguar, Mirage F1-CT* et ultérieurement *Mirage 2000-N* et *Mirage 2000-DA.* 1re livraison en 2003. 1er escadron Rafale opérationnel en 2005. **Échéancier prévu pour l'armée de l'Air** (1997-2002 ; commandes et, entre parenthèses, livraisons) : *1997 :* 0 (0) ; *98 :* 0 (0) ; *99 :* 4 (1) ; *2000 :* 8 (1) ; *2001 :* 10 (0) ; *2002 :* 11 (0). **Cargo léger Casa :** pour des missions de transport de faible volume et de soutien logistique. **Tucano** avion d'entraînement et d'instruction : fin du programme d'acquisition de 50 appareils pour remplacer les Fouga-Magister.

Programmes en cours. Commandement/communications : système de commandement et de conduite des opérations aériennes (SCCOA), modernisation des 4 avions Awacs SDCA et du réseau MTBA de transmissions de bases aériennes (36 sites en 2002).

Programme SCCOA (Système de commandement et de conduite des opérations aériennes) : se déclinera autour de 6 radars, dont un radar pour l'ACCS (Air Command and Control System) de l'Otan, d'un système de communications, d'un outil informatique en particulier d'une version améliorée d'un logiciel *Strida* (Système de traitement et de représentation des informations de défense aérienne) et de 4 centres complets d'opérations. Coût de ce programme : 15,5 milliards de F (3 étapes : 1993, 1997, 2000). 2 des 4 radars de défense aérienne transportables par cargo TRS XX, ainsi qu'un ensemble projetable de contrôle de conduite des opérations et de commandement (C3M) livrés à partir de 1997.

Aéronefs (livraison et, entre parenthèses, année) : *Mirage 2000-D* 41 (1997 à 2001), rénovation *M 2000-DA [Mirage 2000-5]* 37 (1997 à 2000), *Rafale* [commande 33 entre 1999 et 2002] 2 (1999-2000) ; achat : *C-135 FR* 3 (1997-1998), *Cougar Resco* 4 (1997-2002).

Missiles Apache (air-sol, largués à distance de sécurité) : 140 km, 100 antipistes livrés entre 2000 et 2003, coût total 4,1 milliards de F. **Scalp (système de croisière à longue portée) :** emploi général 100 (livrés en 2002) : à charge unique air-sol largué à distance de sécurité (400 km) ; 1res livraisons de série à partir de 2002 ; coût total 4,2 milliards de F en 1996. Coût total 4,7 milliards de F en 1997. **Mica** (missile d'interception, de combat et d'autodéfense) : destiné à succéder aux Super 530-D et Magic 2 ; portée 60 km à capacité multicibles ; armement principal du Rafale et du Mirage 2000-5. 1 000 prévus dont 225 commandes et 125 livrés d'ici 2002. Coût total de ce programme 9 milliards de F. **AASM 250** (livrés à partir de 2003, développement à partir de 1996), **PDL CT** et **AS L** (1999 et 2000). **Mistral (missile de défense aérienne à très courte portée)** et **SAMP/T (sol-air à moyenne portée). APTGD (arme de précision tirée à grande distance) :** devrait être mise en service en 2001 ; précision décamétrique, si possible métrique ; portée d'environ 400 km et charge conventionnelle pouvant être tirée d'un avion ou d'un navire de surface. Choix non effectué entre un missile subsonique furtif (comme l'Apache C proposé par Matra) et un missile supersonique (comme l'ASMP C proposé par l'Aérospatiale).

Autres programmes : *MTBA (moyens de télécommunications des bases aériennes)* ; *Sarigue NG* destiné à remplacer le système aéroporté de guerre électronique actuel, mis en service en 1977. Programmes spatiaux interarmées *Hélios* et *Syracuse* dans lesquels l'armée de l'Air est impliquée. **Comparaisons :** début/fin de livraison, âge moyen et, entre parenthèses, retrait de service : Mirage IV-P 1985/89, 6 ans (2001) ; Mirage III-E 1964/72, 25 ans (1994) ; Mirage V-F 1971/73, 20 ans (1994) ; Jaguar 1972/82, 16 ans (2003).

■ Effectifs

■ **Évolution des effectifs budgétaires.** Voir tableau p. 1955 b.

■ **Effectifs féminins.** *Depuis 1983,* les femmes peuvent devenir pilotes de liaison, de transport ou d'avions-radar Awacs. *En août 1994,* l'armée de l'air comptait 22 femmes pilotes (1,1 % des pilotes). *Depuis 1995,* 5 % des postes leur sont proposés : elles peuvent être pilotes de chasse.

■ Organisation

☞ **Bases :** *1995 :* 44 ; *96 (fin) :* 30 (fermetures : Compiègne, Nîmes, Chartres, Limoges, Toul-Thouvenon, Cenon) ; *2002 :* 32.

■ **3 commandements territoriaux. Région aérienne N.-E. (Rane) :** état-major à Villacoublay. **Méditerranée (Ram) :** état-major à Aix-en-Provence. **Atlantique (RAA) :** état-major à Bordeaux. Assurent la protection des points sensibles et les besoins courants des unités stationnées sur leur territoire.

■ **2 commandements opérationnels. Commandement des forces aériennes stratégiques (CFAS) :** relève directement du Pt de la République. Mission : dissuader de toute agression contre les intérêts vitaux de la France. Composante pilotée : 3 escadrons de Mirage 2000-N (équipés du missile ASMP) ravitaillés en vol par des C-135 FR. Peuvent aussi effectuer des reconnaissances stratégiques (Mirage IV-P), des assauts conventionnels (Mirage 2000-N) et du ravitaillement (C-135 FR version RVT). Les Fas ont plusieurs centres d'opérations et des réseaux de transmission particuliers (Jupiter, Ramsès, Astarté).

■ **Commandements de la défense aérienne et des opérations aériennes (CDAOA).** Mission : préserver l'intégrité de l'espace aérien français et conduire les opérations aériennes. Prépare les plans d'opérations, conçoit les exercices d'ensemble des forces aériennes, assure les relations avec les alliés. Depuis le 1-6-1994 coiffe *2 zones aériennes de défense : Zad Nord* (fusion des Zad N. et N.-E.) basée à Cinq-Mars-la-Pile près de Tours et *Zad Sud* (fusion des Zad S. et S.-E.) basée à Aix-en-Provence. Dispose à

Taverny d'un état-major, d'un centre de conduite des opérations aériennes (CCOA), d'un centre d'analyse et de simulation pour la préparation aux opérations aériennes (Caspoa) et d'une direction de la circulation aérienne militaire (Dircam).

■ **5 commandements organiques. Commandement des forces aériennes de combat (CFAC) :** regroupe depuis le 1-9-1991 les moyens aériens conventionnels de combat. Effectifs (en 1994) : 7 300 militaires dont 930 officiers, 5 630 sous-officiers et 740 aviateurs (plus de 750 réservistes en cas de mobilisation). Moyens : avions groupés en 20 escadrons de chasse, 2 de reconnaissance et 1 électronique tactique. Basés à Metz (commandement et escadron électronique tactique), Nancy, Colmar, Cambrai, Reims, Dijon, Orange, Toul, Saint-Dizier, Djibouti. Ravitaillement en vol.

Commandement de la force aérienne de projection (CFAP) : missions : entraînement des équipages, participation aux manœuvres aéroterrestres, transport de troupes et de matériel, aéroportage, aérolargage, missions de service public (évacuations sanitaires, sauvetages sur terre et en mer, surveillance et protection de sites sensibles, feux de forêts), missions humanitaires (secours aux populations civiles lors de guerres ou de catastrophes naturelles). Effectifs (en 1998) : 4 586 h. dont d'active 4 175 répartis en 1 421 navigants et 2 754 mécaniciens, du contingent 388 dont 23 militaires techniciens de l'air et 23 civils. Moyens : 4 bases de stationnement (Évreux, Orléans, Toulouse, Villacoublay) et des escadrons isolés. Équipement : 67 C-160 Transall, 14 C-130 Hercules (dont *2 C-130* mis en œuvre au profit du COS), *2 DC-8* (transport), *1 DC-8* Sarigue, *2 Airbus A-310*, 10 *CN-235 Casa*, 60 autres avions, 99 hélicoptères.

Commandement air des systèmes de surveillance, d'information et de communication (Cassic) : effectifs (en 1998) : active 9 773, contingent 1 314. Moyens : 8 centres de surveillance et de contrôle s'appuient sur la détection de 26 radars principaux de défense aérienne, 31 radars d'approche *Centaure* ou *Aladin*. Des moyens mobiles comprenant un centre de conduite des opérations aériennes de théâtre, 6 modules de contrôle tactique, 15 radars et des systèmes de radionavigation (Tacan, Spar, Vigie) et de l'informatique de commandement. Stations radar militaires dont 13 équipées de radars de veille tridimensionnels Arès ou Palmier (puissance de crête de 20 MW, TRS 22 XX, TRS 2215 : direction, distance et altitude des aéronefs détectés même en cas de brouillage électronique) et de radars de veille bidimensionnels (23 cm : direction et distance). L'information est centralisée par un Système de traitement et de représentation des informations de défense aérienne *(Strida)* interconnecté avec les radars de l'aviation civile et les systèmes informatiques des pays voisins (soit une couverture de l'ordre de 2 000 km autour de nos frontières). Tout aéronef non identifié dans le ciel français est intercepté dans les 2 minutes suivant l'ordre d'interception. *Avions :* 4 avions radars SDCA E3F (système de détection et de commandement aéroportés) datant de 1991-92, basés à Avord (Cher) pour la détection longue portée basse altitude. *Missiles* sol-air à courte portée : 24 sections *(Crotale)* dont 6 de nouvelle génération, 30 unités *Aspic pour assurer la défense à basse altitude, coordonnée par 10 cellules tactiques automatiques. Canons antiaériens* bitubes de 20 mm et système sol-air très courte portée (Mistral) chargés de la défense rapprochée des points sensibles. *Moyens de télécommunication* fixes ou mobiles (HF, V/UHF, hertzien, satellite Syracuse, fibres optiques, radionavigation).

Commandement des écoles de l'armée de l'Air (CEAA) : effectifs (en 1994) : 9 252 dont d'active 4 449, élèves 4 010, du contingent 744, civils 49. Effectifs formés (en 1993) : 173 brevets personnel navigant, 4 927 certificats non-navigant, 3 213 qualifications particulières (stages EOR). Moyens : 155 *Alphajet*, 25 *Xingu*, 148 *Epsilon*, 12 *Abeille*, 20 *Tucano*, 14 *Mousquetaire*, 2 *Cap-20*, 2 *Cap-230*, 99 planeurs.

Commandement des fusiliers commandos de l'Air (CFCA) : *créés* 11-3-1994 à Dijon. Remplacent les troupes parachutistes de l'armée de l'air (créées 1936 par le cap. Geille) passées à l'armée de terre en 1945, puis aux groupements des commandos parachutistes de l'Air en Algérie. Mission : protéger et défendre les installations, former des personnels spécialisés. Effectifs (en 1998) : 270 officiers, 1 210 sous-officiers, 4 900 fusiliers commandos.

☞ **Distances à franchir :** 3 000 milles nautiques, soit 5 600 km séparant la métropole de nos points d'appui les plus proches comme Dakar ou Djibouti, ou la distance entre ces points et d'autres aérodromes utilisables à La Réunion ou à Cayenne.

4 – Forces de gendarmerie

■ **Origine. 1791** la maréchaussée devient *gendarmerie nationale.* **1798** (17-4) loi du 28 germinal an VI, codifiant principes d'action et missions en précisant ses attributions en matière de police administrative et judiciaire. **1820, 1824** et **1903** (20-5) décrets d'application l'adaptant à l'évolution économique, sociale et administrative.

■ **Organisation.** Subordonnée au min. de la Défense qui dispose de la Direction générale de la gendarmerie nationale (DGGN) et de l'Inspection générale des Armées/Gendarmerie (IGA/G). **Dépendent de la DGGN :** *l'inspection technique* de la gendarmerie ; *le commandement des écoles* de la gendarmerie (CEG) ; *des commandements territoriaux* (dont relèvent gendarmerie départementale et mobile, garde républicaine et gendarmerie d'outre-mer) ; *des formations spécialisées dans leur emploi* (gendarmerie maritime, de l'air, des transports aériens, de l'armement et de la sécurité des armements nucléaires) ; *le Groupement de sécurité et d'intervention* de la gendarmerie nationale [(GSIGN) mis sur pied 1-1-1994. Comprend : un état-major ; un bureau d'instruction ; le groupe d'intervention de la gendarmerie nationale (GIGN, 1974) ; l'escadron parachutiste d'intervention de la gendarmerie nationale (EPIGN) ; le détachement gendarmerie du GSPR – un détachement du GSIGN participe à la sécurité du président au sein du groupe de sécurité du président de la République (GSPR). Intervient dans : opérations de lutte contre le terrorisme et le grand banditisme (prises d'otage, mutineries, piraterie aérienne et maritime...) ; opérations de maintien de l'ordre public ; opérations d'assistance et de secours] ; *des formations hors métropole ; des organismes techniques.*

☞ **La gendarmerie mobile** est composée de 9 légions de gendarmerie (1 par circonscription de gendarmerie), 29 états-majors (27 groupements et 2 groupes) et 128 escadrons de gendarmerie.

Unités spécialisées : *25 détachements aériens* (dont 20 en métropole) ; 13 pelotons de gendarmerie de *haute montagne ;* 5 de *montagne* où servent des appelés du contingent ; 2 groupes de *spéléologues ; des unités dotées de moyens spécifiques* : 210 chiens de pistage, 20 d'avalanche, 101 recherche de stupéfiants ; 122 embarcations nautiques et fluviales. Interventions (en 1999) : 3 275 évacuations sanitaires aériennes ; 291 transports d'organes. Elles sont également intervenues au profit de 2 514 alpinistes ou randonneurs en montagne et de 606 personnes en difficulté en mer et sur les plans d'eau.

■ **Pertes** (en 1999). 6 † et 1 070 blessés en service commandé dont 509 victimes d'agressions durant le service au public ou à l'occasion du maintien de l'ordre.

■ **Activité.** *Missionnelle* 65,24 % [dont, en %, police administrative 53,69, missions judiciaires (police judiciaire, transfèrements et constats accidents) 39,45] : *missions militaires* 2,90 % (concours aux ministères 3,96) ; *services externes* 51,61 % (de jour 43,92, de nuit 7,69) ; soutien missionnel 30,02 % (dont écritures 7,34, instruction 5,47, transmissions 1,85 ; permanence bureau 7,92 ; entraînement physique 1,58 ; soutien logistique 4,74).

☞ **Insécurité routière :** 44 413 accidents constatés, 64 997 blessés, 5 923 † et 8 651 189 contrôles d'alcoolémie effectués dans le cadre d'une réquisition du procureur de la Rép. ou sur l'initiative d'un officier de police judiciaire. 141 053 dépistages positifs, 3 040 181 infractions aux règles de la circulation routière relevées. **Crimes et délits :** 888 957 en métropole ; 236 041 mises en cause (7 951 écroués). **Secours en mer et sur plans d'eau :** 606 interventions (131 †, 124 blessés) ; **en montagne :** 2 514 interventions (237 †, 1 696 blessés).

■ **Effectifs** (en 2000). **Officiers** 3 583 dont *officiers de gendarmerie* 3 497 (dont général de division 8, de brigade 17, colonel 228, lieutenant-colonel et chef d'escadron 1 155, capitaine, lieutenant et sous-lieutenant 2 089), *corps de soutien* 86 (dont Cel 2, Lt-colonel et Cdt 28, capitaine, Lt et sous-lieutenant 56). **Sous-officiers** 76 379 dont *sous-officiers de gendarmerie* 73 583 (dont aspirant 70, major 1 510, adjudant-chef 3 468, adjudant 8 422, maréchal des logis-chef 8 197, gendarme 51 916), *corps de soutien* 2 796 (dont major 72, adjudant-chef 369, adjudant 486, sergent-chef 648, sergent 1 221). **Personnel du rang** 7 403 appelés dont sous-lieutenant 12, aspirant 92, gendarme auxiliaire maréchal des logis 261, brigadier-chef 468, brigadier 945, de 1re classe 773, auxiliaire 4 852. **Volontaires** 7 300 dont aspirant 30, maréchal des logis 170, brigadier-chef 306, brigadier 1 123, volontaire 5 671. **Total général** 96 533 dont militaires 94 665, civils 1 868. **Gendarmerie départementale** [à compétence générale (sécurité publique, renseignement, police judiciaire, concours aux autorités, mobilisation) ou unités spécialisées (de recherche, aériennes, pelotons de surveillance, d'intervention, de montagne)] : 51 868 h. d'active. **Gendarmerie mobile** (force d'intervention toujours disponible pour toute mission de sécurité ou de maintien de l'ordre) : 16 662 personnels d'active. **Formations adaptées :** 3 956 personnels d'active. **Gendarmerie outre-mer :** 2 883 personnels d'active. **Écoles** (encadrement, soutien, personnel en formation) : 3 189 d'active. **Organismes de soutien :** 2 492 personnels d'active.

Origine des élèves gendarmes (profession du père, en %). *1999 :* employés 24,47, ouvriers 9,89, militaires en activité 4,91, commerçants, artisans et chefs d'entreprise 5,42, professions intermédiaires 7,86, cadres supérieurs 8,62, agriculteurs 2,37, divers 33,41. **Suicides dans la gendarmerie** (en 1999) : 23.

■ **Principaux matériels** (en 1998). *Blindés :* 183 (dont véhicules à roues de la gendarmerie 155, blindés canon 90 : 28). *Aériens :* 42 (dont hélicoptères légers « Écureuil » 30, « Alouette III » 12). *Nautiques :* vedettes 113 (1). *Automobiles :* 29 765 (dont motocyclettes 3 513).

Nota. – (1) Canots rigides.

Programme *Rubis* lancé en 1987. Déploiement national de fin 1994 à 2000. *Coût global :* 3,2 milliards de F. Réseau de transmission composé d'une centaine de réseaux hertziens départementaux « tout numérique » interconnectés au réseau filaire Saphir.

☞ Le nom de *Pandore* vient de la pièce de Gustave Nadaud : « Pandore ou les deux gendarmes », *créée* en 1857.

Délégation générale pour l'armement (DGA)

■ **Origine.** Il y a eu un *ministère de l'Armement* en 1916-18, 1939-40 et 1944-46. Après 1946, les responsables gouvernementaux de la Guerre, de la Marine et de l'Air (d'abord ministres, puis secrétaires d'État, puis délégués ministériels) ont guidé les choix en matière de politique d'armement. **1961** création de la *Délégation ministérielle pour l'armement (DMA).* **1964** création du *Service de la surveillance industrielle de l'armement (Siar) ;* des directions techniques nouvelles (recherche, engins) apparaissent. **1977** DMA devient *DGA.* Placée sous l'autorité du délégué général pour l'armement, collaborateur direct du ministre de la Défense.

■ **Mission.** Fournir aux armées les matériels nécessaires, en temps utile et au meilleur coût. **Six programmes d'armement supervisés par le Directeur des systèmes d'armes :** naval, nucléaire, armements terrestres, aéronautique, missiles stratégiques et tactiques, observation, information et télécommunications. **La Direction des systèmes de force et de la prospective** pilote les actions de recherche, conduit les développements technologiques communs et prépare les programmes. **La Direction des programmes, des méthodes d'acquisition et de la qualité** regroupe les compétences fonctionnelles nécessaires pour mener à bien les programmes (achats, qualité, maintien en conditions opérationnelles, etc.). **La Direction des centres d'expertise et d'essais** regroupe les centres techniques et les centres d'essais. Elle effectue des études, des expertises techniques, des simulations, des essais et des évaluations de systèmes couvrant la quasi-totalité des domaines de pointe. **Le service de la maintenance aéronautique** assure la maintenance industrielle des aéronefs des forces. **La Direction de la coopération et des affaires industrielles** est chargée de rationaliser la pratique de la coopération européenne, d'exprimer les structures industrielles souhaitées, d'assurer le soutien et le développement des PME-PMI. **La Direction des relations internationales** accompagne les exportations depuis la prospection des marchés jusqu'à la formation des personnels chargés de la mise en œuvre des matériels vendus à l'étranger. **La Direction de la gestion et de l'organisation** a pour rôle de moderniser le pilotage de l'ensemble de la DGA et d'animer l'amélioration de son efficacité. **La Direction des ressources humaines** gère les personnels dans leurs carrières et dans leurs compétences.

■ **Paiements et,** entre parenthèses, **commandes à l'industrie** (en milliards de F). *1994 :* 68,5 (63,1) ; *95 :* 58 (61,5) ; *96 :* 61,5 (47,3) ; *97 :* 61 (64,7) ; *98 :* 52,5 (64,5) ; *99 :* 51,5 (71 dont aéronautique 41,1, naval 9,9, observation, télécommunications et information 5,5, armements terrestres 4,8, missiles tactiques 3,6, études amonts 2,8, investissements et autres 2,2, nucléaire 1,1) ; *2000 :* 55,1 (89,9).

■ **Effectifs.** *1995 :* 20 533 ; *2000 :* 15 719.

■ **Budget** (en 1999). Fonctionnement (en milliards de F) : 6,279 ; équipement : 11,694.

Armements terrestres. Centres techniques d'expertise et d'essais (secteur étatique) : 2 520 personnes. *ETBS (Établissement technique de Bourges) :* systèmes d'artillerie, systèmes et matériels antichars, canons, munitions, munitions intelligentes, mines. *Etas (Établissement technique d'Angers) :* systèmes blindés et chars, matériels du génie, véhicules tactiques et logistiques. *Cap (Centre aéroporté de Toulouse) :* aérotransport, aérolargage, parachutage.

■ **Renseignement. Crédits** (hors direction du renseignement militaire, en millions de F, 2000) : 1 575 (0,8 % du budget de la défense) dont équipement 680, fonctionnement 895. **Effectifs** (en 2000) : 3 097 civils. **Sites :** 3 cités administratives à Paris et région parisienne, 12 centres extérieurs.

■ **Direction générale de la sécurité extérieure (DGSE).** Succède en 1982 au Sdece (Service de documentation extérieure et de contre-espionnage) créé 1946. **Crédits** (en 1998) : 1 296 millions de F. **Effectifs** (en 1998) : 4 045 (dont 2/3 de civils).

■ **Direction de la protection et de la sécurité de défense (DPSD). Dir.** (août 1997) : Gal Claude Ascensi. Crédits (en 1998, hors rémunérations et charges sociales) : 70,96 millions de F. **Effectifs** (en 1997) : 1 620 (1 360 militaires et 258 civils).

■ **Direction du renseignement militaire (DRM). Créée** 1992. **Crédits** (en 1998, hors rémunérations et charges sociales) : 81,97 millions de F dont fonctionnement 35,87. **Effectifs** (en 1997) : 1 689 dont administration centrale 716, organismes rattachés 347 [Centre de formation et d'interprétation interarmées de l'imagerie (CFIII) 228, Centre d'information sur les rayonnements électromagnétiques (Cirem) 99, unité interarmées Helios 20], École interarmées du renseignement et des études linguistiques et détachements autonomes de transmissions 626.

■ **Délégation aux affaires stratégiques (DAS). Créée** 1992. Ne constitue pas un service de renseignement mais doit renforcer la capacité d'analyse et de réflexion stratégique du ministère de la Défense. **Effectifs** (en 1998) : 110 dont 57 officiers, sous-officiers et militaires du rang, 30 civils de catégorie A, 14 appelés et 10 civils de catégorie C.

Constructions navales. Réparties sur 3 sites (Toulon, Brest, Paris) pour sa partie étatique (conduite des programmes de constructions navales). **Chiffre d'affaires** (en 1999) : 10,8 milliards de F (dont 23 % à l'exportation). **Effectifs** (en 1999) : 16 418 (dans 9 établissements industriels) dont 1 630 à Paris, Brest et Toulon au sein des activités étatiques. **Implantations** (en 1996, et, entre parenthèses, effectif) : *DCN Brest* (6 210) : entretien Fost, flotte de surface, construction grands bâtiments. *Cherbourg* (4 275) : construction de sous-marins nucléaires (SNLE, SNA). *Indret* (1 610) : appareils propulsifs classiques et nucléaires. *Lorient* (3 257) : constructions neuves moyen tonnage, entretien sous-marins et flotte en service. *Papeete* (452) : soutien flotte Pacifique. *Ruelle* (1 462) : systèmes d'armes, manutention embarquée, cybernétique navale. *St-Tropez* (561) : étude et fabrication de torpilles. *Toulon* (5 583) : entretien flotte, étude. **Prises de commandes** (en milliards de F, 1999) : 9,77.

Service de la maintenance aéronautique. Centres d'essais (4 065 personnes) **en vol :** *Brétigny* (Essonne) ; *Istres* (B.-du-Rh.) ; *Cazaux* (Landes). **Des propulseurs :** *Saclay.* **Aéronautique :** *Toulouse.* **Ateliers industriels :** *Bordeaux* (1 092) ; *Clermont-Ferrand* (1 297) ; *Cuers-Pierrefeu* (Var, 989). Chiffre d'affaires (en milliards de F, 1999) : 1,52.

Missiles et espace (DME). Établissements : *Vernon* (Eure) : laboratoire de recherches balistiques et aérodynamiques (LRBA) : inertie, guidage, pilotage des missiles, aérodynamique. *St-Médard-en-Jalles* (Gironde) : centre d'achèvement et d'essais des propulseurs propergols solides et engins. *Biscarosse* (Landes) : centre d'essais des Landes (Cel) sur 15 000 ha et *Captieux* (Landes) : centre d'essais sur 10 000 ha : peuvent utiliser, grâce au bâtiment Monge, des axes de tir offrant des portées de 4 000 km vers les Antilles et de 6 000 km vers le Brésil. *Toulon* (Var) : centre d'essais de la Méditerranée (Cem).

Électronique et informatique. Environ 1 000 personnes. *Fort d'Issy-les-Moulineaux* (Hts-de-S.) : Service technique des systèmes informatiques et électroniques (STSIE). *Bruz* : Centre d'électronique de l'armement (Celar).

☞ La DGA ne possède pas de laboratoire ; 2 établissements publics lui sont rattachés : l'*Office national d'études et recherches aérospatiales (Onera,* 29, av. Division-Leclerc, Châtillon-sous-Bagneux) et l'*Institut franco-allemand de St-Louis (ISL)* ; elle passe des contrats avec des organismes de recherches publics ou privés.

■ **Effectifs** (en 2000). 37 546 dont 33 199 civils, 175 appelés et 4 172 militaires. *Régime* (en %) : militaires 10, ouvriers 60. **Effectifs de l'industrie de défense en 1999 :** 175 160.

☞ Voir à l'Index **Armement.**

Principales écoles des armées

☞ *Abréviations :* a. : *ans* ; ad. : *admis* ; adm. : *admission* ; adm. p. : *admission parallèle* ; bac. : *baccalauréat* ; ca. : *candidat* ; C. : *concours* ; cl. : *classes* ; cy. : *cycle* ; dipl. : *diplôme, diplômé* ; éc. : *école* ; eff. : *effectifs* ; él. : *élève* ; enseign. : *enseignement* ; f. : *femme* ; X : *Polytechnique* ; prépa. : *préparation, préparatoire* ; sc. éco. : *sciences économiques* ; tit. : *titulaire*.

Armée de terre

■ **École militaire** (école de cadets). *Créée* 22-1-1751 pour 500 jeunes gentishommes peu fortunés pris en charge, à 14 ans, comme boursiers du roi. Formation scientifique (mathématiques, physique, mécanique, hydraulique, fortification). **1753** début de la construction de l'École militaire par Jacques-Ange Gabriel (*1760* arrêté ; *1768* repris ; nouveau plan présenté à Choiseul réalisable en tranches). **1764** collège de La Flèche désigné comme école préparatoire à l'École militaire après expulsion des jésuites ; enfants reçus dès 8 ans. **1787** fermée. **1878** retrouve sa vocation première. L'École supérieure de la guerre s'y installe.

■ **École spéciale militaire [ESM** dite **« St-Cyr »,** le « Nouveau Bahut » (le « Vieux » était à St-Cyr-l'École)]. Histoire : *créée* 1-5-1802 par Napoléon. *1803* s'installe dans le château de Fontainebleau. *1808* transférée à St-Cyr (Yvelines) dans l'ancienne maison royale de St-Louis, fondée 1685 par Mme de Maintenon pour l'éducation des jeunes filles de la noblesse pauvre (bâtiments détruits par les bombardements alliés en 1944). *-Nov. 1940* à Aix-en-Provence. *-Nov. 1942* fermée ; l'éc. de Cherchell (Algérie) assure la relève jusqu'en 1945. *Depuis 1945* à Coëtquidan (Morbihan, camp national de 5 000 ha). Depuis 1803, l'École a formé 55 500 officiers dont 10 000 sont tombés au champ d'honneur. **Effectifs** (en 2001) : 181 par an (lettres 32, sciences 79, sc. éco 44, ens. sup. 26). **Admission :** ouverte aux Français et Françaises de plus de 17 ans et moins de 22 ans au 1-1 de l'année des épreuves (23 ans pour les militaires ou les candidats ayant accompli leur service national, ou ayant participé à la journée d'appel de préparation à la défense). **Concours d'entrée :** 4 dont 3 ouverts aux candidats ayant le bac et issus des CPGE (lettres, sciences, sciences éco. et sociales) et 1 aux diplômés de l'enseignement supérieur (licence). A partir de 2002, intégration d'étudiants de différents niveaux auxquels sera dispensé un enseignement adapté à leur acquis antérieur. **Candidats :** *1960 :* 831 (360 pl.) ; *66 :* 443 (250) ; *74 :* 791 (198) ; *80 :* 600 (160) ; *85 :* 882 (172) ; *90 :* 914 (160) ; *91 :* 1 076 ; *93 :* 1 281 (160) ; *94 :* 1 254 ; *96 :* 1 722 (146) ; *97 :* 1 787 (156) ; *98 :* 1 607 (168) ; *99 :* 1 479 (171) ; *2000 :* 1 395 (170) dont sciences 75, lettres 31, SES 41, DES 23. **Formation** en 3 ans : en 1re année, l'élève est dit *embryon*, 2e *bazar* (le bâtiment des 2e années portait le nom de Novi Bazar en souvenir de la bataille qui s'y était déroulée) ; à la fin, cérémonie de remise du casoar (l'élève est en « grand U » : grand uniforme) : il devient saint-cyrien. **Rémunérations mensuelles** (en F, au 1-12-2000) : *EOA 1re année :* 6 757 ; *EOA 2e a. :* 7 523 ; *SLT :* 9 610. Le niveau atteint permet ultérieurement l'accès au 3e cycle de l'enseign. sup. ou en 2e a. de certaines éc. d'ing.

Diplômés : *1982 :* 80 ; *85 :* 163 ; *91 :* 217 dont 75 ingénieurs, 32 étrangers ; *93 :* 147 ; *94 :* 158 ; *99 :* 184 dont 20 étrangers. **Carrière des reçus :** nommés Lt puis 1 a. en école d'application et 3 a. en régiment. *Vers 27-30 ans :* pour 2 a. nommés capitaines d'une compagnie, batterie ou escadron. *Vers 33-35 ans :* accès à l'enseignement militaire supérieur préparant aux plus hautes responsabilités.

Traditions : pour les élèves, le temps s'écoule depuis le 2-12-1805, date d'Austerlitz (en souvenir des 1res promotions de St-cyriens morts au champ d'honneur), commémorée chaque année le 2S (2 décembre) ; en 2002, ce sera le 2S 197, les 10 mois du **Calendrier scolaire,** d'octobre à juillet, se voyant attribuer l'une des 10 lettres du mot « Austerlitz » (octobre = A). **Chant :** la « Galette » [musique inspirée du chœur des *Puritains* de Bellini (1914)]. **Demi-tour (30 juin) :** jour de l'année où le calendrier fait demi-tour (on retournait tous les objets susceptibles d'exécuter un demi-tour et on faisait des farces). **Grand Carré :** 5 élèves, élus par leurs pairs, sont investis de missions spéciales : le colonel des gardes, Cdt des gardes, KS, père système (chargé de faire respecter les traditions, il est le seul membre du Grand Carré qui choisit son arme de destination immédiatement après le major de promotion, quel que soit son rang de sortie), secrétaire. **Triomphe :** fête de fin d'année, l'un des derniers samedis de juillet. Un spectacle commémore le triomphe de l'élève Lafitte, qui abattit d'un seul coup de canon un tonneau servant de cible, sous la Monarchie de Juillet. Le soir, les élèves de 3e année sont nommés Lts ; ceux de 2e année reçoivent une épaulette et une contre-épaulette en or, marquant leur passage à l'état d'officier : ils deviennent sous-lieutenants et un nom de baptême est attribué à leur promotion.

☞ **École militaire des Cadets de la France libre :** installée le 2-2-1941 à Malvern, au sud de Worcester puis, fin mai 1942, au Castel de Ribbesford à Bewdley, au nord de Worcester. Dissoute le 15-6-1944. Une loi (17-3-1954) l'assimila à l'École spéciale militaire de St-Cyr.

■ **École militaire interarmes (EMIA).** Héritière de l'éc. de St-Maixent et des autres éc. d'armes formant des officiers par recrutement interne. Fusionnée avec l'ESM à Coëtquidan entre 1945 et 1961, elle a retrouvé en 1961 son uniforme (bleu), son drapeau et son appellation particulière, tout en demeurant à Coëtquidan sous commandement unique. **Formation :** en 2 ans, officiers masculins et féminins des armes de l'armée de terre issus du corps des sous-officiers et des officiers de réserve en situation d'activité (Orsa). **Admission :** entre 22 et 30 ans, tit. bac., 2 ans 1/2 de service, après prépa. par correspondance ; l'enseign. dispensé (niveau Deug sciences, langues et écon.) permet l'accès au 2e cy. de l'enseign. sup. **Places offertes :** *1976 :* 190 ; *81 :* 260 ; *85 :* 200 ; *90 :* 190 dont 9 femmes ; *92 :* 105 dont 8 f. ; *94 :* 180 dont 9 f. ; *96 :* 170 dont 9 f. ; *99 :* 162 dont 3 f ; *2000 :* 145 dont 3 f. ; *2001 :* 136 dont 1 f. **Diplômés :** *1989 :* 182 dont 7 étrangers ; *91 :* 194 dont 4 étrangers ; *94 :* 188 dont 9 étrangers ; *96 :* 190 dont 7 étrangers ; *99 :* 158 dont 9 étrangers. **Carrière des reçus :** nommés lieutenants à l'issue de l'EMIA puis 1 an en école d'application, et carrière sensiblement analogue à celle d'un officier de l'ESM. Accès possible à l'enseignement militaire supérieur du 1er degré (diplôme d'état-major et/ou diplôme technique pour la plupart) et du 2d degré pour 5 à 10 % d'une promotion.

■ **École militaire supérieure d'administration et de management (Emsam).** Anciennement École du commissariat de l'armée de terre (Ecat), 4, rue du 81e RI, 34000 Montpellier. **Création :** 1984. **Effectifs :** une quinzaine d'élèves par promotion. **Concours :** commun avec les commissariats de la marine et de l'air. **Conditions :** être âgé de moins de 25 ans au 1er janvier de l'année du concours, avoir obtenu un diplôme de niveau bac + 4, posséder l'aptitude physique et médicale requise. **Formation :** 2 ans. Le 1er cycle est constitué d'une formation militaire ainsi que de cours à vocation administrative. Le 2e s'articule autour d'une formation au management et d'un diplôme de 3e cycle de l'enseignement supérieur (DESS de contrôle de gestion). **Rémunération :** élève aspirant (1re année), solde nette 974 euros.

■ **École militaire du corps technique et administratif (EMCTA).** *Créée* 1977 à Coëtquidan. Forme des officiers masculins et féminins destinés aux services et états-majors de l'armée de terre et à certains services interarmées (essence, santé, armement). **Admission :** C. direct pour tit. Deug (– de 30 ans), C. à recrutement interne pour sous-officiers ou Orsa de 24 à 32 ans, bacheliers, après prépa. par correspondance, ou sur titres pour les admissibles à une grande éc. militaire. **Places offertes :** *1995 :* direct 16 dont 6 f., interne 27 dont 9 f. ; *96 :* direct 10 dont 4 f., interne 18 dont 7 f. ; *99 :* direct 15 dont 3 f., interne 15 dont 3 f ; *2000 :* direct 20 dont 7 f ; interne 16 dont 6 f. **Carrière :** de sous-Lt à général ou équivalent.

☞ Il y a 5 ou 6 candidats par place offerte à l'EMIA, entre 15 et 20 à l'EMCTA.

■ **École nationale des sous-officiers d'active (Ensoa).** *Créée* 1963, à St-Maixent-l'École (Deux-Sèvres). Forme des élèves venant du secteur civil et titulaires du bac ; complète la formation des meilleur(e)s engagé(e)s volontaires de l'armée de terre (Evat), de l'armée de terre – recrutement : corps de troupe (semi-direct et rang) – se destinant à une carrière de sous-officier ; perfectionne les sous-officiers par des cours par correspondance et des stages. **Formation :** él. de recrutement direct : formation militaire générale de 1er niveau, durée 8 mois (3 mois pour ceux du recrutement : corps de troupe) à l'issue desquels ils sont nommés sous-officiers. **Recrutement** *direct des sous-officiers :* nationalité française (+ de 18 ans et – de 25 ans) ; acte de candidature des tit. du bac. auprès des Centres d'information et de recrutement de l'armée de terre (Cirat) de chaque département. Aptitudes médicale, physique et sportive contrôlées en centre de sélection et d'orientation (CSO) ; adm. prononcée par la Dir. du personnel militaire de l'armée de terre (DPMat), selon les résultats aux épreuves psychotechniques d'aptitude. **Admission :** *1999 :* 1 100 (direct), 1 300 (corps de troupe) ; *2000 (prév.) :* 1 200 (direct) 1 260 (corps de troupe). **Carrière :** de sergent à major ; possibilité de carrière d'officier par recrutement interne.

■ **École nationale technique des sous-officiers d'active (Entsoa).** *Créée* 1963 à Issoire (P.-de-Dôme). Dissoute en juillet 1998.

■ **Écoles d'application.** Voir **Armes et services** p. 1958 a.

■ **Écoles de spécialisation.** *Montagne :* Chamonix. *Plongée :* La Valbonne. *Défense nucléaire, biologique et chimique :* Caen. *Aéroportés :* Pau. *Service de santé :* Dinan.

■ **Centres d'instruction et d'évaluation.** *Arme blindée cavalerie :* Carpiagne. *Perfectionnement des cadres et d'instruction du tir :* Canjuers. *Équitation :* Fontainebleau. *Commando :* Montlouis. *Entraînement de l'infanterie au tir opérationnel :* La Cavalerie. *Instruction parachutiste :* Orléans-Bricy.

Marine

■ **École navale (EN,** dite **« la Baille »).** Lanvéoc-Poulmic, 29240 Brest-Naval. **Histoire :** *1810-26-9 :* 2 écoles créées : sur le *Duquesne* (à Brest) ; sur le *Tourville* (à Toulon) ; *du 7-5-1825 au 1-12-1840* sur l'*Orion :* vaisseau de 74 canons ; *du 1-12-1840 au 15-9-1913* sur le *Borda :* le *1er Borda* (brigantin de 10 canons mis à l'eau 1832, désarmé 1836, affecté 11-5-1837 à la station navale de l'île d'Aix, condamné 1849), avait été rebaptisé le 18-12-1834 l'*Observateur,* car la décision avait été prise de donner le nom de Borda (mathématicien et marin, 1733-1799) au bâtiment affecté à l'Éc. navale. *2e Borda* (1-12-1840 au 1-10-1863) : vaisseau à 3 ponts de 110 canons mis sur cale en 1804 sous le nom de *Ville-de-Paris,* rebaptisé la même année *Commerce-de-Paris,* puis *Commerce* en 1830. Déclassé en 1863, deviendra le *Vulcain.* Condamné en 1885. *3e Borda* (du 1-10-1863 au 1-9-1890) : vaisseau à 3 ponts mis sur cale 1836 sous le nom de *Formidable,* rebaptisé *Valmy* 1838 puis *Borda* 1863, *Intrépide* 1890. Condamné 1891. *4e Borda* (du 1-9-1890 au 15-9-1913) : vaisseau à 3 ponts mis sur cale 1853, lancé 1864 sous le nom d'*Intrépide.* Il sera remplacé par le *Duguay-Trouin* (du 15-9-1913 au 1-8-1914) : utilisé pour le transport de troupes. Démoli 1914 (on n'eut pas le temps de le baptiser *Borda)* ; le nom de *Borda* sera attribué le 28-2-1986 au bâtiment hydrographique de 2e cl. A 792. *Après 1914,* éc. à terre à Brest jusqu'en 1940, puis à Toulon, puis à Lanvéoc-Poulmic au sud de la rade de Brest. **Admissions :** *conditions :* être Français (ou être admis à titre étranger), avoir – de 22 ans au 1-1 de l'année du C. (ou – de 23 ans si service nat.

■ **Inscription maritime. Origine :** *créée* par l'ordonnance du 22-9-1668 due à Colbert. Système consistant à assortir à un temps de service dans la Marine royale le droit d'exercer un métier lié à la mer (marin de commerce, pêche, etc.) et le bénéfice d'une protection sociale particulière. Les marins étaient inscrits sur des registres spéciaux, les matricules tenus par l'inscription maritime, et enrôlés par classes. **Suppression** en 1965 (une part importante des réservistes de la Marine venait de la conscription pour compléter l'éventail des qualifications requises que ne pouvaient couvrir les seuls gens de mer).

■ **Navires-écoles. 1864-68** *Jean-Bart :* vaisseau de 80 canons. **1868-73** *Jean-Bart* (ex-*Alexandre*) : vaisseau de 80 canons à voiles. **1873-76** La *Renommée :* frégate. **1876-82** la *Flore :* frégate. **1882** furent adjointes l'*Armorique :* frégate à vapeur et la *Favorite :* corvette à voiles. **Du 1-9-1882 au 1-9-1884** supprimés ; les aspirants sont directement embarqués sur les cuirassés de l'escadre de Toulon. **1884-1900** *Iphigénie :* croiseur en bois de 1re cl. **1900-12** *Duguay-Trouin* (ex-*Tonkin*) : transport de troupes à hélice. **1913-14** et **1919-28** *Jeanne-d'Arc.* **1928/4-1-30** *Edgar-Quinet* (échouage). **1930-31** les midships furent embarqués sur le cuirassé *Paris* et les croiseurs *Duquesne, Suffren* et *Tourville.* **1931-39** et **1946-64** *Jeanne-d'Arc :* croiseur. **Depuis 16-7-1964** *Jeanne-d'Arc* (ex-la *Résolue*) : construite à Brest 1959-61, admise au service actif 16-7-1964, rebaptisée alors *Jeanne-d'Arc.* Sert, en temps de paix, de bâtiment-école et, en temps de guerre, de porte-hélicoptères anti-sous-marins et d'assaut. Effectifs : 800 h. (dont 45 officiers et 160 officiers-élèves). Long. : 184 m ; larg. : 24 m ; tirant d'eau : 7,30 m ; déplacement : 12 000 t. Propulsion : puissance 40 000 ch. ; vit. 28 000 nœuds ; 4 chaudières à chauffe automatique. Armement : 6 rampes de missiles MM 38 Exocet ; tourelles de 100 mm. *1997-98 :* indisponibilité pour corrosion des circuits de vapeur.

Recrutement des officiers d'active de la Marine par filière. *2001 :* Éc. navale 75 ; Éc. militaire de la Flotte 25 ; sur titre 10, officiers spécialisés recrutés par concours 38 ; au choix 31. *Renseignements et inscriptions (EN, EMF, OSC) :* Direction du personnel militaire de la Marine, Section recrutement officiers, 15, rue de Laborde, 75200 Paris.

effectué), avoir le bac, être physiquement apte. *Concours :* niveau maths spé. MP, PSI, PC. **Formation initiale d'officier de marine :** 3 ans (26 mois à l'École navale, suivis de 8 mois d'application et d'école de spécialité à bord du porte-hélicoptères *Jeanne-d'Arc*). 2 OPTIONS : *opérations et techniques* (navigation, manœuvre, mise en œuvre des systèmes d'armes), et fonctions techn. correspondantes (maintenance, mise en fonction et définition de matériels) ; *sciences et techniques* (techn. de propulsions classiques ou nucléaires, énergie aéronautique, électronique ou informatique). Après 2 ans, les él. sont admis dans le corps des officiers de marine avec le grade d'enseigne de vaisseau de 2e cl. Dipl. d'ingénieur à l'issue de 3 ans de formation initiale d'officier de marine. **Solde mensuelle** (en 1998) : *1re année :* 8 120 F ; *2e :* 9 270 ; *3e :* 11 300 F au min. **Effectifs** (en 2001) : *1re année :* 80 (dont 6 femmes) ; *2e :* 76 (3 f.) ; *3e :* 82 (7 f.).

■ **École militaire de la Flotte (EMF).** Lanvéoc-Poulmic, 29240 Brest-Naval. **Section officiers de marine (EMF/OM) :** *créée* 1969. *Concours* réservé au personnel présent au service et titulaire du baccalauréat (23 à 29 ans au 1-1 de l'année du concours ; 1 an de service si admissible à l'École navale, X, Air ou St-Cyr ; 2 ans pour les autres candidats). Dès leur entrée à l'École, les élèves sont admis dans le corps des officiers de marine avec le grade d'aspirant. **Effectifs** (en 2001) : *1re année :* 25 ; *2e :* 26 (dont 4 f.) ; *3e :* 24 (1 f.). **Carrière :** identique à celle des officiers de l'École navale. **2 options :** *Opérations-Armes* (OA) : navigation et conduite du navire, mise en œuvre des systèmes d'armes, pilotage d'aéronefs. *Services techniques* (ST) : techniques de propulsions classiques et nucléaires, maintenance aéronautique, informatique. **Cycle de formation :** 26 mois d'études à l'École dont une partie commune avec Navale, 8 mois d'application et d'école de spécialité à bord du p.-h. Jeanne-d'Arc. A l'issue des 24 premiers mois d'études, les élèves sont promus au grade d'enseigne de vaisseau de 2e classe. **Section officiers spécialisés de la Marine (EMF/OSM) :** *créée* 1975. 30 spécialités réparties en branches littéraire, opérationnelle et énergie. *Concours :* avoir – de 40 ans, 8 ans de service, être breveté supérieur depuis au moins 2 ans ou officier de réserve en situation d'activité, aptitude physique. **Formation :** générale d'officier 7 mois (commune avec celle des OSC), puis éc. de spécialité d'officier. Nomination au grade d'enseigne de vaisseau de 2e classe le 1-8 de l'année de sortie. **Corps à hiérarchie complète :** recrutement au choix (avoir plus de 36 ans et moins de 43 ans, 15 ans au moins de service effectif, être breveté supérieur et physiquement apte). **Formation :** générale 3 mois, puis 3 mois d'école de spécialité. Nomination au grade d'enseigne de vaisseau de 1re classe à l'issue.

■ **Cours des officiers sous contrat (OSC).** Lanvéoc-Poulmic, 29240 Brest-Naval. **Admission** sur dossier, tests, entretiens de sélection. **Conditions :** + de 21 ans et – de 27 ans au 1-1 de l'année d'adm., bac (recrutement interne), bac + 2 ans d'études sup. (externe) et aptitude physique. 12 branches (informatique, contrôleur des opérations aériennes, contrôleur de circulation aérienne, conduite des opérations, énergie-propulsion, tactique aéronautique, relations publiques, renseignement et relations internationales, restauration de collectivité, direction de foyer, audiovisuel, sport). Officiers servant par contrats (successifs de 5 à 8 ans) renouvelables jusqu'à 20 ans de service. Peuvent accéder au statut de carrière par C., sur titres, au choix. **Candidats** (en 1998) : 428, admis 34 dont 20 en recrutement externe.

■ **École technique supérieure des travaux maritimes (ETSTM).** Rue Maurice-Audin, 69120 Vaulx-en-Velin. **Effectifs :** 8 (1 f.). **Admission :** C. commun ENTPE, Mines Douai, ENSG pour maths spé. M, P, TA ; 1 850 ca., 132 ad. dont 7 à l'ETSTM. A fusionné avec l'ENSTM.

■ **École nationale supérieure des travaux maritimes (ENSTM).** Rue Maurice-Audin, 69120 Vaulx-en-Velin. **Effectifs :** entre 2 et 4. **Admission :** C. commun ENTPE, Mines Douai, ENSG M, P', TA ; 10 641 ca., 153 intégrés. **Diplômés** (en 1994) : 4. Scolarité gratuite.

■ **École du commissariat de la Marine.** 83800 Toulon-Naval. *Fondée* 1863. Accessible aux femmes. **Admission :** C. commun avec Eca et Ecat pour tit. dipl. donnant accès au C. Éna et ayant – 25 a. au 1-1 de l'année considérée. 383 ca. dont 8 ad. ECM. **Admis :** sur titres en 1re a. pour tit. X ou Centrale. **Diplômés** (en 1995) : 14. **Rémunération mensuelle :** 6 600 F. **Formation :** 2 a. (à Toulon + campagne d'application sur le *Jeanne-d'Arc*).

■ **École d'administration de la Marine.** Toulon. Accessible aux femmes. C direct pour tit. Deug (– 30 ans). C. recrutement interne sous-officiers ou Orsa et bacheliers (24 à 32 ans), fonctionnaires de cat. B en service à la Défense et sous-officiers tit. échelle 4 (– 38 ans). **Formation :** 2 ans de cours. *En 2001 :* 4 élèves (70 inscrits).

■ **École d'application des officiers de marine.** *Fondée* 1864, installée sur l'*Iphigénie* 1884-1900, le *Duguay-Trouin* 1900-12, les croiseurs *Jeanne-d'Arc* 1912-27 puis 1930-63 ; depuis 1963, embarquée sur le porte-hélicoptères *Jeanne-d'Arc.* Au cours d'une campagne annuelle de 5 mois sur les océans, complète la formation des enseignes de vaisseau issus de l'École navale ou de l'École militaire de la Flotte, des commissaires issus de l'École du commissariat de la Marine, et des médecins issus des écoles du Service de santé des armées, destinés à servir dans la Marine, et des administrations des Affaires maritimes.

■ **École de maistrance.** Brest. *Ouverte* 1-9-1988. Héritière des éc. prépa. et des éc. de maistrance pont, machine et aéronautique. *Age :* 18 à 25 ans. **Recrutement :** sur dossier, niveau bac + 2. *Engagement min. exigé :* 8 ans. **Effectifs :** *1988 :* 220 ; *89 :* 450 ; *90 :* 750 ; *94 :* 750 ; *95 :* 750 ; *99 :* 705 ; *2000 :* 759 (3 448 inscrits). **Cours :** 15 semaines. Dès l'entrée, les él. portent la tenue d'officier-marinier. **A l'issue,** ils vont dans une éc. de spécialité pour recevoir une formation technique et opérationnelle. Ils sont promus second maître après 1 à 3 ans de service en fonction de leur classement de sortie.

■ ARMÉE DE L'AIR

■ **École de l'Air (EA).** 13661 Salon-de-Provence Air. **Fondée** 1935 à Versailles, transférée 1937 à Salon. **Forme** officiers d'active, mécaniciens et bases. **Effectifs** (en 1998) : 262 (femmes 4 et étrangers 4). **Admission :** *concours :* être Français, – de 22 ans au 1-1 de l'année en cours (pilotes), – de 23 ans (mécaniciens et bases), avoir le bac, être physiquement apte. *Conditions :* programme maths spé. MP-MC.PCI. **Candidats** (en 1999) : 1 106 (dont 119 filles). **Recrutement :** *1999* (MP/PC-PSI, Air 24/36, mécaniciens 5/7, bases 3/5. **Formation :** 3 ans, sanctionnée par dipl. d'ingénieur de l'École de l'Air (accès 3e cy.) ; *3 domaines :* officier, ingénieur, spécialiste. *Internat* les 2 premières années. **Solde mensuelle :** élève officier Air (mécanicien et base) *1re année :* 11 800 F (9 000), *2e :* 11 900 (9 700), *3e :* 13 600 (11 000). *Contrat d'engagement comme officier* (3e année comprise) : 8 ans pour pilotes, 6 ans pour mécaniciens et bases.

■ **École militaire de l'Air (EMA).** 13661 Salon-de-Provence Air. **Créée** 1922 à Versailles, transférée 1946 à Salon. **Forme** des officiers d'active. **Recrutement :** interne, ouvert aux Orsa et aux sous-officiers admis au C. *Conditions :* 23 à 30 ans selon corps choisi, tit. bac. **Candidats** (en 1999) : 534 (dont 58 filles), ad. 59 dont 7 personnel navigant (0 femme), 27 mécaniciens (2 filles), 25 bases (4 filles), littéraires 11. **Formation :** *1re année :* tronc commun, formation militaire plus scientifique ; *2e :* spécialisation.

■ **École du commissariat de l'Air.** Base aérienne 701, 13661 Salon-de-Provence Air. **Créée** 1953. **Effectifs** (en 1999) : 9 (2 femmes) dont 1 étranger. *Concours* commun avec éc. du commissariat de la Marine et éc. du commissariat de l'armée de terre pour tit. dipl. exigé. *Concours* externe Éna, – de 25 a. **Candidats** (en 1999) : 505 (dont 47 % f.) ; 8 admis au C. externe et 0 au C. interne plus 1 stagiaire étranger. **Formation :** 2 a., gestion et administration. **Rémunération :** *1re année :* 7 200 F/mois ; *2e :* 9 400.

■ **École de l'aviation de chasse (Tours).**

■ **École de pilotage de l'armée de l'air (EPAA).** Base aérienne 709, 16 109 Cognac Air. **Mission :** sélection en vol des él. officiers du personnel navigant sur *Epsilon.* **Formation** militaire initiale et instruction technique à Salon. **Admission :** concours ouvert aux bacheliers. *Age :* 17 à 22 ans. *Études :* 2 ans, éc. de pilotage de base (Cognac), puis éc. de spécialisation (chasse : Tours, transport : Avord, formation au combat aérien : Toulouse-Cazaux). **Effectifs** (en 1999) : Air 148 pilotes (dont 5 filles), 27 Nosa.

■ **École du personnel non navigant (Éfiso).** Base aérienne 721, 17133 Rochefort. FORMATION INITIALE DES FUTURS SOUS-OFFICIERS : sélection continue sur tests. Bac obligatoire. *Age :* de 17 à – de 25 ans. Éc. de spécialisation à **Rochefort** (électronique, mécanique, administration) ou **Cazaux** (sécurité). *Durée du stage :* variable selon spécialité. **Recrutement** (en 1999) : 1 400. MILITAIRES DU RANG TECHNICIENS : sélection continue. *Age :* de 17 à – de 25 ans. **Recrutement** (en 1999) : 2 862 (dont 787 filles), Marine 22.

■ **École d'enseignement technique de l'armée de l'air.** 17136 Saintes-Air. **Concours :** 1 par an (mai, niveau seconde d'enseignement général et technologique). **Age :** + de 16 ans à – de 18 ans au 1er j d'entrée à l'École. **Scolarité :** 20 mois. Formation scientifique, technique et militaire, puis admission à Rochefort et spécialisation (mécaniciens et électroniciens). Futurs sous-officiers. *En 1999 : candidats* 1 493, *admis* 180, taux de sélection 12 %.

Nota. – Les femmes peuvent servir dans l'armée de l'air dans les mêmes conditions que les hommes.

A l'horizon 2002, 2 225 postes de volontaires (volontaires de l'armée de l'air, volontaires de haut niveau et gendarmes adjoints) seront ouverts.

☞ *Renseignements :* Commandement des écoles de l'armée de l'air, Division recrutement, 37031 Tours Cedex.

■ SERVICE DE SANTÉ DES ARMÉES

■ **Effectifs.** *1996 :* 18 451 [nombre d'appelés en % des officiers : 38 (dont médecins 27, pharmaciens 63, vétérinaires 75 et dentistes 92)] ; *98 :* 16 681 ; *2000 :* 13 657 ; *2001 :* création du corps des chirurgiens-dentistes (51 postes) ; *2002 :* 13 754 dont 3 427 officiers [médecins 2 433, pharmaciens 208, vétérinaires 83, dentistes 58, Octassa (officiers du Corps technique et administratif du Service de santé des armées) 339, Mitha officiers (militaires infirmiers et techniciens des hôpitaux des armées) 179, aumôniers militaires 120, officiers de l'armée de terre 7], 3 977 sous-officiers (y compris 920 élèves), 240 MDR engagés, 239 volontaires du Service de santé, 5 871 civils.

■ **Corps des médecins et pharmaciens.** **Nombre** (en 1996 et, entre parenthèses, en 2002) : médecins : 2 303 (2 412), pharmaciens : 255 (208). **Recrutement :** *concours bac* (en 2000) : médecins 1 744 ca. (140 ad.), pharmaciens 143 ca. (5 ad.) ; *concours médecins* (en 2001) : bac 150 pl., C. PCEM 2 12 pl., DCEM 4 2 pl., DE 15 pl. ; *pharmaciens* (en 2001) : 5 pl.

Durée de la formation initiale : en fonction du niveau de recrutement. Temps légal de formation universitaire (en années) : médecins 8,5 (9 depuis sept. 2001), pharmaciens 6, vétérinaires 5. **Deux écoles de formation (Essa)** complètent l'enseign. suivi dans les fac. de médecine *(Essa de Lyon-Bron* et *Bordeaux),* de pharmacie *(Essa de Lyon-Bron),* ou des éc. vétérinaires *(Essa de Lyon-Bron).* **Une école d'application (Eassa) :** *Val-de-Grâce, Paris* où s'effectue la dernière année du cycle universitaire. **Pour les médecins,** courte spécialisation, adaptée à l'armée choisie, au sein **d'Instituts du SSA** (Institut de médecine tropicale de Marseille, navale à Toulon, aérospatiale à Brétigny).

■ **Corps des vétérinaires biologistes.** **Nombre :** 60 officiers (83 en 2002), **recrutement :** sur titres pour élèves inscrits en éc. nationale vétérinaire (1 pl. en 2001) ; sur épreuves pour étudiants déjà thésés de – de 31 ans (6 pl. en 2001). Formation de 7 mois à l'Eassa. **Missions :** soutien des forces en hygiène de la restauration collective, santé animale (chiens, chevaux) et recherche (physiologie, radiobiologie, protection de l'animal de laboratoire).

■ **Corps technique et administratif.** **Recrutement** sur C. (8 pl. en 2001) pour tit. d'un diplôme de fin de 1er cy. d'enseign. sup. ; sous-officier de carrière ou sous-contrat + Orsa ; tit. d'un diplôme de 2e cycle d'enseign. sup. ou titre d'ingénieur.

☞ **Renseignements :** *Direction centrale du Service de santé des armées :* BP 125, 00459 Armées.

■ DÉLÉGATION GÉNÉRALE POUR L'ARMEMENT

■ **Personnels civils.** *Fonctionnaires :* ingénieurs d'études et de fabrication (IEF), attachés des services administratifs, secr. administratifs, techniciens sup. d'études et de fabrication (Isef), agents administratifs. *Contractuels :* ingénieurs, cadres, technico-commerciaux et techniciens (ICT), agents sur contrat. *Ouvriers :* techniciens à statut ouvrier (TSO), ouvriers profes. **Personnels militaires (cadres).** Ingénieurs de l'armement (IA), ingénieurs des études et techniques d'armement (Iéta), officiers du corps technique et administratif de l'armement (Octaa).

■ **École nationale supérieure de l'aéronautique et de l'espace (Ensae)** et **École nat. sup. des techniques avancées (Ensta)** à Paris (voir à l'Index).

■ **École nationale supérieure des ingénieurs des études et techniques d'armement (Ensieta).** 2, rue François-Verny, 29806 Brest Cedex 9. **Effectifs** (1994-95) : 333 (238 militaires et 95 civils) dont 24 femmes. **Admission :** *1re année :* él. militaires : sur C. spécifique (maths spé. M, P, TA) ; él. civils : sur C. spécifique (maths spé., M, P, TA), C. commun Polytechnique (TA, T'. Deug A) ; *2e année :* sur titres pour niveau maîtrise ès sciences, sciences et techniques ou dipl. d'ingénieur (él. civils). **Diplômés** (en 1995) : 91. **Durée :** 3 ans plus 1 an de formation dans les armées pour les militaires. **Rémunération** (1994-95) : 7 400 à 11 300 F (militaires uniquement). *Frais de scolarité :* droits universitaires (élèves civils uniquement).

■ **École nationale supérieure d'ingénieurs de constructions aéronautiques (Ensica)** à Toulouse (voir à l'Index).

■ **École d'administration de l'armement (ÉAA)** à Arcueil. **Admission :** sur C. **Années :** 3.

■ **Écoles de spécialisation. Cours supérieur d'armement (Cosar).** Éc. militaire, 1, place Joffre, 75007 Paris. **Effectifs** (en 1992) : 20. **Admission :** examen plus dossier militaire pour officiers niveau Deug. **Diplômés** (en 1992) : 10. **Années :** 2.

Cours supérieur systèmes d'armes terrestres (Cosat). Éc. militaire, 1, place Joffre, 75007 Paris. **Effectifs** (en 1992) : 18. **Admission :** officiers c. niveau Deug. **Diplômés** (en 1992) : 8. **Années :** 2.

École supérieure d'application des transmissions (Ésat). Quartier Leschi, B.P. 18, 35998 Rennes Armées. **Électronique, informatique :** *effectifs* (en 1995) : 50 officiers ou fonctionnaires des Armées. *Adm. :* titulaires du Deug, sur concours. *Durée :* 2 ans. **Management des systèmes d'information :** *effectifs* (en 1995) : 46 officiers ou fonctionnaires des Armées. *Adm. :* titulaires du bac, sur concours. *Durée :* 2 ans.

École supérieure du génie militaire (ESGM) voir École supérieure du génie à Angers p. 1958 b.

■ **École supérieure d'administration d'armement (Ésaa).** *Avec des études supérieures ou avec le bac :* École du personnel navigant d'essais et de réception (EPNER). **Centres de formation continue :** d'Arcueil (CFA), Bourges (CFB), Villebon (CFV), Latresne (CFL), Centre interarmées de formation de Rochefort (CIFR), École du personnel navigant d'essais et de réception (EPNER), Centre des hautes études de l'armement (Chear).

■ ÉCOLES D'ENSEIGNEMENT MILITAIRE SUPÉRIEUR

■ **1er niveau. Les écoles d'état-major des 3 armes et l'École supérieure des officiers de réserve d'état-major.**

■ **2e niveau technique. École d'application militaire de l'énergie atomique** (Cherbourg). **École nat. supérieure de l'armement. École sup. technique du génie et des transmis-**

sions. École sup. du matériel et de l'intendance. École militaire de spécialisation atomique (Lyon).

■ **2e niveau général. Collège interarmées de défense (CID)** [1]. *Créé* par décision ministérielle du 24-10-1991 ; ouvre le 1-9-1993, remplace *écoles de guerre* des 3 armées, *cours supérieurs interarmes* et l'*École supérieure de guerre interarmes, créée* 1973, intégrée 1993 dans CID (division A) 88 off. dont 71 stagiaires étrangers, environ 40 ans, grade moyen Lt-Cel ou capitaine de frégate. Pour officiers supérieurs ayant 15 à 18 ans d'expérience et admis sur concours. *Scolarité :* 1 an pour 280 stagiaires (dont 110 étrangers).

■ **3e niveau. Centre des hautes études militaires (Chem)** [1]. Ouvert aux colonels ou capitaines de vaisseau de 45 à 48 ans. Scolarité de 1 an pour environ 20 stagiaires. Couplée avec celle de l'**IHEDN** [1] (Institut des hautes études de défense nationale). *Mission :* réunir des responsables de haut niveau appartenant à la fonction publique, aux armées et aux autres secteurs d'activités pour l'étude en commun des grands problèmes de défense : 1 session nationale et 4 sessions régionales par an. 1 session internationale destinée à des personnalités civiles et militaires de pays africains (Forum IHEDN sur le continent africain, Fica) et 1 session internationale destinée à des personnalités civiles et militaires des pays Baltes et balkaniques (session internationale Centre Europe, États baltes et balkaniques, Siceb). L'IHEDN organise aussi des séminaires pour les jeunes de 18 à 25 ans, les étudiants en DEA ou DESS de défense, les préfets, les élus locaux, des séminaires d'intelligence économique et de sensibilisation aux menaces d'investigations étrangères pour les entreprises.

Nota. – (1) École militaire, 13-21, place Joffre, 75700 Paris.

■ **Armée de terre. Commandement de la doctrine et de l'enseignement militaire supérieur de l'armée de terre (CDES) : École d'état-major (EEM)** à Compiègne depuis 1980 (*origine :* 1766, cours supérieur de guerre et des officiers d'état-major ; *effectifs :* 500 stagiaires dont 50 étrangers ; *études :* 2 stages de 5 mois) ; **Cours supérieur d'état-major (CSEM) :** *créé* 1993, héritier de l'École supérieure de guerre (*effectifs :* 55 stagiaires dont 10 étrangers ; *études :* 5 mois) ; **Enseignement militaire supérieur scientifique et technique (EMSST) :** *créé* 1947 ; 400 stagiaires suivent une filière de formation supérieure en école d'ingénieur ou en université. *Durée des études :* variable ; **École supérieure des officiers de réserve spécialistes d'état-major (Esorsem)** [*origine :* 1899, réunion des officiers de réserve spécialistes d'état-major ; *effectifs :* 100 stagiaires dont 4 étrangers ; *études :* 3 ans].

Service national

Service militaire (durée en mois) et **armée de métier** (en %) **en Europe :** Autriche 6 à 8 (52). Hongrie 9 (40). Espagne 9 (55). Allemagne 10 (45). *France 10 (45)* [jusqu'en juillet 2001]. Italie 12 (40). Pologne 18 (40). Russie 24 (42). Suisse période de 15 semaines, plus 10 périodes de 12 j tous les 2 ans (moins de 1). Belgique 0 (100). G.-B. 0 (100). Pays-Bas 0 (100).

Quelques dates

1789-*13-7* création à Paris de la Garde nationale. **1791**-*13-6* décret permettant de recruter dans la Garde nationale des volontaires pour participer à des conflits extérieurs ; « conscription libre ». -*29-9/14-10* décrets rendant obligatoire l'appartenance à la Garde nationale pour les citoyens actifs (électeurs) de 18 à 60 ans. **1793**-*23-8* décret de la Convention sur la « levée en masse » : tous Français (célibataires et veufs sans enfants de 18 à 25 ans) sont en « réquisition permanente » pour le service armé (sans limitation de durée). **1798**-*5-9 loi Jourdan :* institutionnalise la levée en masse, conscription des jeunes de 20 à 25 ans, 5 ans en temps de paix, illimitée en temps de guerre, obligation du service militaire en complément du volontariat. **1802** possibilité du remplacement. **1804** instauration du tirage au sort. **1805**-*29-8* institution des conseils de révision et organisation du remplacement (on fixait d'avance le nombre des conscrits à atteindre et on prenait les plus jeunes de la classe mobilisée. On s'arrêtait au nombre fixé, ce qui dispensait de service les natifs de mars, févr., janv. Les mobilisés pouvaient payer un non-mobilisé comme remplaçant. Si le remplaçant était tué, le remplacé devait partir ou payer un autre remplaçant. **1808** soutiens de famille et séminaristes exemptés. **1814**-*4-6 article 12 de la Charte :* abolition de la conscription, appel des engagés volontaires. **1818**-*12-3 loi Gouvion-St-Cyr :* rétablissement de la conscription par tirage au sort, possibilité de remplacement, service de 6 ans (effectif de paix 240 000 h. ; contingent annuel 40 000 h.). **1824**-*8-6* 8 ans, contingent 60 000 h. **1832**-*21-3 loi Soult :* service de 7 ans, tirage au sort, armée constituée d'appelés et de conscrits incorporés ou formant la réserve (effectif fixé chaque année par le Parlement : paix 280 000 h., contingent 80 000 h.). **1855**-*26-4* suppression du remplacement ; exonération (les mauvais numéros peuvent payer une indemnité de 2 800 F qui alimente une caisse de l'armée). **1868**-*4-2 loi Niel :* rétablissement du remplacement, suppression de l'exonération, durée 9 ans. **1872**-*27-7 loi Cissey :* rétablissement du service universel et obligatoire, durée fixée par tirage au sort (5 ans ou 1 an), sursis possible, nombreuses dispenses accordées aux soutiens de famille, aux membres de l'enseignement et au clergé. Active 5 ans, réserve active 4, territoriale 5, réserve territoriale 6 (volontariat : libération possible après 1 an, avec versement de 1 500 F, pour diplômés ou soldats ayant passé un examen spécial) ; effectif de paix 500 000 h. **1889**-*17-7 loi Freycinet :* service 3 ans, personnel et obligatoire pour tous, mais inégal, les dispensés font 1 an, les exemptés un service auxiliaire. Libération conditionnelle pour étudiants et soutiens de famille au bout de 1 an. Création des engagements de 5 ans. Réserve active 9 ans, territoriale 6, réserve territoriale 7 (périodes de 28 ou 13 j pour les réservistes) ; effectif paix 610 000 h. **1905**-*21-3* service 2 ans, personnel et obligatoire pour tous, durée dispenses remplacées par sursis. **1913**-*7-8* durée 3 ans. **1923**-*1-4* durée 18 mois, réforme des sursis. **1928**-*31-3* durée 1 an. **1935**-*16-3* durée 2 ans à titre exceptionnel jusqu'en 1939 (réquisition). **1940** incorporation supprimée en métropole, maintenue dans l'Empire. **1946**-*7-10* durée 1 an. **1950**-*30-11* durée 18 mois, création des « 3 jours » (examens de présélection). **1956**-*12-4* à cause des opérations en Algérie, durée prolongée de 6 à 9 mois (maintien sous les drapeaux ou rappel). **1959**-*7-1* durée 2 ans. **1962** 18 mois. **1963**-*15-10* 16 mois. **1965**-*9-7* la loi définit la notion de « service national » pouvant avoir une forme civile ou militaire. **1970**-*9-7 loi Debré :* durée 12 mois pour le service et 16 pour l'aide technique, la coopération et les professions médicales, création du volontariat féminin. **1971**-*10-6* « Code du service national » : âge d'appel au service actif entre 18 et 22 ans. Les jeunes filles volontaires peuvent faire leur service. **1972** statut général des militaires. **1983** institution du volontariat service long (VSL) de 24 mois. **1992**-*janv.* service de 10 mois. **1996**-*22-2* Pt Chirac se prononce pour la professionnalisation, -*28-5* pour la réforme du service national. -*2-7* loi de programmation militaire 1997-2002 (voir p. 1970 a), prévoit la disparition progressive du service sous sa forme actuelle. **1997**-*5-2* projet réformant le service voté par l'Assemblée nationale (435 pour, 97 contre) : le service national est universel et concerne tous les Français de 18 à 25 ans (hommes nés après le 31-12-1978 et femmes après le 31-12-1982). -*25-7* Alain Richard, ministre de la Défense, annonce l'abandon du rendez-vous citoyen (remplacé par 1 journée de « préparation »). -*28-10* loi réformant le service national : appel sous les drapeaux pour tous les hommes nés après le 31-12-1978 suspendu ; organise la phase de transition vers l'armée professionnelle, qui s'achèvera en 2002. Le parcours de citoyenneté, qui constitue le nouveau service national, s'applique aux jeunes hommes nés après le 31-12-1978 et aux jeunes femmes nées après le 31-12-1982. **1998**-*3-10 :* 1re journée d'appel de préparation à la défense pour les jeunes hommes. **2000**-*8-4 :* 1re participation des jeunes filles à la journée d'appel. **2 obligations : recensement** à la mairie ou au consulat, ramené à 16 ans dès 1999, avec délivrance d'une attestation nécessaire pour s'inscrire aux examens et concours soumis au contrôle de l'autorité publique (exemple : bac, BEP, permis de conduire) ; **appel de préparation à la défense**, journée effectuée avant 18 ans, dans un site proche du domicile : évaluation sur l'apprentissage de la langue française et informations sur la politique de défense de la France et l'organisation des armées, délivrance d'un certificat individuel de participation. Régularisation de ces 2 obligations possible jusqu'à 25 ans. **Choix offerts :** après l'appel de préparation à la défense, garçons et filles peuvent effectuer une « préparation militaire » au sein d'une armée. Volontariat militaire dans les armées ou la gendarmerie nationale pour les 18/26 ans. Rémunérations équivalentes au Smic.

☞ Entre le 3-10-1998 et le 26-6-1999, 427 000 jeunes hommes de 16 à 18 ans ont été soumis à des tests. 9,7 % se sont montrés incapables de lire et de comprendre des documents de la vie quotidienne (exemple : programme TV) ; 3,9 % n'étaient pas capables de lire ou écrire correctement.

Organisation actuelle

☞ Décidée par le Président de la République le 23-2-1996 et adoptée par le Parlement, la réforme militaire met fin à la conscription.

☞ Jusqu'au 31-12-2002, les modalités ci-après sont maintenues pour les hommes nés avant le 1-1-1979 et les filles nées avant le 1-1-1983.

Décret no 2001-550 du 27-6-2001, *JO* du 28 : les incorporations au service militaire sont suspendues. Les appelés déjà sous les drapeaux bénéficieront d'une libération anticipée d'ici à fin 2001. Les appelés du service militaire adapté (SMA) peuvent demander à terminer leur formation professionnelle.

☞ La loi autorise, *en temps de guerre,* à employer des appelés partout ; *en temps de paix,* seuls les volontaires peuvent être employés sur des théâtres extérieurs. Pendant la guerre du Golfe, le 9-1-1991, le Pt de la République déclara qu'il n'y aurait pas d'appelés parmi les marins. Cependant, s'agissant de navires (portions du territoire national), la question ne se posait « juridiquement » pas. Le service militaire adapté (SMA), qui repose déjà sur le volontariat, est maintenu outre-mer. Le service national ouvert aux volontaires, en métropole, s'applique à la sécurité (armées, gendarmerie, police, douanes, pompiers, protection de l'environnement), la cohésion sociale et la solidarité (organismes publics ou associatifs d'insertion) et à la coopération internationale et à l'aide humanitaire.

■ **Obligations.** Tous les citoyens français de sexe masculin doivent le service nat. de 18 à 50 ans (art. L. 3 du Code du service nat.). Ce service comprend des obligations d'activité dont la durée (10 mois au minimum) varie en fonction de la forme de service et des obligations dans la réserve. Au titre de la réserve, on peut être astreint à accomplir des périodes militaires auxquelles on ne peut se soustraire, sauf cas de force majeure dûment justifié. **Disponibilité.** *Concerne :* hommes de moins de 35 ans et d'au moins 22 ans, à la date considérée, pour lesquels un délai de 5 ans s'est écoulé depuis la date de leur incorporation ; jeunes qui ont été dispensés. *Date pour le calcul du délai de 5 ans :* date d'incorporation de la fraction du contingent à laquelle ils sont rattachés. **Réserve :** la loi no 88-894 du 22-10-1999 définit les nouvelles modalités de la réserve et du service de défense. Après 50 ans, tous les hommes sont dégagés des obligations du service national. **Officiers et sous-officiers de réserve** (de plus de 35 ans) : appartiennent à la réserve du service militaire jusqu'à un certain âge, variant selon les grades et les besoins des armées. S'ils sont rayés des cadres avant 50 ans, ils sont versés dans la réserve du service de défense. Les réservistes doivent faire connaître leurs changements de résidence à leur organisme d'administration. Toute absence de plus de 4 mois de la résidence habituelle doit être déclarée. La loi de programmation militaire 1997-2002 évalue à 100 000 l'effectif des réserves nécessaires affectées en mobilisation, dont Terre 35 000, Gendarmerie 50 000, Air et Marine 7 000 à 8 000 chacun, selon des critères de volontariat, compétence, disponibilité et spécialisation. **ESR :** le maintien dans les cadres de réserve dépend de l'attribution d'un engagement spécial dans la réserve (ESR), contrat de durée variable (5 à 90 jours par an).

☞ **Service féminin :** *conditions :* être française ; avoir de 18 à 27 ans à la date d'inscription ; être non mariée et sans enfant à charge ; apte médicalement et professionnellement. *Durée :* 10 mois (pour certains emplois : 24) [voir également p. 1968 a].

■ **Étapes. Recensement :** *pour mémoire :* effectué à 17 ans. S'adresser à la mairie. **Sélection :** 2 demi-journées. Examen médical, classant : aptes, exemptés (pas de service), ajournés (réexamen sous 6 mois) ; tests et entretien d'orientation pour les aptes. Ceux qui ne se rendent pas à la sélection sont considérés d'office comme aptes au service. **Incorporation (ou appel) :** tous les mois pairs : 1-2, 1-4 etc. appel du contingent. On ne peut être appelé au service actif au-delà de 29 ans (34 en cas d'insoumission ou d'omission de recensement).

■ **Formes. Service militaire « classique ».** service actif (10 mois), disponibilité et réserve. Peut s'effectuer dans l'une des 3 armées : terre, air, mer ; la gendarmerie ; le Service de santé. Après avoir fait leurs « classes » (plusieurs jours), les appelés intègrent leur caserne, sauf ceux qui suivent une formation dans une école militaire, avant d'être affectés dans une unité. En temps de paix, seuls les volontaires peuvent être affectés hors d'Europe. Certains peuvent devenir caporal ou brigadier au bout de 2 mois de service, sergent ou maréchal des logis après 4 mois, avec la solde correspondante, d'autres peuvent devenir sous-officier ou officier en effectuant une préparation militaire. Les préparations militaires permettent de choisir armée et arme.

Volontaire pour un service long (VSL). Instauré en 1983. Armées de terre, mer, air ; gendarmerie. Les appelés, quel que soit leur grade, peuvent opter pour un service long et prolonger de 2 à 14 mois leur service. En contrepartie,

Lycées militaires et prépa.

■ **Établissements d'enseignement général sous régime d'internat mixtes.** Ayant pour vocations : *aide à la famille* (classes secondaires) : sont admis les enfants d'ayants droit (militaires et fonctionnaires surtout). *Aide au recrutement* [cl. prépa. aux grandes écoles militaires (St-Cyr, Navale, École de l'Air, Polytechnique, Ensieta, Ensom)] : tout titulaire d'un bac d'enseignement général.

■ **Lycées militaires. La Flèche :** *fondé* 1603 par Henri IV, 1764 transformé par Louis XV en collège militaire préparatoire à l'École militaire de Paris. Appelé traditionnellement *prytanée,* du nom de l'établissement public d'Athènes (ve s. av. J.-C.) où l'on hébergeait des hôtes aux frais des *prytanes* (magistrats suprêmes). Les élèves sont appelés des *Brutions,* du nom de la province du Brutium qui fournissait à Rome la majorité de ses centurions (ou aussi *gnasse,* en argot : bâtiments abritant autrefois un collège de jésuites, ordre fondé par Ignace de Loyola). Fournit 1 St-cyrien sur 5, 1 fistot (élève 1re année Éc. navale) sur 3 et 1 poussin (él. 1re année Éc. de l'Air) sur 10. *Secondaire :* 2e à terminale (ES, L et S) : 510 élèves dont 146 filles. *Prépa. :* lettres (lettres sup. et 1re sup.), sciences [math. sup. et spé., sc. éco. et soc. (1re et 2e années)] : 328 él. dont 66 filles. *Admission :* par concours en seconde, sur dossier pour autres classes.

Aix et **St-Cyr-l'École :** *secondaire :* 2e à terminale (L, ES et S). Aix 400 él. dont 112 filles, St-Cyr 508 dont 127 filles. *Prépa. :* lettres (lettres sup. et 1re sup.), sc. éco. (1re et 2e années), sciences (math. sup. et spé. : M, PSI, PCSI, PTSI, MP, PC, PSI, PT). Aix 280 él., St-Cyr 246.

Brest (lycée naval) : *secondaire :* 6e à terminale (ES et S) 201 él. *Prépa. :* sciences (math. sup. et spé. et PSI), 126 él. dont 18 filles.

Autun : *secondaire :* 6e à terminale (séries ES, S, STT) 700 él. dont 152 filles. *Prépa. :* commerciale, économique et sciences (MPSI et MP), 100 él. dont 15 filles.

Grenoble Montbonnot (École des pupilles de l'Air) : *secondaire :* 6e à terminale (B, C, D), 582 él. *Prépa :* (maths sup. et spé. : M et P), 121 él. dont 20 filles.

ils bénéficient d'une formation de longue durée et choisissent arme, spécialité et garnison, dans la mesure des places disponibles. Filières variant selon que l'acte de volontariat est fait avant ou après l'incorporation. On peut demander une affectation, pour 16 mois au minimum, dans un pays d'Afrique ou les DOM-TOM. On peut résilier son inscription avant le 6e mois si l'on n'obtient pas l'affectation désirée. *Conditions :* 18 ans au minimum, aptitudes médicale et professionnelle requises. Reçoivent une formation particulière et bénéficient en priorité des actions sociales et d'insertion professionnelle mises en place pour les appelés ; solde d'autant plus importante que le volontariat est long ; permissions supplémentaires.

Appelés volontaires pour une action extérieure (Avae). Selon l'art. L. 70 du Code du service national, « en temps de paix, seuls les appelés qui sont volontaires peuvent être affectés à des unités ou formations stationnées hors d'Europe et des DOM-TOM ». Leur décision est recueillie à l'issue de la Formation individuelle du combattant (Fic) de 4 mois. Ils ont un délai de réflexion de 8 j qui leur permet de consulter leurs proches. Les Avae retenus sont en général des VSL (volontaires pour un service long) car, dans le cadre de l'Onu, les séjours sont de 6 mois.

Service militaire adapté (SMA). Après une formation élémentaire de combattant de 6 semaines à Fréjus ; service dans les DOM-TOM 10 mois. *Demande :* 4 mois avant la date d'incorporation. *Emploi proposé :* en général, celui de la spécialité professionnelle de l'appelé. En souscrivant, 6 mois avant l'incorporation, un contrat de 24 mois, on peut être « moniteur technique » ; 8 semaines en métropole (au centre militaire de formation professionnelle de Fontenay-le-Comte). *Affectation* selon rang de sortie et places proposées.

Autres formes de service militaire. Le ministère de la Défense a signé plusieurs protocoles avec différents ministères : Anciens Combattants (depuis 1976), Santé (1981), Rapatriés (1983), Handicapés (1991), Ville (1992), Commissariat à l'énergie atomique (1994), mettant à leur disposition des appelés volontaires pour assurer des tâches de solidarité nationale. *Durée :* 10 mois. Les appelés font des classes réduites avant d'être mis à la disposition de l'employeur pour lequel ils travailleront en civil.

■ **Services spécialisés.** **Juristes-Linguistes :** pour diplômés de l'Institut nat. des langues et civilisations orientales ou d'une éc. supérieure d'interprètes et de traducteurs, ou tit. d'une maîtrise de langue courante ou d'une licence de langue slave, asiatique ou arabe. **Scientifiques. Santé :** médecin, pharmacien, chirurgien-dentiste ou vétérinaire. **Professions paramédicales.**

■ **Services civils.** **Volontaires à l'aide technique (VAT) :** depuis 1965, dans les DOM-TOM : 595 postes. Pour diplômés (en principe bac + 2). Service outre-mer : dans services publics (écoles), collectivités territoriales (conseil général, chambre consulaire) et organismes publics (Ifremer, Institut Pasteur ou Orstom, Institut français de recherche scientifique pour le développement en coopération) ou associations à but non lucratif ; *durée :* 16 mois pour enseignants (2 années scolaires) dont 6 mois à titre contractuel. *Renseignements :* Secrétariat d'État aux DOM-TOM, service de l'aide technique, 27, rue Oudinot, 75700 Paris. **Coopérant du service national (CSN) :** 5 712 postes en 1999 dont 1 942 aux affaires étrangères (dont coopération et francophonie 646), 3 770 économie (dont commerce extérieur 3 564). Depuis 1965. *Dossier de candidature* à demander au BSN au moins 10 mois avant l'expiration du report (on ne peut pas déposer, en même temps, un dossier de VAT et de CSN). Candidature dès le début de la dernière année d'études. A l'étranger, les coopérants sont placés sous l'autorité statutaire de l'ambassadeur de France. *Renseignements :* Bureau commun du service nat. de la coopération (BCSN), 57, bd des Invalides, 75700 Paris ; Minitel 3615 code COOP. **Coopérant du service national en entreprise (CSNE) :** expérimenté en 1978, réglementé le 28-8-1985, intégré dans le Code du service nat. le 4-1-1992. 16 mois. *Conditions :* bac + 4 ou 5 ; être en cours d'obtention (dernière année en principe) d'un diplôme des écoles de commerce ou d'ingénieurs reconnues par l'État ou de diplômes de l'enseignement supérieur des 2e ou 3e cycles. *Dossier* à déposer par l'entreprise auprès de l'Agence pour la coopération technique, industrielle et économique (Actim, 14, avenue d'Eylau, 75016 Paris) au moins 10 mois avant la date de départ envisagée pour le service militaire. L'entreprise doit être exportatrice de biens ou de services et posséder une filiale à l'étranger dotée d'un cadre français. Les PME ne disposant pas d'implantation permanente à l'étranger peuvent, néanmoins, avoir recours à un CSNE qui sera placé sous le tutorat d'un conseiller du Commerce extérieur. C'est au candidat de rechercher son entreprise, comme un 1er emploi. *Nombre : 1978 :* 30 ; *85 :* 598 ; *87 :* 1 119 ; *88 :* 1 663 ; *89 :* 1 873 ; *90 :* 2 147 ; *94 :* 2 587 ; *95 :* 2 978 ; *98 :* 3 690 ; *99 :* 3 022 ; *2000 :* 3 273. *Indemnités mensuelles perçues* (en F) : 7 000 à 20 000 F. **Volontariat international en entreprise (VIE) :** tous types de mission. Concerne tous les métiers. Accessible aux femmes et aux ressortissants d'autres pays européens dégagés de leurs obligations militaires. *Age requis :* 18 à 28 ans. *Indemnités :* 7 000 à 20 000 F. Sous statut public et disposant, ainsi que leurs ayants droit, d'une couverture sociale complète. *Durée des missions :* 6 à 24 mois. *Exemples de coûts pour une entreprise* (en F) : Tunis 107 232, Inde 140 412, Libreville 145 140, Londres 154 032, Singapour 172 788, New York 235 572. *Renseignements :* Centre d'information sur le volontariat international, www.civiweb.com ; pour les entreprises : CEME-Actim, www.cfme-actim.com.

Police nationale : depuis 1985. Conditions physiques exigées. **Sécurité civile :** depuis 1992. *Sapeurs-pompiers auxiliaires.*

■ **Objecteurs de conscience.** **Admission :** accordée par le Bureau du service national à ceux qui en font la demande. **Durée :** 20 mois à la disposition des directions régionales de l'Action sanitaire et sociale (loi du 4-1-1992). **Affectation :** dans un service civil relevant d'une administration de l'État ou des collectivités locales, ou dans un organisme à vocation sociale ou humanitaire assurant une mission d'intérêt général. **Nombre : 1975 :** demandes déposées 770 (retenues 666 pour service actif). **80 :** 1 148 (731). **85 :** 2 603 (2 240). **90 :** 4 121 (3 843). **91 :** 5 110 (4 744). **92 :** 5 738 (5 574). **93 :** 7 771 (7 606). **94 :** 8 866 (8 706). **95 :** 10 286 (10 135). **96 :** 9 684 (9 521). **97 :** 5 427 (5 251). **Comparaisons :** Allemagne 120 000 à 130 000 (service de 13 mois au lieu de 20) ; Espagne 80 000 (service de 13 mois au lieu de 9) ; Italie 33 000 (service de 12 mois, similaire).

☞ **La quille** (symbole de la fin du service militaire) : tirerait son nom du bateau qui ramenait les forçats de Cayenne quand ils avaient purgé leur peine, ou de l'expression « prendre ses quilles (jambes) à son cou ».

VIE MILITAIRE

■ **Marche** (défilé). **Au XVIIIe s.** 80 pas minute ; **vers 1750** le resserrement des rangs à la prussienne impose le pas cadencé du même pied (départ : pied gauche) ; **XIXe s.** 110 pas minute avec la batterie *(la Générale)*, 140 et 166 avec *Sambre-et-Meuse* ou *Sidi Brahim.*

■ **Permissions en fonction des nécessités du service.** **De sortie :** *quartier libre :* les appelés peuvent sortir le soir, de la fin du service jusqu'à 1 h du matin, en civil. *Fin de semaine :* 48 h (du vendredi soir au lundi matin) ou 72 h. **De détente :** 13 j de permission sur l'année, à prendre généralement en plusieurs fois, entre le 3e et le 9e mois. **De faveur :** non décomptée. **D'éloignement :** possibles pour un séjour hors d'Europe. On peut reporter ou cumuler les permissions pour présenter des examens ou un entretien d'embauche, ou pour être disponible à la date de début de cours ou d'un stage. **Permissions exceptionnelles :** pour événements familiaux : *3 j :* pour mariage de l'intéressé, naissance d'un enfant ou décès d'un parent ; *5 j :* pour décès du conjoint. **Particularités :** *13 j :* pour les appelés effectuant un service de 10 mois. *± 4 j :* pour chaque mois supplémentaire, s'ils prolongent leur service, dans la limite de 45 j par an. *16 j :* en cas de service de 12 mois. Un *supplément* peut être accordé, par exemple : *plus 8 j :* pour les appelés effectuant leur service à bord des bâtiments de la marine nat. ou les jeunes employés chez leurs parents comme aide familial agricole ; *plus 4 j :* pour les titulaires d'un brevet de PM, PMS ou PMP ; *plus 4 j :* à titre de récompense.

☞ **Permissions de courte durée** (72 h au maximum) et **autorisations d'absence** (24 h au maximum) peuvent être accordées par le commandement en fonction des nécessités du service.

■ **Solde** (voir le chapitre **Salaires**). Non imposable. Les appelés peuvent travailler et toucher un salaire civil, en dehors des heures de service (permissions, quartier libre...). Ils doivent en avertir leur chef de corps et leur patron ; celui-ci les inscrit à un régime civil de Sécurité sociale. En 1992, création d'une prime de 350 F pour les appelés qui font la totalité du service (revalorisée en nov. 2000 à 4 000 F).

SOLDE MENSUELLE (EN F, 1999)

Grade	Appelés	Appelés volontaires service long			
En mois :	*10*	*1 à 6*	*7 à 12*	*13 à 18*	*19 à 24*
Soldat	504	756	1 008	1 840	2 268
Soldat de 1re cl.	630	945	1 260	2 300	2 835
Caporal	882	1 323	1 764	3 219	3 969
Caporal-chef	1 008	1 512	2 016	3 679	4 536
Sergent	1 260	1 890	2 520	4 599	5 670
Aspirant	1 512	2 268	3 024	5 519	6 804
Sous-lieutenant	1 614	2 421	3 228	5 891	7 263

■ **Sanctions.** *Avertissement ; consigne* suppression sortie du soir (jour ouvré) ou par demi-journée (jours chômés) ; *arrêts* (même chose et l'on dort en chambre d'arrêt) ; *période d'isolement :* si faute grave ou risque le justifiant ; *sanction pénale :* si faute très grave. EXEMPLES : *faire le mur :* 10 j d'arrêts, 20 si en service ; *absence* irrégulière supérieure à 2 h : 10 j *(de 1 à 6 j :* 30 j) ; *désertion* (absence supérieure à 1 semaine) : 40 j d'arrêts avec isolement ; *tentative de suicide :* 30 j d'arrêts avec isolement ; *vol, brimade :* 15 à 40 j d'arrêts avec isolement ; *perte de papiers militaires :* 10 j de consigne ou d'arrêts si on ne l'a pas signalée ; *sommeil en faction, en quart ou en veille :* 15 j.

■ **Voyages.** **10 gratuits par an** sur réseau SNCF pour se rendre de son domicile à son lieu de garnison. Carte spéciale de circulation avec système de vignettes permettant de gérer librement ce capital-km. **Réduction de 75 %** sur réseau SNCF sur présentation de la carte de circulation, pour trajets autres que garnison-domicile.

■ STATISTIQUES

■ **Classes.** **Effectifs recensés et,** entre parenthèses, **ressources réelles** (déduction faite doubles inscrits, étrangers inscrits à tort, hors d'âge, décédés, etc.) : *1984 :* 468 064 (443 500) ; *90 :* 424 500 (424 000) ; *95 :* 406 800 (380 300) ; *96 :* 395 200 (369 500) ; *97 :* 404 500 (378 200) ; *98 :* 401 800 (376 000) ; *99 :* 409 700 (pas de service national à la suite de la réforme du Code mais journée d'appel de préparation à la défense).

■ **Contingent.** Ensemble des jeunes gens appelés au service actif au cours d'une même année civile. Un contingent peut être alimenté par des jeunes de 18 à 29 ans de 12 classes d'âge différentes en raison des avances ou des reports d'incorporation. Le Code du service national a été modifié en 1997, en conséquence les jeunes gens nés en 1979 ne sont pas concernés par cette rubrique. **Classe d'âge :** ensemble des hommes nés au cours d'une même année civile. Désignée par une année de naissance augmentée de 20 (exemple : classe 94, jeunes nés en 1974). La loi de 1971 voulait que le service militaire s'accomplisse à 19 ans en moyenne, avant les études supérieures, souhaitant restreindre les reports d'incorporation (elle supprimait la notion de sursis). *% de reports demandés dès le recensement par classe d'âge : 1979 :* 29 ; *82 :* 32,10 ; *92 :* 61,60 ; *93 :* 66 ; *96 :* 71 ; *97 :* 72 ; *98 :* 72,6.

Incorporés (en 1999) **et,** entre parenthèses, **en % :** 102 828. *Service militaire* 84 851 (83) dont Terre 59 455, Air 7 962 (7,7), Marine 7 424 (7,2), Gendarmerie 8 203 (7,9), Services de santé 1 798 (1,7), Service des essences 9 (0,01) ; *protocoles* 4 035 (3,92) ; *services civils* 13 942 (13,88) dont coopération 4 406 (4,3), aide technique 641 (0,4), police nationale 3 800 (3,7), objecteurs de conscience 4 643 (4,5), sécurité civile 632 (0,6), condamnés 329 (0,3). **Par âge** (en % du contingent, 1997) : *18 à 20 ans :* 10,9 ; *20 ans :* 10,4 ; *plus de 20 ans :* 78,7.

Inscrits d'office (Français omettant le recensement obligatoire à 17 ans, en %) : *classe 1990 :* 16,88 ; *91 :* 16,2 ; *92 :* 13,9 ; *93 :* 14,2 ; *94 :* 16,1 ; *95 :* 16,3 ; *96 :* 16,4 ; *97 :* 15,5 ; *98 :* 16,96 (dont Ile-de-France 28,4, Provence 25,4, Corse 20,6, Haute-Normandie 8,2).

% DES APPELÉS DANS LES ARMÉES (EN 1994)

Armées	Officiers	S.-officiers	Militaires
Air	1,6	3,3	95,1
DGA	2,4	0	94,4
Gendarmerie	1,1	3,4	95,5
Marine	2,7	0,3	97 [1]
Services communs [2]	27,7	2,2	70,1
Terre	1,2	4,1	94,7
Total	*2,1*	*3,5*	*94,4*

Nota – (1) Quartiers-maîtres et matelots. 35 % des appelés reçoivent une affectation embarquée. 7 % une affectation outre-mer. (2) Santé et essences.

■ **Ceux qui ne font pas le service** (en %). **1962 :** 26,3 (exemptés 16,5, dispensés 5,6). **84 :** 28 (exemptés 23,2, dispensés 4,8). **97 :** 26,7 (exemptés 22, dispensés 4,7). **Dispensés :** 18 268 (dont pupilles de la nation, parents morts pour la France 17, soutiens de famille 9 468, chefs d'exploitation 1 634, d'entreprise 827, résidents à l'étranger 534, binationaux 5 464, cas sociaux d'exceptionnelle gravité 262). **Exemptés** (total des motifs) : 68 171 [1] (motifs : psychisme 16 681, état général 28 461, membres inférieurs 11 093, supérieurs 2 610, yeux 7 153, oreilles 4 919).

☞ **Exemptés médicaux :** aptitude ou inaptitude proposées par l'autorité médicale en fonction de 6 critères de profil physique minimal : *Sigyop* [*S :* membres supérieurs, *I :* inférieurs, *G :* état général, *Y :* yeux, *O :* oreilles, *P :* psychisme (difficultés d'adaptation à la vie en communauté et contre-indications à l'emploi d'une arme ou d'un engin)]. Le sens chromatique (C) entraîne seulement des restrictions d'emplois. Le taux d'exemption dépend des seuils fixés par le min. de la Défense pour répondre aux besoins. **Total d'exemptés** (en 1997) : 59 979 [1] soit (en %) 22 dont *S* 1, *I* 3,1, *G* 10,5, *Y* 2,6, *O* 1,8, *P* 6,1.

Nota. – (1) Certains exemptés totalisant plusieurs motifs d'inaptitude, le nombre de motifs est supérieur à celui des exemptés.

■ **Insoumis.** Appelés ne répondant pas à l'appel sous les drapeaux. *Insoumis administratifs :* 70 % (exemple : double-nationaux) ; *1995 :* 6 185 ; *96 :* 5 348 ; *97 :* 4 034.

■ **Déserteurs.** Appelés s'absentant sans autorisation de leur corps d'affectation, une fois sous l'uniforme. En temps de paix, la désertion est prononcée après 1 mois d'absence si l'on a moins de 3 mois de service et 6 jours si l'on a plus de 3 mois. *Nombre annuel :* environ 4 000.

■ THÈSES SUR LE SERVICE

■ **Controverse sur la conscription. Arguments des partisans de l'armée de métier** (exemples : 1989-90, Valéry Giscard d'Estaing, Pierre Messmer, François Fillon, Charles Hernu, Gal Jeannou Lacaze). Le service national n'est plus universel (dispenses et exceptions), il est inefficace (on ne peut confier des armes ultraperfectionnées à des gens que l'on remplace tous les 10 ou 12 mois) et coûteux (il impose des effectifs pléthoriques alors que la mission de nos forces n'est plus d'opposer leur masse à celle de l'armée adverse, mais de résister assez longtemps et durement pour marquer la détermination de la France à recourir, si besoin était, au tir nucléaire). Le surcoût d'une armée de métier n'est pas évident : il faudrait sous-traiter avec des entreprises privées les tâches non militaires (nourriture, entretien des casernes et des véhicules). La guerre du Golfe (en 1991) a montré que le retrait des appelés des unités envoyées imposait une lourde contrainte de recomposition des unités et que seuls des régiments professionnels pouvaient être vite disponibles.

☞ L'influence de la conscription sur l'intégration des immigrés de la deuxième génération est douteuse, du fait des conventions leur permettant de faire leur service dans leur pays d'origine.

Réponses des adversaires. Position de François Léotard : le service national associe chacun à l'effort de défense et renforce la dissuasion, car il manifeste la détermination de la Nation à se défendre. Le professionnalisme est moins utile : l'électronique simplifie les tâches (le Stinger missile sol-air sophistiqué a été utilisé par les maquisards afghans sans formation technique). Selon l'état-major (2-3-1993), une armée de terre uniquement composée de 180 000 professionnels coûterait de 20 à 35 milliards de F. Il faudrait augmenter les salaires des militaires afin d'être compétitif sur le marché de l'emploi et appliquer un plan social pour la réduction des officiers et sous-officiers en surnombre. Il faudrait recruter 25 000 engagés par an et employer plus de civils pour remplacer les appelés médecins, spécialistes, informaticiens ou linguistes. Avec 130 000 hommes, l'armée de terre professionnelle britannique, « qui n'est pas mieux équipée », coûte 20 % plus cher que l'armée de terre française actuelle (250 000 h.).

■ **Durée du service militaire. Hypothèse de 6 mois** (proposition du candidat François Mitterrand en 1981 et de Jacques Chirac en 1995) : elle priverait l'armée de terre de 3 divisions ; le nombre des appelés sous l'uniforme serait de moitié (131 160 au lieu de 262 320). Le 6-3-1990, le ministre de la Défense, Jean-Pierre Chevènement, a déclaré que « si le Parti socialiste a préconisé, en 1981, un service de 6 mois, c'est parce qu'il ne connaissait pas le dossier à l'époque ». **Service de 10 mois :** *surcoût :* 0,6 milliard de F. Formation d'un plus grand nombre d'hommes, infrastructure et fonctionnement, solde complète plus précoce pour engagés et VSL ; *il réduit la disponibilité opérationnelle des unités :* suppression des groupements d'instruction (classes) dont une augmentation de charge n'était pas compatible avec la baisse des effectifs, formation dans les unités donc acceptation de la Dod (disponibilité opérationnelle différenciée).

■ **Coût comparé des rémunérations** (en millions de F). **Régiment parachutiste :** composé d'une majorité d'appelés (1 140 sur 1 359 h.) 108 ; *professionnalisé* (21 appelés sur 1 432 h.) 230 ; **régiment blindé AMX 10 RC** (680 appelés sur 872 h.) 73 ; *semi-professionnalisé* (60 appelés sur 912 h.) 151 ; sans compter les éventuels surcoûts du logement des appelés, de l'instruction et de l'usure des matériels utilisés par des personnes modérément expérimentées.

Coût pour un emploi de mécanicien auto (en F, par an). Occupé par un ouvrier civil 118 000 ; par un sergent 109 000 ; par un appelé 23 000.

■ Préparation militaire

■ **Conditions.** Avoir effectué l'appel de préparation à la défense ou en avoir été dispensé par l'autorité légale, être âgé de moins de 30 ans, volontaire, titulaire du baccalauréat pour les candidats à la PMS (PMC dans l'armée de terre). **Déroulement :** 2 ou 3 périodes ne pouvant excéder 20 jours (plusieurs modules sont possibles) ; brevet attribué en fonction de la notation (évaluation). **Avantages :** *PM à option* (parachutiste, montagne, commando) *ou de spécialités* (transport, travaux, santé, musique) : accès prioritaire, lors d'une candidature au volontariat, à la spécialité choisie dans la limite des besoins exprimés par l'armée de terre, accès direct à la formation dans la réserve ; *PMC :* accès prioritaire aux pelotons de formation des officiers ou des sous-officiers dans la limite des besoins exprimés par l'armée de terre, accès direct à la formation des cadres dans la réserve.

☞ **Système ancien.** Voir Quid 2000.

■ **Brevets de PM délivrés.** *1997 : Air :* 1 255 ; *Marine :* 2 322 ; *parachutistes* 492 ; *PMS* (PM supérieure) *Terre* 1 045, *Air* 388, *Mer* 99 ; *2000 :* 986.

■ Les femmes et l'armée

☞ **1914** 1res femmes recrutées par Service de santé des armées. **1938** loi Paul-Boncour autorise l'engagement des femmes dans les armées. **1940** *Maryse Bastié* 1re femme pilote. **1951** corps de personnel féminin créé dans chaque armée. **1970** Polytechnique s'ouvre aux femmes. **1971** service militaire féminin volontaire créé. **1972** même statut militaire pour hommes et femmes. **1981** docteur *Valérie André* 1re femme générale. **1983** 1res saint-cyriennes. **1998** quotas de recrutement supprimés. **2000**-*12-10* peuvent s'engager dans Légion étrangère et fusiliers marins commandos. 2 emplois restent interdits aux femmes : ceux impliquant un embarquement à bord des sous-marins et dans le corps des sous-officiers dans la gendarmerie mobile, chargée notamment du maintien de l'ordre.

■ **Principes.** Les femmes peuvent accéder statutairement à la quasi-totalité des fonctions militaires. Situation juridique et déroulement de carrière identiques à ceux des hommes. **Recrutement :** par l'entrée des jeunes filles à la journée d'appel de préparation à la défense. **Renseignements :** *Terre :* Centre d'information et de recrutement de l'armée de terre, 75, bd Diderot, 75012 Paris. *Air :* Bureau Air information, 163, rue de Sèvres, 75015 Paris. *Marine :* Centre de documentation Marine, 15, rue Laborde, 75200 Paris.

■ **Personnel féminin** (sans le personnel appelé). *1994 :* 22 437 ; *95 :* 22 560 ; *96 :* 22 904 ; *97 :* 23 116 et *au 1-10 :* 23 176 dont **Terre** 9 980 (officiers 501, sous-officiers 5 456, militaires du rang 4 023) ; **Marine** 3 915 (officiers 290, officiers mariniers 2 620, quartiers-maîtres, matelots et volontaires 1 005) ; **Air** (au 1er sem. 2000) 7 440 (officiers 340, sous-officiers 4 300, militaires du rang 2 800) ; **Gendarmerie** (y compris affaires pénales) 5 400 (officiers 31, sous-officiers 3 867, volontaires 1 328, appelés 174) ; **Santé** 2 808 (officiers 573, sous-officiers 2 166, militaires du rang 69) ; **Essences** 33 (officiers 9, sous-officiers 13, militaires du rang 11) ; **Délégation générale pour l'armement** 309 (officiers 226, sous-officiers 83, militaires du rang 0). **Total :** officiers 1 496, sous-officiers 17 686, militaires du rang 3 994.

Nombre de femmes militaires (en 2000) : 27 526 dont (en %) armée de terre 33,3, de l'air 27,5, Gendarmerie 14,6, Marine 12,6, Service de santé 10,7, DGA 1,4. **% d'officiers :** hommes 12, femmes 7.

☞ Claire Pothier, polytechnicienne d'origine, major du classement de l'École d'application des officiers de marine, a choisi la spécialité de la lutte anti-sous-marine.

■ **Service national féminin. Femmes incorporées :** *1978 :* 410 ; *83 :* 757 ; *88 :* 1 136 ; *90 :* 815 ; *91 :* 1 051 ; *92 :* 1 096 ; *93 :* 1 414 ; *94 :* 1 453 ; *95 :* 1 396 ; *96 :* 1 386 dont Terre 626, Marine 79, Air 150, Gendarmerie 201, et Service de santé 195 ; *97 :* 1 737 ; *2000 (1-5) :* 376 dont officiers 20, sous-officiers 2, militaires du rang 354.

☞ **Guerre du Golfe :** la France a renoncé à l'envoi de « femmes soldats ». Anglais et Américains y ont largement fait appel (10 % des effectifs américains envoyés).

■ Grades

Abréviations : ét. : étoiles ; ch. : chevrons ; g. : galons.

☞ **Étoiles militaires. 1776**-*31-5* brigadiers des armées (*colonel* ou *mestre de camp* disparaîtront le 17-5-1788), une étoile brodée sur l'épaulette. **1786**-*1-4* étoiles supprimées. **1803**-*24-9* étoiles pour généraux de brigade (2), de division (3), en chef (4). Le 25-2-1793, grades créés. **1804** maréchaux : 4 étoiles surmontées de 3 bâtons croisés. **1836**-*1-8* étoiles et bâtons croisés. **1848**-*28-2* décret rétablissant les appellations de généraux de brigade et de division, supprimant celle de général en chef (et la 4e étoile). **1921**-*17-3* généraux commandants de corps d'armée : 4 étoiles ; membres du Conseil supérieur de la guerre, 5 étoiles. **Feuilles de chêne.** En 1794, elles apparaissent sur les broderies d'uniforme des officiers généraux (le chêne est le symbole de Jupiter, l'attribut de la force et du commandement).

■ Armée de terre

■ **Insignes du grade.** *Étoiles* d'argent sur les manches, *galons* et *chevrons* sur les épaules. **Or :** infanterie, artillerie, génie, transmissions, spahis, troupes de marine et écoles interarmes. **Argent :** cavalerie, train, chasseurs à pied, matériel.

■ **Officiers généraux.** *Général d'armée* 5 étoiles, *de corps d'armée* 4 ét., *de division* 3 ét., *de brigade* 2 ét. [capitaine général XIVe s., lieutenant général XVIe s., major général XVIIe s. ; substantif *général* XVIIIe s.] **Insignes du grade :** XVIIe et XVIIIe s., cuirasse (d'apparat), écharpe blanche, bâton de commandement (réservé en 1804 aux maréchaux d'Empire). Jusqu'en 1914, écharpe-ceinture rouge et or pour les généraux de division, bleu et or pour les généraux de brigade.

■ **Peintres des armées. Origine :** « peintres de bataille » du XVIe s., statut rénové le 2-4-1981. Titre décerné par le ministre de la Défense à des artistes qui « consacrent leur activité à la représentation plastique ou graphique des sujets militaires, et dont le talent lui paraît de nature à contribuer au renom des armées » des trois spécialités : Terre, Marine, Air. **Sélection :** agrément renouvelable tous les 3 ans, titularisation pour ceux agréés pendant 4 périodes de 3 ans consécutives, ou pour les agréés âgés de 60 ans. Un salon nat. des peintres de l'armée (armée de terre, gendarmerie, services communs) organisé aux Invalides depuis 1985 (tous les 2 ans depuis 1991) réunit les œuvres des peintres de l'armée, des candidats à ce titre sélectionnés par le jury, et des œuvres inspirées par des faits militaires. Le jury, désigné par le G^{al} chef d'état-major de l'armée de terre, propose au ministre de la Défense agréments ou titularisations.

■ **Peintres officiels de la Marine. Origine :** *avant 1789,* les artistes œuvrant pour ou avec la Marine royale n'étaient ni choisis ni régis de manière homogène. *Sous la Restauration,* le titre de « peintre du grand amiral de France » fut mis en concours. Louis Ambroise Garneray (1783-1857) l'emporta. Dans l'annuaire de la Marine de 1830, apparurent les noms de 2 peintres affectés au ministère (les peintres du département de la Marine venaient de naître) : le baron Théodore Gudin (1802-1880) et Louis Philippe Crépin (1772-1851). *Jusqu'à la IIIe République,* ils étaient nommés par le ministre de la Marine sur candidature, sans examen formel de dossier. *1920,* décret qui leur donne un statut et le titre de « peintre du département de la Marine ». *2-4-1981,* statut des peintres des armées. **Les peintres agréés** peuvent embarquer à bord de tous les bâtiments de guerre, être chargés, le cas échéant, de missions, mais ne reçoivent aucun traitement ni aucune promesse de commande officielle. Ils sont assimilés à des lieutenants de vaisseau, les titulaires à des capitaines de corvette. Ils ont en temps de crise le statut des correspondants de guerre et sont alors tenus d'être en uniforme d'officier sans indication de grade, mais avec l'insigne du corps des peintres de la Marine. **Nombre** (en 2000) : 38 (15 agréés, 23 titulaires).

■ **Age. Limites.** [*Légende :* T : armée de terre ; M : Marine ; A^a : officiers de l'Air. A^b : officiers des bases de l'Air et officiers mécaniciens de l'Air ; G : gendarmerie ; S : Santé ; D : DGA (dir. gén. de l'armement)] G^{al} d'armée (ayant rang et appellation) A^a 58, T 61, de division A^a 57, A^b 60, T 60, G 61, div 62 [2, 3], 63 [4] ; amiral 61, vice-amiral 60 ; G^{al} de brigade A^a 55, A^b 58, T 58, G 59, D 60 [2, 3], 61 [4] ; contre-amiral 58 ; colonel A^a 53, A^b 57, T 57, G 58, D 60 [2, 3], 61 [4] ; capitaine de vaisseau 56 ; L^t-colonel A^a 50, A^b 56, T 56, G 57, D 59 [2], 60 [3], 61 [4] ; capitaine de frégate 54, 55 [1] ; C^{dt} A^a 48, A^b 54, T 54, G 56, D 57 [2], 58 [3], 60 [4] ; capitaine de corvette 52, 54 [2] ; capitaine A^a 47, A^b 52, T 52, G 55, D 55 [3], 56 [3], 60 [4] ; L^t de vaisseau 52 ; L^t A^a 47, A^b 52, T 52, G 55, D 55 [2], 56 [3] ; enseigne de vaisseau de 1re classe 52 ; sous-L^t A^a 47, A^b 52, T 52, G 55, D 55 [2], 56 [3] ; enseigne de vaisseau de 2e classe 52. **Sous-officiers et officiers mariniers de carrière :** Terre, Marine, Air non-navigants (navigants) : major 56 (47), adjudant-chef ou maître principal 55 (47), adjudant ou premier maître 47 (42), sergent-chef ou maître, sergent ou second maître 42 (42). **Limites d'âge spéciales :** *Terre :* major sous-chef de musique 56, sous-chef de musique de carrière 55 (les musiciens de la garde républicaine de Paris peuvent, sur demande agréée, être maintenus en service au-delà par périodes de 2 ans renouvelables), maître ouvrier 60 ; *Marine :* major des ports 56, officiers mariniers de carrière des ports 55, maître ouvrier, tailleurs et cordonniers 60 ; *Air :* musiciens sous-officiers de carrière 55. **Gendarmerie et services communs :** *militaires non officiers de la gendarmerie :* major 56, autres sous-officiers 55 ; *commis-greffiers et huissiers appariteurs* 55 ; *sous-officiers du Service des essences :* major 60, agent technique en chef 60, agent technique 58 ; *agents techniques des poudres et essences* (corps en voie d'extinction) : principal 60, technique 58. **Cadres féminins :** *Service de santé des armées :* infirmières, spécialistes, personnels d'exploitation 57 ; *armée de terre et Service de santé des armées :* général de brigade 60, colonel 60, lieutenant-colonel 59, commandant 57, autres grades 55 ; *Marine :* général de brigade 60, colonel 58, lieutenant-colonel 57, commandant 55, autres grades 55 ; *Air :* général de brigade 58, colonel 57, lieutenant-colonel 56, commandant 55, autres grades 55, navigants : lieutenant-colonel 50, commandant 48, officiers subalternes 47.

Nota. – (1) Officiers spécialisés. (2) Ingénieurs du cadre de direction du service du matériel de l'armée de terre ; commissaires de l'armée de Terre, de l'Air et de la Marine ; ingénieurs militaires des essences ; administrateurs des affaires maritimes. (3) Officiers du cadre spécial de l'armée de Terre ; officiers des corps techniques et administratifs des armées et des affaires maritimes ; officiers greffiers de la justice militaire ; chefs de musique. (4) Professeurs de l'enseignement maritime.

■ **Aumôniers militaires** (catholiques, israélites, protestants). Nommés par le ministre de la Défense ; n'ont ni classe, ni grade, ni pouvoir disciplinaire ; ne sont pas obligés de porter l'uniforme et nul n'est astreint à les saluer. Les aumôniers catholiques portent sur les épaules deux rameaux d'olivier en or ou en argent selon leur fonction. L'aumônerie militaire catholique est un diocèse (dirigé par Mgr Patrick Le Gal qui participe à la Conférence des évêques de France).

■ **Commandements (catégories marines). Enseignes et lieutenants de vaisseau :** patrouilleurs, bâtiments hydrographes, escadrilles, commandos, bâtiments écoles. **Capitaines de corvette :** avisos, chasseurs de mines, bâtiments de débarquement et de transport léger, sous-marins d'attaque, flottilles, aéronavale, etc. **Capitaines de frégate :** avisos, pétroliers, bâtiments de soutien logistique, transports de chaland de débarquement, frégates de surveillance. **Capitaines de vaisseau :** frégates, porte-avions, escadrilles de sous-marins, écoles, commandements maritimes, base aéronavale, direction de ports, SNLE, porte-hélicoptères.

■ **Recrutement des officiers** (en %). **1869 :** indirect 60 ; direct [1] 40. **1913 :** officiers d'active [2] 43,9 ; St-Cyr 40 ; Polytechnique 12,1 ; du rang [3] 4. **1938 :** d'active 30,3 ; St-Cyr 27,5 ; du rang 24,3 ; de réserve 9,3 ; Polytechnique 8,4. **1992 :** d'active [2] direct [1] 27,1, indirect 72,3. **Nombre :** *1987 :* 428 ; *88 :* 439 ; *89 :* 443 ; *90 :* 477 ; *91 :* 430 ; *92 :* 443 ; *93 :* 372 ; *94 :* 367.

Nota. – (1) Concours grandes éc. militaires (Polytechnique, St-Cyr). (2) Examens ou concours. (3) Promotion au mérite de sous-officiers.

☞ **En 2000,** 633 dont direct 223, semi-direct 179, semi-direct tardif 103, tardif 128.

Recrutement des sous-officiers. Meilleurs volontaires de l'armée de Terre (VAAT), caporaux, caporaux-chefs engagés ; candidats sur concours. **Écoles :** *École nat. des sous-officiers d'active* (St-Maixent) puis spécialisation en *École d'application* (voir p. 1964 a).

Les contrats sont de 5 ans (management et systèmes d'information 8, aéromobilité et santé 10). L'emploi est garanti 2 ans. Entre 5 et 10 ans de service, accès à l'état de sous-officier de carrière : il garantit la stabilité de l'emploi jusqu'à la retraite, l'avancement à l'ancienneté jusqu'au grade d'adjudant, la préparation aux brevets militaires et l'accès à l'échelle de solde no 4.

■ **Officiers supérieurs.** *Colonel* 5 galons, *lieutenant-colonel* 5 g. panachés, *commandant* [*chef de bataillon* (infanterie, génie, transmissions), *chef d'escadrons* (cavalerie), *d'escadron* (artillerie, train)] 4 g. **Officiers subalternes.** *Capitaine* 3 g., *lieutenant* 2 g., *sous-lieutenant* 1 g., *aspirant* 1 g. coupé de 2 raies trasversales noirs, dites « sabords ».

■ **Sous-officiers.** *Major* 1 galon de 6 mm or ou argent et 1 g. or ou argent avec raie rouge, *adjudant-chef* 1 g. or ou argent avec raie rouge, *adjudant* 1 g. or ou argent avec raie rouge, *sergent-chef* ou *maréchal des logis-chef* [1] 3 chevrons, *sergent ou maréchal des logis* [1] 2 ch. ou (PDL [2])1 ch. Cavalerie, train, chasseurs à pied, matériel : galons argent pour major et adjudant-chef, or pour adjudant.

■ **Militaires du rang.** *Caporal-chef* ou *brigadier-chef* [1] 1 chevron or ou argent et 2 ch. de couleur, *caporal* ou *brigadier* [1] 2 ch. de couleur, *soldat* de 1re classe (distinction et non gradé) 1 ch. de couleur, de 2e cl.

Nota. – (1) Cavalerie, train, artillerie, matériel. (2) PDL : pendant la durée légale du service.

■ **Age moyen d'accès au grade** (en 1998). *Lieutenant* 24 ans, *capitaine* 28 a., *commandant* 34 a. 6 m., *lieutenant-colonel* 39 a., *colonel* 45 a.

■ **Temps minimal dans chaque grade et,** entre parenthèses, **durée moyenne** (en 1992). **Officiers :** *colonel* 3 ans (6 ans 10 mois), *lieutenant-colonel* 3 a. (5 a. 5 m.), *commandant* 4 a. (5 a.), *capitaine* 5 a. (7 a. 9 m.), *lieutenant* 4 a. (4 a.), *sous-lieutenant* 1 a. (1 a.). **Sous-officiers :** *sergent* 5 a. (5 a. 10 m.), *sergent-chef* 4 a. (5 a. 7 m.), *adjudant* 5 a. (7 a.).

■ Armée de l'air

■ **Insignes du grade. Officiers et sous-officiers :** étoiles, galons et chevrons au bas des manches de la tenue de cérémonie, sur les pattes d'épaules de la tenue de travail. **Militaires du rang :** chevrons sur les pattes d'épaules pour toutes les tenues.

■ **Officiers. Généraux :** *général d'armée aérienne* 5 étoiles, *corps aérien* 4 ét., *division aérienne* 3 ét., *brigade aérienne* 2 ét. **Supérieurs :** *colonel* 5 galons or, *lieutenant-colonel* 5 g. panachés 3 or 2 argent, *commandant* 4 g. or. **Subalternes :** *capitaine* 3 g., *lieutenant* 2 g., *sous-lieutenant* 1 g., *aspirant* g. en forme de gamma renversé.

■ **Sous-officiers.** *Major* 1 galon de 6 mm or et 1 g. or avec raie rouge, *adjudant-chef* 1 g. d'or avec raie rouge, *adjudant* 1 g. d'argent, raie rouge, *sergent-chef* 3 chevrons or, *sergent* 2 ch. ou (PDL) 1 ch.

■ **Militaires du rang.** *Caporal-chef* 1 chevron or et 2 rouges, *caporal* 2 ch. rouges, *soldat de 1re classe* 1 ch. rouge, *de 2e cl.*

■ **Temps de grade moyen. Sous-officiers** (en 1988) : *adjudant* 6 ans 10 mois, *sergent-chef* 7 a. 11 m., *sergent* 7 a. 2 m.

■ Marine

■ **Officiers. Généraux :** *amiral* 5 étoiles, *vice-amiral d'escadre* 4 ét., *vice-amiral* 3 ét., *contre-amiral* 2 ét. **Supérieurs :** *capitaine de vaisseau* 5 galons or, *de frégate* 5 g. 3 or 2 argent, *de corvette* 4 g. **Subalternes :** *lieutenant de vaisseau* 3 g., *enseigne de vaisseau de 1re classe* 2 g., *de 2e cl.* 1 g., *aspirant* 1 g. 2 barres, dits « sabords ».

■ **Officiers-mariniers.** *Major* 1 galon or de 6 mm avec 2 soutaches de 2 mm, l'une en argent (intermédiaire) et l'autre en or, espacées de 1,5 mm, plus 2 ancres cursées ; *maître principal* 1 g. et 2 soutaches ; *premier maître* 1 g. et 1 soutache ; *maître* 3 g. de biais ; *second maître* 2 g. de biais, 1 (PDL). **Quartiers-maîtres et matelots.** *Quartier-maître de 1re classe* 3 galon de biais de laine rouge, *de 2e cl.* 2 g. de biais rouges, *matelot breveté* 1 g. de biais rouge.

■ **Temps moyen passé dans le grade précédent** (en 1988). *Maître principal* 7 a. 1 m. *Premier maître* 5 a., *maître* 5 a. 3 m., *second maître* 1 a. 5 m., *quartier-maître* de 1re classe 3 a. 6 m.

☞ **Pompon rouge des quartiers-maîtres et matelots :** *Ier Empire :* bonnet de travail sans indication de couleur ni de forme. *1858* en tricot de laine bleue orné de 2 bandes garance (rouge vif). *1870* une seule bande rouge subsiste. Le pompon est censé empêcher les marins de se cogner la tête dans les portes des bateaux, toujours très basses. *1876* devient sphérique.

■ Services

Exemples avec correspondances.

■ **Commissariat de l'armée de terre.** *Commissaire général* de division (3 ét. or), de brigade (2 ét. or), colonel (5 g. argent) ; Lt-colonel (3 g. argent, 2 g. or) ; commandant (4 g. arg.) ; capitaine (3 g. arg.) ; lieutenant (2 g. arg.) ; sous-Lt (1 g. arg.). **Cadre spécial. Corps technique et administratif de l'armée de terre :** général de division (3 ét. arg.), de brigade (2 ét. arg.) ; colonel (5 g. or) ; Lt-colonel (3 g. or, 2 arg.) ; commandant (4 g. or) ; capitaine (3 g. or) ; lieutenant (2 g. or) ; sous-Lt (1 g. or). **Commissariat de la Marine.** *Commissaire général* de 1e cl. (3 ét. argent), de 2e cl. (2 ét. arg). *Commissaire en chef* de 1re cl. (5 g. or), de 2e cl. (3 or, 2 arg.). *Commissaire principal* (4 g. or). *Commissaire* de 1re cl. (3 g. or), 2e cl. (2 g. or), 3e cl. (1 g. or).

■ **Armement.** *Ingénieur général* de 1re cl., de 2e cl. ; *en chef* de 1re cl., de 2e cl. ; *principal, adjoint.*

■ **Service de santé des armées.** *Médecin général des Armées* (4 ét.). *Médecin général inspecteur* (3 ét.), *général* (2), *en chef* (colonel, Lt-colonel), *principal* (commandant), *médecin* (capitaine). **Services des essences, des poudres. Justice militaire. Trésor aux armées. Poste aux armées.**

☞ **Contrôle général des armées :** *contrôleur général des armées, contrôleur, contrôleur adjoint.* La hiérarchie ne comporte aucune assimilation avec les grades des officiers. Ses membres bénéficient des rangs de préséance accordés aux officiers généraux.

■ Dignités

■ Maréchal de France

■ **Origine.** Du francique *marhskalk :* domestique chargé de soigner les chevaux. Au début, seconde le *connétable* (*comes stabuli :* maître des écuries). Le premier fut Albéric Clément († 1191, tué à l'ennemi), sous Philippe Auguste en 1185. Le maréchalat devient une dignité inamovible sous François Ier : le maréchal est officiellement cousin du roi (cousin de l'empereur en 1804). A la fin du XVIe s., la dignité est conférée à des vieillards, consacrant une carrière militaire. A partir de Louis XIV, la moyenne d'âge redescend à 50 ans. **Age de nomination :** 29 ans, le Cte de Bouchage (Joyeuse) ; 32 ans, Montmorency (1566), Biron (1594), Turenne (1643) ; 35, Montmorency (1630) et Brezé (1632) ; 36, Berwick ; 74, Sully, ancien min. d'Henri IV (1634), Rosen (1703). 6 furent maréchaux généraux (titre honorifique donnant une préséance) : Charles de Gontaut-Biron (1562-1602), François de Lesdiguières (1543-1626), Henri de Turenne (1611-75), Claude de Villars (1653-1734), Maurice de Saxe (1696-1750), Nicolas Soult (1769-1851).

■ **Bâton de maréchal.** Insigne de la dignité, il remonte à la guerre de Cent Ans. **Avant 1758** étui creux destiné à recevoir le brevet. L'un des embouts portait, gravés en creux, les nom, prénom et date de nomination du titulaire. **1758** normes fixées : bois plein, longueur 52 cm, diamètre 3,5 cm, recouvert de velours de soie bleu de France semé de 36 fleurs de lys ; embout en or avec fleur de lys. Autour de l'embout est gravée la devise : *Terror belli, decus pacis* (« terreur durant la guerre, ornement en temps de paix »). **Ier Empire** aigles brodées, couronnées, aux ailes droites (sauf bâton de Marmont : abeilles et aigles alternées). **1814** semis de fleurs de lys, **1830** d'étoiles, **Second Empire** d'aigles, **1916** d'étoiles. **Uniforme.** 3 rangées de feuilles de chêne, en broderie sur l'uniforme et le chapeau, puis sur le képi des maréchaux avec 7 étoiles.

■ **Familles françaises ayant compté le plus de maréchaux.** Montmorency (toutes branches confondues) : 9 ; Durfort (toutes branches) : 5 ; Gontaut-Biron, Cossé-Brissac, Choiseul, Harcourt, Noailles (toutes branches) : 4 ; Broglie, Ornano : 3.

■ **Nombre. St Louis :** 2 ; **Philippe le Bel :** 7 (dont 2 tués à l'ennemi) ; **Jean le Bon :** 8 (3) ; **Charles VI :** 6 (2) ; **Charles VII :** 4 (1) ; **François 1er :** 5 (1) ; **Henri II :** 5 (3) ; **François II :** 4 ; **Charles IX :** 6 ; **Henri III :** 8 (2) ; **Louis XIII :** 30 (3) ; **Louis XIV :** 54 (8) ; **Louis XV :** 49 (1) ; **Louis XVI :** 19 [dont 2 le 28-12-1791, Cte de Luckner (1722-94) et Cte de Rochambeau (1725-1807)]. **1793** (21-2) : supprimés. **1804** (19-5) : rétablis (maréchal d'Empire : dignité d'État). **Napoléon Ier :** 26 (3). **1815, Restauration :** dignité militaire. **Louis XVIII :** 6 ; **Charles X :** 3 ; **Louis-Philippe :** 10 ; **Napoléon III :** 19 (dont 4 sous la IIe République) ; **IIIe République :** 8 (1916 à 1923). **IVe** (en 1952) : 3. **Ve** (en 1984) : 1.

■ **Maréchaux. D'origine étrangère :** *Allemands :* Frédéric de Schomberg (1675), Maurice de Saxe (1744), Nicolas Lückner (1791), Louis de Hohenlohe (1827). *Anglais :* James de Berwick (1706). *Danois :* Josias de Rantzau (1645), Ulrich de Lowendal (1700-55). *Estonien :* Conrad de Rosen (1703). *Hongrois :* Ladislas Bercheny (1758). *Italiens :* Jean-Jacques Trivulce (1500), Théodore Trivulce (1526), Jean Caraccioli (1544), Pierre Strozzi (1554), Concino Concini (1614). *Polonais :* Jean Poniatowski (1813). **Académiciens** (voir à l'Index). **Condamnés à mort :** *Ancien Régime :* Gilles de Retz, brûlé vif 1440 ; Charles de Gontaut-Biron, décapité 1602 ; Louis de Marillac, décapité 1632 ; Henri de Montmorency, décapité 1632 ; duc de Mouchy, baron de Lückner, guillotinés 1794 ; Oudard du Biez, gracié 1549. *Restauration :* Ney, fusillé 1815. *IIIe République :* Bazaine, 1873 (peine commuée). *IVe :* Pétain, 1945 (peine commuée en détention à vie).

Nommés depuis 1804. 1804 *Augereau* (1757-1816), duc de Castiglione 1808. *Bernadotte* (1763-1844), Pce de Pontecorvo 1810, roi de Suède et de Norvège 1818. *Berthier* (1753-1815), Pce de Neuchâtel, duc de Valengin 1806, Pce de Wagram 1809, suicide (?). *Bessières* (1768-1813), duc d'Istrie 1809, tué à l'ennemi. *Brune* (1763-1815), assassiné. *Davout* (1770-1823), duc d'Auerstaedt 1808, Pce d'Eckmühl 1809. *Jourdan* (1762-1833), Cte. *Kellermann* (1735-1820), duc de Valmy 1808. *Lannes* (1769-1809), duc de Montebello 1808, tué à l'ennemi. *Lefebvre* (1755-1820), duc de Dantzig 1808. *Masséna* (1758-1817), duc de Rivoli 1808, Pce d'Essling 1810. *Moncey* (1754-1842), duc de Conegliano 1808. *Mortier* (1768-1835), duc de Trévise 1808, † en service commandé. *Murat* (1767-1815), grand amiral et Pce d'Empire 1805, grand-duc de Berg et de Clèves (mars 1806), roi de Naples 1808, fusillé. *Ney* (1769-1815), duc d'Elchingen 1808, Pce de la Moskova 1812, fusillé. *Pérignon* (Mis de ; 1754-1818). *Sérurier* (1742-1819), Cte. *Soult* (1769-1851), duc de Dalmatie 1808. **1807** *Victor Perrin,* dit Victor (1764-1841), duc de Bellune 1808. **1809** *Macdonald* (1765-1840), duc de Tarente 1809. *Marmont* (1774-1852), duc de Raguse 1808. *Oudinot* (1767-1847), duc de Reggio 1809. **1811** *Suchet* (1770-1826), duc d'Albufera 1813. **1812** *Gouvion-Saint-Cyr* (1764-1830) Mis de, 1819. **1813** *Poniatowski* (1763-1813), Pce 1764, tué à l'ennemi. **1814**-*8-10 Moreau* (14-11-1763/2-9-1813) à titre posthume (par Louis XVIII, son frère est élevé à la dignité de maréchal, sa veuve a droit au titre de maréchale). *Cadoudal* (1771-1804, posthume). **1815** *Grouchy* (Mis de ; 1766-1847), Cte d'Empire 1809. **1816** *Beurnonville* (1752-1821), Mis de, 1817. *Clarke* (1765-1818), Cte d'Hunebourg, duc de Feltre. *Coigny* (duc de ; 1737-1821). *Vioménil* (Mis de ; 1734-1827). **1823** *Lauriston* (1768-1828), Cte de, 1808, Mis 1817. *Molitor* (1770-1849), Cte 1808. **1827** *Hohenlohe* (Pce de ; 1765-1829). **1829** *Maison* (1771-1840), Mis 1817. **1830** *Bourmont* (1773-1846), Cte. *Gérard* (1773-1852), Cte. **1831** *Clausel* (1772-1842), Cte. *Mouton* (1770-1838), Cte de Lobau 1809. **1837** *Valée* (1773-1846), Cte 1814. **1840** *Sebastiani de La Porta* (1772-1851), Cte 1809. **1843** *Bugeaud* (1784-1849), Mis de La Piconnerie, duc d'Isly 1844. *Drouet* (1765-1844), Cte d'Erlon 1809. **1847** *Dode de La Brunerie* (1775-1851), vicomte 1823. *Reille* (1775-1860), Cte 1808. **1850** *Jérôme Bonaparte* (1784-1860), roi de Westphalie 1807. **1851** *Exelmans* (1775-1852), Cte. *Harispe* (1768-1855) Cte 1813. *Vaillant* (1790-1872). **1852** *Saint-Arnaud (de)* (1800-54). *Magnan* (1791-1865). *Castellane (de)* (1788-1862) Cte. **1854** *Baraguey d'Hilliers* (1795-1878). **1855** *Pélissier* (1794-1864), duc de Malakoff 1856. **1856** *Bosquet* (1810-61). *Canrobert* (1809-95). *Randon* (1795-1871), Cte 1847. **1859** *Mac-Mahon* (1808-93), Cte de, duc de Magenta 1859. *Niel* (1802-69). *Regnault de Saint-Jean-d'Angély* (1794-1870), Cte. **1861** *D'Ornano* (1784-1863), Cte 1808. **1863** *Forey* (1804-72). **1864** *Bazaine* (1811-88), condamné à mort, peine commuée. **1870** *Lebœuf* (1809-88). **1916** *Joffre* (1852-1931). **1918** *Foch* (1851-1929), maréchal de Fr., de G.-B. et de Pologne. *Pétain* (1856-1951), condamné à mort, peine commuée en détention à vie. **1921** *Fayolle* (1852-1928). *Franchet d'Esperey* (1856-1942). *Gallieni* (1849-1916, posthume). *Lyautey* (1854-1934). **1923** *Maunoury* (1847-1923, posthume). **1952**-*15-1 De Lattre de Tassigny* (1889-1952, posthume). *-7-5 Juin* (1888-1967) ; *Leclerc de Hauteclocque* (1902-47), posthume, † en service commandé. **1984** *Kœnig* (1898-1970), posthume.

■ Amiral de France

■ **Origine.** Mot (de l'arabe *amir al-bahr,* « prince de la mer ») adopté sous l'influence de Charles d'Anjou, roi de Naples, adversaire des Barbaresques. La dignité d'amiral de France était équivalente à celle de connétable.

■ **Nomination. Ancien Régime :** le 1er fut Florent de Varenne, en 1270. La charge avait eu 53 titulaires quand elle fut supprimée, en janvier 1627. Rétablie le 12-11-1669, elle fut donnée, surtout à titre honorifique, à des princes du sang (exception pour le Cte d'Estaing en 1791). **Napoléon** nomma son beau-frère, Joachim Murat, en 1805. **Louis XVIII,** son neveu, le duc d'Angoulême, en 1814. **De 1830 à 1869,** 12 amiraux de France : Victor Duperré (1775-1846) 1830 ; Laurent Truguet (1752-1839) 1831 ; Albin Roussin (1781-1854) 1840 ; Ange de Mackau (1788-1855) 1847 ; Charles Baudin (1784-1854) 1854 ; Alexandre Parseval-Deschênes (1790-1860) 1854 ; Jacques Hamelin (1796-1864) 1854 ; Armand Bruat (1796-1855) 1855 ; Joseph Desfossés (1798-1864) 1860 ; Charles Rigault de Genouilly (1807-73) 1864 ; Léonard Charner (1797-1869) 1864 ; François Tréhouart (1798-1873). **Depuis 1870** aucune.

☞ Le 29-6-1939, par décret-loi, l'amiral Darlan, chef d'état-major de la Marine, fut nommé « amiral de la Flotte » pour qu'il ne se trouve pas en état d'infériorité protocolaire vis-à-vis de son homologue britannique *Admiral of the Fleet,* mais il s'agissait d'une simple appellation et non d'une dignité.

■ **Vice-amiraux.** Officiers de la marine royale, pourvus d'une dignité, ils remplacent ou secondent, à la mer ou à terre, dans leurs fonctions militaires ou administratives, les amiraux : amiraux de France (de Normandie et de Picardie) créés en 1270 par St Louis, amiraux de Bretagne, de Provence et de Guyenne (avec Poitou et Saintonge). *Avant 1669,* ils détenaient des vice-amirautés régionales, tel Agrippa d'Aubigné (1552-1630), vice-amiral de Poitou-Saintonge jusqu'en 1614. Richelieu fusionne les amirautés (de France, Guyenne et Provence), les remplace en 1627 par la surintendance générale de la navigation et commerce de France : le vice-amiral de France prit alors le titre de vice-amiral général (janv.-mars 1627), puis d'intendant général de la navigation et commerce de France (de 1627 à 1669). *De 1669 à 1791* l'amiral de France fut secondé par 2 vice-amiraux (du Levant pour la Méditerranée et du Ponant pour la *mer Océane*).

■ Budget

Évolution des dépenses (hors pension)

Années	Défense (en millions de F)	En % du budget de l'État	En % du PIB
1960	16 534	28,50	5,58
1980	88 602	16,87	3,16
1985	150 200	15,10	3,20
1990	189 443	15,52	2,91
1991	194 548	15,20	2,87
1992	195 268	14,77	2,79
1993	197 916	14,45	2,79
1994	193 828	–	2,12
1995	194 262	13,2	2,5
1996	189 599	12,3	2,4
1997	190 929	12,3	2,3
1998	184 725	11,6	2,2
1999	189 959	–	2,15
2000	187 947	11,29	2,05
2001	188 941	11,08	1,96

■ **Budget français de la défense. Crédits de paiement** (en milliards de F, 2000) **dont,** entre parenthèses, **titres III ¹/titres V et VI et,** entre crochets, **autorisations** (en %) **de programme** ² 2001 : *total* 188,9 (105,5/83,4) [85,5] dont Terre 48,5 (30,9/17,6) [17,1] ; services communs 48,7 (24,6/24,1) [22,9] ; Air 34,5 (15,7/18,8) [21,1] ; Marine 33,5 (12,7/20,8) [22,2] ; gendarmerie 23,8 (21,6/2,2) [2,2].

Nota. – (1) Dépenses ordinaires. Non comprises les pensions et participations au fonds spécial des ouvriers de l'État, gérées par le ministère de l'Économie, des Finances et du Budget. (2) Autorisations de programme (pour les titres V et VI uniquement).

■ **Emploi des crédits** (en %, 2001). Rémunérations et charges sociales 44,8, fabrications 18,3, études 10,8, activité 9,2, vie courante 10,6 et infrastructure 6,3.

Crédits consacrés au nucléaire (en milliards de F)	1999		2000	
	AP	CP	AP	CP
Terre	–	–	–	–
Marine	3,3	4,1	3,5	3,85
Air	0,8	0,42	0,5	0,8
Services communs	9,28	11,67	14,4	14,2
dont Dircen	–	–	–	–
part Dircen transférée au CEA	–	–	–	–
Total	**13,38**	**16,59**	**18,4**	**15,85**

■ **Crédits d'équipement. Votés en loi de finances initiale** (en milliards de F courants) : *1989* : 98 ; *90* : 102,1 ; *91* : 103,1 ; *92* : 102,9 ; *93* : 102,9 ; *94* : 94,9 ; *95* : 94,9 ; *96* : 88,9 ; *97* : 88,7 ; *98* : 81 ; *99* : 86 ; *2000* : 83 ; *01* : 83,4. **Répartition du budget d'équipement pour 2001** (en milliards de F) : Marine 20,75, Air 18,81, Terre 17,57, gendarmerie 2,23, services communs 24,06.

■ **Coût du service national** (en milliards de F). **Total** *1996* : 8,5 dont alimentation et fonctionnement courant 4,4, solde et indemnités 2,8, transport permissionnaires 1,3. **Coût de la Direction centrale du service national :** 1. **Coût moyen d'un appelé** (en F, hors équipement et activité opérationnelle, 1996) : *total* : 42 000 dont alimentation et fonctionnement courant 21 500, solde et indemnités 14 000, transport permissionnaires 6 500. *Professionnalisation de l'armée* (en milliards de F) : *2000* : 1,075 conformément à la loi de programmation.

■ **Programmation militaire 1997-2002** (en milliards de F, 1995). **Total** : 516 dont *par domaine : nucléaire* 105,8 (dont, en %, remplacement des composants 30, maintien en condition 25, matières nucléaires et propulsion nucléaire 19, préparation de l'avenir 17, démantèlements et restructurations 9), *spatial* 20,7 (dont, en %, réalisations 78, entretien programmé et lancements 11, études 11), *classique* 389,5 ; *par armée et services : Marine* 129 (dont, en %, fabrications 45, entretien personnel et matériels 23, études et développements 18, munitions 7, infrastructure et restructurations 7), *Air* 120,7 (dont, en %, fabrications 42, entretien personnel et matériels 23, études et développements 21, munitions 8, infrastructure 6), *Terre* 113 (dont, en %, fabrications 44, entretien personnel et matériels 18, études et développements 15, infrastructure 14, munitions 9), *DGA* 113,5, *services communs* 25,8, *gendarmerie* 13,3, (dont, en %, fabrications 56, infrastructure 44).

■ **Coût des actions extérieures des armées françaises** (en milliards de F). **1976** : 0,044. **77** : 0,187. **78** : 0,591. **79** : 0,474. **80** : 0,347. **81** : 0,386. **82** : 0,615. **83** : 1,59. **84** : 2,59. **85** : 1,7. **86** : 1,97. **87** : 3,24 dont en Afrique 2 (Tchad et Rép. centrafricaine), golfe Persique 0,62, Nlle-Calédonie 0,421, Liban 0,139, Guyane 0,046. **88** : 3,7 dont Tchad (opération *Épervier* : 1 000 h.), Liban (*Finul* : 350 h.), golfe Persique (groupe aéronaval durant 14 mois), Guyane. **90** : 2,1 dont 2 pour opérations du Golfe *(Daguet + Artimon)*, 0,05 renforcement au Tchad *(Épervier)* et intervention au Gabon *(Requin)*. **91** : 6 dont 4 pour Golfe *(Daguet + Artimon)*, 3 autres (voir encadré p. 1962) et en particulier *Noroît* (Rwanda, 0,063) et *Libage* (Turquie, 0,221). **92** : 3,17 dont Iraq-Koweït 1,85, Rép. centrafricaine/Tchad 0,91, ex-Yougoslavie 0,79, Cambodge 0,35, Somalie 0,25. **93** : 6,07 dont ex-Yougoslavie 2,81, Rép. centrafricaine/Tchad 0,98, Iraq-Koweït 0,92, Cambodge 0,46, Somalie 0,05. **94** : 5,6 dont ex-Yougoslavie 2,73, Rwanda 1,14, Rép. centrafricaine/Tchad 0,84. **95** : 4,17 dont ex-Yougoslavie 2,54 ; Rép. centrafricaine/Tchad 0,84. **96** : 5,15 dont ex-Yougoslavie 3,28 ; Rép. centrafricaine/Tchad 0,98 ; Liban 0,09 ; autres 0,79. **97** : 3,45 dont ex-Yougoslavie 1,55 ; Rép. centrafricaine/Tchad 1,04 ; Liban 0,09 ; autres 0,76. **98** : 2,09 dont ex-Yougoslavie 1,1 ; Rép. centrafricaine/Tchad 0,5 ; Liban 0,06 ; autres 0,39. **99** : 4,5 dont ex-Yougoslavie 3,8 ; Rép. centrafricaine/Tchad 0,36 ; Liban 0,05 ; autres 0,32. **2000** : 3,2 dont ex-Yougoslavie 2,4 ; Rép. centrafricaine/Tchad 0,4 ; Liban 0,05 ; autres 0,35.

■ **Coût de la force nucléaire stratégique. Selon le rapport de Raymond Tourrain** (député RPR) : *de 1960 à 1980* : 222 milliards de F (valeur 1980) dont, en % pour les recherches et études 40, vecteurs (avions et missiles) 16,3, expérimentations 12,1, dépenses industrielles 11,1, maintien des systèmes en condition opérationnelle 9,1, fabrication des armes (charges) 7,8 et infrastructures 3,6. **Selon Jacques Percebois :** *de 1960 à 1981* (en milliards de F constants 1983) : sous de Gaulle 143,8 (soit 14,4 par an) ; Pompidou 79,4 (15,9 par an) ; Giscard d'Estaing 111 (15,9). Il aurait fallu 122 milliards de F supplémentaires de 1980 à 2000 pour la moderniser.

Défense dans le monde

Stratégie Est-Ouest

☞ *Abréviations :* a. : arme, tr. : traité.

■ **Définitions. Armes nucléaires stratégiques :** tous vecteurs nucléaires (missiles, bombardiers, etc.) pouvant frapper le « sanctuaire » (territoire) de l'adversaire ; par convention, les vecteurs intercontinentaux (ICBM) sont de portée supérieure à 5 500 km. **Tactiques :** aériennes de courte portée (inférieure à 500 km) dite du « champ de bataille ». **Forces nucléaires intermédiaires (FNI)** ou *Intermediate-Range Nuclear Forces (INF)* ou encore *Theater Nuclear Forces (TNT)* : 500 à 5 500 km. On les subdivise en *Short-Range INF (SRINF)* de 500 à 1 000 km, *Long-Range INF (LRINF)* de 1 000 à 5 500 et, en *Short-Range Nuclear Forces (SNF)* moins de 500 km.

Capacité d'agression (1ʳᵉ frappe) : capacité d'ouverture des hostilités et d'élimination des forces de représailles de l'adversaire. Cette capacité n'a jamais été totalement acquise et c'est sur son absence que repose la dissuasion. **De représailles (2ᵉ frappe) :** capacité de représailles même après avoir subi une 1ʳᵉ frappe. Ne vise qu'à causer des dégâts massifs sans grande précision, doit être invulnérable pour échapper à la 1ʳᵉ frappe (dissuasion). Selon ces critères, *les missiles terrestres non mobiles peuvent être des armes de 1ʳᵉ frappe ;* la connaissance de leur position les rend vulnérables, leur ôte toute valeur en 2ᵉ frappe et ils sont donc considérés plus déstabilisants, car la tentation est forte d'anticiper en tirant le 1ᵉʳ. *Les missiles sous-marins sont des armes de 2ᵉ frappe* (peu vulnérables).

■ **Période 1945-1955. Domination américaine :** stratégie : écraser l'ennemi éventuel par un bombardement massif. **Plan américain « Charioteer »** (déc. 1947) : lancements prévus : 133 bombes A sur 70 villes soviétiques (dont 8 sur Moscou et 7 sur Leningrad) pendant 30 j ; après, 200 autres bombes A. 250 000 t d'explosifs classiques pendant 2 ans. **Plan « Trojan »** (mai 1949) : 1ʳᵉ phase de 2 semaines contre 30 villes soviétiques. 2ᵉ contre 40 autres villes pendant 15 j. **1954**-*12-1* **concept de représailles massives,** *massive retaliation,* formulé par Foster Dulles au sujet de la zone européenne : les défenses locales, n'étant pas en mesure de faire face à la supériorité soviétique (l'URSS a fait exploser sa 1ʳᵉ bombe fin 1949), devaient être soutenues par l'effet dissuasif de représailles massives contre les agglomérations et les concentrations aéroterrestres.

■ **Période 1955-62. Du monopole au partage :** la portée des missiles soviétiques s'allonge (10 000 km en 1957) ; le lancement de Spoutnik 1 confirme leur percée technique. L'Amérique n'est plus invulnérable ; influencée par la propagande, elle surestime le nombre de missiles adverses *(missile gap).* **1957**-*2-10* **le plan Rapacki** (min. des Affaires étrangères polonais), sur l'interdiction de la production et des dépôts d'armes nucléaires dans les 2 Allemagnes, est rejeté par l'Otan. **1959**-*1-12* **démilitarisation et dénucléarisation de l'Antarctique,** qui n'était ni militarisé ni nucléarisé. **Équilibre de la terreur :** appelé **Mad** *(Mutual Assured Destruction)* par les Américains, il a dominé les relations Est-Ouest et reste valable tant qu'une parade étanche n'existe pas ou qu'il subsiste des armes de 2ᵉ frappe. *Le concept de dissuasion* apparaît, fondé non plus sur l'utilisation systématique des armes nucléaires mais sur une capacité de représailles. **Riposte graduée :** Kennedy, constatant que les USA ne sont plus hors de portée des fusées soviétiques, renonce à prendre le risque d'un engagement nucléaire automatique au profit des alliés européens et adopte avec la « riposte flexible » une stratégie d'intervention éventuelle, conventionnelle (d'où le refus de la France d'y souscrire). **1962** Robert McNamara (né 1916), secr. à la Défense, est chargé de l'organiser. Cette nouvelle politique impose la recherche de la supériorité à tous les niveaux, la multiplication des procédures de sauvegarde, pour éviter toute méprise, des forces conventionnelles (l'Otan doit disposer de 30 divisions) et nucléaires (tactiques et stratégiques), l'arrêt de la prolifération. Ainsi s'instaure *l'équilibre de la prudence,* USA et URSS possédant des engins intercontinentaux capables d'atteindre la force de frappe adverse, sans certitude de la détruire à 100 % (sous-marins non détectables).

■ **Stratégie défensive de l'avant.** Fondée sur l'emploi quasi immédiat d'armes nucléaires tactiques, pour remplacer la riposte graduée estimée dangereuse et périmée dès 1954 par les Américains (sans que cela soit dit) : il est vain d'espérer pouvoir faire face avec des moyens classiques et de ne faire appel à l'arme nucléaire tactique que lorsque ceux-ci s'avèrent insuffisants ; on risque de ne pas réagir assez vite et d'être acculé à l'échange stratégique que la riposte graduée voulait justement éviter. L'affirmation de cette stratégie devait avoir un effet dissuasif.

De son côté, l'URSS entreprit des travaux permettant de préserver des retombées nucléaires environ 60 millions d'hab., 35 000 installations militaires furent fortifiées. Simultanément, elle étudia un bombardier à long rayon d'action, une quinzaine de missiles nouveaux. Elle dota 3 divisions stationnées en Allemagne de l'Est de 1 000 chars T-72, implanta des SS-20 en Europe centrale, ainsi que des Mig-23 à géométrie variable.

■ **Stratégie de défense conventionnelle.** Élaborée aux USA depuis 1982 [sénateur Nunn, Gᵃˡ Rogers (du *Supreme Allied Commander Europa,* Saceur), nouveau manuel de combat FM 100-5]. **Principes :** les progrès techniques (guerre électronique, munitions guidées) permettent d'enrayer une offensive classique et de contre-attaquer localement, sans recourir à l'armement nucléaire. Les Soviétiques auraient eu le 1ᵉʳ jour un avantage d'environ 5 contre 1 ; après 3 j de combats et l'arrivée de renforts, 10 contre 1. Avec des munitions guidées (à développer) l'Otan devait détruire ces renforts avant qu'ils n'atteignent la zone de combats, c.-à-d. 30 à 800 km derrière la zone de contact (concentrations de troupes, centre de commandement et de communication, bases aériennes). **Inconvénients :** *coût :* 10 milliards de $ (nouveaux programmes).

■ **Nouvelle stratégie de défense du Pt Reagan.** Annoncée en juillet 1982, elle reconnaît que les USA ont cessé de se suffire à eux-mêmes (ils dépendent du pétrole étranger et des importations de 69 minéraux stratégiques sur 72). **1°) Stratégie politico-diplomatique** *globale* avec participation accrue du Japon (surveillance spatiale et électronique du nord-ouest du Pacifique, défense d'une zone de 1 000 milles au large de ses côtes, surveillance de la route du golfe Persique) et des pays de l'Otan (Afrique et golfe Persique). **2°) Les moyens** alors envisagés ont été et vont être encore réduits ou supprimés : abandon du missile Midgetman à une ogive, arrêt du programme de sous-marins nucléaires d'attaque de la classe Seawolf, arrêt de la modernisation de l'ogive de l'engin Trident 2 emporté par les sous-marins (dont le nombre d'ogives qu'ils peuvent lancer, 5 440, serait réduit des deux tiers si Moscou renonçait à ses Mirv). Arrêt du programme de production de l'hélicoptère d'attaque Commanche. **Passage de la doctrine Air Land Battle** (étude du Gᵃˡ Gavin, à l'Otan, visant l'encagement d'un éventuel théâtre d'opération européen en interdisant au 2ᵉ échelon des forces du pacte de Varsovie de renforcer celles de l'avant) **à la doctrine Air Land Opération** (visant l'envoi de forces aéroterrestres en nombre suffisant pour intervenir sur tout théâtre à distance des USA, la marine assurant les transports lourds et la maîtrise des voies océaniques de communication).

Désarmement

Principaux traités et accords

■ **Accord de Genève (20-6-1963).** Un **télex crypté spécial dit** « téléphone rouge » assure une communication permanente entre Russes et Américains afin d'éviter le déclenchement d'une guerre nucléaire par accident. Permet de régler plusieurs alertes dues à des défaillances de radar ou d'ordinateur. Sert en période de crise : juin 1967 (guerre des Six-Jours), déc. 1971 (guerre indo-pakistanaise), automne 1973 (guerre du Kippour), déc. 1979 (invasion de l'Afghanistan), déc. 1983 (raids aériens amér. au Liban).

■ **Traité de Moscou (5-8-1963). Arrêt des essais nucléaires non souterrains** (la France et la Chine ne signent pas).

■ **Accord sur l'espace cosmique (27-1-1967). Interdiction d'envoi de charges nucléaires dans l'espace** cosmique (celui-ci étant peu défini, l'accord peut aisément être tourné).

■ **Traité de non-prolifération (TNP) des armes nucléaires (ouvert à la signature 11-7-1968). Entré en vigueur le 5-3-1970 pour 25 ans (1995) :** il distingue les États dotés de l'arme nucléaire *(Dean)* [soit les 5 qui ont réalisé au moins un essai avant 1968 : USA, ex-URSS, G.-B., France, Chine] et les États non dotés de l'arme nucléaire *(Endan)* [soit les États parties au TNP]. Il interdit aux détenteurs de l'arme nucléaire de fournir des armes nucléaires ou des renseignements aux autres États, et à ceux-ci de produire ou d'acquérir ces armes. Il interdit la possession d'armes nucléaires entièrement fabriquées mais tout travail préparatoire à la fabrication (jusqu'à 5 minutes de l'achèvement définitif) reste autorisé. Il interdit l'utilisation militaire des fonds marins (les silos sous-marins, habités ou automatiques, sont bannis, mais le sous-marin à l'affût plusieurs mois sur le fond est toléré). **Le 11-5-1995, traité prorogé indéfiniment,** essais interdits en 1996. **Membres du traité :** 178 pays. *16 pays ont refusé de signer :* Albanie, Algérie, Argentine, Birmanie, Brésil, Chili, Cuba, Émirats arabes unis, Espagne, Guyana, Inde, Israël, Mauritanie, Niger, Pakistan, Zambie. *12 pays l'ont signé, mais ne l'ont toujours pas ratifié :* Barbade, Colombie, Égypte, Indonésie, Koweït, Panama, Singapour, Sri Lanka, Suisse, Trinité-et-Tobago, Turquie, les deux Yémen. La France a souscrit au traité en 1992, mais avait décidé, dès 1976, de l'appliquer sans le signer. La Chine a adhéré en 1992. La Russie hérite des obligations de l'ex-URSS (signataire). Biélorussie, Kazakhstan et Ukraine ont manifesté l'intention d'adhérer.

■ **Conversations sur la limitation des armements stratégiques (Clas I) – Salt I (Strategic Armements Limitation Talks). 1969**-*7-11* ouverture à Helsinki. L'URSS développe rapidement son arsenal (parité quantitative atteinte

Un pays qui veut la bombe atomique peut : 1°) *construire une installation d'enrichissement de l'uranium naturel* pour obtenir l'uranium 235 nécessaire, (il faut 21 kg d'uranium 235 enrichi à 80 % pour faire une bombe) ; **2°)** *s'il possède des centrales nucléaires civiles, ou des réacteurs de recherche,* se doter d'un atelier de retraitement pour extraire des déchets de plutonium 239 (5 kg de plutonium 239 enrichi à 80 % suffisent pour une bombe) ; **3°)** *acquérir clandestinement du plutonium enrichi.*

Depuis 1950, 4,5 kg d'uranium enrichi de qualité militaire ont disparu des USA. Le risque de dissémination nucléaire a augmenté depuis la dissolution du pacte de Varsovie et l'effondrement de l'URSS.

en 1971). Les USA disposent alors de 1054 ICBM, 656 SLBM, 400 bombardiers B-52 ; ils parient sur leur avance technologique (1ers essais Mirv) pour maintenir une supériorité qualitative. **1972**-*26-5* signature à Moscou, par Brejnev et Nixon, des 1ers accords Salt. **Dispositions :** *armement antimissile (ABM) :* accord à durée illimitée interdisant plus de 2 puis 1 seul (protocole du 3-1-1974) site ABM (réseau Galosh autour de Moscou ; projets américains Sentinel puis Safeguard, en protection de silos), afin de préserver la vulnérabilité mutuelle. *Armement offensif :* accord de 5 ans fixant des plafonds. *ICBM :* USA 1054/URSS 1618, *SLBM :* USA 710/URSS 950, *bombardiers :* USA 531/URSS 140. Cette convention a été prorogée depuis novembre 1977 jusqu'à la signature des accords Salt II le 18-6-1979.

Ces accords ne touchent pas les IRBM (qui ne peuvent, de l'URSS, atteindre les USA, mais continuent à menacer l'Europe occidentale). La modernisation (Mirv) et le remplacement sont autorisés ; ainsi, l'accord stimule l'amélioration des performances pour obtenir par l'ogive multiple séparément guidée une supériorité quantitative. *Résultat Salt I :* davantage d'objectifs avec des armes plus précises.

■ **Accords USA/URSS.** **1973**-*22-6* sur la prévention de la guerre nucléaire. *-3-7* début de la CSCE, conférence d'Helsinki. **1974**-*3-7* accord sur la limitation des expériences nucléaires souterraines à partir du 31-3-1976 (interdiction d'expériences de plus de 150 kilotonnes). *-24-11* accord de Vladivostok ; limite pour 10 ans à 2 400 le nombre de missiles et de bombardiers porteurs d'ogives nucléaires, à 1 320 le nombre de fusées à têtes multiples.

■ **Salt II.** **1975**-*31-1* reprise des négociations (les accords *Salt I* prenant fin le 3-10-1977). **1976**-*sept.* interdiction de transformer l'environnement à des fins militaires (guerre météorologique ou géophysique) ; *fin 1976* début installation du missile SS-20 (une des causes de la crise des euromissiles). **1979**-*18-6* signature à Vienne de *Salt II* entre Brejnev et Carter. **Limitations :** *quantitatives :* 2 400 vecteurs stratégiques au total avec 3 sous-plafonds : 1 200 pour les Mirv, 820 pour les ICBM mirvés, et 1 320 pour le total Mirv et les bombardiers équipés de missiles de croisière. *Qualitatives :* pas plus d'un missile intercontinental terrestre (ICBM) pour chaque partie d'ici à 1985 ; limitation des charges des missiles à têtes multiples : ICBM 10, SLBM 14, ASBM 10. **Réactions :** les États européens, notamment l'Allemagne féd., sont inquiets de la non-limitation des missiles soviétiques SS-20 et des bombardiers soviétiques Backfire, qui peuvent anéantir l'Europe. Beaucoup estiment que les USA ont sacrifié la sécurité européenne à celle de leur territoire. *-9-10* la *Pravda* dénonce l'offre de doter l'Europe de Pershing 2 comme un sabotage de Salt II. *-12-12* l'Otan décide l'installation de Pershing 2 et de missiles de croisière en Europe. *-27-12* entrée des Soviétiques en Afghanistan. Le Sénat américain refuse de ratifier Salt II mais, dans la pratique, les dispositions en seront respectées des 2 côtés (parce que les programmes à long terme ont été fondés dessus).

■ **Salt III.** **Projet :** régler le dossier des forces nucléaires intermédiaires. L'intervention soviétique en Afghanistan repousse les négociations prévues pour 1980. Le traité FNI résoudra le dossier.

■ **Accord américano-soviétique sur la prévention des activités militaires dangereuses (AMD).** **1989**-*12-6* s'applique aux mouvements d'éléments militaires de l'une des 2 parties intervenant à proximité du territoire de l'autre ou, dans le cas d'espaces internationaux, d'une zone où évoluent les forces de ce dernier.

■ **Négociations stratégiques de Genève (Start : Strategic Arms Reduction Talks).** **1982**-*29-6* ouverture. Menées parallèlement aux négociations eurostratégiques (voir col. b) avec l'ambition nouvelle, par rapport aux Salt, non plus de limiter, mais de réduire les armements. **1983**-*déc.* négociation interrompue par l'URSS dès le déploiement des 1ers Pershing 2 et des missiles de croisière en Europe. **1986**-*7/10-12 Reykjavik :* accord Gorbatchev-Reagan sur le principe d'élimination de 50 % des armes nucléaires (plafond : 1 600 vecteurs et 6 000 ogives de chaque côté). Mais les progrès de la négociation seront longtemps bloqués par le climat de méfiance et le refus américain de renoncer à l'IDS. **1991**-*31-7* accord *Start I* signé à Moscou. **1993**-*3-1* accord *Start II* signé qui tend à réduire des 2/3 les armements stratégiques détenus dans les années 80 par USA et URSS et prévoit des plafonds finaux de 3 000 à 3 500 charges nucléaires. *-Nov.* l'Ukraine ratifie Start I avec des réserves. **1996**-*26-1* ratifié par le Sénat américain. **2000**-*14-4* ratifié par la Douma russe (par 288 voix contre 131). L'entrée en vigueur de Start II nécessite l'adoption d'un protocole additionnel ratifié par la Russie, mais qui n'est pas ratifié par les USA, Start II n'est donc pas en vigueur.

Les réductions ne sont pas de 50 %, comme il était prévu, mais de 30 %. Les ICBM, armes de 1re frappe, sont les plus réduits. Au contraire, bombardiers et missiles de croisière sont peu ou non touchés.

Prévoyant de limiter à 3 500 têtes nucléaires l'arsenal des USA et à 3 000 celui de la Russie en 2003 (réduction ne visant pas les armes nucléaires tactiques), la destruction annuelle de 1 500 à 2 000 têtes pose des problèmes techniques (maîtrise de la sûreté du transport des têtes, de la sûreté des opérations de démantèlement et du stockage des matières nucléaires récupérées) et plusieurs pays (dont USA, G.-B., Italie, Allemagne, Japon, France) ont signé des accords avec la Russie pour l'aider. *Coût de la coopération pour la France :* 400 millions de F sur 4 ans.

■ **Négociations sur la réduction mutuelle et équilibrée des forces en Europe (MBFR : Mutual and Balanced Forces Reduction).** **1971**-*mai* dépôt au Sénat américain d'un amendement tendant à réduire de 50 % les forces amér. en Europe. Dans cette éventualité, les USA souhaitent négocier une réduction équilibrée entre l'Otan et le pacte de Varsovie en Centre Europe. *-30-10* ouverture des négociations à Venise. **1989** fin des négociations, sans résultat (querelle sur les données de base).

■ **Organisation pour la sécurité et la coopération en Europe (OSCE)** ou **processus d'Helsinki.** Ancienne CSCE (Conférence) avant 1996. **Participants :** États européens, USA et Canada soit 55 États dont 19 de l'Otan. **1973**-*8-7* 1re réunion à Helsinki à l'initiative de l'URSS, qui souhaite obtenir la confirmation définitive du *statut territorial européen* hérité de 1945 (frontières jamais officiellement reconnues en l'absence de paix signée). **Acte final d'Helsinki :** dérivant de son objet initial, la CSCE (OSCE depuis 1996) soumet l'accord territorial à un certain nombre de concessions du bloc communiste sur le maintien du dialogue en Europe et les droits de l'homme (liberté de circulation, de pensée et d'expression), assorti de procédures s'imposant à tous. Les conférences suivantes (*Belgrade :* oct. 1977, *Madrid :* nov. 1980-sept. 1983, *Vienne :* nov. 1986-janv. 1987) clarifient ces principes, dénoncent les infractions et confirment la permanence du dialogue. **1978**-*25-5* Giscard propose une **Conférence sur le désarmement (CDE)** de l'Atlantique à l'Oural qui se déroulerait dans le cadre de la CSCE [contrairement aux MBFR qui ne traitent que du Centre Europe et se jouent entre alliances (Otan-pacte de Varsovie), excluant les pays non membres]. **1986**-*17-1/22-9* **1re série de MDCS (Mesures de confiance et de sécurité) :** renonciation à la force, notification préalable de certaines activités militaires, inspections réciproques sur place. **1990**-*19-11 :* **traité FCE** (voir col. c) : il est l'œuvre de l'OSCE.

■ **Négociations eurostratégiques de Genève sur les « forces nucléaires de portée intermédiaire » (FNI) entreposées en Europe (portée 1 000 km et plus).** **Origine :** **1956**-*oct.* **affaire de Suez :** Boulganine déclare : « Que diriez-vous si, à l'aide de mes fusées, je bombardais Londres et Paris ? » **1958** l'URSS installe ses 1ers engins à moyenne portée (SS-4 et SS-5) ; les USA installent 105 fusées *Thor* et *Jupiter* en G.-B., Italie et Turquie. **1962**-*oct.*, **crise de Cuba** [*nombre de vecteurs stratégiques :* **URSS** 225 (dont 75 ICBM imprécis et peu sûrs, et aucun SLBM) ; **USA** 2 438 (dont 294 ICBM, 144 SLBM Polaris intercontinentaux, 2 000 bombardiers]. *-26-10* Khrouchtchev propose aux USA de retirer de l'Europe *Thor* et *Jupiter ;* en échange, l'URSS renoncerait à installer une quarantaine de SS-4 et de SS-5 à Cuba. Kennedy accepte. **1963** l'URSS déploie des centaines de SS-4 et de SS-5 face à l'Europe de l'Ouest. **1965** l'URSS étudie un missile à longue portée (SS-16) qui serait mobile et donc soustrait au tir des fusées américaines. **1972**-*26-5* **accords de Moscou**, prohibant les missiles intercontinentaux mobiles, l'URSS utilise le SS-16 (en lui enlevant un étage de propulsion) comme missile (mobile) à moyenne portée (l'Otan l'appellera SS-20). Essayé en 1974 et en 1975, son déploiement commence fin 1976. L'Otan, inquiète, considérait les SS-4 et SS-5 comme difficiles à mettre en œuvre et peu précis, car ils n'intimidaient que les « ignorants ». Utilisés, les SS-4 et SS-5 (avec des ogives de 1 à 2 Mt) auraient entraîné des retombées radioactives à l'Est, y compris en Russie d'Europe (vent dominant, sens de rotation de la Terre). Considérés comme armes dissuasives, leur emploi en 1re frappe était peu vraisemblable, alors que les SS-20 pouvaient, en une seule salve de 150 lanceurs, détruire à coup sûr les 200 ou 300 objectifs militaires fixes alliés, y compris leur capacité de riposte. **1978** déploiement des SS-21 (portée 120-150 km), des SS-22 (portée 1 000 km) et des SS-23 (portée 500 km), avec une précision de 30 m ; déploiement d'un nouveau bombardier stratégique, le *Backfire.* **1979**-*janv.* **sommet de la Guadeloupe** [Pts Carter (USA), Giscard d'Estaing (France), 1er ministre Callaghan (G.-B.) et chancelier Schmidt (All.)] : Carter propose d'installer en Europe de nouvelles armes américaines d'intervention à distance (allant à l'encontre d'une politique de désengagement nucléaire progressif remontant à Kennedy). Giscard d'Estaing et Schmidt insistent pour que, tout en se préparant à installer ces engins, l'on négocie et l'on s'engage à renoncer à leur implantation en Europe, si l'URSS retire ses SS-20. Cette *double décision (dual track)* militaire et diplomatique sera à l'origine de *l'option zéro.*

Programme décidé par l'Otan (12-12-1979). **But :** rétablir l'équilibre face à l'URSS qui (au 1-1-1983) allait disposer de plus de 600 missiles à moyenne portée dont 380 SS-4 et SS-5, 243 SS-20, et de 600 bombardiers à moyen rayon d'action (dont 80 Backfire). Les Backfire ont à leur portée toute l'Europe, de Gibraltar à l'Islande, les SS-20 toute l'Europe, sauf la péninsule Ibérique. A cette date, l'Otan (en incluant la force française de dissuasion) dispose seulement des 18 missiles du plateau d'Albion, d'une centaine de bombardiers et des 130 missiles des sous-marins britanniques et français [plus des sous-marins américains de La Jota (Espagne) et de Holy Loch (G.-B.), des F-III de G.-B. et de la VIe flotte]. Aucune de ces armes ne vaut les SS-20 ou les Backfire en riposte (elles avaient, sauf les missiles du plateau d'Albion, un rôle de représailles, car inlocalisables). **Moyens prévus :** installation (de 1983 à 1993) de 572 euromissiles dont 108 Pershing 2 (1 ogive de 150 kt, portée 1 700 km en 10 min, précision 20 à 40 m) et 464 missiles de croisière américains. **Pour l'URSS,** les SS-20 n'étaient qu'une modernisation des SS-4 et SS-5 (déployés en 1961) qui ne changerait rien à l'équilibre existant. En revanche, les euromissiles pouvaient atteindre son territoire et, par leur grande précision, des moyens nucléaires « centraux ». Ces euromissiles allaient remettre en cause le dispositif de bataille soviétique, y compris sa supériorité dans le domaine des forces classiques. **1980**-*3-1* refus officiel de l'URSS de négociation tant que l'Otan n'aura pas renoncé à son programme du 12-12-1979. **1981**-*1-7* bien que l'URSS ait envahi l'Afghanistan, Schmidt se rend à Moscou et réussit à convaincre Brejnev de reprendre la discussion. *-18-11* Reagan lance son *option zéro* : les USA sont prêts à annuler le déploiement des Pershing 2 et des missiles de croisière si l'URSS démantèle les SS-20, SS-4 et SS-5. **Période des négociations (1981 à 1983) :** **1981**-*30-11* ouverture des négociations sur les forces nucléaires intermédiaires (FNI). **1982**-*29-6* ouverture des négociations *Start* à Genève. **1983**-*23-3* Reagan lance l'IDS. Quoique irréalisable à moyen terme, son projet est reçu comme remettant en cause tous les fondements du dialogue [Mad (voir p. 1970 b), traité ABM, etc.]. *-23-11* après l'arrivée des 1ers Pershing 1 en G.-B. (14-11) et en All. féd., l'URSS interrompt les négociations Start-FNI (aucune date de reprise n'est fixée). **1984**-*2-11* Reagan et Tchernenko annoncent une reprise du dialogue. L'URSS essaie de lier la négociation FNI aux discussions sur l'IDS et les armements stratégiques. *-14-4* Gorbatchev propose, dans une *option double zéro,* l'élimination des LRINF (moyenne portée) et des SRINF (moins de 550 km), soit SS-22 et SS-23 contre Pershing 1 A. **1986**-*15-1* Gorbatchev accepte de ne pas prendre en compte les forces nucléaires françaises et britanniques dans un accord sur les euromissiles. *-24-11* Genève, Schultze-Chevarnadze mettent au point le texte du futur traité FNI (en vigueur depuis 1988). *-8-12* Washington, *Reagan et Gorbatchev signent le traité FNI :* les missiles d'une portée de 500 à 5 500 km pour les LRINF devront être détruits dans les 3 ans, soit, *côté américain :* 9 sites opérationnels (Europe) : 3 de Pershing 2, 6 de missiles de croisière, plus les Pershing 1 A ; *côté soviétique :* 72 sites opérationnels : 48 de SS-20, 13 de SS-4, 11 de SS-5, plus les SS-22 et SS-23. **1988**-*27-5* le Sénat américain ratifie le traité. **1989**-*13-5* l'URSS annonce qu'elle ne détruira pas ses SS-23 si l'Otan modernise ses missiles Lance.

■ **FCE (négociations sur la réduction des forces conventionnelles en Europe ; CFE : Conventional Forces in Europe).** Poussée par l'évolution politique en Europe centrale et par une situation économique qui se dégrade, l'URSS va faire des concessions majeures. **1988**-*7-12* l'URSS, imitée par les autres membres du pacte de Varsovie, annonce des réductions unilatérales de forces (240 000 h., 10 000 chars, 800 avions en Europe) et de budget militaire (14,4 %). **1989**-*6-3* ouverture des négociations à Vienne. **1990**-*19-11* Paris : le traité FCE est signé par les 35 États de la CSCE. **Zone d'application :** l'Europe de l'Atlantique à l'Oural (dite *Attu : Atlantic to Ural*) divisée en 4 sous-zones, du Centre Europe à la périphérie. USA et URSS ne sont concernés que pour les forces se trouvant dans ce périmètre. On ne parle plus d'alliances (Otan, pacte de Varsovie) mais de *groupes,* pour éviter les références à l'ex-pacte de Varsovie et réduire la notion de blocs antagonistes. **Plafond et réductions d'armements :** les forces étaient au départ disproportionnées, les réductions le sont en conséquence : l'Otan diminue de 3 % ses matériels, le pacte de Varsovie de 40 %. L'Allemagne s'engage à limiter ses effectifs à 370 000 h., l'URSS à retirer ses troupes de l'ex-RDA avant le 31-12-1994. *Principe de suffisance :* aucun pays ne pourra posséder à lui seul plus du tiers du potentiel global de la zone Attu pour chaque catégorie de matériel (sauf aéronefs, 37 % sur insistance de l'URSS). *Calendrier d'application :* 35 % des réductions dans les 16 mois, 60 % après 28 mois, totalité à 40 mois. *Contrôle :* systématique sur les éléments désignés et droit de visite à l'improviste. **Problèmes d'application :** l'Otan accuse l'URSS d'avoir triché en transférant précipitamment au-delà de l'Oural près de 50 % de son potentiel en Europe, ce qui diminue d'autant ses obligations de réductions par rapport aux chiffres ayant servi de base à la négociation. De même, l'URSS a décrété hors du traité les troupes de marine affectées à la défense côtière des unités, ce qui n'était pas leur vocation initiale.

Accord d'adaptation signé le 19-11-1999 à Istanbul lors du sommet de l'OSCE : vise à concourir à la stabilité et à donner des garanties à la Russie face à l'élargissement de l'Otan.

■ **Initiative Bush (27-7-1991).** Discours présentant des concessions unilatérales : fin de l'alerte permanente des bombardiers stratégiques (elle n'avait jamais cessé depuis 1955) ; renoncement aux missiles MX sur rails ; aux missiles de croisière armés d'ogives nucléaires sur les navires et sous-marins ; retrait de tous les engins nucléaires tactiques terrestres et navals en Europe (maintien de quelques bombes aéroportées). Proposition d'un accord éliminant tous les engins mirvés terrestres (diminution des risques de 1re frappe). **Réponse soviétique (5-10-1991).** Gel de l'arsenal intercontinental mobile ; retrait de missiles dont certains mirvés. Pour les engins nucléaires tactiques, proposition de négociation de retrait total. **Accord Bush/Eltsine (16-6-1992 à Washington).** Prévoit, sous 11 ans, une réduction des 2/3 des ogives nucléaires et, en particulier, la *suppression de tous les missiles stratégiques* terrestres à ogives multiples, soit 1/3 des arsenaux actuels. *Plafonds fixés :* 3 000 à 3 500 ogives de chaque côté (soit 6 000 à 7 000 en tout au lieu de 21 000) dont 1 750 sur SLBM. Ces plafonds, s'ils sont ratifiés, se substitueraient aux plafonds Start, dont les autres clauses restent valables.

■ **Traité « ciel ouvert » (1992).** **1955**-*21-7* idée du Pt Eisenhower : autorisation des survols d'observation réciproques. **1992**-*24-3* signature à la CSCE de Vienne : quota de survols selon procédures définies et avec capteurs autorisés (caméras optiques vidéo et infrarouges, radars SAR, avec limites de performances des capteurs).

Le Pt Reagan accusait l'URSS d'avoir violé : 1°) le traité ABM de 1972 sur les armements antimissiles en construisant à Krasnoïarsk, en Sibérie, un type de radar interdit par ce traité, amorce d'un 2e réseau de protection antimissiles. Or, le traité ABM n'en autorise qu'un seul dans chaque pays : autour de Moscou pour l'URSS, autour d'une base de missiles stratégiques pour les USA (mais Washington n'a finalement pas fait usage de cette possibilité). **2°) L'accord Salt II de 1979** [non ratifié par les USA ; en essayant un 2e type de missile balistique intercontinental, le SSX-25, alors qu'elle avait déjà expérimenté le SSX-24 (Salt II autorisait chaque puissance à n'expérimenter qu'un seul type nouveau de missile)]. **3°) Le traité de 1963** *sur les essais nucléaires souterrains,* en procédant à des explosions qui ont projeté des débris radioactifs au-delà du territoire soviétique.

L'URSS accusait les USA d'avoir violé : 1°) le traité ABM de 1972 avec leur initiative de défense stratégique (IDS) et le réseau de radars fixes *pave paws* utilisé à des fins interdites par ce traité. **2°) Salt II** en installant des missiles de croisière en Europe, armes considérées comme « stratégiques » par l'URSS, puisqu'elles peuvent atteindre son territoire. **3°) Le traité de 1974** *sur la limitation des essais souterrains d'armes nucléaires,* la puissance des essais souterrains étant supérieure à celle admise par les Américains. **4°) Le traité de Genève de 1925** interdisant l'emploi des armes chimiques, lors de la guerre du Viêt Nam. **5°) L'acte final de la conférence d'Helsinki de 1975** en tentant de remettre en question les réalités existant en Europe et en entravant la coopération commerciale et économique normale dans cette partie du monde.

Rapport des forces récent

Situation générale

■ **Situation de l'ex-URSS.** Son évolution, encore incertaine, sera déterminante. **Derniers éléments : 1991**-*31-3 dissolution officielle du pacte de Varsovie* à la suite de l'évolution politique de l'Europe de l'Est. *-1-10* le 1er vice-ministre de la Défense soviétique annonce la réduction des effectifs soviétiques de 4 à 2,5 millions d'hommes d'ici à 1994, et la réduction de 40 % des commandes de matériel. *-21-12* constitution de la Communauté d'États indépendants (CEI). Les 4 États nucléaires (Russie, Biélorussie, Kazakhstan et Ukraine) confirment leur adhésion à la non-prolifération nucléaire et acceptent le transfert en Russie des armes nucléaires déployées sur leur territoire (tactiques avant le 1-7-1992, stratégiques avant fin 1994). En attendant, les décisions d'emploi éventuel sont prises d'un commun accord avec le Pt de Russie. Le droit des États de la CEI à la sécurité collective assuré par ces armes est affirmé. En application du traité Start, signé le 31-7-1991, 926 de ces missiles stratégiques et 3 580 charges seront détruits par la Russie, seul des États à posséder les installations nécessaires. *-30-12* réunion de la CEI à Minsk : Ukraine, Azerbaïdjan et Moldavie refusent de s'inclure dans un système de défense conventionnelle unifiée. Seules les forces stratégiques demeurent sous commandement unique, Ukraine, Moldavie, Azerbaïdjan, Biélorussie et Kazakhstan revendiquant des armées nationales pour leur défense propre. Accord sur un contrôle permanent en temps de paix des armes « de destruction massive » (nucléaires et chimiques), et d'un commandement de l'ouverture du feu à 4 (Russie, Ukraine, Biélorussie, Kazakhstan) en cas de conflit. **1992**-*16-3* décret de création d'une armée russe autonome (1,5 à 2,5 millions d'hommes), en théorie subordonnée au commandement unifié de la CEI. *-15-5 Sommet de Tachkent :* accord entre États de la CEI sur les quotas d'armements conventionnels alloués à chacun, dans la limite des plafonds globaux définis par le traité FCE pour le bloc de l'Est ; la ratification du traité FCE semble désormais possible. *-23-5* signature à Lisbonne entre les USA et les 4 États de la CEI ayant des armes stratégiques sur leur sol d'un *protocole d'application du traité Start,* qui rend possible la ratification définitive de ce traité (des réticences seraient cependant apparues chez les non-Russes de la CEI). **1994**-*14-1* traité Ukraine/Russie, USA prévoyant la dénucléarisation de l'Ukraine en 7 ans. Le commandement suprême de la CEI a disparu, la Russie gardant le contrôle opérationnel des forces nucléaires.

Répartition géographique : 7 armées, dont 2 blindées, sont ainsi déployées en Ukraine. En févr. 1992, le tiers des armements se trouvait dans les 3 districts frontaliers de Biélorussie, Baltique et Carpates, soit 6 600 chars (dont 60 % T 64-72), 3 450 pièces d'artillerie et 380 hélicoptères d'attaque. Le retrait des troupes russes stationnées en Europe de l'Est s'échelonna de 1991 à 1994. Plus de 30 divisions (environ 500 000 h.) furent redéployées en Russie occidentale, mises en sommeil au-delà de l'Oural ou dissoutes. L'ex-marine de guerre soviétique est répartie entre Mourmansk (flotte du Nord), Vladivostok (flotte du Pacifique) et Sébastopol (flotte de la mer Noire). L'Ukraine avait revendiqué une partie de cette dernière, forte de 300 navires (mais moins d'une centaine de plus de 1 000 t, dont une vingtaine de sous-marins, aucun nucléaire), plus 220 avions de l'aéronavale.

Dispersion de l'arsenal nucléaire de l'ex-URSS. 90 % des 28 000 charges nucléaires tactiques et stratégiques. *Russie :* 19 000 charges (dont 9 000 stratégiques) ; *Ukraine :* 4 000 (1 850) ; *Kazakhstan* (1er État musulman à en posséder), 1 800 (1 400) ; *Biélorussie :* charges stratégiques 1 250 (72). Les sous-marins lance-engins et leurs missiles sont sous contrôle de la Russie. 2 000 à 2 500 ogives tactiques seraient disséminées dans les autres États, dans des centaines de zones de stockage. La Russie pouvant démanteler 2 000 armes par an, le désarmement demanderait 12 ans. Les stocks de plutonium atteindraient 100 t, ceux d'uranium enrichi 500 t, également disséminés. Le complexe nucléaire soviétique aurait employé 200 000 personnes (USA 100 000).

Nouvelle stratégie russe : profiter des limitations imposées pour se débarrasser de matériels anciens, alléger les unités aériennes dotées de matériels récents, mettre l'accent sur l'intervention à distance (gros porteurs aériens, unités parachutistes) comme si l'objectif était de ramener les républiques sécessionnistes dans une grande Russie. Mais ce schéma est compromis : des réductions budgétaires pèsent sur le paiement des soldes, l'entretien du matériel (pillé ou laissé à l'abandon, d'où risques de fuites nucléaires) et les programmes d'équipement ; 9 appelés du contingent sur 10 ne rejoignent pas leur unité et les officiers les plus compétents préfèrent se reconvertir dans le civil ou les forces du ministère de l'Intérieur. Le 21-4-2000 la Russie ratifie le traité d'interdiction complète des essais nucléaires (TICE) une semaine après l'adoption du traité Start-2 de désarmement nucléaire russo-américain prévoyant la limitation du nombre de têtes explosives dans les 2 pays. Ces traités doivent être encore approuvés par le Conseil de la Fédération (la chambre haute du Parlement). Le conseil de sécurité russe précise la doctrine de défense : la Russie peut « utiliser toutes les forces et moyens à sa disposition, y compris l'arme nucléaire, au cas où tous les autres moyens pour régler la situation sont épuisés ou se sont révélés inefficaces ». La doctrine précédente, datant de 1993 mais revue en 1997, permettait d'utiliser l'arme nucléaire pour répondre à « une agression armée qui apparaîtrait comme une menace pour l'existence même de la Russie ». Le Pt Poutine a affirmé que l'armée russe viendrait en aide à son allié biélorusse « s'il en avait besoin ».

■ **USA. Stratégie Bush :** les USA se reconnaissent comme la seule superpuissance ayant des intérêts mondiaux et des responsabilités globales. La priorité est donnée aux menaces régionales (Moyen-Orient, Corée) et à l'instabilité de certaines zones (CEI, Europe centrale), ainsi qu'aux risques de prolifération nucléaire, balistique et chimique. La dissuasion nucléaire reste essentielle, mais avec des moyens réduits de 50 %. Les forces classiques sont partagées entre Atlantique, Europe et Pacifique, les forces d'intervention pouvant agir partout. Les forces d'active passeront de 2,1 à 1,6 million d'h. entre 1990 et 1995, et le déploiement à l'étranger sera réduit de 30 à 40 %. L'accent est mis sur la coopération internationale.

■ **Évolution du nombre global d'ogives nucléaires. Ex-URSS : 1952 :** 6. **55 :** 340. **60 :** 2 200. **84 :** 16 000 dont 8 000 *systèmes stratégiques* (couverts par les Salt) [missiles balistiques 7 700 dont ICBM 5 300, SLBM 2 400 ; avions 300 dont Tu-95 210, Mya-4 90]. *Autres catégories* 8 000. **92 :** 11 350 ogives stratégiques dont 720 sur ALCM, 3 672 sur SLBM. **USA : 1947** (juillet) : 13. **48 :** 50. **50 :** 290. **51 :** 400. **53 :** 1 000. **55 :** 2 000. **60 :** 20 000. **67 :** 32 000. **84 :** 24 000 dont 13 748 *systèmes stratégiques* couverts par les Salt. **92 :** 18 000 dont 8 800 *stratégiques* couverts par les Salt (sur missiles 5 500 dont ICBM 2 000, SLBM 3 500 ; avions B-52 et B-1 B 3 300). **France :** 450. **Grande-Bretagne :** le 16-11-1993, la G.-B. a décidé de réduire à 96 (au lieu des 128 prévues) le nombre des ogives nucléaires embarquées à bord de ses sous-marins. Elle a annoncé la réduction à 48 en 1998.

☞ Les stocks destinés aux 2 000 bombardiers des années 50 et des milliers d'autres charges destinées à divers usages (mines de démolition, engins atomiques antiaériens par exemple) ont été détruits. Le programme en cours (missiles de croisière, obus d'artillerie et ogives de missile courte portée à radiation renforcée) devait compenser cette évolution, mais le nombre des armes tactiques américaines continue à baisser.

Lanceurs (vecteurs)

■ **Missiles.** Les USA ont privilégié les sous-marins, moins vulnérables à une attaque préventive (stratégie de représailles), l'URSS les missiles en silos, donc une capacité antiforce (avec des ogives puissantes et très précises) destinée à détruire en 1er les silos adverses avec une grande probabilité de succès (stratégie de frappe en 1er).

Missiles intercontinentaux

	USA		EX-URSS	
	ICBM	SLBM	ICBM	SLBM
1960	18	32	35	–
1965	854	496	270	120
1975	1 054	656	1 618	711
1980	1 054	656	1 398	1 028
1984	1 037	592	1 398	981
1987	1 000	640	1 418	967
1991	1 000	608	1 334	914
1992	550	480	1 399	912
2001 (janv.)	601	448	750	436

■ **Bombardiers stratégiques. A long rayon d'action :** USA 220 (*B-52 G* et *H* et *B-1 B*) [en prévision : 94 *B-52 H* et 20 *B-2*]. **URSS** 90 (75 *Tupolev 95,* 15 *Tupolev 160 Blackjack*). **A moyen rayon :** USA 290 (*FB-111 D/E/F/G*). **URSS** 766 (310 *Tupolev-16 Badger,* 106 *Tupolev-22 Blinder,* 350 *Tupolev-26 Backfire*).

■ **Arsenal stratégique des 8 puissances nucléaires** (en 2000). **Nombre de têtes nucléaires et,** entre parenthèses, **portée** (en km) : Russie 6 950 [dont 3 950 sur missiles inter-continentaux] (11 000), USA 7 960 [dont 3 780 sur sous-marins] (13 000), *France 514 (6 000),* Chine 410 (11 000), G.-B. 192 sur sous-marins (12 000), Israël [1] 200 (1 500), Inde 75 (1 500), Pakistan 15/25 (1 500).

Nota. – (1) Puissance nucléaire non déclarée officiellement.

Arsenaux nucléaires stratégiques

		1990	1999 : Start I	Janv. 2001	2003 : Start II
ICBM [1]	Russie	6 612	3 153	3 444	531
	USA	2 450	1 400	2 150	500
SLBM [2]	Russie	2 804	1 744	2 024	1 744
	USA	5 760	3 456	3 616	1 728
Armes aéroportées [3]	Russie	855	1 552	626	752
	USA	2 353	3 700	1 528	1 272
Total	Russie	10 271	6 449	6 094	3 027
	USA	10 563	8 556	7 295	3 500

Nota. – (1) Sur ICBM missiles intercontinentaux basés à terre. (2) Sur SLBM fusées embarquées à bord de sous-marins. (3) Par des bombardiers lourds.

☞ En Ukraine : *en janv. 2001 :* 160 ICBM, 48 aéroportés.

En Europe

Forces euronucléaires

■ **Le traité FNI** de 1987 et *l'initiative Bush,* la situation politique à l'Est, ont conduit à *l'élimination de la quasi-totalité des forces nucléaires non nationales* (voir p. 1971 b).

Otan. Derniers Pershing, Lance et missiles de croisière sol-sol retirés en juin 1991. Artillerie nucléaire en cours de retrait (en 1992). Sont maintenus 700 à 1 000 B-61 (bombes à gravitation) et B-83 (missiles air-sol courte portée) classés hors FNI, et les forces nucléaires britanniques et françaises exclues du traité. Les USA conserveraient environ 5 000 ogives nucléaires, surtout stratégiques.

Ex-URSS. Dernières charges retirées d'Europe fin 1991. Les missiles de croisière mer-sol (Tomahawk) seront entreposés à terre (pour ceux qui sont en version nucléaire). Les missiles air-sol seront limités en production et modernisation.

Principales bases de l'Otan

■ **Pays de l'Otan.** Surtout américaines. **Grande-Bretagne :** *Holy Loch* (Écosse), point d'appui des sous-marins Polaris (retrait des éléments américains en 1992). **Grèce :** effectifs américains évacués à la suite des événements de Chypre (août 1974), retour au sein de l'Otan (oct. 1980). **Groenland :** 2 bases américaines dont *Thulé* (système d'alerte-radar). **Islande :** pas d'armée nationale. 3 300 Américains assurent sa défense. **Italie :** *Vérone* (infanterie et aviation), *Pise* (base logistique), *Sigonella* (Sicile, marine). *La Maddalena* (Sardaigne, marine), *Naples* (marine). **Turquie :** depuis l'affaire de l'U-2 contraint d'atterrir en Union soviétique en 1960, les 27 bases américaines en Turquie sont sous contrôle légal de l'état-major turc. La plupart sont prêtées par « accord verbal ». De plus, les USA disposent de 26 bases de communication et de surveillance des missiles.

■ **Pays de la zone Otan.** Depuis l'expulsion des Américains de Libye en 1970 et la perte de Malte en 1971. **Chypre :** depuis 1960, un accord prévoit l'utilisation des ports de l'île par la Royal Navy. La G.-B. y entretient également une base jouissant de l'extraterritorialité. **Espagne :** l'accord de 1953 a été renouvelé en 1976 pour 5 ans et en 1988 pour 8 ans. Les bases américaines [*Saragosse, Morón* et *La Jota* (sous-marins Polaris)] sont théoriquement sous commandement espagnol ; les avions amér. ont quitté *Torrejón* en 1992. **Maroc :** 3 bases de télécom. américaines en vertu d'un « informal agreement ».

■ **Réductions américaines (1991-92).** Les retraits américains conduisent à la restitution d'une centaine de bases ou installations militaires à l'Allemagne, principalement en Bavière et au Bade-Würtemberg. *Bases aériennes à évacuer :* Kemble et Upper Heyford (G.-B.) ; Estaca de Vases (Esp.) ; Samsur (Turquie) ; Comiso et Decimomanu (It.) ; Hellenikon (Grèce) ; Oldendorf (All.). *Réductions d'effectifs :* Botburg, Sprangdahlem et Ahlhorn (All.).

■ **Comparaison des marchés aéronautique et spatial européen et,** entre parenthèses, **américain. Chiffre d'affaires** (en milliards d'euros, 1999) : *avions civils :* 37,3 (51,1) ; *militaires :* 6,2 (33,6) ; *missiles :* 2 (7,5) ; *espace :* 4,2 (29,2) ; *services aéronautiques :* 15,9 (24,3) ; *total :* 65,6 (145,7).

■ **Chiffre d'affaires défense et,** entre parenthèses, **chiffre d'affaires total** (en milliards de $, 1997). Lockheed Martin [1] 18,50 (28,00) ; Boeing [1] 13,78 (45,80) ; BAe [2] 10,09 (13,67) ; Northrop Grumman [1] 8,20 (9,15) ; Raytheon [1,6] 6,27 (13,70) ; GEC-Marconi [2] 5,77 (18,39) ; Thomson-CSF [3] 4,18 (6,42) ; TRW [1] 3,80 (10,80) ; General Dynamics [1] 3,65 (4,06) ; United Technologies [1] 3,31 (24,71) ; DCN [3] 3,23 (2,32) ; Litton Industries [1] 2,92 (4,18) ; Dasa [4] 2,73 (4,18) ; Lagardère Matra [3] 2,23 (10,99) ; Rolls-Royce [2] 2,14 (7,15) ; Mitsubishi Heavy Industries [5] 2,09 (20,38) ; Allied Signal [1] 2,08 (14,50) ; Aérospatiale [3] 1,93 (9,38) ; Dassault Aviation [3] 1,82 (3,51) ; Newport News Ship Building [1] – 1,60 (1,71).

Nota. – (1) USA. (2) G.-B. (3) France. (4) Allemagne. (5) Japon. (6) Avant acquisition de Hugues Défense et du secteur électronique de Texas Instruments.

■ **Pays aux forces armées les plus importantes. Nombre** (en miliers d'h.) **des forces armées actives et,** entre parenthèses, **de réserve :** Chine 2 820 (1 200) ; USA 1 401,6 (1 796,7) ; Inde 1 175 (528,4) ; Russie 1 159 [effectif réel 2001 : 850 ?] (2 400) ; Corée du Nord 1 055 (4 700) ; Corée du Sud 672 (4 500) ; Turquie 639 (378,7) ; Pakistan 587 (513) ; Iran 540 (350) ; Viêt Nam 484 (3 000) ; Égypte 450 (254) ; Iraq 429 (650) ; Taïwan 376 (1 657,5) ; *France 358,8 (292,5)* ; Myanmar 349,6 (n.c.) ; Ukraine 346,4 (1 000) ; Allemagne 333,5 (315) ; Syrie 320 (500) ; Brésil 313,3 (1 115) ; Thaïlande 306 (200) ; Indonésie 299 (400) ; Italie 298,4 (304) ; Japon 242,6 (48,6) ; Pologne 240,7 (406) ; Roumanie 219,7 (470) ; G.-B. 210,9 (319,6) ; Maroc 196,3 (150) ; Espagne 194 (447,9) ; Israël 175 (430) ; Mexique 175 (300).

Dépenses de défense par rapport au PIB (en %, 1999) : USA 3,1, G.-B. 2,47, *France 2,14,* All. 1,17, It. 1,16, Esp. 0,98. **Coût par personne** (en F) : USA 6 236, G.-B. 3 517, *France 3 209,* All. 1 773, It. 1 694, Esp. 1 067.

Place de la défense
(budget en structure Otan)

	2000 Déf. [1]	2000 Déf./PIB	Effectifs moyens [4]			
			Terre [2]	Air	Mer	Réserves [3]
Allemagne	197,31	1,49	221 100	73 300	26 600	364 300
Belgique	24,78	1,43	26 800	8 600	2 600	152 050
Espagne	64,01	1,27	100 000	29 100	36 950	447 900
France [5]	*240,86*	*2,62*	*148 989*	*62 966*	*45 387*	*419 000*
Italie	169,41	1,94	153 000	59 600	38 000	65 200
P.-Bas	45,14	1,63	23 100	11 300	12 340	32 200
G.-B.	219,16	2,42	113 950	54 730	43 770	302 850
USA [6]	1 932,35	2 998	471 700	353 600	370 700	1 211 500

Source : Otan. (1) En milliards de F, devises converties en F, en parité de pouvoir d'achat (PPA). (2) Non compris les formations correspondant à la Gendarmerie en France. (3) Réserves mobilisables. (4) *Sources :* Military Balance 99/2000. (5) Données nationales 2000 pour les effectifs – données Otan pour le budget. (6) Non compris dans les effectifs 171 300 hommes du Marine Corps.

Armements conventionnels
en Europe en 2003

Pays	Chars	Autres blindés	Pièces d'artillerie	Avions	Hélicoptères
Allemagne	3 444	3 281	2 255	765	280
Arménie	220	220	285	100	50
Azerbaïdjan	220	220	285	100	50
Belgique	300	989	288	209	46
Biélorussie	1 800	2 600	1 615	294	80
Bulgarie	1 475	2 000	1 750	235	67
Canada	77	263	32	90	13
Danemark	335	336	446	82	18
Espagne	750	1 588	1 276	310	80
France	*1 226*	*3 700*	*1 192*	*800*	*374*
Géorgie	220	220	285	100	50
G.-B.	843	3 017	583	855	350
Grèce	1 735	2 498	1 920	650	65
Hongrie	835	1 700	840	180	108
Islande	0	0	0	0	0
Italie	1 267	3 172	1 818	618	142
Kazakhstan	50	200	100	15	20
Luxembourg	0	0	0	0	0
Moldavie	210	210	250	50	50
Norvège	170	275	491	100	24
P.-Bas	520	864	485	230	50
Pologne	1 730	2 150	1 610	460	130
Portugal	300	430	450	160	26
Roumanie	1 375	2 100	1 475	430	120
Russie	6 350	11 280	6 315	3 416	855
Slovaquie	478	683	383	100	40
Tchèque (Rép.)	957	1 367	767	230	50
Turquie	2 795	3 120	3 523	750	130
Ukraine	4 080	5 050	4 040	1 090	330
USA	1 812	3 037	1 553	784	396

L'armement en France

■ **Dotations en crédits de paiement** (en millions de F). *1990 :* 189,4 ; *91 :* 194,5 ; *92 :* 195,3 ; *93 :* 197,9 ; *94 :* 199,3 ; *95 :* 202,3 [dont *titre III :* 99,8 (seront en juin 1995 amputés de 8,4) ; *titres V et VI :* services communs 28,9 ; Marine 24,3 ; Air 24,2 ; Terre 22,5 ; Gendarmerie 2,4].

■ **Coût des grands programmes français. Total** dont l.p. (loi de programmation) 1995-2000 (en milliards de F) : *avion de transport futur* (Aérospatiale) 250 [dont France 50 (dont l.p. 1,9) ; autres 198,1]. *Avions de combat Rafale* (Dassault Aviation) 198 (l.p. 52). *Sous-marin nucléaire Triomphant* (DCN) 77 (l.p. 24). *Missile nucléaire M5* (Aérospatiale) 60 (l.p. 5,3). *Char Leclerc* (Giat Industries) 41,9 (l.p. 13,9). *Hélicoptère de combat Tigre* (Aérospatiale-Dasa) 40 (l.p. 6,7). *Porte-avions Charles-de-Gaulle* (DCN) 17,2 (l.p. 6,9). *Satellite Hélios 2* (Matra) 11,3 (l.p. 2,7). *Hélicoptère de transport NH90* (Aérospatiale-Dasa) 9 (l.p. 2,8). *Missile air-air Mica* (Matra) 88 (l.p. 2,6).

■ **Chiffre d'affaires total de l'industrie d'armement dont,** entre parenthèses, **exportations (livraisons)** [en milliards de F]. *1970 :* 14,3 (2,7). *80 :* 58,7 (23,4). *85 :* 104,4 (43,9). *86 :* 108,4 (43,1). *87 :* 107 (34,1). *88 :* 116,2 (38,2). *89 :* 120,2 (37,3). *90 :* 124,5 (38,6). *91 :* 115,6 (29,1). *92 :* 113,1 (28,9). *93 :* 103,1 (20,6). *94 :* 96,9 (16,8). *95 :* 93,4 (19,1). *96 :* 97,6 (29,4). *97 :* 104,9 (43,3 dont matériels aériens 23,03, terrestres 9,18, navals 11,08 ; *98 :* 103,1 (41,2) ; *99 :* 86,5 (24,8) ; *2000 :* (45).

■ **Part du secteur militaire dans le solde commercial de la France** (en %). *1993 :* 19,5 ; *94 :* 16,7 ; *95 :* 13,1 ; *96 :* 19,5 ; *97 :* 14,6 ; *98 :* 16,6 ; *99 :* 9,8.

■ **Principaux clients de la France. Moyenne 1991-98 des commandes** (montant en milliards de F/an) : *+ de 5 :* Émirats, Arabie, Taïwan. *1 à 2 :* Pakistan, Qatar, G.-B. *0,75 à 2 :* USA, Turquie. *0,5 à 0,75 :* Espagne, Koweït, Corée, Inde, Allemagne. *0,25 à 0,5 :* Grèce, Italie, P.-Bas, Égypte, Suisse, Singapour, Brésil, Chili.

■ **Part de la production exportée dans les constructions navales/les armements terrestres** (en %). *1984 :* 43/49. *85 :* 39/46. *86 :* 31/47. *87 :* 21/38. *92 :* 14/37. *93 :* 11/32.

■ **Principaux producteurs d'armement du secteur public * et privé. Chiffre d'affaires total** (en milliards de F) **dont** entre parenthèses, **% réalisé dans la défense** (en 1997) : **aéronautique : Aérospatiale** * 56,3 (20 %) [engins balistiques (tactiques, hélicoptères, avions de transport et d'entraînement), armement nucléaire préstratégique]. **Dassault Aviation** * 17,6 (66) [avions de combat, d'entraînement, de patrouille maritime]. **Snecma** * 2,3 (21,3) [moteurs d'avion]. **Matra** 5,4 (n.c.) [mécanique, aviation traction créée 1945 par Marcel Chassagny ; armements aéroportés, engins tactiques, satellites militaires]. **SEP** * (propulseurs à poudre). **Turboméca** (moteurs d'hélicoptères, d'avions).

Naval : DCN * (Direction de la construction navale) : sous-marins, porte-avions, bâtiments de combat ; *effectifs du service industriel* (au 31-12-1999) : 16 418 (13 500 à 14 500 en 2002) ; *chiffre d'affaires* (en milliards de F, 1999) : 10,8 ; prises de commandes 1,81 ; dont export. et diversification 0,105. **GEC-Alsthom :** bâtiments d'essais et de mesures, frégates de surveillance. **Constructions mécaniques de Normandie (CMN) :** bâtiments de moins de 1 500 t. **Sté française de constructions navales** *(SFCN) :* bâtiments de moins de 1 000 t.

Terrestre : Giat Industries (y compris Luchaire et Manurhin *) : Sté créée 1-7-1990 ; blindés chenillés, artillerie et armes, munitions et pyrotechnie. *Chiffre d'affaires* (en milliards de F) : *1994 :* 4,8 ; *95 :* 5,3 ; *96 :* 6,1 ; *97 :* 6,7 ; *98 :* 7,2 ; *99 :* 5,7 ; *2000 :* 3,6. *Pertes : 94 :* 2,9 ; *95 :* 10 ; *96 :* 0,17 ; *97 :* 2,85 ; *98 :* 0,87 ; *99 :* 0,95 ; *2000 :* 1,85. **Recapitalisations de Giat-Industries** (en milliards de F) : *1990* (1-7) : 1,86 ; *91 :* 1,07 ; *96* (avril) : 3,7 (résultat net – 0,17) ; *97* (août) : 3,7 (– 2,85) ; *98* (fév.) : 4,3 (– 0,87) ; *99* (janv.) : 5,7 (– 0,95). *Commandes* (en milliards de F) : Carnets : *1999 :* 15 ; *2000 :* 18,2 ; prises : *1999 :* 2,8 ; *2000 :* 6,8. *Effectifs : 1991 :* 17 830 ; *95 :* 16 000 ; *2000 :* 7 800 ; *2001* (déc.) : environ 7 000. *Effectifs des sites au 15-6-1998 :* Roanne 1 830 ; Tarbes 1 500 ; Versailles-Satory 1 490 ; Bourges 1 200 ; Tulle 800 ; Toulouse 750 ; St-Chamond 740 ; Cusset 630 ; St-Étienne 600 ; La Chapelle-St-Ursin 400 ; Rennes 270 ; Salbris 160 ; Le Mans 130 ; St-Pierre-de-Faucigny 80. 4 000 emplois supprimés jusqu'en 2002. **SNPE * (Sté nationale des poudres et explosifs) :** 1,9 (29) poudres et explosifs, propergols solides. **RVI * (Renault véhicules industriels) :** véhicules blindés, tactiques. **Thomson-Brandt Armement * :** mortiers, bombes aéroportées, munitions. **Creusot-Loire Industrie * :** véhicules blindés. **Panhard et Levassor :** véhicules blindés, tactiques.

Électronique : Thomson-CSF 38,5 (65) : systèmes de communication et de commandement, de missiles, de détection, équipements aéronautiques, informatique, composants spéciaux. **Dassault Électronique** 4,9 (62) : radars, autodirecteurs, calculateurs, contre-mesures. **Sagem** 16,8 (22) : systèmes de navigation, conduites de tir, calculateurs, optronique. **SAT :** faisceaux hertziens, optronique. **Sextant Avionique :** instruments de bord, systèmes de navigation, visualisation. **ATFH :** faisceaux hertziens, stations de télécommunication. **CSEE :** optronique, conduite de tirs, stabilisateurs de tourelles. **Sfim :** systèmes de navigation, de mesure. **Alcatel Espace :** télécommunication par satellites, charges utiles de satellites. **Unilaser :** lasers.

■ **Autres fournisseurs réguliers. Messier-Bugatti :** trains d'atterrissage. **Hispano-Suiza :** tourelles. **Auxilec :** moteurs et générateurs électriques. **Saft :** accumulateurs, générateurs. **Intertechnique :** systèmes carburant, conditionnement, oxygène, télémesure. **Labinal :** câblage, connecteurs, moteurs. **Sochata-Snecma :** réparation de moteurs. **Sopelem :** optiques, télémètres, équipements de vision nocturne. **Sogerma-Socea :** entretien de matériels aériens, équipements divers. **Souriau *. Framatome,** connectique. **CNIM :** matériels du génie, assemblages mécano-soudés.

	Gifas [1]	Sper [2]	Gicat [3]	Total	Gican [4]
CA consolidé [5]	118	45	40	203	28
% export./consolidé	55	43 (exp/nc)	25,5 (en 93)		15
% militaire [6]	62	30	40	132	
dont :					
– métropole	60	52	48	55	
– export.	40	48	52	45	
Effectifs : directs	120 000	53 000	50 000	223 000	25 000
indirects	250 000	46 000	75 000	371 000	15 000
Total	370 000	99 000	125 000	594 000	40 000
dont activités militaires	190 000	65 000	125 000	380 000	

Nota. – (1) Groupement des industries aéronautiques et spatiales. (2) Syndicat de matériel professionnel électronique et radioélectrique. (3) Groupement des industries concernées par l'armement terrestre [*CA* (en milliards de F) *1990 :* 37, *93 :* 25,5. *Salariés : 1990 :* 41 600, *93 :* 30 000]. (4) Groupement industriel des constructeurs et armements navals créé 1992 [la Direction des constructions navales (DCN), rattachée à l'État, n'en faisant pas partie]. (5) HT, en 1990, en milliards de F. (6) Montant non consolidé.
Source : Cidef (Conseil des industries de défense françaises).

■ **Dépenses budgétaires de recherche-développement militaire (DERDM)** (en milliards de F). **Crédits de recherche-développement en France :** *1990 :* 30,8 ; *95 :* 27,1 ; *96 :* 24,7 ; *97 :* 22,3 ; *98 :* 19,5 ; *99 :* 21,1 dont développements 15,61, études en amont 5,49.

Quelques coûts

Ordre de grandeur (1984-2001), chaque matériel pouvant comporter des équipements variés et certaines contraintes politiques pouvant agir sur les prix.

■ **Chiffre d'affaires et,** entre parenthèses, **résultat opérationnel** (en milliards d'euros). *1998 :* 1,75 (– 0,137) ; *99 :* 1,72 (– 0,116) ; *2000 :* 1,43 (– 0,091) dont en % maintien en condition opérationnelle 40, systèmes de combat et équipements 30, constructions neuves 30.

■ **Armes à feu** (en milliers de F). Fusil Famas 11,7. Pistolet 9 mm 2. FM 7,62 11. ACCP ERUX 30. AT 4 CS 9,1.

■ **Avions** (en millions de F). **Chine :** *FC-1* 70. **Inde :** *LCA* 120. **Japon :** *Mitsubishi F-2* 550. **Suède :** *Gripen* 180. **USA :** *Furtif* 4 000. *Hawkeye* (radar volant) 1 250. *F-22 Raptor* 650. **France :** *Rafale 659* (148 milliards de F pour 294 avions [1]). *Mirage III* d'occasion 12,5 (en 1996). *Mirage V* d'occasion 24 (en 1994). *Mirage 2000-9* et armement 660 (en 1997). Atlantique 2 964 (27 milliards de F pour 28 avions) [1].

■ **Blindés.** *Char Leclerc* 51,7. *Vab I* 2,6.

■ **Bombes et missiles** (en millions de F). **USA :** *bombe de 250 kt :* 6 ; *de 5 500 kt :* 7. *Dragon :* 0,03. *Harpoon :* 2 (en 1980). *Patriot :* 5 100 pour 6 batteries. *Stinger :* 63 pour 50 lanceurs et 200 missiles. *Pershing II :* 56. *Poséidon C3* (sans tête nucléaire) : 24. *Sea Sparrow :* 0,500. *Trident I :* 133 ; *II :* 350. *Tow :* 0,03. **France :** *AS 30 :* 0,03. *Crotale :* 0,05. *Exocet SM 39 :* 5 (en 1986). *Milan :* 0,05 (en 1996). *Batteries Crotale* (40 missiles) 570 (1990-91), *Mistral* 1,9.

■ **Canon.** De *155 A4F1* 18,2.

■ **Hélicoptères** (en millions de F). *Cougar* 250 (en 1996). *Dauphin-2* 28.

■ **Navires** (en millions de F). **Chasseurs de mines :** Trident 433 (en 1992). **Frégates :** type *La-Fayette* 1 400 (en 2000). **Porte-avions :** *Foch* 2 500 ; *Charles-de-Gaulle* 20 000 (sans les avions). **Sous-marins :** *patrouilleur rapide* CMN 312 (en 1994), *Agosta* 1 830 (en 1994) ; *nucléaire d'attaque :* 1 200, *SNLE NG* 22 500 [1] (4 pour 90 milliards de F). **Vedettes :** avec armes : 70.

■ **Satellites** (en millions de F). *Hélios :* 7 900 (pour 2 satellites plus station) plus 4 000 (pour 2 satellites à infrarouges). *Syracuse I :* 2 170 ; *II :* 9 800.

☞ Un amiral américain a calculé que chaque ennemi tué revenait, en moyenne, sous Jules César il y a 2 000 ans, à 75 cents ; sous Napoléon Bonaparte en 1800 à 3 000 $; aux USA en 1917-18 à 21 000 $; en 1941-45 à 200 000 $.

Nota. – (1) Études, développements, industrialisation et logistique initiale compris.

Salons du Bourget : *Salon de l'aéronautique et de l'espace* du 14-6 au 22-6-1997 : 1 760 exposants, 220 appareils. *Salon mondial de l'armement terrestre Eurosatory :* élargi aux industriels européens en 1992, accueille 535 exposants de 18 pays. *Salon européen de l'armement naval :* du 21 au 25-10-1996.

☞ Suite de la p. 32

■ **Logiciels pour serveurs. Parts de marché** (en %) : *en nombre :* Windows NT (Microsoft) 38,1, Linux 24,6, Netware (Novell) 19,4, Unix 15,3, autres 2,6. *En valeur :* Unix 52,7, Windows NT 30,3, Netware 15,8, Linux 0,6, autres 0,7.

■ **Micro-ordinateurs. Constructeurs** (en % du marché total, 2000) : Compaq (USA) 12,8, Dell (USA) 10,8, Hewlett-Packard (USA) 7,6, IBM 6,8, Nec (Japon) 4,3, Gateway 3,8, autres 53,9.

Ventes (en millions d'unités) : *1997 :* 82,5 ; *98 :* 93,2 ; *99 :* 114,9 ; *2000 :* 134,9.

■ **Ordinateurs. Nombre de PC** (en millions) **et,** entre parenthèses, **pour 100 habitants :** *1990 :* 120 ; *91 :* 130 ; *92 :* 150 ; *93 :* 170 ; *94 :* 190 ; *95 :* 230 ; *96 :* 260 ; *97 :* 320 ; *99 :* 430. *Monde 345 (6,26). Afrique 5 (0,76)* dont Afrique du S. [1] 2,1 (5,16), Nigéria [1] 0,65 (0,61), Égypte [1] 0,6 (0,91), Maroc [1] 0,2 (0,72). *Amérique 149,8 (19,55)* dont USA [1] 124 (45,58), Canada [1] 10 (33,06), Bolivie [1] 5 (3,01), Mexique [1] 4,5 (4,7). *Asie 67,9 (2,07)* dont Japon [1] 30 (23,72), Chine [1] 11,2 (0,89), Corée du S. [1] 7,2 (15,68), Inde [1] 2,7 (0,27). *Europe 113,4 (14,55)* dont All. 24 (29,69), G.-B. 18 (30,64), *France 13 (22,08),* Italie 11 (19,18), Pays-Bas 5,7 (35,97), Espagne 4,8 (12,18), Suède 4 (45,14). *Océanie 8,8 (38,61)* dont Australie [1] 7,7 (41,11), Nouvelle-Zélande [1] 1,1 (28,88). *Prévisions fin 2000 :* 500 ; *2002 :* 670.

Nota. – (1) En 1998.

■ **Semi-conducteurs** (en 2000). **Chiffre d'affaires** (en milliards de $) **et,** entre parenthèses, **% du marché :** Intel (USA) 29,7 (13,4), Toshiba (Japon) 11,2 (5), Nec (Japon) 11 (5), Samsung (Corée du Sud) 10,8 (4,9), Texas Instruments (USA) 9,1 (4,1), Motorola (USA) 8 (3,6), STMicroelectronics, NV (France, Italie) 7,9 (3,6), Hitachi (Japon) 7,2 (3,3), Hyundai (Corée) 6,8 (3,1), Infineon Technologies (Allemagne) 6,7 (3).

Ventes (en milliards de $, 2000) : USA 3,75, Asie-Pacifique 3,54, Japon 3,35, Europe 3,07.

■ **Services informatiques (sociétés). Chiffres d'affaires dans le monde** (en milliards de $, 2000) : IBM Global Services (USA) 33,2, EDS (USA) 19,2, Computer Sciences (USA) 9,3, Andersen Consulting (USA) 8,9, NTT Data (Japon) 6,8, Cap Gemini, Ernst & Young (France) 6,5, Automatic Data Processing (USA) 6,2, First Data (USA) 5,7, Fujitsu (Japon) 4,9. **En France** (en milliards d'euros, 2000) : IBM Global Services 1,4, Cap Gemini, Ernst & Young 1,3 Atos Origin 0,9.

■ **Systèmes d'exploitation** (en %, 1998). Microsoft Windows NT 38,3, NetWare de Novell 22,8, Unix 18,8, Linux 15,8, autres 4,3.

■ **Équipement de télécommunications** (en milliards de $, 1998). Lucent technologies [1] 30,1, Motorola [1] 29,4, Alcatel [2,8] 22,9, Ericsson [3] 20,2, Nortel [4,9] 15,4 [10], Siemens [5] 14,7 [10], Nec [6] 13,8 [10], Nokia [7] 11,6, Cisco [1] 8,5, 3Com [1] 5,4.

Nota. – (1) USA. (2) France. (3) Suède. (4) Canada. (5) Allemagne. (6) Japon. (7) Finlande. (8) 1999 : rachat de Ascend. (9) 1998 : rachat de DSC Communications et Packet Engine. (10) 1998 : rachat de Bay Networks.

■ **Télévision en Europe** [en % du marché (en valeur), 1998]. Sony (Japon) 19,1, Philips (P.-Bas) 14,7, Matsushita (Japon) 10,5, JVC (Japon) 4,9, Thomson Multimédia (France) 4,7, Grundig (Allemagne) 4,6.

En France

☞ **Inria** (Institut national de recherche en informatique et en automatique) *créé* 1967. *Siège :* Rocquencourt (Yvelines). *Scientifiques :* 1 600 (dont 500 thésards). *Budget : 1998 :* 0,53 milliard de F (dont ressources propres : 0,12). *1985 :* établissement public à caractère scientifique et technologique (EPST), placé sous double tutelle des ministères de la Recherche et de l'Industrie. *Sociétés :* 37 nées dans sa mouvance depuis 1984 dont 26 en activité en 1998.

■ **Technologies de l'information. Évolution de la dépense** (en milliards de F) **et,** entre parenthèses, **croissance** (en %) : *1998 :* 372,5 (7,3) ; *99 :* 400 (7,4) ; *2000 :* 427,5 (6,9) ; *01 :* 456,5 (6,8). **Ventes par type de produits** (en milliers, 1998) : téléviseurs 4 000, magnétoscopes 2 450, radio-cassettes 2 200, baladeurs 2 100, chaînes hi-fi 1 700, CD portables 650, camescopes 480.

■ **Taux d'équipement de ménages** (en %, 2000). Téléviseur 95, magnétoscope 74, chaîne hi-fi à éléments séparés 63, 2 téléviseurs 48, micro-ordinateur 34, console de jeux 22, téléphone mobile 50, antenne satellite 19, câble 13, Internet 17, télévision home cinéma 4,5, appareil photo numérique 3, lecteur DVD 3, Internet TV box 2.

■ **Micro-ordinateurs. Nombre** (en milliards de F) **et,** entre parenthèses, **en millions d'unités :** *1994 :* 19,8 (1,8) ; *95 :* 25,6 (2,11) ; *96 :* 26 (2,35) ; *97 :* 30,9 (2,8) ; *98 :* 35 (3,7) ; *99 :* 39 (4). *2000 :* (3,9) ; *01 (mai) :* 6,31 (selon CSA-TMO, 32,3 % des ménages équipés).

■ **Ordinateurs portables. Marché français au 1er trimestre 1999** (part des constructeurs en volume, en %). Toshiba (Japon) 29,5, Compaq (USA) 16,1, Dell (USA) 11,4, IBM (USA) 11,3, Acer (Taïwan) 6,7, autres 25.

■ **Imprimantes. Ventes en France** (en unités, 1997). *Laser :* 543 000 dont (en %) Hewlett-Packard 54, Lexmark 9,4, Brother 7,7, Canon 6,9, Epson 5,5, autres 16,5. *Encre :* 1 597 000 dont (en %) Hewlett-Packard 32,2, Canon 29,2, Epson 28,9, Lexmark 6, autres 3,7.

■ **Informaticiens en France à la fin 2000** (en milliers). 609 dont SSII et éditeurs 248 ; directions informatiques des grandes entreprises 130, des PME 90, administrations publiques 40, constructeurs 26, distribution, négoce 25, divers 50.

■ **Nombre d'informaticiens manquants par métier** (en milliers, 2000) : développement et intégration : de 13 à 15 ; télécommunications, réseaux : de 4 à 6 ; direction et management de projets : de 3,5 à 5 ; divers (hotline, maintenance...) : de 4,5 à 6. *Total :* de 25 à 32.

Quelques sociétés

■ **Chiffre d'affaires** (en milliards de $, 2000). IBM 88,4, Toshiba 54,4, Fujitsu 49,8, Hewlett-Packard 48,7, NEC 48,4, Compaq 38,5, Dell 31,8, Microsoft 22,9, EDS 19,2, Sun 15,7.

☞ *Légende :* chiffre d'affaires et, entre parenthèses, résultat net.

■ **Apple. 1977** *Apple Computer Inc.* **créé** par Steve Jobs (né 1955) et Steve Wozniak (né 1949) ; ont mis au point Apple I le 1-4-1976. **1980** 1re usine européenne Cork. **1981** cotée en Bourse. **1983** introduit la souris. *Apple II.* **1984** Jobs quitte la Sté. **1985** *Macintosh :* 1er micro-ordinateur grand public à proposer interface graphique, système d'icônes et fenêtres, usage de la souris. 213 000 vendus. **1988** *Mac Plus :* avec port SCSI permettant de connecter une gamme de périphériques externes. **1993** *Newton :* assistant numérique. **1994** version française. **1996** rachète Next (créé par Jobs en 1989) 0,4 milliard de $. **1997** Microsoft prend 5 % du capital d'Apple. Jobs revient (P-DG intérim). **1998** *iMac :* vendu à + de 2 millions d'ex. en 1 ans. **1999** iBook permet de se libérer du fil jusque-là obligatoire pour se connecter à Internet. **2000** *MacOS X :* nouveau système d'exploitation des Macintosh. 5 millions d'*iMac* vendus dans le monde. **Chiffre d'affaires et,** entre parenthèses, **résultats** (en milliards de $) : *1988 :* 4,07 (0,40) ; *89 :* 5,28 (0,45) ; *90 :* 5,55 (0,47) ; *91 :* 6,3 (0,31) ; *92 :* 7,08 (0,53) ; *94 :* 9,2 (0,31) ; *95 :* 11,6 (0,42) ; *96 :* 9,3 (– 0,82) ; *97 :* 7,08 (– 1) ; *98 :* 5,94 (0,3) ; *99 :* 6,1 (0,6) ; *2000 :* 7,9 (0,7). **Effectifs :** *1994 :* 13 000 ; *95 :* 17 500 ; *97 :* 9 300. **Part de marché de micros dans le monde :** *1987 :* 15 % ; 93 : 9,4 ; *94 :* 8,3 ; *95 :* 7,9 ; *96 :* 5,3 ; *97 :* 3,2 ; *99 :* 3,4. **En Amérique :** *1994 :* 14,7 ; *95 :* 14,1 ; *96 :* 7,8 ; *97 :* 5,5 ; *98 :* 4,9.

■ **Bull. Origine :** brevets déposés par Fredrik Bull (ingénieur norvégien, 1882-1925). **1925** droits industriels et commerciaux sur brevets : Sté H.W. Egli, qui décide de fabriquer à Zurich les machines Bull. **1931** s'implante en France (92 *bis*, av. Gambetta, Paris) pour créer la Sté française H.W. Egli-Bull SA. **1932** une partie des actions de la Sté est rachetée aux Suisses. **1933** création de la Cie des machines Bull (CMB) avec Georges Vieillard (1894-1974). **1935** la famille Michelin prend le contrôle financier (détenant 16 % du marché français). **1960** 1er constructeur européen et no 2 mondial. **1964** General Electric prend le contrôle de 66 % du capital : Bull General Electric. **1970** General Electric cède sa part à Honeywell qui devient Honeywell-Bull. **1976** CII et Honeywell-Bull fusionnent. CII-HB : 53 % du capital détenu par Cie des machines Bull (CMB), contrôlée en majorité par l'État français ; 47 % par Honeywell Information Systems Inc. (USA). Convention État/CII-HB pour 4 ans (1976-80) : emploi maintenu, innovations technologiques, doublement de la productivité. **1987** USA, création de Honeywell-Bull Inc. (capital : Bull 42,5 % ; Honeywell 42,5 ; Nec 15). **1988** CMB, holding du groupe Bull, prend le contrôle de Honeywell-Bull Inc (65,1 % du capital). Honeywell garde 19,9 %. Nec reste à 15 %. **1989** Honeywell-Bull devient Bull HN Information Systems (Bull 69,4 %) et rachète Zenith Data Systems. Après 4 ans de bénéfices, pertes de 0,27 milliard de F. **1990** plan de suppression de 5 000 emplois sur 47 000 salariés avant fin 1991. **1991** Bull porte à 85 % sa participation dans Bull HN, en rachetant à Honeywell le solde de sa participation (12,8 %). Nec conserve 15 % du capital. *-Juillet* le gouv. français accepte l'accord Nec-Bull. Nec prend 4,7 % du capital de la CMB, qui reçoit les 15 % de Nec dans Bull HN. **1992**-*janv.*, le gouv. choisit IBM comme partenaire de Bull (5,7 % du capital) pour les nouveaux produits Risc. **1995** privatisation engagée. **1996**-*avril* État vend 11,5 % du capital (18 millions d'actions pour particuliers à 36 F, institutionnels 38 F). **1997**-*fév.* privatisation. **Pts :** *1972* Jean-Pierre Brulé. *82* Jacques Stern. *89* Francis Lorentz. *92* Bernard Pache. *93* Jean-Marie Decarpentries. *97* Guy de Panafieu. **Répartition de l'actionnariat en %** (au 31-12-2000) : flottant 27,7 (dont institutions 14,4, salariés 6,6, particuliers 6,7) ; France Télécom 16,9 ; Motorola 16,9 ; Nec 16,9 ; État 16,3 ; DNP (Dai Nippon Printing) 5,3. **Chiffre d'affaires et résultat net** (en milliards de F) : *1990 :* 34,58 (– 6,8) ; *91 :* 33,45 (– 3,30) ; *92 :* 30,19 (– 4,72) ; *93 :* 28,25 (– 1,17) ; *94 :* 29,91 (– 1,6) ; *95 :* 23,9 (0,306) ; *96 :* 23,5 (0,376) ; *97* (en milliards d'euros) : 3,75 (0,092) ; *98 :* 3,8 (0,003) ; *99 :* 3,77 (– 0,288) ; *2000 :* 3,24 (– 0,243). **Dotations en capital reçues de l'État** (en milliards de F) : *de 1982 à 92 :* 11,9 ; *93 :* 2,5 + 8,6 (jusqu'en 1995). **Endettement net** (en milliards de F, au 31-12) : *1995 :* 2,5 ; *98 :* 2,1 ; *99 :* 0,9. **Effectifs** (en milliers) : *1990 :* 44,5 ; *93 :* 31,7 ; *95 :* 24,1 ; *99 :* 18,3 ; *2000 :* 17,2.

■ **Compaq. Fondée** 1982 par Rod Canion, Jim Harris et Bill Murto (3 cadres de Texas Instruments investissant chacun 1 000 $). *1986 :* 1er PC à base de 386. *1997 :* rachète Tandem 3 milliards de $. Ordinateur à moins de 1 000 $; *98 :* Digital 4 milliards de $. **Chiffre d'affaires** (en milliards de $), **et,** entre parenthèses, **résultats net :** *1991 :* 3,2 (0,13) ; *92 :* 4,1 (0,21) ; *93 :* 7,1 (0,46) ; *94 :* 10,8 (0,86) ; *95 :* 14,7 (0,78) ; *96 :* 20 (1,3) ; *97 :* 24,6 (1,8) ; *98 :* 31,1 (– 2,7) ; *99 :* 38,5 (0,5) ; *2000 :* 38,5 (0,5). **Effectifs :** *2000 :* 67 000.

■ **Dell. Fondée** 1984 par Michael Dell à 19 ans. **Chiffre d'affaires et,** entre parenthèses, **résultat net** (en milliards de $) : *1998 :* 12,3 (0,941) ; *99 :* 25,2 (1,86) ; *2000 :* 31,8 (2,3) ; *01 (est.) :* 35,5 (1,8).

■ **Fujitsu. Chiffre d'affaires et,** entre parenthèses, **résultats net** (en milliards de $) : *1991 :* 21,2 (0,58) ; *94 :* 32,8 (0,45) ; *96 :* 34,3 (0,35) ; *97 :* 36,2 ; *99 :* 44 (0,11) ; *2000 :* 49,8 (0,4). **Effectifs :** *1999 :* 188 000.

■ **Gemplus. Fondée** 1988. Spécialisée dans la fabrication et la commercialisation de cartes à piste magnétique, à mémoire et à microprocesseurs (leader mondial). **Chiffre d'affaires et,** entre parenthèses, **résultat net** (en milliards de F) : *1995 :* 1,5 (0,1) ; *96 :* 2,3 (0,1) ; *97 :* 3,4 (0,01) ; *98 :* 3,8 (0,18) ; *99 :* 5,04 (0,21) ; *2000 :* 7,9 (0,65).

■ **Hewlett-Packard. Fondée** 1939 par David Packard (7-4-1912/26-3-1996) et Bill Hewlett à Palo Alto (Californie). *1er client :* Walt Disney. **Chiffre d'affaires et,** entre parenthèses, **résultat net** (en milliards de $) : *1993 :* 20,3 (1,18) ; *94 :* 24,99 (1,6) ; *95 :* 31,52 (2,43) ; *96 :* 38,4 (2,59) ; *97 :* 42,9 (3,12) ; *98 :* 47 (2,94) ; *99 :* 42,3 (3,49) ; *2000 :* 48,7 (3,69). **Effectifs :** *2000 :* 88 500.

■ **IBM (International Business Machines). Origine : 1914** Thomas John Watson (1874-1954) reprend la Tabulating Machines Co, fondée par Hollerith en 1896. **1924** devient IBM. **Siège :** Armonk, État de New York. Dite « Big Blue » (costume bleu de ses cadres). **Parts de marché** (en %) : grands systèmes 52 (plus de 1 million de $), mini-ordinateurs 19,7, micro-ordinateurs 22,8. USA 29,9, Europe 28,1, Japon 18,1, reste du monde 23,5. **Chiffre d'affaires et,** entre parenthèses, **résultat net** (en milliards de $) : *1990 :* 69,02 (6,02) ; *91 :* 64,77 (– 2,86), *92 :* 64,52 (– 4,97) ; *93 :* 62,7 (– 1) ; *94 :* 64,1 (2,94) ; *95 :* 71,9 (4,18) ; *96 :* 75,9 (5,43) ; *97 :* 78,5 (6,1) ; *98 :* 81,7 (6,33) ; *99 :* 87,5 (7,7) ; *2000 :* 88,4 (8,1). *Répartition du chiffre d'affaires* (en %, 2000) : services 36,7, logiciels 14,5, PC services financiers et divers 6,5, ordinateurs et matériels 42,3. **Effectifs** (dans le monde) : *1985 :* 406 000 ; *95 :* 210 000 ; *98 :* 291 067. **Brevets déposés :** *1996 :* 1 867.

■ **ICL. Fondée** 1968 par la fusion des principaux constructeurs britanniques. Rachetée 1990 par Fujitsu (90,1 %). **Activités :** intégration de systèmes et services à valeur ajoutée. **Chiffre d'affaires** (en milliards de $) : *1996 :* 5,2 ; *99 :* 5,4 ; *2000 :* 4,4. **Effectifs :** 20 000 dans + de 40 pays.

■ **Intel. 1968** fondée par Robert Noyce, Gordon Moore et Andrew Grove à Santa Clara (Californie). **1971** processeur 4004 (2 300 transistors). **1999** Pentium III : 450 MHz à + de 1 GHz, permet la navigation sur Internet. **2000** Web appliances : compris entre ordinateur et téléphone Internet. 1er producteur de microprocesseurs (équipe 80 % des PC). **Chiffre d'affaires et,** entre parenthèses, **résultat net** (en milliards de $) : *1990 :* 3,92 (0,65) ; *91 :* 4,78 (0,82) ; *92 :* 5,84 (1,07) ; *93 :* 8,7 (2,3) ; *94 :* 11,5 (2,29) ; *95 :* 16,2 (3,57) ; *96 :* 20,8 (5,16) ; *97 :* 25,1 (6,4) ; *98 :* 26,3 (6,07) ; *99 :* 29,4 (7,31) ; *2000 :* 33,7 (10,5). **Effectifs :** *2001 :* 86 100.

■ **Microsoft. Fondée** 1975 *(4-4)* par Bill Gates (né 28-10-1955), avec Paul Allen (né 1953, milliardaire à 19 ans ; à 37 ans, possède 9 milliards de $). Lancent Basic (langage conçu 1964 et adopté par Gates). **1981**-*12-8* vend à IBM MS-Dos (logiciel qu'il a racheté 200 000 F à une petite entreprise et qu'il a amélioré). **1983-85** lance Word (traitement de texte), Multiplan (de Charles Simoni) qui devient Excel (tableur). **1984** développe Windows. **1985** Windows 1.0. **1986**-*13-3* introduction en Bourse au Nasdaq. **1990** Windows 3.0. **1991** MS-Dos 5.0. **1992** Windows 3.1. **1993** Windows NT. **1994**-*15-7* accord avec le département américain de la Justice (DOJ) : le groupe ne pourra contraindre les constructeurs d'ordinateurs disposant de la licence Windows à distribuer en même temps d'autres logiciels. **1995**-*24-8* Windows 95 (campagne de publicité 1 milliard de F), 40 millions d'exemplaires vendus en 1 an (1,2 en France). **1996**-*sept.* le DOJ enquête sur les méthodes Microsoft pour octroyer la licence Internet Explorer, intégré 14 mois plus tôt dans le logiciel Windows 95. **1997**-*6-8* prend 6,5 % du capital d'Apple. *-11-12* « injonction préliminaire » du juge fédéral américain Thomas Penfield Jackson : « Internet Explorer est un produit *séparé* que Microsoft doit traiter comme tel ». Après avoir affirmé que Windows 95 ne pouvait pas fonctionner sans Explorer, Microsoft offre la possibilité aux fabricants d'installer une version antérieure de son système d'exploitation, sans Explorer. **1998**-*12-5* la cour d'appel suspend l'injonction préliminaire pour Windows 98 que Microsoft peut mettre en vente, le 8-7, avec Internet Explorer intégré. *-18-5* début du 2e procès : le DOJ et 21 États américains (dont 2 abandonneront) accusent Microsoft de profiter de sa position dominante dans les systèmes d'exploitation pour s'imposer sur d'autres marchés, notamment celui des navigateurs, avec Internet Explorer. **2000**-*13-1* Steve Ballmer P-DG, Bill Gates s'occupant de la stratégie du groupe pour les logiciels Internet. *-7-6* Thomas Penfield Jackson ordonne la scission en 2 unités distinctes pour arrêter ces pratiques « prédatrices » (la justice américaine n'avait pas voulu, ou osé, condamner IBM en 1982, après 13 ans de procédure antitrust, alors que le quasi-monopole d'IBM était en train de disparaître). **2001**-*28-6* la cour d'appel casse le jugement de démantèlement de Microsoft, mais l'accuse d'avoir abusé de son monopole.

Schéma, proposé par le gouvernement américain, de scission des activités Microsoft d'après le chiffre d'affaires de 22,97 milliards de $ prévu en 2000 (en %) : applications (logiciels bureautiques et serveurs, outils de développement) 45,5, systèmes d'exploitation (Windows) 41, navigateur et périphériques (messagerie portail, Web TV, jeux, claviers, souris) 13,5.

Capitalisation boursière (au 3-4-2000) : 553 [(1re au monde devant Cisco : 1 titre acheté en Bourse 21 $ le 13-3-1986 atteignait 14 000 $ (+ de 66 757 % en un peu + de 14 ans) ; 1 action Cisco achetée 18 $ en février 1990, représentait le 3-4-2000 21 435 $ (soit + de 119 000 %)]. Évolution du titre de 1986 à 2000, de 1 à 500. **Chiffre d'affaires et,** entre parenthèses, **résultat net** (en milliards de $) : *1985* : 0,14 (0,024) ; *90* : 1,18 (0,28) ; *91* : 1,8 (0,46) ; *92* : 2,76 (0,7) ; *93* : 3,75 (0,98) ; *94* : 4,64 (1,14) ; *95* : 6,07 (1,45) ; *96* : 8,67 (2,19) ; *97* : 11,36 (3,45) ; *98* : 15,28 (4,49) ; *99* : 19,74 (7,78). (Exercice clos le 30-6) *1999/2000* : 22,9 (9,4) ; *2000-01* : 25,3 (7,3). **Secteurs d'activités** (en % du CA, 2000) : applications (logiciels bureautiques et serveurs, outils de développement) 45,5, systèmes d'exploitation (Windows) 41, navigateurs et périphériques (messagerie, portail Web-TV, jeux, claviers, souris) 13,5. **Vente mondiales de systèmes d'exploitation** (toutes plates-formes, en millions d'unités, 1998) : 110,6 dont *Windows 98* : 56,7 ; *95* : 31,3 ; *NT* : 13,9 ; *3.1* (avec Dos) : 1,5 ; autres 7,2. **% du marché mondial détenu par Microsoft** : suites de logiciels bureautiques (Office) 90, environnement pour PC (Windows 98/2000) 85, logiciels de navigation sur Internet (Explorer) 70, environnement professionnel (Windows NT) 50, organiseurs (Windows CE) 24. Effectifs (en 1999) : 3 200. **% du marché mondial des systèmes d'exploitation serveurs** (en 1999) : Microsoft Windows NT 38, Linux 25, Netware 19, Unix 15, autres 3.

■ **Nec (Nippon Electric Co). Fondée** 1899. **Chiffre d'affaires et,** entre parenthèses, **résultat net** (en milliards de yens) : *1995-96* : 4 397 (77) ; *96-97* : 4 948 (92) ; *97-98* : 4 901 (41) ; *99* : 4 804 (159,4) ; *2000* : 5 112 (10,6) ; *01* : 5 409 (56,6). **Netscape. Fondée** juin 1994. Logiciels pour évoluer sur Internet (dont Navigator). **Chiffre d'affaires** (en milliards de $). *1997* : 3,9 (– 0,49) ; *98* : 2,8 (– 0,5). **Effectifs** : *1999* : 4 200. Fusionne avec AOL le 23-11-1998.

■ **Oracle. Fondée** 1977 par Larry Ellison (né 1944) et Bob Miner. Logiciels ; ordinateurs de réseau. **Chiffre d'affaires et,** entre parenthèses, **résultat net** (en millions de $) : *1995* : 2,95 (0,44) ; *96* : 4,2 (0,6) ; *97* : 5,7 (0,82) ; *98* : 7,1 (0,81) ; *99* : 8,8 (1,2) ; *2000* : 10,1 (6,2) ; *01* : 10,8 (2,5). **Effectifs** : *2001* : 43 300.

■ **Paul Allen. Actif** : *1998* : 30 millions de $.

■ **Philips. Chiffre d'affaires et,** entre parenthèses, **résultat net** (en milliards de florins) : *1990* : 55,7 ; *91* : 57 ; *92* : 58,5 ; *93* : 58,8 (1,97) ; *94* : 60 (2,13) ; *95* : 64,5 (2,52) ; *96* : 69 (– 0,59) ; *97* : 76,5 (5,73) ; *98* : 66,7 (13,25) ; *99* : 69,6 (3,98) ; *2000* : 78,7 (19,96). **Effectifs** : *1998* : 233 686.

■ **SGS-Thomson. Fondée** 1987 par Thomson CSF et SGS. Semi-conducteurs. **Chiffre d'affaires** (en milliards de $) **et,** entre parenthèses, **résultat net** (en millions de $) : *1992* : 1,6 (3) ; *95* : 3,5 (526,5) ; *99* : 5,05 (547,3) ; *2000* : 7,8 (1 452,1).

■ **Sony.** Voir à l'Index.

■ **Stanford University Network (Sun).** *Début 1995* : création de *Java*. **Chiffre d'affaires et,** entre parenthèses, **résultat net** (en milliards de $) : *1998* : 9,8 (0,7) ; *2000* : 15,7 (1,85).

■ **Unisys. Fondée** 1986 (fusion de Burroughs et Sperry). **Chiffre d'affaires et,** entre parenthèses, **résultat net** (en milliards de $). *1998* : 7,2 (0,38) ; *99* : 7,54 (0,51) ; *2000* : 6,88 (0,22).

■ **Wang. Fondée** *1951* par Dr An Wang. *1992* (été) règlement judiciaire. **Chiffre d'affaires** (en milliards de $) : *1998* : 1,84 ; *99* : 3,69 ; *2000* : 3,88.

INTERNET

☞ Pour connaître la sélection **Quid** des meilleurs sites Internet sur l'Internet, rendez-vous sur **www.quid.fr**

■ **Origine.** **1957**-*nov.* Arpa (Advanced Research Projects Agency) créée par le DoD (Department of Defense) américain. **1962** l'US Air Force demande à P. Baran d'imaginer un réseau de communication qui serait opérationnel après une guerre nucléaire. **1964** Baran propose un réseau maillé utilisant la technologie du *packet-switching*. **1969**-*oct. 1er réseau* Vinton Cerf réunit 2 ordinateurs : Ucla (University of Californy, Los Angeles) et SRI (Stanford Research Institute), puis 4 avec UCSB (University of Californy, Santa Barbara) et Utah University. John Postel († 1998 à 55 ans) structure le réseau qui devient *Arpanet*. **1971** Ray Tomlinson écrit le 1er programme de courrier électronique (e-mail). **1972** charte AUP (Acceptable Use Policy) interdira, jusqu'en 1990, à toute structure commerciale de se connecter sur le réseau. Le réseau français Cyclades utilise le « dataground », architecture du futur IP (Internet Protocol). **1974** publication du protocole TCP (Transmission Control Protocol)/IP, de Vinton Cerf et Bob Kahn, inspiré de Louis Pouzin. 62 serveurs reliés. **1977** Internet devient réalité (avec le triple réseau Arpanet-RPnet-Satnet). **1978** TCP se scinde en TCP et IP. **1979** apparition des News-group. 188 serveurs reliés. Nicholas Negroponte fonde le Media Lab au MIT. **1980** Vinton Cerf suggère un plan d'interconnexion (Inter-Network connection) entre réseaux Arpanet et CSnet (Computer Science Network) avec le protocole TCP/IP. 1er virus informatique bloquant tout le trafic sur le réseau. **1982** Eunet, interconnecte les serveurs européens. **1983** TCP/IP devient le protocole d'Arpanet, qui s'ouvre au grand public. 562 serveurs reliés. **1987** Microsoft rachète Internet..., Sté qui a développé un logiciel de messagerie, le futur MS-Mail. **1988** la France est connectée à Internet. 56 000 serveurs reliés dans le monde. **1990** *Archie* : 1er logiciel de recherche de fichiers. MCI (opérateur américain) et IBM proposent leurs services aux entreprises. **1991** Tim Berners-Lee (Brit.) et Robert Cailliau (Belge) du Cern (Genève) créent le World Wide Web (www, « grande toile mondiale » d'Internet) ouvrant le réseau au grand public en facilitant la consultation des sites. **1992** Jean Armour Polly forge les termes « surfer sur Internet ». **1993** 1re version du navigateur Mosaic (inventé par Marc Andreessen et Eric Bina). **1994** le trafic est multiplié par 20. Naissance de *Yahoo !*. Lancement de *Netscape*. 4 millions de serveurs reliés. **1995** le www devient le service le plus important sur Internet. **1998**-*20/21-3* : 1re fête de l'Internet en France.

■ **Protocoles.** IBM possédant déjà un protocole propre à ses réseaux, SNA (Systems Network Architecture), annoncé en 1974 cherchera à l'imposer à tous ; mais en 1978 les autres fabricants (dont l'Américain Dec et le Français CII) demandent l'établissement d'un protocole international par concertation : la norme Iso (Interconnexion des Systèmes Ouverts). Cette norme, trop complexe, sera abandonnée en 1988. Le protocole TCP/IP construit autour de la méthode Pouzin s'imposera à la fin des années 80. Hyper Text Transport Protocol, symbolisé par le « http:// » introduisant les adresses Internet, était déjà utilisé en Bretagne avec le Minitel dès 1980.

Statistiques

■ **Utilisateurs d'Internet dans le monde** (en millions) : *1990* : 2,6 ; *91* : 4,4 ; *92* : 6,9 ; *93* : 9,4 ; *94* : 16 ; *95* : 34 ; *96* : 56 ; *97* : 92 ; *98* : 145 ; *99* : 243,8 ; *2000* : 414 (Afr. 3,1 dont Afr. du S. 1,8) ; *2005 (prév.)* : 1 000.

■ **Foyers connectés. En % de la population, en 2001 :** Suède 65, Canada, USA 60, P.-Bas 57, Autriche 54, Suisse 51,6, G.-B. 36, All. 29, *France 20*, Espagne 16.

■ **Internautes dans le monde en 2001. % de la population qui a utilisé personnellement Internet en juin 2001** (source : Taylor Nelson Sofres, juillet 2001) : Norvège 63, Danemark 62, Canada 60, USA 57, P.-Bas 52, Corée 51, Australie 48, Singapour 48, Finlande 45, Hong Kong 43, Taïwan 40, Israël 40, Irlande 39, Allemagne 36, G.-B. 34, Estonie 33, Belgique 33, *France 33*, Italie 30, Rép. tchèque 26. **Visiteurs uniques** (en millions) **et temps passé** (en min) **en ligne par session** : USA 83,5 (23,6), All. 14,6 (17,5), G.-B. 13,9 (19,7), Corée 13,6 (19,5), *France 9,7 (18,1)*, Taïwan 5,4 (22), Espagne 3,6 (20,9), Danemark 2,3 (16,6). **Population disposant d'Internet à domicile (et population l'utilisant personnellement)** [en %, 2001] : All. 14 (11), Autr. 17 (16), Belg. 20 (15), Danemark 45 (41), Esp. 10 (7), Finl. 28 (23), *France 13 (11)*, G.-B. 24 (22), Grèce (6,5), Italie 19 (14), P.-Bas 46 (42), Port. 8 (7), Suède 48 (43). **Usagers d'Internet (Français/Allemands/Anglais)** [en 2001] : recherche d'informations générales 62/55/45 ; échanges de messages 47/38/38 ; recherches d'informations sur les films 44/31/28. **% de foyers disposant d'un haut débit** (prév. 2005) : Suède 40, Danemark 37, Norvège 36, All. 25, G.-B. 20, *France 11*. **% d'internautes visitant au bureau des sites sans rapport avec leur travail** (sondage mars 2001) : Italie 51, G.-B. 44, All. 41, *France 33*.

■ **Internautes en France. Comptes individuels actifs** (au 31-3-2001) : 6 millions. *Plus gros utilisateurs* : cadres supérieurs, lycéens, étudiants, diplômés d'enseignement supérieur (70 % utilisent Internet au moins occasionnellement). 6 % des Français envisageaient de se connecter dans les 12 mois à venir (sondage CSA Opinion, mai 2001). **Nombre d'internautes de 11 ans et +** (2e trim. 2001, selon Médiamétrie) : 14 394 000. **Haut débit** (prév. mais 2001) : foyers abonnés (au 31-12-2001) au câble 250 000, à l'ADSL 345 000. **Taux d'accès à Internet au domicile ou sur le lieu de travail** (en %, *source* Credoc, juillet 2000) : cadre supérieur 73, diplômé du supérieur 58 ; revenus supérieurs à 20 000 F/mois 53, étudiants 47, ouvrier 13, retraité 3. ☞ 47 % des salariés français n'ont accès ni à un PC ni à Internet (ni chez eux, ni sur leur lieu de travail (mai 2001).

■ **Temps passé sur Internet à domicile** (en min par visiteur unique de janv. à juin 2001) : USA 858,2 ; *France 409,4*.

■ **Retrouvez www.quid.fr sur Internet : le portail Web universel, accessible à tous.** Vous aurez accès à 4 millions d'informations sur tous les sujets du savoir et de l'actualité ; 628 cartes interactives, 1 750 photos couleur, 418 illustrations, 205 (en 2000) fiches pays, le tableau dynamique des États pour comparer instantanément les 205 (en 2000) États et territoires sur 247 sujets (superficies, climats, monnaies et taux de change, protection sociale, curiosités touristiques, etc.) ; une sélection commentée des 5 200 meilleurs sites Web français et étrangers ; les 36 560 communes de France (en 1997), avec pour chacune : ses données géographiques, son histoire, la description détaillée de la totalité de son patrimoine architectural civil, militaire et religieux, les traits forts de sa vie culturelle et sportive, ses principales productions.
Pour s'y rendre : saisissez **http://www.quid.fr** sur votre navigateur Internet. Vous y êtes.

■ **Commerce électronique. Dans le monde** (en milliards de $). **Marché des entreprises vers les particuliers et,** entre parenthèses, **des entreprises vers les entreprises** : *1998* : 7,8 (0,2) ; *99* : 13,2 (1,1) ; *2000* : 22,3 (6,4) ; *2001* : 37,7 (37,8) ; *2002* : 63,9 (221,6) ; *2003* : 108 (1 300). **Aux USA** (vente aux consommateurs en milliards de $) : *1999* : 3,5 [soit 0,18 % de toute la distribution (1 944 milliards de $)] ; *2003 (prév.)* : 53,7 (2,55 % de 2 195 milliards de $). **Internautes ayant déjà effectué des achats sur Internet** (en %, févr. 2001) : Allemagne 35, G.-B. 33, P.-Bas 25, *France 17*, Espagne 14, Italie 7. **Site d'enchères en ligne** [nombre de visiteurs (All., Danemark, Esp., France, G.-B.) en milliers, déc. 2000] : eBay 2,73, iBazar Group 1,78, OXL-Ricardo 1,38, Aucland 0,42, Hobbyrat 0,32. **Commerce de détail sur Internet en millions de visiteurs uniques à domicile** (en oct. 2000) : USA 50,41, All. 6,08, G.-B. 6,06, *France 2,56*. **Chiffre d'affaires du commerce en ligne** (en millions d'euros, 2000 et [2005], B to B (et B to C) : *All.* 102 (141) [6 473 (10 677)] ; *Esp.* 58 (76) [3 154 (5 203)] ; *France* 75 (95) [4 441 (7 362)] ; *Italie* 102 (141) [4 621 (10 593)] ; *G.-B.* 86 (112) [4 612 (9 488)].

USA. Total (en milliards de $) : *1998* : 15 ; *99* : 20,2 dont voyage, transport, hôtellerie 7,8, informatique 4,45, habillement 1,62, livres 1,2, musique 0,85, fleurs, cadeaux, 0,66, alimentaire, boissons 0,51, santé, beauté 0,51, mobilier, électroménager 0,45, autres 2,2. *2000 (prév.)* : 33 ; *03 (prév.)* : 108 ; *04 (prév.)* : 184.

France. Chiffre d'affaires (en milliards de F) *B to B* et *B to C* (*source* : IDC) : *1998* : 2,8 ; *99* : 13,5 ; *2000* : 46,3. *B to C* (source Benmark) : *1997* : 0,042 ; *98* : 0,4 ; *99* : 1,3 ; *2000* : 4,5 ; *01 (prév.)* : 13. **Principaux sites de commerce électronique, visiteurs uniques** [en milliers] **(et taux de pénétration,** en %) en mars 2001 (*source* : Jupiter MMXI) : Fnac 802 (10,2 %), SNCF 650 (8,2), iBazar 615 (7,8), Degriftour 426 (5,4). **Nombre de sites marchands** : *1997* : 120 ; *98* : 600 ; *99* : 900 ; *2000 (janv.)* : 1 530 (dont alimentation, boissons 327, informatique multimédia 263, livres, CD, vidéo 227, galeries marchandes, VPC 190, décoration, bricolage 174, mode, accessoires 159, service aux entreprises 146, tourisme, voyages 129 ; *(déc.)* : 2 715 (selon le Web marchand). **Freins aux décisions d'achat sur Internet** (en sept. 2000) [*source* : Raffour Interactif] : sécurité du paiement 67 %, surcoût de la livraison 50 %, réutilisation possible de denrées personnelles 47 %.

Chiffre d'affaires (en millions de F, prév. 2000) **et,** entre parenthèses, **part de chaque secteur** (en %). Voyage, transport, hôtellerie 620 (47,1), informatique (matériel et logiciels) 312 (23,74), produits culturels (livres, musique, vidéo) 137 (10,43), généralistes (VPC, distribution, galeries) 92 (7), alimentaire, boissons 33 (2,51), mobilier, électroménager 25 (1,9), fleurs, cadeaux 15 (1,14), billetterie 7 (0,53), habillement 5 (0,38), jeux 2 (0,15), divers 66 (5,12).

☞ **e-mail** : nombre envoyé par les Français : 3 170 000 environ par jour (*source* : Afa).

■ **Films piratés sur Internet. Nombre de films téléchargés illégalement par jour** : *2001 (prév.)* : 275 000 ; *02 (prév.)* : 1 000 000.

■ **Fournisseurs d'accès à Internet (FAI) en Europe. Nombre** : *2000* : 4 000 ; *2001 (août)* : 70. **Principaux fournisseurs :** nombre d'abonnés (en millions) T-Online (All. filiale de Deutsche Telekom) 8,5 ; Tiscali (It.) 7 ; Wanadoo (filiale de France Télécom) 5,1 ; Terra-Lycos [Esp. (filiale de Telefonica)-USA] 4,5 ; AOL Europe (USA) 4,2 ; Freenet (All.) 1,8 ; Free (France) 1,2 ; Infosources (Belg.) 0,8. **Revenu moyen mensuel par abonné** (en euros) : AOL Europe 25 (estimation), Terra-Lycos 22,4, Wanadoo (annuaires papier exclus) 11,6, T-Online 10,6, Tiscali 7,5, Freenet 1,3. **Résultats** (*chiffre d'affaires au 1er sem. 2001*, en millions d'euros) : T-Online 539, Terra-Lycos 358, Tiscali 347,4 (estimation), Wanadoo (accès + portails, hors annuaires) 305,3.

■ **Jeux en ligne. Chiffre d'affaires aux USA** (en 2000) : 208 millions de $ (jeux vidéo sur PC et consoles 6 100). **Jeu le plus populaire** : « Everquest » (créé mars 1999) 300 000 abonnés (10 $ par mois).

■ **Langues utilisées sur Internet** (en %, 2000). Anglais 78,2, japonais 2,5, allemand 2, espagnol 1,7, français 1,2, chinois 0,6, autres 13,7.

■ **Mobile. Nombre de personnes connectées à Internet via un mobile** (en millions, prév. 2004) : All. 42,4 ; Italie 35,1 ; G.-B. 33,4 ; *France 31,9* ; Espagne 21. **Abonnés par opérateurs** (en millions d'abonnés) : *en Europe* (au 1-4-2000) : Vodafone 37,6, France Télécom + Orange 20,3, Telecom Italia 19,3, Deutsche Telecom 17, Telefonica 10,2, Cegetel (SFR) 8,2, KPN 8, British Telecom 7,4, Bouygues 3,8 ; *en France* (en millions, au 31-12-1999) : 20,6 dont France Télécom 10,1, Cegetel 7,3, Bouygues Telecom 3,2.

■ **Haut débit. Boucle locale :** antenne recevant des ondes radio (3,4/26 GHz) reliée au système informatique de l'utilisateur et à une station de base qui dessert les abonnés (dans un rayon de 10 km) elle-même reliée à un POC (point de concentration) et une mégastation de base. *Débits :* 4 Mbits/s. **Câble coaxial** (installé pour la télévision) : modem chez l'utilisateur pour convertir les données au CDLP (protocole du réseau câblé). *Débits :* voie descendante 512 kbits/s, montante 128 ; pourrait monter à 4 Mbits/s. **Réseau électrique :** avec des modulateurs dans les transformateurs. Stade expérimental. **Satellite :** *débits* voie descendante, généralement 512 kbits/s (il y a juste une limite économique). L'UDLR (protocole de communication) vise à rendre les services bidirectionnels (actuellement est en général unidirectionnel : requêtes acheminées par voie terrestre ; données envoyées par satellite sur l'antenne de l'abonné).

% d'internautes disposant d'une connexion à haut débit (câble, ADSL, etc.) [prévisions 2001 (et 2004)] : All. 10,6 (35,4), Autriche 12,9 (32,1), Belg. 19,2 (39,9), Esp. 5 (22,9), *France 7,1 (26,9),* G.-B. 6,2 (26,7), Grèce 0,1 (3,4), Italie 2,8 (22), P.-Bas 15 (37,7), Portugal 1 (9,7), Suède 11,7 (35,8).

■ **Moteurs de recherches.** Sur 800 millions de pages d'Internet, % indexé par les chercheurs : Northern Light 16, AltaVista 15,5, Snap 15,5, HotBot 11,3, MSN Search 8,5, Infoseek 8, Google 7,8, Yahoo 7,4, Excite 5,6, Lycos 2,5, Euroseek 2,2.

■ **Musique en ligne. Vente de phonogrammes dans le monde** (en milliards de $) : *1984 :* 12 ; *90 :* 19,9 ; *95 :* 39,62 ; *2000 :* 36,9. **Marché mondial de la musique :** *2000 :* 38,82 [dont (en %) USA 38, Japon 17,6, G.-B. 7,7, All. 6,6, *France 4,6,* Canada 2,2, Brésil 2, Mexique 1,8, Espagne 1,5, Australie, 1,5, reste du monde 16,5]. **Échanges de fichiers musicaux sur Internet** (téléchargements en millions) : Napster (logiciel créé 1999 par Shawn Fanning, 19 ans) *2000-juin* 14 ; *01-févr.* 64, *-juin* 18,3. *Du 20 au 26-8-2001 :* Music City Morpheus 1,56, Audiogalaxy Satellite 0,94, Ka Zaa 0,9, Lime Wire 0,23, BearShare 0,16.

P2P (Peer to peer) : chaque utilisateur sert de serveur aux autres, *via* un protocole permettant la consultation de données stockées par un particulier sur son disque dur. Permet aux programmateurs de ne pas être localisés et d'échapper à toute poursuite.

MP3.Com : accusée de reproduction illégale. *Nov. 2000* accord amiable avec les 5 majors de l'édition musicale Sony Music, Warner Music, BMG, Emi, Universal Music. *13-8-2001* plainte déposée par 50 petites maisons de disques et d'auteurs américains. Processus de rachat à 372 millions de $ lancé en mai 2001 par Vivendi Universal.

■ **Newsgroups :** *1979* 1er créé. **Nombre de newsgroups :** *1986 :* 240 ; *1994 :* 10 000 ; *1998 :* 70 000.

■ **Publicité en ligne** [en milliards de $ (en volume)]. **2000 :** 7 dont Amérique du Nord 5,4, du Sud 0,13, Europe de l'Est 0,9, Asie 0,5, Australie-Nlle-Zélande 0,07. **2005** (prév.) : 27 dont Amérique du Nord 17, Europe de l'Ouest 5,3, Asie 3,3, Amérique du Sud 1,2, Australie-Nlle-Zélande 0,46.

Nombre de campagnes et, entre parenthèses, **d'annonceurs** (de janvier à juin 2001) : Italie 16 235 (5 745), G.-B. 16 072 (5 231), All. 14 917 (5 424), Espagne 13 414 (4 904), *France 10 209 (3 167),* P.-Bas 4 757 (2 194), Suède 4 394 (2 204), Autriche 3 974 (1 836), Belgique 3 900 (1 477), Danemark 3 794 (1 785), Suisse 3 491 (1 568), Norvège 2 442 (1 205), Portugal 1 281 (629).

Revenus publicitaires bruts en France sur Internet (en millions de F) : *1997 :* 30 ; *98 :* 114 ; *99 :* 516. 6 catégories de sites ont concentré 95 % des revenus publicitaires : généralistes (moteurs de recherche, annuaires, portails, sites de communautés) 42 %, fournisseurs d'accès et de services 21, sites économiques et financiers 11, d'information 9, de divertissement 9. **Principaux annonceurs** (en %) : nouveaux médias 21, secteur informatique 13, banque 12, télécommunications 8, édition et presse 6. **Nombre** (sur 357 sites étudiés par LemondAd) : **annonceurs :** *2000-sept. :* 1 068, *-nov. :* 1 384 ; *2001-févr. :* 1 310. **Bannières (bandeaux)** *2000-nov. :* 9 180 ; *2001-févr. :* 6 410.

■ **Sites les plus visités dans le monde** (en 2001). **Nombre de visiteurs** (en millions) **et temps passé** (en min) [*source :* Nielsen Net Ratings] : Yahoo ! 105 (47 min), AOL Time Warner 88 (31), MSN 86 (44), Lycas Networks 60 (21), Microsoft 56 (9).

Aux USA. Visiteurs uniques (en millions) **et taux** (en %) [week-end du 19-8-2001] : AOL Time Warner 37,73 (50,67), Yahoo ! 30,4 (40,8), MSN 29,15 (39,15), Microsoft 10,09 (13,55), Excite@Homme 8,45 (11,35), Lycos Network 8,17 (10,97), eBay 7,97 (10,7), Walt Disney Internet Group 5,98 (8,04), eUniverse Network 5,76 (7,73), About-Primedia 5,66 (7,61), Google 5,28 (7,1), Amazon 5,27 (7,08), CNET Networks 4,37 (5,87), InfoSpace 4,18 (5,62), ClassMates Online 3,92 (5,26), AT&T 3,66 (4,91), Vivendi Universal 3,56 (4,78), Ask Jeeves 3,21 (4,31), iWon 3,15 (4,24), EarthLink 3,13 (4,2).

Sites pornographiques : 45 000 dont en France 200, plusieurs dizaines de milliers de *newsgroups.* **Revenus dans le monde** (en 1999) : 2 milliards de $ dont 0,03 en France.

En France. Principaux groupes de sites (en millions de visiteurs uniques) **vus en France** (déc. 2000) : Microsoft 3,358, Vivendi 3,115, Yahoo ! 2,828, Liberty Surf 2,806.

Classement Cybermétrie (juillet 2001). [Service payant, ne mesure que l'audience de ses sites comme Yahoo ! ou du groupe Wanadoo, qui ont quitté ce classement en oct. 2000]. **Sites à + de 200 000 visites/mois** (en millions de visiteurs) : Caramail 42,25, Boursorama 14,38, Francité 14,34, Club Internet 14, Pagesjaunes.fr 11,24, Respublica.fr 11,01, TF1 6,16, Nomade.fr 6,01, Tchatche.com 5,82, Infonie.fr 5,01, M6net.fr 5, Mappy.com 4,56, 01net.com 3,36, Le Monde 3,32, Groupe Fr.-Télé. 3,32, Jeuxvidéo.com 2,85, Goa 2,78, L'équipe.fr 2,6, Canal numedia 2,47, CiteGay.com 2,33, Distrigame 2,31, Football365.fr 2,21, Libération 1,95, Sport24.com 1,93, Comfm 1,9, NetClub 1,86, Voissa.com 1,7, Zonejeux.com 1,55, Skyrock.com 1,41, Netcourrier.com 1,41, France2.fr 1,36, NRJ 1,37, Clubic.com 1,37, Racing-live 1,28, Illiclic.com 1,29, LeVillage.org 1,28, lefigaro.fr 1,07, Flipside.fr 1,05, Freegoal 1,04, Topachat.com 1, Bonjour.fr 0,92, UpToTen 0,84, Milkado 0,83, Promovacances.com 0,77, Freesbee 0,75, Groupe Nouvel Observateur 0,74, Emilio.com 0,71, Amoureux.com 0,7, Fun Radio 0,7, Cadremploi.fr 0,69, Rigoler.com 0,68, Leparisien.com 0,67, Radio-france.fr 0,65, Cheriefm.fr 0,65, Joystick 0,63, 6sens.com 0,63, Boursier.com 0,58, Cadres On Line 0,55, La Chaîne Météo 0,53, Kelboo.com 0,52, Keljob.com 0,46, Caloga 0,45, RTL 0,44, GameKult 0,44, EuropeInfos.com (Europe 1) 0,44.

■ **Sites médias en France. Visiteurs uniques en mars 2000** (en milliers) **et,** entre parenthèses, **pénétration** (en %) : France Télécom 2 141 (62,3), Microsoft 1 700 (49,4), Yahoo ! 1 606 (46,7), groupe Vivendi 1 385 (40,3), groupe Libertysurf 1 342 (39), Multimania 1 096 (31,9), Lycos 985 (28,6), AOL Network 959 (27,9), *Total 3 438 (100).*

■ **Sites financiers. % d'internautes les visitant :** Corée 49,7, Allemagne 41,1, Danemark 40,2, *France 39,* G.-B. 37, USA 35,8, Espagne 34,9. **Temps passé** (en min par utilisateur) : *France 120,7,* All. 86,4, Chine 56,7, Espagne 54,3, G.-B. 35, Corée 33,9, USA 31,9, Danemark 28,5.

Finance Net (Sté du site Boursorama) : membres inscrits 715 000 ; pages vues 150 millions ; visiteurs uniques 1,4 million. *Effectifs :* 25. *Chiffre d'affaires* (en 2000) : 59 millions de F.

■ **Sociétés. Chiffre d'affaires** (en milliards de F, 2000) : AOL/TimeWarner (USA)/EMI [1] 52,3 ; Disney (USA) 189,5 ; Bertelsmann (All.) 108,6 ; Seagram [2] (Canada) 69 ; Sony [2] (Japon) 60,5 ; Lagardère (Fr.) 84,8 ; Vivendi [2]/Canal+ 44,5 ; Carlton Communications (G.-B.) 22,5 ; NBC (USA) 38 ; Gannett (USA) 43,3 ; Pearson (G.-B.) 40,3 ; Reed Ilsevier (P.-Bas) 39,1 ; Reuters (G.-B.) 37,4.

Nota. – (1) Fusion en cours. (2) Uniquement chiffre d'affaires réalisé dans les médias, en 1999.

Amazone. Chiffre d'affaires et résultats net (en millions de $). *1996 :* 15,8 (– 5,78) ; *97 :* 147,8 (– 31,02) ; *98 :* 609,8 (– 124,55) ; *99 :* 1 639,8 (– 719,97) ; *2000 :* 2 762 (1,41). **Clients** (en millions) : *1997 (fin) :* 1,5 ; *98 (fin) :* 6,2.

AOL Time Warner. Chiffre d'affaires et résultat net (en milliards de $) : *1999 :* 32,5 (– 2,4) ; *2000 :* 36,2 (– 4,4). **Secteurs d'activité** (en % du chiffre d'affaires) : production vidéo 22, AOL (30 millions d'abonnés dans le monde) 21, télévision 18, câble 16, édition 12, musique 11.

AOL. *1985* Quantum créé. *1992* s'appelle AOL. *1998* rachète Compuserve Netscape, A C9, Digital City. Présent dans 15 pays. **Dirigeant :** Steve Case. **Chiffre d'affaires et résultat net** (en milliards de $) : *1997 :* 1,69 (– 0,5) ; *98 :* 3,09 (– 0,07) ; *99 :* 4,78 (0,75) ; *2000 :* 6,89 (1,23). **Accès Internet et services en ligne :** America One Line (20 millions d'abonnés), Compuserve (2,2 millions). **Logiciels :** Netscape (navigation Internet), ICQ et AOL Instant Messenger (messageries instantanées), Nullsoft (diffusion musicale). **Sites Web :** Digital City (guides locaux), When.com (agenda en ligne), Netscape. **Employés :** 81 800 (en 1999). **2000**-*10-1* fusion annoncée par échange d'actions (280 milliards de $) avec Time Warner.

Time Warner. Né du rapprochement de Time Inc., Warner Communications (fondé 1925 et 1996 de Turner Broadcasting). **Employés :** 68 800. **Chiffre d'affaires et résultat net** (en milliards de $). *1996 :* 23,7 (– 0,19) ; *97 :* 24,6 (0,25) ; *98 :* 26,8 (0,17) ; *99 :* 27,3. **Pt :** Gérard Levin. **Réseaux câblés :** Time Warner Cable, 13 millions d'abonnés pour 21,3 millions de prises. **Chaînes de télévision :** CNN ; Turner Broadcast ; Service (TBS) ; Warner Bros TV ; Home Box Office ; Turner Network ; Television (TNT) ; Turner ; Classic Movies ; Cartoon Network. **Presse/édition :** 32 magazines, dont Time, People, Fortune, Life... Maisons d'édition. **Production :** *Cinéma* (5 700 films) : Warner Bros, Newline Cinema. *Télévision :* Warner Bros (32 000 épisodes et 135 000 dessins animés). **Musique :** Warner Music Group (1 000 artistes). **Presse :** 33 magazines dont : Time, Fortune, People, Sports Illustrated, Life Money... **Édition :** Time Inc. **Activités** (en % du chiffre d'affaires, 1998) : cinéma, production télévisuelle, musique 45, chaîne de télévision par câble 20, réseaux câblés 19, édition, presse 16.

Freeserve. Reposait sur l'accès gratuit. Contrôle racheté par Wanadoo le 6-12-2000. La perte d'exploitation égalait le chiffre d'affaires.

Vivendi Universal. Activités Internet. En 2001 a provisionné son investissement dans Scoot Com (annuaire britannique) pour 280 millions d'euros, a échangé sa part dans AOL France contre des actions AOL Europe valorisées 725 millions de $. Perte brute d'exploitation (1er semestre 2001) : 88 millions d'euros. Vizzavi portail multi-accès, contrôlé à parité avec Vodaphone, a 2 millions de clients enregistrés.

Wanadoo. Capital (répartition en %). France Télécom 88, public 8,6, anciens actionnaires minoritaires des Stés danoise, espagnole et néerlandaise 2,4, salariés 1. Introduite en Bourse. 1er jour de cotation (le 19-7-2000) : 19 euros. A pris le contrôle de Freeserve le 6-12-2000 (rachat à Dixons 2,7 milliards d'euros payables en actions). **Chiffre d'affaires et résultat net** (en milliards d'euros) : *1999 :* 0,81 (0,04) ; *2000 :* 0,74 (0,03). *Prévisions : 2001 :* 1,33 (– 0,64) ; *02 :* 1,77 (0,13) ; *03 :* 2,2 (0,33). **Abonnés** (fin 2000) : 4 millions [Wanadoo 2 (dont 1,5 en France) + Freeserve 2].

Yahoo ! *Créé* 1984 par Jerry Yang (25 ans) et David Filo (26 ans) étudiants à Stanford (Californie). **Chiffre d'affaires et résultat net** (en millions de $) : *1996 :* 19,7 (– 4,28) ; *97 :* 70,4 (– 25,52) ; *98 :* 203,3 (25,59) ; *99 :* 592 (142,76) ; *2000 :* 1 110. **Pages vues par jour** (déc. 1999) : 465 millions. **Salariés** (en juin 1999) : 1 400. **Capitalisation** (en milliards de $) : *avril 2000 :* 101 ; *avril 2001 :* 8. **Per** pour *2000 :* 47 ; *2001 :* 431.

■ **Variation du cours (en %). Valeur du Net** (du 24-8-2000 au 24-8-2001) : *baisses les + fortes :* Net 2S – 85,66, Télécom RS – 85,33, Himalaya – 85,12, Integra – 84,99, Hi-Media – 83,69, Gameloft – 83,51 ; *hausses :* Alti + 6, Multimanu + 5,89. **Valeurs high-tech vedettes du Nasdaq** (du 8-3-2000 au 8-3-2001) : Amazon.Com – 81,2, Lucent Technologies – 80,1, JDS Uniphase Corp. – 79,6, Motorola – 69,1, Nortel Networks – 68,5, Apple Computer – 66,2, Cisco Systems – 65,2, Sun Microsystems – 56,9, Dell Computer – 45,4, Intel Corp. – 42,4, Microsoft – 37,7.

Yahoo ! avait baissé de 92 % sur son plus haut cours.

Faites ce test... Sauriez-vous répondre ?

Combien de fois les pirates informatiques s'en sont-ils pris à la Nasa ?

500 000 fois en 1999, par des hackers.

Qu'est-ce que la convention Unidroit ?

Une convention négociée à Rome en juin 1995 et élaborée par l'Institut international pour l'unification du droit privé, et qui a pour but de faciliter la restitution des objets volés à leur propriétaire et leur retour dans leur pays d'origine.

Combien de hors-jeu sont-ils signalés à tort ?

Environ 10 % selon Raôul Oujedans, de la Vrije Universiteit d'Amsterdam, qui a analysé 200 matches de football.

Dernière heure

■ **Attentats terroristes aux États-Unis.** *11-9-2001 :* 4 avions de ligne détournés (à l'arme blanche ?) s'écrasent sur des lieux symboliques de la puissance américaine.

8 h 56 (heure de New York, 14 h 56 heure de Paris) un Boeing 767 d'American Airlines reliant Boston à Los Angeles (92 passagers) percute la tour Nord du **World Trade Center** au cœur de **New York** (Sud de Manhattan), les derniers étages s'embrasent.

9 h14, un Boeing 757 d'American Airlines reliant Boston à Los Angeles (64 passagers) s'encastre dans la tour Sud du **World Trade Center** entraînant une explosion.

10 h 05 la tour Sud s'effondre suivie, à 10 h 28, par la tour Nord.

☞ Ces deux tours jumelles (les *Twins,* architecte Misuro Yamasaki), hautes de 410 m (110 étages), couvrent 40,6 ha, pèsent chacune 290 000 t et possèdent 21 800 fenêtres, 104 ascenseurs, l'oscillation maximum prévue est de 28 cm ; elles abritent plus de 500 sociétés et 40 000 à 50 000 personnes y travaillent.

10 h un Boeing 757 d'United Airlines (65 passagers) s'écrase sur le **Pentagone** à **Washington** entraînant un incendie. 20 000 personnes y travaillent.

11 h 34 un Boeing 757 d'United Airlines reliant Newark à San Francisco (45 passagers) s'écrase près de **Pittsburgh** (Pensylvanie). Son objectif était Camp David.

Dans la nuit du 11 au 12-9, le **building 7** (47 étages) voisin des 2 tours s'effondre.

■ **Bilan** (à la mise sous presse de Quid le 12-9, à 12 h 30) : **Humain :** passagers des avions : 266 †, personnes présentes dans les tours environ : 40 000 †, pompiers environ 300 †, policiers environ 165 †, Pentagone environ : 800 †. **Bilan matériel :** sans doute des milliards de $. Effondrement des places financières. Augmentation du prix du pétrole.

■ **Impact dans le monde :** réprobation générale sauf en Irak et chez les réfugiés palestiniens du Liban, de Naplouse et de Jérusalem Est. Renforcement des mesures de sécurité dans tous les pays (en France, réactivation du plan Vigipirate).

■ **Auteur de ces attentats :** des soupçons pèsent sur le réseau d'Oussama Bin Laden (voir p. 951 b).

INDEX

☞ Cet index comprend 147 340 entrées et donne la liste des principaux mots clés (59 931 mots clés en gras, 87 409 mots seconds et mots troisièmes). Des lettres suivent le numéro de la page, elles indiquent la colonne (*a* colonne de gauche, *b* colonne du milieu, *c* colonne de droite), v. signifie voir et renvoie à un autre mot clé ; **DH** signifie « Dernière heure » et renvoie p. 12, 13 et 1978 ; **I** signifie « Informatique, Internet » et renvoie p. 28 à 32 et 1976 à 1978 ; **N** signifie « Nécrologie » et renvoie p. 10 et 11 ; **P** signifie « Personnalités » et renvoie p. 14 à 28 ; **T** signifie « Faites ce test... » et renvoie p. 7, 8, 13 et 1978. Si un nom propre ne figure pas à l'index, vous pouvez le chercher à un nom commun, exemple : acteur, actrice, peintre, sculpteur. Si vous désirez, par exemple, connaître :

– la superficie, la population, les souverains d'un pays, cherchez au pays en question ;

– les villes, les prix des terres d'un département, cherchez à département ou à terre ;

– les œuvres d'un écrivain ou d'un peintre, cherchez à littérature ou à peinture ;

– la date de naissance d'une actrice, cherchez à cinéma ou à personnalités, d'un homme d'État, cherchez à chefs d'État, ministres ou partis, etc.

☞ *Légende – Mots imprimés en gras :* mots clefs ; *en caractères ordinaires :* mots seconds ; *en italique :* mots troisièmes. Exemple : **Accident** automobile *assurance.*

A

☞ Pour utiliser l'index voir page 1979

☞ Pour utiliser l'index voir page 1979

C

D

E

F

G

H

J

K

M

N

☞ Pour utiliser l'index voir page 1979

O

☞ Pour utiliser l'index voir page 1979

☞ Pour utiliser l'index voir page 1979

Q

S

T

 ☞ Pour utiliser l'index voir page 1979

V

Z

QUID 2002 interroge ses lecteurs

Pour améliorer ce QUID qui vous est destiné, n'hésitez pas à remplir ce questionnaire. Vous pouvez nous envoyer la photocopie de ces deux pages ou une simple lettre. Merci d'avance de votre obligeance.

Nom .... Prénom ....

Adresse ....

....

Age .... Sexe ....

Téléphone .... Profession ....

Vous l'a-t-on offert ? ☐ Oui ☐ Non A quelle occasion ? ....

Si vous l'achetez, l'achetez-vous chaque année, tous les 2 ans, tous les 3 ans ou plus ? ....

....

Consultez-vous QUID plusieurs fois : par jour, par semaine ou par mois ? ....

Au bureau ☐ A la maison ☐

A quelle occasion ? ....

Possédez-vous un ordinateur ? ☐ Oui ☐ Non

Au bureau ☐ A la maison ☐

Cet ordinateur est-il :

- équipé d'un lecteur de CD-ROM ? ☐ Oui ☐ Non
- équipé d'un modem ? ☐ Oui ☐ Non
- connecté à un réseau télématique ? ☐ Oui ☐ Non
- Si oui, le ou lesquels ? ....

Si la totalité du QUID était disponible sur CD-ROM l'achèteriez-vous ?

☐ Oui ☐ Non ☐ A quel prix ?...

Que pensez-vous du site Internet « **www.quid.fr** » ? ....

....

....

et de la base QUIDMONDE ....

....

....

Quels autres sujets désireriez-vous voir traités de la même manière dans les prochaines éditions ?

....

....

Quelles fonctions aimeriez-vous voir développer ou ajouter au site **Internet Quid** ? ....

....

....

Quels services supplémentaires QUID pourrait-il vous rendre sur Internet ? ....

....

....

Avez-vous des remarques ou suggestions à faire sur des sections du QUID ?

Chapitre .... Page .... Colonne (a, b ou c) ......

....

....

....

Chapitre .... Page .... Colonne (a, b ou c) ......

....

....

....

Chapitre .... Page .... Colonne (a, b ou c) ......

....

....

....

Chapitre .... Page .... Colonne (a, b ou c) ......

....

....

....

En constante évolution, QUID interroge ses lecteurs lors de la mise au point de ses produits futurs.
Accepteriez-vous d'être consulté à cette occasion ? ☐ Oui ☐ Non

Autres suggestions :

....

....

....

....

....

....

....

....

....

Veuillez adresser ce questionnaire à : Dominique FRÉMY/QUID – B.P. 447.07 – 75327 Paris Cedex 07

Vous pouvez également remplir ce questionnaire directement sur Internet à l'adresse suivante :
www.quid.fr

Cet ouvrage a été achevé d'imprimer en septembre 2001 sur les presses
de Maury-Imprimeur SA à Malesherbes pour les Éditions Robert Laffont

N° d'imprimeur : B01/85399 Q – N° d'éditeur : 42089
Dépôt légal : septembre 2001
ISBN : 2-221-09465-4